中国共青团年鉴

1998—2002

（上册）

共青团中央 编

中国青年出版社

（京）新登字 083 号

图书在版编目（CIP）数据

中国共青团年鉴（1998 - 2002）/共青团中央编. —北京：中国青年出版社，2004
ISBN 7-5006-6003-0

Ⅰ. 中...　Ⅱ. 共...　Ⅲ. 中国共产主义青年团—年鉴—1998 - 2002
Ⅳ. D29 - 54

中国版本图书馆 CIP 数据核字（2004）第 115583 号

*

中国青年出版社 出版 发行
社址：北京东四 12 条 21 号　邮政编码：100708
网址：www. cyp. com. cn
编辑部电话：（010）64034349　发行部电话：（010）64010813
北京中科印刷有限公司印刷　新华书店经销

*

787×1092　1/16　129.75 印张　31 插页　2990 千字
2004 年 11 月北京第 1 版　2004 年 11 月北京第 1 次印刷
定价：360.00 元（上、下册）
本书如有任何印装质量问题，请与出版处联系调换
联系电话：（010）64033570
雄狮书店：（010）84039659

《中国共青团年鉴》（1998—2002）

编 辑 说 明

为全面记录近年来共青团工作在党的领导下取得的新发展，展示当代中国青年在建设中国特色社会主义进程中的时代风貌，特编辑《中国共青团年鉴》。

一、《中国共青团年鉴》是全面反映中国共青团工作情况和组织发展情况的大型工具书。其宗旨是为社会各界提供中国共青团的有关资料，为各级团组织开展工作提供理论政策指导、工作经验和有关信息。

二、本年鉴涵盖1998年至2002年，分上、下两册出版，共分10个部分：

1. 开篇部分，收录了中国共青团第十四次全国代表大会的有关重要文件。

2. 特载部分，收录了党和国家领导人关于共青团工作和青年工作的重要讲话和指示。

3. 团中央书记处领导讲话部分，收录了团中央书记处领导同志的有关讲话。

4. 重要文件部分，收录了团中央以及与其他相关单位联合下发的重要文件。

5. 重点工作概述部分，记录了团中央开展的重点工作和重点活动。

6. 命名及表彰部分，收录了团中央单独表彰及与其他相关部门联合表彰的先进集体和先进个人。

7. 组织概况部分，记录了共青团组织概况和其他全国性青年组织的概况。

8. 事业发展部分，记录了团中央直属单位的概况和开展的主要工作情况。

9. 省级团委工作简介部分，记录了各省级团委开展的主要工作情况。

10. 附录部分，为共青团工作的大事记。

三、《中国共青团年鉴》记录的只是共青团工作的概况，为了解和研究共青团工作提供一个基本的线索，对于大量的具体工作特别是各地团组织开展的具体工作，因为篇幅原因未能详尽收录。

四、关于中国共青团第十四次全国代表大会以前的工作情况，将通过《中国共青团大词典》（暂定名）来全面记录。

五、本年鉴由团中央机关各部门、各直属单位，各省级团委和各有关青年组织提供材料。团中央办公厅负责材料整理和编辑工作。

编辑出版《中国共青团年鉴》是一项开创性工作，由于时间跨度大，涉及面广，资料收集工作繁杂，工作中难免会有差错和疏漏，不当之处，敬请批评指正。

2004年11月

∧ 1998 年 6 月 24 日，中共中央总书记江泽民亲切接见团十四大代表

∧1998年6月24日，江泽民、胡锦涛、尉健行等党和国家领导人在中南海同团中央新一届领导成员和团十四大部分代表进行座谈

∧1998年6月20日，中共中央政治局常委、国家副主席胡锦涛代表党中央在共青团第十四次全国代表大会上致祝词

∧1999 年 5 月 4 日，江泽民、李鹏、朱镕基、李瑞环、胡锦涛、李岚清等党和国家领导人出席纪念五四运动 80 周年大会

∧ 1999 年 5 月 4 日，中宣部、教育部、文化部、广电总局、解放军总政治部、共青团中央、全国青联、中共北京市委在北京共同举办“青春之歌”纪念五四运动 80 周年晚会，中共中央总书记江泽民指挥全场高唱《毕业歌》

∧ 1999年5月4日，江泽民、李鹏、朱镕基、李瑞环、胡锦涛、李岚清等党和国家领导人接见参加纪念五四运动80周年《青春之歌》大型文艺晚会的全体演员

∧ 2000 年 6 月 1 日，中共中央总书记江泽民接见第四次少代会的全体代表

∧ 2000 年 7 月 10 日，中共中央总书记江泽民接见出席中华全国青年联合会第九届委员会第一次全体会议和中华全国学生联合会第二十三次代表大会的委员、代表

∧2002年5月15日，江泽民、李鹏、朱镕基、李瑞环、胡锦涛、尉健行、李岚清等党和国家领导人接见出席纪念中国共产主义青年团成立80周年大会的先进青年典型、先进团员、基层先进团组织的代表

∧ 2002年5月15日，江泽民、李鹏、朱镕基、李瑞环、胡锦涛、尉健行、李岚清等党和国家领导人出席纪念中国共产主义青年团成立80周年大会，胡锦涛主持会议。

∧ 中共中央总书记、国家主席江泽民为全国青少年广泛开展的保护母亲河行动题词

∧1998年5月3日，中共中央政治局常委、国家副主席胡锦涛接见第二届“中国青年五四奖章”获得者

∧ 1999 年 6 月 1 日，中共中央政治局常委、国家副主席胡锦涛，中共中央政治局常委、国务院副总理李岚清等党和国家领导人出席“小伙伴手拉手，共话祖国 50 年”交流活动

∧2000年5月3日，中共中央政治局常委、国家副主席胡锦涛视察北京朝阳区和平街街道青年文明社区，亲切接见第四届“中国青年五四奖章”获得者

∧2000年5月3日，中共中央政治局常委、国家副主席胡锦涛在北京视察社区少先队工作

∧ 2001 年 5 月 4 日，中共中央政治局常委、国家副主席胡锦涛视察北京有色金属研究总院，亲切接见第五届“中国青年五四奖章”获得者

∧2002 年 12 月 27 日，中共中央政治局委员王兆国出席“科技创业、报效祖国——2002 海外学人回国创业周”座谈会并讲话

∧ 2001 年 7 月，中共中央政治局委员、中央军委副主席迟浩田出席少年军校检阅式

∧1998 年 6 月，共青团十四届一中全会选举产生新一届团中央书记处

∧1998年6月23日，共青团十四届一中全会在北京召开

∧ 1998 年 9 月，周强同志在黑龙江省泰来县慰问灾区少年儿童

∧1998年12月25日，共青团十四届二中全会在北京召开

<1999年9月10日，共青团中央、全国青联、文化部、北京市人民政府、中央电视台在天安门广场东侧澳门回归倒计时牌前，共同举办“中国心”迎接澳门回归祖国大型广场音乐会

V 1999年10月，欢迎日本青年代表团的联欢活动在北京举行

∧1999年12月14日，共青团十四届三中全会闭幕后，团中央书记处和人事部领导接见荣获"全国五四红旗团委"、"全国共青团系统先进工作者"称号的先进集体和个人代表

∧2000 年 12 月 19 日，共青团十四届四中全会在北京召开

∧ 2001 年 1 月，“新世纪的太阳”——中国少年儿童迎接新世纪演唱会在人民大会堂举行

∨ 2001 年 4 月，共青团中央、全国青联、中国科学院、中国社会科学院在北京举办“中国青年创新论坛 · 中关村论坛”

∧ 2001 年 7 月，周强同志参加“青年在线博览会”启动仪式

∨ 2001 年 8 月，全国青联志愿者艺术团赴山西灵丘慰问演出

∨ 2001 年 9 月，青年文明号信用建设示范行动日活动在北京举行

∧ 2001 年 12 月 10 日，共青团十四届五中全会在北京召开

∧ 2002年1月，第12届“中国十大杰出青年”颁奖晚会

∨ 2002年1月，“全国体验教育成果展示会”在北京举办

∧ 2002 年 3 月，在北京举行百城万店青年文明号社会监督日活动

∨ 2002 年 4 月 26 日，在江西瑞金举行中国共产主义青年团中央局旧址揭幕仪式

∧ 2002年4月，全国青年绿色示范工程揭碑仪式

∨ 2002年5月15日，纪念中国共产主义青年团成立80周年大会在人民大会堂隆重召开

∧ 2002 年 5 月 5 日，周强同志与青年代表共同开通网上"团史展览馆"

∨ 2002 年 5 月 15 日，在北京举办"永远跟党走"——纪念中国共产主义青年团成立 80 周年文艺晚会

∧ 2002 年 5 月 23 日，共青团中央、全国青联举办“中国青年创新论坛”

∨ 2002 年 6 月 1 日，全国少工委举办“各民族少年手拉手相聚北京”活动

∧ 2002 年 6 月 2 日，全国少工委在北京图书大厦举办雏鹰热线大型义务咨询活动

∨ 2002 年 6 月 10 日，中越青年拒毒宣誓签名仪式在广西凭祥市举行

∧ 2002 年 6 月 11 日，全国“青年星火西进计划”启动会议在北京召开

∨ 2002 年 7 月，“第二届内地香港少年手拉手体验交流营”活动

∧ 2002 年 9 月 7 日，首批全国“保护母亲河号”命名仪式在重庆举行

∨ 2002 年 10 月，共青团全国促进青年再就业工作会议在北京召开

∧ 2002 年 10 月 28 日，第三届“挑战杯”中国大学生创业计划竞赛开幕式在浙江大学举行

∨ 2002 年 11 月，“红领巾心向党”——少先队员学习十六大精神主题队会活动

∧ 2002 年 12 月 10 日，首届全国青年世纪风采电视大赛决赛

∧2002年12月18日，共青团十四届六中全会在北京召开

∧ 2002 年 12 月 20 日，团中央召开省级团委书记深入学习贯彻党的十六大精神座谈会

目　录

上　册

开篇　共青团第十四次全国代表大会

第一部分　特载

1998年

2002年

第二部分　团中央书记处领导讲话

周强同志讲话

巴音朝鲁同志讲话

孙金龙同志讲话

胡春华同志讲话

黄丹华同志讲话

崔波同志讲话

赵勇同志讲话

胡伟同志讲话

杨岳同志讲话

下　册

第三部分　重要文件

九、青工

十一、学校

十二、少工委

十三、统战

十五、外事

第四部分　重点工作概述

第五部分　命名与表彰

第六部分　组织概况

第七部分　事业发展

第八部分　省级团委工作简介

开　篇

共青团第十四次全国代表大会

在与中国共产主义青年团第十四次全国代表大会部分代表座谈时的讲话

1998年6月24日

江泽民

欢迎大家到中南海来。你们的到来，给这里增添了青春的气息。首先，我代表党中央、国务院，向共青团第十四次全国代表大会的召开，表示热烈的祝贺！

刚才几位同志的发言，讲得都很好。说明了一条共同的经验，这就是建设有中国特色社会主义的伟大事业，为全国各族青年施展才华提供了广阔的舞台，只要青年同志坚持学习马列主义、毛泽东思想特别是邓小平理论，坚持解放思想，实事求是，开拓进取，艰苦奋斗，就一定能够在改革开放和现代化建设中做出光荣的业绩。

我们党历来高度重视青年，始终把青年看做祖国的未来和民族的希望。毛泽东同志曾生动地把青年比作早晨八九点钟的太阳，指出青年是整个社会力量中的一部分最积极最有生气的力量。邓小平同志也指出，青年一代的成长，是我们的事业必定要兴旺发达的希望所在。在革命、建设和改革的各个时期，我们党和老一辈革命家对青年人既热情关怀、高度信任，又严格要求、积极引导，使广大青年不断地茁壮成长，也从而使党的事业始终充满蓬勃的生机与活力。

20世纪中华民族和我们党经历的波澜壮阔的历史，是与一批又一批、一代又一代有志青年的不断探索和英勇奋斗紧密相连的。我们党成立以后，中国青年运动在党的领导下，沿着马克思主义的正确方向向前发展，无数革命青年为了民族独立、人民解放和国家富强，谱写了壮丽的青春之歌。当代青年肩负着走向21世纪的历史使命，更应谱写出无愧于建设有中国特色社会主义伟大时代的壮丽的青春之歌。

我国跨世纪发展的目标已经确定：建国100年时，我们将基本实现现代化，建成富强民主文明的社会主义现代化国家。那时，你们大致是我现在这个年龄。我们这一代人年轻时候，是在党的领导下为推翻反动统治，建立和建设新中国而奋斗。这是一个伟大的历史责任。当代中国青年，则是在党的领导下为实现祖国现代化的美好蓝图，实现中华民族的复兴而奋斗。这又是一个伟大的历史责任。

今年5月4日，我在北京大学建校100周年庆祝大会上向全国青年提出了四点希望，就是坚持学习科学文化与加强思想修养的统一，坚持学习书本知识与投身社会实践的统一，坚持实现自身价值与服务祖国人民的统一，坚持树立远大理想与进行艰苦奋斗的统一。今天，我再次向广大共青团员和广大青年发出号召，希望你们切实按照这些要求去做，真正成为对党、国家和人民不断有所建树、有所作为的人。

我们从事的社会主义现代化事业是伟大的事业，这个事业一定要成功也一定能够成功。但是，任何伟大的事业在其发展的途程中都不可能是一帆风顺的，现代化建设也是如此，必然会遇到这样那样的挑战、困难和风险的考验。广大共青团员要团结全国各族青年，牢固树立长期艰苦奋斗的思想，为党和人民的事业坚忍不拔地开拓前进。

青年人一定要有崇高理想和坚定信念。当代青年要树立的理想，就是把我国建设成为富强民主文明的社会主义现代化国家，实现中华民族的全面振兴。当代青年要建立的信念，就是坚持党的基本理论和基本路线不动摇，坚定不移地走建设有中国特色社会主义的道路。理想和信念，是我们战胜艰难险阻，赢得胜利的强大精神支柱和力量源泉。而理想和信念的力量，只能通过投身火热的社会实践而不断焕发出来。青年人要自觉地到祖国最需要的地方去，到条件艰苦的地方去，在改革开放和现代化建设的伟大实践中经风雨，见世面，长才干，做贡献。也只有在这样的伟大实践中，才能使自己更快更好地成长和成熟起来。

青年人一定要发愤学习，勇于创新。青年的素质，关系我们国家和民族的长远发展。事业无止境，知识无穷尽。大家应该坚持不懈地学习学习再学习。国与国之间的竞争，归根到底是人才的竞争，是创新能力的竞争。一个民族如果不能创新，只是步人后尘，势必受制于人。历史上，原先落后的民族，经过自强不息奋起直追而实现后来居上的例子很多；反过来，原先先进的民族，由于固步自封、失去创新精神而落伍的例子也不少。自古英雄出少年。青年人思维敏捷，风华正茂，最富有创新的活力。古往今来，许多有作为的人往往都是在青年时期就作出了一番事业。希望青年同志珍惜光阴，学而不倦，努力从中华民族的优秀文化和人类创造的一切优秀文明成果中，从不断发展的社会实践中汲取知识和智慧，把创新精神同科学态度结合起来，把胸怀大志同脚踏实地结合起来，敢于和善于推陈出新，不断地为祖国的现代化建设建功立业。

从一定意义上讲，青年兴则国家兴，青年强则国家强，青年有希望，未来的发展就有希望。全党全社会都要从永葆中华民族生机与活力的高度，从确保我们祖国长治久安的高度，热情关心青年一代的成长，积极创造各种有利条件，促进青年人才脱颖而出。希望新一届团的中央委员会和书记处以及全体团的干部，不断提高思想政治水平和工作能力，密切联系广大青年群众，团结和带领他们为实现党的十五大提出的各项任务而共同奋斗。

我相信，有着光荣传统的我国各族青年，一定能够高举邓小平理论伟大旗帜，在党的基本路线的指引下，坚定地走在改革开放和现代化建设的前列，为实现中华民族的伟大复兴贡献自己的青春、智慧和力量！

迈向新世纪，创造新业绩

——在中国共产主义青年团第十四次全国代表大会上的祝词

1998年6月19日

胡锦涛

青年朋友们，同志们：

中国共产主义青年团第十四次全国代表大会今天隆重开幕了。这次大会是在世纪之交的历史时刻，在我国改革开放和社会主义现代化建设承前启后、继往开来的重要时期召开的。开好这次大会，对于共青团深入贯彻落实党的十五大精神，进一步团结动员广大团员青年，高举邓小平理论伟大旗帜，为把建设有中国特色社会主义伟大事业全面推向21世纪而努力奋斗，具有重要意义。我受党中央委托，向大会表示热烈的祝贺！向全体共青团员、全国各族青年和广大青少年工作者致以亲切的问候！

即将过去的20世纪，是中华大地发生翻天覆地变化的一个世纪，也是中国青年运动波澜壮阔的一个世纪。在这个世纪中，中国人民在中国共产党领导下，经过百折不挠的英勇斗争，推翻了帝国主义、封建主义和官僚资本主义三座大山，取得了民族独立和人民解放，建立了新中国。在确立社会主义制度以后，经过艰辛的探索，又成功地走出了一条建设有中国特色社会主义的正确道路。在这一历史进程中，一代又一代中国青年，发扬光荣传统，积极响应党的召唤，走在革命、建设、改革的前列，为中华民族的解放和振兴奉献出青春、智慧和力量，立下了不朽的功绩。

历史充分证明：中国共产党是领导我们事业的核心力量，青年只有在党的领导下，积极投身于人民群众的伟大实践，才能为祖国和人民建功立业，大有作为。青年是推动历史发展和社会进步的一支生机勃勃、积极向上的重要力量，我们党只有赢得青年，才能赢得未来，不断地从胜利走向胜利。

我们即将跨入一个充满机遇和挑战的新世纪。为争取在新世纪发展的主动权，世界各国都在加紧谋划，积极准备。党的十五大站在新的历史高度，对我国改革开放和现代化建设的跨世纪发展作出了全面部署。我们的奋斗目标是，再经过半个世纪的努力，到建国100年时，基本实现现代化，把祖国建成富强民主文明的社会主义国家。到那时，中国将进入世界中等发达国家行列，中国人民将达到现代化基础上的共同富裕，中华民族将实现伟大的复兴。这是反映了全国各族人民共同意愿的雄心壮志，也是需要一代又一代中华儿女付出巨大努力才能实现的雄心壮志。当前，全党全国各族人民正在以江泽民同志为核心的党中央领导下，深入贯彻落实党的十五大精神，高举邓小平理论伟大旗帜，为实现跨世纪宏伟目标而努力奋斗。跨世纪一代青年一定要大力弘扬我国青年的光荣传统，不负党和人民的期望，不辱时代赋予的使命，在把建设有中国特色社会主义伟大事业全面推向21世纪的实践中成长进步，贡献力量，建功成才。

要把伟大事业全面推向新世纪，青年就必须高举伟大旗帜，坚定科学信念。伟大的事业必须有科学理论和正确路线的指引。在当代中国，惟有把马克思主义同当代中国实践和时代特征结合起来的邓小平理论，才是指导我们建设富强民主文明的社会主义现代化国家的科学理论；惟有建设有中国特色社会主义的道路，才是实现中华民族全面振兴的正确道路。跨世纪一代青年应该树立的共同理想和信念，就是高举邓小平理论伟大旗帜，坚定不移地走建设有中国特色社会主义道路。这就要求青年认真学习马克思列宁主义、毛泽东思想特别是邓小平理论。党的十五大对邓小平理论的历史地位、指导意义、科学体系和时代精神作了新阐述，创造性地运用邓小平理论解决我国经济、政治、文化发展的一系列重大问题取得了新成果。这表明我们党对建设有中国特色社会主义的认识达到了新的高度。学习邓小平理论要同学习十五大报告紧密结合起来，全面正确地理解理论的科学体系和精神实质，全面正确地理解十五大作出的一系列重大决策，努力避免认识上和行动上的盲目性、片面性和绝对化。学习邓小平理论要同改革开放现代化建设的新实践、新发展紧密结合起来，正确地认识国情、观察社会、分析形势，努力把握社会发展规律，不论是在我们的事业顺利发展的时候，还是在遇到困难的时候，都能保持昂扬的斗志和必胜的信心。学习邓小平理论要同改造主观世界紧密结合起来，不断加强思想修养，牢固树立正确的世界观、人生观、价值观。在跨越世纪的新征途上，只要青年一代坚持高举邓小平理论伟大旗帜不动摇，坚持党在社会主义初级阶段的基本路线不动摇，坚持走建设有中国特色社会主义道路不动摇，我们的事业就能薪火相传、兴旺发达。

要把伟大事业全面推向新世纪，青年就必须努力学习实践，掌握过硬本领。当今时代，科学技术的发展日新月异，知识经济初见端倪，以经济和科技为基础的综合国力较量愈益激烈。事实表明，知识的创新、科技的发展、经济和社会各项事业的进步，关键在人才，特别要靠一代又一代年轻人才不断涌现、脱颖而出。青年是我国现代化建设的生力军，面对世纪之交的机遇与挑战，广大青年面临着繁重而又紧迫的学习任务。青年无论要成为经得起21世纪竞争考验的专门人才，还是要成为同现代化要求相适应的高素质劳动者，都需要坚持不懈地刻苦学习。要立足我国现代化建设的现实需要，根据自身条件，结合本职工作，找准努力方向。要有那么一种如饥似渴、只争朝夕的精神，滴水穿石、磨杵成针的毅力，永不满足、攀登不止的追求。既要打好知识基础，又要不断更新知识；既要学习前人创造的文明成果，又要追踪现代科学技术的发展脚步；既要注重学问上的深造，又要重视能力上的提高。同时，要注意把学习书本知识与投身社会实践统一起来。在科学技术高度发达的今天，人民群众创造历史的社会实践依然是青年获得真才实学、全面提高素质的大课堂。广大青年特别是青年学生，要自觉走与实践相结合、与人民群众相结合的道路，在祖国和人民最需要的地方，在改革开放和现代化建设的第一线，积累经验，经受锻炼，增长才干，汲取从书本中无法得到的丰富营养，真正成为祖国现代化建设的有用之才。

要把伟大事业全面推向新世纪，青年就必须培养优良品德，弘扬文明新风。作为肩负历史重任的青年一代，既要有知识才干，又要有优良品德。一个青年在人生道路上究竟能有多大发展，能为人民、为社会做出多大贡献，同自身思想品德修养关系很大。在改革开放和发展社会主义市场经济的条件下，在世界范围各种思想文化相互激荡的情况下，处在人生起步阶段的青年解决好自身做人的问题，把学习科学文化与加强思想修养统一起来，把实现自身价值与服务祖国人民统一起来，对自身的成长进步至关重要。在我们的社会里，一个品德优良的人，必然是一个遵纪守法，诚实守信，用自己的双手创造幸福生活的人；必然是一个助人为乐，见义勇为，积极为社会为人民多做好事的人；必然是一个严于律己，防微杜渐，自觉抵制拜金主义、享乐主义和个人主义思想侵蚀的人；必然是一个一心为公，甘于奉献，时刻以国家和人民利益为重的人。青年应该努力成为这样精神充实、品德高尚的人。我国青年素有开风气之先的光荣传统。希望大家积极响应党和政府的号召，带头参与群众性的精神文明创建活动，带头弘扬社会公德、职业道德和家庭美德，带头倡导健康文明的生活方式，积极实践为人民服务的思想和集体主义精神，以实际行动促进社会全面进步。

要把伟大事业全面推向新世纪，青年就必须矢志艰苦创业，勇于开拓创新。实现我国跨世纪的宏伟目标，还有很长的路要走，任何时候我们都不能涣散创业意志，懈怠奋斗精神。广大青年要坚持树立远大理想与进行艰苦奋斗的统一。要脚踏实地，勤勉敬业，在各自的岗位上创造优异的成绩；要厉行节约，反对奢侈，始终保持艰苦朴素的本色；要自立自强，迎难而上，努力战胜创业征途上的种种困难；要同心同德，顾全大局，坚决维护社会政治稳定。创新是一个民族进步的灵魂，是国家兴旺发达的不竭动力。作为一个发展中国家，要想不受制于人，尽快缩小同发达国家在经济社会发展水平上的差距，尤其要坚持创新。青年人最少保守思想，最具创造活力，要努力在继承、借鉴前人和他人有益成果的基础上，解放思想，实事求是，积极创新，勇攀高峰。留学海外的青年学子，虽然远离故土，但永远是祖国的儿女。党和人民一直关注着你们，牵挂着你们，热切盼望你们学有所成，并欢迎你们回国工作或以适当方式为祖国服务。

共青团是党领导的先进青年的群众组织。长期以来，各级团组织为实现党在不同时期的历史任务做出了重要贡献，为促进广大青年的健康成长做了大量工作，发挥了重要作用。在推进建设有中国特色社会主义伟大事业的征程中，共青团应当更好地发挥党的助手和后备军作用及党联系青年的桥梁纽带作用，更好地担负起团结教育青年的重要职责。这就要求各级团组织，要始终坚持先进性与群众性的有机结合。在任何情况下都坚持党的领导，坚定正确的政治方向，自觉服从服务于全党全国工作的大局，充分发挥共青团员和共青团干部的模范作用。同时，要突出团的特点，贴近青年实际，广泛团结青年，竭诚服务青年，在维护全国人民总体利益的同时更好地代表和维护青年的具体利益。要始终坚持建功与育人的有机结合。既广泛动员和组织青年在两个文明建设中充分发挥生力军和突击队作用，又引导青年全面提高素质，使他们成长为有理想、有道德、有文化、有纪律的社会主义事业建设者和接班人。要始终坚持继承与创新的有机结合。既继承和发扬长期以来形成的优良传统，又主动适应经济和社会的变革，以改革的精神认真研究新情况，解决新问题，创造新经验，全面履行各项职能，使共青团事业不断焕发出新的生机与活力。在新的形势下，共青团要更好地发挥在青联中的核心作用、对学联的指导作用、对少先队的领导作用，把更多的青少年团结和凝聚起来。实现祖国完全统一，是海内外一切爱国的中华儿女的共同心愿。共青团要大力弘扬爱国主义精神，积极引导青年为保持香港繁荣稳定，实现澳门顺利回归，最终解决台湾问题，完成祖国统一大业而不懈努力。我们的时代是开放的时代。共青团要继续发展同世界各国青年组织的交往和友好关系，努力促进人类的和平与发展。

建设一支高素质的团的干部队伍，是做好共青团工作的重要保证。在共青团的历史上，一批又一批团干部肩负党的重托，以强烈的事业心和崇高的献身精神脚踏实地，忘我工作，把青春献给了共青团事业。长江后浪推前浪。希望广大团干部牢记江泽民同志对年轻干部的要求，刻苦学习，勤奋工作，勇于创造，自觉奉献，努力提高思想政治素质和业务工作水平，不断推动共青团事业向前发展。

青年是国家的未来，民族的希望。一个有远见的民族，总是把关注的目光投向青年；一个有远见的政党，总是把青年看做是推动历史发展和社会前进的重要力量。我们的民族就是这样的民族，我们的党就是这样的党。各级党委要一如既往地充分信任青年，热情关怀青年，严格要求青年，切实把青年的积极性引导好、保护好、发挥好。要进一步加强和改善党对共青团工作的领导，重视团的组织建设，支持共青团依照法律和自己的章程独立自主、创造性地开展工作。全社会都要关心爱护下一代，为青少年的健康成长创造更加有利的环境和条件。

青年朋友们，同志们！在党的十五大精神指引下，我国各族人民正满怀信心地向着21世纪进军。我国社会主义改革开放和现代化建设的总设计师邓小平同志曾高瞻远瞩地指出："下个世纪中国是很有希望的。"这一气势磅礴、铿锵有力的预言，表达了一个伟大的爱国者对祖国的无比挚爱，表达了一个伟大的马克思主义者对社会主义事业的坚定信心，也表达了一个世纪伟人对中国青年一代的期待和厚望。我们坚信，跨世纪一代青年一定能够接好老一辈传下的接力棒，创造出无愧于青春、无愧于时代的新业绩。让我们在以江泽民同志为核心的党中央领导下，高举邓小平理论伟大旗帜，紧密团结，奋发图强，朝着社会主义现代化建设的宏伟目标奋勇前进。

赢得20世纪光荣的中国青年，也一定能够赢得21世纪新的光荣。青年们，加倍努力吧！

在邓小平理论指引下团结带领各族青年为实现党的跨世纪宏伟目标而奋斗

——周强在中国共产主义青年团第十四次全国代表大会上的报告

1998年6月19日

各位代表，同志们：

现在，我代表中国共产主义青年团第十三届中央委员会向大会作报告，请代表们审议。

一、中国青年的时代风貌和共青团工作的新发展

从共青团第十三次全国代表大会到现在的五年，是跨世纪一代青年在改革开放和现代化建设的伟大实践中建功成才的五年，是共青团工作在新形势下取得新发展的五年。

党的十四大以来，在以江泽民同志为核心的党中央领导下，全国各族人民继续沿着建设有中国特色社会主义道路阔步前进。随着改革开放和现代化建设事业的蓬勃发展，我国青年对祖国的美好未来充满信心，投身改革和建设的热情进一步高涨。在新时期的创业实践中，跨世纪一代青年把个人理想融入全民族的共同理想，把爱国热情变为奋发创业的实际行动，同全国人民一道共筑祖国现代化建设的辉煌大厦。在经济体制和经济增长方式根本转变的过程中，广大青年解放思想，锐意改革，勇于创造，自立、竞争意识和开拓创新精神不断增强。在群众性精神文明创建活动中，广大青年发扬奉献精神，自觉服务社会，用实际行动弘扬了新风正气。在实施科教兴国战略中，广大青年努力学习新知识，掌握新技能，攀登新高峰，立志成为现代化建设需要的有用之才。五年来，青年工人、青年农民、青年学生、青年知识分子等各行各业的青年，紧跟时代的步伐，脚踏实地，奋发进取，为改革、发展、稳定贡献智慧和力量，发挥了现代化建设生力军的作用。人民解放军和武警部队的青年官兵，在保卫国家安全、维护祖国统一和参加国家经济建设、完成抢险救灾等任务中，做出了重要贡献，赢得了人民群众的高度赞誉。近年来涌现出的“中国青年五四奖章”获得者和“中国十大杰出青年”等一大批青年先进典型，代表了当代青年的主流，在他们身上集中体现了跨世纪一代青年的时代风貌。

五年前，党中央提出当代青年应该成为有远大理想的一代，勤奋学习的一代，艰苦创业的一代，道德高尚的一代。五年来青年的奋斗实践表明，当代青年是按照党指引的方向成长进步的，是值得信赖、大有希望的。

共青团事业是党的事业的一部分。随着我们党所领导的改革开放和现代化建设事业进入新阶段，共青团工作在继承中创新，在探索中前进。团十三大以来，我们在以江泽民同志为核心的党中央领导下，坚持以党的基本理论和基本路线为指导，紧紧围绕经济建设这个中心，自觉把握全党全国工作大局，牢牢抓住青年成长成才这一根本需求，积极探索服务大局、服务社会、服务青年的有效途径，全面开展团的各项工作，不失时机地实施了跨世纪青年文明工程、青年人才工程和共青团服务万村脱贫致富奔小康行动，全团工作有了新的发展。

五年来，我们坚持把用邓小平理论武装全团、教育青年放在工作的首位，努力构筑青年一代的精神支柱。

按照党中央的部署，广泛开展多种形式的读书活动和主题教育活动，积极引导广大青年学习邓小平理论。重点抓好团干部和青年学生的理论学习。组织团干部特别是团的领导干部系统学习《邓小平文选》，努力用邓小平理论指导团的工作。引导青年学生学习掌握邓小平理论的基本观点和基本精神，逐步学会运用这一理论分析问题、解决问题。同时，注重把学习邓小平理论同开展爱国主义教育有机结合起来，广泛开展18岁成人仪式教育活动，不断深化社会实践活动，以纪念抗日战争胜利50周年和庆祝香港回归祖国等重要纪念日、重大活动为契机，推动青少年爱国主义教育深入开展。

五年来，我们适应经济体制和经济增长方式根本转变的要求，着力开发青年人力资源，为改革开放和经济建设提供了切实有效的服务。

围绕深化国有企业改革，广泛开展了培养青年岗位能手活动、振兴千家中小企业行动和下岗青工创业行动。企业团组织积极组织青工开展岗位训练，提高职业技能，争创最佳效益。5000多万青工踊跃参加了岗位培训，300多万青工成为各行各业的岗位能手。推动一批优秀青年企业经营管理者，通过多种形式，帮助1000多家中小企业实现了减亏或扭亏为盈。配合实施再就业工程，积极引导国有企业下岗青工自强创业，开展转岗培训，培养和扶持青年兴业领头人，推动下岗青工在再就业过程中实现再创业。

围绕促进农业和农村经济发展，大力实施服务万村行动。各级团组织直接为上万个贫困村提供了科技、文化、信息、项目、资金等方面的服务。重点帮助青年掌握先进适用技术，每年培养青年星火带头人10万多名，并积极扶持他们领办具有一定科技含量、辐射力强的项目，带动更多农村青年走科技致富之路。

围绕实施科教兴国战略，引导青年科技工作者积极参与经济建设。组织中国青年科技发展论坛，开展中国青年科学家奖评审、中国青年科技创业奖评选等活动，激励青年科技工作者勇攀科技高峰，投身科技创业实践。

五年来，我们着眼于提高青少年思想道德素质和弘扬文明新风，组织广大青少年热忱服务社会，主动帮助他人，在社会主义精神文明建设中发挥了积极作用。

中国青年志愿者行动开拓了社会服务的新领域，促进了社会公德建设。有7000多万青年参与志愿服务。130多万支青年志愿服务队，以“一助一”长期结对方式，为急需帮助的老科学家、老干部和孤寡老人、残疾人家庭等提供了服务。近年来，数以百万计的大中学生志愿者在暑期深入农村，开展文化、科技、卫生“三下乡”服务。在一些贫困地区实施青年志愿者扶贫接力计划，组织一批有知识和技能的青年志愿者到贫困地区参与为期1至2年的扶贫开发。在第四次世界妇女大会、第八届全国运动会等大型活动中，青年志愿者热情周到的服务受到了普遍好评。

青年文明号创建活动促进了职业道德建设和企业经济效益的提高。在窗口行业、重点工程和机关、事业单位中有5000多万青年投身创建活动，涌现出各级青年文明号9万多个。

手拉手活动促进了少年儿童的互助互学，在孩子们的心中播下了共同进步、共同发展的集体主义精神的种子。全国已有上千万对城市和农村的、家庭富裕和贫困的、身体健康和患有残疾的少年儿童在活动中建立起了联系和友谊。

希望工程实现了新的发展。迄今已接受海内外捐款13亿多元，救助失学儿童180多万名，资助建设希望小学5000多所。今天，希望工程作为一项具有广泛影响的社会公益事业，不仅促进了贫困地区基础教育的发展，也弘扬了尊师重教、扶贫济困的良好风尚，成为社会爱心的一个象征。

五年来，我们稳步推进团的建设，促进了团的事业进一步发展。

在坚持标准、保证质量的前提下，加大发展团员工作的力度，目前团员总数已达到6850万，比1993年增加了1050万。按照以党支部为核心的村级组织配套建设的要求，通过实施服务万村行动，开展了农村基层团组织三年集中整顿和建设，共整顿松散瘫痪团支部15万个。在67万个新经济组织中建立了基层团组织。坚持抓好推荐优秀团员做党的发展对象工作，五年中有392万名共青团员光荣加入了中国共产党。认真做好团干部的选拔培养工作，团干部队伍整体素质进一步提高。推动有关青少年的立法工作，开展青少年普法教育，努力构建青少年权益保障服务体系。团属各项事业稳步发展。青少年活动阵地的功能得到进一步发挥。团属青少年新闻出版事业健康发展，为青少年提供了正确的舆论导向和大批优秀精神文化产品。团属院校的办学方向更加明确，教学质量稳步提高。团办实业积极适应社会主义市场经济的要求，规模和效益达到新的水平。青联组织发挥自身优势，团结各族各界青年为实施科教兴国战略和促进祖国统一大业做出了新的贡献。学联组织拓展工作领域，积极引导广大青年学生适应改革开放和现代化建设的需要，为促进学生成长成才发挥了积极作用。青年外事工作指导思想更加明确，对外交往更加活跃，在为党政外交、经济建设和青年工作服务方面取得了新的成绩。

回顾五年来的工作，我们更加深刻地认识到，只有坚持正确的政治方向，共青团才能真正成为党的助手和后备军，才能充分发挥党联系青年的桥梁纽带作用。坚持正确的政治方向，就必须毫不动摇地高举邓小平理论伟大旗帜，自觉用邓小平理论指导团的工作；就必须毫不动摇地坚持党对共青团的领导，在思想上、政治上同以江泽民同志为核心的党中央保持高度一致；就必须毫不动摇地坚持党的基本路线，始终围绕经济建设这个中心，坚持四项基本原则，坚持改革开放，团结带领广大青年在社会主义物质文明和精神文明建设的实践中充分发挥生力军作用。这是共青团在任何时候、任何情况下都必须坚持的根本经验。

回顾五年来的工作,我们还有以下几点体会。

第一,必须自觉服从和服务于全党全国工作大局。共青团作为党的助手和后备军,各项工作都要放到全党全国工作大局中去思考,去把握,去安排,而不能就团的工作论团的工作。要在为大局服务中找准位置,发挥作用,真正做到党有号召,团有行动。

第二,必须把组织青年服务社会作为青年发挥作用和成长进步的重要途径。青年是开展社会服务的重要力量。共青团要从青年的特点出发,充分调动青年的积极性,组织青年为人民群众服务。同时,把服务和育人结合起来,引导青年在服务社会的实践中,更好地了解国情,提高素质,增长才干。

第三,必须为青年成长成才提供有效的服务。为青年服务,是党的全心全意为人民服务宗旨在团的工作中的重要体现,也是由团的性质决定的。服务青年要抓住根本,把培养"四有"新人作为出发点和立足点。要关心青年的思想,了解青年的愿望,贴近青年的实际,千方百计地为青年成长成才解决实际问题,在服务青年中使团组织真正成为青年的贴心人。

第四,必须坚持从实际出发,从具体事情抓起,力求实效。开展团的工作,要着眼于党和政府关注、青年和群众关心的实际问题,抓住重点,一件事一件事去做,一步一步去做。并注重效果,积累经验,形成机制,逐步完善。要结合团的特点,发挥团的优势,集中力量做好几件牵动青年、影响社会的事情,使团的工作既生动活泼又扎扎实实。

第五,必须在依靠自身力量的同时广泛运用社会资源。共青团要把工作做得更有成效,既要依靠自身力量,也要发挥团组织联系的青年社团的优势,运用有社会影响的活动载体,去调动、吸纳社会资源,使团的工作得到社会广泛支持。

回顾过去的五年,我们深切地感到,我国青年的成长进步和共青团事业的发展,都是在党的领导和关怀下取得的,都离不开各级党委、政府和社会各界的关心支持,也是广大青年和全团上下辛勤努力的结果。在这里,我们向以江泽民同志为核心的党中央致以崇高的敬意!向各级党委、政府和社会各界表示由衷的感谢!向广大团员青年以及所有青少年工作者表示诚挚的问候!

回顾五年来的工作,我们也必须清醒地看到,团的工作还有与新形势不相适应的地方。团的一些基层组织松散瘫痪现象依然存在;一些团员的先进作用发挥得不够;团组织服务青年的手段还需要强化:一些团干部的素质与党的要求和青年的期望还存在着差距。这些都需要我们在今后的工作中高度重视,着力解决。

二、面向新世纪中国青年的历史使命

再过一年半的时间,人类就要跨入新的世纪。回顾波澜壮阔的20世纪,展望充满机遇和挑战的21世纪,我们深刻地认识到,在实现中华民族全面振兴的征途上,跨世纪一代青年肩负着崇高的历史使命。

在即将过去的一个世纪里,一代又一代先进青年为了民族独立和人民解放、国家富强和人民富裕,英勇奋斗,艰苦创业,谱写了辉煌的篇章。五四运动揭开了中国新民主主义革命的序幕。中国共产党的诞生,使中国青年运动有了坚强的领导和正确的方向。一批又一批先进青年在党的领导下,为推翻三座大山,夺取新民主主义革命的胜利,进行了不屈不挠、前仆后继的斗争。新中国成立后,广大青年响应党的号召,以巨大的热情和高昂的斗志,积极参加社会主义革命和建设,忘我劳动,辛勤工作。党的十一届三中全会以后,广大青年适应伟大历史转变,在改革开放和现代化建设实践中勇于探索,建功立业。特别是邓小平南方重要谈话和党的十四大以来,广大青年踊跃投身发展社会主义市场经济的实践,积极参与社会主义精神文明建设，焕发出巨大的创造活力。20世纪青年运动的历史昭示我们，只有坚持中国共产党的领导，高举爱国主义旗帜，坚定地与最广大的人民群众站在一起，青年运动才能始终保持正确的方向。只有主动适应时代要求，把个人的理想追求同国家民族的前途命运紧密联系在一起，自觉投身党领导的革命、建设和改革实践，走与实践相结合、与人民群众相结合的成长道路，广大青年才能更好地担负起历史赋予的崇高使命。

当前，我们国家正处在改革开放和现代化建设的关键时期。党的十五大从世纪之交的历史高度，科学地分析了国际国内形势，制定了社会主义初级阶段的基本纲领，提出了我国下世纪的发展目标，这就是：第一个10年实现国民生产总值比2000年翻一番，使人民的小康生活更加宽裕，形成比较完善的社会主义市场经济体制；再经过10年的努力，到建党100年时，使国民经济更加发展，各项制度更加完善；到世纪中叶建国100年时，基本实现现代化，建成富强民主文明的社会主义国家。实现这一宏伟蓝图，将使包括青年在内的全国各族人民梦寐以求的振兴中华的理想变成现实。当代青年生逢其时，我们为此感到无比自豪，更感到肩负的责任重大。当代青年的光荣使命是：高举邓小平理论伟大旗帜，坚持党的基本路线不动摇，在建设有中国特色社会主义伟大事业中充分发挥生力军作用，为实现党的十五大确定的跨世纪发展目标贡献青春、智慧和力量。这是时代的要求，是党和人民的期望。

当代青年要肩负起历史赋予的光荣使命，就要按照江泽民同志提出的要求，努力做到坚持学习科学文化与加强思想修养的统一，坚持学习书本知识与投身社会实践的统一，坚持实现自身价值与服务祖国人民的统一，坚持树立远大理想与进行艰苦奋斗的统一。要努力学习和掌握现代科学文化知识，并用人类社会创造的一切优秀文明成果丰富和提高自己，同时，加强思想修养，培养高尚情操和良好品德。要在学好书本知识的同时，努力向社会实践学习，向人民群众学习，到党和人民需要的地方去，到改革开放和现代化建设的第一线去，到困难比较多、条件比较艰苦的地方去，磨炼意志，砥砺品格，增长才干。要积极投身建设有中国特色社会主义的伟大实践，在改革开放和现代化建设中施展才华，在为祖国为人民服务的过程中实现自身价值。要把远大理想落实到艰苦创业的实际行动中去，既要有振兴中华的雄心壮志，又要有实现理想的坚定信念，脚踏实地，百折不挠，顽强奋斗，行动而不等待，实干而不空谈。只有这样，才能不辜负党和人民的重托，创造出无愧于伟大时代的辉煌业绩。

实现祖国完全统一，是海内外全体中国人的共同心愿。继香港回归祖国后，澳门也将于1999年回到祖国怀抱。台湾的前途系于祖国统一。全国各族青年坚决拥护“和平统一，一国两制”的基本方针，坚决拥护江泽民主席关于发展两岸关系，推进祖国和平统一的八项主张。海峡两岸的青年同为中华儿女，应当携起手来，共同促进祖国的完全统一，努力实现中华民族的全面振兴。

中国的发展离不开世界，世界的发展需要中国。中国青年应当开阔视野，放眼世界，进一步加强与世界各国青年的交往与合作，与全世界青年共同促进新世纪的和平与发展。

三、跨越世纪新征途中共青团的光荣任务

中国共青团是党领导的先进青年的群众组织。展望新的世纪，改革开放和现代化建设事业的深入发展，对共青团提出了更高的要求，为团的工作开辟了更为广阔的空间。建立比较完善的社会主义市场经济体制，保持国民经济持续快速健康发展，需要共青团加大开发青年人力资源的工作力度，为培养和造就跨世纪建设大军做出新的贡献。依法治国，发展社会主义民主政治，需要共青团在管理国家和社会事务

中发挥民主参与和民主监督作用。建设有中国特色社会主义的文化,需要共青团进一步加强青少年思想道德建设,充分发挥青少年在群众性精神文明创建活动中的积极作用。青年面向新世纪成长成才,需要共青团提供更为有效的服务。我们要认清形势,珍惜机遇,不辱使命,不负重托,不断把团的事业推向前进。

在跨越世纪的新征途中,共青团的主要任务是:深入贯彻落实党的十五大精神,高举邓小平理论的伟大旗帜,坚持党的基本路线,紧紧围绕经济建设这个中心,自觉服从服务于改革、发展、稳定的大局,继续深化跨世纪青年文明工程、青年人才工程和服务万村行动,努力开拓新的工作领域,团结带领广大青年坚定信念、发愤学习、锐意创造、自觉奉献,在建设有中国特色社会主义伟大事业中充分发挥生力军作用,为实现跨世纪宏伟目标而奋斗,努力把青年培养成为有理想、有道德、有文化、有纪律的社会主义新人。

(一)用邓小平理论构筑青年一代的精神支柱。理想和信念是我们在前进道路上战胜一切困难的强大精神支柱。正如邓小平同志指出:“我们一定要经常教育我们的人民,尤其是我们的青年,要有理想。为什么我们过去能在非常困难的情况下奋斗出来,战胜千难万险,使革命胜利呢?就是因为我们有理想,有马克思主义信念,有共产主义信念。”当代青年要肩负起历史赋予的神圣使命,最根本的是用邓小平理论武装自己,树立起崇高的理想和坚定的信念。共青团要按照党的十五大的要求,坚持不懈地用邓小平理论武装全团、教育青年,在团员青年中兴起学习邓小平理论的新高潮,帮助青年一代构筑起强大的精神支柱。

要帮助青年深刻认识邓小平理论的历史地位和指导意义,增强高举伟大旗帜、推进伟大事业的自觉性和坚定性。引导青年全面、正确地理解和掌握邓小平理论的科学体系和精神实质、理论精髓和理论主题、时代精神和革命风格,从总体上领会理论的基本观点和基本精神,深刻认识在当代中国,只有把马克思主义同当代中国实际和时代特征结合起来的邓小平理论,而没有别的理论能够解决社会主义的前途和命运问题,从而在思想上、行动上牢固确立邓小平理论的指导地位。

要帮助青年深刻理解邓小平关于社会主义发展阶段的论述,牢固树立共同理想。积极引导青年从我国现在处于并将长时期处于社会主义初级阶段这个最大的实际出发,正确认识国情,深刻理解党的最高纲领和现阶段奋斗目标的辩证关系,把热情、智慧和力量凝聚到实现党的跨世纪宏伟目标上来。

要帮助青年深刻理解邓小平关于社会主义道路的论述,坚定坚持党的基本路线一百年不动摇的信念。围绕“什么是社会主义、怎样建设社会主义”这个根本问题,引导青年正确认识社会发展规律,深刻理解社会主义初级阶段的根本任务是解放和发展社会生产力,增强坚持党的基本路线的自觉性,坚定不移地跟着党走建设有中国特色社会主义的道路。

要帮助青年深刻理解邓小平理论的精髓,进一步增强解放思想、实事求是的坚定性和自觉性。引导青年以“三个有利于”为根本判断标准,大胆创新,开拓前进,不断创造新的业绩。帮助青年正确认识改革、发展、稳定的关系,认识保持稳定的政治环境和社会秩序的极端重要性,反对资产阶级自由化,警惕国际国内敌对势力的渗透、颠覆和分裂活动,自觉维护社会稳定和民族团结。

要帮助青年深刻理解邓小平关于社会主义道德、民主法制和纪律教育的论述,树立正确的世界观、人生观和价值观。根据社会主义市场经济发展过程中青年思想的新变化,进一步加强对青年的爱国主义、集体主义、社会主义和艰苦创业精神教育,引导青年把个人的奋斗融汇到人民群众实现共同理想的历史创造活动中去。

学习邓小平理论要同学习党的十五大精神紧密结合起来。党的十五大对邓小平理论的认识达到了新的高度，要进一步用党的十五大精神统一团员青年的思想，使广大青年牢牢把握十五大的主题，明确十五大提出的纲领、任务和方针政策，全面、正确地领会和掌握十五精神，坚定自觉地拥护党中央作出的一系列重大战略决策，满怀信心地迈向新世纪。

（二）引导青年为迎接新世纪的挑战发愤学习。当今世界，科学技术突飞猛进，知识经济已见端倪，国力竞争日趋激烈。各级团组织要深刻领会邓小平同志关于科学技术是第一生产力，必须尊重知识、尊重人才的重要思想，充分认识知识创新、人才开发对经济发展的重大作用，引导青年发愤学习新知识，掌握新技能，不断提高科学文化素质，使科教兴国成为跨世纪一代青年的共识和自觉行动。

推动青年形成学习新知识的热潮。帮助青年了解世界科学技术发展的趋势，增强学习新知识的紧迫感和主动性，牢固确立终身学习的观念，不断完善知识结构。广泛开展形式多样的读书求知活动，帮助青年养成主动学习、不断学习的习惯，提高学习和运用新知识的能力。开展丰富多彩的科普活动，加大在青少年中普及现代科技知识的力度，把现代科技知识传播到广大青少年中去，提高青少年的科技素质。深入开展扫盲与科技文化服务，为实现本世纪末基本扫除青壮年文盲、全面提高国民素质做出贡献。

帮助青年努力掌握新技能。共青团要着眼于培养大批符合经济社会发展需要的合格劳动者，帮助青年提高技能水平，优化技能结构。深化青工岗位技能训练，培养大批既胜任本职工作，又能很好地适应产业结构调整和技术改造的新型青年岗位能手，促进国有企业的改革和发展。继续开展实用技术培训，培养更多的青年星火带头人，带动农村青年为科教兴农做出贡献，促进农业和农村经济发展。积极争取有关部门和社会有关方面的支持，广开培训渠道，满足青年学习新知识、新技能的需求。

（三）带领青年在发展社会主义市场经济中锐意创造。发展社会主义市场经济，需要极大地发挥全体人民的积极性和创造性。青年是社会中最有生气、最富创造潜能的一部分。共青团要帮助青年进一步增强创造意识，提高创造能力，投身创造实践，在市场经济的舞台上大显身手。

带领青年创造具有市场竞争力的劳动成果。要积极引导各行各业青年增强市场观念和竞争意识，在各自的岗位上创造性地劳动。企业团组织要带领青年职工立足本职，爱岗敬业，自觉规范劳动行为，提高劳动的质量，促进产品和服务质量的提高。帮助青年职工掌握和运用先进技术，提高劳动效率，促进企业降低生产经营成本。鼓励青年职工积极参与技术革新和新产品开发，为增强企业的市场竞争力做出贡献。农村团组织要引导青年农民努力学习和应用先进适用技术，提高生产经营水平，发展名特优新产品，更好地适应市场需求，促进农业产业化经营的发展。

帮助青年在就业和发展中自立自强。要帮助青年树立与市场经济相适应的就业观念，不等不靠，主动寻求乃至创造能够发挥自身优势和特长的劳动岗位，依靠自己的努力开辟事业发展的广阔天地。国有企业下岗职工基本生活保障和再就业工作，是当前关系改革、发展、稳定全局的一个头等大事。共青团要按照党中央、国务院的要求，积极发挥作用，努力做好下岗青工的工作。大力实施下岗青工创业行动，帮助他们转变择业观念，提高职业技能，引导和扶持青年兴业领头人以发展第三产业为重点，领办、创办中小型企业，带动和促进下岗青工自主择业，自立自强，把再就业变成再创业。充分发挥青年星火带头人和青年股份合作体的积极作用，鼓励和扶持他们兴办、领办科技推广项目，带动更多的农村青年走在科教兴农的前列。通过开展大学生社会实践、勤工助学活动和中学生实践教育活动，帮助青年学生进一步完善知识和能力结构，为更好地适应人才和劳动力市场的竞争做好准备。

激励青年科技人员积极投身科技创新。民族的希望在创新,创新的希望在青年。青年科技人员是科技创新的一支重要力量。团组织要通过各种方式,促进高素质青年科技人才脱颖而出,施展才华。要大力表彰、宣传和推荐优秀青年科技人才,鼓励更多的青年知识分子勇攀科技高峰。积极支持青年科技人员创办高新技术企业,提高科技创新成果的转化速度与效益。着眼于造就宏大的人才后备军,广泛开展适合青少年特点的创造发明活动,努力帮助青少年发展创造性思维,开发创造潜能,成长为富有创新精神和创新能力的人才。加强同海外留学生的联系,努力为他们报效祖国提供帮助。

(四)动员和组织青年在服务社会中自觉奉献。自觉地服务人民、奉献社会,是加强社会主义精神文明建设对青年一代提出的要求,也是广大青年在实践中逐步树立为人民服务的道德观、增强为人民服务本领的需要。共青团要充分调动青年的主动性和积极性,以青年志愿者行动为基本形式,组织青年开展社会服务,在“讲文明、树新风”等群众性精神文明创建活动中发挥积极作用。

要为有困难的群众提供援助。动员和组织青年重点为急需帮助的群众开展志愿服务,促进多层次社会保障体系的建立。以“一助一”长期结对服务为主要方式,为困难较多的群众提供帮助,特别要为下岗职工的生活和再就业提供服务。要坚持把服务和育人结合起来,引导青年在服务中增强为党和政府分忧、为群众解难的责任感,促进团结互助、平等友爱、共同前进的新型人际关系的形成。

要为开创文明新风多做实事。各级团组织要抓住与人民群众切身利益紧密相关的具体事情,动员青年广泛开展各种公益服务,努力开创文明新风。继续深化青年文明号活动,把优质服务从岗位向行业和社区延伸。积极参与环境保护和环境治理,深入推进青少年植绿护绿活动,促进全社会环保意识的增强和环境质量的提高。积极参与社会治安综合治理,广泛开展普法宣传活动,特别是加强青少年法制教育,帮助青少年学法懂法,遵纪守法。重视对青少年的禁毒教育,保护青少年的身心健康。倡导文明健康科学的生活方式,破除陈规陋习,反对封建迷信活动。加强青少年国防教育,帮助青少年增强国防观念。

要为农村扶贫攻坚贡献力量。发挥青年在农村扶贫开发中的积极作用,努力帮助贫困地区群众脱贫致富奔小康。实施青年志愿者“扶贫接力计划”,根据贫困地区的实际需求,采取公开招募、定期轮换的方式,组织青年志愿者到贫困地区从事教育及科技、医疗、文化等服务工作。继续组织好大中学生志愿者暑期“三下乡”活动和青年志愿者扶贫服务团。东西部地区的团组织要在技术、人才、劳务及经营管理等方面开展交流与协作,为逐步缩小地区发展差距做出应有的努力。把做贡献与受教育有机统一起来,引导青年在参与扶贫攻坚的过程中深入了解国情,认识社会,增进与人民群众的感情。

要为完成急难险重任务发挥突击作用。积极动员和组织青年为大型社会活动提供优质高效的志愿服务,集中展示青年的时代风貌。建立预备性的青年志愿服务队伍,组织青年在抢险救灾中发挥突击作用。走向新世纪的青年一代应当富于责任感,敢于拼搏,乐于奉献,努力做到:哪里有重担,哪里有险情,哪里就出现青年志愿者的身影,哪里就飘扬青年志愿服务队的旗帜。

四、新形势下共青团的自身建设

共青团要肩负起团结带领青年为实现党

的跨世纪宏伟目标努力奋斗的光荣任务，就必须切实加强自身建设。在发展社会主义市场经济的形势下，新情况新事物不断出现，团的建设面临许多新的课题。加强团的自身建设，必须坚持党的领导，坚持团的基本性质和根本任务，用改革的精神研究新情况，解决新问题，落实团的思想、组织和作风建设的各项任务，努力把共青团建设成为用邓小平理论武装起来、跟随党走在时代前列、深深植根于青年群众、团结带领广大青年为建设有中国特色社会主义事业而奋斗的先进青年群众组织。

（一）在服务青年中增强团组织的吸引力和影响力。共青团是先进青年的群众组织，增强对青年的吸引力和影响力，是加强团的建设的基础环节。只有竭诚为青年服务，团组织才能更广泛地联系吸引青年，团结影响青年，团组织的建设与发展才能获得稳固的群众基础。在发展社会主义市场经济条件下，面对青年利益需求的日趋丰富和多样，尤其需要加大服务青年的工作力度，把为青年服务作为加强团的建设的突破口，以服务促建设，以服务求活跃，不断增强团组织的吸引力和影响力。

团组织为青年服务，必须根据青年学习、就业、工作、生活、维权等多方面具体需求，尽心竭力为青年办实事。要继续推进希望工程，开展大学生济困助学行动，千方百计为有困难的青少年接受教育提供帮助。积极开展职业技能培训、就业中介服务，促进青年就业和再就业。开展丰富多彩、健康有益的文体娱乐活动，满足青年日益增长的精神文化需求。积极推动有利于青少年成长发展的法律和政策的制定，切实维护青少年权益。进一步贯彻实施《中华人民共和国未成年人保护法》，与危害青少年的现象作坚决斗争。做好服务青年的工作，需要用办事业的方式，从具体的服务项目抓起，以服务组织和实体为依托，逐步建立起功能和手段相对完备的青年服务体系，推动服务青年的工作经常化、制度化、社会化。

增强团组织的吸引力和影响力，需要调整和发展团的基层组织，扩大团的工作在青年中的覆盖面。要适应现代企业制度的建立，加强国有企业团组织建设。在企业党委的领导下，设置好团的组织，配备好团的干部，创新团的活动方式，更好地开展企业团的工作。适应所有制结构的调整和完善，根据团章规定，采取灵活方式，加强混合所有制和非公有制经济组织的团组织建设工作。适应农村改革的深化和农业产业化经营的发展，巩固和活跃农村团组织，合理调整基层团组织设置，抓好乡镇团干部配备，切实建设好乡镇团委。加强城市区街团组织建设，积极在社区建立团组织，促进社区内团组织的横向联谊与协作，活跃社区团的工作，与有关部门一道积极做好下岗青年、外来务工青年的教育、管理和服务工作。重视加强学校、机关团组织建设。要不断扩大团组织的影响，做到哪里有青年，哪里就有共青团组织的工作，使共青团服务青年的工作进一步落到实处。

（二）提高基层团组织的凝聚力和战斗力。团的基层组织是全团工作的基础，是团的建设的重点。要紧密结合党的基层组织建设，切实加强和改进团的基层组织建设，下大力气整顿好松散瘫痪基层团组织，把团的基层组织建设成为具有凝聚力和战斗力的坚强集体。团的基层组织要认真履行团章规定的职责，从各自的特点和实际出发，开展丰富多彩、富有实效的工作和活动，把党的要求和团的任务变为团员青年的实际行动，充分发挥团结教育青年的作用，真正成为共青团发挥战斗力的基础。

加强团员队伍建设，使团员保持先进性，是增强团组织凝聚力和战斗力的重要途径。要切实加强对团员的教育培养，提高广大团员的思想政治素质，增强团员的光荣感和发挥模范作用的自觉性。积极推荐优秀团员作党的发展对象，引导广大团员积极靠拢党的组织。要建立和完善开放、协作的团员管理机制，下功夫抓好流动团员管理。要做好经常性发展团员工作，不断为团组织注入新鲜血液。

团的各级领导机关特别是团的县（市）委担负着抓好基层建设的重要责任。领导机关首先要抓好自身建设，提高领导水平和服务基层的能力。要牢固树立基层第一的观念和为基层服务的思想，切实加强对基层工作的指导。要按照有利于党组织加强对共青团工作的领导，有利于发挥团组织在两个文明建设中的积极作用，有利于团组织服务青年成长成才的原则，鼓励基层团组织在实践中探索加强自身建设的新途径。尊重基层的首创精神，总结和推广基层工作的新经验。重视建设好基层团委，充分发挥基层团委在团的基层工作中的作用。

（三）建立社会化的青年工作运行机制。要加强以共青团为核心的青年工作体系建设，争取社会各个方面的支持，形成社会化的运行机制。推动青联组织在社会主义和爱国主义的旗帜下，团结凝聚海内外各族各界中华青年，调动一切积极因素，充分发挥人才智力优势，为中华民族的全面振兴和祖国统一大业做出应有贡献。加强对学联组织的指导和帮助，更好地发挥学联、学生会在学生事务中的作用，引导青年学生为振兴中华勤奋学习、立志成才。加强对各类全国性青年社团工作的指导，进一步扩大青年工作的覆盖面和影响力。各级团组织要积极争取党政部门的指导和支持，密切与社会各方面的联系，广泛运用社会资源，推动青少年事业发展。

少先队是建设社会主义和共产主义的预备队。全团带队是共青团的光荣传统。要重视辅导员队伍建设，指导少先队组织继续实施跨世纪中国少年雏鹰行动，深入开展手拉手互助活动，引导少年儿童自学、自理、自护、自强、自律，成长为开创21世纪大业的生力军。

（四）建设高素质的团干部队伍。加强团的建设，关键是要提高团干部队伍的整体素质。团的干部要认真学习马列主义、毛泽东思想特别是邓小平理论，提高思想理论水平，保持政治上的清醒和坚定。要努力学习经济、科技、法律、历史知识以及其他知识，优化知识结构。要在服务大局、服务社会、服务青年的工作实践中经受锻炼、增长才干、积累经验，培养求真务实的作风、奉献社会的情操和服务青年的意识。要严于律己，加强党性修养，自觉接受党、团组织和青年的监督，增强拒腐防变的能力。

各级团组织要按照党的要求加强团干部队伍建设，努力为团干部的成长提供实实在在的服务。贯彻干部“四化”方针和德才兼备原则，协助党委组织部门，配备好团的干部。充分发挥团的专职干部的骨干作用，重视调动和发挥兼职团干部的积极性。加大团干部培训力度，增加新知识、新技能在培训中的比重，逐步建立团干部离岗前培训制度。积极为团干部丰富阅历、增长才干创造条件。努力拓宽团干部输送渠道。

团的工作岗位是学习的岗位，锻炼的岗位，奉献的岗位。共青团干部是党的干部队伍的组成部分。我们一定要牢记江泽民同志对年轻干部提出的要求，刻苦学习，勤奋工作，勇于创造，自觉奉献。

各位代表，同志们，我们这次大会是在世纪之交的历史时刻召开的。在20世纪中华民族前进的道路上，中国青年和中国共青团留下了英勇奋斗的足迹，做出了无愧于历史的贡献。21世纪是一个充满希望的世纪。光荣的使命召唤着我们，激励着我们。我们一定要以新的风貌面向新的世纪，以新的作为开创新的事业，在中华民族振兴史上继续谱写光辉灿烂的篇章。让我们高举邓小平理论伟大旗帜，紧密团结在以江泽民同志为核心的党中央周围，带领全国各族青年，为把建设有中国特色社会主义伟大事业全面推向21世纪而努力奋斗！

中国共产主义青年团第十四次全国代表大会关于十三届中央委员会报告的决议

1998年6月25日通过

中国共产主义青年团第十四次全国代表大会审议并批准周强同志代表团十三届中央委员会所作的报告。大会认为，报告确定在邓小平理论指引下团结带领各族青年为实现党的跨世纪宏伟目标而奋斗的主题，贯彻了党的十五大精神，体现了跨世纪的时代要求，符合青年的愿望和共青团的实际。报告总结过去，展望未来，对跨越世纪新征途中共青团工作的发展进行了全面部署，是全团工作重要的指导性文件。

大会高度评价团十三届中央委员会的工作。从共青团第十三次全国代表大会到现在的五年，是跨世纪一代青年在改革开放和现代化建设的伟大实践中建功成才的五年，是共青团工作在新形势下取得新发展的五年。大会认为，团十三大以来，在以江泽民同志为核心的党中央领导下，团十三届中央委员会带领全团坚持以邓小平理论和党的基本路线为指导，紧紧围绕经济建设这个中心，自觉把握全党全国工作大局，牢牢抓住青年成长成才这一根本需求，积极探索服务大局、服务社会、服务青年的有效途径，全面开展团的各项工作，稳步推进团的建设，不失时机地实施了跨世纪青年文明工程、青年人才工程和共青团服务万村脱贫致富奔小康行动，团结带领广大青年在改革开放和现代化建设新阶段做出了新的贡献，为共青团事业的跨世纪发展积累了宝贵的经验，打下了良好的基础。

大会赞同报告所阐述的面向新世纪中国青年的历史使命。大会指出，当代青年要高举邓小平理论伟大旗帜，坚持党的基本路线不动摇，在建设有中国特色社会主义伟大事业中充分发挥生力军作用，为实现党的十五大确定的跨世纪发展目标贡献青春、智慧和力量。这是时代的要求，是党和人民的期望。

大会同意报告提出的跨越世纪新征途中共青团的主要任务。大会强调，共青团要深入贯彻落实党的十五大精神，高举邓小平理论伟大旗帜，坚持党的基本路线，紧紧围绕经济建设这个中心，自觉服从服务于改革、发展、稳定的大局，继续深化跨世纪青年文明工程、青年人才工程和服务万村行动，努力开拓新的工作领域，用邓小平理论构筑青年一代的精神支柱，引导青年为迎接新世纪的挑战发愤学习，带领青年在发展社会主义市场经济中锐意创造，动员和组织青年在服务社会中自觉奉献，团结带领青年在建设有中国特色社会主义的伟大事业中充分发挥生力军作用，为实现党的跨世纪宏伟目标不懈奋斗，努力把青年培养成为有理想、有道德、有文化、有纪律的社会主义新人。

大会同意报告提出的新形势下加强共青团自身建设的要求。大会指出，在发展社会主义市场经济的形势下，加强团的自身建设，必须坚持党的领导，坚持团的基本性质和根本任务，用改革的精神研究新情况，解决新问题，落实团的思想、组织和作风建设的各项任务，在服务青年中增强团组织的吸引力和影响力，提高基层团组织的凝聚力和战斗力，建立社会化的青年工作运行机制，建设高素质的团干部队伍，努力把共青团建设成为用邓小平理论武装起来、跟随党走在时代前列、深深植根于青年群众、团结带领广大青年为建设有中国特色社会主义事业而奋斗的先进青年的群众组织。

大会号召各级团组织和广大团员青年，高举邓小平理论伟大旗帜，紧密地团结在以江泽民同志为核心的党中央周围，为把建设有中国特色社会主义伟大事业全面推向21世纪而英勇奋斗！

中国共产主义青年团章程

中国共产主义青年团第十四次全国代表大会部分修改
1998年6月25日通过

总　则

中国共产主义青年团是中国共产党领导的先进青年的群众组织，是广大青年在实践中学习共产主义的学校，是中国共产党的助手和后备军。

中国共产主义青年团坚决拥护中国共产党的纲领，以马克思列宁主义、毛泽东思想和邓小平理论为行动指南，解放思想，实事求是，团结全国各族青年，为把我国建设成为富强、民主、文明的社会主义现代化国家，为最终实现共产主义的社会制度而奋斗。

中国共产主义青年团在中国共产党领导下发展壮大，始终站在革命斗争的前列，有着光荣的历史。在建立新中国，确立和巩固社会主义制度，发展社会主义的经济、政治、文化的进程中发挥了生力军和突击队作用，为党培养、输送了大批新生力量和工作骨干。党的十一届三中全会以来，共青团根据党的工作重心的转移，紧密围绕改革开放和经济建设开展工作，为推进社会主义现代化建设事业做出了重要贡献，促进了青年一代的健康成长。

中国共产主义青年团在现阶段的基本任务是：坚定不移地贯彻党在社会主义初级阶段的基本路线，团结带领广大青年，以经济建设为中心，坚持四项基本原则，坚持改革开放，自力更生，艰苦创业，促进生产力发展和社会进步，在建设有中国特色社会主义的伟大实践中，造就有理想、有道德、有文化、有纪律的接班人，努力为党输送新鲜血液，为国家培养青年建设人才。

中国共产主义青年团加强思想政治工作，坚持对青年的教育和引导，组织青年学习马克思列宁主义、毛泽东思想和邓小平理论，广泛开展党的基本路线教育，爱国主义、集体主义和社会主义思想教育，近代史、现代史教育和国情教育，民主和法制教育，增强青年的民族自尊、自信和自强精神，树立正确的理想、信念和价值观。对团员还必须进行共产主义远大理想的教育。努力帮助青年学习现代科学文化知识，吸收和借鉴人类社会创造的一切文明成果，抵御资本主义和封建主义腐朽思想的侵蚀，不断提高青年的思想道德素质和科学文化素质。

中国共产主义青年团带领青年在经济建设中发挥生力军和突击队作用,充分调动和发挥青年的积极性和创造性,组织青年参加改革开放和建立社会主义市场经济体制的实践,树立科学技术是第一生产力的观念,掌握和运用先进的科学技术,学习和适应现代管理方式,诚实劳动,勇于创新,为发展社会生产力,增强综合国力,提高人民生活水平,实现我国经济发展的战略目标建功立业。

中国共产主义青年团充分发挥党联系青年的桥梁和纽带作用,在维护国家和人民利益的同时代表和维护青年的具体利益,围绕党的中心任务,开展适合青年特点的独立活动,关心青年的工作、学习和生活,切实为青年服务,向党和政府反映青年的意见和要求,开展社会监督,同各种危害青少年的现象作斗争,保护和促进青少年的健康成长。

中国共产主义青年团高举爱国主义旗帜,坚决维护和发展全国各族青年之间的团结友爱,加强同台湾、香港、澳门青年同胞和海外青年侨胞的团结,按照"一个国家、两种制度"的方针,共同促进祖国统一大业的完成。

中国共产主义青年团在维护我国的独立和主权,坚持独立自主,和平友好,相互学习,平等合作的基础上,积极发展同世界各国青年组织的交往和友好关系,反对霸权主义和强权政治,维护世界和平,促进人类进步。

中国共产主义青年团要完成现阶段的基本任务,必须不断加强团的建设。要发扬优良传统和作风,生动活泼、富于创造性地开展工作,把共青团建设成为团结教育青年的坚强核心。团的建设必须贯彻以下基本要求:

(一)坚持党的基本路线不动摇。全团要用邓小平理论和党的基本路线统一思想和行动,团的各项工作都必须服从和服务于经济建设这个中心;必须把改革开放和四项基本原则统一起来,使党的基本路线在团的工作中得到全面贯彻。

(二)坚持先进性与群众性的统一。教育、引导青年坚定正确的政治方向,发挥团员的模范作用;广泛团结青年,与青年保持密切的联系。

(三)坚持民主集中制。民主集中制是共青团根本的组织原则。要充分发扬民主,切实保障团员的民主权利。要实行正确的集中,加强组织性和纪律性,保证团的决议得到有效的贯彻执行。

(四)坚持不懈地抓好基层建设。基层组织是团的一切工作的基础。团的领导机关要确立基层第一的观念,发扬务实、求实的作风,深入基层,服务基层,不断增强基层活力。

中国共产主义青年团中央委员会受中国共产党中央委员会领导,团的地方组织和基层组织受同级党的委员会领导,同时受团的上级组织领导。

第一章　团员

第一条　年龄在14周岁以上,28周岁以下的中国青年,承认团的章程,愿意参加团的一个组织并在其中积极工作、执行团的决议和按期交纳团费的,可以申请加入中国共产主义青年团。

团员年满28周岁,没有担任团内职务,应该办理离团手续。

团员加入共产党以后仍保留团籍,年满28周岁,没有在团内担任职务,就不再保留团籍。

第二条　团员必须履行下列义务:

(一)努力学习马克思列宁主义、毛泽东思想和邓小平理论,学习团的基本知识,学习科学、文化和业务知识,不断提高为人民服务的本领。

(二)宣传、执行党的基本路线和各项方针政策,积极参加改革开放和社会主义现代化建设,努力完成团组织交给的任务,在学习、劳动、工作及其他社会活动中起模范作用。

(三)自觉遵守国家的法律和团的纪律,执行团的决议,发扬社会主义新风尚,提倡共产主义道德,维护国家和人民的利益,为保护国家财产和人民群众的安全挺身而出,英勇斗争。

(四)接受国防教育,增强国防意识,积极履行保卫祖国的义务。

(五)虚心向人民群众学习,热心帮助青年进步,及时反映青年的意见和要求。

(六)开展批评和自我批评,勇于改正缺点和错误,自觉维护团结。

第三条 团员享有下列权利:

(一)参加团的有关会议和团组织开展的各类活动,接受团组织的教育和培训。

(二)在团内有选举权、被选举权和表决权。

(三)在团的会议和团的报刊上,参加关于团的工作和青年关心的问题的讨论,对团的工作提出建议,监督、批评团的领导机关和团的工作人员。

(四)对团的决议如有不同意见,在坚决执行的前提下,可以保留,并且可以向团的上级组织提出。

(五)参加团组织讨论对自己处分的会议,并且可以申辩,其他团员可以为其作证和辩护。

(六)向团的任何一级组织直至中央委员会提出请求、申诉和控告,并要求有关组织给以负责的答复。

团的任何一级组织或个人都无权剥夺团员的权利。

第四条 接收团员必须严格履行下列手续:

(一)申请入团的青年应有团员两人介绍。

(二)介绍人应负责地向被介绍人说明团章,向团的组织说明被介绍人的思想、表现和经历。

(三)要求入团的青年要向支部委员会提出申请,填写入团志愿书,经支部大会讨论通过和上级委员会批准,才能成为团员。被批准入团的青年从支部大会通过之日起取得团籍。

第五条 新团员必须在团旗下进行入团宣誓。誓词如下:我志愿加入中国共产主义青年团,坚决拥护中国共产党的领导,遵守团的章程,执行团的决议,履行团员义务,严守团的纪律,勤奋学习,积极工作,吃苦在前,享受在后,为共产主义事业而奋斗。

第六条 团员由一个基层组织转移到另一个基层组织,必须及时办理组织关系转接手续。

第七条 对于模范履行团员义务、在社会主义现代化建设和保卫祖国的事业中有显著成绩的团员,团的组织应当给以奖励。

奖励分为:通报表扬,由团的中央、省、市(地)、县级委员会和基层团委授予优秀共青团员称号。

第八条 对于不执行团的决议、违反团章的团员,团的组织应当本着惩前毖后、治病救人的精神,进行批评和帮助,情节严重的,给以纪律处分。

处分分为:警告,严重警告,撤销团内职务,留团察看,开除团籍。

留团察看的时间为六个月或一年。团员在留团察看期间没有选举权、被选举权和表决权,不得做青年入团的介绍人。留团察看期满,改正了错误的,应当及时恢复其团员的上述权利;坚持错误不改的,应当开除团籍。

第九条 对团员的纪律处分,必须经支部大会讨论通过,报上级委员会批准。

对团员给以开除团籍的处分,必须经县级委员会或被县级以上团的委员会授权的团的基层委员会批准。

第十条 团的组织对团员做出处分决定,必须严肃慎重,实事求是。支部大会在讨论决定对团员的处分时,除特殊情况外,应当吸收本人参加,认真听取他的意见。决定后如果本人不服，可以提出申诉，有关团组织必须负责处理或者迅速转递，不得扣压。

第十一条 团员有退团的自由。团员要求退团应向支部委员会递交书面报告，由支部大会决定除名，并报上级委员会备案。

团员没有正当理由，连续六个月不交纳团费、不过团的组织生活，或连续六个月不做团组织分配的工作，均被认为是自行脱团。团员自行脱团，应由支部大会决定除名，并报上级委员会批准。

第二章 团的组织制度

第十二条 中国共产主义青年团是按照民主集中制组织起来的统一整体。团的民主集中制的基本原则是：

（一）团员个人服从组织，少数服从多数，下级组织服从上级组织。

（二）团的全国领导机关，是团的全国代表大会和它产生的中央委员会。地方各级团的领导机关，是同级团的代表大会和它产生的团的委员会，团的各级委员会向同级代表大会负责并报告工作。

（三）团的各级领导机关，除它们派出的代表机关外，都由选举产生。

（四）团的各级领导机关应当经常听取并认真处理下级组织和团员的意见；团的下级组织既要向上级组织请示、报告工作，又要独立负责地解决自己职责范围内的问题。团的各级组织要使团员对团内事务有更多的了解和参与。

（五）团的各级委员会实行集体领导和个人分工负责相结合的制度。

第十三条 团的各级委员会可以根据工作需要，设立适当的工作部门。团的县级以上各级委员会可以派出代表机关。

在团的各级代表大会闭会期间，同级党的组织和上级团的组织认为有必要时，经过共同研究，取得一致意见，可以调动或指派团组织的负责人。

第十四条 团的各级代表大会的代表和委员会的产生，要体现选举人的意志。选举采用无记名投票的方式。候选人的产生要广泛发扬民主，候选人名单要充分酝酿讨论。可以直接采用候选人数多于应选人数的差额选举办法进行选举，也可以采用差额选举办法进行预选，产生候选人名单，然后进行等额正式选举。选举人有了解候选人情况、要求改变候选人、不选任何一个候选人和另选他人的权利。任何组织和个人不得以任何方式强迫选举人选举或不选举某个人。

团的中央和地方各级委员会委员、候补委员中的专职团干部调离团的岗位，其委员或候补委员的职务自行卸免。委员缺额由候补委员按得票多少依次递补，卸免和递补须经全会确认。

第十五条 团的县级和县级以上委员会在必要时可以召集代表会议，讨论和决定需要由代表大会解决的重大问题。代表会议可以增选委员会的部分成员。增选委员会委员和候补委员的数额，不得超过该级代表大会选出的委员和候补委员总数的三分之一。代表会议代表的名额和产生办法，由召集代表会议的委员会决定。

第十六条 有关全团性的工作，由团的中央委员会做出决定，统一部署。

各级团组织的报刊和其他宣传工具，必须宣传党的路线、方针和政策，宣传团的上级组织和本级组织的决议与工作任务，反映青年的意见和要求。

第三章 团的中央组织

第十七条 团的全国代表大会每五年举行一次，由中央委员会召集，在特殊情况下，可以提前或延期举行。

全国代表大会代表的名额及产生办法，由中央委员会决定。

第十八条 团的全国代表大会的职权是：

（一）审查和批准中央委员会的工作报告；

（二）讨论和决定全团的工作方针、任务和有关重大事项；

（三）修改团的章程；

（四）选举中央委员会。

在全国代表大会闭会期间，中央委员会执行全国代表大会的决议，领导团的全部工作。

第十九条 团的中央委员会全体会议选举常务委员若干人，组成常务委员会；选举第一书记一人和书记若干人，组成书记处。中央委员会全体会议由常务委员会召集，每年至少举行一次。在中央委员会全体会议和常务委员会闭会期间，书记处行使中央委员会的职权。

第四章 团的地方和军队的组织

第二十条 团的省、自治区、直辖市、省辖市、自治州代表大会每五年举行一次。

团的县（市、旗）、自治县、市辖区代表大会每三年举行一次。

团的地方各级代表大会由同级团的委员会召集。在特殊情况下，经同级党的委员会和团的上级委员会批准，可以提前或延期举行。

第二十一条 团的地方各级代表大会的职权是：

（一）审查和批准同级委员会的工作报告；

（二）讨论和决定本地区团的工作任务和有关重要事项；

（三）选举同级委员会；

（四）选举出席上一级团的代表大会的代表。

团的地方各级委员会在代表大会闭会期间，执行上级团组织的指示和同级团的代表大会的决议，领导本地方团的工作，定期向上级团的委员会报告工作。

第二十二条 团的地方各级委员会全体会议选举各该级委员会的常务委员会和书记、副书记。团的地方各级委员会全体会议由常务委员会召集，每年至少举行一次。在委员会全体会议闭会期间，由常务委员会行使委员会的职权。

团的地方各级委员会的组成，必须经同级党的委员会和上级团的委员会批准。

第二十三条 中国人民解放军和中国人民武装警察部队中团的工作，是军队和武警部队政治工作的一个重要组成部分。军队和武警部队中团的组织在党的委员会和政治机关的领导下，根据团中央委员会和中国人民解放军总政治部或中国人民武装警察部队政治部的规定和指示进行工作。

第五章 团的基层组织

第二十四条 企业、农村、机关、学校、科研院所、街道、人民解放军连队、人民武装警察部队中队和其他基层单位，根据工作需要和团员人数，经上级团的委员会批准，建立团的基层组织，其设置应从实际出发，可以不完全与行政和党组织建制对应。

（一）团员在三人以上的单位可以建立支部。

（二）团员在三十人以上的单位，可以建立总支部。

（三）团员在一百人以上的单位，可以建立基层委员会。

在基层委员会、总支部下建立支部。如果工作需要，在基层委员会下也可以建立总支部。在一个支部内可以分若干个小组。

支部委员会、总支部委员会由团员大会选举产生，每届任期一年或两年，其中大、中学校学生支部委员会每届任期一年。基层委员会由团员大会或代表大会选举产生，每届任期两年或三年。

第二十五条 团的基层组织是团的工作和活动的基本单位，应该充分发挥团结教育青年的核心作用。它的基本任务是：

（一）组织团员和青年学习马克思列宁主义、毛泽东思想和邓小平理论，学习党的路线、方针和政策，学习科学、文化和业务。

（二）宣传、执行党和团组织的指示和决议，参与民主管理和民主监督，充分发挥团员的模范作用，团结带领青年积极投身改革开放和现代化建设，为物质文明和精神文明建设做贡献。

（三）教育团员和青年学习革命前辈，继承党的优良传统，发扬社会主义道德风尚，树立与改革开放和社会发展相适应的新观念，自觉抵制不良倾向，坚决同各种违法犯罪行为作斗争。

（四）了解和反映团员与青年的思想、要求，维护他们的权益，关心他们的学习、工作、生活和休息，开展文化、娱乐、体育活动。

（五）对要求入团的青年进行培养教育，做好经常性发展团员工作，收缴团费，办理超龄团员的离团手续。

（六）对团员进行教育和管理，健全团的组织生活，开展批评和自我批评，监督团员切实履行义务，保障团员的权利不受侵犯，表彰先进，执行团的纪律。

（七）对团员进行党的基本知识教育，推荐优秀团员作党的发展对象；发现和培养青年中的优秀人才，推荐他们进入更重要的生产和工作岗位。

第六章 团的干部

第二十六条 团的干部是团的工作的骨干。共青团要按照德才兼备的原则，大胆选拔年轻干部，保持团干部队伍年轻化的优势，努力实现团干部队伍的革命化、知识化和专业化，在“保留骨干、以资熟手”的同时，不断为党和国家输送年轻干部。

第二十七条 团的各级领导干部要做团员和青年的表率，模范地履行团员的各项义务，努力做到。

（一）政治上要坚强。具有相应的马克思列宁主义、毛泽东思想和邓小平理论的水平，坚决执行党的基本路线和各项方针政策，立志改革开放，献身社会主义现代化建设事业。

（二）学习要刻苦。带头学习政治、经济、文化、科学技术和现代管理知识，不断提高思想政策水平和实际工作能力。

（三）工作要勤奋。有强烈的革命事业心和责任感，勤于思考，勇于创新，知难而进，积极主动地在青年中开展工作，努力做出实绩。

（四）作风要扎实。朝气蓬勃，实事求是，发扬民主，敢想敢干，深入基层，调查研究，讲实话，办实事，求实效，不搞形式主义，不沾染官僚习气，热心为青年服务，做青年的知心朋友。

（五）品德要高尚。顾全大局，公道正派，团结同志，助人为乐，诚实谦虚，清正廉洁，有自我批评精神，自觉接受团员和青年的监督。

第二十八条 团的各级组织负有协助党管理团干部的责任。要加强对团干部的选拔和培养，建立正规的培训制度，办好各级团校和培训班；建立和健全团干部的考核制度；主动向有关党委和团委推荐下级或同级团组织负责人人选，对团干部的调动提出建议。

团的各级组织要关心团干部的工作、学习、生活和休息，努力帮助他们解决实际问题，积极为他们的成长和转业创造条件。

对工作有显著成绩的团干部，团的组织应当给以表扬和奖励。

第二十九条 团干部要认真了解党委工作全局，主动汇报团的工作情况，积极负责地发表意见，结合团的工作实际，创造性地完成党委交给的任务。

第七章 团旗、团徽、团歌、团员证

第三十条 中国共产主义青年团团旗旗面为红色,象征革命胜利;左上角缀黄色五角星,周围环绕黄色圆圈,象征中国青年一代紧密团结在中国共产党周围。团的重要会议以及团日活动可以使用团旗。

第三十一条 中国共产主义青年团团徽的内容为团旗,齿轮,麦穗,初升的太阳及其光芒,写有“中国共青团”五字的绶带。它象征着共青团在马克思列宁主义、毛泽东思想的光辉照耀下,团结各族青年,朝着党所指引的方向奋勇前进。团的组织和团员应按规定使用、佩戴团徽。

第三十二条 中国共产主义青年团代团歌为《光荣啊,中国共青团》。

第三十三条 中国共产主义青年团团员证封面为墨绿色,象征着青春和朝气蓬勃的青年运动;封面上方印有红色烫金团徽,象征着共青团是团结教育青年的核心。团的组织和团员应按规定管理和使用团员证。

第八章 团的经费

第三十四条 团的经费来源主要是:团员交纳的团费、党和政府以及企事业单位关于青少年事业的专项经费、团办经济实体创收、正当的社会资助和团组织的其他合理收入。

第三十五条 团费的交纳和管理使用办法由中央委员会统一规定。

第三十六条 团组织创办的经济实体,必须认真执行国家的有关法律和政策,努力为社会经济发展服务,为青少年健康成长服务,为团的事业服务。

第九章 团同少年先锋队的关系

第三十七条 中国少年先锋队是中国少年儿童的群众组织,是少年儿童学习共产主义的学校,是建设社会主义和共产主义的预备队。中国共产主义青年团受中国共产党的委托领导中国少年先锋队的工作。共青团要发扬“全团带队”的传统,保护和关心少年儿童的成长,坚持以社会主义思想和共产主义精神教育少年儿童,引导他们听党的话,好好学习,天天向上,爱祖国,爱人民,爱劳动,爱科学,爱护公共财物,锻炼身体,培养能力,努力成长为社会主义现代化建设需要的合格人才,做共产主义事业的接班人。

中学少先队组织可以推荐优秀少先队员作团的发展对象。

第三十八条 团的组织选派优秀团员或者聘请思想进步、作风正派、知识丰富、热爱少年儿童的教师、先进人物以及其他人员,担任少年先锋队的辅导员,并从思想上、工作上、生活上关心他们,帮助他们不断提高政治和业务水平。对有显著成绩的辅导员和少先队工作者,应当给以表扬和奖励。

中国共产主义青年团第十四次全国代表大会关于《中国共产主义青年团章程(修正案)》的决议

1998年6月25日通过

中国共产主义青年团第十四次全国代表大会审议并通过了十三届中央委员会提出的《中国共产主义青年团章程(修正案)》。大会决定,经修正后的《中国共产主义青年团章程》自通过之日起生效。

大会认为,根据党的十五大对党章的修改,在团章中明确规定中国共产主义青年团以马克思列宁主义、毛泽东思想和邓小平理论作为自己的行动指南,这对于保证共青团组织在党的领导下,团结带领广大团员坚定地走有中国特色社会主义道路,把我国建设成为富强民主文明的社会主义现代化国家,具有重大而深远的意义。

大会要求,各级团组织和全体共青团员要认真学习和执行团章的各项规定,在邓小平理论和党的基本路线指引下,更加紧密地团结在以江泽民同志为核心的党中央周围,积极投身改革开放和社会主义现代化建设,充分发挥生力军作用,为把建设有中国特色社会主义伟大事业全面推向21世纪而努力奋斗。

共青团第十四届中央委员会委员、候补委员、书记处第一书记、书记处书记、常委名单

共青团第十四届中央委员会委员名单

(177名,按姓氏笔画排序)

丁元伟	于　池(蒙古族)	于立成
于振国	马　夫(回族)	马云海(回族)
马晓晖	马福朝	王　飞
王　宁	王丽(女)	王　晓
王大睿	王月冲	王文斌
王玉梅(女)	王立英(女)	王亚蔺
王晓峰	王寒松	王缓平
王德玉(苗族)	王燕文(女)	韦　弋
乌　兰(女,蒙古族)		尹永日(朝鲜族)
巴音朝鲁(蒙古族)	石　晶	石一鲁实(彝族)
石嘉兴(满族)	田　杰	田向利(女)
白　云(女)	冯玉臻	兰义彤(女)
兰宏良	尼玛卓玛(女,藏族)	吉　林
尧斯丹(藏族)	朱　谦	朱灿平
乔保平	庄长兴	刘　勇
刘　强	刘长威	刘东升
刘莲玉(女)	刘晓滨	刘慧晏
关成华(满族)	汤　涛	许　波(女)
许树森	孙寿山	孙金龙
李　石	李　江(女)	李　兵
李　勇	李　晖(女)	李　群
李权利	李江华	李国华
李学谦	李胜利	李洪凤

李晓雷　李鹏新　杨　卫(藏族)
杨　岳　杨清海　肖开提·依明(维吾尔族)
肖征忠　吴　焰　吴玉斌
吴建春　吴南翔　吴康明
何　元　何青龙(蒙古族)　何梦通
佟桂莉(女)　宋芳蓉(女,土家族)　宋丽萍(女)
宋爱荣(女)　宋晨曦　宋璇涛
张　俊　张　骏　张平军
张安顺　张洪岩　张景岩
陈　吉　陈卫民　陈元芊(女)
陈茂辉　陈益萍(女)　陈海洋(藏族)
陈遵江　武虹剑　范继英(女)
林　洁(女)　金　东　周　强
周　灏　周德进　宗　明(女)
郎晓莉(女)　孟祥君　赵　钊
赵　勇　赵庆华　赵建东
荣　刚　胡　伟　胡守文
胡伯俊　胡学庆　胡春华
胡禄林　段春华　郗杰英
洪天云(土家族)　姚玉舟　姚晓东
姚靖江　顾晓今(女)　柴绍良
徐咏虹(女)　徐总茂　徐萍华(女)
高广滨　高红光　高志杰
高建民　高登榜　陶明知
黄　鹰　黄丹华(女)　黄道功
黄楚平　黄新初　曹卫洲
曹东新(满族)　曹彦群　曹锡康
崔　波　崔志雄　康占平
梁　颖(壮族)　梁宗华　彭　波
葛慧君(女)　董少龙　景建华
谢　凡　谢社光　谢明中
楼阳生　雷永达(壮族)
雷春美(女,畲族)　詹少敏　褚　平
蔡　忠　廖可铎　熊少军
樊永生　樊金龙　德吉(女,藏族)
潘东军　薛　潮　薛崇民
穆特力甫·托乎提(维吾尔族)　戴克维

共青团第十四届中央委员会候补委员名单

(118名,按得票多少排序)

邹　峰　黄惠华　杨　宁(彝族)
高　伟　郭　巧(女)　陈晓萍(女)
罗　敏(女)　张志钢　金　俊
周永琴(女)　黄正明　李晓明(女,满族)
张　备　冯宗润　朱健梅(女)
孙　赫(女,鄂伦春族)　陈庆华
庄洪涛(高山族)　陈志军　郑淑琴(女)
郝　兵　胡征宇　程冬然
张东萍(女,东乡族)　陈　泉(女)
郭长江　冯正玉　李　丹(女)
李立宁　黄　玮(女)
文　辉(女,蒙古族)　许艳红(女)
李　青(女)　杨海燕(女,水族)
张建功　陈洪武　梁信军
邓　勇　何　伟　宋振权
黄培怡　向　燕(女)　纪　纯
张宜琪(女)　刘　明　李建军(女)
吴志强　邵亚鹏(女)　和云芳(女,纳西族)
金能明　姚伟龙　王晓东
王晓静(女)　付　林　刘晓平
何焕全　张　宁(女)　程正茂
潘广军(仫佬族)　王体先　刘新合
孙　雷　库兰·赛富汗(女,哈萨克族)
陈　珂(女)　贾春曲　顾　俊(女)
刘明文(黎族)　罗　文　王志杰
余　泠　洛　桑(藏族)　布仁巴雅尔(蒙古族)
华　伟　李小丽(女)　杨　震
张　强(回族)　张加平　曹　蔚(女)
常　春(蒙古族)　石强桢　冯　雷
陈春霞(女)　黄淮扬　吕吉权
黎小红(女)　刘　奇　刘寿国
李天庆　武秀兰(女)　王进贤(傣族)
苏明娟(女)　杨　峥　吴艳艳(女,壮族)
张云丽(女,回族)　刘兆玉　吴乾洵(女,苗族)
张薇薇(女)　尉俊东　富子梅(女,满族)
李雪梅(女)　潘秀娜(女,满族)　王凤英(女)

毕春敏(女)	刘 坤(女)	张霜冰(满族)
王剑波	曹艳艳(女)	覃 渝
马勇明	吕 曼(女,回族)	卢雍政
王景峰	郭彦徽(女)	陈辐宽
苏 力	唐廷教	穆铁健

共青团第十四届中央书记处第一书记

周 强

共青团第十四届中央书记处书记

巴音朝鲁	孙金龙	胡春华
黄丹华	崔 波	赵 勇

共青团第十四届中央常务委员会委员名单

(23 名,按姓氏笔画排序)

巴音朝鲁(蒙古族)	吉 林	乔保平
孙寿山	孙金龙	李 群
李学谦	肖开提·依明(维吾尔族)	
张 骏	金 东	周 强
赵 勇	胡春华	段春华
柴绍良	黄丹华(女)	曹卫洲
曹东新(满族)	崔 波	楼阳生
褚 平	薛 潮	戴克维

第一部分

特　　载

1998年

在推进伟大事业中建功成才

——在与“中国青年五四奖章”获得者和青年志愿者代表座谈时的讲话

1998年5月3日

胡锦涛

青年朋友们，同志们：

在“五四”青年节到来之际，首先，我代表党中央、国务院，向获得“中国青年五四奖章”的同志们表示祝贺，向在座的青年志愿者代表表示敬意，并向全国广大团员青年、青年工作者致以节日的问候！

今天这个座谈会开得很好。刚才五位同志的发言，令人感动，使人振奋。你们在平凡的工作中，在艰苦的环境里，扎实奋斗，开拓进取，克服了种种困难，创造了不寻常的业绩。在你们身上，集中体现了当代青年积极向上的精神风貌。广大青年都应该向你们学习。

今年是全面贯彻落实党的十五大精神的第一年，也是完成“九五”计划的关键一年。当前，我国改革开放和现代化建设总的形势是好的，外部环境也有着许多有利条件。经过全党和全国各族人民的共同奋斗，改革开放继续深入，国民经济保持“高增长、低通胀”的良好态势，社会生产力、综合国力和人民生活水平进一步提高，民主法制建设、精神文明建设、党的建设和其他各项事业都取得了新的进展。我国同周边国家的睦邻友好、同广大发展中国家的团结合作继续加强，同西方发达国家的关系得到改善和发展，我国的国际影响进一步扩大。特别是在东南亚一些国家和地区发生金融危机，并严重影响亚洲乃至世界经济的情况下，我国仍然保持了经济的稳定。当然，也要清醒地看到，在我国的经济和社会生活中，还存在着一些突出的矛盾和问题。如一些国有企业生产经营困难，下岗待业人员增加，一部分职工生活困难，等等。面对新的形势和任务，党和人民殷切希望广大青年，继承和发扬“五四”光荣传统，进一步增强责任感、使命感和紧迫感，振奋精神，坚定信心，为完成今年改革、发展、稳定的各项任务做出更大的贡献，在建设有中国特色社会主义的伟大事业中建功成才。

那么，青年一代怎样才能不辜负党和人民的重托，在建设有中国特色社会主义的伟大事业中建功成才呢？从刚才几位同志的发言和许多优秀青年成长的经历中，可以得到几点重要的启示。

第一，勤奋学习是青年进步的重要阶梯。老一辈革命家在勉励青年的时候，总是强调，学习是青年第一位的任务。这里面蕴涵着深刻的道理。青年正处在人生的起步阶段，首先要通过学习来长知识，明事理，为一生的成长进步奠定良好的基础。青年需要学的东西很多，最重要的是要在两个方面做出努力。一是认真学习邓小平理论。邓小平理论不仅是指引我们实现国家富强、民族振兴、人民幸福的光辉旗帜，也是青年成长进步的行动指南。有了邓小平理论的武装，青年就能在成长道路上不迷路，少跌跤，正确把握人生之舵，一生都将受益无穷。目前，广大青年学习邓小平理论的热情很高，这是非常可喜的。希望青年们把学习邓小平理论同学习党的十五大精神很好地结合起来，着重在完整准确地把握邓小平理论的科学体系、基本观点、思想精髓上下一番苦功，在运用这个理论指导实践、解决实际问题上下一番苦功，在不断改造自己的主观世界上下一番苦功，牢固树立正确的世界观、人生观、价值观，坚定走建设有中国特色社会主义的道路。二是努力掌握现代科学文化知识。在世界科技革命突飞猛进、知识更新速度不断加快的今天，不抓紧学习，不及时补充新知识，就会跟不上时代前进的步伐，就难以在现代化建设中有所作为。青年要树立终身学习的观念，养成敏于求知、勤于钻研的习惯，不断汲取反映当代世界新发展的各类新知识，更好地适应改革开放和现代化建设的需要。

第二，艰苦创业是青年肩负的历史责任。要把十五大确定的跨世纪宏伟蓝图变为现实，必须依靠包括广大青年在内的全国人民的艰苦创业。一切有志于为实现中华民族伟大复兴做出贡献的青年，都应当义无反顾地肩负起艰苦创业的历史责任。艰苦创业就要脚踏实地，勤勉敬业。“千里之行，始于足下。”要成就一番事业，就应当把远大抱负同实干精神结合起来。如果不切实际，好高骛远，只会虚掷光阴，荒废事业。广大青年要立足本职岗位，争创一流成绩，用诚实的劳动创造美好的未来。艰苦创业就要勤俭节约，反对奢靡。勤俭是立身、创业、建国之本。我们国家正处在社会主义初级阶段，尤其要坚持勤俭持家，勤俭建国，勤俭办一切事情。这些年我国的经济有了很大发展，适当提高消费水平是必然的，但是讲排场、比阔气、贪图享乐、铺张浪费，不仅不符合国情，不利于国家的可持续发展，而且还会败坏社会风气。“历览前贤国与家，成由勤俭败由奢。”这句格言对青年一代很有警示作用。特别是一些经济条件比较好的青年，更要注意防止奢靡之风的侵蚀，努力加强这方面的修养。艰苦创业就要自立自强，百折不挠。创业之路从来都不是一帆风顺的。要创业，就难免会遇到困难和挫折。随着改革的不断深入，青年在获得更多发展机会的同时，面临的压力也增大了，有的青年已经遇到了这样或那样的困难。党和政府应该给他们以更多的关心和帮助。对青年自己来讲，则应当正视困难，树立信心，把压力当做进取的动力，把挫折看成人生的洗礼，不等待，不依赖，坚忍不拔地去奋斗。艰苦创业就要锐意创新、开拓前进。创新是一个民族进步的灵魂，是国家兴旺发达的不竭动力。我们所从事的建设有中国特色社会主义事业是前无古人的崭新事业。这就要求广大青年努力发挥思想活跃、接受新事物快、富有创造活力的优势，进一步增强创新意识，提高创新能力，积极探索，大胆试验，在改革和建设中充分施展自己的聪明才智。

第三，甘于奉献是青年应有的精神境界。有中国特色的社会主义，就是物质文明建设和精神文明建设相互促进、经济与社会协调发展的社会主义。因此，奉献精神是我们这个时代非常需要的。在社会主义市场经济条件下，不讲物质利益原则、不按经济规律办事是不行的，但不讲互助友爱、不讲奉献精神也是不行的。如果每个人都只替自己打算，就难以形成凝聚力，也会影响社会主义市场经济的发展。这些年来，社会上越来越多的人积极参与公益事业和扶贫济困活动，见义勇为的事迹也层出不穷。这说明，奉献精神虽然很高尚，但做起来也不是高不可攀，奉献就在身边，奉献就在眼前，人人都可以为社会、为他人做出一些奉献。一个人在年轻的时候，多讲些奉献，少讲些索取，多为他人着想，少考虑个人得失，才能成长为品德高尚、精神充实的人。今天在座的优秀青年，之所以能够取得突出成绩，赢得社会赞誉，很重要的一点，就是有奉献精神。希望广大青年发扬开风气之先的优良传统，甘于为人民、为社会、为国家多做奉献。

第四，投身实践是青年成长的必由之路。社会实践始终是青年一代锻炼成长的大课堂。大凡在事业上有所成就的人，无不经历过社会实践的磨炼和艰难困苦的考验。青年人有许多长处，但一般来讲，社会实践这一课相对比较缺乏。正因为这样，我们党历来强调青年要积极投身社会实践，经风雨，见世面，长才干。当代青年是跨世纪的一代，肩负着承前启后、继往开来的历史使命，参与社会实践尤为重要和迫切。这就要求广大青年，自觉地到党和人民需要的地方去，到改革开放和现代化建设的第一线去，到困难比较多、条件比较艰苦的地方去。只有这样，才能深入了解国情，深刻理解邓小平理论和党的基本路线的科学性、正确性；才能加深对社会实际的认识，增进同人民群众的感情；才能积累经验，磨炼意志，提高解决实际问题的能力，更快更好地成长起来。

近年来，共青团开展了许多富有成效的工作，受到了社会各方面的肯定。特别是青年志愿者行动，不仅对市场经济条件下的社会保障体系是一个有益的补充，而且对社会主义精神文明建设和广大青年的健康成长也是一个有力的促进。比如，团中央正在实施的青年志愿者扶贫接力计划就很有意义。推进青年志愿者行动，要坚持自愿参加、量力而行、讲求实效、持之以恒的原则。当前，尤其要注意从大局出发，为下岗职工服务，为扶贫攻坚服务，把青年志愿者行动更深入、更扎实地开展下去。

赢得青年才能赢得未来。以毛泽东、邓小平、江泽民同志为核心的我们党三代领导集体，总是从事关国家和民族前途命运的战略高度，重视青年，关心青年，爱护青年，把发展社会主义事业的希望寄托在青年身上。各级党委和政府务必把青年工作当做一件大事来抓，全社会都要努力为青年一代的健康成长创造良好的环境和条件。

青年朋友们，同志们，79 年前爆发的五四运动，揭开了中华民族振兴史上的光辉一页。今天的中国已经发生了翻天覆地的历史巨变，但五四运动所体现的爱国主义精神，仍然是凝聚和激励人民团结奋斗的强大动力，仍然需要当代青年发扬光大。让我们高举邓小平理论伟大旗帜，在以江泽民同志为核心的党中央领导下，解放思想，振奋精神，抓住机遇，开拓进取，为把我国建设成为富强、民主、文明的社会主义现代化国家而不懈奋斗！

青年知识分子要弘扬创新精神

——在会见青年专家国情考察团成员时的讲话（要点）

1998 年 7 月 18 日

胡锦涛

7 月 18 日，中共中央政治局常委、书记处书记胡锦涛会见第三期青年专家国情考察团成员并发表重要讲话。

胡锦涛强调，广大青年知识分子要大力弘扬中华民族的伟大创新精神，为建立当代中国的科技创新体系，增强我国的科技创新能力，实现跨世纪宏伟目标，贡献智慧和力量。

胡锦涛在充分肯定中组部组织的这次青年专家国情考察活动后说，当前，全党全国人民正在深入贯彻落实十五大精神，为把建设有中国特色社会主义伟大事业全面推向21世纪而努力奋斗。我们在前进中既面临着宝贵的机遇，也面临着严峻的挑战，任务光荣而又艰巨。江泽民总书记不久前在两院院士大会上会见部分院士时指出，科学技术的发展，社会各项事业的进步，都要靠不断创新，而创新就要靠人才，特别要靠年轻英才不断涌现出来。这充分体现了党和国家对青年知识分子的殷切期望。

胡锦涛对大家提出了四点希望：一是要努力学习马列主义、毛泽东思想特别是邓小平理论，坚定建设有中国特色社会主义的信念，树立正确的世界观、人生观、价值观，把实现自身价值与服务祖国人民统一起来，立志为国家富强和民族振兴贡献力量。二是要加深对国情的认识，把树立远大理想与进行艰苦创业统一起来，自觉地投身于改革开放和现代化建设的伟大实践。三是要增强创新意识，勇攀科技高峰。要立足我国现代化建设的需要，努力学习新知识，跟上现代科技发展的步伐，在本职工作中争创一流的业绩。四是要加强思想修养，培养良好的思想品德和职业道德。要继承和发扬老一代科技工作者的光荣传统，求真务实，淡泊名利，团结奋斗，自觉奉献，不仅要出高水平的成果，而且要做高素质的人才。

在会见第三届“中国杰出青年农民”称号获得者时的讲话

1998年11月20日

胡锦涛

很高兴在这里同大家见面。首先，我向荣获第三届“中国杰出青年农民”称号以及获得提名奖的青年朋友们，表示热烈祝贺！并借此机会，向奋斗在农业生产第一线的广大农村青年致以亲切的问候！

团中央、全国青联和有关部委共同开展的评选“中国杰出青年农民”活动，是一项很有意义的活动。我看了这次评选出的十位“中国杰出青年农民”的事迹介绍，大家在各自的工作中，都取得了突出的成绩，为农村的两个文明建设，做出了积极的贡献，特别是在你们身上体现出的艰苦创业、开拓进取、自觉奉献的精神，不仅值得广大农村青年学习，也值得全国各行各业青年学习。你们的实践再次证明，在建设有中国特色社会主义伟大事业中，在农村的广阔天地里，青年是可以大有作为的。

大家知道，我国有12亿多人口，9亿在农村。这个基本国情决定了农业、农村和农民问题是关系改革开放和现代化建设全局的重大问题。前不久召开的党的十五届三中全会，深刻总结了我国农村改革20年的基本经验，进一步明确了农业和农村跨世纪发展的目标，对农村经济、政治、文化建设做出全面部署。这也为农村青年建功成才指明了前进的方向。希望广大农村青年，认真学习贯彻十五届三中全会精神，牢记江泽民总书记给首届“中国杰出青年农民”回信中的教导，立足农村，艰苦奋斗，加强学习，提高素质，在开创农业和农村工作的新局面中,更好地发挥生力军作用。要认真学习、实践邓小平理论,积极投身农村改革,努力推动农村生产力发展,带动更多的群众走共同富裕的道路。要牢固树立农业的出路在科技、在教育的思想,积极投身科教兴农的实践,带头学习、运用、传播农业科学知识和先进实用技术,为促进农业和农村经济的更大发展贡献智慧和力量。要积极参与基层民主法制建设和社会主义精神文明建设,自觉遵纪守法,弘扬时代新风,以主人翁的精神,为建设富裕民主文明的社会主义新农村不懈奋斗。

农村的希望在于农村青年,农村的未来属于农村青年。我相信,实现农业和农村跨世纪发展目标的伟大实践,一定会极大地激发亿万农村青年的热情和干劲,一定会造就更多的杰出青年农民。

最后,祝大家在今后的工作中取得新的更大的成绩!

在会见香港学生交流团时的讲话(要点)

1998年12月25日

胡锦涛

12月25日下午,中共中央政治局常委、国家副主席胡锦涛亲切会见参加“爱我中华,建树香江”公民教育教学北京交流营的学生代表并发表重要讲话。

胡锦涛说,由香港教育工作者联会主办的这项活动很有意义。通过参加这项活动,同学们可以实地了解中华民族的悠久历史和灿烂文化,了解中国人民为实现民族独立和国家富强而奋斗的光辉历程,了解祖国内地改革开放和现代化建设的伟大成就。这对于大家开阔眼界,丰富知识,进一步增强民族自信心和自豪感,激发爱国热忱,将来更好地建设香港、报效祖国,一定会大有益处。

胡锦涛指出,香港回归祖国一年多来,在“一国两制”、“港人治港”、高度自治方针的指引下,在中央政府的支持下,以董建华先生为首的特区政府施政有方,特别是为抵御亚洲金融危机的冲击进行了卓有成效的工作,使香港保持了繁荣稳定。香港的命运从来就是同祖国的命运紧密相连的。香港的繁荣稳定,有利于祖国内地的改革开放和现代化建设。祖国内地的经济发展和社会进步,也为香港的发展提供着强有力的支持。我们相信,有强大的祖国作后盾,只要六百万香港同胞齐心协力,就一定能够战胜各种困难,把香港建设得更加美好。

胡锦涛说,江泽民主席曾经指出,香港青少年代表着香港的未来和希望。在实现中华民族伟大复兴的进程中,香港青少年同内地青少年一样,肩负着光荣的责任和使命。希望香港广大青少年继续弘扬爱国爱港精神,胸怀祖国,心系香港,珍惜光阴,刻苦攻读,努力掌握各种知识和本领,尽快成长为建港治港的有用之才。希望两地青少年加强联系,增进友谊,互相学习,共同提高,携手开创祖国更加光辉的未来。

1999年

在出席纪念五四运动80周年“青春之歌”大型文艺晚会时的即席讲话

1999年5月4日

江泽民

听了你们嘹亮的歌声，铿锵的朗诵，使我们回想起青年时代的战斗岁月，回想起党和人民的伟大奋斗历程。历史证明，中国人民是永远不可战胜的！你们的歌声和朗诵，跳动着时代的脉搏，憧憬着美好的未来。未来是属于青年的，青春万岁！

发扬伟大的爱国主义精神 为建设有中国特色社会主义努力奋斗

——在五四运动80周年纪念大会上的讲话

1999年5月4日

胡锦涛

同志们，青年朋友们：

今天，我们在这里隆重集会，纪念五四运动80周年，庆祝五四青年节。我代表中共中央、国务院，向全国各族青年致以节日的祝贺！

在新世纪即将到来的时候，缅怀五四先驱们的业绩，回顾中国人民和青年在本世纪走过的历程，展望建设有中国特色社会主义事业的前景，在新的历史条件下进一步弘扬五四精神，具有特别重要的意义。

80年前爆发的五四运动，是以一批先进青年知识分子为先锋、广大人民群众参加的彻底反帝反封建的伟大爱国革命运动，也是一场伟大的思想解放运动和新文化运动。这场运动，成为中国旧民主主义革命走向新民主主义革命的转折点。

1840年鸦片战争以后，由于西方列强的野蛮入侵和中国封建统治者的腐败无能，中国一步步沦为半殖民地半封建社会。中国的发展受到严重阻碍。中华民族灾难深重，国家日益贫弱，社会战乱不已，人民饥寒交迫。为了救亡图存，许多志士仁人艰苦求索，寻找救国救民、振兴中华的真理和道路。为了改变自己的悲惨境遇，中国人民进行了一次又一次英勇卓绝、可歌可泣的斗争。从鸦片战争到中法战争、中日甲午战争，从太平天国运动到义和团运动，从戊戌维新到辛亥革命，都表现了中国人民不甘屈服于西方列强奴役和封建统治压迫的顽强反抗精神。这些斗争都在当时的社会历史条件下为拯救中国做出了自己的贡献。正是这些此起彼伏、连续不断的斗争，粉碎了帝国主义把中国变为殖民地的企图。毛泽东同志曾经把领导辛亥革命的孙中山先生称为中国民主革命的伟大先行者。辛亥革命结束了在中国延续几千年的封建帝制。但是，中国人民仍然处于帝国主义和封建主义的双重压迫之下。

旧式的农民革命运动和农民战争，资产阶级改良主义运动和资产阶级领导的旧民主主义革命，都没有也不可能改变中国半殖民地半封建的社会性质。从洪秀全、康有为到孙中山，都曾努力向西方学习，但都未能找到救国救民的真理。1915 年，袁世凯政府同日本签订卖国的二十一条。1918 年第一次世界大战结束，西方列强把持的巴黎和会竟然决定把战败国德国在我国山东攫取的各种权利转让给日本，极大地激怒了中国人民。也正是在这个时期，俄国十月革命取得胜利，显示了马克思列宁主义的伟大力量，使中国的先进分子在黑夜里看到了曙光，中国人民的反帝反封建斗争从此找到一个全新的历史支点。五四运动在这种情况下不可避免地爆发了。

1919 年 5 月 4 日，北京数千学生涌上街头，高呼“外争国权、内惩国贼”等口号，由此掀起了有工人阶级、小资产阶级、民族资产阶级和其他爱国人士广泛参加的全国性群众斗争。五四运动是中国人民以往前赴后继斗争的继续和新的发展。在这场斗争中，中国工人阶级第一次以声势浩大的政治大罢工显示出崭新的战斗姿态。五四运动鲜明地贯穿着彻底地不妥协地反帝反封建的爱国主题。

五四运动作为极大地促进思想解放的新文化运动，猛烈地冲击和荡涤着几千年来的封建旧礼教、旧道德、旧文化，为新思想、新文化在中国的广泛传播开辟着道路。热爱祖国、追求进步的青年和人们，开始用新的眼光看中国、看世界，从对各种社会思潮、政治主张和政治力量的鉴别中认真思考。一批先进的青年知识分子，经过历史的比较和实践的选择，接受了马克思列宁主义，并积极传播马克思列宁主义，促进它同中国工人运动的结合。这就为以马克思主义为理论指导、以中国工人阶级为阶级基础的中国共产党的成立，做了思想上和干部上的准备，并使社会主义思想成为五四运动后新文化运动的主流。

五四运动树立了一座推动中国历史进步的丰碑。五四运动也孕育了爱国、进步、民主、科学的伟大精神。在当时，爱国，首先是争取民族独立、维护国家主权和领土完整，反对帝国主义的奴役和封建军阀政府的卖国行径；进步，首先是反对阻碍民族独立和人民解放的一切腐朽没落的东西，推动中国社会向前发展；民主，首先是推翻专制独裁的旧制度，实现最广大人民的解放和民主、自由；科学，首先是探索指导中国人民根本改变受奴役、受压迫地位的科学真理和发展道路。五四精神的核心，是伟大的爱国主义。在五四运动中和五四时期，革命青年为救亡图存、振兴中华奔走呼号，奋不顾身，表现出了高尚的爱国情操和大无畏的革命英雄主义。五四运动所体现的爱国主义精神，是中华民族百折不挠自强不息的民族精神的生动写照。这种历久弥新的伟大爱国主义精神，是我国几千年来发展和进步的重要力量源泉。所有的中华儿女都应万分珍视、大力弘扬这个宝贵的精神财富。

五四运动以后，在中国共产党的领导下，中国人民争取社会进步和推动历史前进的斗争，波澜壮阔地向前发展。

我们党在以毛泽东同志为核心的第一代

领导集体的领导下，始终站在反帝反封建的最前列，经受了世所罕见的重重磨难，付出了难以估量的巨大牺牲。经过北伐战争、土地革命、抗日战争和解放战争，终于推翻了压在中国人民头上的帝国主义、封建主义和官僚资本主义三座大山，完成了新民主主义革命的任务。在1949年纪念五四运动30周年后不久，中华人民共和国宣告成立，从此彻底结束了鸦片战争以来中华民族任人宰割、备受欺凌的屈辱历史。中国人民在世界上光荣地站起来了。

新中国成立后，面对帝国主义对我们的封锁和武力威胁，我们党紧紧依靠人民，坚持独立自主、自力更生的方针，迅速医治了战争创伤，创造性地完成了社会主义改造，建立了社会主义制度，实现了中国历史上最深刻、最伟大和具有世界意义的社会变革。在积极探索中国社会主义建设的正确道路过程中，我们遇到过不少困难，也发生过严重的失误。但是，党和人民同甘共苦，团结奋斗，社会主义事业取得了巨大的成就。在短短的二三十年间，我国就建立起了独立的比较完整的国民经济体系，为实现国家的工业化和现代化奠定了重要的物质技术和文化基础，这在世界的发展史上是罕见的。

党的十一届三中全会以后，我国社会主义事业的发展进入了新的历史时期。我们党运用马克思列宁主义、毛泽东思想和邓小平理论，科学地总结正反两方面的历史经验，确立了党在社会主义初级阶段的基本路线、基本纲领和一系列重大方针政策，成功地开辟了建设有中国特色社会主义的正确道路。改革开放20年来，我们党在以邓小平同志为核心的第二代领导集体和以江泽民同志为核心的第三代领导集体的领导下，团结和带领全国各族人民，排除各种干扰，克服一个又一个困难，经受住了各种风险的严峻考验，取得了改革开放和现代化建设的举世瞩目的伟大成就。我国的社会生产力、综合国力和人民生活水平都上了一个大台阶。12亿人的温饱问题已基本解决，正在进入和建设小康社会。发展社会主义民主政治取得重要进展，加强社会主义精神文明建设取得新的成果。我国政府顺利恢复了对香港行使主权。澳门也将于今年回到祖国怀抱。中国的国际影响日益扩大，国际地位不断提高。全党全国各族人民正在满怀信心地把建设有中国特色社会主义事业全面推向21世纪。

五四运动以来的80年，是中国共产党把马克思主义同中国实际相结合，继承和发展五四精神的80年；是中国人民和青年在党的领导下，不断开创革命、建设和改革的辉煌业绩，为振兴中华而不懈奋斗的80年。此时此刻，我们可以告慰五四先驱们的是，他们追求的理想和目标，许多已经成为现实而且被大大向前推进和发展了。中国人民将继续努力奋斗，直到实现中华民族的伟大复兴，直到经过社会主义事业的不断发展而最终实现共产主义。

80年的历史证明，中国共产党是五四精神最忠诚的继承者。我们党自建立以来，总是根据不同历史时期的形势和任务，把五四精神与人民群众推动社会进步的实践结合起来，使爱国、进步、民主、科学的五四精神始终具有广泛的群众性和鲜明的时代性，不断升华到新的境界。今天，我们继承和发扬五四传统，就要坚持以马克思列宁主义、毛泽东思想和邓小平理论为指导，坚持党的基本路线，发扬民族自尊、自信、自强的精神，汲取一切有益的新思想、新经验，努力建设有中国特色社会主义的经济、政治、文化，把改革开放和现代化事业不断推向前进。

80年的历史证明，中国人民选择中国共产党作为领导自己事业的核心力量，选择经过新民主主义过渡到社会主义社会的革命道路，选择并成功地开辟具有中国特色的社会主义发展道路，是完全正确的。没有中国共产党的领导，就没有中国革命的胜利，就没有中国的社会主义事业，也就没有中国的前途和希望。社会主义制度的建立和通过改革不断加以完善，为我国社会生产力的发展和社会的全面进步提供了可靠的保证。坚持和改善党的领导，坚定不移地沿着建设有中国特色社会主义道路前进，中华民族的伟大复兴就一定能够实现。

80年的历史证明，青年始终是我们社会中最积极、最活跃、最有生气的一部分力量，青年运动的发展始终同中国共产党领导人民不懈奋斗的历史进程紧密相连，我们的事业取得的全部成就始终与一代又一代青年的英勇奋斗分不开。党离不开青年，青年更离不开党。青年运动的正确方向，就是坚持党的领导，坚持同人民群众的伟大实践一道前进。在历史进程中，每个人都不可避免地要经受各种考验。革命队伍中的绝大多数人昂首阔步地向前迈进，他们中涌现出的英雄模范永远受到人民的尊敬。但是，也有人在历史进步的洪流中被淘汰。青年要坚持正确的人生之路，不断为人民建功立业，就要把个人的理想融入广大人民的共同理想之中，把个人的奋斗融入广大人民的集体奋斗之中，不断从人民群众中汲取智慧和力量，永远保持朝气蓬勃、奋发向上的青春活力。

同志们，青年朋友们！

今年是中华人民共和国成立50周年。中华民族全面振兴的灿烂前景鼓舞我们奋发前进。在新世纪的第一个10年，我们将实现国民生产总值比2000年翻一番，使人民的小康生活更加宽裕，形成比较完善的社会主义市场经济体制；再努力20年，到我们党成立100周年时，将使国民经济更加发展，各项制度更加完善；到21世纪中叶，中华人民共和国成立100周年时，将基本实现现代化，建成富强民主文明的社会主义国家，中国人民将达到现代化基础上的共同富裕。

实现这个宏伟目标，要靠党和人民的团结奋斗，要靠全国青年继往开来、奋发进取。五四运动点燃的革命火炬，已经传到当代青年的手中。现在20多岁的青年，将亲身经历实现中华民族全面振兴的伟大进程。生活在这样一个大有作为的历史时期，是十分幸运的。五四以来几代青年梦寐以求的实现中国现代化的理想，将通过你们的继续奋斗得以实现，这更是十分光荣和自豪的。广大青年要增强历史使命感，高举邓小平理论伟大旗帜，发扬伟大的五四精神，为实现我国的社会主义现代化不断建功立业。

当代青年要肩负起时代赋予的崇高责任，一定要认清形势，勇于面对任何艰难险阻，经受住各种考验。当今世界正在发生深刻的变化。世界多极化和经济全球化趋势进一步发展，科学技术突飞猛进，知识经济开始出现，综合国力竞争日趋激烈。和平与发展是当今世界的两大课题，而且一个也没有解决。冷战思维依然存在，霸权主义和强权政治还有新的发展，天下并不太平。西方大国对社会主义国家和发展中国家推行"西化"、"分化"的战略企图没有也不可能改变。我国的发展既面临难得的历史机遇，也受到严峻的挑战。建设有中国特色社会主义是一项全新的事业，我们对它的发展规律在不少方面还知之不多、知之不深，需要继续探索。我们还需要经历一个相当长的时期才能完成工业化和实现经济的社会化、市场化、现代化。在前进的道路上，还会遇到许多复杂的情况和困难，不可能一帆风顺。广大青年要学会用全面的观点、辩证的观点、发展的观点看待形势。只看到光明的一面，看不到困难或轻视困难，盲目乐观，是不对的和有害的。害怕困难，动摇信心，无所作为，也是不对的和有害的。

五四运动80年来，中国共产党领导全国各族人民，是在战胜各种困难和风险中走过来并不断取得胜利的。今天，我们有邓小平理论和党的基本路线的正确指引，有以江泽民同志为核心的党中央的坚强领导，有改革开放进一步积累起来的物质技术基础，有广大干部和人民群众的共同奋斗，无论遇到什么困难和风险，无论这些困难和风险是可以预料的还是难以预料的、是来自国内的还是来自国外的，都动摇不了我们实现社会主义现代化的雄心壮志。广大青年应当牢固树立这样的信心和决心。在顺利的时候，不骄傲自满，始终谦虚谨慎；在挫折和困难面前，不悲观失望，始终坚忍不拔；在风云变幻之际，不随波逐流，始终坚持正确的前进方向。

当代青年要肩负起时代赋予的崇高责任，一定要响应江泽民同志的号召，坚持学习科学文化与加强思想修养的统一，坚持学习书本知识与投身社会实践的统一，坚持实现自身价值与服务祖国人民的统一，坚持树立远大理想与进行艰苦奋斗的统一，努力把自己锻炼成为党和人民所需要的、符合时代要求的社会主义建设者和接班人。

第一，要坚定理想，服务人民。正确的理想，是推动社会进步的重要动力，是人们知难而进、走向成功的重要精神支柱。古往今来，凡有作为的人，无不具有坚定的理想和信念，而且大多立志于年轻之时，追求于一生之中。当代青年一定要立志献身于改革开放和现代化建设的伟大事业，一定要始终高举邓小平理论伟大旗帜不动摇，坚持党的基本路线不动摇，坚持走建设有中国特色社会主义的道路不动摇。只有牢固树立了这样的崇高理想和坚定信念，才能自觉地把自己的人生追求同祖国和民族的前途命运联系起来，在服务祖国、服务人民的实践中充分发挥自己的聪明才智。要自觉地把爱党、爱祖国、爱社会主义与爱集体、爱岗位、爱本职工作结合起来，在工作中努力创造一流成绩，扎扎实实地为人民谋利益。要积极参与群众性精神文明创建活动，带头弘扬团结友爱、诚实守信、助人为乐、见义勇为的道德风尚，努力倡导健康文明的生活方式，做有益于人民、有益于社会的人。

第二，要深入群众，投身实践。一切有志的青年，都要自觉地深入人民群众之中，与工农相结合、与实践相结合。人民群众改造自然和社会的伟大实践，是青年成长的丰厚沃土和宽广课堂。要站在人民的立场上，增强同人民群众的感情，自觉到祖国和人民最需要的地方去，到改革和建设的第一线去，到艰苦的和困难多的地方去，了解国情，经受锻炼，增长才干，开拓事业。要通过向人民学习、向实践学习，深刻体验我们现在的奋斗同革命先驱奋斗的历史联系，切身感受改革开放和现代化建设的时代脉搏，保持青年人朝气蓬勃的鲜明特点，认真克服自己的弱点和不足，在建设有中国特色社会主义的实践中更好地成长和成熟起来。

第三，要勤奋学习，勇于创造。青年时期是学习的黄金时期，尤其要勤奋学习。不学习就要落伍，就会被时代所淘汰。大家务必珍惜宝贵的年华，刻苦学习马克思主义基本理论，特别要用历史唯物主义和辩证唯物主义武装自己，努力掌握马克思主义关于历史发展和社会进步的科学观点，增强在实际生活中识别和抵御各种唯心主义错误思潮和观点的能力，在改造社会的伟大实践中不断丰富和充实自己的精神世界。要做崇尚科学，破除迷信的模范。要结合各自的工作实际，学习经济、科技、法律、历史和其他方面的知识，努力用人类创造的优秀文明成果武装自己。当今世界综合国力的竞争，归根到底是人才的竞争，是创新能力的竞争。创新是一个民族进步的灵魂。广大青年要努力培养创新精神，提高创新能力，投身创新实践，为实施科教兴国战略，发挥更大的作用。

第四，要脚踏实地，艰苦奋斗。建设有中国特色社会主义的伟大事业是异常艰巨的，需要全国人民和青年付出长期艰苦的努力。巩固和发展社会主义制度，更需要几代、十几代甚至几十代人坚持不懈地奋斗。创业难，守业更难，守业加创业，尤其艰难。当代青年一定要深刻认识我国的基本国情，继承和发扬艰苦奋斗的优良传统，任何时候都不懈怠创业精神，都不涣散奋斗意志，积极创造无愧于前辈、无愧于后人的业绩。

青年是祖国和民族的未来与希望。各级党委和政府，要从社会主义事业长远发展的战略高度，热情关怀青年，正确引导青年，严格要求青年，努力把青年一代培养成为有理想、有道德、有文化、有纪律的社会主义新人。这是我们的事业兴旺发达的重要保证。共青团是党领导的先进青年的群众组织，发挥好作为党的助手和后备军的作用，为党的事业教育、团结和带领好青年；发挥好作为国家政权的重要社会支柱的作用，积极协助政府管理好青年事务；发挥好作为党和政府联系青年群众的桥梁与纽带的作用，依法代表和维护青年的利益，反映青年的意愿和呼声。社会各方面都要热情关心青年一代的成长和发展。

在20世纪，中国青年为祖国和人民赢得了巨大的光荣。我们相信，在新的世纪里，中国青年也一定不会辜负党和人民的厚望，一定会继续勇往直前，谱写青年运动的新篇章，为祖国和人民赢得新的更大的光荣。让我们高举邓小平理论伟大旗帜，紧密团结在以江泽民同志为核心的党中央周围，为建设有中国特色社会主义而努力奋斗！

在参加“小伙伴手拉手，共话祖国50年”“六一”交流活动时的讲话

1999年6月1日

胡锦涛

听了你们参加“小伙伴手拉手，共话祖国50年”活动的情况介绍，看了你们拍摄的图片、收集的实物、制作的模型，感到非常高兴。你们用自己制作的这些作品，反映建国以来特别是改革开放以来祖国发生的巨大变化，表达了爱祖国、爱家乡、爱亲人的真挚情感和对美好未来的热切向往。通过参加这次活动，你们既受到了一次生动的爱国主义教育，又激发了创新精神，锻炼了创造能力，这是很有意义的。

今天你们是国家的小主人，明天你们将是国家的栋梁。希望你们响应江泽民总书记的号召，从小树立远大志向，发愤学习，增长才干，强健体魄，全面发展，将来为建设祖国、保卫祖国、振兴中华贡献更多的力量。

少年儿童的健康成长关系着祖国的未来和民族的希望。祖国21世纪的前途寄托在广大少年儿童身上。全党和全社会都要从事关党和国家前途命运的高度，充分认识做好少年儿童工作的重要性，为少年儿童多办实事、好事，为培养和造就有中国特色社会主义事业的合格建设者和接班人而共同努力。

在会见参加纪念中国少年先锋队成立50周年座谈会代表时的即席讲话

1999年10月13日

胡锦涛

少先队员们，辅导员老师们，同志们：

在举国上下欢度新中国成立50周年的喜庆气氛中，我们又迎来了中国少年先锋队成立50周年这个值得纪念的日子。我作为一名佩戴过红领巾的老少先队员和曾从事过少先队工作的老少先队工作者，和大家一样，感到由衷的高兴。首先，我代表党中央、国务院，向全国各族少先队员致以节日的祝福，向广大少先队辅导员和少先队工作者致以亲切的问候，并向这次评出的全国十佳少先队员、十佳少先队辅导员和十佳志愿辅导员表示热烈的祝贺！

中国少年先锋队跟随共和国前进的步伐，已经走过了50年的光荣历程。50年来，少先队在党的领导和共青团组织的带领下，开展了生动活泼、丰富多彩、独具特色的活动，为促进少年儿童的成长进步发挥了不可替代的重要作用。50年来，一代又一代少先队员在星星火炬的照耀下，思想上得到了提高，学习上取得了进步，能力上受到了锻炼，逐步成长为社会主义事业的合格建设者和接班人。50年来一批又一批少先队辅导员和少先队工作者，不负党和人民的重托，在平凡的工作岗位上，辛勤耕耘，默默奉献，为红领巾事业倾注了自己的心血和汗水，有的甚至付出了毕生的精力。今天到会的，有各个历史时期少年英模、优秀少先队辅导员和少先队工作者的代表。你们的先进思想和模范事迹，广大少年儿童不会忘记，人民不会忘记，历史不会忘记。

我们即将跨入一个充满机遇和挑战的新世纪。在新的世纪里，要把革命先辈开创的事业不断推向前进，谱写建设有中国特色社会主义的新篇章，实现中华民族的伟大复兴，需要一代又一代人坚持不懈地去奋斗。今天的少年儿童，明天将成为社会的栋梁。国家和民族的希望寄托在你们身上。希望你们牢记江泽民总书记的教导，从小树立远大志向，培养爱祖国、爱人民、爱劳动、爱科学、爱护公共财物的良好思想和品德，勤奋学习，强健体魄，参与实践，全面发展，时刻准备着为祖国现代化建设贡献自己的聪明才智和力量。希望少先队组织、少先队辅导员和少先队工作者，继承和发扬优良传统，努力把握当代少年儿童成长的特点和规律，注重培养他们的创新精神和实践能力，不断增强他们适应未来挑战的综合素质，把少先队工作提高到一个新的水平。共青团组织要进一步加强对少先队工作的领导，更好地履行全团带队的光荣职责。全党全社会都要从关系党和国家前途命运的战略高度，更加重视少年儿童工作，千方百计为广大少年儿童特别是农村和贫困地区的少年儿童办实事、办好事，不断净化少年儿童成长的社会环境，努力形成人人关心爱护下一代的良好风尚。

我坚信，在以江泽民同志为核心的党中央坚强领导下，全国各族人民团结一心，共同奋斗，我们的祖国一定会有一个光辉的未来，红领巾事业也一定会有一个灿烂的明天。

在纪念全国青联成立50周年座谈会上的讲话

1999年5月6日

李岚清

青年朋友们,同志们:

今天,大家欢聚一堂,隆重纪念中华全国青年联合会成立50周年。首先,我代表党中央、国务院,向参加座谈会的青年朋友们、同志们,向全国各族各界青年,向香港特别行政区青年同胞、澳门和台湾青年同胞以及海外青年侨胞,致以良好的祝愿!向广大青联工作者和关心支持青联事业的各界人士,表示亲切的问候!

全国青联诞生于新中国成立前夕,到今天已经走过了50年不平凡的道路。50年来,伴随着祖国前进的步伐,青联组织在党的领导下,高举爱国主义、社会主义旗帜,紧紧围绕党在各个历史时期的中心任务,广泛团结全国各族各界青年,在社会主义革命、建设和改革事业中发挥了重要的作用。特别是改革开放以来,青联组织坚持爱国、团结、进步、巩固和发展新时期青年爱国统一战线,引导青年投身社会主义物质文明和社会主义精神文明建设,促进大批青年人才健康成长,为实现祖国的繁荣富强和促进祖国的完全统一做出了积极的贡献。人民共和国的辉煌历程,社会主义事业的巨大成就,凝聚着一代又一代青年的辛勤劳动,也留下了一届又一届青联的奋斗足迹。

50年来特别是改革开放以来,青联组织在实践中积累了许多宝贵的经验。认真总结和摄取这些经验,对于推动青联事业的进一步发展,具有十分重要的意义。这些经验主要是:

——必须坚持用马列主义、毛泽东思想特别是邓小平理论指导青联的全部工作。马列主义、毛泽东思想和邓小平理论是指导整个社会主义事业的强大思想武器,也对青联事业具有重要指导意义。在当代中国,只有把马克思主义同当代中国实践和时代特征结合起来的邓小平理论,才能解决社会主义发展的前途和命运问题,才能为青联工作指明前进的方向。坚持以马列主义、毛泽东思想特别是邓小平理论为指导,应当成为青联组织任何时候任何情况下都必须遵循的重大原则。

——必须坚持中国共青团对青联工作的统一领导。中国共产党是全国各族人民利益的忠实代表,是领导我们事业的核心力量。青联事业50年来的发展,无一不是在党的正确领导下取得的。只有毫不动摇地坚持党的领导,青联组织才能始终保持正确的政治方向。改革开放和现代化建设越深入,遇到的新情况新问题越多,青联组织就越要自觉接受党的领导,坚决贯彻执行党的路线方针政策。这是做好新时期青联工作的根本保证。

——必须坚持用爱国主义、社会主义旗帜感召、引导和凝聚青年。爱国主义是中华民族共同的精神支柱,社会主义是我国各族人民的历史选择。建设有中国特色的社会主义,是新时期爱国主义的集中体现。只有高举爱国主义、社会主义旗帜,青联组织才能把广大青年团结起来,形成强大的凝聚力,结成最广泛、最牢固的统一战线。

——必须坚持把青联事业融入国家和民族发展的整个事业之中。青年的命运历来是同祖国和民族的命运紧密相连的,青联事业的发展也离不开整个国家和民族的发展。实现中华民族的全面振兴,是全体中华儿女的共同理想,是全国各族人民的根本利益所在。青联组织只有以振兴中华为已任，紧紧围绕全党全国工作大局开展工作，才能找准位置，发挥优势，大有作为。

——必须坚持把竭诚为青年服务作为青联工作的出发点和落脚点。青联工作的对象是青年，青联组织存在的基础是青年。只有植根于广大青年之中，在维护全国人民总体利益的同时更好地代表和维护青年的具体利益，努力为青年办实事办好事，青联组织才能永葆生机和活力。

青年朋友们、同志们，20 世纪即将过去，充满机遇和挑战的 21 世纪就要来临。中国人民立下雄心壮志，要在过去 50 年取得巨大成就的基础上，再经过 50 年的努力，到建国 100 周年时，基本实现现代化，把我国建成富强民主文明的社会主义国家。今年是我国历史发展进程中具有特殊意义的一年。当前，全党全国人民正在以江泽民同志为核心的党中央领导下，高举邓小平理论伟大旗帜，深入贯彻党的十五大和十五届三中全会精神，全面落实九届全国人大二次会议部署，继续推进改革开放，保持经济稳定增长，维护社会政治稳定，以优异成绩迎接建国 50 周年和澳门回归祖国。

青联作为党领导的人民团体，作为我国各族各界青年广泛的爱国统一战线组织，在新的形势下，地位和作用更加重要，面临的任务更加繁重。这就要求青联组织，一定要遵照江泽民同志在与团中央新一届领导班子成员和团十四大部分代表座谈时的重要讲话精神，并认真学习胡锦涛同志代表党中央国务院在纪念五四运动 80 周年大会上所作的重要讲话，大力弘扬光荣传统，不辜负党和人民的殷切期望，为实现我国跨世纪发展的宏伟目标做出新的更大贡献。

在这里，我向青联组织提出三点希望：

一是要帮助青年在学习和实践中成长进步。学习始终是青年的第一位任务。尤其是在科技进步日新月异、知识更新不断加快、综合国力竞争日趋激烈的今天，在发展社会主义市场经济的条件下，加强学习对于青年来说比以往任何时候都显得更加重要和迫切。青联是一个培养人才的大学校，在引导青年学习、扶持举荐青年人才方面可以做许多工作。一方面，要在广大青年中深入宣传邓小平理论，广泛传播科学文化知识，积极弘扬追求真理、尊重知识、崇尚科学、破除迷信的良好风尚。另一方面，要关心和帮助青年知识分子成长进步，千方百计为他们继续学习深造、提高专业水平创造更多的机会和条件，激励他们在各自的领域中建功立业。

二是要引导青年为改革和发展多做贡献。我国改革已进入攻坚阶段，发展正处于关键时期。广大青年更应知难而进，奋力拼搏。青联组织中人才荟萃，一定要充分挖掘和利用这一宝贵而巨大的人力资源，更好地为两个文明建设服务。要动员青年人才围绕国有企业的改革、改组、改造和加强管理出主意、攻难关，努力促进国有企业改革和脱困三年目标的实现。要组织青年人才积极参与智力支边，科教扶贫，帮助贫困地区的人民群众大力发展经济，为如期完成八七扶贫攻坚计划贡献力量。要鼓励和支持青年人才进行科技创新，为他们的科技成果尽快转化为现实生产力牵线搭桥，使科研、教育与经济建设紧密结合，积极推进科教兴国战略的实施。要支持青年人深入群众、深入生活，为社会创造更多的优秀精神产品，进一步繁荣社会主义文化事业，丰富人民群众健康的精神文化生活。要通过充分发挥青年人才的作用，带动广大青年立足本职岗位，矢志艰苦创业，把自己的青春、智慧和力量奉献给祖国的现代化事业。

三是要进一步巩固和发展全国各族青年的大团结。我们所从事的是前无古人的开创性事业，团结的面越广，团结的人越多，就越有利于我们事业。青联有着广泛联系青年的优势，要通过切实有效的工作，把一切拥护社会主义的青年、一切拥护祖国统一的青年都团结起来，把他们的积极性更好地凝聚到推进祖国现代化建设上来，凝聚到完成祖国统一大业上来。当前，尤其要注意引导青年十分珍惜全国安定团结的良好政治局面，增强社会主义民主和法制观念，坚决同一切危害民族团结、国家安全和社会稳定现象作斗争，做维护稳定的积极力量。

青联要更好地肩负起自己的职责，就必须不断加强自身建设。要把继承与创新统一起来，既坚持长期以来遵循的基本原则，又注重以改革的精神研究新情况、解决新问题、探索新路子，努力提高工作水平，不断开创青联工作的新局面。

青联委员是各条战线上的优秀人才代表，在青年中有一定的影响和较高的威信。青联工作的开展，离不开广大青联委员作用的发挥。希望委员们增强光荣感和责任感，更加严格地要求自己，不断做出新的成绩，并以自己的模范行为带动更多的青年共同进步。

青联工作是我们党的群众工作的一个重要方面。各级党委要高度重视青联工作，进一步加强和改进对青联工作的领导，支持青联组织依照法律和自己的章程独立自主、创造性地开展工作，帮助他们解决工作中的实际困难。共青团要充分发挥在青联中的核心作用。全社会都要关心气和支持青联事业，为青年一代健康成长创造更加有利的环境和条件。

和平与发展是当今时代的潮流，但天下并不太平，霸权主义和强权政治仍然严重威胁着世界的和平与安全。中国青年热爱和平，渴求发展。青联要继续加强与世界各国青年和青年组织的交往与合作，为反对霸权主义和强权政治，促进世界和平和人类进步事业做出不懈努力。

青年朋友们、同志们，青年是中华民族全面振兴的希望所在。党和人民深信，在迈向新世纪的征途上，青联组织一定能够把各族各界青年更紧密地团结起来，高举邓小平理论伟大旗帜，在以江泽民同志为核心的党中央领导下，同全国人民一道，同心同德，奋发图强，谱写建设有中国特色社会主义事业更加壮丽的新篇章！

在与参加“中国青年科技创新行动——海内外青年材料博士服务企业活动”部分代表座谈时的讲话

1999年10月18日

李岚清

同志们，青年朋友们：

今天，很高兴与来自海内外新材料领域的优秀青年专家见面。刚才，听了几位代表的发言，感到很振奋。我想起了1957年毛主席对留苏青年所说的：“世界是你们的，也是我们的，但是归根结底是你们的。你们青年人朝气蓬勃，正在兴旺时期，好像早晨八九点钟的太阳。希望寄托在你们身上。”我们这些当时的青年已成为老年。看到你们，我们充满了希望，因为“长江后浪推前浪”，“青出于蓝而胜于蓝”，总是一代比一代更加富有朝气，富有创新思维和开创精神。

新材料是高科技领域的重要组成部分。材料科学技术对我国国民经济的发展至关重要。我们把材料技术与信息技术、生物工程技术列入我国科技发展的优先领域。因此，在中国从事材料领域的研究开发，大有用武之地。大家从海外回国，带来各自的研究成果和技术，与国内的企业、高新技术开发区、留学人员创业园进行交流与合作，达成了许多具有良好前景的合作项目。这对于促进我国的技术创新和科技成果产业化，促进科技与经济的结合具有积极的意义。我代表国务院向参加"中国青年科技创新行动——海内外青年材料博士服务企业活动"的海外留学人员及国内的青年学者表示问候，对大家所取得的成绩感到高兴。

我们伟大的中华人民共和国已经走过了50年的光辉历程。50年来，在中国共产党的领导下，全国各族人民团结奋斗，艰苦创业，我们祖国发生了翻天覆地的变化。特别是改革开放20年来，在邓小平理论指导下，我国的社会主义现代化建设取得了举世瞩目的伟大成就，经济体制改革取得决定性进展，国民经济持续快速健康发展，科技、教育和文化等各项事业全面繁荣，人民生活水平显著提高，特别是基本上解决了12亿多人的温饱问题，多数人已实现了小康水平，这是对世界和平、稳定和经济发展所做的重大贡献。这些成就的取得，归功于中国共产党的正确领导，归功于全中国人民的艰苦奋斗，归功于无比优越的社会主义制度，也离不开海外全体中华儿女对祖国的赤诚奉献。

党的十五大勾画了改革开放和现代化建设跨世纪发展的宏伟蓝图。再经过半个世纪的努力，到建国100年时，中国将进入世界中等发达国家行列，中国人民将达到现代化基础上的共同富裕，中华民族将实现伟大的复兴。这是海内外全体中华儿女的共同愿望，需要包括海外留学人员在内的全国人民的共同奋斗。可以说，宏伟目标催人奋进，任重而道远。对于即将到来的21世纪，江泽民主席有一个非常概括的描述："当今世界，科学技术突飞猛进，知识经济已见端倪，国力竞争日趋激烈。"我理解，这句话的深刻含义是，未来世界的竞争主要是科技的竞争。前不久召开的党的十五届四中全会通过了《关于国有企业改革和发展若干重大问题的决定》。今年8月，党中央、国务院召开了全国技术创新大会，号召全国人民抓住新科技革命的机遇，全面实施科教兴国战略，大力推动科技进步，加强科技创新，加速科技成果向现实生产力转化，发展高科技，实现产业化，掌握科技发展主动权，在更高的水平上实现技术发展的跨越，这是实现跨世纪发展战略目标的重大举措。

关于科教兴国战略，我想向大家作一简单介绍。教育涉及面比较宽，由于时间关系我不讲了，主要讲科技。科技分为两大类，一个是基础科学研究，一个是应用科学研究。

我们在基础科学研究上总的方针是有所为、有所不为。有所为就是在我们有优势的领域，即使不能马上利用它们的成果，也要坚持不懈地搞下去。因为科学上的重大发现和理论，往往是技术发明和创新之先河。例如，本世纪如果没有相对论，没有量子力学，现在的科技大发展、大突破也就无法想像。我们在一些领域有优势，就要加强科学研究，应该为人类做出一些与我们的综合国力和国家地位相称的贡献。这不仅是为中国，也是为全人类做贡献。

在应用科学方面，我们强调的是与经济发展相结合。今年我们召开了全国技术创新大会，主要是鼓励发展应用科学研究，会上解决的一个最大的体制问题就是应用科学研究部门必须进入企业或者把自己改制为企业。只有这样，才能使科研部门进入市场，在市场上竞争，经得起市场大潮的冲击。应用科研部门是一个能量很大的"反应堆"，我们通过改革，把这些应用科技研究单位的科技人员的能量发挥出来，把它变成现实的第一生产力，这是一个了不得的事情，必然会对经济产生巨大的推动作用。

对于高科技的重要性，全世界已普遍达成共识。在近年东南亚经济危机及其他地区性经济危机冲击下，总体来说，高科技产业不但没有受挫，反而以更快的速度向前发展，表现出强大的生命力。我们也制定了一系列政策鼓励发展高科技产业。邓小平同志曾提出，“鼓励一部分地区、一部分人先富裕起来，也正是为了带动越来越多的人富裕起来，达到共同富裕的目的。”这是非常正确的，齐头并进往往是谁也进不了，一起熬穷日子。我们最希望哪一部分人先富起来呢？按我个人的愿望来说，希望有创新技术和高水平的科教人员先富起来，对此全国老百姓不会有意见。我们鼓励科技人员创业，把他们的研究开发成果尽快转化为现实生产力、转化为市场竞争的优势，并造福于人民。

竞争靠什么？我看主要靠有市场需求（包括潜在需求）、科技含量高的商品。现在高科技的发展，带来了一个新的经济现象，就是高增长、低通胀、高就业，这正是人们所企望看到的理想的发展模式。所以高科技的发展对我们国家的兴旺发达至关重要。我们将沿着这个方向坚定不移地走下去，还要不断完善各项政策，按照科研人员的贡献来提高其待遇。在科技成果的转化应用中，我们要特别注意“虚拟”二字。“虚拟”，就是开发。抓两头，一是抓商品的研究开发，即研究开发软件，二是抓商品的装配、调试，抓市场的开发和售后服务。至于制造，主要靠利用现有企业去加工订货，不必自建工厂，也就是“哑铃式”的企业。我在东大阿尔派软件科技园参观，看到他们的工厂就是“虚拟”式的。它只管精密、高档医疗设备的研究开发，这是软件，接着把设计软件拿到有关企业去加工订货，然后把这些零部件拿来装配、调试，销售整机并提供售后服务。这就形成了“两头大”的“哑铃”发展模式，“两头”指研究开发与市场开发，中间的连接环节就是“虚拟”工厂，它可以调动社会的力量来共同发展，而且自己不背包袱。

党的十五大提出一个重要的思想，就是“我国是发展中国家，应该更加重视运用最新技术成果，实现技术发展的跨越”。如果我们老是跟在其他国家后面，按他们的发展轨迹走，就永远不能超越；要有创新的思路，有跨越的思想。现在是竞争非常激烈的时代，一个国家如果没有跨越的思想，怎么能自立于世界之林？当然，这有一个过程。总之，我们要有新思路，要在开放条件下把握好自主知识产权的问题，这也是我们发展高新技术产业要把握的一个重要问题。我们在商业方面进行了一项大的改革，就是引进了国外的连锁商业。当时很多人怕国外的连锁商店进入中国，担心会挤垮中国的商店。事实证明，经过这些年，国外连锁商店在中国发展良好，中国的商业也吸收与借鉴了他们先进的管理经验，并在此基础上成功地发展了我们自己的连锁商业，上海华联就是成功的一例。可见，关键是我们要有创新的思维，要有新的观念，要学习国外的先进管理方式，并在适合中国国情的基础上去超越它，在发展过程中要有跨越思维。可以从较低的阶段，在条件允许的情况下，争取直接进入更高的阶段。一些暂时落后的领域，往往更有发展潜力，前景更大。我们在材料科学发展等领域还比较落后，不少新材料还是供不应求，因此，现在也是这些领域科技人员创业的大好时机。希望广大科技人员抓住机遇，参与这个领域的创业和发展。

实施科教兴国战略，为广大青年科技人员施展才华提供了前所未有的广阔舞台，青年一代是大有作为的。在这里，我向大家提出几点希望：

第一，青年一代要在实施科教兴国战略、实现中华民族伟大复兴的进程中，勤奋学习，勇于创新，敢挑重担，不辱使命。我们正在迈向新的世纪，实现中华民族伟大复兴的重任历史地落到了你们这一代人身上。江泽民总书记指出，科学技术的发展，社会各项事业的进步，都要靠不断创新，而创新就要靠人才，特别要靠年轻的英才不断涌现出来。培养科技人才的工作，特别是培养青年科技人才的工作，一定要抓得很紧很紧，这是关系中华民族未来命运的大战略。这充分体现了以江泽民同志为核心的党中央对广大青年，特别是青年科技工作者的殷切期望和充分信任。青年最富有创新精神，在他们身上蕴藏着极大的创新热情和创新潜能。广大青年，特别是广大青年科技工作者一定要继承和发扬老一辈科学家“热爱祖国，无私奉献，自力更生，艰苦奋斗，大力协同，勇于登攀”的“两弹一星”精神，立志成才，报效祖国，为实现跨世纪的发展目标贡献自己的青春、智慧和力量。

第二，希望更多的海外留学人员以各种形式为国服务，参与祖国的现代化建设。党和政府历来高度重视留学人员工作。改革开放以来，我国有几十万人留学海外。留学海外的青年学子很多在科技发展的前沿学习或工作。同时，海外学子有着强烈的爱国热情和报国之志，20 年来学成回国的留学生就有 10 万多人，在祖国的现代化建设中发挥了重要作用。仍在海外的留学人员，也是心系祖国，许多人与国内已进行了多种形式的合作和开发。祖国的繁荣和发展为广大青年科技工作者提供了报效祖国的极好机遇。我们真诚欢迎广大的海外学子回国工作，为祖国的建设和发展贡献自己的力量。对于回国工作的海外留学人员，政治上要充分信任，工作上要大力支持，生活上要多加关心，积极创造条件，使他们的聪明才智得以充分发挥。对暂时不能归国的留学人员，我们本着“鼓励回国，来去自由”的精神，尊重他们的选择。我接触过很多海外华人、华侨，他们绝大多数人都有一颗爱国的心。他们没有也不会忘掉自己的祖国，祖国没有也不会忘掉他们！我们的心是连在一起的。所以，希望海外留学人员能够回国创业，或者通过各种形式进行合作，我们都是欢迎的！

第三，共青团、青联组织要为广大青年参与科技创新实践牵线搭桥、搭建舞台。由共青团中央、科技部、全国青联共同实施的中国青年科技创新行动，从培养广大青年的创新精神，提高创新能力，营造良好的科技创新氛围，促进大批优秀青年人才脱颖而出，推动青年科技人才与经济社会发展项目对接入手，很有意义，希望扎扎实实地把这一活动搞好。各级共青团、青联组织要充分发挥助手作用，更好地服务经济建设，积极组织动员广大青年投身科技创新实践，为他们提供学习、交流的条件，努力培养一大批适应新世纪发展要求的青年科技创新人才，为科教兴国战略做出贡献。

第四，各级党政部门和社会各界要大力支持青年创新事业和创新实践。在面向新世纪的进程中，我们寄希望于青年，寄希望于包括海外留学人员在内的广大青年科技工作者。各级党委和政府要注意倾听青年专家的意见和建议，创造有利于科技创新的外部环境，把广大青年的创新热情引导好，保护好，发挥好，使青年科技工作者更好地为国家的现代化建设贡献力量。

希望海内外全体中华儿女共同携起手来，以科学的态度、创新的精神和务实的工作，积极推动科技与经济的结合，为我国的科技产业的发展，为中华民族的全面振兴做出更大的贡献。

在同青年专家国情考察团成员座谈时的讲话

1999年5月7日

曾庆红

各位专家,各位同志:

刚才,听了姚雪同志对第四期青年专家国情考察团考察情况的简要介绍和几位专家的发言,很受启发。这次考察时间虽然不长,但大家收获很大。正像同志们在自己改编的《年轻的朋友来相会》的歌词中所唱的那样:“国情考察硕果累,感受深,印象美。”总的看,这次考察活动是成功的,达到了接触实际、了解国情、坚定信念,“见人、见物、见精神”的目的。大家的主要收获,我看是否可以概括为这样几点:

一是加深了对国情的了解。这次考察,大家一路奔波,昼夜兼程,10天时间走了贵州5个地市,行程2000多公里。大家通过参观工厂、农村、学校、科研院所,广泛接触省、地、县、乡、村各级干部和各族群众,听取各方面的介绍,既目睹了贵州省改革开放20年来发生的深刻变化,又看到了当前深化改革和经济发展中面临的困难和问题,进一步加深了对贵州省情乃至国情的了解。二是增进了同人民群众的感情。虽然不少专家出身农民家庭,但毕竟离开农村一段时间了。通过这次对紫云县、罗甸县等贫困山区的考察,大家在心灵上受到了极大的震撼和净化。听说同志们沿途慷慨解囊,几次捐款捐物,甚至把带的午餐也捐给了贫困群众,自己饿着肚子。有的同志讲有“三个没想到”:一没想到还有这么贫困、这么落后的地方;二没想到在那么恶劣的生存条件下,群众改天换地的积极性还这么高;三没想到基层党组织的作用发挥得这么好。三是明确了肩负的历史使命。这次考察中,同志们既为广大干部群众艰苦奋斗、苦干实干,创造美好未来的精神所感动,也为贵州巨大的发展潜力所鼓舞,从而增强了为实施科教兴国战略而努力奋斗的政治责任感和历史使命感。正如谭铁牛同志所说,这次考察通过“见人、见物、见精神”,达到了“明事、明理、明责任”的目的。在离开贵州前,大家都欣然地接受了贵州省委、省政府颁发的”科教顾问"聘书,杨义先同志还主动提出要做贵州在册的“特聘教授”,无私奉献自己的聪明才智;还有的同志表示:愿意做贵州人民需要做的任何事情,做任何事情都不要报酬。四是坚定了走有中国特色社会主义道路的信心。在这次考察中大家访老红军,走长征路,过赤水河,参观遵义会议旧址,瞻仰红军烈士墓,学习红军精神,进一步加深了对五四运动以来党领导人民争取社会进步和推动历史前进奋斗历程的了解,加深了对邓小平理论和党的十五大精神的理解,更加坚定了走建设有中国特色社会主义道路的信心。实践证明,这样的考察是青年专家了解国情、接触实际、开阔视野、成才创业的有效途径之一,也是贯彻落实党中央关于培养跨世纪学术、技术带头人决策的重要举措。今后要在总结经验的基础上,把青年专家国情考察活动搞得更好更有效。

青年是祖国的未来和民族的希望。江泽民总书记在庆祝北大建校100周年大会上的讲话中指出,当代青年要肩负起时代赋予的使命,就必须坚持学习科学文化与加强思想修养的统一,坚持学习书本知识与投身社会实践的统一,坚持实现自身价值与服务祖国人民的统一,坚持树立远大理想与进行艰苦奋斗的统一，努力把自己锻炼成为党和人民所需要的、符合时代要求的社会主义建设者和接班人。胡锦涛同志在五四运动80周年纪念大会上的讲话中，对青年提出了四点要求：坚定理想，服务人民；深入群众，投身实践；勤奋学习，勇于创造；脚踏实地，艰苦奋斗。这是以江泽民同志为核心的党中央对全国青年提出的希望和要求。各位都是各自专业领域中的学术、技术带头人，也是我国广大青年的优秀代表，应积极响应党中央的号召，在继承和弘扬五四精神方面做表率。为了学习好、贯彻好、落实好江泽民总书记提出的“四个统一”和胡锦涛同志的“四点要求”，我向在座的和曾参加过前三期青年专家国情考察的同志们提三点希望：

第一，时刻不忘国情。我们的基本国情是什么呢？就是我们还处于社会主义初级阶段。党的十三大报告系统地论述了社会主义初级阶段理论，并以此为依据制定和阐发了党的基本路线。党的十五大报告指出，我们现在正处于并将长期处于社会主义初级阶段。九届全国人大二次会议通过的宪法修正案，根据十五大精神把这一结论写进了宪法。社会主义初级阶段，简单地说就是不发达阶段。它的主要特征，邓小平同志概括为“国家大，人口多，底子薄，只有长期奋斗才能赶上发达国家的水平”。认识这种不发达，就是为了通过艰苦奋斗，改变这种落后状况。改革开放20多年来，我们已经取得了长足的进步，单就扶贫工作来讲，我国的贫困人口已从1978年的2．4亿，减少到去年的4000万。你们这次到贵州的考察，只能说是对国情有了进一步的了解，或者说是初步的了解。今后还要不断地深入实际、深入群众、了解社会，加深对国情的认识，想问题、办事情，任何时候都不要忘记这个最大的国情。因为，这是建设有中国特色社会主义理论的重要基石，是我们制定正确路线、方针、政策的出发点和科学依据，也是我们正确总结历史经验教训所得出的最重要的结论之一。

第二，永远牢记责任。当代青年的责任是什么？就是为实现下世纪的中华民族的腾飞，为建设富强民主文明的社会主义国家，做出自己应有的贡献。从现在起到下世纪的前10年，我们要实现国民经济发展的第二步战略目标，并在此基础上实现国民生产总值比2000年再翻一番，形成比较完善的社会主义市场经济体制；到新世纪的第二个10年，即到中国共产党建党100周年时，我国经济将有更大发展，各项制度将更加完善；到21世纪中叶，即新中国成立100周年时，将基本实现现代化，建成富强民主文明的社会主义国家。我注意到，参加这次考察活动的青年专家平均年龄37岁，最大的43岁，最小的只有31岁。正是江泽民总书记所说的“风华正茂、思维敏捷”、最容易有“重要发现和发明”的时期。未来的几十年，将是你们在中华民族复兴的伟大进程中施展才华、大有作为的时期。希望同志们一定要认清国情，牢记责任，努力担当起时代赋予的重任，不断创造出更加辉煌的业绩。

第三，继续开拓创新。昨天，《人民日报》发表了原中顾委常委、国务委员、86岁高龄的张劲夫同志撰写的纪念文章《请历史记住他们》。文章回忆了钱学森、钱三强、郭永怀等老一辈科学家当年在党中央的领导下，在我们国力和科研力量不强、条件十分艰苦的情况下，研制“两弹一星”的历程和动人事迹，读后感人肺腑。当今世界，科学技术日新月异，人类正经历一场全球性的新科技革命，以经济和科技为基础的综合国力的竞争日趋激烈，我们面临着更加严峻的挑战。希望你们继续发扬老一辈科学家的优良传统和创业精神，刻苦钻研，无私奉献，戒骄戒躁，勇于创新，积极投身创新实践，努力提高创新能力，勇攀科技高峰，为祖国的强盛和人类的进步事业做出更大的贡献。

这里，我还要强调一点，不仅要把组织部门建设成为干部之家、党员之家，也要建设成为知识分子之家。邓小平同志指出,要“尊重知识,尊重人才”,“科学技术是第一生产力”。近年来,江泽民同志反复强调,我们要建设一支高素质的干部队伍,这支队伍应当是包括党政干部、企业经营管理干部、科学技术干部和其他战线干部组成的一支宏大队伍。胡锦涛同志明确提出要“三支队伍”一起抓,并要求中组部直接联系一批杰出专家。几年来,中组部按照中央第三代领导集体的这种战略构想,把建设高素质的科技人才队伍作为新时期党的组织工作的一项重要任务来抓,在落实知识分子政策、与专家广交朋友、指导协调地方和部委加强科技人才队伍建设等方面,做了不少工作,办了不少实事。比如,安排老专家携配偶休假,举办党员专家邓小平理论研究班,组织青年专家国情考察活动;再比如,为在京的两院院士和部分老专家解决了看病难的问题,为收入偏低的离退休老专家发放生活补贴等。这些活动和工作深受专家们的欢迎,也得到了中央领导同志的充分肯定。但是,面对新的形势和任务,我们的工作也有不适应的地方,距离党中央的要求和科技工作者的期望还有差距。因此,我们必须从战略和讲政治的高度来充分认识做好知识分子工作的重要意义,树立科技和人才意识,切实做到认识到位、措施到位、工作到位。希望中组部知工办和地方党委组织部门,要同政府有关部门密切配合,加强与知识分子的联系,主动为他们服务,不断探索在市场经济条件下做好科技人才培养工作的新思路和新办法,努力开创知识分子工作的新局面。

最后,我还衷心希望在座的青年专家,真正把组织部当成自己的家,有空常回“家”看一看,谈谈心,为我们做好党的知识分子工作多提意见,多献良策。

2000年

发扬我国青年的光荣传统 不懈奋斗,不断创造,奋勇前进

——在杰出青年志愿者的来信上做出的重要批示

2000年1月17日

江泽民

1月17日,中共中央总书记、国家主席江泽民在杰出青年志愿者的来信上做出了重要批示。

青年志愿者行动,是当代社会主义中国一项十分高尚的事业,体现了中华民族助人为乐和扶贫济困的传统美德,是大有希望的事业。努力进行好这项事业,有利于在全社会树立奉献、友爱、互助、进步的时代新风。希望你们在新的世纪里继续努力,发扬我国青年的光荣传统,不懈奋斗,不断创造,奋勇前进,为实现中华民族的伟大复兴做出新的更大的贡献。

谱写21世纪中越友好关系的新篇章

——为“中越青年友好会见”活动致贺词

2000年10月16日

江泽民

值此首次“中越青年友好会见”活动在北京举行之际，我谨表祝贺，并对越南青年代表团的来访表示热烈的欢迎。

中越两国山水相连，两国人民的友谊源远流长。青年是民族的未来、国家的希望。我衷心希望中越两国青年继承和发扬两国老一辈领导人共同培育的传统友谊，加强交流，相互学习，增进了解，发展合作，切实承担起发展长期稳定、面向未来的中越睦邻友好与全面合作关系的历史重任，把两国友好关系不断推向前进，把两国蓬勃发展的社会主义事业全面推向21世纪。

祝“中越青年友好会见”活动取得圆满成功！

在“实施预防未成年人犯罪法座谈会”上的讲话

2000年6月5日

李　鹏

召开这次座谈会，主题就是贯彻实施预防未成年人犯罪法和未成年人保护法。这两个法的基本内容密切相关，都是为了让我们的青少年，我们的下一代，能够健康、茁壮成长。祖国的未来寄托在他们身上。

为了使预防未成年人犯罪工作有法可依，全国人大常委会经过三次审议，制定了预防未成年人犯罪法。在制定这部法律的过程中，常委会成员以及参与这项工作的同志，在调查研究的基础上，发表了许多很好的意见。法律通过后，各省市人大也正在着手制定相应的条例、细则等地方法规，全面开展了预防未成年人犯罪工作。从今天11位同志的发言和一些书面材料看，说明各级人大和政府部门、社会的各个方面都在关心这个问题。希望我们各级人大结合当地情况，针对各种可能诱发青少年犯罪行为的因素采取相应的措施。也希望人大代表、政协委员、社会舆论、广大的人民群众共同来做好预防青少年犯罪的工作。

现在出现青少年犯罪逐渐增多、越来越低龄化、恶性案件增多的趋势，引起了社会各界的关注和家长的不安，成为迫切需要解决的问题。我们要从源头上分析原因，有针对性地采取预防措施。从大的方面讲，我们正处在深化改革、经济体制转型时期，经济建设和精神文明建设都还存在不少薄弱环节，某些地方党政部门对于改善社会不良风气重视得还不够。预防未成年人犯罪是一项综合性的社会工程，既有政府方面的工作，也有社会方面的工作，但我认为，工作的重点还是应该放在家庭和学校，因为孩子们的大部分时间是在家庭和学校度过的。一个人的未成年时期也是世界观、人生观、道德伦理观以及学业发展未定型的时期，家长的言行、老师的教育起着关键性的作用。孩子们总是把他们的父母、他们的老师作为自己学习的榜样。古代的“三字经”有许多封建糟粕，但有些话还是有道理的。比如说：“养不教，父之过”，讲的就是家庭因素；“教不严，师之惰”，讲的就是学校因素。不过，现在的情况更加复杂，不仅是“教”与“不教”、“惰”与“不惰”的问题，更有一个如何教育的问题。从最近发生的一些恶性案件看，比如浙江发生的孩子将母亲杀死那件案子，并不是因为父母“不教”，而是因为父母要求太严，望子成龙之心太切。究其原因可以看出，人们的教育观念是存在一些问题的，这就是偏重应试教育，忽视素质教育。青少年学生有志于上大学、当博士、当科学家，固然应当受到鼓励，家庭和学校都应当创造必要的条件，帮助他们实现这一美好的愿望，但还必须看到，这并非成才的惟一途径。社会上三百六十行，行行都可以出状元。我们要在全社会树立起正确的教育观、求职观和成才观。教育者要多方面地考虑国家经济建设和社会发展的需要，加强对青少年基础知识和综合能力的培养，加强素质教育，以便他们将来在各种不同岗位上都能为社会尽一份力量。这样，我们的社会就有希望，就能发展。任何工作都是光荣的，都是可以对社会做出贡献的。如果每个人都形成这样的观念，素质教育的问题就比较好解决。

我是赞成学生“减负”的，因为这有助于学生德智体全面发展。但“减负”之后，学生如何利用课余时间，应加以具体引导，切不可放任自流，特别是不能放松德育方面的教育。学校的教育方法，应该循循善诱，要晓之以理，动之以情。据我了解，各地包括北京的一些学校和家庭，无论是家长还是老师，对于学习成绩不好，或有什么过失的学生，都存在程度不同的体罚现象，或者是种种变相的体罚，伤害学生的自尊心。一定要消除对未成年人的各种体罚手段，保护未成年人的合法权益，促进他们健康成长。

青少年犯罪有社会的因素。有的同志讲，要把预防青少年犯罪纳入社会治安综合治理工作中，这很有必要。青少年犯罪往往是受教唆而犯罪，因此，我们打击的对象应该是那些流氓团伙、教唆犯，是那些为青少年犯罪提供条件的人。刚才大家讲到黄赌毒行为、偷盗行为、强暴行为等，都与流氓团伙的教唆、与社会不良分子的影响有关。所以，这项工作应该纳入社会治安综合治理范围，以杜绝社会不良分子对青少年的毒害和利用。

对青少年犯罪问题，要立足于预防。当青少年发生违法犯罪行为时，我们要立足于教育、感化、挽救，实行“给出路”的政策。要根据情节轻重依法处理，轻的送工读学校，严重一些的给予教养，情节特别严重的要依法惩处，进少管所管教。工读学校、少管所的老师、管理人员应该以满腔的热情对待这些青少年，促使他们转变。转变好了，回到社会以后，社会不应歧视他们，要妥善安排好他们的出路。社会要给他们以温暖，使他们感到有奔头，否则容易再次出现犯罪行为。最近我听说山东省对一些情节不很严重的犯罪分子，包括未成年犯，实行在传统节日期间让他们回家与家人团聚的教育方式，使他们很受感动，都能按期回来，思想也有明显转变。这就是动之以情，促使他们转变。

我还要强调一下法制问题。预防未成年人犯罪法与未成年人保护法是姊妹法，使预防未成年人犯罪、保障他们的合法权益工作有法可依。有了法只是开端，还应该学习法、宣传法、加大执法力度。在这次座谈会上的发言中，有同志建议，专门为未成年人开办法制课，请司法部门的同志讲课，还可以聘请司法干部兼任中小学法制副校长。这些措施和建议的目的都是为了帮助青少年树立法制观念。如果家长和老师法制观念淡薄，就会影响到下一代。我们要依法治国，成为法治国家，加强民主与法制建设，就要从青少年抓起。

在城市里面，社区的作用越来越大。社区不光是我们的生活居住场所，也是我们的业余社会活动场所、工作场所。它不仅要有良好的生活环境、工作环境，而且还要有良好的治安环境。社区比较了解一家一户的情况，也容易掌握青少年的情况。现在大家对社区工作的重要性认识还不够，还是个薄弱环节。今年，全国人大常委会要对城市居民委员会组织法进行检查，目的是为了依法加强社区的功能，发挥社区的作用，这也有助于解决社区预防未成年人犯罪的问题。

现在学校教育水平和质量不大一样。我们实行就近入学，但也有一些家长通过各种办法让孩子进好学校。好学校当然表现在学业上，学习成绩比较好。同时家长找好学校，也是因为这些学校的校风比较好，学生的品德也比较好，家长觉得有安全感，比较放心。我们正在精简机构，减少人员，有大量的各种各类人才，他们有丰富的工作经验和组织能力，年富力强。我主张从这些人员中选派一些人加强中小学的领导，真正把德育工作放在重要的位置。对于一些校风不好，教育水平和质量太差的学校，教育部门应加强整治力度，使之迅速改变不良面貌。

大家还讲到一个问题，就是增强青少年的自我保护意识，这个问题很重要。一方面，青少年自己在学习法律的过程中要增加这方面的知识；另一方面，对家长和老师也应该加强这方面的教育。女孩子是一个最容易受到伤害的群体，不仅要通过创造良好的社会环境保护她们，她们自己也要有自我保护的意识。前年北京市发生的一个14岁女孩因去看流星雨而被害的案件，那个女孩就缺乏自我保护意识。现在的孩子出了家门就是进校门，出了校门又进家门，并且由家长带着他们，护着他们，一旦进入社会以后就非常不适应。应该让他们有机会接触社会，树立自我保护意识，因为他们最终总是要进入社会的。

预防青少年犯罪是很重要的工作。现在有了法，关键是执法。要依靠政府、社会、家庭、学校，还要依靠共青团、妇联等各社会团体，只有各方面都动员起来共同努力，才能保证我们的青少年健康、茁壮成长。

在会见参加“中华龙腾”活动的来宾和海内外青年代表时的讲话

2000年2月18日

胡锦涛

各位来宾，青年朋友们：

明天是龙年的元宵节。在这个象征着团圆的传统节日里，来自海内外的中华青年欢聚北京，参加“中华龙腾”活动，这是一件很有意义的事情。首先，我向参加这次活动的来宾和港澳台青年、海外华侨华人青年、留学青年、内地青年，表示亲切的问候和节日的祝福！

人类正处在世纪之交和千年之交的重要

时刻。回顾过去，在几千年的历史进程中，中华民族创造了灿烂的文明，为人类进步做出了不可磨灭的贡献。近代以来，历经磨难的中国人民，在中国共产党的领导下，经过波澜壮阔的革命、建设和改革，终于根本改变了自己的命运，使古老的华夏大地发生了翻天覆地的历史巨变。展望未来，在新的世纪里，中华民族必将以自己的聪明才智和不懈奋斗，实现伟大的复兴，为世界和平与发展做出更大的贡献。

天下兴亡，匹夫有责。实现祖国的完全统一和繁荣昌盛，是包括海内外中华青年在内的全体中华儿女的共同愿望、共同利益和共同责任。一切渴望民族复兴的中华青年，都要继承和发扬伟大的爱国主义传统，无论身在何处，都应当胸怀祖国，心系民族，把个人的事业同祖国的发展联系在一起，为振兴中华贡献一份力量；无论在什么岗位上，都应当勤奋学习，勇于创新，不断做出优异的成绩，为祖国、为民族增光添彩；无论在什么情况下，都应当携手并肩，休戚与共，牢牢维系中华民族血浓于水的骨肉亲情，努力促进祖国和平统一大业的早日实现。我们相信，经过一代又一代中华青年的团结奋斗，祖国的明天一定会更加美好！

最后，预祝“中华龙腾”活动圆满成功，祝各位来宾和青年朋友在北京共同度过一段快乐的时光！

努力营造有利于青少年成长和发展的良好环境

——在视察北京市和平街街道青年文明社区时的讲话（要点）

2000 年 5 月 3 日

胡锦涛

5 月 3 日，中共中央政治局常委、国家副主席胡锦涛视察了北京市朝阳区和平街街道青年文明社区。他首先代表党中央，向参加青年文明社区活动的青年朋友，向全国各族青年，致以节日的祝贺。

观摩社区青年和群众自编、自演的“大家乐”活动时，胡锦涛对大家说，你们开展的“大家乐”活动，是一项内容健康有益、形式生动活泼的活动，对于活跃社区文化生活，陶冶青少年的情操，促进社区精神文明建设具有积极的作用。随着经济的发展，人们物质生活水平的提高，对文化生活也提出了更高的要求，他们不仅需要欣赏，而且希望参与，希望有自娱自乐的机会，“大家乐”活动正是满足了群众的这一文化需求，必然具有旺盛的生命力。希望你们把这种群众性的活动坚持下去，越办越好。

胡锦涛肯定了青年志愿者社区服务站的做法，并希望大家认真学习贯彻江泽民同志前不久对青年志愿者活动所作的重要批示精神，把这项活动更加扎实有效地开展下去，吸引更多的青年参加到活动中来，使“奉献、友爱、互助、进步”的志愿者精神一代一代传下去。

在考察青少年维权岗时，胡锦涛说，青少年是社会中一个正在成长的群体，他们求知欲强、可塑性也强，容易受到社会环境的影响，需要社会对他们的健康成长给予特殊保护。现在侵犯青少年合法权益的情况时有发生，有的地方还十分严重，必须引起高度重视。全社会都要增强保护青少年的意识，切实负起责任，坚决同一切危害青少年健康成长的现象作斗争。

看了社区雏鹰网俱乐部后，胡锦涛说，现在，互联网迅速发展，逐步进入社会生活的方方面面，愈来愈多的青少年和互联网交上了朋友，这是一件可喜的事情。但同时也加重了我们的责任。这就要求我们，一方面要加强建设，努力使互联网成为青少年获取知识和信息的一个新窗口；另一方面要加强管理，趋利避害，积极防范互联网给青少年带来的负面影响。

在视察过程中，胡锦涛着重强调了搞好社区工作的重要性。他说，随着改革的深入发展和人们就业方式、生活方式的深刻变化，城市居民与所居住社区的关系越来越密切，社区的地位和作用也显得越来越重要。搞好社区建设，对于促进经济发展，满足群众的物质文化需要，巩固基层政权，维护社会稳定，都具有十分重要的意义。

他指出，加强社区建设，首先要进一步把社区党组织建设好，充分发挥党组织在社区工作中的领导核心作用；其次，要进一步动员社会各方面的力量参与社区建设，优化配置和利用社区各类资源，实现社区工作的社会化；第三，要进一步推进基层民主建设，注重发挥群众自治组织和各类群众团体的作用，探索群众自我管理、自我服务、自我教育的形式。他要求各级团组织，努力发挥自身优势，切实把社区青少年工作抓紧抓好，尤其要为青少年学生、务工青年和下岗待业青年多办实事、多办好事。

为推进祖国新世纪大业做好全面准备

——在中国少年先锋队第四次全国代表大会上的祝词

2000 年 6 月 1 日

胡锦涛

亲爱的少先队员小朋友们，代表同志们：

今天是“六一”国际儿童节，也是中国少年先锋队第四次全国代表大会隆重开幕的日子。刚才，江泽民总书记等中央领导同志亲切会见了全体与会代表，充分体现了党中央对少年儿童的巨大关怀和对少先队工作的高度重视。在这里，我代表党中央、国务院，向大会表示热烈的祝贺，向全国各族小朋友表示节日的祝愿，向为红领巾事业付出心血和汗水的广大少先队辅导员、少年儿童工作者表示崇高的敬意和诚挚的问候！

第三次全国少代会以来，少先队在党的领导和共青团的带领下，主动适应时代发展的要求，着眼于提高少年儿童的全面素质，广泛开展了“跨世纪中国少年雏鹰行动”、“手拉手”等一系列富有成效的活动，坚持用正确的思想启迪少先队员，用科学的知识充实少先队员，用生动的实践锻炼少先队员，用先进的典型激励少先队员，为促进少年儿童的成长进步发挥了重要作用。广大少年儿童在星星火炬的旗帜下，自学、自理、自护、自强、自律，全面发展，茁壮成长。实践一再表明，少先队事业的蓬勃发展，是党的事业始终保持生机和活力的重要源泉；少年儿童的健康成长，是国家和民族永远兴旺发达的希望所在。

少先队员小朋友们，我们正处在世纪交替

的重要时刻，一个充满希望的新世纪就要到来。这对于你们来说，具有非同寻常的意义，因为你们的人生历程是与祖国在新世纪的前进步伐紧紧相伴的。10年后，我国的综合国力将再上一个大台阶，人民的小康生活将更加宽裕，到那时你们20岁左右，正是羽翼丰满、蓄势待发的年华；20年后，到建党100年时，我国国民经济将更加发展，各项制度将更加完善，到那时你们30岁左右，正是风华正茂、大有作为的时候；50年后，到世纪中叶建国100年时，我国将基本实现现代化，建成富强民主文明的社会主义国家，到那时你们正处在人生的收获季节，多姿多彩的幸福生活将充分展现在你们面前。你们的确是幸运的一代，也是肩负重任的一代。今天你们是天真烂漫的红领巾，明天将成为建设祖国的生力军，现代化建设第三步战略目标要靠你们去实现，中华民族的伟大复兴要靠你们去奋斗。党和人民殷切希望你们，按照德、智、体、美全面发展的要求，在学校里做一个好学生，在家庭中做一个好孩子，在社会上做一个好少年，为长大以后推进祖国新世纪大业做好全面准备。

推进新世纪大业，就要从小树立远大理想。理想是人生的太阳，是催人奋进的动力。少年有志，国家有望。不论今后你们想当工人、农民、解放军，还是想做科学家、企业家、艺术家，都要把个人的奋斗志向同国家的前途命运紧紧联系在一起，把个人今天的成长进步同祖国明天的繁荣昌盛紧紧联系在一起，牢固树立起振兴中华的雄心壮志，立志为民族争光、为祖国争光。只有这样，才能保持正确的人生航向，真正成就一番事业。

推进新世纪大业，就要从小养成优良品德。这是一个人做人做事的根本。只要人人心中有国家、心中有集体、心中有他人，我们的社会就会变得更加美好。你们要继承和发扬中华民族的传统美德，学习和实践社会主义道德，从一点一滴、一言一行做起，逐步养成文明礼貌、团结互助，诚实守信、遵纪守法，勤俭节约、热爱劳动的好品行，努力成为一个品德高尚的人，一个有益于社会、有益于人民的人。

推进新世纪大业，就要从小培养过硬本领。过硬的本领是一个人成功的基础，在科学技术飞速发展、竞争日趋激烈的今天更是这样。你们一定要以强烈的求知欲和上进心，发愤读书，刻苦学习各门功课，打好知识基础。还要积极参加形式多样的课外校外活动，接触自然，了解社会，开阔眼界，增长见识，不断提高实践能力。特别要学会独立思考，培育创新精神，敢于在前人的基础上超越前人。

推进新世纪大业，就要从小锻炼强健体魄。这是建设祖国、保卫祖国的本钱。当代少年儿童不应该是温室里的花朵，而要勇做搏击风雨的雄鹰。要坚持体育锻炼，养成良好的卫生习惯，不断增强体质。要磨炼勇敢顽强的意志，不向困难低头，不被挫折压倒，以乐观向上、积极进取的精神状态迎接未来的挑战。

少先队是少年儿童健康成长的摇篮，也是少先队员学习社会主义和共产主义的大学校。面对新的世纪，少先队要更好地担负起培养千百万社会主义事业合格建设者和接班人的光荣任务，就必须坚持以邓小平理论为指导，全面贯彻党的教育方针，始终把竭诚为少年儿童健康成长服务作为全部工作的出发点和落脚点，切实把广大少年儿童团结好、教育好、带领好，让星星火炬代代相传。在工作内容上，要重点抓好少先队员思想品德教育和实践能力培养，通过开展健康有益、生动活泼、独具特色的活动，努力使爱国主义、集体主义和社会主义思想在他们幼小的心灵里深深扎根，使优良品德和高尚情操在他们日常的行为中逐步形成，使他们动脑动手的能力和适应社会的本领不断得到增强。在活动方式上，要充分照顾少年儿童的特点，以正面教育为主，以激励为主，注重引导小队员们自己管理自己，自己教育自己，自主开展活动，争做少先队组织的小主人。在组织建设上，要积极适应经济社会发展的新形势，进一步巩固学校少先队组织，建立健全城市社区和农村少先队组织，努力把全体少年儿童都团结和组织起来，使他们在集体中健康快乐地成长。共青团担负着党赋予的全团带队的光荣职责，要进一步加强对少先队的领导，支持少先队创造性地开展工作。教育行政部门要把少先队工作纳入学校工作的总体布局，帮助少先队更好地发挥作用。

少先队辅导员和少年儿童工作者是少先队员的亲密朋友和指导者，从事着面向未来、塑造未来的崇高事业。长期以来，同志们以对党的教育事业的忠诚和对少年儿童的热爱，辛勤耕耘，默默奉献，像蜡烛一样，燃烧了自己，照亮了孩子，有的甚至付出了毕生的精力。党和人民感谢你们，敬重你们，也必然会从各方面更加关心和支持你们。希望同志们不负重托，继续发扬甘为人梯的精神，按照全面推进素质教育的要求，不断提高思想政治素质和业务素质，努力把培养祖国下一代的工作做得更好。

我们党历来非常重视对少年儿童的教育培养。以毛泽东、邓小平、江泽民同志为核心的党的三代领导集体，都从关系党和国家前途命运的战略高度，对少年儿童倾注了无限的关爱，寄予了殷切的期望。最近，江泽民同志又作出了一系列重要指示，为我们做好新时期少年儿童工作指明了方向。全党全社会首先是各级党委和政府，都应当以对未来极端负责的精神，更加关心少年儿童的成长，更加重视少年儿童工作，下大气力解决好少年儿童教育中存在的突出问题。要大力加强少年儿童素质教育。牢固树立正确的教育观和人才观，积极推进教育改革和发展，着力加强思想政治教育、品德教育、纪律教育和法制教育，注重培养创新精神和实践能力，认真做好减轻中小学生过重课业负担的工作，更好地促进少年儿童全面发展。要切实维护少年儿童合法权益。一方面要继续为少年儿童特别是贫困地区、少数民族地区的少年儿童创造更好的就学条件，争取让每一个孩子都能受到九年义务教育；另一方面要采取有力措施，坚决扫除和打击各种危害少年儿童身心健康的社会丑恶现象和违法犯罪行为，不断净化少年儿童成长的社会环境。要进一步加大对少年儿童事业的投入。尤其要把少年儿童活动设施建设放到突出位置来抓，既要管好、用好现有少年儿童活动阵地，并积极鼓励一切健康有益的文化体育场所尽可能免费向孩子们开放，又要进一步增加财政投入，广泛动员社会力量，想方设法为孩子们建设更多更好的活动场所。同时，还要为少年儿童提供优秀的精神产品。教育培养少年儿童是一项艰巨而复杂的系统工程，学校、家庭、社会各个方面都要密切配合，齐抓共管，努力形成全社会关心少年儿童、爱护少年儿童、为少年儿童办好事、为少年儿童作表率的良好风尚。

少先队员小朋友们，少年时代是美好人生的开端，远大的理想在这里孕育，高尚的情操在这里萌生，良好的习惯在这里养成，生命的辉煌在这里奠基。你们一定要珍惜、要努力啊！党和人民相信你们，一定能够走好人生的第一步，一定能够成长为有理想、有道德、有文化、有纪律的社会主义新人，一定能够肩负起建设有中国特色社会主义伟大事业的神圣使命。你们一定能行！

让我们更加紧密地团结在以江泽民同志为核心的党中央周围，迎着新世纪的曙光，向着祖国美好的明天，奋勇前进吧！

在实现中华民族伟大复兴的进程中谱写更加壮丽的青春之歌

——在全国青联九届一次全委会和全国学联二十三大上的祝词

2000 年 7 月 11 日

胡锦涛

青年朋友们,同学们,同志们:

中华全国青年联合会第九届委员会第一次会议和中华全国学生联合会第二十三次代表大会今天隆重开幕了。这是全国广大青年和青年学生十分关注的一件大事。首先,我代表党中央、国务院,向大会表示热烈的祝贺!向出席会议的全体委员和代表,向全国各族各界青年、大中学生和留学生、港澳台青年同胞、国外青年侨胞,致以亲切的问候和良好的祝愿!

上届全国青联、全国学联大会以来,各级青联、学联组织在党的领导下,高举爱国主义和社会主义旗帜,围绕大局,发挥优势,进一步拓宽工作领域,丰富工作内容,开展了许多富有成效的活动,有力地促进了青年和青年学生的成长进步,为我国改革开放和现代化建设做出了积极贡献。广大青年和青年学生主动适应时代的要求,刻苦学习,积极实践,自强不息,艰苦创业,在社会主义物质文明和精神文明建设中发挥着越来越重要的作用,在人生和事业的道路上迈出了新的可喜的步伐。特别是在百年未遇的特大洪涝灾害的严峻考验面前,在新中国成立 50 周年和香港、澳门回归祖国的喜庆日子里,在捍卫国家主权和尊严、维护祖国统一的复杂斗争中,广大青年和青年学生的高度社会责任感和强烈爱国主义精神、敢于战胜一切困难的巨大勇气和顽强毅力得到了集中的体现。事实充分证明,当代青年的确是奋发向上、大有希望的一代,是开拓进取、大有作为的一代。党和国家为有这样一代青年而感到欣慰和自豪。

青年朋友们、同学们、同志们,综观世纪之交的天下大势,和平与发展依然是时代的主题。政治多极化和经济全球化趋势的发展,对人类政治、经济、文化生活将产生广泛而深刻的影响。以信息技术和生物技术为代表的高新技术及其产业突飞猛进,为生产力的发展和社会的进步开辟了新的广阔前景。所有这一切,既给中国在新世纪的发展带来新的历史机遇,也提出了新的严峻挑战。我们只有牢牢地抓住机遇,勇敢地面对挑战,卧薪尝胆,加倍努力,不断增强国家的经济实力、科技实力、国防实力和民族凝聚力,才能在未来激烈的国际竞争中争取更加主动的地位,逐步把我国建设成为富强民主文明的社会主义现代化国家。未来属于青年,未来取决于青年,未来更需要青年去创造。广大青年一定要肩负起时代赋予的重任,牢记江泽民主席向青年一代提出的“四个统一”的要求,为实现中华民族的伟大复兴做出新的更大的贡献。

希望广大青年胸怀祖国,牢固树立振兴中华的雄心壮志。爱国主义是我们国家几千年发展进步的重要力量源泉,是我们民族生生不息的强大精神支柱。近代以来,正是在伟大的爱国主义精神感召和激励下,一代又一代中华儿女为实现振兴中华这个共同理想,上下求索,不懈奋斗。今天,历史的接力棒传到了当代青年手中。成大业者必先立大志。每一位有志青年，无论身在何处，无论在什么岗位，都应当心系祖国，心系民族，自觉把个人的抱负同全民族的共同理想统一起来，把个人的奋斗融汇到振兴中华的历史洪流中去，这样才能获得强大而持久的前进动力，才能在服务祖国和人民中实现自己最大的人生价值。在当代中国，爱国主义同社会主义本质上是统一的。改革开放20年来中华大地发生的历史巨变雄辩地证明：邓小平理论是指导中国人民在改革开放中胜利实现现代化的科学理论，建设有中国特色的社会主义是中国走向繁荣富强的正确道路。在振兴中华的征途上，广大青年只有坚持邓小平理论不动摇，坚定跟党走建设有中国特色社会主义道路的信念，才能始终保持正确的人生航向，不断战胜前进中的各种艰难险阻，胜利到达理想的彼岸。

希望广大青年勤奋学习，用人类创造的一切优秀文明成果丰富自己。必须认识到，人类同知识的关系从来没有像现在这样密切，知识对经济和社会发展的作用也从来没有像现在这样重要。当代青年要跟上时代前进的步伐，就必须以只争朝夕的紧迫感，勤于学习，敏于求知，不断充实和提高自己。不仅要在学生时期发愤读书，而且要在走上工作岗位以后继续抓紧学习，不断进行知识更新，真正把学习作为终身的任务。不仅要钻研专业知识和岗位技能，而且要开阔视野，努力扩大知识面，优化知识结构。不仅要努力学习科学文化知识，而且要树立科学观念，掌握科学方法，培养科学精神，进一步提高辨别是非真伪的能力。人的本领需要从书本中获取，更需要通过实践的锻炼来提高。大凡在事业上有所成就的人，无不经历过社会实践的磨炼和艰难困苦的考验。他们的成才道路表明，一个人同人民群众的社会实践结合得越紧，收获就越大，进步也就越快。当代青年要真正成为国家的有用之才，就必须在学习书本知识的同时，自觉向实践学习，向人民群众学习，向老一辈学习，从亿万人民创造历史的伟大实践中汲取营养、增长才干。

希望广大青年注重修养，努力追求高尚的精神境界。良好的道德风尚和新型的人际关系是我国社会主义社会文明进步的重要标志。青年素有开风气之先的光荣传统，在道德修养上应该有更高的追求。这不仅会对社会进步产生积极的影响，也会对自己一生的奋斗产生长远而巨大的作用。我国是一个具有悠久历史和灿烂文化的文明古国，在长期的发展中形成了自己的传统美德，需要当代青年努力加以继承和发扬。同时，我国各族人民在建设社会主义的伟大进程中又形成了新的道德观念、道德规范、道德风尚，这些同样需要当代青年努力加以学习和实践。当前，广大青年尤其要进一步强化责任意识和奉献精神，在行使个人权利的时候，一定要尽到对国家和人民应尽的责任与义务，识大体，顾大局，自觉遵纪守法，努力维护安定团结的大好局面；在对待个人利益的时候，一定要把国家和人民的利益放在首位，关心集体，热心公益，扶贫帮困，见义勇为，为人民、为社会多做好事。道德修养重在自觉，贵在坚持。只要注意从自身做起，从一时一事做起，日积月累，持之以恒，就能逐步达到一个高尚的精神境界。

希望广大青年锐意创新，在继承前人的基础上不断超越前人。创新能力愈益成为一个国家、一个民族生存和发展的决定性因素。中国作为一个发展中国家，能不能实现跨越式发展，尽快缩小与发达国家的差距，关键取决于我们是否敢于和善于创新，是否能在理论创新、体制创新、科技创新和其他创新方面有重大的突破。青年人风华正茂，思维敏捷，接受新事物快，有着巨大的创造活力，是实现创新的一支重要方面军。在创新过程中要注意把革故鼎新的勇气和科学求实的态度有机结合起来，既要解放思想，大胆探索，扬弃旧义，创立新知，又要实事求是，追求真理，尊重规律，循序渐进，不断开创我们事业发展的新境界。创新的过程也是一个艰苦奋斗的过程。只有立足本职，埋头苦干，不畏艰难，百折不挠，才能不断攻克新的难关，攀登新的高峰。创新不仅意味着一些关键领域和重要方面的重大突破，也包括各项工作的具体改进。如果人人都能在自己的岗位上不断有所改进、有所创造，我们的事业就一定会获得不竭的发展动力。

青联和学联都是中国共产党领导下的青年群众组织，青联又是最广泛的青年爱国统一战线组织。面对新的世纪、新的任务，青联、学联组织一定要坚持以马列主义、毛泽东思想和邓小平理论为指导，弘扬爱国、团结、进步的光荣传统，充分发挥自身优势，努力把各项工作做得更好。一是要多做巩固中华青年大团结的工作。要继续高举爱国主义和社会主义旗帜，进一步把各族各界、海内海外中华青年的智慧和力量凝聚到为祖国的强盛和统一奋斗上来。要大力加强与港澳地区青年的联系，共同为贯彻“一国两制”方针和香港、澳门基本法，确保香港和澳门的繁荣稳定贡献力量。解决台湾问题，实现祖国完全统一，是包括台湾同胞在内的全中国人民的崇高愿望和神圣使命，也是包括台湾青年在内的全国各族青年共同的历史责任。要进一步增进海峡两岸青年的沟通与交往，促进两岸经济、文化交流和人员往来；要毫不动摇地坚持一个中国的原则，坚决同各种企图分裂祖国的活动作斗争。海峡两岸青年携起手来，为早日实现祖国和平统一共同奋斗。二是要多做促进青年成才和发展的工作。要根据我国现代化建设的需要特别是国家实施科教兴国、可持续发展和西部大开发战略的要求，积极为青年人才的脱颖而出和发挥更大作用创造条件、铺路搭桥。要高度重视和切实加强青年思想政治工作，着力在增强时代感，加强针对性、实效性、主动性上下功夫，进一步帮助青年树立正确的世界观、人生观、价值观。同时，要千方百计为有困难的青年和青年学生办实事办好事，切实维护青年的合法权益。三是要多做增进我国青年同世界各国青年友谊的工作。要积极扩大与国外青年和青年组织的友好交往，特别要加强同周边国家和发展中国家青年和青年组织的交流合作，携手推进人类的和平进步事业。不断加强自身建设，是做好新时期青联、学联工作的基础和保证。各级青联、学联组织要以改革的精神认真研究当前面临的新情况、新问题，切实改进工作方法和活动方式，努力把工作提高到一个新水平。

关注未来，就要关注青年。我们党历来都把青年作为未来发展的希望。各级党委一定要站在事关国家、民族前途命运的战略高度，更加重视青年和青年工作。要进一步加强对青联、学联工作的领导，及时研究工作中的一些重大问题，使青联、学联工作继续沿着正确的方向发展。共青团要更好地发挥在青联中的核心作用和对学联的指导作用，帮助它们依照法律和各自的章程独立自主、创造性地开展工作。社会各方面都要相互协调，密切配合，为青年一代的健康成长创造更加有利的社会环境。

青年朋友们、同学们、同志们，建设有中国特色社会主义的伟大时代，是一个百舸争流、英才辈出的时代。在这个时代，青年的创造活力可以得到最大程度的发挥，青年的成才愿望可以得到最充分的实现。党和国家殷切希望广大青年，积极响应时代的召唤，努力朝着有理想、有道德、有文化、有纪律的目标迈进，在新世纪谱写出更加壮丽的青春之歌。让我们紧密团结在以江泽民同志为核心的党中央周围，万众一心，发愤图强，为实现中华民族的伟大复兴努力奋斗！

致中国青年出版社建社50周年的贺信

2000年10月30日

胡锦涛

中国青年出版社全体同志：

值此中国青年出版社建社50周年之际，谨向你们表示热烈的祝贺和亲切的问候！

50年来，中国青年出版社始终遵循党的出版方针，根据不同历史时期青年的特点和需要，编辑出版了大量优秀读物，用先进思想和科学文化知识，教育和影响了一代又一代青年，为繁荣社会主义文化、促进青年健康成长做出了积极贡献。

从新世纪开始，我国将进入全面建设小康社会，加快推进社会主义现代化的新的发展阶段。进一步满足人民群众日益增长的精神文化需求，不断提高全民族素质，是时代赋予出版工作者的光荣使命。中国青年出版社担负着为青年成长成才服务的重要职责。希望你们坚持以马列主义、毛泽东思想和邓小平理论为指导，认真贯彻落实江泽民同志关于建设有中国特色社会主义文化的一系列重要指示精神，主动适应时代发展和青年进步的要求，深化改革，加强管理，提高效益，多出精品，进一步形成自己的风格和特色，更好地成为广大青年的良师益友，成为党教育和引导青年的一个重要思想文化阵地。

在共青团十四届四中全会上的讲话

2000年12月20日

胡锦涛

同志们：

共青团召开十四届四中全会，深入学习贯彻党的十五届五中全会和中央经济工作会议精神，研究部署明年和今后一个时期团的工作。这对于团组织面向新世纪，适应新形势，更好地带领广大团员青年为实现“十五”计划而奋斗，进一步开创共青团工作的新局面，必将产生积极的推动作用。

前不久，中央书记处听取了团中央书记处的工作汇报，总的认为，一年来共青团工作比较活跃，取得了新的进展。比较突出的有以下五个方面：一是积极带领广大团员青年投身经济建设主战场，尤其是在参与生态环境保护和建设、促进西部大开发等方面取得了明显的成绩；二是广泛开展创建青年文明社区和活跃乡村青年文化生活等活动，进一步发挥了广大团员青年在社会主义精神文明建设中的积极作用；三是切实加强青年思想政治工作，思想教育阵地和手段有了新的拓展；四是加大服务青年的工作力度，为提高青年素质、维护青年权益做了许多实事好事；五是坚持以党建带团建，特别是在扩大团的覆盖面、增强团的基层活力等方面有了新的起色。希望各级团组织在这些成绩的基础上，再接再厉，开拓进取，努力把共青团工作提高到一个新水平。

明年共青团工作总的要求是：坚持以邓小平理论和党的十五大精神为指导，认真学习贯彻江泽民同志关于“三个代表”的重要思想，围绕大局，贴近青年，突出重点，发挥优势，充分调动广大团员青年的积极性和创造性，动员和组织他们为实现“十五”计划和现代化建设第三步战略目标贡献智慧和力量。

下面，我着重就共青团如何结合实际学习贯彻党的十五届五中全会和中央经济工作会议精神，做好明年和今后一个时期的工作，讲几点意见。

一、深入学习贯彻党的十五届五中全会和中央经济工作会议精神，切实把广大团干部和团员青年的思想认识统一到中央的重大决策和部署上来

认真学习贯彻五中全会和中央经济工作会议精神，是当前全党全国的一件大事，也是摆在团组织面前的一项重要任务。前一段，团中央在这方面抓得是紧的，及时组织了会议精神的传达学习，并提出了贯彻落实的措施。下一步，要在前一段工作的基础上，继续把学习贯彻引向深入。

要通过深入学习，把思想认识进一步统一到中央对国际国内形势的正确判断上来。全面审视当今世界政治、经济、科技发展的大趋势，深刻认识我国经济社会发展的阶段性变化和面临的新情况新问题，实事求是地分析有利条件和不利因素，这是规划新世纪发展、制定“十五”计划、部署明年工作的重要客观依据，也是我们深入理解和全面贯彻中央决策的一个重要前提。

从国际上看，进入新世纪，和平与发展仍然是时代的主题。尽管世界仍不太平，霸权主义和强权政治有新的发展，影响世界和平与稳定、危及地区安全的隐忧明患依然不少，但世界和平因素的增长超过动荡因素的增长，国际局势总体上继续趋向缓和。当今世界形势正在发生着深刻的变化，概括起来讲，有这样几个突出的特点。一是世界多极化趋势不可逆转，但多极化的最终形成仍将经历一个较长的发展过程。世界多极化趋势，有利于世界的和平、稳定和繁荣，有利于建立公正合理的国际政治经济新秩序。但目前国际力量对比严重失衡，世界走向多极化的进程，将始终面临着与霸权主义和强权政治的尖锐斗争。中国在多极化进程中所处的地位和发挥的作用，越来越为世界所瞩目。但西方敌对势力不希望看到社会主义中国发展壮大，不会停止对我实施“西化”、“分化”的战略图谋。我国既面临着可以争取到一个良好的国际和平环境和周边环境来发展自己的难得机遇，也面临着与西方敌对势力渗透与反渗透、遏制与反遏制、分裂与反分裂、颠覆与反颠覆的激烈斗争。二是经济全球化进程加快，国际经济合作与竞争向前所未有的广度和深度发展。经济全球化作为社会生产力发展的客观趋势，一方面有利于促进资金、技术等生产要素在全球范围内的流动和配置，会给各国（包括发展中国家）带来一些新的发展机遇，对促进世界和平与稳定也是一个积极因素；另一方面也会给国际社会特别是发展中国家带来经济上的不稳定甚至危机。在经济全球化的过程中，发达国家会凭借经济科技实力占据有利地位，发展中国家则面临日益严峻的挑战，一些国家有可能抓住机遇实现跨越式发展，一些国家与发达国家的差距也有可能继续拉大。我国加入WTO后，对外开放将进一步扩大，我国经济发展受到的国际影响会进一步增加。我们既面临着引进更多资金、技术、管理经验和扩大出口，发挥比较优势，实现跨越式发展的机遇，也面临着发达国家经济上科技上占优势的巨大压力，面临着激烈的国际竞争的挑战。三是以信息技术、生物技术、新材料技术为代表的高新技术迅猛发展，孕育着一场新的产业革命。科学技术对经济社会发展的决定作用越来越明显，极大地改变着当今世界的生产和生活方式，为生产力和社会的发展开辟了新的广阔前景。特别是信息网络化的迅速发展，对各国政治、经济、军事、科技、文化、社会等领域正在产生深刻的影响。现在世界各国都在争先恐后调整科技政策，建立国家创新体系，鼓励和引导科技突破与技术创新，促进科研成果尽快进入市场和向现实生产力转化。可以预见，未来10年将出现全球性的新科技推广应用和更大规模的产业结构调整高潮。在科学技术的迅速发展中，发达国家和发展中国家的处境很不相同，“数字鸿沟”的出现和不断扩大，使得南北发展差距有增无减，世界经济有可能因此而出现新的失衡。如何利用高新技术缩小与发达国家的差距，已成为包括我国在内的广大发展中国家共同面临的紧迫课题。

从国内看，现在我国正处在经济和社会发展极为重要的时期。经过20多年改革开放和快速发展，我国整个生产力水平上了一个大台阶，综合国力显著增强，人民生活有了很大提高，市场供求关系、发展的体制环境、对外经济联系都发生了重大变化。从新世纪开始，我国将进入全面建设小康社会、加快推进社会主义现代化的新的发展阶段，开始实施第三步战略部署。当前我国总的形势是好的。今年以来，在以江泽民同志为核心的党中央正确领导下，全党和全国人民认真学习贯彻“三个代表”重要思想，坚持扩大内需的方针，继续实行积极的财政政策和稳健的货币政策，大力推进经济结构调整，加强农业基础，加大国有企业改革和脱困的力度，实施西部大开发战略，采取多种措施扩大出口，从而克服了亚洲金融危机带来的困难，扭转了近二年经济增长速度连续下滑的局面，国民经济发展出现了重要转机，保持了良好发展的势头。一是投资、消费和出口增长强劲，社会需求全面回升，经济增长速度明显加快。二是经济体制改革取得新的进展，特别是国有大中型企业改革和脱困三年目标按期基本实现，企业效益明显改善。三是结构调整稳步推进，基础设施建设得到加强，经济运行质量进一步提高。在经济发展出现重要转机的同时，科技、教育、文化、卫生、体育等各项社会事业继续发展，社会主义精神文明建设和民主法制建设取得新的进展，党的建设不断加强。所有这些成绩，都为“十五”计划的顺利实施和明年各项工作的稳步发展打下了良好基础。同时也应当清醒地看到，我国经济和社会生活中还存在许多不容忽视的问题和隐忧。国内经济回升的基础还不稳固，社会需求持续增长的机制尚未完全形成，结构性矛盾比较突出；农民收入增长缓慢，就业压力增大，对经济持续增长和社会稳定带来直接影响；国有企业经营机制转换滞后，创新能力较弱，部分企业经营困难；贪污腐化、奢侈浪费现象还比较严重，一些地方社会治安状况较差。解决这些问题，对于明年和今后一个时期经济和社会的发展至关重要。

通过对国际国内形势的分析，可以得出这样一个结论：机遇与挑战同在，希望与困难并存，总起来看仍然是机遇大于挑战，希望多于困难。我们既要对面临任务的复杂性和艰巨性有足够的估计，更要对我国未来的发展充满信心。

要通过深入学习，把思想认识进一步统一到中央面向新世纪做出的重大部署上来。五中全会和中央经济工作会议，在深刻分析国际国内形势的基础上，提出了进入新世纪我们必须抓好的三大任务和今后5到10年的奋斗目标、指导方针和重要任务，并对做好明年经济工作提出了明确要求。对此，我们必须全面理解、深入领会，尤其要从战略上、全局上把握住以下重要的指导思想。

一是要把握发展这个主题，坚持用发展的办法解决前进中的问题。发展是硬道理，这是我们必须始终坚持的一个重要战略思想。无论是解决我国经济和社会生活中存在的矛盾和问题,实现现代化建设第三步战略目标,还是在更趋激烈的国际竞争中赢得主动,不断提高我国的地位和影响,都需要我们加快发展壮大自己。抓住机遇,加快发展,在政治上经济上对我们都很紧要。我们一定要坚持以经济建设为中心不动摇,努力使国民经济在一个较长时期保持较快的发展速度,不断提高我国的综合国力。为此,明年要坚持扩大国内需求的战略方针,加强和改善宏观调控,继续实施积极的财政政策和稳健的货币政策,以政府投资带动社会投资和消费增长。

二是要抓住结构调整这条主线,切实提高经济增长的质量和效益。发展要有新思路,核心就是进行经济结构的战略性调整。这次结构调整,不仅是解决当前经济问题的迫切需要,而且是谋求未来经济持续发展的长远大计。我们一定要坚持以提高经济效益为中心,坚持在发展中推进经济结构调整,在经济结构调整中保持快速发展。在农业和农村经济结构调整方面,要在切实保护和提高粮食生产能力、确保国家粮食安全的前提下,围绕增加农民收入,进一步优化农产品品种结构和区域布局,推进农业产业化经营,抓好乡镇企业结构调整和技术进步,积极稳妥地发展小城镇。在产业结构调整方面,要大力发展我国具有比较优势和市场潜力的高新技术产业,以信息化带动工业化,形成新的经济增长点;着力用高新技术和先进适用技术改造传统产业,加快传统产业的优化升级;继续淘汰落后和过剩的生产能力,制止不合理的重复建设。在促进地区协调发展方面,要按照国家关于西部开发总体规划的要求,突出重点,分步实施,集中力量抓好西部基础设施建设和生态环境建设。

三是要以体制创新和科技创新为动力,推动经济发展和结构调整。改革是解放和发展生产力的必由之路。这就要求我们必须把体制创新放到突出位置,毫不动摇地坚持市场取向的改革,进一步消除生产力发展的体制性障碍。要继续把国有企业改革作为中心环节,重点推进现代企业制度的建立和完善,积极推动国有大中型企业的股份制改造,加快建立规范的法人治理结构,进一步推进政企分开,在减少对企业的行政审批和打破行业垄断两方面取得明显进展。对外开放是我们必须长期坚持的基本国策。加入 WTO 标志着我国对外开放进入新的阶段,我们将在更大范围内和更深程度上参与经济全球化进程。我们必须适应新形势,坚持“引进来”和“走出去”双向并举的开放战略,更加主动地参与国际经济合作与竞争,当前要抓紧做好加入 WTO 的各项准备工作。当今世界,科学技术已经成为经济增长的决定性因素。要继续大力实施科教兴国战略,按照有所为、有所不为的方针,总体跟进,重点突破,提高科技持续创新能力,实现技术跨越式发展。经济发展和科技创新,归根到底要靠人才。要把培养、吸引和用好人才作为一项战略任务切实抓好,努力形成尊重知识、尊重人才的良好氛围,努力营造吸引人才、发挥人才作用的良好环境,加快建立有利于各类优秀人才脱颖而出的良好机制。

四是要把提高人民生活水平作为根本出发点,不断使全体人民得到改革和发展带来的好处。这是我们党全心全意为人民服务宗旨和“三个代表”要求的最终体现,是处理好改革发展稳定关系的结合点。必须从政治的高度和稳定的大局出发,始终坚持“一要吃饭,二要建设”的原则,把解决好人民群众生活问题作为党和政府的根本任务,努力在发展经济的基础上,保证人民群众向更加宽裕的小康生活迈进。要大力发展多种所有制经济,努力扩大就业门路,鼓励多种形式的就业。要加快建立健全社会保障体系,在试点的基础上,进一步推进城镇职工基本养老保险、失业保险、基本医疗保险制度及医药卫生体制改革,建立和完善城市居民最低生活保障制度。要确保国有企业下岗职工的基本生活费和企业离退休人员养老金按时足额发放，认真解决县乡两级拖欠机关事业单位职工工资的问题。要切实减轻农民负担，加快农村税费改革，严禁一切乱收费、乱集资、乱摊派和各种形式的达标升级活动。要继续搞好贫困地区的扶贫开发，妥善解决灾区群众的生产和生活困难问题。

五是要坚持两个文明建设一起抓，促进经济和社会协调发展。全面建设小康社会，既包括物质文明建设，也包括精神文明和民主政治建设。这就要求我们必须在发展经济的同时，大力加强社会主义精神文明建设，不断满足人民群众日益增长的精神文化需求。必须适应经济体制改革和现代化建设的要求，继续推进政治体制改革，加强民主法制建设。必须正确处理改革、发展和稳定的关系，尤其要把握好一些涉及群众切身利益的举措出台时机和力度，充分考虑群众的承受能力和接受程度，努力保持社会政治的稳定。

以上概括地分析了国际国内形势，简要地介绍了五中全会和中央经济工作会议精神。对于共青团来说，认清形势，明确任务，目的是为了更好地推动团的工作。这里需要强调的是，共青团在学习贯彻党中央作出的一系列宏观性、战略性、方向性重大决策的过程中，要密切联系团员青年和共青团工作的实际，把中央的决策加以具体化，更好地落实到团的各项工作中去。既要立足当前，认真研究当代青年的新特点新变化，研究共青团工作面临的新情况新问题，积极探索做好工作的新途径新方法，又要着眼长远，努力把握未来青年发展的趋势和共青团工作的走向，增强工作的预见性，把握工作的主动权，不断开创共青团工作的新局面。

二、围绕“十五”计划的重大部署，充分发挥青年的生力军和突击队作用

青年是整个社会中一部分最积极最有生气的力量。特别是在科学技术日新月异的今天，在改革开放和发展社会主义市场经济的条件下，青年在经济和社会生活中发挥着越来越重要的作用。实现“十五”计划的宏伟目标，必须最大限度地把广大青年动员和组织起来。各级团组织要团结带领广大青年，积极投身改革和建设的新的伟大实践，为完成五中全会和中央经济工作会议提出的各项任务做出新的更大的贡献。

关于如何带领青年为实现“十五”计划建功立业，团中央已经有了一些好的设想和具体的部署。这里，我想就共青团在带领青年开展建功立业活动的过程中需要把握的几个问题，再强调一下。

一是要把引导青年艰苦创业贯穿于活动的全过程。中央确定的“十五”计划目标是鼓舞人心的，而要把这一目标变为现实，还需要我们克服前进道路上的各种困难，付出艰苦而巨大的努力。因此，实现“十五”计划的过程，必然是一个艰苦创业的过程。这就要求各级团组织，在开展建功立业活动中，一定要引导广大青年牢固树立艰苦奋斗的思想，勇于迎难而上，在前人奋斗的基础上创造新业绩、做出新贡献。要使广大青年认识到，无论是在加强农业基础地位，还是在搞好国有企业改革和发展的实践中，无论是在加强基础设施建设和生态环境建设，还是在促进科技进步和推进信息化的进程中，无论是在加快中西部地区发展，还是在东部率先实现现代化的奋斗中，青年都是大有可为的，要带领广大青年，立足本职，埋头苦干，奋力拼搏，勇挑重担，努力创造无愧于时代、无愧于人民的优异成绩。

二是要把鼓励青年锐意创新贯穿于活动的全过程。历史和现实都说明，一个民族、一个国家，只有勇于和善于创新，才能获得不竭的发展动力，才能走在发展的前列。青年人朝气蓬勃，思维敏捷，敢为人先，最少陈旧观念，最具创造活力，是创新的希望所在。共青团在带领青年建功立业的过程中，一定要把握青年的特点，挖掘青年的潜力，因势利导，把青年的创新优势更好地发挥出来，为体制创新和科技创新贡献聪明才智。要引导青年积极参与以国有企业改革为重点的各项改革，坚定地走在改革的前列，勇于探索，敢闯新路，为不断突破影响生产力发展的体制性障碍，建立和完善社会主义市场经济体制献计出力。要引导青年科技人员瞄准世界科学技术发展的前沿，努力在一些对我国国民经济和社会发展有重大意义的基础研究和应用基础研究领域取得新的进展，在一些关系全局的高技术领域取得突破。要引导广大青年把创新的要求和创新的精神体现到各项具体工作中去，并把创新的热情与科学求实的态度结合起来，在各自的岗位上争创一流业绩，并努力做到有所发现，有所发明，有所创造，有所前进。

三是要把大力培养青年人才贯穿于活动的全过程。共青团要带领青年更好地为实现“十五”计划做贡献，必须把培养青年人才放到更加突出的位置。当今世界，人才是一个国家经济和社会发展最重要的战略资源，是决定一个国家兴衰存亡的关键。各国综合国力的竞争实质上是人才的竞争。我们必须进一步增强紧迫感和忧患意识，着眼于当今和未来的国际竞争，着眼于科技和经济发展的大趋势，着眼于现代化建设的全局，把培养、吸引、用好人才作为一项重大战略任务来抓，努力造就一支规模宏大、门类齐全、整体实力强的人才队伍。大批青年人才的成长是国家和民族发展的希望。特别是随着知识更新速度的不断加快，人才愈来愈呈现出年轻化的趋势。因此，无论是从实现“十五”计划目标来看，还是从更长远的发展来看，都必须把培养和造就千百万青年人才作为实施人才资源开发战略的重点。各级共青团组织以及青联、学联组织要自觉担负起促进青年人才健康成长的职责，配合有关方面进一步加大这项工作的力度。要坚持正确的人才观和人才标准，既要帮助青年人才提高业务素质，丰富实践经验，又要帮助他们提高政治素质，实现全面发展。要拓宽发现和选拔人才的视野，既要重视造就大批青年领导人才，又要重视造就大批青年管理人才、科技人才和其他各类人才。要完善人才培养的机制，既要积极表彰、举荐、扶持优秀人才，为他们的进步铺路搭桥，穿针引线，又要努力营造有利于人才健康成长、施展才干的良好环境，促进大批优秀青年人才脱颖而出。提高青年整体素质是青年人才辈出的基础。只有青年整体素质不断提高，才能为青年人才资源的发掘和使用提供丰厚的土壤。共青团要着眼于青年的大多数，引导和帮助广大青年树立远大的理想抱负，加强自身道德修养，发扬积极进取的精神，努力学习新知识新技能，用科学理论和人类社会创造的优秀文明成果武装和丰富自己的头脑，提高适应改革开放和现代化建设的本领，为培养一支高素质的青年建设大军发挥更大的作用。

三、切实把握时代发展和青年思想的脉搏，进一步增强青年思想政治工作的针对性和实效性

思想政治工作是团结全党和全国人民实现党和国家各项任务的中心环节。要更好地动员和组织青年为实现“十五”计划做贡献，就必须认真做好青年思想政治工作，把广大青年的主动性和积极性更加充分地调动起来。当代青年是在改革开放中成长起来的一代，改革开放带来了经济的快速发展和社会的巨大进步，也引起包括青年在内的广大群众思想观念的深刻变化。总的看，青年的思想状况是积极向上的，广大青年是衷心拥护党的领导，拥护改革开放，拥护建设有中国特色社会主义事业的。但也应看到，在新的历史条件下，面对我国经济体制转轨时期遇到的各种复杂矛盾，面对世界社会主义事业出现的严重挫折，面对西方敌对势力加紧对我国进行的思想文化渗透，一部分青年中也确实产生了这样那样的思想困惑和模糊认识。如何针对青年的思想实际，做好释疑解惑的工作，进行正确的思想教育和引导，帮助他们增强辨别大是大非、抵御腐朽思想侵蚀的能力，是摆在全党全社会面前的一项重大任务，也对共青团提出了新的更高的要求。各级团组织要按照中央思想政治工作会议提出的要求，紧密结合团员青年的实际，切实担负起教育引导青年的政治责任，把青年思想政治工作作为一项重点工作来抓。要注重贴近时代，贴近生活，贴近青年，运用青年易于接受的方式方法，采取青年喜闻乐见的形式和载体，把正确思想的灌输与积极的启发引导结合起来，把解决青年的思想问题和解决他们的实际问题结合起来，不断增强思想政治工作的针对性和实效性。

在工作内容上，要突出抓好理想信念教育。正确的理想信念是我们战胜各种艰难险阻，从胜利走向胜利的强大精神动力。青年中思想问题的表现多种多样，说到底都是同理想信念有关。西方敌对势力对我国实施“西化”、“分化”战略图谋的手法形形色色，说到底也都是企图动摇和改变青年一代的理想信念。抓住了理想信念教育，就抓住了青年思想政治工作的核心内容。坚定正确的理想信念必须建立在对社会发展规律的深刻认识和科学把握上。对青年进行理想信念教育，最根本的就是要加强马列主义、毛泽东思想特别是邓小平理论教育，从理论和实践的结合上帮助青年认清社会发展的客观规律，使他们牢固树立爱国主义、集体主义、社会主义思想，树立正确的世界观、人生观、价值观，进一步坚定对马克思主义的信仰、对建设有中国特色社会主义道路的信念、对改革开放和现代化建设的信心、对党和政府的信任。正确的理想信念总是在同错误思想的斗争中树立起来的。对思想理论上的杂音给广大群众特别是青年思想认识造成的负面影响，我们决不可掉以轻心。各级团组织一定要坚持原则，把握方向，旗帜鲜明地反对政治方向、政治原则问题上的错误观点，帮助青年澄清模糊认识、分清原则是非，绝不能给错误言论提供传播阵地。

在工作对象上，要重点加强对特殊青年群体的思想工作。青年中存在的思想问题，有些是带有共性的，有些则具有特殊性。因此，青年思想政治工作必须有的放矢地去做，具体情况具体分析，具体问题具体解决，而不能停留在一般号召上。当前，特别要注意加强对一些特殊青年群体的思想工作。比如，我们国家人口众多，就业始终是个大问题，特别是在当前经济结构调整和国有企业改革深化的重要关头，就业矛盾更为突出。现在每年新增劳动力主要是青年，国有企业下岗职工中也有一部分是青年，这些青年中思想问题比较多。这就要求团组织切实把思想工作做到他们中间去，引导他们振作精神，自强不息，转变择业观念，提高就业本领，尽快实现就业。又比如，现在农村大批富余劳动力进城务工，其中绝大多数都是青年。这些进城务工青年为城市建设和发展做出了很大贡献，但他们还存在不少实际问题，主要是业余生活比较单调，合法权益受侵害的事情屡有发生，思想上的苦闷比较多。这就要求团组织特别关心这部分青年，组织他们开展健康有益的文化活动，努力维护他们的正当权益，使他们能够适应新的工作和生活环境。再比如，在违法犯罪人员中青少年所占比例较大，违法犯罪呈低龄化趋势。这就要求团组织切实负起教育和挽救失足青少年的责任，满腔热情地关心和帮助他们，使他们重新鼓起生活的勇气。同时，要积极配合有关部门，加大预防青少年违法犯罪工作的力度，在青少年中广泛开展法制教育，注重加强对辍学生、社会闲散青少年、残缺家庭子女、有劣迹和心理障碍青少年的教育帮助，尤其要努力清除危害青少年身心健康的不良因素，进一步营造有利于青少年健康成长的社会环境。

在工作手段上，要特别注意发挥互联网等现代传媒在青年思想教育中的重要作用。提高思想政治工作的感召力和渗透力，没有一套行之有效的方法和手段是不行的。在开展青年思想政治工作方面，共青团有不少很好的做法，要结合新的实际加以运用。但应该看到，时代在前进，社会在发展，生活在变化，青年思想政治工作的手段也必须不断加以更新。特别是现在互联网发展迅速，正在对人们的学习方式、工作方式、生活方式产生深刻影响。团组织要认真研究互联网对青年思想带来的影响，努力建设思想政治工作的新阵地，打好网上宣传教育的主动仗。一方面，要引导青年利用网络拓宽视野，学习知识。要办好共青团自己的青少年网站，提高知名度，增强竞争力，用丰富的内容吸引青年，用正面的宣传教育青年，使互联网成为广大青年获取知识信息的一个新窗口，成为他们接受思想教育的一个新途径。另一方面，要针对网上信息庞杂多样的状况，积极配合有关部门依法加强网络管理，防止和控制网上的负面宣传，努力消除不良信息对青年的影响。

四、按照“三个代表”的要求，大力加强共青团干部队伍建设

江泽民同志关于“三个代表”的重要思想，是对我们党的性质、宗旨和根本任务的新概括，是对马克思主义建党学说的新发展，是对新形势下加强党的建设和推进有中国特色社会主义事业的新要求，为我们党迎接新世纪、经受新考验、完成新任务、赢得新发展提供了强大的思想武器。共青团作为党的助手和后备军，必须用“三个代表”的重要思想统揽团的全部工作，指导团的自身建设。

这些年来，中央就加强团的思想、组织、作风建设，作出了一系列重要指示，特别是在加强基层建设、增强基层活力、扩大团的覆盖面等方面提出了明确要求，一定要继续抓好落实。这里，我想结合培养选拔优秀年轻干部工作，着重谈谈团干部队伍建设问题。

抓紧培养选拔优秀年轻干部，造就一大批始终坚持“三个代表”要求、能够在新世纪担当重任的领导人才，是关系老一辈无产阶级革命家开创的社会主义事业代代相传，关系我国社会主义现代化目标胜利实现，关系党的事业兴旺发达和国家长治久安的战略大计。现在，我们党正处在整体性的新老交替的重要时期，各级党委加大了培养选拔优秀年轻干部工作的力度。这既为优秀年轻干部脱颖而出创造了有利条件，又对广大年轻干部提出了更高的要求。应该说，年轻干部队伍总体上是好的，他们年富力强，大多数文化程度较高，眼界比较开阔，思想比较活跃，开拓进取精神较强，许多同志在自己的岗位上做出了出色的成绩，得到了组织上的肯定和人民群众的好评。但也必须清醒地看到，在一些年轻干部身上还存在着不容忽视的缺点和不足，主要是缺少马克思主义理论的系统教育，缺少对党的优良传统和党的历史的真正了解，缺少驾驭全局、解决复杂矛盾的能力，缺少严格的党内生活锻炼和群众工作经验。特别需要注意的是，少数年轻干部对自己放松要求，出现了这样那样的问题，有些问题还相当严重，必须引起我们的高度重视。团干部队伍是党的年轻干部队伍的重要组成部分。年轻干部的优点和长处，在团干部身上表现得比较突出，但一些年轻干部的不足和问题，在一些团干部中也程度不同地存在着。这就需要团组织必须以对党的事业和团的事业高度负责的精神，运用“三讲”教育的成功经验，采取得力措施，进一步加强团干部队伍建设。对广大团干部，一定要严格要求，严格管理，严格监督，使他们不断地提高自身素质，更快更好地成长起来。当前，尤其要引导团干部在以下三个方面作出切实的努力。一是要做到政治合格。年轻干部接班，最重要的是接老同志坚持革命斗争方向的英勇精神的班。团干部一定要把讲政治摆在提高自身素质的首位，始终坚定建设有中国特色社会主义的理想信念，始终坚持党的基本理论、基本路线、基本纲领、基本方针不动摇，坚决同以江泽民同志为核心的党中央保持高度一致。特别是在重大政治原则问题上，必须头脑清醒，明辨是非，立场坚定，站稳脚跟。政治上的坚定来自于理论上的清醒。各级团干部首先要在学习马列主义、毛泽东思想和邓小平理论上狠下功夫，并把学习理论同改造客观世界、主观世界结合起来，同加强党性锻炼结合起来，为政治上的成熟打下坚实的基础。明年是我们党成立80周年，中央将开展一系列纪念和教育活动，大家要珍惜这一机会，进一步学习党的知识，熟悉党的历史，了解党的优良传统，从而更加坚定更加自觉地为党的事业而奋斗。二是要做到作风扎实。团干部的作风如何，直接关系到共青团的形象，也关系到团干部自身的成长进步。我们讲作风扎实，就是要求团干部始终坚持全心全意为人民服务的宗旨，始终坚持群众观点和群众路线，深入基层，联系群众，与广大青年打成一片，竭诚为他们办实事办好事；就是要求团干部谦虚谨慎、不骄不躁，埋头实干、不图虚名，脚踏实地地做好每一项工作；就是要求团干部把高昂的革命热情与科学的工作态度结合起来，尊重客观规律，尊重青年群众的意愿，创造性地开展工作；就是要求团干部注重实践，自觉到经济比较落后、条件比较艰苦、任务比较繁重、情况比较复杂的地方去，“经风雨、见世面”，经受摔打，磨炼意志，积累经验，增长胆识和才干。那种把团的岗位当成升迁的阶梯而不安心工作的思想，那种热衷于搞形式主义而不真抓实干的风气，那种贪图安逸而不愿吃苦的精神状态，都是与团干部必须具备的基本品质背道而驰的，当然也都是不利于团干部成长进步的，都要坚决防止和克服。三是要做到严格自律。改革开放和发展社会主义市场经济既为团干部施展才华创造了有利条件，但也使同志们面临许多诱惑。能不能抵御社会上的各种诱惑，能不能正确对待手中的权力，是对大家的严峻考验。同志们今后的路还很长，一定要高度重视和自觉加强党性修养，真正在思想上解决江泽民同志提出的“参加革命是为什么、现在当干部应该做什么、将来身后应该留点什么”等根本问题，筑起拒腐防变的坚固防线。这里需要强调的是，严格自律要从防微杜渐做起。“千里之堤，溃于蚁穴。”反思一些人犯错误的过程，往往是从不注意小节开始，一步一步滑向泥潭而不能自拔。每一个团干部都要用反面典型的沉痛教训警示自己，顶得住歪风，管得住小节，切实过好权力关、金钱关、美色关，走好人生的每一步。

在加强团干部队伍建设的同时，还要注意加强团员队伍建设，尤其要在增强团员的先进性上下功夫。一方面要从入口抓起，把好团员发展关，坚持发展标准，真正把适龄青年中那些素质高、表现好的先进分子吸收到团组织中来；另一方面要搞好团的组织生活，完善团的管理制度，向团员提出高于一般青年的要求，引导和督促团员在工作和学习中发挥模范作用。还要关心团员的政治进步，引导他们积极向党组织靠拢。

同志们，明年是新世纪的第一年，也是实施“十五”计划的开局之年，做好明年的各项工作至关重要。让我们更加紧密地团结在以江泽民同志为核心的党中央周围，高举邓小平理论伟大旗帜，坚定地实践“三个代表”的要求，开拓进取，扎实工作，为实现“十五”计划宏伟目标，全面建设小康社会，加快推进社会主义现代化而努力奋斗。

用邓小平理论教育青年一代 培养社会主义现代化事业的合格建设者

——在全国青年学习邓小平理论经验交流会上的讲话

2000年5月15日

李岚清

在即将进入新世纪的历史时刻，我们汇聚一堂，回顾近年来广大青年学习邓小平理论工作情况，总结经验，交流体会。这对于进一步推动全国青年深入学习邓小平理论，提高思想政治素质，更好地肩负起在新世纪建设社会主义现代化的历史责任，有十分重要的意义。

近几年来，全国各条战线的广大青年积极响应党中央的号召，认真贯彻党的十五大精神，在学习、掌握和运用邓小平理论方面取得了明显成效。特别是全国高校认真开展邓小平理论“进教材、进课堂、进学生头脑”的“三进”工作，组织和引导大学生深入学习邓小平理论，创造了许多新鲜经验。全国青年学习邓小平理论工作呈现出健康发展的好形势。这次经验交流会的召开，也是对全国青年学习邓小平理论成果的一次集中展示。希望通过这次会议，进一步宣传和推广成功的经验，发扬成绩，再接再厉，把用邓小平理论武装青年一代的工作提高到新的水平。对此，我讲几点意见：

一、从实现中华民族伟大复兴的战略高度，充分认识用邓小平理论教育青年一代的重大意义

即将到来的21世纪是实现中华民族伟大复兴的世纪，到世纪中叶建国100年时，我们将基本实现现代化，建成富强、民主、文明的社会主义国家。伟大的事业需要伟大的精神，伟大的实践需要伟大的理论。邓小平理论是当代中国的马克思主义，是指引党和人民把建设有中国特色社会主义事业不断推向前进的伟大旗帜，也是全国人民团结奋斗、实现中华民族伟大复兴的强大精神支柱。用邓小平理论武装全党、教育人民，是时代的要求，是面向新世纪，提高广大党员和干部群众思想政治素质的需要，是坚持党的基本路线，保持党和国家长治久安，实现社会主义现代化的需要。

青年肩负着国家的未来和民族的希望。青年兴则国家兴，青年强则国家强。在新旧世纪交替的时候，我们回顾历史、展望未来，都自然会关注这样一个问题：我们的青年一代能否担当起历史重任，坚持党的基本路线一百年不动摇，能否继承和发扬党的优良传统，把老一辈开创的伟大事业全面推向前进，实现社会主义现代化建设的宏伟目标。我想这不仅是我们这代人对青年人提出的一个问题，也是时代对广大青年提出的一项要求。青年一代要不辜负党和人民的重托，向党和人民交一份满意的答卷，首先就要用科学的理论武装自己，认真学习马克思列宁主义、毛泽东思想特别是邓小平理论，在不断提高理论素养的同时，积极投身于社会实践，在认识和改造客观世界的过程中，更加自觉地改造主观世界，使自己成为社会主义现代化事业的合格建设者和接班人。

深入学习邓小平理论，也是青年一代健康成长的内在要求。青年人朝气蓬勃，风华正茂。青年时代是世界观、人生观、价值观形成和确立的关键时期。国家繁荣昌盛、民族兴旺发达、个人成长成才，是当代青年的共同愿望。我们的青年同志要想成为政治坚定、知识丰富、技术精湛、创新能力强的有用人才，就必须按照江泽民同志提出的要求，坚持学习科学文化与加强思想修养的统一，坚持学习书本知识与投身社会实践的统一，坚持实现自身价值与服务祖国人民的统一，坚持树立远大理想与进行艰苦奋斗的统一。这是青年一代成长成才的必由之路。在一个人的素质中，思想政治素质是最重要的素质。青年一代提高自身素质，需要刻苦学习现代科学文化知识，学习社会主义市场经济知识，提高科技素质和劳动技能，掌握过硬的创业本领；更需要不断学习马克思列宁主义、毛泽东思想特别是邓小平理论，牢固树立正确的世界观、人生观、价值观，并自觉地在改革开放和社会主义现代化建设的伟大实践中锻炼提高自己。只有这样才能做到健康成长、全面成才，成为有理想、有道德、有文化、有纪律的一代新人。

坚持用邓小平理论教育青年一代，是党中央的一项重大决策。我们一定要按照党中央和江泽民同志的要求，把用邓小平理论教育青年一代的工作持之以恒地抓紧抓好，把全国青年学习邓小平理论的活动组织好、引导好。

二、坚持马克思主义学风，把理论学习提高到十五大要求的新水平

用邓小平理论教育青年一代，最根本的目的，就是要引导他们掌握认识和解决当代中国实际问题的强大思想武器，树立建设有中国特色社会主义的共同理想和信念，树立正确的世界观、人生观和价值观，为建设富强、民主、文明的社会主义现代化国家而努力奋斗。为此，我们必须大力弘扬马克思主义学风，进一步改造和加强我们的学习。

第一，要把学习邓小平理论同贯彻落实党的十五大精神紧密结合起来。党的十五大以邓小平理论为指导，系统地阐述了社会主义初级阶段的基本路线，进一步明确了建设有中国特色社会主义经济、政治、文化的基本目标和基本政策，确立了党在社会主义初级阶段的基本纲领，在创造性地运用邓小平理论解决我国经济、政治、文化发展的一系列重大问题上取得了新的成果。这标志着我们党在新的实践中对建设有中国特色社会主义规律的认识达到了一个新的高度，是以江泽民同志为核心的第三代中央领导集体对邓小平理论的丰富和发展。只有深入学习十五大精神，对邓小平理论的理解和把握才能达到新的认识层面；同样，只有深入学习邓小平理论，才能深刻领会十五大精神，增强贯彻落实的自觉性和坚定性，准确把握我国在21世纪发展的方向、目标，把思想和行动进一步统一到十五大精神上来，把热情、智慧和力量凝聚到完成十五大确定的各项任务上来。

第二，要把认真研读原著同深入生动的辅导讨论紧密结合起来。学习邓小平理论，首先要坚持认真研读原著，在学好原著上下功夫。邓小平理论内容丰富、博大精深，同时又言简意赅、易学易懂。无论是大中学校的学生，还是社会各界青年，凡是有一定文化知识和阅读能力的都可以自学。三卷《邓小平文选》是学习邓小平理论的基本教材，其中第二卷和第三卷汇集了邓小平同志在形成和发展建设有中国特色社会主义理论过程中最重要最富有独创性的著作，也是学习邓小平理论的重点。社会各界青年，特别是大学生都要潜心阅读邓小平同志的著作。各级组织和有关部门要根据不同青年群体的特点，精选阅读篇目，组织青年通过研读原著，深入领会邓小平理论的精神实质。同时，各级党组织和有关部门及有关专家、学者、教师要注意抓住邓小平理论的重点以及青年在学习中遇到的难点和热点问题，及时开展有针对性的深入系统的辅导，采取座谈、讨论、演讲等生动活泼的形式，组织青年进行思想交流，引导青年完整、准确地把握邓小平理论的科学体系。

第三，要把学习邓小平理论同学习马克思列宁主义、毛泽东思想紧密结合起来。我们党从诞生之日起,就把马克思列宁主义确立为自己的指导思想。毛泽东思想是马克思列宁主义在中国的运用和发展,是被实践证明了的关于中国革命和建设的正确的理论原则和经验总结,是中国共产党集体智慧的结晶。党的十五大明确指出:邓小平理论是马克思列宁主义的基本原理同当代中国实践和时代特征相结合的产物,是毛泽东思想在新的历史条件下的继承和发展,是当代中国的马克思主义,是马克思主义在中国发展的新阶段。在当代中国,马克思列宁主义、毛泽东思想、邓小平理论是一脉相承的统一的科学体系。把它们联系起来认真学习,才能看到马克思主义在历史进程和现实生活中的生动发展。我们党曾经用毛泽东思想武装几代人。今天用邓小平理论教育青年一代,仍然要帮助他们完整、准确地理解和掌握毛泽东思想的科学原理。青年一代学习马克思列宁主义、毛泽东思想、邓小平理论,决不应仅仅记住其中的片言只语,而应有历史的观点和发展的眼光,不忘过去,立足现实,面向未来,把精力放在学会运用辩证唯物主义和历史唯物主义的基本观点和方法观察问题、思考问题和解决问题上,放在不断提高自己的政治觉悟和思想理论水平上。

第四,要把学习邓小平理论同引导青年正确认识、积极参与建设有中国特色社会主义伟大实践紧密结合起来。理论联系实际是马克思主义学风的核心内容。邓小平理论是在我国改革开放和现代化建设的实践中逐步形成和发展起来的,并将随着建设有中国特色社会主义新的实践继续丰富和发展。学习邓小平理论也只有紧密联系实际,才能领会和掌握这一理论的精髓。在学习邓小平理论的过程中,要始终注意联系党的历史和社会主义在中国发展的实践,联系改革开放以来的新鲜经验,注意学习十一届三中全会以来党的重要文献和江泽民同志的重要讲话,从而加深对党的基本理论和基本路线的理解,加深对基本国情的认识,增强社会责任感。社会实践是改造人、提高人的广阔课堂。去年,广大青年以极大的热情,参与了隆重庆祝新中国成立50周年、迎接澳门回归祖国的活动;在我们坚决反对以美国为首的北约袭击我国驻南使馆的野蛮行径、打击台湾分裂势力的嚣张气焰、处理“法轮功”邪教问题这三场政治斗争中,广大青年表现出很高的政治觉悟和组织纪律性。这些大事,也进一步教育和锻炼了青年一代,使广大青年强化了爱国主义、集体主义和社会主义思想,坚定了建设有中国特色社会主义的理想信念。近几年来,不少地方和单位充分利用社会实践、“第二课堂”等多种形式,引导青年向社会学习、向群众学习,把理论学习的成果体现到个人的工作和生活中去,在实践中进一步加深对邓小平理论的认识,收到了很好的效果。各级党组织要认真总结和推广这方面好的做法。

三、大力推进高校“三进”工作,改进教学方法,抓好教材和课程建设

高等学校是培养和造就高素质创造性人才的摇篮。推进高校“三进”工作,提高大学生理论学习的质量,是把广大青年学习邓小平理论活动引向深入的一个重要方面。党中央和江泽民同志对用邓小平理论教育当代大学生的工作十分重视和关心。1998年4月,党中央批准了高校马克思主义理论课和思想品德课课程设置新方案,规定要把学习邓小平理论作为“两课”的重要内容,使邓小平理论“进教材、进课堂、进学生头脑”。近年来的实践说明,这“三进”对搞好大学生的理论学习有着十分积极的作用,其中进教材是基础,进课堂是关键,进学生头脑是目标。我们要继续采取切实有效措施,大力推进“三进”工作,进一步提高大学生学习邓小平理论的实效。

第一,加强教材建设。编写适合理论教育需要的教材是一项基础性工作。编写高校邓小平理论课教材，要完整准确地把握邓小平理论的科学体系；要紧紧抓住“解放思想，实事求是”的精髓；要充分体现只有社会主义才能救中国，只有社会主义才能发展中国，我们坚持的社会主义是有中国特色社会主义的基调；要认真贯彻党的十五大精神，密切联系社会主义现代化建设面临的新形势、新任务以及大学生思想政治状况的新变化，增强科学性、系统性和针对性。教材要深入浅出，生动简明，有吸引力，可读性要强，使人读了就能得其要领、永志不忘。

第二，改进课堂教学。邓小平理论能不能真正进课堂，关键在于能不能提高教学质量，增强邓小平理论课对大学生的吸引力、说服力和感染力。为此，我们要下功夫改进课堂教学：一是要切实贯彻理论联系实际的原则，坚持学以致用。有些学校的政治理论课教学，之所以不大受学生欢迎，主要是因为联系实际不够。学习邓小平理论，最忌空洞的说教，必须从我国改革开放和现代化建设的实际出发，针对大学生普遍关注的问题，从理论和实践的结合上进行讲授和研讨。教师要敢于和善于运用邓小平理论对经济和社会发展中的重大问题作出有说服力的回答，并引导学生在这些方面进行思考和研究。二是要改进教学方法。充分发挥学生学习邓小平理论的主体作用，激发学生内在的学习动力，引导学生主动参与课堂讨论，在交流中实现教学相长、共同提高。三是要优化教学手段。注意利用多媒体等先进技术，帮助学生生动形象地学习和领会邓小平理论的丰富内涵。同时，学校要创造条件，开辟“第二课堂”，请有关方面的领导同志作形势报告，请专家、学者作专题辅导讲座，使学习邓小平理论成为校园文化建设的核心内容，为大学生学习邓小平理论营造良好的校园环境。

第三，提高师资水平。教师是人类灵魂的工程师。邓小平理论能不能深入学生头脑，很大程度上取决于老师的教学水平。做好高校的“三进”工作，对教师队伍的建设提出了很高的要求，其中最为迫切的有两点：一是要讲政治。邓小平理论课教师必须在政治上保持清醒的头脑，有坚定的政治立场、正确的政治观点、敏锐的政治鉴别力和高度的政治责任感。二是要有较高的学术水平。要讲好邓小平理论课，没有深厚的理论功底是不行的。当前，有条件的学校可以把相关学科的高水平的教师集中起来，开设邓小平理论专题讲座。北京大学从1997年下半年开始，成立了由12位知名教授组成的专家教学组，在三年级本科生中开设邓小平理论课，专题讲座场场爆满，受到了大学生的热烈欢迎。有些学校借鉴北京大学的经验，也取得了良好效果。今年是落实《面向21世纪教育振兴行动计划》的第二年，我们要抓住这一有利时机，认真抓好正在启动的“两课”教师在职攻读硕士学位的培养工作，切实加强邓小平理论课教师骨干培训和教学岗位培训，进一步提高理论课教学水平。

还需要指出的是，除高等学校外，中等学校也要把邓小平理论的基本观点贯穿到相关课程的教学中，按照学生能够理解和接受的方式进行教育。应当相信，当代青年学生是在改革开放和社会主义现代化建设的环境下成长起来的，亲身感受到20多年来在邓小平理论指引下，我国经济实力、国防实力和民族凝聚力的显著增强。他们既有学习邓小平理论的满腔热情，也有接受邓小平理论的生活基础和思想基础。只要我们对青年学生的学习活动耐心启发，悉心引导，热情支持，邓小平理论“三进”工作就一定能够取得显著成效。

四、加强领导，进一步落实用邓小平理论教育青年一代的战略任务

江泽民同志在《关于教育问题的谈话》中指出，教育是个系统工程。就是说对教育事业，全社会都要来关心和支持，尤其是要对青少年学生加强爱国主义、集体主义、社会主义的思想教育，帮助他们树立正确的世界观、人生观、价值观。江泽民同志还强调指出，青少年学生到了一定的年龄，要对他们进行比较系统的马克思列宁主义、毛泽东思想、邓小平理论教育。我们全党全社会都要按照江泽民同志的要求，正确引导和帮助青少年健康成长，重视青年一代对邓小平理论的学习、掌握和应用。

各级党委要有战略眼光，把组织和帮助青年学好用好邓小平理论放在十分重要的位置，切实加强领导，对青年学习邓小平理论的活动给予关心和支持。加强对有关方面的协调，注意增加必要的经费投入，多方面创造条件，帮助青年及时解决学习中出现的困难和问题。宣传、教育部门和共青团组织的负责同志，一定要有高度的使命感、责任感和紧迫感，深入实际，调查研究，从青年特点和思想教育的规律出发，针对不同领域、不同行业学习理论的实际情况，分层次、有重点、有针对性地加强对青年学习邓小平理论活动的分类指导。各省市党委宣传部门、教育部门和共青团组织，在组织引导广大青年学习邓小平理论方面，要发挥各自的优势，完善工作机制，切实形成合力。在工作中要制定具体规划，强化组织指导，做到落实、落实、再落实。

各有关方面要积极配合，在全社会努力营造学习理论的良好氛围。一个好的学习氛围对于推进广大青年的理论学习是十分有利的。江泽民同志指出，全党同志要继续加强学习，提高自己，紧跟时代步伐。要在全党养成勤奋学习的风气，并把这种风气大力推广到全国人民特别是广大青少年中去。近年来，在各级党委的关心和支持下，青年一代学习邓小平理论的活动，得到了社会各方面特别是理论研究和新闻出版部门的有力配合。社会科学研究领域出版的大批高质量的研究成果为青年自学和学校教学提供了丰富材料；新闻媒体对青年学习活动特别是高校“三进”工作的进展和经验加大了报道力度，引起了积极反响。许多省市相继召开本地大学生学习邓小平理论经验交流会，编辑出版论文集，展示了青年学生学习邓小平理论的成果，取得了良好的社会效果。社会各界都要继续对青年一代学习邓小平理论给予关注和支持，进一步推动理论学习工作向深度和广度发展，真正把用邓小平理论武装青年一代的战略任务落到实处，开创全社会关心支持青少年健康成长的新局面。

在参观考察中国青少年计算机信息服务网时的讲话（要点）

2000年7月16日

丁关根

7月16日，中共中央政治局委员、书记处书记、中宣部部长丁关根参观考察了中国青少年计算机信息服务网并发表重要讲话。

在观看了中青网的现场演示和听取了团中央书记处第一书记周强等的汇报后，丁关根对共青团中央以互联网为阵地，开展青少年网络教育和服务的探索给予了高度评价。他指出，中青网坚持面向全团、面向青少年、面向全社会的建网方向，加强青少年教育服务工作，取得了明显成效,聚集了一支朝气蓬勃、奋发向上的工作队伍,有很好的发展基础。他希望中青网的同志们再接再厉,把网站办成青少年思想交流的家园、文化活动的基地、娱乐联欢的场所,努力为青少年服务。

丁关根指出，互联网是青年思想政治工作的崭新领域，一定要认真贯彻江泽民总书记在中央思想政治工作会议上的重要讲话精神，运用互联网络加强思想政治工作。要坚持以正确的舆论引导青少年，运用高科技手段热情为青少年提供科学理论、文化知识、思想交流、休闲娱乐的多方面服务，使广大青少年乐于参与，在参与中增长知识、陶冶情操，努力为社会主义现代化建设培养合格的建设者和接班人。他指出，要发挥共青团、少先队组织在青少年中的强大号召力和影响力，发扬共青团充满活力、富有朝气的优良传统，突出教育服务功能，形成有特色的网站风格，努力把中青网建设成为全国第一、世界著名的青少年教育服务网站。

2001年

致亚太经合组织青年节暨杰出青年企业家论坛的贺信

2001年7月11日

江泽民

值此亚太经合组织青年节暨杰出青年企业家论坛举办之际,我代表中国政府和人民,并以我个人的名义表示热烈的祝贺！对来自亚太经合组织各成员的青年朋友表示诚挚的欢迎!

人类已经迈人了21世纪,经济全球化不断深入,科技进步日新月异,世界正经历着深刻的变革。面对机遇与挑战,亚太经合组织将加强人力资源能力建设作为实现本地区持续发展与繁荣的重要保证,并把培养青年人才作为关注的焦点,这是十分富有远见的。

今天,亚太经合组织各成员的青年代表欢聚一堂,共同分享彼此事业成功的经验,探讨青年如何促进共同繁荣的问题,这是一次很有意义的活动。我相信,亚太经合组织青年节暨杰出青年企业家论坛一定能够成为亚太地区青年人才学习新知识、孕育创新思想以及寻求经济合作的重要舞台。

未来属于青年,亚太地区未来繁荣的希望寄托在青年身上。青年人是最富创造力和创新精神的群体。我希望青年朋友们不断加强学习,勇于创新,加深友谊,增进合作,为推动本地区乃至全世界的发展与共同繁荣做出新的更大的贡献!

祝亚太经合组织青年节暨杰出青年企业家论坛取得圆满成功!

深入实施未成年人保护法，促进未成年人健康成长

——在未成年人保护法颁布10周年座谈会上的讲话

2001年12月5日，根据录音整理

李　鹏

同志们：

全国人大内司委、共青团中央召开未成年人保护法颁布10周年座谈会，我认为这个会开得是很好的。刚才听了几位同志的发言，特别是最后尚秀云法官讲述她如何以一颗母爱之心来挽救失足少年，令人非常感动，充分显示了这部法律的重大作用。

儿童是祖国的花朵，青少年是祖国的未来。颁布了这部法律，就是为了使他们的茁壮成长得到法律的保障，这就是这部法律的重要意义。听了几位同志的发言，我有这样的感想：第一，这部法律应该和其他有关少年儿童的法律，如预防未成年人犯罪法、婚姻法等形成一个完整的法律体系，各省可以根据自己的具体情况来制定配套的法规实施细则。第二，这项工作是关系到全社会的工作，涉及到方方面面，因此，作为各级政府，应该牵头进行执法。法院、检察院、各群众团体都要加以配合，这样才能够齐抓共管，只有齐抓共管才能产生效力。第三，少年儿童的大部分时间是在家庭和学校中度过的，所以家庭和学校对于执行未成年人保护法，保护孩子们茁壮成长负有特殊重要的责任。

下面，讲三点意见。

一、从培养社会主义事业接班人的战略高度，充分认识深入实施未成年人保护法的重大意义

我国正处于并将长期处于社会主义初级阶段。建设有中国特色社会主义，是中华民族历史上空前艰巨的事业，需要一代接一代的革命者和建设者坚忍不拔的顽强奋斗。未成年人是祖国和民族的未来，代表着党和国家兴旺发达的希望。培养社会主义事业接班人是巩固和发展社会主义制度，保证我们事业后继有人的百年大计。在当前国际政治斗争错综复杂的新形势下，把未成年人教育好、培养好，更是关系到党和国家前途命运的大事。我记得在中华人民共和国刚刚成立的时候，美国当时的国务卿杜勒斯，把在中国复辟资本主义的希望寄托在中国第三代、第四代身上。事实上，他们在第三代人身上是不会看到什么希望了，我看他们在第四代人那里也不会找到什么希望。第五代、第六代会怎么样，就看我们如何来教育培养未成年人了。所以大家都讲到，教育、保护好未成年人是保证我们事业后继有人的百年大计，这个话是非常深刻的。

党和政府历来重视未成年人的健康成长。针对未成年人生理心理发育不成熟、思想行为不定型的特点，开展了大量工作，进行了有效培养。未成年人保护法的颁布实施，把未成年人保护工作纳入了法制化轨道。前年又颁布实施了预防未成年人犯罪法，这部法律是未成年人保护法的姊妹篇，填补了一项法律空白，进一步完善了未成年人法律保护体系，为未成年人的健康成长提供了更加全面的法律保护，充分体现了社会主义制度的优越性。深入实施未成年人保护法，能够帮助未成年人塑造良好的思想道德文化素质。

除了未成年人保护法和预防未成年人犯罪法以外，还有若干个法律，特别是婚姻法，对

未成年人的教育也非常重要。少年犯罪,或者品行不好,往往与他们的家庭教育有关系,特别是离异的家庭对孩子的伤害最大。离异家庭中最大的受害者是孩子,在这方面有很多的例子。作为父母亲,为了保护好、教育好自己的孩子,应该处理好家庭的矛盾,创造良好的家庭环境,这也是为孩子的前途着想。

二、深入实施未成年人保护法,要做好各方面的工作

未成年人成长受到社会多方面因素的影响,深入实施未成年人保护法,要认真做好以下工作:

一是加强对未成年人的教育引导。当代未成年人总体上是健康向上的,但也有少数未成年人缺乏理想和追求。有的在思想道德方面存在一些不健康的因素。对未成年人的法制教育方法也需要改进。要采用未成年人喜闻乐见的多种方式对他们进行理想信念教育,帮助他们树立正确的人生观、世界观、价值观,引导他们树立远大理想,时刻准备为建设有中国特色社会主义的伟大事业而奋斗。

刚才尚秀云法官讲,她在改造失足青少年的过程中要寻找闪光点,要抓住闪光点,打动失足青少年之心。这就是一种能够为少年儿童所接受的工作方法。有些家长和教育者对儿童的教育方式往往过于生硬,不为儿童所喜闻乐见,不符合他们的要求,就不会有良好的效果,甚至会适得其反。所以采用儿童喜闻乐见的方法很重要。要对未成年人进行爱国主义、集体主义、社会主义教育,帮助他们树立为人民服务的思想,引导他们从小爱祖国、爱人民、爱劳动、爱科学、爱社会主义。

现在城市中的大部分青少年都是独生子女,他们往往缺乏集体主义精神。在家里是"老大",到学校也是这样,不关心集体。所以进行集体主义教育,使他们珍惜学校的荣誉、珍惜班级的荣誉,这一点也是非常重要。

目前正在全民中贯彻《公民道德建设实施纲要》,对未成年人更要加强这方面的教育。要以未成年人保护法和预防未成年人犯罪法为重点,加强对未成年人的法制教育,帮助他们树立遵纪守法观念,促进未成年人法律意识的形成和法律素质的提高。

二是要优化未成年人成长的文化环境。今年5月,全国人大内务司法委员会组织了对未成年人保护法的执法检查,发现不少地方未成年人成长的文化环境很需要清理和改进。比如,一些非法经营者利用网吧、电子游戏机房、录像厅、非法盗版出版物等散布色情、暴力、赌博、迷信等内容,危害未成年人身心健康,引诱毒害未成年人。家长对此很有意见,社会反映强烈。现在出现的网吧对孩子很有吸引力,如果正确利用网吧本来是个好东西,通过上网可以学到有用的知识。由于孩子们缺乏辨别力,容易受网上不良信息的影响。如果再不采取有力措施加强管理,这样一个好的东西,就会走向它的反面,变成坏的东西。对此,各地不必等待全国性的法律出台,各省市应该根据保护未成年人法律的精神,来制定本地的法规。地方法规针对性很强,是非常有用的。在网吧管理的问题上,地方可以先立法规。我们的立法工作也要从群众中来,到群众中去。游戏厅、录像厅取缔以后,要有新的形式来代替它。

优化未成年人成长的文化环境,要一手抓管理,一手抓建设。抓管理,就要依法整治文化市场的混乱状况,打击违法犯罪活动。最近,国务院召开了全国整顿和规范文化市场秩序电视电话会议,有关部门将加大对文化市场的整治力度。营业性舞厅等不适宜未成年人活动的娱乐场所,有关主管部门和经营者应采取切实措施,禁止未成年人进入。互联网对未成年人的影响越来越大,我们要高度关注。据调查,网民中未成年人占相当比例,但目前适合中小学生的网络内容较少,中小学生经常浏览的网站中,90%是成人网站,8%是其他网站,少年网站仅占2%。而且,由于管理滞后,网吧经营秩序混乱,反动、恐怖、色情、迷信等违法内容时有出现,有关部门要对网吧加强管理。同时要建设好未成年人活动阵地。目前,不少地方未成年人活动阵地严重缺乏。比如,据说有的省份只有25%的地市有青少年宫,10%的县有青少年宫。现有的青少年宫,也只是为少数学艺术的未成年人开放,广大未成年人还是没有活动场所可去,这个现象不可忽视。还有,博物馆、纪念馆、科技馆、文化馆、影剧院、体育场馆、公园等场所,应当成为对未成年人进行教育的重要场所。

三是保障未成年人接受教育的权利,提高未成年人的教育水平。教育是培养“四有”新人的主要途径,受教育是未成年人的基本权利。10年来,未成年人教育事业发展很快,就学机会空前增加,教育质量大大提高,未成年人的教育状况总体上是好的。但是,对有些问题要高度重视,比如,一些农村义务教育率有所下降,贫困地区未成年人失学、辍学现象还较严重。在校外教育方面,中小学生每天都有一些闲暇时期,尤其是每年都有173个休息日,但校外活动场所和设施严重不足,校外活动单调贫乏。在家庭教育方面,不少家庭过分溺爱、放纵子女,也有的教育方法简单粗暴。有关方面要加紧研究,采取有力措施解决这些问题。

四是着力做好特殊未成年人群体保护工作。未成年人总体上都需要保护,而特困家庭未成年人、离异家庭未成年人、进城务工家庭未成年人、残疾未成年人、失足未成年人等,人数不少,情况特殊,尤其需要社会给予特别关注。对特困家庭未成年人,要开展扶贫帮困活动,确保未成年人生活有保障,上学有着落。对离异家庭未成年人,要维护未成年人的利益,减少家庭破裂对未成年人身心健康造成的负面影响。对进城务工家庭未成年人,当地政府和教育部门要一视同仁,不得歧视,并解决好他们上学等实际问题。对残疾未成年人,要在人格上予以尊重,多送温暖,多给关心,妥善安排他们的生活和学习,引导他们自强不息。对失足未成年人,要立足于教育、感化、挽救,实行“给出路”政策,促使他们向好的方向转变。

五是扎实开展未成年人维权工作。侵害未成年人合法权益的事件时有发生,维权工作决不能放松。现在有的家庭中存在暴力教育,在学校中还存在体罚和变相体罚等问题。我们要使未成年人投诉有门,有符合未成年人特点的维权方式。教育未成年人自我保护、防范侵害,是贯彻实施未成年人保护法的一项重要内容。要积极创造条件对未成年人进行自护教育,向未成年人普及防范侵害的知识,引导未成年人学会以法维权。

三、全社会共同努力,形成合力,推动未成年人保护法深入实施

未成年人保护法是涉及社会各个方面的综合性法律。未成年人保护工作内容丰富,涉及面广,是一项社会系统工程,需要全社会齐抓共管。

各级党委和政府要大力支持未成年人保护工作,把未成年人保护法作为“四五”普法教育和精神文明建设的一项重要内容,纳入计划,加强宣传教育。对农村、乡镇等一些薄弱地区和流动人口中的普法盲点,尤其要加大宣传教育工作力度。

司法机关要依法严厉打击侵害未成年人合法权益的犯罪行为。对制黄贩黄等毒害青少年,绑架、拐卖未成年人等严重刑事犯罪,要依法从严惩处。对违法犯罪的未成年人要坚持教育为主、惩罚为辅的原则。

共青团、妇联等群众团体要发挥联系未成年人的桥梁纽带作用,要继续开展好创建优秀“青少年维权岗”、希望工程、手拉手、春蕾计划、青少年自护教育行动等群众性活动。

家长要切实履行监护职责和抚养义务,使

未成年人有所养、有所学。家长要以健康的思想、品行影响、熏陶未成年人,以科学的方法教育未成年人,帮助未成年人形成良好的性格、品德、行为和生活方式。

学校担负着教育未成年人的重要责任。要全面贯彻国家的教育方针,实行素质教育,对未成年人进行德育、智育、体育、美育教育以及社会生活教育和青春期教育。

新闻单位要加大未成年人保护法、未成年人保护工作的宣传力度,营造人人爱护未成年人、个个帮助未成年人健康的良好社会氛围。

各级人大及其常委会是推动未成年人保护法深入实施的一支重要力量。我们既有立法责任,又有监督法律实施的责任。对法律的实施情况进行检查监督,既是法律赋予人大及其常委会的重要职责,也是人大及其常委会积极参与未成年人保护工作的有效形式。各级人大及其常委会要继续加强这方面的工作,通过组织代表、委员视察、听取专项汇报、开展执法检查和调查研究等多种形式,进一步了解、评估未成年人保护法实施的情况和存在的问题,督促有关部门改进执法工作。

同志们,未成年人保护法是培养接班人的重要法律,未成年人保护工作是培养接班人的崇高工作。我们要真抓实干,齐心协力,推动未成年人保护法深入实施,促进未成年人健康成长,为造就大批社会主义事业的可靠接班人而努力。

生态环境建设必须全党动员全民动手

——在接见首届“母亲河奖”获奖者时的讲话(要点)

2001年5月17日

李瑞环

5月17日,中共中央政治局常委、全国政协主席李瑞环接见首届“母亲河奖”获奖者并发表重要讲话。

李瑞环首先向首届“母亲河奖”获奖者表示热烈的祝贺,对他们竭诚尽力为生态环境建设所做出的贡献表示崇高的敬意和衷心的感谢。他充分肯定保护母亲河行动开展以来所取得的成效,希望把这项功在当代、利在千秋的活动坚持不懈地搞下去,不断取得新的成就。

李瑞环强调,我国目前的环境问题已经极大地制约了经济和社会的发展,严重地影响到广大人民群众的生活,必须全党动员、全民动手,采取强有力的措施,实实在在地加以治理。生态环境问题是一个重大而紧迫的问题。环境是人类生存和发展的基础,是经济建设和社会进步的条件,是衡量人民生活质量和水平的内容和标准。人类离不开赖以生存的环境,历史上由于环境遭到破坏而导致国家衰亡、文明转移的例子屡见不鲜。古巴比伦、古埃及、古印度文明的衰落,我国古黄河文明的转移,都与生态环境破坏密切相关。新中国成立以来,在生态环境建设上,虽然我们党和国家采取了一系列有力措施,也取得了一定成效,但由于种种原因,我国环境方面存在的问题一直十分突出。水土流失日趋严重,荒漠化面积不断扩大,城乡环境污染日益加剧,自然灾害越来越频繁。特别是近些年来,我们在人口基数大、人均资源少、经济和科技水平都比较落后的条件下实现经济的快速发展,给本来就很脆弱的生态环境带来巨大的压力,环境形势更加严峻。北京过去只有在春季才刮风,现在几乎一年四季都有。可以说,环境问题已经极大地制约了经济和社会的发展,而且严重影响到人民生活,必须引起全党、全国、全社会的高度重视,必须采取有力措施加以治理。

李瑞环指出,生态环境建设是一项艰巨的、长期的任务,需要全党动员、全民动手,需要一代一代人持之以恒、实实在在地干。必须在人多上打主意。人多是中国的基本国情,中国许许多多问题是人多造成的,许许多多问题的解决也必须在人多上打主意。我国是发展中国家,经济基础比较薄弱,花钱买生态环境的事情办不起,而大量富余的劳动力又需要寻找出路。我们应当下大力气琢磨如何把人多的优势发挥出来,最大限度地调动各社会团体、组织和各方面群众投身于生态环境的建设。必须在政策上做文章。思想教育、组织动员是我们的优良传统,义务植树、社会捐助等做法应该大力提倡。但要把思想觉悟、文化水平和职业分工千差万别的人们都发动也来,自觉自愿、长期不懈地参与进去,还必须在政策上充分体现物质利益的原则。要尽可能把生态环境建设与改善生活、发展致富结合起来,运用利益机制,使人们在谋取自己利益的同时为发展公益事业尽责任。必须在研究管用的方法上下功夫。我们许多事情之所以没有办好,往往不是因为思路不对,而是因为缺乏管用的方法。一种好的方法、一个对路的实招,可以下活一盘棋,可以开辟一条道,可以影响一大片。我们要解放思想,开动脑筋,积极探索各种保护和改善生态环境的具体做法。保护母亲河行动就是一个很好的尝试。我相信,只要我们矢志不渝,扎实工作,就一定能够实现我们的目标,就一定会使我们的祖国山更青、水更绿,山川更加美丽。

致中国青年报创刊50周年的贺信

2001年4月26日

胡锦涛

中国青年报社全体同志:

值此中国青年报创刊50周年之际,谨向你们表示热烈的祝贺和亲切的问候!

50年来,中国青年报始终遵循党的新闻工作方针,根据不同历史时期党的中心任务和青年进步的需要,积极宣传科学理论,广泛传播先进文化,大力倡导时代精神,热情讴歌青年英模,激励一代又一代青年投身社会主义革命、建设和改革的伟大实践,为促进青年的健康成长、推动青年事业的蓬勃发展做出了重要贡献。

从新世纪开始,我国进入了全面建设小康社会,加快推进社会主义现代化的新的发展阶段。实现"十五"计划和现代化建设第三步战略目标,需要包括广大青年在内的全国亿万人民的不懈奋斗。中国青年报作为在青年中具有广泛影响的报纸,肩负着启迪青年、引导青年、鼓舞青年的重要职责。希望你们坚持以马列主义、毛泽东思想和邓小平理论为指导,按照江泽民同志提出的"三个代表"的要求,牢牢把握正确的政治方向和舆论导向，紧跟时代步伐，贴近青年实际，勇于开拓创新，准确、鲜明、生动地宣传党的路线方针政策，及时、真实、充分地反映青年的创业实践和精神风貌，进一步办出自己的特色和风格，使中国青年报更好地成为青年获取有益知识和信息的重要渠道，成为党团结、教育和引导青年的坚强阵地。

祝中国青年报越办越好！

在新世纪的征途上艰苦创业勇于创新

——在视察北京有色金属研究总院和海淀区西区综合楼工地时的讲话（要点）

2001年5月4日

胡锦涛

在新世纪到来的第一个“五四”青年节，中共中央政治局常委、国家副主席胡锦涛在中共中央政治局委员、北京市委书记贾庆林，共青团中央第一书记周强等陪同下来到北京有色金属研究总院和海淀区西区综合楼工地，他代表党中央，向在场的青年朋友，向全国各族青年致以节日的祝贺和亲切的问候。

胡锦涛首先来到北京有色金属研究总院，重点考察了这里的半导体材料国家工程研究中心。在生产车间，胡锦涛观看了集成电路基础材料硅单晶抛光片的生产过程。当他听到由研究总院青年科研人员开发的我国硅单晶制备技术在国际上处于领先水平时，非常高兴。胡锦涛说，当今世界，科学技术突飞猛进，为生产力的发展开辟了新的广阔前景，正在对人类社会生活的各个领域产生广泛而深刻的影响。科技进步与创新已经成为推动经济和社会发展的决定性因素。在知识更新不断加快、人才呈现年轻化趋势的今天，推动我国科技进步与创新的重任，已经愈来愈多地落在青年一代身上。广大青年科技工作者要增强责任感和使命感，把自己的理想和前途同国家发展、民族振兴结合起来。要抓紧学习，刻苦钻研，努力用人类创造的优秀文明成果充实提高自己。要团结协作，密切配合，充分发挥集体的智慧和力量，形成老中青结合的整体合力。要敢于开拓，大胆创新，在继承前人的基础上不断超越前人，勇攀世界科学技术的高峰。

在研究总院会议中心，胡锦涛一边仔细观看记忆合金、稀土发光材料、超导材料、磁悬浮装置等高技术产品实物演示，一边与参加活动的大中学生亲切交谈。他说，你们现在是十七八岁的年轻人，很快将成为建设国家的生力军。振兴我国的经济和科技，缩小我国与发达国家的差距，说到底还得靠你们去奋斗。希望你们按照江泽民总书记的要求，树立远大志向，珍惜美好年华，通过各种形式学习科学知识，培养科学精神，掌握科学方法，早日成为国家栋梁之材，为更好地担负起现代化建设重任打好基础。

在视察过程中，胡锦涛还对陪同的负责同志说，人才是最宝贵的资源。大批青年科技人才的成长，正是我国科技事业蓬勃发展的希望所在。各级党委和政府要从全局和战略的高度，更加重视培养、吸引和用好青年科技人才的工作。共青团和青联、学联组织要发挥自己的独特优势,积极为青年科技人才施展本领铺路搭桥,提供服务。

随后,胡锦涛一行乘车来到北京海淀区西区综合楼工地。在北京城建集团负责施工的工地上,当胡锦涛了解到工地上绝大多数是进城务工青年时,他赞许地说,你们吃苦耐劳,积极肯干,开动脑筋,大胆革新,不仅保证了施工质量,而且降低了工程成本、提高了企业效益,为首都的建设付出了心血和汗水。全社会都要尊重你们的劳动。他勉励务工青年进一步增强自信心和责任感,诚实劳动,勇挑重担,努力在平凡的岗位上创造不平凡的业绩。他还希望务工青年把进城务工的过程当做学习提高的过程,开阔眼界,增长见识,掌握过硬本领,提高文明素养,真正像自己口号中所讲的那样,做"今日首都建设者、明天家乡创业人"。

致中国少年报创刊50周年的贺信

2001年11月4日

胡锦涛

中国少年报全体同志:

值此中国少年报创刊50周年之际,谨向你们表示热烈的祝贺,并向广大小读者表示亲切的问候!

50年来,中国少年报在党的三代中央领导集体的亲切关怀下,在共青团、少先队的直接领导下,主动适应时代发展的要求,把党和国家的殷切期望及时转达给少年儿童,把科学文化知识和做人做事的道理生动有趣地告诉少年儿童,同时也把少年儿童的心声用他们自己的方式表达出来,为促进一代又一代少年儿童的健康成长和少先队事业的蓬勃发展发挥了重要作用。

少年儿童是祖国的未来、民族的希望。中国少年报作为少先队的队报,肩负着教育培养少年儿童的神圣职责。希望你们坚持以马列主义、毛泽东思想和邓小平理论为指导,按照江泽民同志提出的"三个代表"的要求,牢牢把握办报育人的正确方向,面向现代化,面向世界,面向未来,发扬创新求实的精神,进一步办出自己的特色和风格,努力帮助少年儿童树立远大理想,打好知识基础,培养优良品德,使中国少年报更好地成为党教育引导少年儿童的重要阵地,成为广大少年儿童的良师益友。

祝中国少年报在新世纪越办越好!

共青团青联组织要为海外留学人员参与祖国建设牵线搭桥

——在与参加“科技创业、报效祖国——2001海外学人回国创业周”活动的部分代表座谈时的讲话（要点）

2001年12月28日

李岚清

12月28日，中共中央政治局常委、国务院副总理李岚清与参加“科技创业、报效祖国——2001年海外学人回国创业周”活动的部分代表座谈并发表重要讲话。

李岚清指出，改革开放以来，我国一大批留学人员在国外深造，学业有成，事业有为，为祖国争得了荣誉。大家身在国外，心系祖国，很多人学成后回国创业取得了可喜的成绩，为现代化建设做出了贡献，显示了海外中华儿女对祖国的赤子之心，也赢得了人民的信任和称赞。

他强调，海外留学人员是我国宝贵的人才资源。我国已经正式加入世界贸易组织，将在更大范围和更深程度上参与经济全球化，对人才的需求更加迫切。我国要在激烈的国际竞争中占据主动，必须培养和造就大批高素质的创造性人才，同时努力创造条件，吸引更多的海外优秀人才为国服务。党和国家将继续坚持实行“支持留学、鼓励回国、来去自由”的方针，支持海外留学人员回国工作或以多种形式为国服务。希望大家继承和发扬老一代归国留学人员的优良传统，胸怀祖国，服务人民，把先进的科技知识、管理经验和创业机制运用到实践中去。同时，也希望大家充分发挥在海外联系广泛的优势，带动更多的优秀人才回国创业，为国服务。

李岚清要求，各级党委和政府要牢固树立“人才资源是第一资源”的战略思想，切实增强责任感和紧迫感，进一步加大工作力度，努力营造良好的创业环境，把海外学人为国服务的热情保护好、引导好、发挥好。有关部门要采取切实有效措施，千方百计地为海外学人回国创业解除后顾之忧。共青团、青联组织要充分发挥党的助手和联系广大青年的桥梁纽带作用，紧紧围绕经济建设这个中心，为海外留学人员以多种方式参与祖国建设牵线搭桥，动员组织包括海外留学人员在内的青年人投身于振兴中华的伟大实践。

2002年

在纪念中国共产主义青年团成立80周年大会上的讲话

2002年5月15日

江泽民

共青团员们，青年朋友们，同志们：

青年是祖国的未来，是民族的希望。在任何一个时代中，青年都是社会上最富有朝气、最富有创造性、最富有生命力的群体。党和人民对全国各族青年寄予殷切期望，希望你们在改革开放和社会主义现代化建设的伟大实践中，以自己的青春活力和满腔热血，为祖国和人民建立杰出的功绩！

今天，我们在这里隆重集会，纪念中国共产主义青年团成立80周年。这是全国亿万团员青年的盛大节日。此时此刻，我们这些为祖国和人民奋斗了几十年的老共产党员和老共青团员们，也同你们一样，感到非常高兴。我代表党中央、国务院，向全国各族团员青年和各级共青团组织、团干部致以热烈的祝贺和诚挚的问候！

80年前，在中国革命汹涌澎湃的伟大洪流中，在中国共产党的直接关怀和领导下，中国共产主义青年团宣告成立。这是20世纪中国革命史和青年运动史上的一件大事，也是中国人民革命不断深入和中国青年运动蓬勃发展的必然结果。

20世纪初，由于帝国主义的侵略欺凌和封建专制政府的腐败无能，中国大地风雨如磐，中华民族灾难深重。成千上万的热血青年为救亡图存、振兴中华而奔走呼号，积极探索救国救民的真理和道路。

伟大的五四运动，标志着中国人民的反抗斗争达到了一个新的起点，也标志着中国青年成为中国人民反帝反封建斗争的急先锋。五四运动之后，在马克思列宁主义同中国工人运动的结合中，中国共产党诞生了。1922年，中国共产主义青年团的前身中国社会主义青年团成立。从此，团组织团结和带领一代又一代青年，沿着党指引的正确方向，开始了波澜壮阔的奋斗征程。

在新民主主义革命时期，满怀革命理想的共青团员和革命青年，在党领导的争取民族独立和人民解放的伟大斗争中冲锋陷阵，抛洒热血，英勇奋斗，为中国革命的胜利建立了卓越的功勋。新中国的成立，为中国青年和中国青年运动开辟了广阔的新天地，广大团员青年响应党的号召，提出把青春奉献给祖国的响亮口号，在建设社会主义的伟大实践中忘我劳动，艰苦创业，竭诚奉献，为保卫和建设新中国建立了卓越的功勋。党的十一届三中全会以后，我们党实行改革开放和现代化建设的新政策，广大团员青年积极投身改革和建设的实践，以实现祖国的繁荣富强为己任，发出团结起来、振兴中华的时代强音，在各条战线上团结奋斗，勤勉工作，开拓进取，为建设有中国特色社会主义伟大事业建立了卓越的功勋。

80年来，在中国共产党的领导下，一代又一代青年站在时代的前列，不屈不挠地奋斗，历尽艰辛地求索，创造了令世人赞叹的业绩，涌现了一大批可歌可泣的先进模范人物和先进模范群体。如临危不惧、舍身炸碉堡的全国战斗英雄董存瑞，面对敌人的铡刀坚贞不屈、视死如归的刘胡兰，把有限的生命投入到无限的为人民服务之中的伟大的共产主义战士雷锋，身残志坚、在逆境之中拼搏进取的女青年张海迪，在与滔滔洪水殊死搏斗中英勇牺牲的新时期英雄战士李向群，扎根基层、拼搏奉献的当代青年榜样秦文贵等。在我国青年运动的长期发展中，这样的先进人物数不胜数，他们是我国有志青年的典型代表，他们身上闪烁着中华民族伟大奋斗精神的光彩。一切为中国革命、建设、改革做出贡献的青年，他们的奋斗精神和光荣业绩将永远铭记在人民共和国的史册上。

80年来，中国共青团始终围绕党在各个历史时期的中心任务，团结和带领广大团员青年在革命、建设、改革的广阔舞台上为祖国和人民积极贡献力量；始终按照党的要求培养和教育青年，使一代又一代青年在人民群众奋斗的洪流中锻炼成长；始终把最广大青年紧密团结在党的周围，使我们不断发展的事业有了强大的有生力量。历史充分证明，中国共青团不愧为党的忠实助手和后备军，不愧为党联系青年的牢固桥梁和纽带。

五四运动以来的中国青年运动史，是中国社会伟大变革的历史篇章中一部绚丽的青春史诗，是中华民族伟大复兴的交响乐中一部雄浑的青春乐章。这是中国青年可以引以为自豪的光荣历史，也是鞭策中国青年在新世纪再创佳绩的巨大动力。

中国青年运动80年的生动实践告诉我们，一切有理想有抱负的中国青年，只有在中国共产党的领导下，同人民紧密结合，为祖国奉献青春，才能大有作为。这是总结中国青年运动得出的必然结论，也是当代中国青年运动必须坚持的正确方向。

爱国主义，始终是中国青年运动的旗帜。五四运动以来，中国青年运动奏响的主旋律，就是鲜明强烈的爱国主义。中国青年在自己的探索和实践中，努力学习和继承中华民族的优良传统，努力吸取和传播人类社会的优秀文明成果，从而不断丰富和发展了爱国主义精神的内涵。这种爱国主义，坚持马克思主义科学理论的指导，融入了体现时代进步的民主精神和科学精神，使中华民族的发展有了正确的思想指引。这种爱国主义，与社会主义紧密结合，推动中华民族伟大复兴的事业走上了正确的道路。这种爱国主义，把中国的前途和命运放在世界格局中观察，把中国社会的发展与整个人类社会的进步紧紧联系在一起。有了这样的爱国主义精神，中国青年运动就有了正确的前进方向和强大的精神动力。当代中国青年，一定要高举爱国主义旗帜，沿着党指引的道路继续奋勇前进。

新中国成立以来特别是改革开放以来，中国共产党领导全国各族人民艰苦奋斗，发愤图强，我国社会主义建设取得了举世瞩目的成就。中华民族永远告别了积贫积弱的历史旧貌和任人宰割的悲惨命运，以崭新的姿态屹立在世界的东方。放眼今日之中国，到处是欣欣向荣的蓬勃景象。有着五千多年文明史的古老的中华民族，焕发出新的青春异彩。

现在，我国进入了全面建设小康社会，加快推进社会主义现代化的新的发展阶段，全国各族人民正在为实现现代化建设的第三步战略目标而努力奋斗。到本世纪中叶，基本实现现代化，把我国建设成为富强民主文明的社会主义国家，实现中华民族的伟大复兴，这是全国各族人民的奋斗目标，也是当代青年的历史使命和当代青年运动的主题。

我们正在从事的事业是十分光荣的事业，也是十分艰巨的事业。必须清醒地看到，我国现代化建设取得了伟大的成就，但我国仍然处在社会主义初级阶段，与世界先进水平相比，我国的生产力和科技教育水平还不高，经济文化发展还不平衡，要使一个12亿多人口的发展中大国摆脱不发达状态，基本实现现代化，还需要我们进行持之以恒的努力。当代中国的一切有志青年，都应该积极投身到实现中国现代化的伟大事业中来，以此为自己的神圣职责，以此为自己的人生理想，以此为自己的最大光荣。

社会主义现代化需要青年去建设，中华民族的伟大复兴需要青年去奋斗。青年一代要承担起这个历史责任，就要坚持学习科学文化与加强思想修养的统一，坚持学习书本知识与投身社会实践的统一，坚持实现自身价值与服务祖国人民的统一，坚持树立远大理想与进行艰苦奋斗的统一，努力成长为有理想、有道德、有文化、有纪律的人，成长为对党和国家、对人民有所建树的人。

希望青年们树立远大理想。青年富有理想，而真正远大的理想，必须与祖国的命运和人民的意愿紧密结合。当代青年应该具有的远大理想，就是把我国建设成为富强民主文明的社会主义现代化国家，实现中华民族伟大复兴。只有在为远大理想的奋斗中，青年的人生抱负才能真正实现。人的一生只能享受一次青春，当一个人在年轻时就把自己的人生与人民的事业紧密相连，他所创造的就是永恒的青春。一个人在青年时代就应树立远大志向，并且要为实现这个志向而顽强努力，不论遇到什么困难和挫折，都不改初衷，矢志不渝。

希望青年们坚持发奋学习。当今时代，信息交流日益广泛，知识更新大大加快。形势逼人自强、催人奋进。青年要跟上时代和社会前进的步伐，就必须学习学习再学习，打下坚实的知识功底。学习应该是全面的广泛的，既要认真学习掌握与做好本职工作紧密相关的知识，又要努力学习理论知识、文化知识、科学知识、社会知识、历史知识等等，特别要善于学习各种新知识，以求知识的常新。知识只有付诸实践，才能焕发出无穷的威力。青年要善于创新，善于实践，善于把所学的知识运用到改造客观世界和主观世界的活动中去，在实践中继续求得真知，增长才干。

希望青年们注重锤炼品德。优良品德的养成对人的一生至关重要。青年时期可塑性大，是人生的起步阶段，是品德养成的关键时期。青年要树立正确的世界观、人生观、价值观，树立正确的名利观，努力培养良好的品德，提高自身素质，完善人格品质，做有益于祖国和人民的人。青年应该成为引领社会风气之先的力量，尤其要在推动我国先进生产力和先进文化的发展中发挥积极作用，从自己做起，努力做中华民族传统美德的传承者，做体现时代进步要求的新道德规范的实践者，做新型人际关系和良好社会风尚的倡导者。

希望青年们不断开拓视野。当今世界发展很快，变化很大。青年要承担起建设现代化的历史使命，为人类社会进步做出贡献，必须了解世界发展变化的大势。要把目光投向世界、投向未来，而不能闭目塞听、坐井观天。只有全面了解中国和世界发展的历史、现状和趋势，才能更好地把握现在和未来。只有用人类创造的一切文明成果努力充实自己，才能具备与世界上任何一个民族的青年相媲美的素质。海纳百川，所以成其大。21世纪的中国青年，应以放眼全球的宽广视野，以赶超先进的雄心壮志，以中华民族自尊自强的豪迈气概，昂首阔步地走向世界。

希望青年们勇于进取创新。创新是推动人类历史前进的必然要求。长江后浪推前浪，世上新人换旧人。这是历史发展的规律。只有后人超过前人，一代胜过一代，事业才能发展，社会才能进步。青年最少保守思想，最具有创新的潜能。许多杰出人物都是在风华正茂的青年时代就创造出一番了不起的业绩。要实现我国经济和技术的跨越式发展，实现我国社会的全面进步，建设我国富有生机的各个方面的制度和体制，就必须努力创新。发展的希望在创新，创新的希望在青年。青年要立足岗位，锐意创新，敢于超越前人。千百万青年的创新实践，必将汇聚成推动我国先进生产力和先进文化发展的奔涌洪流。

希望青年们始终艰苦奋斗。彻底改变我国历史上遗留下来的贫穷落后的面貌，巩固和发展社会主义制度，需要几代人、十几代人甚至几十代人进行艰苦的努力。只有长期艰苦奋斗，民族复兴的伟大目标才能实现。艰苦能磨炼人，创业能造就人。青年只有顺应社会发展的潮流，把个人的前途和命运与国家、民族的前途和命运紧紧地联系在一起，并为之奋斗不息，才能创造无悔的青春和取得毕生的成功。畏惧劳苦，贪图安逸，坐享其成，最终只能虚度年华。青年要时刻铭记最广大人民的根本利益，大力发扬甘于奉献和自我牺牲的崇高精神，自觉到祖国和人民最需要的地方去，到艰苦的环境中去，经历风雨，经受锻炼，努力为祖国和人民建功立业。

中国共产党总结80年的奋斗历程和基本经验，展望新世纪的艰巨任务和光明前途，提出了“三个代表”要求，这是中国共产党的立党之本、执政之基、力量之源，也是我们党和国家一切工作的根本指针。广大青年要坚持以马克思列宁主义、毛泽东思想、邓小平理论为指导，认真学习“三个代表”要求，充分认识中国共产党是代表中国先进生产力的发展要求、中国先进文化的前进方向和中国最广大人民的根本利益的马克思主义政党，是与时俱进、开拓创新的党，坚定不移地跟党走。广大团员青年要在各行各业的本职工作中，在共青团组织开展的具有自身特点的各项活动中，努力为我国先进生产力和先进文化的发展做出自己的贡献，努力为最广大人民谋利益。

共青团是党领导的先进青年的群众组织，是党的青年工作的重要力量。当代青年是在改革开放中成长起来的一代，改革开放带来了经济的快速发展和社会的巨大进步，也引起包括青年在内的广大群众思想观念的深刻变化。在新的历史条件下，共青团要贯彻落实“三个代表”要求，坚持与时俱进，不断开创青年工作的新局面。共青团要进一步发挥好党的助手和后备军的作用，引导青年支持改革、促进发展、维护稳定。进一步发挥好党联系青年的桥梁和纽带作用，积极协助政府搞好对青年事务的管理。密切联系群众，竭诚服务青年，更好地代表和维护青年的具体利益，为青年排忧解难，做好暖人心、稳人心的工作。还要进一步加强对少先队的领导，更好地履行全团带队的光荣职责。各级团组织都要加强自身建设，不断研究新情况和解决新问题，积极探索社会主义市场经济条件下新的运行机制，改进工作方式和工作作风，密切同团员青年的联系，努力扩大团组织的覆盖面，增强团组织的吸引力、凝聚力和战斗力，把最广大青年紧密团结在党的周围。各级团干部都要按照党的要求，刻苦学习、勤奋工作、勇于创造、自觉奉献，努力做党放心、青年满意的干部。共青团员是青年中的先进分子，要在广大青年中发挥模范带头作用，做到无愧于共青团员的光荣称号。

中国共产党与中国共青团有着特殊的政治关系。共青团的事业是党的事业的重要组成部分，青年工作是党的群众工作的重要内容。发挥好共青团的作用，对于做好党的青年工作尤为重要。各级党组织要加强对共青团工作的领导，支持共青团依照法律和自己的章程创造性地开展工作。要坚持党建带团建，把团的建设纳入党的建设总体规划之中。要热情关心团员和团干部，帮助和引导他们茁壮成长。

马克思主义的政党只有赢得青年，才能赢得未来。中国共产党从诞生之日起，就同广大青年紧密联系。党的事业离不开青年，青年的成长更离不开党。我们党要赢得青年，就必须用先进的理论引导青年，用光辉的事业凝聚青年，用良好的作风吸引青年。各级党委和政府都要从党和国家事业兴旺发达的战略高度，认真实施科教兴国战略,加强对青少年的教育培养,相信和重视青年,关心和爱护青年,推动大批青年人才不断脱颖而出。各级领导干部要学会用新观念、新视角去看待青年,善于发现青年人才,大力培养青年人才,千方百计为青年人才成长创造条件、提供舞台,引导和帮助他们在工作实践中经受磨炼,增长才干和胆识。要放手使用青年人才,识其之长,用其所长,使他们各显其能、竞展才华。要真心爱护青年人才,采取更加有效的政策措施,为他们的学习、工作和生活创造良好条件。

青年兴则国家兴,青年强则国家强。青年的茁壮成长决定着我们民族和国家的未来。当代中国青年是值得信赖、大有希望的一代。青年有自己的优点和长处,也有他们的弱点和不足,这与青年社会阅历不丰富、经受的人生锻炼不多有关。由于青年人正在成长,更需要引导、鼓励和支持。首先要看到青年的优点,满腔热情地支持他们发挥自己的长处,鼓励他们在学习和实践中丰富自己、完善自己。同时要客观地看待青年身上存在的不足和缺点,加强教育和引导。青年的成长与他们生活的社会环境密切相关,社会对青年的成长具有极大的作用。为了青年一代的健康成长,必须在全社会形成爱护青年、关心青年、支持青年的良好氛围。各地各部门都要认真研究在改革开放条件下成长起来的新一代青年的特点,把握新的历史条件下做好青年工作的规律。要尊重青年的思想和性格特点,尊重青年个性的健康发挥,促进青年思想和身心的健康发展。全社会都来关心青年,祖国的年轻一代不断健康成长,我们的民族和国家就能永葆前进的生机和活力。

全国的共青团员、青年朋友们:

实现中华民族的伟大复兴,需要你们去奋斗。希望你们珍惜大好年华,牢记党和人民的厚望,矢志奋斗,不懈进取,在建设有中国特色社会主义事业的伟大征程中谱写出更加壮美的青春之歌!向着祖国更加美好的明天,前进!

树立远大理想,为建设香港报效祖国发奋努力

——在会见香港青少年制服团体时的讲话(要点)

2002年8月1日

胡锦涛

8月1日,中共中央政治局常委、国家副主席胡锦涛亲切会见香港青少年制服团体“同心同根万里行”交流团全体成员并做了讲话。

胡锦涛说,香港青少年制服团体联合组织的这次活动是一项很有意义的活动。通过对祖国内地的参观访问和实地考察可以帮助香港青少年熟悉祖国悠久的历史、灿烂的文化,了解先辈们为民族独立和国家富强矢志奋斗的感人业绩,亲身感受祖国改革开放和现代化建设取得的巨大成就。进一步激发自己的爱国热忱和报国之志,为今后更好地建设香港报效祖国发奋努力。

胡锦涛指出,祖国的建设和香港的发展都需要大批优秀人才。青少年是国家的未来、民族的希望。今天在座的青少年,再过一二十年,就要肩负起建设香港、报效祖国的重任。希望寄托在你们身上。他勉励香港青少年要从小树立远大理

想,胸怀祖国,情系中华,增强社会责任感,立志为香港繁荣、国家富强、民族振兴贡献智慧和力量。要勤奋学习,打好基础,掌握过硬的知识和本领,炼就健康的体魄,努力把自己塑造成能担当建港治港重任的合格人才。要加强同祖国内地、澳门以及台湾青少年的交流,增进了解,发展友谊,为实现祖国统一大业携手前进。

胡锦涛称赞香港社会各界和各制服团体的领袖及义工们为香港青少年的健康成长所做的工作,希望他们再接再厉,进一步推动青少年事业的健康发展,为实现中华民族的伟大复兴做出新贡献!

在会见参加第三届“中越青年友好会见”活动越南青年代表团主要成员时的讲话(要点)

2002年9月27日

胡锦涛

9月27日,国家副主席胡锦涛会见来京参加“中越青年友好会见”活动的越南青年代表团主要成员并做了讲话。

胡锦涛说,进一步加强中越两国青年和青年组织的友好交流和相互学习,对开创新世纪中越关系更加美好的未来,具有重要而深远的意义。

胡锦涛勉励中越两国青年和青年组织,进一步贯彻落实两党总书记达成的重要共识,坚持发展中越关系十六字方针,为中越睦邻友好与全面合作关系的不断发展做出新贡献。

在全国农村青年工作会议上的讲话

2002年4月9日

温家宝

同志们:

共青团中央和农业部召开这次全国农村青年工作会议,很有意义。我代表党中央、国务院表示祝贺,并向广大农村青年和青年工作者表示亲切的问候!

青年是国家的未来和民族的希望,在社会主义革命和建设的各个时期,都发挥着生力军和突击队作用。农村青年占全国青年的大多数,是农村改革、发展和稳定的一支重要力量。改革开放以来,广大农村青年听从党的召唤,紧跟时代步伐,拥护党的农村政策,积极投身农村两个文明建设,为农村经济发展和社会进步做出了重要贡献。实践证明,我国广大农村青年是有理想、有抱负的一代,是大有作为的一代，是建设社会主义新农村的希望所在。

我国是农业大国，农民占人口的绝大多数。农业、农村和农民问题，始终关系改革、发展和稳定的全局。只有农业发展了，农民富裕了，农村进步了，全面建设小康社会、加速推进社会主义现代化的宏伟目标才能实现。经过20多年的改革和发展，我国农业生产力水平有了很大提高，农产品供给实现了由长期短缺到总量基本平衡、丰年有余的历史性转变。我国农业和农村经济发展进入了一个新的阶段。农村各项事业有了很大发展，农民的思想观念有了很大转变，农村社会面貌发生了深刻变化，我国农村的发展也进入一个新的历史时期。当前和今后一个时期，农业和农村工作面临的主要任务是，大力推进农业和农村经济结构的战略性调整，千方百计增加农民收入，逐步实现农业和农村现代化。这一光荣而艰巨的任务，历史地落在当代中国农村青年身上。广大农村青年要认清形势，以高度的历史责任感和使命感，自觉肩负起建设社会主义新农村的重任，在新阶段为农业和农村经济的发展建功立业。

这里，我向大家提几点希望。

第一，要热爱农村，建设农村，树立改变农村面貌的雄心壮志。农村青年生长在农村，劳动在农村。热爱家乡，建设家乡，是每个农村青年义不容辞的责任。目前我国大部分农村地区还比较落后，农民的生活还比较困难，农村各方面的条件还比较差。在这种情况下，扎根农村，建设农村，就必须有改变农村面貌的雄心壮志和远大理想，必须有为农村的改革和发展奉献青春的奋斗精神。我们相信，只要艰苦奋斗，苦干实干，一代一代不懈努力，农村的面貌一定会逐步得到改变。这些年农村涌现出了许多优秀青年，今天受表彰的同志就是他们中的杰出代表，他们从事的劳动虽然是平凡的，但他们是用自己的双手，通过辛勤的劳动，创造美好的生活，使自己的家乡富起来，这是非常光荣的，是无愧于人生、无愧于时代的。全国农村的青年都要向他们学习，用自己的智慧和力量，在农村这个广阔天地里创造出辉煌的业绩。

第二，要刻苦学习，不断进取，增强勤劳致富的本领。现在社会发展很快，新事物层出不穷，知识更新的周期越来越短。无论是从事农业生产，还是发展二三产业、外出务工，都需要知识。广大农村青年只有不断地充实自己，提高自身素质，才能适应不断发展变化的新形势。要学习先进的农业科学知识，掌握先进实用技术，争当推广农业新技术新成果的带头人；要积极参加各种职业技能培训，努力掌握新的劳动技能，拓宽致富门路；要学习市场经济知识，增强市场观念，不仅会生产，而且善经营；要学习法律知识，自觉遵纪守法，用法律武器维护自己的合法权益。广大农村青年要有紧迫感，不断学习新知识，善于接受新事物，跟上时代步伐，努力成为有理想、有文化的社会主义新型农民。

第三，要解放思想，勇于创新，为农村经济发展增添新的活力。创新是民族进步的灵魂，是社会发展的不竭动力。青年人最少保守思想，最具创造活力。广大农村青年，要发挥这个优势，进一步解放思想，增强创新意识。从家庭承包经营到税费改革和村民自治，都是党领导下我国农民的伟大创造。在农业发展的新阶段，要把农村的改革和发展向前推进，同样需要充分依靠广大农民群众的首创精神和积极性。广大农村青年要开阔视野，改变传统的思维方式；要积极参与农村改革，探索进一步解放和发展农村生产力的新路子；要带头推广先进实用技术，改变传统的生产方式；要敢于涉足新的生产经营领域，开拓新的致富门路，在农村改革和发展中发挥生力军作用。

第四，要弘扬正气，树立新风，推动农村社会全面进步。青年正处在成长成才的关键时期。解决好立身做人的问题，对于走好人生的每一步至关重要。不仅要有知识才干，还要有优良品德，不仅要提高自身的素质，还要给社会以积极的影响。农村青年要开风气之先，成为现代文明的热情实践者和传播者，在农村先进文化建设中发挥先锋作用。要发扬中华民族的优良传统，增强社会责任感，自觉实践社会公德、职业道德和家庭美德，助人为乐，扶贫济困。要倡导科学健康的生活方式，破除陈规陋习，反对封建迷信活动。要积极参与村镇文化建设，绿化美化环境，在群众性精神文明创建活动中发挥带头作用。要弘扬正气，对社会上的各种不良倾向、不文明行为和社会丑恶现象，进行坚决的抵制和斗争。

共青团是农村青年工作的核心力量。多年来，各级团组织围绕大局，发挥优势，在团结、教育、服务农村青年等方面，做了大量工作，发挥了重要作用。希望各级团组织和广大团干部，以“三个代表”重要思想为指导，紧紧围绕党的中心任务，进一步活跃农村青年工作。要切实加强思想政治教育，引导农村青年健康成长。为农村青年做好技术、信息等方面的服务工作，增强他们的致富本领，帮助他们发展生产，增加收入。加强基层文化建设，不断丰富农村青年的精神文化生活。维护农村青年的合法权益，团结引导农村青年共同奋斗。农村青年干部要热爱农民，全心全意为农民谋利益，这是农村青年成长的根本动力和源泉。各级党委、政府，特别是涉农部门，都要从农村发展和整个现代化建设全局的战略高度，重视、关心农村青年工作。要支持共青团组织根据农村青年的特点和要求，创造性地开展工作。

农村的未来看青年，中国的未来看青年。当代农村青年一定要不辱使命，在党的路线方针政策指引下，坚定地走在发展农村先进生产力和先进文化的最前列，走在推动农村改革发展稳定的最前列，为建设社会主义新农村，为实现中华民族的伟大复兴，贡献自己的青春、智慧和力量。让我们紧密地团结在以江泽民同志为核心的党中央周围，高举邓小平理论伟大旗帜，按照“三个代表”的要求，与时俱进，开拓创新，扎实工作，奋发有为，以实际行动和优异成绩迎接党的十六大召开。

在看望2002年“博士服务团”成员时的讲话

2002年9月27日

曾庆红

同志们：

在第三批“博士服务团”即将奔赴西部地区挂职锻炼服务之际，我与我们部里的副部长赵洪祝、王东明同志和团中央书记处第一书记周强同志、常务书记孙金龙同志，一起来看望大家，给大家送行。

大家都记得，去年江泽民总书记发表的“七一”重要讲话，全面回顾和系统总结了我们党80年的奋斗业绩和基本经验，深刻阐述了“三个代表”重要思想的科学内涵和精神实质，科学回答了我国改革发展以及党的建设等方面的一系列重大问题，进一步明确了党在新世纪的历史任务和奋斗目标。讲话还特别强调，“全国各族青年，代表着我们祖国和民族的未来，代表着我们事业兴旺发达的希望。社会主义现代化的宏伟事业需要你们去建设，中华民族的伟大复兴将在你们手中实现。”总书记的重要指示，深刻揭示了青年在党和国家事业发展中的重要地位和作用，体现了党和人民对当代青年的殷切期望，对于我们做好青年人才的培养教育工作包括“博士服务团”的工作，对于广大青年的成长进步，都具有十分重要的指导意义。我们一定要牢记在心，身体力行。

我们党一贯重视青年工作和发挥青年的重要作用。从毛泽东主席、邓小平同志到江泽民同志，党的三代领导核心都对广大青年寄予厚望。党和国家制定了一系列政策，采取了多种措施，培养锻炼了一批又一批青年人才。从中央、国家机关和部分中管企业，选调年轻的博士、硕士、教授、研究员，组成“博士服务团”到西部地区锻炼服务，就是中组部、团中央根据中央的部署和要求采取的培养锻炼青年人才的一个重要举措。这项工作从1999年开始试点，到现在已经是第三批了。你们这一批共有114位同志，平均年龄38岁，最年轻的才29岁，正是成才创业的好年华。从前两批的实践看，“博士服务团”这种方式有许多好处，主要是“三个有利”。一是有利于促进西部省区市的经济和社会发展，特别是科技进步；二是有利于派出单位培养高素质的“复合型”人才；三是有利于“博士服务团”的同志在艰苦的环境里学习、锻炼，增长才干。因此，我们一定要把这一好的做法坚持下去，努力把这项工作做得更好。

今天，我想借这个机会，对“博士服务团”、派出单位和接收单位的同志，分别提点希望和要求。

首先，希望参加“博士服务团”的同志们，努力做到“三个好”：

一是要学习好。学习好是我们做好各方面工作的基础。大家参加这三天的培训，就是一次很好的学习。希望你们下去以后，要继续抓好学习。大家虽然都是博士、硕士、研究员、教授等，但是需要学的东西还非常多。首要的是学好马列主义、毛泽东思想、邓小平理论，特别是“三个代表”重要思想。同时，要努力学习做好工作所必需的各方面知识，特别要注意向广大人民群众学习，向周围的领导和同事学习。

二是要实践好。同志们将下到不同地区、不同单位，承担不同的工作任务。下去后，首先要认真做好调查研究，熟悉了解情况，在此基础上，充分发挥自己的聪明才智，特别是专业特长，去建功立业。同时，在工作和生活中要严格要求自己，艰苦奋斗，勤政廉洁，加强思想作风、工作作风等方面的锻炼，在改造客观世界的过程中，努力改造自己的主观世界。

三是要身体好。身体好是我们做好一切工作的基本条件。大家下去后工作很劳累、很辛苦，有时候可能要加班加点，一定要注意身体。希望大家完成锻炼服务任务后，不仅能在思想上、工作上、作风上有收获、有提高，还要把身体锻炼得棒棒的，将来还有很多重要工作需要你们去做。

其次，希望我们35个派出单位，对下去的同志多关心，多支持，多帮助。要关心“博士服务团”同志和他们家里的生活，帮助他们排忧解难，让他们安下心来，很好地工作。下去的同志都是派出单位的年轻骨干，很多还是后备干部和重点培养对象。各单位要跟踪他们下去后的表现，同时，从现在开始就要考虑，他们回来后干什么，将来挑什么担子，怎样充分发挥他们的作用。这里，有一个情况也需要说明一下。从以往的情况来看，按规定“博士服务团”的同志下去锻炼和工作的时间是一年，但下去后不少同志想留下来工作，西部地区也非常需要他们这样的人才。据统计，我们第一批派出的23人中，有8人留在了当地，占总数的三分之一。第二批106人,也有不少同志有留下的意向。对这个问题,总的说是三句话,一是本人自愿,二是派出单位同意,三是接收单位需要,最终达到"三满意"的结果。中央机关、中管企业人才济济,单位领导要讲政治,讲大局,支持这些同志留在西部地区工作。当然,有的同志在原单位工作确实离不开,或者有其他方面的原因难以留下来工作,要通过商量,妥善处理。

第三,希望接收单位把"博士服务团"同志的工作和生活安排好。今天,11个省区市党委组织部的同志也来了。"博士服务团"的同志下去后,可能会遇到这样那样的困难,你们要及时帮助他们解决。另一方面,你们对这些博士、硕士、研究员、教授,也要严格要求,严格管理,这是对他们最好的爱护。

当然,负责选派工作的中组部、团中央,也要经常关心这些同志,对选派工作中遇到的一些问题,要注意协调处理好。

国庆节很快就要到了,我代表中组部向大家致以节日的亲切问候。

谢谢大家!

支持志愿服务发展,促进社会文明进步

——在志愿服务国际会议开幕式上的致辞

2002年5月28日

吴 仪

尊敬的各位来宾,女士们,先生们:

五月的北京,鲜花簇拥,万木葱茏。中国2001国际志愿者年委员会、共青团中央、外经贸部、中华全国青年联合会、联合国开发计划署今天在这里共同召开会议,来自世界各地的朋友和中国有关方面的代表聚集一堂,共商新世纪志愿服务的发展,这是一件很有意义的事情。我代表中国政府并以我个人的名义,向各位来宾的到来表示热烈的欢迎!对志愿服务国际会议的举行表示衷心的祝贺!

志愿服务是一项以自愿且不图报酬的方式参与社会生活、促进社会进步、推动人类发展的社会事业。人类追求和平与发展,追求人与人、人与社会、人与自然之间相互关爱、和谐共处的美好理想,推动着这项事业在全球范围蓬勃发展。世界各地的志愿者们用爱心谱写着无数平凡而又伟大的动人乐章,用奉献诠释着人类崇高而又朴素的精神理念,用行动感染和激励着越来越多人的共同参与,为推动人类社会文明进步发挥了积极作用。

第52届联合国大会把新世纪第一年确定为国际志愿者年,第56届联合国大会又于去年12月5日通过了各国政府和联合国支持志愿服务的第56/38号决议,这些都集中体现了国际社会推进志愿服务、弘扬志愿精神的强烈愿望,反映了人类建设一个更加繁荣、更加美好新世纪的真诚呼唤。正是人们长期的、坚持不懈的努力,志愿服务才逐步成为全球性的共识和行动。

以"奉献、友爱、互助、进步"为基本内容的志愿精神在中国源远流长。在中华民族数千年的悠久历史中,历来就有扶贫济困、助人为乐的传统美德。中国古代思想家孔子曾经说过:仁者爱人。孟子也曾说过:老吾老以及人

之老，幼吾幼以及人之幼。从20世纪80年代开始，伴随着中国改革开放的深入和建立社会主义市场经济体制的进程，志愿服务在中国得到大力倡导和实施，并赢得了社会各界的广泛赞同和积极响应。尤其是中国的广大青年在推动中国志愿服务的发展中发挥了先锋队和主力军的作用。志愿服务已经成为中国动员青年和社会公众参与经济建设和社会发展的有效手段，成为中国加强公民道德建设、提高公民道德素质的有效途径。

中国政府和国家领导人一直致力于推动志愿服务的发展。国家主席江泽民在1997年底为“中国青年志愿者”题名。2000年初，他又对青年志愿者工作作出重要批示，充分肯定这项事业在中国的意义和作用。志愿服务还被写入了中国政府制定的有关经济和社会发展规划、加强公民道德建设和精神文明建设的法规和文件中。这些举措，鲜明地确立了志愿服务在中国经济社会生活中的地位，极大地鼓舞着人们投身志愿服务的热情，有力地推动了志愿服务在中国的发展。

中国政府还积极支持和响应联合国大会关于国际志愿者年的倡议，去年，中国国务院批准成立了“中国2001国际志愿者年委员会”，专门负责规划、协调和指导中国的国际志愿者年工作，从而使中国志愿服务在与国际接轨方面又迈出了新的、可喜的步伐。今天举行的国际会议是这一方面的又一例证。

当今中国的发展和进步呼唤着志愿服务。中国已进入全面建设小康社会，加快推进社会主义现代化的新阶段。志愿服务和志愿精神与市场经济所推崇的利益至上、优胜劣汰观念是相互补充、相辅相成的。中国改革开放越深入，社会主义市场经济越发展，越需要加强志愿服务。

当今世界的和平与发展事业呼唤着志愿服务。经济全球化进程的加快和科学技术的飞速发展，展示了世界的美好前景。同时，和平与发展又面临严峻挑战，冲突和战火在一些地区蔓延，恐怖主义对世界安全构成严重威胁。爱好和平、渴望发展的各国政府和人民需要大力倡导和推动志愿服务。

为此，我对发展志愿服务提出如下看法：

第一，志愿服务应成为促进世界和平与发展事业的重要方式和途径。志愿服务表达了人类建立美好社会的强烈愿望，适应了和平与发展的时代潮流。加强志愿服务的国际交流和合作，更能体现各国人民之间的平等、友爱、团结、互助，有助于促进人类面临的问题的解决，促进全人类的和谐与共。

第二，志愿服务的发展模式应该是丰富多样的。志愿服务所体现的高尚精神是人类的共识，但由于文化传统、社会制度、经济社会发展水平等条件的差异，各个国家和地区推动志愿服务的政策措施也就可能不尽相同。各个国家和地区要立足自己的实际推动志愿服务的发展，同时应该相互尊重、相互学习，推动各种文明共同进步。

第三，青年在推动志愿服务中具有重要作用。志愿服务虽然是公众普遍参与的，但青年的参与具有特殊的意义。青年是社会生活中最活跃、最积极、最有生气的群体，青年的广泛参与可以为志愿服务持续发展带来蓬勃的生机和活力。同时，青年是世界的未来和希望。青年处于身心成长的关键时期，他们在参与志愿服务中可以得到锻炼和教育，对他们自身发展有更加积极的影响。

中国政府将一如既往地重视和支持志愿服务在中国的开展，并注重汲取其他国家和地区的有益经验，努力地、不断地为这项事业的进一步发展创造良好的政策、法制和社会环境。同时也将努力在促进志愿服务的国际交流、推动全球志愿服务的发展方面担负自己的责任。我们已经并将继续在联合国有关组织的支持下，与有关国家和地区一道，加强相互之间的学习、交流和合作，携手并肩，共同为推动全球志愿服务的发展、促进人类文明进步的崇高事业做出自己应有的贡献。

最后，预祝会议取得圆满成功！祝来自世界各地的朋友在中国期间工作顺利，生活愉快！

谢谢大家！

在共青团十四届六中全会上的讲话

2002年12月18日

王兆国

同志们：

共青团召开十四届六中全会，深入学习贯彻党的十六大和最近召开的中央经济工作会议的精神，研究部署当前和今后一个时期团的工作。这对于团组织进一步理清工作思路、明确工作重点，更好地团结带领广大团员青年为实现十六大确定的各项任务而奋斗，努力开创共青团工作新局面，必将产生积极作用。

党的十六大闭幕后不久，胡锦涛同志就与工青妇的负责同志座谈，并作了重要讲话。最近，中央书记处又专门听取了团中央书记处的工作汇报，曾庆红等中央领导同志就进一步做好共青团工作作了重要指示。这些都表明，新一届中央领导集体对共青团工作是高度重视的。对胡锦涛、曾庆红等中央领导同志的重要指示精神，各级团组织一定要认真学习领会，坚决贯彻落实，努力把共青团工作提高到一个新水平。

我曾经在团中央工作过，对共青团有着深厚的感情。根据中央政治局的工作分工，由我负责联系工青妇的工作。今天到团的全会上同大家见面，我感到非常亲切。这些年来，在以江泽民同志为核心的党中央的正确领导下，在胡锦涛同志的直接领导下，各级团组织和广大团干部坚持以邓小平理论和“三个代表”重要思想为指导，认真执行党的路线方针政策，从自身的特点出发，创造性地开展工作，团结和带领广大团员青年，以中华民族的伟大复兴为己任，同人民紧密结合，为祖国奉献青春，共青团事业又有了新的发展，为改革开放和社会主义现代化建设做出了新的贡献。同时，共青团在服务大局、服务青年中，也积累了许多弥足珍贵的经验，形成了一系列理论政策上的创新成果，建设了一支政治素质高、业务能力强、思想作风硬的干部队伍。这些是我们加强团的建设的宝贵财富，是我们做好今后工作的坚实基础，也是我们开创工作新局面的重要依据。借此机会，我代表党中央，向在座各位，向全国广大团干部表示亲切的问候！

深入学习贯彻十六大精神，是全党全国当前和今后一个时期的首要政治任务。下面，我就学习贯彻十六大精神，进一步做好团的工作，讲几点意见。

一、认真学习贯彻十六大精神，切实把广大团干部和团员青年的思想和行动统一到十六大精神上来

党的十六大是一次团结的大会、胜利的大会、奋进的大会。大会把“三个代表”重要思想同马克思列宁主义、毛泽东思想、邓小平理论一道确立为党的指导思想，深刻总结了我们党领导人民建设有中国特色社会主义的基本经验，明确提出了全面建设小康社会的奋斗目标

和推进各项工作的方针政策，为党和国家事业的发展指明了前进方向。

共青团要充分认识十六大对新世纪新阶段党和国家事业发展的重大意义，在团员青年中广泛兴起学习贯彻十六大精神的热潮，引导大家自觉地把思想统一到十六大精神上来，把力量凝聚到完成十六大确定的各项任务上来。联系共青团的实际，学习贯彻十六大精神要注意把握以下几个方面。

学习贯彻十六大精神，就要在共青团工作中坚持全面贯彻"三个代表"重要思想。"三个代表"重要思想是十六大的灵魂。把"三个代表"重要思想确立为我们党必须长期坚持的指导思想，实现党的指导思想的与时俱进，这是十六大的一个历史性贡献。学习贯彻十六大精神，要抓住学习贯彻"三个代表"重要思想这个中心环节，引导团干部和团员青年全面领会"三个代表"重要思想的科学内涵和精神实质，进一步增强贯彻"三个代表"重要思想的自觉性和坚定性。要牢牢把握关键在坚持与时俱进、核心在坚持党的先进性、本质在坚持执政为民的根本要求，努力把"三个代表"重要思想贯彻到团的各项工作中去，贯彻到加强和改进团的建设的各个方面去。

学习贯彻十六大精神，就要在共青团工作中毫不动摇地坚持党的基本理论、基本路线、基本纲领和基本经验。改革开放以来，我们党在总结实践经验的基础上，逐步形成了党的基本理论、基本路线、基本纲领。党的十六大又联系改革开放以来新的实践，系统深刻地总结了党领导人民建设有中国特色社会主义必须坚持的十条基本经验。这些基本经验，包含了改革发展稳定、内政外交国防、治党治国治军等各个方面的重大认识和重大方针，标志着我们党对共产党执政规律、社会主义建设规律和人类社会发展规律的认识的进一步提高，是我们党理论创新的重要成果。这些基本经验同党的基本理论、基本路线、基本纲领一道，构成一个完整的科学体系，是统一全党思想、凝聚各方面力量、推进改革开放和现代化建设的强大思想武器。各级团组织要通过深入学习党的基本理论、基本路线、基本纲领和基本经验，认真研究和把握共青团工作和建设中的一系列重要问题，推动共青团事业沿着正确的方向不断前进。

学习贯彻十六大精神，就要在共青团工作中坚持解放思想、实事求是、与时俱进。十六大报告强调，在新世纪新阶段，发展要有新思路，改革要有新突破，开放要有新局面，各项工作要有新举措。这是对全党的要求，对于做好团的工作也有很强的针对性。各级团组织一定要牢牢抓住十六大的精髓，大力弘扬与时俱进、开拓创新的精神，不断探索新形势下共青团工作的特点和规律，以新的思路谋求共青团事业的新发展，以新的举措开创共青团工作的新局面。

二、紧紧围绕经济建设这个中心，团结带领团员青年为完成十六大提出的各项任务贡献智慧和力量

十六大提出的全面建设小康社会的奋斗目标，为我国社会主义现代化建设事业描绘了壮丽前景。实现这一宏伟目标，为当代青年施展才华抱负、报效祖国人民提供了广阔舞台。各级团组织要牢固树立发展是党执政兴国第一要务的思想，坚持以经济建设为中心，不断深化团的各项工作，团结带领广大团员青年，在社会主义物质文明、政治文明、精神文明建设中充分发挥生力军作用，为开创中国特色社会主义事业新局面做出积极贡献。

要动员和带领团员青年在社会主义物质文明建设中建功立业。全面建设小康社会，最根本的是坚持以经济建设为中心，不断解放和发展社会生产力。青年作为社会中最富有朝气、最富有活力、最富有创造性的群体，是我国改革开放和现代化建设的一支生机勃勃的力量。发展的希望在创新，创新的希望在青年。

共青团要搭建舞台、创造条件、提供载体，充分发挥青年的积极性、创造性，在实现经济的持续快速健康发展中大显身手，在全面建设小康社会中建功立业。要按照发展先进生产力的要求，带领青年创新创业，在走新型工业化道路、推进产业优化升级，发展农村经济、建设现代农业，实施科教兴国战略和可持续发展战略、提高经济增长的质量和效益等方面，充分奉献自己的聪明才智。人才是最宝贵的资源。共青团要紧紧抓住培养人这一重要任务，大力开发青年人力资源，努力造就一支宏大的青年人才大军。各级团组织要围绕发现人才、培养人才、举荐人才、输送人才，通过各种工作形式和活动方式，进一步激发广大青年奋发成才的主动性和自觉性，不断为国家建设增添新的力量。

要引导和组织青年为建设社会主义政治文明做出积极贡献。发展社会主义民主政治，建设社会主义政治文明，是全面建设小康社会的重要目标。共青团作为党领导的先进青年群众组织，作为国家政权的一个重要社会支柱，在社会主义政治文明建设中担负着重要职责，具有重要作用。共青团要教育青年充分认识到我国政治体制改革必须坚持党的领导，坚持从我国国情出发，总结自己的实践经验，同时借鉴人类政治文明的有益成果，绝不能照搬西方政治制度的模式。要引导青年积极参与基层民主的实践，在参与中学会正确行使自己的民主权利。要在青少年中广泛开展普法教育，增强青少年的法律意识，提高青少年的法律素质，增强依法办事的能力，学会运用法律武器与违法犯罪行为作斗争。要有针对性地加强青年思想政治工作，做好理顺情绪、化解矛盾的工作，引导青年正确看待改革中的利益调整，牢固树立稳定压倒一切的观念，倍加顾全大局，倍加珍视团结，倍加维护稳定。特别是在民族地区，要加强对青少年的爱国主义、民族团结教育，维护各民族的大团结和边疆地区的稳定。

要充分发挥团员青年在建设社会主义精神文明中的特殊作用。中国青年素有开风气之先的传统。江泽民同志在纪念建团80周年大会的讲话中指出："青年应该成为引领社会风气之先的力量，尤其要在推动我国先进生产力和先进文化的发展中发挥积极作用，从自己做起，努力做中华民族传统美德的传承者，做体现时代进步要求的新道德规范的实践者，做新型人际关系和良好社会风尚的倡导者。"各级团组织要认真贯彻和实践这个要求，高举爱国主义旗帜，发扬优良传统，在社会主义精神文明建设中做出新的贡献。当前，各级团组织要响应中央的号召，发挥共青团的优势，组织青年开展为困难群众送温暖、献爱心活动，努力帮助困难群众排忧解难。明年3月5日是毛泽东等老一辈革命家号召"向雷锋同志学习"40周年纪念日，要抓住这一契机，在团员青年中大力弘扬雷锋精神，推动学雷锋活动和志愿服务活动深入发展。

三、为广大青年办实事、办好事，努力做好服务青年的工作

竭诚为青年服务，是共青团贯彻"三个代表"重要思想的必然要求，是团的工作的出发点和落脚点。在全面建设小康社会的新形势下，青年对共青团的服务需求进一步增强。一方面，青年成长成才、建功立业需要团组织提供更多更好的服务；另一方面，部分青年在深化改革、调整结构中遇到一些困难和问题，也需要团组织帮助解决。共青团要适应新形势的要求，适应青年的需要，进一步强化服务意识，切实做好服务青年的工作。

为青年服务，当前要着重抓好两件事情。一是要积极为青年的就业和再就业提供服务。现在，青年面临的就业问题比较突出，每年新增劳动力基本上是青年，农村富余劳动力中相当一部分是青年，国有企业下岗职工中也有不少是青年，明年还有扩招后的毕业大学生实现就业的问题。这就要求各级团组织急国家所急,想青年所想,把为青年就业和再就业服务作为新形势下服务青年的一项重要内容,发挥组织优势,通过提高青年就业素质、鼓励青年创业、为青年就业牵线搭桥、推动落实就业扶持政策、加强促进就业阵地建设等方式,千方百计帮助更多的青年实现就业和再就业。二是要更好地代表和维护青少年的合法权益。共青团要主动协助党和政府解决青少年权益与发展中的难点问题,着力维护弱势青少年群体的合法权益,同侵害青少年合法权益的现象作斗争。要积极配合政府有关部门打击黄、赌、毒,预防青少年犯罪,消除不良文化对青少年的影响,努力净化、优化青少年的成长环境。特别需要注意的是,现在青少年上网人数越来越多。团组织要加大互联网上阵地建设的力度,更好地为青少年健康成长服务,同时要积极协助有关部门加强对互联网上网服务营业场所的监管,坚决取缔危害青少年身心健康的“黑网吧”。

青年需要共青团提供的服务非常多,当前的问题是团组织的服务能力和青年的服务需求之间存在着较大的差距。因此,要下大气力增强团组织服务青年的能力,积极探索服务青年的新载体,并广泛动员社会力量,不断壮大服务青年的事业,努力构建团组织服务青年的体系。

四、以改革的精神,切实加强和改进团的建设

青年是国家的未来、民族的希望。青年兴则国家兴,青年强则国家强。在新世纪新阶段,要更好地团结动员广大青年为实现十六大提出的奋斗目标而贡献力量,更好地服务于青年,共青团组织必须切实加强自身建设。共青团的事业是党的事业的重要组成部分,青年工作是党的群众工作的重要内容。共青团必须坚持以“三个代表”重要思想为指导,发扬与时俱进、开拓创新的精神,认真研究我国社会生活的新变化和青年工作的新特点,积极探索社会主义市场经济条件下团的工作的运行机制,切实改进工作方式和工作作风,进一步密切同青年群众的联系,坚持用先进的理论引导青年,用光辉的事业凝聚青年,用良好的作风吸引青年,不断增强各级团组织的吸引力、凝聚力和战斗力。加强团的建设的任务是多方面的,这里我着重强调以下三点:

一是要坚持党建带团建。江泽民同志在纪念建团80周年大会上的讲话中提出,要坚持党建带团建,把团的建设纳入党的建设总体规划中。这对于我们正确把握党的建设和团的建设的关系,有着重要的指导意义。共青团是党的助手和后备军,共青团工作是党的群众工作的重要方面。坚持党建带团建,是加强和改进团的建设的本质要求。共青团要始终不渝地坚持党的领导,按照党的要求加强团的建设,围绕党的中心工作发挥作用。要始终做到党有号召,团有行动,把党的要求贯彻落实到团的工作和建设中,团结带领青年为完成党的各项任务而不懈奋斗。要做好推荐优秀团员作为党的发展对象的工作,源源不断地把那些符合党员条件的优秀团员输送到党的队伍中去,为党的肌体增添新的力量。

二是要切实做好基层团建工作。团的基层组织是团的全部工作和战斗力的基础。要根据各条战线的实际情况,分类指导,整体推进,努力实现团的基层组织建设的新发展。要适应新时期青年群体构成的新变化,扩大团组织的覆盖面和影响力,同时大胆探索新形势下团的组织设置和运行的新方式,积极推动团建创新。要采取措施,加强非公有制企业团的建设,高度重视社区团的建设,加大在社会团体和社会中介组织中建立团组织的工作力度,加大城市外来务工青年中的团建工作力度,并全面做好机关、学校、科研院所、文化团体等单位的团建工作,为做好新形势下的青年工作打下坚实的组织基础。

三是要建设一支党放心、青年满意的团干部队伍。做好新形势下团的工作，关键在团干部。建设一支党放心、青年满意的团干部队伍，团的事业才能更加蓬勃地向前发展。各级团干部都要按照党的要求，增强光荣感、使命感和责任感。严格要求自己，不断提高自己，更好地担负起党交给的光荣任务。要认真学习马克思列宁主义、毛泽东思想、邓小平理论和“三个代表”重要思想，进一步增强政治敏锐性和鉴别力，自觉同党中央保持高度一致。同时要坚持不懈地学习各方面知识，不断开阔视野，完善知识结构。要时刻牢记党的全心全意为人民服务的宗旨，竭诚为青年服务，做青年的贴心人。要弘扬脚踏实地、真抓实干的作风，使实劲，办实事，抓落实，切忌作风飘浮，做表面文章，搞短期行为。要正确对待名利、权力和地位，谦虚谨慎、不骄不躁，淡泊名利、拒腐防变。面对新时期艰巨繁重的任务，广大团干部要始终保持朝气蓬勃、昂扬向上、艰苦奋斗、开拓进取的精神面貌，努力为祖国和人民建功立业，以不辜负党的重托和青年的期望。

明年将召开共青团第十五次全国代表大会，这是全国亿万团员青年政治生活中的一件大事。各级团组织要以党的十六大精神为指导，按照党中央的要求，以高度的政治责任感，精心做好团十五大的筹备工作。要通过开好这次大会，规划好今后五年全团的工作，为在新世纪新阶段实现共青团事业的新发展提供坚实的思想和组织保证。

同志们，明年是全面贯彻落实党的十六大精神，开创中国特色社会主义事业新局面的重要一年。各级团组织和广大团干部、团员青年要紧密团结在以胡锦涛同志为总书记的党中央周围，高举邓小平理论伟大旗帜，全面贯彻“三个代表”重要思想，在党的十六大精神指引下，与时俱进，开拓创新，求真务实，艰苦奋斗，在全面建设小康社会、加快推进社会主义现代化的新征程中创造新的业绩。

在“科技创业、报效祖国——2002 海外学人回国创业周”座谈会上的讲话

2002 年 12 月 27 日

王兆国

今天，与有志于回国创业的海外留学青年见面，我感到十分高兴。刚才，几位代表的发言很好，听了令人感动。大家在国外深造，不仅在学业和事业上取得了显著的成绩，而且始终心向祖国、情系祖国，积极为祖国的改革开放和现代化建设事业做贡献，这种精神值得倡导和学习。在这里，我向大家表示热烈的欢迎，并致以亲切的问候！

改革开放以来，在中国共产党领导下，我们伟大祖国找到了一条建设中国特色社会主义的成功之路，在各方面都取得了举世瞩目的成就。特别是党的十三届四中全会以来，我国各项改革稳步推进，经济持续快速增长，人民生活总体上实现了由温饱到小康的历史性跨越。这 13 年是我国综合国力大幅跃升、人民得到实惠最多的时期，是我国社会保持安定团结、政通人和的时期，也是我国国际影响显著扩大、民族凝聚力极大增强的时期。这些辉煌

成就的取得，是党中央审时度势、英明决策的结果，是全党全国人民贯彻“三个代表”重要思想，解放思想、实事求是、与时俱进、开拓进取的结果，其中也包含着海外中华儿女对祖国的赤诚奉献。

一百多年来，一代又一代中华民族的热血青年怀着“报效祖国、振兴中华”的信念，发扬“敢为人先、勇攀高峰”的精神，奔赴海外学习西方的科学技术和文明成果，为推动中国社会的变革与发展做出了卓越的贡献。新中国建立开始，钱学森、邓稼先等第一批回国留学人员，积极投身祖国科技事业的发展，在研制“两弹一星”的工作中建立了不朽的历史功勋。他们的事迹，激励和鼓舞一代又一代中华儿女为祖国的发展和人民的幸福艰苦创业，也激励和鼓舞一代又一代海外留学青年归国服务。改革开放以来，我国共有 46 万留学人员在海外深造。到目前为止，已有 14 万余人归国创业，而且归国人数还在快速增长。我国现已建有 60 多个留学生创业园区，留学生回国创办的企业近4000 家，年产值超过 100 亿元人民币。海外学人在祖国建设的各条战线上做出了突出的成绩，在推进祖国经济发展中发挥着越来越重要的作用。对此，祖国和人民不会忘记，并将铭刻在中华民族振兴的史册。

今年是我国历史发展进程中具有重要意义的一年。不久前，中国共产党召开了第十六次全国代表大会，高举邓小平理论伟大旗帜，全面贯彻“三个代表”重要思想，确立了全面建设小康社会的宏伟目标，对我国经济、政治、文化建设和改革作出了全面部署，对于凝聚全党和全国各族人民的力量，加快推进社会主义现代化，具有十分重要的意义。今年，我国国内生产总值保持了 8% 的增长速度，将突破 10 万亿元大关。在加入 WTO 条件下，我国吸收外资的规模稳步上升，全球 500 强企业已有 400 多家来华设立分支机构或开展经贸合作，实际使用外资金额将超过 500 亿美元，成为 2002 年世界吸收外商直接投资最多的国家。大家在回国的这段时间，到处都会看到祖国的发展和进步，到处都能体会到中国特色社会主义事业的勃勃生机与活力。

未来 20 年是我国一个重要战略机遇期，也是在日趋激烈的国际竞争中实现民族振兴的关键时期。时代呼唤人才、竞争需要人才，祖国从来没有像今天这样重视人才、渴求人才和珍惜人才。吸引人才、培养人才、使用人才，是党和政府面对新世纪的诸多机遇和挑战得出的一条重要结论；尊重劳动、尊重知识、尊重人才、尊重创造，是党和国家的一项长期重大方针。广大海外留学青年作为改革开放政策的受益者，现代科学技术的掌握者，中国现代化事业的建设者，具有心系祖国、不忘桑梓的优良传统，具有回国创业、报效祖国的强烈愿望，具有眼界开阔、适应国际化竞争能力强的专业优势，是中华民族人才宝库中十分重要的组成部分，祖国和人民对广大海外留学青年寄予厚望。同时，全面建设小康社会，实现中华民族的伟大复兴，也为广大海外留学青年脱颖而出、发挥作用、施展才华，提供了广阔的空间和舞台。你们在这样一个时代回国创业，一定能够大显身手、大有作为。我们也热诚地欢迎更多的海外留学人员回国工作或以其他方式为国服务，为祖国的现代化建设事业不断贡献自己的力量。

近年来，共青团、青联组织通过实施中国青年科技创新行动——金桥计划，以多种方式为海外留学人员参与祖国建设牵线搭桥，特别是大力推动海外青年人才与国内高科技园区及企业实现对接，为海外留学人员回国工作或创业提供多方面服务。这是一项很有意义的工作，不仅产生了很好的经济效益，而且产生了很好的社会效益。希望各级共青团和青联组织要继续发挥好桥梁纽带作用，紧紧围绕党政工作大局，与有关部门密切联系、互相配合，更广泛地组织和动员海外青年投身经济建设和科技创新实践，为他们施展才华、报效祖国创造更多的条件。

发展的希望在创新，创新的希望在青年。青年人才的成长发展离不开各级党政部门和社会各界的关心支持。各级党委和政府要高度重视这项工作，努力创造有利于青年成长成才、创新创业的外部环境，把海内外青年人才的热情引导好，把他们的作用发挥好，在实践中培养和造就一支富有创新能力的高素质人才队伍，推动他们在祖国现代化建设中发挥更大作用。要在继续做好海外学人为国服务的基础上，进一步调整引进人才的政策，以事业留人、以感情留人、以待遇留人，提供相对优厚的生活、工作条件，在平等竞争的前提下提供更多的发展机会，努力把人才资源转化为推动经济发展和科技进步的现实力量。

同志们，青年朋友们，中华民族的伟大复兴，注定要与我们这几代人紧紧地联系在一起，也注定要与广大海外留学人员紧紧地联系在一起。希望你们与全国人民一道，牢记祖国的期望，肩负历史的重托，展示宝贵的才华，施展远大的抱负。可以相信，中华民族振兴之日，也就是你们事业有成、功绩卓著之时。让我们携起手来，奋发努力，共同把伟大祖国的明天建设得更加美好！

元旦、春节将至，借此机会给大家拜个早年，祝大家在新的一年里身体健康，阖家欢乐，取得更大的进步！

第二部分

团中央书记处领导讲话

周强同志讲话

不负重托，不辱使命

——周强在共青团十四届一中全会上的讲话

1998年6月25日

在世纪之交这样一个重要时刻，我们召开了共青团第十四次全国代表大会。这次代表大会开得隆重热烈，意义重大。以江泽民同志为核心的党中央对大会高度重视，全国亿万青年和社会各界对大会十分关注，给全体与会代表以巨大的鼓舞。同志们精神振奋，情绪高昂，整个大会进行得非常顺利。刚才，大会已经圆满完成各项预定任务，胜利闭幕。现在，摆在全团面前的任务，摆在我们新一届中央委员会面前的任务，就是如何把大会精神贯彻好、落实好，如何把大会提出的各项任务落到实处，最重要的是，如何把江泽民总书记与团中央新一届领导成员和团十四大部分代表座谈时的重要讲话和胡锦涛同志代表党中央所致的祝词贯彻落实到我们的各项工作中去。作为新一届团的中央委员会，可以说我们使命在身，重任在肩。怎样才能不负重托，不辱使命，充分发挥团中央委员会的作用，努力把共青团事业不断推向前进，这是我们新一届中央委员会应该认真思考和回答的问题。

下面，我想就这个问题讲三点意见。

第一，要认真学习贯彻江泽民总书记重要讲话和胡锦涛同志代表党中央所致的祝词。江泽民同志在与团中央新一届领导成员和团十四大部分代表座谈时的重要讲话和胡锦涛同志代表党中央所致的祝词，充分体现了党中央对青年一代和共青团的亲切关怀和殷切期望，为我国新时期青年和青年运动进一步指明了方向。希望大家回去后，立即向党委传达江总书记重要讲话和党中央祝词精神，同时组织广大团员青年认真学习。团中央将在8月份，就各地学习贯彻两个重要讲话的情况进行检查，同时结合工作开展调研。在检查之后，我们将就全团学习江总书记讲话、学习锦涛同志代表党中央所致的祝词情况向党中央作正式报告。

通过学习，当代青年要进一步明确自己肩负的伟大历史责任。江总书记在讲话当中，党中央在祝词当中，都提到了当代青年所肩负的历史责任。江总书记指出，在党的领导下，为实现祖国现代化的美好蓝图，实现中华民族的复兴而奋斗，是当代中国青年必须担当起的伟大的历史责任。

通过学习，要深刻领会党对当代青年的要求。江泽民总书记在纪念北大百年诞辰的大会上对全国青年提出要做到“四个统一”。在昨天的座谈会上，总书记再一次强调全国青年要努力做到“四个统一”。就是要坚持学习科学文化与加强思想修养的统一，坚持学习书本知识与投身社会实践的统一，坚持实现自身价值与服务祖国人民的统一，坚持树立远大理想与进行艰苦奋斗的统一。党中央祝词要求当代青年，必须高举伟大旗帜，坚定科学信念；必须努力学习实践，掌握过硬本领；必须培养优良品德，弘扬文明新风；必须矢志艰苦创业，勇于开拓创新。当代青年，只有按照这些要求去做，才能真正成为对党、国家和人民不断有所建树有所作为的人，才能在建设有中国特色社会主义伟大实践中建功立业。我们在学习当中，尤其是在组织青年学习当中，要帮助青年深刻领会党对青年一代的这些要求。

通过学习，各级团组织要深刻理解党中央对共青团工作的要求，在工作中自觉地贯彻这些要求。要始终坚持先进性与群众性的有机结合，始终坚持建功与育人的有机结合，始终坚持继承与创新的有机结合，更好地发挥共青团作为党的助手和后备军的作用，党联系青年的桥梁纽带作用，更好地担负起团结教育青年的重要职责。

团的干部特别是团的领导干部要带头学好江泽民同志重要讲话和党中央祝词，深刻领会、充分认识其对青年一代成长和青年工作发展的重要意义。要紧密联系青年和青年工作实际，把中央的精神认真贯彻落实到共青团的实际工作中去，要引导广大团员青年在改革开放和现代化建设中不断健康成长，不断做出光荣业绩。

第二，要有一个良好的精神状态。良好的精神状态，是我们把团的工作不断推向前进的一个重要力量源泉。全团的精神状态怎么样，主要看广大团干部的精神状态怎么样。团干部的精神状态怎么样，关键要看团中央委员会全体成员的精神状态怎么样。面对世纪之交新的形势、新的任务和新的使命，我们新一届团中央委员会成员应当具有良好的精神状态，而且应当把这种精神状态鲜明地体现在责任意识、机遇意识和开拓意识上。

要有强烈的责任意识，增强使命感。我们这一届团中央委员会任期的五年，是跨越世纪的五年。在推进建设有中国特色社会主义伟大事业的跨世纪征程中，更好地把共青团作为党的助手和后备军、作为党联系青年的桥梁纽带作用发挥出来，更好地把广大团员青年为实现党的跨世纪宏伟目标建功成才的积极性、创造性发挥出来，这是历史赋予我们的光荣职责。党中央信任我们，广大青年信任我们，全团信任我们，把这样的重担放到我们的肩上，我们团中央委员会的每个成员都要进一步增强事业心和责任感，不但要做好本职工作，而且要为委员会工作献计出力，要承担起作为一名委员应尽的责任。我们讲责任意识，就是要真正做到对党负责，对青年负责，对全团负责。我们讲增强使命感，就是要同心同德，扎实工作，开拓进取，带领广大青年以崭新的风貌阔步迈向21世纪。

要有强烈的机遇意识，带领全团乘势而上。团十三大以来，在团十三届中央委员会的领导下，经过全团上下的共同努力，共青团工作有了一个很好的发展态势，为今后的发展奠定了一个很好的基础。这次代表大会的召开，党中央对青年一代和共青团工作的高度重视和亲切关怀，又为我们开创新的工作局面提供了十分有利的条件和难得的机遇。团十四大报告对共青团面临的形势作了分析，明确指出：改革开放和现代化建设事业的深入发展，对共青团提出了更高的要求，为团的工作开辟了更为广阔的空间。我们怎么理解这个广阔的空间，原来准备在报告中作进一步的分析。比如说目前大家最关心的机构改革、国有企业改革给共青团工作带来怎样的机遇与挑战。后来考虑到报告难以写得那么具体，而且受到篇幅的限制，所以只作了一些原则上的分析，主要从四个方面进行了阐述。第一个方面，建立比较完善的社会主义市场经济体制，保持国民经济持续快速健康发展，需要共青团加大开发青年人力资源的工作力度，为培养和造就跨世纪建设大军做出新的贡献。第二个方面，依法治国，发展社会主义民主政治，需要共青团在管理国家和社会事务中发挥民主参与和民主监督作用。第三个方面，建设有中国特色社会主义文化，需要共青团进一步加强青少年思想道德建设，充分发挥青少年在群众性精神文明创建活动中的积极作用。第四个方面，青年面向新世纪成长成才，需要共青团提供更为有效的服务。随着社会主义市场经济的发展，青年的需求会越来越多，相应地对共青团工作提出的要求也会越来越多。正因为这样，我们今后必须在服务青年方面有更大的作为。我们应当看到，共青团工作在世纪之交面临着难得的发展机遇，当然也要看到我们在前进道路上同样会遇到各种各样的挑战。可以说，我们的面前机遇和挑战并存，但总的形势对共青团工作的发展，对青年工作的发展十分有利。特别是以江泽民同志为核心的党中央对青年和青年工作关怀备至，团十四大召开的整个过程充分体现了党中央的关怀，给广大团干部和团员青年以巨大鼓舞，为共青团工作创造了很好的环境和氛围。所以，我们大家一定要珍惜机遇，抓住机遇，带领全团乘势而上。

要有强烈的开拓意识，推动共青团事业不断前进。共青团事业是一项不断发展的事业，也是一项常新的事业。团的各项工作都应当随着形势的发展而不断创造，不断开拓，不断前进。现在，团的工作和建设中的新情况、新问题很多。不认真调查研究，不努力开拓创新，团的事业就难以向前发展，甚至可以说没有出路。作为新一届团中央委员会，要在上一届打下的很好的工作基础之上，通过深入调查研究不断深化、拓展、创新，使团的工作更好地适应形势发展的需要。在这次大会上，我们深深地感受到，代表们很关注新一届团中央委员会将以什么样的新姿态出现，将有什么样的新思路，将有什么样的新作为。关于这个问题，我在代表团十三届中央委员会所作的报告中已经作了明确的阐述，就是要继续深化两项工程和一个行动，同时开拓新的工作领域。这里再强调一下，就是要集中精力做好正在做的事情，要深化重点工作，要开拓新的工作领域，即"三个要"。不另起炉灶，不搞形式主义，不搞短期行为，就是"三个不"。也就是说要扎实工作，埋头苦干，在继承中创新，在探索中前进。这是全团的愿望，也是我们基于对社会主义市场经济条件下青年工作特点和发展趋势的认识所做出的决断。

第三，要把团中央委员会建设好。团中央委员会代表全团的形象，体现全团的水平。只有把团中央委员会建设好，才能充分发挥领导全团工作的作用。

加强委员会建设，首先要求我们加倍努力学习，不断提高思想政治水平和工作能力。这是总书记在座谈会上对新一届团的中央委员会和书记处及全体团干部提出的明确要求。共青团是政治性很强的组织，团的性质和任务决定了我们必须始终坚持正确的政治方向，始终坚持在思想上、政治上同党中央保持高度一致，始终坚持围绕全党全国工作大局开展工作。要做到这一点，必须按照江总书记的要求，讲学习，讲政治，讲正气。团的中央委员会是全团的领导机关，担负着重要的责任。团中央委员会委员，也就是我们在座的各位同志，一定要有明确的政治方向、政治立场、政治观点、政治纪律，要不断增强政治鉴别力、政治敏锐性。要按照党的基本路线的要求和党的十五大精神，来考虑工作布局，来安排具体工作。要坚持党的领导，坚持共青团的性质和基本任务。这是我们在任何时候都不能动摇的。这也是我们共青团积几十年之经验而得出的不可动摇的结论。现在，关键在于我们在座的每一位委员都要加强学习，特别是要带头学好邓小平理论。要按照中央要求，努力掌握邓小平理论的科学体系和精神实质、理论精髓和理论主题、时代精神和革命风格，努力学习邓小平关于青年和青年工作的论述，把学习邓小平理论同学习党的十五大精神结合起来，同解决团的工作中的实际问题结合起来，同改造我们的主观世界结合起来，努力避免认识和行动上的盲目性、片面性和绝对化,牢固树立正确的世界观、人生观、价值观,学会运用这一理论指导团的各项工作。同时,我们还要加强对现代科学文化知识的学习,加强对团的业务的学习。关于学习的问题,党中央的要求很多,江总书记近十年来讲的很多。昨天参加座谈会时聆听了总书记的讲话,尤其是总书记讲到他每天看书学习到深夜,读了大量的书,使我们参加座谈的每一位同志深受教育。总书记这种孜孜不倦的学习精神,给全党,给全国青年树立了很好的榜样。作为团的中央委员会的成员,要带头发奋学习。如果我们在学习上不走在青年的前面,就难以担当起团结带领青年的重任,就难以完成党交给我们的任务,也难以在今后的发展中有大的作为。团中央委员会也要努力为各位委员的学习创造条件,尽可能为大家提供更多的服务。

加强委员会建设,要求我们坚持和贯彻好民主集中制原则。民主集中制是党的根本组织原则,也是共青团的根本组织原则。坚持民主集中制不仅是共青团作为党的助手和后备军的要求,也是共青团事业永葆活力、不断前进的需要。对团中央委员会来说,能不能很好地坚持和贯彻这一原则,关系到全团工作决策能不能在充分发挥民主的基础上集中全团智慧,做到决策的民主化、科学化,可以说意义十分重大。坚持这一原则,首先要发扬民主,充分调动全体委员的积极性,让每个委员的意见、主张都得以充分表达,让每个委员的创造性都得以充分发挥。另一方面还要强调集中,切实把各方面的正确意见集中起来,使之成为全团的共识,形成全团的统一意志,进而变为各级团组织和广大团员青年的实际行动。这样,我们这个委员会就会成为一个有凝聚力和战斗力的领导集体。我们这样一个有着6850万团员的组织,如果不充分发扬民主,就不可能集中全团的智慧,如果不强调集中,也就不可能形成统一的意志,不可能做到步调一致。可以说,坚持民主集中制,既是我们的制度保障,也是共青团学习、实践社会主义民主的重要途径和重要形式。为保证民主集中制原则的贯彻落实,我们要不断加强委员会工作的制度化建设。各位委员也要注重党性修养,提高政策水平,模范地执行团中央委员会集体做出的重大决定。团中央书记处将努力在这方面带好头,做好表率。

加强委员会建设,还要求我们形成良好的工作作风。在加强作风建设方面,我想提几点要求,与同志们共勉。一是必须牢记党的宗旨,竭诚为青年服务。全心全意为人民服务,坚持走群众路线,是我们党对干部的一贯要求。我们是做青年群众工作的,更要眼睛向下看,脚往基层走,深入到广大青年中去,倾听青年的呼声,了解青年的所思所想,帮助青年切实解决实际困难,真正做青年的贴心人。二是必须求真务实,团结拼搏。共青团岗位流动性很强,我们每一个人在共青团岗位上的工作时间都是有限的。但共青团事业是长久的,青年工作是长期的。我们要发扬办事业的精神,把全部精力投入到工作中去,团结协作,扎实苦干,静下心来多干一些群众和青年都能受益的实事好事,防止急功近利,防止浮躁情绪,更不能搞假大空。三是必须严以律己,清正廉洁。在座的委员们,手头多多少少都与一定的权力沾边,确实存在着如何运用权力、如何防止腐败的问题。我们不能因为共青团是“清水衙门”就放松警惕,放松对自己的要求,更不能去追求奢华,贪图享受。勤奋做事,清白做人,每个团干部尤其是团的领导干部,都应当这样要求自己。这对于党的事业,对于团的事业,对于自身的成长进步,都是十分有益的。

同志们,团十三届中央委员会在李克强同志主持下,坚决贯彻党中央的要求,开拓进取,取得了可喜的成绩,积累了宝贵的经验,为共青团工作的跨世纪发展打下了坚实的基础。让我们对上一届团中央委员会全体委员的辛勤工作表示衷心的感谢，向刚刚卸去团中央书记处领导职务、为本次大会成功召开做出重要贡献的李克强和姜大明同志表示由衷的感谢。作为新一届中央委员会成员，肩负着承前启后的重要责任，我们有责任接好共青团工作这个接力棒，推动共青团事业不断实现新的发展。

同志们，我们能够当选为团中央委员会成员，是全体代表和广大团员青年给我们的荣誉，也是大家对我们的信任。江总书记在讲话中对新一届团中央委员会寄予了厚望。党中央在关心着我们，广大青年在关注着我们，全团在关注着我们，在看我们能不能在任期内真正有所作为。我们一定要兢兢业业，勤奋工作，在任职期满的时候向党、向广大团员青年毫无愧色地交出一份合格的答卷。展望新的世纪，我们中华民族的振兴大有希望，我们共青团的事业前途光明。尽管在前进的道路上还会有这样那样的困难，但只要大家同心同德，扎实工作，开拓进取，我们就一定能够圆满地完成这次大会提出的各项任务，把共青团工作推向前进。让我们紧密团结在以江泽民同志为核心的党中央周围，高举邓小平理论伟大旗帜，依靠全团上下的共同努力，团结带领广大青年在建设有中国特色社会主义的伟大实践中建功立业、成长成才，用实际行动表明，新一届团中央委员会不会辜负党中央的期望，不会辜负广大团员青年的信任。

谢谢大家！

继承光荣传统，创造新的业绩

——周强在纪念中央团校建校50周年座谈会上的讲话

1998年9月14日

今天是中央团校建校50周年，这是一个很值得纪念的日子。中共中央政治局常委、国家副主席胡锦涛专门发来贺信，肯定了中央团校建校50年来所取得的成就，同时也对中央团校今后的发展提出了希望和要求。锦涛同志指出，中央团校今后要为培养造就一支政治坚定、品德高尚、业务精通、作风过硬的共青团干部队伍而不懈努力。这一指示对于今后团校的改革和发展具有重要的指导意义。我们要按照这个要求，努力做好团校的各项工作。

在今天的纪念座谈会上，中央团校的老领导、老同志提出了许多很好的意见和建议，充分体现了他们对中央团校的关心。刚才德福同志的讲话，使我们看到，随着国家人事制度改革的深化，中央团校作为培养年轻干部尤其是团干部的阵地，今后的任务会更加繁重，前景会更加美好。鉴于当前全国上下正在支持恢复生产、重建家园的工作，所以今天的座谈会规模比较小，搞得比较俭朴。我们今后还要为老同志、老校友提供更多的交流机会，听取和吸收老同志、老校友对团校发展的建议。借这个机会，我代表团中央书记处向为中央团校发展付出辛勤汗水、做出重要贡献的历届领导、老同志表示衷心感谢。向长期以来关心、支持中央团校发展的各级党政部门和社会各界表示感谢。同时向中央团校全体师生员工和校友们致以诚挚的问候。

中央团校建校50年来，在团中央历届书记处的领导下，始终坚持正确的政治方向，贯彻党的教育方针，形成了光荣的革命传统，积累了宝贵的办学经验，取得了令人瞩目的成就。中央团校50年来所取得的成就概括起来体现在以下几个方面。第一，50年来特别是改革开放以来，中央团校逐步走上规范化、正规化轨道，规模不断扩大，向多层次、多渠道发展，为社会主义革命和现代化建设事业培养了大批合格人才。我们团中央的同志到全国各地出差，经常能遇到中央团校培养出来的学生，这些同志适应能力强，综合素质高，尤其是政治上比较坚定，在各地都成了工作骨干。第二，1985年以来，在中央团校的基础上，成立了中国青年政治学院，这标志着共青团教育事业步入了新的发展阶段，朝着正规化方向迈出了重要步伐，为团干部培训工作创造了更好的条件。为适应学院发展的需要，为适应人才培养的需要，去年团中央决定在北京通州区新设中青院分院。这对于今后加大团干部培养力度，提供了一个很好的基地。尤其可喜的是，学院通过了教育部组织的本科教学工作合格评价。这既为今后的发展打下了良好的基础，又明确了今后的努力方向。第三，中央团校建立了一支热爱、熟悉共青团事业，具有较高水平的师资队伍。第四，中央团校形成了良好的学风和艰苦奋斗的光荣传统。正是这些，为中央团校的跨世纪发展奠定了坚实的基础。

借这个机会，我想就中央团校和各地团校的发展讲两点意见。

一、新形势下团校面临的机遇与挑战

在新形势下特别是处在世纪之交我国改革开放和现代化建设已进入关键时期，团校的发展面临着新的挑战，也获得了难得的发展机遇。

第一，科教兴国战略的实施，知识经济时代的到来，要求培养和造就大批高素质人才。在这样一个时代，对我们人才的培养提出了新的更高要求。团校作为党和国家教育事业的重要组成部分，要在培养人才、实施科教兴国战略中发挥更大的作用。这就为团校的发展开辟了广阔空间。

第二，共青团事业的发展需要培养大批高素质的团干部队伍。团校事业是共青团事业的重要组成部分，培养高素质的团干部，是团校的一项重要任务。中央团校以及全国各地团校，都要自觉地服务于团干部队伍建设，为培养一支高素质的团干部队伍做出积极贡献。不仅团干部的专职队伍，而且兼职队伍，也有一个培养提高的问题。从青少年工作来讲，还有青少年工作者这支队伍也需要培养。因此，在新的形势下，建设一支高素质的团干部队伍对团校的要求越来越高。

第三，教育改革的深化，市场经济的发展，给团校的发展提出了很多新的课题。团校如何适应教育体制改革的需要，如何适应市场经济的需要，如何适应培养高素质团干部的需要，这些都是我们在新形势下必须认真研究和解决的课题。这对团校工作来讲，既是挑战，也是机遇。

简言之，当前团校工作面临着很多新的情况，新的挑战，也遇到了难得的历史发展机遇。我们要不失时机地迎接挑战，以新的姿态、新的面貌迎接新世纪的到来。

二、中央团校及各地团属院校要适应新形势，实现新的发展

第一，团属院校必须坚持坚定正确的政治方向。这是我们团校的光荣传统，今后我们仍然要坚持这个传统。要坚持以马列主义、毛泽东思想、邓小平理论为指导。希望中央团校及各地团属院校在用邓小平理论武装全团方面做更多的工作，发挥更大的作用。

第二，要继承和发扬艰苦创业的优良传统。中央团校在创办初期条件十分艰苦，但师生员工克服各种困难，在极其艰苦的条件下积极开展教学活动。50年来之所以有今天这样的发展，很重要的就是依靠全体师生员工发扬艰苦创业精神。现在我们的条件已大为改善，事业在不断发展,但仍然要继承和发扬艰苦奋斗的优良传统。可以说,这是中央团校实现跨世纪发展的重要条件,也是共青团事业不断向前发展的重要保证。

第三，要深化改革，不断创新。面对日益激烈的国际竞争和知识经济的挑战，要进一步解放思想，深化改革。要以改革促发展，处理好改革与继承、改革与创新的关系，处理好教学改革与其他方面改革的关系。虽然我们在教学改革方面取得了不少的成绩，在教学质量方面有了较大提高，但面对未来，我们还需要不断深化改革，进一步提高办学质量。要以教学改革为核心，深化教学管理制度及其他方面的改革，通过全面改革，进一步提高办学质量和办学能力，努力形成和发展自己的优势。

第四,要坚持育人为本,加强规范化和师资队伍建设,拓宽办学渠道,提高教学质量和办学水平,办出效益,办出特色。下一步团校的发展要坚持更好地为团干部提高素质服务,要通过加强规范化建设来推动学校的建设发展。要把师资队伍建设放在更加重要的位置,进一步充实优秀教师,同时也要为教师学习、生活和工作创造必要的条件。要注重培养学科带头人,尤其是年轻的学科带头人,要建设一支素质优良、结构合理、充满活力的教师队伍。要拓宽办学渠道,从系统内封闭办学走向合作、共建等开放式办学,在依靠自身力量的同时,广泛运用社会资源,走内涵发展、合作办学的道路。

第五,要提高团干部的思想理论水平,优化团干部的知识结构。团校培养的学生政治上坚定,有远大理想,这是我们的一贯优势,今后要继续保持和发扬这一优势。同时要着力优化团干部的知识结构。现在形势发展很快,对团干部的知识和能力要求更高,必须优化团干部的知识结构。还要注重培养团干部求真务实的作风、奉献社会的情操和服务青年的意识,培养复合型的应用人才。我们培养的学生应当是具备较高的政治素质,有坚定的理想信念,既有扎实的专业基础,又有良好的思想道德和科学文化素质,有较强的创新精神和实践能力的人才。

团中央历届书记处都十分重视中央团校的建设和发展。新一届团中央书记处要继承和发扬这一传统，加强对中央团校的领导，大力支持中央团校的改革和发展，切实为中央团校的发展和师生的学习、生活、工作创造必要的条件，要为全校师生员工多办些实事。我个人根据工作需要和惯例，兼任中央团校校长，更要为团校的发展做好服务，依靠全校师生员工的努力，共同推动中央团校的改革和发展。我们相信，在以江泽民同志为核心的党中央领导下，只要我们坚持以邓小平理论和党的十五大精神为指导，全面贯彻党的教育方针，解放思想，开拓进取，全校师生员工团结奋斗，我们就一定能够开创团校事业更加辉煌的未来。

积极引导和推动青年学生深入学习邓小平理论
努力培养跨世纪社会主义事业的建设者和接班人

——周强在高校学生深入学习邓小平理论座谈会上的讲话

1998年11月12日，根据录音整理

在纪念党的十一届三中全会20周年的时候，在全党兴起学习邓小平理论新高潮的形势下，我们在上海召开高校学生深入学习邓小平理论座谈会，就是要深入贯彻落实《中共中央关于在全党深入学习邓小平理论的通知》精神，在广大团员和青年中进一步开展学习邓小平理论活动，总结共青团组织青年学生开展邓小平理论学习活动的新鲜经验，加强对青年学生学习邓小平理论的各种组织的指导，推动高校学生学习邓小平理论活动深入发展。

党的十五大把邓小平理论确立为党的指导思想，号召全党、全国各族人民高举邓小平理论伟大旗帜，把建设有中国特色社会主义事业全面推向21世纪。党的十五大以来，各级共青团组织按照党中央的要求，坚持用邓小平理论武装青年，在组织引导青年特别是青年学生深入学习邓小平理论上下功夫，对推动青年学习邓小平理论活动的深入发展起到了积极作用。在用邓小平理论武装青年一代的工作中，大学生始终是共青团的一个工作重点。今年3月，团中央在武汉召开了部分高校团委书记座谈会，并邀请了部分高校党委分管书记参加，对共青团组织青年学生开展邓小平理论学习活动这项工作进行了专题研讨和部署。随后，下发了《关于组织高校学生深入开展邓小平理论学习活动的通知》，要求各地各校团组织抓住近几年高校学生中出现的学习邓小平理论热情较高的契机，在学校党委的领导下，发挥优势，采取措施，把组织高校学生深入开展学习邓小平理论活动，作为学校共青团一项长期而重要的工作任务抓紧抓好。今年以来，各地各校共青团组织的邓小平理论学习活动蓬勃开展，在配合学校"两课"教学、配合教育部门实施的"三进"工作、推动理论学习活动的深入发展上发挥了积极的作用。今年中央召开学习邓小平理论工作会议后，团中央对全团学习邓小平理论，尤其是在青年学生中掀起学习邓小平理论的新高潮作出了全面的部署。今年暑期，结合大中学生志愿者"三下乡"活动的开展，结合长江、松花江和嫩江流域展开的波澜壮阔的抗洪抢险斗争，各级团组织尤其是学校团组织积极引导青年学生投身实践，引导学生在实践中去体验社会主义初级阶段的基本国情，体验改革开放的伟大成果，体验邓小平理论的精髓，掌握邓小平理论的精神实质，取得了积极的成果。我们要认真总结组织青年开展邓小平理论学习活动特别是引导青年学生在参与社会实践中学习邓小平理论的经验，积极探索行之有效的形式和载体，推动青年学生学习邓小平理论活动深入发展。

下面，就共青团组织今后在高校青年学生中深入开展邓小平理论学习活动谈几点意见。

一、用邓小平理论构筑青年学生的精神支柱，引导青年学生认清肩负的跨世纪历史责任，帮助他们牢固树立坚持党的基本路线一百年不动摇的坚定信念

邓小平理论是当代中国的马克思主义，是在中国共产党领导下指导中国人民胜利实现社会主义现代化的正确理论。我们要坚持不懈地用邓小平理论构筑当代青年包括青年学生的精神支柱，这是推进有中国特色社会主义事业、实现我国现代化的必然要求。

从上个世纪中叶开始，中华民族面临两大历史任务：一是求得民族独立和人民解放；二是实现现代化，实现国家繁荣富强和人民共同富裕。从那时起，无数的仁人志士为了民族独立和国家富强前赴后继、英勇奋斗。在中国共产党诞生之前，中华民族的一些优秀分子对中国的富强和发展、对中国的现代化进行了探讨，提出了各种各样的方案，但都没能解决中国的实际问题。当时首先面临的是民族独立的问题，还谈不上实现现代化问题。中国共产党成立以后，有了马克思主义作为指导，后来有了同中国实际相结合的毛泽东思想。在毛泽东思想指导下，在中国共产党的领导下，中国人民经过浴血奋战，完成了民族独立及人民解放的历史任务。新中国建立后，中国人民在党的领导下，对我国的现代化建设进行了积极的探索，其中有经验，也有教训，直到党的十一届三中全会召开以后，才真正找到了一条适合中国实际的社会主义现代化道路。20 年的改革开放，中国取得了举世瞩目的成就，社会主义中国显示出前所未有的蓬勃生机与活力。实践证明，邓小平理论是当代中国的马克思主义，是指导中国人民胜利实现社会主义现代化的正确理论。正如江泽民总书记强调指出的，在当代中国，只有把马克思主义同当代中国实践和时代特征结合起来的邓小平理论，而没有别的理论能够解决社会主义的前途和命运问题。

中国人民一百多年来的奋斗历史，就是探索民族独立、人民解放和努力实现现代化的历史。在民族独立的基础上，邓小平理论回答了在中国怎样实现现代化的问题。因此，我们要用这个理论来构筑青年学生的精神支柱。要使青年学生懂得，在当代中国，只有坚持用邓小平理论指导实践，才能使中国实现现代化，走向繁荣富强。要帮助青年学生认清青年一代肩负的历史责任。邓小平理论有一个很重要的内容，就是关于我国社会主义现代化建设的发展战略和目标的问题。党的十五大按照小平同志提出的“三步走”战略，制定了到 21 世纪中叶建国 100 周年的时候实现现代化，建成富强民主文明的社会主义国家的宏伟蓝图。我们要用这一跨世纪的宏伟目标教育青年学生，凝聚青年学生，帮助青年学生清醒地认识到，将这一宏伟蓝图变为现实，实现中华民族的伟大复兴，是历史赋予我们光荣、神圣的责任。

江泽民总书记在共青团第十四次全国代表大会期间同部分团代表座谈时，对当代青年寄予了殷切的期望。江总书记指出，实现中华民族的伟大复兴，这又是一个伟大历史责任。前一个历史责任是推翻反动统治，建立和建设新中国。在这个基础上，实现中华民族的伟大复兴，也就是党的十五大提出的到建国 100 周年之际，使我们国家达到中等发达国家水平。现在的青年，到那时候六七十岁左右，少年儿童在那时候是五六十岁，从历史角度来讲，这个责任客观地落在我们青年一代，包括少年儿童身上。应当说，当代青年学生生逢其时，责任重大。

引导青年学生深入学习邓小平理论，要帮助青年学生树立坚持党的基本路线一百年不动摇的坚定信念。党在社会主义初级阶段的基本路线，是我们事业胜利前进的可靠保证。面向新世纪，全面推进社会主义现代化事业，完成中华民族伟大复兴的历史任务，坚持党的基本路线一百年不动摇是关键。帮助青年学生树立坚持党的基本路线一百年不动摇的信念，是关系到改革开放前途和 21 世纪国家面貌的长远大计，是我们事业薪火相传、兴旺发达的根本所在。要从有中国特色社会主义事业发展和青年学生肩负的历史责任的高度，进一步增强他们对于党的基本路线的坚定信念，教育他们任何时候都不能偏离经济建设这个中心，任何时候都要把握好坚持四项基本原则和改革开放这两个基本点，把“一个中心、两个基本点”统一于投身建设有中国特色社会主义事业的伟大实践中。引导青年学生深入学习邓小平理论，要加强对青年学生的爱国主义、集体主义、社会主义和艰苦创业精神教育，帮助他们树立正确的世界观、人生观和价值观，引导他们把个人的奋斗融汇到人民群众实现共同理想的历史创造活动中去。

二、引导青年学生把深入学习邓小平理论同学习贯彻党的十五大精神紧密结合起来，努力提高他们的思想理论水平和认识、解决实际问题的能力

党的十五大对邓小平理论的历史地位、指导意义、科学体系和时代精神作了新的阐述，在创造性地运用邓小平理论解决我国经济、政治、文化发展的一系列重大问题上取得了新的成果。十五大报告丰富了邓小平理论，是我们党带领全国各族人民迈向新世纪的政治宣言和行动纲领。组织高校学生深入学习邓小平理论，要同学习贯彻党的十五大精神紧密结合起来，把青年学生的思想统一到党的十五大精神上来，联系改革开放的生动实践和我国社会主义建设的历史经验，使青年学生在对邓小平理论的科学认识上，在运用邓小平理论解决实际问题的能力上，达到新的水平。

要引导青年学生认真学习邓小平理论关于社会主义初级阶段的论述和党的十五大报告关于初级阶段的阐述。把学习邓小平理论同学习贯彻党的十五大精神结合起来，一个重要的方面就是要帮助青年学生深刻认识我国社会主义初级阶段这个最大的国情。中国现在处于并将长时期处于社会主义初级阶段，这是我们党正确分析国情所作出的科学论断。从这个基本国情出发，着眼于社会主义初级阶段的主要矛盾，党制定了一系列路线、方针、政策。离开了初级阶段的实际，就不能深刻、准确认识党的路线、方针、政策。青年学生大部分时间是在学校度过的，自身成长的特点决定了他们必须把认识社会、了解国情放到重要的位置。面对改革攻坚和开创新局面的艰巨任务，面对我们国家前进中的矛盾和困难，青年学生思想中出现种种困惑和模糊认识，一个重要的原因就在于对国情了解不够深入。因此要帮助青年学生深刻认识社会主义初级阶段的基本国情，围绕“什么是社会主义，怎样建设社会主义”这个基本问题，深刻认识社会主义的本质是发展生产力，在社会主义初级阶段，尤其要把集中力量发展社会生产力放在首要地位，坚持一切从社会主义初级阶段的实际出发，运用邓小平理论这把钥匙来观察分析中国的问题。只有这样，青年学生才能在认识问题当中，多一些理性思考，少一些感情偏激，多一些辩证法，少一些片面性；才能使广大青年学生更客观地看待改革中出现的复杂情况，更深入地理解党的十五大提出的一系列重大举措，更自觉地投身建设有中国特色社会主义的伟大实践。

要引导青年学生认真学习邓小平关于民主与法制的论述和党的十五大报告关于民主和法制的阐述，帮助广大青年学生深刻认识社会主义民主与法制的关系，深刻理解改革、发展、稳定的辩证关系，自觉维护改革、发展、稳定的大局。邓小平同志在十一届三中全会之后，一再强调加强社会主义民主，健全社会主义法制，作了一系列重要论述。党的十五大报告提出了依法治国的基本方略，明确提出建设社会主义法治国家。这是有中国特色社会主义民主与法制建设的目标。民主不是西方固有的东西，更不是西方专有的东西。中国共产党从诞生之日起，就在追求人民民主。在民主的问题上，重要的是划清社会主义民主与资产阶级民主的界线。资产阶级民主的核心是三权分立，它的实质是资产阶级统治。中国的历史传统决定了中国只能实行社会主义民主。

在我们这样一个经济文化比较落后，历史文化传统完全不同于西方的国家中，绝对不能搞西方三权分立那一套。我们的人民代表大会制度，中国共产党领导下的多党合作制度，最符合中国国情。在这个问题上，从世界范围来看，有不少经验教训，有些国家自从实行了西方的民主制度，社会动荡，经济倒退，给人民带来巨大的灾难。世界上许多有识之士都认识到，中国的发展道路，中国的社会主义制度，是人民真正当家做主，是国家顺利实现现代化的可靠保障。青年学生只有深刻领会邓小平同志关于民主和法制的论述，深刻领会十五大报告关于建设社会主义法治国家的论述，才能在错综复杂的国际形势面前，保持清醒的头脑。通过学习邓小平理论，要引导青年学生做改革的促进派，特别是当改革关系到自身利益调整的时候，要坚定不移地支持改革；要为发展做力所能及的贡献，发挥自身知识优势，高举科教兴国的旗帜，积极投身现代化建设的实践，服务祖国，服务人民；要引导青年学生做稳定的积极维护者，自觉维护来之不易的安定团结局面，同一切破坏稳定的活动作斗争。

三、调动青年学生学习邓小平理论的内在积极性，针对青年学生成长的内在需求，引导他们深入学习邓小平理论，激励他们树立远大理想，勤奋学习，奋发成才

当代青年学生是在改革开放中成长起来的，有着发奋成才、报效祖国的强烈愿望，蕴藏着内在的学习邓小平理论的积极性。各级共青团组织都要珍视青年学生中蕴藏的学习邓小平理论的内在积极性，因势利导，使他们认识到只有用邓小平理论指引自己，用这盏明灯照耀自己前进的道路；只有把个人的奋斗与全国人民的共同理想的实现紧密地联系在一起，才能在建设有中国特色社会主义事业中建功立业，有所作为。当代大学生是沐浴着改革开放的春风，吸收邓小平理论的营养长大的，是邓小平理论最大的受益者。我们要针对青年学生成长成才的内在需求，把蕴藏在青年学生中理论学习的内在积极性调动起来，引发出来，使学习和实践邓小平理论成为青年学生的自觉行动。

要引导青年学生走正确的成长道路。江泽民总书记在庆祝北京大学建校100周年大会上对青年学生提出了四点希望，即坚持学习科学文化与加强思想修养的统一、坚持学习书本知识与投身社会实践的统一、坚持实现自身价值与服务祖国人民的统一、坚持树立远大理想与进行艰苦奋斗的统一。这“四个统一”指出了人才成长的重要途径，有着极大的现实针对性。当代青年学生用邓小平理论武装自己，就必须按照江总书记提出来的“四个统一”的要求，走正确的成长道路，把自身成长与党的要求结合起来。共青团组织要积极引导青年学生通过脚踏实地的行动，去努力实践这“四个统一”，积极参与社会实践，到艰苦的地方去，到人民需要的地方去，建功立业，报效祖国。

要激励青年学生树立远大理想。理想是人才成长的内在动力。邓小平同志一直强调对青年学生的理想教育。江总书记在与团十四大代表座谈时，明确提出当代青年要树立的理想，就是把我国建设成为富强、民主、文明的社会主义现代化国家，实现中华民族的全面振兴。青年学生就是要树立这样的远大理想，就是要有这样的雄心壮志，为中华民族的伟大复兴而奋斗。有了这样的理想，就有了战胜困难的勇气和力量，就有了成长成才的强大动力。

要激励青年学生勤奋学习，奋发成才，为科教兴国做贡献。邓小平同志提出的“科学技术是第一生产力”的观点，在当今科学技术日新月异、知识经济初见端倪的时代，越来越显示出它的重要意义。大学生是实施科教兴国战略、开创我国21世纪现代化建设大业的生力军，是推动我国科学技术发展的生力军。广大青年学生要珍惜在校学习的时光，掌握现代科学技术知识，培养创新精神，努力攀登科学高峰；要面向经济建设主战场，锤炼把科学技术转化为现实生产力的能力和本领，积极投身科技创业的实践；要不断提高自身综合素质，努力成为社会主义现代化建设的合格人才。

四、各级共青团组织要坚持不懈地用邓小平理论武装青年学生，注意发挥共青团组织优势，坚持理论联系实际的学风，推动高校学生深入学习邓小平理论

共青团要完成党交给我们团结教育青年的光荣任务，就必须坚持不懈地用邓小平理论来武装青年。在这方面，要把用邓小平理论武装青年学生作为我们的工作重点。大学生是青年中最富活力和文化程度较高的部分，用邓小平理论来武装他们，对于推进有中国特色社会主义事业，对于实现社会主义现代化，有着重要的意义。这项工作能否做好，不仅关系到共青团能不能完成党交给的光荣任务，而且关系到青年学生将以怎样的精神面貌迎接新世纪，关系到党的跨世纪宏伟目标能不能顺利实现，关系到我们伟大祖国在21世纪的面貌。正是基于这样的认识，团中央一直把大学生作为用邓小平理论武装青年的重点，要求各级团组织把在大学生中开展邓小平理论学习活动摆上重要的工作日程。当前，在各级党委和教育行政部门的领导下，邓小平理论在高校的“三进”工作，取得了很大成绩。共青团组织要在党委的领导下，配合高校邓小平理论课教学的主渠道，发挥自身优势，采取有效措施，推动高校学生深入学习邓小平理论。

用邓小平理论武装青年学生，要大力弘扬理论联系实际的马克思主义学风。总的要求，就是江泽民总书记在十五大报告中提出来的“一个中心，三个着眼于”，即要以我国改革开放和现代化的实际问题，以我们正在做的事情为中心，着眼于马克思主义的运用，着眼于对实际问题的理论思考，着眼于新的实践和新的发展。共青团组织要按照江总书记的要求，针对青年学生的思想实际，运用邓小平理论，回答他们在学习中遇到的问题，回答他们在现实生活和实践中遇到的问题，释疑解惑，有的放矢，切忌空洞无物，使青年学生学习邓小平理论的活动扎扎实实地开展起来，取得实效。

共青团组织在引导青年学生深入学习邓小平理论中，要抓好以下三方面：

第一，抓实践，推动青年学生在参与社会实践中加深对邓小平理论的理解。邓小平理论一个重要特点就是它的实践性，它是在我国改革开放实践中形成和发展的，也是指导我国改革开放实践的理论。大力开展大学生社会实践活动，引导青年学生在参与社会实践中加深对邓小平理论的理解，让他们亲身感受邓小平理论在指导我国改革开放和现代化建设中的巨大作用，体会邓小平理论的精神实质，他们对邓小平理论的理解和掌握就会更加深刻、更加深入，他们在学习中遇到的疑惑也会在实践中找到答案。共青团组织要把推动青年学生在实践中学习邓小平理论作为团抓理论学习活动的重要手段，配合邓小平理论课教学，形成对课堂教学的有益补充。要开辟多种渠道，让青年学生参与改革和现代化建设的生动实践，帮助他们学会运用邓小平理论分析和解决问题。同时，要加强对大学生社会实践活动的指导，使青年学生在参与实践中学习邓小平理论更具针对性，更好地发挥实践在理论学习中的作用。

第二，抓社团，充分发挥学生社团在邓小平理论学习中的作用。这些年来，高校学生中学习邓小平理论的社团组织蓬勃发展，各种形式的马列学习小组、党章学习小组、邓小平理论研究会，在推动高校学生深入学习邓小平理论中发挥了积极作用。加强对青年学习邓小平理论的各种组织的指导，是《中共中央关于在全党深入学习邓小平理论的通知》对共青团的要求。高校团组织要大力扶持学生邓小平理论学习社团，为它们开展学习研究活动创造条件，提供阵地，同时要采取措施，促进它们的发展；要加强对学习邓小平理论社团的指导，帮助它们把握理论学习的重点和方向，解决学习中遇到的问题，积极发挥它们在推动学生理论学习中的作用；要加强对学生理论社团骨干的培训，发挥业余党校、业余团校的作用，通过开办社团骨干培训班等形式，提高他们的素质，提高学生理论社团的活动水平，发挥他们在理论学习中的示范和引导作用。

第三，抓活动，形成青年学生生动活泼的学习邓小平理论的局面。组织各种生动活泼的理论学习活动，寓教育于活动中，这是共青团组织的优势所在。我们要继续发挥这一优势，充分发挥课外活动阵地、第二课堂的作用，采取多种形式，组织行之有效的理论学习活动。要通过演讲会、报告会、读书竞赛、理论研讨、团日活动等各种形式，发挥学校广播站、阅报栏、学生活动中心等校园文化阵地的作用，形成浓厚的理论学习氛围，创造生动活泼的理论学习局面。组织高水平的专题报告，是深受青年学生欢迎的理论学习形式。要针对青年学生在理论学习中遇到的实际问题，有的放矢，邀请各级领导干部和专家学者，进学校开展形势报告和专题讲座活动，对青年学生的理论学习进行指导。

用邓小平理论武装青年学生，是一项长期工作，各级共青团组织特别是高校团组织，要在总结经验的基础上，大胆探索，努力工作，创造出更多的经验，在推动高校学生深入学习邓小平理论中发挥更加积极的作用。让我们高举邓小平理论伟大旗帜，紧密团结在以江泽民同志为核心的党中央周围，团结带领广大青年学生，为振兴中华发奋学习，为实现中华民族的伟大复兴而努力奋斗。

认清形势、抓住机遇
团结带领广大团员青年满怀信心迈向新世纪

——周强在共青团十四届二中全会上的讲话

1998年12月25日

这次全会是在全党深入贯彻落实十五大精神，兴起学习邓小平理论新高潮的形势下召开的，也是在全团深入贯彻落实团十四大精神的形势下召开的，是一次十分重要的会议。会议的主要任务是，以邓小平理论和党的基本路线为指导，深入贯彻落实党的十五大、十五届三中全会和中央经济工作会议精神，全面落实团十四大提出的各项任务，部署明年和今后一个时期的工作，审议并通过《共青团工作跨世纪发展纲要》。现在，我代表书记处讲几个问题。

一、抓住历史机遇，推动共青团工作实现跨世纪发展

世纪之交，把建设有中国特色社会主义事业全面推向新世纪为中国青年提供了广阔的时代舞台。党的十五大站在世纪之交的历史高度，总结即将过去的20世纪，展望即将到来的新世纪，确定了中华民族跨世纪发展的宏伟目标。到建国100年的时候，我国基本实现现代化，建成富强民主文明的社会主义现代化国家，这个宏伟目标的实现已经历史地落在了跨世纪一代青年身上。跨世纪一代青年生逢其

时，任重而道远。

建设有中国特色社会主义的伟大实践为共青团事业开辟了更为广阔的发展空间。从教育青年来看，高举邓小平理论伟大旗帜不动摇，需要共青团坚持不懈地用邓小平理论武装全团，教育青年；从发展社会主义市场经济来看，尤其是面对知识经济的迅速发展，共青团可以在开发青年人力资源，培养和造就跨世纪建设大军方面做出新的贡献；从依法治国，发展社会主义民主政治来看，共青团发挥着民主参与和民主监督作用；在建设有中国特色社会主义的文化中，需要共青团进一步加强青少年思想道德建设，充分发挥青少年在群众性精神文明创建活动中的积极作用；青年面向新世纪成长成才，需要共青团提供更为有效的服务。

1999年，是我们党和国家历史上具有特殊意义的一年。我们将迎来建国50周年，澳门要回归祖国。最近，党中央先后召开了十五届三中全会、中央经济工作会议，对明年和今后一个时期改革和建设的一系列重大问题作出了全面部署。这对于全面推进改革开放和社会主义现代化建设具有重要意义，也为共青团如何做好明年的工作指明了方向，提供了机遇。从稳定和加强农业来看，团组织可以带领广大农村青年在稳定党的农村政策，发展农业产业化经营，改善农业生态环境，推进科教兴农，促进扶贫攻坚方面发挥积极作用。从深化国有企业改革来看，团组织可以引导青年正确认识改革、积极支持改革，帮助青年职工立足岗位建功立业，鼓励和支持青年企业经营管理者探索国有小企业改革的多种形式，引导下岗青工通过创业实现再就业。从实施科教兴国战略来看，团组织可以支持和鼓励各行各业青年参与科技创新，通过发挥组织优势和桥梁纽带作用促进科技与经济的密切结合。在政府转变职能和进行机构改革的过程中，团组织可以在社会管理和社会服务方面找到很多新的领域，承担很多新的任务。从推进社会主义精神文明建设和民主法制建设来看，团组织可以发扬青年开风气之先的光荣传统，组织广大青年开展群众性精神文明创建活动。

新的一年，共青团工作还有许多具有特殊意义的难得契机。纪念五四运动80周年、青联成立50周年和少先队建队50周年，还有迎接新世纪的到来。我们必须抓住这些契机，用党领导中国人民建设有中国特色社会主义的伟大成就鼓舞青年，用爱国主义凝聚青年，用五四精神激励青年，用青年典型引导青年，把广大青年的智慧和力量进一步凝聚到为维护改革、发展、稳定的大局做贡献上来。

我国国际地位的日益提高和国际影响的日益扩大为中国青年和中国共青团带来了新的发展机遇，实现和平与发展的时代主题和建立公正合理的国际政治经济新秩序给当代中国青年提供了国际舞台。当今世界，国际形势总体趋向缓和，但霸权主义和强权政治依然存在，和平与发展这两大课题仍然一个也没有解决，不公正不合理的国际政治经济旧秩序还没有根本改变。在经济全球化趋势加快发展的条件下，我们维护国家经济安全也面临着更艰巨的任务。中国青年要加强与世界各国青年的交往与合作。与全世界青年一道，共同促进新世纪的和平与发展。我们可以通过加强与国际性青年组织及区域性青年组织的合作促进世界青年事务的发展；通过加强青年对外经贸交流促进对外经贸关系的发展；通过实施有利于促进可持续发展的工作项目为团的工作获取国际资源；通过组织出国研修等方式为改革开放和现代化建设培养更多的具有国际竞争能力的青年人才。

在充分认识共青团工作所面临的广泛发展机遇的同时，我们也必须清醒地看到所面临的挑战。明年是我国改革开放和社会主义现代化建设承前启后关键性的一年，改革、发展、稳定都面临着更加繁重的任务。亚洲金融危机的影响仍在发展，相当一部分企业经营困难，一些农村地区矛盾较多。这些都给共青团工作带来了新的困难和挑战。我们还要看到，国内外敌对势力妄图利用一些敏感问题制造事端，他们“分化”和“西化”我们的图谋始终没有改变，对此，各级团组织必须引起高度的警惕。此外，精简机构、城市下岗青年增加和农村青年大量外出务工经商，使得基层团组织设置面临着许多新的困难和挑战，对此，我们要认真研究对策。

面对新的形势、新的任务，我们必须有强烈的机遇意识，有强烈的紧迫感，充分认清形势，振奋精神，抓住机遇，迎接挑战，做好明年的工作，做好世纪之交五年的工作，满怀信心地把中国青年带入充满希望的新世纪。

二、深入开展教育青年的工作

我们党历来十分重视对青年的教育培养，要求把青年一代培育成为有理想、有道德、有文化、有纪律的社会主义新人。共青团作为党的助手和后备军，必须切实加强对团员青年的思想教育，用邓小平理论和爱国主义教育青年，帮助青年一代构筑起强大的精神支柱。要抓住明年的有利契机，发扬在实践中育人的传统和优势，通过全团的共同努力，使明年成为青年的邓小平理论教育年，成为青年的爱国主义教育年。

第一，坚持不懈地用邓小平理论武装全团、教育青年。党中央《关于在全党深入学习邓小平理论的通知》对共青团学习邓小平理论工作提出了明确的要求。我们要把这些要求认真落实到工作之中去，把用邓小平理论武装全团、教育青年作为首要任务，在广大团员青年中进一步兴起学习邓小平理论的新高潮。

学习邓小平理论，首先是要用这一理论构筑青年一代的精神支柱，引导青年认清肩负的跨世纪历史责任，帮助青年树立崇高理想和坚定信念。我们必须用党的跨世纪宏伟目标教育青年、凝聚青年，使党的奋斗目标成为当代青年的共同理想和追求。要帮助青年树立坚持党的基本路线一百年不动摇的坚定信念，任何时候都不能偏离经济建设这个中心，任何时候都要坚持四项基本原则和改革开放这两个基本点，把“一个中心，两个基本点”统一于投身建设有中国特色社会主义的伟大实践。

学习邓小平理论，要与全面学习贯彻党的十五大精神紧密结合起来。党的十五大对邓小平理论的历史地位和指导意义作了新的阐述，在创造性地运用邓小平理论解决我国经济、政治、文化发展的一系列重大问题上取得了新的成果。我们要帮助广大团员青年始终牢牢把握十五大的主题，加深理解十五大提出的纲领、任务和方针政策，坚定自觉地拥护党中央作出的一系列重大战略决策，从而把广大团员青年的思想和行动进一步统一到党的十五大精神上来，把广大团员青年的热情和力量进一步凝聚到实现党的十五大确定的各项任务上来。

学习邓小平理论，要根据青年的思想实际，调动青年的内在积极性。当代青年与改革开放同龄，是改革开放的最大受益者，在他们身上蕴藏着学习邓小平理论的内在积极性。要引导青年深刻认识，在当代中国，只有把马克思主义同当代中国实践和时代特征结合起来的邓小平理论，而没有别的理论能够解决社会主义的前途和命运问题；只有用邓小平理论这一强大的思想武器指引自己的成长道路，才能在建设有中国特色社会主义的实践中建功立业，成长成才。

要坚持理论联系实际的学风，推动青年学习邓小平理论活动深入开展。要根据江泽民同志提出的一定要以我国改革开放和现代化建设的实际问题，以我们正在做的事情为中心，着眼于马克思主义理论的运用，着眼于对实际问题的理论思考，着眼于新的实践和新的发展的要求，努力在全团造成认真学习、民主讨论、积极探索、求真务实的风气，使全团的理论学习深入、扎实、持久地开展下去。

第二，广泛持久地在青少年中开展爱国主义教育。明年有许多重要节日、纪念日和重大纪念活动，是对青少年进行爱国主义教育的难得契机。共青团要不失时机地开展形式多样的主题教育活动，立足基层，面向青少年，把青少年爱国主义教育引向深入。

要用党领导中国人民进行社会主义革命和建设的历史特别是改革开放20年来取得的伟大成就鼓舞青年。帮助青年全面了解历史，正确认识国情，认清没有中国共产党的领导就没有新中国，只有社会主义才能救中国，只有社会主义才能发展中国的真理，增强民族自信心和民族自豪感，把爱国热情融入到本职工作之中，艰苦创业，多做贡献。要按照江泽民总书记的要求，引导青年努力做到坚持学习科学文化与加强思想修养的统一，坚持学习书本知识与投身社会实践的统一，坚持实现自身价值与服务祖国人民的统一，坚持树立远大理想与进行艰苦奋斗的统一，在改革开放和现代化建设的实践中成长为合格的建设者和接班人。

要在青少年中广泛开展爱国主义、集体主义、社会主义教育和艰苦创业精神、伟大抗洪精神教育，帮助青年树立正确的世界观、人生观、价值观。大力倡导以为人民服务为核心的社会主义道德和中华民族的传统美德，抵御拜金主义、享乐主义和极端个人主义等腐朽消极思想的侵蚀。要用具有鲜明时代特征、富有巨大感召力的青年典型引导青年，在当代青年中真正树立起学习的楷模。

教育青年是共青团的基本任务之一。在新的形势下，共青团开展对青年的思想教育工作，必须坚持以正面教育为主，大力弘扬主旋律，开展党的路线方针政策教育和基本国情教育，用科学的理论和高尚的精神教育引导青年，使广大青少年始终保持奋发向上的精神风貌。必须坚持理论教育与实践教育相结合，使思想教育贴近经济建设，贴近改革开放，贴近青年学习、工作和生活的实际，引导青年在自我教育中更好地成长和提高。必须把教育青年与服务青年相结合，使解决青年实际问题与提高青年思想认识相统一，真诚关心青年，切实服务青年，激励青年自觉投身改革开放和现代化建设的实践。必须把教育青年与组织青年服务社会相结合，引导青年在服务社会的实践中更好地认识社会，了解国情，增进同人民群众的感情，把服务社会的过程变成自身锻炼成长的过程。

三、积极做好服务大局的工作

共青团作为党的助手，必须始终自觉地服从和服务于全党全国工作大局。明年，我国的改革、发展、稳定面临着十分繁重的任务。各级团组织必须以高度的政治责任感，紧紧围绕改革、发展、稳定的大局，紧紧围绕促进国民经济持续快速健康发展和社会全面进步，努力做好工作，发挥积极作用。

第一，为促进农业和农村的跨世纪发展做贡献。党的十五届三中全会提出了建设有中国特色社会主义新农村的目标。中央经济工作会议又把稳定和加强农业作为明年经济工作中的一项重点工作。各级团组织要深入推进服务万村行动，充分发挥农村青年在建设有中国特色社会主义新农村中的生力军作用，促进农业和农村的跨世纪发展。

要组织青年为推进科教兴农服务。要把领办项目与培养人才两方面工作有机结合起来。既要加大领办科技推广项目的工作力度，又要注重培养农村青年人才，努力做好培养青年星火带头人、培训返乡中学生等工作，做到项目与人才相互促进。特别要注重提高项目的科技含量，使领办项目的过程变成一个在农村青年中传播、运用农业科学技术的过程。同时，注重把发展青年股份合作体等生产组织形式与推进领办项目相结合。

要组织青年为改善农业生态环境服务。保护环境，是可持续发展战略的重要内容，是我国的一项基本国策。团中央决定在全国范围内实施保护母亲河行动，就是要组织动员青少年参与黄河、长江及本地区主要江河湖泊流域的植树造林，在改善农业生态环境，保护森林植被和水资源，促进农业和农村经济的可持续发展方面做一些实实在在的事情。

要组织青年为扶贫攻坚服务。在大力推进服务万村行动的同时，共青团要继续做好希望工程、青年志愿者扶贫接力计划、大中学生暑期“三下乡”等为扶贫攻坚服务的工作，努力做好东部地区团组织对口帮扶贫困地区的工作。

第二，为促进国有企业的改革和发展做贡献。国有企业改革正处在攻坚阶段。明年是实现国有大中型企业改革和脱困三年目标的关键一年。国有企业是青年比较集中的一个领域，也是共青团工作的一个重要领域，有比较好的工作基础。要进一步加强国有企业共青团工作，促进国有企业改革和发展。

要帮助青年职工提高技能素质。提高劳动者素质对于促进国有企业改革和经济增长方式的转变具有重要意义。要根据党和政府关于“抓大”的战略部署，以国有大型企业为重点，深化青年岗位能手活动，组织青年职工开展岗位培训、产品开发、技术革新、献计献策等活动。要根据党和政府关于重视发展小企业的要求，进一步深化振兴千家中小企业行动，依托青年企业家协会和青年乡镇企业家协会，发挥优秀青年企业经营管理者的作用，鼓励和支持他们积极探索国有小型企业放开搞活的有效方式，推动企业间的合作。要引导青年职工提高职业文明水平，把创建青年文明号等活动与提高企业的产品质量和服务质量紧密结合起来，促进企业经济效益、社会效益和人才效益的提高。

要帮助下岗青工解决基本生活和再就业问题。做好这项工作，关系到群众的切身利益，关系到国有企业改革和发展，关系到改革、发展、稳定的大局。明年国有企业职工下岗分流和再就业的压力还会增大。各级团组织要围绕帮助下岗青工解决基本生活问题，广泛开展以志愿服务为主要内容的社会服务，使志愿服务成为多层次社会保障体系的有机组成部分。围绕帮助下岗青工解决再就业，进一步推进下岗青工创业行动。通过加大培训工作力度帮助下岗青工掌握再就业技能，通过培养青年兴业领头人为下岗青工创造更多的就业机会，通过树立和宣传下岗青工中的创业典型增强他们战胜困难、走向成功的勇气和信心。

第三，为实施科教兴国战略服务。科技进步是经济发展的决定性因素。迎接科学技术突飞猛进和知识经济迅速兴起的挑战，最重要的是坚持创新。全团要大力实施中国青年科技创新行动，带领青年为实施科教兴国战略，促进科技与经济的密切结合，促进经济增长方式的根本性转变做贡献。

要发挥青年在科技创新中的生力军作用。青年思维敏捷，风华正茂，最富创新活力。要激发青年的创新热情，挖掘青年的创新潜能，带领青年走在科技创新的前列。要继续深化大学生“挑战杯”、青年职工“五小”等科技创新活动。同时，还要通过创建新的活动载体，通过设立中国青年科技创新奖，建立中国青年创新基金，建设好中国青年科技园等，推动青年参与科技创新，促使更多的优秀青年人才脱颖而出。

要发挥共青团组织在国家创新体系中的作用和独特优势。从国家创新体系来看，企业是技术创新的主体，科研院所是技术创新的引擎。当前，我国人才与项目分离、成果与市场脱节的问题还比较突出。这是建立创新体系急需解决的一个重要课题，需要有中介机构来加强沟通和联结。共青团在这个方面具有独特的优势，不仅有全国性的组织系统，还有青企协、青乡企协、青科协等各类青年社团。我们带领青年参与科技创新，最重要的途径就是依托组织系统和青年社团，建立促进科技成果转化的中介服务机构、网络和基地，加强科研院所与企业的联系，促进青年科技人才与项目的对接。

第四，为促进社会主义精神文明建设和社会全面进步做贡献。青少年是社会主义精神文明建设中的一支有生力量。各级团组织要围绕培育“四有”新人的根本任务，动员青少年积极参与群众性精神文明创建活动。近年来，我们开展的青年志愿者、希望工程、少年儿童手拉手、青年文明号、青年文明社区、大中学生暑期“三下乡”等活动，是青少年服务社会的生动实践，在开创社会新风方面发挥了独特作用。我们要进一步做好这些工作。一方面把党的温暖送到人民群众当中，增进人民群众对党的感情。另一方面让广大青少年在服务社会的实践中更好地认识国情，了解社会，健康成长，全面发展。

要进一步加强团属青少年宣传舆论阵地建设。团属宣传舆论阵地是党的喉舌。必须始终坚持讲政治，讲法制，遵守新闻纪律，遵守职业道德。必须正确处理好坚持正面宣传为主与舆论监督的关系，青年工作新闻与社会新闻的关系，教育、引导青年与贴近、服务青年的关系，在宣传党的方针政策方面发挥积极作用，在引导和鼓舞青少年方面发挥积极作用。

第五，为维护社会稳定做贡献。加强对青少年民主法制教育，引导他们增强法制观念，自觉维护社会稳定。做好敏感期工作，配合政府有关部门及早发现不稳定的苗头，并坚决将其消除在萌芽状态。动员青年积极参与社会治安综合治理，继续实施好“千校百万”外来务工青年培训计划。进一步加强对青年社团的管理。共青团作为青年社团的业务主管部门，必须认真贯彻落实国务院最近召开的加强民间组织管理、维护社会稳定工作会议精神，根据“一手抓培育发展，一手抓监督管理”的原则，加强对青年社团的管理和指导、引导和促进青年社团规范、健康地发展。

四、扎实推进服务青年的工作

共青团是党领导的先进青年的群众组织。按照党对青年的要求和青年自身发展的需要做好服务青年的工作，始终是共青团组织的重要责任。做好服务青年的工作，是党的全心全意为人民服务宗旨在团的工作中的重要体现，是由共青团的性质决定的，也是共青团组织自身发展的需要。改革开放以来，特别是党的十四大以来，共青团坚持解放思想、实事求是，从理论和实践两个方面对如何做好服务青年的工作进行了积极探索，取得了丰硕成果。现在，我们要按照党中央提出的把竭诚为青年服务作为共青团工作出发点和落脚点的要求，努力把青年培育成为有理想、有道德、有文化、有纪律的社会主义新人，并把这个大目标落实到为青年解决实际问题的行动上，从青年需求的发展变化出发，紧紧抓住青年成长与发展中学习、就业、参与、维权这四个基本环节，进一步加大服务力度，构建服务体系扎实推进服务青年的工作。

第一，为青年的学习服务。现代社会是一个学习的社会，学习已经成为人们终身的事情。青年时期是成长发展的重要阶段，更应当把学习摆到重要的位置。科学技术的飞速发展，知识创新速度的大大加快，特别是改革开放和现代化建设深入发展对人才素质提出的新要求，进一步唤起了青年一代学习的热情，增强了青年一代学习的紧迫感。各级团组织要抓住这个契机，集中力量，广泛运用社会资源，通过实施新世纪读书计划等措施，加强学习引导，抓好学习载体，建好学习基地，推出学习精品，广泛开展形式多样的读书求知活动，推动青年面向新世纪形成以新知识、新科技、新技能为主要内容的学习热潮。

事业无止境，知识无穷尽。在服务青年学习的过程中，要帮助青年牢固树立终身学习的观念，学会学习，不断增强学习的紧迫感和主动性，珍惜光阴，学而不倦。要帮助青年学习新知识，了解新科技，掌握新技能，增强在社会主义市场经济条件下的社会适应力和劳动创造力,在新的世纪里更好地寻求发展。要帮助青年适应时代发展的需要,具有真才实学,掌握过硬本领,增强创新能力,成为能够适应21世纪竞争与挑战的高素质人才。

第二,为青年的就业服务。我国是一个人口大国,又是一个人口年龄结构比较年轻化的国家,新成长劳动力的数量很大,平均每年需要提供800万个新的就业岗位。而且,在实现经济体制和经济增长方式根本性转变过程中,特别是在深化国有企业改革过程中,包括青年职工在内的部分职工下岗分流和再就业是难以避免的。这就使我国的就业形势变得十分严峻。但我们也必须看到,青年中既存在着较大的就业压力,也蕴涵着巨大的创业潜力。要加大实施青年创业行动的力度,积极做好促进青年就业的工作,努力把促进青年就业的过程变成一个推动和帮助青年艰苦创业的过程。

创业维艰,奋斗以成。共青团在服务青年的就业过程中,要帮助青年树立与社会主义市场经济相适应的就业观念,主动寻找乃至积极创造能够发挥自身特长的劳动岗位,主要依靠自己的扎实奋斗开辟事业发展的广阔天地。要引导下岗青工转变就业观念,增强创业意识,把再就业变成再创业。要帮助大学生树立正确的职业观,主动到祖国最需要的地方去,到条件艰苦的地方去。要引导和组织有勇气、有能力的大学毕业生和下岗待业人员创办不同经营方式和组织形式的企业。要鼓励农村中学生、大中专毕业生和愿意回乡创业的农村外出务工青年等不同青年群体到农村开发农业。

第三,为青年的参与服务。青年参与是世界青年事务中的一个重要课题,也是各国青年工作的一个重要方面。在我国革命、建设、改革的各个时期,青年都在广泛参与中发挥了重要作用,而且体现出鲜明的时代特征。伴随着改革开放和现代化建设的历史进程,青年参与的渴求日益强烈,参与的内容日益丰富,参与的程度日益提高。共青团作为先进青年的群众组织,应当努力推动广大青年在参与中创造奉献,成长成才。

各级团组织要根据党的十五大作出的战略部署,组织青年积极参与建设有中国特色社会主义经济、政治和文化,把促进青年参与的过程变成团结带领青年在两个文明建设中做贡献的过程。要立足基层,根据各个领域的不同情况,积极促进和正确引导青年的参与活动。在企业,要引导青年职工参与以职工代表大会为基本形式的企业民主管理,维护职工合法权益。在农村,引导农村青年积极参与村级民主选举、民主决策、民主管理和民主监督。在社区,要引导青年参与社区事务的民主管理。在高校,要引导学生通过学生会参与学生事务的民主管理。

共青团在组织和代表青年参与方面具有重要作用。要积极向党政机关、国家权力机关反映青年的意愿和呼声,代表青年在各级人大、政协中参政议政,发挥民主参与和民主监督作用,发挥广大青年在发展社会主义民主,建设社会主义法治国家中的积极作用。

第四,为维护青少年的权益服务。在日益开放的社会环境中,在改革所带来的利益调整中,共青团作为青年的社会代表,作为少先队的领导者,必须努力加大维护青少年权益的工作力度。

要促进有关青年政策的制定和完善,推进有关青少年的立法进程。要创建优秀青少年维权岗,通过法律服务、法律援助、舆论支持、维权咨询等方式为青少年提供帮助。配合有关部门同黄、赌、毒等危害青少年的社会丑恶现象和行为作坚决斗争,优化青少年成长的社会环境。

要注意配合有关部门解决青少年中的问题,如青少年犯罪、吸毒等,做好挽救失足青少年工作。还要注意对青少年中的弱势群体及一些特殊群体,如未成年人、残疾青少年的保护。在为青年服务的过程中,应当对他们予以更多的关注,为他们做更多的事情,帮助他们积极参与经济社会生活,共享现代文明成果。

五、切实加强团的建设,为实现跨世纪发展提供保证

在新形势下加强团的建设,必须坚持党建带团建,在党的领导和党建的带动下,保持团建的正确方向,优化团建的工作环境,落实团建的各项任务;必须坚持把服务青年作为加强团的建设的突破口,以服务促建设,以服务求活跃;必须把加强团的建设与推进团的工作紧密结合起来,使二者成为推进团的事业的两个轮子,相互促进,协调发展;必须用改革的精神研究和解决团的建设中的新问题,在探索中推动团建向前发展。

在全面推进团建工作中,要突出基层团组织建设这个重点,抓住团干部队伍建设这个关键,不断增强团组织的吸引力、凝聚力和战斗力。

第一,切实加强团的基层组织建设,保证团的各项工作落实到基层。加强团的基层组织建设,要根据各条战线的特点和改革与发展的实际,总结基层的新经验,进行分类研究和指导。加强农村基层团组织建设仍然是基层团建中的一个重点。当前和今后一个时期,要结合以党组织为核心的农村基层组织建设,继续整顿好松散瘫痪团支部。同时,按照强乡带村的思路,加强乡镇团委班子建设,带动农村基层团的建设;加强领办科技推广项目工作,带动农村青年脱贫致富奔小康;加强乡镇青年活动阵地建设,带动农村青年服务体系建设。城市社区是团的工作一个新的重要领域。社区团组织建设要重点抓好街道团工委,充分发挥街道团工委在社区团的工作中的协调和联结作用,推动社区内各单位团组织在横向联合中全面活跃起来。企业和学校团组织建设要根据改革的要求,坚持巩固、调整、创新、提高,保持和增强团组织的活力。

加强团的基层组织,要抓住关键环节,把工作做好做实,做出成效。要在各级党委领导和党委组织部门的指导下,抓好基层团组织按期换届和团干部民主选举,并结合每一次换届开展整顿和健全基层团组织的工作。要切实加强基层团委建设。从明年开始,团中央将在全团基层开展创建五四红旗团委活动。这一活动的目的,就是要加强各类单位基层团委建设,带动团的基层组织建设普遍加强。要建设好团员队伍。总的要求是保持团员数量基本稳定,努力提高团员队伍素质,源源不断地为党员队伍输送合格的后备力量。

第二,积极调整团的基层组织设置,保证团组织充分发挥联系青年的桥梁纽带作用。改革开放和社会主义市场经济的深入发展,正在深刻地改变着青年的工作与生活状况,导致了青年流向与分布的巨大变化。从青年的流向看,大量的农村青年由第一产业流向了第二、三产业,城市青年在经济结构调整中出现了多种流向。从青年的分布看,城市社区和农村小城镇成了青年的重要聚集地。共青团要更好地发挥联系青年的桥梁纽带作用,就必须按照与经济社会结构相协调,与青年分布相适应的原则,积极调整团的基层组织设置。

调整团的基层组织设置,要着重建立健全城市社区和农村小城镇团组织,切实在外来务工经商青年、下岗青年、待业青年中开展团的活动,加强对他们的教育、管理和服务。要以城市社区和农村小城镇为重要依托,推动在私营企业、港澳台商投资企业、外商投资企业以及乡镇企业中建立团的组织,开展团的工作。

第三,根据党的要求建设团干部队伍,提高团干部的思想作风素质。共青团干部是党的干部队伍的一部分。党历来重视团干部队伍建设,关心团干部成长。近年来,以江泽民同志为核心的党中央多次对团干部队伍建设特别是思想作风建设提出要求,为我们建设好这支队伍指明了方向。应当说,我们这支队伍具有年龄较轻,文化较高,思想解放,朝气蓬勃，勤奋工作，开拓进取等特点，是能够担当起推动共青团工作跨世纪发展重任的。但也必须看到，与党和人民的要求相比，与青年的期望相比，我们还存在着许多差距和不足。在理论学习上还抓得不够紧，思想理论水平还不高。组织观念不强和作风不民主，缺乏群众观点和服务人民、服务青年的自觉意识。还有形式主义，急功近利，情绪浮躁，工作飘浮等现象。这些在我们一些团干部身上是不同程度地存在着的。我们必须高度重视这些问题，自觉按照党中央的要求加强思想作风建设，切实解决好这些问题。

加强团干部队伍的思想作风建设，要教育团干部坚定信念，服务青年，艰苦奋斗，求真务实，开拓创新。坚定信念，就是要坚定走建设有中国特色社会主义道路的信念，始终自觉地与以江泽民同志为核心的党中央保持高度一致。服务青年，就是要牢记全心全意为人民服务的宗旨，树立服务青年的意识，自觉联系青年，关心青年，为青年办实事。艰苦奋斗，就是要发扬艰苦奋斗的优良传统，牢固树立正确的世界观、人生观、价值观，吃苦在前，享乐在后，艰苦创业，拒腐防变。求真务实，就是要坚持实事求是，理论联系实际，脚踏实地，讲实干，办实事，求实效。开拓创新，就是要提高责任意识，激发进取精神，增强创新勇气，在实践中不断解决新问题，在工作中不断做出新成绩。

加强团干部队伍的思想作风建设，要采取有力措施。切实抓出成效。要把组织和引导广大团干部深入学习邓小平理论作为根本性措施。进一步健全和落实学习制度，帮助团干部在学习中不断提高政治素质和理论水平，增强在改造客观世界的同时改造主观世界的自觉性。加强团干部队伍建设，关键是加强团的各级领导班子建设。要按照党中央的统一部署，以整风的精神，认真抓好以“讲学习、讲政治、讲正气”为主要内容的党性党风教育，促进领导班子建设，提高领导班子和领导干部素质，做到在思想上有明显提高，政治上有明显进步，作风上有明显转变，纪律上有明显增强。要严格贯彻民主集中制，积极开展批评与自我批评，加强团结，增强战斗力。团结就是力量，团结出战斗力，团结出成绩。“互相补台，好戏连台；互相拆台，大家垮台”。加强对团的领导班子的协管工作。充发发挥团的各级机关党组织的作用，加强对机关党员干部的教育、管理和监督，搞好机关党风廉政建设。团干部要把主要心思和精力放在工作上，放在服务青年上。要加强团干部的实践锻炼，大兴调查研究之风，促使团干部在实践中做到刻苦学习，勤奋工作，勇于创造，自觉奉献，成为青年的榜样，成为自觉执行党的路线方针政策的模范。

第四，按照人才成长的规律培养团干部队伍，努力为团干部成长发展提供服务。各级团组织特别是团的领导机关要努力为团干部成长发展服务。要加强和改进团干部培训工作，特别是要注重对新进领导班子的团干部的培训，加大经济、法律、管理等专业知识在培训中的比重，帮助团干部完善知识结构。团中央将发挥国际交往广泛的优势，为团干部提供尽可能多的出国进修机会，使团干部能够了解和学习世界上经济、科技和管理方面的新知识，提高自身素质。鼓励团干部参加在职学历教育。要进一步推广团干部挂职锻炼，为他们丰富阅历、增长才干创造条件。要为团干部的学习、锻炼、输送等提供政策支持。

同志们，我们这一届团的中央委员会工作的五年，是跨越世纪的五年。对于我们来讲，1999 年，是开局之年，我们要开好这个头，为今后五年的工作发展奠定基础；同时又是波澜壮阔的 20 世纪青年运动的最后一年，我们要结好这个尾，努力为之画上一个圆满的句号。让我们更加紧密地团结在以江泽民同志为核心的党中央周围，高举邓小平理论伟大旗帜，团结拼搏，求真务实，开拓进取，团结带领广大团员青年为实现党的跨世纪宏伟目标不懈奋斗。

周强在全国学联二十二届全委会第二次全体会议上的讲话

1999年1月2日,根据录音整理

这次会议开得很好。张菁同学代表全国学联主席团作了一个很好的工作报告,胡春华同志代表团中央书记处也作了很重要的讲话。借这个机会,我再讲几点意见。

一、当代学生要认清形势,明确历史责任,不辜负党和人民的期望

党的十五大提出的我国跨世纪发展的奋斗目标,是小平同志生前最关注、讲得最多的问题。党十五大报告将三步走的战略规划进一步具体化,提出到下世纪中叶把我国建成富强、民主、文明的社会主义国家。团十四大期间,江总书记在与团中央新一届领导成员和团十四大部分代表座谈的时候,对包括广大学生在内的全国青年,提出了殷切的期望。江总书记讲,我们20世纪的中国人,肩负两个伟大历史责任,第一个伟大历史责任是在党的领导下为推翻反动统治,建立和建设新中国而奋斗。这个历史责任已经完成。第二个伟大历史责任,就是在党的领导下为实现祖国现代化的美好蓝图,实现中华民族的复兴而奋斗。现在的大学生二十来岁,到建国100年的时候,六七十岁。中学生就更年轻,到那时只有六十来岁。这个伟大目标的实现,这个历史责任,客观地落到了当代青年的身上。当代青年学生和我们做青年工作的,生长在这个时代,确实是幸运的,应深感自豪,也应深感肩负的责任重大。同学们必须认清这个形势,认清这样的历史责任,更加发愤地学习,更加努力地去完成这样一个历史使命。

在这里我想再讲一讲国内外的形势。从国内来看,最近,国家统计局公布了今年经济发展情况,1998年国内经济增长速度基本上达到了党中央、国务院提出的8%的目标,即7.8%。这个7.8%的速度与前几年相比,不算是最高的速度,但这样一个增长速度,在亚洲金融危机冲击和国内部分地区遭受特大洪涝灾害的情况下,实在是来之不易的。今年的经济任务很重,要努力实现7%的增长目标。我国必须保持比较高的增长速度,因为人口压力太大,按照经济学家讲,如果我们没有5%以上的增长速度,那么每年增加的财富就会被新增加的人口抵消掉。现在我们有许多有利条件。当然,我们看到今年工作有利条件的同时,也要看到工作当中确实面临着很多困难,比如说,我们外贸出口压力很大,还有搞好国有企业的问题、国有企业下岗职工再就业问题等等。但总体上看,有以江泽民同志为核心的党中央的坚强领导,经过全国人民的共同努力,艰苦奋斗,我们完全能够实现今年确定的目标。

从国际上来看,这些年来,我国在外交上取得了很大的成绩,充分展现了中国领导人在国际舞台上的风采,归根到底体现了改革开放20年来我国综合国力的增强和国际地位的提高。同时,也要看到建立公正合理的国际政治经济新秩序任重道远。当代中国青年肩负着维护世界和平和促进世界发展的重任。因为实现我们的发展目标,离不开稳定的国际环境,离不开公正合理的国际政治经济新秩序。

我们必须看清当代青年在维护世界和平和推动世界发展中所起的作用。

二、学联今后的主要任务

学联的任务就是要团结广大的青年学生，更加紧密地团结在以江泽民同志为核心的党中央周围，高举邓小平理论伟大旗帜，服务改革、发展、稳定的大局，服务青年学生成长成才，带领广大青年学生为实现党的跨世纪宏伟目标而努力奋斗，我们要更加明确责任，针对青年学生的现状，做好以下几个方面工作。

1.用邓小平理论构筑青年学生的精神支柱，在广大青年学生中形成共同理想。我们的共同理想，就是实现中华民族的伟大复兴，把我国建设成为富强民主文明的社会主义强国。大家都要为着这个共同理想而奋斗，把这个理想的实现看成我们义不容辞的责任。要实现这个共同理想，首先必须认真学习邓小平理论。为什么要强调学习邓小平理论，我们有很深的体会。我们上大学时对外面的世界不了解，认为外国人民生活在水深火热之中，中国人是最幸福的。上大学后一看，发现不是这么回事，所以当时很困惑。随着改革开放不断深入，很多人越来越冷静地思考邓小平理论。这个理论看起来朴实无华，实际上蕴含着许多深刻的道理，包含着极为丰富的内容，最重要的是能解决当代中国的问题。江泽民总书记在十五大报告中指出，在当代中国，只有邓小平理论，而没有别的理论，能解决社会主义的前途和命运问题。这句话的分量是非常重的。为什么这样讲，因为在20世纪的中国历史舞台上，除了邓小平理论，还有很多理论。比如，孙中山的三民主义，蒋介石也有一篇很有名的文章《中国向何处去》，民族败类汪精卫也有他的一套理论。现在回头看，孙中山应该给予肯定，但三民主义没有解决中国的民族独立和人民解放问题，而只有毛泽东思想解决了这个问题。建国以后，以毛泽东为代表的中国共产党人积极探索如何在社会主义条件下实现国家的现代化，作出了很大的努力，取得了显著成绩，也付出了沉重的代价。邓小平理论继承和发展了毛泽东思想，回答了中国现代化的问题，尤其是回答了中国在社会主义条件下实现现代化的问题。提出中国现代化的动力是改革，条件是稳定，根本目的是发展。“一个中心，两个基本点”，话语不多，却把中国的发展问题说得一清二楚。中国的发展实践也雄辩地证明，在当代中国，只有邓小平理论才能解决中国的发展问题。

2.要用崇高的理想鼓舞青年学生，帮助青年学生树立爱国、成才、奉献的崇高理想和志向。从上个世纪以来，无数的仁人志士，民族的先驱者，为了实现我们的强国梦，抛头颅，洒热血，其中共产党人在这方面牺牲最多。我上大学时，学校就在白公馆渣滓洞旁边，感受很多。当时全国已解放，白公馆的烈士是1949年11月27号惨遭杀害的，他们已经听到了解放军进军重庆的炮声，要想苟且偷生的话，完全可以活得下来，但是他们为实现自己的理想，从容就义。我们这一代青年，不能忘记这些先烈。一个民族，前人为后人所付出的牺牲，为后人所铭记，并且坚定地继承他们的遗志，实现他们的伟大理想，这个民族才有希望。

作为青年的先进分子，我们的团干部，我们的学生会干部，我们广大的学生，一定要有崇高的理想。躲避崇高就是卑劣，或者是只能苟且在崇高与卑劣之间。崇高的理想是照耀我们前进的航灯。团干部、学生会干部，一定要帮助青年学生树立崇高的理想，这个理想就是要使国家富强，使人民幸福，实现小平同志提出的“三步走”的战略目标。当然，我们讲要有崇高理想，不是说绝对不要个人利益，而是要把个人的成长成才和建设有中国特色的社会主义现代化事业结合起来。江泽民总书记在北大100年校庆时提出的“四个统一”，对此讲得非常明确。希望我们青年学生，要按照江总书记提出来的“四个统一”和“胸怀祖国，服务人民”的要求去做，成为社会主义现代化事业的建设者和接班人。

3. 要提高青年学生的创新能力。这次会议在这方面作了相应的安排,要开展“挑战杯”的系列科技创新活动,我看这非常好。当今世界,科技竞争日趋激烈。从世界范围看,企业的兼并风起云涌,不仅对世界经济发展产生重大影响,而且将极大地推动科技的进步。现在有这样一种说法,农业社会是以较完善的灌溉系统为标志,工业社会的标志是产业化及四通八达的公路网络,将来社会就是信息网络社会,以网络为支柱。这个说法是否完全正确我们姑且不论,但至少说明信息网络将会对社会带来重要影响。面临着世界经济、科技的激烈竞争,面临着知识经济时代的到来,要实现我国发展目标,必须靠科技,靠创新。

党的十五大,最近召开的十五届三中全会,都强调创新的重要性。江总书记在各种场合,都强调创新的问题,而且对我们青年一代寄予了无限的期望。最近江总书记在访问俄罗斯新西伯利亚科学城时专门讲到青年的学习问题,再次指出创新是一个民族进步的灵魂,是国家兴旺发达的不竭动力。我们团组织、学联组织要发挥青年思维活跃、富于创新的特点,组织各种活动,提高他们的创新意识和创新能力,促进他们的成长成才。团中央正是基于这样的思考,提出实施中国青年科技创新行动。希望我们学生中能有更多的像比尔·盖茨、王选这样的知识英雄。我们这个时代需要各种英雄,既需要岗位上默默奉献的英雄,更需要知识英雄。“挑战杯”竞赛活动可以在这些方面发挥应有的作用。最近中国科协第一书记张玉台同志告诉我,他到美国 IBM 参观,IBM 一个华人高级工程师对他讲:张书记你来了,我一定陪陪你,你们和团中央搞的“挑战杯”影响了我一生,我是在国内得过“挑战杯”的奖励,才走上这条路的,现在他是 IBM 的高级工程师。看来我们这些活动,确实能培养人才。

4. 要增强青年学生的创业意识。随着社会主义市场经济的逐步确立,我们的教育体制、学生的就业选择方式,都会面临很大改变,同学们都已切身感受到了。我们当时上大学,社会评价和社会环境与现在不一样,那时大学招生中断了 10 年,上了大学以后,被认为是天之骄子,分配工作不成问题。现在高校的毕业生就业是双向选择,并且最终要走向市场。这对学生的素质提出了很高的要求,除知识能力外还需要我们自己去闯。自己找工作会遇到不少困难,但可以有更广阔的舞台,可以增强我们的自主性。我经常接触到一些北大、清华的毕业学生,没有留京指标,就自己到各种高新技术企业里去打工,或自己创办企业。我觉得非常好,当代学生就是要有这个创业精神。

5. 要在加强社会主义民主法制教育方面多做工作。江泽民总书记在党的十五大报告中提出,我国在民主法制建设方面的重要目标是依法治国,建设社会主义法制国家。我们现行的民主是非常好的,是适合中国国情的,有利于人民当家做主。在实现人民当家做主方面,在企业我们有职工代表大会;在学校,有学生会,代表学生参加学校的民主管理;在农村,村民自选村长。这是全世界最大规模的也是很成功的民主实践。我们前几年也派人到美国去考察选举,但是说到底,他们选举是为资本家服务,为党派服务。我们要帮助学生树立社会主义民主意识与法制观念,要划清社会主义民主与资本主义民主的界限。

除了以上几个方面,我们学联还要在服务青年,帮助青年学生解决具体问题方面多做工作。这些年来,我们开展的济困助学活动,就是帮助贫困学生顺利完成学业的有效服务。我们只有通过这些实实在在的服务,才能更好地吸引学生,凝聚学生,使学生感觉到我们的团委、学生会、研究生会是为他们办实事的。如果不是这样,活动再好,都和同学们毫无关系,同学们也没有积极性,就不会参加你的活动了。同时,学联要加强自身建设,我们学生干部要在这个舞台上更好地服务同学，经受锻炼，增长才干。现在有这样一个现象，大家可能比我还清楚，很多学生干部在自我推荐时，尤其在找工作的时候，可能得到优先录用，因为很多用人单位十分看重这个从事过社会工作的经历。希望大家珍惜这个岗位，勤奋学习，努力工作，努力完成好党交给我们的任务。

过去的一年，全国学联和各级学联干部在党的领导下，在团组织指导下，辛勤工作，取得了显著的成绩。1998年对我们学联来讲是不平凡的一年，包括在实践中学习邓小平理论，开展社会实践、“三下乡”活动，组织学生到灾区参加服务乃至参加抗洪抢险斗争。所有这些，都得到人民群众的欢迎，得到了党政领导的高度赞扬。在这里，我也代表团中央书记处向大家表示衷心的感谢和问候，同时，衷心希望在座的各位委员代表以及广大的学生干部在新的一年里取得更大的成绩。

服务农村青年增效增收成长成才 团结带领广大农村青年为建设有中国特色社会主义新农村而奋斗

——周强在共青团领办科技推广项目现场推进会上的讲话

1999年1月5日

新年伊始，我们在这里召开共青团领办科技推广项目现场推进会，这是全团的一次重要会议。这次会议的主要任务是，贯彻落实党的十五大、十五届三中全会和中央经济工作会议、中央农村工作会议精神，确定今后一个时期共青团农村工作的总体要求和工作重点，部署明后两年共青团领办科技推广项目工作。

下面，我代表团中央书记处讲几点意见。

一、改革开放20年来共青团农村工作的简要回顾

党的十一届三中全会以来，农村改革走过了20年的光辉历程。经过改革，确立了以公有制为主体、多种所有制经济共同发展的基本经济制度，以家庭承包经营为基础、统分结合的双层经营制度，形成了一整套农村基本政策，初步构筑了适应发展社会主义市场经济要求的新体制框架，农村生产力得到了极大的解放和发展，农村经济和社会发生了翻天覆地的历史性变化。农村改革，为全国的改革、发展和稳定做出了重要贡献，为从现在起到2010年建设有中国特色社会主义新农村，奠定了坚实基础。从总体上看，我国农村已经进入了由温饱向小康迈进、进而实现现代化的历史进程。

20年来，在党的领导下，各级团组织带领组织广大农村青年为推进农村的改革和发展，做出了自己的贡献。在波澜壮阔的改革进程中，广大农村青年努力学习，艰苦创业，勇于创新，奋发有为，在农村产业结构调整、农业综合开发利用、农村科学技术推广、农业基础设施建设、农村社会化服务体系构建和农村精神文明建设等各个领域，充分发挥了生力军和突击队的作用，为促进农村经济体制和经济增长方式转变，推动农村物质文明和精神文明建设，做出了重要的贡献。近年来，各级表彰的杰出青年农民、杰出青年星火带头人和优秀青年乡镇企业厂长经理,就是他们中的优秀代表。

农村青年既是改革的积极推动者,又是改革的最大受益者。现在这一代农村青年,是沐浴着改革的春风成长起来的。改革之初开始懂事、上学的,现在是二十七八岁,改革之初刚刚出生的,现在已二十出头。与其他青年群体相比较,改革使农村青年的变化最为深刻。20年前,非农劳动力占农村劳动力的比例不足6%,今天,这个比例高达30%。20年前,社队企业微不足道,农村青年在其中从业为数甚少,今天,乡镇企业35岁以下的青年职工多达3500万人,占乡镇企业职工总数的65%。20年前,农村青年很少到县城,近些年,每年都有数千万农村青年走南闯北,外出进城务工经商。农村青年的思想观念、价值取向、行为规范都发生了深刻变化。“脸向黄土背朝天”的传统农民形象,在当代农村青年身上已经模糊了,当代农村青年已展现出崭新的时代风貌。从农村的情况来看,现在的农村青年与计划经济体制下农村青年相比较,最大的变化就是自主性强。农村青年一方面推动了改革开放,推动了农业的发展,同时在改革开放的过程当中,农村青年的群体本身已发生深刻的变化,这个变化是与我们国家改革开放的现代化过程相适应的,是一个可喜的变化。20年来,共青团农村工作坚持紧紧围绕农村改革、农业和农村经济发展的大局,积极适应农村青年的变化,进行了不懈的探索。改革初期,农村基层团组织突出“以变应变”,在组织设置上,通过划小团支部,“变一盏灯为满天星”,在活动方式上则强调“小型、就地、分散”,“变一花独放为百花齐放”。80年代初中期,全团逐步明确并统一了“以四化为中心全面活跃团的工作”的指导思想,农村团组织先后开展了学科学用科学、“一团两户”、实用技术培训、东西互助等活动,实现了工作中心的转移。80年代末、90年代初,团的农村工作主题更加集中,紧扣科教兴农战略,大力开展了培养青年星火带头人活动。这一时期,以青年黄河防护林工程为代表的一大批青字号绿化工程建设,也取得了积极进展。团十三大以来,适应发展社会主义市场经济和到本世纪末贫困地区基本解决温饱问题,农村基本达到小康的第二步战略目标的要求,共青团适时推出了以领办科技推广项目为突破口,集中全团力量开展了服务万村行动,形成了“以服务促建设、以服务求活跃”的团建思路和全团支持农村青年脱贫致富奔小康的工作格局。回顾20年来农村团的工作所走过的路程,可以这么说,共青团农村工作20年来紧紧围绕党的农村大局,紧紧围绕促进农村改革和发展,适应形势的变化和农村青年的变化,不断调整团的组织设制,不断创新工作方式,不断推出我们新的工作载体,服务农村青年的成长成才,为农村的改革和发展做出了积极的贡献。在这个过程中,团的农村工作也积累了一些十分有益的经验。

第一,必须自觉服从和服务于党的农业和农村工作。党管农村工作是一个重大原则。共青团农村工作必须放到全党全国工作大局,特别是党的农业和农村工作中去思考,去把握,去安排。

第二,必须切实服务农村青年。只有竭诚为农村青年致富成才服务,才能吸引和团结他们,才能构造起新形势下共青团联系和凝聚团员青年的新型纽带,才能使团的农村工作生动活泼、收到实效。

第三,必须积极创新工作方式。农村改革深刻地改变了并且继续改变着共青团农村工作的对象、环境和条件,农村发展不平衡的特征又使这种改变千差万别。无论形势如何变化,各地情况如何不同,共青团的性质和职能没有变,也不会变,在任何情况下都不能变。解决存在的问题,适应未来的变革,必须坚持一切从实际出发,积极主动地探索履行职能、发挥作用的有效方式。这样才能始终把握工作的主动权,不断开创工作的新局面。

第四，必须做实事，求实效，示范带头。农民是最讲实际的，也是讲实惠的。团的农村工作尤其要求真务实。这一点，对于我们农村团干部来说，十分重要，不要怕事小，但求做实，做一件成一件。特别是要集中力量做牵一发动全身、前瞻性、先导性强的事。通过示范带头，使共青团的先进性更好、更有效地体现出来。

二、今后一个时期共青团农村工作面临的形势和总体要求

党的十五届三中全会明确提出了我国农业和农村跨世纪发展的奋斗目标和必须遵循的基本方针，对我国农村经济、政治、文化建设作出了全面部署，制定了推进农业和农村工作的重大政策措施，是指导全党和全国人民建设富裕民主文明社会主义新农村的行动纲领，也是我们进一步做好共青团农村工作的行动指南。

农业、农村和农民问题是关系我国改革开放和现代化建设全局的重大问题。农村青年占全国青年总数的近70%，而且是城市外来务工人员和义务兵的主要来源，团的农村工作的好坏不仅影响农村，而且影响很多方面的青年工作。因此，全团都要从全局的、战略的高度，充分认识做好团的农村工作的重大意义，把团的农村工作摆到更加突出的重要位置。农民的进步就是农村的进步，提高农民素质是实现农村经济发展、社会进步、长治久安的根本大计。而整个农民队伍素质的提高与进步，主要依靠其中青年人的进步与提高。他们创造力强，生机勃勃，是农村新生产力的代表，蕴藏着巨大的人力资源。稳定和加强农业，提高农业综合生产能力，需要他们去耕耘。增加农民收入，过上富裕文明生活，需要他们去开拓。加强农村基层民主法制建设和精神文明建设，保持农村稳定，需要他们发挥积极作用。因而广大农村青年素质的高低，农村青年的积极性、创造性能否充分发挥，直接关系到我国农业和农村跨世纪发展目标能否顺利实现。

根据党中央确立的农业和农村发展的目标，适应我国农业和农村经济发展阶段变化的实际，针对农村青年的实际需求，今后一个时期共青团农村工作的总体要求是：高举邓小平理论伟大旗帜，深入贯彻落实党的十五大和十五届三中全会精神，服务农村青年增效增收成长成才，重点开展领办科技推广项目、保护母亲河行动、乡村青年文化节等工作，深入推进服务万村行动，结合党建加强团建，实施强乡带村，切实加强农村基层团组织建设，努力培养有理想、有道德、有文化、有纪律的新型农村青年，为实现我国农业和农村跨世纪发展的宏伟目标做出更大贡献。

三、以科技、市场、机制为重点，有效服务农村青年增效增收成长成才

增效增收成长成才是现阶段党对农村青年的具体要求，也是农村青年长远利益的集中体现。增效就是要发展高产优质高效农业，努力提高农业和农村经济的素质和效益；增收就是要以市场为导向，通过调整和优化结构，提高产品质量，发展非农产业，切实增加收入；成长就是要改善农村青少年受教育的基本条件，增加学习锻炼机会，优化成长环境，提高综合素质；成才就是要帮助农村青年建功立业，成为农村两个文明建设的生力军。服务农村青年增效增收成长成才，是共青团服务建设社会主义新农村的具体体现，也是服务青年的直接体现。共青团是在实践中培养、教育青年的大学校。服务农村青年增效增收成长成才，必须从实践入手。在我们这个时代，投身建设有中国特色社会主义的生动实践，尤其要重视科技、市场、机制三个关键的要素。科学技术是第一生产力，科技进步是经济发展的决定性因素。近20年来，以基因工程为代表的生物技术和信息技术取得了突破性进展，这些现代科技已成为新的先进生产力的生长点，越来越成为发展农业的主要动力。科教兴农不仅是解决我国农业资源短缺问题的根本出路，也是提高农产品的质量和档次、解决农产品市场问题

的根本措施。团组织要着眼于提高农村青年的科技文化水平和学用科技的能力,选择影响当地主导产业较大的关键技术,通过各种方式广泛开展实用技术培训和技术服务,培养更多和更高水平的青年星火带头人。

在发展社会主义市场经济条件下,市场是决定一切商品实现价值的最终因素。必须抓市场,适应市场,否则就难以取得效益,难以实现增效增收。所以我们在领办科技推广项目工作中,一开始就要注意科技和市场,要适应市场的变化。今后我国农业和农村经济发展的大趋势,就是由市场来决定产量,由多样化、优质化的需求来决定品种结构和质量档次。如果不能适应这种变化,就会出现增产不一定增收、丰收不一定增收的问题。因此,团组织服务农村青年增效增收成长成才,就要积极促进农村青年增强市场意识,适应市场需求,走产业化经营的发展道路,不断探索解决小生产与大市场矛盾的实际途径,就要努力培育一批具有市场开拓能力、能进行农产品深度加工、能够有效带动农村青年发展商品生产的"龙头企业"。

我国人多地少,资源相对短缺,在普遍实行家庭承包经营的基础上,要实现农业的市场化、专业化、现代化,必须进行生产经营组织形式的创造。农业产业化经营把农产品的产、加、销等环节连成一体,形成有机结合、相互促进的组织形式和经营机制,是在家庭承包经营基础上实现农业现代化的现实途径。团组织在鼓励和引导农村青年发展个体、私营经济的基础上,一方面要适应农业产业化发展的要求,认真总结和推广青年股份合作体等行之有效的生产组织形式,促进农村青年积极发展多种形式的经济联合与合作;另一方面要围绕构建农村青年社会化服务体系,不断探索把科技、市场因素和各种生产要素有机结合起来、有效服务农村青年增效增收成长成才的具体机制。在建立农村社会化服务体系方面,有的农村团组织通过建立各种农村青年科技协会,为农村青年提供服务,这是一个很好的办法。

领办科技推广项目要求项目本身有较高的科技含量,有广阔的市场前景。项目化操作,使领办的机制在责权利相统一的前提下,灵活多样。领办科技推广项目,能够较好地解决科技、市场、机制三方面的问题,是团组织服务农村青年增效增收成长成才的一项具体而有效的措施,应该成为新形势下活跃团的农村工作的基本途径。

四、结合党建加强团建,实施强乡带村,进一步加强和改进农村基层团组织建设

农村团的基层组织建设是整个团的组织建设的重点。三年来,全团通过实施服务万村行动,对农村基层团组织进行集中整顿和建设,取得了阶段性的成果,主要表现在一批松散瘫痪的团组织得到整顿,团组织活力进一步增强;一些地方农村基层团组织设置得到调整,密切了同团员青年的联系;农村团员队伍建设有了很大发展;乡、村基层团干部配置率明显提高。但也应该看到,农村基层团组织建设仍然是全团基层建设的难点和薄弱环节。相当一部分基层组织松散瘫痪、活力不足的问题依然存在,甚至在有些地方比较严重地存在。这种状况,远远不能适应团结引导团员青年建设有中国特色社会主义新农村的更高要求。农村基层团组织建设,是一项长期而艰巨的任务。全团一定要把农村基层团组织建设作为关系团的农村工作全局,关系团组织内在活力,关系发挥党的助手和后备军作用的大事,抓紧抓好。

从多年的实践看,农村基层团组织建设,必须坚持党建带团建、团要管团的原则,这是一条基本经验,适应农村不断变化着的实际情况和农村青年的新特点,大胆实践,走以服务促建设、以服务求活跃的路子。要在党的领导和党建的带动下,保持农村基层团建的正确方向,优化农村基层团建的工作环境,落实农村基层团建的各项任务,保证团的农村工作的各项任务落实到基层。紧密结合乡镇党委建设和村党支部建设，继续整顿好松散瘫痪的乡镇团委和团支部，把农村基层团组织建设成具有凝聚力和战斗力的坚强集体，充分发挥基层团组织在加强物质文明、精神文明和农村基层民主法制建设中党的助手作用。要做好经常性发展团员工作，重视吸收在发展农业和农村经济中业绩较突出的青年入团。加强农村基层团干部培训，切实提高农村基层团干部队伍素质。还要认真做好推荐优秀团员入党的工作。党的十四届四中全会专门将这一条写进了决议。推荐优秀青年入党，是一项十分重要的工作，我们要按照党的决议认真做好。

要紧密结合党建带团建，把实施强乡带村作为今后促进农村基层团建的一项关键措施来抓。强乡带村，就是要重新审视和界定新形势下乡、村两级团组织在活跃农村基层团的工作中的职责和功能，通过加强乡镇团委的建设和活动开展，增强其整体运作功能，加强乡镇团委在农村基层团组织中的地位和作用，以乡带村。要切实落实好团章规定，推动基层团委和团支部按期换届、统一换届、民主选举，把每一次换届作为一次集中整顿的机会。重视从党团员青年星火带头人中培养和选拔村团支部书记。团县委要把健全基层团组织，加强基层团组织工作，实施强乡带村，作为重要任务来抓，要把这项工作列入考核指标。在通过开展"乡村青年文化节"活动带动基层活跃的同时，切实加强乡镇青年科技图书站等活动阵地建设，努力拓展功能，完善机制，使开展活动与加强阵地建设并举。要广泛发动乡镇团委参与到创建"五四红旗团委"活动中来。

同志们，农业、农村和农民问题，始终是关系我国改革、发展、稳定全局的重大问题。团的农村工作，是全团服务党的农业和农村工作的集中体现，既包括共青团以青年农民为主要工作对象的各项工作，又包括农村学校、社区、小城镇、乡镇企业团的工作和城市各条战线团组织开展的城乡互助工作，因而不是青农一个部门的工作，全团都要予以高度重视。让我们更加紧密地团结在以江泽民同志为核心的党中央周围，高举邓小平理论伟大旗帜，认真贯彻党的十五大和十五届三中全会精神，抓住机遇，乘势而上，艰苦奋斗，扎实工作，勇于创新，努力开创团的农村工作新局面。

周强在"保护母亲河行动"电视电话会上的讲话

1999年1月18日

以今天的电视电话会议为标志，我们酝酿和准备已久的"保护母亲河行动"就要正式启动实施了。刚才，崔波同志对实施"保护母亲河行动"作了部署和安排，青海、四川和全国少工委的同志作了很好的发言，我都赞成。国家林业局副局长李昌鉴同志的讲话讲得很好、很重要，请各地很好地学习和贯彻。下面，我从共青团实施这项行动的角度再讲几点意见。

一、要深刻认识"保护母亲河行动"的重大意义

生态环境是人类赖以生存和发展的基本条件，是经济、社会发展的基础。保护和改善生态环境、实现可持续发展，不仅是关系人类生存和发展的长远大计，而且已经成为一个国家、一个民族文明与进步的重要标志。中华民族具有植树种草、建设美好家园的光荣传统。建国以来，特别是改

革开放以来,党和国家一直非常重视国土绿化事业,党的十五大把植树造林、保护和建设生态环境,实现可持续发展确定为我国现代化建设必须始终坚持的一项基本方针。江泽民总书记曾专门批示,指出要发挥社会主义制度的优越性,发扬艰苦创业的精神,齐心协力地大抓植树造林,绿化荒漠,建设生态农业。经过一代一代人长期地持续地奋斗,再造秀美山川。国务院近日正式公布实施的《全国生态环境建设规划》,对从现在起到下个世纪中叶全国的生态环境建设进行了全面部署。但是由于历史、自然的种种原因,目前我们国家还是一个森林植被覆盖率较低的国家,水土流失严重,土地荒漠化加剧,水旱灾害频繁,这些都严重制约了我国国民经济和社会的可持续发展。尤其是去年长江、松花江和嫩江流域的特大洪灾以及黄河的长时间断流,更使生态环境的保护与建设显得尤为重要和迫切。共青团和青少年历来就是绿化祖国的重要力量。为贯彻落实党的十五届三中全会精神和江泽民总书记的重要批示,充分发挥广大青少年在保护和建设生态环境,实现可持续发展,建设祖国秀美山川方面的生力军作用,团中央、全国绿委、国家林业局和中国青基会决定实施"保护母亲河行动",主要目的就是要喊响"保护母亲河"这个具有强大感召力、凝聚力的主题口号,最大限度地动员和组织青少年乃至社会各方面的力量,通过积极兴建保护母亲河绿色工程、深入开展保护母亲河行动周(日)活动、广泛筹集保护母亲河绿色希望工程基金,大力服务和推进国土绿化事业,大力宣传和倡导绿色文明意识和母亲河意识。黄河、长江是孕育中华文明的母亲河、保护母亲河就是保护中华文明、保护青少年,就是保护我们的家园,保护我们自己要在全社会形成强烈的母亲河意识,为母亲河能清起来,并永远造福人类,为实现中华民族的可持续发展和全面振兴做出积极的贡献。各级团组织和团的干部一定要从战略和全局的高度,深刻认识"保护母亲河行动"的重大意义,迅速投身到"保护母亲河行动"中来。

二、要举全团之力,建好保护母亲河绿色工程

按照规划,今后五年我们要完成50万亩以上"保护母亲河绿色工程"的造林任务,加上与其他部委联合实施的生态工程,共计100万亩。就共青团来说,这既是一个切合实际的目标,又是一个必须举全团之力,动员和组织起包括青少年在内的社会各方面的力量才能实现的目标。这就要求各级团组织必须牢固树立全局观念,从当地实际出发,采取各种有效的形式和途径,切实整合团内力量,激发和调动广大青少年的积极性,大力开发社会各方面的资源,有力地服务和推动保护母亲河绿色工程建设。尤其需要强调的是,全国重点工程项目是保护母亲河绿色工程的重中之重,不是哪一个地方、哪一级团组织的事情,是全团的共同责任。各地都要积极发挥自身优势,能筹钱的多筹钱,能出力的多出力,尽其所能把有限的资源集中起来,大力推动全国重点工程建设。此外,正在开展的团的青年志愿者、18岁成人仪式教育、"手拉手"等有关活动要与"保护母亲河行动"有机结合,相互促进。举全团之力还有一点就是,不论是全国"保护母亲河行动",还是地方"保护母亲河行动",都要把名称和口号统一起来,打出名牌。

三、要着力创建"保护母亲河行动"科学规范的运作机制

"保护母亲河行动"由工程、活动、基金三部分有机组成,其目的在于形成一种工程化造林、项目化管理、群众化参与、社会化操作的青少年绿化祖国、治理水土流失、保护生态环境模式。这就要求我们在实施"保护母亲河行动"中,必须努力做到:工程项目要科学设计,合理规划,精心施工,真正建立起按规划立项、按项目报批、按设计施工、按进度安排资金、按效益考核审计验收的工程建设机制;周(日)活动要广泛发动、生动具体、注重实效,真正建立起动员全团、带动青年、影响社会的有形载体;创建基金要坚持国家支持、团组织筹集、基金会面向社会募集一齐上，并实行专款专用，严格按国家有关规定进行管理和监督，真正建立起多形式、多层次、多途径的筹集资金渠道和严格的管理制度，确保“保护母亲河行动”顺利健康持久地开展下去。

四、要注重发挥“保护母亲河行动”的宣传教育作用

植树造林、治理水土流失、保护生态环境与育人结合，是我们的传统和优势。“保护母亲河行动”是对青少年进行生动教育的有形载体，各级团的组织要通过开展大规模的植护实践活动以及各种宣传、募集资金活动，在全社会尤其是青少年中树立绿色文明意识、生态环境意识、可持续发展意识、保护母亲河意识，特别是要用“保护母亲河”这个主题来激发和形成强大的民族凝聚力，从而最大限度地把广大青少年和人民群众的热情和积极性调动起来，引导到祖国的现代化建设和实施可持续发展上来，致力实现中华民族的伟大复兴。

五、要切实加强对“保护母亲河行动”的领导

各级团组织要以高度的历史责任感，把“保护母亲河行动”作为全团的一件大事摆上重要位置，切实加强领导，采取有效措施，确保抓实抓好，抓出成效。各地要在全国“保护母亲河行动”统一部署下，因地制宜制定好本地区的“保护母亲河行动”方案。一任接着一任干、一茬接着一茬干，坚持不懈地干下去。“保护母亲河行动”还是一项专业性、群众性、社会性、综合性很强的系统工程。今年，是实施“保护母亲河行动”的启动年，也是关键的一年，各级共青团组织、绿委、林业部门和青基会要按照团中央、全国绿委、国家林业局、中国青基会的总体部署和要求，务必高度重视，做到各司其职，通力合作，协调行动，努力把包括广大青少年在内的社会各方面的力量动员和组织到“保护母亲河行动”中来。

“保护母亲河行动”是团中央、全国绿委、国家林业局、中国青基会认真贯彻党的十五大和十五届三中全会精神，贯彻江泽民总书记批示精神，服务和推动全国重点生态工程建设规划实施的重要举措，也是一项功在当代、利在千秋的绿色希望工程，意义重大。让我们紧密团结在以江泽民同志为核心的党中央周围，高举邓小平理论伟大旗帜，举全团之力，举全国青少年之力，举社会各界之力，真抓实干，长抓不懈，创建出一批带动青年、影响社会，并凝聚广大青少年和社会各界爱心的优质绿色工程，为中华大地山更绿、水更清，山川更秀美，做出我们无愧于党、无愧于人民、无愧于时代的新业绩，在新世纪来临之际，向世界展示中国青少年新的时代风貌。

周强在第三届中国杰出（优秀）青年科技创业奖颁奖典礼上的讲话

1999年2月5日，根据录音整理

今天，团中央、科技部、全国青联举行隆重的颁奖仪式，表彰荣获第三届中国杰出（优秀）青年科技创业奖的青年科技工作者。本次创业奖的获奖者都是全国青年科技工作者队伍中的优秀代表。你们的创业成就和奋斗精神将激励广大青年为振兴中华而立志创新、不懈奋斗。在此，我代表团中央向你们表示热烈的祝贺！向你们并通过你们向广大的青年科技工作者致以崇高的敬意！希望你们再接再厉，为加速科技产业化，促进科技与经济的紧密结合创造出新的业绩。

多年来，各级党政部门对共青团事业和青年科技工作给予了大力支持。借此机会，我谨代表团中央表示由衷的感谢！

我们正处在建设有中国特色社会主义的伟大时代。这样一个时代给广大青年包括青年科技工作者提供了前所未有的广阔舞台。党的十五大提出了跨世纪的宏伟目标，到下世纪中叶建国 100 年时，基本实现现代化，建成富强民主文明的社会主义国家。在当前激烈的国际竞争中，中华民族要立于不败之地，必须依靠创新。江泽民总书记反复强调，“创新是一个民族进步的灵魂，是国家兴旺发达的不竭动力。”我们国家的发展需要创新，创新的希望在于青年。江总书记在讲到创新时，总是对青年一代寄予厚望。团十四大期间，江泽民总书记在与团十四大部分代表座谈时说：“我们这一代人年轻的时候，是在党的领导下为推翻反动统治，建立和建设新中国而奋斗。这是一个伟大的历史责任。当代中国青年，则是在党的领导下为实现祖国现代化的美好蓝图，实现中华民族的伟大复兴而奋斗。这又是一个伟大的历史责任。”总书记还说，到建国 100 年时，现在的青年大致是我现在这个年龄。这意味着，实现中华民族伟大复兴的宏伟蓝图将在我们手中变成现实，中华民族多少代仁人志士梦寐以求的强国梦最终将在我们这一代青年的奋斗中梦想成真。这对青年一代是巨大的鼓舞和鞭策。时代给我们青年一代提供了舞台，党和人民对我们青年一代寄予了期望，实现中华民族伟大复兴的责任历史地落到了我们的肩上。共青团组织和广大青年就是要树立这样的雄心壮志，担负起这样的历史责任。毛泽东同志带领中国共产党人和中国人民实现了中华民族的独立，邓小平同志带领中国共产党人和中国人民迎来了改革开放和现代化建设的春天，江泽民同志正带领全党全国人民满怀信心地迈向新时代。广大青年要立志投身建设有中国特色社会主义的伟大实践，把党提出的跨世纪宏伟目标在我们的手中变成现实，用实际行动来表明我们没有辜负党和人民的期望，来告慰为建立新中国而英勇牺牲的先烈们。

时代呼唤英雄。我们的时代呼唤着艰苦创业的英雄，呼唤着更多的青年人才脱颖而出。当代青年正是在这样的时代里担负这样的历史责任。团中央、全国青联将会同国家有关部门联合实施中国青年科技创新行动，团结带领全国青年包括青年科技工作者，为实施科教兴国战略，为实现中华民族的伟大复兴做出无愧于时代的贡献。

下面，我就实施中国青年科技创新行动讲两点意见。

第一，充分认识实施中国青年科技创新行动的意义。

实施中国青年科技创新行动是时代发展的需要。当今世界，科技进步日新月异，知识经济迅速兴起，国与国之间以经济和科技为基础的综合国力的竞争日趋激烈。在这样的背景下，要为实现跨世纪的宏伟目标而奋斗，必须实施科教兴国战略，提高国家的创新能力。去年，中央召开经济工作会议时提出，1999 年要把科教兴国放在十分重要的位置，因为我们现在正处于经济结构调整时期。如何在结构调整中加大高新技术含量，提高科技对于经济增长的贡献率，一方面，我们要用科技来改造传统产业，同时必须积极培育新的经济增长点，加快发展高新技术产业。只有这样，才能提高经济运行的质量和效益，保持国家经济强劲的增长后劲。在中央经济工作会议上，许多省提出了科教兴省战略,把推动科技进步作为促进经济发展的一个十分重要的战略步骤。广大青年特别是青年科技工作者一定要认清形势,发愤学习,勇于创新,做科教兴国的生力军,为推动经济发展做贡献。

实施中国青年科技创新行动有利于培养更多的优秀青年人才。当代青年思想敏锐,眼界开阔,有着良好的创新基础,蕴藏着极大的创新热情。而且,许多年轻的科技人才已经成为推动科技进步的中坚力量。随着科技产业化进程的加速发展,迫切需要更多优秀青年科技人才的脱颖而出。我们要通过这项工作努力搭建一个促进青年成长成才的舞台,为青年的创新实践服务,进一步激发青年的创新热情,引导青年瞄准科技发展的前沿,参与重大和关键技术的研究和开发,帮助青年科技工作者开发具有自己知识产权的技术和产品,为青年人才成长与发展提供广阔的舞台。因此,实施中国青年科技创新行动,是共青团动员、凝聚青年推动科教兴国战略,促进经济发展,参与国际竞争的一个重要部署,也是服务当代青年成长成才的一项重要措施。

第二,实施中国青年科技创新行动的重点工作。

各级团组织、青科协要在国家创新体系中发挥积极作用。在国家创新体系中，企业是创新的主体，大专院校、科研单位是创新的基础，或者说是引擎。共青团的作用就是当好助手和帮手，也就是在创新体系中发挥好群众团体的作用。正因为我们是群众团体，才能够充分发挥自身优势，把蕴藏在不同部门、不同单位的青年人才有效地连接起来，把他们的潜力发挥出来。找准了自己的位置，我们就能够在国家主管部门的统一领导下，发挥应有的作用。

关于中国青年科技创新行动的实施,团中央下发的《关于实施中国青年科技创新行动的意见》已经作了具体部署。团中央还将会同科技部、国家经贸委、国防科工委下发《关于联合实施中国青年科技创新行动的意见》。各地团组织要认真部署,抓好落实,在近期努力达到以下工作目标:建立一批青年科技创新示范基地;以各级青年科技工作者协会为依托建立一个带动青年创新实践的中介服务网络;转化一批市场前景看好的科研开发成果;努力培养适应新世纪需要的创新人才。

为实现这样一个工作目标,根据我们的实际提出以下三点要求。

一是要充分发挥青年科技工作者协会的作用,大力开发青年人力资源,培养青年创新人才。这次中国青年科技工作者协会会员大会是在世纪之交我国进行经济结构调整这样一个背景下召开的。为了真正把广大青年科技工作者动员起来,凝聚起来,我们必须充分发挥好青科协的作用。首先是发现、培养、举荐青年人才。青年追求创新,最富有创新精神。青年也是创新实践的积极参与者。青科协就是要广泛联系青年科技人才,把蕴藏在他们中间的创新精神和潜能充分发挥出来。要为青年人才的创新实践服务,培养他们的创新精神,提高他们的创新能力。要建立和完善青年创新激励机制,激励更多的青年科技工作者、更多的青年投身到创新实践中去,投身到经济建设中去。

二是要充分发挥团组织的优势，促进人才与项目的多元对接。共青团是做青年工作的，有凝聚人才的优势，我们可以把各界青年包括不同部门、不同战线、不同企业的青年科技工作者团结起来，实现青年科技人才与企业项目的有效对接。根据调查，当前还存在着科技与经济脱节的现象，一方面有人才，青年人才不断涌现，但找不到项目；另一方面，企业又缺乏人才，许多项目找不到人才。各级团组织要通过扎实有效的工作使人才和项目以多种途径实现多元对接。我们在这方面已经作了一些有益的探索。全国青联为华北制药集团与在日本的中国留学人员建立了联系，留日学人为华北制药集团进行技术攻关，产生了很好的效果，既推动了企业的发展，也激发了海外学人为国服务的热情。共青团联系很多青年社团，除了青科协外，还有青企协、青乡企协等，可以通过加强这些协会之间的联合，使企业与青年科技工作者很好地结合起来，有效地促进科技成果的转化。这样，既激励青年创新，不断发明创造，又推动发明成果转化为现实生产力。

促进人才与项目的多元对接。要重视青年科技创新示范基地建设。在高新技术企业、大专院校、科研院所中，要建立一批示范基地。基地以项目为载体，一方面充分发挥自身人才集中的优势进行科研开发；另一方面，集中我们所联系的青年科技工作者共同参与开发，促进产学研的结合。要使科技创新示范基地成为集中项目、吸纳人才的基地，通过示范基地建设探索人才与项目对接的机制。要办好中国青年科技园，用足用好国家级科技园区的优惠政策，为青年科技工作者的科技创业提供条件。

三是要积极培养典型，树立典型，在全社会形成良好的创新氛围。宣传、动员是我们的工作优势。许多同志都记得，1978 年，作家徐迟写了一篇题为《哥德巴赫猜想》的报告文学，讲的是陈景润的奋斗历程，在青年中产生了很大的反响。这表明，陈景润代表了那个时代的需要，反映了那个时代青年的追求。再回想一下 80 年代初期，青年一代提出要追回被“四人帮”耽误的青春，渴求学习，渴求知识，共青团树立了张海迪这样的典型。现在，在建设有中国特色社会主义伟大实践中，在实现中华民族伟大复兴的历史进程中，青年一代渴求什么样的典型呢？我们作了一些调查，发现广大青年真正的追求是知识创新，是艰苦创业、科技创业。青年需要这样的典型。在纪念五四运动 80 周年时，团中央将隆重推出这方面的青年杰出典型，在全社会尤其在青少年中形成崇尚知识、勇于创新、艰苦创业的社会风尚。这是一种导向，让青少年学有榜样。从我们今天表彰的杰出（优秀）青年科技创业者身上，青少年就能够吸取营养、吸取力量。

最近，《光明日报》有一篇长篇报道，介绍了计算机领域的“少帅现象”，即在计算机领域（包括软件产业）青年人已经成为中坚力量。这说明了什么呢？说明在竞争十分激烈的领域，青年发挥了突出的作用。在我国的计算机产业等领域，涌现出了越来越多的杰出青年人才，我们要加大对这些青年人才的宣传力度。《中国青年报》、《中国青年》杂志，包括全国的 100 多家青年报刊，都应该在这方面发挥积极作用。我们还要联合中央各新闻单位包括中央电视台、中央人民广播电台等，在今年上半年加大对青年人才特别是青年科技创业人才的宣传力度，营造科技创新的良好氛围。

同志们：时代在召唤着我们，青年在期待着我们。新的世纪即将到来，我们一定要顺应创新这一时代潮流，乘势而上。让我们高举邓小平理论伟大旗帜，更加紧密地团结在以江泽民同志为核心的党中央周围，在科教兴国的伟大实践中充分发挥生力军作用，锐意进取，不断创新，为实现中华民族的伟大复兴贡献青春、智慧和力量！

大兴勤奋学习之风，团结带领广大团员青年为实现党的跨世纪宏伟目标而努力奋斗

——周强在团十四届中央委员学习邓小平理论读书班开班时的讲话

1999年3月2日

新春伊始，团中央书记处决定举办团中央委员学习邓小平理论读书班，目的是为了积极响应和贯彻落实江泽民总书记关于加强学习的重要指示，促进全团深入学习邓小平理论，推动全团深入开展“三讲”教育，切实加强团中央委员会建设，在广大团员青年中大兴勤奋学习之风。从一定意义上讲，这次读书班也是在为推动共青团工作实现跨世纪新发展作准备。我们应当高度重视这次理论学习。希望通过这次学习，能使团中央委员的理论水平有新的提高，政策水平有新的进步。这次读书班，以学习邓小平理论为主，同时也学习当前经济、科技、外交和法制建设方面的最新知识。这是为了更好地帮助大家加深对邓小平理论的认识，更好地帮助大家运用邓小平理论分析形势，指导工作。今天，我就如何更好地加强团干部学习，带动青少年学习，谈几点认识和意见。

一、学习是共青团的重要任务

重视学习，善于学习，是我们党的优良传统。在每一个重大历史关头，面对新形势和新任务，党中央都要号召全党同志加强学习。而每次这样的学习热潮，都会推动我们的事业出现大变化、大发展。这是我们党的一条重要历史经验。

在改革开放和现代化建设的新时期，特别是党的十五大以来，以江泽民同志为核心的党中央十分重视在全党全社会树立勤奋学习的风气，多次号召党的领导干部特别是高级领导干部要讲学习。江泽民总书记几乎是有会必讲，一再强调和阐述加强学习的重要性、紧迫性。现在，“讲学习”已与“讲政治”和“讲正气”一起构成了一个既符合时代要求，又具有动员意义的响亮口号，凝聚和鼓舞着全党全国人民。在高举邓小平理论伟大旗帜，推动建设有中国特色社会主义事业跨世纪发展的关键时期，江泽民总书记又一次号召要加强学习，大兴学习之风，并明确指出，加强学习是实现党的十五大确定的跨世纪发展目标的必然要求。在去年年底和今年年初，江泽民总书记在纪念党的十一届三中全会召开20周年大会上，在视察北京图书馆的时候，在省部级主要领导干部金融研究班结业式上，三次讲到加强学习的问题。尤其是在金融研究班结业式上的讲话中，把学习问题讲得更集中、更透彻了。江泽民总书记指出：“实现跨世纪发展的宏伟目标，从长远看，关键在一大批年轻干部的健康成长。年轻干部要尽快成长起来，没有任何捷径可走，只有勤奋学习，深入实际，努力汲取各种知识营养，在艰苦的锻炼中成长和提高起来。”而且指出：“如果我们不能通过新的学习和实践不断提高自己，就会落后于时代，就有失去执政的资格、失去人民的信任和拥护的危险。这并不是危言耸听。”可以说，在我们党的历史上，总书记把学习问题提到了前所未有的高度。

在这样的形势下，我们抓好团干部的理论学习，还具有特殊重要的意义。

革命导师和我们党历来要求并重视青年及共青团的学习。革命导师在论述共青团和

青年时，总是一再强调学习是青年和共青团的主要任务。列宁在《论青年团的任务》一文中明确指出："一般青年的任务，尤其是共产主义青年团及其他一切组织的任务，可以用一句话来表示：就是要学习。""共产主义青年团是青年学习共产主义的大学校。"在给青年共产国际第一次世界代表大会的贺信中，列宁说："希望你们不要因为取得了崇高的称号而忘记最主要的任务——必须实事求是地推进培养青年和学习的工作。"

在革命和建设时期，以毛泽东同志为核心的第一代中央领导集体始终十分重视青年和共青团的学习。1949 年 4 月，朱德同志代表党中央在中国新民主主义青年团第一次全国代表大会上说："青年团要领导青年好好学习，学习马列主义和毛泽东思想，学习文化、科学、生产、军事知识。要在斗争、工作、劳动中学习，要使新的一代青年都真正成为能文能武，样样精通的新中国建设人才。""青年的最主要任务是学习。"1953 年 6 月，刘少奇同志代表党中央在中国新民主主义青年团第二次全国代表大会上所致祝词中说："青年团员要永远记住列宁的教导：学习、学习、再学习。这就是青年团员的重要任务。"

早在 1955 年 9 月，邓小平同志在全国青年社会主义建设积极分子大会上就说："青年应当努力学习。要用最顽强的精神去学习，使这一代的青年都成为识字的人，有文化的人，能够掌握科学和技术的人。一定要十分重视马克思列宁主义的学习，来不断地提高自己的政治觉悟。"党的十一届三中全会后，我国社会主义事业进入新的发展时期，邓小平同志在 1980 年语重心长地说："在不断出现的新问题面前，我们党总是要学，我们共产党人总是要学，我们中国人民总是要学。谁也不能安于落后，落后就不能生存。"小平同志所讲的"中国人民总是要学"，当然也包括广大青少年在内。当团中央在 80 年代初推出张海迪这个发愤学习的时代典型的时候，小平同志亲笔题词："学习张海迪，做有理想、有道德、有文化、有纪律的共产主义新人。"

江泽民总书记在谈到加强学习的时候，总是特别强调年轻干部的学习问题和广大青少年的学习问题。在纪念建党 75 周年座谈会上，江总书记指出："要把一个稳定的充满发展活力和生机的中国带入 21 世纪，要使我国在 21 世纪中叶基本实现现代化，以社会主义强国的地位屹立于国际社会，取决于党的基本理论和基本路线的长期坚持，归根到底取决于广大青年一代及年轻干部的健康成长。"总书记在给年轻干部的四句赠言中，把"刻苦学习"放在了首位，并语重心长地说，人生经历中最宝贵的年华是青年和中年时期，务必要好好珍惜，切不可虚度光阴。要下苦功夫学习，学习一切需要学习的东西，努力打好为党和人民的事业建功立业的思想根底和知识功底。在与团十四大部分代表座谈时，总书记说："青年的素质，关系我们国家和民族的长远发展。事业无止境，知识无穷尽。大家应当坚持不懈地学习学习再学习。"在纪念党的十一届三中全会召开 20 周年大会上又指出："要在全党养成勤奋学习的风气，并把这种风气大力推广到全国人民特别是广大青少年中去。这样我们才能更好地完成历史赋予我们的改革和建设的伟大任务。"在金融研究班上再次强调："我们未来的领导干部和建设人才，要从现在的青少年一代中产生。因此，通过全党的学习，带动广大青少年刻苦学习，是关系到党和国家事业兴旺发达和后继有人的一件大事。"

加强学习是共青团完成基本任务的需要。首先是把握大局、服务大局的需要。从国内形势来看，我们的奋斗目标已经明确。党的十五大确定了我国跨世纪发展的宏伟目标。到建国 100 年的时候，我国基本实现现代化，建成富强民主文明的社会主义国家。改革开放 20 年取得了举世瞩目的伟大成就。当前，改革发展稳定都面临着繁重的任务。从国际形势来看，和平与发展仍是当今时代的主题，但霸权主义和强权政治依然存在，不公正不合理的国际政治经济旧秩序还没有根本改变。伊拉克问题、科索沃问题就是明证。在经济全球化、信息化趋势加快发展的条件下，化解金融风险、维护国家经济安全等任务也十分艰巨。在国际交往中，我国的国际地位越来越重要，展示了大国外交的风采，但也面临着许多压力。这一系列新情况新问题，都要求我们加强学习。只有不断加强学习，了解和把握时代的发展趋势，认清肩负的历史重任，才能更好地把握大局、服务大局。

其次是共青团团结、教育、服务青年的需要。我们是做青年工作的，青少年是我们的工作对象。我们要团结好、教育好、服务好青少年，必须拥有较高的思想水平和知识水平。一个团的干部，如果注重加强学习，有较高的思想水平和知识水平，就会对周围的青年形成示范和带动作用，把更多的青年吸引、团结在团组织的周围。如果不注重学习，在思想水平和知识水平方面与一般青年没有差别，甚至还不如一般青年，那么，就难以成为青年的表率，就难以把青年吸引、团结在团组织的周围。

共青团不仅要做一般青年的工作，而且还要做优秀青年的工作。我们团的干部特别是团的领导干部，能在多大的程度上依靠自己的思想水平和知识水平与优秀青年、高层次青年进行交流，把他们吸引在团组织周围，我们不能说每个人都是有信心的，更不是每个人都能做好的。共青团作为先进青年的群众组织，在今天，如果不把优秀青年的工作做好了，把他们团结在团组织的周围，就很难说我们把青年工作做好了。

三是推动共青团工作实现跨世纪新发展的需要。团的干部特别是团的领导干部，如果不加强学习，努力提高自身素质，就难以认清形势，抓住机遇，推动共青团工作实现跨越世纪的新发展。随着改革开放和社会主义市场经济的深入发展，共青团工作既面临着机遇，也面临着挑战。这是全团的共识。但在如何认识机遇和挑战，如何抓住机遇和迎接挑战方面，团干部的素质不同，其结果也会不同。如果素质高，对机遇和挑战就会认识得更清楚，抓得更准确，迎接得更有信心，也就能有更大的作为，不断开创出新的工作局面。相反，如果素质低，在机遇和挑战面前就会束手无策，无所作为，既影响团的事业，也影响自身的发展。

总之，对于共青团来讲，只有发扬学习的好传统，善于学习，才能更好地团结和凝聚青年，教育和服务青年。在新形势下，如果我们不重视学习，不善于学习，就会丢掉助手和后备军的地位，就会丧失桥梁纽带的职能，就会失去团结教育服务青年、代表和维护青少年权益的资格。对于团干部个人来讲，如果不重视和善于学习，就根本不配做团干部。

加强学习是加强团干部队伍建设、提高团干部素质的需要。总体上讲，我们的团干部队伍是好的，有朝气，学习的积极性较高，工作有开拓精神，政治上也较敏锐，但也存在一些问题。一是转业较快，大量的新同志进入了团干部队伍。这些同志有很多优点，如学历高，有文化，有热情，但对团的工作特点不熟悉，尤其是对团的优良传统知之甚少，理解甚浅，工作当中有浮躁情绪，工作飘浮。艰苦奋斗、无私奉献等观念，在一些团干部头脑中还比较淡薄。二是有的团干部对团的性质产生了一些模糊认识。最近有一篇文章，叫“共青团资本”，中心意思是说共青团拥有很多资本。当然这篇文章的出发点是好的，是说共青团有很多优势，要好好利用，充分发挥。但是把共青团当做是一个经济学上追求最大利润的资本，则完全偏离了共青团本身的性质。这从一个侧面暴露出一部分团干部在新形势下对团的性质的模糊认识。还有一种观点认为，共青团将来会变成经济实体一样的组织，共青团办企业，企业就是共青团。这种认识误区在历史上早就解决了，小平同志50年代就指出，共青团是政治团体。这个性质不能变，这个性质变了，共青团就无立足之地。当然，为了推动共青团事业的发展，我们要搞团办实体，要产业兴团，还要搞社会化，但我们不能把团办实体等同于共青团本身，不能把共青团组织变成生产经营企业。因此，我们要加强学习，提高新形势下坚持对共青团组织性质重要性的认识，尤其是要善于从政治上分析问题，认识形势。三是有的团干部放松了主观世界的改造，经不起诱惑，在腐蚀面前打了败仗。这种情况虽然很少，但影响恶劣。这就要求我们加强学习，提高自身的素质，首先在思想上筑起防腐拒变的长城。

总之，加强学习，是形势发展的需要，是共青团完成基本任务的需要，也是加强团干部队伍自身建设、提高团干部队伍素质的需要。

二、团的干部要做勤奋学习的表率

团的干部是党的干部的一部分，必须按照党的要求努力加强学习。同时，共青团又担负着为党做好青年工作的责任。这就要求我们必须带头学习，为广大青少年做出榜样。

要系统地学习理论。中国共产党是非常重视理论指导的党。无论对党还是对党的干部来说，理论上成熟都是政治上成熟的基础。思想理论素质是领导素质的灵魂。团的干部要按照党的要求加强学习，必须系统地学习马克思主义理论。也就是说，要认真、刻苦、全面地学习马克思列宁主义、毛泽东思想特别是邓小平理论，而且是在系统地学习原著上下功夫。要认真研读邓小平的著作，选学马列著作和毛泽东著作。要学习江泽民同志的重要讲话，学习十一届三中全会以来党和国家的重要文献。只有这样，我们的理论学习，才是系统的而不是零碎的，扎实的而不是飘浮的，结合实际的而不是空洞的。

在团中央书记处的“三讲”教育中，我们认真通读了《讲学习讲政治讲正气教育读本》。这个读本有一个很重要的特点，就是不编语录，不搞专题，直接收录三代领导核心的原著。这样一个读本，对于个人的学习是十分有好处的，可以直接研读领导人的原著，在历史的比较中来学习，融会贯通起来学习。

在理论学习方面，我们要特别注重深入学习邓小平理论。江泽民总书记指出，深入学习邓小平理论，要同学习和贯彻十五大精神结合起来，要紧紧围绕十五大的主题，在全面、正确理解和掌握邓小平理论科学体系和精神实质上下功夫，在全面、正确理解和掌握十五大精神上下功夫，把全党的思想和行动进一步统一到十五大精神上来，把全国各族人民的智慧和力量进一步凝聚到实现十五大确定的任务上来。兴起理论学习新高潮，“新”就新在这里；抓理论武装工作要鼓劲，“劲”就要使在这里；衡量理论学习的成效，着眼点也要放在这里。我们要认真理解和把握江泽民总书记这段话的深刻含义，努力使学习和工作达到党的十五大要求的新水平。

要系统地学习历史。江泽民总书记指出：“一名领导干部不善于从历史中汲取营养，不可能成为高明的领导者；一个政党不善于从总结历史中认识和把握社会发展的规律，不可能成为顺应历史潮流的自觉的政党；一个民族不善于从历史中继承和发扬本民族与世界其他民族创造的优秀文明成果，就不可能屹立于世界民族之林。”读史使人明智。团的干部实践经验不够丰富，社会阅历相对较浅，尤其需要系统地学习历史，从中增长见识，汲取智慧。

团的干部应当系统地学习国际共运史和中共党史。回顾这两个方面的历史，我们可以清楚地看到，不管是在二战后国际共产主义运动处于高潮的时候，还是冷战结束后国际共产主义运动处于低潮中，中国共产党都能够把马克思主义基本原理同中国实际结合起来，解决中国的前途和命运问题,领导中国人民不断从胜利走向新的胜利。在世纪之交,学习共运史和中共党史,对于我们认识所面临的形势和所遇到的问题具有重要的现实意义。历史已经证明并将继续证明,无论任何艰难险阻和任何力量都不能阻挡中国人民在中国共产党的领导下,为实现社会主义现代化而奋斗,为实现中华民族伟大复兴而奋斗。明白了这个道理,我们自己可以做到,也有利于引导青年做到,在实践上坚持小平同志所讲的不争论,在理论上保持清醒的认识,在政治上自觉地与以江泽民同志为核心的党中央保持高度一致。

团的干部还应当系统地学习青运史和团史。近100年来的中国青年运动史,说到底,就是一代又一代先进青年在党的领导下为了民族独立和人民解放、国家富强和人民幸福而英勇奋斗的历史。一部中国共青团的历史,说到底,就是团结带领全国各族青年为实现党在各个时期的奋斗目标贡献青春、智慧和力量的历史。学好青运史,我们可以更好地把握青年运动的方向,引导青年始终在党的领导下走健康成长之路。学好团史,我们可以更好地坚持正确的政治方向,充分发挥党的助手和后备军作用,团结带领青年为实现党的跨世纪宏伟目标而奋斗。而且,青年工作和团的工作中的许多实际问题,我们都可以从青运史和团史中找到答案。如,毛泽东同志的《青年团的工作要照顾青年的特点》,邓小平同志的《提倡深入细致的工作》,既科学地回答了共青团工作中的许多带有根本性的问题,也科学地回答了共青团工作中的许多具体问题。又如,团的历史上许多好传统,好制度,好做法,今天仍然值得我们很好地发扬和光大。

要坚持不懈地学习现代经济知识。团的干部要学习现代经济知识,从根本上讲,是由党的基本路线所决定的。经济建设是中心,全党全国的工作都是围绕这个中心开展的。同样,团的工作也必须自觉地服从和服务于经济建设这个中心。具体地讲,要团结带领青年投身经济建设,不懂经济知识肯定不行。团的许多活动都涉及到了经济领域,必须遵循经济规律。

现代经济知识,内容很多。团的干部比较年轻,在下个世纪的第一个10年里,在我国将形成比较完善的社会主义市场经济体制的进程中,现在的绝大多数人将走向新的工作岗位,因此尤其要注意学习与市场经济有关的知识。做到像江泽民总书记所要求的那样:“社会主义市场经济是一所大学校,大家都要自觉地进入这所大学校学习。”

要坚持不懈地学习现代科技知识。当今时代,科技与经济已经成为紧密结合、相互促进的有机整体。科学技术日益渗透于经济发展和社会生活各个领域,成为推动现代生产力发展的最活跃的因素和现代社会进步的决定性力量。而且,现代科学技术的发展日新月异,知识更新异常迅速。据英国技术预测专家詹姆斯·马丁测算,人类的科技知识,19世纪是每50年增加一倍,20世纪中叶是每10年增加一倍,现在是每3至5年增加一倍。身处这样一个时代,每一个人都有学习现代科技知识的必要。

特别重要的是,实施科教兴国战略离不开国民科技素质特别是各级干部科技素质的提高。而且,作为团的工作对象的青年群体,已经越来越成为现代科学技术的主要拥有者,成为现代科技创新的主要力量。在这样的背景下,做好青年工作,团结带领广大青年为实现党的跨世纪宏伟目标而奋斗,要求团的干部必须坚持不懈地学习现代科技知识。否则,就会落后于青年,落后于时代。

三、要在青年中大兴学习之风

共青团尤其是团的干部不仅要以身作则,加强自身的学习,做勤奋学习的表率,而且要动员和组织广大青少年积极响应江泽民总书记的号召,大兴勤奋学习之风,掀起新的学习热潮。

动员和组织青年学习始终是共青团的重要任务。回顾建国以来的共青团工作,可以看到,每当党面临着新形势和新任务的时候,共青团总是密切配合党的中心工作,动员和组织青年为实现党的奋斗目标而发愤学习,从而促进了党和国家事业的向前发展。

在50年代,共青团适应全国社会主义建设的要求提出了"劳动、学习、团结"的口号。在理论学习方面,共青团团结带领广大青年掀起了学习马列主义、毛泽东著作的群众运动。1958年6月,共青团三届三中全会通过的《关于组织广大青年学习马列主义、毛泽东著作的决议》,就是推动青年理论学习的一项重要举措。针对青少年文化素质低和科学知识不足的现状,共青团广泛开展了扫盲学习、科学技术普及教育、阅读书报和"向科学进军"等一系列提高青少年科学文化素质的活动。在农村,开展了青年扫盲工作,不到三年的时间里共扫除文盲3000万人,其中青年占2000万人以上。在城市,开展了帮助厂矿、机关、学校和集体宿舍建立读报组和办好阅览室活动,通过开展自然科学常识通俗讲演活动,帮助青年学习"宇宙是什么"、"从猿到人"、"原子能和人类的将来"等科学知识。团中央还向全国青年推荐了《钢铁是怎样炼成的》、《卓娅和舒拉的故事》、吴运铎的《把一切献给党》等优秀读物。这些工作,为新中国国民经济的恢复和发展,为社会主义建设做出了积极的贡献。

十一届三中全会后,随着党的工作中心转移和翻两番战略目标的提出,需要大量能适应经济建设和改革开放的人才,青年中出现了高考热、自学热,形成了我国改革开放以来的第一次青年学习热潮。这个热潮持续了相当长的一段时间。共青团积极配合党的中心工作,针对青年不断增长的成才渴求,提出了"劳动、学习、树新风"的口号,强调要坚持用马列主义、毛泽东思想和现代文化知识武装广大青年,引导青年积极投身两个文明建设的实践,把自己锻炼成为一代"四有"新人。如思想教育方面的"五讲四美三热爱"活动,成为推动社会主义精神文明建设的一项重要活动。同时,团中央、全国青联、全国学联联合发出号召,要求在广大青年、学生中开展读书和自学活动。一个刻苦读书、自学成才的热潮在全国迅速兴起。据有关方面的统计,全国共有1.2亿青年参加了振兴中华读书演讲活动。参加电大、职大、业大、函大、刊大、高等教育自学考试、文化补习班、技术培训班学习的青年达5000多万人。在读书和自学活动中,涌现出了一批又一批既有真才实学,又有实干精神的优秀青年人才。特别是通过树立张海迪这样的青年自学成才的典型,极大地推动了青年学习热潮的形成和发展。这次学习热潮,对于提高全民族的科学文化素质,加速现代化建设步伐,都具有十分重要的意义。

邓小平同志视察南方发表重要讲话和党的十四大后,我国改革开放和现代化建设进入了新的历史时期,青年的学习热情再一次强烈地表现出来,出现了与80年代明显不同的以学习实用新知识和新技能为主要内容的成才需求。适应新的形势,团中央始终坚持把用邓小平理论武装全团、教育青年放在全团工作的首位,开展了一系列富有实效的活动。适应社会主义市场经济的发展,针对青年的成才需求,团中央不失时机地实施了"跨世纪青年人才工程",提出要培养一代适应社会主义市场经济要求、掌握过硬实用技能的合格劳动者和面向21世纪的具有较高科学文化素质的青年人才。通过在城乡企业培养青年岗位能手,在农村培养青年星火带头人,在高校扶持和培养跨世纪优秀大学生,在少年儿童中实施跨世纪中国少年雏鹰行动,有力地推动了青少年的学习活动。

团十四届中央委员会要以强烈的责任感推动跨世纪一代青少年的学习。我们这一届团中央委员会从一开始就十分重视青少年的学习问题。在团的十四大报告中,强调“共青团要按照党的十五大的要求,坚持不懈地用邓小平理论武装全团、教育青年,在团员青年中兴起学习邓小平理论的新高潮,帮助青年一代构筑起强大的精神支柱”。同时明确提出,要“引导青年为迎接新世纪的挑战发愤学习”,“推动青年形成学习新知识的热潮”,“帮助青年努力掌握新技能”。在团的十四届二中全会上通过的《共青团工作跨世纪发展纲要》中,提出“通过深入学习邓小平理论,帮助青年牢固树立崇高理想和坚定信念”,“推动青年面向新世纪形成以新知识、新科技、新技能为主要内容的学习热潮”。江泽民总书记在省部级主要领导干部金融研究班上发表重要讲话后,我们感到在推动青少年学习方面的责任更重了,任务更艰巨了。我们必须按照党的要求和时代的需要,继承和发扬共青团组织青年学习的传统,在推动跨世纪一代青少年的学习方面有新的突破,有新的作为。

在广大青年中进一步兴起学习邓小平理论的新高潮。我们要根据党中央《关于在全党深入学习邓小平理论的通知》中对共青团的要求,制定下发《关于在全团深入学习邓小平理论的意见》,进一步推动这一重要工作的深入开展。要积极组织适合青年特点的学习活动。针对青年的思想实际,通过举办研讨会、报告会、座谈会、专题讲座、演讲比赛,运用邓小平理论回答青年在理论学习中遇到的问题和在现实生活中遇到的问题,做到答疑解惑,有的放矢。要引导青年把学习理论与投身实践相结合。帮助青年在实践中体验社会主义初级阶段的基本国情,体验改革开放的伟大成果,体验邓小平理论的精神实质,自觉地为改革开放和现代化建设贡献青春、智慧和力量。要注重调动青年的内在积极性。当代青年与改革开放同龄,是改革开放的最大受益者,在他们身上蕴藏着学习邓小平理论的内在积极性。把这种积极性调动起来,发挥出来,有利于使学习和实践邓小平理论成为青年的自觉行动。要加强对青年学习邓小平理论的各种组织的指导和管理,帮助他们创造学习条件,把握学习的方向和重点,在学习理论活动中更好地发挥示范和引导作用。

推动青少年形成学习现代科学文化知识的新热潮。已经于去年年底启动的青少年新世纪读书计划,就是我们为此所进行的努力。推动这样一个高潮的形成,我们首先要加强学习引导。现在,青年的学习愿望越来越强烈,学习兴趣越来越广泛。但在信息时代怎么学习、学习什么,则需要引导。共青团组织要通过开展主题读书活动、设立读书榜、组织读书计划专家指导团、联合大众传媒开设读书栏目等形式进行引导,积极营造读书氛围,不断形成读书热点,使学习在青少年中成为时尚。还要抓好学习载体。推动青少年学习,既要有普遍号召,又要有具体载体。我们要对现有的载体进行整合,以更好地发挥作用。如,普遍建立新世纪读书俱乐部,作为开展读书活动及吸纳广大青少年读者的基本组织形式,为青少年提供导读、评价等方面的服务,促进青少年读书群体之间的交流和联谊。又如,举办新世纪读书论坛,设立新世纪读者日,推广“天天读书一小时”活动,开展读书夏令营活动,推动青少年在读书活动中相互促进、共同进步。还要建好学习基地。学习现代科学文化知识,特别是学习新技能,学习基地很重要。我们可以进一步开发青少年宫、青少年营地等活动阵地的功能,加强农村青年科技图书站建设,使之发展成为青少年学习的基地。可以依托各种活动阵地广泛建立新世纪书屋,为青少年提供借阅、租阅及售书服务。要努力推出学习精品。在知识爆炸的时代,学习精品显得更为重要。正在筹备编辑的青少年新世纪丛书,中国青少年发展基金会发行的“三辰影库”,都要成为青少年的学习精品。共青团精神文明建设“五个一工程”，要推动学习精品的生产。团的宣传部门和团属新闻出版、教学科研机构，要树立精品意识，推出更多符合青少年需求的优秀精神文化产品。

帮助青少年牢固树立终身学习的观念。现代社会是一个学习的社会，学习已成为人们终身的事情。一个人要始终对社会有所贡献，不为社会所淘汰，就必须不断地学习，以求自身知识的常新和完善。所以教育界提出了“终身学习”的概念。《瞭望》周刊今年第5期提出了一个观点，“社会不仅给无知的人机会越来越少，而且给低知识者、旧知识者的机会也越来越少”。据统计，一个大学生在学校学到的知识中，继承性的只占10%，现代科学知识占90%。而一个人一生中，在大学阶段只能获得所需知识的10%，其余90%要靠在工作中不断学习来获得。这说明，学习已经不仅仅是个人的爱好和兴趣的问题了。如果不坚持学习，一个人的知识很快就会落后于应用的需求，个人的发展也会因此受到影响。因此，共青团在推动青少年学习方面，既要为他们提供具体的服务，更要着眼于长远，帮助他们牢固树立终身学习的观念。有了这样的观念，青少年就会不断增强学习的紧迫感和主动性，养成不断学习的习惯，珍惜光阴，学而不倦，不断完善知识结构，在汲取知识的营养中努力地成长成才，成为能够适应时代要求的合格人才。

四、要大力弘扬理论联系实际的学风

加强学习，大兴学习之风，特别是学习马克思主义，必须重视学风的问题。如何弘扬理论联系实际的马克思主义学风，党的十五大报告中有一个十分重要的观点。那就是，学习马克思主义，一定要以我国改革开放和现代化建设的实际问题、以我们正在做的事情为中心，着眼于马克思主义理论的运用，着眼于对实际问题的理论思考，着眼于新的实践和新的发展。这“一个中心，三个着眼于”，是我们学习的出发点和立足点，是党的理论联系实际学风在新的历史条件下的具体体现。共青团作为党的助手和后备军，无论是学习理论，还是学习各种知识，都要坚持学以致用，决不能理论脱离实际。面对新的形势和新的任务，我们在学习中弘扬理论联系实际的马克思主义学风，应当着重在四个“结合”上下功夫，以推动全团和广大青年的学习达到一个新的水平。

把学习同研究问题结合起来。新的形势和新的任务必然会带来新的情况和新的问题。对于不断出现的新情况和新问题，我们必须以实事求是的精神去认真研究，认真解决。共青团作为党的助手和后备军，既要研究共青团工作发展中的重大问题，也要研究建设有中国特色社会主义事业发展中的重大问题。重视研究这两个方面的问题，可以说是共青团的优良传统。团的干部都十分熟悉的“议大事，懂全局，管本行”这句话，讲的就是这个道理。可以说，议大事，懂全局，是共青团管好本行的前提和基础。一个团的干部，如果不关心国家大事，不了解全局发展，是不可能做好团的工作的。同样，只有管好了本行，才能更好地为全局服务，真正做好党的助手和后备军。在建设有中国特色社会主义方面，如，国情的问题，所有制结构中的公有制为主体、多种所有制经济共同发展的问题，分配方式中的按劳分配和按生产要素分配相结合的问题，国有企业改革中的“抓大放小”的问题，政治体制改革中的民主与法制的问题，文化建设中的博采各国之长与抵制各种腐朽思想文化侵蚀的问题。认真研究这些带有全局性的重大理论和实践问题，既对我们的工作具有现实指导意义，也有利于我们提高自己的思想水平和认识水平。在共青团工作的发展方面，重要的是要研究共青团在改革开放和发展社会主义市场经济条件下所面临的机遇和挑战。既要研究深化改革所带来的影响，也要研究实施科技兴国战略和可持续发展战略所带来的影响。既要研究国际形势所带来的影响，也要研究世界科技发展所带

来的影响。既要研究共青团自身的状况,也要研究青年的发展变化。既要把青年作为一个整体来研究和把握,也要研究青年群体的分化问题,把握不同青年群体的特点。同时,还要注意研究世界青年事务的发展。总之,我们要更好地思考、设计和推动工作,就必须认真研究和努力适应变化了的形势和变化了的青年。

把学习同推进工作结合起来。我们这一届团中央委员会任期的五年,是跨越世纪的五年。跨世纪对于我们来讲,已不再是一个口号和概念,而是一份实实在在的责任了。在推动共青团工作实现跨世纪新发展中谱写中国青年运动新的篇章,掀开共青团事业新的一页,是迎接新世纪给我们这一届团中央委员会提出的历史性要求,是在座的每一位同志义不容辞的责任。我们能够成为团中央委员会中的一员,是我们自己的光荣,更是党中央信任我们,广大青年信任我们,全团信任我们。因此,我们必须有强烈的责任感,以推动共青团工作实现跨世纪新发展的决心和行动来对党负责,对青年负责,对团的事业负责。

现在,我们有信心做到这一点,也有条件做到这一点。首先,我们成功地召开了团十四大。团十四大期间,以江泽民同志为核心的党中央的亲切关怀始终鼓舞着我们,广大代表的殷切期望始终激励着我们。还有,我们圆满地召开了团的十四届二中全会。在这次全会上,我们形成了一个强烈的共识。这就是,全团必须着眼于新的世纪,按照党的要求,团结广大青年,在继承和创新中谱写中国青年运动新的篇章,掀开共青团事业新的一页。通过了《共青团工作跨世纪发展纲要》,对世纪之交的工作进行了全面规划和部署。还有,团十四大以来全团工作保持了良好的发展态势。两项工程和一个行动在继续深化。新的工作项目,如,青少年新世纪读书计划,全国青少年保护母亲河行动,都已经启动,中国青年科技创新行动也即将启动。而且,江泽民总书记向全党全社会发出的加强学习,大兴学习之风的号召,必将为共青团工作注入新的发展动力。所有这些,都使我们必须满怀信心地在迈向新世纪中创造新业绩,开创新局面,做出新贡献。

把学习同提高素质结合起来。江总书记指出:"现在三十多岁到四十多岁的年轻干部,都是在和平环境中成长起来的。这些同志大多有较高的文化科学技术知识水平,工作热情、有朝气,思维比较敏捷,接受新事物快,有开拓进取精神,许多同志在自己的岗位上做出了出色成绩,积累了一定的实践经验。在看到他们优点和长处的同时,也要清醒地看到他们的不足和弱点,看到这些不足和弱点同他们所处的社会环境及其社会经历有关。这些同志的主要不足和弱点,是缺乏对马克思主义理论的系统学习,缺乏对党的历史和优良传统的深入了解,大多数没有经过严格的党内生活、艰苦环境和基层群众工作的锻炼。年轻干部要不负历史重托,不负党和人民的期望,全面正确地认识自己,努力提高自身素质特别是思想政治素质。"我们团的干部,要保持年轻干部的优点和长处首先靠学习,要克服年轻干部的不足和弱点也首先靠学习。既要向书本学习,又要向实践学习。特别是要注意向老一辈无产阶级革命家学习,虚心学习他们身上的好传统,好作风。团的干部特别是团的领导干部,一定要在加强学习中打实思想功底,打好知识功底。有了这两个功底,就有了看家本领。面对新的形势和新的任务,依靠这两个功底,就既能保持头脑上的清醒,政治上的坚定,又能够肩负起所承担的责任,不断开创工作新局面。适应新形势和新任务的要求做好工作,光靠朴素的感情肯定是不行的,光靠坚定的决心也是不够的,必须有坚实的思想功底和知识功底做保证。在学习中提高素质,要注重把改造主观世界摆到重要位置。我们工作和生活的环境已经和正在发生深刻的变化,新事物、新知识、新思想不断涌现,各种消极的、腐朽的东西也正随时影响着人们。只有加强主观世界的改造,才能辨别良莠,吸收好东西,抵御坏的东西。邓小平同志的著作中,改造主观世界的内容十分丰富,值得我们认真研读,深刻领会,内化为自己的精神境界。总之,团的干部要通过把学习同提高素质结合起来,做到像江泽民总书记所要求的那样:“不断提高思想政治水平和工作能力,密切联系广大青年群众,团结和带领他们为实现党的十五大提出的各项任务而共同奋斗。”

把学习同转变文风结合起来。文风是学风的一个重要方面。毛泽东同志在《改造我们的学习》和《反对党八股》两篇著作中,对文风问题做了深刻的剖析。今天读来,依然令人感慨良多。在我们的学习和工作中,可以说,也存在着文风的问题。团的文风问题,首先是理论研究的方法问题。我们非常需要在党的基本理论和基本路线的指导下,结合经济社会发展,深入研究当代青年的变化和特点、团的重点工作以及青年运动的发展趋势,形成一种符合经济发展规律、社会发展规律和青年工作规律的理论,用来指导和推动工作发展。在工作推进过程中,如果我们不进行深入的理论研究,从中抽象和概括出理论性的结论来,就很难把握住规律,所进行的事业也难有强大的生命力。因此,对于全团的重点工作,我们都必须从整个经济社会发展的角度对其进行理论上的论证和说明,特别是要讲清楚这些工作对于实现我们党的跨世纪宏伟目标的现实意义。这就要求,我们在青年工作和共青团工作的研究方法上要有所突破,有所发展,特别是要改进那些难以为社会所理解的思维定式和研究方法,要学会用经济社会方面的理论和方法来研究、论证和说明我们的探索和实践。

在文风方面,还有一个文字工作水平的问题。从全团看,有一个值得注意的相悖现象。这就是,团干部队伍的学历和知识层次在提高,但文字工作水平却有明显的下降趋势,特别是在思想性和理论性方面不尽如人意。这可以从我们的文件、报告、总结等文字材料中看出来。全团每天都在生产大量的文字材料,但究竟有多少是可以称之为理论的呢?又有多少是从对详尽材料的抽象、概括和分析中得出的理论性结论呢?对此我们应当有客观的认识和估价,并引起足够的重视。须知,没有思想深度和理论高度的文字,必然是缺乏说服力的。就调研工作来讲,重要的不是看搞了多少面面俱到的调查,写了多少篇、多少字的调研报告,而是要看是否搞出了有指导价值的调研成果。

文风当中还有一个语言的问题。就团的文风来讲,在语言方面,一个是要注意使用通用、规范的语言。共青团在长期的工作中形成了一些具有自己特点的术语或口号,这是必要的。但如果今天在语言上没有新的发展,始终只是用团的术语去讲问题,用团的口号去搞号召,团外是难以听懂的,感召力也是有限的。即使听懂了,也会认为这是你们共青团自己的事情,在你们内部搞就可以了。这就不利于我们挖掘社会资源,争取社会支持,使团的工作成为一种社会广泛参与的行为,使团的事业成为社会事业的一个有机组成部分。所以,我们要注意用经济社会方面的语言,而不能仅用团的术语来表达自己所要表达的东西,特别是要用通用的语言向社会讲清楚全团重点工作的意义。再一个是要学会使用生动活泼的语言。共青团是做思想教育工作的。思想教育工作无疑是要讲大道理的,但讲大道理并不等于讲大话、讲空话。一个合格的团干部,特别是文字工作者,应当能够用生动活泼的语言把大道理给青年讲清楚。如果总是讲放之四海而皆准的大话,言之无物的空话,就会显得枯燥无味,文章就没有人喜欢看,讲话就没有人喜欢听,同时也就难以收到预期的教育效果。什么是生动活泼的语言呢?说到底,就是青年自己的语言,青年喜欢听的语言,青年喜闻乐见的语言。

文风当中还有一个如何体现实事求是精神的问题。尤其是在调查研究当中,要特别注意这个问题,要像毛泽东同志所说的那样:“一切结论产生于调查情况的末尾,而不是在它的前头。”因为,我们的调查研究是要在大量的第一手材料的基础上得出对工作具有指导和推动作用的理论性结论,而不是要为作文章去寻找理论依据。要知道,中国这么大,找几个例子来证明自己的观点并不难。但这样的东西,不是真正的调查报告,而是在书斋里就可以写出来的学术性文章,不可能具有现实针对性和宏观指导性。

我们即将迈入新的世纪。在全面推进建设有中国特色社会主义事业的征途中,团的中央委员会肩负着团结带领广大团员青年为实现党的跨世纪宏伟目标而奋斗的重要使命。让我们更加紧密地团结在以江泽民同志为核心的党中央周围,高举邓小平理论伟大旗帜,勤奋学习,扎实工作,求真务实,开拓前进,团结带领广大团员青年为实现党的跨世纪宏伟目标而努力奋斗!

周强在’99 中国青年科技论坛开幕式上的致词

1999 年 5 月 18 日

人类即将告别 20 世纪,进入 21 世纪。世纪之交,在世界科技进步日新月异的形势下,在改革开放不断深化,我国政府实施科教兴国战略的历史条件下,我们在这里举办’99 中国青年科技论坛,对于激励、引导青年科技工作者和广大青年积极投身科教兴国的伟大实践,倡导尊重知识、尊重科学、尊重人才的社会风尚,营造关心、支持青年科技创新事业的良好氛围,推动国际间的科技交流与合作,促进我国以经济和科技为基础的综合国力的提高,具有重要的现实意义。此时此刻,我和大家一样,和全国青年一样,都深深地感受到了时代的召唤,深深地感受到了我们所肩负的庄严历史责任。

这次论坛的举办,得到了党和国家领导同志的高度重视,得到了社会各界的普遍关注与支持。中共中央政治局委员、中国社会科学院院长李铁映在百忙之中出席开幕式并接见了全体与会人员。中国科学院院长路甬祥将为我们作主题报告。我们还特邀了日本 NEC、三菱和索尼三家株式会社的关本中弘、铃木敏夫和金田嘉行及香港伟易达集团总裁黄子欣等知名企业家出席这次论坛。借此机会,请允许我代表本次论坛的主办单位共青团中央、全国青联、中国科协、中国科学院、中国社会科学院,向李铁映同志、路甬祥院长表示衷心的感谢!向出席论坛的各位代表表示热烈的欢迎和亲切的问候!向为举办这次论坛付出心血的各位专家学者表示诚挚的感谢!向不辞辛苦,远道而来出席论坛的日本和香港企业家以及留日学生代表表示真诚的欢迎!

当今世界正在发生重大而深刻的变化。科学技术作为第一生产力,在推动经济发展和社会进步中显示出越来越大的作用。新的科技革命,给各国带来了难得的发展机遇,也带来了严峻挑战。在国与国之间以经济和科技为基础的综合国力竞争日趋激烈的情况下,结合本国发展的实际,通过不断创新,努力提高科学技术水平，主动迎接科学技术突飞猛进和知识经济迅速兴起的挑战，已经成为世界各国紧跟科技进步潮流，推动经济和社会发展的共同选择。

适应经济社会发展的需要，我国已确立并正致力于实施科教兴国战略，大力推进科技与教育体制改革，建设国家创新体系，全面增强科技创新能力。江泽民主席指出，“创新是一个民族进步的灵魂，是国家兴旺发达的不竭动力。”科技的发展在于创新，创新寄希望于青年。青年时期是创新的黄金时期，创新是青年最可宝贵的品格，在青年身上蕴藏着巨大的创新热情。培养青年一代的创新精神，提高青年一代的创新能力，促进一大批高素质青年科技人才脱颖而出，既是实施科教兴国战略，建立国家创新体系的有机组成部分，也是使经济建设真正转移到依靠科技进步和提高劳动者素质轨道上来的重要条件。

响应我国政府的号召，共青团中央、全国青联联合有关部委共同推出了中国青年科技创新行动。这一行动的宗旨就是要发挥共青团和青联组织广泛联系各界青年和凝聚各界优秀人才的优势，配合政府部门、国家科研机构、企业以及高等院校等社会各方面，在团结带领广大青年积极投身科教兴国的伟大实践中，通过大力开展科技知识学习传播，积极促进青年科技人才和项目多元对接以及科技成果的推广和应用，树立青年科技创新典型等一系列工作和活动，培养青年的创新精神，提高创新能力，营造良好的创新氛围，促进大批优秀青年人才脱颖而出，在国家创新体系中发挥积极作用，为推动我国实现两个根本性转变做出应有的贡献。

’99中国青年科技论坛，是推进中国青年科技创新行动的重要举措。希望通过这一科技交流与研讨的盛会，展示当代青年献身科学、致力创新的风采与优秀成果，加强青年人才之间的联合与协作，进一步激发青年的创新热情，引导青年科技工作者和广大青年为科教兴国做贡献。我们真诚地希望大家畅所欲言，贡献才智，为我们的论坛增光添彩。

党和政府历来十分重视和关心青年科技人才的成长，把培养和造就青年科技人才提高到关系中华民族未来命运的战略高度来认识。广大青年科技工作者要认清历史责任，不辜负党和政府的期望，树立起振兴中华的雄心壮志；要继承和发扬五四精神，以老一辈科学家为榜样，勇敢地肩负起承前启后，继往开来，推动我国科技事业跨世纪发展的历史重任；要刻苦学习，开阔视野，打好基础，不断更新知识，追踪现代科学技术的发展步伐，用人类创造的一切优秀文明成果武装自己；要培养创新意识，提高创新能力，积极投身创新实践。

共青团和青联组织在推动青年科技创新方面具有自身的优势，可以在国家创新体系中发挥群众团体的作用。我们要激发青年的创新热情，营造创新氛围，服务青年的创新实践，努力提高青年一代的整体素质，培养出大批能够适应新世纪发展需要的青年科技人才。

科技的发展离不开国际间的交流与合作。全球经济一体化的趋势和科技发展的交叉性、前沿性、多样性，使得科技知识的生产、传播和转化速度空前加快，国与国之间在科技发展的各个方面相互依存日益加深，相互借鉴日趋频繁。在这种形势下，加强国际间的科技交流与合作，增进相互的了解与沟通，显得尤为重要。这次参加’99中国青年科技论坛的朋友们，不仅有内地、香港的青年科技工作者、企业管理者和其他领域的优秀青年代表，还有来自日本的知名企业家。这种广泛的、高层次的交流与合作，无疑会对我国的科技进步和经济社会发展有所裨益，无疑会对世界的科技进步产生积极的影响。

和平与发展是当今时代的潮流，但世界并不太平，冷战思维依然存在，霸权主义和强权政治还有新的发展，以美国为首的北约在本世纪末对一个主权国家发动侵略战争以及对我国驻南联盟使馆进行袭击，给人类的和平与发展带来了严重的威胁，给新的世纪带来了阴霾。中华民族是一个热爱和平与自由、重视友谊与合作的民族。热爱和平、共同发展是包括科技工作者在内的全世界人民的真诚愿望。每一个有责任感的科技工作者应当使先进的科学技术成为促进世界和平与发展的重要力量，坚决反对把科技用做推行政治制度和价值观念的强权工具。各国的青年科技工作者应当携起手来，与世界上所有爱好和平的人民一起，为维护世界和平，建设人类美好的未来做出应有的贡献！

同志们、青年朋友们！建设有中国特色社会主义的伟大时代，呼唤着更多青年人才的脱颖而出，呼唤着为实现中华民族伟大复兴艰苦创业的知识英雄，也为青年施展才华、报效祖国创造了广阔舞台。我们生逢其时。让我们珍惜这千载难逢的历史机遇，以振兴中华为己任，在邓小平理论指引下，紧密团结在以江泽民同志为核心的党中央周围，勤奋学习，勇于创新，同心同德，艰苦创业，用我们的青春和智慧去迎接21世纪中国科技发展的又一个春天！

预祝'99中国青年科技论坛圆满成功！

动员和带领青年职工积极投身创新创效实践为推进国有企业的改革和发展贡献力量

——周强在全国企业青年职工创新创效活动现场启动大会上的讲话

1999年6月15日，根据录音整理

今天，共青团中央、国家经贸委、国家知识产权局、中国科协联合在齐鲁石化公司召开全国企业青年职工创新创效活动现场启动大会，目的是为了深入贯彻落实党的十五大和江泽民总书记最近关于搞好国有企业的一系列重要指示精神，实施科教兴国战略，动员和组织全国企业广大青年职工积极投身创新实践，为提高企业的创新能力，推动企业的改革和发展，实现国有企业三年改革攻坚目标做出积极的贡献。

刚才，中国石化集团公司党组成员、纪委书记于清波，中国科协副主席冯长根，国家知识产权局党组成员、纪检组长郭晓东和山东省委副书记陈建国作了很好的讲话，对我们开展创新创效活动具有重要的指导意义。齐鲁石化公司总经理王延康介绍了齐鲁石化共青团组织在企业党政领导下，动员青年职工实施创新创效活动的经验，对各地开展这项活动具有重要的启示意义。这次会议得到了山东省委的高度重视和大力支持，中共中央政治局委员、山东省委书记吴官正今天在百忙中出席我们的会议，对我们是一个很大的鼓舞。借此机会，我代表共青团中央向各位领导对共青团工作的关心和支持表示衷心的感谢。

关于青年创新创效活动，孙金龙同志还要代表团中央书记处作全面的讲话，我在这里着重强调几个问题。

国有企业特别是国有大中型骨干企业，是我国工业和国民经济的中坚力量，国有企业改革是整个经济体制改革的中心环节。搞好国有企业的改革和发展,不仅关系到社会主义市场经济体制的建立,而且关系到我国经济在下一个世纪的发展和我们党确定的跨世纪宏伟目标的实现。党的十五大提出了用三年左右时间实现大多数国有大中型亏损企业摆脱困境,大多数国有大中型骨干企业初步建立起现代企业制度的改革攻坚目标。党的十五届四中全会还将专门研究国有企业改革和发展的问题。最近,江泽民总书记先后到四川和湖北专门就国有企业的改革和发展问题进行调研,并分别在成都和武汉亲自主持召开座谈会,就如何深化国有企业改革,探索新的发展路子发表了一系列重要讲话,为打好国有企业改革和发展攻坚战指明了方向。各级团组织要进一步深入贯彻党的十五大和中央关于搞好国有企业的一系列重要精神,特别是要认真学习领会最近一个时期江泽民总书记关于搞好国有企业改革和发展的一系列重要论述,积极引导和团结带领广大团员青年站在改革前列,理解改革,支持改革,投身改革,服务改革,充分发挥在搞好国有企业改革和发展中的生力军和突击队作用。在过去的几年中,共青团围绕促进企业改革和发展开展了青年岗位能手活动、青年文明号活动、下岗青工创业行动,这些活动都是服务、配合国有企业"三改一加强"的,有些还直接融于其中,在实践中取得了明显成效。在新的形势下,各级团组织特别是企业团组织要紧密联系企业改革和发展的实际,进一步调动广大青年职工的积极性、主动性和创造性,团结一心,扎实工作,勇于开拓,自觉奉献,为搞好国有企业的改革和发展做出新的贡献。

推进国有企业的改革和发展,必须加快形成以企业为中心的技术创新机制,建立健全企业的技术创新体系,不断提高企业的创新能力和竞争能力。江泽民总书记指出:"要把建立技术创新机制作为建立社会主义市场经济体制的一个重要目标,特别要把建立健全企业的技术创新体系作为建立现代企业制度的重要内容和搞好国有大中型企业的关键环节。"当今世界,经济全球化进程明显加快,国际经济技术竞争日趋激烈,科学技术在经济和社会发展中的作用越来越大,创新能力日益成为一个国家国际竞争力、综合国力和可持续发展能力的决定性因素。在这种形势下,企业的发展既面临严峻的挑战,又蕴含着难得的机遇。企业只有建立完善的技术创新体系和创新机制,不断提高创新能力,才能不断适应市场需求的变化,更多地开发和生产适销对路的产品,提高市场竞争能力;才能抢占技术制高点,增加技术储备,保持企业的发展后劲;才能培养和锻炼出一批高素质的创新人才,永葆企业的生机和活力。刚才,王延康总经理在介绍当中就谈到了这个问题,而且提出了一个观点,我觉得提得非常好,就是常创常新才能永远立于不败之地。我们看一下国内外企业,在这个方面成功或者失败的案例都是有的。比尔·盖茨最近讲,别看微软、英特尔这些公司在世界软件、计算机行业是遥遥领先的,但是很难说在三年之后还能保持这样一个领先地位。为什么?他说,因为技术的竞争越来越激烈,技术创新的周期越来越快、越来越短。我在美国访问时,参观过一个与 IBM 公司齐名的 3M 公司。它有个做法,就是鼓励员工拿出 15% 的时间来想新点子、新办法,实际上就是鼓励员工创新或者叫做鼓励员工异想天开。3M 公司总结,这是他们公司从 1903 年以来永葆活力、不断发展的秘密。

青年职工和科技人员是企业创新的有生力量。我国青年职工占职工总数的 60% 以上,他们成长于改革开放的年代,整体文化素质较高,思想敏锐,眼界开阔,求知欲强,具有开拓进取精神,蕴藏着巨大的创新潜能。企业的发展需要创新,创新寄希望于青年。最近,朱镕基总理在国家青年自然科学基金代表座谈会上再次强调了这个问题。总理讲,技术进步、科技创新寄希望于青年。增强企业青年职工的创新意识，提高他们的创新素质，激发他们的创造活力，充分发挥他们在企业创新中的生力军作用，不仅对于建立企业技术创新体系，推动企业发展至关重要，而且对于提高中华民族在新世纪的创新能力，实现党的跨世纪宏伟目标也具有重要意义。

青年创新创效活动是共青团十四届二中全会推出的中国青年科技创新行动的一个重要方面。开展这一活动，目的在于引导广大青年职工积极投身企业技术创新、管理创新、营销创新、服务创新的丰富实践，最大限度地把青年职工的聪明才智和创造活力发挥出来，促进企业技术创新体系建设和创新能力提高，推动企业的改革和发展。从去年以来在一些企业进行试点的情况看，青年创新创效活动在服务企业技术进步、生产发展、效益提高和服务青年职工成长成才方面都取得了初步的成效，受到企业和青年职工的欢迎，是共青团动员和组织广大青年职工以市场为导向，以效益为目的，积极参与企业创新的有效载体。因此，团中央决定把青年创新创效活动作为今后几年全团工作的一个重点，作为企业团的工作的重中之重，与国家经贸委、国家知识产权局和中国科协一道推动这一活动广泛深入开展。

开展青年创新创效活动，要立足长远，注重实效，形成合力，扎实推进。要把青年创新创效活动纳入国家的技术创新工程。由国家经贸委实施的技术创新工程，对国有企业的改革和发展具有重大意义。今年第四季度，还将召开创新大会，加快建设国家创新体系，这对于增强我们国家的综合国力和竞争能力，将具有重要的意义，也必将产生深远的影响。青年创新创效活动是为企业创新和发展服务的，是企业创新的组成部分。团组织要争取企业领导班子的重视和支持，将这一活动纳入企业创新工作格局，使活动获得有力的组织领导、政策支持和物质依托，保证活动持续有效地开展下去。要把提高青年职工队伍的素质，发现和培养青年创新人才作为青年创新创效活动的着眼点。企业的创新和发展，取决于职工的素质，取决于人才。开展青年创新创效活动，必须把帮助青年职工提高知识与技术水平，提高创新能力作为基础环节来抓，为青年创新人才提供施展才智的舞台，创造脱颖而出的条件。要增强企业青工和青年科技工作者的创新意识，破除创新的神秘感，把创新潜力挖掘出来，发挥出来。只要我们不断学习、勇于实践，就能够在本职工作当中，在岗位上实现创新。最近，我看到铁道部系统一些改革措施，也很受启发。去年以前，铁道运输面临着航空的激烈竞争压力，客源不断下降。从今年开始，铁路运输客量不断上升，一个很重要的原因，就是服务创新和营销创新，比如说，从广州到北京的列车，就引进了航空服务，深受欢迎，赢得了乘客，也赢得了市场，这就是服务创新。所以要教育和激励我们的青年职工勇于创新。同时，作为中国青年科技创新行动的一项重要内容，青年创新创效活动的实施要充分发挥共青团组织联系青年人才的优势，促进人才与项目、开发与生产的多元对接。青年企业家协会、青年科技工作者协会要加强联系，在广大青年科技工作者与企业间发挥好连接作用。科技部部长朱丽兰同志和中科院院长路甬祥同志对我讲，共青团在国家创新体系当中应当发挥什么作用呢？发挥共青团组织联系人才的优势应当是共青团发挥作用的一个着力点。共青团怎样来参与国家的创新体系呢？就是要发挥我们联系人才的优势，帮助实现人才与项目、科研与生产的多元对接。各级青联、学联组织要采取多种形式，组织各类青年科技人员、青年教师、青年学生、海外留学人员为企业创新贡献智慧和力量。在发挥留学生的作用方面，共青团组织也是可以大有作为的。我们在留日学生会中实施了“留日学生为国服务计划”，即动员留学生通过多种形式为国服务，可以回国定居，也可以在国外为国内的企业服务。我们实施了一个项目，也是一个成功的案例。华北制药厂拿出他们需要技术攻关的项目，由留日学生会组织学生物工程的博士留学生进行技术攻关，定期到华北制药厂进行服务，效果非常明显，对企业帮助很大。同时，要把开展青年创新创效活动与创新企业团的工作方式结合起来。主动适应企业改革不断深化的新形势，尊重青年的首创精神，创造性地开展青年创新创效活动，努力在活动内容、活动方式、活动阵地等方面推陈出新，增强活动的吸引力和影响力。要在青年创新创效活动中加强企业团的建设，继续探索企业团建的新形式。通过为青年创新、成才提供具体有效的服务，进一步增强团组织的凝聚力和战斗力。根据有利于组织青年职工参与创新的要求，加强青年培训、活动阵地建设，探索团组织设置的新形式。结合青年创新切实抓好团干部队伍建设。企业团干部要进一步增强学习文化、科技、经济、管理等知识和技能的紧迫感和自觉性，努力使自己学有所长，提高创新意识，增强创新能力，在带领青年创新上有所建树。

开展青年创新创效活动，是共青团服务国有企业改革和发展的重要措施。团的各级领导机关要把这一活动摆在工作的重要位置上，认真部署，精心组织，采取切实措施，与政府经贸部门、知识产权部门和科协组织一道抓好推进工作，使这项活动逐步深入，落实到基层。企业团组织要集中精力组织开展好这一活动，因地制宜地确定青年职工创新的重点，广泛发动青年职工投身创新实践，保证这一活动扎实开展，取得实效。全团要迅速行动起来，以带领青年职工创新创效的实际行动，积极贯彻落实江泽民总书记关于推进国有企业改革和发展的重要讲话精神，为实现国有企业改革攻坚的三年目标，推动我国经济在下一世纪的更大发展做出应有的贡献。

周强在“保护母亲河行动”情况通报会暨捐款仪式上的讲话

1999年8月8日

“保护母亲河行动”自今年初推出以来，在各级党委、人大和政府有关部门指导和支持下，各级团组织精心组织，认真实施，汇聚了全团力量，激发和调动了广大青少年的积极性，开发整合了社会资源，取得了可喜成绩。现在，“保护母亲河行动”产生了广泛的社会影响，呈现出良好的发展势头，显现出强大的生命力。

各级团组织将“保护母亲河行动”作为工作的重中之重，积极开展丰富多彩的宣传教育活动，以“拳拳爱国心，保护母亲河”这一强有力的主题感召了社会、凝聚了力量。尤其是少先队组织开展的“手拉手捡拾一个希望，还母亲河一片绿色”活动，非常感人，带动了人民群众的广泛参与，使“保护母亲河行动”成为对青少年和人民群众传播精神文明特别是进行爱国主义教育的有效载体。各级团组织积极面向海内外，动员青少年把爱国热情转化为捐资植树、保护生态的实际行动，广泛募集工程建设资金，得到了方方面面的积极响应，在国内外产生了广泛影响。各级团组织认真调查研究，虚心向专家学习，不断总结实践经验，现已初步摸索出一套科学规范、切实可行的工程实施和基金管理办法，为"保护母亲河行动"的长期健康发展奠定了坚实的基础。

"保护母亲河行动"实施半年多来，其社会影响扩大之迅速，社会认同参与程度之高，是近几年来我国公益事业中不多见的。这既充分说明"保护母亲河行动"满足了广大人民群众的需要，适应和促进了社会经济的发展，也反映出它本身具有的独特魅力。这项活动，运用社会化的方式运作，方便了青少年和人民群众的广泛参与；以工程化建设、项目化管理的方式实施，保证了生态环境建设的质量和效果；充分尊重市场经济规律，具有较强的自我发展、自我壮大能力；具有强大的情感力量，能够充分激发人民群众的参与热情。可以说，"保护母亲河行动"开辟了一条社会公众共同参与国家生态环境建设的有效途径。

"保护母亲河行动"是一项以青少年为主体的群众性生态环境保护事业，需要各级团组织和广大青少年在人大和政府有关部门指导和支持下，不断探索，努力实践。为此，我再谈几点意见。

一、集中力量，攥紧拳头，全力推进"保护母亲河行动"这项迈向新世纪的全团重点工作

"保护母亲河行动"是全团的重点工作，已经明确写入了《共青团跨世纪发展纲要》，并在团十四届二中全会上做了专门部署。这项活动是共青团贯彻江泽民总书记关于"再造秀美山川"重要指示精神、落实国家生态建设规划的重要措施，是本届书记处确定的四个重要行动之一。共青团能不能在服务大局上取得新突破，能不能在青少年事业上取得新发展，"保护母亲河行动"可以说起着重要的作用。对于我们开拓工作领域、创新工作方式、促进自身发展都具有重要意义。各级团组织和团干部对此一定要有充分的认识，有强烈的责任感。

把"保护母亲河行动"作为全团今后一个时期的工作重点，最关键的是要集中力量，攥紧拳头，形成合力。各级团组织要将"保护母亲河行动"纳入本地区、本系统共青团工作跨世纪发展的总体规划之中，统一部署和安排。要用"保护母亲河行动"统揽各级团组织开展的各种植绿护绿、治理水土流失等保护生态环境活动，更好地把广大青少年和人民群众的热情和积极性凝聚到投身保护生态环境、走可持续发展之路的实际行动中来。总之，我们要喊响一个口号，打出一个品牌，使"保护母亲河行动"成为新世纪共青团和青少年事业新的生长点。

二、进一步加大工作力度，最广泛地动员社会各界投入到"保护母亲河行动"中来

"保护母亲河行动"是一项社会公益活动，惟有动员最广大的人民群众才能推动其不断发展。要加大舆论宣传力度，让社会公众更好地了解它、认识它，积极参与进来。要充分利用现代新闻媒体，通过形式多样的报道、公益广告等，大力宣传"保护母亲河行动"。要继续开展艺术作品征集、表演等活动，注意用艺术的强大感染力去激发群众。要注意利用网络等现代科学技术手段，进一步扩大"保护母亲河行动"的影响范围，用"保护母亲河"这个口号来感染、打动青少年和全社会。要组织开展丰富多彩的实践教育活动，如"生态夏令营"、志愿者绿色行动营等，吸引不同类型的青少年主动参加"保护母亲河行动"。要高度重视宣传正在建设的各项工程，用这些工程所产生的实实在在的效果去说服更多的群众尤其是青少年，以更大的热情关注母亲河，积极投入到"保护母亲河行动"的行列中来。

三、建立健全运行机制，确保"保护母亲河行动"健康发展

"保护母亲河行动"能否长期健康发展，运行机制尤为重要。"保护母亲河行动"作为全团的重点工作，作为共青团与有关部委联合开展的常项活动，需要建立高效的工作机制；作为一项面向社会募集资金的大型社会公益活动，需要严格规范的资金管理机制；作为一项大型生态保护和建设事业,需要科学合理的工程建设机制。我们从一开始就要把机制建设作为最重要的工作来抓好。

今天,全国保护母亲河行动领导小组推出的两个办法,就是要从工程建设和基金管理机制上进一步进行规范。各级团组织一定要从对党和人民负责、对青少年事业负责、对历史负责的高度,管好基金,建好工程。对于基金,一方面各地要全力完成团中央下达的筹资任务。另一方面,要严格执行今天公布的《关于"保护母亲河行动专项(绿色希望工程)基金"管理的暂行规定》。对于工程,要按照《"保护母亲河工程"实施暂行办法》实施,严格审批立项,科学规划设计,认真施工建设,切实加强管理,真正建设出一批精品示范工程。

四、精心组织实施,把"保护母亲河行动"不断提高到新水平

"保护母亲河行动"作为一项群众性的大型生态公益事业,本身就是我们的创新和创造,它的进一步发展更需要创新和创造。为此,我们要认真筹划,不断推出新措施,形成高潮迭起的发展态势。既要做出长远规划,又要制定出每一步的推进计划。只有充分发挥创造力,只有扎扎实实地做好每项工作,才能实现新的飞跃。

今年秋冬和明年春天,是深化"保护母亲河行动"的关键时期。在秋冬季到来之前,各级团组织要尽快做好工程的规划设计;已经规划设计并立项的,要抓紧时间做好整地、育苗和水利基础设施建设等前期工作。同时,首批全国重点工程实施区必须完成好明年植树、施工的一切准备工作。明年春季,要以植树种草为重点,同时组织好宣传发动、募集资金等活动,在全国范围内掀起"保护母亲河行动"的新高潮。

"保护母亲河行动"是共青团认真落实党的十五大和十五届三中全会精神,服务和推进全国重点生态工程建设的重要举措,也是全国亿万青少年迈向新世纪的庄重宣言。让我们紧密团结在以江泽民同志为核心的党中央周围,高举邓小平理论伟大旗帜,集全团之力,集全国青少年之力,集社会之力,真抓实干,常抓不懈,为再造山川秀美的锦绣中华做出更大贡献。

周强在纪念中国少先队建队50周年座谈会上的讲话

1999年10月13日

50年前的今天,根据党中央的决议,青年团中央发布了《中国少年儿童队章程草案》,标志着全国统一的少年儿童组织的诞生。50年后,在世纪之交的历史时刻,总结中国少年先锋队半个世纪的发展历程,展望21世纪少先队事业的光辉前景,明确少先队组织和少先队工作者肩负的任务,我们在座的每一个人都心潮澎湃,激情满怀。

昨天,新华社发表了《亲切的关怀,殷切的期望——江泽民总书记关怀少年儿童纪事》长篇通讯。江泽民总书记高度重视少先队工作,作了一系列重要指示,指明了新时期少先队工作的方向。刚才,胡锦涛同志作了重要讲话,充分肯定了50年来少先队的工作,并对跨世纪的少先队工作提出了明确的要求。不同历史时期的少先队员、辅导员代表深情的发言和少先队员们精彩的表演,生动地再现了少先队走过的不平凡历程。此时此刻,我们有一个共同的感受:50 年的历程不同寻常,50 年的历程令我们倍感自豪。

50 年来,党把少先队事业作为自己事业不可分割的重要组成部分。新中国刚刚诞生,党就亲手创建了中国少年先锋队,把广大少年儿童团结在星星火炬的旗帜下。从那时起,少先队组织在党的关怀下不断发展壮大,少先队事业伴随着社会主义现代化建设的伟大进程不断迈出新的步伐。

50 年来,少先队组织培育了一代又一代祖国和人民需要的人才。少先队员牢记党的教导,在"时刻准备着"的呼号激励下,刻苦学习科学文化知识,努力掌握建设祖国的本领,积极参加实践活动,不断提高自身素质。从少先队组织里,成长起一批又一批社会主义事业的建设人才,他们在各条战线、各个岗位上为祖国的繁荣富强贡献着青春、智慧和力量。可以说,少先队的历史就是共和国建设者的成长史,他们的业绩为红领巾增添了光彩,辉映得星星火炬的光芒更加璀璨。

50 年来,少先队组织在团结、带领、教育少年儿童健康成长的过程中形成了优良的传统,积累了基本的经验:少先队坚持用崇高的理想引导少年儿童;坚持用高尚的品德塑造少年儿童;坚持用优良的作风影响少年儿童;坚持用榜样的力量激励少年儿童;坚持用丰富的活动吸引少年儿童。这些优良传统和基本经验,是少先队工作的宝贵财富,值得我们倍加珍惜。

少先队的优良传统和基本经验是广大少先队辅导员、少先队工作者、全国亿万少先队员在长期的实践中创造出来的,是他们辛勤的汗水和智慧的结晶。在这里,我代表共青团中央,向广大少先队辅导员和少先队工作者表示崇高的敬意和衷心的感谢,向全国的少先队员致以节日的祝贺!

人类即将跨入充满机遇和挑战的 21 世纪。为了争取在新世纪发展的主动权,世界各国都把如何将当代少年儿童培养成为高素质的人才,作为迎接未来挑战所共同关注的课题。21 世纪上半叶是中华民族发展的关键时期。能否实现党的十五大提出的跨世纪发展目标,把我国建成富强民主文明的社会主义现代化国家,实现中华民族的伟大复兴,当代少年儿童的素质是非常重要的因素。今天纯真烂漫的少年,10 年以后,正是风华正茂的青年,将由建设社会主义的预备队转变为生力军。历史决定他们是继往开来的一代,肩负重任的一代,建功立业的一代。

少先队组织要遵照江泽民总书记关于少年儿童和少先队工作的一系列重要指示和胡锦涛同志重要讲话提出的要求,继承和发扬光荣传统,努力培养 21 世纪社会主义事业合格建设者和接班人。

少先队组织要把竭诚为少年儿童健康成长服务作为全部工作的出发点和落脚点。竭诚为少年儿童健康成长服务,是党的全心全意为人民服务的宗旨在少先队工作中的重要体现,是尊重少年儿童主体性的客观要求,是少先队组织在市场经济条件下生存和发展的必然选择。各级少先队组织和全体少先队工作者要牢固树立起服务的观点,全面深入地了解少年儿童的状况,根据他们学习、生活、健康、权益等方面的需求,为他们提供实实在在的服务。要从具体的服务项目抓起,推动服务少年儿童的工作经常化、制度化、社会化。

少先队组织要把提高少年儿童的全面素质作为中心任务。全面实施素质教育,是推进我国现代化建设事业的必然选择,是中华民族自立于世界民族之林的根本保证。要认真贯彻第三次全国教育工作会议精神,按照江泽民总书记对少年儿童"五自"的要求,深入开展"中国少年雏鹰行动"。要以培养少年儿童的创新精神和实践能力为目标,开展丰富多彩的实践活动。要根据教育改革的思路和发展趋势,发挥少先队开展实践性活动和组织体系完备的优势,在素质教育中发挥积极的作用。

少先队组织要在继承中创新，在改革中发展，在建设中完善，在探索中前进。少先队所做的工作是打基础的工作，具有很强的继承性；少先队事业是面向未来的事业，需要不断地创新。既要继承和发扬50年来形成的优良传统，又要针对当代少年儿童成长客观环境的变化和自身的新特点，遵循少年儿童教育的规律，以改革的精神认真研究新情况，解决新问题，创造新经验。要不断地拓展工作领域，创造出更为有效的工作方法，使少先队事业不断焕发出新的生机和活力。

少先队组织要切实加强自身建设。少先队基层组织是少先队工作的基础，要按照"组织起来，活跃起来"的要求，提高基层队组织的吸引力和凝聚力。要逐步建立少先队的社区组织体系，积极推进少先队工作社会化的进程。要特别重视和大力加强农村少先队工作。农村少先队组织活跃了，少先队才能真正具有活力。要重视辅导员队伍建设，关心辅导员工作、学习、生活和成长，以提高辅导员素质为重点，建设好一支适应21世纪教育改革与发展需要的辅导员队伍。

全团带队是党赋予共青团的重要职责，是共青团的光荣传统。各级团组织要充分认识少先队工作的重要意义和在共青团事业中的基础地位，将少先队工作纳入到全团总体工作之中，进一步加强对少先队组织的领导，健全少先队的工作机构，加强少先队工作者队伍建设。要发挥少先队组织的创造性，鼓励他们根据少年儿童的特点开展富有特色的活动。要努力争取社会各方面的配合与支持，优化少先队工作的外部环境。

同志们，在建设新中国的征途上，少先队组织留下了坚实而闪光的足迹，50年的光辉历程已经载入史册。神圣的使命召唤着我们，激励我们在充满希望的21世纪，在实现中华民族伟大复兴的历史进程中谱写更加灿烂的新篇章。让我们高举邓小平理论伟大旗帜，紧密团结在以江泽民同志为核心的党中央周围，以团结带领各族少年儿童努力成长为21世纪社会主义事业合格建设者和接班人的新的业绩，赢得新的更大的光荣！

周强在团中央常委扩大会议上的讲话（节选）

1999年10月15日，根据录音整理

刚才，团中央常委扩大会议审议通过了《共青团中央关于学习贯彻党的十五届四中全会精神充分发挥青年职工在国有企业改革和发展中的生力军作用的决议》。下面，我讲几个方面的问题。

一、关于学习贯彻党的十五届四中全会精神

学习贯彻党的十五届四中全会精神，要做好三个方面的工作。

（一）认真领会全会精神，增强信心，振奋精神。中央全会通过的《中共中央关于国有企业改革和发展若干重大问题的决定》，在理论上有很多新的发展，在政策上有很多有力的措施。大家在学习中，一致认为，中央的《决定》科学地总结了我国改革开放20年来国有企业改革和发展的成功经验，适应新形势的需要，进一步指明了国有企业改革和发展的方向。我们相信，随着中央全会精神的贯彻和落实，这次全会提出的国有企业改革的近期目标和长远目标一定能够实现,国有企业在我国现代化建设中一定能够发挥更大的作用。从共青团组织来讲,我们要充分地认识到国有企业改革和发展给共青团工作提出的新的要求,带来的机遇和提出的挑战。

从大的环境来看，国有企业的改革和发展，对我们来讲，是一个很大的机遇。我们要充分地认识到，以江泽民同志为核心的党中央高度重视国有企业改革和发展，而且在理论上有很多新的发展，实践上有很多强有力的措施，只要全党认识高度统一，国有企业经过几年的努力，将会有一个很大的变化，会有进一步的发展。而国有企业搞好了，在国民经济当中的主导地位增强了，控制力增强了，共青团工作的舞台就大了。这就是最大的历史性机遇。具体来讲，国有企业无论是参与国内竞争，还是参与国际竞争，一个很重要的方面，就是劳动者素质提高和技术创新问题。党的十五大报告提出要实现两个根本性转变，其中一个根本性转变就是使经济建设真正转到依靠科技进步和提高劳动者素质的轨道上来。这次全会通过的《决定》，又再次强调劳动者素质和企业创新问题。这些政策的实施，给共青团工作，尤其是企业共青团工作提供了一个很好的历史性机遇。提高企业青工素质，是共青团工作的常项、强项。共青团工作的一个基本任务就是培养人才，提高青年素质，长期以来我们就都是这么做的。这次在全会上，我就提高青工素质问题作了发言，我讲，提高青工素质十分迫切，因为我们国家现在青工素质的现状，同国外比还有很大的差距，高级技工、中级技工的差距很大，从整体来看，全国中级工、高级工青年还相当缺乏。现在，对提高青工素质，企业有需求，党政有需求，这就是我们工作的舞台。还有技术创新的问题、企业管理的问题，都需要我们发挥作用，都需要我们青工的参与，所有这些给我们企业团的工作带来了机遇。

从我们工作角度来看，最近，我去了上海、山东，总体来讲，上海、山东国有企业的形势是好的，企业团干部的精神状态是好的。宝钢、齐鲁石化等企业的青年工作说明，只要我们的工作做好了，只要紧紧围绕提高青工素质开展岗位能手活动，紧紧围绕推动企业技术进步、技术创新开展创新创效活动，企业领导就会认可，企业团组织就会有地位。因为我们把群众工作与企业的发展紧密地联系在一起了。从改革开放20年实践来看，我们这些年来共青团工作有很多成功的经验，尤其是企业团的工作，我们开展的文明号活动、岗位能手活动、创新创效活动和下岗青工创业行动，都是适应企业改革和发展需要的。改革开放以来，国有企业的团组织，国有企业青工为推进国企改革和发展做出了积极的贡献。随着国有企业的进一步发展，企业共青团工作一定会有更大的舞台。因此，我们要坚定信心，要振奋精神。

当然在看到机遇的同时,也不要高枕无忧,要看到企业改革和发展给我们企业团工作提出了新的更高的要求。要求高了,形势变了,企业团的工作确实面临着很多新的挑战,譬如说现在一个很具体的问题,就是企业没有行政级别了,那么,我们以前靠计划手段给企业团的机构定级别的情况就要无条件地改变。因此,我们要认真地分析企业团组织在新一轮的改革和发展当中到底有哪些挑战,包括组织设置问题,团干素质问题,等等。总之,我们一方面要坚定信心,另一方面要心中有数,这样才能更好地做好国有企业团的工作。

（二）贯彻中央全会精神，做好企业团的工作，要做到三个结合。第一个结合就是要把企业团组织的政治优势与企业行为有机地结合起来。共青团组织首先是一个政治组织，有企业里面，团组织要在企业党委领导下发挥政治优势。同时，在改革的新形势下，企业团组织还必须使很多活动成为企业的行为，这是我们这些年来工作的一条基本经验。青年文明号之所以受到欢迎，就是因为它成为了企业的行为，成为企业管理的一种载体，不是游离于企业之外。我们搞创新创效活动，也要变成企业行为。在这个方面，铁道部做了一些探索。铁道团工委给铁路搞推销，与企业的销售结合起来，受到铁道部领导的好评。因此，在企业改革和发展的新形势下，我们企业团的工作只要做好这个结合，就能真正引起企业的重视。

第二个结合就是要把群众工作与人力资源的开发结合起来。我们共青团是做群众工作的。把青年职工团结在党的周围，把党的方针政策在青年职工中加以很好的贯彻，这是我们做群众工作的一个任务。同时，我们的群众工作要与企业的人力资源开发有机结合起来。也就是说，要在着力培养青工，提高青工素质方面下功夫。这些年来，我们以青年岗位能手为载体提高青工素质，是行之有效的。我们正与二十多个部委共同推进这个活动。就提高青年素质来讲，当前还有一个方向性、趋势性问题，就是电子商务的运用。美国的目标是到2003年电子商务要有一个突破性发展。搞电子商务，需要很多配套制度包括信用制度，而我们国家信用制度不健全，现实生活当中假冒伪劣又多，电子商务中更容易钻空子。但电子商务的运用不但是西方发达国家经济持续发展的新的增长点，而且是时代发展的趋势。我们的企业要参与国际竞争，要保持高速发展，肯定离不开电子商务在企业中的应用。我们现在的青工中有多少人能适应这个要求？我们团干部有多少人了解因特网和电子商务？因此，在新形势下，我们要把做青年群众工作与企业人力资源开发有机结合起来，这样我们的工作就能不断地服务于企业的改革和发展，就能够找到新的更为广阔的舞台。

第三个结合就是企业团组织的设置要与建立现代企业制度结合起来。也就是说，我们要积极探索与建立现代企业制度相适应的团的组织设置和工作运行机制。譬如说，与前两个结合相适应，在现代企业制度下的许多部门中，团组织能不能探索与之相结合的形式呢？能不能在其中找到我们的空间呢？这作为一个问题提出来，供大家思考。

（三）要更好地服务国有企业青年职工。要了解国企青年职工的需求，为他们提供切实的服务，为他们办实事。这是党中央对青年工作的一贯要求，我们要切实做好这项工作。最近，青工部和中国青少年研究中心就国有企业青工状况搞了一个调查。结果表明，我国青工对改革的理解和拥护程度，在不同年龄段的群体当中是最高的。这充分说明，尽管在很多改革措施中实行老人老办法，新人新办法，青工是改革的最主要承受者，但是他们是拥护改革的。同时，我们也要看到，随着国有企业改革的深化，青年职工在学习、就业乃至于生存发展中都面临着许多新的问题，遇到了不少的困难，需要我们为他们提供更加切实有效的服务。我们做好了服务青年职工的工作，就是对国有企业改革和发展的切实贡献。因此，无论是从共青团的宗旨、共青团的任务来讲，还是服务国有企业改革与发展来讲，我们都要在新的形势下进一步加大为国有企业青工服务的工作力度，多为他们办实事。

二、关于今后几个月和明年的工作

今年大事多、喜事多，近10个月来，在以江泽民同志为核心的党中央亲切关怀下，共青团组织按照党的要求，组织动员青年服务党和国家工作大局，参与两个文明建设，服务青年，各项工作都有新的发展。特别是打了几个硬仗。首先是组织开展纪念五四运动80周年系列活动，进一步激发了全国广大团员青年的爱国热情。接着，引导团员青年特别是青年学生把对以美国为首的北约袭击我驻南联盟使馆的强烈愤慨转化为勤奋学习、建功立业、振兴中华的实际行动。7月份,全团按照党中央的指示,坚决积极同“法轮功”开展斗争。可以说,在这场严肃的政治斗争中,共青团发挥了积极的作用,各级团组织尤其是省级团委的负责人是讲政治的,政治敏感性是强的。

在世纪之交的形势下,在改革和发展进入新阶段的形势下,共青团工作要适应新形势,研究新情况,解决新问题,把握好趋势,更好地做好教育青年、服务青年的工作,更好地发挥好青年在两个文明建设中的作用。最近许多地方的党政领导在讲这个问题,一些地方专门找共青团研究,在新形势下青年群众工作该怎么做,我们怎么来更好地教育青年。我想,要做好新形势下的青年群众工作,首先要从两方面入手。

一是要真正了解当代青年。当代青年是改革开放的一代,拥护改革、思想敏锐、素质较高,拥护邓小平理论,是我们的希望所在。同时我们要看到,这一代青年大多数是独生子女,他们的人格、心理、文化都有自身的特征。我们要开展好工作,就要了解他们这些特征。而我们对他们的了解还是很不够的。我举两个简单的例子。一个是张惠妹现象,张惠妹在京演出,20岁左右的青年如痴如醉,8万人体育场一片欢呼。二是青年快餐现象,如文化快餐。我们怎么看待这些现象,我们怎么去引导这些青年,怎么更有效地开展青年文化工作,怎么用更加健康有益的文化去吸引青年,值得我们认真思考。同时,我们还要看到另一种现象,就是青年人才辈出,知识英雄辈出,在高科技领域很多人才都是20多岁的大学生,听说深圳高交会,主要是青年人。上海大剧院、过江隧道、金茂大厦等许多标志性建筑,都是35岁左右的年轻人做项目经理。我看了以后很冲动,也很激动。对于这些青年人才,我们怎么更有效地服务,尤其是我们的宣传工作怎么更有效地服务。我们要大力宣传这些青年人才,告诉当代青年怎样去梦想成真。做好了这方面的工作,我想我们的宣传工作就一定会更有成效,我们的报刊一定会有市场。反过来讲,我们有些报刊紧紧盯住生活的阴暗面,认为靠这个东西找卖点,靠这个东西来发展,我看是死路一条。我有一个很深的体会,就是我们做共青团工作,尤其是我们的青年新闻报刊和出版行业,市场大得不得了,关键是能不能奉献出高质量的东西,能不能真正地了解青年,真正地为青年服务。还有一个教育青年的问题,在新的形势下,特别是在各种文化相互激荡,现代高科技手段飞速发展的形势下,怎么能更有效地教育青年,需要我们去探索新的有效的教育方式方法,比如说有效利用互联网。总而言之,我们要认真地研究新形势下青年的特点,更好地了解青年。

二是要研究青年所处的环境的变化。市场经济的发展,给我们青年带来了很大的变化,譬如青年群体化的问题,青年分层的问题,青年就业方式的变化问题,由单位人变成社会人的问题,城市化进程问题,还有教育体制的改革,都给青年工作带来深刻的影响。所以,在世纪之交,我们要认真地总结青年工作的经验,继承和发扬共青团工作的光荣传统。同时要按照党中央的要求,适应新形势,研究新情况,解决新问题。只有这样,才能更好地服务青年,更好地教育青年,也才能更好地完成党赋予我们的任务。

研究新情况、创造新业绩，以新的姿态迈入21世纪

——周强在共青团十四届三中全会上的讲话

1999年12月12日

人类历史即将迈入21世纪。在波澜壮阔的20世纪，为了中华民族的解放和振兴，在中国共产党的领导下，一代又一代青年发扬光荣传统，响应党的召唤，英勇奋斗，艰苦创业，走在革命、建设、改革的前列，谱写了中国青年运动的辉煌篇章。党的十五大提出了我国到下世纪中叶基本实现现代化，建成富强民主文明的社会主义国家的奋斗目标。实现这一目标，将把鸦片战争以来几代中国人梦寐以求的强国梦变为现实。为实现这一目标而奋斗，是当代青年的崇高使命，也是当代青年运动的主题。

世纪之交，召开团的中央委员会会议，大家都认识到，我们肩负着庄严的历史责任：如何在继承20世纪青年运动光荣传统的基础之上去谱写21世纪青年运动新的篇章，怎样团结带领广大青年以新的姿态迈入新的世纪。面对新的形势和新的任务，我们要以高度的时代紧迫感和历史使命感，做到责任在肩，蓝图在胸，不负重托，不辱使命，始终按照党的要求，努力研究新情况，解决新问题，切实做好青年群众工作，更好地团结带领广大青年在建设有中国特色社会主义的伟大事业中充分发挥生力军作用。下面，我代表书记处就贯彻落实党的十五大、十五届三中、四中全会和中央经济工作会议精神，贯彻落实江泽民总书记关于做好新形势下群众工作的重要指示和党中央书记处关于做好明年共青团工作的指示精神，结合青年实际和青年工作面临的形势，做好跨世纪共青团工作，讲几点意见。

一、深入了解青年，更好地教育和服务青年

共青团是先进青年的群众组织，是做青年群众工作的，深入了解青年，正确认识青年，是做好共青团工作的前提。早在1953年，毛泽东同志就指出："共青团要照顾青年的特点，组织和教育广大青年群众。"在新形势下，共青团要更好地教育青年、服务青年，必须了解当代青年的变化，切实把握当代青年的特点，正确认识当代青年的作用，不断增强工作的针对性和预见性。

当代青年是按照党指引的正确方向成长进步的，是值得信赖、大有希望的一代。他们是祖国和民族的未来，是建设有中国特色社会主义伟大事业的生力军，在改革发展稳定的大局中发挥着重要的作用，在社会生活中起着开风气之先的作用，在实施科教兴国战略中是最活跃的力量。

当代青年是在改革开放的历史环境中成长起来的一代，许多是独生子女，这在历史上是不曾有过的。这一代青年有许多鲜明的特点，烙有强烈的时代印痕。当代青年对邓小平理论高度认同，具有共同的理想和炽热的爱国主义精神。他们是改革开放的最大受益者，是邓小平理论的积极实践者。他们有着强烈的历史责任感，对建设有中国特色社会主义的伟大事业充满信心。他们具有强烈的民族自尊心和自豪感，积极维护国家主权、民族团结和社会稳定。在今年的几项重大纪念活动和三场重大政治斗争中，广大青年表现出良好的政治素质、强烈的爱国精神，得到党和政府的充

分肯定。

当代青年普遍追求个人价值和集体价值的统一,具有积极向上、务实进取的人生态度。竞争机制、利益机制大大激发了青年的主动性、积极性和创造性。广大青年积极追求人生价值的实现,有着成就事业的美好愿望和踏实的奋斗精神,是崇尚创业的一代,是务实进取的一代。同时,广大青年把人生目标与国家的发展和社会的需求紧密相联,把个人理想融入全民族的共同理想,把爱国热情变为奋发创业的实际行动。

当代青年普遍接受与社会主义市场经济发展相适应的新的观念。作为社会成员中最少保守思想、最易接受新生事物的一个群体,青年在广泛参与经济社会生活的过程中,迅速接受了许多符合市场经济发展要求的新观念。青年自立意识、竞争意识普遍增强;在工作、生活、学习中更加讲求效率,“效率就是生命”的观念已经在青年中深入人心;依法办事和诚实守信已成为广大青年信奉的行为准则。

当代青年学习热情普遍高涨,视野更加开阔。他们勤于学习,是用现代科学文化知识武装起来的新一代。近年来,在广大青年中兴起了持久的学习新知识新技能的热潮。随着对外开放的扩大和现代传媒的发达,当代青年可以更快更多地接触到新事物和新信息,具有更加开阔的眼界。

当代青年追求健康有益、丰富多样的文化生活。随着生活水平的提高和闲暇时间的增多,青年的文化需求在不断增加,文化在青年的生活中占有愈来愈重要的地位。青年文化在形式上呈现出多样性,在内容上呈现出丰富性,而且呈现出文化快餐的特性。越来越多的青年喜爱传统文化、民族文化,同时,在紧张的学习、工作之余,更多的青年则希望通过文化娱乐放松自己,因此,他们追求轻松、快节奏的文化生活,各种文娱节目、歌舞活动、休闲杂志在青年中大受欢迎。青年文化另一个特征,就是追求时尚,喜欢追新潮,赶时髦,崇拜偶像,模仿明星,新的文化时尚在青年中传播得越来越快,同时,青年在追求时尚的过程中也创造着时尚,引导着社会时尚的发展。

与上述特征相联系,当代青年在语言、心理、婚姻恋爱等方面也呈现出鲜明的特点。

从结构上看,青年群体呈变化加快、流动性增强的趋势。随着我国经济社会结构的变化,青年的身份、角色、职业也发生了很大变化,青年类别由相对简单逐步多样化、复杂化,一些传统的职业群体消失了,并产生了经纪人、律师、传媒主持人、模特等新的职业群体。青年在不同群体中的数量分布也发生了变化,比如,受过高等教育的青年越来越多,青年中的文盲不断减少。随着工业化、城镇化的发展,我国人口流动性普遍增强,而青年人的社会流动则更为突出,有的跨地区流动,比如,大批农村青年进城务工;有的跨所有制流动,比如,大批国有企业青年流向非国有企业;有的跨产业流动,比如,大批青年流向高新技术产业,等等。

青年在成长和发展中遇到很多新的情况和问题。随着我国由传统的计划经济体制向社会主义市场经济体制的转变,当代青年在成长和发展过程中面临着一些新的情况和问题。伴随就业走向市场,青年择业机会增加,同时就业压力增大;伴随高校深化改革和扩招,青年受高等教育机会增加,也出现了部分学生学习和生活遇到困难;伴随对外开放,青年扩大了视野,同时受到西方价值观和不良文化的冲击,等等。

当代青年也存在着一些值得注意的现象。比如,一些青年对我国国情、近现代史缺乏了解;极少数青年缺乏远大理想,价值观发生偏离;部分青年特别是部分独生子女青年中存在依赖性强、独立生活能力差等问题。另外,对社会上存在的一些不良文化和丑恶现象影响青少年健康成长的情况也应当引起高度重视。

当前和今后一个时期,共青团要更好地完成党交给的光荣任务,引导广大青年遵照江泽民总书记提出的"四个统一"的要求健康成长,一切工作都必须从青年实际出发,照顾青年特点,在工作中努力把握好以下原则。

一是要把教育青年和服务青年结合起来。要把教育融入服务之中,要在服务之中体现教育引导。教育工作做好了,就是服务了青年的成长和发展;服务工作做好了,可以增强教育工作的效果。共青团要教育引导好青少年,就必须坚持不懈地把加强和改进青少年思想政治工作,开展理想信念教育,培养"四有"新人作为首要任务来抓,进一步用邓小平理论武装全团、教育青年,加强青少年的爱国主义、集体主义、社会主义和艰苦创业精神教育,帮助他们树立正确的世界观、人生观、价值观。服务青年必须把服务他们的根本利益和具体利益结合起来,一方面要为他们健康成长服务,把他们培养成为"四有"新人,另一方面要为他们的学习、生活、就业、文化娱乐等具体需求服务,帮助他们解决成长成才过程中遇到的具体困难和问题,要通过多种形式来满足他们的文化需求,引导青年正确认识时尚,发展健康时尚。

二是要把贯彻党的要求和青年的根本愿望结合起来。共青团由其性质所决定,在任何时候都必须做到"党有号召,团有行动",始终按照党的要求开展工作。要善于把党的号召变成广大青年的自觉行动,把广大青年的愿望融入全民族的共同理想之中。把我国建设成为富强民主文明的社会主义现代化国家,是我们党提出的跨世纪发展目标,充分反映了青年的根本愿望。在带领青年迈向新世纪的进程中,共青团要坚持用党的跨世纪宏伟目标来凝聚青年,使党的跨世纪宏伟目标成为广大青年的共同追求,把广大青年的思想和行动统一到党的十五大精神上来,把他们的热情和智慧凝聚到为实现跨世纪目标做贡献上来。

三是要把围绕大局开展工作和发挥青年优势结合起来。共青团作为党的助手和后备军,必须紧紧围绕党和政府的工作大局来设计和开展工作。而要在改革发展稳定的大局中做出更大的贡献,就必须注重发挥青年的优势,充分发挥青年的生力军、突击队和开风气之先的作用。

四是要把做好党的青年群众工作与开发青年人力资源结合起来。要把青年最广泛地团结在党的周围,把青年中蕴藏的积极性充分发挥出来。同时要着眼于实现党的跨世纪宏伟目标和造就青年人才大军,把青年中蕴含着的巨大潜能转化为现实生产力,建立健全培养和造就大批青年人才的机制,激励广大青年学习成才,建功立业。

五是要把服务社会和提高青年素质结合起来。组织青年为社会服务,为人民群众生产生活的基本需求服务,是社会发展的必然要求,也是青年成长发展的内在需求。社会实践是育人的重要手段,是青年成长的大课堂。共青团要调动广大青年参与社会、服务社会的积极性,组织引导他们在服务社会、服务他人的实践中提高素质,增长才干。

二、把握发展趋势,增强共青团组织的主动性和适应性

中央领导同志多次指出,团干部要议大事、懂全局、管本行。改革开放以来,特别是在建立社会主义市场经济体制进程中,我国经济社会生活发生了深刻的变化。我们必须认真研究这些变化对共青团组织带来的机遇和挑战,增强主动性、适应性和前瞻性。

发展社会主义市场经济扩大了共青团的组织依托和组织影响。在计划经济条件下,团的组织体系是依托于党政机构建立的单一结构体系,紧紧依赖于计划经济和行政手段。在社会主义市场经济条件下,伴随社会组织形式的多样化和经济主体的多样化,增加了共青团组织一些新的依托,如社区、产业、非公有制经济组织等,在这种情况下,单靠计划体制和行政手段已不可能适应经济生活和团组织自身建设的需要。从团组织影响来看,随着两个根本性的转变,共青团教育青年的职能没有变,服务青年的职能不断增强,对青年的吸引力和凝聚力进一步扩大。同时也要看到,随着就业岗位和就业方式多样化,团组织对青年就业不再产生直接影响;随着社会组织多样化,青年对组织的选择空间和自由度也增大了。

建设社会主义法治国家为共青团参与国家政治社会生活提供了广阔的舞台。江泽民总书记在党的十五大报告中指出:"工会、共青团、妇联等群众团体要在管理国家和社会事务中发挥民主参与和民主监督作用,成为党联系广大人民群众的桥梁和纽带。"社会主义民主越发展,社会主义法制越健全,团组织发挥作用的空间就越大。第一,基层民主建设需要把青少年引导好,引导他们正确认识社会主义民主与资产阶级民主的本质区别,正确行使民主权利,积极参与基层民主实践。第二,充分代表青年在国家政治生活中发挥社会监督作用。团组织代表青年参与社会监督的渠道较多,尤其是各级人民代表大会都有共青团的代表,各级政协都有共青团和青联的委员,他们可以代表广大青年在管理国家和社会事务中发挥民主参与和民主监督作用。第三,协助政府管理青年事务。随着改革的深化,很多原来由政府和企业承担的青年事务让渡给社会组织或社会中介组织,共青团作为青年群众组织,可以根据党的要求、政府或法律的授权在管理青年事务方面发挥更大的作用。比如,随着青年社团的不断发展,政府把管理青年社团的职能直接交给了共青团。经法律授权,共青团具有参与管理有关青少年事务的职责,比如,近年来颁布的《未成年人保护法》和《预防未成年人犯罪法》就有这方面的明确规定。

新技术革命拓宽了共青团组织的空间。以信息技术为代表的新技术革命对人类社会产生了深刻的影响。网络技术的发展和应用从根本上改变着人们的学习、生活和思维方式,全新的网络经济和网络工作方式已经出现并正在飞速发展。随着互联网的发展,出现了以共同兴趣和爱好为基础的网上俱乐部、网友联谊会、网上社区等网上虚拟组织。这些组织与传统社会组织形式的最大区别在于虚拟性、平行性和交互性。这在一定程度上打破了传统意义上的青年交往方式的时空限制,使团组织可以超越原有的工作和组织的时空,以网络为阵地来吸引青年和影响青年,依托网络配置社会资源,构建新型纽带来联系青年和组织青年。

社会生活的变革拓展了共青团工作的领域和内容。改革开放以来,我国的社会生活发生了深刻变化。一是社会成员生活空间由单位为主变为以社区为主。随着人们闲暇时间增多,物质生活水平不断提高,社会成员的生活内容越来越丰富多样,社区已愈益成为人们生活的重要空间。二是随着改革的深入发展,机关、企事业单位原有的社会服务职能逐步分离出来,社会成员在养老、医疗等社会保障方面的需求,一方面需要通过建立健全社会保障体系来满足,另一方面需要通过社会服务来满足,尤其在我国社会保障体系尚不完善的情况下,社会服务显得十分重要。在这种情况下,社区成为共青团工作新的生长点,社会服务成为共青团组织的一项重要任务。团组织要适应社区的变化,努力构建青少年参与社区服务体系和共青团社区工作体系。要加大社会服务力度,进一步健全完善青年志愿者社会服务工作机制。

对外开放增强了青年工作的开放度和组织的适应性。随着对外开放的不断扩大和全球经济一体化,我们与国际青年组织的交流进一步加强,在一些青年事务领域,如环保、人力资源开发等开展了国际合作,青年工作中具有国际内涵的内容不断增加,同时中国共青团和全国青联在国际青年事务中的影响继续扩大。

总之,我国经济社会发展变化给共青团工作和青年工作提供了广阔的舞台和难得的机遇,同时,也带来了许多新的情况和挑战。我们必须按照党的要求,适应经济社会发展需求和青年的实际,努力探索与社会主义市场经济相适应的工作运行机制。当前和今后一个时期,要重点把握好以下几个方面。

第一,要充分发挥共青团作为党的助手和后备军作用,发挥党和政府联系青年的桥梁纽带作用,发挥国家政权的重要社会支柱作用。要始终坚持正确的政治方向,自觉用邓小平理论指导团的工作,毫不动摇地坚持党对共青团的领导;始终围绕经济建设这个中心,坚持四项基本原则,坚持改革开放,团结带领广大团员青年在建设有中国特色社会主义的伟大实践中建功立业。

第二,要把服务青年作为团的工作的出发点和归宿,增强团组织的吸引力和凝聚力。要加大服务力度,拓展服务领域,构建青少年服务体系。要围绕青年成长成才开展多方面的服务。要积极向党组织推荐优秀团员和团干部。通过切实有效的服务,把广大青年吸引、凝聚到团组织中来。

第三,要努力扩大团的组织依托,增强团组织的适应性。坚持党建带团建的原则,坚持以服务求活跃,以服务促发展的方针,努力做到哪里有青年,哪里就有团的工作。要增强组织设置的灵活性,扩大团组织的覆盖面,形成新的工作格局。在国有企业,坚持把团的组织优势与企业行为结合起来,把组织设置与建立现代企业制度结合起来;扩大团组织在非国有企业和民办学校的影响,根据它们的特点,把团的工作与企业和学校发展的内在需要以及青年的要求结合起来;城市团的工作要从以单位为主转到单位与社区并重;农村团的工作要从以村为主转到乡村兼抓,强乡(镇)带村,同时注重产业建团。要以共青团组织为核心,以青联、学联、少先队组织为骨干,通过各类青年社团、阵地和互联网,构建新型纽带,延长工作手臂,逐步形成能够更广泛地联系青少年,更有效地教育服务青少年的青少年组织体系。

第四,要充分履行各种社会职能,扩大团组织的影响。积极协助政府做好青年事务,要采取多种形式,健全青少年事务政策,构建青少年事务组织和协作体系,推动青少年工作立法。加强社会服务工作,充分调动青年的参与热情,为形成完善的社会保障体系做贡献。发挥社会监督作用,依法代表和维护青少年的利益,反映青少年的意愿和呼声,切实维护青少年的权益,探索建立青年社会参与体系。

第五,要坚持社会化运作和事业化发展,保持团组织活力。充分发挥共青团的动员组织优势,选准能吸引青年、影响社会的活动项目,抓好活动载体,吸纳社会资源,使团的工作得到社会的广泛支持。以办事业的精神切实加强各种阵地建设,特别是要加强青少年报刊、青少年宫、爱国主义教育基地等思想文化阵地建设,注重加强网络建设,尽快建成一批青少年网络阵地。规范管理,深化改革,促进团办实体发展。要强化物质依托,保持机制生机,增强发展后劲。

三、适应新形势,切实加强团干部队伍建设

能不能深入了解青年,能不能准确把握发展趋势,开好新世纪共青团工作的头,做好新世纪的共青团工作,关键在于团干部队伍。建设一支高素质的团干部队伍,是我们开辟光辉未来,夺取事业胜利的根本保证。

第一,进一步加强团的领导班子建设。领导班子建设是团干部队伍建设的重点。在新的形势下,要把团的各级领导班子建设成为讲学习、讲政治、讲正气,求真务实,开拓进取,团结拼搏的坚强集体。开展"三讲"教育是加强领导班子建设的重要措施。目前,团中央和多数省级团委领导班子的"三讲"教育已告一段落，但思想上、政治上、作风上、纪律上的一些问题不可能通过一次集中性的“三讲”就可以一劳永逸地解决，“三讲”教育要经常抓、长期抓。正在进行“三讲”教育的省级团委领导班子要按照中央的要求，圆满完成“三讲”教育任务。要加强对地市团委“三讲”教育的指导。团的各级领导班子要自觉坚持民主集中制原则，坚持集中领导与个人分工负责相结合的制度。要拿起批评与自我批评的武器，开展积极健康的思想斗争。班子成员之间要互相信任，不要互相怀疑；要互相补台，不要互相拆台；要光明磊落，不要阳奉阴违；要敢于负责，不要揽功诿过。要密切联系青年群众，接受广大青年的监督，勤勤恳恳地工作，踏踏实实地做事，为党的青年工作奉献我们的全部力量。

第二，切实加强团干部思想作风建设。作为党的干部的一部分，团干部一定要按照党的要求，切实加强思想作风建设，努力做青年的表率，做青年的朋友。

团的干部要有过硬的政治素质。关键是要有远大理想和坚定信念。要用科学理论武装头脑，坚持马克思主义唯物论和科学世界观，牢固树立共产主义远大理想，坚定走建设有中国特色社会主义道路的信念，自觉与以江泽民同志为核心的党中央保持高度一致，在任何风浪中始终坚持正确的政治方向和立场。特别是在国际国内各种思想文化相互激荡的新形势下，更要认识到讲政治的极端重要性。“法轮功”问题发人深省，练习“法轮功”的团干部虽然是极个别的，但对于我们来说是个强烈的警示。加强团干部思想政治教育，提高政治敏锐性和鉴别力一刻也不能放松，必须常抓不懈。

团的干部要做勤奋学习的表率。当今时代是一个学习的时代。团干部作为年轻干部，要想不落后于时代，必须树立终身学习的观念，养成不断学习的习惯，而且要学会学习，善于学习。要增强学习的紧迫感和主动性，发扬理论联系实际的学风，联系我国现代化建设和青年工作实际，认真学习马克思列宁主义、毛泽东思想和邓小平理论，学习党的方针、政策，学习市场经济知识和现代科技知识，学习法律和历史知识。通过加强学习，进一步提高全团的思想理论水平和科技文化素质，进一步增强把握大局、服务大局和服务青年的能力。

团干部要养成求真务实、埋头苦干、艰苦奋斗和开拓进取的作风。求真务实，就是要坚持实事求是，深入基层，深入青年，了解青年的变化，关心青年的疾苦，帮助他们解决实际困难，一切从实际出发，不唯上、不唯书。求真务实，讲起来不难，做起来不易，有时是需要勇气的。埋头苦干，就是要勤勤恳恳工作，少说空话，多办实事，力戒工作飘浮，力戒浮夸作风。艰苦奋斗是我们党的宝贵精神财富，也是共青团的优良传统。团的干部要不断提高思想境界，增强人格力量，树立勤俭办事的意识，提高勤俭办事的自觉性，在思想深处筑起反腐防线，严于律己，克己奉公，吃苦在前，享乐在后。开拓进取是时代和共青团事业发展对团干部提出的迫切要求。在新的形势下，团干部必须具备创新意识和进取精神，勇于实践，大胆创新，促进团的工作在继承中创新，在探索中前进。

总的看，团干部的作风是好的。但是也存在一些问题，主要是作风飘浮的问题，有的爱做表面文章，沉不下去；有的搞短期行为，虚报浮夸；有的热衷搞关系，跑门子。对此，团干部应当引起高度警觉，做到警钟长鸣，要勇于克服自身的缺点。只有这样，才能养成扎实的工作作风，才能经受住任何考验。

同志们，在新的形势和任务面前，我们要以邓小平理论和党的十五大精神为指导，在以江泽民同志为核心的党中央领导下，抓住机遇，迎接挑战，研究新情况，解决新问题，更好地服务党和政府的工作大局，更好地服务、凝聚青年，团结带领广大团员青年满怀信心、昂首阔步迈入新世纪！

周强在全国青联八届六次常委(扩大)会议上的讲话

2000年1月9日,根据录音整理

这次常委会开得非常成功。巴音朝鲁同志作了一个很好的报告。几位老委员的发言不仅表达了对青联组织的感情,而且对青联工作提出了很好的建议,讲得非常好。

去年,我们国家大事多,喜事多,突发事件多。在这样一个大的背景下,全国青联按照党中央的要求,在全体委员的共同努力下,服务党政大局,做了大量的工作,取得了明显的成效。借这个机会,我想谈几点意见。

一、青联委员的"中国心,青联情"

这次常委会是在世纪之交青联即将换届之际召开的。刚才大家谈到对青联的感情问题,很多同志流露出依依不舍的心情。为什么大家对青联有如此深厚的感情?我思考了很久,我看最根本的就是六个字:"中国心,青联情"。青联组织高举的是爱国主义旗帜,追求的是崇高的目标。正是在这面旗帜的感召下,在崇高目标的激励下,一代又一代青年聚集在青联组织的周围,为祖国的繁荣富强而奋斗,一批又一批青联委员,包括香港和澳门的特邀委员,怀着一颗报效祖国的"中国心",走到一起,为了国家的发展,为了祖国的统一而辛勤地工作,做出了实实在在的贡献。同时还有一份"青联情",就是大家在青联组织中,能够互相帮助,互相支持,互相激励,每个人都可以学到许多有益于自身成长的东西,汲取激励自己不断发展的营养。无论谁遇到困难,大家都会伸出温暖的双手,给予帮助和支持。正因为如此,大家结下了深厚的、真诚的友谊。"青联情"还包含一种精神,就是无私奉献精神。我们的委员参加青联的活动,讲的是奉献,不计报酬。崇高的目标、深厚的友谊和无私的奉献使我们的心永远在一起。所以我们不轻言离别,更多的是祝福和企盼。我完全赞成大家讲的,"我们永远是青联的一分子"。共青团中央和全国青联将永远关注、支持我们每一位青联委员的成长和发展。借这个机会,我也要真诚地感谢大家对青联事业的发展所付出的辛勤劳动和做出的贡献。

二、世纪之交的中国青年运动

20世纪的中国青年运动,经历了一个波澜壮阔的奋斗历程。一代又一代青年为国家的独立、民族的解放和祖国现代化建设做出了不可磨灭的贡献。世纪之交,作为全世界最大的青年组织,作为党联系青年的桥梁和纽带,我们应该思考新世纪中国青年运动的发展和走向。

100年前,八国联军入侵中国,他们依仗着船坚炮利,以1.4万多人逼迫腐败的清政府签订了丧权辱国的《辛丑条约》,四万万同胞在侵略者的铁蹄声中进入了20世纪。经过100年的浴血奋战,在中国共产党的领导下,中国实现了民族独立,人民解放,社会主义中国屹立于世界的东方。特别是改革开放20年来,我们走出了一条正确的发展道路,建设有中国特色社会主义事业呈现出勃勃生机。改革开放和现代化建设给当代青年提供了广阔的舞台,科学技术的迅猛发展和知识经济的迅速兴起为年轻人提供了越来越多的用武之地。今天在座的许多同志就是在科教领域做出了突出贡献的杰出青年代表。媒体经常报道,IT行业的老总们都在35岁左右,有的还不到30岁。上海金茂大厦、过江隧道、上海国际会议中心、浦东国际机场等高水平的大型建筑工程的项目负责人都是35—40岁之间的青年人。前天,媒体报道上海生物工程研究中心开发了克隆人体器官,克隆耳朵已经成功,接着还可以克隆心脏、肺、肝等。年轻人正在创造一个个奇迹,我们应为之感到自豪。我们的革命前辈孜孜以求的理想,正在实现之中。可以说今天的中国就是青春之中国,充满了生机和活力,有着无限光明的未来。

时代造就青年,青年塑造未来。江总书记在1998年同团中央新一届领导成员座谈时指出:"从一定意义上讲,青年兴则国家兴,青年强则国家强,青年有希望,未来的发展就有希望。"在北大100周年校庆纪念大会上,总书记对当代青年提出了"四个统一"的要求。所有这些,都为中国青年运动指明了发展方向。当代青年的历史使命就是要实现党的十五大提出的,在21世纪中叶把我国建设成为富强、民主、文明的社会主义现代化国家,实现中华民族的伟大复兴。我们一定要认清肩负的使命,增强责任感,为完成这一宏伟目标而不懈努力。

三、青联组织的责任

全国青联要把全国各族各界青年的积极性、创造性充分地调动好、引导好、发挥好,最广泛地把各族各界青年人才紧紧团结在青联组织周围,这是我们做好全国青联工作的一个基本思路。要通过开展一些富有特色的活动,为广大青年的成长成才搭建舞台。当代青年人才辈出,在他们身上蕴藏着无限的创造潜力,他们有成才发展的强烈愿望。作为全国的青年组织,全国青联要搭建各种各样的舞台,为青年的成长发展服务。我们这次组织的"百名博士西部行"活动,还有保护母亲河行动、中国青年科技创新行动,一方面是服务经济建设,参与西部大开发,另一方面也是在服务和参与中,为广大青年搭建舞台,使青年人才能够脱颖而出。同时,青联组织要更好地为青联委员服务,支持委员的发展,维护委员的利益,积极向党政部门和社会各界举荐优秀青年人才。

我们这个时代是一个日新月异的时代,我们这个时代是呼唤英雄而又造就英雄的时代。我们相信,将会有更多的青年人才,有更多的青年知识英雄不断地涌现出来。

龙年即将到来,借这个机会,我向大家致以新年的祝福,祝大家在新的一年里身体健康,工作顺利,家庭幸福!

周强在"百名博士西部行"活动座谈会上的讲话

2000年1月10日,根据录音整理

新年伊始,我们在陕西开展"百名博士西部行"活动。这是响应江泽民总书记关于西部大开发的重要指示,贯彻落实党中央、国务院关于西部大开发战略部署的具体行动。今天,来自海内外的青年博士同陕西省的领导们欢聚一堂,畅所欲言,献计献策,很有意义。首先,我代表团中央、全国青联感谢博士们在百忙之中参加活动,也借此机会代表团中央、全国青联和参加活动的全体博士感谢陕西省委、省政府对这项活动的高度重视和大力支持。

这次我同青年博士到陕西来,所见所闻,感受很深。改革开放以来,尤其是近年来,在党中央的领导下,陕西省发生了巨大的变化。为实施西部大开发战略,陕西省采取了一系列行之有效的措施,使这里真正成了一片青年人充分发挥作用、施展才华的热土。借此机会,我谈几点意见。

一、参与西部大开发是当代青年特别是青年科技工作者义不容辞的责任,西部大开发也为当代青年施展才华、建功立业提供了广阔的舞台。西部大开发是以江泽民同志为核心的党的第三代领导集体在世纪之交作出的一项重大战略部署,是实现邓小平同志提出的三步走战略目标,逐步走上共同富裕的一项重大举措,也是实现党的十五大提出的到21世纪中叶实现中华民族伟大复兴的必然选择。我们的前辈们为共和国的建设做出了巨大贡献,经过50年的建设,我国的社会主义事业取得了辉煌成就,西部地区也发生了翻天覆地的变化。当代青年肩负着为我国的下一轮发展,为中华民族的全面振兴而奋斗的历史责任。我们都有一个共同的认识,现在是我国历史上最好的发展时期,当代青年生逢其时,遇上了一个好时代。每一位有志青年都要认识到自己肩负的历史责任,抓住这一千载难逢的发展机遇,投身西部大开发的热潮,为西部大开发做出应有的贡献。同时,要在参与西部大开发的实践中经受锻炼,接受教育。这次我们到陕西来,一个重要任务,就是学习陕西广大干部、群众和科技人员艰苦创业的精神。

二、各级共青团、青联组织要动员广大团员青年积极参与西部大开发。全国青联八届六次常委会刚刚在西安结束。这次常委会以及"百名博士西部行"活动之所以选择在陕西,团中央是经过反复考虑的。我们要通过这一举措形成一种导向,动员亿万青年响应党中央的号召,投身到西部大开发中来。当前,各级团组织要做好以下几个方面的工作。首先,要营造一个为西部大开发做贡献的良好环境。一方面,要大力开展各种参与、支持西部大开发的活动;另一方面,要通过宣传建国以来一直在西部默默奉献,为西部地区发展做出重要贡献的知识分子,宣传在西部大开发中涌现出来的青年典型,从而在全社会营造一种关心西部大开发、参与西部大开发、支持西部大开发的良好氛围,引导广大青年向西部进军,到西部地区建功立业、成长成才。第二,要加大实施中国青年科技创新行动的力度。中国青年科技创新行动的主要内容就是全面实施"金桥计划",促进人才和项目的对接。共青团、青联组织的优势就是广泛联系青年人才。我们要在科研院所、大专院校和企业之间、在东部和西部之间、在海外与国内之间牵线搭桥,为他们的合作和发展提供舞台。第三,要按照江总书记"再造一个山川秀美的大西北"的要求,配合陕西省实施的山川秀美工程,大力推进保护母亲河行动。我们将在延安营造中国青年企业家世纪林。同时,要加快杨凌的中国青年农业科技示范园建设。要把全国青年科技人员的积极性调动起来,把好的项目引入示范园。

三、注意积累经验,使"百名博士西部行"活动向纵深发展。我们希望通过"百名博士西部行"活动,为组织动员广大青年参与西部大开发,在西部大开发中建功立业、成长成才搭建舞台,形成良好的舆论导向,为今后的工作积累经验。近年来,我们在推动科技成果产业化方面做过一些成功的探索。比如,组织留日学人在华北制药集团合作开发项目,在江苏昆山、山东威海创建留学人员创业园,在海南建立生态农业示范基地等,这些都取得了一定的效果,其中最重要的经验就是着力于人才与项目的对接,从具体的项目做起。我们相信,在陕西省委、省政府的大力支持下,在各位博士的共同努力下,这次"百名博士西部行"活动一定会取得成功，并在此基础上向西部其他地区拓展。

最后，希望各位博士携起手来，带动影响更多的青年知识分子为西部大开发奉献青春和智慧，为西部大开发做出我们这一代青年人应有的贡献。

周强在中国青年志愿者协会第二次全国代表大会上的讲话

2000 年 1 月 16 日，根据录音整理

江泽民总书记在百忙之中对青年志愿者行动作出重要批示，是对这次中国青年志愿者协会全国代表大会的亲切关怀，是对广大团员青年、青年志愿者的亲切关怀和巨大鼓舞，对于我们做好新世纪的青年志愿者工作和青年工作具有极为重要的指导意义。我们一定要遵照江泽民总书记的重要批示精神，刻苦学习，勤奋工作，勇于创造，自觉奉献，切实做好新形势下的青年志愿者工作和共青团的各项工作，努力把青年一代培养成为建设有中国特色社会主义伟大事业的合格建设者和接班人。

希望各级团组织认真学习贯彻江泽民总书记的重要批示精神，继续深化中国青年志愿者行动，大力推进共青团的各项工作。广大团员青年要牢记江泽民总书记的谆谆教诲，积极投身青年志愿服务事业，大力弘扬奉献、友爱、互助、进步的时代新风，全心全意为人民服务，为社会主义精神文明建设、为健全社会保障和发展社会服务事业做出新的贡献；要发扬中国青年的光荣传统，学习成才，建功立业，服务改革、发展、稳定的大局，为实现中华民族的伟大复兴不懈奋斗。

明天上午胡春华同志将代表书记处作工作报告，在会议结束的时候巴音朝鲁同志还要作总结讲话，对青年志愿者工作进行回顾总结，对今后的工作进行部署。借今天这个会议的机会，我想着重就如何贯彻江泽民总书记重要批示精神，在新世纪全面推进青年志愿者行动讲两点意见。

一、青年志愿者行动的时代意义

中国青年志愿者协会成立五年来，在党中央的亲切关怀下，在各级团组织的共同努力下，在广大青年的积极参与下，取得了巨大的发展，产生了广泛的社会影响。青年志愿服务事业从工作内容到活动规模，从工作方式到机制建设都有了很大的发展，已经成为我国社会主义精神文明建设的一道亮丽的风景线，得到了党和国家领导人的充分肯定。1996 年，江泽民总书记在视察唐山时充分肯定了青年志愿者行动，1997 年欣然为“中国青年志愿者”题名，今天，又在百忙之中为青年志愿者行动作出重要批示。党的十四届六中全会通过的《中共中央关于加强社会主义精神文明建设若干重要问题的决议》将青年志愿者行动确定为群众性精神文明创建活动内容。党中央书记处在听取团中央工作汇报时，充分肯定了青年志愿者行动，并对青年志愿者行动的深入开展提出了明确要求。党中央的亲切关怀，中央领导同志的亲切关怀，是青年志愿服务事业不断发展的重要原因。在此，我代表共青团中央向亲切关怀青年志愿服务事业发展的党和国家领

导人表示崇高的敬意！同时，欢迎各地的青年志愿者代表，感谢你们为青年志愿服务事业做出的贡献！

回顾五年的工作，青年志愿者行动为什么在短短几年内产生广泛的社会影响，得到党政领导的认可，受到群众的欢迎？这就是我想讲的第一个问题，即青年志愿者行动的时代意义。

首先，青年志愿者行动倡导了一种精神，就是“奉献、友爱、互助、进步”的志愿者精神。这种精神可以说是中华民族“助人为乐”的传统美德和时代精神即五四运动以来形成的“爱国、进步、民主、科学”精神的有机结合。青年志愿到贫困地区开展扶贫接力计划，为农村带去了科学，送去了科技文化，也带去了文明，推动了社会进步。同样，广大青年在城市社区开展志愿服务活动，服务社会，服务老人，服务困难职工，都体现了社会的“进步”精神。从中国青年运动史上看，每一个时代的中国青年都是最有理想、最进步、最活跃的群体。青年志愿者行动所体现的时代精神，所体现的中华民族的传统美德，正是当代青年的精神追求。

第二，青年志愿者行动服务了人民群众生产生活的基本需求。随着社会主义市场经济体制的建立和发展，人民群众的需求日益多样化。在城市，随着国有企业的改革和发展，随着城市各项改革的推进，一些困难职工，一些老年人，都需要各种各样的服务。我们在城市社区开展志愿者活动，满足了人民群众的这些需求。在农村特别是在贫困地区，人民群众有脱贫致富的强烈愿望。我们开展的志愿者“三下乡”和扶贫接力计划，就是服务于他们的这些需求。为人民群众的基本需求服务，是青年志愿者行动的生命力所在，它的时代意义所在，也是全心全意为人民服务精神在青年志愿者身上的具体体现。

第三，青年志愿者行动探索了一条培养人的途径。可以说，青年志愿者行动已经成为当代青年思想政治工作的一条有效途径。在社会主义市场经济条件下，青年思想政治工作面临很多新的情况。那么，在新形势下怎样加强青年思想政治工作？青年志愿者行动做了有益的探索和尝试。做好新形势下青年思想政治工作，空洞的说教不行，大而无形、大而不当不行，要针对青年的思想实际，符合青年的需求。青年志愿者行动满足了这些方面的需求，尤其是对一些城市青年来讲，更是满足了他们自身成长的需求。在建设有中国特色社会主义的伟大实践中，当代青年要有所建树、有所成就，很重要的一条就是了解国情、认识社会。广大青年在参与志愿服务当中，增加了对社会的了解，对国情的了解，也经受了锻炼。很多青年志愿者深有感触地讲：在服务社会、服务他人的同时，也提高了自己的思想修养和思想境界。

第四，青年志愿者行动已成为广大青年自觉参与社会主义精神文明建设的重要载体。通过青年志愿者行动这一载体，把广大青年所蕴藏的服务社会、服务人民的积极性充分调动起来，充分发挥他们的主体能动性，发挥他们在社会主义精神文明建设中的生力军作用。

二、认真贯彻落实江泽民总书记的重要批示精神，切实做好新世纪的青年志愿者工作和团的其他各项工作

第一，认清形势，充分发挥共青团组织的社会职能。随着社会主义市场经济体制的逐步建立和完善，原来由政府和企业承担的许多社会事务将交给社会来承担。作为党的助手和后备军的共青团组织，将越来越多地承担起服务社会的职能。在我国目前的情况下，还有下岗职工、待业青年、孤寡老人以及有特殊困难的群体等问题。这些问题由谁来解决呢？当然由全社会来解决。共青团作为群众团体，应该通过开展青年志愿者活动等形式，来为他们服务。这种服务是我国社会服务和社会保障体系中不可缺少的内容，也是共青团组织充分发挥社会职能的优势所在。

第二，抓住机遇，乘势而上。江泽民总书记的重要批示，对全国青年是巨大的鼓舞。我们要把江泽民总书记的重要批示学习好、宣传好、贯彻好。要抓住当前的有利时机，乘势而上，使我们青年志愿者工作在新的一年里，在新的世纪里，有更大的发展。当前，青年志愿者行动有很多难得的历史发展机遇。比如说西部大开发。在去年党的十五届四中全会和中央经济工作会议上，江泽民总书记对西部大开发问题作了重要指示。最近，中央还要专门召开西部大开发会议，作出统一部署。这个战略关系到我国改革开放和现代化建设的全局，关系到党的十五大提出的跨世纪宏伟目标和邓小平同志提出的“三步走”战略目标的最终实现，意义十分重大。实施西部大开发不仅对西部来讲是大机遇，对东部来讲也同样是大机遇。在今天市场竞争激烈的条件下，在科技发展日新月异的条件下，西部大开发战略能不能最终实现，除了资金以外，很重要的一条就是西部能不能建立起吸引人才的机制。在这方面，青年志愿服务事业有无限的发展空间。通过开展青年志愿者活动，组织青年人才，采取自愿的形式，参与西部大开发，服务西部的扶贫攻坚，服务西部国有企业的改革和发展。

当前，还有一个难得的机遇，就是加强新形势下的思想政治工作。去年底，江总书记就加强思想政治工作做了十分重要的指示，为新形势下做好思想政治工作指明了方向。《中共中央关于加强和改进思想政治工作的若干意见》明确提出要加强青少年的思想政治工作。今年全国宣传部长会议强调要进一步加强思想政治工作。青少年思想政治工作是思想政治工作的一个重要的组成部分。如何加强青年的思想政治工作呢？最主要的是在实践中来教育青年，让青年在参与实践当中服务社会，同时进行自我教育，自我提高。青年志愿者行动就是青年思想政治工作的一个有效途径。因此，各级团组织、各级青年志愿者的指导机构，要充分认清形势，善于抓住机遇，把青年志愿者行动提高到一个新的水平。

我们讲抓住机遇、乘势而上，具体来讲，就是要选准项目，从项目做起。青年志愿者行动的项目要与党和政府的中心工作紧密结合起来，与人民群众关心的问题紧密结合起来，这是五年来青年志愿者行动的一条重要经验。比如说，为云南的世博会、上海的财富论坛、天津的世锦赛提供志愿服务，还有扶贫接力计划，都是围绕党政中心工作和群众关注的问题来展开的。又比如，青年科技创新行动，一个重要内容就是组织更多的青年科技工作者开展志愿服务，实现人才和项目的对接，为实施科教兴国战略做贡献；保护母亲河行动，组织青年志愿者植树造林，参与生态环境建设，服务可持续发展战略。特别要强调的是，每一个服务项目都要注重实效，要抓一个成一个，一个一个地积累，最终形成一定规模。

第三，健全机制，长期发展。青年志愿者行动开展五年来，从根本上看，解决了一个什么问题呢？用一句通俗的话讲，就是解决了“雷锋叔叔三月来四月走”的问题，解决了服务社会、服务人民群众经常化的问题。那么，下一步我们要做哪些工作呢？就是要通过建立和健全机制，一方面不断扩大青年志愿者服务事业的覆盖面，更多更好地满足人民群众和广大青年的需要，另一方面要努力提高青年志愿服务事业的自转能力、自我发展能力。为此，我们要做好以下几项工作。

1. 要争取政府政策的支持。团中央青年志愿者行动指导中心成立一年半以来在这个方面做了大量的工作，取得了明显的成效。我们开展青年志愿者活动，要努力争取政府政策的支持，一个部门一个部门地去做工作，一个部门一个部门地去争取。有了政策支持，我们就能把这项工作做得更好。从国外的经验来看，一般也是采取政府委托、青年组织具体承办的模式。我们在这个方面还要进一步做工作，也希望各地发挥积极性，去争取政策。比如，广东省就在国内率先制定了青年志愿服务法。我希望能有更多的地区来做这项工作，一个地方一个地方做起来，将来为全国的立法提供经验。

2. 要与社区团组织建设密切联系起来。青年志愿者活动在城市要进社区，要争取在今年和今后的若干年内，在社区普遍建立青年志愿者服务站，尤其是直辖市、大中城市至少要在每一个街道建立青年志愿者服务站。从各地的经验来看，青年志愿者服务站能不能建立、完善和坚持下去，包括“青年文明号服务卡”进万家活动，青年文明号进社区活动，能不能长期坚持下去，一个很重要的方面，就是社区的团组织能不能建立起来。各省级团委要高度重视街道、社区团的建设，尤其是城市团委，要一个街道一个街道去抓。福州市以市委的名义专门下发文件，要求每一个街道都要配备专职团干部，这个经验值得推广。如果我们街道团组织都建立起来了，甚至在居委会也建立起团组织，那么，青年志愿者服务站就可以长期坚持下来。当然，我们鼓励采取多种形式建立社区青年志愿者服务站。比如说，有的大学就在社区里，就可以在大学里建立社区青年志愿者服务站；有些大型企业团委就在社区里，可以依托自身建立服务站。总之，一方面要与社区团组织建设紧密结合起来，另一方面要鼓励以多种形式建立社区服务站。

3. 要与创建文明社区、推进社区建设紧密结合起来。今年，中央文明办还要召开创建文明社区会议，对全国创建文明社区、文明城市作出部署。青年志愿者活动是创建文明社区、文明城市的重要载体。在创建文明社区、文明城市过程中，青年志愿者是一支很重要的力量，可以说青年志愿者已成为我国城市文明创建活动中的一道亮丽的风景线。在去年国庆50周年前夕，中央电视台播报深圳改革开放取得的成就时，第一件事讲的就是深圳的义工，也就是青年志愿者，为深圳社区和居民提供各方面的服务，从一个侧面反映深圳改革开放的巨大成就，反映深圳市居民生活质量的提高。实践证明，青年志愿者活动已成为城市精神文明建设的重要载体，成为城市文明和城市居民生活质量高低的一个标志。因此，要把青年志愿者活动同创建文明城市、文明社区，同共青团创建青年文明社区活动紧密结合起来。把这个结合做好了，就能把青年志愿者活动纳入到全国和各地的精神文明建设的大盘子之中，从而使之更具生命力和影响力。

4. 要进一步建立健全青年志愿者活动的资金筹措和人员招募、派遣机制。要在认真总结经验的基础上，逐步建立健全有关机制。要把志愿者的招募、派遣、资金筹措同政府部门的政策支持紧密结合起来。这样，青年志愿服务事业才能够长期坚持下去，才能够不断扩大覆盖面，才能够永葆生机和活力。

同志们，让我们在江总书记重要批示精神指引下，勤奋工作、开拓进取，适应新形势、创造新业绩，进一步深化青年志愿者行动，让青年志愿者的足迹遍布全国城乡，让青年志愿者的旗帜在祖国的天南海北高高飘扬，更加光彩夺目。

周强在江泽民主席《为促进祖国统一大业的完成而继续奋斗》发表五周年座谈会上的发言

2000年1月28日

同志们,朋友们:

1995年1月30日,中共中央总书记、国家主席江泽民发表了《为促进祖国统一大业的完成而继续奋斗》的重要讲话。这一讲话系统、完整、精辟地阐述了邓小平同志关于"和平统一、一国两制"思想的精髓,提出了现阶段发展两岸关系、推进祖国和平统一进程的八项主张,充分体现了中国共产党和中国政府对于发展两岸关系、促进祖国统一的决心和诚意,表达了海内外中华儿女期盼祖国统一的心声,是新时期我们党和政府解决台湾问题的纲领性文件,是实现祖国完全统一的根本指针。今天,我们重温江主席的重要讲话,更深切地感到它对现阶段发展两岸关系、推动祖国和平统一进程具有重大指导作用。我们各级工会、共青团、妇联组织坚决拥护江主席提出的八项主张,要继续深入学习、宣传、贯彻、落实好江主席的重要讲话,以讲话精神为指导,在以江泽民同志为核心的党中央领导下,积极推动两岸民间团体在经济、科技、文化等各个领域的交流与合作,努力团结全国各条战线的广大职工、青年和妇女姐妹为实现祖国完全统一做出新的贡献。

实现祖国完全统一,是中华民族的根本利益所在。浩浩中华,绵延数千年,统一始终是历史的主流。从根本上讲,祖国统一是中华民族最大的利益所在。由于历史的原因,半个世纪以来宝岛台湾与祖国大陆却处于分离状态。这是中华民族的不幸,是海内外全体中国人所不愿意看到的。但是,我们更看到,每一个有着民族责任感的中国人追求祖国统一的目标始终没有改变和动摇过。中国共产党和中央政府一贯致力于推动祖国的和平统一大业,我们党的三代领导核心在不同的历史时期都提出了一系列解决台湾问题的方针政策,极大地推动了海峡两岸关系的平稳发展,得到了海峡两岸中国人和海外华人社会以至整个国际社会的广泛认同和赞赏。五年前,江泽民主席重要讲话发表后,海峡两岸关系更是出现了几十年来前所未有的好的发展势头。然而,以李登辉为代表的岛内分裂势力分裂祖国之心不死,逆历史潮流而动,公然大肆鼓吹所谓"两国论",妄图把两岸关系定位为"国家与国家","特殊的国与国的关系",这是违背台湾人民的愿望和利益的,更是违背中华民族根本利益的,结果必然地遭到了海内外一切爱国同胞的强烈谴责和唾弃,在国际上也没有得到任何回应和支持。去年以来,在中央的领导下,我们同"两国论"进行了声势浩大的坚决斗争,有效地维护了祖国的统一,打击了台湾分裂势力的嚣张气焰,充分显示了中国政府和中国人民反对分裂、捍卫国家主权和领土完整的坚强决心。我们希望台湾当局认清形势,顺应潮流,以民族根本利益为重,彻底放弃"两国论",认真回应江主席提出的八项主张,采取实质性步骤推动两岸关系发展。我们更希望台湾人民为着自身现实和长远的利益,为着民族和国家的利益,在事关台湾前途的问题上作出正确的抉择,以实际行动推进两岸关系的发展和祖国和平统一的进程。

实现祖国完全统一，是海内外中华儿女的共同心愿。发展两岸关系是人心所向、大势所趋，实现祖国完全统一是福及两岸人民、荫及子孙后代的千秋大业。在新的世纪之交和千年之交的重要历史时刻，香港、澳门已相继顺利回到祖国的怀抱。这是对邓小平同志提出的“一国两制”伟大构想的成功实践，深深激起了海内外中华儿女对最终解决台湾问题、实现祖国完全统一和中华民族伟大复兴的强烈渴望。海内外中华儿女从中越来越认识到，只有祖国统一，民族才能全面振兴，只有民族团结，才能创造更加辉煌灿烂的明天。在充满希望的新世纪，骨肉相连、利益相关的两岸人民只要携起手来，共同走向统一，中华民族就能够以更加强劲的英姿屹立于世界民族之林，就能够为人类的和平与进步事业做出更大的贡献。我们深信，具有光荣的爱国主义传统的广大台湾同胞一定能够与祖国大陆人民手携手、肩并肩，共同担当起实现国家统一、民族振兴的历史责任。我们深信，在海峡两岸全体中国人和所有中华儿女的共同努力下，祖国的完全统一和中华民族的伟大复兴终将成为现实。

实现祖国完全统一，是各人民团体的神圣职责。五年来，在江泽民主席重要讲话精神指引下，海峡两岸关系获得了长足的发展，两岸经济相互促进，人员往来大幅增长，各项交流日益展开。各级工会、妇联、青联组织坚决拥护“和平统一、一国两制”的基本方针，坚决拥护中国政府有关维护国家主权和领土完整的一切声明和行动。同时，通过多种形式，不断加强与台湾民间团体的交流，积极推动两岸民间各项交流事业的发展。实践表明，蓬勃发展的民间交往与交流，维系着海峡两岸骨肉同胞同根同源、血浓于水的亲情，构筑着祖国统一大业的基石，对于增进两岸人民之间加深了解，消除隔阂，增加互信发挥着不可替代的重要作用。我们要进一步发挥人民团体在海内外有着广泛联系的优势，增进海峡两岸人士之间的沟通与交往，扩大两岸人员联谊的层面，弘扬中华文化的优秀传统，巩固和发展已经取得的交流成果，为推动实现祖国完全统一而不懈努力。

每逢佳节倍思亲。在中华民族传统节日春节即将来临之际，我们衷心祝愿台湾的兄弟姐妹们新春快乐，万事如意！

坚持不懈地用邓小平理论武装青年

——周强在全国青年学习邓小平理论经验交流会上的讲话

2000年5月16日

全国青年学习邓小平理论经验交流会今天就要结束了。昨天，胡锦涛、李岚清、丁关根、张万年等中央领导同志出席了会议开幕式，充分体现了党中央对青年学习邓小平理论工作的高度重视和对青年一代的关怀。李岚清同志作了重要讲话，从实现中华民族伟大复兴的战略高度，全面阐述了用邓小平理论教育青年一代的重大意义，对进一步落实用邓小平理论教育青年一代的战略任务提出了明确要求。共青团系统的代表在学习和讨论中一致认为，讲话高屋建瓴，为深入开展青年学习邓小平理论工作指明了方向，听了讲话，深受教育，深受鼓舞。今天上午，八个单位的代表交流了本单位组织青年学习邓小平理论的经验和做法。陈至立同志刚才作了重要讲话。这次会议，主题鲜明，意义重大，既是对近年来组织广大青年学习邓小平理论工作的总结和回顾，也是进一步推动广大青年深入学习邓小平理论的动员大会，必将极大地推动用邓小平理论武装青年一代的工作。各级团组织要认真学习李岚清同志的重要讲话，深入贯彻落实会议精神，充分发挥团组织的作用，与宣传、教育部门密切配合，形成合力，进一步引导和推动广大青年深入学习邓小平理论，把用邓小平理论武装青年一代的工作提高到新的水平。

下面，我代表团中央书记处谈几点意见。

一、充分认识用邓小平理论教育青年一代的重大意义

中共中央《关于在全党深入学习邓小平理论的通知》指出："用邓小平理论教育广大青年特别是青年学生，是关系改革开放前途和21世纪国家面貌的大事，是坚持党的基本路线一百年不动摇的长远大计。"邓小平理论必须掌握青年，青年需要邓小平理论。党中央把用邓小平理论教育青年一代作为一项重大决策，我们必须坚持不懈地抓好这项工作，进一步推动青年理论学习工作向深度广度发展，在广大青年中兴起学习邓小平理论的新高潮。

用邓小平理论武装青年，是确保党的事业后继有人的需要。青年是我们事业的未来和希望。邓小平同志指出："青年一代的成长，正是我们的事业必定兴旺发达的希望所在。"江泽民同志在建党70周年大会讲话中指出："社会主义事业在中国的前景，很大程度上取决于青年一代的状况。"在错综复杂的国际形势面前，面对艰巨繁重的改革发展任务，面对国内外各种势力争夺青年一代的形势，用邓小平理论武装青年，才能使青年坚定走建设有中国特色社会主义道路的信念，确保党的事业后继有人，保持党和国家的长治久安；才能凝聚全国青年，坚持正确的前进方向，为全党全国人民的共同理想而奋斗。

用邓小平理论武装青年，是坚持党的基本路线一百年不动摇的需要。党的十一届三中全会以来，我们党形成了"一个中心，两个基本点"的社会主义初级阶段的基本路线，这是我国实现"三步走"战略目标，实现中华民族伟大复兴的根本保证。邓小平同志郑重地提出："基本路线要管一百年，动摇不得。"江泽民同志指出："要使我国在21世纪中叶基本实现现代化，以社会主义强国的地位屹立于国际社会，取决于党的基本理论和基本路线的长期坚持，归根到底取决于青年一代及年轻干部的健康成长。"这些精辟论述，深刻地阐明了坚持党的基本路线、实现中华民族的伟大复兴和当代青年的关系。面对新形势、新情况，只有坚持不懈地用邓小平理论武装青年，才能帮助青年正确认识和把握社会发展规律，坚定不移地走建设有中国特色社会主义道路，才能使广大青年增强坚持和贯彻党的基本路线的自觉性，激励广大青年为实现党的跨世纪宏伟目标而努力奋斗。

用邓小平理论武装青年，是青年一代健康成长的需要。江泽民同志指出："邓小平理论是一个完整的科学体系，是我们认识和改造客观世界的强大思想武器，也是我们认识和改造主观世界的强大思想武器。"当代青年只有用邓小平理论这一强大的思想武器指引自己的成长道路，才能坚定理想信念，树立正确的世界观、人生观和价值观，在建设有中国特色社会主义事业中建功立业。改革开放以来，广大青年健康成长，一批又一批青年人才脱颖而出，靠的就是认真学习和实践邓小平理论。在纷繁复杂的形势面前，如果没有马克思列宁主义、毛泽东思想和邓小平理论的指导，就不可能以正确的立场和科学的态度来认识客观事物，把握事物发展的规律；就不可能正确地理解和执行党的路线方针政策，始终保持坚定正确的政治方向；就不可能始终站在时代的前列，在改革开放和现代化建设中发挥生力军的作用。在建立社会主义市场经济体制的过程中，当代青年接受了大量的新事物、新知识、新观念，同时，一些消极的、落后的东西，西方腐朽的思想文化也在侵蚀着青年，只有用邓小平理论武装起来，当代青年才能辨别良莠，分清是非，自觉抵御各种错误思想的侵蚀，按照党的要求健康成长。当代青年要认真学习邓小平理论，增强改造主观世界的自觉性，按照江泽民同志提出的“四个统一”的要求，坚持学习科学文化与加强思想修养的统一，坚持学习书本知识与投身社会实践的统一，坚持实现自身价值与服务祖国人民的统一，走与实践相结合、与人民群众相结合的成长道路，努力成长为社会主义事业的合格建设者和接班人。

中共中央《关于在全党深入学习邓小平理论的通知》指出：“共青团要在广大团员和青年中深入开展学习邓小平理论的活动，加强对青年学习邓小平理论的各种组织的指导。”坚持不懈地用邓小平理论武装青年，是党对共青团的要求，是共青团组织的首要任务。共青团是党的助手和后备军，是党领导下的先进青年的群众组织。按照党的要求，把青年一代培养成为“四有”新人，带领青年为实现党的跨世纪宏伟目标而奋斗，是共青团组织的政治责任。做到这一点，最重要的就是用邓小平理论武装青年，在邓小平理论的伟大旗帜下凝聚青年。江泽民同志最近提出的我们党要始终成为中国先进社会生产力的发展要求、中国先进文化的前进方向、中国最广大人民的根本利益的忠实代表的重要思想，对于加强新形势下党的建设，永葆党的生机与活力，对于面向新世纪推动共青团工作和青年工作，加强团的建设，做好用邓小平理论武装青年的工作，具有十分重要的指导意义。我们要以江泽民同志“三个代表”的重要思想为指导，坚持不懈地用邓小平理论教育武装青年，切实加强团的自身建设，不断增强团组织的吸引力和凝聚力，进一步巩固党的青年群众基础，教育青年坚定不移地跟党走建设有中国特色的社会主义道路，使党的奋斗目标成为当代青年的理想追求，使建设有中国特色社会主义的伟大事业薪火相传，兴旺发达。

二、适应新形势，结合当代青年和共青团工作的实际，把用邓小平理论教育青年一代的战略任务落到实处

党的十四大以来，各级团组织按照党中央的要求，始终把组织引导青年学习邓小平理论作为首要任务，坚持不懈地用邓小平理论构筑青年一代的精神支柱，采取各种形式，推动青年学习邓小平理论的深入发展。近年来，我们下发了《关于在全团深入学习邓小平理论的意见》、《关于组织高校学生深入开展邓小平理论学习活动的通知》、《关于在新形势下加强和改进青年思想政治工作的若干意见》，加强对青年学习邓小平理论的指导；以团干部和青年学生为重点，通过加强培训、开展交流、典型示范等方式，培养学习邓小平理论的骨干；针对青年的特点编写通俗易懂的理论读物，加强对青年学习理论的研究和宣传，推动理论学习活动深入发展；广泛开展各种学习和实践活动，引导青年在实践中加深对邓小平理论的理解，充分发挥实践育人的作用。各地团组织针对青年的特点，广泛开展丰富多彩的邓小平理论主题学习活动；通过各种理论学习社团组织和培训，培养了大批邓小平理论学习骨干；开辟理论学习阵地，健全学习制度，努力形成促进青年理论学习的有效机制；结合实际，积极探索新形势下开展青年理论学习的有效方式，做了大量的工作，创造了许多成功的经验，取得了可喜的成绩。广大青年在邓小平理论学习中表现出日益高涨的热情，一大批青年学习邓小平理论的积极分子涌现出来，大中专学校中邓小平理论学习研究社团日益增多，数百万青年学生在社会实践中加深了对邓小平理论的认识，更多的青年立足岗位，积极实践邓小平理论，在改革和现代化建设中发挥生力军作用，把邓小平理论的成果转化为强大的物质力量，为祖国的建设和发展事业做出了积极贡献。广大青年实践邓小平理论的过程，证明了江泽民同志指出的“理论一经群众掌握，就会变成巨大的物质力量。”青年对于邓小平理论学习的热情，充分显示了青年一代对邓小平理论的渴求，反映了伴随着改革开放成长起来的当代青年和邓小平理论的内在联系，为我们坚持不懈地用邓小平理论教育和武装青年打下了坚实的基础。

每当革命和建设处在重大历史关头，面对新形势新任务，我们党总是结合不断发展的实际，加强理论学习，提高全党的马克思主义水平。当前，我国正处在改革的攻坚阶段和发展的关键时期，社会情况发生了复杂而深刻的变化，经济成分和经济利益多样化、社会生活方式多样化、社会组织形式多样化、就业岗位和就业方式多样化日趋明显。世纪之交，西方敌对势力对我“西化”和“分化”的图谋一刻也没有放松，西方敌对势力、民运分子和分裂分子同我们争夺青少年一代的斗争始终存在。在复杂多变的国际形势面前，在推进改革开放和现代化建设的新形势下，进一步加强用邓小平理论教育和武装青年的工作，促进青年一代的健康成长，是我们面临的十分紧迫的任务。各级团组织要以强烈的责任感和使命感，深入持久地在青年中开展邓小平理论学习活动，切实做好用邓小平理论教育和武装青年的工作。

用邓小平理论教育和武装青年，要引导青年用邓小平理论构筑强大的精神支柱。远大的理想、坚定的信念，正确的世界观、人生观、价值观，是我们战胜一切困难、走向胜利的强大精神支柱，也是青年思想政治素质的主要内容。邓小平同志多次强调理想和信念的重要性，他指出：“我们一定要经常教育我们的人民，尤其是我们的青年，要有理想。为什么我们能在非常困难的情况下奋斗出来，战胜千难万险使革命胜利呢？就是我们有马克思主义信念，有共产主义信念。”在跨世纪的进程中，当代青年要树立的理想，就是把我国建设成富强民主文明的社会主义现代化国家，实现中华民族的伟大复兴；当代青年要确立的信念，就是坚持党的基本路线不动摇，坚定不移地走建设有中国特色的社会主义道路。树立起这样的理想和信念，青年就能在任何时候不丧失信心，不懈怠斗志，始终以昂扬进取的姿态和饱满的热情投身建设有中国特色社会主义的伟大实践，把个人的理想汇入民族振兴的大业之中，把党的奋斗目标转化为脚踏实地的行动。青年处在世界观、人生观、价值观形成的关键时期，以邓小平理论为指导，树立起正确的世界观、人生观、价值观，是青年成长的重要内容，也是青年今后发展中经受住各种考验的保证。要引导青年把改造客观世界和改造主观世界结合起来，正确看待和处理国家、集体和个人的关系，在报效祖国、服务人民的奋斗中实现自身的价值，在建设有中国特色社会主义的伟大实践中成就自己的事业。

用邓小平理论教育和武装青年，要同贯彻落实党的十五大精神结合起来。党的十五大对邓小平理论的历史地位、指导意义、科学体系和时代精神作了新阐述，创造性地运用邓小平理论解决我国经济、政治、文化发展的一系列重大问题取得了新成果，标志着我们党对建设有中国特色社会主义的特点和规律的认识达到了新的高度，是对邓小平理论的丰富和发展。江泽民同志指出：“十五大的主题，是全党各项工作的主题，也是兴起理论学习新高潮的主题。”各级团组织要紧紧围绕十五大的主题，引导青年把思想和行动统一到十五大精神上来，把热情、智慧和力量凝聚到十五大提出的各项任务上来。要紧密结合改革开放和现代化建设的新实践、新发展，在帮助青年全面、正确地理解和掌握邓小平理论的科学体系和精神实质，全面正确地理解和掌握十五大精神，使青年在对邓小平理论的科学认识上，在运用邓小平理论解决实际问题的能力上，在改造主观世界的自觉性上，都有新的提高。要引导青年深刻理解邓小平关于社会主义初级阶段的论述，从我国还处于社会主义初级阶段这个最大的实际出发，正确认识国情、观察社会、分析形势，避免盲目性、片面性和绝对化。要引导青年深刻领会邓小平同志关于民主与法制的论述和十五大关于建设社会主义法治国家的论述，帮助青年深刻认识社会主义民主与法制的关系，深刻理解改革、发展、稳定的辩证关系，自觉维护改革、发展、稳定的大局。要引导青年深刻理解邓小平理论的精髓，进一步解放思想、实事求是，以“三个有利于”为根本判断标准，自觉投身建设有中国特色社会主义的伟大实践，大胆创新，开拓前进，不断创造新的业绩，为实现党的跨世纪宏伟目标而奋斗。当前，各级团组织要按照江泽民同志的要求，在全国尤其是富裕地区的青年和团干部中深入开展“致富思源、富而思进”教育活动，引导青年在活动中加深对邓小平理论和十五大精神的理解，增强贯彻执行党的基本路线的自觉性和坚定性。

用邓小平理论教育和武装青年，要大力弘扬理论联系实际的马克思主义学风。党的十五大强调，学习马克思主义，一定要以我国改革开放和现代化建设的实际问题、以我们正在做的事情为中心，着眼于马克思主义理论的运用，着眼于对实际问题的理论思考，着眼于新的实践和新的发展。在青年学习邓小平理论的过程中，落实“一个中心，三个着眼于”的要求，弘扬理论联系实际的学风，具有重要的意义。青年特别是青年学生，与书本知识的接触比较多，社会阅历相对比较少，缺乏对社会生活的深刻体验，缺乏对国情的深刻理解，在学习邓小平理论的过程中，应该多接触实际，把理论和实践结合起来，加深对邓小平理论的理解。青年肩负着开创祖国21世纪现代化大业的重任，在日益丰富和复杂的社会环境中推进建设有中国特色社会主义事业，实现中华民族的伟大复兴，对青年运用邓小平理论解决实际问题的能力提出了越来越高的要求。各级团组织要深入开展社会实践、“三下乡”、青年志愿者扶贫接力等活动，帮助广大青年了解国情、了解社会，增强运用基本理论分析问题、解决问题的能力，提高运用基本理论的水平。

用邓小平理论教育和武装青年，要分层次、有重点、有针对性地加强分类指导。不同领域、不同行业、不同文化层次的青年，对理论学习的要求各不相同，结合他们的实际情况，从他们的特点和思想教育的规律出发，采取有针对性的措施，分层次、有重点地加强分类指导，才能真正使邓小平理论进入青年的头脑。要深入实际，调查研究，了解当代青年的特点，把握青年的思想脉搏，抓住邓小平理论的重点，针对青年在学习中遇到的难点和热点问题，开展深入系统的辅导。要结合党在企业、农村、学校的工作重点开展青年理论学习工作。要特别重视做好大学生的理论武装工作，积极配合教育部门在高校实施的邓小平理论“进课堂、进教材、进头脑”的“三进”工作，发挥自身优势，采取有效措施，推动大学生深入学习邓小平理论。各级团干部要成为青年学习邓小平理论的表率。团干部的言行对团员青年有很大的影响，团干部的素质影响到团的各项工作任务的完成。推动青年学习和掌握邓小平理论，团干部要率先身体力行，带头学习，成为具有一定理论水平的高素质的青年工作者，更好地完成组织引导青年深入学习邓小平理论的任务。

各级团组织要按照这次会议的要求，结合当代青年和共青团工作的实际，抓实践、抓骨干、抓活动，在用邓小平理论教育武装青年一代中充分发挥团的积极作用。

1. 抓实践。邓小平理论的一个重要特点就是它的实践性，它是在我国改革开放的实践中形成和发展的，也是指导我国改革开放实践的理论。大力开展实践活动，让青年在实践中感受邓小平理论在指导我国改革开放和现代化建设中的重要作用，体会邓小平理论的精神实质，青年对邓小平理论的理解和掌握会更加深刻，更加深入，他们在学习中遇到的疑惑也会在实践中找到答案。共青团是青年在实践中学习共产主义的学校，抓住理论学习的实践环节，才能更好地在青年理论学习中发挥作用。各级团组织要把推动青年特别是青年学生在实践中学习邓小平理论作为团抓理论学习的重要手段。要适应改革开放和现代化建设的需要，开辟多种实践渠道，通过青年志愿者、青年文明号、青年文明社区、保护母亲河行动、青年创新和创业行动等，服务党和国家的工作大局，带领广大青年积极投身改革开放和现代化建设的伟大实践。要动员和组织青年特别是青年学生广泛开展社会实践活动，同时加强对活动的指导，更好地发挥实践在理论学习中的积极作用。

2. 抓骨干。共青团具有联系青年广泛的特点，注意发现和培养青年理论学习骨干，重视和发挥骨干在邓小平理论学习中的示范和带头作用，有利于更好地推动青年学习邓小平理论深入发展。要加强对青年理论学习骨干的培训，切实提高他们的思想政治素质。要大力扶持青年邓小平理论学习社团，充分发挥青年学习邓小平理论研究会、业余党校、业余团校、青年政治学校、学理论小组、读书小组等社团组织在邓小平理论学习中的积极作用，努力把青年理论学习的积极性和主动性充分调动和激发出来。要加强对青年学习邓小平理论组织和社团的指导，帮助它们把握理论学习的重点和方向，解决学习中遇到的问题，使它们健康发展。

3. 抓活动。要采取多种形式，针对青年的特点，组织生动活泼、行之有效、为青年喜闻乐见的理论学习活动。要通过演讲会、报告会、读书和知识竞赛，理论研讨、团日活动等形式，发挥青少年宫、青少年教育基地、广播站、阅报栏、学生活动中心等青年文化阵地的作用，形成浓厚的理论学习氛围，创造生动活泼的理论学习局面。要针对青年在理论学习中遇到的实际问题，有的放矢，邀请各级领导干部和专家学者，开展形势报告和专题讲座活动，对青年理论学习进行指导。要重视运用互联网等现代科技手段，拓宽理论学习的渠道，增强理论学习活动的影响力。要加强对新形势下组织青年理论学习活动的探索，加强对青年理论学习活动经验的总结和交流，使理论学习活动更加扎实有效地开展。

同志们，我们即将迈入新的世纪，实现中华民族伟大复兴的光荣使命，历史地落到了当代青年的肩上。能够亲身经历实现党的跨世纪宏伟目标的伟大进程，能够亲手将几代中国人梦寐以求的理想变成现实，当代青年生逢其时。用邓小平理论武装起来的当代青年，一定不会辜负党和人民的期望。让我们高举邓小平理论的伟大旗帜，在以江泽民同志为核心的党中央领导下，团结奋斗，开拓进取，在中华民族振兴史上谱写出 21 世纪壮丽的青春之歌。

面向新世纪努力培养建设有中国特色社会主义事业合格建设者和接班人

——周强在中国少年先锋队第四次全国代表大会上的致词

2000年6月1日

中国少年先锋队第四次全国代表大会在六一国际儿童节这个欢快的节日里隆重开幕了。这是少先队组织在世纪之交召开的一次盛会。在此,我代表共青团中央、教育部向全国少年儿童致以节日的问候,向大会的召开表示热烈的祝贺!

少先队的星星火炬是我们党在50年前点燃的。50年来,少先队组织按照党的要求,在共青团的带领下,在教育部门的支持下,创造性地开展了一系列富有时代特色、符合少年儿童特点的卓有成效的教育活动,促进了一代又一代少年儿童的健康成长。第三次全国少代会召开以来的五年,少先队组织大力实施中国少年雏鹰行动,广泛开展"手拉手"和"雏鹰争章"等形式多样的活动,积极探索少先队组织推进素质教育的有效途径,在促进当代少年儿童健康成长方面创出了新的业绩。在一代又一代少年儿童的成长中,无不凝聚着党的三代领导集体的关怀,无不凝聚着社会各界的关心,无不凝聚着少先队工作者的汗水。在此,我们谨向党、向以江泽民同志为核心的党中央,向重视、关怀少先队工作的各级领导致以崇高的敬意!向辛勤工作的广大辅导员和少先队工作者,向热心支持少先队工作的各有关部门和社会各界表示衷心的感谢!

在少先队成立50周年的时候,江泽民总书记题写了"星星火炬代代相传"。这是对全国少先队员和少先队组织的巨大鼓舞,深深蕴含着对少年儿童一代的殷殷之情,对少先队事业发展的殷切希望。全国少先队员要牢记江泽民总书记的教导,全面做好准备,做社会主义事业的合格建设者和接班人。共青团和少先队组织要遵照江泽民总书记的要求,更好地肩负起培养社会主义事业合格建设者和接班人的历史重任。

当代少年儿童要按照江泽民总书记提出的"自学、自理、自护、自强、自律,做社会主义事业的合格建设者和接班人"的要求,不断提高自己,完善自己,努力做到:富有理想,为实现党的跨世纪宏伟目标,实现中华民族的伟大复兴,立志于少年之时,奋斗于一生之中。勤奋学习,把学习作为人生进步的阶梯,永不停息地攀登。热爱科学,努力掌握科学这个人类认识世界、改造世界的钥匙,立志向科学的高峰进军。强健体魄,加强体育锻炼,不断增强体质。健全人格,努力培养良好的心理素质,保持乐观向上的精神状态。爱护环境,从爱护身边的一草一木做起,努力做保护环境的倡导者和行动者。

少先队工作要贯彻江泽民总书记不久前发表的关于教育问题的谈话和关于少先队工作的指示精神,在推进素质教育中发挥积极作用,在少年儿童的成长中充分发挥基础性作用。少年儿童时期是思想品德形成的重要时期。少先队组织要坚持育人的基本属性,积极促进少年儿童形成符合时代发展和社会进步要求的思想品质,为成长为"四有"新人奠定坚实基础。要深入研究当代少年儿童的自身特点,根据他们的特点组织活动,开展教育,充分占领少年儿童课外校外活动空间。要抓住实践这个基本环节,通过生动活泼的实践活动来吸引少年儿童的广泛参与,使少年儿童在具体的实践活动中获得体验,求得发展。少先队工作要面向全体少年儿童,开展的活动要有广泛的参与性,要调动起每一个少年儿童的积极性和创造性,使他们在参与中既学习知识,掌握技能,增长才干,又受到教育,得到启迪,获得提高。

共青团要发扬全团带队的传统,按照党的要求带好少先队组织。自少先队成立之日起,党就把带领少先队的光荣任务赋予了共青团。50 年来,全团带队始终是整个共青团工作的一个重要部分。共青团要从思想上带好少先队,帮助少年儿童从小培养起对马克思列宁主义、毛泽东思想和邓小平理论的感情,对高尚品德的追求。要从组织上带好少先队,帮助少先队健全工作机构,从校内向校外更广泛地拓展,让少年儿童在社区等地方都能够找到自己的组织,把少年儿童更有效、更广泛地组织起来。要从工作上带好少先队,充分调动少先队组织的积极性和创造性,鼓励他们探索符合少年儿童变化和特点的新方法,开展富有特色的好活动。要从队伍上带好少先队,切实加强少先队工作者这支队伍的建设。特别值得强调的是,50 年来,一批又一批的少先队辅导员和少先队工作者在自己平凡的工作岗位上辛勤耕耘,默默奉献,把人生最美好的年华献给了红领巾事业,不少同志甚至为此倾注了毕生的心血,达到了忘我的境界。关心和帮助少先队辅导员是各级团的领导机关义不容辞的责任,我们要和全社会一道为他们的工作、学习和生活创造更加有利的条件。

亲爱的少先队员们,我们正在邓小平理论指引下,在以江泽民同志为核心的党中央领导下,满怀信心地迈向新世纪。按照党的十五大作出的战略部署,到下个世纪中叶,就是中华人民共和国成立 100 周年的时候,也是少先队建队 100 周年的时候,我国将基本实现现代化,建成富强民主文明的社会主义国家。当代少年儿童的人生历程,正与实现中华民族伟大复兴的历史进程相同步。几代中国人孜孜以求的强国梦,伟大祖国更加辉煌灿烂的明天,将在当代少年儿童的奋斗和创造中最终得以实现。当代少年儿童是十分幸运的一代,更是责任重大的一代。要从现在起就树立理想,刻苦学习,积极实践,为担当起开创 21 世纪大业的历史重任做好全面准备,让象征着我们党的光荣传统和伟大事业的星星火炬在一代又一代少年儿童手中永放光芒。

最后,祝大会圆满成功!

贯彻预防未成年人犯罪法,促进少年儿童健康成长

——周强在“实施预防未成年人犯罪法座谈会”上的讲话

2000 年 6 月 7 日

在全国深入学习贯彻江泽民总书记关于教育问题重要谈话的形势下,在预防未成年人犯罪法颁布一周年之际,召开贯彻实施座谈会具有重要的意义。前天下午,李鹏委员长在百忙中出席会议并作了重要讲话,十分深刻,具有很强的针对性,对于进一步贯彻实施预防未

成年人犯罪法，促进青少年健康成长，具有重要的指导意义，各级共青团组织要认真学习好、贯彻好。这两天，中央有关单位和地方的同志们就深入实施预防未成年人犯罪法作了很好的发言，交流了一些好的做法和经验，我听了以后，很受教育，很受启发，很受感动。各地区以高度负责的态度采取了很多好的措施，做了很多工作，这对今后进一步做好预防未成年人犯罪工作必将起到积极的推动作用。我代表团中央向大家表示衷心的感谢。稍后，全国人大内务司法委员会副主任委员万绍芬同志将代表主办单位对会议作总结。下面，我就共青团一年来贯彻实施预防未成年人犯罪法的基本情况作一个汇报发言。

一、预防未成年人犯罪法是我国促进少年儿童健康成长的一部重要法律。它的颁布实施，充分体现了党和政府以及全社会对少年儿童健康成长的关心和重视，为动员全社会积极开展预防和减少未成年人犯罪工作，优化未成年人成长环境，提供了有力的法律保障。共青团作为党和政府联系青年的桥梁和纽带，在贯彻实施预防未成年人犯罪法的工作方面负有义不容辞的责任。

一年来，各级团组织结合实际，积极推进预防未成年人犯罪法的实施工作，取得了一定成效。

首先，充分发挥共青团的教育引导职能，提高广大少年儿童的思想道德素质。深入细致地做好少年儿童思想政治工作是预防未成年人违法犯罪的基础性工作。多年来，各级团队组织始终把少年儿童的思想教育工作放在首位。一是通过主题学习、组织培训、培养骨干、开辟阵地等多种形式，引导少年儿童了解、学习邓小平理论；二是积极开展爱国主义教育，通过青年志愿者、手拉手、青少年新世纪读书计划、雏鹰争章、保护母亲河、成人预备期教育等活动，在实践中培养少年儿童爱国主义和集体主义的高尚情操；三是开展五四青年奖章、十大杰出青年、十佳少先队员等评选活动，发挥榜样的示范作用，引导当代青少年健康成长，形成积极向上的良好品行。

第二，以预防未成年人犯罪法的颁布为契机，深入开展法制宣传教育活动。增强少年儿童的法制观念，教育少年儿童自觉遵纪守法，是做好预防未成年人犯罪工作的重要手段。在司法部门的支持下，共青团组织在少年儿童中大力普及法律知识。去年，预防未成年人犯罪法通过以后，团中央即向全团发出通知，要求在全国范围内开展广泛深入的宣传活动。北京、广东、江苏、陕西、重庆、黑龙江等 10 多个省的团队组织举行了大规模的集中宣传，仅陕西省的一次宣传活动就发放资料 20 多万份，为近万人提供了面对面的咨询服务。各地团组织还深入社区、学校、车站、广场，通过电影电视、以案说法、知识竞赛、演讲比赛、故事会、宣传栏、普法漫画等多种形式开展宣传活动，把法律送入千家万户，送给广大青少年，让法的精神在青少年中深入人心。在宣传普及这部法律的过程中，各级团队组织注意面向特殊的少年儿童群体，突出法制宣传教育的针对性。对于未成年学生，团组织开展有针对性的教育活动，例如，在山东团省委开展的“让未成年人远离三厅一台”(游戏厅、歌舞厅、录像厅、电话信息台)活动中，有 1600 万中小学生积极参加，表示要告别“三厅一台”，自觉远离影响身心健康的不良环境。对于失足少年，广泛动员青年志愿者开展“一助一”的帮教活动，积极做好教育挽救工作。

第三，积极动员和充分依靠全社会力量，切实维护青少年合法权益。维权是服务未成年人健康成长的重要内容，也是我们做好预防未成年人违法犯罪工作的基本途径。去年，团中央与中央综治办、最高人民法院、最高人民检察院、公安部、司法部、劳动和社会保障部、广播电影电视总局、国家工商行政管理局、国家新闻出版署、国家质量技术监督局等单位联合开展了创建优秀“青少年维权岗”活动，通过强化职责，建立激励和约束机制，调动各相关系统基层单位的积极性，形成合力，共同做好未成年人权益的保护工作。从一年多的实践情况来看，各系统基层单位在创建过程中，立足本职，热情服务，发挥各自的优势，履行各自的职能，形成合力，为维护未成年人权益做实事、办好事，把侵害未成年人权益问题消灭在萌芽状态，优化了青少年的成长环境。目前，全国31个省、市、自治区已全部启动了创建优秀“青少年维权岗”活动，全国优秀“青少年维权岗”已有400多个，各行各业都涌现出一大批维护青少年权益的先进典型。

第四，广泛开展青少年自护教育，增强未成年人自我防范能力。近几年，社会上发生了一些由于青少年缺乏自护意识而受到伤害的案例。教育未成年人学会自我保护、防范侵害，是做好预防未成年人犯罪工作不可缺少的一个重要方面，也是国际上开展未成年人教育的一项重要内容。预防未成年人犯罪法第五章专门规定了“未成年人对犯罪的自我防范”。按照这一要求，各级团组织广泛动员社会力量，举办自护培训班、训练营、自护学校，采取专家授课、录像观摩、模拟情景训练等多种有效的教学形式，向未成年人普及自护知识，教育青少年认识社会，拒绝诱惑，远离危险，防范侵害，有效地增强了未成年人防范犯罪的意识和能力，真正做到让孩子高兴，家长放心，社会满意。去年，团中央在北京大兴县专门召开了青少年自护教育现场推进会，向全团推广北京市开展青少年自护教育的经验，有力地推动了青少年自护教育工作的开展。培训工作不仅受到青少年的热烈欢迎，也受到家长的热烈欢迎。目前，全国已有10多个省份启动了青少年自护教育，仅北京市就建立自护学校30所，开办自护培训班500多期，培训未成年人5万多人次。就在昨天，团中央等部门开展的优秀“青少年维权岗”——自护教育项目在24个国家、地区申报的83个项目当中脱颖而出，荣获1999年度惟一的联合国亚太经社会人力资源开发奖，这是我国国家级青年项目首次获得联合国的奖励。

第五，以创建“青年文明社区”活动为载体，大力加强基层青少年素质教育工作。随着改革的发展和人们就业方式、生活方式的深刻变化，社区与青少年的关系越来越密切。现在，青少年学生每年有170多天法定节假日要在社区度过，特别是中小学生减负以后，更面临着减负后干什么、去哪里的问题。团中央联合民政部、建设部、国家工商行政管理局开展的创建“青年文明社区”活动，把青少年教育纳入群众性精神文明创建活动之中。一方面着重加强社区青少年活动设施和活动场所的建设，在全国建立了一大批大家乐舞台、社区文化广场、社区青少年服务中心、雏鹰网俱乐部、科技园地等青少年活动场所，为社区文化活动的开展和有效地教育青少年奠定了较好的基础。另一方面积极开展社区服务和社区文化活动，通过实施“中国青年志愿者社区发展计划”，全国已建立1万多个社区青年志愿者服务站，“一助一”长期结对服务数已达250万对。各地团组织广泛开展了社区禁毒教育、法制宣传、成人预备期教育、配合有关部门打击社区违法犯罪等多项活动，使青少年活动延伸到社区、宣传普及到社区、教育落实到社区。目前，全国各地涌现出全国级“青年文明社区”172个，全国“青年文明社区”示范点300个，有效地优化了青少年学习和生活的社区环境，搭起了学校教育、家庭教育和社会教育的桥梁。

二、一年来，在各级人大的监督下，在各级党政的领导下，各级团队组织在实施预防未成年人犯罪法方面做了一些工作。通过一年的实践，我们深深体会到，做好预防未成年人犯罪工作，要处理好以下几个关系。

第一，要处理好惩罚与教育的关系。惩罚历来是打击和预防犯罪的重要手段，通过惩罚才能使犯罪行为受到遏制。而未成年人正处在人生发展的关键时期，心智尚未成熟，具有很强的可塑性，因此，对待未成年人犯罪必须重在预防，重在教育。要坚持对未成年人进行正面的教育和引导，增强他们的法制观念和法律意识。对少数犯有严重罪行，并且已达到法定刑事责任年龄的未成年人要依法追究刑事责任，对未成年人犯罪起到警戒作用。但是，对大多数有不良行为的未成年人应及时进行教育和矫治，坚持“教育为主，惩罚为辅”、“预防为主，惩罚为辅”的原则。

第二，要处理好各司其职与齐抓共管的关系。预防未成年人犯罪工作是一个复杂的社会系统工程，做好这项工作的前提是各有关部门必须恪尽职守，严格按照预防未成年人犯罪法的规定，认真履行自己的职责。做不到这一点，法律就成了一纸空文。同时，社会也是一个整体，各个环节、各个领域相互关联、相互渗透、相互交叉，只有使各个环节和领域的预防工作有机地相互联结，才能达到理想的工作效果。经验一再证明，如果没有全社会的齐抓共管、通力合作，预防未成年人犯罪工作就无法形成合力，法律就难以得到有效的贯彻落实。

第三，要处理好优化环境与满足需求的关系。未成年人是社会中的一个特殊群体，特殊的年龄段决定了他们需求的特殊性。如果他们正常的需求得不到满足，就很容易受到外界不良因素和不良文化的影响。这就要求我们在优化环境，尽力清除社会不良影响的同时，要花更大的力气为青少年提供服务。“玩”是孩子的天性，“玩”也是一种学习。各个部门，尤其是各级共青团和少先队组织要在青少年生活的聚居地区建立阵地，开展丰富多彩的文化体育活动，创造、提供更多的精神食粮来满足青少年正当的需求。只有这样才能形成有利于青少年健康成长的良好社会环境，促进青少年健康成长。

第四，要处理好社会保护与自我保护的关系。未成年人属于社会中的弱势群体，容易受到不法侵害，这就需要社会对未成年人群体提供强有力的保护措施，严厉打击侵害未成年人权益的犯罪行为。同时，要使未成年人避免受到不法侵害，仅靠社会保护还不够，必须采取有效手段提高未成年人对犯罪的自我防范意识，增强辨别是非和自我保护的能力，学会报警等自护手段，教会他们运用法律武器维护自身合法权益，自觉抵制各种不良行为以及违法犯罪行为的引诱和侵害。

第五，要处理好一般预防与特殊预防的关系。在贯彻实施预防未成年人犯罪法的过程中，针对不同的未成年人群体，要认真做好一般预防和特殊预防的工作。总的来看，当代少年儿童是健康成长、积极向上的，要对他们坚持开展普法教育，使他们知法、懂法、远离犯罪。对于有不良行为甚至有轻微违法犯罪行为的未成年人，要坚持教育、感化、挽救的方针，晓之以理，动之以情，坚持做好耐心细致的思想教育工作，矫治他们的不良行为，有效地预防和减少重新违法犯罪。

三、近年来，随着我国预防未成年人违法犯罪工作力度不断加大，未成年人违法犯罪有所控制，总的来讲有所下降，但是，由于社会环境中还存在着许多不利于未成年人健康成长的因素，各地实施预防未成年人犯罪法的情况还不平衡，各部门协调机制尚不够完善，未成年人犯罪仍然是一个突出的社会问题，不容忽视。今后，作为从事青少年工作的团队组织，我们要认真贯彻落实好江泽民总书记关于教育问题的谈话精神，并以此为指导，来认真贯彻落实这次会议精神，进一步做好工作。

第一，进一步加强新形势下的少年儿童思想教育工作，夯实预防未成年人犯罪的基础。预防未成年人犯罪法第六条明确规定：“对未成年人应当加强理想、道德、法制和爱国主义、集体主义、社会主义教育。”各级团组织要以江泽民总书记“三个代表”的重要思想为指导，深入基层，深入青少年，研究当代青少年的特点和思想教育的规律，适应新的时代特点，在社会经济成分和经济利益多样化、社会生活方式多样化、就业岗位和就业方式多样化的新形势下，还要适应当代青少年群体结构的变化、思想特点的变化、需求的变化，积极探索青少年思想教育的新方法，把着眼点放在提高青少年的思想道德和科学文化素质上，围绕树立正确的理想信念，广泛开展爱国主义、集体主义、社会主义和艰苦创业精神教育。要大力弘扬中华民族优秀传统文化，倡导爱科学、学科学、用科学的良好风尚，培养青少年辨别是非、美丑的能力，提高他们的审美情趣，引导青少年树立正确的世界观、人生观和价值观。

第二，推进青少年法制教育，营造预防未成年人犯罪的社会氛围。今后，我们要继续围绕预防未成年人犯罪法和未成年人保护法，推动少年法制教育工作的深入开展。要更加广泛地动员青年志愿者参与到少年法制教育工作中来，积极推进司法机关派员担任中小学法制副校长和法制辅导员的工作，建设一支长期稳定的青少年法制教育队伍。要在各大中城市广泛建立青少年法制教育基地。要充分发挥好青少年宫、青少年活动营地等青少年活动场所的功能，以互联网、报刊和影视等多种媒体为依托，推动法制教育阵地的网络化建设。要针对青少年的特点，结合各地实际，精心设计活动方式，增强活动对青少年的吸引力，增强团队组织对青少年的凝聚力，要多开展未成年人喜闻乐见、便于参与的实践教育活动，使未成年人在法律实践中学到知识，受到教育。

第三，深化创建优秀“青少年维权岗”活动，构建预防未成年人犯罪的社会网络。“各方面共同参与，各负其责，做好预防未成年人犯罪工作”是预防未成年人犯罪法对全社会的要求。共青团要继续深入开展创建优秀“青少年维权岗”活动，在中央有关部门的大力支持下，积极动员社会各方面力量，集中解决好校园周边环境治理、游戏场所危害青少年等突出问题。要不断扩大创建规模，为青少年维权提供便捷的服务，构建“纵向到底，横向到边”的维权网络。各省和中心城市要逐步建立省、市一级的青少年维权中心，开通统一号码的维权热线电话，直接解答或协调“维权岗”及时处理青少年的维权问题，实现维权岗工作的区域联动。要继续开展青少年自护教育，抓机制，上规模，全面提高广大未成年人的自我保护意识。

第四，开展丰富多彩的社区文化活动，丰富未成年人的课余生活。要广泛开展“青年文明社区大家乐”活动，推广深圳市的经验，以楼道、社区为舞台，通过大家唱、大家演、大家跳、大家练、大家写、大家画、大家读、大家讲等丰富多彩的形式，吸引广大青少年参与社区文化建设活动，通过自编、自演、自娱、同乐，营造社区健康、活泼、和谐的文化氛围，增强社区对未成年人的凝聚力和影响力。要把社区作为未成年人思想教育和法制教育的重要阵地，寓教于乐，把思想教育寓于文化活动中，用未成年人喜闻乐见的形式，宣传党的路线方针政策，宣传时事政策，倡导文明健康的生活方式，发挥出先进文化的导向作用。

同志们，我们正处在世纪之交的重要时刻，新的世纪孕育着新的希望。共青团肩负着团结、教育、引导青少年的重要任务，我们一定要认真领会、贯彻和落实好江泽民总书记关于教育问题的重要谈话，学习贯彻好李鹏委员长在这次会议上所作的重要讲话，学习好各地、各部门的好经验、好做法，贯彻好这次会议的精神，积极推进实施预防未成年人犯罪法工作。同时，我们也希望各部门通力合作，共同努力，在全社会真正形成尊重少年儿童，了解少年儿童，关心少年儿童，保护少年儿童的良好氛围。让我们高举邓小平理论伟大旗帜，更加紧密地团结在以江泽民同志为核心的党中央周围，尽心尽力，齐心协力，一切为了孩子，为了一切孩子，为了孩子的一切，去创造和迎接更加美好的明天！

肩负起为实现中华民族伟大复兴而奋斗的历史责任

——周强在全国青联九届一次全委会和全国学联二十三大上的致词

2000年7月11日

在以江泽民同志为核心的党中央的亲切关怀下，中华全国青年联合会第九届委员会第一次全体会议和中华全国学生联合会第二十三次代表大会今天隆重开幕了。这是青联和学联在世纪之交召开的一次承前启后、继往开来的盛会。我代表共青团中央向两个大会表示热烈的祝贺！

中国青年运动的发展始终是与我们党领导人民不懈奋斗的历史进程，与中华民族走向全面振兴的前进步伐紧密相连的。在革命、建设和改革的各个历史时期，党领导的青年组织团结凝聚着一代又一代青年和青年学生为实现民族独立、人民解放和国家富强英勇奋斗，谱写了一曲曲壮丽的青春之歌。改革开放以来，青联和学联组织以爱国主义和社会主义为旗帜，引导各族各界青年和青年学生为实现祖国繁荣富强和促进祖国的统一做出了积极贡献，把团结起来，振兴中华的时代强音变成了亿万青年振兴中华的实际行动。全国青联八届一次全委会和全国学联二十二大以来的五年里，青联和学联组织深入开展学习邓小平理论和爱国主义教育活动，引导青年和青年学生参与两个文明建设，积极推进祖国统一大业，开创了工作新局面。尤其令人振奋的是，所开展的中国青年科技创新行动和大学生挑战杯活动，在青年和青年学生中形成了投身科教兴国的热潮。在青联和学联事业的发展中，凝聚着党和政府的亲切关怀，凝聚着社会各界的热情支持。我们谨向党、向以江泽民同志为核心的党中央表示崇高的敬意，向关心和支持青年工作和学生工作的党政部门及社会各界表示衷心的感谢！

我们即将迈入新的世纪。在新世纪里，中华民族将在完成祖国完全统一和建立富强民主文明社会主义现代化国家的基础上实现伟大复兴。这是几代中华儿女的雄心壮志，这是中国人民必定要实现的宏伟蓝图。当代青年和青年学生为实现中华民族伟大复兴而奋斗，是时代的召唤，是党和人民的期待，是历史赋予的神圣责任。要肩负起这样的历史责任，就要响应江泽民总书记的号召，坚持学习科学文化与加强思想修养的统一，坚持学习书本知识与投身社会实践的统一，坚持实现自身价值与服务祖国人民的统一，坚持树立远大理想与进行艰苦奋斗的统一，身体力行“胸怀祖国，服务人民”的座右铭，努力成长为有理想、有道德、有文化、有纪律的社会主义新人。

通向中华民族伟大复兴的道路已经开通。这就是中国共产党在建国以来革命和建设成就的基础上，总结历史经验和教训走出的建设有中国特色社会主义道路。正是在这条道路上，我们的改革开放和现代化建设事业取得了举世瞩目的辉煌成就。在新的世纪，我们必将继续沿着这条道路不断从胜利走向新的胜利，实现中华民族的伟大复兴。但也要看到，前进的道路并不平坦。和平与发展这两大时代主题，一个也没有解决，天下并不太平。政治多极化和经济全球化趋势持续发展，综合国力竞争日趋激烈。我们面临着西方发达国家在经济、科技方面占优势的压力,面临着霸权主义和强权政治的挑战。坚定的信念是战胜艰难险阻,不断走向新胜利的强大动力。当代青年和青年学生要建立的信念,就是坚定不移地沿着建设有中国特色社会主义道路奋勇前进。有了这样的信念,青年就能够始终保持正确的人生航向,始终保持不懈奋斗的进取精神,脚踏实地,艰苦创业,为实现中华民族伟大复兴做出更大贡献。

为实现中华民族伟大复兴而奋斗,需要拥有真才实学,掌握过硬本领,勇于开拓创新。人类社会已开始进入知识经济时代。以信息科学和生命科学为核心的现代科学技术日新月异,为生产力和社会发展开辟了新的广阔前景。这样的时代,必定是一个学习的时代,创新的时代。当代青年和青年学生要把学习作为终身任务,勤奋学习,不断从人类知识的宝库中来汲取营养,丰富自己,提高自己,具备与世界各民族优秀青年相媲美的素质。要锐意创新,努力培养创新意识,不断提高创新能力,以敢于挑战前人、超越前人的勇气积极投身经济社会发展各个领域的创新实践,尤其是要勇做知识英雄,在高新技术领域不断有新的作为,为推动科学技术向现实生产力的转化做贡献。

青联和学联是党领导的青年群众团体,肩负着团结凝聚青年为实现中华民族伟大复兴而奋斗的光荣任务。肩负起这样的任务,就要致力于促进中华青年的大团结。要坚持用爱国主义来引导青年、感召青年、凝聚青年,为实现民族复兴结成中华青年最广泛、最牢固的统一战线,实现中华青年的大团结,推动海内外中华青年共同开创中华民族更加美好的未来。肩负起这样的任务,就要努力为青年建功立业搭建舞台。要发挥自身优势,通过开展中国青年科技创新行动、保护母亲河行动、中国青年志愿者行动、中国青年西部创业行动等工作,促进青年成长成才,引导青年在科教兴国、可持续发展、西部大开发和群众性精神文明创建活动中施展才华、建功立业。肩负起这样的任务,就要竭诚为青年服务。要深入青年,了解青年,增强服务的针对性,更好地代表和维护青年和青年学生的利益,使他们心情舒畅地投身到学习和事业中去,更好地为实现民族振兴大业做贡献。

共青团在青联中发挥着核心作用,对学联负有指导责任。共青团要深入研究青年运动的发展趋势,正确把握青年运动的前进方向。要以江泽民总书记"三个代表"重要思想为指导,始终保持自己组织的先进性,带动青联和学联组织及其他青年组织更好地开展工作。各级团组织尤其是学校团组织要切实担负起按照党委要求指导学生会工作的责任。要积极支持和帮助青联、学联组织按照法律和各自章程的规定,根据青年和青年学生的特点独立自主地开展工作,共同推动青年运动沿着党指引的方向前进。

实现祖国的完全统一,实现中华民族的全面振兴,是包括中华青年在内的全体中国人的共同心愿。在新的世纪里,我们要与一切拥护祖国统一的中华青年携起手来,以"和平统一、一国两制"和江泽民主席提出的八项主张为指针,积极促进两岸青年交流与交往,坚决反对"台独",反对分裂,共同担当起实现祖国完全统一的历史重任。

求和平,谋发展,是不可阻挡的时代潮流。我们要继续在和平友好、独立自主、相互尊重、平等合作的基础上进一步增进与世界各国青年的了解,进一步加深与世界各国青年的友谊,共同促进世界的和平与发展,共同创造人类更加美好的新世纪。

各位委员、同志们、同学们,迈向新世纪的中国青年肩负着神圣的使命,任重而道远。让我们高举邓小平理论伟大旗帜,紧密团结在以江泽民同志为核心的党中央周围,坚持爱国团结进步，同心同德，奋发进取，不懈奋斗，在实现中华民族伟大复兴的进程中创造出无愧于历史和时代的新业绩，谱写出中国青年运动的新篇章。

贯彻“三个代表”重要思想，努力实现党建带团建新发展

——周强在全国基层“党建带团建”工作会议上的讲话（摘要）

2000年8月3日

我们这次会议是在全党全国人民深入学习贯彻江泽民总书记“三个代表”重要思想的形势下召开的，是一次重要的会议。

一、“党建带团建”是贯彻江泽民总书记“三个代表”思想的一项重要措施

近年来，各地团组织适应经济社会发展的新变化和青年的新特点，紧密结合基层党的建设加强基层团的建设，取得了明显成效。基层团组织设置和活动方式在探索中取得了新进展，团员队伍不断壮大，“推优”成为发展青年党员的重要渠道，团的工作生动活跃，在青年中的影响力明显增强。同时，我们也看到，目前基层团组织的状况与党的要求，与新形势、新任务的要求相比，还存在着差距。一些领域的基层团组织还不够健全，组织设置还不完全适应经济社会结构的发展变化；一些地方的基层团组织在团员青年中缺乏吸引力和凝聚力，有的甚至处于瘫痪、半瘫痪状态，等等。因此，我们要以江总书记“三个代表”的重要思想为指导，坚持“党建带团建”，进一步加强基层团的建设，不断增强基层团组织的吸引力、凝聚力和战斗力。

二、在党建的带领和带动下努力实现团的基层组织建设新发展

党的基层组织是党的全部工作和战斗力的基础。党的十四大以来，以江泽民同志为核心的党中央反复强调要加强党的基层组织建设。党的十四届四中全会把党的建设提到新的伟大工程的高度，明确提出了加强党的基层组织建设的指导方针和目标任务。近几年来，我们党在加强基层党组织建设的同时，非常重视包括共青团在内的其他基层组织的配套建设，坚持配套抓，抓配套。这就为新时期加强团的基层组织建设创造了有利条件，提供了可靠的保证，同时也提出了新的更高的要求。我们必须抓住全党重视加强基层建设的有利时机，紧紧依靠党的领导，把团的基层组织建设纳入党的基层组织建设的整体格局，紧密结合党的基层组织建设加强基层团组织建设，并以实际工作成效服务于党的基层组织建设。各地在这方面进行了许多有益的探索，创造了不少好的经验和做法，使基层“党建带团建”成为推动新时期团的基层组织建设的重要方法。

当前，面对“四个多样化”的新情况，面对当代青年群体结构和社会分布的新变化，坚持“党建带团建”，就是要按照有利于基层党组织加强对基层团组织的领导，有利于发挥基层团组织在两个文明建设中的积极作用，有利于基层团组织服务青年成长成才，有利于增强基层团组织内在活力的原则，调整团的基层组织设置，进一步巩固和健全团的基层组织，不断扩大团的基层组织对团员青年的覆盖面，使基层团组织在服务大局和服务青年的有机结合中不断增强内在活力。要积极探索新的组织运

行机制，允许基层团的组织设置与活动范围适当分离，引导基层团组织发挥各自优势，联合开展团的活动。要重视发挥基层团委的作用，以创建“五四红旗团委”活动为工作载体和有形手段，推进团的基层组织建设，在使多数基层团组织达到“五个有”的目标要求的基础上，创建一大批符合“四好”，标准的“五四红旗团委”。

在党建的带领和带动下加强团的基层组织建设，要根据各条战线的特点和实际，分类指导，整体推进。在农村，要结合以党支部为核心的村级组织配套建设，继续整顿好松散瘫痪团支部，重视从党团员和农村青年星火带头人中培养选拔村团支部书记，积极推荐村团支部书记进入村两委班子。要按照“强乡带村”的思路，重点加强乡镇团委和小城镇团的建设，带动农村各类团支部建设。在国有企业，要围绕加强党建，积极探索与现代企业制度相适应的团的组织机构设置和活动方式。要在国有企业战略性改组和所有制结构调整中，从国有独资、控股、参股等不同类型和不同规模的企业实际出发，与企业党组织的设置和调整相协调，合理设置企业内团的组织和工作机构。要着眼于现代企业制度条件下更好地履行团组织的基本职能，在企业党组织的支持下，积极争取将团组织纳入企业法人治理结构，在企业民主管理、民主监督中发挥团组织的作用。要认真总结一些企业的经验和做法，积极探索通过建立党委青年工作部和青年工作委员会等形式，拓展新形势下企业团组织的工作覆盖面。在大中学校，要围绕全面推进素质教育，进一步巩固和加强团的组织。要根据加强高校党建工作的要求，加强校、系两级团组织建设，健全团支部，同时积极探索深化教育体制改革中高校团支部(总支)的设置方式。一些院校在这方面已经做了初步尝试，如针对实行完全学分制带来的新情况，打破以班级为单位设置团支部的传统方式，依托学生宿舍区、学生社团和学生创业实体等建立团组织。类似的做法，要在实践中不断加以深化和完善。在机关事业单位，要适应机关机构改革和事业单位管理体制的新变化，按照这些单位党建工作的要求，抓好团的组织建设。

要紧密结合非公有制经济组织的党建工作，抓好非公有制经济组织的团组织建设。目前，我国非公有制经济组织迅速增长，已成为社会主义市场经济的重要组成部分和国民经济的重要增长点，吸纳了数量众多的青年。近年来，在党组织的重视和领导下，各地团组织对非公有制经济组织的团建工作进行了积极探索，取得了初步成效，但总的看，还明显滞后于形势发展的要求。加强非公有制经济组织的团建工作，不仅可以促进非公有制经济组织的健康发展，同时也可以为开展党建工作创造条件，积累经验，巩固党在这一领域中的青年群众基础。因此，各级团组织要充分认识加强非公有制经济组织团建工作的重要性和紧迫性，克服畏难情绪，增强工作信心，切实把这一领域里的团建工作抓紧抓好，抓出成效。凡是已建立党组织并具备建团条件的非公有制经济组织，都应建立团组织；尚未建立党组织但具备建团条件的，也要加紧努力建立团组织。团组织的设置要从实际出发，采取单位建团、社区建团、联合建团等多种形式。要在抓好非公有制经济组织团建工作的同时，注意抓好新型社会组织的建团工作。

要紧密结合社区党建工作，抓好社区团组织建设。随着改革的不断深化，城市管理和服务的重心下移到社区。社区作为青年相对集中、相对活跃的领域，团的组织建设要努力在今后二三年内上一个新的台阶。加强社区团组织建设，要在社区党建的带动下，把加强街道团工委建设作为基础环节，着力配齐配强街道专职团干部，充分发挥街道团工委在社区团的工作中的主导作用。要努力在居委会建立团支部(总支)，并以物业管理、市场管理部门和社区内有关单位为依托，大力在居民区、工业区、商业街、集贸市场等功能社区中建立团组织。努力形成以街道团工委为核心，具有开放性、协作性，充满活力的社区团组织网络，促进社区内各单位团的工作的共同活跃。

当前，坚持“党建带团建”，加强团的基层组织建设，还必须重视和做好以下两项工作。

第一，大力推行基层团组织按期集中换届。加强团的基层组织建设，从一定意义上讲，取决于广大团员青年的积极参与。目前，有的地方的基层团组织不按照团章规定实行按期换届和团干部民主选举，影响了团员青年参与团的工作的积极性，削弱了团组织在团员青年中的凝聚力。因此，各地要把实行按期集中换届作为加强基层团组织建设的一项重要措施。在农村，有条件的地方可以县（市）为单位，将各乡镇团委换届集中安排在半年以内进行；以乡镇为单位，把各村团支部（总支）换届集中安排在一个季度内进行。基层团组织实行按期集中换届的时间，应尽量与党组织换届时间相衔接。这种按期集中换届方式也同样适用于国有企业、学校和社区等战线。各地要在党组织的领导和组织部门的指导下，从实际出发，统一规划协调，积极地推进这项工作。

第二，进一步加强基层团干部队伍建设。各级团组织要从党的事业的要求和共青团工作需要出发，积极协助党组织做好基层团干部的选拔配备工作，把那些能够身体力行“三个代表”要求，思想政治素质好，科学文化水平高，能够扎实工作，热爱共青团事业的优秀青年党团员选拔到基层团的工作岗位上来。基层团干部要增强党性锻炼，不断提高贯彻执行党的路线、方针和政策的自觉性，把党组织的要求和上级团组织的工作部署落实到基层。

三、在党建的带领和带动下更好地发挥基层团组织的作用

党的助手和后备军，党联系青年的桥梁和纽带，国家政权的重要社会支柱，这是我们党赋予共青团的光荣职责。在基层，这些职责具体体现在团组织开展的各项工作和活动之中。我们要通过加强基层“党建带团建”，进一步活跃基层团的工作，充分发挥基层团组织的作用。

第一，充分发挥基层团组织的助手作用。“党有号召，团有行动”，是对助手作用的生动概括。这种助手作用体现在很多方面，如组织青年在经济建设中发挥突击队作用，在精神文明建设中发挥开风气之先的作用，等等。

在五六十年代，共青团创造了青年突击队这种组织青年发挥作用的有效形式，有力地服务了国家经济建设，并且收到了建队育人的效果。1991年，江泽民总书记亲笔为青年突击队题写了队名。在改革开放和现代化建设的新的历史时期，各条战线仍然需要青年突击队这面旗帜，基层团组织可以带领青年在祖国现代化建设的各个领域大显身手。如在实施科教兴国战略中，基层团组织可以组织青年参与科技攻关，推动科学技术向现实生产力的转化；在实施可持续发展战略中，可以组织青年参与植树造林，治理水土流失，保护母亲河，改善生态环境；在实施西部大开发战略中，可以组织青年在多方面发挥作用，做出贡献。

青年素有开风气之先的传统和特点。青年开创的社会新风，通过团组织的发现和引导，在党组织的推动下，可以成为一种影响广泛的社会风尚。60年代的学雷锋活动是这样，80年代的“五讲四美三热爱”活动是这样，在90年代，写入了《中共中央关于加强社会主义精神文明建设若干重要问题的决议》的青年志愿者行动、希望工程和手拉手活动，也是这样。实践表明，青年在群众性精神文明建设中有着巨大的参与热情，丰富的创造活力。基层团组织要在不断深化青年志愿者、希望工程、手拉手、青年文明号、青年文明社区等行之有效的活动的基础上，进一步探索青年群众性精神文明创建活动的新途径，创造更多的工作载体，更好地动员组织广大青年为创建文明城市、文明村镇、文明行业做贡献。

第二，充分发挥基层团组织的后备军作用。目前，共青团已有基层组织301万个，团员6800多万名，在团的历史上是最多的。基层团组织推荐优秀团员作党的发展对象，是发挥后备军作用的一个重要方面。近年来，“推优”工作在党组织的重视和党的组织部门的指导、帮助下，保持了良好的发展态势，取得了丰硕的成果。1999年，全国共发展团员入党78.3万名，其中由团组织“推优”入党的64万名，占82%。推荐优秀团员作党的发展对象，实际上是为党输入新鲜血液，保持党的生机与活力。这种后备军作用，对于基层党组织是十分必要的。最近一份关于加强和改进新时期思想政治工作的材料反映，在农村，许多基层党组织战斗堡垒作用的发挥与培养和发展青年党员，与青年党员在其中所占的比例和所发挥的作用密切相关，由此得出一个结论，哪个基层党支部注重培养青年带头人，注重发展青年党员，哪个党支部的凝聚力和战斗力就强。实际上，不仅农村是这样，企业、社区同样如此。在“党建带团建”中，基层团组织要主动做好工作，努力使“推优”工作的各个环节与发展青年党员工作相衔接，源源不断地把那些符合党员条件的优秀团员输送到党员队伍中去。

基层团组织凝聚、培养和举荐青年人才，也是在发挥后备军作用。党的事业需要规模宏大的各级各类人才大军。帮助青年在实践中成长成才是共青团的传统和优势。近年来，基层团组织在这方面有着许多成功的做法。如，在国有企业，通过开展培养青年岗位能手活动和青年创新创效活动，使大批青工成为岗位标兵和技术能手；在农村，通过开展培养青年星火带头人等活动，使大批青年农民成为脱贫致富奔小康的领头人。基层团组织要进一步做好青年人才的培养、举荐工作，把各类青年人才凝聚起来，带领他们为党的事业贡献自己的聪明才智。

发挥团员的模范带头作用，也是基层团组织后备军作用的具体体现。团员是青年中的先进分子，不仅要在日常的工作、学习和生活中发挥模范带头作用，而且更要在党需要的时候，在关键的时刻发挥模范带头作用。基层团组织要加强对团员的教育，增强他们的光荣感和责任感，增强他们发挥模范带头作用的自觉性。

第三，充分发挥基层团组织的桥梁纽带作用。要通过教育青年，把党的主张传送到青年当中，化为青年的思想和行动，使青年自觉地投身到党的事业中去。要通过服务青年，更好地代表和维护青年的利益，扎扎实实地为青年办实事，向党组织反映青年的愿望和呼声，从而把党的温暖送到青年当中，增进青年对党的感性体验，使青年心情舒畅地投身到党的事业中去。基层团组织把教育青年和服务青年的工作做好了，就可以充分发挥基层党组织联系青年的桥梁纽带作用，更好地服务基层党组织的工作，进一步巩固党的青年群众基础。

第四，充分发挥基层团组织的国家政权社会支柱作用。如何发挥好这一作用，为巩固党的执政基础服务，是需要全团努力探索的课题。从近年来的实践看，基层团组织可以在引导青年参与基层民主政治建设和维护社会政治稳定两个方面发挥积极作用。

江泽民总书记在党的十五大报告中明确要求，“工会、共青团、妇联等群众团体要在管理国家和社会事务中发挥民主参与和民主监督作用”。基层团组织在基层民主政治建设中完全能够有所作为。在农村，可以引导青年参与民主选举、民主决策、民主管理和民主监督。在企业，可以引导青年职工通过职工代表大会等途径参与企业民主管理。在学校，可以引导学生通过学生会参与学生事务的民主管理。在社区，可以引导青年参与社区事务的民主管理。要通过组织广大青年参与基层民主政治建设，帮助他们不断提高民主素质，认清社会主义民主与资产阶级民主的本质区别，积极推进社会主义民主与法制建设。

青年是维护社会政治稳定的一支重要力量，基层团组织可以在引导青年维护社会政治稳定中发挥重要作用。随着改革开放和社会主义市场经济的深入发展，经济和社会生活中必然会出现一些涉及群众切身利益的矛盾，基层团组织可以通过组织青年为下岗职工、城市贫困人口、农村贫困户、外来务工青年等社会群体服务，配合基层党组织做好暖人心、稳人心的工作。在国内外敌对势力和分裂分子同我们争夺青年一代的斗争中，基层团组织可以通过加强对青年的教育，增强他们的鉴别力，使青年在维护国家的长治久安中发挥生力军作用。在去年的三场重大政治斗争中，广大基层团组织按照党组织的要求和部署，做了大量深入细致的工作，为维护社会政治稳定做出了贡献。从这次会议的典型材料中可以看到，在新疆反对民族分裂的斗争中，广大农牧区基层团组织加强对各族青年的爱国主义、民族团结和反分裂教育，在促进边疆的民族团结和社会稳定中发挥了积极作用。

实践证明，充分发挥基层团组织上述四个方面的作用，既是基层党组织带领和带动团建的重要方面，也是基层团组织紧紧依靠党组织领导，发挥战斗堡垒作用，切实加强自身建设的根本。

四、狠抓落实，把基层“党建带团建”的各项任务落到实处

落实基层“党建带团建”的各项任务，是我们当前和今后一个时期的一项重要工作。这里，我向各级团组织提几点原则要求。

第一，坚持马克思主义青年观。共青团要为党做好青年工作，把青年更加广泛、更加紧密地团结在党的周围，必须始终坚持马克思主义青年观。无产阶级革命导师和党的三代领导核心，都有许多关于青年的论述，其中一个十分重要的思想就是把青年看做是整个社会中最积极、最活跃、最有生气的一部分力量，而且总是把青年与无产阶级革命事业的兴旺发达紧密地联系在一起。江泽民总书记指出，“从一定意义上讲，青年兴则国家兴，青年强则国家强，青年有希望，未来的发展就有希望”。我们强调坚持马克思主义青年观，就是要从永葆我们党的事业生机与活力的战略高度，从确保我们国家长治久安的战备高度，认识青年和看待青年。既要看到青年一代积极向上的主流，又要看到他们在成长中的不足，从而对青年既热情关怀、高度信任，又严格要求、积极引导，努力把青年一代培养成为社会主义“四有”新人。

第二，充分发挥共青团在青年工作中的核心作用。共青团在青年工作中发挥核心作用，是党的一贯要求。1949 年，党中央在《关于建立中国新民主主义青年团的决议》中明确指出：青年团“是党团结与领导广大青年群众的核心”，“只有很好地组织中国青年中的积极分子，才能使中国广大的青年群众有一个巩固的核心。”毛泽东同志在接见青年团三大代表时强调，“希望你们团结起来，作为全国青年的领导核心。”《团章》明确规定：“要把共青团建设成为团结教育青年的坚强核心。”随着改革开放和现代化建设的深入发展，我国经济社会结构出现了新的变化，出现了许多新的社会群体，与之相适应，出现了许多专业性、兴趣性和区域性的包括青年社团在内的社会组织。这些组织许多以青年为主要工作对象，对青年有着多方面的影响。这就要求，共青团作为党领导的先进青年的群众组织，必须在青年工作中充分发挥核心作用，以保证党对青年工作的领导，使青年运动沿着正确的政治方向前进。

第三，把基层团的建设纳入党的建设的整体格局。近年来，各地对基层“党建带团建”工作进行了积极的探索，形成了许多好的做法和经验。在基层“党建带团建”的探索中，各地的做法各有特色，但有一个共同点就是把基层团的建设纳入基层党的建设的整体格局。从各地的实践看,这样做有利于推动党和团的基层建设,使团的建设随着党的建设的发展而发展。各级团组织要以这次会议为契机,抓住机遇,乘势而上,在党建的带领和带动下,把基层团的建设不断推向前进。

第四,各级团干部要身体力行"三个代表"的要求。团的干部身体力行"三个代表"的要求,就要做到在政治上坚定,在思想上过硬,在作风上扎实,在复杂的情况下不迷失方向,不动摇信念。就要把团的岗位看做是学习的岗位,锻炼的岗位,奉献的岗位,在这个岗位上坚持不懈地刻苦学习,勤奋工作,勇于创造,自觉奉献。就要深入青年,与青年打成一片,了解青年的思想,掌握青年的脉搏,用深入细致的工作和真诚热情的服务来赢得青年的信任,用自己的模范行动和高尚人格来赢得青年的尊敬,做青年的朋友,成为青年的表率。

第五,各级团的领导机关要加强对基层团建工作的指导。我们强调要紧紧依靠基层党组织的领导来加强基层团的建设,并不意味着团的领导机关的责任轻了,任务少了。各级团的领导机关要本着对党的事业高度负责的精神,重视和推动基层团建工作,牢固树立全团抓团建,全团抓基层的意识。近年来团的工作呈现出综合性的特点,一项重点工作往往需要团内几个部门形成合力推动,有些工作甚至需要与党政部门共同推动。团的建设也是这样。作为新形势下推进团的基层建设重要载体的创建"五四红旗团委"活动,就包含着各条战线的工作,凝结了各条战线的共同努力。各级团的领导机关一定要上下协调,紧密配合,精心指导,下力气抓好基层团的建设。

第六,各级团组织要以改革的精神研究新情况,解决新问题,创造新经验。基层"党建带团建"是各地实践经验的总结,也需要在实践中不断发展和完善。这次会议的召开,对基层"党建带团建"工作提出了新的目标、任务和要求。各级团组织要在党组织的领导下,结合新的形势,从实际出发,解放思想,大胆实践,在探索中不断总结经验,努力推动基层"党建带团建"工作实现新的发展。

周强在省级团委书记学习江泽民总书记"三个代表"重要思想座谈会上的讲话要点

2000 年 8 月 5 日

今年 2 月,江泽民总书记在广东视察工作期间提出了"三个代表"的重要思想。强调,只要我们党始终代表中国先进社会生产力的发展要求,中国先进文化的前进方向,中国最广大人民的根本利益,就能够永远立于不败之地,永远得到全国各族人民的衷心拥护并带领人民不断前进。5 月,江泽民总书记在江苏、浙江、上海考察工作时进一步指出,始终做到"三个代表",是我们党的立党之本,执政之基,力量之源。江泽民总书记关于"三个代表"的重要论述,从根本上进一步回答了在充满挑战和希望的 21 世纪,我们党要把自己建设成一个什么样的党和怎样建设党的问题,对于面向新世纪全面推进党的建设新的伟大工程和建设有中国特色社会主义伟大事业,对于在新形势下加强团的建设,推动共青团工作和青年工作实现新的发展都具有十分重要的指导意义。

当前，全党正在深入学习“三个代表”的重要思想。全团也在深入学习“三个代表”的重要思想。近一个时期以来，团中央书记处始终把学习“三个代表”重要思想作为中心组理论学习的重要内容，结合共青团实际多次组织学习，强调要把学习贯彻落实“三个代表”重要思想作为当前和今后一个时期的中心任务，作为一项长期的战略任务来抓，把全团的学习提高到一个新的水平。

为推动全团深入学习“三个代表”重要思想，团中央书记处决定，召开省级团委书记学习江泽民总书记“三个代表”重要思想座谈会，目的是为了进一步统一思想，提高认识，进一步促进团的建设，做好团的各项工作。下面，就如何认识“三个代表”的重要思想，如何在团的建设和团的工作中贯彻“三个代表”的重要思想，谈谈自己的体会，与大家交流。

一、“三个代表”的重要思想是对马克思主义建党学说的新发展

“三个代表”的重要思想内涵十分丰富，是对马克思主义建党学说的新发展，既有重大的理论意义，又有重大的实践意义。我在学习中体会到，“三个代表”的重要思想之所以具有这样的意义，主要源于三个方面。

第一，具有鲜明的时代特征。“三个代表”的重要思想适应了世纪之交国际国内形势的发展变化。当今世界，和平与发展仍然是时代的主题，但一个都没有解决，天下并不太平。世界科技进步日新月异，经济全球化进程持续发展，政治多极化趋势不可逆转，综合国力竞争日趋激烈。在这样的条件下，世界社会主义运动处于低潮，西方资本主义国家生产力高度发展。我们面临着西方发达国家在经济、科技方面占优势的压力，面临着霸权主义和强权政治的挑战。从国内看，建设有中国特色社会主义事业取得了举世瞩目的成就，同时，随着改革开放和社会主义市场经济的深入发展，改革和建设中的各种矛盾相交织，深层次矛盾相继显露。改革发展稳定的任务都十分繁重。在这样一个时代背景下，建设一个什么样的党、怎样建设党的问题，成为我们党迈向新世纪之际必须回答的时代课题。“三个代表”的重要思想正是适应时代的要求，回答了这样的课题。

第二，是一个有机统一的整体。“三个代表”的重要思想是一个辩证统一的有机整体，三者相互联系，相互促进，互为因果。代表中国先进社会生产力的发展要求是基础，代表中国先进文化的前进方向是发展生产力和实现人民根本利益的重要条件，代表中国最广大人民的根本利益，则是我们党的根本出发点和根本归宿，也是代表中国先进社会生产力发展要求和中国先进文化前进方向的基本保障。“三个代表”辩证统一于建设有中国特色社会主义的伟大实践，共同构成了我们党的立党之本、执政之基、力量之源。

第三，具有重大的现实指导意义。在我们党的历史上，每当处于关键时期，我们党都要强调加强建设的问题，通过加强党的建设来增强党组织的适应性和战斗力，保证党的事业不断从胜利走向新的胜利，完成一个又一个历史任务。面向新的世纪，我们党肩负着领导中华民族实现伟大复兴的历史任务。要完成这样的任务，我们党必须适应新的历史条件，不断加强自身建设，始终走在时代前列。“三个代表”的重要思想正是在紧紧把握实现中华民族伟大复兴的历史任务和时代发展要求的前提下，对于党的性质、根本宗旨和历史任务作了新的概括，为党的建设进一步指明了方向，这必将极大地推进党的建设新的伟大工程，必将极大地推进党所领导的建设有中国特色社会主义事业。

二、以“三个代表”重要思想为指导进一步加强团的建设

如何按照“三个代表”的要求进一步加强团

的建设，刚刚结束的全国基层“党建带团建”工作会议已经作出了回答，并对有关工作作出了部署。下面，我着重谈谈在按照“三个代表”要求加强团的建设中需要着重把握的几个问题。

第一，坚持共青团组织的先进性，紧跟党走在整个社会发展进步的前列，走在时代进步潮流的前列。

我们党作为工人阶级的先锋队是讲先进性的。共青团作为党领导的先进青年的群众组织也是讲先进性的。由于团与党的特殊政治关系，两者的先进性从根本上讲是一致的。共青团以党的指导思想、奋斗目标和根本宗旨为自己的指导思想、奋斗目标和根本宗旨，就说明了这一点。“三个代表”重要思想的提出，赋予了党的先进性以崭新的时代内涵。在贯彻“三个代表”重要思想的条件下，共青团坚持自己组织的先进性，就是要紧跟党走在整个社会发展进步的前列，走在时代进步潮流的前列。共青团的先进性不是抽象的，空泛的，而是十分具体的。既体现在组织的行为之中，也体现在组织成员的行为之中。

坚持先进性，对于团的组织而言，就是要始终坚持党的领导，使青年运动沿着党指引的正确方向前进；始终坚持培育“四有”新人的根本任务，引导青年按照党的要求健康成长；始终坚持用邓小平理论构筑青年一代的精神支柱，使青年把全民族的共同理想作为自己的理想和追求；始终坚持用党的跨世纪宏伟目标凝聚和激励青年，使青年积极投身改革开放和现代化建设的伟大实践。

坚持先进性，对于共青团员而言，就是要按照“三个代表”的要求严格要求自己。要牢记自己是青年中的先进分子，不同于一般青年，应当有比一般青年更高的要求和追求。要牢固树立模范带头意识，在青年中发挥好模范带头作用，增强作为团员的光荣感和责任感。

第二，坚持“党建带团建”，进一步加强团的自身建设。

“党建带团建”既是一个工作要求，更是一个政治要求，是团的建设必须始终坚持的原则。按照“三个代表”的要求加强团的自身建设，就要更加自觉地坚持“党建带团建”，在党建的带领和带动下，把团的建设不断推向前进。

要把团的建设纳入党的建设整体格局之中。“党建带团建”是来自基层的创造。经过近年来的探索，已经形成了较完整的做法，积累了丰富的经验。各地的做法虽然各有特色，但有一个共同特点，就是坚持团的建设与党的建设配套联动，把团的建设纳入到党的建设的整体格局之中。

要进一步增强团组织的吸引力、凝聚力和战斗力。一方面，围绕已有的基层团组织抓好巩固，使共青团在农村、企业、机关事业单位和学校这些传统领域中的优势都得到进一步的巩固、加强和发挥，以此解决一些已有的基层团组织松散，甚至处于半瘫痪乃至瘫痪状态，难以有效地按照党的要求发挥作用的问题。一方面，以非公有制经济和社区为重点加快新领域建团工作的步伐，以此解决依托于党政事业、机关和国有企业建立起来的共青团组织体系难以覆盖市场经济条件下迅速兴起的新的经济组织和社会活动领域，导致团组织与团员青年之间联结纽带断裂，有相当一部分青年游离于团的组织网络之外的问题。通过这两方面的工作，进一步激发团组织的内在活力，扩大团组织的影响力，使基层团组织真正成为团的全部工作和战斗力的基础。

要为党的事业源源不断地输送新鲜血液。推荐优秀团员作党的发展对象的工作，是党交给共青团的一项重要任务，是共青团党的助手和后备军作用的重要体现。共青团是青年学习共产主义的大学校。青年在这所大学校里学习锻炼，成长进步，其中的优秀分子不断地充实到党的队伍之中。这对于我们党永葆生机与活力，对于我们党的事业后继有人，兴旺发达具有十分重要的意义。我们要根据党员的标准，搞好优秀团员的选拔和教育，源源不断地把那些符合党员条件的团员输送到党的队伍中去。

第三，坚持共青团在青年工作中的核心地位和作用，把青年更加紧密地团结在党的周围，进一步巩固党在青年群众中的基础。

共青团要在青年工作中处于核心地位，发挥核心作用，是党的一贯要求，也是《团章》的规定。1949年，党中央在《关于建立中国新民主主义青年团的决议》中明确指出：青年团"是党去团结与领导广大青年群众的核心"，"只有很好地组织中国青年中的积极分子，才能使中国广大的青年群众有一个巩固的核心。"《团章》明确规定："要把共青团建设成为团结教育青年的坚强核心。"我们看到，共青团的这种核心地位和作用在新的历史条件下面临着两方面的挑战。一方面，西方敌对势力"西化"、"分化"我的图谋一刻也没有放松，其影响青年首当其冲。在政治上与我争夺青年的斗争，将会长期存在下去。一方面，在我国经济结构和社会结构变化越来越明显的情况下，大量专业性、兴趣性、区域性的包括青年社团在内的社会组织不断涌现。这些组织，大多以青年为主要工作对象。因此，青年对组织的选择不再是计划经济条件下的单一模式，可以自由地选择共青团以外的其他青年组织。面对挑战，共青团要按照"三个代表"的要求坚持在青年工作中的核心地位和作用，关键是要发挥好两个优势。一是政治优势。共青团是以马克思列宁主义、毛泽东思想、邓小平理论为自己的指导思想的，是党领导的先进青年的群众组织，是党的助手和后备军。这是共青团与一般青年组织的根本区别所在。我们就是要发挥这种优势，站在青年思想的制高点上，从理想的层次上把青年吸引过来，凝聚起来，沿着党指引的方向前进。二是组织优势。共青团组织有着从中央到地方和行业，并一直延伸到基层的组织体系，有着6800万共青团员，联系着广大的青年群众，能够在团员青年中形成强大的号召力。这是任何其他青年组织所不能比拟的。我们就是要立足组织优势，进一步增强吸引力、凝聚力和战斗力，团结带领青年为实现党的跨世纪宏伟目标而奋斗。这样，我们就可以把青年中的各种积极力量都纳入到我们的组织网络之中，纳入到我们的运行机制之内，不给国内外敌对势力渗透的空间，从而把青年更广泛、更紧密地团结在党的周围，进一步坚实党在青年群众中的基础。

三、把"三个代表"的重要思想落实到团的各项工作中去

我们党是代表中国先进社会生产力发展要求的，是代表中国先进文化前进方向的，是代表中国最广大人民根本利益的。共青团作为党领导的先进青年的群众组织，作为党的助手和后备军，作为党联系青年的桥梁纽带，就是要团结带领青年在我们党贯彻"三个代表"中发挥积极作用。这是共青团贯彻"三个代表"要求的题中应有之义。

第一，动员组织青年在推动先进社会生产力发展中发挥积极作用。

我们党是代表中国先进社会生产力发展要求的。马克思主义认为，掌握了一定科学知识、生产经验和劳动技能并能从事物质资料生产的劳动者，是生产力中最活跃、起主导作用的因素。青年作为整个社会中最积极、最活跃、最有生气的一部分力量，自然可以成为推动先进社会生产力发展的有生力量。共青团就是要动员组织青年在推动先进社会生产力发展中发挥作用。

要为青年发挥作用搭建舞台。我们党历来高度重视青年，对青年寄予厚望。江泽民总书记深刻指出，青年兴则国家兴，青年强则国家强。这当中，就蕴含着对青年作用的充分肯定。今天，随着改革开放和社会主义现代化建设的深入发展，青年在经济社会发展各个领域中的作用越来越明显，越来越突出。尤其是以其在知识创新和科技创新方面的优势，在高新技术等新的领域中所发挥的作用是前所未有的。近年来，我经常会听到、看到青年在经济社会发展各个领域，在国家重点工程的实施中所发挥的举足轻重的作用，我感到十分振奋，十分激动。共青团就是要着眼于推动先进社会生产力的发展来为青年发挥作用搭建舞台。我们的重点工作，中国青年科技创新行为、保护母亲河行动、中国青年西部创业行动、大学生科技创新创业行动，都可以有力地推动青年在科教兴国、可持续发展、西部大开发中大显身手，竞展才华。这样，就可以把青年的潜能有效地挖掘出来，把青年的作用更好地发挥出来，为推动先进社会生产力的发展做出积极贡献。

要加大培养青年人才的工作力度。先进社会生产力的发展，离不开人才尤其是青年人才。共青团要发挥在实践中育人的优势，努力造就一支符合先进社会生产力发展要求的青年人才大军。实践表明，我们可以通过宣传和表彰为青年人才健康成长创造环境，可以通过向党政部门举荐使青年人才得到及时的发现和使用，可以利用各类青少年活动阵地对青年人才进行多层次的培训，可以通过出国研修等方式帮助高层次青年人才开阔视野，增长才干，还可以发挥青联、学联、青企协、乡企协、青科协在青年人才培养方面的作用。总之，要通过我们的工作，使各行各业的优秀青年人才广泛涌现，使具有成才潜能的优秀青年更快地脱颖而出，使青年人才的聪明才智更充分地发挥出来，在解放和发展生产力中形成人才辈出、群英荟萃的局面。

要推动青年投身创新实践。发展先进社会生产力，创新至关重要。当今时代，科技进步突飞猛进，知识经济已经到来，科学技术成为第一生产力。这更加需要创新。创新的希望在青年。历史表明，无论是自然科学领域中的重大突破，还是社会科学领域中的重大飞跃，都能够对先进社会生产力发展产生巨大的推动作用。共青团就是要积极推动青年投身创新实践，不仅要投身科技创新，而且要投身理论创新和体制创新，把青年中蕴含的创造与创新潜力转化为推动先进社会生产力发展的动力。

第二，既要用先进文化塑造青年，陶冶青年，又要推动青年在建设有中国特色社会主义文化中发挥生力军作用。

我们党是代表中国先进文化前进方向的。我们党之所以能够代表先进文化的前进方向，是因为我们党是用科学理论武装起来的，是能够适应人类一切优秀文化成果的，是能够满足先进文化发展要求的。因此，共青团要以先进文化来塑造青年，陶冶青年，推动青年在建设先进文化中发挥生力军作用。

在当代中国，先进文化就是有中国特色的社会主义文化。邓小平理论是其中的核心和灵魂。我们用先进文化塑造青年，最重要的就是用邓小平理论构筑青年一代的精神支柱，帮助青年牢固树立正确的世界观、人生观、价值观，牢固树立实现中华民族伟大复兴的理想和坚定不移地走建设有中国特色社会主义道路的信念。有中国特色社会主义文化，既是民族的，也是面向世界的。这就要求我们要用人类创造的一切优秀文化成果来陶冶青年，使青年既继承和发扬中华民族的优秀文化传统，又拥有面向世界的胸襟，具备与一切民族的优秀青年相媲美的素质。

共青团作为党领导下的先进青年的群众组织，是一个讲理想、有旗帜的组织。共青团员队伍是一支讲理想、有旗帜的队伍。这就决定了我们在用先进文化塑造青年，陶冶青年的工作中，必须具有高度的政治敏锐性和政治鉴别力，以保证我们的工作能够按照党的要求来引导青少年健康成长。

比如，团的新闻出版阵地。在世界范围内思想文化相互激荡的条件下，面对西方敌对势力“西化”、“分化”的图谋，必须旗帜鲜明地反对一切非马克思主义的思潮和有悖于党的主张的错误观点。在形形色色的资产阶级腐朽没落思想文化不断渗透、历史遗留的封建主义腐朽思想观念沉渣泛起的情况下，必须理直气壮地宣扬社会主义的先进思想文化，在青年中倡导健康文明的生活方式，引导青年崇尚科学，反对迷信，崇尚先进，反对落后。团的新闻出版阵地做到了这些，就真正做到了以科学的理论武装人，以正确的舆论引导人，以高尚的精神塑造人，以优秀的作品鼓舞人。

又比如，团属青少年活动阵地。我们的阵地不是一般的群众活动场所，其全部工作都是为着青少年的健康成长。这就决定了青少年宫在活动内容上绝不能出现有损青少年身心健康的庸俗的甚至是丑恶的东西。

还比如，网络的问题。在科学技术日新月异、互联网络飞速发展的条件下，我们必须注重运用网络这一技术手段来引导青少年。要看到，网络对青少年的影响愈来愈大，愈来愈深刻，这已是一个不可逆转的趋势。我们要善于运用网络技术手段来拓展青少年工作的空间和渠道，形成自己的网络优势，充分占领互联网阵地，使团旗在互联网上高高飘扬，使互联网在引导青少年健康成长中发挥更大的作用。

青年既需要先进文化的塑造和陶冶，也是促进先进文化前进的有生力量，可以在两个方面发挥作用。

青年可以发挥开创社会新风的现实作用。建设有中国特色社会主义文化，就其主要内容而言，同社会主义精神文明建设是一致的。青年素有开风气之先的传统和特点，可以在社会主义精神文明建设中发挥开创社会新风的现实作用。特别是在建设有中国特色社会主义的伟大时代，青年在开创社会新风方面表现出极大的热情和创造活力。如，在80年代，青年喊出了“团结起来、振兴中华”的时代强音，喊出了“从我做起，从现在做起”的口号，涌现出了张海迪这样的时代楷模。在90年代，上海大学生率先成立了学习邓小平理论研究会，北大学生发起成立了爱心社，数以千万计的青年志愿者活跃在祖国和人民需要的地方，“五四”奖章获得者、十大杰出青年集中展示了当代青年的时代风貌。青年志愿者、希望工程、手拉手、青年文明号等团组织开展的重点活动，近年来始终是青少年参与群众性精神文明创建活动的有效载体。共青团就是要把青年开创社会新风的现实作用引导好、保护好、发挥好，使之与中国先进文化的前进方向相协调、相一致，成为促进有中国特色社会主义文化建设的有生力量。

青年可以在创作生产精神产品中发挥作用。在我国蓬勃发展的文化事业中，青年在创作生产精神产品中是一支生气勃勃的力量。无论是在广播、电视、电影等行业，还是在文学、舞蹈等领域，都有许多青年文化工作者在发挥着重要的作用。许多优秀的创作者是青年，许多优秀的表演者是青年，深受全国人民喜爱的文艺明星中，也大多是青年。共青团就是要积极推动青年在精神产品创作生产中更好地发挥作用，创作生产出更多能够反映时代主旋律、为人民群众所喜闻乐见的精神产品，不断满足人民群众日益增长的精神文化需求。

第三，既要竭诚为青年服务，又要组织青年为人民群众服务。

我们党是代表中国最广大人民根本利益的。青年是人民群众的一部分。共青团作为党领导的先进青年的群众组织，就要把竭诚为青年服务作为自己全部工作的出发点和落脚点，在服务青年中发挥好党联系青年的桥梁纽带作用。

为在服务青年中发挥好党联系青年的桥梁纽带作用，共青团要围绕青年学习、生活、工作等方面的需求，急青年之所急，想青年之所想，多为青年办实事，办好事，千方百计地为青年排忧解难，真正把党的温暖送到青年当中，进一步增进青年与党的感情，使青年更加紧密地团结在党的周围，听党的话，跟着党走；要切实维护青少年的合法权益，代表青少年的利益，倾听青少年的呼声,反映青少年的意愿,同黄、赌、毒等危害青少年的社会丑恶现象和行为作坚决斗争,不断优化青少年成长的社会环境;在我国经济社会结构变化的情况下,要增强服务青少年的针对性,既要针对弱势青年群体,做好暖人心、稳人心的工作,帮助下岗青工、外来务工青年、残疾青年等解决实际困难,又要做好强势青年群体的工作,满足他们在更高层次上的需求,引导他们更好地发挥在青年中的导向作用;做好服务青年的工作,必须深入青年,了解青年,准确把握当代青年的变化与特点。团十四届三中全会提出了要深入了解青年的问题。现在,团内许多同志都在思考这个问题,研究这个问题。我相信,经过大家的努力,一定能够形成对全团具有指导意义的研究成果,把服务青年的工作提高到一个新的水平。

青年当中蕴藏着服务社会、服务人民的巨大热情。近年来,中国青年志愿者行动的蓬勃发展就说明了这一点。我们看到,在发展社会主义市场经济条件下,人民群众生产生活方面的需求不断增多,需要通过服务不断予以满足。青年服务社会、服务人民的实践就是在做这样的事情。虽然是在从小事做起,从点滴做起,但精神崇高,意义重大。共青团要深刻认识组织青年服务社会、服务人民的意义,努力有更大的作为。

四、团的干部要身体力行"三个代表"

把"三个代表"的要求落实到团的建设中去,落实到团的各项工作中去,关键在于团的干部。团的干部必须身体力行"三个代表"。怎么身体力行"三个代表"?我看重要的是要做到三点。

第一,要始终坚持讲学习,讲政治,讲正气。

在县级以上党政领导班子、领导干部中深入开展以"讲学习、讲政治、讲正气"为主要内容的党性党风教育,是以江泽民同志为核心的党中央的一项重大战略部署。团中央作为全国开展"三讲"教育工作的七家试点单位之一,"三讲"教育工作已于一年多之前就结束了。"三讲"教育"回头看"活动也已于今年春天结束了。全团的"三讲"教育工作现在也已基本结束。"三讲"教育工作虽然已经告一段落,但团的干部身为共产党员,身为党的干部,必须把"三讲"的精神和做法长期不懈地坚持下去。

要坚持不懈地讲学习。当今时代是一个终身学习的时代。对于团的干部来讲,无论是学习马列主义、毛泽东思想、邓小平理论,还是学习现代科学文化知识,都是终身的事情。这样,才能不断提高自身素质,始终跟上时代前进的步伐,始终适应经济社会发展的要求。

要坚持不懈地讲政治。只有坚持不懈地讲政治,才能始终保持坚定正确的政治方向,自觉地与以江泽民同志为核心的党中央保持高度一致;才能不断增强政治敏锐性和政治鉴别力,懂得从政治上判断形势,分析问题,在大是大非问题上时刻保持清醒头脑,在复杂的社会政治环境中经受住考验。

要坚持不懈地讲正气。只有坚持不懈地讲正气,才能把改造主观世界作为永恒的课题,牢固树立正确的世界观、人生观、价值观,始终牢记党的全心全意为人民服务的宗旨,坚持自重、自省、自警、自励,自觉抵制各种腐朽思想和不良风气的影响和侵蚀,甘于清苦,甘于奉献,不计名利,不计得失,拥有一身正气、两袖清风的节操,保持生命不息、奉献不止的追求。

第二,要牢牢把握党的三代领导核心的青年观。

毛泽东、邓小平、江泽民同志历来十分关怀青少年的健康成长,始终高度重视青少年教育工作。经过多年努力,共青团中央与中共中央文献研究室共同编辑出版了《毛泽东邓小平江泽民论青少年和青少年工作》一书。其中,收录了党的三代领导核心关于青少年和青少年工作的一系列重要论述和指示。这是我们做好青年工作的强大思想武器。团的干部要认真学习这本书,牢牢把握党的三代领导核心的青年观。

要始终把握青年工作的根本任务。把青年培养成为有理想、有道德、有文化、有纪律的社会主义新人,这是我们党对共青团的最重要的要求。

要引导青年走健康成长的道路。中国青年运动的历史早已证明,与实践相结合,与人民群众相结合,始终是青年成长的正确道路。党的三代领导核心都谆谆告诫青年,要始终不渝地走这样一条成长道路。

要教育青年认清历史使命。在革命、建设和改革的各个历史时期,我们党的历史任务不同,青年的历史使命也不同。当代青年的历史使命,就是在党的领导下,为实现祖国现代化的宏伟蓝图,实现中华民族的伟大复兴而奋斗。

要坚持青年工作的方法。关于青年工作的方法,党的三代领导核心有过许多论述。如毛泽东同志讲,青年团的工作要照顾青年的特点。这当中,我认为十分重要的一条是,对青年既热情关怀、高度信任,又严格要求、积极引导。坚持这一条,就能够更好地解决如何认识青年和看待青年的问题,既能看到青年一代积极向上的主流,又能看到他们当中的不足。

第三,要以创新的精神研究新情况,解决新问题。

我们所处的时代是一个创新的时代。创新已成为一个鲜明的时代特征。当今时代的创新是全面创新。正如江泽民总书记所指出的那样,既要进行科技创新,也要进行理论创新、体制创新。今天,共青团工作的环境和对象都在发生着深刻的变化。这些变化,许多都是我们从未面对过的,必须以创新的精神去加以研究和把握。在共青团工作环境方面,有深化改革所带来的影响,科技进步特别是国际互联网络飞速发展所带来的影响,世界青年事务发展所带来的影响,等等。在工作对象方面,有青年群体的变化,也有青年作用的变化。所有这些,都需要我们以创新的精神加以研究和解决,以推动团的建设和团的工作不断地向前发展。

同志们,学习是共青团的重要任务。学习江泽民总书记关于“三个代表”的重要思想是一项长期的战略任务。我们要以这次座谈会为契机,以学习“三个代表”为重要内容,把全团的学习提高到一个新的水平。面对新形势和新任务,全团要高举邓小平理论伟大旗帜,以“三个代表”的重要思想为指导,更加紧密地团结在以江泽民同志为核心的党中央周围,团结带领广大团员青年为实现党的跨世纪宏伟目标而努力奋斗!

周强在2000年青年志愿者扶贫接力计划（研究生支教团）接力仪式上的讲话

2000年8月27日,根据录音整理

今天,我们在这里举行仪式,为即将奔赴西部地区参加扶贫接力计划的青年志愿者朋友们送行。同时,这个仪式也正式标志着2000年全国扶贫接力计划的全面启动。出席今天活动的有全国人大常委会副委员长许嘉璐、全国政协副主席杨汝岱以及中央文明办副主任姜异康、中组部副部长赵洪祝、人事部副部长戴光前和教育部等有关部委的领导同志,这充分说明各有关部门和领导同志对青年志愿者行动的重视。借此机会,我代表团中央向长期以来关心支持青年志愿服务事业的中央有关部委、各地党政部门的负责同志以及各级领导表示衷心的感谢,向为本次活动提供支持的社会各界朋友表示感谢,向广大青年志愿者朋友们表示崇高的敬意!

刚才姜异康同志代表中央文明办作了很好的讲话,同学和老师代表作了很好的发言,我很受启发。下面,我讲三点意见。

第一,青年志愿者行动所以能够蓬勃开展是与各级党政领导的亲切关怀和大力支持密不可分的。青年志愿者行动是我国社会主义精神文明建设中的重要内容,党的十四届六中全会将青年志愿者行动正式写进了党的决议。这几年来,青年志愿者行动在党中央的亲切关怀下,在全国蓬勃开展。江泽民总书记于1997年底亲笔题写了“中国青年志愿者”,今年1月16日,江泽民总书记在百忙之中对青年志愿者代表来信作出重要批示,对青年志愿者行动给予了充分的肯定,并提出了殷切的期望,为青年志愿者行动的进一步发展指明了方向。这对全国广大青年志愿者来说是巨大的鼓舞。

近年来,中央领导同志对青年志愿者行动多次作出重要批示。李鹏委员长、胡锦涛副主席、李岚清副总理对青年志愿者行动都作过批示。丁关根同志接见过青年志愿者代表,出席过青年志愿者协会的大会,对青年志愿者工作给予了具体的指导。各地也对青年志愿者行动给予了很多关心和支持。比如,上海市的领导每次到云南参加扶贫活动,都要去看看青年志愿者。我们到上海调研,上海市的有关领导同志专门和我们交换意见,强调指出青年志愿者在扶贫工作中发挥了重要的作用。比如,四川等地的党政领导也高度重视青年志愿者行动,把青年志愿者支教活动作为省委、省政府的重要工作来抓,并纳入党委和政府的整体扶贫规划。这充分体现了各级党政领导对青年志愿者行动、对扶贫接力计划的大力支持和高度重视,也是这一活动能够蓬勃开展的重要条件。

第二,青年志愿者扶贫接力计划是广大青年服务社会、参加西部大开发、支持贫困地区发展的一项有效措施。青年志愿者行动首先发端于中国有志青年的创造,然后由共青团组织加以推广而发展起来的。最初是由来自广东省的几名有志青年志愿开展扶贫支教活动,团中央发现了这个典型,及时加以推广,然后得到了广大青年志愿者、广大青年学生的热烈响应。可以说,包括支教扶贫活动在内的青年志愿者行动是当代青年服务社会、参加西部大开发、支持贫困地区教育事业的重要措施。我们最近在西部地区组织了许多活动,也深切地体会到这些年来我国的教育事业取得了举世瞩目的成就。但是我们的国家很大,地区发展不平衡,在一些偏远地区和贫困地区,教育事业还面临着许多困难,师资力量还不能满足当地少年儿童成长的需要。正因为如此,就迫切需要有志青年到这些地方去,为贫困地区的广大少年儿童带去科学知识。从我们在山西静乐、广西百色以及宁夏固原等地开展的扶贫支教项目的实践情况看,不仅有效地支持了当地教育事业的发展,而且也为当地经济发展做出了积极的贡献。

第三,包括支教扶贫活动在内的青年志愿者行动是当代青年健康成长的正确道路。我们党的三代领导核心对青年的成长一直非常关心,有很多重要论述为青年的健康成长指明了前进的方向。最近团中央同中央文献研究室编辑出版了《党的三代领导核心论青少年和青少年工作》一书。从这本书当中我们深切体会到,党的三代领导核心对我们青年一代的成长寄予了无限的期望,并为青年一代的健康成长指明了正确的道路。这就是要走与实践相结合与人民群众相结合的道路。在新的历史条件下,我们组织青年志愿者开展扶贫支教活动,就是贯彻党的三代领导核心关于青年成长道路思想的新举措，也可以说是当代中国青年运动的重要内容。在今天的社会主义现代化建设中，当代青年要把江总书记“胸怀祖国，服务人民”的教导作为自己的座右铭，到艰苦的地方去，用我们的知识为贫困地区的脱贫致富，为边远地区教育事业的发展，为培养贫困地区的建设人才做出积极的贡献，用所学的知识报效祖国，服务社会，报答人民。可以肯定地说，青年志愿者代表的是当代中国青年的理想，代表的是当代中国青年前进的方向。你们从事的事业是一个高尚的事业，充分体现了当代中国青年的理想和追求。从你们身上，可以看到当代中国青年是有志气的，是有远大理想的。希望参加扶贫接力计划研究生支教团的青年志愿者以及全国广大青年志愿者朋友们，牢记江泽民总书记关于青年志愿者行动的重要批示精神，牢记江泽民总书记对当代青年提出的“四个统一”的要求和对当代青年提出的座右铭，通过自己的行动努力实践总书记的教诲。我们号召全国的青年向青年志愿者们学习，积极投身到祖国改革开放和社会主义现代化建设的伟大洪流中去，投身到祖国最需要的地方去。

对广大青年志愿者而言，到贫困地区去，一是要做贡献，用实际行动服务社会，服务人民；二是要学习，学习当地人民群众艰苦奋斗的精神。同时，还要深入了解国情，认识社会。我还想指出的是，我们的志愿服务不可能是一帆风顺的，在生活、工作当中会遇到这样或那样的困难，我们一定要有战胜困难的心理准备和克服困难的坚定信心。在你们的身后，有学校、同学和全国各级团组织以及各级党委和政府的坚强支持。我们相信，经过大家的共同努力，一定能够在扶贫支教中做出无愧于时代的贡献！

最后，我们衷心地祝愿青年志愿者朋友们一路顺风，工作顺利，用青春、智慧和汗水托起贫困地区明天的希望！

培养和造就青年人才大军，谱写新世纪共青团工作新篇章

——周强在共青团十四届四中全会上的讲话

2000 年 12 月 21 日

共青团十四届中央委员会第四次全体会议是在我们即将迈入新世纪的历史时刻召开的，是一次十分重要的会议。会议的主要任务是，以邓小平理论为指导，以“三个代表”重要思想为指针，深入贯彻落实党的十五大、十五届五中全会、中央思想政治工作会议和中央经济工作会议精神，团结带领广大团员青年为实现党中央提出的2001 年经济社会发展的各项任务和“十五”计划做贡献。党中央高度重视这次会议。会前，中央书记处听取了团中央书记处工作汇报，作了重要指示。昨天，中共中央政治局常委、国家副主席胡锦涛出席会议并作了重要讲话。锦涛同志的讲话深刻分析了当前国际国内形势，充分肯定了近年来共青团工作，对今后共青团工作提出了明确要求。锦涛同志的重要讲话对于做好新世纪共青团工作具有十分重要的指导意义。全团要认真学习，深刻领会，深入贯彻。

站在新世纪的门槛，我们每一位团中央委员会组成人员都有一种神圣的责任感。这就

是，如何在继承20世纪中国共青团光荣传统的基础上，在21世纪之初开好共青团工作的头，如何动员广大团员青年为完成江泽民总书记提出的新世纪三大任务而奋斗。团中央书记处经过研究，提出要以培养和造就青年人才为着力点谱写新世纪共青团工作新的篇章。下面，我代表书记处谈几点意见。

一、培养和造就青年人才大军是实现中华民族伟大复兴的一项重大而紧迫的战略任务

第一，是贯彻落实党的十五届五中全会精神的需要。党的十五届五中全会是在世纪之交我国即将胜利完成“九五”计划、改革开放和现代化建设进入新的发展阶段的历史时刻召开的一次重要会议。全会通过的《中共中央关于制定国民经济和社会发展第十个五年计划的建议》，提出了新世纪之初我国经济社会发展的目标。实现这一发展目标，人才至关重要。邓小平同志深刻指出：“中国的事情能不能办好，社会主义和改革开放能不能坚持，经济能不能快一点发展起来，国家能不能长治久安，从一定意义上说，关键在人。”《建议》中关于结构调整的任务，关于发展的目标，关于改革开放和科技创新的重大举措，无一不依赖人才资源的开发，无一不靠人才去实现。如，实现农业产业化，离不开懂科技、会经营的人才；实现农业劳动力向非农领域转移，促进城镇化建设，需要开发进城务工青年这个庞大的人力资源；促进工业结构调整，需要一支懂得现代管理的经营人才队伍；推动科技创新，需要大批青年科技人才脱颖而出。因此，《建议》以专门一个部分论述了人才问题，提出人才是最宝贵的资源，要把培养、吸引和用好人才作为一项重大的战略任务切实抓好，强调要高度重视青年人才的培养和使用。共青团贯彻落实党的十五届五中全会精神，团结带领青年为实现“十五”目标做贡献，要紧紧抓住人才这一关键环节，努力做好培养青年人才的工作。

第二，是在经济全球化条件下推动我国经济社会发展的需要。自进入90年代以来，经济全球化趋势明显加快。科学技术的突飞猛进，互联网的普及，跨国公司的合并浪潮，进一步加快了经济全球化进程。经济全球化必然导致人才的国际化，造成人才资源在全球范围内的配置。因此，在经济全球化的条件下，国与国之间综合国力竞争，归根到底是人才的竞争。人才已成为推动经济社会发展的第一资源。在这场全球范围内激烈的人才争夺战中，我们必须赢得先机，掌握主动。惟有如此，才能在激烈的国际竞争中立于不败之地。

经济全球化给我国人才资源开发带来了宝贵的机遇，也提出了严峻的挑战。从世界范围看，西方发达国家凭借其雄厚的经济实力和优越的科研环境，同时采取调整移民政策、减低税收等措施，大量地从他国特别是发展中国家吸引人才。跨国公司极力推行“人才本土化战略”，纷纷在发展中国家设立研究开发机构，大量招揽所在国人才。在人才争夺战中，发展中国家处于不利地位，而且难以改变。从国内看，改革开放以来尤其是党的十四大以来，随着科教兴国战略的实施，我国人才培养工作取得了明显的成效。但是，也应清醒地看到，我国高层次人才不足，特别是发展新经济所需要的人才严重短缺。国民平均受教育程度较低，基本普及九年义务教育和基本扫除青壮年文盲的目标刚刚实现，人才资源的优势还远没有形成。劳动力技能普遍不高，远不能满足经济结构调整和技术进步的要求。而且，“数字鸿沟”呈扩大趋势，会拉大我国与发达国家在人才方面的距离。因此，我们要有危机感和紧迫感，同时又要增强责任感和使命感，抓住机遇，迎接挑战，努力做好培养、吸引、使用青年人才的工作，为实现我国社会生产力的跨越式发展提供人才支持。

第三，是服务青年的需要。适应经济社会发展的需求，学习成才已成为当代青年的普遍追求。共青团服务和教育青年,必须着眼于广大青年的这一基本需求。同时,还应看到,青年当中蕴藏着进行人力资源开发的巨大潜能。青年是人力资源开发的重点。在我国,1962年至1975年间第二次生育高峰中出生的3.6亿人,目前正处在受教育和参与劳动的最佳时期。对于这支青年劳动大军来讲,开发人力资源的意义显得尤为突出。因此有人提出,从现在起到2005年是我国开发人力资源的最佳时机。我国是发展中大国,也是人口大国,面临着人力资源开发的繁重任务。把人力资源特别是青年人力资源有效地开发和利用起来,有利于推动我国沉重的人口负担向人才资源优势转变,更好地促进经济社会发展。

第四,是实现共青团根本任务的需要。把青年一代培育成为"四有"新人,是党赋予共青团的光荣责任,是共青团的根本任务。《团章》明确规定,共青团要"造就有理想、有道德、有文化、有纪律的接班人"。从这个意义上讲,共青团就是做培养人的工作的。我们只有紧紧抓住这个关键,才能完成党交给的任务。从共青团跟着党不懈奋斗的历史看,培养人始终是共青团的优势所在。可以说,正是在共青团这所大学校里,一代又一代青年树立理想,砥砺品格,磨炼意志,奠定了一生奋斗的坚实基础,成长为党和人民所需要的有用之材。

从上可以看出,抓住了培养青年人才这个关键和着力点,就能够把服务大局与服务青年有机结合起来,就能够把青年工作与现代化建设有机结合起来。因而,也就能够牢牢把握共青团工作主动权,占领制高点。

二、用邓小平理论构筑当代青年精神支柱,促进青年一代全面发展

把青年一代培育成为有理想、有道德、有文化、有纪律的社会主义新人,是党的要求。"四有"回答了人才培养的标准问题。这其中,既包含着政治标准,也包含着全面发展的要求。共青团培养人必须坚持"四有"标准,努力提高青年一代的思想道德素质和科学文化素质,要培养高层次青年人才,推动各级各类青年专门人才大量涌现,塑造青年知识英雄,同时,要普遍提高青年劳动者的技能素质,既培养规模宏大的高素质的青年劳动大军,又培养一大批知识劳动者。

共青团作为党的助手和后备军,在培养青年人才的工作中,必须把提高青年思想道德素质放在首位。

第一,要帮助青年树立崇高理想和坚定信念。理想信念是推动社会进步的强大动力,也是一个人不懈奋斗的力量源泉。当今世界范围内各种思潮相互激荡,不可避免地影响到青年的思想意识。西方敌对势力对我国实行"西化"、"分化"的政治图谋,其影响青年首当其冲。因此,要坚持不懈地用邓小平理论武装青年,用江泽民总书记"三个代表"重要思想教育青年,帮助青年牢固树立把我国建设成为富强民主文明的社会主义现代化国家,实现中华民族伟大复兴的崇高理想,树立坚持党的基本理论和基本路线不动摇,坚定不移走建设有中国特色社会主义道路的信念,构筑起强大的精神支柱。

第二,要帮助青年树立正确的世界观、人生观和价值观。在青年时期确立起正确的世界观、人生观、价值观,对于一生的成长与发展至关重要。在"四个多样化"的条件下,人们思想活动的独立性、选择性、多变性、差异性明显增强。青年只有树立起正确的世界观、人生观和价值观,才能在复杂的社会生活中不偏离,不迷失。要用爱国主义、集体主义、社会主义教育青年,引导青年正确认识和处理个人、集体、国家之间的利益关系,把个人理想融入共同理想,把个人的奋斗汇入振兴中华的伟大实践。同时,要引导青年在实践中养成一些基本的能自觉遵守的具体价值观,如,民族团结,国家统一,权利与义务相一致,法律面前人人平等。

第三,要帮助青年养成与现代经济社会发展要求相适应的道德行为准则。经济社会发展需要人们具备与之相适应的道德行为准则。要引导广大青年遵守以为人民服务为核心,以集体主义为原则的社会主义道德规范。同时,也应看到,市场经济条件下,人们应当遵循的行为准则是多方面、多层次的。其中在经济生活中最重要的,就是诚实守信。要引导青年懂得诚实守信体现在市场经济条件下经济社会生活的方方面面,一个人只有做到诚实守信,才能在社会生活中赢得信任,在经济生活中建立信誉。要引导青年从小事做起,持之以恒,养成诚实守信的习惯。

为建设有中国特色社会主义事业培养和造就青年人才,在努力提高青年思想道德素质的同时,必须努力提高青年的科学文化素质,引导青年把所学科学文化知识转化为创新创业的能力和良好的技能素质。

第一,要帮助青年增强创新能力。创新是民族进步的灵魂,是国家兴旺发达的不竭动力。在知识经济时代,创新能力已成为人才最重要的素质。青年是创新的有生力量。要适应经济社会发展要求,帮助青年努力增强创新意识,提高创新能力,投身创新实践。既要推动青年科技工作者在高精尖领域锐意创新,又要推动企业青年经营管理者进行管理创新,还要推动各行各业青年立足岗位创新。从而,把我国青年中蕴含的巨大创新热情和潜能转化为推动社会生产力进步的强大动力。

第二,要帮助青年提高创业能力。实现中华民族伟大复兴,需要一代又一代青年艰苦创业,不懈奋斗。要帮助青年弘扬新时期创业精神,不怕困难,不畏挫折,艰苦奋斗,努力开创事业发展的新天地。要帮助青年提高创业能力,勤奋学习,勇于实践,掌握过硬本领。要引导青年立足岗位,建功立业。还要引导青年适应就业方式的多样化,转变就业观念,勇于自主创业。

第三,要帮助青年提高劳动技能。我国是一个人口大国,面临着沉重的就业压力。随着经济结构的战略性调整,就业的结构性矛盾将更加突出。而且,随着知识经济的发展,对劳动技能素质的要求出现了新的变化。如,新职业不断涌现,有人预见 21 世纪 70% 的职业是新的;传统职业的知识含量不断增加,对从业人员的要求也不断提高;劳动技能的淘汰和更新速度大大加快。要适应这种新变化,帮助青年学习新知识新技能,增强职业适应能力。

为更好地促进青年全面发展,还要帮助青年具备多方面的素质和能力。要帮助青年具备良好的心理素质和健康的人格,帮助青年学会获取和运用信息,学会"数字化生存",帮助青年增强保护生态环境的意识,等等。

三、构建共青团培养青年人才的工作体系和机制

培养和造就人才是党和政府、全社会的共同任务。不同行业、不同部门,培养人才有着不同的方式。共青团要发挥自身优势,继续深化两项工程、四项行动,从以下几个方面构建起培养青年人才的工作体系和机制。

第一,培育人才。推动青年在学习中成才。当今时代是一个终身学习的时代。一个人要始终有所作为、有所发展,不为社会淘汰,就必须不断学习,以求知识的常新和完善。因此,推动青年在学习中成才,最重要的是要帮助青年牢固树立终身学习的观念。适应青年终身学习的要求,要通过大力实施新世纪读书计划,广泛开展形式多样的读书求知活动,推动青年不断学习。岗位学习是终身学习的重要体现,是青年成才的重要环节。要引导青年职工从各自的岗位要求出发,干一行,学一行,钻一行,成为本职工作的行家里手。

引导青年在实践中成才。实践是一个大课堂。青年可以从中汲取营养,获取智慧,更好地成长成才。今天,引导青年在实践中成才,就是要紧紧围绕党和国家的重大战略部

署，围绕两个文明建设，引导青年在做贡献的过程中受锻炼、长才干。如，通过引导青年投身科教兴国，帮助他们提高科学文化素质，增强创新能力。通过引导青年投身西部大开发，帮助他们在西部广阔天地中建功成才。

通过项目运行使培养青年人才工作社会化。以项目运行推进工作，是近年来共青团工作方式在适应市场经济过程中实现的一个重要转变。通过项目运行，使共青团开展工作的方式由一般的发动向具体操作转变，在具体运行过程中充分调动社会资源。项目运行的特点是，在每一个环节、每一个步骤上，都有具体标准，可以量化评价，可以具体操作。项目运行对于培养人才的意义在于，使那些具有生命力的工作项目逐渐成为一项事业，实现持续发展；在项目实施过程中，可以充分运用社会资源，使培养人才工作取得实效，同时团干部作为项目的直接组织者，通过运作项目得到锻炼，可以成长为出色的项目负责人。近年来开展的保护母亲河行动、青年志愿者行动，都是以项目运行的方式推进的。这种做法，既整合了社会资源，调动了各方面力量，又收到了包括育人效益在内的综合效应。

拓宽培养青年人才的渠道。培养人才有着不同的方式。高等教育、职业教育和正在兴起的远程教育，都是培养人才的方式。在这些方面，共青团组织要发挥独特的作用，使我们培养青年人才的工作成为国民教育体系的有益补充，成为国家职业技能培训体系的有机组成部分。要充分发挥团校、青少年宫、青少年营地、青少年教育基地和实践基地的作用，强化这些阵地的育人功能，丰富育人内容，建立起多层次、多功能的青年人才培养基地。要充分利用网络资源，适应青年通过网络主动、自由、便捷地学知识的新趋势，通过创办网校等方式，在国际互联网上构建培养青年人才的新阵地。要充分利用国际资源，加强青年人才培养的国际合作，通过境外研修、短期学习、联合培训等方式，培养更多的高层次青年人才。

第二，聚集人才。共青团具有广泛联系人才的优势，这是我们做好聚集人才工作的重要保证。聚集人才，实质上是人才资源开发的一种形式，也是人才资源配置的一种形式。共青团做聚集人才的工作，就是把青年人才更广泛地团结在党的周围，为实现党的目标和中心任务做贡献。我们要通过多种方式聚集人才，形成人才的聚合效应。

要充分利用共青团组织系统来聚集人才。共青团有着从中央到地方和行业，并一直延伸到基层的完备的组织系统。全团都要树立联系人才的意识。各级团组织、各条战线团组织，都可以在各自活动范围内把方方面面的青年人才联系起来。

要充分利用青年组织体系来聚集人才。我们有着以共青团组织为核心的青年组织体系。无论是青联、学联，还是青企协、乡企协、青科协，都在不同层面、不同行业、不同领域广泛联系着青年人才。要加强团属青年社团建设，使其在联系青年人才方面发挥更大的作用，通过这一纽带把更多的青年人才凝聚到共青团周围。同时，还要通过丰富多彩的活动和有益的工作项目，广泛地团结和凝聚青年人才。

要积极吸引海外青年人才。海外留学人员大多学有所长，有着强烈的报国愿望，有着在开创事业中实现自身价值的渴求，是一个巨大的人才资源。共青团要通过组织为国服务团、创办高技术创业园、项目合作等方式，为海外留学人员回国创业、参与祖国建设服务，努力做到用事业吸引人才，用创业凝聚人才。

第三，举荐人才。向党和政府举荐人才，是共青团党的助手和后备军作用的重要体现。《团章》明确规定，共青团要“努力为党输送新鲜血液，为国家培养青年建设人才”。

要进一步做好推荐优秀青年做生产和工作骨干的工作。这方面，基层团组织创造了许多好经验、好做法。如,在企业,团组织推荐专业技能突出的青年职工走上生产班组领导的岗位。在农村,团组织推荐青年星火带头人担任村团支部书记和科技副村长,形成了“三位一体”的人才举荐模式。要进一步推广这些经验和做法,同时积极探索更为多样、更加有效的举荐人才的方式,使更多的青年人才通过团组织的推荐走上更加重要的工作岗位,及时得到发现和使用。

要进一步做好推荐优秀团员作党的发展对象的工作。推荐优秀团员作党的发展对象,对于我们党永葆生机与活力,党的事业后继有人、兴旺发达具有十分重要的意义。我们要搞好优秀团员的选拔和教育,把团员队伍中的优秀青年和青年人才源源不断地输送到党的队伍中去。

要进一步做好推荐高层次青年人才的工作。要着眼于党政需要,着眼于企事业需要,面向全社会甄选人才。通过评比表彰、典型宣传等方式举荐青年人才,特别是举荐优秀青年科技工作者和青年企业经营管理者,使他们脱颖而出,走上更重要的岗位。要按照党的要求,进一步做好为党输送青年领导人才的工作。

要充分发挥市场在人才资源配置中的作用。通过建立青年人才中介机构和青年人才信息库等措施,促进青年人才的合理流动,实现青年人才的优化配置,打破人才地区、单位、部门所有的体制,使青年人才各得其所,各尽其才,才尽其用。

第四,使用人才。培养人才有多种方式。教育和学习是培养,在艰苦环境中接受锻炼是培养,使用也是培养,而且是更重要的培养。就共青团而言,就是要为青年人才发挥作用,施展才华搭建舞台。具体有两种方式。

一是牵线搭桥。在人才的使用方面,往往会出现一个十分矛盾的现象。这就是,一方面,不少地区、行业和单位缺少人才特别是高素质人才,急需引进人才;另一方面,许多人无用武之地,一些专业人才作用发挥不充分,人才浪费严重。这就需要我们努力做好牵线搭桥的工作。针对人才与经济建设相脱节的问题,要抓住人才与项目对接这一环节,在人才与市场之间、科研院所与企业之间牵线搭桥。针对东部地区人才集中、吸引力大与西部地区人才占有量小、又急需人才的问题,要通过多种方式在东部与西部之间架起人才流动的桥梁。

二是直接提供舞台。活动也是舞台。要深化中国青年科技创新行动,为青年人才参与科教兴国更好地搭建舞台。要深化中国青年西部创业行动,“西部行”系列活动,为青年人才参与西部大开发更好地搭建舞台。要组织好大学生“三下乡”、“挑战杯”、青年志愿者扶贫接力计划等活动,为大学生特别是研究生和博士生发挥作用搭建舞台。要深化青年文明社区创建活动,为青年服务社会搭建舞台。要深化青年文明号创建活动,更好地推动不同行业中职业素养优良、成绩突出的青年人才脱颖而出。

第五,营造有利于青年人才成长的环境。人才成长,是内因和外因共同作用的结果。内因,就是自身的素质与努力。外因,就是环境。良好的环境,对人才尤其是青年人才的成长尤为重要。要了解社会对人才的需求和青年人才状况。特别是基层团组织,要对本地区、本单位的情况做到胸中有数,成为领导的人才信息库。要促进有关青年政策的制定和完善,推动有关部门制定实施青年人才资源开发战略,形成青年特别是青年人才在经济社会发展各个领域中更好地发挥作用的政策环境。要运用社会力量设立多种形式的人才基金,扶持青年人才。要进一步推动全社会充分认识和重视青年的现实作用,充分认识培养青年人才的重要意义,努力营造共同关心青年成才,热情帮助青年成才的社会环境。要大力宣传青年成才典型,在青年中乃至全社会营造处处需要人才、人人皆可成才的舆论环境。在鼓励成才、鼓励拔尖的环境中,真正的青年人才更容易脱颖而出,进而产生示范效应,带动更多的有真才实学的人才广泛涌现。

培养人才,是全社会的共同责任,社会方方面面都在做。共青团有着自己的特点。具体地讲,主要体现在以下几个方面。

1. 实践是共青团育人的基本途径。在实践中育人是共青团的传统。对青年来讲,实践既是一个成长道路的问题,也是一个成才途径的问题。随着时代的发展,实践的内涵也在发展。五六十年代,共青团创造了青年突击队这种在实践中育人的方式。"建功育人","建楼育人","岗位成才","树木树人",都是实践育人的具体做法。今天,实践的内涵更加丰富,在实践中育人的方式更加多样。我们要坚持实践育人的传统,适应时代的发展,探索出更多的方式,推动青年在实践中更好地成长成才。

2. 全面发展是共青团育人的根本目标。培育"四有"新人是共青团的根本任务。这就决定,共青团在培养人的工作中,既要注重提高青年的思想道德素质,又要注重提高青年的科学文化素质,实现全面发展;既要着眼于党的事业和国家的未来,又要着眼于青年自身的追求,实现组织目标与青年需求的有机统一。

3. 开放互联是共青团育人的工作格局。所谓开放,就是共青团育人的工作是面向全体青年的,是面向社会方方面面的。所谓互联,就是共青团组织既紧密联系着党,又广泛联系着各行各业、各个领域。同时,又是信息交汇点,能够把党政要求,经济社会发展需要,青年需求,汇集到自己的工作体系之中。这就决定了,共青团培养青年人才的工作,既是党政有关部门工作的有益补充,又与各行业、各部门的工作交叉融合。

四、适应新形势切实加强团的建设

共青团是广大青年在实践中学习共产主义的大学校,也应当是为建设有中国特色社会主义事业培养和造就青年人才的大学校。面对新的形势,共青团要担负起培养和造就青年人才大军的责任,必须以"三个代表"重要思想为指导,坚持"党建带团建","以服务促建设、以服务促发展","全团抓基层、全团抓团建",努力加强团的组织建设、干部队伍建设和团员队伍建设。

第一,进一步加强团的组织建设。共青团是党领导的先进青年的群众组织。就为党的事业培养和造就青年人才而言,一方面,要把有理想有志向的先进青年吸纳到团的组织中来。另一方面,又要把各行各业、各级各类青年人才团结凝聚在团组织周围。

坚持共青团的先进性,用理想凝聚团员青年。共青团的先进性,从根本上讲与党的先进性是一致的。坚持先进性,就是要始终坚持党的领导,使青年运动沿着党指引的正确方向前进;始终坚持培育"四有"新人的根本任务,引导青年按照党的要求健康成长。始终坚持用党的奋斗目标凝聚和激励青年,使青年积极投身改革开放和现代化建设的伟大实践。坚持先进性,共青团组织就能够从理想的层次上把青年吸引过来,凝聚起来,按照党的要求健康成长,沿着党指引的方向奋勇前进。

切实加强基层组织建设,进一步扩大共青团组织的覆盖面。适应培养和造就青年人才的需要,要进一步扩大组织覆盖面。要通过抓好已有的基层团组织建设,使共青团在农村、企业、机关事业单位和学校等传统领域中的组织优势得到进一步巩固,形成新的优势。要进一步加大非公有制经济、社区和社会力量所办学校等新领域的建团工作步伐,进一步扩大团组织的覆盖面和影响力。通过团的工作培养青年人才,服务青年人才,为社会主义现代化建设事业源源不断地输送青年人才。

以服务促建设,以服务促发展。实践表明,在服务青年中可以有效地增强团组织的吸引力和影响力。为青年服务,就要抓住培育

"四有"新人这个根本,把服务青年的大目标落实到为青年解决实际问题的行动上,促进青年成长成才,以此不断增强团组织的吸引力和凝聚力。

第二,进一步加强团干部队伍建设。建设一支高素质的团干部队伍,对于做好培养青年人才的工作至关重要。团的干部要讲学习、讲政治、讲正气,身体力行"三个代表"的要求,做到政治坚定,思想过硬,作风扎实,具备青年领导人才和青年管理人才的素质,做党的合格干部,做"育才型"干部,在德、才两个方面成为青年的表率,成为青年人才的表率。

要勤奋学习,开阔视野。在学习的问题上,团的干部应当走在团员青年的前头。要着眼于提高思想和理论水平,认真学习马克思列宁主义、毛泽东思想特别是邓小平理论,认真学习江泽民总书记"三个代表"重要思想,具备开阔的政治视野,善于把握大局,从政治上判断形势、分析问题,不断增强政治敏锐性,提高政治鉴别力。同时,又要着眼于时代的发展,广泛学习经济、科技、法律知识以及其他知识,具备开阔的知识视野,不断完善自己的知识结构。这样,就能够拥有广博的知识,深刻的见地,良好的文化素养,成为一个有学识的干部。

要严于律己,甘于奉献。在改革开放和发展社会主义市场经济条件下,置身于复杂的社会环境之中,团的干部要抵挡住形形色色的诱惑,抗御住各种腐朽思想的侵袭,经受住各种风浪的考验,能够成长和成熟起来,就必须自觉地加强党性修养,改造主观世界,自重、自省、自警、自励。要在各种情况下都能够摆正位置,正确对待组织,正确对待群众,正确对待自己。团的岗位是一个奉献的岗位。任何时候,都要常怀感激之情、常葆进取之心,始终保持一种顽强拼搏、锲而不舍的奋斗精神,保持一种甘于清苦、甘于奉献,不计名利、不计得失的高尚境界。这样,就能够拥有一种感染人、凝聚人、团结人的人格力量。

要脚踏实地,开拓进取。团的干部大多是年轻人,有着在团的岗位上干一番事业的抱负,有着多出成绩、快出成绩的良好愿望。同时,也容易搞短期行为,出现形式主义。要在团的岗位上有作为,不负党的培养,不负青年的期望,就必须拥有脚踏实地、求真务实的作风,老老实实做人,勤勤恳恳做事,一步一个脚印地去奋斗。就必须以只争朝夕的精神,锐意进取,开拓创新,创造新业绩,以作为求发展。

要加强对团干部的培训。共青团工作岗位是一个流动性很强的岗位。在团的干部中不可避免地会出现不熟悉党政工作大局,不熟悉青年工作规律,不了解青年实际的问题。要切实加强对团干部的培训,帮助团干部尽快适应环境,熟悉工作,进入角色。要按照党委部署,在全国农村基层团干部中有计划、有步骤地开展"三个代表"重要思想的学习教育活动。

要进一步改革和完善团干部的选拔任用制度。要把那些既有理想,有学识,有热情,又能够扎实做事,有志于共青团事业的优秀青年吸纳到团的干部队伍中来。具体地讲,就是要按照干部队伍"四化"方针和德才兼备的标准,高进,严管,优出,建立起正常有序的团干部选拔任用和管理机制。

第三,进一步加强团员队伍建设。共青团是一个有着6850多万成员的组织。大量的青年人才或潜在的青年人才就在其中。可以说,这是未来各级各类青年人才的不竭宝库。我们要从党的事业兴旺发达、国家蓬勃发展的战略高度来建设好这支队伍。要积极开展团员意识教育,不断增强团员的先进性。教育团员按照"三个代表"的要求严格要求自己,牢记自己是青年中的先进分子,应当比一般青年有更高的要求。牢固树立模范带头意识,在青年中发挥好模范带头作用,增强作为团员的光荣感和责任感。要切实做好经常性发展团员工作,把一批又一批的青年和青年人才吸收到团组织中来,始终保持共青团组织的生机与活力。

总之，将培养和造就青年人才作为共青团工作着力点，贯穿于共青团全部工作和团组织建设之中，就可以把共青团工作的目标与经济社会发展的要求统一起来，把共青团组织的目标与广大青年成长发展的目标统一起来。

同志们，在即将告别20世纪，迎来21世纪第一缕曙光的时刻，我们为党领导的中国共青团近80年的奋斗历程而自豪。我们完全有理由相信，中国共青团一定能够在新世纪创造出无愧于时代，无愧于党和人民的新的业绩。新的世纪必将是青年人才辈出、竞展风流的时代，必将是中华民族全面振兴的伟大时代。让我们高举邓小平理论伟大旗帜，更加紧密地团结在以江泽民同志为核心的党中央周围，认清形势，增强信心，服务大局，突出重点，狠抓落实，开拓进取，团结带领广大团员青年为实现党的十五届五中全会提出的各项任务，为实现中华民族的伟大复兴而努力奋斗！

发挥共青团的自身优势 积极做好社会治安综合治理工作

——周强在中央社会治安综合治理委员会2001年第一次全体会议上的讲话

2001年1月20日

2000年，按照中央综治委《2000年全国社会治安综合治理工作要点》的总体部署，共青团把社会治安综合治理工作纳入到服务大局和服务青年的总体规划之中，努力抓基层，抓落实，重点开展了以下几方面工作。

一、深入开展青少年思想道德和法制教育，预防和减少青少年犯罪

一是深入学习邓小平理论和江泽民总书记“三个代表”的重要思想。2000年5月，团中央会同中宣部、教育部召开了全国青年学习邓小平理论经验交流会，对党的十五大以来各界青年学习邓小平理论的经验和做法进行了总结交流，有力地推动了全国青年学理论活动的深入开展。特别是通过开展“致富思源，富而思进”教育活动，引导广大团员青年在感受改革开放20年来巨大成就的基础上深入学习邓小平理论，更加坚定了当代青年走建设有中国特色社会主义道路的信心，自觉维护来之不易的安定团结的政治局面。各级团组织联系青年和青年工作实际，采取多种形式，认真学习贯彻江泽民总书记“三个代表”的重要思想，统一思想认识，自觉地以“三个代表”重要思想为指导，加强团的建设，推进团的各项工作。

二是以《预防未成年人犯罪法》实施1周年为契机，加大了法制宣传教育的力度，预防和减少青少年违法犯罪。各级团组织以《未成年人保护法》和《预防未成年人犯罪法》为重点，深入开展法制宣传活动。通过演讲、座谈、咨询、文艺演出、开设宣传栏、建立法制教育基地等多种形式，教育青少年学法、懂法、守法、用法。团中央联合全国人大内司委，并配合中央综治委、教育部分别召开了实施预防未成年人犯罪法座谈会和全国预防青少年违法犯罪工作经验交流会，协助中央综治办开展了“为了明天"征歌征文活动。各地团组织举行了《预防未成年人犯罪法》集中宣传活动，并联合有关部门开展了预防青少年违法犯罪展览活动，仅浙江参观的青少年就达到100多万人次。

三是大力加强青少年活动阵地建设，增强教育的实效。全团深入贯彻中办、国办《关于加强对青少年学生活动场所建设和管理工作的通知》精神，充分发挥全国1200多个青少年宫、活动中心（营地）等青少年活动阵地的功能，针对青少年的特点，积极开展青少年喜闻乐见、便于参与的实践教育活动，使青少年在实践中学到知识，受到教育。同时，关注网上青少年思想教育阵地建设，团中央加大了对中国青少年计算机信息服务网的投入，开辟了青少年维权网站，目前，中青网已发展成为国内最大的青少年教育服务网站。

二、着力深化优秀"青少年维权岗"创建活动，优化青少年成长环境

一是加大创建力度，扩大创建规模。目前，全国已有公安、检察、法院、司法行政等11个系统和31个省、自治区、直辖市开展了创建优秀"青少年维权岗"活动，涌现出各级优秀"青少年维权岗"5万多个。

二是对侵害青少年权益的突出问题进行集中整治。2000年暑期，团中央联合有关部门广泛开展了"为了明天——优秀'青少年维权岗'暑期行动"，集中对电子游戏厅等娱乐场所和校园周边环境进行了清理整顿，帮助青少年远离社会不良因素的影响。各级团组织还抓住本地区具有代表性和典型性的事例或案例，利用团内外新闻媒体，对侵害青少年权益的不法行为进行揭露和抨击，形成维权的社会氛围。

三是构建维权网络，实现社会联动。各地在建立联动机制、实现齐抓共管方面积极探索，形成了以维权岗为基础的省、市、区、社区四级联动的社会化维权服务网络。尤其是武汉市初步开发出"城市青少年成长环境监测评估体系"，首次实现了青少年成长环境状况的动态、量化的评估，为各级党委、政府优化青少年成长环境提供了有力的依据。

四是广泛开展青少年自护教育，提高青少年的自我保护意识和能力。通过举办自护培训班、训练营、自护学校，对青少年进行以"认识社会、拒绝诱惑、远离危险、防范侵害"为主旨的自护教育。目前，全国已有十多个省、自治区、直辖市开展了此项工作，仅北京市就培训青少年5万多人次。在去年6月举行的联合国亚洲及太平洋经济社会委员会部长级会议上，"优秀'青少年维权岗'——自护教育"项目荣获1999—2000年度惟一的联合国亚太经社会人力资源开发奖。

三、深入开展创建"青年文明社区"活动，营造安全、和谐、文明的社会氛围

一是加强社区团组织建设。以街道团工委建设为核心，坚持党建带团建，团建带队建，在社区建立团组织和少工委，设立社区青年工作委员会，把分散于社区的流动团员青年组织起来，团结、凝聚在共青团周围，使社区团队组织成为动员和组织青少年参与两个文明建设、维护社会稳定的重要力量。

二是积极开展社区服务和社区文化建设。各地团组织广泛动员社会力量，建立了一大批社区青少年服务中心，并以中心为依托建立了青少年书屋、雏鹰网俱乐部、志愿者服务站、家政服务站、维权服务站等服务设施，广泛开展了青年文明社区大家乐、社区互助、社区共建等积极向上、群众喜闻乐见的活动，丰富了社区文化生活，服务了青少年成长成才，和谐了社区人际关系，优化了社会环境。

三是以社区"千校百万"培训工作为载体，着力加强对进城务工青年的教育、管理和服务。针对流动人口既是犯罪高发群体又是受害主要群体这一特点，各级团组织会同公安、司法行政、劳动、建设、计生、工商、综治等部门在进城务工青年分布密集的行业和地区，重点推进行业培训和社区培训，开展“平安打工”和“把文明带回家”活动。通过建立培训学校，组织志愿讲师团，开展法律知识和职业技能培训，提高进城务工青年的思想道德和科学文化水平，增强他们的就业竞争能力，鼓励和动员进城务工青年返乡创业。目前，全国已建立各类培训学校(站、点)2000多所，培训进城务工青年1200多万人次。

四是着眼于帮助挽救失足青少年，积极开展社区安置帮教工作。重点是借助青年志愿者“一助一”、“多助一”包户结对服务，动员社会力量做好两劳释放人员、有不良行为青少年等群体的帮教工作，有效地预防和减少青少年违法犯罪。目前，通过实施“中国青年志愿者社区发展计划”，全国已建立了1万多个社区青年志愿者服务站，“一助一”长期结对服务数达250万对。

四、动员组织广大团员青年深入开展揭批“法轮功”斗争，为维护社会稳定做出积极贡献

党中央作出处理和解决“法轮功”问题的决定后，团中央迅速作出工作部署，向全团下发了《关于共青团员不准修炼“法轮大法”的通知》、《关于认真贯彻中央文件精神，在全团深入开展学习教育活动的通知》，对全团开展与“法轮功”邪教斗争各个阶段的工作进行了周密的部署，要求各级团组织以高度的政治敏锐性和政治责任感，坚决贯彻落实党中央的精神和统一部署，广泛动员组织团员青年积极投身与“法轮功”邪教的斗争，深入揭批“法轮功”的政治本质和严重危害，教育青少年崇尚科学，反对迷信，自觉抵制“法轮功”邪教。同时，组织专门人员对团员青年中练习“法轮功”的情况进行认真详细的调查和摸底，做到心中有数，增强工作的针对性和实效性。团中央所属新闻单位及各省青年报刊组织刊发一系列文章，中国青年出版社组织编写了《无神论教程》等书籍，旗帜鲜明地揭露和批判“法轮功”邪教组织，大张旗鼓地宣传马克思主义唯物论和无神论。各级团组织在党组织的领导下，按照团中央的要求，结合当地实际，做了大量深入细致的工作，尤其是重视做好“法轮功”练习者的教育转化工作。经过一年多的努力工作，团员青年中“法轮功”练习者转化率达98.41%。对于团员青年中的极少数顽固不化的“法轮功”练习者，按照有关程序和规定，进行了组织处理和纪律处分，并继续进行教育工作，做到最大限度地团结教育绝大多数，最大限度地孤立和处理极少数。

今年，共青团将坚决按照中央的要求，采取有力措施，进一步加大与“法轮功”邪教作斗争的力度。

一是加强领导。团中央书记处决定，加强对反“法轮功”邪教工作的领导，抽调专人成立专门的反“法轮功”邪教办公室，在共青团反“法轮功”邪教组织领导小组的领导下，具体负责指导和协调全团反“法轮功”邪教的工作。二是在团员青年中深入开展揭批“法轮功”邪教的活动。发挥团组织的优势，运用生动有效的形式，迅速在广大团员青年中形成深入揭批“法轮功”邪教的强大声势。三是加大反“法轮功”邪教的宣传力度，形成强大的舆论氛围。重点是通过“法轮功”骨干分子转化典型的现身说法，巩固教育转化的成果，加强团属新闻媒体反“法轮功”邪教的宣传，揭批“法轮功”邪教本质。四是组织动员团员青年积极参与帮助其他群体中“法轮功”练习者的教育转化工作。

总之，在新的一年里，共青团将认真贯彻江泽民总书记一系列重要讲话精神，认真贯彻罗干同志在这次会议上的重要讲话精神，按照中央综治委的统一部署，进一步动员各级团组织和广大团员青年，积极参与社会治安综合治理。今年的工作重点：一是进一步加大青少年法制教育力度，在中央预防青少年违法犯罪工作领导小组的领导下，制定工作规划，采取有力措施，把预防和减少青少年犯罪工作落到实处。二是狠抓进城务工青年教育和服务工作，通过强化培训，加强引导，切实维权，促进全社会更加关注进城务工青年的成长和发展，把教育和服务进城务工青年工作提高到一个新水平。三是继续深入开展“青年文明社区”和优秀“青少年维权岗”创建活动，努力优化青少年成长环境，为维护社会稳定做出新的更大的贡献。

着眼经济社会发展，培养造就青年人才

——周强致“企业发展与青年人才研讨会暨青年创新创效活动观摩会”的信

2001年3月27日

在全党、全国人民深入学习贯彻江泽民总书记“三个代表”的重要思想，认真学习贯彻党的十五届五中全会和九届全国人大四次会议、全国政协九届四次会议精神，满怀信心地为实现“十五”计划而奋斗的时候，共青团中央在广西玉林召开“企业发展与青年人才研讨会暨青年创新创效活动观摩会”，研究探讨深化企业青年人才培养工作，深入推进青年创新创效活动，具有十分重要的意义。在此，我谨致信向会议的召开表示热烈的祝贺，向与会同志表示亲切的问候。

刚刚闭幕的九届全国人大四次会议，是新世纪初召开的一次重要会议。会议审议通过的《国民经济和社会发展第十个五年计划纲要》，充分体现了党的十五届五中全会提出的以发展为主题、以结构调整为主线、以改革开放和科技进步为动力、以提高人民生活水平为出发点的指导思想，对今后五年我国经济和社会发展作出了全面部署。“两会”的胜利召开，对于凝聚和鼓舞全国各族人民在以江泽民同志为核心的党中央领导下，满怀信心地去实现第三步战略目标，实现中华民族的伟大复兴，具有十分重要的意义。各级团组织要认真学习贯彻“两会”精神，团结带领广大团员青年在现代化建设的新征程中肩负起新的使命，做出新的贡献。

贯彻“两会”精神，开创新世纪现代化建设的新局面，必须把开发人才资源摆到更加突出的位置。党的十五届五中全会提出：“人才是最宝贵的资源。当今和未来的国际竞争，说到底是人才的竞争。要把培养、吸引和用好人才作为一项重大的战略任务切实抓好。”《纲要》着眼于我国在新世纪参与国际竞争的需要，把开发人才资源纳入今后五年国民经济和社会发展的总体规划，明确提出实施人才战略，壮大人才队伍，加快培养和选拔适应改革开放和现代化建设需要的各类人才。这充分体现了党和政府对开发人才资源的高度重视。邓小平同志曾深刻指出：“中国的事情能不能办好，社会主义和改革开放能不能坚持，经济能不能快一点发展起来，国家能不能长治久安，从一定意义上说，关键在人。”实现《纲要》提出的经济和社会发展的目标，无一不依赖人才资源的开发，无一不依靠人才去实现。世界发达国家的发展历程也表明，开发和利用人才资源是保证经济和社会发展的共同经验，是人类进步持久不衰的动力和源泉。特别是在经济全球化步伐日益加快、科技革命迅猛发展、知识经济风起云涌、国与国之间竞争更加激烈的新形势下，人才已经成为推动经济发展和社会进步的第一资源。我国自然资源和资本资源人均占有水平相对较低，人口压力大，靠高投入、低产出、低效益的粗放型经济增长方式获得经济的持续高速增长已难以为继，必须下大力气开发和利用人才资源，使沉重的人口负担转化为人才资源优势进而转化为社会财富，从而更好地实现经济和社会的快速发展。

青年是人才资源开发的重点。当代青年富于理想，充满热情，满怀抱负，希望中华民族强大和振兴，愿意在伟大的创业实践中贡献成才，同时，他们文化程度较高，接受新事物的能力较强，能较快掌握和运用新知识、新技能，是人才资源开发中最具潜力的群体。我国1962年至1975年间第二次生育高峰中出生的3.6亿人，目前正处在受教育和参与劳动的最佳时期。能否把蕴藏在他们中的巨大潜能最大限度地开发出来，把他们的积极性最大限度地调动起来，把他们的创造力最大限度地发挥出来，对于实现新世纪初我国经济社会发展目标至关重要。共青团作为党的助手和后备军，培养和造就具有时代特征的青年人才大军，凝聚和带领他们为我国经济和社会发展贡献力量，是贯彻落实党的十五届五中全会精神和“两会”精神，团结带领青年为实现“十五”目标做贡献的具体体现。

各级团组织要适应时代要求，坚持实践育人的传统，发挥自身优势，紧紧抓住人才这一关键环节，努力做好培养青年人才的工作，以培养和造就青年人才为着力点谱写新世纪共青团工作的新篇章。要根据经济社会发展的总体要求，大力培育人才，推动青年学习成才和实践成才，帮助青年提高创造能力、创新能力和创业能力；要依托共青团和青联、学联以及青企协、乡企协、青科协等青年组织广泛聚集人才，通过各种方式把各级各类青年人才最大限度地团结起来，形成人才的聚合效应；要按照人才标准和用人原则积极举荐人才，进一步做好推荐优秀青年作生产和工作骨干的工作、推荐优秀团员作党的发展对象的工作、推荐高层次青年人才的工作，使青年人才各得其所，各尽其才，才尽其用；要发挥优势、创造条件，大胆使用人才，通过深化团的重点活动为青年人才更好地发挥作用、施展才华搭建舞台，同时要抓住人才与项目对接这一环节，在人才与市场之间、科研院校与企业之间牵线搭桥；要积极协助党和政府制定和完善有关青年政策，大力宣传青年成才典型，营造有利于青年人才成长的良好环境。

企业是社会主义市场经济的主体。企业人才资源开发是整个国家人才资源开发的重要组成部分。企业青年占企业职工总数的60%左右，是企业改革和发展的基本力量。无论是改造升级传统产业，还是发展高新技术产业和新兴产业，无论是加速实现工业化，还是大力推进信息化，都要求全面提高青年职工的素质，都需要一大批各级各类青年人才。近年来，各级共青团组织围绕企业改革和发展，广泛开展青年岗位能手活动、青年文明号活动、青年创新创效活动、新世纪读书计划等，不仅为企业创造了直接的经济效益，而且为企业培养了一大批青年人才，受到了企业和青年的欢迎。企业团组织要在巩固已有工作成绩的基础上，适应企业改革发展的新要求，切实加大培养青年人才的工作力度。要大力开展青年创新创效活动，继续深化青年岗位能手活动和青年文明号活动，为企业培养更多的高素质的青年劳动者和具有创新精神和创新能力的青年专门人才。要努力建立青年人才的培养体系和成长机制，从培养人才、聚集人才、举荐人才、使用人才等各个方面入手，努力营造有利于企业青年人才脱颖而出的良好环境。

各级团组织和广大团干部要认真学习贯

彻江泽民总书记“三个代表”的重要思想，把培养和造就青年人才大军作为工作的着力点，紧紧围绕全党全国工作大局和经济社会发展全局，扎实工作，开拓进取，为把青年一代培养成为党和国家需要的人才，为实现“十五”目标做出新的更大的贡献。

把握机遇，再创佳绩

——周强在中国青基会第四届理事会第一次会议上的讲话

2001年3月29日，根据录音整理

在新世纪之初，中国青少年发展基金会召开第四届理事会第一次全体会议，对于推动希望工程，推动保护母亲河行动，推动青基会的各项重点工作在新世纪的发展具有十分重要的意义。会议开得非常好，内容丰富、效率很高。徐永光同志代表三届理事会作了一个很好的报告，巴音朝鲁理事长也作了一个很好的讲话，会议还通过了今后三年的发展规划，这对于指导今后的工作有很重要的意义。会议还推选了新一届理事会的理事长、副理事长以及各位常务理事，在此，我表示热烈的祝贺！

这次会议开得好还有一个很重要的表现，就是各位理事对这次会议十分重视，表现了极大的热情，我很受感染，很受启发。这充分说明，中国青基会的事业、希望工程的事业，是一个崇高的事业，大家是在这一崇高事业感召下聚集到一起的。借这个机会，我代表团中央感谢在座的各位理事，感谢三届理事会的各位理事。下面，我讲两点意见。

一、总结经验，发扬成绩

三届理事会在过去三年的工作中，成效很大。中国青基会走过了近12年的历程，发起实施的希望工程，在全社会产生了很好的效果，累计筹资近20个亿，援建了8000多所希望小学。可以说过去的三年，是中国青基会健康发展的三年。

大家还记得，1998年，在三届理事会召开之后，就遇上了百年不遇的大洪水。在严重的自然灾害面前，中国青基会响应党和政府的号召，想群众之所想，急群众之所急，发动社会各界力量，积极投入到救灾活动之中。当年筹集资金是比较多的一年，援建的帐篷希望小学成为抗洪救灾的一道亮丽的风景线，深受灾区人民群众、少年儿童的欢迎。

在过去三年当中，希望小学、希望网校的建设，保护母亲河行动，以及其他公益项目，如古文诵读工程，都取得了新的进展。

总结过去三年的工作，回顾过去多年的工作，我们在思考一个问题，就是中国青基会的工作特别是希望工程的实施，为什么能够在全社会产生如此大的影响？除了社会各界的关心支持以外，我觉得，有以下几点值得我们认真加以总结：

第一，希望工程的实施，在全社会倡导了重教意识。科教兴国是我们国家的发展战略。通过希望工程的实施，在全社会倡导了一种重视教育的风尚。对于我们这样一个经济还不够发达的大国，要办好教育，确实有很多工作要做。政府投资是主渠道，但是光靠政府投资，对一些贫困地区的教育来说，还有很多困难。这就需要全社会的支持，需要通过民间的渠道来筹集资金，以推进我们教育事业的发展。希望工程尽管筹资不算很多，建校在绝对数量上也很有限，但是它适应了我国教育发展的需要，尤其是满足了贫困地区广大人民群众和少年儿童的迫切愿望，所以它在短短的时间内能够得到社会热烈的响应，能够在社会产生如此大的反响。

第二，希望工程的实施，在全社会弘扬了扶贫济困、助人为乐的精神。这也是我们中华民族的优良传统。正因为如此，党中央把希望工程写进了十四届六中全会通过的《中共中央关于加强社会主义精神文明建设若干重要问题的决议》之中。

第三，希望工程的实施，促进了我国公益事业的发展。在计划经济条件下，从生产到社会福利各个方面都由国家包揽。从计划经济向社会主义市场经济的转变过程当中，出现了越来越多的公益事业需要由社会各界的力量来承担，需要由民间的渠道来解决。希望工程的实施，顺应了时代发展的要求，推动了我国公益事业的发展。

第四，希望工程的实施，探索了一套好的机制，锻炼了一支好的队伍。

同时，希望工程对青少年工作来讲，也有很多值得借鉴的经验。首先，我们从事青年工作，要紧紧围绕经济社会发展来展开，也就是要从人民群众的需求入手。希望工程正是抓住了人民群众对教育的需求。其次，要以办事业的方式来推进青少年工作的发展。回顾我们的青少年工作，更多的是开展活动。随着计划经济向市场经济的转变，青少年工作要形成一种事业，要用办事业的方式来推进，使青少年工作不仅有所积累，而且获得长期发展的基础。第三，要用社会化方式、项目运作方式来实施和推进青少年工作。就是通过社会化的方式最大限度地动员、协调、吸纳社会资源和社会力量来服务青少年工作，促进青少年发展。

二、把握机遇，再创佳绩

展望新世纪之初的中国青基会工作，我感觉是机遇与挑战并存。对此，我们要进行深层次的分析，认清所面临的形势。我们现在的工作起点很高，今后面临的任务将十分繁重。

在新的形势下，我们面临很多的机遇。刚刚闭幕的九届人大四次会议，对今后五年的发展作出了规划。在今后五年的发展过程中，对于我们这样一个公益性机构来讲，确实有很多机遇，比如说，从经济社会发展的角度来看，科教兴国战略的实施，可持续发展战略的实施，还有农村城镇化的问题，农业现代化的问题等，从我们服务的对象青少年这一主体来讲，青年就业问题，还有农村尤其是贫困地区青少年受教育的问题等，还有加入 WTO，随着跨国公司在我国投资的逐年增多等，都给我们开展工作提供了机遇。总之，在很多领域，我们都可以找到实施的项目、获得发展的契机。

当然我们也要看到挑战。目前，各种基金会的大量涌现，各种民间组织公益项目的实施，对我国社会发展是很有利的，但对于我们都是从事公益事业的基金会来讲，就存在着对资源吸纳的竞争问题。在一定的领域，一定的时期，资源总是有限度的。所以我们要认清这些形势，具体分析我们的机遇和挑战，更好地肩负起历史和时代以及青少年赋予我们的责任。

根据经济社会发展的要求，根据青少年发展的需要，我很赞成永光同志在报告中以及青基会三年规划中提出的中国青基会今后的工作重点。首先是抓好希望工程实施工作，尤其是抓好后续工作，把希望网校的建设作为一个重点来抓，这样就使希望小学的发展适应了信息时代的要求，也配合了国家教育行政部门提出来的“校校通”工程，从而使得我们的希望小学建设可以再上一个台阶。同时，我们要在经济社会发展的大背景当中来继续实施希望工程。2000 年，我们国家宣布“两基”任务基本完成，但还要继续做好扶贫工作。也就是说，进入新世纪之后，我们仍然存在扶贫的问题，还有2000万贫困人口，而且还有返贫的问题，我们要继续制订新的扶贫计划。只要群众有需求、经济社会发展有需求，我们就要继续建希望小学，继续推动希望工程的后续发展。

同时，我们要继续实施好保护母亲河行动。这也是把握社会发展需求的一项工作。从全球范围来看，水资源紧缺是十分紧迫的问题，这个问题已经越来越引起人们的重视。我们要大力推进保护母亲河行动，参与国家的生态环境建设。要加强科学管理，对于实施的重点工程以及新的发展项目，要坚持信誉第一，信誉就是生命，确保安全运行。还要抓好队伍建设，把各级青基会尤其是省级青基会这支队伍建设好。

最后，希望各级团组织，尤其是各省（区、市）团委要大力支持青基会的工作，关心青基会的干部，在优化工作环境、关心干部生活等方面多办实事，保证和促进青基会事业的健康发展。

各位理事、同志们，我们已经迈入了充满希望和挑战的新世纪，青少年事业是崇高的事业，是需要热情奉献的事业。我们深信，只要在座的各位理事齐心协力，在社会各界的关心支持下，大家扎实奋斗，就一定能够推动青基会事业不断向前发展，就一定能够在新世纪之初创造青基会新的更大的成绩！

周强在中国青年科技工作者协会二届三次理事会上的讲话

2001年4月20日

新世纪之初，正当全党和全国人民豪情满怀，以坚定的步伐迈向我国现代化建设第三步战略目标，科技事业迎来又一个春天的时候，中国青年科技工作者协会在这里召开二届三次理事会，具有特别的意义。昨天，孙金龙同志代表共青团中央书记处在中国青年科技创新行动——金桥计划工作推进会上作了重要讲话，我都同意。今天上午，白春礼会长代表青科协理事会作了很好的工作报告，对青科协过去一年的工作进行了总结，对新的一年青科协工作提出了切实可行的意见。会议开得很成功。我代表共青团中央对会议的召开表示热烈的祝贺，对新当选的青科协副会长、常务理事、理事们表示诚挚的祝贺！

我们相信，通过大家的共同努力，在新世纪之初，协会工作一定能够迈上新的台阶，取得更大的成绩。借此机会，我谈几点意见。

一、时代呼唤青年科技工作者肩负起科技创新的历史重任

人类社会的发展历程是一部不断创造、不断发展的创新史。在刚刚过去的20世纪，科学技术突飞猛进，科学理念进步发展，人类的发明和创新速度空前加快。相对论、量子论、基因论、信息论等科学技术成就的取得，为社会生产力发展和人类社会的进步开辟了广阔前景，也对人类的政治、经济、文化生活的深刻变革产生了重要影响。今天，我们已经跨入以科技创新为主导的21世纪。以信息技术、生物技术、纳米技术为代表的新科技革命，正在深刻地改变传统的经济结构、生产组织和经营模式，推动生产力发展出现质的飞跃。科技实力和创新能力将越来越决定着各国在全球政治、经济舞台上的地位和尊严。

发展是时代的主题,科技进步与创新是发展的不竭动力。党的十五届五中全会通过的《中共中央关于制定国民经济和社会发展第十个五年计划的建议》和九届全国人大四次会议通过的"十五"计划纲要都明确提出,把发展作为主题,把科技进步和创新作为发展的动力。江泽民总书记多次强调,创新是一个民族进步的灵魂,是国家兴旺发达的不竭动力。我们正处在建设有中国特色社会主义事业蓬勃发展的伟大时代。我们这一代青年科技工作者可以说是生逢其时。中国历史上还没有像今天这样如此迫切地需要发展科学技术,也从来没有像今天这样如此需要青年一代勇挑时代的重担。当代中国青年科技工作者要肩负起推动科技进步与创新的历史使命,成为弘扬创新精神、勇攀科技高峰、推动社会生产力发展的先行者。

人才是科技创新的关键。当今世界国与国之间的竞争,从根本上说是人才的竞争。培养和造就大批德才兼备、创新能力强、适应经济社会发展需要的各类人才,推动他们在科技和经济社会发展中发挥更大作用,是我们面临的重要而紧迫的任务。同时,我们还应该深刻地认识到,人才的成长和科技创新不是孤立的,它们与体制创新密切相关。党的十五届五中全会提出要突破制约和影响生产力发展的体制性障碍。广大青年科技工作者在投身科技创新的同时,要勇于进行体制创新。只有大力推进体制创新,才能把我国的科技潜力充分挖掘出来,才能把蕴藏在青年科技人员中的巨大潜能充分发挥和调动起来。世界各国的经验和我国发展的实践也充分证明,进行科技创新必须同体制创新结合起来。只有这样,才能真正吸引人才,激励人才,留住人才,才能充分激发人才的创新潜力和创造活力。

科技创新寄希望于青年。随着科技革命的不断深化,知识经济的迅速兴起,青年特别是青年人才,在推动科技进步和经济发展中发挥着愈来愈大的作用,越来越成为新的生产力的主要创造者和开拓者。在全国技术创新大会上,江泽民总书记满腔热情地指出,一大批青年人才的迅速成长,是科技进步、技术创新的希望所在。他对全国青年科技工作者寄予了无限的希望。我们欣喜地看到,在很多高新技术领域和一些新兴的经济领域,特别是在信息技术、生物技术和证券等领域、行业,大批青年人才脱颖而出,成为推动这些领域、行业发展的中坚力量。时代赋予青年新的历史责任,时代呼唤青年勇挑创新重担。从人类历史发展的进程来看,传统农业社会的发展主要依靠经验的积累,工业社会的发展更多地依靠知识的不断更新,信息社会知识更新速度空前加快,社会生产力的发展更加依赖于知识创新和科技创新。作为新知识、新技能的主要掌握者,青年富有创新热情,最具创新活力,在推动科技进步和经济发展中所起的作用更加突出。因此,广大青年特别是青年科技工作者要认清形势,树立远大理想,把实现自身价值和服务祖国人民结合起来;要坚持创新,勇于创新,追赶世界科技的先进潮流;要面向市场,推动科技成果向现实生产力转化,促进科技与经济的紧密结合;要以更加强烈的责任感和使命感,以只争朝夕的精神去工作,去奋斗,在科教兴国的伟大实践中创造出无愧于时代的非凡业绩。

二、共青团、青联要在动员和服务青年科技创新方面充分发挥作用

团十四大以来,共青团按照党中央的要求,贯彻江泽民总书记关于科技创新的重要指示,1999 年开始推出中国青年科技创新行动。可以说,各级团组织经过几年来的探索和实践,取得了很好的效果。今后,我们要按照党的十五届五中全会精神和"十五"规划纲要的要求,进一步加大实施中国青年科技创新行动的力度。

1. 大力实施“金桥计划”，推动人才与项目的多元对接。在我国，一方面人才资源比较稀缺，另一方面的确存在人才的作用没能得到充分发挥的现象，尤其是受到条块分割、行业部门所有的限制，一些青年人才的潜能没有充分挖掘出来。同时，企业作为技术创新的主体，只有切实把科技创新做为企业发展的动力，科技创新才能获取真正的力量源泉。因此，我们实施“金桥计划”，要按照市场规律，从科技和经济发展的具体项目需求出发，依托青联、青科协等社团，组织和引导青年科技人才与企业开展项目合作、技术攻关，推动人才与项目的多元对接，消除科研与市场之间的断层，使研究、开发、生产的创新链真正连接起来。要根据优势互补、利益共享的原则，建立双边、多边技术协作机制，通过帮助技术攻关、转让科技成果、合股创办企业等形式进行合作，还可以通过相互兼职、培训等方式，加强不同单位科技人员的交流，最终达到人才与项目对接的最大效益。这些年来，我们做了一些有益的尝试。比如，去年开展了百名博士西部行活动，先后组织了5批共199位博士到陕西、甘肃、青海、宁夏四省区，为当地的企业技术创新直接提供服务，取得了很好的效果，为推动西部地区企业的技术创新做出了切实的贡献，受到当地党政领导的高度重视和社会各界的热情欢迎。

2. 以高科技园区为载体，促进产、学、研、资等各种要素的紧密结合。高科技园区的形成与发展，不同于传统工业那样依赖于接近原料产地和廉价劳动力，而是以智力为中心，着重于把市场需求作为研究开发的基本出发点，为智力开发创造良好的条件，营造良性互动的环境和氛围，强化企业的技术创新主体地位，充分发挥市场在配置资源、引导科学研究的基础性作用。同时，高科技园区在开发建设和管理方面行使着政府的职能，可以促进各种资源的有效配置。因此，我们要通过多种途径和方式，把人才、项目、信息、资金引入高科技园区，以园区为载体，把科研院所、科技人才和企业、市场、风险投资等要素紧紧联系在一起，为创新和科技成果转化的全过程提供服务，实现产学研的有效结合。要通过研究开发团队、风险投资商、高科技园区的结合，形成利益共享、风险同担的共同体，尝试建立青年科技创业基地。

3. 开辟多种渠道，积极创造条件，推动海外学人以各种形式为国服务。改革开放20年来，我国出国留学人员已达34万，现已回国的有13万人，其中绝大多数都是学有所长的青年人才。他们有着强烈的报国愿望和实现自身价值的渴求，是巨大而宝贵的人才资源。我们不仅要高度重视国内人才的培养和使用，还要采取切实有效的措施，帮助和引导海外学人以各种形式为国服务，使海外的人才资源转化为推动祖国经济和科技发展的重要力量。近年来，我们与有关方面联合开展了海外留学人员为国服务活动，组织了来自日本和欧美等国家和地区的海外留学人员26个团组，近900人次，以项目合作、技术咨询以及直接创办高新技术企业、高科技园区等方式为国服务，先后与国内有关单位达成了220多项经济技术合作项目，有的还参与了国家863计划和“九五”计划攻关项目，取得了良好的经济效益和社会效益。我们要进一步加大对海外留学人员的工作力度，广泛与海外留学人员建立联系，继续通过组织服务团、在科技园区创办企业、项目合作等方式，为海外留学人员回国创业，参与祖国建设提供更多有效的服务，真正做到用事业吸引人才，用创业凝聚人才。

4. 努力营造尊重人才、鼓励创新的良好社会氛围。良好的社会环境是青年科技创新事业健康发展的必要条件。要通过大力宣传青年科技创新典型的先进事迹，形成激励广大青年勇于创新、大胆创新的良好风尚，促进大批优秀青年人才脱颖而出。要充分利用各种现代传播手段,广泛宣传科技发展的新成就和青年科技创新事业的新发展,形成良好的舆论导向,推动全社会进一步关心、支持青年科技创新行动。要积极向地方党委和政府提出建议,努力为青年人才发挥作用创造更好的政策和体制环境。要通过多种途径,向有关部门举荐青年人才,为他们施展才华创造条件。

此外,我们要积极推动青年科技风险基金的建立。风险基金是促进科技成果转化的关键因素,科技成果的产业化离不开风险投资,这一点已在世界各国科技发展的历程中得以证明。在这方面,共青团、青联组织要积极争取政府支持,广泛动员社会资源,尤其是要推动企业来参与这项工作,共同支持青年科技工作者进行创新成果的转化,推动科技成果产业化。

三、努力把青科协建设成为充满创新活力和凝聚力的青年社团

青科协凝聚着我国科技界各条战线、各个领域的青年杰出人才,是一个宝贵的人才库。我们要充分发挥好协会的作用,切实增强协会的凝聚力和活力,使之真正成为团结联系青年科技人才、服务青年科技人才的组织,成为青年科技工作者之家。我认为,面对新的世纪,青科协要确立和实现如下目标:

应该是最广泛地团结凝聚各领域青年科技英才的智慧宝库。聚集人才是人才资源开发的重要手段,也是人才资源配置的一种形式。青科协要最大限度地团结凝聚从事科研开发、高新技术企业、高科技园区、风险投资、科技管理等各领域的青年英才,形成科技成果转化的人才链,使个体无法独自完成的科技成果转化工作,在人才的有效聚合中得以实现,从而使青科协的人才智力优势转化为现实生产力的优势。

应该是青年科技工作者投身经济建设、推动科技进步和科技成果转化的创业平台。要引导广大青年科技工作者弘扬新时期创业精神,投身创业实践,提高创业本领,在推动科技进步和经济发展的主战场施展才华、成就事业。要通过组织百名博士西部行等形式多样的活动,为青年科技工作者的创新创业实践搭建舞台,提供更多具体有效的服务,支持和鼓励青年科技工作者开辟事业发展的新天地。要通过各种渠道,组织和帮助青年科技人才为党政部门、企业和社会各方面咨询论证、献计献策,为推动体制创新和科技创新贡献更多的学识和才智。

应该是团结互助、精诚合作、共同进步的优秀团队。当今科学技术发展的交叉性、前沿性、多样性,科技知识空前快速的生产、传播和转化,使各学科之间的相互依存日益加深,相互借鉴日趋频繁。青科协会员要树立团队意识,加强相互间的了解与沟通,促进不同学科、不同领域、不同行业的青年科技工作者之间的交流与合作,通过交流学术成果、科研项目合作、共同创办高科技企业等形式,形成百花齐放、百家争鸣、相互交融、共同提高的良好机制。

要实现上述目标,必须进一步加强青科协的自身建设。首先,要充分发挥好专业委员会的作用。这次会议设立专业委员会是一个非常好的形式。要依托各专业委员会,开展多种形式的活动。比如,可以通过专业委员会,进一步深化中国青年创新论坛·中关村论坛,把论坛办成青年科技工作者包括社会科学工作者参加的,交流创新思想、探讨学术成果、传播科技知识的舞台,使论坛成为大家互相学习、互相切磋、互相启发、共同提高的场所。又比如,可以通过专业委员会,吸引海外青年人才开展服务工作。1999年新材料专业委员会组织了"中国青年科技创新行动——海内外青年材料博士服务企业活动",来自海内外的400多位青年博士先后在浙江、上海、江苏、北京等地开展服务,不仅产生了良好的社会影响,而且为地方经济建设和企业技术创新做出了实实在在的贡献。总之,要把专业委员会建设好,使之充分发挥好作用,吸引和调动更多的青年科技人员来参加活动。第二,要加强与各地的联系,已经成立青科协的省市要以本次会议为契机,进一步壮大会员队伍,优化会员结构,理顺关系,增强协会的凝聚力和活力。没有成立青科协的地区,要根据当地的实际情况,尽快筹备建立青科协,形成自上而下的工作体系。第三,青科协的工作人员要进一步加强学习,增强服务意识,提高服务能力,努力做好服务青年科技工作者的工作。

同志们,青年朋友们,一个崭新的世纪,必将是创新与进步的世纪;一个伟大的时代,必将是青年人才大有作为的时代。让我们更加紧密地团结在以江泽民同志为核心的党中央周围,高举邓小平理论伟大旗帜,以"三个代表"重要思想为指针,勤奋学习,勇于创新,大胆实践,艰苦创业,做出无愧于时代、无愧于党和人民的新贡献。

以"三个代表"重要思想为指导,适应新形势切实加强非公有制经济组织团建工作

——周强在全国非公有制经济组织团建工作现场推进会上的讲话

2001年6月7日

这次会议是在全党贯彻落实江泽民总书记"三个代表"重要思想,加强非公有制经济组织党的建设,迎接建党80周年的形势下召开的。在去年召开的全国统战工作会议上,江泽民总书记强调指出,要加强非公有制经济组织中党、团和工会组织的建设,凡是条件具备的企业,都要建立党、团和工会组织。这对我们加强非公有制经济组织团的建设提出了明确要求,具有十分重要的指导意义。去年底,胡锦涛同志主持党中央书记处会议听取团中央书记处工作汇报时,党中央书记处明确指示,共青团要把非公有制经济组织的团建工作作为一项重要工作来抓。这次会议的主要任务是,以江泽民总书记"三个代表"重要思想为指导,贯彻落实党中央关于加强非公有制经济组织党建、团建的精神和全国基层"党建带团建"工作会议的要求,贯彻落实江泽民总书记关于在"四个多样化"的新形势下进一步做好群众工作的重要指示,总结交流各地加强非公有制经济组织团建工作的经验和做法,对当前和今后一个时期全团加强非公有制经济组织团建工作进行研究部署,重点解决为什么要在非公有制经济组织中建团以及如何在非公有制经济组织中建团的问题。这次会议是共青团建设的一次重要的会议,必将推进全国非公有制经济组织团的建设迈上一个新台阶。

我们这次会议得到了中共浙江省委、省人民政府和中共温州市委、市人民政府的大力支持。刚才,浙江省委副书记梁平波作了一个很好的讲话,向我们介绍了浙江省经济社会发展情况,重点介绍了浙江省委坚持党建带团建,抓非公有制经济组织团建工作的做法和经验,这对于全团具有普遍的借鉴意义。近几天,我在杭州、宁波、台州进行了调研,看了一些非公有制企业,了解了他们加强团的建设的做法,使我很受启发,也让我进一步感到,只要我们真抓实干,狠抓落实,非公有制经济组织团的建设就一定能够抓出实效。下面,我代表团中

央书记处讲几点意见。

一、加强非公有制经济组织团的建设是经济社会发展对共青团提出的一项紧迫的战略任务

改革开放以来,我国非公有制经济迅速发展,并对经济和社会生活产生着愈益深刻的影响,这是我国经济社会发展中一个重要趋势。认真研究、正确认识和把握这一趋势及其给共青团组织带来的机遇和挑战,从而增强工作的主动性、适应性和前瞻性,是我们面临的一个新的重要任务。

坚持和完善以公有制为主体,多种所有制经济共同发展的基本经济制度,是由我国的社会主义性质和初级阶段的国情决定的。这一基本经济制度,已经写入了我国的根本大法——《中华人民共和国宪法》。早在改革开放之初,邓小平同志就曾指出:“我们吸收外资、允许个体经济发展,不会影响以公有制经济为主体这一基本点。”十一届三中全会以来,我们党认真总结以往在所有制问题上的经验教训,制定以公有制为主体,多种经济成分共同发展的方针,逐步消除所有制结构不合理对生产力的束缚,出现了公有制实现形式多样化和多种经济成分共同发展的局面。20多年来,我国非公有制经济从无到有,从小到大,从弱到强,其发展呈现出三个方面的特点。一是发展速度快。现在,全国登记注册的企业中,私营企业150.9万家,个体工商户数3160.1万户,占企业总数的80%以上。1980年以来的20年间,非公有制企业工业总产值以年均30%左右的高速度增长。二是企业生产经营规模迅速增长。1991年,全国注册资金超过100万元的非公有制企业仅有662户,到1997年就达到8.5万户,6年增加了127倍。三是经济增长质量不断提高。许多规模较大的企业走上了技术密集型、外向型发展的路子。到1999年,我国规模以上的私营企业、港澳台商投资企业、外商投资企业的工业产值已达22198亿元,占全国工业总产值的30.6%;在工业增加值中,非公有制经济所占比重超过50%。非公有制经济已经成为我国国民经济发展的重要力量,并且作为新的体制因素,成为推动经济市场化进程的重要动力。

非公有制经济的发展对当代青年产生了深刻影响。首先表现在,使青年群体分布发生了重要的变化。在计划经济时期,农村和国有企业是青年分布的主要领域。随着非公有制经济的迅速发展,大量青年到非公有制经济领域就业。据统计,从1987年到1997年的10年间,非公有制经济组织从业人员年均增长速度保持在30%左右。在目前全国非公有制经济组织从业人员1.3亿人中,35岁以下的青年占将近70%。而且,非公有制经济组织从业青年在整个青年劳动人口中已占有相当大的比例,并在不断增加。非公有制经济的发展对当代青年的影响还表现在,为青年施展才华、发挥作用提供了广阔的舞台。大批有志创业的青年通过创办非公有制企业的方式开辟了事业发展的新天地。在浙江非公有制经济领域,一大批青年企业家的涌现,我们称之为“小老板现象”,就是一个很好的诠释。同时,非公有制经济组织由于对市场竞争规则较为适应,在人才使用和人才流动方面机制比较灵活,年轻人更容易发挥作用、脱颖而出。现在,非公有制经济领域中的大批优秀青年以其创造的业绩,构成了当代青年时代风貌中一道亮丽的风景线。

我们还要看到,今后五年乃至更长一段时间,经济结构的调整将为非公有制经济的发展进一步开辟广阔前景。“十五”期间,我国将以结构调整作为主线,着力调整产业结构、地区结构和城乡结构,以提高国民经济整体素质和国际竞争力,实现经济和社会的持续快速发展。经济结构调整与所有制结构调整紧密相连。在深化国有企业改革方面,按照“抓大放小”的原则,将进一步放开搞活中小企业,这将在一定程度上进一步促进非公有制经济的发展。在发展服务业方面，随着放宽市场准入、取消限制社会投资的不合理规定等一系列措施的出台，非公有制经济将会以多种形式参与服务业的发展。在发展高新技术产业方面，由于采取培植创新主体、鼓励多元投资等措施，非公有制经济会更多地进入高新技术领域。在实施城镇化战略的条件下，大量劳动力将从农业转向非农产业。此外，我国即将加入世界贸易组织，我国经济将在更高程度和更大范围内融入世界经济体系，一大批包括非公有制经济在内的具有国际竞争力的企业将走向世界，赢得更大的发展。

在非公有制经济迅速发展并对青年的影响愈益深刻和广泛的条件下，作为先进青年群众组织的共青团，必须按照党的要求，扩大在非公有制经济组织青年中的覆盖面，把加强非公有制经济组织团的建设作为一项紧迫的战略任务来抓紧抓好。改革开放以来，随着非公有制经济的发展，我们对加强这一领域团的建设进行了探索和实践。80 年代中期，我们就提出要在青年个体劳动者当中加强团组织建设，并于 1987 年联合中国个体劳动者协会制定了《关于加强青年个体劳动者中共青团组织建设的暂行办法》。1995 年，团中央围绕加强新经济组织团建问题召开了座谈会，并研究提出了《共青团中央关于加强新经济组织团的建设的意见》。尤其是党的十五大以来，全团把加强非公有制经济组织团的建设提到了更加重要的位置。几年来，这一工作在全国各地已经铺开，建团率有了一定提高，在团建方式和活动方式上也积累了一些经验。但是，在我国非公有制经济迅速发展的形势面前，在非公有制经济的发展对青年的影响愈来愈大、愈来愈深刻的形势面前，在我们党大力加强非公有制经济组织党的建设的形势面前，非公有制经济组织团的建设工作从全国范围来看仍然是一个薄弱环节。同时，我们还必须看到，加强非公有制经济组织团的建设既是一项紧迫的任务，也是一项长期的、十分繁重的工作。全团必须进一步提高认识，认清形势，坚定信心，增强责任感和紧迫感，努力把非公有制经济组织团的建设不断推向前进。

二、加强非公有制经济组织团的建设是共青团组织在新形势下更好地完成党交给的光荣任务的要求

共青团是党领导的先进青年的群众组织。在新的形势下，更好地发挥党的助手和后备军作用、党和政府联系青年的桥梁纽带作用以及国家政权的重要社会支柱作用，团结带领广大青年为实现“十五”计划、实现社会主义现代化建设宏伟目标而奋斗，是党交给共青团的光荣任务。能否完成好这一任务，最基本的前提在于，共青团能否广泛有效地团结、凝聚、教育和引导青年。在非公有制经济迅速发展，越来越多的青年向非公有制经济组织集聚的情况下，共青团要完成好党交给的任务，就必须进一步加强非公有制经济组织团的建设。

第一，是巩固党的青年群众基础的需要。群众基础是一个政党的力量源泉，青年是政党的群众基础的重要组成部分。从西方国家的情况看，一些政党在政治斗争中力量的消长，在选举中的胜负，青年选民在其中起着不容忽视的重要作用。在我国，共青团作为党的助手和后备军，作为党领导的先进青年的群众组织，为党做好青年群众工作，把青年更加紧密地团结在党的周围，进一步巩固党在青年群众中的基础，是义不容辞的政治责任。如何履行好这一政治责任？最根本的问题就是要做好教育青年的工作。因此，共青团始终强调要组织引导青年学习马列主义、毛泽东思想特别是邓小平理论，学习江泽民总书记“三个代表”的重要思想，用先进的思想文化武装青年、充实青年，使他们自觉抵制各种反动、腐朽思想的侵蚀，自觉抵制与党的主张相背离的各种错误思潮的影响，树立起正确的理想和信念。在新的形势下，共青团教育引导青年的任务更重了。从国际形势来看，西方敌对势力“西化”、“分化”我国的图谋一刻也没有放松，他们的目标主要放在争夺青少年身上。同时，随着国际互联网的迅猛发展，网络已成为争夺青少年的一个新阵地。从国内形势来看，“四个多样化”对当代青年的影响不可低估。特别是对非公有制经济组织中的青年群体的影响更为深刻。因此，做好非公有制经济组织中的青年群体的教育工作，已经成为共青团做好青年群众工作的一个重要方面。

第二，是服务青年的需要。把竭诚为青年服务作为共青团工作的出发点和落脚点，是党中央对共青团提出的要求，也是党的全心全意为人民服务的宗旨在共青团工作中的具体体现。按照党的要求，我们必须把培育有理想、有道德、有文化、有纪律的社会主义新人的大目标落实到为青年解决实际问题的行动中，必须为最大多数的青年提供切实有效的服务。在新的形势下，我们要不断扩大服务青年的覆盖面，应该将非公有制经济领域的青年纳入我们的服务之中。从某种意义上说，非公有制经济领域的青年更需要共青团组织的服务。因为，在非公有制经济环境中，竞争更为激烈，生活工作的节奏更快，同时，一些非公有制经济组织在员工权益保护上也需要工会、共青团组织发挥作用。更为重要的是，共青团组织作为我国最大的青年组织，作为青年自己的组织，是为广大青年所欢迎和信任的。非公有制经济组织中的青年，他们许多在学生时代本身就是团员，参加过团的活动，对团组织是有感情的，对团组织具有较强的归属感。只要我们能为他们办实事、做好事，让他们感受到组织的温暖，让他们得到切实的帮助，我们的工作就一定能受到他们的真心欢迎，我们与这部分青年的联系就会更加紧密，我们的服务工作就一定能取得实效，从而增强团组织对青年的吸引力和凝聚力。

第三，是促进非公有制经济健康发展的需要。我们党强调要加强非公有制经济组织党的建设，一个重要目的就是要确立和巩固社会主义初级阶段基本经济制度，引导非公有制经济健康发展。共青团加强非公有制经济组织团的建设，也是共青团服务党政工作大局、服务经济社会发展全局、服务非公有制经济组织党建的必然要求。同时，我们也必须看到，在依法治国的环境中，在建立现代企业制度的条件下，企业经营者是否有建立团的组织、开展团的活动的内在需求，取决于共青团能不能在促进非公有制经济组织健康发展中有所作为。我们认为，共青团在促进非公有制经济组织健康发展中，不但可以有所作为，而且可以大有作为。从浙江的经验以及全国各地的实践看，可以在以下几个方面发挥作用。一是保证企业正确的经营方向，共青团可以通过开展各种活动，宣传党的路线、方针、政策，促进企业依法经营、健康发展。二是发挥育人优势，开发青年人力资源，提高青年员工素质，从而增强企业的竞争力。三是构建“以人为本”的企业文化，营造理解人、关心人、尊重人的良好氛围，增强企业的凝聚力。四是树立良好的企业形象，通过开展公益活动、志愿服务活动，推动企业公关、营销，以及在社会上树立良好形象。五是促进企业管理水平的提高，通过开展创建“青年文明号”活动，可以提高企业青年员工的信誉意识、质量意识和职业道德素养。只要发挥好这些作用，非公有制经济组织团的建设和团的工作就能得到企业经营者的真心支持。

三、研究新情况，解决新问题，努力探索非公有制经济组织团建工作新路子

非公有制经济组织团建工作是摆在我们面前的一个新课题。由非公有制经济组织及其从业的团员青年的特点所决定，团建工作必然面临许多新情况和新问题。从非公有制经济组织看，一方面，其组织形式和管理体制与国有企业、集体企业有着很大的不同，按照传统的建团方式在其中建立团组织是比较困难的，即使建立起来，也难以纳入企业的制度安排之中。另一方面，非公有制经济组织千差万别，在激烈的市场竞争中，一部分企业在发展中此消彼长，从而使非公有制经济组织团的建设呈现出多样性和不稳定性。从非公有制经济组织中的团员青年看，首先，他们有很大的流动性。据上海浦东新区的一项调查表明，三资企业中有71%的青年换过职业，私营企业中为56%，远远高于国营大中型企业的38%。其次，他们受市场经济的影响更直接、更深刻，表现出更强的竞争意识、自立意识和平等意识，普遍比较务实。再次，他们的群体构成较为复杂，既有高级经营管理人员、科研开发人员，也有科技文化素质不高的打工青年，因而他们的需求和价值取向更为多样化。

面对这些新情况、新问题，要做好非公有制经济组织团建工作，我们必须在工作思路、工作方式上实现新的转变。从目前的实践看，至少要实现以下三个转变。一是在组织设置上，要从以纯粹的单位为依托向以单位、社区、阵地等多种依托并重转变，采取多种方式灵活设置团组织；二是在组织管理上，要从相对封闭的管理方式向更为开放的管理方式转变，围绕提高团员青年对团内管理的参与度，努力形成科学合理的管理机制；三是在工作运行机制上，要从以依靠行政手段为主的传统运作方式向群众化、社会化的新型运作方式转变，逐步建立起符合群众组织性质和特点的，充满生机与活力的工作运行机制。实现这些重要转变，要求我们必须具备创新的精神、开阔的视野和发展的观点，尤其要尊重和鼓励基层团组织的首创精神，大胆探索，放手实践，努力开辟出一条非公有制经济组织团建工作的新路子。

第一，用理想凝聚青年。这是共青团不同于一般青年组织的根本区别所在，是共青团的政治优势。发挥好这一优势，我们就能够站在青年思想的制高点上，用理想和信念把青年吸引过来，凝聚起来，沿着党指引的方向前进。当代青年是富有理想的。共青团组织只有用理想凝聚青年，才能吸引、团结青年，才能在青年工作中发挥核心作用。非公有制经济组织中的青年大多崇尚创业、渴望成功，有着美好的人生设计，有着成就一番事业的抱负。我们要通过开展各种形式的教育活动，让青年懂得，中华民族实现伟大复兴的共同理想与青年的根本利益是一致的；我们党领导中华民族实现伟大复兴的过程，也是为青年创造光辉未来的过程，从而引导青年自觉地把个人的理想融入全民族的共同理想之中，把个人的奋斗融入到为实现社会主义现代化建设宏伟目标的奋斗之中。

第二，以服务吸引青年。一个社会组织只有服务好自己的工作对象，才能赢得生存和发展的基础。非公有制经济组织中的青年，层次不同，需求多样，这对于我们的服务提出了更高的要求。我们必须深入到他们之中去，了解他们的变化，把握他们的需求，有的放矢地做好服务青年这篇大文章。成长成才是非公有制经济组织中青年的根本需求，要结合企业生产经营的实际，积极开展职业技术以及各种新知识、新技能培训，努力营造有利于青年人才成长的良好环境，开发青年人力资源，促进青年人才不断涌现。他们在精神文化生活上也有着多方面的需求，要结合企业文化建设，积极开展丰富多彩、形式多样的文化娱乐活动。他们还有参与社会的强烈愿望，蕴涵着服务社会的巨大热情，要充分发挥团的组织优势，为他们参与社会开辟渠道、创造条件，推动青年在参与中奉献社会、服务人民。他们对维护自身合法权益也非常关心，共青团要把青少年维权岗等工作与非公有制经济组织的特点结合起来，切实做好维护青年权益的工作。

第三，灵活设置团的组织。非公有制经济组织中团组织的设置必须从实际出发，灵活多样。对于那些企业规模较大、团员青年数量较多，符合单独建团条件的非公有制经济组织，应当独立建团。对于那些规模较小、团员青年数量较少,不具备独立建团条件的非公有制经济组织,可以采取多种方式建团。这些年来,基层团组织探索出了联合建团、依托建团、公寓建团、社区建团等有效方式。各地还可以进一步探索,不断创造新的经验。

第四,注重发挥青年社团的作用,有效延长团的工作手臂。通过各类青年社团可以广泛地覆盖青年,从而凝聚和引导青年。发挥青年社团作用的方式可以是多种多样的。要发挥青联、青企协、青乡企协、青科协等青年社团的积极作用,做好其成员中非公有制经济领域人士的工作,从而促进非公有制经济组织团建工作。在非公有制经济组织中已经建立团组织的,可以依照有关法律、法规,适应青年的多层次和多样化的需求,建立和发展各类青年社团,积极开展丰富多彩的活动。对于建团条件暂时还不成熟的非公有制经济组织,可以先行建立青年社团,通过青年社团的活动,吸引和服务青年,扩大影响,营造氛围,并积极培养工作骨干,发展新团员,从而为建团创造条件。

第五,努力探索有效的运行机制。要探索团的活动的新方式。团的活动是共青团组织开展工作、影响青年、发挥作用的重要载体。要按照增强适应性的要求,积极探索新的活动方式。重点要把握好两个原则。一是要找准团的工作、企业发展和团员青年需求的结合点。既要使团的活动融入到企业经营管理、科研开发、市场营销、人力资源开发等各个环节,也要深入到团员青年工作、学习、生活当中,从而使团的活动受到企业经营者和团员青年的欢迎和支持。二是活动方式要以"小型、业余"为主。在非公有制经济组织中开展人员集中、时间集中的活动难度较大,因此,团的活动要走以"小型、业余"为主的路子,就是要统一主题,化整为零,见缝插针,主要利用业余时间开展活动。同时,积极拓展视野,整合各种社会资源,走社会化的发展道路。

要探索团员队伍建设的新机制。要适应团员流动性强的特点,探索建立以流动团员管理为重点的,动态、开放的团员管理机制。加强流动团员管理,要按照"流入地为主,流出地为辅"的原则,及时做好团员组织关系转接工作,同时积极拓展联系渠道,最大限度地方便和加强流动团员与团组织的联系。非公有制经济组织中,一部分团员青年在政治上是要求进步的,有着向党组织靠拢的愿望和要求。我们要保护好、引导好他们的政治热情,积极做好"推优"工作。这既能为加强团员队伍建设提供有力的政策保障,也可以有效地服务非公有制经济组织党的建设。

要探索团干部队伍建设的新机制。能否做好非公有制经济组织中团的工作,团干部是关键。要按照"重在素质,合理兼职"的要求,从是党团员的青年业务骨干中选配团干部。一般而言,非公有制经济组织中的团员青年平等观念和民主意识更强。针对这一特点,在团干部选拔产生上要积极倡导"公开选拔"、"民主推荐"、"竞争上岗"等方式。这样,团干部就会在团员青年中具有较高的威信,团组织的吸引力和凝聚力就会更强。上级团组织要积极为非公有制经济组织的团干部服务,切实关心他们的工作和生活,帮助他们成长成才。要把共青团的组织优势和团干部的实际需求结合起来,为他们搭建事业发展和社会参与两个舞台。搭建事业发展舞台,就是要做好"荐才"的工作,推动团干部在企业中发挥更大的作用,赢得更大的发展。搭建社会参与舞台,就是要为团干部参与社会提供更多的机会和渠道,使他们可以在更广阔的社会舞台上展现自己、提高自己。要把非公有制经济组织的团干部纳入各级团委领导班子,特别是团县(市、区)委和乡镇、街道团(工)委班子成员的选拔视野。

要探索团的组织生活制度的新方式。共青团曾有过"三会一课"等一整套严格的组织生活制度,它们在历史上发挥了重要作用。在社会主义市场经济条件下尤其是非公有制经济组织中，这些传统的组织生活制度已不能完全适应。各级团组织要从实际出发，对那些与非公有制经济组织实际和团员特点不相适应的具体制度进行大胆创新，以增强团员意识为核心，努力探索团员自我教育、相互教育的新型团的组织生活制度。这些年，基层团组织已经在丰富团的活动内容、规范团的活动仪式、重温入团誓词活动等方面进行了积极而有益的探索。要进一步加大创新的力度，不断创造出开展团的组织生活的新方式。

加强非公有制经济组织团的建设是当前共青团组织面临的一项重要而紧迫的任务。这次会上印发大家讨论的《关于加强非公有制经济组织团的建设的意见》提出了今后几年的工作目标。要实现这个目标，任务相当繁重。全团尤其是团的领导机关和领导干部要进一步统一思想，提高认识，从关系共青团工作全局和共青团事业长远发展的战略高度来重视非公有制经济组织团的建设。要切实加强领导，明确责任，按照“党建带团建”的要求，积极推动团建工作纳入非公有制经济组织党建工作的整体格局。要攥紧拳头，形成合力，团的各个部门和各条战线要协调配合，发挥优势，共同做好工作，工作发展相对滞后的地区，要加倍努力，迎头赶上。要脚踏实地，求真务实，坚持一切从实际出发，分类指导，不搞“一刀切”，要办实事，求实效，扎实推进，常抓不懈。要解放思想，大胆创新，在非公有制经济组织团的建设理论创新、制度创新、方式方法创新上不断有所突破，有所发展。

同志们，我们面临的任务艰巨而光荣。让我们高举邓小平理论伟大旗帜，以江泽民同志“三个代表”重要思想为指导，紧密团结在以江泽民同志为核心的党中央周围，齐心协力，扎实工作，开拓进取，埋头苦干，狠抓落实，努力开创非公有制经济组织团建工作的新局面，团结带领广大团员青年为实现“十五”计划和我国社会主义现代化建设的宏伟目标做出新的更大的贡献。

周强在浙江考察工作时的讲话要点

2001年6月9日

这次浙江之行，到了杭州、宁波、台州、温州的一些企业、农村、社区、学校，总的感觉是，浙江经济充满活力，市场经济发育程度比较高，人民生活有了很大改善，干部精神状态好，很受鼓舞，很受启发。在考察过程中高兴地看到，各级党委高度重视共青团工作，团组织在各级党委领导下，组织动员广大团员青年在两个文明建设中充分发挥了生力军作用。

在整个考察过程中，我一直在思考一个问题，这就是，党的十四大以来，随着我国由计划经济体制向社会主义市场经济体制转变，共青团工作和建设如何适应这样一个根本性转变。令人高兴的是，浙江各级团组织在探索社会主义市场经济条件下的共青团组织模式和运行机制上，作出了可贵的探索，积累了有益的经验，在很多方面，为全团提供了有益的启示，起到了示范带头作用。可以说，浙江在这些方面的探索，使我对这个问题有了比较清晰的结论。

浙江市场经济发育比较早，现在全省非公有制经济占47%，市场在资源配置当中发挥了重要的作用。尤其是在温州这样一个以市场改革为取向，非公有制经济比重比较大，公有制经济为主导的条件下，经济社会发生了深刻的变化，“四个多样化”比较明显。在这样的条件下，共青团工作如何适应？共青团自身建设如何转变？是一个十分现实的课题。很显然，共青团工作和建设如果停留在计划经济时代的工作模式、运行机制和工作方法上，肯定不能适应社会主义市场经济发展的新要求。浙江各级团组织解放思想，积极探索，在组织建设方面，适应经济社会发展带来的社会组织形式的变化、青年群体的变化，调整团组织的设置；在团的活动方式、工作运行机制方面，采取了很多社会化的方式，充分地吸纳社会资源。同时，按照党的要求，贯彻落实党委的工作部署，发挥共青团组织的优势，继承和发扬共青团的光荣传统，积极做好教育和引导团员青年的工作。

探索由计划经济体制向社会主义市场经济体制转变过程中共青团工作的运行机制、运行方式和组织设置，意义重大，它不单纯是一个非公有制经济组织团建的问题，而是在新的历史条件下团的建设和团的工作发展中一个带有全局性的问题。在社会主义市场经济的发展进程中，首先，是我们的工作对象发生了变化，一方面，农村青年劳动力大量减少，国有企业的青年职工减少，还有精简机构，党政机关的青年干部、团员青年也在减少；另一方面，进城务工青年不断增加，出现了新的青年群体——打工青年，他们主要集中在非公有制经济组织之中。其次，是团组织设置的依托发生了很大变化。原来在农村建立团组织的依托是行政村，在城市的组织依托一般是国有企业。现在团组织的主要依托是城市社区和经济发达地区的城镇。就拿浙江来说，城镇的兴起和发展超乎人们的想象，如温州的一些城镇团委不仅有几个专职团干部，而且具有团县委的职能，这是具有方向性的创新。我们国家实行现代化，必定离不开农业现代化，如果仍然是9亿农民搞农业，也许温州很多人还在一亩三分地上，就没有今天的温州。现在农村里，女同志多，老年人多，小孩多，青年都出去打工了，团组织设置的重点在哪里？浙江最早提出了“强镇带村”，这是经济社会发展的客观要求。再看城市社区。随着从计划经济向市场经济转变，人们由原来的“单位人”向“社会人”转变，社区不仅是人们居住的场所，而且越来越成为工作的场所。这是团组织一个很重要的工作领域，也是一个团组织依托的变化。总之，浙江各级团组织在探索适应社会主义市场经济条件下共青团工作运行机制、工作方法方面的做法和经验，不仅仅对于团组织建设，而且对于整个团的运行机制、运行方式，都具有很重要的意义。

从具体工作来看，这些年来，浙江团的工作取得了很大成绩。首先，团省委按照省委、团中央的要求，认真抓好农村团干部“三个代表”重要思想的学习教育活动，采取了一系列行之有效的做法和措施。比如你们提出来的“进青年家”，帮助青年解决困难，与农村青年商讨致富的路子，就是在身体力行“三个代表”重要思想。第二，重点工作尤其是青少年思想教育工作富有成效。团组织开展的“新世纪青少年读书计划”，在教育、引导青年方面发挥了积极的作用，而且探索出了有益的经验。在市场经济条件下，对青年的思想教育工作，绝不能停留在过去的“我说你听”上。在新的条件下，通过读书俱乐部、青年志愿者活动、希望工程、青年文明号等有效载体，来吸引青年，教育青年，服务青年，就会取得比较好的效果。第三，在团的自身建设方面，积累了新的经验，取得了明显的成效。团省委按照省委的部署和团中央的要求，从2000年以来，把非公有制企业团建作为配合非公有制经济组织党的建设的一项重要任务来抓。经过近两年的努力,这项工作取得了明显成效。从覆盖面来讲,全省范围在应建的非公有制企业里,已达到97%。这个比例是很高的,要不是真抓实干,没有一股抓落实的劲头,是不会有这样的好成绩的。除了覆盖面以外,在服务非公有制经济组织的团员青年方面,在促进非公有制经济组织健康发展方面,在按照党委的要求团结、凝聚、教育青年方面,非公有制经济组织的团组织都发挥了很好的作用。正因为如此,团的建设在非公有制经济组织中能够引起重视,很多非公有制企业主愿意从政策上、经济上给予支持。第四,浙江团的干部队伍建设抓得紧,团干部精神状态好,干劲足,有一支实事求是、朝气蓬勃、自觉实践"三个代表"要求的高素质的富有战斗力的团干部队伍。

这次,我是借参加全国非公有制经济组织团建工作现场推进会之机来浙江考察的。这次会议选在浙江温州召开,一个重要原因,温州市委高度重视非公有经济组织团建工作,团市委在这方面做出了明显的成绩。因此,借这个机会,我想专门谈谈温州团的工作。可以说,温州团的工作是适应温州经济发展的,有成绩,有特色。有两点给我的印象特别深刻。第一,温州"千校百万"培训教育工作,很有特色,取得了明显成效。在这次调研中,很多非公有制企业负责人都跟我讲这项工作。全市目前培训人次已达到71万。这说明,这项工作使很多进城务工青年受益,成绩突出。"千校百万"培训工作,是团中央和中央综合治理委员会办公室、劳动和社会保障部、国家工商行政管理总局等部委共同实施的,专门组织对进城务工青年进行培训,培训内容包括劳动技能、法制知识、社会道德。自1996年实施以来,我越来越感觉到这项工作的重要。因为务工青年是我们共青团重要的工作对象。现在全国有12亿务工劳动力,80%是青年,差不多是1个亿,他们对经济社会发展贡献很大。对温州来说,应该讲两个方面。一方面,温州人对全国的发展做出了重要贡献。温州人讲,"哪里有市场,哪里就有温州人"。我经常讲,"哪里有温州人,哪里就有市场"。另一方面,外地人对温州也做出了很大的贡献。我看到企业里面很多是外地打工青年,他们对温州发展的贡献不可低估。第二,团温州市委在培养人才方面,尤其是团结、联系青年企业管理人才方面,抓出了成效。培养、发现、联系青年人才,是团组织一项重要工作。我在去年召开的共青团十四届四中全会上讲话的主题就是人才问题,提出要培养和造就青年人才大军,谱写新世纪共青团工作新篇章。共青团按照党的要求,联系、服务各级各类人才,把各级各类人才团结在自己的周围,也是开发青年人力资源的一个很重要的方面。在这方面,温州团组织抓得很紧,做得有声有色,不仅已经联系了许多优秀青年人才,而且着眼于温州的经济社会发展需要专门制定了人才培养计划。

以上是我对浙江团的工作,对团温州市委工作的一些感受。下面,借这个机会,我对大家提几点希望和要求。第一,要继续深入抓好农村团干部的"三个代表"重要思想的学习教育活动。要进一步总结经验,尤其是结合农村的发展,农村青年的追求,农村团支部的建设,深入开展好这项工作。团干部特别是团的领导干部要深入农村团员青年之中,要与镇村团干部,主要是村团干部,一起共商发展大计,共同探讨团员青年如何致富、发展的问题,真正身体力行"三个代表"重要思想。第二,要把城镇和社区团的工作作为一项重要工作来抓。随着"十五"计划的实施,随着我国改革开放的深入和经济发展进程的加快,城镇化进程会大大加速。因此我们要进一步加强城镇和城市社区团的工作,充分发挥团员青年在城镇和社区两个文明建设中的重要作用。同时,要在企业文化建设、群众性精神文明创建活动中充分发挥作用，比如说，要进一步实施青年志愿者行动、“千校百万”培训计划等等。总之，这些工作做好了，对于促进经济社会发展，对于城镇精神文明建设都会发挥重要的作用。

最后，我代表团中央对中共浙江省委、省政府以及温州市委、市政府对这次会议给予的大力支持，对共青团工作的关心和支持表示感谢。共青团工作始终离不开党委的领导和支持。我们相信，在各级党委的领导下，浙江各级团组织按照团中央的部署，按照各级党委的要求，一定能够带领浙江团员青年为实现浙江省“十五”计划做出更大的贡献。

贯彻“以德治国”重要思想，加强少年儿童思想道德教育

——周强给全国少先队德育工作暨“新世纪我能行”体验教育活动现场推进会的贺信

2001年6月16日

全国少先队德育工作暨“新世纪我能行”体验教育活动现场推进会在江苏省召开了，我向会议表示热烈的祝贺，向与会的全体同志表示诚挚的问候，向江苏省委、省政府和各有关方面表示衷心的感谢！

这次会议是少先队组织贯彻江泽民总书记“以德治国”重要思想，落实中共中央办公厅、国务院办公厅《关于适应新形势进一步加强和改进中小学德育工作的意见》，按照第四次全国少代会提出的工作任务，加强少年儿童思想道德教育的重要会议。团中央书记处高度重视这次会议，希望通过这次会议，进一步明确加强少年儿童思想道德教育是少先队的首要任务；把体验教育作为少先队适应新形势，进一步加强和改进少年儿童思想道德教育的基本途径；以“新世纪我能行”体验教育活动为载体，扎实开展少年儿童思想道德教育，切实提高少年儿童德育工作的针对性和实效性。

全团带队始终是共青团组织的重要任务，少先队加强少年儿童思想道德教育，也是共青团加强和改进青少年思想政治工作的重要组成部分。各级团组织要以对未来高度负责的精神，进一步加强对少先队的领导，支持少先队创造性地开展工作，把这次会议的精神贯彻好、落实好。

我们就要迎来中国共产党建党80周年纪念日。我们党历来非常重视对少年儿童的教育和培养，以毛泽东、邓小平、江泽民同志为核心的党的三代领导集体，从关系党和国家前途命运的战略高度，对少年儿童倾注了无限的关爱，寄予了殷切的期望。回顾在党的领导下走过的光荣历程，展望新世纪实现中华民族伟大复兴的征程，我们更感到责任的重大、使命的神圣。让我们紧密团结在以江泽民同志为核心的党中央周围，高举邓小平理论伟大旗帜，以“三个代表”重要思想为指导，进一步做好新形势下的少先队工作，让星星火炬代代相传！

最后，祝会议圆满成功！

周强在全国青年报刊工作会议上的讲话

2001 年 7 月 15 日,根据录音整理

胡春华同志代表团中央书记处作了很好的报告,这是本次会议的主报告。各团省(区、市)委的负责同志回去以后要向团省委党组汇报,要召开团省委党组会议,认真学习中央领导同志对《辽宁青年》作出的批示,认真学习这次会议的精神,认真研究在新的世纪、新的历史阶段、新的形势下,面对青年出现的新的变化,如何把青年报刊办得更好。

团中央书记处对这次会议十分重视。原先设想在 6 月份就要召开这次会议,考虑到要集中精力做好建党 80 周年的宣传工作,利用建党 80 周年的契机,对青少年进行爱党、爱国、爱社会主义的教育,我们把会议的时间放到 7 月 10 日以后。这次会议之后,团中央还决定办一个全国青年报刊主要负责人的学习班,主要内容是学习江泽民总书记“七一”重要讲话,学习中央领导同志最近对青年报刊的重要批示,学习贯彻这次会议精神,提高对办好青年报刊的认识,统一思想,增强政治意识,进行新闻出版纪律和法律知识培训。

下面,我再强调两点:

第一,要把学习贯彻宣传江泽民总书记“七一”讲话作为当前全团的首要任务抓紧抓好。团中央已经作了部署,要求在今后一段时期内,把学习江总书记“七一”重要讲话作为全团的首要任务。青年报刊在这方面肩负着重要的职责。要教育引导全国广大团员青年认真学习领会江总书记的“七一”讲话精神,用“三个代表”重要思想来武装团员,教育青年。要宣传好全国广大团员青年学习江总书记“七一”讲话受到极大鼓舞的心情,把广大团员青年决心不辜负江总书记的殷切期望,勤奋学习,发奋工作,树立为实现中华民族伟大复兴而奋斗的雄心壮志充分展现出来。要结合共青团和青年工作的实际,刊发有深度、有针对性的学习“三个代表”的文章。同时,要宣传好 7 月 13 日晚上江总书记在申奥成功后对全国人民提出的三点要求,引导全国各族青年更加勤奋学习,努力工作,与北京人民一道,共同为办好 2008 年奥运会而发奋努力。

第二,各团省(区、市)委要高度重视青年报刊工作。要牢牢把握舆论导向。青年报刊的性质由共青团的性质所决定,共青团是党的助手和后备军,青年报刊是党和人民的喉舌,这个观点要旗帜鲜明地讲。在任何情况下,青年报刊都要始终坚持正确的舆论导向。要坚持正面宣传为主,处理好引导青年和服务青年的关系,处理好正面宣传和舆论监督的关系。舆论监督是青年报刊的职责之一,但要始终坚持正面宣传为主,坚持团结稳定鼓劲,这一点希望团省(区、市)委的负责同志尤其要高度重视。搞舆论监督,首先要思想端正,目的是为了帮助改进工作。要坚持客观真实的原则,要有凭有据,这不仅是新闻工作者们的职业道德准则,也是起码的法制要求。要加强对青年报刊的领导。把青年报刊的管理工作摆上团省(区、市)委党组的重要议事日程,经常过问青年报刊工作,不要等到出了问题,去事后管理,而是应该不断提高管理水平,帮助青年报刊切实把好导向,加快发展,更好地为青年健康成长服务。要增强大局意识、政治意识、阵地意识。我们的青年报刊是加强青年思想政治工作,引导青少年健康成长的重要的思想阵地,

绝不是一般的事业单位，或者是当做弥补经费不足的一个渠道。要把青年报刊工作摆在这样一个重要的位置，不然思想就会出现偏差，工作就会出问题。要切实加强青年报刊的领导班子建设。青年报刊的领导班子是其坚持正确舆论导向的重要保证。要选派政治上坚定、懂业务的同志充实加强领导班子，对认识存在错误、出现严重违规违纪的要坚决进行调整。要加强青年报刊的编辑记者队伍建设。建设一支政治上强、业务过硬的青年报刊队伍，是保证青年报刊事业健康发展，更好地为青少年健康成长服务的重要条件。青年报刊的特点决定了编辑记者都很年轻，编辑记者队伍是一支流动的队伍，因而对这支队伍的教育和管理任务也就更加繁重。青年报刊编辑记者队伍总体上是好的，在教育引导青少年中发挥了重要作用，尤其是在今年建党80周年的宣传工作中，我们的青年报刊唱响了共产党好、社会主义好、改革开放好的主旋律，广大青少年党的意识、社会主义意识进一步得到了加强。青年报刊的编辑记者要深入青年，了解青年，跟青年交朋友，要讴歌青年中涌现出来的青年典型，去反映他们的前进步伐，去引导更多的青年，从而更好地服务青年。要加强对青年编辑记者的马克思主义新闻观教育和新闻职业道德教育。新闻报道一定要客观、真实，不能搞假新闻，不能搞虚假报道，这是最基本的职业道德。要认真学习法律知识，在建设社会主义法治国家的进程中，不懂法律，道听途说，搞假新闻，除了要承担政治责任之外，还会经常吃官司，而且必定要败诉。这样就会给青少年教育事业造成巨大的损失，危害甚大。总之，各团省（区、市）委要加强领导，加强管理，把青年编辑记者队伍带好。

团中央书记处相信，这次会议之后，经过各级团组织的共同努力，我们一定能够把青年报刊办得更好，使青年报刊更好地为青少年健康成长服务。

以“三个代表”重要思想为指导
全面推进新形势下团的建设和各项工作

——周强在共青团农村“三个代表”重要思想学习教育工作座谈会上的讲话

2001年7月18日

这次会议的主要任务是，深入学习江泽民总书记“七一”重要讲话，对全团深入学习“三个代表”重要思想作出进一步部署；总结前一阶段共青团农村“三个代表”重要思想学习教育工作，贯彻落实全国农村“三个代表”重要思想学习教育工作电视电话会议精神，深入推进共青团农村“三个代表”重要思想学习教育工作。下面，我谈三个问题。

一、深入学习贯彻江泽民同志“七一”重要讲话是共青团当前的首要任务

江泽民总书记在庆祝中国共产党成立80周年大会上所作的重要讲话，是一篇马克思主义的纲领性文献。当前，全团要把学习贯彻江泽民同志“七一”重要讲话作为首要任务，切实抓紧抓好，在广大团员青年中广泛深入持久地兴起学习江泽民同志“七一”重要讲话的高潮。江泽民同志“七一”重要讲话发表之后，团中央连续召开书记处会议、书记处扩大会议、书记处中心学习组会议进行深入学习，并下发通知，对全团的学习贯彻作出了部署。当前，全团要按照党中央的要求，按照团中央的部署，在全国广大团员青年中迅速兴起学习江泽民同志“七一”重要讲话的高潮。

第一，江泽民同志“七一”重要讲话是一篇马克思主义的纲领性文献。

江泽民同志在庆祝中国共产党成立80周年大会上的重要讲话，以马克思列宁主义、毛泽东思想和邓小平理论为指导，贯彻党的解放思想、实事求是的思想路线，系统总结了我们党80年的光辉历程和基本经验，全面阐述了“三个代表”重要思想的科学内涵，深刻回答了新的历史条件下加强和改进党的建设需要解决的重大问题，进一步指明了党在新世纪的历史任务和奋斗目标，是一篇马克思主义的纲领性文献。

江泽民同志“三个代表”重要思想具有划时代的意义，与毛泽东思想、邓小平理论是一脉相承的。马克思主义的精神实质是解放思想、实事求是，因而，它具有与时俱进的理论品质。80年来，在革命、建设和改革的不同时期，我们党总是结合新形势新任务，创造性地运用和发展马克思主义。毛泽东思想、邓小平理论、江泽民同志“三个代表”重要思想，是解放思想、实事求是的结晶，是我们党的理论建设的三个里程碑。毛泽东思想，是以毛泽东同志为核心的第一代中央领导集体，根据马克思主义的基本原理，对中国长期革命实践中的一系列独创性经验进行理论概括，形成的适合中国情况的科学指导思想。在毛泽东思想的指引下，我们党领导中国人民赢得了民族独立与自由，建立了新中国，进行了社会主义革命和建设。邓小平理论，是以邓小平同志为核心的第二代中央领导集体，在和平与发展成为时代主题的历史条件下，在我国改革开放和社会主义现代化建设的实践过程中，在总结我国社会主义胜利和挫折的历史经验并借鉴其他国家社会主义兴衰成败的基础上，逐步形成和发展起来的，是马克思列宁主义基本原理与当代中国实际和时代特征相结合的产物，是毛泽东思想的继承和发展。在邓小平理论指导下，我们党领导中国人民取得了改革开放和现代化建设的伟大成就，实现了社会主义现代化建设的前两步战略目标，人民生活从总体上达到了小康水平。

进入新的世纪，世界经济、政治、文化发生了深刻变化。随着改革开放和社会主义市场经济的深入发展，我国国情与50多年前、20多年前相比，发生了很大变化。我们党所处的地位与环境，党所肩负的任务，以及党员队伍的状况，也都发生了许多重要的变化。在改革开放和社会主义现代化建设的伟大实践中，人民群众创造的新鲜经验需要作出理论的概括，广泛深刻的社会变革呼唤着理论的创新。江泽民同志“七一”重要讲话，顺应时代潮流，把握发展先机，开辟了新的思想境界，达到了新的理论高度，是我们党进行理论创新的光辉典范。它是在新的历史条件下对马列主义、毛泽东思想、邓小平理论的坚持和运用、继承和发展。坚决贯彻江泽民同志“七一”重要讲话精神，就是在新的历史条件下坚持马列主义、毛泽东思想和邓小平理论。

江泽民同志“七一”重要讲话是在新的历史条件下全面推进党的建设、进而推进党的各项工作的行动指南。《讲话》对“三个代表”重要思想的科学内涵作了全面、深入的阐述，进一步解决了在充满希望和挑战的新的历史条件下，建设一个什么样的党、怎样建设党的问题，是对马克思主义政党学说的丰富和发展，是中国共产党面向新世纪的宣言书。《讲话》对于在新的历史条件下推进党的建设新的伟大工程，不断夺取建设有中国特色社会主义事业新的胜利，具有重大而深远的指导意义；对于在新的历史条件下加强团的建设，全面推进共青团工作和青年工作，具有重大而深远的指导意义。

第二，江泽民同志“七一”重要讲话是对青年一代的极大鼓舞与鞭策。

我们党历来高度重视青年，总是从永葆我们党的事业生机与活力的战略高度，从确保我们国家长治久安的战略高度，来认识和看待青年，始终对青年一代寄予厚望。江泽民同志在“七一”重要讲话中，对青年一代提出了殷切希望，这就是“热爱祖国，热爱人民，志存高远，胸怀宽广，在改革开放和现代化建设的广阔舞台上，充分发挥自己的聪明才智，展现自己的人生价值，努力创造无愧于时代和人民的业绩”。在纪念建党80周年大会上，在我们党发表的政治宣言书中对全国各族青年提出希望，使全国各族青年受到极大的鼓舞和鞭策，在广大团员青年和团干部、青年工作者中激起了热烈反响。“七一”之前，按照团中央的部署，各地团组织广泛动员组织团员青年，开展了一系列声势浩大、形式多样、丰富多彩的“党在我心中”主题纪念活动。通过这些活动，广大青年受到了一次生动、具体的热爱党、热爱祖国、热爱社会主义的教育，效果非常好。在前一阶段纪念活动和学习教育的基础上，广大团员青年通过多种形式认真学习江泽民同志“七一”重要讲话，进一步加深了对党80年来的奋斗业绩的认识，升华了对党的感情，进一步明确了所肩负的伟大历史使命，坚定了理想和信念。现在，青年中已经广泛兴起学习江泽民同志“七一”重要讲话的热潮。我们要因势利导，借纪念建党80周年形成的强大声势，以北京申奥成功为契机，组织动员全国青年深入学习“七一”重要讲话，进一步提高青年对我们党80年光辉奋斗历程的认识，进一步激发青年的爱国热情，引导青年坚定理想和信念。

江泽民同志“七一”讲话对青年提出的希望是放在两个100年时间跨度中的，具有特殊的重要意义。在毛泽东思想、邓小平理论的指引下，在党的三代领导集体的正确领导下，从20世纪中叶到21世纪中叶的100年间，我国用前50年的时间，提前实现了翻两番的战略目标，全国人民总体上达到了小康生活水平。后50年的历史任务，就是实现社会主义现代化建设第三步战略目标，到建国100年时实现祖国的富强、人民的富裕和民族的伟大复兴。正是在这样一个巨大的历史跨度中，这样一个宏伟的时代背景下，江泽民总书记对全国各族青年寄予殷切期望。这其中，蕴涵着党的事业需要青年，中华民族伟大复兴需要青年奋斗的道理，饱含着我们党对青年的希望，昭示着青年一代的崇高责任与光荣使命。把党的事业、国家的兴旺发达与青年紧紧联系在一起，我们一方面备受鼓舞，另一方面深感责任重大。共青团作为党的助手和后备军，作为先进青年的群众组织，要用“七一”讲话教育青年，用党实现中华民族伟大复兴的宏伟目标凝聚青年，团结带领全国各族青年为社会主义现代化建设事业努力奋斗。

第三，广泛深入持久地兴起学习江泽民同志“七一”重要讲话的高潮。

全团要把学习江泽民同志“七一”重要讲话作为首要任务来抓，深入学习，深刻领会，认真贯彻。要通过学习活动，把全团的思想认识统一到“七一”讲话上来，用“三个代表”重要思想武装团员青年。

要抓好团的领导机关和团的领导干部的学习。要进一步提高认识，把学习贯彻江泽民同志“七一”重要讲话作为一项政治任务抓紧抓好。要在自学的基础上搞好集中学习，把学习《讲话》作为中心组理论学习的重要内容，集中时间，集中精力，认真组织好学习。要抓住重点，掌握丰富内涵，着重学习、领会和把握党的基本经验和“三个代表”重要思想的科学内涵，加强和改进新时期党的建设的任务与要求，党在新世纪的历史任务和奋斗目标等重大问题，特别要在学好领会好“三个代表”重要思想上下功夫。要深入持久地学习，把学习《讲话》作为一项长期任务，学习、学习、再学习，孜孜以求，务求甚解。

要大力推动基层团组织、广大团干部和团员青年学习活动的开展。各级团组织要把学习《讲话》作为团干部理论学习和教育培训的重要内容。各级团校要把学习《讲话》列入思想政治教育内容之中。基层团组织要把学习《讲话》作为开展组织生活的重要内容。要通过组织研讨班、座谈会和举办报告会等形式，组织团员青年参加学习。

团属新闻出版和研究单位要积极发挥作用，结合共青团的实际，深入研究、宣传好《讲话》精神。团的新闻报刊要大力宣传《讲话》精神，帮助广大团员青年深入领会《讲话》的精神实质；要把广大团员青年学习《讲话》的激动心情和所受到的巨大鼓舞反映出来，把他们深入学习、积极实践“三个代表”重要思想的好经验、好做法宣传出来。

二、以“三个代表”重要思想为指导，全面推进新形势下团组织建设和团的工作

“三个代表”重要思想是新形势下进一步加强党的建设、不断推进建设有中国特色社会主义事业的伟大纲领，也是新时期加强团的建设、做好团的各项工作的根本指针。中国共青团只有坚持以马列主义、毛泽东思想、邓小平理论和“三个代表”重要思想为指导，才能够保持团的性质和先进性，才能够真正发挥共青团作为党的助手和后备军的作用，才能够保持中国青年运动在新世纪沿着正确的方向发展。可以说，江泽民同志的“七一”重要讲话为新世纪的中国青年运动指明了方向。我们要以“三个代表”重要思想为指导，全面推进新形势下团的建设和各项工作。

第一，要始终坚持共青团组织的先进性。

“三个代表”重要思想从根本上回答了在充满挑战和希望的21世纪，我们党要把自己建设成一个什么样的党和怎样建设党的问题，深刻揭示了党的先进性的时代内涵。共青团作为党领导的先进青年的群众组织，要按照“三个代表”的要求，始终坚持先进性，紧跟党走在社会发展进步的前列，走在时代进步潮流的前列。共青团的先进性不是抽象的，而是具体的，它既体现在组织的行为中，也体现在组织成员的行为中。坚持先进性，对于团的组织而言，就是要始终坚持党的领导，使青年运动沿着党指引的正确方向前进；始终坚持培育“四有”新人的根本任务，引导青年按照党的要求健康成长；始终坚持用邓小平理论构筑青年一代的精神支柱，使青年把全民族的共同理想作为自己的理想和追求；始终坚持用党的跨世纪宏伟目标凝聚和激励青年，使青年积极投身改革开放和现代化建设的伟大实践。坚持先进性，对于团干部而言，就是要始终保持坚定正确的政治方向，坚定理想信念，牢固树立正确的世界观、人生观、价值观，牢记党的全心全意为人民服务的宗旨，身体力行“三个代表”的要求，为做好党的青年工作，刻苦学习、勤奋工作、勇于创造、自觉奉献，做青年的表率。坚持先进性，对于共青团员而言，就是要牢记自己是青年中的先进分子，应当有比一般青年更高的追求，增强作为团员的光荣感和责任感，牢固树立模范带头意识，在青年中发挥好模范带头作用。

第二，要努力扩大团组织的覆盖面。

青年是党的群众基础的重要组成部分。把青年紧紧团结在党的周围，坚实党的群众基础，是党交给共青团的光荣使命，是共青团组织的政治责任。江总书记在“七一”重要讲话中提出了不断增强党的阶级基础和扩大党的群众基础的重要问题。共青团是为党做青年群众工作的，一项重要政治任务就是要不断巩固党在青年群众中的基础，把全国各族青年紧密地团结在党的周围，跟着党走。在这方面，我们很重要的一项工作就是要努力扩大团组织的覆盖面,把最大多数青年有效地纳入到团的组织网络之中。对于共青团来讲,在这一点上也就是坚持团组织的先进性与群众性的统一。要看到,随着改革开放的不断深化和社会主义市场经济体制的逐步建立,我国经济社会结构发生了巨大变化,青年群体结构和社会分布也发生了巨大变化,对团的组织建设产生了深刻影响。比如,由于大量农村青年外出务工,农村务农青年大量减少。随着国有企业改革的深化和我国经济结构的调整,国有企业的青年职工人数也在减少。而20多年来,我国非公有制经济从无到有,发展很快,到1999年,全国非公有制经济组织从业人员达到1.3亿人,其中,近70%是35岁以下的青年。据不完全统计,目前我国的流动人口达1.3亿,其中80%以上是青年。随着机构改革的深入,党政机关中的团员人数也相对在下降。总之,改革的深入发展,我国经济社会结构的变化,以及由此带来的青年群体结构和社会分布的巨大变化,使得无论是团的传统工作领域,还是社区、非公有制经济组织等团的工作的新领域,在面临着新的发展机遇的同时,也面临着新的挑战。在机遇和挑战面前,团的组织建设首当其冲。在新的历史条件下,搞好团的组织建设,要求我们必须在工作思路、工作方式上有所创新。适应我国从计划经济到社会主义市场经济的转变,适应我国青年群体结构和社会分布发生的巨大变化,团的组织建设要实现三个转变。一是在组织设置上,要从单纯以单位为依托向以单位、社区、阵地等多种依托并重转变,采取多种形式灵活设置团组织。在计划经济条件下,团组织设置的依托是单一的,即依托行政村、国有企业、学校等等,相对应地建立团组织。随着从计划经济向社会主义市场经济的转变,一方面要巩固这些领域的团组织建设,同时要适应新的变化,相应采取新的组织设置形式。比如大量的农村青年到城里务工经商,我们可以在其务工地、在城市社区建立团组织,甚至在他们居住的宿舍里建立团组织。有些地方把团组织建在青少年宫里,建在各种青年活动阵地里,把进城务工青年组织起来,联系起来,效果很好。如果我们还照搬在计划经济条件下的做法,单纯依托单位建立团组织,团组织的覆盖网络就会受到很大的局限,很多的团员青年就不可能覆盖在我们的工作之中,覆盖在我们的组织体系之内。二是在组织管理上,要从相对封闭的管理方式向比较开放的管理方式转变,围绕提高团员青年对团内管理的参与度,努力形成科学合理的管理机制。我们对流动团员的管理,要有新的办法。过去的办法是依托单位来管理,现在很多团员是流动的,因此,我们要积极探索以团员务工经商地管理为主的新的灵活的管理方式,而且要提高团员青年对团内管理的参与度,发扬团内民主,调动他们参与团内事务的积极性。三是在工作运行机制上,要从以依靠行政手段为主的传统运作方式向群众化、社会化的新型运作方式转变,逐步建立起符合群众组织性质和特点的,充满生机与活力的工作运行机制。共青团作为党联系青年的桥梁和纽带,作为党的青年群众组织,要采取更多的群众化的、社会化的工作方式,更有效地团结凝聚青年,更好地完成党交给我们的做好青年工作的任务。这三个转变,虽然是针对非公有制经济组织团建工作提出的,同时也是对社会主义市场经济条件下团组织建设提出的新的要求。江总书记在“七一”重要讲话中提出,要坚持从新的实际出发,以改革的精神研究和解决党的建设面临的重大理论和现实问题。共青团的建设,同样要贯彻改革的精神,创新的精神。全团要深刻认识我国经济社会的发展变化,深刻认识这种变化给我们带来的机遇与挑战,要坚定信心,振奋精神,统一思想,提高认识,努力探索适应社会主义市场经济体制的充满生机与活力的共青团工作运行机制。

要实现上述转变，就必须具备创新的精神，就必须要有开阔的视野和发展的观点，尤其要尊重和鼓励基层团组织的首创精神，大胆创新，勇于实践。要通过这些转变，进一步加强和改进团的组织建设，逐步构建与社会主义市场经济体制相适应的团的组织网络和运行机制，不断扩大团组织的覆盖面，切实增强团组织的内在活力。就团组织设置而言，在国有企业，要从国有独资、控股、参股等不同类型和不同规模的企业实际出发，积极探索与现代企业制度相适应的团的组织机构设置方式；在农村，要适应农业产业化和小城镇的发展，合理调整基层团组织设置；在高校，要积极探索深化教育体制改革中团支部(总支)的设置方式，如适应实行完全学分制的新情况，探索打破完全以班级为单位设置团支部的传统方式，采取依托班级、学生宿舍区、学生社团和学生创业实体等多种方式建立团组织，同时，要大力在社会力量举办的高校中建立健全团组织；在城市社区，要努力形成以街道团工委为核心，具有开放性、协作性，充满活力的社区团组织网络；在非公有制经济组织，团组织设置必须从实际出发，可以采取独立建团、联合建团、依托建团、公寓建团、社区建团等方式，灵活设置团的组织。总之，要通过各地团组织的创新和实践，不断创造新鲜经验，切实增强团组织对社会主义市场经济的适应力，努力扩大团组织的覆盖面，做到哪里有团员青年，哪里就有团的组织，把广大青年纳入到我们的组织网络之中，纳入到我们的运行机制之内，从而把青年更广泛、更紧密地团结在党的周围，进一步巩固党的青年群众基础。

第三，把“三个代表”的要求全面贯彻到团的工作中去。

共青团作为党领导的先进青年的群众组织，作为党的助手和后备军，作为党联系青年的桥梁纽带，要努力为党做好青年群众工作，将“三个代表”的要求全面贯彻到团的各项工作中去。

要动员组织青年在推动先进社会生产力的发展中发挥积极作用。一是积极为青年发挥作用搭建舞台。随着科技发展日新月异，随着社会主义市场经济体制的建立，现在年轻人在经济社会发展中的作用越来越大，年轻人的机会也越来越多。我们共青团要为他们施展才华、发挥作用搭建舞台，要围绕党和政府的中心工作，把广大青年的聪明才智充分发挥出来。要通过广泛开展中国青年科技创新行动、保护母亲河行动、中国青年西部创业行动、大学生科技创新创业行动等，推动青年在科教兴国、可持续发展、西部大开发中大显身手，竞展才华，把青年的潜能充分挖掘出来，把青年的作用更好地发挥出来，为推动先进社会生产力的发展做出积极贡献。二是加大培养青年人才的力度。进一步发挥共青团在实践中育人的优势，通过多种方式，促使各行各业的优秀青年人才广泛涌现，促使具有成才潜能的优秀青年脱颖而出，在解放和发展生产力中形成青年人才辈出、群英荟萃的局面。三是要积极推动青年锐意创新，投身经济社会发展各个领域的创新实践，把青年中蕴含的创造与创新潜能转化为推动先进社会生产力发展的动力。

既要用先进文化塑造青年，陶冶青年，又要推动青年在建设有中国特色社会主义文化中发挥生力军作用。在当代中国，先进文化就是建设有中国特色社会主义的文化。共青团用先进文化塑造青年，最重要的就是用邓小平理论和江泽民同志“三个代表”重要思想武装团员，教育青年，这是共青团的首要任务，也是青年文化建设的首要任务。要做好青年思想政治工作，构筑青年一代的精神支柱，帮助青年牢固树立正确的世界观、人生观、价值观，牢固树立实现中华民族伟大复兴的理想和坚定不移地走建设有中国特色社会主义道路的信念。在国际互联网迅猛发展的条件下，要充分认识和重视互联网对青年的影响，努力形成我们自己的网络优势，构建我们的网络阵地，同时要发挥青年在推动互联网文化发展中的作用。最近江总书记在中央举办的网络法制座谈会上，提出了“积极发展，加强管理，趋利避害，为我所用”的发展方针，为互联网在我国的发展和互联网法制建设指明了方向。共青团要按照江总书记的要求，构筑网上青少年思想政治教育阵地。今年“七一”前夕，团中央在中青网开办了“血铸中华”和“民族魂”两个网站，这两个网站实际上就是网上的人民英雄纪念碑和革命纪念馆。李鹏同志为网站亲笔题词：“继承先烈遗志，发扬革命传统，致力振兴中华。”6月28日，我们组织300万高中生团员举行了一次网上主题团日活动，50万人登录浏览，10多万人网上留言。这些留言发自肺腑，真切感人。我们从中看到当代青少年对党对社会主义的深厚感情，对他们更加充满信心。建设有中国特色社会主义的文化，既是民族的，也是面向世界的。共青团应当用全人类创造的一切优秀文化成果来陶冶青年，使青年既继承和发扬中华民族的优秀文化传统，又拥有面向世界的胸襟，具备与一切民族的优秀青年相媲美的素质。青年在接受先进文化的塑造和陶冶的同时，也是促进先进文化前进的有生力量，能对先进文化的发展起到促进作用。共青团要发挥青年开创社会新风的现实作用，使之与中国先进文化的前进方向相协调、相一致，成为促进有中国特色社会主义文化建设的有生力量。同时，我们要教育引导好青年。青年由于处在人生成长的特殊阶段，还有这样那样的问题和不足。我们要帮助他们看到自身存在的问题，克服不足，适应时代的发展要求，健康成长。

既要竭诚为青年服务，又要组织青年为人民群众服务。共青团作为党领导的先进青年的群众组织，必须把竭诚为青年服务作为自己全部工作的出发点和落脚点，围绕青年学习、生活、工作等方面的需求，想青年之所想，急青年之所急，多为青年办实事、办好事，在服务青年中发挥好党联系青年的桥梁与纽带作用。要增强服务青少年的针对性，既要针对困难青年群体，做好暖人心、稳人心的工作，帮助下岗青工、进城务工青年、残疾青年等解决他们在工作和生活中的实际困难，又要做好那些学历层次、文化知识比较高的青年群体的工作，满足他们在更高层次上的需求，引导他们更好地发挥在青年中的导向作用。青年中蕴藏着服务人民、服务社会的巨大热情。要深刻认识组织青年服务人民、服务社会的意义，深入开展青年志愿者、希望工程、青年文明号、青年文明社区创建等活动，充分发挥广大青年在社会主义精神文明建设中的生力军作用。

三、扎实做好共青团农村“三个代表”重要思想学习教育工作

在农村开展“三个代表”重要思想学习教育活动，是我们党在新世纪解决好农业、农村和农民问题的一项重要工作，是事关改革、发展、稳定全局的一件大事，对于推动农村经济发展和社会全面进步，具有重大而深远的意义。去冬今春以来，县、乡（镇）团组织和农村团干部在各级党委的统一领导下，紧密结合农村团的工作实际，认真开展学习教育活动，取得了明显成效。主要表现在：一是广大农村团干部普遍受到了一次马克思主义自我教育，思想觉悟有了新的提高。他们联系思想和工作实际，认真学习党的基本理论和“三个代表”重要思想，做到了学有所思，学有所悟，学有所得，进一步提高了思想政治素质，增强了贯彻执行党的路线方针政策的自觉性和坚定性。二是思想和工作作风有了明显改进。在学习教育活动中，各级团的领导机关通过派出调研指导组、建立联系点等形式，深入基层调查研究，进一步增强了服务青年的意识。参加学习教育活动的农村团干部通过学习培训、民主生活会、走村入户、征求青年意见等，促进了思想和工作作风的转变。三是为农村经济发展和农村青年增效增收、成长成才提供了有效服务。各地团组织注重把学习教育活动与推动工作结合起来，把解决思想问题与解决实际问题统一起来，围绕农村青年普遍关心的问题和迫切需要解决的实际困难，办实事，办好事，以服务农村经济发展和农村青年致富成才的扎实工作，受到了农村青年和农民群众的欢迎。

最近，中央召开了全国农村"三个代表"重要思想学习教育工作电视电话会议。中共中央政治局常委、书记处书记胡锦涛，中共中央政治局委员、书记处书记、国务院副总理温家宝，中共中央政治局候补委员、书记处书记曾庆红在会上作了重要讲话。会议强调，要认真学习、深入贯彻江泽民总书记"七一"重要讲话精神，把农村"三个代表"重要思想学习教育活动进一步引向深入。各级团组织和农村团干部要按照会议要求，进一步统一思想，提高认识，充分认识到下一步在村级和乡镇站所进行的学习教育活动，是整个学习教育活动的重要组成部分，对于学习教育活动能否实现中央提出的目标至关重要，在各级党委的领导下，结合农村共青团工作的特点，主动配合，积极参与，加强指导，努力做好下一阶段的学习教育工作。在此，提出以下几点要求。

第一，深入学习贯彻江泽民同志"七一"重要讲话。各级团组织要把学习领会贯彻好《讲话》精神，作为共青团农村"三个代表"重要思想学习教育工作的首要任务，切实抓紧抓好。通过学习，把农村团干部的思想和行动统一到《讲话》精神上来，把《讲话》精神贯彻落实到农村团的工作中去。

第二，把搞好学习教育工作同全面推进农村团的工作结合起来，积极为农村的改革、发展、稳定做贡献。党中央强调，要用"三个代表"重要思想统领农村各项工作，促进农村经济发展和社会全面进步。各级团组织要深刻领会中央精神，通过学习教育工作，全面推进农村团的各项工作，紧密围绕农村改革、发展、稳定和农村突出问题的解决，发挥好助手作用。要通过广泛开展农业科技知识、先进实用技术和职业技术培训，着力开发农村青年人力资源，尤其要培养好农村青年星火带头人、青年科技致富带头人，促进农业和农村经济结构战略性调整；要深入持久地开展乡村青年文化节、青年志愿者扶贫接力计划等活动，加强对农村青年的法制教育，推动农村精神文明建设，维护农村稳定；要以大力推进保护母亲河行动为重点，动员组织广大青少年植绿护绿、改善环境，服务农村经济社会可持续发展。要切实提高农村基层团干部素质，引导他们主动适应农村经济社会发展的要求，带头学习农业科学技术、职业技能和市场经济知识，提高他们做好团的工作和带领农村团员青年致富成才的能力。

第三，以学习教育活动为契机，切实加强农村基层团组织建设。在农村开展"三个代表"重要思想学习教育活动，是党在新时期加强农村基层组织建设的新探索。各级团组织要紧紧抓住这一有利时机，自觉把农村基层团组织建设纳入到农村党的基层组织建设的整体格局之中，深入研究、主动适应新形势下农村经济社会发展的需要和青年社会群体分布的新变化、新特点，不断总结新经验，切实改进农村基层团组织的设置形式、活动方式和工作方法。要进一步加强农村基层团组织建设中的薄弱环节，加大农村非公有制经济组织、小城镇和城镇社区团建工作力度，努力扩大团组织的覆盖面和影响力。要按照"强乡带村"的思路，加强乡镇团委建设，深化创建"五四红旗团委"活动，突出抓好农村基层团委班子、团员队伍和团的阵地建设，大力推行乡镇、村团组织按期集中换届，配齐配强农村团干部，重视从是党团员的农村青年星火带头人中培养和选拔村团支部书记，积极推荐村团支部书记进入村两委班子。

第四，进一步加强农村团干部的思想作风

建设。农村团干部是农村团的工作的骨干，他们的素质和作风如何，对于做好新形势下农村团的工作至关重要。要通过学习教育活动，切实加强农村团干部的思想作风建设，教育引导广大农村团干部身体力行“三个代表”，坚定理想信念，求真务实，开拓创新，做党的合格干部，做农村青年的表率。

同志们，做好共青团农村“三个代表”重要思想学习教育工作，团的各级领导机关肩负着重要职责。要充分认识学习教育活动的重要意义，把思想统一到党中央的重大决策上来。要按照各级党委的统一部署，紧密结合团的实际，进一步加强指导，深入农村基层，深入团员青年，开展调查研究，了解掌握情况，总结推广经验，掌握工作的主动权，把党中央关于学习教育活动的各项任务要求落到实处，使下一阶段的共青团农村“三个代表”重要思想学习教育工作取得更大成效，努力推动农村团的建设和团的工作实现新的发展，为实现新世纪农业和农村发展的宏伟目标做出积极贡献。

以“三个代表”重要思想为指导 进一步加强新形势下民族地区青少年爱国主义教育工作

——周强在全国民族地区青少年爱国主义教育工作座谈会上的讲话

2001年7月25日

全国民族地区青少年爱国主义教育工作座谈会主要任务是要进一步认真学习贯彻江泽民总书记“七一”重要讲话精神，贯彻中央第四次西藏工作座谈会精神，贯彻党中央书记处会议关于进一步做好民族地区青少年工作的要求，以“三个代表”重要思想为指导，研究如何在新形势下进一步加强民族地区青少年爱国主义教育工作。这次会议对于以“三个代表”重要思想为指导，进一步做好青少年工作，对于推动民族地区青少年爱国主义教育工作具有重要的意义。长期以来，西藏自治区党委高度重视青少年爱国主义教育工作，积累了很多的好经验。我们这次会议既是一次工作会议，也是一次现场经验交流会。同时这次会议是乘中央第四次西藏工作座谈会和西藏和平解放50周年的东风召开的，是一次向西藏广大干部群众学习的会议，是一次动员全团支持西藏青少年工作，推动内地团组织与西藏团组织互相学习、共同发展的会议。

一、充分认识加强民族地区青少年爱国主义教育工作的重要性

我国是一个统一的多民族国家。爱国主义历来是动员和鼓舞全国各族人民团结奋斗的一面旗帜，是推动我国社会历史前进的巨大力量，是各族人民共同的精神支柱。党历来高度重视民族工作，高度重视爱国主义教育，强调必须站在党和国家工作大局的战略高度抓好民族工作，始终坚持在全国各族人民特别是广大青少年中大力弘扬爱国主义精神。共青团是党的助手和后备军，长期以来，我们按照党的要求，十分重视民族地区团的工作，重视在各族青少年中开展爱国主义教育。各级团组织特别是民族地区团组织在党的领导下，把加强青少年爱国主义教育作为一项战略任务来抓，开展了大量生动活泼、富有成效的工作，在加强民族团结，促进各民族共同发展和共同

繁荣中发挥了积极作用。进入新的世纪，面临新的形势和任务，我们要贯彻落实“三个代表”重要思想，进一步做好民族地区青少年爱国主义教育工作，更好地服务全党全国的工作大局。各级团组织要充分认识新形势下加强民族地区青少年爱国主义教育的重要性，高度重视、切实做好这项工作。

加强民族地区青少年爱国主义教育，是实现中华民族伟大复兴的需要。江泽民总书记在庆祝中国共产党成立80周年大会上充满深情地指出：“全国各族青年，代表着我们祖国和民族的未来，代表着我们事业兴旺发达的希望。社会主义现代化的宏伟事业需要你们去建设，中华民族的伟大复兴将在你们手中实现。党和人民对你们寄托着殷切的期望。希望你们热爱祖国，热爱人民，志存高远，胸怀宽广，在改革开放和现代化建设的广阔舞台上，充分发挥自己的聪明才智，展现自己的人生价值，努力创造无愧于时代和人民的业绩。”总书记的话语重心长，催人奋进，对当代青年寄予了殷切的期望。实现中华民族的伟大复兴需要全国各族青年团结奋斗。我国的民族自治地区约占国土面积的64%，民族地区的青少年在全国青少年中也占有相当大的比例。毫无疑问，没有民族地区的现代化，就谈不上全国的现代化，没有民族地区青少年的奋斗和努力，也不能实现中华民族的伟大复兴。民族地区青少年和其他地区青少年一样，他们的成长和祖国的未来，和永葆中华民族的生机与活力紧紧地联系在一起。我们要从实现中华民族伟大复兴的战略高度，深刻认识加强民族地区青少年爱国主义教育的重要性，做好教育引导工作，用爱国主义构筑各族青年的共同精神支柱，以建党80周年和北京申办2008年奥运会成功、西藏和平解放50周年为契机，振奋民族精神，认清历史责任，团结带领各族青少年勇敢地肩负起历史赋予的光荣使命。

加强民族地区青少年爱国主义教育，是加快民族地区发展、促进各民族共同繁荣的需要。由于历史和自然地理等因素的制约和影响，我国一些民族地区的经济社会发展相对落后。加快民族地区的经济发展和社会进步，提高各族人民的生活水平，实现各民族的共同发展和繁荣，是党中央的重要决策，是新时期民族地区的中心任务。青年是现代化建设的生力军，在经济社会发展中发挥着越来越重要的作用。在加快民族地区发展中，各族青年是一支十分重要的力量，各级共青团组织要紧紧围绕经济建设这个中心，大力加强爱国主义教育，把各族青年的积极性和创造性充分调动起来，把青年的生力军作用充分发挥出来，把各族青年的力量凝聚到为加快民族地区的发展做贡献上来。党中央提出并正在实施西部大开发战略，这是民族地区加快发展的重要历史机遇，也为共青团团结带领各族青年为民族地区的发展做贡献提供了广阔舞台。在西部大开发中，青年建功立业的天地非常广阔，可以而且应当发挥出重要的作用。团结带领各族青年为民族地区的发展做贡献，本身就是最为具体生动的爱国主义教育。各级团组织要用爱国主义动员和激励广大青少年踊跃投身西部大开发，在加快民族地区发展的实践中建功立业，同时，在为改变家乡面貌的奋斗中，引导各族青年进一步激发爱国主义情感，增强对祖国美好未来的信心。

加强民族地区青少年爱国主义教育，是促进民族团结，确保国家长治久安的需要。江泽民总书记在“七一”讲话中总结我们党80年的光辉业绩，其中一条就是彻底结束了旧中国一盘散沙的局面，实现了国家的高度统一和各民族的空前团结。这些年来，我国之所以能战胜前进道路上的各种困难风险，保持改革、发展、稳定的大局，其中一个很重要的原因，就是在党的领导下，我国确立了平等、团结、互助的社会主义民族关系，各族人民同呼吸、共命运、心连心，这是我们克服艰难险阻，从胜利走向胜利的坚强保证。我们要教育各族青少年深刻认识我们党这一宝贵经验，充分认识民族团结的重要性，不断巩固和发展民族团结的局面。同时，我们也要清醒地认识到，西方反华势力和民族分裂势力从根本上不愿意看到社会主义中国的统一和强大，他们利用所谓民主、人权、民族、宗教等问题加紧对我国实施“西化”、“分化”的战略，在我国一些民族地区进行的分裂活动从来没有停止过。现在我国部分民族地区反分裂斗争形势严峻，这些地区青少年处在反分裂斗争的前沿，是境内外敌对势力和民族分裂势力重点争夺的对象。今年我们组织力量在新疆、西藏进行了专题调查，调查结果表明，近年来，国内外敌对势力和民族分裂势力加紧了对青少年的渗透，通过各种渠道和途径，企图对青少年施加影响。面对新的形势，我们必须大力加强民族地区青少年爱国主义教育，努力增强各族青少年维护祖国统一和反对民族分裂的自觉性和坚定性，与民族分裂势力进行针锋相对的斗争，确保民族地区的团结稳定，确保国家的长治久安。

民族地区团的工作是全团工作的一个重要组成部分。加强民族地区青少年爱国主义教育，和中华民族的伟大复兴，和各民族共同发展和繁荣，和民族团结及国家的长治久安紧密地联系在一起。各级共青团组织要增强政治意识、大局意识、忧患意识，树立全国青少年爱国主义教育一盘棋的思想，以对党的事业高度负责的态度，把加强民族地区青少年爱国主义教育作为全团的一项重要工作切实抓好。

二、适应新形势新情况，进一步加强民族地区青少年爱国主义教育工作

我国已进入了全面建设小康社会，加快推进社会主义现代化的新的发展阶段。今后5到10年，是我国发展的重要时期，也是民族地区加快发展、实现各民族共同发展和繁荣的重要时期。新的形势对进一步加强民族地区青少年爱国主义教育提出了新的要求。各级团组织要着眼党和国家的工作大局，紧紧围绕经济建设这个中心，紧密结合民族地区和民族地区青少年的实际，以“三个代表”重要思想为指导，把进一步加强民族地区青少年爱国主义教育工作落到实处。进一步加强民族地区青少年爱国主义教育包含许多方面，我这里重点强调三个方面：

第一，用党在新世纪的宏伟目标凝聚青年，帮助各族青少年牢固树立共同理想。按照党所提出的“三步走”的战略，到本世纪中叶建国100年时，我国基本实现现代化，建成富强民主文明的社会主义国家。这是党在新世纪的宏伟目标，是全国各族人民的共同理想。江泽民总书记在“七一”重要讲话中指出：“从19世纪中叶到20世纪中叶的100年间，中国人民的一切奋斗，都是为了实现祖国的独立和民族的解放，彻底结束民族屈辱的历史。这个历史伟业，我们已经完成了。从20世纪中叶到21世纪中叶100年间，中国人民的一切奋斗，则是为了实现祖国的富强、人民的富裕和民族的伟大复兴。这个历史伟业，我们党领导全国人民已经奋斗了50年，取得了巨大的进展，再经过50年的奋斗，也必将胜利完成。”当代中国青年就是这一伟大历史进程中的奋斗者，中华民族伟大复兴的历史伟业也必将在这一代青年的奋斗中实现。这是各族青年的光荣，更是各族青年的责任。进一步加强民族地区青少年爱国主义教育，我们要帮助各族青少年牢固树立实现中华民族伟大复兴这一共同理想，把各族青少年的智慧和力量凝聚到实现党在新世纪的宏伟目标上来。树立起这样的共同理想，各族青年就凝成了一股不可战胜的力量；树立起这样的共同理想，我们就能克服前进道路上的一切艰难险阻，排除一切干扰，去胜利实现党在新世纪的宏伟目标。我们要坚持不懈地用邓小平理论和“三个代表”重要思想教育武装青少年，武装、团结、教育各族青少年坚持党的基本路线一百年不动摇，引导他们树立正确的世界观、人生观、价值观,坚定不移地走建设有中国特色的社会主义道路,团结带领各族青少年为实现共同理想而努力奋斗。

第二,教育引导各族青少年树立正确的国家观、民族观、宗教观,自觉维护改革、发展、稳定的大局。针对民族地区的实际,针对国内外敌对势力和民族分裂势力与我们争夺青少年的情况,帮助各族青少年树立正确的国家观、民族观、宗教观,是进一步加强民族地区青少年爱国主义教育的一个十分重要的方面。这次我们对新疆、西藏地区青少年思想状况的调查表明,绝大多数各族青少年思想状况是好的,他们衷心拥护党的基本路线和党的民族宗教政策,踊跃投身改革开放和现代化建设,自觉维护祖国统一和民族团结进步,对祖国和民族地区的发展前景充满信心,表现出良好的政治素质和精神风貌。西藏和新疆两个自治区在党委和政府的高度重视下,加强爱国主义教育工作取得了显著成效,积累了很多好的经验。但同时我们要看到,由于境内外敌对势力的渗透和影响,极少数青少年对马克思主义的国家观、民族观、宗教观还存在着模糊认识,对民族分裂活动和非法宗教活动态度不够鲜明。我们要在各族青少年中大力加强中华民族悠久历史和优秀传统文化教育,帮助他们了解各民族共同创造中华民族历史的事实,了解各民族在漫长的历史长河中逐步形成的不可分割的血肉联系,从而增强他们对伟大祖国的认同感和归属感,增强他们作为中华民族大家庭一员的自信心和自豪感。要大力加强民族团结教育,引导和帮助各族青少年深入了解党的民族宗教政策,正确对待民族宗教问题,牢固树立汉族离不开少数民族,少数民族离不开汉族,各少数民族之间也相互离不开的思想。在一些反分裂斗争形势严峻的民族地区,要针对民族分裂势力和国内外敌对势力对青少年的渗透和影响,引导各族青少年开展针锋相对的斗争,立场坚定、旗帜鲜明地反对民族分裂、维护祖国统一。帮助各族青少年树立正确的国家观、民族观、宗教观,把各族青少年培养成坚定的爱国者,培养成有中国特色社会主义事业的合格建设者和接班人,我们就能筑起捍卫祖国统一,反对民族分裂的钢铁长城,就能更好地团结带领各族青少年在加快民族地区发展、实现各民族共同繁荣中发挥积极作用。

第三,积极探索新形势下加强民族地区青少年爱国主义教育的有效途径和方法,增强针对性、实效性、主动性和时代感。去年召开的中央思想政治工作会议上,江泽民总书记提出要加强思想政治工作的针对性、实效性、主动性和时代感。这对于我们做好新形势下民族地区青少年爱国主义教育工作具有重要的指导意义。随着改革开放的深入和社会主义市场经济体制的建立,我国社会生活发生了广泛而深刻的变化,民族地区各族青少年的思想观念和行为方式出现了许多新的情况和新的特点。进一步加强民族地区青少年爱国主义教育,必须紧密结合各族青少年的实际,在总结以往工作经验的基础上,进一步加强针对性,使爱国主义教育取得更加扎实的成效。要深入青少年,了解青少年,准确把握民族地区青少年的思想脉搏和思想行为的新特点。要积极探索具有鲜明时代特点、为各族青少年所喜闻乐见的爱国主义教育主题活动和载体。要提倡必要的礼仪,探索行之有效的爱国主义礼仪教育活动,并逐步使之规范化和系统化。要抓住重要节庆日和重大事件的契机开展生动活泼的爱国主义教育,坚持不懈地用爱国先进典型教育引导青少年,大力加强爱国主义教育阵地建设。要紧跟科技发展的步伐,充分运用广播、影视、互联网等现代传媒开展爱国主义教育,不断增强爱国主义教育的吸引力和影响力。

新形势下进一步加强青少年爱国主义教育对民族地区团的建设提出了新的要求。要以“三个代表”重要思想为指导,进一步加强民族地区团的思想建设、组织建设和作风建设,增强基层团组织的凝聚力和战斗力，重视发挥各级各类青年组织的作用，建设一支高素质的团干部队伍，使共青团组织切实承担起加强爱国主义教育的工作，更好地完成党交给的光荣任务。

同志们，党领导我们走过了辉煌的80年历程，取得了中国革命和建设的一个又一个胜利。站在新世纪的起点上，展望中华民族伟大复兴的光辉前景，我们充满了必胜的信心和力量。让我们更加紧密地团结在以江泽民同志为核心的党中央周围，高举邓小平理论伟大旗帜，以“三个代表”重要思想为指导，开拓创新，努力奋斗，适应新形势、研究新情况、解决新问题，进一步加强民族地区青少年爱国主义教育，团结带领各族青少年为实现中华民族的伟大复兴而努力奋斗！

全面深化青年文明号活动 充分发挥广大青年在职业道德建设中的生力军作用

——周强在“以德治国与青年文明号活动”论坛上的讲话

2001年10月27日

今天，共青团中央联合中央、国家机关有关部门共同举办“以德治国与青年文明号活动”论坛，是为了深入学习贯彻江泽民总书记“七一”重要讲话，以“三个代表”重要思想为指导，贯彻依法治国和以德治国的基本方略，按照《公民道德建设实施纲要》的要求，研究如何深化青年文明号活动，加强青年职业道德建设，为建立与社会主义市场经济相适应的道德体系，促进经济社会协调发展做出新的贡献。这次论坛得到了全国青年文明号活动组委会各成员单位的大力支持，得到了人民日报社等新闻单位的大力支持，得到了专家学者的大力支持。在此，我代表共青团中央一并表示感谢。

江泽民总书记在新世纪伊始提出：“我们在建设有中国特色社会主义，发展社会主义市场经济的过程中，要坚持不懈地加强社会主义法制建设，依法治国，同时也要坚持不懈地加强社会主义道德建设，以德治国。”在庆祝中国共产党成立80周年大会上，江泽民总书记再次强调：“加强社会主义思想道德建设，是发展先进文化的重要内容和中心环节。”“要把依法治国同以德治国结合起来，为社会保持良好的秩序和风尚营造高尚的思想道德基础。”江泽民总书记关于依法治国与以德治国相结合的重要论述精辟阐述了法治与德治在建设有中国特色社会主义中的辩证关系。依法治国与以德治国相结合，是对我们党“两手抓两手都要硬”战略思想的运用和发展，是对建设有中国特色社会主义规律性认识的升华，是对马克思主义国家学说的丰富和贡献。坚持依法治国和以德治国的基本方略，对于推进改革开放和社会主义现代化建设事业，实现中华民族的伟大复兴，具有重要而深远的指导意义。

职业道德建设是社会主义道德建设的重要内容。道德是调整人与人之间、个人与集体之间、个人与社会之间相互关系的思想和行为的规范。职业道德是所有从业人员在职业活动中应该遵循的行为准则，是一定职业范围内的特殊道德要求。对于社会来说，人的职业生活是最基本的实践活动之一。从一定意义上说，一个社会就是各种职业和各种职业活动的统一体。人们的职业活动场所，既是人们的道德实践活动表现得最经常、最丰富、最具体的地方，也是一定的道德理论运用得最经常、最丰富、最具体的地方。而且，职业道德与市场经济密切相关，是市场经济建设的前提条件。在发展社会主义市场经济的今天，我们尤其要重视和加强职业道德建设。

青年文明号活动开辟了职业道德建设新途径。为加强青年的职业道德建设，引导青年立足本职，争创一流，共青团中央从 1994 年初开始联合中央、国家机关 20 个部门共同发起组织了青年文明号活动。1994 年 4 月，江泽民总书记亲笔题写"青年文明号"，给全国亿万青年职工以极大鼓舞，给这项工作以极大推动。目前，这项活动已在全国 500 多万个青年集体中广泛开展，涌现出各级各类青年文明号 11 万多个。广大青年文明号集体以良好的职业道德、清新的职业新风赢得了社会的普遍好评和群众的广泛赞誉。7 年多来的实践表明，青年文明号活动适应了社会主义道德建设的新要求，开辟了青年职工职业道德建设的新途径。主要表现在：第一，青年文明号活动创造了职业道德建设具体有形的载体。青年文明号活动以为人民服务为核心，从群众看得见、摸得着、感受得到的事情做起，通过推行青年文明号服务卡，开展青年文明号助万家、百城万店青年文明号促销创效、青年文明号优质服务促假日经济等活动，推出青年文明号信用建设示范行动，把职业道德要求落实到青年的岗位中去，成为青年的自觉行为。第二，青年文明号活动把共青团的组织优势和行业的优势结合起来抓职业道德建设。共青团中央联合中央、国家机关有关部门组成全国青年文明号活动组委会，共同组织开展青年文明号活动。这样就把团组织动员组织青年职工的优势同行业主管部门的政策优势和管理优势有机整合起来，形成了齐抓共管的生动局面。第三，青年文明号活动把竞争机制引入职业道德建设。青年文明号活动实行动态管理，每年年底要进行重新考核，实行淘汰制，保持了青年文明号这一职业道德品牌的先进性。第四，青年文明号活动在职业道德建设中实现自我激励与社会约束的有机统一。青年文明号集体通过开展争创活动，经常性地对青年进行职业道德教育，引导青年树立崇高的职业理想，遵守职业规范要求，弘扬职业道德新风，使职业道德建设成为广大青年的一种自律行为。同时，全国青年文明号活动组委会又采取实行公示制、聘请特约监察员、公布监督电话、开通监督投诉网站等措施，发动社会力量对青年文明号集体进行监督。这样青年文明号活动就形成了自我激励与社会约束相结合的职业道德建设机制。

为进一步推动广大青年职工的职业道德建设，我们要继续深化青年文明号活动。下一步总的思路是：一是扩大活动规模。已经开展活动的行业，要动员更多的青年参加，扩大活动的参与面。同时，积极拓展活动领域，向其他行业延伸，扩大活动覆盖面。二是深化活动内涵。要深入贯彻《公民道德建设实施纲要》的要求，大力倡导以爱岗敬业、诚实守信、办事公道、服务群众、奉献社会为主要内容的职业道德，引导青年在岗位上做一个合格的建设者。三是突出活动重点。要把"青年文明号信用建设示范行动"作为深化青年文明号活动的一个重点，在更大范围内、更深层次上开展这项活动，抓住信用教育、信用实践、信用监督等几个关键环节，引导青年讲信用，重信誉，在信用道德建设中发挥示范作用。四是完善活动机制。要适应青年职业道德建设的新要求，建立健全活动的组织机制、创建机制、评价机制和管理机制，推动青年文明号活动持续健康发展。

同志们，社会主义道德建设是发展先进文化的重要内容。青少年是社会主义道德建设的有生力量。让我们高举邓小平理论伟大旗帜，以江泽民总书记“三个代表”重要思想为指导，深入贯彻依法治国和以德治国的基本方略，深入贯彻《公民道德建设实施纲要》，全面深化青年文明号活动，更好地发挥青年在职业道德建设中的生力军作用，为社会主义现代化建设贡献新的力量。

深入实施未成年人保护法
积极促进少年儿童健康成长

——周强在未成年人保护法颁布10周年座谈会上的发言

2001年12月5日

未成年人保护法颁布10年来，在推动社会各方面维护未成年人合法权益，促进少年儿童健康成长方面发挥了重要作用，全国依法开展未成年人保护工作取得了明显成绩。下面，我就共青团组织宣传实施未成年人保护法的情况和今后的工作打算作一汇报。

一、共青团组织宣传实施未成年人保护法的基本情况

未成年人保护法是我国第一部保护未成年人权益的专门法律，是有中国特色社会主义法律体系的有机组成部分。它的颁布和实施，充分体现了党和政府以及全社会对未成年人健康成长的重视和关怀，为维护未成年人合法权益，优化少年儿童成长环境提供了有力的法律保障。10年前，团中央曾参与了未成年人保护法的制定。10年来，共青团组织在依法保护未成年人方面主要做了以下工作。

1. 加强教育引导，提高未成年人综合素质。未成年人保护法第三条明确规定，“国家、社会、学校和家庭对未成年人进行理想教育、道德教育、文化教育、纪律和法制教育，进行爱国主义、集体主义和国际主义、共产主义的教育”。各级团组织通过开展“中国少年雏鹰行动”、“手拉手”、“新世纪读书计划”、宣传《全国青少年网络文明公约》等一系列生动活泼、健康有益的活动，坚持用正确的思想启迪少年儿童，用科学的知识充实少年儿童，用生动的实践锻炼少年儿童，用先进的典型激励少年儿童，教育他们爱祖国、爱人民、爱劳动、爱科学、爱护公共财物，使爱国主义、集体主义和社会主义思想在少年儿童的心灵中深深扎根，使优良品德和高尚情操在少年儿童的日常行动中逐步养成。通过建立青少年法制教育基地，开展形式多样的法制教育活动，引导青少年学法、懂法、守法、用法。通过举办自护培训班、自护学校，采取专家授课、录像观摩、模拟情景训练等教学形式，向未成年人宣传自护知识，提高少年儿童运用法律武器保护自身的能力。

2. 大力宣传未成年人保护法，增强全社会依法保护未成年人的意识。各级团组织充分利用报刊、广播、电视等新闻媒体，采取以案说法、文艺演出、知识竞赛、系列讲座、现场咨询、普法卡通等多种方式，对未成年人保护法和地方未成年人保护法规开展了形式多样、影响广泛的宣传教育活动。团中央相继组织编写了《未成年人保护法图例》、《挂图》、《法规汇编》、《宣传手册》、未成年人保护法卡通读本等普法资料，共发行200多万套。在1997年举行的全国少年“三五”普法知识竞赛和不久前开展的未成年人保护法律知识竞赛中，参与人数达到100多万。我们与全国人大内司委、中央综治委、教育部分别召开4次座谈会。会同有关部门连续开展了5届“保护明天”好新闻、好作品评选活动和3届未成年人保护工作先进集体和优秀公民的评选表彰活动，营造了全社会依法保护未成年人的良好氛围。

3. 广泛动员社会力量，维护未成年人合法权益。近年来，共青团充分动员和依靠社会力量，围绕优化未成年人成长环境，努力推动维权工作深入发展。一是会同有关部门解决危害未成年人成长的突出问题。针对不良文化危害青少年的问题，1994年和1995年，团中央在全国范围内开展两次青年志愿者文化市场监督活动。今年又会同文化、工商、信息产业等部门开展了创建“青少年安全放心网吧”活动。针对儿童食品、用品质量问题突出的情况，1996年、1997年，团中央和国家质量技术监督局联合开展了“保护明天”少年儿童食品、用品质量监督行动。针对中小学生容易发生交通事故的情况，1999年，会同公安等部门开展了“少年儿童平安回家”活动。二是着眼于保障未成年人的受教育权，大力实施“希望工程”。1989年，中国青少年发展基金会启动希望工程，广泛动员海内外力量，资助中国农村贫困地区的失学少年儿童继续小学学业，改善贫困地区的办学条件，协助政府普及九年义务教育。十多年来，共募集资金20亿元，已经救助250万因贫困失学少年儿童重返校园，为贫困地区援建了8355所希望小学。三是着眼于构建未成年人维权网络，开展创建优秀“青少年维权岗”活动。1999年，团中央会同中央有关部门联合开展了创建优秀“青少年维权岗”活动，通过建立激励和约束机制，调动各相关系统基层单位共同做好未成年人保护工作。在创建过程中，各系统基层单位立足本职，热情服务，为维护未成年人权益做实事、办好事，优化了少年儿童的成长环境，共涌现出5万多个优秀青少年维权岗。

4. 积极参与地方未成年人保护法规的制定，加强保护未成年人的基础工作。未成年人保护法颁布后，受各省、自治区、直辖市人大常委会委托，各省级团委积极参与地方法规的调研、起草、修改、论证工作，协助各地人大制定了未成年人保护法实施办法或条例。按照有关规定，各省、自治区、直辖市都成立了未成年人保护委员会，日常办事机构设在团省、区、市委，基层也普遍建立类似的工作机构。共青团组织在未保委的领导下，积极发挥参谋、协调、服务的作用。各级团组织还建立了青年法律工作者协会、青少年法律与心理咨询服务中心等社会化服务组织，加强了保护未成年人的工作队伍。

经过10年的探索和实践，我们有几点体会：一是要把各职能部门各司其职与全社会齐抓共管结合起来。未成年人保护法明确规定“保护未成年人是国家机关、武装力量、政党、社会团体、企业事业单位、城乡基层群众性自治组织、未成年人的监护人和其他成年公民的共同责任”。只有社会各方面各司其职，针对未成年人保护工作中存在的突出问题一个一个地解决，才能把未成年人保护法的各项规定真正落到实处，也只有社会各方面密切配合、通力合作，才能全面、系统、有效地实施未成年人保护法。二是要把社会保护与未成年人自我保护结合起来。未成年人正处在成长发育期，心智尚未成熟，权益容易受到侵害，是社会中的弱势群体。保护未成年人合法权益必须依法严厉打击侵害未成年人权益的行为，为保护少年儿童健康成长营造良好社会环境。同时，也要特别重视增强广大未成年人自我保护的意识和能力。三是要把实施未成年人保护法与实施其他相关法律法规结合起来。目前，我国已有未成年人保护法和预防未成年人犯罪法两部关于未成年人的专门法律，在民法、婚姻法、义务教育法、刑法、继承法等许多法律中也有关于未成年人的条款，这些条款也是未成年人保护法律体系的重要组成部分。因此，要把未成年人保护法与其他法律法规的贯彻实施紧密衔接起来，充分发挥这些法律对未成年人的保护作用。

二、共青团组织实施未成年人保护法的进一步工作打算

在“四个多样化”的条件下，未成年人保护工作面临着许多新情况新问题。今后，我们要以邓小平理论和江泽民同志“三个代表”重要思想为指导，认真学习贯彻李鹏委员长的重要讲话和这次会议精神，以创新的精神，务实的作风，深入推进未成年人保护工作。

1. 进一步完善未成年人保护工作的组织网络。各级团组织要适应“四个多样化”的新形势，进一步加快省、地、县三级共青团权益工作机构的建设力度，推动未保委和社会维权组织的建设，建立社区未保组织，深化创建优秀“青少年维权岗”，延伸维权手臂，逐步建立起一个覆盖面广，能够动员社会力量广泛参与未成年人保护工作的组织网络。

2. 以生动有形的活动推动未成年人保护法的深入实施。各级团组织在实施未成年人保护法过程中，要紧密结合工作实际和未成年人的特点，不断创新有效的活动载体。要围绕坚定理想信念、学习成才、权益保护、预防犯罪等内容，精心设计活动项目，以项目运作的方式，继续推进创建“社区青少年法律学校”、社区青少年远离毒品行动和创建“青少年安全放心网吧”等活动，进一步解决未成年人保护工作面临的突出问题。

3. 着力建设未成年人保护工作的阵地网络。目前，我国中小学生每年法定节假日达到170多天，特别是学生减负以后，自由支配时间增多，而校外活动场所远不能满足青少年的需求。各级团组织要在社区广泛建立青少年法律学校、知心家庭学校、青少年服务中心和青少年法制教育基地，充分发挥青少年宫、青少年活动中心的作用，进一步完善中青网、雏鹰网等面向未成年人的网站建设，早日实现青少年校外教育和活动阵地的多样化、社会化、网络化，从而使中小学生能够就近就便地参加各种有益的实践教育活动。

4. 积极探索未成年人保护工作的运行机制。各级团组织要结合本地实际，加强机制建设，推动未成年人保护工作持久发展。要把未成年人保护工作纳入当地政府的规划和部署之中。要调动社会各界参与未成年人保护工作的积极性和主动性。要大力表彰未成年人保护工作的先进集体和个人。要积极推动未成年人保护法律体系的完善和公共政策的制定，为维权工作提供法律和制度保障。

未成年人的健康成长关系着祖国的未来和民族的希望。我们要以邓小平理论伟大旗帜和江泽民同志“三个代表”重要思想为指导，进一步做好未成年人保护法的实施工作，为未成年人健康成长营造良好的环境，以高度的政治责任感努力把青少年培养成为社会主义事业的合格建设者和接班人。

周强在"全国进城务工青年发展计划"座谈会上的讲话

2001 年 12 月 6 日,根据录音整理

今天,我们召开"全国进城务工青年发展计划"座谈会,交流和总结前一阶段工作,明确下一步工作思路,进一步推动"进城务工青年发展计划"的深入实施。刚才,几位团省、市委书记做了很好的发言。各地所做的工作很有探索性,适应了形势发展的需要,也适应了进城务工青年的需要。借此机会,我谈几点意见。

一、进一步提高对进城务工青年工作重要性的认识

首先,做好进城务工青年工作,是共青团学习和实践江泽民同志"三个代表"重要思想的重要体现。共青团贯彻落实"三个代表"重要思想的一个重要方面,就是要开发青年人力资源,造就青年人才大军。目前,我国进城务工青年人数在 1 亿左右,他们是青年群体中一支重要的力量,也是一个具有开发潜力的青年人力资源。他们有一定的文化基础,有实践的磨炼,有旺盛的创业激情和创造潜能。做好他们的工作,更好地培养和造就大批进城务工青年人才,更好地为进城务工青年的成才发展服务,是共青团贯彻落实"三个代表"重要思想的具体体现。

其次,做好进城务工青年工作,是共青团完成党赋予的团结、教育、服务青年光荣任务的必然要求。在改革开放和社会主义市场经济深入发展、社会经济生活出现"四个多样化"的形势下,共青团工作面临着很多新情况、新问题,其中包括工作对象的变化。进城务工青年是改革开放以来产生的一个庞大的新兴青年群体,是我国青年的重要组成部分。共青团作为党联系青年的桥梁和纽带,应当把进城务工青年作为新的重要工作对象,责无旁贷地做好团结、教育和服务他们的各项工作。

第三,做好进城务工青年工作,是共青团服务我国现代化进程的迫切需要。大量青年农民进城务工,是我国工业化、城市化、城镇化进程中出现的必然现象。这些年来的实践证明,进城务工青年是我国现代化建设的重要力量,一方面推动了城市的建设,另一方面推动了农村现代化发展,在经济和社会发展全局中发挥了重要作用。做好他们的工作,对于服务改革、发展、稳定的大局,加快推进我国现代化进程具有十分重要的意义。

同时,我想强调,做好进城务工青年工作面临着很好的历史性机遇。一是党中央要求我们做好这项工作。党中央十分关心进城务工青年,中央书记处在听取团中央工作汇报时多次明确指出,要进一步团结、教育和服务进城务工青年,做好他们的工作。1996 年 11 月,在团中央联合有关部委开展首届"中国十杰百优外来务工青年"评选活动时,胡锦涛同志亲切接见了"十杰百优"代表,鼓励全国进城务工青年争做"学习的模范,创业的先锋,守法的公民,致富的骨干"。今年"五四"期间,胡锦涛同志又到北京市海淀区建筑工地看望进城务工青年,和他们亲切交谈,接见了第三届全国十大杰出进城务工青年,对做好进城务工青年工作提出了明确的要求。这充分说明党和政府十分关心进城务工青年,关心他们的成长,关心他们的生活,同时也是对我们开展这项工作的鞭策和鼓励。二是这些年全团共同努力,通过服务进城务工青年、建立进城务工青年团组织等工作,进行了一系列新的探索,积累了一

些有益的经验。这是我们工作的基础。三是我们面临良好的政策环境。党中央、国务院提出要加快城镇建设步伐,推进工业化、城市化,提高农业现代化水平。在这样的背景下,出现了农业人口向小城镇和城市的转移。同时各地逐步采取了放开、放宽户口限制的政策。进城务工青年的人数会越来越多,进城务工青年的工作会越来越重要。四是我国加入 WTO 之后,资本和人力资源的流动将会越来越大,会有更多的农村青年走出乡村,到城市务工经商。

应该说,经过这些年的探索和努力,全团上下对这项工作在认识上不断提高,在工作上积累了很多有益的经验。但我认为,进城务工青年工作仍然是我们工作的薄弱环节。进城务工青年流动性很大。共青团要适应这种流动性,拥有更加开放的思维,建立更加开放的组织,提供更加开放的服务,不断提高我们的工作水平。我们的总目标是:以"三个代表"重要思想为指导,抓住机遇,提高认识,迎难而上,积极探索,把进城务工青年工作由共青团工作的薄弱环节变成共青团工作的强项,成为共青团工作新的增长点和亮点。

二、狠抓落实,切实推进进城务工青年发展计划

回顾共青团开展进城务工青年工作的历程,可以看出,早在进城务工青年群体产生之初,共青团就开始了对他们的关注和服务。改革开放初期,首先在沿海和经济特区出现了大量的进城务工青年,团的活动开始在他们中间开展。比如 80 年代初期,团深圳市委就开展了进城务工青年"大家乐"活动,满足进城务工青年的业余文化生活需求。共青团以服务为切入点,开展文化服务、权益保护、评选典型等活动,宣传他们在城乡两个文明建设中的积极作用。90 年代初期和中期,一些地方团组织开展了"东西互助——劳务协作",东西部团组织联合起来有组织地输出农村青年,直到目前,这项工作仍在继续。1996 年 12 月,团中央总结各地经验和做法,会同有关部委推出了"千校百万"进城务工青年培训工作,把进城务工青年的人力资源开发同有关政府部门的管理结合起来,这是一个新的发展和探索。实践表明,这项工作得到了中央和地方党政有关部门的大力支持,有的还成为地方党委的重点工作和政府部门年度考核的基本依据。今年 7 月,我们把进城务工青年工作很多方面的内容整合起来,形成"进城务工青年发展计划"这个品牌,作为一个系统工程来深化推进。今后,全团要形成合力,狠抓落实,从以下几个方面入手,把这项工作引向深入。

第一,从开发青年人力资源的角度,做好进城务工青年的培训工作。庞大的劳动力资源是我国经济发展最宝贵的资源,是我国产品竞争力的重要组成部分。开发进城务工青年人力资源,是共青团服务大局与服务青年相结合的具体体现。要通过培训,帮助进城务工青年很好地融入城市生活,熟悉城市管理的要求,了解城市生活的特点,适应城市生活的氛围。要帮助他们掌握一技之长,拓宽就业渠道。要扶持和鼓励他们创业,发现其中的优秀人才,使他们在市场经济的大潮中脱颖而出。要树立、宣传他们中的典型,引导、带动更多的进城务工青年依法经商,依法务工,做致富的骨干。有些地方把进城务工青年当成宝贵的人才,专门设立了返乡青年创业园区,这种做法很有意义,要积极推广。

第二,为进城务工青年办实事,切实维护他们的权益。要千方百计地为进城务工青年办实事,帮助他们排忧解难。只要一年办几件实实在在的事情,帮助他们解决实际困难,我们的工作影响力就会越来越大,就能温暖他们的心,就能让他们把团组织当成自己的家。农村青年进城打工,干的是最脏、最苦、最累的活,他们为城市做出了很大贡献,却享受不到城市的一些福利待遇。但有些人瞧不起他们,出了问题又归咎于他们。这种现象是普遍存在的，是长期以来我国社会的二元结构造成的。这些年来，进城务工青年的权益保护工作有了很大的改观和进步，城市居民也感觉到确实离不开进城务工青年群体，否则日常生活很不方便，很多工作没人来做。尽管如此，进城务工青年仍是一个弱势群体，他们的权益经常受到侵害。因此，共青团要高度重视、认真做好进城务工青年的维权工作，既要抓具体案件，又要抓带有倾向性的问题。

第三，发展打工文化，丰富进城务工青年生活，陶冶他们的情操，提高他们的文化素养。打工文化是同我国改革开放和现代化进程紧密联系在一起的，是同人民群众的喜怒哀乐紧密联系在一起的。现在有些文艺作品不生动，打动不了人，主要原因是脱离群众，脱离现实生活。进城务工青年群体有艰苦创业的人生历程，尝受了人生的酸甜苦辣，他们有奋斗的艰辛，也有成功的喜悦，是文学艺术的最好素材，是文学创作的沃土。团组织要倡导和扶持打工文化，一方面要在进城务工青年中开展形式多样的文化活动，丰富他们的文化生活。另一方面要在进城务工青年中发掘、培养文学人才，鼓励和支持他们从事文学创作，联合报刊杂志、电台、电视台等开办打工文化方面的栏目，评选优秀文艺作品。同时，要组织文艺工作者深入火热的打工生活，深入进城务工青年群体，通过文艺作品反映他们奋斗的足迹，挖掘他们的心路历程。

第四，构建进城务工青年的服务体系，增强服务能力。团组织一是要积极推动有关公共政策的制定，为他们健康成长和投身现代化建设提供良好的政策保障。二是发挥共青团组织自身优势，加强与政府有关部门在培训和管理方面的合作，增强我们服务进城务工青年的能力，提高工作效率和扩大工作影响。三是通过树立进城务工青年中的先进典型，影响带动更多的进城务工青年，充分发挥他们在城乡两个文明建设中的生力军作用。

第五，根据进城务工青年实际情况，切实加强团组织建设。要以开放创新的思维，适应进城务工青年群体的实际状况，灵活设置团组织，努力探索多样化的团建方式。如依托社团建立团组织，成立进城务工青年联谊会、打工青年维权协会等。总之，要根据经济社会结构和青年群体分布的新变化，以创新的精神来探索进城务工青年团组织的具体形式，更好地服务进城务工青年。

第六，进城务工青年工作要与团的重点工作有机结合起来，形成合力，产生整体效益。在城市共青团工作中，“进城务工青年发展计划”可以与创建“青年文明社区”活动结合起来，相辅相成，互相促进。比如，在城市社区建立进城务工青年团组织，通过对进城务工青年的管理服务，更好地营造社区秩序，提高社区文明程度。在个体私营企业中，“进城务工青年发展计划”可以与“青年文明号”活动结合起来，既通过“青年文明号”来规范经营行为，促进优质服务，又以此促进个体私营企业中的进城务工青年工作。总之，要充分整合团内资源，实现工作资源共享，把“青年文明社区”创建、青年文明号、青年志愿者、青年岗位能手等活动向进城务工青年群体延伸，不断深化进城务工青年发展计划。

以“三个代表”重要思想为指导加强和改进团的作风建设 把服务青年的工作提高到一个新水平

——周强在共青团十四届五中全会上的讲话

2001年12月11日

这次会议的主要任务是，以邓小平理论为指导，深入学习贯彻江泽民同志“七一”重要讲话精神，学习贯彻党的十五届六中全会精神和中央经济工作会议精神，学习贯彻中央书记处的指示精神，加强和改进团的作风建设，把服务青年的工作提高到一个新水平。下面，我代表团中央书记处讲三点意见。

一、深入学习贯彻江泽民同志“七一”重要讲话是全团当前的首要任务

江泽民总书记“七一”重要讲话，是一篇马克思主义的纲领性文献。《讲话》全面阐述了“三个代表”重要思想，从根本上回答了在新的历史条件下建设一个什么样的党和怎样建设党的问题，是党的建设理论的新发展。《讲话》贯穿着解放思想、实事求是的思想路线，创造性地提出了许多新思想、新观点、新论断，集中体现了与时俱进的马克思主义理论品格，是我们党进行理论创新的典范。《讲话》对青年一代提出了殷切期望，既是对全国亿万青年的巨大鼓舞与鞭策，也是对广大团干部和青年工作者的巨大鼓舞与鞭策。《讲话》发表后，全团通过多种形式开展学习教育活动，在广大团员青年中兴起了学习高潮。当前和今后一个时期，全团要把深入学习贯彻“七一”重要讲话作为首要任务抓紧抓好，以“三个代表”重要思想为指导，进一步加强团的建设，全面推进团的各项工作。

第一，按照“三个代表”的要求，进一步加强团的建设。

加强思想建设，始终坚持以马列主义、毛泽东思想、邓小平理论和江泽民同志“三个代表”重要思想为指导，牢牢把握中国青年运动的正确方向。在改革开放和社会主义市场经济深入发展，社会经济生活出现“四个多样化”的形势下，共青团工作和建设面临着许多新情况新问题。要以“三个代表”重要思想指导团的整个工作，认识团的整个工作，评价团的整个工作，始终坚持与时俱进、开拓创新，始终保持共青团工作和青年工作的蓬勃生机和旺盛活力。

加强组织建设，努力探索灵活多样的团组织设置方式。近年来，青年社会结构、基层团组织依托发生了很大变化。在农村，大量青年进城务工，一些地方农村中的青年已经很少。在城市，随着国有企业改革的深化，青年职工的数量大幅度下降。同时，非公有制经济迅速发展，从业青年大量增加。在学校，随着高等教育制度改革不断深化，推行学分制和高校后勤服务社会化，班级与学生的联系趋弱。在高新技术产业领域，尤其是在IT、金融等领域，从业人员主体是青年。适应青年社会结构的变化，我们一方面要加强村、国有企业、学校班级的基层组织建设，另一方面要采取灵活多样的方式在社区、非公有制企业和学生公寓设置团的组织。

加强队伍建设，坚持不懈地用“三个代表”重要思想教育全团。教育引导团干部始终保持坚定正确的政治方向，坚定理想信念，牢固树立正确的世界观、人生观、价值观，牢记党的全心全意为人民服务的宗旨，做“三个代表”的忠实实践者，做党的合格干部，做青年的表率。教育引导共青团员牢记自己是青年中的先进分子，应当有比一般青年更高的追求，增强作为团员的光荣感和责任感，在青年中发挥好模范带头作用。

第二，按照“三个代表”的要求，着力开发青年人力资源，培养和造就青年人才大军。

人是生产力中最具决定性的力量。我们党着眼于推动社会生产力的发展，高度重视人力资源开发。我国劳动人口的主体是青年，开发青年人力资源是整个人力资源开发的重点。尤其是在知识经济时代，经济增长方式实现了质的飞跃，由以往主要依赖自然资源和资本资源的投入，转变为主要依靠知识。青年在掌握新知识、新技能以及创新方面具有优势，在高新技术产业等新领域中发挥的作用愈来愈大，是人力资源开发中最有潜力的一个群体。共青团要积极为青年搭建舞台，通过广泛开展中国青年科技创新行动、保护母亲河行动、中国青年西部创业行动等，推动青年在科教兴国、可持续发展、西部大开发中大显身手，竞展才华。要加大培养人才的力度，促进各行各业的优秀青年人才广泛涌现。要推动青年投身创新实践，把青年中蕴含的创造潜能转化为推动先进社会生产力发展的动力。

第三，按照“三个代表”的要求，把青年一代培育成为有理想、有道德、有文化、有纪律的社会主义新人。

在当代中国，发展先进文化，就是发展有中国特色社会主义的文化，其根本任务是培养有理想、有道德、有文化、有纪律的社会主义公民。共青团要按照党的要求，用先进文化塑造青年，把青年一代培育成为“四有”新人。

加强青少年理想信念教育。面对西方思想文化的渗透以及藏独、疆独等敌对势力与我争夺青少年的形势，共青团组织要高扬理想的旗帜，加强青少年理想信念教育。最根本的，就是要坚持不懈地用马列主义、毛泽东思想、邓小平理论和江泽民同志“三个代表”重要思想教育青年，引导青年牢固树立实现中华民族伟大复兴的理想和坚定不移地走建设有中国特色社会主义道路的信念，构筑起强大的精神支柱。

加强青少年道德建设。江泽民总书记提出了以德治国的方略，中央又颁布了《公民道德建设实施纲要》，对青少年道德建设提出了明确的要求。共青团要大力加强爱国主义、集体主义、社会主义教育。要帮助青少年吸收中华民族传统美德的宝贵营养，培养与社会主义市场经济发展相适应的道德观念和道德规范。要发挥共青团在实践中育人的优势，组织青少年在服务社会、服务人民、保护环境的实践中提高思想道德素质。针对一些青少年道德认知与道德行为相脱节的现象，引导他们从小事做起，从一点一滴做起，逐渐养成良好道德习惯。在互联网迅速普及、上网青少年越来越多的情况下，要通过宣传推广《青少年网络文明公约》等方式，加强青少年网络道德建设。

推动青年在建设先进文化中发挥生力军作用。青年素有开风气之先的特点，具有开创社会新风的现实作用。共青团要把青年的这种现实作用引导好、保护好、发挥好，使之与中国先进文化的前进方向相一致。文化塑造青年，青年创造文化。要进一步推动青年在精神产品的创造与生产中发挥更大作用，创造更多的优秀精神文化产品。

第四，按照“三个代表”的要求，竭诚为青年服务。

为最大多数人谋利益，是马克思主义的一个基本观点，是我们党的立党宗旨。发展先进生产力和先进文化，归根到底都是为了满足人民群众日益增长的物质文化生活需要，实现最广大人民的根本利益。青年是人民群众的一部分。共青团作为先进青年的群众组织，贯彻落实“三个代表”的要求,就要做好竭诚为青年服务的工作。要把竭诚为青年服务贯穿于团的工作和团的建设的始终。对于团的工作而言,就是要从服务青年的角度审视和看待工作,把青年欢迎不欢迎、赞成不赞成、满意不满意作为我们开展工作、评价工作的标准。对于团的建设而言,要着眼于服务,通过不断加强基层团组织建设,扩大团组织的覆盖面,为做好服务青年的工作提供坚强的组织保证。

共青团作为党的助手,作为党联系青年的桥梁和纽带,为党做好青年工作,最根本的就是要做好服务青年的工作。只有切实做好服务青年的工作,使青年真正得到团组织的帮助,才能不断增强对青年的吸引力、凝聚力,才能把广大青年团结在党的周围,巩固党的青年群众基础。

二、加强和改进团的作风建设是新形势下共青团加强自身建设的迫切需要

党的十五届六中全会,以“三个代表”重要思想为指导,着眼于党面临的新形势新任务,作出了加强和改进党的作风建设的决定,对于推进新世纪党的建设新的伟大工程,对于新形势下加强和改进团的作风建设,具有十分重要的指导意义。

加强和改进作风建设是摆在全团面前的一项重要而紧迫的任务。共青团是为党做青年群众工作的,团的作风正不正、实不实,关系到团组织有没有凝聚力和战斗力。当前,团的作风总的是好的,但与新形势新任务的要求相比,还存在这样那样的问题。比如,有的安于现状、不思进取,有的搞形式主义、短期行为,有的情绪浮躁,工作飘浮,还有极个别人经受不住诱惑,走上了违法犯罪道路。我们必须按照党的要求,从关系团的形象、关系团的生存发展的高度重视团的作风建设,着力解决存在的突出问题,把团的作风建设提高到一个新水平。

第一,要坚持解放思想、实事求是的思想路线。

这是加强和改进团的作风建设的首要任务。共青团只有坚持解放思想,实事求是,与时俱进,开拓创新,才能始终带领青年跟随党走在社会发展的前列,走在时代进步潮流的前列。

要研究新情况、解决新问题。共青团工作和建设始终需要在不断研究新情况、解决新问题中求得发展。经济全球化和我国加入 WTO,市场经济的深入发展和“四个多样化”的出现,科学技术的飞速进步尤其是互联网的普及,使共青团工作和青年工作面临着许多新情况新问题。要敏锐地把握这些新情况新问题,对其内在规律以及对青年工作的影响做到心中有数。要进一步增强创新意识,努力探索适应市场经济体制要求的青年工作运行机制。

要尊重基层和青年的首创精神。共青团工作发展的源头活水在于基层,在于青年。我们许多新的工作项目、工作方法和组织形式都来自基层组织的创造和青年的实践。团的各级领导机关和领导干部要尊重基层的首创精神,重视青年的创造实践,保护和调动他们的创造热情,善于从中受到启发,汲取营养,从而获得推动工作发展的不竭动力。

第二,要保持脚踏实地、求真务实的工作作风。

脚踏实地、求真务实是共青团的优良作风。在新的形势下,保持好、发扬好这一作风,对于做好共青团工作和青年工作,对于团干部的成长进步,都有着十分重要的意义。

要深入调查研究。搞好调查研究,才能了解真实情况,掌握第一手资料,为科学决策提供依据。近年来,在广泛调研的基础上,我们对青少年的分布和变化,对基层组织的发展状况,都有了一定的了解和把握。但与迅速发展的新形势相比,还存在调研时间不够、调研不深入等问题,甚至出现决策时想当然、拍脑门、闭门造车的现象。要进一步重视调查研究,深入青年，了解青年的所思所想，深入基层，掌握基层在工作中遇到的实际问题，不断增强工作的针对性和预见性。

要务求工作实效。要办实事，决不能搞形式主义。共青团工作有自身的特点，主要是通过开展活动来动员青年、影响青年，既要讲求工作的形式和方法，做到轰轰烈烈，更要注重实效，做到扎扎实实。要抓落实，决不能靠会议落实会议，用文件落实文件。要办事业，决不能搞短期行为。我们每一个人在团的岗位上的时间是有限的，但共青团的事业是一项长期发展的事业，要本着一种对历史、对未来负责的精神，通过实实在在的努力，为团的事业发展做出贡献。

第三，要发扬敬业奉献、诚信廉洁的精神。

团干部作为共产党员，在精神上应该有更高的追求，最关键的，就是要解决“参加革命为什么，现在当干部应该做什么，将来身后应该留点什么”的问题，树立起正确的世界观、人生观、价值观。

要敬业奉献。团干部是为党做青年群众工作的，要忠诚于党的事业，忠诚于团的事业。要把忠诚之心体现在爱岗敬业的行动上，落实到勤奋忘我的工作中。团的岗位是一个奉献的岗位。要始终保持艰苦奋斗、昂扬奋发的精神状态，常怀感激之情，常葆进取之心，保持甘于清苦、甘于奉献、不计名利、不计得失的高尚境界，用奋斗来充实人生，用奉献来体现人生。

要诚信廉洁。人无信不立。诚信是做人做事的基本准则。团干部要成为青年的表率，就要带头讲诚信，做到表里如一，言行一致。如果对组织的要求不认真落实，对青年的承诺不真正兑现，团干部就会失去组织的信任，就会失去青年的信赖，就会影响共青团在青年群众中和社会上的形象。廉洁是党对干部的基本要求。团干部要自觉加强党性修养，严于律己，做到自重、自省、自警、自励。要培养积极向上的生活情趣，自觉抵制拜金主义、享乐主义和极端个人主义的侵蚀，防微杜渐自觉做廉洁自律的模范。

第四，要进一步健全完善团的各项制度。

团的作风建设，一靠教育，二靠制度。制度带有根本性、稳定性和长期性，有了一套完整系统和操作性强的规章制度，作风建设才有保障，广大团员和团干部才能规范自己的行为。要抓住民主集中制这个根本。民主集中制是共青团的根本组织原则和组织制度，是共青团区别于其他青年组织的主要标志之一。各级团委领导班子要成为贯彻民主集中制原则的模范，成为一个有凝聚力和战斗力的领导集体。要进一步健全、完善团的各项制度。如，团干部学习制度、调查研究制度、挂职锻炼制度、选拔任命制度等。要进行制度创新，如创新团干部联系青少年制度、考核制度、监督管理制度、基层团组织生活制度等。通过建立健全制度，努力做到以制度管人。在建设社会主义法治国家进程中，共青团要依照法律和章程开展活动，规范管理，这是在新形势下加强和改进团的作风建设的一个重要保障。

第五，要增强密切联系青年、竭诚服务青年的自觉性。

保持党同人民群众的血肉联系，是加强和改进党的作风建设的核心问题。共青团作为党领导的先进青年的群众组织，作风建设的核心问题就是密切联系青年，竭诚为青年服务。

要密切联系青年。要增进对青年的感情，时刻关注青年，把青年的喜怒哀乐、安危冷暖挂在心上，用真情去凝聚人、团结人。要坚持马克思主义青年观，正确看待和认识青年，始终把青年一代的健康成长与党的事业长远发展和国家长治久安紧紧联系在一起，增强为党做好青年工作的自觉性。要充分尊重青年，认真听取青年的呼声，准确把握青年的意愿，与青年打成一片。

要竭诚服务青年。共青团是青年群众组织，只有竭诚服务青年，才能凝聚青年，才能赢得青年。团干部要牢固树立竭诚为青年服务的意识，摆正位置，深刻认识到自己作为团干部，是为青年服务的，而不是做青年官的。服务青年关键是要为青年办实事、谋利益。要把为青年办了多少实事、解决了多少困难作为衡量团的工作成效的重要标准，作为检验团干部作风的根本尺度。把这个根本问题解决好了，团的作风建设才能取得明显成效。

三、把服务青年工作提高到一个新水平

我国经济社会发展对共青团服务青年的工作提出了新的更高的要求。随着市场经济和对外开放的深入发展，青年的视野更加开阔，需求更加多样，对服务质量和层次的要求越来越高。随着我国经济社会结构的变化，青年群体分化大大加快，新的群体不断出现，不同青年群体对服务有着不同的具体要求。与此同时，大量以青年为服务对象的社会组织纷纷出现，他们的服务在一些专门领域对青年有着较强的吸引力。共青团对青年的吸引力、凝聚力从根本上取决于服务青年的力度和水平。从目前情况看，我们服务青年的工作还存在着手段不多、渠道不多、方式方法创新不够等问题，提高服务青年的整体水平显得十分重要和紧迫。我们要以强烈的责任感和高度的紧迫感，充分发挥自身优势，努力开拓创新，把服务青年工作提高到一个新水平。

1. 服务青年学习成才的根本需求。

学习成才是青年的根本需求。在知识更新大大加快的时代，青年学习成才的热情普遍高涨。他们越来越注重对新知识、新技能的学习，希望掌握计算机、互联网、金融、法律、外语、WTO 规则等知识。共青团要引导青年牢固树立终身学习的观念，发愤学习，掌握过硬本领。要通过青少年新世纪读书计划和各种培训活动，帮助青年学习新知识、新技能。要针对不同青年群体学习成才的特殊需要，开展各类实践成才活动，推动农村青年增收成才，帮助企业青工成为岗位能手，促进青年学生拓展素质，使广大青年成为现代化建设的有用之才。同时，要积极开发利用国际资源，为青年到海外学习提供服务。

2. 代表维护青少年利益，推动青少年法律和政策的制订与完善。

共青团作为先进青年的群众组织，代表和维护青少年利益的一个重要途径就是推动青少年法律和政策的制订与完善。要发挥好党联系青年的桥梁和纽带作用，积极向党政机关、国家权力机关反映青年的意愿和呼声。要深入调查研究，了解青年的需求和状况，成为党和政府的青年信息库，为相关青年法律和青年政策的出台提供依据。要积极推动有关部门将开发青年人力资源、促进青年就业、推动青年志愿事业发展等纳入经济社会发展的总体规划。要切实履行好维护青少年合法权益的职责，配合有关部门实施好《未成年人保护法》和《预防未成年人犯罪法》，促进青少年健康成长。

3. 服务青年的多样化需求。

适应青年需求多样化的趋势，共青团既要更好地为青年学习成才的根本需求服务，又要为青年日益丰富多样的具体需求服务；既要站在青年思想的制高点上，从理想的层次上把青年吸引过来，凝聚起来，又要针对青年在需求上的特殊性，为青年提供实实在在的服务。

服务青年的就业。从一定意义上讲，就业问题是一个青年问题。随着经济体制和经济增长方式的根本性转变，青年就业压力呈现出不断增大的趋势。同时，市场经济的发展为青年提供了大量的就业机会。我们要引导青年认清就业形势，转变就业观念，同时要通过培训、牵线搭桥以及提供资金、技术、信息等方面的服务，帮助更多的青年实现就业。

服务青年的精神文化需求。随着文化教育事业的发展和人们生活水平的不断提高，青年的精神文化需求日益增长，文化消费在青年总体消费中所占比重越来越大。要通过广泛开展

青年广场文化、社区文化、校园文化、乡村文化等方面的活动，活跃青年文化生活。要充分发挥“五个一工程”、团属新闻出版单位、青年作家协会的作用，生产和推介更多的优秀文化产品。要善于从青年的兴趣爱好出发，通过青年足球俱乐部、青年棋院、青年集邮协会、青年网络协会等渠道，服务青年的特殊文化需求。

服务各条战线青年骨干的事业发展。各条战线的青年骨干大多是事业上的成功者，他们有着拓展事业的强烈愿望，也有着回报社会的内在热情。共青团要通过组织博士生服务团、创建高技术创业园、提供项目合作等方式，为他们施展才华搭建舞台，组织引导他们更好地报效祖国、服务人民。

4. 加强对特殊困难青年群体的服务力度。

在改革不断深化，利益分配格局不断调整，社会保障体系尚待完善的条件下，出现了一些有特殊困难的青年群体。共青团做好服务青年的工作，首先要做到雪中送炭，为这些有特殊困难的青年排忧解难。如下岗青工，要通过技能培训、救济帮困等各种措施，帮助他们解决燃眉之急。同时，要帮助他们提高就业能力，尽快实现就业。如进城务工青年，要丰富他们的业余文化生活，维护他们的合法权益，加强劳动技能培训和法制教育，帮助他们在城市创业和回乡创业。如贫困学生，要通过开展希望工程、手拉手助学、特困奖学金、勤工俭学等措施，帮助他们顺利完成学业。

5. 努力提高服务青年的能力。

共青团服务青年的能力，关键在于丰富有效的服务手段和健全的服务体系。我们要强化服务手段，构建以团组织和相关青年组织为依托，以服务项目和活动为载体，以服务阵地为基础的青年服务体系，从而扩大服务青年的覆盖面和有效性。

强化组织依托。共青团有比较完备的组织体系，联系着广大的青年群众。在新的形势下，要进一步巩固现有组织网络，发挥它们在服务青年中的作用。同时，要加快新兴领域的建团步伐，使共青团组织网络能够覆盖新的经济组织和社会组织领域，进一步扩大覆盖面和影响力。要发挥青联、学联、青年企业家协会、青年乡镇企业家协会、青年科技工作者协会、青年志愿者协会以及其他团属青年社团在服务青年方面的独特作用。

加强阵地建设。阵地既是共青团服务青年的有效依托，也是共青团服务青年的优势所在。我们要在加大阵地建设工作力度的基础上，进一步发掘现有团属新闻舆论阵地、青少年宫、社区服务中心、读书俱乐部、乡村青年科技图书站、团属青少年网站等阵地的服务功能。同时，要培育和发展社区青少年法律学校、网校、青年信息技术培训学校等新的服务阵地。

丰富服务载体。开展适应青年特点的丰富多采的活动是共青团服务青年的重要形式和载体。近些年来，共青团围绕服务青年，推出了许多有效的活动载体，得到了青少年的广泛参与和热忱欢迎。要继续深化现有工作载体，不断拓展新的服务载体，突出活动的时代特点，丰富活动的内容。

加强队伍建设。要努力建设一支由团干部、青年工作者、青年志愿者和社会各界热心青年事业的人士共同组成的规模宏大的队伍。要适应经济社会发展的新形势，加大对团干部培训力度，帮助广大团干部学习掌握新知识、新技能，以适应服务青年的需要。要针对服务青年工作的新发展，培养、招募一批诸如项目负责人、青少年网站“版主”等专业性较强的人才。同时，要进一步增强服务意识，提高服务能力，使其成为服务青年工作的合格队伍。

强化服务手段。在服务青年的手段方面，要适应新情况不断创新。要加大青年职业技能培训力度，使之成为国民教育的有益补充，成为国家职业技能培训体系的有机组成部分。要充分发挥典型的引导示范作用，通过积极发掘、树立、宣传当代青年中的先进典型，在青年中形成崇尚先进、学习先进、争做先进的浓厚氛围。要努力营造有利于青年健康成长的社会环境，形成全社会关心青年、热情帮助青年的良好局面。要充分发挥互联网在服务青年中的作用，构建以中青网为主干的青少年网络服务体系。

建立工作机制。在服务青年工作中建立良好的工作机制，能够使各项服务青年的工作保持持久的生命力。我们要建立一套从可行性分析、决策、实施到效果评估、信息反馈的工作机制，推动服务青年工作持久发展。近年来，共青团在适应市场经济发展过程中建立了项目化、社会化运作的工作机制，使一些重点活动逐步发展成为持续发展的事业。

6. 增强团组织对团员的服务。

共青团作为广大青年在实践中学习共产主义的学校，是教育人、引导人、培养人的组织。在这个组织中，有 6850 多万共青团员。做好服务团员的工作，使他们在组织的关心和帮助下健康成长，是团组织的应尽义务。团的领导机关要加强对基层组织的服务，团的各级组织要加强对团员的服务。服务团员，首先要用崇高的理想凝聚团员，增强团员的使命感和光荣感，使共青团真正成为广大团员精神的家园。同时，要通过各级各类团校、培训基地和实践锻炼活动，使团员得到提高、增长才干。还要积极为团员解决实际问题，排忧解难，使团员真正感受到共青团的温暖。

当前和今后一个时期，共青团要提高服务青年工作的水平，必须把握好以下几个方面。

服务要具体有形。青年的需求是具体的，服务青年的工作也必须具体化。要一件事一件事地抓，一件事一件事地落实，抓住与青年切身利益密切相关的事情，从细微处入手，切实解决青年在学习、生活和工作中遇到的具体问题。

服务要突出互动性。从青年工作的角度看，青年从来都不仅仅是被动的接受者。青年对服务的需求是开展服务工作的依据；青年对服务的评价是改进服务质量的标准。而且，大量的服务工作是由青年本身来进行的。因此我们开展服务，内容上要尊重青年的选择，实施中要强化青年的参与，效果上要注重青年的评价，形成共青团的服务工作与服务对象之间的良性互动。

服务要注重导向性。共青团是党领导的先进青年的群众组织，不是一般的社会服务组织，对青年的需求，既要热情服务，又要正确引导；既要充分尊重，又不能简单盲从。开展服务工作要抓住重点，服务大局，但不能包打天下，面面俱到。在服务工作中，要研究青年现象，区别青年需求，起到应有的导向作用。

服务要注重社会化。在服务青年工作中，共青团处于核心地位，发挥着核心作用。这是党的要求，也是共青团的性质所决定的。但是，做好服务青年的工作也是全社会的责任。要充分运用社会资源，形成全社会共同重视、齐抓共管的良好局面。

以上三个方面，概括起来讲，“三个代表”重要思想是指针，团的作风建设是关键，服务青年是根本。我们要把服务青年工作提高到一个新的水平，首先，就要从学习贯彻“三个代表”重要思想的高度，从学习贯彻党的十五届六中全会精神，切实加强和改进团的作风建设的高度，进一步提高对服务青年的认识。同时，要从新的形势、新的情况、新的任务出发，通过全团上下共同努力，进一步做好服务青年的工作。

同志们，在共青团步入新世纪的第一年，在党中央的亲切关怀下，在全团的共同努力下，我们胜利完成了今年的各项任务，可以说，为共青团事业在新世纪的发展开好了头，起好了步。明年是中国共青团成立 80 周年，我们党还将召开十六大。让我们高举邓小平理论伟大旗帜，以“三个代表”重要思想为指导，紧密团结在以江泽民同志为核心的党中央周围，解放思想，实事求是，脚踏实地，开拓进取，以优异的成绩迎接党的十六大胜利召开！

周强致共青团全国组织部长会议的信

2002年3月1日

共青团全国组织部长会议及与会全体同志：

过去一年里，团的组织战线的广大团干部认真学习贯彻江泽民同志“七一”重要讲话精神和“三个代表”重要思想，开拓创新，扎实工作，为推动团的组织工作不断向前发展付出了辛勤努力。值此会议召开之际，谨向出席会议的全体同志，并通过你们向团的组织战线的同志们致以亲切的问候！

2002年是我们党和国家历史上非常重要的一年，也是共青团历史上具有重要意义的一年，我们将迎来党的十六大的召开和建团80周年。团的建设和团的工作面临十分繁重的任务。各级团组织和团的组织部门要深入学习贯彻江泽民同志“七一”重要讲话和党的十五届六中全会精神，以邓小平理论和“三个代表”重要思想为指导，按照团十四届五中全会的部署要求，把服务青年作为加强团的建设的出发点和落脚点，坚持“党建带团建”，以改革的精神研究团的建设面临的新情况、新问题，进一步加大团建创新的工作力度，深化创建“五四红旗团委”活动，全面加强农村、社区、非公有制经济组织、学校等基层团组织建设和团员、团干部队伍建设，切实推进团的作风建设，从而为团的工作和各项事业的蓬勃发展提供坚实基础和组织保障。希望团的组织战线的同志们发扬成绩，进一步增强做好工作的信心和责任感，深入青年，了解青年，与时俱进，勇于创新，以团的组织工作再上新台阶的优异成绩迎接党的十六大胜利召开。

最后，祝同志们身体健康，工作顺利！

统一思想、凝聚力量，团结带领广大青年以昂扬奋进的姿态迎接党的十六大胜利召开

——周强在2002年共青团宣传工作会议上的讲话

2002年3月1日

新春伊始，我们就召开共青团宣传工作会议。这次会议的主要任务是：以邓小平理论和江泽民同志“三个代表”重要思想为指导，认真贯彻党的十五届六中全会精神和全国宣传部长会议精神，进一步落实团的十四届五中全会提出的各项任务，总结去年团的宣传工作，安排部署今年的工作，统一思想，凝聚力量，团结带领广大青年以昂扬奋进的姿态迎接党的十

六大胜利召开。

过去的一年，全团宣传思想战线认真宣传贯彻江泽民总书记“七一”重要讲话和“三个代表”重要思想，深入开展“三个代表”重要思想学习实践活动，坚持以科学理论教育武装青年，唱响主旋律，打好主动仗，宣传思想工作主题突出，各项工作全面推进，取得了明显的成效。特别是在纪念建党80周年中精心组织的“党在我心中”主题宣传教育活动，在全社会产生了广泛的影响，使广大青少年受到了一次生动深刻的爱党、爱国、爱社会主义教育。民族地区青少年爱国主义教育迈出新步伐，去年在西藏召开了座谈会，在帮助青少年进一步牢固树立正确的国家观、民族观、宗教观方面发挥了积极作用。以国际志愿者年为契机，青年志愿者行动蓬勃发展，为社会主义精神文明建设做出了新的贡献。新世纪读书计划稳步推进，推动在青少年中普遍兴起的学习热潮不断高涨。团员青年反“法轮功”邪教斗争取得了新的胜利，“崇尚科学，倡导文明，拒绝邪教”在青少年中形成风气。团的新闻出版事业健康发展，共青团精神文明建设“五个一”工程取得丰硕成果，团属青少年活动阵地的建设和管理得到进一步加强。总之，2001年团的宣传思想工作呈现出全面发展的态势，为做好今年的宣传思想工作打下了良好的基础。团中央书记处对过去一年团的宣传思想工作是充分肯定的。在这里，我代表团中央书记处向付出辛勤劳动的团的宣传思想战线的同志们表示衷心的感谢并致以新春的问候！

今年是我们党和国家历史上具有重要意义的一年。我们党将召开十六大，这是我国进入全面建设小康社会、加快推进社会主义现代化的新的发展阶段召开的一次极为重要的会议，对于党和国家在新世纪的发展具有重大而深远的意义。在年初中央召开的全国宣传部长会议上，中共中央政治局常委、国家副主席胡锦涛作了重要讲话，中共中央政治局委员、中宣部部长丁关根作了总结讲话。中央领导同志在讲话中反复强调，今年宣传思想战线一定要高举邓小平理论伟大旗帜，以“三个代表”重要思想为指导，围绕中心，服务大局，创造性地开展工作，为完成改革开放和现代化建设的各项任务，为党的十六大的胜利召开提供强有力的思想和舆论保证。各级团组织要深入学习贯彻全国宣传部长会议精神，按照全国宣传部长会议的要求，切实做好今年团的宣传工作。

贯彻全国宣传部长会议精神，今年共青团宣传思想工作的总体要求是：高举邓小平理论伟大旗帜，以“三个代表”重要思想为指导，把迎接十六大、宣传十六大、贯彻十六大，认真学习“三个代表”、深入宣传“三个代表”、身体力行“三个代表”作为首要任务，在广大团员青年中兴起学习宣传贯彻江泽民总书记“七一”重要讲话和“三个代表”重要思想的热潮，兴起宣传改革开放和党的建设辉煌成就的热潮，兴起学习宣传贯彻十六大精神的热潮，切实把团员青年的思想统一到邓小平理论和“三个代表”重要思想上来，统一到中央应对复杂国际局势作出的重要判断和重大决策上来，统一到中央关于今年工作的总体要求和部署上来，振奋精神，坚定信心，激励广大团员青年更加紧密地团结在以江泽民同志为核心的党中央周围，以更加昂扬奋进的姿态迎接十六大，在改革开放和现代化建设中创造新的业绩。

下面，我就今年团的宣传思想工作谈几点意见。

一、进一步明确新形势下团的宣传思想工作所肩负的重要使命

按照全国宣传部长会议的部署，今年团的宣传思想战线统一思想的任务非常繁重。统一团员青年的思想，首先要帮助他们充分认识当前面临的形势和任务，把思想统一到中央应对复杂国际局势作出的重要判断和重大决策上来，统一到中央关于今年工作的总体要求和部署上来。

进入新世纪，国际局势跌宕起伏、风云变幻，正在发生冷战结束以来最为深刻的变化，难以预测的和不稳定的因素明显增多。党中央面对纷繁复杂的国际形势作出了三个基本判断，即和平与发展作为时代的主题没有改变，世界多极化的发展趋势没有改变，我们面临的国际环境依然是机遇大于挑战。“9·11”事件给国际形势和世界格局造成重大影响，大国关系发生了变化。中美关系以反恐斗争为契机，得到了缓和和进一步发展。我们既要看到面临的难得机遇，也要清醒地看到国际局势变化给我们带来的严峻挑战。国际局势变化对我国安全带来的压力不可低估，世界经济发展态势给我国经济带来的影响不可低估。随着世界多极化、经济全球化的深入发展，国家之间综合国力的竞争更加激烈，世界范围内各种思想文化相互激荡，我们面临的渗透与反渗透、遏制与反遏制、分裂与反分裂、颠覆与反颠覆的斗争仍将是长期的、复杂的，有时甚至是很尖锐的。

从国内情况来看，在过去的一年里，我国在全球经济增长明显趋缓的情况下，实现了国民经济的持续快速健康发展，经济继续保持快增长、高效益、低通胀的发展势头。我国在世界很不安宁的情况下保持了社会政治大局的稳定，建设有中国特色社会主义事业取得了新的进展。纪念建党 80 周年、北京申奥成功、中国足球冲出亚洲、成功举办 APEC 会议以及我国加入世贸组织等重大事件，极大地激发了全国人民的爱国热情，增强了全体中华儿女的民族自豪感和凝聚力，人民群众在党的领导下推进社会主义现代化建设的信心大大增强。在复杂多变的国内外环境中，我们取得的成绩是来之不易的。同时我们也要看到，我国经济和社会发展中还存在一些值得重视的矛盾和问题。在深化改革的进程中，包括很多青年职工在内的下岗职工在一些地区增加，青年就业难的问题逐渐显现出来。农民收入增长缓慢，一些地区社会矛盾比较多，人民内部矛盾引起的群体事件也比较多。同时，随着对外开放的进一步扩大，意识形态领域的情况更加复杂。在这样的大背景下，统一思想的工作比以往任何时候都更加重要。

去年 12 月，我国正式加入世界贸易组织，这是党中央审时度势作出的重大决策，标志着我国改革开放和现代化建设事业进入了一个新阶段。联系 1840 年以来的中国历史，联系中华民族不屈不挠的奋斗历史，我们就能够更加深刻地理解党中央以非凡的气魄和胆识作出这一重大决策的深远历史意义，就能够更加深刻地认识加入世贸组织对我国改革开放和现代化建设、对中华民族全面复兴必将产生的深远影响。加入世贸组织给我们带来了机遇，也带来了挑战，机遇与挑战并存，但总的来讲是机遇大于挑战。我们要引导团员青年正确看待加入世贸组织给我们带来的机遇和挑战，正确认识加入世贸组织对青年和青年工作产生的影响，把思想进一步统一到党中央的决策和部署上来。

互联网的发展给团的宣传思想工作带来了机遇和挑战。互联网的发展十分迅速，已经成为青少年获取知识、获取信息的一个重要渠道。各种势力，包括西方的一些势力都试图利用网络来影响青少年。网络上还有一些值得我们注意的情况，比如网上结社的现象、虚拟社区、OICQ 等。互联网具有开放性和传播信息迅速的特点，如何加强互联网的管理，充分利用网络来教育引导青少年，是一个十分重要的问题。近年来，全团高度重视运用互联网开展青少年思想教育工作，从团中央到一些基层团组织都创办了互联网站，取得了很大成绩。但总体上看，这项工作还要进一步加强。

面对新形势和新情况，今年团的宣传工作统一思想的任务很重，要求很高。我们要充分认识新形势给团的宣传思想工作带来的机遇和挑战。对形势的判断既不能悲观失望,也不能盲目乐观,更不能飘飘然,要始终保持清醒的头脑。在复杂多变的国际环境中,在人们思想观念多样化的情况下,面对改革开放和现代化建设的新任务,按照中央的要求做好统一团员青年思想的工作,团的宣传思想战线发挥着重要的作用,肩负着重要的责任。今年我们党将召开十六大,这是全党、全国各族人民政治生活中的一件大事,在这样的大背景下,统一思想的工作比以往任何时候都更加重要。团的宣传思想战线必须始终把握大局、服务大局,进一步增强大局意识、全局意识、整体意识,以高度的政治责任感做好新形势下团的宣传思想工作,统一思想,凝聚力量,团结带领广大团员青年同心同德,齐心协力,为完成党所制定的各项宏伟目标而努力奋斗。

二、兴起团员青年深入学习贯彻江泽民总书记"七一"重要讲话和"三个代表"重要思想的新高潮

抓好理论武装,用邓小平理论和江泽民总书记"三个代表"重要思想武装全团、教育青年,是全团的首要任务,是团的宣传思想战线的首要任务,是统一团员青年思想的第一要务。应该说,全团抓"三个代表"重要思想的学习行动迅速,措施有力,效果也比较明显。2000年2月,江泽民总书记在广东考察期间提出关于"三个代表"的重要思想,3月8日,团中央就召开了学习"三个代表"重要思想座谈会,提出要用"三个代表"重要思想指导团的工作。近二年来,我们举办了省级团委书记"三个代表"重要思想学习班,在农村团员青年中深入开展了"三个代表"重要思想学习教育活动,组织了学习"七一"重要讲话宣讲活动等,在组织团员青年学习"三个代表"重要思想,用"三个代表"重要思想指导团的工作方面采取了一系列措施。各级团组织按照团中央的要求,通过卓有成效的工作,在广大团员青年中兴起了学习"七一"重要讲话和"三个代表"重要思想的热潮。当前和今后一个时期,我们要在前一阶段团员青年学习宣传贯彻"三个代表"重要思想的良好基础上,进一步把理论武装工作作为重中之重,抓紧抓好,在团员青年中持续兴起深入学习贯彻"七一"重要讲话和"三个代表"重要思想的新高潮,用"三个代表"重要思想武装全团,教育青年。

学习实践"三个代表"重要思想,要在深入系统上下功夫,在理论联系实际上下功夫。组织团员青年深入学习江泽民总书记《论"三个代表"》特别是"七一"重要讲话,引导广大团员青年深刻认识"三个代表"重要思想的重大意义,准确把握这一科学思想的深刻内涵和精神实质,准确把握"七一"重要讲话所体现的与时俱进的理论品质。要把学习"三个代表"重要思想与学习马列主义、毛泽东思想、邓小平理论结合起来,进一步加强对团员青年进行马克思主义发展史教育。当前,世界政治、经济、文化、科技正发生着重大变化,团员青年队伍的状况也正在发生着新的变化,新情况、新问题层出不穷。要大力弘扬马克思主义学风,引导团员青年用"三个代表"重要思想去看待、分析新情况、新问题,立足新的实践,着力把道理说清楚、说充分,在理论联系实际中加深团员青年对"三个代表"重要思想的理解,不断提高实践"三个代表"要求的自觉性和坚定性。

"三抓"是我们在理论武装工作中创造的经验。实践证明,这条经验在理论学习中是符合实际、行之有效的。在"三个代表"重要思想的学习中,要注意抓骨干、抓活动、抓实践,推动理论学习深入发展。要注意抓好团干部、大学生和各条战线的青年骨干的学习,充分发挥他们在"三个代表"重要思想学习中的带头作用。要从青年的实际出发,针对不同青年群体的特点,发挥共青团的优势,在青年中生动活泼地开展"三个代表"重要思想的学习教育活动。要引导青年积极投身建设有中国特色社会主义的伟大实践,在实践中深化对"三个代表”重要思想的理解与认识，自觉地把“三个代表”重要思想作为自己的行动指南，在改革开放和现代化建设的广阔舞台上充分发挥聪明才智，创造出无愧于时代和人民的业绩。

团属新闻媒体在推动理论学习宣传中要充分发挥作用。大力宣传“三个代表”重要思想，引导推动团员青年理论学习活动深入发展，是团属新闻舆论阵地今年工作的重中之重，是一项光荣的政治任务。团属报刊要开辟专栏，组织撰写有说服力的理论辅导文章，深入报道团员青年开展理论学习活动的情况。团属出版单位要组织编写深入浅出的理论学习辅导读物，团属理论研究机构要加强研究，努力回答团员青年在理论学习中提出的问题。要充分发挥网络的宣传优势，加强在网络上宣传“三个代表”重要思想的力度，把团办网站建设成宣传“三个代表”重要思想的坚强阵地。

这里我要特别强调抓学习典型的问题。各级团组织要善于发现青年学习“三个代表”重要思想的典型，认真总结典型的先进事迹和经验，并通过青年报刊广泛宣传典型的感人事迹，推动理论武装工作不断深入发展。

今年是建团80周年，纪念建团80周年的活动也要和学习宣传实践“三个代表”重要思想紧密结合起来。要立足基层，面向广大团员青年，讲求实效，突出“永远跟党走”的主题，加强“三个代表”重要思想的学习宣传。通过开展活动，对团员青年进行一次生动深刻的爱党、爱国、爱社会主义教育。

三、大力加强青年思想道德建设

当前，我国社会正处在深刻变革之中，青年面临的思想问题和实际问题明显增多。深入细致地做好青少年思想政治工作，大力加强青少年思想道德建设，是培养“四有”新人的需要，是团的宣传思想战线的一项重要任务。

要帮助广大团员青年坚定理想信念。邓小平同志曾经深刻地指出，能不能坚持党的基本路线不动摇，关键是要教育好青年一代。他在视察南方的谈话中，对青年一代寄予了很高的期望。江泽民总书记也多次提出在青少年中开展理想信念教育的重要性。我们要在青少年中大力加强党的基本路线教育，引导青年深刻理解社会主义初级阶段的根本任务，帮助青年牢固树立坚持党的基本路线不动摇的坚定信念，团结带领青年坚定地跟党走建设有中国特色社会主义道路。要进一步用党的奋斗目标教育和凝聚青年一代，帮助广大青年牢固树立共同理想，引导他们在为实现共同理想而奋斗的过程中实现自己的人生价值。爱国主义始终是动员和鼓舞青年奋勇前进的一面旗帜，必须坚持不懈地加强对青少年进行爱国主义教育，帮助他们了解中华民族光辉灿烂的历史，牢记近代以来我国从遭受屈辱到独立富强的艰辛历程，看到在当今世界激烈竞争中实现中华民族伟大复兴的美好前景，增强民族自尊心和自豪感，引导青少年把爱国热情转化为振兴中华的实际行动。

要帮助广大团员青年树立正确的世界观、人生观、价值观。西方国家对我们进行和平演变，很重要的一个方面就是要影响青年一代的世界观、人生观、价值观。当前，世界范围内各种思想文化相互激荡，西方敌对势力对我进行“西化”、“分化”的图谋一刻也没有放弃，我国社会经济生活中四个“多样化”的趋势也愈益突出。越是在这种情况下，我们就越是要加强对青年的教育和引导。只有牢固树立正确的世界观、人生观、价值观，青年一代才能自觉抵御各种错误思想的侵蚀，才能够按照党指引的方向健康成长。共青团是党的助手和后备军，是党联系青年的桥梁和纽带，要把广大青年紧密地团结在党的周围，巩固党在青年群众中的基础，关键是要做好理论武装工作，引导和帮助青年树立正确的世界观、人生观、价值观。

要引导广大团员青年培养良好的道德。去年中央印发了《公民道德建设实施纲要》，这是贯彻依法治国与以德治国相结合重要思想的重大举措。要按照《纲要》的要求，加强青少年道德教育，全面提高青少年的道德素质。加强青少年道德教育，一是要生动具体，防止大而无形、大而不当。要善于运用生动的道德实践故事来教育青少年。比如“孔融让梨”、“孟母三迁”等体现中华民族传统美德的道德故事，就能使青少年受到深刻的教育。二是要抓好良好道德习惯的养成。要从具体的事情抓起，从青少年的日常行为抓起，在青少年中倡导好习惯，培养好习惯，推广好习惯，从一个一个好习惯做起，帮助青少年把提高道德素质落到实处。三是要开展好群众性的道德实践活动。近年来，各级团组织和少先队组织开展的青年志愿者、青年文明号、保护母亲河、青年文明社区、希望工程、手拉手等活动，在对青少年进行社会公德、职业道德、环境道德、网络道德教育等方面发挥了重要作用。要进一步突出思想内涵，强化道德要求，推动这些实践活动深入发展，充分发挥在公民道德建设中的积极作用。

经过几年的努力，青少年新世纪读书计划在基层越来越普及，越来越有影响，在推动青少年勤奋学习中发挥了越来越大的作用。要进一步深入开展这项活动，在青少年中大兴勤奋学习之风，促进青年人力资源开发，不断提高青少年的思想文化素质和道德素质。读书可以明礼，读书可以陶冶情操，读书可以提高文化素质。抓读书活动是加强青少年思想道德建设的一个重要载体。加入世贸组织之后，青少年中出现了高涨的外语学习热，我们一定要抓住机遇，进一步推动读书计划深入开展。去年启动的读书计划青年助学行动是一项很好的活动，要继续推进，为青年提高素质提供切实的帮助。

四、牢牢把握正确的舆论导向

做好今年团的宣传思想工作，必须高度重视并充分发挥团属青年报刊的舆论引导作用。青年报刊是共青团教育广大青少年的重要阵地，一定要坚持新闻工作的党性原则，按照中央关于新闻工作的要求，坚持团结稳定鼓劲、正面宣传为主的方针，唱响主旋律，打好主动仗，在统一团员青年思想中积极发挥作用，为党的十六大召开营造昂扬向上、团结奋进、开拓创新的良好氛围。

要始终坚持正确的办报办刊方向。团属新闻出版单位要认真贯彻江泽民总书记关于“政治家办报”的要求，切实增强政治鉴别力和政治敏锐性。要着眼改革、发展、稳定的大局，任何时候都把坚持正确的舆论导向放在首位。要紧紧围绕迎接十六大、宣传十六大、贯彻十六大这条主线组织宣传报道，一切宣传报道都要服务于统一思想、凝聚力量、振奋精神、坚定信心，服务于促进改革发展，服务于维护社会稳定。要大力宣传党的路线方针政策，宣传我国经济社会发展和党的建设取得的巨大成就，唱响共产党好、社会主义好、改革开放好的主旋律。要大力宣传广大青年积极投身社会主义现代化建设事业，开拓创新，奋发有为的精神风貌，宣传具有时代特征的青年典型，充分发挥新闻宣传在教育引导青年中的重要作用。要大力弘扬先进的思想文化，主动出击，组织好重大选题，讲求新闻宣传的艺术性，提高舆论引导的水平和效果，用一切有利于青少年身心健康的作品占领团的宣传思想阵地。青年报刊要有青年的特色，要贴近青年，关心青年，吸引青年，影响青年，为青年的健康成长提供正确的指导和有效的服务。

要严守政治纪律和新闻宣传纪律。新闻宣传是一项政治性、政策性很强的工作，必须讲大局、守纪律。团属新闻出版阵地是党的喉舌，一定要贯彻中央的要求，绝不允许同党的路线方针政策唱反调，绝不允许发表违反四项基本原则和中央精神的言论，绝不允许传播混淆视听的政治谣言，绝不允许明显违背中央的宣传纪律，也不允许把团属新闻出版阵地当做编辑记者宣泄个人情绪的场所，当做实施自己所谓“理念”的实验田。各级团组织和团属新闻出版单位的负责同志一定要认真负责，严格把关，堵塞漏洞，防微杜渐，不给错误思想提供传播渠道，要防止因工作疏忽和把关不严造成重大失误而影响社会稳定、影响团的事业的现象发生。

要加强对青年报刊的领导和管理。各级团组织要从全局和战略的高度，充分认识做好青年报刊工作的重要性。要本着守土有责的精神把青年报刊的管理工作摆上重要的议事日程，专题研究，经常过问。要加强报刊管理的制度建设，用制度管人，用制度保证工作的顺利进行，用制度推动青年报刊的健康发展。要加强编辑记者队伍建设，在编辑记者中大力弘扬马克思主义新闻观，教育他们做忠于党、忠于社会主义、忠于法律的合格新闻工作者。要按照中办17号文件精神，深入研究新闻出版单位的改革，积极适应发展社会主义市场经济的要求，有效应对加入世贸组织带来的挑战，积极稳妥地推进青少年新闻出版事业改革。

五、进一步加强青少年阵地建设

青少年阵地是共青团事业的重要组成部分，在新的形势下，青少年阵地在教育引导青少年方面发挥着越来越重要的作用。随着改革开放和现代化建设进程中共青团事业的不断壮大，青少年阵地也在不断扩大，青年报刊等舆论阵地、青少年宫等活动阵地、中青网等网络阵地都有较大的发展。各级团组织要十分珍惜青少年阵地，采取切实措施，不断巩固和扩大青少年阵地，加强建设和管理，充分发挥阵地在教育引导青少年中的作用。

要按照一要建设、二要管理、三要发挥作用的原则，切实建好、管好、用好青少年活动阵地。青少年活动阵地是教育培养青少年的基地，要贯彻党对青少年成长的要求，竭诚为青少年健康成长服务，坚持把社会效益、人才效益放在首位。一切有害于青少年健康成长的行为和活动都不能在青少年活动阵地内进行。要充分利用青少年活动阵地的资源和条件，开展对青少年的思想教育，开辟实用技能培训、素质拓展、科学普及、文艺体育活动等项目，吸引和容纳更多的青少年参与积极健康的活动。“千宫百万”行动和青少年素质训练计划已经取得了一定的成绩，“青年文化广场”建设也呈现出良好的态势，要继续深入开展，充分发挥这些活动在青少年教育培养中的作用。目前全国青少年宫有1000多家，分布在全国各地，这是一个很大的优势，要加强联系，资源共享，互相支持，互相促进，形成青少年活动阵地的网络，并充分发挥这个网络的作用。

加强建设和管理，是青少年活动阵地进一步发挥作用的保证。必须建立健全各项规章制度，明确责任，使青少年活动阵地建设规范、有序地运行。要特别注意加强安全方面的管理，经常进行安全检查，及时消除安全隐患，采取切实措施，保障青少年的人身安全。与青少年日益增长的精神文化需求相比较，目前青少年活动阵地的规模和数量还远远不够。要千方百计地想办法，争取地方党委、政府的支持，争取全国青少年校外教育基金的支持，争取社会各方面的支持，积极建设新的青少年宫和青少年活动中心，更好地满足青少年健康向上的精神文化需求。

互联网络对青少年的影响越来越大，必须高度重视这一趋势，充分运用这一新的手段，使互联网成为青少年思想政治工作的新阵地，成为团结教育引导服务青年的新渠道。这几年，各级团组织建立、主办的网站越来越多，要贯彻中央“积极发展，充分运用，加强管理，趋利避害，发挥优势，主动出击”的总方针，切实把团办网站建设好、管理好、发展好。要端正办网站的指导思想，把促进青少年健康成长、竭诚为青少年服务作为出发点和落脚点，为青少年提供健康、准确、及时的信息。团办互联网站的宣传是党的宣传工作的组成部分，必须贯彻落实好党对新闻宣传工作的要求，严格遵守互联网宣传管理的法律法规，建立健全网站管理制度，不断加强网站的自身建设。要坚持谁主办、谁负责，建设与管理并重的原则，努力把团办网站建成宣传科学理论、传播先进文化、弘扬社会正气、倡导科学精神、塑造美好心灵的阵地。

六、建设一支高素质的团的宣传思想干部队伍

做好新形势下的宣传思想工作，对宣传思想工作者提出了很高的要求。建设一支高素质的共青团宣传干部队伍，是做好团的宣传思想工作的重要组织保证。各级团组织要高度重视宣传工作干部队伍建设，努力使这支队伍真正做到政治强、业务精、纪律严、作风正。团的宣传思想战线的同志们要进一步增强责任感和使命感，勤奋学习，奋发有为，不断提高自身的素质。这里我要特别强调政治素质、创新精神和扎实的工作作风。

政治素质是宣传思想工作干部第一位的素质，政治上过硬是对宣传思想工作干部的首要要求。团的宣传干部要有政治意识、大局意识、责任意识，不断增强政治敏锐性，提高政治鉴别力，信念坚定，思想敏锐，善谋全局。要坚持党的基本路线，坚持四项基本原则，始终与以江泽民同志为核心的党中央保持一致。要认真学习马列主义、毛泽东思想、邓小平理论和“三个代表”重要思想，学习党的路线方针政策，不断提高自己的理论修养和政策水平。要始终保持头脑清醒，立场坚定，要善于从政治上看待问题、思考问题、谋划工作，把讲政治的要求贯穿到团的宣传思想工作中去。在今年团的宣传工作中，我们要始终注意突出迎接十六大、宣传十六大、贯彻十六大，认真学习“三个代表”、深入宣传“三个代表”、身体力行“三个代表”的主线，用“三个代表”重要思想和党的十六大精神统一团员青年的思想，牢牢把握正确的舆论导向。

创新是时代的要求，是新的形势下做好宣传思想工作的要求。团的宣传干部要坚持与时俱进，开拓创新。我们的社会正在发生深刻的变革，青年的构成和思想状况也有了很大的变化，宣传思想工作面临许多新情况、新问题。面对新形势、新任务，必须不断创新，才能使我们的工作真正落到实处，见到实效。宣传工作的天地很宽，舞台很大，我们要按照“三个代表”的要求，善于从新的发展阶段的实际出发，深入研究新形势下宣传思想工作的特点和规律，积极探索开展宣传思想工作的新途径、新办法，在新的实践中努力开创团的宣传思想工作的新局面。

扎实的工作作风是完成宣传思想工作各项任务的重要保证，是做好宣传思想工作的迫切需要。中央提出要把今年作为转变作风年、调查研究年。团的宣传思想战线的同志一定要积极响应中央的号召，认真贯彻党的十五届六中全会精神，按照“八个坚持、八个反对”的要求，紧密结合自身实际，切实解决作风上存在的问题。同样一项工作，工作作风扎实不扎实，效果大不一样，抓不抓落实，效果大不一样。要做到目标切实，措施扎实，工作务实，把宏观指导和组织落实结合起来，把宣传发动和身体力行结合起来，努力使工作见到实效。要在改进作风中不断推进工作，在推进工作中不断改进作风，埋头苦干，脚踏实地，勤奋工作。今年团的宣传工作任务很重，只有沉下身子，扎实工作，求真务实，狠抓落实，才能更好地完成今年的工作任务，才能进一步发展团的宣传工作的良好态势，才能更加充分地发挥宣传工作在教育引导青年中的作用。团中央书记处对全团宣传思想工作队伍是充分信赖的，是寄予厚望的。相信通过同志们的共同努力，我们一定能够完成好宣传工作肩负的重要任务。

同志们，新的一年团的宣传思想战线面临的任务光荣而艰巨，让我们更加紧密地团结在以江泽民同志为核心的党中央周围，坚持以邓小平理论和“三个代表”重要思想为指导，统一思想，坚定信心，锐意进取，扎实工作，团结带领广大青年以昂扬奋进的姿态和立足岗位建功成才的新成绩迎接党的十六大胜利召开。

周强在中国杰出(优秀)志愿者中国杰出(优秀)志愿服务集体颁奖仪式上的讲话

2002年3月1日,根据录音整理

在"3·5"中国青年志愿者服务日即将到来之际,中国2001国际志愿者年委员会在这里举行颁奖仪式,向志愿服务工作先进个人和先进集体颁奖。在此,我代表中国2001国际志愿者年委员会向获得"中国杰出志愿者"、"中国杰出志愿服务集体"和"中国优秀志愿者"、"中国优秀志愿服务集体"称号的志愿者和志愿服务集体表示热烈的祝贺!同时,借此机会向一贯给予志愿服务事业大力支持的各部委领导表示衷心的感谢!

近年来,伴随我国建立社会主义市场经济体制的进程,以青年志愿者行动为主体的志愿服务事业从无到有,逐步发展壮大。志愿服务正在成为动员青年和社会公众参与经济建设和社会发展的有效手段,成为群众性精神文明创建活动和公民道德建设的有效载体,成为志愿者在实践中砥砺品格、锻炼成长的有效途径,在提高公民素质、维护社会稳定、促进社会进步等方面发挥着越来越明显的作用。志愿服务事业得到了党中央的亲切关怀。江泽民总书记为中国青年志愿者亲笔题名并对这项工作作出重要批示,为志愿服务事业发展指明了方向。李鹏委员长、胡锦涛副主席、李岚清副总理对青年志愿者活动都做过批示。志愿者活动还被写入了党的十四届六中全会决议和《公民道德建设实施纲要》。

这次"十杰百优"志愿者、志愿服务集体评选表彰活动是国际志愿者年重要活动之一。今天受到表彰的个人和集体,都是近年来全国各行各业涌现出来的志愿服务先进典型。他们自觉从我做起,从身边做起,从具体事情做起,热心公益,助人为乐,扶贫帮困,为他人、为社会做出了积极贡献;他们自觉到祖国和人民最需要的地方,到条件和环境艰苦的地方,了解国情,经受锻炼,增长才干,在奉献社会、服务人民的生动实践中升华了自身的人生价值。在他们身上,集中体现了以天下为己任的强烈的社会责任感,体现了追求和平与发展,人与人、人与社会、人与自然之间相互关爱、和谐共处的美好理想。刚才看了获奖者的事迹录像,我很受感动。我想,他们的行动和崇高精神将会影响和激励千千万万的青年。

改革开放越深入,社会主义市场经济越发展,越需要加强志愿服务,越需要大力弘扬志愿精神。希望获奖的志愿者、志愿服务集体珍惜荣誉,再接再厉,在志愿服务工作中取得新的成绩。希望全国各级志愿者组织、广大志愿者以获奖者为榜样,认真贯彻落实党的十五届六中全会精神和《公民道德建设实施纲要》,按照"三个代表"重要思想的要求,坚持为改革、发展、稳定大局服务,为人民群众生产生活基本需求服务的方向,积极争取党政部门和社会各界的关心、参与和支持,引导更多的社会公众加入到志愿者行列,为建设团结互助、平等友爱、共同前进的美好社会贡献力量,以实际行动迎接党的十六大的胜利召开。

愿志愿精神在神州大地不断发扬光大!

周强在共青团县县上网工程电视电话会上的讲话

2002年3月27日

刚才孙金龙同志代表团中央书记处对共青团县县上网工程做了部署，我完全赞成。万庆良同志、雷春美同志、罗强同志分别代表团广东省委、团福建省委和团四川省委做了很好的发言。从他们的发言中我们可以看到，县县上网工程进展顺利，已经取得了明显的成效。

这次会议是一次很重要的会议，对全团信息化建设将产生深远影响。最近，关于全团信息化建设还有一件大事，就是中央机构编制委员会办公室已正式批复同意团中央设立"团中央网络影视中心"。这一机构的设立，对于我们进一步推动全团信息化建设将产生重要的作用。

下面，我谈两点意见。

一、充分认识"共青团县县上网工程"的重要意义

第一，县县上网工程是一项带有全局性和战略性的工作。我们要从网络技术的发展给共青团的工作方式和运行机制带来的深刻影响来认识这个问题。众所周知，网络技术的发展和互联网的普及给人类社会带来的影响是广泛而深刻的，它不仅改变着人们的学习、工作和生活方式，而且导致了全新的网络经济和网络工作方式的出现和发展。

从目前的情况看，我们虽然认识到了互联网将会产生的一些深刻影响，但是，还难以完全预料它对人类社会今后还将产生哪些更加深刻的影响。从全球范围看，各国政府积极适应这一趋势，大力推进电子政务，不仅充分享有了互联网带来的便利，而且推动了整个经济和社会信息化的发展。我国政府高度重视信息化建设，成立了国家信息化领导小组，推进我国电子政务的发展。近年来，先后建设了"金桥"、"金卡"、"金税"、"金盾"等工程。据统计，目前全国已有2200多个各级政府部门建立了网站。

团中央书记处始终高度关注互联网的发展，高度重视共青团信息化建设。在共青团十四届二中全会上通过的《共青团工作跨世纪发展纲要》中就明确提出要建立青少年信息网络体系。青少年与互联网的联系最紧密。我国目前有3370万网民，其中30岁以下的占67.8%。因此，在新的形势下，要做好服务青少年的工作，必须用好互联网这一先进的技术手段。近年来，在全团的共同努力下，共青团信息化建设发展迅速。我们建立起了以中国共青团网站为核心的100余个不同层次的网站，初步形成了共青团工作网络系统。从一定意义上可以讲，共青团信息化建设在国内是走在全社会前列的。

第二，县县上网工程是共青团信息化建设的基础性工作。共青团信息化建设的目标在于通过充分运用电子信息化和网络通讯手段，将团的各级组织、各条战线最大限度地联系起来，实现信息资源共享。在此基础上，通过互联网更广泛有效地团结、教育和服务青少年。要实现这一目标，最基础的环节和近几年的阶段性目标就是要实现"全团互联"，并不断将共青团的青少年网络向基层延伸。把团的各级领导机关与最大多数的基层组织用互联网联系在一起。也就是说,在全国范围内各级团组织通过互联网沟通信息,实现信息资源共享。

实现“全团互联”,县县上网是基础,是关键。县级团委是团的领导机关中最基层的一级组织,担负着承上启下的作用。如果我们把全国所有县级以上团委,包括331个地市级团委和2112个县级团委用互联网联系起来,实现县县上网,那么,每一个县级团委都将成为通过互联网联系广大基层团组织和团员青年的重要窗口,成为面向团员青年,传递党的声音的重要枢纽,成为在互联网上高扬共青团的理想旗帜,吸引和凝聚团员青年的战斗堡垒。由此可见,实现县县上网,我们就向实现“全团互联”迈出了关键性的一步,为今后的工作开辟了广阔的前景。

第三,县县上网工程是在新形势下创新共青团工作方式的重要手段。共青团组织在多年的实践中,形成了自己的一套工作方式。从团的工作运行机制看,研究、部署、安排工作主要通过召开会议、下发文件;了解情况、掌握动态主要通过下级组织向上级组织逐级报送信息;交流情况、推广典型主要通过团属报刊,等等。从动员组织团员青年的方式看,主要是通过举办活动,发出号召,或者是项目化的运作。这些工作方式,在团的工作和建设中发挥了重要的作用,今天,仍然要运用这些形式。同时,我们要看到,随着形势的发展,团的工作方式还必须不断创新。互联网作为一种快速、便捷、低成本的通讯手段,将会大大加快团内各种信息的交流。同时,依托互联网的信息沟通体系的特点是交互的、是立体的,也是多方位的,可以超越原有的主要以纵向为特点的信息交流方式。这为创新我们工作的方式开辟了更为广阔的前景。比如在工作的决策阶段,可以利用互联网在团内广泛了解信息,深入调查研究,听取各方意见,大大增强决策的民主化、透明度和科学化。也可以通过这种方式来进一步推动团内民主。又比如在工作的部署中,以往从团中央到团省委直到基层团组织,要层层转发文件,既增加了工作量,又延缓了时间,文件传递时间较长。在信息化的条件下,团中央的工作部署和要求可以根据实际需要,直接传递到团县委,甚至到基层团支部,广大团员青年,可以大大提高工作效率,也可以节省运行成本。又比如对工作开展情况进行评估,可以利用互联网在各级团组织中,针对工作开展情况进行调查,开展网上评比,网上进行投票,从而提高团员青年的参与度和评估的可靠性。

第四,县县上网工程是加强基层团组织建设和各级团的领导机关服务基层团组织的重要措施。实现县县上网,可以说是举全团之力,聚合社会的力量,为基层办实事的体现,也是全团的一项重要的基础设施的建设,必将对全团的工作产生深远的影响。

二、认真落实好工作要求

共青团县县上网工程是全团的一项崭新工作,又是一项十分重要的工作。从刚才发言的三个省看,只要我们认真抓,是完全能够抓出成效的,工作目标也是完全可以实现的。为做好这项工作,全团要着重把握好以下几个方面的要求。

1. 高度重视,加强领导。各级团组织特别是团的领导机关,要从团的事业长远发展的高度充分认识团的信息化建设的意义,进一步加强领导和协调,大力推进共青团县县上网工程,积极推动团的工作和团务信息化。今年是建团80周年,共青团县县上网工程是全团纪念建团80周年的一个重要项目,也是一个重大工程。希望大家共同努力,切实把这项工作抓紧抓好,按期完成工程各项任务。

2. 精心组织,广泛吸纳社会资源。做好硬件设备的配备工作是建设好工程的前提。为了保证工程的顺利实施,考虑到各地的实际情况,团中央提出“东西互助”。当前,东部地区有关省市和有关单位正积极行动,按照团中央提出的要求,努力做好有关工作。希望东部地区有关省市和有关单位要保质保量、按时完成所承担的任务,西部及有关中部地区要本着高度负责的态度完成好设备的发放和相关工作。"东西互助"只是县县上网工程设备配置工作的一部分,更多的地方,还有企业、高校,需要自行解决设备配置问题。希望大家充分利用社会资源、精心组织,想方设法尽快把所缺的设备配置到位。

3. 着眼长远,培训人才。在团干部中培养一批既懂得信息技术,又熟悉团的工作的人才,是建设好县县上网工程,有效发挥工程作用,全面推动团的信息化建设的重要基础。各级团的领导机关要有计划、有步骤地加强人才培养和信息技术知识普及工作。特别要重视骨干的培养,发挥好骨干的作用。对目前有基础的现有人员要加大培训力度,着眼长远,进行系统培养,也可以以适当的方式从外部选拔一些能够适应团的信息化建设要求的人才。或者根据中、西部地区的需要,选派计算机专业人才到这些地区进行志愿服务。

4. 积极探索,勇于创新。县县上网工程是我们面临的一个新课题,一项新任务。要做好这项工作没有现成的经验可循,还需要大家积极探索,勇于创新。既要按要求把工程建设好,也要创造性地利用好工程,解决好工程中随时出现的问题,使之逐步完善,使这项工程在推进共青团事业发展中发挥出更为积极的作用。

同志们,今年是我们党和国家历史上具有重要意义的一年。让我们更加紧密地团结在以江泽民同志为核心的党中央周围,高举邓小平理论伟大旗帜,以江泽民同志"三个代表"重要思想为指导,认清形势,抓住机遇,开拓进取,扎实工作,以优异的成绩迎接建团80周年和党的十六大的胜利召开。

周强在全国"大学生素质拓展计划"推进会上的讲话

2002年3月28日,根据记录整理

今天,各省级团委的负责同志和一百多所高校的团委负责同志齐聚春城昆明,研究如何进一步推进"大学生素质拓展计划",非常有意义。刚才,云南省委常委罗正富作了一个很好的讲话,云南大学党委书记高发元作了很好的致辞。在此,我代表共青团中央和全体与会同志,向给予这次会议大力支持的中共云南省委、省政府,团云南省委、云南省教育厅,云南大学表示衷心的感谢!

共青团中央、教育部、全国学联在这里联合召开全国"大学生素质拓展计划"推进会,对于深入贯彻落实《中共中央国务院关于深化教育体制改革,全面推进素质教育的决定》精神,服务科教兴国战略具有重要意义。这次会议之前,团中央、教育部、全国学联联合下发了《关于实施"大学生素质拓展计划"的意见》,并印发了由三家共同监制的《大学生素质拓展证书》样本。教育部对这次会议非常重视,袁贵仁副部长由于工作原因无法到会,专门为本次会议发来了书面讲话。共青团中央书记处高度重视这次会议,会前多次听取学校部的专题汇报。

下面,我代表共青团中央书记处讲三点意见。

一、改革开放以来高校共青团组织在推进素质教育中发挥了积极作用

改革开放以来，高校共青团组织充分发挥实践育人的优势，广泛开展丰富多彩的第二课堂活动，大力提高大学生的综合素质，在实施素质教育、促进大学生素质全面提高方面发挥了积极作用。

高校团组织参与素质教育，首先是从组织大学生广泛开展社会实践活动开始的。20世纪80年代初期，一些高校团组织率先开展了社会实践活动，主张组织大学生利用课余时间走出校园，接触社会，在与人民群众相结合的过程中全面成长成才。当时，共青团中央书记处在经过充分论证，决定把社会实践作为提高大学生综合素质的主要途径，号召大学生广泛深入社会，向实践学习，向人民学习，为人民服务。从此，大学生社会实践活动轰轰烈烈、蓬蓬勃勃地开展起来。广大青年学生在改革开放和社会主义现代化建设的伟大实践中进一步了解了国情，切实感受到了改革开放以来各项事业取得的重大成就，大大增强了责任感和使命感，对于全面提高自身素质发挥了积极作用。90年代以来，大学生社会实践活动与青年志愿者活动有机结合起来，进入了一个新的发展阶段。团组织在活动中除了帮助大学生了解社会、增加阅历以外，更要求他们利用所学的专业知识，力所能及地为社会服务。高校团组织积极组织青年学生利用节假日广泛开展“大学生社区援助行动”和“志愿讲解员活动”，将原来主要在寒暑假开展的实践活动延伸到了学生的日常生活中，取得了良好的成效。连续7年开展的“大学生暑期文化、科技、卫生‘三下乡’活动”，组织了近千万人次的青年学生努力发挥知识技能优势，结合人民群众生产生活的实际需要，开展深入扎实的志愿服务活动，是大学生社会实践活动在新形势下的新发展。一方面有效推动了社会经济的发展和文明新风的传播，另一方面使大学生在服务中全面提高了自身素质，取得了良好的社会效益和人才效益。大学生社会实践活动已成为高校团组织开展育人活动中的一个知名品牌，也是高校共青团工作日益重要的领域。

高校团组织参与素质教育的第二个重要领域就是开展第二课堂活动。它的主要内容是校园科技活动，是课堂教育的有效延伸。1989年，共青团中央学校部支持清华大学开展了首届全国性的“挑战杯”课外学术科技作品竞赛。从此，每两年一届，由共青团中央、中国科协、全国学联三家单位联合开展这项活动，并逐渐完善了校级选拔、省级初赛、全国决赛的三级比赛机制，掀起了校园科技文化活动的热潮。到目前为止，已成功举办了七届，在比赛中涌现出一大批科技文化素质非常优秀的拔尖人才。在“挑战杯”竞赛中获奖，使他们坚定了从事科学研究的决心，相当一批人已经成为我国科研战线的骨干。这些优秀典型同时也激发了大批在校学生勇攀科技高峰的决心，对提高他们的科学精神和人文素养产生了积极的导向和促进作用。1998年，共青团中央发起了“中国大学生创业计划竞赛”，鼓励大学生根据市场需求，发挥专业优势，组成创业团队，就某一产品如何推向市场进行专业设计，在校园内和社会上引起了强烈的反响。大学生通过参与竞赛增强创业知识，培养创业意识，树立创业精神，提高创业能力，培养了协调互助的团队精神。

高校团组织参与素质教育的第三个领域是校园文化建设。各高校团组织在校园内广泛开展文艺体育活动，丰富了同学们的业余文化生活，以先进的文化引导学生，形成健康向上的校园氛围。最近团中央和教育部协商，准备进一步适应形势发展的需要，举办大学生艺术节。在四年一届综合竞赛的基础上，每年举办一项单项竞赛。既可以发现很多优秀的大学生艺术人才，也可以促进校园文化建设。高校文体活动开展以来，对大学生成长成才起到了很好的促进作用，也培养出相当一批具有较高水平的学生文体骨干。

此外，高校团组织还注意通过建立激励机制引导青年学生全面提高自身素质。共青团中央和教育部联合评选表彰的全国“三好学生”、“优秀学生干部”和全国“先进班集体”，以及由共青团中央、全国学联设立的“五四奖学金”和“建昊奖学金”等奖项，在高校学生中反响很大，产生了良好的导向作用。

多年来，共青团学校战线自觉服务于青年学生提高素质、成长成才的主题，做了许多扎实有效的工作，为全面实施大学生素质拓展计划积累了经验，打下了基础。这些成绩的取得，离不开教育行政部门和高校党政领导的关心支持，也凝聚了高校共青团战线全体同志的辛勤汗水。在此，我代表共青团中央书记处向长期以来关心支持高校共青团工作的各级教育行政部门的领导同志和各高校的党政领导表示衷心感谢！向共青团学校战线的同志们表示亲切的问候！

二、实施“大学生素质拓展计划”是高校共青团参与素质教育的新阶段

实施“大学生素质拓展计划”是多年来高校团组织参与素质教育的经验总结，是高校团组织适应新形势的要求，推进素质教育的一个具体措施，同时也是促进高校团组织参与素质教育工作规范化和制度化建设的有效形式。具体来讲，实施“大学生素质拓展计划”有这样几个方面的意义。

第一，实施“大学生素质拓展计划”是服务经济社会发展的需要。当前，国与国之间的竞争越来越激烈，最关键的是人才的竞争。随着我国加入 WTO，人才竞争还将更加激烈。现在，不仅是大学生，还包括许多已经参加工作的青年同志的学习热情空前高涨。据调查了解，北京、上海、广州、深圳等一些城市青年学外语的热潮一浪高过一浪，各种培训班如雨后春笋般兴起，如李阳疯狂英语、新东方、走遍美国、剑桥少儿英语，还有专门针对白领的华尔街英语等。这充分说明广大青年是以积极的姿态来应对加入 WTO 的。在不久的将来，中国大城市里将有很多既懂专业，又懂外语的国际型青年人才，对这一点我们应该深信不疑。

实现中华民族伟大复兴的目标，需要我们造就千千万万的高素质人才。我们国家正处于全面建设小康社会、加快推进社会主义现代化的新的发展阶段，实现中华民族伟大复兴的重任，历史性地落在当代青年的肩上。要实现这样一个历史重任，就需要培养和造就大批优秀人才，从而缩小同其他发达国家的差距。为此，一方面需要在校大学生有为把我国在本世纪中叶建设成为中等发达国家而努力奋斗的雄心壮志。另一方面，还必须有一个好的机制来保障、激励大学生朝这方面努力。实施“大学生素质拓展计划”有利于激励大学生全面提高素质，有利于培养和造就大批社会主义建设者和接班人，有利于培养和造就大批创新人才，是一个比较好的机制。

第二，实施“大学生素质拓展计划”是服务素质教育的需要。素质教育是一项大的系统工程，需要全社会的参与。高校团组织是实施素质教育的重要力量，实施“大学生素质拓展计划”是高校共青团服务素质教育的一个重要举措和有形载体。通过《大学生素质拓展证书》，将使高校团组织参与素质教育、服务素质教育、推进大学生提高素质的工作有形化、具体化。比如我们经常讲高校团组织要加强对大学生的思想教育，具体怎么做？大学生接受了思想教育后到底有什么变化？通过实施“大学生素质拓展计划”，尤其是有了比较权威的《大学生素质拓展证书》之后，就使得这些工作有形化了，具体化了。再比如我们对大学生进行道德教育，既可以在课堂上进行传统美德、社会主义道德教育，同时也可以在社会实践中组织动员大学生参与志愿服务，这种奉献可以用时间来衡量，能够记录并得到社会认可。应该说这也是很好的道德教育,很好的道德实践。

"大学生素质拓展计划"有利于建立青年学生健康成长的正确导向,有利于整合校内外资源支持大学生素质拓展,有利于提高大学生就业和自主创业的能力,更重要的是能够把课堂内外、校园内外的教育有机地结合起来,产生良好的互动效应。通过实施素质拓展计划,尤其是通过证书,把素质教育贯穿于课内课外,校内校外,使素质教育贯穿于大学生成长的全过程。

第三,实施"大学生素质拓展计划"是服务青年学生成长成才的需要。随着我国经济社会的不断发展和改革开放的进一步深化,当代大学生生逢盛世,赶上了一个好的时代。一方面他们有着比以往更多的发展机会,施展才华、建功立业的舞台更广阔了;另一方面,激烈的国际竞争也给大学生带来了挑战,甚至可以说是巨大的挑战。首先对大学生的素质要求高了,他们要有较高的科技文化素质,要有良好的心理素质,还要有健全的法律素养、良好的道德素质和宽广的国际视野。其次,大学生还面临着就业竞争的压力。根据教育部提供的情况,今年有110万大学生毕业,明年是240万,大学生就业在新增劳动力就业机会当中所占比重很高。大学生数量增加得越多,在相对有限的就业机会当中竞争就愈益激烈,大学生怎么去面对?关键还是提高自身素质。实施"大学生素质拓展计划"就是一个有益的途径,既有利于提高大学生思想道德素质,有利于提高大学生的科学文化素质,有利于增强大学生的适应能力,也有利于增强大学生的竞争力。

第四,实施"大学生素质拓展计划"是高校共青团工作适应新形势发展的需要。在新形势下,高校共青团工作面临着很多新的情况。首先是高校大学生发生了深刻的变化。比如说,学分制的全面推广,班级功能的相对弱化,大学生公寓的普遍建立,大学生的流动增强,大学生的选择性增强,等等。在这样的情况下,怎样提高团组织的凝聚力和影响力,扩大团组织的覆盖面,这是我们工作当中必须着力解决的问题。

实施"大学生素质拓展计划"给我们高校共青团工作提供了一个很好的机遇,可以大大增强高校共青团工作的吸引力和凝聚力。按照要求,这项工作应该覆盖到每一个大学生,这是我们以前没有做过的。对高校共青团工作来讲,它一方面是发展的需要,另一方面也提供了一个很好的载体。抓住了"大学生素质拓展计划",就抓住了大学生学习成才、实现自身价值,服务社会、报效祖国这样一个根本需求,就能够增强对大学生的吸引力。所以说,这项工作与每个大学生都有联系,是为每一个大学生服务的。

三、推进"大学生素质拓展计划"应当坚持和把握的原则

实施"大学生素质拓展计划"必须坚持和把握好以下几个原则

1. 坚持培育"四有"新人的根本任务,用邓小平理论和江泽民同志"三个代表"重要思想教育大学生。在实施"大学生素质拓展计划"过程中,要始终坚持培育"四有"新人的根本任务,要全面贯彻党的教育方针,引导广大学生按照江泽民总书记提出的"四个统一"的要求健康成长。当前,要在全国大学生中兴起学习江泽民同志"三个代表"重要思想的新高潮。2月28日,中国青年报发表了特约评论员文章,开始对全国青年学习、宣传、实践"三个代表"重要思想的情况进行系列报道,这方面的宣传报道一直要持续到党的十六大的召开,并与宣传、学习、贯彻十六大精神相衔接。目前,各高校团委正在按照团中央的部署深入开展大学生学习"三个代表"重要思想活动。希望把这项工作抓紧抓好,不断总结出新的经验。从我们调查的情况来看,大学生是衷心拥护江泽民同志"三个代表"重要思想的,特别是江总书记在"七一"讲话中对全国各族青年提出殷切的希望,使包括大学生在内的广大青年备受鼓舞，倍感振奋。我们要抓住这个机遇，把大学生学习“三个代表”重要思想的活动不断引向深入。也希望各高校的团组织能够发现、总结、推荐一些典型，给大学生树立学习的榜样。

在当前的国际形势下，要清醒地认识到一些西方国家想利用WTO在意识形态方面对我们进行渗透，尤其是对我们的青年学生进行渗透。所以中央提出要趋利避害、为我所用。一些西方反华人士认为，在互联网上宣传他们的思想观念将导致中国青年思想观念的根本变化，导致中国共产党、社会主义和共产主义意识形态的崩溃。这当然是他们的幻想，但是我们要防止他们的渗透，尤其是在高校这块阵地。希望高校团组织要充分重视这个问题。加入WTO，既为青年学生成长成才提供了广阔的舞台，同时也对我们青年工作带来了挑战。所以我们强调在推进“大学生素质拓展计划”的过程中，首先要坚持培育“四有”新人的根本任务，坚持不懈地用邓小平理论和江泽民同志“三个代表”重要思想教育大学生。

2. 要坚持以提高大学生的综合素质为着力点。“大学生素质拓展计划”涉及的内容，无论是思想教育，还是志愿服务、科技文化活动，都要紧紧围绕提高大学生的综合素质，这是我们的着力点。在项目和活动的开展过程中，设计要科学，实施要规范，评估要合理。

“大学生素质拓展计划”要靠高校团委具体组织实施。我们对每一个学生都要高度负责，对每一个学生素质的拓展情况，都要作出科学的评估和实事求是的评价。这次下发了《实施意见》，要在此基础上不断总结，不断规范，保障这项工作健康发展。总之一句话，高校团组织要切实负起责任来，要发挥好作用，把好关。

3. 要坚持以服务青年学生为出发点和落脚点。坚持以服务学生为出发点和落脚点，这是高校共青团工作贯彻实践“三个代表”重要思想的具体要求，也是共青团贯彻党的全心全意为人民服务根本宗旨的具体体现。我们工作的吸引力、凝聚力和成效从根本上取决于服务青年的力度和水平。实施“大学生素质拓展计划”必须着眼于服务广大青年学生，服务于他们全面发展的需求、创业就业的需求和生活学习的需求，紧紧围绕这些需求开展服务工作。在实施过程当中，要注意倾听大学生的意见，要集中大家的智慧。

这项工作刚刚开始，尤其作为一项规范化、制度化的工作来讲，它还处于起步阶段。所以各级团组织，尤其是各试点高校团组织在实施过程当中要勇于探索，大胆实践，不断总结经验，使这项工作不断完善。这项计划，包括证书，最后要让社会认可，要让用人单位认可，要让社会来检验。怎样才能达到这个目的呢？一是要精心组织好、实施好，取得实实在在的效果，确实对大学生素质的全面提高发挥出很好的作用。另外一个方面还要加强宣传。举个例子来讲，全社会都知道大学毕业证书。那么，我们希望全社会将来也知道，还有一本《大学生素质拓展证书》。大学生除了完成学历教育，他的思想道德品质怎么样，科技文化素质怎么样，组织能力怎么样，要通过这个《证书》把综合素质比较客观地反映出来。

概括起来讲，“大学生素质拓展计划”对高校共青团工作的意义就是新形势、新任务、新载体、新机制、新阶段。希望各省级团委的负责同志要高度重视这项工作，切实加强对这项工作的领导。各省级团委要与当地教育行政部门密切配合，高校团组织要在高校党政领导下精心组织实施。我们相信以这次会议为契机，以实施“大学生素质拓展计划”为标志，高校共青团工作将进入一个新的发展阶段。

同志们，今年是我们党和国家历史上具有重要意义的一年。让我们更加紧密地团结在以江泽民同志为核心的党中央周围，高举邓小平理论伟大旗帜，以“三个代表”重要思想为指导，扎实工作，开拓进取，以优异的成绩迎接党的十六大胜利召开。

以“三个代表”重要思想为指导团结带领亿万农村青年为实现党的农业和农村工作目标而奋斗

——周强在全国农村青年工作会议上的讲话

2002年4月9日

这次会议，是在中央领导同志亲切关怀和有关部委大力支持下，由共青团中央和农业部共同召开的一次重要会议。今天下午，中共中央政治局委员、书记处书记、国务院副总理温家宝将亲自到会作重要讲话，我们要认真学习贯彻。在这里，我首先代表共青团中央，向长期以来关心支持农村共青团和农村青年工作的各级党政领导和各界人士，特别是农业行政主管部门的同志们，表示衷心的感谢！向受到表彰的第六届中国杰出青年农民及提名奖获得者、2001年度全国农村青年创业致富带头人，表示热烈的祝贺！向全国广大农村团员青年，农村团干部和青年工作者，表示亲切的问候！

这次会议的主要任务是，以邓小平理论和江泽民同志“三个代表”重要思想为指导，深入贯彻党的十五届六中全会和中央经济工作会议、中央农村工作会议精神，紧紧围绕当前农业和农村工作的中心任务，研究部署今后一个时期农村共青团和农村青年工作的主要任务和重点工作，以服务农村青年增收成才为工作主线，团结带领广大农村青年为实现党的农业和农村工作目标而奋斗。

一、改革开放以来农村共青团和农村青年工作回顾

改革开放20多年来，我国农村发生了翻天覆地的变化。波澜壮阔的改革进程，在农村青年身上烙下了时代进步的深深印迹。他们追求进步，崇尚科学，自身素质和文明程度得到了提高；他们志在四方，在更加广阔的天地里大有作为；他们自主精神得到充分发扬，成了创造自己美好未来的真正主人。这样一支宏大的新型劳动大军，和全国各族青年一道，用青春和汗水谱写了新时期中国青年运动的辉煌篇章。

——在执行党的农村政策中，农村青年是衷心拥护者。农村青年既是改革的最大受益者，又是改革的积极推动者。党的好政策激发出农村青年的勃勃生机。他们率先摆脱束缚，在农村改革和发展的各个领域勤奋耕耘，建功立业，以实际行动响亮地回应了党的召唤。

——在推进科教兴农中，农村青年始终站在前列。科教兴农，青年当先。从普遍学习运用实用技术，到大力传播科技星火，到带头示范、带动推广新品种新技术，农村青年都是科技致富和科技推广的排头兵。

——在农村工业化、城镇化进程中，农村青年一直是中坚力量。乡镇企业异军突起，其经营管理者和企业员工大多是洗脚上田的农村青年。“民工潮”冲破城乡分隔，其“主力部队”是进厂进城的农村青年。加快小城镇发展，带头向小城镇聚居、务工经商办企业的，主要也是农村青年。

——在搞活市场流通中，农村青年敢闯敢干。大批农村青年抓住市场化取向改革的历史机遇，率先走村串户，走南闯北，内引外联，繁荣市场。这些年，各地农村又新崛起一批青年经纪人。他们在搞活农产品流通中成为重要的市场中介。

——在传播文明、倡树新风中，农村青年模范带头。农村青年是农村文明进步的重要推动力量。无论是在家务农，还是进城务工，他们都是文明新风的热情实践者和倡导者。特别是数以亿计的农村青年长年往返于城乡，大大促进了新思想、新观念、新风尚在乡村的传播。

伴随着农村青年的成长进步，农村共青团和农村青年工作不断向前发展。20多年来，各级团组织紧紧围绕党的农业和农村工作，积极适应农村青年的变化，进行了不懈的奋斗。团十四大以来，农村共青团和农村青年工作在继承中创新，在创新中发展，取得了积极成效。服务农村青年增收成才的工作主线，在各项工作中得到贯彻落实。农村青年科技活动，由实用技术培训、培养青年星火带头人，发展到领办科技推广项目、增收成才行动。特别是跨世纪青年农民科技培训工程成功试点，进城务工青年发展计划全面实施，帮助万名西部青年科技创业行动顺利启动，有效地促进了农村青年成长成才和当地经济发展。农村青年绿化祖国活动，由采种支甘、营造青字号绿色工程、植绿护绿活动，发展到全方位保护生态环境的保护母亲河行动，为促进人与自然的和谐相处，实现可持续发展做出了重要贡献。农村青年文化活动，由自发性的“吹拉弹唱”、“打球照相”，发展到普遍建设青少年活动阵地、广泛组织大学生“三下乡”和层层举办乡村青年文化节活动，在更高的层次上丰富了农村青年的精神文化生活。实施服务万村行动，形成了“以服务促建设、以服务求活跃”的团建思路。坚持党建带团建，实施强乡带村，进行小城镇团建创新试点，开展农村共青团“三个代表”重要思想学习教育活动，进一步加强了农村基层团组织建设。

这些年的实践，为今后的工作提供了有益启示：

第一，必须牢固树立大局观念。农村共青团和农村青年工作只有放到全党全国工作大局，放到党的农业和农村工作中去思考，去把握，去安排，才能明确方向，找准位置，有所作为，发挥作用。

第二，必须充分尊重农村青年的自主权和创造精神。农村青年是改变自身命运、实现自身利益的主体和根本力量。改革开放和建设社会主义新农村，为广大农村青年自主创业、开创未来提供了广阔舞台。保护好青年的自主权，把他们的积极性主动性创造性调动好、发挥好，是农村共青团和农村青年工作的重要任务。

第三，必须竭诚为农村青年服务。为青年服务，是党的全心全意为人民服务宗旨在共青团和青年工作中的具体体现。只有竭诚服务青年，才能吸引凝聚青年，教育引导青年。由于农村青年成长发展的环境比较艰苦，社会组织化程度较低，切身利益容易受到侵犯，尤其需要带着深厚感情为农村青年办好事，办实事，多办事。

第四，必须推动工作的社会化。农村青年工作直接关系我国经济社会发展，尤其是农业和农村工作的全局，是一件要由全社会齐抓共管的大事。要努力形成一个全社会都来做工作的局面，共同创造有利于农村青年成长和发展的良好社会环境。

二、当前农村共青团和农村青年工作的主要任务和重点工作

我国现有35岁以下的农村青年两亿多。这支庞大的队伍，既是推动传统农业向现代农业转变的中坚力量，又是城市外来务工人员和义务兵的主要来源；既是促进当前农村改革发展稳定的生力军，又是决定农村未来繁荣进步和长治久安的根本力量。农村青年工作的好坏，不仅影响农村，而且影响全局；不仅影响当前，而且影响未来。进入新世纪，我国已经进入全面建设小康社会，加快推进社会主义现代化的新阶段，农业和农村经济发展也已经进入一个崭新的历史时期。经过20多年的改革和发展，我国农业综合生产能力连续迈上几个大台阶，农产品供求关系发生了历史性转变；市场取向的改革深入推进，农业和农村经济体制发生了根本性变革；农村生产、生活条件明显改善，社会面貌发生了深刻变化。在取得这些重大历史成就的基础上，我国要实现农业现代化，全面建设有中国特色的社会主义新农村，必将努力推进农业结构调整，推进农村工业化、城镇化，推动农村文明进步。这就要求广大农村青年发扬传统，勇挑重担，在新阶段农村经济和社会发展中充分发挥生力军作用。

从这样的要求出发，当前和今后一个时期，农村共青团和农村青年工作的主要任务是：第一，坚持不懈地用邓小平理论和江泽民同志"三个代表"重要思想武装农村青年；第二，带领农村青年在调整农业结构、推进农村工业化和城镇化、推动农村文明进步中建功立业；第三，竭诚服务农村青年增收成才。为完成以上任务，要重点开展好六个方面的工作。

（一）在农村青年中深入持久地开展"三个代表"重要思想学习教育活动。要组织农村团员青年广泛深入持久地学习贯彻江泽民同志"七一"重要讲话，坚持不懈地用"三个代表"思想武装农村青年。要动员组织农村青年依靠科技，面向市场，用先进生产力不断取代落后生产力，为推动农村先进生产力的发展积极贡献力量。既要用先进文化塑造农村青年、陶冶农村青年，又要推动农村青年在发展社会主义文化中充分发挥作用，努力培养一代又一代有理想、有道德、有文化、有纪律的新型农村青年。要竭诚为农村青年服务，同时积极组织农村青年为人民群众服务，不断实现好、维护好和发展好农村青年以及广大农民群众的利益。要通过"三个代表"思想学习教育活动，促进农村青年人力资源开发，促进农村生产力、精神文明建设和农民生活水平的提高。

（二）深入实施跨世纪青年农民科技培训工程。农业的根本出路在于科技。推进农产品优质化，发展农产品加工业，实现农业可持续发展，都要以技术进步和劳动者素质提高为支撑。各级团组织要和农业、财政部门紧密合作，进一步组织实施好跨世纪青年农民科技培训工程，为我国农业专业化生产和产业化经营培养造就一大批觉悟高、懂科技、善经营的新型农民。要精心组织、扎实工作，不断总结经验，完善措施，努力提高培训效果，充分发挥示范和推动作用。工程实施县的团组织要切实负起责任。各级团组织，都要以实施培训工程为牵动，引导帮助更多的农村青年积极参加各类职业技能培训和职业技术教育，不断提高文化素质和技能水平。

（三）大力培养农村青年创业致富带头人。培养青年带头人是农村共青团和农村青年工作的一个显著特点和突出优势。对广大农村青年来说，自己身边看得见、学得了、比得上的成功创业典型最有说服力和影响力。要根据全面发展农村经济的要求，重点培养一大批青年星火带头人、青年经纪人、青年农业产业化带头人和青年工商创业带头人，使他们成为推进农业现代化和农村工业化、城镇化的骨干力量。积极争取有关部门对农村青年带头人予以重点支持，为他们提供政策、资金、技术和信息等方面的优先优惠条件。要依托青年带头人建设各类示范、推广、培训基地，辐射带动更多的农村青年和农民群众创业致富。

（四）积极构建农村青年社会化服务体系。社会化服务发展滞后，信息不灵，是当前困扰农村青年和农民群众增收的一大难题，也是新阶段农业和农村经济发展必须逾越的一大障碍。在市场经济深入发展的条件下帮助农村青年增收,必须自觉尊重农村青年的市场主体地位,尊重他们的生产经营自主权,切实把工作的着力点放到提供社会化服务,特别是信息服务上来。要培育一支庞大的农村青年经纪人队伍,大力发展各级各类专业技术协会、市场中介服务组织和专业经济合作组织,面向农村青年广泛开展产前、产中和产后服务。要整合团内外资源,着力建设好中国农村青年信息网,充分运用互联网等现代传播手段,充分运用以中国农业信息网为龙头的农村经济信息网站资源,为农村青年提供科技、市场、就业信息。有条件的地方特别是发达地区的团组织,要率先建立社会服务信息网络。要发挥共青团的组织优势,广泛实施城乡互动,吸纳城乡智力、财力、物力资源,共同促进农村青年社会化服务体系建设。大力实施青年星火西进计划,动员东中部科技资源,为西部地区农村青年科技创业提供实际有效的服务。

(五)不断丰富农村青年的精神文化生活。从总体上看,农村青年的精神文化生活目前还十分匮乏。这已经成为影响农村青年健康成长、全面发展的一个重要制约因素。各级团组织一定要采取切实措施,丰富农村青年的精神食粮,活跃农村青年的文化生活。要立足基层,面向最大多数,广泛开展争当“农村文明好青年”活动,深入落实公民道德建设纲要,引导农村青年不断提高文明素质。要大力开展乡村青年文化节活动,推广一批健康向上、有趣有为,具有乡村风格、乡村特色的文体娱乐项目,寓教于乐,寓教于活动之中。要组织农村青年踊跃参与村镇文化建设,培养青年文体骨干,组织青年文体队伍,形成适合青年特点、便于青年参加的文化活动阵地。要广泛组织开展文化下乡活动,扩大城乡文化交流。

(六)切实代表和维护农村青年的民主权利和合法权益。各级团组织,要在维护全国人民总体利益的同时,切实代表和维护好农村青年的具体利益。在有关方面制定涉及农村青年切身利益的重大政策时,要积极反映农村青年的意愿和呼声。维护农村青年在基层民主政治建设中的民主权利,引导他们在党组织的领导下,正确行使民主权利,积极参与村民自治,在村级民主选举、民主决策、民主管理和民主监督中发挥建设性作用。要加强法制宣传教育力度,帮助农村青年树立法制观念,自觉养成遵纪守法的良好习惯,善于用法律保护自己的正当权益。充分发挥农村团员青年在社会治安综合治理中的积极作用。坚决维护农村青年特别是外出务工青年的劳动就业权益,敢于为青年民工仗义执言,推动全社会对他们的诚实劳动充分尊重,平等对待。要做好扶助农村困难青年群体特别是贫困地区青年的工作。

三、切实加强和改进农村基层团组织建设

按照“三个代表”的要求加强和改进团的自身建设,使农村团组织焕发出旺盛的生机和活力,不仅是做好农村共青团和农村青年工作的保障,更重要的是巩固党的青年群众基础的需要。这些年,在党的建设强有力的带动下,农村基层团建紧跟时代前进的步伐,进行了有益的探索,取得了积极进展。为了适应农村青年职业分布和流动趋势的变化,农村团组织力求扩大基层团组织对团员青年的覆盖面,在新经济组织中建立健全团组织的工作力度不断加大,基层团组织的设置进一步合理;为了适应农村青年日益多样的致富成才需求,农村团组织强化服务意识,丰富服务手段,初步走出了一条“以服务促建设、以服务求活跃”的新路;为了适应发展市场经济条件下工作环境的深刻变化,农村团组织努力克服行政化倾向的影响,推动团的工作方式向社会化、事业化方向不断发展,“老办法不管用、新办法不会用”的问题逐步解决。农村基层团组织建设,正在探索建立与社会主义市场经济体制相适应的机制。同时也要看到,农村基层团建还明显滞后于社会主义市场经济的发展进程,仍然是共青团基层组织建设的难点和薄弱环节,需要全团上下继续付出艰苦的努力。

要始终坚持"党建带团建"的原则。坚持"党建带团建",是由党与共青团的特殊关系决定的,既是党领导团的一个重要方面,又是团的建设的关键和重要原则。要按照党的建设新的伟大工程的要求,把基层团组织建设纳入基层党组织建设的整体格局,在党的领导和党建的带动下,保持农村基层团建的正确方向,落实农村基层团建的各项任务,提高农村基层团建的整体水平。要紧密结合农村党建"三级联创"的要求,建立健全农村基层团建常抓不懈的工作机制。

要坚持用理想凝聚青年,以服务吸引青年。共青团任何时候都必须牢记自己的政治属性和政治优势。只有用全民族的共同理想凝聚青年,才能真正团结青年、引导青年。我们一定要高举理想的旗帜,让团徽戴起来、团歌唱起来、团旗飘起来。任何时候都必须牢记,共青团组织必须深深植根于青年。只有把竭诚服务青年作为全部工作的出发点和落脚点,才能在社会经济成分、组织形式、就业方式、利益关系和分配方式日益多样化的条件下,真正赢得生存和发展的坚实基础。农村青年最讲实际,我们尤其要把服务青年作为加强农村团的建设的突破口。

要发展和扩大团内民主,完善团内民主集中制的各项制度。民主集中制是共青团的根本组织原则,必须切实坚持,全面贯彻。在新的历史条件下,进一步发展和扩大团内民主,激发农村团员的积极性主动性创造性,是农村共青团和农村青年事业兴旺发达的重要保证。要切实保障团员的民主权利,拓宽团内民主渠道,加强团员对团内事务的了解和参与。农村基层团的委员会和支部委员会,要按照团章要求,由团员直接选举或由团员代表选举产生,并认真听取团外青年的意见。要进一步健全各种议事规则和工作程序,从制度体系上保证团内民主集中制的正确执行。

要建好建强乡镇团委,全面发展农村各类团支部。要服从和服务于创建"六个好"乡镇党委目标,在乡镇党的建设带动下,切实建设好乡镇团的委员会,增强乡镇团委的整体功能,按照强乡带村的工作思路,使乡镇团委在整个农村基层团建中发挥出更加突出的带动作用。要围绕创建"五个好"村党支部,继续加大村团支部建设力度,使村团支部在村级组织配套建设中焕发出新的活力。要适应农村产业结构、劳动力就业结构和团员分布情况的变化,采取依托产业、依托乡镇企业、依托专业协会、依托农村中学等多种方式灵活设置农村各类团支部。要认真落实团章规定,推动乡镇团委和农村各类团支部按期换届,把每一次换届作为一次集中整顿的机会。要鼓励和支持农村基层团组织大胆探索团建新途径新形式。

要积极发挥青年社团作用,健全和壮大农村青年组织体系。只有既把共青团组织建设成为团结教育青年的核心,又充分发挥各类青年社团的作用,才能最大限度地把农村青年团结凝聚在党的周围。要依照有关法律法规,适应当代农村青年多层次和多样化的需求,把农村青年科技协作组织、专业经济合作组织、市场中介组织、文化体育组织等各类青年社团的建设推进到新水平,使农村青年组织体系发展壮大。要从业务管理、骨干培养、协调联络等方面,进一步加强团组织对青年社团的工作指导,充分发挥共青团员在青年社团中的模范带头作用。通过这些社团的有效活动,延长团的工作手臂,不断扩大农村共青团和农村青年工作的覆盖面。

要关心基层团干部的成长,建设一支高素质的农村团干部队伍。关键在于建设一支高素质的农村团干部队伍。长期以来,一批又一批农村基层团干部不负党的重托和青年的厚望，不计工作条件的艰苦和个人的得失，脚踏实地、默默无闻地辛勤工作在第一线，把青春献给了农村共青团事业。各级团组织要特别重视和关心他们的成长，按照有关规定落实他们的政治、生活待遇，努力为他们开展工作创造更好的环境和条件。团的各级领导机关要增强基层观念，多为基层办实事，努力帮助解决农村基层团干部学习、工作、生活中面临的实际困难。要加大岗位培训力度，提供更多的挂职锻炼机会，帮助农村团干部在学习和实践中积累经验，增长才干。要积极做好团干部的选配和输送工作，使农村团干部队伍充满朝气和活力。每一个团干部，都要牢记江泽民同志对年轻干部提出的要求，刻苦学习，勤奋工作，勇于创造，自觉奉献。

同志们！农村基层团组织建设是一项长期的任务，任重而道远。全团都要清醒地看到，党的建设新的伟大工程的推进，必将为农村团的组织建设注入强大的动力。农村团员青年政治上成长进步的愿望更加强烈，生产生活上对社会化服务的需求明显增强，农村青年的组织化程度不断提高，必将为农村团组织的进一步发展开辟广阔的天地。只要我们高度重视，积极行动起来，狠抓落实，农村基层团组织建设就一定能够开创出新的局面，农村基层团组织就一定能够焕发出勃勃生机。

让我们更加紧密地团结在以江泽民同志为核心的党中央周围，高举邓小平理论伟大旗帜，以“三个代表”重要思想为指导，与时俱进，开拓创新，转变作风，奋发有为，以优异的成绩迎接建团80周年，向党的十六大献礼！

周强在网上“团史展览馆”开通仪式上的讲话

2002年5月5日

今天，在中国共产主义青年团成立80周年之际，我们汇聚在这里，举行网上“团史展览馆”开通仪式，以此纪念中国共青团的80岁华诞。

建设网上“团史展览馆”，是团中央纪念建团80周年的一项具有创新意义的工程。我们决定创办网上团史展览馆，就是要对广大团员青年进行革命传统教育，进行理想信念教育，帮助他们坚定理想信念，学习马列主义、毛泽东思想和邓小平理论，学习实践江泽民同志“三个代表”重要思想，通过网上“团史展览馆”来缅怀革命先烈，缅怀共青团的先驱，在新的历史条件下跟着党沿着建设有中国特色社会主义道路奋勇前进。这就是我们举办网上“团史展览馆”的目的和宗旨。

刚才，中央党史研究室副主任谷安林同志作了一个很好的讲话，给我们介绍了很多珍贵的史料，包括党的第一次代表大会决议中就提到要加强各地社会主义青年团的建设。团史专家郑洸同志作了热情洋溢的讲话，充满感情，听了很受启发。青年团员和基层团干部代表王学文也作了一个热情洋溢的讲话。

5月2日，我们举办了纪念中国共青团成立80周年文艺晚会，通过对团史的回顾，对我们今天从事共青团工作的同志，既是一次革命传统教育，也是一次党史教育。通过对团史的回顾，我们很多同志，尤其是今天仍然从事共青团工作的团干部，都受到一次生动的教育，将激励我们更好地按照党的要求，按照“三个代表”的要求，团结带领全国广大团员青年在新的历史条件下不断前进。

团中央书记处对网上“团史展览馆”的建设高度重视，从2000年提出这一设想，到今天开通，团中央机关各部门、各直属单位以及全国各地团组织先后做了大量工作，尤其是我们许多青运史专家和团史专家为此付出了辛勤努力。在此，我代表团中央书记处向网上“团史展览馆”的建成开通表示祝贺，向为网上“团史展览馆”建设付出辛勤努力的所有同志表示感谢。借此机会也向长期以来支持共青团工作，支持我们“团史展览馆”、“民族魂”、“血铸中华”等系列网上青少年爱国主义教育网站建设的中央党史研究室、中国社会科学院、国家档案局、中央文献研究室等单位的各位领导同志表示衷心的感谢。

网上“团史展览馆”的建成，为我们提供了向广大团员青年、向全社会，乃至向世界展示共青团80年来在党的领导下不断奋斗的历程和新世纪时代风貌的崭新窗口。我们建设网上“团史展览馆”，正是运用信息网络技术来展示共青团80年来团结带领广大团员青年跟着党英勇奋斗的历程和新世纪的时代风貌，使广大团员青年能够完整、系统、准确地了解中国共青团这个世界上最大的青年组织。正是由于信息网络技术，使得网上“团史展览馆”有别于现实中的传统展览馆，以其丰富的内容、生动的形式、便捷的手段成为全面客观地展现中国共青团的一个全新窗口，必将在推动共青团事业发展中发挥独特的作用。

网上“团史展览馆”的建成，为我们提供了开展青年思想政治工作，团结带领广大团员青年永远跟党走的永久性教育基地。团中央开通网上“团史展览馆”，就是要在互联网上建立开放式的教育基地，探索青少年思想政治工作的新途径与新方法。依托网上“团史展览馆”，各级团组织可以开展团史、团情教育和丰富多彩的主题教育活动，帮助团员青年了解共青团的奋斗历程，掌握共青团的基本知识，继承和发扬共青团的光荣传统和优良作风，增强作为一名共青团员的光荣感和自豪感，坚定永远跟党走的信念。

网上“团史展览馆”的建成，为我们提供了研究团史和青运史的资料宝库，为团史和青运史研究提供了新的途径和手段。通过互联网可以方便、快捷地查阅、检索团史资料，通过网上论坛、网上研讨等方式可以交流学术界的新成果，实现团史研究成果的资源共享，推动团史和青运史的研究。相信有了网上“团史展览馆”这样一个网上信息中心和资料中心，一定会进一步推动研究工作。

团十四大以来，经过全团上下的共同努力，共青团信息化建设发展迅速，取得了可喜的成绩。我们已初步建成了以中青网为平台的面向广大青少年的综合性信息服务网络，以“中国共青团”网站为核心，包括140多个各级共青团组织网站的共青团工作网络；以“民族魂”、“血铸中华”等网站为代表的青少年爱国主义教育网站；以团中央机关局域网和“县县上网工程”为基础的共青团信息化工作平台。今天，网上“团史展览馆”建成并开通，是共青团信息化建设的又一重要成果。目前，共青团组织所属的网站已经发展到200多个。可以说，共青团信息网络体系已初步形成。

近年来的工作实践表明，信息网络技术是推动共青团事业在新世纪实现新发展的必不可少的手段。网上“团史展览馆”的开通，又是一个良好的开端，今后，无论是在内容上，还是在形式上，都需要进一步丰富和完善，尤其是作为展览馆来讲，要体现动态性和互动性。也可以借鉴一些其他网站好的做法，不断增强网站的吸引力。

运用信息网络技术，可以建立起共青团工作的新阵地。通过建设多层次、多领域、全方位的网站，完善和充实网站内容，共青团组织可以更好地教育青年和服务青年。运用信息网络技术，可以建立起联系全团和广大青少年的新型纽带。共青团信息化建设把团的各级领导机关与最大多数基层组织用互联网联系在了一起，相互沟通信息，交流经验，资源共享，实现“全团互联”。同时，可以更加全面、深入地了解广大青少年的所思所想，更好地把广大青少年吸引过来，凝聚起来。运用信息网络技术，可以形成新型工作方式。通过运用互联网这种快速、便捷、低成本的信息传递手段，可以加快团内信息交流，提高工作效率，增强决策科学化和民主化，进一步推动和促进全团工作作风的转变。

今年是我们党和国家历史上具有重要意义的一年。让我们高举邓小平理论的伟大旗帜，以“三个代表”重要思想为指导，更加紧密地团结在以江泽民同志为核心的党中央周围，扎实工作，开拓进取，以优异成绩迎接党的十六大的胜利召开。

周强在纪念中国共产主义青年团成立80周年大会上的发言

2002年5月15日

共青团员们，同志们：

五月的北京，是鲜花与歌声的海洋。在这个美好的季节里，全国各族青年代表欢聚在人民大会堂，隆重纪念中国共产主义青年团成立80周年。首先，我代表中国共产主义青年团，向我们敬爱的党，向以江泽民同志为核心的党中央表示崇高的敬意！向关心、支持共青团工作的各级党委、政府和社会各界致以诚挚的谢意！向广大团员青年、团干部和青年工作者致以节日的祝贺！

党缔造和培养了共青团。上个世纪20年代初，党的创建人李大钊、毛泽东、董必武、赵世炎、周恩来等在上海、北京、长沙、武汉和法国巴黎等地建立了青年团组织。1922年5月，在中国共产党的直接关怀和领导下，中国社会主义青年团第一次全国代表大会在广州东园召开，标志着全国性青年团组织正式成立。青年团的诞生，是五四爱国运动以后觉醒的中国青年向着未来进军的伟大誓师，揭开了中国青年运动史新的篇章。从此以后，先进的中国青年在共产主义的旗帜下集结起来，在党的领导和团组织的带领下，不畏艰险，百折不挠，顽强奋斗，在中华民族赢得独立自由和走向繁荣富强的历史进程中，用智慧、热血和生命谱写了一曲曲可歌可泣的青春之歌。

中国共青团跟着党走过了一条不平凡的奋斗之路。在新民主主义革命时期，动员广大团员青年英勇投身党领导的反帝反封建斗争，为民族独立和人民解放冲锋陷阵，浴血奋战。新中国成立后，组织带领广大团员青年积极参与社会主义建设，在各行各业、各条战线艰苦创业，忘我劳动。在改革开放和发展社会主义市场经济的新时期，团结带领广大团员青年坚决贯彻党的路线方针政策，为推进建设有中国特色社会主义事业开拓进取，锐意创新。共青团团结带领团员青年为实现党的历史任务而奋斗，在革命、建设和改革的伟大进程中充分发挥了生力军作用，这是80年来中国青年运动的主旋律。回首中国共青团走过的光辉岁月，我们感到无比自豪。

中国共青团跟着党在前进中不断发展壮大。共青团在建立之初，只有几十个人，今天已经发展成为拥有6841万团员的具有广泛影响力的青年组织。共青团是青年在实践中学习共产主义的学校，在当今时代，也是青年学习建设有中国特色社会主义的学校。一批又一批、一代又一代青年在这所大学校中学习锻炼、建功成才，成长为社会主义事业的合格建设者和接班人，涌现出雷锋、王杰、张海迪、李向群、秦文贵等英模人物，也涌现出五四奖章获得者、十大杰出青年、青年志愿者、青年文明号等先进群体。他们的事迹，鼓舞和激励着全国各族青年沿着党指引的方向奋勇前进。回首80年的风雨征程，共青团的全部奋斗都在实践着一个信念，就是永远跟党走；都在印证着一个真理，就是必须永远跟党走。

今天，我们正奋进在实现中华民族伟大复兴的征程上。到本世纪中叶，我国将建成富强民主文明的社会主义现代化国家，中华民族伟大复兴的宏伟目标将变为现实。团结带领广大团员青年为实现中华民族伟大复兴而奋斗，是中国共青团的光荣历史使命。担负起这样的历史使命，共青团就要高举邓小平理论伟大旗帜，在"三个代表"重要思想指引下，带领广大团员青年永远跟着党，沿着建设有中国特色社会主义道路昂首阔步、奋勇前进。

以"三个代表"重要思想为指导，就要始终坚持培养"四有"新人的根本任务。"三个代表"重要思想为当代青年健康成长指明了方向。共青团要坚持不懈地用邓小平理论和"三个代表"重要思想武装教育青年，大力加强青少年爱国主义、集体主义、社会主义教育，引导青年树立坚持党的基本理论和基本路线一百年不动摇的信念，树立正确的世界观、人生观和价值观，自觉地把个人奋斗融入到实现祖国社会主义现代化和中华民族伟大复兴的共同奋斗之中。要引导青年按照党的要求，努力做到"四个统一"，勤奋学习，艰苦创业，勇于创新，甘于奉献，成长为有中国特色社会主义事业的合格建设者和接班人。

以"三个代表"重要思想为指导，就要始终坚持围绕大局开展工作。要发扬"党有号召，团有行动"的优良传统，始终把团的工作放到经济社会发展的大局中去把握、去推进，引导青年投身改革开放和现代化建设的伟大实践。要大力开发青年人力资源，积极为青年施展才华、发挥作用搭建舞台，努力培养造就青年人才大军。要继续推进青年志愿者、希望工程、手拉手、青年文明号、保护母亲河、青年科技创新等活动，组织引导青年在两个文明建设中充分发挥生力军作用。

以"三个代表"重要思想为指导，就要始终坚持把服务青年作为工作的出发点和落脚点。竭诚服务青年是共青团贯彻党的全心全意为人民服务宗旨的具体体现，是贯彻"三个代表"重要思想的必然要求。共青团作为先进青年的群众组织，只有深深植根于青年之中，努力做好服务青年的工作，才能团结青年、凝聚青年。要着眼于青年的成长与发展，为青年的学习、就业、成才和精神文化需求，提供实实在在的服务。要着重做好有特殊困难青年群体的工作，千方百计帮助他们排忧解难。要通过我们的服务，让青年真正感受到团组织的温暖，把广大青年紧密团结在党的周围，进一步巩固党在青年群众中的基础。

以"三个代表"重要思想为指导，就要始终坚持加强团组织自身建设。要进一步加强思想建设，用马列主义、毛泽东思想、邓小平理论和江泽民同志"三个代表"重要思想武装全团，始终保持团组织的先进性。要进一步加强组织建设，努力探索灵活多样的团组织设置方式和运行机制。要进一步加强队伍建设，教育引导团干部坚定理想信念，身体力行"三个代表"，做党的合格干部；教育引导共青团员牢记自己是青年中的先进分子，增强光荣感和责任感，在青年中发挥好模范带头作用。要坚持与时俱进、开拓创新，努力研究新情况，解决新问题，积极探索“四个多样化”条件下共青团建设的新路子，不断增强团组织的吸引力、凝聚力和战斗力。

实现祖国的完全统一，是几代中国人为之奋斗的目标。中国青年坚决拥护我国政府“和平统一、一国两制”的基本方针和江泽民主席关于现阶段发展两岸关系、推进祖国和平统一进程的八项主张，坚决反对一切分裂祖国的言行。我们要通过多种方式和途径加强两岸青年的交流，使两岸青年共同肩负起振兴中华、实现祖国统一的历史使命。

开创21世纪人类的美好未来，青年负有义不容辞的责任。我们要加强与世界各国青年组织的交流与合作，推动中国青年与世界青年一道，共同促进世界的和平与发展。

共青团员们，光荣属于历史，奋斗成就未来。让我们更加紧密地团结在以江泽民同志为核心的党中央周围，以邓小平理论和“三个代表”重要思想为指导，团结带领全国各族青年，为实现党在新世纪的宏伟目标而不懈奋斗，用青春和智慧谱写实现中华民族伟大复兴最壮丽的青春之歌。

周强在共青团全国统战工作会议上的讲话

2002年8月30日，根据录音整理

这次共青团全国统战工作会议是在全团深入学习贯彻江泽民总书记“七一”讲话、“5·31”讲话和在纪念中国共产主义青年团成立80周年大会上的讲话精神的新形势下召开的。会议的主要任务是，以“三个代表”重要思想为指导，进一步深入贯彻全国统战工作会议精神，明确青年统一战线工作面临的新形势和新任务，对新时期青年统一战线工作进行部署，推动青年统一战线工作不断开创新局面。同时，这次会议要认真学习贯彻江泽民总书记在会见出席全国宣传部长会议和全国组织工作座谈会全体同志时的重要讲话，为党的十六大胜利召开营造良好的氛围，进一步动员广大团员青年在改革发展稳定的大局中充分发挥生力军作用，以优异的成绩迎接党的十六大的胜利召开。

我们这次会议得到了中央统战部和新疆维吾尔自治区党委的高度重视和大力支持。中央统战部副部长田鹤年专程到会指导并讲话。新疆维吾尔自治区党委书记王乐泉接见了与会代表，副书记周声涛发表了热情洋溢的讲话。自治区党委办公厅、统战部和自治区团委为本次会议提供了周到的服务，付出了辛勤的汗水。在这里，我代表团中央，并提议与会全体代表，以热烈的掌声向他们一并表示衷心的感谢！这次会议在新疆召开，既是来学习新疆维吾尔自治区党委统战工作的经验，也是观摩交流自治区团委开展青年统战工作的好的做法。近几年来，在自治区党委和团中央的领导下，自治区各级团组织紧密联系新疆的实际，研究新情况，解决新问题，在青年统战工作中积累了很多新鲜经验。在会议开幕式上，孙金龙同志代表团中央书记处做了工作报告，我完全赞成。会上，各地也交流了青年统战工作的经验，会议开得很好。今天，我讲三个问题。

一、充分认识做好新形势下青年统战工作的重要意义

青年统战工作是党的统战工作的重要组

成部分。我们党一直高度重视青年统战工作。在这里,我简要地回顾一下江泽民总书记这些年来特别是近年来关于青年统战工作的重要指示。最近,中央文献研究室编辑出版了《江泽民论有中国特色社会主义》(专题摘编)一书。在这本书中,江泽民总书记关于青年统战工作有一系列重要指示,主要有以下几个方面。一是关于青年人才的培养和使用。对青年人才方面的论述,江总书记在纪念建团80周年大会上的讲话中,有十分精辟的论述,比如,发展的希望在创新,创新的希望在青年,他对青年人才寄予了无限的期望。二是关于非公有制经济组织的青年工作,江总书记在2000年召开的全国统战工作会议上指出,要加强非公有制经济组织中党、团和工会组织的建设,凡是条件具备的企业,都要建立党、团和工会组织。三是对台青年交流工作。江总书记在2000年的中央一次专门会议上强调指出,要加强两岸青年的交流,做好台湾青年的工作,争取台湾青年群众。四是关于留学生工作。江总书记这方面的论述很多,最精辟的就是,对待留学生要支持留学,鼓励回国,来去自由,多种形式为国服务,这已经成为留学生工作的方针。1997年,江总书记在美国访问的时候,专门在哈佛大学对中国留学生做了一个热情洋溢的讲话,送给所有的留学生一句座右铭,就是胸怀祖国,服务人民。江总书记关于青年统战工作的指示还有很多。我们这次会议就是要认真学习贯彻江总书记"三个代表"重要思想,学习贯彻江总书记关于青年统战工作的一系列重要指示,紧密结合青年统战工作的实际,研究解决新世纪青年统战工作的理论和实践问题。当前,青年统战工作面临着难得的发展机遇,也面临着严峻的挑战。我们要认清形势,把握大局,从战略高度充分认识新时期青年统战工作的重要意义,从而更加自觉地做好新形势下的青年统战工作。

第一,在经济全球化,尤其是我国加入WTO的条件下,我国面临着世界范围内日益激烈的人才争夺战。团结凝聚培养青年人才,是青年统一战线肩负的重要使命。上个世纪90年代以来,经济全球化趋势明显加快。以加入WTO为标志,我国对外开放进入了一个新的阶段,我国经济进一步融入经济全球化。经济全球化的一个显著特征,就是人才竞争的国际化,人才资源在全球范围内的重新配置。西方发达国家凭借其雄厚的经济实力和优越的科研环境,同时采取调整移民政策、减低税收等措施,大量地从其他国家特别是发展中国家吸引人才。在这次国际数学家大会上,两个获得菲尔茨奖的都是36岁的年轻人,一个是法国人,一个是俄罗斯人,都在美国教书。另外一个获得内万林纳奖的是美国人,也在美国教书。有一种说法,法国是数学大国。还有一种说法,美国是数学中心。这次大会,印证了我一直在思考的一个问题,就是美国凭借其雄厚的实力,用的是全世界的人才,用的是全世界的资金,回过头来赚全世界的钱。可以说,在这场人才大战中,青年人才是各国争夺的重点。青年统一战线的最大优势就是人才智力优势。在这场全球范围的人才争夺战中,青年统一战线能够发挥更大的作用。通过用实现中华民族伟大复兴的宏伟目标来凝聚青年人才,与不同界别、不同地域、不同行业、不同信仰的青年人才的广泛而密切的联系来团结青年人才,用丰富多彩的活动和有益的工作项目来吸引青年人才,从而形成青年人才的聚合效应,为我国打赢这场人才争夺战做出积极的贡献。

第二,西方敌对势力在政治上与我争夺青少年的斗争将是一场艰巨、复杂的斗争。高举爱国主义、社会主义的旗帜,把全国各族各界青年团结起来,是青年统一战线的重要政治任务。在世界格局走向多极化的进程中,我国在国际事务中所发挥的作用越来越大,国际地位稳步提高。西方敌对势力为遏制我国的发展,一刻也不放松利用人权、民族、宗教等问题对我国实施“西化”、“分化”的战略图谋。我国既面临着可以争取一个良好国际和平环境发展自己的宝贵机遇,也面临着与西方敌对势力进行渗透与反渗透、遏制与反遏制、分裂与反分裂、颠覆与反颠覆的激烈斗争。在这场斗争中,青少年是重要的争夺对象,可以说是首当其冲。青年统一战线必须始终坚持正确的政治方向,保持清醒的头脑,高举爱国主义和社会主义旗帜;必须大力培育和弘扬民族精神,引导青年把个人的前途命运与国家、民族的前途命运紧密联系在一起,把海内外中华青年的智慧和力量凝聚到建设有中国特色社会主义伟大事业上来,凝聚到为祖国的强盛和统一做贡献上来。

第三,“四个多样化”对青年的思想观念、价值取向、行为方式产生了深刻影响,并导致各种青年利益群体和阶层不断出现。把最广大青年团结起来,巩固党的群众基础,是青年统一战线的神圣职责。随着改革开放的不断深入和社会主义市场经济的不断发展,我国出现了经济成份和经济利益、社会生活方式、社会组织、就业岗位和就业方式的多样化。“四个多样化”越来越深刻地影响着当代青年的观念和行为。同时,“四个多样化”也在当代青年中十分鲜明地体现或折射出来。在共青团十四届三中全会上,我们就提出要研究新情况,要深入地研究青年,了解青年,只有这样,才能更好地服务青年、教育青年。这些年来,我们一直关注青年群体的变化,比如说,打工青年是一个很大的群体,还有1700万大学生,国有企业的青年职工在减少,新兴领域、新兴行业的青年群体不断增加,尤其在IT行业,不仅工作人员普遍很年轻,而且很多老总都是30多岁的年轻人,金融领域也出现了一大批高素质的所谓白领阶层。对这些青年群体的出现,需要我们团的工作和青年统战工作更好地跟上去,更好地研究他们的特点,更好地把他们团结起来、联系起来。同时,不同青年群体和阶层由于在经济条件、社会角色等方面存在差异,因此在价值观念、行为方式和具体需求方面也呈现出不同的特点。比如,大批党团员之外的青年知识分子、青年企业经营管理者以及非公有制经济领域的青年从业人员等迅速成长,他们在价值观念、行为方式和需求上,就会与其他青年群体不同。总之,青年统一战线要时刻关注青年的变化,把握其发展趋势和基本规律,正确引导其利益需求和价值取向,把新的青年群体和阶层团结起来、凝聚起来,不断巩固和扩大党的青年群众基础。

第四,解决台湾问题,实现祖国完全统一,是包括台湾同胞在内的全体中华儿女的共同心愿。最大限度地团结海内外各族各界中华青年,共同反对“台独”、反对分裂,早日促进祖国统一大业的完成,是青年统一战线肩负的历史使命。随着香港、澳门相继回归祖国,实现祖国完全统一大业已经取得重大进展。最终解决台湾问题,实现祖国完全统一,是中华民族的根本利益所在,是中华民族伟大复兴的必然要求。近一段时期以来,台湾分裂势力和国际反华势力有所抬头,企图制造事端,妨碍祖国统一大业的顺利进行。陈水扁在政治上很会作秀,政治图谋非常阴险,想方设法拉拢台湾的青少年。比如,台湾中学开学典礼,他是有请必到,目的就是为了拉未来的选票。青少年是两岸未来的主人,是推动祖国统一的重要力量。在当前的形势下,做好青年统战工作,积极推动两岸青年在科技、经济和文化领域的交流与合作,促进两岸青年为中华民族的美好未来携手同行,共同反对“台独”、反对分裂,对于早日解决台湾问题,实现祖国完全统一,具有十分重要的意义,也是党中央交给我们的重要任务。

第五,以信息技术为标志的科学技术突飞猛进,特别是互联网的迅速发展,对青年产生了深刻影响。充分运用科技手段,积极建立网上青年统战工作阵地,是青年统一战线的当务之急。当今时代是信息时代。以信息技术为代表的新技术革命对人类社会已经并将继续产生深刻的影响。互联网的发展和普及从根本上改变着人们的学习、工作和生活方式,全新的网络经济和网络工作方式已经出现并正在飞速发展。互联网对青年的影响最为深刻、最为明显,已经成为相当一部分青年学习、工作、娱乐、交往的重要载体。青年统战工作面临着一个崭新的领域。一方面,青年网络用户成为一个独特的青年统战工作对象,现有网民4600万,其中青少年占了70%以上;另一方面,青年统战工作要及时跟踪网上青年虚拟社团,并努力纳入管理范围。同时,要建立起网上青年统战工作阵地,从而创新工作方式,延伸工作手臂。

二、新形势下青年统战工作的基本任务和重点工作

改革开放以来,青年统战工作走过了一条在继承中创新、在探索中前进的发展之路,逐步形成了"全团抓统战"的工作局面。近些年来,青年统一战线以开发青年人力资源为着力点,广泛团结不同领域、不同行业的海内外青年人才,积极为青年人才施展才华、发挥作用搭建舞台,呈现出人才荟萃、联系广泛、充满活力的生动局面。今天,青年统一战线已经成为在中国共产党的领导下,以共青团为核心,一切拥护社会主义、一切拥护祖国统一、一切致力于中华民族伟大复兴的海内外各族各界中华青年的广泛政治联盟。

新形势下青年统战工作的基本任务是,以邓小平新时期统一战线理论和江泽民关于统战工作的重要论述为指导,高举爱国主义、社会主义旗帜,坚持围绕大目标、实现大团结、做出新贡献的主题,最广泛地团结海内外各族各界中华青年,为建设有中国特色的社会主义,实现祖国统一和中华民族伟大复兴的宏伟目标而努力奋斗。

围绕大目标、实现大团结、做出新贡献是贯穿于青年统一战线发展历程的主题。进入新世纪,我国开始进入全面建设小康社会,加快社会主义现代化建设的新的发展阶段。青年统战工作的主题由此具有了新的时代内涵。围绕大目标,就是要始终围绕实现中华民族伟大复兴的奋斗目标,全面建设小康社会并加快推进现代化建设第三步战略目标的实施。实现大团结,就是要把海内外各族各界中华青年团结起来,结成最牢固、最广泛的青年爱国统一战线。做出新贡献,就是要最大限度地把中华青年的积极性、主动性、创造性调动起来,为实现社会主义现代化建设第三步战略目标贡献青春、智慧和力量。

适应国内外形势的发展变化,适应我国青年结构的变化,青年统一战线要着重研究和做好以下几个方面的工作。

1. 做好青年知识分子的工作。21世纪头一二十年是我国经济和社会发展的重要时期,加快推进我国的社会主义现代化建设,人才是关键。随着知识经济的迅速兴起,青年知识分子在推动我国经济发展和科技进步中的作用日益突出,越来越成为我国先进生产力的重要创造者和开拓者。青年统战工作的一个重要任务就是要广泛团结、凝聚青年知识分子并充分发挥好他们的作用。要按照江泽民总书记提出的"培养人才、用好人才、吸引人才"的要求,以《2002-2005年全国人才队伍建设规划纲要》为指导,把为经济和社会发展提供人才支持作为根本出发点,贯彻落实党的知识分子政策,切实做好青年知识分子工作,尤其是做好有代表性、有影响力的党外青年知识分子的工作,在实施人才强国战略中发挥积极作用。要充分调动青年知识分子的积极性和创造性,为他们施展才华、报效祖国创造良好条件,推动他们为我国经济建设和科技发展做出更大贡献。要积极向有关部门举荐青年人才,努力营造尊重知识、尊重人才的良好社会氛围,促进大批高素质的青年人才脱颖而出。

2. 做好民族地区青年和宗教界青年的工作。江泽民总书记指出，没有民族问题、宗教问题的正确解决，就没有国家的团结、稳定和统一。长期以来，民族地区青年工作和宗教界青年工作作为党的民族宗教工作的重要组成部分，为促进民族团结和社会稳定发挥了积极的作用。青年统一战线要进一步在各民族青年中广泛开展马克思主义民族观、党的民族政策的宣传教育，帮助和引导他们坚决与各种敌对势力和分裂分子作斗争，不断增强维护民族团结的自觉性。要以实施西部大开发战略为契机，围绕关系民族地区青年切身利益的问题开展工作，引导民族地区青年为巩固和发展平等、团结、互助的社会主义民族关系，促进民族地区经济发展和社会稳定，做出实实在在的贡献。

宗教界青年工作是青年爱国统一战线工作不可或缺的组成部分。据统计，我国的信教群众有1亿人左右，宗教教职人员有32万多人，青年在其中占了相当大的比例。同时，还有一种现象，一些青年把信教作为时尚，值得我们关注。面对这种情况，青年统一战线要以积极促进宗教与社会主义社会相适应为出发点，切实做好宗教界青年特别是青年代表人士的工作。要积极团结和教育青年宗教教职人员，引导他们正确地认识和贯彻党的宗教信仰自由政策，在参与宗教事务管理中自觉遵守国家的法律、法规。要充分发挥宗教界青年参与社会、服务社会的积极性，帮助和引导他们挖掘和发扬宗教中的积极因素，为祖国统一、民族团结和社会发展多做贡献。

3. 做好非公有制经济领域青年的工作。我国的非公有制经济人士，是在我国坚持公有制为主体、多种所有制经济共同发展的基本经济制度之下，随着社会主义市场经济的不断发展而出现的一个新的社会群体。现在，我国有1.3亿非公有制经济组织从业人员，35岁以下的青年占了近70%。其中，民营科技企业的青年创业者和青年技术人员、受聘于外资企业的青年管理技术人员、青年自由职业者等，已经成为非公有制经济组织的重要力量。做好非公有制经济领域青年特别是青年代表人士的工作，对于促进经济发展，保持社会稳定，扩大党的群众基础，具有重要的意义。青年统一战线要按照“团结、帮助、引导、教育”的方针，广泛团结非公有制经济领域的青年，逐渐培养起一支拥护党的领导、坚持走建设有中国特色社会主义道路的青年积极分子队伍。要引导和帮助广大非公有制经济领域的青年做到爱国、敬业、守法，为促进我国经济发展和提高人民生活水平发挥更大作用。要在非公有制经济领域的青年中开展“致富思源、富而思进”教育，帮助更多的青年走上富裕之路。要大力加强非公有制经济领域中团组织建设，维护非公有制经济组织中青年的合法权益，把广大青年团结在团组织周围，不断扩大党的青年群众基础。

4. 做好出国和归国青年留学人员的工作。在经济全球化条件下，推动我国社会主义现代化建设，需要大批熟悉国际规则、能够参与国际竞争的高层次人才。改革开放以来，我国出国留学人员已达45万，现已回国的有近15万人，其中绝大部分都是学有所长的青年人才。他们既比较熟悉国际情况，又比较熟悉国内情况，同时具备一定专长，是我国人才资源的重要组成部分。他们有着强烈的爱国热情和报国之志，在祖国经济建设和社会发展的各条战线上正发挥着越来越重要的作用。比如，中国科学院有一大批留学回国的45岁以下的青年人才，很多人做了研究所所长，在工作中担大纲、挑大梁。青年统一战线要开辟多种渠道，多方牵线搭桥，推动海外学人以各种形式、在各个领域为祖国发展服务，做到用事业吸引人才，用理想凝聚人才，用感情留住人才。要采取切实有效的措施，为已归国的青年留学人员发挥更大作用创造条件，帮助他们更好地参与祖国建设。

5. 做好港澳青年、台湾青年和海外青年侨胞的工作。香港和澳门已经回归祖国。青年统一战线要进一步加强内地青年与港澳青年的交流与交往，推动港澳青年对祖国历史文化的深入认识与了解，促进内地与港澳青年人才的共同发展，为保持香港、澳门的长期繁荣稳定作出积极努力。近年来，尽管台湾岛内局势发生了值得注意的变化，但是求和平、求安定、求发展始终是台湾民意的主流，发展两岸关系始终是人心所向、大势所趋。蓬勃发展的两岸青年交流，对于维系两岸青年一代血浓于水的亲情，对于构筑祖国统一大业的基石，起到了积极的促进作用。青年统一战线要在江泽民总书记对台八项主张重要讲话精神的指引下，最大限度地团结和联合港澳青年、台湾青年、海外青年侨胞，与大陆青年组成广泛的青年爱国统一战线，共同反对"台独"、反对分裂，为形成全体中华儿女共同致力于实现祖国完全统一的政治局面，早日完成祖国统一大业贡献力量。

三、与时俱进，努力开创青年统战工作的新局面

创新与发展始终是做好青年统战工作的源泉和不竭动力。当前，青年统战工作面临的形势更加紧迫，创新的任务更加艰巨，只有解放思想，与时俱进，不断研究青年统一战线出现的新情况、新特点，按照党中央关于统战工作的总体部署，在创新中求发展，在发展中再创新，才能全面开创青年统战工作新局面。

1. 努力构建青年统一战线工作体系。构建健全的青年统战工作体系，是青年统一战线事业持续发展的重要保障。在党中央的亲切关怀下，在各级党委、政府的重视和支持下，青年统一战线经过长期的实践探索，形成了比较完备的组织机构和工作体系。面对新形势和新任务，要继续坚持和巩固共青团在青年统一战线中的核心地位，树立全团抓统战的意识，引导青年统战工作沿着党指引的方向不断发展。要充分发挥青联组织在联系各界青年、代表青年利益、促进青年成长等方面的作用，更广泛地把各族各界优秀青年汇聚到青年统一战线中来。要加强对各类青年社团的指导和管理，促进各类青年社团健康发展，并通过它们影响和带动更多的青年群体，夯实工作基础，延伸工作手臂。从而构建起以共青团为核心、青联组织为主渠道、各类青年社团为基础的工作体系。

2. 不断扩大青年统战工作的覆盖面。随着社会主义市场经济的发展，我国开始出现民营科技企业的创业人员、受聘于外资企业的管理技术人员、个体户、私营企业主、中介组织从业人员、自由职业人员等社会阶层。在这些社会阶层中，青年群体的比例和人数逐步扩大。青年统战工作的一个重要特点就是群众性。青年统一战线的任务就是要调动青年中一切积极因素，化消极因素为积极因素，把一切可以团结的力量都团结起来。也就是说，要实现青年的大团结。面对不断变化和发展的工作对象，青年统战工作要及时了解和掌握青年群体的新情况和新特点，有针对性地做好统战工作，切实扩大工作覆盖面，不断壮大青年统一战线的力量。

3. 巩固和拓展联系青年的渠道和纽带。当前，青年在不同所有制、不同行业、不同地域之间的流动日益频繁，职业、身份和地位经常变动，与青年沟通和联系的原有渠道已不完全适应新形势的变化。青年统战工作要进一步发挥好青联组织和青企协、青乡企协、青科协等社团联系青年的作用，加强青年社团建设，探索管理的新模式，以居住社区、科技园区、经济技术开发区、行业等为依托，通过建立社区青年团体、园区及开发区青年组织、行业青年协会等方式，广泛开辟联系青年的新渠道。

4. 充分发挥活动载体的作用。近年来，青年统战工作形成了百名博士西部行、青年专家科技服务团、海外学人为国服务活动、少数民族干部培养计划、宗教界青年代表人士学习考察团、两岸青年中秋元宵联欢、两岸十杰青年互访等一系列有效活动载体。这些活动在团结凝聚青年、发挥青年人才作用、扩大青年统一战线工作的影响等方面,发挥了重要作用。青年统一战线要进一步针对青年的新特点,结合实际,因地制宜,努力创造更多符合青年统战工作要求的活动载体,强化品牌效应,不断增强青年统一战线的活力。

5.努力提高服务青年工作的水平。江泽民总书记指出,统一战线工作的根本任务就是争取人心、凝聚力量,为实现党和国家的宏伟目标而团结奋斗。对青年统战工作来讲,就是要努力争取青年人心、凝聚青年力量,为党和国家的中心工作服务。要做到这一点,增强服务意识,提高服务水平,是一个非常重要的手段。在新的形势下,青年统战工作要把服务青年放到更加突出的位置。要深入实施中国青年科技创新行动、中国青年西部创业行动,大力做好服务高层次青年人才的工作,把蕴藏在他们中间的创新精神和知识潜能发挥出来,为他们发挥作用、施展才华搭建舞台。要继续开展中国十大杰出青年、中国青年科学家奖、中国青年科技创新奖、中国软件行业杰出青年等评选活动,积极培养、宣传、举荐青年人才典型,帮助他们增长才干,推动他们不断进步。各级团组织要高度重视青年统战工作队伍建设,关心青年统战工作干部成长,为他们学习、工作创造良好的条件,帮助他们不断提高工作水平,从而不断增强青年统一战线的吸引力和凝聚力。

同志们,党的十六大即将在今年11月8日召开。这是我们党在新世纪召开的第一次代表大会,对于动员全国各族人民为实现中华民族伟大复兴的宏伟目标而奋斗,具有十分重要的意义。在这里,我强调两个任务。第一,要贯彻全国宣传部长会议精神,动员组织广大团员青年营造良好氛围,创造新的业绩,迎接党的十六大胜利召开。要在广大团员青年中进一步兴起学习“三个代表”重要思想的热潮,兴起宣传改革开放以来尤其是党的十三届四中全会以来所取得的辉煌成就的热潮,兴起宣传学习青年典型的热潮,充分发挥广大团员青年在改革发展稳定大局中的生力军作用,引导广大团员青年岗位做贡献,以实际行动迎接党的十六大胜利召开。最近,团中央将要在全团部署“创造新业绩,迎接十六大”的主题活动,各地团组织要认真组织,精心实施,统一行动,造成声势,务求实效。第二,要组织广大团员青年认真学习《江泽民论有中国特色社会主义》(专题摘编)一书。各级团组织尤其是团的领导干部要带头学习,通过学习,帮助广大团员青年深入理解“三个代表”重要思想,引导他们走健康、正确的成长之路;通过学习,把用“三个代表”重要思想武装全团、教育青年的工作不断引向深入。让我们更加紧密地团结在以江泽民同志为核心的党中央周围,高举邓小平理论伟大旗帜,全面贯彻“三个代表”重要思想,扎实工作,开拓进取,不断开创青年统战工作的新局面,以优异的成绩迎接党的十六大的胜利召开。

以“三个代表”重要思想为指导进一步做好促进青年就业和再就业工作

——周强在共青团全国促进青年再就业工作会议上的讲话

2002年10月21日

这次会议是在全国再就业工作会议后不久召开的，是一次十分重要的会议。全国再就业工作会议召开后，团中央书记处多次召开会议，认真学习江泽民总书记、朱镕基总理和吴邦国副总理的重要讲话，结合共青团实际研究贯彻落实措施。团中央书记处高度重视这次会议，书记处在京同志参加了今天的会议。会议的主要任务是，以江泽民同志“三个代表”重要思想为指导，深入学习贯彻全国再就业工作会议精神，研究共青团如何适应新形势和新任务的要求，进一步做好促进青年就业和再就业工作，为维护改革发展稳定大局做出新的贡献。

近年来，各级团组织在各级党委和政府的领导下，紧扣党政工作大局和青年实际需求，发挥团的自身优势，积极主动地协助党委和政府开展就业和再就业工作，探索了一些好的工作载体，创造了一些好做法和好经验，有力地促进了青年就业和再就业。在促进下岗失业青年再就业方面，先后实施了“下岗青工创业行动”和“帮助青年创业计划”，通过组织事迹报告团、宣传创业典型等，加强对下岗失业青年的就业观念引导和创业意识教育，帮助他们树立起正确的就业观和创业观，在下岗青工中喊响了“青春不下岗”这个口号；通过建立培训基地、举办培训班等，对下岗失业青年进行职业培训，使他们的再就业能力得到提高；通过组织供需见面、落实扶持政策等，为一大批下岗失业青年提供了形式多样的再就业服务；通过扶持、表彰青年兴业领头人，引导和鼓励了一批有创业愿望和创业条件的下岗失业青年创办小企业。这些措施促进了国家再就业工程的实施。在服务农村青年劳动力转移尤其是进城务工方面，各地团组织也做了大量工作，做了大量实事，取得了明显成效。各地团组织树立了一批帮助青年创业的典型，促进青年就业和再就业工作的品牌正在一些地区形成。但也要看到，在促进青年就业和再就业方面，从全国看目前还没有构成完整的阵地网络和工作体系，没有形成像青年文明号、青年岗位能手、青年创新创效等活动这样在全国叫得响的品牌。这是需要我们努力加以解决的。

下面，就如何进一步做好促进青年就业和再就业工作讲三点意见。

一、充分认识做好促进青年就业和再就业工作的重要性和紧迫性

党中央、国务院不久前召开了全国再就业工作会议。会议分析了当前我国就业和再就业工作面临的形势，明确了就业和再就业工作在改革发展稳定大局中的重要地位和作用，制定了做好这项工作的目标任务和政策措施，对新形势下的就业和再就业工作进行了新的动员和部署。江泽民总书记、朱镕基总理和吴邦国副总理在会上分别作了重要讲话。青年是就业和再就业的重点群体。在1300万下岗失业人员中，青年占30%左右；在城镇每年新增的近1000万劳动力中，青年占绝大多数；在农村1.5亿富余劳动力中，向非农领域转移和进城务工的主要是青年；大学毕业生的就业问题也需要我们密切关注。可见，青年就业和再就

业任务十分繁重。青年就业和再就业问题解决得如何，直接影响党和国家就业和再就业工作全局。各级团组织要深入学习领会江泽民总书记、朱镕基总理和吴邦国副总理的重要讲话，认真贯彻落实全国再就业工作会议精神，充分认识做好促进青年就业和再就业工作的重要性和紧迫性，下更大决心，花更大力气，进一步做好促进青年就业和再就业工作，为党和政府分忧，为广大青年解愁，为国家就业和再就业工作做出新的贡献。

做好促进青年就业和再就业工作，是共青团贯彻“三个代表”重要思想的重要举措。“三个代表”重要思想是我们党的立党之本、执政之基、力量之源，是党和国家一切工作的根本指针。做好促进青年就业和再就业工作，既是“三个代表”重要思想对共青团工作的内在要求，也是共青团贯彻“三个代表”重要思想的重要举措。在社会生活中，青年始终是最积极、最有知识、最具有创造力的一部分。无论是下岗失业青年，还是城镇新增青年劳动力、向非农领域转移的农村青年劳动力，都具有比较新的观念和比较多的文化知识，有的还掌握了一定的技能。在这些青年中蕴藏着巨大的创新潜能和创造活力，他们是整个劳动力队伍中的一支新生力量，是推动先进生产力和先进文化发展的宝贵人力资源。做好促进青年就业和再就业工作，能够最大限度地调动这些青年的积极性和创造性，发挥他们的聪明才智，使他们在两个文明建设中贡献智慧和力量。就业和再就业也是青年最具体、最现实的利益，做好促进青年就业和再就业工作，是共青团贯彻“三个代表”的要求，代表和维护青年利益的实际行动。

做好促进青年就业和再就业工作是共青团维护改革发展稳定大局的重要途径。从深化企业改革看，下岗分流既是国有企业改革的重要内容，又是进一步推进国有企业改革的前提条件。做好促进下岗失业青年再就业工作，有利于妥善安置国有企业下岗分流人员，使他们尽快实现再就业，有利于下岗失业青年理解改革，支持改革，投身改革，有利于巩固国有企业改革与脱困的成果。从推进经济结构调整看，无论是所有制结构、产业结构的调整，还是企业结构的调整，都要求就业结构作相应调整，与之适应。做好促进青年就业和再就业工作，引导青年到第三产业就业，到非公有制企业就业，有利于产业结构调整和所有制结构调整，从而推动经济结构调整。从维护社会稳定看，如果有劳动能力和就业愿望的人不能实现就业和再就业，长期无事可做，就会缺乏社会归属感和安全感，产生心态不平衡，容易引发社会矛盾，危及社会稳定。做好促进青年就业和再就业工作，帮助青年解决工作和生活中的实际困难，有利于融洽人际关系，化解社会矛盾，维护社会稳定。

做好促进青年就业和再就业工作，是共青团服务青年的重要内容。共青团是党领导的先进青年的群众组织。满足青年的基本需求，服务青年的切身利益，是党赋予共青团的重要职责。在社会主义市场经济条件下，青年的利益和需求有很多，但最基本的是学习和成才，最紧迫的是就业和再就业。因为，工作是生活之源，就业和再就业既具有经济意义，使劳动者在为社会提供商品和服务的过程中获得劳动收入，又具有社会意义，使劳动者融入社会生活，参与社会活动，获得社会承认，实现人生价值。就业和再就业事关青年的切身利益和生存发展。对下岗失业青年、城镇新增青年劳动力和农村富余青年劳动力来说，就业和再就业就是他们的根本需求。服务青年的这一根本需求，促进他们就业和再就业，是共青团的重要任务。还应该看到，从国际上看，青年就业工作是各国政府青年事务的重要组成部分，也是各国青年组织的一项重要任务。我们是在社会主义市场经济条件下做青年工作的，随着我国市场化进程的发展，促进青年就业和再就业这个任务将越来越重要。做好促进青年就业和再就业工作,竭诚为青年就业和再就业需求服务,就能够赢得青年的信任和拥护,把青年更加紧密地团结在党的周围,巩固党在青年中的群众基础,推动共青团事业长远发展。

二、进一步做好新形势下促进青年就业和再就业工作

做好促进青年就业和再就业工作总的要求是,以“三个代表”重要思想为指导,贯彻全国再就业工作会议精神,发挥团组织的优势,坚持以市场需求为导向,抓好提高素质、鼓励创业、牵线搭桥、政策扶持、强化阵地等关键环节,逐步构建起与国家就业和再就业工作相衔接、具有共青团特点、符合青年需求的促进青年就业和再就业的工作体系。

做好促进青年就业和再就业工作,要坚持以市场需求为导向。我们是在社会主义市场经济条件下从事促进青年就业和再就业工作的,国家实行的是企业自主用人、劳动者自主就业的方针,因此,市场在劳动力资源配置中起基础性作用,就业和再就业主要依靠市场调节。这就要求我们根据市场的需求状况,追踪市场需求的变化,以市场需求为导向来做好促进青年就业和再就业工作。要根据企业和社会的需求,开展职业培训和中介服务等各项工作。市场需要什么样的劳动力,我们就培养什么样的劳动力,就提供什么样的劳动力。要把市场需求作为检验我们工作的重要标准,根据市场的检验情况,完善工作内容,改进工作方式,提高工作水平。

做好促进青年就业和再就业工作关键要抓好以下几个重要环节。

第一,提高青年的就业和再就业素质。目前,我国存在严重的就业结构性矛盾,传统行业出现大批下岗失业人员,许多人再就业困难,而新兴的产业、行业和技术职业需要的素质较高的人员又供不应求。尤其是在一些大城市,高级技工十分紧缺。可见,搞好职业培训,是青年实现就业和再就业的重要条件。各级团组织要按照团中央下发的《关于推进青年职业教育和培训工作的规划》的要求,充分重视职业培训在促进就业和再就业中的重要作用,把职业培训作为提高青年就业和再就业能力、促进青年就业和再就业的重要途径。无论是对下岗失业青年的培训,还是对城镇新增青年劳动力、农村富余青年劳动力的培训,都要适应就业市场的需求和变化,符合青年的实际,增强培训的针对性、实用性和有效性。要把培训与就业紧密结合,创新培训方式,大力发展“订单式”培训,密切劳动力供需关系,提高培训的就业和再就业率。要把职业培训与职业资格证书挂钩,按照职业资格证书的要求,制定培训标准,安排培训课程,突出培训重点,努力提高培训班的获证率。要有针对性地加强青年的就业观念引导,在青年中广泛宣传国家的就业方针,宣传自谋职业、灵活择业、自主创业等新的就业观念,引导青年真正认识到工作没有高低贵贱,并不是只有端“铁饭碗”才算就业,帮助青年树立起自食其力、劳动光荣的观念和临时就业、阶段性就业、弹性就业等都是就业的观念。

第二,鼓励青年创业。我国就业问题最为突出的是总量问题,是供大于求的问题。如果仅仅在现有就业岗位中进行调剂,是不可能彻底解决就业问题的。解决就业问题,根本出路在于挖掘新的就业岗位,开发新的就业岗位,创造新的就业岗位。这就要求人们增强创业意识,投身创业实践,开辟事业新天地。青年敢想敢说,敢闯敢干,自主意识强,在就业方面具有一定优势,同时发展社会主义市场经济又为青年创业提供了广阔的舞台和良好的环境,因而解决青年就业和再就业问题,应当按照市场经济的要求,引导青年自觉地走自主创业之路,努力靠自身力量去创业。我国正处在经济高速发展时期,自主创业机会多,天地广。当今时代是一个创业的时代,当代青年生逢其时，大有作为。各级团组织要把引导青年开发就业岗位作为促进青年就业和再就业工作的重要任务来抓，继续深化“下岗青工创业行动”和“帮助青年创业计划”，加大培养青年兴业领头人的力度，大力鼓励和扶持青年开发实业，创办企业，创造更多的就业岗位。在经济结构正在进行战略性调整的大背景下，我国增加就业主要不是在工业领域、不是在大企业、不是在国有企业，而是在服务业、在中小企业、在集体经济和个体私营经济。服务业一方面还难以满足人民群众的生活需求，需要加快发展，另一方面就业增长弹性大，能够提供大量就业岗位，是扩大就业的主要渠道。社区就业门路广、门坎低，不需要很高的文化和技能，也不需要很大的资金投入，比较适合青年就业和再就业。因此，鼓励创业的重点是引导青年进入服务业，开展社区服务尤其是家政服务。要在大中城市扶持青年兴业领头人创办一批青年家政服务公司。要发挥私营个体企业就业容量大的特点，扶持下岗失业青年、城镇新增青年劳动力积极创办个体私营企业，既解决自身就业和再就业，又帮助别人就业和再就业。

第三，为青年就业和再就业牵线搭桥。企业招收职工，劳动力就业，这两者的结合总是在市场中实现的，需要牵线搭桥。目前，我国劳动力市场发育还不完善，这是导致一些人找不到岗位，一些岗位又找不到人的重要原因。我们在牵线搭桥方面有大量工作可做。共青团具有自上而下、覆盖全国的组织网络，具有较强的社会动员力量，具有密切联系青年的特点，在促进青年就业和再就业方面具有独特的优势。牵线搭桥是青年就业和再就业的现实需要，也是共青团的优势所在。各级团组织要充分发挥自身的优势和特点，因地制宜，因人制宜，开展形式多样的中介服务，为广大青年就业和再就业牵线搭桥。要努力拓宽服务渠道，增加服务项目，为青年就业和再就业提供信息发布、政策介绍、职业指导、供需见面、劳务输出、资金支持、心理咨询等多方面服务。要改善服务态度，创新服务方式，采用信息化服务手段，提高服务水平，为青年就业和再就业提供及时、便捷、周到的服务。

第四，帮助青年落实就业和再就业的扶持政策。各级党委和政府高度重视就业和再就业工作，近年来制定了一系列鼓励就业和再就业的政策。为了进一步做好再就业工作，党中央、国务院最近又出台了一些新的支持再就业的政策措施，这体现了党和政府对下岗失业人员的支持与关爱。各级团组织要在青年中广泛宣传党和政府的就业和再就业政策，组织下岗失业青年和城镇新增青年劳动力、农村富余青年劳动力认真学习、全面了解这些政策。要加强青年的政策指导，用政策引导青年自谋职业，自主创业，并帮助青年在自身的就业和再就业中正确运用这些政策。要积极争取工商、税务、劳动保障部门的支持，努力出台一些区域性的鼓励青年创业的扶持政策。各地团组织也要结合本地实际，因地制宜地制定一些鼓励青年就业和再就业的政策措施。

第五，加强促进青年就业和再就业工作的阵地建设。阵地建设在促进青年就业和再就业工作体系中具有特殊重要的作用。阵地既是做好促进青年就业和再就业工作的保障，又是开展这项工作的平台。无论是举办职业培训，还是开展中介服务，都要依托阵地来展开。团组织要通过阵地去开展促进青年就业和再就业工作，发挥阵地在工作中的牵动作用。共青团具有组织网络优势，推动阵地网络化，是团的工作的特色。网络化的阵地构成了促进青年就业和再就业工作体系的基本架构。阵地建设包括有形阵地和网上的虚拟阵地。有形阵地一方面要积极争取政府部门和企业的支持，广泛利用企业和社会培训设施，另一方面要整合团内资源，充分发挥团属企事业单位在促进青年就业和再就业工作中的积极作用，构建以青少年宫、青年就业服务中心、社区青少年活动中心等为依托的服务网络。要大力发展青年就业服务中心,把它作为阵地建设的重中之重来抓。青年就业服务中心的主要职能是发布就业信息,宣传国家就业和再就业政策,开展职业培训,提供就业和再就业中介服务。直辖市、副省级城市、省会城市和青年就业和再就业工作任务比较重的市(地),根据需要可以建立青年就业服务中心。虚拟阵地是指在互联网上建立服务青年就业和再就业的阵地。要充分运用互联网在促进青年就业和再就业中的独特作用,建立以企业能工巧匠网、海外青年人才网、大学毕业生网等为内容的中国青年创业网。有形阵地与虚拟阵地相结合,促进青年就业和再就业工作就有了依托,就能够更好地落到实处。

三、狠抓促进青年就业和再就业工作的落实

促进青年就业和再就业工作,是一项意义重大而实实在在的工作,需要我们脚踏实地,真抓实干。目前,促进青年就业和再就业工作的总体要求已定,基本任务已定,主要措施已定,关键是狠抓各项工作的落实。

要高度重视。各级团组织特别是团的领导,要充分认识促进青年就业和再就业工作的重要性和紧迫性,把促进青年就业和再就业工作列入团的工作的重要日程,作为团的一项重点工作常抓不懈。团中央已经成立共青团全国青年就业和再就业工作领导小组,下设办公室,抽调专门人员组成,负责协调全团的青年就业和再就业工作。只有成立组织领导机构,才能常抓不懈,才能加强协调,形成合力,才能争取政府有关部门的支持。各省、自治区、直辖市团委,要相应成立组织领导机构。各省、自治区、直辖市团委和大中城市团委主要负责人要亲自抓。要一级抓一级,层层抓落实。要从本地区实际出发,了解和掌握青年就业和再就业的基本状况,根据实际情况制定具体可行的工作规划,作出切合实际的工作安排,把工作任务细化量化,有步骤、分阶段地稳步组织实施。做好促进青年就业和再就业工作不能包打天下,各级团组织要发挥自身的优势,选好工作的着力点,找好工作的结合点。

要形成合力。青年就业和再就业的对象包括下岗失业青年和城镇新增青年劳动力、农村富余青年劳动力。促进青年就业和再就业工作涉及团的青工、青农、学校、社区等战线。做好促进青年就业和再就业工作不是团的某一个部门的事,而是全团的共同任务。促进青年就业和再就业工作不是权宜之计,不是短期之事,而是一项长期任务,这也需要我们形成合力。团的企事业单位也要从各自工作特点出发,大力支持、积极参与促进青年就业和再就业工作。我们要举全团之力,坚持不懈地开展促进青年就业和再就业工作。

要讲求实效。促进青年就业和再就业工作,是一项具体实际的工作,来不得半点虚假。广大团干部要以务实的作风,带着强烈的责任感去开展工作,带着对青年的深厚感情去开展工作,设身处地为青年着想,尽心尽力为青年服务。要采用抓项目的方式,把青年就业和再就业工作细化成具体的工作项目,一个项目一个项目地抓,一个项目一个项目地抓落实。要从小处做起,一点一滴地去做。要实字当头,使实劲,出实招,下实功夫,把工作做实,务求取得实效。要善于总结基层创造的新经验,充分尊重、发挥基层团组织的积极性和创造性。

党的十六大将于11月8日召开。这是我们党在新世纪召开的第一次代表大会,也是在我国进入全面建设小康社会、加快推进社会主义现代化的新的发展阶段召开的一次十分重要的代表大会。关于迎接十六大和贯彻十六大,我讲两点意见。第一,继续开展好"创造新业绩,迎接十六大"主题活动。各级团组织要按照团中央下发的《关于在全团开展"创造新业绩,迎接十六大"主题活动的通知》的要求,精心组织开展好这项活动,努力促进青年农民增产增收,促进青年工人创新创效,促进青年学生学习成才,推动各行各业团员青年立足本职,争创一流,以出色的工作业绩迎接十六大的召开。同时,团属青年报刊要把握正确的舆论导向,为十六大召开营造良好的舆论氛围。此外,各级团组织还要高度重视安全和稳定工作,采取切实有效措施,确保所属单位尤其是青少年活动场所的安全。第二,要认真学习贯彻十六大精神。十六大召开后,团中央将迅速对全团的学习贯彻作出部署。各级团组织要组织广大团员青年认真学习贯彻十六大精神,把广大团员青年的思想统一到十六大精神上来,把广大团员青年的力量凝聚到为实现十六大提出的各项任务而奋斗上来。要组织团员青年原原本本地学习十六大报告和公报,深刻领会十六大精神实质,明确十六大提出的目标、任务和措施,增强做好本职工作的自觉性。学习十六大精神要密切联系团员青年的思想实际,采用适合团员青年特点的生动活泼的形式,解决团员青年关心的理论和实践当中的热点问题。要以十六大精神为指导,进一步推进团的各项工作,加强团的自身建设,做好省级团委换届工作,与时俱进地开创共青团工作新局面。

同志们,促进青年就业和再就业工作,是共青团服务大局、服务青年的重要举措和实际行动。做好这项工作责任重大,意义重大。让我们紧密团结在以江泽民同志为核心的党中央周围,高举邓小平理论伟大旗帜,全面贯彻"三个代表"的要求,进一步做好促进青年就业和再就业工作,以优异的工作业绩向党的十六大献礼。

深入学习贯彻党的十六大精神
努力开创共青团工作新局面

——周强在共青团十四届六中全会上的讲话

2002年12月18日

这次全会的主要任务是,高举邓小平理论伟大旗帜,全面贯彻"三个代表"重要思想,深入学习贯彻党的十六大精神和中央经济工作会议精神,深入推进团的工作,大力加强团的建设,团结带领广大团员青年为完成十六大提出的各项任务做贡献。党中央非常关心共青团工作。中共中央总书记胡锦涛在11月22日工青妇负责同志座谈会上发表了重要讲话,对于做好新形势下的共青团工作具有十分重要的指导意义。12月3日,中共中央政治局常委、中央书记处书记曾庆红主持中央书记处办公会议,在听取团中央的工作汇报后作了重要指示。今天上午,中共中央政治局委员王兆国代表党中央出席会议并作了重要讲话。全团要认真学习,深刻领会,深入贯彻。下面,我代表团中央书记处讲几点意见。

一、把深入学习贯彻党的十六大精神作为当前和今后一个时期的首要政治任务抓紧抓好

党的十六大是我们党在新世纪召开的第一次代表大会,也是我们党在开始实施社会主义现代化建设第三步战略部署的新形势下召开的一次十分重要的代表大会。大会把"三个代表"重要思想同马克思列宁主义、毛泽东思想、邓小平理论一道确立为党的指导思想，提出了新世纪新阶段党和国家的奋斗目标和行动纲领，选举产生了新一届中央领导集体，在我们党和国家的发展史上具有极其重要的意义。江泽民同志的报告，坚持以马克思列宁主义、毛泽东思想和邓小平理论为指导，从历史和时代的高度，全面分析了我们党面临的国际国内形势，科学总结了改革开放以来特别是十三届四中全会以来党领导人民建设中国特色社会主义的基本经验，进一步阐述了"三个代表"重要思想的历史地位和贯彻"三个代表"重要思想的根本要求，明确提出了全面建设小康社会的奋斗目标和推进各方面工作的方针政策，深刻回答了关系党和国家未来发展的一系列重大理论和实际问题，对建设中国特色社会主义经济、政治、文化和加强党的建设等各项工作作出了全面部署。报告主题鲜明、内涵丰富、思想深刻、论述精辟，体现了解放思想与实事求是的高度统一，理论创新与实践创新的高度统一，总结过去与规划未来的高度统一，立足国情与面向世界的高度统一，具有很强的理论性、思想性、前瞻性和指导性，是一篇马克思主义的纲领性文献，是我们党在新世纪新阶段的政治宣言，是全面建设小康社会、加快推进社会主义现代化的行动纲领。当前和今后一个时期，全团要把深入学习贯彻党的十六大精神作为首要政治任务抓紧抓好，在广大团员青年中兴起学习贯彻十六大精神的高潮。

第一，深入学习领会党的十六大精神

党中央就深入学习贯彻十六大精神下发了通知。全团要按照中央的要求和部署深入学习领会十六大精神。要围绕主题，把握灵魂，理解目标，领会精髓，把思想和行动统一到十六大精神上来。要大力发扬理论联系实际的学风，不断增强运用十六大精神指导实践、推动工作的自觉性和主动性。要充分发挥共青团广泛联系青年群众的优势，开展以"贯彻十六大，创造新业绩"为主题的学习教育活动。团干部要在学习中发挥好带头作用，团中央委员和候补委员更要先学一步、学深一步，努力成为勤奋学习、善于思考的模范，解放思想、与时俱进的模范，勇于实践、锐意创新的模范。要引导大学生认清使命，勤奋学习，发奋成才。要引导广大团员青年立足岗位，争创佳绩，把十六大精神贯彻落实到自己的工作和学习中，转化为成长成才、建功立业的实际行动。

第二，坚持不懈地用"三个代表"重要思想武装全团、教育青年

"三个代表"重要思想是十六大的灵魂。学习贯彻十六大精神，要抓住学习贯彻"三个代表"重要思想这个中心环节，深入领会科学内涵和精神实质，牢牢把握贯彻"三个代表"重要思想的根本要求。要把学习贯彻"三个代表"重要思想和学习贯彻江泽民同志"5·15"重要讲话结合起来。"5·15"讲话对共青团组织和广大团员青年学习贯彻"三个代表"重要思想提出了明确要求，为共青团开创工作新局面，为广大团员青年健康成长，为新世纪青年运动发展指明了方向。我们要把"三个代表"重要思想贯彻落实到团的工作的各个领域，体现在团的建设的各个方面，不断促进共青团工作和青年运动蓬勃发展。要用"三个代表"重要思想构筑当代青年的精神支柱，引导青年树立正确的世界观、人生观和价值观，树立实现中华民族伟大复兴的理想，坚定永远跟党走中国特色社会主义道路的信念，努力为我国先进生产力和先进文化的发展做贡献，努力为最广大人民谋利益。

第三，充分发挥广大团员青年在全面建设小康社会中的生力军作用

党的十六大确立了全面建设小康社会的奋斗目标，描绘了我国在新世纪头20年发展的宏伟蓝图，必将极大地鼓舞广大团员青年投身改革开放和现代化建设的热情。各级团组织要帮助广大团员青年深刻理解全面建设小康社会的丰富内涵，充分认识全面建设小康社

会，就要发展社会主义市场经济、社会主义民主政治和社会主义先进文化，不断促进社会主义物质文明、政治文明和精神文明的协调发展。要用全面建设小康社会的奋斗目标凝聚青年、激励青年，引导广大青年增强使命感和责任感，以昂扬向上的精神状态和奋发进取的实际行动，在全面建设小康社会的伟大实践中，不断创造新的业绩，做出新的贡献。

二、狠抓落实，开创共青团工作新局面

江泽民同志在十六大报告中明确指出，为完成新世纪新阶段全面建设小康社会的奋斗目标，发展要有新思路，改革要有新突破，开放要有新局面，各项工作要有新举措。并要求各地各部门从实际出发，采取切实有效的措施，努力实现这个目标。共青团作为党的助手和后备军，要结合青年和青年工作实际，充分发挥自身优势，把广大团员青年的智慧和力量凝聚到经济建设、政治建设和文化建设及其体制改革中来，凝聚到为实现党的十六大确定的各项任务做贡献上来，努力开创共青团工作新局面。

开创新局面，要认清形势、把握机遇。党的十六大对建设中国特色社会主义经济、政治、文化作出了全面部署，鲜明地提出新世纪头20年是我国一个重要的战略机遇期。这对于共青团把握大局、服务大局提出了新的要求，其中也蕴涵着推进共青团工作的宝贵机遇。我们要善于研究我国经济社会的发展变化，始终把围绕党政工作大局，找准共青团工作在经济社会发展各个领域中的切入点和生长点，努力做到在服务大局中有新作为。

开创新局面，要牢牢坚持在党的领导下开展青年群众工作形成的基本经验。这是我们做好今后工作，推动团的事业继续前进的坚实基础和重要保证。一是，必须坚持用马克思列宁主义、毛泽东思想、邓小平理论和“三个代表”重要思想指导工作，坚持与时俱进，不断推进青年运动理论的发展与创新，不断提高贯彻党的基本理论、基本路线、基本纲领和基本经验的自觉性和坚定性。二是，必须坚持党的领导，坚决贯彻中央的决策部署，切实增强政治敏锐性和政治鉴别力，牢牢把握青年工作正确的政治方向。三是，必须把团的工作放到全党全国工作的大局中去思考、去把握、去部署，通过开展有特色、有实效的活动，组织动员广大团员青年为促进改革发展稳定贡献力量。四是，必须把竭诚服务青年作为共青团全部工作的出发点和落脚点，坚持在维护全国人民总体利益的同时，切实代表和维护好青年的具体利益，真正把广大青年团结凝聚在党和政府周围，把青年的积极性保护好、引导好、发挥好。五是，必须把提高团员青年整体素质作为共青团组织长期的战略任务，积极开展深入细致的思想政治工作和广泛持久的学习实践活动，努力造就有理想、有道德、有文化、有纪律的社会主义新人。六是，必须以改革的精神推进团组织的自身建设，积极探索新形势下青年工作的新路子，不断增强共青团组织的吸引力和凝聚力。

开创新局面，要与时俱进、开拓创新。在全面建设小康社会的历史进程中，我国改革开放和现代化建设的步伐必将大大加快，我国经济社会将进一步发生深刻变化。与之相适应，共青团工作环境和工作对象也必将发生深刻变化，团的工作和建设中的新情况新问题将不断涌现。这就要求共青团必须敏锐地把握这些变化，把握新的历史条件下做好共青团工作和青年工作的规律，不断研究新情况、解决新问题，在继承中创新，在把握规律中创新，努力做到团的工作和建设有新发展。

根据这一总的要求，结合多年来的工作实践，当前需要做好以下四个方面的工作。

1. 进一步深化青年项目运作

在改革开放和社会主义市场经济条件下，共青团要把服务大局、服务青年的工作落到实处，一个有效途径就是通过项目运作的方式，

做好一项一项的具体工作。从近些年来的实践看,项目运作具有独特的优势。一是操作性强,可以详细规划每一个阶段的推进步骤和每一个工作环节,目标明确,要求具体。二是灵活性强,项目可大可小,有利于从实际出发,量力而行。三是便于开展合作,项目运作是政府部门和企业广泛采用的方式,也是国际青年组织开展合作的基本方式。因此,在新的历史条件下,强化项目运作,应当成为创新团的活动方式的一个重要方向。

选好工作项目。要紧紧围绕党政中心工作,把握经济社会发展趋势,在大局中找项目,在青年需求中找项目,在人民群众生产生活需求中找项目。要立足团的工作实际,确立工作目标,规划工作项目。要把握好具体项目与共青团工作整体目标的关系,始终围绕大目标做好具体工作,推动团的事业持续发展。

加强项目管理。要逐步建立和完善一整套包括项目论证、规划、实施、监督、评估的制度。要强化监督,保证项目健康发展,维护团组织良好社会形象。要抓好评估,一方面加强项目实施过程中的评估,根据形势变化及时作出调整;另一方面,在项目结束后搞好评估,及时总结。

培育管理人才。项目成功与否在很大程度上取决于项目负责人。要在项目实施进程中发现和培养一大批责任心强、管理水平高的项目负责人;同时充分利用各种社会资源,广泛借鉴国内外的先进经验,有针对性地提高团干部的项目管理能力。

2. 进一步完善工作机制

良好的工作机制是共青团做好工作的重要保证。要进一步研究把握市场经济条件下青年工作的基本规律,围绕共青团的基本任务和职能,努力完善青年工作机制。

完善青少年法律和政策。围绕青年学习、就业、权益保护等内容,向立法机关和党政职能部门提出立法和政策建议,推进青年立法进程和青年政策的制订,是共青团代表和维护青少年利益、促进青少年发展的一个重要途径。《未成年人保护法》和《预防未成年人犯罪法》等全国性法律法规,以及以青年志愿服务和成人仪式教育为内容的地方法规的出台,共青团组织都发挥了积极的推动作用。同时,在青少年法律和政策的实施过程中,团组织要积极配合有关部门做好工作,发挥好协助政府管理青年事务的职能。

完善青年工作协调机制。党政各方面工作都涉及到青年,都包含有青年工作的内容。要充分发挥共青团的优势,进一步加强与党政部门的协调,推动共青团工作与各行各业、各条战线工作实现更为紧密的结合,努力把团的工作纳入党政工作的部署之中,逐步形成广泛联系的、网络状的青年工作框架。团组织联合有关部门开展的保护母亲河、青年文明号、创建优秀青少年维权岗等活动都体现了这一思路。

完善组织动员机制。共青团开展活动的实际效果如何,从根本上取决于在青年中的动员力和在社会中的影响力。要充分发挥共青团的组织优势,上下联动,整体推进,集中力量,打响"品牌"。同时,要着眼于青年价值观和行为方式日益多样化的趋势,充分尊重青年的主体意识,在组织动员方式上为青年提供更多的选择。惟有这样,才能形成牵动青年、影响社会的生动局面。青年志愿者行动"志愿参与"的模式、希望工程"一助一"的动员方式,都是对这一机制的有益探索。

3. 进一步强化工作手段

共青团要为党做好团结带领教育青年的工作,有赖于有效的工作手段。要着眼于市场经济条件下资源配置方式的深刻变化,全面推进团的工作社会化进程,不断强化青年工作手段。

强化物质依托。在市场经济条件下做好团的工作,离不开强有力的物质依托。各级财政给予的财力支持为团组织正常运转提供了基本保障,但还不能完全满足开展活动和为广大青年服务的需求。吸纳物质资源,出路在于面向社会,途径在于服务社会,归根结底是取之于社会、用之于社会。各级团组织要努力开辟吸纳物质资源的新路子,强化工作的物质依托,推动共青团事业不断向前发展。

强化中介手段。共青团要做好服务大局、服务青年的工作,一个重要手段就是发挥好牵线搭桥的作用。要研究把握社会需求和青年需求,找准两个需求的结合点,引导青年在经济社会发展中发挥作用,在实践中成长成才。比如,针对人才与经济建设相脱节的问题,要抓住人才与项目对接这一环节,在人才与市场之间、科研院所与企业之间牵线搭桥。针对东部地区人才集中与西部地区人才占有量小、又急需人才的问题,要通过多种方式在东部与西部之间架起人才流动的桥梁。

运用网络手段。网络技术的发展对人类社会产生了重大而深远的影响。这种新兴技术资源与政府管理相结合,出现了电子政务;与贸易相结合,出现了电子商务;与人们的学习生活娱乐相结合,出现了网络生活方式。共青团要高度重视互联网发展趋势及其对青少年的影响,在工作中充分运用这一新技术手段。要大力推进“县县上网工程”,逐步实现全团互联。这不是一个简单的上网工程,而是一个引领变革的工程,它不仅会大大提高工作效率、工作水平,而且会大大促进工作形态、工作观念的变革。同时,要大力发展以“中青网”为平台,以“血铸中华”、“民族魂”为主体的青少年爱国主义教育网站,不断丰富网上内容,提高服务水平,逐步赢得网上优势。

4. 进一步健全服务体系

健全服务体系的根本目的,就是努力使团的服务工作能够覆盖到最大多数的青年,使团的服务内容能够覆盖青年日益丰富的需求。

服务青年成才。要推动青年在学习中成才,引导青年牢固树立终身学习的观念,通过开展形式多样的读书求知活动,帮助青年提高科学文化素质。要引导青年在实践中成才,立足岗位,勤奋钻研,成为本职工作的行家里手,同时在社会实践中经受锻炼,增长才干。要优化青年人才成长环境,通过评比表彰、典型宣传等方式举荐青年人才,为青年人才成长营造良好的社会环境,推动青年人才脱颖而出。

服务青年就业创业。要引导青年认清就业形势,转变就业观念,培养自强自立的创业精神。要广泛开展劳动技能培训,帮助青年提高就业创业能力。要充分发掘社会资源,为青年提供资金、技术、政策、信息等方面的服务,帮助更多的青年在创业中实现就业。

维护青少年权益。广泛开展法制教育,帮助青少年掌握法律知识,增强法律意识,学会运用法律手段维护自身合法权益。联合有关部门广泛开展维护青少年权益的活动,推动维权工作社会化。配合有关部门打击侵害青少年权益的违法犯罪行为,与危害青少年健康成长的不良现象作斗争,优化青少年的成长环境。

服务青年文化需求。要利用各种文化场所开展丰富多样的文化活动,丰富青年的文化生活。要充分发挥团属新闻出版单位、团属青少年网站的作用,生产和推介更多的优秀文化产品,为青年提供健康的精神食粮,形成积极向上的青年文化导向。

服务青年参与。要帮助青年增强参与意识,规范参与行为,实现有序参与。要通过有效的活动和载体,引导青年参与两个文明建设,在参与中奉献社会、服务人民。要支持和指导各类青年组织、青年团体引导各自所联系的青年群体参与经济社会发展。

三、抓住关键,把团的建设提高到一个新水平

深入学习贯彻党的十六大精神,开创共青团工作新局面,关键是加强团的建设。近年来,各级团组织在加强团的建设方面进行了积极探索,取得了明显成效。坚持党建带团建,把团的建设纳入党的建设总体规划之中;坚持以服务求活跃、以服务促建设,把服务青年作为加强团的建设的突破口;在巩固传统领域基层组织建设的基础上,积极拓展团建新领域,团的建设保持了良好的发展态势。但也要看到,与新形势新任务的要求相比,团的建设还存在着一些不适应的地方。比如,一些基层团组织的吸引力和凝聚力较弱,一些基层团组织特别是一些农村基层团组织在一定程度上存在着松散瘫痪现象;一些领域的基层团组织还不够健全,组织设置不尽合理;一些地方的团干部还存在着联系青年不够、工作浮躁等问题。

在新的历史条件下,加强团的建设,要以“三个代表”重要思想为统领,不断研究新情况、解决新问题,努力扩大团组织的覆盖面,增强团组织的吸引力、凝聚力和战斗力,把共青团真正建设成为广大青年在实践中学习中国特色社会主义和共产主义的学校。

1. 构建与社会主义市场经济相适应的运行机制

随着改革开放和社会主义市场经济的深入发展,团的工作对象和工作环境发生了深刻变化。从工作对象看,青年的价值观和行为方式日趋多样化,自主意识显著增强;青年群体分化大大加快,流动性不断增强;青年的学习工作节奏明显加快,对服务的要求越来越高。从工作环境看,城镇化进程不断加快,社区功能日益加强,现代企业制度普遍建立,教育体制改革不断深化。这些变化对团的组织依托、设置方式、管理模式和活动方式产生了深刻的影响。我们必须主动适应这些变化,努力构建与社会主义市场经济相适应的运行机制。

创新组织设置形式。在团的组织依托多样化的条件下,设置团的组织要从实际出发,灵活多样。比如,在企业,对于那些规模较大、团员青年较多的,可以独立建团;对于规模较小、团员青年较少的,可以采取联合建团等多种方式建团。在农村,按照“强乡带村”的思路,合理调整团组织设置。在学校,要把班级建团同生活园区建团、社团建团等结合起来。

探索团员管理新型方式。团员流动性强是团员管理面临的一个新课题。要从相对封闭的管理方式向开放的管理方式转变,围绕提高团员对团内管理的参与度,努力形成科学合理的管理机制。要着眼于强化流动团员管理,探索和建立动态、开放的团员管理机制。近年来,各地团组织探索了“流入地为主、流出地为辅”的流动团员管理模式,取得了良好效果。要积极拓宽联系渠道,最大限度地加强流动团员与团组织的联系。

健全青年组织体系。组织优势是共青团的重要优势。在新的历史条件下,要发挥团的组织优势,着眼于扩大覆盖面,不断完善以团组织为核心,以各类青年组织和青年社团为外围的青年组织体系。要大力加强团的基层组织建设,在巩固传统领域组织基础的同时,努力在非公有制经济组织、城市社区、小城镇、民办高校和中介组织建立团的基层组织。要进一步加强青联、学联、少先队以及青年企业家协会、青年乡镇企业家协会、青年科技工作者协会、青年志愿者协会、青少年网络协会、青少年研究协会等青少年组织和青年社团的建设。要围绕青年多样化的需求,针对不同群体的青年建立一批青年社团,更好地联系和服务青年,从而把最大多数青年团结在党的周围,巩固党的青年群众基础。

2. 强化学习功能,进一步增强团组织的活力

共青团是广大青年在实践中学习中国特色社会主义和共产主义的学校。党领导人民建设中国特色社会主义的伟大实践是广大青年锻炼成长的大课堂,是共青团事业蓬勃发展的大舞台。共青团只有始终用旗帜引领青年,用理想凝聚青年,团结带领青年积极投身改革

开放和社会主义现代化建设，才能引导青年成长为有理想、有道德、有文化、有纪律的社会主义新人，才能紧跟党走在时代发展进步的前列，始终保持旺盛的生命力和活力。

当今时代，经济社会飞速发展，科技进步日新月异，知识经济蓬勃兴起。在这样一个时代，一个政党、一个社会组织要生存和发展，必须与时俱进，不断进行自我更新。创新能力来自于学习，组织活力来源于学习。我们党高度重视学习的问题，反复强调要学习、学习、再学习，十六大报告中鲜明地提出形成全民学习、终身学习的学习型社会。今天，创建“学习型企业”、“学习型机关”、“学习型城市”在全社会蔚然成风。共青团要牢牢把握时代脉博，大力强化学习功能，从学习中汲取前进的动力，在学习中永葆创造的活力。

要大力推动团员青年的学习。要努力构建具有共青团特色的学习体系。充分发挥各级团校和青少年活动阵地的作用，大力开展各类培训活动，为青年学习成才创造条件，培育和表彰勤奋学习、学有所成的青年典型，使团组织开展的学习活动成为国民教育体系的有益补充，在建设“学习型社会”中发挥积极作用。要努力推动全团学习的经常化、制度化。进一步完善领导机关的学习制度，把学习作为基层团委、团支部开展组织生活的重要内容，普遍建立鼓励学习的激励机制，使团的组织成为团干部和团员青年学习的课堂、进步的阶梯，努力形成全团勤奋学习、共同学习、不断学习的良好风气。

3. 提高服务能力，进一步增强团组织的凝聚力

组织的凝聚力来源于服务。凝聚力问题，是一个社会组织生存与发展的根本问题。凝聚力的形成主要是通过加强组织与成员之间的沟通，增强成员对组织的满意度和归属感来实现的。其根本途径就在于服务。在改革开放和社会主义市场经济条件下，我国出现了“四个多样化”，社会成员的服务需求，在领域上越来越宽，在要求上越来越高。基于这种形势，各类社会组织无不高度重视服务能力建设。

共青团是党领导的先进青年的群众组织，发挥着党联系青年的桥梁纽带作用。因此，在服务上要有更高的要求，不仅要服务好组织成员，更要为广大青年提供服务。要切实把竭诚服务青年作为全部工作的出发点和落脚点，提高团组织的服务能力。

要牢固树立服务意识，始终从服务青年的角度看待和审视团的工作，把青年欢迎不欢迎、赞成不赞成、满意不满意作为评价工作的标准。要不断强化服务手段，在深化现有服务载体的基础上，进一步拓展服务项目；培育服务组织，发挥它们在服务青年中的积极作用；充分发掘社会资源，广泛动员社会力量，推动服务青年工作社会化。要大力加强阵地建设。建好一块阵地，就能吸引一批青少年。要努力发掘和拓展团校、青少年宫等阵地的服务功能，充分发挥团属新闻舆论阵地和网上阵地在服务青少年中的重要作用。服务工作要注重实效、具体有形，要逐步建立健全能够量化的评估考核体系。

4. 进一步加强团干部队伍和团员队伍建设

党放心、青年满意是加强团干部队伍建设的根本标准。团干部如何做到党放心、青年满意？首先要坚定理想信念，保持正确的政治方向，不断提高政治敏锐性和政治鉴别力，牢记自己是为党做青年群众工作的，始终忠诚于党的事业，忠诚于共青团的事业。要深入青年，服务青年，想青年之所想，急青年之所急，与广大青年打成一片，努力为青年办实事、办好事，做青年的朋友，做青年的表率。要脚踏实地，艰苦奋斗，把主要心思和精力放在工作上，一心一意干事业，扎扎实实抓落实，力戒形式主义，力戒浮躁情绪；不怕困难，奋力拼搏，一点一滴积累，一步一步推进，努力为团的事业发展做出实实在

在的贡献。要廉洁自律，甘于奉献，自觉加强党性锻炼，不断增强党性修养，始终做到自重、自省、自警、自励，努力培养吃苦在前、享受在后的精神，培养甘于清苦、甘于奉献的情操，始终保持蓬勃朝气、昂扬锐气、浩然正气。

共青团现在有6841万团员。抓好团员队伍建设，是我们做好工作的坚实基础。各级团组织要广泛开展以先进性教育为主要内容的团员意识教育，教育广大团员时刻牢记自己是青年中的先进分子，应当有比一般青年更高的要求，增强作为团员的光荣感。要引导广大团员发挥好模范带头作用，增强作为团员的责任感。同时，要切实做好服务团员的工作，使他们时刻感受到组织的关心和帮助，从而增强团组织对广大团员的向心力。要针对我国现阶段人口年龄结构的新特点和新趋势，采取有效措施，进一步加大工作力度，努力做好团员发展工作，使团员队伍保持相对稳定。进一步做好推优入党工作，把优秀团员不断地输送到党的队伍之中。

最后强调两项工作。一是关于省级团委的换届工作。有关省级团委在换届工作中，要认真学习贯彻党的十六大精神，贯彻落实党委的部署和团中央的要求，精心准备，严密组织，认真做好换届工作。要以换届为契机，加强班子建设，优化班子结构，提高整体素质。二是关于元旦、春节期间的送温暖工作。最近，中央政治局常委会专门召开会议研究部署解决困难群众生产生活的问题。各级团组织要认真学习贯彻这次会议精神，在元旦、春节期间，广泛开展为特殊困难青年群体送温暖活动，为下岗失业青年、进城务工青年、农村特困青年、贫困大学生、残疾青年等青年群体排忧解难，帮助他们解决工作、学习和生活中的实际困难。

同志们，党的十六大为中华民族描绘了新世纪新阶段的宏伟蓝图，为我们做好共青团工作和青年工作指明了前进方向。让我们在以胡锦涛同志为总书记的党中央领导下，高举邓小平理论伟大旗帜，以“三个代表”重要思想为指导，深入学习贯彻十六大精神，团结带领广大团员青年为实现全面建设小康社会的宏伟目标而努力奋斗！

巴音朝鲁同志讲话

社会实践是青年成长成才的必由之路

——巴音朝鲁在“青年知识分子成长成才暨‘博士生服务团’汇报座谈会”上的讲话

1998年7月29日

由共青团中央、中国社科院、全国青联、中共重庆市委联合组派的“博士生服务团”赴重庆市挂职，经过一年的实践，已圆满地完成了各项任务。刚才，听了几位服务团成员的发言和有关方面领导的讲话，我深受鼓舞和启发。可以这么说，“博士生服务团”赴地方挂职，是组织高层次青年人才为地方经济建设和社会发展服务的成功尝试。我代表团中央、全国青联向为重庆市的建设和发展付出辛勤努力并取得可喜成绩的"博士生服务团"全体成员表示亲切慰问和热烈祝贺，向对"博士生服务团"给予高度重视和大力支持的中国社科院、重庆市党政领导和社会各界表示衷心的感谢和崇高的敬意！

祖国的现代化建设急需人才，青年应为祖国的建设和发展做出自己应有的贡献。当今世界，科学技术突飞猛进，知识经济初见端倪，以经济和科技为基础的综合国力的竞争日趋激烈。当前，我国正处在改革开放和现代化建设的关键时期，改革攻坚重任的完成，三步走战略目标的实现，时刻在召唤着青年奋发努力。

青年要成为祖国现代化建设的有用人才，就必须进一步增强学习邓小平理论的自觉性和紧迫感，加强理论学习，重视理论指导；就必须在学习书本知识的同时，积极投身实践，在丰富的社会实践中锻炼和提高自己。广大青年特别是青年知识分子既要学习前人创造的优秀文明成果，又要追踪现代科学技术的发展脚步；既要注重理论上的创新，又要加强实践的锻炼和检验，注重把学习书本知识与投身社会实践统一起来。在科学技术高度发达的今天，人民群众创造历史的社会实践依然是青年获得真才实学、全面提高自身素质的大课堂。"博士生服务团"赴重庆挂职以来，大家围绕重庆改革开放、经济建设和社会发展的一系列重要问题，开展了广泛深入的调查研究，在城市交通设施开发建设、扩大对外交流合作、招商引资、企业资产重组、实施再就业工程、资本市场发育、县域经济发展、农业产业化经营、促进科技开发以及搞好库区移民、扶贫开发等方面，积极向重庆市委、市政府和有关部门建言献策，提出了许多富有创意的意见和建议，许多同志还身体力行，直接参与有关规划的制定和有关项目的实施，为重庆的经济建设和社会发展做出了积极的贡献。"博士生服务团"在重庆挂职工作的实践，为在改革开放和发展社会主义市场经济条件下充分发挥青年知识分子的聪明才智，服务地方经济建设和社会发展探索了一条新路。事实证明，只有走与社会实践相结合、与人民群众相结合的道路，青年知识分子才能健康地成长成才；只有在改革开放和现代化建设的第一线经受锻炼，青年知识分子才能汲取从书本中无法得到的丰富营养，真正成为祖国现代化建设的有用人才；只有在祖国和人民最需要的地方、在条件艰苦和环境复杂的地方磨炼意志，增长才干，施展才华，青年知识分子才能更好地实现自身的价值。社会实践永远是知识更新和发展的课堂，在实践中锻炼是青年成长成才的必由之路。

培养青年人才事关长远，需要建立一套良好的机制。目前，共青团、青联组织实施的跨世纪青年人才工程在社会上已产生了较大的反响。然而，如何加大力度，深化内容，探索机制，落实措施，仍需花很大的力气。组派"博士生服务团"赴地方挂职，是对青年人才培养机制的有益探索。实践锻炼是人才培养的手段和机制。没有实践，人才成长便失去了坚实的土壤。在实践中培养青年人才是共青团的重要职责。今后，我们在宣传、表彰青年人才的同时，要进一步加强实践这一环节，注重把优秀青年人才放在经济建设和改革开放第一线去经受锻炼。要把组织高层次青年人才到地方挂职，作为共青团、青联组织服务全党全国工作大局和服务青年人才成长的有机结合点，作为深化跨世纪青年人才工程的一项重要内容，分期分批地开展，持续不断地进行，并在有条件的地方加以推广，形成制度，常抓不懈。

培养青年人才是一项全社会的事业。在今后的工作中，我们要立足于社会的需求，立足于青年的需要，在实践中更有效地开发青年人才资源，使人才效益转化为经济效益，使人才资源转化为现实的社会生产力，成为经济建设和社会发展的重要推动力量。我们相信，只要全社会的密切配合，只要广大青年的共同努力，跨世纪青年人才工程就一定能够得到进一步的深化，我国青年人才队伍就一定如长江之浪不断涌现不断壮大，跨世纪的伟业就一定能够实现。

巴音朝鲁在共青团中央信息化工作领导小组第一次会议上的讲话

1998 年 11 月 25 日

近几年来，以计算机技术、通讯技术、网络技术为代表的现代信息技术的飞跃发展带来了社会经济发展格局的巨大变化并对人类社会产生着日益深刻而广泛的影响。为使共青团组织适应这一时代潮流，为共青团工作跨世纪发展奠定更加坚实的基础，团中央书记处认为，必须大力加强全团信息化工作。为此，作出了以下几项决定。第一，成立共青团中央信息化工作领导小组，领导协调全团信息化建设工作。第二，建设"中青计算机信息服务网"。主要包括三个方面：一是要通过"中青网"的建设，开辟共青团新的工作领域；二是要把"中青网"建设成为信息容量大，内容独具特色，对广大青少年具有较大吸引力和影响的中文信息服务网络；三是在建设"中青网"的过程中逐步发展和壮大共青团信息化产业。第三，拟在今后条件成熟时成立"全国青少年计算机网络服务中心"。由该中心负责"中青网"建设所需资金、网络建设工程及网络的日常管理和维护等工作，并逐步以该中心为核心形成和发展团中央信息化产业。第四，在团中央办公厅设立"信息与技术处"。该处的主要职能是：协调落实团中央信息化工作领导小组议决的事项和交办的日常事务；采集、编发团中央上网公众信息；协调审核团中央机关各部门、各直属单位上网公众信息；负责团中央机关局域网和办公自动化建设；负责团中央系统计算机安全工作；负责团中央系统计算机和网络知识培训等。

这里，我想就加强共青团信息化建设工作，谈几点意见。

一、要充分认识加强共青团信息化建设工作的重要性

90 年代以来，信息化已经成为世界各国政府、企业和民众普遍关注的一个焦点。现代信息技术的发展和应用，使人类对信息资源的开发利用摆脱了迟缓、分散的传统方式，而代之以高效率、专业化、多样化的现代方式。江泽民总书记曾深刻指出："电子信息产业的巨大发展，电子信息技术的广泛应用，正在把世界推进到一个所谓的信息化时代。"在这个信息时代，信息技术将成为最先进的生产力，信息将成为比原材料和能源更为重要的社会发展的战略资源。这场信息化浪潮，不仅将推动世界经济的高速发展，还将带来人们生活习惯、工作方式以及思维方式等许多方面的变革，从而进一步促进人类社会的巨大进步。可以说，谁率先掌握并高效利用了信息资源和技术，谁就将在下一个世纪的发展和竞争中掌握主动权，占领制高点。

我国在 80 年代就开始关注信息化建设。早在 1984 年，邓小平同志就指出："开发信息

资源，服务四化建设。”江泽民总书记强调：“四个现代化，哪一化也离不开信息化。”从1993年起，我国加快了信息化进程。1993年，成立了国家经济信息化联席会议。党的十四届五中全会提出了“加快国民经济信息化进程”的战略任务。八届全国人大四次会议把推进信息化纳入了《国民经济和社会发展“九五”计划和2010年远景目标纲要》。1996年1月，国务院决定成立了信息化工作领导小组，并结合我国国情，研究拟定了《国家信息化“九五”规划和2010年远景目标（纲要）》。今年召开的九届全国人大一次会议，又批准成立了国家信息产业部。这一切都充分表明了党和国家对发展信息化的高度重视，充分表明加快国家信息化建设，已经成为我国经济和社会发展过程中的一项重要任务。

近几年来，党中央、国务院的许多部委和地方许多省、市、区，都先后成立了信息化工作领导机构和工作机构，结合实际情况，规划和实施信息化应用工程。有些单位和地区已经在信息化发展规划的研究制定、信息资源的开发利用、信息化的宣传教育和人才培训等方面取得了明显成效。

共青团肩负着引导和教育广大青少年健康成长的重要职责。在信息化时代到来之际，大力加强共青团的信息化建设，对于培养更多的青年人才，推进国家信息化建设；对于满足广大青少年不断增长的文化生活和学习的需求，促进青少年全面发展；对于强化共青团的服务功能，开拓共青团新的工作领域，扩大共青团的社会影响都具有重要的意义。因此，我们必须充分重视共青团的信息化建设，充分重视计算机互联网这一共青团新的工作领域，充分重视信息化时代的到来给共青团工作带来的机遇和挑战。

二、要努力创造条件，加快共青团机关办公自动化建设步伐

计算机网络化管理，是信息化时代的基础和重要标志。计算机网络化管理，就是通过计算机连网，把有关单位和部门联结在一个统一的网络内，使各个独立单位和部门的自有信息实现共享。同时，还可以借助多媒体技术和数字通讯技术，将文字、声音、图像全部转化成数字并在网络内实现瞬间的传播，将电话、电视、传真、电报、有线电视等多种通讯方式融合在一起。计算机网络化管理改变了传统的生产方式和办公方式。这种新型的管理方式可以真正实现办公自动化，从而极大地提高工作效率。

可以说，没有计算机网络化，就没有真正的办公自动化，也就不可能实现信息化。计算机自发明以来，在短短的50多年里，引起了一系列的技术变革、经济变革和社会变革。从工业生产自动化，到政府机关和企业的办公自动化，到管理和信息使用的网络化，最终推动世界走向信息化，日益发挥出巨大的技术功能和社会功能。许多中央和国家机关、各省市政府部门以及大中型企业，也早就着手开展了计算机网络化管理的工作。全国总工会和全国妇联这几年来已在机关网络化建设方面做了大量的投入。但在包括团中央在内的许多团的机关，多数价格昂贵的计算机，在工作中基本上还只是作为打字机使用。这是对计算机资源的极大浪费，也说明我们在信息化建设方面，在推进机关办公自动化方面落后了。各级团的领导机关要有紧迫感，要加大力度，创造条件，把推动机关办公自动化建设作为信息化建设的重要内容，努力抓好抓实，抓出成效来。

就团中央机关而言，办公厅信息与技术处成立后，将着手筹建机关局域网。并与有关计算机软件开发单位一起，设计开发团中央机关各类办公系统软件，使机关日常工作初步实现办公自动化，提高机关管理和决策的效率和质量。同时，还要举办一系列的讲座和培训班，不断提高团中央系统干部的计算机知识水平。

三、要整合资源，形成合力，把“中青网”建设好

世界各国信息高速公路的建设，使国际计算机互联网络（INTERNET）得到迅猛发展，它的首要社会功能是使信息得以广泛地传播和应用，从而使信息在经济发展和社会进步中体现出了巨大的价值和作用。我国对信息高速公路的建设极其重视，国家有关部门已经制定出了“九五”期间的工作重点。这就是，着手制定国家信息网络总体规划，完成国家干线传送网的总体设计，调整网络结构和布局，充分利用已有网络资源，建立国家统一的网络管理体系。我国信息化建设的奋斗目标是：到2000年，初步形成一定规模和比较完整的国家信息化体系，到2010年，将建立起健全的、具有相当规模的、先进的国家信息化体系。

建设“中青网”，就是要依托国家信息网络干线建设共青团自己的全国青少年计算机互联网络服务系统。书记处的要求是，“中青网”既要成为共青团工作和全国青少年工作的主干网，也要逐步成为共青团组织的信息化产业。为了保证“中青网”尽快建成、建好，在激烈的市场竞争中尽快形成规模，产生效益，书记处已经决定，今后全团不再另建同类全国性网络。但是“中青网”最终要走向市场，不能依靠行政命令来生存，必须充分挖掘共青团组织的资源和优势，依靠科学的规划和市场运作来不断发展和壮大自己。

全团特别是团中央机关各部门、各直属单位，要从共青团工作跨世纪发展的高度，充分重视“中青网”的建设。要整合资源，发挥优势，形成合力，共同把“中青网”建设好。一是今后共青团系统需要上互联网络的单位，应尽可能由“中青网”入口上网。在“中青网”开通前从其他平台上网的，以后也要逐步移至“中青网”，要尽可能壮大“中青网”的客户群体。“中青网”也必须为大家提供高质量的服务，特别是要尽量争取国家有关部门的支持，在上网费用方面争取一些优惠政策。二是共青团系统有条件的单位，都可以在“中青网”平台上建立自己的站点，或通过“中青网”来构建自己的网络，在宣传自己的同时也提供某一方面的信息服务。如果网站建得好，有吸引力，还可以通过刊登广告等方式获取一定的收入。如果能够有一大批受广大青少年喜爱的站点，也会极大地增强“中青网”整体的吸引力。“中青网”整体实力的增强，从根本上又可以为共青团系统和全国各青年组织建立自己的网络系统提供更为坚实的基础。需要指出的是，书记处的精神不是要把全团的网络建设工作由一家统起来，而是既要有专门的机构来为共青团搭建自己的舞台，又要充分调动各方面的积极性，共同发展团的网络事业。三是共青团的各级组织，可以围绕“中青网”的建设，大力开发多种多样的服务项目。“中青网”工程，是一个跨世纪的系统工程。“中青网”的筹建工作，目前主要由办公厅、实业发展管理中心和中国青少年发展服务中心负责。“中青网”的建设和发展，单靠这几个部门和单位的力量是远远不够的，其他部门、单位和团的各级组织也都可以通过网络开展多种多样的服务工作。比如，中国青年政治学院可以开设网上团校，各出版单位可以搞网上书店和电子期刊，等等。总之，要把全团可以使用的人力、物力资源都统一起来，使“中青网”的社会形象尽快树立起来，整体实力尽快壮大起来。

关于计算机网络建设，我还要强调一点：就是必须充分重视计算机网络的安全问题。最近，中央保密委员会办公室和国家保密局联合下发了《关于印发＜涉及国家秘密的通信、办公自动化和计算机信息系统审批暂行办法＞的通知》，对新形势下如何在发展计算机网络的同时加强保密管理做出了一些具体的规定，希望各部门、各单位要认真学习并遵照执行。

巴音朝鲁在共青团十四届二中全会上的总结讲话

1998年12月27日

我们这次全会是在党中央的高度重视和亲切关怀下召开的。中共中央政治局常委、国家副主席胡锦涛同志在百忙中接见了与会全体同志，勉励我们认清形势，坚定信心，开拓进取，再创佳绩，大家深受鼓舞，深受教育，倍感亲切。在会议开始的时候，周强同志传达了党中央书记处关于做好明年团的工作的重要指示。会议认真学习和领会了党中央的指示精神，同志们一致认为，党中央对共青团工作的肯定，是对全团的巨大鼓舞和鞭策。对共青团工作提出的要求，切合实际，具有重要的指导意义，使我们进一步明确了工作任务和方向。大家表示，一定要不负党中央的信任和厚望，贯彻落实好锦涛同志的重要讲话精神，以强烈的责任感，加倍努力做好工作，团结带领团员青年完成好党中央交给的各项任务。

三天来，大家认真听取和讨论了周强同志代表团中央书记处所作的重要讲话，经过认真讨论，全会通过了《关于共青团工作跨世纪发展纲要的决议》。由于各位委员的共同努力，我们的会议取得了圆满成功。这次会议对于推动共青团工作的跨世纪发展具有重要意义，必将产生深远的影响。受书记处的委托，我讲三个问题，作为这次会议的总结。

一、关于会议的主要收获

我们的会议深入贯彻党的十五大精神和十五届三中全会、中央经济工作会议精神，落实团十四大提出的各项任务，对共青团工作跨世纪发展大计进行了深入研究和审慎决策。会议的收获主要有两个方面。

第一，形成了一个强烈的共识。大家一致认为，全团必须着眼于新的世纪，按照党的要求，团结广大青年，在继承和创新中谱写中国青年运动新的篇章，揭开共青团事业新的一页。我们这一届团中央委员会，在千年之交、世纪更迭的历史时刻，担负着中国青年运动和共青团事业承前启后，继往开来的历史使命，我们为此感到自豪，更感到肩负的责任重大。周强同志在讲话中深刻分析了世纪之交中国青年运动和共青团工作面临的形势，强调全团要抓住历史机遇，迎接时代挑战，在明年和今后五年中将教育青年、服务大局、服务青年的工作和团的建设不断推向前进，团结带领各族青年为实现党的跨世纪宏伟目标努力奋斗，满怀信心地把中国青年和中国共青团带入充满希望的新世纪。这一讲话得到了同志们的充分肯定和一致赞同。大家认为，周强同志的讲话充分体现了党的十五大、十五届三中全会和中央经济工作会议的精神，紧扣党的大局，紧扣时代的要求，贴近青年和共青团的实际，明确了共青团工作跨世纪发展的思路和任务，是一个具有战略眼光，思想性强，非常务实的报告，对于当前和今后一个时期全团的工作具有很强的指导意义。

结合讨论周强同志的讲话，大家深刻认识到，世纪之交，人类社会正发生着重大而深刻的变化。面对着全球综合国力的激烈竞争，科技革命的迅猛发展，思想文化的相互激荡，中国共青团必须带领一代青年以更加昂扬的姿态和强烈的紧迫感，创造新业绩，迈向新世纪。以党的十五大为标志，我们国家进入了高举邓小平理论伟大旗帜，推动有中国特色社会主义事业跨世纪发展的关键时期。共青团和广大青年必须牢记党和人民的期望,认清使命,明确责任,为实现党的跨世纪宏伟目标而奋斗,为实现中华民族的伟大复兴不断做出新贡献。在即将过去的一个世纪里,一代又一代先进青年在党的领导下,为了民族独立和人民解放、国家富强和人民富裕,英勇奋斗,艰苦创业,共青团组织带领青年为实现党在不同时期的历史任务不懈努力,谱写了辉煌的篇章。走向新世纪的一代青年和共青团组织,必须发扬光荣传统,走在时代前列,肩负起党和人民赋予的光荣使命,推动青年运动和共青团事业进入一个崭新的发展阶段。

我们的会议取得这样一个强烈共识,不仅统一了团中央委员会的思想,而且将起到鼓舞全团、凝聚全团的作用,为实现共青团工作跨越世纪的新发展奠定重要的思想基础,提供不竭的精神动力。

第二,通过了一个好的《纲要》。大家一致认为,《纲要》以党的基本理论和党的十五大精神为指导,贯彻落实团十四大提出的任务,对共青团工作的跨世纪发展作出了部署,为谱写中国青年运动新的篇章,揭开共青团事业新的一页作了重要准备。在审议过程中,大家对《纲要》确定的指导原则、工作思路和工作布局给予了充分肯定,认为《纲要》的制定体现了以下四个特点。

一是坚持将团的工作放在世纪之交的时代背景和改革发展稳定的大局中进行研究和规划。着眼于把握跨世纪的历史机遇,着眼于为实现党的十五大确定的宏伟目标而奋斗,具有鲜明的时代特征,体现了党对共青团工作的要求。

二是坚持把服务青年作为共青团工作的出发点和落脚点。自觉根据广大青年在改革开放和现代化建设中建功立业、成长成才的需求,牢牢抓住培育"四有"新人这个根本,安排团的各项工作,体现了广大青年的意愿。

三是坚持继承与创新相结合。提出要深入学习邓小平理论,继续深化两项跨世纪青年工程和服务万村行动,实施中国青年创业行动、科技创新行动和绿色行动,强调要构建青少年组织、服务、参与和信息网络体系,加强团的建设,形成了一个在继承中创新、在探索中前进的工作格局。更为重要的是,《纲要》力求发扬共青团在长期的历史发展中形成的优良传统,珍惜共青团在长期的艰苦奋斗中积累起来的事业,以此为基础和起点,创造新的业绩,有利于共青团事业的持续发展。

四是坚持脚踏实地,求实务实,用办事业的精神和方式推动工作,讲实干、办实事、求实效,有利于团的工作的扎实推进。

《纲要》总结和汲取了团的工作的新经验、新成果,集中了全团的智慧。它使全团工作有了一个发展的蓝图,使团的各级组织有了一个共同的行动纲领,对于共青团发挥整体优势,开创新的业绩,必将起到促进作用。大家对《纲要》也提出了很好的修改意见,我们将认真吸收。

另外,我们这次会议是在党中央对在县级以上党政领导班子、领导干部中深入开展以"讲学习、讲政治、讲正气"为主要内容的党性党风教育作出部署,并确定团中央机关为"三讲"教育试点单位的时候召开的,为团中央开门搞好"三讲"教育提供了有利条件。团中央书记处就自身的思想作风建设和机关建设征求了每一位团中央委员、候补委员的意见,中央"三讲"教育巡视组的同志也深入到大家中间进行调查研究。同志们的宝贵意见和建议对于团中央书记处班子及团中央机关处以上干部"三讲"教育,是十分有益的。这次征求意见,既是我们这次全会的重要内容,也是会议的一个重要收获。为了在全团处以上干部中搞好"三讲"教育,团中央制定了《关于加强团干部思想作风建设的意见》,并提交全会讨论。大家对此也提出了许多很好的意见,我们将根据大家的意见进行认真修改，并尽快下发全团贯彻执行。

二、关于1999年的工作安排

1998年即将过去。在讲1999年的工作安排之前，我想先对今年的工作作一个简要的回顾。

1998年是一个极不平凡的年份，以江泽民同志为核心的党中央领导全国人民万众一心，众志成城，顶住亚洲金融危机的冲击，战胜历史罕见的洪涝灾害，保持了经济社会稳定发展的良好势头，夺取了改革开放和现代化建设的新胜利。1998年对于共青团来说也是一个不平凡的年份，在党的领导下，全团上下一心，共同努力，成功地召开了团十四大，推动工作取得了新的发展。这一年，是深入学习、振奋精神的一年，是团结奋斗、经受考验的一年，也是继承创新、深化工作的一年，还是集中智慧、规划未来的一年。

深入学习、振奋精神，就是全团深入学习邓小平理论和党的十五大精神，深刻领会江泽民同志在与团中央新一届领导成员及部分团十四大代表座谈时的重要讲话和胡锦涛同志代表党中央所致的祝词，学习贯彻党的十五届三中全会和中央经济工作会议精神以及团十四大精神，形成了持久的学习热潮。通过学习，全团进一步认清了使命，鼓舞了斗志。特别是江泽民同志的重要讲话和胡锦涛同志所致的祝词，不仅指引了全团，激励了青年，而且推动各级党委政府把青年和共青团工作进一步摆上了重要位置。

团结奋斗、经受考验，就是各级团组织积极响应团中央的号召，急党政和群众所急，上下齐动员，以各种方式积极投身抗洪救灾的伟大斗争。灾区各级团组织带领数万支青年突击队奋战在抗洪第一线，数十名团干部和团员青年献出了年轻的生命。全团开展了多种形式的赈灾救助活动，为灾区提供了无私的援助。展示了共青团敢打硬仗、能打硬仗的风采和广大青年无私奉献、勇于献身的精神，检验了共青团的凝聚力和战斗力。

继承创新、深化工作，就是全团按照集中精力做好正在做的事情，开拓新的工作领域的要求，继续推进跨世纪青年文明工程、青年人才工程和服务万村行动，根据党中央领导同志的要求，集中力量实施青年志愿者扶贫接力计划。团中央召开常委扩大会议，贯彻党的十五届三中全会精神，对推动农村团的工作进行了研究和部署。由于全团的共同努力，团的各项工作和事业以及自身建设得到全面发展。

集中智慧、规划未来，就是在团十四大召开后，我们开展了全团范围的专题调研活动，深入了解各地经济社会发展状况、团的工作的新鲜经验和团员青年的愿望需求。在此基础上，以党的基本理论和党的十五大精神为指导，贯彻落实团十四大提出的各项任务，研究确定了今后五年的工作思路和工作布局。

回顾1998年，全团在深入学习邓小平理论，贯彻落实党的十五大精神方面表现出的高度自觉性和政治责任感；在党和人民需要的时候，在危急的关头表现出的不怕牺牲，冲锋在前的大无畏精神；在推进工作中表现出的脚踏实地，团结拼搏的作风；在工作决策上表现出的着眼全局，发扬民主，求真务实的态度，都给我们以深刻的启示，需要我们在1999年乃至今后长期的工作实践中坚持和发扬。

1999年是我国历史发展进程中具有特殊意义的一年，也是我国青年运动史上具有纪念意义的一年。因此，周强同志在讲话中强调要抓住机遇，使新的一年成为青年的邓小平理论教育年，成为青年的爱国主义教育年。这是明年共青团工作的一个显著特点，也是一个基本要求。全团要进一步兴起学习邓小平理论的新高潮，用邓小平理论教育青年，用爱国主义凝聚青年，把青年的思想统一到党的十五大精神上来，把青年的积极性引导到现代化建设上来，满怀信心地团结带领青年迈向新世纪。明年全团工作的另一个显著特点,也是另一个基本要求,就是要在服务大局中开好局。明年是全团落实团十四大各项任务的开局之年。在经济和社会发展面临着不少突出矛盾和问题,明年改革发展稳定都面临着十分繁重的任务的形势下,全团必须进一步增强当好党的助手的责任感和自觉性,紧紧围绕改革发展稳定的大局,紧紧围绕推动国民经济持续快速健康发展,做好各项工作,团结带领广大团员青年为实现党中央确定的各项任务做出贡献。明年的工作很多,任务很重,各项工作不可能齐头并进,各地在安排工作时要注意两点,一是要突出全团的重要工作,形成全团的合力;二是要从本地实际出发,把握好轻重缓急,合理安排工作。在这里,我想强调明年工作中的几个具体问题,希望能进一步引起大家的重视。

1. 要精心组织开展五四运动 80 周年纪念活动纪念五四运动。

五四运动 80 周年是广泛开展青少年爱国主义教育的重要契机,是全团一项十分重要的工作。团中央将在中宣部、教育部等部门的支持和配合下,集中力量组织开展几项重点纪念活动。对于地方和基层团组织如何开展好纪念活动,团中央提出了指导意见。各级团组织要认真落实团中央的要求,制定纪念活动方案,做到高度重视,周密安排,精心组织。

纪念活动要以爱国主义教育为主题,与深入学习邓小平理论和全面贯彻落实党的十五大精神结合起来,与用党领导中国人民进行社会主义革命和建设的历史特别是改革开放 20 年来取得的伟大成就教育青年结合起来,与引导青年在党的领导下走与实践相结合、与人民群众相结合的成长道路结合起来。纪念活动要达到的目的是:用五四精神激励青年,用爱国主义凝聚青年,用党领导中国人民建设有中国特色社会主义的伟大成就鼓舞青年,用青年典型引导青年。

纪念活动要立足基层,面向青年。广泛发动基层团组织从实际出发,设计开展纪念活动,积极动员和吸引青年参加活动。纪念活动要讲求实效,要把青年的爱国主义热情引导到在本职岗位上勤奋工作,多做贡献上来。为了使纪念活动更加丰富多彩,更好地教育和引导青年,活动的时间安排可以从 3 月开始延伸到 6 月。

明年的纪念活动还有很多。各级团组织要以庆祝新中国成立 50 周年、迎接澳门回归祖国为契机,教育青少年增强民族自信心和自豪感。组织开展好纪念全国青联成立 50 周年、少先队建队 50 周年活动,进一步推动青联和少先队工作。

2. 要集中力量启动和实施好几项重点工作。

实施《纲要》的工作要在明年开好头,起好步,十分重要的一条就是要在推进团的各方面工作的过程中,动员全团力量,协调工作步调,做好几项重点工作,在服务改革和发展大局中做出成绩,进一步扩大团的工作在青年和社会中的影响。

要以推进下岗青工创业行动为重点,实施中国青年创业行动。重点是要多渠道开展下岗青工的职业培训和技术教育,帮助他们提高就业能力,转变就业观念,积极自主创业。要积极发展青年家政服务业,促进第三产业发展和下岗青工再就业。要依托青年企业家协会,帮助一批有志创业的青年创办企业,继续培养青年兴业领头人,促进和带动下岗青工通过创业实现再就业,并为增加就业机会做贡献。

要着力启动中国青年科技创新行动。重点是要围绕企业技术创新工程,组织青年科教人员以市场为导向,开展开发一项新产品、创造一项新工艺、推广一项新技术、转化一项新成果的“四个一”活动。组织博士生服务团和留学人员为国服务团,为企业技术攻关服务。建立一批青年科技创新行动示范基地,促进人才与项目的对接。要开展好第六届全国大学生“挑战杯”系列活动，加强大学生科技协会建设。要依托青年科技工作者协会，建立青年科技创新中介服务机构，开展科技成果的转化服务工作。组织好中国青年科技创新奖的首届评选表彰工作。

要及时推出保护母亲河行动。动员和组织青少年参与黄河、长江及本地区主要江河湖泊流域的植树造林，治理水土流失，改善生态环境。采用工程造林、项目管理的办法，营造保护母亲河工程。在植树节、地球日、环保日、防止荒漠化日，集中力量开展好保护母亲河周（日）活动。开展保护母亲河基金的募集工作。实施青年志愿者绿色行动营计划。继续开展创建青少年绿色文明园活动。

要深化青年志愿者行动。重点是要继续实施“一助一”长期服务计划，扩大青年志愿者扶贫接力计划的实施规模和范围，在教育部支持下组织研究生支教扶贫团。

要积极实施青少年新世纪读书计划。团中央有关部门已对这一计划作出具体部署。明年实施这一计划的工作要在营造读书氛围和提供读书引导上下功夫，重点是要建设新世纪读书俱乐部等学习基地，组织好全国青少年新世纪读书论坛，形成活动高潮，同时要组织力量编写好首批青少年新世纪丛书。

要抓紧建立青少年信息网络体系。前几天，由团中央主办的我国第一个专门以青少年为服务对象的中国青少年计算机信息服务网已开通，这是青少年信息网络体系建设迈出的坚实一步。团的各级组织和各部门、各单位要增强紧迫感，加快信息化建设的步伐，积极建立信息站点，开发信息资源，共同推进青少年信息网络体系的建设，为青少年学习新知、开展交往、施展才华提供服务。

强调明年要做好以上各项工作，并不是说团的其他工作不重要。明年是实施《纲要》的第一年，需要启动和深化的工作很多。比如维护青少年权益工作，包括创建优秀青少年维权岗，实施“千校百万”外来务工青年培训计划等，团中央已就开展创建优秀青少年维权岗活动与有关政法部门联合发文，并将以此作为青少年维权工作的重要抓手，希望各地予以重视。还有青年岗位能手、青年文明号活动；大中学生科技文化卫生“三下乡”活动；少年儿童手拉手互助活动；希望工程；青年外事；港澳台青少年交流；团校工作；团属企事业；青年和共青团工作研究，等等，都要认真做好。

3. 要切实加强农村团的工作。

不久前召开的党的十五届三中全会提出了建设有中国特色社会主义新农村的奋斗目标，确定了实现这些目标必须坚持的方针，对于进一步做好共青团工作特别是共青团农村工作具有极其重要的指导意义。各级团组织要深入贯彻落实十五届三中全会精神，抓住有利时机，推进服务万村行动，进一步加强农村团的工作。要重点推进领办科技推广项目工作，以市场为导向，领导机关示范带头，采取事业化推进的方式，推动领办项目朝着产业化的方向发展。围绕领办项目大力开展实用技术培训，培养青年星火带头人，开发农村青年人力资源；结合领办项目推广农村青年股份合作体等生产组织形式。要广泛组织开展以举办科技大集、组织文体大赛、开展卫生大扫除为主要内容的乡村青年文化节活动，引导农村青年传播文明，推广科技，弘扬新风。

4. 要积极为维护稳定多做实事。

最近，江泽民总书记在与全国政法工作会议代表座谈时强调，任何时候都不能忘记“稳定是压倒一切的”这个原则。共青团必须把协助党和政府做好维护社会政治稳定的工作作为自己义不容辞的责任，努力多办实事，多做贡献。各级团组织要在1999年元旦、春节期间组织开展好献爱心、办实事活动，努力帮助生活困难的群众特别是贫困地区和灾区的群众和下岗青年、外来务工青年、高校贫困生、残疾青少年、特困未成年人等解决具体问题，提供力所能及的物质支持和精神关怀。要加强对青少年的思想政治教育和民主法制教育，引导他们深刻认识改革开放和现代化建设的大好局面和伟大成就来之不易，正确看待前进中的困难和问题，提高自觉抵制国内外敌对势力进行渗透破坏活动的意识和能力，增强法制观念。配合有关方面将破坏稳定的因素消除在萌芽状态。要切实加强共青团舆论阵地建设，教育和管理好新闻工作队伍，坚持从正面宣传、教育和引导青少年，充分发挥共青团舆论阵地在维护稳定中的积极作用。同时，要积极做好青少年报刊的发行工作，尤其要重视搞好中国青年报和中国青年杂志的征订和发行。要认真履行管理和指导青年社团的职责，进一步建立健全管理制度，保证青年社团健康发展。

5. 要大力推进团的建设。

落实《纲要》提出的各项任务，加强团的建设至关重要。明年，要着重抓好三个方面的工作。一是要加强团干部队伍思想作风建设。落实党中央关于深入开展以“讲学习、讲政治、讲正气”为主要内容的党性党风教育的部署，以加强团的领导班子建设为重点，采取切实措施，提高团干部的思想作风素质。二是要开展创建五四红旗团委活动，全面推动团的基层组织建设。团中央已经对这一活动作出部署，并将确定全国五四红旗团委创建单位，落实具体创建措施，在明年底进行首次全国五四红旗团委评选表彰。各级地方团委要把创建五四红旗团委活动作为加强基层团组织建设的基本形式和长期措施，及时部署，形成规范，积极推进，抓出成效。三是要抓好基层团建创新试点工作。团中央将在全国确定一批试点单位，开展农村、社区、企事业单位、学校等四种基本类型的基层团建创新试点工作，与各级团组织一道在实践中摸索加强基层团建的新方式。

需要强调的是，加强团的建设是全团共同的责任，需要全团共同努力。为了进一步加强对团建工作的领导，更好地动员和协调全团力量推进团的建设，团中央成立了以周强同志为组长、崔波同志为副组长，机关各部门负责人参加的共青团全国基层组织建设领导小组。各级团委都要加强对团建工作的领导。团的组织部门要认真履行自己的职责，搞好团建工作的协调，团的各战线部门都要把加强本战线团组织建设作为自己的职责。今后考核各级团委和团的机关各部门工作，都要把团的建设作为重要内容；评选和表彰团的工作先进单位，都要把团的建设作为重要条件。

三、关于贯彻落实全会精神的几点要求

我们这次全会是一次规划未来五年共青团工作，部署明年全团工作的重要会议。各地要从推动共青团事业跨世纪发展的高度来认识贯彻落实好本次全会精神的重要意义，认真组织学习周强同志的重要讲话和全会的主要文件，用全会精神统一各级团组织和广大团干部的思想与行动，部署好明年全团重点工作的启动和深化，对团的工作发展作出长远安排，并尽快将贯彻落实本次全会精神的情况报告团中央。在贯彻落实全会精神的过程中，各地团组织要努力做到以下三点。

1. 要加强协调，形成合力。

实施《纲要》，推动共青团事业跨世纪发展，必须充分发挥共青团的整体优势，需要加强协调，形成合力。近年来，随着团的工作领域和深度的拓展，城乡之间、各条战线之间团的工作相互渗透、融合的趋势日益明显，要求团的各部门和各战线团组织打破工作界限，相互配合，共同推进。

团的各级组织，尤其是团的各级领导机关要进一步增强全局观念和整体意识，认真落实《纲要》提出的各项任务，特别是在全团的重点工作上，要喊响同一个口号，保持协调的工作步调，齐心协力创出名牌。

各级团委要进一步落实民主集中制原则，在坚持党的统一领导的前提下，维护和加强团

的系统领导。从明年起，团中央将进一步加强对省级团委领导班子的考查和考核，加强协管工作。各级团委都要采取切实措施，进一步把协管工作落到实处，以此促进民主集中制原则的落实和团的系统领导的加强，使共青团进一步成为组织、思想和行动统一的整体，提高自身的战斗力。

团的各部门要跳出本部门、本战线的小圈子，站在全局的高度来正确看待和把握各项工作，增强工作的开放性和服从全局、推动全局的自觉性。各级团委所属的企事业单位和青少年工作机构要进一步增强为团的工作全局服务的意识，主动在全局中找准位置，发挥优势，努力防止自身的工作与团的工作现实要求脱节或游离于团的工作全局之外。

2. 要脚踏实地，求实务实。

真正要把《纲要》提出的各项任务落实好，关键要靠全团上下，特别是各级团干部脚踏实地、求实务实。这既是我们做好工作的保证，也是党和人民对我们的要求，更是广大团员青年的期望。

要做到脚踏实地，求实务实，就必须讲实干而不浮躁。团的工作岗位是一个年轻的岗位，也是一个短暂的岗位。我们一些同志急于想做出成绩，容易产生浮躁情绪，这对于做好工作是无益的，对于自己锻炼成长也是不利的。我们必须以咬定青山不放松的劲头，全神贯注地做好工作，一项一项地去落实，一步一个脚印地去推动，兢兢业业干工作，扎扎实实做事情。

要做到脚踏实地，求实务实，就必须办实事而不做表面文章。共青团在迈向新世纪中创造新业绩，必须坚持围绕大局办实事。广大团员青年对共青团最大的期望也是为他们办实事。只有老老实实地办实事，不搞花架子，不做表面文章，共青团才能赢得党政信赖和青年信任，才能真正做出成绩。《纲要》提出的各项工作，都是立足于服务大局、服务社会、服务青年的实事，我们必须通过艰辛的努力，把实事办实，把实事办好。

要做到脚踏实地，求实务实，还必须坚持面向基层，加大服务基层的力度。团的领导机关和领导干部必须进一步树立基层第一的思想，自觉深入基层，努力帮助基层团组织解决工作中的困难和问题，焕发内在活力，推动团的各项工作在基层得到落实，见到成效。

3. 要开拓进取，勇于创新。

团的工作要发展，要保持旺盛的生机，就必须不断进取和创新。在改革开放不断深化，团的工作面临诸多机遇和挑战的新形势下，开拓进取，勇于创新就显得尤为重要。各级团组织和广大团干部要有强烈的进取精神和创新意识，不安于现状，不墨守成规，积极主动地适应新的形势，创造性地落实各项任务，通过不懈奋斗，推动共青团事业取得新的发展。

各级团组织要深入了解新形势下影响团的工作的因素，在坚持党对共青团的领导，坚持团的基本性质和根本任务的前提下，用改革的精神研究解决新问题，探索工作的新方式。需要指出的是，团的工作创新要坚持从实际出发，因地制宜，遵循规律。基层丰富的实践是团的工作创新的源泉。团的各级领导机关要充分尊重基层的首创精神，坚持深入基层，深入实际，及时总结和推广基层的创造性实践，努力推动团的工作在不断创新中进一步活跃起来。

同志们，在即将到来的1999年，共青团的任务十分繁重。我们必须牢记党中央的重托，贯彻落实胡锦涛同志的重要讲话精神，肩负起光荣使命，围绕大局，发挥优势，勇于开拓，扎实工作，团结带领广大团员青年为推动改革、促进发展、维护稳定做出新的贡献，以优异的成绩向建国50周年献礼。

巴音朝鲁在全国创建"青年文明社区"暨社区团建工作现场推进会上的讲话

1999年3月16日

这次会议是在团中央书记处反复研究后决定在福州召开的，得到了中组部、民政部、建设部、国家工商行政管理局等部委同志的大力支持和指导。团十四大后，面对城市共青团工作的新形势和发展机遇，书记处把社区团的工作提到了重要的议事日程，进行了反复的研究，特别是团的权益战线的同志们做了很多积极的探索，总结了一些很好的经验，发现了一批很好的典型。这次会议选择在福州召开，就是考虑到福建省、福州市的各级团组织在创建"青年文明社区"工作中做了很好的探索，下了很大功夫，工作基础很好。这次会议将对共青团社区工作起到十分重要的推动作用。这次会议的基本任务，就是进一步贯彻党的十五大和十五届三中全会精神，按照团十四届二中全会的要求，进一步研究、部署今后一个时期深化创建"青年文明社区"和加强社区团建工作，推动社区团的工作全面活跃，为改革、发展、稳定做出更大贡献。

一、从推动共青团工作实现跨世纪发展的战略高度认识加强社区团的工作的重要意义

依靠社区力量解决社会问题是当今世界发展的趋势。从国际范围看，社区建设是一项世界性的运动。二战之后，联合国倡导了社区发展计划，计划建立社区福利中心，推动全球经济、社会的发展。这个计划立即得到了全世界的高度重视。从目前的情况来看，许多国家把社区工作作为经济发展的重要方面。发达国家对社区的建设已经步入制度化、规范化的轨道。从国内情况看，当今社会转型时期面临诸多问题，迫切需要开展社区工作解决。比如下岗职工的问题。目前我国下岗职工已经有1000多万人，今后还会不断的增加。如果下岗职工的问题解决不好，会引起一些严重的后果，不利于社会的稳定。比如流动人口的问题。现在全国上亿人口在城市、城乡之间无序的流动，给城市的管理、社会治安和计划生育等都带来了极大的压力。再比如提高人民群众生活质量和城市文明程度的问题。现在绝大多数的城市居民不仅仅满足于吃饱饭、穿暖衣，优美的居住环境、良好的社会秩序、完善的社区服务、和谐的人际关系越来越成为人民群众的迫切愿望。从社会发展趋势看，依靠社区居民的综合素质和生活质量的提高来促进社会的整体进步，走以人为本的可持续发展道路，在一定程度上已成为城市现代化发展战略的内在要求。加强社区工作在一定意义上是社会经济发展的必然趋势。改革开放以来，社会主义市场经济体制的逐步建立，带来了社会经济结构的重大变革，对我国经济、政治、文化产生了全方位的深刻影响。社区作为构成现代城市的基本单位和细胞，已经成为共青团工作的一个重要领域，社区团的工作状况直接关系着新时期城市共青团工作的活跃和发展。进一步重视加强社区团的工作，不仅是共青团为实现党的跨世纪宏伟目标艰苦奋斗、不辱使命的客观需要，更是顺应经济社会发展进步、加强自身建设、推动共青团工作实现跨世纪发展的战略选择。

第一，加强社区团的工作，是共青团服务城市社区两个文明建设的客观需要。改革开

放20年来,我国城市发生了历史性的深刻变化。随着政府职能的转变,城市管理和服务的重点下移到社区,这已成为当今社会发展的一个必然趋势。我们的政治经济体制改革的目标之一,就是要剥离和转移原来由政府和企业承担的社会职能,建立两级政府、三级管理的小政府、大社会的模式。大量社会管理、服务职能落到了社区,城市管理的重心也逐步从市、区政府下移到社区,社区将在经济社会协调发展中日益发挥着重要作用,社区的建设与发展正在成为城市经济社会发展的新的增长点和重要基础支撑。与此同时,伴随着改革的深入和利益结构的调整,社区既是人民群众生产生活基本需求的综合反映地,也是各类社会矛盾和问题的聚集地。党中央部署了创建文明城市、文明社区活动,社区服务已经成为体现党和政府为人民服务宗旨的重要手段,成为凝聚城市社区内各种社会力量的不可或缺的链条。社区对满足人民群众对城市建设管理和服务的要求,推动精神文明建设的整体发展具有重要作用。共青团要履行国家政权的重要社会支柱这一基本职能,就要在城市经济社会协调发展中找好定位。通过加强社区团的工作更好地参与城市的建设和发展,有效地推进两个文明建设,在深化改革、促进发展、维护稳定的全局中发挥共青团的应有作用。

第二,加强社区团的工作,是新形势下共青团事业发展的现实需要。改革开放和市场经济的深入发展,带来了青年流向与分布的巨大变化,对城市共青团传统的组织网络和活动体系、服务体系提出了新的课题。在组织网络上,一方面是传统战线部门团员减少,工作对象萎缩,新时期城市共青团工作的开展面临一个历史的转折;另一方面是大量的待业青年、下岗青年、外来务工青年集聚在社区,游离在我们城市基层团工作的组织网络和服务体系之外,迫切需要我们去联系他们、组织他们、引导他们,使之成为城市基层共青团工作的新生力量。在工作机制上,传统街道共青团工作习惯于条块分立、垂直领导,不能充分有效地协调辖区内单位和住所地团员青年的活动。社区工作的本质属性是社会化运作,共青团工作进社区,必然要适应社区管理和发展的基本规律,根据社区的地域性和社会化特点,改变城市基层共青团的传统运行机制,一方面需要整合、协调团内各部门力量,以社区为工作统揽,充分发挥共青团在社区建设中的整体优势,加强团组织建设,增强团组织的凝聚力和战斗力。另一方面需要动员社会资源,通过形式多样的共建活动,建立起和城市社区管理、发展相适应的社会化工作机制,推动社区团的工作全面发展,实现市场经济体制下城市社区共青团工作的战略转移。

第三,加强社区团的工作,是新时期共青团服务青少年的必然要求。随着经济体制改革的深化和市场经济体制的逐步建立,越来越多的人由“单位人”变为社区人,不同层次、不同领域青少年成长成才的多元化需求在社区汇集。青少年学生每年有170多个假日、休息日生活在社区,社区已成为青少年学习、生活、娱乐的主要场所。他们希望在单位生活之外,通过社区获得更多的生活、学习、就业、娱乐、交友的服务和机会,而城市共青团传统工作领域和服务体系难以有效满足社区青少年的多层次需要。城市基层共青团工作只有根据服务对象活动领域的变化进社区,才能通过社区团的工作,拓展社区青少年参与社会事务、关心社会发展的途径;只有建立社区青少年精神文明建设活动的机制,才能丰富他们的社会实践内容,使他们的世界观、人生观、价值观在社区文化、社区服务、社区教育中得到熏陶、磨炼和确立。综观全局,我们可以看到,团的组织建设、团的凝聚力和战斗力、团的工作社会化、团的改革与创新等一系列关乎团的生存与发展的重大问题,都在社区灵敏地反映出来,而且需要在社区予以有效解决。如果我们不努力探索社会主义市场经济条件下社区团组织建设，不研究加强社区团的工作，就不仅不能动员、组织、带领青年服务经济社会发展全局，服务党政工作大局，在跨世纪新征途中建功成才，还会失去青年，失去社区这一重要领域，失去宝贵的发展机遇。

二、以社区团建为基础，以服务项目为主导，全面活跃社区共青团工作

近几年来，经过全团上下的共同努力，社区团的工作有了长足发展。各级团组织在继承传统街道团的工作基础上，开拓创新，对社区团的工作进行了一些有益的探索。特别是1996年团中央联合民政部、建设部和国家工商行政管理局共同开展的创建“青年文明社区”活动，为新时期城市共青团工作提供了很好的载体和新的增长点，成为团组织带领青年服务经济社会发展、在城市社区两个文明建设中发挥生力军作用的有效途径。我们欣喜地看到，各地团组织积极争取有关部门的配合支持，以创建“青年文明社区”活动为统揽，围绕着服务党政中心工作、服务社区建设与发展、服务青年成长成才，开展了丰富多彩的活动，取得了积极成效。全国涌现出一大批“青年文明社区”典型，城市社区群众性精神文明建设中“青年含量”大大增加。可以说，社区团的工作已经成为新时期城市共青团工作的重要组成部分，成为全团工作服务经济社会协调发展的一个重要方面。

党的十五大为社区团的工作提供了更加广阔的舞台与空间。团十四大对新时期社区团的工作提出了新的更高的要求。适应我国经济社会的发展，今后一个时期社区团的工作指导思想和目标是：高举邓小平理论伟大旗帜，深入贯彻落实党的十五大和十五届三中全会精神，立足城镇社区，以创建“青年文明社区”活动为统揽，以社区团建为基础，以发展社区服务项目为重点，广泛建立社区青少年组织体系、服务体系、参与体系和信息网络体系，全面活跃社区团的工作，努力提高社区青少年素质和社区文明程度，为城镇物质文明和精神文明建设做出更大贡献。

（一）以社区团建为基础，促进社区团的工作全面活跃。

组织建设是共青团的生命源泉，是团的各项工作顺利开展、取得成效的重要基础和保证。基层组织建设是团建的基础环节，我们任何时候都不能忽视和放松。几年来的实践充分表明，凡是社区团的工作获得长足发展、创建“青年文明社区”活动取得突出成效的地方，都是社区团建抓得成功的地方。社区团的工作要在共青团工作跨世纪发展中发挥方面军的作用，就必须切实加强社区团建。随着经济社会结构的变化调整，新情况、新事物不断涌现，团的建设面临许多新的课题，城镇团组织建设面临的新问题尤为突出。各级团组织要充分认识、积极迎接社会经济结构转型给城镇基层团工作带来的挑战，切实把社区团建作为当前和今后一个时期城市基层团组织建设的重点，努力构建与社会主义市场经济体制相适应的社区团建新的架构和运行机制。这些年，我们一直在关注新经济组织团的建设，1995年团中央专门下发《关于加强新经济组织团的建设的意见》，要求各地抓紧在新经济组织中建立健全团的组织。经过全团上下的共同努力，这项工作取得了积极成效。但是，我们也应当清醒地看到，在各种经济成分并存，特别是“三资”企业大量出现的情况下，完全实现新经济组织建团是不可能的。要解决新经济组织团建覆盖面不够的问题，只有抓社区团建。实践表明，社区团建能够有效弥补由计划经济向市场经济体制转轨过程中出现的团工作的空白地带，扩大社区团组织的覆盖面，增强社区团组织的活力和影响力，达到全面服务社区、服务青少年的目的。抓好社区团建，也就牵住了城镇基层团组织建设的“牛鼻子”。也只有抓好社区团建，社区共青团工作的全面活跃才会获得坚实的组织保障。因此，切实加强社区团建是各级团组织面临的一项重要而紧迫的任务。各级团组织特别是团的领导机关，要把加强社区团建摆上重要位置，从全面活跃共青团工作的战略高度来重视和加强这项工作。

哪里有青年，哪里就要有团组织，这是团组织建设的一项基本要求。社区里集聚了越来越多的青年，社区团建的任务十分紧迫而繁重。抓好社区团建必须按照有利于加强党组织对社区共青团工作的领导、有利于发挥团组织在社区两个文明建设中的积极作用、有利于服务社区青年成长成才的原则，适应所有制的调整完善和现代社会联系多元化的要求，切实按照市场经济体制下青年的分布状况和组合方式建团兴团。当前，加强社区团建应当特别重视以下几个方面：第一，要坚持以党建带团建。各级团组织要积极争取党委政府的领导和支持，自觉地将团组织建设纳入党组织建设规划之中，按照党的要求和社区建设与发展的实际需要，依靠党组织解决好社区团建中遇到的实际问题。第二，要坚持以服务促团建。以服务社区建设和青少年发展为切入点，依托社区服务项目，努力为居民群众和广大青少年提供多种形式的服务，在服务中发展、壮大社区团组织。第三，要坚持加强街道团工委建设。有的地方在社区中建立了多种青年组织联合体，这并非就是实现了社区团建。社区团建要充分发挥街道团工委的核心作用，以建立团组织为目标，不能简单地以松散的联谊组织形式取而代之。要充分发挥街道团工委在社区团工作中的基础和主导作用，建设好社区团组织联谊机构，促进各单位团组织在工作中的横向联合。第四，要建设一支高素质的社区团干部队伍。社区团组织机构是否健全有力，团干部队伍是关键。要重视加强对社区团干部的培养和锻炼，坚持把德才兼备的优秀青年党员和团员选拔到社区团的工作岗位上来。社区团组织要立足社区做好经常性发展团员工作，加强团员的教育和管理，增强广大团员在本职工作和创建“青年文明社区”活动中发挥模范作用的自觉性，积极推荐优秀团员入党。

社区的情况千差万别。社区团建的模式需要探索和研究。近年来，一些城市团组织适应“小政府、大社会”和“两级政府、三级管理”的新的城市管理体制的要求，按照“小机构、多载体、大服务”的思路，对社区团建的模式进行了有益的探索。初步形成了以街道团工委为核心，将社区内各级团组织力量整合起来，成为具有开放性、地域性、充满活力和战斗力的社区团组织网络的这样一种行之有效的新模式。各级团组织要进一步积极探索、创新，及时推广社区团建的成功经验。团的各级领导机关特别是团区(市)委要加强对街道团工委的分类指导和帮助，全面推进社区团组织建设。要巩固和加强街道所属单位现有团的组织；在居委会普遍建立团支部(总支)，积极推广在居委会设立专职青年干事的做法；以物业管理、市场管理部门和社区内有关单位为立足点，大力在居民区、工业区、商业街、集贸市场等功能社区中建立团组织，以社区为依托，采取灵活多样的方式，推动私营企业、港澳台商和外商投资企业的团组织建设和青年工作的开展。社区的团组织，都要努力实行按期换届和民主选举选拔团干部，围绕社区党政中心工作和“青年文明社区”创建开展丰富多彩的活动，不断增强自身活力。

要以街道团工委为核心，联合辖区内不同单位、部门、行业的团组织，建立社区共建组织；或协调辖区内各级各类团组织参与，建立协作型的社区青年工作委员会；在青年集中的地方和行业建立社区青少年活动组织，成立松散联谊型的社区青少年组织，进一步在条件成熟时建立团组织。总之，要与社区的地域性、社会性、开放性相吻合，与社会主义市场经济体制和现代城市管理机制相适应，突破条块分割的壁垒，加强社区内团组织或青年组织的横向联合与协作，不断延伸工作手臂，形成纵向到底、横向到边、跨行业、跨部门、跨组织层次的区域性联合。

（二）以服务项目为主导，全面深化创建“青年文明社区”活动。

创建“青年文明社区”活动，经过全团两年多的探索和实践，很好地贯彻落实了党中央关于加强群众性精神文明建设、创建文明城市和文明社区的精神，带领青年参与社区两个文明建设，发挥了生力军作用，赢得了党政领导的重视支持、人民群众的普遍欢迎和社会各界的广泛参与，引起了较大的社会反响。实践表明，创建“青年文明社区”活动，不仅是共青团带领城市青年为实现党的跨世纪宏伟目标努力奋斗的重要载体，而且是共青团工作实现跨世纪发展不可或缺的重要方面。不久前，中央文明委就进一步深化创建文明城市、文明社区活动作出了重要部署。团十四届二中全会明确把深化创建“青年文明社区”活动纳入了《共青团工作跨世纪发展纲要》。我们要在切实加强城镇社区团建的基础上，全面深化创建“青年文明社区”活动，把党中央的要求和团十四届二中全会的部署在今后一个时期的社区团的工作中切实加以落实，推动创建活动有形化、具体化。

回顾两年多来的创建工作，我们提出的“青年文明社区”的“六个有”、“四个方面”、“三个服务”，仍然具有指导意义。创建“青年文明社区”活动能够开展得扎实有效，呈现出勃勃生机，就是得益于选准了着力点，即服务了党的中心工作，服务了社区的建设与发展，服务了青年的成长成才，服务了人民群众生产生活基本需求。社会在发展，时代在进步，社区团的工作还会遇到更多的新情况新问题。但无论形势如何变化，共青团作为先进青年的群众组织的性质不会变，团组织团结、教育、引导青年的任务不会变，团组织作为联系青年的桥梁和纽带、国家政权的重要社会支柱、青年合法权益的代表等基本职能不会变也不应该变。服务大局，服务社会，服务青年，是共青团永恒的主题。要深化创建“青年文明社区”活动，进一步实现有形化、具体化，就必须一如既往地集中精力，做好“服务”这篇大文章，以服务促建设，以服务促发展，以服务求活跃。

要采取办事业的方式，大力发展社区服务项目，推动社区团的工作朝着事业化方向发展。我们提出创建“青年文明社区”的总体目标，是要建立良好的社区秩序、美化社区环境、完善社区服务、形成和谐的社区人际关系、提高社区青少年素质。要达到这样的目标，就必须抓住服务项目这一具体、有形、有效的载体，通过项目建设构筑起社区共青团服务体系。项目建设要本着党政所急、群众所盼、青年所能的思路和原则，要突出共青团特色，符合青少年特点。目前，我们可以在以下两个方面努力：一方面，要大力发展服务社区的项目，参与、推动社区的建设与发展。要找准位置，突出重点，动员组织青年参与社区事务的民主管理、社区服务、社区文化、社区教育、社区环境、社区社会治安综合治理等，构建起社区团的工作体系。要建立以社区青年志愿者和青年文明号为龙头带动全民参与的社区互助服务网络，建立以丰富社区居民精神文化生活、形成和谐社区人际关系为目标的开放式社区文化教育网络。不断拓展青少年工作新领域，把党的温暖送到人民群众当中，使全社区都能感受到青年的文明，享受到青年的优质、便利服务，增进人民群众对党的感情和对共青团的信赖与支持。让广大青少年在服务社区的实践中更好地了解国情，认识社会，切实提高自身综合素质。另一方面，充分发挥共青团优势，抓好服务青年的项目，为社区青少年成长成才服务。党中央历来高度重视青年一代的成长与发展，要求我们“要把竭诚为青年服务作为共青团工作的出发点和落脚点”。在发展社会主义市场经济条件下，面对社区青年工作对象激增和青年利益需求多元化的实际，尤其需要加大服务青年的力度。要整合社区社会资源，广开服务渠道，通过建立、完善社区青少年科技、法制、文化、教育阵地，开展符合青少年特点、有利于青少年健康成长和全面发展的丰富多彩的活动。建立以“青少年维权岗”、法制教育阵地为主体的共青团维权网络；为社区青少年特别是待业、下岗、孤残、外来务工等特殊群体提供培训、就业、参与、维权服务等。兴建各类青少年事务的服务中介机构，形成覆盖全社区的基层工作协调网络。通过竭诚为社区青年服务，有效增强工作的辐射力、加大覆盖面，增强团组织的凝聚力、战斗力和影响力，为社区团的工作发展奠定稳固的群众基础。要把服务青年健康成长成才的根本利益同服务党的工作大局、服务经济社会发展全局以及共青团事业发展紧密有机结合起来，努力开创共青团服务青年，青年奉献社会、报效党和国家的局面。

三、加强领导，形成合力，把社区团的工作提高到一个新水平

社区团的工作是一项综合性工作，是全团的基础性工作，需要我们集中全团的智慧和力量，做好这篇文章。在这里，我想着重强调几点。

第一，要加强领导。各级团组织特别是团的领导机关要在充分认识社区团的工作基础上，切实把加强社区团的工作、深化创建“青年文明社区”活动作为新时期共青团的一项重要任务，摆上位置，列入重要的议事日程。不但是权益部门同志要抓，分管书记要抓，各级团组织的主要负责人也要把这项工作作为一项全局性的工作，作为一项综合性的工作来抓。各地要继续积极争取党政领导的高度重视和大力支持，把创建“青年文明社区”活动纳入当地城市精神文明建设的总体部署之中。团中央将进一步在全国城镇深入开展创建“青年文明社区”活动，各省级团委要认真研究，制定落实措施，做到工作到位，责任明确，任务落实。各城市要根据团中央和团省、区、市委的部署和要求，一级抓一级，层层抓落实，常抓不懈，抓出成效。

第二，要形成合力。社区团的工作有着很强的区域性、系统性和社会性，内容丰富，任务繁重，需要团组织内部各条战线协调配合，需要动员社区内相关部门的大力支持，需要全社区居民的广泛参与。一是要抓好团内共建。各级团组织和团的各条战线、各个部门要集思广益，群策群力，朝着这一新的生长点着力。城市团委的各个部门要以“青年文明社区”为统揽，围绕创建目标，根据本部门的实际情况，将工作手臂延伸到社区，把项目落实到社区，使青年文明号、大学生社区援助、少先队雏鹰假日活动、外来务工青年培训、青少年维权岗等各条战线的名牌项目在社区实现成功的对接，打破团组织内部的条块分割，形成共建合力，树立共青团在社区的整体形象。二是要抓好社区共建。共青团应该充分发挥自身优势，积极争取党委政府的领导和支持，与民政、城建、工商、综治等相关部门协同配合，条包块管，齐抓共建。要抓住政企分开、企业转换机制带来的有利条件，在设施、场地、人力、才力等方面动员和依靠区域内的各种社会力量，面向社会设计活动，面向社会寻求资源，开展形式多样、内容丰富的共建活动，如厂街共建、校企共建、校街共建、军警民共建、楼院共建等，把“青年文明社区”创建活动社会化，营造一个全社会方方面面齐抓共管，积极参与“青年文明社区”创建工作的良好态势。三是要抓好社区互助。同住一个社区，共创一方文明。团组织进社区，服务项目进社区，并不是简单地摆摊设点，单纯送服务、送文化到社区，而是要充分发动和依靠社区群众，推进社区自我服务，通过共青团组织的率先示范，带动全社区居民的互帮互助、互助互益，激发社区居民参与社区建设的主动性和创造性，形成“社区为人人，人人助社区”的良性循环。

第三，要务求实效。深化创建“青年文明社区”活动重在基层，重在实效。各城市在活动中要多为群众提供便利，办实事，办好事，使社区群众切实感受到活动的实惠和好处。一定不要搞形式主义，搞花架子，走过场。服务项目的兴办一定要符合社区的实际，符合群众的需求，不能是摆设，是盆景，没有可操作性。群众来到了我们的服务站、点，我们就要提供实实在在的服务，不能打折扣。群众有新的服务需求，我们就要想方设法，积极创造条件，兴办新的服务项目。总之，是要通过多种服务项目，真正做到使社区群众满意，使社区青少年受益。只有这样，这项活动才能真正取得实效，才能具有生命力。务求实效还有一个重要的方面，就是要加强机制建设，使这项活动逐步规范化，持久开展下去。

第四，要开拓创新。社区是团的工作的一个新的生长点。社区的管理和服务是一门新科学，有其内在的规律。因此，社区团的工作需要各级团组织潜心研究，积极探索。在以往的街道团工作中，我们创造和积累了一套行之有效的经验，这对于我们加强社区团建和深化创建“青年文明社区”活动都是宝贵的资源和财富。同时我们也应当看到，社区团的工作较之以往街道团的工作，从工作对象到工作内容、工作方法等方面都发生了根本性的变化。如何在继承街道团的工作经验基础上，按照现代城市建设和管理的要求来探索“青年文明社区”创建工作的模式和机制，是当前迫切需要解决的问题。共青团素有开风气之先、勇于实践的优良传统。面对社区团的工作中出现的种种矛盾、挫折和问题，各级团组织一定要发扬开拓进取和探索创新的精神，不畏缩，不气馁，充分发挥主观能动性，善于学习、借鉴国际国内的成功经验，善于因地制宜，探索创建工作的新方法和新模式，不断丰富社区团的工作理论和实践，全面提高社区团的工作水平。

我们这次会议是在世纪之交的重要历史时刻召开的。社区团的工作挑战严峻，机遇难得，前景广阔。让我们高举邓小平理论的伟大旗帜，紧密团结在以江泽民同志为核心的党中央周围，同心同德，团结奋斗，全面推进社区团的工作，以优异的成绩向建国 50 周年和“五四”运动 80 周年献上一份厚礼！为服务改革、发展、稳定大局，实现党的跨世纪宏伟奋斗目标再做新贡献！

巴音朝鲁在纪念全国青联成立 50 周年座谈会上的致词

1999 年 5 月 6 日

在我国各族人民以昂扬的姿态喜迎祖国 50 华诞，阔步迈向新世纪的时候，我们在这里隆重纪念中华全国青年联合会成立 50 周年。这是青联发展史上的一件大事。请允许我代表全国青联第八届委员会，向出席座谈会的党和国家领导人、向历届全国青联的主席、常委和委员以及朋友们、同志们表示衷心的感谢并致以青联事业的崇高敬礼！

半个世纪前，当新中国犹如一轮朝阳喷薄欲出的时候，在党中央和老一辈革命家的亲切关怀和直接领导下，中华全国第一次青年代表大会于 1949 年 5 月 4 日在北京隆重召开。这一全国各族各界青年大团结的会议，宣告了全国青联的成立，揭开了我国青年爱国统一战线事业光辉的一页。

从此，悠悠五十载，漫漫奋斗路，全国青联

作为党领导下的以共青团为核心的各青年团体的联合组织，伴随共和国不断前进的步伐，始终高扬爱国主义、社会主义旗帜，广泛团结和凝聚亿万中华青年儿女，以强烈的报国之志和锐意进取的创新精神，积极投身我国社会主义革命、建设和改革事业的伟大实践，尽心竭力、矢志奋斗，历经磨砺、日臻成熟，绘就了一幅幅壮美的画卷，留下了一串串鲜活的足迹。

在新中国建立前后的那段难忘岁月，广大青年和全国人民一样，心中充满了对新生活的无比喜悦和美好憧憬。全国青联成立后，响应党的号召，适应各族各界青年渴望学习、追求进步、积极投身国家建设的要求，迅速建立起广泛的青年爱国统一战线，运用多种形式积极宣传党和国家的政策法令，进行社会主义思想教育，组织青年学习文化和劳动技能，动员和组织广大青年参加抗美援朝、保家卫国，培养了一大批青年积极分子和各条战线急需的青年人才，激发了青年为国家建设出力的热情，在建立新中国、巩固新政权，恢复国民经济工作中发挥了积极作用。

1957年后，在曲折中艰难前进的全国青联，坚持团结各族各界青年，发挥党联系青年的桥梁和纽带作用，树立了一大批优秀青年典型，广泛开展学雷锋活动，表彰模范，弘扬先进。贯彻国民经济"调整、巩固、充实、提高"的方针，引导青年投身"增产节约运动"，促进生产发展，为国家分忧解难，在探索建设社会主义的实践中做出了应有的贡献。

改革开放和现代化建设给青联事业注入了新的生机和活力，全国青联的工作进入了一个崭新的发展阶段。全国青联围绕党和国家工作大局，唱响"爱国、团结、进步"的主旋律，始终站在改革开放和社会发展的前列，在努力为社会服务、为青年服务的实践中，不断拓展工作领域，壮大青联队伍，调动海内外中华青年的一切积极因素，巩固和发展了广泛的青年爱国统一战线。充分发挥自身特点和优势，开展了大量卓有成效的工作和丰富多彩的活动，为推进建设有中国特色社会主义伟大事业谱写了新的篇章。

青联事业同其他任何事业一样，都是在前人的基础上不断发展的。当我们今天追昔抚今，共话青联光辉历程的时候，我们不能不想起一届又一届青联组织为推动青联事业发展辛勤耕耘、艰苦创业的成就，不能不想起一代又一代青联委员为构建和装点青联这座大厦，呕心沥血、持之以恒的不懈努力，更难以忘记长期以来党和政府以及社会各界、海内外友好团体对青联事业的关怀和支持。在这里，请允许我再次代表八届全国青联，向所有为青联事业发展付出辛勤劳动、做出贡献的同志们、朋友们表示衷心的感谢和崇高的敬意，并由衷地希望继续关心和支持全国青联的工作，使它像一条永不停息的青春长河，在事业的延伸和友情的升华中更加光彩夺目。

回首全国青联半个世纪以来的成长轨迹，透过历史的帷幕审视青联事业发展的规律，我们深深地感到，只有紧紧跟随党领导的实现民族振兴和国家富强的进步事业毫不动摇，青联才能在风雨征程中始终保持正确的方向，扬帆远航；只有高高举起爱国主义、社会主义光辉旗帜，充分体现各族各界青年的报国意愿和人生追求，青联才能形成巨大的感召力，实现最广泛的团结；只有深深植根于广大人民群众创造历史的伟大实践，把真情和才智奉献给人民生产生活的基本需要，青联才能留下坚实的足迹，取得显著成绩；只有切实代表和维护青年权益，为广大青年成长发展提供服务，使青联委员感受到关爱和温暖，青联才能赢得青年的信赖和委员的支持，具有持久的凝聚力和吸引力；只有贴近时代，适应变革，从自身的实际出发，发挥独特作用，青联才能永葆活力、大有作为。这些重要的启示是青联事业的前辈们留给我们的宝贵财富，我们要倍加珍惜。这些启示是迈向21世纪的全国青联实现新的发展所必须始终遵循的原则。

同志们、朋友们：我们已经看到新世纪航船的桅杆。在为全国青联50年的辉煌而自豪的同时，我们深感把一个更加充满生机与活力的青联带入21世纪，职责神圣，任重道远。建设有中国特色社会主义的伟大事业，要求全国青联必须承前启后、继往开来，在团结带领各族各界青年为实现党的跨世纪发展目标而奋斗的征程中，迸发出愤发图强、报效祖国的最强音，创造出无愧于时代的新业绩。

创造无愧于时代的新业绩，我们必须以马列主义、毛泽东思想特别是邓小平理论为指导，坚持党的基本路线不动摇，准确把握青联事业正确的发展方向。要用邓小平理论构筑青年一代的精神支柱，坚定走建设有中国特色社会主义道路的信念。用振兴中华的崇高理想激发青年的爱国热情，引导青年为民族振兴、国家富强和人民幸福贡献青春、智慧和力量。要进一步学习领会江泽民同志去年与团中央新一届领导班子成员和团十四大部分代表座谈时的重要讲话精神，学习领会胡锦涛同志代表党中央、国务院在纪念五四运动80周年大会上所作的重要讲话，认清形势，明确责任，不辱使命，不负众望，在推动我国青年运动不断发展的实践中，积极探索进一步发挥青联作用的新领域、新途径，开创全国青联工作的新局面。

创造无愧于时代的新业绩，我们必须继续高扬爱国主义、社会主义旗帜，进一步巩固和发展各族各界和海内外青年的大团结。要增进各族青年的相互了解与合作，促进民族和睦，推动各民族共同繁荣与进步。要引导青年正确认识社会发展中出现的各种情况和问题，珍惜改革开放20年所取得的来之不易的成果，自觉维护社会政治稳定。要加强同港澳青年社团和各界青年的广泛交流与合作，推动大陆与台湾青年交流活动的进一步活跃，培养血浓于水、休戚与共的同胞情谊，聚中华儿女之合力，为实现祖国繁荣富强和完全统一做出新贡献。

创造无愧于时代的新业绩，我们必须进一步发挥自身独特优势，投身改革开放和社会主义现代化建设事业的伟大实践。要通过"中国十大杰出青年"、"中国青年科学家奖"、"中国青年科技创新创业奖"等评选，在全社会进一步营造青年英才脱颖而出的良好氛围，为广大青年展示才华提供舞台，不断完善育才、聚才、荐才、树才的机制；进一步深化跨世纪青年人才工程。要发挥青联组织密集的人才智力优势，广泛开展中国青年科技创新行动，组织动员广大青年科技工作者积极参与科技创新和科技成果的转化，为促进科技进步、增强青年的科技创新能力、实施科教兴国战略做出不懈努力。

创造无愧于时代的新业绩，我们必须不断加强青联自身建设。要进一步发挥共青团在青联组织中的核心作用，充分调动各团体会员和广大青联委员的积极性。要积极开发社会资源，努力拓展服务社会、服务青年的工作领域，探索社会主义市场经济条件下青联工作社会化的新路子。要通过各种行之有效的活动，进一步增强青联组织的凝聚力和吸引力，实现青联工作的新突破，推动青联事业的不断发展。

创造无愧于时代的新业绩，我们必须以更加开放的姿态，不断加强同世界各国青年组织的交流与合作，增进和世界各国青年的相互了解，扩大共识，与世界各国青年一道促进国际青年事务的健康发展，反对霸权主义和强权政治，推动世界的和平与发展，共同创造人类更加美好的明天。

同志们、朋友们，世纪之交的历史机遇，使我们在青联事业的传承中，有幸肩负起了共铸新辉煌的光荣任务。让我们紧紧携起手来，聚集在爱国主义、社会主义的旗帜下，坚持以邓小平理论为指导，在以江泽民同志为核心的党中央领导下，更加广泛地团结带领各族各界青年，开拓创新，扎实工作，奋发努力，为实现中华民族的伟大复兴做出新的更大的贡献。

巴音朝鲁在'99中国青年科技论坛闭幕式上的讲话

1999年5月19日

历时半个多月的'99中国青年科技论坛，将以总论坛的成功举办而落下帷幕。两天来，在庄重而热烈的气氛中，总论坛先后举行了主题报告会、专题报告会、内地与香港企业家座谈会等一系列丰富多彩的活动，评选出了本次论坛的122篇优秀论文和19个组织奖获奖单位。出席论坛的有关方面专家学者、青年科技工作者、企业管理者和其他领域的优秀青年代表以及来自日本、香港的知名企业家，通过精彩纷呈的演讲和多方面、多层次、多形式的广泛交流与研讨，使我们的总论坛充满了智慧之光，洋溢着青春气息，展示了时代风采，给人启迪，令人鼓舞，催人奋进，取得了丰硕成果。在此，我谨代表主办单位对大家的辛勤劳动表示诚挚的谢意，对优秀论文作者、组织奖获奖单位以及所有出席论坛的同志们、朋友们表示热烈的祝贺！

在论坛即将闭幕之际，我就此次论坛谈几点感受，作为对论坛的总结，供大家参考。

一、论坛取得的主要成果

纵观本次论坛，我们认为，它达到了预期目的，取得了综合性的成果和效益。概括起来，至少表现在四个方面。

1. 在与科技发展相关的一些重要问题上进一步取得了共识

大家一致认为，当代科学技术的飞速发展，越来越深刻地证明了邓小平同志"科学技术是第一生产力"这一论断的科学性、正确性与预见性。我国现代化建设的实践充分表明，经济建设必须依靠科技进步，实施科教兴国战略和可持续发展战略，是国家强盛和民族振兴的必由之路。科技创新已成为当今社会生产力解放和发展的重要基础和标志。我们要跟上世界科技进步的步伐，最重要的是要坚持创新，勇于创新，千方百计地加快知识创新和高新技术产业化。创新的关键在人才，要动员全社会的力量，关注、参与、支持科技创新，创造有利的社会环境和条件，激励高素质人才脱颖而出。这些共识和观念的进一步强化，必将对促进我国科技进步和经济社会发展产生重要作用。

2. 促进了不同领域青年科技工作者的相互了解和沟通，增进了学识和智慧

在论坛举行期间发表演讲的国内外代表，有从事自然科学的，也有从事社会科学的，有从事理论研究的科学家，也有直接把科技成果转化为现实生产力的科技创业者、优秀青年企业家。论坛收到的来自国内外的709篇论文，涉及与科技发展相关的方方面面，其中有许多是具有较高学术价值的论文。这些论文的作者，从自己的专业领域出发，提出了许多具有独创性的见解。各种意见在这里传递、交流，不同学术观点百花齐放，百家争鸣，不同学科门类相互交融，共同提高。论坛多方面的演讲不仅具有科普性质，而且有助于科学家交流学术成果，开拓思路，这种思想的碰撞、甚至交锋对于科学研究有着重要的促进作用。

3. 为实施"科教兴国"战略和推动科技事业发展提出了有益的建议

在论坛中，与会代表对推动科技发展、培养科技人才、加速科技体制改革、建立国家创新体系，实施科教兴国战略和可持续发展战

略，共青团、青联组织如何实施中国青年科技创新行动等方面提出了许多宝贵的意见和建设性建议。有的代表还向论坛反映了青年科技工作者在学习、工作、生活等方面的问题、愿望和要求。这些意见、建议、愿望和要求对促进我国科技事业的发展和我们今后工作的开展都是有益的。我们将在进一步总结的基础上，积极向有关部门反映，争取各方面的支持，共同做好相关工作。

4. 为青年科技工作者健康成长和更好地发挥作用营造了良好的社会氛围

论坛顺应跨世纪发展的要求，引起了社会各界的广泛关注，特别是通过各种媒体的全面报道和宣传，在广大青少年中产生了较大反响，为广大青少年了解21世纪科技发展的趋势，认识科教兴国战略和可持续发展战略的重要性，加深对科技和教育在经济发展和社会进步中地位的认识，强化科技意识，促进尊重知识、尊重人才的社会风尚的形成，起到了积极的推动作用。论坛呼吁全社会关心和支持青年科技人才，积极争取广泛的社会支持，为青年科技工作者多出成果，快出成果，出好成果创造必要的条件。可以预见，通过论坛，将有更多的社会各界人士和广大青年关注科技创新、支持青年科技创新事业，参与到推动国家创新体系建设的行列中来。

二、青年科技人才要更好地肩负起跨世纪的历史重任

这次论坛，是在即将跨入21世纪的时候举办的。不论是有关方面领导，还是各位代表，都谈到20世纪的科技成就和科技对经济社会发展的重要作用，充分肯定了科学家、科技工作者的努力。确实如此，在20世纪中国的发展进程中，特别是在新中国成立以来，广大科技工作者为促进我国的经济发展和社会进步做出了卓越的贡献。我们相信，当代青年科技工作者一定会更好地继承和发扬老一辈科学家的光荣传统，以崭新的时代风貌和奉献、拼搏、创新的精神，肩负起跨世纪的历史重任，为促进我国的经济发展和社会进步做出更大的贡献。在此，我们衷心地祝愿广大青年科技工作者：

——坚定理想信念，立志为国家富强和民族振兴贡献力量。青年科技工作者作为新的生产力的开拓者和发展科技事业的生力军，在实现中华民族的伟大复兴中肩负着光荣而艰巨的历史使命。要承担起这样的光荣使命，不辜负党和人民的重托，广大青年科技工作者一定要深入学习邓小平理论，坚定走建设有中国特色社会主义道路的信念，树立正确的世界观、人生观、价值观，把实现自身价值和服务祖国人民结合起来，立志为国家富强和民族振兴贡献力量。

——增强创新意识，勇攀科学技术高峰。江泽民主席指出："创新是一个民族的灵魂，是国家兴旺发达的不竭动力。"科学技术的发展，社会各项事业的进步，都要依靠创新。青年科技工作者具有良好的创新基础和创新能力，你们在这方面已经起到了良好的表率作用，不少青年科技工作者已经成为高新技术及其产业化的领头人，尤其是在信息技术、生物工程等领域，更是显示出一定的优势。但是，我们仍要清醒地认识到在跨世纪发展过程中，我们任重道远，还需要百尺竿头，更进一步，为振兴我国的科技发展水平做出更加积极的努力。

——加强团结协作，推动科技、经济的高水平整体发展。大家谈到，当代科技的发展使交叉学科、横断学科以及学科之间的相互配合、协作更趋紧密。这就需要科学家之间、科学家与企业家之间进行更广泛深入的联合。目前，我国科研机构之间、科研机构与企业之间的联系已逐步加强，科技与经济结合有新的发展，以企业为主体的技术开发体系和以高校、科研院所为主体的科学研究体系正初步形成。这就更需要青年科技工作者和企业家通力合作，在促进科技成果转化，形成科技与经济结合、产学研结

合等方面共同努力，做出贡献。

三、青年组织要在实施科教兴国的伟大战略中发挥更大作用

当前，科学技术突飞猛进，知识经济迅速兴起，国与国之间的竞争在很大程度上取决于科技发展的水平。实施科教兴国战略和可持续发展战略，需要全体中国人民的共同努力，需要包括共青团、青联组织在内的群众团体的积极参与。共青团中央、全国青联推出的中国青年科技创新行动以及这次举办中国青年科技论坛，都是在做这方面的尝试、探索和努力。通过这次论坛，我们取得了很多有益经验，更加坚定了做好工作的信心。我们不仅要继续把论坛搞好，使它成为一项长期化、制度化活动，而且要继续发挥自身优势，全面推动中国青年科技创新行动，为科教兴国伟大战略的实施，为促进科技、经济发展和社会进步做更多的工作。当前和今后一个时期，中国青年科技创新行动将重点推动以下几个方面工作。

1. 开发青年人力资源，培养青年创新人才

实现跨世纪的宏伟目标，关键是人才，特别是科技人才。江泽民主席指出："培养科技人才，特别是培养青年科技人才的工作一定要抓得很紧很紧，这是关系中华民族未来命运的大战略。"培养和造就大批面向新世纪的青年人才，为青年人才的成长成才服务，是共青团和青联组织的根本任务。我们实施中国青年科技创新行动的一个重要目的就在这里。青年追求创新，是创新实践的积极参与者。我们要通过多种方式和渠道，发现、培养、举荐青年人才，把蕴藏在青年中间的创新精神和潜能充分发挥出来。我们要采用多种形式和手段，为青年人才的创新实践服务，培养他们的创新精神，提高他们的创新能力。我们还要进行多方面的尝试，创造性地开展多种形式的活动，努力为青年科技人才交流最新科技信息、成果，探讨科技发展趋势和施展才华、贡献智慧创造更广阔的空间和舞台。

2. 积极促进人才与项目的多元对接

当前，由于我国市场经济体制还不够完善，人才与项目分离、成果与市场脱节的状况还有待于进一步的改进。促进科技成果转化为现实生产力，推动人才与项目的多元对接，是共青团、青联组织面临的重要工作之一。在这方面，我们拥有广泛联系青年和凝聚优秀青年人才的优势，可以更好地发挥桥梁纽带作用，把青年科技工作者与企业家广泛联系起来，全方位、多层次地推动青年人才与项目的多元对接，促进科技与经济的紧密结合。我们还要十分重视中国青年科技创新行动示范基地的工作，在高新技术企业、大专院校、科研院所中建立一批示范基地，使科技创新示范基地成为积聚项目、吸纳人才的有效载体，并通过示范基地建设探索人才与项目对接的机制。

3. 努力营造良好的创新氛围

中国青年科技创新行动不仅着眼培养青年的创新精神和提高青年的创新能力，而且注重在全社会营造有利于青年创新的良好氛围，倡导热爱科学、尊重知识、尊重人才的社会风尚，为青年科技创新行动奠定更坚实的社会基础。我们要通过各种评选、宣传活动，广泛发现优秀青年人才，宣传青年科学家和青年科技创业带头人的业绩，培养和树立青年科技人才典型，使越来越多的具有时代特征的杰出青年科技人才成为广大青年学习的榜样，在广大青年中形成崇尚知识、勇于创新、艰苦创业的良好风气。我们要通过建立青少年科技教育基地、科普广场，举办科技节、科技论坛等方式，进行多层次、多方面的科技知识学习和传播活动。我们要利用各种现代化传播手段，广泛宣传科技发展成就，大力宣传青年科技创新事业，推动全社会关注和支持青年科技创新行动。我们要积极争取党和政府、社会各界的关心和支持，维护青年科技工作者的合法权益，形成有利于科技创新的工作环境。

各位来宾、同志们、朋友们，我们正处在建

设有中国特色社会主义的伟大时代，祖国的光明前程召唤着我们去创造美好的未来。让我们携起手来，高举邓小平理论伟大旗帜，紧密团结在以江泽民同志为核心的党中央周围，勇于实践，开拓创新，积极投身科教兴国的伟大实践，为实现中华民族的伟大复兴做出更大的贡献！

加强乡镇团委主体地位，带动农村基层整体活跃

——巴音朝鲁在共青团全国农村基层工作现场会上的讲话

1999年7月27日

这次会议的主要任务是，深入贯彻落实《共青团工作跨世纪发展纲要》和今年年初领办科技推广项目现场推进会的部署，重点研究如何按照强乡带村的思路，通过着力加强乡镇团委在共青团农村基层工作中的主体地位，全面推动领办科技推广项目、保护母亲河行动、乡村青年文化节等重点工作的深入落实，带动农村基层整体活跃。开好这次会议，对于全团进一步贯彻党的十五大和十五届三中全会精神，切实以科技、市场、机制为重点，有效服务农村青年增效增收成长成才，逐步形成与建设社会主义新农村相适应的团的农村工作格局，具有十分重要的意义。

近年来，团温岭市委在市委和团浙江省委、团台州市委的正确领导下，积极探索，大胆创新，扎实工作，从着重抓经济强镇、经济强村团的工作，发展到着重抓经济强镇团的工作带动镇村团的工作活跃，再发展到现在全面实施强乡带村，初步走出了一条活跃基层的工作路子。温岭经验值得各地借鉴。

团十四届二中全会明确提出实施强乡带村之后，得到了大家的高度赞同。从半年来的实践看，实施强乡带村，关键在于加强乡镇团委的主体地位。下面，我主要就加强乡镇团委主体地位的问题，代表团中央书记处讲几点意见。

一、推动团的农村工作进一步活跃，必须加强乡镇团委的主体地位

基层组织是团的一切工作的基础。推动团的农村工作进一步活跃，必须坚持不懈地抓好基层建设。改革开放以来，团的领导机关适应形势的变化和要求，采取了一系列加强基层建设的举措，特别是1985年团十一届四中全会提出"工作到支部，全团抓落实"的工作方针，1994年黑龙江望奎会议提出构建农村青年服务体系，1995年开始实施服务万村行动，对于全团形成抓基层的合力，全面落实团的指导思想和工作任务，起到了重要而长远的促进作用。随着改革开放的深入发展和农村经济社会的变革，新情况新事物不断出现，团的农村基层建设又面临许多新的机遇和挑战。这就客观上要求我们进一步增强基层团组织的活力。在深入调查研究的基础上，团中央提出，要紧密结合党建带团建，把实施强乡带村作为今后促进农村基层团的建设的关键措施来抓，这是着眼于适应新的形势，着眼于未来的发展，从整体上活跃农村基层共青团工作的一项重大举措。

实施强乡带村，就是要更加重视新形势下乡镇团委和农村团支部在活跃农村基层团的工作中的地位和作用，通过加强乡镇团委的建设和活动开展，推动农村基层团的工作以乡镇

团委为工作主体，以乡镇团委带动农村团支部，乡村团的工作一体化发展。简单地说，强乡带村就是要加强乡镇团委主体地位，带动农村基层整体活跃。

加强乡镇团委主体地位是实施强乡带村的中心环节。乡镇团委的主体地位，从根本上讲，是在我国农村经济社会深刻变革的推动下形成的，并将随着农村改革和建设的深入发展而不断得以强化。按照团章规定，农村基层团组织有两级，一级是乡镇团委，另一级是农村团支部（团总支），其中农村团支部既包括传统意义上的行政村、自然村团支部，又包括农村学校、农村社区、乡镇企业、农业产业等各类团支部。在传统的计划经济体制和生产力水平条件下，农民对村的依附性很强，村寨一般是绝大多数农民从事社会经济活动的主要场所，村团支部与最大多数农村团员青年联系最直接最密切，自然成为农村基层团的工作主体，各项活动以村团支部为主来开展。所以我们过去经常讲，“修好区乡断头路，各项工作到支部”，把村团支部作为开展工作的基本点，乡镇团委在当时更多的还只是上传下达的一条渠道，还只是基层的“机关”。

改革开放之后，农村经济和社会发生了翻天覆地的变化，乡镇的地位和作用日益突出。农业向专业化、市场化、现代化的转变，必然推动乡镇的区域经济功能显著增强，乡镇越来越成为工农相互渗透、城乡相互融合的主要联结点。农村产业结构的变动，工业化的发展，必然推动农村城镇化进程，使得农村的人口、资源、工业及其他非农产业向乡镇集中，乡镇基础设施和服务机构大量增加，乡镇的集聚功能和组织功能大大增强，对周围的辐射带动作用越来越大。乡镇特别是小城镇，越来越成为我国农村的政治、经济、文化中心，越来越成为农民新的社会经济活动中心和交往中心。这是一种必然的社会历史进程，是我国农村经济社会进步的重要标志。在这样的条件下，农村青年的职业分化大大加速，社会交往大大增强，他们的思想观念、价值取向、行为方式由封闭而开放，由依附而自主，由单一而多样，发生了深刻的变化。这就使得，农村青年的生产生活需求，现在要在更广阔的空间得以满足；村团支部最直接联系最大多数农村团员青年的传统功能，现在要由村团支部和农村学校、农村社区、乡镇企业、农业产业等各类农村团支部和乡镇团委来共同承担。农村基层团的工作主体，正在由村逐步上升到乡镇。尽管在全国各地发展程度上有所差别，但这种总的趋势都是一样的。把握不住这种大趋势，团的农村工作特别是基层工作，就要“失察”、“失策”，难以真正适应经济社会的变革，推动工作跨世纪发展。

当然，加强乡镇团委的主体地位并不意味着要强此弱彼、“强乡”“弱村”。行政村团支部与其他类型的农村团支部一样，必须在团员发展、团员管理、团员教育、团的活动等方面，发挥重要的不可替代的基础作用。而且，行政村团支部作为村级组织的重要组成部分，始终在以党支部为核心的村级组织配套建设中占有重要位置，应当在村级物质文明、精神文明和民主法制建设中更好地发挥作用。实施强乡带村只是强调，“强乡”才能“强村”，切实把乡镇团委建设好，对大面积活跃农村团支部，从整体上活跃农村基层团工作，具有关键性的作用。只有逐步加强乡镇团委的主体地位和作用，才能在新形势下更加有效地激活各类农村团支部，不断扩大工作覆盖面，从而带动农村基层团的工作整体活跃。

在建设社会主义新农村的进程中，共青团要切实履行自身各项职能，充分发挥广大青年的生力军作用。乡镇团委在其中责无旁贷、责任重大，要努力成为团组织在农村基层履行职能、发挥作用的主体，尤其是直接面向团员青年开展活动和激活农村各类团支部的工作主体。

（一）加强乡镇团委主体地位，核心是加强班子建设

没有一个坚强有力的领导班子，乡镇团委的主体地位就失去了存在的基本前提，更谈不上不断加强。加强乡镇团委主体地位，核心就是要以领导班子建设为突破口，把乡镇团委建设成具有凝聚力和战斗力的坚强集体，以带动整个农村基层团建。

一要选好用好团委书记。相当一部分乡镇团委书记长期“专职不专用”甚至“团不管团”，是一些地方乡镇团委班子形同虚设、乡村团组织软弱涣散、农村团员大量流失的直接原因。团县委要加强对乡镇团委书记的协管，积极推动有关方面不拘一格选人才，把真正有热情、有能力、团员青年信任、有培养前途的优秀青年党团员选配到乡镇团委书记的岗位上来。努力落实党员乡镇团委书记列席乡镇党委会议，积极推荐乡镇团委书记进乡镇领导班子或按乡镇副职对待。乡镇团委书记不是专职的，应配备专职副书记，以保证每个乡镇团委至少有一名专职干部，并能够以主要时间和精力从事团的工作。

二要充分发挥团委班子领导集体的作用。乡镇团委不能只有团委书记“光杆司令”一个人在发挥作用，甚至部分发挥作用，长期处于“拆了机器用零件”的被动状况。要切实落实好团章规定，推动乡镇团委和农村团支部按期集中统一换届和民主选举，努力使乡镇团委班子建设形成规范的机制，使加强乡镇团委建设的过程，成为带动和促进农村基层团建的过程。重视从党团员青年星火带头人中培养和选拔农村团支部书记，从农村团员特别是农村团支部书记中培养和选拔乡镇团委成员。要切实加强乡镇团干部的思想作风建设和对他们的培养锻炼。从根本上讲，农村基层团建取决于团员青年的主动参与。因此，加强和扩大基层团内民主，特别是广泛推动民主选举，对于加强乡镇团委班子建设，带动农村基层团建，可以说“牵一发而动全身”，尤其应当引起我们的重视。

（二）加强乡镇团委主体地位，关键是增强服务能力

乡镇团委是否处在农村基层团工作中的主体地位，主要看其在服务青年和带领青年服务大局两个方面，能否发挥主要和主体的作用。只有竭诚服务青年，才能联系吸引青年，团结影响青年，进而教育青年、带领青年；只有更好地服务青年，才能更好地服务大局；只有亲自组织、直接服务，才能把服务大局、服务青年落到实处，才能为用“机器”而不是用“零件”、“专职专用”创造更好的条件，使自己真正具有实际上的主体地位。因此，加强乡镇团委主体地位，关键要适应农村青年日益增长的致富成才需求，增强乡镇团委服务青年的能力，在服务青年和服务大局方面真正有所作为、有大作为。

通过建立健全农业社会化服务体系，推动农业向产业化、市场化、现代化发展，是由农业生产的特征、农业生产力水平和我国现阶段以家庭承包经营为基础的农村经济体制决定的。乡镇团委应以领办科技推广项目为切入点，围绕科技和农产品市场这两个方面努力提高服务能力。这是团组织既服务农业和农村经济发展，又服务农村青年的最佳结合点，应当成为新形势下活跃团的农村工作特别是农村基层工作的基本途径。

农民的进步就是农村的进步，也只有农民的进步才能有农村的进步，没有“现代化”的农民就没有“现代化”的农业和农村。大力开展文明健康、积极向上的乡村文化活动，对于促进农民观念和行为的现代化具有积极的促进作用。乡镇团委要立足农民群众特别是农村青年的文化需求，把乡村文化活动作为服务的重要领域，以乡村青年文化节为抓手推动经常性的乡村青年文化活动，广泛开展丰富多彩、健康有益的文体娱乐活动。

自觉地服务人民、奉献社会，是加强农村社会主义精神文明建设对农村青年提出的要求。乡镇团委要充分发挥团员青年“开风气之先”的积极作用。尽力为有困难的群众提供援助，积极参与乡村环境保护和环境治理。大力倡导文明健康科学的生活方式，破除陈规陋习，反对封建迷信。

（三）加强乡镇团委主体地位，基础是加强阵地建设

在农村青年就业领域和类型日益分散、实际需求丰富多样的情况下，团组织依托阵地服务青年、开展活动，进而吸引凝聚青年越来越重要。因此，加强乡镇团委主体地位，还要着眼长远，采取多种方式，尽快创建、完善包括乡镇青少年活动阵地、培训基地、经费基地在内的各种团的阵地，努力实现农村基层团的工作和青少年事业可持续发展。

要积极争取党政的重视支持，力争将阵地建设纳入乡镇经济社会发展的总体规划，同时广泛调动社会资源，吸纳多方力量，从实际出发，采取新建、改建、扩建、共建等多种办法，灵活多样地创建阵地。经济比较发达的地区，尤其要抓住加快发展小城镇这一重要机遇，以乡镇青年科技图书站为重点，积极兴建一批功能更加齐全的乡镇青少年活动阵地。要围绕当前青少年的需求，充分依托阵地设计开展青少年喜闻乐见、健康向上的活动，用好阵地。要按照市场经济规律管好阵地，努力拓展功能，完善机制，使阵地在运用过程中能够建立起自我发展、自我壮大的良性发展机制。

三、团的领导机关要采取得力措施，努力促进乡镇团委主体地位的逐步形成

群众工作是我们党的一个光荣传统和政治优势。从一定意义上说，群众工作的显示器就是基层工作。“基础不牢，地动山摇”。群众工作的成败得失，系于基层工作。共青团是党的助手和后备军、国家政权的重要社会支柱、党和政府联系青年群众的桥梁和纽带。团的工作是党的群众工作的重要组成部分。因此，乡镇团委和农村团支部作为团的农村基层组织，肩负着直接联系广大农村青年的职责，其工作好坏，不仅直接关系团的工作全局，而且直接关系党的群众工作。各级团的领导机关一定要从为党做好新形势下的青年工作，为党的事业教育、团结和带领好青年的高度，以加强乡镇团委主体地位为中心环节，坚持不懈地推进团的农村基层建设。

要积极创新领导方式。一定的领导方式总是一定的客观现实的产物。在发展社会主义市场经济的条件下，行为主体的自主性大大增强，团的领导机关实现对下级组织和团员青年的领导，已经不能单纯用发号召、下指示，一级一级分任务、定指标、提要求的方式，而应强化服务意识，更多地运用示范带动、服务促动、事业联动的方式，推动团的领导方式从一般号召、行政推动为主向一般号召、行政推动与服务帮助、示范引导相结合转变。我们实施强乡带村，在研究工作时，首先要论证清楚基层特别是乡镇团委到底能不能干起来，农村团员青年到底能不能参与进来；在推进工作时，还要精心设计好示范性强、牵动力大的工作载体，便利乡镇团委和农村团员青年参与工作的实施。要大力拓展社会化工作手段，延伸工作手臂，直接服务乡村团组织、团员青年特别是乡镇团委，着力为乡镇团委加强主体地位创造条件，提供支持。要想方设法办实事，求实效，把“服务”转化为看得见、摸得着的具体事情。

要切实改进思想作风。团干部特别是领导机关的团干部，是加强乡镇团委主体地位的决策者和组织者，其思想素质、精神状态、工作作风如何，在很大程度上决定着这项工作能否适应挑战，抓住机遇，带动农村基层整体活跃。总的看，从事农村工作的团干部是思想解放、朝气蓬勃、勤奋工作、锐意进取的。这是主流，要充分肯定。同时必须看到，要把这项工作顺

利地向前推进，我们的思想作风还要有进一步的改进，努力倡导和实践服务青年、艰苦奋斗、求真务实、开拓创新的精神。就加强乡镇团委主体地位来说，我们尤其要牢固树立服务青年、服务基层的观念，并切实转化为实际行动；尤其要深入实际、深入基层调查研究，动脑筋，想问题，努力使思想认识和工作决策符合客观实际。

要进一步明确工作责任。加强乡镇团委主体地位，实施强乡带村，关键在于乡镇团委和农村团支部激发内在活力，“自强自带”，工作一体化发展。乡镇团委要勇担重任，行动起来，积极争创“五四红旗团委”。团县委承担着为加强乡镇团委主体地位创造必要条件、优化外部环境、抓好工作落实的主要责任，团县委书记是“第一责任人”。要争取党委的重视和支持，将乡镇团委建设纳入本地乡镇组织建设的总体规划，统筹安排，配套进行，以乡镇党委建设带动乡镇团委建设，努力使乡镇团委建设与整个乡镇组织建设同时部署，同步开展，统一检查验收。县以上团的各级领导机关抓农村基层团的建设，服务农村基层，也要着眼于加强乡镇团委的主体地位，实施强乡带村。要积极争取党政有关部门落实和出台相关政策规定，继续帮助基层解决干部配备、工作报酬、经费来源和阵地建设等方面存在的实际问题。要定点联系一批乡镇团委，深入基层，培植典型，加强调查研究和具体指导。

同志们，农业、农村和农民问题始终是关系我国改革开放和现代化建设全局的重大问题，全团对团的农村工作一贯高度重视。团十四大召开一年来，团的农村工作特别是青农工作在继承中大胆创新，在创新中不断发展，取得了新的成绩，呈现良好发展势头。这次会议，是推动团的农村工作特别是农村基层工作的又一次重要会议。让我们高举邓小平理论伟大旗帜，更加紧密地团结在以江泽民同志为核心的党中央周围，深入贯彻党的十五大和十五届三中全会精神，解放思想，振奋精神，扎实工作，积极创新，努力开创团的农村基层工作新局面，团结引导广大青年为建设有中国特色社会主义新农村做出更大贡献。

巴音朝鲁在“保护母亲河工程”首批全国重点资助项目建设协议签字仪式上的讲话

1999年9月21日

在中华人民共和国成立50周年之际，我们在庄严的人民大会堂隆重举行“保护母亲河工程”首批全国重点资助项目建设协议签字仪式，这不仅标志着“保护母亲河行动”进入了重点实施阶段，而且是以实际行动迎接共和国50华诞的一项重要举措。为此，我代表团中央、全国绿委、全国人大环资委、水利部、国家林业局、中国青基会，对青海龙羊峡等八个全国重点资助项目规划顺利通过终审表示热烈的祝贺！向参与全国重点工程项目考察论证并发挥了重要作用的各位专家，向积极宣传“保护母亲河行动”的新闻界朋友，向踊跃捐款和参与“保护母亲河行动”的社会各界表示衷心的感谢！

“保护母亲河工程”是“保护母亲河行动”的核心和关键。首批八个全国重点资助项目作为“保护母亲河工程”的开局项目和示范工程,直接关系着“保护母亲河行动”的长远发展,各有关方面都应该高度重视,各司其职,舍得花大力气,敢于排除万难,确保把这些关系“保护母亲河行动”前途和命运的工程真正建设好。

要建设好“保护母亲河工程”,首先必须充分认识其重要性。“保护母亲河行动”作为一项社会公益活动,其主要目的在于通过社会化运作、工程化建设、项目化管理的方式,保护和改善我们赖以生存的生态环境;在于开辟一条全新的公众参与生态环境建设的有效途径,探索和实践一种生态环境建设的新机制、新模式。这些目的能否变为现实,从一定程度上讲,成在工程,败也在工程。只有实实在在地建设出一批生态工程精品和样板,形成具体有形的建设成果,才能真正凝聚青少年,影响全社会,动员各方面力量,形成强大的合力,有力地服务和推动国家的生态环境建设。也只有通过一项项、一批批工程建设的探索和实践,才会真正形成生态环境建设按规律和规则办事的新的机制和模式,从而使“保护母亲河行动”这项公益事业能够越做越大、健康持久发展。因此可以说,工程建设是“保护母亲河行动”全部内容的重中之重,首批八个全国重点资助项目尤其重要,只能成功,不能失败。

要建设好“保护母亲河工程”,必须确立科学的态度和务实的作风。“保护母亲河工程”是“保护母亲河行动”中的一件大事、难事,具有很强的探索性和挑战性,没有可资借鉴的成熟经验。要把其建设好,仅凭热情和干劲是不够的,必须坚持从实际出发,确保按生态规律办事,注重工程实效。全国“保护母亲河行动”领导小组制定了《“保护母亲河工程”实施暂行办法》,并起草了今天签订的资助建设协议,以求在吸收和总结以往工程项目建设经验的同时,把“保护母亲河工程”首批全国重点资助项目建设成为生态示范工程。

在实施首批全国重点资助项目的过程中,有关方面要认真贯彻落实《“保护母亲河工程”实施暂行办法》和今天签订的协议。在确保严格执行“申报审批立项制”、“项目法人制”、“资助资金报账式支付制”、“工程监察制”、“产权预先确认制”等五项制度的基础上,各地可从实际出发,因地制宜,积极学习和运用先进的科学管理技术,大胆实践和探索,确保项目成果,为形成“保护母亲河工程”科学的建设机制而努力。全国和省级保护母亲河行动领导小组也要将工程建设摆上重要位置,通力合作,特别是在资助资金等方面提供切实保障的同时,充分发挥各级专家组的作用,实行全程跟踪指导和帮助,确保按规划要求建设好各个重点工程项目。

要建设好“保护母亲河工程”,必须主动接受社会公众尤其是捐助者的监督。“保护母亲河行动”是一项公益活动,只有及时向社会展示建设成果,才能吸引和带动更多的社会公众参与国家生态环境建设;只有主动接受社会尤其是捐助者的广泛监督,才能保证工程项目建设的健康发展。主动自觉地接受社会各方面的监督,不仅是工程建设的需要,也是“保护母亲河行动”保持和增强生命力、影响力的关键所在。尽管我们确立了项目监察制,由各级领导小组和项目法人组织专家定期不定期对项目实施情况进行检查,以确保工程质量和资金正确使用,但这还不够,还必须主动接受社会监督。对此,全国领导小组将在采取适当方式定期向社会通报全国重点项目建设情况的同时,适时邀请捐助者代表和新闻界的朋友对工程项目作现场检查和指导。不论是项目法人,还是工程建设的其他有关方面,都要虚心自觉地接受社会各界特别是捐助者的监督和检查,用高质量的工程项目成果来回报社会。

要建设好“保护母亲河工程”,必须抓住有

利时机。建设生态工程项目,有一个季节和时机问题,特别是生物措施,错过了一个季节就等于延误了一年时间。每年的春季是建设"保护母亲河工程"的最好季节,每年的秋冬是做好来年工程建设各项准备工作的有利时机,我们千万不能错过。现在,秋冬即将来临。今天的签字仪式吹响了"保护母亲河工程"建设的号角,我们要尽快行动起来,特别是各项目法人,要采取有效措施,动员组织各方面力量,积极做好秋季造林、补苗和冬季整地、引水、育苗等基础工作,为明年的工程建设做好充分准备。

"保护母亲河行动"是荫及子孙、造福万代的大型社会公益事业,让我们在江泽民总书记"再造秀美山川"指示精神的鼓舞下,齐心协力实施好全国重点工程项目,为建设美好生态环境、再造锦绣中华而不懈奋斗!

巴音朝鲁在共青团十四届三中全会上的总结讲话

1999 年 12 月 14 日

我们这次全会是在深入贯彻党的十五大和党的十五届三中、四中全会以及中央经济工作会议精神的形势下召开的,也是在全面落实团十四大提出的各项任务、深入实施《共青团工作跨世纪发展纲要》的情况下召开的。在这次全会上,大家认真学习了党中央书记处关于做好明年团的工作的重要指示,听取和讨论了周强同志代表团中央书记处所作的《研究新情况,创造新业绩,以新的姿态迈入 21 世纪》的重要讲话,审议并通过了《共青团中央关于在新形势下加强和改进青年思想政治工作的若干意见》和《关于大力推进中国青年科技创新行动,为全面实施科教兴国战略做贡献的决定》。通过各位委员的共同努力,我们的会议取得了圆满的成功。受书记处的委托,我就全会作一总结。

一、关于会议的主要收获

第一,认真学习了党中央书记处的重要指示,特别是胡锦涛同志的重要讲话,大家统一了思想,增强了信心。大家一致认为,党中央非常重视团的工作,胡锦涛同志的重要讲话充分体现了以江泽民同志为核心的党中央对共青团工作的高度重视和对青年一代健康成长的殷切关怀。大家认为,党中央书记处对团十四大以来团的工作给予了充分肯定,是对各级团组织和团干部的极大鼓舞和鞭策。大家感到,胡锦涛同志的重要讲话对共青团明年工作提出的要求和希望,非常切合实际,非常具体明确,具有很强的现实针对性和长远指导意义,特别是要求共青团尽早谋划跨世纪的共青团工作和青年工作,更具有战略意义。大家表示,一定不辜负党中央的信任和厚望,以强烈的责任感和使命感,把党中央的指示精神贯彻到团的各项工作之中,把广大团员青年的思想和行动统一到党中央的决策和部署上来,团结带领广大团员青年满怀信心地迈入 21 世纪。

第二,深入研究了新形势下共青团工作面临的新情况、新问题。在社会主义市场经济条件下,经济成分和利益主体多样化、社会生活方式多样化、社会组织形式多样化、就业岗位和就业方式多样化日趋明显,新情况新问题不断涌现。在这种形势下,江泽民总书记向全党提出了切实做好新时期群众工作的要求。如何按照党中央的要求、江泽民总书记的指示精神，切实为党做好新时期的青年群众工作，是摆在全团面前的一个重要课题。要做好这项工作，要求我们必须深入研究和分析共青团的工作环境和工作对象，把握时代发展的趋势，了解青年的变化和特点，使我们的工作更加符合要求，更加贴近青年群众。针对这一课题，大家认真学习了党的十五届四中全会、中央经济工作会议和党中央的重要指示精神，结合周强同志的讲话进行了热烈的讨论。大家普遍认为，周强同志的讲话深刻地分析了世纪之交共青团工作所面临的机遇挑战，准确地把握了当代青年的变化和特点，从推动共青团工作实现跨世纪发展的高度分析了形势，研究了情况，对于指导和推进当前和今后一个时期的共青团工作具有十分重要的意义。

通过研究新情况、新问题，大家清醒地认识到，世纪之交，人类社会正发生着重大而深刻的变化。在我国，改革开放以来，特别是在建立社会主义市场经济体制进程中，经济社会生活也发生了深刻的变化。这些变化对共青团工作的外部环境、工作内容和工作对象产生了广泛而深刻的影响。只有不断地加强研究，认清形势，明了情况，把握规律，才能在新形势下为党做好青年群众工作，也才能在实现党的跨世纪宏伟目标的进程中揭开共青团工作新的一页。

第三，更加明确了当前和今后一个时期共青团工作的努力方向。大家一致认为，通过分析形势、研究情况，对当前和今后一个时期共青团工作的努力方向有了更清楚的认识和更全面的理解。概括大家的意见，主要体现在以下三个方面。

1. 做好新时期的青年工作，无论什么时候都必须主动地去研究新情况、新问题。伴随经济社会生活的不断变化，青年也在变化发展之中。如果不经常去研究时代和青年的变化，不把握发展趋势和变化特点，我们的工作就会落后于时代，落后于青年，就谈不上贴近青年，更谈不上教育引导青年、团结凝聚青年，就不能很好地完成党交给我们的任务。

2. 我们的工作必须根据变化了的形势和变化了的青年，不断增强工作的针对性，提高工作的实效性。我们不是为了研究情况而研究情况，而是为了使我们的工作更加符合党政的要求，更加符合经济社会发展变化的需求，更加符合青年的需求，更好地服务大局和服务青年。这次会议通过的《共青团中央关于在新形势下加强和改进青年思想政治工作的若干意见》，是我们按照党中央的要求，根据青年的变化和特点，探索和加强新时期青年思想政治工作的一个体现；通过的《共青团中央关于大力推进中国青年科技创新行动，为全面实施科教兴国战略做贡献的决定》，是我们根据党政工作大局的要求，把握青年发展的需求，在服务大局和服务青年中寻求工作新的发展的一个体现。

3. 面对新的形势和新的变化，我们必须切实加强自身建设。有的委员把这项工作形象地称之为练好“内功”。形势在发展，情况在变化，如果我们不增强自身的适应力，不提高自身的素质，要想为党做好新时期的青年工作只能是一句空话。只要扎扎实实地抓好团干部队伍建设，在提高共青团自身的适应能力和发展能力上下功夫，才是做好新形势下共青团工作和青年工作的根本保证。

二、对 1999 年工作的简要总结

即将过去的 1999 年是极不平凡的一年，大事多，喜事多，突发事件多。在以江泽民同志为核心的党中央的领导和亲切关怀下，经过全团的共同努力，我们打了几场硬仗，同时扎扎实实地推进了团的重点工作，共青团工作取得了新的发展。

第一，引导广大团员青年同以美国为首的北约、李洪志及其“法轮功”、李登辉的“两国论”进行了坚决的斗争。这三项斗争都是始料未及的。我国驻南使馆被炸以后，全团按照江泽民总书记在欢迎我驻南工作人员大会上的重要讲话、胡锦涛同志重要电视讲话精神和党中央的统一部署，引导广大团员青年，特别是青年学生抗议以美国为首的北约暴行，充分表达了中国青年强烈的民族义愤和维护国家主权、民族尊严的爱国热情。同时引导团员青年把满腔义愤化为成才报国、振兴中华的强大动力，维护了社会稳定。在开展揭批“法轮功”的专项斗争和教育活动中，全团始终按照中央的要求，认真学习有关文件，开展马克思主义唯物论、无神论教育和讲科学、反迷信宣传活动，区分不同层次，做深入细致耐心的说服教育工作，严格掌握政策界限，教育大多数，解脱大多数，同时做好组织处理和纪律处分工作。这项斗争已取得决定性胜利。在反对李登辉“两国论”的斗争中全国青联和地方各级青联对李登辉的“两国论”进行了强烈谴责，表明了全国广大青年坚定不移地拥护江泽民主席八项主张，坚决反对任何形式的分裂活动的鲜明态度和实现祖国统一、民族复兴的强烈愿望。

第二，成功地举办了一系列纪念教育活动。在去年的团十四届二中全会上，我们提出要使1999年成为青年的邓小平理论教育年，成为青年的爱国主义教育年。今年，围绕这一主题，利用重大活动多这一有利契机，开展了一系列纪念教育活动，取得了很好的效果。全团围绕五四运动80周年、国庆50周年、全国青联成立50周年、少先队建队50周年和迎澳门回归祖国，开展了形式多样的主题教育活动，特别是基层团组织的活动丰富多彩，使广大团员青年普遍接受了一次深刻、生动的邓小平理论教育和爱国主义教育。

第三，重点工作顺利启动并不断发展。按照《共青团工作跨世纪发展纲要》的要求，启动实施了一批重点工作。围绕可持续发展战略，我们推出了“保护母亲河”行动，得到了社会的大力支持和广大青少年的积极参与。围绕科技兴国战略，实施了中国青少年新世纪读书计划和中国青年科技创新行动，对推动青少年学习新知识新技能、提高青少年创新意识和创新能力起到了积极作用。围绕促进国有企业改革和发展，我们开展了青工创新创效活动，为企业的技术创新、营销创新和服务创新做出了贡献。为了加强团的基层组织建设，开展了创建“五四红旗团委”活动，取得了显著成效。与此同时，其他重点工作也不断向前发展。

第四，“三讲”教育达到了预期目的。作为全国开展“三讲”教育的7家试点单位之一，团中央书记处严格按照党中央的部署和要求，以高度的政治责任心、足够的领导精力和良好的精神状态积极开展“三讲”教育，圆满完成了党中央交给的“三讲”教育试点任务。同时，团中央机关、直属单位和多数省级团委领导班子的“三讲”教育也顺利完成。通过“三讲”教育，团的领导干部接受了一次深刻的党性党风教育，经受了一次严格的党内生活锻炼，切实加强了团的领导班子建设和团干部思想作风建设。

在今年繁重的工作中，各级团组织和团干部表现出了强烈的政治意识和大局观念，体现了扎实的工作作风和务实态度，显示了良好的精神状态和开拓创新精神。特别需要强调的是，通过一年来的工作，使我们进一步认识到，以重大活动和重要事件为契机，开展对青少年的教育引导工作，是加强和改进青少年思想政治教育的十分有效的手段。共青团的优势主要在于政治优势和动员组织优势，在新的形势下，如何进一步发挥好这些优势，是我们各级团干部特别是团的领导干部要认真思考的问题。我们不仅要充分利用一些重大活动和重要事件来教育引导青年，而且要积极寻找和开发一些重要活动和重要工作项目，扩大我们的工作在社会上和青年中的影响，把更多的青年吸引过来、凝聚起来，把更多的青年团结在党的周围。

三、关于2000年工作的安排和要求

2000年是世纪之交的一年，也是完成“九

五”计划和本世纪末重要奋斗目标的最后一年。就共青团而言,2000年是全面实施《共青团工作跨世纪发展纲要》,着力深化团的重点工作的关键一年。因此,研究明年工作计划,确定明年工作安排,要牢牢把握两个基本特点。一是要突出新世纪这个主题。世纪交替,经济社会生活处在急剧的变化发展之中,这意味着共青团工作面临难得的发展机遇,同时也意味着将会遇到许多新情况新问题。全团特别是团的领导干部要有强烈的机遇意识,要面向新世纪,适应新形势,研究新情况,总结新经验,探索新方法,解决新问题,推动共青团工作实现新的发展。二是要进一步突出工作重点。从大局来看,明年我国改革、发展、稳定的任务十分繁重。同时,随着改革开放和社会主义市场经济的发展,青年的需求日益多样,青年的变化不断加快。要做好共青团明年的工作,必须紧紧围绕大局,紧紧围绕青年需求变化,找准位置,突出重点,推进各项工作的深化和发展。关于明年工作安排,《共青团中央2000年工作要点》已作了明确规定,提出了具体要求。各级团组织要坚决按照团中央的统一部署,结合本地实际情况,抓好落实,抓好深化。这里,我就明年重点要抓的几方面工作谈一些具体意见。

(一)要切实加强青少年思想政治教育。对青少年进行思想政治教育,是党对共青团的要求,也是共青团的传统和优势。在新形势下,加强青少年思想政治教育有着特殊重要的意义。各级团组织要认真学习贯彻《中共中央关于加强和改进思想政治工作的若干意见》,按照《共青团中央关于在新形势下加强和改进青年思想政治工作的若干意见》的要求,紧密结合新的历史条件,采取有力措施,切实加强青少年思想政治教育。重点要抓好三方面工作。

1.注重联系青年和青年工作的实际,进一步加强邓小平理论的学习。要认真实施《关于在全团深入学习邓小平理论的意见》,把学习邓小平理论与树立崇高理想结合起来,与坚定信念结合起来,与贯彻落实党的十五大精神结合起来。要以团干部和青年学生为重点,通过加强培训、开展交流、社会实践、典型示范等方式,培养学习邓小平理论骨干,带动广大团员青年学习邓小平理论。明年团中央将与中宣部、教育部联合召开全国青年学习邓小平理论经验交流会,总结交流党的十五大以来全国青年学习邓小平理论的经验和做法,推动青年学理论活动的深入发展。

2.抓住有利契机,依托教育阵地,进一步加强对青少年的爱国主义、集体主义、社会主义和艰苦创业精神教育。要注重加强形势教育,引导团员青年认清我国改革开放和现代化建设所面临的国际国内形势,把认识统一到中央关于当前形势的分析判断,以及由此确定的任务和方针政策上来。要着重加强国情教育,从社会主义初级阶段和基本国情教育入手,紧密联系近100年来中华民族不屈不挠的奋斗史,紧密联系新中国50年特别是改革开放20年的奋斗历程和辉煌成就,抓住迎接澳门回归祖国、迎接新世纪到来的有利时机,开展主题教育活动,进一步激发广大团员青年的爱国热情,增强他们的民族自豪感和民族自信心,引导他们艰苦创业,发愤图强。

3.针对青少年实际和特点,结合服务青少年成长发展,积极探索新形势下青少年思想政治工作的方法。要认真研究新形势下青少年思想政治工作的特点和规律,积极开辟新途径,探索新办法。要充分发挥团属新闻媒体的作用,增强宣传教育的吸引力、感染力和说服力,加强网上宣传力度,用科学理论和科学思想占领青少年思想文化阵地;要充分发挥青年志愿者、希望工程、手拉手、青年文明号、“三下乡”、青年文明社区、乡村青年文化节等活动的载体作用,帮助青少年提高思想道德和科学文化素质;要加强青少年文化工作,积极推动青少年宫、青少年活动中心、农村青年文化站等文化阵地建设，发挥它们在思想教育中的作用；要用具有鲜明时代特征的青少年典型鼓舞和激励广大青少年，在青少年中形成崇尚先进、学习先进、争当先进的良好氛围。

（二）要着力深化重点工作。《共青团工作跨世纪发展纲要》的要求，团的各项工作已经启动实施，并有了一个好的开局。在新的一年里，要使团的工作进一步深化发展，关键是要找准工作着力点，明确推进方向。

1. 要围绕党政工作大局来深化重点工作。明年，我们要紧紧围绕服务国有企业改革和发展、实施科教兴国战略和可持续发展战略、服务西部大开发、参与社区建设等方面来深化重点工作，力求在服务大局方面做出新的贡献。一是要广泛开展青年创新创效活动。重点是结合产业结构调整，以市场为导向，以技术创新为重点，组织引导青工立足岗位，大力开发新产品，应用新工艺，推广新技术，促进产品升级换代，培育新的经济增长点。二是要大力实施中国青年科技创新行动。以联结科研成果与市场、实现人才与项目对接为重点，积极实施“金桥计划”，通过开展中介服务和信息服务，促进科技成果的商品化、产业化。三是要深入推进保护母亲河行动。重点是建立健全公众广泛参与机制和搞好重点工程的建设，8个重点工程要抓一个成一个，同时发挥好重点工程示范作用，带动各地保护母亲河植树造林建设。四是要进一步深化创建青年文明社区活动。以发展社区项目为重点，组织青少年开展社区服务，努力将创建活动纳入城市文明建设的整体规划，探索建立青少年参与社区服务和社区建设的有效机制。

需要强调的是，西部大开发是党中央总揽全局、面向新世纪作出的重大战略决策，也是明年经济工作的一个重点。因此，我们要围绕西部大开发和扶贫攻坚工作，广泛开展服务活动。要广泛组织青年科技人才服务西部开发，实施“百名博士西部行”活动。要以西部地区为重点开展大中专学生科技、文化、卫生“三下乡”活动。要深化青年志愿者扶贫接力计划，不断扩大扶贫范围和规模。要加强对少数民族和贫困地区团干部的培训。

2. 要围绕提高青少年素质来深化重点工作。提高青少年素质，培养“四有”新人，是共青团的根本任务，我们的各项工作特别是重点工作都要围绕促进青少年素质提高来推进和深化。一是要大力实施青少年新世纪读书计划。重点是通过开展多种形式的主题读书活动和成立读书俱乐部、设立新书推荐榜、开设读书论坛等，营造青少年读书学习的氛围，引导青少年读书、读好书，使读书计划成为对青少年进行思想教育和科学知识普及的重要载体。二是要进一步深化青年岗位能手活动。重点是围绕提高青工素质，加强青工业务技术和劳动技能培训，开展好导师带徒、岗位练兵、技术比武等活动。三是要实施好新世纪青年农民科技培训工程试点工作。重点是通过建立各类青年科技培训基地和青年星火培训基地，以中青科技致富网、中青农业高科技示范园为依托，加强对农村青年的实用科技培训，带动农村青年掌握实用先进技术，提高科技素质。四是要深化大中学生素质拓展计划和中国少年雏鹰行动。要通过开展职业阅历拓展、18岁成人仪式教育和形式多样的校园文化活动，帮助大中学生提高综合素质；通过开展实践教育活动，引导广大少年儿童按照“自学、自理、自护、自强、自律”的要求，不断健康成长。

3. 要围绕服务青少年成长发展来深化重点工作。竭诚为青年服务是共青团工作的出发点和落脚点。做好服务青少年成长发展的工作，要抓住维护权益和促进就业这两个重要环节。一是要深化创建优秀青少年维权岗活动。重点是通过运用法律服务、舆论支持、维权咨询、社会救助等方式，优化青少年成长的社会环境，为青少年提供帮助。二是要大力推进下岗青工再就业行动。重点是帮助下岗青年增强自谋职业、自主择业、自强创业的自觉性和能力。

需要指出的是，在改革开放和发展社会主义市场经济条件下，我们还要进一步做好服务有特殊困难青年群体的工作。要深入了解和把握下岗青工、待业青年、进城务工青年、生活上有困难的学生等青年群体的思想动态和实际情况，有针对性地做好教育和服务工作。积极为未成年人、残疾青少年等青少年中的弱势群体提供帮助。

（三）要大力加强团的自身建设。适应新的形势，做好团的各项工作，关键在于搞好团的自身建设。要坚持党建带团建的原则，坚持以服务促发展、以服务求活跃的方针，大力抓好团的建设，进一步增强新时期团组织的吸引力、凝聚力和战斗力。

1. 要巩固“三讲”教育成果，切实加强团的领导班子建设和团干部思想作风建设。要针对“三讲”教育中查找出来的问题，采取有力措施，切实加以解决和改进。要进一步健全和完善中心组理论学习制度，建立健全班子议事规则和民主生活会制度。认真搞好团地市委班子的“三讲”教育。要继续贯彻《关于加强团干部思想作风建设的意见》，教育团干部牢固树立共产主义远大理想，坚定走建设有中国特色社会主义道路的信念，自觉与以江泽民同志为核心的党中央保持高度一致，增强服务青年的意识，切实为青年办实事、办好事，培养求实务实、艰苦奋斗的作风。

2. 要坚持党建带团建，加强和改进团的基层组织建设。党建带团建是团的建设的重要原则，也是推进团的建设的重要手段。明年，团中央将与中组部联合召开全国基层党建带团建工作会议，进一步研究党建带团建的工作思路和具体做法。各级团组织要抓住这一有利契机，认真贯彻会议精神，积极争取地方党委的支持和有关政策的保障，形成党建带团建的良好工作氛围。团的基层组织建设，明年要重点做好三个方面的工作。一是深入开展创建五四红旗团委活动。二是继续抓好团建创新试点工作。三是积极做好推荐优秀团员入党和发展团员的工作。

这里，我还要强调一点。明年，全国青联、全国学联、全国少工委都将召开换届大会。这是全团的大事，也是全国各族各界青年、学生、少先队员的大事，对于推动青联、学联、少先队事业的跨世纪发展有着十分重要的意义。我们一定要以高度的责任感和使命感，充分做好换届准备工作，圆满完成换届任务。

我们明年的工作任务和工作思路已经明确，关键是抓落实、抓深化。在此，我提三点要求。

第一，讲大局，讲协作。讲大局，就是要把握党政工作的大局，把握时代发展趋势；就是要有高的境界，有高的姿态，树立全团一盘棋的思想，不拘泥于短期得失，不局限于部门利益，善于从整体上考虑问题，善于在大局中寻找定位；就是要把全团的思想统一到为实现党的跨世纪宏伟目标而奋斗上来，统一到实施《共青团工作跨世纪发展纲要》所规划的重点工作上来。讲协作，就是要着眼于发挥共青团的整体优势，进一步增强整体意识，加强沟通协调，形成推动工作发展的合力；就是要相互补台，彼此配合，跳出本地区、本部门、本战线的小圈子，增强合作意识，共同做好共青团工作这篇大文章，为党做好青年工作。

第二，抓重点，抓关键。这是近年来我们形成的一条有效推进共青团工作的基本经验。抓重点，就是要在分析形势、明确任务的基础上，突出工作重点，合理摆布工作，把握好轻重缓急，集中全团力量推进重点项目，创出名牌效应。抓关键，就是要善于抓住问题的本质和主要矛盾，也就是要抓住牵动全局的关键环节。抓关键可以起到牵一发而动全身的作用，可以达到事半功倍的效果。明年的工作头绪繁多，哪些是重点，哪些是关键环节，要根据各地、各部门的实际情况，做到有所为有所不为，发挥优势,有所侧重。

第三,求深化,求实效。求深化,就是要着眼于活动的质量提高,着眼于工作的长期发展,在加强机制建设上作文章,在拓展工作领域上下功夫。目前,我们的许多重点工作已经全面实施,产生了初步的效果,关键是要深化。要把工作目标放在机制建设、质量提高上,这样才能真正使一项工作长期健康地发展。求实效,就是要讲实干,办实事。我们的工作不能仅仅停留在一般号召上,而要深入基层,深入青年,加强调查研究,了解真实情况,下苦功夫,下硬功夫,下真功夫,狠抓落实。在任何时候,干任何事情,一定要讲求一个实字。求深化、求实效不仅是一种工作方法,更是一种工作作风。我们开展的工作和活动一定要真正落实到基层,深入到青年,让青年受益,让基层满意。要把是否在基层发挥了扎扎实实的作用,是否在青年身上产生了实实在在的效果,作为检验一项工作是否成功的标准,作为检验我们团干部工作作风是否踏实的尺度。

同志们,2000 年即将到来,让我们在邓小平理论和党的十五大精神指引下,在以江泽民同志为核心的党中央的坚强领导下,团结拼搏,开拓进取,以优异的成绩迎接新的世纪。

巴音朝鲁在全国青联八届六次常委(扩大)会议上的工作报告

2000 年 1 月 8 日

本次会议是八届全国青联任期内最后一次常委会。会议的主要任务是:进一步认真学习、贯彻党的十五届三中、四中全会和中央经济工作会议精神,总结过去一年的工作,研究部署今年的任务,审议召开全国青联九届一次全委会的有关决议。现在,我受主席会议委托,向常委会作工作报告,请予审议。

过去一年工作的简要回顾

对于我们国家和青联事业的发展来说,1999 年是极不平凡的一年,大事多、喜事多、突发事件多。过去的一年,全国青联坚持用邓小平理论指导全部工作,以重大历史纪念活动为契机,在广大青年中大力开展爱国主义教育;旗帜鲜明地引导广大青年参与三次大的政治斗争,服务大局、维护稳定;全面启动中国青年科技创新行动,动员广大青年积极参与科教兴国的伟大实践;积极引导青联委员在回报社会和服务人民的实践中自觉奉献,增长才干;深入开展青年典型评选表彰活动,不断完善人才举荐、选拔、培养机制;进一步巩固民族团结,扩大与港澳台及世界各国青年的交往,促进祖国统一,青联事业出现了蓬勃发展的新局面。

一、以重大历史纪念活动为契机,大力开展爱国主义教育

爱国主义是中华民族蓬勃发展的精神支柱,是青联组织凝聚、团结各族各界青年的鲜明旗帜。青联组织正是高举这面旗帜,在半个世纪的发展历程中形成了强大的凝聚力和感召力,结成了广泛、牢固的爱国统一战线。去年,我们喜逢祖国 50 华诞、五四运动 80 周年、全国青联成立 50 周年、澳门回归祖国等重大节日和事件,为我们广泛开展爱国主义教育,进一步增强民族凝聚力,坚定开创祖国美好未

来的信心提供了良好机遇。

5月4日，团中央、全国青联与中宣部等部委联合举办“青春之歌”纪念五四运动80周年大型文艺晚会，江泽民、李鹏、朱镕基、李瑞环、胡锦涛、李岚清等党和国家领导人与首都各界青年共同欢庆青年的节日，4000多名工人、农民、解放军、少数民族、教师、学生代表和文艺工作者参加了演出。晚会主题鲜明，气氛热烈，盛况空前。演出结束后，江泽民总书记发表了激动人心的讲话，在全社会引起了强烈反响。五四前后我们还举办了当代中国青年书画展等活动，通过不同形式的纪念活动，弘扬时代精神，展示青春风采。

澳门回归祖国是继香港回归以后中华民族的又一盛事，是我们实现祖国完全统一进程中又一重要里程碑。全国各级青联组织开展了许多形式多样、内容丰富的迎回归活动。在澳门回归倒计时100天时，团中央、全国青联联合有关部委在天安门广场成功举办了“中国心”大型音乐会。音乐会以强大的演出阵容，恢宏的现场气势和内涵丰富的节目组合，表达了中华青年对喜迎澳门回归、向往祖国统一、实现民族振兴的共同愿望和坚定信心。同时，也开创了在天安门广场举办大型广场音乐会的先例。回归倒计时40天时，根据中央领导同志的指示，我们又组派了300人的庞大演出团赴澳门演出，受到澳门各界的普遍欢迎和高度评价。

5月6日，为纪念全国青联成立50周年，我们在人民大会堂隆重举行座谈会，胡锦涛、李岚清、曾庆红等党和国家领导人与历届全国青联常委、委员代表及各界优秀青年代表300多人亲切座谈。李岚清副总理代表党中央、国务院发表了重要讲话。讲话高度评价了半个世纪以来，全国青联在党的领导下，高举爱国主义、社会主义旗帜，紧紧围绕党在各个历史时期的中心任务，广泛团结各族各界青年，在社会主义革命、建设和改革事业中发挥的重要作用，深刻总结了青联事业发展的历史经验和基本规律，进一步指明了青联事业的发展方向。

配合全国青联成立50周年纪念活动，我们编辑出版了《迈向新世纪的全国青联》大型画册，用丰富翔实的历史资料，全面、系统地记录了青联组织不断发展壮大的历程。

上述活动层次高、内涵深、规模大、影响深远，进一步增强了广大青年的民族自豪感和历史责任感，激励各族各界青年将炽热的爱国之情化成脚踏实地的报国之行，投身到改革开放和现代化建设的伟大事业中来，同时也充分展示了青联组织源于爱国主义的强大凝聚力和青联委员的良好精神风貌。

二、旗帜鲜明地组织、引导广大青年参与三次大的政治斗争，积极维护社会稳定

去年，全国青联按照党中央的统一部署，旗帜鲜明地组织、引导广大青年参与了三项大的政治斗争。

5月8日凌晨，我驻南使馆遭到野蛮袭击，各级青联组织和青联委员纷纷以各种形式强烈抗议以美国为首的北约暴行，坚决拥护、完全支持我国政府的严正声明和所采取的一切行动。同时，各级青联、学联组织在党和政府的统一领导下，组织、引导广大青年特别是青年学生依法举行声势浩大的抗议活动，充分表达了中国青年强烈的民族义愤和维护国家主权、民族尊严的爱国热情。

4月以来，全国青联先后两次召开各界青年座谈会，认真学习、贯彻党中央和江泽民总书记关于处理和解决“法轮功”问题的一系列重要指示精神，深入揭批李洪志及其“法轮功”组织的邪教本质，发动各级青联组织发挥人才智力优势，通过开展传播科学思想，反对封建迷信的各种活动，用科学思想和科学知识武装青年，与一切违背科学的歪理邪说作坚决的斗争，引导各级青联委员发挥表率作用，带头大力弘扬科学精神，破除封建迷信，维护社会稳定。

7月以来，李登辉抛出的“两国论”引起了全国亿万青年的强烈愤慨和坚决反对。全国青联和地方各级青联对李登辉分裂祖国的言行进行了强烈谴责，表明了全国广大青年坚定不移地拥护江泽民总书记推动两岸关系发展、促进祖国和平统一的八项主张，坚持一个中国的原则，坚决反对任何形式分裂活动的鲜明态度和实现祖国统一、民族复兴的强烈愿望。

实践证明，青联作为我国各族各界青年广泛的爱国统一战线组织，不仅是党联系、团结青年的桥梁和纽带，更是同敌对势力、分裂分子和反科学的邪教组织作坚决斗争的重要力量。青联组织也正是以这样的实际行动一次次履行着党和人民赋予的团结、凝聚青年的光荣职责，一次次地代表和反映着各界青年的意愿和心声，赢得了牢固的发展基础。

三、动员广大青年在回报社会和服务人民的实践中自觉奉献、增长才干

一年来，全国各级青联组织继续开展形式丰富、内容充实的“三下乡”活动。年初，我们组织中国青年志愿者服务团赴山西灵丘和安徽凤阳，开展科技扶贫、慰问演出、医疗义诊、师资培训等内容的志愿服务，送去了党和政府的关心和温暖。参加志愿服务的同志大多是各级青联委员，他们不畏严寒，不怕艰苦，不计报酬，深入街头巷尾、田间地头为当地群众服务，受到了地方党政部门和干部群众的热烈欢迎。

为贯彻落实中央关于支援西藏的指示精神，在西藏民主改革40周年之际，全国青联与有关方面联合主办了援助西藏希望工程书画展活动，收到全国各地义捐作品400多件，并分别在北京和拉萨展出。活动期间，团中央、全国青联向西藏希望工程捐款100万元。

委员们还通过不同途径参与各种社会公益活动，奉献爱心。去年在“迎接中国女足凯旋庆功会”、“中科院成立50周年纪念大会”、“青年创新创效活动现场会”等活动中都得到了委员们的大力支持和积极参与。许多科技界委员积极参加了各种地方举办的专业性报告会和科普等活动。

此外，我们把全国青联委员为抗洪救灾捐助的56万余元个人捐款用于湖北、湖南、广西三省区受灾情况最严重的地区，援建的3所“全国青联希望小学”均已落成，为灾区学生重返校园尽了全国青联委员们的一份力量。

青联组织正是通过这样一件件实实在在的工作，密切了党和人民群众之间的联系，拉近了青联工作与社会需要之间的距离。我们的青联委员也是在这样一次次为人民服务的过程中进一步了解了社会，受到了教育，增长了才干。在为大局服务、为社会解难的实践中，青联也赢得了更多青年的信赖和更多委员的支持。

四、全面启动中国青年科技创新行动，积极为科教兴国战略的实施做贡献

为引导广大青年投身科技创新实践，为科教兴国战略的实施做贡献，去年年初，我们启动实施了中国青年科技创新行动。中国青年科技创新行动是共青团、青联组织发挥自身优势，服务科教兴国战略的重大举措，是广大青年，尤其是青年科技工作者参与科技创新实践的重要途径。一年来，行动取得了初步成果。

成功举办了’99中国青年科技论坛。来自全国各地的青年科技工作者，高技术产业的企业管理者和其他领域的杰出青年代表及特邀前来的日本、香港国际知名企业家，围绕“青年·创新·新世纪”的主题进行了广泛、深入的交流与研讨。此次论坛在上海、陕西等8个省市设立了分论坛。在此影响和带动下，去年共有26个省级单位也先后举办了青年科技论坛。

组织海内外青年材料博士服务团、留日学人归国服务团、第二批博士服务团开展科技服务活动，促进青年科技人才与项目的对接，加强科技与经济的结合。建立和命名了首批103家全国青少年科技创新示范基地和教育基地，为创新行动提供了阵地依托。

顺利完成了中国青年科技工作者协会的换届工作。会员数量增加、质量提高、结构优化。协会还创办了中国青年科技信息网，承办多项活动，表现出蓬勃的活力和良好的前景。

通过这些工作的开展，中国青年科技创新行动已经在社会上形成了一定影响，为行动的继续深化打下了良好的基础。实践证明，青联组织只要发挥自身优势，充分挖掘蕴藏在各级青联委员和广大青年中巨大的创新潜力，广泛动员各方面的力量，就一定能够为广大青年和各级青联委员施展才华、报效祖国找到一条有效的途径，推动青联事业不断向前发展。

五、深入开展评选"中国十大杰出青年"等青年典型评选表彰活动，不断完善青年人才的举荐、选拔和培养机制

在不断总结经验，进一步完善评选机制的基础上，开展了第十届"中国十大杰出青年"评选活动。本届评选确立了面向第一线、突出代表性的选拔原则，进一步规范推报环节，提出对人选进行直接考查的要求，确保了人选质量，评选出的10名青年典型在社会上得到了广泛的认同。同时，通过举办由中央电视台录播的颁奖典礼、"十杰"青年上网交流、事迹报告会和大学生见面会等活动，广泛宣传了"十杰"青年的艰苦创业精神和感人事迹，在广大青年中引起了强烈的反响。

联合科技部等部委共同主办了第三届"中国杰出（优秀）青年科技创业奖"评选活动，扩大授奖范围，更加突出科技创新的主题；开展第二次全国各族青年团结进步模范集体和模范个人表彰活动，评选出模范集体40个，模范个人160名，激励更多的青年投身民族团结进步事业；继续推进"少数民族地区青年人才培养计划"，组织44名优秀少数民族青年干部到经济发达地区挂职锻炼，帮助他们转变观念，开阔眼界，增强才干。联合外交部等部委开展了首届"中国杰出（优秀）青年外事工作者"评选活动，评出了60位工作在第一线，为我国外事工作做出突出贡献的优秀青年。

在做好典型的评选和表彰工作的同时，我们更加注重了对典型的跟踪服务和管理。在"中国十大杰出青年"评选活动开展10周年之际，团中央、全国青联召开历届"十杰"青年代表座谈会，激励"十杰"青年以荣誉为动力，永远走在时代前列，继续努力拼搏，不断创造新业绩，成为广大青年的学习榜样。

实践证明，只有不断完善评选机制，为杰出青年人才的继续发展提供切实的服务，我们的典型评选工作才能得以进一步深化，青年典型也才能以荣誉为动力，在新的起点上再创辉煌，实现更大的发展。

六、继续扩大与港澳台及世界各国青年的交往，不断加强自身建设，促进青联组织健康发展

在"一国两制"方针的指引下，全国青联围绕着保持香港的长期繁荣稳定、促进澳门的顺利回归和推动海峡两岸关系发展，与港澳台青年开展了多领域、多层次的交流。成功协调组织了香港教育工作者联会组织的650名中学生到祖国内地开展的第二届"爱我中华、建树香江——香港青少年公民教育教学系列活动"；联合香港、澳门、台湾的青年商会总会共同在香港成功举办了以高新技术和科技成果产业化为主题的第三届"海峡两岸暨港澳地区青年企业家研讨会"，促进了两岸四地青年的深入交流。

青年外事在服务党政外交和服务青年工作方面取得了重要成果。圆满完成了根据江泽民主席访日期间达成的关于加强中日青年交流的框架合作计划来访的"百名日本青年代表团"的接待工作，与联合国有关机构举办了中国联合国青年主题小组会议暨青年发展国际磋商会。以全国学联名义加入了国际业余科技发明协会,为解决我加入多边国际青年组织中存在的台湾问题提供了经验和启示。

青联组织在不断适应时代发展需要的过程中进一步加强自身建设。针对“十杰”青年评选机制、青年科技创新事业发展、少数民族青年干部“培养计划”、青年社团状况等方面进行专题调研,使我们的工作更加适应实际需要和时代发展潮流。召开青年民族工作会议,落实中央民族工作会议精神,确定今后一段时期青年民族工作的总体思路。总结工作经验,加强统筹规划,进一步落实《对台青少年交流三年规划》,对今后对台青少年交流工作做了较为具体的部署。通过举行在京委员会议暨活动日,积极联络委员,加强委员间的横向联系,听取委员对青联工作的建议。《中华儿女》杂志作为全国青联的机关刊,日益受到广大青年的欢迎。继续做好《全国青联通讯》的编辑工作,使之成为反映青联工作的阵地,沟通青联委员间的桥梁。

过去一年,我们之所以取得这些新的成绩,是党和政府热情关怀和社会各界大力支持的结果,是各会员团体和各界别工作委员会通力协作和积极配合的结果。特别是一年来,广大青联委员怀着对青联事业的满腔热忱,在积极参与青联各项工作的过程中自觉奉献,在各自工作领域里扎实奋斗,勇创佳绩,为铸造青联事业的大厦添砖加瓦。青联委员的不断进步,推动了青联事业的蓬勃发展,青联事业的蓬勃发展又为青联委员的进一步成长提供了广阔的舞台。

新一年的主要工作

历史已掀开新的一页,富有重大意义的2000年已经到来。新的一年处在世纪之交的重要时刻,科学技术突飞猛进、知识经济迅速兴起,以人才和科技为中心的国际竞争日益激烈,全球经济一体化进程不断加快,一个充满机遇和挑战的时代正呈现在我们面前。

新的一年是我国改革开放和现代化建设的关键时期。实现“九五”计划和国有企业三年解困任务面临攻坚阶段,特别是西部大开发战略的实施,将进一步促进区域经济协调发展和国家的全面繁荣。中国加入世界贸易组织凸现希望,中国经济将进一步融入国际大循环中。

新的一年又是青联事业承前启后、继往开来的一年。在走过了50年光辉历程后,全国青联将迎来九届一次全委会。九届全国青联肩负着把一个充满活力的青联事业带入21世纪,实现新的辉煌的历史重任。可以肯定,2000年将以其崭新的发展载入青联事业的史册。

2000全国青联工作的指导思想是,在邓小平理论的指引下,高举爱国主义和社会主义伟大旗帜,坚持为大局服务、为社会服务、为青年服务、为委员服务的工作方针,以动员广大青年和各级青联委员大力实施中国青年科技创新行动,积极参与西部大开发,认真搞好全国青联换届工作为重点,团结带领全国各族各界青年努力开拓,锐意创新,推动青联事业的发展跃上一个新台阶,以丰硕的成绩迎接21世纪的到来。关于今年的工作,全国青联秘书处已草拟了一个安排意见,请大家审议。下面,我就今年和今后一段时期青联的重点工作谈几点意见。

一、坚持以邓小平理论为指导,保持正确的方向,努力推进青联事业蓬勃、健康发展

邓小平理论是建设有中国特色社会主义伟大事业的指导思想。青联事业是建设有中国特色社会主义伟大事业的一部分,青联事业要取得新的发展,要在改革开放和社会主义现代化建设的伟大实践中做出新的贡献,就要坚定不移地坚持以邓小平理论为指导。

坚持以邓小平理论为指导,就是要保持青联事业正确的发展方向,自觉服从服务大局,

更好地引导青年为改革和发展多做贡献。马列主义、毛泽东思想和邓小平理论是指导整个社会主义事业的强大思想武器，也对青联事业具有重要指导意义。在当代中国，只有马克思主义与当代中国实践、时代特征结合起来的邓小平理论，才能解决社会主义发展的前途和命运问题，才能为青联工作指明前进的方向。要坚持用邓小平理论指导青联的全部工作，在服务大局，引导广大青年投身改革开放和现代化建设的伟大历史进程中，找准位置，发挥优势，奋发有为。

坚持以邓小平理论为指导，就是要明确当代青年肩负的历史责任，为实现中华民族的共同理想而奋斗。实现中华民族的伟大复兴，是包括港澳台同胞和海外侨胞在内的全体中华儿女的共同理想，是包括各族各界青年在内的全国人民的根本利益所在。邓小平理论描绘了中华民族全面振兴的美好蓝图，科学地提出了改革开放和现代化建设三步走发展战略。我们要用邓小平理论构筑当代青年的精神支柱，不断增强他们的责任感、使命感和奋发成才的自觉性，使他们树立正确的人生观、世界观，把个人的追求融入民族振兴的共同事业，在为祖国繁荣富强而奋斗的实践中建功立业。

二、充分发挥青联组织优势，大力推进中国青年科技创新行动，积极参与西部大开发，努力为科教兴国战略的实施做贡献

青联组织在长期的发展实践中，形成了自身的优势。它是优秀青年人才的集合体，蕴藏着极大的创新热情和创新能力，具有丰富的人才智力优势；联系不同界别、不同地域，从事不同专业的青年俊才，具有广泛联系的优势；积极响应党的号召，自觉服务大局、报效祖国、奉献社会、回馈人民。青联组织的这些优势决定着我们完全能够在科教兴国的伟大实践中大有作为。

实施中国青年科技创新行动，就要在广大青年中广泛开展科技创新实践活动，培养创新精神，提高创新素质和能力，营造崇尚科学、鼓励创新的良好社会氛围，促进大批适应新世纪发展需要的青年科技人才脱颖而出，推动科技成果的商品化、产业化，为全面实施科教兴国战略做贡献。在中国青年科技创新行动中，要从自身特点出发，积极实施“金桥计划”，架起人才与项目对接的桥梁，为不同领域、不同层次青年科技工作者的创新实践提供服务，引导和帮助他们积极参与经济建设，促进科研与产业的紧密结合。

实施西部大开发战略，是党中央为实现我国经济社会的协调发展，最终达到全体人民共同富裕的重大决策，对于保持国民经济持续快速健康发展，实现我国现代化建设第三步战略目标，具有重大的现实意义和深远的历史意义。各级青联组织要通过开展“百名博士西部行”、东西互助、科技下乡等活动，为西部地区的经济发展提供人才智力支持、技术信息服务和进行项目交流合作；通过开展保护母亲河行动，进一步动员广大青年和社会力量开展植树造林活动，治理水土流失，为保护和改善西部地区的生态环境做贡献；通过大力推进少数民族团干部挂职锻炼的“培养计划”，努力开发西部地区青年人力资源，进一步激励西部地区青年扎根西部，建设家乡，为西部大开发贡献智慧才能。青联委员是各行各业青年的优秀代表，要通过各种途径和方式积极参与西部大开发，为西部地区经济建设服务，为实现党的跨世纪发展目标做出应有的贡献。

三、以全国青联换届为契机，进一步振奋精神，开拓进取，推动青联事业再创辉煌

八届全国青联伴随着改革开放的不断深入，已经走过了四个春秋。四年多来，在党中央的领导下，通过广大青联委员和青联工作者的共同努力，青联事业取得了长足的发展。我们认真贯彻落实党的十五大精神，确立了以邓小平理论为指导，充分发挥自身优势，努力服务党和政府工作大局的指导思想；围绕科教兴国建功业，团结爱国促统一的主题，开展了大量卓有成效的工作和丰富多彩的活动，形成了一批得到社会普遍认同的活动项目，进一步扩大了青联的影响力和凝聚力；以改革的精神，大力推进青联组织的自身建设，积极探索青联事业发展的新途径。

在世纪之交召开的全国青联九届一次全委会将认真总结八届全国青联的工作，制订全国青联今后五年的工作方针和任务，选举新一届领导班子。通过换届，我们要进一步激发广大青年热爱祖国、报效祖国的热情，立足本职岗位建功立业；进一步增强当代青年的历史责任感和奋发成才的自觉性，使之努力成为堪当新世纪重任的合格人才；进一步吸纳在改革开放和社会主义现代化建设实践中涌现出来的优秀青年人才，永葆青联组织的生机与活力；进一步把握机遇，探索新途径，大力推进青联组织的自身建设。希望各省级青联和会员团体积极协助全国青联做好文件的起草和委员、常委的协商、确定等工作，以对党、对青联事业高度负责的态度，共同把大会开好。

在做好换届大会筹备工作的同时，我们还将举办"中华龙腾"海内外青年汇长城、2000中国青年科技论坛、青年典型评选等活动，进一步烘托青联事业蓬勃发展的良好氛围，展示人才辈出的时代风貌，以实际行动迎接全国青联九届一次全委会的胜利召开。

四、竭诚为委员成长发展和报效祖国服务，把青联组织建设成一个温暖、和睦的大家庭

青联委员是青联组织赖以生存的基础。离开了青联委员，青联组织就成了无源之水，无本之木。所以，为委员服务是青联工作最基本的职能。

为委员服务，就是要为广大青年尤其是青联委员的脱颖而出营造环境、创造条件。要通过不同方式，尽可能地帮助委员在本专业领域早出成果，崭露头角；要通过多种渠道，积极向有关方面举荐委员到更重要的岗位上经受锻炼，不断成长；要通过为委员创造出国或到港澳台地区研修、考察、交流的机会，使之及时接触现代文明的最新成果，培养国际眼光；要通过开发建立全国青联网，利用现代传媒加强委员间的联系和对委员的宣传，扩大青联的影响；要通过加强界别工作委员会的工作和"青联之友"联谊会的建设，推动交流与合作。

为委员服务，就是要为他们施展才华、报效祖国搭建舞台。近年来，我们开展了青年科技论坛、"三下乡"志愿服务、博士生服务团、留学人员为国服务计划等活动，为委员深入社会生活，服务经济建设提供了有效途径，得到广大青联委员的积极参与和社会各界的普遍好评。我们要进一步总结这方面工作的经验，加大实施力度，将这类活动继续深入开展下去。这次常委会结束后，我们将组织"百名博士西部行"活动，用一年左右的时间组织百名博士直接参与西部大开发。第一批参加活动的59名来自海内外的青年博士将在陕西开展政策咨询、信息交流、项目合作等内容的活动。

为委员服务，就是要努力把青联建成一个积极向上、温暖和睦的大家庭。交流是青联组织的特色，情感是青联委员相互交流的纽带。我们要和各位委员共同努力，把青联建成一个温暖和睦的大家庭，使委员们在这个大家庭里，能够尽情畅谈人生的体验，倾诉创业的艰辛，分享成功的喜悦，使委员们能够像兄弟姐妹般地相互鼓励、相互支持、相互帮助，让青联这面旗帜在友情的传递和升华中更加光彩夺目。

各位常委、同志们，青联是一个充满生机与活力的组织，青联事业是一项青春的事业，她的旺盛生命力在于源源不断地更替和传接。正是由于青联组织这一特点和青联事业发展需要，年中换届时又将有一批常委和委员，不再担任青联的职务，将蕴含着自己深厚感情的接力棒交给更年轻的朋友。历史将忠实地记载他们在开创青联事业的道路上，留下的一串串坚实的足迹和一座座友谊的丰碑。大家虽然将要离开战斗多年的青联集体，但青联永远是你们的家！

千年的钟声已经敲响，让我们携起手来，更加紧密地团结在以江泽民同志为核心的党中央周围，在邓小平理论的指引下，高举爱国主义、社会主义旗帜，同心同德，奋发图强，为青联事业的不断发展，实现党的跨世纪宏伟目标而不懈努力！

元旦刚刚过去，春节即将来临。在此辞旧迎新之际，我谨向各位常委、委员、广大青联工作者和各族各界青年致以节日的问候，祝大家新年家庭幸福，合家欢乐，万事如意！

巴音朝鲁在全国“保护母亲河行动”电视电话会上的讲话

2000年1月18日

刚才，崔波同志代表全国“保护母亲河行动”领导小组就1999年“保护母亲河行动”进行了总结，对2000年工作做了具体安排。几位主办单位的领导同志分别发表了重要讲话，希望各地团组织认真学习和领会，切实抓好贯彻落实。五位地方的代表介绍本地的做法和经验，值得各地学习借鉴。

1999年是“保护母亲河行动”初战告捷、硕果累累的一年。作为一项以保护和改善生态环境为目的的大型社会公益活动，“保护母亲河行动”一开始就形成了良好的发展势头和广泛的社会影响，得到了社会各界的普遍认可。一年来的实践表明，“保护母亲河行动”顺应了社会发展趋势，反映了广大人民群众保护和改善生态环境的热切愿望，服务了党和政府加强生态环境建设的大局，已经成为一条社会公众参与生态环境建设的新途径，正在成为一种对青少年进行思想教育，特别是生态环境教育新的有效载体。这些成绩的取得，与各级党委、政府的关心和支持密不可分，是共青团、绿委、人大环资委、水利、环保、林业以及青基会共同协作、努力奋斗的结果。为此，我代表团中央书记处向关心支持共青团事业的各级党政领导表示衷心的感谢，向积极投身于“保护母亲河行动”的广大青少年和社会各界人士致以诚挚的问候。

2000年是新千年的开始。新的时代、新的希望、新的奋斗，给“保护母亲河行动”带来了难得的发展机遇。各级共青团组织在新的一年里一定要进一步广泛动员，强势推进，再创“保护母亲河行动”的新局面。对此，我代表团中央书记处再强调以下几点意见。

一、“保护母亲河行动”必须成为全团上下的统一行动

首先，要从服务大局的高度认识“保护母亲河行动”。保护环境是我们的基本国策。近年来，在努力加快经济发展的同时，党和国家对生态环境建设给予了高度的重视。江泽民总书记作了重要批示，党的十五大、十五届三中全会都提出了明确的目标和要求，国务院还制定了《全国生态建设规划》。在最近召开的中央经济工作会议和中央农村工作会议上，党中央面向新的世纪，决定并部署了西部大开发战略。因此，加强生态环境建设，实现可持续发展战略，是全党全国工作的大局，服从和服务于这一大局，是共青团义不容辞的历史责任。“保护母亲河行动”，就是要动员青少年，发动全社会，保护和改善生态环境，倡导和树立母亲河意识和可持续发展意识。这是共青团服务大局、开风气之先的重要举措，是一项共青团在新世纪大有作为的事业。全团特别是各级团的领导同志对此一定要有足够的认识，务必引起高度重视，必须形成统一的意志和行动。

其次，一定要把“保护母亲河行动”摆在全团工作的重要位置。所谓“母亲河”，不仅是黄河、长江，还包括大大小小的江河湖泊。母亲河流域的生态环境是整个生态环境最具代表性，也是最重要的组成部分。所以，“保护母亲河行动”绝不仅仅是某一地区、某一方面的事情，更不是可做可不做的事情，它是需要在全团普遍开展的重点工作。各地要对“保护母亲河行动”实行统一领导下的分工负责，建立健全工作机构。一把手要亲自挂帅，负总责。要按照团中央总体部署和要求，抓紧制定切实可行的年度推进计划和方案，要全力以赴完成团中央交给的各项任务。去年没有完成筹资任务的地方，今年要一并完成。

第三，要用“保护母亲河行动”统揽各种青少年保护生态环境活动。“保护母亲河行动”是以保护生态环境为主题的社会公益活动，其内涵十分丰富，而且还在不断发展。因此，各种形式的青少年植树造林、保持水土、防治污染活动，都要统一到“保护母亲河行动”之中。对传统的青少年保护生态环境项目，也要按“保护母亲河行动”的宗旨和基本原则逐步在名称、内容、运作机制等方面进行规范、丰富和完善。这样做的目的，就是要更好地集中力量，形成拳头，打好硬仗。

二、必须充分依靠各种力量推进“保护母亲河行动”

首先，要积极争取本地党政领导的支持，同绿委、人大环资委、水利、环保、林业部门密切配合。要争取把“保护母亲河行动”纳入当地生态建设的总体规划，统一部署和落实。要在政策、技术、资金、人力上，努力获得政府职能部门的有力支持，使“保护母亲河行动”能够形成优势互补、齐抓共管的良好态势。

第二，要加大宣传力度，进一步感召社会。生态环境建设最深厚的根基从来就深植于广大人民群众之中，他们的广泛参与与支持，是“保护母亲河行动”不竭的动力源泉。要充分利用现代媒体等各种传播、宣传手段，切实做好宣传动员工作，让人民群众更多更好地了解和认识这一行动的深远意义，了解参与活动的具体方法和途径，并注重用凝结社会公众爱心的工程建设成果来感召和影响社会。要积极支持和鼓励更多行业、系统和社会团体、企事业单位参与保护母亲河工程建设。

第三，要加强对外联络。尤其要充分利用生态环境无疆界、全球性的特点，加强对外宣传，吸引海外国外热心中国生态环境建设的组织、团体、企业和个人参与“保护母亲河行动”。要广泛联络老朋友，不断发掘新朋友，努力使“保护母亲河行动”成为海外国外有识之士投资生态环境建设的一个热点。

三、必须用科学严谨的机制保障“保护母亲河行动”健康发展

对于共青团来说，“保护母亲河行动”是一项全新的具有挑战性的事业。过去，我们坚持开展了四十多年的义务植树造林、保护生态环境活动，但是大规模运用社会资金，实施工程造林和项目管理还是第一次。因此，实施“保护母亲河行动”，不仅要做更为扎实的工作，付出更加艰辛的努力，还必须坚持按客观规律办事，严格管理，真正建立起促进“保护母亲河行动”蓬勃健康发展的运行机制。

这里，我想强调两点：一是必须以严谨的态度和科学的方法建设保护母亲河工程。无论是全国工程，还是地方工程，都要科学规划，严格论证，精心施工，严格执行《“保护母亲河工程”实施暂行办法》，做到建一个成一个，宁少勿滥。一定要讲科学，讲求实效。

二是要用强烈的社会责任感和严格的制度来保障保护母亲河资金的规范管理和合理使用。从筹集、管理到使用，必须按照《关于“保护母亲河行动专项（绿色希望工程）基金”管理的暂行规定》要求，做到合法、严格、规范，绝不能出现问题。现在，个别地方没有授权，就开始募集资金；还有少数地方筹集了资金，不及时上缴基金会。这些隐患如不解决，势必影响“保护母亲河行动”的发展。因此，在这里要再次重申，所有筹资一定要全部进入所设专项基金，所有下拨资助资金必须全部用于项目建设，坚决杜绝资金“体外循环”。资金收支要自觉接受社会监督，严格依法审计，定期实地检查，建立责任追究制度。

四、用“保护母亲河行动”进一步丰富青少年的思想教育

人类已进入新千年，人与环境的和谐与持续发展已经成为现代文明的重要组成部分。有远见的民族都在未雨绸缪，着力于改善自己的生存空间，并寄希望于子孙后代。“保护母亲河行动”是提高青少年的生态环境意识和素养，在实践中加强爱国主义、集体主义和社会主义教育的最鲜活和最生动的方式之一。各级团组织一定要强化“保护母亲河行动”的育人功能，不断丰富教育内容，创新教育形式，使青少年在实践中不断成长为建设有中国特色社会主义事业的合格建设者。

同志们，让我们紧密团结在以江泽民同志为核心的党中央周围，群策群力，不懈奋斗，共同实施好“保护母亲河行动”，为再造山川秀美的锦绣中华做出积极贡献！

巴音朝鲁在全国省级团委办公室（研究室）主任会议上的讲话

2000 年 3 月 24 日

这次会议是在全团贯彻落实团的十四届三中全会精神，继续深化重点工作，全面推进各项事业的形势下召开的。目的是为了总结交流工作情况，研究部署有关工作。下面，我讲几点意见。

一、共青团工作的蓬勃发展对办公室（研究室）工作提出了新的更高的要求

团十四大以来，共青团工作在继承中创新，在探索中前进，始终保持了蓬勃发展的良好态势。全面贯彻落实团十四大提出的主要任务，在为党的事业教育、团结和带领青年方面发挥了重要作用；积极推进《共青团工作跨世纪发展纲要》中确定的重点工作，为促进两个文明建设做出了积极贡献；适应经济社会发展的需要不失时机推出像中国青年西部创业行动这样的重点活动，使团的工作更好地服务于全党全国工作大局。正因为这样，我们的工作始终得到了党政的有力支持，社会的积极响应，青年的广泛参与。

办公室工作是共青团整体工作中的一个重要组成部分。共青团工作的新发展，既是包括办公室同志在内的全团上下共同努力的结果,也对办公室工作提出了新的更高的要求。团的办公室要适应新的形势,增强责任感和紧迫感,进一步做好工作。

1. 围绕领导决策,要当好参谋,搞好督查。办公室的参谋作用体现在各项工作中,其中最主要的有四个方面,一是为领导和上级机关及时、准确、全面地提供信息;二是围绕重点工作组织调查研究;三是根据领导意图做好重要文稿起草工作;四是就重要问题的处理提出对策性建议。这四个方面的工作,从总体上看,大家做得是好的。应当看到,随着共青团工作领域的不断拓展,随着重点工作的进一步深化,我们需要面对的情况越来越复杂,需要研究的东西越来越多。这就要求办公室要增强主动性,能够想在前头,做在前头,特别是要通过加强调研信息工作,来为领导的决策服务。有了好的决策只是成功了一半。还有更为重要的一半就是确保决策的贯彻落实。督查工作就是决策得以贯彻落实的有力保证。在共青团工作中,抓好贯彻落实,督促检查是非常重要的。负责办公室工作的同志要树立协助领导机关抓落实的意识,围绕着党政的中心,围绕着全团的重点工作搞好督促检查。

2. 在日常工作中,要重视管理,加强协调。管理贯穿于办公室的整个工作。无论是文秘工作还是档案工作,无论是财务工作还是保卫工作,都需要办公室管理好。这些日常工作,看似简单琐碎,但管得如何,影响着机关工作的全面,影响着整体工作的开展,也体现着办公室工作的水平。以档案管理为例,这项看似十分单纯的工作,实际上,其中蕴含着对前人的责任,也蕴含着对后人的责任。负责办公室的同志在日常工作中要重视管理,以出色的管理保证机关日常运转有条不紊,忙而不乱,不出纰漏,促进机关工作质量和效率的提高。协调工作同样贯彻于办公室的整个工作之中,特别是在新形势下,团的许多重点工作的开展,都是跨部门的,需要不同战线、不同部门相互配合、协同推进。这当中,搞好协调尤为重要。协调得好,就能够步调一致,形成合力、形成整体效应。协调得不好,就难以取得应有的成效。搞好协调,办公室负有义不容辞的责任。办公室的同志要本着对事业高度负责的精神,站在领导的角度、站在全局的高度,通盘考虑,综合权衡,统筹安排,充分调动各方面积极性。

3. 面对新情况新问题,要主动承担责任,寻找对策。在发展社会主义市场经济条件下,如同共青团工作面临着越来越多的新课题一样,办公室工作也面临着许多的新课题。其中,有一个重要趋势就需要我们特别加以关注和研究。这就是,办公室面对复杂的经济社会生活如何代表和维护共青团的形象。共青团作为先进青年的群众组织,是一个政治性很强的团体。但是,在市场经济条件下,共青团又是一个独立的社团法人,要以这样的身份按照市场经济的规则广泛参与经济社会生活。比如,近年来,为推进工作,发展事业,我们强调要广泛吸纳社会资源,就是这一角色的具体体现。这当中,必然会有一个既要按照市场经济规律进行运作,又要维护共青团社会声誉和政治形象的问题。这方面,总的来看,全团做得是不错的。但是,也确实出现了损害共青团声誉和形象的情况。而且,不是个别的,可以说,各级团组织都有。对于这个问题,现在全团的认识还不够,重视还不够。团中央书记处是从共青团组织根本性质的角度,从事关共青团事业长远发展的高度来认识和重视这个问题的。团中央已经制订了《关于不得擅自使用团中央名义从事赢利活动和其他活动的通知》。维护共青团的声誉和形象,是全团的共同责任,是每个团干部的责任,是每个团员的责任。办公室更负有义不容辞的责任。负责办公室工作的同志要从政治的高度来看待这个问题,在代表和维护共青团形象中发挥应有作用。我们要有这个敏锐性,有这个责任心。在新的形势下,诸如此类的新情况、新问题的出现是必然的、是不可避免的。我们应当自觉地负起责任来,努力寻找对策,积极采取措施,把出现的问题解决好。

二、关于几项重点工作

办公室工作,千头万绪,牵涉面广。做好这样的工作,需要在统筹兼顾之中善于把握重点,以点带面,带动工作水平整体提高。从当前的实际情况看,调查研究、信息报送和网络建设是各级团的办公室的工作重点。做好这三项工作,有利于更好地服务领导决策,服务上级机关工作,也有利于更好地培养锻炼队伍。

(一)进一步做好调研工作

调查研究是形成决策的基础。深入开展调查研究是共青团的好传统。从近年来的实践看,我们的每项重大决策,都是在深入实际,深入青年,了解情况,理清思路的基础上形成的。比如,1994年上半年,我们从社会主义市场经济条件下农村和企业团组织遇到的新情况新问题出发,深入不同的经济发展领域和不同性质的经济组织,对基层团组织在自身建设和工作方面存在的突出问题进行了调查研究。1996年上半年,根据党中央要求,我们在全国范围内开展了中国青少年思想道德文化状况大调研。1998年下半年,围绕深入学习贯彻江泽民总书记在与共青团第十四次全国代表大会部分代表座谈时的重要讲话和党中央祝词,围绕全面落实团十四大精神,我们进行了大范围调研。这几次大调研所形成的成果,对于我们正确把握新形势下共青团工作背景和工作对象的变化趋势,形成新的工作思路,实现新的工作发展,都发挥了积极促进作用。这其中,办公室承担了大量工作,发挥了主力军作用,取得了有目共睹的成绩。在新的形势下,办公室要更好地发挥在调查研究中的作用,为领导形成正确决策,推动团的工作和各项事业全面发展提供保障。为进一步做好调研工作,我要特别强调两点。

一是调查研究要有针对性。我们讲针对性,就是调查研究要有的放矢,要紧紧围绕团的重点工作来开展。这是使我们的重点工作符合全党全国工作大局的需要、符合经济社会发展趋势的要求、符合人民群众生产生活基本需求、符合青年愿望和需要的一个重要保证。近年来工作实践表明,全团的重点工作之所以能够随着经济社会的发展而发展,之所以能够形成有效动员青年、牵动社会的具体项目,首先得益于坚持不懈的调查研究。

二是调查研究要有战略性。调查研究工作不能就事论事,要研究事关共青团工作全局的战略问题。一个时期以来,发生在经济社会各个领域中的重要变化和重要趋势深刻地影响着共青团工作。能否对这些变化和趋势有一个清晰全面的把握和了解,能否正确认识其中蕴含着的内在规律,关系到共青团工作能否在新的形势下抓住机遇,迎接挑战,实现新的发展。我们必须从事关共青团工作发展的战略高度来关注和研究这些问题,力争有一个全面的认识,有一个准确的把握,以具有前瞻性的调研成果来推动工作发展。

在当前和今后一个时期,全团要把当代青年群体的变化和当代青年作用的变化作为调查研究中的一个重点的课题。团中央书记处十分关注这一问题。在去年团的十四届三中全会上,周强同志代表书记处对这个问题进行了集中阐述。现在,团内许多同志都在思考这个问题,研究这个问题。而要真正把这个问题搞深、搞透,还有赖于广泛深入的调查研究。正因为如此,团中央办公厅把当代青年群体的变化和当代青年作用的变化作为今年调研工作的重点课题,并就此制订了专题调研方案。大家要围绕这个课题,结合本地区、本部门的实际情况,发挥各自的优势,扎扎实实地把这个课题做好,力争拿出几篇高水平的调研报告。

(二)进一步做好信息报送工作

及时、准确、全面地为领导和上级机关报送信息，始终是办公室的重要职责。近年来，党中央和有关部门对于团中央报送信息的要求越来越高。每当有重大事件发生和突发性事件出现时，都要求团中央及时了解青年的反映。完成好这些任务，是共青团信息工作的一个极其重要的内容。团中央书记处高度重视信息工作。周强同志经常亲自给团中央办公厅提要求，出题目。从全团的情况看，信息工作意识在不断增强，工作水平在不断提高，取得了可喜的成绩。一个突出表现就是，在去年三场大的政治斗争中，办公室同志以自己高度的政治责任感和政治敏锐性，出色地完成了信息报送任务，保证了共青团组织及时、准确地向党中央和有关部门报送信息。党中央办公厅下发的有关信息报送统计材料中，团中央1999年报送的有127条；年度信息报送综合指数名列中央直属机关前茅。对于团的信息工作而言，这意味着实现了一个重大突破。这其中，凝聚着办公室系统全体同志的辛劳与汗水，也体现出了全团的信息工作水平。为进一步做好信息报送工作，我想再强调两点。

一是领导要高度重视。近年来，团中央办公厅每两个月对各省级团委报送信息的情况进行了统计和通报。从通报中可以清楚地看出，省级团委报送信息的情况是不平衡的，可以说，差距是很大的。出现这种不平衡和差距，可能原因很多，但很重要的一个原因就是领导是否重视。实际上，凡是那些报送信息条目多，范围广的，都是领导高度重视，甚至是一把手亲自抓的。对于这些好的做法，要进一步加以坚持。在信息工作中，有关领导要特别注重对那些从事信息工作同志的培养和锻炼，使他们具备搞好信息工作所必需的素质。

二是要进一步提高信息的质量。时效性和针对性是信息质量的核心。报送信息一定要及时。只有及时，才能真正体现信息的价值，发挥信息的作用。关于团内信息报送的时限，团中央办公厅曾多次专门发文作出规定。简单地讲，凡是与重大事件和突发性事件相关的信息，凡是团中央办公厅要求报送的信息，各省级团委办公室都要及时报送。所报信息必须具有针对性，特别是要针对上级领导机关关注的重点问题和希望了解的情况。只有这样的信息，才能为决策提供服务。为增强信息的针对性，各省级团委办公室要加强与团中央办公厅的联系与沟通，主动了解和把握信息报送的要求。

（三）加强网络建设

当今时代，网络技术的发展和应用正在从根本上改变着人们的学习、生活和思维方式。网络的发展与青年之间的关系愈益密切。据统计，在我国，网络的使用者近九成是青少年，而且还在以每半年翻一番的惊人速度增长。我国青少年网站也呈现出迅猛发展的势头。据不完全统计，1999年初国内青少年网站约有100个，到年底就猛增到了1000多个。其中，共青团组织所建网站也由5个发展到了35个。网络的发展正深刻影响着青少年，而且这种影响是长远的。这就给共青团工作带来了新的课题。适应这一新形势的要求，团中央加紧了共青团网络建设步伐，成立了团中央信息化工作领导小组，在办公厅设立了信息与技术处，专门负责信息化建设方面的工作。从全团的情况看，可以说，在共青团组织运用网络这一高新技术手段来拓宽工作领域，延伸工作手臂，做好教育青年、服务青年的工作方面，办公室发挥着重要作用。一方面，计算机硬件建设和机关网络建设主要是由办公室来承担的。另一方面，办公室负有带动机关各部门及其管理的下属单位推进信息化建设的职责。各省级团委办公室要主动适应新的形势和新的任务，充分认识网络对共青团工作的深刻影响，发挥好在共青团网络建设中的实施推进和示范带动作用。就此，我再强调两点。

一是要大力支持中国共青团网站建设。

中国共青团网站建设是共青团加强网络建设整体布局中一个龙头项目。自去年5月4日正式开通以来,影响不断扩大,得到了越来越多的肯定和好评,并在第二届中国互联网络大赛的评选中荣获了“政府与组织类”网站提名奖第一名。一些团干部反映,建立这个网站有利于了解情况,交流信息,开阔视野,提高工作水平,也有利于社会各界更好地了解共青团工作。中国共青团网站能够有这样的发展,离不开包括办公室系统同志在内的全团的支持。今后,大家要继续用好中国共青团网站,将其作为及时了解、准确掌握团中央重大决策和部署,全面了解共青团工作和青年工作发展情况,广泛开展工作交流的一个重要渠道。同时,大家要热情关心、积极支持中国共青团网站建设,主动上传各地的工作和活动情况,共同建设好《各地共青团工作公告版》这一栏目,使中国共青团网站真正成为全团展示工作、树立形象的一个窗口。

二是要善于从网上获取信息、掌握动态。网络信息具有量大面广、及时迅速的特点。通过网络这一手段,我们可以十分便捷地获取最新信息。在青少年网民迅速增加,青少年网站飞速发展的情况下,我们可以通过网络这一手段更多地了解青少年的所思所想。最近,党中央有关部门要求团中央要从网上搜集有关信息,及时向党中央报送,这对我们从网上获取信息,了解情况提出了新的更高的要求。办公室同志要充分重视网络这一新的信息渠道,善于从网上获取有价值的信息,要培养起这样一种工作意识,学会这样一种工作方法。

三、关于做好工作的几点要求

在新的形势下,研究新情况,解决新问题,抓好重点工作,推动办公室工作整体水平的提高,是我们共同的责任。为进一步发挥好办公室的作用,做好各项工作,现提出以下几点要求。

1. 要强化全局意识。办公室是团的机关的一个枢纽。就团外而言,联系着党政有关部门和社会的方方面面。就团内而言,发挥着纵向和横向两个联接作用。这样的特殊地位和作用决定着办公室同志必须始终注重强化全局意识。要胸怀全党全国工作大局,认真学习党的路线、方针、政策,全面了解党中央的重大战略部署和决策,努力提高政策水平,增强为党做好青年工作的自觉性和责任感。要了解共青团工作全局,主动了解团的各条战线的重点工作,全面把握共青团工作发展态势和总体布局,做到对共青团工作全局心中有数,能够站在全局的高度看待问题、分析问题和解决问题。我们还要树立一个团的办公室系统的全局意识,上下级机关要加强沟通,兄弟单位要加强联系,推动办公室系统逐步形成密切协作的网络,保证团内政令畅通,信息畅通。

2. 要强化服务意识。办公室很大程度上是做服务工作的。真正做好这样的工作并不容易。在办公室工作中,必须始终注重强化服务意识。要牢记党的全心全意为人民服务的宗旨,善于把这一宗旨变为自己的实际行动,在实践中自觉培养服务意识,努力增强服务责任。要善于做扎扎实实、深入细致的服务工作,以积极主动的态度和敬业爱岗的精神把服务工作做细、做实、做周全。要善于处理好为领导服务与为群众服务,为机关服务与为基层服务之间的关系,在对上负责的同时重视对下负责,在服务好领导的同时服务好群众,做到使领导满意,机关满意,基层满意,青年满意。

3. 要加强制度建设。一是要加强管理制度建设。管理是办公室的一项重要职能。搞好管理,最根本的是要有一套行之有效的规章制度。要着眼于组织机关工作正常有序运转不断加强制度建设,在督促检查、档案管理、保密工作、后勤服务等各方面都建立和完善规章制度。做到,不论办文、办会还是办事,都有章可循,有据可依,有例可援。二是要加强奖励制度建设。办公室岗位是一个奉献的岗位。越是对在这样岗位上默默无闻，辛勤耕耘，从事幕后工作，扮演无名英雄的同志，组织上越是要褒扬他们的精神，彰显他们的业绩。应当说，共青团事业的发展，各项工作的进步，无不凝聚着办公室同志的辛勤与汗水。正是基于这样的认识，团中央办公厅决定，从今年开始，就调研、信息等方面工作设立专项奖，以进一步加大对全团办公室系统先进典型的表彰力度。各级团的领导机关也要建立健全相应的表彰制度，充分调动办公室同志的工作积极性和创造性。

4. 要加强队伍建设。办公室这样一个工作岗位，对干部的要求是很高的。各级团组织要注重加强办公室干部队伍建设，为做好工作提供有力保证。要使这支队伍，在政治上，具备做好工作所必需的政治敏锐性和政治鉴别力，思想水平和理论水平；在业务上，既具备较强的办文能力，又具备较强的办事能力，既善于分析问题，研究问题，又善于处理问题，解决问题，既能发挥好参谋助手作用，又能发挥好协调管理作用；在作风上，具有无私奉献的精神，不计名利，不计得失，耐得住工作辛苦，耐得住生活清苦，具有脚踏实地的态度，讲实干，办实事，求实效。办公室这样一个工作岗位还要求有一支相对稳定的队伍。要采取各种措施，保持办公室基本工作力量和整体工作实力的稳定。要用事业留人，用感情留人，以适当的政策留人。要了解他们的实际困难，解决他们的后顾之忧。要热情关心他们的健康成长，积极为他们的发展创造条件。

在千年更替、世纪之交的重要时刻，全团上下正在齐心协力，团结奋斗，努力开创共青团工作新局面。让我们高举邓小平理论伟大旗帜，在以江泽民同志为核心的党中央领导下，认清形势，明确责任，坚定信心，扎实工作，开拓进取，为推动共青团事业在新的世纪实现新的发展做出更大的贡献。

巴音朝鲁在2000年大中专学生志愿者暑期“三下乡”社会实践活动全国电视电话会议上的讲话

2000年5月25日

今天，中宣部、教育部、团中央、全国学联召开全国大中专学生志愿者暑期文化、科技、卫生“三下乡”社会实践活动电视电话会议，动员部署今年的活动，目的就是要总结经验、振奋精神、开拓创新、真抓实干，把今年的工作落到实处，把这项活动推向一个新的发展阶段。

大中专学生志愿者暑期“三下乡”社会实践活动自1997年正式开展，到现在已历时三年。每年暑期，数十万大中专学生积极响应中宣部、教育部、团中央和全国学联的号召，本着“受教育、长才干、做贡献”的原则，深入山乡村寨、田间地头，开展普法宣传、科技扶贫、支教扫盲、文化传播、环境保护等志愿服务活动，为促进广大农村经济社会发展做出了积极的贡献，受到了人民群众的欢迎和社会各界的肯定。青年学生也在服务的过程中了解了国情，增长了才干，加深了同人民群众的联系，坚定了走建设有中国特色社会主义道路的信念。几年来的实践证明，大中专学生“三下乡”活动顺应了时代发展需要，符合青年学生成长成才的内在需求，具有显著的人才培养效益和良好的社会效益，成为各级宣传、教育、共青团、学联常抓不懈的重要工作项目。今年的活动，四部委已专门发文进行了安排，下面，我就如何抓好今年的活动讲三点意见。

一、坚持育人宗旨，在实践中培养和提高青年学生的素质

青少年是祖国的未来、民族的希望。党和政府一向非常关心青少年的成长，把正确引导和帮助青少年学生健康成长作为关系我国教育发展方向，关系到国家前途和命运的重大问题来看待，要求全社会把引导和组织广大青少年学生积极参与社会实践作为促进青少年健康成长的重要方面。江泽民总书记在年初发表的关于教育问题的重要谈话中进一步强调，要让青少年学生“参加一些社会实践，打开他们的视野，增长他们的社会经验”，要引导他们“认真学习和掌握实践知识与技能，把自己的聪明才智奉献给祖国和人民”。大中专学生志愿者“三下乡”社会实践活动紧紧抓住实践环节，是青年学生在实践中接受锻炼、增长才干、提高素质的有效形式。我们一定要充分重视这一活动的育人功能，继续坚持“受教育、长才干、做贡献”的活动宗旨，使活动在培养社会主义事业建设者和接班人的过程中发挥更加积极的作用。

今年活动的主题是“向新世纪迈进，在实践中成才”。确定这样一个主题，就是要求各地各校要抓住世纪交替及西部大开发的契机，通过开展“三下乡”服务，进一步激发青年学生成才进步、勇于实践的主动性、自觉性和创造性，增强青年学生为祖国富强、民族振兴奋发进取的责任感、使命感和紧迫感，引导青年学生在实践中“受教育，长才干，做贡献”。确定这样一个主题，也是希望广大青年学生把爱国热情、报国之志转化为服务社会，服务人民的实际行动，在服务农村两个文明建设，服务西部大开发的社会实践中提高自身综合素质，以奋发成才的昂扬姿态跨入新的世纪。

围绕这个主题，要把“三下乡”社会实践活动作为加强和改进青年学生思想政治工作的重要内容，通过活动提高青年学生的思想政治素质。通过生动活泼的社会实践来教育引导青年学生是加强和改进青年学生思想政治工作的重要途径。要引导青年学生在实践中了解改革开放20多年来我们国家取得的伟大成就，加深对邓小平理论的理解，更加坚定走建设有中国特色社会主义道路的信念。要帮助青年学生在实践中深刻认识社会主义初级阶段的基本国情，认清肩负的历史使命。要鼓励青年学生服务社会，服务人民，在服务中深切地体会到走与人民群众相结合的道路、与实践相结合的道路，是知识分子成长成才的必由之路，从而进一步加深与人民群众的感情，自觉投身到振兴中华的伟大实践中去。

围绕这个主题，要把“三下乡”社会实践活动作为全面推进素质教育的重要组成部分，通过活动帮助青年学生增长才干，提高综合素质。全面推进素质教育是当前我国教育事业的主要任务，是教育系统工程的中心工作。开展大中专学生志愿者“三下乡”社会实践活动，要紧紧围绕这一中心工作，在培养和提高青年学生的实践能力方面发挥积极作用。要在活动中引导青年学生弘扬理论联系实际的学风，提高将课堂知识运用到生产实践中，解决现实具体问题的能力；帮助学生克服遇到的困难，在艰苦的环境中，在具体的工作中，磨砺品格，锤炼意志；在青年学生中倡导现代社会必备的团结协作精神，培养团队意识和合作能力，为成为社会主义现代化建设高素质的人才奠定基础。

二、发挥青年学生的知识技能优势，为农村两个文明建设特别是西部大开发做出积极贡献

服从和服务于国家经济社会发展的大局，为农村“两个文明”建设做贡献，是大中专学生开展“三下乡”服务的另一个重要目标。今年是世纪交替之年，是实现“九五”计划目标的最后一年，同时也是西部大开发战略实施的第一年。因此，服务于广大农村地区特别是西部地区农村完成“九五”计划，实施开发战略，是今年“三下乡”服务的重点内容。要充分调动青年学生的创造热情，发挥他们的知识技能优势，针对当地经济社会发展的实际需要，开展切实有效的服务，引导青年学生把知识和才华奉献给祖国和人民。

要大力开展文化宣传、支教扫盲、医疗服务等活动，促进农村精神文明建设。要运用人民群众喜闻乐见的方式，在农村地区广泛开展邓小平理论、党的基本路线和农村政策宣传，让农民群众了解党和政府关于农村工作的方针政策措施；进行民主法制宣传，增强农民的法制观念；开展科普宣传，提倡崇尚科学，破除封建迷信；传播现代文明，倡导健康文明的生活方式，反对愚昧落后的习俗；送医送药，提高农民群众的卫生健康水平。

要深入开展科技扶贫、企业帮扶、环境保护等活动，为地方经济社会发展和农民群众生产生活提供切实服务。要与当地党政密切配合，详细了解当地情况和实际需求，帮助当地完善发展规划，积极献计献策；传授农技知识，推广农业新技术、新品种；协助乡镇企业了解市场动向，加强经营管理，解决技术难题，开发新的产品；参与“保护母亲河行动”，针对保护生态环境，开展“小建议、小发明、小制作”活动。

要积极响应西部大开发的号召，发挥高学历青年人才的专业优势，为西部地区经济发展贡献力量。西部大开发是党中央为实现中华民族伟大复兴而制定的一项重大战略决策。为西部大开发献计出力是今年“三下乡”的一个重要任务。为此，在今年的“三下乡”社会实践活动中把百支博士团“三下乡”志愿服务行动作为重点项目，按照“按需设项，据项组团，双向受益”的原则，实行项目化运作，努力为西部地区解决一些具体问题，做些实实在在的贡献。这既是今年“三下乡”活动的一个重点，也是活动深化的一种尝试，希望各地重视百支博士团的组织、培训和领导工作，按照要求把这项工作抓实、抓好，抓出成果。

三、高度重视，精心组织，使“三下乡”社会实践活动取得扎实的成效

“三下乡”是大学生社会实践活动在新时期的深化发展，是促进农村两个文明建设的有益补充，具有重要的现实意义和长远意义。中宣部、教育部、团中央和全国学联高度重视这一活动，党和政府对这一工作也非常支持，寄以厚望。各地共青团、学联组织一定要充分认识这一活动的重要意义，特别是当前形势下，更要以江泽民同志“三个代表”的思想为指导，充分认识这一活动对于团结引导广大青年学生爱国、进步、跟党走的重要意义，广泛动员，精心组织，确保这一活动取得扎实成效，实现新的发展。

第一，要密切配合，加强领导。“三下乡”社会实践活动涉及面广，头绪较多。各地共青团和学联、学生会组织要主动会同宣传、教育等有关部门，认真了解地方的实际需求，拓宽服务领域，丰富服务内容，确定工作目标，制定实施方案，安排好各项工作。要加强对活动特别是对服务团（队）的领导和工作指导，把握好工作进程，及时了解、掌握和解决活动中出现的问题。要为活动创造必要的政策、经费保障和良好的外部环境，保证活动顺利开展。

第二，要精心组织，狠抓落实。“三下乡”社会实践活动重在落实，重在质量。各地共青团和学联、学生会组织要按照活动的各项部署，精心组织，抓好落实。在今年的活动中，特别是在百支博士团（全校网）“三下乡”志愿服务行动中，要高度重视服务质量，按照确定的项目，有的放矢，责任到人，专心服务，使服务落到实处，取得实效。同时注意不要加重地方负担。

第三，要完善机制，促进发展。大中专学生志愿者“三下乡”活动是一项长期的工作，要在活动中不断完善工作机制，提高工作水平。要严格志愿者招募制度，挑选素质过硬、专业对路的学生进入服务团(队)，并对他们进行有针对性的专门培训。要通过活动促进地方与高校的联系，鼓励他们进行广泛交流、长期合作，使服务能做到长流水、不断线，真正把“三下乡”变成“常下乡”。要善于调动社会资源，为“三下乡”活动提供物质、舆论等方面的支持，促进活动的发展。今年的活动得到了全校网(北京)信息科技有限公司的大力协助，他们给予活动资金、技术等方面的支持和办理保险、配备行装等具体帮助，并同全国学联一起开通了活动的服务网站。希望大家按照具体要求，把好事做好，真正达到促进活动开展、服务青年学生的目的。

同志们：经过各级宣传、教育部门，共青团、学联组织和全国各大中专学校的共同努力，大中专学生志愿者暑期“三下乡”社会实践活动取得了显著的成绩，并且展现出了广阔的发展前景。希望各级共青团组织和学联、学生会组织会同有关部门，抓紧时间，及早部署，认真落实，齐心协力把各项工作做好，使今年的活动取得新的更大的成绩，为农村两个文明建设及西部大开发做出积极的贡献。

巴音朝鲁在中国少年先锋队第四次全国代表大会上的闭幕词

2000年6月3日

中国少年先锋队第四次全国代表大会，在党中央的亲切关怀和社会各方面的热情支持下，经过全体代表的共同努力，历时三天，圆满完成了预定的各项议程。会议审议并通过了赵勇同志代表第三届全国少工委所作的工作报告，通过了《中国少年先锋队章程(修正案)》，选举产生了第四届全国少工委。少先队员代表以小主人的姿态，围绕党中央提出的西部大开发战略，举行了“东西部少年手拉手”主题队会；围绕和平、环保、网络、创新等有时代特色的议题，举办了“中国少年世纪论坛”。少先队辅导员和少年儿童工作者代表以高度的责任感，交流了开展少先队工作和少年儿童教育的经验。全体代表以迎接新世纪的豪情，举行了以江泽民总书记为少先队成立50周年题词“星星火炬代代相传”为主题的新老队员“忆传统，展未来”活动。这一切，生动地展现了当代少年儿童、少先队辅导员、少年儿童工作者崭新的时代风采，为少先队事业在新世纪的新发展奠定了坚实的基础。

会议开幕前，江泽民、李鹏、朱镕基、李瑞环、胡锦涛、尉健行、李岚清等党和国家领导同志亲切接见了全体与会代表，给我们以极大的关怀和鼓舞。会议期间，中共中央政治局常委、国务院总理朱镕基和全体代表一起，观看了专场文艺演出。他向全体代表和全国的少年儿童表示亲切问候，希望小朋友们好好学习，好好锻炼，掌握本领，把我们的祖国建设得更加繁荣昌盛。在会议的开幕式上，胡锦涛同志代表党中央、国务院向大会所致的祝词，高度评价了少先队过去五年的工作，进一步明确了我国少年儿童肩负的光荣使命和少先队组织所承担的重要职责。以江泽民同志为核心的党中央的殷切期望和深情嘱托，是我们迈向新世纪的行动指南，是我们奋斗不息的鞭策。团中央书记处第一书记周强同志的致词和教育部副部长王湛同志的讲话，对如何贯彻落实党和国家的要求提出了具体意见，对我们做好少先队工作具有指导意义。刚刚通过的第三届全国少工委工作报告，明确了今后五年少先队的工作任务，对各级少先队组织充分发挥在素质教育中的重要作用提出了要求。

这次大会，是少先队发展历程中的一次重要会议。由于这次会议是在少先队成立50周年之后，恰逢世纪之交的特殊历史时刻召开的，使得我们能够回顾党领导下的少年儿童的革命组织和中国少年先锋队所走过的光荣历程，展望新世纪中国少年儿童事业和少先队事业的发展，明确当代少年儿童将要肩负的光荣使命和少先队组织承担的历史重任。由于这次会议是在全党全社会认真贯彻江泽民总书记关于教育问题的重要谈话和一系列重要批示，全面推进素质教育，都来关心少年儿童健康成长的形势下召开的，使得我们能够按照党的要求和时代发展的需要，提出少先队今后五年要完成的各项任务，探索服务素质教育、服务少年儿童健康成长更为有效的途径和手段。认真学习好、宣传好、贯彻好、落实好这次会议的精神，对于促进当代少年儿童的全面发展意义非凡，对于充分发挥少先队在素质教育中的重要作用意义非凡，对于动员全社会的力量竭诚为少年儿童健康成长服务意义非凡。

我们希望，广大少年儿童遵照江泽民总书记的教导，按照党的要求，从小树立远大理想，养成优良品德，培养过硬本领，锻炼强健体魄，为推进祖国新世纪大业做好全面准备，长大以后肩负起实现中华民族伟大复兴的使命。我们希望，广大少先队辅导员和少年儿童工作者不负党和人民的重托，继续发扬甘为人梯的精神，按照全面推进素质教育的要求，不断提高思想政治素质和业务素质，努力把培养祖国下一代的工作做得更好。我们希望，各级少先队组织以邓小平理论为指导，贯彻落实江泽民总书记关于少年儿童教育和少先队工作的一系列重要指示，继承和发扬少先队的优良传统，以实践育人为基本途径，切实加强少年儿童思想品德教育，大力培养少年儿童的创新精神和实践能力，竭诚为少年儿童健康成长服务，不断加强自身建设，充分发挥在素质教育中的重要作用，担负起培养社会主义事业合格建设者和接班人的神圣使命。

我们坚信，伴随着祖国社会主义现代化建设前进的步伐，通过广大少先队员、少先队辅导员、少先队工作者的共同努力，少先队的发展必将掀开崭新的一页，创造出更加灿烂的未来。我们坚信，我国一亿三千万少先队员一定不会辜负党和人民的期望，热爱祖国，勤奋学习，积极实践，勇敢地担当起21世纪社会主义现代化建设的历史重任，用智慧和汗水创造出中华民族更加光辉的明天。

各位代表、同志们，一个蕴涵着巨大希望的新世纪就要来临，机遇和挑战并存，光荣与责任同在，让我们携起手来，高举邓小平理论伟大旗帜，更加紧密地团结在以江泽民同志为核心的党中央周围，脚踏实地，坚忍不拔，不懈奋斗，共同书写面向新世纪的少先队事业的美好篇章，让星星火炬代代相传！

这次大会得到了社会各界的大力支持和帮助，特别是新闻界充分报道了大会的盛况，为大会的顺利召开营造了良好的氛围。全体工作人员为大会的圆满成功付出了辛勤的劳动。在此，我们谨以大会的名义，向给予大会支持和帮助的各有关方面，向大会的全体工作人员，表示诚挚的感谢和崇高的敬意！

现在，我宣布：中国少年先锋队第四次全国代表大会胜利闭幕！

坚持爱国团结进步，为新世纪中华民族的伟大复兴而奋斗

——巴音朝鲁在全国青联九届一次全委会上的工作报告

2000年7月12日

中华全国青年联合会第九届委员会第一次全体会议，是在世纪之交召开的承前启后、继往开来的重要会议。会议的主题是坚持爱国团结进步，动员和团结各族各界中华青年为新世纪中华民族的伟大复兴而奋斗。

现在，我受中华全国青年联合会第八届常务委员会的委托，向会议作工作报告，请予审议。

一、半个世纪的奋斗历程

我们正站在世纪的交汇点上。回顾半个世纪以来全国青联跟随共和国的前进步伐所走过的奋斗历程，纵观青联事业的巨大发展，我们感到无比激动和自豪。憧憬新世纪中华民族伟大复兴的辉煌前景和青联事业的美好未来，我们充满无限的向往和奋斗的豪情。

1949年5月4日，中华全国第一次青年代表大会隆重召开，宣告了全国青联的诞生。从此，全国青联在党的领导下，高举爱国主义、社会主义旗帜，紧紧围绕党在各个历史时期的中心任务，广泛团结一代又一代中华青年，在社会主义革命、建设和改革中发挥了重要作用，为祖国的富强和统一做出了积极贡献。

新中国的成立，揭开了中国历史的崭新篇章，极大地激发了广大青年投身革命与建设的热情，青联工作从此迅速发展。全国青联团结各族各界青年建立起广泛的青年爱国统一战线，大力开展“争取做一个社会主义建设积极分子”和“为社会主义建设立功”活动，动员组织青年刻苦学习，忘我劳动，抗美援朝，保家卫国，充分发挥了广大青年在建设和保卫祖国中的生力军作用。在全面建设社会主义的历史进程中，青联团结和引导广大青年艰苦创业，积极投身国家建设和“增产节约运动”，广泛开展学雷锋活动，为促进生产发展、维护社会稳定、开创社会新风作出了积极的努力。

党的十一届三中全会的召开，是具有深远意义的伟大历史转折。此后，青联工作进入了蓬勃发展的新阶段。全国青联适应党的工作重点转移和改革开放的新形势，确立了“团结、爱国、跟党走”的指导思想，提出了“举爱国旗帜、倡团结精神、兴四化伟业”的工作方针，把团结广大青年为振兴中华而奋斗作为主要任务，把推动“科教兴国”战略的实施作为工作重点，把“和平统一、一国两制”的基本方针落实到具体工作中，开展了许多富有影响、卓有成效的活动。“为七五建设出成果做贡献”和“青春献八五，奉献在本职”主题活动，激励和动员了广大青年立足本职建功立业。“科技扶贫”、“智力支边”、少数民族参观团、“心连心”艺术团等活动，促进了民族团结和老少边贫地区的发展。“五讲四美三热爱”活动、青年志愿者行动等，推动了社会主义精神文明建设。向张海迪等青年楷模学习和“十大杰出青年”、“青年科学家奖”评选等活动，激发了广大青年奋发向上、努力成才的巨大热情。这些工作为推动改革开放和社会主义现代化建设谱写了新的篇章。

在半个世纪的奋斗历程中，一届又一届青联组织和青联委员不仅用青春的生命构筑了青联事业的丰碑，而且用丰富的实践揭示了青联工作的规律，为青联事业积累了宝贵的精神财富。

——半个世纪的奋斗历程昭示我们，只有

坚持以马列主义、毛泽东思想和邓小平理论为指导，坚持中国共产党的领导，青联事业才能保持正确的政治方向。马列主义、毛泽东思想和邓小平理论是指导我国社会主义事业的强大思想武器，中国共产党是全国各族人民利益的忠实代表，是领导我们事业的核心力量。半个世纪以来青联事业的发展，都是在党的正确领导下，在马列主义、毛泽东思想和邓小平理论的指导下取得的。特别是改革开放以来，正是坚持以邓小平理论这一当代中国的马克思主义为行动指南，坚持党的基本路线不动摇，青联才始终保持了正确的发展方向，成为推动改革开放和现代化建设的一支积极力量。

——半个世纪的奋斗历程昭示我们，只有高举爱国主义和社会主义旗帜，青联才能最大限度地团结和凝聚海内外中华青年，形成巨大的感召力。爱国主义是凝聚中华民族的重要思想基础，社会主义是我国各族人民的历史选择。青联正是高举爱国主义、社会主义旗帜，以强大的凝聚力和感召力，团结一切拥护社会主义、一切拥护祖国统一的青年，结成了最广泛的青年爱国统一战线，激励了一代又一代中华青年为实现民族振兴和祖国统一的共同理想不懈奋斗。

——半个世纪的奋斗历程昭示我们，只有把青联事业与祖国命运和民族前途紧密结合起来，青联才能大有作为。青联事业的发展历来与祖国命运和民族前途息息相关。国家兴，则青联事业兴；青联也只有始终为国家和民族的兴旺发达而奋斗，才会赢得自身的远大前途。在半个世纪的风雨征程中，青联始终与祖国同呼吸，与民族共命运，听从祖国和人民的召唤，团结带领广大青年投身振兴中华的伟大实践，创造了无愧于时代、无愧于人民的业绩。

——半个世纪的奋斗历程昭示我们，只有汇聚和培养大批祖国建设需要的优秀青年人才，青联事业才会具有旺盛的生命力。科技的创新、经济的发展和社会的进步，要靠人才来推动，尤其需要大批青年人才脱颖而出。汇聚和培养青年人才，是祖国建设对青联的要求，也是青联的重要任务。团结大批高层次、多领域的杰出青年人才，为青年成才提供学习的课堂、实践的舞台，充分发挥人才智力优势，推动了青联在过去半个世纪中的发展壮大，也将使青联在新世纪永葆生机与活力。

各位委员，半个世纪以来，青联事业的发展凝聚着党和政府的关怀，得到了社会各界的支持。历届青联委员承继中华民族生生不息的爱国主义传统，为建设祖国洒下了辛勤的汗水，在青联事业发展中留下了坚实的足迹。在这里，请允许我代表全国青联，向党和政府及社会各界，向历届青联委员和所有支持青联工作的朋友们，表示崇高的敬意和衷心的感谢！

二、五年来蓬勃发展的青联工作

在过去五年中，以江泽民同志为核心的党中央领导全国人民，全面推进建设有中国特色社会主义的伟大事业，我国的社会生产力、综合国力、人民生活水平跃上了一个新台阶，国际地位显著提高。五年来，八届全国青联高举爱国主义、社会主义旗帜，团结带领各族各界青年致力于促进经济发展、社会稳定和祖国统一，开创了青联工作的新局面。

大力开展爱国主义教育，激发了海内外中华青年报效祖国、振兴中华的巨大热情。各级青联以中国人民抗日战争胜利50周年、香港和澳门回归祖国、新中国成立50周年、迎接新世纪到来为契机，广泛开展爱国主义教育活动，引导青年深入学习邓小平理论和党的十五大精神，缅怀革命先辈的丰功伟绩，回顾新中国取得的伟大成就，展望祖国美好前景，极大地激发了广大青年的爱国热情，进一步坚定了他们走建设有中国特色社会主义道路的信念。在坚决反对以美国为首的北约袭击我驻南使馆的野蛮行径、沉重打击以李登辉为代表的台湾分裂势力的嚣张气焰、果断处理“法轮功”邪教问题等政治斗争中，各级青联组织立场坚定，旗帜鲜明，引导青年坚决维护国家主权和民族尊严，坚定实现祖国完全统一的信心，自觉维护社会稳定。纪念五四运动80周年"青春之歌"大型文艺晚会、"中华龙腾"海内外青年汇长城等活动，展示了当代青年振兴中华的雄心壮志和团结奋进的精神风貌。江泽民总书记在"青春之歌"文艺晚会上热情地赞扬说："听了你们嘹亮的歌声，铿锵的朗诵，使我们回想起青年时代的战斗岁月，回想起党和人民的伟大奋斗历程。历史证明，中国人民是永远不可战胜的！你们的歌声和朗诵，跳动着时代的脉搏，憧憬着美好的未来，未来是属于青年人，青春万岁！"这激动人心的话语，激励着我们继往开来，为祖国的繁荣富强而努力奋斗。

积极投身科教兴国的伟大实践，为推动科技进步和经济发展做出了新的贡献。八届全国青联把"科教兴国建功业"作为重要任务，启动了中国青年科技创新行动。实施"金桥计划"，组织开展了"百名博士西部行"、"青年企业家西部行"、留学人员为国服务团、海内外青年博士服务企业等活动，通过人才与项目的多元对接，促进了科研与产业的紧密结合。建立了一批中国青年科技创新行动示范基地和教育基地，为推动科技成果转化进行了有益的尝试。举办中国青年科技论坛，出版青年科技论文集等工作，促进了科技交流，营造了崇尚科学、致力创新的良好社会氛围。服务万村行动，领办科技推广项目，培养农村青年星火带头人等活动，促进了农业科技推广和农村经济发展。

广泛参与社会生活，在促进社会文明进步中发挥了重要作用。各级青联积极开展青年扶贫志愿服务团和文化、科技、卫生"三下乡"活动，组织青联委员和各界青年深入老少边贫地区开展服务，为这些地区脱贫致富提供了帮助。动员青年志愿者开展为老科学家、老教师、老干部服务和助残救孤活动，弘扬了社会新风。全国青联组织文艺慰问团，为民族地区群众送去了丰富的精神食粮。在1998年长江、松花江、嫩江流域抗洪救灾和张家口抗震救灾中，各级青联迅速组织青年抢险队、医疗服务队，奋力抢救人民生命财产，为灾区人民恢复生产重建家园提供了物质援助和精神支持。全国青联还组织委员对社会保障、金融改革等重大问题进行了深入研讨，积极为一些地方经济社会发展献计献策。

大力举荐和培养优秀青年人才，为现代化建设提供了智力支持。继续推进"十大杰出青年"、"青年科学家奖"、"青年科技创新奖"等评选活动，表彰和宣传了一大批各行各业杰出青年典型，激励青年以他们为榜样，努力学习，成长成才。各级青联共选派了1515名优秀青年到日本、美国等发达国家研修，举办各种类型、不同层次的培训班，促进了青年素质的提高。全国青联在有关方面的支持下，选派优秀青年博士到地方挂职锻炼，探索了培养既有理论知识、又有实践经验的高层次人才的新途径。

加强民族地区青年工作，扩大与港澳台青年交流和国际青年交往，为促进民族团结、祖国统一与世界和平作出了积极努力。各级青联深入开展各族青年团结进步表彰活动，选派民族地区青年干部到经济较发达地区挂职锻炼，引导各族青年自觉为实现各民族的共同繁荣做贡献。热情做好信教青年尤其是宗教界青年代表人士的工作，努力为他们提供服务。各级青联积极宣传《香港特别行政区基本法》、《澳门特别行政区基本法》，在经贸、科技、文化等领域与港澳青年广泛开展交流。在香港、澳门回归祖国前夕，全国青联先后举办了"百面大鼓庆回归，盛和宝鼎献祖国"歌舞表演和"中国心"天安门广场大型音乐会，充分表达了各界青年喜迎港澳回归的心情。各级青联认真学习和贯彻落实江泽民主席《为促进祖国统一大业的完成而继续奋斗》的重要讲话精神，坚决反对台独势力，以中华文化为纽带，促进两岸青少年交流与合作，海峡两岸青年元宵、中秋联欢等活动增进了彼此了解和友谊，产生了积极影响。五年来，全国青联共接待了有6503人次参加的152个港澳台青年团组，组派了75个青年团组赴港澳台地区，共有1512人次参加了访问。通过交流，增强了港澳台青少年的爱国意识。全国青联与世界上130多个国家的200多个青年组织和机构保持着良好的交往与合作，与40多个联合国有关机构、区域政府间机构、国际或区域青年组织建立了联系，加入了国际志愿服务协调委员会。五年来，接待了国外青年团组231个，共3916人次，组派了有4407人次参加的798个出访团组，扩大了和国际青年的交往与合作。全国青联先后获得了“联合国世界青年奖”和“1999年度亚太经社会人力资源开发奖”，在国际舞台上展示了良好的形象，在地区和全球青年事务中的影响日益扩大。

扎实推进自身建设，青联组织的凝聚力进一步增强。全国青联建立了界别工作委员会和青联之友联谊会，对青年社团进行了清理整顿并实行归口管理，进一步健全了青联工作机构和组织网络。定期召开主席会议和常委会议，举办“委员活动日”活动，完善了青联工作制度。加强青联干部培训和管理，提高了干部的政策理论水平和业务工作能力。创办了《中国青年外事》，完成了《中华儿女》扩版和《全国青联通讯》改版，中青旅集团公司顺利实现改制上市，中日青年交流中心等实体健康发展，青联事业稳步发展壮大。

五年来青联工作之所以取得显著的成绩，是由于我们自觉遵循青联工作的发展规律，始终坚持以邓小平理论为行动指南，坚持党对青联的领导，坚持高举爱国主义、社会主义旗帜，保持了青联工作正确的发展方向；是由于全体青联委员团结奋斗，各级青联组织和会员团体锐意进取，使青联工作内容更加丰富，领域更加宽广，手段更加多样，在创新中实现了更大的发展。回顾五年来的实践，我们还有以下几点工作体会。

——积极关注和参与社会生活，既是社会发展对青联工作的呼唤，也是青联工作植根于人民群众、与时代同步前进的保证。改革开放的深入和社会主义市场经济的发展，为青联工作提供了更加广阔的空间。青联工作惟有更自觉、更深入地融入社会发展的洪流，在经济建设中展现更大的作为，在科技进步中取得更大的成就，在维护稳定中发挥更大的作用，在服务群众中倾注更大的热情，才能在促进社会进步的同时赢得自身的发展。

——竭诚为青年成长发展服务，既是青年对青联组织的热切期望，也是青联工作的基本出发点和落脚点。竭诚为青年成长发展服务，是青联组织的性质和任务所决定的。只有自觉根据青年的需求开展工作，增强服务意识和服务功能，尽心竭力帮助广大青年学习成才，扶持优秀青年人才成长发展，青联组织才能更好地吸引青年，引导青年，凝聚青年，获得更加广泛、深厚的群众基础。

——不断实现工作创新，既是经济与社会变革对青联工作提出的课题，也是青联工作充满朝气、蓬勃发展的不竭动力。在建立社会主义市场经济体制的深刻变革中，青联工作的环境、任务和对象都在不断变化。这就要求青联工作既要继承和发扬优良传统，更要把握时代变革的趋势，积极开拓而不因循守旧，努力创新而不墨守陈规。只有不断研究新情况，解决新问题，创造新经验，才能保持青联工作鲜明的时代特色和蓬勃的发展势头。

——以办事业的精神培育活动品牌，既是青联工作发挥作用、扩大影响的重要方式，也是推动青联事业长远发展的有效途径。青联工作要做实做好，并能行之久远，就需要以全局观念和战略眼光，面向社会，面向青年，创造和培育活动品牌。有了好的活动品牌，就能够广泛动员，形成合力，整体推进，就能够调动社会资源，扩大社会影响，就能够保持工作的连续性，不断积累，取得更大的成效。

回顾过去五年，我们为青联事业的蒸蒸日上而备受鼓舞，同时也清醒地看到青联工作在一些方面还有待加强和改进。各级青联组织如何进一步密切与委员的联系，加大为委员服务的力度；如何适应新形势的要求，不断转变工作方式，加强自身建设；全国青联如何为地方青联工作进一步提供指导和支持，这些仍是青联面临的重要课题。我们要认真研究和切实解决存在的问题，毫不松懈，永不停滞，将生机无限的青联工作推向令人憧憬的新世纪。

三、跨入新世纪青联事业的展望

人类正在迈进一个充满希望和挑战的新世纪。推动青联事业在新世纪的更大发展，是我们这一代青联人义不容辞的神圣责任。当我们思考青联事业未来的时候，必须把目光投向我们所处的日新月异的时代。

当今世界，以信息技术和生命工程为代表的科技革命突飞猛进，以知识和信息的生产、传播与应用为基础的知识经济迅速兴起，经济全球化进程日益加快，世界多极化趋势继续发展，许多国家都在抢占科技、经济、人才的制高点，综合国力竞争日趋激烈。

面对激烈的国际竞争，中华民族正以强烈的紧迫感抓住机遇，迎接挑战，以更加坚定有力的步伐走向伟大的复兴。建立社会主义市场经济体制，深入实施科教兴国战略和可持续发展战略，全面实施西部大开发战略，加入世界贸易组织等，将加快我国经济社会发展的进程。随着我国政府对香港、澳门恢复行使主权，全国人民热切期望早日解决台湾问题，祖国统一大业终将得以完成。实现党的十五大提出的跨世纪宏伟目标，到下个世纪中叶建国100年时，基本实现现代化，把我国建成富强民主文明的社会主义国家，已成为亿万中华儿女的共同理想和实际行动。

实现中华民族的伟大复兴，赋予了当代中华青年崇高的历史使命。当代青年继承五四光荣传统，具有炽热的爱国热情和强烈的报国志向，渴望在建设有中国特色社会主义的伟大实践中发愤成才，建功立业，是值得信赖、大有作为、堪当重任的一代。

作为青年的爱国统一战线组织，青联肩负着团结凝聚各族各界青年为新世纪中华民族的伟大复兴而奋斗的历史责任。完成这一历史使命，青联就必须牢记党的要求，听从时代的召唤，把握青年的特点，自觉坚持爱国团结进步。惟有坚持爱国团结进步，青联才能结成最广泛最牢固的青年统一战线，才能调动中华青年中一切有利于国家富强和统一的积极因素，青联事业的发展才能符合中华民族伟大复兴的远大目标和时代潮流。

坚持爱国团结进步，是青联的优良传统，在新的历史条件下，又具有鲜明的时代特征。坚持爱国，就是要培养青年对祖国的深厚感情，了解祖国历史，认同民族文化，增强做一个中国人的自信心和自豪感；就是要帮助青年树立振兴中华的共同理想，维护国家和民族的根本利益，为祖国的富强和统一贡献力量；就是要引导青年坚定走建设有中国特色社会主义道路的信念，自觉把个人的理想和事业融会到现代化建设的伟大事业之中，担负起建设祖国的历史责任。坚持团结，就要求促进各界青年和谐相处，维护社会稳定，实现共同发展；就要求引导各民族青年相互学习、相互帮助、相互促进，巩固和发展各族青年的大团结；就要求加强海内外中华青年的广泛交流与合作，共同促进祖国完全统一，不断增强中华民族的凝聚力。坚持进步，就必须以马列主义、毛泽东思想和邓小平理论为行动指南，用先进思想和科学理论引导和武装青年；就必须顺应时代发展潮流，弘扬科学精神，积极开拓创新，推动社会向前发展；就必须推动人类文明和进步，促进世界和平与发展。

跨入新世纪的青联要始终坚持爱国团结进步，在振兴中华和实现祖国统一的大目标下，团结一切可以团结的力量，调动一切积极因素,联合不同职业、不同阶层、不同民族、不同信仰的中华青年,结成更加广泛、更加牢固的青年爱国统一战线,最大限度地凝聚青年的力量,激发青年的热情,发挥青年的作用,在实现中华民族伟大复兴的进程中,不断创造青联事业新的辉煌。

——新世纪的青联应当在弘扬爱国主义精神中发挥引导示范作用。把弘扬爱国主义精神作为贯穿青联工作的一条主线。引导广大青年了解中华民族的奋斗历史、光荣传统和灿烂文化,了解社会主义现代化建设的伟大成就和光辉前景,学习富有爱国主义精神的先进人物和先进事迹,增强民族自豪感和主人翁责任感。在青联委员中大力倡导爱国主义精神,身体力行,发挥示范表率作用,激励和带动广大青年热爱祖国、报效祖国。通过丰富多彩的活动,在实践中陶冶青年的爱国情操,把广大青年的爱国热情凝聚到建设有中国特色的社会主义伟大事业上来,凝聚到为祖国富强和统一做贡献上来。

——新世纪的青联应当在科教兴国中发挥凝聚培养青年人才的作用。服务于青年成长发展的根本需求,最广泛地吸引和团结各族各界优秀青年,汇聚一支现代化建设的人才大军。激励和帮助优秀青年人才努力攀登事业的高峰,促进大批杰出青年英才脱颖而出,成为青年楷模。积极为各行各业青年学习成才创造条件,引导和帮助他们成长为适应新世纪需要的合格建设者。

——新世纪的青联应当在青年投身现代化建设中发挥创业服务作用。引导广大青年弘扬江泽民总书记倡导的新时期创业精神,投身创业实践,提高创业本领,走在改革开放和发展社会主义市场经济的前列,在建设有中国特色社会主义伟大事业中建功立业。动员和组织各类青年人才积极投身经济建设和科技创新的实践,为他们施展才华和成就事业搭建广阔的舞台。积极为青年创业提供具体帮助,促进社会资源的有效配置,支持和鼓励青年开辟事业发展的崭新天地。树立、宣传、表彰新时代青年创业典型,激励广大青年立足本职岗位,创造一流业绩。

——新世纪的青联应当在社会文明进步中发挥模范带头作用。自觉坚持服务人民、奉献社会,动员和组织青年为人民群众排忧解难,为社会事业多做贡献。坚持先进文化的前进方向,弘扬民族优秀文化,吸收人类文明成果,全面提高青年素质,为社会全面进步提供精神动力和智力支持。发扬开风气之先的优良传统,积极参与群众性精神文明创建活动,倡导良好的社会风尚。努力推动依法治国方略的实施,推进社会主义民主法制建设,促进社会稳定与和谐。

四、今后五年的主要任务

今后五年,是新世纪青联工作扬帆启航的五年。九届全国青联工作的指导思想是:以邓小平理论和党的基本路线为指导,高举爱国主义和社会主义旗帜,坚持爱国团结进步,动员和引导各族各界青年积极投身建设有中国特色社会主义的伟大实践,推动科教兴国,参与西部开发,弘扬先进文化,促进民族团结,维护社会稳定,培养和造就大批青年人才,为实现中华民族的全面振兴和祖国的完全统一而奋斗。根据这一指导思想,我们要重点推进以下工作。

(一)大力推动科技创新,促进科技与经济紧密结合

提高国民经济整体素质,增强我国经济、科技的国际竞争力,迫切要求加速科技创新和进步。青联组织要深入推进中国青年科技创新行动,带领青年积极推动科技进步和经济发展。

发挥青联组织社会联系广泛的优势,重点实施“金桥计划”。组织各类青年科技人才通过项目合作、技术服务和直接创办高新技术企业等多种形式,推动人才与项目的多元对接,架起科研院所、大专院校与企业之间、东部与西部之间经济科技合作的桥梁,促进产学研紧

密结合。留学海外的青年学子具有强烈的报国志向,要为他们参与祖国建设、在国内创业牵线搭桥。

积极参与发展技术市场,推动科技成果的商品化、产业化。建设好以中国青年科技信息网为龙头的各类青年科技网站,积极发展青年科技中介服务机构,为科技创新提供多方面的服务。有条件的地方还可以探索青年科技创新的风险投资机制。科研领域和企业界的青联委员要面向市场,开发拥有自主知识产权的产品,发展高新技术产业。

广泛开展青年群众性科技创新。大力推进青年职工创新创效活动,实施青年农民科技培训工程,深化“挑战杯”大学生课外科技创新系列竞赛活动,激发广大青年工人、农民、学生的创新热情,提高创新能力,在推动科技进步和经济发展中充分发挥生力军作用。

(二)踊跃投身西部大开发,为我国经济新的腾飞贡献力量

实施西部大开发战略,加快中西部地区发展,是党中央面向新世纪作出的重大决策。各级青联组织要大力开展中国青年西部创业行动,引导青年在西部大开发中建功立业。

为广大青年参与西部大开发开辟多种渠道。继续深化“百名博士西部行”、“青年企业家西部行”等活动,组织青年科技工作者和企业经营管理者等,以项目合作、投资开发等方式,为西部发展提供支持。鼓励青年人才利用互联网等现代科技手段参与西部开发。

加大为西部地区培养青年人才的力度。深化青年志愿者扶贫接力计划、少数民族青年干部培养计划,为西部地区青年人才成长创造条件。大力宣传扎根西部、建设西部的青年典型,激励更多的青年人才投身西部大开发的热潮。积极帮助西部地区青年创业,动员他们为改变家乡面貌而奋斗。

积极推进保护母亲河行动。广泛动员青联委员,通过建造中华青年林等形式,引导和带动广大青少年开展植树造林、治理水土流失、防治土地荒漠化,促进可持续发展。

(三)积极参与有中国特色社会主义文化建设,走在推动社会文明进步的前列

有中国特色社会主义的文化,是凝聚和激励全国各族人民的重要力量。青联组织要努力提高青年的思想道德和科学文化素质,促进社会主义精神文明建设。

努力提高青年一代的思想道德素质。开展生动活泼的学习教育活动,引导青少年大力弘扬爱国主义、集体主义和社会主义精神,树立正确的世界观、人生观、价值观,大力倡导社会公德、职业道德和家庭美德。帮助青少年树立科学精神,掌握科学知识,正确认识世界,反对迷信,消除愚昧。

大力弘扬民族优秀文化。中华民族在几千年的文明历史中创造了灿烂的文化。在信息时代世界各国文化相互影响加深的背景下,要重视加强对青少年的优秀传统文化教育,弘扬民族精神。同时帮助青少年吸收借鉴人类文明的一切优秀成果,不断提高文化素养。

提高广大青年和群众的精神文化生活质量。发挥青联组织和青联委员在群众文化生活中的积极作用,深入生活,深入基层,积极推进社区文化、企业文化、校园文化和家庭文化建设,提倡健康文明的生活方式。文化领域的青联委员要进一步投身改革开放和现代化建设,深入体验当代中国发展和进步的历史进程,不断创作出无愧于时代的优秀作品,为广大青年提供更多的精神食粮。

(四)竭诚为青年成长成才服务,努力造就适应新世纪需要的青年人才大军

当今和未来世界的竞争,从根本上说是人才的竞争。青联组织要充分发挥聚才、育才、树才、荐才的优势,促进青年学习成才和大批青年人才脱颖而出。

努力为青年学习交流创造条件。大力开展培训、考察、研修等工作,帮助青年了解国内

外科技、经济诸领域的先进成果和经验。办好青年科技论坛，为青年交流科技成果、传播科学思想提供阵地。

积极为广大青年在实践中施展才华搭建舞台。通过博士服务团等形式，引导优秀青年人才到改革开放和经济建设第一线去经受锻炼，增长才干。组织青联委员为党政部门、企业和社会各方面咨询论证、献计献策，使他们在实践中汲取营养，为现代化建设奉献更多的学识和才智。

继续表彰、举荐青年人才。深化“十大杰出青年”、“青年科学家奖”、“青年科技创新奖”等评选活动，大力宣传青年英才的业绩，激励广大青年学习榜样，发愤成才。加强对青年典型的跟踪培养和服务，勉励他们保持荣誉，追求卓越，再创辉煌。鼎力举荐青年人才，使他们在更重要的岗位和领域发挥作用。

（五）切实做好民族地区青年和信教青年工作，积极促进民族团结和社会发展

民族地区青年工作和信教青年工作，是党的民族宗教工作的重要组成部分。各级青联要深入持久地宣传马克思主义民族观、宗教观和党的民族宗教政策，引导广大青年在促进民族团结和社会发展中发挥积极作用。

积极促进各民族共同繁荣和进步。深入开展各族青年团结进步表彰活动，引导各族青年深刻认识我国是一个统一的多民族国家，各民族谁也离不开谁的道理，发扬各族人民同呼吸、共命运、心连心的光荣传统，为巩固和发展平等、团结、互助的社会主义民族关系而努力。广泛组织青年志愿者服务团，深化文化、科技、卫生“三下乡”活动，帮助民族地区青年学习掌握新知识、新技能。继续组织少数民族青年干部到经济较发达地区挂职锻炼、考察交流，学习先进经验，提高自身素质。

重视发挥宗教界青年在建设有中国特色社会主义事业中的作用。团结和培养青年宗教教职人员，尊重他们的宗教信仰，关心他们的成长，引导和鼓励他们爱国爱教、团结进步。密切联系信教青年，促进信教青年与不信教青年的相互理解与尊重，团结信教青年共同促进社会的进步与繁荣。

（六）进一步扩大与港澳台青年的交流，为早日实现祖国完全统一贡献力量

香港、澳门相继回归祖国，标志着实现祖国完全统一大业已经取得重大进展。各级青联要贯彻落实“一国两制”的基本方针，帮助香港、澳门青少年了解祖国历史文化，加强内地青年与港澳地区青年在科技、经贸、文化等领域的交流与合作。充分发挥港澳地区青联委员的作用，积极培养青年爱国爱港爱澳力量。进一步加强与华侨青年的联系，引导和帮助他们为祖国富强贡献力量。

世界上只有一个中国，有关台湾的全部事实和法律证明，台湾是中国领土不可分割的一部分。在香港、澳门相继顺利回归祖国之后，最终解决台湾问题，实现祖国完全统一，是包括台湾同胞在内的全体中国人民的共同心愿，是中华民族根本利益之所在，是中华民族走向伟大复兴的历史必然。

全国青联坚决支持中国政府关于一个中国原则的坚定立场，坚决拥护“和平统一、一国两制”的基本方针和江泽民主席提出的八项主张，坚决拥护中共中央台办、国务院台办受权就两岸关系问题发表的声明，坚决反对台湾分裂势力和国际反华势力分裂中国的图谋。我们希望台湾当局新领导人审时度势，顺应历史潮流，以民族大义为重，摒弃分裂主张，走和平统一的光明大道。

青年是两岸未来的主人，是推动祖国统一的重要力量。全国青联将积极推动两岸青年在科技、经济和文化领域的交流与合作，拓展交流渠道，扩大交流规模，促进两岸青年为中华民族的美好未来携手同行，共同追寻中华文化的历史足迹，共同感受作为中华儿女的自豪，共同反对台独，反对分裂，共同肩负起实现

祖国完全统一的历史使命。

(七)广泛开展与世界各国青年的交往与合作,促进世界和平与发展

和平与发展是当今时代的潮流,但天下并不太平,霸权主义与强权政治仍然严重威胁着世界和平与安全。中国青年热爱和平,渴求发展,是维护世界和平的重要力量。进入新世纪,全国青联将继续坚持"和平友好、独立自主、相互尊重、平等合作"的原则,坚持青年外事工作为党政外交服务、为经济建设服务、为国内青年工作服务的方针,广泛开展与世界上一切爱好和平的青年及组织的友好交往,进一步加强经济、科技、教育、环保等领域的合作交流。积极参与国际青年事务,宣传我国改革开放和现代化建设的伟大成就,树立我国良好的国际形象,为维护世界和平、促进国际合作与发展而努力。

五、加强青联自身建设

切实加强自身建设,既是青联一项长期而重要的任务,也是青联事业在新世纪更大发展的迫切要求。加强青联建设,要坚持党对青联的领导,坚持共青团在青联组织中的核心作用,研究经济社会生活深刻变革中青联工作遇到的新情况、新问题,增强服务功能,强化委员意识,提高干部素质,完善工作制度,活跃青联工作,不断增强青联组织的吸引力、凝聚力和影响力。

(一)加大为委员服务的力度

为委员服务是青联组织为青年服务的重要内容,是加强青联自身建设的立足点。各级青联组织要服务委员成长成才和建功立业的根本利益,动真情、办好事、求实效,使青联组织进一步成为委员情感的家园和事业的依托。进一步密切与委员的联系,了解委员需求,倾听委员呼声。切实保障委员参与青联工作的平等权利,维护委员在社会生活中的正当权益。开展丰富的科技、经济、文化活动,帮助委员在实践中得到锻炼和提高,在各自专业和领域内取得更大的成绩。定期开展委员分片活动,为委员跨界别、跨区域的学习交流创造条件。积极争取社会支持,广泛汲取国内外青年团体的经验,不断丰富服务内容,提高服务水平。

卸职委员虽然因为年龄的缘故离开了青联,但他们在共同奋斗中与青联结下的深厚情谊将会长存,仍然是推动青联事业发展的宝贵财富。各级青联要进一步健全青联之友联谊会,加强与卸职委员的联系,邀请他们参加青联的有关活动,让他们继续感受到青联大家庭的友谊和温暖。

(二)进一步增强青联委员的委员意识

委员意识是青联委员自觉履行义务、发挥作用的思想基础。青联委员是否具有委员意识,决定着青联的凝聚力,影响着青联的发展,关系到青联的形象。每一位青联委员都要增强表率意识,努力在本职岗位上创造一流业绩,以实际行动在社会生活中树立良好形象,用自己的模范言行影响和带动周围青年共同进步。要增强参与意识,踊跃投身经济发展、科技创新、文化建设的实践,参政议政,献计献策,热情参与社会公益事业,积极参加青联组织的活动。要增强自律意识,自觉用法律法规和社会道德规范自己的行为,用青联委员的标准严格要求自己,自省自励,永不掉队。增强委员意识,充分发挥委员作用,是广大青年、人民群众乃至全社会对青联委员的殷切期望。我们希望并且相信,作为青年的优秀代表,每一位委员都会以实际行动表明自己无愧于青联委员的称号。

(三)建设高素质的青联干部队伍

建设一支高素质的青联干部队伍,是做好青联工作的重要保证。广大青联干部要适应新世纪青联工作发展的要求,增强责任感和紧迫感,在提高政策理论水平、拓宽知识面和增强服务意识方面狠下功夫。认真学习马列主义、毛泽东思想特别是邓小平理论,努力掌握新时期党的统一战线政策和理论。刻苦学习经济、科技、法律、历史等知识,虚心向青联委员学习,全面提高自身素质。增强服务委员、服务青年的自觉性,始终把委员和青年的需求

记在心上，把为委员和青年服务摆在首位。各级青联组织要为干部健康成长创造条件，引导他们在实践中养成谦虚谨慎、乐于奉献的品德，树立埋头苦干、求真务实的作风，发扬勇于进取、敢于创新的精神。要积极探索吸收部分青联委员兼职参与青联秘书处工作的办法，发挥他们的优势和专长，壮大青联工作力量。

（四）加强青联阵地和制度建设

加强阵地和制度建设，是活跃青联工作的必要条件。阵地建设要注重创新，下大力气建设青联网站，利用网络发布工作信息，建立网上委员之家和委员俱乐部，使网络成为青联委员之间、组织与委员之间、委员与青年之间交流的重要途径。大力推进中国青年科技创新行动示范基地等工作阵地建设。中国国际青年人才交流中心、中国青年高级人才培训中心等要加大培养青年人才的力度。《中华儿女》、《全国青联通讯》、《中国青年外事》等要发挥好舆论引导和工作指导作用。继续办好中国青旅控股股份有限公司、中日青年交流中心等实体。健全青联界别工作委员会制度、青年社团管理制度和地方青联工作细则，完善青联组织运行机制。进一步落实青联主席会议、青联常委会、委员活动日等工作制度，促进青联工作的科学决策和规范运行。

（五）加强对地方青联和青年社团的指导

青联是各会员团体以共同目标联合，又以各自特色自主开展工作的群众组织。全国青联一方面要充分尊重会员团体的平等权利和工作自主性，同时要加强对地方青联和青年社团工作的指导。要加强对新形势下青联工作发展趋势的研究，指导地方青联正确把握工作方向，明确工作任务。设计开展重点活动，为地方青联工作提供示范。联合地方青联开展富有特色的大型活动。深入基层调查研究，帮助地方青联解决实际困难。指导和帮助青年社团加强横向联系和协作，形成工作合力。进一步加强对青年社团的管理，促进青年社团健康发展。

我们伟大祖国前进的步伐犹如奔腾的大江，波澜壮阔，一往无前。半个世纪以来，在党的领导下，青联组织团结一代又一代中华青年，与人民共同奋斗，与祖国一道前行，做出了无愧于历史的贡献，留下了光辉的足迹。站在新世纪起点上的九届全国青联，面对着无限光荣的使命和更加辉煌的目标，又将扬起青春的风帆，奏响奋进的乐章。新的世纪孕育新的希望，新的希望属于新的中华青年。让我们高举邓小平理论伟大旗帜，紧密团结在以江泽民同志为核心的党中央周围，继承和发扬爱国团结进步的光荣传统，在实现中华民族伟大复兴的征程中奋勇前进！

揭开21世纪青联事业崭新一页

——巴音朝鲁在全国青联九届一次常委会上的讲话

2000年7月15日

在跨入新世纪的历史时刻，我们隆重召开了全国青联九届一次全委会。在党中央的亲切关怀下，在全体委员的共同努力下，这次大会取得了圆满成功。大会总结过去，憧憬未来，自始至终洋溢着欢快热烈、奋发向上的气氛，真正开成了一次面向新世纪，团结奋进，开拓青联事业美好未来的盛会。作为跨入新世纪全国青联的新一届常委会,可以说我们的使命神圣,重任在肩。怎样才能不辜负祖国和人民的期望,充分发挥广大委员的作用,开创新世纪青联事业的辉煌,是我们新一届全国青联常委会所必须认真思考的问题。衷心地感谢大家对我们的信任,选举我和另外19位同志为九届全国青联主席和副主席。这19位同志来自很多不同的领域,他们既年轻,又有丰富的阅历,在事业上颇有成就,是各个方面很有影响的代表人物。在世纪之交的历史时刻,我们有机会能共同组成全国青联的领导班子,从事青联的工作,感到非常荣幸,也深感责任的重大。我真切希望,全国青联的朋友们特别是常委朋友们能够给我以热诚的帮助和有力的支持,齐心协力共同完成本届青联的使命。

下面,我讲三点意见。

一、切实贯彻全国青联九届一次全委会精神

我们这次大会得到了以江泽民同志为核心的党中央的高度重视。江泽民总书记等党和国家领导同志亲切会见了全体委员,胡锦涛同志代表党中央、国务院作了祝词,充分体现了党对青年一代和青联事业的亲切关怀和殷切期望,使全体青联委员和广大青年受到了巨大的鼓舞,为青联工作在新世纪的发展指明了前进的方向。同时,本次会议回顾了半个世纪以来全国青联所走过的奋斗历程,展望了新世纪青联事业的辉煌前景,明确了坚持爱国团结进步,团结凝聚各族各界青年为新世纪中华民族伟大复兴而奋斗的光荣使命,确定了本届青联的主要任务。我们一定要认真学习和贯彻胡锦涛同志的重要讲话精神,深刻领会党中央对青联的要求和期望,认真落实大会提出的各项工作任务,在服务人民、奉献社会方面,实实在在地做几件真正引起全社会关注的事情,以更加扎实的工作揭开21世纪青联事业崭新的一页。

二、近期需重点抓好的几项工作

今后五年的工作任务已经确定,关键是要狠抓落实。尤其第一年要起好步,打好基础。青联工作任务繁重,涉及面广,头绪很多。我们必须在工作中统筹安排,协调力量,全面落实九届一次全委会确定的各项任务,并努力使以下几项工作取得突破性进展。

1. 全面深化中国青年科技创新行动,为实施科教兴国战略做贡献。江泽民总书记在不久前召开的两院院士大会上指出:“21世纪,科技创新将进一步成为经济和社会发展的主导力量。形势逼人啊!我们不加紧努力,与世界先进水平的差距就会进一步拉开”,并要求“在全国兴起一个科技进步与创新的高潮。”青联组织要从服务国家经济发展的大局出发,凝聚、激励、引导广大青年,尤其是青年科技工作者,积极投身科技创新实践。要举办2000中国青年科技论坛,为广大青年探讨科技创新的理论和实践问题提供舞台。要充分发挥青联的人才智力优势和社会联络优势,重点实施金桥计划,在科研院所、大专院校和企业之间,东部与西部之间,海外与国内之间架起联系的桥梁,在促进青年人才与项目的多元对接,促进科技成果转化等方面下更大的功夫,求更大的成效。

2. 适应西部大开发战略的要求,积极推进中国青年西部创业行动。实施西部大开发战略,加快中西部地区发展,是党中央高瞻远瞩,统揽全局,审时度势,面向新世纪作出的重大战略决策。实施西部大开发将为广大青年提供施展才华的广阔舞台和难得的发展机遇。青联组织要积极响应党中央的号召,团结各方面的力量,调动一切积极因素,在全社会特别是广大青年中营造关心、支持、参与西部大开发的良好氛围。继续开展百名博士西部行、青年企业家西部行、科技卫生文化三下乡等活动,引导青年发扬开风气之先的传统,投身西部大开发的热潮,在西部大开发中建功立业。

积极推进保护母亲河行动，促进环境保护和可持续发展。

3. 切实加大为青年成长成才服务的力度。要进一步深化培养青年人才的各项措施，继续做好表彰、举荐青年人才的工作，积极为青联委员在自身专业和领域内取得更大成绩创造条件，努力在青年中形成百舸争流、英才辈出的良好局面。

4. 积极促进祖国早日完全统一。要继续加强与港澳台青年和海外华侨青年的交流与合作，尤其要加强与台湾青年的交流，增进了解和友谊，加深他们对祖国历史文化的理解和认识，用爱国主义旗帜进一步凝聚海内外中华青年为实现祖国统一和民族复兴而奋斗。

三、进一步加强青联常委会自身建设

新一届全国青联常委会已经产生了。我们这一届常委会，肩负着揭开新世纪青联事业崭新一页的使命，责任重大，为人瞩目。我们要担负起这一责任，就必须把常委会自身建设好。要进一步完善常委会会议制度，定期研究青联工作中的重大问题，发扬民主，集思广益，集中常委会的智慧和力量，推动各项工作的发展。要进一步发挥青联常委的作用。各位常委都是兼职参加青联工作的，希望大家把作为一名全国青联常委的荣誉感化作投身青联事业的实际行动，以更大的热情投入青联工作，在青联的工作和活动中发挥骨干带头作用，展现出更大的作为。各位常委要身体力行，充分发挥表率作用，以自己的模范言行和卓越创造为广大青年树立榜样，影响和带动更多的青年，在爱国团结进步的大旗下汇聚一支生机勃勃的生力军，为中华民族的伟大复兴聚集起更强大的力量。

各位常委、同志们、朋友们，在以江泽民同志为核心的党中央坚强领导下，我国的社会主义现代化建设正在实现第二步战略目标的基础上，向着实现第三步战略目标阔步前进。中华民族正以坚定的步伐走向伟大的复兴，青联事业也将在大家的共同奋斗中揭开崭新的一页。让我们高举邓小平理论伟大旗帜，紧密团结在以江泽民同志为核心的党中央周围，高举爱国主义、社会主义旗帜，坚持爱国团结进步，团结各族各界青年在建设有中国特色社会主义伟大实践中谱写出青联事业更加光辉绚丽的篇章！

巴音朝鲁在省级团委书记学习江泽民总书记“三个代表”重要思想座谈会上的总结讲话

2000 年 8 月 6 日

这次座谈会开得很好，很成功。达到了推动学习，促进交流，共同提高的效果。两天来，大家就学习江泽民总书记“三个代表”重要思想的体会进行了充分交流。同志们认真学习的精神，勤于思考的作风，坦诚交流的态度，使座谈会始终洋溢着浓厚的学习气氛。会上，周强同志作了重要发言。周强同志的发言站得高，看得远，非常深刻，有着很强的思想性和理论性，对于以“三个代表”重要思想为指导进一步加强团的建设，全面推进团的工作具有十分重要的意义。各省级团委书记或主要负责同志作了充分交流。大家的发言，既体现出了同志们平时坚持理论学习的不菲积累，也体现出了同志们平时坚持对工作进行思考和探索而得来的经验总结，闪烁着智慧的火花，凝聚着思索的结晶。大家从相互交流，共同学习中得到了很多十分有益的启发。可以说，达到了进一步提高认识，统一思想的目的。下面，我对这次座谈会作一简要总结。主要讲两个问题。一是这次座谈会的收获，二是全团下半年的主要工作。

这次座谈会的收获很多，很大。集中起来讲，主要有两个方面。

第一，提高了认识，统一了思想。与会同志一致认为，“三个代表”的重要思想，从根本上进一步回答了在充满希望和挑战的21世纪，我们要建设一个什么样的党和怎样建设党的问题，对于面向新世纪全面推进党的建设新的伟大工程，全面推进建设有中国特色社会主义伟大事业具有重大的现实意义和长远的指导意义。共青团作为党的助手和后备军，作为党领导的先进青年的群众组织，“三个代表”的重要思想，对于在新形势下加强团的建设，推动共青团工作和青年工作实现新的发展也具有十分重要的指导意义。

大家一致认为，要坚持以江泽民总书记“三个代表”的重要思想来指导团的整个工作，来认识团的整个工作，来评价团的整个工作。要把坚持“三个代表”的要求落实到坚定正确地执行党的路线方针政策中去，更好地发挥党的助手和后备军作用。要把坚持“三个代表”的要求落实到团的各项工作中去，更好地服务于全党全国工作大局。

大家一致认为，要以“三个代表”重要思想为指导进一步加强团的建设。要搞好团的基层组织建设，坚持“党建带团建”的原则，把团的建设纳入党的建设整体格局之中，进一步增强团组织的吸引力、凝聚力和战斗力。要搞好团干部队伍建设，使团的干部身体力行“三个代表”，讲学习，讲政治，讲正气，做青年的朋友，成为青年的表率。

大家一致认为，在贯彻落实“三个代表”重要思想的条件下，共青团要义不容辞地把亿万青年团结起来，凝聚起来，在我们党贯彻“三个代表”中发挥积极作用。具体地讲，就是要动员组织青年在推动先进社会生产力的发展中发挥积极作用，就是要用先进文化塑造青年，陶冶青年，推动青年在建设有中国特色社会主义文化中发挥生力军作用，就是要既竭诚为青年服务，又组织青年为人民群众服务。

第二，探索出了一个有效的学习方法。大家一致认为，集中时间，集中精力，围绕一个重大问题进行专题研究和交流，是一种非常有效的学习方法。通过这次座谈会，我们就探索出了这样一种学习方法。去年，我们以举办团中央委员学习邓小平理论读书班的形式，组织大家学习，收到了很好的学习效果，得到了中央领导同志的充分肯定，这是一个非常成功的做法。现在，我们又以座谈会的形式，把省级团委的主要负责同志集中在一起进行学习交流。这是多年来的第一次。实践证明，是非常成功的，可以说这是一种非常有效的学习方法。具体地看，主要有以下几方面益处。

一是可以集中起来学。大家普遍感到，由于担负一定的领导责任，平常工作头绪多，任务重，难以集中时间，集中精力来学习和思考。而通过召开座谈会的方式，可以把大家集中在一起学习，静下心来思考问题，感受浓厚的学习气氛，在一种集体的环境中增强学习的自觉性，能够提高学习效率。集中学习还有利于交流。大家都是在省级团委的领导岗位上工作的。所关注的问题，所面临的课题有着很大的共性。大家集中在一起学习，可以充分进行交流探讨，取长补短，共同提高。

二是可以有针对性地学。围绕一个问题学而不是泛泛地学，本着解决问题去学而不是漫无目的地学，可以收到更好的学习效果。在这次座谈会之前，团中央给大家发了通知，明确了座谈会的任务。大家对座谈会给予了高度重视。结合下个时期以来的学习和思考，认真准备书面交流材料，提出了很多很好的认识和见解。这样一个过程，实际上是一个重新整理思路和进行再学习的过程。有的同志反映，提交书面材料的任务布置下来以后，感到有一定的压力。有压力是好事。正是在这样的压力之下，同志们进一步学习了“三个代表”的重要思想，深入思考了在团的工作中如何贯彻落实“三个代表”重要思想的问题。所有这些成果，都具体体现在了书面交流材料之中。所有的交流材料都非常好。回去以后，大家要根据从这次座谈会中得到的收获来进一步修改好自己的材料。团中央将把大家的交流材料汇编成册，公开出版，作为全团学习“三个代表”思想的一个重要成果。

三是可以带动全团学。省级团委负责同志以座谈会的形式进行学习交流，是一个行之有效的学习方法，不仅对与会同志是有益的，而且能够对全团的学习产生很好的示范带动效应。大家要把这次座谈会的收获带给所在的地区和部门，以带动全团进一步学习贯彻落实“三个代表”的重要思想。

下面，我讲讲全团下半年的主要工作。

从上半年整个工作情况看，全团工作的势头是好的。各项工作全面推进，少先队、青联、学联换届大会成功召开。可以说，保持了蓬勃发展的良好态势，真正贯彻了团的十四届三中全会精神，落实了团中央2000年工作要点的要求。下半年工作总的要求是，在全面推进团的各项工作中突出重点，抓好深化，抓好落实，抓好基层。具体要做好以下几方面工作。

第一，认真贯彻中央思想政治工作会议精神，切实做好新形势下青少年思想政治工作。这当中，最根本的是要做好用邓小平理论教育青年、武装青年的工作，通过多种方式把青年学习邓小平理论活动进一步引向深入。在新的形势下做好青少年思想政治工作，要注重发挥现有工作载体和阵地的作用，继续抓好青年志愿者、手拉手、希望工程、青年文明号、大中学生“三下乡”活动、青少年新世纪读书计划、创建青年文明社区等对青少年具有广泛教育意义的活动。

第二，围绕科教兴国战略，进一步深化中国青年科技创新行动。要实施好“金桥计划”，努力推进大学生科技创新创业计划，搞好"挑战杯"系列活动。同时，要配合全面实施素质教育，广泛开展18岁成人仪式教育活动、中学生“金钥匙”系列科技活动和形式多样的校园科技文化活动。要深入开展中国少年雏鹰行动，积极探索以雏鹰争章为核心的学生素质评价体系。

第三，围绕可持续发展战略，大力推进保护母亲河行动。要加大保护母亲河工程建设力度，搞好全国重点项目的建设。积极推广“5元一棵树、200元一亩林”和建设命名纪念林等简便易行的形式，动员更多的社会团体、单位和个人参与保护和建设生态环境。第四，围绕西部大开发，实施好中国青年西部创业行动。要通过深入开展“留学人员归国服务团”、“百名博士西部行”、“青年企业家西部行”等活动，组织国内外青年人才为西部的发展提供多种形式的服务。要加大青年志愿者扶贫接力计划、少年儿童“手拉手”等活动实施力度，在西部贫困地区开展扶贫支教。

第五，要抓好基层。基层团组织是全团工作的基础。要以全国基层“党建带团建”工作会议为契机，加强基层团组织建设，增强基层团组织的内在活力，使基层团组织真正成为共青团全部工作和战斗力的基础。

这里，有几个问题需要特别强调一下。

首先，关于贯彻落实今年上半年一系列重要会议精神的问题。今年上半年，我们成功召开了全国青年学习邓小平理论经验交流会、全国基层“党建带团建”工作会议、少先队第四次全国代表大会、全国青联九届一次全委会和全国学联二十三大。这些会议对于推动团的工作具有十分重要的指导意义。我们要把党中央领导的有关重要讲话精神和整个会议精神切实贯彻落实到团的各项工作当中，使我们的工作再上一个新的台阶。

其次，关于学习贯彻《毛泽东邓小平江泽民论青少年和青少年工作》的问题。这本书的出版，是共青团的一件大事，对推动团的工作具有重大的理论意义。全团都要认真学习这本书，在实际工作中切实贯彻。

再次，关于信息化建设的问题。这是摆在全团面前的一项重要而紧迫的问题。在国际互联网络迅猛发展的条件下，我们要充分认识和重视网络对青少年的影响，善于运用网络这一新的技术手段来引导青少年。

"三个代表"的重要思想不仅对我们的学习提出了新的更高要求，而且为推动共青团事业实现新的发展提供了宝贵的机遇。我们要以"三个代表"重要思想为指导，高举邓小平理论伟大旗帜，在以江泽民同志为核心的党中央领导下，努力把全团的学习提高到一个新的水平，努力把团的建设提高到一个新的水平，努力把团的各项工作提高到一个新的水平。

巴音朝鲁在共青团信息工作会议上的讲话

2000年8月12日

这次共青团信息工作会议，是在全团上下认真学习贯彻江泽民总书记关于"三个代表"的重要思想，以"三个代表"的精神指导和推动团的各项工作的新形势下召开的。日前，刚刚结束的全国基层党建带团建工作会议，对于全面推进团的建设，促进共青团事业发展起到了十分重要的推动作用，实际上也对我们今后团的信息工作提出了新的更高的要求。这次会议的主要任务是，研究部署当前和今后一个时期共青团信息工作的主要任务，进一步发挥信息工作在团的整体工作中的重要作用，努力拓展新世纪共青团信息工作的新局面。

一、要充分认识信息化潮流对社会发展和共青团工作的重要影响

信息化，就是将信息技术应用于各行各业及人类生活各个领域中，广泛开发资源并实现资源最广泛的共享，以尽快发展经济，提高人们的生活质量和水平。信息化是国家社会发展融入全球化的首要和必要条件。世纪之交，人类社会已经步入信息时代。以信息技术为代表的新技术革命，正日益改变着人们的学习、工作、生活和思维方式。以IP技术为特征的新一代公共信息网不断成熟起来，电子商务、远程教育、远程医疗和家庭办公等网络化、数字化的经济与社会活动方式将得到大力推广，推动着经济、环境、军事、科技、政治、社会和文化交流等诸多领域的全球化。信息技术的国家发展战略，已经由一个产业问题上升为一个国家的政治、军事、社会、文化等各方面的基点，全球化的信息基础设施将成为未来人类文明的全新平台。

全球信息化浪潮，对我国的经济社会发展起到了巨大的促进作用。近几年来，我国顺应信息化潮流，加速信息产业的发展，现已制定了一套衡量信息化水平的比较体系，不断推动信息资源的开发和共享；网络热潮持续升温，以网络技术为基础特征的信息服务业已成为我国发展最快的新兴行业之一。据中国互联网信息中心统计，1999年我国信息服务机构已有1.5万家，从业人员40万人。目前，国内上

网人数继续以每半年翻一番的速度在增加，上网用户已达1690万人，网络投资成为时尚，网络产业正在崛起，电子商务崭露头角，一些传统企业开始转型，通过拓展互联网业务进军网络产业。

信息化潮流对共青团工作也产生了重要影响，二者关系越来越密切。首先，全球信息化潮流推动了共青团工作的信息化，对共青团信息工作也提出了新的更高的要求。一方面，信息技术、网络科技，愈来愈多地被运用到共青团信息工作中，成为传统的团的信息载体的有力补充，加速了团的工作信息的有效传递，在确保各级团的领导机关准确掌握信息、正确判断决策、科学指导基层、不断提高效率、促进团的工作全面活跃等方面，日益发挥着重要作用。另一方面，信息化也要求共青团信息工作不断调整、创新工作手段和方式。要求我们探索建立团内灵敏、高效、迅捷、通畅、全覆盖的信息反馈系统，切实加强网络硬件建设，加速开发符合共青团实际工作需要的网络软件，逐步实现团的信息传播现代化；加紧建设一支思想政治素质过硬、拥有现代信息观念、掌握网络科技等信息技能以及具有较强综合分析和文字表达能力的信息工作队伍，尽快适应信息时代的发展需要。其次，信息化对青少年教育影响不容忽视。网络的发展与青少年之间的关系日益密切，越来越多的青少年和互联网交上了朋友。据不完全统计，目前国内上网人数中，35岁以下的青少年占八成以上，网络已经成为我国相当一部分青少年学习、工作、娱乐、交往的重要途径，成为他们获取知识和信息的一个新“窗口”。但我们也看到，互联网的发展也对青少年成长带来了许多负面影响，网上传播的大量不健康信息，严重影响着青少年的身心发展。在这方面，共青团加强管理、积极防范、趋利避害的任务十分艰巨。

近几年来，团中央密切关注网络对青少年和共青团工作的影响，始终把如何运用互联网做好团的工作，更好地引导广大青少年作为一个重要课题加以研究。目前团中央系统已经建立了中国青少年计算机信息服务网、“中国共青团网站”、雏鹰网等15个网站，各地团的系统网站达到40多个，它们已经成为新时期共青团工作的网上资料中心、信息指导中心和交流中心，深受广大团干部的欢迎。同时，通过深入开展各类活动和竞赛，如中国青少年国际互联网知识大赛、中国大学生电脑大赛等，引导广大青少年适应信息时代发展需要，学习新知识、掌握新技能，把健康的信息通过网络传输给青少年，产生了良好的社会影响。

网络媒体对共青团工作，特别是团的信息工作的影响是积极的，巨大的。认识到这一点，并主动运用现代化的信息手段做好团的信息工作，至关重要。但是，我们必须同时认识到，传统的信息媒体在信息工作中依然发挥着重要作用，并非网络能够取而代之。主要原因，一是在我国，网络时代的真正到来还要经历一个很长的时期，各地经济社会发展不平衡，信息技术条件也就千差万别，传统的信息手段仍然有广泛的用场；二是传统的信息媒体在团的信息工作中能够发挥不可替代的作用。传统的信息传播渠道很多，有印发文件、电话电报、报纸、电视、公开刊物等等。其中，报纸、电视、公开刊物都是社会化的，不宜突出工作性。团内文件、电话电报，传播的时间、范围也受限制，很难都有效深入基层。相比之下，团的内刊更为重要，作为团内信息传播媒介，团刊在分类指导工作上发挥着独特功能：一是上情下达，二是下情上晓，三是团组织之间横向交流。正是基于这样的理念，团中央高度重视加强内刊工作，把它作为全团信息工作的一个关键环节来抓。各级团组织对团刊倾注了高度的热情，使近几年来团刊工作蓬勃发展。《中国共青团》作为全国团刊的“龙头”，是团中央指导全团工作的重要信息载体，也是团中央惟一面向基层各级团组织和团干部的指导性工作刊物。多年来,《中国共青团》始终坚持打好团旗不变色、保持100%团味的办刊方针,面向全团,服务基层,围绕市场做文章,立足团干求发展,已经成为共青团畅通信息渠道、建设信息载体、活跃信息工作的重要抓手,称其为“一所没有围墙的团校,一位不占编制的团干”是非常贴切的。要做好当前的工作,进一步发挥《中国共青团》等信息载体的作用是非常必要的。比如,《中国共青团》大多数信息站,都把团刊征订纳入每年年底重点工作,机关干部每人除负责各条战线的征订工作外,还联系一个县(市),指导督促每个基层团组织都能有一份《中国共青团》杂志,促进信息工作很快地上了档次,上了水平。

总之,全团要充分认识信息化潮流对我国社会发展和共青团工作的重要影响,把加强团的信息工作放在顺应时代社会潮流、推动新世纪共青团事业发展的战略高度,加以充分认识、理解,不遗余力地抓好抓实。

二、采取切实有效的措施,开创共青团信息工作的新局面

要开创共青团信息工作新局面,就要做好以下两个方面的工作:

第一,要切实加强共青团的网络建设。

面对汹涌澎湃的互联网浪潮,共青团必须站在全球信息化的高度,紧紧抓住机遇,努力推动互联网在共青团工作尤其是共青团信息工作的广泛运用。特别是面对青少年是网络的主要使用群体这一现状,如果我们不能充分运用互联网去作好信息工作,就不能了解当前广大青少年的所想所需,也不能制定出有针对性的措施,更谈不上在新形势下推动共青团工作持续的向前发展。

近两年来,党中央对加强网上青少年思想教育工作越来越重视,江泽民总书记屡次提出要重视互联网、运用互联网。胡锦涛同志在今年5月3日视察北京市和平街街道青年文明社区时也要求我们,“一方面要加强建设,努力使互联网成为青少年获取知识和信息的一个窗口;另一方面要加强管理,趋利避害,积极防范互联网给青少年带来的负面影响”。最近,中共中央政治局委员、书记处书记、中宣部部长丁关根参观考察了中青网并作了重要指示,对共青团以互联网为阵地,开展青少年网络教育和服务的探索给予了高度评价,进一步强调互联网是青年思想政治工作的崭新领域,要求我们认真贯彻江泽民总书记在中央思想政治工作会议上的重要讲话精神,运用互联网络加强思想政治工作。当前和今后一个时期,全团要以江泽民总书记“三个代表”的重要思想为指针,认真贯彻落实总书记关于建设网上思想教育阵地的指示,切实推动共青团的信息化建设工作。

一要搞好规划,分步实施。要认真借鉴国内外其他网站好的做法和措施,总结共青团网站建设经验,制订切实可行的发展规划,形成面向青少年、面向全团,能够为青少年成长成才提供全方位服务的服务网络。以“中国共青团”网站为核心,形成包括全国所有省级以上共青团网站在内的工作网。

二要扩大规模,增加青少年网站的覆盖面和内容含量。为更多的青少年提供上网接入服务,创造一个学习信息化基础知识的良好环境。要进一步完善和充实青少年网站的现有内容,把共青团的网站建成特色鲜明、内容丰富、信息量大、服务项目多、吸引力强、功能齐全、凝聚力强的青少年服务网站。总之,青少年网站的内容将涉及青少年成长过程中所需要的各个方面,我们将根据党的要求,围绕团的工作,针对青少年特点,服务青少年的需求,使共青团组织的青少年网站成为凝聚青少年、教育青少年、服务青少年的网上阵地。

三要进一步突出青少年网站的特色,增强网站的吸引力。青少年是国内上网用户中的一个特殊群体,这一群体与成年人群体相比有着很多不同的特点和特殊的需求。但从国内互联网上现有网站的情况看,与青少年的需求相适应的内容非常匮乏。各级共青团组织所属网站的定位要非常明确,要进一步研究青少年成长成才、生活学习中的特殊需求,开通更多的特色网站,进一步突出青少年网站的特色,使之成为青少年互相交流、互相启发、共同提高、自我教育的教育和服务性网站。

四要深入研究互联网对青少年的影响,积极做好信息时代共青团的信息工作。今年年初,团中央明确要求各级共青团组织和青少年研究机构都应当从讲政治的高度,着眼于国家和民族的长治久安,认真研究互联网对青少年带来的各方面影响,积极探索新形势下青少年思想教育工作的新形式、新方法,努力减少互联网的负面影响,力求最大程度地发挥它的正面作用。各级共青团组织和青少年研究机构已经和正在积极组织力量,开展一系列有关互联网对青少年工作影响方面的调查研究。我们还将在工作中建立稳定的跟踪研究体系,力求系统地、科学地、全面地了解和分析互联网对青少年的多方面影响,以便于我们有针对性地做好当前的青少年工作,推动共青团工作不断向前发展。

第二,齐心协力,做好《中国共青团》的订刊用刊工作。

订刊用刊,是充分利用信息载体,有效开展团的信息工作的重要手段。《中国共青团》杂志,是广大基层团组织和团干部了解团中央决策精神、交流借鉴先进工作经验、掌握最新工作动态的最主要、最直接的渠道。用好《中国共青团》这所“没有围墙的团校”、这位“不占编制的团干”,可以广泛借鉴已有工作经验,少走一些弯路;可以让上级和兄弟团组织了解自己的工作成效和好经验,扩大影响;还可以针对自身遇到的问题请来高参,出谋划策。团中央书记处非常重视运用《中国共青团》这个特殊的信息载体,把它的发行量和在基层的覆盖面,作为了解团中央指导基层工作力度和广度的一扇“窗口”。

经过几年努力,各地团组织和广大基层团干部订刊用刊的积极性有所提高,《中国共青团》的覆盖面有所扩大。这次会上,我们将要表彰的信息工作先进集体和先进个人,特别是青岛、株洲、盐城、成都、济南、金华、潍坊、南海、临沂、东莞等“十佳信息站”,不仅仅是信息工作成绩突出,在订刊用刊方面也创造了很好的经验,值得各地学习借鉴。

当然,总体上来讲,《中国共青团》在基层的覆盖率离团中央的要求还有一定差距,还不能适应新形势下共青团信息工作的客观需要。有一些省份还没有建立信息站,有的地方订刊用刊工作还是空白。这需要各级团组织齐心协力,更有赖于在座各位一如既往地大力支持,共同推动《中国共青团》的订、用工作再上新台阶。关于当前的订刊用刊问题,我想再强调几点:

一是要高度重视,加强领导。各级团的领导机关要确实关心《中国共青团》的发行工作。尤其是主要负责人要亲自过问,加强领导,要责成团委办公室或研究室主任抓落实,把本地订刊用刊工作落到实处。要下发专门文件,为订刊用刊工作提供政策保障。这次表彰的信息站中有的把基层团组织订刊用刊情况纳入全市《创建五四红旗团委量化考核方案》,把《中国共青团》信息站“达标创先”与基层团委的“争先创优”结合起来。不少地、市团委一把手亲自抓团刊征订,出台了推动订刊的有力措施。这些经验值得大家借鉴。

二是要广泛宣传,营造氛围,不断扩大团刊影响。引导基层团组织在运用《中国共青团》等团刊指导工作中,增强对团刊的认识和了解,充分调动广大团干部订刊用刊的积极性。

三是多方筹措资金,解决经费问题。可以采取团费里出一点儿,争取党政支持一点儿,企业赞助一点儿,社会上募集一点儿的办法,切实解决经费困难问题。在这个问题上，山东省“创、支、统”三位一体的做法很值得推广，基层团组织通过组织团员青年收旧利废创收、从团费中列支、争取把《中国共青团》征订纳入单位报刊订阅整体计划统一报销等渠道，使经费问题得以有效解决。总之，全团的事业全团办，希望各地提高认识，精心组织，整合资源，齐心协力，以订刊用刊的工作实绩，促进《中国共青团》这个重要的团的信息载体健康发展。

同志们，团的信息工作将迎来充满希望的新世纪。新世纪共青团的壮丽事业呼唤着我们去挥洒青春的汗水。我们坚信，只要我们牢固树立大局意识、服务意识和使命意识，锐意创新，开拓进取，以办事业的方式努力开创团的信息工作新局面，就一定能够推动共青团事业从辉煌走向辉煌！

21世纪中国经济发展与青年企业家的使命

——巴音朝鲁在“首届中国青年企业家高级论坛”上的讲话

2000年8月18日

今天，共青团中央、国家民委、中国社会科学院、国务院发展研究中心、中国青年企业家协会联合举办“首届中国青年企业家高级论坛”，是为了引导全国广大青年企业家思考和研究如何面向新世纪，把握全球经济发展的新特点，抓住全球经济发展的新机遇，迎接全球经济发展的新挑战，以百倍的信心和昂扬的斗志去深化企业改革、促进企业发展，为21世纪中国经济发展做出跨世纪一代青年企业家应有的贡献。在此，我代表主办单位对吉林省延边州委州政府、延吉市委市政府对本次论坛的大力支持表示衷心的感谢，向来自全国各地的青年企业家们表示热烈的欢迎。下面，我就本次论坛的主题——21世纪中国经济发展与青年企业家的使命谈一些意见。

大家知道，再过三个多月，人类就将进入21世纪。

回首20世纪，世界各国无论是经济，还是政治，或者文化，都取得了长足的进展。全球国民生产总值从本世纪初的500多亿美元一跃为目前的30万亿美元，增长十分巨大，变化十分惊人。20世纪是人类社会有史以来发展最快变化最大的一个世纪。20世纪人类社会发展有一个鲜明的特点，就是经济在社会中的地位和作用日益突出，经济发展日益成为社会发展的主导力量，经济的迅猛发展日益广泛地改变着全球的面貌。面向新世纪，和平与发展依然是当今世界的两大主题，人类正经历着一场全球范围的新科技革命，社会、经济、军事等领域都在发生深刻的变化，经济领域已经成为国与国竞争的主要领域。世界各国都在围绕如何加快本国经济发展，加紧制定适合本国国情的经济发展战略，以赢得世纪国际竞争的主动权，都在大力发展科学技术，调整经济结构，都在迎接全球经济一体化的挑战，积极参与国际经济竞争，提高综合国力。

世纪之交的全球经济表现出新的特点，最突出的是经济全球化和经济信息化。经济全球化的主要表现是贸易自由化、生产国际化和金融全球化。经济全球化意味着减少市场进入障碍，使得各国的市场和生产更加相互依赖；意味着市场化的价格配置机制在全球范围内发挥作用，促使企业和市场进入者按全球范围内的配置机制进行调整，从而实现利润的最大化；意味着各国在装备水平和需求条件下的差别进一步通过国际交换进行补偿。跨国公司是当今世界集生产、贸易、投资、金融、技术开发和转移，以及其他服务于一体的经营实体，是经济全球化的主要体现者。近年来，企业跨国化趋势不断加强，跨国公司联合与兼并浪潮进一步高涨，跨国公司日益成为国际经济活动的主体。经济信息化的主要标志是，信息成为重要的经济增长源，信息产业成为主导产业，现代信息技术、信息设施、信息网络已被广泛应用，这促使工业经济向信息经济转变。近来，国内经济学者热衷于谈论美国的“新经济”，美国经济“新”在哪里？“新”在经济信息化。1994年美国已完成从后工业社会向信息、知识社会的历史性跨越式转变。可以说，信息革命使美国步入知识经济时代，由此带动经济结构调整与产业升级，为美国在低通胀、低失业率下的经济持续增长提供了根本动力。继美国之后，一些经济强国都制定了国民经济信息化发展战略。

在全球化和信息化双驾马车的拉动下，全球经济出现新的增长，国与国之间的竞争更加激烈。目前，亚洲经济在经历了几年的金融危机与调整后，出现了强劲的反弹势头；美国经济仍然在低通货膨胀率的条件下保持了高增长；欧元的启动促进了欧洲经济的平稳发展。可以预料，即将到来的21世纪是一个竞争更加激烈、更富有挑战性的世纪。我们既面临着新的发展机遇，也面临着严峻的挑战，一定要增强紧迫感，努力使自己发展得更快更好。

我们可以引以自豪的是，我国改革开放20多年来，经济建设取得了举世瞩目的伟大成就，经济总量已在世界上排名第七位，各项事业全面发展，综合国力大大增强，人民生活水平明显提高。党的十五大回顾了本世纪以来中国社会的巨大变化，科学地分析了我国现代化建设所处的国内外环境条件，提出了下世纪前50年的奋斗目标，这就是：第一个10年实现国民生产总值比今年翻一番，使人民的小康生活更加富裕，形成比较完善的社会主义市场经济体制；再经过10年的努力，到建党100年时，使国民经济更加发展，各项制度更加完善；到建国100年时，基本实现现代化，人民生活达到中等发达国家水平，建成富强民主文明的社会主义国家。这是一个催人奋进的目标，也是一个需要包括青年和青年企业家在内的全国人民共同努力的目标。

21世纪前10年是实现现代化建设第二步战略目标，并向第三步战略目标迈进的关键时期。这一时期我国经济将呈现以下特点：第一，经济结构将进行战略性调整。我们既要推进国家工业化，又要不失时机地推进国民经济信息化，把信息化和工业化结合起来，大力发展高新技术及其产业，用现代技术改造和提升工业、农业与服务业，带动产业结构和产业素质提高到一个新的水平。同时实施西部大开发战略，加快中西部地区的发展以拓展经济发展空间，推动东、中、西部地区相互促进协调发展。第二，经济体制将进行深层次改革。我们要通过建立现代企业制度和实行股份制，加快固有企业改革使企业更好地参加市场竞争。要在以公有制为主体的同时，促进非公有制经济更快发展。要加快市场体系建设形成全国统一、开放和有序的市场。第三，科教兴国将得到进一步实施。我们要大力发展科技、教育，使之同经济建设密切结合。要加快国家科技创新体系建设，增强科技创新能力，促进科技成果向现实生产力转化。第四，对外开放将全方位扩大。我们要加入世贸组织，以更加积极的姿态，在更为广泛的领域，参与经济全球化的进程，逐步推进商业、外贸、金融、保险、证券、电信、旅游和中介服务等领域的对外开放。

世界经济的发展离不开中国，中国经济的发展离不开企业家。企业作为专事经营管理的机构，是国际经济竞争的主体，是经济发展的主要承担者，而企业家是企业发展的核心，是经济发展的重要力量。在市场经济条件下，发明和主意从本身形成到得到市场和社会的承认，每一个大跨步，每一个大飞跃，靠谁去完成？靠的是企业家！如果说科学家是对新的物质组合最富直觉的人，那么企业家则是对新的市场机会嗅觉最灵敏的人。美国著名经济学家熊彼特把企业家称为市场经济的“原动者”。另一位著名经济学家斯蒂格利兹在他那厚厚的《经济学》教科书中提出，发展中国家固然是许多经济要素都不足，但是最缺乏的是能够参与市场竞争的企业家，最缺乏的是企业家才能。他 1992 年访问我国时说，同样是从计划经济向市场经济过渡，我国比俄罗斯优越的地方是什么？是企业家精神和企业家才能比较容易复苏。前苏联 70 年没有市场，那是整整两代人，而我国基本上没有市场的时间不到 30 年。我国企业家精神之树虽蔫而未泯，遇上改革开放的雨露，马上就枯木逢春，吐出新芽。深化改革，促进发展，实现我国经济的繁荣，比以往任何时候都需要一支高素质的企业家队伍迅速崛起。党的十五届四中全会指出，要建设高素质的经营管理者队伍，培育一大批优秀企业家。

青年企业家是企业家队伍中充满生机和活力的力量，是企业家队伍的未来和希望。当代青年企业家是跨世纪的一代，是在改革开放大潮中经风雨、见世面的一代，是与现代化建设同生共长的一代，具有鲜明的特点和独特的优势：一是政治素质较高。当代青年企业家生长在改革开放的新时期，是改革开放的直接受益者。他们时时目睹着中国日新月异、一日千里的变化，处处感受到党的路线、方针和政策的正确，因此衷心拥护党的领导，坚定走有中国特色社会主义道路，以投身改革开放和现代化建设事业作为人生的追求，以推动国家经济发展的现实贡献表达真挚的爱国主义情怀，表现出较高的政治素质。二是文化水平较高。当代青年企业家处在我国教育事业迅猛发展的新时期，大都是在改革开放后上中学，从小受过正规的良好的文化教育，普遍具有大中专以上学历，相当一部分具有本科和研究生学历，文化素质有了明显提高。他们适应知识经济的新要求，渴望学习，对经营管理、科学技术、法律法规都有一定的了解，知识面也比较宽。三是市场观念较强。当代青年企业家是在建立社会主义市场经济体制的新时期从事企业经营管理的，从一开始就受到市场经济的熏陶，受计划经济影响较小，对市场有明确的认识和较高的认同，敢于参与市场竞争，赢得市场竞争，在市场中寻找发展机会。四是开放意识较强。当代青年企业家亲身感受到我国对外开放政策的伟大，感受到对外贸易在经济发展中的巨大作用，感受到参与国际经济竞争对于企业发展的重要性。他们普遍关注国际市场的变化，有的经常出国，有的直接从国外回来，既了解中国、也了解世界，具有开放精神和国际眼光。其中一部分熟悉国际商务的已经或正在参与国际经济竞争，并在许多领域崭露头角。五是创新精神较强。当代青年企业家处在科技发展日新月异、创新之风扑面而来的新时期，普遍认识到创新是一个企业发展壮大的根本源泉和不竭动力。他们立足企业实际，大搞技术创新、管理创新、体制创新、市场创新，通过创新开发新产品，开拓新市场，建立新机制，通过创新提高劳动生产率，降低成本，扩大市场。他们相当一部分从事信息产业、高新技术产业、第三产业、金融产业等新型产业，代表了国家经济、产业发展方向。六是兼容性较强。当代青年企业家处在一个文化交融的新时期，与外界有着广泛的接触，与国外有着多方面的交流。他们善于学习和借鉴国内外的先进管理方法，善于拿来为我所用，善于吸收别人的成功经验。总之，当代青年企业家是在建立社会主义市场经济体制的伟大潮流中应运而生的，富有理想，朝气蓬勃，是新型的企业经营管理者，在推动我国经济发展中起着重要作用。

新世纪孕育着新希望，跨世纪宏伟发展目标需要青年企业家去奋斗，去努力，去奉献。当代青年企业家要顺应时代潮流，不负党和人民的要求，在企业经营管理中有新的作为，在推动21世纪中国经济发展，在实现我国跨世纪宏伟目标中肩负起重要的使命。为此，就要建设一流企业，经营一流企业，管理一流企业，为我国21世纪经济发展贡献全部力量，在深化企业改革、促进企业发展、推动经济增长中发挥生力军作用。

推动21世纪中国经济发展，青年企业家就要坚定理想信念。理想和信念是我们在前进道路上战胜一切困难的强大精神支柱。青年企业家要用马列主义、毛泽东思想和邓小平理论武装头脑，努力实践江泽民同志提出的"三个代表"的重要思想，把实现跨世纪宏伟目标作为自己努力奋斗的方向，把"致富思源，富而思进"的要求作为奋斗的源泉和前进的动力，把国家富强、民族振兴、人民幸福作为自己的理想追求，树立正确的世界观、人生观和价值观。要客观认识国情，从我国现在还处于社会主义初级阶段这个最大的实际出发，正确理解和坚决贯彻党的路线、方针和政策，坚定不移地跟党走建设有中国特色社会主义道路。

推动21世纪中国经济发展，青年企业家就要站在改革的前列。改革是解放和发展生产力的基本手段，是20多年来中国经济迅猛发展的根本所在。没有改革，就没有中国今天的经济繁荣，就没有中国今天的社会进步，就没有中国今天的人民幸福。党的十五大和十五届四中全会对深化国有企业改革作出了部署，今年是三年改革攻坚战的决战年，青年企业家要满腔热情地支持改革，参与改革，投身改革，在改革中发挥生力军作用。要按照现代企业制度的要求，加快公司制改革步伐，使企业真正成为适应市场的竞争主体，并在公有资产的经营方式和组织形式方面探索新经验，做公有制多种实现形式的开拓者。要把改革作为解决企业发展中面临的新问题和新矛盾的重要措施，以改革的精神和思维研究新情况，解决新问题。

推动21世纪中国经济发展，青年企业家就要强化企业管理。加强和改善企业管理，提高科学管理水平，是建立现代企业制度的重要组成部分，也是企业提高竞争力的重要途径。同样的体制下，有的企业搞得好有的企业搞得不好，管理是重要因素。目前，我国一部分企业确实存在决策随意、制度不严、纪律松弛、管理水平低下的状况。青年企业家要实行科学决策、民主决策，提高决策水平，完善劳动合同制；强化基础管理，健全和完善各项规章制度；狠抓管理薄弱环节，重点搞好成本管理、资金管理、质量管理；广泛采用现代管理技术、方法和手段，借鉴国内外企业现代管理方法，形成有利于节约资源、降低消耗、提高质量、增加效益的企业经营管理机制。

推动21世纪中国经济发展，青年企业家就要推进企业技术进步和产业升级。科学技术是第一生产力。在国际经济生活中，以技术创新为核心的技术进步，越来越成为决定生产力发展水平的重要因素。近年来发展最快的计算机技术、网络技术、生化技术、塑性材料技术等为企业发展注入了新的活力。在美国，几乎所有的名牌企业都十分重视不断开发新技术和新产品。他们认为只有抢占新技术和新产品的制高点，才能取得竞争优势。目前我国企业普遍缺乏足够的技术创新的动力和压力没有或不大有强烈的技术创新欲望。而长期缺乏技术创新总是步人后尘，经济就只能受制于人，更不可能缩短差距。青年企业家要强化技术创新意识，加强技术开发力量和加大资金投入，力争研究开发有自主知识产权的主导产品，并强化应用技术的开发和推广。围绕增加品种、改进质量、提高效益、扩大出口，不断进行技术创新，力争在产品质量、工艺技术、生产设备、劳动生产率等方面达到国内一流水平。

推动21世纪中国经济发展，青年企业家就要努力发现和创造市场。市场经济核心是"市场"。企业是否获利，不取决于其主观愿望，也不在其能生产多少产品，而最终取决于其产品和服务满足消费者需求的程度。市场需求是第一性的，企业的商品生产是第二性的，前者决定后者，后者必须适应、服从、服务于前者。企业成在市场，败也在市场。目前，我国出现了买方市场，企业发展在更大程度上受制于市场，可以说市场是企业行为的指挥棒。青年企业家要研究市场，适应市场，一切盯着市场看，一切围着市场转。要从适应市场到创造市场，主动地考察消费者需求，力争在消费者提出具体要求前，在竞争者拿出合格的产品前，率先把适销对路的产品研制、生产出来，推向市场，从而把过去不存在的市场需求创造出来。

推动21世纪中国经济发展，青年企业家就要加强学习，完善自己。当今时代是知识经济时代，知识就是力量，知识就是效益。对于一位青年企业家来说，知识的多少往往决定着其经营管理水平的高低，决定着其所在企业效益的高低。随着我们社会主义市场经济体制的建立和完善、加入世贸组织的最终完成和全球经济一体化进程的加快，市场竞争的深度和广度日益提高对企业家的素质提出了新的更高要求。青年企业家要主动适应新形势的挑战，不断完善知识结构，努力学习与企业发展紧密相关的现代科技知识、经营管理知识、法律知识。要努力投身实践，在搏击市场中锻炼自己运用资本、信息、科技、人才来实施企业发展战略的能力，使自己成为具有国际竞争能力的人才。

青年企业家朋友们，新世纪的钟声即将敲响，新世纪的曙光就在眼前。让我们高举邓小平理论伟大旗帜，紧密团结在以江泽民同志为核心的党中央周围，孜孜以求，不懈奋斗，用双手和智慧，用青春和力量，为21世纪中国经济发展做出新的更大贡献，创造出无愧于时代的辉煌业绩。

积极带领团员青年在农业和农村经济结构战略性调整中发挥生力军作用

——巴音朝鲁在全国农村团组织领办科技推广项目现场推进会暨参与西部大开发研讨会上的讲话

2000年8月27日

这次会议的主要任务是，进一步贯彻落实党的农业和农村工作大政方针，进一步贯彻落实党中央实施西部大开发的战略部署，研究安排今后一段时间农村团的工作。开好这次会议，对于共青团组织着眼于开发青年人力资源，积极促进农业和农村经济结构战略性调整，积极参与西部大开发，具有重要意义。

会议在新疆玛纳斯县召开，一方面是因为近年来新疆自治区各级团组织在党组织的正确领导下，紧紧围绕党的中心工作，积极促进本地产业结构调整，富有成效地广泛领办科技推广项目，特别是玛纳斯县团组织以乡、村为基础，县、乡、村三级联动，走出了一条灵活有效的领办科技推广项目的工作路子。另一方面，新疆地处祖国西北边陲，幅员辽阔，在我国具有重要的战略地位，又是西部大开发的重要地区。这次会议，得到了新疆自治区、昌吉州、玛纳斯县各级党委政府的重视和支持，在此我代表团中央表示诚挚的感谢。

下面，我代表团中央书记处讲几点意见。

一、团的农村工作要进一步主动适应形势的发展和要求

团十四大以来，特别是1999年初广西荔浦会议以来，全团农村工作思路清晰，重点突出。服务农村青年增效增收成长成才的工作主线，在各项工作中得到了很好地贯彻落实。领办科技推广项目不断深入，保护母亲河行动取得了显著成绩，乡村青年文化节有了积极进展。强乡带村、党建带团建、小城镇团建创新试点等思路的形成及相应工作的逐步展开，有效地促进了农村基层团组织建设。从总体上看，团的农村工作有了很大进步，并呈现出良好的发展势头。实践表明，共青团农村工作以服务农村青年增效增收成长成才为主线，是符合农业和农村经济发展实际的，也是符合农村团员青年的根本利益和实际需求的。

荔浦会议之后的近两年来，我国农业和农村经济结构的战略性调整逐步深入；积极财政政策的实施使农村电网、水利、交通等基础设施及小城镇的建设速度加快，为农村剩余劳动力提供了更多的务工机会；粮食流通体制改革全面实施；扶贫开发工作得到进一步加强；费改税工作正在进行试点，总之，农业和农村经济的形势是好的。与此同时，也出现了一些新情况、新问题，做好农村团的工作，必须对其认真研究，主动适应。

其一，农民收入增幅持续下降。改革开放20多年来，我国农业和农村经济有了长足发展，粮食等主要农产品相对充裕，农村贫困人口的温饱问题即将基本解决，农民群众正在致富奔小康。这一历史性跨越，表明我国成功地解决了长期困扰我们的吃饭问题，农业和农村经济已经上升到一个新水平。但自1997年以来，农民收入增长缓慢，已成为影响整个国民经济健康发展的重大问题。1978—1997年的20年间，农民人均纯收入由134元增长到2090元，增长15.6倍，平均增长速度达到8%。而1998年2162元、1999年2210元，1997—1999年三年平均增长速度才2.8%，明显变缓，有些地区甚至徘徊不前。如果农民收入不能持续稳定并有较大幅度的增加，不仅会影响农村的发展和稳定，而且会影响扩大内需、开拓国内市场，最终影响整个国民经济良性循环和城乡关系的良性互动。在大幅度提高农产品价格已经不太可能的条件下，农民增收的主要途径一是农业深度开发，一是提高非农就业比例。这表明，解决农民增收问题，必须加大力度、加快步伐对农业和农村经济结构进行战略性调整。

其二，市场对农业生产的约束越来越大。我国农业长期以来是自给自足的，影响农业和农村经济的最大因素是自然灾害。随着加入WTO的临近，没有经受过国内市场竞争充分锻炼的我国农业，不可避免地要直接面对国际农产品市场的激烈竞争。加入WTO就要遵守WTO的通行规则，进入国际市场就要遵循国际质量标准。我国人多地少，土地资源相对短缺，农业综合生产能力与世界发达国家相比还比较低，农业科技贡献率只达到发达国家的50%左右，农民的科技文化素质也不高，而且，农业基础设施、机械化水平等硬件设施也相对落后。因此，我国劳动生产率低，以土地等自然资源密集为生产限制条件的农产品成本较高、品质较差等竞争弱势，很长一段时间内还将存在。在这样的条件下，我国农业和农产品要经受住国外农业的冲击，在国际竞争中取胜并占有一席之地,必须面向市场,发挥特色,突出优势,进行结构调整,由多样化、优质化的需求决定品种结构和质量档次。

其三,西部大开发为西部农村的大发展提供了历史性机遇。实施西部大开发战略,加快中西部发展,是中央总揽全局、面向新世纪作出的重大决策,关系到民族团结、社会稳定和国防巩固,关系到东西部地区协调发展和最终实现共同富裕,具有重要的现实意义和深远的历史意义。西部大开发虽然刚起步,但它已经成为全国经济发展的热点和亮点,引起了国际社会的高度关注。西部地区(以西南、西北10省区市计)土地面积占全国陆地面积的57%,农村人口占西部人口总数的78.7%,农业占西部国内生产总值的24%。没有西部农业和农村经济的健康发展,西部大开发就缺乏坚实的基础。而且,西部地区气候带多、生物资源丰富,是众多农畜土特产品的主产地,多种农业资源为全国乃至全世界所独有。这说明,西部地区农业开发的潜力很大,是西部大开发的重要组成部分。西部大开发为西部农村开发利用这些优势,实现大发展,创造了难得的历史性机遇。同时要看到,西部大开发是在西部生态环境面临严峻形势的情况下进行的。中华民族的两条母亲河长江和黄河都发源于西部,全国三分之二的淡水源在西部,全国每年新增2400多平方公里的荒漠化面积大都在西部地区,占全国80%的水土流失面积也在西部。因而,西部地区的农业和农村经济发展与西部乃至全国的生态环境建设是紧密相关的。要实现经济发展与生态改善的"双赢",必须确定正确的发展路子,并按照这一路子的要求搞好当前农业和农村经济结构的战略性调整。

刚刚开始的农业和农村经济发展新阶段,实际上就是对农业和农村经济结构进行战略性调整的阶段。这种战略性调整,既要求大力调整农业生产结构,面向市场,依靠科技,不断向农业开发的深度和广度进军,又要求把农村的经济发展、社会进步和国家的工业化、城市化进程结合起来,大力调整农村经济结构,发展多种经营,发展二、三产业,积极推动小城镇发展,促进农村剩余劳动力转移。团的农村工作要自觉服从和服务于这一战略性调整,把充分发挥团组织在推动这一战略性调整中的重要作用,与更好地服务于农村青年增效增收成长成才结合起来,着眼于青年人力资源的开发利用,以带领团员青年示范推广科技项目为基本途径,促进农业生产结构调整和优化;以帮助农村青年提高职业技能为着力点,促进农村经济结构特别是农村青年就业结构的调整和升级。

二、带头示范,带动推广,加强服务,把带领团员青年示范推广科技项目工作引向深入

广西荔浦会议以来,领办科技推广项目工作取得了积极的进展。在县和县以上团的领导机关的服务和带动下,越来越多的乡、村团组织和团员青年参与其中,领办的方式日益丰富多样,影响面越来越大,自主型、主导型、参与型都涌现出一批好的典型,这次会议交流的经验就是其中的代表。下一步要在推广好这些经验的基础上,着重做好以下三方面的工作。

第一,要把领办科技推广项目全面推进到基层。是广大农村青年普遍而强烈的致富愿望决定我们将领办科技推广项目作为共青团农村工作的基本任务,我们只有把领办科技推广项目全面推进基层,依靠乡、村团组织广泛地为农村青年提供切实的服务和帮助,我们的事业才会充满生机和活力。领办科技推广项目不仅实践性强,群众性强,直接实施者和受益者都是乡、村基层团组织和农村团员青年,因此,其得失成败尤其系于基层的参与度,尤其要由基层和团员青年来检验。领办项目的生命力在基层,重点就应该放到基层。过去强调团的领导机关直接领办,强调"一级干给一级看,一级带着一级干”,强调团组织直接参与发挥主导作用,在这项工作强力启动、摸索经验的初始阶段是十分必要的,也是推动工作方式转变的重要措施,今后仍然要坚持和发展。现在,这项工作已经搞了四年,已经积累了一定的经验,实践证明是可行的、有效的,因而应不失时机地放手发动广大农村基层团组织领办,推动乡、村团组织逐渐成为领办的主体和主力。今后我们评价一个地方的领办科技推广项目工作,既要看团的领导机关服务指导的状况,更要看乡、村基层团组织行动面有多大,农村团员青年参与面有多大;既要看领办项目的数量,更要看这些项目在基层的示范带动作用发挥得怎样。

第二,要以带头示范、带动推广新品种新技术为工作重点。农业的革命主要表现为品种和技术的革命。没有新品种、新技术不断注入的农业是没有前途的农业。对于亟需进行战略性结构调整的我国农业来说,这一点尤其重要。新阶段的农业区别于传统农业的一个主要方面,就是市场和资源双重约束制约农业的增长和发展,特别是市场的约束越来越明显。在我们这样一个人多地少的发展中大国,农产品过剩,一般是由于品种质量不对路造成的结构性过剩,最终要靠新品种、新技术的应用推广来解决。在发展市场经济的条件下,推广新品种、新技术,行政命令的办法已不可取,必须尊重经济规律和自然规律,尊重农民的意愿和生产经营自主权,通过部分人率先应用,让“眼见为实”的农民群众根据身边的实际作出判断和选择,进而使经过实践检验的新品种、新技术得到迅速推广,加速结构调整的进程。抓住这个率先应用的环节,带头示范、带动推广,既可以充分发挥团组织和团员青年容易接受新事物、勇于开风气之先的优势,又可以充分体现团组织和团员的先进性,为推动当地农业和农村经济的发展做出实实在在的贡献。所以,今后各级团组织特别是农村基层团组织要把带领农村青年带头示范带动推广新品种新技术作为领办科技推广项目的主要内容。

第三,县及县以上团的机关要切实加强服务。对县及县以上团的领导机关来说,领办不是包办、更不是办实体,关键是一定要动手做实事,用心求实效,直接抓在手上,一方面在所领办项目的试验、示范、推广和销售等关键环节上起到明显作用;另一方面为基层带头示范、带动推广新品种新技术提供服务。今后要把主要精力放到为基层团组织带头示范、带动推广新品种新技术,提供有效的政策、物资、人才以及技术、市场信息服务上来,一件实事一件实事地做,并不断积累成果,逐步构建起上下联动、左右互通、服务有形、具有特色的农村青年科技服务体系。这是团的领导机关的职责所在,也是优势所在。团中央与科技部、中国农业银行即将组织实施的帮助万名西部青年科技创业行动,计划用三年左右的时间,依托具体项目扶持一万名西部青年依靠科技创业成才,在当地发挥出示范带动作用。这既是共青团贯彻落实党中央西部大开发战略部署的一个实际行动,又是团的领导机关服务西部农村基层团组织领办项目的一个具体举措,各地团组织要与科技、农行部门密切配合,各尽其责,切实把这项工作组织实施好。

三、组织引导、具体帮助,努力为广大农村青年提高职业技能水平提供切实有效的服务

农业和农村经济结构的战略性调整,需要农村劳动力素质的支撑。不论是向农业的广度和深度进军,还是发展二、三产业,推进小城镇建设,也不论是应用推广科学技术,还是开拓市场都必须有农村广大干部群众的积极参与,才能得以顺利进行。他们的思想观念、技术水平及学习应用新知识、新技术的能力将直接关系到经济结构调整的速度和质量,甚至影响到这次战略性调整的成败。

因此，提高当代农村青年的科技文化素质十分重要而紧迫。

农业和农村产业结构的战略性调整，必然带来农村劳动力就业结构的巨大变化。劳动力绝对过剩将是今后相当长时期内的必然现象。农业和农村犹如一个巨大的剩余劳动力"蓄水池"，既要不断地为城镇经济社会发展"输水"，又要在城镇经济发展出现波动时"调蓄"。这种"调蓄"的功能对于保证整个国民经济的稳定健康发展有着十分重要的作用。这个"蓄水池"当中的劳动力总量必将伴随工业化、城市化进程而不断减少，并最终稳定在一个合理的水平上。但这个减少的过程是在相当大规模的进进出出中完成的，而这进进出出的主体就是当代和今后一个时期的农村青年。在这个过程中，他们中的相当部分必然要从纯农业转向兼业，从农业转向非农业，从低收入地区转向高收入地区，从乡村转向城镇。与前辈相比，当代农村青年有较多的发展机会，也必然要面对较多的挑战。对于他们中的每个人来讲，自身素质的高低，如累积的文化知识、专业技能和与经历有关的个性特征，对其能否识别机会、抓住机会、战胜挑战，实现增效增收成长成才有着决定性的影响。

据1990年第四次全国人口普查资料，1971—1985年出生的人口，也就是现在14—28岁的青年为3.17亿，按1998年乡村人口占总人口的比重为69.6%计算，14—28岁的农村青年为2.208亿人，他们中除正在接受九年义务教育的约5400万人以外，绝大部分已经成为农村劳动力中的一员，每年还会有500万初高中毕业生加入到这个队伍中来。他们有着强烈的学习欲望，和学习掌握各种实用技术、职业技能所必需的智力、体力和文化基础。建设现代农业靠他们，发展二、三产业也需要他们。但他们发展事业的方向，一般要经过多次选择才能相对稳定下来。实践证明，团组织带领青年示范推广科技项目，可以有效地提高参与到这些项目中来的团员青年的科技文化素质，并影响其思想观念的变化，应该继续坚持。但面对农村经济社会的迅猛发展，和农村青年就业领域多样化的特点，团组织必须在帮助整个农村青年提高职业技能上做出切实有效的贡献，才能把服务农村青年增效增收成长成才的要求更好更全面地落到实处。

帮助农村青年提高职业技能是一篇大文章。做好这篇大文章既要坚持真抓实干、持之以恒等优良作风，又要大胆开拓、积极创新具体方法；既要充分调动团内力量，又要大胆走社会化、事业化的路子。近期要重点做好三方面的工作。

第一，创造条件，积极开展多种形式的职业技能培训。提高农村青年的综合素质，开发人力资源，基础教育是重要的，根本的，但不是惟一的。对于已走出校门加入农村劳动力大军的农村青年来讲，各种类型的职业技术培训是更现实、更直接、更有效的。各级团组织特别是县乡两级团组织应该充分开发利用所属青少年宫、团校等自有资源，运用灵活的机制，广泛借助各种社会力量，针对劳动力市场的需求，尽可能多地开展多种形式的实用技术、职业技能培训。外出、外来务工青年比较多和经济比较发达的地方，要把这项工作作为重点突出抓好。要积极争取相关政策，力争把团组织开展的职业技能培训与政府职能部门的职业技能考核、颁证结合起来。

第二，借助外力，努力组织引导有条件的农村青年参加各种职业技术教育和学历教育。教育部已决定成人自学高考从今年起逐步推向农村，以广播、电视、函授、刊授等方式进行的多种职业技术教育、学历教育早已覆盖了全国绝大多数农村地区，各级政府也正在采取措施，大力发展多种形式的职业技术教育，许多民办学校也是以职业技术教育为主要办学方向的。可以说，学习的机会是很多的。问题在于教不致用、想学交不起学费，或没人组织，当地没有形成一种氛围。所以团组织应该发挥自己的优势，与现有教育资源相结合，多做宣传发动、组织引导、信息沟通、争取优惠政策等服务性工作，帮助更多的农村青年走上学习成才之路。

第三，广开门路，帮助农村青年充分就业，在实践中学习提高职业技能。干中学，边学边干，是学习许多职业技能最有效的办法。因而帮助农村青年尽可能地充分就业，不仅可以直接增加其收入，而且可以促使其学习提高职业技能，转变思想观念。现在，就业的过程虽然是社会和个人双向选择的过程，但对农村青年来讲，由于劳动力大大供过于求，和自身文化、技能素质的限制，其就业岗位实际上是以社会选择为主的，非常需要社会各方面给予帮助。共青团作为青年自己的组织，有义务和责任为他们的充分就业提供服务。应通过传递就业信息、就业岗位介绍、帮助确定从业项目等途径，尽量帮助农村青年把潜在的劳动力变为投入生产经营实践的劳动力，使他们经受更多的实践锻炼，并在实践中长知识，增才干。

第四，加强引导，在提高农村青年职业技能中注重培养科技创新意识和能力。伴随我国国民经济的持续快速发展和经济结构战略性调整的不断深入，全面提高农业、工业、服务业的水平和效益，对从业者的科技文化素质特别是科技创新能力要求越来越高，不断大量涌现的新行业、新岗位也更加需要具备科技创新能力的从业者。科技创新能力是当今社会从业者的必需素质。青年创新在科研、文化、体育、特别是信息等现代社会各个领域的作用越来越突显出来，广大农村青年无论立足农村还是城市就业，也都必将成为科技创新的生力军。因此，提高农村青年的职业技能，必须注重培养科技创新能力。共青团要因地制宜，打破常规做法，利用各种现代化手段，组织开展活动，营造氛围，形成机制，逐步培养和调动农村青年创造创新的积极性，自觉养成科技创新的习惯，提高科技创新的能力和水平。

同志们，农村基层团组织的状况直接决定着共青团农村工作的状况。部分基层团组织活力不足以致松散瘫痪，一直是全面活跃农村团的工作的最大制约因素。本次会议精神能否落实到基层，落到实处，在一定程度上也取决于基层组织的状况。前不久，中组部、团中央联合召开了全国党建带团建工作会议，贯彻落实好这次会议精神，是加强团的基层组织建设的重要机遇和强大动力。农村基层团组织建设是全团基层组织建设的重点之一。希望大家要按照全国党建带团建会议精神，积极争取各级党组织的领导和支持，下功夫抓好乡、村两级团组织按期集中统一换届和强乡带村两项工作，努力把农村基层团组织建设提高到一个新水平，为全面活跃农村团的工作奠定坚实的组织基础。

江泽民总书记在给首届杰出青年农民的回信中指出："实现中国农业的现代化，建设有中国特色的社会主义新农村，任重而道远，前途十分光明。在这个伟大的实践中，需要一批又一批、一代又一代的有志青年，成为突击队和生力军"，"农村的未来属于青年，中国的未来属于青年！青年朋友们，奋发努力啊！"各级团组织和农村广大团员青年要牢记总书记的嘱托，勇敢地担当起肩负的历史使命，开拓创新，扎实工作，共同为实现中华民族的伟大复兴而不懈奋斗！

以“三个代表”重要思想指导社区共青团工作 进一步巩固党在社区的青年群众基础

——巴音朝鲁在全国“青年文明社区”创建暨社区团建现场推进会上的讲话

2000年9月11日，根据录音整理

由共青团中央、民政部、建设部、国家工商行政管理局联合在青岛召开的全国“青年文明社区”创建工作暨社区团建现场推进会已经圆满完成了任务。会议开得很成功，同志们的精神状态很好。团中央书记处对这次会议非常重视，周强同志会前专门听取了汇报并明确指出：要从经济社会发展全局的高度深入开展“青年文明社区”创建活动，加强社区团组织建设。

借此机会，我就“青年文明社区”创建工作讲三点意见。

一、以“三个代表”为指导，进一步提高对社区共青团工作的认识

江泽民总书记关于“三个代表”的重要思想，是对马克思主义建党学说的新发展。团中央书记处把学习贯彻落实“三个代表”的重要思想作为当前和今后一个时期的中心任务，努力把全团的学习和工作提高到一个新的水平。“三个代表”站在历史和发展的角度，对重大转折关键时期党建所面临的实际问题作了全面深刻的阐述，是对新时期党的性质、根本宗旨和历史任务的新概括，具有很强的现实指导性。最近，江泽民总书记在长春讲话时又强调，整个党和国家工作最坚实的基础就在基层。党的路线方针政策和工作部署，必须实实在在地落实到各个地区、各个部门的各个方面，才能具有成效。共青团作为党的助手和后备军，必须把“三个代表”的深刻思想内涵贯彻到新时期团组织建设中去，按照“三个代表”的要求加强和改进新时期城市共青团工作和青年工作，创新和发展新时期社区团建，不断巩固党在城市社区中的青年群众基础。

1．切实加强社区共青团工作是贯彻落实“三个代表”重要思想的实际步骤

贯彻落实代表先进生产力的重要思想，对共青团来说就是要把培养四有新人作为根本目标，全面提高青少年一代的素质。生产力构成的各个要素之中，人是最重要的。社区集聚着大量的青年，他们的学习、生活、娱乐等主要时间都要在社区度过，因此，社区对提高广大团员青年的思想文化素质，培养他们的专业技能有着越来越重要的作用，社区应当成为共青团造就德才兼备、促进先进生产力发展的骨干的大课堂。贯彻落实代表先进文化的重要思想，对共青团来说就是要用先进文化培养青年、锻造青年。社区是团组织带领广大群众特别是青少年创造、传播、接受先进文化的大舞台，社区文化活动有着丰富的内涵，是先进文化的重要表现形式，是用先进文化塑造和教育青年，推动青年在社区文化建设中发挥生力军作用的有效载体。贯彻落实代表最广大人民根本利益的重要思想，对共青团来说就是全心全意为青少年成长成才服务，始终代表广大青少年的根本利益，维护他们的合法权益，为青少年成长成才营造一个良好的氛围和环境。在社会经济变革的关键时期，社区逐渐成为各

种利益和社会矛盾的反映地、集中地，青少年利益和权益与社区息息相关，特别是各种侵害青少年权益的事情往往都在社区发生，社区日益成为代表和维护青少年权益的重要场所。

2. 切实加强社区共青团工作是服务社会经济发展的客观需要

随着我国社会经济结构的变革，大量与群众生活密切相关的社会性事务管理职能下移到社区。社区正在成为城市社会经济发展新的增长点和重要基础支撑。主要体现为：一是服务功能。社区正逐步成为满足群众物质文化生活需求，提高生活质量的重要场所；二是整合功能。社区文化、社区教育在调整、规范社区中不同利益纠葛和矛盾冲突，教育、引导群众共同参与文明社区建设中发挥着越来越重要的作用；三是凝聚功能。通过共建机制，倡导群众自助互助，使社区各种力量相互受益，增强社区意识和凝聚力，形成和谐的社区人际关系；四是稳定功能。通过社区建设，协调社会关系，化解群众矛盾，解决社会问题，维护社会稳定。但当前社区现状和城市社会经济发展的要求有着较大的差距。社区的基本工作体系尚不够健全，职能尚不够完善，不能够完全有效地承担政府、企业转变职能后剥离出来的大量社会管理、服务职能，影响着人民群众的基本生活，影响着社会的和谐与稳定，影响着社会经济的协调发展。正如胡锦涛同志视察北京市和平街街道“青年文明社区”时强调的，搞好社区建设，对于促进经济发展，满足群众的物质文化需要，巩固基层政权，维护社会稳定，都具有十分重要的意义。共青团作为党的助手和后备军就是要敢为天下先，充分发挥青少年在城市两个文明建设中的生力军作用，以社区服务为群众排忧解难，以社区教育化解内部矛盾，以社区文化丰富群众生活，以社区互助促进新型的社会主义人际关系的建立，真正把好事办实，把实事办好，使社区成为党和政府了解群众的窗口、服务群众的载体、团结群众的手段，为推动经济协调发展服务，为促进城市精神文明建设做贡献。

3. 切实加强社区共青团工作是广大青年成才创业的客观需要

随着社会经济的发展，社区已经成为青少年学习、生活和娱乐的重要场所，各种青年群体集聚在社区，不同层次、不同领域青少年成长成才的需求汇集在社区。他们希望在单位之外，通过社区获得更多的生活、学习、就业、娱乐、交友的服务和机会，而共青团传统的工作领域和服务体系难以有效满足社区青少年的多层次需要。城市共青团工作只有根据服务对象活动领域的变化进社区，才能通过社区团的工作，拓展社区青少年参与社会事务、关心社会发展的途径；只有建立青少年参与社区建设与发展的机制，才能丰富他们的社会实践内容，使他们的世界观、人生观、价值观在社区文化、社区服务、社区教育中得到熏陶、磨炼和确立；只有加强对青少年弱势群体的社区援助和志愿服务，才能在社区代表和维护青少年的利益，为他们的生存和发展提供切实有效的服务，把青年中蕴涵的创造与创新潜力转化为推动社区发展与进步的动力，为广大青年的成才创业提供切实有效的服务。

4. 切实加强社区共青团工作是城市共青团生存和发展的客观需要

在由计划经济体制向社会主义市场经济体制转轨过程中，社会经济成分、社会活动方式、社会组织形式等都发生了深刻的变化。这些变化给整个社会的运行和管理带来了很多新情况，也对团组织，特别是城市基层团组织提出了新课题、新挑战。一是所有制结构发生了新变化，新经济组织迅速发展，大量的进城务工青年、待业青年、下岗青年等青年群体游离在基层团组织网络之外，传统战线部门的工作对象日益减少。二是一些地方的基层团组织缺乏吸引力和凝聚力，有的甚至处于瘫痪、半瘫痪状态。三是社区各种青年群体和社团不断涌现，社区青年组织将会越来越层次化、多样化,社区青年在组织上有了更多的选择。社区共青团组织要团结凝聚青年,就必须适应社区管理和发展的规律,通过开展新经济组织、社区等区域性、行业性建团,不断扩大团组织的覆盖面,把不同领域、不同层面的青年凝聚起来,始终坚持用党的路线方针政策去团结、引导青年,弥补在社会经济转轨时期出现的社区团的工作的空白地带,始终保持团组织在青年中的先进地位,从而增强团组织的凝聚力和战斗力,发挥党联系青年的桥梁和纽带的作用。

二、以"青年文明社区"为统揽,全面活跃城市共青团工作

近年来,根据中央文明委的统一部署,各级团组织以创建"青年文明社区"活动为载体,以社区团建为基础,以服务项目为主导,围绕完善社区服务,开展了青年志愿者"一助一"和"多助一"包户服务、"青年文明号"助万家、红领巾助残等活动;围绕活跃社区文化,开展了"青年文明社区大家乐"、"千校百万"外来务工青年培训等活动;围绕和谐社区人际关系,开展了邻里相识互助卡、互助铃等结对互助活动;围绕优化社区秩序,开展了创建优秀"青少年维权岗"、少年儿童平安回家、青少年法制教育等活动;围绕美化社区环境,开展了青年养护绿地、红领巾植绿护绿、"捡拾白色垃圾、捡回一个希望"活动,有效地促进了社区管理水平和服务水平的提高,促进了居民生活环境和生活质量的改善,促进了青少年成长成才,受到了各级党政领导的充分肯定和人民群众的普遍欢迎,在文明社区建设中发挥了积极作用。目前,全国已涌现出全国"青年文明社区"174个,省级"青年文明社区"1900多个。实践表明,"青年文明社区"创建活动,既为文明城市、文明社区建设做出了贡献,又为青少年综合素质的提高提供了帮助;既促进了新时期群众工作,又加强了基层团组织建设;既调动了广大青年参与文明社区建设的积极性,又拓展了新时期共青团的工作空间。"青年文明社区"创建活动正在逐步成为新时期城市共青团工作新的增长点,在实践中越来越显示出强大的生命力。我们要以"青年文明社区"创建活动为统揽,促进社区共青团工作的全面活跃。

1. 以团建为基础,增强社区共青团活力

随着改革的不断深化,城市社区中聚集着新经济组织员工、外来务工青年、下岗青工、待分配的大学生、复转军人、待业青年等多种群体,社区日益成为广大青年生活、工作、学习的集聚地,与此同时,我国农村城镇化发展势头迅猛,特别是沿海经济发达地区小城镇经济实力不断增强,功能不断完善,吸收了大量外来务工青年。如何把这些青年组织起来凝聚到党的周围,直接关系到党执政的青年群众基础。共青团参与社区建设与发展,就是要以社区党建带团建为突破口,充分发挥基层团组织在社区青年群众工作中的核心作用,在加强团建中求得活跃。党建带团建是共青团组织建设的优良传统,党建带团建的根本在"建",关键在"带"。我们必须抓住全党重视和加强基层建设的有利时机,紧紧依靠党的领导,把团的基层组织建设纳入党的基层组织建设的整体格局,积极争取党组织在思想上、干部队伍上、作风上、组织上带动团的建设。在社区基层党组织的领导和支持下,抓住街道团工委建设这个关键环节,着力配齐配强街道专职团干部,建立以街道团工委为核心的社区团组织网络,扩大社区团组织的覆盖面,突破传统的团员只能在团组织关系所在地参加活动的模式,创新城市共青团基层组织的组织形式、活动方式,增强社区团组织的活力和影响力。在街道办事处成立党政领导牵头、街道团工委具体负责,联合社区内各职能部门、辖区内不同单位和部门团组织的青年工作委员会,协助政府管理青少年事务。继续发扬"全团带队"的优良传统,在社区内建立少先队组织。积极扶持社区青少年联谊会、兴趣小组等团的外围组织,把各种文化层次、兴趣爱好的青少年聚拢到团组织周围。通过社区党建带团建，团建促党建，团建带队建，积极探索对社区团员和青年实行单位、学校与社区双轨教育管理，为全面活跃社区共青团工作打下坚实的组织基础。

2. 以项目为主导，丰富社区青少年活动

形式多样、喜闻乐见的社区活动是加强思想政治工作的有效手段。要通过各种社区活动充分调动社区内青少年参与社区服务和建设的积极性和创造性，为提高社区文明程度发挥基础作用。以全团名牌活动项目进社区为载体，充分发挥社区文化活动的社会教育和服务功能，全面活跃基层的文化活动。围绕活跃社区文化，开展“青年文明社区大家乐”活动，发挥共青团在社区文化中的组织优势、人才优势，以文体活动、楼道文化等丰富多彩的形式，为先进文化的传播提供载体，营造社区学科学、学知识、学文化的氛围。围绕完善社区服务，开展“百万社区青年志愿活动”，建立“一助一”和“多助一”的长期服务机制，深化“青年志愿者”活动，进一步改善和促进社区服务。围绕青少年的权益保护，开展以“雏鹰争章”为主要内容的技能训练，提高少年儿童的综合素质；开展青春自护教育活动，提高广大青少年自护意识和自护能力；开展“优秀青少年维权岗”创建活动，在社区建立健全以“青少年维权岗”为主的岗、站、点三级维权网络，为社区青少年，特别是特殊青少年群体服务。

3. 以阵地为依托，加大社区青少年服务力度

最近，中共中央办公厅、国务院办公厅下发了《关于加强青少年学生活动场所建设和管理工作的意见》，对青少年活动阵地建设提出了明确要求。我们要抓住机遇，全面推进社区青少年活动阵地建设，强化社区青少年服务力度。社区是青少年集中活动的场所，建设“社区青少年服务中心”是“青年文明社区”服务社区青少年的一项重要举措。加强社区阵地建设，当前重点是在利用好现有场所和阵地的基础上，运用政府的、社会的、市场的手段，广泛建立小型、分散的青少年活动设施，力争用三至五年的时间，在每一个街道建立一个多功能的社区青少年服务中心，融社区青少年志愿服务、维权、娱乐服务于一体，使青少年活动的阵地和设施深入到社区，贴近青少年日常需求，更好地为他们提供学习、生活上的帮助和支持。要协调社区内的各种文化体育活动场所、设施向青少年开放，形成资源共享、设施共建、事务共管的建设机制，强化社区对青少年的服务力度，满足广大社区青少年在更高层次上的需求，使社区成为青少年成长成才的摇篮。

4. 以机制为保障，深化创建活动发展

机制建设是“青年文明社区”创建活动深入持久开展的保障。“青年文明社区”创建活动是一项内容丰富、多层次、全方位的系统工程，只有建立和完善各项工作机制，才能使创建活动落实到位、持久发展。要致力于“青年文明社区”创建活动的机制建设，把创建“青年文明社区”活动纳入党和政府文明城市、文明社区建设的整体部署和管理考核激励体系之中，把团内的各种管理考核和激励机制延伸进社区，使创建活动政策到位、参与有据、措施有力、责任到人。要建立社会化机制，整合社会资源，在动员和依靠区域内的各种社会力量，实现创建活动齐抓共建。强化由计划方式向市场方式的转化，逐步建立市场经济的运作机制，使创建活动能够持续、稳定地发展。培育热心参与社区服务和建设的各类青少年队伍，强化群众基础，逐步形成动员机制，使团组织由最初的活动组织者、策划者，转变为活动引导者。通过以上各项机制的建设，全面深化“青年文明社区”创建工作，逐步建立青少年参与社区服务和建设的制度。

三、加强领导，真抓实干，把社区共青团工作提高到一个新水平

创建文明城市、文明社区是一个系统工程，

是一项开创性的工作，内容很丰富，困难也很多。下面我对共青团系统的同志们提几点要求：

1. 加强领导

团中央书记处根据城市共青团工作所面临的新形势和发展机遇，明确地把社区团的工作提到重要的议事日程，把加强社区共青团工作作为新时期城市共青团发展的战略选择。共青团十四届二中全会把深化创建“青年文明社区”活动纳入了《共青团工作跨世纪发展纲要》，明确提出要以“青年文明社区”创建活动为统揽，全面加强社区共青团工作。各级团组织要把加强“青年文明社区”创建活动作为新时期城市共青团组织加强自身建设，服务党政中心工作，服务青少年成长成才的重要举措。要举全团之力，心往一处想，劲往一处使，齐心协力，把创建工作摆到共青团重要的议事日程。各级团委书记要亲自挂帅，明确各个职能部门的创建任务，将创建工作的具体目标分解具体到事，量化到人。团的各条战线要围绕创建目标，结合本部门的实际情况，把工作手臂延伸到社区，集中品牌优势、项目优势向社区倾斜，使五四红旗团委、青年文明号、大学生社区援助、少先队手拉手、青年志愿者服务站、青少年维权岗、进城务工青年培训等各条战线的名牌项目在社区实现成功的对接，形成共建合力，树立共青团工作在社区的整体形象。

2. 注重实效

要全心全意、全力以赴地为广大群众和青少年提供实实在在的服务。服务青年是党的全心全意为人民服务宗旨在团的工作中的重要体现，也是团组织团结青年、凝聚青年的需要。要从代表和维护广大群众的根本利益出发，把“竭诚为青少年服务作为共青团工作的出发点和落脚点”；从调查研究入手，摸清社区群众和广大青少年的需求，增强针对性、时效性，把服务青年的大目标落实到为青年解决实际问题的行动上；从具体事情抓起，从小事情抓起，从青年身边的切身利益抓起，注重解决青少年和广大群众现实生产生活中亟待解决的难点、热点问题。要重在建设，把阵地建设和设施建设摆在突出位置，落到实处。要遵循社区发展的自主性、互助性和社会性，充分利用各种社会资源，按照市场价值规律和社区发展规律，采取有偿和无偿相结合的办法，构建服务基地和设施的市场化运作发展模式，保证青少年和社区之间双向受益的服务体系能够持续发展。

3. 常抓不懈

我们要有打持久战的思想准备。要充分认识到，在新的历史条件下，按照“三个代表”的要求加强和创新城市共青团工作，既是一项紧迫的现实任务，也是一项长期的历史任务。因此，不能打突击战，搞短期行为。要探索和建立社区共青团事业长久发展的内在机制。要以办事业的精神和方式，在政策、激励、监督等方面建立起符合社区发展规律的机制，把青少年参与社区服务和建设的工作纳入社区建设和发展的整体规划之中，把社区青少年组织纳入社区管理组织框架之中，把“青年文明社区”的工作目标、服务项目等同创建文明城市、文明社区的总体思路融为一体，建立青少年参与社区服务和建设的制度，保证“青年文明社区”创建活动持续发展。

当前，新时期城市共青团工作的对象在社区，难点和空白点在社区，发展力量和空间在社区。我们必须深刻理解江泽民总书记关于“三个代表”的重要思想和中央思想政治工作会议的精神以及胡锦涛同志视察北京市和平街街道“青年文明社区”时的重要讲话精神，立足基层，狠抓落实，真正做到共青团组织进社区，思想工作进社区，服务手段进社区，努力实现新时期城市共青团工作的新发展、新突破。

同志们，这次会议是一次事关全局的会议，是创建工作的鼓劲会，对于总结各地开展创建“青年文明社区”的好经验，探索新形势下社区共青团工作的新情况、新问题、新思路，切实加强社区共青团工作，进一步巩固党在社区中的青年群众基础，推动文明社区建设具有十分重要的意义。让我们高举邓小平理论伟大旗帜，在以江泽民同志为核心的党中央领导下，振奋精神，同心协力，发奋工作，为全面开创城市基层共青团工作新局面，推动社区精神文明建设再上新台阶做出积极的努力和更大的贡献！

巴音朝鲁在全国宗教界青年代表人士座谈会上的讲话

2000年9月27日

我们邀请全国宗教界部分青年代表人士组成“全国宗教界青年代表人士考察学习团”，赴上海、江苏、北京等地开展了为期七天的参观考察和读书活动，今天，我们又在北京召开“宗教界青年代表人士座谈会”，交流考察学习的心得体会，研究探讨如何积极引导宗教和社会主义社会相适应，团结带领广大信教青年为促进经济发展、社会稳定和祖国统一做贡献。党和政府一直关心信教青年的成长，重视信教青年工作。王兆国同志在百忙中出席座谈会，与大家合影留念，并作重要讲话，这充分体现了党和政府对信教青年的关怀和对信教青年工作的重视。在此，我代表共青团中央、全国青联向热情关心广大信教青年和高度重视信教青年工作的党和政府表示崇高的敬意，向给予信教青年工作大力支持的有关部门表示衷心的感谢，向参加会议的宗教界青年代表人士并通过你们向全国广大信教青年表示亲切的问候！

借此机会，我就共青团中央、全国青联对信教青年工作的认识和做法作一个简要汇报。

一、信教青年工作是青年统战工作的重要内容

信教青年工作是青年爱国统一战线工作不可或缺的组成部分。我国青年爱国统一战线包括各族各界青年，信教青年是其中一个重要的组成部分。由于各方面原因，信教青年增多，因此，做好信教青年工作的任务也越来越重。如何引导他们爱国爱教，在改革开放和现代化建设中发挥更大的作用，成为全面正确地贯彻党的宗教信仰自由政策、依法加强对宗教事务的管理，积极引导宗教与社会主义社会相适应的积极因素，显得越来越重要。

信教青年是促进经济发展、社会稳定和祖国统一的一支重要力量。信教青年由于年纪轻，文化程度普遍较高，接受新事物较快，思想比较解放，在他们中间蕴藏着建设祖国、报效祖国的巨大热情，逐渐成为信教群众的中坚和骨干力量，是教民中依法办好教务、坚决抵制境内外非法宗教势力和维护发展、稳定大局，推动祖国统一进程的重要的积极因素。

信教青年工作是党的宗教工作的重要组成部分。有计划地培养和教育年轻一代的信教群众，尤其是爱国宗教教职人员，对我国宗教组织的将来面貌具有决定性的意义。因此，党和政府一直把培养一大批热爱祖国，接受党和政府的领导，坚持走社会主义道路，维护祖国统一和民族团结，有宗教学识，并能联系信教群众的宗教界青年代表人士作为宗教工作的重点予以高度重视，从来不放松。作为党和政府联系青年的桥梁和纽带，共青团、青联组织要积极配合有关部门，认真做好信教青年特别是宗教界青年代表人士的工作。

做好信教青年工作，对于进一步巩固和扩大青年爱国统一战线，保证我国宗教组织按照正确方向活动，保持经济繁荣，维护社会稳定，推进祖国完全统一，实现中华民族的伟大复兴具有极其重要的意义。各级共青团、青联组织要从关系到国家的稳定、统一、发展、繁荣的战略高度充分认识做好信教青年工作的重要性，把它当成一项重点工作，认真抓好做实。

二、近年来信教青年工作的简要回顾

近年来，各级共青团、青联组织在各族各界青年中广泛开展了马克思主义宗教观和党的宗教理论、宗教政策的学习教育活动，使他们对宗教问题有了一个基本的正确的认识；积极开展信教青年工作调查研究，了解信教青年的需求，关心信教青年的成长；努力做好宗教界青年代表人士的工作，邀请他们参加各种形式的服务团到老、少、边、贫地区开展志愿服务，参加访问团到外国以及港澳台地区访问，为他们了解国情、认识世界提供服务；九届全国青联共安排宗教界委员 31 人，其中五大宗教的青年代表人士分别担任副主席、常委，同时还要求在省级青联中也要有相当数量的宗教界青年代表人士参加；在坚决反对以美国为首的北约袭击我驻南使馆的野蛮行径、沉重打击以李登辉为代表的台湾分裂势力的嚣张气焰、果断处理“法轮功”邪教问题等政治斗争中，组织部分宗教界青联委员积极参加各类座谈讨论活动，表达了宗教界青年坚决维护国家主权和民族尊严、保持社会稳定、实现祖国完全统一的意志；协助党政有关部门化解宗教矛盾，帮助信教青年和宗教团体解决困难等等，团结带领广大信教青年，为社会主义两个文明建设做出了积极贡献。

各地共青团、青联组织还根据各自的特点，开展了行之有效、别具特色的活动。如河北省保定团市委、青联在信教青年较多的县（市）建立青联组织，在信教青年较多的乡、村建立青年联谊会、青年服务社等青年组织，进一步健全和加强农村“青年之家”的建设，举办农村实用技术培训班，开展文娱体育活动，不断丰富信教青年物质文化生活；新疆伊犁地区团委针对部分青年参与非法宗教活动的现象，在广大青年中开展了以“坚持党的宗教政策，不参与非法宗教活动”等为内容的“反分裂教育活动”，广泛宣传党中央和自治区党委关于维护新疆稳定、加强宗教管理的有关精神，组织各族青年学习法律法规和宗教政策，使广大青年对什么是宗教活动，什么是非法宗教活动等问题有了比较清醒的认识，增强了法制观念，进一步认清了反分裂斗争的实质。

这次共青团中央、全国青联组织“全国宗教界青年代表人士考察学习团”，邀请全国宗教界部分青年代表人士赴上海、江苏、北京等地参观高科技园，考察宗教活动场所，开展爱国主义教育活动，并举办了读书班。五大宗教的青年代表人士相聚在一起，增进了解，加强沟通，取得了圆满成功，达到了预期效果。刚才参加考察学习的几位代表作了很好的发言，一致认为，通过马克思主义宗教观、党的宗教政策的深入学习，在经济较发达地区的参观考察，亲身感受到党的改革开放政策给国家带来的巨大变化，极大地激发了热爱党，热爱祖国，热爱社会主义的热情，纷纷表示要团结和带领广大信教青年，为促进祖国的统一、社会的稳定和社会主义市场经济的繁荣发展做出更大的贡献。

三、进一步做好信教青年工作，为信教青年提供切实有效的服务

实现中华民族的伟大复兴，是包括信教青年在内的所有中华青年义不容辞的神圣职责，也离不开广大信教青年的辛勤工作和不懈奋斗。共青团、青联组织要根据信教青年的特点，努力开展工作，为他们提供切实有效的服务，帮助他们奋发成才，建功立业。

第一、认真做好信教青年工作的调查研

究。由于社会的发展和时代的变化,信教青年工作势必出现新的情况,遇到新的问题。我们要进行深入细致的调查了解,分析研究,从中找出规律性的东西,作为信教青年工作决策的基础和依据,以增强工作的科学性、主动性和针对性,推动信教青年工作向前发展。要定期召开信教青年工作会议,研究、部署信教青年工作,以便更好地发挥信教青年的积极性,激发他们为建设有中国特色社会主义事业而努力。

第二,积极组织信教青年开展有关活动。刚才几位朋友在发言中希望共青团中央、全国青联多组织一些活动,并就此提出了许多建议和意见。我认为这些建议和意见都很好,我们一定认真研究,积极部署。要通过开展丰富多彩的活动,培养信教青年热爱社会主义祖国的高尚情操,引导他们用自己的实际行动建设祖国、报效祖国。继续组织信教青年代表赴经济发达地区考察学习,亲身感受党的改革开放政策给祖国带来的巨大变化,同时组织广大信教青年参与西部大开发,进一步激发大家建设社会主义祖国的积极性。定期开办各种类型、不同层次的信教青年学习班,认真学习党的路线、方针、政策,尤其要学习马克思主义宗教观和党的宗教理论、宗教政策,努力提高自身修养,坚决抵制境内外敌对势力利用宗教进行的渗透、破坏和违法犯罪活动,维护宗教活动正常进行,努力探索在促进宗教与社会主义社会相适应中如何发挥自身的作用。共青团、青联在组织各界青年学习座谈、交流出访、服务社会等活动中,要注意吸收信教青年参加,充分发挥他们参与社会、服务社会的积极性。

第三、不断密切与宗教界青年代表人士的联系。宗教界青年代表人士是党和政府团结联系信教青年的重要渠道,是维护国家和社会稳定,办好教务的重要力量。各级共青团、青联组织要发扬传统,积极做好宗教界青年代表人士的工作,认真倾听他们的意见,努力与他们交流、交心、交朋友。要帮助他们解决工作、学习、生活上的困难,想他们所想,急他们所急。要及时地向党和政府以及有关部门反映他们的思想、工作、学习情况,以引起党政的重视,为他们的成长发展服务。

第四、积极创造条件,为信教青年服务好。服务青年是共青团、青联工作的出发点和落脚点,信教青年工作更是如此。要加强阵地建设。对于信教青年较多的地区,在充分利用好已有的阵地设施的基础上,要积极争取基金,有计划、有重点地建设一批青少年活动阵地,进一步满足信教青年的物质文化生活需求。要进一步健全工作机构。全国青联要加强民族宗教工作部的力量,有条件的省级青联可以设立信教青年工作部门,目前条件不具备的省级青联和地、市青联以及宗教工作任务较重的县团委,要指派专人负责信教青年工作。要不断提高工作水平和服务质量。定期举办培训班,不断提高信教青年工作干部的政治理论水平和业务工作能力,为做好信教青年工作,联系好信教青年和宗教界青年代表人士奠定组织基础。

我们一定不辜负党和人民的期望,团结一致,同心协力,携手并进,为中华民族在 21 世纪的辉煌,为祖国的完全统一做出青年一代应有的贡献!

巴音朝鲁在全国社区青年志愿者工作现场会上的讲话

2000年11月3日

这次由共青团中央、民政部联合召开的全国社区青年志愿者工作现场会，是在全党深入贯彻落实十五届五中全会精神的背景下召开的，也是在全国创建文明社区工作座谈会刚刚在南京举行后不久召开的一次重要会议。这次现场会的主要任务是以江泽民总书记关于青年志愿者工作重要批示精神为指导，深入贯彻落实党的十五届五中全会精神和全国创建文明社区工作会议精神，认真总结6年多来社区青年志愿者工作的实施情况，交流推广各地的经验和做法，规划部署新世纪社区的青年志愿者工作，集中全团智慧和社会各方面力量，把社区青年志愿者工作提高到一个新水平，为推动经济发展与社会全面进步做出新贡献，以良好的精神状态和新的业绩迎接2001年“国际志愿者年”。

借此机会，我代表共青团中央书记处就社区青年志愿者工作着重讲四点意见。

一、从服务经济社会发展全局的高度，充分认识抓好社区青年志愿者工作的重要意义

我国正处于从计划经济体制向社会主义市场经济体制过渡的重大社会转型时期，社区在经济社会发展中的地位日益突显，党中央高度重视社区建设，社会普遍关注社区发展。共青团作为党的助手和后备军，必须始终围绕党政中心工作，服务于改革、发展、稳定的大局。包括青年志愿者工作在内的城市团的工作要围绕加强社区服务和社区建设找准位置，发挥积极作用。应该说，各级团组织、青年志愿者组织适应时代发展的要求，比较早地把工作着力点指向了社区，已经取得了良好的开局。早在1994年3月5日，就推出了“一助一”长期结对服务计划，在1995年初又着手进行了社区青年志愿者服务站的创建试点工作，还实施了大中学生志愿者社区援助行动等项目，这些都为社区青年志愿者工作的深入开展奠定了基础。目前，广大青年志愿者不仅积极为社区困难群众排忧解难，广泛开展社区公益性服务，而且还经常活跃在许多大型赛会的现场。志愿服务正在成为社区服务的一个有机组成部分，青年志愿者正越来越成为社区建设的一支重要力量。

1. 抓好社区青年志愿者工作有助于促进我国社会保障事业

党的十五届五中全会通过的《中共中央关于制定国民经济和社会发展第十个五年计划的建议》中指出：“完善的社会保障制度是社会主义市场经济体制的重要支柱，关系改革、发展、稳定的全局。”强调要积极发展社会福利、社会救济、优抚安置和社会互助等社会保障事业。社区的青年志愿者工作以扶贫济困为主题，以社会困难群众为主要扶助对象，青年志愿者“一助一”结对服务已经达到了250多万对，为困难群众提供了实实在在的服务和帮助。可以说，进一步抓好社区的青年志愿者工作，是贯彻党的十五届五中全会精神，推动社会保障事业发展的具体步骤。

发展社会主义市场经济，既鼓励竞争，又兼顾公平。优胜劣汰的竞争势必会造成部分社会成员因种种原因暂时处于“弱者”地位，不断产生一些困难群体；公平的法则又要求尽可能地顾及困难群体的利益，可谓“竞争无情社会有情”。无情的竞争按照市场交换的规则进行，有情的社会呼唤人与人间的友善和互助。这说明，发展社会主义市场经济需要建立完善的社会保障制度，为社会困难群体的生活提供基本的保障。对于困难群众的保障需求而言，除需要获得能维持最低生活水平的物质保障外，还需要得到必要的服务保障。因此，完整意义的社会保障也应该包括两方面：一方面要通过社会保险、社会救济等形式为社会成员提供物质保障，另一方面要通过社会互助等多种途径使他们得到服务保障。服务保障的充分实现不可能完全依赖于政府部门，也不可能全部通过市场交换的方式获得。我国的社会保障事业还很不完善，服务保障更显薄弱，这就更需要志愿服务。有关资料表明，在德国、法国、英国、美国等市场经济发达的国家，在我国的香港特别行政区，服务保障很大程度上通过青年的志愿服务或民役来实现。不管是考虑我国的国情，还是借鉴发达国家及我国部分发达地区的做法，深入开展以社区为基础的青年志愿者行动，无疑都有助于我国社会保障事业的发展。如果说，我们通过青年志愿者的扎实服务，用两年左右的时间覆盖主要城市社区50%的困难群众，就会为促进社会保障事业，推动社会主义市场经济体制的建立做出很大的贡献。

2. 社区青年志愿者工作是一种有效的精神文明创建活动

江泽民总书记在青年志愿者工作的重要批示中高度概括了青年志愿者行动的精神文明意义，指出：青年志愿者行动，是当代社会主义中国一项十分高尚的事业，体现了中华民族助人为乐和扶贫济困的传统美德，是大有希望的事业。努力进行好这项事业，有利于在全社会树立奉献、友爱、互助、进步的时代新风。党的十四届六中全会把青年志愿者行动作为精神文明创建活动写入了会议决议。党的十五届五中全会又突出强调大力开展群众性精神文明创建活动。这次全国文明社区创建工作会议上，也对社区青年志愿者工作提出了明确的任务和要求。各级团组织、青年志愿者组织要进一步学习领会江总书记重要批示精神，认真贯彻落实党的十四届六中全会、十五届五中全会及全国文明社区创建工作会议精神，总结推广南京、青岛、深圳等许多城市的经验做法，切实把青年志愿者活动作为一种有效的精神文明创建活动抓紧抓好，努力使之纳入到全国和各地精神文明建设总体规划之中，进一步增强青年志愿者工作的生命力和影响力。

二、抓好社区青年志愿者工作，促进社区共青团全面活跃

改革的深入、市场经济的发展带来了青年流向和分布的巨大变化，城市社区日益成为各类青年生活、工作、学习的集聚地。把这些青年有效地动员和组织起来，凝聚到党的周围，为社区的建设和发展积极做贡献，在参与社区建设的实践中锻炼成长，对共青团确实提出了更高的要求。根据今年9月中国青少年研究中心等机构的调查显示，在社区，青少年参加最多的服务就是青年志愿服务；在团组织为社区青少年提供的服务项目中，青年志愿服务居第一位。可见，青年志愿者工作在社区服务和社区建设中正发挥着重要的作用。

1. 青年志愿者工作是一种有效的动员组织手段

把社区内各类青年有效动员和组织起来，是社区共青团工作的重点和难点。社区内各类青年，不管来自哪个行业、哪个单位，都可以聚集到志愿者的旗帜下，根据自己的意愿和能力选择不同内容和形式的志愿服务项目，以志愿者的身份参与社区服务和社区建设。各级共青团组织在社区开展的许多活动都离不开志愿者的积极参与。青年志愿者行动不仅仅是一项具体工作，而且是一种有效的动员方式，为活跃社区团的整体工作发挥着不可替代的重要作用。

2. 青年志愿者工作是新时期服务青年成

长成才的有效途径和载体

服务青年成长成才是共青团全部工作的出发点和落脚点,社区团的工作同样如此。组织和引导青年以志愿服务方式积极参加社区服务和社区建设,适应了当代青年自主意识、参与意识日益增强的特点,变“要我参加”为“我要参加”,调动了青年的内在积极性,避免了大而无形的机械说教和强行灌输,使青年在服务中直接了解基层群众的甘苦,增强为人民服务的意识和本领,在自觉参与中受到潜移默化的思想政治和道德品质教育。同时,广大青年在志愿服务中可以学以致用,充分发挥自身的智力优势,在运用知识的实践中进一步增长知识才干,全面提高综合素质。

3. 青年志愿者工作有助于加强社区团的组织建设

志愿者的突出特征是强调主体性、互助性,与社区建设强调的共建、互助、共享的发展思路是完全一致的,与加强社区群众自治组织建设的要求也是相吻合的。志愿者不仅可以通过各种各样的服务活动参与社区服务,而且可以通过多种方式参与社区管理,提高社区组织的管理水平。可以讲,社区青年志愿者工作对于夯实社区团组织基础建设,拓宽社区团的工作领域,延伸团的工作手臂,扩大共青团及青少年工作影响面,形成以青少年为主体、社会各界共同参与的社区青少年工作体系,具有积极的促进作用。

三、抓好社区青年志愿者工作,夯实整个青年志愿服务事业基础

我们经常讲青年志愿者行动有三大发展目标,即要成为社会主义精神文明建设的一支重要力量,成为社会保障事业的一个有机组成部分,成为共青团团结教育青年的一条有效途径。如果离开了社区青年志愿者工作,实现这个目标是不可能的。而且,使之真正成为我国多层次社会保障体系的一个有机组成部分,这个目标主要就是针对社区青年志愿者工作来讲的。只有社区青年志愿者工作才能覆盖全社会,是各地都能普遍开展的。只有建立健全社区青年志愿者工作的组织网络,青年志愿服务事业才能真正在群众中扎根。

1. 社区青年志愿者工作具有广泛的社会动员面和影响力

青年志愿者行动是一种有效的动员手段,而能够实现普遍动员、青年又能够普遍参与的领域就在社区。社区是人们的基本生活单元,联系千家万户。扎扎实实地做好社区的青年志愿服务工作,让志愿者走入千家万户,就会引导广大青年及社会各界人士踊跃参加各种志愿服务活动,真正为社区困难群众排忧解难,为社区环境的美化、社区文化的活跃、社区秩序的维护做出实实在在的贡献,志愿者工作就会逐渐深入人心,在人民群众生产生活中扎根。据不完全统计,全国已经有超过4000万人次的青年参与了各种形式和内容的社区志愿服务活动。可以预见,伴随社区青年志愿者工作的蓬勃发展,将会有越来越多的青年及其他社会人士参与到社区志愿服务的行列。

2. 社区青年志愿者工作有助于广大青年长期、经常参与志愿服务

“一助一”结对服务是社区青年志愿者工作长期开展的重点项目,已经坚持了6年多的时间,服务的规模仍在不断扩大,服务的质量也在不断提高。围绕社区教育、文化、环境、卫生、交通等等大量的公共利益和公共需求开展公益性志愿服务,是社区青年志愿者工作的经常项目。迄今为止,全国已经建成了2.4万多个社区青年志愿者服务站,青年志愿服务基层组织网络初步形成,这必将为更多有志于参与志愿服务的青年和社会各界人士提供组织依托和机会、渠道,进一步保障社区青年志愿者工作的深入持续发展。

3. 社区青年志愿者工作有助于促进青年志愿服务立法

青年志愿服务立法对青年志愿服务事业

的未来发展至关重要。其前提就是广大青年比较普遍的参与志愿服务,志愿服务基本上成为一种普遍的公众行为。只有扎实推进具有广泛动员面和影响力的社区青年志愿者工作,动员更多的青年及社会力量参与志愿服务,各级地方人大及全国人大加快青年志愿服务的立法进程才有群众基础。目前,1999年8月,广东省人大通过了国内第一部青年志愿服务条例。北京等地人大通过的有关成年教育的法律中,也涉及青年志愿服务的条款。福建省人大也已经将青年志愿服务立法纳入了明年计划。伴随着社区青年志愿者工作的不断加强,各地立法进程逐步加快,必将有力地促进全国性青年志愿服务立法步伐。

四、把握机遇,真抓实干,实现社区青年志愿者工作新世纪更大发展

面向即将到来的新世纪,我国将进入全面建设小康社会,加快推进现代化建设的新的发展阶段。随着改革的不断深入、市场经济的不断发展,党和政府推进社区服务和社区建设的力度不断加大,社区青年志愿者工作应该在经济社会发展中发挥出更大的积极作用。这就要求全团进一步提高认识,明确目标,扎实工作,集中力量把这项事业全面推向新世纪,实现新的更大发展。为此,我对共青团系统的同志们提几点要求。

1. 认清形势,把握机遇,乘势而上

青年志愿者工作所处的大背景、大环境,对整个事业发展十分有利,对社区青年志愿者工作发展十分有利。一是建立完善的社会主义市场经济体制需要大力推进社会保障事业,这一点在党的十五届五中全会上又一次突出强调。我们这次现场会将提出一个很实际的工作目标,那就是努力用两年左右的时间,通过青年志愿者扎扎实实的服务,为主要城市社区50%的重点困难群众提供有效的服务和帮助。实现这个目标,将会对我国多层次社会保障体系建设做出积极贡献。二是中央反复强调加强新时期思想政治工作。党的十五届五中全会专门强调要加强青少年的思想政治和道德品质教育。在《中共中央关于加强和改进思想政治工作的若干意见》中突出强调要把思想政治工作任务落实到基层,重视和加强社区的思想政治工作。实践证明,青年志愿者行动是新时期一种有效的群众性精神文明创建活动,是加强青少年思想政治工作的有效载体。抓好社区的青年志愿者工作,是落实党的十五届五中全会和中央思想政治工作会议精神的具体举措。三是我们即将迎来"国际志愿者年"。志愿者工作是一项与国际接轨的工作。2001年是联合国确定的"国际志愿者年"。我们要抓住这个千载难逢的重要契机,精心策划和组织,努力促进我国青年志愿者各项工作的更大发展。

2. 高度重视,真抓实干,全面推进

社区青年志愿者工作是全团的一项重点工作,是新时期全面加强社区团的工作,服务党政中心工作,服务青少年成长成才的具体举措,事关整个青年志愿服务事业的长远发展。各级团组织、青年志愿者组织一定要高度重视,采取得力措施,坚决地全面地推进这项工作。各地的经济社会发展水平不同,采取的模式、工作方法可以不同,社区志愿服务的质量和水平可以有差异,但都必须毫不犹豫地开展起来。同时,社区青年志愿者工作又是一项非常具体、非常实在的工作。我们制定的近期工作目标非常实在,量化程度很高;我们总结的几种模式非常具体,操作性很强。各地要加强领导,制定切实可行的推进方案,将目标任务分解具体到事,责任落实到人,有计划、按步骤地扎扎实实全面推进这项工作。

要通过抓社区的青年志愿者活动,努力形成青年志愿服务项目体系。通过探索开展一个又一个实实在在的项目来推动青年志愿服务事业发展,是近年来青年志愿者工作的重要思路。目前,我们开展的青年志愿者项目主要有四类，一是以青年志愿者社区发展计划为统揽的城市社区服务，二是以青年志愿者支教、支医扶贫接力计划为重点的农村扶贫开发，三是以青年志愿者绿色行动营计划、成人预备期志愿服务等为重点的城乡普遍开展的项目，四是以为国内国际大型活动提供志愿服务为重点的急难险重项目。我们要以城市社区为基础，继续探索更多长期或短期的项目，逐步形成覆盖城乡的青年志愿服务项目体系。要通过抓社区的青年志愿者组织，努力建立青年志愿服务基层组织网络，完善青年志愿服务组织体系。青年志愿者事业的持续发展离不开组织体系的建设。青年志愿服务的组织体系主要包括两大网络：一是以社区为核心，由社区青年志愿者服务中心、服务站、服务队组成的基层组织网络。在这个网络中，青年志愿者服务站是个轴心。我们这次会议的一个重要任务就是讨论社区服务站的建设问题。二是由各级青年志愿者协会构成的协调管理组织网络。包括中国青年志愿者协会和各省、地（市）、县级协会。社区基层网络的建立，协会管理网络的健全，就初步构成了青年志愿服务的组织体系。当然，在构建项目体系、组织体系的同时，我们还要努力建设一支规模宏大的社区青年志愿者队伍。

这里我想再强调一下发挥信息网络作用的问题。青年志愿者工作是共青团组织实施、社会各界参与的崭新事业，志愿者招募、筹资等许多工作都是面向社会、动员社会力量支持的，参与志愿服务的青年及社会各界人士多数也是具备较高素质、熟悉并掌握互联网技术的群体，建设青年志愿者网站有助于宣传志愿者、推动志愿服务事业，非常必要。许多省市已经或正在做这项工作。希望大家再加把劲，尽快把这项工作抓起来。

同志们，青年志愿服务事业是在党中央的亲切关怀下发展起来的。江泽民总书记于1997年底亲笔题写了“中国青年志愿者”，今年1月16日，又在杰出青年志愿者的来信上作出重要批示，对青年志愿者行动给予充分肯定，并提出了殷切的期望，这对全国广大团员青年、广大青年志愿者是巨大的鼓舞和鞭策，为新世纪青年志愿者行动的进一步发展指明了方向。今年5月3日，中共中央政治局常委、国家副主席胡锦涛视察了北京市朝阳区和平街青年志愿者服务站，对社区青年志愿者工作给予充分肯定并提出了明确要求。丁关根同志在这次文明社区创建工作会议上充分肯定了社区的志愿者活动，对活动的开展给予了具体指导。中央文明办、民政部等有关部委领导对这次会议的召开也给予了很多支持和指导，民政部基层政权和社区建设司副司长戚锦芳同志专程出席今天的会议并作了很好的讲话，江苏省各级党政领导对这次会议的召开给予了大力支持。在此，我代表共青团中央、中国青年志愿者协会向大家表示衷心的感谢！

我们相信，在江泽民总书记对青年志愿者工作重要批示精神的指导下，在各级党政领导亲切关怀和社会各界大力支持下，经过各级团组织、青年志愿者组织和广大青年志愿者不懈努力，艰苦奋斗，社区的青年志愿者工作、整个青年志愿服务事业必将实现新世纪的蓬勃发展，为经济繁荣、社会进步，为实现中华民族的伟大复兴做出无愧于时代的贡献！

巴音朝鲁在共青团十四届四中全会上的总结讲话

2000 年 12 月 22 日

在党中央的高度重视和亲切关怀下，在大家的共同努力下，共青团十四届四中全会圆满完成了各项任务。受书记处委托，我就会议作一总结。

一、关于这次会议的主要精神

这次全会是在全党全国人民深入学习贯彻落实党的十五届五中全会精神和中央经济工作会议精神的形势下召开的。中共中央政治局常委、国家副主席胡锦涛在百忙之中到会作了重要讲话。全会听取了周强同志代表团中央书记处所作的报告，审议并通过了《共青团中央关于团结带领青年为实现“十五”期间经济和社会发展目标做贡献的决定》。这是一次十分重要的会议。会议精神主要体现在以下几个方面。

第一，明确了新世纪之初共青团工作的方向。胡锦涛同志代表党中央所作的重要讲话是这次会议的最重要的文件，是会议精神的集中体现。这次全会召开之前，党中央书记处听取了团中央书记处的工作汇报，充分肯定了我们一年来的工作，对于明年和今后一个时期团的工作做了重要指示。全会认真学习了胡锦涛同志的重要讲话和党中央书记处的重要指示。大家一致认为，胡锦涛同志的重要讲话和党中央书记处的重要指示，为共青团明年和今后一个时期的工作指明了方向，充分体现了以江泽民同志为核心的党中央对共青团工作的高度重视，对青年一代健康成长的殷切关怀，对于各级团组织和团干部进一步做好工作是巨大的鼓舞和鞭策。大家一致表示，要不负党中央的信任和厚望，以强烈的责任感和使命感，团结带领广大团员青年为实现党中央确定的 2001 年经济社会发展的各项任务和“十五”计划目标做贡献，为实现社会主义现代化建设的宏伟目标努力奋斗。

为把胡锦涛同志重要讲话精神和党中央书记处重要指示更好地贯彻落实到明年和今后一个时期共青团工作当中，大家要把握好以下几点。一是要把握好党中央对明年共青团工作的总要求，切实做到围绕大局，贴近青年，突出重点，发挥优势。二是要统一思想，就是要把广大团干部和团员青年的思想认识统一到党中央对国际国内形势的正确判断上来，统一到党中央面向新世纪作出的重大部署上来，进一步增强服务党政工作大局的自觉性。三是要切实落实好“三个贯穿”的要求，把引导青年艰苦创业、鼓励青年锐意创新和大力培养青年人才贯穿于团的全部工作之中。四是要把握好青年思想政治工作的内容，即突出抓好青年的理想信念教育，把握好青年思想政治工作的对象，即重点加强对特殊青年群体的思想工作，把握好青年思想政治工作的手段，即特别注意发挥互联网等现代传媒在青年思想教育中的作用，进一步增强青年思想政治工作的针对性和实效性。五是要牢记政治合格、作风扎实、严格自律的要求，切实加强团干部队伍建设。

第二，明确了新世纪之初共青团工作的着力点。我们这一届团中央委员会工作的五年，是跨越世纪的五年。从团十四大至今，履行自己的责任已有两年多的时间了。在进入新世纪的历史时刻，如何在已有工作的基础之上推动工作再上新台阶、再创新局面，是大家共同面临的重要课题。全会在总结过去、规划未来的基础上，提出要以培养和造就青年人才为着力点，谱写新世纪共青团工作新篇章。这一精神，集中体现在周强同志代表团中央书记处所作的重要讲话之中。周强同志的讲话，得到了与会同志的充分肯定和一致赞同。大家一致认为，周强同志的讲话紧扣全党全国工作大局，紧扣时代发展的要求，密切联系青年的发展变化和共青团工作的实际，集中回答了共青团为什么和如何培养造就青年人才的问题。认为，这既是一个立意高、思想性强的报告，也是一个求实务实的报告，对于当前和今后一个时期的共青团工作具有很强的指导意义。

着力点的含义是什么呢？把培养和造就青年人才作为着力点的意义是什么呢？着力点，通俗地讲就是支点。古希腊一位先哲曾经说过，如果有一根足够长的杠杆和适当的支点，我可以撬动地球。由此可见，着力点具有牵一发而动全身的意义，是实现发展的关键环节。把培养和造就青年人才作为着力点，就具有这样的意义。我们要把培养和造就青年人才作为主线贯穿于新世纪之初共青团的全部工作之中，以此整合资源，构建起培养青年人才的工作体系和机制，努力造就共青团培养青年人才的新优势。抓住了培养和造就青年人才这个着力点，就能够牢牢把握共青团工作的主动权，占领制高点，把服务大局与服务青年更好地结合起来，把青年工作与现代化建设更好地结合起来，为实现中华民族伟大复兴培养和造就一支高素质的青年人才大军。

第三，明确了新世纪之初共青团工作的部署。全会审议通过的《共青团中央关于团结带领青年为实现"十五"期间经济和社会发展目标做贡献的决定》，在团的十四届二中全会上通过的《共青团工作跨世纪发展纲要》的基础上，根据党的十五届五中全会精神，着眼于"十五"期间我国经济社会发展，对新世纪之初的共青团工作进行了部署。

这个决定所要解决的问题，就是如何团结带领团员青年为实现"十五"计划做贡献。在研究《决定》的总体思路、基本框架和工作布局时，团中央书记处提出的原则是，总体思路不变、工作布局不变，不出新口号、不推新活动。而是，要根据团十四大以来形成的总体思路和工作布局，着眼于促进新世纪之初的经济社会发展，集中力量抓深化，抓重点，抓落实。说到底，就是要把那些看准了的事情，那些被实践证明有生命力的活动，坚持不懈地做下去。这是《决定》的最大特点。在讨论过程中，大家对《决定》的总体思路、基本框架和工作布局给予了充分肯定，认为是一个很好的文件，对于全团贯彻落实党的十五届五中全会精神具有十分重要的意义。

在这次会议上，通过了团中央委员、候补委员卸职递补确认案。有58名老委员卸职，47名候补委员递补为委员。还选举产生了5名团中央常委。共青团的岗位是一个流动性很强的岗位。这种人员交替是很正常的事情。无论是在共青团的岗位上，还是在党政岗位上，或者在其他岗位上，我们都是在为党的事业而工作，都是在为人民服务。我们要始终牢记是党培养了我们，是人民哺育了我们，只有勤奋工作，不懈奋斗，不断做出新成绩，才能不负党和人民的期望。

为切实贯彻落实好这次会议精神，我们需要努力做到以下几点。

一是要把握大局，着眼全局。共青团作为党的助手和后备军，必须始终服务全党全国工作大局，始终服务经济社会发展全局。这就要求，我们必须深刻认识我国经济社会发展的阶段性变化和面临的新任务，自觉地把思想统一到以江泽民同志为核心的党中央的重大决策和部署上来，统一到党的十五届五中全会和中央经济工作会议精神上来，自觉地从大局出发来谋划工作，部署工作，推进工作。

二是要开拓进取，勇于创新。当今时代，是一个创新的时代。在新世纪开创我国社会主义现代化建设的宏伟事业,需要创新。无论是组织,还是个人,要跟上时代前进的步伐,都需要创新。共青团工作岗位是一个创新的岗位。新的形势,新的任务,要求我们要努力研究新情况,解决新问题,总结新经验,探索新方法。

三是要脚踏实地,求实务实。实事求是是我们党的思想路线。脚踏实地、求实务实的工作作风,是这一思想路线的具体体现。脚踏实地,就是要深入基层,深入青年,下决心真抓实干,花力气解决问题,切实杜绝工作飘浮和情绪浮躁,切实杜绝形式主义和表面文章。求实务实,就是要树立科学精神,坚持一切从实际出发,把实践作为检验我们的工作思路、工作方法和工作成效的标准。切实杜绝想当然、拍脑门、闭门造车等一切主观主义的做法。

二、关于团十四大以来的主要工作

团十四大提出,在跨越世纪的新征途中,共青团要团结带领广大青年坚定信念、发愤学习、锐意创造、自觉奉献,为实现跨越世纪宏伟目标而奋斗。在团十四届二中全会上,我们根据党的十五大精神,按照团十四大确定的主要任务,制定了《共青团工作跨世纪发展纲要》,就如何推动共青团工作实现跨世纪发展作出了部署。团十四大以来,在以江泽民同志为核心的党中央领导下,在全团上下的共同努力下,团的工作在继承中创新,在探索中前进,保持了良好的发展态势。

第一,在教育青年方面迈出了新步伐。我们始终坚持把用邓小平理论武装全团、教育青年摆在共青团工作的首位,努力构筑青年一代的精神支柱,帮助青年树立崇高理想和坚定信念,树立正确的世界观、人生观和价值观。在工作实践中形成了"四抓"的思路,即抓学习、抓契机、抓典型、抓阵地。可以说,这是我们近几年在教育青年方面形成的重要经验和做法。

抓学习,就是采取多种形式组织团员青年学习邓小平理论和江泽民总书记"三个代表"重要思想。以青年学生和团干部为重点加强了青年的理论学习。两次召开高校学生学习邓小平理论座谈会,会同中宣部、教育部召开了全国青年学习邓小平理论经验交流会,与中央党校共同举办了两期学习邓小平理论骨干培训班。进一步加强了团中央委员会的理论学习。举办了两期团中央委员学习邓小平理论读书班,收到了很好的效果。今年2月,江泽民总书记提出"三个代表"的重要思想后,团中央书记处强调要把学习贯彻"三个代表"重要思想作为全团的一项长期战略任务来抓。各级团组织联系青年和青年工作实际,采取多种形式进行了认真学习。为把学习引向深入,我们召开了省级团委书记学习"三个代表"重要思想座谈会。通过学习交流,全团进一步深化了对"三个代表"重要思想的认识。

新世纪读书计划实施两年来,在广大青少年当中的影响不断扩大,参与者越来越多,已成为共青团推动青少年面向新世纪读书学习的有效载体。

抓契机,就是结合青少年普遍关注的热点问题有针对性地开展思想教育工作。这两年多来的时间里,我们国家大事多、喜事多、突发事件多。我们抓住这些契机,开展了一系列有针对性的教育活动。如,今年我们就抓了三个契机。我国体育健儿在第27届奥运会和第11届残疾人奥运会上取得了辉煌成绩,我们以多种形式引导青年学习奥运健儿的爱国主义、集体主义精神和顽强拼搏精神,进一步增强了民族自信心和自豪感。以纪念抗美援朝50周年为契机,引导广大团员青年继承和发扬伟大的抗美援朝精神,更加奋发地投身建设有中国特色社会主义事业。电视剧《钢铁是怎样炼成的》在青年中引起很大反响,团中央及时编写了《保尔精神和当代中国青年》一书,引导青少年深刻理解保尔精神的时代意义,更好地健康成长。

抓典型,就是为青少年树立奋发进取的时

代楷模。以典型引导的方式教育青年是共青团的传统。建设有中国特色社会主义的时代，是青年英才辈出的时代。我们积极发掘、树立、宣传当代青年中的先进典型，收到了教育青年的良好效果。推出了包括中国青年五四奖章获得者、全国十大杰出青年等集中体现当代青年精神风貌的先进典型。李向群、秦文贵、曹雪涛等在两个文明建设中做出突出贡献的青年典型，在广大团员青年中引起了强烈反响。适应知识经济时代的特点，我们还着力发掘和推出了一批青年知识英雄，引导青少年勤奋学习，勇于创新。

抓阵地，就是适应形势的发展和青少年的需求强化青少年思想政治工作手段。近几年来，互联网络迅速发展，对青少年的影响越来越深刻。一方面，信息网络的发展为我们开展青少年思想政治工作提供了现代化手段，拓展了思想政治工作的空间和渠道。另一方面，国内外敌对势力也竭力利用互联网与我们争夺群众，争夺青年。面对这种形势，我们提出共青团要占领网上阵地，形成自己的网上优势，使团旗在互联网上高高飘扬，加紧开辟网上青少年思想教育新阵地。团十四大后，我们专门成立了团中央信息化工作领导小组，在《共青团工作跨世纪发展纲要》中提出构建青少年信息网络体系。近两年来，我们大力加强了中国青少年计算机信息服务网的建设。现在，中青网已发展成为国内最大的青少年教育服务网站，已被列入国家重点扶持的“5+1”媒体网站，在教育引导青少年中发挥了积极作用，得到了中央领导同志的充分肯定。各地团组织也在这方面做了大量工作，建起了一批充满活力、富有特色的青少年网站。可以说，在利用网络手段教育青少年方面，我们是有前瞻性的，动手早，力度大，效果好。在建设网上青少年思想教育阵地的同时，我们还进一步加强了传统阵地的建设。根据中办、国办《关于加强对青少年学生活动场所建设和管理工作的通知》精神，我们对团属1217所青少年宫进行了摸底调查，提出了加强工作指导、强化师资培训、开发阵地功能、充实活动内容等一系列措施，以推动青少年活动阵地在青少年思想教育中更好地发挥作用。进一步深化青年志愿者、青年文明号、手拉手、新世纪读书计划等工作载体，发挥出了很好的育人效益。

第二，全团重点活动实现了新发展。这种新发展体现在两个方面。首先体现在，继承和发展了多年来形成的重点活动。团十三大以来，共青团推出的许多活动得到了党政部门的充分肯定，受到了社会各界的普遍欢迎，得到了青年的广泛参与，形成了一批名牌项目。我们适应经济社会发展的要求，不断赋予其新的内涵，推动其稳步发展。深化了中国青年志愿者行动，大力实施青年志愿者扶贫接力计划，组织东部地区青年到西部地区开展支教、支医等志愿服务，参与的志愿者已达2610人，扶助范围扩大到159个贫困县；围绕社区志愿服务，建立了2.4万个青年志愿者服务站，“一助一”长期结对服务达到250万对；开展了青年志愿者绿色行动营计划，组织青年志愿者植树造林。深化了青年文明号活动，在促销创效、繁荣假日经济以及加强青工思想政治工作等方面发挥了很好的作用。深化了手拉手活动，城乡少年儿童手拉手助学活动和访友援助计划吸引了大批少年儿童的参与。深化了希望工程，在做好国内最后一轮劝募工作的基础上，基本实现了原定到本世纪末每个国定贫困县都建有希望小学的目标；并在培养希望小学教师、评选并资助希望之星等方面进行了探索。同时，我们还继续深化了雏鹰争章、示范科技推广项目、培养青年星火带头人、乡村青年文化节、培养青年岗位能手、大中学生“三下乡”、“挑战杯”等活动。现在，这些活动已进一步发展成为广大青年的自觉行动，成为社会共同参与的行为。

同时，全团重点活动实现了新发展体现

在，我们紧紧围绕党政工作大局，按照党中央的一系列重大战略部署，结合经济社会发展的需要，适时推出了一批新的重点活动，现已成为共青团动员青年、牵动社会的新名牌。这就是，中国青年科技创新行动、中国青年西部创业行动、保护母亲河行动、创建青年文明社区活动和创建优秀青少年维权岗活动。

中国青年科技创新行动，是着眼于组织青年投身科教兴国战略推出的。两年来，以实现人才与项目对接为目的，启动实施了“金桥计划”。通过举办中国青年创新论坛，组织高层次青年科技工作者和高新技术产业领域的青年经营管理者，围绕科技创新进行了广泛交流与深入研讨。为海外学人参与国内经济建设进行了牵线搭桥，组织海外学人以各种方式为国服务。联合国家经贸委等部门在企业广泛开展了青工创新创效活动。目前，中国青年科技创新行动已成为共青团组织动员青年参与科教兴国的重要途径，已成为国家科技创新体系的有益补充。

保护母亲河行动，是着眼于动员组织青年参与保护和建设生态环境，促进可持续发展推出的。两年来，我们在黄河长江上中游地区集中资助了13个全国重点造林项目，现已完成造林面积10万亩，达到了预期效益。广泛动员社会参与，向海内外募集了资金。组织了“保护母亲河江河行”新闻记者专访和“清洁江河水，保护母亲河”等全国性宣传活动。今年秋季，全国政协委员就保护母亲河行动进行了专题考察，对这项工作给予了充分肯定。这一活动产生了广泛的社会影响，显示出了良好的综合效益。一是初步探索出了一条社会公众参与生态环境保护和建设的新路子。二是通过开展植树造林，实现了绿化效益。三是青少年在保护母亲河的实践中增强了生态环境意识和可持续发展意识，收到了育人效益。现在，“保护母亲河”这一概念已深入人心。

中国青年西部创业行动，是着眼于动员青年参与西部大开发推出的。配合国家西部大开发战略的实施，我们以“西部行”为主题，组织博士、在校博士生和青年企业家等海内外优秀青年人才为西部地区提供了信息、技术、人才、项目等多方面服务，收到了良好的效益，初步探索出了一条市场经济条件下共青团动员组织青年人才参与西部建设的新路子。

创建青年文明社区活动，是着眼于组织青少年积极参与社区精神文明创建推出的。随着我国经济社会发展，社区越来越成为包括青少年在内的社会成员学习、工作、生活的重要场所。为更好地服务青少年，更好地组织青少年服务社区建设，我们推出了青年文明社区创建活动。为加强社区青少年活动场所建设，在北京、重庆、上海等23个大中城市建立了一批社区青少年服务中心。围绕社区文化建设，在全国近100个大中城市开展了青年文明社区“大家乐”活动。

创建优秀青少年维权岗活动，是着眼于动员有关部门及社会各方面力量更好地维护青少年合法权益推出的。青少年是一个权益易受侵害的群体，维护青少年合法权益是促进青少年健康成长的重要方面。我们会同中央综治办、公、检、法等部门，通过运用法律服务、舆论支持、维权咨询、社会帮助等方式，开展创建优秀青少年维权岗活动，初步建立起了社会和行业相结合的维权网络体系。目前，全国已有11个系统、31个省（区、市）开展了创建优秀青少年维权岗活动，共有391个单位被命名为全国优秀青少年维权岗，近2000个单位被命名为省级优秀青少年维权岗。活动有力地促进了青少年合法权益的维护，优化了青少年成长的社会环境。

这些重点活动，从不同方面服务了全党全国工作大局，服务了经济社会发展全局，服务了当代青少年的多方面需求，在共青团工作的整体布局中占有突出位置。

第三，团的建设取得了新突破。团的建设

与团的活动是共青团工作的两个轮子。近年来,我们在积极开展团的活动的同时,始终强调要加强团的建设。在以下几个方面取得了新突破。

在加强团建的思路方面,形成了"党建带团建"、"以服务促建设,以服务促发展"、"全团抓基层,全团抓团建"等原则。

在团的基层组织建设方面,以创建五四红旗团委活动为载体,按照"班子建设好、主题活动好、支部建设好、阵地建设好"的要求加强了基层团委建设;以"强乡带村"为基本思路,通过加强乡镇团委建设,辐射带动农村基层团组织整体活跃。针对基层团组织建设的薄弱环节,我们提出要在非公有制经济组织、社区、社会力量所办学校等新领域进一步加大团建工作力度。

在团干部队伍建设方面,以"三讲"教育为契机,我们制定下发了《关于加强团干部思想作风建设的意见》,抓了321培训计划,加强了领导班子民主集中制建设和团干部教育管理工作,完善了团干部挂职锻炼制度,都取得了良好效果。

在团员队伍建设方面,我们着重抓了团员意识教育,增强团员的先进性。做好经常性发展团员工作,始终保持团组织的生机与活力。做好推优入党工作,把团员队伍中的优秀青年源源不断地输送到党的队伍中去。

两年多来,在推进工作的同时,我们始终注重对青年工作和共青团工作中的重大理论问题进行思考和研究。主要有以下几个方面。

第一,深入学习党的三代领导核心的青年观。党的三代领导核心的青年观是毛泽东思想、邓小平理论的重要内容,是指导我们做好青年工作和共青团工作的强大思想武器。今年,我们与中央文献研究室共同编辑出版了《毛泽东邓小平江泽民论青少年和青少年工作》一书。书中系统收录了党的三代领导核心关于青少年和青少年工作的重要论述。党的三代领导核心的青年观是其中的重要内容。通过学习,我们进一步明确了党与青年的关系。我们党始终是把青年的成长与国家民族的前途命运紧紧联系在一起的,始终是从永葆党的事业生机与活力的战略高度来认识青年的,始终对青年一代寄予厚望。进一步明确了青年成长的道路。实践是青年锻炼成长的大课堂,人民群众是实践的主体。当代青年只有与实践相结合,与人民群众相结合,才能按照党的要求健康成长。从而,进一步增强了我们为党的事业团结、带领、教育好青年的责任感。

第二,深入研究当代中国青年运动的发展趋势。在新的历史条件下,如何推动中国青年运动的发展,既是一个事关政治方向的大问题,也是一项十分具体的工作。近年来的实践表明,只有紧密结合我们党的三步走发展战略,紧密结合党的重大战略决策和部署,紧密结合我国经济社会发展的要求,以此规划、部署和开展工作,才能推动中国青年运动沿着党指引的方向发展。通过深入研究当代青年运动的发展趋势,进一步增强了我们工作的主动性。

第三,深入研究青年的变化。共青团是党领导的先进青年的群众组织,是以青年为工作对象的。只有深入研究青年,把握青年的变化和特点,才能真正做好教育青年和服务青年的工作。在团十四届三中全会上,周强同志代表团中央书记处向全团提出了深入了解青年的课题。一年以来,通过全团上下的共同努力,在广泛调查研究和深入思考的基础上,我们对当代青年的变化和特点有了更为清晰的认识和把握。

三、关于明年工作

2001年是新世纪的第一年,是实施"十五"计划的开局之年,也是隆重纪念我们党成立80周年的一年。做好明年的工作,对于新世纪共青团工作开好局,起好步,更好地团结带领广大团员青年为实现"十五"计划和社会主义现代化建设宏伟目标做贡献，具有十分重要的意义。关于明年的工作安排，《共青团中央2001年工作要点》已作出部署。在这里，我着重谈谈明年工作中需要重点把握的几个问题。

第一，把青少年思想政治工作放到突出位置来抓，切实增强工作的针对性和实效性。当代青年是在复杂的国内国际环境中成长的。从国内看，出现了经济成份和经济利益、社会生活方式、社会组织形式、就业岗位和就业方式多样化。从国际上看，世界各种思想文化相互激荡，特别是西方敌对势力加紧以各种手段和方式对我国实施西化、分化。面对这种情况，加强青少年思想政治工作尤为重要。我们必须坚持不懈地用邓小平理论武装全团，教育青年，用江泽民总书记"三个代表"重要思想指引青年，帮助青年牢固树立为实现中华民族伟大复兴而奋斗的崇高理想和跟着党走建设有中国特色社会主义道路的坚定信念，构筑起强大的精神支柱。进一步坚定对马克思主义的信仰，对建设有中国特色社会主义的信念，对改革开放和现代化建设的信心，对党和政府的信任。明年，青少年思想政治工作就是要在增强针对性和实效性上下功夫。具体地讲，就是要切实做好以下几方面工作。

1. 紧紧抓住纪念建党80周年的重要契机加强青少年思想政治工作。明年是中国共产党成立80周年。我们党将开展隆重热烈的纪念活动。各地团组织要根据《中共中央关于中国共产党成立80周年纪念活动的通知》精神，按照党委的统一部署和团中央的要求，有组织、有步骤地广泛开展宣传教育活动。广泛动员组织青年参加以"党在我心中"为主题的党史知识竞赛和系列读书教育活动。广泛引导少年儿童参加"星星火炬，代代相传"主题教育活动。团属各级各类新闻舆论阵地要以高度的政治责任感，以灵活多样的方式，开展好宣传教育活动，集中力量唱响共产党好、社会主义好、改革开放好的主旋律。基层团组织要从实际出发，以行之有效的方式动员更多的团员青年参与纪念活动，在广大团员青年中形成生动活泼的纪念建党80周年的热潮。从而，引导广大团员青年进一步认识党的领导地位和核心作用是历史的必然和人民的选择，进一步了解中国共青团自诞生之日起就跟着党英勇奋斗的光荣历史，激励广大团员青年在党的领导下为实现新世纪社会主义现代化建设的宏伟目标不懈奋斗。

2. 针对不同青年群体的特点和需求开展思想教育工作。随着我国经济社会结构的变化，青年类别由相对简单趋于多样化，出现了许多新的青年群体。不同青年群体由于在经济条件、社会角色等方面存在差异，因此在价值观念、行为方式和具体需求方面也必然呈现出不同的特点。只有从其具体特点和需求出发，才能使我们所开展的思想教育入脑、入耳、入心。比如，对于拥有高学历、高收入的"白领"青年，要引导他们认识到，之所以能够取得一定的成就，既是个人努力的结果，也离不开党的培养和社会支持。引导他们深刻理解"致富思源，富而思进"的道理，自觉回报社会，回报人民，在青年中更好地发挥导向作用。比如，对于下岗青工，要引导他们正确认识改革所带来的利益调整，理解改革，拥护改革，自信，自立，自强，以在创业中实现再就业的实际行动支持改革。比如，对于进城务工青年，要针对他们适应城市生活和就业、发展的需求，通过"千校百万"等形式的培训活动，帮助他们不断提高素质，增强劳动就业和创业能力。对于民族地区青年，要帮助他们更好地了解党的民族政策，引导他们自觉维护民族团结。对于信教青年，要帮助他们更好地了解党的宗教政策，引导他们高举爱国主义旗帜，拥护爱国统一战线，为祖国繁荣富强多做贡献。同时，要按照党中央的统一部署，继续深入开展同"法轮功"等邪教组织的斗争，教育广大团员青年崇尚科学，反对迷信。

3. 积极开辟网上青少年思想教育的新阵地。随着互联网络的迅猛发展，网络对青少年的影响越来越深刻，并已成为一个不可逆转的趋势。在这样的情况下，我们既可以运用网络这一现代化的技术手段开展青少年思想政治工作，同时也将面对国内外敌对势力在网上同我们争夺青少年的长期复杂的斗争。这就要求，我们必须积极开辟在网上开展思想政治工作的新阵地。我们的目标是：一定要形成共青团的网络优势，让团旗在互联网上高高飘扬。这样的优势，就是理想的优势，就是站在青年思想的制高点上去影响、吸引和凝聚青少年。为此，我们一定要按照中央领导的指示精神，把中青网建设成为“国内第一、世界著名”的青少年教育服务网站。同时，要以中青网为平台，创办民族魂网站，即在网上建立人民英雄纪念堂。创办血铸中华网站，即在网上建立以中国近代史为主题的爱国主义教育基地。各级团组织要结合自己的实际情况，积极开展这方面的工作。从而，在广大青少年中逐步形成一种“点击共青团就是点击理想”的生动局面。

第二，在全面深化工作中突出重点。做好明年的工作，既要全面深化，又要突出重点。

全面深化，有两方面的含义。一方面，就整体工作而言，要整体推进，稳步推进，说到底，就是要适应经济社会发展的要求，使共青团工作能够整体迈上一个新台阶，继续保持良好的发展态势。另一方面，就具体工作而言，就是要丰富活动内容，深化活动内涵。比如，创建优秀青少年维权岗活动，要突出四个群体，有针对性地做好未成年人、进城务工青年、下岗青工和问题青少年等群体的维权工作；要构建维权体系，逐步形成社会和行业相结合、各部门优势互补的维权工作格局。同时，探索建立城市青少年成长环境监测评估体系。比如，开展新世纪青少年读书计划，要以建设新世纪书屋和新世纪读书俱乐部为重点，进一步完善活动的阵地和机制建设，大力推动读书计划进社区、进农村。并进一步加大宣传力度，争取社会各方面的支持，扩大活动的社会影响，为青少年读书求知营造良好的氛围。比如，培养青年岗位能手、培育青年星火带头人、示范科技推广项目等活动，要在进一步增大科技含量上下功夫。比如，举办乡村青年文化节，要充分利用元旦、春节的契机，开展科技大集、文体大赛、卫生大扫除，引导农村青年移风易俗，弘扬新风。比如，大中学生“三下乡”活动，要在进一步扩大参与规模、提高参与层次上下功夫。

突出重点，就是要集中力量，整合资源，协调动作，形成合力，进一步打响我们的名牌。具体地讲，就是要重点抓好五项活动。

1. 中国青年科技创新行动。着眼于促进人才与项目对接，促进科技成果向现实生产力的转化，继续深化“金桥计划”，在科研院所、大专院校与企业之间，海外学人与国内建设之间架起一座“金桥”。着眼于促进高层次青年科技人才的创新和在全社会进一步形成良好的创新氛围，积极办好中国青年创新论坛，在高新技术开发区、高科技园区等青年科技工作者集中的区域定期举办交流研讨活动。着眼于进一步发挥网络在促进青年参与科技创新中的作用，加大中国青年科技信息网的建设力度，广泛汇集人才、项目、技术和市场信息，建立起功能完备、迅速便捷的网上科技信息平台。着眼于增强青工创新能力和提高企业经济效益，深入推进创新创效活动，引导企业青工在本职岗位上开展创造性劳动，通过岗位效益的提高促进企业整体结构和效益的优化。同时，继续开展好第七届全国大学生“挑战杯”系列活动。

2. 中国青年西部创业行动。着眼于进一步组织动员海内外优秀青年人才参与西部大开发，以“西部行”为主题，继续深化“百名博士西部行”、“百支博士生服务团西部行”、“青年企业家西部行”、“留学人员为国服务团”等活动。着眼于广泛动员东部地区青年关心西部建设,参与西部建设,继续实施青年志愿者扶贫接力计划,在做好支教、支医工作的基础上,开展科技支农服务。着眼于推动西部地区农村青年自强创业,启动实施帮助万名西部青年科技创业行动。同时,进一步加强东西部地区团干部的交流工作,特别要认真实施好少数民族团干部培养计划,帮助西部地区团干部提高在市场经济条件下团结带领青年开发西部,建设西部的素质和能力。

3. 保护母亲河行动。继续严格控制重点资助项目的数量和规模,保证建一个成一个。同时,加大筹资力度,强化基金管理,加强规范运作,接受社会监督。继续坚持群众性公益事业的发展方向,通过广泛开展“保护母亲河,小事做起来”活动和青年志愿者绿色行动营计划,动员更多的社会力量参与到生态环境建设和保护中来。进一步突出育人功能,通过形式多样的活动引导青少年乃至全社会增强可持续发展意识,增强民族责任感,增强中华民族的凝聚力。

4. 中国青年志愿者行动。以国际志愿者年为契机,实现全面深化。全面实施青年志愿者社区发展计划,争取三年内,在主要城市50%以上的街道建立青年志愿者服务站,为50%以上的民政部门确定的优抚对象提供志愿服务。深化青年志愿者扶贫接力计划,巩固支教扶贫,拓展医疗扶贫,探索科技扶贫。开展“新纪元从做志愿者开始”活动,动员广大青年以志愿服务方式为社会多做好事、多办实事。推动争做注册志愿者的工作,加强青年志愿者队伍规范化建设。举办2001年世界志愿服务大会,促进国际志愿服务工作的交流与合作。

5. 青年文明社区创建活动。抓阵地,建设一批社区青少年服务中心。抓项目,广泛开展“青年文明号助万家”、“社区大家乐”、“社区志愿服务”、“青少年维权岗”、“社区外来务工青年培训”、“少年儿童社区体验教育”等活动。抓机制,按照中发〔1999〕9号文件关于建设青少年参与社区服务和社区建设制度的要求,广泛调动社会力量,形成青年文明社区创建活动的动员机制、运作机制和保障机制。同时,积极争取把创建活动纳入创建文明城市、文明社区建设的整体部署之中。

第三,加大培养和造就青年人才的工作力度。在新世纪谱写共青团工作新篇章,就是要以培养和造就青年人才为着力点。做好明年的工作,必须突出人才问题。如何突出?首先要在工作思路中突出。要把培养和造就青年人才贯穿于团的全部工作之中,大力挖掘团的各项工作所蕴含的培养人才的意义,充分发挥其育人功能,努力提高育人工作水平。同时,要围绕培养人才,积极整合团的工作资源和各种社会资源,优化资源配置,构建富有共青团特色的人才培养体系和机制,造就人才培养的新优势。

还要在具体工作中突出。要为青年人才发挥作用创造条件,搭建舞台,推动青年人才在经济社会发展的各个领域施展才华。要加强对青年人才的培训,大力提高青年劳动者的职业技能和职业素养,尤其要加强发展社会主义市场经济急需人才的培训,加强熟悉世贸组织规则、适应国际竞争需要的高层次人才的培训,拓展海外培训渠道。要积极发现、推荐、表彰青年人才,促进青年人才脱颖而出。要大力宣传青年成才的典型,营造有利于青年人才成长的环境。这些工作,各级团组织都可以做,每一名团干部也可以做。尤其是基层团组织,在这方面有许多好经验、好做法。大家要充分总结,以进一步推动工作。总之,要通过我们的工作,推动青年人才不断涌现,形成青年人才辈出、竞展风流的生动局面。

第四,把“三个代表”的要求进一步贯彻到团的建设中去。“三个代表”的重要思想,对于全面推进党的建设新的伟大工程和建设有中国特色社会主义事业具有重大的指导意义，对于推进团的建设和青年工作具有重大的指导意义。在团的建设当中，必须贯彻"三个代表"重要思想。必须坚持"党建带团建"、"以服务促建设，以服务促发展"、"全团抓基层，全团抓团建"等原则。

1.进一步加强团的基层组织建设。明年，要深入贯彻落实全国基层"党建带团建"工作会议精神。要按照"根本在建，关键在带"的要求，进一步增强全团抓基层、全团抓团建的意识，把基层团组织建设纳入党的基层组织建设的整体格局，争取下半年与中组部联合对各地贯彻落实会议精神和基层"党建带团建"工作情况进行检查，进一步推动各地基层"党建带团建"工作。要配合农村基层党建"三级联创"，推动县、乡、村团组织建设的整体联动。要继续开展创建五四红旗团委活动。要在抓好团建创新试点的基础上，加大非公有制经济组织、社区、社会力量所办学校等领域团建工作的力度，切实解决好团的基层组织建设中的薄弱环节。

2.进一步加强团干部队伍思想作风建设。要进一步贯彻落实《共青团中央关于加强团干部思想作风建设的意见》，教育团干部讲学习、讲政治、讲正气，身体力行"三个代表"，养成求真务实、埋头苦干、团结拼搏、开拓进取的工作作风，克服浮躁情绪，力戒形式主义。深入青年，了解青年，做青年的朋友，做青年的表率，做青年人才的表率。要如期完成从1999年开始的团干部321培训计划。要适应干部人事制度的改革，探索团干部录用和转岗机制，增强团的机关的活力。要按照党委的部署，在农村团干部中开展"三个代表"重要思想学习教育活动。

3.进一步加强团员队伍建设。重点抓好团员意识教育，增强团员的先进性。要教育团员牢记自己是青年中的先进分子，应当比一般青年有更高的要求，牢固树立模范带头意识，增强作为团员的光荣感和责任感。针对团员流动性越来越强的特点，加强和改进流动团员的管理。同时，加大在农村、中学、社区和青年集中的新兴经济领域发展团员的工作力度。着眼于为输送新鲜血液进一步做好推优入党工作。

第五，关于团的事业发展中的几个问题

1.关于团属青少年宣传舆论阵地建设。团属新闻舆论阵地是党的喉舌，是团的喉舌。要始终坚持党的新闻宣传出版方针，坚持团结、稳定、鼓劲，把握正确的舆论导向。要正确处理好坚持正面宣传为主与舆论监督的关系，青年工作新闻与社会新闻的关系，教育引导青年与贴近青年、服务青年的关系，做到帮忙而不添乱，讲效益但不见利忘义。团的各级领导机关都要切实负起责任来，采取有力措施加强对青年报刊的监督和管理。团属新闻出版单位的领导同志要认识到，共青团的新闻出版单位出了问题，不仅仅是共青团自己的事情，也关系到改革、发展、稳定的大局。要从政治的高度进一步提高对这一问题的认识，始终铭记守土有责。团属新闻出版工作者要始终坚持讲政治、讲法制，遵守新闻纪律、遵守职业道德。要始终不放松地坚持理论学习，努力提高政治敏锐性和政治鉴别力，学会从政治上认识问题和分析问题，学会以小见大，见微知著。

2.关于团办实业。中共中央办公厅、国务院办公厅《关于中央党政机关与所办经济实体和管理的直属企业脱钩有关问题的通知》（中办发〔1998〕27号），未将人民团体所办经济实体和企业列入脱钩范围。就是说，团办经济实体不与所隶属的各级团组织脱钩。这充分体现了党和政府对我们的关怀和支持。各级团组织要管好所属的各种经济实体。团办实业单位的负责同志，要始终坚持为青少年服务、为团的事业服务的发展方向。不仅管理上不要出问题，更重要的是在经济上不要出问题。

还有一个问题，我想在此加以强调。这就是，大家要始终珍视共青团的荣誉和社会形象。团中央办公厅已经制定下发了《关于不得擅自使用团中央名义从事赢利性活动和其他活动的通知》。有关单位要按照通知精神规范自己的行为，教育自己的员工，杜绝有关不良现象的发生，自觉维护共青团组织的社会形象。

3. 关于全团信息化建设。在大力推进国民经济和社会信息化的条件下，我们要加快信息化建设，努力提高全团信息化工作水平，以改进工作手段，提高工作效率，跟上时代发展的步伐。明年，团中央机关将建成局域网。我们还将尝试召开电子会议。希望各省级团委要加快局域网建设步伐。同时，加强团属青少年网站建设，发挥其在各类青少年网站中的导向作用。积极关注、认真研究国内外以青少年为主要对象的网站的建设和发展情况。

同志们，再过几天，2001 年元旦的钟声就要响起，新世纪的太阳将要升起在世界的东方。一个世纪就要结束在我们的奋斗过程之中，我们即将站在新的起点上开始新的征程。新世纪是一个充满希望的世纪，必将是一个大有作为的世纪。我们有理由相信，走过 80 年光荣历程的中国共青团，必将迎来新的辉煌。希望大家统一思想，振奋精神，加倍努力，团结拼搏，奋力开拓，推动共青团工作在 2001 年迈出新世纪坚实有力的第一步，为谱写新世纪共青团工作的新篇章奠定坚实基础。

孙金龙同志讲话

认清形势、真抓实干 开创国有大中型企业共青团工作新局面

——孙金龙在部分国有大型企业团委书记座谈会上的讲话

1998 年 10 月 9 日

团中央这次召开冶金、机械、煤炭、石化、航空、有色等系统的 20 余家国有大型企业团委书记座谈会，专题研究如何贯彻落实团十四大精神，进一步加强企业团的工作和团的建设，不仅体现了团中央书记处对国有大中型企业共青团工作的重视，也表明了团中央在新形势下做好企业团的工作和搞好企业团的建设的决心。当前，国有企业改革正处在攻坚阶段，改革的深化为企业团的工作带来了难得的发展机遇，为企业团的建设提供了许多有利条件，同时也使团的工作和团的建设面临许多新情况和新问题。这就要求广大企业团干部进一步认清形势，振奋精神，真抓实干，讲求实效，努力开创企业共青团工作的新局面。

一、充分认识国有大中型企业共青团工作的地位和作用

国有经济在我国国民经济中一直居于主导地位，国有企业是国民经济的支柱，对巩固社会主义制度、建立社会主义市场经济体制、推动经济发展和社会进步、搞好社会主义精神

文明建设，都发挥着举足轻重的作用。特别是512户特大型国有企业向国家缴纳的利税占了全国利税的85%，是国家财政的主要来源。据有关资料统计，1997年公有制经济创造的国内生产总值占整个国内生产总值的比重为75.8%。国有经济不仅是我国经济发展的主体，也是社会主义制度最主要的特征，搞好搞活国有企业，特别是国有大中型企业，对于维护我国改革、发展和稳定大局起着关键性的作用。青年职工在国有企业职工中占60%以上，是推动国有企业改革最活跃的力量，是推动国有企业发展的生力军。国有企业特别是国有大中型企业的团组织要认真贯彻党的十五大和团十四大精神，充分发挥企业党组织的助手和行政的帮手作用，积极引导和带领广大青年职工踊跃投身国有企业改革，为推动社会主义市场经济体制的建立、促进我国经济发展做出积极的贡献。

国有大中型企业团组织要在推动企业改革中发挥生力军作用。加快国有企业改革的进程，建立社会主义市场经济体制，不仅是对国有企业的一种挑战，也是对企业共青团的一种考验。企业团的组织要有与企业共渡难关的主人翁意识，要着眼于企业改革发展大局，把握团的工作方向，拓展团的工作领域，延长团的工作手臂，完善团的工作职能，努力把团的工作真正融入到企业生产、经营、管理活动中去，成为企业管理的重要组成部分。要解放思想，转变观念，适应新形势要求，注意研究新情况，解决新问题，不断调整工作手段，变换活动方式，激发团员青年的积极性和创造性，把青年的聪明才智引导到为企业改革发展做贡献上来。有作为才会有地位。国有企业团组织只有始终坚持把服务企业改革发展与服务青年成长成才有机结合起来，创造性地开展工作，才能真正成为企业改革发展不可缺少的有生力量，才能不断增强对青年的凝聚力和吸引力，才能求得共青团事业的更大发展。

国有大中型企业团组织要在全国企业共青团工作中发挥骨干作用。国有大中型企业有相对集中和稳定的青年职工队伍，有比较健全的团的组织机构，有素质较高且较稳定的团干部队伍，有良好的团的工作基础，有条件、有责任在全国企业团的工作中发挥骨干作用。一是要在贯彻落实全团工作部署方面发挥率先作用。要充分体现大工业和工人阶级的特点，对全团工作部署和工作要求坚决贯彻，带头落实，努力成为全国企业团的工作的“实验田”。二是要在创新方面发挥示范作用。要大胆创新，既要创新活动形式，又要创新活动机制，要通过创新积累新的工作经验，努力成为全团出经验、出典型最多的阵地。三是要在活跃全国企业团的工作中发挥辐射作用。要有高姿态、高境界，将有价值的经验向所在行业和所在地区的其他企业推广，带动本行业和本地区企业共青团工作的全面活跃，共同发展。

二、抓住机遇，迎接挑战，推动国有大中型企业共青团工作的跨世纪发展

当前，我国国有企业改革正处在关键时期。党的十五大从战略的高度，提出了国有企业改革三年攻坚战目标，即力争本世纪末，大多数国有大中型骨干企业初步建立现代企业制度，经营状况明显好转，开创国有企业改革和发展的新局面。打好国有企业改革攻坚战，既是党和政府今后三年经济工作的重点，又是建立社会主义市场经济体制的关键环节，需要包括青年在内的广大企业职工的共同努力。

在国有企业改革三年攻坚战过程中，国有企业正面临一些新情况，遇到一些新问题。一是知识经济初见端倪对企业创新提出了更高要求。知识经济的源头是创新，而创新的主体在企业特别是国有大中型企业。加大对创新活动的投入，抢占科技制高点，是国有企业迎接知识经济挑战的现实选择。一个企业如果不进行制度创新、管理创新、技术创新，就难以赢得企业发展的主动权，难以在激烈的市场竞争中处于有利地位。二是激烈的市场竞争、买方市场的出现对企业发展提出了更高的要求。据对近年来国内市场上600余种商品供求平衡状况的调查，1995年供不应求的商品占14%左右，到1998年上半年已下降为零，而供过于求的商品占1/4。另据调查，1995年全国有半数产品的生产能力利用率在60%以下。三是随着企业改革的逐步深入，一些深层次的矛盾日益暴露出来。如下岗分流、减员增效和再就业工程的实行，使部分职工下岗，并给他们带来暂时的困难等。

共青团是党的助手、行政的帮手，协助党和政府打好国有企业改革三年攻坚战，是共青团组织义不容辞的责任。企业共青团的发展与企业的发展紧密相联，休戚相关。企业遇到的挑战也恰恰给共青团组织有所作为提供了新的舞台。当前和今后一个时期，国有大中型企业团组织要紧紧围绕服务企业、服务青年，选准切入点，加大工作力度，努力在推动企业改革发展和促进青年成长成才两个方面有新的作为。

1. 围绕优化企业资本构成，大力开发企业青年人力资源。知识经济时代，劳动者的素质日益成为经济持续发展的动力源泉，人才日益成为市场竞争的决定因素。在高新技术推动产业结构高级化、信息技术广泛应用的情况下，人力资本的开发运用尤为重要。现实情况是，我国劳动者的职业道德和职业技能素质状况远远不能适应国有企业改革和发展的要求。目前，在我国企业职工中，高中级工只有15%左右，相当一部分青工实际能力达不到岗位要求，而且绝大多数企业职工技术单一。近几年来，我国工业产品抽样合格率一直在60%—70%之间徘徊，科技成果转化率一直不到35%，在每年开发的新产品中，达到国际先进水平和国际水平的仅占2.5%。造成这些情况的重要原因之一就是我国职工总体素质偏低。针对这些情况，我们要继续创新青年岗位能手活动，由培养适应型岗位能手向培养开发型岗位能手转变，由注重岗上培训向岗上岗下培训相结合转变，由单一的传统技能培训向新知识、新技能的培训转变，努力造就一岗多能、综合素质高的劳动人才。同时，要把青年文明号活动引入企业，与青年岗位能手活动同步进行，配套开展，引导青工弘扬职业文明，提高职业道德素质。

2. 围绕推动企业技术进步，广泛开展企业青年技术创新活动。江泽民总书记指出："创新是一个民族进步的灵魂，是国家兴旺发达的不竭动力。"强调"要把建立技术创新机制作为建立社会主义市场经济体制的一个重要目标，特别是要把建立、健全企业的技术创新体系作为建立现代企业制度的重要内容和搞好国有大中型企业的关键环节"。青年最富活力，最少保守思想，是创新队伍中最活跃的群体。国有大中型企业团组织要充分发挥广大青年职工的聪明才智，引导他们增强创新意识，提高创新能力，投身创新实践。要继续坚持开展"五小"、"QC"等群众性的科技活动。提高企业青工的整体科技素质。要把发挥企业青年科技人员的创新精神作为工作的重要内容，组织他们开发新产品、新工艺、新技术，努力使企业拥有自主知识产权的产品和技术。要抓好科技成果的转化工作，通过举办科技成果博览会、推广先进操作法等行之有效的方式，促进科学技术市场化的实现，提高企业产品的市场竞争力。

3. 围绕维护青年权益，努力为企业青年职工成长成才服务。共青团是先进青年的群众组织，代表和维护青年利益是党赋予共青团的重要职责。企业团组织要把竭诚为青年服务作为工作的出发点和落脚点。要经常地深入青年，了解他们的学习、工作和生活，把握他们的思想动态，掌握他们的实际需求，反映他们的内心呼声，关心他们的成长进步，不断增强团组织的吸引力和凝聚力。要根据青年特点，探索创新活动的方式，广泛开展生动活泼、行之有效的主题活动，为青年成长成才搭建广阔的实践舞台，引导他们在推动国有企业改革的过程中实现自己的价值。亏困企业、停产、半停产企业团组织当前要把下岗青工再就业工作摆在突出的位置，大力推进下岗青工创业行动，帮助下岗青工转变就业观念，进行实用技能培训，提供切实有效的中介服务，积极引导和热情帮助下岗青工通过创业实现再就业。

总之，今后国有大中型企业共青团工作要继续坚持服务企业、服务青年的宗旨，通过创造性的工作，积极探索新形势下企业共青团工作的运行模式和活动机制，努力成为企业管理的延伸。

三、以提高团干部素质为重点，切实加强企业团的建设

加强企业团的建设，关键在团干部。西方经济学认为，不仅劳动力、土地、资本是生产的基本要素，企业经营管理者的素质也发挥着至关重要的作用。同样，作为企业青年工作的担负者，企业团干部素质的高低，在很大程度上关系着企业共青团工作的好坏。从一定意义上还可以说在建立市场经济过程中企业团建面临的挑战，更是对企业团干部的挑战。广大企业团干部要转变观念，提高素质，自觉适应时代发展的要求，不断把企业团的工作和团的建设提高到一个新水平。

第一，要加强学习。要针对科技发展日新月异，知识更新周期变短、速度加快的实际，树立“终身学习”的观念，提高学习的自觉性和主动性。要认真学习马列主义、毛泽东思想特别是邓小平理论，提高思想理论水平，保持政治上的清醒和坚定。要用企业后备管理者的标准要求自己，学习经济、学习法律、学习科技，学习一切需要学习的东西，不断优化自己的知识结构。要主动研究企业，研究青年，强化理性思维，提高认识和把握事物发展规律的能力。

第二，要勇于实践。与实践相结合是青年成长的必由之路。当前，企业团干部面临着国有企业改革和发展的伟大实践。要把企业共青团工作放在国有企业改革和发展的大背景下去思考，去把握，大胆探索，敢于尝试，实现共青团工作与企业中心工作的有机结合。要尊重群众的首创精神，大兴调研之风，及时总结、推广来自基层的好做法和好经验，推动工作不断前进。要以办事业的精神和务实的作风，抓好各项工作的落实，力求工作取得明显实效。

第三，要善于创新。企业共青团工作是常创常新的事业，只有创新，才能求得共青团工作更好地发展。企业团干部要在继承优良传统的基础上，充分发挥自己的主观能动性，努力创新工作思路，创新工作方法，创新活动载体，创新工作机制。总之，要力求共青团工作在继承中创新，在创新中前进。

第四，要自觉奉献。共青团事业是一项奉献的事业。讲奉献，要求广大企业团干部具有强烈的事业心和责任感，满腔热忱地投身到工作中去，不讲条件，不计名利，恪尽职守，勇挑重担。

跨世纪的发展在呼唤着我们，党和人民寄厚望于我们，让我们高举邓小平理论伟大旗帜，紧密团结在以江泽民同志为核心的党中央周围，抓住机遇，迎接挑战，全面活跃企业共青团工作，为推动我国改革开放和现代化建设事业做出无愧于时代的贡献！

把握形势、明确任务，开创全团青工工作新局面

——孙金龙在全团青工工作会议上的讲话

1998年11月6日

在中国青年企业家协会第七次会员代表大会闭幕之际，我们利用这个机会，把各省分管青工工作的书记和青工部长留下来接着召开全团青工工作会议，是为了总结一年来全团青工工作的基本情况，研究如何进一步贯彻落实党的十五大和团的十四大精神，在新的形势下开创全团青工工作的新局面。

下面，我讲四点意见。

一、一年来全团青工工作的简要回顾

一年来特别是团十四大以来，青工战线认真学习贯彻团十四大精神，从服务改革发展稳定大局、服务广大青年职工成长成才出发，在深入调研的基础上，按照团十四大的总体部署，扎实开展了下岗青工创业行动、青年文明号活动、青年岗位能手活动和振兴千家中小企业行动，青工工作又有了新的进展，呈现出生机勃勃的良好局面。

第一，着眼于配合党和政府做好下岗职工再就业工作，大力实施下岗青工创业行动。全团认真贯彻江泽民总书记去年底在中央经济工作会议上提出的工会、共青团、妇联等群众组织也要在实施再就业工作方面发挥积极作用的指示精神，以培养青年兴业领头人为突破口，以转岗培训和中介服务为基本途径，以引导和帮助下岗青工通过创业实现再就业为主要目的，全面实施了下岗青工创业行动。年初，团中央组织8个调研组到北京、上海、天津、辽宁、黑龙江、四川、河南、甘肃八个省市就下岗青工再就业问题进行了专题调研。3月，团中央召开了全国“下岗青工再就业工作”座谈会，研究部署了“下岗青工创业行动”，并举办了全国青年兴业领头人培训班。为了引导下岗青工增强创业意识，投身创业实践，团中央联合中宣部、劳动和社会保障部共同组织了全国青年兴业领头人创业事迹报告团，到北京、天津、沈阳、牡丹江、成都、武汉等城市巡回报告，在下岗青工中引起强烈反响。各地根据团中央的总体思路，把实施“下岗青工创业行动”作为团的一项重点工作来抓，高度重视，精心组织，狠抓落实。各地从培训入手，通过建立培训中心、利用团内阵地、依托大中专院校等多种方式，加强对下岗青工的转岗培训。各地还采取专门培训、帮助选项、资金支持、争取政策等措施，在下岗青工中培养、扶持了一批青年兴业领头人。为了帮助更多的下岗青工实现再就业，许多地方举办了供需见面会、职业介绍洽谈会、用工信息发布会，千方百计为下岗青工就业牵线搭桥。在各级团组织特别是广大青工战线团干部的积极工作和辛勤努力下，一大批下岗青工得到了帮助，实现了就业，有的成为了兴业领头人。

第二，以“讲文明，树新风”活动为契机，全面深化青年文明号活动。根据中央文明委“讲文明，树新风”的总体部署，动员和组织窗口行业、党政群机关、重点建设工程青年文明号集体及争创集体开展内容丰富、形式多样的优质服务活动，在“讲文明，树新风”中发挥积极作用，为开创文明新风多做实事。今年，团中央联合交通部召开了全国公路收费站系统青年文明号活动经验交流会，联合中央金融工委、国家电力公司召开了座谈会和表彰会，对这些行业青年文明号活动作了进一步部署。为发

挥青年文明号在抗洪救灾中的积极作用，团中央分别联合国家国内贸易局、中华全国供销合作总社开展了“情系灾区，服务到户”活动，受灾省区的各级团组织按照活动要求，组织青年文明号便民服务队上门为广大灾区人民提供了切实有效的服务，为灾区重建家园、发展经济做出了积极贡献。为了加快国家重点工程建设步伐，推动国民经济的增长，团中央联合铁道部、交通部、水利部、国家电力公司下发了《关于在全国重点建设工程中继续深入开展争创青年文明号、争当青年岗位能手活动的通知》，并在西康线秦岭隧道工程现场举行了青年文明号决战重点工程誓师大会，动员广大青年建设者发扬抗洪精神，为加快基础设施建设，促进经济增长多做贡献。与此同时，各地区、各行业对青年文明号的监督管理进一步加强。年初，团中央联合公安部、建设部、铁道部、国家税务总局、中国民航总局等十几个部委组织了年度检查，取消了93个不符合条件的单位的全国青年文明号称号，保持了青年文明号的先进性和权威性。

第三，紧紧围绕搞活国有大中型企业，扎实推进青年岗位能手活动。围绕国家搞活512家特大型国有企业的战略部署，以振兴质量、提高效益为核心内容，以创新管理、创新科技、创新服务为有效手段，开展大规模的岗位训练活动，使青年岗位能手活动又有了新发展。今年4月，团中央联合中国经济效益纵深行组委会下发了《关于在国有大中型企业中开展“青年岗位能手兴质量”活动的通知》，在512家特大型企业中全面开展了这项活动。还举办了“’98中国青工技能月”活动，各地在技能月期间举办了短期实用技能培训、青工技术比武、先进操作法现场演示、应知应会技能测试等活动，有效地帮助了青工提高技能水平，优化技能结构。同时，各级团组织着眼于培养大批符合经济社会发展需要的合格劳动者，赋予导师带徒、模拟训练、技术比武、练兵台(角)等活动新的内涵，培养了一大批既胜任本职工作，又能很好地适应产业结构调整和技术改造的新型青年岗位能手。在省级团委层层推荐、选拔、考核的基础上，团中央、国家经贸委、劳动和社会保障部联合表彰了1997年度的10名杰出青年岗位能手和232名青年岗位能手。各省也表彰了一批青年岗位能手、优秀师徒。团中央还联合中国石化集团公司召开了青年岗位能手活动工作会议，借助行业力量推动这一活动的深化。

此外，团中央还召开了部分国有大型企业团委书记座谈会，专门研究如何贯彻团十四大精神，进一步加强企业团的工作和团的建设。在抓好下岗青工创业行动、青年文明号活动、青年岗位能手活动的同时，各地继续贯彻落实党中央、国务院“抓大放小”的战略部署，动员广大青年企业家积极投身“振兴千家中小企业行动”，帮助中小企业扭亏为盈。

二、企业共青团工作面临的形势

当前，我国国有企业改革正处于攻坚阶段。党的十五大提出要在本世纪末使大多数国有大中型骨干企业初步建立现代企业制度，经营状况明显好转，开创国有企业改革和发展的新局面。企业改革的目标是建立现代企业制度，使企业真正成为自主经营、自负盈亏的独立的市场竞争主体。企业改革的目的是使企业的劳动力、资金、设备等生产要素优化配置，实现经济效益的最大化。在深化企业改革的进程中，企业内部各种关系必然要面临着调整。共青团作为企业内部组织的一个部分，面临着一个重新调整的过程，过去在计划经济体制下形成的共青团工作机制也必然面临着一个调整适应问题。如何在经济转轨时期继续推进和加强企业共青团的工作，是摆在全团青工战线团干部面前的一个重要课题。

新形势下企业共青团工作面临着新情况：一是随着企业改革的不断深入，一些企业团组织出现了“机构精简、队伍萎缩、资金短缺、阵地失控”的情况，使团的工作受到了一定程度的影响。二是青年群体呈现出多元化的特点，如价值多元化、利益多元化、需求多元化等，企业团组织面对的不再是一个青年“板块”，而要努力为多个层次的青年群体服务。三是“号”“手”活动越深入，难度越大。团的十三大以来，我们开展“号”“手”活动是开创性的，现在名声在外，团内和团外都很关注这两项活动，就是说大家对青工战线的期望值越来越高，而要不辜负这个期望就应该有突破性措施。四是一些团干部的思维方式、团的工作方式、活动方式还不能很好适应企业改革和市场经济发展的新形势以及青年成长成才需求的新变化。我们同时也看到，目前企业共青团工作更面临着宝贵的发展机遇和许多有利条件：一是党对共青团组织的期待更大了。江泽民总书记在与团中央新一届领导成员和团十四大部分代表座谈时说，青年有希望，未来的发展就有希望。他同时要求全党全社会都从民族生机与活力的高度，从确保我们祖国长治久安的高度，热情关心青年一代的成长，积极创造各种有利条件，促进青年人才脱颖而出。这充分表达了党中央对青年工作的重视，事实上也是党中央对共青团提出的期望和要求。二是任何时期的青年都没有像现在这样渴望成才，渴望实现自身价值。现在青年的需求越来越广泛，只要青年不断有新的健康的需求，我们就有新的工作切入点，就有许多新的事情可做，就有可能取得新的成绩。三是任何时期的青年都没有像现在这样理解改革、支持改革、渴望参与改革。现在对国有企业改革、建立市场经济、下岗分流、探索公有制经济多种实现形式等改革措施的社会认知度比较高。只要是有利于企业改革和发展，能够满足青年要求的活动，青年就会踊跃参加，就容易增强共青团工作的凝聚力。四是企业共青团工作历经发展特别是团十三大以来的发展，已经打响了青年文明号活动、青年岗位能手活动等品牌，创造了很好的工作机制，得到了全社会的广泛认可，奠定了深入发展的坚实基础。五是我们始终拥有一支素质较高的企业团干部队伍。在青工战线的团干部队伍中，绝大多数人有思想，善学习，工作兢兢业业，具有奉献精神，是我们做好青工工作最宝贵的财富和最可依靠的力量。

广大青工战线的团干部应该正确对待企业共青团工作面临的机遇和挑战。既然随着市场经济体制进程的加快和国有企业改革力度的加大，企业共青团工作面临挑战是必然的。面对挑战，我们不应该怨天尤人，沉湎过去，而是要敢于面对现实，适应现实，客观面对新情况和新问题。面对机遇，我们不能冷漠视之，无动于衷，而是应该坚定信心，奋发进取。只有这样，才能在跨越历史的进程中不断把企业共青团工作推向前进。

三、今后一个时期青工工作的任务

关于今后一个时期全团工作，团十四大已作了全面部署，将于年底召开的团十四届二中全会还将对今后五年工作作出规划，对明年工作进行具体安排。根据全团工作的总体要求，今后一个时期全团青工工作的指导思想是：以党的十五大精神为指针，全面贯彻落实团十四大精神，着眼于推动企业改革、促进经济增长、服务青工和青年企业家成长成才，重点推进下岗青工创业行动，积极实施青年科技创新行动，继续深化青年文明号活动和青年岗位能手活动，做好青企协工作，构造符合市场经济发展规律的企业共青团工作新机制，创造出具有跨世纪风采的青工工作新局面。具体要做好以下几项工作。

（一）扎实推进下岗青工创业行动。做好国有企业下岗职工生活保障和再就业工作，事关改革、发展、稳定大局。中央对再就业工作非常重视，而且明确要求工、青、妇等群众组织也要在实施再就业工作方面发挥积极作用。随着企业改革的不断深入，下岗职工再就业的压力还会很艰巨。下岗职工中，青年占35%左右，共青团组织应该积极协助党和政府做好下岗青工再就业工作，加大实施下岗青工创业行动的工作力度，切实把下岗青工创业行动作为青工战线的首要任务。共青团不能一般性地做下岗青工再就业工作，而要把立足点放在引导他们自主创业上。实施下岗青工创业行动，关键要建立健全以下四个体系：一是要建立健全组织领导体系。实施下岗青工创业行动是党和政府对共青团的基本要求，是一项关系全局的长期性工作，因此必须精心组织，加强领导。团省、地(市)委和企业团组织主要负责人要亲自抓，青工部门要重点抓，相关部门要共同抓。要结合实际，提出具体措施，制定实施规划。从团中央到团省、地(市)委，要一级抓一级，层层抓落实，切实做到思想认识到位，领导力量到位。二是建立健全培训开发体系。各级团组织要把培训作为基础环节来抓。要根据市场就业情况，充分利用团内阵地采用集中培训和个别指导相结合的方式，帮助下岗青工掌握工商登记、项目选择、资金筹措、经营管理、市场营销等多方面的知识和各项实用技能。培训要突出针对性、实用性和开发性，注重培养下岗青工的创新精神。要建立经济专家、青年企业家和团干部组成的咨询小组，为下岗青工创办、领办小企业提供可行性论证、信息咨询、决策参考等智力扶持，使他们少走弯路。三是建立健全政策服务体系。各级团组织要进一步发挥政治优势和组织优势，千方百计为下岗青工创业提供各种政策服务。可以根据市场需求，与有关职能部门联合出台一些优惠政策，扶持下岗青工投身第三产业，发展社区服务，兴办家政服务公司，尽量形成下岗青工创业的规模效应。四是建立健全资金服务体系。各级团组织要积极争取政府支持和社会资助，筹集适当的下岗青工创业基金，为下岗青工创业提供一定的资金支持。各地要逐步建立专门基金，积极争取金融部门的支持，同时对基金的管理和使用要规范、科学，力求取得最佳效益。

(二)积极实施青年科技创新行动

江泽民总书记多次强调，创新是一个民族的灵魂，是一个国家兴旺发达的不竭动力。创新问题已经被越来越多的部门纳入到重要的议事日程。青年人最具活力，最少保守思想，是创新队伍中最活跃的群体。共青团根据新的形势要求，要动员和组织广大青年特别是科技人员积极投身科技创新。创新主要包括质量创新、科技创新、管理创新、服务创新等。质量创新要能实实在在提高企业产品的质量，要使产品的性能有明显提高，使产品质量不断上档次，上水平，争创名牌。科技创新要使新工艺、新技术在企业当中得到实际的运用，不断提高产品的科技含量。管理创新的目的是要激发职工的积极性和创造性，培养主人翁的责任感，要通过规范化、全员化、现代化的科学管理，达到降低成本，提高效益的目的。服务创新就是要延长服务手臂，扩大服务项目，完善服务功能，提高服务效率和服务质量。

共青团组织在创新方面关键要做好以下五项工作：一是要大力激发青年的创新意识。青年处在人生的黄金时期，这个时期如果没有开拓创新意识，人的一辈子就不可能有太多创新成果，就不可能有大的作为。如果青年思想保守，我们整个民族就不会有希望，只能落后挨打。共青团组织要把激励青年踊跃创新作为新时期的一项新的工作任务，自觉担负起促进青年创新的重任。要大力激发青年的创新欲望，敢于向传统挑战，敢于向权威挑战。要鼓励青年用新思维去发现问题，分析问题，并寻求解决问题的新思想和新办法。创新是无止境的。要教育青年永不满足。有创新成果的人不能满足，没有创新成果的人更不能满足。只有不断探索，不断实践，不断地去发现新问题，解决新问题，才能不断地推动社会文明向前发展。二是要拿出切实可行的创新规划。创新是历史赋予当代青年的一项特殊任务。青年科技人员的科技知识基础比较扎实，奋斗在科研第一线，有一定的科研条件，更应该在创新方面有所成就。共青团组织要对青年科技人员状况进行一次新的摸底，对青年科技人员的年龄结构、科研水平、科研成果、科研项目、科研条件等有一个准确的了解，做到心中有数。在此基础上，要帮助青年科技人员，制定一些切实可行的科研规划，提出明确的创新目标。三是要为青年创新提供实实在在的服务。要利用团的优势，帮助青年科技人员改善开展创新活动的工作环境，帮助他们解决一些实际的困难。要竭尽所能为青年科技人员投身创新提供更多的机会，创造更多的现实条件。四是要把创新与共青团的传统活动结合起来。一要和"五小"活动结合起来。"五小"活动在企业当中已开展了十几年了，在企业有很强的生命力。这样有生命力、深受企业欢迎和社会认可的东西要继续深入开展下去，不能放弃。同时，要根据创新要求赋予"五小"活动以新的内涵。二要与青年文明号活动和青年岗位能手活动结合起来。青年岗位能手活动本身就是一种人才培养方式的创新，特别是导师带徒活动就是一种全新的人才培养方式。青年文明号活动推行了服务卡，以卡为载体，延伸了工作手臂，完善了服务手段，有利于接受社会监督，这在团的活动方式上是一种创新。青年文明号生产线活动在企业内部中推行规范科学的机制，在管理上也是一大创新。五是要实事求是，讲求实效。所谓实事求是，就是要立足于青年科技人员的实际科研水平和现有的科研条件，不能好高骛远。所谓讲求实效，就是要立足于企业发展的现实需要，以解决企业现有科技问题为重点。发明新产品，创造新工艺，使用新技术要尽量符合企业的客观实际，要能实实在在为企业带来新效益。关于创新问题，团中央青工部正在进行深入研究，明年初将结合贯彻团的十四届二中全会精神，拿出一个具体的实施意见，希望各地也加强研究，早作准备。

（三）继续深化青年文明号活动和青年岗位能手活动。几年来，经过全团上下的共同努力，青年文明号活动和青年岗位能手活动，在全社会和广大青年中产生了良好的反响，已经成为全团工作的"名牌"。青工战线要在总结经验的基础上，对这两项活动不断加以深化。深化青年文明号活动，一是扩大规模。在抓好现有行业的基础上，进一步拓展领域，使主要窗口行业、工业企业、重点建设工程全面开展。在各个行业，动员和组织更多的青年集体参与，使活动覆盖面达70%以上。二是整体推进。在抓好现有基层青年集体争创活动的基础上，开展争创青年文明号示范街、青年文明号示范城活动，推动活动连线成片。三是强化管理。把管理作为活动的重要内容，公布监督电话，发放服务卡，组织年终检查，实行淘汰制，确保青年文明号的先进性。四是建立机制。发挥团组织的主导作用，形成党政部门支持的组织机制。严格标准，规范程序，形成科学考核评价的命名表彰机制。争取党政支持，形成与企业奖励体系同轨运行的奖励机制。

深化青年岗位能手活动，一是在工作内容上实现由适应型岗位能手向开发型岗位能手转变，由单一型岗位能手向综合型岗位能手转变，由岗上能手向岗上岗下"两用"能手转变。二是在工作领域上由国有企业、公有制经济领域向非国有企业和非公有制经济领域拓展，使之成为活动新的增长点。坚持抓团建与抓活动相结合，以团建带活动，以活动促团建。坚持区域推进与典型示范相结合，先易后难，逐步推进。使青年岗位能手活动在非国有企业和非公有制经济领域的覆盖面不断扩大。三是在工作方式上全面推进，突出重点。具体是：抓好512家国有大型企业，实行抓大带小，成立512家国有大企业团的工作联谊会，加强组织协调和工作指导，使之成为活动的示范单位，以带动其他国有中小企业开展。同时抓好青年企业家的企业和青年兴业领头人创办的企业。

（四）继续做好青年企业家协会的工作。青企协今后的工作已在这次会员代表大会上做了系统的部署，我在这里不再做具体阐述，主要是强调三点。一是今后协会要突出服务宗旨，为企业家的成长成才和企业家事业的发展提供更广泛、更高层次、更高质量的服务。二是要深化振兴中小企业行动，以经济和市场的手段动员更多的青年企业家帮助亏困中小企业扭亏增盈，走上振兴。三是要引导青年企业家参与下岗青工创业行动。为此，团中央实施“千名青年企业家扶持千名青年兴业领头人”行动。要组织1000名优秀青年企业家，通过培训、融资、咨询、提供项目等手段，一对一地扶持下岗青工或有志青年创立多种形式的小企业，直接培养1000名青年兴业领头人。

（五）加强企业团的建设。根据企业转机建制、减员增效的新情况，以《党章》和《团章》为依据积极配合团的组织部门科学设置企业团的机构，巩固团的干部队伍，完善团的工作职能，规范团的工作机制，切实加强企业团的建设。一是争取政策。积极配合团的组织部门争取党政部门支持，出台加强企业团的相关政策。有条件的地方可以先行一步，出台关于加强企业共青团工作的政策。团中央也要争取与相关职能部门出台一些宏观的政策。二是以活动促团建。要从服务大局、服务青年出发，开展好青年文明号、青年岗位能手活动、青年科技创新行动、下岗青工创业行动等活动，通过为社会做出实实在在的贡献来提高企业、社会对共青团工作的认可度和支持度，优化共青团工作的外部环境。要通过为青年提供实实在在的服务，增强团组织在团员青年中的号召力、吸引力和凝聚力。三是加强对新情况、新问题的研究。各地根据实际情况要多开展一些专题的调研，及时向有关部门反映团的工作动态和青年的思想动态，多与有关部门沟通，以此寻求上级主管领导和社会的支持，促进团的建设。要确保各项工作深入发展，取得实质性的社会效果，今后一个时期青工工作必须坚持四个原则：一是突出重点，打好名牌。重点有两方面，一方面的重点是在整个青工工作中突出下岗青工创业行动和青年科技创新行动，力求创出两个新名牌，同时努力保持青年文明号活动、青年岗位能手活动这两个名牌长盛不衰。另一方面是要把抓住国务院确定的512家国有大型企业作为重点。要充分认识国有大型企业共青团工作的地位和作用，国有大中型企业团组织既要在推动自身企业改革中发挥生力军作用，又要在全国企业共青团工作中发挥骨干作用。骨干作用体现在三方面，一要在落实全团工作部署上发挥率先模范作用，成为全团工作的“实验田”。二要成为出经验、出典型最多的阵地。三要在活跃全国企业团的工作中发挥辐射作用。国有经济是我国国民经济的支柱。国有企业团的工作应该成为全国企业共青团的工作的龙头。二是求真务实，抓好落实。要真正在企业改革发展、青工成长成才的结合点上做文章，办实事，求实效。采用办事业方式，落实各项工作任务，不搞形式主义，不搞花架子，不惟名，不惟利，只惟实。三是加强指导，活跃基层。在统一步调、集中力量抓好名牌的基础上，充分发挥基层团组织的积极性和创造性，克服上面热热闹闹、基层冷冷清清的现象，形成既集中统一，又生动活泼的工作局面。四是发挥优势，内引外联。在团内加强同有关部门的配合，在团外积极争取党政部门的支持，形成各个方面关心支持青工工作的生动局面。

四、切实加强作风建设，建立一支高素质的企业团干部队伍

当今时代是一个变革的时代、竞争的时代。共青团要在这样一个变革的时代、竞争的时代有一席之地，不能总靠党和政府发文件，拨资金，给政策，关键要靠共青团组织自身的努力，尤其是需要有一支高素质的团的干部队伍。从一定意义上讲，企业共青团工作面临的挑战，也是对广大青工战线尤其是企业团干部的挑战。现在共青团面临的新情况、新问题很多，面对新情况我们不可能视而不见。面对新问题我们不能消极逃避，只能是积极进取，迎难而上。共青团干部始终要有提高自身素质的危机感和紧迫感。只有具备较高的素质，我们才能客观认识新情况，科学解决新问题，不断开创共青团工作的新局面。

一要研究新情况，解决新问题。不深入企业、深入青年调查研究，就无法了解真实情况，就无法掌握第一手资料，工作和决策就会出现盲目性。盲目的决策就会劳民伤财，就会得不偿失，就得不到社会的认同和青年的欢迎。青工战线团干部要大兴调研之风，要学会研究经济，把握经济形势和经济走势，了解经济政策。要研究管理，研究企业产品质量、科技水平、管理方法和服务状况等，推动共青团工作与企业中心工作的有机结合。要研究青年，把握他们的思想动态，了解他们的实际需求，掌握他们的实际情况，以此指导工作，不断增强企业团组织的吸引力和凝聚力。要深入基层，学习好的工作经验，推广好的工作方法，尊重基层的创造精神。

二要开拓进取，勇于创新。要创新工作领域，下岗青工创业行动和青年科技创新行动是今后一个时期团组织要开拓的新的工作领域。领域拓展以后，可以把企业青工、青年科技人员、青年管理者以及下岗青工一并纳入工作序列。要创新工作思路，发挥自己的主观能动性，结合企业和青年实际，针对不同层次青年的具体情况，有的放矢，不能教条地执行上级指示和简单地模仿外地、外企业活动。要创新工作方法，既要继承以往好的工作传统，又不能机械保守地重复。要不断创新活动载体。过去，我们在深化青年岗位能手活动时找到了导师带徒这个载体，青年文明号活动找到了服务卡这个载体，下岗青工创业行动找到了培养青年兴业领头人这个载体，青年科技人员创新行动找一个什么载体作为抓手，还有待于进一步探索。共青团工作也像企业经营管理工作一样，需要常创常新。不开拓新领域，不创新工作载体，不创新工作机制，就难以赢得党政部门、企业和社会的支持。

三要注重实效，狠抓落实。共青团整体工作中，青工战线同经济工作联系比较紧密。经济工作是最讲务实的工作，企业的共青团工作也必须务实。青工战线广大团干部要像企业经营管理者搞企业一样去做我们的青年工作。一是我们的工作定位要与企业改革和经济发展相融合，离开企业的中心工作和市场经济这个大的背景，企业共青团工作就没有生存的土壤，就会成为无源之水，无本之木。二是我们的工作作风要务实。经济工作是实实在在的，来不得半点虚假。企业团的工作不能搞假大空，要避免形式主义，不搞花架子。三是要抓好落实。任何新的思路和好的活动，最后都要有人去落实，只有落实了才能有实实在在的成果。企业团的工作实不实，要看是不是对推动企业改革和经济效益的提高做出了实实在在的贡献，对青年的成长成才是不是提供了实实在在的帮助。工作不实，企业共青团就不可能有地位，在青年中就不会有凝聚力。

四要熟悉业务，精通本行。不学习思想就会落后，思维就会僵化。团的干部流动性大，一些刚到青工战线的同志要虚心向老青工请教，尽快熟悉青工业务工作。老青工也要加强学习，青工战线面广线长，有学不完的东西，做不完的工作。希望青工战线的广大团干部要以高标准严格要求自己，认真学习邓小平理论，不断提高政治理论水平。要刻苦学习市场经济知识、科技知识和文化知识，努力使自己成为既通团内工作业务，又懂现代市场经济知识的有用人才。同志们，跨世纪的发展在呼唤着我们，党和人民在期待着我们。让我们高举邓小平理论伟大旗帜，紧密团结在以江泽民同志为核心的党中央周围，抓住机遇，迎接挑战，全面活跃企业共青团工作，为推动我国改革开放和现代化建设事业做出无愧于时代的贡献。

深化青年文明号活动，促进金融事业健康发展

——孙金龙在全国金融系统青年文明号活动现场会上的讲话

1999年1月12日

新年伊始，中央金融工委、共青团中央联合召开全国金融系统青年文明号活动现场会，总结、交流工行山东济南分行等单位开展青年文明号活动的经验，研究、探讨如何适应金融事业发展的新要求深化青年文明号活动，这是一件很有意义的事情，必将推动金融系统的两个文明建设再上一个新的台阶。金融系统青年文明号活动在金融系统各级党政部门的高度重视和热情指导下，经过广大团员青年的共同努力，取得了明显成效，涌现出以工行山东济南分行大观园储蓄所为代表的一批典型，为全国青年文明号活动的开展起到了示范导向作用。在此，我代表团中央向金融系统各级党政领导对青年文明号活动的关心支持表示衷心的感谢，向为青年文明号活动开展付出辛勤劳动的金融系统广大团员青年和团干部表示亲切的问候。

利用这个机会，我讲四点意见。

一、青年文明号活动的实践给我们以深刻的启示

青年文明号活动是共青团实施的跨世纪青年文明工程的重点项目，开展这一活动的目的在于引导广大青年建设高度职业文明，创造一流工作业绩。1994年4月，江泽民总书记亲笔题写了“青年文明号”，对我们这项工作给予了充分肯定，给广大团员青年以巨大鼓舞。几年来，在国家有关部委的大力支持下，在各地党政部门的高度重视下，青年文明号活动已经在30多个系统和行业、500多万个青年集体中展开，涌现出全国青年文明号近2000个，各级青年文明号10万多个。青年文明号活动促进了职业道德建设的加强、青年文明素质的提高、两个文明建设的协调发展，几年来的实践给我们以深刻的启示。

启示之一，青年文明号活动是推动群众性精神文明建设的重要载体。我们党一贯重视群众性精神文明建设。党的十四届六中全会提出要深入持久地开展群众性精神文明创建活动。群众性精神文明建设需要有形载体来实现。青年文明号活动紧扣职业文明建设来开展，通过丰富多彩的创建形式，引导广大职业青年立足岗位，敬业爱岗，文明从业，优质服务，收到了良好的效果。十大窗口行业公布的文明服务示范单位中近70%是各级青年文明号，这说明青年文明号在“讲文明、树新风”活动中发挥了窗口作用和示范作用。人民群众在青年文明号单位，都能看到开展青年文明号活动以来呈现出的喜人气象，都能体验到满意的优质服务，都能感受到扑面而来的文明新风。

启示之二，青年文明号活动是提高企业经济效益的重要手段。市场经济是效益经济，要

求提高资源的配置效率,实现资源的优化配置。企业作为市场的微观主体,在市场参与的过程中,必然要求讲质量,讲信誉,讲服务。对于服务行业来说,提高经济效益就要强化管理、改善服务、树立信用。青年文明号活动以科学管理来规范青年职工的服务行为,以优质服务来迎接每一位顾客,以一流质量来回报社会,以良好信誉来赢得更多的回头客,促进了企业经济效益的提高。从强化管理的角度讲,青年文明号活动以基层青年集体为单位,着眼于优化最基层的管理单元,通过优化每一个基层单位实现整体优化,强化了现代管理;通过制定创建标准,细化了行业规范;通过开展创建活动,实现了管理的具体化、人格化;通过倡导团结协作精神,在调动个人积极性和创造力的基础上,发挥青年职工的整体优势,实现了效益的最大化。可以说,青年文明号活动是加强基层现代化管理的重要渠道。从改善服务的角度讲,青年文明号活动以优质服务为主题,通过严格创建标准来倡导优质服务,通过开展岗位训练来学习优质服务,通过日常工作来实践优质服务,通过考核评价来检验优质服务,使争创单位不断改善服务态度,优化服务过程,提高服务质量。在一定意义上,青年文明号就是优质服务的象征。正因为青年文明号活动有利于管理的科学化和服务的最优化,因此,凡是青年文明号活动开展得好的经济单位,经济效益都明显高于同行业一般水平。

启示之三,青年文明号活动是帮助青年成长成才的重要途径。在知识经济时代,人的素质愈益成为经济持续发展的动力源泉,人才愈益成为市场竞争的决定因素。实现两个根本性转变,走集约型发展道路,最终靠劳动者素质的提高。青年处在长知识的关键时期,是最富创造潜力的群体,具有强烈的成长成才需求。青年文明号活动以体现优质服务的创建标准要求青年,引导青年奋发向上;开展经常性的岗位训练,使青年在岗位上长知识、增才干;进行表彰奖励,形成积极向上的氛围,促进青年集体之间、青年之间展开竞争,激发青年的热情和上进心,强化青年的成就感和事业心;培养一批岗位成才的典型,以现实的具体的榜样引导着更多的青年奋发成才。青年文明号活动为青年成长提供了广阔的舞台和现实的途径。

启示之四,青年文明号活动是加强新时期共青团工作的重要措施。目前,我国正处在经济转型期。加强宏观调控,改革经济体制,调整经济结构,完善市场机制,促进经济增长方式转变,都对团的工作产生着深刻影响。尤其是加快国有企业改革步伐,推进国有经济战略性重组,直接对企业团的工作提出了挑战。迎接挑战,战胜挑战,最现实的途径是改进企业团的活动方式。青年文明号活动突出职业道德建设和职业技能训练,注重在实践中培养人的服务思想和高尚品德,同时又注重产品质量、服务质量、内部管理和经济效益,因此成为共青团服务两个文明建设的切入点,服务大局与服务青年的结合点。正因为青年文明号活动实现了服务大局与服务青年的有机统一,才赢得了党政部门的大力支持和广大团员青年的欢迎,从而成为共青团工作的一项"名牌"。

二、适应经济增长的新要求,突出金融行业特色,全面深化青年文明号活动

当前,我国各项改革稳步推进,国民经济持续增长,人民生活水平继续提高,经济形势总体上是好的。但是,我们必须清醒地看到,在前进道路上也面临着一些新问题。全球经济增长趋缓,出口压力加大,出口对经济增长的拉动力减小。亚洲金融危机尚未结束,其影响在短期内难以消除。在国内,市场需求不旺,多年来工业项目严重重复建设造成低水平产品过剩,经济结构矛盾突出,企业效益不好,社会就业压力加大。我们要正视困难,知难而进。在推动经济增长,促进经济发展的过程中,金融的作用十分重大。金融是现代经济的核心。邓小平同志从战略高度强调,金融很重要，一招活了全盘皆活。这充分肯定了金融在社会主义市场经济中的地位和作用。亚洲金融危机从一个侧面也反映了这一问题的重要性。因此，金融行业的团组织要紧紧围绕本行业的中心工作，立足党政工作大局，突出金融行业的特点，不懈地推动青年文明号活动。要广泛动员和组织广大金融系统的青年以青年文明号活动为载体，围绕扩大国内需求、加快企业改革、实施科教兴国战略，为完成保持币值稳定、支持经济发展、防范和化解金融风险的金融工作任务营造良好氛围，提供人才资源，做出积极贡献。

一是服务于扩大国内需求来深化青年文明号活动。大家知道，受国际市场需求萎缩等因素影响，我国外贸出口已大幅度下降。亚洲金融危机不仅使我国的外贸出口形势严峻，而且货币贬值国家的廉价商品对我们国内市场也形成了一定压力。还有，我国是一个人口大国，过分依赖国际市场往往容易陷于被动局面。在这种情况下，除提高对外开放水平、千方百计扩大出口外，更重要的是要扩大国内需求，开拓国内市场。既要扩大投资需求，增加国家投入，鼓励企业、集体和个人等社会投资，又要培育新的消费热点，拓宽消费领域，开拓城乡市场，引导居民增加消费支出。中央经济工作会议确定把扩大国内需求，开拓国内市场作为我国经济发展的基本立足点和长期战略方针。金融业是国家进行宏观调控的重要杠杆，通过采取适当的货币政策，能够促进国内需求的扩大和国内市场的开拓。在金融系统深化青年文明号活动，就是要为实行适当的货币政策服务。要通过青年文明号活动，提高青年从业人员的素质，提高基础管理水平，提高信贷资金使用的安全性、流动性和赢利水平，防范和化解金融风险，从简单的存贷款业务向风险管理型和综合服务型转变。要积极开展“青年文明号促销增效”活动，通过服务创新，扩大社会的金融服务项目，推动住房等消费热点的形成。

二是要立足于加快企业改革来深化青年文明号活动。国有企业是我国国民经济的支柱，对推进改革开放和现代化建设，保持社会稳定，发挥着重要作用。今年是实现国有大中型企业改革和脱困三年目标的关键一年。要继续推进国有经济的战略性改组，继续搞好改革、改组、改造和加强管理，建立现代企业制度。要搞好减员增效、下岗分流和再就业工作，保障下岗职工的基本生活。金融业是我国企业间接融资的主渠道，在搞好国有企业改革方面大有可为。在金融系统深化青年文明号活动，要改进对企业的金融服务，增强宏观意识，认真执行国家金融工作的方针、政策，运用信贷政策，促进资金按国家产业政策和经济效益原则合理流动，促进经济结构调整。要改进结算服务，增加结算工具，加快资金清算速度，促进企业清理相互拖欠。要适应市场经济要求，实现资金经营方式从粗放型向集约型转变，更好地支持企业改革和发展。

三是要着眼于实施科教兴国战略来深化青年文明号活动。科学技术是第一生产力，经济建设必须依靠科学技术，依靠科技进步。产业结构的调整、新的经济增长点的培育、市场竞争能力的提高、新的市场空间的开拓，无不有赖于科技水平和创新能力的提高，有赖于科教兴国战略的实施。金融业要适应实施科教兴国的客观要求，在金融运行管理中采用高科技手段，加快金融电子化步伐。金融系统青年文明号要走在前面，努力提高青年文明号的科技素质和科技含量。在金融系统深化青年文明号活动，一方面要通过提高信贷资产质量，完善信贷资金配置，支持企业使用新技术，开发新产品，推动科技成果转化，另一方面还要积极运用现代信息技术手段，支持建立金融系统风险监测和预警体系。加强柜面业务处理系统开发，推出新型金融电子化综合服务系统，更好地为用户服务。采用新型支付工具，提高金融服务的科技含量。

三、深化青年文明号活动要把握好几个关键环节

青年文明号活动是一个包容量大、涉及面宽的系统工程，从内容上看，既包括了精神文明建设，又包括了物质文明建设；从组织上看，它既涉及团组织，又涉及行业主管部门；从活动方式看，它既是群体的，又是个体的。因此，在深化这一活动的过程中，必须着力把握好以下几个关键环节。

一是狠抓创建。青年文明号活动重在创建，创建是青年文明号活动的核心。我们的主要工作不是命名、表彰、授牌，而是引导基层单位采取切实措施，开展创建活动。争创结果重要，争创过程更重要。要坚持这样一个原则，即青年文明号是创建出来的，而不是挂牌挂出来的。符合基本条件的青年集体，都可以参加争创，但命名要严格把关。

二是加强管理。青年文明号不搞“终身制”，这是一条必须长期坚持的重要原则。青年文明号不是一劳永逸的，实行淘汰是青年文明号活动的重要特征。几年来，全国已涌现出成千上万个青年文明号。金融系统全国级青年文明号有280多个，各级青年文明号数以千计。这些青年文明号面向全社会，服务群众，搞好了，是职业文明建设的一道绚丽风景线。套用一句经济学的术语讲，青年文明号是一笔无形资产，是千万职业青年心血的结晶和实践创造。维护和保持青年文明号的形象和声誉，加强对青年文明号的管理十分必要。加强管理首先要严格标准，优秀的才认定，宁缺勿滥，把好入口关；其次是要加强监督，把年终检查与平时监督相结合，发现问题及时纠正，整改无效的取消称号，摘下牌匾。

三是扩大规模。青年文明号活动从窗口行业开始，经过几年努力，已逐步推广到工业企业和重点建设工程，活动的领域在不断扩大，各级青年文明号的数量在逐步增加。但是，就各行各业参加创建活动的基层青年集体在各行业中所占的比例来看，还远远不够，很多行业还是“星星之火”。金融系统发动面比较大，但也有一个开拓领域，扩大覆盖面的问题。今后一个时期，要在加强现有的青年文明号管理的同时，不断拓展领域，扩大规模，变“明星制”为“群星制”，使“星星之火”成为燎原之势，这样才能产生综合效应。

四是形成机制。青年文明号活动要实现持续发展，就要加强机制建设。机制建设主要是要形成党政部门牵头、相关部门支持、共青团组织具体协调的组织机制，形成活动常抓常新的创建机制，形成科学考核评价的评选表彰奖励机制，形成自我激励与社会约束相结合的管理机制。日前，中央金融团工委已经正式成立。希望金融系统团组织以此为新的起点，在机制建设方面迅速理顺关系，切实加强对青年文明号活动的组织领导。

四、金融系统的团干部要努力提高自身素质，不断开创团的工作新局面

中央金融工委对团的工作十分重视，金融工委刚成立不久就迅速成立了金融团工委和系统团委，这为加强金融系统团的工作和青年工作提供了组织保证。毛泽东同志曾经讲过，政治路线确定之后，干部就是决定的因素。前不久召开的共青团十四届二中全会，按照党中央的要求和团十四大提出的任务，制定了共青团工作跨世纪发展纲要，对今后五年全团的工作作出了部署。中央金融工委成立以后对团的工作和青年工作给予了高度重视，提出了明确的要求。可以说共青团工作的大政方针已定，关键就是要抓落实，能不能把我们的宏伟设想变为现实，推动团的工作跨世纪发展，最终要取决于团干部素质的提高。金融系统的团干部要按照江泽民总书记对年轻干部提出的要求，刻苦学习，勤奋工作，勇于创造，自觉奉献，积极适应金融改革和金融事业发展的新要求，努力提高自身的综合素质，不断开创团的工作新局面。在这里我提出三点希望。

第一，要加强学习，勇于创新。江泽民总书记多次强调，全党全国人民都要加强学习，最近在省部级领导干部金融培训班结业式上发表的重要讲话中，再次要求各级干部和全党同志都要加强学习。团干部是党的干部队伍中的重要组成部分，也是其中比较年轻的一部分，尤其要加强学习。金融系统的团干部要深刻认识到，建设有中国特色社会主义金融事业这个大课题，对我们来说，还处于不断探索的阶段。因此，更要把学习放在重要的位置上，要学习马列主义、毛泽东思想，特别是邓小平理论，学会利用马列主义立场、观点和方法，来观察和解决问题，还要努力学习各种知识，特别是金融知识，增强应对金融危机、防范化解金融危机和促进金融事业发展的本领。还要适应知识经济的来临和金融改革的需要，大力发扬创新精神，增强创新意识，提高创新能力，投身创新实践，通过创新努力推动金融事业的发展，通过创新不断把团的工作提高到新的水平。

第二，要服务中心，服务青年。共青团是党的助手和后备军，必须坚持既服务中心又服务青年，偏废任何一方都是错误的。服务中心就是要紧密围绕金融改革和金融事业的发展出题目、想办法、搞活动，把广大团员青年的积极性和创造力引导到为改革开放和现代化建设做贡献上来。服务青年就是把党的全心全意为人民服务的宗旨落实到团的实际工作中，经常深入到青年中去，了解青年的需求，关心青年的疾苦，反映青年的呼声，代表维护青年的权益，为青年成长、成才搭建舞台，从而把青年紧紧地团结在党的周围，为实现党的事业而奋斗。各级共青团组织要始终把竭诚为青年服务作为我们共青团工作的出发点和立足点。

第三，要研究新情况，解决新问题。在当前深入推进各项改革的新形势下，团的工作不可避免地遇到一些新情况、新问题，金融系统的团工作调整为垂直领导后，在组织设置、工作方式、运行机制等方面也会遇到一些新情况、新问题，尤其需要金融系统的团干部拿起研究的武器，认真分析变化了的客观形势，明了党政的要求，把握青年的特点，懂得青年的需要，在此基础上作出正确的判断，采取有效的措施解决新问题，只有这样才能实现金融系统团的工作的新突破、新发展，使团的事业不断焕发新的活力。

同志们，人类社会即将跨入21世纪。建设有中国特色社会主义伟大事业召唤当代青年去开拓，去创造，我国跨世纪宏伟目标将最终在当代青年手中得以实现。让我们紧密地团结在以江泽民同志为核心的党中央周围，携起手来，真抓实干，讲求实效，全面深化青年文明号活动，为推动我国经济与社会协调发展，为促进中华民族伟大振兴做出当代青年无愧于时代的贡献。

深入实施下岗青工创业行动，积极促进下岗青工再就业

——孙金龙在全国青年兴业领头人表彰会上的讲话

1999年3月31日

今天，共青团中央、劳动和社会保障部联合召开全国青年兴业领头人表彰会，是为了贯彻九届全国人大二次会议精神，表彰在实施下岗青工创业行动中涌现出来的先进典型，研究部署今后一个时期下岗青工再就业工作。在此，我代表团中央书记处向受到表彰的同志表

示热烈的祝贺，向支持下岗青工创业行动实施的劳动和社会保障部和一贯关心、重视共青团工作的陕西省委、省政府表示衷心的感谢，向为下岗青工创业行动的实施付出了辛勤劳动、做出了积极贡献的各级团组织表示亲切的问候！

刚才，三位同志作了一场生动具体、感人肺腑的报告。他们的共同特点是，下岗后不等不靠，正视现实，投身创业，白手起家，通过艰苦奋斗，走出了一条自主创业之路，不仅实现了自我再就业，而且还帮助和带动了一批下岗职工实现再就业。他们用自己创业的艰辛实践展示出当代青年自强不息、顽强拼搏、奋发向上、艰苦创业的崭新风貌。他们的创业实践证明了这样一个朴素的真理：下岗并不可怕，只要转变观念，不畏艰难，敢于吃苦，勇闯新路，就一定能通过创业实现再就业，就一定能在社会主义市场经济的广阔舞台上有所作为，创出一番事业。他们的创业事迹平凡无华，波澜不兴，现实可学，必将激励广大青年自觉奋斗，建功立业。他们的创业事迹说明，下岗职工尤其是下岗青工蕴藏着巨大的创业潜力，是一种宝贵的人力资源。这种资源一旦开发和利用起来，就会产生出巨大的人才效益和经济效益。他们的创业事迹告诉我们，共青团组织作为党的助手和后备军，发挥在实践中育人的传统宗旨，在协助党和政府实施再就业工作方面，只要不懈努力，真抓实干，定能大有作为，必将有所建树。

利用这个机会，我讲三点意见。

一、实施下岗青工创业行动意义重大

江泽民总书记多次强调，工会、共青团、妇联等群众组织要在实施再就业工程方面发挥积极作用。朱镕基总理在国有企业下岗职工基本生活保障和再就业工作会议上指出，做好国有企业减员增效、下岗职工基本生活保障和再就业工作，既是搞好国有企业改革的重要内容和必要保证，也直接关系社会稳定的大局，各地方、各部门务必高度重视，切实抓好。

实施下岗青工创业行动，是团中央、劳动和社会保障部贯彻中央要求，服务党和国家工作大局的重要体现。做好这项工作，对于推动再就业工程的实施，促进经济发展和社会稳定，具有重要的意义。

意义之一：下岗青工创业行动直接推动了再就业工程的实施。为了帮助下岗职工重新就业，党和政府实施了再就业工程。在下岗职工中，青年占三分之一，做好下岗青工再就业工作对整个再就业工程的实施关系重大。共青团要守土有责，主动应战，积极协助党和政府实施再就业工程。下岗青工创业行动，发挥团的优势，集合社会力量，服务下岗青工再就业。这项工作开展好了，就会有效地促进再就业工程的实施。去年以来，各地从实际出发，精心组织实施，取得了很大成绩。据统计，各地去年共培训下岗青工 80 多万人，帮助安置 16 万多名下岗青工，扶持青年兴业领头人 7000 多人。应该说，下岗青工创业行动正在成为再就业工程的重要载体。

意义之二：下岗青工创业行动在解决下岗职工再就业方面进行了积极探索。解决职工下岗问题，一靠生活保障，二靠重新就业，前者很重要，后者更根本。怎么样实现重新就业？对于结构性下岗的，当然可以进行调剂，但这很有限，更多的是总量性下岗。也就是说，长期的重复建设、盲目建设和企业经营机制不活，以及计划经济条件下实行的就业体制和就业政策，使大量职工下岗。这使得下岗职工再就业环境很不宽松。我国是一个人口大国，劳动力严重过剩。据有关部门测算，“九五”期间城镇需安置的劳动力达 5400 万人，而同期只能提供就业岗位 3800 多万个。一方面是职工大量下岗，另一方面是全社会就业岗位有限。在这种情况下，下岗职工要实现再就业，仅靠安置显然是远远不够的，根本出路在于自谋职业，靠自己的力量开发出新的岗位来。下岗青工创业行动，把“创业”作为工作的出发点和落脚点，广泛开展创业观念教育、创业技能培训、创业服务，在直接帮助一部分下岗青工走上再就业岗位的同时，更重要的是通过高扬创业旗帜，弘扬创业精神，引导着更多的下岗青工乃至其他下岗职工不等不靠，自主创业，通过创业实现再就业。

意义之三：下岗青工创业行动活跃了城市和企业团的工作。团十四大和十四届二中全会对今后五年团的工作做出了全面部署。实现五年工作目标，就要不断增强工作活力。团的工作能不能活跃，核心是能不能把握党政工作大局，能不能符合广大青年工作和生活的实际需要。下岗青工创业行动在党政重视和社会关注的重点工作上做文章，在下岗青工关心的再就业问题上想办法，既服务了改革开放和经济建设的大局，又服务了下岗青工的切身利益。城市和企业团组织实施好了下岗青工创业行动，就能更好地争取党政的支持，更有效地吸引青年，凝聚青年。从这个意义上讲，下岗青工创业行动是新形势下展示团的作为，发挥团的作用，活跃团的工作的一个重要的生长点。

二、实施下岗青工创业行动要有所作为

做好下岗职工再就业工作，需要全社会齐抓共管，共同努力。对于解决下岗青工再就业问题，共青团不能包打天下，但必须有所作为。有所作为是由团的性质和任务决定的。共青团是党的助手和后备军，是党和政府联系青年的桥梁和纽带，积极协助党和政府实施再就业工程是责无旁贷的。今年经济结构调整的力度将进一步加大，亚洲金融危机的影响仍在加深，以往盲目投资、低水平重复建设造成的结果还在持续反映出来。这一切无不导致国有企业下岗职工增加，再就业难度增大。各级团组织和广大团干部要认清形势，增强责任，有新的作为。

怎样才能有所作为？我看，关键是要有良好的精神状态。精神状态，是指人的态度、信心、劲头等。江泽民同志要求年轻干部对待工作要“满腔热情和高度负责”，指的就是要有良好的精神状态。实践一再说明，同样一件事，以不同的精神状态去做，效果大不一样。对于有一定难度的事来说，精神状态不好，是不可能做好的。下岗青工不同于一般的青年，他们失去了工作，生活发生困难，心理往往容易存在负担，因此十分需要团组织去关心、去帮助、去做工作。下岗青工创业行动，不同于一般的团的工作，存在许多新情况、新问题，有很多困难、很大难度。希望广大团干部要不畏艰难，迎难而上。“沧海横流，方显英雄本色”。越是有难度，我们越要去做，越要做得有声有色，这样才能磨炼我们的意志，锻炼我们的实际工作能力，才无愧于团干部的称号。要开拓进取，创新工作方式。怎么样去做下岗青工工作，怎么样发挥团的优势来服务下岗青工再就业，需要我们从实际出发，大胆创新工作方法、工作内容、工作途径，不断在实践中推陈出新。要敢于胜利，取得更大成绩。我们要有信心，紧扣创业主题，是能够培养和造就一批面向新世纪的创业者的。

三、实施下岗青工创业行动要务求实效

下岗青工创业行动，事关再就业工程的实施，事关改革、发展、稳定大局，事关下岗青工切身利益，来不得半点马虎，必须脚踏实地，务求实效。

务求实效，就要强化手段。只有手段实，才能取得实际效果。这是一项经济性工作，千万不能搞形式主义，不能追求轰动效应。各地都要在如何实施上多动脑筋，多想办法，多做文章。要开展经常性的培训，提供日常性的服务，切实促进下岗青工再就业。

务求实效，就要深入基层。基层是我们工作的基础，工作做到基层，才能取得实际效果。各级团的领导机关不能满足于一般号召和原则要求，不能停留在文件和会议上，而要深入

实际，面向基层，把问题解决在基层。要深入下岗青工之中，了解他们的思想，倾听他们的呼声，反映他们的愿望，满足他们的要求。

务求实效，就要常抓不懈。这项工作不是一时一地的工作，不能有短期思想和临时观念，而要着眼长远，打持久战。要通过我们经常性的工作，日积月累，积小成大，帮助更多的下岗青工实现再就业。

同志们，今年是我们党和国家历史上具有特殊意义的一年，做好今年的工作意义十分重大。希望各级团组织认真贯彻九届全国人大二次会议精神，真抓实干，再鼓干劲，为促进下岗青工再就业作出新的努力，为实现今年改革、发展、稳定的目标做出新的贡献。

抓住机遇、再鼓干劲 把全团青工工作提高到一个新的水平

——孙金龙在全团青工工作会议上的讲话

1999年3月31日

在九届全国人大二次会议和全国政协九届二次会议闭幕不久，我们召开全团青工工作会议，是为了贯彻落实"两会"精神，根据团的十四届二中全会和《共青团工作跨世纪发展纲要》的总体要求，安排部署今年青工工作，研究如何进一步开创青工工作新局面。刚才，听了一些省、区、市青工工作的情况介绍，我感到各地工作思路是对的，干劲是足的，决心是大的，很受鼓舞。体先同志代表团中央青工部对今年的青工工作做了具体安排，我完全赞成。下面，我就如何做好今年的青工工作讲几点意见。

一、要在共青团工作跨世纪发展的大格局中找准位置

去年底召开的团十四届二中全会把团的工作放在世纪之交的时代背景和改革、发展、稳定的大局中进行研究，制定了《共青团工作跨世纪发展纲要》，对共青团今后五年的工作做出了总体规划，描绘了团的工作跨世纪发展的宏伟蓝图。这是指导今后五年全团工作的纲领性文件，也是做好青工工作的指导性文件。这个文件坚持继承与创新相结合，在总结和汲取过去团的工作经验的基础上，认真分析了世纪之交共青团工作面临的形势和任务，推出了中国青年创业行动、中国青年科技创新行动和中国青年绿色行动，同时强调继续深化跨世纪青年文明工程、跨世纪青年人才工程和服务万村行动。在这一系列重点工作中，青工工作占有很大的比例。在深化两项跨世纪工程中，青年文明号、青年岗位能手这两大主项需要青工部门来抓。在新推出的"三大行动"中，青工部门担子也不轻。对于中国青年创业行动来说，下岗青工是工作重点，书记处明确要求中国青年创业行动由青工部门牵头。对于中国青年科技创新行动来说，企业是创新的主体，青工部门任重道远。我们即将推出青年创新创效活动，在企业青年职工中全面开展技术创新、管理创新、营销创新和服务创新，以创造良好效益，促进企业发展。另外，我们还要协同组织部门研究企业团的建设，这也是一项很重要、难度很大的工作。可以说，在全团工作的大格局中，青工工作责无旁贷。做好青工工

作，对于落实团十四大和十四届二中全会提出的各项任务，实现团的工作跨世纪发展，具有十分重要的意义。团十三大以来，青工战线扎实开展青年文明号活动、青年岗位能手活动，为两项工程的实施做出了积极贡献，奠定了青工工作良好的基础。我们要发扬成绩，再接再厉，通过艰苦的努力，开创青工工作新局面，为团的工作跨世纪发展做出新的贡献。

二、要从改革和发展的大背景中认识青工工作面临的机遇和挑战

中央提出，用三年左右的时间，通过改革、改组、改造和加强管理，使大多数国有大中型亏损企业摆脱困境，大多数国有大中型骨干企业初步建立现代企业制度。今年是实现这个目标的关键一年。作为党的助手，共青团要积极协助政府和企业打好改革攻坚战。前不久闭幕的九届全国人大二次会议提出，要制止重复建设，加快行业调整和改组的步伐；要继续搞好国有企业下岗职工的基本生活保障和再就业工作；要推进政企分开，健全监管制度，整顿和加强企业领导班子；要推动企业成为技术进步的主体，提高企业的技术开发和创新能力。这对于大力推进国有企业改革和发展具有重要意义，也为团的青工工作指明了方向，提供了机遇。我们推进下岗青工创业行动，就是为了配合党和政府实施再就业工程，为企业改革顺利进行创造良好条件。我们推出青年创新创效活动，就是为了促进企业全面创新，推动企业实现两个根本性转变，取得良好经济效益。我们继续深化青年文明号活动，就是为了促进职业文明建设，打通扩大内需的基础环节，帮助企业赢得更大市场份额。当前，党和政府十分关注的，也是我们青工战线能做的，主要有两个方面，一是做好国有企业下岗职工基本生活保障和再就业工作，这既事关企业改革的成败，也事关社会的稳定；二是加快国家创新体系建设，解决科技与经济相脱节的问题，促进科技成果的转化和推广。在这两个方面，我们青工部门都是可以有所作为的。我们强调要做好青企协工作，就是为了培养一批政治素质高、经营管理能力强、公正廉洁的优秀青年企业管理人才。可见，促进企业改革和发展，推动经济持续增长，为青工工作的发展提供了广阔的空间，为我们从事青工工作的同志施展才华提供了难得的机遇。

在充分认识青工工作面临的发展机遇的同时，我们必须看到也有许多新的挑战。国有企业改革步伐的加快，市场经济体制的逐步建立，深刻影响和改变着青工的工作和生活，也影响到青工工作的运行机制和活动方式。随着企业转换经营机制和非公有经济的发展，企业团的建设也面临着许多新的问题。我们要用改革的精神，研究新情况，解决新问题。要贴近基层，深入实际，了解和摸清青工情况，有针对性地做好青工工作。要创新工作方式，完善运行机制，使工作更符合企业实际，更适应青工特点。要加强企业团的自身建设，为落实企业团的各项任务提供组织保障。

三、要保持良好的精神状态

保持良好的精神状态，是做好青工工作的前提。毛泽东同志讲过，人是要有一点精神的。古人也说过，“善养浩然之气”。这都说明精神状态非常重要。没有良好的精神状态，就不可能克服困难，就难以做好各项工作。

我在这里为什么要强调这个问题？这是因为，青工工作目前正处在一个承前启后、继往开来的关键时期。前些年，在青工战线全体同志的共同努力下，青工工作取得了不小的成绩，无论是创建青年文明号，还是培养青年岗位能手，大家都驾轻就熟，得心应手。我们已经探索和积累了一些规律性的东西，这是做好下一步工作的重要基础。但是今天的国有企业改革已经进入攻坚阶段，深层次的矛盾和问题已经和正在暴露和显现。对国有经济实行战略性重组，加快产业结构调整步伐，加大企业技术改造力度，实施减员增效，下岗分流，其深度和广度前所未有，给企业团的工作和团的建设提出了许多重大课题，亟待我们去探索和研究。因此从这个意义上讲，我们为过去已经进行的成功性探索和已经取得的成果感到自豪，但是不能陶醉，当前，要注意克服两种倾向。一是一些同志可能满足于已经取得的成绩，对前进中面临的困难估计不足，把新的工作看得过于简单，缺乏充分的精神准备。二是一些同志可能对面临的困难缺乏正确的认识和客观的分析，看不到有利条件和大好机遇，把困难看得太多太重，对开创新局面存在畏难情绪，缺乏夺取胜利的信心。这两种可能出现的倾向对我们的工作都是不利的。青工战线的同志们要勇于开拓创新，在新的形势和任务面前，保持良好的精神状态。一方面，要清醒地看到做好青工工作的有利条件，不被困难所吓倒，在实践中勇于探索，积极开拓，知难而上，坚定信心。另一方面，要充分估计到工作中的困难，有足够的精神准备，既不消极悲观，也不盲目乐观，既要积极，又不要着急。换届后的一段时间里，各项工作必然有一个衔接和启动的过程，这是正常的。希望同志们发扬脚踏实地、求真务实的优良传统，实干而不浮躁，兢兢业业，扎扎实实，推动各项工作不断发展，不断深入。

四、要切实提高工作质量

当前，科技进步日新月异，知识经济已见端倪，现代化建设快速发展，团的工作也处在跨世纪发展的新时期。这一切无不要求我们加快工作步伐，求得扎实成效。青工战线任务繁重，责任很大，但人员不多，难度不小，尤其需要提高工作质量。

提高工作质量，就是要求各项工作在实施前要深入调研，精心谋划，反复论证，力求有一个最好的方案，而不是随心所欲，靠拍脑门和想当然，搞简单化；在实施中，要精心组织，措施到位，保证落到实处，而不是流于形式，浮于表面，搞花架子；在实施后，要加强指导，督促检查，及时发现问题，确保收到实效，而不是不管不问，任其自然，搞无用功。只有在每一个环节上下了功夫，我们的工作才能具有高质量、高效益。

提高工作质量，关键在于创新。只有创新，才能巩固已有工作成果；只有创新，才能开拓新的工作领域；只有创新，才能取得新的成绩。要创新工作内容，在党政关注、青年需要的问题上动脑筋，想办法。要创新工作方式，增强工作凝聚力。要创新工作手段，广泛动员社会力量，争取社会资源。

提高工作质量，就要突出重点，统筹兼顾。今年青工工作项目很多，各省人手有限，平均分配力量不行，必须从实际出发，分清轻重缓急。

五、要提高青工战线干部的综合素质

政治路线确定以后，干部就是决定因素。目前，青工工作的大政方针已定，关键是狠抓落实，这就需要加强青工战线干部队伍建设，提高干部的综合素质。青工战线这支队伍总体素质是高的，在实际工作中是有战斗力的。做好当前及今后的青工工作，既要注重对过去经验和成果的提炼、总结，又要注重活动的创新、深化；既要注重活动的可操作性，又要注重活动的理论性。在社会主义市场经济条件下，事物的变化是经常不断的，摆在我们面前亟待解决的矛盾和问题很多，新情况、新问题会不断出现，这就要求我们学会研究问题，分析事物，在此基础上廓清思路，形成思想，坚持做到出思想与搞活动的统一。

提高素质，关键是加强学习。目前，全党正在开展以讲学习、讲政治、讲正气为主要内容的党性党风教育。团中央作为试点单位去年底就已经开展。我们青工战线团干部要积极参加“三讲”，通过“三讲”提高思想理论水平，在坚定理想信念，保证党的路线方针政策贯彻执行上有明显进步，在精神风貌上有明显变化，在各项工作上取得新的业绩。要深入学习马列主义、毛泽东思想和邓小平理论，用科学理论武装头脑。要学习现代科学文化知识，了解新科技，掌握新技能，成为符合知识经济时代要求的新型团干部。要有那么一种如饥似渴的精神，只争朝夕，好学不倦，把勤奋学习、掌握知识作为自觉追求。要在青工战线养成勤奋学习的风气，并把这种风气大力推广到广大青工中去。

今年是我国历史发展进程中具有特殊意义的一年，也是共青团工作实现跨世纪发展的重要一年。让我们高举邓小平理论伟大旗帜，紧密团结在以江泽民同志为核心的党中央周围，团结一致，埋头苦干，努力把全团青工工作提高到一个新的水平，为推动企业改革，促进经济增长，实现九届人大二次会议提出的经济和社会发展目标做出积极的贡献。

树雄心大志、攀创新高峰 在推进企业改革和发展的实践中建功立业

——孙金龙在全国企业青年职工创新创效活动现场启动大会上的讲话

1999年6月15日

这次全国企业青年职工创新创效活动现场启动大会是由共青团中央、国家经贸委、国家知识产权局、中国科协联合召开的。会议的主要任务是，深入贯彻落实党的十五大精神，根据建立社会主义市场经济体制和实施科教兴国战略的总体要求，研究部署在全国企业青年职工中开展创新创效活动，动员全国广大企业青年职工立即行动起来，积极投身企业创新实践，为推动企业加快创新步伐，提高经济效益，为打好国有企业三年改革攻坚战贡献力量。

下面，我讲三个问题。

一、推动企业全面创新是企业共青团面临的跨世纪重大课题

近年来，随着科学技术的迅猛发展和知识经济的悄然兴起，创新的浪潮正在世界范围内汹涌激荡，对整个人类社会产生着愈来愈大的影响。每一个民族、每一个国家、每一个企业，无不以敏锐的目光和全新的视角密切关注这一世界潮流的发展和变化。处在这样一个时代，我们必须以一种时不我待的紧迫感和只争朝夕的奋斗精神，勇敢地站在时代的潮头，认真研究和积极探索创新这一带有战略性和全局性的世纪性课题。

1. 创新是历史发展的必然和现实作出的选择

从近代历史演进的过程来看，创新是推动人类社会发展的强大动力，是国家强盛的重要前提。创新以技术创新为主要标志，自工业革命以来大致经历了三个阶段：一是16、17世纪至19世纪诞生了现代科学，科学革命带来了技术创新。这期间，以纺织自动化和蒸汽机的发明为标志的工业革命风起云涌，以牛顿力学、微积分、电磁场等理论为基础，电机、电灯、电话、电报、汽车、飞机等相继发明，人类开始了冶金、化工和电气化的时代。二是本世纪以来，以量子理论、相对论、生命科学中DNA双螺旋结构的建立和大型高能物理实验装置的建立等为基础，在核技术、半导体、计算机技术等方面取得了重大进展，人类迈入了原子、电

子、空间和计算机时代。三是近30年来，由于物质科学、生命科学和信息科学的发展，在材料、信息和生物技术方面不断取得突破，现代科学技术正经历着一场新的革命，极大地改变着人类社会的生产方式和生活方式。由此可见，人类近四五百年来重大创新接连不断，取得了过去几千年也不能相提并论的创新成就。历史的发展和科技的进步使我们清楚地看到，在绵延不断的人类社会发展中，哪一个民族和国家重视创新，善于创新，就充满活力，就发展快，就能屹立于世界民族之林；哪一个民族和国家因循守旧，思想僵化，失去创造力，就缺乏生机，衰竭不前，甚至任人欺凌，被动挨打。靠工业革命的创新，英国成为近代工业的诞生地，曾被称为“日不落帝国”；靠明治维新，日本只经过几十年就在本世纪初迅速发展为经济、军事强国。美国长期以来雄居世界，靠的也是创新。我们中华民族在古代创造了灿烂的文明，几经强极于世，但近代以来由于闭关锁国不求创新，在鸦片战争后的一百年里备受欺辱。历史发展演进的过程告诉我们，创新是一个民族进步的灵魂，是国家兴旺发达的不竭动力。为此，我们必须增强创新意识，提高创新能力，大力实施科教兴国战略，加快建立国家创新体系的步伐。通过不断创新，把握国际经济和科技发展趋势，提高国家综合国力和国际竞争能力，实现百年来几代仁人志士梦寐以求的强国富民的理想，使中华民族在21世纪再现辉煌。

从国民经济运行的角度来看，创新是提高经济运行质量，推动经济增长的现实选择。世纪之交的中国经济环境发生了许多新的深刻的变化，经济增长已从过去总量扩张阶段进入到结构性调整阶段，经济发展面临的问题是总量问题与结构问题并存，结构问题尤为突出，结构矛盾制约着总量增长。随着生产的持续发展和不断扩大，社会供给明显增加，无论是消费品市场还是生产资料市场都逐步从卖方市场走向买方市场。调整和完善所有制结构，加快推进国有企业改革，加快国民经济市场化进程，正有力地推动着社会主义市场经济体制的建立。经济全球化趋势更加明显，世界经济日益成为一个整体，中国受国际经济的影响越来越大。研究经济运行中的新情况，解决经济增长中的新问题，靠什么？很重要的一点，要靠强烈的创新意识和强劲的创新能力。无论是调整产业结构，扩大市场需求，推动经济体制改革顺利进行，还是迎接知识经济的挑战，参与国际经济竞争，无不有赖于创新。改革开放二十多年来，我国经济总量有了很大增长，但与世界发达国家相比，我国劳动生产率低，技术水平落后，重数量轻质量，重投入轻效益的现象在现实经济生活中依然普遍存在。其结果是，经济增长速度比较快，但经济效益低下；经济总量不断增加，但经济质量没有相应提高。只有不断创新，才能推动经济增长方式从粗放经营向集约经营转变，才能提高经济增长的质量和效益。今天我们正迈向以创新为动力的知识经济时代，经济发展将不是直接取决于资源、土地、资本的数量和规模，而是依赖于对知识资源和信息资源的占有、积累和利用，依赖于提高创新度。日本80年代后一度沉溺于模拟电视，在研制高清晰度电视的时候，把注意力集中在提高扫描线数上。当时欧洲搞450线的扫描，美国搞550线的扫描，日本则要搞1100线以上的扫描，为此投资了数以亿计美元。没想到几年后美国敏锐地看到发展趋势，独辟蹊径，在数字化技术方面取得重大进展，最终证明了数字化技术确实领先于模拟技术。这充分说明，创新对经济良性运行和经济增长具有决定性意义。正是在创新的强力推动下，全球经济驶入了快车道。据美国世界观察研究所的研究，全世界制造业与服务业的产值，从1990年至1997年增长了近5万亿美元，从增幅看，7年等于从18世纪工业革命至1950年的200年。我们要增强紧迫感，加快创新步伐,推动经济良性运行,实现经济快速增长。

从成功企业的实践来看,创新是企业发展壮大的根本途径。在过去二十多年里,增长最快的企业是以知识为基础的企业,是有自己专有技术和核心技术的企业。美国微软公司享誉全球,经过十几年时间的发展,生产总规模和销售额在全球企业500强中排名第二,靠的是什么?是持续不断的创新。美国英特尔公司依靠创新,其产品在世界市场所占份额始终名列前茅,目前世界上85%以上的个人电脑装的是英特尔公司生产的奔腾系统微处理器,1997年该公司收入250亿美元,税后利润69亿美元。荷兰飞利浦公司有百年的历史,企业老而产品却不老。1914年以来年年都有多项重大技术创新成果问世,年年都有多种新产品上市。正是由于一系列的创新努力,飞利浦这一老牌公司长盛不衰。我国的北大方正公司,也就十年的发展史,由于拥有计算机汉字压缩技术,走创新发展之路,因而方正的激光照排系统覆盖了世界华文报刊印刷市场的80%。海尔集团在1983年至1984年还是一个100多人的亏损企业,由于不断进行技术创新,平均每天申请专利1.8个,目前已经成为全国家电行业的排头兵。中外成功企业的经验告诉我们,无论是老企业要保持活力,还是新企业要迅速发展,根本的出路在于创新,创新事关企业的生死存亡。

2. 加快企业全面创新步伐,是我国经济建设的迫切要求

企业是国民经济的微观基础,国有企业特别是国有大中型骨干企业,是我国工业和国民经济的中坚力量。促进企业改革发展,增强企业生机活力,事关社会主义市场经济体制的建立,事关我国经济在21世纪的发展,事关党的跨世纪宏伟目标的实现。要搞好企业特别是国有企业,关键在于推动企业全面创新。江泽民总书记指出:"要把建立技术创新机制作为建立社会主义市场经济体制的一个重要目标,特别要把建立健全企业的技术创新体系作为建立现代企业制度的重要内容和搞好国有大中型企业的关键环节。"毋庸讳言,我国相当多的企业创新意识不强,创新动力匮乏,创新能力不强。以技术创新为例,工业发达国家经济增长中科技进步因素所占的比重,五六十年代为50%,80年代以来则高达60%—80%。而我国科技进步对经济增长的贡献率,只有30%左右,这不但低于发达国家水平,甚至也低于发展中国家40%的平均水平。从企业管理角度看,许多企业不同程度地存在着粗放经营的现象,管理水平不高,劳动生产率低下。据有关部门调查,我国国有企业效益不好百分之七八十的原因是管理问题。从企业营销角度看,长期的计划经济使得相当一部分企业缺乏市场意识,市场适应力差,不懂得和不善于去开拓市场。可见,提高企业创新能力,加快企业创新步伐是经济建设一项十分紧迫的现实任务。

创新是铸造企业核心竞争力的根本途径。市场经济与传统计划经济最大的区别是引入了竞争机制。在市场经济条件下,产品是由用户来选择的,争夺顾客是竞争的焦点。随着当今经济、信息和资本全球化进程的加快,随着我国经济发展已经或正在产生的结构性、阶段性、周期性的变化,我国企业正面临着巨大的竞争压力。如果说竞争是市场经济的永恒法则,那么买方市场的出现又加剧了企业竞争。而一旦我国加入世界贸易组织,围绕争夺世界市场而展开的竞争将会更加激烈。企业要想在市场竞争中立于不败之地,就必须着力培育企业的核心竞争优势,提高核心竞争力。提高竞争力靠什么?靠在更大的范围内和更高的层次上开展创新,不断取得先发优势。只有加快创新,企业才能更好地适应市场需要,实现产品升级换代,才能实现专业化生产和规模化经营,提高劳动生产率,才能有效地调整经济

结构,以结构升级带动结构调整,培育出新的经济增长点。没有竞争,企业便没有创新的动力。从这个意义上讲,我们要把国有企业推到竞争的风浪中去,促使这些企业在竞争的压力下不断创新,进而推动企业的发展。

推动企业全面创新也是实施科教兴国战略,构建国家创新体系,提高国家创新能力和国际竞争能力的客观要求。为迎接知识经济时代的到来,提高全民族的创新能力,我国正在实施科教兴国战略,建设国家创新体系。其中,企业具有特别重要的地位和作用。目前,我国有800多万个不同所有制的企业,企业是市场经济的主体,也是创新的主体。没有高水平的企业创新系统,就不可能建立一个强大的创新体系。加快企业创新,才能增强国家创新体系的针对性和实效性,才能使创新不断获取新的动力。企业也是创新投入、产出和应用的主体。在发达国家,企业不但承担着几乎所有的产品开发研究,而且还开展部分基础研究,是科学技术研究、科技投入和科技进步的主体。我们要实施好科教兴国战略,建设好国家创新体系,就必须推动企业加快创新步伐,更好地发挥企业在创新中的主体作用。

3.推动企业全面创新是企业共青团面临的跨世纪重大课题

我们正处在世纪之交的重要时刻。从现在起到下世纪的前十年,是我国改革和发展的关键时期。不失时机地推进企业的改革和发展,实现党的十五大提出的战略任务,是摆在我们面前的一项紧迫任务。其中事关全局和具有决定意义的是实现国有企业改革三年攻坚目标。企业青年职工占职工总数的60%以上,在一线占80%以上,是推动企业改革最活跃的力量,是促进企业发展的有生力量。共青团作为党的助手和后备军,应当放眼全局,明确责任,勇敢地肩负起振兴我国企业的光荣使命,积极带领广大青年为搞好我国企业的改革和发展献计出力,做出贡献。企业团组织要以推动企业改革和发展为中心,以提高企业经济效益,增强企业市场竞争力,促进企业青年成长成才、建功立业为着力点,动员和组织广大青年职工积极投身企业的创新实践,在促进企业创新体系和创新机制的建立、推进企业的改革和发展中发挥生力军作用。

二、扎实开展青年创新创效活动是当前和今后一个时期企业共青团工作的重中之重

在国际竞争日趋激烈,科技进步在经济和社会发展中的作用日益显著的当今世界,创新已成为时代的主题,成为企业提高市场竞争能力、永葆生机与活力的基础。通过创新实现创效,已成为经济生活中的一般行为方式。最近,江泽民总书记在武汉主持召开国有企业改革和发展座谈会时进一步强调,要加强国有企业的技术改造和技术创新,加快形成以企业为中心的技术创新机制。技术改造和技术创新一定要面向市场,选准方向,紧紧围绕增加品种、改进质量、提高效益来进行。江总书记的讲话和指示,为企业创新指明了方向。

共青团十四届二中全会在全团工作大调研基础上制定的《共青团工作跨世纪发展纲要》,推出了旨在为实施科教兴国战略做贡献的中国青年科技创新行动,其中强调在企业要以创新创效为主题,在青年科技人员和青年职工中展开创新活动。去年以来,一些企业团委率先探索开展了青年创新创效活动,摸索了初步的经验。在总结基层实践的基础上,团中央将青年创新创效活动确定为今后几年全团的一项重点工作,确定为企业团的工作的重中之重,并于今年5月在国家经贸委、国家知识产权局、中国科协的大力支持下联合下发了《关于在全国企业青年职工中开展创新创效活动的通知》。

青年创新创效活动是以企业青年职工为主体,以市场为导向,以创新为手段,以创效为目的的群众性实践活动。它的基本内涵是:从范围上讲，活动在不同类型企业开展，既包括工业企业也包括服务企业，既包括国有企业也包括非公有制企业；从参加人员上讲，活动在全体青年职工中展开，既包括青年科技人员，也包括青年管理人员、青年营销人员和一线青年职工；从内容上讲，活动具有广泛性，在生产、经营、管理等多方面进行创新；从性质上讲，活动是一种群众性活动，作为团的一项工作，主要是引导和组织青年职工立足岗位进行群众性创新；从目的上讲，活动不是为创新而创新，而是把创新的立足点放在提高企业经济效益，促进企业经济发展上。要围绕创造效率、效果、效益来开展创新，把整个创新的过程变为全方位不断创效的动态过程。

1. 开展青年创新创效活动要狠抓落实，推动四个创新具体化

开展青年创新创效活动，要根据企业发展的需要，适合青年特点，带领青年职工着力进行技术创新、管理创新、营销创新、服务创新，通过这四个创新推动企业全面创新，创造更高的经济效益。

技术创新是推动企业全面创新的首要选择。技术创新，一般是指新产品的开发、新工艺的应用、新技术的推广与扩散等各种围绕技术而展开的商业活动。它包括三个基本方面：一是产品创新，即在技术变化基础上的产品商业化，既可以是全新技术的全新产品的商业化，也可以是现有技术发现后的现有产品改进。二是过程创新，也叫工艺创新，是指商品生产技术上的重大变革，包括新工艺、新设备等。三是技术的扩散，即技术通过市场传播产生经济效益。技术创新对于企业发展至关重要。只有技术创新，才能开发适销对路的新产品，才能促进企业集约经营，走内涵式发展道路，才能培育企业竞争优势，增强市场竞争力。青年创新创效活动要以技术创新为重点来展开。首先要动员青年科技人员大搞技术开发。帮助他们了解本专业最前沿的技术成果，树立勇攀科技高峰的雄心壮志。支持他们踊跃承担技术攻关项目，为他们开展技术攻关创造条件。要注重用现代管理手段来推动青年科技人员的技术开发工作，签订技术攻关合同，落实技术攻关措施，监控技术攻关过程。二是要组织青年职工开展群众性创新活动。鼓励青年职工学习新知识、新技能，增强创新意识，提高创新能力。引导他们干一行，钻一行，立足本职工作，大搞技术创新。支持他们经常性地开展以小发明、小革新、小改造、小设计、小建议为内容的“五小”活动以及先进操作法、专利发明活动。三是要帮助青年进行技术应用和转化。帮助青年职工尤其是科技人员加强与高等院校、科研院所和其他企业的技术合作，大力开展技术培训、技术咨询、信息交流、技术转让等中介服务。

管理创新是推动企业全面创新的重要内容。管理创新，是指为了在市场竞争中赢得管理优势，重新组合管理资源，以更有效的管理行为，实现企业发展目标的过程。在市场经济条件下，质量和价格始终是企业焦思竭虑的问题，也是决定消费者行为选择的两个根本因素。因此，确立企业产品的质量优势和价格优势是企业管理的中心任务，是企业孜孜以求的目标。在竞争激烈、变化多端的市场中，企业没有一成不变的管理模式，也没有始终有效的管理方法，必须根据市场需求的不断变化，通过管理创新确立和保持企业的质量优势和价格优势。企业的管理必须同企业的发展相适应。在永不停顿的管理创新中，提高产品质量，减少产品缺陷，提高生产效率，降低产品成本。在同样的市场环境下，企业效益大不一样，很重要的一点是因为管理水平的差异。管理创新是技术创新、营销创新、服务创新的坚强后盾和重要保障，是企业全面创新的基础环节。青年创新创效活动要把管理创新作为重要内容来抓。首先要组织青年管理人员进行管理创新。调动他们的积极性和创造性，引导

他们借鉴国内外企业先进管理经验，分析查找本企业管理中存在的薄弱环节和突出问题，为加强企业管理出主意，想办法，探索适应企业自身特点的管理模式、管理方法、管理手段。二是要带领青年职工开展群众性管理创新活动。引导他们立足岗位，严细管理要求，创新管理手段，优化过程管理。采用质量监督小组、安全监督小组等多种方式，推动人人参与管理。三是要动员青年企业家开展管理创新。引导他们努力学习先进管理理论，大胆采用一切先进的管理方法，不断探索适应建立现代企业制度要求和企业自身特点的管理方法，推动企业管理方式的变革，向管理要效益。要力争培养一批面向21世纪、在国际上有一定影响力的企业。

营销创新是推动企业全面创新的紧迫任务。提高企业产品的市场占有率是营销创新的核心。我国改革开放二十多年的一个重大成就就是国民经济逐步告别短缺经济，实现了由卖方市场向买方市场的转变，经济增长也由计划经济条件下的生产主导型向市场经济条件下的消费主导型转变。营销已经成为直接推动消费需求，促进经济增长和企业发展的一个重要手段。当前很多企业重要的问题不在于生产，而在于营销。营销创新是企业全面创新的重要环节。青年创新创效活动要十分重视营销创新，把营销创新作为关键环节来抓。要帮助青年职工牢固树立营销第一的观念，学习营销知识，提高营销能力。引导他们紧紧围绕市场做文章，进行深入的市场调查，把握市场需求和不同消费群体的心理特点，面向市场，面向用户，研究营销战略，制定营销规划，确定营销目标，构建营销网络。通过营销创新为企业培养一批具有现代营销意识、知识和能力的青年营销人才，减少企业产品积压和库存，提高企业产品的市场占有率，提高企业经济效益。

服务创新是推动企业全面创新的现实要求。服务创新，是指企业在服务思想、服务内容、服务方式、服务手段等方面推陈出新，以满足顾客需求，赢得更大利润。改革开放20年来，我国居民消费水平不断提高，消费重点在“吃”、“穿”基本解决后转向“住”、“行”和服务消费领域，消费结构进入升级上扬转变阶段。消费者对企业产品不再是简单的产品价值或使用价值的诉求，而要求有健全、完善、便捷的售后服务。无论是工商企业还是服务企业，都要搞好服务创新。要引导青年职工创新服务意识，树立服务至上的观念，由传统的被动要求服务向主动提供服务转变；创新服务内容，由单一的服务向配套的服务拓展；创新服务方式，开展社区服务，由定点服务转变为上门服务，以提供多种服务方式，增加服务的灵活性；创新服务手段，努力运用网络、通讯等现代科技手段提供高效率服务。要通过服务创新来推动企业服务质量和服务水平的提高，全方位地满足消费者的服务需求，帮助企业赢得消费者，占领更大市场份额。

2. 开展青年创新创效活动要把握的几个关键环节

开展青年创新创效活动要在运行机制上做文章，推动活动的长远发展，把握好四个关键环节。

一是加强组织领导。这是开展青年创新创效活动的前提条件。创新工作是全社会共同关心的工作，是企业各部门共同参与的工作，因此，开展青年创新创效活动要积极争取政府有关部门、社会有关方面和企业领导班子以及各部门的支持。团中央与国家经贸委、国家知识产权局、中国科协等部门共同推出这项活动，并成立了活动领导小组。各省、自治区、直辖市也要相应成立领导小组。企业要成立以党政领导牵头，团组织具体协调，有关职能部门共同参与的组织领导机构。同时，要建立和健全青年技术协会、青年管理者协会、科技攻关小组等活动组织，发挥它们组织青年参与创新创效活动的作用。

二是抓好考核评价。这是开展青年创新创效活动的基础环节。要努力建立科学实用的考核评价体系。企业要以专业人员为主成立评价组织，制定科学的考评办法，经常对青年创新成果进行考评。在考评时，不能就创新论创新，而要把创效作为根本标准，以增强创新的实效性。

三是强化绩效激励。这是开展青年创新创效活动的重要手段。充分发挥青年参与活动的积极性，不断激发基层团干部开展活动的热情，都要求认真做好表彰奖励工作。表彰奖励要以创新的市场业绩和成效为标准。团中央准备联合国家经贸委、国家知识产权局、中国科协制定全国性活动奖励办法。各地可以制定地区性奖励办法。企业要把活动奖励纳入整个企业创新奖励体系之中，制定具体的奖励办法。要坚持精神奖励与物质奖励相结合的原则，对创新取得突出成绩的个人、对创新成果、对创新的组织者都要进行奖励。

四是建设支持体系。这是开展青年创新创效活动的基本保障。支持体系主要包括政策支持、经费支持、阵地支持、氛围支持等。各级团组织都要积极主动地争取党政领导和相关部门的支持，力争出台相关的政策，积极发掘社会资源，筹集活动经费。企业团组织要努力把活动纳入企业技术创新工程，争取企业科研开发经费支持。有条件的也可建立专门基金，用于扶持项目攻关和课题研究。要依托现有的青少年活动阵地来建立青年创新创效培训基地和活动阵地，广泛利用企业现有的各种阵地来开展活动。要在扎实开展活动的同时，大张旗鼓地宣传活动的好做法、好经验，宣传活动取得的成效，在全社会和企业营造支持活动开展的良好氛围。

3. 开展青年创新创效活动要遵循的几条工作原则

青年创新创效活动是企业团的工作的新任务。为了推动这一活动健康顺利地向前发展，在工作中要注意遵循五条原则。

第一，坚持与“号”、“手”活动有机衔接的原则。“号”、“手”活动是近年企业团组织实施跨世纪青年文明工程、跨世纪青年人才工程的主题活动，在企业中已普遍开展，有广泛影响，取得了积极成效。青年创新创效活动正是在总结“号”、“手”活动的基础上得以开展的，是对这两项活动成功经验和做法的继承和发展，是对“号”、“手”活动的高度概括，“号”、“手”活动的最终结果或成果都可以通过“创新创效”来体现。因此，开展青年创新创效活动要注重与“号”、“手”活动相衔接，继承和发扬“号”、“手”活动的好做法、好经验，并按照创新创效的要求加以提升，从而推动企业经济效益的提高，促进企业青年人才的成长和培养企业团队精神。“号”、“手”活动要适应创新的要求，加大创新的分量，通过拓宽思路，丰富内涵，焕发活力，从而更深入持久地开展下去。青年创新创效活动要迅速启动起来，予以重点推进，“号”、“手”活动也要适应创新创效的要求，继续拓展，提高创新的含量。三个活动要有机衔接，相得益彰。

第二，坚持重点为国有企业改革和发展服务的原则。国有企业是我国国民经济的支柱。解决建立比较完善的社会主义市场经济体制，保持国民经济持续快速健康发展这两大课题，推动实现经济体制和经济增长方式这两个根本性转变，关键在于推动国有企业的改革和发展。开展青年创新创效活动要推动不同所有制企业全面创新，重点是要推动国有企业全面创新。要通过这项活动把青年职工的积极性和创造力进一步引导到创新创效上来，引导到为国有企业改革和发展做贡献上来。在重点抓好国有企业青年创新创效活动的同时，还要重视在广大中小企业、民营企业中开展好这项活动。这些企业规模小，机制活，创新愿望强，创新热情高，创新动力足，是新的经济增长点，具有高增长性。要动员和组织这些企业的青年职工积极创新创效,推动这些企业更快发展。

第三,坚持因企制宜、突出企业特色的原则。实事求是,一切从实际出发,是我们做好各项工作的基本准则。对于开展青年创新创效活动,我们提出了一系列要求。各个地区、各个企业的团组织不能毫无差别地照本宣科,而要把这些要求与本地区、本企业实际情况结合起来。我们提出了四个创新,但并不是要求所有企业都齐头并进地开展这四个创新。我们不主张企业不分大小,都建立四个创新体系。企业团组织要从企业创新工作的实际出发,不求多,但求精,在企业迫切需要的创新方面重点突破。在活动的不同阶段,也要根据企业的需求突出不同的创新重点。这样才能增强活动的针对性,才能搞出特色,才能取得更大实效。

第四,坚持有所为、有所不为的原则。企业创新工作是一项系统工程,首先是整个企业的工作,需要企业各个部门齐抓共管。共青团作为党的助手和后备军,必须动员和组织青年职工积极创新,在促进企业全面创新中有所作为。但也必须看到,企业团组织的工作资源、工作力量、工作手段是有限的,在企业创新工作中也应防止包打天下的倾向。既要有所作为,又要有所不为,这里关键是找准工作的切入点。企业共青团要发挥团的政治优势、组织优势、活动优势和广泛联系青年的优势,在开展群众性创新活动方面多做工作,多发挥作用。

第五,坚持尊重青年首创精神的原则。青年是整个社会力量中最积极最有生气的一部分。他们最肯学习,最少保守思想,最富有创新精神。企业青年职工在总体上文化程度高,综合素质强,而且处于企业生产、经营、管理一线,熟悉生产和技术,了解市场情况,在创新中具有独特的优势。开展青年创新创效活动,要转变思维方式,高度重视和充分发挥青年职工在创新中的主体作用,引导他们立足本职工作,锐意创新。要尊重他们的创新想法,帮助他们大胆探索,实现创新思想。要尊重他们的创新实践,总结他们的创新经验,推广他们的创新做法。要尊重他们的创新成果,积极帮助他们把创新成果转化为现实生产力,实现他们的自身价值。

4. 开展青年创新创效活动要研究和明确的几个问题

开展青年创新创效活动是一项实践性、操作性很强的工作。在开展活动的过程中,尤其是活动的初始阶段,注重研究和思考有关开展创新创效活动的一些重要的理论和现实问题是十分必要的。惟有此,才能把握工作重点,抓住关键环节,提高活动档次,增强活动实效,推动活动深入持久开展。这里提出几个问题,同大家一起讨论。

有关创新的内涵问题。首先,要明确的一点是,创新是一个经济学概念。创新指的是一种经济活动,如果不从经济学层面去理解,创新就没有多少实际意义。也就是说,创新的意义在于其经济价值性,这是其本质的特征。第二,关于创新的定义。国际上公认的创新理论之父是熊彼特,他在本世纪上叶出版的《经济发展理论》一书中,首次提出了创新这一概念。此后,随着西方资本主义的发展,有关创新的研究十分兴盛,创新的定义五花八门、汗牛充栋。在此我们介绍熊氏的创新定义。创新就是创造一种新的生产函数,实现生产要素的新组合,也就是说把一种从来没有过的生产要素和生产条件的"新组合"引入生产体系。熊彼特的独到之处在于把创新同经济发展联系在一起,创新是社会进步的根本动力,没有创新,社会只会处于简单的循环流转之中,日复一日,年复一年,不疾不缓,不进不退,水波不兴。第三,关于创新的内容。依熊氏说法有五方面:(1)引入一种新的产品(消费者还不熟悉的产品)或产品的一种新特征;(2)采用一种新的生产方法;(3)开拓一个新市场;(4)开发一种新资源(原材料);(5)创造一种新产业组织。很明显,熊彼特的创新概念是一个广义的泛概念,既涉及技术性变化的创新,又含有非技术性变化的创新。概括地讲又分技术创新和组织创新两大类型。因此,要树立一种大创新观念。创新蕴涵于企业生产、经营、管理的各个环节,不能仅仅从技术层面去理解。我们提出企业技术、管理、营销、服务创新,既是针对当前企业发展的实际情况,也是有着深刻的理论背景的。第四,创新是一个过程。创新无止境,创新无终结。创新过程就是创新要素(信息、思想、物质、人员、资本等)在创新目标下的流动、组合、实现过程。只要有市场经济存在,就会有强大的经济冲动。强烈的逐利动机迫使企业不断推陈出新,弃旧图新,以期领先一步,获取暂时的创新型垄断利润。因此,在激烈市场竞争的压力下,在强烈的逐利本性驱动下,创新在企业中表现为一个波浪式、螺旋式的递进上升过程。创新从来不会一劳永逸。第五,创新价值评价标准的惟一性。衡量创新成功与否,创新的水平高低,标准只有一个,就是创新的市场实现程度及所获商业利益的大小。除此而外,没有别的评价标准。创新就其终极目的和动力来讲,就是创造新的经济价值。

有关创新的氛围问题。创新是个人行为,更要有社会氛围。人的社会性决定了人必须依存于所处的环境。作为创新创效活动的组织者,各级团组织尤其是企业团组织要把培育创新的浓厚氛围,营造创新的良好气氛摆上重要的工作议程。无氛围,很难有创新。无氛围更会压制甚至扼杀创新。创新活动都是在一定的制度、组织和文化背景下展开的。近代经济发展史表明,决定一个国家、一个地区乃至一个企业创新成果质量和数量,最主要的因素不是物质资本多少,而是与人的潜力发挥紧密相关的经济组织结构和文化型态等社会因素。也就是说,除了要有好的制度安排、结构设计而外,大至民族文化,小至企业文化,无不对创新的发生发展及成效具有举足轻重的影响。推动青年创新创效活动的第一步工作,也是十分重要的工作,就是在企业青年职工中营造浓郁的创新氛围,对青年进行广泛宣传教育。要用国内外有关创新的成功经验启发青年,要用我国近现代史上的惨痛教训教育青年,要用国际经济科技发展的紧迫趋势引导青年,激发青年的创新欲望,鼓励青年的创造性思维,拓宽青年的思维视野,破除因循守旧,注重独立思考,努力营造有利于创新的小气候,推动创新创效活动扎实有效地开展。

有关创新的动力问题。企业青年创新创效活动能不能扎实有效地开展下去,有没有生命力,关键的一点是解决好活动的动力问题。动力问题说到底是建立健全高效的激励机制。在许多发达国家,创新之所以成为企业的自觉行为和不懈追求,关键在于建立了诸如专利法等保护企业创新成果的法律法规制度,使企业易于获得由创新带来的垄断性收益。如果创新收益得不到保护,创新成果被无偿使用,创新供给者就失去了原动力,创新供给与创新供给者的利益零相关或相关性不大,则整个社会的创新就会停滞不前。同样,开展企业青年创新创效活动,广泛调动青年参与的积极性,也要采取市场化运作的方式,将青年的创新成果同青年的收益切实挂钩。缺乏激励机制,创新不创新一个样,活动就缺乏生命力,最终将成为脱离活动初衷的一场短暂的群众性的突击运动,变成一种任务、一种义务。企业团组织在开展青年创新创效活动的过程中,要充分体现党的十五大关于"按劳分配与按生产要素分配相结合"的精神,推动企业树立创新有价的观念,建立起鼓励、保护、回报创新的机制。采取按产品销售额提成、创新成果入股、扶持有创新成果的青年创办企业等多种方式,加强活动的激励机制建设,推动活动走上良性发展的轨道。

有关提高青年参与度问题。青年创新创

效活动是一项群众性的创新活动，要取得实效，前提是企业青年职工的广泛参与。企业团组织在开展青年创新创效活动中，要以提高企业经济效益的目标来凝聚青年，以生动活泼的形式来吸引青年，将活动渗透到企业生产经营管理的各个领域，渗透到一线青工、管理人员、营销人员、科技人员等各个青年群体，不断拓展活动的覆盖面。要把扶持青年精英与推动全员参与相结合，做到既明星璀璨，又群星闪烁。创新的关键在于人才，要把提高青年职工的素质，培养青年创新人才作为青年创新创效活动的基础，通过活动帮助青年学习新知识，掌握新技能，满足他们成长成才的需求，为青年创新人才脱颖而出创造条件，调动青年参与的积极性。要及时了解掌握青年对活动的意见和建议，及时改进工作方式和方法，增强青年对活动的认同感。

三、在开展青年创新创效活动的实践中构筑企业共青团工作的新格局

当前，创新正愈益成为全党全民族的共识，创新在企业改革和发展中的地位正在凸现，影响日渐增强。在全社会创新氛围日益浓厚的大环境中，在国家创新体系建设呼之欲出的大背景下，在企业求存图强不断加大创新力度的新形势下，在开展青年创新创效活动的过程中，各级团组织特别是企业团组织必须审时度势，见微知著，把握事物发展变化的客观规律，正确分析市场、企业及共青团的互动演进态势，以前瞻性的思维，从战略和全局的高度，以创新的精神和扎实有效的工作构建企业共青团工作的新格局。

1. 确立企业共青团工作创新发展战略

近年来，随着企业改革力度的加大，市场化步伐的加快，买方市场的形成，知识经济的显现，全球经济一体化、信息化进程的深入，企业生存和发展的空间、环境、条件都发生了深刻的变化。相应地，企业共青团工作的内在条件、外部环境也处在急剧的调整变化中。适应企业变化着的客观形势，实现企业团的工作跨世纪发展，最根本的是要确立企业共青团工作创新发展战略，以创新的方式来推进企业团的工作，以创新的作为赢得新世纪的主动权。

确立企业共青团工作创新发展战略就是要在坚持团的基本性质和根本任务的同时，以创新总揽企业共青团工作和青年工作全局，明确以创新促发展、求作为的工作思路。在工作部署、活动设计、动员方式、资源整合诸方面充分体现创新内涵，融合创新特色，渗透创新理念，以创新的整体态势加快企业共青团工作由适应型向创新型的转化，推动企业共青团工作上质量上水平，推动青年职工成长成才，推动企业改革发展。

企业发展新阶段要求我们确立企业共青团工作创新发展战略。经过二十多年的改革开放，我国企业发展已进入了一个新阶段，主要表现在：企业改革不断深化，企业深层次的矛盾和问题日益显现，出现了部分下岗职工；现代企业制度逐步建立，企业正在成为真正独立的法人实体和市场经济的竞争主体；买方市场初步形成，企业之间竞争日趋激烈，企业发展由生产主导型向消费主导型转变；靠高投入、高消耗、上规模、铺摊子难以为继，企业经济增长方式从粗放型向集约型转变；科技进步日新月异，企业发展愈来愈依赖于提高企业创新度；世界经济一体化进程加快，企业发展受全球经济的影响在不断增大。企业的这些新变化对企业团的工作不可避免会产生广泛而深刻的影响。企业团的工作要适应企业发展新阶段要求，就必须研究变化着的企业实际，把握企业发展变化的趋势，在如何推动企业改革发展、提高企业竞争力上动脑筋，想办法，找课题。要从企业创新的客观要求出发，拓宽团的工作领域，深化团的工作主题，改进团的工作方式，在推动企业不断发展的过程中强本固身，夯实基础，实现新发展，开拓新境界。

青年特点和内在需求要求我们确立企业

共青团工作创新发展战略。青年具有鲜明的群体特点，他们思想解放，思维活跃，求新求异，求变求动，敢闯敢试，最少保守思想，最多创新激情。社会主义市场经济体制的逐步建立和完善带来了人的主体地位的确立。在激烈的市场竞争中，不怕冒险、勇于创新、崇尚成功、渴望成才已成为当代青年的主流和内在需求。为了满足青年创新成才的要求，团的工作就要不断创新，以创新吸引和凝聚青年，以创新促进青年尽快成才。

共青团组织的本质特征要求我们确立企业共青团工作创新发展战略。共青团是党的助手和后备军，是先进青年的群众组织，服务大局、服务青年是共青团工作的根本出发点。先进性、群众性是共青团组织的两大基本特征。这既反映了团组织内在本质的规定性，也为共青团70余年的历史所证明。时代在变化，企业在变化，青年在变化，确立企业共青团工作创新发展战略是更好地履行共青团基本职能，完成共青团根本任务，确保共青团组织先进性、群众性永不褪色的重要保证。先进性呼唤着创新，是推动创新的动力。群众性昭示着创新的天地广阔，基础丰裕。共青团要站在时代发展的前列，紧扣不同时期不同阶段的时代主题，敏锐地把握新生事物，使活动常创常新。

2. 把青年创新创效活动作为企业共青团工作新的增长点

在变动不居急速变化的市场中，在创新日益成为企业发展的基本手段，创效日益成为企业发展的迫切任务的新情况下，企业共青团组织开展创新创效活动有其客观必然性。从大的方面讲，党和政府正在全力推动以企业为主体，政府、教育、科研、社会各方面协同运作的国家创新体系的建立。其中，推动企业创新主体本位的回归和确立已成为全社会的共识。无论是教育体制的改革还是科研体制的改革，无论是投融资体制的改革还是财税制度的调整等等，无不在向企业倾斜，以求加快企业创新主体地位的发育和完善。就企业方面讲，随着80年代供给追逐需求快速扩张的发展阶段的终结和市场供求格局的重大变化，还有企业深化改革过程中正在和已经凸现的深层次矛盾和问题以及世界经济一体化的逼近，企业特别是国有大中型企业正在警醒，痛定思痛，把创新做为企业改革攻坚和生存发展的重要手段，把创效做为创新所追求的根本目标。企业创新主体意识日渐觉醒，显著增强，企业自主创新的热潮一浪高过一浪，方兴未艾。就企业青年职工来讲，他们的文化程度相对较高，处在企业改革和发展的第一线，感受到的竞争压力最直接，对创新的紧迫感更强烈，具有强烈的创新愿望。共青团开展青年创新创效活动置身于这样一个天时、地利、人和的浓郁氛围中，找到了党政工作的兴奋点，企业发展的关键点，青年成才的切入点，正可谓万事皆俱备，风正一帆悬，长风破浪正当时，直挂云帆济沧海。我们一定要抓住机遇，珍惜机遇，下大决心，下真功夫，把创新创效活动作为跨世纪企业共青团工作的新的增长点抓紧抓实抓好。在山雨欲来、千帆竞发的企业创新热潮中主动出击，全力以赴，扎实工作，抓出成效，牢牢把握共青团在企业创新中的主动权，推动企业全面创新，为构筑面向市场良性运作的企业创新体系做出共青团应有的贡献。

3. 在创新创效实践中增强服务青年的有效性

竭诚为青年服务，是共青团工作的出发点和落脚点，也是构筑企业共青团工作新格局的突破口。青年创新创效活动抓住企业青年渴望成才，在为企业、社会创造价值的过程中实现自身价值这一根本需求，找准了服务企业和服务青年的结合点，为企业团的工作更有效地服务青年创造了有利前提条件，提供了良好实践载体。各级团组织特别是企业团组织要牢固树立服务青年的自觉意识，在创新创效活动中把服务青年的工作做得更加具体、扎实和有效。

增强服务青年的有效性,前提是要找准青年实际需求,关键在于办实事。要根据青年职工学习提高、岗位成才的需求,为他们提高素质办实事。采取多种形式,组织和引导广大青年职工学习科技文化、岗位技能,为他们提高受教育程度和不断优化自身素质提供具体帮助。要根据青年职工参与企业事务的需求,在为他们搭建施展聪明才智的实践舞台上办实事。通过争取企业的支持,重点为青年职工参与企业技术、管理、营销、服务创新开通渠道,消除障碍,使广大青年在参与企业创新中发挥出推动企业改革和发展的生力军作用。要根据青年职工自身利益的需求,在保护、转化和奖励他们的创新成果上多办实事。青年的需求是丰富多样的,企业团组织和团干部要真诚关心青年,深入了解他们的所想和所需,从具体事情做起,一件一件办好办实,通过增强服务青年的有效性,进一步奠定企业共青团工作深厚的群众基础。

4. 适应青年创新创效活动的现实要求同步推进企业团建创新

加强团的自身建设是做好团的工作的基本保障。企业团组织是搏击于市场经济海洋中的企业机体的有机组成部分。在深化企业改革的过程中,这一机体已经和正在发生着深刻的变化。团的建设要适应这种变化,才能得到加强,实现发展。在坚持团的性质、宗旨、基本任务不变的前提下,我们要以改革的精神研究企业团的建设中出现的新情况,以创新的精神解决企业团的建设中出现的新问题,建立起一套与企业未来发展相适应的企业团的建设的新方法、新制度。

团建创新是开展青年创新创效活动的组织保证。在开展青年创新创效活动的过程中,要关注团建创新,研究团建创新,推动团建创新。新的活动要有新的机制做支撑,新的机制蕴涵成长于新的活动开展之中。两者相互影响,相互促进。片面强调和忽视任何一方面都不可取。仅就企业团建创新而抓团建创新,游离于企业和青年之外固不足取,但只就创新创效活动而抓创新创效活动也无裨益。就现实情况而言,后一方面的倾向更应引起我们的高度重视和充分注意,从而在实际工作中恰当处理,协调推进企业青年创新创效活动和企业团建创新。企业团建创新主要应是企业团的运行机制、工作模式的创新。要创新团的组织设置,适应企业生产、经营、管理的需要灵活设置团的组织,使团的组织能很好地覆盖团员青年,能很好地支持团的工作,能很好地履行团的职能。要创新建团,积极探索多种方式在非公有制经济单位建团。要创新团的工作方式,以青年创新创效活动为纽带,以“号”、“手”活动为基础,全方位地动员企业生产、经营、管理等方面的青年职工,提高青年参与度,扩大团的影响。要分类指导,因企而异,充分调动企业团干部在团的建设创新方面的积极性和创造性。要坚持以活动促团建的基本经验,通过开展青年创新创效活动,在企业全面创新中发挥团组织不可替代的作用,在构建企业创新体系中抢占制高点,从而为企业团的建设创新增添新的动力,注入新的活力。

5. 要把提高企业团干部的素质作为构建企业团的工作新格局的关键环节来抓

团的干部是团的工作的决策者、组织者、实施者。邓小平同志讲:“中国的事情能不能办好,社会主义和改革开放能不能坚持,经济能不能快速发展起来,国家能不能长治久安,从一定意义说,关键在人。”同样,企业青年创新创效活动能不能搞好,能不能最大限度地调动和激发企业青年职工的积极性和创造性,能不能真正确立企业共青团工作创新发展战略,为企业改革发展和青年成长成才做贡献,关键在于企业团组织的凝聚力、号召力和战斗力,关键在于企业团干部。现实生活中,我们常常看到,同样是企业,差不多的外部条件,有的企业团的工作搞得有声有色,有的则步履维艰。

就是同一个企业，经常是不同的人来当团委书记，团的工作开展得大不相同。势虽同，人异而事殊，这是一个常见的不争的现象。企业团的工作目前遇到的挑战，在很大程度上是对企业团干部素质提出的挑战。开展青年创新创效活动对企业团干部提出了更高更紧迫的要求。企业团干部要认清形势，学习提高，自觉适应企业发展的新要求。

企业团干部要提高素质，一靠学习，二靠实践。学习是一个永恒的主题，而在创新的时代，则又是一个现实的课题。我们所在的时代是知识经济时代，科技进步日新月异，社会进化发展目不暇接，社会正愈益成为学习型社会，企业正愈益成为学习型组织。对于个人来讲，只有树立终生学习的观念，不断增加知识含量，增强创新意识，才不会为时代所淘汰。当今社会，文盲的概念不再是不会读写，取而代之的是功能性文盲，值得我们深思自省。对于企业团干部来说，只有勤奋学习，不断学习，才能做好企业团的工作。企业团干部要研究经济，研究企业，研究管理。在学习方面，企业团干部不能落后，要努力走在企业青年职工前面，不断丰富更新自身的知识结构，培育和铸造自己的创新型人格，只有这样，才能使团的工作更好地服务企业中心工作。实践出真知，实践长才干。企业团干部要加强实践锻炼，在参与企业管理中学会管理。青年创新创效活动，为企业团干部学习经济、学习创新，提供了一个新的机会。企业团干部要珍惜这个机会，精心组织开展这项活动，通过组织活动丰富关于企业创新的知识，提高搞好企业的本领。

同志们，江泽民总书记前不久先后在成都和武汉主持召开国有企业改革和发展座谈会，再次强调，不失时机地推进国有企业改革和发展，并取得突破性进展，是摆在全党面前的一项紧迫任务。我们要认清形势，明确责任，全面开展好青年创新创效活动，用创新的精神、创新的手段、创新的效果，为企业改革和发展做出新的贡献，为实现我国跨世纪宏伟目标贡献全部力量！

把握机遇、深入实践，只争朝夕、真抓实干 切实做好2000年全团青工工作

——孙金龙在共青团全国青工工作会议上的讲话

2000年2月29日，根据录音整理

我们这次青工工作会议的主要任务是贯彻落实党的十五届四中全会、中央经济工作会议和团的十四届三中全会精神，围绕党政工作大局，围绕青年成长成才，认清形势，抓住机遇，真抓实干，使2000年全团青工工作再上一个新台阶。今年的青工工作任务繁重，做好今年的青工工作意义十分重大。下面，我代表团中央书记处就如何做好今年青工工作讲四点意见。

一、做好今年青工工作要牢牢把握党政工作大局

与时俱进，因势而动，体察全局，围绕大局来开展团的工作，是我们一贯的传统和做法。古人讲“时势者，百事之长也”。就是说，明了

天下大势，了解大局，把握时机，是做好工作的重要前提和先决条件。只有天下大势了然于心，登高望远，审时度势，才能做到清醒地而不是盲目地、积极地而不是消极地、主动地而不是被动地来谋篇布局。共青团是党的助手和后备军，是党和政府联系青年的桥梁和纽带。团的性质和任务要求我们在设计工作、分析形势和任务时要始终把握党政工作大局。只有紧扣党政工作大局找题目，想办法，才能取得更大的工作成绩。改革开放特别是团的十三大以来，青工工作之所以取得了一些成绩，有了一些牵动全团、影响社会的名牌工作，无不都是以紧密围绕党政工作大局为出发点的。做好今年全团的青工工作，也必须牢牢把握三个大的形势。

一是国有企业改革与脱困攻坚之年对青工工作提出了更高的要求。我国的改革虽然最初是以农村联产承包责任制为中心的，并取得了巨大的成效，但是综观我国改革开放二十多年的历程，可以说，我们党始终把以国有企业改革为中心的经济体制改革放在特别重要的地位。改革开放之初就开始转变企业的领导体制，包括下放自主权，企业从过去党委一元化的领导转变为党委领导下的厂长责任制，又转变为厂长负责制，后来又开始实行承包、租赁，等等。1984 年召开的党的十二届三中全会全面提出了经济体制改革的目标和任务。国有企业改革、城市改革确实跟农村改革不一样，其难度更大，是一个系统工程。国有企业是我国国民经济的支柱，国有企业改革是整个经济体制改革的中心环节。党的十五大和十五届一中全会在科学地总结了我国建国五十年来特别是改革开放以来国有企业改革和发展的基本经验之后提出，用三年左右的时间，使大多数国有大中型亏损企业摆脱困境，力争到本世纪末使大多数国有大中型骨干企业初步建立现代企业制度，也就是“三年两大目标”。这既是一个振奋人心的战略目标，又是一个需要努力奋斗才能实现的目标，其中改革脱困的目标显得尤为艰巨。去年召开的党的十五届四中全会对国有企业改革和发展进行了专门研究部署，制定了一系列重大措施，为国有企业改革与发展提供了前所未有的历史机遇。

随着改革力度的不断加大和冲销企业呆坏账、停息挂账、债转股等措施的有效落实，目前国有企业经济效益已经有了明显好转，正在转入上升阶段。到去年底，全国 40 个大类行业中已有 25 个整体扭亏或增盈，占 63%。在 31 个省、自治区、直辖市中已有 20 个实现了净盈利，占 65%。5.8 万家国有企业及国有控股工业企业盈亏相抵后共实现利润 967 亿元，比前年增长 97%。发展势头良好，振奋人心。今年是国企三年改革攻坚的最后一年，是决战之年。但整个社会有效需求不足，结构性矛盾突出，就业压力加大等等仍然是经济运行中的突出问题，国有企业生产经营面临着很大困难。多年来市场需求不足，启动难度较大。

在全球性经济增长趋于平缓、结构调整力度加大、国内市场格局发生重大变化的情况下，国有企业改革脱困，确实是一件不容易的事情。国有企业改革事关经济发展全局，事关社会主义市场经济体制的最终建立，意义十分重大。大家知道，在我们这样一个发展中国家，没有一定的经济增长速度，很多社会问题都难以解决，包括就业问题。企业是国民经济运行的微观基础，必须把企业搞上去。今年是决战之年，中央已经进一步加大了工作力度，改革决战是党政工作的兴奋点。决战务求决胜，这迫切需要企业团组织带领占企业职工总数 60% 以上的青年职工进一步发挥生力军和突击队作用，把广大青年职工的积极性和创造力进一步引导和凝聚到国有企业改革和发展上来。

二是加强和改进思想政治工作为青工工作创造了良好的条件。去年，党中央下发了

《关于加强和改进思想政治工作的若干意见》。《意见》科学总结了新时期思想政治工作的经验，指明了加强和改进思想政治工作的方向，提出了具体的要求和措施，是做好新时期思想政治工作的纲领性文件。最近，江泽民总书记对宣传思想工作和精神文明建设作出重要批示，指出："宣传思想工作和精神文明建设，事关建设有中国特色社会主义事业的大局。越是深化改革、扩大开放，越是发展社会主义市场经济，越要重视和加强这方面的工作。这一点要在全党特别是领导干部中经常讲、反复讲。"共青团作为党的助手和后备军，一定要从讲政治的高度敏锐地、深刻地认识加强思想政治工作的极端重要性、必要性和紧迫性。加强思想政治工作，青少年是重点，共青团又有传统优势。长期以来我们积累了思想政治工作的丰富经验。思想政治工作历来是我们最大限度地团结、教育广大青年的法宝。思想政治工作的目标是什么？就是培育"四有"新人。培养"四有"新人，始终是共青团思想政治工作中一个最根本的任务。

这些年来，企业团组织适应企业改革和发展的新要求，创造了青年文明号活动等一系列行之有效的方式，有力地加强了青年职工的思想政治工作，促进了国有企业的改革和发展。为了贯彻落实党中央的要求，团十四届三中全会讨论制定了《关于在新形势下加强和改进青年思想政治工作的若干意见》，要求各级团组织把青年思想政治工作进一步摆上重要的议事日程。企业团组织要紧紧抓住这一良好契机，围绕企业改革和发展这个中心，用党的基本理论、基本路线教育青年，用爱国主义、集体主义、社会主义和艰苦创业精神凝聚人心，用改革开放二十多年来取得的巨大成就和党的十五大确定的跨世纪宏伟目标去召唤和鼓舞青年，为夺取国有企业改革和发展的新胜利提供强有力的精神动力和思想保证。思想政治工作不能空对空，在新形势下尤其如此。要坚持以经济建设为中心，在企业中创造一些有形有效的载体，并把教育与服务有机结合，有针对性，有人情味。青年文明号活动既是加强企业管理、提高经济效益的有效方式，是新时期加强青年思想政治工作的有效载体，也是青年自我教育、发挥主动参与作用的有效途径。我们要认真贯彻党中央关于加强和改进思想政治工作的精神，从企业青年职工思想状况出发，适应新形势，创造新方式，切实做好企业青年职工的思想政治工作。

三是实施西部大开发战略为青工工作开辟了新的领域。去年底召开的中央经济工作会议提出了实施西部大开发，加快中西部地区发展的战略。大家知道，我国西部地区在整个国家经济格局中属于相对不发达、需要加强开发的地区，也是少数民族聚集的地区。实施西部大开发战略，有利于发挥蕴藏在西部地区的巨大市场潜力和发展潜力，扩大国内需求；有利于缩小地区差距，最终实现全体人民的共同富裕；有利于增强民族团结、保持社会稳定和边疆安宁。实施西部大开发战略，是调整地区经济结构、促进区域经济、城乡经济协调发展的重大措施，是关系现代化建设全局的战略举措，是振兴中华民族的宏伟战略任务。实施西部大开发战略，青年肩负着重要的使命，共青团担负着重要的职责。改革开放二十多年来，我国经济发展是以东部的崛起为特征的。现在我国经济社会发生了深刻的变化，买方市场、过剩经济、资源约束等问题都摆在我们面前。在我们即将实现本世纪发展目标正要向下世纪发展目标迈进的过程中，应该看到，西部确实是一个广阔的市场。没有西部的发展，就没有我国经济保持良好发展势头的基础和空间。可以说，中国经济保持一定增长速度，希望就在西部。各级团组织要动员全国亿万青年积极参与西部大开发，在西部大开发中发挥重要作用。前不久结束的团中央书记处工作务虚会决定实施中国青年西部创业行动。

青工战线要积极响应党中央的号召,按照团中央书记处的部署,发挥自身优势和特点,采取切实措施,为西部大开发贡献力量。

机不可失,时不再来。今年的党政中心工作为我们提供了重要的机遇。我们要以高度的时代紧迫感和历史使命感,认真贯彻党的十五届四中全会精神和团的十四届三中全会精神,抓住机遇,开拓进取,将青工工作有力地推向前进。

二、做好今年青工工作要深入研究当前的企业及企业青年

我国经过 20 多年的改革开放,综合国力明显增强,经济和社会生活已经发生了翻天覆地的变化。可以说,这 20 多年是我们国家五千年文明史中变动最活跃、变化最丰富、发展最迅速的时期。比如说短缺经济的问题,中华五千年多少仁人志士,历代圣贤,追求的就是国泰民安、五谷丰登、丰衣足食,但都没有解决好这个问题。党的十一届三中全会以来,我们党带领全国人民团结奋斗,坚持以经济建设为中心,坚持改革开放,综合国力显著增强,人民生活明显改善,中国的发展为世人所瞩目。从总体上说,中国已告别短缺经济。二十多年的实践在历史长河中只是短暂的一瞬间,我们好象是一个早晨醒来,不仅老百姓的温饱问题得到解决,而且正在向小康生活迈进,这是一个相当了不起的成就。在这一进程中,作为国民经济的微观基础,企业更是变动最大、最激烈的时期,相应地企业青年职工也是处于变动最快、最激烈的时期。做好今年乃至今后一个时期的青工工作,必须深入地研究当前企业及企业青年。周强同志在团十四届三中全会上特别强调要认真研究当代青年的特点及变化。我们做当代青年的工作,必须一切以时间、地点、条件为转移,根据变化了的情况采取措施。现在社会叫转型期、过渡期,“变”本身就是时代特征。我们要始终围绕“变”这个国家社会经济演进的时代特征来思考、分析、研究、部署青工工作。不能固步自封,不能刻舟求剑,不能用过去的思维看待今天的情况,不能用过去的“矛”对付现在的新科技的“盾”。把握时代特征,深入地研究和思考当代企业及企业青年的变化,是我们制订政策、部署工作、落实任务的根本出发点。作为从事青工工作的同志,一定要看到在当前转型期、过渡期企业及企业青年的变化最迅速、最快捷、最剧烈这一现状,敏锐把握企业及企业青年的变化趋势。

在改革开放和建立社会主义市场经济体制的进程中,企业的变化是深刻而全面的,主要表现在以下几个方面:

企业的所有制形式正在发生着丰富的变化。建国后,我国长期实行单一的所有制,奉行越大越公越好的原则,企业追求的是纯而又纯的公有制,要么是国有,要么是集体所有,所有制越“高级”越好。这致使我们走过了一段很曲折的道路,搞“穷过渡”,所有制越全民、越“高级”越好,这对于我国经济生活的影响是非常深刻的。改革开放以来,对于所有制形式,无论是实践上还是理论上都有了重大突破。从实践情况看,私营企业、三资企业、股份制企业雨后春笋般发展。在一些地区,非公有制经济已成为经济的重要成分、税收的主要来源和当地经济繁荣的主要力量。从理论上看,先是把非公有制经济作为公有制的有益补充,后来提出以公有制为主体,多种所有制共同发展。即使对公有制来说,党的十五大也提出公有制实现形式的多样化。企业所有制形式多种多样,非公有制企业迅速增多,这给我们青工工作带来了新情况和新问题,从事青工工作的团干部务必要提高认识,转变观念,增强紧迫感。党的十五届四中全会提出对国有经济实行战略性调整,对国有企业实行战略性改组,提出要坚持有所为有所不为、有进有退的方针。从发展趋势看,国有经济将主要集中在骨干行业,在关系国计民生、国家重大经济命脉的行业,但在一般性竞争领域,更多的是非国有的中小企业。青工战线过去的工作重心主要集中在国有企业，在非国有企业中也做了大量的工作，但我认为力度和声势远远不够，从党的十五大精神对我们的要求来看，从共青团工作对青工战线的要求来看，思想没有完全到位，观念没有完全到位，工作没有完全到位。去年我们搞了300家国有大中型企业的青年职工状况调查，今年准备搞300家非国有企业的青年职工状况调查，对非公经济中的青工分布、青工结构、青工当前工作生活学习状况和价值观念力求做一次更深刻、更现实、更全面的了解，掌握更多的鲜活具体的第一手资料。我们必须适应企业所有制形式的变化，在继续以国有企业为工作重点的同时研究非国有企业及这些企业中的青年和青年工作，这也是贯彻党的十五大精神的具体体现。

企业的用人机制正在发生着根本性变化。计划经济时期，国家实行统一分配、终生固定的用工制度。不管企业需不需要、需要多少，都由国家统一计划，上级主管部门说了算，企业缺乏用工自主权。人一旦分到企业，往往就是干一辈子，所谓“生是企业人，死是企业鬼”，能进不能出，企业缺乏裁员的自主权。“铁饭碗”使企业人浮于事，效率低下，浪费严重。企业冗员过多在一定意义上是国有企业改革脱困中比技术改造、市场营销、产品开发还要困难的问题。80年代以后，随着国有企业改革的一步步推进，逐步扩大企业用工自主权，从砸“铁饭碗”到实行全员劳动合同制，以及农民工、季节工、替换工、合同工、固定工、临时工等多种用工形式并存，企业用工发生了很大变化。目前实行减员增效，下岗分流，用人机制还在发生着根本性变化。企业用人机制的变化对青工工作提出了新的问题，这就是青工战线团干部如何从过去面向企业的固定青工做工作到适应用人机制的新变化，更好地为企业青年包括在岗青工、下岗青工的就业、创业、成才服务。

企业的分配制度正在发生着深刻变化。我们整个社会分配的理论基础是马克思主义政治经济学的多劳多得、按劳分配原则。但理论和现实反差很大，多少年我们一直都没有解决好这个问题，最后的结果是变成平均主义。在计划经济时期，往往是干好干坏一个样，干与不干差不多，分配与劳动付出相差甚远，出现“吃大锅饭”现象。改革开放以来，从奖金制到计时、计件工资制，再到绩效工资制，多劳多得，少劳少得，不劳不得，按劳分配原则才真正得到了落实。党的十五大提出生产要素进入分配领域，参与分配，使分配制度发生了重大变化，像在高科技产业，技术可以入股，知识可以参与分配，资本可以参与分配，已是目前相当普遍的现象。

企业与市场的的关系正在发生着本质性变化。计划经济时期，企业从原料到生产，再到产品，一切都靠计划，企业实质上是政府的附属物，是一个生产车间。那时，对企业来说无所谓市场不市场的问题。八十年代初提出计划经济为主，商品经济为辅，市场才逐步得到认可，显示出越来越大的作用。党的十四大提出经济体制改革的目标是建立社会主义市场经济体制后，市场终于成为了资源配置的基础，成为企业赖以生存与发展的条件。近年来，出现了买方市场、过剩经济，市场的作用更加突出，企业对市场的认识更加深刻，企业由生产主导型走向市场主导型，企业与市场融为一体，密不可分。谁把握了市场，谁适应了市场需求，谁抢占了市场竞争的制高点，谁就能从市场中获利。可以说，市场已成为决定企业生死攸关之所在。

企业发生着变化，企业青年也发生着变化。当代企业青年职工是在改革开放的环境中成长起来的，与其他青年群体有着许多共性的变化和特点。但作为工人阶级的一部分，作为社会化大生产的重要力量和先进生产力的代表，企业青年职工的变化也有着自身的特点。正确认识企业青年职工变化的特点和规律,把握其变化的趋势,我们才能科学地把握当代企业青年职工的重要作用。

企业青年职工价值观念发生着积极而活跃的变化。企业参与市场竞争,引入竞争机制、利益机制,这大大激发了青年职工的主动性、积极性和创造性,青年主体观念和自我意识有了很大增强。青年追求自我价值的实现,有着强烈的事业心和责任感。他们是改革的受益者,普遍支持改革,参与改革,拥护改革,并自觉地为经济发展做贡献。青年感到,工作的好坏,收入的多少,愈来愈取决于自身素质的高低。当代青年更关注自我,走自我设计、自我发展的道路。青年正在建立与现代企业制度相适应的新观念,积极向上,务实进取。同时,随着对外开放和现代传媒的发展,青年扩大了视野,一些人受到西方价值观和不良文化的冲击,价值观发生了一定的偏离。共青团要更敏锐地把握企业青年价值观念的变化,有针对性地做好工作,帮助企业青年树立正确的世界观、人生观和价值观,引导他们积极向上、健康成长。

改革攻坚过程中企业青年面临着强烈而直接的压力。市场经济让人人有压力,激发出人内在的创造性。建立现代企业制度,就是要把企业建成自主经营、自负盈亏、自我约束、自我发展的法人实体和市场竞争主体。同时,市场竞争、减员增效、下岗分流等等,都给整个企业青年群体带来了新的挑战和很大压力。与其他青年群体相比,企业青年承受的压力最直接、最强烈。因为,企业是市场经济的主体,市场化的进程使企业竞争日趋激烈,使企业改革不断加速。改革是要付出成本、付出代价的,企业青年职工是企业改革成本的直接承受者。而且,他们工作时间不长,生活刚起步,竞争压力更大。作为青年自己的组织,共青团必须把帮助青年排忧解难、提供服务作为应尽之责。

企业青年在企业中的地位和作用正在发生着重大而深刻的变化。青年是企业改革和发展的生力军。对此,企业党政领导都给予了高度评价。去年,团中央组织了"国有企业青年职工状况"调研活动。90%以上的厂长、经理和党委书记认为青年在企业生产中发挥了生力军作用,70%左右的厂长经理和党委书记认为青年在企业精神文明建设中发挥了先锋作用,70%左右的厂长、经理和党委书记认为青年在技术创新中发挥了主要作用。不仅于此,随着现代企业制度的逐步建立和企业创新步伐的明显加快,青年在企业改革和发展中愈来愈显示出主力军作用。在过去工业经济时代,经验是时间的结晶,是工作能力的主要内涵,所以老师傅、有经验的人无疑要比青年的作用大。青年进厂后必须靠师傅"传帮带",向有经验的老师傅学习,有个经验积累的过程,自然是"小字辈"。现在,知识经济已见端倪,以信息技术为特征的新科技革命正在兴起,不仅诞生了很多新兴的产业,还改造着传统产业。同时,我们在建立社会主义市场经济体制的过程中,企业要直接进入市场。我们国家要加入WTO,参与国际经济竞争。这些都已经或正在改变着人们对经验及其作用的传统认识。当今的网络经济正在孕育着全新的企业发展模式,青年的作用越来越大,如信息产业,出现了"少帅"现象,35岁以下的青年是主力军。而且,随着知识经济的快速发展,这种趋势在不断增强。可以说,青年在企业不仅是生力军,而且正在成为主力军。青年不仅是未来,更是重要的现实力量。

古人讲"风起于青萍之末"。我们要敏锐把握企业及企业青年的新变化,有的放矢地开展青工工作,这样才能够有效地为企业改革发展和青年职工成长成才服务。

三、做好今年青工工作要注重工作推进的方式和方法

讲求方式方法才能事半功倍,才能切实做好今年的青工工作。

一是突出重点。不同矛盾之间有主要矛盾与次要矛盾之分,同一矛盾还有主要方面与次要方面之别。做好青工工作,就要抓住主要问题,抓住主要问题的主要方面,围绕今年党政工作大局和青年及企业的实际需要,分层次、有重点地开展。有重点才能有突破,才能牵一发而动全局,才能推动工作全面发展。今年青工工作的重点是什么?是要围绕服务国有企业改革和脱困决战决胜,下大力气推进青年创新创效活动,大力实施"帮助青年创业计划",进一步深化青年文明号活动。青年创新创效活动是重点,因为这项活动适应了企业全面创新的新形势,是动员和组织企业青年职工参与企业创新,投身企业改革和发展的有效载体,这项活动去年启动后虽然取得了很好效果,但能否取得更大实效,产生更大影响,今年如何深化是关键。实施"帮助青年创业计划"是重点,因为我国就业形势非常严峻,今年下岗职工预计将达到1200万,帮助青年创业,是党和政府对共青团的要求,也是青年对团组织的期盼。青年文明号活动是重点,因为这项活动引导职业青年立足岗位,争创一流,六年来在建设职业文明、促进精神文明建设方面发挥了积极作用,产生了广泛的社会影响,是今年加强企业青年职工思想政治工作的主要载体。青工工作内容丰富,今年任务又特别繁重,只有突出重点,才能形成合力,扩大声势,取得更大成绩。在这三项活动中也有一个轻重缓急的问题。对于青年创新创效活动来说,今年的重点是进一步发动,在更大范围、更多企业、更多青年职工中展开。对于"帮助青年创业计划"来说,重点是鼓励、帮助、引导青年尤其是下岗失业青年创办微型企业,成为兴业领头人。青年中蕴含着巨大的创业潜能,自身有着强烈的创业渴望。前些天有一新闻媒体刊登的对京津沪青年的调查结果表明,即使在经济不景气的情况下,仍然有超过25%的青年希望自己当小老板,希望自己创业。应该看到,社会主义市场经济体制还处于不断完善的过程中,青年创业的政策环境、市场环境、资金支持环境还有待进一步优化,共青团组织完全可以发挥政治优势、组织优势、网络优势、凝聚人才的优势,为青年创业服务。对于青年文明号活动来说,今年的重点是创新工作方式,开展"百城万店青年文明号促销创效"行动和"青年文明号优质服务促假日经济"活动。另外,在突出重点的基础上要注意整体推进,包括青年岗位能手活动,加强企业团的自身建设,投身西部大开发,以服务活跃青企协工作等。

二是重在基层。重在基层是今年书记处对全团工作的要求。青工工作讲的基层主要是企业。我们的工作重心要下移,要放在基层,要发挥基层的积极性和创造性,尊重基层的首创精神。基层是我们工作的显示终端,是青工工作的重心所在。青工工作做得如何,不能看上面怎么热闹,而要看基层如何见效。可以说,基层工作状况是检验青工工作成效大小的根本尺度。每一项工作都不能停留在面上,更不能只停留在会议上、文件中,而要切实贯彻到企业中去。只有企业党政领导认可,企业青年赞同并积极参与,只有确实促进了企业改革和发展,我们的工作才会有意义、有成效、有地位、有发展。宣传青工工作时,也应主要宣传基层,宣传企业的好做法、好经验、好效果。

三是典型引导。榜样的力量是无穷的。典型引导是团的工作的一个基本方法。青工工作要善于培植典型、发掘典型、树立典型、宣传典型,更好地发挥典型的示范导向作用。青年创新创效活动去年抓了一批试点单位,今年要从中发现好的典型,加以解剖,寻找出深化活动的新载体来。比如说,我们能否在试点企业中提出人均创效1000元的目标。青年文明号活动尤其要抓好典型。这项活动开展了六年时间,涌现出数以万计的先进青年集体,目前要注意好中选好,优中选优,树立真正过硬的典型。团中央正在调查摸底,准备大张旗鼓地宣传一些青年文明号典型,展示当代青年群体建功成才的良好形象。实施"帮助青年创业计划”等其他工作也要注重典型引导。

四是抓好落实。青工工作思路清晰，任务明确，关键是抓好落实。抓好落实就是要把上级团组织的工作精神领会好、工作要求贯彻好，使各项工作在本地区见行动，见实效。青工工作紧扣党政工作大局，与经济建设，与企业改革和发展联系很紧，要十分重视抓落实的问题。经济工作，企业改革，是实实在在的，实实在在的事情就要实实在在地抓落实。青工工作既要注重面上声势，营造氛围，更要把功夫下在基层，默默无闻地做具体细致的工作。抓好落实重在基层，基层见效了，工作才真正落实了。团的工作是群众性活动，要把各项工作落实到青年中去，动员青年积极参加，扩大活动覆盖面。只有深入基层，深入青年，克服形式主义，避免做表面文章，青工工作才能落到实处，求得实效。

四、做好今年青工工作关键在于青工战线的团干部

毛泽东同志讲，政治路线确定之后，干部就是决定的因素。邓小平同志说：“中国的事情能不能办好，社会主义和改革开放能不能坚持，经济能不能快一点发展起来，国家能不能长治久安，从一定意义上说，关键在人。”青工工作说一千道一万，归根结底在于青工战线广大团干部的艰辛劳动和共同努力。今年的青工工作任务重、目标实，这对团干部提出了新的更高的要求。

增强学习的紧迫感。时代在变化，企业在变化，青年在变化，这就要求从事青工战线团干部的素质要与时俱进，否则会落后于时代，落后于青年，也就不能提高工作水平。团干部要适应变化发展的新要求，就必须加强学习。学习是增强自身素质、提高工作水平、做好青工工作的重要途径。青工战线团干部要在繁忙的工作、活动之余挤出时间学习。共青团岗位是实践的岗位，也是学习的岗位。要酷好学习，不断提高自身素质。要看到知识是现代社会的灵魂，学习是现代人必不可少的生活内容。适应科技发展日新月异，知识更新周期缩短的时代要求，树立终身学习的观念，养成主动学习、不断学习的习惯，以真才实学和过硬本领来做好新时期的青工工作，迎接新世纪的挑战。要学政治，学理论，提高思想理论水平。对于青工战线团干部来说，还要特别注意学经济，学科技，学管理，不断优化知识结构。

保持良好的精神状态。良好的精神状态是做好工作的前提条件。江泽民总书记强调：“在全党始终保持一种坚忍不拔、奋发有为的良好精神状态，是事关党的凝聚力、战斗力，事关党同人民群众的关系，事关我们事业成功的大问题。”青工战线团干部的精神状态如何，同样直接关系到能否落实好各项任务，能否把工作不断推向前进。目前改革处于攻坚阶段，国有企业团的建设和工作也处于调整深化阶段。我们不能期望再恢复从前团的干部配备、团组织设置等状况。我们要理解改革、支持改革，适应新的形势，更好地发挥现实作用。我这里强调一点，就是团干部做工作必须要有激情和真情。激情是共青团工作的性质决定的，共青团工作是最新鲜、最活跃的工作，要求我们始终保持高昂的激情，饱含激情、真情地去开展工作。保持一时一事的激情、真情并不难，难的是在复杂的局面下，在面临严峻挑战的情况下，激情如初，真情常在。一句话，就是要以旺盛的激情从事工作，以发自内心的真情去竭诚为青年职工服务。也就是说，要热爱青工工作，竭尽全力地做好青工工作，真心实意帮助青年职工建功成才。要始终保持那么一股劲，那么一种工作热情，那么一种永远向上的精神。有了良好的精神状态，不管前进的道路上存在多少困难和障碍，都不能阻挡我们前进。

贯彻出高出新的工作要求。唐朝刘禹锡说：“以不休为体，以日新为道。”古人尚且如此，更何况今人。团的青工工作任务繁重，难题不少，力量有限。这需要青工战线广大团干部在工作上出高招，出新招。要精心谋划，精心组织，高标准，严要求，创一流。工作上要继承，更要创新。因循守旧，固步自封，工作就会一潭死水，就会落伍于时代。我们要敢于创新，善于创新，从实际出发，大胆创新工作领域、工作内容、工作方式、工作机制，使青工工作在创新中不断实现新的发展。

发扬务实落实的工作作风。务实落实是团干部应有的工作作风。务实是一种思想方法，落实是一种工作要求。要制定符合实际的工作目标，采取符合实际的工作措施，取得实实在在的工作效果。要动真情，下真功夫。要深入实际，多到基层去，到企业去，到青年职工中去，了解青年职工的所思所想，解决基层团组织的实际问题。开会和讲话都要有针对性，反对搞浮夸，做表面文章。养成良好的工作作风，对团干部成长至关重要。

同志们，一年之计在于春。这次会议非常重要。周强同志和书记处对青工工作一直非常重视。希望大家不辜负书记处的期望，提高认识，增强紧迫感，真抓实干，讲求实效，推动团的青工工作再上新水平，再创新业绩。

围绕“十五”计划
动员和组织企业青年职工积极投身创新创效的实践

——孙金龙在全国企业青年职工创新创效活动推进大会上的讲话

2000年10月24日

今天，团中央、国家经贸委、国家知识产权局、中国科协联合举行全国企业青年职工创新创效活动推进大会，是为了学习贯彻党的十五届五中全会精神，总结交流各地一年多来开展青年创新创效活动的经验，研究部署如何适应新形势和新任务的要求在企业全面推进这项活动。首先，我代表会议主办单位、代表团中央书记处对中共重庆市委、市政府大力支持本次会议表示衷心的感谢，对重庆团市委、长安汽车集团公司为本次会议付出的辛勤劳动表示衷心的感谢，对受到表彰的先进单位和先进个人表示热烈的祝贺！

刚刚闭幕的党的十五届五中全会，是在世纪之交我国即将胜利完成“九五”计划，改革开放和现代化建设进入新的发展阶段的历史时刻召开的。全会审议并通过了《中共中央关于制定国民经济和社会发展第十个五年计划的建议》。江泽民总书记在全会上发表了重要讲话。全会通过的《建议》以邓小平理论和党的十五大精神为指导，在深刻总结党的十一届三中全会以来我国改革开放和现代化建设的实践经验、全面审视世纪之交国际政治、经济、科技发展给我们带来的机遇和挑战的基础上，着眼于我国新世纪的发展，提出了经济和社会发展的总体目标、战略布局、重点任务，描绘了我国在新世纪第一个五年经济和社会发展的壮丽蓝图，反映了全党的意志和全国人民的心愿，是指导我们向新世纪进军的行动纲领。党的五中全会对于做好世纪之交的共青团工作具有十分重要的指导意义。一个结合共青团工作实际，学习贯彻五中全会精神的热潮正在全团兴起。当前，青工战线的各级团组织尤其是企业团组织要以五中全会精神为指导，认真总结回顾一年多来青年创新创效活动丰富而生动的实践，深入分析企业面临的新形势，把握企业面临的新机遇，迎接企业面临的新挑战，提高对青年创新创效活动的认识，在更大范围内、更高层次上开展这项活动，以增强企业的市场反应能力和核心竞争力，培养和造就一支符合新时期企业发展需要的创新人才大军。

下面，我就青年创新创效活动讲五个问题。

一、新世纪的头五年我国企业将面临空前机遇和紧迫挑战

1. 实施"十五"计划的五年将是我国经济结构进行战略性调整取得根本性突破的五年。

经过20多年的改革开放和现代化建设，我国已基本告别短缺经济，经济发展中的主要矛盾已从总量问题转变为结构问题。近年来经济运行中表现出来的市场需求不足、大量产品滞销、生产能力闲置、就业压力日渐突出、经济增长缺乏动力等现象，从本质上看无不是多年积累的结构性矛盾在发生作用。经济结构存在的问题，总体上看是产业结构不合理，地区发展不协调，城镇化水平低。经济结构存在的问题在企业中的反映主要是产业结构问题、技术结构问题、产品结构问题、企业组织结构问题、就业结构问题。从产业结构看，各地受计划经济影响重复投资，重复建设，重复生产，产业结构严重趋同，区域比较优势和协作效益不明显。从技术结构看，企业科研开发经费不足，技术创新力度不大，主要生产工艺和技术装备落后。根据第三次工业普查资料，我国工业和技术装备水平比国际水平一般落后10至20年。例如，我国水泥行业小立窑生产仍是主流，新型干法水泥生产能力仅占10%，而日本达到98.3%；造船行业国产船舶设备装船率不足40%，而日本、韩国分别达98%和85%。还有，钢铁、煤炭、有色、石化等16个行业大多数大中型企业在关键技术的开发应用上与国际水平相差甚远，大部分化工、医药产品靠仿制，主要机械产品有一半使用国外技术，出口服装大多是来样来料加工。另外，资源利用率低，我国能源综合利用率仅为32%，比国外先进水平低10多个百分点，每万元GDP能耗比发达国家高4倍多，主要产品单位能耗比发达国家高30%以上，工业排污物超过发达国家10倍以上。从产品结构看，畅销产品少，多数是平销、滞销产品；名牌产品少，一般产品多；初级产品比重过大，高科技含量、高附加值、最终产品比重过小，因此尽管我国总体上已告别短缺经济，进入买方市场，出现了过剩经济的特征，但仍是低水平过剩，具有突出的结构性特点。从企业组织结构看，大型企业过少，集中度过低，在4.4万家年销售500万元以上的工业企业中，排名前300家企业的销售额占总销售额的比例不到20%；中小型企业过多，且分散、重复，生产能力小，专业化水平低。总的讲是大企业少而不强，小企业多而不活，尤其是不少国有企业法人治理结构不合理，没有真正建立起现代企业制度。从就业结构看，大量人员富余与专业技术、高级管理人才、市场营销人才缺乏并存，尽管经过几年的减员增效、下岗分流，但国企仍有约1/3的富余人员，劳动生产率低，劳动力结构亟待优化。这些结构性矛盾如果不解决好，就会制约企业发展，影响现代化建设大局。对经济结构进行战略性调整，是一项刻不容缓的紧迫任务，是一项关系到改革、发展、稳定全局的大事。只有把经济结构问题解决好，才能扩大国内需求，增加有效供给，切实提高国民经济的整体素质，才能实现"十五"计划提出的各项任务，才能巩固社会主义制度和国家政权。

当然，经济结构调整是在发展中进行的，具有鲜明的特点：就需求方面说，不是压缩总需求，而是要在扩大总需求中进行；就供给方面说，不是像过去计划经济时期那样简单地从量上压缩长线部门的供给，扩大短线部门的供给，而是要在量上压缩过剩供给的同时，更多

地从质上提高供给，创新供给方式。为此，既要淘汰低水平重复建设的、浪费资源和污染环境的落后生产能力，又要加快高新技术、新兴产业的发展；既要解决当前的市场供求问题，又要着眼于提高国民经济的整体素质。

从国际范围看，各国尤其是发达国家都在加紧进行结构性调整。美国80年代以来进行的以信息化为重点的经济结构调整，已成为90年代美国经济持续增长的重要原因，美国经济已经连续8年多维持强劲增长，令传统经济学理论大跌眼镜。亚洲金融危机迫使与我们相邻的国家对经济结构进行调整，克服经济结构性缺陷，一些国家的经济结构调整已经取得进展。在这样的国际形势下，我们必须果断地抓紧进行经济结构调整，否则在激烈的国际竞争中就会处于劣势。

广泛而深刻的经济结构调整既是企业改革和发展的重要任务，又为企业改革和发展创造了新的环境。国民经济结构战略性调整，起点在企业，落脚点在企业，主体在企业，载体在企业，未来五年经济结构调整能否取得根本性突破，关键也在企业。因此，企业要把握经济结构调整的大趋势，抓住机遇，加快企业产品结构、技术结构、组织结构的完善和调整，加快现代企业制度的建立，夯实经济结构战略性调整的微观基础。

2. 实施“十五”计划的五年将是我国经济真正融入世界经济体系的五年。

实施改革开放以来，我国对外开放事业取得了长足的进展，在全球经济贸易中的地位和作用日益显著。我国进出口总额占国内生产总值的比重，1979年仅为9.8%，1999年达到36.4%。1979年至1999年，吸收外国直接投资达3060亿美元，占全球跨国直接投资总额的10%，占新兴国家和地区吸收外国直接投资的30%，仅次于美国而居世界第二位。可以说，对外贸易已经成为我国经济增长的重要渠道。为了扩大对外开放，我国十多年来一直致力于加入世贸组织（前身是关贸总协定）。继去年中美两国就中国加入世贸组织达成双边协议后，本月10日美国总统克林顿又签署了已由美国参众两院通过的对华永久正常贸易关系议案，使之成为美国法律。根据这项议案，在我国加入世贸组织后，美国将终止按《1974年贸易法》的有关条款对我国“最惠国待遇”（即正常贸易关系）进行年度审议，从而实现永久对华正常贸易关系，这是中美关系史上具有深远意义的重大事件，也将加快我国加入世贸组织的步伐。一旦加入世贸组织，我国对外开放将进入新的发展阶段，我国经济将真正融入全球经济体系，成为开放型经济。这对于作为国际竞争主体的企业来说，影响是深远的、全方位的。

加入世贸组织后，企业坐在家门口，可能面对的就是世界上最强的对手，我国一些发展水平低的产业和企业将受到较大的冲击，而一些具有比较优势的产业和企业将会获得有利的发展条件。每一个企业都要充分估量加入世贸组织对自身发展的影响，早作准备早主动，要敢于在国际市场上比高低，共经纬，争短长。对于电子等技术密集型产业和高新技术产业中的企业，要充分利用过渡期或保护期，应对国外竞争压力，加快设备更新和技术进步，提高生产技术和产品质量，缩小生产技术和产品质量上的国际差距，增强国际竞争力。对于汽车等规模经济要求较高产业中的企业，要变市场竞争对经济规模的压力为动力，加快企业联合、合作或并购的进程，建造我们自己的跨国、跨地区企业集团。对于医药等对技术创新要求高的产业中的企业，要改变长期以来靠仿制过日子的现状，加强技术创新工作，通过创新走出一条生存发展新路。对于纺织等劳动密集型产业中的企业，要迅速地大幅度扩大出口，提高国际市场占有率，实现飞跃发展。应该看到就其本质来说，加入世贸组织对我国企业的冲击主要不在于对某一个具体行业具体企业的冲击,而是由公开性和非歧视性带来的制度创新压力,将对建立现代企业制度带来全新的含义。总之,经济全球化使得企业选择资源和市场的范围大大增强,要求企业有坚实的管理基础和强大的运作能力,走创新发展之路。

3. 实施"十五"计划的五年将是我国市场化程度发生变革性提高的五年。

改革开放以来,我国在经济体制方面进行的所有改革无不是一步一步冲破计划经济体制的束缚,总体上是以市场为取向的。党的十四大提出我国经济体制改革的目标是建立社会主义市场经济体制后,计划、财税、金融、外汇、外贸、投资体制等多方面的改革全面展开,市场在资源配置中的基础作用即市场化进程大大加快,市场化程度不断提高。据有关部门测算,目前我国市场化的基本情况是:商品价格市场达85%,政府市场适应性达72%,技术市场达71%,农业市场达66%,劳动力市场达65%,外贸市场达54%,工业市场达50%,资本市场达10%。另外,东部地区的市场化程度高达70%,南部地区高达68%。总体上说,我国市场化程度在60%左右,社会主义市场经济体制初步建立。但是按照建立社会主义市场经济体制的总体要求,从我国的基本国情出发,我国市场化程度应在80%至90%之间,这样才能真正建立起成熟的社会主义市场经济体制。从目前的60%到80%至90%还有很长的路要走,推进这20多个百分点并不容易,甚至比已实现的60个百分点还难。因为,我们的改革是渐进式的改革,是先易后难的,前一段我们把经济体制改革好改的那部分已经改过了,剩下的是与公有制的实现形式、政府管理方式相联系的比较难改的部分,是"硬骨头"。"十五"期间能否在推进市场化进程中有飞跃性发展,对于社会主义市场经济体制建立至关重要。

市场化程度提高直接影响企业的改革和发展。市场化程度愈高,企业的市场主体性就愈强,企业与市场的关系就愈紧密。过去在卖方市场的条件下,在生产主导型的市场格局中,企业的每一笔投资都很容易赚到钱,因此选择投资目标不是很难的事情;企业也可以在一个信息相对封闭的环境中完成产品生产,因为产品只要生产出来,就可以卖出去,这个时候所谓的好产品就是质量高的产品,所谓有竞争力的产品就是价格更低的产品。而现在已进入买方市场,进入消费主导型的市场格局,最重要的是要了解用户需求,并且有能力满足甚至创造和引导顾客的需求,在最短的时间里生产出用户喜欢的产品,并且以非常畅通的销售渠道销售出去。企业需要仔细分析顾客的需求,并从中迅速发现自己的商业机会;不断与用户进行交流,形成互动,实现产品的差异化营销;与自己的合作伙伴及时沟通信息,缩短供货时间,减少库存,加快资金的流转速度;运用以计算机为基础的先进的设计和制造技术,缩短产品的设计时间,提高产品生产的"柔性",做到小批量,多品种。可以说,市场化程度的提高,将推动企业的生存和发展环境发生彻底的变革。

4. 实施"十五"计划的五年将是我国信息化建设突飞猛进的五年。

进入90年代以来,信息对经济社会生活各个方面发起了强劲冲击,信息愈来愈成为经济社会发展的基本资源,信息产业对经济增长的贡献率愈来愈大。很多专家认为,正是信息技术打造了美国新经济。可以说,信息化是当今世界经济和社会发展的大趋势,也是我国产业优化升级和实现工业化、现代化的关键环节。我国目前处在工业化的中后期发展阶段,面临着推进工业化与发展信息化的双重任务。要利用工业化支持信息化,为信息化进程提供物资、能源、人才、市场,同时利用信息化引导新时期的工业向高增值、高竞争力、高信息含量的方向发展。五中全会首次把加快国民经济信息化作为经济和社会发展的重要方面提出来。今后五年,我国要把推进国民经济和社会信息化放在优先位置,在全社会广泛应用信息技术,提高计算机和网络的普及应用程度,加强信息资源的开发和利用,加快发展电子商务,以信息化带动工业化,发挥后发优势,实现社会生产力的跨越式发展。

企业是市场经济的主体,是产业的细胞,企业信息化是国民经济信息化的基础。企业信息化,就是要在企业运行的各个环节中采用计算机技术和网络技术,使企业数据的产生和流动在计算机及网络中进行,以实现企业信息的有效控制,从而提高整个企业的运行效率。信息化使企业生产、经营、管理方式更快捷、更灵活、更科学。在汹涌而来的信息化浪潮面前,企业只有在生产、流通、服务等各项活动中充分利用现代信息技术、资源和环境,提高企业管理和集约化经营水平,才能实现快速发展。另一方面,我们还应该看到,信息产业是国际上发展最快的产业,我国近年来信息产业也在加速发展。以电话用户为例,从1979年的203万户到1992年的1000万户用了13年时间,从1000万户到1998年的1亿户用了6年时间,而从1亿户到目前的2亿户只用了二年时间。目前,全球IT产业生产总值超过万亿美元,持续增长的势头十分强劲,已成为20世纪末发展最迅速、规模最大的行业,在21世纪仍将会快速增长。据统计,目前因特网上向大众开放的网页达30亿页,到明年2月将达到40亿页,其中,美国占85%。虽然中文网页不到2%,但增长速度相当可观,因为它面对着占全球1/4人口的华人市场。截至6月底,我国互联网用户达1690万户,比1999年6月底的400万户翻了两番。信息产业的发展和市场的旺盛需求为企业提供了新的更多的商机。

青年创新创效活动是在企业中开展的,企业面临的这些新形势、新情况、新要求,需要我们在开展青年创新创效活动时认真把握,推动活动更好地为企业改革和发展服务。

二、围绕“十五”计划,牢牢把握青年创新创效活动的两个基本立足点

“十五”计划的主题是发展,创新最关键。我们要站在时代的高度,面向新世纪,紧扣企业发展壮大和青年成长成才来全面推进青年创新创效活动。为此必须把握两个基本立足点。

1. 开展青年创新创效活动要立足于推动企业面向市场需求,不断提供创新型产品(服务)。

青年创新创效活动引导青年职工进行技术创新、管理创新、营销创新、服务创新,是为了推动企业全面创新。企业创新包含广泛内容,但最终的落脚点是企业能够动态地、适时地、不断地面向市场需求,为消费者提供创新型产品(服务)。技术创新、管理创新、营销创新、服务创新等最终都以创新型产品(服务)为表现形式进入市场,接受用户检验,创新型产品(服务)是一切创新的显示终端。现代市场经济是用户经济,企业的存在就是为用户创造价值,企业的目的是一切为了最大限度地满足用户的要求,在为用户创造价值的过程中实现企业自身价值。消费者是企业的衣食父母,消费者个性化、多样化的需求,要求企业及时探求消费者欲望,捕捉市场信息,以柔性、灵活的生产方式为市场不断提供创新型产品,为消费者提供多样化的解决方案,只有这样企业才能把握先机,占领市场制高点。

产品是为了满足市场上消费者的需求而生产的,不同时期的消费者存在不同消费倾向,所以对产品也就提出了不同的要求。能够适应消费者需求的产品才能在市场上存在,过时的、不能满足消费者需求的产品会失去在市场上存在的理由而被市场所淘汰。一个企业能自觉迎合市场变化,开发相应产品,企业就能够不断发展。相反地,如果不能及时提供创新型产品,产品的销售发生困难,被迫退出市场，造成严重积压，导致资金被挤占，价值无法实现，企业的生存就会受到威胁。因为企业的生命是以其产品为载体的，企业产品的消亡，意味着企业以这种产品作为其生命载体的可能性消失。如果此时不能开发出新产品来延续的话，企业就会随之消亡。

而且，提供创新型产品不是一劳永逸的，是一个连续不断的过程。市场上没有永远受消费者欢迎的产品，只有适应消费者需求而不断创新的产品，才会为消费者所青睐。任何一个产品都要经历这样一个过程：从新产品开发到商业化再到投放市场，然后再依次经过成长期到成熟期再到衰退期，最后被市场淘汰，这就要求企业不断提供创新型产品。如果说在过去、在前工业经济时期创新型产品能持续一段时间，重大创新的超前垄断地位还能维持较长时间的话，那么今天已进入渐进时代，每时每刻都在创新，技术的扩散转化速度惊人，非同以往。比如很多应用型软件 2 至 3 个月不升级，就会落在别人后面，就会被市场淘汰。一般说来，企业向市场投放了创新型产品，其他企业特别是同行业企业会对此做出反应。这种反应包括扩大同类产品系列或品种，模仿或改进竞争者已上市的产品，推出本企业的类似产品，从而迫使企业不断创新。

应该看到，在知识经济时代，产品生命周期大大缩短，产品更新速度越来越快，一个企业提供创新型产品的速度如果慢于其他企业，就会在竞争中陷入被动。我国机械企业产品的市场生命周期是 10. 5 年，开发周期是 18 个月，而美国同类产品的平均生命周期仅为三年，产品开发周期仅为 3 个月。这个差距所造成的后果是我国产品的竞争能力差，有自主知识产权的产品少。这导致我国机械行业大量生产能力闲置，利用率只有 50%，而另一方面由于企业产品技术含量不高，产品档次低，市场所需的产品又要大量进口。在以创新能力为主导的市场竞争中，技术进步快、创新能力强是创造和保持暂时垄断地位和获取超额利润的基础。在新世纪的门口，全球性的竞争风起云涌，科技革命波澜壮阔，企业处于扬弃过去、把握未来的十字路口，“to be or not to be，that’s a question”，你别无选择。要么果断进行变革创新，要么死路一条。能够幸存并获胜的必定是那些适应力强、具有创造性的企业。

可见，开展青年创新创效活动就是要着力于推动企业千方百计、不遗余力地提供创新型产品（服务）。要引导广大青年职工从企业生产、经营、管理、营销的现实出发，充分发挥青年职工的生力军和突击队作用，面向市场需求大力开展技术、管理、营销、服务创新，整合企业生产要素，不断推出创新型产品（服务）。

2. 开展青年创新创效活动要立足于推动企业青年职工立足本职岗位，大力开展创造性劳动。

企业的创新型产品（服务）是企业职工的创造性劳动的物化产物，企业创新的主体是能够开展创造性劳动的企业职工。我们要明确提出一个响亮的口号，这就是青年职工要争当富有创造性的新型劳动者。

江泽民总书记曾指出，综观世界科学技术发展史，许多科学家的重要发现和发明，都是产生于风华正茂、思维最敏捷的青年时期。这是一条普遍的规律。哥白尼提出日心说时是 38 岁；牛顿和莱布尼茨发明微积分时分别是 22 岁和 28 岁；达尔文开始环球航行时是 22 岁，后来写出了著名的《物种起源》；爱迪生发明留声机时是 29 岁，发明电灯时是 31 岁；贝尔发明电话时是 29 岁；居里夫人发现镭、钍、钋三种元素的放射性时是 31 岁；爱因斯坦提出狭义相对论时是 26 岁，提出广义相对论时是 37 岁。许多杰出的社会科学家和政治家的杰出功业也大都是在年轻时期就基本创立了。《共产党宣言》发表时，马克思是 30 岁，恩格斯是 28 岁；党的一大时，毛泽东是 28 岁。目前，网络、通信、计算机、软件,已经成为年轻人的行当,IT产业存在“少帅”现象。可见,人的创造性劳动最好年龄是20几岁到30几岁。青年思维敏捷,精力旺盛,最少包袱,敢想敢干,是知识经济的弄潮儿。创新是青年的内在属性,创造性冲动是青春期的显著特征。

开展创造性劳动也是时代发展的要求。因为知识经济时代需要的劳动者是具有创造力的劳动者。当今社会有数以万计的职业,现代社会的根本标志就是高度职业化。人的活动可分为职业活动、社会活动和家庭活动,而现代人成功的标志从根本上说体现在职业活动的成功。职业活动是人一生中最主要的活动,也是最有价值的活动。企业青年职工与市场经济发展同生共长,文化程度高,自主意识强,富有理想,积极向上,成才愿望强烈,向往实现自我价值,向往人生富有意义。实现理想和抱负,实现人生价值,取决于职业上的良好表现。在今天这样一个创新时代,职业上的良好表现再也不仅仅是过去的勤奋工作、踏实工作、忘我工作等劳动态度层面的东西。仅有这些是远远不够的。时代赋予职业以新的含义、新的要求,这就是必须在劳动中有所创造,必须开展创造性劳动。创造性劳动是符合市场需求的劳动,是对工作有所改进的劳动,是能够提高工作效率的劳动,是创造经济效益的劳动,与按部就班的劳动、机械的劳动、无效的劳动是截然对立的。非创造性劳动,干得再勤、再苦、再累,也可能对企业、对自身一无是处。

企业团组织要把握当代劳动的新特点,紧扣创造性来做文章,使创造性劳动成为青年创新创效活动的立足点之一。要引导青年职工发挥青年的创新特点,树立新的劳动观,把岗位作为创造性劳动的乐园,养成良好的创造习惯。要强化青年职工的创造意识,强化他们产生创造行为的心理动机,把他们塑造成具有强烈创造意识的人。要提高他们的创造技法,指导他们因人因事因地制宜,锤炼解决问题和发明创新的技巧。要把发明创造与日常工作的改进相结合,打破创新的神秘感,让创造从神坛上走下来,开展群众性创新活动,引导广大青年职工干一行,钻一行,创造一行。要大张旗鼓地对青年职工进行创造性劳动的教育,开展创新性劳动的大讨论,激活他们的创造细胞,强化他们的创造意识。要向青年职工灌输这样一种观念:在千变万化的当今时代,实现自我价值,获得社会认同,关键在于能否以创新的态度立足岗位开展创造性劳动,舍此别无他途。创造性劳动是同平庸的劳动截然对立的,低效甚至无效的劳动于企业无益,于己也有害。平庸的人生是同平庸的劳动联系在一起的。要采取多种方式,组织青年职工积极投身创新创效实践,大力开展创造性劳动,更好地为企业改革和发展服务。

三、以历史辩证的观点研究思考青年创新创效活动面临的若干现实问题

1. 文化性因素

创新以引入新概念、新东西和革新为基本内涵,既是一种新的文化现象,本身又以一定的文化为基础。我国的传统文化是建立在小农经济和封建专制基础上的。在自给自足的小农经济长期占统治地位、商品经济不发达的农业社会里,民族性格既有勤劳朴实的一面,也造成了稳定、保守、散漫的一面。几千年来的封建专制,给中国的传统文化也打上了很深的烙印。儒家文化作为中国传统文化的主干,奉行中庸之道,不偏不倚,调和矛盾,不走极端,强调礼义,克己复礼,为了不相冲突而约束自己的欲望和利益。在儒家文化看来,人们要眼睛盯着前人,所谓“不听老人言,吃亏在眼前”;眼睛盯着古人,所谓“圣人自有治国之道”、“半部论语治天下”;眼睛盯着别人,依赖别人,所谓“在家靠父母,出外靠朋友”,就是不敢靠自己。儒家文化使得人们表达感情都比较含蓄,保持分寸,欲言又止,藏在心里,走到极端就成了“存天理,灭人欲”,违背人的本性,扼杀人的潜能。还有,人们往往对失败者缺乏应有的宽容,甚至冷嘲热讽。儒家文化流行千年,影响千年,积淀千年,使不少人骨子里有了这样一种文化特质:不敢标新,不敢立异,不敢冒险,不敢失败。这样的文化土壤是难以孕育出创新之花的。凯文·凯利(《美国在线》主编)说:对新经济而言,文化的影响比技术重要。硅谷的最大发明不是芯片、电脑,而是新文化与新概念的形成,新经济的关键是文化因素。硅谷文化的重要特色是鼓励冒险、允许失败的价值观念。硅谷的实质是创新精神。不求上进,但求无过,因循守旧,无所作为,是不可能出现持久的创新的。要提高中华民族在新世纪的竞争力,必须从创新文化着手。开展青年创新创效活动要研究思考制约创新的文化性因素,加强企业创新文化建设。要倡导标新立异,重视宽容个性特征,鼓励敢想敢干,容忍失败挫折,为青年职工创新提供良好文化环境。

2. 体制性因素

创新自古有之,但在自然社会中,创新是零散的、孤立的、偶发的现象。应该说,可持续的创新是同市场经济联系在一起的,真正意义上的创新是从近现代开始的。我国建国后长期实行计划经济,搞"大锅饭",企业吃国家的"大锅饭",职工吃企业的"大锅饭"。既然有"大锅饭"吃,干好干坏都一个样,甚至干与不干也一个样。当一天和尚撞一天钟,以其昏昏,使人昭昭,从而滋生一批懒人、闲人。计划经济是一种短缺经济,是制度性短缺,计划经济所带来的弊端使得企业在参与研究开发和应用成果上、科研机构在全面进入市场上、中介机构在促进科技产业化上都缺乏动力。近些年我们搞市场经济,但几十年计划经济对人的影响不可能一下子消失,许多体制性因素仍然制约着创新的发展。现实情况是,工商、税务、金融等方面的政策对创新的支持还不是很有力,企业用工制度、分配制度、激励制度对创新的支持也很不够。对于激烈市场竞争中的企业来讲,创新要有巨大的内在驱动力,创新有赏,创新有效,创新有功,才会创新辈出,层出不穷。重赏之下必有勇夫,更何况创新乎?我们开展青年创新创效活动就要积极争取企业支持,优化青年职工创新的政策环境,为青年职工创新鸣锣开道。

3. 市场性因素

创新是对生产要素的重新组合以实现更高的效益,而效益能否实现最终取决于市场,因而创新是以市场为动力的。正因为这样,市场对创新有着重大影响。应该说,社会主义市场经济体制的建立为创新开辟了广阔的道路,这些年我们取得了很多创新成果,从根本上说都是市场经济的推动。但是,目前我国正处在社会转型期,市场化程度还不高,市场经济体制还没有完全建立,市场发育得还不够完善,也制约着创新的发展。首先是市场化程度还不是很高,不少企业对创新的压力感觉不强烈,得过且过,缺乏创新的动力。同时,市场存在一定的无序状态,打击了企业创新的积极性,认为创新得不偿失,从而束缚了创新。开展青年创新创效活动要针对这些问题,紧扣市场来搞创新,引导青年职工提高对创新的认识,激发他们的创新热情,为企业创新提供新的动力。

4. 创新者素质性因素

创新是指人的创造性劳动及其价值的实现,创新是人的创新,受到创新者自身素质的影响。中华民族是创新的民族。但封建社会的科举制很大程度上制约了创新人才的涌现,到了近代终于走进了死胡同。在科举制时期,多少人皓首穷经,从四书五经中找题目,做文章,求答案。在故纸堆里,多少人度过了少年,度过了青年,度过了中年,变成了白发苍苍的老人,一辈子无非是懂点圣人云、子曰之类的东西。人们思想稍微"有乖于圣学经义",即给予个人甚至家庭以轻则及身、重则灭族的严惩。科举制遗毒久远，遗害无穷。我国是一个有着悠久教育传统的国家，当前正在面向新世纪，推行素质教育，培养全面发展的人才。但也应该看到应试教育的影响还在一定的地方一定程度地存在着。老师为考试而教，学生为考试而学。老师的法宝是灌输知识，学生的法宝是死记硬背。“标准答案”、“统一答案”，理解了，背；理解不了，也背。只要背对了，就能考高分；考了高分，就能升学。人们不用问为什么，不用知其所以然，不用想有没有别的说法。背多了，学生就离活生生的实践愈远；背多了，学生的思维就愈狭窄。殊不知，现有的理论不一定完善，科学上的重大突破往往是敢于向现有理论权威和常识挑战的结果。照抄书本现成答案，照搬书本现成知识，不利于创造力的发挥，不利于创新者素质的提高。这种情况在企业青年职工中也存在。不少人对滚滚而来的创新浪潮熟视无睹，毫无准备，在愈演愈烈的创新大战面前束手无策，缺乏创新意识，缺乏创新动力，不适应企业全面创新的需要。我们开展青年创新创效活动就要以培养青年职工的创新精神为重点，转变青年职工的创新观念，对他们进行创新培训。要鼓励青年职工进行创新性思维，提出独特性、首创性、新颖性、变异性的想法。要组织青年职工进行经常性的创新活动，铸造创新型团队。

四、从实际出发切实增强青年创新创效活动的针对性

具体事物具体分析，一切依时间、地点、条件为转移，是马克思主义的精髓和活的灵魂。青年创新创效活动就全国范围来说，有总的要求。但对于企业来说，不能大而化之，笼而统之，而必须从实际出发，有针对性地开展。针对性是青年创新创效活动的生命力之所在。为此，必须把握三方面的实际情况。

一是要从企业的实际出发。从企业的实际出发，也就是要从企业的特点出发。知识经济迅猛发展，科技日新月异，以令人目不暇接的速度在向前推进，已经改变、并将继续改变和深刻影响着经济社会发展，改变人们的思维模式、工作模式和生产生活方式。在创新浪潮中，企业首当其冲。对于企业来说，无论是技术，还是管理，无论是体制，还是市场，都面临着如何创新的问题。近年来，愈来愈多的企业认识到创新的重要性，加大了创新投入，加快了创新步伐。从这个角度来讲，在企业搞创新，天地是广阔的，青年创新创效活动是大有可为的。但是我们不能不看到企业千差万别，企业的创新工作千差万别。青年创新创效活动在具体细化到每一个企业的时候，必须从企业的实际出发，从企业改革和发展的内在要求出发，从解决企业急需的、最紧迫的现实问题出发。对于不同地区、不同行业、不同所有制、不同规模、不同主导产品的企业来说，推进青年创新创效活动的条件有所不同、方式有所不同、速度有所不同、重点有所不同。开展青年创新创效活动没有万能的钥匙，一把钥匙只能开一把锁。创新具有鲜明的个性化特征。青年创新创效活动也应体现个性特点。如果脱离企业实际，青年创新创效活动就难以开展；即使开展了，也收不到应有效果。

二是要从青年职工实际出发。青年创新创效活动的主体是企业青年职工。对于不同企业，青年职工的人数多少、文化程度高低、创新基础强弱、管理人员、营销人员和青年知识分子比例多少都不尽相同。开展青年创新创效活动不能不研究这些不同，把握青年职工的差别。有的适合搞高精尖的创新，搞专利发明，有的则适合开展小革新、小改造，开展群众性创新活动，对此不能搞一刀切。而且就青年创新创效活动本身来说，我们要搞群星制，扩大活动覆盖面，鼓励广大青年职工日新日高，有所改进。可见企业团组织在开展青年创新创效活动的过程中，要团结、凝聚、吸引青年职工，摸清青年职工的实际状况，摸清青年知识分子的心态，了解青年管理人员的愿望，掌握青年营销人员的所思所想，采取既符合企业发展要求，又符合企业青年职工实际的创新创效的具体工作方式和载体。如果不问对象，以一贯之，是不会有多少群众基础的，是难以开展起来的。

三是要从企业团组织自身的实际出发。共青团是党的助手和后备军，要围绕青年的成长成才和企业改革发展来开展工作，要服务大局，服务中心，服务青年。共青团的舞台是广阔的，内容是广泛的，工作是全面的，但这决不意味着共青团可以"包打天下"。对于企业团组织来说，工作资源、工作手段都是十分有限的。为此，开展青年创新创效活动时要找准定位，摆好位置。从全团来说有总体要求，但还要结合企业共青团的实际，有的放矢地干。我们不能不看到企业共青团的组织设置、人员配备、经费来源都不尽相同，青年创新创效活动的条件不一样，力量不一样。因此，团的机关在要求企业团组织全力开展青年创新创效活动的同时，也要提出量力而行，提出实事求是，提出不要四面出击，而要突出重点。另外，创新创效是企业各部门的共同任务，企业团组织在开展青年创新创效活动中要积极争取企业其他部门的支持，处理好与其他部门的关系，采用社会化的方式推进，整合企业资源，形成各部门支持团组织开展这项活动的生动局面。开展青年创新创效活动只有从这三个实际出发，工作到位，组织到位，才能达到为企业改革和发展服务，为青年职工成长成才服务的目的，收到实际效果。

五、加强企业团的作风建设，确保青年创新创效活动扎实持久深入开展

面向新世纪，做好新的发展阶段下的企业共青团工作，企业团干部至为关键。青年创新创效活动对广大企业团干部提出了新的更高的要求。为了确保这项活动扎实持久深入开展，必须加强企业团的作风建设。作风问题至关重要，作风就是形象，作风就是作为。我们要从加强思想作风、学风和工作作风方面入手，切实加强企业团的作风建设。

1. 关于思想作风

加强思想作风建设首先要高举马克思主义、毛泽东思想、邓小平理论的伟大旗帜，贯彻江泽民总书记"三个代表"的重要思想，牢固树立共产主义远大理想，坚定建设有中国特色社会主义的信念，坚持党的基本路线不动摇，在政治上、思想上、行动上与党中央保持一致，自觉服从服务于全党全团工作大局，发挥好党的助手和后备军作用。要有强烈的事业心和责任感，热爱团的工作，珍惜团的工作，以良好的精神状态、饱满的热情、必胜的信心去从事团的工作。第二要坚持解放思想、实事求是的思想路线。解放思想，实事求是，是马克思主义活的灵魂，是我们认识新形势、适应新要求、完成新任务的根本思想武器。创新无禁区，创新无终点，创新无模式，创新无高峰。开展青年创新创效活动，必须在实践中大胆探索、大力创造。任何安于现状、因循守旧、不思进取、无所作为的思想，都不利共青团事业的发展。青年创新创效活动目标的制定，任务的提出，措施的出台，都要实事求是，从实际出发。既不能好高骛远，也不能畏缩不前。第三要把党的全心全意为人民服务的宗旨具体落实到企业团的工作中去，竭诚为企业青年职工服务。要了解青年职工的愿望，关心青年职工的具体需求，满腔热情地为青年职工排忧解难，做到思想上尊重青年职工，感情上贴近青年职工，活动上深入青年职工，工作上依赖青年职工，积极为青年职工成长成才、建功立业优化环境，提供帮助。第四要正确对待名誉、地位、金钱，自觉抵制拜金主义、享乐主义、消极个人主义等腐朽思想的侵蚀，发扬艰苦奋斗精神，为党的青年工作无私奉献。

2. 关于学风

江泽民总书记反复强调，全党要加强学习，要结合新的实践，学习、学习、再学习。当今世界，科学技术突飞猛进，知识经济已见端倪，时代要求人们不断学习，不断前进。无论什么人，不学习就会落在时代的后面，落在别人的后面。谁放松了学习，谁就会成为功能性、结构性"文盲"，就会失去发展和进步的机会，就会失去竞争的条件和资本。团干部负有团结、带领青年的责任，学习上只能走在青年的前面，不能落在青年的后面。学习是多方面的，首先要加强马列主义、毛泽东思想、邓小平理论的学习，认真领会江泽民总书记"三个代表"重要思想的精神实质，结合企业共青团工作的实际和广大青年职工的丰富实践，学以致用，落到实处。要有那么一种时不我待的精神、如饥似渴的精神、只争朝夕的精神，刻苦学习市场经济知识，学习现代管理知识，学习现代科技知识，在学习新知识、掌握新技能方面为广大青年职工带好头。这里要特别强调一下关于创造性学习的问题。以网络技术和生命工程为标志的新科技革命，不仅强有力地推动经济社会飞速发展，而且深刻地改变着人类文明的创造和积累方式。人类的知识总量特别是新知识以前所未有的速度剧增，新技术、新理论、新知识层出不穷。处于这样的知识经济时代，每一个人无论从事什么工作，具有何种学历，继续学习、终身学习、不断创新都是摆在面前的一个紧迫而现实的问题。今天的学习同以往相比也有了本质上的不同，传统的旧有的学习方法，在信息和知识剧增的今天显得力不从心，远远不能满足需要。企业团干部要成为学习型个人，把企业团组织建设成学习型组织。

3. 关于工作作风

加强工作作风，首先是要脚踏实地，埋头苦干，讲求实效，力戒简单化，力戒形式主义。唯物辩证法认为，任何事物都是内容与形式的统一，内容决定形式，形式服务内容，两者相辅相成，相生相长。不可否认，企业团的工作需要有一定的形式，没有形式，内容也表现不出来，但不能只图虚名，不务实效，片面追求形式，甚至把一切工作都变成走形式，搞"花架子"。在青年创新创效活动中，要认真领会上级团组织的精神，全面了解青年职工创新创效的情况，做到工作落实、扎实、切实。企业团干部都要时时处处坚持重实际，说实话，务实事，求实效。要把主要精力放在团的工作上，肯下真功夫、苦功夫，以扎实有效的工作成绩回报企业，回报社会。加强工作作风，还要开拓创新。企业团干部是青年创新创效活动的具体实施者和组织者，动员青年职工搞创新，自己首先要创新。企业团的工作是一个充满朝气和活力的事业，是一种创新的事业。我们不能因为过去已经取得的成绩而骄傲自满，不求上进，不能因为已经积累的工作经验而因循守旧，固步自封。要增强创新意识，以创新的精神从事企业团的工作，以创新的作为开创企业团的工作新局面，推动企业团的工作在新世纪取得新发展。

同志们，再过两个多月，人类就将迈进新世纪。这是充满希望和挑战的世纪，是中华民族全面复兴的世纪。让我们紧密团结在以江泽民同志为核心的党中央周围，高举邓小平理论的伟大旗帜，真抓实干，开拓前进，推动青年创新创效活动在企业全面开展，带领企业青年职工围绕实施"十五"计划积极投身创新创效的伟大实践，为实现党的十五届五中全会确定的各项任务而努力奋斗。

新世纪青年企业家的使命和素质

——孙金龙在中国青年企业家协会七届三次理事会上的讲话

2000年12月13日

再过十几天，人类就将进入21世纪。历史的长河，波涛滚滚，奔流不息，时光如水，光阴易逝。孔子曾经感叹：“逝者如斯夫，不舍昼夜。”值此世纪更替、千年变换之际，回溯历史，诸多感慨；展望未来，心潮澎湃。现在，让我们从有公元纪年以来的几个时间点看一下历史的中国。

回首公元元年，正是西汉末年，当时土地集中，豪强兼并，贫富悬殊，奴婢买卖成风，中下层社会陷入极端困境，贫民群起暴动。

回首公元1000年，正是北宋初期，内部政治腐败，外有辽夏压迫，国家开支愈来愈大，人民生活愈来愈难，即使是丰年也不得“终岁之饱”，一旦歉收只好流离失所。

回首100年前，正是清朝政府腐败无能、丧权辱国、八国联军肆虐北京、侵略者横行华夏之时，泱泱大国完全沦为半殖民地半封建社会，领土不得完整，主权无法独立，人民生活乃至生命得不到保障。

在历史的长河中，即将过去的20世纪是中华大地发生翻天覆地变化的世纪，是中华民族扬眉吐气的世纪。建国以后尤其是改革开放20多年来，我国经济快速增长，国内生产总值已超过1万亿美元，经济总量已跃居世界第七位，市场供求关系实现了由卖方市场向买方市场的历史性转折，10多亿人口解决了温饱问题并且总体上达到了小康水平，千百年来多少仁人志士所追求的人们无衣食之苦的梦想终于成为现实。这是中华民族发展史上一个新的里程碑。

我们将要带着改革开放的辉煌进入21世纪。我们对21世纪充满信心。党的十五届五中全会勾画出我国新世纪的蓝图：到2005年，经济结构调整取得明显成效，经济增长质量和效益显著提高；到2010年，国内生产总值比今年翻一番，人民的小康生活更加宽裕，社会主义市场经济体制比较完善；到建党100周年即2021年时，国民经济更加发展，各项制度更加完善；到建国100周年即2049年时，基本实现现代化，建成富强、民主、文明的社会主义国家。这一目标引领中华儿女昂首迈向21世纪。21世纪必将是中华民族全面振兴的世纪。

理想的实现有赖于脚踏实地的奋斗，民族的振兴需要全国人民的共同努力。当代青年企业家生逢其时，使命在肩，大有可为。企业是经济的细胞，是市场经济的主体，是经济发展的主要承载者。离开了企业就谈不上经济增长，离开了企业更谈不上经济繁荣。从一定意义上讲，企业就是国家形象，企业就是综合国力。在相互依存、相互渗透、相互融合、竞争严酷的当今时代，经济的发展同企业的命运紧密地联系、交织在一起，同企业的命运息息相关。电影《一盘没有下完的棋》中有这样一句话：国运昌，棋运亦昌。从现实情况看，企业昌，经济亦昌。企业家作为企业经营管理者，在企业成长、发展、壮大中，在推动经济发展中具有重要的作用。企业家是社会中一个具有特殊作用的群体。企业家通过自己的辛勤劳动，通过企业这种社会组织形式，对分散杂乱的劳动、资源、资金、技术进行组合，可以使土地产生价值，资源得以配置，技术得以使用，资金得以增值，劳动者的力量和智慧得以发挥。

西方近代工业革命以来的历史表明，一个民族的经济发展、社会进步，同企业家紧密相连。大企业、大企业家是一个国家经济实力和发展水平的标志，是一个民族的象征。综观西方近代发展史，实际上就是一部企业发展壮大史，就是一部企业家不断涌现的历史。人们对一个国家、一个民族的了解和定位，往往是从企业和企业家开始的。不少人从波音、通用、IBM、微软知道了美国，从松下电器、索尼音响、丰田汽车知道了日本，从奔驰、大众、西门子知道了德国。美国学者戴维·西尔弗曾把美国当代经济发展说成是企业家的杰作，把企业家称为美国经济创造者，称其为美国的“新英雄”。生动的事例说明，企业家是一个国家宝贵的财富，他们的聪明才智促进了一个国家经济的繁荣，他们的成功支撑起一个民族的兴盛，他们代表着先进生产力，代表着先进文化。正是由于福特、本田次一郎、丰田佐治的出现，人类才逐渐结束了“马车时代”；正是由于盛田昭夫、藤泽武夫、松下幸之助的创造，才使人们足不出户就可以饱览世界景观，明了天下大事；正是由于英特尔公司摩尔和伊诺斯等人研发微处理器，比尔·盖茨发动软件革命，才开创了个人电脑新时代。无数事实雄辩地证明，企业家在人类社会发展史上功不可没。回首蓬勃发展的20世纪，展望充满希望的21世纪，当代青年企业家理应站在历史的高度，树立世界的眼光，深刻分析当前企业发展所面临的环境和所处的条件，总结借鉴国内外企业带给我们的成功经验或失败教训，确立适应时代发展要求的新观念和新思维，力求企业的跨越式发展，努力在实现中华民族伟大复兴的历史进程中求得新的作为。我认为，面向新的世纪，青年企业家有必要把握历史赋予的机遇，关注三个带有共性的问题，切实实现三个转变。

第一，由经营管理者向企业家转变。企业家固然要从事经营管理，但一般的经营管理者并不是企业家。计划经济时期，工厂是生产单位，是政府的附属物。厂长是政府计划的执行者。从一定意义讲，没有真正的企业，也就没有真正的企业家。日本研究企业的专家在80年代曾经说过，中国计划经济体制下没有真正的企业家。当时我们还不理解。而在现实的市场经济体制下，可以清楚地看到，日本学者的这个说法是有一定道理的。那个时候，顶多只有管家式的经营管理者，他所能做的也顶多是节能降耗，优化工艺。市场经济条件下，企业的目标是资源价值最大化、利润最大化。美国通用公司追求的就是股东利益最大化，为客户创造最大价值，其目标简化、集中。相反地，我们还有不少企业目标不明确，主线不突出，往往是该干的事没干好，不该干的事却去干了。现在到了该还企业和企业家本来面目的时候了。企业是什么？企业是经济组织，基本目标是在市场上取得经济效益。企业家是什么？企业家是具有企业家精神的人。成为“家”特别是成为企业家是很不容易的，也是有前提条件的。这个条件就是必须具有开拓精神，能够引领企业去开辟新的天地。企业家与一般经营管理者的最大区别是什么？是创新。企业家的创新包括观念创新、技术创新、组织创新、管理创新、产品创新、市场创新等多方面内容。创新是企业家身份的标志，是企业家的基本特征。经济生活无时无刻不在等待企业家的创新，激烈的市场竞争无时无刻不在推动着企业家去创新。企业家凭创新抓住往往容易被别人忽视的市场利润机会，避开一般经营管理者所容易犯的市场错误，从而避免利润损失。美国经济学家熊彼特把企业家称为市场经济的“原动者”，把创新看做是企业家对“生产要素的重新组合”。他认为企业家必须是具有创新意识和先见之明的人。企业家能够果断地将科学技术上的发明创造应用于经济生活，并敢于尝试他人没有动用过的新方法。企业家的任务在于用不同以往、不同别人的全新方法,把生产诸要素组织、综合起来经营。而且,一名企业家也只有在他将这些生产要素按照新的方法组织、综合起来的特定时期,他才是真正意义上的企业家。西方经济学把企业家的才能称作继劳动、土地、资本等生产要素之后的第四要素。当代西方著名企业管理学家彼得·德鲁克在《创新和企业家精神》一书中指出,成功企业家不论其个人动机如何——金钱也罢,权力也罢,好奇或想出名也罢——都设法赋予资源以创造财富的新能力,创造与众不同的价值,满足新的不同追求。企业家往往突破经济循环惯性轨道,破坏旧的生产方式,创造新的生产方式。

企业家的创新,最重要的是管理创新。创新既然是生产要素的重新组合,就不仅指科技,也指管理、营销等。人们关注美国的"新经济",而"新经济"关键在一个"新"字。我们知道,美国经济到目前已经保持了100多个月的连续增长,打破历史上经济增长期的记录。按照西方经济理论,只要有市场,市场自身所固有的缺陷性就决定了经济增长的周期性,就会有长周期、短周期、小周期。经济波动是市场经济固有的规律。这次美国反常了,它的"新经济"从技术形态讲是信息技术,从经济形态讲叫两高一低,即高增长,高就业,低通胀率。按传统经济学理论,通货膨胀率和失业率是成反比的,对于美国来说,最佳失业率应是百分之六七,要是低于它,就会出现通货膨胀。因为失业率低了就说明对劳动力需求比较旺盛,劳动力需求旺盛必然带来劳动力价格上升,带来企业成本上升,带来物价指数上升,导致通货膨胀。要想制止通货膨胀,失业率就不能过低,两者不可兼得。现在情况不一样,美国失业率仅百分之三点几,物价幅度很正常,这是新经济在起作用。新经济本质上是创新型经济。这种创新型经济既包含技术创新,也包含观念创新,还包含制度、行为、组织等运行模式的创新。人们已经熟悉的"游戏"规则不断被打破而代之以新的规则,这才是美国新经济的真正"引擎",才是推动美国新经济增长的原动力。近几年来,新闻媒体对美国新经济作了很多分析,认为美国产生了以信息技术为代表的技术革命,这是对的,但并不仅仅如此。实际上,美国自80年代以来,一是进行了一场产业技术革命,二是进行了一次企业管理革命。我们知道,80年代美国经济曾陷入严重衰退时期,赤字居高不下,创美国战后历史最高记录,失业率上升,企业发展困难,市场被日本和其他国家夺走了很多。那时,不少美国汽车、电视市场都被日本占领了。美国人自己都惊呼,美国真的就衰退了吗?后来,美国进行了痛苦的结构调整,一是技术创新,二是管理创新。第二次世界大战以来,西方发达国家企业管理经历了五六十年代的人财物管理,到七八十年代的战略管理,再到目前的创新管理几个阶段。每一个阶段都是一次创新,每一次创新都为企业发展增添了新的动力。当今时代是一个创新的时代,对企业家精神赋予了新的意义,对企业家创新提出了新的要求。青年企业家要牢牢把握创新的机遇,用创新去面对一切,真正实现从普通的原始意义上的经营管理者向真正的当代意义上的企业家转变。一位哲人曾经说过:要诗意地活在这片大地上。他所说的诗意实际上就是一种创意。不外乎诗意是一种浪漫化的创意,而创意是一种理性化的诗意。所以企业家要创意地做好企业。青年企业家可以一时没有生意,但不可一时没有创意,包括对资源的创意,对市场的创意,对增值的创意等等。

第二,由自我滚动积累型向社会资本组合型转变。企业发展离不开资金,资金是企业的"血液"。在封建社会,人们常说:百万之家,十世之功。企业资金来源在小农经济时代主要是自我滚动积累,而在市场经济条件下主要是社会资本组合。我国长期处于小农经济时代,形成了一种"无债一身轻"的保守文化,至今仍给我们带来影响，使不少企业经营管理者仍习惯于自我滚动积累，影响企业规模的形成和壮大。与此不同，西方发达国家的企业早在100多年前就善于组合社会资本。被誉为“石油沙皇”、“托拉斯之父”的洛克菲勒从上世纪60年代开始就利用社会资本来把企业做大做强，到1870年成立标准石油公司时已经拥有当地所有的炼油厂，后来公司资本由100万美元发展到数十亿美元，一度几乎拥有全美的石油工业。1999年世界500强中，美国上榜企业高达179家，营业额高达46806亿美元，占500强营业总额的36.9%。500强中利润超过60亿美元的有14家企业，美国就占了13家。日本上榜企业107家，营业额29308亿美元，占500强营业总额的23.1%。我国只有9家上榜企业，而且营业额总共只有2千亿美元左右。我国拥有年销售收入超过500万元的企业4万多户，但前300户的生产集中度仅为20%。120多家汽车企业的产量只相当于国外一个中等汽车公司的产量。520家国家重点企业的销售收入之和仅与世界500强前两名相当。企业资本结构、组织结构不合理，产业集中度低，是影响我国企业竞争力的一个重要因素。我国企业要真正能够在国际市场上与跨国企业论伯仲，比高低，就必须进一步解决企业资本结构、组织结构不合理的问题，在实践中因地制宜贯彻落实党的十五大精神，通过兼并、联合、重组等措施尽快形成较为合理的经济规模。应该看到，国外企业绝大多数是资本型公司，即使原来的家族公司也几乎都逐步变成了上市公司。

社会资本组合的最高形式就是资本市场，其中，股票市场无疑是十分重要的方面。应该说，在金融发达的现代市场经济中，资本市场是市场经济运行的主枢纽，其发达程度是一个国家经济发达水平与市场经济体制完善程度的重要标志。如果说商品流通市场是市场经济体系的外壳部分，资本市场与货币市场则是其核心所在。我国资本市场起步不久，但发展很快，包括股票市场、债券市场和产权交易市场在内的资本市场已具一定规模。截止到2000年11月底，沪深两市的上市公司已经达到1063家，股票市值达到4.6万亿人民币，占GDP的近60%。发达国家有的占到100%，一般的占到百分之七八十。企业家要始终关注、研究资本市场。目前，我国企业资金来源的70%以上是靠银行间接融资，银行承担着金融风险。通过发展资本市场，有利于化解金融风险，有利于企业迅速获得大量资金，同时由于股东、债权人、市场的压力，企业能更积极主动地强化管理，改善经营，千方百计提高资金周转效率与运行效益。美国通用电气公司，一年资金周转17次。可见，公开的组合社会资本具有多方面的意义。青年企业家要切实转变仅仅依靠自我滚动积累寻求发展的观念，积极创造条件，更好地利用社会资本。近代资本主义兴起，我认为主要有三个因素，第一是工业革命，第二是资本组织形式的创新并且制度化，第三是掠夺殖民地的资源。

第三，由本土型向世界型转变。企业家总是产生于一个国家，起步于一个地区，难免具有本土观念，但企业家的特征又要求他不能局限于本土，而必须具有全球眼光。中国历史上曾经是一个非常开放的国家，早在汉代尤其是唐宋时期就大量吸收国外先进文化，广泛与外国进行经济政治往来，到了明代中期对外贸易已很发达了。可惜后来实行封疆禁海，逐渐把自己封闭起来。一旦封闭起来，与世疏远，与世隔绝，不了解世界大势，就落后于世界潮流。相反地，西欧国家近代以来不断探险世界，了解世界，认识世界，最后成为经济军事强国。美国是世界头号经济强国，也得益于其全球意识、全球贸易。我国20多年对外开放促进了经济社会快速发展。开放就发展，封闭便落后，古今中外，概莫能外。对于一个国家来说是这样，对于一个企业来说也是同样的道理。

开放才能参与国际经济分工，才能利用别国资源，进入别国市场。死守本土那“一亩三分地”，只是土财主，不是企业家。世界500强无不是面向世界的。近年来，经济全球化浪潮汹涌澎湃。1994年世界跨国公司大约4万家，国外分公司大约25万家，而到了去年跨国公司总数已达6.3万家，国外分公司达70万家，全球企业并购总金额猛增到3.31万亿美元。目前，跨国公司的产值已占世界总产值的三分之一。今年全球对外直接投资总额将突破1万亿美元。可以说，经济全球化推动着企业家由本土型加速向世界型转变。任何企业都不能把自己封闭起来。

我国即将加入世贸组织，对外开放将进入新的阶段。加入世贸组织后，我国将由有限范围内和领域内的开放转变为全方位的开放，由以试点特征的政策性开放转变为在法律框架下可预见的开放，由单方面为主的自我开放转变为我国与世贸组织成员之间的相互开放。加入世贸组织将进一步提高我国对外开放的深度和广度，扩大对外开放的领域和范围，使我国经济真正融入世界经济体系，对新世纪我国经济发展和社会进步产生广泛而深刻的影响。国际经济竞争归根到底是企业之间的竞争。加入世贸组织，感受最深的是企业。按照世贸组织规则运行的经济实质上是企业家经济。我国加入世贸组织后，直接面对国际市场挑战的是企业家，对国际市场挑战作出应战的也主要是企业家。加入世贸组织要求成员不断降低关税，消除非关税壁垒，逐步开放市场，实行贸易自由化。这样外国企业进入我国市场的门坎将降低，我国企业将面临激烈的市场竞争。也许，一家企业在家门口面临的就是世界最强的对手。应该说，现行的世界贸易规则是以经济发达国家占主导地位制定的，从总体上说是对发达国家较为有利。发达国家的企业特别是跨国集团，在资金、技术、人才、品牌、机制等方面都占有优势，特别是在资本和技术密集型行业更占有绝对优势，并且大多具有在国际市场进行竞争的丰富经验。这一点必须引起我们的高度重视。不管愿不愿意，不管有没有准备，我国企业家都将迎接挑战。在世贸组织规则下，在经济全球化浪潮的冲击下，已没有什么“世外桃源”，也没有什么本土可以固守，有的只是拿起武器，投入战斗。沧海横流，方显英雄本色。青年企业家要正确认识加入世贸组织后的机遇和挑战，把企业放在世界经济大格局中进行审视，以开放的国际眼光找准企业定位，灵活有效地与各国企业进行合作，分享别国的资源和市场，有效地利用国外先进技术和管理经验，不断提高企业核心竞争力，在参与国际经济竞争中形成企业新的竞争优势，实现企业新的发展。要努力实现以全球为本土的资源优化配置和市场开拓重构的跨越式的发展。

总之，实践已经表明，中国的发展必须置于世界循环发展大格局中，自我封闭、惟我独尊绝对会落后，绝对会挨打。同样，企业的发展也是如此。我们要有积极的而不是拒绝的心态，以主动的而不是被动的行为去拥抱世界、学习世界，顺应世界企业发展规律。在市场化、信息化、全球化的今天，任何过分强调民族性、特殊性甚至推向极端都是不合时宜、不识时务。我们今天能够做的，只能是立足于民族的特性，融合世界其他民族的长处，形成符合时代特征、与时俱进的民族特性，这个特性是新的而不是旧的，是符合潮流的而不是背离潮流的。民族特性这个概念，始终是发展变化的，不是固定的框架和模式。把民族特性看得太僵化，往往陷入以此拒绝、排斥新事物的误区，在这方面，我们的教训实在太多了。我们绝对不能有刻舟求剑、以不变应万变的心态。

同志们，当今时代，科技进步一日千里、日新月异，信息化浪潮汹涌澎湃、方兴未艾，经济全球化已以排山倒海之势席卷而来，国与国之间的竞争日趋激烈，人们已经敏锐地感受到国与国之间的竞争表现形式已经发生了重大而根本性的变化，已由过去单纯的军事上的相互征服和争夺转变为经济科技实力上的大比拼。国家间的竞争实质上是企业间的竞争，国家间的差距实质上是企业间的差距。面对新的世纪，我们青年企业家任重而道远。历史赋予我们一份厚重责任，时代赋予我们一份艰巨使命，要求我们这一代青年企业家负重前行。让我们以一沐三握发、一饭三吐哺的紧迫感，艰苦创业，奋发进取，努力在推动中华民族伟大复兴的历史进程中创造新的光辉灿烂的壮丽篇章。

新世纪曙光就在眼前。让我们以企业家应有的素质，勇敢地肩负起时代责任，豪迈地走向21世纪。

认清形势、把握大局
谱写新世纪初共青团青工工作新篇章

——孙金龙在共青团全国青工工作电视电话会议上的讲话

2001年2月22日

召开这次青工工作电视电话会议，目的在于贯彻党的十五届五中全会精神和团的十四届四中全会精神，研究部署今年的全团青工工作。去年，全团青工工作紧扣国有企业改革与脱困攻坚战、加强和改进思想政治工作、实施西部大开发战略来开展，很好地服务了党政工作大局，有力地促进了青年成长成才，取得了可喜的成绩。在此，我代表团中央书记处对青工战线广大团干部付出的辛勤劳动表示衷心的感谢。今年是新世纪的第一年，是实施“十五”计划的第一年，是共青团工作实现新发展的重要一年，做好今年的全团青工工作有着特殊重要的意义。下面，我简要地讲三点意见。

一、认真把握今年全团青工工作面临的形势

共青团是党的助手和后备军，共青团工作是党的群众工作的重要组成部分。团干部尤其要善于把团的工作放在经济社会发展的总体格局中去认识，去思考，紧扣党政工作大局找题目，想办法。今年面临的形势是多方面的，就做好全团青工工作来说，我们重点要把握以下几个大的形势。

第一，国有企业改革与脱困三年目标基本实现，结构调整任务繁重，国有企业改革和发展进入新的发展阶段。去年，国有及国有控股工业实现利润大幅度增长，大多数行业实现整体扭亏或继续增盈，31个省(区、市)实现整体净盈利，大多数国有大中型亏损企业摆脱困境，大多数国有大中型骨干企业初步建立现代企业制度，国有小企业结束连续六年净亏损的局面。这些情况表明，国有企业改革与脱困三年目标已经基本实现，这是了不起的成就。以此为标志，国有企业改革和发展进入新的发展阶段。应该看到，目前国有企业总体盈利能力仍然不强，脱困基础并不牢固；现代企业制度建设不够完善，公司制改革不够规范，经营机制尚未根本转变；生产技术水平低，结构不合理，技术创新能力不强，发展后劲不足。面对全球新技术革命和产业结构调整的大背景，我们必须把大力推进结构调整摆到突出位置，紧紧依靠深化改革和技术进步，加快工业改组改造和结构优化升级。也就是说，实现三年目标

只是一个阶段性成果，国有企业改革和发展中许多深层次的矛盾和问题还没有得到根本解决，抓住机遇、深化改革、调整结构、加快发展，任务仍然相当繁重。青工战线各级团组织和团干部要充分认识国有企业改革和发展的长期性、复杂性、艰巨性，着眼于巩固和扩大国有企业改革与脱困成果，进一步团结带领企业广大青年站在企业改革和结构调整的前列，支持改革，参与结构调整，在推动企业改革和结构调整中发挥生力军和突击队作用。

第二，我国即将加入世贸组织，我国经济将在更高程度和更大范围内融入世界经济体系。世贸组织具有一定的制定世界经济规则、管理世界经济秩序的作用，被称为“经济联合国”。自1986年以来，我国为参加世界多边贸易体系进行了漫长而艰苦的谈判，作出了不懈的努力。目前，双边谈判已基本结束，多边谈判正进入最后阶段。从谈判情况看，我国有望在今年成为世贸组织成员。一旦加入世贸组织，我国将在更大范围、更深程度上参与经济全球化进程，这既是难得的机遇，也是严峻的挑战。从机遇看，加入世贸组织有利于扩大出口，引进外资，维护我国的经济利益，有利于推进经济体制改革，推动经济持续增长，有利于更快、更好地融入国际经济社会。从挑战看，加入世贸组织使得关税不断降低、市场不断开放、外国企业进入我国市场的门槛不断降低，这将导致我国企业面临异常激烈的市场竞争。青工战线各级团组织和团干部要充分认识到，加入世贸组织将对我国经济社会生活带来广泛而深刻的影响，引导广大青年早作准备，沉着应战，以新的姿态参与国际经济竞争。

第三，贯彻“以德治国”重要思想，加强社会主义道德建设。前不久，江泽民总书记在全国宣传部长会议上提出：“我们在建设有中国特色社会主义，发展社会主义市场经济的过程中，要坚持不懈地加强社会主义法制建设，依法治国，同时也要坚持不懈地加强社会主义道德建设，以德治国。”这精辟地阐明了法治与德治的辩证关系。法律和道德作为上层建筑的组成部分，都是维护社会秩序、规范调整人们的思想和行为的重要手段。道德在提高人的精神境界、改善人的社会关系、培养人的文明素质、形成良好的社会风气等方面具有特殊重要的作用。“以德治国”这一极其重要的思想是我们党“两手抓，两手都要硬”战略思想的运用和发展，是我国改革开放20多年实践经验的总结和升华，是我们党执政方略的完善和创新，是对马克思主义国家学说的丰富和贡献。认真学习、深入贯彻这一重要思想，必将对我国社会主义现代化建设产生重大而深远的影响。一定的经济形态总是要有相应的道德范畴。发展社会主义市场经济客观上要求构建与之相适应的道德体系。道德伦理、诚实守信，对个人重要，对企业更重要。一个企业发展的过程本质上是企业文化不断演化、企业伦理不断进步的过程。当前经济生活中存在的假冒伪劣、制假贩假、恶意拖欠、不讲信用，使得经济运行交易成本上升，流通交换环节的损耗摩擦加大，扰乱了市场秩序，阻碍了经济发展，已经成为一大社会公害，引起全社会的广泛关注。在全社会强化信用意识，加强公民诚实守信的道德教育，是一项紧迫的任务。青工战线各级团组织和团干部要充分认识“以德治国”重要思想的重大意义，采取切实措施，加大工作力度，引导广大青年重信誉，讲信用，积极参与信用建设，在构建社会信用体系中发挥生力军作用。

此外，大的形势还有纪念建党80周年、实施西部大开发战略、同“法轮功”邪教组织的斗争、生态环保建设、推动非公经济的发展等等。青工战线各级团组织要认真研究、深刻分析我们所面临的形势，围绕中心想问题，紧扣大局找题目，把今年的青工工作推上新的台阶。

二、做好全团青工工作必须突出重点

事物矛盾有主次之分，工作的布局有轻重

之分；同一事物内部矛盾有主次两方面，同一工作推进节奏也有缓急之把握。青工工作项目不少，活动很多，内容丰富，但不能不分主次，平均用力，齐头并进，而必须突出重点，扭住重点不放松。古人讲："提领而顿，百毛皆顺"，讲的就是抓重点、抓关键的重要性。抓住了重点，才能有所突破，才能牵一发而动全局，才能推动工作全面发展。重点不重点，关键看两条：一条是能否有效地推动经济社会发展，另一条是能否有效地开发青年人才资源。据此，今年青工工作要突出以下几个重点：

一是从结构调整的高度强化创新创效。结构调整是"十五"计划的主线，直接关系着国民经济的良性发展，关系着社会生产力的不断解放，关系着国际经济竞争能力的不断提高。结构调整关键在企业，结构调整的实质就是按照市场经济规律对企业组织结构、资本结构、技术结构、产品结构等进行调整。调整的目的在于发展。正是从企业结构调整的现实需要出发，我们要大力开展青年创新创效活动，进一步增强青年的创新意识和创效观念，推动青年职工立足本职开展创造性劳动，培育企业竞争优势，壮大企业核心竞争力。

二是从构建社会信用体系的高度突出青年文明号的示范作用。信用是市场关系的基本准则，是现代文明社会的重要标志。信用建设是社会主义道德建设的重要内容，是健全和完善社会主义市场经济体制的必然要求，是社会主义市场经济发展到现阶段的强烈呼唤。以邓小平同志南巡讲话为标志，自党的十四大以来，我国市场经济建设取得了令人瞩目的成就。九年来，我国市场经济发展的特点是开始由部分地区、部分领域、部分行业引入市场机制、竞争机制，逐步向形成全国统一的、与国际市场相衔接的大市场推进。我国市场经济发展的过程就是由计划经济体制逐步向市场经济体制转变的过程，是由短缺型经济向相对过剩型经济转变的过程，是由卖方市场向买方市场转变的过程。因此我国市场经济发展的历程和特征决定了还或多或少带有旧体制的痕迹，市场经济的初级性和不完全性还十分明显。当前正处在向新阶段迈进的关键时期，其中一个关键而基本的环节就是信用体系的建立健全问题。市场经济的本质是信用经济。市场经济愈发展，对信用的呼唤就愈强烈，客观上要求把信用建设提到更加突出的地位。因此，我们要以高度的紧迫感，发扬共青团开风气之先的光荣传统，认真贯彻"以德治国"的重要思想，开展"青年文明号信用建设示范行动"，提升青年文明号集体的信用度，推动诚实守信的社会氛围的形成，为建立社会主义市场经济条件下的信用体系做出贡献。

三是从提高劳动者就业竞争能力的高度帮助青年创业。我国就业中存在的问题既有总量问题，也有结构问题。实现就业和再就业，人员素质至关重要。再就业的内在涵义应当是通过各种改革彻底割断劳动者与"大锅饭"的体制联系，是帮助劳动者提高就业竞争能力，是促进劳动力流动与优化重组。在实施帮助青年创业计划的过程中，要始终坚持"发展是硬道理"的观点，围绕"把蛋糕做大"的思路，着眼于创造就业岗位，扩大就业容量，充分发挥青年创造力旺盛、创造潜力大的优势和特点，帮助下岗青年从原有的行业、原有的单位、原有的岗位走出来，学习新知识，掌握新技能，增强创业意识，提高创业本领，做人力资源再开发的实践者，做劳动力结构转换的先行者，并带动他人面向市场，不等不靠，通过创业实现再就业。

四是从推行企业人才战略的高度造就大批岗位能手。人才资源是最宝贵的资源，科技进步和经济发展的关键在于人才。在变幻万千、波云诡谲的市场中，企业要应对市场变化，迎接市场挑战，就必须推行人才战略，重视人才的培养和使用。适应企业推行人才战略的要求，我们要继续开展青年岗位能手活动，按照企业发展和市场经济的要求，造就一批精通业务、一专多能、懂现代科技和管理的新型岗位人才。

五是从建设职业经理人队伍的高度加强青企协工作。企业是市场经济的主体，企业家是企业生产经营管理的组织者和指挥者，市场经济的发展呼唤大批职业经理人不断涌现。为了培养大批优秀青年企业家，促进职业经理人队伍建设，我们要继续做好青企协工作，进一步增强服务手段，提高服务水平，帮助青年企业家拓展素质，提高理论水平和经营才能，引导青年企业家积极参与经济建设，为经济发展多做贡献。

三、加强青工战线团干部自身建设

今年全团青工工作面临着许多新的任务，新的任务对青工战线团干部提出了新的要求。广大团干部要在实践中学习提高，努力增强自身素质。

加强学习。当今时代是知识经济时代，知识是现代社会的灵魂，学习是现代人必不可少的生活内容，是增强自身素质、提高工作水平的重要途径。团的岗位是学习的岗位、锻炼的岗位、提高的岗位。青工战线团干部要树立终身学习的观念，养成主动学习、不断学习的习惯，优化知识结构，提升文化层次，以真才实学去从事青工工作。学习方面一要把握根本，二要与时俱进，两者不可偏废。要深入学习邓小平理论，认真领会江泽民总书记“三个代表”的重要思想，要学哲学、学历史、学经济、学管理、学科学，不断增强从事实际工作的本领。古人讲“登东山而小鲁，登泰山而小天下”，在学习上也是如此。只有打下深厚的理论功底，我们在实际工作中才能“不畏浮云遮望眼”，才能在“四个多样化”的形势下，面对复杂的新情况、新问题、新变化，条分缕析，剖清本质，正确应对，求得发展。要把学习当做一个重要任务来对待，善于从理论的高度把握共青团工作，把握青工工作，不断开创新局面。

加强研究。时代在变化，企业在变化，青年在变化。变化的时代没有“万灵万能的钥匙”，没有百试不爽、能够“应万变”的“不变”。最现实的选择是拿起研究的武器，开展认认真真的研究。要研究变化着的企业，了解国有企业改革和发展的新特点和非公有制企业迅猛发展的新情况。要研究变化着的青年，把青年作为社会群体而不仅仅是企业群体，从社会人的角度而不仅仅是单位人的角度去研究，切实了解青年的需求，把握青年的特点，服务青年的发展。

善于创新。创新是时代潮流，也是做好团的工作的基本要求。随着市场经济的逐步发展，团的工作行政性资源愈来愈有限，而团的工作社会性资源空间愈来愈广阔。解决团的工作责任与工作手段的不对称性，只有创新才有出路。青工战线团干部担负着帮助引导企业青年职工创新成才的任务，自身更要带头创新，善于创新工作内容、工作方式、工作机制。青工战线要跟上互联网发展步伐，运用互联网提高工作效率。

昂扬向上。人最宝贵的东西是什么？是进取心。共青团的工作部门是充满浓郁年轻气息的部门，共青团的事业是朝气蓬勃、充满动感的事业。青工战线团干部要高扬理想主义的旗帜，保持昂扬的斗志，时时处处满怀热情，充满激情，真抓实干，埋头苦干，把各项工作不断引向深入。

同志们，一年之计在于春。让我们立即行动起来，播下种子，精耕细作，收获丰硕的果实。

以实施“金桥计划”为突破口 全面推进中国青年科技创新行动

——孙金龙在中国青年科技创新行动“金桥计划”工作推进会上的讲话

2001年4月19日

这次中国青年科技创新行动——金桥计划工作推进会是迈入新世纪后共青团中央召开的一次非常重要的会议。书记处对此十分重视，周强同志对开好会议多次作出具体的指示，将专程来参加会议，并就新的历史条件下如何做好青年科技工作发表重要讲话。这里，我就中国青年科技创新行动实施以来的工作及今后的部署谈几点意见。

一、中国青年科技创新行动的简要回顾

中国青年科技创新行动实施两年以来，在全团上下的共同努力下，在大力推动青年人才与项目对接，促进科技与经济的紧密结合，激发青年工人、农民、学生的积极性和创造性，帮助他们增强创新意识，提高创新素质，营造有利于大批优秀青年人才脱颖而出的良好氛围等方面作出了积极的努力和尝试，初步探索出了一条充分利用共青团组织优势，广泛团结凝聚青年，发挥青年人才作用，服务科教兴国战略的新思路。可以说，中国青年科技创新行动已经有了一个良好的开端。

1. 以实施“金桥计划”为重点，推动人才与项目、成果与市场的对接。引导和帮助青年科技工作者参与经济建设，架起人才与项目对接的桥梁，推动科研与产业的结合，是“金桥计划”的核心内容。共青团中央、全国青联开展“百名博士西部行”活动，先后组派了5批海内外青年博士共199人次，分赴陕西、甘肃、青海、宁夏四省区，以技术咨询、项目合作等方式，为西部地区提供了人才、信息、技术、项目等多方面的服务，发布了799项科研成果，达成了159个合作项目，取得了良好的经济效益和社会效益。甘肃、吉林等地主动选择对科技项目有强烈需求的县、市作为人才与项目对接的基地，经常性地组织青年专家科技服务团，为地方提供各种服务。河北省注重发挥青年科技社团的作用，帮助青年科技人才与企业、农村及高科技园区建立合作关系。广西积极探索国内外青年科技人才与区内科技创新项目的对接、企业内部青年科技人员与生产项目的对接、企业之间结对扭亏的对接、以及农业科技人才与项目的对接等四种方式，有力地服务了地方经济的发展。

为海外学人服务祖国经济建设牵线搭桥。1999年10月，我们开展了海内外青年材料博士服务企业活动，组织了来自美国、日本等20个国家和地区及国内的400多位海内外青年博士，先后在浙江、上海、江苏、北京等省市进行了技术交流、成果展示、咨询服务和项目洽谈等，签订成果转让和共同开发的项目60个，合作建立了8个新材料产业发展基地。中共中央政治局常委、国务院副总理李岚清亲切会见了参加活动的海内外材料博士，并与部分代表进行了座谈，充分肯定了此项活动所取得的成绩及意义。近年来，共青团中央、全国青联与中国留日同学总会共同组织的留日学人归国服务团先后20次回国，与全国14个省（区、市）的企业、高校和科研单位开展了多种形式的合作，为700多家企业提供了咨询服务，与全国15家留学人员创业园建立了紧密联系，创办了4家海外学人高科技创业园和10多家高科技企业，与国内开展了110项经济技术合作项目。一些省市的团组织也充分发挥自身优势，为海外学人参与当地经济建设牵线搭桥，收到了良好的效果。

依托载体，为促进人才、技术、项目的多元对接服务。共青团中央依托中国青年科技工作者协会建立了中国青年科技信息网，向社会提供资讯服务，为实现各类创新资源的有效配置，推动科技成果产业化构筑平台。山西等地充分运用互联网，初步建立了虚拟的青年科技创业网络园区。各级团组织相继建立了青年科技创新行动示范基地和教育基地，为深入持久地开展中国青年科技创新行动提供了阵地依托。北京、吉林还在设立青年科技创新基金、探索新的投融资机制方面进行了有益的尝试。

2. 广泛开展群众性青年科技创新活动，增强了青年的创新意识，提高了创新能力。开展企业青年创新创效活动。此项活动以组织青年职工立足岗位开展创造性劳动、推动企业面向市场提供创新型产品为基本立足点，以推行项目运作为突破口，以分行业、分区域推进为主要方式，以建立完善活动运行机制为保障，在全国确立了100家国有企业和100家非公有制企业作为试点单位，建立了试点工作联系人制度，充分发挥了试点单位的示范辐射带动作用。据不完全统计，目前，青年创新创效活动已在20多个行业、2000多万青年职工中广泛开展，获得2900项创新成果，直接创造经济效益近200亿元。青年创新创效活动的开展，促进了广大青年职工创新意识的增强和创新素质的提高，取得了良好的人才效益。

实施跨世纪青年农民科技培训工程，深化培养青年星火带头人活动。跨世纪青年农民科技培训工程进行了试点工作，试点县达196个，培训青年农民近20万人次。围绕科技兴农，积极推进示范推广科技项目工作，全国有43%的农村团组织动员组织团员青年直接示范推广了1个以上科技项目。培养青年星火带头人活动进一步深化，近年按每年组织适用技术培训2万余班次、培训青年农民1000万人次的规模推进。这些工作推动了农村青年掌握先进适用的农业技术，提高了科技应用与创新的能力。

在学校，大学生“挑战杯”课外科技创新系列竞赛活动和中学生课外科技实践活动蓬勃发展，对于发挥青少年学生的创新潜能，提高创新素质起到了积极的促进作用。百支博士团“三下乡”志愿服务行动共组织了180支博士团，参加人员2000余人。一些地方政府与博士团或高校签订了长期合作协议。

开展科技传播活动是群众性科技创新活动的重要内容。一些地方依托中国青年科技创新行动教育基地等青少年活动阵地，通过举办科技节、创建科普广场等形式，开展了大量的科普活动，对于培养广大青年的科学精神，在全社会推广科学知识发挥了积极的作用。

3. 服务于广大青年的创新实践，营造良好创新氛围，促进大批优秀青年人才脱颖而出。举办青年科技论坛。1999年和2000年，共青团中央联合有关部门先后在北京、贵州等地举办了中国青年科技论坛。从2000年10月开始，我们与有关部门共同创办了中国青年创新论坛·中关村论坛，每月在固定的时间和地点举办一次论坛。各地也举办了多种类型的青年科技创新论坛。这些形式多样的论坛探讨了科技与经济发展的重点、难点、热点问题，也为青年科技工作者交流科技成果、传播科学思想提供了舞台，成为凝聚人才和培养人才的重要阵地。

开展博士服务团工作。近年来，共青团中央与中组部已先后派出两批博士服务团分赴重庆、四川、江西等省市，通过组织高层次青年人才到基层挂职，推动青年人才在实践中不断增长才干，同时也为促进地方经济建设和社会发展做贡献。有的地方也组织了当地的高层次青年科技人才开展服务经济建设活动。这些活动已成为在实践中培养人才的有效途径。

评选表彰各类优秀青年科技人才，优化青年人才成长的环境。共青团中央与有关部门共同开展了中国青年科学家奖、中国青年科技创新奖、中国软件行业杰出青年评选活动，各地也纷纷开展了对各类青年科技人才的评选表彰活动。这些工作极大地激励了广大青年科技工作者勇于进取、奋发创新，也为他们的成长和发展优化了环境，创造了条件。

两年多来，中国青年科技创新行动始终围绕中心，适应时代潮流，切实服务青年，是一项具有开创性意义的工作。正因为如此，它得到了各级党政部门的高度重视和大力支持，广大青年科技工作者积极响应，踊跃参与，社会各界也给予了普遍的赞誉。但是，我们也应清醒地看到，一些地方对这项工作的重要性认识不清，只是把它作为一项可有可无的工作；一些同志存在着畏难情绪，似乎科技创新高不可攀，与己无关；有的地方工作力度不够，没有形成自己的活动品牌和项目，缺乏创新的思维和实践；个别省份甚至还没有明确具体的负责部门。这些问题应该引起我们高度重视，必须在今后的工作中加以克服和改进。

二、充分认识大力推进中国青年科技创新行动的重要意义

中国青年科技创新行动是共青团组织团结带领广大青年积极参与科教兴国的伟大实践，推动科技进步与经济发展的重大举措，是新世纪共青团工作和青年事业发展的重要增长点，具有深远的意义。

大力推进中国青年科技创新行动，是服务于科教兴国战略的客观需要。当今世界，新科技革命方兴未艾，创新浪潮此起彼伏。科学技术正在深刻影响并改变着人们的生产方式和生活方式，推动着经济结构、生产组织和经营模式的变革，带来生产力质的飞跃。科技实力和创新能力越来越决定着各国在全球政治、经济舞台上的地位和尊严。在我国，实施科教兴国战略，是实现第三步战略目标伟大进程中的时代强音。坚持科教兴国，就是要坚持把科技和教育摆在经济、社会发展的重要位置，增强国家的科技实力及向现实生产力转化的能力。翻开中国近代史，我们走过了一条从贬低科技、拒绝科技到接触科技、重视科技的曲折道路。可以说，中国在近代的贫穷落后，一个很重要的原因就是不仅没有发展科学技术，而且对近代工业革命以来的科技发展采取了一种妄自尊大、盲目拒绝的态度。新中国成立以来，我们党和政府对科学技术高度重视，大力发展科技事业，我国的科技事业取得了举世瞩目的成就。改革开放以来，邓小平同志提出的“科学技术是第一生产力”的重要思想日益深入人心，我国已把发展科学技术提到了实施科教兴国的战略高度。今后五到十年是我国经济和社会发展的重要时期，也是进行经济结构战略性调整和产业升级的重要时期。加强技术创新，发展高科技，实现产业化，发挥后发优势，推动社会生产力跨跃式发展，已经成为我国应对新世纪日趋激烈的国际竞争的必然选择。作为党和政府的助手，共青团组织应自觉地适应时代发展潮流，面向经济建设主战场，充分发挥自身优势，大力推进中国青年科技创新行动，从而推动科技资源的优化配置，促进科技与经济的紧密结合，为实施科教兴国战略做出应有的贡献。

大力推进中国青年科技创新行动，是服务于青年创新与成长需求的重要途径。青年最具有创新精神和创造活力。世界上许多重大的科学发明都是由青年科学家创造的，许多著名的科学家也都是在风华正茂的年龄完成了他们最重要的科学发明。人类的科学发展史已充分地证明了这一点。牛顿与莱布尼茨创立微积分学，爱因斯坦提出狭义相对论，爱迪生发明电灯，钱三强发现铀的三分裂和四分裂现象，都只有20—30岁。可以看出，人的创造力最旺盛的年龄是青年时期。我们所处的时代是一个呼唤创新，呼唤青年人才脱颖而出的时代。随着科学技术的日新月异，知识积累和创新重要性越来越突出，经济的发展和财富增长的模式也孕育着重大变化，为青年人才成长创造了前所未有的条件。现在，青年在推动科技进步与创新中发挥着愈来愈突出的作用，特别是在高新技术领域及其产业发展中，青年已经成为推动科技创新的中坚力量。面对青年强烈的成才渴望和创新需求，共青团组织通过实施中国青年科技创新行动，不仅可以努力营造尊重人才、鼓励创新的良好氛围，帮助广大青年培养创新精神，提高创新能力，而且还可以广泛团结凝聚青年人才，为青年人才的施展才华搭建舞台、提供服务，使广大青年在推动科技进步与经济发展中发挥更大作用。

大力推进中国青年科技创新行动，是新世纪共青团事业发展的内在要求。在党的事业发展的不同历史时期，共青团工作有着不同的侧重点。共青团事业只有紧紧围绕党的中心工作，不断开拓新领域，才能始终充满活力，并得以持续发展，这是一条基本规律。新中国成立初期，在党的领导下，团组织带领亿万青年投身社会主义革命和建设，形成了青年工作的第一个高潮。十一届三中全会以来，随着党和国家工作重心的转移，共青团把团结带领广大青年为实现四个现代化做贡献作为中心任务，共青团和青年工作焕发了空前的活力。进入21世纪，我国的改革开放和社会主义现代化建设事业进入了新的历史阶段，依靠科技进步与创新，推动经济结构的战略性调整，被摆在了更加突出的位置。全面实施中国青年科技创新行动，引导青年投身科技创新事业，推动科技成果的产业化，促进经济发展，是共青团工作的一个崭新领域。同时，青年科技创新实践，又为共青团组织提供了新的契机，扩大了社会影响，从而进一步巩固了党的执政基础，使团的事业得以更大的发展。

正因为如此，中国青年科技创新行动蕴涵着共青团工作新的发展机遇。同时，作为一个全新的课题，它与共青团传统的群众性工作既有其共性，也有其自身鲜明的特点，需要我们不断地探索。在工作领域上，它始终围绕党和国家的工作大局，为推动经济建设和社会发展做贡献，同时，又直接面向经济建设主战场，开拓科技与经济紧密结合的新的工作领域。在工作对象上，它既服务于广大青年，培养青年创新意识，提高创新能力，又侧重于服务较高层次青年人才，为他们的创新实践提供服务，具有群众性和高层次性相结合的特点。在工作重点上，它既要立足于宣传发动，营造良好的社会氛围，又要推动人才与项目、成果与市场的对接，促进科技成果的商品化、产业化。在工作方式上，它既遵循共青团传统的方法，又要针对市场经济条件下的不同情况，不断探索新的工作规律。我们相信，只要全团上下统一思想，提高认识，形成合力，就一定能推动青年科技创新事业的不断发展。

三、全面实施“金桥计划”，扎实推进中国青年科技创新行动

中国青年科技创新行动涉及青年职工、青年农民、青年学生及较高层次的青年科技人才等群体，有关企业、农村、学校等工作领域，团中央已经分别作出了具体部署。这里，我重点就如何实施“金桥计划”，发挥较高层次青年人才作用，更好地服务经济建设，进一步深化中国青年科技创新行动的问题谈几点具体要求。

所谓金桥计划，就要充分发挥共青团、青联组织广泛联系青年科技人才的优势，在大专院校、科研院所与企业、东部地区与西部地区、海外学人与国内建设之间，架起人才与项目对接、成果与市场联系的桥梁，为不同领域、不同层次青年科技工作者的创新实践提供服务，促进科研与产业的紧密结合。

全面实施“金桥计划”，就是要按照共青团十四届三中全会通过的《共青团中央关于大力推进中国青年科技创新行动，为全面实施科教兴国战略做贡献的决定》的精神，以市场为导向，以人才与项目对接为核心，以科技成果产业化为目标，以服务青年科技人才为落脚点，务求实效，扎实推进。

1. 以组织青年专家科技服务团为基本形式，为经济建设提供多方面服务。当前，我国现代化建设急需大批人才，客观上存在着巨大的需求。同时，在广大青年科技工者中蕴藏着服务社会、报效祖国的巨大热情和充分条件，但是，由于我国的科技创新体制还不十分完善，科研成果与市场需求相脱节的状况在一定程度上还比较严重地存在着，造成了创新资源的浪费。组织青年专家科技服务团可以用较为便捷的手段，促进人才与项目、科研成果与企业的有效对接。各级团组织要根据地方和企业发展的需求，按照实际、实用、实效的原则，组织不同领域、不同层次的青年科技工作者，为促进地方经济发展和科技进步提供服务。既可以组织青年专家从城市到农村、从相对发达地区到欠发达地区开展服务，也可以针对区域经济发展的差异，组织本地区青年人才就近就便提供服务。既可以引入高层次青年专家，也可以充分发挥当地基层技术人员在传授实用技术方面的作用。既可以通过项目合作、技术转让等进行对接，也可以开展技术咨询、考察论证等活动。不仅团中央要组织青年专家科技服务团，各省、地、市、县都要充分利用当地的青年科技人才资源，组织不同层次的青年专家科技服务团，开展对接工作，形成统一品牌。省级团委每年要组织青年专家科技服务团 3—5 批，同时，今年要选择部分地（市）、县进行试点，在总结经验的基础上逐步推开。

2. 加大服务海外学人的工作力度，为其参与国内经济建设开辟多种渠道。海外学人是一个宝贵的人才资源库，他们具有强烈的为国服务的愿望。要加强与海外学人的沟通与联系，及时提供国内的项目需求，以高科技园区和相关企业为载体，组织海外学人为国服务团，以短期交流、项目合作、创办高新技术企业以及建立虚拟创业园等形式，尽心竭力地为其参与祖国经济建设服务。为进一步加大为海外学人服务的力度，共青团中央将成立专门工作机构，为海外学人以多种形式参与祖国建设牵线搭桥。有条件的地方也可以作类似的尝试。

3. 广泛团结凝聚青年人才，充分发挥人才的聚合效应。团结凝聚青年人才是全面实施“金桥计划”，大力推进中国青年科技创新行动的基础。要继续办好各类青年创新论坛，以凝聚人才为出发点，为高层次人才追踪和探讨国内外科技经济前沿动态，孕育创新思想，交流学术成果，传播科学知识搭建舞台。共青团中央要集中精力办好每年一度的中国青年创新论坛和每月一次的中国青年创新论坛·中关村论坛。前一个时期，一些地方举办了各种形式的论坛，在社会上获得了很好的反响。要进一步加强规范，提高质量，形成品牌。尚未举办的地区，要积极创造条件开展这项活动。团中央要会同有关部门，继续组织好“博士服务团”，扩大覆盖面，重点向西部地区倾斜，作为为西部大开发战略提供人才支持的一项重要工作。各地可以通过挂职锻炼和考察团、咨询团、服务团等形式，组织青年人才深入实际开展工作，拓宽聚才、用才的渠道。要充分发挥各级青年科技工作者协会的作用，不断优化会员结构，充实协会力量，完善组织机制，开发协会功能，使之真正成为青年科技人才之家。没有青科协的地区要尽快成立相应组织，从而建立起全国性的自上而下的网络体系，使之成为凝聚青年科技人才的主渠道。

4. 努力探索以企业和园区为载体，促进人才、项目、资金有效结合的新途径。企业是技术创新的主体。要从企业的需求出发，组织大专院校、科研院所的青年科技工作者进行技术转让，项目合作。在企业内部要依托各类青年科技社团，调动青年科技人员的积极性，以技术攻关等形式为企业的技术创新服务，促进企业研究开发和科技成果转化能力的提高。要依托各地的高科技园区、经济技术开发区良好的环境和服务功能，发挥其在配置创新资源方面优势，通过多种途径和方式引入人才、项目、信息、资金等，促进各种生产要素的有效结合，积极孵化高新技术企业，推动科技成果的商品化、产业化。尝试建立青年创业基地。

为做好以上各项工作，我们还要特别注意把握好以下几个方面：

1. 加强领导，形成合力。中国青年科技创新行动是全团的重点工作，涉及团的各条战线、各个部门。集中全团力量是做好这项工作的保证。各级团组织要进一步统一思想，加强领导，结合实际，突出重点，狠抓落实，把这项活动推向深入。要建立省级团委一把手亲自抓，分管领导具体抓，各个部门相互协调、狠抓落实的工作机制。

2. 培育典型，示范引导。典型示范是团的工作的一个基本方法。无论是组织青年专家服务团，开展人才与项目对接，还是其他方面的工作，各地都要因地制宜，培育出各具特色的典型。在总结经验的基础上，以点带面，发挥好典型的示范、辐射、带动作用，使创新实践的星星之火迅速燃成燎原之势。

3. 高度重视机制建设。建立和健全工作机制是确保中国青年科技创新行动深入持久地发展的必要保障。要加强运行机制建设，形成"需求——对接——跟踪服务"等环节，建立对接档案，及时提供服务。抓好激励机制，在精神鼓励的同时，要按照市场经济的规律，大胆探索创新投入、分配制度的改革，使创新人才的价值在经济上得以真正体现。建立保障机制，要积极争取国家有关政策的支持，注重保护青年人才的知识产权及其他合法权益，为青年科技创新事业营造良好的环境。

同志们，中国青年科技创新行动是面向新世纪共青团的一项十分重要的工作。这次会议结束后，各地要迅速行动起来，进行全面深入的调查研究，形成切实可行的推进计划，今年下半年要有举措、见效果，明年要有大发展。团中央将于适当时间组织对口检查，对各地的工作进行考核评价。我们相信，在全团的共同努力下，在社会各界的大力支持下，中国青年科技创新行动一定会取得更大发展，青年科技创新事业一定会成为新世纪共青团工作和青年事业的重要增长点。

孙金龙在《中国共青团》杂志工作会议上的讲话

2001年8月15日

在全团上下深入学习贯彻江泽民总书记在庆祝中国共产党成立80周年大会上的重要讲话精神，落实"三个代表"重要思想的新形势下，我们召开这次《中国共青团》杂志工作会议，总结经验，表彰先进，研究部署《中国共青团》杂志工作，很有意义。

江泽民总书记的"七一"重要讲话，高瞻远瞩，高屋建瓴，与时俱进，富于创新，是一篇光辉的马克思主义纲领性文献，是中国共产党人面向21世纪的政治宣言，具有很强的政治性、理论性和针对性。讲话全面系统地阐述了“三个代表”重要思想的科学内涵，深刻地回答了在新的历史条件下加强和改进党的建设需要解决的重大问题，科学地阐明了“三个代表”的内在联系，进一步明确了“三个代表”是我们党的立党之本、执政之基、力量之源，是党的理论建设发展的一个新的里程碑，对于我们党带领全国各族人民，继续全面推进有中国特色社会主义伟大事业，具有重大的现实意义和深远的历史意义。特别需要指出的是，江总书记在讲话中，还语重心长、饱含深情地对全国各族青年寄予殷切希望，极大地鼓舞了广大青年投身建设有中国特色社会主义事业的热情和实现中华民族伟大复兴的信心，也使我们广大团干部和青年工作者备受鼓舞和激励，同时也深感责任重大。

当前，认真学习、宣传、贯彻好江总书记“七一”重要讲话精神，是全团的首要任务。各级团组织要通过形式多样、行之有效的方式，将全团的学习活动切实引向深入，把全团特别是广大团干部的思想统一到讲话精神上来，以“三个代表”重要思想指导团的各项工作，全面推进新世纪共青团事业的发展。团属报刊在学习、宣传、贯彻讲话精神方面负有重要职责，要切实发挥宣传舆论阵地的优势，结合共青团和青年工作实际，精心策划，组织文章，开辟专栏，帮助广大团员青年特别是各级团干部学好、学深、学透讲话精神，充分反映他们受到的巨大鼓舞、对讲话精神的衷心拥护和投身建设有中国特色社会主义伟大事业的热情和信心，引导他们做“三个代表”的积极实践者；广泛宣传全团按照“三个代表”要求加强团的建设、推动各项工作的实践和经验，积极促进团的工作全面活跃。

下面，我代表共青团中央书记处就《中国共青团》杂志工作讲几点意见。

一、充分认识《中国共青团》杂志在全团工作中的重要地位和作用

《中国共青团》杂志由共青团中央主办，是共青团中央面向各级团组织和广大团干部的主导性工作刊物。长期以来，《中国共青团》杂志紧紧围绕全团工作的总体部署，切实做好服务工作，在全团工作的发展中发挥了重要作用。

第一，在团的工作和青年工作的发展中，起到了积极的推动作用。《中国共青团》杂志作为团中央的一份重要工作内刊，最根本的特色，就是突出导向性。在共青团工作和青年工作发展的各个历史时期，它都始终密切关注时代发展赋予共青团的机遇和挑战，密切关注广大团员青年的思想动态，密切关注共青团带领广大团员青年开风气之先，把服务党的工作大局和服务青年成长成才的生动实践相结合，引导各级团组织和广大团干部认真研究、探讨、总结各个时期共青团工作的新情况、新问题、新特点、新规律、新经验，在宣传、服务、推动团的工作中发挥了重要作用。

比如，建国初期，共青团中央下发《关于在七年内扫除全国农村青年文盲的决定》后，各级团组织把加强对青年的共产主义思想教育和提高青年文化素质相结合，团结带领广大团员青年投身全面建设社会主义的火热实践。初创时期的《团内通讯》(《中国共青团》杂志前身)及时刊发了山东莒南县高家柳沟村团支部创办记工识字班的经验，在农村团的工作中产生了广泛影响，促成了“人人下地带本书，户户传来读书声”的景象。当时，毛主席高度评价这“做了一个创造性的工作”。比如，改革开放之初，在思想大解放的背景下，广大团员青年面对各种纷繁复杂的文化思潮和社会问题，思想上出现了困惑和迷惘，思想教育工作亟待加强。《中国共青团》杂志敏锐地抓住契机，一方面组织了一支由记者、专家组成的调查研究队伍，及时捕捉、反映青年思想动态，为共青团中央提供决策参考，另一方面强化舆论导向作用，组织了一批有分量的研讨文章和调查报告，就团员青年的人生定位和选择展开讨论，同时大力推广各地团组织加强思想教育的典型经验，架起了团组织和团员青年思想沟通的桥梁，引导广大团员在改革开放中建功立业。又比如，随着社会主义市场经济的不断发展，共青团工作和青年工作面临着许多新情况和新问题，如何适应新情况，解决新问题？这些年来，各级团组织进行了积极的探索。在这个过程中，《中国共青团》杂志围绕团的工作大局，引导广大团员青年和团干部转变观念，大胆实践，并不断总结、挖掘、推广基层的工作典型经验，为共青团和青年工作的新发展起到了积极的推动作用。

第二，在团的重点工作的推进中，发挥了重要的指导作用。《中国共青团》杂志作为全团性的工作刊物，具有很强的指导性特点。它不仅及时、准确地把党中央的指示精神、共青团中央的工作部署、值得推广的工作经验、需要进一步明确和解决的问题传达到基层，始终做到上情下达；而且不断地把基层团的工作复杂多样的情况、经验和不足反馈给团中央、有关部门，为我们调整、完善各项工作提供第一手材料，做到下情上达；还为基层团组织搭建了一个信息平台，通过相互启发、借鉴，共同提高工作水平。可以说，《中国共青团》杂志是团的工作的桥梁纽带，是信息直通车。

从近几年来团的工作实践看，《中国共青团》杂志的指导作用是很明显的。团的十四大以来，全团围绕党的中心工作和青少年的基本需求，深入开展了中国青年科技创新行动、保护母亲河行动、中国青年西部创业行动、创建青年文明社区活动、创建优秀青少年维权岗、创建“五四”红旗团委等一系列重大活动。《中国共青团》杂志精心策划栏目，通过专访、调查研究、实地采写、征文以及召开座谈会等灵活多样的形式，有效发挥了指导作用。比如，中国青年科技创新行动推出伊始，杂志有针对性地刊发了国家科教兴国战略背景资料，就实施“金桥计划”，如何实现人才与项目对接进行深度采访，总结推广了青年创新创效活动的几种模式，引导基层团组织积极探索带领青年参与科教兴国的切实途径。针对保护母亲河行动，杂志选择一些重点地区，着重挖掘各地抓好造林种草、清洁江河水、打水井等项目，保护和建设生态环境的经验，推广青少年带动社会公众参与、既注重生态效益又强调育人效益的新思路，使这项工作成为全团的品牌，也使保护母亲河意识深入人心。特别是近年来编辑出版的共青团学习“三个代表”重要思想专刊、全国基层党建带团建专刊、“党在我心中”共青团纪念中国共产党成立80周年特刊和非公有制经济组织团建专刊等等，其指导作用更为明显和突出。

第三，在团的基层理论人才的培养中，具有特殊的阵地作用。《中国共青团》杂志十分注重理论特色，竭诚为培养团的基层理论人才服务。长期以来，杂志通过“重要文件”、“党政与团”、“权威热线”等栏目及时传达党中央精神、各级党政领导对共青团工作的要求，刊发共青团中央书记处同志的讲话以及各级团的领导干部的理论文章等，加强对团的工作的理论指导；同时，通过反映、研究各级团组织和团干部的工作探索和实践，不断总结、丰富、发展团的工作理论，充分体现了理论性与实践性的有机统一。经过多年的探索，《中国共青团》杂志已经成为团干部发表理论性、思考性文章的重要园地，成为服务基层理论人才培养的特殊阵地。通过这本杂志，一批又一批团干部提高了理论素养和文字水平。共青团中央历来强调，团的干部特别是领导干部要把思想理论水平和文字能力作为基本功来训练和提高，《中国共青团》杂志因为其理论特色和一定意义的学术性，成为广大团干部提高思想理论水平并展示自身能力的一个难得的阵地。

因此，广大团干部形象地比喻《中国共青团》杂志是一所“没有围墙的团校”。

二、努力把《中国共青团》杂志工作提高到一个新水平

在新世纪之初，面对新的机遇和挑战，《中国共青团》杂志如何跟上时代发展步伐，如何适应蓬勃发展的共青团工作的要求，如何准确、深刻地反映共青团工作和青年工作的生动实践，是我们必须深入思考和努力解决的问题。

第一，要做到三个坚持，即坚持正确导向、坚持提高质量、坚持开拓创新。这是提高《中国共青团》杂志工作水平的重要基础。坚持正确导向，最根本的就是保持团刊的本色，坚持百分之百的团味，在全团内刊中发挥导向和龙头作用。《中国共青团》杂志是共青团中央开展工作的一个重要阵地，任何情况下，都要始终站在讲政治的高度，始终与党中央保持一致，认真贯彻党的基本路线、方针和政策，自觉贯彻落实“三个代表”重要思想，坚定地当好党、团组织的“喉舌”、“耳目”，把《中国共青团》杂志办成共青团创造、传播先进文化的有形载体，办成服务于共青团和青年工作、为青少年健康成长营造良好舆论氛围和社会环境的重要阵地。

坚持提高质量。质量是团刊的生命力所在。努力提高刊物质量，对加快信息传递、强化指导功能、提高工作效率具有重要作用。《中国共青团》杂志要牢固树立精品意识，充分体现上传下达、交流经验、探索问题的特色，不断提高质量。在内容上，传递信息要更具有参考性，加强团员青年思想动态的调查研究，及时反映他们的意见、愿望、呼声和要求，为党和政府制定政策、为团组织部署工作提供参考；选树典型要更具有针对性，紧密结合当前团的重点工作实际，突出抓好典型经验的挖掘、总结、宣传和推广，解剖好“麻雀”，发挥好指导功能；分类指导要更突出理论性，要加强对新形势下特别是团十四大以来团的工作理论总结、宣传，组织有真知灼见的理论文章，强化对团的工作的理论指导。在形式上，要高标准、高质量地创造一些好的品牌栏目，编辑形式、语言表述上要适合读者口味，在全团内刊工作中发挥示范带动作用。总之，策划要精心，选题要准确，指导要正确，经验要可行，文笔要简练，力求思想性、指导性和可读性的完整统一。

坚持开拓创新。创新是发展的动力，不创新就没有发展。开拓创新，不仅是对《中国共青团》杂志的工作要求，而且是对新形势下共青团工作的要求。一个事物要想不被时代所淘汰，就必须与时俱进，就不能固步自封，不能刻舟求剑，不能夜郎自大。在“四个多样化”条件下，青年成长发展中的新情况新问题不断涌现，团的工作对象和工作背景发生了深刻变化，团的工作内容和工作方式在不断创新。《中国共青团》杂志只有不断地开拓创新，才能适应新形势下共青团工作发展的需要。考察国内外一些办得好的报刊、杂志、广播电视节目，其成功经验，大都在于十分注重观念、制作和机制的创新。《中国共青团》杂志要开拓创新，就要在继承以往办刊经验的基础上，根据团的工作发展的需要，调整、充实、完善杂志的内容，创新栏目设计和办刊方式；就要拓展视野，广泛借鉴国际青年工作的理论和实践，为我所用；就要积极探索借助先进的信息技术提高办刊效率，拓宽信息渠道，推动团的信息化建设。

第二，要强化三个服务，即为团的工作服务、为团的各级组织服务、为团干部服务。这是我们要始终坚持的办刊宗旨。为团的工作服务，就是要紧密围绕团的重点工作大力宣传、积极推动。要着眼全团工作的整体部署，有全局的宏观思维，对全团的各项重点工作了然于胸，及时传达党中央指示、团中央决策，反映广大团员青年思想动态，推广各地团的工作成功做法和经验，为全团工作的开展营造浓厚的氛围。

为各级团组织服务，就是要畅通团的领导机关和基层团组织之间的信息渠道。要围绕服务做文章，在把握需求上下功夫，深入了解团组织最需要解决哪些问题，最大的困难是什么，突出办刊的针对性，提高服务的有效性。要确保基层团组织及时、准确、全面地了解团中央的决策精神和全团工作布局，并随时汲取各地团组织的工作经验和有益探索。

为团干部服务，就是要帮助广大团干部提高工作水平，提高理论素养，使杂志成为他们的良师益友。要立足团干部的成才发展，深入了解团干部的需求和愿望，牢牢把握他们的思想脉搏。要进一步发挥杂志服务基层理论人才培养的功能，为团干部提供发表思想见解的阵地，从而为建设一支高素质的团干部队伍发挥积极作用。

第三，要加强机制建设。这是推动《中国共青团》杂志工作健康持久发展的根本保证。良好的机制是工作成功的保障。能否建立一套运转协调、便捷高效的运作机制，直接关系到《中国共青团》杂志的持久发展。从目前情况来看，机制建设中应抓好两个环节：一是充分发挥各级团组织，尤其是省级团委办公室在信息工作中的中转、枢纽作用。长期以来，各地为《中国共青团》杂志的发展付出了很多努力。尤其是许多省级团委工作扎实，成绩突出，起到了表率作用。二是加强信息站建设，延伸《中国共青团》杂志的工作手臂。实践证明，信息站很好地发挥了畅通信息渠道、提高信息质量、扩大信息辐射面的职能，扩大了团中央对基层分类指导的覆盖面，增强了信息工作的实效性，为促进全团信息化建设、推动团的工作开展发挥了重要作用。我们要进一步扩大信息站建设规模，充分发挥信息站在《中国共青团》杂志工作中的积极作用。总之，要通过努力，使《中国共青团》杂志信息传递更快，工作覆盖面更大。

三、切实抓好《中国共青团》杂志的订阅发行，促进团的工作全面活跃

订好用好《中国共青团》杂志，是充分发挥其积极作用的前提，也是扩大共青团中央指导全团工作的辐射面、增强影响力的有效措施。因此，全团上下要齐心协力，切实抓好《中国共青团》的订阅发行工作。近年来，各级团组织按照共青团中央的要求，一手抓订刊，一手抓用刊，既充分利用和发挥了杂志对各项工作的指导参谋作用，又扩大了杂志在全团的影响；既巩固了团的工作阵地，又增强了团干部获取信息、运用信息、上报信息的主动意识，锻炼了团干部。这次会议表彰的一批先进集体、先进个人，在《中国共青团》订刊用刊工作中都创造了很好的经验，值得各地借鉴推广。但是，我们也不能不看到，《中国共青团》杂志在基层的覆盖率，还远远没有达到共青团中央书记处的要求。希望各级团组织提高认识，借鉴好的经验，切实做好订刊用刊工作。

第一，高度重视，加强领导。各级团组织要有大局意识，阵地意识，充分认识做好订刊用刊工作的重要性，把《中国共青团》杂志的征订发行当做一项重要任务来完成。共青团中央书记处十分重视这项工作，共青团中央办公厅每年都为此下发专门文件。希望各级团的领导机关切实加强对订阅发行工作的领导，加大宣传力度，营造氛围，做到有计划、有部署、有督促，不断扩大杂志的覆盖面，力求每个基层团组织都能订阅、用好这本杂志。

第二，明确责任，狠抓落实。各级团组织要有责任意识，逐级抓好落实。各级团委办公室（或研究室）作用的发挥十分重要，要结合实际，积极推动，想方设法提高订阅量。原则上，每个基层团委都应该订阅《中国共青团》，有条件的地方可以订到团总支、团支部。在订刊用刊工作中，各地团组织创造了很多好的经验，有的工作抓得紧、抓得实，每个基层团委，甚至一些重点单位的直属团委、团总支和团支部都订阅了《中国共青团》;有的还给分管共青团工作的党政领导订了这本杂志,使他们了解团的工作,更好地领导、支持团的工作。各地情况不同,工作方法也不同,但只要有责任心,狠抓落实,就一定会取得扎实的成效。

第三,订用结合,常抓不懈。订刊是为了更好地用刊,订刊和用刊都很重要。我认为,在订刊用刊过程中,一是要用好刊,各级团组织要把这个刊物当成“一位不占编制的团干”,当做提高团干部理论水平和业务素质的“好教材”。二是要努力整合资源,解决订刊经费问题。可以从团费或其他工作经费中列支,可以争取党政领导支持,把《中国共青团》杂志列入工作报刊统一订阅范围,还可以设法请有经济实力的单位赞助赠阅。三是要不断完善订刊激励机制,有的地方把订刊用刊工作作为信息工作集体和个人年度评优、参加各种重要活动的一个主要依据,采取一票否决制决定评优工作。总之,各地要大胆探索推动订刊用刊工作的制度化、规范化,推动《中国共青团》杂志的订阅工作再上新台阶。

同志们,《中国共青团》杂志工作面临着新机遇、新挑战,蓬勃发展的共青团工作为《中国共青团》杂志提供了用之不竭的源头活水。我相信,只要我们坚持以江泽民同志“三个代表”重要思想为指导,牢固树立大局意识、政治意识、阵地意识和服务意识,全团上下共同努力,就一定能够不断提高《中国共青团》杂志工作的水平,为推动新世纪共青团工作和青年工作的发展做出新的贡献。

孙金龙在2001年“博士服务团”培训动员会上的讲话

2001年9月9日

今天,由中组部、团中央共同组派的“博士服务团”经过近半年的精心组织筹备,即将出发了。在此,我谨代表共青团中央对参加服务团的各位博士表示亲切的问候并致以诚挚的敬意!对为组织博士服务团和筹备此次会议付出辛劳的同志们表示衷心地感谢!

再过几天,服务团的同志们就要奔赴西部地区,开始为期一年的挂职锻炼和服务工作。大家将深入基层,在各自的岗位上,发挥自身优势,参与西部大开发,为西部地区经济建设和社会发展奉献才华、献计出力,这是一件很有意义的事。能作为“博士服务团”的成员,你们是光荣的,是令人敬佩的。我们相信,通过大家的共同努力,“博士服务团”在未来的一年里必将为促进西部地区的发展做出积极的贡献,取得丰硕的成果。一会儿,张柏林部长将作重要讲话,对同志们提出要求,对服务团的组织工作做出指示。会后,团中央有关部门要按照张柏林部长的讲话精神,积极配合中组部干教局和知工办做好下一步的组织工作。下面,我谈几点想法。

一、“博士服务团”是贯彻落实江泽民总书记“三个代表”重要思想的实际行动。江总书记“三个代表”的重要思想既是新世纪全面加强党的建设的指导方针,也是全面推进建设有中国特色社会主义事业的行动纲领。作为肩负着崇高历史使命、勇于走在时代前列的当代青年,应当按照“三个代表”的要求,努力成为我国先进生产力的开拓者、先进文化的弘扬者和广大人民群众根本利益的维护者,在改革开放和现代化建设的伟大实践中创造无愧于时代和人民的业绩。实施西部大开发战略,加快中西部地区发展,是党中央面向新世纪作出的重大决策。西部的发展,内涵丰富,任务艰巨,要在相对落后的经济社会条件下发展先进的生产力,要在继承历史灿烂文明的基础上发展先进的文化,要使广大群众实现从温饱到小康,过上更加幸福的生活,这无疑是一个伟大的历史创造过程。这样一个历史过程,没有一代代青年的推动是不可能完成的。在座"博士服务团"的成员都是青年中的优秀人才,既有较高的专业知识水平,又有较丰富的工作经验,更重要的是,大家都有一颗奉献西部的热心,都有一种建设西部、改变西部的强烈责任感。西部尤其需要像你们这样的优秀青年人才,那里为你们施展才华,建功立业提供了广阔的舞台。你们将充分发挥自身的专业优势,带去较为先进的观念和意识,与西部地区人民一道促进西部的经济建设和社会发展。这样一个过程,正是同志们用实际行动实践江总书记"三个代表"重要思想的过程。

二、"博士服务团"是在实践中培养青年人才的有效途径。社会实践是人才成长的大课堂。与实践相结合、与人民群众相结合,是青年知识分子健康成长的必由之路。我国国民经济和社会发展"十五"计划提出,要把实施人才战略、壮大人才队伍作为一项重大任务来抓,培养数以千万计具有创新精神和创新能力的专门人才。青年人才处在成长和发展的关键时期,只有勇于在实践的洪流中经风雨,见世面,长才干,才能够真正成为支撑国家现代化大业的栋梁。各位博士在参与西部大开发的实践中,不仅将为西部地区的发展做贡献,同时,也会在具体工作中汲取营养,增长才干,不断进步。通过将丰富的知识运用于实践,你们可以检验所学知识的实际效果,找到更加符合实际需要的研究和学习方向,不断提高自己的理论水平和专业素质;通过深入群众,你们可以学习到西部人民艰苦奋斗、顽强拼搏的优良传统和作风,增进与人民群众的感情,进一步砥砺品格,磨炼意志,锤炼自己的世界观、人生观、价值观;通过扎根基层,你们将加深对国情的了解和认识,不断增强报效祖国和服务社会的责任感和使命感。"博士服务团"为高层次青年知识分子在实践中施展才华、增长才干搭建了一个重要舞台。我们相信,你们去挂职的一年既是奉献的一年,更将是大有收获的一年。

三、"博士服务团"是优化人才资源配置、探索灵活用人机制的有益实践。人才资源是最宝贵的资源。随着我国社会主义市场经济建设的不断推进,市场化程度的进一步提高,人才同其他生产要素一样正在由计划经济的配置方式向市场经济的配置方式转变。在新的世纪,科学技术日新月异,知识经济迅速兴起,青年人才在推动经济发展和科技进步中的作用将愈加突出。我们已经看到,在许多高科技领域和新兴产业中,我国的青年人才正发挥着生力军作用。充分发挥好青年人才的作用,把青年人才资源有效开发和利用起来,是推动社会主义现代化建设事业发展的必然要求。当前,我们的用人机制还不能完全适应社会主义市场经济迅速发展的要求,在一定程度上影响了人才作用的发挥。"博士服务团"正是以一种较为直接便捷的形式,打破了人才地区、部门所有的限制,促进了人才跨地区的合理流动,更加有效地发挥了人才的作用,同时,也探索了一条"不求所有,但求所用"的灵活的用人机制。可以讲,这是在社会主义市场经济条件下,立足国情,立足实际的重要工作创新。我们要按照江总书记提出的"培养人才、用好人才、吸引人才"的要求,坚持"户口不迁、身份保留、来去自由"的原则,进一步把"博士服务团"的工作做实、做细、做好,为形成人尽其才、才尽其用的良好机制,实现人才的优化配置而不断努力。

近年来，团中央在动员广大青年参与西部大开发的工作中，紧紧抓住人才这一关键环节，充分发挥广泛联系各方面青年人才的优势，重点实施了中国青年西部创业行动和中国青年科技创新行动，组织了百名博士西部行、青年专家科技服务团、海外学人为国服务、青年企业家西部行、大中专学生“三下乡”和博士生服务队等活动，根据西部地区对人才和项目的实际需求，组织各方面的青年人才为西部地区提供技术、信息、项目、资金等多方面服务，取得了良好的经济效益和社会效益，受到了西部地区企业和社会各界的广泛好评和欢迎。在实践中，我们感到，共青团组织可以更好地发挥桥梁纽带作用，为西部大开发提供内容丰富、形式多样的智力资源，为海内外青年人才在参与西部大开发中施展才华创造条件、提供服务。各级共青团组织要高度重视“博士服务团”工作，积极配合地方党委组织部门和有关单位，为博士们开展工作创造良好的条件。要深入了解博士们的具体需求，尽可能地帮助他们解决生活中的实际问题，切实做好服务工作，保证“博士服务团”工作得以圆满完成。

同志们，在你们即将踏上征程之际，我与大家的心情一样十分兴奋。作为“博士服务团”的成员，你们不仅仅代表着自己，你们的身上集中体现着当代青年知识分子的精神风貌，你们的行为将激励和带动更多青年人才投身西部大开发，你们的实践将在西部地区的发展历程中留下坚实的足迹。衷心希望同志们珍惜这次宝贵的机会，把握好一年短暂的时光，深入基层，扎实工作，开拓创新，勇于奉献，把江泽民总书记“三个代表”的重要思想落实到实际工作中，用卓越的成绩向党和人民汇报。

最后，祝“博士服务团”的全体成员在挂职的一年时间里工作顺利，身体健康！

认真学习贯彻《公民道德建设实施纲要》切实加强青少年生态环境道德教育

——孙金龙在全国青少年生态环境道德教育座谈会上的讲话

2001年11月18日

这次会议的主题是研究座谈新的发展阶段加强青少年生态环境教育，强化青少年生态环境意识，推进公民道德建设。就此问题，我讲几点想法。

一、生态环境道德是人类社会发展的必然要求，是公民道德建设的重要内容

《公民道德建设实施纲要》明确提出：“社会公德是全体公民在社会交往和公共生活中应该遵循的行为准则，涵盖了人与人、人与社会、人与自然之间的关系。”并将保护环境作为社会公德的重要内容。不仅反映了社会主义市场经济条件下思想道德建设的客观实际和规律，也体现了中国先进文化的发展方向。

人是自然的一部分，是自然长期演化的结果。在人类发展史上，人类始终在思考和处理自己和自然的关系，并形成了一些处理人与自然的规范。随着蒙昧、野蛮向农业文明、工业文明的发展，人类由自然的奴隶逐步变成了自然的征服者。高度发达的物质进步和人类至上理念，使得我们随着时间的推移，与自然环境的关系出现了紧张和对立：气候变暖、水和耕地等资源减少、臭氧层破坏、生物多样性减少、植被减少和土地荒漠化、酸雨蔓延、大气和水体污染等等，整个生态系统不断遭受破坏，处在了最为严重的状态。日益突出的生态环境问题，迫使人们不得不重新认识和思考人与自然的关系。

人类史告诉我们，人类文明的发展与生态环境的变化密切相关。一个民族、一个国家乃至一种文明，因生态环境恶化而消失的例子，不胜枚举。而且，越来越多的迹象表明，生态环境危机将成为21世纪人类生存和发展的最大威胁。人类必须研究解决办法，探索新的发展思路。只有既保持发展，又维护生态平衡；只有既考虑当前的发展，又考虑后代的需要，考虑整个人类的存在和发展；只有所有的生命同时生存、互相依赖、友好相处、共同发展，自然才能繁荣、美丽，人类才能幸福、快乐。因此，我们在历经农业文明、工业文明后，需要建立一种新的文明——生态文明。这种文明是可持续发展的，人与自然的关系是和谐与共的。这种文明，使人类不仅是自然的征服者，同时还是与自然维持平衡的驾驭者。

要防止人类生存和发展依赖的生态系统被破坏，避免环境危机加深，建立人与自然和谐与共的新文明，除经济和法律手段外，还必须依靠道德的约束。因为生态环境问题主要是人的活动造成的，只有用保护和改善生态环境的道德规范约束人们，在人们心中形成道德信念，在社会上形成正确的舆论导向，才能使人们更加自觉地发挥聪明才智去保护环境和改善生态，从根本上实现人与自然的和谐发展。这一系列保护与改善生态环境的道德规范，我们称之为生态环境道德，它是与新的生态文明相适应的道德规范，是现代道德的重要组成部分。

我国是一个文明古国，又是一个发展中的大国。新中国建立以来，特别是近些年来，我们在保护和改善生态环境方面做了大量的工作。但由于历史、自然和人为的因素，我们当前面临的生态环境形势十分严峻。我们这个拥有13亿人口的大国，水土流失面积占国土面积的38%，而且还以每年1万平方公里的速度扩展着；森林覆盖率只有16%，15%—20%的动植物受到生存威胁；草原退化、沙化和碱化的面积占草原总面积的1/3，每年还以200万公顷的速度增加；以城市为中心的环境污染和以农村为中心的生态破坏与面源污染并存，严重制约着我们的可持续发展与人民生活水平的提高。因此，在中国提倡和加强生态环境道德教育尤为重要和迫切。作为公民道德的一个重要组成部分，生态环境道德是公民个人道德修养和社会文明程度的重要表现，是社会主义市场经济条件下公共生活空间日益扩展、公共道德内容相应增加的体现。可以说，加强生态环境道德教育，是新世纪公民道德建设的要求，也是社会主义现代化建设的客观需要。

加强青少年生态环境道德教育是贯彻《公民道德建设实施纲要》的重要举措。青少年生态环境道德教育是公民道德建设的重要组成部分。从个体来说，青少年时期是道德观念形成和发展的重要时期；从整体上来说，青少年是一个国家和民族的未来和希望，其道德素质的高低决定着整个民族道德素质状况。抓住这个关键时期，一代一代地培养，就能够使生态环境道德在全社会逐步形成。在思想道德建设的伟大实践中，青少年是受教育者，更是积极的推动者，在道德建设中历来都发挥着生力军作用。他们向往和追求先进，敢于和善于实践进步理念和思想。他们之间不但可以相互激励、共同实践，而且还会影响成人，带动社会。因此，加强青少年的生态环境道德教育，还会大大推动群众性公民道德实践活动的开展，推动《纲要》所确定目标和要求的实现。

二、生态环境道德要求要明确而具体

加强生态环境道德教育，明确的道德要求

和规范非常重要。教育者知道应当教授什么，受教育者和实践者知道应当怎样做，社会知道怎样评价，才能使生态环境道德落到实处、付诸实践，也才能实现其社会调整功能。

新的生态文明是在人与自然平等关系的历史发展模式下建立的。我们认为，和谐与共是人与自然关系的理想状态和境界。为推进这一历史的进步，实现人与自然和谐与共，生态环境道德总的要求是热爱自然，保护生态，改善环境。热爱自然，就是要青少年建立起对自然的感情，把自然看做是相互依存的朋友；保护生态，就是维护生态的平衡，同一切破坏生态的行为作斗争；改善环境，就是要优化、美化自己的生活、生产空间。

对于青少年来说，要把热爱自然、保护生态、改善环境内化于心、转化于行，成为自觉，应达到以下具体的行为要求：

珍爱生灵。古人云：君子有好生之德。在整个生态系统中，任何一种生命都是不可缺少的环。不论是动物、植物还是微生物，不论是濒临灭绝的珍稀物种还是现在大量存在的常见物种，都对整个生态系统的平衡发挥着自己的作用。因此，人类不但要热爱自己，还要平等对待自然界中的其他生命体，不随意损害他们，保持生态系统的平衡。不践踏草木，不攀折花叶，不虐待小动物，不吃珍稀动植物，保护动植物等，都是珍爱生命。

节约资源。人类只有一个地球，资源总是有限的。人类要在地球上永远地生存下去，要做到可持续发展，就必须维持资源供给与社会发展需求的协调，必须节约资源。节约资源还可以减轻对生态环境的压力，减缓对生态环境的破坏。节约粮食、节约用水、节约纸张，使用可再生的资源，生活简朴等等，都是节约资源。

抵制污染。现在，人类造成的污染很多方面大大超出了自然的消解能力，给生态系统的平衡造成了极大的负担，严重影响了人类的生活质量，有些甚至造成了灾难性的后果。污染主要是人自身不当的生活生产方式造成的，要规范我们自己生产生活的行为，也要治理各种污染，防止潜在的污染出现。不乱扔垃圾、分类回收废物、不用或少用难降解和难再生的物品、不焚烧秸秆、检举和制止污染行为等都是抵制污染。

植绿护绿。森林和植被是地球之肺，没有绿色便没有人类，便没有地球上的绝大多数生命。它保持水土、净化空气、承载生命、美化生活。没有绿色，地球便不成为地球，人类便不复存在。多植一棵树、多种一片草、多养一盆花、多增加一些绿色，不论是在自己的生产生活区，还是在其他公共区域，都是青少年应尽的义务、应有的公德。

三、要努力使保护母亲河行动成为推动青少年生态环境道德教育的有效载体

青少年生态环境道德教育，是一个大的系统工程，也是一个认知和实践的过程。实践告诉我们，养成教育对提高广大青少年的生态环境意识，培养他们的生态环境道德情感，增强他们的生态环境道德责任感，形成生态环境道德行为习惯具有良好的效果。现代心理学认为，人的行为取决于他的知识和经验，而对于青少年来说，他们的认知模式更倾向和更善于直观、具体、有趣和生动。养成教育，就是根据青少年学习、生活、成长的特点，通过长期和具体的生态环境道德实践活动，使他们在实践中获得道德知识、接受道德熏陶、形成道德信念和习惯。

近三年来的实践表明，保护母亲河行动这样一个集生态环境教育与实践于一体的公益活动，是对青少年开展生态环境道德养成教育的很好载体，也是带动公民生态环境道德建设的重要途径。它以保护和改善生态环境为宗旨，通过“小事做起来”、“5元钱捐植一棵树，200元捐植一亩林”等简便易行的方式，使广大青少年和社会公众参与到生态环境建设大业中来，从中受教育、长才干，是青少年和社会公众接受生态环境教育、参与生态环境建设实践的生动课堂。全国100多个保护母亲河工程和各种宣传筹资活动，特别是“小事做起来，保护母亲河”、“手拉手拣拾一个希望，还母亲河一片绿色”等活动，不仅为青少年和社会公众开辟了一条参与生态环境建设的渠道，而且还成为生态环境道德教育的实践基地和手段。所以，我们要下大力气，全面深化保护母亲河行动，开创保护母亲河行动的新局面，以推动青少年生态环境道德教育，推进公民道德建设。

首先，要使保护母亲河行动成为广大青少年学习环境保护知识和技能的大学校。要通过各种保护母亲河主题教育活动，让社会和广大青少年了解为什么要保护生态环境、怎样保护生态环境。要充分利用保护母亲河行动生态环境教育挂图等各种教育资料，并结合青少年的特点，编制“青少年生态环境道德要求”，通过通俗的、喜闻乐见的方式宣传生态环境保护知识和青少年生态环境道德规范，使这些知识和规范牢牢地印记在青少年的脑海中。

其次，要使保护母亲河行动成为广大青少年实践生态环境道德要求和规范的大阵地。保护母亲河行动本身就是一个生动的实践活动，要继续做好保护母亲河工程，让青少年参加林草植被恢复、水土流失治理、环境监护活动，使青少年的生态环境保护意识得到反复强化。要创造更多的其他实践项目，使青少年生态环境道德教育和实践活动经常化、日常生活化。

第三，要使保护母亲河行动成为广大青少年传播生态环境道德的大舞台。要充分发挥保护母亲河行动的公益特性，广泛动员青少年行动起来，积极宣传生态环境保护、宣传生态环境道德，用自己的一双双小手去牵动整个社会。要积极鼓励青少年对周围违背生态环境道德要求，破坏生态环境的行为进行监督，大胆揭发，坚决抵制。要为青少年和全社会树立一批又一批践行生态环境道德的模范。

同志们，朋友们，学习贯彻《纲要》，建设与社会主义市场经济相适应的道德体系，是新世纪社会主义精神文明建设的一项重要任务。各级团组织要积极行动起来，以江泽民总书记“三个代表”重要思想为指导，切实加强青少年生态环境道德教育，为公民道德建设，为实现中华民族的可持续发展做出积极的贡献！

孙金龙在共青团十四届五中全会上的总结讲话

2001年12月12日

在党中央的亲切关怀下，在同志们的共同努力下，共青团十四届五中全会圆满完成了各项任务。现在，我受书记处委托作会议总结。

一、关于会议的主要收获

本次会议是在全国人民深入学习贯彻江泽民同志“七一”重要讲话和党的十五届六中全会精神的形势下召开的。会上，大家认真学习了中央书记处关于做好明年团的工作的重要指示；听取讨论了周强同志代表团中央书记处所作的题为《以“三个代表”重要思想为指导，加强和改进团的作风建设，把服务青年的工作提高到一个新水平》的报告；审议通过了《共青团中央关于加强和改进团的作风建设的决定》和《共青团十四届五中全会关于团中央委员、候补委员卸职递补的确认案》，增补了团中央书记处书记、团中央常委、委员和候补委员。大家畅所欲言，共商团的工作大计，会议气氛热烈，取得了良好效果。具体地说，主要有以下三点收获。

1. 进一步增强了做好新时期共青团工作的责任感和使命感。会议召开前，中央书记处专门听取了团中央书记处的工作汇报，充分肯定了一年来的共青团工作，对于明年和今后一个时期团的工作作了重要指示。今天上午，中共中央政治局常委、国家副主席胡锦涛亲切接见了这次全会卸职的团中央委员、候补委员、常委和新当选的团中央委员、候补委员、常委。大家深切感到，中央书记处的重要指示和胡锦涛同志的亲切接见，充分体现了以江泽民同志为核心的党中央对共青团工作的高度重视和对青年一代健康成长的殷切关怀，使广大团干部备受鼓舞，备感振奋。大家一致认为，中央书记处提出，共青团要把贯彻江泽民同志“七一”讲话作为重要任务来抓；要根据青年群体和工作环境的变化，研究新情况，解决新问题，推动团的工作创新；要抓住密切与青年群众的联系这个核心，切实加强和改进团的作风建设，这些要求，高瞻远瞩，内涵深刻，切合实际，具有很强的针对性和长远的指导意义，使大家明确了新时期共青团工作的努力方向。大家一致表示，决不辜负党中央的殷切期望，要以强烈的使命感和高度的责任感，把中央书记处重要指示精神全面贯彻落实到团的各项工作和建设中去。要适应新形势和新任务的要求，开拓进取，埋头苦干，推动共青团事业实现新发展，更好地团结带领全国亿万青年在改革开放和现代化建设的伟大实践中发挥生力军和突击队作用。

2. 进一步形成了要切实加强和改进团的作风建设的强烈共识。团的作风建设关系团的形象，关系团的吸引力和凝聚力，关系团的事业发展。共青团是党领导的先进青年的群众组织，是做青年群众工作的，加强和改进团的作风建设具有特殊重要的意义。周强同志在会上的讲话和会议审议通过的《决定》对加强和改进新形势下团的作风建设提出了明确要求。在学习讨论中，大家一致认为，周强同志的讲话贯彻江泽民同志“七一”重要讲话精神和党的十五届六中全会精神，对为什么要加强和改进团的作风建设、如何加强和改进团的作风建设进行了深刻分析，具有理论高度和现实针对性。《决定》深刻分析了新时期加强和改进团的作风建设的重要性和紧迫性，明确提出了团的作风建设的指导思想、主要任务和当前需要解决的突出问题，思路清晰，任务明确，措施具体，操作性强。大家感到，在当前形势下，加强和改进团的作风建设非常必要，尤其是团的各级领导机关和领导干部要率先加强作风建设，坚持解放思想、实事求是，坚持脚踏实地、求真务实，坚持敬业奉献、诚信廉洁，坚持密切联系青年、竭诚服务青年。各级团组织和广大团干部要严格对照《决定》，结合本地区、本单位和本人的实际情况，深入调研，找准关键，采取措施，着力解决好当前作风建设方面存在的突出问题，把《决定》精神真正落到实处。

3. 进一步明确了新形势下做好服务青年工作的极端重要性。随着改革开放的不断深入和社会主义市场经济的不断发展，青年的社会结构和需求状况、团的工作方式和组织依托都发生了很大变化。在这种情况下，周强同志明确提出要把服务青年工作提高到一个新水平，是十分必要的，有着重大的现实意义。结合学习讨论周强同志的讲话，大家深刻认识到，无论是贯彻落实江泽民同志“七一”重要讲话和党的十五届六中全会精神，还是加强和改进团的作风建设，归根到底就是要把竭诚为青年服务作为共青团一切工作的出发点和落脚点。为青年服务是党的全心全意为人民服务宗旨在团的工作中的具体体现，也是由团的性质决定的。只有服务青年,才能更好地完成党交给共青团的各项任务,更好地团结教育青年,把青年更广泛地团结在党的周围,巩固党的青年群众基础。大家认为,服务青年工作要以推动青年学习成才为根本,针对青年在学习、工作、生活等方面的基本需求提供切实有效的服务,着力做好有特殊困难青年群体的服务工作。要不断拓宽服务领域,强化服务手段,形成服务体系,提高服务水平。

二、关于2001年工作的简要回顾

今年是新世纪的第一年,也是实施"十五"计划的开局之年。一年来,全团紧紧围绕大局,贴近青年,研究新情况,解决新问题,创造新经验,团的各项工作和建设取得了新的进展。

1. 深入学习江泽民同志"三个代表"重要思想和"七一"重要讲话。江泽民同志的"七一"重要讲话,是一篇马克思主义的纲领性文献,是中国共产党人进入新世纪的政治宣言。"三个代表"重要思想是新形势下进一步加强党的建设、不断推进建设有中国特色社会主义事业的伟大纲领,也是新时期加强团的建设、做好团的各项工作的根本指针。因此,我们今年始终把学习贯彻"三个代表"重要思想和"七一"重要讲话当做首要任务来抓。通过团中央理论学习中心组带头学、组建团中央学"七一"讲话宣讲团、举办团干部学理论培训班、组建大学生"三个代表"学习研究社团和实践服务团、深化共青团农村"三个代表"重要思想学习教育活动,在全团形成持久的学习热潮,帮助广大团干部和团员青年加深了对"七一"重要讲话和"三个代表"重要思想的理解,达到了用"三个代表"重要思想武装全团、教育青年的目的。

2. 加强青少年的爱党、爱国、爱社会主义教育。今年,我们利用建党80周年等重大活动和重大事件,充分发挥团的政治优势和动员组织优势,有针对性地对青少年进行爱党、爱国、爱社会主义教育,收到了很好的效果。首先,围绕纪念建党80周年,以"党在我心中"为主题,组织全国200多万青少年参加党史知识竞赛、读书征文活动和电脑作品大赛;组织青少年参加"重走长征路、再创新辉煌"、"共和国重点工程寻访"、庆六一"党在我心中"主题队会等富有特色的主题团队日活动;组织青少年开展"党在我心中"文化广场活动、"唱支山歌给党听"乡村歌手大赛、"党在我心中"大学生文艺晚会和"历史丰碑"大型音乐朗诵会以及青年文明号集体"党在我心中、岗位立新功"等纪念活动。这些活动有效地帮助青少年学习、了解党的光辉历史和光荣传统,增进了广大团员青年对党的深厚感情。第二,以北京申奥成功、我国加入世贸组织、成功举办APEC会议、美机撞毁我战机为契机,举办活动,开展工作,有针对性地对青少年进行教育,增强了青少年的民族自信心和自豪感,激发了他们的爱国热情,引导他们把爱国热情转化为报效祖国的实际行动。第三,以社区和学校为重点,开展全国青年文明社区反邪教行动、校园拒绝邪教活动、青少年活动阵地拒绝邪教宣传教育活动,以打战役的方式,深入揭批"法轮功",帮助青少年了解"法轮功"的邪教本质,引导青少年远离"法轮功",营造了反邪教的浓厚氛围,为维护社会稳定做出了贡献。第四,深入新疆、西藏开展青少年思想状况专题调研,召开全国民族地区青少年爱国主义教育工作座谈会,使民族地区青少年的爱国主义教育得到了进一步加强。第五,针对互联网迅猛发展的形势,抓紧开辟网上青少年思想教育阵地,形成了共青团网上优势。"七一"前夕开通的"血铸中华"和"民族魂"两个网站,已有100余万人次访问,深受广大青少年的欢迎,引起了强烈的社会反响。

3. 动员组织广大团员青年积极投身两个文明建设。一年来,我们紧紧围绕经济建设这个中心,推进团的各项工作,动员组织广大团员青年为经济发展做贡献。在农村，开展职业训练、实施项目带动和培养青年创业带头人，大力开发农村青年人力资源，帮助农村青年增收成才，促进了农村经济发展。在企业，深化青年创新创效活动、青年岗位能手活动，组织企业青年立足本职，学习成才，创新创效，并实施帮助青年创业计划，引导帮助下岗失业青年自主创业，推动了国有企业结构优化和产业升级，促进了国有企业改革和发展。在科技创新方面，实施金桥计划、举办中国青年创新论坛、开展海外学人为国服务活动，引导青年科技工作者参与经济建设，推动了科技成果商品化；同时，成功举办第七届"挑战杯"全国大学生课外学术科技作品竞赛，帮助青年学生提高创新意识和创新能力，促进了科教兴国战略的实施。在西部大开发方面，通过组建博士服务团、组织青年企业家西部行、帮助西部青年科技创业、选派优秀团干部到沿海较发达地区挂职锻炼、举办少数民族青年干部培训班等途径，推进中国青年西部创业行动，促进了西部地区经济发展。在引导进城务工青年参与城乡经济发展方面，实施进城务工青年发展计划，帮助进城务工青年提高劳动技能和综合素质，引导他们在城市自主创业并返乡创业，发挥了进城务工青年在城乡经济社会发展中的积极作用。在可持续发展方面，深化保护母亲河行动，加大资金筹措和工程建设力度，完成施工15万亩，并开展"小事做起来，保护母亲河"系列主题活动，产生了广泛的社会影响。

与此同时，围绕提高青少年思想道德素质和弘扬文明新风，以团的主题活动为载体，动员组织广大青少年服务社会，帮助他人，在社会主义精神文明建设中发挥了积极作用。《公民道德建设实施纲要》颁布后，团中央立即着手制定加强青少年道德教育实施意见，并采取制定发布青少年网络文明公约等措施，引导广大青少年积极参与公民道德建设。召开青少年生态环境道德教育座谈会，提出保护环境是公民应有的道德，制定青少年环境道德规范。以2001年国际志愿者年为契机，开展"新世纪从做志愿者开始"主题活动，深化青年志愿者扶贫接力计划、青年志愿者社区发展计划和青年志愿者绿色行动营计划，推广实施注册志愿者制度，举办国际志愿者年庆典晚会，并在第21届大学生运动会、APEC青年节、华商大会和第九届全运会等大型活动中，发挥青年志愿者的重要作用，受到全社会好评。紧扣整顿和规范市场经济秩序，重点实施"青年文明号信用建设示范行动"、开展"百城万店青年文明号促销创效活动"和"青年文明号优质服务促假日经济"活动，实行青年文明号公示制，动员组织企业、机关事业单位青年弘扬诚实守信的职业道德。以建设社区青少年服务中心、开展"青年文明社区大家乐"活动为内容，创建青年文明社区，活跃了社区青少年的精神文化生活，弘扬了社区文明新风。开展乡村青年文化节活动和创建青年文明一条街活动，丰富了农村青年的精神文化生活，促进了文明村镇建设。实施共青团精神文明建设"五个一工程"，推出了一批优秀作品，其中7件作品在第八届全国"五个一工程"评选中获奖。组织少先队员参加形式多样的"新世纪我能行"体验教育活动，开展"各民族少年手拉手"活动，使广大少年儿童在活动中受到教育，提高素质。以改造中西部地区的小学危旧校舍为重点援建希望小学400所，并建设希望网校，开展希望工程远程教育。

4. 服务青年的工作有了新的进展。今年以来，我们加大了服务青年的工作力度，深化了服务青年的工作项目。一是深入了解和掌握青年的基本状况。深入农村、企业、学校、社区，对青年的思想、学习、工作情况进行了广泛调研。重点开展了非公有制经济组织团的工作和团的建设状况、非国有企业青年职工状况、民族地区青少年状况等大型调研活动，跟踪了解青年群体的分布与变化，掌握不同青年群体的需求状况，为做好服务青年工作提供科学依据。二是抓住青年学习、维权等方面的需求，扎实推进服务青年的工作。通过举办百城市青少年新世纪读书节、开展青少年喜爱的图书评选活动、建设新世纪书屋等方式，实施青少年新世纪读书计划，帮助青少年学知识、学文化。举办未成年人保护法颁布10周年座谈会，深化创建优秀青少年维权岗活动，开展青少年自我保护教育和创建“青少年安全放心网吧”活动，创办“青少年法律学校”，切实维护青少年的合法权益，促进青少年的健康成长。三是为特殊困难青少年群体服务。采用开通热线电话、发放《维权手册》等措施，为进城务工青年办实事。在元旦、春节期间集中开展了为下岗青工送温暖活动。关注经济困难大学生，开展济困助学工作。动员民办高校为西部地区青少年提供继续学习深造的机会。开展“城乡少年手拉手助学”活动，组织城市少先队员向农村少先队员捐赠图书300万册。

5. 以推进非公有制经济组织团建为重点，团的建设得到进一步加强。这几年，我们一年一个重点，稳步推进团的建设。今年重点加强了非公有制经济组织团的建设工作。召开现场推进会，对非公有制经济组织团建工作进行研究部署。目前全国已有9.5万个非公有制经济组织建立了团组织，在促进非公制经济健康发展、巩固党在非公有制经济组织中的青年群众基础等方面起到了很好的作用。同时，继续推进“党建带团建”工作，深化创建五四红旗团委活动，启动争创全国团建先进县（市）工作。完成了团干部“321”培训计划，全国专职团干部三年内普遍得到了培训，综合素质明显提高。

此外，今年我们还加强了与港澳台地区青少年的交流。举办第三届海峡两岸青年元宵联欢活动、组团互访、共同开展纪念五四青年节活动，有效地推动了内地青年与港澳台青年在科技、经贸、文化等领域的交流与合作。

青年外事工作也非常活跃。举办亚太经合组织（APEC）青年节暨杰出青年企业家论坛、中俄青年联欢节活动、中日青年交流活动、第二届中越青年友好会见活动，服务了党政外交，宣传了我国改革开放的成就，增进了中外青年的相互了解和友谊。同时，引进外资实施保护母亲河、“两个百人”赴海外研修、中外青年志愿者西部计划等项目，取得了实效。

一年来，在各级党委政府的关心支持下，通过全团上下的共同努力和广大团干部的辛勤劳动，团的工作在继承中创新，在开拓中前进，保持了良好的发展态势。希望同志们发扬成绩，再接再厉，以奋发有为的精神状态投身明年团的工作，把团的工作不断引向深入。

三、关于2002年工作的总体安排

2002年是共青团发展历史上非常重要的一年，我们将迎来党的十六大的召开和建团80周年。共青团工作总的思路是：高举邓小平理论伟大旗帜，以江泽民同志“三个代表”重要思想为指导，贯彻落实党的十五届六中全会、中央经济工作会议、中央宣传工作会议精神，解放思想，开拓创新，扎实工作，讲求实效，推动共青团工作实现新发展，以服务两个文明建设的新业绩，迎接党的十六大的召开和建团80周年。

1. 以深入学习贯彻“三个代表”重要思想为首要任务，推动青少年思想教育工作迈上一个新台阶。青少年思想教育工作是党对共青团的基本要求，是共青团的政治优势和优良传统，任何时候都不能放松。在改革开放的新形势下，面临“四个多样化”的新情况，尤其要把青少年思想教育工作摆在突出位置。明年，青少年思想教育工作要从以下三个方面展开：

首先，要深入学习贯彻“三个代表”重要思想，切实加强青少年的理想信念教育。做好青少年思想教育工作，最重要的就是用“三个代表”重要思想武装全团，教育青年，帮助青年一代牢固树立崇高理想和坚定信念。学习贯彻

"三个代表"重要思想要联系中国革命、建设和改革的历史实际，联系团员青年的思想实际，把学习贯彻"三个代表"重要思想与解决青少年思想中的实际问题结合起来，增强理论学习的针对性和有效性。学习贯彻"三个代表"重要思想要突出重点。在学习内容上，要重点学习"七一"重要讲话，掌握"三个代表"重要思想的科学内涵和精神实质；在学习对象上，要重点抓好团干部、大学生和各条战线的青年骨干；在学习载体上，要重点抓好团干部理论培训班、大学生学理论社团、共青团学理论宣讲团和中青网以及"血铸中华"、"民族魂"等网站。要通过开展各种学习教育活动，使"三个代表"重要思想真正在团员青年中入耳、入脑、入心，教育团员青年进一步提高贯彻党的基本理论和基本路线的自觉性和坚定性。

第二，要深入开展形势教育。形势是青少年思想教育的活教材。能否正确分析和认识形势，是检验青少年思想教育实效的重要尺度。对青少年开展形势教育，就是要帮助青少年以马克思主义的立场、观点和方法去分析形势，明辨是非。做好形势教育工作，要加强正面引导，用改革开放和现代化建设的伟大成果教育青少年，鼓舞青少年，把团员青年的力量进一步凝聚到在党的领导下为实现中华民族伟大复兴而努力奋斗中来。要善于抓住重大活动和重大事件，把受党政重视、社会关注和青少年关心的热点问题作为形势教育的主要内容，引导青少年正确看待和剖析这些问题，使他们在分析和思考中提高认识，受到教育。比如，我国加入WTO不只是经贸领域的大事，也会在思想文化、社会心理等领域带来深远影响。我们要深入研究形势的变化，采取有效措施，对青少年进行教育引导。

第三，要按照《公民道德建设实施纲要》的要求，大力加强青少年道德教育。道德教育是青少年思想教育的重要组成部分。共青团一直非常重视对青少年开展道德教育，在实践中形成了一系列行之有效的道德教育载体。《公民道德建设实施纲要》的颁布实行，为共青团进一步加强青少年道德教育提供了有力的指导，创造了极为有利的条件。团中央正在制定《关于加强青少年道德教育，全面提高青少年道德素质的意见》，对新形势下青少年道德教育工作作出专门安排。要进一步发挥青年志愿者行动、青年文明号活动、青年文明社区活动、大中学生"三下乡"活动、18岁成人仪式、手拉手活动等工作载体在加强青少年道德教育方面的积极作用。同时，要适应青少年道德教育的新要求，推广青少年网络文明公约，实施青年文明社区道德建设行动，开展青少年好习惯推广活动。通过生动活泼的道德教育活动，努力使广大青少年自觉遵守"爱国守法、明礼诚信、团结友善、勤俭自强、敬业奉献"的基本道德规范。

2. 以开发青年人力资源为着力点，团结带领青年为经济发展做贡献。人是生产力发展的决定性因素。人力资源是知识经济的核心。开发青年人力资源，培养和造就青年人才大军，是共青团团结带领青年为经济发展做贡献的着力点。围绕农业结构调整，要集中实施促进农村青年增收成才行动，通过推进跨世纪青年农民科技培训工程，举办职业培训班，开展科技传播和技能竞赛活动，培养一大批青年星火带头人、青年农业产业化带头人、青年农业结构调整带头人，帮助青年农民增收成才。围绕国有企业改革和发展，要大力实施青年创新创效活动，强化活动载体，使活动具体有形，推动企业青年投身创新实践，并开展青年岗位能手活动，引导企业青年在岗位上学习成才。围绕实施科教兴国战略，要努力深化中国青年科技创新行动，通过推进金桥计划、组织海外学人为国服务活动、举办好中国青年创新论坛，为科技成果转化为现实生产力牵线搭桥，为科技人员实现报国理想搭建舞台。着眼于促进城乡经济发展，要全面实施进城务工青年发展计划，对进城务工青年进行培训，为他们提供各种创业辅导和服务，帮助进城务工青年在城市创业和发展，同时建设进城务工青年返乡创业园，引导他们在农村经济发展中发挥积极作用。围绕实施可持续发展战略，要大力推进保护母亲河行动，建设好各项工程，并协助政府有关部门发布大江大河生态报告，加强生态环境保护意识教育，实现生态效益与育人效益的有机统一。

3. 围绕培育“四有”新人的根本目标，组织青少年积极参与精神文明建设。青少年既是社会主义精神文明建设的重要力量，又是良好社会风尚的主要受益者。并不是所有的青少年都从事物质文明建设，但是，每一个青少年都是精神文明建设的参与者。从这个意义上说，青少年与精神文明建设的关系，就更为紧密了。团组织要充分发挥自身优势，深化各项主题活动，组织青少年积极参与社会主义精神文明建设，培养“四有”新人。要深化青年志愿者行动，大力拓展青年志愿者社区发展计划和扶贫接力计划，普遍推行注册志愿者制度，推进志愿服务法制建设。要深化青少年新世纪读书计划，举办青少年新世纪读书节、加强青少年新世纪书屋和读书俱乐部建设、实施青少年新世纪读书计划助学行动，营造良好的读书氛围，推动青少年多读书、读好书。要深化青年文明号活动，重点实施“青年文明号信用建设示范行动”，推动青年文明号集体讲信用，重信誉，在构建社会信用体系中发挥示范作用。要深化创建青年文明社区活动，以实行物业管理的住宅小区为重点开展创建活动，并开展青年文明社区大家乐活动，不断探索社区青少年服务中心新的建设模式和运行机制。要深化乡村青年文化节活动，以“学讲话、颂党情、跟党走”为主题，举办第三届乡村青年文化节，组织文艺演出，开设科技擂台，进一步活跃农村青年精神文化生活。要深化大学生素质拓展计划，推进社会实践活动，培养创新精神和创新能力，促进更多的青年人才脱颖而出。要深化少年雏鹰行动和手拉手活动，强化“雏鹰争章”过程中的体验环节，把“雏鹰奖章”纳入到学生素质评价体系，在城乡少年、东西部地区少年、各民族少年之间建立起比较稳定的“手拉手”互助关系。要深化创建优秀青少年维权岗活动，重点关注未成年人、进城务工青年、有特殊困难的青少年等特殊群体，继续推广城市青少年成长环境监测评估体系，定期向社会公布监测结果，进一步加大对青少年进行自我保护教育的工作力度。要积极做好预防青少年违法犯罪工作，广泛开展创建“青少年法律学校”活动、“青年安全放心网吧”活动和“社区青少年远离毒品行动”，探索预防青少年违法犯罪的有效途径，推动建立预防青少年违法犯罪的工作机制。要深化希望工程，动员更多的社会力量资助贫困生入学，援助西部地区中小学危房改造，扩大“希望之星助学金”资助范围。要加强对团属新闻出版单位的管理，始终坚持正确的舆论导向，严格遵守新闻出版纪律，更好地发挥团属新闻舆论阵地在青少年教育中的积极作用。

4. 以作风建设为重点大力加强团的自身建设。加强和改进团的作风建设，是本次会议的重要议题，也是明年团的自身建设的重点。团的作风建设要重点加强思想教育，推进制度建设，解决突出问题。要认真实施好全会通过的《决定》，全面落实“八个坚持、八个反对”。要把保持同青年的密切联系作为作风建设的核心，千方百计帮助青年解决具体问题，将服务青年的工作落到实处。要加强社区、非公有制经济组织、民办高校、农村等基层组织建设，巩固国有企业和高校团的组织阵地，总结推广团建创新成果，深化创建五四红旗团委活动，把团的组织建设的基础打牢，为开展好团的各项工作提供组织保障。

5. 以“永远跟党走”为主题，开展建团 80 周年纪念活动。2002 年是建团 80 周年。80

年来,中国共青团在中国共产党的领导下,团结带领一代又一代中国青年,发扬光荣传统,积极响应党的号召,踊跃投身革命、建设、改革的洪流,为中华民族的解放和振兴贡献青春、智慧和力量,创造了光辉业绩。

全团纪念活动将以“永远跟党走”为主题,按照“立足基层,面向团员,主题鲜明,务求实效”的原则来开展。各地团组织要从实际出发,组织好本地区的纪念活动。要突出“永远跟党走”这个主题,通过纪念活动,进一步明确共青团与党的特殊政治关系,坚定永远跟党走的政治信念,把青年更加紧密团结在党的周围,进一步巩固党的青年群众基础。要把纪念活动的重心放在基层,通过开展纪念活动活跃共青团的工作,增强基层团的工作的吸引力和凝聚力。要注重纪念活动的实际效果,通过纪念活动总结80年团的工作经验,进一步明确中国青年运动的方向,团结带领青年在党的领导下为实现中华民族的伟大复兴努力奋斗。

同志们,2002年的工作任务重,要求高。我们要把80年的历程作为新的起点,努力做好各项工作。明年工作要以服务青年为主线,通过提高服务青年工作的水平来实现共青团工作和青年工作的新发展。在此,我提几点要求。

第一,要在深化上下功夫。几年来的实践表明,团十四届二中全会通过的《共青团工作跨世纪发展纲要》提出的工作部署,是符合经济社会发展大局,符合团员青年成长发展的客观需要的。当前,共青团的工作格局相对稳定,主题活动明确,关键是要狠抓落实,不断加以深化。在深化上下功夫,就要拓展工作领域和工作范围,扩大团的工作对青年的覆盖面和影响力。在深化上下功夫,就要提高工作质量和水平,在工作中永不满足,精益求精,把工作做深做透,做精做细,切忌蜻蜓点水,浅尝辄止。在深化上下功夫,就要着力解决工作中的突出问题和薄弱环节,使团的工作整体推进。在深化上下功夫,就要建立健全工作机制,使共青团事业充满生机、长久发展。

第二,要在求实上下功夫。求实,就是要讲实际,办实事,使实劲,重实效。求真务实、埋头苦干是解放思想、实事求是的思想路线在工作作风上的具体体现。搞形式主义,做表面文章,必定行而不远。我们想问题,办事情,都要实字当头,效字当先,脚踏实地地干,扎扎实实地干,把各项工作真正落到实处,取得实效。求实,就要改进工作方法,进一步精简会议和文件,改进会风和文风。可开可不开的会,坚决不开;能大能小的会,就开小会;必不可少的会,尽量采用电视电话会议、网络会议等方式。团中央各部门开的会议,要尽量少让省级团委分管书记参加。团干部要把主要时间和精力用在到基层调查研究上,深入基层,深入青年,多了解实情。团中央从今年开始设立“全团调研奖”,目的就是推动全团大兴调查研究之风,不断提高全团的调研水平。要把主要时间和精力放到认真研究和解决如何促进农村青年增收成才,如何组织企业青年学习成才,创新创效,如何推动大中学生读书求知,如何帮助下岗失业青年解决培训、就业等实际问题上。

第三,要在创新上下功夫。当今时代是一个崇尚创新、鼓励创新的时代。团的事业是青春事业,团的工作是创新型工作,创新是团的工作永葆生机和活力的源泉。在新形势下,无论是团的工作环境、工作资源、工作条件,还是青年的思想、学习、工作、生活状况,无不发生着重大变化。在新情况和新问题面前,因循守旧,固步自封,墨守陈规,刻舟求剑,只会贻误良机,丧失机遇。要按照马克思主义的实践观点和发展观点,以与时俱进的精神研究新情况,解决新问题,形成新认识,努力进行团的理论创新、制度创新和工作方式创新,以创新求活跃,以创新求发展。

同志们,新的一年即将来临。让我们高举

邓小平理论伟大旗帜，以江泽民同志“三个代表”重要思想为指导，更加紧密地团结在以江泽民同志为核心的党中央周围，认清形势，增强信心，努力拼搏，开拓进取，以更加昂扬奋发的姿态投身明年工作，以优异成绩向建团80周年献礼，向党的十六大献礼。

肩负起全团带队的光荣职责 为新世纪少先队事业的发展服务

——孙金龙在全国少工委四届三次全委会上的讲话

2002年1月9日

这次会议开得很好。会议听取了赵勇同志代表团中央书记处的讲话和李连宁同志代表教育部的讲话，认真总结了过去一年的工作，重点观摩了少先队体验教育的成果，讨论了《关于加强少年儿童思想道德教育深入开展体验教育的实施意见（讨论稿）》和《关于继续深化“手拉手”活动的意见（讨论稿）》，对明年的少先队工作进行了安排和部署。各级少先队组织今年的重要任务，就是按照这次会议确定的工作思路、工作任务，结合本地实际情况，认真抓好落实。

胡锦涛同志在第四次全国少代会上代表党中央、国务院的致词中明确提出，共青团肩负着全团带队的光荣职责，要进一步加强对少先队的领导，支持少先队创造性地开展工作。领导就是服务。共青团要领导好少先队，就要服务好少先队。下面，我就从共青团服务少先队的角度，讲几点意见。

一、服务少先队就要引导和帮助少先队组织站在党和国家发展全局的战略高度来看待少先队

全团带队，加强对少先队的领导，并不是要共青团组织直接研究少先队的业务，更不是代替少先队组织对某项具体工作做出决策。而最重要的是站在全党工作的大局，站在国家经济和社会发展的大局，站在教育改革与发展的大局来研究少先队，来领导少先队。

当前，从全党工作的大局来研究和指导少先队，就要认真学习江泽民同志在庆祝中国共产党成立80周年大会上的重要讲话，用“三个代表”重要思想指导少先队工作。江泽民同志的“七一”重要讲话，特别是对“三个代表”重要思想的深刻阐述，是马克思主义的纲领性文献，对我们党的执政规律、社会主义的发展规律、人类历史的发展规律的认识达到了新的高度，是我们党进入新世纪全面推进建设有中国特色社会主义事业的政治宣言，对青少年工作具有重大而深远的指导意义。一是站得很高。讲了两个八十年、两个一百年，深刻阐述了马克思主义、中国共产党和中国历史发展的关系，使我们在引导青少年认识中国的过去、现在和未来，认识中国共产党过去领导中国革命和建设的理由、现在执政的理由和未来继续领导中国实现现代化的理由，有了更为科学的依据。二是离青少年很近。把党的事业和青少年的人生价值追求紧紧地联系在一起，深刻阐述了党的利益、中国人民的根本利益与青少年的长远利益的高度一致性，马克思主义关于人的全面发展理论与青少年成长要求的高度一致性，社会主义劳动价值理论、政党先进性与否的阐述、个人政治上的进步与落后的标准与青少年追求幸福生活美好愿望的高度一致性，使我们在引导青少年真切地感受党的事业就在我们身边，我们的学习、生活、成长就是党的事业的一部分，有了更为科学的依据。三是讲得很细。全面阐述了党的最高纲领和最低纲领及其相互关系，深刻阐述了我们党的历史使命和现在的任务，使我们在引导青少年从大处着眼，从小处着手，从身边做起，把青少年团结在党的周围，同心同德，共同奋斗，有了更为科学的依据。

从国家经济和社会发展的大局来研究和指导少先队，就是要认真贯彻“依法治国”与“以德治国”相结合的治国方略。从国家的发展来看，法治与德治是紧密联系，缺一不可的。法治是通过法律和国家机器等强制性手段来维护国家秩序和社会稳定。德治是通过道德的说服力和劝导力来发挥维护社会稳定和秩序的作用。从个人的成长来看，遵守法纪、崇尚道德，既是在社会中生存的需要，也是精神的需要。了解这个大局，有助于我们把共青团和少先队对青少年的社会主义民主法制教育和社会主义道德教育做得更好；有助于少先队组织贯彻《公民道德建设实施纲要》，通过体验教育加强少年儿童思想道德教育认识得更加深刻，落实得更加自觉。同时，我们还要了解正在实施的我国经济社会发展的第十个五年计划，了解发展是主题，结构调整是主线，改革开放和科技进步是动力，出发点是提高人民群众的生活水平；了解理论创新、科技创新和体制创新的内涵，了解继续实现工业化，努力实现信息化，大力推进城市化的任务。因为少年儿童和少先队工作正在享受着“九五”成果，新世纪的少先队工作正在“十五”期间开展，我们教育引导和服务的对象少年儿童正在“十五”中成长，所以我们必须了解这个大局。

从教育改革与发展的大局来研究少先队，就要认真学习江泽民同志关于教育问题的重要谈话和第三次全国教育工作会议的精神，还要了解党中央、国务院召开的“中小学德育工作会议”和国务院召开的“全国基础教育工作会议”精神。特别是要了解当前深化教育改革，全面推进素质教育正在做的四个方面的工作，一是在基本普及九年义务教育之后，正在下大力气解决全国三千万贫困人口中占六分之一的中小学生完成义务教育的问题，使一切应该接受教育的青少年都能平等地享受受教育的权利和机会。二是改革和完善教育的内容和方法，特别是通过课程改革和教材改革，变单向向学生灌输知识为努力培养学生的创新精神和实践能力，变仅仅依靠分数来评价学生的优劣为探索有效的方式、方法科学地评价学生的综合素质和能力。三是改变“象牙塔”式的教育，把教育与经济社会的发展、科技的进步紧密地结合起来。四是把教育作为一个系统工程，调动社会各个方面的力量和资源，把课内课外结合起来，把校内校外结合起来，使家庭教育、学校教育和社会教育形成一个有机整体。了解了这个大局，就能够更好地解决少先队如何服务素质教育，服务少年儿童健康成长的问题，更好地去构建与经济社会发展相适应的少先队的社会化工作格局。

总之，少先队要与时俱进就要求我们不断地了解大局，把握大局，服务大局，共青团做好这方面的服务工作，形象地说就是要不断地为少先队工作“对表”，与党和国家的工作大局“对表”，与经济社会发展的大局“对表”，与教育改革和发展的大局“对表”。

二、服务少先队就要把少先队工作纳入新世纪全团工作的整体格局

各级团组织应该树立少先队在全团工作中基础地位的观念，这是因为一方面少年儿童是国家的未来、民族的希望，任何人的成长发展都在少年儿童阶段打基础，少年儿童的健康成长是国家和民族永远兴旺发达的希望所在。

另一方面,少先队作为党的事业的一部分、共青团事业的一部分、全社会教育事业的一部分,从某种意义上讲,它处在整个事业的源头,今天的少先队员将成长为明天的共青团员和共产党员,少先队事业的蓬勃发展是党的事业始终保持生机和活力的重要源泉。因此,共青团只有把少先队带领得更好,共青团事业才能基础牢固、根深叶茂。

去年年底召开的团的十四届五中全会,是在全团深入学习邓小平理论和"三个代表"重要思想,认真贯彻落实党的十五届六中全会和中央经济工作会议精神的形势下召开的。会前,党中央书记处听取了团中央书记处的汇报,并就当前团的工作做出了重要指示。全会就新形势下全团的工作做出了部署,各级团组织在实施今年各项工作中,都要把少先队工作摆在重要的位置,统筹考虑。

团中央全会确定的今年工作,有八个方面。一是深入贯彻江泽民同志"三个代表"重要思想。这是作为全团的首要任务提出来的,并以此为指导,推动青少年思想教育工作迈向一个新台阶。这就要求各级少先队组织要深入贯彻"三个代表"重要思想,切实加强少年儿童理想信念教育,深入开展形势教育,按照《公民道德建设实施纲要》的要求,大力加强少年儿童的道德教育。当然,要突出少先队的教育特点,探索有效途径,做好这方面的工作。二是团结带领团员青年为经济发展做贡献。这项工作虽然不是直接对少先队组织和少年儿童讲的,但是少年儿童作为未来的建设者,要通过丰富多彩的实践活动、形式多样的科普活动,引导他们提高综合素质,从小培养创新精神和实践能力。其中有一项引导少年儿童直接参与的活动,就是建好"中华少年水保世纪林",它是少先队参与全团"保护母亲河行动"的一项重要项目。三是组织青少年积极参与精神文明建设。少年儿童是社会主义精神文明建设的一支重要力量,又是良好社会风尚的主要受益者。少先队在精神文明建设中有着自己的特色。要以体验教育为有效途径,大力开展少年儿童思想道德教育;要继续深化"手拉手"活动等少年儿童精神文明创建活动;在深化"青少年新世纪读书计划"、"创建青少年文明社区活动"和加强青少年阵地建设工作中,少先队都应该发挥积极的作用。四是做好青少年服务工作。这次全会明确提出把服务青年的工作提高到一个新的水平,这是因为无论是贯彻江泽民同志"七一"重要讲话和党的十五届六中全会精神,还是加强和改进团的作风建设,归根到底就是要把服务青年作为团的一切工作的出发点和落脚点。服务青年是党的全心全意为人民服务宗旨在共青团工作的具体体现,也是由共青团的性质决定的。只有服务青年,才能更好地完成党交给共青团的各项任务,更好地团结教育青年,把青年更好的团结在党的周围,巩固党的青年群众基础。同样道理,少先队服务少年儿童的工作,也是少先队极端重要的任务。少先队服务少年儿童的工作,要以促进少年儿童健康成长为根本。针对少年儿童在学习、生活、成长等方面的需求提供切实有效的服务。特别要做好农村和贫困地区少年儿童的服务,要不断开拓服务领域、强化服务手段、形成服务体系、提高服务水平。五是要教育广大青少年珍惜大好形势,自觉维护社会稳定。这项工作虽然对少先队来讲不直接,但是像"各族少年手拉手"这样的活动,参与青少年法制教育,开展创建"青少年放心网吧"和"社区青少年远离毒品活动",都与维护国家长治久安有联系。六是进一步加强团的建设。少先队的建设也是团的建设的组成部分,这次全会通过了《共青团中央关于加强和改进团的作风建设的决定》,少先队也要抓好少先队的作风建设。还要加强少先队的基层组织建设,特别是农村和社区的组织建设,尤其是要重视辅导员的队伍建设,努力为辅导员的学习、工作、成长创造良好的条件,建设一支适应素质教育要求的辅导员队伍。七是加强青年统战和青年外事工作。少先队也有统战和外事的任务,要按照全团的部署,进一步加强与港澳台地区少年儿童和少年儿童组织的交流和合作;继续加强对外交流,促进我国少年儿童与国外少年儿童的友好交往。八是以“永远跟党走”为主题,开展好建团80周年纪念活动。少先队也要积极参与其中,开展好相关的活动。

总之,把少先队工作纳入全团工作的整体格局之中,既是全团带队的要求,也是共青团事业发展的需要,各级共青团组织一定要把这项工作认真抓好。

三、服务少先队就要为少先队组织办实事,创造更好的工作条件和环境

长期以来,各级共青团组织按照全团带队的要求,在为少先队组织办实事,创造良好的工作条件和环境方面,做了很多工作,积累了丰富的经验,取得了显著的成效,形成了优良的传统。同时我们也要看到,面对国际国内新形势和我们全面建设小康社会,加快社会主义现代化建设的新任务,共青团服务少先队的工作也要按照与时俱进的要求,在继承传统的基础上,开拓创新,把服务少先队的工作提高到一个新水平。

要把服务提高到新水平,就要在服务内容上不断创新。首先要研究少先队工作的新情况、新特点、新规律。团的各级委员会、常委会要从共青团事业整体发展、从少年儿童优先发展的高度,给予总体思路上的指导;同时要根据机构改革的新情况和少先队事业发展的实际需要,通过多种途径充实和健全少先队的领导机构,选派优秀的青年干部相对稳定地从事少先队工作;还要依据共青团工作的新任务,把少先队工作作为检查、考核基层团委工作的重要内容之一,切实加强对基层全团带队工作的督促指导;要适应共青团工作社会化的新趋势,积极主动地争取社会各方面的配合与支持,调动各种社会资源,帮助少先队组织解决工作中的实际困难;要大力倡导尊重儿童、爱护儿童、保护儿童、服务儿童,为少年儿童办好事,为少年儿童做表率的良好风尚,优化少先队工作的外部环境。

要把服务提高到新水平,就要在服务方式、服务手段上不断创新。要提供政策上的服务,要通过参与地方立法、争取当地党政支持,联合有关方面等多种途径,为少先队事业的发展提供政策上的保证;要提供人员上的服务,要通过加强少先队工作者队伍和辅导员队伍的建设,当前特别要加强社区少先队工作队伍和志愿辅导员队伍的建设,为少先队事业的发展提供人员上的保证;要提供财力物力上的服务,要通过加强阵地建设、必要经费的保证等多项措施,为少先队事业的发展提供有力的物质依托;要提供舆论宣传上的服务,要通过团的报刊、互联网等媒体宣传当代少年儿童崭新的时代风貌和少先队事业发展的成果,为少先队事业的发展提供良好的舆论保证。

要把服务提高到新水平,就要形成有效的服务机制。要建立团的领导机关、基层团组织和广大团员青年广泛参与的全员参与机制,各级团的领导机关要了解少先队的需求,提供切实的服务;基层团组织要主动地联系基层少先队组织,在共青团的历史上,曾有过团支部联系少先大队、少先队中队,大、中学生和各行各业的团员青年做少先队组织辅导员的光荣传统。在新形势下,要继续发扬这一传统,使各行各业的团员青年都参与到服务少先队的工作中来。要建立一套从可行性分析、决策、实施到效果评估、信息反馈的工作机制,要认真听取少先队组织的呼声和愿望,认真听取社会各方面对少先队组织的要求和需要,为少先队组织出主意、想办法、做参谋,并督促检察下级团组织的服务情况,切实提高共青团服务少先队工作的质量。要建立一套适应我国青少年法规和市场经济发展规律的项目化、社会化的工作运行机制，帮助少先队组织建立工作内容社会化、组织社会化、队伍社会化、阵地社会化、理论研究社会化的机制，即构建起与经济社会发展相适应的新的工作运行机制，推动少先队工作的持续健康发展。

同志们，少年儿童时期是人生最鲜活、最美好的时期，是人的心智和体能不断成长、勃勃膨胀的时期，是生命的最本质力量体现得最集中、最突出的时期。对我们少年工作者来讲，少年不是人生的一个时期，而是一种心态，是一种需要我们保持持续不断、如滔滔江水绵绵不绝的心态。一个人保持一时、一地、一事的心态并不难，难的是长时期地保持这样一种激情和心态。千里之行，始于足下；人生之途，始于少年。成功的人生是从成功的少年开始，在少年时期孕育、蕴发。我们正是在这点上感到了我们肩上沉甸甸的责任。新的一年已经开始，让我们高举邓小平理论伟大旗帜，以“三个代表”重要思想为指导，更加紧密地团结在以江泽民同志为核心的党中央周围，奋发努力，开拓进取，以新的业绩向建团80周年献礼，向党的十六大献礼！

孙金龙在共青团县县上网工程电视电话会上的讲话

2002年3月27日

这次会议主要是对共青团县县上网工程的有关工作进行部署，进一步抓落实。

县县上网工程是共青团信息化建设的一项基础性工作。团中央书记处对此十分重视。开好这次会议对于落实团中央关于县县上网工程的各项部署和安排，具有十分重要的意义。会上，周强同志将在云南昆明会场做重要讲话。

下面，我代表团中央书记处就县县上网工程的有关前期准备和推进情况做一介绍，并就下一步工作做出安排。

一、工程进展情况

2001年初，为贯彻落实中央关于加快国民经济和社会信息化的有关精神，全面推进共青团信息化建设，团中央提出以迎接建团80周年为契机，以提高基层团组织的信息化水平为出发点，以加强全团工作联系和信息沟通为目的，实施县县上网工程，加快构建共青团组织和青少年工作的信息网络体系。2001年3月，印发了《共青团县县上网工程实施方案(草案)》，下发到各省级团委广泛征求意见。

一年多来，在团中央书记处的领导下，经过团中央有关部门和全团上下的共同努力，县县上网工程进展顺利，取得了明显的成效，为下一步工作打下了一个很好的基础。团中央提出以“东西互助”为起点，帮助中、西部地区部分有困难的县级团组织配置计算机及相关设备，尽快推动工程的全面实施的这一思路，在全团得到了很好的贯彻落实。北京、天津、山东、浙江、江苏、上海、福建、广东等东部地区的团组织和中央金融团工委、中央企业团工委、中央国家机关团工委、全国青联秘书处、中国青年企业家协会等积极响应团中央书记处的号召，主动承担任务，积极为中西部地区尽快完成工程的设备配置工作提供有力的支持。目前，1000套设备的筹集工作正在紧张进行，中央金融团工委、中央国家机关团工委、北京团市委、广东团省委、福建团省委的设备筹集工作已经完成，正在或即将起运；上海团市委、中央企业团工委筹集的设备款项已汇至团中央，团中央信息办正在公开招标采购，近期将完成设备购买并发往相关的中西部被援助单位。同时，一些地方也在努力推进本地的“共青团县县上网工程”，有的地方的县县上网工程已经完成或接近完成，走在了全团的前列。总的看，县县上网工程前期准备工作做到了动员充分、基础扎实、进展顺利。

二、工程的目标

按照国家信息化建设的总体规划，着眼于团的建设和工作长远发展，团中央确立了县县上网工程的四个目标。一是基本实现“县县上网，全团互联”。二是开通“团内邮局”，形成联接全团的信息沟通与工作交流系统，实现网上信息交换、信息发布等。三是有计划、有步骤地在团内培养一批既掌握网络技术知识、又熟悉团务的人才，在广大团干部中普及提高信息技术知识。四是以工程建设和人才培养为基础，逐步实现共青团组织网上信息共享、资源优化，广泛开展各种形式的信息服务，向构建共青团的“电子团务”系统方向发展。这四个目标，既包括硬件建设，也包括软件开发和人才培养，是一个有机的整体，共同构成了县县上网工程的总目标。当然，这样一个目标是共青团信息化建设的一个阶段性的目标，同时又要看到，其中的许多内容是着眼长远，为着共青团信息化建设的可持续发展而考虑的。各地要全面把握和领会好，并根据实际情况做好这项工作。

三、工作安排

县县上网工程涉及面广、内容多、任务重，可以说是一个系统工程，要分步实施，稳步推进。具体地讲，分以下几个步骤。

1. 到今年5月建团80周年前夕，要实现全国所有县级以上团委，包括大型企业、高等院校团委，均配置至少1台工作用计算机可以接入互联网；所有省级以上团委机关和部分地、县级团委机关在“中国共青团”网站均配置“团内电子邮箱”，开通“团内邮局”，初步形成共青团组织的电子邮递、信息交换系统；团中央和各省级团委举办信息化知识培训班，使每个县级以上团委机关至少有1至2名干部能够比较熟练地掌握计算机操作及互联网运用技能。今年4月份，团中央将举办一期面向省级团委信息化工作的骨干培训班。

2. 到今年底，要实现全国所有地级以上团委机关、80%以上的县级团委机关、有条件的基层团委机关每个干部均配置“团内电子邮箱”，形成共青团组织整体性的电子邮递系统；全国80%以上的省级团委，东部地区60%、中部地区40%、西部地区20%以上的地市团委机关完成计算机网络建设；全国各省级团委，80%以上的地市团委，东部地区60%、中部地区40%和西部地区20%的县级团委，包括大型企业、高等院校团委，在互联网上建有网站或网页；在“中国共青团”网站上开通“青工工作”、“青农工作”、“学校工作”、“权益工作”等专栏；按照逐级负责的原则，对全国50%以上的县级以上团委机关干部进行一次培训，在团干部中全面普及信息及网络技术基础知识；实现地市级以上团委基于互联网技术在“中国共青团”网站发布信息，建成并开通各类共青团工作的电子文档信息库，初步建成共青团组织统一的网上平台，实现全团信息共享。今年下半年对工程前两个阶段的工作进行总结和表彰。

3. 明年和今后一个时期，要继续推进各级团委机关的计算机网络和共青团系统的网站建设，把“团内邮局”的使用范围扩大到全国所有县级以上团委机关和部分有条件的乡镇、企业、学校团委；不断完善工程的建设，开发其功能，更好地发挥其作用，直到形成较为成熟的共青团“电子团务”系统。

四、工作要求

县县上网工程千头万绪，同时作为一项全新的任务，将会不断出现新情况。做好这样一项工作,关键在于抓住重点环节。在实际工作中,要着重把握好以下几个方面。

1. 为保证工程顺利推进,各省级团委要结合自身实际成立专门的机构,负责工程的实施和团的信息化建设,积极探索和创新,利用互联网技术促进团的建设和工作。

2. 各地团的领导机关要根据工程的总体要求,结合本地实际,研究制定工程建设的规划和具体工作方案,对工程建设中的硬件建设、软件开发、人员培训及下一步的使用管理等进行统筹规划,为工程的顺利推进,保质保量地完成各项工作任务奠定基础。请各地于4月20日前,将工程专门机构的组成情况和落实工程各项任务的工作方案报团中央信息办。

3. 各地团组织要把设备配置工作作为当前的主要任务,克服困难,积极争取党政和社会有关方面的支持,按照设备配置的原则和要求,力争在建团80周年前夕完成工程的基本设备配备工作,使各县级以上团委都达到上网条件,为今后陆续完成工程其他各项任务打下良好的基础。

4. 建设网上"团内邮局",是"共青团县县上网工程"的重要应用项目。团中央办公厅将会就"团内邮局"的建设和使用专门下发文件。"中青网"要及早组织力量,做好软件开发等技术工作。各地、各单位要按照文件要求,做好开通前的准备和开通后的使用工作,使网上"团内邮局"充分发挥其作用。

孙金龙在网上"团史展览馆"开通仪式上的讲话

2002年5月5日

今天,我们在这里正式开通网上"团史展览馆",纪念中国共青团成立80周年。下面,我首先向大家介绍网上"团史展览馆"的基本情况。

早在2000年年中,团中央书记处就通过了周强同志提出的在互联网上建设网上"团史展览馆",全面展示共青团80年的奋斗历程和时代风貌,迎接建团80周年的设想。2000年11月,团中央信息化工作领导小组召开会议,全面部署包括网上"团史展览馆"建设在内的共青团信息化建设的有关工作,并成立专门机构,着手准备展览馆的建设。2001年7月,团中央又召开会议,研究制定了展览馆的建设原则,包括:既要充分展示共青团80年的光辉历史,又要充分展示世纪之交共青团的时代风貌;既要展现共青团的工作,又要充分体现党对共青团的领导和关怀;既要展现共青团组织自身的建设和发展,又要展示共青团组织在两个文明建设中发挥的作用;既要注重展示内容的客观丰富,又要充分考虑互联网展示手段的新颖有效。以此使网上"团史展览馆"全面、客观和富有成效地反映共青团80年来团结带领广大团员青年跟着党英勇奋斗的光辉历程和蓬勃向上的时代风貌。随后,又制定了展示大纲和实施方案,正式开始建馆工作。经过一年来的建设,展览馆已建设完成,今天正式开通。

网上"团史展览馆"有五个主要特点。

1. 架构完整。展览馆的展示内容主要分三大版块。第一大版块是"党的关怀",主要展示党对共青团的领导和关怀。第二大版块是"光荣的80年",主要展示共青团80年来的奋斗历程。第三大版块是“迈入新世纪”，主要展示介绍共青团十四大以来开展的80余项主要工作与活动。这三大版块构成一个有机整体，全面系统地反映了共青团80年来，在党的领导下，不断发展壮大，为中国的革命、建设和改革开放事业不懈奋斗的光辉业绩。

2. 主题鲜明。虽然分为三大版快，几十个栏目，但整个展览馆的内容始终贯穿了一个主题，这就是永远跟党走，发挥党的助手和后备军，党联系青年的桥梁和纽带作用。这既是展览馆的鲜明主题，也是共青团80年历史的真实写照。

3. 内容丰富。这次展览馆建设是对团史资料的一次集中发掘和展示，共收入了8000余万字的文字资料、2000余幅图片、860分钟的视频音像资料。从时间上看，收入了自“五四”运动以来到今天各个历史时期的重要资料，既有珍贵的历史资料，又有反映共青团时代风貌的内容。从类别上看，既有反映组织发展演变、重要历史事件和人物的资料，又有反映团的主要工作、重点活动和青年典型等方面的内容。可以说，表现出了共青团的整个历史和今天的全貌。

4. 手段新颖。把展览馆建在互联网上，充分利用现代信息网络技术，跨越时空，不仅面向团的组织和广大团员青年，也面向全社会乃至全世界，使团内外、国内外了解中国共青团的渠道更为便捷和畅通。同时，展示内容有文字、有图片、有视频音像，馆内还设计了访问留言版，与其他团属网站相链接，增强了展览馆的吸引力。这也是共青团组织探索占领互联网阵地，利用现代信息网络技术推动共青团工作的有益尝试。

5. 动态开放。展示共青团的奋斗历史和时代风貌，是展览馆的主要功能。发挥好展览馆的作用，促进共青团工作的发展，是建设展览馆的目的。因此，展览馆不是静态封闭的，而是动态开放的。随着共青团事业的发展，我们将不断补充新的内容，完善展览馆的建设。欢迎广大团干部、团员青年和社会各界，关心、参与网上“团史展览馆”的建设和发展。我们将保持展览馆动态开放的特点，使其能够更加全面地反映共青团组织和广大团员青年为实现中华民族伟大复兴而奋斗的昨天、今天和明天。

各位来宾，同志们，网上“团史展览馆”是在周强同志亲自提议、在团中央书记处的高度重视、全团上下的共同努力和有关人员的辛勤工作下建成的，同时也离不开前人打下的良好基础。团中央书记处对团的历史资料保护和保存工作始终高度重视，中国青少年研究中心等团史、青年运动史研究机构多年来对团史、青年运动史的研究，团中央机关各部门、各直属单位和全国各地、各系统团的组织以及团内老同志保存和积累下来的大量珍贵历史资料，等等，都为展览馆的建设打下了坚实的基础。近几年来，团中央及各级团的组织重视和大力推进共青团信息化建设，为展览馆的建设准备了必要的技术条件，积累了有益的建设经验。网上“团史展览馆”的建成，凝聚着几代青年工作者的心血和心愿，是全团共同努力的结果。在此，向为网上“团史展览馆”的建设做出贡献的各有关方面和全体同志表示衷心的感谢。

孙金龙在全国省级团委办公室(研究室)主任暨《中国共青团》杂志工作会议上的讲话

2002年7月29日

这次全国省级团委办公室(研究室)主任暨《中国共青团》杂志工作会议是在全团深入学习江泽民同志“七一”重要讲话、“5·31”重要讲话和在纪念中国共产主义青年团成立80周年大会上的重要讲话的新形势下召开的。在中共山东省委、中共烟台市委的热情关心下,在团山东省委、团烟台市委的精心组织下,会议圆满完成了各项任务。在此,我代表团中央,向中共山东省委、团山东省委、中共烟台市委、团烟台市委表示衷心的感谢!在会议即将结束之际,我代表团中央书记处谈几点意见。

一、认清形势,始终牢牢把握大局

做好团的办公室工作,需要始终做到牢牢把握大局,这是由办公室的职责和地位所决定的。办公室的基本职责有两条。一是服务领导决策,发挥参谋助手作用。一是保证机关日常运转,发挥运转枢纽作用。这都要求我们必须具备大局意识,既要把握全党全国工作大局,又要把握全团工作大局。只有认清形势,才能把握大局。当前,共青团工作和青年工作的形势,可以主要从三个方面来把握。

1. 在广大团员青年中进一步兴起了学习江泽民同志“三个代表”重要思想的新高潮。江泽民总书记“七一”重要讲话发表后,在广大团员青年中迅速兴起了一个学习的热潮。今年,全团始终不放松地抓“三个代表”重要思想的学习,引导广大团员青年深入学习江泽民总书记“七一”重要讲话和“5·31”重要讲话,进一步兴起了学习“三个代表”重要思想的高潮。团中央书记处多次召开理论学习中心组会议,带头开展学习。各省级团委召开理论学习中心组会议、常委扩大会议,加强学习。许多地方组织地市级以上团委书记读书班,结合工作实际深入学习。各地基层团组织把学习“三个代表”重要思想作为开展组织生活的重要内容,并通过召开座谈会、报告会等多种形式组织团员青年进行学习。各级团校把阐述“三个代表”重要思想的有关讲话和文件作为团干部培训和学生思想政治教育的重要内容。各地高校团组织广泛组织大学生参加“三个代表”实践服务团。团属新闻媒体通过开辟专栏、组织发表理论文章宣传“三个代表”重要思想,并及时反映学习的好经验、好做法,发挥示范带动作用。通过深入持久地开展学习,“三个代表”重要思想在广大团员青年中进一步深入人心。通过学习进一步认识到,我们党是解放思想、实事求是、与时俱进、开拓创新的党,更加坚定了永远跟党走的决心。以“三个代表”重要思想为理论武器,进一步提高了对社会主义现代化建设的许多重大理论和实践问题的认识,更加坚定了走有中国特色社会主义道路的信念。

2. 学习江泽民同志“5·15”讲话是当前和今后一个时期全团的重要任务。今年是中国共青团成立80周年。5月15日,江泽民总书记在纪念中国共产主义青年团成立80周年大会上发表了重要讲话。这篇讲话是一篇马克思主义的光辉文献,是新世纪青年工作的重要指南,为新世纪中国青年运动的发展,全面推进新的历史条件下共青团工作和青年工作,促进青年一代的健康成长进一步指明了方向。《讲话》贯穿着“三个代表”重要思想，闪耀着思想的光辉，闪烁着时代的光芒，深刻揭示和回答了当代青年运动和新时期青年工作等一系列重大理论和实践问题，极大地丰富和发展了马克思主义青年观。学习、宣传、贯彻“5·15”讲话精神既是一项十分重要的任务，也是一项长期的任务。学习贯彻讲话精神，要着重把握以下几个方面。要牢牢把握青年运动的方向，始终坚持党对青年运动的领导，高举爱国主义旗帜，团结带领广大团员青年为实现中华民族伟大复兴而奋斗。要引导青年沿着党指引的道路健康成长，坚持不懈地用邓小平理论和江泽民同志“三个代表”重要思想武装教育青年，帮助青年树立正确的世界观、人生观、价值观，努力成长为有理想、有道德、有文化、有纪律的社会主义新人。要始终坚持马克思主义青年观，正确认识和看待青年，始终深入青年、了解青年，把握青年的发展变化和时代特征，学会用新观念、新视角去看待青年。要不断开创共青团工作和青年工作的新局面，在共青团工作和建设中全面贯彻落实“三个代表”重要思想，努力深化重点工作，进一步加强自身建设，不断研究新情况、解决新问题，积极探索社会主义市场经济条件下新的运行机制，努力扩大团组织覆盖面，增强团组织的吸引力、凝聚力和战斗力，团结带领广大团员青年在两个文明建设中创造新业绩，做出新贡献。

3. 扎实推进团的各项工作，努力创造新业绩，为迎接党的十六大胜利召开营造良好氛围。党的十六大将于今年召开。创造新业绩，为迎接党的十六大胜利召开营造良好氛围，是对今年全团工作的一个重要要求。今年以来，全团重点工作稳步推进，各项事业蓬勃发展，保持了良好的态势。在农村团的工作方面，以召开全国农村青年工作会议为契机，进一步深化了服务农村青年增收成才行动；围绕贯彻落实《公民道德建设实施纲要》，进一步深化新世纪我能行体验教育等青少年道德实践活动，进一步推广《青少年网络文明公约》；在社区团的工作方面，进一步深化了创建青年文明社区活动；在服务青年方面，以实施帮助青年创业计划为突破口，进一步服务青年的就业和再就业。在团的自身建设方面，基层组织建设尤其是社区团的建设和非公有制团的建设取得了新的发展，作风建设得到进一步加强。

二、努力提高办公室（研究室）工作水平，为开创共青团工作和青年工作新局面做贡献

江泽民总书记在纪念中国共产主义青年团成立80周年大会上的讲话中指出，在新的历史条件下，共青团要贯彻落实“三个代表”要求，坚持与时俱进，不断开创青年工作的新局面。作为综合职能部门，办公室（研究室）系统要努力提高工作水平，在开创青年工作新局面中积极发挥作用。

1. 进一步增强政治责任感。办公室工作是一项政治性很强的工作。无论是服务领导决策，还是服务机关日常运转，在政治上都有很高的要求。办公室工作无小事，或者说，事小责任大，小事当中包含着政治。这就要求办公室的同志在政治上要有更高的要求。首先在政治上要坚定，坚定不移地贯彻执行党的路线方针政策，心中始终装着党的事业，装着团的事业，装着全团工作的大局。二是要不断增强政治敏锐性和政治鉴别力，善于从政治上观察、分析和处理问题。三是要有严明的纪律，遵守党的纪律，坚持依法行政，严格执行领导机关的各项规章制度，按制度办事。

2. 带头转变工作作风。今年是党中央确定的转变作风年、调查研究年。去年年底，团十四届五中全会作出了《共青团中央关于加强和改进团的作风建设的决定》。团中央书记处将今年确定为全团的作风建设年和调查研究年。加强作风建设，办公室要带头。这是由岗位特点所决定的。从对外方面看，办公室是一

个联络广泛的部门。党政部门和社会各界如何认识共青团,基层团组织如何认识团的领导机关,团员青年如何认识自己的组织,办公室是一个窗口。这就要求,办公室同志要时刻牢记办公室的形象代表着团的领导机关的形象,自己的形象代表着共青团组织的形象,在作风方面要有更高更严的要求,切实克服官僚主义和形式主义,弘扬共青团"实事求是,朝气蓬勃"的精神。从对内方面看,办公室承担着运转枢纽的职责。作为运转枢纽,主要是保证机关日常运转。这就要求,既要在制度上把关,又要在作风上把关。比如,精简文件和会议。这是领导机关转变工作作风的一个重要方面,一个有形抓手。对于各部门以机关名义下发文件、召开会议的安排,都需要办公室统筹协调,严格把关。总之,办公室同志要以高度的自觉性和责任感,按照"八个坚持,八个反对"严格要求自己,带头搞好作风建设。

3.努力提高办公室干部队伍素质。江泽民总书记在"5·15"讲话中对团干部成长提出了"党放心、青年满意"的标准。办公室干部要按照这个标准要求自己,努力成长为素质全面的干部。要努力提高政治素质,坚持不懈地学习马列主义、毛泽东思想、邓小平理论,学习江泽民同志"三个代表"重要思想,学习党的路线方针政策,不断提高政治素养和理论水平。要努力提高业务素质,认识机关运转的基本规律,提高办文办事的水平。办公室是一个很能锻炼人的岗位。只要刻苦学习,努力工作,甘于奉献,在这个岗位上一定能够有所收获,有所进步,为今后的工作和发展打下一个良好的基础。办公室又是一个十分辛苦的岗位,一个奉献的岗位。各级领导干部要切实关心办公室干部的学习、工作和生活,采取切实措施为他们成长与发展创造有利条件。

三、需要着力抓好的几项工作

1.关于调查研究。我们党始终高度重视调查研究工作,这是由我们党解放思想、实事求是的思想路线所决定的。重视调查研究,也是共青团的传统。在近年来的工作实践中,每当我们需要根据经济社会的发展变化和青年群体的变化作出重大决策的时候,都是以广泛、深入的调查研究为先导的,从而使推出的重点工作和项目都收到了有效动员青年、牵动社会的良好效果。当前,全团面临着贯彻落实"三个代表"重要思想,不断开创青年工作新局面的新形势和新任务。这就要求我们必须更加重视调查研究,切实用好调查研究这个有力武器。同时,加强调查研究,也是转变工作作风的一个具体体现。为进一步推动全团调研工作,团中央设立了全团调研奖。这是全团调查研究方面的最高奖项。

2001年度是全团调研奖第一个评选年度。各省级团委高度重视,按照要求认真组织评选工作。在大家的共同努力下,首届评选工作已顺利完成。总的看,这届全团调研奖有两个特点。一是领导重视。北京、山西、江苏、山东、湖南、广东、四川、陕西等省级团委一把手亲自搞调研,写报告,参加评选。河北、黑龙江、河南等省级团委班子成员积极参与。各省级团委分管书记对评选工作也给予了积极指导。二是调研成果质量高。这次评奖中各有关单位共报送了300多篇调研成果,从整体上看,反映了全团的调研水平,其中不少文章具有较高的理论水平,对工作有较强的指导意义。今后,团中央将把全团调研奖作为推动全团调研工作的一个重要杠杆。各地、各单位要继续给予高度重视,切实抓好。

调查研究的出发点和落脚点都在于推动工作。今后,加强调查研究要注重搞好三个结合。一是要进一步与深入了解青年结合起来。周强同志在团十四届三中全会上向全团提出了深入了解青年的课题。几年来,全团围绕这一课题开展了广泛深入的调查研究,形成了许多有价值的成果,有效地推动了工作。当代青年的变化很大、很快。因此,深入了解青年是共青团需要不断解决的一个课题。通过调研，既能够始终对当代青年的整体发展变化有一个清楚的把握和了解，又能够始终对不同群体、不同地区、不同行业的青年特点做到心中有数，从而更好地为党做好青年工作。二是要进一步与总结新经验结合起来。基层的创造和青年的实践是共青团工作创新的一个源泉。近年来我们实施的许多成功项目都来源于基层的首创。要着眼于总结新经验，有针对性地加强调研工作。三是要进一步与研究新情况、新课题结合起来。改革开放和社会主义市场经济的深入发展，经济全球化特别是我国加入WTO，信息技术的高速发展和国际互联网的广泛应用，这一切都使共青团工作和青年工作不断面临新情况、新课题。因此，我们必须着眼新情况、新问题，坚持不懈地开展调查研究。只有这样，才能使工作与经济社会的发展一同发展，与时代的进步一同进步。

2. 关于县县上网工程。县县上网工程在全团信息化建设中具有基础性的地位。共青团信息化建设是近年来共青团工作中的一项具有创新意义的工作。其重要性在于，在互联网迅猛发展的条件下，充分利用网络技术，加强全团上下的联系与信息沟通，拓展延伸青年工作手臂。推进共青团信息化建设最基础的环节就是实现"全团互联"，也就是把团的领导机关和最广大的团员青年通过互联网联系在一起。县级团委是团的领导机关中最接近基层的一级组织，担负着承上启下的重要作用。因此，要实现"全团互联"，首先要实现县县上网。今年4月，团中央就县县上网工程召开了电视电话会议。到目前为止，各地按照团中央部署和要求扎实推进工作，原定的阶段性目标已经顺利完成。团中央提出了每个县级团委至少要配备一台上网用计算机的要求已基本达到，部分地区已经配备到乡镇。一方面，各地立足自己实际，广泛吸纳社会资源，较好地完成了硬件配备工作。另一方面，根据团中央关于"东西互助"的安排，有关地区之间精诚合作，基本完成了设备发放工作。办公室的同志为县县上网工程的推进付出了辛勤努力，希望大家再接再厉，进一步做好这项工作。

关于做好县县上网工程下一步工作，在此提三点要求。第一，继续做好硬件配备工作。已经做好县级团委硬件配备工作的地区，要有计划、有步骤地向企业、学校团组织铺开，向乡镇一级团组织延伸。县级团委仍未配齐的，要尽快地完成这项工作。第二，注重开发应用。团中央将开通"团内邮局"，在共青团网站上为各地县级团委预留点击位置，建立县县链接，并在部分条件成熟的县先行试点，使这些团县委与团省委、团中央实现网上工作互联。网上工作互联一项重要内容就是网上信息报送，我们将逐步设立一批以地(市)、县级团委为主的网上信息直报点。第三，加强培训。首先要通过培训班等形式抓好集中培训，同时引导广大团干部开展自学，帮助他们掌握信息网络技术，学会运用互联网络交流信息，推动工作。

3. 关于《中国共青团》杂志的发行和征订。《中国共青团》杂志作为团中央的一份重要刊物，在服务团的工作和团干部中发挥了积极的作用。《中国共青团》经历了一个不断发展的过程。最初由团中央研究室负责编辑发行，1993年后，由团中央办公厅负责，具体工作由编刊处来做。最近，由于改革和发展的需要，经团中央书记处研究决定，《中国共青团》杂志将转制成为事业单位。转制以后，《中国共青团》杂志作为团中央主管的刊物的性质不变，服务全团工作、团的各级组织和广大团干部的宗旨不变，作为全团工作内刊的导向、各级团组织之间桥梁纽带和团干部理论阵地的作用不变。在以往《中国共青团》杂志的发展中，各级团组织尤其是省级团委办公室(研究室)发挥了重要作用。改制以后，各地团组织要一如既往地支持《中国共青团》杂志的工作。在此，我提三点要求。一是要充分认识做好订刊用刊工作的重要性，把《中国共青团》杂志的征订发行当做一项重要任务来完成。各级团的领导机关要切实加强对订阅发行工作的领导，不断扩大杂志的覆盖面。二是要按照订用结合的要求，努力提高订阅量，使这个刊物能够在提高团干部理论水平和业务素质方面切实发挥作用。三是要不断完善订刊机制，积极推动订刊用刊工作的制度化、规范化，推动《中国共青团》杂志的订阅工作再上新台阶。

利用这个机会，再谈一些带有全团性的，办公室需要在其中发挥重要作用的具体事情。

1. 关于团属企事业健康发展的问题。团属企事业的发展是整个共青团事业发展的一个重要组成部分。在发展过程中，要注意两个方面的问题。一方面，团属企事业在经营性活动中要注重维护共青团的形象。具体地讲，就是不能擅自使用共青团名义从事营利性活动。对于此类问题，团中央始终十分重视，早在1999年就专门下发了《关于不得擅自使用团中央名义从事赢利性活动和其他活动的通知》。关于这一问题，过去曾在办公室主任会上强调过。今天再次强调这个问题，希望各省级团委办公室切实负起责，把好关。另一方面，团的领导机关对团属企事业要依法管理。团中央在这次机构改革中，将专门设立资产管理与审计处，目的就是为了加强对企事业单位的管理。大家要进一步认识加强团属企事业单位管理的重要性，采取有效措施切实管好。

2. 关于做好安全和稳定工作的问题。安全和稳定工作内容很多，包括机关保卫、机要保密、国家安全、维护稳定、安全生产、防火防盗等方面。安全和稳定工作，责任重于泰山。在这里，突出强调几方面的工作。第一，抓好安全生产，严防重大事故发生。近一段时间，各地重大安全事故频繁发生。党中央国务院高度重视，多次下发文件，对安全生产提出明确要求。共青团不是一个生产单位，但我们的办公场所、企事业单位的生产经营场所同样需要做好安全工作。特别要做好全国团属1500多所青少年宫和青少年活动阵地的安全工作。第二，加强保密。要做好机要保密工作，严格按照《保密法》和有关制度规定，对机要文件流转的各个环节严格加以规范，防止出现泄密。要在积极推进信息化建设的同时加强网络安全工作。团中央在建设机关局域网时，采取内网与外网分开、上网计算机与工作用计算机分开等物理隔离措施来防止出现网络安全问题。网络安全是个新课题，大家要增强这方面意识。第三，进一步做好"法轮功"练习者的帮扶转化工作。与"法轮功"的斗争，具有长期性、复杂性和尖锐性等特点。做好"法轮功"练习者的帮扶转化工作至关重要。各级团组织要及时掌握本地区、本单位青年中"法轮功"练习者的有关情况，协助有关部门做好耐心细致的思想政治工作，防止出现反弹。

3. 关于中国青少年网络协会。近年来，团中央始终高度重视网络对青少年的影响，注重研究如何运用网络手段加强对青少年的教育、引导和服务，积极建立网上青少年阵地。为进一步加强对团属各类青少年网站的管理，进一步加强对团外以青少年为主要对象的网站的引导，建立和巩固共青团网上阵地，团中央成立了中国青少年网络协会。我们的考虑是，经过几年的努力，使网络协会像青企协、青科协等协会那样成为共青团教育服务青少年的一个新手臂。希望各省级团委相应成立省一级青少年网络协会，协会成立后要在教育、引导、服务青少年中积极发挥作用。

同志们，让我们更加紧密地团结在以江泽民同志为核心的党中央周围，高举邓小平理论伟大旗帜，以"三个代表"重要思想为指导，振奋精神，扎实工作，开拓进取，以优异成绩迎接党的十六大的胜利召开。

孙金龙在共青团全国统战工作会议上的讲话

2002年8月28日,根据录音整理

今天,我们在这里召开共青团全国统战工作会议。这次会议得到了中共新疆维吾尔自治区区委、区政府的热情关心和大力支持。团新疆区委为这次会议做了大量精心细致的组织工作。在此,我代表团中央,向中共新疆维吾尔自治区区委、区政府、团新疆区委表示衷心的感谢。

这次会议的主要任务是,深入贯彻落实江泽民总书记在庆祝中国共产党成立80周年大会、纪念中国共产主义青年团成立80周年大会、中央党校省部级干部进修班毕业典礼和全国统战工作会议上的重要讲话精神,以"三个代表"重要思想为指导,全面总结五年来的青年统战工作,深入分析青年统战工作面临的新形势、新任务,研究部署当前和今后一个时期的青年统战工作,进一步团结凝聚海内外各族各界中华青年,高举爱国主义、社会主义旗帜,为促进现代化建设、完成祖国统一大业、维护世界和平和促进共同发展做贡献。下面,我代表团中央书记处讲三点意见。

一、五年来青年统一战线工作的简要回顾

1997年团中央召开共青团统战工作会议以来,青年统一战线工作在党的领导下,紧紧围绕党政工作大局,高举爱国主义、社会主义旗帜,广泛团结和凝聚海内外各族各界青年,为支持改革、促进发展、维护稳定做出了积极的贡献。

1. 积极开展理论学习活动,坚持正确的政治方向。坚持不懈地用邓小平理论、江泽民同志"三个代表"重要思想和党的统一战线政策教育广大青年。以香港澳门回归祖国、新中国成立50周年、迎接新世纪、建党80周年、建团80周年等为契机,广泛开展爱国主义教育活动,进一步激发各族各界青年热爱祖国、服务人民的巨大热情。召开多种形式的青年统战工作理论研讨会和工作片会,组织专题调研,加强理论研究,不断研究和解决青年统战工作面临的新情况、新问题。

2. 积极引导广大青年投身科教兴国战略,为科技进步、经济发展做贡献。围绕科教兴国战略,充分发挥青年统一战线的人才智力优势,积极推动科技成果与经济建设的紧密结合,引导各族各界青年服务科技进步和促进经济发展。启动中国青年科技创新行动,重点实施"金桥计划",通过百名博士西部行、青年专家科技服务团和海外学人为国服务等活动,先后组织海内外青年博士等科技专家1800多人次,分赴各地的高科技园区和企业,进行技术交流、成果发布、咨询服务和项目洽谈,先后达成了603个合作项目,创办了4家海外学人高科技创业园和10多家高科技企业,有力地推动了人才与项目的对接、科技与经济的结合。通过命名中国青年科技创新行动示范基地和教育基地,创建中国青年科技信息网,开通中国青年科技创新在线博览会等多种形式,促进科技知识的传播和科技成果向现实生产力的转化。一些省市的青年统战组织充分发挥自身优势,积极为海外学人和其他青年科技专家更好地参与当地经济建设牵线搭桥。

3. 竭诚服务青年成长成才,为改革开放和现代化建设提供人才支持。青年统一战线充

分发挥广泛联系青年人才的优势,广泛开展十大杰出青年、青年科学家奖、青年科技创新奖、软件行业杰出青年等评选活动,表彰和宣传各行各业的青年典型。举办青年科技论坛和创新论坛,为青年科技人才追踪国内外科技前沿、把握经济发展动态、孕育创新思想、交流学术成果搭建舞台。组织博士服务团,先后派出4批共278名博士,分赴西部11个省(区、市)开展服务,不仅为地方经济发展注入了活力,也为青年人才了解国情、增长才干创造了条件。全国青联志愿者艺术团先后组织青年文艺工作者305人次赴老少边贫地区,深入农村、厂矿、部队、学校举行大型慰问演出39场,慰问群众近百万,在繁荣活跃人民群众的精神文化生活、弘扬先进文化的同时,推动广大青年文艺工作者在实践中经受锻炼,增长才干。

4.深入贯彻落实党的民族政策和宗教政策,在促进民族地区发展和维护社会稳定方面积极发挥作用。坚持在广大青年中进行马克思主义民族观和党的民族政策的宣传教育。举办了两届全国各族青年团结进步表彰活动,评选和表彰了来自56个民族的329名先进个人,激发了各族青年投身民族团结进步事业的巨大热情。实施“培养计划”,先后从西部地区和民族地区的16个省(区、市)38个民族中选拔了五批共215名优秀团干部赴东部沿海地区挂职锻炼,为提高各民族团干部素质,促进西部地区和民族地区的经济社会发展做出积极贡献。在信教青年中深入开展马克思主义宗教观和党的宗教政策的宣传教育,组织了两次全国宗教界青年代表人士考察学习团,来自佛教、道教、伊斯兰教、天主教、基督教的34位青年代表人士赴上海、江苏、北京、广东、福建等省市考察学习,了解我国改革开放和现代化建设的巨大成就,激发爱国热情,进一步增进共青团、青联组织与宗教界青年代表人士之间的联系,在促进宗教与社会主义社会相适应中发挥了积极作用。

5.进一步推动与港澳台青年、海外青年侨胞的合作与交流,为推动祖国统一大业做贡献。先后举办了“百面大鼓庆回归,盛和宝鼎献祖国”、“中国心”、“爱我中华、建树香江”、“中华龙腾——海内外青年汇长城”、“龙声飞扬——万人青年音乐会”等活动,持续开展了两岸青年元宵、中秋联谊和海峡两岸暨港澳地区青年企业家研讨会等活动。五年来,仅全国青联就接待146个港澳台青年团组共6520人次,组派68个出访团组共2025人次。各级青联组织与港澳台青年的交流活动也丰富多彩。这有力地促进了内地青年与港澳台青年在经贸、科技、文化领域的合作与交流,为维护香港、澳门的繁荣稳定,为反对“台独”、反对分裂、促进祖国完全统一发挥了积极的作用。

回顾五年来的工作,我们感到有收获、有成绩、有发展,但也存在一些不足之处。主要表现在:对青年统一战线工作发展规律和新形势下出现的新情况、新问题的研究需要进一步加强,青年统一战线自身的优势和作用需要进一步发挥,一些团组织对新的历史时期青年统一战线工作的重要意义认识不足,团的各级组织、各条战线对于青年统一战线工作的协调配合以及统战部门的自身建设需要进一步加强等。对此,我们要高度重视,认真研究,积极改进提高。

二、新形势下青年统一战线工作面临的主要任务

在新世纪国际国内形势发生深刻变化的条件下,我们要以“三个代表”重要思想为指导,贯彻落实江泽民总书记重要讲话精神,按照全国统战工作会议的统一部署,广泛团结凝聚海内外中华青年,积极投身经济建设,参与科教兴国,弘扬先进文化,增进民族团结,维护社会稳定,促进祖国统一,为巩固党的青年群众基础,促进新世纪三大任务的实现和中华民族的伟大复兴贡献力量。

1.贯彻落实江泽民总书记“七一”重要讲

话、“5·31”重要讲话和在纪念中国共产主义青年团成立80周年大会上的重要讲话精神，用“三个代表”重要思想指导青年统一战线工作。江泽民总书记“七一”重要讲话，是一篇马克思主义的纲领性文献，全面阐述了“三个代表”重要思想的科学内涵，深刻回答了新的历史条件下加强和改进党的建设需要解决的重大问题，进一步指明了党在新时期的历史任务和奋斗目标，对于在新的历史条件下推进党的建设新的伟大工程，不断夺取建设有中国特色社会主义事业新的胜利，具有重大而深远的指导意义。“5·31”重要讲话是对建设有中国特色社会主义伟大事业发展规律的新认识和新总结，是对“三个代表”重要思想的进一步深化，对于全党全国人民深入贯彻“三个代表”重要思想，与时俱进、扎扎实实地做好各项工作，以优异成绩迎接党的十六大胜利召开，具有十分重要的意义。江泽民总书记在纪念中国共产主义青年团成立80周年大会上的重要讲话，寄托着党对青年一代的殷切期望，饱含着党对共青团组织的亲切关怀，充分展示了以江泽民同志为核心的党中央对青年和青年工作的深邃思考与远见卓识，是在新的历史条件下全面推进青年工作的重要指南。

认真学习、深刻领会、全面贯彻江泽民总书记一系列重要讲话精神，是当前和今后一个时期青年统一战线工作的首要任务。要把学习贯彻江泽民总书记重要讲话精神和实践“三个代表”重要思想结合起来，按照党的要求，教育引导各族各界青年努力为我国先进生产力和先进文化的发展做贡献，努力为最广大人民谋利益。要把学习贯彻江泽民总书记重要讲话精神与青年统一战线工作实际结合起来，以讲话精神为指导，研究青年统一战线面临的新情况、新问题，特别要根据世界多极化、经济全球化的趋势和我国经济社会结构发生的深刻变化，集中力量研究一些影响青年统一战线工作全局的理论问题以及当前青年统一战线工作面临的挑战和机遇，为开创新世纪青年统一战线工作的新局面打下坚实的理论基础。

2.积极投身经济建设主战场，团结凝聚广大青年为实施科教兴国战略做贡献。青年统一战线工作是党的统一战线工作的重要组成部分。自觉服从服务于党和国家的中心任务是青年统战工作发挥应有作用的根本保证。青年统一战线工作要紧紧围绕经济建设的中心，全面推进中国青年科技创新行动，以实施“金桥计划”为重点，团结带领海内外各族各界青年投身科教兴国战略，为科技进步、经济发展做贡献。

要充分发挥青年科技人员的作用。组织不同领域、不同层次的青年专家科技服务团，根据地方和企业发展的需要，按照实际、实用、实效的原则，通过技术咨询、项目合作等方式，为地方经济发展和科技进步提供服务。充分发挥中国青年科技创新行动示范基地、教育基地的作用，依托中国青年科技信息网和中国青年科技创新在线博览会，建立各级青年科技信息服务站，汇集各方资源，为广大青年科技人员参与经济建设服务。

要大力推动出国和归国青年留学人员为国服务工作。深入开展海外学人为国服务活动，以高科技园区和相关企业为载体，以短期交流、项目合作、创办高新技术企业等为主要形式，积极帮助和引导他们通过各种方式参与祖国建设。

要切实做好非公有制经济领域青年代表人士工作。引导他们“致富思源、富而思进”，广泛参与社会公益事业。同时，注意加强同高科技企业和股份制企业中非公有制经济青年代表人士的沟通与联系，支持他们参与国有企业改革和实施再就业工程，在推动经济发展中发挥更大的作用。

3.服务青年成长成才，不断增强青年统一战线工作的影响力和凝聚力。在经济全球化的条件下，国与国综合国力的竞争，归根到底是人才的竞争。我们要牢固树立“人才是第一资源”的观念，按照“培养人才、吸引人才、用好人才”的要求，最大力度地培养青年人才，最为广泛地凝聚青年人才，最有成效地服务青年人才，最大限度地发挥青年人才作用，把更多青年人才团结在党的周围。

围绕促进大批青年人才脱颖而出，深入开展十大杰出青年、青年科学家奖、青年科技创新奖、软件行业杰出青年等评选表彰活动，不断完善评选机制，加大宣传力度，促使大批在我国改革开放和现代化建设中取得突出业绩、具有鲜明时代特征的青年人才脱颖而出。进一步加大对这些青年典型的跟踪培养和监督服务力度，激励他们向更高的目标奋进，在青年统一战线中发挥更大的作用。

围绕为青年人才施展才华、奉献社会搭建舞台，继续办好中国青年创新论坛、中关村论坛等各类论坛，使之成为青年人才交流成果、传播知识、献计献策的重要阵地。进一步深化博士服务团工作，引导高层次青年知识分子到改革开放和经济建设第一线去经受锻炼、增长才干、发挥作用。继续以全国青联志愿者艺术团和各地方分团为主要载体，开展各类文化服务活动，充分发挥文化艺术界优秀青年在弘扬先进文化方面的优势和作用，服务广大人民群众的精神文化需求，增进党同人民群众的血肉联系。

围绕充分发挥青年典型的示范带动作用，运用各种现代传媒手段，大力宣传符合时代特征的各族各界优秀青年的先进事迹和奋斗历程，用榜样的力量影响青年、教育青年，引导各族各界青年把个人成长与国家民族的前途命运紧密相连。

4. 切实加强民族地区青年、少数民族青年和信教青年工作，为促进各民族共同发展和社会的团结稳定发挥积极作用。正确对待和处理民族、宗教问题，是统一战线的一项重要内容。要坚持开展马克思主义的民族观、宗教观和党的民族、宗教政策宣传教育活动，发挥青年统一战线的优势，努力做好民族地区青年、少数民族青年和信教青年的工作。

积极推动民族地区各项事业的发展和各民族的共同繁荣。中国青年科技创新行动和中国青年西部创业行动要向民族地区倾斜，广泛动员和引导各族各界青年尤其是发达地区的青年人才参与西部大开发，服务民族地区的建设，为民族地区的经济社会发展提供人才智力支持；继续深入开展全国各族青年团结进步表彰活动，大力宣传各族青年团结进步典型的先进事迹，为巩固和发展平等、团结、互助的社会主义民族关系而努力；继续深化“培养计划”，在形成规范机制的基础上，进一步加大培养力度、扩大培养规模、拓宽培养范围，培养更多适应民族地区发展需要的少数民族青年干部。

加强信教青年工作，重点是要做好宗教界青年代表人士的工作。通过读书班、集中培训和参观考察等形式，加强对宗教界青年代表人士的教育、引导工作，通过他们影响和团结广大信教青年共同致力于建设有中国特色的社会主义事业，为引导宗教与社会主义相适应做贡献。

5. 进一步加大对港澳台青年和海外青年侨胞工作力度，为早日实现祖国完全统一，实现中华民族的伟大复兴努力奋斗。实现祖国的完全统一和中华民族的伟大复兴，是包括港澳台青年同胞和海外青年侨胞在内的全体中华儿女的共同愿望，也是青年统一战线工作的重要任务。

继续深化同香港、澳门地区青年的交流与合作。通过深入开展经贸、科技、文化等领域的交流活动，帮助港澳青年了解祖国历史文化和现代化建设成就，为他们参与祖国建设提供切实服务，为保持香港长期繁荣稳定和澳门的稳定发展做贡献；充分利用香港、澳门地区的优势，选派内地优秀青年到港澳地区开展人才培训，为培养祖国现代化建设需要的高素质青年人才创造条件。

大力推进海峡两岸青年的交流与合作。以江泽民总书记对台八项主张为指导，以弘扬中华优秀传统文化为纽带，以两岸青年中秋、元宵大联欢等交流项目为主要载体，切实做好连人连心工作，最大程度地密切两岸青年之间的联系，反对"台独"，反对分裂，为早日实现祖国完全统一贡献力量。

进一步加强与广大海外青年侨胞的联系。努力争取他们对"和平统一、一国两制"基本方针的认同和支持，为促进祖国早日实现完全统一发挥积极作用。

6. 充分发挥青联组织的主渠道作用，不断巩固壮大青年统一战线。青联是青年统一战线的重要组织依托和工作主渠道。要通过青联把各行各业优秀的青年代表人士及其所联系的广大青年团结凝聚起来，不断巩固和壮大青年统一战线。

重点做好青年代表人士工作。青联组织要抓住重点，以教育和服务为手段，以活动和项目为载体，不断增强青联组织的凝聚力和吸引力；努力做好民营科技企业的青年创业人员和青年技术人员、受聘于外资企业的青年管理技术人员、青年个体从业人员、青年私营企业主、中介组织的青年从业人员和青年自由职业者的工作，把更多政治上信得过、代表性强、影响力大的青年代表人士吸纳到青联组织中，凝聚到党的周围。

积极为青联委员发挥作用创造条件。青联组织要经常倾听青年呼声，反映青年意愿，集中青年智慧，使各项工作符合青年的实际需要；切实做好优秀青年的培养和推荐工作，不仅把各行各业有代表性的青年人士吸纳到青联组织中来，还要有计划地向有关部门大力举荐德才兼备、具有较大社会影响力的高素质青年人才，使他们在更广阔的舞台和更高层次上参与社会事务，发挥积极作用。

进一步加强青联组织和青年社团的自身建设。青联组织要不断探索在新形势下行之有效的活动方式和工作载体，建立健全有利于青联委员发展进步和发挥作用的工作机制；进一步加强界别工作委员会的工作，积极探索青联委员培训的有效工作方式，为青联委员和青年人才的成长发展提供切实服务；加强青联工作的信息网络建设，提高工作效率，提升各级青联组织之间的资源整合和统筹协调能力，同时为委员增进交流、加强合作和参与青联工作提供网络平台；适应青年统一战线工作社会化发展的要求，进一步加强对各级各类青年社团的指导和管理，推动青年社团的自身建设和规范运行，强化服务功能，形成整体合力，更好地发挥其团结凝聚各层次、各领域青年的作用，不断延伸工作手臂，巩固和壮大青年统一战线。

三、努力加强自身建设，全面提高青年统一战线工作水平

随着我国改革开放和社会主义市场经济的深入发展，"四个多样化"的趋势日益明显，对青年产生着深刻的影响。青年统一战线工作面临着新的机遇和挑战。我们要适应新形势、新要求，以邓小平理论和江泽民同志"三个代表"重要思想为指导，按照全国统战工作会议精神的要求，努力加强自身建设，不断提高青年统一战线工作水平。

1. 切实加强对青年统一战线工作的领导。青年统战工作是共青团工作的一个重要方面。加强对青年统战工作的领导，必须从思想上予以高度重视。江泽民总书记强调，统一战线作为党的一个重要法宝，绝不能丢掉；作为党的一个政治优势，绝不能削弱；作为党的一项长期方针，绝不能动摇。各级团组织要深刻领会江泽民总书记重要论述的精神，把青年统一战线工作作为团的一项重要工作，切实抓紧抓好。

要善于依靠和调动全团以及社会各方面

力量共同做好青年统战工作。在团内,团的主要领导要亲自抓,分管领导要具体抓,形成领导把关、统战部门具体负责、各条战线密切配合的“全团抓统战”的工作格局;在团外,要提倡开放式的工作方法,依靠党政部门和社会力量共同做好青年统一战线工作。

要切实加强共青团统战工作的部门建设和干部配备。各级团组织特别是省级团委的统战部要给足编制,配足人员,地(州、市)级的团组织要设立统战部,县级团组织要有专人负责统战工作,把政治素质好、知识层次高、服务能力强、具有创新精神的年轻团干部选拔充实到团的统战工作岗位上来,建立一支高素质的青年统战干部队伍。

2. 努力提高青年统战干部的政策理论水平和业务工作能力。青年统战工作政策性强,涉及领域宽,工作要求高。青年统战干部的政策理论水平和业务工作能力如何,不仅关系到统一战线各项方针政策的贯彻落实,而且直接关系到能否最大限度地把广大青年凝聚在党的周围。

要加强理论学习,坚定政治信念。各级青年统战干部要深入学习马列主义、毛泽东思想、邓小平理论和江泽民同志“三个代表”重要思想,学习党的三代领导核心关于统一战线的重要论述和党的统战政策,不断增强政治鉴别力和政治敏锐性,增强贯彻党的基本路线的坚定性和自觉性。

要坚持解放思想、实事求是的思想路线,弘扬与时俱进的精神。各级青年统战干部要注重研究青年统一战线如何适应社会主义市场经济体制的需要,形成以共青团为核心、以青联为主渠道、以各类青年社团为基础、社会各方面共同参与的开放式工作格局,使我们的思想和行动更加符合青年统一战线的实际,顺应时代发展要求,不断开创青年统战工作的新局面。

要加强对当代青年的研究。随着经济社会的发展,青年的思想观念、行动方式、群体结构等不断发生着深刻的变化。周强同志曾多次强调要加强对当代青年的研究,深入了解青年的实际情况。这已经成为全团的共同课题。做青年统战工作的同志要加强对各族各界、不同层次青年的群体结构、思想观念、生存状态、发展趋势等方面的研究,对当代青年的新变化要及时了解和准确把握。要加强青年的文化现象研究。当代青年在文化方面需求的变化,深刻体现了社会发展和时代的特征。比如,在青年中的“韩流”现象就需要引起我们特别注意。这实际上是体现了当代中国一部分青年对时尚的需求变化。青年创造文化,文化引导青年,这种文化现象的背后,有很多深层次的社会原因需要我们关注、研究。要加强青年人才现象的研究。青年统战工作要发挥青年人才优势,就必须研究当代青年人才的成长规律,研究如何为青年人才的成长优化环境,营造氛围,提供服务。

要大力加强业务知识和科学文化知识的学习。青年统战工作涉及民族、宗教、港澳台侨、社团以及科技、经济等领域。作为从事这一工作的青年统战干部必须熟练地掌握相关领域的理论政策知识,才能做到不说外行话,不做外行事。同时,青年统战干部联系着各行各业青年代表人物,必须具备较全面的知识结构,懂得社会主义市场经济、现代科学技术、法律、历史、文学艺术等各种知识,才能与各行各业青年代表人士平等交流,增进了解,团结凝聚他们为社会主义现代化建设做贡献。

3. 努力改进工作作风和工作方法。统战工作说到底是做人的工作,而且主要是做党外有代表性人物的工作。能否培养一批党外青年代表人物,把他们所联系的广大青年团结在党的周围,很大程度上取决于青年统战干部的工作作风和工作方法。因此,加强青年统战干部队伍的作风建设非常重要。

要充分发扬民主,树立平等待人、协商办

事的作风。这是做好统战工作最基本的原则和要求。要始终坚持走群众路线,正确处理新形势下青年群体中的各种矛盾。在对关系青年统一战线全局的重大问题进行决策时,要与各方面的青年代表人士充分协商,征求意见,广泛讨论,统一思想,形成集体智慧,不断增强青年统一战线的凝聚力和影响力。

要强化服务意识,提高服务水平。这既是全心全意为人民服务宗旨在青年统战工作中的具体体现,也是新形势下青年统战工作增强凝聚力和影响力的重要途径。要力戒行政化倾向,立足服务,甘于奉献,常做常新,始终保持蓬勃朝气、昂扬锐气、浩然正气。要根据当代青年学习、成才、发展的基本需求,尽心竭力地为青年成长成才创造条件,为他们报效祖国、奉献社会、服务人民搭建舞台。要虚心向我们的服务对象学习,在与他们的交流中不断丰富和提高自己。

要坚持理论联系实际,重视调查研究。深入基层,深入青年,尊重基层和青年的首创精神,了解新情况,探索新思路,解决新问题。要善于运用现代思维和方式开展青年统战工作,重视信息网络化在青年合作与交往中的作用,增强网络阵地的占领意识,趋利避害,不断增强工作的针对性和实效性。

同志们,回顾过去五年来的工作,青年统一战线紧紧围绕党和国家的中心任务,解放思想,扎实工作,走过了一条在继承中创新、在探索中前进的发展之路,取得了显著的成绩。进入新世纪,青年统一战线面临着新的机遇和挑战。让我们更加紧密地团结在以江泽民同志为核心的党中央周围,高举邓小平理论伟大旗帜,以"三个代表"重要思想为指导,团结凝聚海内外各界中国青年,解放思想,实事求是,与时俱进,开拓创新,为实现党在新世纪的各项任务共同奋斗,谱写青年统一战线工作的新篇章。

孙金龙在共青团十四届六中全会上的总结讲话

2002年12月19日

在党中央的亲切关怀下,在同志们的共同努力下,共青团十四届六中全会圆满完成了各项任务。现在,我受书记处委托作会议总结。

一、关于会议的主要收获

我们这次全会是在全党全国人民深入学习贯彻党的十六大精神的形势下召开的。在这次全会上,中共中央政治局委员王兆国就共青团学习贯彻党的十六大和中央经济工作会议精神及当前和今后一个时期的工作作了重要讲话。全会听取了周强同志代表团中央书记处所作的《深入学习贯彻党的十六大精神,努力开创共青团工作新局面》的报告。会议期间,大家认真学习了胡锦涛总书记在与工青妇负责同志座谈时的重要讲话和曾庆红同志代表党中央书记处对共青团工作的重要指示,认真学习了王兆国同志的重要讲话,学习讨论了周强同志的讲话,并结合本地区、本部门实际,就如何学习贯彻十六大精神,不断推进新世纪新阶段的共青团工作,切实加强团的建设,进行了热烈的讨论,形成了许多共识,取得了良好的效果。会议的收获主要体现在以下三个方面。

(一)深入学习了党的十六大精神,统一了思想,提高了认识。全会围绕主题,把握灵魂,领会精髓，深入学习了江泽民同志在党的十六大上所作的报告。一致认为，十六大是我们党在新世纪新阶段召开的一次十分重要的大会，对于党和国家事业的发展，具有重大而深远的意义。把“三个代表”重要思想和马克思列宁主义、毛泽东思想、邓小平理论一道确立为我们党的指导思想，这是十六大的历史性贡献。江泽民同志的报告从历史和时代的高度，深刻阐明了我们党在新世纪举什么旗、走什么路、实现什么奋斗目标等重大问题，对我国改革开放和现代化建设作出了全面部署，是一篇光辉的马克思主义文献，也是新世纪共青团工作的根本指针。全会认为，修正后的党章将共青团的性质进一步表述为“是广大青年在实践中学习中国特色社会主义和共产主义的学校”，有利于激励广大青年把胸怀共产主义远大理想同坚定中国特色社会主义信念结合起来，积极投身改革开放和现代化建设的伟大事业。

全会认为，胡锦涛总书记的重要讲话、曾庆红同志的重要指示和王兆国同志的重要讲话，充分体现了党中央对青年一代成长的殷切关怀和对共青团工作的高度重视，对于促进青年一代健康成长和做好新形势下的共青团工作，具有重要的指导意义。

全会还认真学习讨论了周强同志的讲话，大家认为，周强同志的讲话根据党的十六大精神和党中央的统一部署，从团员青年思想实际和共青团工作实际出发，提出了许多新观点、新思路、新举措，是一个开拓创新、求真务实的报告，对于全团深入学习贯彻党的十六大精神，努力开创共青团工作新局面，具有很强的针对性和指导性。

大家一致表示，要把深入学习贯彻党的十六大精神作为当前和今后一个时期的首要政治任务抓紧抓好，把各级团组织和广大团员青年的思想和行动统一到十六大精神上来，把广大团员青年的智慧和力量凝聚到为实现十六大提出的各项任务做贡献上来。

（二）明确了新世纪新阶段共青团工作的主要任务。这就是用全面建设小康社会的奋斗目标凝聚青年、激励青年，充分发挥广大团员青年在中国特色社会主义经济、政治、文化建设和体制改革中的生力军作用。大家一致表示，要紧紧围绕经济建设这个中心，动员组织广大团员青年在完善社会主义市场经济体制、实施科教兴国战略和可持续发展战略中建功立业；要坚持党的领导、人民当家做主和依法治国的有机统一，引导团员青年为发展社会主义民主做出积极贡献；要坚持弘扬和培育民族精神，切实加强青少年思想道德建设，组织和引导团员青年为发展社会主义精神文明做出新成绩。

大家一致认为，周强同志在讲话中强调，按照党的十六大关于“发展要有新思路，改革要有新突破，开放要有新局面，各项工作要有新举措”的总体要求，共青团要开创工作新局面，就要认清形势，把握机遇，牢牢坚持在党的领导下开展青年群众工作形成的基本经验，与时俱进，开拓创新，同时必须进一步深化青年项目运作，完善工作机制，强化工作手段，健全服务体系，这一思路既有很强的思想性，又有很强的可操作性。只要按照这一思路创造性地开展工作，就一定能够开创共青团工作新局面。

（三）深刻认识到新形势下进一步加强团的建设的重要性和紧迫性。大家认为，团结带领广大团员青年为全面建设小康社会的奋斗目标做贡献，对进一步加强和改进团的建设提出了新的更高的要求。共青团加强自身建设，必须以“三个代表”重要思想为统揽，与时俱进，开拓创新，不断研究团的建设面临的新情况新问题，在不断创新中推进团的建设。要努力构建与社会主义市场经济发展相适应的运行机制。大家都认为，周强同志提出要强化学习功能，提高服务能力，进一步增强团组织的活力和凝聚力，这一思路很有新意，符合团的实际，反映了时代发展的要求，对进一步加强新形势下团的建设具有重要的指导价值。只要适应改革开放和社会主义市场经济不断发展的要求，切实加强和改进团的建设，就一定能够不断增强团组织的活力和凝聚力，更好地巩固党的青年群众基础，把最广大的青年团结在党的周围。

二、关于2002年工作的简要总结

2002年是我们党和国家历史上非常重要的一年，党的十六大胜利召开；也是中国共青团和青年运动史上非常重要的一年，中国共青团成立80周年。一年来，在党中央的领导和关怀下，共青团坚持以邓小平理论和“三个代表”重要思想为指导，以迎接十六大、宣传十六大、贯彻十六大，认真学习“三个代表”、深入宣传“三个代表”、身体力行“三个代表”为主线，服务全党全国工作大局，服务青年成长成才，稳步推进团的各项工作，团的事业保持了良好的发展态势。

1. 认真学习“三个代表”重要思想，开展了迎接十六大、学习贯彻十六大主题活动。全团把深入学习贯彻“三个代表”重要思想作为首要任务来抓，持久地兴起学习热潮，通过开展形式多样的学习活动，不断增强学习的自觉性和坚定性。一是团的各级领导机关和领导干部带头学，对全团的深入学习起到了示范带动作用。二是把握学习重点，把学习江泽民同志“七一”重要讲话、“5·31”重要讲话和《江泽民论有中国特色社会主义》（专题摘编）结合起来，深刻理解“三个代表”重要思想的深刻内涵和精神实质。三是运用组织化、群众化的方式，引导团员青年在活动中和实践中学习。四是在团属舆论宣传阵地及中青网开辟专栏或设立专题网站、网页，努力营造理论学习的浓厚氛围。

今年是党的十六大胜利召开的一年。各级团组织以“迎接十六大，创造新业绩”为主题，广泛开展形式多样、内容丰富的活动。广大团员青年认真学习、锐意创新，立足岗位、拼搏进取，以良好的精神状态和一流的工作业绩迎接十六大的召开。十六大胜利闭幕后，团中央立即研究部署全团的学习贯彻工作，全团迅速兴起了学习贯彻十六大精神的热潮。

2. 以“永远跟党走”为主题，开展纪念建团80周年系列活动。今年是中国共青团成立80周年，全团以“永远跟党走”为主题，按照“立足基层，面向团员，主题鲜明，务求实效”的原则，开展了纪念建团80周年系列活动，取得了良好的效果。

江泽民同志在纪念中国共青团成立80周年大会上的重要讲话，极大地激励和鼓舞了广大团员青年投身改革开放和现代化建设的热情；极大地激励和鼓舞了青年一代按照“三个代表”要求健康成长，跟党走中国特色社会主义道路的信心和决心。讲话对广大团员青年学习实践“三个代表”重要思想提出了明确要求，为当代青年的健康成长和当代青年运动的蓬勃发展指明了方向，是一篇马克思主义的光辉文献。纪念大会后，全团掀起了学习“5·15”讲话的热潮，将“永远跟党走”纪念建团80周年系列活动不断引向深入。

各级团组织在纪念建团80周年过程中，通过报告会、座谈会、研讨会、读书活动、寻访革命圣地等形式，开展了一系列主题教育活动。比如，依托全国100多个大中城市近千个青年文化广场，集中组织400多万名青少年参加以“永远跟党走”为主题的团日活动。举办了大规模的知识竞赛活动。制作网上《永远跟党走》大型专题，开设了网上团史展览馆。通过开展系列纪念活动，进一步坚定了广大团员青年的理想信念。同时，为纪念建团80周年，上海团中央旧址、江西瑞金共青团中央局（含少共苏区中央局）旧址、广州共青团一大旧址的修复工作全面展开。

3. 团的重点活动进一步加强。一年来，全团围绕经济建设这个中心，团结带领广大团员青年为经济发展做贡献。围绕促进农业结构调整和农村青年增收，大力推进技能培训，积极培育农村青年经纪人队伍，开展青年农业标准化生产试点工作，启动青年星火计划，促进农业产业化进程。围绕国有企业改革和发展，实施帮助青年创业计划，大力推进青年就业和再就业工作，深化青年创新创效活动、青年岗位能手活动，促进企业青工自主创业，有效提高了企业生产经营效率和经营管理水平。围绕贯彻实施科教兴国战略，开展海外学人回国创业周活动，举办首届中国生态经济青年专家论坛、中国青年创新论坛、第三届“挑战杯”中国大学生创业计划大赛，建立中国青年科技创新在线博览会，促进科技资源共享及科技创新成果产业化。围绕西部大开发，选派第三批“博士服务团”到西部挂职锻炼，组织194名青年企业家开展“青年企业家西部行”活动，组织西部地区团干部到经济较发达省（市）挂职锻炼。围绕可持续发展战略，启动“青年绿色示范工程”，开展绿色承诺活动，扎实推进保护母亲河行动。截止目前，立项建设的全国重点工程已达43个，地方工程162个。

按照《公民道德建设实施纲要》的要求，积极引导和组织青少年参与精神文明建设。青年志愿者行动进一步深化，开始推行志愿者注册管理制度，大力实施青年志愿者扶贫接力计划、社区发展计划、绿色行动营计划，启动了青年志愿者海外服务计划、志愿者为老服务金晖行动、百万青年志愿者助残行动和西部计算机实用人才培训计划。仅在“金晖计划”中，就有327万名青年志愿者为近40万老人提供了形式多样的志愿服务。成功举办了“志愿服务国际会议”，集中展示了我国志愿服务事业的成就，在国内外产生了良好的反响。希望工程重点是建立希望之星助学基金，启动希望工程救灾助学行动，大力加强规范化管理，今年共接受捐款4000多万元，资助希望之星2800多名。青年文明号突出了“诚实守信”的职业道德主题，通过开展信用建设示范创建行动、“百城万店青年文明号促销创新”等重点活动，涌现出一批诚实守信的青年文明号典型。青年文明社区创建活动进一步推进，社区青少年服务中心建设，科技、文化、法律、卫生“四进社区”活动，社区青年文化节，“大家乐”活动不断深化。中国青年人生新格言大赛吸引了10万余名青年踊跃参与，对于引导青少年树立正确的人生观和价值观，倡导良好的道德风尚发挥了重要作用。“新世纪我能行”体验教育和手拉手活动，中国少年雏鹰行动，促进了广大少年儿童的实践技能与思想道德水平的协调发展。通过开展“文明好青年”活动试点工作、百万农村青年道德规范承诺活动，进一步加强了农村青年道德教育和道德实践。积极开展创建安全放心网吧活动，引导青少年自觉遵守《全国青少年网络文明公约》，提高网络道德素质，营造健康文明的网络环境。在进一步加强团属新闻出版舆论阵地建设的同时，网上青年思想教育阵地建设大大推进，毛泽东、邓小平等人物专题纪念网站和八一南昌起义、“一二·九”运动网上纪念馆深受青少年欢迎。截止到10月底，总访问量已达610万人次。

一年来，青年统战和青年外事工作取得新成绩。通过组织台湾大学生访问团访问北京，举办“庆祝香港回归祖国暨祖国统一与和平统一”座谈会，举办第四届“海峡两岸青年中秋联欢”活动，“同根同心万里行”香港制服团体内地考察交流等活动，切实加强与港澳台地区青少年的交流。配合党政外交，广泛开展青年交流，成功举办了中越、中俄、中日青年友好交流活动，参与组织了世界可持续发展高峰会、亚欧首脑会议以及与APEC会议配套举行的青年论坛活动。深化“中日青年生态绿化合作项目”，今年引进资金1540万元，造林面积2500多公顷。推动与联合国系统在维护青年权益、促进青年发展方面的项目化合作，探索同国际组织合作推动青年工作的新渠道。组织百名团干部赴欧美、日本开展金融、经济管理等方面的专业培训，促进青年国际人才交流，取得了良好成效。

4. 切实提高服务青年工作水平。共青团十四届五中全会提出，要以强烈的责任感和高度的紧迫感把服务青年的工作提高到一个新水平。今年全团在服务青年工作上取得了新的进展。在帮助青年学习成才方面，通过深化青少年读书计划，继续实施青年助学行动，全面开展大学生素质拓展计划，引导和帮助大学生优化智能结构，全面成长成才。目前全国青少年新世纪读书书屋、俱乐部已达13万多个，帮助了1000多名家庭贫困的青年学生免费接受高等教育。在切实维护青少年权益方面，联合有关部门制定并完善优秀青少年维权岗管理办法及工作机制，编制《青少年自我保护指南》、《青少年安全防范三十招》等书刊影视作品，帮助青少年提高自护能力。针对毒品、艾滋病、非法网吧、有害卡通读物等社会问题进行专项整治教育，促进青少年健康成长。在服务困难青少年群体方面，重点开展为进城务工青年、特困下岗失业青年、农村贫困青年、残疾青年、贫困大学生办实事活动。实施"进城务工青年发展计划"，通过开展以送文化、送知识、送健康和助发展为主题的"三送一助"活动，帮助进城务工青年解决实际困难。动员青联委员、青年企业家协会会员及青年文明号集体结队救助特困下岗失业青年。切实做好各类助学金的评选和发放工作，已经发放各类助学金137万元。

5. 以作风建设年为契机，进一步加强团的建设。今年以来，我们从关系团的形象、关系团的生存与发展的高度，进一步加强团的作风建设。一是全面贯彻实施《共青团中央关于加强和改进团的作风建设的决定》，以各级团的领导机关和领导班子为重点，大力加强团的作风建设。二是从团内不称职务、互称同志，压缩会议、精简文件等具体事情入手，着力解决团的作风建设方面存在的突出问题。三是大兴调查研究之风，分别就进城务工青年、网络环境、社区信息化等与青少年发展密切相关的问题开展专题调研。设立了全团调研奖，开展首届全团调研奖评选活动，33个省级团委上报了一批具有较高水平的调研文章，共78篇文章获奖。目前，全国已有超过半数的省级团委专门设立了自己的调研奖。

在狠抓作风建设的同时，坚持党建带团建，进一步深化团建创新，深化创建"五四红旗团委"活动，整体推进团的基层组织建设。加强全国非公有制经济组织和社区团建工作。团干部教育培训工作取得了新进展，制定和实施《2002—2005年全国团干部教育培训规划》，举办了第一期西部千名优秀基层团干部培训班、第一期西藏团干部培训班、西部少数民族青年干部培训班、2002年新任职省级领导班子成员培训班等。构建开放式的团校培训网络，初步形成团干部教育培训体系。

"共青团县县上网工程"取得了明显成效。目前，全国所有地市级团委机关、2008个县级团委机关和1991个高校、大型企业团委，已经配备了联网办公用计算机，初步形成了县县上网、全团互联的网上格局。

三、关于2003年工作的安排

2003年是我国历史发展进程中具有特殊意义的一年，是深入学习贯彻十六大精神的开局之年；也是中国共青团和中国青年运动史上非常重要的一年，共青团第十五次全国代表大会将召开。关于明年的工作安排，《共青团中央2003年工作要点》已经作了全面部署。各级团组织要按照团中央的统一部署，结合实际，抓好落实，抓好深化。在这里，我就明年重点要抓的几方面工作谈一些具体意见。

1. 要认真抓好十六大精神的学习贯彻

周强同志在讲话中明确要求，要把深入学习贯彻十六大精神作为全团的首要政治任务抓紧抓好。希望大家认真学习领会，抓好贯彻落实。这里，我再提几点具体要求。首先，要组织团员青年原原本本地学习十六大报告。

对报告的重点以及团员青年在学习中遇到的难点和热点问题,要开展有针对性的、深入系统的辅导,帮助广大团员青年真正掌握报告的基本观点,准确把握精神实质。第二,要重点抓好团干部、大学生和各条战线的青年骨干的学习,团的领导干部要带头学习、带头贯彻、做出表率。各级团组织要广泛开展报告座谈、专题研讨、读书交流等形式多样的学习活动,开展丰富多彩的主题团队活动,使学习活动深入基层,深入团员青年之中,形成蓬勃的学习局面。第三,要坚持在学习中贯彻,运用十六大精神指导实践、推动工作。各级团组织要紧密结合青年和青年工作的实际,制定贯彻落实的具体措施,通过扎实有效的工作,真正把十六大精神贯彻到团的各项工作中去,体现到团的自身建设中去,落实到团结带领广大团员青年为实现党的宏伟目标而奋斗的实践中去。第四,要充分发挥团属新闻媒体的重要作用,营造良好的学习氛围。团属青年报刊要把学习宣传贯彻十六大精神作为重中之重,全面、准确、深入地宣传十六大精神。要充分重视互联网这一新的阵地,组织引导各类青少年网站开展形式多样的宣传活动,在互联网上和上网青少年中形成学习宣传十六大精神的强大声势。总之,要通过各方的努力,在全团兴起学习贯彻十六大精神的新高潮。

2. 要集中力量抓好团的重点活动。

(1)围绕经济发展,抓好以下重点活动。一是全面推进农村青年增收成才行动,通过深化青年农民科技培训工程、大力培育农村青年经纪人队伍、积极引导农村青年按照国际通行规则和质量标准组织农业生产、建设各级农村青年信息网,帮助农村青年增收成才。二是深入开展青年创新创效活动,与青年岗位能手活动相结合,实施"青工技能振兴计划",对青年职工进行广泛的技术业务培训,广泛开展青工劳动技能竞赛和评选;通过举办"青年成果专利进企业"系列活动,促进青年创新成果向现实生产力转化。三是深入实施中国青年科技创新行动,通过深化金桥计划、组织海外学人回国创业活动、建立各级青年科技信息服务站、举办第八届"挑战杯"大学生课外学术科技作品竞赛,为青年科技人员和大学生成才报国、发展事业牵线搭桥。四是大力实施中国青年西部创业行动,深入开展"博士服务团"、"青年企业家西部行"、"青年星火西进计划"、"展望计划"等活动,为西部地区提供形式多样的人才智力支持。五是深化保护母亲河行动,通过培养生态文化、开展生态体验和推动生态经济发展,广泛动员青少年参与国家生态建设。六是深化大学生素质拓展计划,通过加强大学生职业设计指导,深化素质拓展训练,建立健全以《大学生素质拓展证书》为载体的综合素质评价体系,促进大学生综合素质的不断提高,为他们日后就业创业打好基础。

(2)围绕精神文明建设,抓好以下重点活动。纪念开展学习雷锋40周年活动,要突出"弘扬雷锋精神,参与志愿服务,建设精神文明"的主题,坚持与时俱进,赋予雷锋精神以新的时代内涵,动员青少年广泛开展向雷锋学习的道德实践活动,推动《公民道德建设实施纲要》的贯彻落实。青年志愿者行动要全面推行志愿者注册制度,深入推进青年志愿者社区发展计划,大力实施青年志愿者助残行动、为老服务金晖行动,加大扶贫接力计划地市级项目的实施力度,启动实施维护社会治安志愿者筑城行动,积极拓展青年志愿者海外服务计划。青年文明号活动要重点加强信用建设,深入实施"青年文明号信用建设示范行动",动员和组织青年文明号集体为构建社会道德体系和信用体系做贡献。大中学生"三下乡"社会实践活动要以学习宣传贯彻十六大精神和"三个代表"重要思想为主线,以西部地区、贫困地区和革命老区为重点,引导广大学生积极参与农村两个文明建设,在实践中成长成才。青年文化活动要以"贯彻十六大,创造新业绩"为主题,办好第五届乡村青年文化节，广泛开展创建“青年文明一条街”活动、争当“文明好青年”活动，办好首届中国大学生校园歌手竞赛，开展城市青年文化广场创建活动。创建青年文明社区活动要着眼当前青年就业的需求，通过创建就业中介组织、开展就业信息服务，培育社区就业岗位，同时继续举办社区青年文化节，开展社区“大家乐”活动，不断丰富社区文化生活。要依托青少年宫，扎实推进“青少年体育俱乐部”、“青少年棋院”创建活动，提高青少年艺术培训活动的水平。手拉手活动要按照体验教育的思路，重点开展好健康少年儿童和残疾少年儿童手拉手活动，继续开展各民族少年志愿接待家庭活动和城乡手拉手助学活动，引导少年儿童获得体验、受到教育。

同时，要加大青少年教育基地的建设力度。继续推进中青网的建设，加强以中国共青团为龙头的青少年网站建设，大力实施专题纪念网站建设计划，逐步形成以“血铸中华”、“民族魂”为主体的网上青少年爱国主义教育基地。各级团组织要结合自己的实际情况，抓住机遇，形成自己的网络优势，充分占领互联网阵地。

3. 要努力抓好服务青年的工作。

要围绕培育“四有”新人的根本目标，抓住学习、就业、维权等重要环节，努力做好服务青年的工作。

(1)围绕服务青少年学习成才的需求，深化青少年新世纪读书计划和希望工程。要稳步推进读书计划助学行动，扩大助学规模，为贫困青年提供免费或低费接受中高等教育和技能培训的机会。要建设一批农村青年新世纪书屋，扩大读书计划在农村的覆盖面。要继续实施希望之星资助计划，构建面向农村特困家庭的大中小学生资助体系。要加大筹资力度，继续为贫困地区援建希望小学，扩大希望小学教师培训规模。

(2)围绕服务青年就业创业的需求，进一步做好促进青年就业和再就业工作。各级团组织要进一步贯彻落实共青团全国促进青年再就业工作会议精神，做好促进青年就业和再就业工作。重点抓好下岗失业青年再就业、城镇新增青年劳动力就业和农村富余青年劳动力向非农领域转移工作。围绕这个重点，要坚持以市场需求为导向，适应产业结构调整，加强青年就业观念的教育和引导，帮助青年树立正确的择业观和就业观；要充分发挥团校和青少年宫等的作用，扎实推进“千宫百万”行动，大力开展职业培训，提高青年的就业和再就业能力，培养和造就大批高素质青年劳动者和实用技术人才；要分区域、分阶段实施“工岗快递”行动，通过发布用工信息、举办就业洽谈会、组织劳务输出等方式，帮助下岗青年实现再就业；要深入实施进城务工青年发展计划，通过开展“千校百万”培训工作，提高进城务工青年的职业技能和综合素质，通过提供资金、技术、信息方面的服务，促进进城务工青年更好地就业创业；要深化“帮助青年创业计划”，加大培养青年兴业领头人的力度，鼓励下岗青年通过自主创业实现再就业；大力加强组织网络阵地建设特别是青年就业服务中心建设，开通“中国青年创业网”，发挥阵地在工作中的重要作用。

(3)围绕服务青少年健康成长的需求，深入推进维护青少年权益、预防青少年违法犯罪工作。要完善青少年维权岗创建活动的运行机制，推动创建活动向基层延伸，建立维权网络。要通过大力宣传与青少年成长成才有关的法律法规知识，广泛建立青少年法律学校及各级青少年法律研究会，加强对青少年的法制教育。要全面实施青少年违法犯罪社区预防计划，做好青少年预防艾滋病和禁毒工作，为青少年健康成长营造良好的环境。

同时，还要进一步做好服务有特殊困难青年群体的工作。特别是元旦、春节期间，要广泛调动社会资源，采取募集钱物、志愿服务等方式，帮助下岗青工、贫困大学生、农村贫困青年、残疾青年和困难群众解决实际困难，把党的关怀和团组织的温暖送到他们身边。

4. 要以“三个代表”重要思想为统揽，抓好团的自身建设。

这次全会上，周强同志提出，加强团的建设，要以“三个代表”重要思想为统揽，进一步增强团组织的活力和凝聚力，积极构建与社会主义市场经济发展相适应的运行机制。大家要在领会周强同志讲话精神，正确把握总体思路和基本要求的基础上，形成新认识，提出新措施，切实抓好团的建设。要进一步加强团的基层组织建设。坚持党建带团建工作，把团的建设纳入党的建设的总体规划之中。深化创建“红旗团委”活动，进一步巩固县、乡、村三级团组织层层创建、整体联动的基层团建工作机制。加强非公有制经济组织、社区、民办高校等领域团的建设，不断扩大团组织的覆盖面。要按照“党放心、青年满意”的要求，以作风建设为重点，加强团干部队伍建设。要以团员意识教育为重点，加强团员队伍建设。广泛开展团员思想状况调查，为加强团员队伍建设提供依据。进一步做好推荐优秀团员作党的发展对象工作，为党组织不断输送新鲜血液。

新的形势下，传媒对青少年的影响越来越大，团属报刊在共青团教育引导青少年中具有越来越重要的作用。当前，团属报刊面临的形势十分严峻。今后几年，是团属报刊改革发展的关键时期。全团上下要统一思想，认清形势，切实做好团属报刊工作。团属报刊要把服务青年作为办报办刊全部工作的指导思想，始终坚持正确舆论导向，更好地服务青年健康成长；要采取积极措施，解决好定位问题，提高办报办刊质量，同时探索适合各自特点的经营管理路子，优化内部机制，深入推进改革发展。各级团组织特别是团属报刊的主管部门要进一步加强对团属报刊的领导，切实推动团属报刊事业发展。

团中央书记处始终高度关注互联网的发展，高度重视共青团信息化建设。在全团的共同努力下，共青团信息化建设发展迅速。明年，我们要继续抓好“共青团县县上网工程”，以中青网为核心，搭建统一的信息平台，逐步实现“县县上网，全团互联”。要加大对团干部信息化知识普及和互联网应用技能的培养力度，帮助广大团干部掌握信息网络技术，切实提高工作效率。

同时，要认真贯彻落实共青团全国统战工作会议精神，以“围绕大目标、实现大团结、做出新贡献”为主题，加强与港澳台青年的交流，做好民族地区和宗教界青年的工作，进一步巩固和扩大青年爱国统一战线。我们还要积极配合党政外交，紧紧围绕共青团重点工作，推动青年外事工作实现新的发展。

再强调两项具体工作。一是元旦、春节期间送温暖工作。昨天周强同志已经提出了明确要求。大家一定要抓落实，把这项工作当做政治任务来完成。各级团干部要深入基层，深入青年，多办实事，多办好事，把党的关怀、团组织的温暖送到困难青少年群体身边。二是有关档案资料的寄送工作。今年 9 月，办公厅下发通知，要求各省级团委将纪念建团 80 周年活动的图书、画册、纪念册及光盘、录像带等资料寄送瑞金团市委。现在已有十几个省做了这项工作。我再强调一下，团中央书记处已经决定，上海团中央旧址将建成以青年英模为主的资料馆，各级团组织要将 80 多年来当地青年英模、青年典型的有关资料寄送上海团市委。瑞金共青团中央局旧址将建成全面的资料陈列馆，各级团组织不仅要将建团 80 周年活动的资料进行收集，而且要把 80 多年来共青团工作和青年工作的相关资料进行收集，寄送瑞金团市委。

四、关于贯彻落实全会精神的要求

同志们，2003 年的工作任务重，要求高，责任大。各级团组织要增强政治意识、大局意识、责任意识，切实把明年的工作做好。如何贯彻好这次全会精神，我提三点要求。

1. 要把握大局、突出主线。共青团作为党的助手和后备军，必须把自己的工作放到全党全国工作大局中去思考、去设计、去把握，通过开展富有特色的活动，组织动员广大团员青年为改革开放和现代化建设贡献力量。只有这样，我们的工作才能得到党政的有力支持、社会的积极响应和青年的广泛参与。在当前的形势下，把握大局，就是要把思想和行动统一到十六大精神上来，统一到“三个代表”重要思想上来，统一到全面建设小康社会的奋斗目标上来。突出主线，就是要用“贯彻十六大，创造新业绩”这个主题来统领各项工作，围绕这个主题来谋划工作、部署工作、推进工作。把握好了这个大局，突出了这条主线，我们就能统一思想，凝聚力量，为完成十六大提出的各项任务做出积极的贡献。

2. 要脚踏实地、求实务实。这既是我们做好工作的保证，也是广大团员青年的期望。要做到脚踏实地、求实务实，就必须讲苦干而不计较得失。要倡导“少说多干，注重实效”的工作作风，埋头苦干，默默奉献。要做到脚踏实地、求实务实，就必须讲实干而不浮躁。要克服浮躁情绪，克服急功近利思想，一项一项去落实，一步一个脚印去推进，兢兢业业干工作，扎扎实实做事情。要做到脚踏实地、求实务实，就必须办实事而不做表面文章。要进一步重视调查研究，深入青年，了解青年的所思所想，深入基层，了解基层在工作中遇到的实际问题。要从实际出发，从一点一滴的小事做起，不搞花架子，不搞形式主义，真心实意为广大团员青年服务，为人民群众办实事。

3. 要与时俱进、开拓创新。要用创新的精神研究新情况，用创新的方法解决新问题。在新的形势下，无论是团的工作环境、工作资源、工作条件，还是青年的思想、学习、工作、生活状况，无不发生着重大变化，给共青团工作提出了许多新的课题。我们只有在观念上、方法上、内容上、机制上不断创新，才能使共青团工作永葆生机与活力，才能不断开创共青团工作新局面。

同志们，明年我们将召开共青团第十五次全国代表大会，认真总结团十四大以来的工作，研究部署今后五年的工作。这是全团的大事。我们一定要以高度的使命感和责任感筹备好这次大会，开好这次大会。让我们在以胡锦涛同志为总书记的党中央领导下，高举邓小平理论伟大旗帜，以“三个代表”重要思想为指导，深入学习贯彻十六大精神，与时俱进，开拓创新，扎实工作，艰苦奋斗，团结带领广大团员青年为完成党中央提出的明年工作任务做出新的更大的贡献！

胡春华同志讲话

胡春华在青少年新世纪读书计划电视电话会议上的讲话

1998年12月8日

为了贯彻党的十五大精神，落实团十四大提出的“引导青年为迎接新世纪的挑战发愤学习”的任务，适应知识经济对青少年素质的要求，团中央书记处决定实施青少年新世纪读书计划。实施这项计划的目的，是通过发挥共青团的组织优势，争取社会各方面的支持，为青少年读书学习提供多渠道、多方面的服务,组织青少年广泛开展形式多样的读书活动,推动青少年形成学习新知识的热潮。

下面,我代表团中央书记处就全团实施青少年新世纪读书计划讲三点意见。

一、青少年新世纪读书计划的主要内容和工作重点

青少年新世纪读书计划是团组织引导青少年读书学习、为青少年成长成才服务的一项基础性工作,是以主题读书活动牵动、以"新世纪读书俱乐部"和"新世纪书屋"为依托、以社会化和市场化机制运行、长期开展的大型活动项目。它包括四个方面的内容。

1. 建立"新世纪读书俱乐部"和"新世纪书屋",为青少年读书活动提供有效的组织形式和稳定的活动阵地。

"新世纪读书俱乐部"是各级团组织开展读书活动及吸纳广大青少年读者的基本组织形式,其主要职能是:组织开展形式多样的读书活动;为青少年提供导读、评介等服务;促进青少年读书群体之间的交流和联谊。在基层,主要是通过发展会员的方式建立读书俱乐部,或把青少年中业已存在的读书社团、兴趣小组等纳入读书俱乐部的组织网络中,形成以"新世纪读书俱乐部"为统一名称的不同类型、不同层次的青少年读书群体。

"新世纪书屋"是联结、凝聚青少年读者的纽带,是青少年读书活动的服务渠道和服务实体。其基本职能是:为青少年读书活动提供阵地;开展借阅、租阅和售书活动;承担图书发行工作。书屋的建立主要依托各级青少年宫、农村科技图书站、青年志愿服务站等团内阵地,同时也可广泛利用各级各类图书馆(室)、街道社区活动中心、科技馆等社会资源。书屋有助于青少年读者少花钱多读书、读好书,并通过为青少年提供服务壮大自身实力,推动青少年图书出版发行事业的发展。

"新世纪读书俱乐部"和"新世纪书屋"在功能上各有侧重,相辅相成。读书俱乐部充分利用书屋的阵地依托和服务功能,组织和吸引更多的青少年读书,不断拓展活动的覆盖面;书屋与读书俱乐部建立密切联系,通过为更多的青少年读者提供服务,增强自身的发展能力。

2. 以"新世纪读书论坛"和"新世纪读者日"为载体,广泛开展主题读书活动,发动青少年,影响社会,营造读书氛围。

"新世纪读书论坛",主要是根据党和政府的工作重心、经济社会发展的热点和青少年关心的话题,结合重大节日、纪念日,确定主题;也可以将普及各学科领域的基本知识(如经济、管理、电脑网络等)作为主题,通过举办读书会、专题讨论会、演讲会、辩论赛、征文比赛、知识竞赛等活动,在读书俱乐部内或读书俱乐部之间开展交流,不断形成读书的热点和高潮。读书论坛重在为青少年读者提供畅所欲言、交流收获和体会的场所和渠道,使广大青少年相互鼓励、相互促进、共同提高。

"新世纪读者日"主要是根据青少年读书活动的需求,定期或不定期邀请专家学者以及图书出版发行单位,为青少年读者举办讲座、报告、座谈等活动,或为青少年读者提供信息咨询、推荐书目、导读导购、优惠售书等集中的服务。"新世纪读者日"活动重在为青少年直接提供读书学习方面的服务,为青少年读者开阔眼界、释疑解惑。

要以"迈向新世纪"为主线,牵动全团广泛开展"新世纪读书论坛"和"新世纪读者日"等主题读书活动,不断形成读书的热点和高潮。

3. 以团组织为主导,争取社会支持,为青少年读书活动提供指导和服务。

团中央将设立"新世纪读书榜",读书榜将综合专家学者、读者以及图书出版、发行部门和新闻单位的意见评出,力求具有较高的权威性、科学性,并定期在全国的主要新闻媒体公布,使其影响面能够覆盖全国,成为推荐青少年阅读书目的主流导向。

为了帮助青少年更好地学习新知识，引导他们在读书过程中养成全新的学习观念，提高学习能力，团中央将邀请各学科领域一流的专家学者针对青少年特点，编写“青少年新世纪丛书”，深入浅出地介绍各学科的基础知识和最新成果。力争使丛书以较高质量赢得广大青少年的喜爱，成为广大青少年学习新知识、迈向新世纪的基础读物。

成立“新世纪读书计划专家指导团”，聘请专家学者组团，以义务指导的方式，到基层与青少年读者进行直接交流，开展巡回报告、讲座、座谈。

4. 成立专门工作机构，保证青少年新世纪读书计划有效实施。

一是由团中央牵头，邀请中共中央宣传部、科学技术部、文化部、广播电影电视总局、新闻出版署、中国科学技术协会、解放军总政治部等有关部门参加，组成“青少年新世纪读书计划指导委员会”，为实施青少年新世纪读书计划提供指导。团中央书记处第一书记周强任指导委员会主任，其余成员单位各一位领导任副主任，聘请有关专家学者任委员。

二是由团中央作为主办单位，邀请有关图书出版发行部门、高等院校、新闻单位等作为成员单位，成立“青少年新世纪读书计划组织委员会”，负责全国青少年新世纪读书计划的长远规划、工作协调和组织实施，组委会主任由团中央书记处书记胡春华担任。组委会办公室设在团中央宣传部，负责日常工作。

各省级团委和大中城市团组织可建立相应的机构，推动工作深入开展。

二、近期工作安排

从现在起，各级团组织要积极行动起来，认真规划和安排，扎实推进青少年新世纪读书计划。这里特别就本月到明年5月的工作作出部署。

1. 12月12日，团中央、团北京市委在北京举行“新世纪读者日”活动，正式启动青少年新世纪读书计划。届时，我们将向全国青少年发出“学习新知识，迈向新世纪”的倡议；中华青年读者俱乐部在现场吸收会员，部分出版社向青少年读者推荐阅读书目，组织部分畅销书作者签名售书，为读者提供导读导购、优惠售书服务。各地团组织要在12月中下旬启动本地的青少年新世纪读书计划。

2. 明年1月，各地团组织开始建立“新世纪读书俱乐部”和“新世纪书屋”的工作，团中央将对部分城市开展这项工作进行重点指导。各地要依托“新世纪读书俱乐部”和“新世纪书屋”，把广大青少年有效地组织起来，以“新世纪读书论坛”和“新世纪读者日”为主要形式，以庆祝建国50周年、纪念五四运动80周年、迎接澳门回归和迎接世纪交接为主要内容，推出“五十年辉煌，新世纪畅想”主题读书活动，形成青少年读书活动的热点。

3. 明年2月初，“青少年新世纪读书计划组织委员会”在全国主要新闻媒体上公布“新世纪读书榜”，为广大青少年读书学习提供指南。各地团组织要积极参与读书榜的书目推荐、读书榜评定等工作。要积极争取在新闻媒体上开办“名人读书”、“青少年读书体会”等栏目，为活动的开展营造氛围，推动青少年新世纪读书计划向纵深发展。

4. 明年春季，团中央将组织“新世纪读书计划专家指导团”深入城市和农村开展活动。同时在读书活动开展比较好的地方召开工作交流会，组织部分省级团委和城市团委就实施青少年新世纪读书计划进行交流。推出一批长期坚持学习科技知识和组织开展读书活动的典型。各省级团委也要组织开展相应的活动，共同掀起青少年读书活动的热潮。

5. 明年五四期间，团中央将在北京隆重举办“全国青少年新世纪读书论坛”，展示各地开展青少年读书活动的成果，同时推出“青少年新世纪丛书”的首批书籍。各地应积极配合做好丛书的宣传、发行等工作。各地团组织也要大力开展大型读书论坛等丰富多彩的主题读书活动，共同形成全国青少年新世纪读书计划的高潮。

三、工作要求

1. 统一认识，迅速行动。

实施青少年新世纪读书计划是共青团贯彻落实党中央要求、服务科教兴国战略、引导青少年适应新世纪需要努力学习的重要举措，是全团的一项重点工作，各级团组织要进一步以团十四大精神统一思想认识，认真落实团中央的工作部署。目前，临近年底，工作头绪多，任务重，各地团组织要集中力量，及时启动青少年新世纪读书计划，形成较大声势和社会影响，为团的十四届二中全会的召开营造良好氛围。

2. 示范引导，全面展开。

各地团组织要选择工作基础较好的大中城市，集中力量开展几项有较大规模和影响的读书活动，昭示社会，营造氛围，同时还要积极探索主题读书活动的其他有效形式，带动本地青少年读书活动蓬勃发展。在建立“新世纪读书俱乐部”和“新世纪书屋”的工作中，要加强试点，注意总结经验，并及时加以推广，促进本地广泛建立读书俱乐部和书屋。

3. 深入基层，务求实效。

各地团组织要注重把读书活动引向基层，注重激发青少年读书的积极性，坚持自愿参加的原则，逐步壮大读书活动队伍。要根据青少年成长成才的需要设计活动，使读书活动在机关、企业、学校、农村以及部队等基层单位中切实开展起来，使读书成为广大青少年工作、学习、生活中的自觉行动。在建立“新世纪读书俱乐部”和“新世纪书屋”的工作中，各地既要量力而行，又要积极推进，务必建一个，成一个，不搞形式主义。

4. 形成机制，长期坚持。

各地要准确把握团组织、俱乐部书屋、青少年读者、图书出版发行单位之间的相互关系，努力探索俱乐部和书屋相互促进、共同发展的良性运行机制。要努力争取党政部门和社会各界的支持，为青少年读书活动提供指导和帮助。要积极创造条件设立“青少年新世纪读书计划基金”，为实施青少年新世纪读书计划提供保障。要把读书活动与团的其他工作结合起来，把读书活动作为一项指标，纳入入团、评优、青少年宫建设、文明社区创建、青年文明号集体创建、青年星火带头人评定等工作中，逐步建立青少年读书活动的激励机制，形成整体推进的工作格局。

同志们，实施青少年新世纪读书计划是一项重要的、长期的工作，全团上下要精心组织，真抓实干，大胆创新，积极引导广大青少年多读书、读新书、读好书，为把他们培养成适应21世纪需要的社会主义合格建设者做出应有的贡献。

胡春华在全国学校共青团工作会议上的讲话

1999年1月6日

我们这次会议，是在团十四届二中全会之后召开的。这次会议的主要任务，就是要以邓小平理论为指导，贯彻落实团十四届二中全会的精神，认真研究学校共青团工作面临的形势，明确今后一个时期学校共青团工作的基本思路，部署、安排好今年的工作。

一、学校共青团工作面临的挑战与机遇

学校是全团工作的一条重要战线，一直保

持了比较好的工作态势。改革开放以来,学校共青团工作在党政领导下,贯彻党的教育方针,积极适应经济社会发展对人才成长的需要,努力寻找教育改革深化中共青团工作的位置,不断拓展自身的工作领域,探索新的工作载体,相继推出了大学生社会实践活动和中学生实践教育活动、"挑战杯"大学生课外科技作品竞赛、大中学生志愿者活动等有影响的工作项目,取得了较大的成绩,达到了较高的工作水平。学校共青团工作同时也面临着一系列挑战。综合起来看,学校共青团工作遇到的挑战,主要来自四个方面。

一是新形势的要求。党的十五大提出了我国跨世纪发展的宏伟目标,团结带领广大青年为实现党的跨世纪发展目标而奋斗,是共青团组织的光荣任务。在新的历史条件下全面推进有中国特色的社会主义经济政治文化事业,对置身于这一历史进程中的当代青年的成长提出了更高的要求。新形势下共青团组织要完成党交给的团结带领青年的任务,更好地服务大局、服务青年,就必须努力使共青团工作适应新形势的需要。青年学生是科教兴国的生力军,是21世纪中国建设与发展的骨干力量。当今时代是知识经济崛起、科技竞争日益激烈的时代。学校共青团工作必须不断地开拓发展,敏锐地反映时代的要求,在符合新世纪要求的合格人才的培养中发挥更大的作用。现在,团十四届二中全会刚刚开过,团的各条战线都在贯彻会议精神,推动工作发展,学校共青团工作必须有新的作为,才能更好地适应全团工作发展的需要。

二是社会环境的影响。学校是社会的组成部分,社会矛盾和社会环境的变化必然反映到学校中来,无论是国际大环境的变化,还是国内改革的重大措施出台,都会在学生的思想行为中得到反映。社会环境对学生的影响过去主要是间接的,现在则更加直接地产生作用。国有企业职工下岗,马上就影响到部分学生的生活发生困难。党政机构改革,一部分学生的就业就形成压力。过去改革对学生的利益触动不是很大,现在改革和学生的利益联系很紧密,校园不再是与世无关的象牙塔,学生一定程度上已经成了社会的一分子。我国正处于社会转型期,改革在不断深入,这要求学校共青团组织紧密联系经济社会发展的实际来开展团的工作,主动地适应这种变化。还要看到在建立和完善社会主义市场经济体制的过程中,计划的手段、行政的手段发挥作用的范围越来越小,市场手段发挥的作用越来越大,团的工作方式必须适应市场经济的变化。同时,随着社会的发展,为青年提供服务的组织越来越多,提供的服务越来越丰富,客观上在争夺服务青年的资源,共青团组织只有不断拓展自己的工作,才能在团结引导青年中发挥主导作用。

三是教育改革的深化。恢复高考招生制度以来,在相当长一个时期内教育面临的主要问题是人才短缺,主要矛盾是如何为社会提供更多数量的人才。现在情况有了一些变化,从总体上看我国仍然是人才匮乏,但单就大学学历教育而言,已经在一定程度上出现了在经济社会低水平发展上的某种人才饱和状态,这比较明显地表现在大中专学生的毕业分配上,人才买方市场在逐渐形成。适应这种情况,教育部门推出了一系列教育改革措施,从院校合并,到高校内部管理体制改革,从应试教育向素质教育的转变,到学生招生、分配制度的变化,改革的力度在不断加大。教育改革的深化,实际上是教育资源的重组过程。在教育资源的重组中,共青团在人才培养中的地位和作用会发生变化,共青团在未来教育格局中的定位取决于我们现在的作为。

四是学生的变化。现在在校的学生,从他们懂事开始,基本上生活在改革开放的年代,可以称之为"改革开放的一代"。他们的思想和行为,打上了这个时代的烙印,具有不同于以前学生的特点。我们感觉到学生的一些变化，但对他们的研究还不全面和深入。比如说他们思想行为比较开放务实，自立的要求比较强烈。实行收费上学制度后，学生需要提供的服务更加丰富，在对待学校教育为自己的成长提供的服务上会有更加主动和自觉的选择。学生是学校共青团工作的主体，我们必须深入地研究学生思想行为的新特点，更好地满足他们健康成长的需要，为他们提供切实有效的服务，才能更好地团结引导他们。应该看到，除了外部的环境之外，我们自己的工作也还存在一些不足。学校共青团工作面临的挑战远不止这些，有些我们看得清楚一些，有些我们还看不太明白。挑战本身也蕴涵着发展的机遇。尽早采取措施，主动迎接挑战，就会处于比较有利的地位。新形势对人才成长的新要求，社会对人才素质需要的新特点，青年学生成长和发展中遇到的新问题，教育改革中出现的人才培养的新领域，为学校共青团工作发展提供了新的广阔空间。我们要适应新形势，增强创新意识，不断开拓学校共青团工作的新领域，探索学校共青团工作的新方式，在世纪之交实现学校共青团工作的新发展。

二、关于学校共青团工作的思路

学校共青团工作思路没有太大的变化，充分体现了对过去的继承，同时也有一些调整，因为情况不同了，我们必须适应新形势。

1. 学校共青团工作必须以育人为根本目标。

按照江总书记提出的“四个统一”的要求，培养造就大批有理想、有道德、有文化、有纪律的社会主义事业建设者和接班人，是教育工作的根本任务，也是学校共青团工作的根本任务，是我们在任何时候都必须始终坚持的工作目标和原则。我们常讲的一句话叫“受教育，长才干，做贡献”，就学生而言，成长成才是最根本的。我们在大中学校开展学习邓小平理论和社会实践活动，组织大学生利用所学的知识，在力所能及的范围内服务社会，都是以育人为出发点和落脚点，是通过社会实践和服务社会，让学生在受教育的过程中长才干、做贡献。青年学生只有在学校里真正成了才，才能在走入社会后更好地服务社会，为社会做更大的贡献。学校共青团组织要坚持不懈地把育人的思想贯彻到工作中，在培养“四有”人才中发挥应有的作用。

“四有”的内涵随着社会发展而不断丰富，新的时代赋予了“四有”新的特征。今天我们说有文化，并不单纯指对知识的掌握，而是包含了更加丰富的内容，是大学生全面素质的提高。正是出于这样一种培养新世纪新型人才的考虑，团中央书记处认为把“素质拓展”作为今后一个时期学校共青团工作的重点工作是合适的。规划中把大学生综合素质拓展的目标归纳为社会责任感、创新能力、社会适应能力，这样一种概括并不见得准确，只是我们的一种认识，还需要不断地深化。

关于社会责任感和社会适应能力，过去我们谈得比较多，核心是要用邓小平理论武装青年，充分发挥实践在人才培养中的作用，规划中已有比较详细的表述。在这里，我要特别强调大学生科技创新能力的培养。江总书记十分重视科技创新，指出：“创新是一个民族进步的灵魂，是国家兴旺发达的不竭动力”，他在不同的场合反复强调了科技创新的重要性，对青年一代在科技创新中发挥作用寄予了殷切的期望。当今世界，科技创新在经济社会发展中的贡献率越来越大，世界各国围绕科技的竞争日益激烈。把建设有中国特色的社会主义事业全面推向21世纪，在下个世纪中叶达到中等发达国家水平，实现中华民族的伟大复兴，这一伟大目标的实现，必须充分发挥科学技术的作用，实施科教兴国战略。当代大学生将亲身经历这一伟大历程，是这一实践的奋斗者，他们所肩负的使命要求他们把科技创新能力的培养放在重要的位置，成为能够在21世纪参与国际竞争，并在这种竞争中能赢的人才。学校共青团组织要特别重视大学生科技创新能力的培养，加大这方面的工作力度，在学生中广泛开展科技实践活动，使之成为校园文化的主导。这是我们在人才培养中有远见和负责任的体现，是新的时代共青团工作需要大力开拓的领域。团中央准备以“挑战杯”为品牌，形成挑战杯竞赛系列，使挑战杯成为一个开放的科技竞赛体系，既能体现学生科技活动的水平又能兼顾普及性与群众性，成为学校团组织面向新世纪提高学生科技创新能力的重要项目。

中学、中专团的工作是学校共青团工作的重要部分，团中央一直十分重视中学、中专团的工作。规划中把中学、中专学生素质拓展的目标归纳为公民意识、科学精神、实践技能，是根据他们所处的年龄特点确定的，同时也考虑与大学生的素质拓展联系起来。各地在推进实施学生素质拓展中，要大中学生一起联动，使大中学生的素质拓展成为各有侧重、互相呼应、共同发展的一个整体。素质教育并不是一个新思路，提出来已经几年了，由于对它的具体内容一直有不同的看法，进而影响到实际操作。我们不能等到把一切都想明白了，把方案设计得完美无瑕了再去行动。现在关键是要动起来，在实践中去不断丰富与完善。

2. 要把为学生成长服务真正落到实处。

共青团是青年人的组织，为青年服务是共青团理所当然的职责。前几年共青团工作一条重要的经验，是始终坚持服务的观念，服务于青年，服务于社会，服务于党政工作的大局。这也是我们在学校共青团工作中需要始终坚持的。为学生成长成才服务，是学校共青团工作的重要定位。共青团只有在服务中才能更好地凝聚、引导学生，才能更好地贯彻党的教育方针，更好地服务大局。为学生成长成才服务也是教育体制改革对学校共青团工作的必然要求。教育改革的一项重要措施，是实行收费上学，这一改革会带来一个重大的转变，学生不仅仅是“接受教育”，同时也是“消费教育”。学生一定程度上成了教育的投资者，他们要求得到他们希望的教育和服务。这些年来，学校共青团组织在为学生成才服务上开展了大量工作，积累了一些经验，从今后工作的要求出发，还要进一步强调服务的重要性，强化学校团干部的服务意识，善于发现学生的成长成才需要，不断寻找有效的服务手段，逐步建立起服务青年学生成长成才的体系；形成正确的成才导向，把服务真正落实到学校共青团工作中。

为学生服务要办实事。这几年各级团组织开展的济困助学活动就充分体现了这一思想。尽管受助学生在大学生中是少数，但在社会上已经有了一定影响。下一步我们要继续做好这一工作，同时在勤工助学、就业指导等方面开拓新的领域。学生的需求是多种多样的，我们的服务也应该是多种多样的，很难指望设计一个活动让所有学生受益，甚至让大多数学生受益都做不到的。任何服务都是具体的，都是针对具体的对象做具体的事，服务只有在这些具体工作中才能体现出来。因此，服务于学生，除了强化服务意识外，一个重要方面就是要形成有形的服务依托。没有有形的服务依托，服务就很难持久地开展，也不可能把服务的事业做大，更难有大的作为。形成有形的服务依托，还要注意挖掘社会资源，推进服务的方式也要尽量与市场经济相适应，这样，服务的事业才能持续发展。为了更好地做好这一工作，全国学联准备成立“大学生成才服务办公室”，开展包括济困助学在内的促进青年学生成长的各项服务。基层学校和各省级团委，既要从实际出发，成熟一项，落实一项，积极稳妥，不贪大求全，又要从共青团发展的长远大计着想，积极推动服务载体的建设。

3. 适应新形势的要求，进一步加强共青团和学联组织建设。

学校共青团组织建设和团的其他战线相比，一直比较健全，学校设团委，院、系设二级团委或团总支，班级设支部，没有太大的变化，也没有受到过什么影响，是一个很大的优势。但是，随着教育改革的深化，学校共青团组织的建设也开始面临一系列的新问题。近几年在学校内部管理体制改革中，已经有部分学校团组织机构被合并或合署办公，完全学分制下团的基层组织如何设置也还是一个有待我们去探索的问题。我们必须进一步加强学校共青团组织建设，并适应教育体制改革的要求，不断探索加强组织建设的新思路、新形式。

首先要在学校党委的领导下，加强学校团的组织建设。共青团是党的助手和后备军，是学校青年工作的主渠道，我们要认真贯彻教育部、团中央联合下发的《关于普通高等学校共青团建设有关问题的通知》精神，紧紧依靠学校党委，强化校、系两级共青团组织建设，要尽量保证共青团组织机构的单独建制。对已经合并合署的团组织要积极探索在新形势下共青团工作的新形式。要积极探索完全学分制下基层团支部的组织设置和活动方式。有些学校在这一方面已经做了许多好的尝试，如宿舍团支部等，在这一方面我们要大胆实践。要完善推优入党和业余党、团校等已有的制度手段和组织手段，充分发挥它们在团的组织建设中的作用。团中央和省级团委要适应新形势的要求，积极为团干部的成长发展和团的组织建设创造良好的外部环境。

要加强学生会、研究生会的作用。从目前情况看，两会的作用发挥还不够。要支持两会依据章程独立自主地开展工作，发挥两会在学生自我服务、自我管理、自我教育中的主导作用，调动学生干部的积极性，强化两会的服务功能。

在校园文化建设中，许多学校学生社团发展很快。随着教育改革的深化，学生的兴趣、利益更加具体和多样化，学生对服务的需要也更加广泛和丰富，这在客观上会促进学生社团的发展。从实践中看，学生社团的成长和发展，对活跃校园文化，提高学生全面素质有积极意义。但同时如果不加以引导和管理，也有可能在一定的条件下出问题。对学生社团一是要积极扶持，特别是要扶持邓小平理论社团、学术科技类社团的发展，在学生社团的发展中形成导向；二是要加强管理，完善社团的管理制度，加强对社团骨干的培训和教育，使学生社团健康有序地发展。

三、关于今年的工作

今年在我们党和国家的历史上，是具有特殊意义的一年，我们将迎来建国50周年，我国政府将恢复对澳门行使主权。今年还是五四运动80周年。从今年面临的形势看，推进改革和现代化建设的总体情况是好的，但也存在一定的困难，比如，东南亚金融风暴对我国经济的影响还在深入，一些宏观调控措施发挥作用还需要一定的时间，改革中积累的一些矛盾如下岗职工的问题等，还没有完全解决。党中央对今年的工作非常重视，对共青团积极配合做好有关工作提出了明确要求。按照中央的要求，团十四届二中全会对今年的工作进行了认真的研究和部署。重要的时刻和重大的活动，是展示当代青年的精神风貌、发挥共青团组织的作用的时候。学校共青团组织要把握机遇，按照中央的要求，根据全团的工作部署，结合重大纪念活动的开展，认真规划、努力做好今年的工作，团结带领广大青年学生，以积极进取的姿态和脚踏实地的行动，迎接新世纪的到来。

今年的学校共青团工作，要点中已作了安排和部署。在这个基础上，我再强调三个方面。

1. 结合形势加强对青年学生的教育和引导首先要引导青年学生深入学习邓小平理论，用邓小平理论武装青年学生。今年深化改革、促进发展、保持稳定的任务十分繁重。要引导青年学生深入了解我国社会主义初级阶段的基本国情，深刻理解改革、发展、稳定之间的关系，正确看待形势，正确看待改革中出现的复杂情况，自觉维护改革、发展、稳定的大局。要帮助青年学生坚定坚持党的基本路线一百年不动摇的信念，坚定走有中国特色社会主义道路的信心，适应把建设有中国特色社会主义事业全面推向21世纪的需要努力成才。共青团在组织青年学生学习邓小平理论中，要注意发挥社会实践、学生社团和多种形式的理论学习活动的作用，通过抓实践、抓社团、抓活动，引导他们在丰富多彩的社会实践和生动活泼的理论学习氛围中加深对邓小平理论的理解。今年5月份，中宣部、教育部、团中央将联合召开学习邓小平理论座谈会，推动青年特别是青年学生深入学习邓小平理论。

重大纪念活动多是今年的一个特点，要抓住有利时机，对青年学生进行爱国主义教育。结合建国50周年和澳门回归，要引导学生学习中国近现代史，了解中国人民近百年来为民族独立和国家富强所作出的奋斗、努力，了解我国探索社会主义现代化建设的艰难历程，了解建国50年特别是改革开放以来我国社会主义现代化建设所取得的辉煌成就，认识澳门回归的伟大历史意义，激发青年学生的爱国主义情感，增强责任感和使命感。青年学生是五四运动的主体，要充分利用纪念五四运动80周年的契机，开展多种形式、生动活泼的纪念活动。要在青年学生中大力弘扬五四精神，引导学生继承发扬五四运动的爱国主义传统，在新的历史时期勇敢地承担起振兴中华的跨世纪历史使命，用脚踏实地、坚持不懈的行动和努力，为中华民族的伟大复兴做出应有的贡献。

2. 以科技创新能力的培养为突破口推动实施大中学生“素质拓展”。

今年是在学校共青团工作中推进实施大中学生“素质拓展”的第一年，今年的工作对落实今后一个时期学校共青团工作的思路、开创学校共青团工作的新局面非常重要。新的世纪即将来临，要抓住世纪之交的时机，用新世纪来激发、调动青年学生的学习积极性，推动青年学生面向新世纪、面向世界、面向现代化提高自身综合素质，推动素质拓展的实施。从弘扬五四运动的科学传统和培养新世纪人才的需要出发考虑，今年的工作中要把学生科技创新能力的培养放在重要位置，把倡导学生学习掌握现代科学技术、开展科技创造和科技创业活动作为重要的内容，以此作为进行学生素质拓展的突破口。为此，团中央将在今年组织学生开展展望新世纪主题设计竞赛活动和大学生创业计划竞赛活动，同时办好第六届“挑战杯”课外学术科技作品竞赛，推动学生科技创造和科技创业活动的开展。展望新世纪主题设计竞赛活动要求大中学生以现有的知识和所掌握的科学原理，对21世纪进行合理的展望和概念设计，引导学生面向未来，激发他们的创新能力。大学生创业计划竞赛活动紧扣知识经济时代的特点，倡导学生培养把科学技术转化为现实生产力的能力，提高他们进行科技创业的素质，更好地在实施科教兴国战略中发挥作用。这两项竞赛的成果分别在五四和十一前后展示，作为青年学生纪念五四运动80周年和迎接建国50周年的主题活动。各地各高校团组织要根据这两个竞赛的特点，有所侧重，广泛动员学生积极参加竞赛，认真做好有关的组织工作，同时认真准备，提高第六届“挑战杯”竞赛学生参赛作品的水平，通过我们的努力，使学生的科技活动扎扎实实、轰轰烈烈地在今年开展起来。

3. 高度重视，积极维护高校的稳定。高校的稳定和社会的稳定紧密相连，做好维护高校稳定的工作关系改革与发展的大局。今年是推进改革和现代化建设非常重要的一年，重大的纪念活动多，改革与发展的任务重。巩固改革开放的成果，克服前进道路上遇到的困难，完成今年经济工作和其他工作的任务，把改革与发展事业推向新世纪，保持安定团结的局面非常重要。高校的稳定已经持续了近十年，但我们对稳定工作千万不能有松懈和麻痹的思想，任何时候我们都要有稳定压倒一切的意识，始终把维护高校的稳定放在十分重要的位置。今年经济和社会发展的总体形势是好的，但要看到深化改革过程中存在一定的矛盾和困难是必然的，一些别有用心的人利用这些困难和矛盾的活动从来没有停止过。和平与发展是时代的主流，但世界也并不太平。今年还是"六四"事件过后的第十年，国内外一些敌对势力试图借此挑起事端。对今年的高校稳定工作要引起高度重视。各地各高校团组织要在党委的领导下，加强对学生的教育引导，积极疏导学生的思想情绪，及时掌握高校学生的思想动态，做好维护高校稳定的工作。特别是"六四"敏感期，要加强值班工作，及时反馈情况。要协助学校有关部门采取措施，早做工作，把不稳定的因素消灭在萌芽状态，同一切破坏稳定的活动作斗争，维护大局，为改革的推进创造安定团结的环境。

今年的学校共青团工作，任务繁重，头绪较多。除上述工作之外，还有大学生社会实践活动、中学生成人教育等工作项目。做好今年的工作需要同志们付出大量辛苦的劳动。学校团干部是一支敢打硬仗的队伍，相信经过同志们的努力，今年的学校共青团工作一定会取得丰硕的成果。

四、攥紧拳头，开创学校共青团工作的新局面

学校共青团工作在长期的实践中，依靠全体学校团干部的努力，创造了一些名牌工作项目，如大学生社会实践活动，已经得到社会的广泛承认，成为有中国特色社会主义高等教育的重要组成部分。但这些年来，相对于团的其他战线，我们在适应新形势推出和形成社会公认的学校共青团工作新的名牌项目方面，还存在一定的差距。应该说，我们每一所学校共青团工作水平都很高，都有自己的特色项目，工作都付出了很大的努力。出现这种情况，一个重要的原因在于我们在具体的工作项目上形成合力还不够。学校共青团战线组织比较健全，干部队伍的素质比较高，大中学生相对集中，我们在开展工作上有一定的优势。如果我们能够在一个或几个工作项目上攥紧拳头，形成合力，凝聚全国学校共青团干部的创造和奋斗，就一定能够推出具有广泛社会影响的工作项目，在人才培养中发挥更大的作用。

攥紧拳头，形成合力，对于开创学校共青团工作新局面的意义重大。共青团工作本身就有活动性比较强的特点，缺乏长线的工作，如果不能形成合力，就很容易使团的工作陷入到一个个具体的活动中，分散力量，发挥不了它应有的作用。这些年来，集中全团力量，依靠全团的努力，共青团形成了一些具有广泛社会影响的工作项目，如希望工程、青年志愿者活动、青年文明号等，共青团的整体形象树立起来了，对社会的影响大了，发挥的作用自然也就大了。新的工作项目的推出，青年接受需要一定的时间，如果没有一定的声势和工作力度，就很难打开局面，形成影响。在教育改革不断深化的进程中，团的工作天地很广，但是相对于学校的教育教学部门，我们的力量有限，如果我们不能在充分发挥共青团优势的项目上形成合力，创造新的品牌项目，而是各干各的，我们就会逐步丧失在人才培养中的地位，就不能很好地完成党交给我们团结带领青年学生的任务，更谈不上开创学校共青团工作的新局面。

攥紧拳头，形成合力，就是要集中力量推进实施大中学生素质拓展。既然我们确定把素质拓展作为学校共青团的重点工作，就该积极地把它落实到具体工作实践中。各地各校共青团工作者要努力与素质拓展对接，基本的工作框架要一致起来，在关键的项目上要统一名称，在基本的方面取得一致，使全国学校共青团工作成为一个整体。素质拓展主要是为学校团的工作发展确定方向，它并不会限制基层的创造,相反,需要基层的创造才能使它更加丰富,提高操作性。在推进素质拓展中,要努力形成学校共青团工作的品牌项目。这样的项目究竟是什么,需要实践来检验,但目前我们能够看到的,学生的科技创造和科技创业活动是一个很好的工作项目。将来可能还会生长出新的不错的项目,到时候我们再把这样的项目开展起来,重要的是我们现在就要行动起来。大家都认为面向新世纪,培养学生的科技创新能力十分重要,这是学校共青团工作一个很有前途的新的增长点。我们就要在培养学生的科技创新能力上下功夫,在开展学生科技创造和科技创业活动上下功夫,以"挑战杯"为品牌,统一名称,建立一些基本的规范,群策群力,努力使它成为学校共青团工作的名牌项目。攥紧拳头,形成合力,并不是要放弃其他工作。各地各校结合实际开展的一些特色工作,过去工作中有生命力的项目,学校交办的临时性工作,仍然要做好。这就要求在工作中我们要注意处理好重点工作和一般工作的关系,长远工作和临时性工作的关系。要把主要精力放在重点工作和关系学校共青团组织长远发展的项目上,在重点工作项目上要做到全国一盘棋,统一行动,齐心协力。要着眼长远,用创新的态度做好一般的工作,贯彻学校共青团工作发展的思路,为这些工作注入新的内容,推动形成学校共青团工作生机勃勃的创新与发展的局面。

胡春华在共青团全国宣传工作会议上的讲话

1999年2月2日

我们这次会议的主要任务是以邓小平理论为指导,认真贯彻全国宣传部长会议精神,落实团的十四届二中全会提出的各项任务,探索社会主义市场经济条件下团的宣传思想工作的基本思路,研究和明确世纪之交团的宣传思想工作面临的形势和任务,统一思想,振奋精神,努力开创团的宣传思想工作新局面。

上午周强同志代表团中央书记处所作的重要讲话,对我们进一步提高认识,认清形势,明确任务,做好当前和今后一个时期团的宣传思想工作,具有很重要的指导意义,请同志们认真学习领会。下面我再讲几点具体意见。

一、过去几年团的宣传思想工作的简要回顾

团的十三大以来,伴随着团的事业不断发展,团的宣传思想工作也在继承中创新,在探索中前进,取得了可喜的成绩。

突出抓好邓小平理论学习。牢固确立邓小平理论在全团的指导地位,坚持不懈地用邓小平理论武装全团、教育青年。组织开展了形式多样的理论学习活动,引导各级团干部和广大团员青年充分认识邓小平理论的形成发展、历史地位和指导意义,不断增强理论学习自觉性。以团干部和青年学生为重点,抓好骨干队伍的学习。通过编写邓小平著作选读、建设有中国特色社会主义理论、社会主义市场经济知识等青年理论读物,促进了理论在广大青年中的普及。加强青年理论学习经验交流,召开了青年学理论工作座谈会,我们的青年理论学习典型和做法得到了中宣部、国家教委领导的充分肯定。坚持理论联系实际,注重了理论学习的实效性和针对性,去年底,开展了"全国青年

改革开放20年知识竞赛”活动，吸引了全国31个省、自治区和直辖市的各级团组织和上百万团员青年的积极参与。

思想教育工作富有成效。坚持把爱国主义、集体主义、社会主义和艰苦创业精神作为思想教育的主题。规范和推进18岁成人仪式教育活动，使这项工作成为一个集公民意识教育、成人预备期志愿服务和宣誓仪式于一体的系统教育过程。抓住纪念抗日战争胜利50周年、庆祝香港回归祖国、党的十五大召开等重要纪念日、重大活动的有利契机，对青少年进行了生动有效的教育活动。加强青少年教育基地建设，基地的教育功能进一步完善。

青年志愿者行动扎实推进。牵头推出青年志愿者行动，探索了市场经济条件下共青团加强青少年思想教育，促进精神文明建设的有效途径。这项开创性的工作已在城市公益服务和农村扶贫开发领域取得扎实进展。重点在城市社区实施了“一助一”长期结对服务。在山西静乐、广西百色成功试点的基础上，面向全国拓展了扶贫接力计划。广大青年志愿者成为大型活动和抢险救灾的突击队，在“讲文明树新风”活动中发挥了开风气之先的作用。坚持活动开展与机制建设“两手抓”，形成了由全国性协会及工作指导中心、31个省级协会、8000多个服务站和服务基地构成的组织网络。青年志愿者行动受到了中央领导同志的充分肯定和社会各界的普遍赞誉。1997年底，江泽民总书记欣然为中国青年志愿者题名。目前，青年志愿者行动正逐步朝着一项持久的事业发展。

青少年文化建设不断加强。依托青少年活动阵地，开展了丰富多彩的主题教育和示范性文化活动，引导青少年文化健康发展。实施了“千宫百万”行动，与有关部委合作举办了青少年计算机和剑桥英语培训考试，已分别建立培训站196所和175所，年培训平均1500多人次，活动阵地的综合效益显著提高。认真做好团的“五个一工程”工作，每年都有作品入选全国的“五个一工程”，并获得了第六届全国“五个一工程”组织工作奖，有力推动了全团青少年精神产品的创作和生产。

新闻宣传工作稳步发展。始终坚持正确的政治方向和舆论导向，围绕全国工作大局和全团重点工作，从提高数量和质量两个方面不断加大新闻宣传力度。加强对青年报刊的管理和服务，通过评选“五四”新闻奖、“好新闻、好作品、好活动”，更好地调动了团内外新闻界宣传青年工作的积极性。

回顾总结过去的工作，我们切身感到，经过几年来的努力，团的宣传思想工作确实拉开了一个发展的架势，为今后的进一步发展奠定了良好的基础。这些成绩的取得，是与各级党委政府的高度重视和社会各界的大力支持分不开的，也是全团上下特别是团的宣传思想战线同志们共同努力、辛勤工作，主动适应发展社会主义市场经济的需要，在服务改革发展稳定大局、服务团的工作全局、服务青年成长成才方面，在工作领域的拓展、工作载体的创新、工作方法的改进等方面大胆探索的结果。在此，我代表团中央书记处，向各级党委政府和社会各界表示衷心的感谢！向全团宣传思想战线的同志们致以诚挚的问候！

回顾过去几年来的历程，我们也必须清醒地看到，团的宣传思想工作还存在着与形势发展不相适应的地方，如有些同志对社会主义市场经济条件下宣传思想工作的重要性缺乏足够的认识；新形势下宣传思想工作的规律和机制还需要不断探索；一些从事宣传思想工作的团干部的素质与时代发展的要求还有差距。这些都需要我们在今后的工作中给予重视，努力加以改进。

二、当前和今后一个时期团的宣传思想工作面临的形势和任务

我们即将跨入一个充满机遇和挑战的新世纪。团的宣传思想工作面临着如何紧跟时代前进步伐，不断开拓新领域、探索新机制等紧迫课题。共青团要深入贯彻落实十五大精神，团结带领青年为实现党的跨世纪宏伟目标而奋斗，需要进一步统一思想，振奋精神。团的宣传思想工作要在这方面负起更大责任。

随着社会主义市场经济的发展，精神文明建设会不断遇到新情况、新问题，青少年的思想观念、价值取向、行为方式等都会呈现新的特点，团的宣传思想工作在内容和方法的创新方面任务更加繁重。

今年是党和国家历史上具有特殊意义的一年。大事喜事多，难点热点也多，改革、发展、稳定的任务很重。我们将迎来建国50周年、澳门回归祖国、纪念“五四”运动80周年。对共青团来说，还要迎来青联成立50周年和少先队建队50周年。今年还是全面落实团的十四大和十四届二中全会提出的各项任务的开局之年，积极宣传和认真实施《共青团工作跨世纪发展纲要》，为团的各项工作开展营造良好氛围，是团的宣传思想工作义不容辞的责任。这一切为团的宣传思想工作提供了广阔的发展舞台，也提出了更高的要求。

面对新的形势，我们宣传思想战线的同志们一定要有清醒的认识，既要充分认识当前正是做好宣传思想工作的极好时机，增强紧迫感；更要深刻意识到面临的挑战，增强责任感。要按照全国宣传部长会议的要求，进一步增强政治意识、大局意识、责任意识，兢兢业业地工作，在培育“四有”新人，为改革开放和现代化建设提供良好舆论环境和有力思想保证方面切实作出努力。为此，希望大家做好下面三篇大文章。

要做好“服务”这篇大文章。服务党政工作大局，服务团的工作全局，服务青年成长成才，这是团的宣传思想工作在任何时候都要坚持的方向。三个服务中，服务党政工作大局是核心，是“方向的方向”，是共青团作为党的助手和后备军的根本要求和具体体现。服务团的工作全局，是由团的宣传思想工作本身的性质和职能决定的。团的宣传部门要主动为全团中心工作服务，为团的各条战线重点工作服务。服务青年成长成才是目的，竭诚为青年服务是共青团全部工作的出发点和落脚点。团的宣传思想工作紧紧围绕改革、发展、稳定的大局，围绕团的中心工作，围绕青年成长成才的需求，充分发挥舆论导向、宣传鼓劲、凝聚力量、营造氛围、提供思想保证作用，才能找准位置，有所作为。在新的形势下，服务意识、服务工作只能加强不能减弱，要牢固树立服务的观点，切实提高服务的水平。要从党政关注、群众和青年关心、共青团能为的具体事情上寻找工作突破口、抓工作项目，在这三个服务的结合点上狠下功夫。

要做好“学习”这篇大文章。我们正处在一个知识“爆炸性”增长的时代，终生学习已是现代社会每个人生存和发展的必要条件。前几年说知识的更新速度为三至五年，现在恐怕不能再以几年算了，电子计算机芯片的升级速度只有几个月。一不学习就会落伍。最近一段时期，江泽民总书记多次倡导要在全社会大兴学习之风，并专门强调加强年轻干部和青少年学习的问题，把此提到关系党和国家兴旺发达、后继有人的战略高度来认识。共青团着力培养适应新世纪需要的“四有”新人，竭诚为青年成长成才服务，抓青年的学习无疑是一条重要途径。从一定程度上说，共青团是一个政治组织，同时也是一个带领青年学习的组织，是一所在实践中学习、在学习中育人的大学校。引导和带领青年学习是共青团的基本任务之一。面对即将来临的新世纪，面对现代化建设的新要求，共青团更应该把学习这项基本任务放到更加突出的位置来抓。要按照江泽民总书记的要求，落实团十四大提出的引导青年为迎接新世纪挑战发愤学习的任务，探索切实可行的载体和项目，引导青年用科学理论、科学知识武装自己，切实承担起为实现中华民族伟大复兴而奋斗的历史使命。团的宣传思想战线的同志们不仅要在全团做勤奋学习的表率，而且要以扎实的工作，推动广大青少年掀起持久的学习热潮。

要做好“创新”这篇大文章。江泽民总书记十分重视科技创新，反复强调：“创新是一个民族进步的灵魂，是国家兴旺发达的不竭动力”，并对青年一代在科技创新中发挥作用寄予厚望。尽管江泽民总书记主要是针对科技方面来讲创新的，但创新意识、创新能力即创新素质的培养却具有普遍的意义。青少年思维敏捷，风华正茂，最富有创新精神。团的宣传思想工作要注重因势利导，努力把青少年中蕴藏的创新活力激发出来，积极为青少年开展创新活动营造氛围、创造条件。同时要把引导青少年创新同自身创新相结合，积极探索与社会主义市场经济体制相适应的团的宣传思想工作新思路、新内容、新机制。要注意掌握好把握导向与创新的关系，在把握导向的基础上创新，创新工作项目、创新工作方式、创新工作手段。现在都重视信息，宣传思想工作尤其要加强信息网络建设，这实际上就是工作方式和手段的创新。我们已经推出的青少年新世纪读书计划和即将实施的青少年素质训练计划，就是适应新形势的项目创新。很多老项目也可以在内容和形式上有所创新。总之，要勤于探索，敢于创新，始终保持强烈的时代感和旺盛的工作活力。

这三篇文章是相辅相成的。做好了这三篇文章，在全团营造出浓厚的服务氛围、学习氛围和创新氛围，我们的工作就会更加贴近大局，贴近时代，贴近青年，贴近团的实际，就会更好地适应形势不断变化的要求，在经济社会发展中更加有所作为。

面对世纪之交的新形势，当前和今后一段时期团的宣传思想工作的总体要求是：以邓小平理论为指导，深入贯彻党的十五大和全国宣传部长会议精神，认真落实团的十四大和团十四届二中全会提出的各项任务，坚持为改革、发展、稳定大局服务，为团的工作全局服务，为青年成长成才服务，注重用科学理论和科学知识武装青年，用爱国主义和艰苦创业精神教育青年，加强青年思想道德建设和文化建设，积极为青年的成长成才和团的工作发展营造良好的舆论氛围，以重点活动带动整体工作全面活跃，大力探索与社会主义市场经济体制相协调、具有鲜明时代特征的团的宣传思想工作跨世纪发展新格局，努力培育适应新世纪需要的“四有”社会主义新人。

根据上述总体要求，我们要重点做好以下六个方面的工作。

进一步把用邓小平理论武装全团、教育青年的任务落到实处，帮助青年一代构筑起强大的精神支柱。要始终不渝地把理论武装工作放在全团工作的首位、放在团的宣传工作的首位。在增强青年理论学习的内在自觉性上下功夫。当代青年是改革开放的直接参与者和受益者，广大青年有学习理论的内在积极性。要帮助青年进一步认识邓小平理论的历史地位和指导意义，更好地把青年的内在积极性调动和发挥出来。要在坚定青年理想信念上下功夫。用党的十五大提出的跨世纪宏伟目标教育和凝聚青年，使党的奋斗目标成为广大青年的共同理想和追求，帮助青年牢固树立坚持党的基本路线一百年不动摇的坚定信念。要在抓好团干部和青年学生的理论学习上下功夫。继续发挥好组织优势，通过完善学习制度等措施，使团干部和青年学生的理论学习经常化。周强同志提出要配合教育部门的“三进”工作，通过抓实践、抓社团、抓活动，推动青年学生理论学习的深入开展，我们要按照这个思路把工作抓好。要在理论学习与理论研究、理论宣传有机结合上下功夫。全团宣传部门如果与团属新闻出版、教学科研机构联合起来，形成合力，就会推动理论学习向深度和广度发展。最近，书记处提出要制定青年和青年工作理论研究规划，加强重大理论课题的研究，这件事做好了，会大大调动全团开展理论研究的积极性，推动理论学习的深入。要在理论联系实际上下功夫。紧密结合青年学习、工作和生活实际，切实帮助青年解疑释惑，使青年感到学习理论确实有用，增强理论学习的实效性。特别要结合改革开放和现代化建设取得的巨大成就，用青年们亲历、亲见的事实说话，增强理论学习的说服力。中宣部、教育部和团中央将在今年五四期间联合召开全国青年学习邓小平理论经验交流会，大家要抓紧做好典型的挖掘和总结工作，及时报团中央宣传部。总之，希望大家积极探索，努力开创理论学习新局面，推动全团兴起学习邓小平理论的新高潮。

以五四运动80周年纪念活动为重点，在广大青少年中深入开展爱国主义教育。纪念五四运动80周年是广泛开展青少年爱国主义教育的重要契机，是全团一项十分重要的工作。团中央将在中宣部、教育部等支持下，集中力量组织大型文艺晚会、青年理论学习经验交流会、“五四运动与面向新世纪”座谈会、’99青年科技论坛、中国青年五四奖章表彰等活动。各地团组织要从实际出发，以“弘扬五四精神，迈向新的世纪”为主题，广泛开展青年喜闻乐见的各种纪念活动和主题教育活动，把爱国主义教育引向深入。团的宣传部门要围绕纪念活动的主要内容，从维护改革、发展、稳定的大局出发，切实做好舆论引导和营造氛围的工作。要重点宣传五四运动的重大历史意义及五四运动以来在党领导下我国青年运动的基本经验，宣传五四运动以来党领导各族人民进行革命和建设的光辉历程，宣传新中国成立50周年特别是改革开放20年来我国社会主义建设的巨大成就，宣传党的十五大精神。同时要结合青年和共青团工作实际，宣传以江泽民同志为核心的党中央对青年一代的关心与爱护，宣传改革开放20年来我国青年工作取得的发展和进步，宣传青年先进典型的事迹。我们还要以庆祝新中国成立50周年、迎接澳门回归祖国等为契机，教育青少年增强民族自信心和自豪感，努力使今年成为青年的邓小平理论教育年，成为青年的爱国主义教育年。

大力推进青少年新世纪读书计划，引导青少年勤奋学习新知识、新科技、新技能，努力成为新世纪需要的合格人才。新世纪读书计划是团的十四大之后率先推出的一项全团性的重点工作，能否实现预期目标，关系到团的工作全局，是对团的宣传思想工作队伍战斗力的考验。今年要着重在青少年读书组织网络和阵地建设上有所突破，切实为青少年读书学习提供有效的依托和服务。新世纪读书俱乐部和新世纪书屋的建设，是使这项计划一开始就建立在扎实基础上的关键。这项工作有一定的难度，必须下真功夫，加强试点，注重调动各方面的积极性，建立需求和利益的共同体。俱乐部、书屋建起来后尤其要注意发挥作用，逐步形成符合市场经济规律的良性运行机制。团中央今年将主要抓好“中华青少年新世纪读书俱乐部”的建立和管理、新世纪读书榜的评定、青少年新世纪丛书的编写出版以及组建读书计划专家指导团、举办五四新世纪读书论坛等项工作，同时加强对各地的工作指导和典型宣传。各省级团委和地市级团组织要把工作重点放在读书俱乐部和新世纪书屋的建设、主题读书活动的开展及为青少年读书学习提供指导和服务上。今年有许多重大契机，各地要以“迈向新世纪”为主线，以新世纪读书论坛、新世纪读者日等为载体，开展丰富多彩的主题读书活动，并以此为牵动，形成有机的工作整体和读书活动的高潮。青少年新世纪读书计划要成为一个开放的系统，注重以社会化、市场化的方式加以推进，要加强与文化教育、出版发行、新闻宣传等部门的联系与协作，广泛吸纳社会资源，努力使之成为一项广大青年踊跃参加、社会各界大力支持、共青团常抓不懈的事业，成为新时期青年文化产业的组成部分。

不断深化青年志愿者行动，广泛动员青年

开创文明新风，在服务社会中锻炼成长。青年志愿者行动是一个非常有潜力的活动项目，随着经济社会的进步而具有广阔的发展前景。作为跨世纪青年文明工程的重要项目，青年志愿者行动仍然是全团的一项重点工作。这个融服务社会、弘扬新风、锻炼青年于一体的工作项目已经有了一个良好开端，需要大家一如既往地奋斗，不能有丝毫的懈怠。今年是改革、发展、稳定任务较重的一年，青年志愿者行动要继续坚持为改革、发展、稳定大局服务，为人民群众生产生活基本需求服务的方向，在城市重点实施社区发展计划，依托青年志愿服务站、服务基地、服务广场等网络，切实为下岗职工、离退休人员、孤寡老人、残疾人等困难群众提供“一助一”长期服务，在建立多层次社会保障和社会服务体系、维护社会稳定方面有更大的作为。同时，围绕城市公共利益和公共需要，采取社会化的动员方式，公布项目，公开招募，广泛动员青年开展环保、绿化、治理脏乱等制度化的公益性志愿服务活动。在农村要扩大扶贫接力计划的实施规模，丰富服务内容和服务形式，并继续做好为灾区志愿服务的工作。要把重点项目的推进与面上活动的开展有机结合起来，不断拓展志愿服务的参与面和覆盖面。青年志愿者行动发展到今天，在项目、网络、队伍、制度建设方面已具备了一定的基础，关键是要进一步规范、整体推进和寻求突破。今年要着重加强青年志愿者骨干队伍的培训和管理，尤其是在基础较好的城市，要通过健全招募、培训、使用、考核、表彰等各种规章制度，推行电脑管理和联网，使志愿者的规范管理有一个质的飞跃。要在整体推进的基础上，力争在建立青年志愿服务体系和立法方面取得突破性进展。深化青年志愿者行动，还要注重服务与育人相结合，广泛动员青年志愿者参与文化、科技、卫生“三下乡”等群众性精神文明创建活动，在服务社会中弘扬新风，培养为人民服务的品德和技能。

组织实施新世纪青少年素质训练计划，提高青少年综合素质，促进青少年全面发展。新世纪青少年素质训练计划是我们在深化“千宫百万”行动的基础上将要推出的一个重点项目，主要是依托和利用青少年活动阵地这块资源，开展青少年综合素质训练、专项知识技能培训和青少年体能测试及健身指导。实施这项计划，主要基于这样的考虑：一是合理配置和有效利用资源的需要。我们拥有 1100 多家青少年宫和 33 家青少年活动营地，确实是很大的资产。彼此分散，不能形成品牌，形成规模，难以发挥最大的综合效益。我们要通过社会化方式，进一步发挥其在阵地、人才、政策等方面的优势，更好地盘活和运作好这块资产，最大限度地发挥青少年活动阵地在教育青年、服务青年中的作用。二是对青少年进行素质教育的需要。现代社会要求人们综合素质的提高特别是能力的提高。我国青少年的智力水平并不低，可以说是很高的，这从世界奥林匹克竞赛的成绩就看得出来。但从我国青少年的独立应变和生存能力、吃苦冒险精神及体质方面来看，就有差距了。这与传统的学校、家庭教育有关系。共青团应当在这方面发挥自身优势，先行探索，有所作为。三是在已有工作基础上不断拓展的需要。我们有“千宫百万”行动在计算机、外语、艺术等方面开展青少年培训的实践，积累了一定的经验，应该以此为基础，进一步深化和发展。希望大家共同努力，通过抓试点的方式，大胆探索，积极推进这项计划，为促进青少年科技文化素质的提高做出实实在在的贡献。

牢牢把握政治方向和舆论导向，加强青年报刊的引导和管理，切实做好新闻宣传工作。今年，改革、发展、稳定的任务十分繁重，对新闻宣传工作提出了严格要求。团的宣传部门要按照党中央要求，继续唱响主旋律，打好主动仗。要牢牢把握正确的舆论导向，唱响祖国颂、社会主义颂、改革开放颂，特别要注意维护社会政治稳定，充分发挥共青团舆论阵地在引导青年、维护稳定中的积极作用。同时，团的工作要开好局、起好步，推出一系列新项目，也需要我们加强新闻宣传，大力营造舆论氛围。"五四"期间我们要开展一系列纪念活动，还要推出具有鲜明时代特征的青年重大典型，都需要做好广泛深入的宣传报道。因为活动多，一定要注意协调配合，突出重点，形成合力，并积极争取中央有关新闻单位的支持。

青年报刊是共青团重要的舆论宣传阵地，必须始终坚持正确的政治方向和舆论导向。团的宣传部门要切实担负起对青年报刊指导、服务和管理的责任。对事关政治方向、重大原则的问题，要旗帜鲜明，分清是非，不能听之任之。要坚持各就各位，守土有责，该管的要管住，谁主管谁负责。要引导青年报刊始终坚持党性原则，遵守新闻纪律和职业道德，坚决维护大局、维护团结、维护稳定。继续做好五四新闻奖、"好新闻、好作品、好活动"、"全国优秀青年报刊工作者"等评选活动，逐步建立和完善团的新闻评奖体系。

在市场经济条件下，青年报刊面临着迫切的发展问题。团的宣传部门要注重研究和探讨新时期青年报刊面临的形势及其发展规律，主动帮助青年报刊面向市场，适应报刊业地域化和对象化的趋势，积极改革，遵循市场经济规律，用现代企业制度的办法，推动青年报刊产业化、集团化，促进青年报刊事业的发展。青年报刊与青年旅行社、青少年宫、团校系统，可以说是共青团的四大有形资产，我们有责任把它们经营好、发展好，否则，既对不起前辈，也有愧于后来者。

三、积极探索，扎实工作，努力开创与社会主义市场经济体制相适应的共青团宣传思想工作新局面

建立社会主义市场经济体制，给我国经济社会生活带来了巨大的生机，也给团的宣传思想工作赋予了崭新的时代内涵。团的宣传思想工作要根据形势的发展，在目标、内容、方法、载体和机制上有所调整、创新、丰富和发展，以保持鲜明的时代感和旺盛的活力。这就要求我们不断探索和创新，努力开创与社会主义市场经济体制相适应的团的宣传思想工作新局面。在探索和实践的过程中，我们要牢牢把握以下五个方面：

始终以培育适应新世纪需要的"四有"新人为根本目标，不断拓展新载体、新项目。从根本上说，共青团是培养人的，但培养什么样的人以及通过什么样的方式、途径来培养，要根据党的要求和时代的需要。培育和造就新世纪所需要的有理想、有道德、有文化、有纪律的社会主义新人，是新时期党和国家对青年工作的基本要求，是共青团一切工作的出发点和落脚点。我们在工作中必须始终不渝地贯穿育人这一根本目标。尤其要强调的是，随着时代的发展，"四有"新人的内涵以及培育"四有"新人的方式、途径要不断地丰富和发展，赋予时代的内涵和特征。培养适应新世纪需要的"四有"新人，要求青年成为思想政治素质、道德素质、科学文化素质、人格心理素质、身体素质等全面发展的一代。首先要着眼于思想政治素质、道德素质的提高，同时，还要适应建立社会主义市场经济体制的客观需要，特别是要适应21世纪的知识经济发展和国际竞争对我国青年素质的迫切要求，引导青年用现代科学文化知识充实自己，塑造理想健全的人格，提高综合素质。良好的文化修养和丰富的知识，有利于思想政治素质和道德素质的提高。因为青年所掌握的知识越多，对科学理论、先进思想和道德规范的理解就越深刻，精神世界就越丰富。正如江泽民总书记在视察北京图书馆时所指出的，一个人还是要读点书，知识多了，本领就会增大，精神境界也就高了。我们在工作中还要注重把握目标的层次性和渐近性，把培育"四有"新人的根本目标具体化、有形化，讲究操作性，从全面提高青年的素质入手，通过设计和开展一系列具有时代气息、行之有效的载体和项目，一件事一件事去做，一步一步去接近，努力将培育“四有”新人的目标落到实处。实施青少年新世纪读书计划和素质训练计划，深化青年志愿者行动，都要更好地体现育人的目标，使广大青年的综合素质得到实实在在的提高。

注重以立为本，重在建设。这是由团的宣传思想工作对象和性质决定的。无论是理论武装、群众性精神文明创建、青年思想教育，还是青年文化建设、新闻宣传工作，都要把“建设”作为工作的出发点和落脚点，立足于团结、凝聚、鼓舞青年，调动和发挥青年的积极性和创造性，注意在正面引导、培养人才、创作精品、建立机制等方面下功夫。团的宣传思想工作不仅仅要着眼于要求青年不做什么，更重要的还在于告诉青年能做什么、应该做什么，并且为青年能做什么、应该做什么提供条件、机会和渠道。我们要加强对青年学习的引导，努力用科学理论和科学知识武装青年，帮助青年逐步确定与社会主义市场经济相适应的新思想、新观念、新道德、新风尚，全面提高自身素质。要通过深化青年志愿者行动等活动，将青年的热情、积极性和创造性充分调动和聚集起来，纳入到社会所期望的轨道，引导青年从我做起，从身边事做起，更多地参与对社会进步和自身成长有益的社会事务。要深化团的“五个一工程”，积极发展青年文化事业，为青年提供更多的文化精品和良好的精神食粮。要注重引导青年的文化消费，通过开展生动活泼、健康有益的文化活动，使青年潜移默化，陶冶情操，提高修养。要大力培养和树立具有强烈时代感的青年典型，为广大青年提供可敬、可亲、可信、可学的现实榜样。总之，团的宣传思想工作要坚持正面引导，从具体的事情抓起，长期积累，持之以恒，努力在以科学的理论武装青年，以正确的舆论引导青年，以高尚的精神塑造青年，以优秀的作品鼓舞青年方面发挥积极作用。

加强思想教育的针对性，尊重青年的主体意识，调动青年的内在积极性。在市场经济条件下，青年思想教育的环境和对象都发生了深刻的变化。青年的主体意识、参与意识日益增强，价值取向呈现出多元化、多层次的发展趋势，他们不满足于过去那种单向的、被动的灌输式教育。团的宣传思想工作要取得成效，必须贴近青年的思想实际，充分尊重青年的主体选择，调动和依靠青年的积极性。要提倡关心人、尊重人、理解人、信任人，认真研究青年的基本需求，千方百计地为青年的学习、工作和生活排忧解难，为他们的成长成才提供切实有效的服务和帮助，通过服务青年来达到团结、引导和教育青年的目的。特别是要注重自我教育、实践教育，针对时代的发展和当代青年的特点，开展生动活泼的实践活动，激发青年参与的内在积极性，使教育对象由客体变为主体，教育过程由单向变为双向，引导广大青年在实践中、在自主的参与中经受锻炼，增长才干，实现自我价值。近年来实施的青年志愿者行动最大特点就是强调自愿，采取社会招募的动员方式，不搞强迫命令，变“要我参加”为“我要参加”，由于尊重青年的自主选择，青年在奉献社会、服务他人的实践中获得了自我实现的满足感，因而受到了广大青年的积极响应，取得了良好的效果。

坚持活动开展与事业发展并举，逐步建立社会化的工作运行机制。组织开展活动是共青团的优势，团的宣传思想工作要注重抓住有利契机，设计和开展一些重点活动，树立旗帜，发动青年，牵动全团，影响社会。更重要的是，工作要力求经常化、有形化，要制定长远的发展目标和具体的工作规划，形成常抓不懈的项目，要建立组织网络，培养骨干队伍，健全规范制度，筹措必要资金，形成持之以恒、务求实效的机制，进而形成与市场经济发展同向并轨的社会事业。在坚持办事业的同时，要努力建立社会化的工作运行机制。在传统计划经济体制下,青年工作的资源配置主要是通过计划来实现的,青年工作的开展也基本上是以自上而下、层层传递的行政化、指令性的组织动员为主。在市场经济条件下,仅仅依靠计划和行政手段就远远不够了。必须在充分发挥共青团组织优势和政治优势的同时,广泛开发和调动社会资源,充分运用市场机制、法律手段和现代科技成果来推进工作。要注重发挥新闻媒体、电脑互联网络以及青年志愿者组织(包括将要建立的新世纪读书俱乐部)等在动员青年方面的重要作用,构建联系青年的新纽带、新网络,探索直接面向社会动员青年的社会化动员方式。要善于“借台唱戏”,在党委领导下,积极争取政府有关部门和社会各界在人财物和政策等方面的支持,逐步形成党委领导、政府协调、社会各界齐抓共管的工作格局。要把团的宣传思想工作纳入社会和经济发展的大环境中来考虑,逐步建立社会化的评价、激励和运行机制。我们推进青少年新世纪读书计划、素质训练计划,要把教育青年、服务青年与发展共青团的事业相结合,一开始就要着眼于办事业,走社会化发展的道路,使活动建立在高起点、高标准、高要求上,力争形成与社会和时代接轨,具有长久生命力的事业,在不断壮大自身实力的基础上,更好地履行教育青年、服务青年的职责。

适应形势的发展和团的工作的要求，培养一支政治强、业务精、作风正、素质高的共青团宣传思想工作队伍。团的宣传思想工作在新的形势下，能否抓住机遇，肩负起新的使命，关键取决于有没有一支高素质的宣传思想工作队伍。团的宣传思想战线的同志们要按照党中央的要求，自觉加强“讲学习、讲政治、讲正气”的教育。要坚持学习马列主义、毛泽东思想特别是邓小平理论，学习哲学、经济、历史、科技、法律、管理、心理等其他各方面知识，学习新闻宣传方面的业务，不断提高自己的理论修养、文化素质和业务水平。宣传思想工作政治性、政策性较强，宣传思想战线的同志们要坚定正确的政治立场和政治方向，增强政治鉴别力和政治敏锐性，大事面前不糊涂，关键时刻不动摇，始终保持政治上的清醒和坚定。要准确掌握党的方针政策和国家的有关法律法规，提高政策水平和新闻宣传把关能力。要以党和人民的利益为重，以青年和共青团的事业为重，清正廉洁，敬业奉献。要培养求实务实的工作作风，兢兢业业干工作，扎扎实实做事情，切忌浮躁，做表面文章，搞形式主义。要改进工作方法，讲究宣传思想工作的科学性、艺术性和时代性，不断提高做实事、抓项目、办事业的能力。要积极开发人力资源，充分发挥青少年宫、青少年营地、青年报刊、青年志愿者组织及其他青少年思想教育中介组织人员的作用，努力形成一支以专职团干为骨干、社会力量为补充的过得硬的团的宣传思想工作队伍。

最后,再强调一下形成合力,重点突破的问题。今年是团的工作开局之年,又面临一系列重大活动和重要契机,工作头绪多,任务重,各级团的宣传部门作为综合服务部门,要进一步增强全局观念和整体意识,牢固树立全团一盘棋的思想,处理好常项工作与重点工作、深化老项目与推进新项目、服务团的工作全局与抓好自身工作的关系,在统筹兼顾,整体推进的基础上,要紧紧围绕新世纪读书计划、青少年素质训练计划等重点工作,按照团中央的统一部署,攥紧拳头,形成合力,统一行动,创造性地开展工作,努力形成团的宣传思想工作新的品牌。

同志们,1999 年是我国历史发展进程中具有特殊意义的一年,也是共青团工作面向新世纪,开创新局面的关键一年。团的宣传思想战线的同志们要更加紧密地团结在以江泽民同志为核心的党中央周围,高举邓小平理论伟大旗帜,认真贯彻落实党的十五大和团的十四大精神，明确使命，振奋精神，抓住机遇，真抓实干，以新的姿态、新的成绩去谱写团的宣传思想工作新篇章，努力推动团的宣传思想工作跨世纪新发展。

胡春华在全国18岁成人仪式教育活动现场推进会暨中学共青团工作研讨会上的讲话

1999年9月14日

这次会议的任务有两个，一是总结交流近年来18岁成人仪式教育活动的经验，推动活动更广泛的普及和向系统化、规范化、法制化方向发展；二是研究中学共青团如何贯彻落实好《中共中央国务院关于深化教育改革全面推进素质教育的决定》，更好地推进今年初共青团学校工作会议提出的"中学生素质拓展"，使中学团的工作在新的形势下实现新的突破、新的发展。

下面，我主要就加强新形势下的中学共青团工作讲四个方面的意见。

一、中学共青团工作取得了不小成绩，但也存在重视不够等问题

中学共青团是整个共青团事业的基础和源头，在全团占有重要地位。近年来，在各级团组织特别是广大中学基层团组织的共同努力下，中学团的工作实现了新的发展，取得了新的成绩。这些成绩概括起来主要体现在三个方面。

一是探索了许多对中学生进行世界观、人生观、价值观教育的有效途径，在中学德育工作中充分发挥了助手作用。广大中学团组织在学校党政组织的领导下，坚持"育人"的根本宗旨，积极探索行之有效的形式，广泛持久地开展了爱国主义、集体主义、社会主义教育及理想信念、改革开放等方面的教育，利用多方面的资源教育引导广大中学生，取得了显著的成效。尤其是18岁成人仪式教育活动，为中学生的德育提供了一个很好的载体。

二是形成了一批服务中学生成长成才稳定的工作载体，在提高中学生综合素质方面发挥了特有的作用。各级中学共青团组织充分发挥自身优势，围绕学校的素质教育，开展了实践教育、校园文化、科技竞赛等丰富多彩的活动。这些活动立足课外，参与面广，影响力强，在培养和提高学生素质方面成为课堂教育的重要补充。中学实践教育、农村中学生回乡创业计划等活动的实施，在强化教育的实践环节、提高中学生综合素质方面发挥了突出的作用。

三是推动了组织建设的稳步发展，在共青团事业中较好地发挥了基础和源头的作用。广大中学共青团组织始终把团员发展、团员教育放在重要位置，全国6800多万团员中的大多数是在中学阶段加入共青团组织的，青少年也大多是从中学阶段开始接受团的教育，认识共青团组织的。中学生团校、中学生业余党校的发展，使大批团员受到了系统的党团知识教育，为造就跨世纪的合格建设者和接班人奠定了基础，培养了骨干。

在估价中学共青团工作取得显著成绩的同时，我们也必须清醒地看到中学共青团工作存在的一些问题。现在看，比较突出的主要有三个方面。

一是重视不够，主要表现在一些团的领导机关对中学共青团工作指导不力。从总体上讲对中学共青团工作我们当然也是非常重视的，但是毋庸讳言，我们的重视也确实是不够的。这种不够不是在认识上，主要体现在实际工作中；主要不是在基层，而是在部分团的领导机关，包括团中央，且有一定的普遍性。这一问题的存在，导致中学共青团工作活动虽多，但项目分散，层次和质量有待提高。

二是创新不够，主要表现在工作上适应新形势的能力不强。近年来，我国经济社会发展很快，社会环境、学生需求都发生了很大的变化，要求我们的工作必须顺应时代变化，探索创造新的工作内容、工作方式和运行机制，而我们的工作没能及时跟上。根本原因还是我们分类指导不够，抓得不够，对出现的新情况、新问题研究不够，对一些地方、一些学校创造的新鲜经验总结得不够，推广得不够。

三是发展不平衡，既表现在地区间，也表现在不同类别的学校间。从这几年的情况看，有的地方推进中学共青团工作的力度较大，下了不少功夫，创造了一些新东西，很有特色，但也有不少地方，中学团的工作呈停滞甚至滑坡的趋势。从学校类别上看，普通中学发展快一些，职业技术类学校发展慢一些，对农村中学强调多一些，对城市中学指导少一些，有时甚至有顾此失彼的现象。

以上几方面的问题，有的是由客观原因造成的，有的则是由主观原因造成的。总体上讲，都需要我们给予高度重视，认真加以研究解决，推动中学团的工作更好地适应新形势，实现更大的发展。

二、要认真研究中学共青团工作的环境和对象

我们处在一个变革的时代。从大的方面看，社会主义市场经济的新发展，科教兴国战略的进一步实施，素质教育的全面推进，改变了中学共青团工作的环境；中学生作为我们的工作对象，自身也发生了许多新变化，表现出一些新的特点。这些都需要我们认真地去研究和把握。

第一，要研究教育改革的趋势。前不久中共中央、国务院作出了《关于深化教育改革全面推进素质教育的决定》，并召开了第三次全国教育工作会议，启动了新的一轮教育改革。这必将对我国教育事业的发展产生重大而深远的影响，需要认真学习研究。有三个方面的情况尤其要关注。一是推进素质教育。这是总的精神，也是大趋势。素质教育最重要的是思想道德素质教育，而这正是共青团教育青少年的主要职能，素质教育为中学共青团工作提出了新的要求，从而也就创造了发展的机遇。文件中提出的许多新思想和具体措施，比如强化实践教育、注重能力培养等，将使中等教育发生许多新变化。二是教育体制改革。教育体制改革要求在确保“两基”的前提下，积极发展包括普通教育和职业教育在内的高中阶段教育，为初中毕业生提供多种形式的学习机会。同时高等教育改革和发展对中等教育的改革和发展也将起带动和促进作用，比如到2010年，我国适龄人口的高等教育入学率要从现在的9%提高到15%左右，比如大力发展高等职业教育，等等；这势必改变中等教育的结构和规模。三是明确提出要“加强共青团、少先队和学生会工作，在培养和提高学生素质方面发挥更大的作用”。这就要求我们必须密切关注教育改革的进展，研究素质教育为团的工作带来的机遇和挑战，研究团的工作如何更好地切入素质教育、服务素质教育。这是新形势下做好中学团的工作的重要课题。

第二，要研究中学教育的规律。中学阶段教育是一个人学习基础知识、训练基本技能的阶段，不论是应试教育还是素质教育都无法改变中学教育的这一基本的规律，这决定了灌输和传播基础的知识技能始终是中学教育的主要内容，课堂教育始终是中学教育的主要形式。因此，我们必须把握这一规律，也必须遵循这一规律。中学教育和大学教育有着截然不同的性质，大学团的工作我们研究的比较多，我们不能简单地用大学的思维模式去观察研究和指导中学的共青团工作。

第三，要研究当代中学生的特点。一是年龄特点。中学生大都处在14～18岁，这个阶段是一个人世界观、人生观、价值观形成的重要时期，也是一个人社会化、逐步跨入成年行列的关键阶段。他们既要学习科学文化知识和技能，为成才做准备，还要学习法律知识，接受道德训练，掌握社会规范，为成人做准备。二是时代特点。当代中学生是在改革开放环境中成长的一代人，大多生活在独生子女或少子女家庭中，他们身上有着鲜明的时代烙印和不同于前辈人的新特点，比如思想开放，思维活跃，价值观趋向多样化；个性强，比较注重个人价值的实现和对现实利益的追求，社会责任感、集体荣誉感相对弱化；知识面广，但由于受应试教育的影响，创新意识、吃苦精神、团结协作能力、动手能力等较为欠缺，等等。当然，这种评价也不一定完全准确，但这要求我们必须注重对当代中学生时代特点的研究，以增强我们工作的现实针对性。第三个方面的特点，可以姑且叫做历史特点。从我国发展的历史进程看，这一代中学生确实担负着很重要的使命，不同于前辈人的使命，他们真正发挥作用的时候，也就是下个世纪的上半叶，正是我国实现跨世纪宏伟目标的关键时期。因此，对这一代中学生进行教育，必须注意从我们党、我们国家对他们的历史要求出发，引导他们更好地完成所肩负的历史使命。

第四，要研究社会需求的变化。需求都是具体的。要了解社会对中学教育的需求，我们可以从中学毕业生的流向入手来分析。中学毕业后不外乎两大类，一部分继续接受高等教育，一部分走向社会成为劳动者。第一类目前人数相对较少，但随着高等教育规模的扩大，呈上升趋势。第二类呈多元结构，中专、职高、技校毕业生大多直接就业；城镇普通中学毕业生走向就业或进入就业准备；农村中学毕业生回乡务农或外出打工，且外出打工的已成为多数。对不同去向的中学生而言，对教育的需求是不同的，对于那些希望进入高等学校进一步接受教育的学生来讲，他们的需求是强化基础知识的学习，提高综合素质，实现自己的梦想。对于那些毕业后将直接走上工作岗位就业的学生，除了基础知识的学习之外，还需要掌握基本的职业技能和社会知识。不同类别学校的共青团工作应加强针对性，各有侧重，为中学生能在毕业后适应高等教育，适应择业、就业、创业包括外出打工提供帮助。

三、中学共青团工作应把握的几个问题

中学共青团工作需要加强，但这并不是说要把原来的工作推倒重来，必须把继承与创新有机结合起来。很多我们能够和已经看准的，应当继续坚持，不断推进，一些符合发展方向的，应当积极探索，不断创新。从总的指导思想上，我们应当始终坚持以邓小平理论为指导，全面贯彻党的教育方针，主动适应教育改革和全面推进素质教育的新形势新要求，大力实施“中学生素质拓展”，积极参与素质教育，重点培养中学生的思想道德素质、公民意识、科学精神、实践技能，造就更多适应社会主义现代化建设要求的合格人才。从具体工作内容上，我们应根据对中学共青团工作环境与对象的研究和分析来设计。概括地讲，应把握好“三个围绕”、“一个加强”。

1. 应当围绕课堂教学开展团的工作。课堂是中学生获取知识的主渠道，也是素质教育的主渠道。团的工作围绕课堂教学，服务课堂教学，从很大意义上讲，也就是围绕学校的中心工作，也就是服务学生的成长成才。团的工作的空间主要在课外，过去叫“第二课堂”，但它与“第一课堂”是紧密联系、互相促进的，而不是各自为战、互相脱节的。团的许多工作都应当成为课堂教学的有益补充，应当通过知识竞赛、科学讲座、动手实践等多种形式，帮助学生进一步消化和巩固课堂学习成果，扩大知识面，培养运用知识解决实际问题的能力。实施

素质教育,为团的“第二课堂”提供了更大的空间,团组织的优势可以得到更充分地发挥。

2. 应当围绕中学生成人开展团的工作。中学生普遍的特点是走向成人。从国际上看,许多国家都很看重中学生成人这个环节,不少国家、民族专门有成人节。从我国历史上看,对成人也是很看重的,古时候还有“加冠礼”,应当说,这也是我们传统文化的一部分。但很长一段时间以来,我们忽视了对做人、成人的教育,而孤立地抓思想政治教育,单纯地抓成才教育,实践中遇到了不少问题。这几年我们抓了18岁成人仪式教育活动,就取得了很好的效果。我们要加大这项工作的力度,不断创新,不断丰富和充实内容,朝着系统化、规范化、法制化的目标发展,使之成为中学共青团工作的名牌项目,在培养和提高中学生素质方面发挥更大的作用。这项活动我强调两点,一是要把成人仪式教育作为一个综合性的活动,一个教育的过程,而不仅仅是一个仪式。二是要有青年人的特点,为青年人所喜欢,为社会所接受,最终不仅成为共青团教育青年的一项活动,而且能成为全民族的一个盛大节日。

3. 应当围绕社会对中学生成才和就业的需求开展团的工作。我们所讲的中学生素质拓展实际上有两个不同的侧重点,一是中学生成人所需要的公民素质的培养,这需要贯穿中学教育的始终,一是对中学生走向社会就业所需要的预备教育,这对高年级中学生尤其重要,需要加以强化。共青团实施素质拓展,一方面要加强对学生的公民素质教育,促进学生更好地适应高等教育,另一方面要围绕学生走向社会就业多想一些办法,帮助他们更好地适应社会需要,成为有用之才。现在看,中学实践教育活动仍然是一个很好的载体,关键是要分类实施,不断创新。农村中学实践教育过去的主攻点在帮助中学生回乡务农掌握一两门实用技术,今后这仍然是一项重要内容,但同时我们要增加诸如“外出务工”教育等内容,主动适应社会对中学生的需求。城市中学生半数以上需要在城市社会寻找就业岗位,随着我国经济结构、劳动力市场的变化,能够依靠组织安排进入国有企事业单位工作的已经不多,这也需要我们在他们毕业之前给予适当的就业指导,帮助他们更好地适应人才市场的竞争。目前,中等职业教育已占整个高中阶段教育的半壁江山,这些学生将直接走向社会就业。应当根据他们的特点,配合学校加强对他们的职业技能、职业道德的培训和教育。共青团开展中学实践教育活动,包括开展就业前的一些预备教育,要联合教育、科技、人事等部门一起做。只有各方面都动起来,这项有利于中学生成才和发展的工作才能做好。

4. 应当把加强中学团组织建设放在更加突出的位置。中学团组织建设不仅关系到中学共青团工作的开展,也影响到整个共青团事业的发展,基础不牢,大厦难固。特别是在新的形势下,工作任务更为艰巨,工作环境和工作对象出现了许多新的特点,更需要我们把中学团的组织建设作为重中之重。应当把团员队伍建设放在首位,通过加强中学生团校、中学生业余党校的建设,对广大团员、学生广泛开展团员意识、党团知识教育,吸引优秀学生入团,培养大批合格团员。应当通过加强培训等多种形式,培养一支高素质的团干部队伍。加强新形势下中学团的组织建设要重视发挥基层团委、团支部的战斗堡垒作用,通过制度建设,加强指导和管理,不断增强基层组织的凝聚力、战斗力。同时,还应加强对学生会、学生社团或兴趣小组的指导,使他们更加活跃,发挥更大的作用。加强青年教师团的工作,调动青年教工的积极性,帮助他们提高素质,通过他们更好地教育影响学生。

四、把对中学共青团工作的重视落到实处

中学共青团工作是一项系统工程,受到很多方面的影响,需要我们全方位地去加大力度。

首先，加大重视力度，把认识落实到行动上。中学共青团工作是中学德育工作的重要组成部分，是共青团事业的基础和源头，对中学生的健康成长具有重要而独特的影响，这决定了中学共青团工作在整个青少年教育和共青团工作全局中的重要意义，对此，大家的认识是一致的，只是由于主客观的原因，在工作力量的摆布、研究的深度、指导的力度等具体行动上普遍弱于高校共青团工作。因此，我们应当在具体工作中进一步体现重视，进一步加大力度。团的领导机关特别是团中央首先要这样做。

其次，加大指导力度，重点加强分类指导。对基层进行有效的工作指导是我们推进工作、提高工作水平不可缺少的环节和手段。加大指导力度首先要及时深入地了解新情况，研究新问题，做到心中有数；其次要深入基层、深入工作一线，从基层丰富的实践经验中汲取营养，总结推广基层创造的新鲜经验；第三要善于发现工作中存在的问题，找到解决的办法，尽快促成问题的解决。中学共青团工作的指导尤其要注重对不同类别学校的指导，当前，对中等专业学校、职业学校的指导应予重点加强，这些学校有着不同于普通中学的特点，开展共青团工作的积极性很高，资源也非常丰富，潜力尚未充分发挥出来。要帮助他们理清工作思路，调整工作布局，改善工作方式，落实有关政策，加强工作交流，使之在中学共青团工作中占有应有的位置。

第三，加大创新力度，探索适应素质教育要求的中学共青团工作的新内容、新方式和新机制。近年来，我国改革开放形势、教育形势变化很快，中学共青团工作要在变中求进，必须不断创新。要在工作内容上不断创新，创造出一些具有时代特征、围绕大局、适应社会、贴近学生的新的工作内容。要在工作方式、工作手段上不断创新，更多地采用学生喜闻乐见、易于参与和接受的新方式，运用一些现代化的工作手段，提高工作水平和效果。还要在组织建设上不断创新，探索符合素质教育要求和中学教育特点的新的组织运行机制，更富实效的团员教育、团员管理机制，为工作创新提供保证。要处理好创新与继承的关系，在继承的基础上创新，不能抛弃过去好的传统，对那些依然行之有效的，要逐步予以完善，修正和完善从某种意义上讲也是一种创新。

同志们，面向新世纪，中学共青团工作要实现新的发展，任务十分艰巨，需要学校战线广大团干部的共同努力。全面推进素质教育为我们提供了更为广阔的舞台，开辟了更为广泛的领域，给我们带来了新的机遇，也带来了新的挑战。让我们团结一致，形成合力，努力开创中学共青团工作的新局面。

胡春华在2000年共青团宣传工作会议上的讲话

2000年1月18日

这次会议的主要任务是认真学习、深入领会、坚决贯彻江泽民总书记对宣传思想工作和精神文明建设及对中国青年志愿者行动所作的重要批示，学习贯彻中央领导同志在全国宣传部长会议上的重要讲话；贯彻全国宣传部长会议和全国文明办主任会议精神，进一步落实团的十四届三中全会提出的任务，总结1999年团的宣传工作，部署2000年团的宣传工作，推动共青团宣传工作实现新发展。

刚刚过去的一年,大事、喜事多,突发事件多。团的各级宣传部门坚持服务大局、服务青年,在工作中取得了很大的成绩。全团紧密联系青年和青年工作实际,把邓小平理论学习不断引向深入;以纪念五四运动80周年、庆祝建国50周年、迎接澳门回归等重大活动为契机开展爱国主义、集体主义、社会主义和艰苦创业精神教育系列活动;围绕提高青少年素质,重点推出了青少年新世纪读书计划和青少年素质训练计划。青年志愿者行动在服务两个文明建设方面也迈出了新步伐。同时,团的各级宣传部门按照党中央的部署,积极引导广大团员青年同以美国为首的北约、"法轮功"邪教组织、李登辉的"两国论"进行了坚决的斗争。

关于今年的工作,《2000年共青团宣传工作要点》作了安排,寿山同志还要进行具体部署。在这里,我代表团中央书记处强调三点。

一、认真贯彻中央精神,把加强和改进思想政治工作作为重中之重切实抓紧抓好

江泽民总书记指出:"加强和改进新形势下党的思想政治工作,是全党的一件大事,也是我们宣传思想工作的重中之重。"这次全国宣传部长会议,十分明确地要求把贯彻中央17号文件精神,加强思想政治工作,作为今年全党的一项重大而紧迫的任务。共青团宣传思想战线要按照江总书记的指示,贯彻中央的精神,高度重视思想政治工作,采取措施,把加强和改进青年思想政治工作落到实处,抓紧抓好。

共青团是党的助手和后备军,共青团的性质决定了我们要始终把思想政治工作放在首要的位置。我们讲共青团要服务大局、服务青年,抓好思想政治工作就是一个十分重要的方面。这些年来我国改革开放和现代化建设的实践,充分证明了"两手抓,两手都要硬"的重要性。去年我们进行了同以美国为首的北约、同李登辉的"两国论"、同"法轮功"邪教组织的三场政治斗争,使我们进一步认识到意识形态、思想政治工作的重要性。越是深化改革、扩大开放,越是发展社会主义市场经济,越要加强思想政治工作。我们必须对此有清醒的认识,要在工作中坚持党的基本路线不动摇,发挥共青团的政治优势,抓好青年思想政治工作,团结带领青年为实现党的跨世纪宏伟目标而奋斗。改革开放以来,共青团事业在不断地发展,工作领域在不断扩大,但团结教育青年始终是我们的根本职能,这是我们必须始终坚持的。

青年思想政治工作有着十分丰富的内容。在当前我们要以理想信念教育为核心,在青年中大力开展邓小平理论教育,开展党的基本理论、基本路线、基本纲领的宣传教育,大力开展爱国主义、集体主义、社会主义的宣传教育,大力开展世界观、人生观、价值观的宣传教育,大力开展科学知识、科学思想、科学方法、科学精神的宣传教育,使青年坚定对马克思主义的信仰,坚定对社会主义的信念,增强对改革开放和现代化建设的信心,增强对党和政府的信任。不能把思想政治工作理解为仅仅是抓一两项教育活动。这种把思想政治工作简单化的方式,实际上是不负责任的表现,也不能达到加强思想政治工作的目的。

加强和改进青年思想政治工作,要十分重视方式方法。宣传工作实际上就是讲究方法的工作,重要的是要让人民群众接受和理解,这样才能达到宣传的目的、见到教育的效果。我们要采取有力的措施,构建有形的载体,把加强和改进青年思想政治工作的任务落到实处。共青团在长期的工作实践中,创造了许多开展思想政治工作的有效形式,比如:社会实践、手拉手、希望工程、青年志愿者、青年文明号、青年文明社区等,要在实践中进一步继承和发扬。同时,要积极探索新形势下开展青年思想政治工作的新途径、新办法。这些年来,社会生活出现了很多变化,青年的思想行为也有很多新的特点,如果我们一味地用老办法来解决新问题,就不可能达到好的效果。要按照中央17号文件和《共青团中央关于在新形势下加强和改进青年思想政治工作的若干意见》的要求,创造新的经验,增强针对性,把服务和教育结合起来,把解决实际问题和解决思想问题结合起来,把思想政治工作真正做到青年的心坎上。今年团中央要在这方面发现和总结一批典型,进行推广,各地务必高度重视。

二、大力加强青年文化建设,充分发挥共青团在社会主义精神文明建设中的积极作用

动员和组织青年参与社会主义精神文明建设,一直是共青团的一项主要工作。过去我们在这方面开展了大量工作,形成了一些有影响的工作项目。比如青年志愿者行动。前几天江泽民总书记作了重要批示,充分肯定了这项行动,指出这是"当代社会主义中国一项十分崇高的事业,体现了中华民族助人为乐和扶贫济困的传统美德,是大有希望的事业。"我们要坚决按照江泽民总书记的要求,努力发展好这项事业。关于青年志愿者行动,我已经在青年志愿者协会代表大会上讲了,这里我着重谈青年文化建设问题。

中央17号文件强调要"重视发挥文化的社会教育功能",把文化建设作为加强思想政治工作的重要内容。大力加强青年文化建设也列进了2000年全团工作要点。我们要不失时机地把这项工作抓起来,使青年文化建设实现新的发展,成为共青团在社会主义精神文明建设中发挥作用的又一项有希望的事业。在发展社会主义市场经济的进程中,人民群众的文化需求日益增长,文化在社会主义精神文明建设中发挥着越来越重要的作用,对此我们都有深刻的体会。特别是青年,文化需求更加迫切,文化创造十分丰富,某些时候青年文化甚至发挥着领导时尚的作用。重视和加强青年文化建设是摆在我们面前的一项十分重要的任务。我们讲思想政治工作要落到实处,加强青年文化建设就是落实思想政治工作的重要举措。过去我们常讲实践育人、服务育人,现在我们必须把文化育人也更加鲜明地提出来,成为我们教育引导青年的一个重要思想。这些年来,我们在青年文化建设上实际上已经做了很多工作,加强青年文化建设具备很好的工作基础。现在重要的是要重视这项工作,形成合力,把这项工作做出新的成绩。

加强青年文化建设,一是要坚持正确的方向。要坚持以科学的理论武装人,以正确的舆论引导人,以高尚的精神塑造人,以优秀的作品鼓舞人,通过丰富多彩、健康有益的文化活动教育引导青年。二是要贯彻办实事的精神,以项目方式推进,通过有形的载体,把青年文化建设落到实处。青少年新世纪读书计划和素质训练计划已经在全团开展,具备了一定的影响,要进一步推进这两项活动,使它在提高青年的素质中发挥更大的作用。青年文化建设中创造的一些生动活泼的项目,比如广场文化、大家乐、农村青年文化节等,要大力推广。三是要充分发挥青年文化阵地的作用。各地的青少年活动中心、青少年宫要面向广大青少年,真正成为当地青少年文化建设的中心阵地。团属的青年报刊和出版单位,要在青年文化建设中充分发挥作用。各种宣传橱窗、板报、广播站等阵地都要充分运用起来。四是调动广大青少年的参与积极性。青年文化建设一定要坚持群众性的原则,要通过各种竞赛等活动,调动青年参与的积极性、创造性,这样,青年文化建设才能繁荣起来,发展起来,具备广泛的群众基础。

青年文化建设是一项具有广阔前景的事业,也是一项正在发展中的事业。在青年文化建设中,各地要大胆探索,大胆创造,不断推陈出新,不断总结新的经验,努力形成百花齐放、生机勃勃的青年文化建设的局面。今年在适当的时候,要召开全团文化工作会议,总结推广各地的经验，推动这项事业的发展。

三、坚持正确舆论导向，加快青年报刊发展

青年报刊是共青团宣传思想工作的一个重要组成部分。过去的一年，青年报刊坚持以邓小平理论和党的十五大精神为指导，服务全党全国工作大局，做好一系列重大活动的宣传，唱响主旋律，打好主动仗，出色完成了宣传任务，体现了青年报刊坚持正确舆论导向，团结稳定鼓劲、正面宣传为主的一贯方针；充分发挥了青年报刊在教育引导青年中的积极作用。同时，青年报刊积极进行经营机制改革，探索新形势下报刊发展的新路子，迈出了新的步伐。青年报刊一年来的工作富有成效，团中央书记处对此是满意的。今年，青年报刊要在现有的基础上，进一步做好舆论宣传和事业发展两方面的工作。

要讲政治，守纪律，坚持正确的舆论导向。青年报刊大多数是各级共青团组织的机关报、机关刊，肩负着教育引导青少年健康成长成才的重任，必须讲政治，守纪律，坚持正确的舆论导向。这是机关报刊的性质和任务决定的，也是青年报刊自身生存和发展的内在要求。新闻宣传事关大局，要坚持社会主义的舆论导向，遵守新闻纪律，坚持党性原则，坚持团结稳定鼓劲，正面宣传为主，并且要落实在办报办刊的每一个环节上。特别是随着改革开放的深入发展，我国社会情况发生深刻变化，利益主体、生活方式、社会组织、就业等日益多样化，各种思潮相互激荡，更需要有一个主流声音来激浊扬清，用正确舆论来引导群众特别是广大青年。这要求我们青年报刊在政治上一定要成熟，同时要在新的条件下探索舆论引导的新方式、新方法。要认真研究市场经济，研究青年特点，只有在这样的基础上才能做到正确引导。

坚持正确的舆论导向，加快青年报刊事业的发展，是青年报刊工作的两个方面，是统一的，而不是对立的，是“两手抓，两手都要硬”的方针在青年报刊工作中的具体体现。近年来青年报刊的发展还存在一些困难，原因不能简单地归之于新闻纪律的约束，而主要在于我们没有经营报纸的意识。实践证明，许多经营得好的报刊，都是舆论导向坚持得比较好的报刊。现存的一些问题，只有在坚持正确舆论导向的基础上，通过深化报刊改革才能最终解决。深化改革的核心问题是办报办刊机制的转变。我国新闻出版业要进行结构调整，实现从扩大规模数量为主向提高质量效益为主的转变，实质是转变机制的问题。近两年出现的报业集团化和都市报、晚报兴起两个现象，其背后都是机制转变问题。而这些正是我们青年报刊所缺乏的。青年报刊都是事业单位，长期以来，我们一直是参照机关的办法进行管理的，没有建立起现代报业经营管理机制。转变机制的核心是把机关化的管理变成现代化的管理。要积极探索和建立与报刊发展相适应的采编机制、多形式的发行方式、广告经营的专业化和市场化运作机制，探索用人机制的改革。要树立现代办报办刊观念，学习世界报刊业的先进经验，推动报刊全面发展。

去年，中办、国办下发了《关于调整中央国家机关和省、自治区、直辖市厅局报刊结构的通知》，明确要求中央国家机关和省、自治区、直辖市厅局原则上不办报刊，只保留一种指导工作的期刊。但工、青、妇等群众团体所办的报刊基本保留，并且可以增加。这是中央为了加强对青少年的思想政治工作，发挥青少年报刊教育引导青少年的积极作用而采取的决策。对此我们必须有清醒的认识。同时，这对青年报刊也是一个发展的机遇。除了扩展一定的发行空间外，有条件的报刊还可以利用这次报刊结构调整的有利时机，有重点地吸纳和兼并一些厅局报，实现自身的低成本扩张，甚至还可以建立报刊集团。总的来说，今后几年对青年报刊的发展是十分关键的时期，抓不住这个

时机,今后的发展只能更加困难。只有青年报刊得到真正的发展,我们的宣传思想工作才会获得稳定、坚实的基础。

各级团组织作为青年报刊的主管主办单位,要高度重视青年报刊工作。要加强政治领导,密切关注报刊的导向,增强政治鉴别力和政治敏锐性,增强责任意识、大局意识,严格把关,守土有责,要保证不出政治性、导向性、原则性问题。要给政策,出思路,压担子,促进报刊机制转变,走出改革发展的新路子。要注意加强对青年报刊工作的研究,熟悉报刊业务,熟悉新闻出版规律,提高对青年报刊的管理水平,同时要为青年报刊做好服务,做到管理和服务并重。青年报刊是共青团最重要的舆论宣传阵地,是共青团面向社会的窗口和联系青年的纽带,对青少年成长和共青团工作开展,具有重要的示范作用和导向作用。各级团组织对此要有充分认识,注意研究利用青年报刊做好青年工作。这是团的宣传思想工作很重要的一个方面。

我们正处在世纪之交、千年更替的重要历史关头,今年促进改革发展、维护社会稳定的任务艰巨。做好宣传工作责任重大。过去的一年里,共青团宣传思想战线的干部努力工作,取得了很大的成绩。在新的一年里,要再接再厉,团结一致,锐意进取,在以江泽民同志为核心的党中央的坚强领导下,做出新的成绩,把共青团宣传思想工作提高到新水平。

胡春华在2000年全国学校共青团工作会议上的讲话

2000年2月29日

我们这次会议有两个任务,一是总结1999年的工作,安排部署2000年的工作;二是分析学校共青团面临的一些新情况、新问题,研究如何去应对。希望大家围绕这两个任务,开动脑筋,集思广益,共同开好这次会议。

过去的一年,学校共青团战线取得了突出成绩,团中央书记处是满意的,并给予了充分肯定。一是在三场重大政治斗争中发挥了重要作用,特别是在组织引导学生抗议北约暴行的斗争中做出了突出贡献。二是围绕全团的重点工作,积极推进大中学生“素质拓展”,大力开展以邓小平理论学习为核心的思想政治教育、“挑战杯”科技创新系列竞赛、以大中专学生志愿者“三下乡”为重点的社会实践、18岁成人仪式教育、济困助学等活动,成效显著。三是动员组织学生积极参与建国50周年、澳门回归、五四运动80周年等多项重大纪念活动,承担了大量的工作,并圆满完成了各项任务。同时,团的自身建设也取得了新的进展。广大学校战线团的干部始终按照党中央要求和团中央工作部署,旗帜鲜明,立场坚定,不辞辛劳,连续作战,打了几场漂亮仗,表现出很强的政治责任感和良好的素质,赢得了声誉。利用这个机会,我代表团中央书记处,向学校战线广大团干部表示衷心的感谢!

当前,教育改革和发展处在一个重要时期。深化教育改革,全面推进素质教育,必将对学校共青团带来深刻影响。由于改革尚处在过程之中,究竟会带来什么影响,有的已经凸显出来了,有的一时还看不清楚。这就要求我们去研究,去关注教育改革的进展,不断地深化认识,同时,在过去工作的基础上,积极主动地探索新经验，解决新问题，在实践中寻求共青团工作的新发展。关于2000年的工作，学校部已做具体的部署，这个工作要点是经过团中央书记处研究同意的，希望大家认真贯彻落实。下面，我重点结合教育改革和发展的新形势，就如何搞好学校共青团工作，讲五个方面的问题。

一、充分认识深化教育改革、全面推进素质教育对学校共青团提出的新要求

去年以来，教育改革的形势发展很快。6月份，召开了改革开放以来的第三次全国教育工作会议，下发了《中共中央、国务院关于深化教育改革全面推进素质教育的决定》。之后，一系列教育改革措施陆续出台，改革力度明显加大，步伐明显加快。最近，江泽民总书记又就教育问题发表了重要谈话，指出要采取切实有效的措施，加强和改进教育工作，这对于教育的改革和发展具有重要的指导意义，并将产生巨大的推动作用。

对于教育改革，我们要有足够的认识。近年来，随着世界科技经济的迅猛发展，随着我国改革开放的日益深入和现代化建设的不断推进，教育的相对滞后愈来愈突出。在这样的形势下深化教育改革，全面推进素质教育，无论是对于科教兴国战略的实施、国民素质的提高，还是对于青少年的健康成长，都具有非常重要的意义，事关我国社会主义事业兴旺发达和中华民族伟大复兴的大局。我们感到，与以往相比，这次教育改革更趋广泛和深刻。改革将是触及教育与经济社会需求之间深层次矛盾的，将是包括教育观念、教育体制、教育结构、人才培养模式、教育内容和教学方法的全方位改革，将是长期的。因此，必须以严肃的态度看待这场教育改革，提高对这次改革的认识，了解和把握改革的特点和趋势，只有这样，我们的工作才能更具有主动性、预见性和适应性。

深化教育改革，全面推进素质教育，对学校共青团提出了新的更高要求，应当说是机遇与挑战同时存在，并且都很突出。一方面，共青团工作的舞台会更宽，空间会更大，外部环境也会进一步优化。很长时间以来，共青团围绕提高学生的全面素质进行了积极的探索，也很有成绩。比如在学生中开展的社会实践活动、科技创新活动、社区志愿服务活动、18岁成人仪式教育活动等等，都是符合素质教育要求的，都是符合教育规律和学生成长成才实际需要的。在从应试教育向素质教育转变的过程中，共青团创新的空间也很大，工作资源会更加丰富。但另一方面，共青团工作也会出现特色不明、作用不清的问题。不少团干部反映，过去搞应试教育的时候，我们主要在课外抓学生全面素质的提高。现在都抓素质教育了，第一、第二课堂的界限也模糊了，那么我们的工作特色何在呢？还有，过去由共青团抓的事，现在学校也都在抓，有些工作还归别的部门了，甚至有人认为共青团可有可无，应当被合并，那么我们的作用怎么体现呢？

在深化教育改革、全面推进素质教育的过程中，学生作为我们的工作对象，也将发生很大的变化。按照教育改革的精神，在非义务教育阶段，要适当增加学费在培养成本中的比例，今年不少大学的学费比去年都有增长。最近，中国人民银行、教育部、财政部制定了《关于助学贷款管理的若干意见》，放宽了对学生助学贷款的限制。另外，大中专毕业生就业制度也将进一步放开，更多地实行双向选择而不是像过去那样主要依靠国家。这些改革措施，意味着受教育愈来愈成为一种消费行为，这必将对学生在校期间的思想观念和行为方式产生深刻影响。在过去国家大包大揽的教育体制下，学生是被动地受教育，依赖性很强，也比较容易组织和管理。而今后将是学生花钱“买”教育，学生的自主性、选择性、灵活性都将比过去大大增强。

这些变化都势必对共青团工作提出新的

要求，对此我们一定要有清醒的认识。我们要看到机遇，更要看到挑战。从总体上讲当然是机遇大于挑战，但具体到某一个单位，某一件事，则要具体问题具体分析。很多时候，机遇和挑战是相伴的，是一个事物的两面，我们只有解决面临的问题，挑战才能成为机遇。

二、学校共青团要努力形成相对稳定的具体职能，使团的工作成为学校素质教育的有机组成部分

共青团是先进青年的群众组织，培养社会主义“四有”新人是共青团的根本任务和基本职能。在深化教育改革、全面推进素质教育的新形势下，学校共青团要完成好党交给我们的任务，就必须努力把育人的职能具体化，必须努力使团的工作成为素质教育的有机组成部分。学校团的工作近几年开展得丰富多彩，有些已经形成了长期发展的机制，并纳入到学校教育的总体工作中，如“挑战杯”。但从总体上看，学校共青团工作的不确定性仍然很强。团的干部经常讲，“有为才有位”。职能不具体，作用不明晰，地位就不清、不稳。我们要积极争取学校党政领导的支持，把我们开展的许多工作逐步纳入到学校素质教育体系中去，逐步形成稳定的具体职能。当然我们讲稳定是相对的，团的工作离不开创新，而且要通过不断创新来不断地完善我们的职能。我们不能老熊掰玉米，攥在手里的永远是最后一个。在学校改革过程中，共青团必须要有“抢滩意识”，重视具体职能的确立，稳定地发挥团结教育学生的作用。

要实现这样一个目标，学校团的工作就要朝项目化、阵地化、社会化的方向探索和发展。所谓“项目化”，就是把过去比较分散的活动按项目的形式进行规划，以项目的形式组织实施、考核评估。这样做，可以在过去单纯搞活动的基础上使工作更能连续发展，更加具体有效。比如社会实践，每年有多少学生参与，能收到多少实际效果，都要有规划，都要落到实处。比如科技创新，开展多少活动，吸引组织多少学生参加，产生多少成果，都要有目标、有措施。这样才能真正体现共青团在素质教育中的作用。别的项目也是这样。在这方面，北京和上海的一些高校探索了一些经验，效果不错，学校领导也很认可。所谓“阵地化”，就是加强阵地建设，重视形成阵地依托，在校内外建设和确立一批可持续利用的工作阵地。比如爱国主义教育基地、社会实践基地等。要干事情，就必须有一些实的东西抓在手里。所谓“社会化”，就是要开辟社会渠道、联合社会力量开展工作。拿实施“素质拓展”来说，单靠校内不行，必须要借助社会。这“三化”不完全是新东西，一些地方和学校在工作中已有所体现，现在这样提，是共青团工作在新形势下实现新发展的客观需要。

去年，我们提出实施大中学生“素质拓展”，并以此统揽学校团的工作。结合当前教育改革和发展的新形势看，方向是对的，而且还争取了一定的主动。许多学校围绕“素质拓展”进行了积极探索，积累了一些好的经验。下一阶段，我们要继续坚持这样一个方向，同时，要根据全面实施素质教育的新要求，重视培养学生的创新能力、实践能力、创业精神，提高学生的人文素养和科学素质，加大科技创新活动和社会实践活动的工作力度。特别需要注意的是，共青团切忌用应试教育的办法参与素质教育、实施“素质拓展”，否则，学生的素质难以真正提高，还会增加新的负担。要按照“三化”的要求，把“素质拓展”做实做大，努力使学校团的工作再上一个新的台阶。

三、一手抓巩固，一手抓创新，切实加强普通高校团的建设

对普通高校团的建设来讲，也面临不少新情况、新问题。从近一个时期看，一是高校内部管理体制改革。依照《高等教育法》，高校的办学自主权将进一步扩大，以增强活力。这是改革的一个趋势。所以学校从整体上精简机构、减员增效是正常的，是学校发展的需要。这势必涉及到共青团。去年以来，出现一些高校团组织被合并、合署等现象。二是弹性学制的实行。高校将创造条件实行弹性学习制度，允许学生分阶段完成学业。去年，一些高校就允许大学生休学创业。学生选课也将更为灵活。这样发展下去，过去学生的班级建制就可能会在几年内发生新变化。三是后勤社会化的推行。去年教育部在上海召开高校后勤社会化工作会议以来，北京、上海、广州等不少大城市加大了工作力度，特别是在学生公寓建设方面都有了规划。与过去相比，学生的住宿方式也会发生变化，这恐怕也是一个新问题。这些改革必将带来共青团组织依托的变化，即从学校到院、系、班级、宿舍建制的变化。尽管这种影响还没有完全显现出来，但必须引起我们足够的关注。

结合当前高校改革和团的建设的实际，我们的基本工作思路是，一手抓巩固，一手抓创新，构建"一体两翼"的格局。所谓巩固，就是要巩固和加强现有团的组织，而不能削弱。这方面，中央领导同志作出了重要批示，教育部的态度也很明确。今年中组部和团中央将召开全国基层党建带团建工作会议，还会有更有力的措施出台。1998 年以来，团中央和教育部已就普通高校团的建设发过两个文件，关键是要狠抓落实。团的组织要单独设置，团的干部要能满足工作需要，团的工作要能独立自主地开展。这是高校团的事业发展的基础，必须夯实，必须做到守土有责。所谓创新，就是要根据变化了的新情况探索新路子，使基层团组织设置方式更加灵活，增强适应性；使团的工作运行机制更为有效，能够更好地发挥作用。只要不违背《团章》，有助于学校的改革发展稳定，有助于扩大共青团工作的覆盖面，有助于学生成长成才，都可以试。所谓"一体两翼"，是一个大团建的概念。一体是指团组织，是主体，两翼是指学生会组织、学生社团。现在强调这样一个格局，是为了更好地满足学生日趋增长的参与多种实践的愿望和提高综合素质的需求，从而扩大我们工作的覆盖面，增强工作的包容性和有效性。在国外，许多学生事务都是靠学生自我服务。我们应当结合实际，把团的建设和学生会组织、学生社团建设通盘考虑，多一些外围手臂，这样才能增强生机与活力，才能更有力量。

过去经常有人形象地讲，高校是团建的一块绿洲，主要是说我们组织健全、队伍整齐、团员集中，这是符合实际的。但如果换一个角度理解，也说明教育的改革比较滞后，许多问题还没有显现出来。现在情况不同了，虽然没有给团组织带来根本性的影响，但许多问题已露端倪。因此，在教育改革的新形势下，高校团的干部也要有危机感，要未雨绸缪。特别需要强调的是，要用改革的眼光看待改革中的现象，用改革的精神解决改革中的问题。只有这样，高校团的建设才能真正成为常青的绿洲。

四、加快民办高校共青团、学生会建设的步伐

近些年来，民办高校呈现蓬勃发展的态势。1998 年统计，全国民办高校已有 1000 多所，在校生至少在 200 万以上。这次全教会提出，要积极鼓励和支持社会力量以多种形式办学，形成以政府办学为主体、公办学校和民办学校共同发展的格局。因此，民办高校肯定还会发展。在这种情况下，加强民办高校团的建设和学生组织建设，就显得特别重要和紧迫。民办高校团、学建设抓好了，不仅可以填补我们工作中的一个相当大的空白带，把更多的青年学生纳入我们团结教育的范围之中，而且对于推动团、学事业的长远发展，对于促进民办高校的改革发展稳定，都具有非常重要的意义。过去我们对民办高校重视不够，现在必须加紧工作，认真抓好这件事情。

加强民办高校团、学建设，要有区别于普通高校的新思路，要充分体现民办高校的特点，与民办高校的办学机制相适应。民办高校很重要的特点是，机构不靠国家编制，人员不靠国家调配，经费不靠国家预算，形成了面向市场、自主办学、按需施教、缴费上学、不包分配的办学机制。因此，民办高校团学组织建设和队伍建设都不可能用普通高校的模式去套，而必须探索新的形式。比如学校团委，如果能设专职书记，并配备专职工作人员，当然很好，如果没有，学校团委可否就完全由学生组成，在学校里的党组织和上级团组织的指导下开展工作。有党组织的学校，可否设一名青年委员，暂时还没建立起党组织的学校可否由校方指定一名是党团员的教师做辅导员，负责指导共青团的工作。团的支部或总支部的设置能不能更具有灵活性。团的委员会、基层支部完全按照团章的规定，选举产生。在没有建立党组织的民办高校也可以先把团组织建立起来。各地要在严格遵循团章的前提下，大胆地探索和实践。各省市团的组织要加强对这项工作的领导，主动把民办高校团的建设纳入正常轨道，并及时明确领导关系。民办高校团组织可以隶属于省市团委，也可隶属于部门、地方团组织或其他形式，本着有利于工作的原则来决定。学生会的建设也要有所创新，比如，学生会的部门设置和职能能不能更好地适应民办高校的特点和学生的要求，等等。在民办高校，学生会要充分地发挥作用，要充分体现“自我服务，自我管理，自我教育”。

必须指出，近年来民办高校的发展，已为促进普通高校的改革起到了重要作用，提供了许多新的经验。我们相信，民办高校共青团组织、学生会组织建设的探索，对普通高校团学建设也将具有重要的借鉴意义。

五、学校共青团在新形势下要坚持育人宗旨，增强政治意识

在教育改革和发展的过程中，将会不断有新的观念、新的现象、新的问题涌现出来。学校共青团必须积极主动地去应对，以更好地适应教育的改革和发展。但同时我们必须看到，共青团不同于一般的社会组织，具有很强的政治性。特别是学校共青团，担负着培养社会主义事业建设者和接班人的重要政治责任，因此在任何情况下都必须有很强的政治意识，保持高度的政治敏锐性，否则就会迷失方向。改革越深入，情况越复杂，学校共青团越要在政治上保持清醒。我们必须始终坚持党的领导，坚持育人的根本宗旨。

加强和改进新形势下的思想政治工作，是全党一项重大而紧迫的任务。团的十四届三中全会通过了《共青团中央关于加强和改进青年思想政治工作的若干意见》，提出了明确要求。学校是思想政治工作的重要战线，负有更大的责任。要大力加强以邓小平理论为主要内容的思想政治教育，加强品德教育、纪律教育、法制教育。要注意采取青年学生易于接受的方式，注重发挥实践在育人中的作用，多为学生创造实践的机会，组织引导学生在实践中锻炼成长。今年拟召开全国思想政治工作会议，全党高度重视思想政治工作。要利用这样一个好的契机，真正把这项工作抓实抓好。

引导学生切实维护学校稳定和社会稳定，是共青团的重要政治责任，是学校共青团思想政治工作的重要内容。从当前情况看，引发学生不稳定的因素还有不少。学生的思想往往是社会的反映，一些社会矛盾必然会反映到学生思想中来，学生对一些社会现象尚有不满情绪。教育改革、学校内部改革也必然会涉及到学生利益。还有，今年学生对台湾变更领导人、中国加入 WTO、日本右翼势力猖獗等热点问题也都比较关注。对此，我们必须给予足够的重视。学校战线各级团组织要有针对性地做好思想政治工作，加深学生对党和政府政策的理解，引导学生自觉维护社会稳定。要及时了解和掌握学生思想动态，做好信息的收集、整理、沟通工作，这也是我们在过去一些重大事件中取得的宝贵经验，要求大家继续坚持和发扬。这也是一条政治纪律。

最后，我再强调一下全国学联二十三大。开好全国学联二十三大是我们今年的一件大事，对推动学联事业跨世纪发展具有十分重要的意义。随着教育体制改革特别是高校扩招、合并、隶属关系变更，全国学联和地方学联的建设也面临不少新情况。团中央书记处要求，学校战线的团干部要以高度的政治责任感和使命感，按照党中央的要求，牢固树立大局观念，做好各项工作，圆满完成换届及大会的各项任务。

同志们，学校共青团工作面临着很好的发展机遇，团中央书记处对学校战线团的干部和团的工作寄予厚望。希望学校战线广大团干部按照团中央的部署，进一步增强责任感，认清形势，胸怀大局，勇于进取，乘势而上，把工作落实好。刚才我讲的一些想法，包括对一些问题的认识，总体上还是初步的，也不很全面，还需要不断深化，主要是跟大家做一个交流，启发一些思考。相信经过大家的积极探索和共同努力，学校战线团的工作一定会呈现出蓬勃发展的新局面。

胡春华在全国社区青年志愿者工作现场会上的讲话

2000年11月3日

这次由团中央、民政部联合召开的全国社区青年志愿者工作现场会，是以江泽民总书记对青年志愿者工作重要批示精神为指导，深入贯彻落实党的十五届五中全会和全国创建文明社区工作会议精神的具体举措，也是继年初中国青年志愿者协会第二次全国代表大会之后召开的又一次全国青年志愿者工作的重要会议，充分体现了社区青年志愿者工作的重要地位，同时也表明团中央书记处对这项工作的高度重视。考虑到工作基础和近年来江苏社区青年志愿者工作取得的显著成效，经过反复研究，选择在江苏召开这次会议，并且把南京、南通、江阴三地作为现场观摩城市，同时请黑龙江、浙江、青岛、深圳等省市进行经验交流，目的是为了有利于各地代表们交流学习。这次现场会得到了中央文明办、民政部等党政有关部门的有力指导和大力支持。民政部有关负责同志专程出席会议并讲话，江苏省各级党政领导对会议的召开给予了全力支持。我代表共青团中央、中国青年志愿者协会表示衷心的感谢！

刚才，巴音朝鲁同志代表团中央书记处发表了重要讲话，充分阐述了开展社区青年志愿者工作的重要意义，并就如何开展好这项工作提出了要求，希望大家认真学习贯彻。借此机会，我再讲几点具体意见。

一、社区青年志愿者工作的简要回顾

青年志愿者行动实施以来，各级团组织一直十分重视社区的青年志愿者工作。团中央继1994年3月5日决定实施“一助一”长期结对服务计划之后，又在1995年分别召开了中国青年志愿者海淀服务站和中国青年志愿者河南油田服务总站观摩交流会，在1996年召开了唐山、哈尔滨青年志愿者行动工作现场会，在1997年召开了北京、张家港“青年志愿者行动与群众性精神文明创建活动”座谈会，今年5月,团中央、中国青年志愿者协会以在北京朝阳创建中国青年志愿者服务中心为契机,要求加快青年志愿者社区发展计划的全面实施,并于6月专门下发了《关于以创建青年志愿者服务站为重点全面推进中国青年志愿者社区发展计划的通知》。各级团组织、青年志愿者组织按照团中央的统一部署,紧密结合当地经济社会发展实际,扎实推进社区青年志愿者工作,在创建服务站、开展服务活动、壮大青年志愿者队伍等领域都取得了良好的成效,在服务社会、教育青年、弘扬新风等方面发挥了积极的作用,积累了不少有益的经验,奠定了良好的工作基础。

积极进行创建青年志愿者服务站的试点工作。针对社区青年志愿者工作不断发展,迫切需要组织和阵地依托的实际,从1995年开始,团中央决定进行社区青年志愿者服务站的试点工作,并先后在北京海淀服务站和河南油田服务总站进行了现场观摩和经验交流。随后,各地团组织坚持与当地经济社会发展水平相适应,因地制宜,广泛调动社会资源,积极开展创建工作。据团中央青年志愿者行动指导中心近期的初步统计,全国已经建成不同类型、不同模式的服务站达2.4万多个。同时,各地对服务站的内部管理制度、如何建立自我生存、自我运转、自我发展的工作机制等方面也进行了积极探索。

广泛实施"一助一"长期结对服务计划。这项计划通过团组织、青年志愿者组织牵线搭桥,在青年志愿者和服务对象之间建立起长期稳定的关系,为社区孤寡老人、残疾人、下岗职工、部分离退休人员等困难群众提供生活服务、医疗保健服务、技能培训服务、义务家教服务等多方面的帮助。该计划内容具体、易于操作、便于坚持,能够切实解决困难群众的一些实际问题,从一开始就受到基层的广泛欢迎,有利于推动青年志愿者行动深入基层,走进千家万户。截至今年6月,全国"一助一"长期结对已达250多万对,部分城市已经覆盖了绝大多数的民政优抚对象。目前,这项工作已经成为社区青年志愿者的基本服务形式,成为青年志愿者行动一项长期的基础性工作。

大力开展大中学生志愿者社区援助行动。这项工作主要是动员和组织大中学生利用周末课余时间,发挥自身的知识、智力优势,就近就便地深入社区,以志愿的方式开展多种内容的专业援助服务。自1995年5月开始实施,当年就组织动员了北京、上海、天津、石家庄、西安、武汉、广州等地的50多万名大中学生开展了社区公益、敬老助残、法律咨询、英雄人物家庭子女义务家教等志愿者活动。随后,每年都有数十万青年学生参与到这项活动中来。目前,伴随着社区建设步伐的加快,社区援助行动从内容到形式都得到进一步的深化。如青岛、哈尔滨等地通过大学生志愿者到居委会挂职任副主任等形式,进一步促进了学校与社区间的资源共享,既更好地达到了服务社区的目的,又有益于锻炼和教育学生。

发展壮大社区青年志愿者队伍。各地团组织、青年志愿者组织坚持自愿的原则,采取社会公开招募和组织招募相结合的办法,不断丰富动员手段,建立了一支以大中学生、机关青年干部、企事业单位青年职工为主体的社区青年志愿者队伍,初步形成了由长期志愿者和短期志愿者、社区外志愿者和社区内志愿者等组成的多层次队伍结构。社区青年志愿者的招募、培训、考核、评估、表彰等方面的制度普遍建立。据初步统计,目前全国参加社区志愿服务的青年志愿者已超过4000万人次,其中从事经常性志愿服务的青年志愿者达500多万人。一支以青年志愿者为主体、部分中老年人参加、规模宏大的社区志愿者队伍正在成为社区服务和社区建设的重要力量。

普遍开展各具特色的社区青年志愿服务活动。各地围绕各个时期社区建设的重点和社区群众生产生活的基本需求,开展了各具特色的社区青年志愿服务活动。如:浙江的“天天”青年志愿者行动,青岛的“周日志愿行动”,黑龙江的“扶贫互助柜台”,福建漳州、江苏江阴、甘肃兰州铁路局等地的青年志愿者“110联动”,北京的“为部分早年归国老专家志愿服务”活动,江苏、上海等地的志愿服务“时间储蓄”制度,广西柳州等地的青年志愿者预备役制度,河北唐山的帮孤助残爱心计划,铁道系统开展的青年志愿者清除“白色垃圾”活动等。这些活动的开展,极大地丰富了社区青年志愿服务的内涵,进一步拓展了青年志愿服务的领域,使青年志愿服务事业呈现出蓬勃发展的良好局面。

六年多来,社区青年志愿者工作在试点中积极探索,在探索中扎实推进。特别还要提到,近年来,许多来华访问的外国朋友都主动与我国的青年志愿者一起参加社区的志愿服务活动,中国青年志愿者组织、青年志愿者也多次参加国际性志愿者组织的会议及活动,逐步建立起了广泛的联系。社区青年志愿者工作从无到有、从小到大,为整个青年志愿服务事业的发展,为推动社会保障和社会服务事业、促进社会主义精神文明建设做出了积极的贡献,受到了广大人民群众的普遍欢迎,得到了各级党政领导的充分肯定。今年5月3日,中共中央政治局常委、国家副主席胡锦涛亲自视察了北京市朝阳区和平街青年志愿者服务站,对社区青年志愿者工作给予充分肯定,要求大家认真学习贯彻江泽民同志对青年志愿者活动所做的重要批示精神,把这项活动更加扎实有效地开展下去,吸引更多的青年参加到活动中来,使“奉献、友爱、互助、进步”的志愿者精神一代一代传下去。

六年来的实践使我们认识到,只有紧紧围绕社区中心工作,把社区青年志愿者工作纳入社区建设和社区管理整体规划,才能始终保持正确的发展方向、赢得更有力的政策支持。只有坚持以服务困难群众、满足困难群众需求为重点,社区青年志愿者工作才能更好地发挥作用。只有坚持活动开展和机制建设并举的思路,社区青年志愿者工作才能既蓬蓬勃勃又坚持不懈地向前发展。只有适应广大青年不断变化的特点和成长需求,社区青年志愿者工作才能把更广泛的青年动员组织起来,不断发展壮大,保持旺盛的生命力。

社区青年志愿者工作能够形成今天这样良好的局面,离不开各级党政领导的亲切关怀和高度重视,离不开各级团组织、青年志愿者组织的扎实工作和广大青年志愿者的辛勤努力,离不开社会各界的大力支持。在此,我代表团中央书记处、代表中国青年志愿者协会向大家表示衷心的感谢!

在看到成绩的同时,我们也要清醒地认识到工作中的不足。青年志愿者组织网络还很不健全,各地发展水平还很不平衡,与党政领导的期望、社区群众的需求及整个青年志愿者行动发展的要求还有不小的差距。应该说,几年来特别是近两年来,各地进行了大量的探索,开展了大量的工作,付出了大量的心血,积累了不少成功的做法和经验,整体上做得很有成效。所不足的主要是我们推进的力度不够,理论总结和指导一定程度上滞后于实践的发展。这就要求我们进一步加大工作力度,提高认识,总结经验,探索规律,推动社区青年志愿者工作不断前进。

二、充分认识抓好社区青年志愿者工作的必要性和紧迫性

面向新的世纪,立足我国社区服务和社区建设的现状,着眼青年志愿服务事业的长远发展,抓好社区青年志愿者工作越来越显得必要和紧迫,确实是当务之急,重中之重。

抓好社区青年志愿者工作是加强社区建设的迫切需要。社区是近年来出现的一个新概念,目前还没有一个大家普遍认可的统一解释。广义来讲,作为聚居在一定地域中的人群的生活共同体,社区当然是普遍存在的,早已存在的。但近几年社区概念的出现有它特殊的背景，并赋予了它特定的含义。大家知道，我国正处于从计划经济体制向社会主义市场经济体制转轨的过程中，处于社会转型时期。在计划经济体制下，整个社会处于高度的组织状态，每一个人都属于一个单位，一个集体，工作与生活发生的主要联系是单位，是集体。随着我国改革开放不断深入，社会主义市场经济体制逐步建立，大量的社会管理、服务和公共事务分离出来，转移到社会，原先的“单位人”开始向“社会人”转变，单位的工作空间开始与居住的生活空间分离，开始出现“社区”这样一个特定概念。社区的出现和它的不断发育为青年志愿者行动提供了广阔的发展空间。在今天的许多发达国家中，在我国的香港特别行政区和深圳特区，大量的社区服务都是由志愿者承担的。志愿者工作应该成为动员社会各界力量参与社区服务和社区建设的有效载体和手段，青年志愿者应该成为社区建设的一支重要力量。我们一定要认清形势，认识青年志愿者进社区的必然性和必要性，大力加强社区的青年志愿者工作，使之真正在社区扎根、在基层群众的生产生活中扎根。

抓好社区青年志愿者工作是促进我国社会保障和社会服务事业的客观需要。建立和完善多层次的社会保障和社会服务体系是社会主义市场经济体制的一个重要组成部分。随着社会主义市场经济体制的建立，优胜劣汰的市场竞争势必会造成部分社会成员因种种原因暂时处于“弱者”地位，不断产生一些困难群体。这就需要建立社会保障和社会服务体系，为困难群体提供必要的服务和帮助。但困难群体的服务需求是多种多样的，既不可能完全靠政府来满足，更不可能全部通过经济组织的市场交换来实现，尤其是在当前我国社会转型过程中，社会保障和社会服务体系还很不完善，更需要社会提供大量的志愿服务。近年来，社区青年志愿者工作通过“一助一”结对服务等方式为孤老病残等特殊困难群众提供了扎实有效的服务，这是参与我国社会保障和社会服务事业建设的具体举措。如果青年志愿者行动用两年左右的时间覆盖主要城市社区50%左右的困难群众，就会名副其实地成为我国社会保障体系的一个有机组成部分，为推动社会主义市场经济体制建设做出我们的贡献。

抓好社区青年志愿者工作是深入开展精神文明创建活动的需要。党中央十四届六中全会把青年志愿者行动作为一项社会主义精神文明创建活动写入了决议。江泽民总书记的重要批示指出：青年志愿者行动是当代社会主义中国一项十分高尚的事业，体现了中华民族助人为乐和扶贫济困的传统美德，是大有希望的事业。努力进行好这项事业，有利于在全社会树立奉献、友爱、互助、进步的时代新风。这是对青年志愿者行动精神文明意义的高度概括。这次全国文明社区创建工作会议也十分关注社区的志愿者活动，要求青年志愿者多做敬老助残、为社区有特殊困难的群众提供无偿服务的工作。各级团组织、青年志愿者组织要进一步学习领会江总书记重要批示精神，认真贯彻落实全国文明社区创建工作会议精神，总结推广南京等许多城市的成功经验，努力把社区青年志愿者活动纳入到全国和各地精神文明建设总体规划之中，进一步发挥青年志愿者工作在精神文明建设中的作用。

抓好社区青年志愿者工作是广大青年锻炼成长的需要。青年志愿者行动的一个重要特点就是双向受益。一方面，它适应当代青年自主意识、参与意识日益增强的特点，组织和引导青年以志愿服务方式服务社会，调动了青年的内在积极性，有利于引导青年更自觉地用自己的知识、技能为社区发展、社会文明进步做贡献。同时，它寓教育于服务之中，使青年在服务中直接了解基层群众的甘苦，增强为人民服务的意识和本领，在自觉参与中受到潜移默化的思想道德教育。随着我国改革的深入，社会经济的发展,青年流向和分布发生了巨大变化,青年职工就业的流动性也越来越大,越来越多的青年脱离了传统意义上的机关、企事业单位的组织体系,青年的生活空间越来越集中到所居住的社区。通过青年志愿者工作,把青年组织起来,既有助于这些青年的健康成长,又有助于促进社区的建设和发展。

抓好社区青年志愿者工作对青年志愿服务事业本身的生存和发展至关重要。青年志愿者行动的根本目标,是建设成为我国多层次社会保障体系的一个有机组成部分,成为社会主义精神文明建设的一支重要力量,成为共青团团结教育青年的一条有效途径。很显然,离开社区这个大舞台,青年志愿者行动是无法实现这样一个目标的。成为"社会保障体系的一个有机组成部分"就是针对社区来讲的。如果没有青年志愿者社区发展计划,我们怎么能实现这个目标呢?近年来,支教扶贫接力计划发展很快,青年卫生志愿者试点工作也进行得十分顺利,为国内国际大型活动提供志愿服务也已经成了普遍的做法。相比较而言,对社区青年志愿者工作重视不够,需要迎头赶上。我们必须清醒地认识到,只有社区青年志愿者工作才能覆盖全社会,是我们每个地方、每个城市都可以做的。只有在街道、社区、居委会、居民小区等广泛建立起青年志愿者的组织网络体系,我们才能真正扎下根来,青年志愿服务事业才具有扎实的基础。毫不夸张地说,社区青年志愿者工作能否健康发展,直接关系到整个青年志愿服务事业的兴衰存亡。我们要从这样的角度来认识问题,要从这样的高度来抓工作。就这项事业的发展来讲,在座的诸位都是有责任的。希望大家共同努力,把青年志愿者行动真正做成继希望工程之后又一项大有希望的事业。

三、面向新世纪社区青年志愿者工作的指导思想、总体思路和主要任务

从新世纪开始,我国将进入全面建设小康社会,加快推进社会主义现代化建设新的发展阶段。新世纪初的几年,是我国经济和社会发展的重要时期,是进行经济结构战略性调整的重要时期,也是完善社会主义市场经济体制和扩大对外开放的重要时期。新世纪我们首先迎来的就是2001年"国际志愿者年"。新的形势对青年志愿者工作提出了新的要求。为此,我们要贯彻落实既定的发展目标、发展思路和工作方针,即努力把社区青年志愿者工作发展成为我国社会保障体系的有机组成部分,成为新时期群众性社会主义精神文明创建活动的有效载体,成为共青团在社会主义市场经济条件下动员和组织青年的有效手段和加强青年思想政治工作、在实践中教育青年的有效途径;着眼青年志愿服务事业的长远发展,着力抓好组织、项目、队伍三大建设;以创建社区青年志愿者服务站为重点全面实施青年志愿者社区发展计划。以此为基础,社区青年志愿者工作今后两年的具体思路和工作目标是:以实施中国青年志愿者社区发展计划为统揽,努力在主要城市城区50%的街道办事处、社区服务中心、居(家)委会中创建规范的服务站,初步构建青年志愿服务基层组织网络;"一助一"长期结对服务力争涵盖城区中50%的孤老病残等重点困难群众,初步形成社区青年志愿者工作项目体系;以注册志愿者为骨干,建设一支多层次、大规模、相对稳定的青年志愿者大军。这样一个工作目标是在综合分析全国社区青年志愿者工作现状和发展趋势的基础上提出的,各地要结合实际,制定切实可行的计划,采取行之有效的措施,有步骤地扎实推进,努力实现这一目标。

(一)关于建设社区青年志愿者组织网络

社区的青年志愿者工作是整个青年志愿服务事业的基础,创建服务站则是社区青年志愿者工作的基础,在基层志愿服务组织网络中起着核心和龙头的作用。

要进一步明确创建服务站的目标。早在

1996年唐山、哈尔滨会议上，原团中央书记处书记姜大明同志就曾经提出过这样的目标：要在直辖市、省会城市及副省级城市有50%的街道社区建立起不同类型的青年志愿者服务站。我们这次提出的“50%”，就是对1996年目标的继承和具体化。比如，一个城市有多少街道（办事处），有多少社区服务中心，有多少居（家）委会，有多少居民小区，都是有数的。因此，街道（办事处）的50%、社区服务中心的50%、居（家）委会的50%、居民小区的50%也都可以准确地统计出来。只有同时达到了这4个50%，才能算是完成了我们这次“50%”的总体建站目标。希望大家心里要始终装着这笔账。

要采取多种模式创建服务站。这次会议的一个重点内容就是根据各地的经验总结了几种主要模式。比如江苏南通模式：南通是一个中等发达城市，特点是建设了由1个总站（中心）、9个社区分站、1个专业分站和若干支服务队构成的完善的服务网络，同时通过冠名等方式调动社会力量一起创建。浙江“天天”模式：浙江是一个市场经济比较发达的沿海省，突出特点是坚持“有偿养无偿”的市场化路子，同时集中打“天天”市场品牌，推动青年志愿者工作持续发展。哈尔滨模式：哈尔滨市是我国多数城市的缩影，改革开放以来取得了很大的成就，但和沿海发达地区比较，市场经济又还不够发达，主要采取依托行政、坚持共建的思路。深圳模式：深圳可以讲是我国社区发育最完善的城市之一，招募、培训、注册登记、考评等每个环节都是社会化的方式，基本做到了和国际接轨。还有南京、青岛等地的综合模式，既有依托行政的色彩，又有较高的社会化程度，并形成了服务站、服务基地、服务广场“三位一体”的框架。这几种模式是这些省市根据本地经济社会发展水平和社会需要在实践中逐步探索完善起来的。各地可以因地制宜，选择适合当地实际的模式，也可以以此为借鉴创造新的好模式。这次在总结时，我们有意避开了北京、上海等大城市。北京、上海等地的社区青年志愿者工作开展得是不错的。只是因为有人总觉得北京、上海等地的条件好，他们能做到的，我们做不到。我想在我们总结的这些模式中，大家总可以找到和本地情况相近的模式。

要充分发挥服务站的功能。建站不是目的，目的是更好地发挥功能，开展服务活动。要认真了解社区群众的服务需求和青年志愿者提供服务的可能，建立起服务对象需求信息库，招募组建青年志愿者服务队伍，通过“一助一”等方式在服务对象和青年志愿者之间建立稳固的服务关系，协调服务有序开展。为了保障服务站功能的发挥，要制定完善的内部管理制度，坚持一定的标准和规范。从各地情况看，基本上要达到“6个有”和“1个能”的标准。“6个有”即有统一的标识、有相对独立的场地、有工作人员、有青年志愿者和服务对象的档案、有相对固定的服务项目、有完善的管理规章制度，“1个能”是要求服务站能长期坚持发展。

要逐步形成以服务站为核心的基层组织网络。正如南通提供的网络模式一样，一个相对独立的基层青年志愿服务组织网络包括服务中心、服务站、服务队三个方面。服务站是最基本的组织，服务站以上建服务中心，服务站以下建服务队。服务中心要建在服务站比较集中、需要加强工作协调的地区，功能更侧重协调指导，可以是跨行政区域设置，需要一个就建一个，不需要可以不建。有条件的地方可探索建设服务中心、服务站、服务队之间的电子网络。组建服务队要考虑群众需求和青年专长，坚持以青年为主体，吸收社会各界群众广泛参与。要注意吸收有一定知识层次的青年和有奉献精神、热心社会公益、素质较高的离退休老同志到服务中心、服务站挂职或兼职等工作，动员社会力量参与服务中心、服务站的管理工作，进一步提高社区青年志愿者工作的持续性和稳定性。

（二）关于建设社区青年志愿者项目体系

青年志愿者工作首要的是为社会提供服务，否则就没有自身存在的价值与理由。我们要着眼社区的实际需要，牢固树立项目意识，探索建立起以青年志愿者社区发展计划为统揽的社区青年志愿者工作项目体系。

要以困难群众为重点扎实推进"一助一"长期结对服务。社区困难群众是社区青年志愿者工作的基本服务对象，以"一助一"为基本形式为困难群众提供服务，是整个项目体系的基础，是我们实现覆盖困难群众"50%"目标的最基本的手段，是社区青年志愿者最基础、最重要的工作。要做好这项工作，首先要弄清楚困难群众的类型、数量。比如，有军烈属、孤寡老人、残疾人等传统的民政优抚对象，也有下岗职工、待业人员、进城务工人员，还有单亲家庭、特困家庭子女等困难或特殊群体，要在认真调研的基础上，掌握这些困难群众的基本情况。其次要弄清楚困难群众的服务需求，弄清楚其中哪些需求可以通过政府解决，哪些需求要社会提供志愿服务。再次就是动员和组织青年为困难群众提供所需要的经常性志愿服务，并通过建档立卡等方式认真做好服务记录工作。只有这些重点困难群众中的50%接受了青年志愿者提供的经常、有效服务，才能算完成了基本目标。所以，这个"50%"的目标既包括数量的要求，也包括服务质量的要求。我们要在巩固已有"一助一"对子的基础上，不断拓展服务对象，扩大结对规模。

要围绕公共利益和公共需求广泛开展社区公益服务。社区中存在着许多公共利益和公共需求方面的问题，需要广泛动员群众共同参与。青年志愿者社区公益服务就是着眼于社区文化、社区教育、社区卫生、社区环境、社区秩序等与广大群众切身利益密切相关的领域，依托青年志愿者服务中心、服务站，通过建立服务基地、服务广场等方式，动员组织青年志愿者开展经常性的集中服务活动。如，在敬老院、儿童福利院等地开展生活照料、学习辅导、医疗保健等服务；在纪念馆、博物馆、图书馆等地开展志愿讲解、资料整理等服务；在城市绿地、交通要道、旅游景点、活动广场等地开展卫生清洁、植绿护绿、维护交通、普法宣传、文艺演出等服务。要定期向社会公布服务时间、服务场所、服务内容，逐步形成制度，吸引更多的青年及社会各界人士参加公益服务。社区公益服务虽然很难有明确的量化指标，但却直接面对公众，服务时间是否经常，服务效果是否明显，群众会有公正的评价。所以大家务必要高度重视，精心组织，扎扎实实做好这项工作，努力赢得群众和社会的好评。

要围绕社区组织建设，积极参与社区管理工作。随着我国社区服务和社区建设事业的不断发展，社区管理的任务越来越繁重，大量的社区组织不断产生，除原有的街道办事处、居（家）委会外，还有社区服务中心、青年志愿者服务中心、服务站，以及各种行业、各种内容的便民服务（中心）站、文化（中心）站，居民小区物业管理部门等许多新的组织。其中多数是社区居民自治组织，需要发动社区群众自觉参与。动员青年志愿者参与这些组织的管理工作，既有助于发挥青年的智力优势，整合社区资源，提高社区管理和社区建设水平，又有助于锻炼教育青年。如青岛等地开展的大学生志愿者科技、教育、文化"三进巷"活动，主要就是组织选拔优秀大学生志愿者就近就便地到居委会挂职分管科技、教育、文化工作的副主任。这项工作拓展了社区援助行动的内涵和外延，使大学生志愿者成为学校和所在社区的"桥梁"，促进了学校和社区的资源共享，是青年志愿者参与社区管理的成功尝试。

（三）关于建设社区青年志愿者队伍

中央精神文明建设指导委员会《关于在城市深入开展创建文明社区工作的若干意见》指

出，“要积极创造有利于青少年健康成长的社区环境，注重发挥青少年在创建文明社区中的生力军作用。”“要根据社区工作特点，努力建设一支主要由志愿者组成的文体活动辅导员、科普宣传员、校外辅导员等创建文明社区的骨干队伍。”这为共青团动员和组织青年志愿者队伍参与社区服务和社区建设提出了明确任务和要求。我们要力争用两年左右的时间，建设一支以注册志愿者为骨干、规模宏大的社区青年志愿者队伍。

要以建立注册登记制度为重点加强社区青年志愿者队伍建设。社区志愿者注册登记制度，是许多国际志愿者组织比较通行的做法。在志愿者组织正式注册的志愿者，对志愿者精神有着较高的追求，能够较长时期的坚持志愿服务。在全国范围内推广和建立志愿者注册登记制度，其目的就是为了建立一支能经常性开展志愿服务的骨干队伍。这方面深圳等地已经形成了很好的做法，大家可以借鉴，届时团中央青年志愿者行动指导中心也会提出一些具体的规范性要求。各地要制作发放统一的注册登记证，统一管理，有条件的地区还可在互联网上对青年志愿者进行注册登记。这项工作是推动社区青年志愿者工作规范化的重要步骤，是建设一支相对稳定的社区青年志愿者队伍的客观要求。各级团组织、青年志愿者组织要切实加强组织领导，要通过推行这项制度，使那些真正想参与志愿服务的青年及社会各界人士能够就近就便找到“组织”，及时获得参与志愿服务的机会和渠道。

要动员更多的青年参与社区志愿服务。坚持面向社会公开招募和组织招募相结合、普遍号召和重点发动并举的思路，突出青年的自愿参与特征，不断丰富动员手段。要紧紧抓住大中专在校学生、企事业单位职工、机关青年干部这些青年群体，作为社区青年志愿者队伍的中坚力量。要与大学生社会实践活动、18 岁成人仪式教育活动相结合，深入开展大学生、博士生志愿者“三进巷”活动、成人预备期志愿服务活动，继续倡导大中学生每人每年志愿服务至少 48 小时，并逐步形成制度。要以增强社区归属感、认同感为出发点，强化青年“社区是我家，建设靠大家”的意识，积极动员社区内青年参与社区服务和建设。按照社区的不同特点和群众的不同需求，组建各种专业型服务队，使服务和需求更加对口。继续探索社区青年志愿者社会化评估、表彰的机制，使之成为激励青年的重要手段，成为青年志愿者影响社会的重要手段。

四、推进社区青年志愿者工作需要注意的几个问题

青年志愿者工作经过这几年的发展，取得了很大的成绩，在不断的探索和实践中也碰到了许多的问题，需要我们在实践中予以充分注意。

第一，全面推进社区青年志愿者工作与发挥各地创造性的问题。既然我们认识到，社区青年志愿者工作是整个青年志愿者服务事业的基础，我们就要把它放在工作的首要位置，在全国范围内全面推进，全团上下都要动起来，按照全国统一的“两个 50%”的目标，抓好以服务站为重点的基层组织建设，抓好以“一助一”为重点的项目建设，抓好以注册登记制度为重点的队伍建设。在实施的过程中，各地可以根据实际情况，采取不同的工作方式和方法。就是说，目标是统一的，但实现目标的具体形式可以多样化。会议交流的几种模式分别适应当地的实际情况，具有不同的特点，老实说，目前我们还看不出孰好孰劣，看不出到底哪一种是未来的模式。甚至可以讲，在将来一个时期，在具体操作层面，根本就不可能形成一个全国的统一模式。认识和选择某种模式，要看所在地区的具体情况。从地域上讲，有东部、中部、西部之分，地域差异很大；从规模上讲，有南京这样的省会城市，有南通这样的地级市，也有江阴这样比较发达的县级市。

我们总结几种模式也只是给大家提供一个参考,一个地区、一个城市采取何种形式要从实际出发,要创造性地开展工作,做到既学习他人又不墨守成规,在学习中坚持创新。当然,青年志愿服务事业的发展方向也很明确,就是要逐步走向社会化,有条件的城市在选择和创新时要尽可能的朝着这个方向迈进。

第二,服务社区中心工作与发挥共青团主动性的问题。共青团是党的助手和后备军,共青团工作必须围绕党政中心工作开展,必须服务于党政中心工作。社区青年志愿者工作也不例外。我们必须树立一个牢固的观点:社区青年志愿者工作是整个社区工作的一部分,必须服务和服从于整个社区工作。离开了社区工作的整体,不存在一个独立的社区青年志愿者工作。这次会议总结的几种不同模式,都是借助社会力量或依托行政卓有成效地开展工作的。青年志愿者要在社区另起炉灶,包打天下,这是不现实的,也是不可能做到的。我们这次制定的目标“两个50%”,体现的就是这样一个原则,实际上有的地方已经达到了80%,甚至100%,而且我们的工作目标也肯定不可能停留在50%上。社区中大量的工作是通过政府和其他社会力量承担的,共青团只能力所能及地承担一部分任务。如果全国各大城市都达到了我们既定的目标,就会对经济社会发展做出很大的贡献。特别是服务站建设,我们是没有力量单独建楼买房的,在很多情况下也是不必要的。重要的不是“站”从房屋到产权是否属于共青团,而是我们能否有效地开展社区青年志愿服务工作。当然同时我们也要牢牢掌握社区青年志愿者工作的主动权,不断加强自身建设,不断巩固自己的阵地,不断拓展自己的工作,使社区青年志愿者工作在整个社区工作中发挥应有的作用,占有一定的地位。希望大家真正把共青团在社区中的角色定位好。

第三,坚持志愿服务的宗旨与通过市场方式推动社区青年志愿服务事业发展的问题。实际上就是多年来大家一直争论的有偿和无偿的关系问题,浙江的“天天”模式是典型的以有偿养无偿的模式。这种状况的存在主要是由我国经济社会发展水平决定的。志愿服务的宗旨就是在不为任何物质报酬的情况下自愿为社会、为他人提供服务和帮助,其根本任务是扶助社会困难群体,其基本特征就是自愿性、无偿性,放弃了这个宗旨,志愿服务就是无本之木,无渊之鱼。同时在现阶段,我们确实也需要通过市场方式支持青年志愿服务事业的发展。组织机构的正常运转是开展志愿服务的前提,青年志愿服务的组织机构(如服务中心、服务站等)可以通过市场方式的优质、低偿服务(即有偿服务)来赢得一定利润,维持本身的正常运转,如专职工作人员(社工)的工资,添置办公设施、设备的费用,组织开展活动的经费等。在这里需要强调的是,从现实情况出发,我们鼓励多种形式发展,但社区青年志愿者组织必须开展无偿的志愿服务项目,不能把志愿服务变成一种商业营销的手段,那就根本偏离了志愿服务的宗旨。以有偿养无偿的模式容易让群众产生误解,所以在操作中一定要妥善处理二者的关系,为困难群众服务一定要坚持无偿服务,并向社会公开,以便群众监督,保证青年志愿服务事业始终沿着正确的轨道发展。

考虑到抓好社区青年志愿者工作对青年志愿服务立法具有直接的推动作用,而立法可以直接影响青年志愿服务事业的未来发展,我想再专门强调一下青年志愿服务立法问题。以1999年8月广东省人大通过的国内第一部青年志愿服务条例为标志,青年志愿服务的立法工作取得了突破。北京等地人大通过的有关成年教育的法律中,也涉及青年志愿服务的条款。目前,经过福建省各级团组织的辛勤努力,基本完成了立法准备工作,省人大即将对青年志愿服务立法。南京等地也在结合实际,积极争取地方人大的支持，加大青年志愿服务的立法进程。各地青年志愿服务立法工作的进展，将为全国人大加快全国性青年志愿服务立法步伐打下基础。希望大家继续推进这项工作。

同志们，新的世纪即将来临，我们的工作进入了一个新的起点。实现新世纪社区青年志愿者工作的更大发展，需要我们付出更多的努力，任重而道远。让我们携起手来，在江泽民总书记重要批示精神的指引下，坚定信心，扎实工作，开拓进取，全面推进社区青年志愿者工作，为促进社区服务和社区建设，为青年志愿服务事业的美好明天做出我们新的更大的贡献，以更加积极的姿态和良好的精神面貌，迎接2001年“国际志愿者年”的到来！

胡春华在全国社会力量举办高校团建工作会议上的讲话

2000年12月3日

改革开放以来，尤其是近年来，在党和政府“积极鼓励、大力支持、正确引导、加强管理”的方针指导下，我国社会力量举办的高等教育有了很大发展，已经成为我国社会主义教育事业的组成部分。随着民办高校的迅猛发展，民办高校的共青团、学生会组织建设也就提上了议程，成为共青团工作的一个新领域。我们召开这次全国民办高校团建工作会议，目的就是要研究民办高校团建工作这一新的课题，统一认识，明确任务，全面推进民办高校团的建设。

民办高校团的建设伴随着民办高校的建立就已逐步开展，并取得了一定的成绩。团中央十分关注和重视民办高校团的建设。今年3月在太原召开的全国学校共青团工作会议上，我们正式提出要认真研究、大力推进民办高校的团建工作。各地积极探索民办高校团建工作的新路子，也取得了一些初步的经验。今年中共中央组织部、中共教育部党组下发了《关于加强社会力量举办学校党的建设工作的意见》，中组部、团中央召开了“全国基层党建带团建工作会议”，都要求我们积极推进民办高校团建工作，加强民办高校学生的思想政治工作。这为我们推进民办高校团建工作创造了非常有利的条件。我们和教育部多次沟通和研究，认为全面推进民办高校团建工作的时机已经成熟，因此团中央会同教育部党组下发了《关于加强社会力量举办的高等学校团的建设工作的意见》，并决定召开这次会议。下面我就民办高校团建工作谈几点意见。

一、充分认识加强社会力量举办高校团的建设的重要性

加强民办高校团的建设是民办高校自身发展的要求，是广大民办高校学生更好地成长成才的需要，也是共青团工作的一个重要方面，具有重要的战略意义。各省、自治区、直辖市团委和有民办高校的地方团委，要站在培养社会主义事业合格建设者和接班人的高度，重视民办高校团的建设，进一步统一思想，提高认识。

民办高校发展迅猛、前景广阔，是共青团组织的重要工作领域。之所以强调加强民办高校团的建设，首先是因为近年来民办高校的蓬勃发展。随着教育改革的不断深化，民办高校发展很快。最近团中央学校部对全国22个省、区、市进行了调查，结果显示，22个省、区、市共有民办高校861所，在校生人数超过100

万，很明显，这还是一次不完全的统计，而且由于民办高校正处于不断整合的过程中，也很难像普通高校那样有一个准确数字。现在一些民办高校已从过去租借校舍、雇聘教师、以自考辅导为主，开始转向自建校舍、自己培养骨干师资队伍，逐步走向正规化。在我们调查的高校中，3000－10000学生的学校有54所，10000人以上的达到8所。这从另一个侧面反映了民办高校的发展。民办高校之所以发展迅猛，一个最主要的原因就是我国有限的教育资源无法满足广大适龄青年接受高等教育的需求。我国教育人口规模庞大，对高等教育的需求很大，2000年全国高考录取率为56.7%，大学生占同龄青年的比例仅为10%左右，远低于西方发达国家甚至部分发展中国家。要想改变这样一种状况，仅靠政府的力量是不够的，需要社会力量的积极参与，多种形式办学。在教育发达国家，国立大学和私立大学相互促进、共同发展，在推动教育事业、提高教育质量上提供了成功经验。从总体上看，目前我国民办高教事业还刚刚起步，民办高校的力量与普通高校相比相对薄弱。普通高校扩招对民办高校也造成了一定的冲击，处在起步阶段也免不了会有各种问题，但民办高校的发展前景无疑是广阔的。因为它符合教育改革的方向。高等学校在人才的培养中发挥着重要作用，一直是共青团工作的重点。现在民办高校不断发展，在民办高校中接受教育的同学越来越多。共青团组织必须看到高等教育的这个重要的变化，迅速地加强民办高校团的建设，推进民办高校团的工作，使民办高校共青团工作成为共青团工作的一个重要组成部分，巩固共青团在高等学校的工作基础。

加强民办高校团的建设与普通高校同等重要。毋庸讳言，现在社会舆论对民办高校是有一定偏见的，尤其是和普通高校比较的时候。但从共青团的性质来说，民办高校的团建与普通高校同样重要。高校可以分成普通和民办，但我们从思想上不能对民办高校团的工作有丝毫的疏忽。共青团是党领导下的先进青年的群众组织，是党和政府联系青年的桥梁纽带，做好青年工作是党赋予共青团的光荣职责。凡是有青年的地方就应该有党的青年工作，凡是团员集中的地方就应该有团的组织开展活动。据统计，民办高校的学生团员比率平均在70%左右，按100余万在校学生计算就有70余万团员，这是我们非常重要的工作对象。民办高校团的建设、团的工作尽管有其自身特点，但在工作目的、工作任务上与普通高校是一致的，那就是坚持育人宗旨、努力培养“四有”新人，服务于青年学生成长成才的实际需要，在培养和提高学生素质方面发挥作用，积极促进学校的建设与发展。因此，我们要像重视普通高校团的建设一样，重视民办高校团的建设，而且由于民办高校团的工作刚刚起步，当前我们在民办高校的团建要下更大的力气，做更多的工作。

民办高校学生的成长需要团组织提供帮助和服务。这是由民办高校和民办高校学生的特点决定的。首先，民办高校多以学生的学费为主要经费来源，学生是作为“教育消费者”的意识更加强烈，因此他们对学校的建设、教学、管理等更为关注，关心自己在付费后能否得到相应的教育，表达和维护自身具体利益的需要更为强烈。其次，目前民办高校的招生对象主要是高考落榜生。他们的基础参差不齐，学习的压力比较大。同时存在的思想问题也比较多，普通高校的学生是作为成功者走入校园的，而他们是作为落榜生走入校园的，承受着人生的第一次挫折，这使他们背负着极大的心理压力。其三，在现阶段民办高校的社会认同度还不能和普通高校相比，民办高校学生将来走入社会面临着更大的社会竞争压力，这使得他们提高自身素质以赢得未来发展主动权的愿望更加强烈，迫切需要锻炼成长、全面发展的机会。教育本来就是一项系统工程，需要学校和社会各方面的共同努力。正是由于这些特点,民办高校的学生一定程度上比普通高校的学生更需要团组织为他们提供帮助和服务,解决他们在学习和生活中遇到的一些具体困难,维护他们的正当权益,促进他们的健康成长和全面发展。

民办高校的建设与发展需要团组织发挥积极作用。民办高校团的工作,是民办高校整个工作的一个重要组成部分,相对于普通高校,它甚至更加重要。民办高校有自身的特点,教育质量是民办高校的生命线,学校的主要精力集中在教学上,师资队伍均是实行聘任制,相对普通高校,民办高校学生管理队伍力量较弱,这就需要团组织在学生的思想政治工作、加强学生管理、活跃校园文化、促进学生全面发展等方面发挥更大的作用。民办高校应当高度重视团的建设和团组织作用的发挥,把团组织作为学校教育的一支不可缺少的重要力量,使其在为促进学校的建设与发展中做出积极的贡献。

二、抓住社会力量举办高校党的建设的机遇,积极推进团的组织建设

中组部、教育部党组下发了《关于加强社会力量举办学校党的建设工作的意见》之后,各地民办高校正在进行党的建设。今年8月,中组部、团中央召开了"全国基层党建带团建工作会",全面部署了基层"党建带团建"工作。各地团组织要和教育行政部门紧密配合,抓住民办高校党建的机遇,按照团中央、教育部党组下发的《关于加强社会力量举办的高等学校团的建设工作的意见》的要求,坚持"党建带团建",把民办高校团的建设纳入基层党的建设的整体格局之中,在党建的带动下扎实推进民办高校团建工作。组织建设是我们一切工作的保证,加强团的组织建设,建立健全团的组织体系是民办高校团建的首要任务。

民办高校团的组织建设已经具备了一定的基础,但团建的任务还十分繁重。根据我们的调查,有65.7%的民办高校建立了团组织,62.4%的学校建立了学生会组织。但同时我们也必须看到,民办高校团的组织建设也存在不少问题:一是部分学校尚未建立团学组织,不少已建立的团组织隶属关系不顺,分别隶属于所在地省级、市级、区级甚至街道团委,有的则挂靠在主办单位或教育行政部门团组织,没有和团的组织体系很好地衔接,上下渠道不畅,导致团的工作指导不力;二是团干部队伍建设有待进一步加强。大部分民办高校团委没有专职干部,一般以兼职干部和学生干部为主,团干部的工作时间得不到保证,对团干部缺乏必要的培训,工作经验都较为欠缺;三是对学生会的指导,对学生社团的管理力度还不够,有些学校还存在团学关系不顺的问题。这些问题的存在说明民办高校团建工作还处在起步阶段。

用二至三年时间力争在民办高校普遍建立团组织。尚未建团的要马上建团,新成立的民办高校要同步建团,已建团的学校要注重调整、加强、完善团的各级组织。要本着有利于指导工作的原则,理顺民办高校团组织的隶属关系,原则上和省市两级团委或同级教育行政部门团委建立上下级隶属关系。要建立健全民办高校团的基层组织,建立比较完整的校级、班级团组织体系。要按照"五个有"的要求建设好基层团支部,即有一个好的领导班子、有一支模范的团员队伍、有适合学生特点的活动、有行之有效的工作制度、有必要的工作经费和活动阵地。要努力建设一支适应民办高校共青团工作需要的、专兼职结合的团干部队伍,加强培训和指导,提高干部队伍素质。

民办高校团建工作必须始终坚持党的领导,同时体现民办高校的特点。共青团是党的助手和后备军,《关于加强社会力量举办学校党的建设工作的意见》明确规定党领导学校共青团、学生会的工作,这是我们必须始终坚持的原则。民办高校的办学体制有许多自己的特点，比如在普通高校实行的是党委领导下的校长负责制，我们不大关心团学组织和党政关系的不同，在民办高校中，党组织主要发挥政治核心作用，领导学校的思想政治工作，对学校行政管理机构起监督作用，民办高校团建工作就必须适应这种体制的变化，处理好和党政的关系，在党的领导下，发挥好团组织的作用。又比如，民办高校党组织会为团学组织开展工作创造条件，但很难直接用行政的力量来支持团学组织的工作。对于这些特点我们一定要给予充分的注意，切实做好民办高校党建带团建工作。

民办高校团组织要切实加强对学生会、学生社团的指导。按照《团章》和全国学联章程的规定，学生会组织接受共青团组织的指导。民办高校目前团员青年比例没有普通高校高，同时由于民办高校自身的特点和要求，学生会、学生社团在民办高校应该发挥更加积极的作用。民办高校团组织要积极帮助建立学生会组织，指导他们按照学联章程开展工作，组织同学开展自我管理、自我服务和自我教育，正确表达和维护同学的具体利益。要管理好学生社团，引导他们在活跃校园文化，促进学生全面发展方面发挥积极作用。要热情帮助学生会、学生社团建设好干部队伍，完善民主选举选拔程序，提高工作水平，解决工作中的困难和实际问题。

三、充分发挥社会力量举办高校团组织在促进学生健康成长中的重要作用

在民办高校建团本身并不是最终目的，而是为了更好地把团的工作开展起来。团的组织建起来了，但发挥不了什么作用、没什么职能，也没有实际意义，也难以稳固。共青团学校战线的中心工作是贯彻党的教育方针，坚持育人宗旨，充分发挥自身优势，促进学生全面素质的提高。长期以来，普通高校共青团在党的领导下，形成了相对比较稳定的发挥作用的工作领域。民办高校团组织要借鉴普通高校团的工作经验，同时紧密结合民办高校及其学生的特点和要求，积极主动地开展工作，充分发挥团组织在促进学生健康成长中的重要作用。

要做好学生思想教育工作。民办高校和普通高校虽然办学机制不一样，但在育人目标上是完全一致的，都是要培养“四有”新人，培养社会主义事业的合格建设者和接班人。因此，民办高校团组织要把做好学生思想政治工作放在首位，并结合学生的思想实际，增强工作的针对性和实效性。要组织学生认真学习邓小平理论，采用灵活多样、适合学生特点的形式，帮助学生深入领会邓小平理论的精神实质，树立建设有中国特色社会主义的坚定信念；要大力开展爱国主义、集体主义、社会主义教育，帮助学生树立远大理想，胸怀祖国，服务人民；要加强对学生的纪律教育、民主法制教育，引导学生积极支持和促进学校的改革、发展、稳定；要把帮助学生树立自信心摆到突出的位置，激励学生自尊自强，奋发成才；要结合民办高校学生将来就业的特点，加强社会公德、职业道德教育，全面提高学生思想素质和精神境界。

要鼓励和积极帮助学生完成学业。对绝大多数民办高校学生来说，进入民办高校，取得国家承认的大专学历是他们面临的主要任务，也是他们提高自己，将来以一个新的起点、新的姿态参与社会竞争的关键一步，具有极其重要的意义。他们中多一个人成功，社会就多一个受过高等教育的人才。民办高校和普通高校的不同特点在于宽进严出，每学期都必须参加全国统一的考试，每一门课都必须通过统考，完成学业的难度甚至高于普通高校。学习基础差的学生完成学业存在更大的困难，部分学生不能坚持到底，因此帮助学生完成学业、取得学历，成为民办高校团组织的一项重要任务，应该说这是民办高校和普通高校团的工作重要的差别之一，是由民办高校的客观现实决定的,同社会、民办高校、学生、家长的意愿也是完全一致的。

要大力开展"素质拓展"教育。对民办高校学生来说,提高自身素质也是将来走入社会参与竞争不可或缺的,全面发展是他们成长的内在要求。一方面由于民办高校绝大多数不能直接授予文凭,必须通过全国统考,通过率成为学校生存的关键,学校的教学主要集中在知识的传授上,甚至可以讲主要集中在通过考试上。另一方面学生毕业后的就业状况同样对民办高校有着重要的影响,客观上要求民办高校必须注重提高学生的综合素质。对学校团组织来说,这既是一种挑战,也是一种机遇,因为这种情况既对团组织开展活动在时间上产生了一定的限制,同时也为团组织在全面提高学生综合素质这一相当重要的领域中发挥作用提供了广阔空间,从而凸显出团组织在学校和学生发展中的特殊地位和作用。民办高校团组织要充分发挥自身优势,在提高学生综合素质方面多做工作。要广泛开展各种课外学习交流活动,组织专题讲座,努力拓宽学生的知识面,开阔视野。要结合学生的实际需要,鼓励或组织学生参加实用技术、技能培训,多掌握一些专业技能。通过组织社会实践等活动,培养学生的社会适应能力、创业意识,为将来参与社会竞争作好准备。要组织学生广泛开展志愿服务等公益活动,培养学生帮助他人、奉献社会的良好的道德品质。要拓宽领域,调动资源,采取多种方式为学生的全面发展创造机会,提供舞台。

要搞好校园文化建设。校园文化是陶冶学生情操,提高人文素养,促进学生全面发展的一个重要的手段。我们讲环境育人,对学生来讲,校园环境是非常重要的。民办高校由于正在初创阶段,学校的机制、综合功能还不太成熟和完善,大多数民办高校对校园文化建设还没有提上议事日程。民办高校的学生由于前述原因,普遍心理负担很重,精神压力较大,引导不好,容易出现问题。团组织应该有针对性地组织一些生动活泼、丰富多彩的校园文体活动,比如定期举办一些文化艺术节、文娱体育活动,给学生创造一些展示自己多方面才华的机会,创造一个良好的校园氛围,促进学生身心健康发展,同时也可以在一定程度上缓解学生精神压力。

要注意维护学生的合法权益,为学生提供切实有效的服务。民办高校"消费教育"特点决定了民办高校学生更加关心自己的切身利益。民办高校不断的资源重组、生生灭灭也确实会影响到一部分学生的利益。不少民办高校教学条件简陋,难以满足学生多方面的需要,学校管理体制尚不健全,许多学生事务需要学生自己管理。这就需要团组织发挥自己的作用,竭诚为同学成长服务,把为同学服务作为一项重要的工作。一方面要主动和校方协商沟通,正确表达学生的意愿,维护他们的合法权益。另一方面要组织学生自己管理好自己的事务,自己为自己服务。

民办高校团的工作内容十分丰富,领域非常广阔,我们提出的这几个方面的工作是当前要重点做好的工作,但并不是全部的工作。而且随着民办高校的发展,还会有新的工作领域需要我们开拓。民办高校团组织要结合实际,扎扎实实、循序渐进、突出重点,卓有成效地把工作开展起来。

四、主动适应社会力量举办高校的特点,大胆探索团建的新路子

民办高校的办学机制和普通高校有很大的区别,有很多自己的特点,我们要适应这些特点,大胆探索民办高校团建的新路子。

民办高校的团建单纯模仿普通高校,不能适应民办高校体制。在我们对民办高校进行调查的过程中,有一点出乎我们的意料,我们原以为民办高校团建肯定是多形式的,但实际上民办高校团的建设基本上是借鉴甚至是照搬普通高校的做法。目前民办高校刚刚开展团建工作，普通高校是他们惟一可以借鉴的经验，在起步阶段无疑需要有这样一个过程。既然民办高校的办学机制和普通高校有显著的不同，从长远来看，单纯地借鉴普通高校的团建经验是不够的，也是不行的。我们不能以普通高校为标准来要求民办高校的团组织，来衡量民办高校的团工作。事实上，简单地把普通高校的做法搬到民办高校是行不通的。现在普通高校校团委的设置基本上是独立的处级机构，一般都配备有五人左右的专职干部，规模大的学校甚至有十多名，民办高校根本就没有级别，配备这么多的专职团干部也是不可能的。

民办高校团建要坚持团的组织原则，同时要大胆创新。在组织建设上我们必须始终按照《团章》的要求，在工作中我们必须始终贯彻党的教育方针，同时又要针对民办高校的实际情况大胆创新。比如，组织机构的设置要和民办高校的特点相适应，要争取一定数量的专职团干部，更要看清民办高校发展的大趋势，立足于建立一支以学生干部为主、专兼职结合的干部队伍，同时，不断完善各级团组织的民主选举和干部的民主选拔制度。比如，民办高校对学生的约束力和普通高校是不一样的，团组织很难完全借助行政的力量来组织学生，团组织要增强自身的凝聚力和战斗力，就必须充分尊重学生不断增强的参与意识、自主意识。要充分发挥学生团干部、团员在团的工作中的积极作用，又要引导团员正确行使团内民主权利。比如，我们还要在团的工作方式上大胆创新，增强我们工作的实效。总之，我们的探索要有利于增强团组织的凝聚力和战斗力，有利于促进青年学生成长成才，有利于促进民办高校健康发展。

民办高校团的建设应该是多种模式、多种思路。应当看到，民办高校的情况是有很大差异的。学校和学校之间在建校方式、办学机制上多种多样，有很多不同之处，所处的发展阶段不同，学校的规模差距也很大。可以讲，民办高校本身的发展就是多种模式、多种思路的。因此，民办高校团建也要与之相适应。民办高校团建工作的创新现在还很难说它是一种什么模式，但肯定不应该只是一个模式、一种思路，而应该是各种模式、多种思路，以此来适应不同的情况，来寻求最恰当的模式和思路。

探索民办高校团建的新路子，有利于促进普通高校团的建设。随着教育体制改革的不断深化，普通高校也在不断深化自身的改革。素质教育、弹性学制、后勤社会化等也给普通高校团的建设提出了很多问题，许多普通高校适应教育改革的新形势，正在探索普通高校团的建设的新路子。民办高校的发展现在还处在初级阶段，但它一定会走出一条我国高等教育的新路子，民办高校团的建设也一定会走出一条高校团的建设的新路子，这种探索反过来可以为普通高校提供借鉴。

民办高校团建是我们面临的新课题，需要我们不断地去认识，不断地去探索。近年来民办高校发展迅速，但从总体上看还处在起步阶段，许多民办高校不管是硬件建设还是软件建设，离一所成熟“大学”的要求还有不小的差距，民办高校本身的办学机制也还在不断的完善过程中，许多问题我们现在还看不太清楚。民办高校团的建设才刚刚开始，共青团组织究竟如何适应民办高校的特点，在民办高校中究竟如何发挥自己的作用，发挥什么样的作用，我们的认识也还是初步的，并不是完全清楚了。这就要求我们高度关注民办高校这个新的领域，研究新情况，解决新问题，推动民办高校团建工作不断地健康地发展。

民办高校的团建工作现在还处在起步阶段，各省、自治区、直辖市团委和有民办高校的团市委，包括承担民办高校团建任务的教育部门的团组织，一定要充分认识加强民办高校共青团工作的重要意义，切实负起责任，加强对民办高校团建工作的领导。我们首要的任务是把团组织建起来，把团的工作开展起来，同时加强工作研究，不断创新和完善民办高校的团建机制，探索民办高校团建的新路子。在工作中我们要注意抓好骨干，可以选择部分办学条件比较好、机制比较完善、有一定规模的民办高校，作为工作的重点，给予重点指导和支持，及时总结他们的成功经验，推广他们好的做法，带动其他民办高校共同发展。要加强民办高校团组织和普通高校团组织之间的交流，互相借鉴，互相促进。

加强民办高校团的建设还需要教育行政部门、民办高校和社会有关方面的支持与配合。这次会议，我们专门邀请了50多所各骨干民办高校的党政领导参加我们的会议。在民办高校团的建设发展过程中，各民办高校的党政领导给予了高度的重视、热情的关心和大力的支持，在此，我代表团中央书记处，向关心和支持团的建设的民办高校领导和各有关方面致以诚挚的谢意。

同志们，我们马上就要进入新的世纪。我们相信，在新的世纪里，中国社会力量举办的高等教育事业会取得更大发展。我们也相信，伴随着民办高校的发展，民办高校团的建设也会开创一个崭新的局面。

胡春华在2001年共青团宣传工作会议上的讲话

2001年2月13日

这次会议是我们在新世纪召开的第一次团的宣传工作会议。会议的主要任务是贯彻全国宣传部长会议和全国文明办主任会议精神，进一步落实团的十四届四中全会提出的任务，总结2000年团的宣传思想工作，部署2001年团的宣传思想工作，推动团的宣传思想工作在新世纪开好局、起好步，实现新的发展。下面，我代表团中央书记处谈几点意见。

一、2000年团的宣传思想工作回顾与总结

刚刚过去的一年，团的宣传思想工作高举邓小平理论伟大旗帜，认真贯彻江泽民总书记“三个代表”的重要思想，按照党中央的要求，落实团中央的部署，唱响主旋律，打好主动仗，坚持服务大局，服务青年，以加强和改进思想政治工作为重点，抓落实，促深化，团的各项宣传工作全面推进，团的新闻出版事业全面发展，取得了可喜的成绩。

一是加强青年思想政治工作取得了扎实的成效。去年是思想政治工作年，各级团组织认真贯彻落实中央思想政治工作会议精神，通过抓基层、抓典型、抓调研、抓阵地、抓活动，把加强和改进青年思想政治工作作为重中之重落到实处，取得了良好的效果。各级团组织坚持不懈地用邓小平理论武装全团、教育青年，帮助青年树立崇高理想和坚定信念。去年5月，团中央与中宣部、教育部联合召开“全国青年学习邓小平理论经验交流会”，总结交流党的十五大以来各地青年理论学习的经验和做法，对今后开展青年理论学习活动进行研究部署，推动了全国青年理论学习活动的深入开展。编辑出版了《毛泽东邓小平江泽民论青少年和青少年工作》，在广大团干部和青少年中掀起了学习的热潮。为了增强思想政治工作的针对性，各地组织开展了青少年思想政治状况和青少年思想政治工作的调查研究，总结和

宣传了一批青年思想政治工作的先进典型。湖北、河北、上海、天津、江苏、安徽、黑龙江、吉林等地召开了青年思想政治工作的专门会议，推出典型经验，提出指导意见，组织主题教育活动，在广大青年和社会中产生了良好的效果。各地团组织抓住全党全社会加强和改进思想政治工作的机遇，坚持实践育人、服务育人、文化育人，积极探索新形势下青年思想政治工作的新途径、新载体，使青年思想政治工作切实得到加强。

二是重点活动项目进一步深化。各地团组织和青年志愿者组织认真学习贯彻江泽民总书记重要批示精神，扎实推进青年志愿者扶贫接力计划，全面实施青年志愿者社区发展计划，稳步推进组织、项目、队伍建设，青年志愿者行动呈现出良好的发展态势。截止到去年底，全国已经建立社区青年志愿者服务站2.4万多个，“一助一”长期服务对子250万对，招募派遣的扶贫接力志愿者达6810人。青少年新世纪读书计划不断深化，特别是主题读书活动有声有色，“祖国宝岛台湾在我心中”活动声势浩大，9000多万各族各界青少年参加了“盼祖国早日统一”签名活动，充分表达了广大青少年维护祖国统一的决心，在与台独势力的斗争中发挥了积极作用。各地的读书活动深入开展，北京、浙江、辽宁、河南、山东等地结合实际，广泛开展形式多样的读书教育活动，不断形成青少年的读书热潮。新书推荐榜的工作机制进一步完善，青少年新世纪读书计划精品书架创建活动在全国普遍开展，形成强有力的读书导向。读书计划事业化发展迈出了新的步伐，全国共建立青少年新世纪读书俱乐部1000多个，书屋1500多所，成立了中华青少年新世纪读书俱乐部，开通了“中国青少年新世纪读书网”，读书活动的发展有了更加坚实的基础。

三是青少年活动阵地的作用得到进一步发挥。各地认真贯彻落实江泽民总书记关于加强青少年活动阵地建设的重要批示和中办国办《关于加强青少年学生活动场所建设和管理工作的通知》精神，大力加强青少年宫等青少年活动阵地的建设和管理，广泛开展丰富多彩的主题教育活动、现代专项知识技能培训和青年文化活动，积极实施青少年素质训练计划，充分发挥青少年活动阵地在提高青少年综合素质方面的积极作用。迄今为止，全国共建立“全国青少年计算机培训站”258所、“全国青少年外语培训站”215所、“青少年棋院”38家，进一步满足了广大青少年求知、求乐、求美和健身的需求。北京青年宫举办的“青年体育大擂台”、“青春自护营”，上海青少年宫举办的“中国吉尼斯创纪录”，深圳青少年活动中心开展的“青年文化广场大家乐”，西藏拉萨市少年宫艺术团访美表演等活动项目在社会上引起较大反响。

四是新闻宣传工作进一步加强。贯彻中央新闻宣传工作的要求，团属新闻出版单位牢牢把握正确的舆论导向，在宣传好党的路线方针政策的同时，充分发挥共青团舆论阵地在教育引导青年、推动青年工作方面的重要作用，大力宣传青年成长进步的主流，展现当代青年积极向上的精神风貌。去年我们通过新闻宣传，为广大青年树立了黄东华、曹雪涛等一大批优秀青年典型，同时成功地组织了青学联大会、少代会、中国青年五四奖章、青年思想政治工作、保护母亲河行动等团的重点活动、重点工作的宣传。青年报刊事业蓬勃发展，成立了中国少年儿童新闻出版中心。团中央直属的青年报刊增加到40多家，各地青年报刊的实力进一步壮大。

总之，2000年共青团的宣传思想工作呈现出一个全面发展的良好态势，为我们做好今年团的宣传思想工作打下了坚实的基础。之所以出现这样的局面，是与各级团组织的高度重视和社会各界大力支持分不开的，也是团的宣传思想战线全体同志共同努力的结果。面对繁重复杂的工作任务，团的宣传思想战线的同志们团结协作、开拓创新、辛勤工作，表现出了过硬的政治素质、业务能力、饱满的工作热情和拼搏奋斗的精神。

二、认真学习贯彻江泽民总书记在全国宣传部长会议上的重要讲话和全国宣传部长会议精神,切实做好新形势下的团的宣传思想工作

前不久,党中央召开了全国宣传部长会议,江泽民总书记在会议上发表了重要讲话,中央政治局委员、书记处书记丁关根在会议结束时讲话,中宣部在会议上部署了2001年宣传思想工作,通报了有关情况。

江泽民总书记的讲话全面分析了新世纪国际国内形势,深刻阐明了宣传思想工作的重要地位,充分肯定了几年来的宣传思想工作,进一步明确了今后宣传思想工作的大政方针、基本要求和主要任务。讲话总揽全局,含义深刻,充满对宣传思想战线的理解和支持,具有很强的思想性、政治性、针对性,是宣传思想战线跨入新世纪的有力动员,开创新局面的行动纲领。学习贯彻全国宣传部长会议精神,首要的是要学好江泽民总书记的讲话。江泽民总书记的讲话内容十分丰富,对于今后宣传思想工作的要求,概括地讲,有以下主要内容:要积极、全面、准确、深入地宣传好抓住机遇、加快发展的重要指导思想,为抓住机遇、加快发展提供强有力的思想保证和舆论支持,这是宣传思想战线要着力把握的工作基点;要继续唱响主旋律,打好主动仗,坚持马克思主义的指导地位,不断用马列主义、毛泽东思想、邓小平理论武装全党和教育人民,牢牢把握舆论工作的领导权和主动权,一切思想文化阵地,一切精神文化产品,都要努力宣传科学理论,传播先进文化,弘扬社会正气,倡导科学精神,不断提高全民族的思想道德和科学文化素质;要深入研究和宣传"三个代表"重要思想,努力把"三个代表"的要求研究好、宣传好、贯彻好,强调纪念中国共产党成立80周年,在全党深入开展"三个代表"的宣传教育,是新世纪开局之年全党工作的一件大事,也是宣传思想战线的一项重要工作;要在全社会大力宣传和弘扬为实现社会主义现代化而不懈奋斗的精神,面对新世纪、新形势、新任务,特别需要在全党和全社会大力宣传和弘扬解放思想、实事求是的精神,紧跟时代、勇于创新的精神,知难而进、一往无前的精神,艰苦奋斗、务求实效的精神,淡泊名利、无私奉献的精神。江泽民总书记还强调,新时期的宣传教育工作必须努力把马克思主义理论、建设有中国特色社会主义的思想道德的宣传教育的一致性,与社会不同群体的特点和要求的多样性统一起来,必须努力把理想信念和思想道德的宣传教育的理论性,与人民群众日常工作和生活的实践性统一起来。在建设有中国特色社会主义,发展社会主义市场经济的过程中,要坚持不懈地加强社会主义法制建设,依法治国,同时也要坚持不懈地加强社会主义道德建设,以德治国。

丁关根同志在会议上讲了七点意见,指出要正确认识宣传思想工作形势;牢牢把握抓住机遇、加快发展这一主题,为改革发展稳定提供有力的思想保证和舆论支持;深入研究阐述"三个代表"重要思想,大力加强党的建设;认真贯彻《中共中央关于中国共产党成立80周年纪念活动的通知》精神,切实做好纪念建党80周年的宣传教育活动;加强宣传舆论阵地的建设和管理,牢牢把握正确舆论导向;深化改革,促进新闻出版广播影视业繁荣健康发展;讲政治,抓落实,把全部的心思和精力用在党的事业上。

江泽民总书记的重要讲话和全国宣传部长会议的精神,是我们做好新世纪之初共青团宣传思想工作的重要指针。认真学习好江泽民总书记的重要讲话,努力贯彻好全国宣传部长会议精神,做好今年团的宣传思想工作就有了保证。我们要不折不扣地把中央要求落实到团的宣传思想工作中,自觉地同党中央保持高度一致,认清形势,把握重点,统揽全局。要紧紧围绕全党全国工作的大局开展工作,在服务大局中找准共青团宣传思想工作的位置，充分发挥共青团宣传思想工作的积极作用。要善于抓住机遇，推动团的宣传思想工作跃上新的台阶。全国宣传部长会议内容丰富，各级党委也都在传达贯彻。团的宣传思想战线要把认真学习、深刻领会江泽民总书记的重要讲话和全国宣传部长会议精神，作为当前的一项十分重要的任务，以会议精神为指导，切实做好今年的共青团宣传思想工作。

三、在全面深化的基础上，进一步突出工作重点，推动团的宣传思想工作再上新台阶

根据全国宣传部长会议精神，今年团的宣传思想工作总的要求是：高举邓小平理论伟大旗帜，以“三个代表”的重要思想为指导，深入贯彻党的十五大、十五届五中全会、中央思想政治工作会议和全国宣传部长会议精神，落实团的十四届四中全会提出的任务，坚持围绕大局，服务青年，在全面深化的基础上进一步突出重点，大力加强青年思想政治工作，深入开展群众性精神文明创建活动，扎实推动青年文化建设，牢牢把握正确的舆论导向，充分调动广大团员青年的积极性和创造性，动员和引导广大团员青年为实现“十五”计划和现代化建设第三步战略目标贡献青春、智慧和力量。

今年是新世纪的第一年，团的宣传思想工作面临继往开来的任务，既要把已经开展的各项工作推向深入，巩固现有的工作基础，又要根据新形势的要求，结合实际，进一步突出重点，形成合力，开创团的宣传思想工作的新局面。从党的宣传思想工作要求和团的宣传思想工作实际出发，要特别注意做好以下几个方面的工作：

第一，精心组织实施好纪念建党 80 周年宣传教育活动，唱响共产党好、社会主义好、改革开放好的主旋律。今年是中国共产党成立 80 周年，隆重热烈地纪念建党 80 周年是党和国家政治生活中的一件大事，也是全团的一件大事，团的宣传思想战线必须高度重视，按照中央的要求，认真组织协调好全团的纪念活动。为了在青少年中开展好建党 80 周年纪念活动，团中央根据中央的精神已专门下发文件，对这项工作进行了部署。这里我强调三点：一是要抓住有利契机开展思想教育。要围绕党中央确定的主题，通过开展形式多样、生动活泼的活动，用党的光辉历史教育青年，用改革开放的伟大成就激励青年，用青少年身边的先进典型引导青年，要大力讴歌我们党始终代表中国先进生产力的发展要求、中国先进文化的前进方向、中国最广大人民的根本利益的光辉业绩，引导广大青少年坚定不移地跟着党走。二是纪念活动要立足基层。各地在组织好示范活动的同时，要结合本地、本行业、本单位的实际，突出基层，发挥基层团组织的作用，面向青少年，开展青少年喜闻乐见的活动，广泛动员和吸引青少年参加到活动中来，使青少年在参与活动的实践中，在切身的感受中受到生动而深刻的教育。三是要把活动的落脚点放在引导青年以实际行动迎接建党 80 周年。要在青年中大力开展“创造新业绩，向党的生日献礼”活动，引导广大青年特别是青年职工发愤学习，艰苦创业，开拓创新，立足本职创造一流业绩，为党的生日增光添彩。

第二，大力加强共青团文化工作，充分发挥文化在培养教育青年中的重要作用。开展群众性文化活动，加强青年文化建设，是共青团贯彻落实“三个代表”重要思想的重要举措，是活跃团的工作，促进青少年健康成长的客观需要。适应时代发展，满足广大青少年日益增长的精神文化需求，充分发挥文化在团结凝聚青少年、教育引导青少年方面的作用，是团的宣传思想战线面临的一项重要任务。在去年的全团宣传工作会议上，我们就把青年文化建设作为一项重要工作提了出来。一年来各级团组织在青年文化工作方面做了很多积极的探索，创造了一些有益的经验，为我们在新世纪进一步推动青年文化建设奠定了良好的基础。青年文化建设不是一个新概念，团的文化工作的重要性也越来越被大家所认同，进一步加强青年文化建设，重要的是要从有形的项目做起，在现有的工作基础上拓展和深化。一是要大力开展青年文化广场活动，推动群众性青年文化的全面活跃。青年文化广场是团中央在总结各地经验的基础上推出的一个重要活动项目。对于这项工作，团中央已在去年12月底召开的广州会议上作出了部署，各地要采取有力措施，把这项工作扎扎实实地开展起来。要善于抓住有利时机，比如围绕庆祝建党80周年，集中开展"党在我心中"青年文化广场活动，既在青少年中营造欢乐喜庆的氛围，又切实推动这项工作。二是进一步形成合力，深化青少年新世纪读书计划、新世纪青少年素质训练计划。读书计划要以重点城市、重点行业、重点地区、重点群体为牵动，促进读书计划深入实施。要广泛开展主题读书活动，抓好读书导向，建立读书计划的激励机制。要大力加强读书俱乐部、新世纪书屋、青少年读书基地和中国青少年新世纪读书网站的建设，进一步推动读书计划的事业化发展。新世纪素质训练计划要以开展训练营活动和素质训练项目为重点，不断拓展和丰富活动内容，努力形成科学规范的活动项目和社会化的运作机制。三是大力加强青少年活动阵地的建设和管理。要把阵地建设和管理纳入共青团的整体工作，当成共青团的一项重要事业认真抓好，抓住中央和全社会重视青少年活动阵地的有利时机，促进青少年活动阵地建设实现新的发展。青少年活动阵地既要强调建，更要强调发挥作用。要依托青少年活动阵地广泛开展主题教育、"千宫百万"现代技术技能培训、青少年素质训练和青年文化活动，努力把青少年活动阵地真正建设成为当地的青少年文化活动中心。四是要探索建立起青年文化建设的导向机制。去年团的"五个一工程"在发挥对青年文化建设的导向作用上做了一点尝试，增设了优秀文化活动的评选，今年要进一步完善。各地要积极探索建立有效的机制，在推动青年文化工作全面活跃的同时保持正确的导向。总之，团的宣传思想战线要把青年文化工作作为团的宣传思想工作的一个新的增长点，抓住有利时机，积极开拓创新，不断总结新鲜经验，努力形成活动品牌，使青年文化成为共青团的一项充满生机和活力的事业。

第三，牢牢把握正确舆论导向，进一步加强团属新闻舆论阵地建设和管理。新闻舆论工作是一项十分重要的工作，随着我国社会经济的不断发展，新闻舆论工作扮演着越来越重要的角色。这些年来，团属新闻报刊、出版社、互联网等共青团新闻舆论阵地不断发展，在服务大局、服务青年中发挥的作用进一步增强，因此，要特别重视做好共青团新闻舆论阵地的建设和管理工作。要牢牢把握正确的舆论导向，坚持团结稳定鼓劲、正面宣传为主的方针，唱响主旋律，打好主动仗，准确、鲜明、生动地宣传中央的方针政策，及时、如实、充分地反映广大青年的意愿，大力宣传好抓住机遇、加快发展的思想，大力宣传为实现社会主义现代化而不懈奋斗的精神，大力宣传青年成长进步的主流，大力宣传具有时代特点的青年典型，充分发挥其服务大局和教育引导青年的作用。随着互联网的发展，网络信息和网络宣传对青少年的影响越来越大，要加强中青网等团属网站建设，趋利避害，加强管理，努力使互联网成为广大青少年获取知识信息的一个新窗口，成为教育引导青少年的一个新阵地。青年报刊发展的机遇与挑战并存，各级团组织要加强对青年报刊的指导、管理和服务，帮助青年报刊面向市场，积极探索和建立与市场经济相适应的经营管理机制，促进青年报刊事业的蓬勃发展。

第四，进一步加强民族地区青少年爱国主义教育，发挥共青团在促进民族团结进步中的积极作用。进一步加强民族地区青少年爱国主义教育，是党中央对共青团提出的要求，也是我们针对不同青年群体做好思想政治工作，加强青年思想政治工作的针对性和实效性的一项重要举措。现在，一些民族地区反分裂斗争形势严峻，这些地区青年处在斗争的前沿，也是境内外民族分裂势力和宗教极端势力重点争夺的对象。各地团组织要进一步做好民族地区青年的思想工作，在各族青年中深入进行党的民族宗教政策教育，帮助他们牢固树立汉族离不开少数民族、少数民族离不开汉族、各少数民族之间也相互离不开的思想，不断增强维护民族团结的自觉性，坚决同各种打着民族宗教旗号分裂祖国、破坏社会稳定的行为作斗争。我们要从推进民族团结进步和维护社会稳定的高度，从国家长治久安和振兴中华民族的高度，充分认识做好民族地区青少年爱国主义教育工作的重要性，思想上高度重视，工作上精心部署。民族地区青少年爱国主义教育，要立足原有工作基础，注重总结已有经验，同时要结合新的形势，积极探索民族地区青少年爱国主义教育的有效方法和途径。要加强对民族地区青少年思想状况的调查，增强思想工作的针对性和实效性。加强民族地区青少年爱国主义教育既是民族地区团组织的一项重要工作，也是全团的一项重要工作。内地尤其是沿海发达地区各级团组织要加强和民族地区团组织的交流与协作，积极支持民族地区团组织共同做好这项工作。民族地区青少年爱国主义教育是一项政治性、政策性很强的工作，在工作中我们要特别注意学习和掌握党和国家的民族宗教政策，要在当地党委的领导下开展工作。

除上述几个方面外，深化青年志愿者行动始终是团的宣传思想战线一项重要任务。不久前召开的全国青年志愿者工作电视电话会对这项工作已作了安排，这里就不再重复了。这里，我还要特别强调一下同“法轮功”邪教斗争的问题。在党中央的正确领导下，我们同“法轮功”邪教的斗争取得了决定性胜利，同时要清醒地看到这场斗争的长期性、尖锐性和复杂性。要把揭批“法轮功”邪教作为今年团的宣传思想工作的一项重要政治任务，以高度的政治责任感，动员组织广大团员青年与“法轮功”邪教作坚决彻底的斗争，发挥青少年在反邪教斗争中的积极作用。团属新闻媒体要加强对揭批“法轮功”邪教斗争的宣传，在青少年中营造崇尚科学，提倡文明，抵制邪教的浓厚氛围。团中央为加强这方面的工作，专门成立了反邪教工作办公室，设在团中央宣传部。各地要加强对这项工作的领导，按照中央的部署，根据团中央的要求，在地方党委的领导下，把这项工作扎实做好。

四、加强党的路线方针政策学习，不断提高团的宣传工作者的思想政策水平

新的形势和任务，对团的宣传思想干部队伍建设提出了更高的要求。团的宣传思想战线的同志们要进一步增强责任感和使命感，树立政治意识、大局意识、责任意识，勤奋学习，刻苦钻研，不断提高自己的理论修养、文化素质和业务水平，更好地适应新形势新任务的需要。这里我要着重强调一点，就是要加强党的路线方针政策的学习，不断提高自己的思想政策水平。

共青团工作的根本指针就是要把党的基本理论、基本路线、基本纲领和基本方针贯彻落实到团的各项工作中去，不了解党的路线方针政策，我们就无法做好团的工作。共青团是党的助手和后备军，团的性质决定了党和团的特殊关系，团的工作从根本上讲是党的群众工作的组成部分，是党的青年工作。这就决定了共青团组织必须坚持党的领导。团的宣传思想工作政治性、政策性很强，对于团的宣传思想战线的干部讲，尤其要注意认真学习、深刻理解和准确把握党的路线方针政策。只有把党的路线方针政策吃深、吃透，在重大政治原则问题上，头脑清醒，明辨是非，立场坚定，才能按照党的要求，做好团的宣传思想工作。

只有加强党的路线方针政策学习，才能提高团的宣传工作水平。干部的思想水平决定着我们工作的水平，学没学好党的路线方针政策不一样，学没学深、学没学透更不一样，只有我们的思想政治水平提高了，我们的工作水平才能进一步提高。只有我们完整、准确地掌握了党的路线方针政策，做工作才能眼睛明亮、心里踏实，避免似是而非。比如今年是建党 80 周年，对党的历史事件、历史人物的评价，都要遵照《关于党的若干历史问题的决议》、《关于建国以来党的若干历史问题的决议》和十四大、十五大精神，首先我们就得先把两个《决议》和有关文件精神学习好。又比如，加强民族地区青少年爱国主义教育工作，涉及党的民族宗教政策，我们首先就要把党的民族宗教政策学习好。否则不要说工作上水平，把握不好，还有可能出问题。我国正处在向社会主义市场经济体制转变的重要时期，社会生活正在发生广泛而深刻的变化，新情况、新问题不断出现。面对风云变幻的国际形势，面对繁重艰巨的改革发展任务，面对纷繁复杂的社会生活，做好团的宣传思想工作，强调加强党的路线方针政策的学习，当前尤其具有现实意义。

学习掌握和贯彻执行党的路线方针政策的能力和水平，是衡量一个宣传思想干部是否成熟的重要标志。我们强调团的宣传思想战线的干部要加强党的路线方针政策的学习，并不是说团的宣传干部完全不了解党的路线方针政策。团的宣传战线的干部政治立场坚定，工作勤奋敬业，具备较高的思想政治水平，素质是好的。但也不可否认，我们确实存在学习不够的问题，团的宣传思想工作头绪多、任务重，很容易忙于事务而放松学习。况且情况是在不断变化的，也需要我们不断地学习，用更高的标准来要求自己。邓小平同志说过，“不注意学习，忙于事务，思想就容易庸俗化。”团的宣传思想战线的同志应该大兴勤奋学习之风，沉下身子，静下心来，认真学习掌握党的路线方针政策，努力增强贯彻执行党的路线方针政策的自觉性和工作水平，用科学的理论和现代知识武装自己，只有我们始终走在青年的前头，我们才能完成党交给我们团结、带领青年的任务。

同志们，2001 年对于团的宣传思想工作在新世纪开好局、起好步具有十分重要的特殊意义。团的宣传思想战线的同志们要更加紧密团结在以江泽民同志为核心的党中央周围，认清形势，明确任务，开拓创新，扎实苦干，以昂扬振奋的精神风貌开创团的宣传思想工作的新局面，以优异的工作成绩迎接建党 80 周年。

胡春华在全国普通高校团建经验交流会暨 2001 年共青团学校工作会议上的讲话

2001 年 3 月 13 日

在进入新世纪不久，我们在上海召开这次会议，目的是为了深入贯彻共青团十四届四中全会精神，主动面向新的世纪，分析高校共青团建设面临的新形势、新任务，研究和探索适应教育改革的新途径、新方式，明确方向，理清思路，交流经验，集思广益，共同推动高校共青团事业实现新的发展。

过去的一年，是学校战线团的工作取得突出成绩的一年。主要体现在以下几个方面。一是“素质拓展”全面推进，特别是大中专学生“三下乡”社会实践和百支博士团“三下乡”志愿服务行动、“挑战杯”创新创业竞赛、18岁成人仪式教育等活动都有了新的发展，成效比较显著。二是成功召开了全国学联二十三大，党中央充分肯定，广大同学也给予了很高的评价。三是进一步加强了高校团的组织建设，尤其是在民办高校团建方面取得了突破，迈出了实质性步伐。四是加大了奖优扶困工作的力度，在服务学生成长方面做了不少实事好事，发挥了很好的导向作用。广大学校战线团的干部讲政治，顾大局，求进取，能战斗，为推动团的工作的发展付出了许多辛劳。利用这个机会，我代表团中央书记处，向学校战线团的干部特别是工作在一线的团干部表示衷心的感谢！

关于今年的工作，团中央学校部还要做具体部署。这里，我着重就高校团的建设如何更好地适应新形势，实现新发展，讲四个方面的问题。

一、把握趋势，未雨绸缪，切实增强推进高校团建工作的紧迫感

高校是共青团工作的重要阵地，高校团的建设在全团始终处于举足轻重的地位。特别是在团的建设面临诸多挑战的新形势下，巩固和加强高校共青团这块阵地更具有非同寻常的意义。多年来，高校团的建设一直保持着一个好的局面，这除了各级团干部的主观努力外，还有两个客观因素，一是高校里学生团员最集中，比较容易组织；二是在改革进程中，教育改革相对滞后于其他领域的改革，高校共青团所受的冲击不大。应当讲，到目前为止，高校团建仍然保持着良好的状况。也正因为如此，所以不少同志还没有对高校团的建设引起足够的重视，潜意识认为，这样维持下去也是可以的。而实际情况并不完全是这样。必须清醒地看到，近年来，高校共青团的外部环境和工作对象正在发生着重大变化，高校团的建设已经遇到了许多新情况新问题，如果不以新的眼光审视团的建设，以创新的精神推进团的建设，也许几年之内这种状况就会发生根本性改变。对此，我们必须有足够的警觉。

1. 从外部看，高等教育改革的深化正在对团的建设提出新的要求。主要体现在三个方面：高等教育体制改革的推进，素质教育的实施，学生特点的变化。

首先是高等教育体制改革的推进。高校教育体制是共青团建设的基本依托，体制的变革必然对团的建设带来直接影响。近年来，特别是1999年全国教育工作会议召开以来，教育体制改革的步伐迈得相当快，有不少措施已经触及到团的建设。比如完全学分制的推行。完全学分制打破了过去集中统一的教育模式，是一项具有重大意义的改革。这项制度已经在上海、北京等不少高校实行，并将会在越来越多的高校推开。实行完全学分制后，同一班学生在选课方面出现了很大差异，很难在一起集中活动，班的概念被大大淡化了，长期依托班的建团模式也就发生了动摇。比如招生制度的改革。高校传统上都是按专业招生，按专业分班，现在清华大学、中国政法大学等校为了使学生具有更强的适应性，在本科阶段淡化专业，开始尝试按学院来招生，虽然班级建制还在，但同班同学的课程安排同样差异很大，仅依托班来集中开展团的工作已经不够了。比如后勤社会化的推进。这几年后勤社会化发展很快，上海、湖北、广东等地不少高校都开始实行学生公寓制，北京也正在高校集中的海淀区建设大学城，到时将有大学生1.5万人住在一起。与传统的学生宿舍相比，公寓制具有许多新的特点，比如，不同班级、专业的学生可能住在一起，服务和管理有社会力量参与，学生居住更为集中，硬件设施更好，等等。公寓制是一种新的居住方式，公寓将成为学生学习、生活、交流、娱乐的重要园区。团组织如何覆盖到这里成为一个新问题。比如高校内部管理体制改革。到目前为止，高校合并已基本完成，全国有612所高校合并组建为250所。

合并后，团委的建制及工作方式都要发生变化。另外，在机构改革过程中，团的机构被合署、团的干部被削减的现象也时有发生，如何适应这一改革需要充分关注。比如民办高校的兴起。民办高等教育有许多新特点，它的迅速发展必将在办学模式、管理体制等方面对普通高校产生影响，从而对高校共青团建设带来深远影响。

其次是素质教育的实施。全面推进素质教育，不仅仅只是教育思想观念的变革，更是包括教育体制、人才培养模式、教育内容和教学方法的全方位变革，不仅仅涉及教学部门，而是涉及包括共青团在内的学校所有方面。去年以来，许多高校通过建立“素质教育指导委员会”等多种形式，重新组合学校各部门力量，整合校内外资源，在实施素质教育方面明显加大了力度。在这个过程中，共青团如何发挥作用很值得研究。要看到机遇不少，比如，在应试教育体制下，分数是衡量学生的最重要的指标，教学是学校第一要务，影响了就属于添乱。实施素质教育后，综合素质是衡量指标，这样共青团在培养学生综合素质方面发挥的作用就显得突出了。但更要看到，面临的挑战也不少。比如，在实施素质教育过程中，不同部门出现了抢“地盘”的现象，共青团的不少项目面临被抢去的可能，工作上出现了一个竞争的问题。比如，过去共青团开展些活动，只是作为第一课堂的补充，现在第二课堂实际上也具有了第一课堂的性质和作用，都围绕素质教育来开展，都需要评估和量化，所以要求更高了，单单搞一些简单的活动恐怕难以应对，必须上升到职能建设的层次。再比如，一些团组织由于难以发挥作用，面临被合署的危险，甚至失去了独立性。这些问题不解决，将直接影响团组织在高校的地位。

再次是学生特点的变化。随着市场经济的发展和教育改革的深入，现在在校的大学生正在发生着许多新的变化。在传统体制下，国家包办学生的招生、学习安排、生活、就业，所以学生是比较被动的；现在情况不同了，学生在选课、择业等涉及自身成长和发展方面的自由度越来越大，学生由过去集中的状态逐步趋于分散，自主性大大增强。在这种情况下，让学生被动地参与一些活动就不那么灵了，必须考虑如何更好地调动学生的主动性。同时，学校实行收费制度后，学生实际上已成为教育的消费者，他们需要获得相应的权利。一些高校已经提出“学生就是上帝”、“一切为了学生”等口号。在这种情况下，共青团过去只重视对学生的教育引导，而忽视为学生服务的思想也面临着如何转变的问题。

2. 从内部看，加强高校团建是共青团实现新发展的内在需要。这几年经常有同志讲，高校共青团处于高位徘徊，我理解有两层意思，一是说高校共青团一直保持一个较高的水平，取得了显著的成绩，一是说难以实现新的突破，有些停滞不前。这就要求我们必须付出更大努力，走出高位徘徊。要实现这一目标，没有新思路是不行的。一是必须适应新的形势，不能走回头路。学校共青团不是独立存在的，而是依存于教育体制的。条件、环境变了，共青团必须跟着变，必须去适应。二是我们讲高位，并不是要保持传统体制下的高位，而是要创造和占据新体制下的新高位。逆水行舟，不进则退。没有进取的精神，创新的精神，传统的优势和高位也是难以维持的。

3. 从现实条件看，我们已经初步摸索了一些有价值的经验。近年来，各地不少高校主动适应教育改革的新形势新要求，结合实际，进行了一些有益的探索，在许多方面创造了新经验。这次会上提供的经验材料，就是其中的一部分。尽管有些探索还是初步的，但体现了适应教育改革的大方向。特别是上海高校共青团系统，去年集中搞了综合试点，取得了许多有价值的成果。上海是市场经济比较发达的地方，也是教育改革步伐比较快的地方。上海高校共青团有着很好的基础，但他们没有满足，而是主动研究新情况，探索新思路，一年下来，成效相当明显。实际上上海的探索从一定意义上代表了高校共青团发展的一种方向，有许多可供借鉴之处。这些都为我们推进团的建设创造了很好的现实条件。

以上讲这些，主要是为了更好地认清形势，把握趋势，增强紧迫感。高校共青团之所以一直保持较好的发展状态，一个很重要的原因就是以前的工作设计和思路具有前瞻性，工作具有主动性。同样，在新世纪到来之际，我们也应当把眼光放长远些，未雨绸缪，早做谋划，早做准备。只有这样，才能使高校共青团始终保持良好的发展局面。

二、多种模式，多重覆盖，巩固和创新高校团的基层组织建设

基层组织建设是高校团建的重点，基础不牢，地动山摇。我们讲构建“一体两翼”的大团建格局，即以团组织为主体，以学生会组织和学生社团为两翼，其中“一体”本身的重点就是基层团组织。现在看，教育改革带来的最直接的挑战是对团的基层组织建设的挑战，我们讲适应，首先是组织特别是基层组织要适应。组织形式变了，活动形式自然会发生变化。因此，加强团的建设首先必须突出基层组织建设。应当讲，过去相当长的一段时间，我们把主要精力放在了开展活动上，放在了活跃团的工作上，对组织建设并不是特别重视，这种状况应当改变。

在教育改革过程中，高校团的基层组织建设的基本思路是“多种模式，多重覆盖”，即突破过去依托班级建团的单一模式，依托生活园区、学生社团等建团；突破过去只建有注册团支部的静态模式，建设动态的活动团支部，以适应高校改革的新变化和学生的新特点，从而实现对学生的多层面的覆盖。

1. 要把班级建团和生活园区建团、社团建团结合起来。在教育改革过程中，学生在空间上的分布发生了变化，因此对学生的管理形式和组织形式也要相应地变化。首先，班级建团仍然是主要的形式。据调查，即使在教改比较快的高校，也有70%的学生是通过班级组织起来的。在教育体制转轨过程中，这种形式还将长期存在。因此，加强班团支部建设始终是团建的一项重要任务。要进一步完善团的组织生活、加强团员日常管理、健全评比考核制度，以巩固基础，同时还要着眼于创新，通过多种形式激活团的基层支部。其二要推进生活园区建团工作。随着公寓化的发展，生活园区越来越成为学生的重要活动场所。在生活园区，学生团员相对集中，便于组织；学生需求多样化，便于开展活动；学校各个部门参与管理，便于协调。因此，在生活园区建团不但必要，而且可行。生活园区团建工作要循序渐进，一种方式是在保留原有班团支部的基础上，先建立团的专门工作部门，负责生活园区团的工作的开展，在楼层、宿舍建立基层团组织，比如江西财经大学在5个学生社区设立“社区团工委”，西南师范大学增设了“学生生活园区工作指导站”，还有中南大学等校都已经启动了这项工作，同时班团支部仍保留，实行双重管理。另一种方式是在条件成熟时，完全打破班团建制，建立完整的生活园区团组织，把基层团组织的工作重心全部转移到生活园区中。比如西安电子科技大学就采取了这种方式。除了班级建团、生活园区建团之外，还要积极探索在学生社团建团的工作。湖南大学、石家庄铁道学院等校的实践表明，高校学生社团具有很大的发展空间，吸引和凝聚了大批学生，在社团中建立团的组织，有利于社团活动的健康发展，也有利于扩大团组织的覆盖面和影响力，应当讲，也是一种有益的尝试。当然，这种方式如何与其他建团方式更好地结合，还需要不断进行探索。

2. 要把注册团支部建设和活动团支部建设结合起来。所谓注册团支部，是指学生正式注册登记的团支部，负责承担学生团员的基本管理。比如班团支部等。但随着完全学分制、公寓化的推行，同一注册团支部的学生在课程选择、居住地点等方面有较大差异，难以集中开展活动，因此，可以通过建立活动团支部的形式来补充，即通过招募、竞标等形式，由来自不同注册团支部的学生组成活动团支部，负责承担团的活动项目，完成团组织的工作职能。活动团支部也可以担负部分对团员进行考核的功能。这种团支部具有动态性、灵活性，可以更好地适应完全学分制下学生的特点。上海大学实施的“中心团支部”模式，本身就具有这种性质。

3. 由单一覆盖向多重覆盖转变。团的组织建设的重要目标是实现有效覆盖。过去我们讲覆盖，一般是班级的单一覆盖，进了大学，隶属于一个班团支部，并在其中参加活动，过组织生活。现在看，这种单一覆盖模式不能适应学校的变化，必须寻求多层面的覆盖。比如一个学生可以参加班团支部，同时也可以参加公寓楼层团支部；比如可以参加注册团支部，也可以同时参加活动团支部。这样可以更好地吸引和凝聚学生，更好地实现团组织的目标。总之，要在坚持《团章》宗旨的前提下，使团建与学校的管理方式更好地适应，和学生的特点更好地适应。

特别需要强调的是，在抓好基层团支部建设的同时，要把院系一级团的组织建设摆到更加突出的位置。随着教育体制改革的深入，院系在学校教学、管理等方面的作用比过去更为突出，一些学校已经开始按院系来招生。院系一级团组织担负着承上启下的重要功能，特别是在完全学分制条件下，以班团支部为单位组织活动难度增大，很多工作可能要由院系一级团组织承担和协调，对此应有足够的认识。对如何更好地发挥院系团委的作用，应当引起足够的重视。比如厦门大学，机构改革后由35个院系合并成16个学院，基层团组织面对的不再是一个系，而是小至几百人大至几千人的学院，因此，团的协调功能必须部分下移到院团委。在这方面，我们的工作也要做在前头。

三、坚持团的根本，强化制度建设，努力使高校共青团形成相对稳定的具体职能

职能建设与组织建设相辅相成，相互促进。组织建设是保证，但仅仅建立了组织，如果没有发挥作用，形不成相对稳定的具体职能，组织建设也难以长久。对高校共青团来讲，关键是如何在学校育人工作中发挥作用，使共青团工作成为学校素质教育的有机组成部分。现在看，必须在坚持“项目化、阵地化、社会化”的基础上，进一步丰富“素质拓展”的内涵，创新工作方式。

1. 立足团的性质，定位团的职能。高校的根本任务是通过实施素质教育，培养社会主义事业的合格建设者和接班人。共青团和学校的其他部门一样，都要围绕这个中心来开展工作。离开了这个中心，共青团就难有地位。但是，共青团有自身的特性，不能简单混同于学校一般的职能部门。共青团是先进青年的群众组织，是党的助手和后备军，一方面，它有很强的政治性，这就决定了共青团在参与学校素质教育时，必须始终把培养提高学生的思想政治素质摆在突出的位置；另一方面，它又有很强的群众性，在贴近学生、动员学生、团结学生、组织学生方面有很大优势，这是一般的部门所不具备的。还有，它有很强的实践性，“实践育人”是团的传统，在课外这一块，团有特殊的优势，目前仍是别的部门无法替代的。因此，高校共青团一方面要努力成为学校素质教育的有机组成部分，一方面又要从自身性质出发，突出特色，发挥优势。近年来我们实施“素质拓展”正体现了这种定位。社会实践、“挑战杯”等活动能开展这么多年，本身就说明高校共青团是完全可以形成相对稳定的具体职能的。下一步，关键是要根据形势的变化，不断强化这些职能，同时开辟新的项目，努力形成新的职能。

2. 争取政策支持，明确团的职能。政策支持是高校共青团职能建设的重要保障。一方面，我们要通过大力实施“素质拓展”，不断提高高校共青团在素质教育中的影响力，所谓有为才有位。另一方面，要积极争取党政部门以联署文件等形式，对团的职能予以明确，这会反过来推动团的职能建设。比如，上海团市委与教育部门就大学生社会实践等下发了专门文件，明确这些工作以共青团为主实施，这既是上海市社会实践成绩突出的结果，同时也使这些工作成为了团的相对稳定的具体职能。当然我们这么讲，并不是说共青团要搞单打一，实际上我们的工作离不开方方面面的支持，是必须与许多部门相互配合的，是开放的而不是封闭的。这一点必须强调。

3. 建立评价机制，巩固团的职能。学校培养人必须有评价制度，这恐怕是教育的一个规律。应试教育以分数论英雄，有一套评价体系。素质教育看学生的综合素质，同样也必须有评价机制。一个科学的评价体系反过来会促进人才的培养。我们实施“素质拓展”，做了很多工作，但如果没有评价体系，那么共青团在素质教育中究竟发挥了什么作用、发挥了多大作用就很难衡量，做的很多实功也会变成虚功，甚至会有人因此而否定团的工作。从这一点上讲，建立评价机制是实施“素质拓展”、加强职能建设的必不可少的重要环节。评价机制既要强调教育评价，比如把共青团开展的工作纳入学分制，得到学校的承认，更要强调社会评价。我们培养的人才是不是合格，最终要靠社会来检验，我们培养的人才是不是有较高的素质，要看人才市场的竞争。比如有些学校实行“素质拓展”证书制度、经历卡制度，这对于引导学生提高综合素质、更好地参与人才市场竞争有很大的帮助。

四、创新思路，务求实效，整体推进高校共青团工作

建立与深化教育改革、全面推进素质教育相适应的高校共青团工作新格局是我们进入新世纪的工作目标。实现这样的目标，必须从整体上创新工作的思路。这其中，既包括上面讲的组织建设，也包括思想政治工作和团的重点活动。近年来，我们也正是围绕这样一个目标、这样一条主线来调整思路、开展工作的。希望同志们以进入新世纪作为一个新的起点，整体把握高校共青团工作的走向，勇于探索，突出创新，把高校团的各项工作不断推向深入。

1. 在思想政治工作层面上，应当更加注重建设。思想政治工作是一切工作的生命线。加强和改进大学生思想政治工作，对高校共青团来说更具有特殊重要的意义。各地各高校团组织都要站在讲政治的高度，始终把思想政治工作摆在首要位置。过去我们抓思想政治工作，主要集中在维护稳定工作上，特别是做好敏感期或突发事件时学生的稳定工作，并通过活动加强对学生的正面引导，防止学生中出现不稳定因素。毋庸讳言，这么抓是很必要的，这种做法也应当继续坚持，但单纯这么抓已经显得不够了。应当认识到，思想政治工作的根本点是提高人的思想政治素质，是一项系统性的、长期性的工作，也是一项建设性很强的工作。特别是学生更多是处在常态下，稳定是学生的主流，更要考虑多做一些建设性的工作，力求长短结合，统筹兼顾。加强和改进大学生思想政治工作，关键是要在增强针对性和实效性上下功夫，尤其是要深入而不是肤浅地了解常态下学生的思想状况，准确把握当代大学生的思想脉搏。这是我们工作的基本前提。要结合学生特点，采取多种生动有效的形式，切实加强对大学生的理想信念教育，抓好对邓小平理论和江泽民同志“三个代表”重要思想的学习，真正把工作落到实处。

2. 在重点活动层面上，应当从注重体现学校要求到更加注重体现社会要求。开展活动是共青团富有特色的工作方式，我们实现育人的目标也主要是通过活动来实现的。过去很长时间，我们开展活动更多是以学校教育的内部需要为参照系，主要站在学校的角度考虑问题，因为实行的是统包统分制度，学校培养什么人，社会就必须接受什么样的人。现在情况有了很大变化，社会的需求成了最重要的因素，因此，我们开展的活动也应当更多以社会的需求为参照系，从校外反观校内。一个是立足于既定的教育目标，一个是立足于实际的社会需求，这是一个很大的转变。在这方面，我们这几年实际上也一直在探索。比如"三下乡"社会实践活动、志愿者活动，过去比较注重大学生受教育，现在看，必须强调服务社会、做贡献，把大学生作为参与经济社会发展的一支积极力量，这体现了社会的客观要求。不这么做，活动本身也很难开展。所以从去年开始，我们把博士生、硕士生纳入"三下乡"队伍，目的就是要加大做贡献的分量，从开展的情况看，效果是相当好的。再比如"挑战杯"竞赛，过去比较强调学生的学术科技水平，现在我们把创业计划竞赛也纳入进来，目的就是要适应社会的需要，加大对学生创业精神的培养。下一步，我们的活动要继续在这方面多下功夫。

3. 在组织建设层面上，应当从注重抓巩固到更加注重抓创新。组织建设是我们开展工作的基本保证。在高校团的组织建设问题上，我们一直是强调抓巩固的。因为高校团的组织始终比较健全，不存在大的变动，也不存在生存问题，主要就是如何巩固的问题。但现在情况发生了一些新的重大的变化，已经触及到团的组织怎么建这个深层次的带有根本性的问题。因此只强调巩固显然是不行的，必须要探索新思路。这个观点我前面已经详细讲过。去年以来，已经开始这方面的调整，先是在西安开了全国民办高校团建工作会议，把民办高校这一新领域纳入团建范围，接着又在上海召开全国普通高校团建经验交流会，以推动普通高校团建更好地适应教育改革。希望大家按照两次会议的精神，把这项工作真正抓起来。以创新的精神做好下一步的高校团建工作，要注意把握好两点。首先是要坚持"党建带团建"。去年，中组部、团中央召开了全国基层党建带团建工作会议，高校团建要充分体现这一要求。共青团是党领导下的群众组织，团建工作必须在党的领导下进行，并与党的建设相衔接。特别是在教育改革的新形势下，共青团建设面临不少新情况、新问题，需要创造新的经验，探索新的思路，这就更需要依靠党的领导，争取党的支持。这是搞好高校团建的重要政治保证。再就是务必结合实际。一方面要结合教育改革的实际进程。改革是一个过程，对共青团建设的影响也有先有后，团的建设必须与其相适应，滞后了不行，超前了也不行。另一方面要结合各地高校实际。高校情况千差万别，绝不能搞一刀切。这次会议提供的经验，特别是上海的经验，也都是根据当地实际探索出来的，其中体现了不少带有规律性、普遍性的东西，应当积极借鉴，但必须坚持一切从实际出发，紧密结合各地各校实际。

同志们，高等教育改革的不断深化为高校共青团提供了更加广阔的创造空间，团中央书记处对高校团的干部和团的工作寄予了很大期望。希望同志们振奋精神，再接再厉，开动脑筋，不断进取，谱写出高校团的工作的新篇章。以上我讲的一些意见，有的还不是很成熟，供同志们参考。让我们共同努力，不断开创高校共青团事业的新局面。

胡春华在全国青年报刊工作会议上的讲话

2001年7月15日

我们这次全国青年报刊工作会议，是在全党全国认真学习贯彻江泽民总书记“七一”重要讲话的形势下召开的。我们这次会议的任务，就是要认真学习江泽民总书记“三个代表”重要思想，认真学习中央领导同志对青年报刊的重要批示，总结近年来的青年报刊工作，以“三个代表”重要思想为指导，贯彻党对新闻宣传工作的要求，严格遵守新闻出版纪律和法规，加强对青年报刊的引导和管理，更好地为青少年健康成长服务。

今年5月，光明日报总编室“情况反映”编发了《辽宁省委书记闻世震就一封群众来信作出批示，站在讲政治的高度坚持正确办报办刊方向》一文。中共中央政治局常委、国家副主席胡锦涛5月31日作出重要批示，要求“举一反三，引导各地青年报刊，坚持正确办刊方向，为青少年健康成长服务”。中共中央政治局委员、书记处书记、中宣部部长丁关根也作了重要批示，指出“此事应该重视”，要求“提出解决意见，认真办好团报团刊”。中央领导同志的重要批示，对于办好青年报刊具有十分重要的指导意义。我们要认真学习贯彻中央领导的重要批示精神，始终坚持正确办报办刊方向，切实办好青年报刊。对于《情况反映》提到的一封群众来信反映的《辽宁青年》存在的问题，团中央已经责成辽宁团省委在省新闻出版管理部门的领导和支持下，进行认真调查核实，并在调查核实的基础上作出处理。

下面，我代表团中央书记处谈几点意见。

一、充分认识这几年青年报刊取得的成绩和存在的不足，更好地推动青年报刊发展

青年报刊是党的新闻宣传事业的组成部分。近年来，在党中央的亲切关怀下，在中央和各地党委宣传部门、新闻出版行政主管部门的坚强领导下，青年报刊高举邓小平理论伟大旗帜，坚持以科学的理论武装青年，以正确的舆论引导青年，以高尚的精神塑造青年，以优秀的作品鼓舞青年，积极宣传党的路线方针政策，大力弘扬青年成长进步的主流，努力为青年健康成长服务，取得了显著的成绩，总体上呈现出积极向上、健康发展的势头。

在积极宣传党的路线方针政策，努力服务党和政府工作大局上，这几年青年报刊按照党的新闻宣传工作的要求，结合青年报刊的特点，在青年中开展了大量富有成效的宣传报道。尤其是今年，青年报刊抓住建党80周年的契机，以青年喜闻乐见的形式宣传党领导全国人民取得革命、建设和改革的伟大成就，唱响了共产党好、社会主义好、改革开放好的主旋律。通过集中报道“九五”成就、“十五”计划，帮助青年加深对当前改革、建设的形势和任务的了解，引导广大青少年积极投身建设有中国特色社会主义的伟大实践，做“四有”新人。在与“法轮功”邪教作斗争的过程中，青年报刊积极宣传党和国家处理“法轮功”邪教的方针政策，帮助广大青少年充分认识“法轮功”邪教的危害，引导他们与邪教开展坚决的斗争，充分发挥青年在反邪教斗争中的积极作用。

在大力宣传当代青年积极向上的精神面貌，竭诚为青少年健康成长服务上，这几年青年报刊宣传报道了一大批青年先进典型，推出了一系列为青年喜爱的优秀作品。这方面，青年报刊都做了大量的工作。比如，大力宣传

"当代青年的榜样"秦文贵、"新时期英雄战士"李向群、"海空卫士"王伟等,为广大青少年提供了可敬、可亲、可学的榜样;深入挖掘宣传青年中的先进事迹,弘扬甘于奉献、敢于拼搏、艰苦创业、矢志报国的高尚情操;开展"诚实守信"、"上大学为什么"等主题讨论,引导和帮助青少年树立正确的世界观、人生观、价值观;创作出版了一大批符合各个年龄段青少年需求的优秀作品,丰富了青少年的文化生活。

在配合共青团和青年工作,发挥新闻宣传教育引导青年的积极作用上,这几年青年报刊开展了大量的工作。青年报刊深入报道希望工程、青年志愿者行动、保护母亲河行动、青年科技创新行动、青年文明号、青少年新世纪读书计划等共青团和青年工作的重点项目,大力宣传优秀青年党员、"五四"奖章获得者、十大杰出青年等优秀青年人物的先进事迹,深入挖掘基层团组织的新鲜创造,成为共青团组织动员广大青少年踊跃投身改革开放和现代化建设的重要手段。特别是今年以来,青年报刊集中宣传全国青少年纪念建党 80 周年"党在我心中"主题教育活动,引导广大青少年牢固树立热爱党、拥护党、跟党奋勇前进的坚定信念,产生了强烈的社会反响。

在深化改革,推动青年报刊事业发展上,这几年青年报刊迈出了可喜的步伐。去年,新闻出版总署批准团中央新创办一报三刊,各地也新创办了一批青少年报刊。现在,全国青年报刊已达 100 多家,涵盖了 7 类社科期刊中的 6 类。青年报刊质量不断提高,《中国青年》、《涉世之初》等 9 种期刊被新闻出版总署确定为"全国百种重点社科期刊",《中学生》等 5 种期刊获"全国优秀社科期刊奖",《青年文摘》今年月发行量突破 250 万份,已经成为全国知名的品牌期刊。青年报刊积极进行经营机制改革,探索新形势下报刊发展的新路子,合并中国少年儿童出版社和中国少年报社,组建中国少年儿童新闻出版总社,中国青年报改版和采编机制改革,中国青年杂志、中华儿女杂志集团化经营等,在适应形势推动事业发展上作了尝试。各地青年报刊也有了很大的发展,北京青年报、(上海)青年报等一大批青年报刊在广大青少年中的影响越来越大。

青年报刊工作始终得到党中央和各级党政领导的关心和支持。在中国青年出版社、中国青年报创社创刊 50 周年之际,胡锦涛同志分别致信表示祝贺,丁关根同志专门委托王晨同志转达了对中国青年报创刊 50 周年的祝贺。从 1996 年开始的报刊结构调整工作中,新闻出版总署给予了青年报刊大力的政策支持。这些都是青年报刊工作取得成绩的重要因素。在此,我代表团中央书记处向一直以来关心支持青年报刊工作的中宣部、新闻出版总署以及各级党委宣传部门、新闻出版行政主管部门表示衷心的感谢!

我们要充分认识党领导下青年报刊这些年所取得的成绩,同时也要清醒地认识到,青年报刊工作还存在不少问题。发扬成绩,纠正错误,举一反三,更好地坚持正确的办报办刊方向,我们才能办好青年报刊,更好地为青少年健康成长服务。

对青年报刊中这些年出现的问题,我们编印了一份材料,发给了大家,总结起来,主要有以下几个方面:一是有的编辑记者政治意识、责任意识、大局意识不强,没有认真学习党的路线方针政策,在一些宣传报道上把关不严、负责不够,导致一些错误报道和失实报道的出现。二是有的报刊和报道格调低下,极少数青年报刊为了追求短期经济利益,不惜违背办报办刊指导思想,渲染色情、暴力等危害广大青少年身心健康的内容,造成了恶劣的社会影响。三是有的报刊违反新闻出版规定,存在一号多刊、不能按时出刊、刊物封面标识不符合规定的现象。四是有的报刊内部管理不力,有的报刊没有建立完善的规章制度,或者是规章制度落实不力,有的报刊对编辑记者的管理不力,对编辑记者存在的问题不能进行认真的批评教育。管理中存在的问题必然会反映到报刊宣传中,进而出现一些不应出现的问题。青年报刊存在的这些问题,尽管涉及的面不广,但对青年报刊事业的危害和影响不可低估。我们要认真总结,从中吸取经验教训,采取措施,切实克服和解决这些问题,促进青年报刊更好地发展。

二、贯彻中央关于新闻宣传工作的要求,始终坚持正确的舆论导向,始终坚持正确的办报办刊方向

青年报刊是党和人民的喉舌,是宣传党的路线方针政策,团结教育引导广大青年的重要舆论阵地。新闻舆论关系重大。江泽民总书记指出:“舆论导向正确,是党和人民之福;舆论导向错误,是党和人民之祸”;“舆论反映着国家的形象和社会的精神面貌,舆论引导是加强党的领导的一个十分重要的方面”。青年报刊必须时刻牢记新闻宣传的党性原则,时刻牢记以正确的舆论引导人,牢记自身的社会责任。要以“三个代表”重要思想为指导,贯彻落实中央关于新闻宣传工作的要求,贯彻落实这次中央领导同志的重要批示精神,贯彻中央关于治理整顿工作的要求,坚持团结稳定鼓劲、正面宣传为主,唱响主旋律,打好主动仗,始终坚持正确的舆论导向,坚持正确的办报办刊方向,更好地为党和国家的工作服务,为青少年健康成长服务。

第一,要讲政治,增强大局意识、阵地意识。讲政治是青年报刊第一位的任务,是青年报刊的生命和灵魂,是新闻宣传工作中党性原则的必然要求。毛泽东同志讲,搞新闻工作,要政治家办报。邓小平同志讲,思想战线的战士,都应当是人类灵魂的工程师。江泽民同志讲,党的新闻事业与党休戚与共,是党的生命的一部分。可以说,舆论工作就是思想政治工作,是党和国家前途命运所系的工作。青年报刊一定要把“政治家办报”的方针贯彻落实到实际工作之中去。要大力宣传党的路线方针政策,服从服务于全党全国工作大局,时刻与党中央的决策保持一致。要把青年报刊办成宣传科学理论、传播先进文化、塑造美好心灵的阵地,决不能给违反四项基本原则、违反党的方针政策的错误观点,以及危害人民特别是青少年身心健康的东西提供传播渠道。讲政治要体现在办报办刊实践的每一个环节,从采访、报道、版面编排到广告发行,都要贯彻讲政治的要求。讲政治还要体现到办报办刊的所有人员身上,从报刊社领导到编辑记者、服务人员,都要有讲政治的意识。只有贯彻讲政治的要求,增强政治意识、大局意识、阵地意识,我们才能始终坚持正确的办报办刊方向。

第二,要守纪律,自觉遵循新闻出版工作法规。遵守党的新闻宣传纪律和新闻出版法规是青年报刊坚持正确导向,沿着正确轨道前进的重要保障。近年来,中央思想宣传部门为宣传报道坚持正确导向出台了许多规定,形成了有效的机制。青年报刊要认真贯彻这些规定,严格按照有关规定和机制开展工作。中央明令禁止的,要做到令行禁止,各级宣传部门和新闻出版行政主管部门打了招呼的,要听从安排,坚决执行。有关敏感问题、热点问题、突发事件的报道要慎而又慎,严格遵循中央统一口径,拿不准的一定要送审。舆论监督要贯彻实事求是的原则,要与当地党政部门沟通意见,取得支持。在刊号、书号、刊期、封面标识、广告等具体问题上要严格遵守出版法规。对于出现的违规违纪事件,要在调查核实的基础上严肃处理。青年报刊的全体编辑记者都要认真学习新闻出版法规,把这些法规落实到办报办刊实践中,严明纪律,严格规定,努力杜绝违规违纪的现象。今年夏天,团中央将在北戴河举办青年报刊总编、主编学习班,加强新闻出版纪律和法规的培训。

第三,要抓管理,建立责任制。抓管理是

青年报刊坚持正确导向的基础。报刊的管理是否完善健全,在很大程度上决定着报刊是否能始终坚持正确导向。许多青年报刊在导向上发生偏差,出现问题,究其原因,很重要的一条就是管理制度不健全。青年报刊要建立健全严格的规章制度,在采访、编辑、发稿等重要环节实行明确的责任制,强化责任意识,做到守土有责。在长期的办报办刊实践中,青年报刊形成了许多很好的管理制度,这些管理制度要继续坚持,并根据实际不断加以完善。随着报刊事业本身的发展和社会生活的变化,出现了许多新的情况和新的问题,青年报刊要及时研究这些情况和问题,采取切实的管理措施,防止出现管理漏洞和盲点。

第四,要带队伍,加强编辑记者队伍建设。办报办刊的正确方向最终要靠编辑记者落实,建设一支高素质的青年报刊编辑记者队伍,是坚持正确舆论导向的保证。必须高度重视编辑记者队伍建设。要加强对编辑记者的马克思主义新闻观教育和新闻出版纪律、法规教育,增强讲政治、守纪律、顾大局的意识。要加强业务知识培训,提高业务素质和业务工作水平。要加强新闻从业人员的职业道德教育,坚决杜绝有偿新闻,强化编辑记者的敬业精神,提高职业道德水准。要关心职工,帮助他们解决面临的困难和问题,使他们精神振奋地投入到青年报刊事业中来,满腔热情地为青少年健康成长服务。

讲政治,守纪律,抓管理,带队伍,是有机联系的整体,目的是要坚持正确的舆论导向,坚持正确的办报办刊方向。青年报刊要从这四个方面入手,采取切实有效的措施,把党的新闻宣传要求落到实处,把青年报刊建设成为党教育引导青年的坚强阵地。

三、竭诚为青年健康成长服务,加快事业发展步伐,充分发挥青年报刊在团结教育引导青年中的作用

青年报刊主要面向青年,为青年健康成长提供切实有效的服务,是青年报刊肩负的职责。服务青年,要为青年学习、工作、生活的具体需求服务,在这方面青年报刊有许多好的做法,需要我们继续做好。同时更为重要的是按照党的要求,服务于青年的健康成长。要时刻牢记教育引导青年的责任,充分发挥正确的舆论导向作用,激励广大青年为实现党的跨世纪宏伟目标而努力奋斗。

为青年健康成长服务,就要宣传好党对青年成长的要求。江泽民总书记在庆祝建党80周年的讲话中深情地指出:“全国各族青年,代表着我们祖国和民族的未来,代表着我们事业兴旺发达的希望。社会主义现代化建设的宏伟事业需要你们去建设。党和人民对你们寄托着殷切的希望。希望你们热爱祖国,热爱人民,志存高远,胸怀宽广,在改革开放和现代化建设的广阔舞台上,充分发挥自己的聪明才智,展现自己的人生价值,努力创造无愧于时代和人民的业绩。”我们青年报刊就是要把党对青年的期望、对青年成长的要求及时、准确地传达给青年,大张旗鼓地宣传,同时发挥舆论引导作用,团结教育青年努力成为理想远大、热爱祖国的人,成为追求真理、勇于创新的人,成为德才兼备、全面发展的人,成为视野开阔、胸怀宽广的人,成为知行统一、脚踏实地的人,成为有理想、有道德、有文化、有纪律的“四有”新人。

为青年健康成长服务,就要发挥好教育引导青年的作用。舆论在教育引导青年中发挥着越来越大的作用,青年报刊作为共青团教育引导青年的一个重要途径,要时刻牢记肩负的职责。要坚持以科学的理论武装青年,以正确的舆论引导青年,以高尚的精神塑造青年,以优秀的作品鼓舞青年,教育引导青年树立远大理想,坚定信念,自觉走与实践相结合,与人民群众相结合的道路。各级共青团组织开展了大量的工作,青年报刊要积极配合团的工作做好宣传,充分发挥团的活动对青年的教育引导作用。需要特别指出的是,青年处在世界观、人生观、价值观形成的关键时期，面向青少年的宣传必须始终坚持健康有益的原则，一切违背党的路线方针政策的错误观点，一切危害青年健康成长的思想文化垃圾，比如宣传色情、暴力、格调低下的作品，青年报刊决不能给市场。

为青年健康成长服务，就要宣传好青年成长进步的时代风貌。青年是一个朝气蓬勃的群体，他们身上体现着积极进取、奋发向上的时代风貌。青年报刊要深入青年，了解青年，反映他们成长进步的主流。要大力宣传青年投身改革开放和现代化建设生动实践的行动，展现广大青年在社会主义建设事业中的生力军作用。要大力宣传青年中积极开展群众性精神文明创建活动，反映广大青年在社会主义精神文明建设中发挥的积极作用。要大力宣传青年中涌现出的先进典型和先进事迹，弘扬当代青年勤奋学习、艰苦创业、勇于创新、乐于奉献的时代精神，把广大青年积极的精神面貌充分展现出来，大力宣传当代青年是大有希望的一代，是党完全可以信赖的、堪当重任的一代。

为青年健康成长服务，就要积极促进青年报刊事业发展。青年报刊要更好地发挥教育引导青年的作用，就必须壮大实力，提高质量，扩大对青年的覆盖面和影响力。现在报刊市场的竞争十分激烈，这对青年报刊来说，既是挑战，也是机遇。要积极适应报刊市场的变化，通过深化改革来促进发展，逐步探索与党的新闻宣传要求、与广大青年日益增长的文化需求、与市场的需要相适应的办报办刊机制。必须强调的是，加快发展不能违反新闻出版法规，深化改革不能削弱报刊的管理，任何时候我们都必须把坚持正确的舆论导向放在第一位。

青年报刊要做好青年这篇文章，为青年健康成长服务就是这篇文章的主题。做好青年这篇文章，有许多丰富深刻的内容需要我们去挖掘，有十分广阔的舞台可以让我们发挥作用。青年报刊要认识到，离开了青年，青年报刊就成了无源之水、无本之木。青年报刊更要始终牢记舆论对于引导人、培养人的作用，牢记肩负的责任，充分发挥好青年报刊在教育引导青年中的积极作用。只有这样，青年报刊才能更好更快的发展。

四、各级团组织要切实负起责任，加强对青年报刊工作的领导

青年报刊大多由各级团组织主管主办，许多青年报刊是团组织的机关报、机关刊。虽然按照我国的新闻报刊管理体制，各地青年报刊的业务工作由当地党委宣传部门和新闻出版行政主管部门领导，但各级团组织对青年报刊的管理负有不可推卸的责任，要在当地党委宣传部门和新闻出版行政主管部门的领导下，切实行使主管主办单位的职责，严把导向，加强管理，始终坚持正确的办报办刊方向。

团中央对青年报刊工作历来十分重视。在每年召开的全国共青团宣传工作会议上，都要根据党对宣传工作的总的要求，专门部署青年报刊工作。青年报刊协会每年都要召开例会，研究青年报刊存在的问题，提出改进的措施。团中央书记处高度重视对直属青年报刊的管理，书记处有专人负责，宣传部在书记处领导下行使业务管理的职责。为了加强管理，我们建立了新闻出版通气会制度、报刊阅评和审读制度，编发《直属青年报刊情况》，及时通报有关情况。下一步要不断完善，把各项措施进一步落到实处。

各地团组织在加强青年报刊管理，确保青年报刊舆论导向等方面也都做了大量的工作。要进一步采取措施，切实加强对所属青年报刊的管理。一把手要经常过问，书记班子中要有专人负责，宣传部要发挥作用，要定期研究青年报刊工作。要选派政治强、具备一定报刊管理经验的优秀干部担任报刊社的领导。要及时传达中央关于新闻宣传的精神和党委宣传部门、新闻出版行政主管部门的要求，指导青年报刊严格按照中央精神和有关部门的要求进行报道，对于敏感问题、热点问题、突发事件的报道要及时把关。有条件的地区要建立起报刊阅评和审读制度，建立新闻出版通气会制度。要贯彻中央报刊治理整顿精神，加强对社会生活类青年报刊导向的治理整顿工作，近期内集中开展一次全面的督促检查工作，对存在内容低俗、格调低下的报刊要下大力气整顿，使它们端正办报办刊思想。要坚持管理与服务并重的原则，在加强管理的同时，积极帮助青年报刊解决实际问题，改善办报办刊条件，推进青年报刊改革，实现更大发展。

在这里，我还要专门强调一下对团办互联网站的管理问题。近年来，随着IT行业的飞速发展，互联网在青年中越来越普及，对青年的影响越来越大。这些年，各级团组织建立了不少网站，网络在青年工作中发挥了十分重要的作用。团中央与有关部门建立的“血铸中华”和“民族魂”网站已经成为广大青少年网上学习先烈英雄事迹，继承革命遗志的思想教育阵地和爱国主义教育基地。网络宣传同样是党的宣传事业的重要组成部分，各级团组织要认真贯彻中央关于网络新闻宣传的规定，以高度的责任感管理好网站，始终坚持正确的舆论导向，办出特色，办出水平，在教育引导青少年中发挥切实有效的作用。

同志们，改革开放20多年来，青年报刊事业取得了很大的发展，在教育引导青年中发挥了十分重要的作用。各级团组织和青年报刊工作者要珍惜青年报刊今天的局面。让我们高举邓小平理论伟大旗帜，紧密团结在以江泽民同志为核心的党中央周围，以“三个代表”重要思想为指导，扎实做好新时期的青年报刊工作，努力推动青年报刊事业在新的世纪实现更大的发展，为培养社会主义事业的合格建设者和接班人，教育引导青年为实现中华民族的伟大复兴而奋斗，做出新的贡献！

加强爱国主义教育，激励各族青少年为促进民族团结进步事业而奋斗

——胡春华在全国民族地区青少年爱国主义教育工作座谈会上的讲话

2001年7月25日

我们这次会议是在庆祝中国共产党成立80周年之际召开的，会议在拉萨举行，又适逢西藏和平解放50周年，中央第四次西藏工作座谈会胜利召开，使我们这次会议具有特别的意义。

在庆祝中国共产党成立80周年大会上，江泽民总书记发表了重要讲话，回顾和总结了我们党80年的光辉历程和基本经验，全面阐述了“三个代表”重要思想的科学内涵，回答了新的历史时期党的建设需要研究和解决的重大问题，进一步指明了党在新世纪的工作任务和奋斗目标。讲话还着眼未来，语重心长地对全国各族青年提出了殷切期望。这是一篇光辉的马克思主义纲领性文献。各级共青团组织正在认真学习贯彻江泽民总书记重要讲话精神。我们这次会议要进一步学习江泽民总

书记的重要讲话，以“三个代表”重要思想为指导，贯彻近年来党中央和中央领导同志关于进一步做好民族地区青少年思想工作的重要指示精神，贯彻中央第四次西藏工作座谈会精神，总结交流全国民族地区开展青少年爱国主义教育的经验，研究部署今后一个时期的工作，推动民族地区青少年爱国主义教育进一步深入发展。

这次会议得到了国家民委和西藏自治区党委、人民政府的高度重视和大力支持。团西藏自治区委、团四川省委为这次会议的筹备付出了辛勤的劳动。借此机会，我代表团中央，并以全体与会代表的名义表示衷心的感谢！

刚才，郭金龙同志代表西藏自治区党委作了重要讲话，团中央第一书记周强同志还将作重要讲话。下面，我代表团中央书记处就进一步加强新形势下民族地区青少年爱国主义教育工作讲几点意见。

一、民族地区青少年爱国主义教育工作的回顾

民族地区团的工作是全团工作一个重要的组成部分，团中央历来高度重视，1992 年、1994 年先后召开了共青团民族工作会议和共青团民族宗教工作座谈会，对共青团民族工作和民族地区青少年爱国主义教育进行专题部署。近年来，各级团组织尤其是民族地区团组织在党的领导下，贯彻中央精神，落实《爱国主义教育实施纲要》的要求，按照团中央的部署，把加强青少年爱国主义教育作为一项战略任务来抓，开展了大量的富有成效的工作，取得了显著的成绩，为培养“四有”社会主义新人、促进民族团结进步、推动民族地区经济社会发展做出了积极贡献。

一是通过形式多样的宣传教育活动，引导各族青少年在思想上、政治上与党中央保持高度一致。各级团组织始终坚持不懈地用马列主义、毛泽东思想、邓小平理论和江泽民总书记“三个代表”重要思想，教育武装各族青少年，广泛宣传党的路线、方针、政策，努力增强各族青少年贯彻执行党的基本路线的自觉性和坚定性。同时，运用丰富多彩、生动有效的形式，在各族青少年中深入开展爱国主义、集体主义、社会主义教育，开展中国革命史和社会主义现代化建设成就教育，大力宣传党的民族宗教政策，帮助各族青少年牢固树立马克思主义的国家观、民族观、宗教观和文化观。

二是广泛开展民族团结进步活动，旗帜鲜明地引导各族青少年反对分裂，维护民族团结和祖国统一。各级团组织广泛开展中华民族发展史教育，宣传民族地区和祖国不可分割的历史。广泛开展各族青年学习交流活动和各民族少年手拉手活动，加深了解，增进友谊，帮助青少年牢固树立“各民族谁也离不开谁”的思想。大力表彰各族青年团结进步杰出（优秀）个人和先进集体，发挥榜样的导向作用。西藏、新疆等地团组织结合反分裂斗争的形势，按照党委政府的统一部署，积极开展了“揭批达赖”、“学政治、学政策、学法律”、“五不五开展”等专题教育活动，与境内外民族分裂势力和宗教极端势力展开了针锋相对的斗争，引导各族青少年旗帜鲜明地反对分裂，在维护民族团结进步中发挥了积极作用。

三是团结带领各族青年积极参与两个文明建设，在促进民族地区经济社会发展中发挥生力军作用。民族地区各级团组织开展了青年乡村小康行动、青年文明号、青年创新创效、保护母亲河、领办科技项目、乡村青年科技大集、乡村科技文化节等活动，引导各族青年进一步增强振兴中华、建设家乡的责任感和使命感，踊跃参与两个文明建设，发愤学习，艰苦创业，开拓进取，在促进民族地区经济发展和社会进步中发挥了生力军作用。

四是采取多种方式培养热爱祖国、建设家乡的各族青年人才。各级团组织开展了“十大杰出青年”、“青年星火带头人”、“青年岗位能手”、“五好宗教人士”等评选表彰活动，选拔培养青年人才,促进优秀青年人才脱颖而出。实施了少数民族团干部“培养计划”,组织优秀的少数民族团干部到经济较发达地区挂职锻炼,为他们的成长进步创造条件。各级团组织还组织开展多种形式的实践教育活动,引导各族青少年走正确的成长之路,促进青少年健康成长。

五是广泛开展生动活泼的爱国主义教育活动,增强各族青少年对祖国的感情。各级团组织以重大民族节庆日、纪念日、重大事件为契机,开展青少年喜闻乐见的主题教育活动,营造了喜庆祥和、民族团结的氛围。广泛组织各族青少年开展升国旗、唱国歌、向国旗献词的礼仪教育,培养青少年对国旗、国歌、国徽的崇敬感。普遍开展18岁成人仪式,培养青少年的公民意识和社会责任感。在课堂、社区、公园等公共场所悬挂领袖画像、祖国地图、爱国格言名句,建造爱国人物的雕塑,对青少年进行潜移默化的教育。大力加强青少年爱国主义教育基地和文化活动阵地建设,推动爱国主义教育经常化、制度化、阵地化。

六是各地团组织特别是东部沿海地区团组织积极支持民族地区团组织,开展东西互助活动。团中央和各地团组织广泛开展科技扶贫、智力支边、东西互助活动,组织实施“希望工程”、“青年志愿者扶贫接力计划”、“青年科技服务团”、“百名博士西部行”等项目,为民族地区脱贫致富办实事,在民族地区改革开放、经济建设和社会发展中发挥了十分积极的作用,受到了党政领导、各族群众和青年的欢迎和好评。

在开展民族地区青少年爱国主义教育的实践中,各级团组织积累了许多有益的经验。一是必须坚持党的领导,坚持社会主义方向,坚持为推进民族团结进步事业服务,民族地区青少年爱国主义教育才能保持正确的方向。二是只有服务经济建设这个中心,团结带领各族青少年为促进各民族的共同发展和繁荣而奋斗,民族地区青少年爱国主义教育才能取得实效。三是只有着眼于培养“四有”社会主义新人,为各族青少年成长成才服务,民族地区青少年爱国主义教育才会在广大青少年中具有强大的感召力。四是必须做到为各族青少年喜闻乐见,增强针对性和时代感,民族地区青少年爱国主义教育才会具有生机与活力。

这些年民族地区青少年爱国主义教育取得的成绩,从一个侧面折射出各族青少年积极进取的精神面貌。在党的正确领导下,经过各族人民群众的共同奋斗,我国民族地区经济发展,政治稳定,社会进步,人民安居乐业,民族团结更加牢固。在这样一个大环境中成长起来的各族青少年亲身感受到改革开放给民族地区带来的巨大变化,他们热爱党、热爱祖国、热爱社会主义,对祖国和民族地区的发展前途充满信心,拥护党的基本路线和民族宗教政策,积极维护祖国统一和民族团结进步,向往和追求美好生活,努力提高自身素质,具有炽热的爱国热情和强烈的报国志向,渴望在改革开放和现代化建设的伟大实践中成长成才,建功立业,表现出良好的政治素质和精神风貌。实践证明,民族地区各族青少年是积极进取、奋发向上的一代,是值得信赖、大有希望的一代。

二、新形势下加强民族地区青少年爱国主义教育的总体要求

进入新世纪,在党中央的坚强领导下,民族地区各族人民正抓住机遇,加快现代化建设,各项事业呈现出良好的发展势头。民族地区加快发展、维护稳定的新形势,对进一步加强青少年爱国主义教育提出了新的要求。我们要清醒地看到,西方敌对势力利用民族宗教问题对我国积极推行“西化”、“分化”战略,新疆、西藏等地境内外民族分裂主义分子的分裂活动日益加剧。境内外敌对势力把争夺青少年作为他们分裂活动的战略重点,从各方面向青少年进行渗透。同时,从发展的角度来看,尽管民族地区发生了翻天覆地的变化，但由于历史原因，与沿海和内地相比还有相当的差距，加快发展的任务十分艰巨。进一步加强青少年爱国主义教育，帮助各族青少年牢固树立正确的国家观、民族观、宗教观，把各族青少年的智慧和力量凝聚到促进民族地区发展和稳定上来，是摆在各级共青团组织面前的一项重要而紧迫的任务。我们要深刻认识加强民族地区青少年爱国主义教育的重要性，以“三个代表”重要思想为指导，按照党中央的要求，深入贯彻《爱国主义教育实施纲要》，进一步加大工作力度，努力开创民族地区青少年爱国主义教育工作的新局面。

团中央印发了《关于进一步加强民族地区青少年爱国主义教育工作的意见》，对今后一个时期民族地区青少年爱国主义教育工作作了部署，明确了指导思想、主要任务和具体措施，希望各地结合实际，认真贯彻落实。

当前和今后一个时期民族地区青少年爱国主义教育工作特别要强调三点。

第一，切实把青少年爱国主义教育作为民族地区共青团组织的首要任务来抓。民族地区团的工作，既要全面落实团中央的各项任务，树立全团一盘棋的思想，又要从民族地区实际出发，进一步突出重点，增强针对性。把加强青少年爱国主义教育作为民族地区共青团组织的首要任务，正是从这一要求出发提出的。抓好青少年爱国主义教育工作，民族地区团组织就找到了贯彻中央精神，服务党政工作大局，团结动员各族青少年为加强民族团结，促进各民族共同发展和共同繁荣做贡献的有效途径，就能使培养“四有”新人的根本目标在民族地区团的工作中得到具体体现和落实，就能够进而带动民族地区团的各项工作。民族地区各级团组织要把加强青少年爱国主义教育作为一条主线，贯彻到团的工作布局和安排中，采取有力措施抓实抓好。

第二，民族地区青少年爱国主义教育的根本目标是培养新一代坚定的爱国者，动员激励各族青少年为促进各民族共同发展和共同繁荣做贡献。江泽民总书记在中央第四次西藏工作座谈会上提出，进一步做好西藏工作，要解决好两大问题：一是加快发展问题，二是促进稳定问题。对广大民族地区而言，加快发展和促进稳定同样是两项十分重要的任务。各族青少年是民族地区社会主义事业的建设者和接班人，在民族地区发展和稳定中发挥着重要作用。从一定意义讲，确保民族地区加快发展和社会全面进步，确保民族地区长治久安和社会稳定，确保各族人民生活水平不断提高，最终要取决于民族地区各族青少年思想状况和素质如何，看他们是否是坚定的爱国者和合格的建设者。因此，民族地区团组织要围绕这样一个根本目标来统揽青少年爱国主义教育的各项工作。

第三，民族地区青少年爱国主义教育要根据各自的不同特点创造性地开展工作，努力增强针对性、实效性、主动性和时代感。民族地区情况千差万别，青少年爱国主义教育面临的形势和任务也不一样，各个民族的地理环境、传统文化和生活方式不同，各族青少年也呈现出各自的不同特点。团中央印发的《关于进一步加强民族地区青少年爱国主义教育工作的意见》，面对的是全国各个民族地区爱国主义教育的一般情况，各级团组织要根据《意见》的要求，从实际出发，创造性地开展工作。不同地区要结合各自的特点，确定不同的工作重点。比如说，有的民族地区反分裂斗争形势严峻，有的民族地区经济建设任务繁重；贫困、落后、封闭的地区要大力开展改革开放、树立市场经济观念的教育，有经商传统、商品意识较强地区则要鼓励青年发挥自己的优势。要针对不同的青少年群体，分层次、有重点地进行爱国主义教育。对于大中学生，要通过系统的教育，激发和培养他们爱祖国、爱人民、爱党、爱社会主义的思想感情，树立振兴中华、报效祖国的雄心壮志。对于广大青年职工要引导他们把爱祖国与爱岗位有机结合起来，增强建设祖国的责任感和使命感，立足岗位争创一流业绩。要根据民族地区实际和各族青少年的特点，积极探索具有时代特点、民族特色、各族青少年喜闻乐见的爱国主义教育形式和载体，积极探索新形势下民族地区青少年爱国主义教育的有效方法和途径，力求使青少年爱国主义教育富有活力，扎实有效。

三、大力培养新一代坚定的爱国者

爱国主义是动员和鼓舞中国人民团结奋斗的一面旗帜，是推动我国社会历史前进的巨大力量，是各族人民共同的精神支柱。爱国主义有着丰富的内涵和鲜明的时代特征，在当代中国，爱国主义与社会主义本质上是一致的，建设有中国特色的社会主义是新时期爱国主义的主题。要坚持不懈地用马列主义、毛泽东思想、邓小平理论和江泽民总书记“三个代表”重要思想教育武装青少年，引导各族青少年坚定不移地跟着党走建设有中国特色的社会主义道路。要大力弘扬中华民族大团结精神，使各族青少年充分认识到中华民族是各族人民共同缔造的民族大家庭，中华人民共和国是全国各族人民共同缔造的统一的多民族的国家，教育引导各族青少年旗帜鲜明地反对分裂，坚决维护祖国统一，努力成为新一代坚定的爱国者。

培养新一代坚定的爱国者，是共青团培养“四有”新人的根本目标在民族地区团的工作中的具体体现。培养有理想、有道德、有文化、有纪律的社会主义事业的合格建设者和接班人，是党对共青团组织的根本要求。对于民族地区的团组织来说，培养新一代坚定的爱国者，就是落实培养“四有”新人根本任务的具体体现，这是民族地区的实际所决定的。新一代坚定的爱国者就是热爱社会主义祖国的一代，就是自觉维护民族团结和祖国统一的一代，就是努力促进各民族共同发展和共同繁荣的一代。特别是在境内外敌对势力竭力与我们争夺青少年一代的情况下，不断培养一代又一代坚定的爱国者，尤其具有重要的意义。

维护祖国统一，反对民族分裂，是一项重要的政治任务，也是民族地区青少年爱国主义教育的一项重要内容。各级团组织要大力加强维护祖国统一教育，进一步增强各族青少年反对民族分裂的自觉性和坚定性，进一步引导广大青少年成为祖国统一的坚强捍卫者，努力构筑起反对分裂的钢铁长城。要大力加强民族团结教育，帮助各族青少年牢固树立汉族离不开少数民族、少数民族离不开汉族、少数民族之间也相互离不开的思想，做民族团结的积极维护者。要通过深入有效的宣传教育，帮助各族青少年认识到民族分裂主义分子是各民族人民的共同敌人，维护祖国统一和民族团结，是各民族共同的神圣职责。只有大团结，才能大发展，只有祖国的繁荣富强，才能有民族地区的美好未来。要引导各族青少年发扬各族人民同呼吸、共命运、心连心的光荣传统，为巩固和发展平等、团结、互助的社会主义民族关系做贡献，使我国各民族大团结的优良传统代代相传。

大力开展丰富多彩、扎实有效的爱国主义教育活动，努力使青少年爱国主义教育具体有形，落到实处。要紧密结合各族青少年的思想实际，有针对性地开展主题教育活动。比如中华民族发展史教育、各族人民共同反对外来侵略史教育、社会主义现代化建设成就教育等等。要继续抓住重要节庆日、纪念日和重大事件、重要活动的有利契机，开展内容丰富、形式活泼的宣传教育活动，营造浓郁的爱国主义教育氛围。要抓住青少年入学、入队、入团、入党、成年等时机开展教育，把爱国主义教育贯穿到各族青少年的日常工作、学习和生活之中，贯穿到青少年成长的各个阶段。要依托青少年宫、青少年活动中心、爱国主义教育基地等阵地开展经常化、制度化、社会化的爱国主义教育活动。要通过各种教育活动加强对青少年的引导，进一步激发各族青少年的爱国主义情感。

培养新一代坚定的爱国者，要教育引导民族地区各族青少年紧跟时代步伐，和全国广大青少年一同发展进步。21 世纪是一个充满机遇和挑战的时代，中华民族将在本世纪中叶建国 100 年时，基本实现现代化，把祖国建设成富强民主文明的社会主义现代化国家。实现这一宏伟蓝图，需要包括各族青年在内的全国各族人民共同奋斗。各级团组织要帮助民族地区的青少年树立现代意识，引导他们在继承传统的基础上超越传统，和全国各族青少年一道携手前进。要适应知识经济时代对人才素质的要求，发愤学习新知识、新科学、新技术，培养科学精神和科学观念，不断提高科学文化素质。要根据发展社会主义市场经济的需要，鼓励他们解放思想，改变旧的观念，勇于创新，艰苦创业，通过我们的不断努力，把家乡建设得更加美好。

四、动员激励各族青少年为促进各民族共同发展和共同繁荣做贡献

江泽民总书记强调指出："加快少数民族和民族地区的发展，不仅是一个重大的经济问题，也是一个重大的政治问题。"进一步做好民族工作，关键是要加快少数民族和民族地区的发展。这是我国社会主义事业的本质要求在民族工作中的体现，是党的民族政策的基本出发点和归宿。加强青少年爱国主义教育，要紧紧围绕经济建设这个中心，动员激励各族青少年为促进各民族共同发展和共同繁荣做贡献。

必须从战略的高度认识加快少数民族和民族地区经济发展的重要意义。我国是一个统一的多民族国家，少数民族人口 1 亿多，占全国人口的 8% 以上，民族自治地方 154 个，占国土总面积的 64%。没有少数民族和民族地区经济繁荣和社会进步，就没有整个国家的兴旺发达和文明昌盛；没有少数民族和民族地区的现代化，就没有全中国的现代化。我国 2.2 万公里陆地边境线，民族自治地方占 1.9 万公里，许多民族跨境而居。少数民族和民族地区的发展关系到民族团结、社会稳定、边防巩固和祖国统一。改革开放以来，民族地区经济得到了较大发展，但历史形成的差距不可能在短时期内消除，加上许多民族地区自然环境恶劣，经济基础薄弱，科技发展水平不高，加快发展的任务非常艰巨，也十分迫切和重要。

各族青少年是祖国的希望、民族的未来，是促进民族地区经济社会发展的一支重要生力军。在改革开放和发展社会主义市场经济的条件下，民族地区青年由于较少传统观念的束缚，具有接受新事物快，求知欲强，富有创新意识等特点，在民族地区经济建设和社会发展中发挥着越来越大的作用。在许多民族地区，人口呈现出年轻化的特点，把青年人力资源有效地开发和利用起来，充分发挥青年的优势和作用，对于民族地区经济发展尤为重要。要大力深化中国青年科技创新行动、青年创业行动、青年乡村小康行动、青年星火带头人、青年岗位能手等活动，积极为各族青年参与经济建设，施展才华提供舞台和途径。各级团组织要扎实有效的工作，把各族青年的智慧和力量凝聚到民族地区经济建设上来，引导各族青年在民族地区改革开放和现代化建设中充分发挥生力军作用。

团结带领各族青少年踊跃投身西部大开发，抓住机遇，建设美好家园。实施西部大开发是党中央为加快中西部发展而作出的一项重大战略决策，西部十二个省区中包括了全部五个民族自治区，其他有六个省市有民族自治地方，西部大开发涵盖了我国绝大多数民族地区。因此，西部大开发是民族地区加快发展的一次难得的历史机遇。各级团组织要引导各族青少年抓住机遇，组织各族青年积极投身西部重点项目建设，广泛参与西部环境保护工程，在西部大开发战略的实施中发挥作用。要帮助各族青年自主创业，树立西部青年的创业形象，动员广大青年为改变家乡面貌而奋斗。要鼓励各族青年示范推广农业科技项目，争做农业产业化经营带头人。要支持各族青年主动参与市场竞争和国际竞争，促进边境贸易的进一步活跃。要激励各族青年创新创效，提高民族地区经济发展中的科技含量，促进民族地区经济的快速发展。

加快民族地区经济建设，需要培养大批适应现代化建设需要的各族青年人才。现代社会的一切竞争，归根到底是人才的竞争。加快民族地区的发展，离不开优秀青年人才的脱颖而出。团的十四届四中全会提出要以培养和造就青年人才大军为工作着力点，民族地区团组织要认真贯彻会议精神，加大培养各类青年人才的工作力度。要帮助各族青年转变思想观念，冲破传统思想的束缚，树立与社会主义市场经济相适应的价值观念和行为规范。要引导各族青年掌握现代科技知识，大力培养适应民族地区建设需要的科技人才、经营管理人才和其他各类青年人才。要鼓励内地和沿海地区的青年到民族地区投资创业和工作，促进人才的合理流动。要逐步建立各族青年人才信息库、举荐优秀青年上岗制度和青年人才的表彰激励机制，为各类优秀青年人才脱颖而出和各族青年建功成才创造条件。要加大“培养计划”的实施力度，组织更多的少数民族优秀团干部到经济较发达地区挂职锻炼，帮助少数民族团干部开阔视野，不断提高政策理论水平和业务工作能力。要充分发挥各级团校、青少年宫等青少年培训基地在培养人才方面的作用，促进各族青年成长成才。

五、各级团组织要在民族地区青少年爱国主义教育中发挥骨干带头作用

加强青少年爱国主义教育是全团的一项重要任务。各级团组织要在党的领导下，认清形势，提高认识，从事关祖国统一、民族团结和现代化建设的大局，事关中华民族伟大复兴的战略高度，充分发挥党的助手、后备军和党联系各族青年的桥梁纽带作用，充分发挥在民族地区青少年爱国主义教育中的骨干带头作用，积极推动爱国主义教育齐抓共管局面的形成。

大力加强团的组织建设，不断扩大团组织在青年中的覆盖面和影响力。共青团在青少年爱国主义教育中发挥着不可替代的作用。调研中我们发现，哪些地方团组织健全、团干部工作得力，哪些地方的爱国主义教育就开展得好。面对国内外敌对势力与我争夺青少年的形势，部分团组织存在着的自身建设薄弱情况，必须引起高度的重视。要坚持“党建带团建”的原则，下大力气加强团组织建设，不给敌对势力留下组织网络上的真空和盲点。要把不断扩大团组织在各族青少年中的覆盖面和影响力，最大限度的团结、凝聚各族青少年，作为团的组织建设的工作重点。要适应民族地区居住特点、地理环境等方面的特点以及改革开放和经济发展的需要，结合反分裂斗争的形势，采取多种形式加强团的组织建设。要大力加强团的基层组织建设，坚持与带领青年脱贫致富相结合，与帮助青年成长进步相结合，不断增强团组织的吸引力、凝聚力和战斗力，充分发挥基层团组织在青少年爱国主义教育中的战斗堡垒作用。

民族地区在宗教信仰、民族文化、社会结构等诸多方面有着自身的特点，要注意充分发挥青联、学联、少先队、青企协、乡企协、青年志愿者协会等青少年组织在团结教育青少年中的作用，建立和巩固广泛联系各族各界青少年的纽带，构建和延长工作手臂，有针对性地做好工作。青联组织要高举爱国主义旗帜，团结和凝聚不同职业、不同阶层、不同信仰的各族各界青年。要进一步做好信教青年和青年宗教教职人员的工作，引导他们爱国、爱教、守法，培养一大批青年爱国宗教人士。学联组织要充分发挥党和政府联系学生的桥梁纽带作用，引导各族学生健康成长。少先队组织要从小培养少年儿童对中华民族和社会主义祖国的感情，树立建设祖国的远大理想。青企协、乡企协、青年志愿者协会等青年社团要广泛联系各界青年，积极动员各族各界青年踊跃参与民族地区两个文明建设。

努力培养一支政治坚定、素质全面、富有责任感和战斗力的青少年爱国主义教育工作队伍。新形势下加强青少年爱国主义教育，对广大团干部提出了更高的要求。团的干部要牢记自己肩负的责任，在各个方面做出表率。首先，要做维护祖国统一、反对民族分裂的表率。要有坚定正确的政治立场，坚定不移地贯彻执行党的路线方针政策，在思想上、行动上与党中央保持高度一致，自觉维护民族团结，旗帜鲜明地反对民族分裂。其次，要做勤奋学习、成长成才的表率。民族地区团干部要刻苦学习现代科学文化知识，努力掌握成就事业的各种本领。作为青少年爱国主义教育工作者，还要认真学习马克思主义的民族理论和党的民族宗教政策，研究少数民族的历史和文化，研究党的民族工作的历史经验和民族工作面临的新情况、新问题，掌握与分裂势力作斗争的武器，增强教育工作的说服力和战斗力。其三，要做爱岗敬业、扎实工作的表率。民族地区大部分自然环境艰苦，需要广大团干部付出更多的艰辛和努力。广大团干部要继续发扬吃苦耐劳、扎实细致的工作作风，深入基层，深入青少年，把我们的各项工作都落到实处。各级团的领导机关，要在党委的重视和支持下，加强团干部队伍建设，将一批德才兼备、熟悉民族宗教政策，尤其是政治上坚定可靠、富有责任感和战斗力的优秀干部充实到团的工作岗位上来。加强青少年爱国主义教育，既要“言传”，更要“身教”，广大团干部一定要用自己的模范行为来教育影响青年，只有走在青年的前面，才能团结带领青年。

广泛动员全团力量，共同做好民族地区青少年爱国主义教育工作。关心民族地区、支援民族地区是党和国家的一贯政策，是全国各族人民的共同责任。各省级团委要进一步加大对民族地区团组织支持的工作力度。一是内地和沿海地区团组织要加强与民族地区团组织的联系，加强沟通，增进了解，建立友谊。北京与内蒙古、上海与云南、广东与贵州等地的团组织在这方面做了许多有益的探索，积累了比较丰富的经验，希望各地学习借鉴。二是要与民族地区团组织建立“一助一”对口支援关系，为民族地区经济社会发展和团的工作提供切实的帮助。中央第四次西藏工作座谈会之后，对口援藏省市的团组织认真贯彻会议精神，在较短的时间里迅速筹集了一批资金，并确定了相应项目，体现了全国各民族大团结的精神，也体现了“党有号召、团有行动”的光荣传统。三是各地团组织特别是沿海城市团组织要进一步深化“希望工程”、“青年志愿者扶贫接力计划”、“中国青年西部创业行动”、“百名博士西部行”等活动，进一步扩大支教、支医、支农、支企等活动的规模和范围，动员各族青少年积极投身边疆建设。四是要加大对民族地区各类青年人才的培养力度。要大力实施“金桥计划”、“培训计划”、手拉手等工作，为民族地区青少年的成长成才创造条件。中央团校和有条件的地方团校要继续办好民族地区青年干部培训班，促进民族地区团干部素质的提高。

同志们，今年是中国共产党成立80周年，也是实施“十五”计划的第一年。民族团结进步事业和祖国现代化建设在召唤着我们，我们要在以江泽民同志为核心的党中央坚强领导下，高举邓小平理论伟大旗帜，以“三个代表”重要思想为指导，用爱国主义凝聚、动员和激励各族青少年，团结带领广大青少年踊跃投身改革开放和现代化建设的宏伟实践，为加强民族团结、促进各民族共同发展和共同繁荣，实现中华民族的伟大复兴而努力奋斗。

黄丹华同志讲话

黄丹华在团中央国际联络部青年外事工作研讨会上的讲话

1998年7月16日,根据录音整理

首先感谢大家为我提供了这次了解和学习的机会。我听了大家的介绍后有两点体会:第一,国际部的工作取得了很大的成绩,书记处是满意的。来团中央机关工作前,我与国际部的同志共过事,先后两次随中国青年代表团出访,当时就感受到国际部的工作运转高效。来到机关后,特别是听了大家最近两天的汇报,感到国际部的工作取得的成绩非常显著,不但很好地贯彻了“三服务”方针,真正做到了为党政外交服务,为经济建设服务,为青年工作服务,而且富有创造性,不仅仅是做些迎来送往的事务性工作,还注重在对外交流中实施重点项目,开辟新的领域。

第二,国际部的干部队伍非常富有战斗力。国际部的同志政治素质很好,业务能力较强,工作作风过硬,队伍层次较高,在业务考核、内部建设、干部培养等方面取得了优异的成绩,在最近几年机关的评先创优活动中始终走在前列。这表明国际部是一个凝聚力很强的集体,是一个能打硬仗的集体,国际部的干部是具有团结合作、拼搏奉献精神的干部。

对于国际部今后的工作,我谈以下三点意见:

第一,继续坚持青年外事“四三一”指导思想,进一步推动青年外事工作全面发展。“四三一”指导思想是几代青年外事工作者近50年的经验总结,是经过实践检验的正确的方针原则,也是青年外事持续健康发展的理论保障。团十三届书记处确立了这一指导思想,十四届应继续坚持,牢牢把握。青年外事工作既是共青团工作的一条重要战线,也是我国总体外交的一个重要组成部分。青年外事的发展当前面临三大背景:一是世界多极化趋势日益明朗,二是我国在国际社会中的地位日益提高,三是国际社会对青年问题的关注程度日益加强。在这三大背景下,青年外事生存和发展的空间进一步扩大,青年外事工作必将越来越活跃,青年外事工作者必将承担越来越重要的工作。青年外事将大有可为。

第二,进一步发挥青年外事的自身优势,更好地服务于党政外交。

外事工作是一个长期的、日积月累的工作。青年外事工作已走过了50年的发展历程,自身形成了很好的运行机制,积累了丰富的经验,具有独特的组织优势和资源优势。青年外事有个最大的特点,就是官民并举,亦官亦民,机制灵活,形式多样,不但在民间外交当中发挥着重要的作用,而且作为党政外交的积极延伸,以民促官,为党政总体外交的发展做出了突出的贡献,有些作用甚至是官方外交达不到的。像“长城计划”友好交流活动等就是这方面的典型范例。当然,这方面也还存在着一定的问题,需要进一步研究和解决。但从目前来看这还是我们的优势所在,今后应继续发扬好这一优势。

第三,进一步坚持高标准、严要求,推动青

年外事工作再上新台阶。

国际部一直是坚持高标准、严要求的。青年外事工作不断向前发展,需要我们进一步高标准、严要求。国际部有好班子,好队伍,好传统,好作风,这些基础条件很好,今后一定要坚持下去。一个单位形成良好的机制和风气不容易,但一旦松懈下来是非常容易的。外事工作授权有限,政策性非常强,所以做外事工作,既要镇定自若,又要有如履薄冰、如临深渊的紧迫感和危机感,要有很强的政治性、政策性,更要有坚定的政治信仰,任何时候都要维护国家的利益和民族的尊严,在任何场合、任何地方,都要忠诚于祖国和人民。同时外事工作者还需要不断扩大自己的知识面,提高业务能力和综合素质,掌握高超的外交艺术。有的同志讲外事干部只需要学好外语,我不赞成这种看法。外语只是外事干部工作的一种工具,而外事干部需要非常强的综合能力。

具体地说,一是工作作风上要高标准、严要求。国际部现在已经做得很好,今后还要不断加强规范化建设,尽量避免工作的随意性,从制度上尽量减少失误。程序如果健全,层层严格把关,很多问题在程序中就可解决。二是队伍建设上要高标准、严要求。应该培养一支高素质的青年外事工作队伍,不断提高他们的政策水平和业务能力。三是服务水平上高标准、严要求。外事工作实际上就是内政的延伸,外事必须依靠内事,而且最终是为内事服务的。国际部贯彻"三服务"方针,不但做好了青年外事的本职工作,而且在服务万村行动、青年志愿者、再就业工程等方面都取得了突出成绩,提供了许多可以借鉴的和国际接轨的经验。我们现在要走向世界,应该少走弯路,应该站在别人的肩上超越性地工作,这应是青年外事的责任。

外事工作是一项富有挑战性的工作。对我本人来说要尽快学习,尽快熟悉情况。在书记处的领导下,有国际部的好基础,有国际部全体同志的帮助和支持,我有信心和大家共同努力,推动青年外事工作再上一个新台阶。

书记处十分关心青年外事工作,对这次研讨会也很关注,周强同志委托我转达几点意见,希望国际部的同志们在认真贯彻"四三一"指导思想的基础上做好以下几项工作:要做好重点地区和重点对象的工作,这是青年外事的战略性问题。世界上的国家和地区很多,而我们的人力、物力、财力有限,所以必须有重点地选择交往对象。首先要做好周边国家、重点国家的工作。这与我们国家外交工作的重点也是一致的。其次要做好外国政府青年机构、执政党的青年组织等重点组织的工作。再就是做好外国年轻议员、青年领导人等高层人士的工作,为国家下一步的发展创造良好的环境和外部空间,同时中央也希望我们在这方面做更多的工作;要配合党政外交做好重点工作,这是青年外事的经常性任务。具体到当前,就是要配合中美关系、中日关系的改善和发展多做工作。中美之间的交往很重要,两国间高层领导人互访引起了国内外的关注,青年外事应发挥自己的优势,为中美关系的顺利发展做出贡献;要积极推动具有国际竞争能力的青年人才的培养,这是一个长期性工作。作为青年外事指导思想中的一个重点,这项工作应该常抓不懈。

周强同志提出的这三点要求,我们要在今后的工作中进一步具体化。有些问题,像青年人才的培养,要进一步做深入的研究和规划,有计划地开展实施。

黄丹华在中日青年纪念中日和平友好条约缔结20周年友好交流活动晚餐会上的讲话

1998年11月28日

尊敬的各位来宾,各位朋友:

两天来,中日双方长期致力于发展中日友好关系和推动两国青年交流事业的新朋老友汇集一堂,回顾过去,面向未来,共商中日青年交流发展的大计,气氛积极热烈,十分感人。昨天下午,李鹏委员长和王兆国副主席又分别会见了参加此次活动的日方代表,并对中日关系尤其是中日青年交流今后的发展方向做了重要讲话。这充分表明了我国党和国家领导人对此次活动的重视和对中日青年交流寄予的希望。

这次活动对中日和平友好条约缔结20年来两国青年交流事业的成功经验进行了回顾与总结,同时深入地探讨了在即将到来的21世纪,在中日两国建立致力于和平与发展的友好合作伙伴关系,以及实现《中日关于进一步发展青少年交流的框架合作计划》的新形势下,如何不断深化交流层次,丰富交流内容,扩大交流领域,改进交流方式,完善交流机制,以及提高交流质量等一系列重要问题,强调了在中日关系承前启后、继往开来的历史时刻,教育和培养两国年轻一代继承和发展中日友好的重要性和紧迫性,并提出了许多建设性的意见,在很多问题上增进了相互了解,扩大了共识。

在各位朋友的共同努力下,这次活动取得了圆满成功,为中日青年交流在下个世纪的发展创造了良好的氛围和有利的环境,奠定了坚实的基础。我谨代表本次活动的组织者——中华全国青年联合会,向为这项活动做出贡献的朋友们表示衷心的感谢。

在感受两国青年交流丰硕成果的同时,我们也更加体会到了今天的良好局面来之不易,是无数致力于两国青年交流事业的青年工作者为之奋斗的结果。在日方来宾中,有很多是长期从事中日青年交流的老朋友。今晚我们还特地请来了曾经为中日青年交流事业倾注过心血,今天仍关心和支持两国青年交流事业的中华全国青年联合会的诸位前领导人,以及曾应邀访日的有关青年组织的代表,与大家畅叙友情,交换意见,共谋未来。我想借此机会,对他们致力于推动中日青年交流事业不断发展的精神表示衷心的感谢。

为了一个共同的事业而奋斗的老朋友相逢、相聚,想必是格外的亲切。我相信,今晚的聚会将把我们的交流活动推向一个新的高潮。

祝大家度过一个愉快充实的夜晚!

谢谢大家!

黄丹华在日本创价学会青年代表团欢迎宴会上的讲话

1999年8月4日

尊敬的杉山保团长先生，

尊敬的渡边信之一秘先生，

各位朋友，各位来宾，大家晚上好！

值此盛夏之际，我们高兴地迎来了日本创价学会青年代表团的来访，在此，我谨代表中华全国青年联合会对各位朋友的到来表示热烈的欢迎。

创价学会青年代表团的来访是今年中日青年交流领域的喜庆之事。我会与创价学会青年部有着长达15年的友好交往历史，15年来，贵我双方通过互派代表团、全国青联派遣语言研修生到创价大学学习等交流方式，增进了相互了解与信任，结下了深厚的友谊。在此，我谨向池田大作先生表示由衷的敬意！对创价学会多年来为促进中日青年交流所做出的努力表示感谢。

展望未来，中日关系正处在承前启后、继往开来的重要历史时期。在新的时期里，贵我两组织的交流需要有新的巩固、新的拓展，贵我两组织交流的分量和意义也会越来越重。正如中国的古训而言："温故而知新"，希望朋友们通过此次访华，能够亲身领悟那场由日本军国主义所发动的侵华战争给我们留下的惨痛教训，同时，感知包括池田大作先生在内的两国老一辈友好人士为发展中日关系而辛勤耕耘的足迹，从中来激发我们继承光荣传统、维护来之不易的中日关系的责任感和积极性。同时，我们也十分重视创价学会在日本社会生活中具有的重要影响力，希望创价学会的各位朋友继续为推动日本走和平发展道路发挥更加积极的作用。

今年是中华人民共和国建国50周年，中华全国青年联合会成立50周年，我们还将恢复对澳门行使主权，在这一重要的年份里，创价学会青年代表团访华具有特殊的纪念意义。此次代表团访华期间，中华全国青年联合会及各地青年组织都将给予热情的接待，希望朋友们通过此次访华，在感受中国人民友好情谊和巨大变化的同时，更加深刻认识到中日关系的重要性。

黄丹华在中央综治委第二次全体会议上的讲话

1999年8月25日

中央综治委召开这次会议十分必要和及时，1999年是我国发展历史进程中具有特殊意义的一年，维护社会稳定，保持良好的治安环境是全党全社会的一项重要任务。按照中央综治委今年年初全体会议的要求，共青团认真贯彻《1999年全国社会治安综合治理工作要点》，以多种方式教育、引导广大青年服务改革、发展、稳定的大局，积极动员广大团员青年投身社会主义现代化建设，参与社会治安综合治理，为营造安全、文明、和谐的社会环境做了大量工作。

一、上半年的主要工作

第一，以纪念五四运动80周年为契机，深入进行青少年思想道德文化教育。今年是五四运动80周年，上半年，我们紧紧抓住纪念五四运动80周年这一重大契机，在广大青少年中深入开展学习邓小平理论和爱国主义、集体主义、社会主义的教育，通过举办一系列富有教育意义的纪念活动，大力宣传五四运动民主与科学的精神，宣传五四运动以来中国共产党领导各族人民进行革命和建设的光辉历程，宣传新中国成立50年特别是改革开放20年来我国社会主义建设的巨大成就，帮助青年树立正确的人生观、世界观、价值观，提高思想理论水平，引导青年全面了解历史，正确认识国情，不断增强民族自信心和自豪感，把广大青年的热情和力量凝聚到现代化建设上来，使广大青年自觉投身建设有中国特色社会主义事业的伟大实践，自觉维护来之不易的安定团结局面。在以美国为首的北约悍然用导弹袭击我国驻南大使馆事件发生后，广大团员青年极为愤慨，反响强烈，团组织利用多种方式，组织抗议、声讨活动，引导广大团员青年把满腔悲愤转化为强烈的爱国情感，落实到勤奋学习、努力工作的具体行动上。引导广大青年不断学习新知识，掌握新技能，广泛开展形式多样的读书求知活动，大力推进青年科技创新活动，在广大青年中掀起学习科学文化知识的热潮。

“法轮功”事件发生后，团中央迅速向全团发出通知，明确提出共青团员不准修炼“法轮功”，并在全团集中开展一次学习教育活动，组织广大团员青年认真学习江泽民总书记的重要讲话和党中央关于处理和解决“法轮功”问题的指示精神，深入揭批“法轮功”的政治本质和严重危害，教育青少年崇尚科学，反对封建迷信，使广大青少年普遍受到了一次深刻的马克思主义唯物论和无神论的教育，增强了政治敏锐性和政治鉴别力，坚定了共产主义理想信念，自觉抵制“法轮功”等歪理邪说的危害。极少数修炼“法轮功”的团员陆续脱离了该组织，并在思想上与其划清了界限，自觉回到了党的正确立场上。

第二，团结带领广大青少年在城市两个文明建设中发挥积极作用，进一步加大维权工作力度。今年以来，我们围绕基层“创安”工作要求，全面深化创建“青年文明社区”活动，把创建工作纳入当地群众性精神文明建设和加强社会治安综合治理基础建设的整体部署之中。进一步明确了以团建为基础，以项目为主导，全团齐抓共建的工作思路，着力加强社区服务项目建设，加大社区安全服务力度，青年志愿者、“青年文明号”、大学生社区援助、社区少先队雏鹰假日小队在社区建设和发展中发挥了积极作用。围绕加强对流动人口教育、管理和服务，各级团组织积极开展外来务工青年培训工作，帮助广大外来务工青年学习科学文化知识，掌握实用技能，提高了他们的自身素质，促进了社会稳定。在中央综治委的领导下，从去年底开始，我们分别联合法院、检察院、公安、司法、工商、质量技术监督、新闻出版等部门共同开展了创建优秀“青少年维权岗”活动。优秀“青少年维权岗”是指与青少年事务直接有关的基层单位中在维护青少年合法权益方面发挥主动性和创造性，做出突出成绩的基层单位，包括公安派出所、律师事务所、司法所、少管所、社区青少年维权中心等。经过半年多的努力，创建优秀“青少年维权岗”活动在全国各地蓬勃开展。各有关部门结合自身职能，突出行业特色，积极为广大青少年提供法律援助、法律咨询和舆论支持等各项服务，实现社会联动，初步形成了维护青少年权益的机制和网络。

第三，把基层团组织建设摆上重要位置，着力加强社会治安综合治理基层基础工作。为了更好地服务改革、发展、稳定大局，我们把团的组织建设作为加强基层基础工作的重中之重摆上了更加突出的位置，特别重视加强基层团组织建设，全面推进团建工作。今年以来，各级团组织按照团中央的统一部署，把服务青年作为加强团建的突破口，以服务促建设，以服务求活跃，鼓励基层团组织解放思想，大胆开拓，勇于实践，积极探索新形势下基层团组织的设置方式、活动方式和团员管理方式，不断增强凝聚力和战斗力。在农村，结合以党支部为核心的农村基层组织配套建设，加大了整顿松散团支部的力度，通过发挥团组织的核心作用，团结教育青年维护社会稳定；在城市社区，重点抓好街道团工委建设，在居委会、居民小区、工业小区、商业街、集贸市场等建立团组织，切实加强对这些区域中外来务工青年、下岗青年、待业青年的服务和管理，积极推进在私营企业、港澳台商和外商投资企业等新兴经济组织中建立团组织的工作，增强团组织作为党联系青年群众的桥梁纽带作用；在企业和学校，坚持巩固、调整、创新、提高，保持和增强团组织的活力，充分发挥团组织的教育引导职能，团结带领广大青年在基层“创安”实践中发挥积极作用。

二、落实这次会议精神，今后一个时期要做的主要工作

加强基层“创安”工作和社会治安综合治理基层基础建设是一项长期性、系统性的工作。实践表明，广大团员青年是基层“创安”工作的一支重要力量，在推动社会治安综合治理基层基础建设中发挥着重要作用，同时，基层“创安”活动的开展，也为广大青年服务城市两个文明建设，满足社区居民的基本生产生活需求提供了广阔的舞台。按照这次会议的要求，今后一个时期我们将着力做好四个方面的工作。

一是以庆祝建国50周年、迎接澳门回归等重大活动为契机，对广大青少年进行形式多样的爱国主义和理想、道德、信念教育，引导广大团员青年深入学习邓小平理论，帮助青年树立崇高理想和坚定信念，构筑起当代青年的强大精神支柱，把青年的热情凝聚到现代化建设上来，营造出一种勤奋学习、积极向上的氛围，抵御各种腐朽思想和歪理邪说的侵蚀。

二是要结合“创安”工作全面深化创建“青年文明社区”活动。要按照现代城市建设和管理的要求来探索“青年文明社区”创建工作的模式和机制，抓好服务项目，加大服务力度，积极参与社区治安，丰富社区文化。继续在建筑和工商系统中深化“千校百万”外来务工青年培训计划，要在全国范围内树立一批企业开展培训工作的典型，通过不断扩大培训规模，丰富培训内容，提高培训质量，努力为务工青年提供服务。提高他们的整体素质，使他们成为维护稳定、促进两个文明建设一支不可缺少的生力军。

三是要进一步加大维权工作力度，深化创建优秀“青少年维权岗”活动。重点是建立服务网络，突出行业特色，与相关各系统形成齐抓共管的有效机制，并以提高青少年自我保护能力为目的，在全国范围内大力推广自我保护教育。要采取多种形式，大力宣传贯彻《预防未成年人犯罪法》，争取尽快使这部法律走入千家万户，家喻户晓，提高青少年的法律意识，增强全社会依法保护未成年人的合法权益，预防未成年人犯罪的法制观念。

四是继续抓好基层团组织建设，坚持党建带团建，坚持用改革的精神研究新情况，解决新问题，充分调动基层团组织的积极性和创造性，积极推进团建创新试点工作和创建“五四红旗团委”的活动，积极探索基层团建的新途径、新方法，不断总结经验，做到哪里有青年，哪里就有团组织，加强对团员的教育、管理，发挥共青团员的模范带头作用。下半年团中央将与中组部联合召开全国基层党建带团建工作会议，总结党建带团建的工作方法，研究部署团的基层组织建设工作，促进基层团的建设和团的工作全面活跃，为服务改革、发展、稳定大局做出新的更大贡献。

黄丹华在全国青年外事工作研讨会上的讲话

2000 年 5 月 13 日

在世纪交替之年,团中央国际联络部在浙江省宁波市举办青年外事工作研讨会及培训班,很及时也很有必要。希望与会的团中央机关各直属单位、各省从事青年外事工作的同志们,认真分析形势,学习政策,交流经验,进而达到统一思想,明确任务,理顺关系,提高水平,推进青年外事跨世纪发展的目的。

下面我就青年外事当前及今后一段时期所面临的形势、任务及工作方法等讲几点意见。

一、认清形势,提高对青年外事重要性的认识

青年外事是共青团的一条重要战线,也是我国总体外交的一个重要组成部分。青年外事在党和政府的亲切关怀下,已经走过了 50 年的历程。回顾过去,青年外事配合党政外交,做出过许多重要的历史性贡献,得到了党和政府的充分肯定,在我国外交体系中形成了自己独特的地位。尤其是新中国成立之初和 60 年代,西方敌对势力对我实行敌视和封锁政策,青年外事发挥民间外交的优势,以民促官,官民并举,积极争取各国人民对新中国的同情和支持,为打破西方阵营的封锁与包围,巩固新生的共和国,推动祖国的社会主义建设做出了积极的贡献,同时也为促进社会主义阵营的青年运动的团结与发展做出了巨大努力。进入改革开放时期,在邓小平外交思想的指导下,青年外事顺应时代潮流,提出了为党政外交服务、为国内经济建设服务、为国内青年工作服务的基本方针和"和平友好、独立自主、平等互助、互相学习"的对外交往四原则,积极发展与世界各国青年的友好交流和务实合作,取得了令人瞩目的成就。随着冷战的结束,国际形势发生了深刻的变化,青年外事配合我国总体外交,进一步拓展对外交往领域,深化交流内容,创造了一系列既具青年特色又有显著政治效益和社会效益的交流品牌,并在实践中逐步形成了完整系统的青年外事指导思想,书写了中国青年外事史上灿烂辉煌的一页。

面向新世纪,青年外事如何抓住机遇,再创辉煌,是我们每一位青年外事工作者应该认真思考的问题和肩负的历史职责。

冷战结束以后,尽管国际形势复杂多变,但总体上趋向缓和,和平与发展仍是当今世界的两大课题。在相当长的时期内,避免新的世界大战是可能的。在积极为我国现代化建设争取一个较长时间的和平国际环境和良好的周边环境方面,机遇大于挑战,希望多于困难,这是国际形势的一个基本特点。同时我们也要清醒地看到,天下仍然很不太平,霸权主义和强权政治依然存在并有新的发展,西方敌对势力亡我之心不死,我们必须保持高度的警惕。

邓小平同志讲:"我们的对外政策,就本国来说,是要寻找一个和平的环境来实现四个现代化,这不是假话,是真话。这不仅符合中国人民的利益,也是符合全世界人民利益的一件大事。"他还讲:"我们不在乎别人说我们什么,真正在乎的是有一个好的环境来发展自己。"青年外事首要和重要的任务,就是配合党政外交,为创造一个有利于中国现代化建设的和平国际环境做出贡献。

当前,在经济全球化进程加快、世界多极化趋势不可逆转的背景下,要实现我国总体外

交的目标,需要官民并举,调动社会各方面力量。青年外事作为民间外交的重要组成部分,在新的历史时期可以大有作为。从服务党政外交的需要来看,当今世界非政府组织越来越活跃,各国政坛新老交替明显加快,新生代政治家迅速崛起,并展现出风采和锋芒。从长远战略出发,加大做各国青年尤其是青年政治家的工作,增进他们对中国的了解,培养他们对华友好的热情和积极性,建立相互信任和友谊,对中国在下个世纪营造一个良好的国际环境有着十分积极的意义。这是青年外事的独特优势,也是党中央对青年外事寄予的希望。同时,在推动国际政治经济新秩序的建立,推进南北对话与南南合作的进程中,在反对霸权主义、维护世界和平和国家主权的正义斗争中,也需要向国际社会传播中国青年的心声,赢得各国青年群体尤其是青年领袖的共鸣,在此基础上协调步骤、加强合作。从这个意义上来讲,总体外交对青年外事有着现实召唤。

从国内青年工作的现实需求来看,面向新的世纪,青年成长、成才及权益问题日益受到国际社会的重视。各国青年问题的共性也有所增多。我们必须加大对国际青年事务的参与力度,来拓展我们对国际事务的影响力,在推动全球多极化进程方面发挥积极的影响,同时通过扩大青年交流,学习和借鉴国外青年工作的成功经验,拓展新的合作领域,为国内经济建设和青年工作服务。在这方面,我们已有一些成功的借鉴,如青年志愿者活动,就是团中央结合国情、团情,借鉴国外志愿者活动的经验并将其有效的运作形式和管理方式引进国内,形成的富有我国青年工作特色的品牌项目。在人力资源开发方面,我们运用青年对外交往的资源,组派了三千名中国青年赴国外学习科学技术和经营管理。我们与亚太经社会合作,面向青年工作者开展了人力资源开发的专题培训。在环保方面,中日青年绿化治沙活动已持续近10年。改革开放初期,我们引进日本的技术和资金在大连市建立了近海水产养殖场,在四川省建立了柑橘改良实验基地。这些经济、环保项目都是青年外事与国内经济工作结合的成功范例。它们生动地表明,国内经济建设和青年工作需要我们进一步开展与国外青年的务实交流与合作,尤其在引进国外智力、资金和人才方面应该加大力度。

二、明确方向,认真贯彻青年外事"四三一"指导思想

自1997年全国青年外事工作会议确立"四三一"指导思想以来,青年外事工作得到了蓬勃发展。在那次会议上,首次提出了青年外事要以"推动具有国际竞争能力的青年人才培养大业为重点"的发展战略,并对原有的对外交往四项原则进行了修改,在此基础上确立了以坚持"和平友好、独立自主、相互学习、平等合作"为对外交往原则(四原则),以贯彻"为党政外交服务、为经济建设服务、为青年工作服务"为基本方针(三服务方针),以"推动具有国际竞争能力的青年人才培养大业"为工作重点(一重点)的新时期青年外事思想体系。实践证明,"四三一"指导思想符合邓小平外交思想,符合青年外事的属性与实际需求,对青年外事有着长远的指导意义。

我们要继续深入贯彻落实"四三一"指导思想,推动青年外事在新时期取得更大发展。首先,要不断深化对"四三一"指导思想的认识。"四三一"指导思想是对我国青年外事工作五十年,特别是对改革开放以来青年外事发展成就的高度概括和科学总结。它全面深刻地指出了青年外事今后一个时期的发展方向和根本任务。其次,要加大对"四三一"指导思想的宣传力度。要使我们全体从事青年外事工作的同志都能知晓它、领会它,进而遵循它、贯彻它。第三,要把"四三一"指导思想作为做好青年外事工作的指南和评判决策正确与否的标准。凡是体现了"四三一"指导思想宗旨的项目,我们都要大胆地去创意、去策划、去落实，反之则要扬弃，避免工作中的盲目性。贯彻“四三一”指导思想，要深刻地领会，全面地落实，同时要根据各地的情况，实事求是，有所侧重，以点带面，有所突破。

青年外事要全面、深入地落实“四三一”指导思想，尤其在“三个服务”方面要多下功夫。在为党政外交服务方面，要坚持重点做好国外青年政治家和青年领袖的友好工作，通过与他们建立友谊、扩大共识来发展信任关系，为中国在新世纪的发展奠定良好的基础。在为经济建设服务方面，我们有许多事情可做，但从青年工作的特点来看，要将重点放在培养人才方面，培养懂得国际市场规律、善于学习和借鉴外国先进技术和管理经验的青年人才。特别是中国加入WTO以后，需要一大批懂得国际规则、具备国际竞争能力的人才。最近，中央提出要充分利用两个资源、两个市场，参与国际竞争，实施“走出去”战略。如何结合国家的发展战略，为中国加入WTO提供智力资源、人力资源，是青年外事服务国内经济建设的一项重要任务。在为青年工作服务方面，培养具有国际竞争能力的青年人才仍是我们的重点工作。我们要为国内各界优秀青年包括团干部更多地提供参与国际交流的机会，帮助他们增加阅历，开阔视野，学习国外先进的科技成果和管理经验。要利用中国青年国际人才交流中心这个窗口，努力开辟和拓宽各种渠道，加大赴国外研修生的派遣力度，促进青年人力资源的开发，引进国外的资金和技术。要加大为国内青年工作服务的力度，尤其要在为全团重点工作服务方面狠下功夫，通过开展全方位、多层次的交流，吸引和利用国际资源为国内青年工作提供可借鉴的经验、探寻可合作的领域。要积极参与国际青年事务，就青年成长、成才与发展的共性问题，如青年受教育、就业、保护环境、消除贫困、制止战争、减少犯罪等，与国外青年组织和机构共同磋商，促进合作。

三、服从大局，确保青年外事的有序发展

外事工作具有很强的政治敏感性，也具有较强的专业性，在操作程序上有相对固定的规范。在外事战线上，“补救”一词很难通行，一个小的闪失和差错，可能会造成难以挽回的损失和影响。青年外事也不例外。从事青年外事工作的同志要始终保持清醒的政治头脑，既要根据时代和青年的现实需求，规划、实施对外交往工作，又要遵守外事管理的有关政策规定和操作程序，服从统一管理。

近年来，团中央根据中央有关政策规定，制定了一系列青年外事归口管理的规章制度，各单位、各部门及各级团组织要认真学习，深刻领会，切实贯彻，正确把握。在具体工作中，要注意处理好以下两方面的关系。第一，要处理好开拓进取与服从管理的关系。外事工作历来强调归口管理，各部门、各单位及各级团组织要站在全局的高度，严格遵守既定的政策规定。在对外交往的立项及审批过程中，必须按规定的外事程序报批。另一方面，外事管理部门也要不断地改进和完善归口管理规则，提高管理水平和工作效率。所有从事青年外事工作的同志都应该有大局意识、政治意识和责任意识。这是原则，是前提。同时我们也要大力倡导解放思想、实事求是、勇于开拓、不断进取的精神，加大内引外联的力度，广交朋友，不断开拓对外交往与合作的新领域、新渠道。在交往项目的具体运作上，要不断地推陈出新，体现时代的特色和青年的特色。有些常项的工作要根据时代的变化和总体外交的要求，适时调整运作方式，丰富其内容，不能原地踏步，要常做常新。第二，要处理好团的国内工作与外事工作的关系。国内青年工作与青年外事工作是共青团事业的有机组成部分。青年外事要以服务国内青年工作、服从全团工作的大局为基本出发点。同时，我们要正确理解和把握青年外事“四三一”指导思想，尊重外事工作的特殊性，尊重国际惯例，遵守国际礼仪，真正做到外事工作内容与形式上的统一，目的与程序的吻合，从而推动青年外事工作健康稳定地向前发展。

四、提高素质,再创青年外事的新局面

青年外事要开创新局面,很大程度上取决于青年外事干部队伍的素质。总体上讲,青年外事拥有一支好的干部队伍。在我们的共同努力下,青年外事曾经取得了光辉的业绩。但从世纪之交青年外事肩负的使命来审视我们的工作,我们应该有更强烈的紧迫感和使命感。

在新的形势下,青年外事干部必须具备以下七个方面的素质。首先,要有坚定的政治立场。青年外事工作者必须忠于祖国,忠于人民,任何时候、任何条件下都要坚持国家利益至上,这是政治前提,是一个政治立场问题。第二,要有大局意识和政策水平。青年外事干部必须认真学习邓小平的外交思想,切实贯彻青年外事的"四三一"指导思想,站在全局的高度,正确地运用和把握中央的政策。第三,要善于应付各种复杂的情况。国际形势瞬息万变,青年外事干部要善于根据情况的发展变化,适时调整工作方针。应变能力靠的是平时的功底、平时的积累,厚积才能薄发。一旦遇到突发事件,才能处变不惊,既不失原则性又不乏灵活性,妥善化解各种矛盾。第四,要有较强的组织管理和综合协调能力。青年外事是一项系统工程,涉及到方方面面,且政治交流的分量很重。要做好这项工作,必须具备较强的组织管理和综合协调能力,能够将进出国活动中的外联、接待、活动安排、翻译等具体工作做得有序而富有实效,富有新意。第五,要具有丰富的国情、团情和国际知识。青年外事干部熟悉外事业务,不仅要了解和掌握一定的国际知识,还要了解交往国的历史、文化、经济和社会现状,了解重大的国际问题,同时更要深入地了解国情、团情。只有这样,青年外事才能更好地服务国内和团内工作的实际需要,增强工作的目的性和针对性,在国际交往中才能做到知己知彼,百战不殆。第六,要有高度的组织纪律性。外事工作具有较强的政治性,与国家的全局利益紧密相连。因此,在对外交往中我们强调统一性和纪律性。对外事活动中的重大问题要及时请示、报告,不得擅作主张。一些事关全局的重大原则问题要严格按照中央统一口径表态。要严守国家机密,维护国家利益。第七,要有较强的语言能力。这是对专业外事干部的基本要求。外语是载体,是我们开展外事工作的基本工具,因此专业外事干部要高度重视。

青年外事是一项艰巨而宏伟的事业,在座的同志们在此项事业的发展过程中都担负着重要的职责。希望同志们通过此次会议能够统一认识,振奋精神,提高水平,增长才干,共同为青年外事在新世纪的发展做出新的贡献。

黄丹华在共青团团中央直属机关第十二次代表大会上的讲话

2000年5月26日

同志们:

今天,团中央直属机关第十二次团代会在这里开幕,这次会议对面向新世纪,全面推动新形势下直属机关团的工作再上一个新台阶,更好地团结、带领直属机关团员青年以昂扬的姿态迈向新世纪具有十分重要的意义。我代表团中央书记处和直属机关党委向大会的召开表示热烈的祝贺！向直属机关全体青年、团员和广大团干部致以亲切的问候！

这次会议是团中央直属机关广大团员青年政治生活中的一件大事。书记处和机关党委对会议十分重视，殷切希望大家共同努力，使这次会议能够开成一个朝气蓬勃、振奋精神的大会，开成一个继往开来、团结鼓劲的大会。

刚才周强同志代表书记处充分肯定了直属机关第十一届团委会的工作，中直团工委也对过去几年机关团的工作给予了高度评价。从机关党委看来，自上次团代会以来，团中央直属机关各级团组织在中直团工委的领导下，高举邓小平理论伟大旗帜，紧密围绕本单位中心工作开展活动，开拓进取，求实创新，特别是以提高直属机关青年职工整体素质为目标，以理论学习、思想教育和开展“天天一小时”读书活动、培养青年岗位能手、实施青年志愿者行动和创建青年文明号等为重点，联系直属机关工作和团员青年的思想实际，大力加强团的思想、组织和作风建设，团结和带领广大青年在直属机关两个文明建设中发挥了生力军和突击队作用，为推动青年建功立业，促进机关各项任务的完成做出了积极的贡献，发挥了不可替代的作用。实践证明，机关团组织是服务于机关工作大局，服务于建设全局的一支不可缺少的重要力量，是直属机关业务工作的重要生力军，在直属机关各项工作的成就中，凝聚着团组织的辛勤劳动，也凝聚了广大青年的奋斗和奉献。借此机会，我代表团中央书记处向为机关整体建设做出贡献，向以实际行动推动共青团事业蓬勃发展的广大青年团员和团干部表示衷心的感谢！

我们正在迈向一个崭新的世纪，我国的改革开放和现代化建设也进入了一个蓬勃发展的新时期。世纪之交的共青团面临着新的形势和任务。如何在继承20世纪青年运动光荣传统的基础上去谱写21世纪青年运动新的篇章，怎样团结带领广大青年以新的姿态迈入新的世纪，是共青团要担负起的庄严的历史责任。团的十四届三中全会提出，要研究新情况，创造新业绩，以新的姿态迈入21世纪。要做好跨世纪的共青团工作，需要全团上下共同努力，需要跨世纪的广大青年为之不懈地奋斗。作为全团领导机关的青年，团中央直属机关的青年一直是有理想、有追求的青年；一直是奋发有为、充满希望的青年；一直是听党的话，按照“四有”新人的要求健康成长的青年。面对新的世纪、新的形势和新的任务，直属机关青年更应该具有崇高的责任感和使命感，自觉肩负起跨世纪的历史重任，努力在全团、全国青年中争做表率。在今后的工作中，我希望同志们认真学习贯彻周强同志提出的三点希望：一是认真学习贯彻江泽民总书记提出的“三个代表”重要思想；二是积极在参与“创建文明机关，做高素质青年工作者”活动中发挥生力军作用；三是深入了解青年，服务青年，进一步提高团干部素质。借此机会，我对直属机关广大青年提几点希望：

一、要发愤学习，志存高远。这是时代的要求，是青年自身成才的要求。跨世纪的一代青年要有远大的理想和坚定的信念，这就是高举邓小平理论伟大旗帜，坚定不移地走建设有中国特色社会主义的道路。真正使理想和信念坚定，我认为有两个途径：一是理论的途径，二是实践的途径。对团中央直属机关青年来讲，只有不断地结合实际进行学习，才能用邓小平理论武装头脑，提高坚持党的基本路线的自觉性；才能提高科技素质和劳动技能，掌握过硬的创业本领；才能成长为全面发展的社会主义事业的合格建设者和接班人。因此，直属机关广大青年要大兴勤奋学习之风，把“学习、学习、再学习”作为我们毕生的任务，这是党对青年的要求，也是时代对我们的召唤。我们要崇尚科技，追求真知，不断学习新知识，掌握新技能，全面提高自身素质。只有这样，我们才能既有远大理想，又有真才实学，才能成为伟大时代的创业者，才能在改革开放的时代大潮中永远走在前列。直属机关近年开展了形式多样的读书活动，希望广大青年积极参与，只要肯吃苦，有毅力，持之以恒，就一定会学有所获，学有所成。

二、要立足本职，建功立业。理想的实现必须与脚踏实地地工作相结合，实现自身的价值必须与服务祖国和人民相统一。直属机关青年大都处在工作、生产的第一线。团中央直属机关各项事业跨世纪的发展，需要广大青年努力奋斗。一个人的能力有大有小，但只要立足岗位，勤勉敬业，把实干精神和科学态度结合起来，就可以做出实实在在的成绩。艰辛知人生，实践长才干。改革开放和现代化建设的伟大实践与共青团事业的蓬勃发展，为广大青年施展才华开辟了广阔空间，每一个直属机关青年都应抓住这一历史机遇，发挥新时期创业精神，立足本职大显身手，努力创造一流的工作成绩。只有在实际工作中经受锻炼、积累经验、开创事业，才是我们增长本领，施展才华的最佳途径，才是我们报效祖国，振兴中华的最好方式。广大青年要把远大理想与本职工作结合起来，把个人前途与整个事业结合起来，保持良好的精神状态，脚踏实地，埋头苦干，努力成为本部门、本岗位的行家里手，这样，才能真正使青春焕发异彩。我们要看到，青年既是未来，更是现在，为实现跨世纪宏伟目标，为祖国为人民建功立业，青年正当其时。

三、要锐意进取、勇于创新。当今世界科技进步日新月异，知识经济迅速兴起，国际竞争日趋激烈。我国要在未来的国际竞争中占据战略上的主动地位，全面实现现代化建设的宏伟蓝图，实现中华民族的伟大复兴，就必须提高创新能力，尤其是青年的创新能力。跨世纪的共青团工作，是一项在开拓中前进的事业，团中央直属机关各项事业的发展，工作中面临的新情况、新任务，也需要我们去探索、去开拓、去创新。机关青年要在继承发扬共青团优良传统和经验的基础上，树立创新意识，提高创造能力，培养创业精神，知难而进、锐意进取。要积极投身实践，发挥在知识创新和技术创新中的骨干作用，积极争做创新创业的生力军。要积极发挥自身优势，解放思想，更新观念，在为团的事业竭诚奋斗和奉献中，创造出无愧于青春，无愧于祖国和人民，无愧于新时代的崭新业绩。

这次代表大会将选举产生直属机关第十二届团委会，希望新一届团委会能坚持服务直属机关工作大局，服务直属机关青年成长成才，以实际行动为共青团的事业和机关建设增光添彩，为直属机关青年成长成才铺路搭桥。作为党的助手和后备军，各级团组织要大力发扬“党有号召、团有行动”的光荣传统，坚持不懈地用邓小平理论武装青年，始终用党的跨世纪奋斗目标凝聚青年，进一步加强和改进青年思想政治工作，当前，要学习贯彻好江泽民总书记“三个代表”的重要思想，并以此指导团的建设。要在青年中进行“致富思源，富而思进”的教育，进一步坚定青年跟党走建设有中国特色社会主义道路的理想和信念。要团结带领青年积极参与全团重点工作和直属机关两个文明建设，服务大局，服务全局，切实发挥青年的生力军和突击队作用。要深入青年，了解青年，着眼于提高青年的整体素质，积极引导帮助广大青年发愤成才，竭诚为满足青年的需求服务。要抓住培养“四有”新人这个根本，突出重点，注重实效，从学习和实践上为青年的健康成长创造有利条件。还要加强团的自身建设，全面加强思想建设、组织建设、作风建设，真正建设一支高素质的团干部队伍，通过不断提高团干部思想政治素质和业务工作水平，树立求真务实，真抓实干的作风，进一步增强团组织的吸引力、凝聚力和战斗力，努力推动共青团事业不断向前发展。

直属机关各级党组织要高度重视和支持团的工作。我们党历来十分重视和关心共青团工作，始终把共青团工作看成是党的工作的重要组成部分。各级党组织要把青年工作放在培养跨世纪合格接班人的战略高度，高度重视、热情支持，切实加强和改善党对共青团工作的领导。要重视团的组织建设，把团建纳入到党建的整体规划当中。要把共青团工作提到重要议事日程，定期研究团的重要工作，为团组织把关定向，加油鼓劲。要结合实际，明确团组织的工作任务和目标，在严格要求、充分信任的基础上，支持团组织根据青年的特点和要求，创造性地开展工作。要关心团干部的成长，重视团干部的教育培养和使用，切实把政治素质好，工作能力强的优秀青年干部选拔和充实到重要的岗位上去锻炼成长。要为团组织及时解决在团干部配备、活动经费等方面存在的实际问题，帮助协调与行政、业务等方面的关系，为团组织提供必要的工作条件，保证团组织的各项活动健康顺利地进行。

最后，希望直属机关团的工作，在团中央书记处、直属机关党委和中直团工委的领导下，通过这次团代会的召开，能够有新进步、新作为，在新的世纪中再上新台阶，取得新的更大的成绩。

祝大会圆满成功！

黄丹华在全国省级团委办公室（研究室）主任会议上的讲话

2001 年 4 月 4 日

这次全国省级团委办公室（研究室）主任会议是在全团深入贯彻落实党的十五届五中全会精神和团的十四届四中全会精神的形势下召开的。会议的主要任务是，以邓小平理论为指导，贯彻江泽民同志“三个代表”的重要思想，研究部署当前和今后一个时期办公室（研究室）工作，推动全团办公室（研究室）工作实现新的发展。下面，我讲几点意见。

一、牢牢把握大局，增强做好办公室工作的使命感

办公室的职能很多，但最基本的有两条，一是在领导机关行使职能过程中发挥运转枢纽作用，一是在领导决策过程中发挥参谋助手作用。办公室的各项具体工作，如调研信息、文稿起草、综合协调、督查督办、日常管理，等等，都可以包括其中。这是办公室不同于机关其他部门的重要特点。办公室工作的基本职能决定了从事办公室工作的同志，必须具备大局意识，牢牢把握大局，既要把握全党全国工作大局，又要把握全团工作大局。

从全党全国工作大局看，2001 年是新世纪的第一年，是我国胜利完成社会主义现代化建设前两步战略，开始实施第三步战略的第一年，也是实施“十五”计划的第一年。在这一年里，还将迎来中国共产党成立 80 周年。而且，在新的世纪里，继续推进现代化建设、完成祖国统一、维护世界和平和促进共同发展，是我们必须抓好的三大任务。从全团工作大局看，一方面，团十四大以来，团的工作在继承中创新，在探索中前进，保持了良好的发展态势，在许多方面都迈出了新的步伐。另一方面，在新世纪里我们要谱写共青团工作的新篇章。在团十四届四中全会上，胡锦涛同志代表党中央作了重要讲话，为新世纪之初共青团工作进一

步指明了方向。周强同志代表书记处作了重要讲话,指出要以培养和造就青年人才为着力点,谱写新世纪共青团工作的新篇章。这些,都是需要办公室同志从大局上予以把握的。

牢牢把握大局,进一步增强讲政治的自觉性。无论是发挥运转枢纽作用,还是发挥参谋助手作用,都要求办公室同志首先要讲政治。办公室工作无小事,或者说事小责任大。每一项具体工作当中都包含着政治,都有大局。从这个意义上讲,把握住了大局,我们就能够坚定不移地坚持党的基本理论、基本路线和基本方针,坚决贯彻执行党中央的重大决策;就能够从政治上观察和认识问题,从政治上分析和把握趋势;就能够自觉地用党中央精神指导我们的工作,更好地肩负起为党做好青年群众工作的职责。

牢牢把握大局,进一步增强工作的主动性。办公室工作涉及面广,且大多是日常事务,是服务性工作。因而,在实际工作当中,办公室同志容易忙于事务,疲于应付。我们牢牢把握住了大局,始终胸怀大局,就能够站得高,看得远,在工作中想在前头,做在前头,服务在前头;就能够把那些看似简单琐碎的事情做精,做细,做出境界来;就能够把务实与务虚有机地结合起来,在具体工作当中分清轻重缓急,做到有条不紊,忙而不乱。

牢牢把握大局,进一步增强工作的预见性。作为机关工作运转的枢纽和领导决策的参谋助手,牢牢把握大局,就能够见微知著,走在发展的潮头。不仅能及早发现已经出现的问题,而且还可以发现苗头性的甚至是潜在的问题;不仅能看到事物的表象,而且还能揭示事物的本质;不仅能把握事物的现状,而且还能比较准确地预测其发展趋势,为领导决策提供具有前瞻性的服务,从而充分发挥办公室作为综合部门的作用。

牢牢把握大局,进一步增强工作的创造性。办公室工作千头万绪,非常具体,大多都有一定之规。但是,应当看到,随着经济社会的发展和我们工作的深入推进,新情况新问题越来越多,这就需要我们在实践中不断探索,不断创新。因此,牢牢把握大局,充分了解经济社会发展的大趋势和新变化,全面把握共青团工作的总体布局和面临的新问题,就能够把党的方针政策和本地区本部门的实际结合起来,创造性地开展工作;就能够适应经济社会的变化,结合青年工作的发展,认真研究新形势下团的办公室工作的规律和特点,善于创造新方法,积极探索新途径,使我们的工作在探索中创新,在创新中发展;就能够充分发挥办公室综合协调的作用,充分尊重基层和各部门的首创精神,支持他们大胆创新,大胆实践,不断开拓进取。

总之,新的形势和新的任务对团的办公室工作提出了新的更高的要求。我们要增强使命感,审时度势,齐心协力,扎实工作,开拓进取,努力开创团的办公室工作的新局面。

二、关于今年的几项重点工作

从今年的工作来看,有四个方面的工作与全团办公室系统密切相关。这就是,调查研究、信息报送、信息化建设和公文管理。这些工作需要团的办公室系统紧密配合,大力支持,希望大家统一思想,提高认识,共同做好这四个方面的工作。

1. 加强调查研究,进一步深入青年,了解青年。我们党历来十分重视调查研究。毛泽东同志说:“没有调查就没有发言权”,邓小平同志反复强调要一切从实际出发,江泽民同志指出没有调查就没有决策权。我们党的根本宗旨是全心全意为人民服务。这就决定了我们党的干部必须密切联系群众,从群众中来,到群众中去。要做到这一点,就要进行深入的调查研究。而且,我们党解放思想,实事求是的思想路线本身也决定了我们必须深入实际开展调查研究。

团十四大以来,面对不断出现的新情况和

新问题，团中央书记处多次强调要大兴调查研究之风。全团按照书记处的要求，始终把加强调查研究作为推动和深化团的各项工作的重要手段，认真探寻共青团工作的新思路、新途径和新办法，取得了实实在在的效果。近年来，经过各级团组织的共同努力，全团调研工作的水平和质量有了明显提高，手段和方法更加科学化、多样化，队伍的整体素质进一步提高。这其中，团的办公室承担了大量工作，发挥了重要作用，取得了有目共睹的成绩。

目前，新的形势和新的任务对全团的调研工作提出了新的更高的要求，也对办公室如何更好地发挥在调研工作中的作用，为领导形成正确决策，推动团的工作和各项事业全面发展提供依据提出了新的要求。在团十四届三中全会上，周强同志指出，在新形势下，共青团要更好地教育青年、服务青年，就必须了解当代青年的变化，切实把握当代青年的特点，正确认识当代青年的作用。现在可以说，这个问题已经引起了全团上下的高度重视，许多同志都在思考和研究。去年，全团围绕当代青年群体的变化和当代青年作用的变化这一课题，组织了专题调研。各级团组织都结合本地区本部门的实际，扎扎实实地进行了调查研究，形成了一批有分量的调研报告。但也应看到，当代青年始终是处于发展变化之中的，因此对青年的研究也应当是动态的，任何时候都不能放松，任何时候都不能止步。我们要不断地加强对青年的研究，深入研究青年现象和青年问题，真正把这些问题搞深搞透。同时，我们要看到，工作调研是调研的一个重要方面。搞好工作调研，就要深入研究改革开放以来特别是在建立社会主义市场经济体制进程中，我国经济社会生活的深刻变化对共青团组织带来的机遇和挑战。要把团的工作尤其是基层团工作中具有创造性的经验认真加以总结，上升到理论。做好了青年研究，做好了工作调研，就能够做到心中有数，就能够为我们做好各项工作打下良好的基础。正是基于此，团中央决定设立全团调研奖，以此推动全团进一步大兴调查研究之风，提高全团调研水平，更好地推动全团调研工作的发展。

2. 进一步做好信息报送工作，为上级机关和领导了解情况、科学决策提供依据。信息报送工作是共青团的一项基础性工作，是团的办公室的一项重要职责。共青团是党的助手和后备军，是为党做青年群众工作的。在新的形势下，一方面青年在经济社会生活中作用越来越大，他们是建设有中国特色社会主义伟大事业的生力军，在改革发展稳定的大局中发挥着重要的作用，在社会生活中起着开风气之先的作用，在实施科教兴国战略中是最活跃的力量。这一切都需要我们在信息报送工作中准确、全面地反映出来。另一方面，当前改革发展稳定的任务十分繁重，各种新情况新问题不断出现，社会情绪在青年这一群体中会比较集中地反映出来。从一定意义上讲，青年是社会的“晴雨表”。他们的所思所想，也需要及时、准确予以把握和反映。我们把这些信息准确地反映给党中央及有关部门，是十分必要的。

近年来，从全团的情况看，信息工作意识不断增强，工作水平不断提高。团中央和各级团组织在信息报送方面做了大量富有成效的工作。根据中办下发的有关信息报送统计材料，团中央过去两年信息报送综合指数都是名列中直机关前茅的。这些成绩的取得，与大家的支持和配合是分不开的。今年，我们要以高度的政治责任感和政治敏锐性进一步做好信息报送工作。在这里，我强调三点。一是各级团组织要高度重视信息报送工作。各级团组织的主管领导要亲自抓好信息报送工作，要把好重大信息的报送关；要充分发挥各级团委办公室信息报送主渠道作用；要加强从事信息工作同志的培养锻炼，使他们具备搞好信息报送工作所必需的素质。二是要进一步提高信息报送质量。各省级团委办公室要进一步加强与团中央办公厅的联系与沟通，主动了解和把握信息报送的要求，做到信息报送及时、准确、全面，形成良好的工作机制。三是要进一步拓宽信息报送的渠道。各省级团委办公室要充分重视网络这一新的信息渠道，善于运用网络报送信息，展示工作。

3. 加强信息化建设，构建起共青团工作的信息网络体系。党的十五届五中全会通过的《关于制定国民经济和社会发展第十个五年计划的建议》和九届全国人大四次会议通过的《中华人民共和国国民经济和社会发展第十个五年计划纲要》专门强调了信息化问题，提出要大力推进国民经济和社会信息化，以信息化带动工业化，发挥后发优势，实现社会生产力的跨越式发展。

在我国，信息化的发展与青年之间的关系愈益密切。一方面，青年已成为推动信息化发展的巨大力量。在全国2250万上网用户中，90%是青年。青年是网络技术发展的主力军，是网络经济发展的有生力量。另一方面，网络在青少年思想品德、价值导向以及学习、生活和思维方式等方面有着重要影响，且作用将越来越大。这就给共青团工作特别是青少年思想政治工作和青少年信息服务工作带来了新的课题。

在这方面，可以说，团中央的认识是比较超前的，起步也是比较早的。团十四大以来，共青团在信息化建设方面有两大决策，一是构建青少年信息网络体系。团十四届二中全会通过的《共青团工作跨世纪发展纲要》，明确提出要构建青少年信息网络体系。近年来，在中央领导同志的关心和支持下，在全团上下的共同努力下，以中国青少年信息服务网为龙头，全团信息化工作迈出了实质性步伐。目前，中青网已发展成为国内最大的青少年教育服务网站，并被列入国家重点扶持的“5+1”媒体网站。丁关根同志去年专程到中青网视察并作了重要指示，殷切期望中青网真正办成青少年“思想交流的家园、文化活动的阵地、娱乐联欢的场所”，把中青网建设成为以教育和服务青少年为宗旨的全国第一、世界著名的网站。同时，团中央以中青网为平台建立了共青团组织的网上核心站点——“中国共青团”网站。到目前为止，“中国共青团”网站已经开通了11类40多个栏目，访问人数已达十多万。各级团组织和各青少年工作机构围绕中青网建设积极建立信息网站，团属各类青少年网站已达100余个。

二是“县县上网工程”。团中央决定从今年开始以迎接建团80周年为契机，用一年左右时间实施全国县级团委上网工程，力争在2002年5月前，实现全国所有县级以上团委计算机上网。“县县上网工程”是共青团贯彻落实党的十五届五中全会精神，加快全团信息化建设，构建共青团信息网络体系的重大战略举措。实施这项工程，我们就可以利用数字化、网络化技术，低成本、高效率地加强全团上下联系和信息沟通，加强团的信息资源的开发和利用，加快团的信息化建设步伐，提高全团信息化水平。我们相信，“县县上网工程”一定会构建起共青团工作的信息网络体系，它将成为我们工作的信息中心、交流中心和研究中心，成为共青团组织联系广大青少年的新型桥梁和纽带，成为国家信息化建设的有机组成部分。这项工程，对于全团信息化建设具有十分重要的战略意义。对团的办公室而言，是一项全新的工作，一项十分重要的工作，也是团的办公室日常工作的重要组成部分。实施这项工程，团中央是由办公厅来负责协调的。希望各省(区、市)团委办公室高度重视，密切配合，共同完成这项具有创新意义的事业。

4. 进一步做好公文管理工作，提高全团公文管理水平。办文和办事是机关干部的基本功，是办公室干部思想水平、理论水平和政策水平的综合体现。团的办公室不同于其他战线部门，是以办文为主的，办公室的公文管理水平直接决定着政令是否畅通，工作是否有效率，直接体现着机关的工作作风和办事效率，代表着机关的形象。因此，团的办公室要把提高公文管理水平当做一件大事来抓。

党和政府历来十分重视公文管理工作，党中央发布的《中国共产党机关公文处理条例》和国务院发布的《国家行政机关公文处理办法》都是指导我们办理公文、提高公文质量、规范公文流程的重要规定。团中央始终十分重视机关公文管理工作。团十四大以来，团中央书记处多次强调要提高机关公文管理水平。1999年，团中央办公厅根据党和政府有关公文处理的规定，结合工作实际，制定了《共青团中央机关公文处理条例》(试行)。《条例》试行近两年来，在促进团中央机关公文处理工作规范化、制度化、科学化，切实提高公文质量和公文处理的效率方面取得了明显成效。为进一步推动各级团组织做好公文管理工作，我们将《条例》发给大家，希望大家以此为依据，根据自身的实际，制定具体的实施办法，把这项工作做好。

三、努力建设一支高素质的办公室干部队伍

建设一支高素质的办公室干部队伍，对于做好团的办公室工作至关重要。团的办公室聚集了一大批政治素质好、业务能力强的同志。长期以来，这支队伍埋头苦干，无私奉献，表现出高度的政治觉悟，严明的组织纪律和优良的工作作风。面对新形势和新任务，团的办公室同志要深入学习邓小平理论，身体力行“三个代表”，做到政治坚定，思想过硬，作风扎实，努力把团的办公室工作提高到新的水平。根据办公室的工作特点和要求，我对同志们提几点希望。

1. 增强政治意识。办公室的同志任何时候都要把不断增强政治意识放在首位。从大的方面讲，要在思想上、政治上、行动上自觉地与以江泽民同志为核心的党中央保持高度一致。要始终坚持坚定正确的政治方向，始终坚持党的基本理论和基本路线，坚定不移地走有中国特色社会主义道路。要切实增强政治敏锐性和政治鉴别力，善于从政治上、大局上观察、分析和处理问题，在大是大非面前，头脑清醒、旗帜鲜明，经得起考验。同时，增强政治意识又是十分具体的，要把增强政治意识贯穿到具体工作之中，要从讲政治的高度做好每一项工作。

2. 增强规范意识。团十四大以来，团中央书记处一直强调要规范管理。几年来，团中央机关从规范公文管理抓起，进而扩展到其他工作，取得了良好的成效。规范管理是办公室的一项重要职能，要在各级团的机关落实规范管理的要求，办公室的同志一定要增强规范管理、规范运作的意识。抓规范管理，首先要建立健全一套行之有效的规章制度。要着眼于机关工作正常、有序运转，不断加强制度建设，做到事事有章可循，有据可依，有例可援。其次，办公室同志要熟悉各项规章制度，熟悉机关运作的程序，准确、迅速地掌握技能，练就机关干部必须具备的过硬本领。同时，在具体工作中严格按照规章制度来办事，自觉地用制度来管理，用制度来推进，用制度理顺工作关系，增强整体功能，提高工作效率，真正把规范管理落到实处。特别是要把增强规范意识与维护共青团社会声誉和政治形象联系起来。维护团的声誉和形象，是全团的共同责任，办公室更负有义不容辞的责任。

3. 增强服务意识。办公室是综合办事机构，服务着方方面面。这就要求团的办公室的每一位同志都应当增强服务意识。具体地讲，增强服务意识，就是要切实转变工作作风，真抓实干。团的办公室同志的工作作风如何，直接关系到团组织的形象。这就要求团的办公室同志始终坚持全心全意为人民服务的宗旨，在工作中克服形式主义，办实事，求实效；克服官僚主义，甘当“苦力”，做好服务；秉公办事，不掺杂个人感情。就是要努力转变工作方式，不断增强服务的主动性。把服务贯穿于工作全过程，体现在办文、办事、办会的每一项具体工作之中。就是要在完成日常工作的过程中力求做到超前谋划，提前介入，主动服务。就是要在继承有效的工作手段和工作经验的基础上，积极创新，不断完善和优化办公室工作的运行机制，拓宽服务领域，提高工作效率，使办公室工作有新的作为。

4. 增强奉献意识。默默无闻、甘于奉献是对办公室同志的一贯要求。办公室所从事的工作，不同于其他战线部门，很少有轰轰烈烈的活动、出彩上镜的机会。大多是些台下的工作、幕后的工作、无名的工作，而这又是全局工作中不可缺少，不可替代，非常重要的工作。这就要求我们办公室工作的同志，要有一种不图名，不图利，默默无闻，忘我工作的精神境界。要爱岗敬业，忠于职守，勤勤恳恳，任劳任怨地做好本职工作。要淡泊名利、甘于寂寞、安于清贫，谋事而不谋利，奉献而不索取，自重、自省、自警、自励，耐得住生活清苦，耐得住工作艰苦。

建设一支高素质的团的办公室队伍，需要办公室同志自身努力，更需要团的各级领导同志的热情关心、真诚爱护和大力支持。团的各级领导同志要从大局出发，把重视和关心办公室队伍建设作为一件大事来抓。对办公室的同志，要在政治上严格要求，在工作上积极支持，在生活上热情关心，积极为他们的成长发展创造条件，使他们能够心情舒畅，奋发向上，全身心地投入到工作中去。

同志们，新的世纪是一个充满希望的世纪，是一个大有作为的世纪。让我们紧密团结在以江泽民同志为核心的党中央周围，高举邓小平理论伟大旗帜，以“三个代表”重要思想为指导，振奋精神，加倍努力，团结拼搏，开拓进取，为谱写新世纪共青团工作新篇章做出更大的贡献。

中俄世代友好与青年

——黄丹华在中俄青年论坛上的主旨发言

2001年9月29日

各位代表，青年朋友们：

很高兴能有机会在本次论坛上就“中俄世代友好与青年”这一主题进行发言。

中国与俄罗斯山水相连，两国互为最大的邻国；中俄两个民族都是伟大的民族，有着深厚的传统友谊和源远流长的交往历史；在事关人类和平与发展的重大国际问题上，两国有着广泛的利益共同点。

随着国际形势的发展变化，两国从各自国家建设的战略需要和致力于世界和平与发展的共同愿望出发，决定在互相尊重主权和领土完整、互不侵犯、互不干涉内政、平等互利、和平共处五项原则基础上，建立不结盟、不对抗、不针对第三国的新型国家关系。在上述方针和原则指导下，中俄关系取得了重大进展。两国确立了战略协作伙伴关系，在各个领域加强了互利合作，取得了丰硕的成果。双方建立了国家元首和政府首脑定期会晤机制，各层次的交流和人员往来频繁；在维护各自国家的主权、独立和领土完整方面相互支持；基本解决了两国间遗留的历史问题;经贸、文化等领域的交流合作不断扩大;在促进世界多极化、维护全球和平稳定方面进行了卓有成效的战略协作。特别是今年7月,江泽民主席在访俄期间,与普京总统共同签署了《中俄睦邻友好合作条约》,这是中俄关系发展史上具有里程碑意义的大事,条约贯穿着两国世代友好、永不为敌的和平思想,为中俄永做好邻居、好伙伴、好朋友奠定了牢固的法律基础,标志着中俄友好进入了新的发展阶段。

回顾中俄关系发展的历史,我们可以得出一个明确的结论:中俄实现世代友好,符合两国的根本利益,体现了两国人民的共同愿望,顺应本地区乃至世界和平、稳定与发展的时代潮流。而推动双方各个领域的友好合作取得更加丰硕的成果,是包括两国青年在内两国人民的共同使命。

44年前,毛泽东主席访问苏联期间在莫斯科大学演讲时,曾经对中苏两国的青年学生说:“世界是你们的,也是我们的,但是归根结底是你们的。你们年轻人朝气蓬勃,正是兴旺时期,好像早晨八九点钟的太阳。希望寄托在你们身上。”不久前江泽民主席访问俄罗斯期间,同样是在莫斯科大学演讲时,满怀期望地指出:“中俄世代友好,要从一代代年轻人做起。”

时代的潮流已经把中俄两国青年推到了历史发展的最前列,他们不仅仅和国家、民族的未来联系在一起,将承担起各自国家建设、发展的历史重任,同时也将义不容辞地肩负起实现中俄友好世代相传的神圣使命。

中俄青年之间有着传统友谊。长期以来,中华全国青年联合会和俄联邦教育部、俄罗斯青年联盟、俄罗斯青年发起协会、俄罗斯国际青年合作基金会等友好组织保持着密切的交往关系。同时,中俄双方还在中俄和平、友好与发展委员会及中俄教、文、卫、体合作委员会的框架下开展了内容丰富、形式多样、富有成效的青年交流活动,成为中俄青年不断增进了解、加深友谊的重要渠道。

新世纪初年,中俄两国的青年聚集一堂,可谓意义重大和深远。展望两国关系的发展前景和两国青年交流的发展方向,我们感到中俄两国青年都肩负着推动两国建设和发展,以及实现长期睦邻友好与互利合作的历史使命。

要肩负起这一神圣使命,两国青年应该紧跟时代步伐,追踪最前沿的科技知识,掌握最先进的生产技能,敢于探索,勇于创新,成为各自国家经济和社会发展的中坚力量。

要肩负起这一神圣使命,两国青年应该放眼世界,胸怀宽广,善于用人类创造的一切文明成果丰富自己,承认并尊重地区和世界文明的多样性,树立在竞争中促进合作,在合作中赢得竞争的崭新观念,成为人类和平与发展事业的积极倡导者和实践者。

要肩负起这一神圣使命,两国青年应该增强对中俄睦邻友好必要性与重要性的认识,相互尊重,相互学习,加强对话与交流,增进理解、友谊与互信,使中俄友好事业世代相传!

青年朋友们,中国和俄罗斯作为两个伟大的国家,都对人类文明做出过并正在做出巨大的贡献。新的世纪已经来临,我们既面临着巨大的挑战,也面临更大的机遇。踏上新征程的嘹亮号角已经吹响,让我们携手并肩,共同走向新世纪的辉煌!

谢谢!

黄丹华在全国大学生"三个代表"实践服务活动汇报座谈会上的讲话

2001年9月14日

2001年全国大中专学生志愿者暑期"三下乡"社会实践活动，在各级党委宣传部门、教育行政部门和共青团、学联组织的共同努力下，在广大青年学生的热情参与下，取得了显著的成效，获得了圆满的成功。特别是作为今年活动重点内容的党员大学生"三个代表"实践服务团，不仅使广大青年学生在实践中加深了对"三个代表"的理解和认识，而且为农民群众办了大量实事、好事，在农民群众和青年学生中产生了热烈的反响，得到了社会各方面的广泛关注和普遍好评。今天我们在这里召开汇报座谈会，目的就是要总结活动中取得的成果和经验，交流实践中获得的心得和体会，把青年学生学习、宣传、贯彻"三个代表"重要思想的活动进一步引向深入。会上，部分省份的学生代表将做汇报发言，中宣部、教育部的领导同志还要做重要讲话。这里，我首先对今年活动的总体情况向大家作一个简要介绍。

今年7月1日，江泽民总书记在庆祝中国共产党成立80周年大会上发表了重要讲话，全面、深刻、系统地阐述了"三个代表"的重要思想。这一马克思主义的纲领性文献，以其解放思想、实事求是的科学内涵，以其与时俱进、开拓创新的时代精神，引起了全国广大青年学生的热烈反响。各地青年学生积极报名、踊跃参加中宣部、教育部、团中央、全国学联组织的"三下乡"特别是"三个代表"实践服务活动，一个学习、宣传、实践"三个代表"的热潮迅速在广大青年学生中兴起。据统计，全国共组建了1600多支"三个代表"实践服务团，直接参与活动的青年学生近3万人，党员、入党积极分子比例达98%以上。广大青年学生不畏酷暑，不畏艰苦，深入基层，深入一线，广泛开展理论宣讲、党建调查、科技支农、企业帮扶、文化宣传、医疗服务、法律普及、支教扫盲、环境保护等多种形式的实践活动，为推动先进生产力的发展，传播先进文化做出了积极贡献，以实际行动体现"三个代表"的要求，树立了当代青年学生的良好形象。大学生们的活动主要体现在三个方面。

一是深入学习"三个代表"。参加实践服务活动的同学在奔赴基层以前，都主动地、有组织地学习了江总书记"七一"重要讲话，并参加了一些专题讲座、报告会、研讨会。通过培训，同学们初步学习、领会"三个代表"重要思想的科学内涵和重大意义，进一步提高了思想理论水平。"三个代表"重要思想产生于改革开放和现代化建设的伟大实践，同学们到伟大的实践中去，向实践学习，向人民群众学习，不断加深对"三个代表"重要思想的理解。在活动开展过程中，同学们通过走访老党员、寻访党的革命足迹、召开座谈会、对农村党的基层组织建设和"三个代表"学习教育活动的先进典型进行调研，目睹和考察了农村改革开放以来所取得的巨大成就，在实践中加深了对"三个代表"的理解和认识，进一步明确了当代大学生的使命感和责任感，进一步坚定了跟党走建设有中国特色社会主义道路的信念。特别是一批"三个代表"学习研究社团应运而生，例如北京大学青年马克思主义发展研究会、上海交通大学学生"三个代表"实践团、重庆大学学生"三下乡"与"三个代表"理论研究会、中国政法大学“三个代表”学习社等，标志着青年学生学习“三个代表”重要思想的活动进一步走向深入。

二是广泛宣传“三个代表”。在今年的活动中，广大青年学生以饱满的工作热情，深入厂矿车间、田间地头、农户家中，通过举办讲座或培训班、发放张贴宣传品、制作广播节目、办黑板报、开展社会调查等丰富多彩的活动，向农村基层干部群众宣传“三个代表”重要思想。同学们还以独有的创造性，将“三个代表”重要思想以诗歌、快板、情景剧等老百姓喜闻乐见的形式表现出来，生动活泼，吸引了众多群众，产生了很好的宣传效果。据不完全统计，全国各实践服务团总计发放宣传材料200多万份，举办讲座或培训班1万余场，参加讲座或接受培训的基层干部群众达数百万人次。大学生开展的宣讲活动有力地配合了正在农村开展的“三个代表”学习教育活动，发挥了积极的推动作用。

三是积极实践“三个代表”。广大青年学生充分发挥知识优势和专业技能优势，通过科技支农、企业帮扶、发展咨询等，为农村经济建设解决了许多难题，有力地推动了先进生产力的发展；通过文艺演出、支教扶贫、开办夜校等，传播和弘扬了先进的文化，促进了农村的精神文明建设；通过医疗服务、法律普及、环境保护等，为人民群众办实事、办好事，为农民群众谋利益，以实际行动实践了“三个代表”。全国1600余支“三个代表”实践服务团足迹遍及全国数百个县、数千个行政村，开展的服务项目涉及农村经济和社会发展的方方面面。初步统计，仅医疗服务一项，接受服务的群众就达20余万人次，解答解决疑难病症数千例，捐赠医疗器材价值数百万元，培训基层医务工作者近万人，受到基层干部群众的热烈欢迎。

同学们，今年暑期“三个代表”实践服务活动虽然已经结束，但青年学生学习、研究、实践“三个代表”的工作只是刚刚开始。希望同学们充分运用好“三个代表”实践服务活动的成果和经验，以这次汇报座谈会为新的起点，深入学习、深刻领会“三个代表”的重要思想，用“三个代表”的重要思想武装头脑，把学好“三个代表”作为自己成才立业的必修课，切实按照“三个代表”的要求成长进步，努力创造出无愧于时代、无愧于党和人民的业绩。

当前，高校共青团组织和学生会组织，要把组织引导广大青年学生深入学习江泽民总书记“七一”重要讲话作为首要的政治任务，围绕“三个代表”进课堂、进教材、进学生头脑的工作，发挥自身优势，重点抓实践、抓社团、抓活动，大力推动学生“三个代表”的学习。一是为同学们开辟更多的实践渠道，提供更多的实践机会，使更多的学生受到教育，在实践中加深对“三个代表”重要思想的理解。二是引导好学生“三个代表”学习研究社团的发展，在内容安排、活动开展、组织建设上给予主动引导和热情支持，更好地发挥学生社团的示范带动作用。三是开展经常性的主题教育活动，通过主题团日、班会等形式广泛组织学生学习“三个代表”，努力推动大学生“三个代表”学习活动广泛深入地开展起来。

同学们、同志们，全国高校广大青年学生学习“三个代表”重要思想目前正呈现出良好的态势。相信在党政部门的领导下，在共青团、学联组织的积极推动下，在广大同学的积极参与下，大学生“三个代表”重要思想学习实践活动一定会取得丰硕的成果。让我们共同努力，为把广大青年学生培养成为社会主义事业的合格建设者和接班人做出更大的贡献。

黄丹华在第七届“挑战杯”全国大学生课外学术科技作品竞赛终审决赛开幕式上的讲话

2001年9月18日

尊敬的全国人大副委员长，全国政协副主席，同志们，同学们，朋友们：

今天，新世纪首次全国大学生的科技盛会——第七届“挑战杯”全国大学生课外学术科技作品竞赛终审决赛在西安交通大学隆重举行了。在此，我谨代表共青团中央、中国科协、陕西省人民政府和全国学联四家主办单位，向竞赛组委会、评委会的同志们，向来自全国31个省区市、香港、澳门特别行政区、台湾地区各大学的老师和同学们表示热烈的欢迎！向为组织大赛付出艰辛努力的所有同志，特别是承办单位西安交通大学及陕西省、西安市各有关方面表示衷心的感谢！向长期关注、支持大学生科技创新活动的各有关部门和企业界、新闻界的朋友们致以诚挚的谢意！

自1989年首届“挑战杯”竞赛开展以来，竞赛始终坚持“崇尚科学、追求真知、勤奋学习、锐意创新、迎接挑战”的宗旨，顺应时代发展潮流，在引导和鼓励大学生树立创新意识，投身科技创新实践，推动高校学生科技活动蓬勃开展，发现和培养青年科技人才，促进学生学术科技成果向现实生产力转化等方面发挥了重要作用，取得了比较显著的人才培养效益和一定的社会经济效益，在高校和社会上产生了广泛而深远的影响。党和国家领导人对“挑战杯”竞赛给予亲切关怀。1993年，中共中央总书记、国家主席江泽民亲笔为“挑战杯”题写了杯名。李鹏、李岚清、吴邦国等党和国家领导人也先后题词寄语。今天，副委员长和副主席又亲临我们的开幕式，进一步体现了党和国家对大学生科技创新活动的关怀和支持。经过12年的发展，我们可以自豪地说，“挑战杯”已经成为全国大学生展示素质教育成果的重要舞台之一，树起了大学生科技创新活动的一面旗帜。

同志们、同学们、朋友们，在新世纪的第一个收获季节里，在陕西省委、省政府的重视、支持下，在西安交通大学及各有关方面的共同努力下，第七届“挑战杯”竞赛终审决赛的帷幕就要拉开了。本届竞赛在前六届的基础上又有了新的发展，呈现出新的特点，首先，竞赛全国组委会对章程作了竞赛举办以来最大的一次修改，为竞赛的深化发展提供了制度保障；第二，校、省、全国三级赛制逐步完善，竞赛的群众基础进一步扩大。全国有三分之二的省、自治区、直辖市组织了自己的“挑战杯”竞赛。报送至西安的926件作品是全国近千所高校数万件作品中“优中选优”的成果，代表了全国大学生课外学术科技活动的最高水平；第三，本届竞赛首次建立专门网站，吸引了近17万人次访问，不仅提高了组织工作的效率和水平，而且扩大了活动的社会影响；第四，内地和港、澳、台大学生首次同台竞技、交流。回归后的香港、澳门特别行政区大学生将首次与内地大学生同场参赛，新竹交通大学也代表台湾地区大学首次携作品参展。在未来的六天中，将有全国两百余所院校的千余名师生，以及大批新闻界、企业界的朋友云集在美丽的古城西安，共同参与这一全国大学生科技“奥林匹克”盛会。我们衷心希望，来自各地、各大学的代表，努力协作，积极配合，广泛交流，相互切磋，共同把本届竞赛办成一个团结进取、硕果累累的大会。

同志们、同学们，深入学习贯彻江泽民总书记“三个代表”重要思想，实施“科教兴国”战略和全面推进“素质教育”，为我们适应时代的要求和社会的需求，进一步深化“挑战杯”竞赛指明了方向。今后，我们要继续坚持竞赛的导向性、示范性和群众性三大原则，加强对青年学生进行科学知识、科学方法、科学思想、科学精神的教育，促进青年学生努力成长为先进生产力的开拓者、先进文化的弘扬者、最广大人民根本利益的维护者。

同志们，青年朋友们，人类社会已迈入了21世纪，科技创新越来越成为经济社会发展的决定性因素，这也为我国通过科学技术突破实现跨越式发展提供了机遇。面对实现社会主义现代化的艰巨任务和壮丽前景，让我们团结起来，响应时代的召唤，锐意创新，勇攀高峰，为实现中华民族的伟大复兴贡献自己的力量！

最后，预祝第七届“挑战杯”竞赛终审决赛圆满成功！

谢谢大家。

发展志愿服务、弘扬志愿精神
积极推进新时期公民道德建设

——黄丹华在“以德治国与志愿服务”理论研讨会上的讲话

2001年10月25日

中央刚刚颁布的《公民道德建设实施纲要》，是贯彻落实江泽民总书记“七一”重要讲话和“三个代表”重要思想，落实以德治国方略的一个重要举措，对形成追求高尚、激励先进的良好社会风气，保证社会主义市场经济的健康发展，促进整个民族素质的不断提高，全面推进建设有中国特色社会主义伟大事业，具有十分重要的意义。青少年道德教育是公民道德建设的重要组成部分，也是促进青少年健康成长的重要内容。这些年来，共青团在加强青少年思想道德教育上开展了一些工作。这次颁布的《纲要》，对我们开展的“志愿者”、“手拉手”、“希望工程”等活动给予了充分肯定，并对共青团在公民道德建设中发挥作用提出了进一步的要求。各级共青团组织要紧密结合青少年和共青团工作实际，采取切实有效的措施，贯彻落实《公民道德建设实施纲要》的要求，在公民道德建设中充分发挥共青团的积极作用。围绕贯彻《纲要》，我们正在制定专门的意见，做出具体的安排。这次中国2001国际志愿者年委员会、团中央、人民日报社联合召开理论研讨会，就是为了贯彻落实《纲要》精神，深入探讨志愿服务和贯彻以德治国基本方略的关系，进一步推动志愿服务深入发展，更好地发挥志愿者活动在公民道德建设中的积极作用。

志愿者活动是我们在1993年底开始在全国范围实施的，到现在走过了近八年的历程。近八年来，这项活动得到了广大青年的积极响应，开展志愿服务的领域不断拓展，志愿者队伍日益壮大。截至去年底，全国累计已有8000多万人次的青年在扶贫开发、社区建设、环境保护、大型活动、抢险救灾等多个领域向社会提供了41亿多小时的志愿服务。这项活动作

为我国新时期的群众性精神文明创建活动，被正式写入了党的十四届六中全会决议。江泽民总书记一直亲切关怀志愿服务事业的发展。1997年底，江总书记亲笔为“中国青年志愿者”题名，2000年1月16日又对青年志愿者工作作出重要批示，指出：“青年志愿者行动，是当代社会主义中国一项十分高尚的事业，体现了中华民族助人为乐和扶贫济困的传统美德，是大有希望的事业。努力进行好这项事业，有助于在全社会树立奉献、友爱、互助、进步的时代新风。希望你们在新的世纪里继续努力，发扬我国青年的光荣传统，不懈奋斗，不断创造，奋勇前进，为实现中华民族的伟大复兴做出新的更大的贡献。”江总书记的重要批示，极大地鞭策和鼓舞了各级团组织和广大青年志愿者，同时也对志愿者行动的意义和作用做了十分精辟的概括，为新世纪志愿服务事业发展指明了方向。

这些年来，在组织实施青年志愿者行动中，我们深刻地感受到，这项活动在教育青年、服务社会、促进社会主义精神文明建设中的积极作用。下面我主要结合近年来共青团实施青年志愿者行动的实践，结合贯彻实施《公民道德建设实施纲要》，谈几点体会，供同志们参考。

一、志愿精神体现了公民道德建设的方针原则，与建立发展社会主义市场经济相适应的社会主义道德体系要求相一致

中央在印发《公民道德建设实施纲要》的通知中提出，在新的历史条件下，从公民道德建设入手，继承中华民族几千年形成的传统美德，发扬党领导人民在长期革命斗争与建设实践中形成的优良传统美德，借鉴世界道德建设的成功经验和先进文明成果，努力建立与发展社会主义市场经济相适应的社会主义道德体系。志愿精神与公民道德建设的这些要求是一致的。

志愿精神的基本内容是“奉献、友爱、互助、进步”。这样的精神和中华民族的传统美德及我们大力倡导的时代新风是一脉相承的。中华民族素有助人为乐和扶贫济困的传统美德，从“老吾老以及人之老，幼吾幼以及人之幼”到“先天下之忧而忧，后天下之乐而乐”，这些传统美德几千年绵延不绝，深刻体现到志愿服务的精神中。

志愿精神也深刻地体现了雷锋精神。我国志愿服务本身就是在雷锋精神的基础上发展起来的。正因为学雷锋活动的广泛的群众基础，志愿服务活动才得以迅速发展。志愿服务很好地传承了雷锋精神，把雷锋精神在新的历史时期进一步发扬光大。它提倡奉献，倡导友爱、互助，积极促进社会文明进步，促进社会的和谐发展，体现了建设社会主义道德的要求，体现了人类建立美好社会的共同愿望。毫无疑问，它也体现了公民道德建设的要求。

公民道德建设强调以为人民服务为核心，以集体主义为原则。应该说，志愿服务很好地体现了这样的核心和原则。为人民服务要求我们为人民、为社会多做好事、无私奉献。坚持集体主义，就要正确处理好国家、集体和个人利益之间的关系，始终做到个人利益服务集体利益。在志愿服务中，不管是自愿放弃城市优裕的生活、工作环境，到西部贫困地区开展扶贫接力计划的志愿者，还是利用闲暇时间，为社区的老弱病残等困难群众提供帮助的社区发展计划志愿者，或是参与环境保护、大型活动、抢险救灾的志愿者，都是主动贡献出自己的时间、智力、体力甚至财力，不计报酬、不图名利，自愿为他人和社会提供服务和帮助，他们的身上集中体现了为人民服务的道德观，也集中体现了集体利益、公众利益优先的原则。同时，现代的志愿服务越来越需要众多志愿者的密切配合、协同努力，志愿服务的过程本身就是很好的集体主义的教育过程。

公民道德建设的目标是逐步形成和发展

社会主义市场经济相适应的社会主义道德体系，这就要求我们在道德建设中体现代表先进文化发展方向的要求，与时俱进地推进社会主义道德建设。志愿精神是和这样的要求相一致的。我们积极推进的志愿服务事业，本身就是伴随我国建立社会主义市场经济体制的进程应运而生的一项社会主义精神文明创建活动。志愿服务强调服务者的自愿参与，体现了市场经济条件下公民主体意识增强、重视主体作用发挥的新特点。志愿服务是一项国际性的活动，在世界各国广泛开展，在促进人类社会进步中发挥了积极作用。因为这样，联合国将今年确定为国际志愿者年，用以推动这项事业。志愿服务所体现的时代性，是这项活动得以在我国蓬勃发展的重要原因。我们相信，随着社会主义市场经济体制的逐步确立，它将在社会主义道德建设中发挥更大作用。

二、志愿服务抓住了道德教育的实践环节，为公民道德建设实践提供了一条重要渠道

《公民道德建设实施纲要》指出："公民道德建设的过程，是教育和实践相结合的过程"。坚持知和行、他律和自律相统一，把教育和实践有机结合，使道德建设主体在参与活动中受教育，把教育要求内化为道德主体的自觉行动，是道德养成的基本途径，也是公民道德建设的重要规律。志愿服务正是抓住了道德教育的实践环节，为公民道德实践提供了重要的活动载体。

志愿服务是志愿者自我教育的有效途径。作为一种新的有效社会动员方式，秉承"广泛动员、自愿参加"的原则，注重调动参与者的内在积极性，寓教育于服务实践之中。志愿者参与服务的过程，是把自己的知识技能运用于实践、检验和提高自身素质的过程，是了解国情、开阔视野、丰富自己人生阅历的过程，是在社会生活舞台中砥砺品格、锻炼成长的过程。许多参加过扶贫接力计划的青年志愿者告诉我们，他们在西部贫困地区服务的时间虽然只有短短一年，受到的强烈震撼、得到的深刻启迪却会使他们终生难忘、终身受益。有很多青年志愿者就是在这样为人民服务的实践中，坚定了建设有中国特色社会主义的理想信念，牢固树立起科学的世界观、人生观、价值观，陶冶了高尚的道德情操。道德的养成最终需要经过实践，在实践中逐步培养，在实践中得到锻炼。实践给予人们的教育是多方面的、十分丰富的；实践所带来的教育效果是深刻的、终生难忘的。志愿服务正是在这种意义上，为道德教育的实践提供了一条有益的渠道。

志愿服务是良好道德风尚传播的有效方式。志愿者在帮助他人、服务社会的同时，也会潜移默化地影响和感染被帮助的对象，影响和感染周围的群众。这样一种文明传递的过程，是高尚的道德情操不断传播的过程，是高尚道德发扬光大的过程。在开展青年志愿者行动中，我们对此有深刻的体会。我们组织实施的扶贫接力计划中，青年志愿者从东部发达地区和大中城市奔赴贫困地区，通过他们的服务，传播了现代文明和科学健康的生活方式，弘扬了时代新风，促进了社会风气的改善和贫困地区群众素质的提高。有的贫困地区，由于志愿者们的到来在孩子们的成长经历中留下无数个"第一次"：第一次刷牙、第一次说普通话、第一次来北京、第一次操作电脑……这些新鲜的经历对当地孩子、当地群众的影响是深远的。正因为这样，志愿者被当地群众称为"文明使者"。志愿服务的这种文明传递的特性使它能够影响和带动更多的人参与到道德建设的实践中，发挥出在公民道德建设中的更大的作用。

正因为志愿服务具有教育青年、服务社会、传播新风的特点，使它成为新时期群众性精神文明建设的一项重点活动。在今后大力开展志愿服务活动的过程中，我们要进一步强化它在道德建设中的积极作用，使更多的人在志愿服务过程中,思想感情得以熏陶,精神生活得到充实,道德境界得以升华。

三、志愿服务具有广泛的群众性,是社会主义道德建设中一项大有希望的事业

一项好的道德实践活动,必然是人民群众能够广泛参与的活动,是在广阔领域发挥作用的活动,是易于操作的活动。志愿服务具有广泛的群众性,正是这样一种道德实践活动,因而具有旺盛的生命力和广阔的发展前景。

志愿服务广泛的群众性首先体现在它是人人可为、人人能为的活动。尽管在一些特殊的专业性志愿服务中,要求志愿者具有一定的专业技能,但在总体上进入的门槛是很低的。志愿服务的内容丰富多彩,每个人都可以为社会、为他人提供志愿服务。不管男女老幼、国籍民族、职业信仰,也不管地位高低、贫富差距,只要有一份爱心,通过适当的方式就可以参与志愿服务。

志愿服务广泛的群众性同时体现在服务的领域上。社会生活的方方面面都可以成为志愿服务的领域。无论是社会公益事业还是社区服务,无论是抢险救灾还是大型活动,无论是扶贫济困还是支持教育,无论短期的工作还是长期的基础性的工程,都是志愿服务发挥作用的地方。这些年来,志愿服务活动涉及的领域越来越多,发挥的作用越来越大,也充分说明了这一点。

志愿服务广泛的群众性还体现在组织成本低、服务方式灵活多样上。志愿服务基本上是无偿服务,组织实施也并不复杂,因此组织的成本比较低。同时志愿服务的方式灵活多样,可以就近就便、短期参与,也可以长期参与;可以一次性参与,也可以成为注册志愿者;可以是专业型服务,也可以是普通型服务。

志愿服务广泛的群众性为它的蓬勃发展创造了条件。事实上,短短的几年时间,这项活动在我国从一项共青团的活动发展成为社会各阶层广泛参与的活动,从车站、广场服务发展到涉及经济、社会、文化各方面的服务,这一历程,充分说明了这项活动的生命力和广阔发展前景。毫无疑问,志愿服务也是社会主义道德建设的一项大有希望的事业。我们要热情支持这项事业、大力推动这项事业,努力形成社会各界共同支持这项事业的局面,形成广大人民群众踊跃参与这项事业的局面。各级共青团组织在推动志愿服务事业发展中承担义不容辞的职责,我们要进一步完善志愿服务各项工作机制,推动志愿服务政策法规的形成,广泛动员青少年积极参与,努力把青少年培养成为有理想、有道德、有文化、有纪律的社会主义合格公民。

同志们,贯彻以德治国方略,加强公民道德建设是一项长期而紧迫的任务,需要社会各界在党的领导下从各方面共同努力。志愿服务作为公民道德建设的一项重要内容,同样需要我们付出艰苦的努力,希望同志们多出思想,贡献智慧。让我们团结起来,认真贯彻落实江泽民总书记“三个代表”重要思想,坚持依法治国与以德治国相结合,在以江泽民同志为核心的党中央坚强领导下,为推动两个文明建设,促进经济社会协调发展和全面进步不断做出新的贡献。

黄丹华在澜沧江—湄公河区域青年组织和机构领导人会议上的发言

2001年12月22日

在新的一年即将来临之际，与大家在景洪相聚，畅叙友情，共同探讨青年参与澜沧江—湄公河流域开发的计划与方案，我感到十分高兴。首先，我代表中华全国青年联合会和中国共青团，并以我个人的名义，向各位表示热烈欢迎！

素有"东方多瑙河"之称的澜沧江—湄公河像一条彩练，把中、老、缅、泰、越、柬六个国家紧密联系在一起，哺育着沿岸230万平方公里和2.5亿人口的广袤土地。千百年来，在这片肥沃的土地上，六国人民生息繁衍，不辍耕作，创造了灿烂的流域文化，各国人民友好交往的历史源远流长。

进入新世纪，面临经济全球化和区域经济集团化日益发展的新形势，澜沧江—湄公河区域以其丰富的水能、矿产、生物和人力资源，以及巨大的贸易和投资机会，正日益展示出美好的发展前景。但由于历史的原因，与世界其他发达国家及地区相比，澜沧江—湄公河区域总体上还处于相对较落后的状态，许多可开发的优势并没有完全发挥出来。如何充分挖掘潜力，进一步加强双边及多边交流与合作，加大区域开发的深度与广度，并以此为依托，实现技术和生产力的跨越式发展，已经成为澜沧江—湄公河区域各个国家面临的重要课题。

在这一进程中，青年的作用不容忽视。澜沧江—湄公河沿岸各国拥有庞大的青年人口，青年精力充沛，思维活跃，最富生机和活力，蕴含着无限的发展潜能，是推动各国经济社会发展的强大的现实力量，同时也是实现澜沧江—湄公河区域持久繁荣的潜在力量。作为青年组织领导人，站在促进澜沧江—湄公河地区发展的高度，深入思考，充分磋商，制定更为有效地促进青年参与地区发展的战略，是我们肩负的共同的历史责任。

要实现这一目标，应该不断推进青年人力资源的建设。人力资源是世界上各种资源最为重要的一种，人才和人的能力的建设，在当代世界日益激烈的竞争中发挥的作用越来越明显。澜沧江—湄公河区域人口密集，青年中蕴含着人力资源开发的巨大潜能。有效地开发和利用青年人力资源，有助于增强沿岸各国参与区域开发的综合能力。因此，动员社会各界力量，采取积极措施，建立完善的青年人才培养机制，为推动区域开发建立雄厚的人力资源支持，是实现青年参与澜沧江—湄公河流域开发的有效途径。

要实现这一目标，应该不断拓展青年参与区域开发的渠道。一方面，澜沧江—湄公河沿岸各国青年应该加强自身学习，追踪最前沿的科技知识，掌握最先进的生产技能，成为推动各自国家经济和社会发展的中坚力量。另一方面，应通过多种渠道，促使青年充分认识加强区域合作的重要意义，激发他们参与区域开发的热情与积极性。同时以各种有效方式为青年参与区域合作提供广阔的空间，不断加大青年参与区域合作的力度，使青年成为澜沧江—湄公河开发的生力军。

要实现这一目标，应该不断加强区域内各国青年在相关领域内的交流与合作。澜沧江—湄公河沿岸各国历史文化各具特色，政治制度有所不同，经济发展程度各异，正是这些差异构成了澜沧江—湄公河区域的独特魅力。青年在参与区域发展的进程中，要视野开阔，胸怀宽广，充分认识并尊重这些差异，相互学习，取长补短，不断丰富和完善自己；同时，也要不断加强各国青年在相关领域内的交流与合作，介绍各自国家的先进经验，探讨发展与合作过程中面临的问题与挑战，并在时机成熟的条件下，建立不同层次、不同领域青年对话与合作的固定机制，互通有无，资源共享，谋求共同发展。

澜沧江—湄公河是我们沿岸人民的母亲河。这一区域内丰富的资源是人类的共同财富，也是沿岸各国赖以生存与发展的基础所在。在开发过程中，如何实现有效开发资源与保护生态环境的平衡是我们面临的又一挑战。回首千年特别是工业革命以来，人类创造了前所未有的巨大财富，同时也付出了巨大的环境代价。人类的发展历史已经明确昭示我们，只有克服农业文明、工业文明发展过程中形成的人类与自然相对立的状态，建立一种人与自然和谐共存的崭新的"生态文明"，才能实现人类社会的可持续发展。因此，在澜沧江—湄公河区域开发的过程中，培养各国人民尤其是青年一代的生态道德意识，做到经济开发与环境保护并重，在整个区域内形成人与自然、经济开发与生态保护和谐共进的平衡状态是至关重要的，这是区域开发得以不断深入的重要保障。

各位代表，朋友们：

中国是青年人口大国，青年是推动中国经济建设和社会发展的一支重要力量。中国党和政府高度重视青年和青年工作，始终把青年发展和青年工作放在国家和社会发展的优先领域，制定并形成了较为完备的跨部门综合性青年政策体系。在各级政府及相关部门的大力支持和配合下，中国青年组织以服务青年、服务社会为宗旨，借鉴国际经验，围绕青年成长、教育、就业、权益保护、环境保护以及社会参与等主题开展了一系列丰富多彩、富有成效的活动，得到了社会各界的肯定和好评。

长期以来，中国青年组织与老、缅、泰、越、柬各国青年组织都保持着良好的交往关系，双方在各个领域开展了卓有成效的合作，成为推动国家间友好关系不断发展的重要因素。迈入新世纪，在澜沧江—湄公河区域开发的大浪潮中，中国青年和青年组织愿进一步加强与各国青年及青年组织的友好交流关系，促进合作，加深友谊，共同为本地区乃至世界的发展与繁荣做出新的更大的贡献。

在团员青年中掀起深入学习宣传贯彻"三个代表"重要思想的新高潮

——黄丹华在全国青年学习"三个代表"重要思想座谈会上的讲话

2002年2月25日

在江泽民总书记"三个代表"重要思想发表两周年之际，团中央宣传部、中国青少年研究中心和团广东省委在广州召开全国青年学习"三个代表"重要思想座谈会，具有十分重要的意义。这次会议的目的是深入学习"三个代表"重要思想，交流各级团组织和团员青年学习宣传贯彻“三个代表”的体会和做法，进一步掀起团员青年深入学习“三个代表”重要思想的新高潮。

刚才，高州团市委、清华大学团委、上海团市委、广东团省委和中国青少年研究中心的同志作了很好的发言，各界青年代表交流了学习体会。下面，我着重就团员青年深入开展“三个代表”重要思想学习宣传活动讲几点意见。

一、团员青年学习“三个代表”重要思想活动取得了扎实成效

江泽民同志“三个代表”重要思想特别是“七一”重要讲话发表以来，各级团组织通过多种形式开展学习教育活动，兴起了一个学习宣传贯彻“三个代表”重要思想的热潮，收到了良好效果。

2000年2月，江泽民同志在广东考察期间提出了“三个代表”重要思想。团中央及时进行传达学习并部署全团的学习贯彻工作。当年8月，团中央与中组部联合召开全国基层“党建带团建”工作会议，以“三个代表”重要思想为指导全面加强团组织建设。同时，在北京召开省级团委书记学习“三个代表”重要思想座谈会，交流学习体会，深化了以“三个代表”重要思想为指导，加强团的建设，推动团的各项工作的认识。2000年12月，团十四届四中全会提出要以“三个代表”重要思想统揽团的全部工作，指导团的自身建设，以培养和造就青年人才为着力点谱写新世纪共青团工作的新篇章。

去年是中国共产党成立80周年，为纪念建党80周年，全团以“党在我心中”为主题开展宣传教育活动，有力地推动了“三个代表”重要思想的学习贯彻。广大青少年通过丰富多彩的活动，唱响了共产党好、社会主义好、改革开放好的主旋律，进一步加深了对“三个代表”重要思想的认识。2001年初，团中央按照中央的部署和要求，开展了共青团全国农村“三个代表”重要思想学习教育工作。广大团干部和农村团员青年积极投身这项活动，以“三个代表”为指导，推进和活跃了农村团的工作。2001年6月，团中央在浙江召开全国非公有制经济组织团建工作现场推进会，认真贯彻“三个代表”重要思想，加强非公有制经济组织团建工作。

江泽民同志“七一”重要讲话发表后，团中央连续召开座谈会进行深入学习并对全团的学习贯彻工作作出了部署。7月18日，团中央召开共青团农村“三个代表”重要思想学习教育工作座谈会，要求全团把深入学习“七一”重要讲话作为首要任务，深入持久地兴起学习“三个代表”重要思想的热潮。8月，团中央邀请中央党校、中央党史研究室、中央文献研究室的专家学者，抽调部分机关干部组成团中央学习“七一”讲话宣讲团，分赴河北、河南、山东、内蒙古等地的团员青年中举行宣讲报告活动，有力地推动了学习活动的开展。8月底，团中央联合新闻出版总署举办全国青年报刊(网站)社长总编“三个代表”学习班，对100多名青年报刊工作者进行了培训。9月中旬，团中央和中央党校举办了共青团学习“七一”讲话理论骨干培训班，140多名团干部进行了“三个代表”重要思想的培训学习。2001年暑期，中宣部、团中央和教育部组织了全国大学生“三个代表”实践服务团，1600多支“三个代表”实践服务团的数万名大学生奔赴厂矿、乡村和社区，宣讲“七一”讲话，实践“三个代表”。10月，团中央宣传部和中国青年报举办了青年“三个代表”学习征文活动，短短两个月的时间，收到3000多篇文章，反映出了青年学理论的高涨热情。12月，团十四届五中全会召开，提出以“三个代表”重要思想为指导，加强和改进团的作风建设，把服务青年的工作提高到一个新水平。

两年来，各级团组织按照团中央的部署，认真组织团员青年开展“三个代表”重要思想的学习活动，学习活动呈现出不断深入的态势。各级团组织围绕“三个代表”学习开展的读书会、座谈会、知识竞赛、演讲比赛、征文比赛等活动丰富多彩，大学生学理论社团和“三个代表”学习社团大量涌现，互联网上“三个代表”学习网站、理论研究网站成为新的学习阵地，一大批“三个代表”理论学习骨干涌现出来，更多的青年立足岗位，结合实际，在实践中学习领会“三个代表”，取得了新的成绩。团员青年中学习宣传贯彻“三个代表”的活动方兴未艾，不断掀起高潮，为推动学习活动进一步深入发展奠定了良好的基础。

二、继续深入学习宣传贯彻江泽民同志“七一”重要讲话和“三个代表”重要思想是全团当前的首要任务

江泽民同志“七一”重要讲话是一篇马克思主义的纲领性文献。讲话全面阐述了“三个代表”重要思想，从根本上回答了在新的历史条件下建设一个什么样的党和怎样建设党的问题，是党的建设理论的新发展。讲话通篇贯穿着解放思想、实事求是的思想路线，体现着继往开来、开拓进取的创新精神，创造性地提出了一系列新思想、新观点、新论断，赋予党的建设和党的任务以鲜明的时代要求、时代特征，是马克思主义理论创新的最新成果。

今年是党和国家历史上非常重要的一年。今年下半年将召开党的十六大，这是我们党在新世纪召开的第一次全国代表大会，是我国进入全面建设小康社会、加快推进社会主义现代化的新的发展阶段召开的一次极为重要的会议，对于党和国家在新世纪的发展具有重大而深远的意义。江泽民同志强调指出，开好十六大，关键要抓住两条，一条是从中央到地方都要形成朝气蓬勃、奋发有为的领导层，一条是对我们面临的、广大干部群众十分关心的一些重大理论和实际问题要进一步作出回答，以更好地指导实践。在年初召开的全国宣传部长会议上，中央领导同志强调，面对新形势，迎接新挑战，完成新任务，要高度重视并切实做好统一思想的工作，要求通过卓有成效的工作，把全党同志和全国人民的思想统一到邓小平理论和“三个代表”重要思想上来，统一到中央应对复杂国际局势作出的重要判断和重大决策上来，统一到中央关于今年工作的总体要求和部署上来。这其中的一项根本任务，就是深入学习宣传贯彻江泽民同志“七一”重要讲话和“三个代表”重要思想，进一步用“七一”讲话和“三个代表”重要思想统一全党全国人民的思想。

新的形势下，用“三个代表”重要思想武装团员青年，统一团员青年的思想具有十分重要意义。“七一”讲话和“三个代表”重要思想，是激励亿万青年紧跟党奋勇前进的强大思想武器，是鞭策青年一代展现人生价值的行动指南。江泽民同志热情勉励青年要“热爱祖国，热爱人民，志存高远，胸怀宽广，在改革开放和现代化建设的广阔舞台上充分发挥自己的聪明才智，展现自己的人生价值，努力创造无愧于时代和人民的业绩”。江泽民同志的讲话和“三个代表”重要思想，把党的事业、国家的兴旺发达与青年的成长进步紧紧联系在一起，蕴含着党的事业需要青年不懈奋斗的道理，昭示着青年一代的责任与使命。用“三个代表”重要思想武装团员青年，对于帮助青年一代牢固树立崇高理想和坚定信念，激励青年一代听从党的召唤，矢志报效祖国人民，为实现党的历史任务建功成才具有重要作用。

“三个代表”重要思想，是新世纪加强共青团建设的根本指针。深入学习贯彻“三个代表”重要思想，既是永葆共青团作为党的助手和后备军性质，保持共青团组织先进性的需要，又是进一步巩固党在青年群众中的基础，保证中国青年运动始终沿着党指引的方向前进的需要。要以“三个代表”重要思想指导团的整个工作，认识团的整个工作，评价团的整个工作，与时俱进，开拓创新，保持共青团工作的生机和活力。要按照“三个代表”的要求，进一步加强团的建设，着力开发青年人力资源，培养造就青年人才大军，竭诚为青年服务，把青年培养成为社会主义“四有”新人。

当前和今后一个时期，全团要贯彻中央的要求，把继续深入学习贯彻江泽民同志“七一”重要讲话作为首要任务抓紧抓好，切实做好用

"三个代表"重要思想统一团员青年思想的工作,把团员青年学习"三个代表"重要思想的热潮不断引向深入,凝聚青年的力量,团结带领青年以昂扬奋进的姿态,以新的业绩,迎接党的十六大的胜利召开。

三、进一步在团员青年中掀起深入学习宣传贯彻"三个代表"重要思想的新高潮

按照今年全国宣传思想工作的总体布局,团中央要求各级团组织从现在开始,进一步在团员青年中深入开展"三个代表"重要思想学习宣传活动,掀起团员青年学习宣传贯彻"三个代表"重要思想的新高潮。

团员青年深入学习宣传"三个代表"重要思想活动,以五四、十六大前后分为三个阶段,以大学生、团干部和各条战线的青年骨干为重点群体,从深入开展学习宣传活动,组织报刊宣传,举办培训班,建立网站,出版专门读物等几个方面深入推进,分别在五四期间、十六大前后形成高潮。要利用重要的纪念日、重大节日,结合青年的实际,组织开展丰富多彩的活动。青年报刊要及时刊出重点文章和活动消息,推动活动深入发展。五四前,主要是结合纪念建团80周年,突出共青团学习宣传贯彻"三个代表",高举团旗跟党走;五四到十六大前,要根据中央精神,结合纪念"七一"组织专门的学习宣传活动,统一思想,凝聚力量,形成高潮;十六大后,积极开展学习贯彻十六大精神的活动,适时组织十六大精神宣讲团开展宣讲活动。活动要有步骤、有重点地推进,舆论宣传要逐渐升温,营造出浓厚的氛围。

各级团组织特别是省级团委要充分认识今年全团集中开展青年"三个代表"重要思想学习宣传活动的重要意义,按照全团的统一部署,结合本地实际,生动活泼地开展好学习宣传活动。

一是要引导团员青年全面、深入地领会"三个代表"重要思想。要组织团员青年认真学习江泽民同志《论"三个代表"》一书特别是"七一"重要讲话,帮助团员青年深刻认识"三个代表"重要思想的重大意义,深刻领会这一思想的精神实质,努力把握这一思想的科学内涵,不断提高学习贯彻"三个代表"的自觉性和坚定性。要在青年中深入开展马克思主义发展史的教育,帮助青年认识"三个代表"重要思想与马列主义、毛泽东思想、邓小平理论是一脉相承和完全统一的,是马列主义、毛泽东思想、邓小平理论的继承和发展,是我们党运用马克思主义基本原理解决改革开放和现代化建设实际问题的新创造、新发展。在新的历史条件下,坚持"三个代表"重要思想,就是坚持马列主义、毛泽东思想、邓小平理论。

二是要引导团员青年在理论联系实际中加深对"三个代表"重要思想的理解。要组织团员青年开展社会实践活动,用我国改革开放和现代化建设的生动实践,用党的建设的辉煌成就,对团员青年进行生动丰富的"三个代表"学习教育。要大力弘扬理论联系实际的学风,结合世界政治、经济、文化、科技发展的新情况,结合我国改革开放和现代化建设的新情况,结合团员青年关注的现实问题,把重大理论和实践问题说充分、说清楚,进一步从理论和实践的结合上深化"三个代表"重要思想的学习。要加强团员青年的学习辅导,针对青年学习中的难点、热点释疑解惑,立足新的实践,分析新的情况,回答新的问题,着力把道理说清楚、说充分,增强理论武装工作的说服力、战斗力。要以学习宣传"三个代表"重要思想为主题,广泛开展青年志愿者、青年文明号、保护母亲河、青少年新世纪读书计划和青年科技创新等活动,在推动团的重点工作中推进"三个代表"重要思想的学习。

三是要针对不同青年群体的特点开展学习宣传活动。要认真研究不同青年群体的思想和工作实际,有针对性地开展学习宣传活动,增强学习宣传活动的实效性。团干部、大学生和各条战线的青年骨干是学习宣传贯彻"三个代表"

的重点。近20万专职团干部和30多万兼职团干部要发挥表率作用，在深入学习掌握“三个代表”重要思想精神实质的基础上，切实担负起组织引导团员青年进行理论学习贯彻的职责。农村团组织要继续开展好“三个代表”重要思想学习教育活动，通过学习教育活动，帮助广大农村青年增收成才，增强农村团组织的凝聚力和吸引力。1000多所高校的600多万大学生要发挥自身的知识优势，系统深入地学习“三个代表”重要思想，积极参加学习研究社团，踊跃进行社会实践活动，用科学思想武装自己。各条战线的青年骨干要结合投身改革开放和现代化建设的伟大实践，带头学习，宣传贯彻“三个代表”的重要思想，在各自的工作岗位上，勤奋工作，开拓创新，做出新的业绩。

四是要运用多种形式不断推进理论学习宣传活动。要发挥共青团的优势，通过读书会、座谈会、知识竞赛、演讲比赛、征文比赛、办培训班、实践教育等形式多样的活动，生动活泼地进行“三个代表”重要思想的学习宣传贯彻。团属青年报刊、出版社要把学习宣传贯彻“三个代表”作为重中之重，通过开设专栏、辅导讲座、专题报道和访谈等形式，积极报道活动情况，有力推进学理论活动。要结合青年报刊的特点，有针对性地策划撰写重点文章，加强对学习活动的引导。要发挥网络在理论学习中的作用，团中央已经建立并开通了全国青年学习“三个代表”重要思想主题网站，各地要结合全团的“县县上网工程”，发挥这个网站的作用。

同志们，以今天的座谈会为标志，全国青年“三个代表”学习宣传活动将进一步深入开展。广大团员青年要踊跃投身“三个代表”学习宣传活动，自觉地用“三个代表”重要思想武装自己。让我们高举邓小平理论伟大旗帜，以“三个代表”重要思想为指导，紧密地团结在以江泽民同志为核心的党中央周围，以扎实的工作、优异的成绩和昂扬向上的精神风貌，迎接党的十六大的胜利召开，迎接建团80周年的到来。

崔波同志讲话

示范带头是市场经济条件下团组织履行职能发挥作用的重要方式

——崔波在共青团创建“中青农业高新科技示范园”现场推进会上的讲话

1998年9月28日

今天，我们在海城市召开共青团创建“中青农业高新科技示范园”现场推进会，就是要学习推广海城团市委创建中青农业高新科技示范园的经验，研究部署下一阶段的工作，同时洽谈一批新项目。这是团的十四大以后，全团青农系统的一次非常重要的会议。下面，我结合示范园的创建，谈一些对团的工作具有规律性意义的认识。

一、中青农业高新科技示范园成功的主要原因在于较好地发挥了示范带头作用

为探索领办科技推广项目的具体方式，深入推进服务万村行动，1997 年，中青农村发展中心开始在全国开展创建农业高新科技示范园活动。仅仅一年的时间，在中心指导下，在有关科研机构的支持下，全国就建立了 80 家，中心直接命名挂牌的也已有 31 家。一年来的实践表明：(1)示范园有效地促进了农业科技成果向现实生产力迅速转化。据统计，有 20 多家科研机构的 260 项技术项目引进到了示范园中，其中种植业占 90%，养殖业占 9%，涵盖了蔬菜、花卉、林果、水产、养殖、食用菌等多个行业。(2)有效地促进了农村经济发展。目前，80 个示范园面向邻近的青年农民组织培训 100 多次，5 万人次的农村青年到园参观学习，一大批新品种、新技术迅速传播开来，初步取得了社会效益和经济效益。(3)有效地促进了团的事业不断发展。中心挂牌命名的 31 个示范园基本上都实现了产权明晰、市场化运作。地方各级团组织创建的示范园也大都采用了股份制、股份合作制的方式，团组织通过参股推动了团属事业的发展。

可以说，创建中青农业高新科技示范园，达到了通过引进、示范、推广将先进适用的农业技术迅速应用于农业生产之中，推动当地农村经济社会发展的目的，是非常成功的。其经验可以总结出许多条，最主要的是它较好地发挥了示范带头作用。

首先，示范园示范推广了一批先进适用的农业科学技术。随着经济社会的不断进步和科学技术的快速发展，科技对农业和农村经济的促进作用越来越明显。对于信息相对封闭、文化科技素质相对较低，而同时又迫切需要依靠科技脱贫致富的农民来说，了解和选择适宜的科技是最首要和急迫的问题。再加上一些假冒伪劣的所谓“新产品”、“新技术”混杂其中，更增大了科学技术在农村普及、推广、应用的难度。对于农民一时不敢贸然使用的新技术、新品种，建成农民田地旁边的示范园率先试验，就能促使讲实际的农民在对比之后成为先进技术的积极实践者。

其次，示范园开创了一种新的农业技术传播方式。市场经济的发展促进了科学技术研究主体和运用主体的多元化、自主化。尤其在农村，一方面科学技术的需求主体是分散的农户，另一方面科学技术的供给主体又集中在远离农民的城市。而且，供给和需求的双方有的还缺乏市场意识。这些都制约着我国农村的科技传播。示范园恰恰就是一头联着农民这个大市场，一头联着科研机构这个“大工厂”，可以直接、迅速地把科研机构开发出的先进适用技术教给最迫切需要的农民，并通过简便、直接的方式传播开来。既满足了农村经济社会发展的需求，又满足了科研机构迅速推广科学技术的需求。这种方式虽然过去也有，但大都是单兵作战，示范园把它变成了集团作战，从而在一定意义上开创了传播科学技术的新方式。

最后，示范园探索了一种新的用市场经济方法推广农业技术的运营机制。创建示范园需要科研机构、中介机构、建设单位三方的通力合作，也关联到三方的具体利益。现在创建示范园的方法，既有利于三方的事业发展，也兼顾了三方的经济利益，并且有利于推动农村经济社会的发展，因而是一种富有生命力和可持续发展的机构。

二、示范带头是共青团适应市场经济的客观选择

示范带头一直是共青团的一种重要的工作方法。树典型、抓样板，等等，都早已广泛运用在各项团的工作中。我认为，在市场经济迅速发展的今天，示范带头已具有更丰富的内涵，成为共青团履行职能、发挥作用的重要方式。这个意义上的示范带头不仅仅是工作方法上的，而是说共青团要在社会职能或社会作

用的层面上发挥示范带头作用。团的十三大以来,团的工作取得的一些突破,创建的几个名牌活动,都是和这些工作抓住了社会经济发展趋势,较好地发挥了示范带头作用分不开的。希望工程之所以成功,是因为它在一个特定的历史背景下,率先关注制约中国经济社会发展的最关键因素——基础教育问题。通过带头举民间之力、帮助贫困地区失学儿童重返校园这样一个点,唤起和强化了全社会关注教育,特别是贫困地区教育的意识,弘扬了中华民族济困助贫的传统美德。青年志愿者、青年文明号、手拉手以及树立表彰各种先进人物典型群体等,都在全社会起到了某一方面的示范带头作用。这些经验表明,顺应经济社会发展趋势,较好地发挥示范带头作用,是新形势下团的活动成功的重要因素。

1. 示范带头是团组织先进性的必然要求

共青团是先进青年的群众组织,其先进性主要表现在带领青年为推动经济发展、社会进步做出的贡献大小,以及在这个过程中所表现出来的较高的群体素质。

示范带头就是要把先进的生产力、生产生活方式和社会意识通过一个个看起来很小的具体事物承载表现出来,并通过一定的活动方式带动其在整个社会的普遍化,从而推动社会的进步和发展。这个具体的事物,可能开始很小,但由于它代表着先进的生产力、生产生活方式和社会意识,具有远大的前途、很强的生命力和发展潜力,必定会发展壮大。共青团组织抓住这些先进的新生事物提前一步,率先带头做起来,示范给大家,做新生事物的"传播者",带动全社会,就充分而且具体地体现了自己的先进性。

中青农业高新科技示范园,尽管规模不大,但许多投资少、见效快、市场广阔的农业高新技术,在这里首先示范应用,然后推广到更大范围,既可以把一项项科学技术推广开来,带动当地的经济发展;又能用实践宣传"科学技术是第一生产力"的科学论断,培养广大青年学习科技、依靠科技的自觉意识。

2. 示范带头是市场经济条件下团组织带领青年发挥生力军作用的必然要求

共青团和广大青年一直是推动我国经济社会发展的重要力量,并在其中发挥着生力军作用。在计划经济条件下,依靠行政手段开展大规模的活动、组建青年突击队,是发挥生力军作用的主要方式。市场经济条件下,经济运行逐步规范起来,行政手段相对弱化,市场手段逐步增强,特别是农村,在普遍实行家庭联产承包责任制的情况下,青年大多各自为战,就业区域广泛,流动性大,组织化程度较低,开展大规模的突击性活动,已不能成为普遍应用的方式,取而代之的应该是示范带动的方式。

十几年前,在人们还看不起自己身边荒山的时候,贵州省黔西南州团委书记杨志贵却率先带领部分青年以承包方式,走上了绿化荒山脱贫致富的道路。经过艰苦的努力,他们终于建立了一个3万多亩的"共青林场"。在他的带领下,几年后的今天,贵州省出现了许多"杨志贵",如张著祥、刘德华,等等,也带动了许多团地委、团县委建起了自己的林场,为贵州省经济社会发展做出了贡献,也为发展团的事业闯出了一条路子。

利益原则是市场经济的一条基本原则。随着市场经济的迅速发展,当代青年在价值取向上更加强调物质利益和个人利益,价值主体由社会本位向个体本位变动;价值评价上的相对化及实现手段的多元化,带来了青年就业方式更广,思想更加活跃和务实。这就需要团组织根据青年群体的新特点,在容易激发青年热情的新生事物上作文章,引导青年,进而影响社会,发挥出青年一代的生力军作用。团上海市委在社区团的工作中,针对多样化的青少年群体,开展了社区青少年示范群体建设。他们按照不同的类别设计了多种活动,着力培育不同层次的工作典型和群体队伍,分层示范、分类指导,推出了一批各层次青少年可近、可学的榜样，使他们在身边典型的示范带动下学习、进步、成长，取得了很好的成效。

3. 通过示范带头发挥作用是团组织自身能力和特点的必然要求

可以说，团的组织既大又小。大，是指承担的任务艰巨，组织发达，涵盖社会的各个方面；小，是指其人、财、物力有限。以有限的实力，去完成艰巨的任务，就必须集中力量干牵一发动全身的事情。

共青团组织分布在社会的各个层次和各个领域。在各层次和领域中，都面临着许多问题，都需要不断吸收新的知识、新的技能、新的思想。共青团如果率先一步，带头示范，就很容易带动整个青年群体，以致带动整个社会，就会事半功倍。如果团组织能够在社会发展中始终保持示范带头作用，团的事业也就会不断地开拓出新的领域，服务大局、服务社会、服务青年的能力和水平就会不断提高，就会充满生机和活力。

示范带头，对于团组织来说，有着独特的优势。青年不当然具有先进性。但从总体上说，青年人有理想，有抱负，敢于创新，传统观念薄弱，很少保守思想，人生态度积极向上。同时，从自身成长成才的根本需求来说，青年最愿意接受先进的科学技术、生产生活方式、社会意识，往往自觉不自觉地就成为新生事物的倡导者、实践者。这恰恰正是团组织发挥示范带头作用的优势和基础。

特别需要指出的是，示范带头，抓的事情可能很小，看起来小打小闹，不一定马上产生大的轰动效应。但正因为抓的事情小了，精力和时间保证了，成功的把握大了，积累的东西就慢慢地多了，效果也就会逐渐大起来，就会为团的事业发展打下坚实的基础，团的事业才会真正兴旺发达。

三、积极实践示范带头，进一步活跃农村团的工作

自 1995 年团中央推出服务万村行动以来，全国农村团的工作思路越来越清晰，推进措施越来越扎实。今冬明春，团中央还将在青农战线推出一些新的举措，在落实这些工作中，希望大家借鉴创建中青农业高新科技示范园的经验，积极实践示范带头。

1. 按照示范带头的要求确定工作重点

共青团可做的事情很多，必须突出重点。如何确定工作重点，可以从三个方面考虑：

首先，必须是符合社会经济发展趋势的先进事物。比如，一项新的科学技术，一种文明的生活方式，一种好的生产经营方式，一个体现优秀品格和高尚情操的人物，等等。而且社会经济是不断发展进步的，青年群体也是不断成长变化的，共青团必须紧扣时代脉搏，及时把握自己工作对象及整个社会经济发展的趋势，选准工作重点。

其次，必须是服务大局、服务青年的结合点。这是由共青团的性质和特点决定的。只有这样，才能调动广大青年的积极性，得到各级党委政府的支持，才能形成巨大的合力，有更大的作用。实践也证明，结合得越好，效果就越佳。

最后，必须扬共青团之长，避共青团之短。也就是说，就是要发挥共青团的政治优势，组织网络优势，社会联系面广、善于组织社会活动等优势；避开共青团人、财、物力不足，干部周转速度快等短处。

2. 按照示范带头的方法推进重点工作

在工作方法层面上的示范带头，大家都已很熟悉，主要是培养典型和宣传推广典型两个环节。对此，我不再多讲。只强调一点，就是培养典型时，要特别注意创新市场经济条件下推进团的工作的具体方式，使团的活动方式更加适合市场经济的特点，适合现代社会传播方式，适合改革开放的要求。具体到示范园主要是，创新三个方面的机制：一是科研机构、中介机构（中青农村发展中心）、示范园三方的责、权、利机制；二是示范园自身的运营管理机制；三是示范园优秀成果的推广机制。

3. 按照示范带头的需要提高团干部的自身素质

通过示范带头的方式发挥团组织的生力军作用，对各级团的领导机构和团干部的要求更高了。它迫切需要我们增强三个意识：一是大局意识，注意研究思考和把握经济社会发展的大趋势，使我们的工作更好地服务党政中心工作。二是创新意识，注意汲取人类文明的一切积极成果，结合团的实际，不断创新市场经济条件下团的工作方式。三是实效意识，把实际效果作为衡量各项工作得失成败的依据。

崔波在"党的十五届三中全会精神杰出青年农民学习研讨班"座谈会上的讲话

1998年11月21日

首先，我对你们荣获第三届"中国杰出青年农民"称号及提名奖表示热烈祝贺！

刚才大家的发言，重温了两年前江泽民总书记回信的要求，热烈讨论了昨天胡锦涛同志接见时的讲话，畅谈了学习党的十五届三中全会精神的心得，讲得很好。通过一周的学习研讨，大家都觉得提高了认识，增长了知识，开阔了眼界，纷纷表示要为推进我国农业现代化做出积极贡献，令人振奋，在你们身上看到了当代青年农民的崭新风貌。实现我国农业现代化、建设有中国特色社会主义新农村的伟大实践，需要大批懂技术、会经营的人才投身其中，这为广大农村青年发挥才能、有所作为提供了广阔舞台，创造了难得的历史机遇。各位都是农村青年中的优秀分子，已经取得了很好的成绩，应该珍惜荣誉，以更加昂扬的姿态投身到这一伟大的实践中去，在思想水平、事业发展、自身素质等方面登上新的台阶。为此，我想跟大家谈谈心。

一、杰出青年农民是个十分光荣的称号

首先，杰出青年农民评选条件规定，39周岁以下的农村青年才有资格参与评选。据统计，全国从14岁到39岁的农村青年有3亿左右。迄今，三届评选活动评出杰出青年农民及提名奖获得者62人，如果按9亿农民算，当选率是一千五百万分之一。如按3亿青年算，500万中才能产生一个，确实是凤毛麟角，优中选优。其次，无论主办此项活动的六部委，还是党和国家领导人，对杰出青年农民都关怀备至。1996年11月，江泽民总书记百忙之中亲笔给首届杰出青年农民及提名奖获得者回信；三届杰出青年农民，都受到党和国家领导人的亲切接见；从中央到地方的新闻界，对杰出青年农民也十分关注，给予了大量报道。再次，杰出青年农民，是上下结合、层层推荐的结果，有着坚实的群众基础。你们是经过地方各级党政部门同意后才被逐级推荐的，有些省份还是从本省杰出青年农民中选优推荐的。最终结果是由各方面的专家、有关部委管农业的领导和主办部委的领导组成的评选委员会一人一票和全国一县一票的评选结果加权后，按得票多少确定的。所以，杰出青年农民评选活动开展尽管只有三年，但这个称号在全社会上已经引起很大反响。获得首届杰出青年农民称号的10人中，第二年就有2人当选为党的十五大代表，有1人当选为九届人大代表，当选率是很高的。由此可以看出，社会上对这一称号是公认的，党和政府是重视的。杰出青年农民的评选，尤其在农村引起了强烈反响，影响了大批农村青年的思想观念，也激励他们投身农业，立志在农村的广阔天地中建功成才。

杰出青年农民评选活动自开展以来，之所以能在社会上引起共鸣，深受农村青年欢迎，得到各方面的高度重视，主要是因为杰出青年农民实际上是我国农村改革开放20年的具体成果之一。在十一届三中全会以前，农民个体没有独立的生产经营自主权，在集体经济中，能出苦干实干的劳动模范，但不可能产生集生产经营于一身的杰出青年农民。你们大都是改革开放初期回家从事农业生产的初、高中毕业生，从一开始就沐浴着改革开放的春风；你们中有研究生，大学毕业后回家务农，更是三中全会的结果。可见没有三中全会，没有改革开放以来形成的良好局面，产生不了杰出青年农民。从某种意义上讲，评选杰出青年农民是三中全会以后农村改革开放发展到一定程度的一个必然呼唤。你们成绩的取得，是你们个人努力的结果，也有赖于三中全会创造的良好条件。你们身上所表现出来的精神，你们所创造的业绩，是十一届三中全会、农村改革开放成功的表现。因此，杰出青年农民的评选，是社会发展的需要；杰出青年农民的产生，是时代的产物，是改革开放的结果。

二、杰出青年农民是当代青年农民的一面旗帜

评选杰出青年农民的基本出发点，在于将一些立足农村开拓进取有所作为的青年农民选出来，在农村青年中树立榜样。在当选以前，你们是农村各业中的优秀分子，而当选以后，你们就成了一面旗帜。我国要实现现代化，其中包括农业现代化。高素质的现代农民是农业实现现代化的前提和基础，也是农业现代化的标志之一。没有现代农民就不可能有农业现代化。目前我国现代农民的标准是什么？什么样的农民才算现代农民？在现阶段，在我国农业现有水平上，你们就是中国现代农民的代表、旗帜，因为你们代表着我国农业发展的一种方向。

杰出青年农民是旗帜，并不是说你们永远代表着先进生产力。在新的条件下，在科学技术飞速发展日新月异的今天，你们尤其需要继续学习和探索。

首先，要做学用农业科技的旗帜。党的十五届三中全会明确提出了我国农业和农村工作跨世纪的发展目标，对我国农村经济、政治、文化建设作出了全面部署。我国农业要实现现代化，要建设有中国特色社会主义新农村，对广大青年农民，就提出了更高的要求。你们个人的素质、能力、状况是不是能够适应这种要求？我看对现实的要求是适应的，但对发展的要求是否适应，则要看在农业科技上，你们能不能在一个较大区域或者一项产业上保持带头人地位。要保持这种地位，就要主动适应社会发展的需要，努力学习科学技术，全面提高自身综合素质，始终做学用农业实用科学技术的带头人，做提高农业科技转化率的先行者。

其次，要做发展市场经济的旗帜。由于种种原因，我国农村市场经济发育还不完善，农副产品的商品率较低，而你们大部分是当地发展市场经济的积极探索者和实践者，并取得了成功。以市场为取向的经济体制改革是我国农村改革的重要内容。带领和引导农民面向市场发展商品生产，主动进入流通领域，使农村经济更完全地走上社会主义市场经济轨道，杰出青年农民担负着义不容辞的责任。对此大家要有一种使命感和紧迫感。

再次，要做探索实现农业现代化具体途径的旗帜。党的十五届三中全会通过的《中共中央关于农业和农村工作若干重大问题的决定》明确规定农村土地承包期再延长30年不变，在其他方面也制定了重要政策，为我国农业实现现代化创造了条件。要由传统农业逐步走向现代农业，在家庭联产承包责任制的基础上实现农业现代化，需要通过有效的具体方法。农业产业化是实现农业现代化的现实途径之一，并不是惟一的途径，其他途径还需要在实践中探索和创造。杰出青年农民就应该用自己的智慧和实践，去努力探索、积极创造那些能把家庭经营与大市场和现代化生产经营手段有机结合起来的具体可行的办法、途径。

第四，要做建设精神文明的旗帜。杰出青年农民是农民中的佼佼者，大家的言行对周围的人特别是青年都会自然起到相当大的影响作用。因此大家一方面要加强自身修养，带头倡导社会新风，破除封建迷信等陈规陋习，自觉实践我们中华民族的传统美德，与一切不良现象作斗争。另一方面也要尽自己所能，带领周围的父老乡亲一块走致富之路，热情支持各种公益事业，用自己的实际行动带动一方、影响一片。

三、正确认识自己，保持清醒的头脑

你们在各自的领域已经作出了非常好的成绩。你们在事业上，在做人上，是成功的，或者说，在某一方面是成功的。但按你们现在的水平，与时代的要求相比，与我国农村未来发展的要求相比，与所获得称号在人们心目中的要求相比，与农村中其他更优秀的人才相比，还有一定差距。怎样正确、清醒地认识自己的差距，是大家今后前进的基础。时代在飞速前进，社会在飞速发展，农村的变化很快，农业科技的产生和推广也很快。在整个世界一日千里、我国各方面日益进步的大背景下，你们现在跑在前面，但一不留意就落后了，很容易被时代所抛弃。过去说“不进则退”，在知识快速更新的今天，实际上进得慢就是退。我们大家必须努力提高自身的文化素质和科技知识水平，才能始终与时代发展同步，进而努力走在时代的前列。

要正确认识自己，就要正确对待已取得的成绩，要把这次荣获称号，作为一个新的起点。称号是对过去成绩的肯定。既不能满足于现状和已有成绩，也不要因此背上包袱，顾虑重重，要轻装上阵，敢于创新。你们很年轻，创业的路很长，实现农业现代化、建设有中国特色社会主义新农村需要你们做的事很多，提供给你们的机会也很多。时刻清醒地认识到这一点，对以后你们事业发展很重要。

四、乘势而上，再上新台阶

我国社会主义初级阶段是不发达的阶段，农村尤其不发达，这是我国基本国情。农业发展有很多困难，农村也存在这样或那样的问题，但应看到党和国家从来没有动摇过农业的基础地位，从来没有放松对农业、农村和农民问题的重视。对农业发展和农村中普遍存在的问题，已经有了一些有针对性的解决办法和政策措施。在改革开放的关键时期，专门研究农业和农村问题的党的十五届三中全会刚刚闭幕，大会通过了指导我们建设社会主义新农村的纲领性文件，制定了推进农业和农村工作的重大政策措施，为我国农业跨世纪发展创造了良好的条件，提供了不可多得的发展机遇。可以说，现在我国农业发展处在一个极好的大形势下，广大农村青年面临着更多的发展机会。作为杰出青年农民，就更应该抓住机遇，乘势而上，积极开拓，大胆进取，为建设有中国特色社会主义新农村贡献青春、智慧和力量，在以下几方面再上新台阶。

首先，要在政策水平上上新台阶。作为普通农民，你们的水平和表现是突出的。但作为杰出青年农民，就应该对自己提出更高更严的要求。正如锦涛同志接见时所强调的，要学习邓小平理论，学习党的方针政策。不但要做发展农业生产、市场经济的先进分子，而且要做党的农村政策的执行者和宣传者，要自觉地把党的政策转化为自己的行动。只有掌握了党和国家的路线、方针、政策，发展才会有更明确的目标，才会明白如何去发展，才会明白哪些方面的优势可以利用,哪些政策可以用足用活,才会找到发展的机遇和条件,才能判断自己发展的方向是否正确,不走或少走弯路。可见,有较高的政策理论水平,是进一步发展的重要条件。

其次,要在事业上上新台阶。要在新的条件下,在事业上有更大的发展,就需要在两个方面努力。一是保持学习应用科学技术的先进性,二是保持经营管理上、内部运行机制上的先进性,从而保持自身充满活力。事业不管大小,充满活力,充满生机,就有希望。有了科技的先进性,有了内在机制的先进性,事业就能发展,就能上新台阶。你们之间在技术水平和内部运行机制上也参差不齐,需要学习和努力的地方还很多。大家要善于学习和吸收新的知识,要勇于学习、吸纳别人的优秀成果和成功经验,才能在建设我国现代农业的大潮中壮大事业。

第三,要在社会作用上上新台阶。作为杰出青年农民,就不能只关心和满足自身发展,要考虑对社会的贡献,要考虑对社会起什么作用。杰出青年农民是一面旗帜,就要带动更多的人朝你们前进的方向发展。自己做好了,当然能示范带动一批人;同时要通过自己实现农业现代化的具体方式,如“公司加农户”的产业化经营模式,致富一方群众。杰出青年农民要发扬我国传统美德,也要造福一方,在现实中,你们有这方面的能力和条件。在促进我国农业现代化的过程中,带领更多的群众平等地分享现代农业和市场经济带来的好处,才能促进农村经济社会发展,推动社会主义新农村的建设。

第四,要在自身修养上上新台阶。荣誉来之不易,大家更应倍加珍惜。市场经济条件下,在具体利益的诱导下,一些腐朽的东西沉渣泛起,享乐奢侈之风有所抬头,许多曾经很成功的人面对金钱、美色经不起诱惑,被打倒了,落得个身败名裂的下场。个别人甚至曾经是模范,但后来成为违法乱纪的反面典型。杰出青年农民要想始终保持荣誉,避免和杜绝步其后尘,就要加强自身修养。我国传统文化是很讲究自身修养的。要严格要求自己,树立正确的人生观、价值观,要有比一般人更高的思想境界。以前,也许你的努力和奋斗目标在于发家致富,实现自我价值,这也是值得肯定和发扬的;但现在你是全国农民中一千五百万分之一的代表,就应该有更高的思想境界、更高的人生追求。只有这样才能抵制腐朽思想的侵蚀,才能真正不为名利所累,才能保持艰苦奋斗的优良品质。

要做事业的成功者,更要做道德高尚的人。古人云:达则兼济天下,穷则独善其身。在座的是杰出青年农民,是达者,就应有兼济天下之胸怀;即使以后事业失败了,成为穷者,也要独善其身,也就是在思想道德上严格要求、严格约束自己。现在大家都是达者,要兼济天下,就务必戒骄戒躁,谦虚谨慎。

我国是一个封建社会历史特别长的农业大国,我们这一代虽然成长于改革开放时期,思想深处仍然不可避免地会受到封建意识、小农意识的影响,这是限制我们登上新台阶的一个看不见、摸不着,但很顽固、强大的障碍,许多人被它限制了进一步发展。要克服它就需要大家在思想上始终保持一种警觉,始终保持一种好学的心态。随时注意学习,使自己的思想不断吸收好的内容,才能不断战胜自我、超越自我,适应时代的要求,才能在建设有中国特色社会主义新农村的伟大实践中再创佳绩,再创辉煌。

进一步解放思想

——崔波同志在共青团全国农村基层工作现场会上的讲话

1999年7月29日 根据录音整理

会议开得非常成功。下一步落实好朝鲁同志的重要讲话精神，学习推广温岭经验，需要做的工作很多，我认为最重要的是进一步解放思想。因此，想就此与大家交换几点意见。

一、进一步解放思想是创新工作方式、焕发农村团组织内在活力的必然要求

解放思想问题，我考虑了相当长的时间，并与许多团干部交换过想法。有些同志觉得，解放思想不是我们团的工作或者团干部的一个十分重要的问题；有的同志甚至提出，团干部都比较年轻，很活跃，现在思想解放都过头了，不用再解放思想，或者说主要的不是解放思想问题。我觉得这种说法值得商榷。

讨论这个问题，首先就要弄清什么是解放思想。邓小平同志在十一届三中全会后，多次强调过解放思想，他说，我们讲解放思想，是指在马克思主义指导下打破习惯势力和主观偏见的束缚，研究新情况，解决新问题。他又说，解放思想就是使思想和实际相符合，使主观和客观相符合，就是实事求是。江泽民同志对解放思想也有论述，他说，所谓解放思想，就是要勇于冲破落后的传统观念的束缚，善于从实际出发，努力开拓进取。按照这一阐述，对照我们的工作实际，首先，我们团的工作面临的新情况、新问题是非常多的，小平同志讲解放思想就是要研究新情况，解决新问题，从这个方面讲，我们解放思想的任务还很重。从主观与客观相符合看，团的工作的客观，是指在一定条件下青少年成长发展的规律、青少年在经济社会发展中发挥作用的规律及共青团组织自身发展壮大的规律，而主观就是我们基于对上述规律的认识所确定的工作指针、工作方式、团建方式等方针、政策、意见。这些年来，我们一直在向主观符合客观努力，但实际上，我们对市场经济条件下青少年成长发展的规律、团组织在推动社会经济发展中发挥作用的规律、团组织自身建设的规律，都不能说已经真正把握。也就是说，我们的主观和客观还没有完全相符合。

我国正处于改革开放、建设有中国特色社会主义的伟大历史时期，同时，也正处在科学技术一日千里，世界日益信息化、全球化的伟大时代，与其相适应，团的工作也进入了一个新的阶段。这个阶段的基本任务是：在团结带领广大青年推动我国经济社会发展做出积极贡献的同时，建立起与有中国特色社会主义经济、政治、文化相适应的充满活力的团的运作机制。研究团的工作、团组织自身建设，必须从建设有中国特色社会主义经济、政治、文化这个大背景来考虑。而建设有中国特色社会主义是一个相当长的历史过程。这一过程中，团组织和团的工作赖以生存的社会主义经济、政治、文化必然会不断地发生变化，就要求团的工作不断地发生变化。也就是说，客观在不断地发生变化，主观就必须不断适应客观的变化。所以，团的解放思想问题是在一个相当长的历史时期必须不断讲的话题。

改革开放的二十多年来，特别是团的十三大以来，农村团的工作取得了长足的进步，呈现出良好的发展态势。但总体上看，农村团的工作始终是全团工作的难点和重点。它之所以成为重点，一方面是因为其面广量大，另一方面是因为相对于青工、学校、社区战线，农村的改革比较深入，体制已基本稳定，而国有大中型企业、教育体制的改革正加快步伐，社区团的工作才刚刚开始。所以，有中国特色社会主义条件下团的运作机制的建设，农村应该走在其它战线的前头。而之所以成为难点，是因为农村团的工作从总体上还没能很好适应或跟不上改革给农村带来的巨大变化，存在的问题比较多。

这次会议重点研究加强乡镇团委主体地位的问题，本身就是解放思想的结果。这个思路要深入贯彻落实，也必须解放思想，才能达到认识统一，进而创新出一些实施的具体方式。所以，解放思想是各级团组织和广大团干部必须认真对待的一个问题，而不是一个可有可无的问题。至于说解放思想过头了，我觉得问题产生在对解放思想的认识有偏差。他们所指的是打着解放思想的旗号，轻视党纪政纪，淡漠属于我党优良传统的道德观念和价值取向，追求表面上的所谓大胆、新意、高指标等现象，其本质不是解放思想。有的同志认为团干部年轻，不存在解放思想问题，恐怕这更站不住脚。解放思想是主观与客观相符合，年轻只是比较容易接受新事物，这与解放思想有联系，但并不相等。接受了正确的新事物，可能带来解放思想的正面效果，反之就会离解放思想越来越远。因此说年轻并不等于天然就解放思想，还是需要通过学习理论，深入调查研究，准确把握客观事物，最后使自己的思想得到解放。

二、当前进一步解放思想的重点

作为主观与客观相符合的解放思想，必然是一个不断发展的过程，在不同的时期有不同的重点。从团的工作看，80年代确立“以经济建设为中心，全面活跃团的工作”的指导思想；实施服务万村行动以来，确立“以服务促建设，以服务求活跃”的团建思路，主要是从“左”的思想中解放出来。当前，则要重点从传统偏见、落后的行为定式和畏难发愁、无所作为的情绪中解放出来。

（一）从传统偏见中解放出来

偏见就是对某一事物的主观倾向。由于这种倾向，就会主观而不客观、片面而不全面、偏颇而不公正地看待问题。从而影响人们准确地理解把握客观事物。产生偏见的原因很多，主要的有两个，一是在认识客观事物时，主体意识不是白板一块，而具有主观选择性，一是主观认识没能及时适应客观事物的变化，在过去这种认识可能是对的，但在客观事物变化之后，同样的认识就可能成为偏见。

由于传统偏见的束缚，影响了对客观事物准确把握的现象，在团的工作中还是常见的。如在工作内容上重服务大局，轻服务青年；重团结、教育青年，轻吸引、凝聚青年；在工作评价上，重领导评价，轻团员青年评价；在自身建设上，重在新形势下的“立”，轻新形势下何以“立”等等。在这些问题中，最重要的是如何准确把握服务大局与服务青年的关系问题。

自团的十三大第一次把服务青年作为共青团的三大任务之一提出以来，全团对服务青年的认识是逐步加深的，已基本达到一致。问题是在实际工作当中落实得不好。设计活动，开展工作，往往忽视服务青年。这个问题的产生，从思想上分析，就是存在认识上的偏见，认为服务大局是讲政治，服务青年好像离讲政治就远些。实际上，共青团作为党的助手和后备军，就是要团结教育带领青年跟党走，不服务青年就不能很好地吸引青年，凝聚青年，谈何助手和后备军呢？这不是最大的政治吗？

要全面理解实施强乡带村，恐怕也要克服认识上的一些偏见。十四届二中全会提出强乡带村这一战略后，大家很赞同，但大部分同志仅把强乡带村理解成为了带村而强乡，有的同志甚至理解成加强经济社会发展比较快的强乡或强村的团的工作。对加强乡镇团委在农村基层工作中的主体地位，适应工业化、城市化发展的必然要求缺乏深刻的认识。原因就是受过去对乡、村两级团组织功能的认识的限制。

大家讨论中提出强乡带村既要探索发达地区的做法，还要探索不发达地区的做法，这个意见很好。大家也有一个担心，就是强乡带村是不是只适应发达地区。这里有些认识偏差需要注意。强乡带村是一个思路，表示的意思有二，一是为了带村而强乡，强好乡才能带好村；二是农村团的工作，随着经济社会的不断发展，要逐渐由村为主体变为乡镇为主体。从这两个意义上讲，强乡带村适合全国绝大多数地区。但是在具体方式、方法上，应该有很大区别。学习温岭经验，发达地区可以学习其思路、做法；不发达地区主要是学习这种思路。但认为温岭经验是在经济社会比较发达的沿海地区产生的，因而不适应经济欠发达地区，这就是一种偏见。因此，要随时注意克服主观上存在的偏见，这样才能保持思维敏锐，不至于固执。

(二)从落后的行为定式中解放出来

定式就是固定的模式。武术有套路，围棋有定式，象棋有走法。定式之所以成为定式，是因为其在特定环境下的合理性。当环境发生变化时，定式也需要相应的变化。

共青团在不断发展壮大的历史过程中，形成了许多具有自身特色的行为定式，有些已成为优良传统。但也要看到由于外部环境的变化，有些行为定式变得落后了，或者过分地强调某一方面，使本来很好的方法，变得片面了。如善于组织发动是我们的优势，但走向重宣传发动、总结表彰，轻检查落实；重概念式的口号宣示，轻深入实际、有针对性地解决问题；重影响轻实效，重当时效益轻长期效益等等。

先说重活动轻团建这个问题。在计划经济时期，团的组织建设有一套周密的规范，团建的外部环境变化较小，按这套规范做就可以了，工作的重点在组织活动，这在当时是对的。改革开放以来，团的活动和组织建设都面临着一些新的情况，大变革的实际要求共青团多开展一些活动，一方面动员青年、引导社会支持改革，为经济建设多做贡献，另一方面先从活动上适应新的形势，进而带动团的组织建设适应新的形势，所以全团上下也都相对重视活动，这也是对的。现在团的活动对新形势适应得较好，而团建方面适应的则不是很好，尤其是基层组织建设进步不大，在一些地方甚至问题不断严重，已成为影响整个团的工作的重要因素。在这样的情况下，如果还是重活动轻团建，活动与团建不能很好地结合起来，就不对了。在村团支部建设上也有一个定式问题。最近下去调研遇到一个问题，就是村民委员会换届搞直选，加上村干部压缩人数，有的地方就采取先选党支部、村委会，然后在其中找一个最年轻的兼团支部书记的办法，这样做有团干部的工作报酬等待遇好解决之利，但也带来村团支部书记年龄普遍偏大之弊。有一个乡镇，最小的村团支部书记33岁，最大的45岁，平均年龄39.6岁。我与一些团县委的同志探讨这个问题的时候，很多同志觉得没有很好的解决办法。就是因为他们自觉不自觉地用过去的定式来看待这个问题。昨天吉林省发言中介绍的九台子市村团支部先选举，当选村团支部书记积极参选村委会的经验，就突破了定式，结果很成功。今天大家讨论中还提到村团支部书记“三位一体”配置问题，现在想这个提法本意是对的，但配置这个词有问题。配置其实就是一种行政命令，是过去的一种定式。由此引申一个问题，随着我国政治体制改革的不断发展，在选举中发挥团的助手作用恐怕越来越重要。村团支部要成为村党支部在村民主政治建设中可以依赖的坚定力量。

刚才有的同志谈到了团的机关部门设置与开展工作的合力问题。在计划经济时期，团的各条战线之间界限分明，各自又有明显的特点，相互之间需协调的事情比较少，但最近几年开展的重点活动,都不是一个部门能单独完成的,如希望工程,青年志愿者,保护母亲河行动,争创"五四"红旗团委等等。强乡带村,从温岭的经验看,不仅涉及青农、组织,还涉及到宣传、权益、学校、青工等部门。因此,过去按部门截然划开工作的定式已经不适应新形势,多部门合作是必然的。但是怎样使各部门之间相互配合好,则需要探索具体机制。这也正说明了需要从传统的行为定式中解放出来。

(三)从畏难发愁、无所作为的情绪中解放出来

面对工作中遇到的新情况、新问题,大部分团干部信心是坚定的,斗志是旺盛的,精神状态是饱满的。但也有部分同志畏难发愁、怨天尤人,觉得难有作为,更谈不上积极创新,甚至由此而发展为采取逃避的态度,不安心工作。冲破各种落后的传统观念的束缚,从畏难发愁、无所作为的情绪中解放出来,始终保持勇于开拓、积极创新的精神状态,是进一步解放思想的重要任务之一。

畏难发愁、无所作为的情绪是思想上重外部环境,轻内在努力的具体表现。应该承认,由于共青团的性质所决定,外部环境对做好团的工作十分重要。但从总体上讲,团的工作外部环境基本上是一定的,做好工作重要的还是靠自身努力。如果两眼老盯着外部环境,就必然怨天尤人,畏难发愁;反之,多从自身找原因,多看自身的优势,就能产生积极创新的动力,敢于有所作为。

一个人面对困难的态度,直接反映其人生态度。任何事物的发展,都不是一帆风顺的,难免遇到这样那样的困难和问题。在困难中求发展是一种常态,没有困难、没有问题才是非常态。对人生采取积极的态度,就会不怕困难。克服困难的过程就会"其乐无穷",反之亦然。战胜困难的实践对人的精神也是一种难得的锻炼,特别是年轻干部,如果面对困难不保持积极的态度,就容易意志消沉,就会对一生产生不好的影响。

应该看到,一定困难的出现,总有其特定的条件、背景和原因。团的农村工作遇到的一些困难和问题,是在国内改革的攻坚阶段、农业和农村经济发展的重要转折时期出现的,是不可避免的。对这些困难的态度,将直接影响着我们对改革、发展与稳定大局的态度,如果任由畏难发愁、无所作为的情绪发展,就不能正确认识改革,严重时还会成为改革的阻力。

三、大兴调查研究、积极创新之风

深入调查研究,使我们的主观认识更加符合客观实际,是推进解放思想、积极创新的重要途径。我们党有着重视调查研究的优良传统,共青团也有这一光荣传统。团的十三大、十四大以后,新的一届书记处展开工作都是从组织大规模的调研开始的。但是,从全局看,面对新形势,调查研究还没有在全团引起应有的重视,有些团干部以为现代科技发达了,了解情况的手段和方法多样化了,因而不需要深入基层了;有些团干部认为情况熟,用不着调查研究;有些团干部借口工作忙,顾不上调查研究;还有的团干部下基层调查也只是习惯于随便听听、到处转转,流于形式,不深入调查研究。这是造成我们在新形势面前不适应、在困难面前束手无策的主要原因之一。因此,加强调查研究,对于我们解放思想,认清形势,把握大局,创新工作方式,提高工作水平,有着非常重要的意义,对于我们做好新时期党的群众工作也具有特殊意义。

调查研究要针对团的工作面临的新情况、新问题。从全团来看,就是要调查研究青年群体的状况及发展趋势、新形势下青少年成长成才的规律和团组织自身建设的规律,并依据对这些规律的认识,提出指导工作的方针、政策、思路。就农村团的工作而言,宏观上就是要调查研究农村经济社会发展的大趋势及其对青年成长发展的影响,在工业化、城市化的过程中,在市场经济条件下如何加强农村基层团组

织建设;微观上就是要研究几项重点工作如何在基层落实,进而推动农村基层整体活跃。

调查研究要深入实际、深入基层、深入青年,讲究科学方法。在借助各种新兴的调查方法的同时,不要丢掉一些好的传统方法。下基层搞调研,应有明确的题目,做好资料准备,地方不一定跑得非常多,切实深入下去,有针对性地把问题弄明白。

调查研究要解决问题。不能为调查而调查,在调查研究的基础上,要提出工作思路、工作方法,一个问题一个问题地解决,使我们不断地接近真理,这样我们的工作就会事半功倍。做好新时期农村团的工作,需要各级团组织和团干部的共同努力,全国有20多万专职团干部,农村战线上和各级团的领导机关的团干部也有10多万,如果大家一起动手,不要说所有的团干部,就是一个书记带上分管的同志一年解决一个问题,一届团委集中解决3到5个问题,并且这些问题解决得确实透,那将对我们的工作产生极大的推动作用。浙江团省委近两年每年都选择一个重大课题,书记带队,有关部门参加,一般6到7人,驻点几个月,既调研,又抓点,成效很显著,这种做法值得各地学习。

为了搞好调查研究,我看要继续改变文风会风。写文章、讲话要尽量短,开会要有明确的议题,发言要讲自己实际的感受,少讲空话、套话,这样既节省时间,又节省人力财力和物力。

崔波在全国冶金系统青年职工创新创效活动动员大会上的讲话

1999年8月12日 根据录音整理

今天,共青团中央、国家冶金工业局联合召开全国冶金系统青年职工创新创效活动现场启动大会,是贯彻落实党的十五大精神和近一个时期江泽民总书记关于搞好国有企业改革发展一系列重要讲话精神,促进科教兴国战略实施的具体行动,是动员和引导广大冶金系统青年积极投身创新实践的有效举措,也是以行业推进的方式全面深化企业青工创新创效活动的重要步骤,对于促进冶金工业的跨世纪发展和冶金企业市场竞争力的提高具有重要的意义。同时也对推动全国青年创新创效活动具有积极的意义。

团中央书记处对这个会非常重视,我受周强同志、巴音朝鲁同志的委派来参加这个会议。在此,我代表团中央书记处,代表周强和巴音朝鲁同志向长期以来关心、重视、支持共青团工作和青年工作的冶金系统各级党政领导和柳州市各级党政领导表示衷心的感谢!向辛勤工作在冶金行业生产经营管理一线的青年职工表示亲切的问候!

刚才,国家冶金工业局赵喜子副局长作了重要讲话。我有三点体会:一是坚定了三年内搞好国有大中型企业的信心。冶金系统在非常困难的情况下,经过广大干部职工的努力,在很短的时间内,特别在调整结构和提高效益方面取得了很大的成绩,在钢铁市场仍然低迷、通货仍然紧缩的情况下,取得这样的成绩确实是不容易的。国家对搞好国有大中型企业特别是冶金企业即将采取一系列重要举措,搞好国有大中型企业胜利在望。二是冶金系统青年职工开展创新创效活动具有特殊的重要意义。之所以特殊和重要，是因为：首先我们要从钢铁大国变为钢铁强国，最重要的是技术进步。技术进步来自于生产工艺、产品装备等各方面全面的技术创新和管理创新。钢铁企业在人类发展史上是农业社会进入工业社会的排头兵，是工业社会的基础。虽然现在进入知识经济时代，钢铁企业在整个国民经济当中仍然起着不可替代的作用。在我国，农业处于战略地位，关系到国家安全问题，钢铁企业在一定意义上也涉及到国家安全问题。有些非基础性的行业垮掉，一旦遇到国际的特殊情况可能问题还不大，钢铁行业垮了怎么办？技术进步可以使钢铁的使用越来越少，对钢铁的质量要求越来越高，但绝对不能没有钢铁。不光军事上，国民经济也需要钢铁，高自动化的机器人也不能全用塑料零件吧？三是冶金系统的共青团组织在创新创效活动中有条件走在全国前列。长期以来围绕着推进企业的改革发展，提高青年的素质，冶金系统开展了许多有益的工作。特别是近几年的"争创青年文明号"、"青年岗位能手"及冶金系统特殊的"青安杯"竞赛等多项活动当中，积累了丰富的经验。冶金系统团干部队伍是一支特别能战斗的队伍，加上冶金系统各级党政领导对团的工作，对青年在企业发展中的作用一直非常重视。今天我们在这里召开这个会议就是一个很好的体现。团中央和国家经贸委等有关部委在山东淄博召开全国青年职工创新创效活动动员大会后，以系统召开创新创效活动推进会议的，冶金是第二个，已经走在全国前列。通过这次会议的召开，通过大家思想认识的统一，通过大家贯彻落实团中央和国家冶金工业局联合下发的文件，青年职工创新创效活动在冶金系统一定会有很好的开端和深入的发展。

关于如何搞好冶金系统青年职工创新创效活动，刚才赵副局长的讲话和团中央、冶金工业局联合下发的文件都作了详细部署，提出了具体要求。在全国企业青年职工创新创效活动现场启动大会上，周强同志明确要求要把青年创新创效活动作为当前和今后一个时期全团的一项重点工作抓紧抓好。在此，我再强调和补充几点。

一、积极创新活动方式

活动方式是开展活动的具体方法。有没有恰当的活动方式对这项活动的成功与否起着至关重要的作用。青工系统前几年开展的"青年文明号"、"青年岗位能手"活动以及在全国共青团的工作当中比较有名的"希望工程"等各项活动，之所以能够产生较大的社会影响，动员和吸引广大青少年踊跃参加，有一条很重要的经验，就是这些活动的开展都有适合这项活动特点和当地实际的操作方式。"希望工程"，没有"一助一"结对赞助，就很难动员全社会这么多的力量去赞助失学儿童，没有"一助一建希望小学"的机制，就很难想像能够建这么多的希望小学。"青年文明号"活动如没有严格的创建、挂牌和监督管理机制，在整个社会也就形不成如此大的影响和无形资产。青年创新创效活动也一样，特别是它是一项比较新的活动，整个国家的创新体系正在建设当中，企业的创新体系也大都正在建设当中，确立创新思想、建立创新机制是近两三年的事情。企业如何开展创新，如何建立创新机制都是一个新的课题。我体会，建立一套完整的创新体系，实施创新工程，不单是成立一个机构，或者多设立研究机制，或单纯搞一些项目的评价，更主要的是创新意识的培养，是企业、社会、干部职工对创新的认同。共青团组织开展青年创新创效活动，本身也要用创新精神来创新推进方法。创新创效工程与过去青工系统开展的科技攻关、"五小"竞赛、岗位技术练兵等活动，有一些联系，但又不能完全等同，应该是在过去基础上的创新，从内容上它的面更广了，立意更高了。而且，开展创新创效活动，是与国有企业深化改革，建立现代企业制度紧密结合在一起的，是同时进行的。因而这项活动的工作方式，一开始就是应该按照适应现代企业制度的要求来设计。如：如何与日常生产相结合问题；如何与现代企业技术创新活动相结合的问题；如何处理青年参加这项活动八小时以内与八小时以外的问题；共青团在整个企业的创新工程中处于什么样的位置，它应该在整个创新机制中处于哪个环节，这些都需要我们在创新实践中解决。同时，这项活动还要调动广大青年的积极性，使他们广泛参与，在参与过程中培养和确立创新意识。那么我们用什么办法、怎样的机制才能把广大青年吸引到这项活动中来？把他们的创新智慧挖掘出来？这些都需通过创新团的工作方式来解决。

二、创新创效活动应该与企业团建创新相互推动

共青团工作的一个显著特点就是搞活动。胡耀邦同志担任团中央第一书记时指出：活动和团建是推动共青团工作的两个轮子。活动是共青团各项工作的生命，团建是团的工作的基础。现在企业共青团组织的自身建设也正处在非常特殊、非常关键的时期。所以特殊是因为国有企业改革、改组、改造正处在关键时期，所以关键是因为企业团组织自身建设能否尽快地、较好地适应国有企业的改革、改组、改造以及整个经济体制改革所带来的新情况，事关今后企业团的工作、团的组织的兴衰成败。现在企业团组织的建设已经遇到一些新的问题。如：工作对象在国有大中型企业相对减少，尤其是28岁以下的越来越少。过去工作的重点是侧重于28岁以下，兼顾35岁以下，那么现在就应该以35岁以下为主体开展工作。而重点在28岁以下开展工作和重点在35岁以下开展工作大不一样，既有一个组织上名正言顺的问题，也有一个工作方法适应的问题。又如：在企业建立现代企业制度的过程中，大家普遍感到团的机构、专职团干部的数量，面临着撤、并、兼的压力，这在中小企业已经变成现实，在大型企业总体上是将要面临，团的活动经费在一些企业也遇到了问题。此外，党中央即将召开四中全会，讨论搞活国有企业问题，今后一两年仍将进一步加快现代企业制度的建立步伐。青年创新创效活动正是在企业改革逐步加快的情况下开展的，因此应把开展好这个活动与加强市场经济条件下或者现代企业制度条件下企业团的自身建设紧密结合起来。通过活动促进团建；通过团组织的完善，团干部队伍素质的提高，团员队伍的壮大，促进青年创新创效活动的开展，实现二者的良性互动。现在大中型企业团的组织设置、干部配备、工作方式等等与过去计划经济时期相比并没有发生重大的变化，但我们应该意识到变化必定会随着改革的深化而发生，我们团干部应该自觉做好这方面的思想准备，并通过开展这项活动，在促进企业发展的同时，探讨、摸索、创新一些团的自身建设的方式和方法，以加强团的自身建设。

三、广泛开展创建“五四红旗团委”活动，推动青年创新创效活动的深入开展

创建“五四红旗团委”活动，是团的十四届二中全会正式提出的。“五四红旗团委”创建活动主要是在基层团组织中开展，按照团章规定，企业就是基层。集团企业和公司类企业团委都可以参加“五四红旗团委”创建。团中央把“五四红旗团委”定为团内基层组织的综合性最高表彰。在创建方法上采取层层创建，凡获得下级表彰的才具备创建上级“五四红旗团委”的资格，三年内未获得上级表彰创建资格须重新确定。各级的创建单位都要悬挂创建牌。青年创新创效活动是青工系统重之又重的活动，又是全团的重点活动之一，作为评选企业“五四红旗团委”的重要条件。希望团的各级领导机关、国有大中型企业团委，把创建“五四红旗团委”作为推动创新创效活动的一个重要抓手。希望冶金系统今后能够涌现出比较多的各级“五四红旗团委”。

积极做好小城镇团的工作，努力开创共青团农村工作新局面

——崔波在“全国小城镇共青团工作现场会”上的讲话

2000年1月10日，根据录音整理

这次会议总结推广福建漳州团组织“强镇强阵地、创新促发展”的做法和经验，集中研究小城镇团的工作，实际上就是研究在较发达地区如何落实荔浦、温岭会议精神。

专题研究小城镇团的工作，在团的历史上还是第一次，因而具有重要的历史意义。周强同志对会议专门致信，表明团中央书记处对这次会议的重视与期盼。希望同志们认真学习，深刻领会。

一、小城镇在我国城市化进程中具有十分重要的地位和作用

（一）城市化是现代文明的重要历史现象，是国家发展进步的必然趋势。城市化的主要内容是人口的城市化，是农村人口转变为城市人口，人们生产、生活方式由乡村向城市转变的社会过程。马克思说：“现代的历史是乡村城市化，而不像在古代那样是城市乡村化。”城市化是工业化达到一定阶段的必然产物。20世纪后半叶，全球城市化高速发展，城市人口占总人口的比重由50年代的25%左右上升到90年代的50%。目前，世界发达国家城市化平均水平为80%，发展中国家的平均水平也达到43%。

（二）我国城市化正在进入加速发展时期。从世界城市化发展的普遍规律看，城市化进程具有鲜明的阶段性，大体经历起步发展、迅速上升和后期停滞三个发展阶段。其中，城市化水平在30%—60%之间是加速发展时期。目前，我国城市化水平已达到30.4%，城市化发展正在进入加速时期。国务院总理朱镕基出访新加坡时曾预计，今后20年中国城市化水平可能由现在的30.4%提高到50%左右。

（三）发展小城镇是我国城市化道路的显著特色。我国的城市化道路，是优先发展大城市，还是重点发展中小城市，长期以来学术界看法不一。但大家都不否认，小城镇是我国城市化的重要组成部分。我国是一个农业大国，12亿人口中的大多数分布、居住在农村。这些人都进入大城市是不可能的。从近二十年的情况看，全国建制镇已由1979年的2600个发展到19060个。小城镇吸纳农村富余劳动力3000多万，占同期农村劳动力转移总量的30%以上。全国近4亿城镇人口，2亿居住在小城镇。小城镇的发展，使中国农民更多更快地融入到了工业化、城市化进程之中，成为一支推动我国国民经济结构调整的十分积极的力量。未来20年，我国城市化水平再提高20个百分点，就意味着会有2亿至3亿人口逐步脱离土地进入城镇，其中相当一部分将进入小城镇。

（四）发展小城镇有可能成为带动我国经济社会发展的新的增长点。党的十五届三中全会把发展小城镇提到了带动农村经济和社会发展的战略高度。江泽民总书记在中央经济工作会上要求各地把发展小城镇纳入到国民经济和社会发展规划之中，制定政策措施，切实加以推动，经过5至10年的努力，把一批小城镇建设成为具有一定辐射和带动能力的

农村区域经济文化中心，使全国的城镇化水平有明显提高。近日召开的中央农村工作会则把发展小城镇作为农业和农村经济结构战略性调整的重要内容，要求各级政府认真研究制定鼓励农民进入小城镇的政策和吸引社会各方面投资建设小城镇的政策。可以预见，随着农村改革不断深入和城市化进程进一步加快，小城镇必将进入快速发展时期。小城镇的快速发展反过来也必然会成为带动我国经济社会发展的新的增长点。

二、小城镇共青团工作是做好经济发达地区共青团农村工作的关键

(一)小城镇在农村经济和社会发展中的中心地位和辐射带动作用日益凸显，抓住小城镇团的工作才能抓住发达地区农村团的工作的中心环节。小城镇，一般是指建制镇、特别是建制镇政府所在地。特点是已经具有一定的人口、工业和商业聚集规模，是当地农村一定区域经济文化中心，并具有较强的辐射能力。它是农村创造社会财富的主要基地、商品流通和资源配置的中介站。据统计，1996年每个小城镇平均年经营性总收入为6.5亿元，拥有固定资产原值3亿多元，年利税总额5000多万元；居民收入在农村中居较高水平，镇区居民人均纯收入为3100多元，比全镇水平高出900多元，比全国农村人均纯收入高出近1倍；平均有企业950个，从业人数8800人，年商品贸易成交额达1.9亿元；工商业税收达600多万元，占镇财政预算内收入的63%；文教、科学、卫生事业在财政预算支出中占近40%，高出全国平均水平16个百分点。社会组织功能不断完善，商业、服务业、文化教育、医疗卫生、社会福利等基础设施建设发展较快。一般镇驻地都有影剧院、文化站、广播台(站)、电视台(站)等设施，文化传播功能不断增强。

(二)小城镇聚集了当地绝大多数的农村团员青年，做好小城镇团的工作，就做好了当地农村团的工作的一大半。从小城镇本身看，镇区人口平均为1.63万人，占全镇总人口的35.5%，青年的比例远远高出这个数字。从农村全局看，在经济发达地区建制镇的数量已占乡镇总数的一大半，小城镇已经聚集了越来越多的团员青年。

(三)小城镇团的工作对周围农村团的工作具有重要的辐射作用。随着交通、通讯的现代化和就业结构的变化，现在的农村青年在日常生产生活中与镇驻地发生的联系越来越多。只有做好了小城镇所在地的团的工作，才有可能做好全镇的团的工作，进而带动临近乡部分农村的团的工作。

(四)从发展趋势上看，小城镇数量将越来越多，规模将越来越大，城镇功能将越来越强。小城镇团的工作如何，对整个共青团农村工作的影响将越来越大。小城镇的发展是经济发展到一定程度自然形成的。随着农村经济进一步发展，小城镇在数量上、规模上、功能上必然会迅速得到加强。目前，国家有关部委和不少地区正在加大政策扶持力度，以加快小城镇的建设。全国已有20多个省(区、市)作出了关于加快小城镇建设的决定，全国各级小城镇建设试点和综合改革试点已达到近万个。这些措施的落实，必将极大地促进小城镇发展。

小城镇团的工作是一个新课题。这个课题做好了，才能使团的工作跟上农村城市化的步伐，才能适应农村经济和社会未来发展的要求。各级团组织必须从战略和全局的高度，密切关注小城镇的发展。经济发达地区，要适时把小城镇团的工作作为共青团农村工作的重点。

三、适应小城镇团员青年的基本需求，正确确立小城镇团的工作重点

团的主要任务是服务大局、服务青年。就大局而言，小城镇要加快发展，首先需要提高人口素质，特别是提高小城镇青年的综合素质。其次，小城镇人口聚集，需要提高人们的文化生活水平，以促进精神文明建设。第三，小城镇发展需要逐步增加和发育城镇功能。从小城镇青年的需要来看,第一大需要是增加收入、发家致富。实现这一需要的途径与居住在乡村以务农为主的青年有一定区别,主要是务工经商办企业。第二个大的需要是成长成才,也就是提高自己的德才素质。所以,从根本讲,小城镇团员青年的需求还是荔浦会所提出的增效增收成长成才。服务青年增效增收成长成才,是小城镇团组织服务大局、服务青年的结合点,应该成为工作的主线。围绕这条主线,近期要重点做好三项工作。

(一)广泛开展有针对性的知识、技能培训。经商办企业也好,务工也好,必须具备一定的知识、技能,才能在竞争中处于有利地位。团组织服务青年增加收入、成长成才,要在提高其素质上做文章,大力开展有针对性的知识、技能培训。在小城镇开展知识、技能培训工作比在村一级条件好,大有可为。培训对象不仅是务工、务农青年,还应包括现在已走上自主创业路子的青年,因为这部分青年只有不断提高自身素质,才会实现自我突破,有更大的发展。

(二)经常开展丰富多彩的文体活动。小城镇的青年与居住在村庄的青年相比,对丰富多彩的文体活动有着更为热切的期盼,对工作之余放松自我、张扬个性、丰富生活有着更为强烈的需求,而青年聚集又为经常开展这样的活动提供了有利条件。小城镇团组织要主动适应青年对文体活动的强烈需求,因地制宜、形式多样地开展各种文体活动,特别是搞好一年一度的"乡村青年文化节",以促进广大青年身心的健康成长,促进小城镇的精神文明建设。

(三)积极参与社区服务。一个小城镇在一定意义上就是一个完整的社区。完善的社区服务是城镇功能发育的内在要求。因而,小城镇团组织要立足于培养青年、建设家园,紧紧围绕人们日常生产生活的迫切需要,通过志愿服务、事业化推进等方式,积极组织青年参与社区服务。

四、适应小城镇团员青年生活、工作方式的特点,大胆创新团的活动方式

(一)小城镇团员青年生活、工作方式与农村和城市相比有明显的特点。在小城镇,团员青年要比农村更集中,但无论是行政事业单位,还是各类企业,规模一般都比较小,团员青年的分布较散。另外,小城镇的青年流动性强,有相当一部分工作地与住宿地相分离。小城镇的青年分层现象也很突出,既有国家干部、企业职工,也有个体老板、学校学生,呈现出多样化、多层次的特点。在这种形势下要做好团的工作,就必须创新团的活动方式。

(二)建设和依托青少年活动阵地是小城镇团的活动方式创新的突破口。依托阵地服务青年可以更经常、具体、有效;依托阵地开展活动可以发挥小城镇团员青年相对集中的优势,克服每个单位团员青年较少的劣势;依托阵地有利于团的事业走上社会化、事业化之路,凝聚积累团的工作成果;依托阵地有利于针对不同青年群体的特点开展不同的活动,从而更好地吸引凝聚青年。福建漳州团组织从抓阵地入手,带动小城镇团的工作全面活跃,初步走出了"强镇强阵地、创新促发展"的路子,实践证明是成功的。因此,要把创建各种类型的青少年活动阵地,特别是功能齐全的青少年活动中心,并依托这些阵地开展好活动,作为做好小城镇团的工作的突破口。

党的十四届六中全会提出在农村开展文明村镇创建活动,对文化设施建设提出了更高的要求。小城镇经济一般较发达,也大都具备了相应的经济能力。各级团组织要充分认识小城镇青少年活动阵地建设的重要性,抓住机遇,努力推进。

(三)建设青少年活动阵地要坚持以下原则。一要由小到大,逐步发展。条件差一点的地方,可以先建青年科技图书站、青年活动室。条件好的地方,可以建设标准较高的青少年科技文化活动中心、青少年宫。但不管大小,一定要规划好,要有长远的发展眼光,将其纳入城镇建设和精神文明建设的总体规划之中，而且要持之以恒，逐步发展壮大。二要尽力而为，积极推动。要积极向当地党政汇报，争取支持，力求早日将青少年活动阵地建设摆上党政工作日程。三要整合资源，为我所用。要积极寻求社会各方面支持建设青少年活动阵地。可以按市场机制办事，采取与其它组织合建、合用等方式，借台唱戏，共同发展。四要建、管、用结合，重在实效。建的目的在于用，用的好坏在于管。一定要在管理和使用上下功夫，确保能发挥实实在在的功效，努力走出一条既有效地服务于青少年，又符合市场经济的一般规则，且能自己养活自己，甚至能发展自己的路子。

五、适应小城镇经济社会结构的特点，积极创新团建方式

小城镇既有行政事业单位，又有工有农有学校；集体、私营、个体企业都有，新兴经济组织居多。小城镇居民中，既有非农业人口，又有农业人口，外来务工人员较多。因此，一方面团的各战线工作在小城镇都有体现；另一方面其既有别于城市街道团的工作，独立性较强，又有别于传统农村团的工作，工作范围较大。团的组织建设必须积极适应这些特点，主动创新。

（一）充分发挥镇团委的主体作用。镇团委发挥好主体作用，是做好小城镇团的工作最核心的问题。解决这个问题，除按期换届、民主选举、配好配强团委书记外，还要注意加强镇团委的班子建设，把小城镇中具有较强辐射带动功能的单位和部门（如学校、工商、税务、文化）的青年党员、优秀团员吸收到小城镇团委班子中来，以增强班子的整体功能。

（二）要灵活设置团的总支、支部、小组。可以打破单纯按单位和行政隶属关系设立团支部、团小组的传统做法，根据青年群体的实际状况，按区域、社团、行业、兴趣等特点设立。可以探讨对团员实行居住地和工作地双重管理，允许团员同时参与一个以上的团支部、团小组，允许团员的组织关系和活动关系适当分离等新的制度。积极探索团员证管理、团员发展、团内生活的新形式。确实需要的地方，镇团委可以设立派出机构。

（三）注意青年社团建设。青年社团可以延伸团的工作手臂，有利于团组织更广泛地覆盖青年，更好地吸引凝聚青年。小城镇青年聚集，为青年社团的建立提供了有利条件。小城镇团组织要积极稳妥地创建青年社团，注意引导、发挥它们的积极作用，以更好地影响带动广大青年。

六、因地制宜，分类指导，积极推动小城镇共青团工作

（一）要高度重视小城镇共青团工作。县级以上团的领导机关要按照周强同志信中的要求，从战略和全局的高度，密切关注并加大力度做好小城镇共青团工作。团的各级青农部门特别是经济发达地区的青农部门，要切实把小城镇团的工作作为重点，放到特别重要的位置，抓紧抓好。

（二）对小城镇共青团工作实行分类指导。根据经济社会发展不均衡的情况，不同地区小城镇团的工作要确定不同的重点。东部地区要把小城镇团的工作作为农村团的工作的重中之重。中西部地区也要抓一部分重点县城或重点镇，在点上积累经验，指导好本地小城镇团的工作。

（三）典型引路，逐步推开。小城镇团的工作，特别是组织建设方面的一些带有重大创新的工作，一方面要鼓励各地积极探索，另一方面也要注意先抓好试点，总结出成功经验后再普遍推广。来参加会议的县（市）要率先启动，多创经验，努力成为当地乃至全国小城镇团的工作的典型。今年，团中央将确定50个小城镇共青团工作试点。

（四）把创建“五四红旗团委”作为总抓手。推动小城镇团委率先参与创建“五四红旗团委”活动，成为各级“五四红旗团委”的创建单位。各级表彰“五四红旗团委”时，小城镇团委应有一定比例。

崔波在全国“保护母亲河行动”电视电话会上的讲话

2000 年 1 月 18 日

一、关于 1999 年工作

一年来,“保护母亲河行动”始终围绕“拳拳爱国心,保护母亲河”这个鲜明主题,把握工作节奏,全力予以推进。春季通过开展“保护母亲河行动周、日”活动、刊播公益广告、组织记者团江河行等,普遍掀起了宣传教育、募集资金和植绿护绿实践热潮。夏季重点组织大中小学生“生态夏令营”,沿黄河、长江 54 个大中城市参加的“母亲河,我与你同行”活动,形成了实践教育热潮。秋冬季以流域综合治理青年突击队竞赛活动为主要内容,形成了工程建设热潮。一年中有上千万青少年参加了各种宣传活动和实践教育活动,180 多家新闻媒体两轮免费刊登了“保护母亲河行动”公益广告,形成了动员青少年,影响全社会的强大声势。

截至 1999 年 12 月 31 日,全国领导小组直接接受各类捐款 16,635,294.81 元。个人捐款中有年逾花甲的老人,有刚刚 5 岁的孩童。法人捐款中有企业、也有事业,有国有、也有私营。少先队组织开展了“手拉手捡拾一片希望,还母亲河一片绿色”活动,在河南小浪底水利枢纽工程附近创建了“中国少年世纪水保林”。只有少许津贴收入的人民子弟兵踊跃捐款,武警和解放军分别上交 430 和 330 多万元,是迄今为止两笔最大的单位捐款。前不久在中国青年企业家协会理事会上,部分企业家一次认捐 130 万元,并决定在陕西延安地区建设中国青年企业家世纪林。去年初分配给各地各级的筹资任务,以上交到中国青少年发展基金会为准,河北、浙江、福建、山东、新疆、国家机关已超额完成,北京、山西、吉林、上海、安徽、广东、广西、重庆、四川、云南、陕西、甘肃、青海、全国铁道按时完成,但天津、内蒙古、黑龙江、江苏、河南、湖北、海南、贵州、宁夏只完成了部分,辽宁、江西、湖南、全国民航、中直机关、金融工委还没有上交募集资金。为加强对基金管理,制定了“保护母亲河基金管理办法”,有效地规范了基金的募集、管理、使用。

一年来,批准立项开工了 8 个全国保护母亲河工程重点资助项目,总规划面积 23 万亩,当年完成造林 45691 亩,整地 43459 亩。25 个省(区、市)已规划省级重点项目 51 个,规划面积 98 万亩,其中 21 个省(区、市)的 23 个项目已开工,施工作业 10 万亩。各地积极实践,创造了诸如统分结合、组建专业队等许多好的工程建设方法。为加大科技的应用,保障工程建设质量,全国成立了由中国工程院副院长沈国舫、院士山仑等国内知名专家组成的专家组,制定颁发了《“保护母亲河工程”实施暂行办法》,建立了以申报审批立项制、项目法人制、资金报账支付制、监察制和产权预先确认制等五项制度为核心的工程建设管理机制。

总的来说,1999 年作为“保护母亲河行动”启动之年,思路清晰,措施有力,成效初显,开局良好,为全面深化和发展打下了坚实的基础。

二、关于 2000 年工作安排

2000 年对“保护母亲河行动”来说是极其重要的一年。总的要求是:强势推进。即无论在宣传发动的声势和活动面上,还是在工程建设的规范和质量上都要创造出更好的局面。

1. 抓住有利季节,组织好“保护母亲河行动”宣传教育活动的三个高潮。

今年,全团要继续利用不同季节特点,抓好

春、夏和秋冬三个活动高潮。春季活动的主题是：装扮母亲河。通过统一的宣传日、植绿护绿周等活动，广泛宣传保护母亲河、改善人类赖以生存的生态环境的重大意义和我们的责任。以10大江河湖泊为重点，普遍开展“清洁母亲河大行动”，打捞漂浮废弃物，清除白色垃圾，设立青少年环保监督站。夏季活动的主题是：认识母亲河。组织“保护母亲河”大型图片展览和大中小学生主题社会实践活动，命名生态教育基地，组织青少年“绿色（生态）夏令营”，开展生态环境保护小建议、小发明、小制作竞赛活动。秋冬季活动的主题是：赞美母亲河。以人与自然和谐与共为主题，开展“保护母亲河行动”吉祥物、纪念卡通设计竞赛活动，举办“保护母亲河”音乐会。在农村掀起小流域综合治理青年突击队竞赛活动热潮；评选表彰先进集体、个人。

2. 严格按照工程管理办法，加大工程建设力度。

8个已开工的全国重点资助项目要在加强已育林的抚育管护的同时，再完成8万亩的年度作业任务。“中国少年世纪水保林”、“中国青年企业家世纪林”等纪念林工程，要加快建设步伐。今年还将新增2—3个全国重点项目，积极做好外援项目的争取和规划实施。

各省、区、市要尽快规划实施好自己的重点工程，并积极促进所属地、县两级尽快规划建设各自的重点工程，力争年内有三分之一完成规划、设计，并正式开工。

建立健全“保护母亲河工程”运作机制。全国重点工程，包括外援项目，都要严格执行《保护母亲河工程实施暂行办法》规定的审批程序和各项具体要求。各地方要参照这些规定尽快制定自己的规定，并严格执行。

3. 不断拓展筹资渠道，确保分配筹资任务的完成。

“保护母亲河基金”是“保护母亲河行动”的保障。按照统一部署，2000年继续给各地各单位分配筹资任务。各地要将其作为一项硬任务予以落实。去年没有完成任务的，今年要一并完成。这些任务完成后原则上不再分配新的筹资任务。

筹资工作中要更加注重发挥各级团队组织和青少年的宣传发动作用，创造更为便捷有效的方式，以面向海内外团体、企事业单位为重点，最广泛地动员社会各界积极参与。

要切实加强对资金筹集和使用的管理，确保筹资工作健康有序和基金安全。要从对党和人民、对共青团事业负责的高度，坚决执行全国统一的基金管理办法。基金募集要有授权。所有募集资金都必须进人基金，不得截留挪用，坚决杜绝“胡支乱用”和“体外循环”。

崔波在全国建设系统深入实施“千校百万”外来务工青年培训计划现场推进会上的讲话

2000年6月30日

由团中央、建设部、公安部、中央综治办等8部委联合开展的“千校百万”外来务工青年培训计划实施以来，在各级党和政府的高度重视下，各地和各有关部门大胆探索，积极推进，取得了一定的成绩。一是建立了大批培训机构。既有团组织依托青少年宫和团校独立创办的培训学校，又有团组织与其他部门联合创办的培训基地，还有有关部门在现有的企业职工学校、中等技术学校、职业高中建的培训站点。实现了全国每年创办培训学校 1000 所，培训进城务工青年 100 万人的目标。二是帮助引导用工单位制订培训制度，用工单位的培训工作得到一定加强，开展这项工作的面正在逐步扩大。三是通过开展杰出（优秀）外来务工青年、外来务工青年"良师益友"和培训工作先进集体的评选活动，组织青年"把文明带回家"，优化了进城务工青年的学习、生活和工作环境。从总体上说，"千校百万"培训计划的实施提高了进城务工青年的自身素质，有效地调动了他们投身改革开放和现代化建设的积极性、创造性，鼓励了部分青年返乡创业，为城乡两个文明建设做出了积极贡献。

建设部党组把外来进城务工青年培训计划作为提高行业素质和管理水平的一项重要措施，摆在重要位置。今年初，建设部联合团中央、公安部、中央综治办专门下发了《关于在建设系统深入实施"千校百万"外来务工青年培训计划的通知》，对培训工作提出了明确要求，并在全国确定了 47 家培训工作示范单位，率先在全国探索了按行业实施培训计划的路子。各地建设部门结合行业特点，在培训工作中创造了很多好的经验，例如，利用民工团校、职工夜校、民工学校、工地培训点，为进城务工青年就近就便参加培训创造有利条件；广泛利用社会资源扩大师资队伍；上海市建委把抓领导培训作为首要环节，对企业法人、书记、经理先行培训，还把培训纳入行业考评体系，推动了培训计划深入实施。

建设系统的做法对其它几个进城务工青年较多的系统有很好的借鉴意义，也为全国提供了很好的经验。"千校百万"外来务工青年培训计划实施以来取得的成效，是建设部、公安部、中央综治办等有关部门大力支持、共同努力的结果。借这个机会，我代表团中央，也代表在这项活动中受益的广大务工青年向关心、支持进城务工青年培训工作的中央各部委、各单位、社会各界表示衷心的感谢。

这几年，"千校百万"培训计划的实施虽然取得了一定的成效，但就总体规模和水平看，离现实的需要还有很大距离。客观地讲，这项工作是一项新的工作，起步才几年，培训对象又处于流动状态，工作难度大，不可能一蹴而就，也不能一劳永逸，是一项需要坚持不懈、艰苦努力的长期工作。这次现场推进会总结推广上海市及有关方面的经验，就是我们为推动这项工作而作出的又一努力。我相信，这次会议不仅能大大推进建设系统"千校百万"培训计划的实施，而且会对培训计划在全国的实施产生重要的推动作用。刚才，建设部叶如棠副部长作了很好的工作报告，上海市韩正副市长也作了重要讲话，稍后，中央综治办陈冀平主任还要作重要讲话。参加会议的团干部以及全国各级团组织要认真传达贯彻这次会议精神，推动外来务工青年培训计划的深入实施。下面，我谈四点意见，供大家参考。

第一，要从开发人力资源、促进经济与社会发展的战略高度认识实施"千校百万"培训计划的重要性

随着我国改革开放和现代化进程的不断加快，农村青年进城务工已成为现阶段我国经济建设、社会发展的必然现象。从这几年的实践来看，加强培训对于提高广大进城务工青年的综合素质，服务青年成长成才，促进人口有序流动，服务我国改革、发展、稳定大局，起到了积极的推动作用。对这些方面，大家已经形成共识。除此之外，进城务工青年培训工作对于开发人力资源，促进我国经济与社会协调发展还具有重要意义。我国是一个人口多、资源少的国家，开发自然资源的成本越来越高，局限越来越大。在这种情况下，我国要加快追赶世界经济发展的步伐，就不能只着眼于自然资源的开发，还要特别注重人力资源的开发。人

力资源开发投资少，见效快，回报率高，可以变我国人口多的劣势为人力资源丰富的优势。当前，我国改革开放和现代化建设进入了关键时期，实现经济增长方式从粗放型向集约型转变是实现“九五”计划和2010年远景目标的一项基本战略，其中劳动力素质，即人力资源的质量是决定这一转变的关键因素。

社会生产要素包括自然资源、资本、技术和人力资源。其中人力资源是核心，是社会生产中最活跃的因素。人力资源开发是对每个人员、每种素质进行最大限度的促进、改进和提高，并创造一定的机会使之得到充分的利用、发挥与发展的过程。劳动者素质越高，就业途径就越多，就业结构就越合理，配置效益就越好。反之，缺乏高素质的劳动力，不利于产业结构调整和升级，会影响到整个经济发展的速度和持续性。纵观人类社会发展史，许多国家的成功经验表明，人力资源的有效开发利用是实现经济发展和社会进步的重要源泉。

目前，我国外来务工人员中72%是20—35岁的青年，文化程度以初中居多。如果我们能把他们在城市打工的时期变成一个学习时期，使他们的文化技术素质和思想观念得到提高，那么，进城务工青年将不仅是城市建设的生力军，而且还会是推动我国农村经济发展，特别是西部开发的重要力量。据统计，每年仅四川省进城务工人员就可以带回资金200多亿元，相当于四川全省财政收入的总和。

另据宜宾市提供的资料，1998年，由于该市返乡的劳务人员中有1000多人先后担任村、组干部，近万人创办领办了4000多个种、养、加工等经营项目，投资2亿多元开办水泥厂、造纸厂等企业，解决了5500多人的就业问题，有力地推动了当地经济发展。今年年初，我们对陕西商洛地区进行调研，感觉近几年国家对贫困地区投入了大量资金进行修路、搞水利工程、改良耕地，取得了很大成绩，基本解决了一方水土养一方人的问题。在此基础上，如何使这些地方的经济发展赶上全国的发展速度，实现一方水土富一方人？是一个难度更大的问题。现在，大量农村青年外出务工，正是帮助他们更新知识、更新观念，进而走向富裕的一个有利时机。“千校百万”培训工作就是要利用这个时机，对贫困地区的外出务工人员进行有效的人力资源开发。

第二，以职业技能培训为重点，切实增强培训的针对性和实用性

“千校百万”外来务工青年培训计划自最初实施，就突出提高进城务工青年的文明素质和思想道德水平，对他们进行人生观、世界观、价值观和职业道德的教育，传授必备的法律法规、安全生产、文明服务、计划生育方面的知识以及城市生活的常识。从这几年的实践来看，这种培训是十分必要的。对于务工青年来讲，这种培训是从农村到城市的一种适应性培训，对于企业和城市来讲，则是容纳务工青年的一种包容性培训。我们要把培训工作推向更高的层次，一方面要做好这种基础性培训，另一方面，还要积极开展职业技能等务工青年迫切需要的培训。而且由于职业技能培训深受务工青年欢迎，在技术培训的过程中融入基础性培训，效果可能会更好。

要使培训工作开展起来并富有生命力、收到实效，关键是调动教和学两方面的积极性。对于企业来讲，希望培训内容适应企业的经营、管理和发展需要；对于务工青年来讲，希望能够学以致用，有利于就业和增加收入。只有找准二者的结合点，用工单位才会积极办学，务工青年才会积极求学。也只有这样，“千校百万”培训计划才有生命力，才能长期坚持，不断发展。这个结合点是什么呢？最主要的是职业技能。企业的竞争在一定意义上决定于员工的素质和企业文化，培训工作有利于提高企业员工的素质，对企业的发展有利。而务工青年抓住就业、发展机会的能力与其职业技能有着直接的关系。据调查，有57.4%的青年到

城里打工是因为“外面的世界更精彩”，想到城市这一崭新的环境中见世面，学本领，谋发展。因此，职业技能培训能调动培训双方的积极性。

在继续做好基础性培训的基础上，适当增加职业技能培训的内容是重要的，也是可行的。进城务工青年是相对稳定、但最终大部分还是会返乡的一个群体。据国务院发展研究中心1999年初对进京务工人员的调查，1990年以前开始外出务工的占30%，1990年—1995年开始的占14.6%，1996年开始的占9%，1997年开始的占11%，1998年和1999年占36.4%。可见其中连续打工5年以上的占将近50%。由此可以看出，进城务工青年处于一个比较稳定的状态，特别是在建设系统，务工青年稳定和集中的特点表现得更加突出。这种稳定的状态为培训工作创造了一个很好的条件。另外，由于务工青年80%以上最终要返乡，以职业技能为主的培训工作还会对务工青年返乡创业、促进当地经济发展产生推动作用。

第三，用工单位培训和社区培训并举，努力扩大培训的覆盖面

“千校百万”培训计划实施以来，已经培训了几百万人次，但离应该培训的人数还有很大距离，还远远不能适应经济与社会发展的需要，不能满足6500万务工青年的需要。怎么样才能扩大培训覆盖面呢？除了调动教和学两方面的积极性外，在培训方式上应坚持用工单位培训和社区培训并举。

所谓用工单位培训主要是指各行业系统的用工单位对自己所招用的进城务工青年进行培训；社区培训则是城市各级团组织利用社会资源，以事业化的方式对进城务工青年进行培训。用工单位培训和社区培训各有所长。用工单位培训与企业的自身发展密切相关，培训对象相对集中，便于组织；社区培训能够充分利用社会资源，可以与学历教育、职业技能考核、发证相衔接，便于满足青年的多种需求。二者不仅不矛盾，而且互为补充。

目前，我国有6500万进城务工青年。其就业从地理分布来看，大部分集中在省会城市、铁路沿线城市和东部沿海城市和地区；从行业分布来看，大部分集中在建筑、纺织、煤炭等行业，其中，建筑行业占将近四分之一。进城务工青年虽然数量大，但相对集中于重点行业和重点城市。因此，从全国看，用工单位培训要抓重点行业，社区培训要抓重点城市和重点地区。我们今天的会议就是要总结建设系统的经验，在重点行业加以推广，推动用工企业培训工作的开展。各地情况不同，要因地制宜，根据自己的实际情况确定当地的重点行业和重点地区。

第四，共青团组织在培训工作中要积极实践，狠抓落实

“千校百万”培训计划是由8部委联合实施的一项长期工作。培训对象和主要的受益者是青年。因此，各级团组织应该积极发挥作用。

一是要把培训工作摆到更加突出的位置。服务大局、服务青年是共青团义不容辞的责任。开展进城务工青年培训是一个很好的共青团服务大局、服务青年的结合点。从服务大局的角度看，培训是实现人力资源开发、推进经济与社会发展的有效手段。从服务青年的角度看，培训是满足青年需求，服务青年成长成才的重要途径。因此，各大中城市尤其是进城务工青年比较集中的街道、乡镇团组织、企业团组织、重点行业团组织，要切实把进城务工青年的培训工作作为各项工作的重中之重。要把培训工作与团组织开展的青年文明号、创建“青年文明社区”、青年创新创效活动等重点项目结合起来。

二是要加强基层团组织特别是用工单位团组织建设，在用工单位培训中发挥积极作用。基层团组织的健全与活跃，是做好团的各项工作的基础。实施“千校百万”培训计划必

然要求团组织发挥应有的作用。目前,有的地方基层团组织建设状况不尽人意,有的虽然建立了团组织,但工作不够活跃,或没有把外来务工青年纳入自己服务的范围;有的至今还未建立团组织,这在非公有制经济组织中尤为突出。要做好用工单位的培训工作,首先要健全团的组织。没有建立的要尽快建立,已经建立的要切实巩固和加强,并把外来务工团员青年作为自己的重点服务对象。这样,我们才能依托团组织,开展好培训工作。

三是要以办事业的方式积极推进培训计划的实施。目前,进城务工青年培训有着很大的市场需求。如果我们抓住时机,方法得当,就可能成就一番事业。因此,城市的各级团组织首先要把团内的阵地利用起来,充分利用全国70多个团校、1200多个青少年宫和青少年活动营地,大力开展职业技能培训。同时,也要利用社会资源开展多种形式的职业技能教育,本着自愿、有偿的原则,逐步建立起社会化运作、事业化发展的工作模式。对各级团校和青少年宫来讲,这也是一个重要的发展机遇。特别是各级团校,一手抓团干部培训、一手抓青年的职业技能培训是适应全国教育体制改革,抓住机遇、发展自己的必然选择。做好做不好服务青年的职业技能培训工作将事关前途命运。

四是要发挥协调联络作用,动员社会力量齐抓共管。各级团组织要充分发挥自身的网络优势和政治优势,积极协调联络有关部门,争取支持,形成齐抓共管的工作格局。要力争与有关政策相衔接,逐步把进城务工青年的培训纳入社会化的教育和培训体系之中,实现制度化、规范化。

同志们,"千校百万"培训计划的深入实施,涉及到社会方方面面,需要社会各方面的积极配合。我们希望各有关部门继续重视和支持这项工作,希望社会各界关注和关心这项事业,通过大家共同的努力,引导帮助广大进城务工青年在城乡两个文明建设中发挥出更大的作用。

努力落实到基层

——崔波在全国农村团组织领办科技推广项目现场推进会暨参与西部大开发研讨会上的讲话

2000年8月29日

经过最近几年的不断摸索和逐步深化,农村团的工作思路更清了。当然,随着今后的不断摸索,还会有一些新的概括,或者调整和补充。但是在近期或者今后相当长的一段时间内,不会作重大的调整。那么,思路既然确定了,大家也都认同了,下一步要重点做的就是落实工作。这个会议上学习推广的新疆昌吉特别是玛纳斯的经验,其显著特点就是乡村两级团组织怎样来落实这个工作思路。因此,我今天讲的题目就是努力落实到基层。

一、为什么要强调落实到基层

首先从农村团的工作实际来分析。应该说,这些年尤其是团的十四大以后,农村团的工作在过去成绩的基础上,有了很大进步。大家普遍觉得,思路明确,重点突出,有许多创新,理论上也有一定的思考。但是,也存在很大的不足，主要表现为无论是整个思路还是各重点工作，在基层落实的面还不够大。大家分析一下，现在全国农村 14 岁到 28 岁的青年 2 亿多，除去在校学生，还有 1 亿 5 千万左右，其中有多少能感觉得到团组织的服务呢？农村基层团组织中，乡镇团委大概有 5 万多个，村团支部大概有 80 万个，有多少个已经领办起来或者说通过多种方式参与领办了科技推广项目、搞起了乡村青年文化节呢？现在，各个方面都有典型，各地也都有自己的典型，但是究竟有多大覆盖面？我感觉不乐观。况且领办科技推广项目工作已经做了四年，乡村青年文化节做了两年，二者都是直接面对农村团组织和农村青年提出的，也有了点上的经验，各级团干部也有了比较深刻的认识，现在应该是由点到面，往面上使劲的时候了。

其次，从现在的工作思路上看，大家都赞同现行的青农工作思路，但这套思路真正的活力或者说它真正的意义，应该是在基层得到落实。不管是一条主线，三项重点，一个探索，还是一个基础，大家想一想，哪一个离开农村基层团组织和广大农村青年的广泛参与，能真正落到实处呢？没有基层团组织和青年的广泛参与，这些工作就不能算真正的落实。

第三，目前形势下，团的工作还要不要和能不能在基层全面落实。有的同志认为不需要。持这种观点的同志有两个理由，一个是现在已进入信息社会，各种信息渠道比较多，农村青年学习党的方针政策，理解党和国家的大局，都不成问题。团的工作只要通过上级团组织搞大活动，然后宣传出去，就能够在整体上树立形象，体现政治态度，实现引导影响和团结带领青年的目的。另一个理由是基层团组织的松散瘫痪面比较大，农村青年的流动性也比较大，基层团组织很难抓起来了，各级团委力量又有限，只要集中精力把大的活动做好，基层能做到什么程度算什么程度。这个观点不是完全没有道理，但不全面。市场经济和信息社会条件下，团组织团结带领青年、引导影响青年的方式是应该发生一些变化，上级团组织直接开展大的活动的方式是重要的，但如果仅有这一个方面，广大的基层组织活不起来，失去了其对团员青年的直接组织引导，将是十分可怕的，共青团就将失去生存的根本基础。

党要求共青团团结带领青年，就是要巩固党的青年群众基础。基层团组织不能用具体有形的方式影响团结青年，团员和团组织、青年和团组织就变成了间接的关系，没有直接的过程，就不可能很好地巩固党的青年群众基础。因此，我们既要看到信息社会、市场经济给团的工作带来的一些新机遇、新方式，同时要看到只有把工作落实到基层，面向青年群众，才能保持共青团的生命力。特别是农村团的工作面广量大，农村青年获得信息的渠道不完全畅通，采取措施把各项工作落实到基层尤其重要。

二、影响落实到基层的原因

从主观上讲，首先是工作思路是不是符合实际。这是最基本的。第二个问题是领导机关是不是下决心落实到基层。虽然有了一个好的思路，但不去做基层落实的工作，推动不力，再好的思路也难落实到基层。第三个问题是安排工作时一般号召多，操作性措施少；宏观指导多，具体帮助少；交任务的时候多，教方法的时候少。第四个问题是团干部中较为普遍地存在的心理浮躁，对工作往往缺乏深入的思考和研究，经常关心“冒泡”，想“冒泡”的事多了，基层的事情想的肯定就少，因为基层的事情多是基础性工作，不容易“冒泡”。这个浮躁不完全是团内的问题，在一定程度上是社会问题，根子是人们追求急功近利的东西多，忽视长远的基础性工作。这些问题处理不好，不仅影响工作的落实，还容易出各种各样的问题。

从客观上分析，第一个问题就是领导机关人手少。从团中央到团县委都感到人手少。实际上团的专职干部绝对人数并不少，“文革”

前10万左右，1991—1993年到过23万，现在是20万，但现在的青年人数是60年代的近三倍，工作任务重了，难度也大了，而且，团的领导机关直接开展的活动也多，所以经常觉得落实工作人手不够。第二个问题是资金短缺。有些地方出差没钱、下乡调查没钱，落实肯定也就有问题了。第三个是农村青年的社会组织化程度低。改革开放使农村青年获得了多种多样的自由，选择余地大了，组织化程度低了，而团的工作在某些程度上、某些事情上还要依附于这种社会组织程度。第四个问题是基层团组织的活力不足。基层没有活力，落实到基层，就是一句空话。

三、积极创新工作推进机制

建立一套强有力的工作推进机制，是把各项工作落实到基层的必须条件。下面借助韩愈的一个观点来谈这个问题。韩愈讲，一个事业要成功，关键是“法、术、势”。我这里取意，“法”就是战略问题。“术”就是战术、方法问题。“势”就是天时地利、一种整体态势或气势。

第一点，从“法”上来看，也就是从工作思路上看，首先要切实符合实际。领办科技推广项目搞了四年，经过实践中的不断调整，一年比一年更接近实际，这符合毛主席提出的“实践、认识、再实践、再认识”的认识过程。大家在设计工作思路和推进一项工作时，应该根据来自实践第一线的信号，及时调整和丰富。团的工作一向注重符合实际，大家常讲的什么切入点、结合点、着力点，就是想办法把经济社会发展的趋势、党政的中心工作、青年的需求、团组织的可能等四个方面的实际有机结合起来，变成工作指导思想。做到这一点不容易，但只要努力，就会收到好的效果。其次要切实突出工作重点，有所为有所不为。现在全国都在压缩编制，增员是不可能的。解决人手不足的问题，主要靠提高工作效率，而提高工作效率的现实办法就是抓好工作中的关键环节。团干部都比较年轻，容易心高气盛，共青团工作涉及的面又比较广，政治的、经济的、城市建设的、西部大开发、甚至外交，什么都能参与。这个惹一惹放下了，那个惹一惹放下了，浅尝辄止，总结起来就是开了几次会议，搞了几个活动，上了几次电视、报纸，累得不轻，却没有大的收获。团干部要克服贪大求全，追求表面热闹的心理，沉下来，耐住寂寞，花一两年的工夫专门做一件事，积累到一定程度，就会出现一个大的飞跃。第三，领导机关推进工作的时候，既要给思路，又要教方法。领办科技推广项目开始要求领导机关亲自办，就是要领导机关在亲自干的过程当中，尝尝酸甜苦辣，积累经验。有的同志讲，这次会上，许多青农部长欢欣鼓舞，认为直接领办的压力解除了，我倒觉得这个压力最好还是不要解除。有压力才有动力。领导机关没有工作的亲历机会，指导下面就没有第一手的经验，也提不出有效的工作方法，而且亲历机会对团干部成长是非常重要的。

第二个方面，讲一下“术”的问题，也就是工作方法问题。第一个方法是直接牵动，直接参与。领办科技推广项目中“领办”的实质涵义是共青团带领青年兴办示范性科技推广项目。为什么当时叫“领办”呢？一个很重要的思想就是团的领导机关推动工作不能只是一般号召，而要实现对基层的带领。如这次会上介绍的山西“双新”工程的经验，核心就是通过团省委的领办，直接把基层带动起来。当然要特别强调“领办”不是办实体，而是结合团组织和企业的优势，吉林搞蘑菇就是既没有办实体，又很好地发挥了双方的优势。要求团的领导机关领办，不一定亲自办，而是通过直接具体的工作来牵动基层。像去年团中央青农部设计的“保护母亲河行动”长江、黄河绿色旗帜传递活动，因为旗帜要从长江、黄河的源头一直传到入海口，沿途的城市都带动了起来。不只青农部，现在团中央各部门在设计活动时，都已经注意到直接牵动基层。其次是示范，做出样子让大家自愿选择。像扶贫接力计划，开始是团中央直接筹钱，直接招人，直接去找落实的地方，机制形成了，各地结合当地实际广泛实行，这就是很好的示范，领办科技推广项目中形成的领办和示范机制对带动基层就有很重要的作用。第二个方法是强力推动。首先应该进一步改变文风会风。解决人力不够问题的办法除突出工作重点外，就是要改变文风会风。机关里写文件耗费了太多的精力，团中央青农部去年的工作总结和今年的工作安排，用的就是提纲，成文很容易，一个人半天足够，否则形成一个展开的东西，恐怕一天也拿不下来。从去年广西荔浦会议上周强同志的讲稿到这次会议上朝鲁同志的讲稿都不长，但大家反映很好。今后团中央青农部向各地要材料要限制字数，实际上，越写得简洁水平要求越高。其次就是借力推动，主要是社会化的问题，解决人财物力的问题。这个问题在福建会上讲过了，这里不再赘述。第三是要加强信息传导。在信息社会中，报纸、广播、电视、互联网等好多手段可以利用，团内也有中青报、中青网，各种团刊等。共青团工作要充分利用这些现代信息手段改进和完善团内的信息传播方式，加快信息传播速度，提高工作效率。第四是要切实进行检查考核。一些基层的同志讲，不落实是因为光布置不检查，事实上也不可能年年检查，青农部上半年下了很大的人财物力，检查了 23 个省的领办科技推广项目工作，可是，年年这么做也做不到，过上两三年下决心全面检查一次看来还是有必要的。第三个方法是制度保证。主要讲怎样落实干部协管制度。共青团干部由同级党委管理为主，上级团委管理为辅。这种制度是中央确定的，符合我国国情，有利于团的工作和团干部的成长和转业。但现在上级团委对下级团委班子的管理，多数还没有尽到应尽的责任，有些地方甚至是放任的。而这件事本身就是上级团委推动团的工作的一个很重要的方面。落实协管制度总的原则是到位不越位。上级团的领导人、有关的部门要及时掌握下一级团委班子和主要负责人的思想、能力等情况，协管才有言可发。同时要实事求是，对每个同志的特点有一个准确的判断。按照中央的规定，同级党委配备团委领导干部以前，要征求上级团委的意见。征求意见时，团委的意见要发表得准确。不征求意见时，要积极主动地去交换意见。没想法就是不到位。团干部都比较年轻，下级党委一般都是老领导，甚至是前辈，有的不好意思提意见，这个心理障碍要克服，这不是个人的问题，是组织问题。

最后讲“势”的问题。“势”就是整体态势、气势。青年志愿者、希望工程推动速度快、效果好的原因之一，就是在全社会形成了“势”。共青团的工作特别是一项具体的工作能否成功需要三个方面的“势”，一是要把工作纳入到党政工作大局。紧紧围绕党政工作的中心，在党政工作的大盘子中找到位置，就借了党政的“势”。二是得到社会方方面面的认可，在社会上形成“势”。经常换新词是共青团最大的特点或者优势，但不利于形成“势”。大家想一想，从 1989 年开始搞“希望工程”，真正地在全国搞起来，形成“势”，是 1992—1994 年。“保护母亲河行动”搞了一年多，才形成现在的“势”。三是加强宣传，自己造“势”。现在共青团农村工作的格局是一条主线，三项重点，一个探索和一个基础，这个“势”要从哪个方面造起来呢？我想要在增效增收成长成才这条主线上做文章，其他的作为实现这条主线的措施，要把服务农村青年增效增收成长成才做一个总体的概念，打出响亮的品牌，坚持几年，就能形成一个“势”。

四、切实加强基层组织建设

基层活力不足，瘫痪面大，是在农村落实好团的工作的最大的限制因素。党建带团建会刚开完，关于基层组织建设问题，周强同志讲得很全面,希望大家认真落实。我只强调以下三点,一是青农战线要把农村基层组织建设作为分内的工作任务。长期以来抓组织建设是组织部的事,青工、青农、学校等战线部门只是搞活动。现在大家已经深切地感觉到,没有基层组织建设做保证,活动也搞不起来。按耀邦同志的话讲,活动和组织建设是推动团的工作的两个轮子。两个轮子一个部门抓一个,协调不起来,工作无法搞好,今后基层组织建设工作要以战线部门为主,组织部门总协调。二是切实抓住全国党建带团建会议的良好机遇。党建带团建的核心思想是团的建设是党的建设的一部分,切实把基层团组织建设情况作为对基层党组织建设检查验收、考核评优的重要内容。这一点新疆特别是昌吉州做得好,提出团组织不创优、不达优,党组织就不能评为优。党建带团建不仅推动团组织抓团建,也推动党组织抓团建。各级团组织要抓住这个难得的机遇,积极主动争取党委的领导,结合当地实际,采取有效措施,不失时机地做好农村基层团组织建设工作。三是认真做好两件事情。第一要切实抓好按期统一换届。按期统一换届是解决目前农村基层团组织松散瘫痪现象的机制性措施。一方面,人才是事业成功的根本。只有通过按期统一换届,才能真正把年纪比较轻,科技文化水平比较高,工作能力强,有责任心、事业心的团干部选上来,才能把工作落实好。另一方面,农村团组织瘫了整、整了瘫的问题一直困扰着我们,按期统一换届为制度性解决这个问题提供了可能。第二是抓好强乡带村。通过普遍开展创建“五四红旗团委”活动,促进乡镇团委配齐班子、健全制度、建设阵地,把活动搞起来,从而通过强起来的乡镇团委,把村团支部带动起来。强乡带村是新时期促进基层组织建设的有效措施,也是落实到基层的基础性工作,各地各级团组织要高度重视,因地制宜,创新方式,认真做好。

以上就落实问题谈了一些想法,主要是想引起大家对把工作落实到基层这件事的关注,以使团的工作更加扎实有效,也能促使基层团组织更加有活力,尽快地走出一条市场经济条件下活跃农村基层团组织的成功道路。

以“三个代表”重要思想为指导
深入推进基层团组织制度创新

——崔波在全国团建创新试点工作现场研讨推进会上的讲话

2000年11月19日,根据录音整理

团中央书记处对这次会议非常重视,希望这次会议之后,团建创新工作水平在前一年半的基础上,能有一个比较大的提高,为全团提供更多好的经验。下面,我就如何以“三个代表”重要思想为指导,深入推进基层团组织制度创新谈几点意见。

一、以“三个代表”重要思想指导团建,核心问题是始终保持共青团的先进性

江泽民总书记“三个代表”重要思想,提出了新时期要把党建成一个什么样的党和怎样建党的问题,是对党建理论的重大创新。“三个代表”重要思想的核心是党的先进性问题,始终做

到“三个代表”，就是要我们党始终保持先进性。共青团与党有着特殊的政治关系。这种特殊关系表现在四个方面：一是共青团是党领导下的先进青年的群众组织。二是共青团担负着引导青年跟党走和向党及时反映青年呼声的任务，在党与青年群众之间发挥着桥梁纽带作用，为党不断巩固和扩大青年群众基础。三是作为党的助手，要带领青年为党的事业而奋斗。四是作为党的后备军，担负着对青少年进行共产主义理想教育，为党源源不断输送新鲜血液的责任。因此，“三个代表”重要思想对于加强团的建设具有十分重要的指导意义。按照“三个代表”重要思想指导团的建设，关键就是如何保持和增强共青团组织的先进性。

当前，共青团组织面临的最大问题是相当一部分基层组织缺乏内在活力。这一方面是由于在“四个多样化”的情况下，团组织以理想信念吸引凝聚青年的能力有所减弱；另一方面，面对市场经济条件下青年需求的日趋丰富和多样，团组织服务青年的能力还不是很强，服务的手段也还不是很多。改革开放20年来，团组织主动适应变化着的外部环境，进行了一系列自我调整，但就团的先进性与群众性而言，还存在很大差距，尤其是在加强团的先进性方面，新的办法不多。在改革开放和社会主义市场经济条件下，团组织要增强内在活力，群众性和先进性都需要加强。现在尤其要强调增强先进性，通过增强先进性达到先进性和群众性共同得到加强，真正把“三个代表”重要思想落实到团建的实际工作当中。

二、以“三个代表”重要思想为指导，准确把握共青团组织先进性的时代内涵

什么是一个政治组织的先进性？从本质上讲，符合人类经济社会发展方向的就具有先进性。人类社会，包括共产主义事业和建设有中国特色的社会主义又都是一个历史发展的过程，在不同的历史过程中先进性有着不同的时代特征。在新的历史时期，共青团要担负起新的历史使命，就必须以“三个代表”重要思想为指导，自觉与党保持高度一致，清醒认识共青团先进性的时代内涵，使团的建设、团的工作符合当代青年成长的规律，符合经济社会的发展方向，符合人类文明进步的发展方向。

当前，应该如何把握团的先进性呢？可以从以下四个方面来分析。

1. 纲领的先进性

纲领的先进性是共青团组织先进性的根本所在。共青团没有自己单独的纲领，党的纲领就是团的纲领。党的纲领的先进性从根本上讲就体现在始终坚持“三个代表”上，但从这个纲领出发，各个不同的历史阶段，党又有着不同的政治纲领。与此相适应，共青团在不同的历史时期的基本任务既有始终不变的部分，也有具有时代性特征的内容。比如共产主义理想信念、全心全意为人民服务的宗旨等，就是必须始终坚持的。现在共青团组织团结带领广大团员青年积极投身改革开放和社会主义现代化建设，为实现中华民族伟大复兴而不懈奋斗，就具体体现了共青团纲领先进性的时代特征。

2. 成员的先进性

共青团成员的先进性集中体现在它是由青年群体中拥护党的纲领的先进分子组成，这是最基本的要求，也是成员先进性上始终不能改变的。与此同时，我们正处在改革开放的时期，在判定成员是否具有先进性上也要有许多时代的特点。新时期团员先进性的标准是“德才”统一，团员不仅要有坚定的政治信念，还要有相对较高的科学文化素质、业务水平和不断开拓进取的创新能力。同时，共青团在团结凝聚先进青年的方式上也要体现时代的特点。历史上，共青团基本上是靠旗帜和理想来凝聚人，现在一要靠旗帜，二要靠服务。

3. 团组织育人目标的先进性

共青团是青年在实践中学习共产主义的大学校。坚持用马列主义、毛泽东思想和邓小平理论武装头脑，教育引导团员青年紧跟党前进，这是共青团在育人上始终不变的方向。但在当前各种思潮相互激荡的情况下，共青团在育人的目标和方式上，也要体现时代特点。新时期共青团的育人目标不仅是要用科学的理论武装广大团员青年，坚定其理想信念，同时也要帮助他们进一步提高自身素质，成为建设有中国特色社会主义的各种人才。在教育方式上，要在继续发挥共青团实践育人、活动育人等优势的基础上，积极探索能为广大青年所接受、所欢迎的新方式、新方法，不断增强团组织在青年成长过程中的影响力，使广大团员青年能够在各种文化相互影响的大背景下，始终沿着党指引的正确的发展方向成长。

4. 作用的先进性

共青团是党的助手和后备军，是党联系青年的桥梁和纽带，是国家政权的重要社会支柱，这是党赋予共青团的光荣职责，也是共青团作用先进性的集中体现，是保持团的先进性所必须始终坚持的。但随着时代的发展、社会的变革，共青团作用的先进性也有了新的内涵。如作为共青团作用先进性重要体现的开风气之先就主要是在政治思想、意识形态方面，而现在还应体现在科技创新、市场开拓、带头致富等方面。深刻理解共青团先进性的时代特点，就是为了准确把握团建和团建创新的发展方向，在团的建设中更好地体现和强化团的先进性。

三、在与群众性的辩证统一中实现共青团的先进性

共青团是先进青年的群众组织，其先进性与群众性是辩证统一的关系，先进性以群众性为基础，群众性又以先进性为方向。

1. 正确理解共青团的群众性

从团的性质看，团的群众性体现在两个方面。一方面，共青团是党领导的团结教育青年的群众组织，是群众团体，而不是党派。另一方面，共青团的组织基础比较广泛，凡是符合团章所规定的团员标准，在同一个青年群体中相对先进的青年，就可以吸收入团。

从团和青年的关系看，团组织是深深扎根于青年之中的组织，它一开始就把团结带领青年作为自己的历史使命和根本任务，团的大门从来都是向先进青年敞开的。在社会政治生活中，共青团代表和维护青年群体的具体利益，服务青年的需求，也是其群众性的重要体现。

2. 团的先进性与群众性的辩证关系

坚持先进性与群众性的统一，是共青团建设与发展的一条基本规律。共青团的先进性是建立在群众性基础之上的先进性，没有广泛、坚实的群众基础作为支撑，团就不能最大范围地团结和凝聚青年，就无法完成党赋予共青团的政治使命，其先进性就失去了意义。群众性又是以先进性为方向、为前提的。正是因为团具有先进性，才会在广大青年中具有其他社会团体和青年组织所不具备的吸引力、凝聚力和战斗力。离开了先进性讲群众性，就会使共青团混同于一般的群众团体。因而，只有在先进性与群众性的辩证统一中，才能将先进性落到实处，才能把“三个代表”的重要思想落到实处。

四、基层团组织的组织制度创新是当前团建创新的重点

制度是建构机制的要素，机制是各项制度综合运作的结果。因此，在落实“三个代表”重要思想进行团建创新的实践中，关键是要创新团的制度，特别是团的基层组织制度。通过基层团的组织制度创新来逐步改进基层团组织的运作机制，以至全团的运作机制，使团的先进性与群众性在团的各项工作中具体体现出来。

基层团组织的组织制度创新，既是一项政治性很强的工作，又是一项涉及面广的基础性工作，必须积极稳妥地进行。当前可以先从以下四个方面入手。

1. 团员发展及管理制度创新

由于我们国家普及了九年义务教育，90%以上适龄青年能够进入初中，现在大多数初中毕业班的团青比例已达到50%以上,但总的团青比例又远没有这么高。问题的关键出在中间流失上。当前,我国城市化进程不断加快,社会流动日益加剧,团员流失现象如不能得到有效地控制,就会动摇团组织的根基。因此,中学发展团员还是要适当限制比例,以保持团员的先进性。要把团员管理工作的重点放到解决团员流失这个问题上,使团员队伍既保持总量上相对稳定,又能不断增强先进性。

2.团的组织生活制度创新

严格、完善的组织生活制度是保证共青团组织战斗力的关键,健康丰富的团组织生活也是团员自我教育、相互教育、接受锻炼、健康成长的重要途径。历史上,团的组织生活制度是很严格的,"三会一课"等团内组织生活制度在团的建设中发挥了积极而重要的作用。但随着整个经济社会结构的变化和青年群体结构、价值取向的多样化,传统的团的组织生活方式对团员的影响有弱化的趋向。因此,当前要重点围绕增强团员意识,加强团的先进性教育,通过开展团日活动、规范团的活动仪式、重温入团誓词等形式,努力建立起科学、规范、有效的新型团内组织生活制度。

3.团的组织设置制度创新

经过近几年的探索和实践,从实际出发,因地制宜地设置团的组织已成为大家的共识,但面对大量团员青年的不断流动,怎样才能把团组织建成"铁打的营盘"?在哪个层次上建成"铁打的营盘"?使团的组织能自动、迅速地适应团员青年的变化,则需要我们去积极探索。

4.团干部的选拔、奖励、培训制度创新

中组部今年7月份召开了干部人事制度改革会议,如何在干部制度改革当中建立起更富有活力的团干部选拔机制,是我们必须面对的事关团干部队伍建设,以至整个团的工作的大课题。在基层团组织当中,如何与基层民主政治建设相结合,树立起新的用人观念,完善现行民主选举制度,完善团干部评价奖励机制都还需要探索和创新。

今天就讲这四个方面,不全面,但是希望大家都来研究和思考这些事关重大的团的基层组织制度建设问题。在实际工作中,希望各试点单位在坚持"四个有利于"和"两个不变"的前提下,进一步解放思想,加大创新力度,胆子更大一点,步子更快一点。同时,在创新实践中要扎扎实实,增强创新制度的可操作性,克服"大而无形"。团的组织部门、上级团委对试点单位要加强指导。试点单位也要不等不靠,积极地闯,积极地创。希望通过大家的共同努力,能为全团提供更多好的经验。

崔波在全国非公有制经济组织团建工作现场推进会上的讲话

2001年6月9日

这次会议是一次非常成功的会议,成果主要体现在两个方面:一是很好地解决了为什么要加强非公有制经济组织团建的问题。二是初步探讨了如何加强的问题。但是,与非公有制经济组织迅速发展的形势相比,与非公有制经济组织千差万别的情况相比,我们目前的认识水平和实践积累还是初步的，提出的政策措施大部分也是比较原则的，有待于在今后的实践中进一步完善提高。希望大家回去后认真贯彻落实会议精神，特别是周强同志的讲话精神，积极实践，大胆创新，努力扩大并深化这次会议的成果。

借此机会，我谈四点意见，供大家参考。

一、以非公有制经济组织团建为突破口，积极探索社会主义市场经济条件下团建的新路子

党的十四大把我国经济体制改革的目标确定为建立社会主义市场经济体制，《中共中央关于制定国民经济和社会发展第十个五年计划的建议》中明确指出，社会主义市场经济体制在我国已经初步确立。二十多年来，各级团组织一直紧随改革开放的步伐，主动适应新情况，探索新的条件下加强自身建设的方法和路子，提出了许多很重要的思想，取得了很多重要的成果。但由于团组织自身建设与经济体制改革必然存在的相对滞后性，和其他各种主客观因素的影响，从总体上看，团的自身建设与市场经济体制还有许多不相适应的地方，还没有完全走出一条与社会主义市场经济体制相适应的团建路子。当前以至今后相当长的时期内，加强团的建设最重要的任务就是探索这条路子。

共青团现在的运作机制，是在长期的革命战争和计划经济时期形成的，有些是反应共青团本质的，有些则是与计划经济体制相适应的，不是团的本质特征。现在的问题是，我们往往不作这种区分，而把那些仅仅与计划经济相适应的部分也当做共青团的本质予以坚持。

社会主义市场经济体制的初步确立给共青团的工作对象、工作环境、工作条件带来了极其深刻的变化。从工作对象上看，越来越多的青年不再是过去概念上的“单位人”，变成了“社会人”，流动性增大，群体结构不断变动，面临的竞争不断增强。从工作环境看，价值观上利益主导的趋势已十分明显；随着通讯技术现代化，各种传媒成为信息传播的主要方式，青少年获取知识、信息，过去主要靠学校、家庭和组织，现在更多地依靠传媒。从工作条件看，专职团干部减少，基层团干部兼职增多，活动时间业余为主，团的活动经费困难等问题普遍存在。这些新情况各类基层团组织都遇到了，但非公有制经济组织中表现最充分。

随着国有企业改革的逐步深入，现代企业制度将真正建立起来。到那时团组织的外部环境与现在相比将有很大的不同。事业单位除一小部分外，大部分将企业化，团组织面临的情况与国有企业团组织将十分相似。国有企事业单位改革到位后与非公有制经济组织在运行机制上肯定还会有很大的差异，但由于它们都是市场的主体，都要按照市场经济的规则办事，将会有更多相似的地方。因此，在一定程度上，非公有制经济组织团组织现在面临的挑战就是今后国有企事业单位亦将面对的问题。从这个意义上讲，探索非公有制经济组织团建工作的新路子，就是在探索社会主义市场经济条件下团建的新路子。因而它不仅是东部沿海地区的任务，也是中西部地区的任务。

二、推进非公有制经济组织团的建设，要以制度创新为重点

过去在农村、企业、学校建立团组织，既是团组织的要求，更是本单位党政的要求，干部配备、干部待遇、工作经费都有明确规定。非公有制经济组织建团面临着完全不同的情况，在其现行体制中没有强制性规定。在这种情况下如何做好工作呢？一些同志的思路是力图把非公有制经济组织团组织，像现在的国有企业那样纳入体制内。单从团的角度看，这是合理的，部分做到也是可能的。但从市场经济体制的要求看，恐怕是不现实的。还有一种倾向，就是把国有企业团的建设、工作的经验直接移植到非公有制经济组织，这也是不对的。

非公有制经济组织团的各项工作，当然要学习过去的经验，但必须是适应其实际的，必须与其具体情况相结合，而且更重要的是在此基础上的创新。没有创新，一切按老办法办，肯定是不行的。

有些同志觉得共青团组织是政治性很强的政治组织，制度创新搞不好会出错误，有思想顾虑。应该说有顾虑是可以理解的，而且在制度创新中也确实要持慎重的态度，但不能因顾虑而无所作为。江泽民总书记指出，“创新是民族的灵魂，是国家兴旺发达的不竭动力，是一个政党永葆青春活力的源泉。”创新也必然是共青团组织永葆青春活力的源泉。如果团组织不在自身建设和工作方式上创新，固步自封，完全按计划经济时期的办法办，是不能做好工作的。团建制度为适应社会主义市场经济体制进行积极地创新，不是要削弱团组织，而是要通过创新，使团组织更好地完成党交给的工作任务，更好地为党巩固青年群众基础。做青年工作最重要、最根本的就是要想方设法把青年凝聚起来，确实对他们的成长产生重要影响。至于通过什么办法，建立哪些具体制度，应该根据不同的情况有所区别，不断创新。当情况发生了重要变化时，只有积极创新才能更好地完成共青团的政治任务，才是对党最大的忠诚。束缚于现存的各种习惯、具体制度，而不敢越雷池一步，当太平官，那才是对党的不忠诚。共青团作为先进青年的群众组织，应该是创造性很强的组织，现在存在着创造活力不够的问题，应引起各级领导同志的注意，并采取得力措施，引导鼓励基层创新，努力在全团营造出浓厚的创新氛围，促使全团特别是各级团干部都积极开动脑筋，大胆创新。

现在需要创新的方面很多，以前我曾在不同场合讲过工作方式的创新、基层团组织的制度创新，今天重点强调两点：首先是团组织设置方式。包括两方面内容，一是能不能把基层团组织的某个层次建成“铁打的”，其以下的可以是“流水的”。这一层次在农村现在应是乡镇一级，在城市应是街道团(工)委一级。“铁打的营盘”是一个很丰富的概念，不仅包括配备专职团干部，还包括很多方面的内容，只要它稳住，下面的团组织有时出现松散瘫痪也没有关系，因为依靠它可以建立起及时解决问题的机制。二是能否把基层团组织构建成网状结构。基层团组织设置现在是树状的，一层一层往下分，基层团组织相互之间没有什么联系。在基层团组织中，也就是团县委以下，能不能建成网状的？一个团员能不能同时参加多个基层团组织，既是这个团支部的成员，也是那个团支部的成员。各基层团组织间有横向联系，从而对团员青年形成多重覆盖。

第二个是资源获取方式的创新。在市场经济条件下，没有物质依托要做好团的工作既不现实，也不可能。过去的创新中对这一方面重视不够。今后至少有以下几个方面需要注意。一是争取财政拨款要有新的观念。过去各级政府给共青团拨的主要是吃饭的钱，养人的钱。所谓事业费也只是开会的钱，办公的钱，有时也有点搞活动的钱，但没有任何支持基层团组织的钱。过去财政拨款中没有这项经费，因为都是同级党政给团组织提供经费，是法定的。虽然提供的数量不多，但有了基本保障。在非公有制经济组织中，不可能规定企业必须拨款给团组织。共青团是党和政府联系青年的桥梁和纽带，由财政给团组织划拨一定的支持基层组织开展活动的经费是合理的。二是整合资源要有新办法。现在是搞一个活动拉一个赞助，很零散。要想办法利用现有的资源建立团的活动基金，以便为团的工作提供长期的支持。三是要充分发挥团组织自有阵地的作用。团组织搞实体，挣钱不多，麻烦却不少，因为团的干部都是“流水的兵”，但办事业不能是流水的。这种情况下怎么办？团中央在进行机构改革时，准备在办公厅设一个机构，把团中央所属的国有资产管起来，履行部分国有资产出资人的管理责任。团属报纸杂志、营地、青少年宫等阵地也非常重要，这也是“铁打的营盘”的一部分。目前，全国各地正在加强青少年活动阵地建设，如果团组织能把这项工作做好，就能为今后的工作打下良好的基础。物质依托是一个要害问题，这个问题不解决，非公有制经济组织团的建设问题就不能说完全解决了。当然，非公有制经济组织团组织仍然要向企业争取活动经费，但这不是惟一的办法，要有多种路子，多种方式。物质依托方面的创新需要大家不断探索，在这里只是提出一个题目。

三、在服务大局、服务青年和服务非公有制经济发展的有机结合中，发挥作用，活跃工作

服务大局、服务青年和服务非公有制经济发展的结合点在哪里？我认为主要是三个方面：一个是技能培训，另一个是文体活动，第三个是维权工作。尤其是技能培训，党政欢迎，企业经营者欢迎，青年也欢迎，是最佳的结合点。在市场经济条件下做技能培训工作，应用办事业的方法去做，这样做不是靠它挣钱，而是可以不花钱或少花钱就能把工作做起来，弥补工作经费的不足。现在和今后相当长一个时期我国的就业压力都会特别大。就业的压力必然提高青年学习的积极性，这就有了做好技术培训工作的客观需求。我到陕西去过两所民办大学，它们开始投资也不太大，比各级团校的条件差远了，但很快就发展起来了。为什么呢？因为它们有灵活的用人机制，有面对市场的培训目标和灵活多样的培训方法。现在许多团校、青少年宫没把培训工作搞起来，或虽然搞了，但活力不足，主要是机制问题，是用人机制、管理机制的问题。利用社会化的方法，发展职业技能培训现在正是好时机，各级团组织要抓住机遇，抢占阵地。如果再过几年，别的培训机构都发育成熟了，再想挤进去就不容易了。维权工作也要特别重视，但要注意方法，特别要注意抓一些典型案件和具有普遍性的问题。

四、集中精力，狠抓落实，推动非公有制经济组织团建工作实现新的发展

团的十四大以来，团中央在基层团组织建设上先后抓了创建“五四红旗团委”、基层“党建带团建”两项工作，今年抓非公有制经济组织团建工作，明年抓制度创新，四件事情是一脉相承的。抓非公有制经济组织团建，事实上就为明年抓制度建设奠定了基础。会后大家在推进非公有制经济组织团建工作时，要注意把握好以下几点。

首先，要集中精力，扎实推进。当前，要把非公有制经济组织团建工作摆上重要位置，集中精力，狠抓一个时期。这样易于争取党政部门的重视和支持，引起团内外的关注，同时也容易取得工作成果。

其次，要明确职责，形成合力。为适应当前和今后一个时期加强非公有制经济组织团建工作的新形势，各级团的领导机关要形成分工合理、职责明确、齐抓共管的工作格局，团中央书记处明确了团中央各有关部门在非公有制经济组织团建工作中的职责。各地可以参照这个职责划分，组织好自己的力量。

再次，要抓住关键环节。乡镇、街道团(工)委是抓非公有制经济组织团建工作的主体。乡镇、街道团(工)委面临的问题很多，其中团干部队伍建设最为突出。有些同志担心乡镇、街道的机构改革可能造成专职团干部数量下降。我希望大家也要看到其中的机遇，因为无论什么时候，乡镇、街道都是要配备团干部的。我们可以对配备团干部多提些素质的要求，使乡镇、街道团干部队伍的素质有较大提高。同时，要狠抓乡镇、街道团的工作，越是这个时候，越要抓团的工作，以工作促团建，以工作促干部配备。近年来，城市街道在不断扩张发展，许多城市增加了街道建制数量，街道工委的内设机构和人员也增多了。我们要抓住这个机遇，配齐配强街道团干部。

最后，要力求重点突破。要选准重点区域和企业，集中精力先行突破。特别是要把小城镇和城区作为非公有制经济组织团建工作的重点，首先予以抓好。

崔波在共青团农村“三个代表”重要思想学习教育工作座谈会上的讲话

2001年7月18日，根据录音整理

这次共青团农村“三个代表”重要思想学习教育工作座谈会，虽然规模小、时间短，但是一次非常重要的会议。周强同志的讲话，对当前全团深入学习贯彻江泽民同志“七一”重要讲话精神，研究和推进新形势下团的建设和团的工作，进一步做好共青团农村“三个代表”重要思想学习教育工作，提出了很全面、很重要的指导性意见。9个团省(自治区、直辖市)委和2个团县(市)委的负责同志的发言，介绍了各自的经验，交流了体会。我相信，随着会议精神的传达贯彻，将对全团农村“三个代表”重要思想学习教育工作起到重要的指导作用。

在此，谈几点意见，供大家参考。

一、学习江泽民同志“七一”重要讲话，重点要抓好团干部特别是团的各级领导干部的深入学习。周强同志提出深入学习贯彻江泽民同志“七一”重要讲话，是共青团当前和今后一个时期的首要任务，并要求迅速兴起学习的高潮。落实这个任务，关键是抓好团干部尤其是团的各级领导干部的学习。这是因为“三个代表”重要思想解决的是新形势下建设什么样的党和怎样建设党的问题。谁来始终坚持“三个代表”？是党。谁应实践“三个代表”？是党员，特别是党的领导干部。谁来贯彻落实“三个代表”？是党的各级组织、党的各级干部。共青团是党领导的先进青年的群众组织，是党的助手和后备军，因而“三个代表”重要思想必然是新时期加强团的建设、做好团的各项工作的根本指针。江泽民同志“七一”重要讲话，全团当然要学，但更重要的是各级团干部特别是团的领导干部要带头学、深入学。

江泽民同志“七一”重要讲话，大家都听过了、看过了，有的还看了好几遍，普遍感觉《讲话》非常重要，具有丰富的理论内涵，对党建理论有许多重大创新，对我们党的建设将产生重大而深远的影响。但应该看到，现在的学习还是初步的。“三个代表”重要思想，揭示了党的先进性的本质内涵，为解决我们党在长期执政的条件下自身建设面临的一系列重大问题提供了理论指导。学习掌握好“三个代表”重要思想，就能掌握一个锐利的思想武器，就会在党的建设方面带来一次很重要的思想解放，就会大大地促进我们正在进行的对新形势下加强团的建设的新路子的探索。所以，不能满足于听过了、看过了，而是要通过自学、中心组集体学、辅导讲座、专题讨论、深入调研等多种方式，认真体会、深刻理解、全面把握《讲话》的精神实质，真正做到把思想认识统一到讲话精神上来，贯彻到团的各项工作中去。

二、增强机遇意识，更加积极主动地推进共青团农村“三个代表”重要思想学习教育工作。在农村开展“三个代表”重要思想学习教育活动，是我们党在新世纪解决好农业、农村和农民问题的一项重要基础建设，是事关改革、发展和稳定全局的一件大事，对于推动农村经济发展和社会全面进步，具有重大而深远的指导意义。对于团组织而言，学习教育活动是我们进一步加强县、乡、村三级团组织建设，全面推进农村团的工作的一次难得的机遇。党中央明确指出，学习教育活动要在各地党委的统一领导下进行，各有关部门包括团组织，要从系统的角度加强指导。在全国农村“三个代表”重要思想学习教育活动第四次联系会议上，曾庆红同志专门就此提出过要求。各级团组织要认真领会党中央的精神，更加积极主动地做好学习教育工作。同样的事，主动抓和被动抓是大不一样的。对于团的各级领导机关而言，不能满足于一般的布置、要求，而应该切实安排力量，深入下去，掌握情况，与有关方面加强沟通，掌握指导的发言权，努力增强指导的针对性和实效性。对于是学习教育对象的县乡团委和农村团干部，要按照党委的统一要求，认真完成每一个阶段的学习任务，主动联系思想和工作实际，解决好存在的突出问题。总之，要把农村“三个代表”重要思想学习教育活动，作为加强县、乡、村三级团组织建设，推动农村团的工作的重大机遇，进一步增强积极性和主动性，切实抓紧抓好。

三、认真抓好第一批学习教育活动的回访复查和整改措施的落实。搞好整改，认真解决存在的突出问题，是整个学习教育活动成败的关键。上级团委要按照中央的部署和当地党委的统一安排，积极参与对第一批开展学习教育活动的团组织的回访复查。省、地两级团委要重点抓好团县（市）委的回访复查工作，最好对本地团县（市）委的情况进行一次认真的分析，对那些基础比较弱、问题比较突出的，一方面要帮助他们找准问题，抓好整改措施的落实；另一方面可直接与县（市）党委沟通情况，交流意见，促进问题的解决。

四、及早着手，做好村级学习教育活动的准备工作。按照党中央的部署，下一步的学习教育活动将主要在村级和乡镇站所进行。应该说，村一级的工作难度更大。各级团组织要按照最近召开的全国农村“三个代表”重要思想学习教育工作电视电话会议的要求，在党委的统一领导下，及早着手准备。一是关注试点。中央对村一级的学习教育活动非常重视，要求各地在夏秋两季搞好试点，总结经验。在这个过程中，团组织不要单独搞试点，但团省（区、市）委、团地（市）委以及团县（市）委，要关注当地试点的情况，及时了解党委的工作部署，反映团组织的意见、建议，充分掌握、利用试点取得的经验。二是要通过调查研究，了解村一级团组织总体上需要解决的主要问题是什么，做到心中有数，以便有针对性地指导下一步的工作。三是结合学习教育活动，做好村团支部的换届工作。按有关规定，村团支部的届期为一年至一年半，要争取在第二批学习教育活动开展之前，即今年夏秋两季搞一次村级的集中换届，至少松散瘫痪的团支部要在学习教育活动开始之前完成换届。否则，会出现学习的时候没有团支部书记参加，或者学完之后就换届等情况，影响学习教育效果。

五、通过办实事、办好事，努力推进农村团的工作。学习教育活动的根本目的是“干部受到教育，农民得到实惠”。各级团组织要按照这个精神，把学习教育工作与推动农村团的工作结合起来，围绕农村青年普遍关心的问题和迫切需要解决的实际困难，办实事、办好事，为促进农村经济发展和农村青年致富成才做出应有的贡献。回顾改革开放20年来，农村团的工作总体思路的发展历程是，1985年以前是号召团员青年带头致富，1988年提出培养青年星火带头人，90年代初提出领办科技推广项目，这些工作都取得了很好的效果。目前，这些思路对于从事农业的农村青年还是适应的，但涵盖不了从事非农产业的青年。这就需要各级团组织在新的历史条件下，勇于创新，不断探索新的工作思路和工作方法，更好地服务农村青年增效增收、成长成才。学习教育活动,为我们做好农村团的工作提供了有利条件和良好机遇。各级团组织要抓住这个机遇,切实抓好乡村青年文化节、科技培训、培养经纪人等工作,积极探索促进农村青年充分就业、增加收入的新路子,推动农村团的工作迈上一个新台阶。

六、认真总结经验，努力加强农村团建的机制建设。学习教育活动中，各地在加强团委班子、团干部队伍建设等方面做了很多工作，创造了一些好做法、好经验，是很宝贵的。各级团组织要认真总结，并通过制度化、规范化，将其坚持下去，推广开来，逐步形成工作机制。特别需要强调的是团干部思想作风问题。现在，许多团干部是从学校直接进入机关的，对企业、农村、学校、社区的状况缺乏深入的了解，对青年的思想、生活状况缺乏深入的了解。在学习教育活动中，他们进村入户，深入团员青年，了解了农村青年在想什么、盼什么，进一步密切了团干部和农村青年的联系，效果很好。这些做法应该坚持下去，并推广到各条战线。

积极实施青年农民培训工程 努力促进农村青年增收成才

——崔波在“跨世纪青年农民科技培训工程”工作座谈会上的讲话

2001 年 10 月 18 日

农业部、财政部、共青团中央今天联合召开跨世纪青年农民科技培训工程工作座谈会,以江泽民总书记“三个代表”重要思想为指导,总结工作、交流经验,学习贯彻温家宝同志的重要批示精神,必将有力地推动青年农民培训工程在全国深入开展。

从 1999 年在山东衮州启动以来,青年农民科技培训工程分两批在全国 198 个县(市)进行了试点,有关团组织积极配合、主动参与,以极大的热情投入到这项工作当中,做出了积极的贡献。共青团中央多次召开省级团委青农部长会议,贯彻落实三部委的有关会议和文件精神,对试点工作办公室设在团县委的县(市)保持着直接联系。山东、湖南等团省委还派出专人,深入基层进行专题调研,提出了一些富有创造性的意见和建议。辽宁省铁岭团县委,会同农业、财政部门,探索形成了一整套较为科学实用的管理办法。试点县市的村团支部书记大都带头报名参加了学习,并且积极承担教学班学员的管理和服务工作,许多试点县(市)团委还将做好培训工程与团的其他工作密切结合,大胆创新,努力为受训学员服务。如浙江省上虞团市委发现一些学员受训后发展生产缺少资金,就主动找市信用社协商,推出了优秀学员“创业信用卡”制度,学员凭此卡无需担保就可从信用社获得 10 万元以内的贷款,极大调动了学员的学习和创业积极性。有关团组织在充分发挥和利用好自有传媒、本系统力量的同时,广泛动员社会各方力量做好青年农民培训工程的宣传工作。

从试点县（市）实践中，我们深深感到实施跨世纪青年农民科技培训工程确实是全国亿万农村青年的一件大喜事。随着工程的全面推开，越来越多的青年农民将因此受益。因此，在这里请允许我代表广大农村青年，向所有关心支持这项工程的各级党政领导，特别是农业、财政部门的领导和同志们，向一切为此而付出心血的同志们表示衷心的感谢。

两年的实践表明，这项为我国农村特别是农业培养高素质青年劳动者和带头人的工作，是对以往各级各类农民培训的升华和提高，对开发农村丰富的人力资源，促进农村先进生产力的发展，加快农业先进科学技术的传播，帮助农民增收，推动农村经济结构调整和持续发展具有重要的作用，是贯彻落实江泽民总书记“三个代表”重要思想的生动实践。

之所以能够取得较好的效果，主要有以下三方面原因：

首先，培训对象明确而且关键，改革开放以来的实践一再证明，一项先进农业技术的推广，一个地方主导产业的形成，大都是一些青年率先干，进而示范带动周围群众逐渐发展起来的。在农户具有经营自主权和实行市场经济的情况下，青年农民对于农业、农村发展的作用，重要的不在于数量，而在于其在学习应用新技术、创新生产经营方式等方面所发挥的不可替代的示范和带头作用。青年农民在所有农民中是相对有知识、有文化、有追求的，提高他们的科学文化、政策法规、市场经济知识水平，就能有效地促进农村先进生产力和先进文化的发展。江泽民总书记指出，“青年兴则国家兴，青年强则国家强，青年有希望，未来的发展就有希望。”因此，这项工程的培训对象确定为40岁以下，具有初中以上文化水平，从事农业生产、经营、服务两年以上，有一定生产经营管理水平的优秀青年农民，是完全正确的，抓住了推动农村经济社会发展的关键。

第二，操作方法科学可行。青年农民培训工程与过去的一些培训工程相比，有两个显著特征：一是培训内容的系统性、针对性。培训坚持从农村政策及法律法规、农业新技术、新成果、生态农业、市场经济知识等方面人手，紧紧围绕当地主导产业发展和经济结构调整的实际需要，根据青年农民的接受能力，确定具体内容。做到了既注重基本技能，还注重重要的理论知识；既注重技术的实用性，还注重知识的系统性。二是培训方式的实践性。《操作规程》明确规定一个教学班的总课时不少于300学时，其中理论与实践1:1，技术培训以实践和技能培训为主，以理论为辅，提倡现场教学，从而保证了培训质量。三是班次设置的多样性。既有长期班，又有短期的，一切从实际出发。

第三，运作机制上较好地整合了各方的力量。农业、财政、共青团三个方面各有特点，按照统一领导，分工协作的原则共同实施培训工程，有利于发挥各自优势，促进了培训工程的有效实施。

这次座谈会对前一阶段试点工作进行总结交流，部署下一步全面实施的工作，是一次重要的会议。各地团组织要认真领会、全面贯彻温家宝副总理“加强对青年农民的培训，提高他们的科学文化水平，是新阶段科教兴农的一项基础性工作，也是一项长期艰巨的历史性任务。要认真总结经验，精心组织，完善措施，继续把青年农民培训工程试点工作做好，努力提高培训效果，充分发挥示范和推动作用。”的重要批示，进一步提高认识，统一思想，按照本次会议的精神，继续坚持积极配合、主动参与的原则，在今后的工作中要努力做到以下三点。

一、工程实施县（市）团组织要把青年农民培训工程作为共青团农村工作的统揽

青年农民培训工程为全国广大青年农民提供了学习科技、提高素质的良好机会和有利条件，实施县团组织一定要把青年农民培训工程摆在统揽共青团农村工作的位置上。这是因为，一方面，青年农民培训工程与党的农业和农村中心工作，与青年农民的切身利益和根本需求相一致。当前党在农村工作中的中心任务和青年农民的根本需求归结到一点，就是要增加农民收入。增收从根本上来说，要靠农民素质的提高。培训工程的主要任务，就是提高青年农民的素质。农业产业结构调整，不是多种什么，少种什么的问题，而是如何提高商品品质，如何面向市场、产业化经营问题，更需要不断推进技术进步。另一方面，青年农民科技培训工程和共青团正在农村开展的实用技术培训、培养带头人、示范推广科技项目等重点工作从本质上讲是一致的。青年农民科技培训工程三个部委联合实施，共青团虽不是主要牵头单位，但它为团组织提供了乘势而上的条件和机会。

二、密切配合，积极主动地完成好所承担的任务

办公室设在团县委的，要把这项工作当做团县委这两年的首要工作，集中精力，抓紧抓好。一定要严格按照《实施操作规程》和《管理办法》，保证高质量地完成培训任务。办公室没有设在团县委的，团组织要认真按照《管理办法》规定，做好“学前动员、学后跟踪服务和青年农民典型事迹宣传”等工作。在学前动员中，要把动员青年农民参加学习的过程，作为对广大青年及社会进行科技兴农战略的宣传教育过程；学后跟踪服务要紧密结合示范推广科技项目工作，大胆创新服务方式，努力提高服务能力，坚持一以贯之；典型宣传的方式要多种多样，力求实效。有条件的还可以发挥自身优势，主动争取任务，自觉多做贡献。

三、切实转变工作作风，狠抓落实，务求实效

要以党的十五届六中全会精神为指导，切实做好青年农民培训工程的落实工作。在工作的落实当中，把党中央转变作风的要求落到实处。要进一步强化解放思想、实事求是的思想作风，用与时俱进的创新精神去分析和解决培训工作中遇到的困难和问题；要进一步强化服务青年的意识，深入青年，了解青年，只有深入到农村青年当中，才有可能做到懂青年心，明青年情，才能使工作符合实际，取得实效，富有效率；要发扬不怕困难、勇于拼搏的艰苦奋斗精神，在战胜困难的过程中学知识、受教育、长才干、砥砺品格；要扎扎实实，务求实效，努力把这件利国利民的实事、好事办好，努力争取较大的实际效果。

崔波在2002年共青团宣传工作会议上的讲话

2002年3月2日

大家普遍反映我们开了一个很成功的会议。认为会议很好地贯彻了党中央最近召开的一系列会议精神，进一步加深了对中央有关方针、重大决策和部署的领会，认清了形势，统一了思想，提高了做好今年团的宣传工作重要性的认识。会议结合团的工作实际，明确提出了今年团的宣传工作思路、工作重点，这对于在今年这样一个重要的年份，做好团的宣传工作，甚至做好整个团的工作，都有重要的指导意义。大家一致认为通过参加会议增强了做好今年宣传工作的信心，鼓舞了干劲。

这次会议的基本精神和今年团的宣传工作的指导思想、具体要求，在周强同志的讲话、金龙同志的讲话以及可为、雍政同志的具体部署中，还有会议上发给大家的文件中，都已经充分体现了。现在的关键是抓好落实。就此我讲三点意见。

一、必须贯彻“讲政治”的要求

共青团是一个政治组织，它的一切活动都具有政治意义。宣传工作在团的各项工作中是灵魂，是团的政治态度的直接体现，反映着共青团的政治立场、政治方向。这就决定了团的宣传工作要强调讲政治的要求，实际上也历来如此。

今年是我们党和国家历史上非常重要的一年，讲政治又有特别的意义。我们党将要召开第十六次全国代表大会。这次大会，是包括广大青年在内的全党全国各族人民政治生活中的一件大事。这次大会的召开，对我们党的建设，对我们国家的发展，都有非常重要的意义。历史的经验表明，每逢党的代表大会召开，都会实现全党全国人民精神的大振奋，祖国建设和党的事业的大发展，全党全社会思想的大统一。另一方面，在每次代表大会召开之前，国内外敌对势力也会寻机滋事，试图扰乱人们的思想，试图通过各种方式产生影响，因而在思想理论领域也难免会出现一些杂音和噪音。今年又是我国加入世贸组织的第一年，加入世贸组织，对我国的政治、经济、社会生活和人们的思想观念将产生广泛而深刻的影响。我国的改革开放也到了一个非常关键的时期，各种社会矛盾特别是深层次矛盾逐渐显现。现在各种文化思潮传播速度加快，意识形态领域的情况更加复杂。面对这样一种国际国内风云变幻、错综复杂的形势，宣传工作统一思想的任务就特别重。有些事情在过去不会产生很大的联想，现在就可能要多问一个为什么。比如：我们报纸上登一篇文章，本来没有任何背景，但是在网上就炒得很有背景。所以，讲政治不是空话套话，而是非常具体，非常实在，指向非常明确的要求。

江泽民总书记提出的“讲政治”，包括政治方向、政治立场、政治观点、政治纪律、政治鉴别力、政治敏锐性。对共青团来讲，讲政治就是要有坚定正确的政治方向，自觉地在思想上、行动上与以江泽民同志为核心的党中央保持高度一致，自觉地维护改革发展稳定的大局。对于团的宣传工作来讲，就是要用政治的眼光看问题，自觉地把我们的工作放到党和国家的大局中去考虑、去把握，在实际工作中准确地、全面地贯彻执行党的路线、方针和政策。强调讲政治，既要防止“左”，又要防止右。我们讲统一思想，是在解放思想中统一思想。讲政治的最低目标是不能由于我们的工作不当出现问题。当然我们不能满足于这样的目标，要力争通过有效的工作为党和国家的大局做出贡献。

讲政治，就是要从政治的高度来把握今年的工作思路。今年团的宣传工作的主线是迎接十六大、宣传十六大、贯彻十六大，认真学习“三个代表”、深入宣传“三个代表”、身体力行“三个代表”。工作重点就是坚持不懈地用邓小平理论和“三个代表”重要思想教育武装团员青年，统一广大团员青年的思想。各级团组织要紧紧把握这条主线，突出这个重点，各项工作的展开都要围绕这个主线，服务于这个重点。

当前，讲政治最主要的就是组织团员青年学习、宣传、贯彻“三个代表”重要思想。胡锦涛同志在今年中央党校春季开学典礼上发表讲话时指出：认真落实“三个代表”重要思想，始终站在时代前列，不断推进中国先进生产力和先进文化的发展，不断满足最广大人民群众日益增长的物质文化需求，团结和带领全国各族人民把建设有中国特色社会主义事业不断推向前进。这是我们党保持先进性的根本要求,既要贯彻和体现到党的建设的各个方面,又要贯彻和体现到我国社会主义现代化建设的各个领域。这就是说,"三个代表"重要思想不单是一个党建理论问题,它也是建设有中国特色社会主义理论的一个重要问题,不单是治党的理论和指针,也是治国的理论和指针。团员青年不仅要通过学习"三个代表"重要思想,从更本质的层次上理解党的先进性,从而坚定不移地跟党走,还要通过学习,更准确地理解和把握先进生产力的发展要求、先进文化的前进方向、最广大人民群众的根本利益,身体力行"三个代表"。

讲政治,就是要从政治的高度把握好团属报刊的舆论导向。我听说在会议讨论当中,许多同志对管好团属报刊有压力。我想这个压力既有把握方向的压力,又有发展的压力。对于管这件事的干部来讲,有这样一个压力是难得的锻炼机遇。这个压力会逼着我们多学一些知识,多思考些问题。很多问题的发生,是因为上级组织的一系列精神和要求没有真正传达落实到记者编辑队伍当中造成的。因此,抓团属报刊的舆论导向,统一全团的思想,得首先统一好新闻宣传战线所有干部职工特别是采编人员的思想。思想真正统一了,工作就比较容易做好。有的报刊为了寻找卖点,降格以求,出现了格调问题。格调问题也是导向问题。我想提醒大家,团属报刊靠降低格调是绝对没有出路的。

讲政治,就是要把握好纪念建团80周年活动中的有关问题。要切实贯彻团中央书记处提出的指导思想和原则,立足基层,面向团员,主题鲜明,务求实效。纪念建团80周年的所有活动要服从、服务于今年团的宣传工作的主线和重点,而不是游离于工作主线和重点之外。

落实讲政治的要求,最重要的是各级团委负责同志和做宣传工作的同志们、新闻出版战线的同志们要增强政治责任心、政治敏锐性、政治鉴别力。政治敏锐性和政治鉴别力是能力问题,是逐渐培养的。但政治责任心是态度问题。很多事情,只要有强烈的责任心,精力高度集中,没有任何懈怠,遇事多想一想,多考虑考虑,就会避免出问题。政治责任心就是对党负责,对团负责。不要因为我们一时的不慎、马虎,给党和国家的大局、给团组织带来不利的影响。现实说明,一些单位出问题,应该说大都不是能力问题,而是责任心问题。因为我们都受党教育多年,判断政治是非的基本能力还是有的。关键是有的时候没有上心,没上心就可能出错。我之所以提出用讲政治的要求来把握今年的工作思路,来统领全年的宣传工作,就是希望大家把"讲政治"三个字深深地刻在脑海中,贯彻在各项工作当中。

二、必须在理论研究和打造可持续发展的品牌项目上下功夫

共青团的根本任务是育人,是按照党的要求引导、团结、教育青少年。我们开展的一系列活动,都是为了教育青少年。宣传部门作为负责思想工作的综合部门,在育人的方式方法和特点上与战线部门是有区别的,宣传战线育人的侧重点是政治理论武装和思想道德教育。宣传思想工作在计划经济时期主要的方法是正面教育、学习等。但随着改革开放的深入进行,我们面临的情况与过去有了很大不同,要完成教育青年的任务,就需要有与时代相适应的新方法、新载体。这些年经过全团的努力,我们已经积累了一些经验。如抓住重要契机开展教育就是很有效的一个办法,抓舆论导向、网络宣传也是一个很重要的办法,这都是过去没有过的。但从总体上看,教育方法的进步与教育所承担的任务以及教育对象的需求相比较,还很不够。因此,在新的历史时期,团的宣传部门要完成好党交给的育人任务,一方面要把握好政治导向、舆论导向;另一方面,又要积极探索具体有形的、便于各级团组织操作的活动载体，把广大青年动员和吸引到理论武装、思想道德教育、学习科学文化等团的实践活动中来，使他们在参与中受教育，在实践中受教育。为此，就需要团的宣传战线在加强理论研究和打造可持续发展的品牌项目上下功夫。

政治的坚定来源于理论的清醒，业务的精通来源于对青少年状况和宣传教育规律的深刻把握。在会议讨论中许多同志希望团中央在理论研究方面发挥更重要的作用。我认为大家的意见和建议是对的。团中央书记处对加强青少年和青少年工作理论研究十分重视，在1999年就提出了共青团青少年和青少年工作研究规划，并成立了由书记处有关同志和团中央有关部门负责人组成的研究规划领导小组。近几年，规划课题的研究工作取得了一定的进展，但做得还很不够。团中央宣传部今后要发挥优势，切实加强理论研究的宏观指导和规划，省级团委在这方面的工作也要加强，因为层次越高，范围越大，资源越多，进行理论研究越有优势。

当前，理论研究的主要课题应是改革开放条件下我国青少年成长的规律。要通过研究青少年成长规律，找到影响青少年健康成长的因素，并采取相应的措施，使我们的工作对青少年成长产生更大的影响。我们不可能包打天下，但怎样使我们的工作对青少年成长的影响大一些，是可以做的，也是应该做的。这样，依据研究成果，给党委政府提供的一些政策性建议就会更切合实际。中国青少年研究中心在少儿方面的研究，可以说是全国的权威，他们提出的好多理论观点是很受欢迎的，对于中国少儿教育理论建设、政策环境、教育方法等都很有影响。目前，青年研究方面的不足是对青年现状描述比较多，重大的、有深度的理论研究和探索相对薄弱。

打造可持续发展的品牌项目，是在发展社会主义市场经济条件下，推动团的宣传思想工作不断深入，切实增强育人的针对性、实效性、主动性和时代感的必由之路。在新形势下，对青少年的思想教育需要具体、有形，需要新的载体。我们说的打造品牌项目，就是探索教育青少年的有效载体。如果没有一定的品牌项目，即使有了理论成果，也发挥不了广泛的教育青少年的作用。宣传系统在历史上创造了很多这方面的成果，如：青年志愿者、18岁成人仪式教育、青少年新世纪读书计划等。现在我们的青少年思想教育亟需更多这样的载体。我们应该在现有基础上，积极探索新的载体。这种载体找准了，很多工作就容易推开，活动也就容易搞起来。

与这个问题相联系的，是加强宏观指导与直接操作的关系问题。有的同志认为，宣传部门作为综合部门，任务就是宏观指导，不宜自己直接搞品牌项目。我认为，宣传工作要抓宏观指导，这既包括一级对一级的指导，也包括提出的一些观念、理念，对全团工作的指导。但是宣传部门不能光是宏观指导，也得有一些自己独自操作的东西。就这次会议布置的工作来看，是给你们开了一些菜单。开菜单就是让大家有选择。省级团委直接操作的时候，要注意重点和面的兼顾，必要时要加上自己的几个“菜”，再传达下去，给基层更多的选择。既不要把面缩得太小，也不要不分重点，平均用力。可以重点地选择其中的一些项目，做得更细致一些，但其它项目也要告诉基层。因为基层的情况千差万别，只有这样，才便于基层全面做好工作。在打造品牌方面，大家要做长期努力。这次会议推出了几个操作性的项目，如助学行动、文化广场等都可以做，但这还是些小的品牌项目，还不完全是我这里所说的、比较大的品牌项目，要找到这样的项目还需要上上下下的努力。

有的同志提出，宣传部门就那么几个人，人、财、物力有限，事务性的工作又特别多，没有能力全面承担起这样重的任务。解决这个问题，我看一要突出重点，有所为，有所不为；二要学会借力，走社会化的路子。

三、必须切实解决问题

党的十五届六中全会以后，各级团的领导机关和团干部的工作作风、思想作风、生活作风有了很大的改变，深入基层的多了。我今天要提醒大家的是，深入基层不是目的，研究问题也不是目的，解决问题才是目的。访贫问苦，听取群众意见是必要的，但不是最终目的，听了你得解决问题才行，你得改进工作，这才是真正的转变作风。如果没有解决问题这个目的起导向作用，深入基层弄不好就搞成了形式主义，不单是不能给青年解决什么问题，反而会带来更多的负担，带来更多的问题，带来更多的浪费。当然，不解决问题，深入基层，与青少年增进感情也好，但这不是做领导的主要责任。

现在大家都在讲创新。创新是什么？我觉得，创新在一定意义上讲就是解决问题。遇到什么问题，通过创造新的方法把它解决了、克服了，创新就完成了。所以创新的过程就是解决问题的过程。创新的结果就是问题得到解决。

现在，在我们国家和社会生活中都有很多问题需要解决，共青团需要研究解决的问题也很多。比如：团的思想教育工作的针对性、有效性的问题；大家在讨论中提到的青年文化现象问题，都需要认真研究，切实加以解决。我们推进团的工作，一定每年都要选择几个重点问题去突破，哪怕是突破一个也好。全国18万专职团干部，每个团干部如果能解决一个自己面临的突出问题，那就会把当地的团工作向前推进一大步。比如：会上讲到的青年志愿者行动的四大建设，每个里头都有好多问题需要解决。现在发给大家的《中国青年志愿者注册管理办法（试行）》，大家反映还是比较笼统，需要细致。要细致，就需要在实践当中不断去解决问题。现在需要志愿服务的人在增加，愿意提供志愿服务的人也在增加。我们的责任是什么？就是通过落实这个《办法》，找到一套机制，把这两个方面简便地、有效地联结起来。又如：现在的中国青年志愿者协会是以团体会员为主，省级协会也是，到县级还是以团体会员为主？是不是可以考虑：只要在服务站、服务队做了注册志愿者的，就是基层协会的会员。只有有了大量的个人会员，我们这个组织才有基础。另外，有很多志愿者不可能集中提供志愿服务时间，那就得规定，志愿者累计提供多长时间的志愿服务，才能算是协会会员。现在这些问题都没有解决。我们在会议上布置的工作，从学习"三个代表"重要思想的活动如何深入，到青年志愿者注册管理制度的落实等等，都有大量的具体问题需要解决。我想，只要我们大家都动手来解决这些问题，你在这个方面解决了，他在那个方面解决了，再通过相互学习交流，全团的工作就会推进得很快。

解决问题，也是促进干部成长的有效途径，是衡量干部素质和能力的一个重要内容。一般来讲，团干部的思想认识水平是较高的，对做某项工作的重要意义和作用往往都能认识得很充分。但做落实工作，做解决具体问题的工作，做操作性工作方面往往是弱项。干部的工作能力最主要的是分析问题、解决问题的能力。在团的工作岗位上，在没钱、没物的情况下，经过几年的工作实践，在发现问题、分析问题、解决问题的能力上有很大提高，那是对我们每个人最好的培养。从这个意义上讲，团的工作岗位，不单单是提高我们认知问题能力的重要岗位，同时也是培养我们解决问题能力的重要岗位。

贯彻落实好本次会议精神，做好今年的宣传工作，有很多问题需要解决。只要我们大家都来解决问题，我们在会议上提出的任务就会在全团有一个比较好的落实，那么团的宣传工作对整个团的工作的贡献就会比较大。这个会已经有一个很好的开头，相信大家在会后一定能取得更好的成绩。

竭诚服务青少年的成长与发展是青少年宫全部工作的出发点和落脚点

——崔波在全国青少年宫协会三届二次理事会上的讲话

2002 年 6 月 26 日，根据录音整理

仅用一天时间，我们就比较全面地总结了“广东会议”以来全国青少年宫协会的工作，研究分析了当前的形势，对下一步的工作提出了思路，做出了成立事业发展部并投资设立相应公司的决定。这是一次很有成效的会议。

这次会议在一定意义上也意味着团属青少年宫事业和青少年宫协会的工作将进入一个新的发展阶段。团属青少年宫事业是建国后发展起来的。从 1988 年成立全国青少年宫协会到现在也已 14 年了，其间青少年宫协会在推动全国青少年宫事业的发展上起到了积极的作用，但是总体上看，协会还比较松散。成立事业部，并成立相应的公司，就意味着 1000 多个团属青少年宫有可能通过实质性的合作联合起来，协会也可以用事业化的方式更好地服务各会员单位的发展，从而把大家所具有的整体优势充分发挥出来，把大家所蕴藏的巨大能量发挥出来。

关于今后的工作，可为同志和绍川同志已经讲了很好的意见，我都赞同，希望大家认真落实。我想讲三个问题。

一、要正确把握青少年宫事业面临的形势

当前青少年宫的发展面临着新的机遇。首先是党中央、国务院对青少年工作特别是青少年宫事业，给予了前所未有的关注。江泽民总书记在纪念建团 80 周年大会上的讲话，全面、深刻地阐述了马克思主义青年观，显示了以江泽民同志为核心的党中央对青年和青年工作的深邃思考与远见卓识，是一篇马克思主义的光辉文献。这个讲话对我们做好青少年宫工作有着重要而且直接的指导意义。讲话要求各级党委、政府以及全社会都要关心青少年的成长，指出青少年的成长与社会环境密切相关，社会对青少年的成长具有重要的作用，为了青年一代的健康成长，必须在全社会形成爱护青少年、关心青少年、支持青少年的良好氛围。讲话明确提出各地各部门都要认真研究在改革开放条件下成长起来的新一代青年的特点，把握新的历史条件下做好青年工作的规律。这些论述对青少年宫事业的发展有着重要的指导意义。青少年宫是为青少年服务的，尤其要研究新形势下青少年的特点，把握青少年工作的规律。讲话要求团组织要与时俱进，不断开创青年工作的新局面。青少年宫的工作是团的工作很重要的一部分，开创团的工作新局面，包括开创青少年宫工作的新局面，也包括青少年宫怎样做工作，才能够推动全团的工作新局面的开创。江总书记在讲话中对当代青年的成长道路也进行了深刻的阐述，讲到了青年运动的方向、“四个统一”的要求和“六点希望”。这些对我们研究青少年教育工作，确定青少年宫的工作思路，设计具体的工作项目，都有着直接的指导作用。所以说，“5·15”讲话为我们做好青少年宫工作提供了重要的理论指导。

江总书记近年来在不同的场合，多次讲到青年问题。去年的“七一”讲话，专门对青年一代提出了希望。今年“5·15”讲话之后，在中国科学院第十一次院士大会和中国工程院第六次院士大会上，又专门讲了培养优秀青年人才问题。在“5·31”讲话当中，更是对青年一代寄托了殷切希望。我们思考团的工作，思考青少年宫的工作，都要放在这样的背景下来考虑、来思考。

其次，各级党委和政府以及社会各界都对青少年活动阵地建设更为重视。如果说“广东会议”召开时，中办、国办《关于加强青少年学生活动场所建设和管理工作的通知》才刚刚下发，我们只是感觉到一个信息，那么现在则是中央已经采取了一系列措施来推动这项工作。在青少年宫建设方面，中央直接支持建设的县级青少年宫中，已有200多家在建设，许多省市也都拿出了专门资金，用于青少年活动阵地建设。两办通知提出“十五”期间力争90%的县都要建一处青少年校外活动阵地，是个什么概念呢？目前团属青少年宫到2000年的统计是1050所，其中地、市已建成160所，占应建的80%；县级只有384所。如果到“十五”末也就是2005年达到90%的话，今后3到5年，我们新建的县级青少年宫将比前50年建设的总和还要多好多，不能不说是一个大的发展趋势。

第三，当代青少年有着显著的特点，给青少年教育包括青少年宫教育提出了新的课题。现在，70年代后期和80年代初出生的青年已经走上时代舞台，开始扮演重要角色。他们大都是独生子女，出生和成长在改革开放时期。急剧变化的社会生活，开放的社会环境，多元的社会文化，多样快捷的信息传播渠道，都对他们的思想观念、人格特点等方面产生了深刻的影响，铸就了其鲜明的时代特征。只有准确把握他们的特征并采取恰当的方法，才能使教育具有针对性和实效性。这方面我们虽然做了很多努力，但差距还是很明显的，还需要全团乃至社会的有关方面作出巨大的努力。比如，最近北京两少年纵火“蓝极速网吧”一事，事情虽是偶然的，但反映出了很多需要全社会思考的问题。青少年宫作为专职从事青少年工作的公益性社会机构，当然应该进行认真而深入的思考。

二、要正确把握青少年宫在共青团工作中的定位

青少年宫是青少年工作一个重要的方面军，是共青团工作的重要载体，是社会文化、科技、教育事业的有机组成部分，这是一直以来大家形成的共识，无疑是对的。今天我想在此基础上，从青少年宫在新的条件下应该和能够发挥的作用上谈谈其定位问题。

第一，青少年宫是共青团服务青少年体系的重要组成部分，在基层甚至是骨干部分。在市场经济条件下，有效地服务于青年的成长和发展是保持和增强团组织对团员青年的吸引力、凝聚力的重要依据。为把服务青少年的工作落到实处，团的十四届二中全会提出要建立服务体系。现在看建设这个体系的现实依托主要是团的各级组织、团属青少年活动阵地、团属青少年报刊、网站和各级团校。不难看出，有物质依托而又能形成较大覆盖网络的是青少年活动阵地。建设各级各类的团属青少年活动阵地就是在建设共青团服务青少年体系的硬件框架，依托活动阵地开展的各种服务青少年的活动就是在建设共青团服务青少年体系的软件框架，联合非团属青少年活动阵地共同开展活动就是这一体系的功能扩张。青少年宫作为所在城市和地区规模较大、功能较全、政府支持的青少年活动场所，理应在当地各种青少年活动场所当中起龙头作用，在整个共青团服务体系当中起骨干作用。

第二，青少年宫是新的历史条件下共青团吸引、凝聚青少年的重要着力点。如何增强对青年的吸引力和凝聚力，是新形势下团的建设需要解决的根本问题。我们党很重视这个问题，江总书记在“5·15”讲话中指出：“我们党要赢得青年，就必须用先进的理论引导青年，用光辉的事业凝聚青年，用良好的作风吸引青年。”江总书记还深刻论述了党在新时期靠什么引导、凝聚、吸引青年。从现有的认识看，共青团要增强对青年的吸引力和凝聚力，一方面要通过有效的形式把党的上述要求落实到实处，另一方面就是要实实在在地为青少年的成长与发展提供有效服务。可以说在政治方向正确的前提下，在一定意义上，团组织服务青年的状况会直接决定着团组织吸引力、凝聚力的状况，也直接决定着共青团作为党的助手和后备军作用发挥的状况。青少年宫是团组织服务青少年的重要阵地，其工作是团组织服务青少年工作的重要组成部分，其工作的好坏直接影响着团组织服务青年的能力和质量。青少年宫加强和改善服务青年的工作，就能直接增强团组织对团员青年的吸引力、凝聚力。对此团组织要有足够的认识，青少年宫也要有充分的认识。

第三，青少年宫还是团的基层组织的新的增长点。为了适应新形势下青年群体的不断变化，近几年在原有团组织框架的基础上，全团积极探索了社区建团、非公有经济组织建团、社团建团、产业建团、宿舍建团等多种形式的建团方式。现在看以青少年宫为骨干的青少年活动阵地，是青年业余时间活动的重要场所，其中时间较长的培训班，人员相对固定的俱乐部、文体团队、协会甚至兴趣小组，完全可以建立团的支部或小组，开展团的活动。现在有些地方志愿者指导中心、希望工程捐赠中心、义卖中心都设在了青少年宫，他们既是服务青年的阵地，也是吸引、凝聚青年的着力点，同样也可以成为建设团的基层组织的新的增长点。还有在进城务工的农村青年、在小型企业务工的城市青年和工作一时难以相对固定的青年中怎么建团也是没有解决好的问题，依托青少年宫和其他青少年活动阵地通过各种方式把他们组织起来可能是一条可行的路子。

三、由教育青少年上升到服务青少年，寓教育于服务之中，以服务的精神开展教育，努力把青少年宫办成青少年之家

竭诚服务青少年的成长与发展是团的十三大以来各级团组织努力践行的重要思想。1995年召开的第二次青少年宫协会全体会议通过的协会章程也明确地把“服务青少年健康成长”作为青少年宫的三大宗旨之一。现在的问题，一是虽然对服务青少年的重要性有所认识，但不深刻，还没有真正把服务作为指导思想贯穿到青少年宫的全部工作之中；二是服务于青少年健康成长的认识比较统一，对服务于青年发展重视不够，有的甚至根本就没有认识。

过去我们把青少年宫作为青少年的校外教育机构、培训机构、第二课堂来看待，也就是把青少年宫完全看做教育机构，这种认识不错，但不全面。正确的概念应是把青少年宫建设成“青少年之家”。“家”与教育机构相比，应该更温馨，更有安全感，更可以依靠，青少年对其应更有归属感、亲近感，就应该把竭诚服务于青少年成长发展作为我们一切工作的出发点和落脚点。为此，在服务对象上就不应只是面对青少年学生，而应面对整个青少年群体；在服务内容上，不应只服务于青少年求知的需求，特别是不应只服务于青少年升学考试的需求，而应着眼于为青少年解决成长发展过程中普遍遇到的困难提供帮助，广大青少年的正当需求都应是青少年宫义不容辞的工作任务；即使是对青少年进行教育，也应采取不同于学校教育的方法，更多地采取寓教于乐、启发引导的方法，即服务的方法。

从青少年宫自身生存与发展的角度看，如果青少年宫仅仅停留在教育上，实际上把我们青少年宫可以借以发展的很大的空间排斥在外了，一定程度上限制了青少年宫事业的发展。一些地方的青少年宫一方面自己所有的资源大量闲置,利用率很低;另一方面日子过得紧巴巴的,更没有自我发展的能力,原因之一就是没有真正确立服务青少年成长发展的思想。

要更好地服务青少年,青少年宫之间应加强联系与合作。一方面要加强纵向联系,使上级青少年宫、骨干大宫更好地发挥管理、信息、智力等方面的优势,通过资源共享、资源整合、优势互补等方式,带动下级宫或较小的宫以及本行政区域内的所有青少年活动阵地共同发展;另一方面要加强横向联合与合作,互相借鉴经验,形成规模优势。协会要加强对会员单位的服务,为会员宫的发展壮大多办实事,条件成熟时可以推出统一的服务项目、标识、工作标准,共创品牌、名牌。尚没有建立宫协的省、市、自治区要尽快建立,以发挥其对推动青少年活动阵地建设、管理、联合与合作方面的积极作用。各级青少年宫协会要积极吸收非团属的青少年宫和青少年活动阵地加入协会,这样既有利于学习他们的经验,又有利于整合力量,更好地为青少年服务。

赵勇同志讲话

赵勇在全国少工委三届四次全委扩大会议暨中国少先队工作学会第八次年会上的讲话

1998年12月8日

这次会议是在团十四大之后召开的第一次全国少工委全委会,对于少先队组织贯彻落实团十四大精神,推动少先队事业跨世纪发展具有重要意义。这次会议的主要任务是,以邓小平理论和党的十五大精神为指导,分析研究跨世纪的历史进程中少先队组织面临的新形势,规划和部署明年乃至今后一个时期少先队事业发展的新对策。

下面,我讲三点意见。

一、推动少先队事业跨世纪发展,使命不同寻常

在近半个世纪的发展历程中,中国少年先锋队为造就一代又一代社会主义事业的合格建设者和接班人发挥了重要的基础性作用。在新的世纪即将到来的时候,每一个少先队工作者都在思考,我们应该为迎接新世纪做些什么。回顾历史,展望未来,我们感到使命不同寻常。

第一,面对知识经济的机遇和挑战,少先队事业跨世纪发展使命不同寻常

江泽民总书记多次指出,知识经济初见端倪。作为一个新的社会形态,知识经济的根本特征是,知识资本取代了物质资本,成为经济增长的第一推动力。在传统的农业社会和工业社会,经济的增长主要依靠资源的配置,因为资源是有限的,所以经济增长也是有限的。在知识经济时代,知识可以无限量地复制,因而经济增长也是无限量的。这是知识经济时代和农业社会、工业社会的根本区别。一些发达国家提出

知识经济或数字经济的概念，实际上是一个国家战略。技术差距的拉大可能会使得发达国家和发展中国家之间的差距越来越大。在这种情况下，中国作为最大的发展中国家面临两项任务，一是培养一批高、精、尖人才，在一些重点领域，站到世界领先的平台上去。二是全面提高国民素质，增强消化、吸收世界知识经济成果的能力。这两项任务的核心，都是培养人才，都必须从少年儿童抓起。而应试教育恰恰忽视了对学生创造力的培养，这和知识经济对人才的要求是背道而驰的。因此，我们必须革新培养人才的方式，努力把巨大的人口压力变成人才优势，进而转化成巨大的经济优势。在知识经济的挑战面前，少先队应该为提高国民素质，培养国民的创造性，发挥不可替代的作用。我们责任重大，也大有可为。

第二，面对世界范围内的各种思想文化相互激荡，少先队事业跨世纪发展使命不同寻常

当代社会正处在一个大变革的时期，我们面对的是各种思潮交错起伏和相互激荡，我们面对的是开放的国际环境和日趋发达的各种传媒，我们面对的是现代生活方式和传统观念的冲突，我们面对的是一些腐败现象和黄、赌、毒等社会丑恶现象还在蔓延。这些现象对少年儿童的影响确实不可低估，现在一些少年儿童已经表现出无所适从。在这种复杂的环境下，我们既要吸收世界文化的成果，又要理直气壮地继承中华民族的优良传统；既要坚持改革开放，又要理直气壮地抑制消极现象；既要有全球意识，又要强化国家观念。这就需要少先队组织在引导少年儿童的过程中创造出更加有效的方式，以爱国主义构筑当代少年儿童的精神支柱，以集体主义构筑当代少年儿童价值观的基础。在这种复杂的情况下，对少年儿童的养成教育一刻也放松不得。

第三，面对"三步走"的战略发展目标，少先队事业跨世纪发展使命不同寻常

"三步走"的战略目标是邓小平理论的重要组成部分，高举邓小平理论伟大旗帜的一个重要方面就是要坚定不移地实施"三步走"的战略目标。第一步目标已经基本实现，第二步目标也在实现之中，到下个世纪中叶我国将步入中等发达国家的行列，实现第三步战略目标。到那时现在的少年儿童将是60多岁，也就是说当代少先队员进入老年的时候应该能够实现第三步战略目标。所以当代少年儿童素质如何，决定着国家的前途命运，事关中华民族21世纪复兴大业的兴衰成败。党的十五大在阐述经济体制改革和经济发展战略时，明确指出，从现在起到下个世纪的前十年，是我国实现第二步战略目标向第三步战略目标迈进的关键时期，要积极推进经济体制和经济增长方式的根本转变，建立比较完善的社会主义市场经济体制，保持国民经济持续快速健康发展。我们确定了宏伟的目标，实现这一目标的关键就是要把经济建设转到依靠科技进步和提高劳动者素质的轨道上来。而目前劳动者的素质还不能适应经济高速增长的需要，农村初高中毕业生远不能适应农村市场经济发展的需要，城市相当部分的人就业前也没有经过系统的训练。因此，我们必须从现在的少年儿童抓起，着眼于把他们培养成实现"三步走"战略目标的高素质劳动者。

第四，面对素质教育的全面实施，少先队事业跨世纪发展使命不同寻常

实施素质教育是一场深刻的教育革命。素质教育是面向现代化，面向世界，面向未来的更加科学的教育模式，其核心是提高人的综合素质，进而提高整个民族的素质。应该说，素质教育的提出，顺应了人类文明进步的要求，是对人性的解放，也是国家繁荣发展的必然选择。

少先队组织历来追求和崇尚素质教育。少先队曾经开展的劳动教育、实践教育等活动都包含了素质教育思想，为促进素质教育发挥了积极的作用。今天，党和政府大力倡导素质教育，形成了素质教育的大环境，少先队的工作舞台更大了。

我们更应该抓住机遇，大显身手。少先队组织有政治优势和组织优势，在实施素质教育的历史进程中完全可以发挥更大的作用。

总之，我们应该有强烈的使命感和责任感，以只争朝夕的精神，把跨世纪的少先队事业不断推向前进。

二、纳入素质教育之中，全面深化“中国少年雏鹰行动”

团的十三届二中全会以后，全国少工委推出了“跨世纪中国少年雏鹰行动”，受到少年儿童的欢迎，得到教育部门和学校的认同与支持，得到党和国家领导人的充分肯定。江泽民总书记亲笔为“雏鹰行动”题词：“自学、自理、自护、自强、自律，做社会主义事业的合格建设者和接班人。”这给全国亿万少年儿童以极大鼓舞。从这几年的实践来看，“雏鹰行动”为推进素质教育起到了积极作用。首先，它面向全体少年儿童，强调了主动参与、人人参与，体现了素质教育的全员性原则。其次，它着眼于提高少年儿童的综合素质，通过开展生动活泼的实践活动，培养“五自”能力，使少年儿童得到全面发展，体现了素质教育的综合性原则。再有，它注重在实践中培养人，让少年儿童接触自然，接触社会，不断增长他们的阅历，缩短社会化的进程，体现了素质教育的实践性原则。所以我们应该毫不犹豫地深化“雏鹰行动”，服务于素质教育。

实施素质教育不仅是教育部门的事情，它关系国家发展的大局。少先队组织服务大局。就是要服务于素质教育。怎么服务呢？一是纳入，要将“雏鹰行动”纳入到教育行政部门实施素质教育的体系中，少先队要当好帮手，当好配角。二是促进，要发挥少先队组织的特有优势，促进素质教育，在全面实施素质教育的进程中发挥不可替代的作用。

为此，我们提出了深化“雏鹰行动”的工作思路：

一是以“五自”作为深化“雏鹰行动”的基本内容。江总书记亲笔题写的“五自”，体现了素质教育的基本要求。以“五自”为基本目标，引导少年儿童学会学习、学会做人、学会服务、学会合作、学会创造，就能在很大程度上克服应试教育的弊端。少先队要把“五自”作为服务素质教育的基本内容，长期坚持，抓好落实。坚持“五自”，就能保证少先队服务素质教育的大方向。

二是以“雏鹰争章”素质教育系列活动作为深化“雏鹰行动”的基本导向。应试教育以分数作为指挥棒，素质教育也应有指挥棒。以“五自”为目标设计的若干雏鹰奖章，就是少先队服务素质教育的指挥棒，是少先队牵动少年儿童，牵动家长，牵动社会的一个基本导向。我们要以此作为“雏鹰行动”的灵魂，贯穿到课程改革和教学之中去。一些地方开设专门的技能训练课，就是很好的方式。要落实到九年义务教育的全过程，分别不同年级提出不同标准。要形成一个开放系统，让各地根据实际自主选择奖章的名称、数量和内容。要把训练作为中心环节，借助社会力量，让所有少年儿童在体验中成长，在快乐中成长。

三是以“手拉手互助活动”作为深化“雏鹰行动”的一个重要载体。“手拉手”的核心是互助，培养孩子的合作精神和社会责任感，是道德养成的重要实践途径。随着时代的发展，我们要不断赋予这项活动新的内涵。明年我们将重点开展“手拉手通信说变化”、“手拉手城郊看朋友”两项活动，使城乡队员及其家长双向受益，增强活动的互补性和操作性。要认真总结经验，扩大规模，强化学校和家长在“手拉手”活动中的“后援”作用，既促进少年儿童健康成长，又促进社会主义精神文明建设。

四是以“雏鹰假日小队”作为深化“雏鹰行动”校外活动的基本组织形式。现在的中小学生一年有169天左右的时间不在学校，而是生活在社区。我们要充分利用这169天的时间，把校内和校外、课内和课外有机结合起来，把社区作为少先队工作发展的重要空间。随着政治体制改革和经济体制改革的不断深入，社区的功能不断强化，过去政府和企业的一些职能转给了社区，社区有能力也必须承担起教育职能。顺应社会转型的重大变化，在社区开展丰富多彩的少先队活动，是必然的要求。今后应把社区作为少先队工作拓展的一个重要领域，尤其要不断地创设社区活动阵地，为“雏鹰假日小队”开展活动提供条件，使社区少先队活动成为少先队工作的重要生长点。

五是以社会化的工作机制作为深化“雏鹰行动”的基本保障。少先队事业是一项伟大的事业，也是全社会的一项共同事业，仅仅依靠团组织、少先队是不够的。我们要发挥少先队组织群众性、社会性的特点，广泛动员和依靠社会力量，构建少先队工作社会化的强大支持体系。首先是思想方法要社会化，习惯于用社会化这把金钥匙解决面临的各种困难。其次是工作队伍要社会化，在校外建立一支庞大的志愿辅导员队伍，让全社会都来关心、支持孩子们的事情。第三是少先队活动阵地要社会化，有条件的地方要兴建各种各样的“雏鹰行动”实践基地，也可以联合部队及有关部门或企事业单位共建基地，实现基地社会化，为少年儿童开展雏鹰争章活动提供有形的培训阵地。第四是经费来源要社会化，除了争取财政的支持外，还要广泛地募集资金。现在有的地方建立了少先队发展基金，有了基金我们可以去支持一些基地，奖励表现好的孩子，协调社会方方面面做好少先队工作。

这五个方面是一个完整的体系，不可偏废。今后一个时期，我们将从以上五个方面下功夫，作为一个整体而不是从某一个方面深化“雏鹰行动”，推动素质教育，全面提高少年儿童的综合素质。

三、把竭诚为少年儿童服务作为少先队工作的出发点和落脚点，把少先队工作提高到一个新的水平

确立这样一个新的命题，是从少先队面向未来生存发展考虑的。首先竭诚为少年儿童服务，是党的全心全意为人民服务宗旨在少先队工作中的重要体现。

其次是尊重少年儿童主体性的客观要求。树立正确的儿童观是做好少年儿童工作的重要基础。把少年儿童当成主体的人、社会的人，当成公民，尊重他们的生存权、发展权、受保护权和参与权，是现代儿童观点的立足点。只有这样，才能使少年儿童摆脱“受教育的机器”的被动地位，使个性和创造性得到充分发挥。才能把教育者和受教育者摆在人格上平等的地位，焕发起少年儿童内在的成长潜能。才能摆正少先队组织的位置，平等地为他们服务。

再次是少先队组织在市场经济条件下生存和发展的必然选择。市场经济条件下的服务是多元的，少先队组织能为儿童提供怎样的服务，离孩子有多近，我们应该有清醒的认识。家长最关心自己的孩子，可我们跟家长有多少联系，能在多大程度上影响家长，我们也应该有清醒的认识。从少先队各级组织到大、中、小队干部，都要有服务意识，不能让孩子从小就有当官的意识，否则会离大多数孩子越来越远。少先队组织只有把服务摆在首位，才会对孩子产生亲和力，才会有凝聚力。只有这样我们才能完成党交给我们的领导、教育少年儿童的任务。

把竭诚为少年儿童服务作为少先队工作的出发点和落脚点的命题，是推动少先队事业跨世纪发展的大文章，给少先队工作提出了更高的要求，也对少先队工作者提出了更高的要求。

第一，要了解服务对象。

做好少年儿童工作的前提是了解少年儿童，了解以后还要归纳总结，找出规律性。有许多现象表明，我们成人往往不了解现在的孩子，孩子们在想什么，孩子们知道多少，他的思维方式、审美和价值取向，我们往往不了解或不能很好地理解。在这种情况下，做少年儿童工作，不但毫无效果，甚至适得其反。因此，对各级少先队组织和少先队工作者的第一条要求，就是要经常到少年儿童中间去，了解他们、理解他们，把调查研究作为少先队工作最重要的基础性工作。如何看待当代少年儿童，我认为他们身上有弱点，但是更有上一代人不具有的优势，比如接受新鲜事物快，思维敏捷，善于独立思考，具有很强的平等意识，环保意识、公民意识、求知意识、认知社会的广度和深度都比上一代人、上几代人强得多。调查显示，他们在很多方面影响了成人。所以，我们要看到主流，看到不足，找准他们的需求，在调查研究中得出正确结论，使他们在少先队组织中得到应该得到和希望得到的服务。

第二，要明确服务重点。

现阶段服务的重点就是要通过深化“雏鹰行动”，引导一代人健康成长。我们要瞄准10年、20年以后我国需要什么样的人才，那时我们竞争对手什么样。当代国与国之间少年儿童总体素质上的差距，就是10年、20年甚至更长的时间里国与国之间综合国力的差距。美国政府在谈及知识经济的国情咨文中提出，12岁以上的青少年必须人人会上互联网络。在美国当代6至20岁的9000万青少年中，有三分之二会使用电脑和互联网。与他们的父母相比，他们主动学习的能力强，知识面广，独立思维能力强，富于责任感与合作意识，被称作“网上一代”。我们必须知己知彼，有的放矢。所以服务于提高素质是重点。除此以外，我想强调两点：一是要为少年儿童发挥自主性、培养独立的人格和创造性服务。这需要组织保证，要大胆改革现有的队干部制度，让所有孩子都有机会做队干部，使每一个孩子都有一个良好的精神状态和自信心，防止出现两极分化的现象。二是要理直气壮地维护少年儿童的合法权益。首先从提高孩子们的身体素质入手，呼吁合理安排他们的作息时间和营养的摄取。要抓住侵害少年儿童合法权益的典型事例，呼吁全社会关心、维护未成年人的权益。同时，要引导少年儿童增强自我保护意识。

第三，要建设服务载体。

少年儿童对社会的认知主要是通过体验实现的，体验能缩短人的社会化进程。为了让更多的少年儿童有体验的机会，我们要争取各方面的支持，建立爱国主义教育基地、雏鹰争章训练基地、手拉手实践营地、少年军校、科技活动阵地、综合性的社区教育基地等等，围绕服务办载体，办好载体促服务。

第四，要壮大服务队伍。

我们要建立起四支队伍，构建强大的服务阵容。一是在城市募集各方面的志愿者，建立一支志愿辅导员队伍；二是向贫困地区派遣志愿辅导员，建立一支农村扶贫支教志愿辅导员队伍：三是把家长动员起来，建立一支强大的少先队工作家庭后援队伍；四是继续壮大学校的辅导员队伍，落实好有关政策，改善他们的待遇，充分调动他们的积极性。

第五，要建立服务机制。

服务不是一阵子，要有机制做保证，才能长期坚持。关键是建立一套评价机制，它包括：评价全团带队看服务，团的各级组织要为少先队做实事，创造良好的外部条件；评价少先队组织看服务，要为基层组织做实事；评价辅导员看服务，要为少年儿童的健康成长真正地服务；评价少先队的干部更要看服务，要为队员办实事，办好事。

总之，抓服务就是抓落实，要以“服务第一”的思想抓落实。

历史选择我们做跨世纪少先队工作是我们的幸运，因为我们所做的一切都是在为祖国21世纪的腾飞奠基。让我们高举邓小平理论的伟大旗帜，紧密团结在以江泽民同志为核心的党中央周围，开拓进取，真抓实干，使星星火炬的旗帜焕发出更加夺目的光彩，努力把现在的亿万雏鹰都变成21世纪展翅飞翔的雄鹰！

赵勇在全国检察系统首批优秀“青少年维权岗”命名仪式上的讲话

1999年3月26日

今天在这里举行全国检察系统首批优秀“青少年维权岗”命名仪式，标志着全国检察系统创建优秀“青少年维权岗”活动全面启动，具有十分重要的意义。首先，我代表共青团中央，向刚刚获得首批命名的9个基层人民检察院表示热烈的祝贺，向长期以来关心、支持青少年工作的检察系统各级领导和同志们表示由衷的敬意，向为这次会议成功举行付出辛勤劳动的河北省、石家庄市的各位领导和同志们表示衷心的感谢！刚才，石家庄市长安区人民检察院、上海市长宁区人民检察院的同志做了很好的事迹介绍，我很受启发，也很受鼓舞。他们的生动事迹表明，检察院在维护青少年权益方面做了大量卓有成效的工作，而且还大有可为。

我们所说的优秀“青少年维权岗”是指与青少年事务直接有关的基层单位中，自觉履行法律和政策赋予的职能，为维护青少年合法权益做出突出贡献的单位。检察系统优秀“青少年维权岗”是指重视青少年法制教育，在青少年犯罪检察工作中针对青少年身心特点开展司法保护，坚持以教育为主、惩罚为辅的原则，重视帮教工作，促其改邪归正的检察系统基层单位。

党和政府历来十分关心青少年的健康成长。从总体上看，当代青年富于理想、充满激情、视野开阔、勇于创新，是奋发向上的一代，是大有希望的一代。但是由于多方面的原因，当代青少年中还存在着这样那样的问题，尤其是青少年犯罪率居高不下，引发了一系列的社会问题，既影响青少年健康成长，又影响社会稳定。青少年违法犯罪是社会各种消极影响在青少年身上的综合反映，预防和减少犯罪必须实行综合治理。从调查情况看，青少年权益受到伤害时得不到及时有效的维护是引发各种矛盾的一个重要原因。因此，我们联合检察、法院、公安等部门开展创建优秀“青少年维权岗”活动就是要把维权作为一个突破口来抓。通过开展创建优秀“青少年维权岗”活动，广泛动员和组织基层检察机关提供司法保护，开展法制教育，把矛盾化解在基层、化解在萌芽状态，意义重大。

同时，开展创建优秀“青少年维权岗”活动，有利于促进执法机关改善执法服务，促进检察机关的队伍建设。我们体会到，检察系统十分重视加强基层管理和队伍建设，塑造了越来越好的形象。尤其是在今年九届人大二次会议上，最高人民检察院的工作报告提出以公开促公正、以对外公开促内部建设，得到了社会各界的普遍认同。我们想通过开展创建优秀“青少年维权岗”的工作，把行业管理和社会监督有机结合起来，把延伸服务真正延伸到基层、延伸到千家万户，使检察系统的工作直接接受社会的监督，这有利于检察机关更好地塑造公正执法、勤政为民的形象。

创建优秀“青少年维权岗”活动是一件造福长远的大事，也是一件难事，没有现成的模式，我们要在实践中大胆探索，不断完善，使这项活动能够长期开展。今后一个时期，创建活动要切实抓好以下三个环节，形成创建活动的运行机制。

一是抓典型示范。今天首批命名推出的9

个典型，是检察系统自觉履行法律和政策赋予的职能，为维护青少年合法权益做出突出贡献的单位，他们都是标杆，如果层层都树立这样的榜样，使我们基层检察院赶有目标、学有榜样，都创造性地参与到依法维护青少年权益的工作中来，就会形成强大的力量。

二是抓创建过程。创建活动不是简单地命名，不是简单地挂牌，重在创建，重在建设，关键是要通过创建达到维权的目的。基层的各个创建单位都要公布创建标准，在依法办事的前提下，改进司法保护方面的服务，优化服务的过程。刚才长宁区检察院提出的延伸服务很好，他们把平常认为是份外的事情做得有声有色，走出检察院，深入到家庭、学校、社区，进行跟踪帮教，取得了综合效益，值得推广。

三是抓动态管理。这项活动刚一提出，共青团中央和最高人民检察院就形成共识，强调要进行动态管理，实行淘汰制，不搞"终身制"。对表现优秀，符合共青团中央和最高人民检察院要求和创建标准的，我们要及时挂牌，并且要对有关单位进行表彰和奖励，要把对他们的奖励纳入本单位的奖励序列，调动广大基层检查官的积极性。同时，我们也要聘请一些特约监察员，监督优秀"青少年维权岗"的工作。在监督的过程中，要不断听取群众意见，如果发现不符合条件的，就要及时摘下牌匾，并且还要曝光，这样形成一个既有奖励、又有约束的机制，使每一个创建单位不断地具有创建的活力。

胡锦涛同志在团的十三届六中全会上指出，共青团组织要把竭诚为青年服务作为共青团工作的出发点和落脚点。这对团的工作提出了新的更高的要求。只有抓好服务，才能更好地凝聚青年、团结青年，把他们的创造性和积极性凝聚到改革和建设上。维护青年的合法权益，就是服务青年的一个重要的方面。各级团组织要以创建优秀"青少年维权岗"为突破口，把这项工作摆到服务青少年的一个突出的位置来抓。共青团中央、最高人民检察院已就开展创建活动组成了领导小组，各级团组织要主动和人民检察院联系，设立创建活动组织领导和协调机构，制定规划，逐步推进。各级团组织要主动争取检察机关的支持，与人民检察院及时沟通情况，交流信息，充分发挥检察系统的行业优势，为预防和减少青少年犯罪提供多方面的服务；要多办实事，尤其是要配合检察机关，深入到家庭、学校、社区，采用综合性的手段，使失足青少年能够更好地健康地回归社会；要通过建立青少年法制教育阵地，开展法制宣传，增强青少年的法制观念；要利用各种形式，与家长建立定期联系制度，帮助家长提高法制观念，使家庭在预防未成年人犯罪中发挥积极作用；在犯罪的青少年经改造回归社会后，要会同公安机关、未成年人保护机构、居民委员会、学校等单位，共同为其学习、就业创造条件。

同志们，让我们携起手来，以创建优秀"青少年维权岗"活动为突破口，为造就一代跨世纪的合格建设者和接班人，为实现党的十五大提出的依法治国、建设社会主义法治国家的战略目标做出新的贡献。

赵勇在全国质量技术监督系统首批优秀“青少年维权岗”命名仪式上的讲话

1999年4月21日

首先我代表团中央向刚刚获得首批命名的质量技术监督系统优秀“青少年维权岗”表示热烈的祝贺，向长期以来关心、支持青少年工作的各级质量技术监督部门的领导和同志们表示衷心的感谢！

刚才国家质量技术监督局副局长王秦平讲了很好的意见，我从共青团的角度讲几点意见。

创建优秀“青少年维权岗”工作尽管开展的时间不长，但在全国已经产生了很好的反响，显示了强大的生命力。我们所说的优秀“青少年维权岗”，就是指那些与青少年事务直接相关的基层单位中，为维护青少年合法权益做出了突出贡献的单位。对这些单位的命名，是对他们的一种褒奖，也是给社会一种昭示。目前，团中央、中央综治办联合了公、检、法、司、工商、质量技术监督、广播电影电视、文化、新闻出版等部门联合开展这项活动，目的就是要动员社会各个方面的力量，携起手来，共同维护青少年合法权益，为跨世纪一代青年的健康成长创造良好的社会环境。

党和政府对青少年的成长历来十分关心，青少年成长发展环境总的来讲是好的，但也确实存在很多矛盾和问题，比如一些不合格产品经常侵害青少年，一些不健康的书刊经常毒害青少年，一些不文明的社会行为经常腐蚀青少年。青少年中暴露出来的种种矛盾和问题，或多或少都与青少年权益受到伤害直接相关，所以我们把维护青少年权益作为一个突破口，通过抓这项工作来化解矛盾、优化环境。抓这项工作一方面是党的全心全意为人民服务的宗旨和群众路线在青年中的体现，青年是人民群众的重要组成部分，现在青年有这么多困难，确实需要我们服务；另一方面也是培养跨世纪的建设者和合格接班人的一个重要举措，青少年在成长生活中的基本权益都得不到保障，怎样能成为跨世纪的建设者和合格的接班人呢？所以我们把创建优秀“青少年维权岗”作为培养跨世纪合格劳动者的一个重要措施。

今天我们在这里和国家质量技术监督局共同命名首批优秀“青少年维权岗”，标志着在质量技术监督系统将更进一步推进这项活动。技术监督部门在维护青少年合法权益方面，确实发挥着重要作用，并且今后还将发挥日益重要的作用。质量问题从宏观上讲关系到一个国家生存和发展。如果我们把市场向全世界开放了，而又没有高质量的产品，在世界上相对竞争力反而会下降，从这个意义上讲，质量确实关系到一个民族的生死存亡。令人忧虑的是，我们现在的产品质量合格率还很低，质量技术监督局的公告显示，在企业里产品的一次交检合格率一般工业品只有80%多一点，还有20%是次品，次品消耗了大量的原材料，仅这一项我们国家每年损失约2000亿。劣质产品还直接关系到老百姓的生活质量。因为劣质产品与老百姓的生命安全，与老百姓的身体健康都直接相关，直接影响老百姓，尤其是影响青少年的身心健康。这是因为，一方面青少年处在身心发育时期，在这个时期受到的影响要比成人大得多，因为产品质量问题而受到伤害，可能会影响他们一辈子，是不可逆转的伤害；另一方面，青少年社会经验不足，他们对假冒伪劣商品的鉴别力差一些,他们受到伤害的可能性更大一些,这也是一个特殊性。从以上两个方面来讲,质量技术监督部门维护青少年权益更具有意义,更具有长远性。团中央1997年与国家质量技术监督局做过一个联合专项抽样调查,教科书、乳酸类饮品、服装和学生食品等四类总体合格率只有79%,其中冰淇淋的抽样合格率只有64%,以往国家技术监督局公布的数字也表明,儿童饮料、奶制品、食品、眼镜、童车、玩具不符合有关标准,粗制滥造、假冒伪劣现象还是很严重的。所以我们要把质量技术监督部门维护青少年权益作为一项重要工作来抓。

振兴质量是一个国家战略,是一项长期艰巨的工作。就目前来看,与青少年有关的主要有三个方面:一是要制定有利于青少年健康成长的质量技术标准。质量标准也有一个不断调整的过程,现在有些标准太宽,加上许多新的产品不断出现,标准怎样与国际接轨,我们还有一个不断摸索的过程,有些产品尽管是达标的,但因为标准本身有问题,实际上对青少年也是有伤害的,我们要尽快推动、协助完善这方面工作,有标准才有规章可循;二是要加强对青少年学生生活学习用品的监督,因为它非常特殊;三是要借助于质量技术监督部门把打击假冒伪劣产品的知识和一些新标准向广大青少年宣传、传播,增强青少年自我保护能力、鉴别能力。各级团组织、少先队组织都将积极配合质量技术监督部门把这项工作做到学校里面去,做到课堂里面去,让孩子们自觉地抵制这些不合格产品。日本在二战后提出了一个命题,叫一杯牛奶振兴一个民族。他们是在课间给每个儿童加一杯牛奶,青少年身体素质明显提高。而我们现在许多儿童喝不上牛奶,许多儿童喝的是不合格的牛奶,这比不喝更糟糕。各级团组织要以创建优秀"青少年维权岗"为契机,积极配合质量技术监督部门把这项工作抓紧抓实,来不得半点虚假。各级团组织要从三个方面来开展工作。一是在全国推广辽宁的经验,广泛开展志愿者打假活动。辽宁"百岗千哨"工作抓得很好,青年志愿者是我们共青团工作的一大优势,要广泛动员有责任感的青年投入到打假的行列中来,形成一种强大的舆论声势,使假冒伪劣产品像过街老鼠人人喊打。二是积极配合质量技术监督部门查处一些因为产品质量直接侵害青少年利益的案件,我们要理直气壮地站出来同他们斗争,要依法对他们进行查处,并且要借助共青团的舆论优势,公开曝光,让造假者在社会上无藏身之地。三是对广大青少年进行消费引导,共青团组织负有重要责任,要和质量技术监督部门联合起来,宣传一批名优产品,让青少年知道选择什么样的产品,形成导向,形成名牌,形成产业,这对经济发展也是有利的。

今天授牌是一种推动形式,但授牌绝不是目的,得牌单位也不是一劳永逸的。我们要实行动态管理,得牌单位如果在履行职责中有违反创建标准的行为,我们要随时摘牌,建立一种动态管理机制,目的是使广大基层技术监督部门,尤其是一些稽查队所都能把维护青少年权益作为己任,长期坚持,直至产品质量不再危害青少年为止。

江泽民总书记在接见团十四届中央领导成员和团十四大部分代表时,高瞻远瞩地指出"青年兴则国家兴,青年强则国家强。"让我们从国家前途命运的战略高度,抓好维护青少年合法权益工作,为培养和造就一代合格的跨世纪建设者和接班人做出新的贡献。

赵勇在全国少先队社区工作座谈会上的讲话

1999年7月13日，根据录音整理

首先，我代表共青团中央、全国少工委向给予这次会议大力支持的浙江省委、省政府，杭州市委、市政府和团浙江省委、团杭州市委的同志们表示衷心的感谢！

这次座谈会是少先队历史上第一次专门研究少先队社区工作的会议，团中央书记处对这次会议非常重视，第一书记周强、常务书记巴音朝鲁专门听取了这次会议的汇报，并要求把这次会议开好。这次会议的任务是：认真学习贯彻全国第三次教育工作会议精神，交流经验，集思广义，探索和研究加强少先队社区工作的重要意义和基本思路，不断推进跨世纪的少先队事业蓬勃发展。

借这个机会，我讲四点意见，供大家讨论。

一、切实加强少先队社区工作势在必行

刚刚闭幕的全国第三次教育工作会议吹响了全面实施素质教育的动员令，将给中国教育事业发展翻开崭新的一页。这次会议明确提出了教育体制改革的目的、重点和战略方针，明确提出我们办教育的目的就是为了提高国民素质，并把实施素质教育确定为教育改革的中心环节，特别指出实施素质教育的重点就是培养学生的创新精神和实践能力。这些全新的思想为我国教育事业的跨世纪发展奠定了坚实的理论基础，提供了行动的指南，也对共青团工作提出了新的要求。江泽民总书记在这次会议上明确提出了要加强社区建设，创造有利于青少年成长的家庭、邻里和学校环境。《中共中央国务院关于全面实施素质教育深化教育改革的意见》中也明确指出“要加强共青团、少先队、学生会的工作，在培养、提高学生素质方面发挥更大作用”，“要建立青少年参与社区服务、社区建设的制度”。可以说，全国教育工作会议的召开，为少先队事业的发展提供了难得的机遇。

一是提供了新的环境。少先队成立50年来一直崇尚和追求素质教育，而党中央把素质教育摆到提高国民素质中心环节的战略高度来认识，有利于营造一个良好的社会环境。这正是我们期盼已久的。在这样一个良好的环境下，少先队推动素质教育必将得到更多的社会支持。

二是提供了新的舞台。《中共中央国务院关于全面实施素质教育深化教育改革的意见》中明确要求少先队发挥更大的作用，希望建立青少年参与社区服务和社区建设的制度，这既是新的任务，更是给我们指明了新的方向，我们完全可以大有作为。

三是提供了新的形态。长期以来，少先队作为党委托共青团领导的少年儿童群众组织，主要通过思想教育活动来发挥影响力。现在提出要从建立制度的角度，从素质教育的角度把少先队纳入其中，整个少先队工作的运行会出现一种新的工作形态。要和政府行为、社会行为同步运行，这是崭新的机遇。

面对这种新的形势，我们也将面临一些新的挑战，主要表现在三个方面。

1. 在全社会重视素质教育的大背景下，少先队怎样发挥不可替代的作用？在过去全社会都不太重视素质教育的时候，少先队搞的劳动创造、实践教育、“雏鹰行动”等像一道彩虹显得格外亮丽。现在全社会都来关心、支持和参与素质教育，怎样发挥少先队不可替代的作用，需要我们去探索、研究，这对少先队组织是

一个全方位的挑战。

2. 怎样创造更加科学有效的手段来推进素质教育，也是摆在我们面前的一个难题。仅仅依靠少先队的传统组织形式，开展一些传统的少先队活动，单一地靠学校辅导员作一般的倡导是不够的，需要研究新的手段，寻找新的空间。

3. 怎样培育一支能够担当起实施素质教育重任的辅导员队伍刻不容缓。今后需要一大批既充满爱心、兢兢业业，又懂得现代教育理论、掌握现代教育手段、具有改革和创新精神的高素质辅导员。不然，少先队工作就会落伍，少先队在社会上的影响力就会下降。

着眼于贯彻落实全国第三次教育工作会议精神，抓住机遇，迎接挑战，努力实现少先队事业新发展，我们初步提出“利用两个舞台，突出两个重点”的工作思路。“利用两个舞台”即一个舞台是学校，要继续加强，不能削弱；一个舞台是社区，要大胆拓展，作为少先队工作新的生长点。“突出两个重点”即一个是突出思想性，任何时候少先队都要有鲜明的主张，引导少先队员学会做人、学会学习、学会合作、学会做事；另一个是“突出创造性”，因为素质教育的核心内容是培养创新精神和实践能力。

现在，我们明确提出要加强少先队社区工作，就是在这样一个整体工作框架背景下所作出的战略选择，是构筑面向21世纪中国少先队工作新格局的重要举措。

首先，从社会发展的角度来看，社区将承担起越来越重要的服务功能。随着改革开放，尤其政治经济体制改革的深入，大家越来越感到社区在改革、发展、稳定中扮演着重要角色。从改革方面讲，由于社会结构的变化，社会管理模式也在发生深刻的变化，人们生活社区化已成为趋势，人们对社区的依赖度也越来越高，社区实际上是改革的一个重要承载体。从发展方面讲，社区现在已成为了经济活动的一个重要空间。第三产业的依托主要在社区，发展若干的中介服务业主要也依托社区，社区是启动内需的一个重要环节。从稳定的方面讲，营造一个和谐团结的环境是促进社会稳定的基础。很多社会矛盾集结在社区里，能不能及时解决，很大程度决定着社会的稳定。一个基本规律就是社会矛盾越是在基层越容易解决，社会成本越低；如果在社区解决不了，矛盾就会激化，解决起来就要付出很高的社会成本，所以说，抓稳定重点是抓社区。在社区职能不断强化的过程中，教育的部分职能也将逐步转移到社区。少先队作为团结、服务少先队员的全国少年儿童的群众性组织，必须在此找到立足点，找到自己的生存空间。

第二，从学校的角度来看，学校是实施素质教育的一个重要环节，但是素质教育是一个庞大的系统工程，仅靠学校这个环节是远远不够的，必须得到广大家长乃至全社会的支持。社区正是学校教育改革的一个重要支撑，是学校推进实践教育的大课堂。

第三，从家庭教育的角度来看，现在孩子有一百六七十天在社区，实际上给家庭带来的压力越来越大，怎样在这个环境中培养好孩子是每一个家长都关心的事。如果我们发挥少先队的组织优势，在其中做一些工作，实际上是对家庭教育功能的一种弥补，对家长也是一种解脱，一定会受到家长的欢迎。

第四，从少年儿童成长发展的角度看，现在的孩子相当部分都是独生子女，有些孩子有孤独感，朋友很少，对孩子的性格养成和全面发展都是极其不利的。尤其是在应试教育的重压下，许多孩子性格扭曲。在社区中建立少先队，把社区中的孩子组织起来，把他们从封闭中解放出来，让孩子们在社区生活中有更多的快乐，是广大少年儿童的迫切愿望和共同心声。

第五，从共青团事业发展的角度来看，随着社会主义市场经济的不断发展，按照共青团传统的组织形式凝聚青少年面临越来越严重的挑战。必须探索建立共青团新的组织形式占领社区这一空间。现在，我们提出要以创建

"青年文明社区"为总揽来全面活跃城市团的工作,已经取得了初步成效。推进这项工作,有三件事可以抓。第一件事是培养社区理念,这是共青团的长项,通过这种方式来培养青少年对社区的认同感、归属感、亲切感。第二件事是在社区中设置服务项目,有两类服务项目,一个是动员社区居民为青少年的成长服务,另一个是动员社区青少年为社区发展服务。第三件事是抓社区的组织建设,我们要在社区建立三个组织。要建立团组织,在街道建团委,居委会建团支部;要建立青年工作委员会,把社区的青年资源整合起来;要建立社区少工委,按照全团带队的原则,把社区里的少年儿童组织起来。共青团事业兴旺发达需要少先队这个坚实的基础工程,社区建队是服务共青团事业化全局的一个重要保证。

第六,从少先队组织自身发展的角度来看,迫切需要我们拓展社区这个新的生存和发展空间。长期以来,少先队组织建立在学校,学校是我们少先队生存发展的重要基础,任何时候都不能丢。现在看来仅仅有这块阵地还不够,我们必须寻找新的生存空间,这个空间就是社区。实施素质教育,推动教育的社会化,需要整合社区里的各种社会资源,而我们的优势恰恰在组织优势、动员优势上,我们抓住这个空间,跨世纪的少先队就会出现一个新的面貌。

加强社区少先队不仅从理论上讲是势在必行的,在实践上也是有基础的。尽管这是我们第一次以会议的形式提出来,但少先队社区工作的探索和实践,这几年一直没有间断。上海、杭州、武汉、深圳、南京、青岛等这些地方都作了一些有益的探索,积累了许多行之有效的经验,取得了初步的成果,实践证明,我们在社区里是完全可以大有作为的。

二、依托社区团建,抓好社区队建

全团带队是共青团的传统,也是党赋予共青团的一项神圣责任。我们现在在全国大张旗鼓地抓社区团建,在街道、居委会逐步建立团的组织,已经形成了一个良好的态势。实践证明,抓社区团建,能起到牵一发而动全身的作用。按照全团带队的理论,就应该依托社区团建,推进社区队建,我们重点要抓好四件事。

第一是要逐步在街道、城镇建立社区少工委,负责规划、领导社区少先队工作。社区少工委原则上要由街道、城镇的团组织来牵头,吸收教育、文化、民政、公安等部门来参加,形成一个齐抓共管的少先队协作机制。

第二是要在居委会或若干微型社区里,按就近就便和孩子们自主自愿的原则来组建少先队的大、中、小队。社区中的大、中、小队可以不拘一格,多种模式。

第三是要在少先队社区组织中建立和形成一套社区少先队运行机制。少先队社区组织和少先队学校组织要有所区别,更多地给孩子以快乐。

第四是要建立一支社区的志愿辅导员队伍。社区中蕴藏着巨大资源,如果把家长动员起来,把社区里的优秀人才动员起来,是一支强大的少先队工作力量。我们将尽快颁布社区志愿辅导员的标准和志愿辅导员激励制度,使更多的社会各界人士投身到少先队事业中来。

依托社区团建抓队建,这项工作做好了,反过来对社区团建也有推动作用。有的地方也可能是少先队社区工作先干起来,然后有了人慢慢再把社区团的组织建立起来,这样实际上就起到了相互促进的作用。总体上讲,我们还是提倡依托团建抓队建。现在有的同志提出,抓社区队建,队章上没有要求,队章上只有在学校建少先队,怎样看这个问题?我们的立论就是全团带队,只要抓社区团建,就应该抓社区队建。

三、紧紧围绕素质教育这个中心,开展少先队的社区活动

建立少先队组织是解决第一推动力的问题,扎扎实实开展社区少先队的活动是少先队在社区持久发展的根本保证,也是活力所在。少先队社区组织的活动方式、组织形式和活动内容应该和少先队学校组织有所区别。主要来讲，少先队社区组织要开展以下几项活动。

第一是建设活动阵地。这是少先队社区工作的重中之重。今后少先队社区工作能不能活起来，关键是看我们能不能建立一批实实在在对孩子、对家长有吸引力的服务设施。如兴建社区少儿读书屋、社区小公民楼、各种培训点等等。评价一个地方的少先队社区工作，主要就是看你在社区建了多少服务设施，建了多少活动阵地。如果这些阵地能够吸引相当部分的孩子到这里活动，少先队就能在社区立住了。

第二是突出"雏鹰争章"。少先队服务素质教育的核心命题就是培养孩子的创造性。学校教育更多的是解决共性的问题，社会教育更多的是解决个性的问题。少先队社区工作要突出培养孩子的创造性，所以在社区中也要喊响"雏鹰行动"，突出"雏鹰争章"，争一些适合在社区争的章，尤其是要争科技章、争科普章。江总书记讲，"创新是一个民族进步的灵魂。"贯彻江总书记的指示精神，尤其需要从社区抓起，从娃娃抓起。要逐步把社区的争章和学校的争章有机结合起来，使评价体系能够有机地统一起来。杭州市提出的把校外争章纳入学校对孩子综合素质的统一评价体系，这个经验值得推广。

第三是鼓励参与社区建设。各地在抓文明社区建设的过程中都深刻地感到少年儿童在其中发挥着重要的纽带作用。一方面通过少年儿童自身的力量，参与植绿护绿、养护草坪、维护交通等活动来昭示社会，影响成人；另一方面也通过他们联系广大家长、联系社区成员来实施社区的统一行动。孩子们参与社区建设，不仅社会欢迎，对加速他们自身的社会化进程也有帮助。当然，鼓励孩子们参与社区建设一定要力所能及，量力而行。

第四是竭诚做好服务。我们在全国少工委三届四中全会上提出，把竭诚为少年儿童服务作为少先队工作的出发点和落脚点。这个命题提出后，得到了少先队工作者的普遍认同和社会的欢迎。今年的"六一"节，全国少工委组织开展的"送一杯豆奶"、开通热线电话、向下岗职工子女送学习和保健用品等活动，就是要给全国的少先队组织一个示范和倡导：通过这些实实在在的服务，让社会感到少先队的存在。少先队社区组织尤其需要围绕孩子们的需求，提供一些实实在在的服务。要维护他们的权益，为他们的生活、学习提供咨询和指导服务，帮助他们解决学习、生活中的各种困难。少先队在社区中开展服务，内容广泛，意义深远。

社区少先队建立起来以后，主要就是要开展这四个方面的工作。加强少先队社区工作的首要目标就是在社区中立住，然后逐步增强自身的服务功能，对家庭、对社会、对学校产生不可替代的影响。

四、要科学处理好几个关系

社区少先队的事业是一个崭新的事业，提出这个命题需要处理好和我们过去工作的一些关系，我们认为有这么几个关系需要很好地把握。

第一是处理好少先队社区工作和学校工作的关系。少先队社区工作与少先队学校工作是互相支撑、互相促进、相得益彰的关系。少先队学校工作是整个少先队事业的重要基础，不但不能削弱，而且还要加强。要根据新的形势要求，力争把少先队的学校工作纳入到素质教育新的体系当中，尤其是要抓住当前课程改革的机遇，力争使"雏鹰行动"进入实践课程。要努力提高学校少先队辅导员的素质，塑造一批新时期的辅导员形象。另外我们在学校里还要改革少先队组织的干部制度，让所有的孩子都有机会做队干部，让所有的孩子都有机会在少先队的这个舞台上得到锻炼。少先队学校工作功能强化之后，可以给少先队社区工作提供更多指导和扶助。同样，少先队社区工作开展起来以后，也将为学校教育包括少先队学校工作提供新的课堂、新的教材和新的教育手段。二者是相互补充、互相促进的。

第二是处理好少先队员在学校参加活动和

在社区参加活动的关系。有的同志认为,少先队员在学校是一个中队的成员,在社区是另一个社区中队或小队的成员,这是不是说明少先队员可以有两种身份?我们认为,这不是两种身份的问题,而是“一种身份、两个舞台”的关系。“一种身份”就是少先队员。少先队是全童入队,只要达到一定的年龄都可以加入少先队,不存在是不是少先队员的身份问题,不需要在社区中再搞一个入队仪式或手续。但是他的活动有两个舞台,一个舞台是学校,一个是社区,这是根据他们生活学习的时空来划分的,这两个舞台都可以为少年儿童获得知识、增长才干创造条件。少先队员在学校参加活动和在社区参加活动,身份没有变化,参加两个地方的活动,在组织性质上是没有矛盾的。

第三是处理好团建和队建的关系。依托团建抓队建这是我们少先队的立身之本,立论之本。各级团组织按照创建青年文明社区的要求,大张旗鼓地抓好社区团的建设,以此来带动社区队的建设,并且在抓团建过程中把社区队的建设做好。

第四是处理好做贡献与长才干的关系。有的同志提出,现在孩子们的课业负担很重,在社区建队会不会增加孩子们的负担?我们认为,不会。我们不赞成社区少先队的重点就是参与社区服务。社区少先队重点应该是培养孩子全面发展。可以适当在社区内做一些力所能及的事情,但不能本末倒置。如果整天让孩子捡白色垃圾,做一些本应该成人去做的事情,不仅家长会提出不同意见,也与我们的初衷相背离。我们加强少先队社区工作就是为了给孩子提供更多的成长和发展空间,培养他们全面发展是第一位的,做贡献是第二位的,要把这两者的关系处理好。

第五是处理好组织建设和阵地建设的关系。少先队社区工作首先要建组织,同时要建阵地。我们提出两手并重,两手抓,两手都要硬。仅有一个组织没有阵地,这个组织是搞不下去的。同样,建阵地也离不开组织的引导。建组织和建阵地是社区工作的两件大事,在开始推进这项工作时,我们将大的思路搞清楚,就可以少走弯路。

把握好这几个关系,就把握了少先队社区工作发展的主要方面。由于这项工作才刚刚起步,实践也还是初步的,所以我们召开一个座谈会,探讨一些问题,有的问题暂时达不成共识,我们也不急于形成决议。已经形成共识的,我们可以先干起来,总之,先作这么一个积极的倡导,希望各地把少先队社区工作作为一个新空间,大胆探索,积极实践。

赵勇在全国广电系统首批优秀“青少年维权岗”命名仪式上的讲话

1999年7月17日

首先,我代表团中央向刚刚获得首批命名的广电系统优秀“青少年维权岗”表示热烈的祝贺,向长期以来关心、支持青少年维权工作的广电系统各级领导和同志们表示由衷的敬意。向为这次会议付出辛勤劳动的山东省委、省广电厅、团省委的同志们表示衷心的感谢!

刚才，重庆电视台、山东电视台的两位同志代表首批命名单位做了很好的事迹介绍，听了很受启发，也很受鼓舞。他们的事迹表明，我们的各级广电部门在营造有利于青少年健康成长的良好社会环境、维护青少年权益方面做了大量卓有成效的工作，而且还大有可为。

创建优秀“青少年维权岗”活动，是共青团联合广电、综治、公安、检察、法院、司法、工商行政管理、质量技术监督、新闻出版等部门共同实施的一项社会工程，目的在于贯彻落实中央领导同志关于“把竭诚为青年服务作为共青团工作的出发点和落脚点”的指示，将青少年维权工作纳入政府行为，动员社会力量，有力促进青少年一代健康成长。

党和政府历来重视青少年的健康成长，青少年成长发展环境总的来讲是好的。但是伴随着社会的变革、利益的调整，各种消极因素和不良环境对青少年的健康成长所带来的危害仍然很严重。一个重要方面就是一些青少年权益受到侵害后得不到及时保护，引发许多社会问题，如青少年犯罪率较高等。维护青少年的合法权益，为他们的健康成长营造良好环境，显得尤为重要；动员社会各方面力量，将青少年维权工作纳入政府行为显得尤为迫切。全国人大日前颁布的《中华人民共和国预防未成年人犯罪法》，对政府有关部门和社会组织在共同做好预防未成年人犯罪工作作了明确规定，为将青少年维权工作纳入到政府行为，形成全社会共同关注和参与青少年权益保护的良好氛围提供了法律保障。

创建优秀“青少年维权岗”活动自 1998 年年底开展以来，得到各单位的高度重视和大力支持，各系统均设立了创建活动领导小组，并结合系统业务工作分别制定了不同的创建标准，有针对性地开展了各具特色的青少年维权活动。法院系统推行圆桌审判，并坚持做好庭前、庭后及庭审中教育，对失足青少年加以挽救；检察系统提出对未成年犯罪嫌疑人最好由女检察官进行调查；司法行政系统积极开展青少年法制教育和法律援助工作；工商行政管理系统以整治校园周边摊点、娱乐场所为重点，加大对制造、销售、经营妨害青少年健康成长的商品、文化制品行为的打击力度；质量技术监督系统集中力量，加大青少年食品、用品抽查监督工作的力度。创建活动得到了各地的积极响应，目前全国已有 30 个省、自治区、直辖市启动了创建工作，许多地市、县(区)通过建立青少年维权中心、实行维权岗联动等方式开展创建活动。半年多的实践表明，创建优秀“青少年维权岗”活动通过切实维护青少年合法权益，缓解社会矛盾，预防和减少青少年犯罪，对维护社会稳定发挥了积极作用，保障了青少年的健康成长，促进了政法队伍和相关部门的内部建设，进一步密切了党和群众的血肉联系，产生了良好的社会反响。

当代青少年是看着电视长大的。调查显示，17 至 27 岁的青年，80% 以上每天至少有 1.5小时用在看电视上；一半以上中小学生以看电视作为主要消遣方式。社会学家、教育学家已将广播影视列为除家庭、学校、同龄群体以外的影响青少年成长的重要因素。因为在青少年可塑性最强的时期，广播影视为他们提供了一幅现实世界的图景和各种人生理想的模型。一部好的作品可以鼓舞一大批青少年，一部劣质作品会毒害一大批青少年。因此，在广电系统开展创建优秀“青少年维权岗”活动有着特别重要的意义。首先，广播影视在影响青少年的思想、品德、行为、观念等各方面所起作用日益加大。优秀的广播影视作品对青少年良好思想品德、行为观念的形成产生积极的影响。但由于青少年心理发展的特殊性，如好奇心重，模仿力强，判别力差，意志力弱，他们很容易受到暴力、凶杀、色情等内容不健康的影视作品的影响，诱发和刺激犯罪。其次，广播电视在对青少年进行法制教育方面发挥着举足轻重的作用。面对青少年开展法制教育是维护青少年权益直接、有效的做法，对于增强青少年自我保护意识，预防和减少青少年犯罪，维护社会稳定具有重要作用。河北省社会科学院对青少年犯罪问题作的一项调查显示，70%的少年犯基本没有受过道德和法制教育。目前全国各地的广播电台、电视台大多开设有法制教育栏目，青少年法制教育的内容占有相当大的比重，面对青少年的法制题材的广播影视作品也有相当大的数量，这些栏目和作品对增强青少年法制观念，提高青少年法制意识起到了任何别的手段起不到的作用。第三，广播、电视在发挥社会监督优势，形成舆论导向方面有着不可替代的作用。南昌有一个叫梁骏的中学生，在放学回家的路上与一汽车司机因争道发生争执，遭到司机野蛮殴打，因眼镜镜片破碎伤及眼球，右眼致残。事件发生后，江西团省委权益部积极参与维护梁骏同学合法权益的司法过程，这次获得命名的江西电视台《社会传真》栏目组对事件全程进行深入报道，并共同发起"增强法制意识，作合格市民"的大讨论，在江西乃至其他省份引起了强烈反响。法院对此案进行了公开审理，判处罪犯有期徒刑五年，民事赔偿5万多元。在这一事件中，电视报道充分发挥了舆论监督和舆论导向的作用，既促进了案件的及时审结，又在全社会形成了关心青少年健康成长的良好氛围。在广电系统开展创建活动，可以起到"弘扬新风正气，禁绝有害作品；增强法制意识，鞭笞侵权行为"的作用。

创建优秀"青少年维权岗"活动是一项系统工程，各级团组织要密切配合广电行政部门和单位，开展好创建活动。要发挥贴近青少年的优势，广泛提供来自青少年的信息，配合广电单位办好青少年法制教育、维权咨询、自我保护教育等栏目；要积极配合广播电影电视行政部门做好对广播、电影、电视节目以及相关演播场所的管理，净化青少年成长的文化环境；要及时提供侵害青少年合法权益的典型案例，为广电系统充分发挥舆论监督职能做好服务；要主动为广电单位提供各系统创建活动的有关情况和被命名的优秀"青少年维权岗"的经验，加大宣传力度，使这项全新的工作尽快为全社会所了解。我们相信，有广电系统各级领导的高度重视，有广电系统广大干部职工的积极参与，有各级团组织和广电行政部门和单位的密切合作，广电系统创建优秀"青少年维权岗"活动必将结出丰硕的成果。

创建优秀"青少年维权岗"活动取得了可喜的阶段性进展，呈现出良好的发展态势。下一阶段，我们要在全面总结基层经验的基础上，逐步深化创建活动，抓好机制建设，以办事业的方式开展创建活动。一是要突出创建过程。团中央与国家广电总局达成一致意见，创建优秀"青少年维权岗"活动强调的是创建过程和服务过程，而不是简单的命名挂牌，要在创建的过程中达到维权的目的。二是要实施动态管理。创建活动要实行淘汰制，不搞"终身制"。对表现优秀，符合团中央和国家广电总局要求和创建标准的，要及时挂牌；对不符合条件的，则摘下牌匾。三是要建立起科学的表彰奖励机制。以体现先进为原则，把对优秀"青少年维权岗"集体的奖励纳入所在单位的奖励序列，制定从集体到个人的具体奖励政策。

同志们，青少年的健康成长关系到国家的富强和民族的振兴。让我们携起手来，共同为青少年撑起明亮的天空，为维护青少年的合法权益，为祖国的明天更辉煌做出贡献。

构建与经济社会发展相适应的少先队工作社会化新格局

——赵勇在全国少工委三届五次全体(扩大)会议上的讲话

2000年1月2日

同志们:

在世纪之交的历史时刻召开本届全国少工委的最后一次全会,我们的心情都很不平静。回顾过去的1999年,我们感慨万千。我们隆重地纪念了中国少年先锋队成立50周年。10月12日,江泽民总书记为少先队亲笔题词“星星火炬代代相传”,这是对全国亿万少年儿童的巨大鞭策和期望,也是对广大少先队工作者巨大的鼓舞。中共中央政治局常委、国家副主席胡锦涛同志在纪念少先队成立50周年座谈会上发表了重要讲话,高度评价了少先队50年的光荣历程,站在党和国家发展全局的高度,提出了少先队崇高的历史使命,对跨世纪的一代少先队员提出了明确的希望和要求。地方各级党政领导在纪念少先队成立50周年的活动中,给予了高度重视,很多省份举行了声势浩大的纪念活动,当地党政主要领导同志出席活动,发表讲话。这充分说明我们党把少先队事业作为自己事业不可缺少的重要组成部分,少先队事业有着光辉的前景,使我们备受鼓舞。

这次全会很不寻常,主要任务是:认真学习贯彻江泽民总书记的重要题词和胡锦涛同志的重要讲话精神,学习贯彻《中共中央国务院关于深化教育改革全面推进素质教育的决定》,分析世纪之交少先队组织面临的新形势和新任务,探讨构建与经济社会发展相适应的少先队工作社会化新格局,为第四次全国少代会的召开作必要的准备。

我讲三点意见。

一、海口市区域性深化“雏鹰行动”推进素质教育的启示

在近几年的实践中,我们时常会感到一个发展中的困惑,就是我们肩负的繁重任务与完成这个任务的有限手段之间的矛盾在加大。比如,“雏鹰行动”在单个学校的典型很多,但从总体上讲,相对全国一亿三千万少年儿童来讲,参与面还是较小,原因就在于缺乏广泛影响所有少年儿童参与素质教育的手段和机制,单纯地靠一个个学校的少先队组织去推,看来力所不及。在总结过去实践的基础上,我们提出一个构想,在一个地方先行区域性推进,面向全体少年儿童,深化“雏鹰行动”,推进素质教育。

我们选择了海南省海口市作一个尝试。今天上午,同志们听了海口市的情况介绍,观摩了家庭、学校、政府职能部门完整的现场,普遍认为这件事情抓得好。结合同志们的意见,可以认为,海口市的经验主要好在六个方面:

一是党政领导真正重视。试点伊始,海口市委、市政府就把这项工作放在全局工作中进行规划和部署。海南省委副书记、海口市委书记蔡长松同志作了“提高市民素质应该从娃娃抓起”的批示。市委、市政府认为,人的现代化是一个城市的现代化的前提,要从面向海口未来经济社会协调发展的高度抓好少年儿童素质教育,为未来经济社会的发展积累人才和后劲,促进两个文明建设。市里成立了党政领导牵头、17个政府职能局的负责同志参加的领导小组。在实施过程中,市里从人力、物力、财力都给予很大投入。这是这项工作得以推进的关键环节,也是我们选择海口作为试点的基础。

二是有关部门齐抓共管。今天我们看了

国土海洋局、税务局和在人民广场上很多局的展示，清楚地了解到一改过去有的局认为素质教育是教育部门的事情与己无关的被动局面，由过去单纯为少年儿童付出转化为找到培养人与自身事业发展的共振点。比如，税务局长认为长期以来没有找到对少年儿童进行税法宣传的完整载体，通过开展“雏鹰争章”解决了这一问题，辖区内的少年儿童在这一活动中了解了税收的全过程，培养了税收意识和法制意识。海洋局长认为下个世纪是海洋的世纪，培养孩子们对海洋的认知就是培养海洋事业的后备军，海洋局在自己的办公大楼里就建立了海洋知识章争章基地。

三是全社会联动。通过发挥“雏鹰行动”与每一个家庭的密切关系把方方面面牵动起来。海口市聘请的3150名志愿辅导员是“不在编的老师”，来自不同的职业，来自不同的家庭，都有各自的特长，在使自己孩子、别人孩子受益的过程中将校外庞大的教育资源通过社会联动开掘出来。

四是团队特色鲜明。共青团、少先队组织在这项工作中起到了参谋作用，与教育部门一起提出方案和活动体系，为党政领导和教育部门作好参谋；起到了轴心作用，各级团委、少工委和少先队社区组织承担了大量的日常协调工作；起到了示范作用，在各种基地建设中团队组织通过示范也使自身形象更加丰满、完整。

五是少年儿童素质教育见到了实效。少年儿童是否在真正参与素质教育，综合素质得到明显提高是检验少先队工作成败的一个根本标准。很多家长反映孩子在“雏鹰行动”中明显发生了变化，能够为父母分忧，自主能力、动手能力大大增强。滨海社区居委会主任介绍，这个社区的活动基地每个双休日都向少年儿童开放，少年儿童在其中学到了很多新的知识，比如自护、防火、助人等等，提高了综合素质。用现代教育理念帮助少年儿童在快乐中体验，在体验中全面发展，健康成长，正充分体现了素质教育的内涵。

六是形成了一套机制。海口市委、市政府专门就这项工作发了13个文件。全市创建了160个活动基地，政府职能部门依靠自身潜力为少年儿童提供活动场所，志愿辅导员在其中为少年儿童服务。社会各方面通过“雏鹰争章”形成了对少年儿童的激励机制，充分调动了少年儿童自觉自愿地参与。

总结海口经验，集中起来给我们一个深刻的启示：少先队工作要自觉纳入社会之中，借助全社会的力量，凸现自身特色，最大限度地为素质教育、为少年儿童健康成长服务。

二、世纪之交中国少先队面临的机遇和挑战

处在世纪之交，每个人都有一份遐想。如何展望少先队工作在下个世纪的发展，是我们必须回答的命题。

——研究世纪之交的少先队工作，要着眼于世界和中国发生的深刻变革

目前，世界和中国都面临着大转折。政治多极化和经济全球化的势态前所未有，这是一个长期复杂的过程。中央作出判断，和平与发展仍然是主流，我们仍可以集中一个很长的时间搞现代化建设。江泽民总书记曾对此作出精辟论述。同时，随着科技发展一日千里，经济全球化的进程令人目不暇接，尤其是网络时代的到来使人们谁也离不开谁。“开弓没有回头箭”，中国将加入世界贸易组织，成为世界经济大家庭合格的成员。世界各国从来没有像今天这样重视人的素质，在国际较量之中，人的素质进一步凸现出来。我们做的是培养人的工作，这种挑战与我们息息相关。

党的十一届三中全会以来，我国就开始了以经济建设为中心的转折。由初步实现小康向现代化迈进，由计划经济体制向真正意义上的市场经济体制迈进，是我国正在发生的深刻的大转折，给我们提出了很多新的机遇和挑

战。一个国家的经济发展速度不可能超过教育的发展速度,在一个由智慧和思想推动的新世纪的经济架构内尤其如此。这很值得我们深思。

——研究世纪之交的少先队工作,要着眼于当代少年儿童的时代特征

当代少年儿童是我们的工作对象,对他们时代特征的认识非常紧迫,人们的看法也不尽一致。这一代人和时代一起前进,发生着和上一代人不一样的深刻变化。目前可以看清楚的是,他们有几个明显的基本特征:

一是自主性增强。团中央少年部和中国青少年研究中心日前的问卷调查显示,广大少年儿童普遍充满自信,对自己的相貌、体格、健康、性格、学习认同程度达到75.4%,同时敢于维护自身权益。86%的城市孩子和57.6%的农村孩子认为未经自己允许家长偷看自己的日记是违法的。孩子在家中听训诫、在学校受摆布的情况发生了很大变化,开始凸现和展示个人价值。

二是创造性增强。他们接触现代媒体掌握的信息增多,身体发育程度也和上一代人不同,心理和生理成熟期都往前提了。浙江秋瑾小学是一个农村小学,他们搞的科技博览会有150多项科技成果,有的可以直接转化为现实生产力,少年儿童的创造力确实不可小看。

三是社会责任感明显增强。同一个问卷调查显示,少年儿童关注国内外大事,知晓率高,86.7%的孩子当时就知道北约野蛮轰炸南联盟。52%的城市孩子、47.9%的农村孩子认为学习的目的是为了造福社会。78%的城市孩子认为一个休息日可以参加半个小时的公益劳动。

四是平等宽容意识增强。友爱、合作、宽容精神开始渗透到孩子们为人处事、日常交往之中。72.7%的城市孩子认为父母是自己的朋友,孩子们敢于评价教师。当问道"你讨厌的人向你求助,可帮可不帮的时候你怎么做"时,选择"帮助"的占59.8%。

五是学习的自觉性增强。社会、父母、媒体的影响都使孩子对学习如饥似渴。

总之,当代少年儿童是全面发展、大有希望的一代。同时,他们身上也存在着生存能力、自理能力弱和承受困难能力差等问题。我们要增强工作信心,更加贴近少年儿童,为他们提供优质高效的服务。

——研究世纪之交的少先队工作,要着眼于少先队工作新的实践和新的发展

少先队的50年创造了丰富的经验,我们要加倍珍惜。同时,时代前进了,少先队工作要和时代脉搏一起跳动,用辩证唯物论和实践第一的理性和方法,认真思考、分析、研究与时代紧紧相连的新的实践和新的发展。

比如少先队紧紧围绕当前党和政府的工作大局、全团的工作大局展开工作就是一个很好的经验。服务素质教育就是和党和政府的工作大局同频共振,参与"保护母亲河行动"就是融入团的工作大局。我们就是要围绕大局找到新的广阔空间,融入沸腾的生活。又如我们把竭诚为少年儿童健康成长服务作为一切工作的出发点和落脚点,指导思想端正,全队上下坚持"服务第一",同时抓了倡导喝豆奶、开热线电话、帮助下岗职工子女、建立维权基金等,这些都是实实在在的服务。再如拓展社区空间,在社区建队,开辟了一个崭新的天地。"一石激起千层浪",少先队学校工作可以通过社区工作吸收社会营养,孩子们在少先队社区活动中享受了素质教育的欢乐。比如通过开展手拉手、雏鹰争章等活动,从一个方面找到了思想品德教育和创新实践教育有形化的途径。再如试行少先队小干部轮换制,让所有的少先队员都有机会做少先队干部,在这个舞台上接受锻炼,防止两极分化。

本着这"三个着眼于"看问题,我们不难发现,世纪之交的少先队工作面临着几个大的机遇。一是更加重视人的培养和综合素质的提

高的全球性趋势为少年儿童工作提供了前所未有的大环境。《共产党宣言》指出,每一个人的自由和解放是所有人自由和解放的前提和条件。目前,培养人的综合素质特别是适应、改造社会的能力越来越成为全球公民的共识,这是从人性上、素质上的解放。二是全党全社会实施素质教育为少先队工作提供了更广阔的空间、更大的舞台和更多的结合点。三是全社会都把目光投向未来,各行各业的人都从关注未来的角度关注少年儿童。四是市场经济下人们对各种社会组织有了更多自由的选择,这就要求各级少工委适应市场调节机制和社会运作规则的变化,更多地让群众选择,为他们服务。五是经济、社会、科技发展给少先队事业的发展提供了更多的人力、物力、财力保障,可以创设更多的少年儿童服务设施,为少先队事业提供支持。

世纪之交的少先队工作大有可为,要求我们以更强的自信心和责任感把工作做得更好。

三、努力构建与经济社会发展相适应的少先队工作社会化的运作机制

总结近几年来的经验,特别是海口实践的经验,我们可以得出这样一个结论,在目前的形势下,肩负起光荣任务,要构建起一种与经济社会发展相适应的少先队工作社会化的运行机制。这是这次全会的核心命题。

目前少先队工作大的思路和格局非常明确,可以概括为:"两个服务",即服务素质教育,服务少年儿童健康成长;"三个阵地",即学校、社区、农村;"两个重点",即思想品德教育以及创新精神和实践能力培养;"一个机制",即与经济社会发展相适应的少先队工作社会化的运作机制。

——构建与经济社会发展相适应的少先队工作社会化的运行机制,是少先队事业跨世纪发展的必然要求

从经济社会发展的角度看,社会开放程度越来越高,要完成党交给的培养社会主义事业合格建设者和接班人的神圣使命,我们就必须用开放性的手段对少年儿童进行全方位的影响。

从学校教育的角度看,少先队工作是学校教育的一个部分,少先队的实践教育应当是与社会实践紧密相连的实践,与经济社会发展紧密相关的实践。少先队必须走社会化的发展道路。

从家庭教育角度看,现在少年儿童一年有170多天生活在社区,家庭承担的教育职能越来越强化,家庭也很难单独实施教育计划,必须敞开门户,融入大社会。

从少年儿童成长规律的角度看,培养人的目的是为了培养少年儿童改造社会的能力,缩短他们的社会化进程,要运用社会化的思路和手段完成这一任务。

从少先队自身发展的角度看,所承担的光荣任务与有限的工作手段的矛盾必须依托社会,借助社会,不断焕发新的生机和活力。

——构建与经济社会发展相适应的少先队工作社会化的运行机制的目标

首先要建立社会化的组织机制。在巩固已有的少先队组织和少先队学校阵地的基础上,建立开放的社会性组织,包括社区少工委、各种以兴趣爱好联系起来的中小队,将少先队工作延伸到社区、家庭各个层面,和社会紧紧联系在一起。

其次要建立社会化的动员机制。争取党政牵头,和教育部门一起推动,全社会联动,海口的经验就是一个启迪。

第三,要建立社会化的活动机制。活动是少先队的活力所在,要在推进素质教育的进程中不断找到新的活动载体。

第四,要建立社会化的支持机制。靠政策,通过政府规章纳入两个文明建设;靠经费,建基地;靠队伍,大规模地发展志愿辅导员,特别是请家长参加进来。

——构建与经济社会发展相适应的少先

队工作社会化的运行机制的关键环节

一是团队领导机关要主动争取党政领导的高度重视。省级团委要做好地市的工作,关键是找到党政部门和教育、少先队工作的共振点,找到少先队工作和两个文明建设的结合点。二是紧紧依托社区,在社区建设中占一席之地,吸纳社会资源,使少先队工作健康地走向社会化。要将少先队社区工作纳入全团创建青年文明社区工作中来。三是创造好的活动载体,进行有形化操作,牵动方方面面。四是打破思维定式,大胆创造。建立与经济社会发展相适应的少先队工作社会化的运行机制具有体制革新的意义,要不拘一格,大胆创造,找到更多的实现社会化的途径和方式。

与经济社会发展相适应的少先队工作社会化的运行机制是少先队工作崭新的体系,这个体系的建立将形成少先队工作豁然开朗、异彩纷呈的局面,使全社会都来关心支持少年儿童素质教育,帮助少年儿童健康成长。只有这样,在挑战面前,我们才有希望。

赵勇在深入开展“讲文明树新风”活动电视电话会上的发言

2000年2月24日

中央文明委决定今年的“讲文明树新风”活动,要在巩固去年成果的基础上,着重抓好“倡导文明新风,共建美好家园”活动,推动“讲文明树新风”活动向社区拓展。这对于加强城市精神文明建设、加强新时期思想政治工作和群众工作都具有重要意义。团中央将按照中央文明委的统一部署,发挥优势,狠抓落实,以“青年文明社区”创建活动为统揽,围绕美化社区环境、优化社区秩序、活跃社区文化、弘扬科学精神、完善社区服务、和谐社区人际关系,充分发挥青少年在群众性精神文明建设中的生力军作用。

一是围绕活跃社区文化,开展“青年文明社区大家乐”活动。丰富多彩的社区文化活动是加强思想道德教育的重要形式,欣欣向荣的社会文化氛围的基础在社区,青少年是繁荣社区文化最有生气的力量。“大家乐”活动是青年创造的一种自编、自演、自娱、自乐的群众性社区文化活动形式。团中央将联合有关部门在全国范围内开展“大家乐”活动,主要是以楼道、社区为舞台,通过组织广大社区居民开展大家唱、大家演、大家跳、大家练、大家写、大家画、大家读、大家讲等群众喜闻乐见的文体活动,吸引社区青少年和居民广泛参与,同创社区文明,共享美好生活。在社区文化活动蓬勃开展的基础上,还将开展全国性的“青年文明社区大家乐”示范展示活动,比如:地方戏大赛、社区歌手大赛、家庭趣味体育大赛等,集中展示群众性社区文化活动成果,牵动社区、影响社会。以社区文化体育为纽带,丰富群众生活,传播党的方针、政策,强健群众体魄,培养健康人格,引导人们追求健康文明的生活方式。

二是围绕弘扬科学精神,开展“社区青少年科普教育”活动。科普教育是提高社区居民综合素质的重要内容,青少年科普活动是弘扬科学精神的基础。我们将依托市民学校、社区书屋和青少年宫等社区活动阵地,开展科普讲座。聘请社区有关专家、学者担任青少年科普志愿辅导员，帮助广大青少年学科技、用科技。组织科技战线的"青年文明号"集体和青年志愿者送科技进社区，以科普橱窗为阵地，宣传科技知识。整合社区科技资源，推动社区内各种科技活动场所对居民开放。举办"生活中的科学"社区青少年科技创新比赛等系列活动。组织少先队在社区开展雏鹰争章活动，引导少年儿童争科普章、创新章，从小养成崇尚科技、追求真知的良好习惯。从而帮助广大群众尤其是青少年树立正确的世界观，掌握科学的方法论，自觉地抵制各种封建迷信思想的侵蚀，迎接知识经济时代的机遇和挑战。

三是围绕美化社区环境，开展"社区青少年美化家园"活动。整洁优美的社区环境是群众安居乐业的重要基础，是城市现代化的重要标志。我们将组织广大社区青少年开展"捡拾白色垃圾、捡回绿色希望"活动，整治社区环境、清运垃圾、清扫卫生死角、清除非法张贴物。组织"雏鹰假日小队"开展植绿护绿活动，建设"红领巾绿地"。结合中学生 18 岁成人仪式教育开展"我为家园添光彩"48 小时美化社区志愿服务活动。开展阳台绿化、居室美化、垃圾分装比赛，改善社区的居住环境。以青少年参与环境治理的先导、攻坚作用，提高社区居民热爱家园、建设家园、美化家园的自觉性和创造性。

四是围绕和谐人际关系，开展"青年文明社区互助月"活动。建立和谐的社区人际关系是社区建设的重要目标，是增强整个社会凝聚力的基础。以每年 9 月的"青年文明社区互助月"为牵动，开展邻里相识、相知、相助活动。通过建立邻里互助铃、互助卡，组织社区内的青年志愿者对孤寡老人、残疾人、下岗职工、离退休人员、进城务工青年子女等弱势群体开展"一助一"结对服务，帮助他们解决实际困难。广泛开展少先队员"手拉手助残"和为社区孤寡老人献爱心活动。通过这些活动，增强人与人之间互助友爱的情感，增强社区居民的认同感、安全感和归属感，逐步建立社会主义市场经济体制下新型的人际关系，把社区建成团结友爱、温馨和谐的美好家园。

五是围绕完善社区服务，深化"青年文明号助万家"、"百万青年志愿者进社区"活动。优质的社区服务是提高人民群众生活质量的根本保障，是人民群众的强烈企盼。我们将以"社区青少年服务中心"为依托，继续深化"青年文明号助万家"活动，组织公用、供电、商业、城建、卫生、电信等行业的"青年文明号"集体，对社区群众日常生活急需解决的问题集中受理、集中服务；针对一些特殊的服务项目和内容，以"青年文明号服务卡"的形式，为群众提供便捷、及时的上门服务。在全国范围内开展"百万青年志愿者进社区"主题活动，进行环境整治、家电维修、交通维护、医疗保健、法制宣传等社区公益服务，实施社区青年志愿者社区发展计划，广泛建立社区青年志愿者服务站，逐步形成网络。通过优质服务提高群众生活质量，密切党群关系。

六是围绕优化社区秩序，深化"优秀青少年维权岗"创建活动。维护青少年权益是保障青少年健康成长，预防和减少青少年犯罪，促进社会稳定的重要举措。我们将协调社区与青少年事务有关的部门，开展创建"优秀青少年维权岗"活动，针对当前影响青少年健康成长的突出问题，携手整治校园的周边秩序，开展扫黄打非活动，清缴伪劣青少年用品等，集中打击侵害青少年权益的违法犯罪活动，保护青少年合法权益。组织有关单位和人员在社区内广泛开展法律法规教育、青少年心理咨询、维权服务，预防和减少青少年犯罪。利用双休日、节假日广泛开展青少年自护教育，联合公安等部门开展"中小学生平安回家"活动，保护青少年人身安全，提高青少年自我保护意识和防范侵害的能力。依托社区进城务工青年培训学校，深入实施"千校百万"进城务工青年培训计划，引导和帮助进城务工青年遵纪守法、文明从业、创业成才。通过这些活动，优化青少年成长的社区环境，形成全社会都来关心青少年健康成长的社会风尚。

各级团组织要认真贯彻这次电视电话会议精神，全面深化“青年文明社区”创建活动，以项目为主导，以团建为基础，抓具体、抓落实。力争用两三年时间在每个街道配备一名专职团干部，多数社区建设一个社区青少年服务中心，初步建立起青少年参与社区服务和社区建设的制度，动员和组织广大青少年在文明社区建设中做出积极贡献。

让星星火炬代代相传

——赵勇在中国少年先锋队第四次全国代表大会上的工作报告

2000 年 6 月 2 日

在党中央的亲切关怀下，中国少年先锋队第四次全国代表大会隆重召开了。现在，我代表中国少年先锋队第三届全国工作委员会向大会作工作报告，请审议。

一、世纪之交的历史回顾

20 世纪中国的历史画卷波澜壮阔。在求得民族独立和人民解放，实现国家繁荣富强和人民共同富裕的伟大进程中，党领导下的劳动童子团、共产儿童团、抗日儿童团、地下少先队等少年儿童的革命组织和中国少年先锋队，为培养一代又一代忠诚的革命战士和合格的建设者，发挥了重要的基础性作用，做出了不可磨灭的贡献。

我们党历来关怀少年儿童的健康成长，重视少先队事业的发展。以毛泽东、邓小平、江泽民同志为核心的党的三代领导集体都对少年儿童寄予殷切期望。毛泽东同志号召“儿童们团结起来，学习做新中国的新主人”，要“好好学习，天天向上”。邓小平同志指出：“现在小学一年级的娃娃，经过十几年的学校教育，将成为开创 21 世纪大业的生力军。”希望广大少年儿童“立志做有理想、有道德、有知识、有体力的人，立志为人民做贡献，为祖国做贡献，为人类做贡献”。江泽民总书记为“中国少年雏鹰行动”题词：“自学、自理、自护、自强、自律，做社会主义事业的合格建设者和接班人”，为少先队成立 50 周年题词：“星星火炬代代相传”。这都为少年儿童健康成长和少先队事业的发展指明了前进的方向。

伴随着共和国前进的步伐，少先队走过了 50 年的光荣历程。

50 年来，少先队是一面火红的旗帜，成为少年儿童成长道路上的第一个路标。少先队用共产主义的崇高理想引导少年儿童，用党的光辉历史和奋斗目标鼓舞少年儿童，用鲜艳的红领巾、神圣的队礼、嘹亮的队歌和庄严的呼号激励少年儿童，帮助少年儿童从小树立跟党走社会主义道路的信念，迈好人生第一步。

50 年来，少先队是一个温暖的集体，成为少年儿童成长进步的摇篮。少先队注重把少年儿童组织起来，注重发挥少年儿童的自主作用，以独具特色的组织教育、生动活泼的实践教育、扎实有效的自我教育，帮助少年儿童全面发展，健康成长。

50 年来，少先队是一支茁壮的队伍，成为推动社会文明进步生机勃勃的力量。少先队围绕党和国家工作大局，根据广大人民群众的现实需求和少年儿童成长发展的愿望，组织少年儿童以小主人的姿态，以纯洁的心灵、幼嫩的双手，为国家的建设和发展发挥着力所能及的积极作用。

少先队的光荣历史昭示我们：

——必须按照党所指引的方向，在共青团的带领下，把培养社会主义事业的合格建设者和接班人作为根本任务。

——必须把广大少年儿童组织起来，在集体中互相学习，共同进步。

——必须坚持全面发展的育人方针，着力提高少年儿童的综合素质。

——必须发挥少先队员的主体作用，使他们真正成为少先队的主人。

——必须以实践育人为基本途径，积极引导少年儿童在实践中立志向、学知识、长本领。

——必须竭诚为少年儿童健康成长服务，不断增强少先队组织的吸引力和凝聚力。

——必须加强与教育部门的协作，充分调动社会各方面的积极性，为少年儿童的学习进步营造良好的环境。

回顾历史，我们心潮澎湃。展望未来，我们豪情满怀。在实现中华民族伟大复兴的进程中，我们要牢记党的教诲，让星星火炬代代相传。

二、过去五年少先队事业的新发展

五年前，党中央提出当代少年儿童要树立崇高的理想，培养高尚的品德，掌握过硬的本领，锻炼强健的体魄，培养良好的心理素质。五年来的实践表明，当代少年儿童是按照党指引的方向学习、成长、进步的，他们热爱祖国、勤奋学习、积极实践，是健康向上、大有希望的一代。

在这五年中，少先队组织按照党的要求，在共青团的带领下，在教育部门的支持下，主动适应时代发展的新要求，广泛开展了“跨世纪中国少年雏鹰行动”、“手拉手”等一系列富有成效的活动，努力探索服务素质教育的新途径，着力构建为少年儿童健康成长服务的新机制，少先队事业充满活力，蓬勃发展，为把少年儿童培养成为跨世纪的社会主义事业合格建设者和接班人做出了积极的贡献。

五年来，“手拉手”活动吸引了千百万少年儿童踊跃参与，促进了广大少年儿童互助互学，团结友爱，共同进步，成为社会主义精神文明建设的生动实践。城市和农村的少年儿童手拉手，家境富裕和家庭贫困的少年儿童手拉手，健康的和有残疾的少年儿童手拉手，各民族的少年儿童手拉手，把被高楼、大山阻隔的感情连在一起，把友爱和平等连在一起，把理想和智慧连在一起。一封封交友信打开了一扇扇心灵的窗口，少年儿童建立了相互信任，感受到了同伴之间互相关心、互相帮助的友情；一次次互相走访架起了一座座沟通的桥梁，少年儿童看到了陌生而又新奇的外部世界，看到了未来美好的希望，感受到了改变落后面貌的责任；一份份零花钱建起了一所所手拉手希望小学，圆了不少贫困小伙伴的读书梦；一双双小手捡拾起一个个希望，手拉手地球村汇集了少年儿童回收的废弃物，净化了环境，筹得了资金，为保护母亲河、保护环境做出了特殊的贡献；一颗颗爱心传递着一片片对灾区小伙伴的真情，仅在1998年抗洪救灾的伟大斗争中，8000多万少年儿童为灾区的小伙伴捐献衣物和学习用具1亿1千多万件，捐款5000多万元，体现了中华民族一方有难八方支援的优良传统。据统计，有6850万少先队员参加了“手拉手”活动，3080万少先队员参加了“保护母亲河行动”，共建起了12所“手拉手希望小学”。

“手拉手”作为一项少年儿童广泛参与的实践教育活动，以特有的吸引力，引导少年儿童走出自我，关心他人，走出家庭，面向社会，使爱国主义、集体主义、社会主义的甘露滋润了少年儿童幼小的心灵；以特有的感召力，带动了辅导员、家长和学校之间的手拉手，把团结友爱、助人为乐的社会新风传到四面八方；以特有的凝聚力，构筑着中华民族面向未来的团结奋斗的钢铁长城。

五年来，“雏鹰争章”活动为千百万少年儿童提供了学习实践的广阔空间，激励广大少年儿童积极上进，全面发展，成为素质教育的有效途径。按照江泽民总书记“五自”题词的要求，把对少年儿童的理想信念、道德修养、创造能力、审美情趣、心理品格、健康程度等素质方面的要求，具体化为若干枚“雏鹰奖章”，鼓励少年儿童从日常生活、学习的具体环节入手，不断为自己确立新的目标，不断发现自己的潜能，不断看到自己的进步，不断证明自己的成功。一个个争章计划体现了少年儿童成才的渴望和对未来的美好向往，他们在制订计划的过程中感受到了自主选择的快乐，明确了努力的方向，增强了向新的目标攀登的决心；一次次争章训练为少年儿童提供了学习实践的课堂，他们在“启明星”和“百花园”科技文体等活动中磨练了意志，提高了本领；一枚枚挂在胸前的“雏鹰奖章”，使少年儿童享受到了收获的喜悦，激发了他们不断进取的勇气。据统计，共有4407万少先队员参加了“雏鹰争章”活动。

“雏鹰争章”作为一项素质教育的实践活动，面向全体少年儿童，人人可为，天天可为；打破了传统的单纯靠分数评价优劣的模式，成为衡量少年儿童综合素质的重要依据；把校内和校外教育有机结合起来，为社会各方面关心支持素质教育提供了有效的载体。

五年来，少先队的自身建设不断加强，增强了少先队组织的吸引力和凝聚力，为少先队事业的发展提供了强有力的保证。在教育部门和学校的支持下，学校少先队组织不断健全，阵地不断完善，工作日益活跃，涌现出6000个少先队红旗大队和一批红领巾示范学校。少先队探索了小干部轮流任职的新机制，为少年儿童锻炼能力、服务他人、学习民主提供了更多的岗位和机会。在社区党团组织的领导下，社区建队工作呈现出良好的发展态势，社区少先队组织随着城市社区功能的逐步强化，从雏鹰假日小队发展到少先队中队、大队。校外教育阵地建设不断加强，在解放军和武警部队的支持下，少年军(警)校已达6000多所，还兴建了一批少年农校和少年科学院。少先队理论研究取得了新的成果。内地和港澳台地区少年儿童之间的交流不断扩大。少先队对外交流的领域有新的拓展。所有这些，都为少先队事业在21世纪的新发展打下了良好的基础。

五年来，辅导员素质不断提高，队伍不断壮大，成为实施素质教育的一支重要力量。学校辅导员适应基础教育改革与发展的要求，不断提高思想素质和业务素质，努力把握当代少年儿童成长的特点和规律，自觉提高实施素质教育的水平和能力，大胆实践和探索素质教育的新方法、新途径。志愿辅导员队伍在少先队组织的倡导下，不断壮大，日益成为少先队社区工作的重要力量。以“全国十佳少先队辅导员”和“全国十佳少先队志愿辅导员”为代表的广大辅导员，不负党和人民的重托，无私奉献，勇于探索，用真诚的爱心、执著的情怀、火样的热情，为少先队事业付出了辛勤的劳动，做出了重要的贡献。共青团、少先队组织感谢你们，广大家长感谢你们，亿万少年儿童感谢你们！

我们也清醒地看到，在发展的道路上，还有许多工作要做。要建设一支适应我国教育改革与发展要求的少先队工作队伍，任务还十分艰巨；农村和贫困地区少先队工作还相对薄弱，需要采取更加有效的措施予以加强；还需要更加充分地发挥少先队员的主体作用，更加广泛地动员社会各方面的力量。

回顾过去的五年，我们深切地感到，少年儿童的成长进步和少先队事业的蓬勃发展，是在以江泽民同志为核心的党中央亲切关怀下取得的，是在各级党委、政府的关心支持下取得的，是在共青团组织和教育部门的通力合作下取得的，是在社会各界的热心帮助下取得的。在此，我代表全国一亿三千万少先队员和广大少先队工作者，向我们亲爱的党、向以江泽民同志为核心的党中央致以少先队的崇高敬礼！向各级党委、政府和社会各界表示由衷的感谢！

三、当代少年儿童的使命和少先队的任务

一个充满希望的新世纪就要到来。在世纪交替的历史时刻，我们都深深地感到，今天来之不易，未来令人神往。上个世纪中叶鸦片战争以后，中国逐步沦为半殖民地半封建国家，陷入苦难深重、极度屈辱的深渊中，中国人是带着八国联军占领首都北京的民族耻辱进入20世纪的；本世纪以来，在中国共产党领导下，中国已由积贫积弱的旧中国变成了初步繁荣昌盛的社会主义新中国，全国各族人民正沿着建设有中国特色社会主义道路，昂首迈向新世纪，大步走向繁荣富强；在下个世纪里，中华民族将在完成祖国统一和建立富强民主文明的社会主义国家的基础上实现伟大的复兴，把几代中国人的强国梦变为现实。

少年朋友们，你们整个人生的历程将和中华民族伟大复兴的进程紧紧相伴。实现中华民族伟大复兴的宏伟目标，要靠你们去奋斗，要靠你们去创造，你们的使命不同寻常！

面对当今世界政治格局多极化、经济全球化的发展趋势，中华民族将要在日趋激烈的国际竞争中，促进人类和平与发展的伟大事业，一方面要积极维护世界和平，致力于推动建立公正合理的国际政治经济新秩序，另一方面要长期坚持“发展是硬道理”，抓住机遇，加快发展，不断增强综合国力，永远立于不败之地。你们是新世纪的主人，你们将要代表中华民族以豪迈的姿态走向世界，以过硬的本领参与竞争，以顽强的意志迎接挑战，为促进世界的和平、安宁和繁荣做出贡献。你们的使命很不寻常！

面对科技进步日新月异，特别是以信息技术、生物技术为代表的高新技术及其产业迅速崛起，中华民族将要更加充分地发挥科学技术作为第一生产力的作用，一方面要加强知识创新、技术创新和高新技术产业化，在高科技领域占有一席之地，赢得国际竞争的主动权，另一方面要推广、运用、消化、吸收先进的科技成果，改造传统产业，促进结构调整，提高经济增长的质量和效益。这双重任务对中华民族都是前所未有的。你们是新世纪的主人，你们将要代表中华民族以十足的信心，超人的胆魄，创新的精神，科学的智慧，大胆创造出比前人更加卓越的成就。你们的使命很不寻常！

面对世界范围内各种思想文化的相互激荡，中华民族将要在各种意识形态和思想文化潮流的相互渗透中，创造社会主义现代化的先进文化，一方面要传承中华民族五千年的灿烂文化，另一方面要建设面向现代化、面向世界、面向未来的、民族的科学的大众的社会主义文化。你们是新世纪的主人，你们将要以海纳百川的胸怀，在古今中外的融会中，创造出更加绚丽多彩的文化成果，为社会主义现代化建设提供强大的思想保证、精神动力和智力支持。你们的使命很不寻常！

要担负起实现中华民族伟大复兴的光荣使命，你们现在就要做好全面准备。要准备好远大的志向，从小树立为共产主义而奋斗的崇高理想，坚定跟党走建设有中国特色社会主义道路的信念，把对理想的追求化作每一天的具体行动；要准备好高尚的品德，追求真善美，热爱集体，关心他人，把“人民的利益高于一切”作为自己的行为准则；要准备好过硬的本领，养成勤学习、善动脑、爱动手的良好习惯，以创新为快乐，以创造为自豪；要准备好强健的体魄，自觉锻炼身体，养成良好的卫生习惯，培养坚韧的意志，遇到困难我不怕，面对未来我能行。你们要德智体美全面发展，时刻准备着为祖国现代化建设贡献自己的智慧和力量。

少先队事业是党的事业的一部分，是共青团事业的一部分，是全社会教育事业的一部分。引导和服务少年儿童做好全面准备，是新世纪少先队的神圣职责。今后一个时期少先队的主要任务是：以邓小平理论为指导，贯彻落实江泽民总书记关于少年儿童教育和少先队工作的一系列重要指示，继承和发扬少先队的优良传统，以实践育人为基本途径，继续实施“中国少年雏鹰行动”，深入开展“手拉手”活动，不断开拓新的工作领域，充分发挥在素质教育中的重要作用，为把少年儿童培养成为社会主义事业的合格建设者和接班人做出积极的贡献。

四、切实加强少年儿童思想品德教育

思想品德教育是素质教育的灵魂。江泽民总书记《关于教育问题的谈话》明确指出：“不仅要加强对学生的文化知识教育，而且要切实加强对学生的思想政治教育、品德教育、纪律教育、法制教育。”江总书记的重要谈话深刻阐明了加强学生思想品德教育的重要性，为少先队加强少年儿童思想品德教育指明了方向。

对于处在人生起步阶段的少年儿童，思想品德教育对一生怎样做人有决定性的影响，这一阶段就是要把他们培养成为家庭里的好孩子，学校中的好学生，社会上的好少年，为把他们培养成为对祖国、对社会、对自身有责任感的好公民，成为有理想、有道德、有文化、有纪律的“四有”新人奠定坚实的基础。

要切实加强思想政治教育，用共产主义的远大理想激励少年儿童，用爱国主义、集体主义、社会主义的思想教育少年儿童，引导他们树立正确的世界观、人生观、价值观，用祖国未来美好的蓝图鼓舞少年儿童，在他们幼小的心田里播下理想的种子，引导他们跟党走建设有中国特色社会主义道路。

要切实加强道德品质教育，用社会主义道德规范和中华民族传统美德陶冶少年儿童，在他们纯洁的心灵里培养爱祖国、爱人民、爱劳动、爱科学、爱护公共财物的良好思想和品德，培育诚实、勇敢、活泼、团结的优良作风和面向世界、拥抱未来的广阔胸怀，做到心中有他人、心中有集体、心中有祖国。

要切实加强纪律法制教育，用社会主义民主和法制精神教育少年儿童，用中小学生日常行为规范和少先队队章约束少年儿童，帮助他们养成遵守纪律、遵守秩序的行为习惯，树立起遵章守纪、知法守法的自觉意识，学习民主，学会用法律的武器维护自己的合法权益。

少年儿童思想品德教育是一项必须由家庭、学校、社会共同完成的系统工程。少先队要充分发挥贴近少年儿童和具有广泛社会联系的优势，推动家庭、学校、社会形成合力，用少年儿童乐于接受的生动有趣、丰富多彩的实践活动形式熏陶和启迪少年儿童，把基本的做人做事的道理转化为少年儿童的内在的品质。

五、大力培养少年儿童的创新精神和实践能力

《中共中央国务院关于深化教育改革全面推进素质教育的决定》指出，实施素质教育要以培养学生的创新精神和实践能力为重点。这为教育的改革与发展提供了行动指南，也为少先队推进素质教育指明了努力方向。

对于处在成长起步阶段的少年儿童，创新精神和实践能力的培养就是要培养他们的创新勇气、创新意识、创新思维和创新技能，为他们将来成为各行各业的创造者奠定基础。

培养少年儿童的创新精神和实践能力，就要把少年儿童培养成勤于动脑、敢于质疑的“小问号”。要保护好少年儿童对周围事物的好奇心，发挥好他们的想像力，鼓励他们多问“为什么”。

培养少年儿童的创新精神和实践能力，就

要把少年儿童培养成勤于探索、独具慧眼的“小发现”。要保护好少年儿童旺盛的求知欲，发挥好他们独特的观察力，鼓励他们多想“哪里有问题，问题在哪里，问题是什么”。

培养少年儿童的创新精神和实践能力，就要把少年儿童培养成勤于动手、乐于实践的“小能手”。要保护好少年儿童的好胜心，发挥好他们的创造力，鼓励他们学会“做什么，怎么做”。

创新精神和实践能力的培养贯穿于人的学习、成长、奋斗的全过程。少年儿童时期，心灵的大门始终敞开着，时刻准备接纳新鲜事物。对少年儿童进行创新的启蒙和实践的引导，对他们一生的成长起着至关重要的作用。少先队要根据少年儿童身心发育的特点，帮助少年儿童认识和激发自身潜在的创造力，处理好学习知识和培养能力的关系，把兴趣作为开启创新之门的金钥匙，把处处作为创造之地，把时时作为创造之机，在天赋所及的一切领域充分地发展，自由地创造。

六、坚持实践育人的基本途径

实践育人是少先队的优良传统和基本经验。要肩负起时代赋予少先队的神圣职责，在新形势下切实加强少年儿童思想品德教育和创新精神与实践能力的培养，必须坚持把实践作为少先队教育的基本途径，并针对少年儿童的特点，充分发挥少先队组织的优势，着重组织少年儿童在实践中体验。

着重组织少年儿童在实践中体验，就是要在少先队的活动中强调少年儿童既是受教育者，也是教育者，发挥他们的自主性；就是要强调少年儿童在实践过程中全身心地参与，在一次次实践中不断体会，不断感悟，不断积累，把全面发展的要求内化为自身的素质。

要以实践为基本途径切实加强少年儿童的思想品德教育，引导少年儿童通过对“手拉手”小伙伴互相学习、互相交流的体验，培育他们关心他人、乐于助人的品德，逐步树立对他人、对社会的责任感；通过对集体生活和校园生活的体验，培育他们热爱集体、勤奋学习的品质，帮助他们把老师的期望化作对自己的责任感，做学习的小主人；通过对父母辛劳和家庭生活的体验，培育他们孝敬父母、热爱劳动的情感，帮助他们把父母的期望化作对家庭的责任感，做生活的小主人；通过对各行各业普通劳动者的生活和工作的体验，培育他们对人民的爱、对祖国的爱，帮助他们把党和人民的要求化作对民族的责任感，做社会的小主人。

要以实践为基本途径大力培养少年儿童的创新精神和实践能力，引导少年儿童通过对参与“雏鹰争章”活动过程的体验，培育他们开发自身潜能、不断追求进步的动力；通过参与小种植、小养殖、小制作、小发明、小创造活动的体验，培育他们动脑动手和发明创造的能力；通过对周围各种事物之间奇妙联系的体验，培育他们认识事物发展规律的本领；通过对新材料、新能源、新技术等世界尖端科技广泛应用于人类生活的了解和体验，培育他们攀登科学高峰的志向。

今后一个时期，各级少先队组织要通过组织少年儿童在实践中体验，帮助少年儿童提高综合素质。要广泛开展符合少年儿童身心发展规律、具有少年儿童情趣和时代气息的实践活动，从家庭生活、学校生活、社会生活的各个方面，帮助少年儿童寻找一个“岗位”，扮演一个角色，获得一种感受，明白一个道理，养成一种品质，学会一种本领，充分发挥少先队在素质教育中特殊的、不可替代的作用。

七、竭诚为少年儿童的健康成长服务

竭诚为少年儿童健康成长服务，是党的全心全意为人民服务的根本宗旨在少先队工作中的具体体现，是广大少年儿童成长发展的客观要求，是少先队组织的性质和职能所决定的。各级少先队组织要把竭诚为少年儿童健康成长服务作为一切工作的出发点和落脚点，一切为了孩子，为了一切孩子，为了孩子的一切。

竭诚为少年儿童健康成长服务，必须从少年儿童在学习、生活、娱乐、安全等多方面的具体需求入手，尽心竭力地为他们办实事、办好事。要深入开展“城乡少年手拉手助学”活动，为贫困地区少年儿童完成义务教育、为城市少年儿童了解国情提供服务。要积极倡导实施营养工程，为少年儿童改善营养结构、增强体质提供服务。要广泛开设“雏鹰热线电话”，为少年儿童排解心理障碍、解答疑难问题提供服务。要加强与文化、新闻、出版部门的广泛合作，发展少年儿童文化新闻出版事业，为少年儿童获得更丰富、更健康的精神食粮提供服务。要利用现代化信息手段，为少年儿童开展丰富的网上教育提供服务。要充分利用校外教育的丰富资源，为少年儿童参与健康有益的课外生活提供服务。要大力开展“少年儿童平安回家”活动，为保障少年儿童的人身安全提供服务。要贯彻落实《未成年人保护法》和《预防未成年人犯罪法》，深入开展创建“优秀青少年维权岗”活动，为维护少年儿童的合法权益提供服务。

抓服务就是抓落实。评价少先队组织要看服务，看是否为基层组织和少年儿童做了实事和好事；评价辅导员要看服务，看是否真心实意为少年儿童成长排忧解难；评价少先队的小干部也要看服务，看是否为队员的学习、生活提供了实实在在的帮助。要通过强化服务，不断增强少先队组织的吸引力和凝聚力。

八、不断加强少先队自身建设

要完成党交给少先队的光荣任务，少先队就必须不断加强自身建设。在发展社会主义市场经济的条件下，新情况新事物不断出现，少先队的自身建设面临许多新的课题。走社会化的发展道路，建立起与经济社会发展相适应的新的运行机制，是新形势下加强少先队自身建设的一个重要方面。

少年儿童的成长直接受到社会的影响，这就要求少先队动员社会力量，努力营造有利于少年儿童健康成长的大环境；少年儿童的需求呈现出多样化的趋势，这就要求少先队借助和依靠社会力量，开辟满足少年儿童需求的多种途径；少先队承担着越来越艰巨的任务，这就要求少先队广泛开发和利用社会资源，强化服务少年儿童健康成长的手段。少先队作为一个社会性、群众性的组织，具有协调、动员社会力量的优势，完全有条件使工作社会化。

推进少先队工作社会化，就是要在党委、政府的重视和支持下，协调有关部门和社会方方面面齐抓共管，形成少先队工作动员社会化的机制；就是要围绕经济社会发展的大局，根据教育改革与发展的要求，为社会各个方面参与少年儿童素质教育提供有效载体，形成少先队活动内容社会化的机制；就是要扩大少先队组织的社会覆盖面，在巩固小学和初中少先队阵地的基础上，大力发展城市社区少先队组织，特别重视和大力加强农村少先队组织建设，形成少先队组织社会化的机制；就是要努力加强学校辅导员队伍建设，提高辅导员的全面素质，不断壮大由家长和社会各界有识之士组成的志愿辅导员队伍，形成少先队工作队伍社会化的机制；就是要在管理和利用好现有活动阵地的基础上，运用政府的、社会的、市场的手段，大力建设少年儿童课外活动设施，尤其要积极发展小型分散的社区活动场所，形成少先队活动阵地社会化的机制；就是要在加强各级少先队工作学会建设的基础上，广泛吸收大学、科研院所等各个领域的专家学者参与少先队的理论研究，形成少先队理论研究社会化的机制。在推进少先队工作社会化的进程中，要积极倡导成人都来做少年儿童的表率，在全社会形成人人尊重少年儿童、人人关心少年儿童、人人服务少年儿童的新风尚。

要继续做好推荐优秀少先队员作团的发展对象的工作，建立和巩固少年团校，满足优秀少先队员积极向上的追求，提高他们的政治觉悟,不断为团组织输送新鲜血液,切实加强团队衔接。

早日实现祖国完全统一,是包括广大少年儿童在内的全体中国人民的强烈愿望,是海内外中华儿女的热切企盼。台湾是中国神圣领土不可分割的一部分,海峡两岸的少年儿童情同手足,血脉相连。对于想把台湾从中国分裂出去的任何图谋,全国亿万少年儿童坚决不答应!要加强海峡两岸少年儿童之间的联系,增进了解,促进交流,为早日完成祖国统一大业做贡献。要遵循"一国两制"的方针,进一步加强与港澳地区少年儿童和少年儿童组织的交流与合作。

要继续加强对外交流,促进我国少年儿童与世界各国少年儿童的友好交往,共创世界和平与发展的新纪元。

各位代表、同志们,新世纪的太阳即将升起。让我们高举邓小平理论伟大旗帜,更加紧密地团结在以江泽民同志为核心的党中央周围,万众一心,奋发图强,让星星火炬代代相传!

赵勇在全国少工委四届一次全委会上的讲话

2000年6月3日,根据录音整理

中国少年先锋队第四次全国代表大会开得非常成功,大家都为之激动,为之振奋。我们被代表们推选为新一届全国少工委的委员,更深感使命之崇高、责任之重大。新一届全国少工委的五年任期正好与新世纪的第一个五年同步,如何使少先队在素质教育中发挥更大的作用,在新世纪之初开创一个崭新的局面,是需要我们认真思考的问题。我们惟有尽心竭力,勤奋工作,开拓进取,勇于创造,才能不辱使命,不负重托,更好地完成党和人民赋予我们的神圣职责。在此,我就传达贯彻少代会精神,加强少先队实践教育以及近期需重点推进的几项工作,讲几点具体意见。

一、认真传达贯彻第四次全国少代会精神

这次会议的主要精神集中体现在党中央领导同志的祝词等文件中,我们一定要学习好,贯彻好。

一是要汇报好。出席这次大会的各省、自治区、直辖市团、教两家负责同志回去后,要把党中央的高度重视、亲切关怀,把锦涛同志代表党中央、国务院向大会所作的祝词,把朱镕基总理与少代会代表一起观看演出时发表的即席重要讲话精神,向当地党政领导同志作认真汇报。

二是要传达好。各省、自治区、直辖市团委、少工委的负责同志要把这次会议的精神向党组集体汇报,各级少工委要利用工作会、全委会等各种方式层层传达,使每一位少先队员、少先队工作者都能迅速领会少代会精神,感受党和政府以及全社会对少先队工作的关怀,并从中受到鼓舞和激励。

三是要宣传好。这次中央各大新闻单位给予我们很大的支持。会前就做了很多重点宣传,《人民日报》两次在头版发表长篇通讯,介绍少先队五年来的工作成果。会议期间,各大新闻单位进行了充分报道,营造了良好的氛围,形成了积极的社会导向。希望各地回去后,组织地方新闻单位把少代会精神,全面、深入、大张旗鼓地进行宣传,努力营造一个全社会关心少年儿童、尊重少年儿童、服务少年儿童的新风尚和良好氛围。

第四是要落实好。各地要本着实事求是的原则,把会议精神与当地实际有机结合,形成科学的工作决策,制定切实可行的工作规划,狠抓落实,尤其是要以服务为突破口,从具体事情抓起,一件一件抓落实。

在今后三个月里,各省、自治区、直辖市少工委要向团中央、教育部、全国少工委上报一次传达贯彻会议精神的情况。今年年底,要分别向团中央、教育部、全国少工委写出书面报告。我们也将用《共青团中央办公厅情况通报》、《全团要讯》、《少先队要讯》等及时反映各地工作情况。

二、把组织少年儿童在实践中体验作为今后一个时期少先队工作的战略重点

这次我们在少代会工作报告中专门用一部分对少先队实践育人的基本途径进行了阐述,明确提出,在新形势下切实加强少年儿童思想品德教育和创新精神与实践能力的培养,必须坚持把实践作为少先队教育的基本途径,并针对少年儿童的特点,充分发挥少先队组织的优势,着重组织少年儿童在实践中体验。

强调和突出在实践中体验这一思想,把少先队的教育带入了一个新的发展阶段。由于体验着眼于发挥少先队组织的优势,为少先队工作融入整个素质教育体系提供了理论依据;由于体验符合少年儿童的成长规律和教育规律,开拓了少先队教育的新境界;由于体验深刻提示了少先队活动的本质,把少先队教育活动提高到新水平;由于体验强调教育的目标与过程的辩证统一,为检验少先队教育的成效提供了新标准;由于体验立足于社会生活的广阔空间,加速少年儿童的社会化进程,为少先队教育开辟了新视野。

在实践中体验作为少先队教育思想的新发展,已经具备一定理论基础和初步的实践经验,下一步就是要大胆探索,在实践中争取新突破。

首先是在理论上要有新突破。要进一步挖掘少先队组织少年儿童在实践中体验的理论内涵,探索少年儿童认知发展和素质养成的基本规律,形成少先队组织少年儿童在实践中体验的科学理论体系,丰富和发展少先队教育思想。

二是在实践教育形式上要有新突破。要在继续深化"手拉手"、"雏鹰争章"等活动的基础上,探索既生动活泼、易于为孩子们接受,又便于操作、有利于少年儿童基本素质养成的活动形式。从家庭生活、学校生活、社会生活的各个方面,帮助少年儿童寻找一个"岗位",扮演一个角色,获得一种感受,明白一个道理,养成一种品质,学会一种本领,帮助少年儿童在一次次实践中不断体会,不断感悟,不断积累,把全面发展的要求内化为自身的素质。

三是在工作运行机制上要有新突破。要充分调动各种社会资源,探索主体与客体相统一、校内与校外相统一,引导少年儿童在实践中体验、在体验中成长的工作新机制。

下一步,我们要在深化"雏鹰行动"、"手拉手",开辟少先队工作新领域中,体现实践的思想,体现在实践中体验的思想,使我们的工作跃上一个新台阶,跃上一个新水平。

三、扎扎实实做好几项重点工作

前一个时期,全国少工委推出了一些重点工作,开局很好,受到社会各方面的普遍好评,接下来的工作任务还很艰巨,我们要乘第四次全国少代会胜利召开的东风,把这些重点工作抓紧抓实,抓出更大的成效。

第一件事是要深入开展"城乡少年手拉手助学"活动。"扶贫攻坚"是一项关系到我国社会稳定发展大局的重要工作。由团中央、教育部、民进中央、全国少工委等单位联合发起的"城乡少年手拉手助学"活动,动员城市少年儿童把自己用过的旧课本、文具和衣物捐给贫困地区小伙伴,帮助贫困地区少年儿童完成义务教育,不仅是少先队服务党和政府中心工作的重要举措,也是对城市和贫困地区少年儿童的一种生动有效的爱国主义和集体主义教育形式。到目前为止,这项活动已向贫困地区少年儿童捐赠了200多万套课本、300多万件文具、衣服,产生了积极的社会反响。据最近中国青少年研究中心的一项调查显示,城市中有32%的家庭每年可以拿出几件衣服,拿出几本多余的书本和文具,这充分表明开展"城乡少年手拉手助学"活动仍具有很大的潜力。各地要按照中共中央、国务院关于东西部地区学校对口扶持的要求,全面推动"城乡少年手拉手助学"活动的广泛开展。

第二件事是要深入开展"少年儿童平安回家"活动。我们的社会正处在变迁与转型时期,少年儿童的生存环境还存在一些问题,尤其是安全问题,令广大家长忧心忡忡。去年全国有两万多名青少年因交通事故死亡,其中有将近一半是少年儿童。即使是交通事故率较低的北京市去年也有57名14岁以下少年儿童在交通事故中丧生!此外,校园暴力,中、小学生在上、下学的路上被打劫的现象也时有发生。根据目前的实际情况,遵照江总书记关于教育问题的谈话精神,我们和教育部、公安部于今年4月初启动了"少年儿童平安回家"活动,通过多种形式维护少年儿童的交通安全,受到了社会各界特别是一些家长的热烈欢迎。今年下半年,率先启动"少年儿童平安回家"活动的36个直辖市、省会城市和计划单列市,要在上半年工作的基础上,及时总结经验,尽快形成比较规范、有效的工作体系。其他中、小城市也要结合本地实际,逐步推开这项工作。

第三件事是要切实加强少先队社区工作。学校少先队是我们任何时候都要巩固、加强和依靠的基础,包括中学少先队工作,尤其是农村少先队的工作,都要重点加强。现在少先队工作的一个新的增长点是社区。锦涛同志在代表党中央、国务院的祝词中明确指出,要建立、健全城市社区和农村少先队。新修改的队章也明确了在社区建立少先队组织。各地要以这次会议的有关精神为指导,按照共青团中央、教育部、民政部、中国关工委、全国少工委等五部委联合下发的《关于加强社区少先队工作的意见》的有关要求,狠抓落实。首先是要在社区、街道里普遍建立社区少工委,在居委会、在楼栋、在微型社区要建立少先队的中队、小队。其次是要多建设社区少先队活动阵地。要本着小型分散、就近就便的原则,下大功夫多建分散的社区少先队活动阵地,更好地服务广大少年儿童的校外生活。三是要广泛建立"知心家庭学校"。要在社区中开办"知心家庭学校",引导两代人学习一些现代教育理念和素质教育思想,在共同参与"知心家庭学校"中加深相互了解,促进彼此沟通,以解决当前家庭教育中两代人沟通不畅、矛盾激化的突出问题。

第四件事是要大力推进少先队工作的社会化。去年我们召开的三届五次全委会推出了海口经验,其最大的特点就是探索了一套动员社会各方面的力量服务少先队工作、参与少先队工作的社会化运行机制。各地要结合本地实际,学习和借鉴海口的成功经验,下大力气,从工作手段上、经费上、活动载体上、队伍上、机制上最大限度地借助和调动社会的力量,服务少年儿童的成长,推进少先队工作的社会化。

各位委员,同志们!会议的这几天,我和大家一样,心潮澎湃,难以平静。感受着党和政府以及全社会的亲切关怀,看到少先队组织在少年儿童的成长历程中产生的巨大影响,作为少先队工作者,我们深感自身工作的神圣和光荣,倍感自身责任的重大!赶上这么好的历史机遇,是我们的光荣,是我们的幸运。为了今天的少年儿童都能成长为祖国的栋梁,为了祖国的未来更加美好,让我们的心与祖国一起跳动,与祖国前进的脉搏一起跳动,与亿万少年儿童的心一起跳动,为把少先队事业不断推向前进,为少先队事业在实现祖国伟大复兴中发挥越来越大的作用做出我们不懈的努力!

认真贯彻江泽民总书记关于教育问题的重要谈话精神 充分发挥共青团、少先队在中小学德育工作中的重要作用

——赵勇在全国中小学德育工作会议上的讲话

2000 年 7 月 7 日

这次会议是在世纪之交的历史时刻召开的一次重要会议，必将对我国中小学德育工作起到积极的推动作用，产生深远的影响。加强和改进中小学德育工作事关一代人的健康成长，事关党和国家的前途命运。共青团、少先队组织要认真贯彻江泽民总书记关于教育问题的重要谈话和在中央思想政治工作会议上的重要讲话精神，认真落实好这次会议的各项要求，在中小学德育工作中发挥更加积极的作用。

一、进一步认清新形势下共青团、少先队在中小学德育工作中的重要地位

积极推进中小学德育工作是共青团、少先队的重要职责。共青团、少先队是党的助手、后备军和预备队，是先进青年和少年儿童的群众组织。按照时代的要求，把青少年学生培养成为21 世纪社会主义事业的合格建设者和接班人，是党赋予共青团、少先队的神圣使命，是团、队组织的根本任务。当代中小学生的人生历程伴随着祖国实现现代化的伟大进程，他们将肩负实现中华民族伟大复兴的历史责任。当今世界政治格局多极化、经济全球化的发展趋势和日益激烈的国际竞争，科技进步日新月异，世界范围内各种意识形态和思想文化的相互激荡，要求未来建设者必须具有全面发展的综合素质，而思想道德素质是最基本、最重要的素质。通过加强和改进德育工作不断提高中小学生的思想道德素质，理应成为团、队组织永恒的主题和基本的、重要的职责。

积极推进中小学德育工作是共青团、少先队的优良传统。长期以来，共青团、少先队一直把中小学生思想品德教育放在突出的位置。近年来，共青团、少先队在教育部门的支持和指导下，主动适应时代发展的新要求，广泛开展了一系列富有成效的活动。中学实践教育活动激励广大农村中学生在农业适用技能训练中立志向，长本领，为他们架设了实践成才、报效家乡的桥梁；18 岁成人仪式教育活动满足中学生成长发展的愿望，以社区志愿服务为主要形式，为广大中学生提高文明素养、成为合格公民奠定了基础；“手拉手”活动吸引了千百万少年儿童踊跃参与，促进了他们互助互学，团结友爱，共同进步，成为社会主义精神文明建设的生动实践；“中国少年雏鹰行动”为千百万少年儿童提供了学习实践的广阔空间，激励他们积极上进，全面发展，成为服务素质教育的有效途径。中学生团校、中学生业余党校提高了中小学生的政治觉悟，满足了他们积极向上的追求，成为他们系统学习科学理论的课堂；团队所属的青少年校外教育设施建设不断得到巩固、加强和发展，为中小学生丰富课外生活、提高综合素质提供了阵地依托。由于共青团、少先队组织注重根据中小学生身心发展特点，从满足他们的成长需求入手；注重遵循中小学生认知规律，以实践育人为基本途径；注重依据中小学生群体生活特征，以团队组织

生活为重要形式;注重针对中小学生受社会环境影响的现实,协调和动员社会力量,使这些活动取得了明显的教育效果,在中小学德育工作中发挥了重要作用。实践表明,共青团、少先队组织在推进中小学德育工作中是大有可为的。

经济社会的发展和教育改革的不断深化为共青团、少先队积极推进中小学德育工作开辟了更为广阔的空间。改革开放给我国经济社会生活带来的蓬勃生机和活力,为共青团、少先队组织满足中小学生多样化的需求开辟了更多的途径;科学技术的迅猛发展,为共青团、少先队组织服务中小学生的健康成长提供了更多的手段;社区功能的发育,为共青团、少先队组织扩大覆盖面和影响力创造了更多的可能;减轻中小学生过重的课业负担,全面推进素质教育,为共青团、少先队组织更好地促进中小学生全面发展提供了更多的时间和条件;全党全社会都来关心青少年健康成长良好氛围的逐步形成,为共青团、少先队组织影响人、教育人、培养人提供了更为有利的环境和更多可资借助的力量。

因此,共青团、少先队组织在新形势下要充分发挥优势,把中小学德育工作放在更加突出的位置,为加强和改进中小学德育工作做出积极贡献。

二、牢牢把握实践育人这个中心环节不断加强和改进中小学德育工作

江泽民总书记在关于教育问题的重要谈话中指出:"不能整天把青少年禁锢在书本上和屋子里,要让他们参加一些社会实践,打开他们的视野,增长他们的社会经验。"实践是教育的重要环节,是德育目标实现的必然过程。一个人理想信念的确立、思想品德的形成、行为习惯的养成,必须在实践中完成。走与实践相结合、与人民群众相结合的道路是青少年成长成才的根本途径。

对于处在人生起步阶段的中小学生,德育工作目标集中体现在把他们培养成为家庭里的好孩子,学校中的好学生,社会上的好少年,为把他们培养成为对祖国、对社会、对自身有责任感的好公民,成为有理想、有道德、有文化、有纪律的"四有"新人奠定坚实的基础。

有效的实践教育必须符合中小学生身心发展的特点和认知规律,仅有形式上的参与是不够的,必须引导他们在实践参与的过程中,通过他们的体验和感悟,把德育目标真正内化为自身素质的一部分,使教育的主体和客体统一起来,教育的目的和过程统一起来,认知和行为统一起来,校内和校外教育资源统一起来,不断增强中小学生思想品德教育的针对性和实效性。

共青团、少先队一项重要的任务是在引导和鼓励青少年学生在学好书本知识的同时,组织他们积极参加各种实践活动。由于共青团、少先队的教育没有正规的课堂教学任务,不依赖固定统一的课本和教学过程,其优势就在于不为空间所困,不为时间所限,提供给中小学生的是一种需要亲身参加的实践活动,用中小学生乐于接受、丰富多彩、生动活泼并伴随着丰富的体验过程的实践活动熏陶和启迪他们,把基本的做人做事的道理通过自身的主动参与转化为内在品质,把德育目标内化为基本素质。

遵循人才成长的基本规律,我们将把中小学生分成两个年龄段,有针对性地开展德育工作。

在初中三年级和高中,我们将以 18 岁成人仪式教育活动为重点开展实践教育。根据中学生 14 至 18 岁逐步跨入成人行列的特点,遵循他们既要学习科学文化知识,为成才作准备,还要学习法律知识、接受道德训练、掌握社会规范,为成人作准备的规律,把成人教育作为整个中学阶段贯穿始终的系统过程,与思想品德课、公民教育课有机地结合在一起,成为共青团进行思想道德素质、公民素质教育的重要方式,成为参与素质教育、服务中学生健康

成长的有效途径。今后，将进一步在大城市、中小城市、城镇逐步普及18岁成人仪式教育活动，并推动活动向系统化、规范化、法制化方向深化。将完善公民意识教育、成人预备期服务、成人宣誓仪式三个环节，从中学生16岁起，把公民意识教育、志愿服务扎实开展起来，把中学生接受较为系统的公民意识教育、参加48小时的志愿服务作为参加宣誓仪式的必要条件，把举行仪式作为活动的激励性和标志性环节，形成完整的教育过程，实现成人教育的系统化。将争取用法律的形式把活动的相关内容确定下来，使活动具有法律保障，通过地方立法促进全国性立法，推进成人教育的法制化。

在小学和初中一二年级，着重组织少年儿童在实践中体验，在深化“中国少年雏鹰行动”、“手拉手”活动的基础上，开展形式多样的实践体验。在长期的实践中我们深刻地体会到，把政治理论知识教授给学生，学生会背诵、能考试，并不意味着他认同了这些理论观点；把法律条文背诵下来，也不等于他有了法律意识；把德育的要求弄懂了，并不等于他会自觉地实行。也就是说仅仅传授知识，德育教育过程还没有完结。我们提出要在实践中体验，就是强调少年儿童既是受教育者，也是教育者，发挥他们的自主性；就是要强调少年儿童在实践过程中全身心地参与，在一次次实践中不断体会，不断感悟，不断积累，把德育要求内化为自身的素质。我们要引导少年儿童通过对参与“雏鹰行动”过程的体验，培育他们开发自身潜能、不断追求进步的动力；要引导少年儿童通过对“手拉手”小伙伴互相学习、互相交流的体验，培育他们关心他人、乐于助人的品德，逐步树立对他人、对社会的责任感；通过对集体生活和校园生活的体验，培育他们热爱集体、勤奋学习的品质，帮助他们把教师的愿望化作对自己的责任感；通过对父母辛劳和家庭生活的体验，培育他们孝敬父母、热爱劳动的情感，帮助他们把父母的期望化作对家庭的责任感；通过对各行各业普通劳动者的生活和工作的体验，培育他们对人民的爱、对祖国的爱，帮助他们把党和人民的要求化作对民族的责任感。今后，我们将通过组织少年儿童在实践中体验，帮助少年儿童从家庭生活、学校生活、社会生活的各个方面，寻找一个模拟岗位，扮演一个模拟角色，获得一种感受，明白一个道理，养成一种品质，学会一种本领，提高综合素质，使德育工作有形化、具体化。

三、努力构建共青团、少先队推进中小学德育工作的社会化的机制

江泽民总书记在关于教育问题的重要谈话中指出：“我所以说教育是一个系统工程，就是说对教育事业，全社会都要来关心和支持。尤其是要加强对青少年学生进行爱国主义、集体主义、社会主义的思想教育，帮助他们树立正确的世界观、人生观、价值观。这项工作不仅教育部门要做，宣传思想部门、政法部门以及其他部门都要做，全党、全社会都要来做。”中小学德育教育也是一项系统工程，中小学生的成长直接受到社会的影响，这就要求共青团、少先队动员社会力量，努力营造有利于中小学生健康成长的大环境；中小学生的需求呈现出多样化的趋势，这就要求共青团、少先队借助和依靠社会力量，开辟满足少年儿童需求的多种途径。共青团、少先队作为一个社会性、群众性的组织，具有协调、动员社会力量的优势，完全有条件使之参与中小学德育的工作社会化。

共青团、少先队组织推进中小学德育工作，必须在教育部门的指导和支持下，充分调动社会各方面的积极性，为中小学生的学习进步营造良好的环境，努力构建共青团、少先队推进中小学德育工作的社会化的机制。就是要围绕经济社会发展的大局，根据教育改革与发展的要求，努力为社会各个方面参与中小学德育提供一些有形载体，形成推进德育工作活

动内容社会化的机制；就是要扩大共青团、少先队组织的社会覆盖面，大力发展社区团队组织，形成推进德育工作组织社会化的机制；就是要在加强学校专职团干部、少先队辅导员师德师风建设的基础上，不断壮大由家长和社会各界有识之士组成的志愿辅导员队伍，形成推进德育工作工作队伍社会化机制；就是要在管理和利用好现有活动阵地的基础上，运用政府的、社会的、市场的手段，大力建设中小学生课外活动设施，尤其是积极发展小型分散的社区活动场所，形成推进德育工作活动阵地社会化的机制；就是要广泛吸收大学、科研院所等各个领域的专家学者参加德育工作理论的研究，形成推进德育工作理论研究社会化的机制。

共青团和少先队组织凝聚了数量众多的中小学生中的团员和队员。在8000多万中学生中有2400多万团员，占团员总数三分之一以上。少先队组织覆盖了7至14岁的少年儿童，有一亿三千万少先队员。中小学阶段是人生重要的起步时期，在很大程度上关系到今后做什么人、走什么路的问题。加强中小学生德育工作，共青团和少先队组织义不容辞，责无旁贷。我们将按照中央的要求，积极配合教育部门，在服务素质教育、服务中小学生健康成长的过程中，充分发挥优势，把工作做得更实，做得更好。

进一步动员广大青少年在文明社区建设中发挥生力军作用

——赵勇在全国创建文明社区工作座谈会上的发言

2000年9月7日

根据党的十四届六中全会精神，团中央联合民政部、建设部、国家工商局从1996年开始，在全国推出了创建“青年文明社区”活动，目的是动员和组织广大青少年积极投身文明城市建设。近两年来，根据中央文明委创建文明社区的统一部署，各级团组织主动把青少年创建活动纳入到文明社区创建的大局之中，不断加大工作力度，着力构建运作机制，努力讲求工作实效。围绕完善社区服务，开展了青年志愿者“一助一”和“多助一”包户服务、“青年文明号”助万家、红领巾助残等活动；围绕活跃社区文化，开展了“青年文明社区大家乐”、“千校百万”外来务工青年培训等活动；围绕和谐社区人际关系，开展了邻里相识互助卡、互助铃等结对互助活动；围绕优化社区秩序，开展了创建优秀“青少年维权岗”、少年儿童平安回家、青少年法制教育等活动；围绕美化社区环境，开展了青年养护绿地、红领巾植绿护绿、“捡拾白色垃圾、捡回一个希望”等活动，有效地促进了社区管理水平和服务水平的提高，促进了居民生活环境和生活质量的改善，促进了青少年成长成才，受到了各级党政领导的充分肯定和人民群众的普遍欢迎，在文明社区建设中发挥了积极作用。

目前，我们正在组织广大团干部认真学习，深刻理解江泽民总书记“三个代表”的重要思想，我们深深地感到，“三个代表”的重要论述，为共青团组织进一步动员广大青少年在文明社区建设中发挥生力军作用指明了方向。“三个代表”的重要思想，是对马克思主义建党学说的新发展，是对党的性质、宗旨和根本任务的新概括，是指导我们党新时期各项工作的思想武器。共青团贯彻“三个代表”的重要思想，就要提高青少年一代的全面素质，培养社会主义现代化建设的合格人才，培育先进生产力的代表，为推动社会生产力的发展做贡献；就要用先进文化成果武装青少年一代，在继承中华民族五千年灿烂文化的基础上建设面向现代化、面向世界、面向未来、民族的、科学的、大众的社会主义先进文化；就要把竭诚为青少年健康成长服务作为全部工作的出发点和落脚点，在培养过程中代表青少年一代成长成才的根本利益。这些任务要落到实处，都必须落实到基层，落实到社区。因此，我们要从落实“三个代表”重要思想的战略高度，把参与文明社区建设摆到更加突出的位置，抓出更大的成效。

今后一个时期，主要做好五个方面的工作：

第一，深入开展“青年文明社区大家乐”活动，促进社区文化的繁荣。社区文化是丰富群众生活、凝聚社区情感、营造社区理念、铸造共同理想的重要载体。当代青年富于理想，充满激情，勇于创新，是活跃社区文化的重要力量。我们要发挥青年的优势，通过深入开展“青年文明社区大家乐”活动，推动社区广大青年和社区群众大家唱、大家演、大家跳、大家练、大家画、大家写、大家读、大家讲，推动社区文化群众化、社会化，不断壮大社会主义先进文化的社会基础。同时，广泛开展社区间文化交流，组织优秀文化进社区，开展全国社区文化展示，以先进文化为载体，构筑当代青年走有中国特色社会主义道路的共同理想，树立正确的世界观、人生观、价值观。使广大青年成为先进文化的参与者和受益者，使社区成为先进文化传播、繁荣的沃土。

第二，深化“青年志愿者”活动，进一步改善和促进社区服务。目前，全国已建立1万多个社区青年志愿者服务站，“一助一”长期结对服务数已达250万对，数百万青年志愿者活跃在社区，社区青年中蕴藏着参与群众性互助服务的巨大积极性和潜力，并有着参与社区服务的特长和优势。共青团在社区中深化青年志愿者活动，就是要扩大规模，讲求实效，建立机制，长期坚持，扎实推进社区百万青年志愿者进社区计划，重点为贫困居民、下岗职工、孤寡老人和有生活困难的老知识分子等需要帮助的困难群体排忧解难，建立“一助一”和“多助一”的长期服务机制，吸引有专业特长的青年参与服务，不断壮大志愿服务队伍，努力提高青年志愿者服务水平，以此带动邻里互助，努力使社区成为和谐、方便、安全的乐园。

第三，开展丰富多彩的校外教育活动，促进青少年学生的健康成长。深化教育体制改革，全面加强素质教育，要求我们大力加强校外教育，使学校教育、家庭教育和社会教育有机统一起来，要加快提高国民素质服务。社区是校外教育的主要阵地，中小学生一年有170多天时间主要在社区度过，共青团、少先队组织要利用社区的资源开展“手拉手”等形式多样的主题教育活动，加强对青少年学生思想政治上的引导；要开展以“雏鹰争章”为主要内容的技能训练，提高少年儿童的综合素质；大力开展青春自护教育活动，提高广大青少年自护意识和自护能力；组织开展科普教育和宣传活动，倡导学科学、爱科学、用科学、反对封建迷信；广泛开展青少年法制教育，引导青少年学法、知法、懂法、守法，学会运用法律武器维护自身合法权益，使社区真正成为青少年素质教育的园地。

第四，大力推进社区活动场所建设，为青少年参与文明社区建设提供阵地。不久前，中共中央办公厅、国务院办公厅下发了《关于加强青少年学生活动场所建设和管理工作的意见》，对青少年活动阵地建设提出了明确要求。社区日益成为青少年集中活动的场所，加强青少年社区阵地建设十分迫切。在一个城市，建一个大规模、示范性的青少年活动中心是必要的，但不是主要的。因为它服务的社会成本高，服务的面很有限，老百姓最需要的是就近就便的小型、分散的服务设施。因此，当前重点是运用政府的、社会的、市场的手段，广泛建立小型、分散的青少年活动设施，力争用三至五年的时间，在每一个街道新建或改建一个多功能的社区青少年服务中心，中心内设社区青年志愿者服务站、青少年维权岗联系点、新世纪书屋、社区青少年网络俱乐部、社区就业培训学校、外来务工青年培训学校、知心家庭学校等服务项目。同时，要十分重视现有资源的开发利用，本着互利互惠的原则，推动驻区单位向社区青少年开放文体设施和服务设施，实现资源共享，使社区成为青少年服务社区，社区服务青少年的重要依托。

第五，切实加强社区团队组织建设，夯实青少年参与社区文明建设的组织基础。随着改革的不断深化，社区中聚集着新经济组织员工、外来务工青年、下岗青工、待分配的大学生、复转军人、待业青年等多种青年群体。社区日益成为广大青年生活、工作、学习的集聚地，如何把他们组织起来凝聚到党的周围，直接关系到党执政的青年群众基础。这部分青年游离在传统组织架构之外，组织起来将是文明社区建设的重要力量。不久前，中组部与团中央共同召开了全国基层党建带团建工作会议，对加强社区团组织建设提出了明确要求，重点是以建立街道团工委为核心，配备至少一名专职团干部，在居委会普遍建立团支部或团总支，有条件的地方可以建立街道青年工作委员会，协助政府管理青少年事务；以团建带队建，加强少先队社区工作，在街道建立少工委，在居委会或微型社区以就近就便和少年儿童自主自愿的原则建立少先队大队、中队、小队，并建立一支社区少先队志愿辅导员队伍，使社区团队组织成为动员和组织青少年参与两个文明建设的重要堡垒。

几年的实践，使我们越来越深刻地感到，加强社区建设是加快城市化、工业化、现代化进程的迫切需要，是服务改革、发展、稳定大局的迫切需要，是加强新时期思想政治工作，巩固党执政的群众基础的迫切需要。我们要按关根同志讲话精神和这次座谈会要求，进一步明确要求各级团组织，尤其是城市团组织心往社区想，劲往社区使，抓具体，抓落实，长抓不懈，进一步动员广大青少年在文明社区建设中发挥生力军作用。

从开发人力资源的战略高度 把服务进城务工青年的工作做得更有实效

——赵勇在全国“千校百万”进城务工青年培训工作现场会上的讲话

2001 年 1 月

自 1998 年 2 月首次全国“千校百万”进城务工青年培训工作会议召开以来，这项工作在国家有关部委的大力支持下，在各地党政部门的高度重视下，基层各有关部门从推动经济社会发展的战略高度，知难而进，扎实工作，取得了积极成效。各地兴建了 2200 多所进城务工青年培训学校，对1200多万进城务工青年进行了针对性、实用性强的培训。结合创建优秀“青少年维权岗”，在进城务工青年相对集中的地方设立了维权站、维权点，针对进城务工青年人身容易受到伤害、工资被拖欠等突出问题，进行有针对性的保护。积极引导进城务工青年利用春节、元旦返乡的机会开展“把文明带回家”活动，把在城市养成的文明素养带回农村，把在城市积累的资本带回农村。这些实实在在的服务措施，为提高进城务工青年的整体素质，维护他们的合法权益，推动他们返乡创业做出了积极贡献，有力地促进了两个文明建设。

我们召开这次现场会，就是要总结、交流各地开展进城务工青年培训工作的新经验，研究部署如何适应新形势，从开发人力资源的战略高度把服务进城务工青年的工作做得更有实效。借此机会，我代表全国“千校百万”外来务工青年培训计划领导小组讲几点意见。

一、青年是经济社会发展中最具活力的人力资源

较为公认的人力资源概念，是指能够推动整个经济社会发展的智力劳动能力和体力劳动能力的总和，包括质量和数量两个指标。人力资源具有鲜明的特征：一是时效性，即人力资源不是永恒的，只在人一生中创造活动的旺盛期（16岁至60岁）发挥作用，如果在这一时期内不能得到及时有效地开发，就会丧失功效。二是能动性，人力资源是随着人的情绪、精神状态、工作态度等显现为现实生产力的。充分挖掘人的潜能、调动人的主观能动性，对于人力资源开发至关重要。三是社会性，人力资源的生产和再生产不仅受制于人类的生育规律，更受制于社会生产方式，用什么样的方式来培育、挖掘、开发人力资源，与生产方式直接相关。四是可投资性，即人力资源作为人力资本参与投资，参与生产要素的融合、整合和创造，一旦与其他生产资源相结合就会转变为现实的生产力。五是多重性，即人力资源既是财富的创造者，又是财富的消耗者，表现出一种双重性，在某些方面甚至表现出多重性。

正是由于上述这些特点，使得人力资源成为物力、财力、人力和信息四大资源中最能动的因素，成为推动经济社会发展的第一资源。诺贝尔奖金获得者舒尔茨专门研究经济增长中人力资源的问题，他通过系统的分析得出了人力资本是推动现代经济社会发展的主要动力和决定性因素的结论。与物质资源相比，人力资源是一种更特殊的资源。物质资源是被动的生产要素，没有人力资源去开发只能是一种潜在的优势，不会转化为现实的优势。而人是积累资本、开发自然资源、建立经济和政治秩序、推动社会向前发展的主动力量，从这个意义上说，人力资源是国民财富的最终基础。知识经济作为一种建立在知识和信息的生产、分配和使用之上的经济从本质上讲是以人力资源为依托的，是一种人才经济。随着知识经济时代的来临，物力资源的多少不再是经济发展的主要制约因素，而且由于新的大量高新技术和先进的管理方法的应用，人类应用极少的资源就能创造出极大的财富。高质量的人力资源愈益成为经济增长的源泉和第一推动力，国与国之间的竞争愈益显现为人力资源的竞争。马克思早就揭示了一个规律，即人力资源作为生产力诸要素中惟一能动的活要素，在人类经济社会发展中，具有决定性的作用。世界上很多国家，自然资源非常贫乏，经济社会发展程度却相对很高。比如日本，自然资源总量和中国一个中等省份大体相当，而经济总量却比我们一个国家还多。在世界发达国家中，还可以找到很多这样的例子。比如新加坡，经过几十年的发展后物力资源基本上处在一种衰竭的状态，但经济增长一直保持着旺盛的动力，根本原因就在于国民素质很高，人力资本很丰富，人力资源得到了充分的开发和利用。舒尔茨作过一个统计，美国1929—1957年人力资本在经济增长中所起作用约占经济增长的33%，到90年代已达90%左右。日本1951—1955年人力资本在经济增长中所起作用为58.5%，1955—1960年达到82.1%，1967—1970年已攀升至87.6%，进入90年代已经达到了93.7%。从世界各国的发展情况来看，由以开发物力资源为中心向以开发人力资源为中心转移是人类社会发展的一个基本趋势，是人类对自身价值的认识发展到一定阶段的一种醒悟、一种升华。认识和把握这一基本趋势，是在强大的世界潮流面前推动一个国家经济发展的恒久动力。

我国自然资源总量较为丰富，但由于人口众多，人均资源却相当稀缺。人均耕地1.35亩，约占世界人均占有量的1/4，且逐年呈锐减的趋势。已探明的矿产资源人均占有量位于世界的第83位，相当于美国的1/10，前苏联的1/7。水资源人均占有量年均2600立方米，仅相当于世界人均占有量的1/4。森林资源人均占有量1.8亩，为世界人均占有量的1/8。草原资源人均占有量仅为3亩，是世界人均占有量的1/3。海洋资源人均占有量也很少，每万人拥有的海洋线长度是167.6米，为前苏联的1/5，美国的1/10，日本的1/15。如果说中国靠这样的自然资源条件在闭关锁国的情况下尚能生存的话，那么在经济全球化、市场化条件下要发展、要振兴，就必须树立人力资本第一的观念，把最大限度的开发和利用人力资源摆在振兴经济的首要位置。目前，我国在人力资源方面是既富又穷，一方面人口众多，另一方面人的素质还很低。国有大中型企业人力资本要素在企业要素中的分量只占到20%左右，企业经济增长的70%依赖于物质资本和财务资本，潜在的未被开发的人力资源量很大。我们必须把巨大的人口压力转变为巨大的人才优势进而转化为巨大的经济优势，从而更好地实现经济和社会的快速发展。

青年是人力资源中最具潜力和活力的资源。青年具有体力优势，一个人在16岁到60岁之间精力最旺盛、最具有爆发力的时期是青年阶段，即20—40岁；青年具有智力优势，青年接受了最现代的教育，掌握了最前沿的知识，他们特别是在高新技术领域体现出其他年龄段所不能替代的独特作用，比如在IT、金融等以知识为核心的行业中，青年对经济增长的贡献率远远高于其他群体，发挥着主导作用；青年的流动偏好比其他年龄段高得多，是其他年龄段所不能比的。人力资源的流动，必然伴随着物质、资本和信息的流动，它通过带动其他三种资源的重组来促进经济的增长。

由于青年具有体力优势、智力优势和流动偏好高的优势，所以青年在人力资源中是最具有潜力和活力的资源。

二、进城务工青年是我国现代化进程中宝贵的人力资源

“民工潮”是伴随着改革开放应运而生的，是农村城市化的必然要求，是经济结构战略性调整的必然结果，已经持续了近20年的时间。有关调查揭示了这样一条规律，即作为打工主体的打工青年流动的周期大约为8—10年。也就是说，“民工潮”迄今为止大约经历了两个多周期，至少有近两亿人先后加入到流动人口的行列中，其中80%左右是年轻人。事实证明，他们是我国现代化进程中宝贵的人力资源。

第一，进城务工青年是城市现代化进程中宝贵的人力资源。

近十几年，城市改革成为了整个经济体制改革的中心。在城市经济发展过程中，进城务工青年发挥了重要作用。

进城务工青年是城市新经济增长的重要力量。改革开放以来，国有企业在调整、改革中不断发展，但由于历史、体制等多方面的原因，总体上发展比较缓慢。城市经济的迅速膨胀主要靠新经济组织。中外合资企业、独资企业、个体私营企业、混合经济等新经济组织的从业人员中，打工群体占到80%左右，其中多数是青年。以温州为例，全市从业人员中外来务工的占到80%，外来务工人员中80%是35岁以下的青年。实际上，温州市主体的劳动者，物质财富主体的创造者就是外来务工者，多数就是打工青年。

进城务工青年是繁荣城市服务业、提高城市生活质量的重要力量。中国变化最大的是城市，城市变化最大的是服务业。改革开放以来，以服务业为主的第三产业在GDP总量中的份额逐年上升，上升的幅度大大超过第一产业和第二产业。服务业第一线90%左右的人员是打工者，尤其是其中的苦活、脏活、累活、险活，更多的是由进城务工青年来承担。现在很多城市如果没有外来务工人员，市民生活会很不方便，整个城市运转都很困难。可见，打工青年在城市服务业中处于重要地位，他们对改善城市环境、提高服务水平、方便群众生活起了积极的作用。

进城务工青年是启动城市内需的重要力量。根据国家统计局统计的数据，8300万进城务工青年在城市里吃饭、穿衣、娱乐，人均月花费大概要1000多元钱，再加上节假日从城市里购物带回家，进城务工青年在城市中人均月消费大约是2300元，启动城市的内需总量是1700亿。当前，我国的经济已经跨过了封闭的、僵化的、短缺的计划经济，逐步进入了开放的、利益驱动的、需求决定的市场经济，需求的增长决定了GDP的增长。如何使有效需求最大化，从而使国民经济增长最大化，已成为我们当前经济生活中亟待解决的问题。城市经济增长依靠外来务工青年能够拉动有效需求1700多亿，所占份额已经不小，而且其潜在的需求还可以进一步挖掘。北京市的统计表明，外来打工者在北京的消费总量中占30%，而北京的打工青年与城市人口的比例在全国各大城市中并不是最高的。

第二，进城务工青年是农村现代化进程中宝贵的人力资源。

我国经济体制改革十多年，取得了长足进展，但是也面临许多深层次的矛盾。内需启而不动，结构调而不顺，城市化进程大大滞后于工业化进程，这三大矛盾是制约我国经济社会发展的深层次矛盾，矛盾的病根子是城乡购买力严重失衡。回顾50年的历史，城乡购买力差距持续拉大，1965年城乡购买力差距是2.17倍，1978年达到2.36倍，1998年达到2.75倍。一般认为城乡购买力差距的合理比值是1.5—2.0，50年间我国除1981—1986年城乡购买力差距在2倍以下，其他所有年份都大大超过了这个合理的范围。由于城乡购买力差距持续拉大，农村购买力相对较弱，导致城市的一些工业品没有人买，城市必然出现生产能力过剩、开工不足、产品积压、物价走低甚至通货紧缩等现象，城乡购买力失衡，农村购买力太弱，是影响中国经济持续、快速、健康发展的主要障碍。着力提高农村购买力是解决我国经济发展深层次矛盾的战略选择。那么，到底靠谁来提高农村购买力呢？从行为主体来讲，农村青年进城务工后，农村剩下的主要是妇女、老人和小孩，这样一种人力资源结构是不能够搞农村现代化的，也是不能提高农村购买力的。农村现代化的主要依靠力量应是返乡创业的打工人员，其中打工青年的地位尤为重要。打工青年有观念的优势，青年接受新事物的能力较强，打工青年在城市汲取了文明素养，树立了一些市场的观念、科学的观念、文明的观念，回到农村以后，对于开启农村智力，倡导农村新的生活方式，传播文明新风，都起着十分重要的作用；打工青年有资本的优势，他们返乡给农村的发展注入了强大的资本。历史原因使得农村的资本极其薄弱，现在在农村进行资本原始积累又太缓慢，必须依靠其他方式来完成积累过程，其中以打工青年返乡带回的资本最为现实和重要。湖南永州市靠近广东，出去的打工青年比较多，情况比较典型。根据永州市最新的统计，截至2000年12月，全市有8700名务工青年返乡创业，带回的资金据不完全统计是10.5个亿,创办的企业达到1.86万个,年创产值60亿元。永州市很多小城镇搞了乡镇企业园区,相当多的人就是打工青年利用自身资本的优势返乡创业;打工青年有技术的优势,他们在城市或从事服务业,或从事第二产业,在工作中掌握了一技之长,返乡后对于推动农村的科技进步起着决定性的影响;打工青年有市场的优势,他们在外面结交了朋友,掌握了信息,有了一些市场的观念,他们回到农村兴办乡镇企业,然后又反过来把产品销往城市,形成了一个市场网络。由于具有这些独特的优势,进城务工青年在农村现代化进程中的地位是不可替代的。

第三,进城务工青年是城乡一体化进程中宝贵的人力资源。

城乡一体化是现代化的必然要求。我国作为发展中国家是典型的二元结构,二元结构变成三元结构,最后再到一元结构,这是现代化的一个脉络,是现代化发展的必然进程。在二元变成一元的过程中,打工青年扮演的角色十分重要。一是一批素质较高的农村青年进城打工直接推动了城市化进程。当前,户口政策正在逐步放开,户口越来越淡化了它的生存功能,与人们基本的生存关系不大,只要能够找到一个工作,有一定收入,能够长期生活,在城市里就能够长期稳定居住。打工青年有相当一部分在城市里,率先摆脱了土地的束缚,直接推动了城市化的进程,成为城乡一体化的重要纽带。二是打工青年返乡创业成为建设小城镇的有生力量。小城镇是城乡一体化的重要轴心,它既连着农村,又连着城市。进城务工青年多数人在城市享受了现代文明,一旦返乡也不愿再回到闭塞的小山村,很多都进入小城镇,兴办个体私营企业,联合起来搞股份制企业,极大地推动了乡镇企业在小城镇的集中,使劳动力就地转化,对小城镇的发展起了至关重要的作用。三是打工青年在城乡一体化的进程中带动了其他生产要素的流动。在市场经济条件下,市场配置资源就是要打破一切有碍生产要素流动的壁垒。进城务工青年在流动的过程也伴随着物质的流动、信息的流动、市场的流动,使其他的生产要素能够得到合理的配置,加快城乡一体化进程。四是进城务工青年的流动伴随着文明的互动。很多打工青年成为了城市"青年文明社区"大家乐舞台的主要力量,他们在大家乐舞台上把农村的文明、中华民族的传统乡村文化呈现在城市居民面前,给城市带来了一些清新和朴实,为城市文明注入了富有人情味的积极因素。同时,又把城市的现代文明带回了乡村,带动了家乡文明程度的提高。这种文明的互动是城乡一体化的重要文化基础。五是进城务工青年巩固了工农联盟。我国政权是以工农联盟为基础的,如果说在革命时期,我们的工农联盟主要体现为政治性的话,那么在市场经济条件下,工农联盟应该体现为经济性。没有经济的纽带使工农联盟的基础不断巩固,我们的经济发展就缺乏坚实的社会基础。

三、抓住关键环节大力开发进城务工青年人力资源

人力资源开发是一个国家或者组织通过多种手段获取、控制、激励、调整人的能力,并且将他们整合到一个组织之中,充分发挥潜能,以实现组织目标的一个过程。从一般规律上讲,人力资源开发有三项内容,即知识技能的开发、劳动态度的开发和创业行为的开发。团中央书记处第一书记周强同志在共青团十四届四中全会上讲话指出,要将培养和造就青年人才作为共青团工作的着力点,贯穿于共青团全部工作和团组织建设之中,要用邓小平理论构筑当代青年精神支柱,促进青年一代全面发展。共青团要帮助青年增强创新能力,提高他们的创业能力和劳动技能。各级共青团组织要认真贯彻团的十四届四中全会精神,加大进城务工青年人力资源开发的力度,遵循人力资源开发的一般规律,从以下三个方面下功夫。

第一，要加大培训的力度，促进进城务工青年知识技能的开发。

培训是人力资源开发的基础环节。通过培训，能有效推动人力资源内涵式的发展，增加人力资本的科技含量。对我国这样一个发展中国家来说，加大培训力度，提高人口素质，显得尤为迫切。目前，我国的学历教育、国民教育没有把大量高中毕业生甚至一些大学生培养成为合格的劳动者，没有把他们培养成为高技能的人，在很大程度上没有完成人力资源开发的基本过程。这就要求我们在实际工作中弥补这个缺陷，加大职业培训的力度。德国的双元制培训在世界上是最成功的，学生从初中开始分流，一半升学上高中，另一半进入双元制培训学校进行职业培训，德国把这种双元制培训作为振兴经济的秘密武器。在市场竞争日趋激烈的今天，劳务市场逐步放开，进入市场不存在行业的限制，只有一条原则，那就是素质准入，而进城务工青年现在的素质还不能完全适应这种要求。如果不加大培训力度，今后这些人在一些行业中就可能被淘汰，出现一个大的缓流现象，新的进不来，老的也出不去，不仅制约我国经济的发展，也会限制我国城市化的进程。打工青年的岗位是不稳定的，流动性比较大，如果他们得不到及时有效的培训，综合素质得不到提高，就很难适应这种竞争激烈的、经常变迁的岗位要求。我们要把进城务工青年的培训摆在更加突出的位置，下功夫把这项工作做得更实、更有成效。

要加强普及性。进城务工青年现在有8300万人，受到系统培训的只占七分之一。如何动员各个方面的力量，加大培训的普及程度，是下一步工作的重点。温州市在这方面探索了很好的经验，就是要求用工企业和社区一起上，使进城务工青年在打工的过程中都有机会接受培训，推动整个城市的人力资源上了一个新的档次。

要加强针对性。要遵循“缺什么补什么”、“需要什么补什么”的原则，通过针对性强的培训，既要帮助进城务工青年适应城市素质准入的市场要求调整知识结构，又要帮助他们树立今后返乡创业的观念、提高创业的技能和综合素质。要加强实践性。要把理论培训和实践培训有机结合起来，尤其要重视在实践中培训，在岗位上训练。按照有关规定，企业对员工的培训费应占销售总收入的1.5%，现在很多都达不到，说明对培训重视不够。我们要约束个体私营企业、外资企业，不能唯利是图，只是一味地剥夺人力资源，而是要注重结合岗位和工作实际对员工进行岗位训练。

要加强经常性。一些地方认为，开展进城务工青年培训工作，举办了培训班，发了一些文明手册，讲了一些法制观念就万事大吉了，就可以一劳永逸了。这种认识是错误的，伴随我国产业结构的不断调整和知识的不断更新，对进城务工青年的素质培训应该是动态的、连续的，而不是静止的、阶段性的。

第二，要加大激励保护的力度，促进进城务工青年劳动态度的开发。

进城务工青年的劳动态度如何，在很大程度上决定了他们的潜能能否充分发挥。著名社会学家马克斯·韦伯提出，西方新教教徒以劳动为天职，甚至把劳动敬业提升到宗教的高度，这从一定意义上推动了西方资本主义国家生产力发展。日本的发展，在很大程度上得益于一种强烈的民族精神和积极的社会价值观导向，那就是劳动是最神圣的，岗位是最崇高的，有活干就心满意足。我们在开发进城务工青年人力资源时，也要注重大力培育以爱岗敬业为天职的精神理念，努力塑造一种以劳动态度和劳动精神为核心的文化，营造崇尚劳动、崇尚岗位、崇尚从小事做起的社会氛围。

要尊重他们。务工青年不仅是资源，而且是宝贵的人力资源，他们在我国现代化进程中一直发挥着巨大的作用。我们每个人必须真正认识到这一点。只有这样，我们才能从根本上去理解和尊重他们,真正做到平等相待。温州有个很好的经验,就是把153万进城务工青年和其他的温州市民同等对待,一视同仁。这一点非常重要。如果务工青年感到城市不尊重自己,不属于自己,反过来就会漠视社会、报复社会。近年来,城市出现砸电话亭、破坏草坪、树木等现象,很多是由于外来人口和城市居民没有很好地沟通,不能相互信任、相互融合,从而造成矛盾。因此,首先要尊重他们,使他们拥有一份积极平和的心情,保持一种平等参与的精神状态。

要引导他们。有的城市提出这样的理念:"第一故乡第二故乡同为创业之乡,本地青年外地青年都是有为青年",我觉得很好。我们在开展工作时要引入这样的理念,用这种理念引导务工青年,使他们把自己当做城市的主人和城市文明的创造者。只有真正拥有"主人翁"的感觉,才能把城市当做自己的家乡来建设,才能促进劳动态度发生本质的变化,增强建设自己家园的责任感和自豪感。

要激励他们。近几年,从团中央到各级地方团组织,普遍开展了"十佳外来务工青年"评选表彰活动,有的地方还把这种表彰与农转非等奖励政策直接挂钩,有效调动了进城务工青年的积极性。今后,我们开展工作,仍然要加大表彰的力度,推动奖励政策的出台,以此调动进城务工青年内在的积极性,充分挖掘他们的潜能,使其贡献最大化。

要保护他们。目前,进城务工青年中人身受伤害、工资被拖欠的现象非常普遍。人身安全没有保障、合法收入无法获得、基本生活难以维持,这些都极大地挫伤了进城务工青年的劳动积极性。维护他们的合法权益无疑是促进劳动态度开发的一个重要环节,我们必须采取切实有效的措施,加大维权的力度。

第三,要加大扶持的力度,促进进城务工青年创业行为的开发。

人力资源要变成现实的生产力,必须和创业结合起来。只有在创业过程中,才能真正把人力资源释放出来,变成产品,变成财富。要引导进城务工青年在城市里找到适合自己的岗位,闯出事业的新天地。要扶持那些学有所成、劳有所得的进城务工青年回到自己的家乡兴办中小企业,发展小城镇,自主创业。

要牵线搭桥。很多进城务工青年已经离开农村几年,不了解农村政策,不了解党和国家高度重视农村农业问题的大思路,不知道自己回到农村后能否找到适合自己生存的环境、适合自己发展的机会。为此,我们要在务工青年流入地和流出地进行大张旗鼓的宣传,宣传农村的政策,宣传到农村创业的成功典型,宣传农村发展的广阔前景,使进城务工青年树立创业的信心,明确创业的方向。同时,要及时了解沿海地带、发达城市的用工需求,为农村青年作好牵线搭桥工作。

要争取政策。要积极争取本地区税收、工商、金融等部门的支持,对进城务工青年返乡创业给予减免工商管理费、税费,有效进行贷款等优惠政策,吸引进城务工青年返乡创业。要积极推动本地区用工企业制订对进城务工青年进行培训、奖励的相关政策,优化进城务工青年在城市创业的环境。

要筹集资金。要动员各方面力量,广纳社会资源,建立进城务工青年创业基金,并通过基金会组织来投资,为进城务工青年创业提供启动资金。

要辅导创业。进城务工青年虽然在打工过程中学到了很多技能,但是从一个打工者变成一个管理者,一个企业负责人,还需要进一步学习、适应。要举办进城务工青年创业培训班,对有意创业的进城务工青年进行包括工商登记、项目选择、资金筹措、企业管理、市场营销等内容的培训。编写进城务工青年创业读本,对他们进行有针对性的指导。要组织进城务工青年到一些优秀的企业实践锻炼,开阔眼界,增长才干。有条件的地方还要像温州这样建立中小企业孵化器或孵化园，为创业者项目设计、寻找市场提供支持，使他们尽快成为一个个小企业的老板。

四、共青团组织和各有关部门要竭诚为进城务工青年服务

前不久，江泽民总书记高屋建瓴、总揽全局地提出了中国共产党要始终代表中国先进社会生产力的发展要求、始终代表中国先进文化的前进方向、始终代表中国最广大人民根本利益的重要思想。我们要认真学习、身体力行"三个代表"重要思想，把"三个代表"重要思想落实到我们所从事的工作中去。进城务工青年是一个弱势群体，他们的权益经常受到侵害。竭诚为他们服务，保护和代表他们的合法权益，是落实"三个代表"重要思想的重要举措，是党的全心全意为人民服务宗旨在青年工作中的具体体现。各级团组织和相关部门要树立服务的意识，把竭诚为进城务工青年服务作为服务大局和服务青年的一个很好的结合点。

服务进城务工青年需要什么服务，要很好地了解他们的需求，了解他们的所思、所想、所盼，了解他们面临最大的困难是什么。进城务工青年处在经济社会发展的第一线，时代特征非常鲜明，总在不断变化，需求表现出鲜明的个性化和多样化的特点。今年春节期间，团中央权益部组织人员专门到火车站、劳务市场等进城务工青年集中的地方，深入了解进城务工青年的生存状况和思想状况，为我们进一步加大对进城务工青年的服务力度提供了依据。现在看来，我们的工作面临这样几个突出问题：第一个问题是在经济结构调整的过程中，如何引导进城务工青年合理流动。"十五"期间经济结构调整是主线，但经济结构到底怎样调整？就业的主战场到底在哪里？服务业是不是一个主战场？现在有些人很茫然，我们首先要把这些问题摸清楚。第二个问题是进城务工青年在心态上和文化上如何与城市居民更加融合。现在普遍存在城市居民看不起乡下人，看不起进城务工青年的现象，在平时日常生活接触中，城市居民与务工青年在心理上有一个鸿沟，给他们造成很大伤害。我们能够通过什么方式填平这个鸿沟？第三个是权益保护问题。很多侵权现象发生在企业，我们采取什么机制，才能使对进城务工青年的权益保护真正收到实效？

抓服务就要着力加强基层团组织建设，把流动分散的进城务工青年组织起来。

浙江为我们提供了一个重要的启示就是，只要下决心，在新经济组织中，进城务工青年达到30人以上的地方，普遍建立团组织是完全可能的。目前，全国新经济组织建团率是20%，而浙江截至今年9月份的统计数字已经达到了84.6%。今后凡是有进城务工青年的地方，都要有青年的组织，凡是有进城务工团员的地方，都要有团的组织。只有把他们组织起来，才能更好地加强管理，更好地加强服务。要大力推广温州公寓式管理模式，依托企业，或者政府向相关企业筹集一些资金建立进城务工青年公寓。通过公寓把进城务工青年集中起来开展学习和文体活动，权益也能得到很好的保护，这是一个很关键的环节。各级团组织还要依托公寓建立团支部，建立各种各样的打工青年之家。

抓服务就要依托行业抓培训，努力扩大人力资源开发工作的覆盖面。

目前，我国有8300万进城务工青年，大部分集中在建筑、煤炭、纺织、冶金等行业，尤其是建筑行业和煤炭行业的进城务工青年，占了总数的相当一部分。去年初，团中央联合建设部、公安部、中央综治办启动了建设系统的行业培训，并于去年6月底在上海召开了行业培训现场推进会，取得了明显成效。建筑行业已经明确规定，禁止分散的进城务工青年进入建筑行业，必须成建制地进入，对进城务工青年的素质也提出了明确要求。我们要适应行业调整、行业发展的需要，利用行业的培训中心和培训资金，发挥行业的优势，一个行业一个行业地抓。今年，团中央还要重点推进几个行业的进城务工青年培训工作。各个地方也要依托行业的优势抓培训，扩大覆盖面。

抓服务就要与职业资格证书制度相衔接，帮助进城务工青年进入劳务市场。

我国已颁布了职业技能标准1400多个，职业资格证书与劳动就业、工资分配、劳动监察结合得越来越紧密。1996年，原来的劳动部开始在全国推行职业资格证书制度。今后所有从业人员包括律师、会计师、评估师、电脑操作员等等，都应是凭证从业，这是社会进行人力资源开发的一个重要趋势。我们要通过切实有效的培训，帮助进城务工青年在打工过程中获得一个以上的职业资格证书。劳动部颁发的职业资格证书在我国许多周边国家都是被承认的，这也有利于我们今后参与国际劳务输出。目前，中国青少年发展服务中心正与外经贸部协商，进行国际劳务输出，组织进城务工青年到国外去。各地要争取当地劳动部门的支持，帮助进城务工青年通过培训取得职业资格证书，从而顺利进入劳务市场，增加就业和收入的稳定性。

抓服务就要依托社区，优化进城务工青年成才创业的社会环境。

社区越来越成为进城务工青年的集聚地，他们的生活空间更多在社区。同时，社区又是发展第三产业的依托，在社区发展第三产业过程中，又可以吸纳大量的进城务工青年，扩大他们的就业面。服务进城务工青年要把社区作为进城务工青年就业、成才的重要阵地，深化创建“青年文明社区”活动，利用社区现有的培训设施，开展社区培训，挖掘社区居民的需要，组织进城务工青年创造工作岗位，提供更便捷的服务。

抓服务就要和创建优秀“青少年维权岗”结合起来，维护进城务工青年的合法权益。去年，团中央在武汉专门召开了维权工作会议，提出了一个重要工作思路：在城市要建立起维权服务网络，包括建立维权中心、受理网络、维权专用电话，及时受理侵害青少年权益的事件，开展一条龙服务，并逐步规范化。这样的总体构想，在武汉得到大家的一致赞成。目前，进城务工青年是维权工作的一个重要群体，我们要把进城务工青年的维权工作纳入到构建社会化的维权体系之中，把维权的触角延伸到进城务工青年集中的地区，切实维护他们的合法权益。

同志们，进城务工青年是现代化建设的重要力量，服务进城务工青年是落实“三个代表”重要思想的重要举措。让我们携起手来，着眼大局，扎实工作，为开发进城务工青年这一丰富的人力资源，推动现代化建设的伟大进程，作出不懈的努力！

赵勇在全国少工委四届二次全委会暨农村少先队工作会议上的讲话

2001年1月9日

在我们党创造了农村包围城市光辉思想的革命圣地井冈山召开这次会议，重点研究加强农村少先队工作，具有特殊的意义。这次会议的主要任务是认真学习贯彻江泽民总书记“三个代表”的重要思想，学习贯彻党的十五届五中全会和中央经济工作会议、中央农村工作会议精神及团的十四届四中全会精神，着重研究加强农村少先队工作。

全国少工委三届四次全委会以来，我们创造了一个基本经验，就是每次全会研究一个重点、难点问题，以求统一认识。在无锡会议上，我们重点提出要把竭诚为少年儿童健康成长服务作为少先队工作的根本出发点和落脚点，提出这个命题后在全队上下形成了服务的共识，推动了全队凝聚力量为少年儿童服务。在海口召开的全会上，我们提出少先队工作要社会化。海口会议之后恰逢江泽民总书记发表关于教育问题的重要谈话，指出教育是一个系统工程。我们正是按照这个要求，把少先队工作作为一个系统工程，动员社会各个方面的力量齐抓共管。这次全会，我们要针对少先队工作的薄弱环节，重点研究加强农村少先队的工作。这是新形势下的必然选择。

我讲三个问题。

一、以江泽民总书记“三个代表”的重要思想为指导，把农村少先队工作摆在更加突出的位置

江泽民总书记“三个代表”重要思想，是我们党的立党之本、执政之基、力量之源。我们党的历史不断证明，什么时候体现了“三个代表”重要思想，我们的事业就胜利；什么时候违背了“三个代表”重要思想，我们的事业就遭受挫折甚至停滞不前。“三个代表”重要思想是指导我们党、我们国家各项工作的行动指南和新的思想武器。

少先队工作是党的事业的一部分，是团的事业的一部分，是现代教育事业的一部分，同样要以“三个代表”重要思想为指导。少先队工作落实“三个代表”重要思想，集中体现在三个方面。围绕代表先进社会生产力的发展要求，我们要着力提高少年儿童的综合素质，教育和引导少年儿童成为社会主义事业的合格建设者和接班人，使他们为成为未来先进社会生产力的代表做好全面准备；围绕代表先进文化的前进方向，我们要用民族的、世界的先进文化来熏陶当代少年儿童，教育和引导他们为发展民族的科学的大众的社会主义文化做好全面准备；围绕代表最广大人民的根本利益，我们要竭诚为少年儿童的健康成长服务，教育和引导他们为长大以后全心全意为人民服务，报效祖国做好全面准备。

我们要把“三个代表”重要思想作为新的思想武器，进一步提高对新形势下少先队工作的认识，把少先队工作提高到一个新水平。我们提出加强农村少先队工作，就是贯彻“三个代表”重要思想的一个重要课题。

从农村少先队工作的现状看，迫切需要加强农村少先队工作。全国一亿三千万少先队员中，农村少先队员占九千万左右，农村少先队员占全体少先队员的绝大多数。为召开这次全会，我们进行了大量的调查研究。从总体上看，随着农村经济的发展，农村教育事业不断进步，少先队事业也在不断发展，但是农村少先队工作还是一个薄弱环节。表现在一些地方农村少先队组织还不够健全，有些学校少先队组织有名无实；农村少先队阵地还不够丰富，远远满足不了少先队员的需求；农村少先队活动还不够经常，有的学校甚至一年中几乎没有少先队活动；农村少先队辅导员队伍还适应不了素质教育的要求；农村少先队工作发展还不够平衡，不够活跃。这些现象警示我们要把农村少先队工作作为今后一个时期的重点。不加强农村少先队工作，就谈不上落实“三个代表”的重要思想，就谈不上为所有的少年儿童提供优质的服务。

从实施农村素质教育的要求看，迫切需要加强农村少先队工作。第三次全国教育工作会议明确提出实施素质教育，重点是培养思想道德素质和创新精神与实践能力，着力提高国民素质。把教育的目标定位在提高国民素质，是教育思想的一个重大飞跃。在经济社会发展过程中，很多深层次的矛盾原因归结起来是国民素质不高。农村的人口占全国人口的多数,农民的素质是整个国民素质的主体,是科教兴国基础的基础。农村素质教育对整个国家素质教育的推动至关重要。农村的素质教育搞不上去,农村人口的素质不提高,提高国民素质就是一句空话。目前,农村素质教育缺有形载体、缺人才、缺经费支撑,必须大力加强。少先队教育是现代教育的一部分,历来在素质教育中起先锋和导向的作用。我们要大力加强农村少先队工作,用新的观念去引导,用新的载体去推动,用城乡互助去支持农村素质教育对人才的需求,通过实实在在的努力推动农村素质教育。

从农村经济发展来看,迫切需要加强农村少先队工作。发展中国家城乡经济关系是最基本的经济关系。目前我国经济体制改革还有一些深层次的矛盾没有解决,比如内需市场启而不动,结构调整调而不顺,城市化的进程大大落后于工业化的进程。城乡购买力失衡是一个根本原因。城乡购买力差距持续拉大造成农村购买力太弱,引发了这些深层次的矛盾。农村不是封闭的系统,就农村调整农村结构是没有出路的。解决这个问题要在加快提高城乡购买力的同时着力提高农村购买力,使城乡购买力趋于协调,形成一个最优化的消费需求、最优化的经济增长。实现现代化关键是农村的现代化,现在经济增长关键是农村实现高速增长。农村经济增长关键要靠人。未来人才的基础是今天的少先队员。农村的少先队教育面临着配合学校为高一级学校输送优秀学生和为农村建设培养合格劳动者的双重任务。加强农村少先队工作对于培养合格劳动者、促进农村经济以至国家经济的良性增长具有十分重要的意义。

从农村文明进步的特殊规律看,迫切需要加强农村少先队工作。社会进步是现代化的根本动力。农村的组织程度和社会化程度总体上看比城市低,要在农村传达党和政府的主张、传导文明的思想观念和生活方式比城市困难,农村的文明进步有着特殊的规律。少先队工作在增强对农村的控制力方面也可以起到特殊作用,可以通过少先队员影响成人社会,两代人相互学习,共同进步。在农村尤其要重视这一影响,如井冈山上的红领巾导游不仅传导了现代文明,也使自己受到了锻炼;贵州一个小镇有一条红领巾邮路,孩子们给成人送去了信息,自己也增长了知识;四川、安徽有些地方农村的少先队员劝阻父母不要赌博、破除封建迷信、改水改厕,都起到了很好的效果。农村文明进步的特殊性决定了少先队员能够发挥的作用具有经常性,每天少先队传导给少先队员的文明当天就可以传导给父母;有能动性,孩子对父母的影响往往是巨大的;有时代性,当今的农村孩子接受现代观念和知识非常快。由此可见,加强农村少先队工作对推动农村文明进步具有特殊意义。

因此,我们要以江泽民总书记“三个代表”重要思想为指导,从经济社会发展的战略高度,把农村少先队工作摆在更加突出的位置。

二、以“争当科技小能手”农业实用科技实践活动和“争当文明小使者”倡导现代文明新风活动为载体,推动农村少先队工作上新的台阶

农村少先队工作与城市相比有着不同的特点:有双重性,面临着双重任务;有差异性,不同地区的农村表现出经济社会的巨大差异;资源稀缺性,农村的教育资源相对有限;农村地区松散性。农村少先队工作面临的情况更复杂,难度更大,需要我们付出更大的努力。根据农村的实际,农村少先队工作要做到“五有”的目标:有组织,县、乡镇要有少工委,形成第一推动力,尤其要在建乡中心校的过程中健全少先队组织;有队伍,建设一支高素质的少先队辅导员队伍,坚持城乡互动,通过城市力量给予农村强有力的支持;有阵地,从农村实际出发,为少年儿童建立劳动实践阵地;有机制，形成把少先队工作纳入素质教育的格局和评价体系。要按照“五有”的要求，推动农村少先队工作的新发展。

经过反复论证，充分吸收基层经验，我们总结归纳了两个活动载体：“争当科技小能手”农业实用科技实践活动和“争当文明小使者”倡导现代文明新风活动。要通过这两个活动载体，推动“五有”目标的实现。

这两个载体，是根据农村跨世纪发展的全局确定的。“争当科技小能手”活动是在推广农村实用科技的过程中，引导少年儿童参加一些科技实践的体验活动，让他们通过自己动脑动手，掌握和消化一些基本的知识和技能，并在自己的家庭和亲友中广泛运用、传播，既推广了现代科技，又提高了少先队员的素质。“争当文明小使者”活动针对农村特点，围绕改水改厕、破除封建迷信、倡导文明生活方式、环境保护等等命题，小手拉大手，推动社会文明进步。

这两个载体，是根据农村少年儿童的需求确定的。农村教育是面向广大农村培养人才的。在应试教育的影响下，一些学校片面追求升学率，使农村少年儿童的天真、纯洁、好奇、兴趣被作业、分数所压抑。学校里给学生学习劳动知识和进行劳动实践的机会和时间很少，致使大量升学无望的农村少年儿童失去了学习的兴趣。以科技和文明为切入口，可以提高少年儿童的综合素质。抓住了这两个活动载体，就抓住了农村少年儿童健康成长的根本需求。

这两个载体，是根据农村少先队组织的优势确定的。少先队组织的优势就是在实施素质教育中发挥先导作用、纽带作用和基础性作用。在引导和教育少年儿童创新和做人方面，少先队可以有特殊的作为。通过科技活动引导创新，通过文明活动引导做人，把党和社会的要求内化成为少先队员自身素质的一部分。农村是一个广阔天地，农村少年儿童更多地接触生产实践，闲暇时间多，运用科技和文明的活动引导少年儿童，可以充分发挥少先队组织的优势。

开展“争当科技小能手”和“争当文明小使者”活动，要贯彻体验教育思想，在实践中强调感悟和体会的环节，使这两项活动都着眼于把对少年儿童科技素质和文明素养方面的要求，内化为他们自身的一部分。要和深化“中国少年雏鹰行动”和“手拉手”活动结合起来，“争当科技小能手”活动的成果要直接体现在争科技章上，如动手章、工艺章、劳动章等等，用“雏鹰奖章”吸引少年儿童；通过“争当文明小使者”活动促进城市和乡村、家庭富裕和贫困的、健康和有残疾的、各民族的少年儿童“手拉手”，共同倡导文明新风。

开展这两项活动，要动员社会各方面的力量，推动少先队工作社会化。要争取地方党政的重视和支持，协调有关部门和社会各方面都来参与，在乡镇、村依托党支部、村委会和各种社会组织，建立与农村经济社会发展相适应的运行机制。要形成学校辅导员，农科技人员，乡镇、村各级管理人员，家长，邻里等各方面人士组成的辅导员队伍。要利用各方面的资源，设立多种形式的实践活动基地。

加强农村少先队工作，有大量工作要做。但是我们贯彻体验教育的思想，抓住了这两个载体，就可以推动农村少先队工作全面发展。

三、以服务为落脚点，把加强农村少先队工作落到实处

竭诚为少年儿童的健康成长服务，是少先队的重要任务。农村少先队工作的特殊性要求各级少先队组织以更务实的精神、更具体的措施，为农村少先队组织和少先队员提供实实在在的服务。

今年全国少工委准备为服务农村少年儿童、服务农村辅导员、服务农村少先队基层组织办十件实事：一是团中央、全国少工委出台《关于加强农村少先队工作的意见》，指导今后一个时期的农村少先队工作。二是广泛招募城市优秀青年到农村做志愿辅导员。团中央、全国少工委准备从全国招募100名志愿者集中到一两个县的镇和村中心校做一年志愿辅导员，带动、示范和培训当地辅导员提高实施素质教育的能力。各地要借鉴扶贫支教的方式，配合党政部门出台一些政策，同时把派遣志愿人员和培养青年干部、青年教师结合起来。三是规范化建设少先队队室，结合中心校配置和调整，高标准地建立队室，设置三代领导人的题词、队徽、队旗、队基本知识书籍等物品。四是继续动员社会力量为西部地区农村捐赠闲置电脑、电器、教学设备、课本、文具，并为当地开展远程教育、网络教育服务。五是层层建立农村少先队发展基金，下大决心动员各方面力量建立专项的基金支持。六是专门大力表彰农村优秀辅导员和志愿辅导员。七是组成少先队工作辅导报告团，深入农村乡镇进行指导。八是为农村少先队员提供更好的精神食粮，适时出版《中国少年报农村版》和更多有农村特色的图书。九是通过中国少年雏鹰网为农村少先队开展远程素质教育提供服务。十是启动县少工委主任培训工作，争取用四年的时间把3250个县的少工委主任轮训一遍。

各地各级少工委都要根据当地实际，每年为农村基层少先队组织办几件实事。特别是要结合自己的实际情况，以“志愿辅导员假日农村援助行动”和“志愿辅导员农村助队服务团”等形式，组织城市的大中学生、社区工作干部、学生家长、企事业职员和有经验的优秀辅导员、少先队工作专家，利用节假日到农村从事少先队辅导员工作，组织农村少先队员开展活动，或对农村少先队辅导员进行短期培训、工作咨询和项目指导等志愿服务。

最后，我想强调一下，切实加强少先队干部队伍建设，为新世纪少先队事业的新发展提供有力的保证。目前，少先队工作大的思路已经很清楚了，加强农村少先队工作就是落实第四次全国少代会精神的重要工作。全队上下要振奋精神，狠抓落实，务求实效。加强少先队干部队伍建设关键是要提高少先队干部的素质，提高素质关键是要加强自身修养，以更加饱满的精神状态、更高的精神境界投入到工作中去。

加强自身修养，我想提出五个辩证关系和同志们共勉。一是静和动的辩证法。要静得下来，有充分的时间读书，考虑一些大的问题，看清自己的不足，对事情不急功近利。动就是要行动，全队形成了决议的事情要善于行动、决断和胜利。二是有所为和有所不为的辩证法。年轻干部在学习的问题上要有所为，我多次强调，要把少先队工作作为现代教育的一部分来看待，要借这个舞台研究现代教育。在工作上要有所为，按照全队年度、阶段工作重点力图做出特色，有新的突破。在交友的问题上要有所为有所不为，交友要慎重。三是思想和行为的辩证法。思想要活跃，行为要稳健，勤于学习，勤于思考，多一些世界眼光和战略思维。四是当面和背后的辩证法。同志之间要胸怀坦荡，在民主集中制的基础上当面提醒，背后维护。五是一时和一生的辩证法。年轻干部走上领导岗位是组织和群众的信任，任何时候头脑都要清醒，要铭记选择了公共事业就是选择了奉献和牺牲。全体少先队工作干部都必须切实加强自身修养，做一个党和人民信赖的年轻干部，为党和人民做更多的事。

今年工作总的要求是，在深化“中国少年雏鹰行动”和“手拉手”活动的基础上，突出两个重点：一是贯彻落实第四次全国少代会精神，全面开展“新世纪我能行”体验教育活动；二是下大力气、扎扎实实地加强农村少先队工作。

同志们，革命圣地井冈山有一种“坚定信念，敢闯新路”的精神，这对于我们有重要的启示。我们要继承和发扬这种精神，以改革的精神、务实的作风把农村少先队工作、全队工作在新世纪之初提高到一个新水平，为少先队事业在新世纪的新发展创出一个良好的开局。

贯彻江泽民总书记“以德治国”重要思想 以体验教育为基本途径进一步加强少先队德育工作

——赵勇在全国少先队德育工作暨“新世纪我能行”体验教育活动现场推进会上的讲话

2001年6月16日，根据录音整理

全国少先队德育工作暨“新世纪我能行”体验教育活动现场推进会是一次十分重要的会议。会议的主要任务是，学习贯彻江泽民总书记“三个代表”和“以德治国”重要思想，贯彻中共中央办公厅、国务院办公厅《关于适应新形势进一步加强和改进中小学德育工作的意见》和国务院刚刚召开的全国基础教育工作会议精神，进一步落实第四次全国少代会精神，以体验教育为突破口，全面推进新世纪少先队事业新发展，总结江苏南京、扬州、常州等地实施体验教育的经验，推动少年儿童体验教育活动走向深入，切实加强少先队员思想道德教育。团中央书记处高度重视这次会议，第一书记周强同志专门听取了汇报并给会议发来了贺信，对开好会议具有重要指导意义。在此，我代表团中央、全国少工委对给予我们这次会议高度重视和大力支持的江苏省委、省政府和南京市、扬州市、常州市党政领导以及为这次会议付出辛勤劳动的各个方面的同志们表示衷心的感谢！对参加这次会议的教育行政部门的同志和小学校长表示热烈的欢迎！

借此机会，讲四点意见。

一、加强少先队员思想道德教育是少先队的首要任务

江泽民总书记在全国宣传部长会议上提出了“以德治国”的重要思想。以德治国是以江泽民同志为核心的党的第三代领导集体在我国改革开放和现代化建设进入一个新的发展阶段后提出的重要治国方略，是在深刻总结古今中外治国经验的基础上探索有中国特色社会主义治国之道作出的科学论断。正确理解和全面贯彻这一新的治国方略，对于加强社会主义道德体系建设，综合运用法治和德治的手段解决我国当前所面临的各种经济和社会问题，推动我国在新世纪的发展，具有重大而深远的意义。

在贯彻江泽民总书记“以德治国”重要思想的条件下，少先队组织必须把加强少先队员思想道德教育作为首要任务。

把加强少先队员思想道德教育作为少先队的首要任务，是党赋予少先队的神圣使命。中国少年先锋队是中国共产党委托共青团领导的少年儿童群众组织，是少年儿童学习社会主义和共产主义的大学校，是建设社会主义和共产主义的预备队。党建立少先队组织，就是要把一代又一代少年儿童培养成符合时代要求的社会主义事业的合格建设者和接班人。关于这一问题，党的三代领导核心毛泽东、邓小平、江泽民同志都曾有过重要论述。毛泽东同志早在1958年就指出：“儿童时期需要发展共产主义的情操、风格和集体英雄主义的气概，就是我们时代的德育。”邓小平同志1980年在给《中国少年报》和《辅导员》杂志题词时指出:“希望全国的小朋友,立志做有理想、有道德、有知识、有体力的人,立志为人民做贡献,为祖国做贡献,为人类做贡献。”江泽民总书记在中国少年先锋队全国代表大会上的祝词中指出:“党和国家希望全国少年儿童从小做党和人民的好孩子,长大做社会主义事业的接班人。”我们党历来高度重视少年儿童的健康成长,尤其是把少年儿童思想道德教育摆在极为重要的位置。因此,少先队组织必须把少先队员思想道德教育作为少先队工作永恒的主题和首要任务。

把加强少先队员思想道德教育作为少先队的首要任务,是少先队的光荣传统和优势所在。长期以来,少先队组织一直把少年儿童的思想道德教育放在突出位置,坚持用共产主义的崇高理想引导少年儿童,用党的光辉历史和奋斗目标鼓舞少年儿童,用鲜艳的红领巾、神圣的队礼、嘹亮的队歌和庄严的呼号激励少年儿童,帮助少年儿童从小树立跟党走社会主义道路的信念。少先队在历史上开展的学雷锋、学赖宁、手拉手等活动,都是开展少年儿童思想道德教育的成功范例,在几代人的成长历程中留下了深深的印迹。近年来少先队组织主动适应我国经济社会发展的要求和当代少年儿童的新特点,充分发挥自身优势,把少年儿童组织起来、凝聚起来,发挥少年儿童的主体作用,以独具特色的组织教育、生动活泼的实践教育、扎实有效的自我教育,帮助少年儿童提高思想道德素质,健康成长,积累了许多好经验。如,要注重根据少年儿童的身心发展特点,从满足他们的成长需求入手;如,要注重遵循少年儿童的认知规律,以实践育人为基本途径;如,要注重依据少年儿童的群体特征,以少先队组织生活为重要形式;如,要注重针对少年儿童受环境影响的现实,协调和动员社会力量,齐抓共管。少先队所开展的少年儿童思想道德教育工作,在中小学德育工作中愈来愈发挥着不可替代的重要作用。

把加强少先队员思想道德教育作为少先队的首要任务,是少年儿童健康成长的客观要求。当代少年儿童生长在一个经济迅速发展、社会开放程度不断提高的时代,随着营养结构改善和信息时代的到来,他们生理和心理的成熟期明显前移,这就必然要求,他们的道德养成期也要相应提前。少年儿童阶段思想道德教育状况对这一代人一生怎样做人、怎样做事有着越来越重要的影响。尤其是在各种思想文化相互激荡和“四个多样化”的形势下,少年儿童必须从小打好以思想道德素质为核心的全面发展的素质基础,将来才能迎接严峻的挑战。少先队作为少年儿童自己的组织,必须把竭诚为少年儿童健康成长服务作为全部工作的出发点和落脚点,而最根本的服务是为培养他们良好的思想道德素质服务,使他们成为家庭中的好孩子、学校中的好学生、社会上的好少年、大自然的好朋友,为将来成为对祖国、对社会、对自身有责任感的好公民奠定坚实的基础,为成长为有理想、有文化、有道德、有纪律的“四有”新人奠定坚实的基础。

少先队员思想道德教育是少先队的立队之本,是少先队工作的重中之重。各级少先队组织要把少先队员思想道德教育放在突出位置,扎扎实实,抓出成效。

二、体验教育是少先队适应新形势进一步加强少先队员思想道德教育的基本途径

“体验教育”是在2000年“六一”召开的第四次全国少代会首次提出的。《关于动员和组织少先队员在实践中体验的实施意见》对体验教育作了概要式的阐述。一年来,各级少先队组织进行了积极探索。经过一年的实践,我们进一步明确“体验教育”的涵义是:组织和引导少年儿童在亲身实践中,把做人做事的基本道理内化为健康的心理品格,转化为良好的行为习惯的过程。归纳地讲,体验教育是一个实践的过程,一个认知的过程,一个情感升华的过程,一个人的社会化过程。

“体验教育”伴随着少年儿童道德认知和践行的全过程。马克思主义辩证唯物主义认识论认为，人的一切正确认识都来源于实践，人的认识过程是经过实践、认识、再实践、再认识，循环往复，以至无穷的过程。在这个过程中，人不是被动的，而是具有主观能动性的。我们提出的“体验教育”，是“在实践中认识事物”。体验和实践不可分离，融为一体；同时，“体验教育”是“充分发挥少年儿童主体作用的体验”，而不是像照镜子一样简单直观地反映客观世界。因此，不接触客观实际，仅仅是主观的感受，不是我们所说的“体验”；不入心入脑，仅仅是走马观花，也不是我们所说的“体验”。对少年儿童开展“体验教育”，一个重要方面就是使那些已经被社会公认的观念和认识通过不断的体验在少年儿童中得到内化和强化。这本身，就是一个德育教育的过程。

“体验教育”伴随着少年儿童道德内化的知、情、意、信、行的全过程。人的心理过程要经过知、情、意、信、行等环节，这些都离不开体验。认知的过程首先从自身接触的事情和与自身有关的“切己”的事物中开始。情感的升华也离不开亲身的体验，所谓“触景生情”、“望物动情”就是这个道理。意志的形成更需要以从体验中来的真实感受作为基础。信念的产生固然要有科学的理论指导，但要接受科学的理论，逐步树立信念并坚定信念，离不开实践，离不开充分发挥主观能动性的体验。行动的发生与一个人的行为习惯有直接关系，而行为习惯的养成离不开体验。人的思想道德的形成离不开知、情、意、信、行，而要顺利、富有成效地完成这个过程，都需要体验教育。

“体验教育”伴随着少年儿童道德养成的全过程。教育追求的目标是使受教育者学到的东西终生不忘并融会贯通，变为自身的素质。现代教育学的研究表明，要达到好的教育效果，实现教育目标，必须重视受教育者的中心地位，强调受教育者既是被教育者也是教育者的自我教育的重要性，同时，必须重视向实践学习的重要性。尽管人类长期积累的知识需要通过课堂教学和书本的方式传授给少年儿童，但远大理想的孕育、美好情感的萌生、高尚情操的养成，都要在实践中，要通过体验才能完成。对于道德教育来说，仅仅靠灌输和传授是远远不够的，必须靠受教育者主动地参与，并经过自身的道德实践才能完成。在当代青少年中，道德认知和道德行为之间脱节是一个比较突出、比较普遍的问题。要解决这个问题，必须从重视教育中的体验环节入手。

“体验教育”伴随着人的社会化的全过程。人的成长过程是一个社会化过程，是不断调整自身和他人、和群体之间关系，以不断适应自己的社会定位和社会角色的动态过程。这一过程，对每个人来说都是从零开始的。只有人对自身定位有正确的认识，与社会群体之间形成良性互动，人自身和社会才能够和谐、协调发展。而这种互动很大程度要在实践中循环往复，以至无穷。人的社会化过程越短，人适应社会的程度就越好，为社会做贡献就越大。加速少年儿童的社会化过程，一个重要途径就是引导他们多体验自然、社会、伙伴等。脱离客观世界，脱离复杂的社会环境，是不可能真正实现社会化的。

基于以上认识，我们把体验教育作为加强少先队员思想道德教育的基本途径。这一途径，能在一定程度解决长期困扰德育的针对性、实效性和主动性问题。从解决针对性问题来看，少年儿童道德教育的重要任务是根据当代少年儿童自身的成长规律和特点，提高他们的道德推理能力、道德选择能力、道德践行能力，使他们接纳正确道德观念，启迪他们的道德觉悟，激励他们的道德情感，强化他们的道德意志，增强他们的荣辱观念和道德责任感。要达到这样的效果，一方面必须从他们日常所能接触的家庭生活、学校生活、社会生活的具体情景入手，使他们感受到讲道德的快乐和高尚，感受到不讲道德的痛苦和耻辱，才能使道德教育入脑入心；另一方面，在现实的家庭生活、学校生活、社会生活等各个方面，他们会遇到许多各种各样的道德问题，通过体验教育才能随时随地有针对性地回答和解决这些问题。从解决实效性问题来看，把道德教育仅仅作为知识体系，通过传统的课堂教学方式，远远不能完成道德养成的目标。举个例子，学生能背诵法律条文，不一定有法制意识；知道做人做事的道理，也不一定有良好的行为习惯。体验教育恰恰能把认知和行为统一起来，通过他们乐于接受、丰富多彩、生动活泼并以主人身份参与的实践活动，获得真实的体验，从而使做人做事的道理转化为内在品质，把德育目标内化为基本素质，把社会的需要变为自己的需要。从解决主动性问题来看，现在的德育，老师往往是被动地教，学生往往是枯燥无味地被动地学，等出了问题社会各方面再当“救火队”，这种状况必须改变。体验教育为少年儿童设置了现实生活和未来生活中许多场景，帮助他们学会分析，学会选择，形成正确的判断，为他们应对今后的生活提供参照，具有前瞻性。体验是少年儿童主体的体验，在体验中他们的身心得到解放，道德主体性得到弘扬，他们在道德实践中学会选择和扬弃，使他们的道德观念逐步成熟起来。

三、着力构建以少先队思想道德教育为目标的体验教育体系

开展少年儿童思想道德教育，要根据少年儿童阶段的特点，从行为习惯养成入手，重点进行社会公德教育，进行爱祖国、爱人民、爱劳动、爱科学、爱社会主义的教育，联系实际进行热爱集体、热爱家乡以及社会生活常识的教育。为此，就要有一套科学的道德规范，就要引导少年儿童在丰富多彩的社会生活中进行道德实践，就要有一个好的道德环境，还要有一定的道德强制。少先队要在“以德治国”思想的指导下，探索构建与我国社会主义市场经济相适应、与社会主义公民道德教育体系相衔接、符合少年儿童身心发展特点的思想道德教育体系，以此作为体验教育的基本内容。

少先队的思想道德教育体系应当从以下四个方面来构建：一是人与自然的关系，二是人与人的关系，三是人与社会的关系，四是人的第一自我与第二自我的关系。分别以人对自然、对人、对社会、对自我的看法和态度为核心，以涉及到的对自然、对人、对社会、对自我的知识、技能、方法、能力、规范为基础，以良好的行为习惯为外在标志，形成一个综合性的整体目标体系。各级少先队组织要把这些道德规范通过道德故事、道德卡通、道德歌曲、道德情景片等方式对少年儿童进行宣传，使之成为少年儿童好理解、记得住的行为规范。

第一，人与自然的关系。要以形成人与自然和谐相处的观念为核心，以对植物、动物、自然资源、生态环境、宇宙等的正确认识，以及对和植物、动物、自然资源相处的基本知识与方法的掌握为基础，以养成爱护植物、动物、自然资源、生态环境等行为习惯为外在标志，形成一个综合性的整体目标。这一目标，根据少年儿童成长的不同年龄阶段，可以由浅入深，依次为逐步形成对自然的美好印象，了解自然对人类生活的影响，喜欢观察生活中的自然现象，培养对大自然的关心，激发对美好自然环境的向往和追求，力所能及地参与爱护环境、保护生态活动。

第二，人与人的关系。要以形成人与人平等友爱、团结互助、共同进步的观念为核心，以对父母亲人、老师同学、伙伴朋友、相识与不相识的人、同龄人与长辈的正确认识，以及对和他们相处的基本规范与方法的掌握为基础，以养成孝敬父母、尊敬师长、尊老爱幼、尊重他人、诚实守信、文明礼貌、助人为乐的行为习惯为外在标志，形成一个综合性的整体目标。随着年龄增长，可以引导少年儿童逐步学会友善地对待他人，知道父母的辛苦、老师的辛劳、同学的友爱、友谊的可贵、劳动的光荣，逐渐懂得一个人的成长离不开各行各业劳动者的创造，明白人人为我、我为人人的道理，激发对美好的人际关系的向往和追求，力所能及地参与帮助他人、服务他人的活动。

第三，人与社会的关系。要以形成人不能脱离群体而应努力为公共利益服务的观念为核心，以对班集体、少先队组织、学校、社区、社会团体、民族、国家等的正确认识，以及对人如何在社会生活中生存与发展的基本规范的掌握为基础，以养成热爱集体、爱护公物、遵纪守法、服务大家的行为习惯为外在标志，形成一个综合性的整体目标。根据少年儿童的不同年龄阶段这一目标可以依次表现为知道自己是集体中的一员，善于发现集体生活的美好，喜欢过集体生活，感知学校环境、社区环境对每一个人学习生活的影响，激发对美好社会生活的向往与追求，学会用法律和社会规范约束自己的行为，不断增强对社会、国家、民族的责任感，力所能及地参与服务社会的活动。

第四，人的第一自我与第二自我的关系。要以形成珍爱生命、追求美好、乐观向上的观念为核心，以对生命、时间、意志、价值取向、理想信念等的正确认识，以及对人如何认识自己，如何把握自己的基本规范的掌握为基础，以养成乐观开朗、珍惜时间、勇敢顽强、自尊自信、乐于创造、健康向上的行为习惯为外在标志，形成一个综合性的整体目标。分年龄阶段依次表现为对自身生命存在的初步了解，知道时间对于生命的特殊意义、自身努力在个人成长中的重要作用，认识到不断克服困难、战胜挫折是人生的宝贵财富，品尝创造是人生的快乐，激发对美好人生的向往和追求，努力在具有各种欲望和要求的本能的第一自我和受到道德行为规范约束的理性的第二自我中作出正确选择，不断实现超越自我和自我超越。

以上述四个基本关系为基本架构，构建少先队思想道德教育体系，有助于由浅入深、由近及远、由表及里、由形象到抽象地进行道德教育，有助于通过循序渐进的引导使少年儿童比较完整地了解最基本的道德概念，并感受道德形成过程，从而对于道德影响人的生活和社会发展有初步的认识，提高他们对参与道德实践的浓厚兴趣，培养他们积极、严谨、求实、活泼的生活态度和良好的行为习惯，从而发挥少先队在少年儿童思想道德教育工作中不可替代的作用。

把思想道德规范进一步细化成若干体验主题，引导少年儿童通过适当的方式进行体验。体验教育是少年儿童的主体体验，别人无法替代。在这个前提下，我们总结江苏和其他地区探索的经验，提出以下几种体验方式：从组织形式上，我们强调集体体验；从体验的身份和视角角度，我们倡导自我体验和角色体验；从体验情景的设置上，我们推出情景体验。

集体体验就是把少先队员组织起来，让他们感受集体的氛围、集体的温暖、集体的重要、集体的力量，从而牢固地树立集体主义的观念，形成把集体利益放在第一位的心理品格，养成团结互助、共同进步的行为习惯，以此建立整个道德的基础。比如，以社区少先队小集体的名义为社区做一件好事，或集体帮助一个有困难的同学。集体主义是社会主义思想道德体系的基本原则，是社会主义价值观的核心。让少年儿童在集体生活中体验，以集体的形式到社会实践中去，是体验教育的重要形式。

自我体验就是以自己的身份、自己的视角去参与体验，让他们感受参与的真实、参与的快乐、参与的辛劳，从而获得真情实感，在道德选择中形成良好的习惯。比如，以少先队员自己的身份去感受大自然，去做“自然小卫士”、“环保宣传员”，体验远足野营、动植物观察、水文气象调查、生态环境评估、回收可再利用资源等，获得自然界和谐与美好的真实感受，明白人与自然必须和谐相处的道理，养成热爱大自然、爱护环境的品质，学会保护动植物、保护生态环境的本领。

角色体验就是以他人的身份、他人的视角去参与体验，让他们感受他人工作时的心情和责任、工作过程中的辛劳、完成工作后的情绪和收获，形成尊重他人、珍惜劳动成果的行为习惯。比如，让他们当一天“父母”、“老师”、“工人”、“农民”、“解放军战士”、“售票员”、“交警”、“法官”、“记者”等，获得服务他人、服务社会的真实感受，养成遵纪守法、诚实守信、热爱劳动的品质，学会适应不同生活环境，用双手创造美好生活的本领。

情景体验就是以设定的事件和设定的环境为体验情境的体验，让他们感受平时不易遇到但未来很可能出现的情况，从而得出有益的心理准备，获得宝贵的人生体验。比如，为他们设定一些“困难”和“难题”，让他们获得遇到挫折、战胜困难的真实感受，体验生命的宝贵、生活的意义，明白珍爱生命、自强不息的道理，养成乐观开朗、勇敢顽强、健康向上的品质，学会自我保护、自我服务、自我激励的本领。比如江苏常州星辰实验学校学生自己管理的世纪新城、上海的小公民楼等。

要努力形成促进体验教育持续发展的组织机制、服务机制、评价机制和激励机制。各级少先队组织要按照党的要求，适应社会发展的需要，引导少先队员进行健康、向上的体验，使他们获得正面的激励，使采取的体验方式和要达到的体验目标有机地统一起来。实践中，要切忌误导少年儿童体验不适合他们体验的东西。

四、以“新世纪我能行”体验教育活动为载体扎扎实实开展少先队思想道德教育

“新世纪我能行”的活动名称是出自第四次全国少代会上胡锦涛同志代表党中央、国务院祝词中寄语少年儿童“你们一定能行”。这项活动是今后一个时期总揽少先队德育工作的主要载体，要在做好深化“雏鹰行动”、“手拉手”活动和不放松组织建设等常项工作的同时，举全队之力，切实抓紧抓好。

要突出一条主线。就是少先队思想道德教育这个主线。把人与自然、人与人、人与社会、人的第一自我与第二自我的关系所包含的思想道德教育目标，进行分解并逐步细化为少年儿童可操作、可体验的形式，通过体验养成良好的思想道德品质。

要抓住两个阵地。在校内就是要把校园生活、集体生活、组织生活设为多种体验岗位，让每一名少先队员在为同学服务、为老师服务、为集体服务、为学校服务的体验中，尝试当一天“小干部”和“辅导员”进行民主选举和组织活动、当一天“教师”备课讲课和组织教学、当一天“校工”维持秩序和进行后勤服务等；在校外就是要把家庭生活、社区生活细化出多种体验岗位，让少先队员在为父母分忧、参与社区服务和社区建设的体验中，尝试当一天“爸爸、妈妈”，做“清洁工”、“售货员”、“农技推广员”、“科普宣传员”、“社区服务员”等。

要夯实三个基础。一是政策基础，争取教育行政部门的重视和支持，把这项活动纳入到学校德育工作总体布局中去，纳入到素质教育的评价体系中去。二是队伍基础。体验教育中辅导员的指导和引导非常重要，要进行多种形式和多种层次的培训，提高他们加强少先队员思想道德教育的自觉性，帮助他们树立现代教育的观念，按照少年儿童的身心特点和教育规律进行体验教育。要把辅导员指导体验教育的情况纳入到对辅导员的评价和表彰体系中。三是理论基础。要把体验教育作为少先队工作研究的重要课题，以科学的理论为指导，结合各有关学科的最新发展，结合工作的实践，借鉴国内外教育理论与实践的成果，不断丰富、完善和发展体验教育理论。要深入实际，深入基层，用理论指导实践，根据形势的变化，不断进行教育活动的创新，及时回答实践提出的各种问题，推动体验教育健康发展，提高实施体验教育的水平。

要抓住四个关键环节。一是设立科学健康的体验项目。分析少年儿童成长过程中哪些是薄弱环节,“知道我不行,才能我能行”。当前,特别要引导少年儿童学会合作,培养集体主义精神;学会面对困难,不怕挫折,培养吃苦耐劳的精神;还要有宽容精神,克服不良的生活习惯,以此来设计体验项目,并广泛发动辅导员和少先队员献计献策。二是提供体验条件。充分利用青少年宫、青少年教育基地开展丰富多彩的体验活动,还要在有条件的城市社区、乡村建立体验教育基地,使体验教育阵地化、经常化、制度化。要广泛动员社会各方面的力量,请家长和各界人士做志愿辅导员,请有关单位为体验教育提供支持和援助。三是启发体验的思考,帮助少年儿童在实践中正确认识周围的事物,可以通过写心得的方式让他们把收获表达出来,并针对他们的心得再进行指导和引导。四是鼓励体验的积极性。要为体验教育设立雏鹰奖章,把体验教育和深化“雏鹰行动”有机地结合起来。还要表彰在体验活动表现突出的少先队大、中、小队,把组织建设中评选红旗大、中、小队和倡导集体体验有机地结合起来。

以“三个代表”重要思想为指导 努力构建新世纪城市社区共青团工作新格局

——赵勇在全国城市社区共青团工作座谈会上的讲话

2001 年 8 月 29 日,根据录音整理

召开全国城市社区共青团工作座谈会,是为了深入学习贯彻江泽民总书记“七一”重要讲话,以“三个代表”重要思想为指导,认真总结近年来加强城市社区共青团工作的基本经验,研究当前城市社区共青团工作面临的新形势和今后一个时期城市社区共青团工作的总体思路。团中央书记处第一书记周强非常重视城市社区共青团工作,多次强调要加强城市社区共青团工作,明确要求通过这次会议推动城市社区共青团工作整体加强,全面活跃。大家在昨天的讨论中提出了很多很好的想法和建议,我听了很受启发,相信通过这次会议,城市社区共青团工作一定会出现一个崭新的局面。这次会议得到了吉林省委、省政府和长春市委、市政府的高度重视和大力支持,共青团吉林省委、共青团长春市委为召开这次会议做了大量的工作,在此,我代表团中央书记处一并表示衷心的感谢。借这个机会,我讲四点意见。

一、社区建设是加快我国城市化、现代化的基础工程

回顾人类历史,正是因为 1850 年出现了第一个现代意义上的城市——伦敦,人类才开始大规模地由分散的农村向城市转移,才逐步走向现代化。放眼今日世界,不仅小城市、小城镇雨后春笋般地层出不穷,而且还出现了城市带、城市经济圈乃至城市国家,城市化不可阻挡地成为人类社会加快迈向现代化的世界潮流。我们应当顺应世界潮流,从加快我国城市化、现代化进程的战略高度,深刻认识、准确把握城市社区的重要地位和城市社区建设的深远意义。

第一，城市化是现代化的重要标志。现代化进程伴随着城市化的进程，城市化推进着现代化的进程。在衡量现代化程度的指标体系中，城市化是核心要素。归纳起来有这样几点理由。

首先，城市化与工业化相互促进。纵观西方国家城市化的历史，众所周知，伦敦就是因为英国工业革命的兴起而产生的。由于大工厂挤垮了手工作坊，那些破了产的手工业者、丧失了土地的农民，不断涌向新的工业中心，城市因此产生并获得了前所未有的发展。同时，城市又像个“发展极”，它能像磁场一样使生产要素流动并聚集起来，在扩大生产规模的同时，酝酿创新的冲动，造就新的需求，创造出新的工业文明。统计数据表明，1999年，整个世界城市的GDP总量占全球GDP总量的91%。可以说，工业化是城市化的“发动机”，城市化是工业化的“推进器”。如果没有城市的整合作用，生产力就不会实现“自驱动”的起飞，现代化也就根本不可能实现。

其次，城市化与社会现代化文明的发展紧密相联。社会文明的显著特征是发达的教育、文化和医疗体系，较高的人口素质和生活质量。社会化大生产要求社会分工，城市人口大规模的集聚和增长，客观上也要求社会分工细化，这样就产生了职业裂变效应，出现了成千上万个职业。职业的划分和分工的细化，产生了许许多多农业社会不可能产生的物质文明成果；人们在生产中对创造新科技、新知识的现实需求，推动了发达教育体系的建立，推动了文化、卫生事业的发展，产生了农业社会不能想像的精神文明成果。据1999年统计，近代以来，科技发明的成果92%来自城市。城市集中了最先进的生产技术和继之而起的金融、通讯、交通和各种服务业等，使人类文明达到了一个新的境界。

再次，城市化集中表现为城乡一体化。现在已经实现现代化的国家，比如德国、法国等，都有一个共同的标志，就是城乡一体化。城市对农村有着很强的带动作用，激活一个城市点，就会辐射一大片乡村，促进乡村与城市的同步发展。推进城市化，有利于带动乡镇企业连片集中发展，加快农村工业化，促进城乡中小企业协调发展和经济结构调整；有利于吸纳农村剩余劳动力，促进土地使用权流转和适度规模经营，变革农业生产方式和农民消费方式；有利于城乡购买力动态平衡，消除城乡之间各种生产要素流动的障碍，实现资源优化配置，从而加快城乡一体化进程。从一般的规律看，当城市化率达到50%左右并保持大体稳定时，就基本实现了城乡一体化。

第二，我国现阶段城市化的新特点必然要求社区功能大大强化。我国城市发展有着悠久的历史，但真正具有现代意义的城市化进程是从鸦片战争以后才开始的。由于旧中国经济发展缓慢，直到1949年，中国的城市化率仅仅为10.6%，比当时世界的平均水平低13个百分点。新中国成立以后，政府开始进行大规模的工业化建设，城市化进程明显加快。建国后城市化历程大致分为五个阶段。

一是恢复增长阶段（1949—1956年）。这个阶段，国家医治战争创伤，恢复经济建设，土地改革政策解放了农村生产力，工业投资增加，吸纳了很多农村劳动力，城市化水平由10.6%上升到15.4%。

二是剧烈波动阶段（1957—1965年）。这个阶段，国民经济大起大落，工业项目大上大下，城市人口大进大出。“大跃进”时期盲目上马工业项目，2000多万人从农村涌入城市。国家处于困难时期后，停建缓建了一大批项目，动员了近2000万城镇人口回到农村。高强度的集中和大规模的回落，使城市化发展出现很大的波动。

三是徘徊停滞阶段（1966—1978年）。这个阶段，由于“文革”动乱使整个经济和城市化发展受到严重影响，大批城市知青、干部、知识分子到农村去劳动和安家落户。城市化率1966年是17.9%,1978年仍然是17.9%,没有任何增长。

四是平稳发展阶段(1979—1999年)。这个阶段,我国实行了改革开放政策,城乡经济发展迅速,大大推动了城市化进程。1994年我国城市化水平已升至28.6%,比1978年提高了10.7%,增长速度加快。

五是高速发展阶段(2000年至今)。从2000年开始,我国进入了一个城市化高速增长的阶段。这是因为:一方面,根据国际城市化进程的历史经验,当一个国家城市化率达到30%时,这个国家城市化就进入了加速期。据国家统计局发布的信息,我国2000年的城市化率为30.4%,正处在城市化的加速点上,必将迎来城市化进程换档提速的新时期。另一方面,尽管我国城市化率与以前相比有所增加,但仍低于世界平均水平15个百分点,低于中等收入国家17个百分点,低于高收入国家47个百分点;尤其值得警醒的是,我们国家的城市化率比工业化率落后20个百分点,发展很不协调。与其说是农业的落后拖了工业的后腿,不如说是城市化滞后影响了工业,连累了农业。弥补城市化与别国的差距、与我国工业化的差距,都需要我们加快推进城市化。据有关部门预测,今后50年,我国城市化率每年大约增加一个百分点,到本世纪中叶我国基本实现现代化时,城市化率将达到80%。

现阶段中国的城市化呈现出四个新特点:一是城市人口急剧膨胀。中国是个农业大国,有着9亿多农民。由于农村经济体制改革极大地解放了生产力,大批农民摆脱了土地,在非农领域寻找出路,使得农民进城如洪流奔泻势不可挡。据预测,今后50年仍将有6亿以上的农民进入到城市。二是城市建设步伐加快。人口的急剧膨胀客观上要求扩大城市的规模和数量,在建设新城区的同时,还要根据现代化建设的新要求对旧城进行大规模改造,这个现象在西方国家很少有。三是城市化模式多样。我国不同地区经济发展水平和市场化发育程度差异很大,推进我国城市化进程,必然要走以大城市为主导、大中小城市和小城镇全面协调发展的城镇化道路。在这一过程中,既有大中城市的发展,也有大批小城镇的崛起。四是城市管理体制发生根本变化。城市管理体制已经从“两级政府,两级管理”转变为“两级政府,三级管理”。城市的管理重心在下移,相当一部分城市管理职能逐步从市、区政府分出来,向社区聚集。社区的管理任务在不断加重,管理难度在不断增大,管理要求也在不断提高。

城市化发展的新特点迫切要求城市社区的功能大大强化。一是政治功能要大大强化。社会成员在政治上享有广泛的民主权利是现代化的一个重要标志,实现基层民主是扩大民主的一个最直接的目标。这就要求社区在实行民主选举、民主决策、民主管理、民主监督方面不断推出新举措,让广大群众有更多的知情权、参与权、监督权,通过社区这个与自己生活密切相关的平台管理自己的事务、管理社会的事务、管理国家的事务。二是文化功能要大大强化。现代化既要有高度的物质文明,又要有高度的精神文明。满足群众不断增长的物质文化需要,是提高居民生活质量、实现现代化的一项重要内容。社区是群众生活、学习、娱乐的场所,社区居民需要在这里享受文化,创造文化,传播文化。这就要求社区必须组织开展各具特色的群众性文体活动,丰富居民的精神文化生活,把社区建设成为宣传科学理论、传播先进文化、塑造美好心灵、弘扬社会正气的阵地。三是管理功能要大大强化。大量的社会管理职能下移到社区,是现代化进程中必然出现的现象。随着国有企业改革的深化和政府职能的转变,随着“单位体制”向“社会体制”过渡,越来越多的社会管理职能转移到社区。除行政管理与经济管理外,很多事务要靠公众来管理，靠公众的理想、信念、情绪、道德来相互约束。这就要求社区通过公众舆论和共同的道德准则等调整、规范社区中不同利益群体的纠葛和矛盾的冲突，教育、引导人们进行自我管理。四是服务功能要大大强化。追求高质量的生活，是现代化进程中人们的根本选择。随着我国经济成分和经济利益多样化、社会生活方式多样化、社会组织形式多样化、就业岗位和就业方式多样化的出现，城市居民的生活空间、生活方式和生活需求也日益多样化。这就要求社区不断改善居住环境、生活保障、医疗卫生、休闲娱乐、社会治安等方面的服务，使社区居民的不同需求和新的需求，在社区中都能以一定的服务手段来满足。

第三，加强社区建设是推进我国城市化的强大动力。社区功能的强化决定了社区建设在加速城市化进程，提高城市化水平，改善城市化质量方面的重要作用。归纳起来有以下几方面的推动作用。

一是社区建设可以增强城市的吸引力。随着我国户籍等体制改革的不断深化，随着人民群众消费水平的不断提高，人民群众对居住地的选择权愈来愈大。加强社区建设，无论是拓展社区服务、发展社区卫生、繁荣社区文化，还是美化社区环境、改善社区秩序，归结起来都直接改善了社区居民的生存发展条件，提升了居民的休闲档次，提高了居民的生活质量。这使得愈来愈多的人以生活在城市而自豪，使得愈来愈多的农村人向往城市生活，想方设法到城市谋生，增强城市对农民的吸引力。

二是社区建设可以增强城市的发展力。城市经济发展必须大力发展服务业，优化产业结构。社区建设中一项重要内容是发展社区服务。社区服务既是福利性的事业，又是劳动力密集的第三产业，社区服务业的发展使得社区经济成为城市经济的一个新的增长点，推动城市经济结构的调整，促进城市经济的良性发展。社区建设搞好了，既可以营造良好的投资环境，促进经济增长，又容易把矛盾化解在基层，促进社会稳定，从而推动城市更好更快地发展。

三是社区建设可以增强城市的扩张力。当城市人口和产业集中超过了原有的承载能力时，城市就必须在更大的地域谋求新的扩张。社区建设可以完善社区功能，创造新的就业机会，源源不断地吸纳外来人口，直接推动城市规模的扩张。

四是社区建设可以增强城市的亲和力。城市发展是两个文明的共同发展，是人的全面发展。这其中一个重要的方面是市民对城市的认同感和归属感。加强社区建设，培养“人人为我，我为人人”的社区理念，弘扬互相理解、互相帮助、互相关照的社区道德，形成“远亲不如近邻”的社区氛围，摒除“老死不相往来”的社区旧习，能够和谐人际关系，化解社会矛盾，消除城市发展中容易共生的异质化、疏离化、孤独化和冷漠化，塑造城市的亲和形象。

二、加强城市社区共青团工作是服务现代化建设大局的战略举措

近几年，中央领导同志对社区建设给予了高度重视和关心，提出了明确具体的要求。江泽民总书记在上海视察时指出，在改革开放和发展社会主义市场经济的新形势下，要适应新的情况，切实加强社区建设，尤其要把社区党建搞好。这对密切党与群众的血肉关系，加强精神文明建设，保持社会稳定具有重大意义。胡锦涛同志去年“五四”期间视察北京市朝阳区和平街“青年文明社区”时指出，加强社区建设有利于巩固基层政权，有利于促进经济发展，有利于改善人民生活。全面推进社区建设，事关城市改革、发展与稳定，事关我国社会主义现代化建设大局。城市社区建设是一项社会系统工程，需要各方面的广泛参与。共青团作为党的助手和后备军，理应加强城市社区共青团工作，积极协助党和政府搞好城市社区建设。

第一,加强城市社区共青团工作,是服务我们党巩固执政的群众基础的实际步骤。

江泽民总书记“七一”重要讲话气势恢宏,博大精深,体现了与时俱进的理论品格,凝结着创新的时代精神,是一篇马克思主义的光辉文献。《讲话》提出要不断增强党的阶级基础和扩大党的群众基础,是一个重大的理论创新,为新时期加强党的建设提供了强大的思想武器。我国现在有5亿多青少年,他们是党的群众基础的重要组成部分。如何把他们紧密团结在党的周围,是党交给共青团的光荣任务,也是共青团组织的神圣政治责任。目前,越来越多的农村青年、下岗失业青年聚居在社区,越来越多的青少年工作、生活、娱乐依赖社区。调查表明,现在进城务工青年、下岗失业青年、待分配的大学生等青年群体在社区动态积聚1亿2千多万人。此外还有1亿多中小学生每年170多天的节假日在社区度过。实事求是地讲,这样一个庞大的青少年群体在社区基本上还处在分散、游离的状态,纳入共青团传统组织架构的比例还比较低。能否把他们团结起来,凝聚起来,对于巩固和加强党的执政基础至关重要。加强城市社区共青团工作,通过坚强有力、形式多样的思想政治工作,能够教育青少年坚定理想信念,用理想感召青少年自觉地团结在党周围,跟着党走建设有中国特色社会主义的道路;通过丰富多彩、生动活泼的主题活动,能够吸引广大青少年参与社区建设、社区管理和社区服务,强化青少年的主人翁责任感;通过切实有效的服务,能够把青少年集合在共青团的旗帜下,不断夯实党的群众基础。如果不加强城市社区团组织建设,就不可能很好地完成巩固党执政的青年群众基础这一神圣的使命,就会有负于党,有负于历史,有负于人民。

第二,加强城市社区共青团工作,是服务我国经济持续快速健康发展的客观需要。

实现国民经济持续快速健康发展,必须调整产业结构,大力发展服务业;必须推进城镇化,努力实现城乡经济良性互动;必须坚定不移地深化国有企业改革,建立现代企业制度。发展服务业,离不开社区这个依托;推进城镇化,离不开社区的发展和建设;深化国有企业改革,同样离不开社区职能的充分发挥。社区正在逐步成为促进经济发展的重要基础支撑。把广大社区青年的积极性最大限度地调动起来,把他们的潜能最大限度地挖掘出来,把他们的创造力最大限度地发挥出来,组织动员他们为社区建设和管理贡献力量,可以说就是直接服务经济的发展。加强城市社区共青团工作,通过引导、扶持青年在快餐配送、家居装修、小孩接送、老人照顾等领域创业,推动社区服务业的发展;通过开展形式多样的主题活动组织青少年直接参与社区事务,服务社区建设和管理;通过帮助下岗青工再就业,理顺他们的情绪,引导他们拥护改革,支持改革;通过维护青少年合法权益,预防和减少青少年违法犯罪,缓解社会矛盾,从而能够为经济持续快速健康发展创造稳定的社会环境。

第三,加强城市社区共青团工作,是服务人民群众生产生活需求的切实举措。

人民群众的生产生活问题,从根本上看,是一个事关建设有中国特色社会主义事业大局的问题。江泽民总书记提出“三个代表”重要思想,强调我们党要始终代表中国最广大人民的根本利益,把人民的根本利益作为出发点和归宿。随着改革的深入和社会转型的加快,人们对社区的依赖程度明显增强。社区日益成为人民利益的需求地、表现地和实现地。在社区中,人们生产生活的基本需求是极其丰富的,既包括物质方面,也包括精神方面;是非常广泛的,既包括各种行业服务,也包括社会公益事业;是十分具体的,既包括衣食住行,也包括文化娱乐,等等。如何满足社区居民日益增长的物质文化需要,是社区建设面临的紧迫课题。社区居民需求,要靠人去满足。广大青少年是服务社区居民需求的有生力量。加强城市社区共青团工作,针对居民的生活需求,组织青年志愿者进社区、青年文明号助万家等活动,为居民提供方便快捷的优质服务;针对居民的文化需求,组织青年开展“青年文明社区大家乐”等丰富多彩的文体活动,丰富居民的业余文化生活;针对居民的安全需求,组织青年自觉管理社区,维护良好的社区秩序;针对居民的卫生需求,组织青年积极动手植绿护绿,改善和美化社区环境,从而能够促进居民生活质量的提高。

第四,加强城市社区共青团的工作,是服务青少年成长成才的有效途径。

社区是青少年的集中地,是青少年学习、生活和就业的重要场所。各种青少年聚集在社区,他们的不同需求表现在社区。广大青少年强烈希望社区可以为他们提供更多的生活、学习、就业、娱乐、交友的机会。据中国青少年研究中心开展的“当代青年与社区建设”调研显示,87.1%的青年希望在社区得到学习、文化、娱乐、就业、休闲等服务。在下岗失业青年中,91%的希望能在社区中得到就业、创业、婚恋等方面的服务。一些弱势群体,包括进城务工青年、残疾青年,更希望在社区里就近就便得到维权方面的服务。社区青少年成长成才需求显现出多元化、多层次的特点,共青团传统的工作领域和服务体系难以有效地满足。胡锦涛同志多次讲,要把竭诚为青年服务作为共青团工作根本的出发点和落脚点。利用社区这个平台更好地为广大青少年提供服务,是我们的现实选择,是共青团的职责所在。加强城市社区共青团工作,把团的各战线部门的活动在社区这个平台上整合起来,把共青团工作的触角更有效地延伸到社区,拓展社区青少年参与社会事务、关心社会发展的途径,帮助他们在参与社区建设的实践中开阔眼界,增长才干,为他们提供更多社区就业创业的机会,从而能够为青年成长成才搭建广阔的舞台。

总之,城市由社区构成,社区共青团工作理所应当成为城市共青团工作的重点。我们要把社区共青团工作作为城市共青团工作的主攻方向,把社区共青团工作作为共青团适应社会转型和社会主义市场经济体制的战略选择,把社区共青团工作作为牵动整个城市共青团工作的牛鼻子。各级团组织必须充分认识社区共青团工作的重要地位,心往社区想,劲往社区使,下大力气、下苦功夫提高城市社区共青团工作的整体水平,实现城市社区共青团工作新世纪的新发展。

三、以“三个代表”重要思想为指导,构建城市社区共青团工作新格局

近年来,在各级党政领导的高度重视下,在有关部门的大力支持下,各级共青团组织对城市社区共青团工作进行了积极探索,取得了积极成效。但是,客观地说,城市社区共青团工作仍然是我们工作的一个薄弱环节。目前城市社区共青团工作存在的主要问题是:一是认识不到位。部分城市团干部对我国城市化的进程认识不足,认为我国城市化是一个漫长的过程,难度很大,工作千头万绪,社区建设还摆不上议事日程,不能从服务现代化建设的大局来把握社区共青团工作,因此固守着共青团工作的传统领域和传统项目。二是组织不到位。相当一部分城市社区团的建设滞后,庞大的青少年群体在社区里以个人的身份活动,找不到团组织或游离于团组织之外。尽管近几年团中央一直在强调加强非公有制企业建团,但各地进展很不平衡。据介绍,某市一个区有1万多家非公有制企业,只有3家企业建立了团组织,很多青少年还处在游离状态。三是工作不到位。一些城市在开展社区共青团工作时缺乏系统的规划和把握,满足于开展一些零散的、单项的活动,工作分散,缺乏整合。近几年,我到过东部和西部的很多社区,感到城市社区共青团工作发展得不平衡。总体来说,目前城市社区共青团工作离党和政府的要求、离青年的期望,还有较大差距。

当前,全党上下都在认真学习、深入贯彻江泽民总书记“三个代表”重要思想。“三个代表”重要思想,不仅是新形势下进一步加强党的建设、不断推进建设有中国特色社会主义事业的伟大纲领,也是新时期加强团的建设、做好团的各项工作的根本指针。我们要以“三个代表”重要思想为指导,把城市社区共青团工作按照“三个代表”的要求去思考、去把握、去衡量,构建城市社区共青团工作新格局。从“代表中国先进生产力的发展要求”来看,城市社区共青团工作要从“劳动者是生产力中最重要的最活跃的要素”这一论断出发,把开发青年人力资源放在首要位置,把数以亿计的社区青少年的积极性和创造性引导到推动生产力的解放和发展上来,为实现我国社会生产力的跨越式发展提供人才支持。从“代表中国先进文化的前进方向”来看,城市社区共青团工作要充分利用社区这个重要阵地,在用先进文化塑造青年、陶冶青年、把青年培养成“四有”新人的同时,充分发挥青年创建群众文化、开创社会新风的现实作用,引导他们把传统文化和现代文明交融到一起,发展民族的、科学的、大众的文化,成为促进有中国特色社会主义文化建设的有生力量。从“代表中国最广大人民的根本利益”来看,城市社区共青团工作一方面要把竭诚为社区青少年服务作为自己全部工作的出发点和落脚点,多为青少年办实事、办好事;另一方面要动员庞大的社区青少年群体服务社区的广大人民群众,满足群众的众多需求。可以说,共青团组织实践“三个代表”重要思想,一个很重要的落脚点就是社区。共青团组织实践“三个代表”重要思想,一个很重要的体现就是加强城市社区共青团工作。因此,我们必须从战略和全局的高度把握城市社区共青团工作,同时在推进过程中形成大思路,构建城市社区共青团工作的新格局。

构建城市社区共青团工作新格局,就是要构建一个在党委领导下,以团组织为核心,社会各个方面广泛参与,与城市化进程和市场经济发展相适应,与人民群众和青少年多样化需求相符合的开放式共青团工作体系。

构建城市社区共青团工作新格局,必须坚持以下五项基本原则:

第一,坚持服务城市化进程的原则。目前,我国各个城市的情况千差万别,各个社区的发育程度不尽相同。城市社区共青团工作要时刻与城市化的发展同步,通过形式多样的活动把广大青少年的积极性和创造力引导到为城市发展做贡献上来,引导到推动城市化的进程上来。

第二,坚持以人为本的原则。江泽民总书记“七一”重要讲话中一个很重要的思想是推动人的全面发展。社区是人的聚居地,社区建设的核心是在人的全面发展基础上,提高居民的生活质量和文明程度。城市社区共青团工作要把注重人的参与、满足人的需要、实现人的价值、提高人的尊严放在首位,既要动员青少年服务社区群众,又要动员社区群众服务青少年,在社区形成尊重人的理想、人格、权利的氛围,使人的个性在道德与法制的前提下得到张扬。

第三,坚持资源整合共享的原则。社区是个综合性区域,多方面的社区资源掌握在不同单位、不同企业、不同法人手里。社区建设一个很重要的原则就是要整合资源,发挥综合优势。城市社区共青团工作要充分整合社区内资源,调动两个积极性,抓好一个结合点。两个积极性是指既要调动社区群众尤其是广大青少年的积极性,又要调动拥有资源的社区企事业单位、机关、社团三大类法人的积极性。一个结合点就是共青团要在社区中发掘具有区域性、公益性、群众性的项目,吸引大家参与,实现资源共享。

第四,坚持团的工作与团的建设并举的原则。团的建设是团的工作的基础。开展城市社区共青团工作,要把团的活动、团的阵地与团的自身建设有机结合起来,互相促进,相得益彰,共同发展。要从一件一件具体事情抓起,推动社区共青团工作新格局的构建。

第五,坚持量力而行、尽力而为的原则。既要充分认识到在参与社区建设和管理方面城市社区共青团工作大有可为,但同时也要看到团组织工作资源、工作力量、工作手段都十分有限,不可能也不应该包打天下。开展城市社区共青团工作既要从实际出发,分层次推进,又不能以经济的差距、以社区发育程度的差距,掩盖自己工作的差距。要从大城市开始率先示范,再逐步向中小城市推进,不求一步到位。大城市内发育程度比较高的社区,要率先构建新格局。

构建城市社区共青团工作新格局,主要包括以下几方面的内容,概括为五个"新"。

1.新的组织架构。也就是以街道团工委为核心,以居委会团支部为基础,以各种青少年外围组织为纽带,覆盖社区所有青少年的组织架构。构建新的组织架构关键要抓好四个配套建设:一是党建和团建的配套建设。要坚持党建带团建,主动争取党委的重视,一点也不放松地抓好基层团组织建设,在还没有建立党组织的地方,要发挥共青团组织开风气之先的传统,可以率先建团。二是多种形式的青少年组织的配套建设。目前社区内团员占青年的比例一般只有10%左右,靠少数人组成团支部、团委,不足以把所有青少年凝聚起来,只有通过团组织、青年工作委员会、少先队组织和青年外围组织的配套建设,才能增加覆盖率。三是社区团组织和驻社区单位团组织的配套建设。街道团工委、团支部只有与社区内企事业单位、机关、社团的团组织进行配套建设,才能凝聚资源。

2.新的职能定位。也就是协助街道党工委和街道办事处管理社区青少年事务。要面向社区内的所有青少年,管理和协调社区内的各种青少年组织、青少年活动、青少年阵地和青少年政策。尤其需要明确的是,街道团工委原则上要对社区无主管单位的团组织实施领导,对辖区内机关、企事业单位团组织进行指导、协调。对辖区内不属于街道团工委管理的机关、企事业单位团组织领导班子的选拔配备,履行协管职能的团组织要主动听取街道团工委的意见。

3.新的项目体系。也就是服务青年建功立业,服务青年就业创业,服务青少年学习成才,服务青少年权益保护等四方面内容。鼓励和支持社区从自身实际出发,大胆创新,形成特色。当前,要举全团之力在社区广泛开展创建青年文明社区、进城务工青年发展计划、建设青少年维权网络等活动。创建青年文明社区活动要继续深化社区青年志愿者服务、青年文明号助万家、青年文明社区大家乐、社区体验教育、社区青年就业创业等活动。进城务工青年发展计划要从建立打工青年之家、开展"千校百万"培训、丰富打工文化、扶持返乡创业、维护合法权益、争取相关政策等方面,为进城务工青年办实事。建设青少年维权网络要通过深化创建优秀"青少年维权岗"活动,形成市、区、社区与各级各类维权岗相互贯通的维权网络,并以此为基础,广泛开展创建社区青少年法律学校和青少年安全放心网吧等活动,把预防青少年违法犯罪工作落到实处。

4.新的阵地网络。也就是以社区青少年服务中心为核心,以社区原有的活动场所为基础,以社区内单位、学校的设施为辅助的阵地网络。新的阵地网络是共青团社区工作的依托,也是城市品位的一个标志。要协调、推动社区内原有的各种文化体育活动场所、设施向青少年开放。要争取政府支持,调动社会资源,在街道扩建、新建小型分散的社区活动场所,力争每一个新建住宅区都有一个融志愿服务、维权、娱乐于一体的社区青少年服务中心。要加强协调,争取社区青少年活动阵地和设施的管理权。今后在社区中建设各种青少年活动阵地，包括青少年服务中心、青少年法律学校、青年志愿者服务站、新世纪书屋等，都要有统一的标志、统一的颜色、统一的品牌和统一的理念。

5. 新的工作机制。也就是在动员方式、资源整合、激励手段等方面充分体现新内涵，探求新方法，加快城市社区共青团工作由适应型向主动型转变。一是纳入机制，积极争取将社区共青团工作新格局的建设纳入到党政社区建设的总体规划当中；二是整合机制，整合各种资源，尤其是整合团内资源，把各方面的积极性变成整体合力；三是激励机制，坚持精神奖励和物质奖励相结合的原则，对参与社区工作和活动的优秀青少年、优秀团干部进行奖励；四是约束机制，通过制定公共政策倡导和约束广大青少年参与社区活动，加强与青年所在单位的沟通和联系，把青年在社区的表现及时反馈给单位组织人事部门，以此约束青年在社区的行为；五是评估机制，制定考评细则，对社区共青团各项工作和社区内各个单位的共青团工作进行定期评估；六是保障机制，争取社区党政领导和相关部门的支持，积极发掘社会资源，筹集活动经费。

城市社区共青团工作的新格局不可能一蹴而就。只有百折不挠，一件事接一件事地去做，一任接一任，社区共青团工作才会不断进步，才会为整个共青团事业的发展打下一个坚实的基础。

四、以崭新的精神状态推进城市社区共青团工作的全面活跃

政治路线确定以后，干部就是决定的因素。江泽民总书记在“七一”重要讲话中明确要求年轻干部必须努力提高马克思主义理论水平和思想修养水平，不断增强为人民服务的本领，善于从政治上正确判断形势和把握大局，善于在复杂条件下开展工作。城市社区共青团工作的新格局能不能构建起来，社区共青团工作能不能尽快实现全面活跃，在很大程度上有赖于城市团干部的作为，尤其是有赖于城市团干部的精神状态。城市团干部要始终保持以下四种精神状态。

一是忘我的状态。在改革开放和建立社会主义市场经济条件下，年轻干部会遇到种种诱惑甚至陷阱。如何耐得住寂寞，挡得住侵蚀，矢志不渝地为党的事业而奋斗，达到成熟的优秀青年政治工作者的状态，达到“独上高楼，望尽天涯路”的境界，关键就是要有忘我的状态。忘我的状态意味着一种坚定信念、执着追求的思想境界，意味着一种常怀忧患、居安思危的清醒态度，意味着一种淡泊名利、无私奉献的高尚情操。“风物长宜放眼量”，要站得高看得远，不看一时一事，把自己的得失置于大局之中。那种不为国家、只为自家的思想，那种一事当前先替个人打算、患得患失、斤斤计较的行为，那种急功近利、眼高手低的作风，都是与忘我的状态背道而驰的。保持忘我的状态就要坚定理想信念。要牢固树立共产主义的远大理想，树立把我国建设成为富强民主文明的社会主义国家、实现中华民族伟大复兴的崇高理想，坚持党的基本理论和基本路线不动摇，坚定不移地跟党走建设有中国特色社会主义道路，把革命的理想主义和工作的具体实际紧密结合起来。保持忘我的状态就要有高度的责任感。要多一些忧患意识，多一些时不我待、只争朝夕的精神，努力做好新世纪的城市共青团工作，尤其是城市社区共青团工作。保持忘我的状态就要甘于奉献。要为青年动真情办实事，在忘我中实现自身的价值。要正确对待名誉、地位、金钱，自觉抵制拜金主义、享乐主义、个人主义等腐朽思想的侵蚀，不计个人得失，一心无私奉献。

二是学习的状态。江泽民总书记反复强调，全党要加强学习，要结合新的实践，学习、学习、再学习。当今时代是知识经济时代，知识是现代社会的灵魂，学习是现代人必不可少的生活内容，是增强自身素质、提高工作水平的重要途径。不论什么人，不学习就会落在时代的后面，落在别人的后面。谁放松了学习，谁就会失去发展和进步的机会，失去竞争的条件和资本。团的岗位是学习的岗位、锻炼的岗位、提高的岗位。广大团干部要树立终身学习的观念，养成主动学习、不断学习的习惯，弘扬时不我待、如饥似渴、只争朝夕的精神，优化知识结构，提升知识层次。要深入学习邓小平理论，认真领会江泽民总书记“三个代表”重要思想，在掌握理论的科学体系和精神实质上狠下功夫。要认真学习现代经济知识，更好地服务于改革开放和现代化建设的伟大实践。要认真学习科技知识尤其是高新技术，努力提高自己的科技知识素养。要认真学习历史，从中获得继往开来的强大精神动力。同时，还要自觉学习改革开放二十多年的实践经验，学习一切对工作有利的知识，不断增强从事实际工作的本领。只有打下深厚的理论功底，我们才能面对复杂的新情况、新问题、新变化，正确应对，求得发展。

三是创新的状态。江泽民总书记指出：创新是一个民族发展的灵魂，是一个国家兴旺发达的不竭动力。创新是时代潮流，不管是从事社会工作，还是从事经济工作，谁不创新，谁就被动，谁就会被时代所淘汰。创新也是做好团的工作的基本要求。团的工作生动活泼，生机盎然，靠什么？靠创新。我们要学习中国共产党与时俱进的优秀品质，不断创新团的工作。创新就要强化创新意识。我们不能因为过去已经取得了一定的成绩而骄傲自满、不求上进，也不能因为已经取得了一定的工作经验而因循守旧、固步自封，而要不断创新，一往直前。创新就要增强创新勇气。创新意味着选择，意味着舍弃，意味着打破。创新不可能一帆风顺，有可能成功，也有可能失败。这要求我们摒弃私心杂念，只要对工作有好处，就应该敢闯敢试，敢为天下先。创新就要有创新的思维，善于归纳、总结、抽象，把问题分析得更全面、更深刻。创新就要投身创新实践。要适应新形势，把握新任务，开辟新途径，千方百计创造条件，创新城市团的工作内容、工作方式和工作机制，在创新的实践中激发创新的热情，感受创新的喜悦。

四是奋斗的状态。人最宝贵的东西是什么？是进取心。有了进取心就会感到生活的意义，就会保持昂扬的状态。奋斗的状态是人格力量的重要支点，共青团事业是朝气蓬勃的事业，广大团干部尤其要保持昂扬的斗志，时时处处满怀热情，充满激情，埋头苦干，奋发进取。要有干一番事业的理想，以事业为重，以奋斗为荣，以“衣带渐宽终不悔，为伊消得人憔悴”的毅力从事工作。要自觉把艰苦奋斗作为一种品格来锤炼，培养战胜一切困难的信心和勇气，始终保持一种顽强拼搏、锲而不舍的奋斗精神。要把主要精力放在团的工作上，肯下真功夫、苦功夫，以扎实有效的工作成绩回报社会。只有不懈地奋斗，才会最终感受到“蓦然回首，那人却在灯火阑珊处”的喜悦，才能真正把团的事业发扬光大，开创新世纪的崭新局面。如果我们始终保持这四种状态，就能以不变应万变，凝聚大家的智慧和力量，感召周围的人和我们并肩奋斗，把我们的事业不断推向前进。

同志们，城市社区共青团工作具有广阔的发展前景，构建城市社区共青团工作的新格局具有很强的挑战性。让我们紧密团结在以江泽民同志为核心的党中央周围，以“三个代表”重要思想为指导，服务党政工作大局，服务青年的成长成才，知难而进，尽力而为，开拓进取，只争朝夕，为全面开创城市社区共青团工作的崭新局面，推动共青团事业的新发展，推动城市两个文明建设再上新台阶，做出新的更大的贡献！

青年文明号活动开创职业道德建设的新境界

——赵勇在"以德治国与青年文明号活动"论坛上的讲话

2001年10月27日

刚才，周强、甘国屏和吴恒权同志分别作了重要讲话，专家学者也发表了精彩的演讲。下面，我从全国青年文明号活动组委会的角度汇报几点体会。青年文明号活动是由江泽民总书记亲笔题名、共青团中央联合中央、国家机关20个部门开展的一项群众性精神文明创建活动，从一开始就把一流的职业道德写在自己的旗帜上。七年多来，青年文明号活动始终坚持重在建设、突出实践、不断创新，探索出了一条新时期加强职业道德建设的新路子。以江泽民总书记"三个代表"的重要思想、依法治国和以德治国的基本方略为指导来审视青年文明号活动的发展历程，可以得到很多有益的启示。

启示之一，加强职业道德建设必须切实开展行之有效的职业道德教育。

青年文明号活动是一个建功与育人辩证统一的过程，它既动员广大青年为经济社会发展做贡献，又组织广大青年在活动中提高综合素质尤其是职业道德素质。对青年进行道德教育始终是青年文明号活动的重要内容。青年文明号活动着力推动基层青年集体广泛组织开展拜师学技、岗位示范、服务竞赛等岗位训练活动，把职业道德教育渗透到每个青年的工作之中；广泛开展了"假如我是一个顾客"、"假如我是一个乘客"、"假如我是一个病人"等教育活动，引导青年在情景中体验作为一个被服务对象的种种需求和心理感受，明了恪守职业道德、为他人服务的重要性，升华职业道德情感，养成良好的职业道德品质；各级青年文明号活动组委会每年定期举办青年文明号负责人培训班，邀请有关专家学者对青年文明号集体成员进行系统的职业道德知识和职业道德规范培训；举办职业道德辩论赛、职业道德知识竞赛等青年喜闻乐见的教育活动，使职业道德教育更加贴近青年；着眼于集体的整体创优，弘扬团队精神，营造了比学赶帮、争先恐后的良好创建氛围；表彰一批青年文明号集体，为广大青年树立现实榜样，激励他们不断提高自身职业道德素质。

职业道德教育是职业道德建设的基础环节。大家知道，道德作为一种社会意识，受社会关系特别是经济关系的制约。人们的道德观念不是先天的，不可能自发形成，必须进行教育。正如《公民道德建设实施纲要》中指出的"提高公民道德素质，教育是基础。"道德教育是把道德要求、道德规范转化为人们道德品质的必要手段。道德教育的目的在于把社会主义的思想观念和道德要求不断灌输到人们的头脑之中，使他们懂得什么是对的，什么是错的，什么是可以做的，什么是不应该做的，什么是必须提倡的，什么是坚决反对的。从青年文明号活动的情况看，职业道德教育只有采取组织教育与自我教育相结合、理论灌输与多种活动相结合、个人示范和集体影响相结合等多种方式，才能增强针对性和实效性。组织教育与自我教育相结合是说，一方面要有组织、有计划地对职工进行职业道德教育，把教育贯穿于业务工作的全过程，另一方面要注重培养职工自我教育的积极性和主动性，帮助职工自我启发，自我感悟。理论灌输与多种活动相结合是说，一方面要通过理论学习，使职工对社会主义职业道德知识有全面、深刻的认识，另一方面要通过开展各种形象具体、生动活泼的活动，寓教于乐，使职工在不知不觉中接受职业道德教育。个人示范和集体影响相结合是说，一方面要在本行业、本地区、本单位树立有代表性的典型进行示范，增强职业道德教育的说服力和影响力，另一方面要营造良好的集体氛围，推动职工相互学习，相互感染，相互鼓励，相互教育，促进共同职业道德水平的提高。

启示之二，加强职业道德建设必须着力建设具有鲜明时代特征的职业道德规范。

青年文明号活动重视道德规范的建立和完善，把建设具有鲜明时代特征的职业道德规范贯穿于活动的全过程。青年文明号活动建立职业道德规范首先是以现有的岗位责任制为基础，引导青年“达标”，然后是针对群众不断发展的需求提高工作标准，引导青年“创优”。基层青年集体制定了明确具体、针对性强的岗位道德规范，将行业道德规范细化到了每个岗位和每个工种。青年文明号集体普遍作出了优质服务承诺：商业系统青年文明号承诺不卖假货、价格公平、售后服务；邮政电信系统青年文明号承诺丢失邮包先赔后查、电话安装限期开通；卫生系统青年文明号承诺不索要患者钱物、危重病人专人负责；出租车系统青年文明号承诺不拒载、不绕行、开发票、找零钱；公安系统青年文明号承诺文明执法、文明执勤、便民服务。基层青年集体在青年文明号活动过程中制定的职业道德规范是从青年工作实际出发的，是群众性与先进性的统一。比如，福州市交警支队鼓楼区大队五四交通岗在重新制定的规范中，重点突出了“五个百分百”，即队员百分之一百不发生违纪违法，上班期间站台百分之一百坚持手势指挥，接受群众询问、纠正违章、交接班百分之一百敬礼，暂扣车、证百分之一百开给凭据，并在规定的时间内上交，罚款百分之一百开足罚款单。最近，全国青年文明号活动组委会又制订并颁布了“诚信为本，有诺必践，恪尽职守，率先垂范”的全国青年文明号信用公约。这些职业道德规范，倡导的是全心全意为人民服务的精神，反映的是人民群众不断改善物质文化生活的需求，体现的是社会文明进步的成果，得到了青年的广泛认同和自觉遵守，极大地促进了良好职业道德的弘扬。

制定具有时代特征的职业道德规范是职业道德建设的重要前提。在一定意义上，职业道德就是调节人们职业关系的行为规范的总和。职业道德规范是由不同的社会关系和道德关系所赋予的，是由当时的生产力发展状况和社会文明程度所决定的，从而深深地打上了时代的烙印。不同的时代、不同的社会、不同的人群，职业道德规范都有着不同的内容。如何与时俱进地建设具有鲜明时代特征的职业道德规范，对于加强职业道德建设至关重要。从青年文明号活动的实践看，职业道德规范的鲜明时代特征，就是要确立与社会主义市场经济体制相适应的道德规范，突出职业道德规范的先进性、层次性、群众性。突出先进性，就是要把握我国社会主义社会的本质特征，把服务人民、奉献社会作为职业道德规范的核心内容，体现共产主义的世界观、人生观和价值观。突出层次性，就是要适应产业结构调整加快、科学技术迅猛发展带来的行业越来越多、分工越来越细的新情况，在建立完善一般职业道德规范、行业道德规范的基础上，将其分解、细化到每个工种和每个岗位。突出群众性，就是要根据广大群众思想觉悟的实际水平制定职业道德规范，并将规范内容用群众看得懂、记得住的语言表达出来。职业道德规范是一种“软约束”，只有符合时代发展要求，符合岗位具体特点，符合群众价值取向，才有可能被广泛接受和认同，从而真正发挥其对人们职业行为的约束和导向作用。

启示之三，加强职业道德建设必须有效动员广大职工立足岗位开展职业道德实践。

青年文明号活动是一项群众性职业道德实践活动，一直把实践作为核心环节来抓，以丰富多彩的实践活动吸引青年普遍参与，通过实践规范青年的职业行为。青年文明号的实践立足于青年的本职工作，把青年的学习、成才、建功统一在岗位上，把对青年文明号的规范、评价、奖励统一在岗位上，走出了一条以岗位为依托开展职业道德实践的路子。青年文明号活动最普遍、影响最大的实践方式是推行“青年文明号服务卡”，把对群众的服务承诺印在卡上，发给群众，使得青年明确了职业责任和岗位要求，使得青年与被服务者之间建立了一种契约关系，督促青年把高质量的服务内化为一种责任，不断改善服务态度；使得发放服务卡的企事业单位普遍建立了一套管理机制，便于对青年职业道德实践进行规范和评价，职业道德实践因此有了看得见、摸得着、能参与的有效形式。在推行“青年文明号服务卡”的基础上，各地又开展了“青年文明号助万家”、“百城万店青年文明号促销创效”、“青年文明号优质服务促假日经济”、“青年文明号信用建设示范行动”等活动，动员和组织青年文明号集体针对群众现实生活中的实际困难和迫切需求，从一件件具体事情做起，改进服务方式，优化服务过程，增加服务项目，并组织青年文明号服务队把优质服务送到社区，送进家庭，送到老百姓的心坎上，在服务过程中密切了与群众的感情，增强了提高职业素质的紧迫感和文明从业的责任感。为了激励青年文明号集体成员参与实践，青年文明号活动组委会以成绩和贡献作为最终评价标准，命名先进，表彰先进，激励青年集体之间、青年之间展开竞争和竞赛，激发人的热情和上进心。很多行业、很多地区、很多单位制订了青年文明号奖励办法，使得青年感受到了参与职业道德实践对于个人、集体、单位的多方益处，从而极大地调动了他们参与职业道德实践的积极性和主动性。

职业道德实践是职业道德建设的核心内容。道德在很大程度上不是灌输的问题，而是理解和实践的问题。实践是道德生活中的最高阶段，是道德建设中具有决定意义的环节。为此，《公民道德建设实施纲要》指出，要“深入开展群众性的公民道德实践活动。”人们对于道德的全面认知，同样要靠自身的道德实践来完成。只有不断地进行道德实践，才能在对道德的体验中提高道德认识，增强道德情感，锤炼道德意志，树立道德信念，养成道德习惯。加强职业道德建设，必须坚持实践第一的观点，把动员和组织广大职工开展职业道德实践作为工作的重中之重。从青年文明号活动的实践看，开展职业道德实践，一要选准突破方向，二要抓好关键环节。选准突破方向，就是要从当前行业和部门中比较突出的职业道德问题抓起，从本职岗位抓起，从一点一滴的小事抓起，以岗位实践为基本途径，把职业理想、职业责任、职业纪律等融入到每个人每天都从事的工作中去，潜移默化，收到实效。抓好关键环节，就是要坚持“以人为本”的原则，充分调动广大职工实践的积极性，把参与职业道德实践与个人的成长发展挂起钩来，与集体的评优评先挂起钩来，与单位的社会形象挂起钩来，使个人、集体、单位都能以极大的热情投身到职业道德的实践活动中去。

启示之四，加强职业道德建设必须大力加强职业道德约束力度。

青年文明号活动从一开始就不搞“终身制”，实行动态管理。青年文明号集体通过推行“青年文明号服务卡”、自我公示、公布监督电话、公布服务标准等方式主动接受群众和社会监督。各地先后成立了由团组织和行业主管部门共同组成的监察委员会，聘请了一大批包括人大代表、政协委员、新闻记者、社会热心人士等在内的特约监察员，经常性地进行明察暗访。各行业、各地区采取收集群众意见、组织交互检查等形式对青年文明号集体进行年度检查。全国青年文明号活动组委会开通监督电话和监督投诉网站，实行青年文明号公示制度，将所有申报全国青年文明号的集体名单进行公布，广泛接受社会监督。在监督、检查中如发现违背职业道德的集体，都立即取消其青年文明号称号，摘掉青年文明号牌匾，并在新闻媒体上曝光。青年文明号活动完善的社会监督机制，不仅有效地规范了青年的职业行为，还极大地推动了青年良好行为习惯的养成。

职业道德约束是职业道德建设的有效保障。道德是一种特定的社会现象，人们的道德行为是互相影响的，这决定了道德建设必须形成人与人道德行为的良性互动，正如《公民道德建设实施纲要》指出的要"逐步完善道德教育与社会管理、自律与他律相互补充和促进的运行机制"。人的道德自律是在社会化过程中逐步形成和发展起来的，社会无法使人人都同时具有自律精神、都具有同等水平的道德觉悟，因此，必须加大对不道德行为的监督力度，使人们不仅"不愿"，而且"不敢"做不道德的事情。从青年文明号活动的实践看，加强职业道德建设，要充分认识到道德监督在人们道德判断、道德推理、道德选择中的重要作用，动员广大群众、社会组织对职工的职业行为进行监督，利用新闻媒体对不讲职业道德的言行进行曝光，借助社会力量对职业道德败坏的集体或个人进行谴责，使每个人都感受到不讲职业道德是可耻的、甚至是要付出代价的，从而认真约束自己的职业行为。

启示之五，加强职业道德建设必须充分发挥青年开风气之先的重要作用。

青年文明号活动是以青年为主体的职业道德建设活动。各地在开展活动中，注重发挥了青年的示范、帮带和互动作用。青年文明号活动从一开始就注重发现、培育、宣传不同行业的青年集体典型，先后推出了从群众关心的饮水难、看病难等具体事情入手，认真履行"为人民服务不掺假"誓言的徐州列车段2565/6次车队；拓展服务领域，以把老百姓最关心的当做自己分内的事为工作准则的福建漳州110报警服务台；从细微处入手，在平凡岗位上实践"宁可自己千辛万苦，不让乘客一时为难"诺言的北京公交公司10路公共汽车4702车组；"向世界微笑"、把服务工作做在乘客开口之前的东方航空公司客舱部五中队"凌燕"青年乘务组等，通过深入挖掘、大力推广这些青年集体加强职业道德建设的先进经验来示范、影响社会，推动职业道德建设的深入开展。很多单位通过开展青年文明号活动培养了一大批职业道德优良的青年骨干并输送到其他单位，带动了其他单位职业道德的提高。最典型的是工行济南分行大观园储蓄所获得全国青年文明号以后，把团支部书记王愿红调到了经十纬二路储蓄所当主任，王愿红把"大观园精神"、"大观园做法"全部带到了这个储蓄所，把这个原本落后的所又建设成了全国青年文明号，"爱岗敬业，无私奉献"在这个集体蔚然成风。青年文明号活动通过营造争先创优的积极氛围，促使青年与青年之间、青年与非青年之间、青年集体与其他集体之间产生了一种良性互动，大家在比、学、赶、帮中得到了共同提高。

发挥青年的重要作用是职业道德建设的必然要求。青年是最积极、最富有生气、最少保守思想的一支社会力量，是职业道德建设的生力军。当代青年与改革开放同生共长，从总体上说既传承着中华民族的传统美德，又直接创造着符合时代发展要求的先进道德。目前，在我国生产、经营、服务等各个领域，直接面向老百姓服务的大都是青年。他们的职业道德状况在很大程度上决定和影响着社会的整体职业道德水平。能否把青年的示范带动作用最大限度地发挥出来，把他们的潜能最大限度地挖掘出来，对于加强职业道德建设尤为重要。因此，全社会要继续关注、重视、支持青年职业道德建设，各行业要进一步发挥青年在职业道德建设中的生力军作用。

同志们，依法治国和以德治国的基本方略为新时期职业道德建设指明了方向，中共中央颁布的《公民道德建设实施纲要》对职业道德建设提出了更高、更明确的要求。我们要与时俱进地深化青年文明号活动，在我国职业道德建设进程中谱写更加壮丽的篇章，为我国社会主义道德体系的建立做出新的更大的贡献！

忠实实践“三个代表”重要思想 切实加强企业共青团工作

——赵勇在中央企业青年创新创效活动现场推进会上的讲话

2001 年 11 月 7 日，根据录音整理

今天，中央企业团工委在这里召开中央企业青年创新创效活动现场推进会，深入学习江泽民总书记“三个代表”重要思想，总结交流青年创新创效活动的好做法和好经验，研究部署今后一个时期如何深入开展青年创新创效活动，全面加强中央企业共青团工作，这对于促进企业改革发展和青年成长成才，必将产生积极作用。在此，我代表团中央书记处向会议的召开表示热烈祝贺，向辛勤工作在共青团工作第一线的中央企业团干部表示亲切慰问，向长期以来重视关心共青团工作的中央企业各级党政领导表示衷心感谢！

我们非常高兴地看到，中央企业团的工作尤其是青年创新创效这项重点活动，目前正呈现出蓬勃发展的良好态势。自青年创新创效活动推出以来，在各级党政领导的重视和支持下，这项活动已在中央企业全面展开，受到了广大企业青年的普遍欢迎，取得了丰硕成果，积累了宝贵经验，为今后的工作打下了良好基础。可以说，中央企业青年创新创效活动走在了全团青工战线的前面，为全团青工工作起到了示范和带头作用。今后一个时期，我们希望中央企业青年创新创效活动在以下六个方面进行深化：一是通过突出主攻方向深化青年创新创效活动，用这项活动总揽企业共青团工作全局，把它作为重中之重来抓；二是把开发青年人力资源作为深化青年创新创效活动的基础工作来抓，着力提高企业青年职工的综合素质；三是引导广大青年立足本职岗位，投身创新创效活动，真正使这项活动变成全员参与的群众性实践；四是通过创造丰富有形的活动载体来深化青年创新创效活动，以此牵动青年，服务企业，影响社会；五是通过进一步完善工作机制来深化青年创新创效活动，建立完善一整套包括组织领导、工作措施、考核评价、表彰奖励等内容的工作机制；六是通过加强团的建设来深化青年创新创效活动，坚持党建带团建，逐步建立与现代企业制度相适应的团组织设置方式和团干部配备机制以及共青团自身的运行机制。

江泽民总书记在庆祝中国共产党成立 80 周年纪念大会上的重要讲话中，系统地阐述了中国共产党要始终代表中国先进生产力发展要求、中国先进文化前进方向、中国最广大人民根本利益的重要思想，这是我们在新形势下开展各项工作的理论武器。企业各级团组织

只有把“三个代表”重要思想的要求落实到工作中去,才能不断创造新的业绩,开创新的局面。借此机会,我就中央企业团组织如何认真学习、忠实实践“三个代表”重要思想,讲几点意见。

一、以开发青年人力资源为着力点,积极促进先进生产力的发展

始终代表中国先进生产力的发展要求,就是党的理论、路线、纲领、方针、政策和各项工作,必须符合生产力发展的规律,体现不断推动社会生产力的解放和发展的要求,尤其要体现推动先进生产力的发展要求,通过发展生产力不断提高人民群众的生活水平。始终代表中国先进生产力的发展要求,是我们党保持先进性的决定性条件。生产力是最活跃最革命的因素,是社会发展的最终决定力量,谁掌握了先进的生产力,谁就把握了社会发展的总趋势,就顺应了时代发展的潮流。我们党把握人类社会发展总趋势,把代表先进生产力和依靠工人阶级紧紧联系在一起,始终保持了工人阶级先锋队的性质。

根据当代生产力发展的现状和趋势,邓小平同志提出了科学技术是第一生产力的论断。十几年来,中国和世界的发展,越来越证明这一论断的科学和伟大。科学技术从“间接生产力”到“直接生产力”到“第一生产力”的发展历程,说明了社会生产力内涵的深刻变化,揭示了近现代人类社会所以发生如此迅速和巨大变化的根本原因。关注生产力发展,要特别关注作为第一生产力的科学技术和与现代科技相联系的高新技术产业的发展。人是生产力中最活跃的因素,是生产力中最具有决定性的力量。在知识经济时代,构成先进生产力的要素从内涵上已发生了深刻的变化。当今世界存在着四大资源,即人力资源、物力资源、财力资源和信息资源。这四大资源的配置推动着生产力的发展。在这四大资源中,人力资源是最能动的资源,是推动生产力发展的第一资源。据《洛桑报告》统计,美国由人力资源所推动的经济增长占整个经济增长的85%,日本占80%,中国只占35%左右。而中国是人口大国,劳动力资源丰富,应该说最具比较优势的正是人力资源。在中国的现代化进程中,一个重要战略就是要把中国巨大的人口压力变成巨大的人才优势,变成巨大的人力资源优势,进而转化为巨大的经济优势。

在人力资源开发中,企业占主导地位,因为企业是社会主义市场经济的主体。而在企业中,青年是人力资源开发的重点。人力资源具有时效性,16岁至60岁是人力资源开发的有效阶段。人力资源具有成长性,青年善于学习、较多地掌握了先进文化知识,最具有创新精神,所以说,青年最具发展潜力。共青团组织实践代表中国先进生产力的发展要求的重要思想,根本的着眼点就是大力开发青年人力资源,培养造就青年人才大军。企业团组织要把这项工作作为实践代表中国先进生产力发展要求重要思想的重要内容,作为工作的重中之重。

开发青年人力资源,就要开发知识技能。知识技能是青年成为企业合格人才的前提和基础。社会发展到今天,分工越来越细,各种知识之间的渗透越来越深,联结越来越紧,现代企业的管理创新越来越具有综合性,对青年工人的要求越来越高。我们应培养更多的一专多能职工和复合型人才来适应知识经济对每个岗位的挑战、对每个人素质的挑战。一汽提出要培养更多的技能“一线通”,昌河公司提出“每天充电一小时”,这样做就是为了适应新形势,提高综合素质,培养复合型人才。共青团组织在这方面大有可为。要让每个青年职工都有不断向上攀登的计划,都有自身的职业设计,每天、每月、每年都在提高自身素质,不断进步。按照这个设计,团组织要有针对性地为青年提供服务和帮助,让他们能经常感到奋斗的压力和成功的喜悦。这样,青年的素质就能不断提高，团组织开发人力资源的能力就会不断增强。江总书记提出要注重人力资源能力建设。我们就是要贯彻这个要求，开发青年的知识技能，不断提升青年的人力资源能力。

开发青年人力资源，就要开发劳动态度。仅有知识技能，仅有人力资源能力是不能变成现实生产力的。劳动态度是转化的内在动力。好的劳动态度也要用与时俱进的观念来理解，仅仅崇尚岗位，仅仅敬业是不够的，还要有创新的精神、创新的劳动。在每个岗位上，没有最好，只有更好。作为一名普通的工人，也要认真地想一想，管理、设备、操作、产品等如何再优化。有了知识技能，有了人力资源能力，有了好的劳动态度，人们的聪明才智、人们的创新精神和创造能力就能得到最大限度的发挥。

开发青年人力资源，还要开发创业行为。有了知识技能，有了人力资源能力，怎样变成新的生产力呢？就是要与创业行为有机地结合起来，就是要立足本职岗位，投身创业实践。团组织要为广大青年职工搭建更多的创业平台，使他们有更大的创业舞台。青年创新创效、青年岗位能手、青年文明号等活动就为广大青年职工提供了这样的大舞台。知识技能、劳动态度、创业行为三者结合起来，发挥综合效益，才能把人力资源变成新的生产力。

实践代表中国先进生产力发展要求的重要思想，就要在以上三个开发上下功夫。共青团组织应该也能够找到着眼点和工作载体，推动这三个开发，促使人力资源变成新的生产力，从而为企业创造新的效益。

二、以培养“四有”新人为根本点，努力推动先进文化的建设

始终代表中国先进文化的前进方向，就是党的理论、路线、纲领、方针、政策和各项工作，必须努力体现发展面向现代化、面向世界、面向未来的，民族的科学的大众的社会主义文化的要求，促进全民族思想道德素质和科学文化素质的不断提高，为我国经济发展和社会进步提供精神动力和智力支持。先进文化是人类文明成果的集中体现，人类五千年进步的历史集中体现在先进文化的成果中。就文化的一般内涵来说，它包括社会理想道德、价值观念、科技人文知识以及民族的礼规习俗等许多方面。不同国家、不同社会，有着不同的文化内涵。在当代中国，先进文化就是在文化建设和文化发展方向中居于指导地位的马列主义、毛泽东思想和邓小平理论，就是当今世界最先进的科技文化知识，就是人民大众喜闻乐见的体现民族传统和民族特色的各种文化形式。从本质上说，中国先进文化前进方向与有中国特色社会主义文化发展方向是一致的。

马克思曾讲过，人是环境的产物。从本质上说，人是文化的产物。“一方水土养一方人”，本质上是“一方文化养一方人”。不同的地区有不同的文化，这是劳动人民在几千年的奋斗中不断发展、积淀下来的。长期的文化积淀，孕育着不同的文化、不同的价值观，培养着不同的人。当代中华民族文化不断孕育着“四有”新人，是我们民族进步的重要支撑和人文基础。我们党作为一个执政党，代表先进文化前进方向实际上是抓住了民族进步的灵魂，也顺应了民族进步的潮流。我们只有用先进的文化提高人民的素质，用先进的文化武装我们党，我们民族才具有凝聚力，我们党才具有先进性。

我们所倡导的先进文化就是民族的、科学的、大众的社会主义文化。企业文化是和先进生产力紧密联系在一起的社会主义文化的重要组成部分。企业文化从本质上讲是企业和员工在长期的生产经营中形成的管理思想、群体意识、价值观念、行为规范和行为方式。企业文化分为表层、中层、深层三个层面。表层的企业文化是规章制度、企业 CI 设计等；中层的企业文化是指有一个好的班子、有一支好的队伍；深层的企业文化是有一套大家都认同和遵守的价值理念。现在,我们提出一个企业青年文化的概念,原因在于青年创造了许多新的概念、新的语言、新的文化时尚,正在越来越深刻地影响着社会的文化主流。青年文化正由以前的亚文化上升为主流文化,在一定程度上预示着社会文化进步的方向。

在企业中,企业青年文化究竟处于什么地位呢?实际上,它也正在走向主流化,因为企业青年文化有几个突出的特点。企业青年文化具有时代性,总是深深地打上时代的烙印,在政治多极化、经济全球化、信息网络化的背景下,青年总是站在时代的潮头;企业青年文化具有人文性,体现了关心人、尊重人、理解人的特点,在考虑集体利益时尊重人的个性;企业青年文化具有可塑性,青年既传承着传统的优秀文化,又在创造着与时代脉搏一起跳动的新文化;企业青年文化具有发展性,总是不断创新,充满活力,更多地包容了科技、创新、市场经济、开放的内涵。我们要通过建设先进的青年文化,生动地实践代表中国先进文化前进方向的重要思想。

建设先进的企业青年文化,就要用马列主义、毛泽东思想、邓小平理论、江总书记"三个代表"重要思想,构筑企业青年职工的精神支柱。文化的最高层面是价值观层面。我们这一代人的理想就是要以马列主义、毛泽东思想、邓小平理论、江总书记"三个代表"重要思想为指导,坚定不移地建设有中国特色的社会主义伟大事业,把我国建设成为富强民主文明的社会主义现代化国家,实现中华民族的伟大复兴。江总书记"七一"重要讲话把党的最高纲领和最低纲领统一起来进行深刻地阐述,这就要求我们要对共产主义充满信心,更要脚踏实地地面对现实,建设有中国特色的社会主义。要确立正确的世界观、人生观、价值观。不管世界风云如何变幻,只有树立了正确的"三观",每个青年职工才能走正确的人生道路。尤其是对于刚刚走上工作岗位的青年职工,如何引导他们走好人生的第一步,是我们工作的关键。我们要通过多种生动有形的方式,教育和引导广大青年职工树立正确的"三观",走建设有中国特色社会主义的道路,在企业改革发展的伟大实践中使自己更快更好地成长和成熟起来。

建设先进的企业青年文化,就是要培育追求卓越的企业价值理念。中国很快就要加入WTO,真正成为世界大家庭的成员,全方位地参与全球经济竞争。许多企业正在研究对策。前几天,长虹发表了"入世宣言",其核心内容是人的价值理念要适应入世后的挑战。我们现在要有更多的忧患意识,要把我们放到全球的大背景下,不断地追求,每一天都有新的发展来迎接国际竞争。如果每个企业、每个职工都有这么一种文化心态,都有这么一种价值理念,那么我们企业就有了迎接挑战的活力和竞争力。现在,国有企业三年改革与脱困目标已经基本实现,但建立现代企业制度的任务仍十分艰巨,还需要我们向更好的目标攀登,培养青年追求卓越的企业价值理念。团组织要引导广大青年职工开展丰富多彩的职业道德实践,培养青年职工职业道德的选择能力、判断能力和实践能力。职业道德的建立不是一个灌输的问题,而是一个理解和实践的问题。有些企业把警言警句、企业的价值理念挂在车间、岗位上,以此约束每个人的行为,使职工养成良好的习惯,就会变成强大的文化力、强大的生产力。要特别注意在企业文化建设中培育一种"鼓励创新,宽容失败"的文化氛围。

建设先进的企业青年文化,就是要广泛动员青年开展群众性文化建设活动。活动是培育企业文化的重要途径,也是团组织的传统优势。要在群众性的文化活动中增加先进的企业青年文化的内涵。要积极地推动车间文化、班组文化、班车文化、宿舍文化、餐厅文化等企业基层文化建设,引导青年开展丰富多彩、形式多样的文化娱乐活动,在活动中灌输我们的核心价值理念，引导青年走正确的人生道路，做优秀的青年职工，成为“四有”新人。

三、以竭诚服务青年为出发点，切实代表广大青年职工的根本利益

始终代表中国最广大人民的根本利益，就是党的理论、路线、纲领、方针、政策和各项工作，必须坚持把人民的根本利益作为出发点和归宿，充分发挥人民群众的积极性、主动性和创造性，在社会不断发展进步的基础上，使人民群众不断获得切实的经济、政治、文化利益。马克思在创立历史唯物主义的时候，从分析个人动机到整个阶级的动机，发现了生产力和生产关系这对社会基本矛盾，得出人民群众是推动历史前进的动力。这说明无产阶级政党代表着先进的生产力和先进文化，集中反映在代表人民群众的根本利益上，这是无产阶级政党的性质所决定的。全心全意为人民服务是党的根本宗旨，是“三个代表”的出发点和落脚点。中国革命和建设之所以能取得成功，主要是我们党代表了中国最广大人民群众的利益。共产党区别于其他政党尤其是西方政党的重要标志，就是共产党没有自己的特殊利益，我们以人民的利益为最高利益。我们总结这几十年的经验，什么时候代表了最广大人民的根本利益，我们的事业就顺利，就得到人民的拥护；什么时候背离了最广大人民的根本利益，我们的事业就遭受挫折。

共青团是党的助手和后备军，其政治任务就是要把广大团员青年紧紧地团结在党和政府的周围，使广大青年成为共产党执政的青年群众基础。共青团必须把竭诚为青年服务作为一切工作的出发点和落脚点，围绕青年政治追求、学习成长、生活交往、心理疏导、权益维护等方面的需求，想青年之所想，急青年之所急，帮青年之所需，多为青年办实事、办好事，不断代表好、维护好、实现好广大青年的利益，在服务青年中发挥党联系青年的桥梁和纽带作用。

竭诚为青年服务，就要增强服务意识。企业团组织是一个政治组织，是通过服务青年来服务大局的。我们把青年的积极性和创造性焕发出来，变成建设现代化的强大力量，我们就服务了大局。我们评价企业团组织的工作，要把提供了什么服务、青年满意不满意作为根本标准。考核一个团干部是否合格，要把自觉主动的服务意识作为重要尺度。只有这样，才能用服务的纽带把青年与团组织紧紧地联系在一起，才能增强团组织的吸引力和凝聚力。

竭诚为青年服务，就要突出服务重点。具体说来，就是抓“两头”。一方面以下岗青工、外来务工青年等弱势青年群体为重点服务对象，帮助他们提高就业技能，开拓就业门路，维护合法权益，培养健康人格，切实解决他们工作和生活中遇到的困难；另一方面以青年科技人员、青年管理人员等强势青年群体为重点服务对象，满足他们发展事业、实现自我价值等更高层次的需求，充分发挥他们在青年中的示范导向作用。

竭诚为青年服务，就要拓展服务手段。企业团组织要更好地为青年服务，就要注重发挥自身优势，通过建立小机构、多载体、大服务的格局，不断拓展服务手段。要建立青年科技文化培训中心等固定的培训基地，并开办电视学校、函授学校、夜校等，为青年知识技能培训经常化提供阵地依托。要建立青年科技协会、青年管理者协会、青年读书小组等青年社团，为青年交流提高创造条件。要适应现代信息技术发展的要求，逐步建立企业共青团工作网站，通过互联网为青年提供信息交流、项目合作、技术咨询等多方面的服务。要积极争取企业党政领导支持，建立青年工作专项基金，为青年开展创新攻关提供必要的资金支持。

中央企业在国民经济发展中具有特殊重要的地位，关系到整个国家的生存和发展。中央企业共青团的工作在全团工作中具有特殊重要的地位，不仅仅是青工工作的龙头和示范，还是共青团工作的坚强阵地。希望中央企业团干部在中央企业工委、共青团中央的领导下,忠实地实践“三个代表”重要思想,振奋精神,求真务实,与时俱进,全面推进青年创新创效活动,全面加强企业共青团工作,为国有企业的改革和发展,为国家富强和民族振兴做出更大的贡献。

认真贯彻《公民道德建设实施纲要》进一步加强少年儿童思想道德教育

——赵勇在全国少工委四届三次全委会上的讲话

2002年1月8日

这次会议的主要任务是,以邓小平理论为指导,深入学习贯彻江泽民总书记“七一”重要讲话,学习贯彻党的十五届六中全会精神,贯彻落实共青团十四届五中全会精神,研究部署2002年少先队工作。

下面,我代表团中央书记处,就如何落实《公民道德建设实施纲要》,以体验教育为基本途径,进一步加强少年儿童思想道德教育,讲三点意见。

一、《公民道德建设实施纲要》对少先队加强少年儿童思想道德教育提出了新要求

中共中央印发的《公民道德建设实施纲要》,以马克思主义、毛泽东思想、邓小平理论为指导,全面贯彻江泽民总书记“三个代表”重要思想,立足当代中国国情、放眼世界未来,总结了改革开放以来我国公民道德建设的新鲜经验,从理论与实践的结合上,深刻地论述了公民道德建设的重要性、指导思想、方针原则;提出了“爱国守法、明礼诚信、团结友善、勤俭自强、敬业奉献”的基本道德规范;阐明了社会主义道德建设的主要内容:从我国历史和现实的国情出发,坚持以为人民服务为核心,以集体主义为原则,以爱祖国、爱人民、爱劳动、爱科学、爱社会主义为基本要求,以社会公德、职业道德、家庭美德为着力点;提出了实施《纲要》需要采取的组织、宣传、领导等各项措施。《纲要》继承了中华民族传统道德的精华,发扬了我们党领导人民在长期革命斗争与建设实践中形成的优良传统道德,借鉴了世界各国道德建设的成功经验和先进文明成果,反映了社会主义市场经济条件下思想道德建设的客观规律,体现了中国先进文化的前进方向,是全党和全国人民智慧的结晶。《纲要》的实施,是我国全面加强公民道德建设,深入贯彻落实江泽民总书记提出的把依法治国和以德治国结合起来的治国方略的重大举措,对建立与发展社会主义市场经济相适应的社会主义道德体系,对形成追求高尚、激励先进的良好社会风气,保证社会主义市场经济的健康发展,促进整个民族素质的不断提高,全面推进建设有中国特色社会主义伟大事业具有十分重要的意义。这是我国公民思想道德建设的一件大事,是群众性精神文明建设的一件大事,对少先队组织加强少年儿童思想道德教育提出了新要求。

《纲要》提出“爱国守法、明礼诚信、团结友善、勤俭自强、敬业奉献”二十个字的基本道德规范,对进一步明确少先队开展思想道德教育的具体目标和内容提出了新要求。这二十个字基本道德规范是全体公民进行道德实践的基本准则，是坚持不懈地在全体公民中进行道德教育的基本依据。它使建设有中国特色社会主义的思想观念和道德要求成为广大党员和干部群众的行为规范，使全社会的共同理想渗透到每一个公民日常的生产、生活和学习之中。它有助于为社会保持良好的秩序和风尚奠定高尚的思想道德基础，有助于为公民个体形成和发展良好的思想道德观念提供具体有形的尺度。道德观念的形成和发展是一个渐进的过程，要成为合格的社会成员，具有良好的思想道德素质，需要从少年儿童阶段起步。少年儿童思想道德的形成和发展在很大程度上影响着人的一生的道德养成。我们常讲，远大的理想在少年阶段孕育，高尚的情操在少年阶段萌生，良好的行为习惯在少年阶段养成，生命的辉煌在少年阶段奠基，就是这个道理。二十个字基本道德规范为少年儿童思想道德教育提出了更为具体有形的要求。少先队组织贯彻落实《纲要》提出的新要求，就要围绕这二十个字基本道德规范，在少年儿童幼小的心田里播下远大理想的种子，护育高尚情操的萌芽，就要着眼于这二十个字对公民的要求，根据少年儿童的特点和道德养成的规律，来确定少年儿童思想道德教育的具体目标和内容，就要对少年儿童进行这二十个字基本道德规范的启蒙，帮助他们开始对基本道德规范的认知，引导他们按照基本道德规范的要求培养良好的行为习惯。

《纲要》强调深入开展群众性公民道德实践活动，对进一步探索少先队开展思想道德教育的有效方式提出了新要求。《纲要》提出，公民道德建设的过程是教育和实践相结合的过程，以活动为载体吸引群众普遍参与是新形势下加强公民道德建设的重要途径。强调道德建设要依靠人民群众的观点，每个公民既是道德建设过程的参与者，也是道德建设成果的受益者。强调坚持在各种类型的群众性精神文明创建活动中突出思想内涵，强化道德要求，使人们在自觉参与中思想情感得到熏陶，精神生活得到充实，道德境界得到升华。《纲要》特别要求，各种道德实践活动要因势利导，发挥基层组织和群众团体的骨干作用、先进典型和先进单位的带动作用、广大群众的主体作用，坚持从具体事情做起、从群众最关心的事情做起，使道德实践活动与各项业务工作紧密结合，贴近基层，贴近群众，贴近生活，防止和克服形式主义。道德建设重在实践，对于少年儿童思想道德教育来说，少年儿童的道德养成仅仅靠道德知识的灌输和道德理念的传授是远远不够、不能完成的，更需要在了解一定道德知识的基础上，加深理解，不断进行道德实践，在反复实践中不断体会和感悟做人做事的道理，将做人做事的道理内化为自身素质的一部分，转化为良好的行为习惯。少先队组织贯彻落实《纲要》提出的新要求，就要明确少先队开展思想道德教育的有效方式，即引导少年儿童积极参与道德实践，引导他们在道德实践中体验。

《纲要》强调积极营造有利于公民道德建设的社会氛围和提供法律支持与政策保障，对进一步构建少先队开展思想道德教育的工作运行机制提出了新要求。《纲要》提出，一切思想文化阵地、一切精神文化产品，都要宣传科学理论、传播先进文化、塑造美好心灵、弘扬社会正气、倡导科学精神，大力宣传体现时代精神的道德行为和高尚品质，激励人们积极向上，追求真善美；坚决批评各种不道德行为和错误观念，帮助人们辨别是非，抵制假恶丑，为推进公民道德建设创造良好的舆论文化氛围。《纲要》强调公民道德建设是一个复杂的社会系统工程，要靠教育，也要靠法律、政策和规章制度。强调必须综合运用各种手段，把提倡与反对、引导与约束结合起来，通过严格科学的管理，培养文明行为，抵制消极现象，促进扶正祛邪、扬善惩恶社会风气的形成、巩固和发展。少年儿童的成长离不开社会，社会对少年儿童的影响越来越大，少年儿童的健康成长需要良好的社会氛围，少年儿童思想道德教育需要良好的社会环境。少先队组织贯彻落实《纲要》提出的新要求，就要努力构建与经济社会发展相适应的社会化的工作运行机制，调动社会资源，协调社会力量，为培养少年儿童良好的思想道德素质，促进他们健康成长营造良好的社会环境。

总之，《公民道德建设实施纲要》的颁布实施，为少先队开展少年儿童思想道德教育创造了良好的条件。少先队组织要发扬优良传统，把少年儿童思想道德教育放在首位，按照《纲要》的总体要求，遵循少年儿童思想道德教育的规律，努力探索加强少年儿童思想道德教育的有效途径，不断把少年儿童思想道德教育提高到新的水平。

二、以体验教育为基本途径，切实加强少年儿童思想道德教育

前年“六一”召开的第四次全国少代会，提出了为进一步加强少年儿童思想道德教育，少先队组织要开展体验教育，引导少年儿童在实践中体验的任务。一年多来，各级少先队组织认真贯彻落实全国少代会精神，以“新世纪我能行”体验教育活动为总揽，大力推进体验教育，全面加强少年儿童思想道德教育，取得了积极成效。主要表现出以下三个突出特点：一是少年儿童兴趣浓厚，积极参与。广大少年儿童在学校、家庭、社区、大自然中，在自觉自愿、丰富多彩、生动活泼的体验教育活动中，身心得到了解放，心智得到了启发，思想受到了教育，良好的行为习惯得以逐渐养成。二是社会各界普遍认同，主动支持。体验教育活动多在社会上展开，借助了很多社会平台，社会很多方面提供了专门的场地、人员、工作时间，对少年儿童开展体验教育活动给予了真心诚意的支持。三是团、队组织高度重视，强力推进。去年6月召开的全国少先队德育工作暨“新世纪我能行”体验教育活动现场推进会后，相当多的省份召开了“新世纪我能行”体验教育活动的现场推进会或理论研讨会，扎扎实实地狠抓体验教育理念的传达和体验教育活动的普及，并在实践基础上出版了一些体验教育书籍。这些都充分表明体验教育具有旺盛的生命力。

我们所界定的体验教育的概念，不是凭空而来。从一般意义上，《辞海》中对“体验”的界定是“通过实践来认识周围的事物。”这一诠释有两层涵义：一是实践是认识的基础，认识的过程就是实践的过程，体验是以实践为前提的；二是体验的过程就是“认识周围事物”的过程，“认识周围的事物”既是体验的过程又是体验的目的。我们讲的体验教育，就是组织和引导少年儿童在亲身实践中，把做人做事的基本道理内化为健康的心理品格，转化为良好的行为习惯的过程。这是一个道德认知的过程，是一个道德情感升华的过程，是一个道德实践的过程，也是人的社会化的过程。

体验这个词已成为各方面广泛运用的词汇。《第三次浪潮》的作者美国未来学家托夫勒曾预测在制造业之后，服务业成为经济的支柱，最近他又作出了一个大胆的预测，服务业之后，体验业将成为经济的支柱。也就是说，制造业经济之后人们进入服务业经济，然后越来越多地经历体验经济。人们购买各种体验，看电影是购买一种体验，旅游也是一种体验，没见过冰雪的人想要体验滑雪的感觉，在城市生活的人想要体验乡村的感觉，等等。要满足人们各种各样体验的需要，就会带动起许多产业发展，就会创造出许多与体验有关的经济活动。最近，我国经济界也有许多有关体验经济的讨论，发表了许多文章。体验经济从亲身经历、真实感受等方面来看，与我们提出的体验教育有相同之处。从体验经济的角度看，体验教育会给我们一些新的启示和佐证。

少先队组织之所以把体验教育作为加强少年儿童思想道德教育的基本途径，是因为：

首先，体验教育符合人的认识的发展规律。辩证唯物主义认识论认为，人的一切正确认识都来源于实践，人的认识过程是经过实践、认识、再实践、再认识，循环往复以至无穷的过程。从认知的深化看，体验教育的过程既是一个实践过程，也是一个认识的过程。少年儿童通过体验教育，对做人做事道理的认识不断深化，经过体验，他们对这些道理的认识越来越深刻，越来越全面；经过体验，他们达到了不仅知其然，而且知其所以然的程度，达到了本质和规律性认识。从认知与践行的相互转化看，认知与践行的相互转化是认知不断深化的必然结果，少年儿童在体验教育中道德情感不断升华，道德意志不断强化，道德情感和道德意志相互发挥作用，增强了道德责任感，提高了道德推理能力、选择能力，从而最终形成良好的行为习惯。听到的容易忘记，看到的印象不深，只有亲身体验到的才能刻骨铭心，终生不忘，就是讲的这个认知规律。其次，体验教育突出了受教育者的主体地位。体验是受教育者自身的体验，他人无法替代。在体验教育中，一方面，教育者与受教育者总是处于共同的教育情境中，在共同的交往活动中相互作用，达成和谐一致。这种平等更重要地体现在还给受教育者主体的地位，将他们当做完整的、活生生的人；另一方面，教是为了不教，受教育者的发展归根到底要靠他的自我作用，通过教育活动掌握人类文明成果，形成内在的精神财富和发展创造的源泉与动力。一个少年儿童，只有当他学会了不仅仔细地研究周围世界，而且仔细地研究自己本身的时候；只有当他不仅努力认识周围的事物，而且努力认识自己内心世界的时候，他才能成为一个不断进步的人。再次，体验教育加速了人的社会化过程。人的成长过程就是人的社会化过程，社会化过程伴随着人的一生。社会化的过程越有效，为社会做的贡献就越大。在这个过程中，体验是不可或缺的。人的社会化不可能在封闭的环境中进行，一定要在社会中进行。离开了社会，社会化过程是不可能完成的。体验教育强调的就是让少年儿童在家庭生活、学校生活、社会生活中完成体验的过程，这就是社会化的主要领域。

缺乏针对性、实效性和主动性的问题长期困扰着少年儿童思想道德教育。体验教育着眼于解决针对性，针对少年儿童道德养成和成长发展中需要解决的问题，设计体验教育的主题，帮助少年儿童解决认知的缺陷和不完整性；着眼于解决实效性，通过少年儿童乐于接受的体验教育活动，把认知和行为统一起来，加速少年儿童社会化的过程；着眼于解决主动性，把少年儿童真正作为受教育的主体，设置现实生活的场景，并把他们长大后可能遇到的情景在现在创设情境，为他们应对今后的生活提供参照。实践表明，以体验教育为基本途径，就能在一定程度上解决少年儿童思想道德教育中存在的缺乏针对性、实效性、主动性的问题。

少先队组织贯彻落实《公民道德建设实施纲要》提出的新要求，以体验教育为基本途径，加强少年儿童思想道德教育，要抓住四个关键环节：

第一，要进一步明确体验教育的主题。我们曾明确提出，少先队开展思想道德教育，要以少先队集体的组织和引导为前提，在人与人、人与社会、人与自然、人与自我四个方面的关系中，分别以少年儿童对人、对社会、对自然、对自我的态度为核心，以涉及到的对人、对社会、对自然、对自我的知识和能力为基础，以良好的行为习惯为外在标志和落脚点，形成一个综合性的整体目标。在此基础上，经过各级少先队组织的实践、研讨、论证，形成了《关于加强少年儿童思想道德教育深入开展体验教育的实施意见（讨论稿）》，这次全会提供给大家讨论。在这个《意见》中，对照《公民道德建设实施纲要》的要求，根据少年儿童思想道德教育的规律,根据6至14岁的少年儿童不同年龄阶段的发育特征和受教育程度,提出了不同阶段思想道德教育的具体目标和内容,从人与人、人与社会、人与自然、人与自我四个方面的关系出发,分阶段对少年儿童关于思想道德的知识、态度、能力、习惯等若干方面提出了具体的要求,这些要求就是各个年龄阶段鲜活的,少年儿童能听得懂、记得住、做得到的,丰富多彩的体验教育的主题。这些体验教育的主题,这些关于思想道德的知识、态度、能力和习惯,都不是让少年儿童被动接受的,都要使少年儿童作为教育主体,主动在实践中通过体验来得到。

第二,要开展好体验教育的活动。少先队的生命力在于活动,体验教育的生命力就在于在少先队组织引导下开展的丰富多彩的体验教育活动。体验教育活动最核心的就是要充分体现体验教育的理念,突出在实践过程中真实的感受、入心入脑的深刻理解和对自身行为的影响这几个关键环节。我们在此强调已经在实践中取得成效的三种类型:一是让少年儿童以自己的身份、自己的视角去参与体验,让他们感受参与的真实、参与的快乐、参与的辛劳,从而获得真情实感,在道德选择中形成良好的习惯。比如,以少先队员自己的身份去感受大自然,去做"自然小卫士"、"环保宣传员",等等。二是以他人的身份、他人的视角去参与体验,让他们感受他人工作时的心情和责任、工作过程中的辛劳和规范、完成工作后的情绪和收获,形成尊重他人、珍惜劳动成果的行为习惯。比如,让他们当一天"父母"、"老师"、"工人"、"农民"、"解放军战士"、"售票员"、"交警"、"法官"、"记者"等等。三是进入设定的事件和设定的环境的情景中去体验,以设定的事件和设定的环境为体验情境的体验,让他们感受平时不易遇到但未来很可能出现的情况,从而得出有益的心理准备,获得宝贵的人生体验,比如,为他们设定一些"困难"和"难题"等。但这种体验必须是正面、积极的,对少年儿童身心有害的不能去体验。开展好体验教育活动,最关键的就是根据体验教育的内涵和目标,把握体验教育活动开始、进行过程、活动结束等各个关键的体验环节,在每一个关键环节都要引导少年儿童去主动地感受,主动地思考,对他们自己得出的结论要进行引导和分析,在不同阶段提出指导性的体验提示,对少年儿童加以引导,让少年儿童真实感受事物,引导他们深刻理解事物,最终形成良好的行为习惯。"新世纪我能行"体验教育活动是今后一个时期总揽体验教育活动的主要载体。我们不能简单地认为少先队开展的各种活动都是体验教育活动,但这些活动都要不同程度地体现体验教育思想,抓住在实践中进行体验的这个环节,才能收到良好的教育效果。

第三,要建立起体验教育的评价体系。建立体验教育的评价体系,是深入实施体验教育的重要环节。实施有效的评价和奖励,才能控制、把握和推进体验教育的实施过程,调动广大少年儿童、辅导员和基层少先队组织开展体验教育活动的积极性,并根据少年儿童、家长、辅导员和社会的反馈不断深化体验教育的内容,增强体验教育的效果。要发挥雏鹰奖章对体验教育活动的激励作用。可以把雏鹰奖章分层次,注重少年儿童在获得真实感受条件下的获章标准,通过交流心得、感受等方式让少年儿童自己评自己的体验活动的效果,颁授相应的奖章。雏鹰奖章本身就是一个开放的体系,各地少先队组织要根据当地的具体情况,大胆创造,为体验教育活动不断设立新的雏鹰奖章,引导、奖励、调动少年儿童参与体验教育活动的主动性、积极性和创造性。现在尤其需要下功夫的是,要把辅导员指导体验教育活动的情况纳入到对辅导员的评价和表彰体系中,提高他们开展体验教育的自觉性和积极性。要把基层少先队组织是不是调动了少年儿童在活动中的主体作用，是不是能够明确和把握引导体验的各个环节，作为评价基层少先队工作的重要标准。要争取教育行政部门的重视和支持，把"新世纪我能行"体验教育活动纳入到素质教育评价体系之中。

第四，要营造体验教育的良好环境。营造体验教育的良好环境，是深入实施体验教育的重要保证。要广泛设立体验教育基地，充分利用青少年宫和社会各方面的各种资源，建立经常性的、开放性的体验教育基地，让广大少年儿童利用放学之后、双休日、节假日就近就便地经常到这些基地开展体验教育活动。今年，全国少工委将命名一批全国体验教育基地。要营造体验教育的舆论环境，充分利用青少年报刊和各种媒体营造良好的氛围。要争取社会的广泛支持，不断壮大少先队志愿辅导员队伍，倡导成人都来做少年儿童的道德表率。要建立充足的物质依托，调动社会各方面资源，为少年儿童在实践中体验提供有力的物质和经济支撑。

总之，我们要抓住这四个关键环节，贯彻落实《公民道德建设实施纲要》和素质教育的总体要求，着眼于提高少年儿童的思想道德素质，扎扎实实地开展工作，为服务一代少年儿童的健康成长做出新的更加积极的贡献。

三、不断改进作风，把服务少年儿童健康成长的工作落到实处

长期以来，广大少先队工作者以对党的教育事业的忠诚和对少年儿童的热爱，为少先队事业付出了辛勤的劳动，形成了很多好的传统。概括起来看：一是把握大局，把少先队工作和党的工作的大局紧密地联系在一起，根据党的要求和时代的需要培养人；二是把竭诚为少年儿童健康成长服务作为自己工作的出发点和落脚点，一切为了孩子，为了一切孩子，为了孩子的一切；三是具有无私奉献的精神，甘为人梯，以真诚的爱心、执著的情怀、火样的热情辛勤工作；四是不断创新，勇于探索，根据时代的发展和少年儿童的特点，推动少先队工作的不断发展；五是具有宽阔的视野，善于把整个社会作为自己工作的舞台，努力调动社会各方面的力量，挖掘各方面的资源，为少年儿童健康成长创造更多的教育条件，营造更好的社会环境，等等。这些都值得我们很好地继承并大力发扬。

党的十五届六中全会作出了《中共中央关于加强和改进党的作风建设的决定》，指出"八个坚持、八个反对"的主要任务，高屋建瓴，极其深刻，对少先队加强和改进作风建设提出了新的更高的要求。广大少先队工作者既要继承好的传统，又要根据新形势和新任务的要求，不断改进作风，把服务少年儿童健康成长的工作落在实处。

根据少先队的特点，我想强调四个方面。

一是要勤奋学习。学习如逆水行舟，不进则退。学习是现代社会的灵魂，是在全球经济一体化形势下对现代人提出的必然要求。尤其是广大社会工作者现在面临着一个开放的世界，我国加入 WTO 不断对经济领域提出严峻的挑战，对意识形态领域也提出了前所未有的挑战。广大少先队工作者要有世界眼光、战略思维，不断把握剧烈变化的新形势，以现代知识武装自己。素质教育是现代教育思想支撑的开放式的教育。我们要服务素质教育，没有现代知识作武装，不可能把握素质教育的内涵，不可能把握不同形势下面对不同群体、不同个体推动素质教育的基本规律和要求。少先队工作者尤其要有不学习的恐慌感，有危机感和紧迫感；既要着眼于少先队事业发展的全局，学一些现在工作必需的现代科技知识，掌握实施素质教育的方法，把少先队工作作为做教育工作的学习和实践，又要着眼于少先队工作者是团的干部队伍、党的干部队伍的组成部分，今后要承担更多的社会责任，完善知识结构，尤其是着力把自己培养成为一个国际化的优秀青年干部。少先队工作者必须要在学习上下苦功夫。要熟练掌握外语，掌握应对自如的口语，并实现综合素质的国际化。

二是要开拓创新。江泽民总书记在不同场合反复讲创新，江总书记的“七一”讲话本身就是一个理论创新、思想创新的典范，给我们全党做出了表率。少先队50年积累了很多宝贵的经验，但是巩固和发扬成绩，需要不断创新，需要打破或调整很多思维定势。有时创新也不是容易的事情，没有创新的思维和勇气，就会固步自封，创新就会面临重重阻力。少先队工作者要把创新作为一种思维方式，做工作、作决策首先要想到还能不能有创新思维，把这件事情做得更高、更强、更好。要把创新作为一种理论品质，深入研究问题，学习战略思维，从具体事物中抽象出一般。要把创新作为一种行为习惯，只有思维的习惯还不够，在行动中要时刻注重创新，比如能不能优化过程，服务能不能有更多的手段，要使创新渗透到工作的每个环节，不断焕发出新的活力。

三是要奋发有为。长期以来，少先队取得的每一项工作成果，少先队事业的每一步发展，都是战胜困难、奋力拼搏的结果。进入新世纪，少先队的任务更加繁重而艰巨，要求我们知难而进，奋发有为。这是党的事业的需要，是少先队事业进步的需要，也是少先队工作者实现人生价值的需要。现在老百姓恨两种人，一种是干坏事的，一种是不干事的。很多矛盾长期解决不了，就是因为有一些人遇着矛盾绕道走，不去触及矛盾的实质和解决矛盾，这样下去，矛盾总有一天要爆发的。少先队工作者不能安于现状，要养成奋发有为的行为习惯。要针对工作中的突出问题，去发现、解决更深层次的矛盾；要用改革的精神着眼于从源头抓起，加强制度建设；既要着眼于阶段性成果，又要着眼于可持续发展。新世纪少先队事业的发展需要的是一大批奋发有为的少先队工作者。

四是要淡泊名利。一个为少年儿童事业服务的人，一个献身少先队事业的人，首先考虑的不应该是个人的得失进退，而应该是尽自己的所能，推动这个事业的发展，在事业的发展中寻找自己的欣慰，在事业进步中实现自己的价值。少先队工作者的价值，直接体现在为少年儿童健康成长服务上，最终体现在为人民、为社会、为国家做贡献上。淡泊名利是少先队的优良传统，我们身边有很多一生扎扎实实、兢兢业业、默默奉献、献身少先队事业的榜样。我们任何时候头脑都要清醒，选择了做少先队工作，就是选择了公共事业，也就是选择了要做有责任感的人，做高尚的人，做对人民有益的人，也就在很大程度上选择了奉献和牺牲，也就要求只问耕耘，不问收获。我们要学习身边的榜样，不断加强自身修养，一心一意为少先队事业做贡献，为这一代少年儿童办实事、办好事。

做好少先队工作，要坚持以下基本原则：第一，必须巩固和加强少先队的基础地位，少先队是共青团的半壁江山，不管经济社会如何变迁，少先队在共青团事业中的基础地位不能变也不会变。第二，必须把服务素质教育作为少先队工作基本的出发点，把是否符合素质教育的要求作为基本的判断尺度，少先队任何时候没有自己的特殊利益，就是要着眼于素质教育服务少年儿童的健康成长。第三，必须把德育放在首位，这是少先队的性质决定的，是党交给的任务。少先队的首要任务就是培养人，就是加强少年儿童思想道德教育，提高他们的思想道德水平。第四，必须紧紧依靠教育行政部门，走社会化的道路，通过牵动社会影响少年儿童，使少年儿童深深受益。第五，必须充分尊重少年儿童的主体地位，竭诚为少年儿童健康成长服务，并作为一切工作的出发点和落脚点。这些基本原则在少先队工作中不能变，也是推进少先队事业在新世纪取得新发展的重要动力。

同志们，近年来我们每次全会都突出一个

主题，研究一个问题。这种做法很好。这次全会围绕贯彻落实《公民道德建设实施纲要》，通过体验教育加强少年儿童思想道德教育的主题，集中智慧，进行研究。让我们高举邓小平理论伟大旗帜，以江泽民总书记“三个代表”重要思想为指导，共同努力，把少先队事业不断推向前进，为共青团事业的发展，为党的事业的发展不断做出新的贡献。

赵勇在2002年全国共青团学校工作会议上的讲话

2002年1月15日

今天，我们在石家庄召开2002年全国共青团学校工作会议，贯彻落实党的十五届五中全会和团的十四届五中全会精神，回顾总结过去一年的工作，规划部署今年的工作，这对于学校共青团应对新形势，打好主动仗，实现新发展具有重要意义。团中央书记处对这次会议高度重视，第一书记周强几次听取汇报，希望通过这次会议把今年的学校工作做得更加活跃、更加扎实。

2001年是新世纪开局之年，学校共青团组织抓住机遇，开拓进取，各项工作都有新的发展。一是组织建设扎实推进。在上海成功召开了全国普通高校团建经验交流会，就新形势下如何加强和改进高校团建工作进行了广泛交流，各地在此基础上结合自身实际大胆探索，形成了几种新的建团模式。二是社会实践活动不断深化。大学生暑期“三下乡”活动紧扣时代主题，在大规模群众性社会实践的基础上突出“百支党员大学生‘三个代表’实践服务团”、“百支博士生‘三下乡’志愿服务团”，产生了良好的社会反响。随后在京召开的“全国大学生‘三个代表’实践服务活动汇报座谈会”得到了中宣部、教育部等有关部委领导的高度评价。三是科技文化活动蓬勃开展。在陕西成功举办了第七届“挑战杯”课外学术科技作品竞赛，带动了群众性校园科技文化活动的繁荣，全国、省、校三级赛制得到了巩固发展。四是中学团的工作在巩固中提高。中学团的工作以“18岁成人仪式教育活动”为载体，以提高中学生道德素养为目标，组织了三个大规模的统一行动日，取得了很好的效果。此外，学校共青团还圆满地完成了大学生深入开展“三个代表”重要思想学习、宣传《青少年网络文明公约》、中学生“网上祭英烈”主题团日活动、反对邪教行动等团中央书记处交办的各项任务。学校共青团还通过奖优评先、济困助学、实践教育、心理帮助等多种行之有效的方式服务青年学生成长成才的实际需要，得到了学校党政的好评和青年学生的欢迎。这些成绩的取得，离不开党政的关心，离不开学校战线全体共青团干部的辛勤工作。在此，我代表团中央书记处向一贯支持和关心我们学校共青团事业发展的党政领导和社会各界表示衷心的感谢，向为学校事业付出辛劳的所有团干部表示亲切的问候！

下面，我代表团中央书记处讲三点意见。

一、充分认识新的发展阶段学校共青团工作面临的新形势

我们已经进入全面建设小康社会、加快推进社会主义现代化的新的发展阶段。站在一个新的发展起点上，我们应该有新的视野，有新的目标，有新的认识。回顾共青团80年的

历史，我们有一个很深的感受，就是学校共青团的工作具有特殊重要的地位和作用，我想这是由它所特有的工作对象、工作环境和工作覆盖面决定的。

从工作对象来看，学校共青团工作面对的学生群体是国家人力资源中最具发展潜力的部分，集中体现了先进生产力的发展要求。在国家的人力资源结构中，学生群体作为开发中的储备性资源，最终将成为推动经济和生产力发展的主体力量。世界上所有国家都是把未来经济发展的战略和生产力的发展要求融入到教育方针政策之中，对学生群体进行导向性的培养。因此，学生往往是最早感受到先进生产力的发展要求并通过学习逐步适应这一要求的群体，国家未来的经济状况和生产力发展水平也在很大程度上取决于学生群体的人力资源开发状况。从这个意义上讲，整个学校工作是经济社会发展的基础和先导性工作，任何一个国家经济发展的速度不可能超越教育发展的速度。学校共青团工作着眼于人的全面发展，着眼于人力资源的开发和利用，是开发学生潜能这个系统工程中不可缺少的环节。做好学校共青团工作，就是直接为先进生产力的发展要求服务。

从工作环境来看，学校共青团工作置身于科学文化的集散地，处于先进文化发展的前沿。随着科学文化在国家经济发展中地位的突显，学校正在从工业经济时代的社会边缘地位向知识经济时代的社会发展中心过渡。学校尤其是大学，与经济建设主战场的结合也越来越紧密，逐渐成为社会经济发展的加速器和先进文化的辐射源。江泽民同志曾经指出，大学应该是培养和造就高素质的创造性人才的摇篮，应该是认识未知世界、探求客观真理、为人类解决面临的重大课题提供科学依据的前沿，应该是知识创新、推动科学技术成果向现实生产力转化的重要力量，应该是民族优秀文化与世界先进文明成果交流借鉴的桥梁。学校共青团工作置身于这样的环境之中，自然具备了把握先进文化前进方向的优势和条件，能够不断保持工作的领先地位。

从工作的覆盖面来看，学校共青团工作最大范围地涵盖了全体青年，从而能够代表最大多数青年的根本利益。随着九年义务教育的普及和以高校扩招为表征的高等教育大众化趋势的发展，几乎所有青年都会走进学校，并通过学校团组织参与到共青团事业中来。目前，我们面对着910万大学生、8800万中学生，总数将近一亿人的庞大群体。其他战线的工作群体大多也是从学校战线分化出来的。离开了中学，一部分青年加入了进城务工的行列，很多人回到了农村成了青年农民，一部分青年升入大学，毕业后到了科研院所和企事业单位，成为各行各业的骨干。从人的成长规律来看，学生阶段是一个人成才的关键时期，远大的理想在学生阶段孕育，高尚的情操在学生阶段萌生，创业的本领在学生阶段奠基。学校共青团工作正是从这三个层面为青年学生服务，帮助他们成才。这正是广大青年的根本利益所在。

从以上分析不难看出，学校共青团工作在全团工作中，实际上是最直接地服务于先进生产力的发展要求，最紧密地把握着先进文化的前进方向，最有效地代表着最大多数青年的根本利益，完全符合江泽民总书记提出的“三个代表”重要思想，因而具有特殊重要的地位和作用。由此，我们可以得出学校共青团工作在整个共青团事业发展中的基本定位：学校共青团工作应该成为全团工作的闪光点。学生群体是青年群体中最具活力和潜力的部分，学校共青团工作应该通过推出与时俱进、充满朝气的品牌工作获得青年学生的认可与社会的支持，应该以良好的工作作风和昂扬的工作斗志代表新时期共青团组织的风貌。学校共青团工作应该成为全团工作的生长点。我们的多数团员是从中学来的，初三以后几乎90%都是团员，这是整个团员队伍的源头，为共青团事业的发展提供了有生力量。其他战线的共青团工作也与学校发生着密切联系，比如社区工作，实际上最活跃的还是青年学生参与社区文化建设，开展社会服务；志愿者活动的中坚力量也是大中学生。此外，学校系统尤其是高校系统有一大批优秀的青年干部，既可以为共青团的其他战线、其他部门输送优秀人才，也可以通过转业走向其他岗位，服务于党和国家的需要。

在充分肯定学校团工作的重要地位和作用的同时，我们也要看到经济社会的迅猛发展、教育体制改革的明显加快以及当代青年学生需求的巨大变化，都使学校共青团工作面临新的机遇和挑战。学校团组织对此必须有充分的认识，适应新时代提出的新要求，提早做好各方面的准备。

1. 经济社会的飞速发展对学校团的工作提出了新的要求

经济社会飞速发展具有多方面内容，我这里从我国加入世贸组织和社会信息化两个方面加以分析。我国正式加入世界贸易组织，标志着我国加快了经济全球化的进程。加入世界贸易组织，从长远来看确实机遇大于挑战，对青年学生来说更多的是机遇。因为他们最具有创造潜力，掌握先进的科学文化知识，加入世界贸易组织后，意味着他们学习交流的机会更多了，创业的舞台更大了。但是我们也要清醒地看到，伴随经济开放，西方的渗透在意识形态领域也会越来越强。怎样在西方价值观、西方文化的强烈渗透和影响当中发展我们的主流文化，已经成为时代赋予我们的一项重要课题。西方敌对势力从来没有放弃用意识形态来颠覆中国、影响中国，而影响的主阵地是学校，尤其是高等学校。所以在入世的背景下，我们学校系统团干部要增强政治敏锐性、政治鉴别力和政治责任感，这是一个新要求。

社会信息化进程的加快也是学校共青团工作必须面对的新形势。信息化是当今时代的鲜明特征，也是人类社会的一次深刻革命，必将影响到政治、经济、文化等社会的各个领域，在学校里感受得尤其充分。当前，我国的3370万网民中，绝大部分是25岁以下的网民，是大中学生，是我们的工作对象。信息时代的到来以及互联网的发展，对学校团的工作有两方面的影响：一方面为团组织服务广大青年学生提供了一个廉价、方便、开放的教育体系，可以用很低的社会成本与青年学生进行沟通和互动；另一方面，网络的交互性、多边性、开放性和隐蔽性等特征，给传统的思想政治工作带来了很大的挑战。思想政治工作是通过传播丰富、正确的信息来影响人们思想观念和精神状态的沟通过程。现在信息社会有了新的传播方式，新的传播速度，新的传播空间，要求我们的思想政治工作也要有新的举措。我们的思想政治工作必须适应信息时代的挑战，采取有效措施掌握网络信息传播的主动权，用健康的网络信息来影响青年学生的精神状态和思想面貌。我们要通过我们的工作把网上和网下联结起来，把网上虚拟社会和网下实践教育结合起来。我们要培养一批既熟悉传统思想政治工作方法，又掌握网络技术，熟悉网络传播规律的优秀团干部。

2. 教育改革进程的加快对学校团的工作提出了新的要求

第三次全国教育工作会议提出，教育发展的根本任务和战略目标是实施素质教育。从总体上说，素质教育就是从以往单纯注重知识的传授，转变为更加注重能力的培养和综合素质的提高，归根结底就是要促进人的全面发展。从应试教育向素质教育的转变对学校共青团工作的影响应该从两个方面来看：一方面，素质教育的深入推进，为我们提供了更加广阔的工作空间。团组织历来是倡导素质教育的，现在全面推进素质教育，我们应该有十足的信心，把学校共青团工作在更广阔的层次上做好。另一个方面，我们也应该看到，第一课堂、第二课堂的界限正逐渐变得模糊。在服务素质教育进程中如何明确学校共青团的工作职能，规范工作机制，是我们面临的新问题。我们过去所做的很多工作是符合素质教育要求的，但比较零散，并不是很系统，很多东西还没有形成机制。现在，仅仅满足于搞点活动，搞点零散的东西就远远不能适应新的要求了。

相对于中学和中等教育学校，高等院校中的共青团工作面临着更多的挑战。当前，高等教育出现了大众化、产业化和后勤社会化的重大变革。以扩招为表征的高等教育大众化趋势，使校园内的学生数量激增，学生成分日益复杂，自考生、成人教育系列学生、学位班学生、进修学生纷纷涌入校园，在校园生活中占有一席之地。以办学主体多元化为表征的高等教育产业化趋势，使学生和家长都在现实中接受了“教育产业”和“教育投资”的观念，每户家庭都开始考虑教育投入与回报的关系，学生也开始对学校的生活、学习和发展环境提出要求。我们常说“学生的主体地位在增强”，其实这不过是市场经济中“花钱买服务”观念在校园中的一种体现。后勤社会化是当前高校大力推进的一项改革措施。大量学生在后勤改革中接受了公寓制的住宿方式，一部分学生还选择了走读或者自己安排住宿，原有的班级、同学、集体概念由此受到了不小的冲击。

以上新情况的出现使传统的高校共青团工作产生了不适应的现象。一是组织模式不适应。长期以来，我们重视统招学历教育学生，忽视成人教育系列学生；重视本科生的工作，放松了对研究生群体的管理；抓了院系、班级等传统的组织体系，却不能有效覆盖公寓以及社团等新兴的学生组织。共青团的影响力和覆盖面因此受到了很大的制约。二是工作模式不适应。我们的工作过多地侧重于教育和管理职能，忽略了对学生的服务。我们现在要树立竭诚为青年学生服务的意识，要努力为学生提供高质量的服务，在组织活动的过程中要考虑如何能使学生获益。三是活动模式不适应。我们一直立足于学校团委、分团委和班级开展活动，很多时间、空间覆盖不到；我们一直立足于校园内开展活动，无形中与社会发展产生了差距。这三个“不适应”是改革带来的，是时代进步的必然，我们要针对这三个“不适应”逐步创新、改进我们的工作，以适应教育改革的进程。

3. 当代青年学生的需求变化对学校团的工作提出了新的要求

当代青年学生是伴随改革开放一起成长的，他们身上深深地打上了时代的烙印。要对这一代青年学生做一个准确的描述是很难的事情，但是，我们可以通过调查概括一下他们在主流方面的特征。一是爱国进步。他们强烈希望国家富强，希望民族复兴，希望自己能够参加到这个进程中来。这种爱国热情会在一些特殊时刻和重要事件中迸发出来，如在抗议美国轰炸我驻南大使馆的过程中，学生表现出高度的爱国热情，并且是理性的，这是极其可贵的。二是信念坚定。教育部门做过多次调查，青年学生对共产党、对邓小平理论、对走有中国特色社会主义道路的信念是坚定的，是通过实践、通过鲜活的现实生活认识到的。三是务实进取。现在青年学生的学习热情空前高涨，课堂上的知识远远不能满足要求，都在广泛地涉猎多方面的知识，希望拿到各种证书，大部分都希望攻读研究生。四是自主自立。当前学生社团活动活跃，北大有100多个社团，北京联合大学有130多个社团，清华大学有60多个社团。这些社团凝聚了大量同学，社团活动都是学生自己设计、自己组织的。大部分学生愿意参加社团选举以及学生干部的竞选活动，这是青年学生民主意识增强、自主自立的表现。以上四个特点体现了当代青年学生的主流。当然也有一些问题，需要我们冷静对待，比如功利色彩在学生中表现得越来越浓,价值观日益多元化等等。

当代青年学生的需求发生了三个方面的变化:首先,学生角色和学习观念的变化导致学生作为消费者的需求增多。在福利性的教育体制下,学生没有真正成为学习的主体;学费分摊之后,国家支出部分办学经费,学生要自费求学,有的学生是贷款读书。这样,学生成为学习的主体,成为教育的消费者,有理由对学校的教学、管理,对学校团的工作提出较高的要求。其次,自主择业压力的增大导致学生对实用知识技术的学习需求迫切。在高校中,这种需求变化直接的表现就是"考证热"的出现。比如学外语、学计算机、考驾照、考律师等等,大量的实用知识吸引了广大学生的注意力,对团组织吸引和凝聚青年学生提出了新的挑战。再次,法制观念与法律知识的普及促使学生维护自身权益的需求强烈。学生比较关注自身的学习、发展机会,对自己的受教育权、参与权、知情权和隐私权等合法权利的保护有迫切的需要。这是当代青年学生的一个新特点。

面对工作的新形势和学生特点的新变化,我们学校战线的团干部要认真研究,总结出工作的普遍规律。我认为主要有五条:第一条,学校共青团的工作要以素质教育作为根本。一切工作都要紧紧围绕素质教育来开展,以这个纲来牵动学校共青团所有工作,只有服务了素质教育,才能从根本上服务学生。第二条,学校共青团工作的战略重点要校内校外并重。我们过去在校内搞第二课堂,现在第一课堂第二课堂界限模糊,在抓好校内的同时要特别重视校外教育。第三条,学校共青团工作要牵动社会资源,形成社会影响。我们开展的"三下乡"、"挑战杯"、"志愿服务"等活动,之所以取得良好的效果,取得优异的成绩,无不因为它们与整个社会主流有密切联系。我们的工作就是要推动社会进步,推动经济发展。第四条,学校共青团工作要关注热点。这是一个宝贵经验,要关注一些热点问题,引导热点问题,因势利导做好学生的工作。第五条,学校共青团工作要在机制建设上下苦功。这个问题非常重要,我们不能只是零散地搞些活动,必须着眼于长远发展,注重工作机制的建设,要用机制保证工作的活力和连续性。

二、以江泽民总书记"三个代表"重要思想为指导,全面深化学校团的工作

当前,全国上下都在深入学习实践江泽民总书记"三个代表"重要思想。"三个代表"重要思想是新的历史时期建设党的伟大工程的行动指南,也是推进有中国特色社会主义伟大事业的行动纲领。从历史的角度来看,我们党什么时候代表了先进生产力的发展要求,代表了先进文化的前进方向,代表了中国最广大人民的根本利益,我们的事业就会兴旺发达;什么时候违背了"三个代表"的要求,我们的事业就会遭受挫折。因此学习实践"三个代表"重要思想关系到党和国家的未来。

学校共青团组织学习实践"三个代表"重要思想尤其具有特殊的意义。因为我们面对的是特殊的群体,我们的工作对象是学生,这个群体是国家现代化建设的重要后备人才,将来是各行各业实践"三个代表"的骨干力量。我们肩负的是特殊的使命,就是要协助学校党政把他们培养为现代化事业的合格建设者和接班人。可以说,学校共青团工作是在一个特殊的环境里,培养一个特殊的群体,将来承担起特殊的使命。要完成这一光荣而神圣的使命,没有正确的思想指导是不可能的。因此学校共青团要高度重视"三个代表"重要思想,把学习、实践"三个代表"重要思想摆在学校共青团工作的首位,以此为指导,切实加强学校团的各项工作和建设。

1. 以开发青年人力资源为着力点,推动先进生产力的发展

代表先进生产力的发展要求,其本质就是我们党的各项路线、方针、政策要符合生产力

发展的基本规律，要有利于推动先进生产力的发展，只有这样我们党才能永葆先进性，才能站在时代前列，领导人民去建设一个强大的国家。当今世界，推动生产力发展的资源有四种：物力资源、财力资源、人力资源、信息资源。其中人力资源是最活跃最能动的资源，也是最有潜力的资源。我们发展生产力就是要牢牢把握人力资源的能动性，利用人力资源来推动和配置其他资源，加快生产力的发展。学校共青团组织推动先进生产力发展的主要任务就是开发青年人力资源。人力资源开发是一个动态的过程，我们要积极参与到这个过程中，使青年人力资源在各个不同的环节上得以提升。首先，我们要帮助大学生进行职业导航设计。由于青年学生年龄、知识、经历的局限，他们往往对未来的职业无法有一个准确的设计，团组织就要积极介入这一过程，根据每个人的习性、特点、爱好、能力提出合理化建议。职业目标明确了，所作的积累更容易成为正向积累。二是要大力组织青年学生开展素质拓展训练。课堂教学培养人文素质，我们要拓展学生综合素质，训练是一个中心环节，这些年，我们有了很多的经验，如通过大学生“三下乡”、“挑战杯”竞赛、校园文化科技活动等行之有效的活动推动学生进行素质训练，提升人力资源能力，培养创新精神和实践能力。我们要与时俱进地创造更多的训练方式。第三个环节是建立学生综合素质评价体系，实际上是建立青年学生人力资源能力评价的体系。共青团组织要和教育部门密切配合，共同支持这个评价体系，赋予其权威性，这就会形成引导青年学生全面发展的积极导向。四是建立社会认同机制，推动社会对学生综合素质的认同，使我们的评价体系得到劳动部门、人事部门和用人单位的认可接受。

开发青年人力资源要突出素质教育这个核心环节，突出学生社会责任感、创新精神、实践能力的核心要求，只有这样才能实现人力资源配置的科学性。在人力资源开发的四个环节上，学校共青团组织都要深入参与，发挥重要作用。

2. 以培养“四有”新人为根本点，促进先进文化的发展

代表先进文化的前进方向，从本质上讲就是党的路线、方针、政策和各项工作要符合先进文化的发展规律，要能推动民族的、科学的、大众的社会主义文化的发展，增强中华民族文化的感召力，为社会进步发展提供强大的精神动力和智力支持。对学校共青团来说，根本任务就是培养“四有”新人，这个使命是非常不一般的，也是极其光荣的。用先进的文化培育“四有”新人要在三个层面上下功夫：一是理想层面。我们要按照江总书记“七一”重要讲话的要求，把最高纲领和最低纲领有机地统一起来，既要教育广大青年学生树立共产主义必胜的信心，坚定理想信念，同时又要引导他们立足于现实国情，坚定走有中国特色的社会主义道路。要完成这个任务，就必须用邓小平理论和“三个代表”重要思想武装广大青年学生，特别要注意发挥共青团组织实践育人的优势，让青年学生在实践中加深对理论的认识，构筑一种理性基础上的理想信念，这是先进文化育人的最高层次。二是道德建设层面。道德建设是先进文化的重要内容，中央最近下发的《公民道德建设实施纲要》明确要求公民要做到“爱国守法、明礼诚信、团结友善、勤俭自强、敬业奉献”。青年学生首先要达到这些基本道德要求，同时还要高扬爱国主义、集体主义、社会主义大旗，尤其是集体主义教育，这是抵御西方极端个人主义侵蚀的有效武器。我们要用生动、有形的方式对青年学生进行集体主义教育，要让青年学生感觉到自己的一言一行都依赖这个集体，是整个集体的一分子，要通过集体主义教育构筑爱国主义、社会主义和民族团结的牢固基石。学校共青团要切实抓好青年学生的道德建设，继续抓好“爱心社”、“文明修

身工程”等在学生中有广泛影响的道德建设载体。三是群众文化层面。校园文化对青年学生的成长发展有着非常重要的作用，对社会文化的繁荣也起到重要的导向作用。学校共青团要关注青年学生中的时尚，要积极倡导健康向上的时尚，尽力克服负面颓废的时尚。要发挥学生会和学生社团在繁荣校园文化中的重要作用，对学生社团一方面要积极鼓励、支持帮助，另一方面也要严格管理、正确引导。要努力营造丰富多彩、富有特色、导向清晰的校园文化，使青年学生能够在校园文化中提高人文科技素养，增添奋斗和成功的动力。

3. 以竭诚为青年学生服务为出发点，代表和维护广大青年学生的根本利益

代表最广大人民群众的根本利益，其本质就是我们党的路线、方针和政策要符合广大人民群众物质和文化生活的根本需求，以中国最广大老百姓的根本利益为出发点和落脚点，充分发挥人民群众的主动性和创造性，在经济社会不断进步的同时，使人民群众不断获得经济、政治、文化方面的切实利益。具体到共青团组织来讲也一样。胡锦涛同志在团的十三届六中全会上作过一篇重要讲话，主题就是“把竭诚为青年服务作为共青团一切工作的出发点和落脚点”。从这样的战略高度出发，我们就要努力知青年情，解青年难，暖青年心，通过服务把广大青年学生凝聚到党和政府周围，巩固党的青年群众基础。过去学校团的工作教育功能比较强，服务功能比较弱，与青年学生不断增长的需求相比还有很大的差距，因此要进一步加大服务的力度。首先要增强服务意识，要以“服务第一”的思想来做团的工作。区分和评价团组织工作水平的高低，关键要看服务做得怎样；评价一个团干部的优劣，关键看是不是诚心为青年服务，服务得是不是有成效。第二要了解服务需求。要到青年学生中去，扎根在学生中，做他们的知心朋友，切实了解他们的所思所想和实际需求。不仅团委书记要交青年朋友，各级团干部都要交青年朋友。第三要拓宽服务领域。要服务大多数青年学生，解决他们共同关心的重大问题，帮助他们全面发展。同时也要关心若干特殊青年学生群体，尤其是经济困难学生群体和心理健康存在问题的学生群体，通过济困助学、担保贷款、心理咨询等多种方式关心他们，温暖他们。现在尤其要注意维护青年学生的合法权益，注重服务机制方面的建设。要在满足学生共性需求的基础上尽可能考虑学生的个性追求。第四要强化服务功能。要进一步加强学校团组织传统的服务体系和服务载体建设，更好地发挥学生刊物、活动中心等现有资源的服务功能，同时也要利用现代科技积极创设一些新的服务手段和服务网络，以更好地服务青年学生。第五要注重服务效果。学生满意不满意是我们检验服务工作是否到位的惟一标准，也是青年学生能否从心理上真正贴近团组织，自觉团结在团组织周围的关键，我们所有的工作都要务求实效，也只有这样，我们才能真正成为青年学生的核心和代表。

团的一切工作都要以“三个代表”重要思想来指导和评判，符合的就坚持，不符合的就坚决调整和改进。希望同志们认真研究，积极探索在实际工作中贯彻落实“三个代表”重要思想的具体措施，及时总结交流经验，不断提高学校战线共青团的工作水平。学校战线团的干部要深刻把握“三个代表”重要思想的科学内涵和重要意义，以“三个代表”来明确我们的任务，带领广大青年学生把实践“三个代表”作为我们事业追求的一个崇高目标，自觉成为实践“三个代表”的模范。

三、做好今年工作需要把握的几项原则

1. 把握大局。团干部要议大事、懂全局、管本行。把握全局、服务大局是共青团的优良传统，也是做好共青团工作的重要保证。团干部为什么转业之后适应性比较强，很快就能脱颖而出，这是因为团干部善于从大局思考问题

和工作。把握大局首先就是要善于从政治上分析把握我们的工作，学校的工作尤其如此。从服务大局的要求出发，今年首先要在高校切实抓好“三个代表”重要思想的学习。学习“三个代表”重要思想是共青团当前的首要工作，是最大的大局。要采取理论研讨、社会实践等各种生动活泼的方式认真组织引导广大青年学生学习“三个代表”重要思想，要着重从青年学生怎么学习、怎么实践上下功夫，让“三个代表”入耳、入脑、入心。在组织学生学习的同时，高校团干部自身也要身体力行“三个代表”。其次要紧紧围绕素质教育这一中心环节，大力推进“素质拓展计划”，坚持以“素质拓展”统揽学校共青团工作。第三要妥善处理好改革、发展、稳定的关系，切实加强高校稳定工作。今年将召开党的十六大，还将迎来建团80周年，做好高校稳定工作事关重大。稳定压倒一切，维护高校稳定是维护社会稳定的重要保证。学校无小事，团的工作无小事，各项工作都要谨慎，要及早把握学生思想状况的异动，重大情况要及时通报。

2. 稳中求进。学校部工作要点已经下发，大家在讨论中可以各抒已见，帮助加以完善。学校系统的工作具有较好的工作基础，形成了良好的工作态势，今年要稳中求进。稳中求进首先是稳，就是保持原有的工作思路、工作格局和主要项目不变。其次要求“进”，包括两层意思，一是要继续深化一些重点项目。比如说“三下乡”活动如何在提高服务质量上再下功夫，创业计划竞赛能否和大学生职业生涯设计结合起来，这些都需要大家进一步思考和实践。要整合这些工作项目，形成规范化的机制。我们准备和教育部一起就“挑战杯”奖励机制形成政策。另一层意思是要结合时代的发展和青年学生中出现的新特点、新需求，抓住一些热点、敏感问题设计一些新的活动和工作方式，体现出青年学生的时代特征和开风气之先的优良传统。比如中国大学生如何以积极的姿态、充分的准备迎接 WTO 的挑战等。对一些新开辟的工作项目，大家要讨论得更充分一些，确保我们决策的科学性和正确性。求进的第三个方面就是要在制度建设上下功夫，尤其是团的领导机关，要在形成青少年政策上下功夫，比如挑战杯、素质拓展计划，比如社团管理、中学共青团的工作等，我们都要积极与有关政府部门制定政策。

3. 重点突破。要想在今年实现新的跨越，就必须抓住主要项目，形成合力，重点突破。今年主要有五项工作，要不断形成阶段性成果，使学校团的工作生机勃勃，异彩纷呈。一是要与教育部联合举办“全国大学生学习宣传实践‘三个代表’重要思想成果汇报会暨成果展”，各地要为此早作准备。要及早挖掘、培养学生中学习、宣传、实践“三个代表”的生动典型，总结出几种值得推广的经验和模式。二是全面推进“素质拓展计划”。今后学校战线素质教育工作就是一个品牌，就是“素质拓展计划”，“大学生素质拓展证书”是“素质拓展计划”在机制上实现突破的重要举措，大家对此一定要高度重视。按照四个环节推进，真正做成一番事业，做成最响亮的一个品牌。“挑战杯”、“三下乡”都要成为计划中素质训练的有效载体。今年适当时候，我们要召开“素质拓展计划”的推进会，希望大家在认真思考后提出宝贵意见。三是“大学生艺术节”，这是全国大学生文化艺术素养的大检阅，对繁荣校园文化，推动群众性文体活动有很大作用，要以此牵动校园文化建设。四是中学共青团工作。今年城市中学团的工作还是以“18 岁成人仪式教育活动”为重点，农村中学要把培养学生实践技能摆到重要位置。五是要不断推进和加强团的建设，既要巩固传统的组织阵地和组织网络，同时要不断在巩固的基础上进行创新。比如民办高校，要扩大覆盖面，构建适应民办高校的团建新形式。中学团的建设要注重团队的衔接。我希望这五个重点成为学校战线工作的五个亮点，能够形成五个大的高潮。在此要说明的是，所谓重点工作项目，只是就这项工作在学校战线总体布局中的相对重要性而言，没有点到的其他工作也同样重要。同志们在安排工作的时候要综合权衡，不能顾此失彼。

4. 务求实效。实效是我们工作的生命。我们只有在工作中扎扎实实，务求实效，才能真正取得党和政府的信赖、青年学生的支持和人民群众的欢迎，我们的工作才能有长久的生命力。刚刚结束的团的十四届五中全会通过的《关于加强和改进团的作风建设的决定》指出，要坚决克服短期行为，克服形式主义，狠抓工作落实。周强同志的讲话也明确要求各级团干部要保持脚踏实地、求真务实的工作作风。学校战线团的干部要积极响应团中央全会的号召，认真落实周强同志代表全委会提出的各项要求。我们寄希望于学校战线的团干部，我们要在这个岗位上养成良好的习惯。要培养两大优点，一个就是有世界眼光，有战略思维。善于从战略上，从大局上把握我们的每一项工作，这就要不断地学习，刻苦地实践；二是要有百折不挠抓落实的胆识、劲头和责任感。现在很多工作以会议贯彻会议，以文件贯彻文件，就是不去抓落实，这种作风是要不得的。培养了这两个大优点，我们学校系统工作才会不断掀起新的高潮，不断地提高创新水平。学校共青团工作千头万绪，打出了许多知名品牌，我们总结这么多年的工作经验，主要有两条，一是捏紧拳头打名牌，二是以办事业的方式百折不挠地推进。有不同意见可以充分发表，但定下来的事，就必须上下齐心，共同打名牌。我们既要考虑取得阶段性的成果，这是必要的，共青团的工作必须有阶段成果，有亮点，才能在社会上造成影响，但是我们更要考虑建设长远发展的工作机制，这一点对团的领导机关尤其重要。刚才讲的五项重点工作，都是从机制上考虑的，是从长远考虑的，希望大家一起努力，共同来把工作做实做好。

学校战线团干部政治敏感性强、立场坚定、思维活跃、善打硬仗。正是因为这支队伍的辛勤工作，才使学校共青团经受住了各种考验，在培养和造就一大批高素质的社会主义现代化事业建设者和接班人的过程中发挥了显著的作用。目前我们正处在实现新突破、取得新发展的难得的历史时期，只要我们团结一致，大胆开拓，扎实工作，共青团学校战线一定会取得更加骄人的成绩。

深入学习贯彻党的十六大精神，教育引导少年儿童为实现全面建设小康社会的宏伟目标做好全面准备

——赵勇在全国少工委四届四次全委会上的讲话

2002年12月26日

这次会议的任务是学习贯彻党的十六大精神，全面贯彻“三个代表”重要思想，贯彻落实共青团十四届六中全会精神，研究部署2003年少先队工作。

下面，我代表团中央书记处，就如何深入学习贯彻党的十六大精神，不断开创少先队工

作新局面讲四点意见。

一、要把深入学习贯彻党的十六大精神作为少先队的首要政治任务

党的十六大是我们党在新世纪召开的第一次代表大会,也是我们党在开始实施社会主义现代化建设第三步战略部署的新形势下召开的一次十分重要的代表大会。深入学习贯彻党的十六大精神,把全党和全国各族人民的思想统一到十六大精神上来,同心同德地完成十六大确定的各项任务,确保党和国家在新世纪新阶段奋斗目标的胜利实现,是全党当前和今后一个时期的首要政治任务。作为党创立和领导的少年儿童组织,中国少年先锋队也要认真学习贯彻党的十六大精神,用十六大精神指导少先队工作。

学习贯彻党的十六大精神,就要在少先队工作中全面贯彻"三个代表"重要思想。"三个代表"重要思想是十六大的灵魂。把"三个代表"重要思想同马克思列宁主义、毛泽东思想和邓小平理论一道确立为我们党必须长期坚持的指导思想,要求全党把这个指导思想贯彻到社会主义现代化建设的各个领域,体现在党的建设的各个方面,是党的十六大的一个历史性决策,也是一个历史性的贡献。十六大明确提出,贯彻"三个代表"重要思想,关键在坚持与时俱进,核心在坚持党的先进性,本质在坚持执政为民。少先队贯彻"三个代表"重要思想,就要按照这一要求,正确认识时代特征,把握社会前进脉搏,使思想和行动能够始终适应不断变化着的客观实际,用先进的思想启迪少年儿童,用先进的文化陶冶少年儿童,用生动的实践锻炼少年儿童,使他们成长为未来先进生产力的创造者和推动者、先进文化的传承者和弘扬者、最广大人民利益的服务者和维护者。

学习贯彻党的十六大精神,就要在少先队工作中坚持解放思想、实事求是、与时俱进。十六大明确提出,坚持党的思想路线,解放思想、实事求是、与时俱进,是我们党坚持先进性和增强创造力的决定性因素。要求全党必须在思想上不断有新解放,理论上不断有新发展,实践上不断有新创造。特别强调,必须把发展作为党执政兴国的第一要务,不断开创现代化建设的新局面。还提出,发展要有新思路,改革要有新突破,开放要有新局面,各项工作要有新举措。按照党的要求做少先队工作,也要使少先队工作体现时代性,把握规律性,富于创造性,与时代俱进,与真理俱进,与人民俱进。党的十三届四中全会以来,少先队工作不断发展,形成了六条基本经验:坚持全面贯彻党的教育方针,着眼于人的全面发展,把少年儿童思想道德建设摆在少先队工作的首位;坚持以人为本,尊重少年儿童的自主性、创造性和独立人格,发挥集体育人、实践育人的优势;坚持与时俱进、开拓创新,不断认识规律、运用规律、探求规律,不断开创少先队工作的新局面;坚持走社会化的道路,广泛动员和依靠社会力量为少年儿童的健康成长营造良好的社会环境;坚持把为少年儿童健康成长服务作为少先队一切工作的出发点和落脚点;坚持团建带队建,不断加强少先队的自身建设,永葆少先队组织的生机和活力。在新的形势下,面对新情况新任务,仍然需要我们根据经济社会的发展、教育改革与发展和少年儿童健康成长的需求,在继承少先队光荣传统的基础上,不断进行理论创新、组织创新、机制创新,不断在新的实践中实现新的发展,不断把少先队事业推向前进。

学习贯彻党的十六大精神,就要不断推进少先队的自身建设,始终保持少先队的生机和活力。党的十六大提出,坚持用时代发展的要求审视自己,以改革的精神加强和完善自己,这是我们党始终保持马克思主义政党本色、永不脱离群众和具有蓬勃活力的根本保证。按照党的要求做少先队工作,就要按照党对少先队的工作要求和时代赋予少先队的历史任务,围绕党和国家工作大局，遵循少年儿童教育工作的规律，不断提高少先队组织的创造力、凝聚力和影响力。从在巩固小学和初中少先队阵地的基础上大力发展城市社区少先队组织，到重视和大力加强农村少先队组织建设，从提出学校辅导员队伍的专业化建设，到不断壮大由家长和社会各界有识之士组成的志愿辅导员队伍，以及少先队小干部队伍建设等，就是一个不断加强和完善少先队自身建设的过程。在新的形势下，面对新情况新任务，仍然需要我们用新的理念来进一步加强少先队的建设。

少先队事业是党的事业的一部分，少先队工作者和少先队员都要学习贯彻党的十六大精神，用十六大精神指导工作、学习和成长。少先队工作者学习贯彻十六大精神，就要认真学习江泽民同志的报告原文，把握精神实质，增强政治意识、大局意识、责任意识，围绕主题，把握灵魂，切实把十六大精神落实到少先队工作中。少先队员学习贯彻十六大精神，就要从现实生活中了解"三个代表"重要思想，知道十六大提出的全面建设小康社会的宏伟目标，从小坚定跟党走中国特色社会主义道路的信念，为长大后完成十六大绘制的宏伟蓝图做好全面准备。

二、用全面建设小康社会的宏伟目标激励当代少年儿童做好全面准备

党的十六大确立了全面建设小康社会的目标，绘制了21世纪前20年我国现代化建设的一幅宏伟蓝图。十六大关于全面建设小康社会的理论和纲领，是中国特色社会主义理论和实践的丰富和发展，为全党和全国人民指明了在新世纪新的发展阶段继续前进的方向。少先队要完成党交给的光荣任务，就要围绕这一目标培养建设者和接班人，就要教育引导少年儿童为实现这一目标做好全面准备。

少先队要肩负起这一神圣使命，现在应思考两个问题：一是为实现全面建设小康社会的目标，10以后需要什么样的人才。因为今天的少先队员，十年后就要走上或即将走上工作岗位，他们的素质很大程度上决定着20年后我们能不能实现全面建设小康社会的目标。二是为了使他们能够在10后肩负起全面建设小康社会的任务，现在我们就应怎样教育、引导和培养他们。因为今天的少先队员是怎么做准备的，10后他们就会在很大程度上以什么样的面貌从事全面建设小康社会的工作。

全面建设小康社会，要求当代少年儿童成为永远坚定跟党走的一代。要让少年儿童知道，新中国成立前，中国是半殖民地半封建的国家，中国人民生活在苦难深重、极度屈辱的深渊中。是在中国共产党的领导下，中国才由积贫积弱的旧中国变为初步繁荣昌盛的新中国。要让少年儿童了解，中国是一个发展中的大国，走向繁荣富强实现现代化是多少代中国人梦寐以求的理想，是在中国共产党的领导下，我们才开始真正进行了现代化的建设，找到了实现这一理想切实可行的道路。要让少年儿童懂得，在走向现代化的征程上，实现全面建设小康社会的目标，必须由代表中国先进生产力的发展要求、代表中国先进文化的前进方向、代表中国最广大人民根本利益的中国共产党领导。

全面建设小康社会，要求当代少年儿童成为继承和弘扬民族精神的一代。要让少年儿童知道，自秦王朝统一中国的两千多年来，我国主体是一个统一的多民族国家；在漫长的历史发展过程中，我国各族人民共同劳动、生活和斗争，无论是顺利发展、兴旺发达时期，还是面临生死存亡的危急关头，都一起捍卫国家主权、维护民族尊严和祖国的统一。要让少年儿童了解，中国是人类历史最早发源地之一，也是世界四大文明古国之一，积极发展同世界其他民族的友好往来，成为举世闻名的礼仪之邦；新中国重视睦邻友好，主张各个国家和平共处，是维护世界和平、促进共同发展的重要力量。要让少年儿童懂得，中国人民依靠勤劳勇敢,创造了一个又一个人间奇迹,缔造了为世人惊叹的灿烂文明;在走向现代化的征程上,实现全面建设小康社会的目标,也必须自尊自信、自立自强、坚韧不拔、勇于开拓、积极进取、自强不息,用青春的朝气和激情去克服前进道路中的一切困难,去迎接一切挑战。

全面建设小康社会,要求当代少年儿童成为为实现新型工业化做贡献的一代。经济是基础,全面建设小康社会最根本的是坚持以经济建设为中心,不断解放和发展社会生产力。对于经济增长速度的要求,是在优化结构和提高效益的基础上,国内生产总值2020年力争比2000年翻两番,使我国的综合国力和国际竞争力明显增强。要根据世界科技发展新趋势、国际合作与竞争的新格局和我国经济成长新阶段的客观要求,实施科教兴国战略和可持续发展战略,以信息化带动工业化,以工业化促进信息化,走一条科技含量高、经济效益好、资源消耗低、环境污染少、人力资源优势得到充分发挥的新型工业化道路。同时还要统筹城乡经济社会发展,全面繁荣农村经济,加快城镇化进程,实现农村富余劳动力向非农产业转移,使城镇人口的比重有较大幅度的提高。要使少年儿童知道和了解,科学技术是推动人类进步的巨大力量,市场经济要求人们讲效益,资源和环境的保护对于人类的生存与发展关系极大,信息网络已是人们生产生活中不可缺少的工具。要使少年儿童懂得,懂科技、讲效益、重环保、用网络,是未来10年人的基本素质。

全面建设小康社会,要求当代少年儿童成为不断把改革开放推向前进的一代。社会主义市场经济体制初步建立,旧体制的积弊尚未完全清除,新体制还不健全,改革与发展过程中也产生一些新的矛盾和问题,经济持续快速发展仍然有赖于体制的创新和不断完善。21世纪前20年的目标,是建成完善的社会主义市场经济体制和更具活力、更加开放的经济体系。这就要求一切妨碍发展的思想观念都要坚决冲破,束缚发展的做法和规定都要坚决改变,影响发展的体制弊端都要坚决革除。这其中要坚持和完善基本经济制度,深化国有资产管理体制改革;健全现代市场体系,加强和完善宏观调控;深化分配制度改革,健全社会保障体系;坚持“引进来”和“走出去”相结合,全面提高对外开放水平。要让少年儿童知道,创新是一个民族进步的灵魂,是一个国家兴旺发达的不竭动力。要让少年儿童了解,封闭必然落后,落后就要挨打,中华民族应以豪迈的姿态走向世界,学习国外一切先进的东西,以过硬的本领参与竞争,以顽强的意志迎接挑战。要让少年儿童懂得,现在就要培养自己创新的勇气、创新的意识、创新的思维和创新的技能,今后才能成为各行各业的创造者。

全面建设小康社会,要求当代少年儿童成为追求美好生活的一代。全面建设小康社会的出发点和最终落脚点,是提高全国人民的生活水平和质量。现在只是总体上达到小康水平,也就是低水平的、不全面的、发展很不平衡的小康。要达到全面小康,还要继续大力推进扶贫开发,巩固扶贫成果,尽快使尚未脱贫的农村人口解决温饱问题,并逐步过上小康生活。要把扩大就业作为提高人民生活水平的重要途径,放在突出的位置上。在基本生存资料得到满足和初步达到小康以后,人民生活继续改善的方向是拓宽消费领域,优化消费结构,满足人们多样化的物质文化需求,提高生活质量。全面建设小康社会的目标,包括社会保障体系、国民教育体系、全民健身和医疗卫生体系建设,人民政治、经济和文化权益得到尊重和保障,以及保证人民安家乐业的良好社会秩序。要使少年儿童知道,使全国人民的物质生活、精神生活、政治权利和生存环境得到全面改善的目标就是促进人的全面发展的目标。要使少年儿童了解,走向社会以后就要参与竞争,人生的价值在于奉献、在于奋进,人生的乐趣在于自强不息的奋斗之中。要让少年儿童懂得，幸福的生活和美好的未来要靠自己去创造。

总之，我们要把全面建设小康社会对未来人才的要求具体化，发挥少先队组织的优势，从一点一滴做起，要让少年儿童把为实现全面建设小康社会目标做贡献的志向落实到做好全面准备的实际行动中。

三、以"实现宏伟蓝图，做好全面准备"主题活动为载体，不断开创少先队工作的新局面

在少年儿童中开展"实现宏伟蓝图，做好全面准备"主题活动，是少先队组织贯彻落实十六大精神的具体行动。要以丰富多彩的体验教育活动为基本途径，教育引导少年儿童学习十六大精神，知道一个思想："三个代表"重要思想，了解一个目标：全面建设小康社会的宏伟目标，确立一个志向：为实现中华民族伟大复兴做好全面准备。它主要由"红领巾心向党"、"手拉手，话小康"、"养成道德好习惯"、"民族精神代代传"、"争奖章，做准备"、"中华少年小甲A足球活动"等六项活动组成。这六项活动在"实现宏伟蓝图，做好全面准备"的主题下，形成了一个有机整体，涵盖了"三个代表"重要思想的教育和对全面建设小康社会目标的理解，把少年儿童应具备的民族精神、良好的思想品德和多方面的素质及能力放到了重要的位置。它既深化了少先队业已开展的"中国少年雏鹰行动"、"手拉手"活动，继续了"养成道德好习惯"体验活动、"中华少年小甲A足球活动"，又创设了"红领巾心向党"、"民族精神代代传"等活动。这项活动是2003年少先队工作的重点和总揽，其他各项活动都要按照这样一个主题展开和深化，不断开创少先队工作的新局面。

确定这样的主题，一是党的十六大明确提出全面建设小康社会的宏伟目标，少先队组织学习贯彻十六大精神，就要教育引导少年儿童为实现这一宏伟蓝图做好全面准备；二是第四次全国少代会《中国少年21世纪宣言》提出"全面准备振兴中华"体现了少先队工作应长期坚持的主题，根据十六大精神的指引，结合少先队工作鲜明的时代特色，要把"实现宏伟蓝图做好全面准备"作为2003年和今后一个时期少先队活动的主题。

开展好这项活动，要把握以下两个方面：

一是要按照体验教育的思路组织实施。在活动中要创造良好的形式、氛围和环境，引导少先队员讲真话，抒真情，表真意。"红领巾心向党"活动的关键环节是在现实生活中感受在党的领导下所取得的伟大成就，体验共产党人崇高的思想境界；"手拉手，话小康"活动的重要步骤是感受生活的变化，体验手拉手小伙伴的真情实感；"养成道德好习惯"活动的主要形式是在家庭生活、学校生活、社会生活和大自然中的体验和感受；"民族精神代代传"活动的中心环节是做一件自己认为最能体现民族精神的事，感受民族精神的丰富内涵和巨大力量；"争奖章，做准备"的主要任务是使少年儿童在提高技能的同时强化体验环节，获得真实感受；"中华少年小甲A足球活动"要使少年儿童在开展足球活动的过程中体会做人做事的道理。

二是要分类指导，大胆创新，鼓励各级少先队组织根据这一主题和主要活动内容，结合各自的实际情况去创造。比如开展"红领巾心向党"活动，让少年儿童感受生产力发展所带来的巨大变化，感受文化事业发展所带来的新面貌。开展"手拉手，话小康"活动，每一个地区实现小康的具体目标和具体步骤不可能完全相同，因此开展活动的内容和方式也会不同。如何把少年儿童对自己家乡和小伙伴家乡对未来的描绘展示出来，也要因地制宜，使展示丰富多彩、各具特色。"养成道德好习惯"活动虽然开展了一年，但也只是个开始，在家庭生活、学校生活、社会生活和大自然中体验的空间还很大。2003年要在三个方面深化:在微观上要进一步强化体验环节,注意引导少年儿童体验进入角色前和扮演角色过程中、扮演角色后各个环节的真实感受;在中观上,要把体验教育和少年儿童的日常学习生活相融合,和学校教育相融合,多设体验岗位并把体验经常化,让少年儿童学习着、生活着,也体验着;在宏观上,要进一步构建和完善社会化工作运行机制,重点建设好体验教育基地,壮大参与体验教育的工作队伍。让少年儿童通过体验感知17个知道,形成14种态度,锻炼18种能力,为培养17个基本行为习惯奠定基础,这其中创造的空间也很大。"争奖章,做准备"活动实际上就是雏鹰争章活动的深化。雏鹰争章活动本身既是教育训练的过程,又是奖励的手段,必须把它作为常项工作长抓不懈。"中华少年小甲A足球活动"是用"体验足球,快乐成长"体验教育的理念来搞足球活动,用体育活动做思想道德教育的工作,让少年儿童体验"用心出智慧,配合有力量,顽强能进步"的做人做事的道理,体验"激情欣赏,文明表达"中蕴涵着的民族精神和道德要求。这本身就是一个创造。2003年小甲A足球活动主要是开展足球游戏活动、足球文化活动和足球竞技活动及社区推广工作,更要在内容和形式上不断创新。

四、坚持团建带队建,进一步加强少先队的自身建设

少先队组织学习贯彻十六大精神,开展好"实现宏伟蓝图,做好全面准备"主题活动,必须用加强自身建设来保证。江泽民同志在纪念中国共产主义青年团成立80周年大会上的讲话中指出,在新的历史条件下,共青团要贯彻落实"三个代表"要求,坚持与时俱进,不断开创青年工作的新局面。其中特别讲到还要进一步加强对少先队的领导,更好地履行全团带队的光荣职责。全团带队是党赋予共青团的重要职责,是共青团的光荣传统。坚持团建带队建是全团带队的重要内容。各级团组织要充分认识少先队工作的重要意义和在共青团事业中的基础地位,将少先队工作纳入到全团总体工作之中,进一步加强对少先队组织的领导,健全少先队的工作机构,加强少先队工作者队伍建设。要发挥少先队组织的创造性,鼓励他们根据少年儿童的特点开展富有特色的活动。要努力争取社会各方面的配合与支持,优化少先队工作的外部环境。

当前,少先队的自身建设要以文化建设为重点,抓好以下几个方面:

1. 用党的三代领导人的题词激励少先队员。以毛泽东、邓小平、江泽民同志为核心的党的三代领导集体都对少年儿童寄予殷切期望,对少先队工作高度重视,多次题词勉励少年儿童,对少先队工作提出要求。毛泽东同志号召"儿童们团结起来,学习做新中国的新主人",要"好好学习,天天向上"。邓小平同志指出:"现在小学一年级的娃娃,经过十几年的学校教育,将成为开创21世纪大业的生力军。"希望广大少年儿童"立志做有理想、有道德、有知识、有体力的人,立志为人民做贡献,为祖国做贡献,为人类做贡献"。江泽民同志为"中国少年雏鹰行动"题词:"自学、自理、自护、自强、自律,做社会主义事业的合格建设者和接班人",为少先队成立50周年题词:"星星火炬代代相传"。各级少先队组织要用好这些题词,使少年儿童真切地感受到党的关怀和期望。全国少工委曾发出通知,要求少先队队室中悬挂毛泽东同志"好好学习,天天向上"的题词,邓小平同志"希望全国的小朋友,立志做有理想、有道德、有知识、有体力的人,立志为人民做贡献,为祖国做贡献,为人类做贡献"的题词,江泽民同志"星星火炬代代相传"的题词。2003年还要把这项工作继续做好。

2. 充分发挥少先队独特的队旗、队徽、标志、队礼、呼号、礼仪、鼓乐、队服等的作用。当少年儿童站在星星火炬的队旗下,就感到人生追求的开始。戴上红领巾,就感到自己与无数先烈为之奋斗的事业有了联系。举起队礼,就感到自己要把人民的利益放在高于一切的位置。举手呼号,就感到从现在开始,就要为了实现一个美好的理想做好全面准备。鼓乐响起,就感到一种神圣崇高的情感油然而生。少先队组织必须始终重视少先队组织所特有的文化的外在表现形式,不断赋予新的时代内涵,并使之深刻地留在少年儿童的记忆中。

3. 高度重视基层组织建设,特别要充分发挥中队、小队的作用。少先队中队和小队是少先队员日常学习生活的集体,这个集体形成的氛围对每一个少年儿童的健康成长有着十分深刻的影响,而每一个个性鲜明的少先队员也会给少先队集体带来生机和活力。因此,少先队文化建设最终都应该表现在少先队中队和小队集体营造的文化氛围中。少先队员在中队、小队集体中是不是感到温暖、是不是感到自主、是不是感到快乐、是不是感到一种催人向上的力量,是少先队文化建设乃至少先队自身建设的重要衡量标准。今年全国少工委开展的特色小队的评选活动,推出了一大批活跃的少先队特色小队,明年还要进一步抓好少先队优秀中队和红旗大队的评选活动,用先进少先队集体的典型展示当代少年儿童的精神风貌,推动少先队文化的建设和传播。

4. 充分利用校内、校外多种资源。要使少先队员在日常的学习生活中也能感受到少先队组织的影响,就要让少先队员从所处的学习生活环境中感受到少先队的影响力。许多少先队工作者都在思考这样的问题,在少年儿童学习任务比较重的情况下,如果他们没有在开展队日、队会活动,没有听到少先队的鼓乐声,他们能不能感受到少先队组织的影响,能不能意识到自己是个少先队员。在学习中,在和伙伴相处中,在家庭里,在社会上,能不能按照少先队所倡导的理念去言行,这是关系到少先队组织能否发挥作用的重要问题。因此,应使少先队的理念和影响渗透到少年儿童的日常生活中,融合于学校教育、家庭教育和社会教育中。少先队的队室、小广播台、小电视台、小家务等等都要来讲话,都要有很强的导向性。少先队的队报队刊每一个版、每一种字体、每一张图片、每一个小装饰,都要来讲少先队的理念,传递少先队的信息。要充分运用和挖掘青少年宫的资源开展各种服务活动。少先队在社区和社会上建立的各种教育基地,也应成为少先队传播自己文化的阵地。

5. 加强辅导员队伍建设,发挥专、兼职和志愿辅导员的作用。这是少先队永恒的课题,已在很多场合反复强调过。这次我们所强调的是,要首先用少先队的文化理念武装辅导员和少先队工作者队伍,特别是要增强少先队组织对大量的兼职中队辅导员的影响,他们往往既是辅导员,又是班主任,与少年儿童朝夕相处,与少先队中队集体长期相伴,对少年儿童具有最直接的影响力。他们的作用在少先队工作的体系中至关重要。少先队中队集体建设得好不好,与少先队中队辅导员密不可分。要使少先队辅导员特别是中队辅导员明确,他们对少年儿童既是老师,又是指导者和亲密朋友。要使他们知道,如果他们不能尊重少年儿童,就不可能形成人人都平等的集体;如果他们总是包办代替,就无法形成人人都是主人的集体;如果他们组织的中队活动总是背诵式、表演式的,队员只是小木偶、小工具,不可能形成人人都探求的集体,就不可能有让少年儿童取得实实在在收获的活动;如果他们营造了很压抑的气氛,就不可能形成人人都创造的集体;如果他们眼界狭窄、知识陈旧老化,缺乏对时尚的敏感,就不可能与少年儿童有共同的语言,做到心灵的沟通。因此,少先队辅导员队伍建设的任务是重要而繁重的,必须下大力气做好。

同志们,刚刚举行的共青团十四届六中全会,要求各级共青团组织要充分认识党的十六大对新世纪新阶段党和国家事业发展的重大意义，在团员青年中广泛兴起学习贯彻党的十六大精神的热潮，努力把共青团工作提高到一个新水平。让我们高举邓小平理论伟大旗帜，在以胡锦涛同志为总书记的党中央领导下，全面贯彻“三个代表”重要思想，按照全团的统一部署，根据这次会议所确定的教育引导少年儿童为实现十六大确定的全面建设小康社会的宏伟目标做好全面准备的工作任务，突出重点，结合实际，把十六大精神落实到少先队的各项工作中，不断开创少先队工作新局面。

胡伟同志讲话

胡伟在共青团全国组织部长会议上的讲话

2002年3月2日

这次共青团全国组织部长会议，是在全党认真学习贯彻江泽民同志“七一”重要讲话和党的十五届六中全会精神的形势下召开的。会议的主要任务是，以邓小平理论和“三个代表”重要思想为指导，按照共青团中央书记处的部署和要求，总结过去一年团的组织工作，研究安排今年的工作任务，动员全团组织战线干部继续发扬优良传统，把团的组织工作提高到一个新水平。共青团中央书记处非常重视这次会议。会议筹备期间，周强同志几次听取汇报，对开好会议作出明确要求。周强同志还专门致信会议，寄语全团组织战线干部要与时俱进，开拓创新，开创团的组织工作新局面，这是对全团组织战线干部的极大鼓舞，为我们做好当前和今后一个时期团的组织工作指明了方向。大家要认真学习领会，把周强同志的要求落实到实际工作中去。

过去的一年，是我国实施“十五”计划和现代化建设第三步战略部署取得良好开局的一年，是我们党和国家发展进程中非常重要的一年，也是团的组织部门扎实工作并取得明显成效的一年。一年来，团的各级组织部门深入学习贯彻江泽民同志“七一”重要讲话精神和“三个代表”重要思想，紧紧围绕服务大局，服务青年，开拓创新，求真务实，各项工作都取得了新的进步。共青团农村“三个代表”重要思想学习教育活动取得实效，受到中央领导同志和各级党政领导同志的高度重视和充分肯定；基层“党建带团建”工作在各级党委和党委组织部门的重视、支持下取得明显成效；创建“五四红旗团委”活动进一步深化；农村、社区等领域团建工作进一步巩固和加强，非公有制经济组织团的建设取得新的进展；推选、树立了一批具有时代特点和风貌的先进个人和先进集体典型；团干部教育培训工作继续深化；以改革的精神研究新情况、解决新问题，团建创新试点工作在基层团组织设置方式、团干部培养选拔、团员教育管理、团的组织生活制度、团的工作机制和运行方式等方面取得了初步成效。这一切，为做好今年团的组织工作奠定了坚实的基础。对过去一年团的组织工作，共青团中央书记处是满意的。

去年底，中央召开了全国组织部长会议。中共中央政治局常委、中央书记处书记胡锦涛与会议代表座谈并发表重要讲话。胡锦涛同志在讲话中分析了当前国际国内形势，提出了2002年组织工作的总体要求，从战略高度论述了加强党的思想理论建设、干部队伍建设、党的基层组织建设和党的作风建设的重要意义，动员全国组织战线与时俱进，扎实工作，以党的建设和组织工作的新成绩，迎接党的十六大胜利召开。中共中央政治局候补委员、中央书记处书记、中央组织部部长曾庆红就2002年全国组织工作的具体部署作了重要讲话。全国组织部长会议精神对于我们进一步做好团的组织工作具有重要的指导意义。

关于今年团的组织工作，团中央组织部下发了工作要点，尹德明同志已经作了具体安排，我就不全面讲了。下面，我就深入学习贯彻江泽民同志"七一"重要讲话和党的十五届六中全会精神，贯彻落实团十四届五中全会精神，切实做好今年团的组织工作，讲三个问题。

一、深刻认识新形势，进一步增强做好团的组织工作的责任感和紧迫感

正确分析和把握我们所面临的形势，是统一思想、部署工作的重要前提和依据。团的组织工作，必须始终着眼于国际国内形势新的发展变化，始终着眼于经济社会发展全局，始终着眼于共青团工作全局，才能做到有的放矢。我们要做好今年团的组织工作，就必须认清形势，把握全局，明确任务。

1. 深刻认识国际国内形势新的发展变化，准确把握面临的大形势、大环境。从新世纪开始，我国进入了全面建设小康社会、加快推进社会主义现代化的新的发展阶段。但是，我们必须清醒地认识到，国际国内形势出现了一些新的变化和特点。世界政治多极化、经济全球化在曲折中发展，以信息技术和生物技术为代表的现代科学技术突飞猛进，正以前所未有的广度和深度影响着整个世界格局和国际形势。在中央经济工作会议上，江泽民同志在深刻分析当前国际形势新的发展变化后，作出了三个基本判断：一是和平与发展作为时代的主题不会改变，世界形势的基本态势是，总体和平，局部战争；总体缓和，局部紧张；总体稳定，局部动荡。二是世界多极化的发展趋势不会改变。三是我们面临的国际环境依然是机遇大于挑战，但不确定因素增加，形势严峻。总书记对国际形势的精辟分析为我们认清国际形势、把握大局指明了方向。

国内形势方面，改革开放20多年来，我国各项事业全面发展，综合国力大大增强，人民生活水平明显提高。2001年是我国"十五"计划的起始之年。在世界经济增长明显减缓的情况下，我国经济仍然保持较好的发展势头。国民经济持续、快速、健康发展，结构调整力度加大，固定资产投资增速加快，消费需求平稳增长，对外贸易保持增长，利用外资继续增加，西部大开发取得重要进展，财政收入增加，金融运行平稳，各项改革不断深化，经济增长质量和效益继续提高。但是，在改革开放和发展社会主义市场经济的历史进程中，也出现了许多新情况新问题。如农民收入增长较慢，就业压力加大，企业改革中许多深层次问题尚未解决，市场秩序还存在不少问题，国民经济结构性问题比较突出，外贸出口形势严峻，特别是加入世贸组织，使我们面临更加激烈的国际竞争，等等。

我们要密切关注和悉心研究国际国内形势新的发展变化，以及对我国改革发展稳定所带来的影响，深刻认识，准确把握，将团的组织工作放在全局工作中考虑，这样才能坚持正确的方向，更好地为大局服务。

2. 充分认识党的建设新的伟大工程对团的建设提出的新的更高要求。近年来，我们党采取一系列重大措施，全面推进党的建设新的伟大工程，使党的基层建设进一步巩固和加强。共青团是党领导的先进青年的群众组织，是广大青年在实践中学习共产主义的学校，是党的助手和后备军，在团结教育青年中发挥着重要作用。在长期的革命和建设历程中，党历来重视发挥共青团在团结教育青年中的核心作用，重视、关心团的建设，把团的建设作为党的建设的有机组成部分常抓不懈。

但必须看到，目前基层团组织的状况与党的建设新的伟大工程的要求，与新形势、新任务的要求相比，还有明显差距。一些基层团组织松散，有的甚至处于瘫痪、半瘫痪状态；一些领域的基层团组织还不够健全，组织设置也不能完全适应经济社会结构的发展变化，团的工作不能有效覆盖广大团员青年；一些地方的基层团组织内在活力不足，在团员青年中缺乏吸引力、凝聚力和战斗力等等。

同时，青年的思想观念、价值取向和行为方式也发生了深刻变化，特别是西方敌对势力对我国实施“西化”、“分化”的战略图谋一直没有改变，加紧进行资产阶级意识形态和腐朽文化的渗透，他们把“和平演变”的希望寄托在青年一代身上，企图同我们争夺青年一代，动摇党的青年群众基础。青年一代的健康成长面临着许多新的情况。当代青年的主流是热爱党、热爱祖国、热爱社会主义，健康向上的。但也有极少数青年缺乏远大理想，价值观发生偏离，对党产生了一些模糊认识，如果任其发展、蔓延，将会产生严重后果。因此，重视并做好青年工作，加强团的建设，使青年一代紧密团结在党的周围，永远跟党走，确保建设有中国特色社会主义事业薪火相传、后继有人，始终是我们党在新的历史时期的一项重大而紧迫的任务。

我们要进一步深化对加强团的建设重要性的认识，着眼于巩固和扩大党的青年群众基础这一重大政治责任，全面加强自身建设，不断扩大团组织的覆盖面，把最广大的青年有效纳入团的组织网络，把青年更加紧密地团结在党的周围，为党的建设新的伟大工程做出新的贡献。

3. 充分认识社会主义市场经济条件下团的建设的新形势对团的组织工作提出的新要求。随着社会主义市场经济体制的逐步确立和完善，我国社会经济成份、社会组织形式、利益分配和就业方式呈现出多样化趋势，给团的建设带来了许多以往从未遇到过的新课题。一是基层团组织设置与青年分布和群体结构之间存在着新的不适应。计划经济条件下，团的组织是依托于党政机构建立的单一结构体系，过分依赖于行政命令和行政手段。市场经济条件下，社会组织形式出现了多样化，非公有制经济组织大量涌现，在这当中，传统意义上的农村、国有企业、学校等组织也发生了很大变化，原有团的基层组织设置方式已不能完全适应新的经济社会发展形势。与之相对应，青年的分布与群体结构同样发生着重大的、根本性的变化，青年类别由相对简单向多样化、复杂化方向发展，“单位人”向“社会人”转变成为必然趋势。这种变化的结果，导致了基层团组织设置与青年分布和群体结构之间不相适应。原有团组织能够有效覆盖的团员青年在减少，而流动的团员青年找不到团组织。二是基层团的活动方式与青年的多元化需求之间存在着新的不适应。市场经济条件下，青年的思想观念、价值取向、行为方式等发生了深刻的变化。价值取向趋于多样化，行为更加务实，青年的主体意识、个体意识不断增强。青年在爱岗敬业、为社会尽职尽责、无私奉献的同时，还要求社会予以承认和重视，满足其物质和精神的多种需求，达到个人、集体、社会的兼顾，奉献与获取的统一。在行为方式上，青年更加注重实用，求实际，求实效。基层团组织传统、单一的活动方式不能完全满足青年的基本需求，不利于调动广大青年的积极性。

组织工作是全团工作和战斗力的基础。团的组织部门是加强团的队伍建设的职能部门，是团的基层建设工作的主要承载者，承担着抓基层、打基础的重要职责。团的组织部门必须深刻认识新形势新任务，在国际国内形势的发展变化中，在党的建设新的伟大工程的要求中，在社会主义市场经济的背景下统一思想，提高认识，把握大局，推进工作，正确把握团的组织工作的发展规律。要明确责任，以坚定的政治责任感和历史使命感，把竭诚服务青年作为加强团的建设的出发点和落脚点，切实加强团的基层组织建设，为团的工作和各项事业的发展提供坚实基础和组织保障。

二、以江泽民同志“七一”重要讲话和“三个代表”重要思想为指导，推动团的组织工作实现新发展

江泽民同志“七一”重要讲话，是一篇充满开拓创新精神的马克思主义纲领性文献。《讲话》全面阐述了“三个代表”重要思想，从根本上回答了在新的历史条件下建设一个什么样的党和怎样建设党的问题，是党的建设理论的新发展。通篇贯穿着解放思想，实事求是的思想路线，创造性地提出了许多新思想、新观点、新论断，集中体现了与时俱进的马克思主义理论品格，为我们党在新世纪迎接新考验、赢得新胜利提供了强大的思想武器。《讲话》发表后，在共青团中央书记处的统一部署下，全团认真学习，坚决贯彻，在广大团干部和团员青年中兴起了学习高潮。当前和今后一个时期，全团组织战线要把深入学习贯彻“七一”重要讲话精神作为首要任务抓紧抓好，以“三个代表”重要思想为指导，推进团的组织工作再上新台阶。

1. 以“三个代表”重要思想为指导，与时俱进，开拓创新。创新是一个民族进步的灵魂，是一个国家兴旺发达的不竭动力，也是一个政党永葆生机与活力的源泉。江泽民总书记在军队高级干部理论研讨班上的讲话中指出：“我们必须与时俱进，继续丰富和发展马克思主义。如果因循守旧，停滞不前，我们就会落伍，我们党就有丧失先进性和领导资格的危险。”这是总结我们党80年建设经验得出的具有长远指导意义的结论，对加强团的组织工作具有重要的指导意义。

做到与时俱进，开拓创新，首先就要坚定信心。长期以来，共青团中央历届书记处对团的建设工作高度重视，将其作为团的事业的基础，常抓不懈。特别是团十四大以来，团中央书记处狠抓团干部队伍作风建设，狠抓团的基层组织建设，坚持“党建带团建”，在全团开展了创建“五四红旗团委”、团建创新试点等项工作。各级团组织也把团的基层组织建设创新作为一项重要课题，在实践中积极探索，摸索出许多加强团的组织建设的做法和经验。比如，创建“五四红旗团委”活动形成了良性发展的势头，团建创新试点工作取得了初步成效。我们要看到这些成绩，坚定信心，再接再厉，把团的组织建设创新工作继续抓紧抓好。

其次，要重在实践。各级团的组织部门要以与时俱进的创新精神，在坚持团的性质、职能、组织原则不变，有利于团的事业发展和更好地为团员青年服务的前提下，大胆实践，在实践中探索加强团组织建设、焕发团组织内在活力的方式方法，探索建立一套与有中国特色社会主义经济、政治、文化相适应的加强团组织自身建设的方法、制度，把共青团建设成为符合“三个代表”要求，政治坚定、组织巩固、充满活力的组织。

第三，要注意总结。改革开放以来，团的组织建设创新在实践中积累了很多好的经验和做法，要坚持和发扬光大。比如，创建“五四红旗团委”活动作为加强团的基层组织建设、活跃基层团的工作的重要载体，为团的建设和团的工作的有机结合创造了很好的结合点。通过开展争创“全国团建先进县（市）”工作，深化创建活动，逐步形成了基层团建常抓不懈的工作机制等等。我们要善于总结这些好的做法，好的经验，从感性认识上升到理性认识，将实践活动上升为理性思维，更好地指导工

作。

第四，要分类指导。团的基层组织建设面临着许多新情况、新问题，全国各地团组织状况也不尽相同，不可能照搬一个模式。各级团组织要把贯彻落实团中央的精神和会议要求同各地的实际情况紧密结合起来，因地制宜，分类指导，研究制定切合实际的工作方案，提出有针对性的工作措施，突出抓好本地区的重点工作。各级团干部要大力发扬脚踏实地、埋头苦干的工作作风，深入基层，深入实际，调查研究，切实增强使命感、责任感和紧迫感，真抓实干，抓出成绩，干出实效。

当前，团建创新力争在以下几个方面取得进展和突破。首先，在团的组织设置方式上要创新。改变原有以行政隶属关系为主、单一的设置模式，根据经济社会结构和团员青年群体分布特点，按照新的经济社会关系调整和设置团的基层组织。第二，在团的组织管理方式上要创新。创新团的基层组织制度，进一步丰富和完善团的组织生活制度。大力推行团日活动、重温入团誓词和规范团的活动仪式等制度，增强团员模范带头意识。创新团组织的隶属关系。探索以属地管理和按经济社会关系管理的新方式，探索流动团员组织关系双重管理的办法，允许团员的组织关系和团的活动适当分离。第三，在团的组织运行机制上要创新。近年来，有些地方根据实际情况，通过在企业、社区建立党的青年工作委员会、青年工作部的方式，加强对团的工作和青年工作的领导，各地要认真研究、总结。要积极探索基层团组织的工作机制和运行方式，探索以团组织为核心，以青年社团等为延伸的开放式的青年工作体系。

2. 以农村、社区、非公有制经济组织等领域团建为重点，全面加强团的基层组织建设。2000 年 8 月，中组部和团中央联合召开了全国基层“党建带团建”工作会议，这是团的建设历史上具有重要意义的会议。会议要求将团的建设纳入党的建设的整体格局，以党建的发展带动团建的不断巩固和加强。会议召开后，团的基层建设进入了一个良性发展的新阶段。各地认真贯彻落实全国基层“党建带团建”工作会议精神，从加强领导、优化外部工作环境、建立健全工作机制等方面入手，团的基层建设水平得到了进一步提高。当前，各级团的组织部门要借基层“党建带团建”工作的良好势头，积极主动，狠抓落实，在党建的带动下，以农村、社区、非公有制经济组织等领域团建为重点，切实加强团的自身建设，增强团组织的内在活力。

农村团的基层组织建设是团的组织建设的重点。多年来，各级团组织在加强农村基层团的建设方面创造了许多好的经验和做法，如产业建团模式、在农村小城镇建设中加强小城镇团建工作、农村团干部“三位一体”配置、直接选举、项目带动等等，对加强农村基层团的建设起到了积极作用。但是，随着农村经济社会结构的变化、产业结构的调整和农村青年群体结构的变化，农村团的基层建设也面临着一些新情况新问题，农村团的基层建设仍是团的建设的难点和薄弱环节。当前，要适应农村改革的进一步深化，紧密结合农村改革发展稳定的大局，把服务农村青年增收成才作为农村团的建设的出发点和落脚点；按照“强乡带村”的思路，坚持“党建带团建”，进一步深化创建“五四红旗团委”、争创“全国团建先进县（市）”活动，建立健全基层团建常抓不懈的工作机制，推动县、乡、村三级团组织整体联动；大力推行乡、村两级团组织按期集中换届，形成富有活力的团的组织推动机制；加大团建创新力度，全面加强农村基层团的建设。

社区团的建设，通过抓街道团工委建设这个核心，健全居委会团支部，建立社区团组织和社区青年工作协调机构，社区团建取得了初步成效。适应新形势，加强社区团建，要适应团员青年的流动变化，进一步建立健全团的组织网络，把社区团组织建设成为能够有效覆盖团员青年、竭诚服务青年的稳固阵地。当前，要一个城市一个城市抓，配备好街道团工委书记，并重点在发挥社区团组织作用上下功夫。

去年全国非公有制经济组织团建工作现场推进会以后，各地认真贯彻落实会议精神，狠抓落实，建团率明显提高。今年，各级团组织要按照《共青团中央关于加强非公有制经济组织团的建设的意见》，采取切实措施，做到成熟一个建立一个，建立一个巩固一个，从组织覆盖和工作覆盖两方面入手，真正把非公有制经济组织中的从业青年团结在团组织周围，努力实现既定的工作目标。

3. 以省级团委换届工作为契机，切实加强团的领导机关和领导班子建设。今年，按照《共青团中央关于加强省级团委换届工作的通知》精神，全国大多数省级团委要进行换届，同时，相当一部分地(市)团委也将换届，团的组织部门要按照《中国共产主义青年团地方各级代表大会组织选举规则(暂行)》的有关规定，认真做好委员会、常委会产生和选举工作。换届工作一定要抓紧，争取在明年 3 月份前完成。团中央组织部也将根据干部双重管理工作的规定，积极主动配合省级党委组织部门做好省级团委班子的换届考察工作。以此为契机，加大协管工作力度，进一步加强团的领导机关和领导班子建设。同时，组织部门要按照团中央书记处的统一部署，认真做好共青团第十五次全国代表大会的前期筹备工作。

4. 认真贯彻落实好《共青团中央关于加强和改进团的作风建设的决定》精神，切实加强和改进团的作风建设。加强和改进团的作风建设，是团十四届五中全会的重要议题，也是当前和今后一个时期加强团的自身建设的重点。作风建设，对以服务青年作为建设和工作的出发点和落脚点的共青团组织来讲尤其重要。《决定》的出台，对加强和改进团的作风建设，提高团组织的吸引力、凝聚力和战斗力具有重要意义。我们必须按照党的要求，从关系团的形象，关系团的生存发展的高度重视团的作风建设，着力解决存在的突出问题，把团的建设提高到一个新水平。

在贯彻落实的过程中，我们必须明确，采取何种方式，如何贯彻落实《决定》精神，本身就是加强和改进作风建设的重要内容和体现。要坚决避免以文件落实文件、以会议贯彻会议形式的贯彻落实。

组织部门作为加强团的作风建设的职能部门，要切实承担起工作职责，当好参谋，抓好落实。要认真疏理《决定》中已经明确规定的有形抓手，明确职责，分清责任，分头落实。要认真研究制定具体工作措施，通过交流情况、总结典型、推广经验、督促检查等手段，一个问题一个问题抓，从团内不称职务、精简会议和文件，深入基层调查研究，团内不搞迎来送往等具体事情入手，切实抓出成效。特别要抓好基层团的作风建设，基层团组织处在改革开放和现代化建设实践的第一线，他们的作风如何，直接关系到党的路线、方针、政策在团员青年中能否得到很好的贯彻落实，关系到团在青年群众中的形象和威信。江泽民同志指出："加强基层组织建设，很重要的一条就是要抓好基层干部队伍的作风建设。"要用"三个代表"重要思想教育基层团干部，使广大基层团干部在思想作风、学风、工作作风和生活作风上有一个根本的转变。

三、加强团的组织部门自身建设，提高组织系统干部队伍素质

今年团的组织工作，任务重，要求高，责任大。各级团的组织部门要增强政治意识，大局意识，责任意识，按照团中央的部署要求，解放思想，开拓进取，扎实工作，建设一支党性强、政治素质高、业务熟、作风正、能够打硬仗的团的组织干部队伍，出色地完成各项工作任务。

1. 解放思想，与时俱进。组织工作的特点，决定组织部门必须强调组织性、纪律性，必须讲政治、讲原则。这些好的传统一定要继承和发扬。我们讲团的组织工作、组织战线干部要解放思想，与时俱进，是指要用创新的精神研究新情况，用创新的方法解决新问题。当前，我们在思想方法、思想观念和工作方式方法等方面，或多或少存在一些“不适应”的问题，或多或少存在一些创新不够的问题，影响了工作的进一步发展。思想是行动的先导，没有思想观念的创新就不可能出现开拓创新的工作局面。组织战线干部一定要深刻认识所面临的工作环境、工作对象的新变化、新特点，及其对团的组织工作带来的机遇和挑战，摆脱不合时宜的传统观念、旧的框框以及惯性思维的影响和束缚，在思想方法和思想观念上不断创新，既善于继承团的组织工作的好传统、好方法，又善于将创新思维、现代理念运用到组织工作中，努力探索适应新形势新任务的工作机制和方法。

2. 转变作风，狠抓落实。任何好的工作决策、工作方法，如果没有很好落实，也只能是一纸空文。转变作风，狠抓落实，既是工作方法和工作作风问题，也是衡量干部讲不讲政治的一个重要标志。抓落实，就要克服形式主义，从实际出发，实事求是；抓落实，就要克服官僚主义，面向基层，深入青年；抓落实，就要克服短期行为，百折不挠，埋头苦干。

我们每一位团干部在共青团岗位上工作时间是有限的，但共青团的事业是一项长期发展的事业，需要一代代团干部和广大团员的不懈努力。在这方面，团的组织部门做的是比较好的。但是，团的组织工作，特别是团的基层组织建设，是一项系统工程，不可能一蹴而就。只有基础牢固，基层充满活力，共青团才会有蓬勃的朝气和旺盛的生命力。这就要求组织部门要适应新的形势发展变化，把团的基层建设作为共青团工作中最具有持久性的一项基础工作抓紧抓好，以扎实的工作作风，推动既定的工作思路和工作措施在基层落实。

3. 提高素质，主动适应。团的组织战线好传统和好作风，锤炼了一大批政治强、作风正、业务精的干部。但是现在团的组织工作，与计划经济时代相比，具有开放性和复杂性，这对团的组织系统干部队伍素质提出了更高的要求。首先，政治上要坚定。要不断提高党性修养，坚定不移地与党中央保持高度一致，坚决保证党的路线方针政策的贯彻执行。第二，要公道正派，讲究原则，对党、对共青团事业高度负责。第三，要不断学习，提高知识素养和业务能力，改善知识结构。第四，要乐于奉献，任劳任怨，有甘于服务的“老黄牛”精神。

团的组织工作的特点和要求，决定了团的组织战线的同志要把不断加强党性修养、锤炼意志、提高素质作为加强队伍建设的永恒主题，在品格、气节、修养上做团干部的表率。

同志们，在全团组织部门的共同努力下，团的组织工作在新世纪之初开了好头，取得了显著成效。今年是共青团事业发展具有重要意义的一年。我们将迎来党的十六大的胜利召开和建团80周年。让我们以邓小平理论和“三个代表”重要思想为指导，紧密团结在以江泽民同志为核心的党中央周围，解放思想，实事求是，脚踏实地，开拓进取，努力推动团的组织建设实现新的发展，为团的各项工作提供坚实的组织保障，以优异成绩迎接党的十六大胜利召开！

胡伟在共青团全国青工工作会议上的讲话

2002年4月12日

今天，共青团中央在这里召开全团青工工作会议，目的是为了深入贯彻落实党的十五届六中全会、刚刚闭幕的“两会”和团十四届五中全会精神，在总结一年来全团青工工作基本做法和经验的基础上，研究部署今年全团青工工作，推动工作再上新台阶，团结带领广大团员青年为企业改革和发展、为实现“十五”计划做出新的贡献。

在过去的一年，全团青工战线各级团组织和广大团干部认真学习贯彻江泽民同志“七一”讲话和“三个代表”重要思想，紧扣大局，服务青年，扎实开展工作，取得了突出成绩。主要表现在：一是青年创新创效活动稳步推进。共青团中央在广西召开了“企业发展与青年人才研讨会暨西南地区青年创新创效活动推进会”，在山东济南举办了“大城市青年创新成果大赛”，提出了《关于深化全国青年创新创效活动的实施意见》，派干部分别到吉林长春一汽集团公司、上海江南造船有限责任公司蹲点，探索总结这两家企业开展青年创新创效活动的经验。各地区、各企业团组织紧密结合实际，在活动载体、工作推进等方面进行了积极的探索，许多省(区、市)召开专门会议。青年创新创效活动的开展，带来了显著的经济效益和人才效益，促进了企业改革发展和青年成长成才。二是青年文明号活动继续深化。共青团中央召开了“青年文明号集体信用建设示范行动推进会”，开展了“百城万店青年文明号促销创效”统一行动日活动，举办了“以德治国与青年文明号”论坛，评选表彰了首届“全国杰出青年文明号”，首次实行了青年文明号公示制。各地组织开展了内容丰富、特色鲜明的主题活动。青年文明号活动的开展，弘扬了诚实守信的职业道德，充分发挥了广大青年在职业道德建设中的生力军作用。三是青企协工作卓有成效。共青团中央、中青企协组织了100多名青年企业家到陕西开展“青年企业家西部行”活动，举办了两期全国厂长经理培训班，加大了会员发展力度和会员服务力度。各级青企协组织分别开展了学习培训、经济协作、海外交流等活动。青企协工作，促进了青年企业家学习成才和事业发展，引导他们为我国经济建设做出了积极贡献。此外，青年岗位能手活动、创建“青年安全生产示范岗”活动、企业团的建设等工作也取得了新的进展，在开发企业青年人力资源、确保企业安全生产、夯实企业团的组织基础等方面发挥了积极作用。这些成绩的取得，是青工战线团干部共同努力的结果，尤其是凝聚了各省(区、市)团委同志和广大企业团干部的智慧和辛劳。在此，我代表共青团中央书记处向在座各位并通过你们向青工战线广大团干部致以亲切的问候!

借此机会，我就做好今年全团青工工作讲三点意见。

一、充分认清全团青工工作面临的形势

认识形势，把握形势，是做好青工工作的前提条件。形势，蕴含着对我们工作的要求。只有充分认识，正确把握形势，才能提高工作立意，求得工作实效，从而更好地服务经济社会发展大局。当前，青工工作面临的形势是多方面的，我们要重点认识和把握以下几个形势。

1. 企业改革和发展进入了新阶段。以国有企业三年改革脱困目标的实现为标志，我国

国有企业改革和发展进入了新阶段。去年,在全球经济普遍低迷,世界经济和贸易增长下滑的情况下,我国继续深化国有企业改革,加大结构调整力度,国有企业改革和工业结构调整实现了"十五"良好开局,为国民经济快速增长做出了重要贡献。国有及国有控股工业去年实际利润2330亿元,连续多年亏损的煤炭行业扭亏为盈,在14个重点监测的行业中,全行业盈利的增加到13个,仍然亏损的军工行业亏损也明显下降。同时,非公有制经济也快速发展,成为经济增长的重要力量。全国登记注册的企业中,私营企业150.9万家,个体工商户数3160.1万户,占企业总数的80%以上。在工业增加值中,非公有制经济所占比重超过50%。当然,我们也要清醒地看到,国有企业改革发展中仍然面临着体制性和结构性矛盾突出、企业创新能力不强、就业压力加大、重大安全事故时有发生等问题,非公有制经济发展中也存在着生产经营规模普遍较小、抗风险能力相对较弱、社会环境有待优化等问题。保持国有企业和非公有制经济良好发展势头,任务非常艰巨。青工战线各级团组织要站在发挥国有企业支柱作用、巩固社会主义制度的高度,充分认识搞好搞活国有企业的重大意义,动员引导广大青工积极投身国有企业改革发展,在国有企业改革发展中发挥生力军作用。同时,要深刻认识非公有制经济发展对我国经济和社会发展的重要意义,大胆探索,勇于实践,切实加强非公有制经济组织团的建设,活跃非公有制经济组织团的工作,促进非公有制经济健康发展。

2.对外开放进入了新阶段。当今世界是一个开放的世界。伴随着科学技术的迅猛发展和生产力水平的不断提高,经济全球化的浪潮汹涌澎湃,世界经济日益融为一体。在经济全球化的条件下,关起门来搞建设是不可能取得成功的。改革开放以来,我国积极参与经济全球化,经济的外向程度大大加深,经济和社会发展呈现出新的活力。尤其是加入世界贸易组织,将在更大范围和更深程度上参与国际竞争与合作,标志着我国对外开放进入了新的阶段,为我国经济发展增添了新的动力。加入世界贸易组织,既给我国带来了国民经济结构调整和产业升级、更多更好地利用外资、发挥比较优势扩大出口等宝贵的发展机遇,又使我们面临着多方面的严峻挑战。抓住机遇,迎接挑战,归根到底取决于我们能否办好自己的事情,能否不断提高综合国力和国际竞争力。企业是市场经济的主体,也是参与国际竞争与合作的主体,企业竞争力在一定意义上体现着综合国力,体现着国际竞争力。企业在市场经济条件下面临着竞争性的市场环境,在我国加入世界贸易组织后,又面临着更加开放、公平的国际竞争环境。在企业竞争压力越来越大的新情况下,提高企业竞争力的要求更加迫切,任务更加繁重。青工战线各级团组织要自觉适应企业提高市场竞争力的要求,在开发企业青年人力资源、提高企业管理水平、推动企业技术创新、培育优良企业文化等方面发挥新的作用,通过提高企业竞争力,为我国正确应对入世挑战、赢得日益激烈的国际竞争奠定坚实的基础。

3.公民道德建设进入了新阶段。去年10月,党中央颁布了《公民道德建设实施纲要》,这是我国思想道德建设的一件大事。《纲要》贯彻"三个代表"重要思想,科学地揭示了社会主义初级阶段公民道德建设的基本规律,是新世纪加强公民道德建设、推进社会主义精神文明建设的伟大纲领。《纲要》的颁布标志着我国公民道德建设迈出了新步伐,进入了新阶段。职业道德建设是公民道德建设的重要内容,也是市场经济的内在要求。随着现代社会分工的发展和专业化程度的增强,职业活动成为人们生活中最重要的活动,职业道德的作用更加突出。近年来,我国职业道德建设取得了明显成效,但也存在一些突出问题,引起全社会的广泛关注。特别是经济生活中存在的假冒伪劣、制假售假、恶意拖欠、不讲信用，扰乱了市场经济秩序，妨碍了市场经济健康发展，成为一大社会公害。青工战线各级团组织要认真贯彻江泽民同志关于“把依法治国和以德治国紧密结合起来”的要求，进一步学习贯彻《公民道德建设实施纲要》，加强青年职业道德教育，尤其是要根据整顿和规范市场经济秩序的要求，动员组织青年参与社会信用建设，促进市场经济秩序的根本好转。

二、正确把握全团青工工作的主线和重点

做好全团青工工作，就要进一步明确工作主线。青工工作的主线是什么？是围绕经济建设中心工作，服务企业改革发展和青工成长成才。今年和今后一个时期，要把开发青工人力资源、提高青工素质作为青工工作的基本着力点。确定这样的着力点，是由共青团的性质和任务决定的。共青团是党领导的先进青年的群众组织，肩负着培养“四有”新人的神圣职责。对于企业团组织来说，就是要大力开发青年人力资源，培养和造就一支高素质的青年劳动人才队伍。确定这样的着力点，是由企业发展的客观要求决定的。人是生产力中最具有决定性的力量。企业要发展，人才是关键。市场竞争归根到底是人才的竞争。只有提高以青年为主体的职工队伍整体素质，才能为企业发展提供人才保障和智力支持。确定这样的着力点，也是由青工的内在需求决定的。广大青工在学习、工作、生活中有着多方面的需求，但最根本的需求是提高自身综合素质。近年来，我国企业青工的整体素质有了很大提高。但与世界发达国家相比，与企业发展的要求相比，还存在明显差距，职业道德水平、职业技能水平、创新素质等方面有待进一步提高。各级团组织要充分认识开发青工人力资源、提高青工素质的重要性和紧迫性，加大服务青工成长成才的工作力度。要组织青工开展学习培训活动，帮助青工学习岗位知识技能尤其是各种新知识新技能，增强职业适应能力和创新能力，成为合格劳动者。要为青工成才搭建舞台，通过深化企业团的各项主题活动，强化企业团的工作载体，推动青工在实践中成长成才。要创造有利于青工成才的良好环境，通过强化宣传、典型引导、表彰激励等方式，形成积极的导向，促进一大批青工人才广泛涌现。根据青工工作主线，今年全团青工工作在全面推进的同时，要突出以下三个重点。

1. 大力开展青年创新创效活动。团十四大后，团中央一直强调，青年创新创效活动是全团青工工作的重中之重。之所以如此定位，主要是基于三点考虑。首先，创新是时代的主旋律，是国家发展、民族进步的必然选择。青年创新创效活动作为中国青年科技创新行动的重要内容，着眼于发挥青年在实施科教兴国战略、建设国家创新体系中的生力军作用，是共青团组织服务大局的实际行动。其次，创新是企业发展的不竭动力，是提高企业竞争力的重要途径。青年创新创效活动发挥青年创新优势，挖掘青年创新潜能，是推动企业技术进步与创新、切实搞好搞活企业的有效方式，是共青团组织服务企业改革发展的重要举措。再次，创新是青年学习成才的时代标准，是提高青年综合素质的现实要求。青年创新创效活动为青年创新搭建舞台，是培养青年人才的有效载体。青年创新创效活动自1999年上半年启动以来，扎根企业，深入开展，形成了蓬勃发展的良好态势。各地区、各企业结合实际，积极探索，创造了许多可资借鉴推广的有益经验。如，一汽集团公司、上海江南造船有限责任公司探索出了《青年岗位成才建功手册》、《青年职业生涯导航手册》等有形载体，有效牵动了青年职工。中国石油天然气集团公司、神华集团神东公司等许多企业把“项目制”作为活动的重要抓手，实现了人才与项目、成果与转化的有机结合。山东胜利石油管理局等企业建立了青年创新创效基金，为活动开展提供了良好保障。希望各地区、企业再接再厉，从以下几个方面大力开展青年创新创效活动。一是通过创造有形载体来深化青年创新创效活动。创新创效，内涵丰富，涉及面广。如果把握不好，就很容易浮在表面。开展青年创新创效活动，关键是在有形化上下功夫，在创造活动载体上做文章。载体要一看就是青年创新创效活动，而不是别的活动。载体要易于团组织操作和青年参与。二是通过开发青年人力资源来深化青年创新创效活动。青年创新创效活动要着眼于一方面提高生产效益，创造更高经济效益，另一方面引导青年学习创新，培养青年人才。要把创新创效的过程变成学习提高的过程、成长成才的过程。三是通过分类指导来深化青年创新创效活动。要针对青年科技人员、一线青工、青年管理人员等不同青年群体的特点和需求，有针对性地开展活动，最广泛地发动青年参加活动。四是通过完善工作机制来深化青年创新创效活动。要建立完善包括组织领导、技能培训、评价考核、表彰奖励在内的一整套工作机制，促进活动深入持久开展。今年，团中央将重点抓好三项工作：一是举办"应对入世：青工创新素质与企业竞争力"研讨活动，研讨相关理论问题，营造有利于青年创新创效活动开展的社会氛围。目前活动已经启动，将持续到5月中旬。二是适当时候举行"青年创新创效活动典型模式推介活动暨青年创新创效奖表彰活动"，总结推广一些企业的好经验，表彰活动中涌现出来的先进典型。三是下半年举办青年创新创效成果大赛，展示几年来的活动成果，调动青年参与的积极性，进一步促进活动的深化。

2. 继续深化青年文明号活动。青年文明号活动是全团青工工作的一项名牌。这项活动自1994年开展以来，受到了全社会的普遍欢迎，呈现出旺盛的生机和活力。实践证明，青年文明号活动适应了公民道德建设的要求，开辟了职业道德建设的新途径。基本经验是：第一，紧扣经济社会发展开展工作。先后开展了推行青年文明号服务卡、青年文明号服务卡助万家、百城万店青年文明号促销创效、青年文明号优质服务促假日经济、青年文明号信用建设示范行动等活动，实现了职业道德建设与服务经济中心工作、服务经济社会发展全局的有机结合。第二，广泛利用社会资源。联合中央和国家机关20多个部门共同组织开展活动，充分发挥行业部门的政策、管理等优势，形成了团组织与行业部委齐抓共管的工作局面。第三，加强监督管理。实行淘汰制和公示制，聘请特约监察员，公布监督电话，开通监督投诉网站，将青年文明号置于广泛的社会监督之下，实现了自律与他律的结合。下一步，青年文明号活动的基本思路是：贯彻江泽民总书记提出的"依法治国与以德治国相结合"的基本方略，拓展活动领域，深化活动内涵，突出活动重点，完善活动机制，把青年文明号活动不断引向深入，动员组织广大青年为公民道德建设做出更大贡献。今年主要抓好以下几方面的工作：一是重点实施"青年文明号信用建设示范行动"。抓好强化试点、总结经验、推广典型等工作环节，充分发挥青年文明号在信用建设中的示范作用，促进市场经济秩序的好转。同时，认真抓好百城万店青年文明号促销创效、青年文明号优质服务促假日经济、创建青年文明号示范街、创建青年文明号旅游线路等活动。二是进一步拓展工作领域，使活动向国有企业和非公有制企业，向检验检疫、工商、建筑、文化市场等领域不断延伸。三是加强青年文明号管理。严格申报、推荐、评定、命名程序，加大青年文明号的公示力度，确保青年文明号的质量。

3. 着力推进实施帮助青年创业计划。我国是一个人口大国，面临着沉重的就业压力。目前，农村结存了数以亿计的剩余劳动力，城乡每年还有1200多万新成长的劳动力。随着我国经济结构的战略性调整,就业的结构性矛盾更加突出,就业的压力越来越大。过去几年国有企业减员下来的上千万下岗失业人员正在寻求再就业,近两年还有相当数量的国有企业下岗职工出中心;国有企业结构调整和深化改革,将使一部分职工陆续下岗;机关事业单位改革,也将向市场释放大量劳动力。在下岗职工和失业人员总数量中下岗失业青年占有相当大的比重。解决下岗失业问题,做好就业工作,根本途径是保持国民经济快速增长,不断开拓新的就业领域,创造新的就业机会。为此,共青团中央在开展下岗青工创业行动的基础上,启动实施了帮助青年创业计划,提出了帮助10万名青年成为兴业领头人的目标,动员广大下岗失业青年在创业中实现再就业。帮助青年创业计划实施以来,取得了初步成效。今年,各级团组织要站在服务改革发展稳定大局的高度,进一步加大工作力度。一是要加强教育引导。采取报告会、座谈会、大讨论等多种方式,利用各种宣传阵地,对广大下岗失业青年进行形势政策教育和就业观教育,引导他们树立正确的就业观念,自谋职业,自主创业。二是要开展就业培训。依托团校、青少年宫等团内阵地,借助企事业单位培训阵地,对下岗失业青年进行技能培训,提高他们的就业能力。三是要提供就业服务。发挥共青团的组织优势,协调各种社会资源,为下岗失业青年创业提供信息、政策、资金、技术等多方面的服务。四是要开展送温暖活动。利用节假日,对下岗失业青年进行慰问,把党和政府的温暖送到下岗失业青年心中。

在做好以上三项重点工作的同时,还要继续开展青年岗位能手活动和"青工技能月"活动,提高青工队伍整体素质;广泛开展创建"青年安全生产示范岗"活动,组织青年职工为企业安全生产做贡献;认真落实本次会员代表大会精神,进一步做好青年企业家协会工作;切实加强青工战线团的建设,为团的工作提供组织保障。

三、进一步加强团干部队伍建设

做好新形势下的青工工作,需要一支政治强、业务精、作风正的团干部队伍。当前,青工战线团干部队伍整体素质较高,总的情况是好的,但与新任务的要求相比,还程度不同地存在着一些问题。青工战线各级团组织和团干部要根据党中央把今年定为作风建设年、调查研究年的要求,认真贯彻落实党的十五届六中全会精神和《共青团中央关于加强和改进团的作风建设的决定》,以作风建设为重点,切实加强团干部队伍自身建设。

一是要深入学习贯彻"三个代表"重要思想。共青团是党的助手和后备军。在新的历史阶段,永葆党的助手和后备军性质,要求各级团组织和团干部认真学习"三个代表"重要思想,在团的各项工作和团的建设中深入贯彻"三个代表"重要思想。当前和今后一个时期,青工战线各级团组织要把深入学习贯彻"三个代表"重要思想作为首要任务抓紧抓好。要坚持用"三个代表"重要思想教育武装团干部,引导他们坚定政治信念,掌握科学的世界观和方法论,增强为党做好青年工作、推动社会主义现代化建设的责任感和使命感。青工战线广大团干部要做学习实践"三个代表"重要思想的表率,深入地学,结合实际地学,将"三个代表"重要思想贯彻落实到企业团的工作和建设中去,始终保持青工工作的蓬勃生机和旺盛活力。

二是坚持与时俱进。在经济社会飞速发展的条件下,共青团的工作环境、工作对象正在发生深刻变化,工作中必然会出现越来越多的新情况、新问题。只有培育与时俱进的胆识和品格,才能使共青团工作顺应时代进步潮流,有效服务大局、服务青年,不断开创工作的新局面。青工战线各级团组织和团干部要深入研究经济社会发展大势,研究企业和青年变化,正确认识和把握社会、青年发展规律。要努力进行团的理论创新、制度创新和工作方式创新，将与时俱进的要求体现在团的工作实践中。要保持良好的精神状态，不自满，不懈怠，奋发有为，拼搏进取。

三是改进工作方式。工作方式方法是工作作风的具体体现。通过改进工作方法，可以密切团组织与团员青年的联系，提高团的工作水平，增强团组织的吸引力、凝聚力和战斗力。青工战线各级团组织和团干部要深入基层，深入企业，知青年情，解青年难，广泛开展调查研究，增强为青年服务的针对性和实效性，把广大青年更加紧密地团结在党的周围。要狠抓工作落实，通过健全工作责任制、加强工作考核等措施，使团的工作更加深入、扎实，有效落实到基层。要坚决杜绝以会议落实会议，以文件落实文件。要因地制宜，探索符合本地区实际情况的工作方法，创造性地开展工作。要从改进会风、文风等具体事情做起，培养优良的工作作风。

四是提高团干部素质。提高团干部队伍整体素质，是广大团干部成长成才的内在要求，是团的事业发展的希望所在。青工战线各级团组织要加强团干部的思想教育，引导他们树立远大理想和科学的世界观、人生观、价值观，切实提高思想政治素质。要多为团干部的学习成才优化环境，提供机会，创造条件，促进团干部全面发展。青工战线广大团干部要把团的岗位当做学习的岗位、锻炼的岗位，在团的工作岗位中学习成长。要自觉树立终身学习的观念，时时学习，处处学习，努力成为适应时代发展要求的人才。要增强党性修养、个人修养，抵御各种腐朽思想的侵蚀，养成积极向上的人生追求，克己奉公，甘于奉献，保持正确的人生航向。

同志们，今年是我们党和国家发展史上非常重要的一年。我们将满怀豪情地迎来党的十六大召开和建团80周年。让我们更加紧密地团结在以江泽民同志为核心的党中央周围，高举邓小平理论的伟大旗帜，按照“三个代表”的要求，认清形势，明确责任，真抓实干，开拓创新，把全团青工工作不断引向深入，团结带领广大青年为实现社会主义现代化建设宏伟目标做出新的更大的贡献！

胡伟在全国非公有制企业青年学习宣传实践“三个代表”重要思想座谈会上的讲话

2002年4月19日

刚才，听了8位来自不同企业、不同职业群体的非公有制企业青年员工和青年经营管理者代表学习“三个代表”重要思想的发言和浙江省非公有制企业团员青年学习“三个代表”重要思想情况介绍，感到很受启发。杨晓彤同志代表中共浙江省委组织部作了讲话，就坚持党建带团建，进一步做好非公有制企业团建工作，组织动员非公有制企业青年党员和团员青年把“三个代表”重要思想学习实践活动引向深入提出了要求。黄秋芳同志和王国伟同志分别代表中共绍兴市委、中共诸暨市委作了热情洋溢的讲话。这充分体现了浙江省各级党政领导对共青团和青年工作，特别是对非公有制企业共青团和青年工作的关怀、支持。

江泽民同志“三个代表”重要思想提出以后，特别是“七一”重要讲话发表以后，包括非公有制企业青年在内的广大团员青年深受鼓舞。各级共青团组织在各级党委的领导下，及时组织开展“三个代表”重要思想学习教育活动，在广大团员青年中掀起了学习宣传“三个代表”重要思想的热潮。针对非公有制企业及其从业团员青年的特点，2001年6月，团中央在浙江温州召开了全国非公有制经济组织团建工作现场推进会，把组织团员青年学习“三个代表”重要思想作为非公有制企业团组织的主要任务。会后，全国各地认真贯彻会议精神，结合实际，广泛开展了丰富多彩的非公有制企业团员青年“三个代表”重要思想学习宣传实践活动。尽管这项活动在全国范围内开展的时间还不是很长，但已取得了初步成效。广大团员青年对江泽民同志“三个代表”重要思想和“七一”讲话，普遍表示坚决拥护和支持。“三个代表”重要思想和“七一”讲话在青年中有着非常坚实的群众基础。

浙江省各级共青团组织在中共浙江省委及各级党委的领导下，积极组织非公有制企业团员青年和青年经营管理者认真学习“三个代表”重要思想，在推动经济和社会发展、扎实推进非公有制企业团的建设等方面取得了可喜成绩。在全国广大青年深入开展学习宣传实践“三个代表”重要思想活动之际，团中央组织部、宣传部、青工部和共青团浙江省委在浙江诸暨召开全国非公有制企业青年学习宣传实践“三个代表”重要思想座谈会，具有重要意义。下面，我代表团中央书记处就非公有制企业团员青年深入开展“三个代表”重要思想学习宣传实践活动讲几点意见，供大家参考。

一、非公有制企业团组织要把学习宣传江泽民同志“三个代表”重要思想作为首要任务

江泽民同志“三个代表”重要思想，是深入总结我们党80年历史经验、深入思考世界社会主义运动历史经验、紧密联系我们党面临的形势任务和现实状况作出的科学结论，是我们党的立党之本、执政之基、力量之源，是加强和改进党的建设的强大理论武器，是我们党和国家一切工作的根本指针。这一重要思想体现了以江泽民同志为核心的党中央具有与时俱进的马克思主义理论品质，标志着我们党对共产党执政规律、社会主义建设规律、人类社会发展规律的认识达到了一个新的境界，是对马克思主义理论的新贡献。

深入开展学习宣传实践“三个代表”重要思想活动，对非公有制企业团员青年健康成长具有十分重要的意义。非公有制企业团员青年大多崇尚创业、渴望成功、有着美好的人生设计，有着成就一番事业的抱负，迫切需要掌握先进的思想武器。非公有制企业团员青年所处环境较为复杂，受“四个多样化”影响相对其他青年群体来说更为深刻。用“三个代表”重要思想武装非公有制企业团员青年，站在思想的制高点上，为他们的成长指引正确的方向，能够帮助他们牢固树立崇高理想，进一步坚定信念，激励他们听从党的召唤，矢志报效祖国人民，为实现中华民族的伟大复兴发愤学习，建功成才。

深入学习宣传实践“三个代表”重要思想是非公有制企业团员青年的热切愿望。十一届三中全会以来，我们党根据不断发展的形势，认真总结以往的历史经验，逐步消除所有制结构不合理对生产力的束缚，出现了以公有制为主体，多种经济成分共同发展的局面。20多年来，我国非公有制经济从无到有，从小到大，从弱到强。2000年，我国规模以上的股份制有限公司、港澳台商投资企业、外商投资企业的工业产值已达24201亿元，占全国工业总产值的33.3%，成为社会主义市场经济的重要组成部分。这一发展历程雄辩地证明，正是我们党坚持了实事求是思想路线，坚持了邓小平理论和江泽民同志“三个代表”重要思想，非公有制经济才有了明确的地位，得以生存发展。只有始终坚持“三个代表”重要思想，非公有制经济才能在新的历史条件下健康发展。从这个意义上来讲,无论是非公有制企业的青年经营管理者,还是普通青年劳动者,都是邓小平理论和江泽民同志“三个代表”重要思想的直接受益者,也是这一重要思想的积极拥护者,对学习宣传实践“三个代表”重要思想具有强烈的内在自觉。

抓好非公有制企业团员青年“三个代表”重要思想学习宣传实践活动,有利于推动整个青年学习实践活动不断深化。目前,全国非公有制经济组织从业人员为1.3亿人,35岁以下的青年将近70%,非公有制经济组织从业青年在整个青年劳动人口中已占有相当大的比例,并在不断增加。非公有制企业中特别是经营管理层中,集中了一大批素质较高、能力较强的优秀青年,他们中有不少人在青年中享有一定的声望,对青年有明显的导向作用。组织非公有制企业团员青年和青年经营管理者投身“三个代表”重要思想学习宣传实践,能够带动学习宣传实践活动深入发展。非公有制企业团组织要把学习宣传实践“三个代表”重要思想作为首要任务,全力推进,将学习实践活动不断引向深入。

二、进一步在非公有制企业团员青年中掀起深入学习实践江泽民同志“三个代表”重要思想的新高潮

今年是党和国家历史上非常重要的一年,下半年将召开党的十六大。团中央多次强调要把继续学习贯彻江泽民同志“三个代表”重要思想作为全团的首要任务,深入开展青年“三个代表”重要思想学习宣传实践活动。非公有制企业团组织要按照全团的统一部署,结合实际,把“三个代表”重要思想学习宣传实践活动不断引向深入。

一是要引导非公有制企业团员青年在全面、深入领会“三个代表”重要思想上下功夫。要组织非公有制企业团员青年认真学习江泽民同志《论“三个代表”》一书特别是“七一”重要讲话,帮助他们深刻领会“三个代表”重要思想的精神实质,把握思想内涵,不断提高学习贯彻“三个代表”重要思想的自觉性和坚定性。要深入开展马克思主义发展史教育,帮助他们认识“三个代表”重要思想与马列主义、毛泽东思想、邓小平理论是一脉相承的。在新的历史条件下,坚持“三个代表”重要思想,就是坚持马列主义、毛泽东思想、邓小平理论。要针对非公有制企业团员青年的思想实际和学习中的难点、热点,加强学习辅导,释疑解惑,帮助他们进一步加深对劳动价值理论、党的先进性等重大理论问题的理解。

二是要引导非公有制企业团员青年在实践中深入理解“三个代表”重要思想。要大力弘扬理论联系实际的学风,联系我国改革开放和现代化建设的新情况,联系非公有制企业发展的实际,从理论和实践的结合上对他们进行生动丰富的“三个代表”重要思想教育。要组织非公有制企业团员青年积极参加社会实践活动,用我国社会主义现代化建设的辉煌成就,用党的建设的最新成果,使他们感受“三个代表”的重大理论意义和强大思想力量。要以学习宣传“三个代表”重要思想为主题,广泛开展青年志愿者、青年文明号、青年岗位能手、青年创新创效等活动,动员广大非公有制企业团员青年投身伟大祖国建设的生动实践,不断深化对“三个代表”重要思想的认识。

三是要引导非公有制企业团员青年把学习实践“三个代表”重要思想转化为学习成才的自觉行动。江泽民同志在“七一”重要讲话中对青年一代提出了殷切希望,要求广大青年“热爱祖国,热爱人民,志存高远,胸怀宽广,在改革开放和现代化建设的广阔舞台上,充分发挥自己的聪明才智,展现自己的人生价值,努力创造无愧于时代和人民的业绩”。这是对青年一代的极大鼓舞和鞭策。各级团组织要按照这一要求,引导和组织非公有制企业团员青年树立远大理想,发愤学习新知识,掌握新技术，不断提高自身科学文化素质和劳动技能；要锐意创造，在生产、经营和企业文化建设等各个环节大显身手，建功立业；要热情帮助他们艰苦创业，成就一番事业，把自身蕴含的创造与创新潜能转化为推动先进生产力发展的动力。

三、非公有制企业青年经营管理者要按照“三个代表”的要求，为经济发展和社会进步做贡献

当代非公有制企业青年经营管理者是非公有制企业青年中的一个重要组成部分。他们是在改革开放和建立社会主义市场经济体制的伟大潮流中成长起来的，富有理想，朝气蓬勃，活跃在经济文化建设的各个领域，是推动我国经济发展和社会全面进步的重要力量。广大非公有制企业青年经营管理者要通过“三个代表”重要思想的学习，认清肩负的历史职责，进一步增强责任感和使命感，担纲而上，奋力拼搏，在我国全面建设小康社会、加快推进社会主义现代化建设中发挥更大作用。不久前，在中国青年企业家协会第八次会员代表大会期间，召开了一个青年企业家学习“三个代表”重要思想座谈会。从与会青年企业家的发言中，我强烈地感受到，在当代青年企业家中，有着对时代、对社会、对人民非常强烈的使命感和责任感。

实践“三个代表”重要思想，就要努力推动我国经济持续、稳定、快速发展。20多年来，改革开放使我国的经济和企业发展取得了显著成就。但与发达国家相比，我国企业的规模仍然偏小，技术和管理水平仍然偏低，产品竞争能力仍然不强，国民经济素质还有待提高。这一状况的改变，需要包括非公有制企业在内的所有企业的共同努力。非公有制企业青年经营管理者要勇挑重担，立志建设一流企业，经营一流企业，管理一流企业，缔造有国际声誉的中国名牌企业，不断增强企业的核心竞争力。要继承和发扬艰苦奋斗、拼搏创业的精神，不断加强和改善企业管理，提高科学管理水平，努力降低成本，增加效益。要牢固树立科学技术是第一生产力的观念，积极推动企业技术进步和产业升级，促进我国工业整体水平提升。要认真研究市场规律，把握市场脉搏，不断提高产品市场竞争力，使国民经济更加健康，充满活力。

实践“三个代表”重要思想，就要促进有中国特色社会主义文化建设。非公有制企业青年经营管理者要大力倡导和传播与社会主义市场经济发展相一致的思想观念，自觉遵纪守法，依法经营，作实践社会主义法制的表率；自觉遵守市场道德规范，提倡公平竞争，恪守诚实守信原则，维护市场经济秩序；自觉加强个人和企业职业道德建设，努力开创行业新风。要建设健康向上的企业文化，通过广泛开展各类文体活动，丰富员工精神文化生活；切实尊重和爱护企业员工，关心他们的工作、学习、生活，形成平等友爱、和睦协作的良好氛围。非公有制企业特别是文化、教育和服务行业的非公有制企业要苦练内功，深挖潜力，为社会不断创造丰富多彩的精神文化产品，提供优质服务。

实践“三个代表”重要思想，就要维护员工权益，积极奉献社会。一项事业的发展，一个企业的成功，固然与其经营管理者的艰苦努力紧密相联，但也离不开所有企业员工的辛勤劳动，离不开社会的支持，离不开党和政府的关心关怀。非公有制企业经营管理者要“致富思源”，积极主动，依照法律法规，按时足额缴纳税费。要尊重和保障企业员工的合法权益，不断改善劳动条件和劳动环境。尽最大努力创造条件，热诚帮助企业员工学习成才，使他们得到更大发展。非公有制企业青年经营管理者应当成为公益事业的热心人，力所能及地回馈社会，促进全社会共同发展。

四、以“三个代表”重要思想为指导，切实加强非公有制企业团的建设

团的基层组织是团的一切工作的基础，也

是不断深化青年学习宣传实践“三个代表”重要思想活动的组织保证。各地要坚持“党建带团建”的方针，把推进“三个代表”重要思想的学习与加强非公有制企业团建工作紧密结合起来，不断提高非公有制企业团建工作水平。要着重抓好以下三个方面的工作。

一是要着力抓好非公有制企业建团工作。去年以来，各地贯彻全国非公有制经济组织团建工作现场推进会精神，狠抓落实，建团率有了明显提高。但我们必须清醒地认识到，非公有制企业团建工作是一项长期的工作，不能有丝毫松懈。目前，那些规模较大、工作基础较好的企业大多已建立团组织。尚未建团的主要是工作难度较大、有这样或那样制约因素的企业，以及量大、面广、分散的中小型企业。各级团组织必须采取切实措施，一个一个地推进。从长远来看，在激烈的市场竞争中，必然有一部分企业在发展中此消彼长，从而使非公有制企业团的建设呈现出不稳定性，必须反复抓，抓反复，才能使非公有制企业团建工作在动态平衡中不断向前发展。

二是要努力探索有效运行机制，增强非公有制企业团组织活力。非公有制企业团组织要以制度创新为重点，积极探索团的活动新方式、队伍建设新机制，以及新型团的组织生活制度，形成一套符合社会主义市场经济需要，适合非公有制企业及其从业团员青年特点的团组织内部管理和工作运行机制。要把加强团员意识教育与保障团员民主权利，提高团员对团内管理的参与度结合起来，按照公开竞争、民主选举的原则，抓好按期换届工作，把最优秀的团员选拔到团的工作岗位上来，不断增强团员的荣誉感和归属感。要加强非公有制企业团干部队伍建设，激发团组织内在活力。浙江省以及全国的许多地方在如何增强非公有制企业团组织活力方面创造了不少经验。希望这些地方的共青团组织不断开拓创新，为全团创造更多更好的经验。

三是要竭诚服务青年，不断扩大对非公有制企业团员青年的工作覆盖。各级团的干部要深入非公有制企业团员青年中，了解他们的变化，把握他们的需求，有的放矢地做好服务青年这篇大文章。要广泛开展职业技能培训和文化娱乐活动，扎实做好维护青年权益工作，把最大多数非公有制企业团员青年吸纳到团的工作和活动中来，凝聚在团组织周围。在建团工作基础比较薄弱的地方，要先把团的活动搞起来，把技能培训、岗位能手、青年文明号等品牌活动扎实开展起来，充分发挥团员青年在企业生产经营中的生力军和突击队作用。这样，企业经营管理者就会更多地理解和支持企业团的建设。

同志们，还有15天就是建团80周年纪念日，全国团员青年“三个代表”学习宣传实践活动正在掀起新的高潮。广大非公有制企业团员青年要踊跃投身“三个代表”学习宣传实践活动，自觉地用“三个代表”重要思想武装自己。让我们高举邓小平理论伟大旗帜，以“三个代表”重要思想为指导，紧密团结在以江泽民同志为核心的党中央周围，以扎实的工作，优异的成绩和昂扬向上的精神风貌，迎接党的十六大胜利召开。

以“三个代表”重要思想为指导 努力开创团干部教育培训工作和团校建设新局面

——胡伟在全国团干部教育培训暨团校建设工作会议上的讲话

2002年6月20日

这次会议，是在全团深入学习贯彻“三个代表”重要思想，深入学习贯彻江泽民同志在中央党校省部级干部进修班毕业典礼上重要讲话和在纪念中国共青团成立80周年大会上重要讲话的形势下召开的。会议的主要任务是，以邓小平理论和江泽民同志“三个代表”重要思想为指导，深入贯彻落实全国干部教育培训工作会议精神和《2001—2005年全国干部教育培训规划》，认真总结交流近年来团干部教育培训工作情况和经验，进一步研究加强和改进团校建设，全面部署今后几年团干部教育培训工作。团中央书记处对此次会议十分重视，书记处第一书记周强同志多次听取有关会议筹备情况的汇报，对开好会议提出明确的要求。为筹备好会议，有关方面组成专门调研组进行了广泛深入的调查，认真听取各方面的意见。在这里，我首先代表团中央书记处，向全体与会同志并通过大家向辛勤工作在团干部教育培训和团校战线的同志们，表示诚挚的问候！向受到表彰的全国团干部教育培训工作先进个人、全国团校优秀教师和全国团校系统优秀教材的编写者，表示热烈的祝贺！

近年来，各级团组织以马列主义、毛泽东思想、邓小平理论和江泽民同志“三个代表”重要思想为指导，坚持服务党政中心工作，服务团的建设和团的工作，深入实施“团干部321培训计划”，不断加强团干部教育培训工作和团校建设，工作整体水平有了明显提高。经过各级团组织、团校和团属教育培训机构的共同努力，圆满完成了“团干部321培训计划”提出的各项任务。三年中，累计培训团干部27．9万人次，专职团干部普遍接受了一次培训，有力地促进了团干部队伍素质的提高，为推动共青团事业发展提供了组织保证和人才支持。

——把理论武装作为团干部教育培训工作的首要任务，有力促进了团干部大兴理论学习之风。各级团组织把用邓小平理论和江泽民同志“三个代表”重要思想武装团干部作为团干部教育培训的首要任务。近年来，团中央先后下发了《关于在全团深入学习邓小平理论的意见》、《关于深入学习江泽民总书记关于“三个代表”重要思想的通知》、《关于组织广大团员青年学习〈毛泽东邓小平江泽民论青少年和青少年工作〉的通知》和《关于深入学习宣传贯彻江泽民同志在纪念中国共青团成立80周年大会上重要讲话的通知》。各地团组织通过举办专题研讨班、开展学习交流等形式，在团干部中兴起了学习邓小平理论和江泽民同志“三个代表”重要思想的热潮。1999年，团中央举办了两期“团十四届中央委员学习邓小平理论读书班”。胡锦涛同志在团中央关于读书班情况的报告上批示指出：“希望共青团始终引导青年大兴勤奋学习之风，努力用科学理论和现代知识武装自己，在实践中把自己锤炼成有用之才。”中央领导同志的殷切希望极大地激励了广大团干部的学习热情，进一步形成了以邓小平理论和江泽民同志“三个代表”重要思想为重点的理论学习高潮，有力促进了团干部思想政治素质的提高。

——开展以业务知识为主要内容的形式多样的岗位培训，有力推动了共青团工作的发展。适应共青团工作发展的新形势，紧密结合团干部的思想和工作实际，加大了以业务知识为主的培训力度。团十四大以来，各级团组织结合全团重点工作，举办了党建带团建、创建五四红旗团委、团建创新等专题培训班，提高团干部的业务素质。适应经济社会发展需要，继续开展社会主义市场经济知识、法律法规知识、现代管理知识、现代科技知识以及计算机网络知识的培训，进一步改善团干部的知识结构。其间，团中央直接举办各类专题研究班、培训班50多期，培训上万人次。配合西部大开发战略的实施，团中央与国家民委联合举办了4期“西部贫困地区团县委书记培训班”和“西部少数民族青年干部培训班”，培训西部团干部300多人次。

——与时俱进，团干部教育培训工作不断创新。各级团组织坚持党建带团建，积极争取将团干部培训纳入党政干部培训规划；运用现代教育培训方法，通过案例教学、拓展训练、实践锻炼等方式，团干部教育培训的质量进一步提高；充分利用社会各类教育培训阵地，逐步建立多渠道的团干部教育培训网络，团干部教育培训途径进一步拓展；积极推行“团省、区、市委团干部教育培训工作年度通报制度”，团干部教育培训的督促检查工作进一步加强。

——进一步加强团校建设，充分发挥团校在团干部教育培训中的主渠道作用。各级团校始终坚持团的干部院校性质，通过改进教学内容和教学方法，加强师资队伍建设，提高管理水平和教学质量，努力加强团干部教育培训的针对性和实效性，初步形成了以中央团校为龙头，地方团校为主体，业余团校为补充的全国团校教育培训网络，充分发挥了团校在团干部教育培训中的主渠道作用。在实施“团干部321培训计划”过程中，各级团校承担了主要的培训任务，共培训团干部15.6万人次。团中央教材编审委员会按照教材编审规划，相继分类组织编写了多部团干部教育培训统编教材，为实现团干部分类培训提供了服务。中国青年工作院校协会也逐步成为全国团校间交流研讨、开展活动的有效载体。

团干部教育培训工作和团校建设所取得的成绩为做好今后的工作打下了坚实的基础。下面，我就进一步加强和改进团干部教育培训工作和团校建设，讲几点意见。

一、“三个代表”重要思想是团干部教育培训工作和团校建设的根本指针

“三个代表”重要思想与马克思列宁主义、毛泽东思想、邓小平理论一脉相承，是我们党的立党之本、执政之基、力量之源，是加强和改进党的建设、推进我国社会主义制度自我完善和发展的强大理论武器，是我们党和国家一切工作的根本指针。这一重要思想是立足于国内外形势的新变化，主动顺应时代发展潮流，在总结我们党和世界社会主义正反两方面经验的基础上，从我们事业进一步发展的高度作出的战略思考和理论概括，体现了以江泽民同志为核心的党中央具有与时俱进的马克思主义理论品质，标志着我们党对共产党执政规律、社会主义建设规律、人类社会发展规律的认识达到了一个新的境界，是对马克思主义理论的新贡献。

共青团事业是党的事业的重要组成部分，青年工作是党的群众工作的重要内容，“三个代表”重要思想是共青团工作和建设的根本指针。新时期加强团干部教育培训工作和团校建设，要以“三个代表”重要思想为根本指针，不断开创工作新局面。

1. 以“三个代表”重要思想为根本指针，加强团干部教育培训工作和团校建设，是共青团事业创新发展的必然要求。江泽民同志在中央党校省部级干部进修班毕业典礼上的讲话中指出,加强和改进新形势下党的群众工作,对于巩固党的执政基础具有决定性的意义,在任何时候任何情况下,都必须坚持党的群众工作路线,把实现人民群众的利益作为我们一切工作的出发点和归宿。在纪念中国共青团成立80周年大会上的讲话中,江泽民总书记指出,在新的历史条件下,共青团要贯彻落实"三个代表"要求,坚持与时俱进,不断开创青年工作的新局面。这些论断对新形势下做好共青团和青年工作指明了方向,提出了新的更高的要求。共青团组织一定要按照江泽民同志重要讲话的要求,认真研究新形势下共青团工作的新情况、新特点,适应国际国内形势发展,应对各种挑战。进入新世纪,我国已经进入全面建设小康社会,加快推进社会主义现代化的新的发展阶段。从国际来看,世界多极化和经济全球化趋势在曲折中发展,科学技术进步日新月异,知识更新速度越来越快,综合国力竞争日趋激烈。同时,西方敌对势力"西化"、"分化"我国的图谋一刻也没有放松,他们的主要目标始终放在青少年身上。从国内来看,我国正处于改革的攻坚阶段,发展的关键时期,面临着实现"十五"计划和社会主义现代化建设第三步战略目标的艰巨任务。特别是改革开放以来,我国经济快速发展,社会取得巨大进步,社会经济成分、组织形式、就业方式、利益关系和分配方式日益多样化,对当代青年的思想观念、社会结构和群体分布产生了深刻的影响,也对团的组织设置、工作内容、工作方式和运行机制提出了新的要求。面对国际国内形势发展变化带来的新情况、新问题、新挑战,共青团事业要实现新发展,必须贯彻"三个代表"要求,用"三个代表"重要思想武装团干部,不断开创包括团干部教育培训和团校建设在内的各项工作的新局面。这就决定了团干部教育培训工作和团校建设必须始终保持坚定正确的政治方向,以"三个代表"重要思想为根本指针,沿着"三个代表"重要思想指引的方向前进。

2. 以"三个代表"重要思想为根本指针,加强团干部教育培训工作和团校建设,是新时期加强团干部队伍建设的迫切需要。我们党历来重视青年干部的教育培养。毛泽东同志、邓小平同志都把这项工作放在关系党的事业兴旺发达和几千万烈士用鲜血换来的红色江山永不变色的高度来认识。江泽民同志在"七一"重要讲话中指出,加强对年轻干部的培养,是保证党和国家长治久安的战略任务,年轻干部要担当起领导重任,必须努力提高马克思主义理论水平和思想修养水平,不断增强为人民服务的本领,善于从政治上正确判断形势和把握大局,善于在复杂条件下开展工作。团干部是党的青年干部的一部分。江泽民同志对团干部队伍建设十分关心。在纪念中国共青团成立80周年大会上的重要讲话中,江泽民同志要求团干部要刻苦学习、勤奋工作、勇于创造、自觉奉献,做到"党放心,青年满意"。这些要求实质上是"三个代表"重要思想对团干部队伍建设的本质要求。近年来,团干部队伍建设进一步加强,团干部思想政治素质、文化程度整体上有了新的提高,作风建设得到新的改进,工作热情高涨,精神面貌昂扬。但也要看到,与党和人民所寄予的期望和要求相比,团干部队伍建设仍有一定的差距,还存在一些不容忽视的弱点和不足,主要是一部分团干部程度不同地缺乏扎实的马克思主义理论功底,缺少对党团优良传统和历史的深刻了解,缺少艰苦环境的磨炼和解决复杂问题的锻炼。克服和解决这些问题,促进团干部按照"三个代表"要求健康成长,就要以"三个代表"重要思想为根本指针,进一步加大团干部教育培训工作和团校建设力度,努力提高广大团干部理论素养、知识水平、业务本领和领导能力。必须强调的是,团的工作岗位流动性强,团干部新老交替相对较快，这使团干部教育培训工作和团校建设显得更为重要、更为紧迫。

3. 以“三个代表”重要思想为根本指针，加强团干部教育培训工作和团校建设，是服务青年成长成才的内在需要。服务青年是团的工作和建设的出发点和落脚点，也是加强团干部教育培训工作和团校建设的重要任务之一。各级团组织和团校做好服务青年工作，重点要放在开发青年人力资源上，努力提高青年素质，促进青年成长成才，这是实现共青团根本任务的需要。抓住了青年人力资源开发、培养青年人才这个关键和着力点，就能够把服务大局与服务青年有机结合起来，就能够把共青团工作、青年工作与社会主义现代化建设有机结合起来，更好地完成党赋予共青团团结教育青年的光荣职责。加强团干部教育培训工作和团校建设，服务青年成长成才，就要用“三个代表”重要思想教育广大团员青年，引导他们做“三个代表”重要思想的忠实实践者，坚定不移地跟党走。按照江泽民同志提出的“四个统一”和“六点希望”的要求，引导广大青年坚持学习科学文化与加强思想修养的统一，坚持学习书本知识与投身社会实践的统一，坚持实现自身价值与服务祖国人民的统一，坚持树立远大理想与进行艰苦奋斗的统一，树立远大理想、坚持发奋学习、注重锤炼品德、不断开拓视野、勇于进取创新、始终艰苦奋斗，把团员青年培养成为有理想、有道德、有文化、有纪律的人，成为对党和国家、对人民有所建树的人，在各行各业的本职工作中，努力为我国先进生产力和先进文化的发展做出自己的贡献，努力为最广大人民谋利益。

以“三个代表”重要思想为根本指针，就要把“三个代表”重要思想贯彻到团干部教育培训工作和团校建设的方方面面，做到四个“始终”。即，要始终把宣传、贯彻“三个代表”重要思想作为加强团干部教育培训工作和团校建设的首要任务。各级团组织和团校要成为宣传、实践“三个代表”重要思想的坚强阵地，用“三个代表”重要思想武装团干部，引导他们身体力行，自觉实践“三个代表”，成为“三个代表”重要思想的坚决拥护者和忠实实践者。要始终按照“三个代表”指明的方向，推进团干部教育培训和团校建设的各项工作。深刻理解、准确把握“三个代表”的思想内涵，分析、总结团干部教育培训工作和团校建设的经验、不足，找出其内在规律，明确工作方向，大力传播先进文化，传播先进科技知识，竭诚为广大团干部和团员青年服务。要始终按照“三个代表”要求，坚定不移地走与时俱进，创新发展的道路。进一步增强创新的主动意识和内在自觉，用改革、发展的观念研究团干部教育培训工作和团校建设，主动顺应时代发展潮流和共青团事业发展需要，不断开创工作新局面。要始终把是否符合“三个代表”要求，作为衡量、检验团干部教育培训工作和团校建设一切工作的根本标准。以团干部学习、理解、掌握“三个代表”重要思想的程度和运用“三个代表”重要思想指导实践的能力，来检验团干部教育培训工作和团校建设的成果。

二、以“三个代表”重要思想为根本指针，加强团干部教育培训工作的基本要求

“政治路线确定后，干部就是决定因素。”抓好干部教育培训对事业的发展具有特殊重要的意义。江泽民同志指出，要保证我国改革开放和社会主义现代化建设事业的顺利发展，保证跨世纪宏伟目标的顺利实现，保证党和国家的长治久安，严重的问题在于教育干部。同样，抓好团干部教育培训工作也是加强团干部队伍建设的重要环节，是实现共青团事业创新发展的基础工作和重要保证。

新时期团干部教育培训工作的主要目标是，全面贯彻落实“三个代表”要求，用邓小平理论和江泽民同志“三个代表”重要思想武装广大团干部，把广大团干部培养成为“党放心，青年满意”的复合型人才。实现以上目标，团

干部教育培训工作要与时俱进，开拓创新，逐步形成以理论基础、党性锻炼、业务能力、世界眼光和战略思维为框架的教育培训内容体系，以及分层次、分类别、多渠道、多形式、重实效、充满活力的教育培训格局，使广大团干部的思想统一到“三个代表”重要思想上来，知识文化水平得到提高，业务能力明显增强，党性修养和作风建设取得新的进步，在促进共青团事业新的发展中发挥更加重要的作用。针对团干部特点，围绕思想政治素质、党性修养、业务能力和综合素质，要抓好以下四个方面教育培训工作。

1. 突出抓好理论武装工作，不断提高团干部思想政治素质。理论上成熟是政治上成熟的基础。抓好团干部教育培训首先要加强理论学习。通过学习，进一步坚定理想信念和走建设有中国特色社会主义道路的信心，增强政治鉴别力和政治敏感性，增进贯彻党的基本路线的自觉性。加强理论学习最根本的是学习马列主义、毛泽东思想特别是邓小平理论和江泽民同志“三个代表”重要思想。要帮助广大团干部系统学习马克思主义基本原理，精读马列、毛泽东和邓小平的部分原著，掌握马克思主义立场、观点、方法，以及研究新情况、解决新问题的科学态度和与时俱进的创新精神。要组织广大团干部系统、深入地学习江泽民同志“七一”重要讲话和《在中央党校省部级干部进修班毕业典礼上的讲话》。结合共青团和青年工作实际，结合马克思主义青年观教育，深入学习《毛泽东邓小平江泽民论青少年和青少年工作》和江泽民同志《在纪念中国共产主义青年团成立80周年大会上的讲话》。这些经典文献要列为团干部教育培训的必读书日和文章，进教材，进课堂，做到入脑入心。党的十六大召开后，各地要把学习贯彻党的十六大精神同深入学习“三个代表”重要思想紧密结合起来，用十六大精神进一步武装广大团干部。今年年底前，各级团组织要按照分级负责，分类实施的原则，采取集中办班、以会代训等形式，组织团的领导机关和部门负责人，以及基层团委书记进行一次系统、集中的学习，团中央将在适当的时候进行抽查。

2. 深入持久地开展党性党风教育，加强团干部党性修养。团干部是党的青年干部的一部分。各级团组织要从为党培养合格人才，建设一支政治坚定、思想过硬、作风扎实的青年干部队伍的战略高度，深入持久地开展党性党风教育。要用党的光荣传统和优良作风教育团干部，不断增强党的观念，提高党性修养。要按照全心全意为人民服务的宗旨，帮助广大团干部树立正确的世界观、人生观、价值观，做到密切联系青年、竭诚服务青年，更好地代表和维护青年的具体利益。要认真贯彻落实“八个坚持、八个反对”的要求和《共青团中央关于进一步加强和改进团的作风建设的意见》，抓好团干部学风、思想作风、工作作风、生活作风。要加强社会主义道德和中华民族优良传统教育，使团干部成为实践社会主义道德规范的表率。加强团干部党性党风教育和思想道德教育，要注意结合社会生活和团干部思想实际。结合民主集中制的学习和实践，教育团干部如何正确地对待自己、正确地对待组织、正确地对待他人；结合勤政廉政教育，引导团干部正确地认识和处理索取和奉献的关系；结合改革不断深入，社会利益分配格局调整的实际，教育团干部正确对待改革中的个人得失，做改革的坚定支持者。

3. 切实抓好团的业务知识培训，增强团干部实际工作能力。团的业务知识教育培训，是团干部教育培训工作的基本内容，是提高团干部实际工作能力，促进团的工作发展的重要手段。近些年来，有个别地方和单位出现重学历教育，轻工作培训，重文化知识学习，轻业务知识培训的倾向，要坚决予以纠正和克服。要组织广大团干部系统学习团的历史、团的工作理论和业务知识，深化对共青团和青年工作的认识,增强理论思考和把握全局的能力;要围绕各个时期团的中心任务和重点工作,部署安排各类工作项目培训,帮助团干部及时明确工作要求,把握工作重点,提高实际操作能力。团的业务知识培训,要突出抓好新任职团干部和西部地区、少数民族团干部等重点对象的教育培训。按照分级培训、分类实施的原则进行,推进新任职团干部培训,从入口着手抓好团干部队伍业务素质建设;深入实施“万名西部团干部培训工程”,加强西部地区和少数民族团干部教育培训,力争经过四年的努力,培养造就一大批具有较高素质的团干部,为西部大开发贡献力量。

4.强化新知识新技能培训,努力提高团干部综合素质。要高度重视、切实抓好现代科学文化知识和技能的教育培训,用人类社会创造的一切文明成果来丰富和充实团干部,帮助他们拓宽视野,锻炼思维,提高文化知识水平,优化知识结构,提高自身综合素质,成长为既能从事青少年工作,又能适应社会主义现代化建设需要的复合型人才。要围绕改善知识结构、提高思维水平,开展各类知识技能培训,重点学习社会主义市场经济知识、法律知识、现代管理知识、现代科技知识和办公自动化、信息网络化等技能。围绕培养世界眼光,开展赴国外境外培训,使团干部直接接触和感受世界政治、经济、科技、文化等各种变化,增强对世界的了解和分析判断能力。有条件的地方和单位还应当积极为团干部接受在职学历教育创造条件,提高受教育程度。

团干部教育培训是一项系统工程,上述任务是一个有机联系的整体。要始终突出理论学习这一重点,正确把握相互间的关系,合理安排各类教育培训,使其相得益彰,相辅相成。加强团干部教育培训,要弘扬理论联系实际的学风,坚持学以致用原则,努力提高团干部解决实际问题的能力。要紧密结合团的工作实际,增强教育培训的针对性、实效性,做到学有所得,学有所用。日前,团中央制定并下发了《2002—2005年全国团干部教育培训规划》,对当前和今后一个时期全国团干部教育培训工作作了部署,各级团组织要结合实际,认真贯彻落实。

三、切实加强和改进团校建设,努力推动团校建设实现新发展

团校教育事业是党和国家教育事业不可或缺的组成部分,历来在全团工作中处于重要地位。各级团校始终根据党在不同时期对青年干部队伍建设的要求,立足共青团工作实际,遵循团干部成长和青年人才培养规律,艰苦创业,开拓进取,为各级团组织培养输送了大批工作骨干,为社会主义事业造就了一批又一批合格建设人才。改革开放以来,各级团校以邓小平理论和江泽民同志“三个代表”重要思想为指导,积极适应国家教育改革和共青团事业发展需要,坚持在继承中创新,在创新中发展,团校教育正规化取得新成效,团校办学领域得到新拓展,团校办学水平上了新台阶,为共青团建设和工作做出了新的贡献。五十多年的发展历程充分表明,团校是加强团干部队伍建设、推动共青团工作创新发展的重要工作依托,是服务广大团员青年、培养青年人才的重要基地。团校的管理和教师队伍是一支特别能吃苦、特别能战斗、特别能奉献的队伍,为团的教育事业发展做出了积极贡献。当前,全团都在深入学习“三个代表”重要思想,认真学习贯彻江泽民同志“5·31”重要讲话和在纪念中国共青团成立80周年大会上的重要讲话,必将推动共青团事业取得前所未有的发展。团校经过五十多年的发展,积累了丰富的经验和较好的工作基础。这些为团校迎来大发展提供了难得的历史机遇。

新时期加强和改进团校建设,就要站在我们党的事业以及共青团事业发展的高度去思考、去描绘团校建设的美好蓝图。总体思路是,以邓小平理论和江泽民同志“三个代表”重要思想为指导，与时俱进，开拓创新，不断巩固团干部教育培训的基础性地位，努力提高学历教育水平，大力发展职业教育和青少年教育培训，形成多渠道、多形式、多层次、充满活力的团校办学新格局；构建以中央团校为龙头，地方团校为主体，业余团校、网上团校、其它团属教育培训阵地和各类社会教育培训资源参与和支持的开放式的团校培训网络新体系；建设爱岗敬业、甘于奉献、素质精良的团校领导班子和专兼职师资队伍。力争通过3到5年时间，使全国各级团校整体上有一个大发展。

1. 努力形成多渠道、多形式、多层次、充满活力的团校办学新格局。要坚持团的干部院校性质，适应国家教育改革需要，强化市场观念，以需求为导向，明确办学方向，突出办学主业，拓展办学领域。一要不断巩固团干部教育培训的基础性地位。团校是共青团的干部院校，团干部教育培训是团校基本而重要的职责，是团校有别于其他教育培训机构的特色和优势所在，是团校的立校之本。团校自诞生之日起，就是共青团组织培养干部的重要阵地和渠道，就是帮助团干部成长、提高团干部素质的熔炉。新时期，共青团全面贯彻"三个代表"要求，建设一支"党放心，青年满意"的团干部队伍，对团校建设赋予了更重要的职责，提出了新的更高要求。各级团校要不断增强政治意识、大局意识、责任意识和阵地意识，把进一步巩固和加强团干部教育培训在团校工作中的基础性地位，作为加强和改进团校建设的主要任务，充分发挥团校在团干部教育培训工作中的主渠道作用，为共青团事业发展提供有力支撑。二要努力提高学历教育水平。学历教育是团校教育的组成部分，学历教育尤其是普通高等学历教育对提高团校办学层次、促进团校教育正规化具有重要意义。随着我国教育体制改革的不断深化，高等学校管理体制改革取得了较大进展，高校间综合实力的竞争日趋激烈，形势逼人，不进则退。目前，全国共青团系统在团校基础上成立的具有大专以上层次的青年政治学院、青年管理干部学院和高等职业技术学院，在学历教育正规化方面进行了积极探索，取得了显著成绩。但总体上看，学历教育的办学水平和实力还亟待提高。全国团校的学历教育尤其是普通高等学历教育要适应改革趋势，坚持发展是硬道理，不断壮大办学实力；要加强优势专业和优势学科建设，不断强化办学特色；要通过发展多种形式的联合办学和校际合作，不断提高办学效益；要深化教学改革，改革教学内容和教学方法，不断提高教学质量，努力推动团校学历教育在发展中稳步提高。三要大力发展职业教育和青少年技能培训。团校开展职业教育和青少年技能培训，是贯彻落实"三个代表"要求，服务大局和服务青少年的具体举措，也是团校充分利用自身教育资源，拓展办学领域的内在需要。我国是发展中大国，也是人口大国，积极参与青年人力资源开发，开展职业教育和青少年技能培训，培养和造就青年人才大军，是共青团服务党和国家工作大局的重要任务。职业教育是我国教育发展的重点之一，以我国技术工人素质状况为例，我国技术工人占工人总数的比例不足一半，而且技术工人的等级从低到高基本呈金字塔结构，高级工、技师和高级技师等高级技能人才只占技术工人总数的5%左右，而且这5%的技术工人大多在35岁以上。因此，团校发展职业教育，提高劳动者职业技能的空间很大，大有可为。同时，据统计，我国6至13岁的少年儿童约2亿人，14至35岁的青年约4.7亿人。团校面向青少年开展德育、智育、体育、美育等方面的培训，是团校尤其是省和省以下团校顺应青少年素质教育，服务青少年健康成长的现实需要。大力开展职业教育和青少年技能培训，一方面要因地制宜，紧密结合各地经济发展水平和市场对人才的需求，创特色、树品牌。另一方面要以青少年需求为导向，努力提高青少年科学文化素质和技能水平，帮助青少年提高创新能力和综合素质。

2. 着力构建开放式的团校培训网络新体系。各地团组织和团校要紧跟科技和社会发展步伐，特别是网络技术突飞猛进和各种市场化培训机构不断壮大的新形势，拓宽思路，求实创新，巩固已有的，发掘潜在的，按照“大教育、大培训”的思路，整合团内外各种资源，创新教育培训模式，构建强大的教育培训网络。一要巩固现有团校培训网络。不断加强中央团校建设，积极支持中央团校通过设立分校和教学点等方式充分发挥龙头带动作用。要推动地方团校建设，办学条件较好的省级、副省级城市团校也应通过共建、合作等多种形式，发挥资源优势，在团校系统形成“以大带小”、“以强带弱”的良好局面。业余团校是团干部教育培训网络的有益补充，具备条件的地方可以根据实际情况，创办业余团校，加强对基层团干部的教育培训。二要充分利用网络资源。当今时代，网络技术的迅猛发展和广泛应用正在很大程度上改变着人们的学习、生活和思维方式。截至 2001 年底，我国国内上网人数已达2650 万人，其中青少年达到2000 多万，各类青少年网站已有 3100 多个，团属青少年网站200 多个。团中央高度重视这一新形势，成立了团中央信息化工作领导小组。1999 年，创建了中国第一个专门以青少年为服务对象的计算机信息服务网络——中国青少年计算机信息服务网（中青网）。有条件的团校，可以依托中青网等青少年网站建设网上团校，力争使全国 70 多所团校在互联网上建立虚拟镜像。建立网上团校不仅有利于实现团校间信息资源共享，还可以通过开办网上远程教育等形式，进一步运用网络扩大团校对青少年的覆盖面和影响力。三要充分利用团校的政治资源。团校是一块金字招牌，凝聚着 50 多年的光荣历史，担负着培养团干部和服务青少年成长成才的光荣职责。团校要利用这一优势，强化“不求所有，但求所用，但求发展”的意识，树立大团校、大发展的新理念，通过与党校、行政学院、高等院校等进行合作、共建，广泛利用各类社会教育资源，解决团校发展中遇到的教师、资金、场地等问题，最大限度履行面向团干部和青少年开展教育培训的职责。四要充分发挥中国青年工作院校协会的作用。中国青年工作院校协会要充分发挥桥梁纽带作用，在组织开展理论研究、学术研讨、扩大团校间的交流与合作等方面发挥更加积极的作用，为各会员院校提供切实服务。服务要强化手段和载体。协会可以利用互联网在各会员院校间的便捷联系，通过开展研讨交流、论文评选、优秀网页评选等活动，构建团校网络服务体系。要积极发挥团校间协会团体的作用，支持它们在相关领域开展交流与合作；要通过创办会刊，为会员院校沟通情况、交流工作服务；要按照国家教育体制改革要求，在团校间区域资源整合，强强联合、强弱联合等方面发挥协调、引导作用。

3. 加强团校自身建设，为实现团校建设新发展提供保障。搞好团校自身建设，首先要抓好团校领导班子和教师队伍建设。总的来看，目前全国团校领导班子和教师队伍是一支爱岗敬业、甘于奉献、专业素质较强的队伍，为团的教育事业发展做出了贡献。但必须看到，新的形势和任务对团校领导班子和教师提出了新的更高的要求。团校领导班子必须认真学习马列主义、毛泽东思想、邓小平理论和江泽民同志“三个代表”的重要思想，加强民主集中制建设，不断增强凝聚力和战斗力；必须解放思想、求实创新，努力推动团校办学理念和管理思想的创新和发展；必须不断钻研干部教育培训理论和业务，努力提高教育管理水平、科学决策水平和领导工作能力。团校教师队伍必须具有扎实的马克思主义理论功底，能够以科学态度和严谨的学风探索我国经济社会和共青团事业发展的新问题，努力提高政治素质、业务能力和教学科研水平。搞好团校自身建设,还要高度重视团干部教育培训教材建设。教材是教学思想、教学内容的重要载体,教材建设是干部教育培训的一项重要基础性工作。江泽民同志在近期出版的全国干部培训教材《序言》中强调指出:“编写好的学习教材,对于推动干部的学习非常重要。”我们应当看到,干部培训教材建设是一个系统工程,也要与时俱进,不断创新,不断丰富发展。从今年全国团校系统优秀教材的评选情况看,教材的质量有待进一步提高。当前,我们要按照“三个代表”要求,以学习“三个代表”重要思想为重点,以《毛泽东邓小平江泽民论青少年和青少年工作》、江泽民同志《在纪念中国共青团成立80周年大会上的讲话》等重要著作为基本教材,按照“少而精”、“管用”的原则,组织编写适应不同层次团干部需要的培训教材,切实把好编审关,逐步建立起科学合理的团干部培训教材体系。

四、与时俱进,开拓创新,促进团干部教育培训工作和团校建设健康发展

当今时代是一个崇尚创新、鼓励创新的时代。团的事业是青春事业,团的工作是创新型工作,创新是团的建设和工作永葆生机和活力的源泉。我们在长期的团干部教育培训和团校建设工作中积累了许多成功经验,形成了许多优良传统。这是一笔宝贵的财富,必须很好地继承下来,不断发扬光大。但同时我们也要清醒地看到,当前团干部成长所面临的内部和外部环境、主观和客观因素,都发生或正在发生着深刻的变化。团干部教育培训工作和团校建设只有坚持与时俱进,才能跟上时代前进的步伐。我们一定要按照马克思主义的实践观点和发展观点,按照江泽民同志提出的创新、创新、再创新的要求,在继承优良传统的基础上,进一步解放思想,与时俱进,开拓进取。对于新形势新情况,我们不能被动地应付,而应主动去研究,主动去适应,始终以开风气之先的勇气,用改革的精神研究新情况,解决新问题,探索新路子,形成新认识,以创新求活跃,以创新求发展,使团干部教育培训工作和团校建设更好地适应共青团事业发展和团干部队伍建设的需要。

1. 思想观念要创新。思想是行动的先导。没有观念的创新,工作创新就会成为一句空话。实现团干部教育培训工作和团校建设的创新,必须以观念创新为前提。我们要善于把团干部教育培训工作和团校建设放到党和国家工作大局中,放到经济社会发展全局中,放到教育改革的大背景下,放到共青团事业发展的大局中去思考,去部署,去推进。要按照“三个代表”要求,坚持解放思想、实事求是的思想路线,弘扬与时俱进的时代精神;要按照江泽民同志关于“创建学习型社会”的要求,牢固树立终身教育、素质教育等现代教育思想观念;要树立人才资源是第一资源、树立人才资源开发投入是效益最大的投入等新理念、新思想。思想观念创新,一定要尊重人才成长和团干部教育培训的规律,坚持把解放思想同实事求是更好地结合起来,坚持把继承传统和改革创新更好地结合起来。

2. 工作方式和手段要创新。工作方式和手段创新是工作创新的载体。目前,我们工作方式需要创新的地方很多,从近年来的探索来看,主要有这么几方面:在教育培训的渠道上,要适应我国加入WTO和世界经济一体化进程加快的要求,利用国际国内两种资源,在优化整合国内现有教育培训资源的同时,坚持“引进来”和“走出去”并举,培养和造就大批具有世界眼光的团干部;在教育培训的方式方法上,要更好地把课堂教学与实践锻炼结合起来,把传统教学方法与现代教学手段结合起来,进一步提高教育质量和培训效果;在教育培训的手段上,要结合全团信息化建设和“县县上网”工程,推进团干部教育培训网络化建设,积极发展远程教育和网络教育,逐步在全国团干部教育培训系统建设远程教育网,扩大培训的覆盖面，提高团干部教育培训的整体效益。

3. 工作机制要创新。创新工作机制，建立健全有效的工作运行机制，工作创新才有保障。要弘扬理论联系实际的马克思主义学风，紧密结合团干部队伍建设的实际，不断提高团干部培训的质量和效果，努力达到学以立德、学以增智、学以致用的学习成效，增强团干部参加培训的积极性和主动性；要创新团干部调训工作管理，从按计划调训为主向按计划调训与按需求培训、提高培训自身吸引力相结合转变；要创新团干部教育培训工作管理，逐步实行目标管理，制定切实可行的干部教育培训目标体系，年度目标要层层分解，落实到有关单位和个人，并强化对目标实施的考核；要创新团干部教育培训质量的评估制度、考试考核和学用结合等制度措施，形成一套有效的激励和约束机制。

加强团干部教育培训工作和团校建设，提高团干部队伍素质，是一项事关共青团事业全局的重要工作。各级团组织要高度重视，加强领导，各司其职，形成合力。各级团的领导机关要按照团中央的要求，从实际出发，认真研究制定本地区、本系统的干部教育培训规划和实施方案；组织部门要认真履行牵头抓总、统筹规划、宏观指导、组织协调的职责，充分发挥职能作用；各单位、各部门要将团干部教育培训工作作为工作的重要内容，支持团干部有计划地参加培训。各级团组织要坚持党建带团建，积极争取党组织的领导和支持，把团干部教育培训纳入党的教育培训规划，要争取党政有关部门的支持和帮助，为推动团干部教育培训工作创造条件。各级团组织的领导班子成员和机关负责人要经常到团校讲课和调研，关心支持团校工作。

同志们，团干部教育培训工作和团校建设任重而道远。让我们高举邓小平理论伟大旗帜，全面贯彻“三个代表”要求，紧密团结在以江泽民同志为核心的党中央周围，解放思想，与时俱进，开拓进取，脚踏实地，真抓实干，努力推动团干部教育培训工作和团校建设工作实现新的发展，为建设高素质的团干部队伍，推进新时期共青团工作做出新的更大的贡献，以优异成绩迎接党的十六大胜利召开！

胡伟在团中央系统组织人事干部学习《党政领导干部选拔任用工作条例》培训班上的讲话

——胡伟在共青团全国促进青年再就业工作会议上的讲话

2002年9月6日，根据录音整理

这次组织部举办团中央系统组织人事干部学习《党政领导干部选拔任用工作条例》（以下简称《干部任用条例》）培训班，很重要，也很必要。团中央书记处对培训班很重视，周强同志专门听取了有关情况的汇报，要求我们一定要把培训班办好。周强同志对团中央系统组织人事干部非常关心，向参加培训班的同志，并通过大家，向团中央系统从事组织人事工作的同志们表示亲切的问候。在培训班上，我们要进一步学习中央颁布的《干部任用条例》和胡锦涛同志在全国学习贯彻《干部任用条例》电视电话会议上的重要讲话、曾庆红同志在组织人事部门领导干部学习《干部任用条例》培训班上的重要讲话，听取中组部、人事部相关业务处室负责同志的学习辅导报告，交流各自的学习体会。我们相信，通过培训，将进一步促进团中央系统学习贯彻《干部任用条例》工作，使团中央系统干部人事工作提高到一个新的水平。

下面，我就《干部任用条例》的学习贯彻谈三点意见。

一、进一步统一思想，增强学习贯彻《干部任用条例》的责任感和自觉性

《干部任用条例》以马列主义、毛泽东思想、邓小平理论为指导，全面贯彻"三个代表"的要求，科学总结了长期以来特别是改革开放以来党的干部工作的实践经验，吸收了近年来干部人事制度改革的重要成果，是党的组织工作与时俱进、开拓创新的重要成果，是党政领导干部选拔任用工作必须遵循的基本规章，也是从源头上预防和治理用人上不正之风的有力武器。颁布实施《干部任用条例》，对于深入贯彻"三个代表"重要思想，深化干部人事制度改革，切实加强党政领导干部队伍建设，全面推进党的建设新的伟大工程，具有十分重大的意义。

选什么样的人，怎样选人，历来是我们党高度重视的一个重大问题。毛泽东同志深刻指出，政治路线确定之后，干部就是决定的因素。邓小平同志明确提出，政治路线确立了，要由人来具体地贯彻执行。由什么样的人来执行，是由赞成党的政治路线的人，还是由不赞成的人，或者由持中间态度的人来执行，结果不一样。江泽民同志特别强调，马克思主义政党不仅要有正确的思想路线和政治路线，而且要有正确的组织路线，关键是要选好人、用好人。他明确指出，干部选拔任用工作要坚持走制度创新的路子，用科学的选人制度来保障把人选准用准。

《干部任用条例》的颁布实施适应了新形势新任务要求建设高素质干部队伍的需要，适应了党的干部工作更好地贯彻落实"三个代表"重要思想的需要，也适应了总结和推广近年来干部人事工作的新经验、新成果，进一步提高干部选拔任用工作水平的需要。《干部任用条例》的颁布实施，对建立健全科学的选拔任用机制和管理监督机制，推进干部选拔任用工作的科学化、民主化、制度化，形成朝气蓬勃、奋发有为的领导集体，保证党的基本路线的贯彻执行，保证党的事业兴旺发达和国家的长治久安具有重要的意义。党中央对《干部任用条例》的颁布十分重视。7 月 22 日，中央召开全国学习贯彻《干部任用条例》电视电话会议，锦涛同志发表了重要讲话，就学习、宣传和贯彻《干部任用条例》进行了全面部署。中共中央组织部专门举办了组织人事部门领导干部学习培训班，庆红同志就全面落实好《干部任用条例》提出了明确要求。7 月 24 日，周强同志主持召开书记处会议，认真学习《干部任用条例》和中央领导同志讲话，结合共青团工作实际，研究安排贯彻落实的措施。组织部和直属机关党委联合发出通知，对团中央系统的学习贯彻作出了具体安排。我们要充分认识《干部任用条例》颁布实施的重大意义，以高度的责任感和自觉性，切实把《干部任用条例》学习好、贯彻好、落实好。

二、认真学习、准确把握《干部任用条例》的基本内容

《干部任用条例》总结了《党政领导干部选拔任用工作暂行条例》颁布 7 年来的经验，充分体现了中央对干部选拔任用工作新的要求和与时俱进的精神，在干部选拔任用的基本原则、基本程序、基本方法和扩大民主、强化监督等方面，作出了更加科学、规范和严密的规定，具有很强的指导性和操作性。我曾在地方做过干部工作，我体会，选拔任用干部如果没有严格的规章，就会影响干部选拔任用工作的质量。《干部任用条例》是我们党关于党政领导干部选拔任用工作科学化、民主化、制度化建设的重大成果。《干部任用条例》的颁布实施，标志着我们党的干部工作制度建设又迈进了一大步。

中央对学习贯彻《干部任用条例》有明确要求，要求各级领导干部要熟悉《干部任用条例》、组织人事部门的同志要精通《干部任用条例》、广大干部群众要了解《干部任用条例》。对于各级领导干部和从事组织人事工作的同志来说，就是要全面掌握《干部任用条例》的基本内容和要求，深刻领会基本精神，增强执行的自觉性。同时，要采取多种形式广泛宣传《干部任用条例》，帮助广大干部群众了解《干部任用条例》，在干部群众中进行党的组织路线的再宣传、再学习。各直属单位党委(党组)前一阶段已经按照书记处的要求进行了学习，下一步，我们要继续按照中央的要求，进一步抓好《干部任用条例》的学习。要强调原原本本地学，一字一句地领会，掌握其基本内容和精神实质。这次培训班，我们还要学习国务院批转人事部《关于在事业单位试行人员聘用制度的意见》。这个《意见》是根据《干部任用条例》精神制定试行的，也是团中央直属单位在干部人事工作中应当遵循的重要规章，要认真学习贯彻好这个《意见》。

三、切实把《干部任用条例》贯彻落实到干部选拔任用工作中去

统一思想、认真学习《干部任用条例》，目的是为了把《干部任用条例》贯彻落实到实际工作中去。贯彻落实《干部任用条例》，关键要做到以下几点。

第一，要按照《干部任用条例》的规定，认真对照检查我们已有的工作，发现问题，及时纠正。长期以来，团中央机关和各直属单位在干部选拔任用工作中始终坚持干部“四化”方针和德才兼备原则，严格按照《党章》和《暂行条例》，坚持民主集中制，在干部队伍建设方面取得了显著的成绩。但我们也应看到，对照新颁布的《干部任用条例》，我们的干部人事工作也需要与时俱进，不断提高工作水平。书记处要求，各直属单位要对照《干部任用条例》，凡与之不相符合的规定要予以清理修改，要切实把《干部任用条例》贯彻落实到干部工作的各个环节，以《干部任用条例》规定的条件作为衡量干部的基本尺度，做到对所管理的干部任用，不符合《干部任用条例》规定的不上会；对中央管理和中组部备案的干部任用，不符合《干部任用条例》规定的不上报；对下级报来的干部任用，不符合《干部任用条例》规定的不审批。要用科学的制度、民主的方法、严密的程序、严格的纪律，把干部选准用好，不断提高干部选拔任用工作水平。在执行《干部任用条例》过程中遇到的实际情况，要及时向有关方面汇报。

第二，在严格执行上下功夫。严格执行《干部任用条例》就要按照条例要求去做。中央强调要严格坚持原则、严格执行标准、严格履行程序、严格遵守纪律。《干部任用条例》在选拔任用干部的各个环节上规定十分周密，组织人事干部要严格执行，做到“坚持原则不动摇，执行标准不走样，履行程序不变通，遵守纪律不放松”。

第三，领导干部要做贯彻《干部任用条例》的表率。贯彻《干部任用条例》，统一思想、认真学习、对照检查和严格执行都重要，其中的关键是领导干部尤其是主要领导干部要增强政治观念、组织观念和法纪观念，率先垂范，身体力行，模范地执行《干部任用条例》，带出用好的制度选人的好风气。书记处要求直属单位党委(党组)的主要负责同志要认真学习《干部任用条例》，严格按《干部任用条例》办事。希望大家在培训班结束后，将培训班的学习成果和要求，特别是书记处对直属单位学习贯彻《干部任用条例》的要求，向单位的主要负责同志和领导班子汇报。

同志们，组织人事干部作为从事干部工作的干部，在贯彻中央《干部任用条例》中肩负着重要责任。团中央系统组织人事干部队伍是一支具有较高政治素质、强烈事业心和责任感的队伍，是一支业务素质很强的队伍，书记处对此给予充分的肯定。希望大家利用这次培训班，多学一点，学好一点，在今后的工作中严格执行好《干部任用条例》，按照锦涛同志和庆红同志的讲话要求，不辱使命，不懈努力，为团中央系统干部队伍建设做出应有的贡献。

把促进青年就业和再就业工作提高到一个新水平

——胡伟在共青团全国促进青年再就业工作会议上的讲话

2002年10月21日

刚才，团中央书记处第一书记周强作了重要讲话。周强同志的讲话站在全局的高度，深刻分析了做好促进青年就业和再就业工作的重要性和紧迫性，明确提出了进一步做好这项工作的总体要求、基本思路、主要任务和工作要求，对于新形势下全面推进促进青年就业和再就业工作，具有重要的指导意义。各级团组织和广大团干部要认真学习，深刻领会，全面贯彻。我们召开这次会议，是为了贯彻全国再就业工作会议精神，总结近年来促进青年就业和再就业工作的经验，研究部署当前和今后一个时期的工作任务，进一步统一思想、凝聚力量、振奋精神、坚定信心，把促进青年就业和再就业工作提高到一个新水平，为维护改革发展稳定大局做出新的贡献。

下面，我讲四点意见。

一、促进青年就业和再就业工作取得了明显成效

就业是关系人民群众切身利益的重大问题。我国人口多，就业矛盾一直突出。尤其是近年来，我国出现了较为严重的下岗失业现象，成为经济和社会发展中的突出问题，引起全党全社会的普遍关注。为了充分发挥党的助手和后备军作用，服务大局，服务青年，各级团组织在促进下岗失业青年、城镇新增青年劳动力、进城务工青年就业和再就业方面，做了大量工作。特别是1998年以来，根据党和政府的要求，突出抓了下岗失业青年再就业工作，组织实施了“下岗青工创业行动”、“帮助青年创业计划”等活动，取得了明显成效。

1. 加强了观念引导。各级团组织采取举行座谈会、研讨会、事迹报告会，宣传树立典型等方式，加强了对下岗失业青年的观念引导。深入细致地开展了下岗失业青年思想政治工作，引导他们正确认识下岗失业现象，理解和拥护党和政府的有关政策措施。广泛宣传“劳动者自主择业、市场调节就业、政府促进就业”的就业方针，引导下岗失业青年摒弃工作有高低贵贱之分的陈旧观念和端上“铁饭碗”才算就业的传统观念，树立临时就业、阶段性就业、弹性就业等新观念。帮助下岗失业青年正确认识自身特点，充分发挥自身优势，将再就业的过程作为创业的过程，在创业中开辟事业和人生发展的新天地。“青春永不下岗”日益成为广大下岗失业青年自主就业、自强不息、奋发有为的生动写照。

2. 开展了职业技能培训。各级团组织普遍将职业技能培训作为工作的基础环节来抓，组织开展了多层次、多形式的培训，初步形成了培训促进就业的良性机制。拓宽了培训渠道,在依托团校、青少年宫等团内培训阵地的同时,充分利用职业学校、职业技能培训中心等社会培训阵地,有效整合了社会资源。适应劳动力市场需求,进行了有针对性的培训,突出适应性职业技能培训,对下岗失业青年进行了家政服务、初级护理、市场营销等市场需求大的职业技能培训。培训既有传统的言传身教方式,又有网络教学、电视教学等时代特点鲜明的方式,取得了较好的培训效果。许多地方争取劳动保障部门的支持,将培训与职业技能等级鉴定结合起来,增强了培训的吸引力和有效性,为下岗失业青年再就业创造了良好的条件。

3. 提供了多种形式的服务。各级团组织充分发挥组织优势、动员优势,积极开展了服务工作。在优化就业资源配置方面,一些地方建立了下岗失业青年再就业网站,及时收集并发布用工信息。很多地方定期或不定期地举办就业供需见面会,受到了企业和下岗失业青年的欢迎。有的地方有计划地组织劳务输出,实现了下岗失业青年的有序流动。为了提高中介服务的专业化水平,确保服务效果,一些地方成立了青年就业服务中心。在团组织的协调推动下,不少地方出台了鼓励下岗失业青年再就业的优惠政策,优化了下岗失业青年再就业的外部环境。有的地方专门开设了“共青团夜市”、“下岗失业青年再就业市场”等,给予在此就业的下岗失业青年以减免税收等优惠。在开展扶贫帮困活动方面,不少地方组织青年文明号集体与下岗失业青年建立了“一帮一”关系,组织青年志愿者为下岗失业青年提供子女家教、子女入学等服务。许多地方开展了送温暖活动,帮助下岗失业青年解决生活上的一些实际困难。

4. 培养扶持了一批青年兴业领头人。各级团组织以创业为主题,引导和帮助一批下岗失业青年在创业中实现了再就业。动员下岗失业青年进入第三产业特别是社区服务业,发展非公有制企业和劳动密集型企业,争当青年兴业领头人,在实现自身创业理想的同时,带动其他人实现就业和再就业。目前,团中央已联合劳动和社会保障部表彰了三批全国青年兴业领头人,各地也层层树立表彰了创业典型。在下岗失业青年创业的过程中,各级团组织提供了有效的创业扶持。很多地方开展了包括工商登记、项目选择、资金筹措、经营管理、市场营销等内容的培训,并且力所能及地提供了相应的服务。一些地方建立了下岗失业青年创业培训基地。有的地方组织经验丰富的企业家或专家开展了创业咨询、开业指导、经营会诊等服务。有的地方争取到了下岗失业青年贷款或设立了下岗失业青年创业基金。

下岗失业青年再就业工作开展至今,取得了明显的成效。据统计,四年来全国各级团组织共扶持35500多名青年兴业领头人创办了微型企业,培训下岗失业青年130多万人次,提供就业咨询和中介服务200多万人次,为再就业工程的实施做出了积极贡献。

二、在思想认识、工作对象、工作目标三个方面实现新的突破

根据全国再就业工作会议精神,今后一个时期,促进青年就业和再就业工作要深入贯彻落实“三个代表”重要思想,以市场为导向,以阵地网络化为依托,以职业培训、中介服务、创业扶持、就业援助、政策落实为主要内容,发挥优势,整合资源,夯实基础,全面推进,努力构建与国家就业和再就业工作相衔接、具有共青团特点、符合青年需求的促进青年就业和再就业的工作体系,把促进青年就业和再就业工作提高到一个新水平。通过三年的时间,为下岗失业青年提供职业培训、就业指导、职业介绍、创业扶持等服务400万人次,培养5万名青年兴业领头人,力争使服务对象的再就业率达到60%。同时,为城镇新增青年劳动力、农村富余青年劳动力提供切实有效的就业和再就业服务。

把促进青年就业和再就业工作提高到一个新水平，要求我们在三个方面实现新的突破。

一是在思想认识上实现新的突破，就是要从“三个代表”重要思想的高度认识这项工作的重要意义，增强责任感和紧迫感。做好促进青年就业和再就业工作，是共青团贯彻“三个代表”重要思想的重要措施。贯彻“三个代表”要求，本质在坚持执政为民，始终代表最广大人民的根本利益。市场经济条件下，劳动者利益的基本体现形式之一就是就业。就业与青年紧密关联，从一定意义上讲，就业问题是一个青年问题。促进青年就业和再就业，就能更好地代表和维护广大青年群众的利益，把“三个代表”重要思想有效落到实处。这项工作做好了，就能发挥青年在深化改革、促进发展、维护稳定中的积极作用，切实服务大局；就能增强团组织的吸引力和凝聚力，实现共青团事业的新发展；就能把广大青年紧紧团结在党的周围，巩固党的青年群众基础。我们还要看到，我国就业问题长期存在，当前尤为突出。从去年下半年起，下岗职工出再就业服务中心进入高峰期；新增劳动力就业从1998年起进入高峰期，并将持续到2006年，“十五”期间城镇每年新增1000万劳动力；农村富余劳动力大规模向城镇转移进入高峰期，“十五”期间将有4000万农村富余劳动力向城镇和非农产业转移。下岗失业人员再就业、城镇新增劳动力就业、农村劳动力转移“三峰会合”，相互交织，使我国就业形势更加复杂和严峻。各级团组织和团干部要充分认识促进青年就业和再就业工作的重要意义，不断增强责任意识、紧迫意识和作为意识，将促进青年就业和再就业工作列入更加重要的议事日程，摆上更加重要的工作位置，下更大的决心，花更大的力气，切实将这项工作抓实抓好。

二是在工作对象上实现新的突破，就是要把下岗失业青年、城镇新增青年劳动力、农村富余青年劳动力作为工作对象。劳动力周期更替，是就业的一条规律。青年正处于就业的黄金时期，具有广泛的就业需求。纵观世界，各国的青年组织普遍把帮助青年就业作为青年工作的重要内容。相比而言，我国的人口基数大，青年的绝对数量多，因此，青年就业的压力更大，帮助青年就业的任务更重。近几年来，各级团组织一直把帮助下岗失业青年再就业作为促进青年就业和再就业工作的重点，这符合党和政府的要求，符合我国就业和再就业工作的实际。当前，帮助下岗失业青年再就业仍然是最为突出、最为紧迫的工作任务。各级团组织和团干部要饱含对下岗失业青年的深情，履行好团组织的服务职能，进一步做好下岗失业青年再就业工作。同时我们也要看到，促进青年就业和再就业工作正面临着新的形势。我国城镇每年新增劳动力中青年占绝大多数，农村1.5亿需要转移的富余劳动力中多数是青年。从长远考虑，城镇每年新增劳动力的就业和农村富余劳动力的转移，会越来越成为青年就业和再就业工作的突出问题。我们要适应新形势，在做好下岗失业青年再就业工作的基础上，围绕城镇新增青年劳动力就业、农村富余青年劳动力转移做好做足文章，帮助更多的青年实现就业和再就业，不断满足广大青年的就业需求。各级团组织和团干部要进一步认清工作形势，立足当前，着眼长远，把下岗失业青年、城镇新增青年劳动力、农村富余青年劳动力作为工作对象，不断扩大工作的覆盖面。

三是在工作目标上实现新的突破，就是要努力构建促进青年就业和再就业的工作体系。在过去的几年，各级团组织围绕促进青年就业和再就业，开展了一系列丰富多彩、形式多样的主题活动，牵动了青年，影响了社会，取得了明显的成效。面对就业和再就业工作的新形势和新任务，把促进青年就业和再就业工作提高到一个新水平，必须切实加强工作体系建设。加强工作体系建设，是由就业和再就业工作的特点决定的。就业和再就业工作具有长期性、复杂性、艰巨性的特点。建立起完善的工作体系，就能使工作持之以恒，取得更大的成效。加强工作体系建设，也是由促进青年就业和再就业工作深化发展的要求决定的。构建起促进青年就业和再就业的工作体系，就能更加有效地整合团的工作资源和各种社会资源，优化资源配置，推动工作的发展。当前，建设促进青年就业和再就业的工作体系有两个有利条件。一是具有良好的外部环境。党和政府高度重视、社会各界普遍关心就业和再就业工作。建立与国家就业和再就业工作体系相衔接的促进青年就业和再就业工作体系，有效服务全党全国工作大局，能够得到广泛的认同和支持。二是具有坚实的实践基础。近年来，各级团组织在工作体系的各个方面进行了探索和实践，积累了有益经验。可以说，加强工作体系建设的条件已经成熟。促进青年就业和再就业工作体系主要包括四方面的内容：组织阵地体系，重点是建立有形的网络和虚拟的网络，为工作开展提供组织保障和阵地依托；活动项目体系，探索具体有形、操作性强的活动载体，把各项工作任务落到实处；政策保障体系，既落实好国家的有关政策，又出台团内的政策措施，创造有利于工作开展的政策环境；评价考核体系，在加强团内评价考核的同时，引入社会评价机制。比如，把就业和再就业率作为工作的重要考核评价标准。各级团组织和团干部要开拓创新，扎实工作，努力构建促进青年就业和再就业的工作体系，真正把这项工作办成一项事业。

三、促进青年就业和再就业工作的主要内容

促进青年就业和再就业工作是一项复杂的系统的工作，内容多，要求高。各级团组织要认真学习贯彻周强同志的讲话精神，结合实际，全面推进青年就业和再就业工作，重点把握好五个方面的内容。

1. 切实加强职业技能培训。从短期看，开展这项工作是为了帮助青年学习掌握职业技能，提高职业适应力和就业能力，帮助他们实现就业和再就业。从长远看，是为了开发青年人力资源，提高我国青年劳动者队伍整体素质，源源不断地为现代化建设输送有用之才。各级团组织要按照团中央下发的《关于推进青年职业教育和培训工作的规划》的总体要求，围绕促进青年就业和再就业，重点实施好“百万下岗失业青年职业培训工程”，即在今后三年内，为下岗失业青年提供100万人次职业培训服务。要落实培训任务，团中央将分解工作指标，各地也要层层进行分解。要增强培训的针对性，根据下岗失业青年的特点和需求，重点强化操作技能、市场适应力、就业观念等方面的培训。要提高培训实效，尤其是要争取劳动保障部门的支持，将培训与职业技能等级鉴定、颁发职业资格证书结合起来。对于即将进入企业工作的城镇新增青年劳动力，企业团组织要积极协助有关部门搞好培训，为他们学习成才搭建舞台。对于即将就业的大中专毕业生，学校团组织要开展好青年学生素质拓展计划，加强实用技能培训。要大力实施青年农民科技培训工程和“千校百万”进城务工青年培训计划，帮助农村富余青年劳动力掌握一定的职业技能。要将青年职业技能培训与青年志愿者行动结合起来，招募组织青年参加志愿服务，引导他们在志愿服务的实践中增强素质。适当时候，团中央将命名一批全国青年就业和再就业培训基地。

2. 大力培养创业型青年人才。把培养创业型青年人才作为促进青年就业和再就业工作的一项重要内容，帮助引导青年自主创业，一方面可以满足青年创业的需求，促进他们成长成才，另一方面，可以推动经济增长，增加就业岗位。

要继续深化"帮助青年创业计划",培养更多的青年兴业领头人。支持鼓励有创业愿望和一定创业能力的青年进入第三产业尤其是传统服务业,兴办投资少、见效快、劳动密集、直接为生产生活服务的微型企业,不仅实现自己就业,而且带动更多的人实现就业和再就业,取得就业倍增效益。比如,山西省太原团市委下属的太原青年创业服务中心,引入社会资源,创办了青创田园蔬菜有限公司。公司统一标识,统一生产经营流程,实行连锁经营,已开设直销网点和综合市场200多个。它既服务于城市建设和发展,又直接安置下岗职工690多人,值得学习借鉴。在下岗失业青年创业的过程中,团组织要加大帮扶力度,通过协调社会资源、推荐项目、建立青年创业种子基金、建立青年创业实践基地等,为下岗失业青年创业提供具体的帮助。要着力培养树立一批青年兴业领头人典型,展示下岗失业青年奋发有为的风采,发挥典型示范作用,激励更多的青年投身创业实践。要深入开展"挑战杯"系列科技竞赛活动,提高大学生的创新能力,走创业之路。要大力推进农村青年增收成才行动,引导农村青年领办科技项目,成为青年创业带头人。

3.积极开展中介服务。在中介服务中,共青团组织一方面具有联系广泛的优势,既联系企业,又联系广大青年,可以在企业和青年中牵线搭桥,有效利用信息资源,提高就业和再就业的成功率;另一方面,共青团组织影响广泛,具有较高的社会信誉,易于得到企业和青年的认同。当前,开展中介服务要重点做好三个方面工作。一是实施"工岗快递"行动。实施"工岗快递",能够迅速有效地传递信息,帮助青年尽快实现就业和再就业。这项工作不仅服务青年,而且服务企业,能够实现企业和青年的"双赢"。各级团组织要按照《关于实施"工岗快递"行动的通知》(中青办发〔2002〕23号)的要求,组织实施好省际、省内、网上工岗快递。团中央已协调14个省级团委相互结对,作为首批省际工岗快递的对口联系地区,以后将逐步扩大覆盖面。各地要强化本地区的"工岗快递"工作,积极探索工作方式方法,引导青年劳动力的合理流动,按照市场化的方式进行操作。二是依托青年就业服务中心开展工作。中介服务是青年就业服务中心的一项重要功能。团组织要指导帮助中心确定用工联系企业,建立用人单位空岗申报制度和用工登记制度,广泛收集、及时发布空岗信息和求职信息,切实做好中介服务日常工作。三是不断开辟中介服务渠道。要充分利用政府劳动力市场、社会中介服务机构等,为青年提供中介服务。中国青少年发展服务中心正在实施的"彩虹工程"在中介服务中具有积极作用,要进一步抓实抓好。

4.用足用好就业和再就业政策。党和政府高度重视就业和再就业工作,先后出台了一系列政策和措施。近年来,更是加大了对就业和再就业的政策扶持力度。党中央、国务院先后下发了《关于切实做好国有企业下岗职工基本生活保障和再就业工作的通知》和《关于进一步做好下岗失业人员再就业工作的通知》。在《劳动法》、《中小企业促进法》、《失业保险条例》等法律法规中,对促进就业和再就业作出了法律规定。金融、税务、工商、财政等部门以及许多地方也出台了相应的配套政策和法规。各级团组织和团干部要学习研究政策法规,提高应用政策的能力和水平。要大力宣传政策法规,帮助青年认识到党和政府对下岗失业人员的关怀,增强青年对政策的理解和利用政策的自觉意识。要发挥好党联系青年的桥梁纽带作用,积极向有关部门反映青年的意愿和呼声,推动青年就业和再就业政策的制定和完善。要协调落实政策,维护青年权益,履行共青团代表和维护青年利益的职能。

5.广泛开展为特困下岗职工送温暖活动。特困下岗职工为国家建设做出过重要贡献,理应得到国家和社会的关心和帮助。当前,他们生活困难，渴望得到组织的关怀和社会的帮助。各级团组织要开展多种形式的为特困下岗职工送温暖活动，为党和政府分忧，为特困下岗职工解愁，把党和政府的温暖送到特困下岗职工心中。要动员青年志愿者采取“一助一”长期结对等方式，为特困下岗职工家庭提供子女就学、家教等方面的援助。要开展“青年文明号助万家”活动，组织引导青年文明号集体成立青年文明号服务队，为特困下岗职工提供免费或微利服务，方便下岗职工的生活。要动员青年企业家为特困下岗职工提供培训和就业机会，对特困下岗职工实行就业援助。

此外，各级团组织还要认真做好青年思想政治工作，深入开展形势政策教育、就业观教育和创业观教育，加强对青年的观念引导。要强化宣传工作，利用多种媒介，广泛宣传促进青年就业和再就业工作的目的意义、做法、成效和先进典型，营造有利于工作开展的良好环境。

四、大力建设以青年就业服务中心为依托的组织阵地网络

促进青年就业和再就业，需要以组织为保障，以阵地为依托。共青团具有健全的组织体系，具有丰富的阵地资源。把组织优势发挥出来，把阵地资源整合起来，形成组织阵地的网络化，就能够为促进青年就业和再就业工作提供有力的组织保障和坚实的阵地依托。可以说，这既是共青团组织的特点，也是我们的优势。各级团组织要把组织阵地网络建设作为当前促进青年就业和再就业工作的当务之急，通过扎扎实实的工作，建立起上下贯通、左右联结、同频共振、协调配套的组织阵地网络。

要建设有形的网络。即建设以促进青年就业和再就业工作领导小组为牵动，以青年就业服务中心为骨干，以青年就业服务站和各类青年服务阵地为结点的组织阵地网络。团中央已经成立共青团全国青年就业和再就业工作领导小组。领导小组下设办公室，办公室将配备专门人员。各省、自治区、直辖市团委要成立组织领导机构。直辖市和全国促进青年就业和再就业工作重点联系城市团委根据需要可以建立集多种功能于一体的青年就业服务中心。这些城市中工作任务比较重的县区团委可以建立青年就业服务站。街道、社区、企业团委依托已有的青少年宫、青年志愿者服务站、社区青少年服务中心、社区服务站等青少年服务阵地开展工作。

要建设虚拟的网络。即通过互联网建设信息网络，使之成为加强有形组织阵地之间的联系，整合就业和再就业信息资源的纽带。团中央将开通“中国青年创业网”，建立人才库、求职档案，发布用工信息，指导各地开展工作。各地要建立本地区青年就业和再就业工作信息网站并与“中国青年创业网”链接。青年就业服务中心在建立信息网站中，要结合完善自身功能来进行。我们要通过积极的努力，逐步建立起以“中国青年创业网”为主干，以各级青年就业和再就业工作信息网站为联结，交互性强、受众面广、易于沟通和资源共享的信息网络，搭建起网上工作平台。

需要强调的是，在组织阵地建设中，重点要加强城市青年就业服务中心建设。一方面，城市是就业和再就业矛盾的交汇地，就业和再就业的任务较重。城市团委在促进青年就业和再就业工作中肩负着重要责任。另一方面，依托城市建立的青年就业服务中心既是工作枢纽，又是工作平台；既有实施功能，又有保障功能。抓好了青年就业服务中心建设，就抓住了组织阵地网络化的“牛鼻子”。青年就业服务中心归口同级团组织管理，成立的基本条件是，有固定的工作场所，有专门的工作人员，有确定的服务项目，有科学的组织架构。从长远看，中心应该成为一个自主经营、自我发展，有独立承担民事责任能力的法人实体。中心的基本职能是，开展职业指导，引导青年树立正确的就业和再就业观念；进行职业培训，提高青年的职业技能和创业能力；开展中介服务，为青年就业和再就业牵线搭桥；提供专项服务，对青年进行创业扶持；宣传国家就业和再就业方面的政策法规，帮助青年学习、了解、掌握有关政策。在建立服务中心的方式上，可以采取自建、合建等方式。无论是自建还是合建，都要争取政府部门资金、政策等方面的支持。服务中心要在坚持共青团组织领导的前提下，按照市场化导向、社会化操作、事业化推进的原则积极探索，向前发展。市场化导向，就是要面向市场，面向企业，面向青年，紧扣劳动力市场需求，按照市场经济规律运作。社会化操作，就是要制定社会化目标，采取社会化手段，整合社会资源，引入社会化评价机制，形成社会化工作格局。事业化推进，就是要采取办事业的方式，建立健全工作机制，推动工作的事业化发展。现在还没有建立中心的城市，可以根据需要建立；已经建立的，要规范职能，更好地发挥作用。

同志们，促进青年就业和再就业工作是当前和今后一个时期全团面临的重要而又紧迫的任务。让我们紧密团结在以江泽民同志为核心的党中央周围，高举邓小平理论伟大旗帜，按照“三个代表”的要求，解放思想，实事求是，与时俱进，开拓创新，努力把促进青年就业和再就业工作提高到一个新水平，为维护改革发展稳定大局做出新的更大的贡献。

杨岳同志讲话

以“三个代表”重要思想为指导
在农村先进文化建设中充分发挥团组织生力军作用

——杨岳在全国农村青年文化建设现场座谈会上的讲话

2001 年 12 月 21 日，根据录音整理

今天，团中央在浙江省温岭市召开全国农村青年文化建设现场座谈会，主要目的是以“三个代表”重要思想为指导，贯彻江泽民同志“七一”讲话、党的十五届六中全会和团的十四届五中全会精神，配合全国农村“三个代表”重要思想学习教育活动和《公民道德建设实施纲要》的颁布实施，座谈交流各地开展农村青年文化建设工作情况，研究进入新世纪后，在新的历史条件下如何紧密结合农村改革发展实际，适应农村青年生活就业、成长成才的多样化需求，有针对性地开展思想道德教育和青年文化活动问题。刚才，听了浙江、河南、福建、江苏的同志介绍经验，我想这对推动全国农村青年文化建设工作是很有益处的。特别是中国青少年研究中心、中国社会科学院、中国农民体育协会的几位专家从不同角度对我们如何把握当代农村青年的发展特点，作了很好的发言。下面，我代表团中央书记处讲几点意见。

一、加强农村青年文化建设工作，是新时期共青团农村工作的一项紧迫的战略任务

共青团的性质决定了加强青年文化建设

是共青团工作的一项重要内容,《团章》赋予共青团三项社会职能:一是作为党的助手和后备军,二是作为党联系青年的桥梁和纽带,三是代表和维护团员青年的利益。从这三项职能来看,都要求我们按照党的要求来教育、引导、团结、带领青年跟党走,把培养"四有"新人作为共青团工作的一个根本任务。文化有其特殊的内涵,我们通常所称的文化,主要是指通过人的精神活动及其成果来体现的精神产品,包括思想道德和科学文化两个主要部分,有时是专指教育、科学、文学、艺术、卫生、体育等方面的知识和设施。党的十五大报告中提出建设有中国特色社会主义的基本纲领,其中就包含有中国特色社会主义文化,它是与有中国特色社会主义政治、经济相对应的。文化是经济和政治的反映,同时又对经济和政治的发展具有巨大的反作用。所谓先进文化,就是符合人类社会发展方向,体现社会生产力发展要求,代表大多数社会成员的最根本利益,反映时代发展潮流的文化。所以,坚持把青年文化建设作为一项重要内容来抓,是党对共青团工作的要求,也是共青团性质的要求,我们要始终抓住不放。

当前,农村社会经济发展形势发生了巨大变化,农村青年群体结构日益分化,加强农村青年文化建设的任务紧迫而又艰巨,意义重大而深远。

第一,是深入贯彻落实"三个代表"重要思想的迫切要求。江泽民总书记关于"三个代表"的重要思想,是我们党的建设纲领,也是新世纪加强共青团建设的根本指针。始终坚持把"三个代表"重要思想作为我们工作的指针,这是我们落实党的要求,推动共青团事业发展的根本需要。江泽民总书记在"七一"讲话中指出:坚持什么样的文化方向,推动建设什么样的文化,是一个政党在思想上精神上的一面旗帜。共青团作为党的助手和后备军,必须能够按照"三个代表"重要思想的要求,来弘扬先进文化,确立农村青年文化建设的指导思想,回答好如何按照"三个代表"的要求,开展好新时期农村青年文化活动问题。特别是当前,广大农村正在深入开展"三个代表"重要思想学习教育活动,共青团组织更应按照党的要求,在农村先进文化建设中充分发挥生力军和突击队作用,用先进文化塑造青年,把青年一代培育成为"四有"新人。

第二,是积极推动农村经济发展、保持社会稳定的迫切要求。农村、农业和农民问题,始终是我们国家经济社会发展的关键,突出解决"三农"问题是农村工作的重要环节。当前,我国已经进入全面建设小康社会,加快推进社会主义现代化的新的发展阶段。改革开放20多年来,我国农村发生了巨大变化,经济有了较快发展,农民生活水平有了很大提高。但是,应该看到农村改革处于攻坚阶段,农业发展处于关键时期,产业结构调整任务繁重,农民收入增长缓慢,农业和农村经济面临大量新的情况和新的问题。特别是加入WTO后,我国将在更大范围和更深程度上参与经济全球化,对外开放进入新阶段,农业和农村经济将进一步地面对世界范围的激烈竞争。抓住机遇,迎接挑战,大力调整农村产业结构,千方百计增加农民收入,是党中央提出的当前和今后一个时期农村经济工作的中心任务。完成这一历史性任务,要求物质文明与精神文明相辅相成、协调发展,要求文化建设与经济建设同步发展,并为之提供强大精神动力和智力支持。青年是建设社会主义新农村的生力军和突击队。在新的历史时期,共青团组织必须通过卓有成效的文化建设工作,积极推动农村青年综合素质的提高,更好地带领广大青年投入到农村社会经济发展的主战场,为农村两个文明建设做出应有的贡献。

第三,是服务农村青年成长成才的迫切要求。在刚刚闭幕的团的十四届五中全会上,周强同志作了一个非常重要的讲话,主题是以

“三个代表”重要思想为指导，加强和改进团的作风建设，把服务青年的工作提高到一个新水平。要求团的各级组织都要在服务青年工作中狠抓落实，多办实事。所以，农村团组织必须把服务农村青年的成长成才作为当前一项重要工作来抓。这次全会还通过了《共青团中央关于加强和改进团的作风建设的决定》，《决定》很明确地提出加强和改进团的作风建设，核心就是密切和青年的联系。怎么密切联系？这就要求我们把服务青年工作，多为青年的成长成才办好事办实事，促进青年的健康发展作为我们工作的出发点和落脚点。从这个要求来讲，从团的自身发展来讲，从增强团组织对青年的吸引力、凝聚力来讲，我们必须服务好农村青年的成长成才，这也是我们加强青年文化建设工作的一个要求。另外，我国已加入WTO，随着政治经济文化交流的深入，西方敌对势力不会放弃对我国的西化和分化，这种斗争在意识形态领域将会更加激烈，包括会通过一些文化产品的输入，来影响我们青年的信念、思想，灌输西方的生活方式，这方面的争夺给我们的工作带来了更加艰巨的考验。我们能不能创造出更多的具有中华民族特色的文化产品，来教育青年、引导青年、团结青年、凝聚青年，在这场斗争中掌握主动权，这也是加强青年文化建设很重要的一个工作要求。团的干部要保持高度的政治敏锐性，密切关注一切不良文化对农村青年的影响。要弘扬主旋律，创造出更多更好的文化产品，更多更好的文化载体，占领农村青年文化阵地，加强对农村青年的教育和引导。

近年来，各级团组织着眼于服务农村青年成长成才的文化需求，积极开展“乡村青年文化节”活动，大力创建乡镇青年科技图书站、青年活动中心，举办乡村青年科技大集、青年歌手大赛、青年文化科技擂台赛等丰富多彩、健康向上的科技文化活动，受到了广大农民群众、尤其是农村青年的热烈欢迎，受到了党政领导的充分认可和社会的广泛关注。从今天大力士擂台赛现场热烈的氛围和几个典型发言中，我们也可以强烈地感受到广大农村青年对文化活动的强烈期盼。这也充分说明加强农村青年文化建设的迫切性。

因此，面对农村社会经济深入发展和青年文化需求的日益增长，农村青年文化建设工作不前进就意味着落伍，不发展就意味着倒退。共青团组织必须站在“三个代表”的角度来认识问题，增强坚持和发展先进文化的责任感、使命感和紧迫感，一定要把农村青年文化建设摆在特别突出的位置，作为一个紧迫的战略任务来大力加强。

二、以“三个代表”重要思想为指导，确立新时期农村青年文化建设的指导思想和工作思路

在新世纪，农村青年文化建设的指导思想是：以“三个代表”重要思想为指导，从服务农村青年成长成才的文化需求出发，坚持开展活动与加强阵地建设并举，积极创新工作载体，用先进文化塑造青年，把青年一代培育成为“四有”新人，在农村先进文化建设中充分发挥共青团组织生力军作用。

在当代中国，发展先进文化，就是发展有中国特色的社会主义文化，其根本任务是培养有理想、有道德、有文化、有纪律的社会主义公民。因此，农村青年文化建设的主要内容是：坚持不懈地用马列主义、毛泽东思想、邓小平理论和江泽民同志“三个代表”重要思想教育青年，坚定走建设有中国特色的社会主义道路的信念；加强对青年进行爱国主义、集体主义、社会主义教育，培养与社会主义市场经济发展相适应的道德观念和道德规范；加强科学文化知识培训，提高青年综合素质，帮助青年科技致富；发挥青年开风气之先的作用，在农村倡导文明、健康、科学的生活方式，带领青年移风易俗，与封建迷信和愚昧落后现象作斗争；创新工作载体，开展丰富多彩的文化活动，弘扬健康向上的民俗文化，推广富有时代气息的社会主义新文化。

这些年，全国农村团的工作取得了很好的成效，也找到了很多好的载体。“乡村青年文化节”就是一个很重要的品牌，在全团农村工作中已经打响了，确立起来了，受到了广大农村青年的欢迎。各级团组织结合实际，创造出了很多的活动载体和工作载体，取得了很好的成效，这方面的经验值得我们继续总结、研究，为推动下一阶段工作提供更多更好的借鉴。结合这一时期农村团的工作发展，也结合农村社会经济发展的新变化新特点，新时期农村青年文化建设需要把握好以下几个方面。

一是加强农村青年文化建设的立足点在于适应农村社会经济发展新阶段的要求。我国在加入 WTO 后，农业将面临巨大的挑战，我们需要给农民朋友讲这方面的要求，传授这方面的知识和技术，促进观念的转变，这样才能帮助农民真正促进经济结构的调整，才能真正使农民闯出市场，也才能真正使老百姓增加收入。所以，农村青年文化建设必须服务于新时期农村新变化，服务于新时期农业经济结构调整带来的挑战。广大农村团组织要与时俱进，跟上时代步伐，转变思维方式、工作方法和工作作风，提高认识，转变观念，主动走出“小文化”的传统工作圈子，积极迈向社会文化工作大舞台，凸显文化建设在青年工作中的作用，凸显团组织文化建设在农村文化建设体系中的作用，为农村社会经济发展提供强大精神动力和智力支持。要以推动农村青年综合素质提高为标准，把文化建设作为引导青年、凝聚青年、教育青年的重要载体，充分发挥青年在农村先进文化建设中的生力军作用。

二是加强农村青年文化建设的着眼点在于满足农村青年增效增收和成长成才的需求。总结新时期农村团的工作，我们提出一个很重要的思想，就是把服务于农村青年增效增收、成长成才作为农村团工作的重要的出发点和工作要求。而现在农村青年的需求层次更加多样化，针对农村青年盼望致富的迫切要求，各级团组织要提高文化活动与农村青年自身利益的关联度，围绕农村生产活动的开展和生活水平的提高，提供丰富的精神文化食粮。针对农村青年文化素质的现实状况，要缩小文化活动与农村青年接受能力的落差，不贪大求洋，注重寻找一些生动、灵活、民俗的载体，贴近农村青年的认知、欣赏水平，使文化建设深入人心。同时，针对农村青年对文化的长期需求，还要突出抓好文化建设的系统运作，实施长效管理，保证团组织文化建设无处不在、无时不有。

三是加强农村青年文化建设的关键点在于开展活动与加强阵地建设并举。农村团的工作要形成品牌，要形成制度化的项目，必须要有自己的工作载体，必须要有自己的活动阵地。活动是文化建设的生命力，阵地是文化建设的物质基础和工作依托。阵地建设好了，活动开展才能够更有力、更有效；活动开展得好，阵地建设才能富有生机与活力，文化建设的关键是要使二者得到有机的结合。当前，农村青年文化阵地建设普遍存在薄弱环节，亟待加强。各级团组织在开展青年文化活动的同时，要注重从夯实基础入手，努力争取各方面的支持，积极创建农村青年文化阵地。同时，对于现有的各种类型的文化活动场所，团组织也要主动出击，做好嫁接工作，充分利用起来，使之成为开展青年文化活动的重要场所。

四是加强农村青年文化建设的推动点在于团建创新。当前，伴随着大量农村青年外出打工，农村务农青年大量减少，农村青年群体结构和社会分布发生了巨大变化，从而对农村青年文化建设的工作运行机制产生了深刻影响，必须切实改进农村基层团组织的设置形式、活动方式和工作方法，才能适应加强农村青年文化建设的需要。如原先以村团支部为单位开展文化活动，现在在规模上、方式上都受到一定程度制约,必须重点以乡镇为单位开展活动,实施强镇(乡)带村。原先以单位为依托开展活动的方式必须向以单位、社区、阵地等多种依托并重转变,采取多种形式开展文化活动,灵活设置团组织,把更多的农村青年覆盖在我们的组织体系之内。原先以依靠行政手段为主的传统运作方式必须向群众化、社会化的新型运作方式转变,逐步建立起符合团组织性质和特点的、充满生机与活力的青年文化建设运行机制。

三、以开展“乡村青年文化节”活动为切入点,努力推动农村青年文化建设

当前加强农村青年文化建设,首要的任务是要把开展好“乡村青年文化节”活动作为切入点,摆上位置,抓紧抓好。“乡村青年文化节”活动推出的初衷就在于为新时期农村团的工作搭建一个舞台,设计一些适当的项目,把农村文化活动都涵盖进去,把乡村团组织有效牵动起来,应该说这样一种初衷通过几年的实践,取得了比较好的效果,从大家的发言中也能感受到这一点。基层团组织已经调动起来了,结合实践创造出了许多好的项目。比如现在温岭开展的大力士擂台赛,已经辐射到全国了。从四年来各地实践来看,这项活动对于创新农村青年文化活动载体,使基层团组织开展文化活动的意识跟上农村现代化建设的步伐,尽量满足农村青年多样化需求,努力覆盖农村青年生产生活的活动空间,抵制封建的、腐朽的不良文化影响,通过活动吸引青年、教育青年、凝聚青年,提高农村青年的文化科学素质,加强农村精神文明建设,具有十分重要的意义。为此,各地要把开展“乡村青年文化节”活动作为当前和今后一个时期农村团组织贯彻落实“三个代表”重要思想的具体实践来抓,作为对农村青年进行爱国主义、集体主义、社会主义教育的有效形式来抓,使之成为共青团农村工作的重头戏,成为农村青年文化建设的牵动项目和高潮活动。

切实开展好“乡村青年文化节”活动,当前必须着重抓好三个结合,做好四项工作。

三个结合是:

一是要与农村“三个代表”重要思想学习教育活动结合起来。在农村开展“三个代表”重要思想学习教育活动,是我们党在新世纪解决好农业、农村和农民问题的一项重要工作,是事关改革、发展、稳定全局的一件大事,对于推动农村经济发展和社会全面进步,具有重大而深远的意义。按照中央的部署,今冬明春将进行全国村级“三个代表”重要思想学习教育活动。中央要求“三个代表”重要思想学习教育活动,要与当前正在做的具体工作结合,与解决群众关心的实际问题结合,各级团组织和农村团干部要深刻领会中央精神,把开展文化节活动作为学习教育工作的重要组成部分,主动配合,积极参与。要通过广泛深入开展“乡村青年文化节”活动,关心农村青年的生产生活,关心农村青年的成长成才,在农村推广农业科技,传播先进文化,增强农村青年致富成才的能力,切实把党中央关于学习教育活动的各项任务要求落到实处,积极为农村的改革、发展、稳定做贡献。

二是要与贯彻《公民道德建设实施纲要》结合起来。加强社会主义思想道德建设,是发展先进文化的重要内容和中心环节。党中央印发《公民道德建设实施纲要》是我国思想道德建设的一件大事,是以德治国重要思想的一个具体的工作要求,是先进文化建设的一件大事。农民占中国人口绝大多数,青年是农村的未来和希望,农村青年道德素质不仅关系到农村经济健康发展和社会全面进步,而且关系到我国社会主义现代化建设和改革的整个进程。开展“乡村青年文化节”本身就是一种群众性的道德实践活动,是贯彻《公民道德建设实施纲要》的一个具体实践,也是真正解决好青年道德教育中存在的知与行统一问题的重要途径。要把宣传贯彻《纲要》作为文化节的主要内容，在具体活动形式中充分体现社会主义道德观念。特别是要宣传好“爱国守法、明礼诚信、团结友善、勤俭自强、敬业奉献”的二十字基本道德规范，对农村青年作出通俗易懂的教育，使之成为农村青年普遍认同和自觉遵守的基本行为准则。

三是要与文化科技卫生“三下乡”活动结合起来。“三下乡”，中央重视，农民欢迎，社会各界热情支持。“乡村青年文化节”立足基层，以农村青年为主体开展活动，是“三下乡”的重要组成部分，同时又是承接“三下乡”成果的有效载体。中央要求“三下乡”活动要长期坚持，形成制度。而且“三下乡”活动要与每年农村的实际结合，与农村具体的需求结合，与农民具体问题的解决相结合。我们开展“乡村青年文化节”也应该按照中央对“三下乡”活动的要求来把握好，利用各种渠道和形式，充分结合“三下乡”环境优势和资源优势开展青年文化活动，使文化节的内容更丰富，形式更活泼。要在“用”字上下更大力气，引导农村青年学文化、用科技、讲卫生，充分发挥送下乡的文化科技卫生物品的作用。要切实把农村青年的积极性调动起来，通过开展群众性、自发性青年文化活动，使“三下乡”的丰富成果扩散到广大的农村，并长期发挥作用，推动“三下乡”常下乡。

四项工作是：

一是要创新工作载体。创新是一个民族进步的灵魂，是一个国家兴旺发达的不竭动力。一种缺乏创新意识的文化，难以代表先进文化的前进方向，只有不断创新，才能促进文化的发展，保持文化的先进性。在开展“乡村青年文化节”过程中，必须树立创新精神、创新意识，使农村先进文化建设不断丰富和发展。各地团组织要注意结合当地文化传统，适应青年需求，在农村生产生活中积极寻找符合乡情、民情的活动载体，努力培育一批既能够操作在手，又能够充分体现本地特色、青年喜闻乐见、富有牵动性的龙头项目，以此牵动各项工作的全面展开。

二是要加强阵地建设。活动阵地是文化建设的支点。开展好“乡村青年文化节”活动，必须强化阵地意识，加强阵地建设。要积极争取党政有关部门支持，努力推动青年科技图书站、青年活动中心等青少年活动阵地建设，为活动开展提供强有力的物质基础和工作依托。阵地建设的方式多种多样，可以争取党政支持建一个大型的，也可以与有关单位合作建一个小型的，不管哪种方式，首要的工作就是抓住有利时机，及早参与，利用各种办法争取创建一处固定场所，充分开展团的活动，更好地吸引青年、凝聚青年、教育青年。

三是要抓好队伍建设。文化建设的目标是培养人，文化建设的方式也要抓住一批人。没有一支浩浩荡荡的专业和业余的文化大军，建设先进文化的目标和任务是难以完成的。加强农村青年文化建设，一定要抓住农村青年中的文化骨干，重点培养、重点扶持，通过示范带动、巡回报告、举办讲座、表彰激励等方式，不断拓展文化建设的辐射面。要根据新时期农村青年流向新趋势，建立各种形式的青年社团，把每一群体的农村青年都编织进团组织文化建设网络，主动从队伍上占领农村青年文化阵地。

四是要加强协调合作。加强农村青年文化建设需要全社会的共同努力，必须纳入到农村文化事业的总体运行体系当中统一部署。要发挥好团组织的协调优势，积极争取党政支持，综合利用、灵活配置社会各方面资源开展文化活动，形成合力。特别是要加强与宣传、文化、学校等有关单位的密切联系，充分发挥农村各种文艺团体和文艺人才的作用，为农村青年提供大量积极向上、喜闻乐见的高质量精神文化食粮，不断提高农村青年文化生活水平。

同志们，加强新时期农村青年文化建设工作任重而道远，需要在实践中努力创新和发展。希望各级团组织以这次座谈会为契机，进一步研究和探索新形势下农村团的工作的一些新方法、新思路。通过这次会议，进一步推动“乡村青年文化节”的蓬勃发展，从而进一步推动全国农村团的工作取得新的成绩，作为落实团的十四届五中全会精神的一个具体行动。

杨岳在全国进城务工青年发展计划现场推进会上的讲话

2002年1月16日，根据录音整理

今天，我们在广东举行全国进城务工青年发展计划现场推进会。几年来，全团在推动进城务工青年工作方面，做了有益的探索，积累了宝贵的经验，形成了鲜明的特色。现在我们面对经济和社会的新发展，面对进城务工青年的新要求，有必要通过这次会议总结前一阶段工作的经验，研究新形势下加强进城务工青年工作的新思路，形成下一阶段推进这项工作的新举措。不久前，周强同志在全国进城务工青年发展计划座谈会上做了重要讲话，这次会议也是贯彻落实周强同志讲话的一次工作会议，所以这既是一次总结、研究和探索的会议，同时，也是一次求深化、抓落实的会议。借此机会，我代表团中央书记处，就下一阶段如何深化进城务工青年工作，推进进城务工青年发展计划，讲三点意见。

一、进城务工青年工作面临的形势和任务

经过各级团组织多年的探索，特别是1996年实施“千校百万”进城务工青年培训计划以来，进城务工青年工作形成了品牌，创出了格局，也抓出了实效。在“东西互助”——劳务协作、“千校百万”进城务工青年培训、进城务工青年大家乐等各项进城务工青年工作的基础上，团中央于去年开始启动进城务工青年发展计划，以此来统揽进城务工青年工作的全局，以统一的品牌来推动各级团组织抓好进城务工青年工作。经过全团的共同探索和实践，这项工作取得了明显的成效，形成了良好的发展态势。

回顾这几年的工作，有以下四个特点：一是突出服务，进一步拓宽了工作领域。在深入实际调查研究的基础上，团组织从培训学习、维护权益、辅导就业创业、丰富文化生活等多方面入手，为进城务工青年提供各种形式的服务，受到了进城务工青年的广泛欢迎。二是注重实效，从一件一件具体事情抓起。去年团中央为进城务工青年办了10件实事，各级团组织结合本地实际，提出了办实事的具体措施，帮助进城务工青年解决了一些实际困难，把党和政府的温暖带到了进城务工青年中间，增强了共青团的凝聚力和号召力。三是扩大宣传，营造了关注、关心、关爱进城务工青年的社会氛围。各级团组织在许多新闻媒体上追踪报道进城务工青年的种种境遇，呼吁全社会保障他们的合法权益，引起了社会各界的广泛关注，引起了党政各部门的高度重视。四是着眼根本，推动制定有利于进城务工青年创业发展的公共政策。各级团组织积极向有关部门反映进城务工青年的要求，参与有关公共政策的调研和制定，使进城务工青年权益得到进一步保障，进城务工青年工作得以稳定地、制度化地向前发展。这几个特点既是对以往工作的总结，也是今后推动这项工作所应该坚持的基

本经验。

当前，进城务工青年工作面临着难得的发展机遇，同时也面临着新的挑战、新的要求。我国的现代化建设正在步入一个新的阶段，特别是去年年底加入WTO，将给经济和社会带来深刻的变革和巨大的影响。经过二十几年的风风雨雨，进城务工青年群体也对自身权益有了新的认识、对自身需求有了新的渴望和呼唤。面临这样的形势，如何来把握这项工作？我觉得应该从三个方面来看。

第一，要从我国经济和社会发展的全局来把握进城务工青年工作的定位

从城市的角度讲，农村青年进城务工是城市发展的历史必然。现代生产力发展必然伴随着城市化的发展，伴随着农村剩余劳动力从农村向城市的转移。我国城市化和农村剩余劳动力的转移历程可以分为两个阶段：前一个阶段是从建国之后到改革开放之前，后一个阶段是从改革开放之后到现在。在改革开放之前经历了三个阶段：第一个阶段是从1949年到1957年，是生产力发展与农村剩余劳动力转移基本同步的阶段。第二个阶段是从1958年到1963年，即大跃进和经济调整时期。先是出现了农村人口向城市的急剧转移，接着又出现了城市人口向农村回流；第三个阶段是从1964年到1978年，是农村剩余劳动力缓慢转移的阶段。1949年我国城市人口占全社会人口的比例是10.6%，到1978年才增长到17.92%，可以说，城市化和农业剩余劳动力转移滞后于生产力发展。改革开放之后，随着生产力的快速发展和社会主义市场经济体制的逐步建立，农民的迁移进入了蓬勃发展时期，也经历了三个阶段：第一个阶段是从1979年到1988年，在农村进行的深刻的体制改革大大调动了农民的积极性，提高了农业的生产效率，使农民有条件从土地上解放出来。这10年间，全国的城市劳动力增加了4753万人，农业劳动力占全社会劳动力的比例从1978年的70.5%下降到1988年的59.3%，农村剩余劳动力向城市的转移进入了比较快速发展的阶段。第二个阶段是从1989年到1991年，国家进入经济治理整顿时期，出现了已转移的农村剩余劳动力向农村回流的现象。第三个阶段是1992年以后，农村的剩余劳动力迁移进入了全方位、大规模、高速度转移的时期。到2000年，城市人口达到了4.58亿人，比1978年增加了2.86亿人。其中农村迁来人口有2.4亿人，占城市新增人口的85%。

据专家估计，到2015年，随着我国生产力的进一步发展，城市化率将达到45—50%，它所带来的人力资源结构调整，将把2.5亿人从农村迁移到城镇。这些人将会成为进城务工的群体，并且绝大多数是进城务工青年。如何消化和接纳这样庞大的群体，是党和政府非常关注的问题。解决这个问题主要有两条措施：第一，要靠大力发展乡镇企业来接纳农村剩余劳动力，引导他们进入小城镇。但是专家预测，今后每年乡镇企业只能为农村劳动力提供200万到300万个就业岗位，五年内城镇新增就业岗位总计只有4000万个，远远满足不了农村剩余劳动力转移的需求。第二，靠加快城市的发展，加快城市的二、三产业尤其是第三产业的发展，这是关键的一条措施。1997年美国三大产业就业劳动力占社会总劳动力的比例：第一产业为13%，第二产业为24%，第三产业为73%，城市化率达到了76.5%。我国第三产业的发展一直比较缓慢。1953年时第三产业占GDP的比例就达到30.8%，可是到1998年，第三产业占GDP的比例还只有32.9%，从业人数为1.89亿。如果未来几年我国第三产业达到GDP的40%，就可以增加1亿个工作岗位，如果到2015年达到50%，就能够再提供1.6亿个工作岗位。可以看出，加快城市化的进程，加快第二、第三产业特别是第三产业的发展是接纳和消化农村剩余劳动力的重要举措。这就要求进城务工青年要学习

本领,做城市二、三产业发展的合格从业者;要转变观念,做参与激烈竞争的市场经济主体;要更新生活方式,做现代城市的合格市民。总之,要适应城市发展的需要,在各方面融入城市文明和城市生活。这既是对进城务工青年的挑战,也为我们做好这方面工作指明了方向。

从农村的角度讲,农村青年进城务工是增加农民收入和推动农村现代化的客观需要。当前,我国农民收入增长比较缓慢,增加农民收入,缩小日益扩大的城乡差距已成为党和政府的一项重要工作。2001 年上半年全国农民人均收入 1060 元,仅比 2000 年同期增长了 50 元。在这 50 元收入中,从第一产业获取的收入为 10 元,其他 40 元来自非农产业,主要通过外出打工获取。据 2000 年农业部对 320 个县的统计,农民外出打工收入占家庭纯收入的比重从 1990 年的 9% 提高到 2000 年的 23.6%。2001 年湖南全省外出务工人员的总收入达到 300 多亿元,年人均收入达 5260 元以上,因而去年该省农民收入出现恢复性增长,农民人均纯收入比上年增长 4.7%,扭转了连续几年增速减缓的势头。这些情况说明,推动、促进农民进城务工是增加农民收入的重要途径。我国加入 WTO 后,国外廉价农产品将更多地进入我国市场,农业的比较效益将进一步降低,单纯依靠种植业提高农民收入的空间越来越小。这就要求我们应对形势的变化,进一步加强进城务工青年工作,帮助他们更好地在城市务工致富,带动整个农村的共同富裕。

从更长远的意义上说,农村的现代化离不开大量资本的投入和人力资源的积累。由于历史原因,农村的资本极其薄弱,农村人口的素质也有待提高。进城务工青年接受了现代城市文明的洗礼,树立了新思想、学习了新技术、掌握了新信息,回到农村后,对于开启农村智力,倡导农村新的生产和生活方式都有着重要作用。他们把在城市打工积累的资本带回家乡,给农村的经济发展注入了强大的能量。仅四川一省,进城务工人员去年汇回家乡的资金就高达 235 亿元,返乡创业者有 43 万人,创办了 5 万多个企业。这充分说明,进城务工青年既是促进城市发展的生力军,也是推动农村走向富裕文明的生机勃勃的力量。我们必须站在这样一个大局中考虑团组织如何团结、凝聚和服务进城务工青年,使他们能够更好地肩负起自身的历史使命,成为改革开放的重要因素,成为经济和社会发展的推动力量。

第二,要从党和政府对进城务工青年的关注关怀中明确进城务工青年工作的要求。

党中央一直十分重视进城务工青年群体,江泽民总书记在最近讲话中指出,农村劳动力到城市就业和跨区域流动是沟通城乡经济和发育要素市场的必然要求,各地要顺应这一趋势,加强引导和管理,不能简单封堵,更不能采取歧视性政策。胡锦涛同志去年五四期间专程到北京市海淀区建筑工地看望进城务工青年,对做好进城务工青年工作提出了明确的要求。去年年底,团中央书记处向党中央书记处汇报工作时,党中央书记处有关领导多次强调要进一步团结、教育和服务进城务工青年,做好他们的工作。前一段刚刚召开的中央农村工作会议,制定了《中共中央国务院关于做好 2002 年农业和农村工作的意见》,专门提出要把增加农民收入做为重点工作,放在整个农村工作的突出位置,要通过促进农村剩余劳动力的转移,拓宽农民的增收渠道。特别是强调农村劳动力跨地区流动和进城务工不仅有利于农民增加收入,而且可以方便城市居民生活,增加城市经济的竞争力和活力,促进城乡协调发展。对农民进城要公平对待、合理引导、完善管理、搞好服务,各地要认真清理对农民进城务工的不合理限制和乱收费,纠正简单粗暴清退民工的做法。要积极发展各种劳动中介组织,逐步形成城乡统一的劳动力市场,健全进城务工农民的劳动合同管理,维护他们的合法权益。

各级政府、各个部门也在推出相关的政策，逐步打破城乡壁垒，打破制度障碍，促进城乡的协调发展，促进农村劳动力资源在市场经济中实现优化配置。广东、江西、宁波、石家庄等很多省市已经从户籍上打开“城门”，同时在用工政策上也有一些平等就业的新规定，正在减免和消除针对进城务工群体的一些不合理收费和歧视性待遇。这些都说明党和政府从战略的、全局的、长远的高度关注进城务工青年群体，高度重视做好进城务工青年的工作。这既给我们的工作带来难得的机遇，也对我们的工作提出了更高的要求，我们要急党政之所急，充分发挥党的助手和政权支柱的作用，发挥自身的独特优势，配合有关部门做好进城务工青年的教育、管理和服务。

第三，要从进城务工青年成长成才的需要中找准进城务工青年工作的重点

我们工作的着力点就是服务于进城务工青年的迫切需要，服务于他们物质和精神上多方面的需求。虽然有党和政府的高度重视和亲切关怀，但是受我国长期的二元社会结构的影响，进城务工青年的自身及其生存发展的社会环境都还存在着很多不尽如人意的地方。

一是针对进城务工青年的限制性政策虽有所减少，但还存在着这样和那样的歧视性规定，包括户籍、就业、税费等方面的不平等。二是侵害进城务工青年合法权益的现象时有发生，如进城务工青年的健康权、生命保障权、平等工作权、获得劳动报酬权得不到保障，特别是一些私营企业主利欲熏心，使很多进城务工青年处于恶劣的工作环境和生活环境之中。三是进城务工青年的人格和待遇得不到尊重，社会上存在着城里人、农村人的区别，进城务工青年属于边缘人群、弱势群体。据某大城市不完全统计，300 万流动人口中，6—14 岁的儿童占 3.6%，达到了 10 万余人，可是这些孩子入学率仅为 12.5%，有 87.5% 的孩子被排斥到正规教育之外，这是对这个群体的明显的不公正待遇。四是进城务工青年的素质也需要提高，从我们以往的调研情况来看，进城务工青年具有初中以上学历的只有 65%。在市场经济条件下，劳动者的就业机会和获取收入是跟他的学历成正比的。这就要求加强进城务工青年的教育和培训，提高他们的综合素质。所有这些，都要求我们贴近青年，做好服务，帮助他们解决实际困难，在服务他们创业发展的进程中活跃共青团工作。

二、深化进城务工青年发展计划的工作思路

在现在的工作基础上展望未来，我们提出“服务大局、立足长远、着眼深化、注重实效”这一总体工作要求，以此来推进今后的进城务工青年工作。

“服务大局”是指这项工作要始终围绕改革发展稳定的大局。进城务工青年群体本身，是深化改革的产物，是经济社会发展的产物，是推动工业化、加快城市化进程带来的必然结果，是提高农民收入、促进城乡协调发展的必然结果。所以我们的工作必须服务于改革，服务于发展。同时，这部分群体进入城市之后，会带来很多新的社会问题，这个群体自身的生产和生活也存在着许多新的困难。这些新的问题、新的困难解决不好，也是影响社会稳定和政治安定的一个重要因素。所以，高度关注这个群体，引导好这个群体，解决好他们面临的问题，化解好各方面的矛盾，是共青团组织服务大局的现实需要。

“立足长远”是指把这项工作作为长期任务来稳步推进。进城务工青年是城市发展的一支重要力量，也是推动农村现代化的主力军，为推动城乡的两个文明建设做出了很大贡献。同时，他们也在这一进程中深刻地改变着自己。所以做好进城务工青年工作，要着眼于城市和农村的经济社会的持续发展，着眼于共青团事业的长远发展，着眼于这部分群体人力

资源的长期开发，从这些角度来做好这项长线工作。

"着眼深化"是指在前一阶段取得成效的基础上要进一步把工作做深、做新、做细。要在认识提高上求深化，要在夯实基础上求深化，要在服务水平上求深化，要在资源整合上求深化，要在推动政策制定上求深化，总之，要在继承的基础上有所创新，有所进步，有所发展。

"注重实效"，是指始终要把为进城务工青年提供实实在在的服务作为首要的工作任务。团结凝聚这部分群体，靠提供有效的服务，靠保障他们的权益，靠真正帮助他们成长成才。所以我们要把办实事、求实效作为我们工作的重头戏来抓紧抓好。

因此，下一阶段我们工作的总体安排就是：紧紧围绕进城务工青年发展计划的六个方面，深入开展调查研究，夯实团组织建设和阵地建设两项基础，突出做好"千校百万"培训、打工文化、维护权益三项重点工作，扎扎实实地为进城务工青年办实事，办好事，推动进城务工青年发展计划的深入实施。

第一，搞好一项调研。

掌握进城务工青年群体的总体情况和有关具体状况，是我们做好工作的前提和基础。今年，团中央将联合有关部门，有针对性地进行全国进城务工青年群体调研工作，也要求各级团组织把调查研究工作列为工作重点，深入到进城务工青年集中的地方，摸清进城务工青年底数，包括年龄结构、文化层次、地域分布、职业情况等等。另外，我们还要摸清进城务工青年的基本需求，弄清楚不同地域、不同行业的进城务工青年群体，到底他们有什么困难，对我们有什么要求。还要摸清进城务工青年工作有哪些薄弱环节，包括组织建设、活动载体、工作方法和保障手段等各个方面，要特别注意研究和探索新形势下进城务工青年工作的新做法新机制，这是本项调研工作的重中之重。

第二，夯实两个基础。

一是组织基础，二是阵地基础。只有在进城务工青年中广泛建立团的组织和外围社团，我们的各项工作才能真正落到实处，才能真正完成团结、教育和服务进城务工青年的历史使命。团的组织建设和青年社团建设要作为整个进城务工青年工作的重点。基层组织是团的全部号召力、凝聚力和战斗力的源泉。要强调开拓创新，结合不同区域、不同行业进城务工青年群体的特点，探索新的机构设置方式和新的组织运作模式，激发进城务工青年的内在活力，促进他们的自我教育、自我管理和自我服务。我们的组织建设、社团建设要有利于覆盖和团结大多数的进城务工青年，要有利于动员和影响最广大的进城务工青年。只要符合这种要求，就可以积极地探索，就可以积极地创新创造。进城务工青年迫切需要活动的场所。团组织凝聚这部分青年，也需要有相应的阵地基础，应该说各地已经有了不少有益的创造。今后，各级团组织要进一步加大阵地建设力度，运用政府、社会和市场的手段，在进城务工青年集中的企业、社区，广泛建立融服务、维权、学习、娱乐于一体的"进城务工青年之家"。同时，要继续大力推进"千校百万"进城务工青年培训学校、进城务工青年大家乐舞台等建设工作，扶持进城务工青年自办报纸、广播站和网站，并指导其健康发展。

第三，推进三项重点。

一是要继续深化"千校百万"培训工作。这项工作是团组织探索进城务工青年工作的一个创造，也是一项很好的成功实践。下一阶段要继续深化这项工作，在培训的方式上要坚持企业培训和社区培训并举，重点做好挖掘社区培训潜力的工作。企业培训方面，要继续联合有关部门抓好重点行业的培训工作，社区培训要充分发挥职业培训学校和职业介绍所的作用，以需定供，提高进城务工青年参与培训的积极性。在培训内容上要切实增强针对性和实效性，以职业技能培训为重点，与学历教育和职业技能考核相衔接，满足进城务工青年持续的成长需求。在师资队伍的建设上要广泛动员组织大学生志愿者和青年法律工作者，建立青年志愿者讲师团。在激励的措施上要筹措资金，建立进城务工青年奖学金，对学有所成的进城务工青年给予奖励；要继续开展好杰出（优秀）进城务工青年、进城务工青年良师益友、“千校百万”培训工作先进集体和模范学校的评选表彰活动。

二是要大力弘扬有时代特点的打工文化。进城务工青年经历了农村的哺育培养和城市的磨练洗礼，走过了艰难奋斗的人生历程，尝受了生活的酸甜苦辣。在他们中间，产生了数不清的动人故事，蕴藏着具有深厚历史价值和鲜明时代特色的文艺素材，是一座十分宝贵的文学艺术富矿。团组织从改革开放以来，在讴歌打工精神，培育打工文化，反映打工生活，抒写打工心声方面做了很多工作，创作出了很多富有感染力的图书、歌曲和影视作品。今天，我们还要着力加强这方面的工作，一方面要动员组织文艺工作者，关注、宣传进城务工青年，从火热的打工生活中凝练出具有时代特点的精品力作，另一方面，要发现、培养、举荐进城务工青年中的文艺人才，积极宣传他们创作的鲜活的文艺作品，发挥进城务工青年在建设先进文化中的生力军作用。还要组织广大进城务工青年开展群众性文化活动，增加他们对城市文明的了解和认同，促进他们与城市居民的交流与沟通，为他们提供健康有益的精神食粮，丰富他们的文化和精神生活。

三是要抓好维护权益的工作。进城务工青年群体是社会弱势群体，其权益保障有很多的任务要做，这项工作要随着经济和社会发展同步来进行，要随着我们各项制度的完善同步来进行。共青团组织要在维权中发挥自身的作用，努力解决进城务工青年工作生活中面临的突出困难和问题。但更重要的是，要协调组织好行政部门、社会有关方面，用法律的武器，用政策的落实来做好维权工作，要与党和政府一道把握好进城务工青年维权工作的分寸，从建设的角度，从推动的角度来完善法律政策和有关制度，从根本上保证这部分群体的权益。许多部门和社会有关方面，包括司法、行政机关在进城务工青年权益方面抓出了成绩，取得了实效，团组织要多宣传和树立这方面的典型，激励先进，形成导向，以此来进一步优化进城务工青年的发展环境。

第四，继续办好10件实事。

今年团中央要继续为进城务工青年办好10件实事：一是命名和扶持一批“千校百万”进城务工青年培训基地。联合有关部门，给予师资、教材、设备、表彰奖励等方面的支持，大力推动进城务工青年的职业技能培训。二是普遍设立“千校百万”进城务工青年奖学金，鼓励支持进城务工青年参加职业资格教育和学历教育。三是向进城务工青年团支部赠送书籍和报刊，推动进城务工青年的团组织建设，拓宽进城务工青年的知识面并丰富其业余文化生活。四是普遍设立“打工文学奖”和其他打工文化类奖项，激励专业文艺工作者创作出打工文学的好作品，鼓励进城务工青年抒写自己的心路历程。五是为进城务工青年提供免费体检，帮助他们了解身体状况，保障他们自身的健康权利。六是建立进城务工青年综合服务网站，为进城务工青年打造就业信息平台、娱乐交友平台、维权自护平台和创业发展平台。七是编制并免费发放进城务工青年维权服务卡和进城务工青年权益保护手册，提高进城务工青年的自我维权能力。八是办好一批进城务工青年免费咨询热线，解答进城务工青年心理、学习、就业、恋爱等方面的问题。九是建设一批“进城务工青年之家”，为进城务工青年提供学习、娱乐、交友和开展共青团工作的场所。十是创建一批“进城务工青年创业园”,协调地方政府制定户籍、税收、银行贷款和工商管理等方面的优惠政策,为进城务工青年提供创业辅导和服务。

这10件实事,有的是去年10件实事的延续和深化,有的是新提出的要求,其内容不是一成不变的,而是根据进城务工青年工作的发展不断调整的。各省级团委、大中城市团委和基层团组织也要本着竭诚服务进城务工青年的原则,力求多办几件实事。各级团组织可以结合自身的实际,结合自身原有的特色工作,特别是结合当地进城务工青年群体的实际需求,来研究制定办实事的具体内容。

总之,我们要通过团的领导机关带头搞调研、抓工作、办实事,带动各级团组织为进城务工青年竭诚服务,进而形成关心、尊重、帮助进城务工青年的良好社会氛围,推动他们在城乡两个文明建设中发挥更大的作用。

三、狠抓落实,推动进城务工青年工作再上新台阶

“狠抓落实”,是共青团十四届五中全会的精神,也是周强同志代表团中央书记处对下一阶段全团工作提出的明确要求。我们要切实转变工作作风,真心实意深入基层,扎扎实实地把“进城务工青年发展计划”的各项工作落到实处。

一是要提高认识,把进城务工青年工作作为共青团的重点工作来抓。周强同志在全国进城务工青年发展计划座谈会上指出,要抓住机遇,提高认识,迎难而上,积极探索,把进城务工青年工作由共青团工作的薄弱环节变成共青团工作的强项,成为共青团工作新的增长点和亮点。各地团组织要认真贯彻这一指示,从历史发展的大格局中认识这项工作的重要性,积极争取党政领导支持并纳入党政工作计划。要切实加强领导,把这项工作摆上位置,一级抓一级,层层抓落实。需要指出的是,进城务工青年工作不仅是沿海地区或者大中城市的事情,内陆省份或农村地区也存在着如何发挥进城青年农民对家乡的辐射带动作用,如何吸引进城务工青年返乡创业等一系列问题,可以说,进城务工青年工作是全团共同的事业,需要我们齐心协力地抓紧抓好。

二是要抓好建设,增强进城务工青年工作的物质依托。这项工作不是权宜之计,而是有着长远发展前景的一项事业。我们既要把品牌工作继续推进,又要建设好组织和阵地,完善工作体系,把推进活动项目和加深基础建设有机结合起来。要进一步加强团组织的内部建设,做到有人办事、有钱办事、有地方办事,为进城务工青年工作的不断发展打下坚实的基础。

三是要强化服务,解决进城务工青年的实际困难。我们这项工作的切入点、落脚点,就是要服务进城务工青年的迫切需求。这就要求我们踏踏实实下基层,真心实意办实事,到问题较多,矛盾尖锐的地方去解决问题,要根据进城务工青年的意愿和需要来开展活动,使他们真正从共青团的工作中受到益处,只有这样,才会增强团组织对这部分群体的凝聚力、号召力,才能够把这部分群体团结在党的周围。

四是要完善机制,整合进城务工青年工作的社会资源。这方面需要我们进行积极的探索,既要协调团组织内部各条战线、各个部门的力量,把进城务工青年工作与团的重点工作有机结合起来,又要推动这项工作形成社会化的运作机制,探索共青团组织协调政府各部门齐抓共管的工作机制,探索动员社会力量帮助这部分群体成长成才的激励机制,创造有利于进城务工青年创业发展的社会环境。

五是要形成特色,鼓励基层的首创精神。由于这部分群体不是由共青团组织包打天下,而是党政各部门、社会各方面所共同关注、关心、关怀的,所以共青团要本着“扬长避短、有所作为”的原则,在探索中形成自身的优势项目。各级团组织要结合本地经济和社会的实际情况,结合本地进城务工青年的特点,结合不同行业进城务工青年的不同需求,形成自身的、本地的工作特色，只有这样，才能在丰富的多样性中不断推进进城务工青年工作，才能使进城务工青年发展计划在因地制宜的沃土里获得旺盛的生机与活力。

同志们，今年将召开党的十六大，改革、发展、稳定的各项任务非常繁重，我们还将迎来建团80周年。各级团组织要在服务大局中把握好进城务工青年工作，把进城务工青年群体团结好、凝聚好、服务好，使之成为经济发展的重要推动因素，成为社会稳定的积极力量，这既是党和政府交给共青团的光荣任务，也是共青团组织自身发展的现实要求。希望各级团组织高度重视，转变作风，真抓实干，形成合力，共同把这项工作提高到一个新的水平。

杨岳在全国高新科技领域青年学习实践“三个代表”重要思想座谈会上的讲话

2002年4月8日，根据录音整理

今天，共青团中央宣传部、统战部和共青团上海市委联合在上海浦东这块创业的沃土召开全国高新科技领域青年学习实践“三个代表”重要思想座谈会，具有十分重要的意义。刚才，六位从事不同领域科学研究和科技创业的青年代表发了言，团上海市委书记陈靖、中国青年杂志社总编彭波介绍了学习的经验和体会，听后很受启发。借此机会，谈几点意见，也作为会议的一个交流发言。

一、高新科技领域青年学习实践“三个代表”重要思想的活动不断深入

江泽民总书记“三个代表”重要思想特别是“七一”重要讲话发表以来，全国各地青年掀起了学习实践“三个代表”的热潮。各级共青团组织通过开展读书会、座谈会、知识竞赛、演讲征文比赛，开通学习网站等活动，引导广大青年学习“三个代表”重要思想，提高认识，统一思想，坚定信念，进一步增强了奋发成才的紧迫感和自觉性。同时，针对不同青年群体的特点，在农村、企业、学校开展青年农民科技培训、青工创新创效、大学生素质拓展等活动，引导广大青年积极实践“三个代表”，有效地促进了农村科技进步、企业改革和青年自身的发展。

适应时代发展的要求和现代化建设的需要，各级共青团组织着力深化中国青年科技创新行动，在引导高新科技领域青年投身科技创新创业，积极实践“三个代表”方面进行了积极的探索，取得了一定的成效。

（一）铺路架桥，促进科技与经济紧密结合。通过开展青年专家科技服务团、百名博士西部行、海外学人为国服务等活动，组织高层次青年人才针对地方经济建设需求，开展成果发布、项目合作、技术服务和管理咨询等活动。两年来，青年科技专家在青岛、廊坊、唐山等地的服务活动深受欢迎，有效地促进了地方经济发展；2000年初以来组织百名博士西部行活动深入陕西、甘肃、宁夏、青海等地，发布科技成果799项，达成具有较高科技含量、较好市场前景的合作项目159项，一些博士与西部地区政府部门和企业结成了帮扶对子；2001年海外学人回国创业周活动组织来自15个国家和地区的360位海外学人，分赴北京、天津、上海、西安、苏州、宁波、杭州、威海、杨凌、镇江等地20个园区，发布高新科技项目300多个，达成合作协议59项。

（二）举办论坛，凝聚青年俊才，传播科学精神和创新思想。自1999年举办中国青年科技论坛以来，从全国到地方，青年论坛已成为凝聚创新人才、追踪科技发展前沿动态、交流创新思想、传播科学精神的重要平台。现在，除每年一度的中国青年创新论坛外，在北京中关村举办每月一度的“中关村创新论坛”，充分发挥中关村优势，构建载体，打造品牌。上海团市委组织“上海青年人才论坛”、“中国入世与园区青年经济论坛”服务青年创新创业。辽宁新视野论坛组织高水平青年专家学者为经济发展献计献策，效果很好。郑州团市委的周末讲坛邀请本省及全国的知名专家学者与青年探讨科技经济社会发展的热点问题，举办了40多期，反应强烈。

（三）树立典型，形成导向，营造良好社会氛围。通过开展中国青年科学家奖、中国青年科技创新奖、中国软件行业杰出青年等青年典型的评选活动，表彰在基础科学研究、科技成果产业化和高新科技领域取得突出成绩的青年人才，激励广大青年投身创新创业实践，建功成才。一些地方的共青团、青联组织也开展了类似的评选表彰工作，广东团省委还开展了广东海外学人创业之星评选，对吸引海外学人在广东创业产生了良好的促进作用。

二、高新科技领域青年要努力成为学习实践“三个代表”重要思想的一支重要力量

“三个代表”重要思想是新的历史条件下全面推进党的建设新的伟大工程的根本指针，是全面推进建设有中国特色社会主义事业、实现中华民族伟大复兴的行动指南，是激励广大青年创业成才、充分实现人生价值的强大精神动力。

当今时代，知识更新速度越来越快，科学技术转化为现实生产力的周期越来越短，原始性创造越来越成为当代科技竞争和经济竞争的战略制高点，高新技术及其产业对综合国力的影响越来越大。身处在这样一个时代的青年不能不感受到扑面而来的机遇和挑战，特别是从事高新科技领域科学研究和科技创业的青年不能不感受到自己肩上的压力和责任。高新科技领域青年要从全民族利益的高度，深入学习、积极实践“三个代表”，为加快我国高新技术及其产业发展，促进科技进步和经济建设不断做出新的贡献。

（一）高新科技领域青年学习实践“三个代表”重要思想，是我国提高综合国力、赢得国际竞争主动权的需要。高新科技及其产业代表了世界科技进步的主流和前沿，是综合国力竞争的重要内容。因此各国政府十分重视高新技术的研发和高新技术产业的发展，纷纷制定适合本国的科技规划以及产业政策。以美国为例，1983年美国提出的“星球大战”计划几乎包括了所有高新技术领域，先后投入费用高达1万亿美元。后来提出了“信息高速公路”，同时推动“因特网”迅速崛起，使信息产业成为美国发达的第三产业的支柱，并引导了“网络经济”的诞生。90年代中期以来，美国IT产业以年均17%的速度增长，成为美国新经济的主要推动力。在生物技术方面，目前美国每年平均有50多种生物高科技产品问世，2000年美国生物技术药物和疫苗产值超过3200亿美元。2001年初美国已有生物技术公司2000家左右，约占全世界生物技术公司的2/3，其中有300多家上市企业，其市场资本总额2000年达到3308亿美元，这还不包括众多的涉足生物技术的传统制药公司。欧盟、日本也十分重视高新技术产业的发展，1994年3月欧盟通过《第四个欧共体科技发展和研究框架计划》，该计划将投资123亿欧元集中力量攻克有重大经济和社会效益的关键项目，包括信息技术、遥感、能源和先进生产技术，并加强欧盟各国的合作与协调。1994年6月，日本政府提出以加强基础研究为特色的“新技术立国”政策，11月发表《科技白皮书》，决定将研究与开发费用增加一倍，并已经重新制定产业政策，加大高新技术产业发展力度。

目前世界高科技发展的格局逐步向北美、日本和西欧等发达国家为竞争对手的多极化方向发展。发达国家高技术产值占据世界高技术

产值的90%。虽然改革开放以来我国高新技术及其产业也得到较快发展，特别是组织实施“863”计划、攻关计划、火炬计划以来，我国高新技术及其产业发展上了一个较大的台阶，但与发达国家相比还存在一定差距。加入WTO之后，综合国力的竞争更加激烈，发展我国高新技术及其产业的任务相当艰巨。这是对中华民族的严峻挑战，也是我们发挥后发优势、实现跨越式发展的重大机遇。当代青年特别是高新科技领域青年肩负着重要的历史使命。深入学习、积极实践“三个代表”，努力推进先进生产力的发展，是高新科技领域青年义不容辞的责任。

（二）高新科技领域青年学习实践“三个代表”重要思想，是加快经济结构战略性调整的需要。经济结构调整是世界各国为适应生产力发展要求而进行的促进经济发展的战略性举措。从20世纪80年代至今，以美国为代表的发达国家的经济结构调整已基本完成。“十五”期间结构调整是我国经济发展的主线，解决结构性矛盾和体制性障碍是我国经济发展面临的迫切任务。

从我国三次产业的构成来看，1984年第一产业比重为18%，高于世界平均水平13个百分点；第三产业比重仅为31%，低于世界平均水平30个百分点。据国家统计局公布的数据，去年三次产业比重为15.2%：51.1%：33.7%，一产还占较大比重，三产发展还不太发达，调整结构的任务还相当艰巨。就传统产业来说，以制造业为例，消费品制造业的份额为36%，高于世界平均水平3.2个百分点；资本品制造业份额为32.5%，低于世界平均水平8个百分点。资本品制造业多为资本、技术密集型产业，消费品制造业多为劳动密集型产业。发达国家都具有发达的资本品制造业且其比重明显高于消费品制造业的比重，我国与发达国家相比差距很大。我国1995年制造业出口在世界制造业出口中所占份额为3.2%，高于韩国、新加坡，但高技术产业出口在世界高技术产业出口中所占份额仅为1.8%，韩国和新加坡分别占4.1%和7.7%。就不同高技术产业而言，我国医药制造业出口在世界各国医药制造业出口中占2.1%，超过日本、加拿大和新加坡（分别是1.9%、0.9%和0.7%）。我国电子及通讯设备制造业出口所占份额为2.3%，略高于意大利，而计算机及办公设备制造业和航空航天制造业的出口占世界相应产业出口的份额仅为1.4%和0.3%。从这些指标分析可以看出，无论是高技术产业的总体，还是单个产业，我国高技术产业在世界市场上所占份额不高，竞争力不强，不仅与发达国家，而且与新兴工业国家也有较大差距。面对加入WTO，中国经济更加直接、更加广泛地参与国际竞争的新形势，不仅是传统产业将面临巨大的竞争压力，同时新兴的高新技术产业也将受到发达国家的巨大冲击。因此，加大经济结构调整，促进产业结构优化升级是加快经济发展，提升经济总体质量和水平的关键。加快经济结构调整，最重要的是，一靠采用高新技术和先进适用技术，改造和提升传统产业；二靠加快发展信息、生物、新材料等高新技术产业。显然，要实现经济结构的战略调整和经济持续快速增长，都依赖于科学技术有一个新的提高和大的发展，这就为高新科技领域青年发挥作用提出了新的要求和更为广阔的舞台。

（三）高新科技领域青年学习实践“三个代表”重要思想，是自身成长成才的需要。当今世界，国与国的竞争归根到底是科技的竞争、人才的竞争，能否造就一支具有世界眼光，掌握先进科学和技术，创造出领先世界的成果和产业的人才大军，决定着国家发展的未来。在各类人才大军中，高新科技领域的青年是一支重要的队伍，这是青年人才在高新技术产业中的突出作用所决定的。目前青年已经成为推动高新技术及其产业发展的一支重要力量。比如，中科院45岁以下的科技人员占到了62.9%，进入创新基地的年轻人比例更是高达71%，其中45岁以下的正高级职称人员占全部正高级职称人员的43%，各研究所领导中45

岁以下的占38.5%；我国载人航天工程“神舟号”飞船的研制队伍中，30岁以下占33%，45岁以下占81%，飞船研制总指挥、总设计师系统成员40岁以下占50%；联想集团11000名员工的平均年龄仅为27岁，集团高层管理人员平均年龄37岁。这些现象说明，高新科技领域的青年在创新创业实践中迅速成长，已经成为推动生产力发展最活跃的力量。科技进步、经济发展依靠创新，创新是青年突出的品格。投身科技创新创业，在促进高新技术及其产业发展中大展宏图，是高新科技领域青年建功成才，实现人生价值的重要途径。“三个代表”重要思想，给高新科技领域青年成长发展提供了新的动力和更加明确的目标，以创新创业成就美好未来，青年将在投身科教兴国伟大实践中大有作为。

三、高新科技领域青年要在“三个代表”重要思想的指引下，矢志创业，报效祖国

江泽民总书记在“七一”讲话中指出：“全国各族青年，代表着我们祖国和民族的未来，代表着我们事业兴旺发达的希望。社会主义现代化的宏伟事业需要你们去建设，中华民族的伟大复兴将在你们手中实现。党和人民对你们寄托着殷切的期望。”这是对包括高新科技领域青年在内的广大青年的极大鼓舞和鞭策。高新科技领域青年要认真学习江总书记的讲话和“三个代表”重要思想，大胆创新，矢志创业，奋发成才。

（一）志存高远，增强责任。科技工作者作为人类科学文化知识的主要继承者和传播者，在人类社会进步中发挥着不可替代的作用。在科技迅猛发展、国际竞争日趋激烈的当今时代，科技工作者的作用更加突出，肩负的责任更加重要，而这种责任的落实今天越来越体现在青年一代身上。在我国，青年中有国家载人航天试验工程中的主要指挥者、有人类基因研究国家重点实验室的主任、有国家纳米技术研究学科的学术带头人、有国内一流IT企业的领军人物、有国家重点大学的校长、有我国汽车龙头企业的掌舵人……等等。这充分说明高新科技领域青年作为高知识层次青年群体，已经处在推动先进生产力发展的主战场，对国家发展的现实和未来都有着特殊的意义。这就要求高新科技领域青年要胸怀祖国，服务人民，志存高远，牢固树立正确的世界观、人生观、价值观，把国家富强、民族振兴、人民幸福作为自己的理想追求，把对祖国和人民的热爱转化为投身创新创业实践的精神力量，在改革开放和现代化建设的广阔舞台上，充分发挥自己的聪明才智，展现自己的人生价值，努力创造出无愧于时代和人民的业绩。

（二）勇于创新，矢志创业。当前，我国高新科技的发展距离世界发达国家的水平尚有相当大的差距。根据中国现代国际关系研究所的报告，美、日、中、俄、德、法、英7国在科教领域的竞争力排名中，中国是第7位，只有美国的1/7，法、英、德的1/5，接近俄罗斯的1/2，可见差距是很大的。更为严峻的是，这些差距不是在缩小而是在扩大。来自瑞士洛桑的一年一度的《国际竞争力》报告显示，1999年我国GDP排世界第7位，科技国际竞争力列47个主要国家和地区中的第25位，比1998年的第13位下降了12位。到2000年度，我国的科技竞争力排名又下滑了3位，位居第28位。这种状况与知识经济条件下我国的科技、经济发展要求不相适应。目前我国高新技术领域存在的问题主要是自有知识产权少、自主研究开发和引进技术脱节、对引进技术的消化吸收和自主创新能力不强、专业人才匮乏等。以生物医药领域为例，我国已经产业化的21种基因工程药物和疫苗中只有3种拥有自主知识产权，加入WTO后将面临巨大挑战。尽快解决这些问题，改善我国高科技发展的现状，是我国科技界面临的艰巨任务，也是高新科技领域青年的重要责任。这就要求我们要勇于开拓，大胆创新；敢于瞄准、跟踪世界科技发展前沿，勇攀科技高峰；多出成果，快出成果，努力提高自主创新能力。同时也要求我们要以市场需求为导向，以引进消化吸收与自主创新相结合，积极利用现代融资手段，大力推动科技产业化发展，为促进科技进步和提升经济素质做出贡献。

（三）追求真知，恪守诚信。实践“三个代表”，要求青年要努力成为先进文化的创造者和传播者。高新科技领域青年要站在科技发展的前沿，成为新兴产业发展的中坚，更要在建设与社会主义市场经济相适应的先进文化方面发挥重要作用。以科学知识、科学思想方法和科学精神为丰富内涵的科学文化同样是先进文化的重要组成部分。高新科技领域的每一项成果，每一个进步，无不反映着科学的态度，体现着科学的精神，凝聚着人类对客观世界的探寻，对真理的不懈追求。高新科技领域青年更要弘扬科学精神，坚持求真、唯实，把追求真知作为自己的奋斗目标，依循科学的规律，实现原始性的创造，为科技发展不断注入新的原动力。

同时，高新科技领域青年还要倡导诚实守信，这既是科学精神的一个重要方面，也是高新技术产业发展的现实要求。当前我国社会主义市场经济体制还处于不断发展完善的过程中，社会上还存在着造假、卖假、欺诈等各种问题，在学术领域也存在着一些弄虚作假的现象，这与科学精神和创新精神是相悖的。高新科技领域青年在创新创业实践中要自觉地杜绝和防范这些现象，牢固树立法律意识、规则意识、公平意识、效率意识，恪守诚实守信原则，积极维护良好的学术环境和市场经济秩序，努力创造和传播与社会主义市场经济发展相一致的先进文化。

各级共青团、青联组织要热情关心高新科技领域青年的成才发展，为他们投身科技创新创业搭建舞台，创造条件，提供切实有效的服务。要发挥好中国青年科技工作者协会和各类青年科技社团的作用，最广泛团结凝聚青年科技工作者，反映他们的心声，维护他们的正当权益。同时，还要注重挖掘、宣传高新科技领域的青年典型，展现青年的创新风采，在全社会进一步营造有利于青年创新创业的良好氛围。

同志们、朋友们，学习实践“三个代表”重要思想为当代青年创业成才提供了精神动力和行动指南，实现我国现代化第三步战略目标为青年开辟了施展才华的广阔天空。让我们高举邓小平理论伟大旗帜，更加紧密地团结在以江泽民同志为核心的党中央周围，以“三个代表”重要思想为指导，开拓进取，勇攀高峰，艰苦创业，为促进我国科技进步和经济发展做出贡献，以昂扬的精神风貌和优异的成绩迎接党的十六大的召开。

杨岳同志在全国社会治安综合治理工作会议上的发言

2002年4月23日

中央综治委召开全国社会治安综合治理工作会议，专题研究治安防范工作，具有重要意义。共青团组织要以江泽民同志“三个代表”重要思想为指导，深入贯彻《未成年人保护法》和《预防未成年人犯罪法》，认真落实这次会议精神，继续做好预防青少年违法犯罪工作，组织动员广大青少年积极参与社会治安综合治理，为服务改革、发展、稳定大局做出积极的贡献。

一、大力加强青少年的思想道德和法制教育

正确的世界观、人生观和价值观是青少年

抵御违法犯罪、走正确人生道路的思想保证。要坚持不懈地用邓小平理论和江泽民同志“三个代表”重要思想教育和武装青少年，引导青少年牢固树立实现中华民族伟大复兴的理想和坚定不移地走建设有中国特色社会主义道路的信念，构筑起强大的精神支柱；要坚持不懈地用党和国家的光辉历史和优良传统教育青少年，增强贯彻党的基本路线的自觉性和坚定性；要广泛开展青年志愿者、手拉手、青年文明号等丰富多彩的活动，在实践中引导广大青少年树立报效祖国、服务人民的远大理想。

按照“四五”普法规划的要求，进一步加强青少年的法制教育。要采取知识竞赛、故事会、法制展览等青少年喜闻乐见的形式，开展系列普法宣传活动。要广泛开展创建“青少年法律学校”活动，在全国各地建立青少年法制教育阵地，开展适合青少年特点、便于青少年参与的法制实践教育活动，帮助青少年在实践中掌握法律知识，增强法制观念。

贯彻《公民道德建设实施纲要》，在广大青少年中倡导“爱国守法、明礼诚信、团结友善、勤俭自强、敬业奉献”的基本道德规范，帮助青少年吸收中华民族传统美德的宝贵营养，用先进的文化培育青少年；开展多种形式的道德实践活动，引导青少年从小事做起，从一点一滴做起，组织他们在服务社会、服务人民的实践中逐渐养成良好的道德习惯，提高思想道德素质。

二、切实解决诱发青少年违法犯罪的突出问题

近年来，毒品、不良网吧和色情暴力“口袋书”在一些地方危害很大，已经成为诱发青少年违法犯罪的主要因素。针对这一现象，各地团组织配合公安部门动员组织青少年开展“向毒品宣战”活动，开展告别“三厅一台”、文明上网行动等活动，并为青少年出版和推荐了健康优秀的读物，取得了积极成效，受到广大青少年的欢迎。

今后要进一步加大工作力度，针对毒品对青少年的严重危害，开展“社区青少年远离毒品行动”，通过组织一系列声势浩大的宣传活动，贯彻预防为主的思想，教育青少年拒绝毒品，远离犯罪。针对不良网吧侵蚀青少年身心健康，大力推进青少年网络文明建设，继续宣传《全国青少年网络文明公约》，积极开展创建“青少年安全放心网吧”活动，推动网吧经营业主履行安全上网承诺，使网吧成为青少年学习、实践和娱乐的重要阵地。针对色情暴力等非法出版物误导和毒害中小学生，要配合有关部门开展色情暴力“口袋书”及不良出版物专项整治行动，从源头上加大治理力度，发动青少年检举揭发制贩色情暴力出版物的不法分子，建立遏制不良出版物侵蚀青少年的有效机制，优化青少年成长的文化环境。

三、做好特殊青少年群体的教育工作

在特殊青少年群体中，要重点做好闲散青少年和违法犯罪青少年的教育、服务和管理工作。几年来，各地团组织积极探索教育、管理闲散青少年的有效机制，取得了一些成功的经验，特别是上海走在了全国前列。今后，各级团组织要积极推广上海等地经验，把工作的立足点放在社区，通过深入细致的工作，把握闲散青少年的思想动态和客观需求；通过提供就业信息，加强职业培训，增强他们的就业能力；通过提供助学金，开展“一助一”助学辅导，帮助他们解决学习上的困难；通过整合资源，实现家庭、学校、社区三结合，做到生活上解难、精神上解惑、行为上纠偏，使闲散青少年的违法犯罪得到有效遏制。

要继续配合司法行政等部门做好服刑青少年和刑释解教人员的帮教工作，通过开展青年志愿者“一助一”、“多助一”和“大墙内外”结对帮教等活动，让失足青少年感受到社会的温暖，帮助他们重新树立信心，走上正常的生活道路，预防和减少重新犯罪。

四、加大进城务工青年的教育和服务力度

改革开放以来，越来越多的农村青年进城

务工，已经成为城乡两个文明建设的一支重要力量，为经济和社会发展做出了巨大贡献，但同时大量流动人口的涌入，也给城市的管理带来一些问题，流动人口犯罪在整个犯罪中占有一定比例。因此，加强社会治安防范，必须重视加强对进城务工青年的教育和服务。

一是会同中央综治办等部门继续深化“千校百万”培训工作。通过建立青年志愿者讲师团，设立进城务工青年奖学金，依托职业技术学校和企业职工学校建立培训基地，继续开展进城务工青年良师益友和“千校百万”培训先进集体评选活动等措施，进一步扩大“千校百万”进城务工青年培训计划的覆盖面，强化进城务工青年的思想道德、法律法规、安全生产、文明行为教育，提高进城务工青年的综合素质。

二是维护进城务工青年的合法权益。通过设立进城务工青年咨询服务热线，发放维权手册和维权服务卡，协调优秀青少年维权岗单位开展进城务工青年权益保护专项行动等方式，配合有关部门解决侵害进城务工青年权益的突出问题，维护进城务工青年的合法权益，化解由此引起的社会矛盾。

三是丰富进城务工青年的文化生活。通过设立“打工文学奖”，举办打工文化专栏专刊，建设“进城务工青年之家”，开展进城务工青年大家乐等活动，活跃进城务工青年的业余生活，增进进城务工青年与城市居民的了解和沟通，激励进城务工青年投身城市的两个文明建设。

五、关心困难青年群体

帮助下岗青工、贫困学生等特殊困难群体，解决好他们的困难，是共青团义不容辞的责任。各级共青团组织要高度关注和做好这些困难青年群体的服务工作，通过开展多种形式的送温暖办实事活动，千方百计地为这些有特殊困难的青年排忧解难、雪中送炭。通过救济帮困等各种措施，帮助下岗青工解决燃眉之急。通过技能培训、创业辅导帮助他们提高就业能力，尽快实现再就业。通过开展希望工程、手拉手助学、特困奖学金、勤工助学等措施，动员社会力量，帮助贫困学生顺利完成学业。

六、营造有利于青少年健康成长的良好环境

一是继续深入开展创建优秀“青少年维权岗”活动，动员与青少年事务有关的基层单位，为青少年办实事、办好事，提供优质服务。建立大中城市区域性联动协调中心，完善省、市一级的维权中心和热线电话，推行青少年维权工作联席会议制度，动员社会力量齐抓共管，及时有效地维护青少年的合法权益；要依托各级青少年维权岗单位的资源优势，从增强抵御犯罪和防范侵害的能力入手，在青少年中广泛开展“自护教育”活动。通过举办自护培训班、训练营、自护学校，帮助青少年掌握正当防卫、紧急避险、法律援助等必要的自护知识和技能。

二是深化创建“青年文明社区”活动，坚持党建带团建，团建带队建，切实加强社区共青团和少先队的组织建设，把社区青少年团结和凝聚起来；继续推进社区青少年服务中心等青少年校外阵地建设，拓展和丰富对社区青少年和群众的服务渠道；广泛开展“大家乐”等群众喜闻乐见、健康向上的群众性文化活动，丰富社区文化生活，增强社区亲和力和凝聚力，营造安全、和谐、文明的社区环境。

七、加强信息反馈，及时排查青少年中不稳定因素

切实做好青少年的信息反馈工作。要坚持开展调查研究，经常深入青年，深入基层，倾听青少年的呼声，了解各类青年的所思所想和遇到的实际问题，掌握第一手资料，为党政机关决策提供依据。要通过运用互联网络、咨询热线、维权信箱等工作手段掌握青少年中的不稳定因素，了解青少年受侵害的突出问题以及社会生活中不安定苗头，做到信息灵通，及时向党和政府反映情况。

进一步加强青年信访工作，把信访作为服

务青年的窗口，作为化解矛盾的第一道防线。切实加强对信访工作的领导，采取有效措施，督促各级团组织及时受理青少年来信来访，正确处理青年反映的各种问题。通过定期做好信访动态分析，排查不稳定因素，把各项工作做到前头，把矛盾化解在萌芽状态。

八、充分发挥青年在社会治安综合治理中的积极作用

继续动员组织广大团员青年深入开展揭批"法轮功"斗争，通过开展"青年文明社区反邪教"、"校园拒绝邪教"活动，动员社区和学校团组织坚持开展反"法轮功"邪教的宣传，组织动员青年志愿者帮教"法轮功"练习者，在广大团员青年中形成深入持久揭批"法轮功"邪教的强大声势。

积极参与群防群治。各级团组织特别是基层团组织要广泛动员组织青少年举报歌舞厅、电子游戏厅、录像厅、台球室、网吧的违法违纪行为和不安全隐患，检举揭发校园周边地区、社区的违法犯罪人员，配合公安机关等有关部门，为追逃犯罪分子提供线索。有条件的地区，还要成立青年志愿者巡逻队，在节假日和夜晚协助公安机关对刑事案件多发地段进行治安巡逻，排查可疑人员。

树立一批社会治安综合治理战线的青年典型，继续开展青年卫士等评选活动，弘扬正气，倡导新风，震慑犯罪，鼓励更多的青少年投身社会治安综合治理工作。

总之，我们要根据罗干同志讲话精神和这次会议的要求，做好预防青少年违法犯罪的各项工作，动员广大团员青年积极参与社会治安综合治理，为实现两年内社会治安明显进步的目标而不懈努力。

杨岳在中国青年科技工作者协会第三届会员代表大会第一次全体会议上的讲话

2002年5月22日

同志们，朋友们：

今天，来自全国各地的青年科技工作者欢聚在这里，隆重举行中国青年科技工作者协会第三届会员代表大会。这是我国青年科技工作者的一件大事。在此，我谨代表共青团中央、全国青联对这次大会的召开表示热烈的祝贺。

我们这次青年科技盛会是在刚刚迎来建团80周年喜庆日子里召开的，是在广大青年深入学习宣传贯彻江总书记在纪念建团80周年大会上重要讲话精神的时刻召开的，是在举国上下以"三个代表"重要思想为指导，全面推进各项事业，以优异成绩迎接党的十六大胜利召开的背景下召开的，因此，我们这次会议对于进一步团结凝聚广大青年科技工作者，立足岗位，锐意创新，积极投身国家的现代化建设事业具有重要意义，开好这次大会是广大青年科技工作者的共同意愿，也是400余位与会代表的共同责任。

本届大会虽然会期很短，但内容十分丰富。会上将听取并审议中国青年科技工作者协会第二届理事会工作报告；选举产生中国青年科技工作者协会第三届领导机构；举行第五届"中国青年科学家奖"和第五届"中国青年科技创新奖"颁奖典礼；开通中国青年科技创新在线博览会；举办2002中国青年创新论坛。

团中央书记处对这次会议非常重视，多次研究有关问题。希望各位代表充分利用这次机会，群策群力，把会议开得更加富有成效。下面我代表团中央书记处就如何开好本届大会提几点意见：

一、本次大会要开成学习的大会。要把学习好江总书记在纪念中国共产主义青年团成立80周年大会上的重要讲话作为本次会议的重要任务。江总书记讲话高屋建瓴、精辟深刻，凝结着党对青年一代的深切关怀和殷切期望，讲话进一步丰富和发展了马克思主义青年观，为当代青年健康成长指明了方向。总书记讲话中有许多新的重要论断，“讲话”指出“青年是祖国的未来，是民族的希望”，“青年兴则国家兴，青年强则国家强”，“发展的希望在创新、创新的希望在青年”。同时还指出当代中国青年运动的正确方向就是在党的领导下，同人民紧密结合，为祖国奉献青春。把我国建设成为富强民主文明的社会主义国家，实现中华民族的伟大复兴，这是当代青年的历史使命和当代青年运动的主题，总书记向青年们提出了“树立远大理想，坚持发奋学习，注重锤炼品德，不断开拓视野，勇于进取创新，始终艰苦奋斗”的36字要求，讲话中新思想、新观点还有很多。当前广大青年的首要任务就是要认真学习领会、深入贯彻讲话精神，希望同志们能围绕青年科技工作者的责任与使命，结合自身的思想实际和工作实际学习好讲话，相信同志们会有更多的收获。

二、本次大会要开成团结的大会。青年科技工作者作为我国科技界的一支重要力量和生力军，在实施科教兴国战略，实现中华民族伟大复兴的征程中起着承上启下、继往开来的重要作用。大家要以本次会议为契机，更加紧密地把青年科技工作者团结起来，探求个人与个人之间、组织与组织之间、领域与领域之间以及科技与产业之间新的联系与合作。通过大家的共同努力把青科协建设好，使之真正成为联系广大青年科技工作者的纽带，成为服务于广大青年科技工作者成长发展的帮手，成为广大青年科技工作者加强交流，增进友谊的家园。

三、本次大会要开成鼓劲的大会。通过此次大会进一步展现当代青年科技工作者的精神风貌，进一步弘扬科学精神和爱国精神，进一步激发青少年学习新知识、掌握新技能、增强新本领的热情。通过表彰青年科技工作者中的优秀典型，大力宣传他们的先进事迹，在社会上营造尊重知识、尊重人才、鼓励创新的良好氛围。同时激励广大青年科技工作者继续发扬坚持真理、刻苦钻研、求真务实、开拓创新、大力协作、勇攀高峰的精神，加强科技创新，加速科技成果转化，为经济和社会发展不断注入新的活力和动力，为国家的现代化建设做出贡献。

同志们，团中央书记处对于本次会议寄予厚望，相信在各位执行主席的领导下，在与会代表的共同努力下，本届大会一定能顺利完成各项预定任务。

最后祝大会取得圆满成功。

谢谢大家。

认真贯彻"三个代表"要求
全面推进社区共青团工作

——杨岳在全国社区共青团工作培训班上的讲话

2002 年 7 月 27 日

今天，为期 7 天的全国社区共青团工作培训班就要结业了。这次培训班是在全团深入学习贯彻江泽民总书记在纪念中国共产主义青年团成立 80 周年大会上的重要讲话和"5·31"重要讲话精神，矢志奋斗，锐意进取，扎实推进共青团事业，以优异成绩迎接党的十六大胜利召开的新形势下举办的。共青团中央社区和维护青少年权益部与中央团校联合主办此次培训班旨在以"三个代表"重要思想为指导，认真总结近年来"青年文明社区"创建工作的基本经验，深入探讨社区共青团工作面临的新情况和新问题，进一步加强社区团干部的队伍建设，推动"青年文明社区"创建工作不断深入发展。共青团中央书记处对这次培训班高度重视，明确要求要以此为契机，把全国社区团干部的理论和业务素质提高到一个新的水平。几天来，同志们就社区工作的基本理论、我国社区建设与社区发展现状、社区信息化、社区青少年活动项目设计、社区共青团工作方法等内容进行了较为系统的学习，部分街道和社区代表还以具体的工作案例交流了创建"青年文明社区"的经验和体会。通过这次培训，大家学到了本领，加强了交流，增进了友谊，增强了信心，为进一步做好今后的工作奠定了良好的基础，应该说培训班达到了预期的目的，取得了较好的成效。这次培训班的成功举办得益于包头市委、市政府的高度重视和大力支持，得益于共青团内蒙古自治区委、共青团包头市委精心的组织，在此，我代表共青团中央书记处表示衷心感谢，同时也向付出辛勤劳动的全体工作人员表示亲切的慰问。

借此机会，我代表共青团中央书记处就新形势下如何深化社区共青团工作讲三点意见。

一、认清形势，明确方向，把握社区共青团工作的新趋势

社区共青团工作的发展经历了一个渐进的过程。自 1996 年共青团中央联合有关部门推出创建"青年文明社区"活动以来，各级团组织积极响应，本着"党政所急、群众所需、青年所能"的原则，积极开展内容丰富、形式多样的创建活动，在实践中推出了许多具有广泛影响的品牌项目，形成了鲜明的工作特色，对于推动社区的建设和发展发挥了积极的作用。回溯"青年文明社区"创建工作的发展轨迹，我们可以清晰地看到已经历的三个阶段：第一阶段是 1996 年创建活动提出了"六个有"，即有健全的社区团的工作机构，有社区青年文明号，有社区青年志愿者服务站（点），有社区职业介绍或技能培训站（点），有社区青少年科技、文化、法制教育活动阵地，有社区青少年服务项目，明确了区、街团组织为主要力量，动员、组织广大青少年面向社区，参与社区经济发展和思想、文化、卫生、体育、社会服务等多方面的活动，奠定了共青团创建"青年文明社区"工作的基本框架；第二阶段是以 2000 年在青岛召开的全国"青年文明社区"创建工作暨社区团建现场推进会为标志，社区共青团工作在全国大力推进城市社区建设的背景下，提出了"11491"的基本格局，即一套现代社区理念，一个社区青少年服务中心，四套组织，九个项目，一套青少年参与社区服务和社区建设的制度，同年共青团中央下发了《关于加强城市社区团组织建设的若干意见》，使创建工作步入全面整体推进的新阶段；第三阶段是以去年在长春召开的全国城市社区共青团工作座谈会为标志，共青团中央系统提出了城市社区共青团工作新格局，从组织架构、职能定位、项目体系、阵地网络、工作机制五个方面明确了城市共青团工作的总体思路。目前，各级团组织在党政部门的关心支持下，不断把“青年文明社区”创建工作引向深入，积累了丰富的工作经验，涌现出了众多的先进典型，截至目前，已命名全国“青年文明社区”947 个，全国“青年文明社区大家乐”舞台 102 个，各地正在逐步形成“青年服务社区，社区培育青年”的互动局面。

回顾过去，工作成绩是显著的，但同时我们也应该清醒地看到工作中还存在一定的问题，如各地工作发展不够平衡、组织体系不够完善、活动项目对青少年吸引力不够、青少年活动阵地比较匮乏、团组织整合资源能力还不强等。这些问题还需要我们共同努力加以解决，只有这样才能真正把社区共青团工作提高到一个新水平。

在新的历史条件下，面对飞速发展的时代和不断变化的青年，我们必须以“三个代表”重要思想为指导，从全局的、战略的高度提高对社区共青团工作的重要性和紧迫性的认识，从社会发展的现实要求出发，从解决工作中的实际问题入手，把握新形势的要求，全面推进社区共青团工作。

1. 推进社区共青团工作，就要把握社区建设的新发展。我国的社区建设是伴随改革开放的不断深入、社会主义市场经济体制的逐步建立而不断发展的。1986 年为了配合经济体制改革和社会保障制度改革，民政部首先倡导在城市基层开展以民政对象为服务主体的社区服务活动；1991 年 5 月，为适应国家政治和经济体制改革的要求，又提出了在城市开展“社区建设”的工作思路，1998 年开始在全国选择 26 个国家级实验区进行尝试探索试点；2000 年 11 月中办、国办转发民政部《关于在全国推进城市社区建设的意见》的文件，为城市社区建设的发展确定了具体方向和思路，标志着我国全面进入推进城市社区建设的新阶段。目前全国城市社区建设呈现出整体推进、全面拓展的局面，社区服务得到发展，社区管理趋向有序，社区意识不断增强，社区参与日益浓厚，社区面貌明显改观。当前，我国已进入了全面建设小康社会，加快推进社会主义现代化的新的发展阶段，新的形势对社区建设提出了新的要求，也使社区建设出现了新的特点。一方面是信息化建设推动了“数字社区”的发展。信息革命给人类社会带来了深刻变革，也给人们的思想观念、行为习惯及生活方式等带来深刻变化，信息化建设为社区建设带来了前所未有的机遇，“数字社区”的出现为社区建设提供了新的平台和新的载体，社区的管理、社区的服务、社区事务的参与、社区居民的交流以及社区的文化娱乐等都有了新的便捷的渠道。据中国互联网信息中心的调查显示：今年 6 月底全国上网用户达 4580 万人，是 1997 年的 74 倍，值得注意的是，上网人数中，35 岁以下的青年占 82%，社区青年已成为数字社区建设的重要力量，共青团组织必须把握信息化的发展趋势，在“数字社区”的建设中发挥积极的先导作用。另一方面是基层民主建设推动了社区居民自治的新发展。加强基层民主建设，是我国民主政治的基础，也是社区发展的必然要求，是社区实现自理、自转和自治的前提。基层民主建设要在党组织的领导下循序渐进地进行，同时要充分调动社区居民的积极性，让居民主动参与社区公共事务的管理，使社区居民享有社区公共事务的知情权、参与权与决策权，只有这样，社区成员才能真正成为社区的主人和社区建设的主体，才能为社区发展提供源源不竭的动力支持，才能从根本上推动社区居民自治，从而进一步提高社区的自主性和独立性，逐步加强社区自我管理、自我协调和自我发展的能力，扩大民主基础，巩固政权基础。团组织要积极适应社区基层民主建设的新发展，探索吸引、组织、凝聚青年的新的有效形式，扩大社区青年的民主参与，推动社区青年事务的民主决策和民主监督，努力调动社区青年的积极性、主动性和创造性。

2. 推进社区共青团工作，就要把握社区党建的新要求。社区党的建设，是新时期党的基层组织建设的重点，是城市基层基础工作的重要组织保证。新时期社区党建工作要求充分发挥社区党组织的领导核心作用，组织、协调、动员各方面力量搞好社区建设；要求进一步加强对社区群众自治组织的领导，推进基层民主政治建设；要求切实抓好社区管理和社区服务，密切党同群众的血肉联系；要求扩大党在社区工作的覆盖面，巩固党的执政基础，扩大党的群众基础，增强党的社会影响力。这些要求也是进一步加强社区团建，推动社区共青团工作所必须坚持的基本原则。社区团组织必须服从社区党建工作的新要求，努力扩大组织覆盖面和社会影响力，增强凝聚力和号召力，巩固党的青年群众基础。

3. 推进社区共青团工作，就要把握社区青年的新变化。随着市场经济体制的逐步完善和非公有制经济的快速发展，社区青年群体的结构发生了较大变化。据统计，2001 年底全国城镇从业人员共 21274 万，其中国有单位仅 8102 万人，其余 62% 的人员就业于非国有单位，这些人员大多数为青年，另外，进城务工青年、下岗青年、待业青年以及闲散青年等群体的大量出现，也使得社区青年群体的结构呈现多样性。社区具有地域性的特点，同一社区中生活着不同年龄层次、不同社会角色、不同行为习惯的青年群体，不同青年群体的差异性同时也带来了需求上的差异，这些新变化都要求我们的工作范围、工作视角要有较大的调整，都对社区工作提出了新的挑战，对城市社区共青团工作的立足点和着眼点提出了新的要求。

只有积极适应这些新的变化和新的要求，及时调整我们工作的重点，才能更好地服务于党政的中心工作，才能更好地服务于青年的成长需求，不断提高社区共青团的工作水平。

二、夯实基础，着力建设，推进社区共青团工作取得新发展

多年来，各级共青团组织在社区工作中不断实践和探索，取得了良好的成效，积累了丰富的经验，这为我们进一步巩固社区工作成果、不断推动社区工作的深化和发展奠定了坚实的基础。同时改革开放的不断深入，国家经济和社会的不断发展，也给城市社区建设提出了更新更高的要求。各级团组织要以积极的姿态应对新形势所带来的机遇和挑战，研究新情况、探索新方法、解决新问题，夯实社区共青团工作的组织基础、阵地基础，巩固群众基础，立足长远发展的需要，着眼深化，着力建设，不断推进社区共青团工作。概括地说，当前城市社区共青团工作的主要任务就是：以“三个代表”重要思想为指导，牢牢把握服务改革、发展、稳定的大局，以创建“青年文明社区”为统揽，以竭诚服务于青少年为出发点和落脚点，以社区团建为龙头，以社区服务和社区文化为着力点，以社区青少年活动阵地为依托，努力构建城市社区共青团工作的新格局。

1. 着眼覆盖抓组织建设。社区团建是社区共青团工作的基础，必须牢牢抓住这个龙头不放。要始终坚持党建带团建的原则，把建立健全组织网络、扩大组织的覆盖面作为社区共青团工作的重中之重。

一是大力加强社区团组织建设，完善社区团的组织网络。随着社会主义市场经济体制的逐步建立和完善，大量非公有制经济组织的蓬勃发展，改变了传统的单位型社会的结构，使得更多的社会成员由“单位人”变成了“社会人”，这也给团的建设带来了新的课题。适应

这一新的形势和变化，加强和改进团建工作成为摆在我们面前的首要任务。近年来，通过加强街道团组织建设和非公有制经济组织团建工作，团组织的覆盖率有了较大幅度的提高。但在社区团组织建设的方面还远远不能适应新形势的要求，部分团员还没有纳入团的组织管理，游离于团组织框架之外，造成团的组织工作存在“真空地带”。街道和社区团组织要从实际出发，因地制宜，大力加强社区居委会的团组织建设，同时进一步探索楼道团支部、宿舍团支部等新的建团模式，建立健全社区团组织网络，消除组织建设上的“空白点”，不断扩大组织建设的覆盖面。要发扬“全团带队”的优良传统，普遍建立街道少工委，探索以居委会、楼院等为单位建立少先队基层组织的新模式。

二是积极发展社区各类青年社团组织，构建社区青年组织网络。我们要根据青少年成长成才的需求，成立外语、计算机、读书等学习小组；根据青少年文化生活需求，成立球类、棋类、音乐、舞蹈等兴趣小组；根据青少年的“体验”学习需求，成立志愿服务小组等，大力发展以青少年需求和兴趣为导向，以社区团组织为核心的外围组织。通过进一步加强青少年社团等外围青年组织的建设，延长团的工作手臂，构建“小机构，多载体”的组织格局。

2. 着眼需求抓服务项目。城市社区建设的主要工作内容是拓展社区服务，发展社区卫生，繁荣社区文化，美化社区环境，加强社区治安。其中社区服务和社区文化是社区建设的两个重要轮子，这也是当前社区共青团工作的两个着力点。社区团组织要进一步强化服务职能，着眼于社区群众的现实需求，多做服务于青年、服务于百姓的实事、好事，进一步完善服务项目体系，通过真诚服务，增强团组织的影响力、凝聚力和号召力。

一是要服务于社区青年的就业需求。当前全社会面临巨大的就业压力，就业问题已经成为社会广泛关注的热点和难点。2001年底，全国城镇的登记失业人口为681万，如果加上国有企业下岗职工515万人和非国有企业下岗职工600万人，失业和下岗人数相当于城镇经济活动人口的10%，其中青年占了较大比例，如上海2001年登记失业人口中，35岁以下的占50%以上。因此各级团组织要把服务青年就业作为当前十分重要而紧迫的任务抓实抓好。服务青年就业首先要积极开展就业信息服务，社区团组织要积极配合党政部门，发挥组织优势、人才优势，培育就业中介组织，建立社区青年就业信息平台，提供就业信息，促进青年就业，大力开发进城务工青年、下岗青年等人力资源。同时要积极推动社区就业，伴随居民需求的不断增长，社区服务的不断完善，社区也将成为劳动就业的重要载体和解决失业问题的重要途径，我们要努力创造条件培育社区就业岗位，特别要配合党政部门，通过推动社区服务业的发展，为社区青年创造更多的就业机会。

二是要服务于社区青年的学习需求。学习是青年增长知识、提高素质的基本途径，青年的成长成才，青年人力资源开发都离不开学习培训这一重要基础。服务社区青年的学习需求，必须依托“千校百万”进城务工青年培训学校、青少年活动中心等阵地，开展各种教育培训工作，其中重点要大力加强职业技能培训。当前我国在就业岗位上存在着一定的供需矛盾，尤其是技工断档的问题非常突出，中国在加入WTO后，制造业有着巨大的发展空间，市场需要大量的技术工人，而技工队伍又严重缺乏，从而出现了需求大于供给的局面，特别是在高级技工和青年技工的需求上。据统计，我国技术工人队伍中初级占60%，高级仅5%，而发达国家高级技工的比例是40%；在年龄结构上，我国产业工人平均年龄达42.1岁，50岁以上的占一半，出现了明显的老化现象。我们要积极争取劳动部门的支持，以市场为导向,把培训与拓展知识相结合,与提高素质相结合,与促进就业相结合,做好青年培训工作。

三是服务于社区青年的维权需求。社区是青少年的聚居地,侵害青少年权益的案件也多发生在基层,在社区里反映出来。因此青少年维权工作必须立足社区,要针对未成年人的特点,大力创建社区"青少年法律学校",推进"青少年维权岗"向社区延伸,建设青少年法律志愿者服务队伍,面向社区青少年开展经常性的法律宣传和提供便捷的法律服务,做好维权案例的处理,努力形成家庭、学校、社会共同关注和切实维护青少年合法权益的良好氛围。

四是服务于社区青年的文化需求。社区文化是以社区为依托,以文化活动为载体,以宣传党的路线、方针、政策为宗旨,发挥文化工作教育、娱乐、美育的功能,提高全民政治觉悟和文化素质的一种群众性文化活动。对于居民群众形成社区的认同感,推动社区思想政治工作和精神文明建设发挥着基础性的作用。团员青年是最有活力的群体,是社区文化的主力军,社区文化也是团组织凝聚团员青年的有效手段。我们要以《公民道德建设实施纲要》为指导,以深化"青年文明社区大家乐"活动为载体,以"大家唱"、"大家演"等为主要活动形式,广泛开展社区群众性文化活动和道德实践活动,促进社区活跃,增强社区意识,形成有区域特色和时代特点的社区精神和社区文化。

3. 着眼大局抓重点群体。随着经济转轨和社会转型,社区功能逐步加强,社区建设逐步完善,社区在促进经济发展、维护社会稳定方面将发挥越来越重要的作用,特别是社区中生活着众多的特殊群体,这些群体的生存与发展,也将直接影响着社区的发展,影响着社会的稳定,扎扎实实做好这些重点群体的工作,是共青团组织服务党政工作大局的要求,是社区共青团工作的重要任务。

一是服务特殊困难群体。中国已经进入老龄化社会(按照联合国和世界银行的通常标准,如果一个国家60岁以上人口达到10%,或者65岁以上人口达到7%,就可视为进入老龄社会)。1999年我国60岁以上老年人口就已达1.26亿,占总人口的10%,目前中国老龄人口为1.32亿,占世界老龄人口总数的1/5,占亚洲老龄人口的1/2,是世界老龄人口最多的国家。中国老龄化问题与西方国家老龄化问题呈现出不同的特点,一方面,中国的人口老龄化是在经济高速发展阶段出现的,而欧洲是在工业化完成后的经济高度发达的背景下才出现的,发达国家进入人口老龄化社会时,人均GDP一般在1万美元以上,而中国仅为800美元。另一方面,中国人口老龄化速度太快,人口年龄结构从成年型进入老年型仅用了18年左右的时间,而西方国家的人口老龄化是一个非常缓慢的过程,法国用了115年,美国用了60年。这种状况反映出中国既没有西方发达国家那样的经济实力来应对人口老龄化所要求的社会福利的增长,也没有时间来从容地消化人口老龄化带来的一系列养老社会问题,解决的办法主要靠政府加大财政的支出,从1985年至1999年的12年间,中国用于社会保障的资金从327亿元增加到2068亿元,增长了近12倍,远远高于同期经济增长速度,造成财政负担十分沉重,因此更加需要动员社会力量帮助解决养老问题。同时,我国还生活着6000万残疾人和军烈属、下岗职工家庭等生活困难群体,截至今年7月,全国符合城市最低生活保障条件的人员共计1930.8万,绝大部分是特困职工、失业人员及其家属,其中特困职工981万人,占50.8%,失业人员299.3万人,占15.5%,这些群体都需要社会的关怀。共青团组织要广泛组织社会力量,开展志愿服务,开展结对帮困服务,力所能及地帮助他们解决实际生活困难,多做些雪中送炭的实事、好事。

二是扶助弱势青年群体。随着改革的深化,大量下岗职工进入社区,同时城市新增的劳动力无法就业也成为社区中的闲散群体。团组织要积极配合党政开展工作，组织多种形式的教育和培训，转变青年就业观念，提高就业技能，促进实现就业；同时发动社会力量帮助解决他们的生活困难，提供更多的帮助。另外，我们要注意到进城务工青年的大量出现，已经成为推动城市建设发展的重要力量，全国进城务工青年约有1亿，他们在城市建设中发挥了重要作用，但由于我国长期以来二元社会结构的影响，农民离开土地到城里打工还面临方方面面的困难，有时合法权益都得不到有效保障。共青团组织要切实做好进城务工青年工作，大力加强“千校百万进城务工青年培训学校”建设，实施“进城务工青年发展计划”，帮助他们解决实际困难，为他们的生活提供帮助，为他们的成长创造条件，为他们的发展营造良好环境。

三是关爱特殊青年群体。重点是加强闲散青少年工作，特别要关注父母离异、家长犯罪、父母吸毒等问题家庭青少年的成长，关心失学青少年，积极配合有关部门做好罪错青少年和刑释解教人员的教育和挽救工作，要采取有效形式掌握这些特殊青年的状况，开展“一助一”和“多助一”等活动，积极探索建立起家庭、学校和社区及有关政府部门的协调和沟通机制，预防和减少青少年违法犯罪和重新犯罪。

4.着眼整合抓工作机制。一要探索资源整合。社区的地域性、区域性、聚合性等特点，决定了社区中蕴藏着各种资源，同时社区多样化群体结构带来的多元化需求也要求有各种资源做支撑，团组织就更加需要发挥组织优势来整合团内资源，把团的不同工作领域向社区聚焦，往社区延伸，形成社区共青团工作的合力；同时还要积极争取各方面力量，探索社会化的运行机制，把各种社会资源整合起来，形成协力共建社区的良好局面。

二要探索教育整合。家庭教育、学校教育和社会教育各有侧重、各有特点，是相互衔接、密不可分的统一整体，必须把三者紧密结合起来，相互配合、相互促进。社区教育就是教育社会化、社会教育化、教育社会一体化的一种新的教育模式，社区教育改变了学校教育与家庭教育、社会教育相隔离的状况，能够使三者有机结合起来，实现一体化教育网络。通过社区，可以实现对家庭教育的指导，可以拓宽学校教育的渠道，可以营造良好的社会教育环境。

三要探索评价机制的整合。社区团的工作活跃根本上取决于置身于社区的广大青少年的参与程度，这就要求我们必须研究和探索社区内在的动力机制和评价机制，才能激发社区青年的参与热情，更好地调动青年的积极性和创造性。同时，大多社区青年在企事业单位和学校都是有两种角色，即“单位人”和“社会人”，把单位本身的激励机制与社区中的评价机制结合起来，统一起来，既可以全面客观地评价，也有利于提高青少年的社区参与程度。

三、增强责任，扎实奋进，努力开创社区共青团工作的新局面

江泽民总书记在建团80周年讲话中明确指出，青年们要树立远大理想，坚持发奋学习，注重锤炼品德，不断开拓视野，始终艰苦奋斗。这既是对青年的要求，更是对团干部的要求。各级团干部要按照江总书记的讲话精神，以身作则，真抓实干，为青年树立学习的榜样。社区共青团工作任务繁重，富有挑战，只有以良好的精神状态迎接挑战，才能全面开创社区共青团工作的新局面。

1.要增强责任感。责任感是一个人成熟的重要标志，也是一个青年干部成熟的重要标准。一个人，只有主动承担起应有的社会责任，才能真正融入到社会发展的洪流当中，才能走出小我，走向大我，做一个对社会有用的人。社区建设关系国家改革、发展、稳定的大局，加强社区共青团工作已成为当前城市共青

团组织的战略选择。社区党建和城市社区建设的快速发展迫切需要我们加强社区共青团工作，居民群众生活水平的提高迫切需要我们加强社区共青团工作，社区青少年不断增长的多元化需求迫切需要我们加强社区共青团工作，这是一项光荣的神圣的使命，是时代赋予我们的职责。社区共青团干部工作在社区的第一线，肩负着做好社区工作特别是社区青少年工作的重任，必须要有做好社区工作的使命感和紧迫感。我们只有以居安思危、忧国忧民的社会责任感，以时不我待、只争朝夕的时代紧迫感，切实落实好各项工作，才能不辜负党对我们的期望，群众对我们的期望，青少年对我们的期望。那种事不关己、高高挂起的思想，那种急功近利、热衷于形式主义的思想，那种表面应付、敷衍了事的思想，对工作的落实和对团干部的成长都是非常有害的。

2. 要锐意创新。创新是一个人生命力的源泉，是一个社会前进的根本动力。江总书记指出："发展的希望在创新，创新的希望在青年。"社区团的工作是一项富有挑战性的工作，团干部必须要有强烈的创新意识。社区共青团工作和传统的单位、学校、街道等基层团的工作在性质、对象、内容以及面临的形势等方面都存在明显的不同，有着许多新的特点，这就给城市团组织提出了许多新的课题。我们只有在观念上、方法上、内容上、机制上不断创新，才能使基层团组织的运行机制更加符合社区的属性和社区建设的发展方向。创新必须注重树立正确的创新观念，把继承中创新作为一项重要要求，创新的本质是要解决实际问题，特别是在原有观念、方式、方法等已无法解决问题的前提下去寻求新的途径和方法，并非一定要"推倒重来，另起炉灶"。团的事业是一项长期事业，需要一代代团干部持续地不懈地努力，把以前好的工作经验和工作基础继承下来，把多年来形成的好的工作品牌、工作项目巩固发展下去，使我们的事业不断地在继承中求得发展，在巩固中得到提高，这是一个很重要的思想观念，也是一个很高的素质要求。

3. 要力求实效。团的一切工作都要力求实效，团组织只有坚持服务大局，服务社会，服务青年，多为青年办好事，多为百姓办实事，才能增强组织的凝聚力和号召力，才能扩大社会的影响力。团的性质、团的职责要求我们心里要时刻装着青年，把服务群众需求作为工作的出发点和落脚点，切实转变作风，加强调查研究，及时了解社会的发展方向，以居民特别是青少年的内在需求为导向，有针对性的开展工作；要精益求精，充分发挥自身实际能力，坚持"有所为有所不为"的原则，量力而行地精心组织项目；要心系群众，实事求是，切实加强反馈，及时了解活动效果，总结工作中的经验和不足，不断提高活动水平，以群众高兴不高兴、拥护不拥护作为检验工作成效的标准，切实落实项目，踏踏实实的为群众办实事。

4. 要持之以恒。古人说："贵有恒"、"最无益，一暴十寒"。面对社区共青团这项开创性的事业，广大社区团干部一定要有坚强的毅力，着眼长远，坚持不懈，持之以恒。持之以恒就要求我们既注重长远规划，又注重近期目标，要把工作分层次、分阶段地合理安排，不断取得阶段性的成果，从而也不断向总体目标的实现迈进。持之以恒也要求我们永远保持必胜的信心和旺盛的斗志，以乐观的态度看待困难，以平和的心态面对成绩，不回避矛盾，不慨叹挫折，不怨天尤人，不因一时的失败而气馁，锲而不舍，踏踏实实干事，干一件事就努力干成一件，干好一件，不断推动工作取得新发展。

当前和今后一段时期，我们要紧紧抓住"城区"这个主要环节，在全国范围内开展"青年文明社区"示范城(区)创建活动。城区规模适中，有着灵活的政策优势和必要的经济实力，是创建活动的关键环节。今明两年首先抓好大城市尤其是直辖市、副省级城市、省会城市中具有示范作用的城区创建活动，之后逐步向中小城市和城镇发展。各省、自治区、直辖市可以参考全国标准制定相应级别的“青年文明社区”示范城（区）创建标准，并组织开展创建活动。要通过全团上下的共同努力，使这项工作形成一个良好的推进态势，进一步促进“青年文明社区”活动的不断深化。

同志们，社区共青团工作是城市团组织的中心工作，是共青团工作新的增长点和发展方向，是展示团员青年风采的广阔舞台，让我们以“三个代表”重要思想为指导，贯彻落实江泽民总书记在纪念建团80周年大会上的重要讲话精神，坚定信心，发奋努力，开拓创新，狠抓落实，为推动城市共青团工作的全面活跃，推动共青团事业的发展，实现现代化建设的第三步战略目标做出更大的贡献。

中国共青团年鉴

1998—2002

（下册）

共青团中央 编

中国青年出版社

目　录

下　册

第三部分　重要文件

三、团中央全会

四、青联

五、学联

六、少代会

七、组织

八、宣传

九、青工

十、青农

十一、学校

十二、少工委

十三、统战

十四、权益

十五、外事

第四部分　重点工作概述

第五部分　命名与表彰

第六部分　组织概况

第七部分　事业发展

第八部分　省级团委工作简介

第三部分

重 要 文 件

一、共青团中央书记处会议纪要

十四届(1998)第2次

8月21日上午,书记处第一书记周强同志主持召开书记处会议,研究部署当前抗洪救灾有关事宜。

会议认为,在各地抗洪抢险工作中,各级团组织动员带领广大团员青年、青年突击队员发挥了生力军作用。受到了江泽民总书记等中央领导的肯定。当前抗洪救灾工作任务繁重,各级团组织应按照党中央、国务院有关指示精神,进一步动员社会力量支援灾区人民抗洪抢险和重建家园,帮助灾区解决困难。会议决定集中力量做好以下几项工作。

一、重点做好帮助灾区学生秋季如期复学和在灾区修建、重建希望小学的工作。目前灾区许多中、小学校被淹、被毁,情况十分严重。各级团组织要想方设法确保学校按时开学。全团特别团费的缴纳应抓紧组织。办公厅可于近日将各省(区、市)缴纳特别团费的情况向全团作一次通报。各地缴纳的特别团费主要用于灾区“希望小学”修建和重建。鉴于灾区被水淹没的学校短时间内难以恢复,决定由中国青基会协调募集帐篷和购买部分帐篷并安排组织运送到灾区,建立一批帐篷希望小学。要做好受灾地区大学生济困助学工作,开展“手拉手”、“一助一”直接救助等活动,帮助受灾地区中小学生按时上学。

二、尽快组织起10支“青年志愿者医疗防疫服务队”赴灾区参加医疗卫生防疫工作。目前灾区急需药品和医疗卫生防疫工作人员,共青团应发挥自身优势,以志愿者服务方式招募未受灾地区的青年医务工作者(主要是治疗流行病、传染病、皮肤病等灾区常见疾病的医务人员和公共卫生专家)组成“青年志愿者医疗防疫服务队”,到受灾地区开展志愿服务工作。各地要尽快根据需要做好“青年志愿者医疗防疫服务队”陆续赴灾区的各项准备工作。对于服务队的标识,可参照青年志愿者的标识统一制作。

三、尽快筹集一批灾区急需的药品和饮用纯净水送往灾区。鉴于灾区目前缺乏药品及饮用水,要急灾区军民之所急,迅速筹集一批送往灾区。要进一步发挥全国青联、全国学联、全国少工委、中国青年企业家协会、中国青年乡镇企业家协会等青年组织的优势,争取在近期筹集价值1000万元的药品和价值1000万元的饮用纯净水。已筹集到的药品和纯净水要就近及时送往灾区。

四、按照国务院和中宣部关于做好灾区防疫工作的要求,决定开展“中国青年志愿者防疫活动”,由宣传部协调实施。

五、动员灾区团组织做好生产自救、重建家园工作。由青农部研究提出方案,经书记处批准后,尽快下发全团实施。

六、做好抗洪救灾青年典型的表彰和宣传报道工作。由宣传部、组织部提出方案,报书记处批准后实施。

为协调支援抗洪救灾工作,决定成立团中央抗洪救助工作协调领导小组。领导小组下设办公室,戴克维同志任办公室主任。团中央各部门应在协调领导小组统一安排下落实好有关工作。

十四届(1998)第4次

11月10日下午,团中央书记处第一书记周强主持召开书记处会议。会议传达学习了中共中央政治局常委、国家副主席胡锦涛同志11月6日关于做好“五四运动”80周年庆祝活动筹备工作;进一步加强共青团舆论宣传阵地建设;切实加强团的各级领导班子建设的重要指示。团中央书记处倍受鼓舞,深感责任重大,一致认为胡锦涛同志的指示极为重要,对于做好当前和今后一个时期的共青团工作具有十分重要的指导意义。要认真学习,深刻领会,全面贯彻,把握大局,着眼全局,扎实工作,开拓进取,在继承与创新中开拓工作的新局面。

会议讨论决定以下事项:

一、切实做好纪念“五四运动”80周年活动的筹备工作。1999年是实现团的十四大提出的各项任务,继续深化重点活动,开拓新的工作领域的关键一年。这一年里,我们将迎来“五四运动”80周年、建国50周年和青联成立50周年、少先队建队50周年、澳门回归祖国以及世纪之交。要以此为契机,突出重点,影响社会,在广大青少年中深入开展爱国主义、集体主义和社会主义教育,帮助广大团员青年进一步认清健康成长的道路和肩负的历史责任,教育、引导、激励广大团员青年积极投身建设有中国特色社会主义的宏伟事业,全面活跃团的工作。会议决定成立“纪念五四运动80周年活动领导小组”,统筹协调全团的纪念活动,巴音朝鲁同志任组长,胡春华同志任副组长,办公室设在宣传部。会议提出,纪念活动要以爱国主义教育、开展学习活动和岗位做贡献为主题;下发《共青团中央关于纪念五四运动八十周年的指导意见》,加强对全团纪念活动的指导。要组织好重大活动,抓好重大典型的宣传。

二、进一步加强共青团舆论宣传阵地建设。团的各级领导干部要充分认识到,通过新闻宣传来影响和引导青年,是共青团工作的重要方面。共青团的报刊、新闻出版单位,要当好党的喉舌,当好共青团的喉舌。要支持青年报刊进行改革,保护他们改革的热情和积极性。但任何时候都不能改变青年报刊的性质,始终要讲政治、遵守新闻纪律、遵守职业道德、讲法制。必须正确处理好坚持正面宣传为主和做好舆论监督的关系,青年工作新闻和社会新闻的关系,教育、引导青年与贴近、服务青年的关系。会议决定逐步建立健全青年报刊的审读制度,加强对青年报刊宣传重点的规划和协调,加强对青年报刊新闻工作者特别是年轻新闻工作者的教育,在明年适当时候召开团的宣传工作会议和青年报刊工作会议。

三、进一步加强团的各级领导班子建设。首先要进一步加强团中央书记处的自身建设。要加强学习,认真贯彻江泽民总书记在党的十五大报告提出的“一个中心,三个着眼”的要求,发扬理论联系实际的马克思主义学风,把学习邓小平理论同贯彻落实党的十五大精神结合起来,同执行党中央的重大决策结合起来,同推动共青团工作的跨世纪发展结合起来。坚持民主集中制原则,集中全团智慧,创造性地开展工作。要在学习和工作中不断提高书记处全体成员的党性修养和思想境界,不断提高书记处全体成员把握全局、服务大局、驾驭中国青年运动的水平和解决实际问题的

能力，把新一届书记处建设成为一个政治合格、求真务实、开拓进取、团结拼搏的领导班子，更好地服务青年，团结、教育青年，完成党交给共青团的光荣任务。会议强调，团干部的思想境界和工作作风，关系到共青团事业发展的全局，要切实加强团干部队伍思想、作风建设，努力提高广大团干部的思想政治素质和业务工作水平。要切实帮助团干部在学习和实践中提高思想理论水平，养成好的作风，努力增强党性修养，不断提高思想境界，自觉抵制不良风气的影响和侵蚀，成为青年的楷模。团干部要把主要精力放在工作上，放在为青年服务上，克服浮躁情绪，防止急功近利，力戒形式主义，不搞短期行为，不求轰动效应，要深入实际，联系青年，脚踏实地，不断推动共青团事业向前发展。会议决定，切实加大团干部培训工作的力度，加强对团干部特别是新进领导班子的团干部的培训。明年二、三月份，举办团中央委员、候补委员学习班，集中一段时间学习邓小平理论，学习以江泽民同志为核心的党中央关于共青团和青年工作的论述，研究青年工作的新问题、新情况。进一步加强团干部思想作风建设，尽快制定《共青团中央关于进一步加强团干部思想作用建设的决定》，下发全团。健全有关制度，切实加强对省级团委领导班子的协管工作。

十四届（1999）第7次

5月31日下午，书记处第一书记周强主持召开书记处会议，传达学习中办发[1999]19号文件精神，研究贯彻落实措施。

会议对4月25日以来中共中央办公厅、国务院办公厅就制止和防止法轮功练习者大规模聚集、切实维护社会稳定问题所先后下发的5个通知的学习传达和结合实际贯彻落实情况进行了回顾总结，认真学习了《江泽民同志给中央政治局、书记处和军委诸同志的批示》。一致认为，江泽民总书记的重要批示对于全党进一步提高认识，统一思想，明辨是非，采取有效措施做好迷信法轮功的党员、团员思想转化工作，维护社会政治稳定，具有十分重要的指导意义。

会议认为，中办关于印发《江泽民同志给中央政治局、书记处和军委诸同志的批示》的通知，明确要求党组织和工、青、妇等人民团体的各级领导干部，按照外松内紧的原则，努力做好那些迷信法轮功的党员、团员、在职干部和离退休干部的思想转化工作，使他们分清唯物论和唯心论、无神论和有神论的是非界限，为我们做好广大团员青年的思想政治工作指明了方向。

会议强调，要认真学习、深入贯彻落实江泽民总书记的重要批示和中办通知精神，切实加强有针对性的思想政治教育工作，坚持不懈地用邓小平理论教育武装团员青年，在广大青少年中大兴勤奋学习之风，引导青少年努力学习现代科技知识和法律知识，积极追求健康文明的生活方式。要教育和引导广大团员坚定共产主义理想信念，坚持辩证唯物主义，反对各种形式的唯心主义，崇尚科学，破除迷信，树立起正确的世界观、人生观、价值观；加强法制观念，自觉维护社会稳定，更好地成长为有理想、有道德、有文化、有纪律的社会主义新人。

会议研究决定以下事项：

一、要求各级团组织严格按照中央的有关精神，在当地党委和政府的统一领导和部署下，坚持外松内紧的原则，紧密结合本地区实际情况，采取切实有效措施，做好参加法轮功活动的团员的思想转化工作。

二、在重点地区，就青年参加法轮功活动的情况组织专题调研，全面掌握情况，深入分析原因，研究提出深入做好工作的进一步措施。

三、加强对团员青年有针对性的思想政治教育。(1)在团员青年中广泛开展以坚持唯物论和反对唯心论、主张无神论和反对有神论、崇尚科学和破除迷信为主要内容的主题团日活动。(2)深入宣传中办发电[1999]15号电报中的《宣传教育提要》，并结合青年特点编写《青年宣传教育提纲》；组织团属新闻出版单位，开辟专栏，编写专著，旗帜鲜明地宣传马克思主义的唯物论，破除封建迷信。(3)教育团干部和团员青年不信谣，不传谣，坚决不参与互相串联、聚集等影响社会稳定的活动。

四、大力实施中国青年科技创新行动和青少年新世纪读书计划，广泛开展形式多样的科普教育，引导广大青年崇尚科学，破除迷信，追求健康文明的生活方式。

五、进一步加强信息工作。各地团组织要拓宽信息渠道，及时掌握团员青年中法轮功练习者的动向，发现情况及时向当地党委政府和上级团组织报告。

十四届(1999)第9次

7月22日上午，书记处第一书记周强主持召开书记处会议，进一步学习江泽民总书记关于处理"法轮功"问题的一系列重要指示，胡锦涛、李岚清同志在7月19日省、自治区、直辖市党委负责同志会议上的重要讲话和中发[1999]13号文件，研究贯彻落实措施。

会议认为，中央决定采取果断措施，取缔"法轮功"组织，十分及时，十分必要，充分体现了党心民意，反映了全国人民的愿望，得到了包括团员青年在内的广大人民群众的衷心拥护，对于切实维护社会政治稳定，实现经济社会的持续健康发展，具有重大意义。

会议要求，团的各级领导干部要把认识和行动进一步统一到中央精神上来，自觉与以江泽民同志为核心的党中央保持高度一致。要充分认识到，这场斗争是党在新的历史时期面临的一场严肃的政治斗争，如何对待"法轮大法"，是涉及共产党人和共青团员的根本信仰、全国人民团结奋斗的思想基础、党和国家前途命运的重大政治问题，不能有一丝一毫的含糊。要以高度的政治敏锐性和政治责任感，切实担负起领导责任和政治责任。各级团组织要充分认识这场斗争的复杂性和艰巨性，严格按照党中央的要求和统一部署，在各级党委的领导下，紧密结合本地区、本部门的实际，组织发动广大团员青年深入学习中央有关精神和《中国共产主义青年团章程》，深刻认识"法轮功"的政治本质和严重危害，按照团章的要求对照检查自己，立场坚定，旗帜鲜明地与"法轮功"所宣扬的那一套歪理邪说作坚决的斗争，做弘扬科学精神、破除封建迷信的生力军。

会议决定，7月23日向全团下发《共青团中央关于共青团员不准修炼"法轮大法"的通知》，并以有关负责同志发表谈话的形式，进一

步阐明共青团员为什么不能修炼“法轮大法”及对修炼“法轮大法”的团员的处理政策、意见。分别以团中央、全国青联和全国学联的名义召开座谈会，深入揭批李洪志及其“法轮大法”的政治本质和严重危害，坚决响应、拥护和贯彻中共中央关于处理“法轮功”问题的决策；以全国少工委的名义，组织北京市少先队员举行“崇尚科学，反对迷信”主题队会，正面教育广大少先队员崇尚科学，追求真知，破除迷信。在基层召开团员青年座谈会，揭批李洪志及其“法轮大法”的政治本质和严重危害，尤其要注意通过曾经修炼“法轮大法”，现在已经觉悟并与“法轮功”组织脱离关系的团员青年的亲身经历来揭批李洪志及其“法轮大法”的危害。

会议决定，针对“法轮功”问题，在全团集中开展一次学习教育活动。学习教育活动要以江泽民总书记的重要讲话和党中央关于“法轮功”问题的指示精神为指导，使广大团员普遍受到一次深刻的马克思主义唯物论和无神论的教育，增强政治敏锐性和政治鉴别力，坚定共产主义理想信念；使修炼“法轮大法”的团员脱离“法轮功”组织，在思想上与其划清界限，自觉回到党的正确立场上来；使基层团组织经受考验和锻炼，加强和改进对团员的教育管理，增强团组织的凝聚力和战斗力。学习教育活动分为学习提高、教育转化和组织处理三个阶段，按照党中央统一部署，在各级党委的统一领导下进行。对学习教育活动的各个阶段，都要有具体、明确的要求，要切实指导好，真正落到实处，要严格把握政策界限。会议强调，学习教育活动要以社区为重点。各级团组织要充分发挥党联系青年的桥梁纽带作用，深入社区，到青年中去，狠抓落实，切实加强对团员青年尤其是处于流动、分散状态的团员青年的教育引导，把工作做到团员青年中每一个“法轮功”练习者身上，不留死角。

会议要求，积极做好团中央机关和直属单位党员干部的教育工作和“法轮功”练习者的教育转化工作。要在已有工作的基础上，采取“一包一”或者“几包一”等形式，教育和帮助“法轮功”练习者尽快同“法轮功”在政治上和思想上划清界限，回到党的正确立场上来。会议原则同意直属机关党委提出的针对“法轮功”问题在团中央机关和直属单位专门开展一次集中学习教育活动的方案。

会议强调要切实加强领导，决定成立团中央处理“法轮功”问题领导小组，周强任组长，巴音朝鲁任副组长，孙金龙、胡春华、黄丹华、崔波、赵勇为成员。领导小组下设若干办事机构，其中综合协调组由巴音朝鲁任组长，青联组由孙金龙任组长，宣传调研组由胡春华任组长，机关、直属单位组由黄丹华任组长，组织组由崔波任组长，青少年科普教育组由赵勇任组长。

会议强调，要切实加强宣传工作。团属青年报刊要按照中宣部的统一部署，迅速、准确地把中央关于“法轮功”问题的指示精神和团中央贯彻中央精神、开展学习教育活动的部署以及开展揭批活动的情况传达到广大团员青年中去，及时有力地组织刊发宣传中央精神和马克思主义唯物论、无神论，揭批李洪志及其“法轮大法”的文章和重要言论，戳穿李洪志及其“法轮大法”的谎言，深刻揭批其本质和危害。宣传工作要理直气壮、旗帜鲜明，要有气势、有深度、有说服力，要选准角度、突出特点，易于青年接受。

会议强调，要切实加强值班工作和信息工作，做好出现特殊情况的应对预案。团中央和团的地方领导机关要进一步加强值班工作，要有熟悉情况、责任心强的同志充实进来。进一步拓宽信息渠道，及时掌握在与“法轮功”组织斗争中团员青年的反映，特别是团员青年中“法轮大法”练习者的情绪和动向。编印《中国青年动态》（关于处理“法轮功”问题的情况反应）专刊，及时向中央报送信息。要充分估计出现特殊情况的可能性，宁可把形势预计得更复杂一些，把预案准备更充分一些，要牢牢把

握主动权。信访、保卫等有关部门要早作准备,发挥应有作用。

会议最后强调,在处理"法轮功"问题上,团组织要切实当好党的助手,发挥好党联系青年的桥梁纽带作用。要从培养社会主义事业合格建设者和接班人的高度重视这项工作,立场坚定,旗帜鲜明,制定可操作性强、能给基层有力指导的具体措施,严格把握政策界限,掌握节奏,坚决把党中央交给我们的任务完成好,落实好。

十四届(1999)第11次

9月23日下午,团中央书记处第一书记周强主持召开书记处会议,传达学习党的十五届四中全会精神,研究贯彻落实措施。

会议认为,党的十五届四中全会是在世纪之交召开的一次重要会议。江泽民总书记在全会召集人会议上的讲话和全会闭幕式上的讲话,对新时期搞好国有企业改革和发展的意义、目标和任务进行了深刻而精辟的分析,为我国国有企业的改革和发展指明了方向,对于进一步统一全党和全国人民的思想,认清当前形势,做好当前的工作,贯彻落实好全会的精神,具有十分重要的指导意义。全会审议通过的《中共中央关于国有企业改革和发展若干重大问题的决定》,以邓小平理论和党的十五大精神为指导,科学地总结了十一届三中全会以来我国国有企业改革和发展的实践和成功经验,同时,适应新形势和未来发展的需要,对国有企业改革和发展在理论上进行了新的探索和发展。《决定》立足观实,着眼长远,鲜明地提出了国有企业改革和发展的阶段性目标和长远目标,明确了国有企业改革和发展的指导方针,提出了搞好国有企业改革和发展的一系列重大政策措施,充分体现了江泽民总书记关于国有企业改革和发展的一系列讲话的精神,是指导我国国有企业改革和发展的跨世纪的纲领性文件。

会议认为,改革开放以来,广大企业青年职工积极投身改革,为企业的改革和发展做出了积极的贡献。同时,国有企业改革的进一步深化,为企业青工施展才华、建功立业提供了广阔的舞台。企业共青团组织在服务企业的改革发展中探索了一些成功经验、活动形式和工作载体。面对新的形势,共青团组织要进一步采取措施,充分发挥广大青年职工在国有企业改革和发展中的生力军作用。

会议强调,围绕深入学习贯彻四中全会精神,共青团组织在下一阶段要重点做好以下几方面的工作:

1. 组织广大团员青年认真学好全会文件,统一思想,增强信心。各级团组织要认真组织团员青年学习全会文件。要通过学习,使广大青年充分认识在新的历史时期搞好国有企业改革和发展的重要性、紧迫性,把思想统一到十五届四中全会精神上来;使广大青年进一步明确国有企业改革的主要目标、指导方针和基本措施,认清国有企业改革的方向,了解党对国有企业改革和发展的一系列重大部署,坚定信心,积极站在改革前列,支持改革,参与改革。

2. 积极引导广大青年职工服务和促进企业管理。广泛深入开展青年文明号活动,把创建青年文明号与加强企业管理结合起来,为企业的发展和管理水平的提高献计献策。带领

青工支持和参与企业成本管理、财务管理、质量管理等各项管理,培养和增强青工的管理意识。

3. 积极开展企业青工创新创效活动,为企业技术创新和技术进步作贡献。进一步推进和深化企业青工创新创效活动,积极引导青工增强创新意识,提高创新能力,投身创新实践。组织一线青工开展群众性技术创新活动、“五小”活动,鼓励他们学习新知识、新技能。发挥好青年知识分子的作用,帮助科研院所的青年知识分子与企业项目对接,组织和引导企业青年知识分子进行技术攻关、项目攻关,为企业的技术创新、技术进步贡献聪明才智。

4. 以深化青年岗位能手活动为重点,提高青年职工队伍的整体素质。继续深化青年岗位能手活动,鼓励青工立足岗位,面向市场,不断完善知识和技能结构,使自身的技能由单一型向复合型、由适应型向创造型转变。积极开展岗位比武和练兵活动,帮助他们提高劳动素质和岗位技能。加强企业青工文化建设,丰富业余文化生活,为青工素质的全面发展提供服务。

5. 大力推进下岗青工创业行动,服务再就业工程的实施。加大为下岗青工服务的工作力度,通过各种形式的培训,帮助他们转变就业观念,提高劳动技能,增强适应市场的能力,努力通过创业实现再就业。加强培养兴业领头人工作,发挥兴业领头人在实施再就业工程中的积极作用。

6. 努力培养和造就一支优秀青年企业家、青年经营管理者队伍。充分发挥青年企业家协会的作用,团结和凝聚一大批优秀的青年企业家和青年经营管理者,积极为他们的发展提供各种有效的服务和帮助。进一步实施振兴千家中小企业行动,为国有中小企业的改革和发展服务。

7. 积极适应新形势的要求,切实加强国有企业团的建设。坚持以党建带动团建,促进企业团的工作的发展。适应建立现代企业制度的要求,积极探索与之相适应的企业团的组织设置形式和工作运行机制。以改革和创新的精神,不断研究和解决企业团的工作与建设中的新问题。

会议决定,10 月中旬召开团中央常委(扩大)会议,就深入学习贯彻党的十五届四中全会精神专门作出决议。

十四届(2000)第 1 次

1 月 31 日下午和 2 月 1 日下午,团中央书记处第一书记周强两次主持召开书记处会议,学习传达江泽民同志《向中央政治局通报中央政治局常委“三讲”情况的讲话》。2 月 12 日下午,周强同志再次主持召开书记处会议,学习传达江泽民同志《向中央政治局通报中央政治局常委“三讲”情况的讲话》和《关于教育问题的谈话》,并在春节前学习讨论基础上,结合共青团工作实际,认真研究了贯彻落实措施。

会议认为,江泽民总书记的重要讲话,全面回顾了十年来党中央工作的基本历程,深刻阐述了关于党和国家兴旺发达和长治久安的一系列重大问题,指明了当前和今后一个时期党和国家工作的主要任务,集中体现了以江泽民同志为核心的党中央领导集体高屋建瓴、总揽全局的政治智慧,是一篇具有很高思想性和

理论性的马克思主义文献，对于指导全党同志正确认识和掌握建设有中国特色社会主义的规律与特点，进一步认清当前不断变化的新形势，提高全党的工作水平，对于加快实现我国跨世纪的发展目标，具有深远的历史意义和重大的现实意义。

会议认为，中央政治局常委同志严格按照“三讲”教育的要求，严肃认真地开展“三讲”教育，为全党作出了表率，对搞好“三讲”教育“回头看”活动，巩固和扩大“三讲”教育成果，开展好当前正在进行的县(市)领导班子“三讲”教育，必将起到十分积极的推动作用。

会议认为，江泽民总书记的重要讲话为做好新时期共青团工作和青年工作指明了方向。江泽民总书记在讲话中对当前面临的国际国内形势的深刻分析，对我国改革和建设中带全局性、战略性、前瞻性重大问题的分析和预测，对于共青团更好地认清形势，把握大局，做好工作，具有十分重要的指导意义，有利于共青团更好地把工作放到全党全国工作大局中去研究，去思考，去把握，团结带领广大团员青年为实现党的跨世纪宏伟目标作出更大的贡献。

会议认为，江泽民总书记关于教育问题的重要谈话，从国运兴衰、民族复兴的高度，深刻阐明了抓好教育和青少年思想政治工作的重要意义，为全党、全社会共同做好青少年思想政治工作指明了方向，对于深化教育改革，促进素质教育，全面贯彻党的教育方针，把青少年培育成为“四有”新人，具有十分重要的指导意义。同时，也为共青团工作提供了十分难得的发展机遇。共青团组织一定要认真学习贯彻江泽民总书记的重要谈话精神，把青少年思想政治工作作为全团工作的重中之重抓紧抓好，抓好实效。

会议提出，当前和今后一个时期，共青团组织要在总结过去、规划未来的基础上，服务全党全国工作大局，服务青少年健康成长，按照认清形势、把握大局，抓住机遇、乘势而上，求真务实、狠抓落实，统筹规划、形成合力的总要求，努力做好以下几个方面工作：

1. 切实做好新形势下的青少年思想政治工作。要始终坚持用邓小理论构筑当代青少年的精神支柱，用党的跨世纪宏伟目标来凝聚青少年，用改革开放的伟大成就激励青少年，用典型引导青少年，深入了解青年思想实际，准确把握当代青年的特点，增强针对性，充分发挥现有工作载体和阵地在青少年思想教育中的作用，努力优化青少年成长的社会环境，把青少年思想政治工作提高到一个新的水平。

2. 围绕经济建设中心积极推进团的工作。当前，我国正处在改革的攻坚阶段，发展的关键时期。共青团组织要紧紧围绕经济建设这个中心，努力推进工作，在经济建设中更好地发挥作用。要动员组织广大青工为促进国有企业的改革和发展作贡献，把企业团组织的政治优势与企业行为结合起来，把群众工作与青年人力资源的开发结合起来，把企业团组织的设置与建立现代企业制度结合起来。要动员组织广大农村青年为建设有中国特色社会主义新农村作贡献，围绕农业和农村的跨世纪发展和八七扶贫攻坚计划的完成，以服务农村青年增效增收、成长成才为主线，做好农村团的工作。

3. 引导青年为促进科教兴国战略实施作贡献。在科技创新和高新技术产业领域中，青年具有独特的优势，发挥着越来越大的作用。要紧紧围绕科教兴国战略的实施，通过全面推进中国青年科技创新行动等行之有效的活动，促进人才与项目的对接，促进科技与产业紧密结合，引导广大青年为实施科教兴国战略作贡献。要充分发挥共青团、少先队组织在实践中育人的优势，积极推进素质教育，努力促进青少年素质的全面提高。

4. 组织动员广大青年积极参与西部大开发。在西部大开发的过程中，既需要青年的智慧和创造，也为青年创业成才、报效祖国提供了难得机遇和广阔舞台。要把握这一历史机

遇，通过实施中国青年西部创业行动，动员广大团员青年关注西部发展，积极投身西部大开发，用青春和智慧为西部的发展做出积极贡献。进一步实施金桥计划，组织好百名博士西部行和留学人员为国服务团等活动，促进青年人才参与西部大开发。动员组织广大青年参与西部生态环境保护和建设。大力推进保护母亲河行动，抓住西部大开发中加强生态环境保护和建设的机遇，以保护母亲河为主题，把更多的青少年和社会力量吸引和凝聚到参与保护生态环境、走可持续发展之路的实践中来。

5. 引导广大青年在维护社会稳定中发挥积极作用。在去年三场大的政治斗争中，广大青年按照党中央的统一部署和要求，在各级党团组织的领导下，发扬爱国主义传统，保持坚定正确的政治立场，与以美国为首的北约、“法轮功”邪教组织、李登辉“两国论”进行了旗帜鲜明的斗争，在维护社会政治稳定中发挥了重要作用。共青团组织要始终注重把青年在维护社会稳定中的积极作用引导好，发挥好。要采取有效形式教育青年充分认识“稳定是压倒一切的”这一深刻道理，针对青年特点开展法制教育活动，引导青年进一步增强法制观念，自觉同破坏社会稳定的行为以及违法犯罪现象作斗争。要深入了解特殊青年群体，特别是下岗青工、待业青年、进城务工青年、残疾青年的思想动态和实际情况，努力解决他们的实际困难，把党和政府的温暖送到他们当中。

6. 切实抓好自身建设。坚持党建带团建的原则，坚持以服务促建设、以服务求发展，坚持以改革的精神研究新情况、解决新问题，以创建五四红旗团委为载体，加强分类指导，抓好社区团建和强乡带村，大力推进基层团组织建设。进一步加强团干部思想作风建设，团干部要始终牢记党的全心全意为人民服务的宗旨，自觉抵制各种腐朽思想和不良社会风气的影响和侵蚀；要深入基层，深入青年，做青年的表率，做青年的朋友。

7. 按照党中央的部署和要求搞好“三讲”教育“回头看”。要通过“三讲”教育“回头看”，进一步加强团的各级领导班子建设，增强领导班子成员的党性修养，改进领导班子工作作风，增强贯彻党的基本理论和基本路线的自觉性，提高为党做好青年群众工作的水平。加强对地方团组织“三讲”教育工作的指导。

十四届(2000)第3次

3月16日下午，周强同志主持召开书记处会议，进一步深入学习江泽民总书记《在广东考察工作时的讲话》和《在广东省茂名市高州市领导干部“三讲”教育会议上的讲话》，结合“三讲”教育“回头看”，结合青年工作和团的组织建设实际，研究贯彻落实措施。

会议认为，江泽民总书记的重要讲话，高屋建瓴，对于进一步保持党的先进性，保持党的生机与活力，团结带领全国各族人民艰苦奋斗，实现我国跨世纪发展的宏伟目标，具有极其重要的理论意义和实践意义。讲话中提出的我们党要始终成为中国先进社会生产力的发展要求、中国先进文化的前进方向、中国最广大人民的根本利益的忠实代表的光辉论断，从理论上科学地回答了我们党如何始终站在时代前列，如何对待古今中外的一切优秀文明

成果，如何始终植根于人民群众之中等重大问题，丰富和发展了邓小平党建理论，对于加强党的建设具有十分重要的意义，为做好新形势下的团建工作指明了方向。

会议要求全团认真学习、深刻领会、切实贯彻好江泽民总书记关于“三个代表”的光辉论断，以江泽民总书记的重要讲话精神为指导，进一步加强团的建设。江泽民总书记提出的“三个代表”重要思想为团的建设指明了方向。我们要以江泽民总书记重要讲话精神为指导，认真研究在新的历史条件下共青团组织如何充分体现先进性，如何进一步增强吸引力和凝聚力等重大问题，更好地完成党交给我们的团结、教育、服务青年的任务，引导青年在建设有中国特色社会主义经济、政治、文化中充分发挥生力军和突击队作用。

会议要求全团扎实开展“致富思源、富而思进”的教育活动。共青团组织要按照江泽民总书记的要求，在全国尤其是富裕地区的青少年和团干部中深入开展“致富思源、富而思进”的教育。要引导青年懂得，能过上今天的幸福生活，从根本上讲，靠的是邓小平理论的指导，靠的是党的领导，靠的是改革开放的政策，靠的是艰苦奋斗。要引导青年思考，富起来后怎么办？最重要的是，要始终坚定理想信念，牢记党的跨世纪奋斗目标，紧密地团结在以江泽民同志为核心的党中央周围，坚定不移地跟党走建设有中国特色社会主义道路。对团的干部来讲，就是要常怀感激之情，党葆进取之心，清楚地知道自己所以有所成就，有所进步，应该感谢党的培养，要始终为党的事业而奋斗；应该感谢人民的抚育，工始终全心全意为人民服务。

会议最后强调，要按照中央关于开展“三讲”教育“回头看”活动的要求，切实抓好各项整改措施的落实工作。要讲求工作实效，减少会议和文件；到基层去，到青年中去，多了解基层情况，多分析和解决实际问题。

十四届(2000)第5次

10月12日上午，周强同志主持召开团中央书记处会议，传达学习江泽民总书记在党的十五届五中全会上的重要讲话、《中共中央关于制定国民经济和社会发展第十个五年计划的建设》和朱镕基同志关于《建议》的说明。

会议认为，党的十五届五中全会是在世纪之交我国胜利完成“九五”计划、改革开放和现代化建设进入新的发展阶段的历史时刻召开的一次十分重要的会议。全会通过的《建议》，站在历史的新高度，放眼世界规划中国的发展，提出了我国经济社会发展目标、战略布局和重点任务，描绘了我国在新世纪第一个五年经济和社会发展的壮丽蓝图。《建议》通篇贯彻了邓小理论、党的十五大精神和江泽民总书记关于“三个代表”的重要思想，符合我国改革开放和现代化建设的实际，充分反映了全党的意志和全国人民的意愿。《建议》主题主线明确，有时代特点，有理论创新，是指引包括亿万青年在内的全国各族人民为实现新世纪发展目标而奋斗的纲领性文件，对于实现2010年远景目标和邓小平同志提出的三步走战略具有十分重要的指导意义。江泽民总书记和朱镕基总理的重要讲话高屋建瓴，为推进改革开放和现代化建设进一步指明了方向，对于全党

进一步统一思想，振奋精神，胜利完成全会提出的各项任务具有十分重要的意义。

会议认为，党的十五届五中全会精神对于在新世纪之初做好共青团工作和青年工作，团结带领亿万青年为实现党的跨世纪宏伟目标而奋斗具有十分重要的意义。全团要认真学习贯彻党的十五届五中全会精神，紧跟时代前进步伐，适应经济社会发展大势，努力深化团的重点工作，团结带领广大青年为实现“十五”建议提出的我国经济社会发展目标，为实现党的十五大提出的跨世纪宏伟目标，为实现中华民族的伟大复兴而奋斗。

会议结合共青团工作和青年工作的实际，就如何贯彻落实党的十五届五中全会精神进行了研究，提出了以下措施。

一、用“九五”成就鼓舞青年，用“十五”目标凝聚青年，团结带领广大青年为实现“十五”目标而奋斗

团中央将于近日下发通知，要求各级团组织认真组织团员青年开展形式多样的学习活动，在团员青年中掀起学习党的十五届五中全会精神的热潮。团的新闻舆论阵地要集中宣传“九五”辉煌成就和“十五”美好蓝图。通过学习宣传，引导广大青年充分认识改革开放20年特别是实施“九五”计划以来我国现代化建设的伟大成就，充分认识新世纪之初我国经济社会的美好前景；把广大青年的思想进一步统一到全会精神上来，把广大青年的热情和力量凝聚到为开创“十五”伟业作贡献上来，进一步坚定走建设有中国特色社会主义道路的信念。

二、充分发挥青年在实现国民经济持续快速健康发展中的生力军和突击队作用

1. 为实现农业现代化作贡献。围绕促进农业在提高整体素质和效益的基础上实现持续稳定发展，以服务农村青年增收增效、成长成才为主线，深化兴办科技推广项目、培养青年星火带头人、青年农民科技培训等活动，提高农村青年的科技素质和致富能力。

2. 为促进经济结构调整作贡献。着眼提高青工素质和企业经济效益，深化企业青工创新创效和青年岗位能手等活动。

3. 为推进国民经济和社会信息化作贡献。适应世界范围内信息网络的迅猛发展和我国信息产业的发展，以中青网为核心加强共青团信息化建设，努力把中青网建设成为“全国第一，世界著名”的青少年网站，形成共青团自己的网络优势，充分占领互联网阵地，使团旗在互联网上高高飘扬。

4. 为促进科技进步和创新作贡献。围绕科教兴国战略的实施，进一步深化中国青年科技创新行动，全面实施“金桥计划”，促进人才与项目的对接，促进科技与产业的紧密结合。

5. 为进一步扩大对外开放，发展开放型经济作贡献。进一步扩大全方位、多层次、宽领域的国际青年交流。通过选派青年到海外学习、研修等方式，培养具有国际竞争力的高层次青年人才。深化国内外青年企业家的交流与项目协作，努力促进开放型经济的发展。

6. 为西部大开发作贡献。围绕西部大开发战略的实施，大力推进中国青年西部创业行动，动员组织国内外青年人才积极参与西部大开发。深化保护母亲河行动，积极探索社会公众参与生态环境保护和建设的有效机制。

三、加强青少年思想教育，发挥青年在精神文明建设中开风气之先的作用

1. 坚持不懈地用邓小平理论武装全团，教育青年，深入学习《毛泽东邓小平江泽民论青少年和青少年工作》，在青年中进一步兴起学习邓小平理论的新高潮。

2. 引导青少年积极投身群众性精神文明创建活动。深化和拓展青年志愿者、手拉手、青年文明号、大中学生“三下乡”、创建青年文明社区等活动，努力创新活动载体和机制。

3. 营造有利于青少年健康成长的社会环境。深化创建优秀青少年维权岗活动，依法维

护青少年合法权益，同黄、赌、毒等危害青少年的社会丑恶现象和行为作坚决斗争。大力加强青少年活动阵地建设和管理。努力为青少年提供更多更好的精神文化产品。

四、开发青年人力资源，大力培养适应经济社会发展需要的各级各类青年人才

加强对青年人才的培训，特别是通过多种方式加强发展社会主义市场经济所急需人才的培训。为青年人才发挥作用创造条件，搭建舞台，推动青年人才在经济社会发展的各个领域大显身手，施展才华。努力形成青年人才的发现、培养、举荐、表彰等有效机制，促进青年人才脱颖而出。营造有利于青年人才成长的环境，大力宣传青年成才的典型，积极促进有关青年政策的制定和完善。

五、切实加强团的组织建设

1. 坚持党建带团建，把基层团组织建设纳入到党的基层组织建设整体格局之中，以农村、国有企业、社区和非公有制经济组织为重点搞好基层团组织建设。

2. 搞好团建创新试点，积极探索基层团组织工作和活动的新方式、新机制，扩大团组织的覆盖面，增强团组织的吸引力和凝聚力。

3. 按照"三个代表"的重要思想进一步加强团干部队伍建设。教育团干部身体力行"三个代表"的要求，讲学习、讲政治、讲正气，培养求真务实、埋头苦干、团结拼搏、开拓进取的作风，深入青年，了解青年，做青年的朋友，做青年的表率，努力成为党的合格干部。

会议决定，于12月中旬召开团的十四届四中全会，就学习贯彻党的十五届五中全会精神作出专门决定。

十四届(2000)第7次

12月1日下午，周强同志主持召开团中央书记处会议，传达学习党中央书记处关于共青团工作的有关指示。

会议认为，党中央书记处关于共青团工作的指示，充分肯定了共青团一年来的工作，对共青团明年的工作提出了明确的要求，充分体现了以江泽民同志为核心的党中央对共青团工作和青年工作的重视和关怀，对我们是极大的鼓舞，对我们做好明年及今后的共青团工作和青年工作，团结带领广大团员青年为实现"十五"计划作贡献，具有重要的意义。

会议结合共青团工作和青年工作的实际，提出了明年工作要把握认清形势、增强信心，围绕大局、突出重点，狠抓落实、稳步发展的工作原则，并就如何贯彻落实党中央书记处的指示精神进行了研究，提出了以下具体措施。

1. 加强青少年思想政治教育。要结合学习《毛泽东邓小平江泽民论青少年和青少年工作》，在青年中进一步兴起学习邓小平理论的新高潮。以纪念建党80周年为契机，进一步加强青少年理想信念教育、世界观、人生观、价值观教育和爱国主义教育。深入学习江泽民总书记"三个代表"的重要思想，引导全团进一步认识"三个代表"重要思想对于全面推进党的建设新的伟大工程和建设有中国特色社会主义的指导意义，对于推进团的建设和青年工作的指导意义。加强少数民族地区青少年思想政治工作，增进民族团结，增强中华民族的凝聚力。加强与台湾地区青少年的交流，为实现祖国早日完全统一作贡献。在青少年思想

政治工作中，要特别注重工作载体和阵地的作用，进一步发挥青年志愿者、青年文明号、希望工程、手拉手、保护母亲河、青年文明社区等活动载体的思想政治教育功能，把青少年宫、青少年活动中心的建设向民族地区倾斜。加强对青年报刊的管理，坚持正确的舆论导向，讲政治、讲原则、守纪律，根据中宣部的部署，结合青年特点，集中力量唱响共产党好、社会主义好、改革开放好的主旋律，切实为改革、发展、稳定的大局服务。

2. 加强青年人才的培养。要充分发挥共青团实践育人的优势，注重培养青年人才的政治素质和各种技能，发挥青年人才的作用。要为青年人才发挥作用创造条件，搭建舞台，推动青年人才在经济社会发展的各个领域施展才华。加强对青年人才的培训，特别是通过多种方式加强发展社会主义市场经济急需人才的培训，注重拓展国外培训渠道。积极发现、推荐、表彰青年人才，促进青年人才脱颖而出。大力宣传青年成才的典型，营造有利于青年人才成长的环境。进一步做好为海外留学人员参与祖国建设、回国创业牵线搭桥工作。

3. 加强服务青年的工作力度。要切实关心青年群众的生活，把服务青年落到实处。继续深化优秀青少年维权岗创建活动，依法维护青少年合法权益。积极开展对青少年成长环境的监测和评估。要特别关注下岗青工、贫困地区和灾区群众、高校贫困生、进城务工青年以及特困未成年人等青少年群体，想方设法帮助他们解决实际困难。

4. 加强青少年网络阵地建设。要进一步研究中青网的管理体制，争取财政支持，加大投入力度。要努力培养一支青少年网络教育队伍，提高管理技术人员的政治素质和业务素质。从而形成共青团自己的网络阵地优势，尽最大努力把中青网办成国内第一、世界著名的青少年网站。要大力宣传网络对青少年的影响，宣传全团利用互联网络在教育服务青年方面所做的工作，进一步引起全社会对青少年网络建设的关注和重视。

5. 加强团的自身建设。坚持党建带团建，把基层团组织建设纳入党的基层组织建设整体格局之中，在进一步抓好农村、社区、民办学校团建工作的同时，重点抓好非公有制经济组织的团建工作。积极探索基层团组织工作和活动的新方式、新机制，扩大团组织的覆盖面，增强团组织的吸引力和凝聚力。按照“三个代表”的重要思想，进一步加强团干部队伍建设，教育团干部身体力行“三个代表”的要求，讲学习、讲政治、讲正气，培养求真务实、埋头苦、团结拼搏、开拓进取的作风。开展团员意识教育，增强作为团员的光荣感和责任感。

十四届(2001)第4次

7月1日中午，周强同志主持召开团中央书记处扩大会议，认真学习江泽民总书记在庆祝中国共产党成立80周年大会上的重要讲话，研究提出贯彻落实措施。

会议认为，江泽民总书记的重要讲话高屋建瓴，内容丰富，思想深刻，逻辑严密，具有很强的理论性和鲜明的时代性。讲话以马克思列宁主义、毛泽东思想、邓小平理论为指导，贯彻党的解放思想、实事求是的思想路线，系统总结了我们党80年的光辉历程和基本经验，

全面阐述了“三个代表”重要思想的科学内涵，深刻回答了新的历史条件下加强和改进党的建设需要解决的重大问题，进一步指明了党在新世纪的历史任务和奋斗目标，是一篇光辉的马克思主义纲领性文献。讲话对于面向新世纪全面推进党的建设新的伟大工程，永葆党的生机与活力，对于我们党更好地领导全国各族人民为实现社会主义现代化建设的宏伟目标而奋斗，具有重大而深远的意义。

会议认为，江泽民总书记的重要讲话是指导我们党在新世纪加强建设的纲领性文件，是党的理论的重大发展。回顾中国共产党80年的奋斗历程，在毛泽东思想的指引下，我们党领导中国人民赢得了民族独立与人民解放，建立了新中国，并领导中国人民走上社会主义道路。在邓小平理论的指引下，我们取得了改革开放和社会主义现代化建设的伟大成就。进入新的世纪，在社会主义市场经济条件下，江泽民总书记全面阐述了“三个代表”思想的深刻内涵，解决在新的历史条件下建设一个什么样的党和怎样建设党这个基本问题，是党的理论建设发展的一个新的里程碑，具有划时代的意义。会议认为，江泽民总书记的重要讲话是我们党理论创新的光辉典范。江泽民总书记从新的历史条件、新的发展阶段出发，紧紧把握时代发展趋势，紧密结合国际共产主义运动的历史经验和教训，紧密结合党的建设实际，回答了党的建设所面临的一系列重大理论和现实课题，既具有重大的理论创新意义，又有很强的现实针对性。

会议提出，江泽民总书记在讲话中饱含深情、语重心长地对全国各族青年提出殷切期望，使全国亿万青年和广大青年工作者受到巨大的鼓舞，同时深感责任重大。这必将激励全国各族青年在党的领导下，以更加饱满的热情和干劲，为实现中华民族伟大复兴贡献青春和智慧。

会议强调，要把学习江泽民总书记的重要讲话作为当前和今后一个时期的首要任务抓紧抓好，把全团的思想和行动统一到江泽民总书记重要讲话精神上来，以“三个代表”重要思想为指导，全面推进新世纪共青团的建设。会议结合共青团工作和青年工作实际，就贯彻江泽民总书记重要讲话精神，提出了以下贯彻措施。

一、深入学习和宣传好江泽民总书记重要讲话精神。各级团组织要认真学习、深刻领会、坚决贯彻讲话精神，各级团的干部要带头学习，要通过开展各种生动有效的活动组织广大团员青年学习。团属新闻舆论阵地要发挥自身优势，帮助广大团员青年加深对讲话精神的全面理解，进一步提高贯彻执行党的基本理论、基本路线、基本纲领的自觉性和坚定性，进一步提高实践“三个代表”重要思想的自觉性和坚定性。

二、以“三个代表”重要思想为指导全面推进新世纪共青团的建设。要进一步加强团的思想建设，始终坚持以马列主义、毛泽东思想、邓小平理论和江泽民总书记“三个代表”重要思想为指导。要进一步加强团的组织建设，使共青团始终保持先进青年群众组织的特点，同时不断扩大在青年中的覆盖面，增强对广大青年的吸引力和凝聚力。要进一步加强团的干部队伍建设，努力建设政治合格、思想过硬、作风扎实的干部队伍。

三、把“三个代表”的要求全面落实到团的各项工作中去。要用马列主义、毛泽东思想、邓小平理论和江泽民总书记“三个代表”重要思想武装团员青年，用社会主义现代化建设的宏伟目标凝聚团员青年，组织动员广大青年为实现新世纪党的历史任务而奋斗。既要帮助青少年掌握先进科学文化知识，又要动员组织青年在推动先进社会生产力发展中发挥生力军作用；既要用先进文化塑造青年，陶冶青年，又要推动青年在建设有中国特色社会主义文化中发挥生力军作用；既要竭诚为青年服务，

又要通过青年志愿者、希望工程、手拉手、青年文明号、保护母亲河行动、创建青年文明社区、新世纪读书计划、创建优秀青少年维权岗等活动,组织青年服务社会、服务人民。

四、按照“三个代表”的要求,切实巩固党的青年群众基础,不断扩大党的青年群众基础。要坚持“党建带团建”,进一步做好推荐优秀团员作党的发展对象工作,为党的事业源源不断地输送新鲜血液;要采取切实有效的措施,不断提高思想政治工作的实效性、针对性,最大限度地、最广泛地把青年团结在党的周围。

会议对全团学习贯彻江泽民总书记重要讲话精神作出了部署,并对机关各部门和各直属单位党员干部的学习作出了具体安排。

十四届(2001)第7次

9月27日下午,周强同志主持召开团中央书记处会议,传达学习江泽民总书记在党的十五届六中全会上的重要讲话和《中共中央关于加强和改进党的作风建设的决定》,结合共青团工作和青年工作实际,研究贯彻落实措施。

会议认为,党的十五届六中全会是在新世纪的起始之年,在我国改革开放和社会主义现代化建设的关键时期召开的一次十分重要的会议,对于保证党的路线方针政策的贯彻落实,深入贯彻“三个代表”重要思想,稳步推进改革开放和现代化建设,顺利实现党在新世纪的三大任务,具有十分重要的意义。会议认为,江泽民总书记的重要讲话,着眼于党面临的新形势新任务,科学分析了党的作风建设的实际,深刻指出了当前党风建设中存在的突出问题,为进一步加强和改进党的作风建设指明了方向。讲话从国内外形势的发展要求出发,提出了我国改革开放和现代化建设进程中需要全党认真思考的若干重大问题,对于推动全党的学习,加强党的理论建设,坚持和发扬理论联系实际的学风,在研究新情况解决新问题的基础上推进改革开放和现代化建设,具有十分重要的意义。

会议认为,全会做出的《中共中央关于加强和改进党的作风建设的决定》,以马列主义建党学说、邓小平同志党建理论和江泽民总书记“三个代表”重要思想为指导,着眼于党面临的新形势新任务,在实事求是地分析党的作风建设现状的基础上,明确提出了加强党的作风建设的指导思想、总体要求、主要任务和核心问题,意义十分重大。特别是《决定》总结概括出的“八个坚持”、“八个反对”,涵盖了党员干部思想作风、学风、工作作风、领导作风和生活作风的各个方面,既继承了党的优良传统和作风,又体现了与时俱进的时代要求;既具有很强的宏观指导性,又具有很强的现实针对性。《决定》必将有力地推动党的作风建设,实现以新的作风创造新的辉煌。

会议认为,江泽民总书记的重要讲话和《决定》,对于加强和改进团的作风建设,做好新形势下的共青团工作和青年工作,具有十分重要的指导意义。共青团作为党领导的先进青年的群众组织,发挥好党联系青年的桥梁和纽带作用,把广大青年紧紧团结在党的周围,巩固党的青年群众基础,是自己义不容辞的政治责任。特别是在经济成分和经济利益多样化、社会生活方式多样化、社会组织形式多样化、就业岗位和就业方式多样化的情况下,青

年的社会结构、共青团的组织依托、工作手段、服务方式也发生了很大变化,青年思想政治工作面临大量的新情况、新问题。只有切实转变作风,按照党中央的要求,以服务青年作为共青团工作的出发点和归宿,切实履行好代表和维护青少年合法权益的职能,深入青年,了解青年,服务青年,共青团组织才能不断增强吸引力、凝聚力和战斗力,才能更好地团结教育青年,把青年更广泛地团结在党的周围。

会议结合共青团工作和青年工作实际,就如何贯彻落实党的十五届六中全会精神进行了认真研究,提出了以下措施。

1. 认真学习全会精神,统一思想,提高认识。下发通知,要求各级团组织把学习六中全会精神作为一项重要任务来抓。通过学习,使广大团干部和团员青年充分认识加强和改进党的作风建设的极端重要性和紧迫性,把思想统一到党的十五届六中全会精神上来。尤其是团的干部和团的领导机关要通过学习,进一步提高加强和改进团的作风建设的自觉性,把团的作风建设提高到一个新的水平。

2. 切实抓好对团干部的教育工作。根据党的十五届六中全会精神,结合团干部队伍的实际,重点抓好三个方面的教育。(1)理论教育。用马列主义、毛泽东思想、邓小平理论和江泽民总书记"三个代表"重要思想教育团的干部,进一步提高团干部理论素养,坚持解放思想、实事求是、开拓创新、与时俱进。(2)"三观"教育。教育团的干部要始终坚持正确的世界观、人生观和价值观,特别是要解决好"参加革命是为什么、现在当干部应该做什么、将来身后应该留点什么"的问题,始终牢记党的宗旨,以服务青年的实际行动落实党的宗旨。(3)传统教育。教育团干部继承发扬党和团的优良传统和作风,在团的岗位上养成脚踏实地、艰苦奋斗的作风,克服浮躁情绪,力戒形式主义,特别要明确,在团的工作岗位上,不是来做青年官的,而是按照党的要求来为青年服务的,要始终心中装着青年,密切联系青年。

3. 进一步加强制度建设。在1999年《共青团中央关于加强和改进团干部思想作风建设的意见》的基础上,根据六中全会精神,做出新的决定。并在调查研究、理论学习、深入青年、民主集中制建设、廉政建设和干部选拔任用等方面进一步建立健全有关制度,形成持久的机制。

4. 着力解决好当前团干部作风方面存在的问题。在调查研究的基础上,进一步摸清情况,找准问题。针对存在的问题,采取切实措施,一个问题一个问题地抓,从团内不称职务、互称同志,年轻干部参加扶贫,团内不搞迎来送往等具体事情开始,一件事情一件事情地抓,常抓不懈,切实抓出实效。

为深入贯彻落实党的十五届六中全会精神,团中央将于今年团的十四届五中全会上专门研究和部署加强和改进团的作风建设的问题。

十四届(2001)第9次

12月13日下午,周强同志主持召开团中央书记处会议,深入学习12月4日中央书记处听取共青团中央工作汇报时所做的重要指示,研究下一阶段的共青团工作。

会议认为,中央书记处对2001年共青团工作的充分肯定,是对包括团中央机关干部在

内的广大团干部的极大鼓舞，必将激励广大团干部以更大的热情和干劲做好新形势下的共青团和青年工作。中央书记处对明年和今后一个时期共青团工作提出的要求和希望，进一步明确了共青团工作的努力方向，对于加强团的自身建设，促进新形势下团的工作的发展，具有十分重要的指导意义。

会议根据中央书记处指示精神认真研究了下一阶段的共青团工作。关于进一步加强理论学习问题，会议强调，江泽民同志“七一”重要讲话和“三个代表”重要思想，是我们党理论创新的最新成果，是新世纪共青团工作的根本指针。各级团组织要把学习“七一”重要讲话和“三个代表”重要思想作为首要任务来抓。要抓好团干部和大学生两支骨干队伍的学习，深入开展共青团农村“三个代表”重要思想学习教育活动。要通过团干部理论骨干培训班、高校大学生“三个代表”学习研究社团、共青团学习“三个代表”讲话宣讲团、“三个代表”重要思想主题学习活动等各种行之有效的形式教育广大团员青年，针对实际问题解疑释惑，真正做到在解放思想中提高认识、统一思想，使“三个代表”重要思想真正在广大团员青年中入脑、入耳、入心，使广大团员青年按照“三个代表”的要求健康成长。

关于大力推进工作创新问题，会议强调，要按照“三个代表”的要求，在继承发扬团的优良传统基础上，以创新的精神勇于探索，大胆实践，认真研究团的工作和建设中的新情况、新问题，深入思考关系共青团事业发展全局的重大理论和实践问题，推动团的工作不断适应形势发展的要求，永葆生机和活力。要加强和改进青少年思想教育工作，采取生动有效、符合青少年特点和时代要求的方式教育广大青少年，拓展教育渠道，改善教育手段，提高教育成效。既要继续在农村、国有企业和急难险重任务中组织青年做贡献，也要注重研究在高新技术产业、各种新兴行业和非公有制经济组织中组织青年做贡献的有效形式，充分发挥广大青年在经济建设中的生力军作用。要进一步增强服务意识，从帮助青少年解决实际问题入手，扩大服务领域，提高服务能力，注重服务实效，切实维护他们的合法权益。要根据社会经济结构和青年群体分布的新变化，大力推进团建创新工作，重点抓好社区团的建设，继续加强非公有制经济组织、民办高校和农村基层团组织建设，进一步延伸团的工作手臂，扩大团组织的覆盖面和影响力。

关于切实转变干部作风问题，会议强调，关键在于狠抓落实。要把 2002 年作为全团的作风建设年。深入实施《共青团中央关于加强和改进团的作风建设的决定》，紧紧抓住为党密切联系青年群众这个核心问题，以各级团的领导机关、领导班子和领导干部为重点，发扬优良传统，加强思想教育，推进制度建设，解决突出问题，努力把团的作风建设提高到一个新的水平。改进作风要从具体事情抓起，要对照当前团干部作风方面存在的突出问题，狠抓落实，一抓到底。要贯彻落实《中共中央办公厅、国务院办公厅关于进一步精简会议和文件的意见》，坚决精简会议和文件，切实转变会风，改进文风。可开可不开的会议，坚决不开；必须要开的会议，提倡开小规模的会，开短会，开电视电话会，开网络会议。发文应当注重实效，切实解决实际问题，坚持少而精的原则，可发可不发的公文坚决不发。坚决反对以会议贯彻会议，用文件贯彻文件的做法。要通过抓作风建设，在广大团干部中大力弘扬和形成刻苦学习、勤于实践的风气，谦虚谨慎、不骄不躁的风气，不怕困难、奋发有为的风气，脚踏实地、求真务实的风气，淡泊名利、廉洁奉公的风气。

十四届(2002)第5次

5月15日中午,周强同志主持召开团中央书记处会议,认真学习领会江泽民总书记在纪念中国共产主义青年团成立80周年大会上的重要讲话,研究贯彻落实措施。

会议认为,江泽民总书记在纪念中国共产主义青年团成立80周年大会的重要讲话,高屋建瓴,精辟深刻,气势磅礴,语重心长,寄托着党对青年一代的殷切期望,饱含着党对共青团组织的亲切关怀,显示了以江泽民同志为核心的党中央对青年和青年工作的深邃思考和远见卓识,是一篇马克思主义的光辉文献,是新的历史条件下全面推进共青团工作和青年工作的重要指南。与会同志一致表示,听了江泽民总书记的重要讲话,心潮澎湃,激动万分,倍受鼓舞,倍感振奋,深感责任重大。讲话极大地鼓舞了全国广大团员青年,必将推动广大团员青年在“三个代表”重要思想的指引下,牢记以江泽民同志为核心的党中央的谆谆教诲,沿着党所指引的方向健康成长,勇敢地肩负起实现中华民族伟大复兴的历史重任。

会议要求各级团组织和广大团员青年认真学习、深刻领会、广泛宣传、深入贯彻江泽民总书记的重要讲话,把学习宣传贯彻讲话作为当前和今后一个时期全团的重要任务切实抓紧抓好。

一、充分认识学习宣传贯彻江泽民总书记重要讲话的重大意义

江泽民总书记的重要讲话，回顾总结了共青团80年的奋斗历程，充分肯定了共青团团结带领广大团员青年为中国革命的胜利、为保卫和建设新中国、为建设有中国特色社会主义伟大事业作出的贡献，深刻指出了中国青年运动的正确方向、伟大旗帜和时代主题，从共青团的政治性质和重要职责出发，结合党的青年工作面临的新的形势和任务，对共青团贯彻落实“三个代表”重要思想、全面推进团的工作和建设提出了要求，是指导新世纪共青团工作和青年工作的纲领性文献。讲话从党的事业后继有人、国家民族兴旺发达的战略高度，进一步深刻揭示了党与青年、国家民族与青年的关系. 全面系统地阐释了当代青年的历史使命、党对青年的要求、青年的作用、青年的成长道路等问题，强调要高度重视青年，充分肯定青年，热情关心青年，严格要求青年，进一步丰富和发展了马克思主义青年观。讲话从我们党对青年的一贯要求出发，着眼当代青年的历史使命，紧密结合时代特点，对当代青年提出了殷切希望，具有鲜明的时代特征，具有很强的针对性，深刻揭示了当代青年成长与发展的正确道路，为当代青年的健康成长指明了方向。各级团组织和广大团员青年要充分认识江泽民总书记重要讲话的重大意义，广泛、深入地开展学习宣传讲话活动，把广大团员青年的思想统一到讲话精神上来，把讲话精神全面贯彻落实到团的建设和各项工作中去。

二、积极引导和帮助广大团员青年深刻领会、全面掌握江泽民总书记重要讲话的精神实质

江泽民总书记重要讲话内涵丰富，寓意深刻，各级团组织在开展学习宣传贯彻讲话的活动中，要组织广大团员青年认真研读讲话，原原本本地学习，全面深入地学习，积极引导和帮助广大团员青年深刻领会、全面掌握讲话的精神实质。要深刻认识中国青年运动80年的生动实践和中国共青团沿着党指

引的正确方向80年的奋斗历程；深刻认识只有在中国共产党的领导下，同人民紧密结合，为祖国奉献青春，中国青年运动才能坚持正确的方向；深刻认识作为中国青年运动旗帜的爱国主义精神的时代内涵；深刻认识到本世纪中叶，基本实现现代化，把我国建设成为富强民主文明的社会主义国家，实现中华民族的伟大复兴这一当代青年的历史使命和当代青年运动的主题。

三、深入学习江泽民总书记的重要讲话对青年提出的殷切希望，引导和帮助广大青年按照“三个代表”的要求健康成长、建功成才

要引导广大青年坚持“四个统一”，努力实践江泽民总书记提出的六条殷切希望，同人民紧密结合，为祖国奉献青春，走健康成长之路。要激励广大青年树立远大理想，坚持发奋学习，注重锤炼品德，不断开拓视野，勇于进取创新，始终艰苦奋斗，努力成长为有理想、有道德、有文化、有纪律的人，对祖国和人民有所建树的人。要帮助引导团员青年在各行各业的本职工作中，在共青团组织开展的具有自身特点的各项活动中，努力为我国先进生产力和先进文化的发展贡献力量，努力为最广大人民谋利益。要进一步增强团员青年的荣誉感和责任感，激励广大团员青年在党的领导下，努力为祖国和人民建功立业，在实现中华民族伟大复兴的历史进程中创造永恒的青春。

四、以江泽民总书记重要讲话精神为指导，不断开创共青团工作的新局面

江泽民总书记重要讲话为在新的历史条件下全面推进共青团的工作和建设指明了方向。各级团组织要贯彻落实“三个代表”的要求，以讲话精神为指导，奋发努力，坚持与时俱进，不断开创共青团工作的新局面。要进一步发挥好党的助手和后备军作用，进一步发挥好党联系青年的桥梁和纽带作用，要竭诚服务青年，更好地代表和维护青年的具体利益。要进一步加强对少先队的领导，更好地履行全团带队的光荣职责。要加强团的建设，不断研究新情况，解决新问题，积极探索社会主义市场经济条件下新的运行机制，改进工作方式和工作作风，努力扩大团组织的覆盖面，增强团组织的吸引力、凝聚力和战斗力，把最广大青年紧密团结在党的周围。要在“三个代表”重要思想指引下，切实加强团的自身建设，建设一支党放心、青年满意的团干部队伍。

五、加强领导，把学习宣传贯彻讲话活动不断引向深入

学习宣传贯彻江泽民总书记重要讲话是当前和今后一个时期全团的重要任务。各级团组织要高度重视，加强领导，周密安排，精心部署。要把学习宣传贯彻讲话精神与学习宣传贯彻“三个代表”重要思想紧密结合起来，互相促进，把学习活动不断引向深入。团的领导机关和领导干部要带头学，要在广大团员青年中广泛开展多种形式的学习活动，充分发挥团的文化宣传阵地的作用，迅速掀起团员青年学习的高潮。各级团校、青少年研究机构等教学研究机构要把学习宣传贯彻讲话，作为当前和今后一段时期学习、研究、教学的重要内容。团属新闻报刊等舆论阵地要加强对学习贯彻讲话的宣传，开辟专栏，组织重点文章，引导团员青年深入学习领会讲话精神，及时报道团员青年学习贯彻讲话的情况，推动形成学习宣传讲话的良好氛围。

十四届(2002)第10次

11月16日下午，周强同志主持召开团中央书记处扩大会议，认真学习十六大精神，研究部署全团学习贯彻十六大精神的工作。

会议认真学习了江泽民同志在党的十六大上的报告和在十五届七中全会各组召集人会议上的讲话，学习了胡锦涛同志在十六大主席团第二次会议上的说明和在十六届一中全会上的讲话，学习了《中国共产党章程(修正案)》的说明和修正后的《中国共产党章程》，学习了中央纪委的工作报告，学习了十六大的各项决议和十六届一中全会公报。一致认为，十六大是我们党在新世纪新阶段召开的一次十分重要的大会，对于党和国家事业的发展具有重大而深远的意义，是一次团结的大会、胜利的大会、奋进的大会。把“三个代表”重要思想和马克思列宁主义、毛泽东思想、邓小平理论一道确立为我们党的指导思想，这是十六大的历史性贡献，具有划时代的意义。江泽民同志的报告从历史和时代的高度，深刻阐明了我们党在新世纪举什么旗、走什么路、实现什么奋斗目标等重大问题，对我国改革开放和现代化建设作出了全面部署，是一篇光辉的马克思主义文献，是我们党团结和带领全国各族人民在新世纪新阶段继续奋勇前进的政治宣言和行动纲领，是全面推进党的建设新的伟大工程的纲领性文件，也是新世纪共青团工作的根本指针。会议一致认为，十六大选举产生了新一届中央委员会，党中央领导集体顺利实现了新老交替；十六届一中全会选举产生了新一届中央领导机构，为全面贯彻落实十六大精神，坚持党的基本理论、基本路线、基本纲领和基本经验，全面贯彻“三个代表”重要思想，提供了保证。会议认为，修正后的党章将共青团的性质进一步表述为“是广大青年在实践中学习中国特色社会主义和共产主义的学校”，有利于激励广大青年把胸怀共产主义远大理想同坚定中国特色社会主义信念结合起来，积极投身改革开放和现代化建设的伟大事业。

会议提出，组织团员青年深入学习贯彻党的十六大精神，统一思想，同心同德，为完成党的十六大确定的各项任务和全面建设小康社会的目标而奋斗，是全团当前和今后一个时期的首要政治任务。

要在全团兴起学习贯彻党的十六大精神的热潮，把广大团员青年的思想统一到十六大精神上来，统一到“三个代表”重要思想上来。学习贯彻十六大精神，重点是学习贯彻江泽民同志的报告。要帮助广大团员青年把握十六大的主题，掌握十六大的灵魂，理解十六大提出的全面建设小康社会的宏伟目标和经济、政治、文化建设的各项任务，进一步增强贯彻“三个代表”重要思想、贯彻十六大精神的自觉性和坚定性，坚定走建设中国特色社会主义道路的信念。要帮助广大团干部深入理解党的群众工作的极端重要性，自觉为党做好新形势下的青年群众工作。团的干部特别是县级以上团委的领导干部要带头学，成为学习贯彻十六大精神的模范。

要用“三个代表”重要思想武装全团，教育青年，在全团兴起深入学习实践“三个代表”重要思想的新高潮。帮助团员青年全面深入地领会“三个代表”重要思想的科学内涵和精神实质，牢牢把握贯彻“三个代表”重要思想的根本要求，用“三个代表”重要思想构筑强大的精神支柱。要把握解放思想、实事求是、与时俱进这个精髓，引导团员青年在解放思想中统一

思想，用发展着的马克思主义指导新的实践。要把“三个代表”重要思想贯彻落实到团的工作的各个领域，体现在团的建设的各个方面，化作推动广大团员青年健康成长、建功立业的巨大力量。

要用全面建设小康社会的宏伟目标凝聚青年，深化团的各项工作，充分发挥广大青年在中国特色社会主义经济、政治、文化建设和体制改革中的生力军作用。围绕执政兴国第一要务、经济建设这个中心，动员和组织青年在完善社会主义市场经济体制、实施科教兴国和可持续发展战略、推动经济结构战略性调整中建功立业。坚持四项基本原则，引导团员青年为发展社会主义民主政治、建设社会主义政治文明、建设社会主义法治国家、维护社会稳定作出积极贡献。在大力发展社会主义文化中充分发挥团员青年的积极作用，坚持弘扬和培育民族精神，切实加强青少年思想道德建设，在社会主义精神文明建设中做出新的成绩。

要以“三个代表”重要思想为指导，全面加强团的建设。适应新形势，研究新情况，解决新问题，坚持党建带团建，探索适应社会主义市场经济体制的团的工作运行机制，创新团的工作方式，不断提高团组织服务大局、服务青年的能力和水平，不断扩大团组织的覆盖面，不断增强对团员青年的吸引力、凝聚力，把广大青年团结在党的周围，巩固和扩大党的青年群众基础。各级团组织要认真学习修正后的《中国共产党章程》，按照章程的有关要求，教育引导广大青年树立远大理想，坚定信念，成为中国特色社会主义事业的合格建设者和接班人。

会议决定，近期将召开团中央常委扩大会议、共青团十四届六中全会，就全团深入学习贯彻十六大精神作出进一步部署。

会议要求各级团组织要增强政治意识、大局意识、责任意识，围绕主题，把握灵魂，联系实际，狠抓落实，切实抓好学习贯彻十六大精神的工作。会议号召全国广大团员青年要紧密团结在党中央周围，高举邓小平理论伟大旗帜，全面贯彻“三个代表”重要思想，与时俱进，开拓进取，求真务实，艰苦奋斗，埋头苦干，为实现党的十六大提出的全面建设小康社会的宏伟目标而努力奋斗。

十四届(2002)第11次

11月22日下午，工青妇负责同志座谈会后，周强同志立即主持召开团中央书记处会议，学习胡锦涛总书记、王兆国同志在工青妇负责同志座谈会上的重要讲话精神，认真研究贯彻落实措施。

会议一致认为，在党的十六大后不久，胡锦涛总书记就在百忙之中亲自主持召开工青妇负责同志座谈会，充分体现了以胡锦涛同志为总书记的党中央对群众工作的高度重视和亲切关怀。胡锦涛总书记的重要讲话，内涵丰富、思想深刻，语重心长、饱含深情，令人深受教育，深受感动，深受鼓舞。这必将极大地激励广大团干部和青年工作者以强烈的使命感、责任感和光荣感进一步做好新形势下的青年工作和共青团工作。一致表示要把胡锦涛总书记的重要讲话精神学习好，领会好，贯彻好，切实落实到团的各项工作中去。

会议一致认为，胡锦涛总书记对工青妇工

作的充分肯定，是对我们的极大鼓舞和鞭策。党的十四大以来的十年，在以江泽民同志为核心的第三代中央领导集体的亲切关怀下，在胡锦涛同志的领导下，青少年工作和共青团事业适应新形势、新要求、新任务，在继承中创新，在探索中前进，保持了蓬勃发展的良好局面，为建设中国特色社会主义事业作出了应有的贡献；在这十年里，全国亿万团员青年不负党和人民的殷切期望，继承和发扬中国青年运动的光荣传统，沿着党指引的方向健康成长，展现出了奋发向上的时代风貌。在深入学习贯彻党的十六大精神的新形势下，我们要不辜负胡锦涛总书记的殷切期望，与时俱进，开拓创新，不断开创工作新局面，团结带领广大团员青年为实现党的十六大提出的全面建设小康社会的宏伟目标而奋斗。

会议一致认为，胡锦涛总书记所总结的工青妇工作的六条基本经验，概括精辟，内涵深刻，是对马克思主义工人运动、青年运动和妇女运动理论的丰富和发展；这六条基本经验意义重大，必将指导和推动青年工作和共青团工作在新形势下实现新的发展。我们要倍加珍惜，长期予以坚持。

会议强调，要按照党中央的部署，把学习贯彻党的十六大精神作为全团首要的政治任务。当前，团中央将以"贯彻十六大，创造新业绩"为主题在全团深入开展学习十六大，贯彻十六大的活动。要把广大团员青年的思想统一到十六大精神上来，统一到"三个代表"重要思想上来；要用"三个代表"重要思想武装全团，教育青年，构筑当代青年的强大精神支柱，坚定跟党走中国特色社会主义道路的信念；要用全面建设小康社会的宏伟目标凝聚青年，深化团的各项工作，充分发挥广大青年在中国特色社会主义经济、政治、文化建设和体制改革中的生力军作用；要以"三个代表"重要思想为指导，适应新形势，研究新情况，解决新问题，坚持党建带团建，全面加强团的建设，扩大覆盖面，增强吸引力。

会议一致表示，王兆国同志的重要讲话十分深刻，热情洋溢，针对性强，对于做好当前青年和共青团工作具有十分重要的指导意义，要紧密结合实际，切实贯彻落实王兆国同志讲话要求。一致相信，在以胡锦涛同志为总书记的党中央领导下，在王兆国同志的指导下，在十六大精神指引下，共青团工作一定能够再上新台阶，再创新局面。

会议强调，青年工作和共青团工作是党的群众工作的重要组成部分，具有不可替代的重要作用。广大团干部要充分认识青年工作和共青团工作的重要意义，切实增强为党做好青年群众工作的责任感，认真研究新形势下我国经济社会生活的新变化，群众工作的新特点，切实发挥优势，作好青年群众工作，巩固党的青年群众基础，把广大青年的积极性调动起来，凝聚起来，发挥出来，团结带领广大青年为实现全面建设小康社会的宏伟目标而奋斗。

会议强调，要在以胡锦涛同志为总书记的党中央的领导下，在王兆国同志的指导下，团结带领广大团员青年紧密团结在党中央周围，高举邓小平理论伟大旗帜，全面贯彻"三个代表"重要思想，深入学习贯彻十六大精神，始终坚持党的基本理论、基本路线、基本纲领和基本经验，始终坚持这十年来形成的青年工作的基本经验，与时俱进，开拓创新，求真务实，艰苦奋斗，埋头苦干，不断开创共青团工作新局面。

十四届(2002)第12次

12月3日上午,党中央书记处听取团中央书记处汇报后,周强同志立即主持召开团中央书记处会议,学习党中央书记处的指示精神,研究贯彻落实措施。

会议一致认为,在党的十六大后不久,十六届中央书记处第一次办公会议就听取团中央关于2002年工作情况和2003年工作安排的汇报,充分体现了党中央对青年工作和共青团工作的高度重视和亲切关怀。党中央书记处对共青团工作的充分肯定,是对我们的巨大鼓舞和鞭策。对今后工作提出的要求,既具有宏观指导性,又具有很强的针对性,对于共青团做好今后的工作具有重要的指导意义。

会议强调,要把党中央书记处指示精神贯彻落实到团的各项工作中去。要根据党中央的部署,坚持围绕主题,把握灵魂,领会精髓,学以致用,以大学生、团干部和各条战线的青年骨干为重点,在广大团员青年中掀起学习党的十六大精神的热潮,掀起学习和实践"三个代表"重要思想的新高潮,切实把广大团员青年的思想统一到十六大精神上来,统一到"三个代表"重要思想上来,用"三个代表"重要思想构筑起当代青年的强大精神支柱,坚定跟党走中国特色社会主义道路的信念。要用十六大提出的全面建设小康社会的宏伟目标把广大团员青年动员起来,振奋起来,凝聚起来,通过在各条战线、各个领域开展青年喜闻乐见的富有特色的活动,组织动员广大团员青年在为实现全面建设小康社会的实践中,既贡献智慧和力量,又成长成才。要从贯彻落实"三个代表"重要思想的高度做好服务青年的工作,切实把竭诚为青年服务作为共青团工作的出发点和落脚点,围绕青年在学习、就业、维权和精神文化等方面的需求,办实事,办好事,使青年既更好地投身事业,又进一步提高素质。要以"三个代表"重要思想为指导全面推进团的建设,坚持党建带团建,按照优势是组织、关键是干部、出路是创新的要求,切实加强团的基层组织建设,增强团组织的吸引力、凝聚力和战斗力;不断提高团干部队伍素质,切实转变作风,始终做党放心、青年满意的干部;适应新形势,研究新情况,解决新问题,坚持与时俱进,不断开创共青团工作新局面。

会议还对将大学生学习贯彻党的十六大精神引向深入和纪念毛泽东同志"向雷锋同志学习"题词40周年座谈会等工作进行了研究部署。

二、综合

共青团中央1998年工作要点

1998年1月1日

1998年全团工作的指导思想是:以邓小平理论为指导,认真学习贯彻党的十五大精神,紧密团结在以江泽民同志为核心的党中央周围,紧紧围绕服务改革攻坚大局和经济发展全局,进一步深化跨世纪青年文明工程、跨世纪青年人才工程和服务万村行动,切实加强团的自身建设,努力推进团的各项事业协调发展,开好团的第十四次全国代表大会,团结带领广大团员青年为实现党的十五大提出的各项任务努力奋斗。

一、深入学习贯彻党的十五大精神,坚持不懈地用邓小平理论武装全团,教育青年

组织广大团干部和团员青年认真学习十五大文件,重点是江泽民同志的报告。牢牢把握十五大的主题,完整准确地领会十五大的精神实质。用十五大精神统揽和指导共青团工作,把全团的思想统一到十五大精神上来,把广大团员青年的积极性和创造力凝聚到为实现十五大提出的各项任务努力奋斗的行动上来。

结合学习十五大文件,联系青年和青年工作实际,以团干部和大学生为重点,从国情教育入手,把邓小平理论的学习不断引向深入。帮助广大青年认清我国现在处于并将长期处于社会主义初级阶段,了解建设有中国特色社会主义经济、政治、文化的基本目标和基本政策,坚持党的基本路线不动摇,进一步坚定走建设有中国特色社会主义道路的信念。帮助广大青年认清自己肩负的历史使命,增强和提高解放思想、实事求是的坚定性和自觉性,积极站在改革的前列,勇于探索,开拓进取,为把建设有中国特色社会主义的伟大事业全面推向21世纪做出贡献。

二、全面深化跨世纪青年人才工程

以导师带徒为基本载体,深化青年岗位能手活动。以振兴质量为目标,以岗位训练为基本途径,创建青年文明号生产线,实现"号"、"手"联动。提高青工技能素质,发挥青工技能优势,推动国有大型企业走向振兴。

进一步实施振兴千家中小企业行动,聚集、扶持和培养一大批优秀青年企业经营管理人才。积极引导青年企业经营管理者率先探索公有制的多种实现形式,以资本运营、资产重组为突破口,推动优势企业对接,形成一批企业集团,帮助一批亏困企业扭亏为盈,为搞活国有中小企业做贡献。

配合有关部门,推进再就业工程。帮助下岗青工转变就业观念,通过各种形式的培训提高他们的职业技能,开展再就业信息服务。重点扶持和培养一批能够领办股份合作制、合伙制和民营企业,为下岗青工创造再就业途径的"青年兴业领头人"。

继续加大培养青年星火带头人、青年致富能手工作的力度,充分发挥他们在农村青年脱

贫致富奔小康过程中的示范、带动作用。

继续推进“千宫百万”青少年现代知识技能培训和全国百城市 CRE 达标行动，切实为青少年学习新知识新技能创造条件，增强他们的就业本领。

深化大中学生社会实践和实践教育活动，推动大学生素质发展计划的实施。着眼于少年儿童整体素质的提高，加大少年儿童“五自”学习实践活动的力度。

实施城市社区外来务工青年“千校百万”培训计划，努力提高广大外来务工青年的素质，组织动员他们积极参与城市两个文明建设。

继续做好“中国青年五四奖章”、“中国十大杰出青年”等杰出青年人才的评选工作，认真开展第二次全国各族青年团结进步表彰活动，培养和树立更多的优秀青年典型。

三、大力推进跨世纪青年文明工程

按照中央文明委统一部署，继续抓好青少年“讲文明、树新风”活动，充分发挥广大青少年的群众性精神文明创建活动中的生力军作用。

大力推进青年志愿者行动。以扶贫济困为主题，广泛动员青年志愿者投身城市公益服务和农村扶贫开发。继续推进“一助一”长期结对服务计划，开展 18 岁成人预备期志愿服务，在服务需求集中的地方建立青年志愿服务基地。总结青年志愿者扶贫接力计划的成功经验，努力扩大实施范围。扎实推进大中学生志愿者“三下乡”活动，进一步加强服务的针对性，按照项目化的方式运行。发挥县、乡团组织的作用，形成稳固的“三下乡”服务基地。开展“一助一”科技扶贫，组织各界青年人才开展“青年志愿服务团”活动。以创建“青年绿色文明园”为重点，深入推进青年志愿者植绿护绿活动。

全面深化青年文明号活动。把“青年文明号助万家”活动逐步推向全国所有大中城市。抓好青年文明号示范城、示范街、旅游景点、公交线路等工作，进一步推动青年文明号连线成片。在党政群机关全面启动青年文明号活动，促进文明机关建设。加强青年文明号活动的机制建设，保持青年文明号的先进性。

积极拓展“手拉手”活动领域，扩大参与面，努力完成《“手拉手”互助活动实施纲要》确定的奋斗目标。在深化“手拉手情系贫困小伙伴”、“手拉手”红领巾助残和“手拉手”读书交友等系列活动的同时，启动“手拉手三辰影库伴我快乐成长”活动。

做好希望工程冲刺攻坚阶段的工作，实施“希望工程志愿者劝募行动”，为实现本世纪的救助目标打好基础。

加强青年文明社区建设。建立健全以青年为主体的社区服务项目和网络，集中力量抓好社区青年职业技能培训、社区青少年心理和法律咨询以及社区青少年文化活动。

深入开展大学生社区援助活动，大力开展家庭教育援助、法律援助、医疗保健援助，在强化社区教育功能、增强市民法律意识和社区民事调解能力、倡导健康生活方式上发挥作用。不断完善大学生社区援助的工作机制，推广大学生社区挂职的经验。

加强青年文化建设，推动基层青年文化生活的活跃。加强青少年活动阵地的建设和管理，努力向社会化、产业化方向发展。做好第三届团的“五个一工程”和第四届“五四新闻奖”的评选工作。加强团的新闻宣传工作，创造良好舆论氛围。

四、扎实推进服务万村行动

以青年股份合作体为重要形式，进一步加大领办科技推广项目的工作力度，努力在农村青年中推广一些科技含量高、投资少、见效快、辐射带动能力强的项目。积极组建青年星火带头人科技服务队，为广大农村青年提供科技服务。继续做好乡镇青年科技图书站的创建工作，围绕领办的项目，努力扩展青年科技图

书站的服务功能。创建一批“中青农业高新科技示范园”。

扶持重点项目,创办青年农民产业化经营实体,组建发展一批以青年股份合作为基本形式、产供销一体化的龙头企业,因地制宜引导农村青年走产业化经营之路,推进农业向商品化、专业化、现代化转变。积极帮助青年农民拓展创办龙头项目的集资渠道,增强项目带动效益。

继续开展经济发达地区与经济欠发达地区的扶贫协作,广泛动员企业、学校、机关、科研单位参与结对互助,为贫困村提供更多、更具体的服务和帮助,促进贫困地区早日脱贫致富。

五、切实加强团的自身建设,推动团的各项事业协调发展

积极探索和建立适应现代企业制度的企业团的组织体系和运行机制。面向新产业带和新经济组织，努力加大建团力度。加强城市社区团组织建设，逐步建立城市社区团组织网络。在巩固和发展农村基层团组织的整顿建设成果的基础上，继续抓好农村松散瘫痪团支部的整顿工作，重点建设好乡镇团委。根据农业产业化经营、农村城镇化和流动人口增加的趋势，从实际出发，调整好团的组织设置。

继续加强农村、中学的团员发展工作,积极发展新产业带和新经济组织中的先进青年入团,在保持团员数量稳中有升的基础上,注意做好提高团员素质的工作。探索总结流动团员的管理方法,完善团员管理制度。继续做好“推优入党”工作。加强团干部队伍建设,按照复合型人才的要求,建设一支政治强、作风好、素质较高的团干部队伍。

加强各级团校建设,以提高教育质量和效益为重点,进一步加强基础建设和内部管理,全面深化教学改革,使各级团校更好地肩负起为共青团培养青年人才的职责。

抓好青少年法制教育阵地和法制教育队伍建设,认真做好青少年“三五”普法工作。继续推进“保护明天行动”,深入实施“保护未成年人爱心计划”,为青少年健康成长创造良好的社会环境。

加强对新情况、新问题的调查研究,增强工作的针对性、预见性和有效性。进一步提高信息报送的质量和速度,保证上下传递渠道的畅通。建立以计算机网络为中心的信息反馈与处理系统,逐步实现调查研究与信息传播手段的现代化。

进一步重视青联、学联工作,积极探索在改革开放新形势下凝聚优秀青年人才、发挥群体智力优势的新途径。发扬全团带队的优良传统,充分发挥少先队在少年儿童素质教育中的作用,促进广大少年儿童健康成长。

继续加强与香港、澳门、台湾青少年团体的交流。扩大与港澳地区青少年的交流规模,深化交流内容。积极拓展与台湾青少年团体的交流领域,为促进祖国和平统一做出新贡献。

认真贯彻落实青年外事工作的“四三一”(四项原则、三条方针和一个重点)指导思想,加大与团的工作尤其是团的重点工程有机接轨的力度,在实施具有国际竞争力的青年人才培养战略方面有所突破。进一步改进外宣工作,完善外宣手段。积极调整对外交流布局,提高双边交往层次,加大多边交往分量。

六、做好共青团第十四次全国代表大会的各项筹备工作

认真总结团十三大以来共青团工作的基本经验,深入宣传共青团在党的领导下带领广大青年在两个文明建设中做出的贡献,为团十四大的召开营造氛围。

贯彻民主集中制原则,充分发扬团内民主,按照团内民主程序,认真做好大会的各项组织工作。继续做好任期届满的地方团委换届工作。

共青团中央关于广泛动员和组织团员青年在灾区重建中发挥生力军、突击队作用的通知

1998年9月5日

共青团各省、自治区、直辖市委，总政组织部，武警总部政治部，全国铁道团委，全国民航团委，中直机关团工委，中央国家机关团工委：

当前，在以江泽民同志为核心的党中央的坚强领导下，经过广大军民、包括团员青年的团结奋战、顽强拼搏，抗洪抢险斗争取得了重大的胜利。灾区重建工作开始成为一项主要任务。为贯彻江泽民总书记最近视察灾区时关于恢复生产、重建家园的重要指示，团中央要求各级团组织从现在起到明年春天，把在灾区重建中发挥共青团的生力军、突击队作用做为一项阶段性重点工作，动员和组织广大团员青年，继续发扬抗洪抢险斗争所表现出来的“团结奋斗、不畏艰险、顽强拼搏、自觉奉献”的伟大精神，为尽快恢复灾区生产、生活秩序，重建家园做出贡献。

一、灾区乡（镇）、村基层团的组织要普遍组建青年突击队，在重建家园中当先锋。这场洪涝灾害，致使许多村镇被淹，家园被毁，人民群众生产生活环境遭受严重破坏。要组织广大团员青年发扬自力更生、团结奋斗的精神，因地制宜地组建青年突击队，针对当地灾后重建和生产自救的实际，开展各种突击活动，重点是四个方面：一是以互助或义务的形式帮助群众修屋建房、打饮水井；二是义务帮助缺乏劳动力的受灾户补种、抢收、生产自救；三是修复水毁道路、桥梁、水电等乡村公用设施；四是承担当地农田水利基本建设方面的急、难、险、重任务。

二、灾区团的组织要积极领办生产项目，带领团员青年开展生产自救。灾区县、乡两级团组织都应主动承担当地的生产自救任务，积极争取利用政府下拨的生产救济资金，具体承办或领办1－2个生产重建项目，组织青年实施。要充分发挥团组织的优势，动员当地的青年星火带头人、产业大户巡回进行生产技术指导，保证领办的项目适时适地，取得成效。灾区所在省（区）的团组织，都要在灾区恢复生产中真抓实干，省（区）、市（地）团委已领办的科技推广项目，要向灾区倾斜，直接辐射和带动当地团员青年发展生产。团中央将面向灾区推出10个项目（即养猪、养鸡、养鸭、养兔、养鸽、养鱼、食用菌栽培、蔬菜种植、饲料添加剂和外出以劳助学项目），以支援灾区重建。

三、积极开展青年劳务协作，引导灾区外出青年有序流动。各级团组织和“千校百万”外来务工青年培训学校（站、点）要积极开展灾区青年劳务协作活动。灾区团的组织要积极联系各种劳务信息，作好外出务工前的组织培训和外出后的维权服务。沿海省市及内地大中城市团的组织，要积极与灾区团组织联手，收集用工信息，拓展用工渠道，对灾区青年优先培训、优先安置，积极帮助灾区的青年外出务工，增加收入。各地的青年劳务中介机构要热情为灾区团的组织提供劳务服务，自觉维护灾区务工青年的合法权益，把帮助灾区青年作为一项重要任务。

四、非灾区的团组织要大力援助灾区团员、青年生产自救、重建家园。非灾区的各级

团组织要根据自身实际和灾区需要，选择一定区域作为自己援助的重点对象，在本地大力组织相应的生产资料、资金和技术人才，着重支持该地区团组织领办的生产重建项目。要广泛发动青年企业家、青年星火带头人到灾区去投资或领办项目，并与灾区的团组织联合起来，为团员青年恢复生产提供产前、产中、产后服务。当前，尤其要加大力度，专人负责，抓紧做好缴纳特别团费的组织宣传工作，加快推进缴纳特别团费的工作进程，同时认真推进希望工程最后一轮劝募行动，动员社会各界伸出援助之手，把帮助灾区修复或重建希望小学，临建帐篷希望小学，缓解受灾少年儿童上学困难，作为当务之急的重要任务，确保落实。

各地要大力宣传在这次抗洪抢险中涌现出的英雄模范事迹，抓住有利机会，在团员青年中广泛开展一次爱国主义教育，弘扬伟大的抗洪精神。要用抗洪抢险取得胜利的生动事实，鼓舞团员青年，立足本职做贡献，以实际行动支援灾区恢复生产、重建家园。各级共青团组织和团的干部，要坚决贯彻执行党中央、国务院关于抗洪救灾、重建家园的指示精神，为夺取抗洪救灾的全面胜利和实现今年经济增长目标做出更大的贡献。

共青团中央办公厅关于各级团组织动员带领团员青年参加抗洪救灾工作情况的通报

1998年10月21日

今年入汛以来，我国长江流域及嫩江、松花江流域相继发生特大洪涝灾害，国家财产和人民生命安全受到严重威胁。在这场伟大的抗洪斗争中，各级团组织按照党中央、国务院关于抗洪救灾的一系列部署，在各级党委、政府的统一领导下，团结带领广大团员青年充分发挥生力军和突击队作用，为夺取抗洪抢险斗争全面胜利做出了积极贡献。当前，各级团组织正在深入学习贯彻落实江泽民总书记在全国抗洪抢险总结表彰大会上的重要讲话以及关于抗洪抢险的一系列重要讲话精神，积极组织动员广大团员青年支持灾区恢复生产，重建家园。现将有关情况综述如下。

一、团组织和团员青年参加抗洪救灾的主要情况

1. 各级团组织把动员带领广大团员青年参加抗洪抢险救灾作为头等大事来抓，做到了“党有号召，团有行动”。

团中央书记处始终密切关注着各级团组织和广大团员青年参加抗洪抢险救灾的情况，并根据党中央、国务院的指示精神，及时发出号召，做出部署。7月25日，团中央致电湖北、湖南、江西、安徽、江苏五省团委，要求各级团组织把防汛抗洪作为当前头等大事来抓，迅速动员和组织团员青年在抗洪抢险中发挥生力军和突击队作用。8月7日，根据中共中央、国务院、中央军委致全国抗洪军民慰问电精神，团中央书记处召开会议，认真研究部署了支援抗洪救灾的措施，并决定从多年积累下来的团费中拨出150万元，用于支持湖北、湖南、江西、安徽四省团组织开展的抗洪抢险工作。8月12日，团中央发出《关于发动共青团员缴纳特别团费的通知》，要求未受灾地区团组织发动团员缴纳特别团费，支援灾区修建、重建希

望小学。江泽民总书记发表《夺取长江抗洪抢险决战的最后胜利》重要讲话后，团中央进一步号召广大共青团员充分发挥先锋模范作用，与广大抗洪军民一起严防死守，坚决实现“三个确保”，为夺取抗洪抢险斗争的最后胜利做贡献。8 月 17 日，团中央又拨出 60 万元团费，用于支持黑龙江、内蒙古、吉林三省（区）团组织开展的抗洪抢险工作。8 月 21 日，团中央书记处进一步研究部署了支援前线抗洪救灾的措施。随后，团中央书记处同志分赴受灾严重省（区）抗洪抢险第一线，同当地团组织负责同志共同研究了进一步加强青年突击队力量支援抗洪救灾的具体措施。为更好地支援灾区抗洪抢险救灾，团中央、全国青联、全国学联、全国少工委相继发出了《关于联合开展抗洪赈灾募捐活动的通知》、《关于动员青年学生积极支援灾区救灾防病工作的通知》和《关于广泛开展“手拉手情系灾区小伙伴”活动的通知》。

灾区团组织广泛组织动员团员青年参加抗洪抢险。湖北、湖南、江西、安徽、黑龙江、内蒙古、吉林七省（区）团委多次发出通知，要求各级团组织把抗洪抢险作为压倒一切的工作来抓，紧急动员，全力以赴；要求各级团干部身先士卒，冲锋在前；要求广大团员青年在抗洪抢险中发挥生力军和突击队作用。受灾地区各团省（区）委都成立了青年防汛抗洪抢险指挥部，由团省（区）委书记任总指挥长。灾区各级团干部特别是团的领导干部，除值班人员外，全部奔赴抗洪抢险第一线，立军令状，与广大团员青年奋战在一起，发挥了模范带头作用。

2. 青年突击队发扬在完成急难险重任务中勇挑重担的光荣传统，在抗洪抢险第一线发挥了生力军作用。

在长江流域及嫩江、松花江流域进入主汛期后，各种形式的青年突击队便迅速组建起来，严阵以待。发生特大洪水后，青年突击队员发扬不畏艰险、英勇顽强、敢打敢拼、无私奉献的精神，与广大抗洪军民一道，同心同德，团结奋战，战胜了一次又一次洪峰，在加固危险堤坝、运送抢险物资、转移受灾群众等方面发挥了生力军作用，用青春、智慧和汗水甚至生命，为保住大江大河大湖干堤、保住重要城市、保住重要铁路干线、保护人民生命安全做出了贡献。洪峰过后，为严防退水期间出现重大险情，仍有许多青年突击队坚守在险堤险段。据不完全统计，在整个抗洪抢险斗争中，有 3 万多支青年突击队日夜奋战在第一线，其中不少青年突击队承担了专防任务。青年突击队员与广大抗洪军民一道，共筑着抗洪抢险的坚强防线。在湖北长江沿岸，随处可见“青年突击队誓与大堤共存亡”的生死牌。公安县 178 支青年突击队日夜战斗在分洪转移第一线，帮助群众搬运物品，维持秩序，并在转移区内日夜巡查。在武汉沌口东荆河堤突然出现裂缝，情况十分危急之时，30 多名来自团市委机关的青年突击队员跳入水中，与闻讯赶来的解放军、当地群众一道，用身体抵住护浪芦苇，筑起一道特殊的防浪墙，确保了大堤的安全。在湖南，由团岳阳市委组织的青年突击队，坚守在岳阳长江大堤 20.4 公里最险段。全市青年突击队共参与处理各类险情 4161 处，其中较大险情 202 处。团安乡县委积极组织青年突击队参与县城保卫战。在安造垸溃口后，青年突击队员坚持往返于激流之中，救出被困群众上千人。在江西，当九江防洪墙突然塌陷决口，江水涌入郊区时，青年突击队员迅速奔赴现场，与赶来支援的解放军一道营救被困群众。在吉林，当白城市受到洪水严重威胁的时刻，防洪大堤上最先出现的是青年突击队员的身影，最早飘扬的是青年突击队的旗帜。在内蒙古，呼伦贝尔盟 5000 余名团员青年组建了 120 支青年突击队，保护河堤，抢修铁路，紧急救人。通辽市 500 多名团员青年组成 10 支青年突击队，仅用 10 天就完成了抢修被洪水冲毁的 304 国道任务。在黑龙江，当大庆油田受到

洪水严重威胁的时候,大庆市近百支青年突击队冲锋在前,抢筑堤坝,与洪水进行殊死搏斗,为保卫油田做出了贡献。在整个抗洪抢险斗争中,哪里有险情,哪里就有青年突击队的旗帜在飘扬,哪里有急难险重任务,哪里就有青年突击队员的身影。

3. 一批团干部和团员青年用年轻的生命谱写了抗洪抢险的壮丽篇章,展现了当代青年的风采。

在抗洪抢险斗争中,一批团干部和团员青年奋不顾身,舍生忘死,表现出了英勇顽强、无私奉献的拼搏精神和勇于献身的大无畏英雄气概,以无愧于党和人民,无愧于时代的壮举,为团旗增添了新的光彩。湖北省大冶市大箕镇小箕铺管理区团总支书记袁志龙在突降特大暴雨时,组织团员青年迅速投入抗洪抢险,帮助转移灾民。彭志龙不顾个人安危,坚持与洪水搏斗,先后营救出32名群众,最终因体力不支被洪水卷走,壮烈牺牲。彭志龙同志被团中央授予“全国优秀共青团干部”称号。像彭志龙这样在抗洪抢险斗争中英勇牺牲的优秀基层团干部还有湖北省监利县朱河镇余杨村团支部书记杨书祥,湖北省新县七约村团支部书记张恩坤,江苏省六合县青伏村团支部书记陈龙等。湖北省监利县上车湾潘揭村青年农民胡继成,作为首批上堤的青年突击队员,与洪水连续搏斗了40多天。当长江干堤监利段再次出现重大险情时,胡继成拖着受伤的病体坚持上堤搬运土袋,最终因伤势加重和劳累过度而牺牲。胡继成同志被团中央授予“抗洪青年突击队员英模”称号。江西省余干县在外打工的青年农民陈长生,得知家乡遭受特大洪水后,毅然放弃丰厚收入返乡参加抗洪抢险。他连续十多天坚守在大堤上,在抢运沙石途中因翻船不幸牺牲。武汉交通科技大学江西都昌籍学生李伟,在返乡度假期间主动参加青年突击队,为抢救落水群众而光荣献身。像这样在抗洪抢险斗争中英勇献身的优秀团员青年还有很多。据不完全统计,在灾区,有6名团干部、40名团员青年在国家财产和人民生命安全受到威胁的关键时刻,挺身而出,献出了宝贵生命,谱写了一曲曲抗洪抢险的壮烈青春之歌。

4. 动员全团力量,调动社会资源,广泛开展赈灾救助活动。

为支持灾区抗洪抢险救灾,各级团组织在广大团员青年中积极倡导“一方有难、八方支援”的中华民族优良传统,努力发挥自身优势,广泛调动社会力量,开展多种形式的赈灾救助活动。据不完全统计,通过团中央直接开展的募捐活动,全团已累计筹款近1.5亿元,募集各类救灾物资价值1.6亿元。

(1)在未受灾地区团员中开展缴纳特别团费活动。各级团组织广泛发动,广大团员热烈响应。截至10月5日,共收缴特别团费2125.7多万元,除各地对口支援受灾地区外,已全部移交中国青少年发展基金会,用于重点支援灾区修建、重修希望小学。

(2)开展“希望工程救灾劝募行动”。截至10月8日,各级希望工程机构累计筹款近1亿元。其中,中国青少年发展基金会直接筹款4500多万元。现已用这笔款项特制了帐篷1400多顶用于临时搭建“帐篷希望小学”,并向3万多名灾区儿童发放了希望工程特别救助款,同时正在修建、重建130所希望小学,从而使30多万名灾区儿童重返校园。

(3)通过全国青联、全国学联、全国少工委、中国青年企业家协会、中国青年乡镇企业家协会等的社会渠道,在各级青联委员及青年企业家中开展抗洪赈灾募捐活动。青联委员和青年企业家积极响应,踊跃捐款捐物。截止9月1日,捐赠的药品、衣物、纯净水及净水设备等物资及现金共计2200多万元。截止9月5日,全部物资和钱款已全部发抵湖北、湖南、江西、安徽、黑龙江、内蒙古、吉林等受灾严重地区抗洪前线。

(4)组织青年志愿者医疗防疫服务队。团中央、全国青联在北京、上海、浙江、山东、广东等省(市)团组织支持下,组建了10支由医疗卫生界青联委员为骨干的"中国青年志愿者医疗防疫服务队"。他们自带价值近200万元的药品、器械在灾区开展了近一个月的医疗防疫服务。同时,还组织受灾省份高校特别是医科院校的大学生组成志愿服务小分队,到灾区开展巡回医疗防疫服务。

(5)开展"手拉手情系灾区小伙伴"活动。全国少工委号召无灾和轻灾地区少先队员向灾区小朋友捐献一本儿童读物、一本作业本、一枝铅笔、一块橡皮、一个书包、一件衣服。全国共有3000多万名少先队员参加了这项活动,共捐献衣物560多万件,文具1700多万件,书籍440多万册,捐款2500多万元,发出慰问信1700多万封。

在这场伟大的抗洪斗争中,团组织和团干部发挥了积极作用,经受住了考验和检验,向党和人民交出了一份合格答卷。广大团员青年做出了贡献,经受了锻炼,展现了当代青年的风采。团组织开展的工作和团员青年所做出的努力,得到了当地党政领导的充分肯定和灾区群众的高度赞扬。更为重要的是,广大团干部和团员青年从伟大的抗洪斗争中获得了宝贵的精神财富,受到了一次生动的爱国主义、集体主义、社会主义教育,接受了一次崇高的社会主义精神文明洗礼,体验了一次艰苦奋斗和艰苦创业的实践,从而精神更加振奋,民族自信心和民族责任感更为强烈,对建设有中国特色社会主义伟大事业的前景更加充满信心。

二、各级团组织帮助灾区群众恢复生产、重建家园的主要工作

在抗洪抢险斗争取得全面胜利后,党中央、国务院召开了全国抗洪抢险总结表彰大会。这既是一次全国抗洪抢险的庆功大会,又是一次夺取建设有中国特色社会主义新胜利的动员大会。现在,各级团组织正在认真学习、深刻领会、坚决贯彻江泽民总书记关于抗洪抗险的一系列重要讲话,特别是在全国抗洪抢险总结表彰大会上重要讲话精神,学习抗洪英模,弘扬抗洪精神,把动员组织团员青年帮助灾区群众恢复生产、重建家园作为一项阶段性的重点工作,努力抓紧,抓好,抓出实效。

1. 召开"抗洪青年突击队员英模"和"抗洪英雄青年突击队"命名表彰暨支援灾区人民重建家园动员大会。9月29日,团中央分别在黑龙江、湖北召开"抗洪青年突击队员英模"和"抗洪英雄青年突击队"命名表彰暨支援灾区人民重建家园动员大会,对174个集体和135名个人进行了表彰,并以此为契机,加大宣传力度,用抗洪抢险取得全面胜利的事实,用包括青年典型在内的抗洪抢险英模事迹,在广大团员青年中弘扬伟大的抗洪精神,激励广大团员青年在灾区重建工作中做出新的贡献。

2. 团组织直接兴办项目,带领团员青年开展生产自救。团中央选择出了10个投资少、见效快的种养类农业项目。其中,蔬菜种植、养鱼、养猪等项目已开始启动。1万亩蔬菜良种、20万尾鱼苗已运抵灾区。养鸡、养鸭、养兔、食用菌栽种等项目正在陆续实施。未受灾地区团组织正根据自身实际和灾区需要,以结对形式帮助灾区团组织兴办项目,并积极发动青年企业家、青年星火带头人到灾区投资支持兴办项目。灾区县、乡两级团组织主动承担当地生产自救任务,正根据自身情况利用政府下拨的生产救济资金具体承办生产重建项目,并组织当地青年星火带头人、产业大户进行技术指导,保证项目取得实效。目前,湖北省各级团组织正大力实施"跨世纪荆楚青年致富行动",积极领办生产自救项目,以项目来带动保规划、保重建、促发展的各项工作。江西省南昌、上饶和九江等受灾地区团组织,正积极组织青年农民因地制宜地补种冬季经济作物,开展生产自救。在内蒙古自治区,300个受灾村的团支部全部领办了1－2个生产自救项目。

3. 兴建共青团抗洪新村，帮助灾区群众重建家园。灾区团组织按照移民建镇的方针，动员团员青年组建青年互助建房突击队，帮助群众修建防洪能力强、生活设施方便的共青团抗洪新村，并作为灾区重建的示范点。在江西，在有关部门的大力支持下，一批由团组织牵头的共青团抗洪新村正在兴建之中。在吉林、黑龙江等省，团组织为灾民兴建共青团抗洪示范新村的计划已开始实施。

4. 进一步加大希望工程实施力度，帮助灾区失学儿童重返校园。中国青少年发展基金会在“希望工程救灾劝募行动”现有成果的基础上，努力加大宣传力度，进一步动员社会参与，筹集款项，实施希望工程，帮助灾区修复被毁校舍。目前，全国有200多家新闻媒体主动刊（播）发“希望工程救灾劝募行动”公益广告，在全社会引起了广泛的反响。湖北省各级团组织积极实施“为了灾区孩子——希望工程百千万行动”，各地团组织以城乡结对、灾区和非灾区结对为主要形式，在灾区修建希望小学，救助灾区失学儿童。在江西，各级团组织以结对方式开展了形式多样的救助活动。团湖南省委开展了“救灾保学希望工程爱心行动”，活动以捐献200元结对救助一名灾区失学儿童和捐献5000元为灾区购置一顶希望小学帐篷为主要内容，把实施希望工程与帮助灾区恢复和发展基础教育有机结合起来。据不完全统计，9月份以来，全团又累计筹集希望工程款项近4000万元。

5. 组织团员青年积极参与爱国卫生运动，为确保大灾之后无大疫做贡献。各级团组织积极响应党中央和国务院的号召，把动员组织团员青年参加以灾后防疫为主要内容的群众性爱国卫生运动，作为今冬明春为灾区恢复生产、重建家园做贡献的一项重要工作来抓。目前，各级团组织特别是灾区团组织，在各级党委和政府的统一部署下，正动员组织广大团员青年发扬伟大的抗洪精神，积极参加群众性爱国卫生运动。主要做法是：组织青年突击队，以农村为重点，与灾区群众一道彻底清理灾区环境，消除“四害”，消灭卫生死角；组织大中学生和卫生系统青年志愿者服务队本着“就近就便”原则，到受灾乡村，进行防病防疫知识的宣传教育和巡回医疗。

6. 实施“保护母亲河”行动，为改善生态环境做贡献。团中央与有关部门商定，在全国范围内实施“保护母亲河”行动。通过这项行动，动员全国青少年积极参与植树造林，绿化国土，治理水土流失。此项活动将于1999年首先在黄河源头青海省启动实施，并以此为龙头逐步向黄河、长江流域及黄土高原风沙区的国家六大治理工程延伸。

7. 组织全国内贸系统青年职工开展“情系灾区、服务进村”活动。团中央和国家内贸局决定，在今年10月至明年春节期间，发动全国内贸系统青年职工面向湖北、湖南、江西、安徽、黑龙江、内蒙古、吉林七省（区），以特困群众为重点，以维修服务和生产自救技术培训为主要内容，开展“情系灾区、服务进村”活动。组织青年文明号便民服务队，深入灾区，帮助修复受损机电设备和家庭耐用消费品，开展家电维修、服装裁剪、烹饪等方面的实用技术培训，指导受灾农民选择适宜种养品种，签订对口购销合约。组织“大篷车”下乡，及时调配钢材、水泥等建材，保证受灾群众生活必需品供应和重建家园所需。重点组织百家商店助百村活动，通过提供多种形式的服务和帮助，使受助村尽早恢复生产，建好家园。

在这场抗洪斗争中形成的伟大抗洪精神，江泽民总书记精辟地概括为“万众一心、众志成城，不怕困难、顽强拼搏，坚韧不拔、敢于胜利”。这种伟大的抗洪精神，是我国人民极其宝贵的精神财富，也是全国青年极其宝贵的精神财富。现在，全团正在深入学习江泽民总书记在抗洪抢险总结表彰大会上的重要讲话以及关于抗洪抢险的一系列重要讲话，以此来激

励广大团员青年以立足本职、扎实苦干的实际行动支持灾区恢复生产，重建家园，为实现今年经济增长8%的目标做贡献；激励广大团员青年拼搏奋进，以强烈的历史使命感和时代责任感，自觉投身改革开放和社会主义现代化建设的伟大实践；激励广大团员青年在以江泽民同志为核心的党中央领导下，高举邓小平理论伟大旗帜，为实现党的十五大确定的跨世纪发展战略，夺取建设有中国特色社会主义事业新的更大胜利而不懈奋斗。

共青团中央1999年工作要点

1999年1月6日

1999年是我们党和国家历史上具有特殊意义的一年，也是全团贯彻落实团十四大提出的各项任务的开局之年。总的工作要求是，在以江泽民同志为核心的党中央领导下，以邓小平理论和党的十五大精神为指导，深入贯彻落实党的十五届三中全会和中央经济工作会议精神，遵照江泽民同志在团十四大上所作的重要指示，围绕大局，发挥优势，勇于开拓，扎实工作，团结带领广大团员青年为推动改革、促进发展、维护稳定做出新的贡献，以优异的成绩迎接建国50周年。

一、深入学习邓小平理论

坚持不懈地用邓小平理论武装全团、教育青年，把学习邓小平理论同贯彻落实党的十五大精神结合起来。召开团的宣传工作会议，对全团深入学习邓小平理论工作作进一步部署。召开全国青年学习邓小平理论经验交流会，总结交流党的十五大以来青年学理论工作的经验。从培养学习骨干、制定学习计划、丰富学习内容、提高学习质量等方面入手，加强对青年学理论组织的指导和管理，重点是加强对高校业余党校、业余团校和各类理论学习社团的指导。加强对邓小平理论的宣传，加强对邓小平理论中有关青年和青年工作思想的研究和宣传，针对青年特点编写通俗易懂的理论读物。发挥团属新闻出版阵地在青年学理论中的引导和推动作用。

二、广泛开展青少年爱国主义教育

以纪念五四运动80周年为契机，开展一系列富有教育意义的活动。纪念活动以基层为主，立足单位，把深刻的思想内涵与新颖活泼的形式统一起来，吸引青年广泛参与，引导青年把爱国主义精神融汇到本职工作之中，扎实工作，多做贡献。团中央在指导基层团组织开展好纪念活动的同时，与有关部门一起搞好几项重点纪念活动。召开纪念“五四”运动80周年大会。举办纪念“五四”运动80周年大型文艺晚会。举办以青年·科技创新·新世纪为主题的青年科技论坛。召开“五四”运动与面向新世纪座谈会。举办新老青年英模共话21世纪座谈会，邀请建国以来各个时期的青年英模回顾创业历程，共话祖国光辉未来。

开展纪念全国青联成立50周年活动，团结引导各族各界青年在爱国主义和社会主义的旗帜下为实现中华民族的伟大复兴共同奋斗。积极开展18岁成人仪式教育活动。以纪念少先队建队50周年为契机，引导少年儿童全面发展，健康成长。

以庆祝新中国成立50周年、迎接澳门回归祖国和千年之交为契机，用社会主义革命和

建设的历史特别是改革开放 20 年来取得的伟大成就教育青少年，增强广大青少年的民族自信心和民族自豪感，激励青年积极投身建设有中国特色社会主义伟大实践，满怀信心地跨入新世纪。

三、为促进农业和农村的跨世纪发展做贡献

贯彻落实团中央常委扩大会议精神，带领农村青年在建设有中国特色社会主义新农村中发挥生力军作用。加大领办科技推广项目的工作力度。选择一批科技含量高、市场潜力大、辐射带动能力强的农业项目进行推广，为科教兴农服务。把培养青年星火带头人活动与领办项目工作结合起来。把青年股份合作体作为推动领办项目的一种有效组织形式加以推广。举办首届青年领办科技推广项目成果展示交流会。

实施保护母亲河行动。组织动员青少年参与黄河、长江及本地区主要江河湖泊流域的植树造林。在植树节、地球日、环保日、防止荒漠化日开展以宣传教育、资金募集和植护实践为主要内容的保护母亲河周（日）活动。创设保护母亲河基金。实施青年志愿者绿色行动营计划。继续开展创建青少年绿色文明园活动。

四、为促进国有企业改革和经济增长方式转变服务

实施中国青年创业行动。以推进下岗青工创业行动为重点，引导和帮助各行各业青年弘扬新时期创业精神，积极投身创业实践。着眼于提高青年的创业本领，加强对下岗青工的职业培训和技术教育；大力发展青年家政服务业，推动第三产业发展和下岗青工就业；通过资金支持、政策服务、项目带动，加大扶持青年兴业领头人的工作力度，促进和带动更多的下岗青工通过创业实现再就业。逐步建立中介服务网络，千方百计为下岗青工再就业牵线搭桥，多办实事。深化培养青年岗位能手活动，在重点抓好国有大中型企业工作的同时，逐步向不同经营方式和组织形式的企业拓展。深化振兴千家中小企业行动，鼓励和支持优秀青年企业经营管理者积极探索国有小企业放开搞活的有效方式。

启动中国青年科技创新行动。通过各种形式的活动，促进广大青年学习和传播科技知识。命名一批全国青少年科技教育基地。开展好第六届全国大学生“挑战杯”系列活动。围绕企业技术创新工程，组织青年科技人员以市场为导向，开展开发一项新产品、创造一项新工艺、推广一项新技术、转化一项新成果的“四个一”活动。以“五小”活动和青年岗位能手活动为载体，在青工中广泛开展群众性技术创新活动。召开中国青年科技工作者协会第二届全体会员代表大会，充实协会力量，优化会员结构。依托协会建立全国性的青年科技创新中介服务机构，从事科技成果的转化服务工作，成为联系科研院所与企业之间的纽带。加强大学生科技协会建设，发挥协会在科技创新中的作用。建立一批青年科技创新行动示范基地，促进科技人才与项目的对接。建设好中国青年科技园，发挥科技成果孵化器的作用。组织博士生服务团和留学人员为国服务团，为企业的技术攻关服务。设立中国青年科技创新奖，推动优秀青年科技人才脱颖而出。

五、积极促进社会主义精神文明建设

积极开展群众性精神文明创建活动。推进青年志愿者行动，继续实施“一助一”长期服务计划，扩大青年志愿者扶贫接力计划的实施规模和范围，在教育部支持下组织研究生支教扶贫团。做好希望工程国内最后一轮劝募工作。扩大少年儿童手拉手互助范围，提高结对质量。拓展青年文明号活动的工作领域，突出整体创建，推动活动上规模。深化创建青年文明社区活动，通过文化服务、志愿服务、教育服务等形式，促进文明城市建设和团的工作在社区全面发展。加大实施“千校百万”外来务工

青年培训计划的力度。以服务灾区、贫困地区为重点，深入开展大中学生科技文化卫生“三下乡”活动。广泛开展健康向上、丰富多采的校园文化活动。元旦、春节期间举办乡村青年文化节，通过科技大集、文体大赛、卫生大扫除，引导农村青年移风易俗，弘扬新风。

实施新世纪读书计划。下发关于实施青少年新世纪读书计划的文件，指导各地青少年开展读书求知活动。建设新世纪读书俱乐部等学习基地，推动读书求知活动广泛持久地开展。举办全国青少年新世纪读书论坛，推出首批青少年新世纪丛书。

推出几个能够集中体现走向新世纪的一代青年精神风貌、在两个文明建设中做出杰出贡献的青年典型，授予第三届中国青年五四奖章。开展首届“中国杰出(优秀)青年外事工作者”评选活动。继续做好十大杰出青年、各界杰出青年、新长征突击手、优秀团员、优秀团干部、十佳少先队员等奖项的评选工作。

六、把维护社会政治稳定的工作放在十分重要的位置

以高度的政治敏感性和政治责任感，积极配合党和政府做好维护稳定的工作。特别是在敏感期，要注意把问题想在前面，把工作做在前面，配合有关方面将破坏稳定的因素消除在萌芽状态。

加强青少年民主法制教育。帮助青少年在了解公民权利和义务的基础上，积极参与基层民主实践，正确行使民主权利。开展创建优秀青少年维权岗活动，为青少年提供维权服务。命名一批青少年法制教育阵地，开展形式多样的法制教育活动，帮助青少年学法、懂法、守法、用法。

加强团属青少年宣传舆论阵地建设。以坚持正确的政治方向和舆论导向为主题，举办青少年报刊主编培训班。加强对青年报刊新闻工作者特别是年轻新闻工作者的教育。召开团的宣传工作会议和青年报刊工作会议。发挥好青少年宣传舆论阵地在引导和鼓舞青少年方面的作用。

加强对青年社团的管理。根据“一手抓培育发展，一手抓监督管理”的原则，加强对青年社团的管理和指导，引导和促进青年社团规范、健康地发展。

七、以团干部队伍和基层组织建设为重点加强团的建设

加强团的领导班子建设。在县处级以上领导班子和领导干部中，以整风的精神开展以“讲学习、讲政治、讲正气”为主要内容的党性党风教育，认真解决存在的突出问题，并以此带动整个团干部队伍建设。切实加强团干部队伍的思想作风建设。进一步坚定团干部走建设有中国特色社会主义道路的信念，自觉地与以江泽民同志为核心的党中央保持高度一致，大力弘扬艰苦创业和伟大抗洪精神，增强服务人民、服务青年的意识，培养脚踏实地、求实务实的作风，增强开拓创新的责任感。进一步加强团干部协管工作。启动实施团干部三年培训计划，努力为团干部成长进步提供服务。

加强团的基层组织建设。结合以党组织为核心的农村基层组织建设，继续整顿好农村松散瘫痪团组织，巩固和发展农村团组织三年集中整顿的成果。按照强乡带村的要求，突出抓好乡镇团委建设，带动农村基层团组织建设普遍加强。以“班子建设好、主题活动好、支部建设好、阵地建设好”为主要内容和标准，开展创建“五四红旗团委”活动。进行农村、社区、企事业单位、学校等四种基本类型的团建创新试点工作。根据《关于普通高等学校共青团建设有关问题的通知》精神，加强高校团组织建设。重视加强街道团工委建设，采取灵活方式，建立健全社区团组织。加强对社区外来务工青年、下岗青年、待业青年及其中团员的教育和管理。以社区为重要依托，推进各类新建经济组织的建团工作。根据建立现代企业制

度的要求，积极创新企业团的组织形式、活动方式和运行机制。抓好基层团组织的按期换届和团干部民主选举。在加强基层团组织建设中，注重抓好团员教育管理，深入开展推优工作，做好经常性发展团员工作。

八、全面推进团的各项事业

重视青联、学联、青企协、青乡企协、青科协等方面的工作，进一步凝聚优秀青年人才和发挥他们的作用。发扬全团带队的传统，深化中国少年雏鹰行动，为少年儿童全面发展服务。加强青少年活动阵地的建设和管理，更好地为青少年服务。发展团办实业，适应市场规律，加强内部改革，走集团化之路。加强各级团校建设，全面深化教学改革，加强基础建设和内部管理，提高教育质量和效益。

加快青少年信息网络体系建设。围绕中青计算机信息服务网，加大全团信息网络建设的工作力度，为广大青少年和团的工作提供信息服务。做好青少年理论研究工作以及青年热点、难点问题的社会调查和信息反馈工作。根据全团重点工作的推进情况，做好调研信息工作。

加强青年外事工作。落实《中日关于进一步发展青少年交流的框架合作计划》，做好百名日本青年访华接待工作。以中美建交20周年暨全国青联与美国青年政治领袖理事会建立友好交流关系20周年纪念活动、中欧青年交流项目、发展中国家青年政治领袖访华、参与联合国及其他国际组织的青年事务等重点活动为依托，构筑全面发展的对外交流布局。同时，注重运用国外资源为全团重点工作提供服务。

中国人民解放军和武装警察部队的青年工作，由解放军总政组织部统一作出部署。

共青团中央办公厅关于不得擅自使用团中央名义从事赢利性活动和其他活动的通知

1999年9月16日

团中央各直属单位：

最近，发现团中央个别直属单位及其下属机构擅自使用团中央名义，以及擅自授权团内外其他单位和个人使用团中央名义从事赢利性活动和其他活动的现象。这不仅给团中央造成了一定的经济损失和不必要的法律纠纷，更为严重的是损害了共青团的政治声誉，损害了共青团在社会上的良好形象。为杜绝这类事件，特通知如下：

1. 团中央各直属单位及其下属机构不得擅自使用团中央（包括共青团中央、共青团中央委员会、中国共产主义青年团中央委员会等字样。下同）名义从事赢利性活动和其他活动。

2. 团中央各直属单位因工作需要确需使用团中央名义的，必须经书记处批准，由办公厅办理批复手续。团中央各直属单位不得擅自授权任何单位和个人因任何用途使用团中央名义。

3. 使用团中央名义的情况包括：

（1）在正式注册的单位名称前冠以“团中央”字样；

（2）在合同、协议中出现“团中央”字样；

（3）赢利性活动的宣传品上印有“团中

央”字样；

(4)赢利性活动的广告中出现“团中央”字样；

(5)使用团中央的信封、信笺；

(6)直属单位所属人员在名片、临时工作证等证明身份的有效证件上印有“团中央”字样；

(7)其他以明示或暗示的方式误导公众或经营合作方将团中央理解为赢利性活动的主体或担保方的一切行为。

团中央各直属单位要迅速传达贯彻本通知，严格按本通知要求对照检查本单位及所属机构的经营活动。如发现有违反上述规定的情况，要立即采取措施予以坚决纠正，并确保类似情况不再发生。以后，如再发生类似情况，团中央将追究有关单位和当事人的责任。

共青团中央2000年工作要点

2000年1月1日

2000年共青团工作总的要求是：在以江泽民同志为核心的党中央领导下，以邓小平理论和党的十五大精神为指导，深入贯彻党的十五届三中、四中全会和中央经济工作会议精神，认真贯彻《中共中央关于加强和改进思想政治工作的若干意见》，紧紧围绕党和政府的工作大局，全面深化跨世纪青年文明工程、跨世纪青年人才工程、服务万村行动、中国青年创业行动、中国青年科技创新行动、保护母亲河行动，努力研究新情况，解决新问题，更好地教育青年、服务青年，团结带领广大团员青年为推动改革、促进发展、维护稳定做出新的贡献，以更加昂扬奋发的姿态迎接新世纪。

一、进一步加强青少年思想政治教育

充分发挥党领导的先进青年群众组织、党的助手和后备军的作用，坚持不懈地把加强和改进青少年思想政治工作，开展理想信念教育，培养“四有”新人做为首要任务来抓。进一步用邓小平理论武装全团、教育青年，把学习邓小平理论同树立崇高理想和坚定信念结合起来，同贯彻落实党的十五大精神结合起来。召开全国青年学习邓小平理论经验交流会，总结交流党的十五大以来全国青年学习邓小平理论的经验和做法，推动青年学理论活动深入发展。认真实施《关于在全团深入学习邓小平理论的意见》，进一步加大对全国学理论工作的指导力度。以团干部和青年学生为重点，通过加强培训、开展交流、社会实践、典型示范等方式，培养学习邓小平理论的骨干。切实加强对各种青年学理论组织的指导和管理。加强对邓小平理论中有关青年和青年工作思想的研究和宣传，针对青年特点编写通俗易懂的理论读物。进一步发挥团属新闻出版阵地的作用，充分利用互联网，营造青年学理论的浓厚氛围。认真落实《关于在新形势下加强和改进青年思想政治工作的若干意见》，积极探索新形势下青少年思想政治工作的新方式、新手段、新途径。

加强爱国主义、集体主义、社会主义和艰苦创业精神教育。注重加强形势教育、国情教育和国防教育，从国际国内形势、社会主义初级阶段和基本国情入手，联系中华民族一个世纪以来的奋斗历程和新中国50年特别是改革开放20年的辉煌成就，抓住庆祝澳门回归祖

国、迎接新世纪到来的有利时机，开展青少年“迎接新世纪、创造新业绩”主题教育活动，激发广大团员青年的爱国热情，增强民族自豪感和自信心，为建设富强、民主、文明的社会主义现代化国家而团结奋斗。

二、为推进国有企业改革和发展建功立业

认真贯彻党的十五届四中全会精神，带领广大青年职工为实现国有企业改革和发展目标而奋斗。大力开展创新创效活动，结合产业结构调整，以市场为导向，以技术创新为重点，组织青年科技人员努力开发新产品，创造新工艺，推广新技术，转化新成果；组织一线青工立足岗位，广泛开展“五小”（小发明、小革新、小改造、小设计、小建议）等群众性技术创新活动；开展技术创新中介服务，组织科研机构和大专院校的科研力量以各种方式进入企业；广泛组织青工学习运用网络技术。深化青年岗位能手活动，加强青工业务技术和劳动技能培训，开展导师带徒、岗位练兵和技术比武等活动，不断提高青工素质。深化青年文明号活动，通过建设更多的青年文明号柜组、班组、车间、生产线，优化企业的基层管理单元，促进企业整体管理水平的提高；深入开展“百城万店青年文明号促销创效”活动和春节期间“青年文明号优秀服务促假日经济”活动，努力推动青年文明号优质服务向社区和农村延伸，为扩大内需做贡献。大力实施下岗青工创业行动，加大对下岗青工的培训力度，帮助他们提高再就业能力；大力培养青年兴业领头人，鼓励和扶持他们创办企业，带动更多的下岗青工走自主创业之路；引导下岗青工创办家政服务公司，开展社区服务，立足社区创业。

三、为推动科教兴农和扶贫攻坚做贡献

深入贯彻党的十五届三中全会精神，带领农村青年在促进农业和农村跨世纪发展中发挥生力军作用。继续做好科技推广项目工作，开展好培养青年星火带头人活动，使更多青年星火带头人不仅成为学用科技的带头人，还要成为闯市场的带头人和推动农业产业化发展的带头人。要把工作重心放在县、乡，切实加强分类指导，重点推广一批优秀项目。建好用好中青科技致富网、中青农业高科技示范园和全国星火培训基地，为农村青年提供科技培训和信息服务，努力帮助农村青年增效增收、成长成才。联合财政部、农业部，在全国50个县实施跨世纪青年农民科技培训工程试点。以传播文明、推广科技、倡导新风为主题，通过组织“科技大集”、“乡村青年大擂台”和创建“共青团文明一条街”，开展好第二届乡村青年文化节，丰富农村青年文化生活。

贯彻党中央关于西部大开发的战略，进一步加大为中西部发展服务的力度。组织青年科技人才服务西部地区大开发，开展“百名博士西部行”等活动。深化青年志愿者扶贫接力计划，进一步扩大扶贫范围和规模。加强对中西部地区特别是少数民族和贫困地区团干部的培训，扩大中西部地区团干部到东部地区挂职锻炼的规模。

四、积极参与科教兴国战略的实施

大力推进中国青年科技创新行动。广泛建立全国青少年科技创新行动教育基地，通过开展形式多样的活动，帮助青少年增强创新意识，提高创新能力，优化青年创新环境。全面实施“金桥计划”，构建起人才与项目对接的桥梁，为青年科技工作者的创新实践提供服务，引导和帮助青年科技人才参与经济建设，促进科技与产业紧密结合。加强中国青年科技工作者协会的建设，依托协会，建立中青科技发展中心，建设好中国青年科技信息网。广泛组织高层次青年科技人才服务经济建设，扩大海外留学人员为国服务团的规模。大力推进大学生科技创新创业计划，开展好“挑战杯”系列活动，努力形成引导、鼓励、支持大学生参与科技创新创业的有效机制。举办好2000年中国青年科技论坛。做好中国青年科学家奖和中

国青年科技创新奖的评选工作。

大力实施中国青少年新世纪读书计划。广泛建立新世纪读书计划精品书架，促进各地青少年基层读书组织和新世纪书屋的建设与发展，逐步构建为青少年读书学习提供服务的组织网络。设立新书推荐榜，组织专家指导团，开设网上读书论坛，举办以新世纪为主线的主题读书活动，推动青少年面向新世纪形成读书学习的热潮。

积极推进素质教育。实施新世纪青少年素质训练计划，依托青少年活动阵地开展综合素质训练、专项知识技能培训和青少年体能测试及健身指导。扩大“千宫百万”青少年现代知识技能培训活动和城市青年计算机等级达标竞赛活动（CRE）的覆盖面和参与面。深化大中学生素质拓展计划，开展职业阅历拓展、18岁成人仪式教育、中学生“金钥匙”系列科技活动和形式多样的校园文化活动，促进大中学生综合素质的提高。深入开展中国少年雏鹰行动，以雏鹰争章为重点，通过开展实践教育活动，引导广大少年儿童按照“自学、自理、自护、自强、自律”的要求，全面提高自身素质。

五、为实施可持续发展战略做贡献

全面推进保护母亲河行动。加大工程建设力度，高标准完成8个首批全国重点项目、年度8万亩的植树造林任务，发挥重点工程的示范作用，带动各地保护母亲河工程建设。开展小流域综合治理青年突击队竞赛活动，利用春季和秋冬季，组织农村青年以青年突击队形式参与小流域综合治理。继续实施青年志愿者绿色行动营计划，扩大志愿者招募范围。加强资金募集和管理，面向海内外广泛募集资金，健全资金管理制度，加强社会监督。进一步加大宣传力度，运用各种传播手段，努力扩大保护母亲河行动的社会影响。继续坚持切实可行、简单方便的方式，按照“5元一棵树、200元一亩林”和建设命名纪念林的做法，动员更多的社会团体、单位和个人参与保护和建设生态环境。

六、积极参与社会主义精神文明建设

积极开展群众性精神文明创建活动。大力推进青年志愿者行动，继续实施“一助一”长期服务计划，启动青年志愿者城市社区发展计划，建立城市青年志愿者服务中心。做好希望工程新项目开发和转轨工作。深入开展大中专学生科技、文化、卫生“三下乡”活动。广泛开展城乡少年儿童手拉手助学活动，发动城市或较发达地区的少年儿童向贫困地区小伙伴捐赠自己用过的课本和学习用具。深化创建青年文明社区活动，以发展社区服务项目为重点，组织青少年开展社区服务，努力将创建活动纳入城市文明建设的整体规划，探索建立青少年参与社区服务和社区建设的有效机制。大力开展“千校百万”进城务工青年培训计划，提高培训质量，突出行业特色。

大力加强青年文化建设。研究市场经济条件下共青团文化工作的特点和规律。举办首届中国青年文化节。继续做好共青团“五个一”工程奖的评选工作。

注重发挥青年典型的示范带动作用。继续做好中国青年五四奖章、十大杰出青年等奖项的评选工作。大力宣传各类杰出青年的感人事迹和高尚品德。

七、为维护社会稳定贡献力量

广泛建立青少年法制教育基地，针对青少年特点开展法制教育活动，引导青少年增强法制观念，学法、懂法、守法、用法，不参加非法组织，不参与危害社会公共秩序的活动，坚决同违法犯罪现象作斗争，配合有关部门做好预防青少年犯罪工作，积极维护社会稳定。深入了解特殊青年群体，特别是下岗青工、待业青年、进城务工青年、残疾青年的思想动态和实际情况，帮助他们提高素质，掌握技能，增强就业能力，有针对性地做好教育和服务工作，努力解决他们的实际困难。进一步加强对青年社团的管理，根据“一手抓培育发展，一手抓监督管

理”的原则，引导和促进青年社团规范、健康发展。

八、切实维护青少年合法权益

深化创建优秀青少年维权岗活动，通过法律服务、舆论支持、维权咨询、社会救助等方式，为青少年提供帮助，优化青少年成长的社会环境。在大中城市设立青少年维权服务中心和服务热线，加强维权工作队伍建设，构建社会化维权工作体系。宣传普及《未成年人保护法》和《预防未成年人犯罪法》，运用法律武器维护青少年合法权益。以未成年人为重点开展自护教育，举办青少年自护训练营和培训班，向未成年人传授普及青春期生理心理知识、防灾救险知识、意外伤害自救互救以及犯罪预警知识，帮助青少年提高自我保护意识和技能。加大济困助学力度，广泛开辟救助渠道，帮助更多的贫困学生完成学业。

九、进一步加强团的自身建设

不断加强团的领导班子建设和团干部队伍思想作风建设。按照党中央关于深入开展“三讲”教育的要求，不断加强团干部党性党风教育。围绕加强团的领导班子建设，进一步健全和完善中心组理论学习制度，建立健全班子议事规则和民主生活会制度，指导团地市委班子搞好“三讲”教育。切实加强团干部队伍思想作风建设，认真实施《关于加强团干部思想作风建设的意见》，教育团干部牢固树立共产主义远大理想，坚定走建设有中国特色社会主义道路的信念，自觉与以江泽民同志为核心的党中央保持高度一致，牢记党的宗旨，增强服务人民、服务青年的意识，培养求真务实、艰苦奋斗的作风，增强开拓创新的意识和能力。大力实施“团干部321培训计划”。

坚持党建带团建，加强团的基层组织建设。建立既符合共青团性质、职能要求，又适应社会主义市场经济体制需要的团组织运行机制，增强团组织的内在活力。召开全国基层党建带团建工作会议，进一步研究党建带团建的工作思路和具体措施。广泛深入开展创建“五四红旗团委”活动，强化基层团委的主体作用，带动和加强团支部建设，促进基层团的建设和团的工作全面活跃。继续抓好团建创新试点工作，加大工作指导力度，及时研究总结新形势下基层团组织建设的经验和做法。努力推进强乡带村工作，切实加强乡镇团委建设，带动农村基层团组织整体活跃。加强国有企业团的建设，积极探索与现代企业制度相适应的团的组织设置、工作运行机制和活动方式。加强社区团建特别是街道团(工)委建设，抓好居委会、居民小区、工业小区、商业街、集贸市场等建团工作。加强高等学校团建工作，深化和探索新形势下高校共青团的组织建设。继续做好经常性发展团员工作，加强团员的教育和管理，进一步加大“推优”工作力度。

十、全面推进团的各项事业

加强青联、学联、青企协、青乡企协、青科协、青年志愿者协会等工作，进一步发挥好他们联系青年的桥梁纽带和服务青年成才创业的作用。加强青少年新闻出版阵地建设，适应建立社会主义市场经济体制和精神文明建设的要求，坚持正确舆论导向，引导青少年健康成长，提高经营管理水平，扩大社会影响。加强青少年活动阵地建设。继续推进团办实业健康发展。按照我国教育改革发展的总体要求和趋势，加强各级团校建设。

进一步加强青年外事工作。配合党政外交，充分发挥青年外事优势，积极发展同联合国有关机构、国际青年组织以及各国青年机构和青年组织的友好合作关系。推动我与欧美国家青年交流取得新突破；进一步深化我与周边国家和发展中国家的青年交流；加强对国际青年事务的调研力度，积极参与国际青年事务；不断开辟有益于国内经济建设和青年工作的务实工作领域；切实推进具有国际竞争力的青年人才的培养工作。

大力推进青少年信息网络体系建设，建设

好“中青网”和中国共青团网站，努力提高网络服务水平，不断扩大在青少年中的覆盖面。围绕推动团的重点工作和各项事业发展，切实加强调研和信息工作。认真实施《共青团青少年和青少年工作研究规划》，做好青少年理论研究工作。

做好全国青联、全国学联换届工作，召开全国少代会。

中国人民解放军和武警部队的青年工作，由解放军总政组织部统一做出部署。

共青团中央办公厅关于做好2000年全团专题调研和团内信息报送工作的通知

2000年4月24日

共青团各省、自治区、直辖市委，全国铁道团委，全国民航团委，中直机关团工委，中央国家机关团工委，中央金融团工委：

为做好2000年全团调研和信息报送工作，根据全国省级团委办公室（研究室）主任会议的精神和有关部署，现将《2000年全团专题调研实施方案》和《2000年团内信息报送工作的要求》发给大家，请各省级团委按照要求认真贯彻执行。

2000年全团专题调研实施方案

为进一步加强全团调研工作，团中央办公厅决定在2000年开展一次全团专题调研，并从2000年起恢复实行全团调研工作年度分组联系会议制度。

一、主要任务

根据团十四届三中全会精神和《共青团2000年工作要点》，2000年全团专题调研的主要任务是：深入研究当代青年群体的变化；当代青年作用的变化；共青团组织如何在实施西部大开发战略中发挥作用，为推动新时期共青团工作和青年工作的发展服务。

二、实施步骤

（1）从4月份开始，各单位根据实际确定调研选题，组织力量进行为期三至四个月的调研活动，形成专题调研报告，于8月底前报团中央办公厅调研处。

（2）采取分组联系会议的形式，在下半年召开若干次（根据工作需要和实际情况定）分组联系会，对各省级团委的调研成果进行专题研讨。同时交流各地办公室（研究室）工作的成功探索和经验，包括调研工作、信息报送工作以及青少年网络建设等方面的前瞻性研讨。

（3）11月，团中央办公厅将对各省级团委的调研成果进行筛选和汇总，并上报书记处。同时对各地调研成果进行评选表彰。

三、分组联系会议制度

（1）关于分组。根据各地经济社会发展的不同特点，为使调研工作有重点的开展和不同地区互补交流，全国分为三大组：

第一组：上海、江苏、浙江、山东、广东、安徽、福建、云南、广西、宁夏、贵州、民航。

第二组：北京、天津、山西、河北、河南、黑龙江、辽宁、新疆、湖南、江西、中直机关、铁道。

第三组：重庆、陕西、甘肃、四川、内蒙古、青海、西藏、吉林、湖北、海南、国家机关、金融工委。

（2）关于会议的开法。分组联系会议实行

组内轮换召集的办法，召集单位每年轮换一次。每年度的具体召集单位由团中央办公厅根据情况与有关省级团委共同协商确定。每年度的分组联系会议由所确定的召集单位负责承办，团中央办公厅给予一定的经费支持。会前，各省级团委办公室（研究室）需根据团中央办公厅拟定的该年度调研选题，撰写1－2篇专题调研文章。

（3）关于2000年度的分组联系会议。团中央办公厅拟于8－10月召开2000年度分组联系会议，参会人员和具体时间、地点待定后再另行通知。

四、基本要求

（1）要实事求是。要深入基层，深入青年，了解真情、实情，掌握第一手的材料，不搞编造，不弄浮夸。要实事求是地分析所收集的材料和数据，不想当然地下结论，不以偏概全，要客观公正地进行分析判断。

（2）要突出重点。要突出调研的重点，确保专题研究，不搞面面俱到、大而化之的研究，要就一个重点或专题作深入的分析。

（3）要体现特色。要根据本地区、本单位的实际，突出区域、行业特色，有针对性地开展调查研究。

（4）要讲究方法。要做到调查研究与理论研究相结合，注重调查研究的深度特别是研究成果的思想性和理论性。要注重运用好的调查研究方法，采取定性定量、指标分析等手段，增强研究成果的说服力和可操作性。

随着社会经济的发展变化，调研工作也面临许多新的课题和任务，各地要紧密结合党和政府的工作重点，关注青年的变化，把调研工作作为服务党政中心工作和团的现实工作的重要手段来抓好，使团的调研工作提高到一个更新的水平。这次调研的成果将作为团中央办公厅对省级团委进行年度调研工作评奖的重要依据。希望各省级团委办公室（研究室）按照此方案的要求，统筹安排，集中力量，深入研究，争取多出调研精品，使调研工作真正发挥决策服务的作用。

附：专题调研提纲

（一）关于当代青年群体变化的调研，主要围绕以下方面展开：

（1）青年群体分布的基本状况及结构变化的特征。

（2）不同青年群体的流向及趋动因素。

（3）不同青年群体在成长发展及社会生活中需求（如学习需求、文化需求等）的情况。

（4）不同青年群体的价值取向情况。

（5）新兴产业和职业中的青年状况。

（6）网络技术的迅猛发展对不同青年群体的影响状况。

（7）团工作应当如何更好地适应青年群体的变化。

（二）关于当代青年作用变化的调研，主要围绕以下方面展开：

（1）青年在新兴经济领域中的作用。

（2）青年在高新技术产业发展中的作用。

（3）青年在建设社会主义新农村中的作用。

（4）青年在群众性精神文明创建活动中的作用。

（5）青年在维护社会政治稳定中的作用。

（6）青年在参与社区建设和促进社区发展方面的作用。

（7）团组织应当如何引导青年更好地发挥作用。

（三）关于共青团组织在实施西部大开发战略中如何发挥好作用的调研，主要围绕以下方面展开：

（1）各级团组织特别是西部地区团组织在动员和组织广大团员青年参与西部大开发方面现已做了哪些工作，即将准备开展哪些工作。

（2）共青团组织参与西部大开发在哪些领

域具有自身的优势。

(3)青年参与西部大开发希望团组织提供哪些帮助和服务。

(4)西部地区党委和政府希望共青团组织在参与西部大开发中发挥什么作用。

(5)青年在实施西部大开发中具有哪些优势,可以在哪些领域发挥独特作用。

(6)青年特别是青年科技人才对参与西部大开发有哪些基本要求。

2000 年团内信息报送工作的要求

及时、准确、全面地向上级领导机关报送信息是各级团委的重要职责,也是共青团工作的一个重要方面。根据团中央办公厅 3 月 24 日召开的全国省级团委办公室(研究室)主任会议精神,现就 2000 年团内信息报送工作提出如下要求:

1. 贯彻落实团中央重要会议精神和重要工作要求,推进重点工作的有关情况,应根据实际及时总结上报。

2. 对党中央重大决策和团内重要情况的反映,报送时间不超过两天。

3. 突发性事件,在事件发生后六小时内报送有关情况。

4. 对团中央办公厅所发有关信息报送方面的明传电报和电话通知,应根据时间要求按时上报。

5. 各省级团委的主要简报和文件及时报团中央办公厅调研处和综合处。

6. 团中央办公厅在每两个月通报一次各省级团委所报信息采用情况的同时,将对专门要求的重要信息的报送情况以适当方式进行通报。所有通报情况均将送省级党委分管书记。

共青团中央关于深入学习江泽民总书记关于“三个代表”重要思想的通知

2000 年 5 月 22 日

共青团各省、自治区、直辖市委,军委总政治部组织部,全国铁道团委,全国民航团委,中直机关团工委,中央国家机关团工委,中央金融团工委:

江泽民总书记关于中国共产党要始终代表中国先进社会生产力的发展要求、始终代表中国先进文化的前进方向、始终代表中国最广大人民的根本利益的重要论述,从根本上进一步回答了在充满挑战和希望的 21 世纪我们党要把自己建设成为一个什么样的党和怎样建设党的问题。这是对党的性质、根本宗旨和历史任务的新概括,是对马克思主义建党学说的新发展,是新形势下对各级党组织和党员干部提出的新要求,是面向新世纪全面加强党的建设的伟大纲领。“三个代表”的重要思想对于全面推进党的建设新的伟大工程,永葆党的生机与活力,对于面向新的世纪加强团的建设,推动共青团工作和青年工作的发展具有十分重要的指导意义。

1. 各级团组织要把认真学习、深刻领会、全面贯彻“三个代表”的重要思想作为当前和今后一个时期的中心任务,作为一项长期的战略任务来抓,把全团的学习努力提高到一个新的水平。要结合深入学习邓小平理论,学习党

的十五大精神，学习党的路线、方针、政策，结合国内外形势的种种新变化，结合我国生产力的最新发展和经济体制深刻变革的实际，结合包括青年在内的广大人民群众对物质文化提出的新要求，结合团员青年中在新形势下出现的新情况新问题，深刻理解“三个代表”的科学内涵、理论依据、内在联系和伟大意义，增强贯彻落实“三个代表”的坚定性和自觉性。

2. 各级团组织要把“三个代表”的重要思想贯彻落实到正确执行党的路线、方针、政策中去，贯彻落实到团的各项工作中去，面向新世纪努力开创共青团工作新局面。进一步做好用邓小平理论武装青年的工作，帮助青年构筑起强大的精神支柱，树立起坚定的理想和信念，坚定不移地走建设有中国特色社会主义道路。进一步加强和改进新形势下青少年思想政治工作，不断适应新形势，探索新方法，帮助青少年一代健康成长。进一步做好新形势下青年群众工作，把青年更加紧密地团结在党的周围，坚实党在青年群众中的基础。进一步深化全团重点工作，更好地为全党全国工作大局服务，团结带领广大团员青年为实现党的跨世纪宏伟目标努力奋斗。

3. 各级团组织要适应新形势进一步加强团的思想建设、组织建设和队伍建设，把团的建设努力提高到一个新的水平。共青团要以“三个代表”为指导，始终保持作为党领导的先进青年群众组织这一性质，发挥好党的助手和后备军作用，党联系青年的桥梁和纽带作用，国家政权的重要社会支柱作用。团的干部要身体力行“三个代表”，深入基层，深入青年，了解青年，不断研究新情况，解决新问题，以扎实有效的作风来做好教育青年、服务青年的工作。要坚持党建带团建，切实抓好基层团组织建设。要进一步做好推优入党工作，为党的事业源源不断地输送新鲜血液。

4. 团的新闻舆论阵地要加强对“三个代表”重要思想的宣传。要通过开辟专栏、组织理论文章、开展研讨等方式，宣传“三个代表”重要思想的深刻内涵和重要意义，积极营造学习贯彻“三个代表”重要思想的良好氛围。

各地学习贯彻情况请及时报团中央办公厅。

团中央信息化工作领导小组办公会议纪要

2000年8月3日

2000年7月21日下午，团中央信息化工作领导小组召开办公会议，传达丁关根同志在视察中国青少年计算机信息服务网（简称中青网）时和在互联网络新闻宣传工作汇报会上的重要指示，研究贯彻落实措施。

会议听取了有关负责同志关于中青网、“中国共青团”网站和全团信息化建设前一阶段发展情况的工作汇报及下一阶段的工作设想。会议充分肯定了中青网、“中国共青团”网站和全团信息化建设所取得的成绩，并就如何贯彻落实丁关根同志的指示精神，进一步促进中青网发展，丰富“中国共青团”网站内容，加快全团信息化建设，迎接建团80周年等工作进行了研究部署。

团中央书记处第一书记周强出席会议并作重要讲话。周强同志首先指出，中共中央政治局委员、书记处书记、中宣部部长丁关根等领导同志到中青网视察，对中青网和团中央信息化

建设工作给予了充分肯定,并对今后的发展做了重要指示。我们深受教育,深受鼓舞,深受感动。今后的奋斗目标非常明确,就是要按照丁关根同志的要求,把中青网建设成为全国第一、世界著名的青少年教育服务网站。要以中青网的建设为基础,全面推进共青团信息化建设。

周强同志对团中央今后的信息化工作提出了四个方面的要求。(1)要制定切实可行的发展规划。中青网的建设是一项系统工程,任务艰巨,规模宏大。要按照分步实施的原则,制定详细的实施规划。规划的起点要高,要以全球性站点的标准来衡量。同时,也要注意做好宣传规划。(2)要突出自己的特色。一是要坚持以正确的舆论引导青少年,要高举邓小平理论的伟大旗帜,使网站成为对青少年进行理想信念教育的基地。二是要充分运用高科技手段为青少年提供科学理论、文化知识、思想交流、休闲娱乐等多方面服务。既要进一步丰富内容,也要在形式上更加生动活泼。要进一步研究青少年的需求,更加贴近青少年,形成一批自己的名牌栏目。比如青少年维权、心理咨询、青年话题、网上竞赛和一些国内著名青少年问题专家专栏等。(3)全团要形成合力。中青网是全团信息化建设的主干。共青团组织拥有丰富的资源,是社会上其他网站难以比拟的,要凝聚全团力量,在中青网建设和发展的基础上构建共青团组织网络体系和青少年教育服务网络体系。团中央机关各部门、各直属单位和各级团组织都要积极支持中青网的建设。共青团组织所属的各类网站,都应通过中青网上互联网。另一方面,中青网也要抓住机遇,完善服务,主动争取团中央各部门、各直属单位和全团的支持与配合。(4)全面加强"中国共青团"网站建设。"中国共青团"网站要成为广大青年和团干部学习邓小平理论和党的路线方针政策的网上学校,成为宣传共青团工作和社会各界了解共青团组织的网上窗口,成为各级共青团组织和广大团干部开展工作的网上信息中心、资料中心和交流中心。网站建设要突出思想性,进一步丰富内容,积极开设邓小平理论学习园地、团史展览馆、网上人民英雄纪念堂、国耻纪念馆以及介绍共青团组织近年来推出的青年楷模先进事迹等网页。

周强同志特别强调,要把"中国共青团"网站和"团史展览馆"网站建设作为全团迎接建团80周年的"二〇〇二工程",充分利用网络技术和多媒体技术把"团史展览馆"建成网上永久性展览馆,全面展示共青团组织80年来团结带领青年跟着党英勇奋斗的光辉历程。

周强同志最后强调,互联网的飞速发展,使网络对我国青少年的影响越来越大,越来越深刻。同时,也为共青团组织开辟了一个崭新的工作领域。我们一定要抓住机遇,形成自己的网络优势,充分占领互联网阵地,使团旗在互联网上高高飘扬,为共青团事业的发展、为更好地做好青少年教育和服务工作做出应有的贡献。

团中央书记处常务书记、团中央信息化工作领导小组组长巴音朝鲁,团中央书记处书记、团中央信息化工作领导小组副组长孙金龙分别就贯彻丁关根同志指示精神,落实周强同志的要求做了安排和部署。强调要集中全团优势,高度重视中青网的建设和发展;要建好中青网的组织实施机构,形成力量融合的高效率工作机制;要加快丰富中青网各方面的信息,特别是青年版和英语版的内容,真正把网站办成青少年思想交流的家园、文化活动的基地、娱乐联欢的场所和对外展示中国青少年风采的窗口;要加强人才队伍建设,进一步提高建网工作人员的素质,形成优化的人才结构;要做好网站的宣传策划工作,不断创造新的形式,开展新的活动,扩大中青网在广大青少年及全社会的影响;要采取市场化运作的方式扩大资金来源,既要靠国家的政策支持,也要在符合国家相关法律法规和政策的条件下争取社会资金的支持。

巴音朝鲁和孙金龙同志强调,全团要高度

重视“二〇〇二工程”的实施，“二〇〇二工程”是全团迎接建团80周年的重点项目，要及早做出实施规划，抽调专门人员组建筹备和实施机构，确保工程的实施和完成。团中央机关各部门、各直属单位和全国各省级团委都要主动参与，积极配合。

共青团中央关于组织团员青年认真学习《中共中央关于制定国民经济和社会发展第十个五年计划的建议》的通知

2000年10月24日

共青团各省、自治区、直辖市委，军委总政治部组织部，全国铁道团委，全国民航团委，中直机关团工委，中央国家机关团工委，中央金融团工委，中央企业团工委：

党的十五届五中全会审议通过了《中共中央关于制定国民经济和社会发展第十个五年计划的建议》。各级团组织要把学习《建议》作为当前和今后一个时期的重要任务认真抓紧抓好，通过开展形式多样、行之有效的学习活动，在团员青年中掀起学习《建议》的热潮，团结带领广大团员青年为实现“十五”计划做贡献。

一、深刻认识《建议》的重要意义

党的十五届五中全会通过的《建议》，站在历史的新高度，放眼世界规划中国的发展，提出了我国经济社会发展目标、战略布局和重点任务，描绘了我国在新世纪第一个五年经济和社会发展的美好蓝图。《建议》通篇贯彻了邓小平理论、党的十五大精神和江泽民总书记关于“三个代表”的重要思想，符合我国改革开放和现代化建设的实际，充分反映了全党的意志和全国人民的意愿，是指引包括亿万青年在内的全国各族人民为推进改革开放和社会主义现代化建设而奋斗的纲领性文件，对于实现2010年远景目标和邓小平同志提出的三步走战略，对于推动新世纪之初青年工作和共青团工作的发展，都具有十分重要的指导意义。实现《建议》提出的“十五”目标，需要青年积极参与，也为广大青年建功成才提供了广阔的舞台。

二、组织团员青年认真学习《建议》的主要内容

通过学习活动，帮助团员青年在明确《建议》提出的“十五”期间经济和社会发展的指导方针、奋斗目标和主要任务的基础上，充分认识发展是“十五”计划的主题，要坚持以经济建设为中心，坚持速度与效益的统一，使国民经济以较快的速度发展；充分认识对经济结构进行战略性调整是制定“十五”计划的主线，要理顺经济结构，提高经济增长质量，进一步增强发展后劲，在21世纪日趋激烈的国际竞争中赢得主动；充分认识积极推进体制创新和科技创新是我国经济发展的强大动力，要毫不动摇地坚持市场取向的改革，推进国有经济布局和所有制结构调整，继续实施科教兴国战略，加快科技进步和人才培养，充分发挥科学技术作为第一生产力的决定性作用；充分认识不断提高人民生活水平是我们全部工作的根本出发点，要按照全面建设小康社会并加快推进现代化的要求，不断提高城乡居民的物质和文化生活水平；充分认识要继续推进社会主义精神文明建设和民主法制建设，促进经济社会协调发展，坚持两手抓、两手都要硬，坚持不懈地进行党的基本理论和基本路线教育，巩固和加强马

克思主义的指导地位，发展社会主义民主，健全社会主义法制，落实依法治国方略。同时，要帮助青年了解《建议》中青年人才的培养和使用、未成年人合法权益的保护、加强青少年活动场所建设、推进素质教育等与青年成长和发展密切相关的内容，使广大青年进一步感受到党的关怀，更好地根据党的要求，按照党指引的方向健康成长，创造奉献。

三、团结带领团员青年为实现“十五”目标做贡献

要充分发挥青年在实现国民经济持续快速健康发展中的生力军和突击队作用。以服务农村青年增收增效、成长成才为主线，深化兴办科技推广项目、培养青年星火带头人、青年农民科技培训等活动，为实现农业现代化做贡献。着眼提高青工素质和企业经济效益，深化企业青工创新创效和青年岗位能手活动，为促进经济结构调整做贡献。适应信息技术发展的要求，以中青网为核心加强共青团信息化建设，为推进国民经济和社会信息化做贡献。进一步深化中国青年科技创新行动，为促进科技进步和创新做贡献。大力推进中国青年西部创业行动，深化保护母亲河行动，为西部大开发做贡献。进一步开展全方位、多层次、宽领域的国际青年交流，为扩大对外开放，发展外向型经济做贡献。

要发挥青年在精神文明建设中开风气之先的作用。结合学习《毛泽东邓小平江泽民论青少年和青少年工作》，在青年中进一步兴起学习邓小平理论的新高潮。深化和拓展青年志愿者、手拉手、青年文明号、大中学生“三下乡”、创建青年文明社区等活动，引导青少年积极投身群众性精神文明创建活动。深化创建优秀青少年维权岗，加强青少年活动阵地建设，进一步营造有利于青少年健康成长的社会环境。

要大力培养适应经济社会发展需要的各级各类青年人才。努力为青年人才发挥作用创造条件，搭建舞台，推动青年人才在经济社会发展的各个领域大显身手，施展才华。加强对青年人才尤其是发展社会主义市场经济亟须人才的培训，满足社会对青年人才的需求。努力形成青年人才发现、培养、举荐、表彰等有效机制，促进青年人才脱颖而出。营造有利于青年人才成长的环境，大力宣传青年成才的典型，积极促进有关青年政策的制定和完善。

团属新闻舆论阵地要集中宣传“九五”辉煌成就和“十五”美好蓝图，用“九五”成就鼓舞青年，用“十五”目标凝聚青年。通过宣传学习，引导广大青年充分认识改革开放20年特别是实施“九五”计划以来我国现代化建设的伟大成就，充分认识新世纪之初我国经济社会的美好前景，把广大青年的思想进一步统一到《建议》提出的“十五”目标上来，把广大青年的热情和力量凝聚到为开创“十五”伟业做贡献上来，进一步坚定走建设有中国特色社会主义道路的信念。

共青团中央2001年工作要点

2001年1月2日

2001年是新世纪的第一年，是实施“十五”计划的开局之年。共青团工作总的要求是，在以江泽民同志为核心的党中央领导下，以邓小平理论为指导，以“三个代表”重要思想为指针，贯彻落实党的十五大、十五届五中全会、中央思想政治工作会议和中央经济工作会

议精神，认清形势，增强信心，服务大局，突出重点，狠抓落实，稳步发展，团结带领广大团员青年为实现党中央提出的2001年经济社会发展的各项任务和“十五”计划做贡献。

一、以纪念建党80周年为契机进一步加强青少年思想教育

抓住纪念建党80周年这一重要契机，深入贯彻落实中央思想政治工作会议精神，以理想信念为核心，结合青少年思想实际，加大青少年思想教育工作力度。坚持不懈地把用邓小平理论武装全团、教育青年作为首要任务来抓。把学习邓小平理论与学习《毛泽东邓小平江泽民论青少年和青少年工作》一书结合起来，教育团的干部以党的三代领导核心关于青少年和青少年工作的重要思想为武器，努力做好新形势下的共青团工作和青年工作。进一步推广基层在青年学习邓小平理论活动中形成的抓实践、抓活动、抓骨干的工作经验，推动在青年特别是青年学生中持续兴起学习邓小平理论的新高潮。深入学习“三个代表”重要思想，把“三个代表”重要思想作为团的领导班子中心组理论学习的重要内容，切实将“三个代表”的要求贯彻到团的各项工作中去。

广泛开展纪念党的80周年主题教育活动，在团员青年中形成生动活泼的纪念建党80周年的热潮。以“党在我心中”为主题，深化青少年新世纪读书计划。以“星星火炬，代代相传”为主题，引导少年儿童继承和发扬革命传统。举办读书比赛、知识竞赛等丰富多采的纪念活动，激发青少年更好地爱党、爱国、爱社会主义。充分发挥团属新闻宣传阵地的作用，开展形式多样的主题宣传教育活动，集中唱响共产党好、社会主义好、改革开放好的主旋律。创办民族魂网站和血铸中华网站，建立网上“人民英雄纪念堂”和爱国主义教育基地。

加强和改进青年思想政治工作的方式方法，增强工作的针对性和实效性。充分发挥近年来形成的对青少年具有广泛教育意义的工作载体的作用，深化青少年思想政治工作。加强对青年和青年工作的理论研究，深入了解青年在思想、工作、生活中出现的新情况、新问题、新发展，针对不同青年群体的特点和需求加强对青年的教育和引导。在网络上开辟青少年思想教育的新阵地，积极推动以学习邓小平理论为主要内容的“红色网站”的建设。

二、为促进农业和农村发展做贡献

着眼于推动农村经济结构调整，以服务农村青年增效增收、成长成才为主线，举办第二届中国青年农业科技成果推广商洽会，以带头示范、带动推广新技术、新品种为重点，加大县及县以上团的领导机关的服务力度，引导更多的基层团组织和团员青年示范推广科技项目。深化培养青年星火带头人活动，全面实施跨世纪青年农民科技培训工程，从培养带头人入手，在项目、科技和市场的有机结合中开发农村青年人力资源。引导和支持农村青年自主创业，按照市场要求生产适销对路产品，积极参与农产品加工和销售，争做农业产业化经营带头人。适应城镇化发展的要求，通过职业技术培训、学历教育等途径，帮助农村青年提高职业素质和技能水平，增强农村青年进入非农产业的能力，有效增加收入。

三、为促进国有企业改革和发展做贡献

全面推进青年创新创效活动。对青年职工进行创造性劳动教育和培训，以动员青年职工立足本职工作开展创造性劳动、推动企业面向市场提供创新型产品为基本立足点，大力引导青年职工开展技术创新、管理创新、营销创新和服务创新。分行业、分区域、分所有制、分创新类型推进，扩大活动覆盖面。举办活动成果展示交易会，展示青年职工的创新成果，推动创新成果市场化。

进一步实施帮助青年创业计划。通过政策服务、项目带动、资金支持等方式，扶持青年兴业领头人创办微型企业，引导下岗失业青年走自主创业之路。加强对下岗失业青年的就

业培训和服务，为他们实现再就业创造条件。拓展活动领域，引导在职青年弘扬新时期创业精神，积极投身创业实践。

继续开展创建青年文明号活动和培养青年岗位能手活动。在服务行业开展青年文明号优质服务促假日经济活动和百城万店青年文明号促销创效活动，在工业企业创建青年文明号生产线、车间、班组，优化企业基层管理。开展青工技能月活动，举办青年职工互联网络应用大赛。

四、参与科教兴国战略

全面深化金桥计划，大力推进中国青年科技创新行动。组织多层次、宽领域的青年专家科技服务团，为地方经济发展、企业技术创新提供多方面的人才智力支持，在科研院所、大专院校与企业之间牵线搭桥；深化百名博士西部行活动，拓展活动覆盖地区，加强项目的跟踪服务，架起东部地区优秀青年人才参与西部大开发的桥梁；扩大海外学人为国服务规模，依托高科技园区、经济技术开发区，为海外学人为国服务牵线搭桥。充分发挥青年科技创新行动示范基地、高科技园区的孵化器作用，推动科技成果商品化、产业化。深化中国青年创新论坛，在办好年度主题论坛和中关村论坛的基础上，推动区域性论坛的发展。加快中国青年科技信息网建设，建立起功能完备、快速便捷的网上科技信息平台。

积极推进素质教育。举办第七届“挑战杯”大学生课外学术科技作品竞赛，以此为龙头促进高校群众性学生科技创新活动的开展。深化18岁成人仪式教育活动，动员组织更多适龄中学生接受公民意识教育和参加以社区服务为重点的成人预备期志愿服务，探索符合中学生特点的多种形式的成人宣誓仪式。在中等专业职业学校重点开展争做未来岗位能手活动，在普通中学开展“金钥匙”科技活动和假日素质训练营活动，拓展学生素质。实施新世纪青少年素质训练计划，深化千宫百万行动，推动青少年学习专项知识技能，提高综合素质。继续深化中国少年雏鹰行动，启动“新世纪我能行”体验教育活动，引导少年儿童在实践中寻找一个岗位，扮演一个角色，获得一种感受，明白一个道理，养成一个品质，学会一种本领，提高自己的全面素质。加强科普工作，引导青少年学习科技知识，培育科学精神。

五、参与西部大开发

继续推进中国青年西部创业行动，动员青年在西部大开发中建功立业。通过实施“帮助万名西部青年科技创业行动”，推动西部地区农村青年积极创业，成为建设家乡、开发家乡的带头人。继续开展青年企业家西部行、百支博士团“三下乡”志愿服务行动等活动，动员广大青年特别是优秀青年人才参与西部大开发，为西部地区提供信息、技术、人才、资金等多方面支持。深化培养计划，组织西部地区团干部到东部地区挂职交流。利用团校加强对西部地区团干部的培训。宣传开发西部、建设西部的青年典型，激励更多的青年投身西部大开发。

六、参与生态建设和环境保护

深化保护母亲河行动，继续动员各级团组织、广大青少年和社会公众，在黄河、长江及其他主要江河流域建设一批质量高、示范性强的保护母亲河工程。加大工程建设中的科技含量，健全和完善工程的管理机制。加强对“中华青年林”、“中国青年企业家世纪林”、“国际青年友谊林”、“中华少年世纪林”的建设和管理。进一步推广“5元一棵树、200元一亩林”和建设命名纪念林等简便易行的做法，拓宽基金筹集渠道，加强对基金的建设和管理。在更大范围内实施青年志愿者绿色行动营计划，动员更多青年以志愿服务方式参与生态建设和环境保护。开展社区青少年植绿护绿、手拉手地球村活动。建设生态环境教育基地和网站。开展“保护母亲河，小事做起来”活动，引导青少年从随时随地可做的环保小事做起，养成爱

护生态环境的习惯。加大活动的宣传力度，建设保护母亲河文化，扩大活动的社会影响和参与度。

七、开展群众性精神文明创建活动

以国际志愿者年为契机全面深化青年志愿者行动。开展“新纪元从做志愿者开始”活动，动员广大青年以志愿服务方式为社会多做好事、多办实事。推动争做注册志愿者的工作，加强青年志愿者队伍规范化建设。深化青年志愿者服务日活动，动员青年参加社会公益服务。以三年内在主要城市50%以上的街道建立青年志愿者服务站、为50%以上的民政部门确定的优抚对象提供志愿服务为目标，全面实施青年志愿者社区发展计划。深化青年志愿者扶贫接力计划，巩固支教扶贫，拓展医疗扶贫，探索科技扶贫。举办2001年世界志愿服务大会，展示中国青年志愿者的良好风貌，促进国际志愿服务工作的交流与合作。

深化创建青年文明社区活动。加大社区青少年活动阵地建设，在全国大中城市主要街道普遍建立融社区志愿者服务站、进城务工青年培训学校、知心家庭学校、青少年读书屋、网络俱乐部为一体的社区青少年服务中心，以此为依托推动团的名牌工作项目进社区。重点推广青年文明社区大家乐活动，活跃社区文化生活。全面开展社区志愿服务，通过邻里互助卡、社区结对互助责任状等形式，促进社区互助服务的发展和人际关系的改善。广泛建立社区少先队组织，引导少年儿童在社区开展体验教育活动和健康有益的文化娱乐活动。争取把创建青年文明社区活动纳入党和政府文明城市、文明社区建设的整体工作部署。

深入开展大中专学生文化、科技、卫生“三下乡”社会实践活动，提高硕士生和博士生的参与比例，扩大活动规模，提高服务层次。在元旦、春节期间，开展以科技大集、文体大赛、卫生大扫除等为主要内容的乡村青年文化节活动，丰富农村青年文化生活，引导农村青年移风易俗，弘扬新风。创建青年文明一条街，通过美化环境、文明经商、志愿服务等，推动文明乡村建设。开展全国青联志愿者艺术团服务活动，组织优秀青年艺术家深入厂矿企业和农村牧区进行演出慰问。依托各地青少年宫，开展青年文化广场活动。继续做好共青团“五个一工程”奖评选工作，对获奖作品进行展播、展映、展览。继续开展城乡少年手拉手助学活动，组织城市少先队员向少数民族地区、农村贫困地区小伙伴捐赠学习用品。开展各族少年手拉手互助活动，促进各族少年儿童从小团结友爱，共同进步。

八、加大培养青年人才的工作力度

着眼于提高青年劳动者素质，在农村通过开展实用技术、市场知识等培训，提高农村青年的科技素质和致富能力；在企业以岗位技能培训为重点，组织青年职工学技术，练技能，帮助他们提高职业素质和岗位创造能力；在总结千校百万进城务工青年培训工作经验的基础上，把培训教育、维权服务、提高技能、平安打工、返乡创业等内容有机结合起来，推广公寓式管理，依托行业、社区切实为进城务工青年排忧解难，帮助他们增强劳动就业和创业能力，在第二故乡的建设中发挥积极作用。鼓励和支持有志进城务工青年返乡创业。

发挥好青联、学联、青企协、乡企协、青科协等青年组织的优势，团结凝聚更多青年人才。开辟多种途径，推动优秀青年人才在更广阔的领域施展才华，建功立业。组织和引导优秀青年人才到改革开放和现代化建设的第一线砥砺磨练，增长才干。

做好中国青年五四奖章、中国十大杰出青年等评选表彰活动，推出一批青年典型。广泛宣传青年典型的先进事迹，激励更多的青年以他们为榜样奋发成才。做好为海外留学人员参与祖国建设、回国创业牵线搭桥工作，在继续组织好留日学人为国服务团的基础上，把工作范围扩大到欧美留学人员中去。

九、维护青少年权益，促进社会稳定

推进创建优秀青少年维权岗活动。在大中城市普遍建立青少年维权服务中心和服务热线。以自护学校为载体，全面推进青少年自我保护教育计划。继续开展“少年儿童平安回家活动”。探索建立城市青少年成长环境监测评估体系。配合有关部门做好预防青少年犯罪工作和对“两劳”释放青年的安置帮教工作。以《未成年人保护法》、《预防未成年人犯罪法》为重点，扎实有效地开展法制教育活动，帮助青少年学法、懂法、守法、用法。在元旦、春节期间开展送温暖活动。及时了解和把握高校学生的思想动态，热情关心帮助高校经济困难学生，协助党政做好维护高校稳定工作。按照党中央的统一部署，继续深入开展同“法轮功”等邪教组织的斗争，教育广大团员青年崇尚科学，反对迷信。

十、加强团的建设

加强团干部队伍思想作风建设。在广大团干部中深入学习邓小平理论和“三个代表”的重要思想，进一步贯彻落实《共青团中央关于加强团干部思想作风建设的意见》，教育团干部讲学习、讲政治、讲正气，身体力行“三个代表”的要求，培养求真务实、埋头苦干、团结拼搏、开拓进取的工作作风。深入实施“团干部321培训计划”，提高团干部培训质量和效果。按照党委的部署，在农村团干部中开展好“三个代表”重要思想学习教育活动。

深入贯彻落实全国基层“党建带团建”工作会议精神，切实加强团的基层组织建设。加强国有企业、大中学校团组织建设，创造新优势，寻求新发展。深化创建五四红旗团委活动，突出抓好基层团委班子、团支部、团员队伍和团的阵地建设，大力推行基层团组织按期集中换届，加强对五四红旗团委创建单位团委书记的培训，进一步形成层层抓创建的工作机制。配合农村基层党建“三级联创”，推动县、乡、村团组织建设整体活跃。开展争创“团建先进县(市)”活动。推进农村、城市社区、企事业单位、学校等四种基本类型的团组织建设创新试点工作。针对团的基层组织建设的薄弱环节，加大非公有制经济组织、城市社区、社会力量所办学校等领域的团建工作力度，扩大团组织的覆盖面。召开全国非公有制经济组织暨社区团建工作会议。

加强团员队伍建设。通过建立健全团日活动制度、规范团的活动仪式、完善新团员入团集体宣誓、团员重温入团誓词和超龄团员离团仪式等措施，增强团员意识和先进性，更好地发挥团员的模范带头作用。做好经常性发展团员工作，加大在农村、城市社区和非公有制经济组织中发展团员的工作力度。加强和改进流动团员管理。进一步做好“推优”工作，源源不断地向党组织推荐优秀团员作党的发展对象。

十一、加强青年统战和青年外事工作

贯彻全国统战工作会议精神，切实加强青年统战工作。帮助青年知识分子了解党的政策和主张，引导他们高举爱国主义旗帜，为祖国繁荣富强多做贡献。帮助各族青年认真学习马克思主义民族观、党的民族政策，引导他们自觉维护民族团结。加强民族地区青少年活动场所建设。开展第三届全国各族青年团结进步表彰活动。开展信教青年状况专题调研，有针对性地做好信教青年的教育引导工作。深化与港澳青年的交流工作。广泛开展与台湾青年的交流交往，促进祖国统一大业早日实现。召开全国青年统战工作会议。

做好青年外事工作。着眼于为党政外交大局服务，办好亚太经合组织青年节，积极参与联合国等政府间国际组织及国际非政府组织的会议和活动，高质量组织实施中越、中日、中美和中俄的青年交流项目，巩固和深化与各国青年组织机构及年轻的政治、经济重点人物的友好交流工作。深化和扩展共青团对外交往中的项目合作，加强在环境保护、人才资源

开发等领域的国际合作，积极利用国际资源，为团的重点工作服务。加强对外宣传，在国际上进一步树立中国青年和青年工作的良好形象。加强全团外事归口管理工作，保障共青团外事工作活泼、有序地开展。

十二、全面推进团的各项事业

加强青少年阵地建设和管理。团属新闻舆论阵地要始终坚持正面宣传的方针，牢牢把握正确舆论导向，严格遵守新闻出版纪律，在引导青少年健康成长中发挥更大作用。贯彻落实中办、国办《关于加强对青少年学生场所建设和管理工作的通知》，积极争取有关部门支持，把团属青少年宫的建设和管理纳入当地经济和社会发展规划。团办实业要按照市场经济规律，以服务青少年为宗旨，加强管理，健康发展。

加强青少年信息网络体系建设。以“国内第一，世界著名”为目标，切实加强中青网建设。以中国共青团网站为龙头，积极推进团属网站建设。加强团干部计算机网络知识的学习，提高全团工作的信息化水平。

加强对青年社团的管理。进一步贯彻《全国性青年社会团体管理办法》，根据“一手抓培育和发展，一手抓监督管理”原则，加强对青年社团的监督管理，引导和促进青年社团规范健康发展。

中国人民解放军和武警部队的青年工作，由解放军总政组织部按照本要点的基本精神做出部署。

共青团中央办公厅关于2001年团内信息报送工作的几点要求

2001年2月20日

共青团各省、自治区、直辖市委，军委总政治部组织部，全国铁道团委，全国民航团委，中直机关团工委，中央国家机关团工委，中央金融团工委，中央企业团工委：

及时、准确、全面地向上级领导机关报送信息是各级团委的重要职责，也是共青团工作的一个重要方面。近年来，各省级团委信息报送意识不断增强，工作水平不断提高，在帮助上级领导机关掌握情况、科学决策方面发挥了重要作用。为进一步做好2001年信息报送工作，现将有关事宜通知如下。

一、进一步加强信息报送工作

1. 要从大局的高度充分认识信息报送工作的重要性。当前，国际形势复杂多变，我国改革发展稳定的任务十分繁重，各种新情况新问题不断出现。在这种情况下，做好信息报送工作，搞好上情下达、下情上达十分重要。各省级团委要从大局出发来认识团内信息报送工作的重要性，把信息报送摆到更加重要的位置上。省级团委负责同志要加强对信息报送工作的领导和具体指导。

2. 各省级团委办公室（研究室）要发挥信息报送的主要渠道作用。省级团委办公室（研究室）要把信息报送工作作为重要工作内容，采取有力措施切实抓紧抓好。要紧紧围绕党的中心工作和团的重点工作，根据团中央的有关要求，及时、准确、全面报送信息。特别是要加强紧急重要信息的报送工作，将青年对党中央重大决策特别是国内外重大事件的反应及建议，以及青年中存在的事关全局的倾向性问题及时

报送团中央,并跟踪掌握事态进展,随时续报。

3. 要重视网络信息的报送工作。各省级团委要充分重视网络这一新的信息渠道,善于运用网络报送信息,展示工作。就团内而言,就是要及时向中国共青团网站报送有关信息。中国共青团网站是共青团展示工作、树立形象的重要窗口,是新形势下教育青年、服务青年的有效途径。各省级团委要积极支持中国共青团网站建设,按照团中央的要求报送各地的工作和活动情况,共同把网站建设成为共青团的网上信息中心、资料中心、研究中心和交流中心。各省级团委向中国共青团网站报送信息的情况将纳入团中央办公厅信息采用情况通报。

4. 建立健全各项规章制度。团中央办公厅将进一步规范信息采用通报制度,在每两个月继续通报一次各省级团委所报信息采用情况的同时,将采取适当方式对专门要求的重要信息的报送情况进行通报,并将有关情况送省级党委分管书记;建立信息报送表彰制度,从今年开始,对信息报送先进集体和先进个人进行表彰奖励。同时,各省级团委要根据实际情况,建立一套完整的信息搜集和报送制度;要进一步健全信息采用情况通报和表彰奖励制度,把向团中央报送信息纳入有关通报内容,作为有关评比考核的重要依据。要通过规章制度建设,进一步加强信息报送工作,确保信息及时上报。

二、信息报送的主要内容

各省级团委要根据2001年的形势和全团的重点工作,按照有关信息刊物的报送要求,进一步明确信息报送的内容。具体报送内容和方式参见《团中央办公厅所办简报和网站明细表》。

三、信息报送的时间要求

1. 贯彻落实团中央重要会议精神和重要工作要求,推进重点工作的有关情况,应根据实际及时总结上报。

2. 对党中央重大决策和团内重要情况的反映,报送时间不超过两天。

3. 突发性事件,在事件发生后六个小时内报送有关情况。

4. 对团中央办公厅所发有关信息报送方面的明传电报和电话通知,应根据要求按时上报。

各省级团委的主要简报和文件请及时报团中央办公厅调研处和综合处。

共青团中央2002年工作要点

2002年1月2日

2002年共青团工作总的要求是:高举邓小平理论伟大旗帜,以江泽民同志"三个代表"重要思想为指导,贯彻落实党的十五届六中全会、中央经济工作会议、中央宣传工作会议精神,解放思想,开拓创新,扎实工作,讲求实效,推动共青团工作实现新发展,以服务两个文明建设和服务改革发展稳定大局的新业绩迎接党的十六大的召开。

一、深入学习贯彻江泽民同志"三个代表"重要思想

全团要把深入学习贯彻江泽民同志"三个代表"重要思想作为首要任务来抓。在普遍学

习的基础上突出重点。在学习内容上，重点引导团员青年深入学习江泽民同志“七一”重要讲话。在学习对象上，重点抓好团干部、大学生和青年骨干的学习，以村级团支部为重点，深入开展共青团农村“三个代表”重要思想学习教育活动，使“三个代表”重要思想真正在广大团员青年中入脑、入耳、入心，使广大团员青年按照“三个代表”的要求健康成长。在学习载体上，重点抓好团干部理论骨干培训班、高校大学生“三个代表”学习研究社团、共青团学习“七一”讲话宣讲团、“三个代表”重要思想主题学习活动。同时，充分发挥中青网以及“血铸中华”、“民族魂”等网站以及校园网络在引导团员青年学习“三个代表”重要思想中的作用。

发扬理论联系实际的学风，按照“三个代表”的要求，研究团的工作和团的建设中出现的新情况、新问题，分析共青团的组织依托、工作手段、服务方式等方面发生的新变化，正确把握新时期中国青年运动的发展趋势。把“三个代表”重要思想作为新时期共青团工作的根本指针和衡量团的一切工作的根本标准，把“三个代表”的要求切实贯彻落实到团的各项工作中去。

二、团结带领团员青年为经济发展做贡献

实施促进农村青年增收成才行动。通过创建青年工场、举办职业培训班、开展科技传播和技能竞赛活动，帮助农村青年提高技能。以项目带动为主要方式，引导农村青年带头示范、带动推广新品种、新技术，培养一批农村青年星火带头人、青年农业产业化带头人、青年农业产业结构调整带头人。通过提供小额创业资金、与用人单位合作开展“订单培训”、建设劳务输出基地等方式，引导和扶持更多的农村青年自谋职业，自主创业，促进农村青年更多地从事二、三产业。开展“青年农民超市行”活动，引导农村青年闯市场。联合农业部、财政部，继续大力推进跨世纪青年农民科技培训工程。深入实施帮助万名西部青年科技创业行动。

深化企业团的工作。联合行业部委和中央管理的企业，以行业牵动方式推进青年创新创效活动。把创新与学习、创效与成才结合起来，推动青年创新创效活动全员化、有形化、经常化，促进企业结构调整和效益增长。广泛开展技能大赛、技术比武等活动，组织青年职工学习新知识，掌握新技能，提高科技文化素质，培养更多的青年岗位能手。开展创建“青年安全生产示范岗”活动，加强对青年职工的安全生产教育，强化安全生产监督管理。引导和帮助青年企业家在企业改革、经济发展和西部大开发中开拓创业，在各种所有制企业中施展才华。鼓励青年企业家适应我国加入世贸组织的新形势，积极参与国际经济竞争。

深化中国青年科技创新行动。深入实施金桥计划，组织青年专家科技服务团，为地方企业和科技创业园区提供人才、项目、信息、资金等服务。深化海外学人为国服务活动，建立多层次的海外学人工作网络，帮助他们以创业投资等方式为国服务。办好中国青年科技创新成果在线博览会，集中展示优秀青年科技人才风采和创新成果，实现人才、项目、信息、技术、企业、园区等要素在网上的多元对接。举办中国青年创新论坛，在办好总论坛和中关村论坛的基础上，举办地方分论坛，进一步探索创新论坛的社会化模式，发挥其凝聚人才和献计献策的作用。举办第三届“挑战杯”大学生创业计划竞赛，在高校广泛开展群众性科技创新创业活动，促进大学生创新人才的涌现和科技成果的转化。

实施进城务工青年发展计划。深化千校百万培训，帮助进城务工青年提高就业能力和综合素质。通过提供各种创业辅导和服务，鼓励和支持进城务工青年在城市创业和发展。建设进城务工青年返乡创业园，引导进城务工

青年在农村经济发展中发挥积极作用。推动有关部门制定进城务工青年成才发展的政策，优化进城务工青年成长发展的社会环境。

推进保护母亲河行动。按照工程化建设、项目化管理的方式，建好已立项的项目，搞好新增流域综合治理工程、绿化工程、草原工程以及外援项目建设。协助政府有关部门建立保护母亲河监护站、监护队、监护点，设立热线电话，发布母亲河公告，公布大江大河水质生态状况。以“节约用水，爱护水资源”为主题，开展天天环保活动，促进生态环境保护真正走进日常生活。加大筹集资金力度，确保所有筹资进入专项基金。开创区域性青年保护生态环境新机制，扩大保护母亲河行动的国际影响。做好第二届“母亲河”奖评选表彰工作。建好保护母亲河行动网站。

培养通晓世贸规则的高级管理人才。适应我国加入世贸组织的新要求，组织青年学习世贸组织基本知识，了解世贸组织规则，在青年中加紧培养一批精通国际金融、财务、法律和现代管理的高素质人才。

三、组织青少年积极参与精神文明建设

加强青少年道德建设。贯彻《公民道德建设实施纲要》的要求，以为人民服务为核心，以集体主义为原则，以道德教育和道德实践为基本途径，大力倡导社会公德、职业道德、家庭美德和环境道德，帮助青少年提高道德素质，弘扬道德新风，牢固树立建设有中国特色社会主义的共同理想和正确的世界观、人生观、价值观。在道德教育中，采用故事会、演讲会、知识竞赛等青少年喜闻乐见的方式，利用七一、十一、五四、六一等重要节庆纪念日，大力宣传基本道德知识、道德规范，提倡能促进道德教育的必要礼仪，发挥青少年报刊、青少年宫、团校等阵地的教育作用。在道德实践中，深化“新世纪我能行”体验教育活动、大学生“三下乡”社会实践活动、中学生实践教育活动、青年文明号信用建设示范行动、18 岁成人仪式教育活动，实施青年文明社区道德建设行动，开展青少年道德格言警句征集活动和好习惯推广活动，推行青少年网络文明公约，使“爱国守法、明礼诚信、团结友善，勤俭自强，敬业奉献”的基本道德规范成为青少年的自觉行动。

加强爱国主义教育。组织青少年学习近现代史，了解国情，增强民族自尊心和自信心。利用青少年爱国主义教育基地、“血铸中华”和“民族魂”等网站，加强对青少年的爱国主义教育。在民族地区青少年中广泛开展以党的民族宗教政策教育和民族团结教育为重要内容的爱国主义教育。通过教育，进一步增强青少年的爱国情感，把爱国热情转化为勤奋学习、努力工作、报效祖国的实际行动。

深化青年志愿者行动。加强组织建设、项目建设和队伍建设，积极推进志愿者工作的立法进程。拓展青年志愿者扶贫接力计划，在稳步推进支教扶贫项目的基础上，积极拓展支医扶贫项目，扩大科技扶贫项目的试点范围。普遍推行注册志愿者制度，通过项目注册、社区注册、行业注册、阵地注册等多种方式，形成规范的注册志愿者管理办法。深化青年志愿者社区发展计划，推广大学生志愿者到居委会挂职的做法，推动大学生志愿者教育、科技、文化“三进巷”。推进青年志愿者保护母亲河绿色行动营计划，动员青年参加各种形式的环保志愿服务工作。

深化青少年新世纪读书计划。以主题读书活动、读书论坛、读书讲座、读书征文、读书心得展示等为主要内容，举办青少年新世纪读书节，推动青少年多读书、读好书。在媒体上推荐介绍一批优秀读物，评选一批青少年喜爱的优秀图书。推进青少年新世纪书屋、读书俱乐部和读书基地建设。开展为农村青年捐赠图书活动，帮助农村团组织建立新世纪书屋。

深化青年文明号活动。围绕整顿和规范市场经济秩序，实施“青年文明号信用建设示范行动”，通过加强信用教育、倡导信用自律、

评比信用实践、强化信用监督、实施信用惩戒，引导青年文明号集体增强信用意识，投身信用实践，弘扬诚实守信的职业道德。加大国有工业企业和非公有制企业的创建力度，着力创建一批青年文明号班组、车间、生产线。抓好青年文明号的整体创建。开展“百城万店青年文明号促销创效”活动和“青年文明号优质服务促假日经济”活动，引导青年职工为行业文明建设做贡献。完善青年文明号公示制，加强青年文明号的监督管理。

深化创建青年文明社区活动。探索“社区青少年服务中心”新的建设模式、运行机制和服务项目。开展青年文明社区大家乐活动，丰富社区文化生活，营造健康文明的社区文化氛围。联合建设部在实行物业管理的住宅小区开展创建活动。

深化乡村青年文化节活动。以“学讲话、颂党情、跟党走”为主题，举办第三届乡村青年文化节，通过组织文艺演出、挂年画、贴春联，开设科技大擂台，创建青年文明一条街等，唱响主旋律，弘扬先进文化。

深化大学生素质拓展计划。以提高大学生综合素质尤其是参与市场竞争能力为目标，在部分高校试行《大学生素质拓展手册》制度。适应教育改革形势和学生特点，整合高校共青团组织在思想政治教育、社会实践、科技活动、校园文化等领域的工作项目，促进大学生人力资源开发。

深化手拉手活动、雏鹰行动和少年军校工作。在东西部少年之间、不同民族少年之间进一步建立“手拉手”互助关系，着手建立“城乡少年手拉手助学”信息咨询服务机制。强化争“雏鹰奖章”过程中的体验环节，推广把“雏鹰奖章”纳入学生素质评价体系的做法。结合学习贯彻《国防教育法》，进一步做好少年军校的各项工作。

深入推进希望工程。加大筹资力度，把“希望之星助学金”的资助范围扩大到家庭经济困难的优秀小学生。重点援助西部地区中小学危房改造。推进希望小学的建设和管理。深化希望工程远程教育。

加强青少年阵地建设。严格对团属新闻出版单位的管理，严格遵守新闻出版纪律，始终坚持正面宣传的方针，牢牢把握正确的舆论导向，弘扬主旋律，打好主动仗，充分发挥舆论阵地在教育引导青少年中的重要作用。继续加强青少年宫、青少年活动中心建设，重点向西部地区倾斜。加大网络阵地建设的力度，建设好以中青网为主干的青少年网络和“血铸中华”、“民族魂”等网站。适时推出“县县上网工程”。

四、做好为青少年服务工作

做好服务特殊青少年群体的工作。深化下岗青工创业行动、帮助青年创业计划，加强对下岗失业青年的就业服务和转岗培训，扶持青年兴业领头人创办微型企业，引导下岗失业青年通过创业实现再就业。实施进城务工青年发展计划，为进城务工青年办实事，办好事，帮助他们解决工作和生活上的实际困难。深化手拉手互助活动，动员城市和经济较发达地区农村的少年儿童把自己用过的旧课本捐赠给贫困学生，组织少数民族地区少年儿童到东部地区进行交流。实施青少年读书计划助学行动，动员高等院校特别是民办高校为经济困难的学生免费提供继续学习深造的机会和条件。开展济困助学工作，为在校大学生提供经济帮助。为大学生就业牵线搭桥，提供服务。

深化优秀青少年维权岗创建活动。以未成年人、进城务工青年、非公有制经济组织青年职工、有特殊困难的青少年等群体为重点，努力形成家庭、学校、社会共同关注和切实维护青少年权益的良好机制。推广《城市青少年成长环境监测评估体系》，对青少年成长环境进行跟踪监测，定期向社会公布监测结果。依托优秀“青少年维权岗”，加大对青少年进行自我保护教育的工作力度。

五、教育广大青少年珍惜大好形势，自觉维护社会稳定

充分发挥广大青年在维护社会稳定中的作用。继续动员广大青年深入揭批“法轮功”，在新疆、西藏等地区深入开展同“疆独”、“藏独”等民族分裂主义势力的斗争，坚决反对民族分裂势力、宗教极端势力、暴力恐怖势力的犯罪活动。

开展预防青少年违法犯罪工作。围绕青少年违法犯罪的现状、原因和对策开展广泛深入的调查研究，探索预防青少年违法犯罪的有效途径，推动建立预防青少年违法犯罪的工作机制。联合中央综治办等有关部门广泛开展创建“青少年法律学校”活动，教育青少年学法、懂法、守法、用法，增强青少年法制观念。联合有关部门深入开展“创建青少年安全放心网吧”活动和“社区青少年远离毒品行动”，预防和减少青少年违法犯罪。

六、进一步加强团的建设

加强和改进团的作风建设。贯彻落实党的十五届六中全会精神，把2002年作为团的作风建设年。切实实施《共青团中央关于加强和改进团的作风建设的决定》，紧紧抓住进一步密切团组织与青年的联系，把广大青年紧紧团结在党的周围，巩固党的青年群众基础这一核心问题，以各级团的领导机关、领导班子和领导干部为重点，发扬优良传统，加强思想教育，推进制度建设，解决突出问题，努力把团的作风建设提高到一个新水平。特别是要全面贯彻落实“八个坚持、八个反对”，着力解决好当前团的作风方面存在的突出问题。采取切实措施，一个问题一个问题地抓，从团内不称职务、互称同志，减少会议，减少文件，深入基层，团内不搞迎来送往，年轻干部参加扶贫和到基层挂职锻炼等具体事情着手，常抓不懈，切实抓出实效。通过加强和改进作风建设，在全团进一步形成坚持艰苦奋斗、反对奢侈浪费，崇尚求真务实、克服浮躁情绪，努力开拓进取、力戒因循守旧的好风尚，使服务青年真正成为共青团工作的出发点和归宿，尽力为青年办实事、办好事。

加强团的基层组织建设。坚持“党建带团建”，把社区团的建设作为团的基层组织建设的重点，一个城市一个城市抓，配备好街道团工委书记，建立健全社区团的组织网络，扩大团的组织和工作的覆盖面。大力加强非公有制经济组织、社会力量举办学校和农村等基层团组织建设。总结推广新形势下基层团建创新的成果。抓好团的基层组织制度建设，通过灵活设置团的基层组织，建立团日活动制度和团员重温入团誓词制度，规范团的活动仪式，推广基层团组织工作手册等方式，探索建立与社会主义市场经济体制相适应的团的基层组织制度。深化创建“五四红旗团委”活动，深入开展争创“全国团建先进县(市)”工作。进一步发挥青联、学联、青企协、青乡企协、青科协等组织的作用，延伸团的工作手臂，扩大团组织在青年中的影响力。

加强团干部、团员队伍建设。加强团干部教育培训工作，制定《2002—2005年全国团干部教育培训规划》，多渠道组织实施团干部培训。以抓好新任职的专职团干部的培训为重点，推动团干部教育培训工作进一步制度化、规范化。抓好西部地区和少数民族团干部培训工作，安排一定层次的团干部挂职锻炼、考察学习和出国(境)培训。做好经常性发展团员工作，加大在农村、中学、社区和非公有制经济组织中发展团员的工作力度。做好推荐优秀团员作党的发展对象工作。做好省级团委换届工作。

七、加强青年统战和青年外事工作

做好青年统战工作。开展民族地区青年和信教青年状况调研，有针对性地加强民族地区青年和信教青年的教育引导工作。通过深入实施民族地区团干部“培养计划”、举办宗教界青年代表人士读书班、组织宗教界青年代表人士考察学习团等方式，帮助各族青年学习党

的民族宗教政策，引导他们自觉维护民族团结，努力促进经济发展。加大对台青年交流力度，拓宽交流渠道，深化交流内容。加强与港澳青年的交流。

做好青年外事工作。配合党政外交，深化中美、中俄青年交流，举办中日韩三国青年交流活动和第三届中越青年友好会见活动，广泛开展中欧、中非、中拉、中澳青年领导人交流。实施“澜沧江—湄公河青年友好之船”项目。纪念世界青年日，举办“青年与水资源保护和利用”论坛。召开国际志愿服务大会，加强环境保护、青年人力资源开发等领域的国际合作，积极利用国际资源为团的工作服务。实施团干部国外培训计划。加强全团外事归口管理工作，确保共青团外事工作活泼、有序地开展。

八、以“永远跟党走”为主题，开展好建团80周年纪念活动

以“永远跟党走”为主题，按照“立足基层，面向团员，主题鲜明，务求实效”的原则，广泛开展建团80周年宣传教育活动，引导广大青少年深入了解共青团听从党的召唤、紧跟党的步伐、充分发挥党的助手和后备军作用、为党的事业努力奋斗的80年光荣历程，进一步坚定跟着党走建设有中国特色社会主义道路的信念。

2003年上半年将召开共青团第十五次全国代表大会。从2002年下半年开始，认真做好有关筹备工作。

中国人民解放军和武警部队的青年工作，由解放军总政组织部统一做出部署。

共青团中央关于开展中国共青团成立80周年暨五四运动83周年纪念活动的通知

2002年2月28日

共青团各省、自治区、直辖市委，军委总政治部组织部，全国铁道团委，全国民航团委，中直机关团工委，中央国家机关团工委，中央金融团工委，中央企业团工委：

今年5月4日是五四运动83周年。5月5日是中国共青团成立80周年。80年来，中国共青团在中国共产党的领导下，团结带领一代又一代青年，发扬光荣传统，踊跃投身革命、建设、改革的洪流，为中华民族的解放和振兴贡献青春、智慧和力量，创造了光辉的业绩。开展中国共青团成立80周年暨五四运动83周年纪念活动，对于在广大团员青年中进行热爱党、热爱祖国、热爱社会主义的教育，引导他们紧跟党走建设有中国特色社会主义的道路，具有重要意义。现就纪念活动的有关事宜通知如下。

一、纪念活动的主题

纪念活动以“永远跟党走”为主题，通过回顾中国共青团在党的领导下团结带领青年不懈奋斗的光荣历史和业绩，讴歌党的伟大、光荣、正确，增强团员青年的责任感和使命感，教育广大团员青年高举邓小平理论伟大旗帜，以“三个代表”重要思想为指导，更加紧密地团结在以江泽民同志为核心的党中央周围，坚定信念，开拓进取，发愤成才，建功立业，为实现中华民族的伟大复兴做出新的更大的贡献。

二、纪念活动的宣传教育内容

组织纪念中国共青团成立80周年暨五四运动83周年纪念活动,重点抓好三个方面的宣传教育。

1. 深入学习宣传贯彻江泽民总书记“七一”讲话、党的十五届六中全会精神,坚持不懈地用邓小平理论和“三个代表”重要思想武装全团、教育青年。进一步加强团的思想、组织和作风建设,不断增强团的凝聚力、战斗力和创造力,推动团的各项工作,充分发挥共青团作为党的助手和后备军作用及党联系青年的桥梁纽带作用,更好地担负起团结教育青年的重要职责。

2. 宣传党的三代领导核心对青少年和共青团工作的高度重视和亲切关怀,教育引导广大团员青年按照党的要求健康成长,肩负起民族振兴的历史使命。充分运用各个历史时期涌现出来的先进青年人物激励青年,引导他们按照“四个统一”的要求,走正确的成长道路,勇担时代赋予的重任,充分发挥在社会主义两个文明建设中的生力军和突击队作用。

3. 宣传共青团在党的领导下团结奋斗的光荣历史,教育引导广大团员青年进一步坚定走建设有中国特色社会主义道路的决心和信心。运用党领导下的中国革命和建设的历史特别是青年运动史教育团员青年,充分展现在我国革命、建设和改革各个时期尤其是党的十一届三中全会以来共青团发挥的积极作用,展示广大青年奋发向上的时代风貌,引导团员青年深刻认识只有共产党才能领导中国人民实现民族振兴、国家富强和人民幸福,从而更加紧密地团结在党的周围,为振兴中华而奋斗。

三、纪念活动的总体安排和要求

各地要按照“主题鲜明,面向团员,立足基层,务求实效”的原则,组织开展丰富多彩的纪念活动。要通过报告会、座谈会、研讨会、宣讲团、读书活动等方式,组织团员青年深入学习江泽民总书记“七一”讲话和“三个代表”重要思想,掀起学习宣传贯彻的新高潮,不断提高实践“三个代表”重要思想的自觉性和坚定性。要大力表彰先进,树立青年典型,着力宣传当代青年在党的指引下积极投身改革开放和现代化建设的先进事迹,激励广大团员青年努力成长为有理想、有道德、有文化、有纪律的社会主义新人。要认真贯彻落实《公民道德建设实施纲要》,切实加强青少年爱国主义教育,大力倡导公民基本道德规范,倡导社会公德、职业道德和家庭美德,以群众性的道德实践活动为重点,引导青少年强化自我教育,提高道德素质。要以青年志愿者、青年文明号、手拉手、保护母亲河、新世纪读书计划、青年科技创新行动、创建青年文明社区、创建五四红旗团委等活动为载体,动员和引导广大团员青年立足本职岗位,刻苦学习,努力工作,开拓创新,争创一流成绩,以实际行动为团旗增光添彩。

2002年5月上旬,将在北京召开纪念中国共青团成立80周年暨五四运动83周年大会,党和国家领导人出席大会并接见全国优秀团员、团干部和各界优秀青年代表。同时,还将举办适当规模的纪念活动。

中国共青团成立80周年暨五四运动83周年纪念活动,要突出思想内涵,强化教育内容,增强感染力、说服力。各地团组织要加强对纪念活动的管理。纪念活动力求隆重热烈、注重效果、勤俭节约。不得借纪念活动的名义从事商业性活动,不得制作涉及纪念活动的金箔、金币等贵重纪念品,坚决防止形式主义和铺张浪费。跨地区的纪念活动须报团中央批准。

共青团中央关于进一步精简会议和文件的若干措施

2002年3月4日

为贯彻党的十五届六中全会做出的《关于加强和改进党的作风建设的决定》，落实团十四届五中全会做出的《关于加强和改进团的作风建设的决定》，根据《中办、国办关于进一步精简会议和文件的意见》精神，结合团中央机关工作实际，现就进一步转变机关作风重申并提出以下措施。

一、精简各类会议

1.减少会议数量，控制会议规模。各部门安排会议活动一律要从严掌握。可开可不开的会议坚决不开；可以合并开的合并召开；能大能小的会议，就开小会；必不可少的会议，尽量采用电视电话会议、网络会议，条件具备的可以直接开到基层，避免层层开会。各部门每年召开本系统全国性工作会议原则上只开一次，特殊情况不得超过两次。各类会议活动要尽量压缩规模，减少参加人员。各部门召开会议，要尽可能少要求省级团委分管书记参加。

2.严格会议活动报批程序，严格控制会议活动经费。以团中央名义召开的全国性会议和举行的重大活动，由承办部门提出具体方案，报书记处研究决定。各部门召开的本系统全国性工作会议和举行的重大活动，由分管书记审核后，报常务书记审批。各部门举办会议活动要认真执行有关财务规定，厉行节约，反对铺张浪费。各部门召开全国性会议，对与会者应只按标准收取食宿费，不得以会议费等名义收费，以切实减轻基层经费负担。财务部门将按照有关规定对会议活动经费的收取和使用进行严格的管理和审核。不得到中央明令禁止的风景名胜区召开会议和举办活动。

3.规范会议签到制度。团中央召开机关各部门和各直属单位会议时，与会人员应集中精力开好会议，无特殊情况不得缺席。实行会议签到制度，到会情况将作为机关内部建设考核和文明单位评选的依据。

二、精简文件和各类简报

1.大力压缩发文数量。发文应当注重实效，切实解决问题，坚持少而精的原则，可发可不发的公文坚决不发，可长可短的公文一定要短。机关将以上年度发文数量为基础对各部门发文数量予以核定，实现总量控制。2002年，各部门发文数量要在2001年的基础上压缩20%，凡超过者一律不予印发。

2.进一步压缩简报数量和规范发送范围。各部门对现有的简报要清理压缩，能并的并，该停的停。原则上一部门一简报，切实改变一专项活动设一专门简报的作法。对现有简报进行清理压缩后，需要予以保留的简报，经部门分管书记审核后，报常务书记审批。以后因工作要求确需增加简报的，须经部门分管书记审核后，报常务书记审批。对确定印发的简报，要从内容、形式、印数、发送范围等方面制定具体改进措施。所有简报需在办公厅秘书处备案。

3.进一步提高文件简报质量。各部门印发的文件简报，既要增强对全局工作的指导性，又要注重在具体工作中的可操作性，切实提高针对性和时效性。要注意改进文风，文件简报要简明扼要，分析问题要切中要害，所提建议要切实可行。

三、邀请领导同志出席活动要严格把关

1.严格邀请中央领导同志出席会议活动的报批程序。凡邀请党和国家领导人出席活

动或题词的请示，应提前两周报书记处分管书记审核，由常务书记审批。邀请对象涉及中央政治局委员、政治局候补委员、中央书记处书记、国务院副总理、国务委员的，经书记处分管书记审核后，须报书记处第一书记或常务书记审批。批准后，由办公厅负责有关邀请工作，各部门不得通过其他渠道直接邀请。

2. 安排团中央领导同志出席会议活动要精简务实。安排团中央领导同志参加剪彩、奠基、首发首映式、颁奖等活动，各部门和各单位要从严掌握。各部门和各单位召开的表彰会、座谈会、研讨会、报告会、纪念活动，尽可能少安排团中央领导同志出席、发贺信和接见会议代表。确需邀请团中央领导同志出席活动，须报办公厅统一协调，有关请示应提前三个工作日送办公厅书记处办公室。

四、深入基层，大兴调查研究之风

团中央机关干部尤其是领导干部，每年要安排一定时间深入基层，深入青年。机关干部中缺乏基层工作经历的，要采取离岗挂职或参加志愿服务的方式，到基层锻炼、扶贫，时间一般应在一年以上。要端正调查研究的作风，反对先入为主、走马观花。要在调查研究的基础上亲自撰写有较高质量的调研报告，领导干部每年应不少于两篇。团中央机关干部下基层，要轻车简从，不搞迎来送往，不搞层层陪同，不题词，不收受礼品，多了解情况，少作讲话和指示。

五、继承和发扬机关的优良传统和作风

1. 增强服务意识。要继承和发扬团中央机关长期以来形成的优良传统和作风，团内一律互称同志，不称职务，共同营造团结和谐、平等相待的机关氛围。各部门要从给外来办事人员端一杯茶水、规范礼貌用语、接好每一个电话等小事抓起，教育和引导干部职工牢固树立服务基层、服务青年的意识，预防和避免"门难进，脸难看，事难办"。

2. 强化艰苦奋斗意识。各部门要从节约办公用纸、电话费、水电费、交通费等具体事情入手，厉行节约，勤俭办一切事情，务求实效。反对讲排场，比阔气，铺张浪费。禁止用公款搞大吃大喝、游山玩水和高消费娱乐活动。要在机关形成坚持艰苦奋斗、反对奢侈浪费的良好风尚。

共青团中央关于在全团开展"创造新业绩迎接十六大"主题活动的通知

2002 年 9 月 3 日

共青团各省、自治区、直辖市委，军委总政治部组织部，全国铁道团委，全国民航团委，中直机关团工委，中央国家机关团工委，中央金融团工委，中央企业团工委：

党的十六大将于 11 月 8 日召开。这是我们党在新世纪召开的第一次全国代表大会，是在我国进入全面建设小康社会、加快推进社会主义现代化的新的发展阶段召开的一次十分重要的代表大会，是全党、全国各族人民政治生活中的一件大事。大会将高举邓小平理论伟大旗帜，全面贯彻"三个代表"重要思想，认真总结党的十五大以来五年的工作，总结改革开放以来特别是党的十三届四中全会以来党团结带领全国各族人民在建设有中国特色社

会主义的伟大实践中取得的基本经验，对新世纪全面推进我国的改革开放和社会主义现代化建设、全面推进党的建设新的伟大工程做出战略部署，进一步动员全党和全国各族人民，解放思想，实事求是，与时俱进，开拓创新，为开创建设有中国特色社会主义事业新局面而团结奋斗。

为进一步组织动员各级团组织和广大团员青年迎接党的十六大召开，共青团中央决定在全团广泛开展“创造新业绩，迎接十六大”主题活动。有关事项通知如下：

一、活动主题

全团迎接党的十六大胜利召开的活动以“创造新业绩，迎接十六大”为主题，通过丰富多彩、形式多样的活动，推动广大团员青年进一步深入学习江泽民同志“七一”重要讲话、“5·31”重要讲话和在纪念建团80周年大会上的重要讲话，对团员青年进行生动的爱党爱国爱社会主义教育，团结引导广大团员青年统一思想，振奋精神，以奋发向上的蓬勃朝气立足本职，扎实工作，争创佳绩，为完成党和国家确定的经济和社会发展各项任务做出新的贡献，在推进改革发展稳定的各项工作中创造新的业绩，以饱满的热情、出色的工作、优异的成绩迎接党的十六大。

二、活动的主要内容

1. 团结引导广大团员青年深入学习贯彻“三个代表”重要思想。要组织团员青年认真学习《江泽民论有中国特色社会主义》（专题摘编），帮助团员青年完整准确、全面系统地领会江泽民同志的重要论述。要组织团员青年深入学习江泽民同志“七一”重要讲话、“5·31”重要讲话和在纪念建团80周年大会上的重要讲话，进一步做好统一团员青年思想的工作。要重点抓好团干部、大学生、各条战线青年骨干的学习，充分发挥青年报刊、网站等共青团思想舆论阵地的作用，组织形式多样的学习活动，采取切实的措施，进一步在广大团员青年中兴起学习宣传贯彻“三个代表”重要思想的高潮。

2. 团结引导广大团员青年在两个文明建设中充分发挥生力军作用。要调动团员青年的积极性，发扬开风气之先的光荣传统，引导青年胸怀祖国、服务人民，充分发挥在社会主义物质文明和精神文明建设中的生力军作用。要大力开展保护母亲河、青年志愿者、青年文明号、帮助青年创业计划、青年文明社区、青少年新世纪读书计划、青年科技创新行动、希望工程、手拉手和18岁成人仪式教育等共青团的重点活动，充分展现广大团员青年积极进取、奋发有为的时代风采，充分发挥青年在社会经济发展中的积极作用，团结带领广大青年为开创建设有中国特色社会主义事业新局面贡献力量。

3. 团结引导广大青年立足本职岗位，争创一流成绩。要通过广泛开展青年岗位能手、青年创业致富带头人、劳动竞赛、争先创优等活动，促进青年工人创新创效、提供一流的服务和产品，促进青年农民增产增收、脱贫致富奔小康，促进青年学生勤奋学习、发奋成才，努力掌握现代科学文化知识，推动各条战线的青年在本职工作岗位上创造新的成绩，以良好的精神风貌和出色的工作迎接党的十六大胜利召开。

4. 教育引导广大团员青年坚定永远跟党走的信念。抓住迎接党的十六大召开这一重大契机，对广大团员青年进行一次深入的爱党、爱国、爱社会主义的教育。要通过组织开展多种形式的活动，帮助青年学习党的光辉历史，了解祖国建设的辉煌成就，感受喜人变化，引导他们进一步坚定跟党走建设有中国特色社会主义道路的信念，激励他们在改革开放和现代化建设伟大实践中建功立业。

5. 为党的十六大胜利召开营造良好的舆论氛围。要充分发挥团属报刊、出版单位和互联网站的作用，大力宣传改革开放以来特别是

党的十三届四中全会和党的十五大以来，在以江泽民同志为核心的党中央坚强领导下，我国改革开放和社会主义现代化建设各项事业取得的辉煌成就，大力宣传党的建设的新鲜经验与丰硕成果，大力宣传全党、全国各族人民包括广大团员青年深入学习贯彻“三个代表”重要思想的实际行动，把广大团员青年积极投身建设有中国特色社会主义伟大实践的精神面貌充分展现出来，把各级团组织围绕党的中心任务、团结引导青年跟党走的各项重点工作宣传报道出来，为党的十六大胜利召开营造良好的舆论氛围。

三、活动的组织实施

各级团组织要围绕“创造新业绩，迎接十六大”的活动主题，按照立足基层、突出重点、形成合力、强势推进的要求，对本地团员青年迎接党的十六大活动做出具体安排部署，迅速掀起活动的热潮。

基层团组织要普遍开展一次“创造新业绩，迎接十六大”主题团日活动，通过开辟宣传橱窗，组织改革开放和现代化建设成就展览，举办形势报告会，开展演讲会、座谈会、参观考察等丰富多彩的活动形式，推动广大团员学习“三个代表”重要思想，从身边的变化、从自己的切身感受来认识祖国建设的巨大成就，坚定跟党走的信心。

为推动“创造新业绩，迎接十六大”主题活动深入开展，团中央将结合全年的工作安排，推出一些重点活动，集中展示广大团员青年以实际行动迎接党的十六大的精神风貌。

1. 开展大学生志愿者“实践归来话成就”主题团日活动，畅谈农村基层在“三个代表”指引下发生的喜人变化，展现广大青年学生学习实践“三个代表”、以优异的学习成绩迎接党的十六大的精神风貌。

2. 开展保护母亲河秋季行动，围绕生态监护、绿色承诺、环保实践和工程建设，掀起保护母亲河行动的新高潮。

3. 开展“青年文明号信用调查神州行”活动，促进社会诚信体系建设。推进帮助青年创业计划，帮助下岗青工在创业中实现再就业。举办全国青年创新创效大赛，展示广大青年职工在本职岗位上创新创效的丰硕成果。

4. 举办“第三届全国乡村青年歌手大赛”，开展“永远跟党走——社区青年文化节”活动，开展百城市青年文化广场活动，中青网等单位组织“喜迎十六大，感受新变化”征文摄影作品竞赛，进一步在广大团员青年中唱响共产党好、社会主义好、改革开放好的时代主旋律。

5. 实施“中国青年志愿者西部计算机实用人才培训计划”，为西部地区培养计算机人才。开展青年专家科技服务团创新行动，促进经济和科技的结合、人才和项目的对接。推进青少年新世纪读书计划——青年助学行动，为困难青年提供学习、培训和就业机会。

同时，中国青年报将开辟专栏，反映各地团组织和团员青年开展“创造新业绩，迎接十六大”主题活动的情况和优秀青年的先进事迹。

四、活动要求

1. 高度重视，加强领导。“创造新业绩，迎接十六大”主题活动是全团当前的一项重要工作，是团结引导广大团员青年以优异的成绩迎接党的十六大胜利召开的重要举措，各级团组织要增强政治意识、大局意识，高度重视，精心组织实施好这项活动。要加强领导，落实专门人员，做好安排部署，拿出有效保障措施和具体方案，注意做好协调工作，统一行动，切实把这项活动抓紧抓好。

2. 突出主题，形成合力。各级团组织开展的围绕迎接党的十六大胜利召开的一切活动，都要突出“创造新业绩、迎接十六大”的主题，在这个主题下形成合力，体现青年特色，充分展示广大团员青年盼望十六大的饱满热情，引导他们岗位立新功，争创新业绩，团结带领广大团员青年在改革和建设的伟大实践中建功

立业、成长成才。

3.立足基层,务求实效。活动要重点在企业、农村乡镇、学校、社区等基层单位开展,吸引组织广大团员青年广泛参与,努力扩大活动的覆盖面。活动的组织安排要结合实际,务求取得实实在在的成效,坚决反对形式主义,绝不能借活动的名义从事各种赢利性的商业活动。

4.加强宣传,营造氛围。要加强对活动的宣传,充分利用报刊、广播、电视、互联网等媒体,宣传活动的开展情况,宣传团组织和广大团员青年创造新业绩、迎接十六大的生动实践和蓬勃朝气。共青团的思想舆论阵地要为推动全团“创造新业绩,迎接十六大”主题活动深入开展充分发挥作用,通过开辟专栏等形式,大力宣传报道团员青年以优异成绩迎接党的十六大的实际行动。在围绕党的十六大的新闻宣传中,团属报刊、出版单位和互联网站要贯彻中央关于新闻宣传工作的要求,严守新闻宣传纪律,切实把好关、把好度,始终坚持正确的舆论导向。

各地开展活动的情况请及时报团中央有关部门。

共青团中央常委会关于组织团员青年认真学习贯彻党的十六大精神的决议

2002年11月26日

共青团中央常委会议认真学习了江泽民同志在党的十六大上作的《全面建设小康社会开创中国特色社会主义事业新局面》的报告,学习了《中国共产党章程》,学习了十六大的各项决议和十六届一中全会公报,学习了《中共中央关于认真学习贯彻党的十六大精神的通知》。

会议一致认为,十六大是我们党在新世纪新阶段召开的一次十分重要的代表大会,对我们党和国家事业的发展具有重大的历史意义,是一次团结的大会、胜利的大会、奋进的大会。把“三个代表”重要思想和马克思列宁主义、毛泽东思想、邓小平理论一道确立为党的指导思想,是十六大的历史性贡献,具有划时代的意义。江泽民同志的报告从历史和时代的高度,深刻阐明了我们党在新世纪坚持举什么旗、走什么路、实现什么目标等重大问题,对我国改革开放和社会主义现代化建设做出了全面部署,具有很强的理论性、前瞻性和指导性,是一篇马克思主义的纲领性文献,是我们党团结和带领全国各族人民在新世纪新阶段继续奋勇前进的政治宣言和行动纲领,也是全面推进新世纪共青团工作和建设的根本指针。十六大选举产生了新一届中央委员会,党中央领导集体顺利实现了新老交替;十六届一中全会选举产生了新一届中央领导机构,为全面贯彻落实十六大精神,坚持党的基本理论、基本路线、基本纲领和基本经验,全面贯彻“三个代表”重要思想,提供了保证。大会通过的党章修正案,必将有力地推进党的建设新的伟大工程。党章将共青团的性质进一步表述为“是广大青年在实践中学习中国特色社会主义和共产主义的学校”,必将激励广大团员青年把胸怀共产主义远大理想同坚定中国特色社会主义信念结合起来,积极投身改革开放和现代化建设的伟大事业。

会议提出,组织团员青年深入学习贯彻十六大精神,把团员青年的思想统一到十六大报

告精神上来，团结带领广大团员青年为完成十六大确定的各项任务和全面建设小康社会的目标而奋斗，是全团当前和今后一个时期的首要政治任务。各级团组织要充分认识学习贯彻十六大精神的重大意义，迅速在团员青年中兴起学习贯彻十六大精神的热潮，兴起学习实践“三个代表”重要思想的新高潮，用“三个代表”重要思想构筑当代青年的精神支柱，在全面建设小康社会的伟大实践中充分发挥团员青年的生力军作用。为此，做出如下决议：

一、围绕主题，把握灵魂，深入学习十六大精神

学习贯彻十六大精神，重点是学习贯彻江泽民同志的报告。要组织团员青年原原本本地学习报告，帮助团员青年围绕主题，把握灵魂，深刻理解报告的基本内容和精神实质。

高举邓小平理论伟大旗帜，全面贯彻“三个代表”重要思想，继往开来，与时俱进，全面建设小康社会，加快推进社会主义现代化，为开创中国特色社会主义事业新局面而奋斗，是十六大的主题。要紧紧围绕这个主题，帮助团员青年全面地把握十六大精神。

“三个代表”重要思想是十六大的灵魂。要引导团员青年深入学习“三个代表”重要思想，帮助团员青年充分认识“三个代表”重要思想是对马克思列宁主义、毛泽东思想和邓小平理论的继承和发展，反映了当代世界和中国的发展变化对党和国家工作的新要求，是加强和改进党的建设、推进我国社会主义自我完善和发展的强大理论武器，是全党集体智慧的结晶，是党必须长期坚持的指导思想。帮助团员青年充分认识始终做到“三个代表”，是我们党的立党之本、执政之基、力量之源；深刻理解贯彻“三个代表”重要思想，关键在坚持与时俱进，核心在坚持党的先进性，本质在坚持执政为民。

全面建设小康社会是党的十六大提出的宏伟目标。要帮助广大团员青年深刻理解这一宏伟目标和我国经济、政治、文化建设以及党的建设的各项任务，深刻理解必须把发展作为党执政兴国的第一要务，必须把坚持党的领导、人民当家做主和依法治国有机统一起来，必须把握先进文化的前进方向，发展社会主义市场经济、社会主义民主政治和社会主义先进文化，不断促进社会主义物质文明、政治文明和精神文明协调发展。

要结合改革开放特别是十三届四中全会以来我国社会主义现代化建设取得的巨大成就，结合我们面临的国际国内形势，帮助团员青年深刻理解党领导人民建设中国特色社会主义的基本经验，深刻理解党在军队建设、祖国统一和外交方面制定的一系列方针和政策，深刻理解历史和时代赋予我们党的庄严使命。要帮助广大团员青年深刻理解在我们这样一个多民族的发展中大国加强和改进党的建设的极端重要性和现实意义，从而更加自觉地坚持党的领导，倍加顾全大局，倍加珍视团结，倍加维护稳定。

学习贯彻十六大精神，要引导广大团员青年牢牢把握解放思想、实事求是、与时俱进这个精髓，引导广大团员青年自觉地把思想认识从那些不合时宜的观念、做法和体制的束缚中解放出来，从对马克思主义的错误的和教条式的理解中解放出来，从主观主义和形而上学的桎梏中解放出来，推动广大团员青年始终坚持与时俱进，在解放思想中统一思想，用发展的马克思主义指导新的实践。

二、坚持用“三个代表”重要思想武装全团，教育青年

要牢牢把握十六大灵魂，坚持不懈地用“三个代表”重要思想武装全团、教育青年，把“三个代表”的要求全面贯彻落实到团的各项工作和建设中去，进一步把团员青年学习实践“三个代表”重要思想活动引向深入，在全团形成学习实践“三个代表”重要思想的新高潮。

要引导广大团员青年深入领会“三个代表”重要思想的科学内涵和精神实质，牢牢把握贯彻“三个代表”重要思想的根本要求，进一步增强团员青年学习贯彻“三个代表”重要思

想的自觉性和坚定性。以团干部、大学生、各条战线的青年骨干为重点，通过生动活泼、切实有效的形式和手段，推动全团学习实践“三个代表”活动不断深入发展。引导团员青年充分认识中国共产党是代表中国先进生产力的发展要求、中国先进文化的前进方向和中国最广大人民的根本利益的马克思主义政党，是与时俱进、开拓创新的党，坚定不移跟党走。引导团员青年树立正确的世界观、人生观和价值观，树立远大理想，进一步坚定走中国特色社会主义道路的信念，用“三个代表”重要思想构筑强大的精神支柱。要通过学习，引导团员青年把“三个代表”重要思想作为自己的行动指南，化作推动自身健康成长、建功立业的巨大力量，积极投身建设中国特色社会主义的伟大实践，为祖国现代化建设奉献青春和才华。

要以“三个代表”重要思想为指导，全面加强团的建设。适应新形势，研究新情况，解决新问题，坚持党建带团建，积极探索适应社会主义市场经济的团的工作运行机制，创新团的工作方式，不断提高团组织服务大局、服务青年的能力和水平，不断扩大团组织的覆盖面，不断增强团组织的吸引力、凝聚力和战斗力，把广大青年紧密地团结在党的周围，进一步巩固和扩大党的青年群众基础。广大团干部要深入理解党的群众工作的极端重要性，始终保持朝气蓬勃、奋发有为的精神状态，竭诚为青年健康成长服务，自觉为党做好新形势下的青年群众工作，成为党放心、青年满意的团干部。广大团员要按照《中国共产党章程》的要求，增强团员意识，把胸怀共产主义远大理想同坚定中国特色社会主义信念结合起来，成为中国特色社会主义事业的合格建设者和接班人。

三、结合实际，狠抓落实，团结带领广大团员青年在全面建设小康社会中充分发挥生力军作用

坚持理论联系实际的马克思主义学风，运用十六大精神指导实践、推动工作，是学习贯彻好十六大精神的根本保证。各级团组织要紧密结合青年和青年工作的实际，通过扎实有效的工作，贯彻落实好十六大精神，团结带领广大团员青年为先进生产力和先进文化的发展多做贡献，为最广大人民谋利益。

实现全面建设小康社会的目标，我们的祖国必将更加繁荣富强，人民的生活必将更加幸福美好，中国特色社会主义必将进一步显示出巨大的优越性。为实现这一宏伟目标而奋斗，是当代青年的光荣使命。各级团组织要动员广大团员青年，以强烈的使命感和责任感，以昂扬向上、奋发进取的精神风貌，脚踏实地地努力奋斗，把青春、智慧和力量凝聚到完成党的十六大提出的各项任务上，在全面建设小康社会中充分发挥生力军作用。

要紧紧围绕全面建设小康社会的奋斗目标，动员和组织广大团员青年在完善社会主义市场经济体制、实施科教兴国和可持续发展战略、推动经济结构战略性调整中建功立业。要引导团员青年坚持四项基本原则，为发展社会主义民主政治、建设社会主义政治文明，建设社会主义法治国家，维护社会稳定做出积极贡献。要坚持弘扬和培育民族精神，切实加强青少年思想道德建设，引导广大青少年在大力发展社会主义文化中创造新的成绩。要引导青年适应全面建设小康社会的要求提高自身素质，顽强拼搏，锐意创新，不懈奋斗。各级团组织要不断深化青年志愿者、青年文明号、保护母亲河、希望工程、青年创业行动、农村青年增收成才行动、青年文明社区、青少年新世纪读书计划、青年科技创新行动、手拉手、大学生素质拓展计划等团的重点工作，推动广大团员青年在中国特色社会主义经济、政治、文化建设和体制改革中充分发挥作用，为开创中国特色社会主义事业新局面做出新的更大的贡献。

四、以“贯彻十六大，创造新业绩”为主题，把学习贯彻活动不断引向深入

会议决定，以“贯彻十六大，创造新业绩”为

主题，把广大团员青年学习贯彻十六大精神活动不断引向深入。开展“贯彻十六大，创造新业绩”主题活动，就是要引导广大团员青年认真学习好十六大精神，立足岗位，争创一流，把十六大精神贯彻落实到自己的工作和学习中，转化为成长成才、建功立业的实际行动。要针对企业、农村、学校、社区等不同青年群体的实际，广泛开展报告座谈、专题研讨、读书交流等形式多样的学习活动，开展丰富多彩的主题团队活动，使学习活动深入基层，深入团员青年之中。要引导团员青年在本职岗位创造新的业绩。青工、青农、学校等各条战线的团组织都要结合各自的特点，广泛开展劳动竞赛、增收成才、学习实践等具有特色的活动，引导青年工人、青年农民、青年学生在学习贯彻十六大精神中取得优异的成绩。团的组织、宣传、统战、权益等部门要发挥优势，采取措施，推动形成团员青年“贯彻十六大，创造新业绩”的热潮。团属青年报刊、网站等新闻出版舆论阵地和青少年活动阵地，要把学习宣传贯彻十六大精神作为重中之重，牢牢把握正确的舆论导向，组织开展有声势、有深度的学习宣传活动，为团员青年学习贯彻十六大精神营造良好氛围。各级团校和青少年研究单位要把学习贯彻十六大精神作为当前和今后一个时期教学和研究的重要内容，使学习十六大精神进课堂、进教材、进青年头脑。

各级团组织要增强政治意识、大局意识、责任意识，加强领导，狠抓落实，切实抓好组织团员青年学习贯彻十六大精神的工作。要切实加强指导，及时总结推广经验，把学习贯彻活动不断引向深入。团的领导干部特别是县以上的团的领导干部要带头学习，努力成为学习贯彻十六大精神的模范。要把十六大精神贯彻落实到团的工作和建设的各个方面，以创新的精神推动团的工作和建设，开创新世纪共青团事业发展的新局面。

会议决定，在年底召开团的十四届六中全会，就深入学习贯彻党的十六大精神做出进一步部署。

会议号召，全国广大团员青年紧密团结在以胡锦涛同志为总书记的党中央周围，高举邓小平理论伟大旗帜，全面贯彻“三个代表”重要思想，认真学习贯彻十六大精神，与时俱进，开拓进取，求真务实，艰苦奋斗，埋头苦干，在全面建设小康社会的新征程中创造新的业绩，沿着党的十六大指引的方向奋勇前进！

三、团中央全会

共青团工作跨世纪发展纲要

共青团十四届二中全会通过，1998年12月27日

导　言

我们即将跨入一个新的世纪。世纪之交，人类社会正发生着重大而深刻的变化。国际格局多极化态势更加明显，经济全球化趋势持续发展，世界科技进步一日千里，知识创新速度大大加快，信息时代已经到来，综合国力竞

争日益激烈,世界范围各种思想文化相互激荡。新的世纪是一个充满机遇和挑战的世纪。

党的十五大站在世纪之交的历史高度,为我们抓住机遇,迎接挑战,在下个世纪实现中华民族跨世纪战略目标指明了方向,规划了蓝图。以党的十五大为标志,我们国家进入了高举邓小平理论伟大旗帜,推动建设有中国特色社会主义事业跨世纪发展的关键时期。

在建设有中国特色社会主义的伟大时代,青年拥有了更为广阔的实践舞台,更加充分的发展机遇,焕发出空前的创造活力,发挥着越来越重要的作用。当代青年作为改革开放和现代化建设中一支充满生机和活力的力量,肩负着在党的领导下为实现中华民族的伟大复兴而奋斗的光荣使命。

面对新形势和新任务,共青团必须以面向新世纪的战略眼光,着眼于中华民族的跨世纪发展,着眼于青年一代的成长成才,满怀信心地推动工作,在抓住机遇、迎接挑战中实现跨越世纪的新发展,谱写中国青年运动新的篇章,揭开共青团事业新的一页。

共青团工作跨世纪发展的总体目标和指导原则

根据党的十五大精神,按照团十四大确定的主要任务,共青团工作跨世纪发展的总体目标是:通过深入学习邓小平理论,帮助青年牢固树立崇高理想和坚定信念,通过推进重点工作,形成与我国改革开放和现代化建设跨世纪发展的总体部署相适应的工作格局,通过构建工作体系和加强团的建设,在形成社会化青年工作运行机制和巩固工作基础方面作出新的探索,团结带领广大团员青年在以江泽民同志为核心的党中央领导下,为实现党的跨世纪宏伟目标不懈奋斗。

围绕上述总体目标推动共青团工作的跨世纪发展,必须始终坚持以党的基本理论和基本路线为指导。同时,还必须面向新的世纪,解放思想,实事求是,服务大局,服务社会,服务青年,努力遵循和贯彻以下具体指导原则。

(一)坚持党对共青团的领导,紧紧围绕全党全国工作大局开展工作,带领团员青年为实现党的十五大确定的各项任务不断做出新贡献。

(二)坚持以经济建设为中心,在改革发展稳定的大局中找准位置,发挥作用,积极促进经济发展和社会全面进步。

(三)坚持培育“四有”新人的基本任务,引导青年始终坚持学习科学文化与加强思想修养的统一,坚持学习书本知识与投身社会实践的统一,坚持实现自身价值与服务祖国人民的统一,坚持树立远大理想与进行艰苦奋斗的统一。

(四)坚持把竭诚为青年服务作为工作的出发点和落脚点,以培育“四有”新人为根本,努力为青年的成长成才服务,把服务青年的大目标落实到为青年解决实际问题的行动上,努力在工作和事业上为青年提供切实有效的帮助。

(五)以改革的精神加强共青团建设,为完成团的各项任务提供思想组织保证。

(六)坚持在继承中创新,在探索中前进,集中精力做好正在做的事情,深化重点工作,开拓新的工作领域,在迈向新世纪中创造新业绩。

深入学习邓小平理论

共青团团结带领广大团员青年为实现党的跨世纪宏伟目标而奋斗,必须坚持不懈地用邓小平理论武装全团,教育青年。

(一)用邓小平理论构筑青年一代的精神支柱。通过深入学习邓小平理论,帮助青年牢固树立为把我国建设成为富强民主文明的社会主义现代化国家,实现中华民族全面振兴而奋斗的崇高理想,使党的跨世纪宏伟目标成为广大青年的共同追求。帮助青年牢固树立坚

持党的基本路线一百年不动摇，坚定不移地走建设有中国特色社会主义道路的坚定信念，自觉投身改革开放和现代化建设的伟大实践。

（二）把深入学习邓小平理论与学习和贯彻党的十五大精神结合起来。帮助团员青年牢牢把握党的十五大的主题，在全面、正确地理解和掌握邓小平理论的科学体系和精神实质上下功夫，在全面、正确地理解和掌握党的十五大精神上下功夫，把广大团员青年的思想和行动进一步统一到党的十五大精神上来，把广大团员青年的智慧和力量进一步凝聚到实现党的十五大确定的任务上来。

（三）广泛开展青少年思想教育。开展以为人民服务为核心、集体主义为原则的社会主义道德教育，加强民主法制教育和纪律教育，引导青少年树立正确的世界观、人生观、价值观。开展爱国主义、集体主义、社会主义教育和艰苦创业精神、伟大抗洪精神教育。运用重要节日、纪念日和重大历史事件开展形式多样的主题教育活动，帮助青年增强历史使命感和时代责任感。在青少年中加强祖国统一和民族团结、国防和国家安全教育。

（四）以团干部和青年学生为重点推动青年理论学习深入开展。发挥团干部、青年学生在理论学习中的表率、骨干作用，针对青年成长成才的内在需求开展形式多样的理论学习活动，形成群众性的学习局面。引导青年把学习理论与投身实践相结合。切实加强对青年学习理论组织的指导和管理，帮助他们制定学习计划，丰富学习内容，提高学习质量，形成扎实、持久、有效的学习机制。

（五）结合青年工作实际加强对邓小平理论的研究和宣传。加强对邓小平理论中有关青年和青年工作思想的研究。发挥团的宣传部门、教学研究机构和新闻出版阵地在青年学理论中的引导和推动作用。继续做好团的"五个一工程"和"五四新闻奖"评选工作。

推进重点工作

实现共青团工作的跨世纪发展，必须适应经济社会发展的需要，努力推进重点工作。

1. 跨世纪青年文明工程

深化跨世纪青年文明工程，要以组织青年为人民群众生产生活基本需求服务，发挥青年在开创社会新风中的现实作用为着力点，继续抓好以下重点项目。

——青年志愿者行动。围绕形成有中国特色青年志愿服务体系的目标，完善由青年志愿者协会、青年志愿服务中心、服务站和服务队构成的志愿服务网络，实施以公益服务为主要内容的城市社区发展计划，坚持开展"一助一"长期结对服务，深化以组织城市青年为贫困地区提供教育、科技、医疗等志愿服务为主要内容的扶贫接力计划。

——青年文明号。在巩固已有创建成果的基础上，拓展创建领域，扩大创建规模，突出整体创建，形成综合效应。加强机制建设，建立完善组织机制、评选表彰机制、管理机制和淘汰机制。

——"手拉手"互助活动。扩大互助范围，进一步开展"手拉手情系贫困小伙伴"、"手拉手情系灾区小伙伴"、"手拉手红领巾助残"等系列活动。特别要注重发动农村少年儿童参与，主动与城市少年儿童建立经常性联系。

——希望工程。做好国内最后一轮劝募工作。建立培训基地，对希望小学教师进行培训，提高办学质量。评选和培养"希望之星"，以奖学金等形式支持优秀受助生在学业上继续深造。按照农科教相结合的要求，推动希望小学的建设和发展。继续做好"三辰影库"的编辑、出版和发行工作。

——青年文明社区创建活动。以社区团建为基础，以发展社区服务项目为重点，组织青少年广泛开展社区服务，美化社区环境，维护社区秩序，丰富社区文化生活，促进城市文明建设，推动社区团的工作全面发展。

——举办乡村青年文化节。通过科技大集、文体大赛、卫生大扫除等适合农民特点的方式，推广科技，传播文明，引导农村青年移风易俗，弘扬新风，丰富精神文化生活。

——树立和宣传青少年先进典型。做好中国青年五四奖章、十大杰出青年、各界杰出青年、新长征突击手、优秀团员、优秀团干部、十佳少先队员等奖项的评选表彰工作。及时发现并积极宣传在两个文明建设中做出突出贡献的青年典型。

2. 跨世纪青年人才工程

深化跨世纪青年人才工程，要以开发青年人力资源，为改革开放和现代化建设培养合格青年劳动者和青年高级人才为着力点，努力推进以下重点项目。

——培养青年岗位能手活动。适应深化国有企业改革的要求，逐步实现青年岗位能手由适应型向开发型、由单一型向复合型的转变。创新活动内容，拓展活动领域，突出活动重点。

——培养青年星火带头人活动。把培养活动与发展区域性支柱产业和促进农业产业化经营相结合，与农民技术职称晋升制度相结合。组建青年星火带头人志愿服务队，开展先进适用技术的推广、普及和服务工作。

——实施青少年新世纪读书计划。开展主题读书活动，设立读书榜，组织读书计划专家指导团，联合大众传媒开设读书栏目，积极营造读书氛围。普遍成立新世纪读书俱乐部，为青少年提供导读、评介等服务。举办新世纪读书论坛，设立新世纪读书日，推广"天天一小时"读书活动，开展读书夏令营活动，推动青少年在读书活动中相互促进、共同进步。编写青少年新世纪丛书，介绍科学文化方面的基础知识和最新成果。通过广泛开展形式多样的读书求知活动，推动青年面向新世纪形成以新知识、新科技、新技能为主要内容的学习热潮。

——大中学生素质拓展计划。开展职业阅历拓展活动，把社会实践岗位化。继续开展科技文化卫生"三下乡"活动，引导学生在服务社会中增长见识和才干。组织学术讲座、文化艺术节和文体比赛等活动，帮助学生提高人文素养，充实课余生活。注重开展以科技为主题的课外活动，引导学生崇尚科学技术，热爱发明创造。把16岁公民意识教育、16—18岁成人预备期志愿服务、18岁成人宣誓仪式有机统一起来，形成比较系统的教育过程。积极推动18岁成人仪式教育的立法工作。

——雏鹰争章素质教育活动。把雏鹰争章素质教育活动作为中国少年雏鹰行动的核心内容。建立针对不同年级的开放式奖章体系。建立社会化的考章和奖励制度。建立多种形式的争章训练基地。拓展少先队在社区的活动领域。努力将雏鹰争章素质教育活动纳入教育行政部门的素质教育体系。

——广泛开展学习培训竞赛活动。深入推进"千校百万"外来务工青年培训计划，继续开展"千宫百万"青少年现代知识技能培训竞赛活动、百城市青年计算机等级达标竞赛（CRE）活动和青少年国际互联网络知识大赛。同时，积极创造新的活动载体。

——培养和造就青年高级人才。积极发现各类优秀青年人才，为他们脱颖而出和发挥作用创造条件。依托中国青年高级人才培训中心和中国青年国际人才交流中心，对优秀青年人才进行培训，并通过组织出国研修及交流和考察等方式，帮助他们开阔视野，提高技术和管理水平。

3. 服务万村行动

贯彻党中央《关于农业和农村工作若干重大问题的决定》，深化服务万村行动，以为农村青年增效增收、成长成才服务，促进农村共青团工作全面发展为着力点，努力推进以下重点项目。

——领办科技推广项目。以市场为导向，采取事业化推进的方式，继续深化领办项目工

作，实现团促产业，产业兴团。依托主导项目，培育出一批为农民提供服务和带动农户发展商品生产的龙头企业，构建农村青年科技和营销服务网络。积极推广青年股份合作体等生产组织形式，并与领办项目相结合，促进农村青年发展多种形式的经济联合与合作。

——开展扶贫协作。继续做好东部地区团组织对口帮扶贫困地区工作。按照就近就便、互惠互利的原则，开展厂村结对、校村结对等多种形式的城乡互助活动。

——加强阵地建设。推动县及县以上团的领导机关创建青年农村发展中心。广泛建立乡镇青年科技图书站，为农村青年学科技用科技创造条件。创建青年农业高新科技示范园，围绕项目开展先进适用技术培训。

4. 中国青年创业行动

实施中国青年创业行动，旨在引导青年弘扬新时期创业精神，增强创业意识，提高创业能力，投身创业实践，在创业中建功立业，为实现经济体制和经济增长方式的根本性转变做贡献。

——培养青年的创业精神。宣传新时期青年创业典型，激发青年的创业热情。引导青年立志在本职岗位上掌握一流技能，创造一流效益，做出一流成绩。

——实施青年创业培训计划。在国有企业青工中广泛开展岗位培训，培养青工的技能素质，帮助他们掌握和提高立足岗位创业的本领。依托青年企业家协会，通过进一步深化“振兴千家中小企业行动”，鼓励和支持优秀青年企业经营管理者积极探索国有小企业放开搞活的有效方式。进一步深化“下岗青工创业行动”，开展职业培训，帮助下岗青工自谋职业，自主择业，自强创业，在创业中实现再就业。发挥青年企业家协会的优势，挖掘社会资源，为下岗青工再就业提供帮助。

——培养青年兴业领头人。以发展第三产业为导向，通过项目带动和资金扶持，引导和组织有创业理想和创业能力的青年，领办和创办不同经营方式和组织形式的企业，做促进多种经济成份共同发展的实践者。以创办青年家政服务公司为基本形式，发展劳动密集型的家政服务业。组织青年企业家结对扶持青年兴业领头人。

——鼓励扶持不同青年群体到农村创业。联合有关部门在农村中学开展创业教育和训练，帮助学生树立回乡创业观念，增强创业意识，及时掌握创业技能。支持农村外出务工青年回乡创业。支持大中专毕业生到农村寻求发展，开辟事业。

——建立青年创业保障机制。联合劳动部门，依托团校、青少年宫等团内阵地，利用高校、职业教育学校和企业职工培训中心等社会资源，逐步建立以团中央、省级团委、地（市）级团委三级培训中心为主体的青年职业培训体系。建立中介服务网络。建立中国青年创业基金，联合有关商业银行，建立青年创业小额贷款制度，为青年创业提供支持。争取劳动、工商、税务、金融等有关部门对青年创业的政策支持。

5. 中国青年科技创新行动

实施中国青年科技创新行动，旨在引导青年培养创新精神，提高创新能力，营造青年创新环境，促使更多的优秀青年人才脱颖而出，在国家创新体系中充分发挥作用，促进科技与经济密切结合，为推动科教兴国战略的实施做贡献。

——推动科技成果的生产与创造。通过评选中国青年科学家奖和中国青年科技创新奖。设立中国青年科技论坛等活动，激励青年科技工作者的创新行动。在企业，以创新增效为主题，以青年科技人员为主体，以开发一项新产品、创造一项新工艺、推广一项新技术、转化一项新成果的“四个一”活动为基本内容，推动科技成果实现商品化；以“五小”活动和青年岗位能手活动为载体，在青工中开展群众性科

技创新活动。在高校，通过深化“挑战杯”科技创新活动，提高大学生的创新能力。

——促进科技成果的推广和应用。依托各级青年科技工作者协会建立中介服务机构和网络，从事科技成果的转化服务工作，成为联系科研院所、大专院校与企业之间的纽带。营造有形的青年科技成果交易市场。利用互联网络建立青年科技创新信息库。举办形式多样的青年科技成果博览会、技术交流会和信息发布会。

——促进青年科技人才与项目的对接。帮助青年科技工作者实现产学研相结合。选择一批企业和科研院所作为青年科技创新行动示范基地，组织青年科技工作者进行科技项目攻关和新技术新产品开发。组织博士生服务团和留学人员为国服务团，帮助企业进行技术攻关。

——建立青年科技创新保障机制。把中国青年科技工作者协会建设成为能够在推动青年科技创新中发挥龙头作用的青年科技社团。依托中国青少年发展基金会建立中国青年创新基金。建设好中国青年科技园，发挥科技成果孵化器的作用。制定青年科技创新奖励条例，争取有关政策支持。

6. 中国青年绿色行动

实施中国青年绿色行动，旨在增强青少年的绿色意识和环境保护意识，引导青少年自觉参与植树种草，绿化祖国，美化环境，为推动可持续发展战略的实施做贡献。

——实施保护母亲河行动。组织动员青少年参与黄河、长江及本地区主要江河湖泊流域的植树造林，治理水土流失，改善生态环境。采用工程造林、项目管理的办法，营建保护母亲河工程。在植树节、地球日、环保日、防止荒漠化日开展保护母亲河周（日）活动。通过海内外多种渠道筹集款项，创建保护母亲河基金。

——实施青年志愿者绿色行动营计划。公开招募青年志愿者组成绿色行动营，赴国家重点造林区域集中开展成片绿化造林。把绿色行动营计划纳入国家重点生态工程建设规划。

——开展创建青少年绿色文明园活动。组织青少年在街道、小区和公共绿地开展植树种草、养护绿地活动。通过植成人纪念树、新婚纪念树等形式营造青少年纪念林。

——开展倡导绿色生活活动。根据“全球着眼，身边着手”的原则，在青少年中普及绿色产品常识，倡导绿色消费习惯；在少年儿童中开展“爱鸟周”等爱护动植物活动，引导他们从小培养起对大自然的感情；在青年企业家中倡导生产绿色产品，开展绿色管理，实行清洁生产和资源循环利用；组织青年志愿者开展反对白色污染、提倡垃圾分类等方面的志愿服务。

构建工作体系

共青团在推动工作实现跨越世纪的新发展中，必须根据世纪之交经济、社会、科技发展的要求和青少年成长成才的需要，着力构建工作体系。

1. 青少年组织体系

构建青少年组织体系，必须以共青团组织为核心，以青联、学联、少先队组织为骨干，以各类青年社团为外围，形成能够更广泛地覆盖青少年，更有效地组织青少年的组织网络，将广大青少年紧密团结在党的周围。

共青团要推动青联组织用社会主义和爱国主义的旗帜更广泛地吸引和团结海内外各族各界中华青年，注重发挥青联各界别工作委员会、各专业会员团体和地方会员团体的作用，努力拓展城市青联的工作领域，通过服务社会、服务青年和服务委员，增强吸引力和凝聚力。指导学联组织强化自我服务、自我管理、自我教育的功能，通过为青年学生的全面发展提供帮助，更好地吸引和凝聚青年学生。发扬全团带队的传统，引导少年儿童自学、自

理、自护、自强、自律,成长为开创21世纪大业的生力军。

青年社团是青少年组织体系的重要组成部分。要按照“一手抓培育发展,一手抓监督管理”的原则,认真履行管理和指导青年社团的职责,推动青年企业家协会、青年乡镇企业家协会、青年科技工作者协会等各级各类青年社团规范、健康地发展;依照有关法律法规及规定,建立和发展基层青年社团;指导青年社团开展富有特色的活动,提高活动水平。

2. 青少年服务体系

共青团必须适应社会主义市场经济条件下青少年需求的发展变化,加大服务力度,拓展服务领域,构建起服务体系。要以培育“四有”新人为根本,从青少年健康成长、建功成才的需求出发,开展学习求知、劳动就业、权益保护、文化生活、勤工助学、身心健康等多方面服务。努力做到:只要是青少年的正当需求,团组织都要想方设法提供服务;只要是青少年遇到了困难,团组织都要千方百计帮助解决。

构建青少年服务体系,需要在开展全面服务中突出工作重点,在促进就业和维护权益方面加大服务工作的力度。围绕促进青年就业,大力开展职业培训,帮助青年掌握就业技能;积极开展中介服务,为青年提供就业指导和信息咨询;扶植青年创办和发展企业,创造就业机会。围绕维护青少年权益,创建优秀青少年维权岗,通过法律服务、法律援助、舆论支持、维权咨询等方式,为青少年提供帮助;参与“三五”普法教育,建设法制教育阵地,编写法制教育读本,带动青少年学法、懂法、守法、用法;教育青少年珍爱生命,拒绝毒品,配合有关部门,同黄、赌、毒等严重危害青少年的丑恶现象和行为作坚决斗争;进一步健全维权工作机构,加强维权工作队伍建设;动员社会有关方面共同担负起维护青少年权益的责任,优化青少年成长的社会环境。

构建青少年服务体系,需要不断丰富服务手段。要进一步增强团属青少年活动阵地和团校及其他企事业单位服务青少年的功能,提高服务质量。要加强对团属青少年报刊的领导,牢牢把握正确的舆论导向,在为青少年提供服务方面更好地发挥作用。要坚持用办事业的方式实施服务项目,培育和发展新的服务组织、实体、基地,创建服务基金。要积极开发社会资源,广泛动员社会力量,为青少年服务。

社区是青少年聚集和活动的重要区域。构建青少年服务体系,需要以社区为重要依托。根据社区中不同青少年群体的需求,开展文化学习、文体活动、技术培训、法律援助等多方面的服务。同时,积极推动社区团组织的横向联谊,整合资源,形成合力,更好地为青少年提供服务。

3. 青少年参与体系

青少年广泛有效地参与经济社会发展,是青少年成长与发展的需要,也是社会进步的一个重要体现。共青团必须把服务青年与服务大局结合起来,引导青少年正确参与,鼓励青少年自主参与,构建青少年参与体系,推动广大青少年在参与中创造奉献,成长成才。

构建青少年参与体系,要围绕建设有中国特色社会主义经济、政治、文化,引导青少年积极参与两个文明建设的实践。要根据各条战线的不同情况,突出参与重点。在企业,引导青工参与国有企业的改革和发展,在不同经营方式和组织形式的企业中发挥积极作用,通过职工代表大会等途径参与企业民主管理,维护自身合法权益。在农村,引导青年农民参与建设有中国特色社会主义新农村的实践,推动农业和农村经济发展,在村级民主选举、民主决策、民主管理和民主监督中正确行使民主权利。在学校,引导学生参与素质教育,在学习和实践中成长成才,积极发挥学生会(研究生会)在民主管理学生事务中的作用。

构建青少年参与体系,需要拓宽参与途径。共青团要积极向国家权力机关、党政机关

反映青年的意愿和呼声,在管理国家和社会事务中发挥民主参与和民主监督作用。要围绕大局开展丰富多采的活动和卓有成效的工作,使团的活动与工作成为组织青少年参与的有效途径。要支持和指导各类青少年团体正确引导各自所代表的青少年群体参与两个文明建设。

构建青少年参与体系,需要法律保障和社会支持。共青团要积极推动有关青少年的立法进程,促进青少年政策的制定、完善和落实。要积极承担青少年事务,努力将青少年事务纳入国家经济和社会发展的总体规划。

构建青少年参与体系,需要指导和帮助青少年自主参与。共青团要引导青少年在学习和实践中增强参与意识,提高参与能力。要通过加强思想道德教育,帮助青少年在自主参与中增强社会责任感。要通过加强民主法制教育,帮助青少年自觉规范参与行为。

在开放的时代里,加强青年外事工作对促进中国青年开阔视野,放眼世界具有重要意义。要通过构建与时代主题要求相适应的青年交流框架,进一步加强中国青年与世界各国青年的交往与合作,使中国青年与世界各国青年共同促进新世纪的和平与发展。

4. 青少年信息网络体系

信息技术的飞速发展,带来了经济社会的巨大进步,深刻地影响和改变着人们尤其是青少年的学习、工作和生活。共青团必须适应信息时代的要求,积极运用信息技术,构建青少年信息网络体系,推动青少年工作手段的现代化。

构建青少年信息网络体系,要从“硬件”建设和“软件”建设两个方面着手。“硬件”建设以中青计算机信息服务网(简称中青网)为主干,以团的各级组织及团的各部门和各青少年工作机构的信息网站为基础,与社会公众信息网络相联通。“软件”建设以青少年信息和共青团工作信息以及有关的经济社会发展方面的信息的采集、开发和制作为基本内容,建立起有效的运行机制。

青少年信息网络体系的构建,应把“硬件”建设摆在先行位置。按照集中力量、分步推进的原则,争取用五年左右的时间,使中青网在全国50个大中城市实现联网,初步建成覆盖全国的网络主干。团的各级组织及各部门和各青少年工作机构要围绕中青网的建设,积极建立信息网站,共同推进信息网络体系建设,促进全团信息化建设的发展。

网络信息的开发是网络建设和发展的关键。要以服务青少年成长成才、服务团的事业发展为宗旨,建立起科学的、富有青少年特色的信息节目框架。动员全团力量,汇聚优秀专业人才,挖掘信息资源,开发信息市场,努力为广大青少年和团的工作提供全方位、高质量的信息服务,不断扩大网络的覆盖面和影响力,实现信息共用,成果共享。注重加强保密措施,维护网络安全。同时,进一步加强中国青少年社会调查系统建设,形成快速、高效、灵敏的信息反馈机制。

加强团的建设

加强团的建设,是实现共青团工作跨世纪新发展的必然要求,是团组织自身发展的迫切需要。共青团必须坚持“党建带团建”,把服务青年作为加强团的建设的突破口,用改革的精神研究和解决团的建设的新问题,以团的基层组织建设和团干部队伍思想作风建设为重点,努力推动团的建设在世纪之交实现新的发展。

(一)切实加强基层团组织建设。在农村,结合以党组织为核心的农村基层组织建设,继续整顿好松散瘫痪团支部,推广村团支部书记“三位一体”配置。实施强乡带村,即加强乡镇团委班子,带动农村基层团建;加强乡镇团委领办科技推广项目,带动农村青年脱贫致富奔小康;加强乡镇青年活动阵地,带动农村青年服务体系建设。在企业和高校,进一步加强基

层组织建设，同时，注意探索新的活动方式和运行机制，做好团建创新试点工作。在社区，重点加强街道团工委建设，配备好团干部，通过发挥街道团工委的协调和联结作用，促进社区内团组织的横向联合和团的工作活跃。普遍推行基层团组织按期换届和团干部民主选举，结合每次集中换届整顿和健全团组织。开展创建五四红旗团委活动，切实加强基层团委建设，带动团支部建设。抓好团员教育，深化推优工作，做好经常性发展团员工作，使团员总数稳定在6500万左右。加强团的阵地建设，增强团组织的物质依托。

（二）积极调整团的基层组织设置。按照与经济社会结构相协调，与青年分布相适应的原则，以进一步建立健全城市社区和农村小城镇团组织为重点，调整团的基层组织设置。在城市居委会、居民小区、工业小区、商业街、集贸市场等建立团组织，切实加强对这些区域外来务工青年、下岗青年、待业青年及其中团员的管理。以社区为重要依托，推动在私营企业、港澳台商和外商投资企业中建立团的组织，开展团的工作。重视加强农村小城镇团组织建设，依托小城镇，推动乡镇企业建团，带动农村产业建团。

（三）加强团的领导班子建设。以整风精神开展以"讲学习、讲政治、讲正气"为主要内容的党性党风教育，提高县处级以上领导班子和领导干部的素质。严格执行中心组理论学习制度，贯彻民主集中制原则，健全民主生活，开展批评和自我批评，加强团结，增强战斗力。加强对团的领导班子的协管工作。充分发挥团的机关党组织的作用，加强干部教育管理和党风廉政建设。

（四）坚持抓好团干部队伍思想作风建设。教育团干部坚定走建设有中国特色社会主义道路的信念，自觉地与以江泽民同志为核心的党中央保持高度一致，增强服务人民、服务青年的意识，继承和发扬艰苦奋斗的优良传统，培养脚踏实地、求真务实的作风，增强开拓创新的责任感。组织团干部深入学习邓小平理论，把学习邓小平理论同贯彻落实党的十五大精神结合起来，同推进团的事业发展结合起来，提高政治素质和理论水平，增强在改造客观世界的同时改造主观世界的自觉性。重视团干部的实践锻炼，大兴调查研究之风，促使团干部深入实际，深入青年，讲实干，办实事，求实效，自觉抵制不良风气的影响和侵蚀。

（五）加大团干部培训工作力度。明确各级团委的培训职责，加强团校建设，发挥团校作用，力争在三年内把专职团干部轮训一遍。鼓励团干部参加在职学历教育。积极组织团干部出国进修。继续搞好团干部挂职锻炼。努力拓宽团干部的输送渠道。

实施本纲要的工作要求

实施本纲要，推动共青团工作实现跨世纪发展，必须贯彻以下工作要求。

（一）发挥好作为党的助手和后备军的优势。共青团是党的助手和后备军，这是共青团最大的政治优势。共青团必须充分发挥好这个优势，始终坚持正确的政治方向，坚决贯彻和执行党中央的每一项重大决策，从大局出发把握好工作全局，真正做到党有号召，团有行动。

（二）发挥好受政府委托管理青年事务的优势。共青团是国家政权的一个重要社会支柱，承担着政府委托管理青年事务的责任。共青团必须充分发挥好这个优势，积极推进有关青少年的立法进程，积极促进有关青年政策的制定和完善，通过与有关政府部门联合发文和联合行动等方式来推进工作，保证共青团在管理青年事务中始终发挥主渠道作用。

（三）坚持用办事业的精神和方式推动工作发展。从大处着眼，从具体事情抓起，一件事一件事去做，一步一步地去做；立足实际，务求实效，把工作具体化、有形化；不搞花样翻

新，不搞形式主义，不搞短期行为，使工作在积累的基础上稳步前进。

（四）加强协作，形成合力。必须围绕全团重点工作，加强协作，形成合力，创造出整体效益。

（五）坚持社会化运作。充分发挥团组织联系青年社团的优势，运用有社会影响的活动载体，积极吸纳和运用社会资源，使团的工作得到社会的广泛支持，使团的活动成为社会广泛参与的行为。

（六）坚持发展事业，兴办实业。既要努力巩固和发展现有团的事业，更好地发挥它们的作用，又要努力开拓和发展新的事业，创造新的增长点。要围绕青少年的需求，发展事业，兴办实业，努力实现经济效益、社会效益和人才效益的统一。

（七）倡导理论研究，加强理论建设。结合经济社会发展，深入研究当代青少年的变化和特点、团的重点工作以及青年运动的发展趋势，为团的工作发展提供理论依据。

（八）加强机关建设。抓好党的建设，为机关工作提供政治保证。抓好干部队伍建设和机关作风建设，建设一支高素质的机关干部队伍。抓好机关的服务工作，为干部解除后顾之忧。

共青团中央关于大力推进中国青年科技创新行动为全面实施科教兴国战略做贡献的决定

共青团十四届三中全会通过，1999年12月14日

人类即将进入21世纪，全球范围的新科技革命迅猛发展，知识创新、技术创新和高新技术产业化已经成为世界各国综合国力竞争的核心。全面实施科教兴国战略，大力推动科技进步，加强科技创新，是确保党的跨世纪宏伟目标顺利实现，确保中华民族在新世纪立于不败之地的战略抉择。不久前召开的党的十五届四中全会、中央经济工作会议和全国技术创新大会，对实施科教兴国战略，加速全社会科技进步，保持国民经济持续快速健康发展作出了全面部署，并对广大青年在科技创新中发挥生力军作用，承担起光荣的历史重任提出了更高要求。

共青团十四届三中全会深入学习了党中央一系列会议精神，回顾总结了多年来共青团组织开展青年科技活动，特别是实施中国青年科技创新行动以来的工作，对进一步大力推进中国青年科技创新行动进行了讨论，做出如下决定：

一、实施中国青年科技创新行动的总体思路和基本原则

中国青年科技创新行动是共青团组织团结带领广大青年积极参与科教兴国伟大实践，推动科技进步和经济发展的重大举措，是在实践中提高青年素质、培养青年人才的重要途径，是今后相当长时期内全团工作的一项十分重要的内容。实施中国青年科技创新行动的总体思路是：以邓小平理论为指导，深入贯彻党的十五大、十五届三中全会、十五届四中全会、中央经济工作会议和全国技术创新大会精神，在广大青年中广泛开展科技创新实践活动，培养创新精神，提高创新素质和能力，营造崇尚科学、鼓励创新的良好社会氛围，促进大批适应新世纪发展需要的青年科技人才脱颖

而出，推动科技成果的商品化、产业化，为全面实施科教兴国战略，实现社会主义现代化建设第三步战略目标贡献力量。

实施中国青年科技创新行动必须坚持以下基本原则：

（一）始终不渝地以经济建设为中心。组织动员广大青年投身经济建设主战场，依靠科技创新，努力促进产业结构调整，提高科技对经济增长的贡献率，为国民经济整体素质的提高和综合国力的增强贡献力量。

（二）自觉服从服务于科教兴国战略。按照科教兴国战略的总体部署，主动配合党政有关部门，充分发挥自身优势，团结带领广大青年投身科技创新，在建设国家创新体系中发挥共青团组织应有的作用。

（三）立足于培养青年的创新素质和能力。必须把人才效益放在首位，在科技创新实践中全面提高广大青年的科技知识水平和创新能力，促进大批青年科技创新人才不断成长。

（四）注重以市场为导向。发挥市场机制在配置创新资源、引导创新实践中的基础性作用，采用市场运作方式促使科技成果商品化、产业化，实现产学研结合。

（五）坚持开放式的工作思路。广泛发动不同行业、不同层次的青年积极参与，形成群众性的青年科技创新热潮。积极吸纳社会资源，构建各方面社会力量共同参与的开放式工作格局。

（六）用创新的精神推进工作。不断探索新的工作思路和方法，在继承中创新，在创新中发展。充分尊重基层的首创精神，支持各种形式的创新实践。进一步开阔视野，借鉴国内外的先进经验。

二、全面实施"金桥计划"，大力推动青年人才与项目对接

广大青年科技工作者是科技创新的中坚力量。要全面实施"金桥计划"，发挥共青团、青联组织广泛联系青年科技人才的优势，架起人才与项目对接的桥梁，为不同领域、不同层次青年科技工作者的创新实践提供服务，引导和帮助他们积极参与经济建设，促进科研与产业的紧密结合。

为青年科技人才投身经济建设提供服务。各级团组织要根据当地经济和社会发展的需求，以组织科技服务团为主要形式，为企业技术创新和地方经济发展提供人才智力服务，推动人才与项目的多元对接。努力开辟青年科技人才参与科技创新的多种渠道，帮助他们申请课题、寻找项目，为他们直接从事生产领域的科技攻关创造条件。

组织青年科技人才参与西部地区大开发。实施西部地区大开发战略是党中央为实现全国经济社会的协调发展，最终达到全体人民共同富裕的重大决策。要开展"百名博士西部行"、东西互助、科技扶贫等形式多样的活动，通过信息服务、咨询论证、联合开发等，为西部地区的经济社会发展做贡献。

为海外留学人员服务国家经济建设牵线搭桥。充分发挥共青团、青联、学联的联络优势，组织留学人员为国服务团，通过项目合作、技术服务和直接创办高新技术企业等多种形式，为科技创新注入新的活力。

依托互联网络促进创新资源的有效运用。建设中国青年科技信息网，广泛收集人才、技术和市场需求信息，建立起汇集科技创新各种要素的信息平台。由点到面逐步实现中国青年科技信息网与各地青年科技信息网及其他有关网络的连接，形成包含各方面人才、技术信息的虚拟市场，为全社会的科技创新提供服务。

加强青年科技工作者协会建设，广泛团结和凝聚青年科技人才。把各级青年科技工作者协会建设成为集各方青年人才，在青年科技创新行动中发挥龙头作用的青年社团。充分发挥协会的功能，壮大队伍，强化服务，扩大交流。逐步将青年科技工作者协会延伸到县

(市)和大中企业,为实施“金桥计划”提供强大的人才支持和组织基础。

三、广泛开展群众性青年科技创新活动,增强创新意识,提高创新能力

青年是最具创新热情和创新潜能的社会群体。要广泛开展群众性青年科技创新活动,激发广大青年工人、农民、学生的积极性和创造性,增强创新意识,充分发挥广大青年在推动全社会科技进步中的生力军作用,促进全民族科技素质的不断提高。

大力推进青年创新创效活动。国有企业在国家经济和社会发展中处于十分重要的地位。要着眼于服务国有企业的改革和发展,根据实施企业技术创新工程和建立健全企业技术创新体系的要求,以技术创新为重点,以创效为目的,大力开展青年创新创效活动,增强企业科技开发能力和市场竞争能力,不断提高企业经济效益。加强青年职工的技术培训,特别是要适应知识经济时代的要求,组织青年职工学习新知识、新技能。在青年科技人员中广泛开展开发一项新产品、创造一项新工艺、推广一项新技术、转化一项新成果的“四个一”活动,组织青年技术骨干,承担重点技术攻关项目,为推动企业技术进步和产业升级做出贡献。继续深化“五小”活动,促进企业降低生产成本,提高生产效率,增加产品的技术附加值,实现产品更新。把技术创新与管理、营销、服务创新紧密结合起来,使之相互促进。把青年创新创效活动与青年岗位能手、青年文明号活动有机结合起来,着力培养大批创新型青年岗位能手,不断丰富青年文明号的创新内涵。

继续完善“挑战杯”大学生课外科技创新系列竞赛活动,推行校级、省级、国家级三级赛制,扩大参与面和影响力,在群众性和经常性的基础上,促进优秀学术科技成果不断涌现。广泛开展中学生“金钥匙”科技竞赛活动,鼓励中学生积极参加小发明、小制作、小创意等形式多样的课外实践。

实施跨世纪青年农民科技培训工程,深化培养青年星火带头人活动,帮助农村青年掌握先进适用农业技术,普遍提高科技应用与创新的能力,走在科教兴农的前列。

大力开展科技知识的学习传播活动,增强广大青少年的创新意识,提高青少年的科技素质。通过实施新世纪青少年读书计划,举办科技节、科技广场等活动,引导广大青少年学习科技知识,提高科学思维能力。充分利用大众传媒,依托青少年宫、青少年科技活动中心、青年科技创新行动教育基地等团属阵地和自然博物馆、科技馆等场所,广泛开展自然科学基本常识的宣传教育和普及工作,帮助青少年建立起科学的自然观、宇宙观,树立正确的世界观和人生观,增强辨别和抵制各种愚昧迷信和反科学、伪科学的能力。建设以大中学生为主体的科普青年志愿者队伍,充分发挥他们在传播科学知识中的积极作用。继续深化“三下乡”等活动,加大在农村青少年中普及科学知识的力度。

四、积极参与发展技术市场,促进科技创新成果转化为现实生产力

面向经济建设,加速科技成果向现实生产力转化,是推动科技创新的关键环节。要运用市场机制,为青年的科技创新成果转化提供切实有效的服务,推动其商品化和产业化。

为青年科技创新成果的转化提供中介服务。举办各类青年科技成果拍卖会、博览会、商洽会、推介会和科技大集等,推动科技成果转化为富有市场竞争力的商品。积极创造条件,发展青年科技中介服务机构,为科技创新提供信息咨询、市场预测、风险评估、成果推介等多方面的服务。

促进青年科技创新成果的孵化。积极争取有关部门支持,广泛吸纳社会资源,创建和壮大青年科技创新基金,探索青年科技创新的风险投资机制,支持青年的科研开发和成果转化。加强高新技术产业园区、经济技术开发区

等团的工作，充分发挥高层次青年科技人才的作用。建设好各级青年科技创新行动示范基地，继续加强中国青年科技园建设，探索流动孵化方式，为科技成果转化创造条件。

引导青年应用推广科技创新成果。深化领办科技推广项目活动，帮助广大农村青年发展高产优质高效农业，扶持青年星火带头人兴办企业，提高农业产业化水平。举办“挑战杯”中国大学生创业计划竞赛，鼓励大学生应用科技创新成果开展创业实践。支持青年科技人才直接创办科技企业。推动青年企业经营管理者发展具有市场前景的高新技术项目。

五、积极为青年科技人才成长和发展提供服务，促进大批优秀青年人才脱颖而出

培养青年科技人才是关系到中华民族未来命运的大战略。共青团组织要尽心竭力服务青年科技人才的成长，积极为他们发挥才干创造条件，为培养和造就大批能够担当新世纪科技创新重任的青年人才做出不懈努力。

举办青年科技论坛。论坛要瞄准、跟踪世界科技发展的前沿，探讨科技与经济发展的重点、难点和热点问题，同时为青年科技工作者交流科技成果、传播科学思想提供舞台。定期举办全国性、区域性的青年科技论坛，使其规范化、制度化。依托互联网络、电视、报刊等媒体，探索论坛的新形式。建立论坛组织机构，加强与国内外相关组织的合作与交流，使青年科技论坛成为凝聚人才、培养人才的充满活力的创新阵地，吸引全社会关注青年科技创新的工作亮点。

开辟培养青年科技人才的多种渠道。组织青年人才开展考察研修活动，帮助他们了解国内外科技创新动态，学习国内外先进技术和经验。发挥中国青年高级人才培训中心等阵地的作用，开展青年创新创业培训。加强青年科技创新的国际合作和交流，增强青年科技人才参与国际竞争的能力。

加强青年科技人才的评选表彰和宣传举荐工作。做好“中国青年科学家奖”、“中国青年科技创新奖”和各级青年科技人才评选表彰活动，激励青年科技工作者勇于创新、奋发进取。要大力宣传优秀青年科技人才，积极向有关部门和单位举荐，使他们在科技创新中发挥更大作用。

六、采取切实有力措施，推动中国青年科技创新行动健康发展

集中全团力量打出品牌。中国青年科技创新行动是全团的重点工作，涉及团的各条战线、各个部门，集中全团力量是做好这项工作的保证。各级团组织要充分认识大力推进中国青年科技创新行动的重要意义，结合各自实际，认真规划部署，采取切实措施，把这项活动逐步推向深入，落实到基层。要成立由主要负责人牵头的领导机构，明确牵头单位，加强领导和协调，形成合力，打出品牌，使中国青年科技创新行动成为新世纪共青团事业发展的重要增长点。

切实加强机制建设。机制建设是实施中国青年科技创新行动的重要环节，是青年科技创新事业持续发展的基石。要进一步加强各级青年科技社团建设，促进他们的合作与交流，形成灵活有效的运行机制。逐步建立科学的青年科技创新成果评价机制和奖励机制。运用法律手段，保护青年的知识产权。争取有关部门的政策支持，形成有力的保障机制。

营造良好的社会氛围。良好的社会环境是青年科技创新事业健康发展的必要条件。要通过大力宣传青年科技创新典型的先进事迹，引导青年努力学习，形成崇尚科学、锐意进取的良好风尚。充分利用各种现代传播手段，广泛宣传科技发展的新成就和青年科技创新事业的新发展，形成良好的舆论导向，推动全社会进一步关心、支持青年科技创新行动。

提高团干部的科技素质。建设一支具有较高科技素质的团干部队伍，是中国青年科技创新行动健康发展的关键。广大团干部要坚

定不移地贯彻邓小平同志“科学技术是第一生产力”的伟大思想，努力学习科技知识，特别是要加强计算机、互联网络、外语等知识的学习和应用，把握现代科技发展趋势，用科学思想、科学精神武装自己，推动青年科技创新事业不断向前发展。

共青团中央关于在新形势下加强和改进青年思想政治工作的若干意见

共青团十四届三中全会通过，1999 年 12 月 14 日

高度重视和做好青年思想政治工作，是党对共青团的要求，是由共青团组织的性质决定的，是共青团的优良传统和政治优势。在发展社会主义市场经济进程中，做好青年思想政治工作具有特殊重要的意义。各级共青团组织要认真学习贯彻《中共中央关于加强和改进思想政治工作的若干意见》，研究新情况，适应新形势，切实加强和改进青年思想政治工作。

一、高度重视、切实加强和改进新形势下的青年思想政治工作

1. 青年是祖国的未来，民族的希望。加强青年思想政治工作，促进青年一代的健康成长，是关系到党和国家前途、命运的大事，是建设有中国特色社会主义事业兴旺发达的关键所在。这次与“法轮功”邪教组织的斗争，充分说明在新的历史时期，思想领域的矛盾和斗争错综复杂，有时还表现得相当激烈。在复杂多变的国际形势面前，在推进改革开放和现代化建设的历史进程中，必须始终高度重视做好教育引导青年的工作。坚持“两手抓，两手都要硬”，适应新的形势，按照党的要求，切实加强和改进青年思想政治工作，是摆在全团面前的一项重大而紧迫的任务。

2. 在发展社会主义市场经济的进程中，青年始终是一支生机勃勃的力量。做好青年的思想政治工作，全面提高青年素质，调动青年的积极性和创造性，把蕴藏在广大青年中的丰富智慧和巨大潜力开发出来，充分发挥广大青年在建设有中国特色社会主义伟大事业中的生力军作用，具有重大意义。

3. 改革开放特别是党的十四大以来，广大青年踊跃投身社会主义物质文明和精神文明建设，在推动经济社会发展中发挥了积极作用。青年的主流是健康向上的，广大青年是热爱党、热爱祖国、热爱社会主义的。青年思想政治工作在党的领导下，贯彻党的基本路线，紧紧围绕党的中心工作，结合改革开放和青年成长的实际，坚持用邓小平理论武装全团、教育青年，创造性地开展了青年志愿者、希望工程、大学生社会实践、青年文明号、手拉手、青年创新与创业行动、青年文明社区、保护母亲河行动等活动，为服务改革、发展、稳定的大局、培养一代“四有”新人，做出了积极的贡献，取得了显著成效。

当前，我国正处在改革的攻坚阶段和发展的关键时期，经济成分和经济利益多样化、社会生活方式多样化、社会组织形式多样化、就业岗位和就业方式多样化日趋明显，与此相联系，青年的思想观念、社会构成、行为方式的多样化也日趋明显，青年思想政治工作面临大量的新情况、新问题。必须看到，青年思想政治工作还存在与社会发展变化不相适应的地方。

要强化在新形势下做好青年思想政治工作的意识，注意研究新情况，解决新问题，充分发挥青年思想政治工作在推进建设有中国特色社会主义事业、促进青年健康成长中的作用。

4. 在新的历史条件下加强和改进青年思想政治工作，必须坚持以马克思列宁主义、毛泽东思想和邓小平理论为指导，坚持党的领导，坚持党的基本路线和基本方针，紧紧围绕经济建设这个中心，结合青年成长成才的根本要求，用党的十五大确立的跨世纪宏伟目标激励青年，教育引导青年坚持学习科学文化与加强思想修养的统一，坚持学习书本知识与投身社会实践的统一，坚持实现自身价值与服务祖国人民的统一，坚持树立远大理想与进行艰苦奋斗的统一，努力成为有理想、有道德、有文化、有纪律的社会主义公民。

二、努力把青年培养成为有理想、有道德、有文化、有纪律的社会主义公民

5. 坚持不懈地用邓小平理论构筑青年一代强大的精神支柱，是青年思想政治工作的首要任务。要结合党的十五大精神，结合社会主义建设的历史，结合改革开放和现代化建设的实践，帮助青年正确理解和掌握邓小平理论的科学体系和精神实质，坚持解放思想、实事求是，学会运用邓小平理论分析问题、解决问题。要密切联系改革、建设中的理论问题和实际问题，增强学习的针对性和实际效果。要把学习邓小平理论同改造主观世界紧密结合起来，帮助青年牢固树立正确的世界观、人生观和价值观。

6. 助青年树立远大理想和坚定信念，是青年思想政治工作的核心内容。当代青年要树立的理想，就是把我国建设成为富强民主文明的社会主义现代化国家，实现中华民族的全面振兴。当代青年要确立的信念，就是坚持党的基本路线不动摇，坚定不移地走建设有中国特色社会主义道路。要加强中国近现代史、中共党史和基本国情教育，广泛进行党的基本路线和基本纲领的教育，深入开展爱国主义、集体主义、社会主义和艰苦创业精神的教育，引导青年从社会主义初级阶段的实际出发，增强贯彻执行党的基本路线的自觉性和坚定性。要教育青年把远大理想和坚定信念落实到艰苦创业的实际行动中去，脚踏实地，勤奋工作。

7. 强社会主义道德教育，提高青年的道德素质。要积极进行社会公德、职业道德、家庭美德教育，倡导青年在社会上做一个好公民，在单位做一个好职工，在家庭做一个好成员。教育青年以国家利益为重，以人民利益为重，为人民为社会多做好事，把实现自身价值和服务祖国人民结合起来。引导青年正确处理国家、集体和个人的关系，自觉抵制拜金主义、享乐主义、极端个人主义和各种腐朽思想的侵蚀。大力弘扬中华民族优秀传统美德。深入开展青年志愿者、青年文明号等群众性精神文明创建活动，弘扬新风正气，发挥青年在以为人民服务为核心、以集体主义为原则的社会主义道德建设中开风气之先的作用。

8. 强马克思主义唯物论和无神论教育，提高青年的科学文化素质。要广泛宣传马克思主义辩证唯物主义和历史唯物主义的基本原理、基本观点，帮助和引导青年划清唯物论与唯心论、无神论与有神论、科学与迷信、文明与愚昧的界限，增强识别和抵制唯心主义、封建迷信及各种伪科学的能力。进一步实施青少年新世纪读书计划和青少年素质训练计划，推动青年形成以掌握新知识、新科技、新技能为主要内容的学习热潮。大力开展科普宣传、科学探索和科技创新活动，倡导爱科学、学科学、用科学的良好风尚，帮助青年掌握科学思想和科学方法，培养科学精神。

9. 强民主法制和维护社会稳定教育，提高青年的公民素质。在青年中大力普及宪法和法律知识，增强青年的法制观念，教育青年遵纪守法，坚决同一切破坏社会稳定的行为及违法现象作斗争。广泛开展 18 岁成人仪式活

动，引导青年正确履行公民的权利和义务，增强公民意识。加强对青年的民族团结教育和国防教育，引导青年充分认识进行现代化建设必须有一个团结稳定的环境，稳定压倒一切，没有稳定什么事情都干不成，自觉维护安定团结的大好局面。

三、把青年的热情、智慧和力量凝聚到实现党的跨世纪宏伟目标上来

10. 思想政治工作必须坚持以经济建设为中心，为全党全国工作大局服务。要增强青年的使命感和责任感，充分调动青年的积极性。要为青年发挥作用搭建舞台，创造条件，提供帮助，带领青年为实现党的跨世纪宏伟目标不懈奋斗。

11. 激发青年的创造热情，推动青年创新创业。青年是社会中最有生气、最富创造潜能的一部分，要帮助青年进一步增强创新意识，提高创造能力，投身创业实践。积极引导各行各业的青年增强市场观念和竞争意识，在各自的岗位上创造性劳动。帮助青年自立自强，依靠自己的努力开辟事业发展的广阔天地。扎实开展“挑战杯”大学生创新创业系列活动，促进青年学生创新素质和创业能力的提高。大力实施中国青年创业行动和中国青年科技创新行动，激励青年特别是青年科技人员勇攀科技高峰，积极投身科技创新、创业的实践，在科教兴国中发挥生力军作用。

12. 调动青年的积极性，发挥青年在改革开放和现代化建设中生力军和突击队作用。深化青年岗位能手、青年创新创效等活动，带领青年职工站在企业改革和发展的前列。要引导青年在推进现代企业制度的建立、搞好企业的产品开发和技术改造、加强内部管理、开拓市场等方面贡献聪明才智。适应当前农业和农村经济发展的阶段性变化，广泛开展科技推广项目、青年科技星火带头人等活动，引导农村青年增强市场意识和科技意识，在调整和优化农业结构、推进农业科技进步、搞好农业基本建设、打好扶贫攻坚战等方面大显身手。带领青年在大型社会活动、完成急难险重任务中拼搏奉献。继续深化跨世纪青年文明工程、跨世纪青年人才工程、服务万村行动、保护母亲河行动等工作，带领青年在改革开放和现代化建设中建功立业。

四、充分发挥实践在教育青年中的重要作用

13. 抓住教育的实践环节，引导青年在实践中受教育、长才干、做贡献。实践育人是青年思想政治工作的基本途径。针对当代青年主体意识、参与意识日益增强的特点，要强化青年的自我教育、实践教育，调动青年的内在积极性。要为青年参与实践开辟更多的渠道，创造更好的条件，引导青年在改造客观世界的同时改造主观世界。

14. 引导青年走与实践相结合、与人民群众相结合的正确成长道路。人民群众的实践，是青年获得真才实学、全面提高素质的生动课堂和丰厚沃土。要引导青年特别是青年知识分子积极参加社会实践活动，向实践学习，向人民群众学习，立志到祖国和人民最需要的地方去，到条件艰苦的地方去，到改革开放和现代化建设的第一线去，经受锻炼，增长才干，开拓事业。

15. 大力开展生动活泼、主题鲜明的活动，寓教育于活动之中。组织开展活动是青年思想政治工作的传统和重要方式，也是实践育人的重要载体。要根据党的要求、社会的需要和青年的特点，设计具有时代气息、生动活泼、为青年所喜爱的活动，融思想性、教育性、实践性于一体。要采取有效的社会化动员方式，拓展活动的覆盖面，让更多的青年在参与中受教育。

五、坚持教育青年与服务青年的有机结合

16. 坚持教育和服务相结合，把服务青年作为青年思想政治工作的重要内容。要寓教

育于服务之中，在服务之中体现教育引导，围绕青年学习、就业、参与、维权等环节，千方百计做好服务青年的工作。要把热情服务和耐心教育有机结合起来，把为青年服务的具体行动统一到培养青年成为“四有”社会主义公民的大目标上。

17. 努力为青年的成长成才、建功立业服务。在全面推进建设有中国特色社会主义事业的伟大进程中成长成才、建功立业，是当代青年最根本的要求。青年思想政治工作要抓住青年的这一根本要求，为青年实现这一目标创造条件。要促进青年提高全面素质，更好地适应社会的需要和时代的要求。要积极争取各方面的支持和政策环境，努力为青年提供心理咨询、就业指导和职业培训等各种服务。要积极创造服务青年的有效载体，使服务青年有形化、社会化、事业化，逐步构建起与社会主义市场经济体制相适应的服务青年的体系。

18. 满腔热情地关心青年，把解决思想问题和解决实际问题结合起来。要认真了解和把握青年的生活状况和现实需求，善于倾听青年的呼声，了解青年的情绪，关心青年的疾苦，竭诚帮助青年解决工作、学习、生活中所遇到的各种具体问题和实际困难。要关注青年问题，帮助青年健康成长。要为青年办实事，多做得人心、暖人心、稳人心的工作，把党的温暖真正送到青年心坎上。要积极维护青少年权益，在维护国家和人民利益的同时，代表和维护青少年的具体利益。

六、在继承和创新的结合中保持青年思想政治工作的生机与活力

19. 要继承和发扬共青团组织在长期实践中形成的青年思想政治工作行之有效的做法和经验，同时要适应新形势，针对当代青年实际，进一步改进青年思想政治工作。要加强对新形势下青年思想政治工作对象、环境、内容、方法、载体和规律的调查研究，积极开辟新途径，探索新办法，创造新经验，牢牢把握主动权，努力使青年思想政治工作具有科学性和前瞻性，始终保持鲜明的时代特色和蓬勃的生机与活力。

20. 充分发挥新闻媒体在教育引导青年中的重要作用。团属青年报刊、出版部门和其他舆论阵地，要把教育引导青年作为重要职责，坚持以科学的理论武装青年，以正确的舆论引导青年，以高尚的精神塑造青年，以优秀的作品鼓舞青年。要把握正确的舆论导向，坚持团结、稳定、鼓劲和正面宣传为主，充分展现当代青年积极向上的时代风貌，加强对青年关心的热点问题的引导。新闻宣传要贴近青年，贴近实际，贴近生活，讲究艺术和方法，增强吸引力、感染力和说服力。

21. 大力加强青年文化工作，发挥文化的社会教育功能。要组织青年踊跃参与社区文化、校园文化、企业文化、村镇文化建设，探索和创造“广场文化”等青年喜闻乐见、积极参与的文化活动形式，广泛开展丰富多彩、健康有益的群众性文化活动，寓教于文，寓教于乐，使青年在潜移默化中受到教育。深化团的“五个一工程”，发展青年文化事业，为青年提供优秀的精神食粮。

22. 重视运用现代科技手段开展青年思想政治工作。当前，科技进步日新月异，信息渠道全面拓宽，对当代青年的学习、工作和生活产生了深刻的影响。青年思想政治工作要紧跟时代步伐，充分运用现代科技手段，拓宽思想教育的渠道，增强思想教育的渗透力和影响力。要加强对互联网的研究，加大网上宣传力度，充分利用网络教育引导青年。

23. 努力用具有鲜明时代特征的先进典型来鼓舞和激励青年。加强对青年的正面引导，大力宣传改革开放和现代化建设中涌现出的青年先进群体和先进人物，为当代青年树立可亲、可敬、可信、可学的榜样，努力形成崇尚先进、学习先进、争做先进的良好风气。要通过树立和表彰各行各业的先进青年典型，帮助和

扶持更多的优秀青年人才脱颖而出。

24. 抓住重大节日、重大活动、重大事件,加强对青年的教育和引导。要善于抓住重大节日、纪念日和一些重大活动、重要事件的契机,有计划、有重点地研究、制定教育主题和引导措施,组织开展主题鲜明、形式多样的教育活动。针对青年关注的热点、焦点、难点问题,有针对性地开展教育引导工作。

25. 进一步巩固和拓展青年思想教育阵地。做好青年思想政治工作,必须强化阵地意识,加强阵地建设。要争取党政有关部门的支持,积极推动青少年宫、青少年活动中心、农村青年文化站等青少年活动阵地建设,加强青少年教育基地建设,为青年思想教育提供有力的物质基础和阵地依托。充分利用青少年教育基地开展富有实效的思想教育活动,加强全国青少年活动阵地的横向联系,更好地发挥青少年思想教育阵地的作用。

七、增强针对性,把青年思想政治工作落实到基层、落实到具体人身上

26. 增强思想政治工作的针对性和实效。新形势下加强和改进青年思想政治工作的一个重要内容,就是增强针对性和实效,要在实践中探索增强针对性和实效的有效方式。思想政治工作重在落实,只有深入基层,把工作做到具体人的身上,思想政治工作才能真正落到实处。要从社会主义初级阶段的实际出发,从广大青年的思想实际出发,把先进性要求与广泛性要求有机结合起来,区分层次,分类指导。要因地制宜,因人施教。要坚持尊重人、关心人、理解人,以诚待人,以情动人,以理服人,耐心细致地做好思想政治工作。

27. 把基层青年思想政治工作落到实处。企业的青年思想政治工作要结合深化改革、建立现代企业制度、提高经济效益来进行。农村的青年思想政治工作要结合奔小康、建设社会主义新农村来进行。学校的青年思想政治工作要围绕培养社会主义事业建设者和接班人的根本任务来进行。当前,企业、农村、学校青年的思想政治工作面临许多新情况,要抓住主要方面,从具体问题入手,切实改进方式方法,创造新经验,增强思想政治工作的实效。

28. 加强社区青年思想政治工作。要大力加强社区的青年思想政治工作,认真研究、积极探索社区青年思想政治工作的途径和方法,把社区作为加强青年思想政治教育的一个重要阵地和青年工作的一个发展点。要深入开展青年文明社区创建活动,把青年思想政治工作和社区服务与社区建设结合起来,贯穿到创建文明家庭、文明楼院、文明小区的各个环节。要综合利用社区的资源,充分运用社区各种生活和文化设施,抓好服务青年的项目,开展符合青年特点的活动,为青年成长成才服务,努力探索与社区发展相适应的社区青年思想教育的工作机制。

29. 针对不同青年群体实际,拓展青年思想政治工作的覆盖面。要认真做好下岗青工、进城务工青年、特困学生、私营和外商投资企业青年职工、留学归国人员等青年群体的工作,通过深入开展下岗青工再就业、"千校百万"外来务工青年培训、济困助学等活动,切实加强对他们的教育、引导和服务。

八、各级共青团组织要更好地担负起教育引导青年的责任

30. 切实加强对青年思想政治工作的领导。各级团组织要把青年思想政治工作作为大事来抓,摆上重要的议事日程。团组织主要负责同志要增强政治意识、大局意识、责任意识,亲自抓、经常抓、深入抓,带头做好青年思想政治工作。思想政治工作不能停留在会议上、文件上,必须制定操作性措施,抓好落实,贯彻到整个青年工作中。要加强调查研究,畅通信息渠道,及时掌握青年思想动态,准确把握青年思想脉搏,认真研究青年思想发展趋势,对青年的思想状况做到心中有数,有针对

性地采取措施。要尽早发现青年中不稳定的因素，及时与有关部门沟通信息，见微知著，防微杜渐，在党组织的领导下，把问题消除在萌芽状态。

31. 团干部要做青年之友和青年表率。团干部要深入青年之中，关心青年，了解青年，培养与青年的感情，做青年的知心朋友。要坚持言教与身教相结合，言行一致，以身作则，要求青年做到的，自己首先要做到，努力用人格的力量影响和带动青年，发挥示范和表率作用。要按照讲学习、讲政治、讲正气的要求，刻苦学习，勤奋工作，勇于创造，自觉奉献，不断提高自身素质，提高思想政治工作的水平。

32. 增强基层团组织的吸引力、凝聚力和战斗力。要坚持党建带团建，把服务青年作为加强团的建设的突破口，以服务促建设，以服务求活跃，不断增强团组织的吸引力和影响力。要下大力气整顿好松散瘫痪基层团组织，加强社区和新经济组织的团的建设，通过团建创新试点和开展创建五四红旗团委活动，带动基层团组织的建设。要加强团员队伍和思想作风建设，进一步活跃团的组织生活，充分发挥广大团员的骨干作用和基层团组织的战斗堡垒作用。

33. 加强对青年社团的指导和管理。要发挥青联、学联及青年志愿者协会、青年企业家协会、青年乡镇企业家协会、青年科技工作者协会等青年社团在联系不同青年群体中的重要作用，开展具有特色、富有实效的活动，延长工作手臂。要依照有关法律法规，加强对各类青年社团特别是高校学生社团的指导和管理。

34. 发扬全团带队的光荣传统，做好少先队工作。要指导少先队组织继续实施中国少年雏鹰行动，引导少年儿童自学、自理、自护、自强、自律，成长为开创 21 世纪大业的生力军。

九、在党的领导下，依靠全社会共同做好青年思想政治工作

35. 坚持党对青年思想政治工作的领导。党的领导是做好青年思想政治工作的根本保证。要在思想上、政治上同以江泽民同志为核心的党中央保持高度一致，从做好党的群众工作出发，把党关于加强和改进思想政治工作的基本任务落实到青年思想政治工作中去。要经常向党组织汇报青年思想政治工作的情况，在党的领导下，切实做好青年思想政治工作。

36. 积极创造青年健康成长的良好社会环境。共青团组织要配合有关部门，广泛开展青少年维权岗等活动，加强社会治安综合治理和文化市场管理，坚决抵制黄赌毒等社会丑恶现象对青少年的危害，优化青少年成长的环境。要联合新闻出版部门和大众传媒，努力形成有利于青年成长的良好舆论氛围。要充分利用图书馆、博物馆、科技馆等各种公共教育设施，开展生动有效的教育活动。积极推动青年工作立法和有关青年政策的制定和完善，为青年工作提供法律和政策保障。要使教育与管理相结合，把青少年思想政治工作融入企业管理、学校管理、社区管理之中。

37. 努力形成全社会共同做好青年思想政治工作的局面。教育和培养青年是全社会的共同责任。青年思想政治工作涉及经济和社会生活的各个方面，是一项社会系统工程。在发展社会主义市场经济的进程中，影响青年的力量、服务青年的组织日益增多，只有各个方面协调配合，才能真正做好青年思想政治工作。共青团组织要在党的领导下，与学校、单位、家庭和其他与青年成长相关的部门、组织一道，分工负责，共同做好青年思想政治工作。要调动各方面的积极性，广泛运用社会资源，努力形成职责明确、齐抓共管的青年思想政治工作良好局面。

共青团中央关于团结带领团员青年为实现“十五”期间经济和社会发展目标做贡献的决定

共青团十四届四中全会通过，2000 年 12 月 22 日

中国共产主义青年团第十四届中央委员会第四次全体会议，认真学习了党的十五届五中全会精神，就团结带领团员青年为实现“十五”期间经济和社会发展目标做贡献做出如下决定。

一、动员广大团员青年为实现“十五”期间经济和社会发展目标艰苦创业

党的十五届五中全会是在世纪之交我国即将胜利完成“九五”计划，改革开放和现代化建设进入新的发展阶段的历史时刻召开的。全会审议通过的《中共中央关于制定国民经济和社会发展第十个五年计划的建议》（以下简称《建议》），以邓小平理论和党的基本路线为指导，站在历史的新高度，放眼世界规划中国的发展，提出了我国新世纪第一个五年经济和社会发展的主要目标。这就是：国民经济保持较快发展速度，经济结构战略性调整取得明显成效，经济增长质量和效益显著提高，为到 2010 年国内生产总值比 2000 年翻一番奠定坚实基础；国有企业建立现代企业制度取得重大进展，社会保障制度比较健全，完善社会主义市场经济体制迈出实质性步伐，在更大范围内和更深程度上参与国际经济合作与竞争；就业渠道拓宽，城乡居民收入持续增加，物质文化生活有较大改善，生态建设和环境保护得到加强；科技教育加快发展，国民素质进一步提高，精神文明建设和民主法制建设取得明显进展。从新世纪开始，我国将进入全面建设小康社会，加快推进社会主义现代化的新的发展阶段。实现“十五”期间经济和社会发展目标，就能够为实现现代化建设第三步战略目标开好头、起好步，为推进建设有中国特色社会主义事业、实现中华民族伟大复兴奠定坚实基础。

“十五”期间经济和社会发展目标，深刻体现着全国各族人民的共同利益，也充分体现着青年一代的根本利益和自身发展的要求，为青年一代建功立业、成长成才提供了更为广阔的舞台。实现“十五”期间经济和社会发展目标，需要青年一代更好地发挥生力军和突击队作用。当代青年要认清形势，明确责任，肩负起时代赋予的使命，把对祖国的热爱、个人价值的追求、美好生活的向往转化为岗位奉献、自主创业的实际行动，弘扬新时期创业精神，脚踏实地，艰苦奋斗，用自己奋发创业的点滴成果与全国人民一道共铸“十五”伟业。

共青团是党领导的先进青年的群众组织。各级团组织要把团结带领团员青年为实现“十五”期间经济和社会发展目标做贡献作为当前和今后一个时期的重要任务。要用邓小平理论武装青年，帮助青年牢固树立把我国建设成为富强民主文明的社会主义现代化国家，实现中华民族伟大复兴的理想和坚持党的基本路线不动摇，坚定不移地走建设有中国特色社会主义道路的信念。要组织团员学习“三个代表”重要思想，跟着党走在推动社会生产力发展的前列、走在建设有中国特色社会主义文化的前列，更好地为人民群众服务。要引导青年认真学习、深刻领会党的十五届五中全会精神，帮助他们加深对我国改革开放和现代化建设伟大成就的认识，明确“十五”期间经济和社会发展的主要目标和任务，理解把发展作为主题，把结构调整作为主线，把改革开放和科技

进步作为动力，把提高人民生活水平作为根本出发点的深刻内涵，把广大青年的思想统一到全会精神上来，把广大青年的力量凝聚到实现党的十五届五中全会提出的各项任务上来。适应“十五”期间经济和社会发展的新要求，努力深化团的各项工作，推动共青团事业在新世纪初实现新发展，谱写新世纪共青团工作新篇章。

二、促进科技进步，推动经济结构调整，积极投身经济建设

发展是硬道理，是“十五”计划的主题。坚持以经济建设为中心不动摇，抓住机遇，加快发展，是我们党正确估量国际国内形势作出的科学决断，是我国增强综合国力和国际竞争力、解决经济和社会发展中存在的矛盾和问题、不断提高人民生活的正确选择。实现国民经济持续快速健康发展，必须以提高经济效益为中心，对经济结构进行战略性调整。在世界科学技术突飞猛进、科技进步越来越成为经济增长决定性因素的今天，我国只有把科技搞上去，提高经济增长中的科技含量，才能提升经济结构，实现生产力的跨越式发展。青年富有创新精神和创造活力，在推动科技进步中具有独特优势，尤其是在以科技为先导的新兴产业领域，许多青年科技人才已经成为推动科技进步和产业化的中坚力量。各级团组织要带领青年促进科技进步，推动经济结构调整，积极投身经济建设。

带领农村青年推动农业和农村经济发展。农业处于国民经济发展的首位，加强农业是结构调整的重要内容，也是保持经济发展和社会稳定的重要基础。各级团组织要着眼于服务农村经济结构调整和增加农民收入，带领广大农村青年面向市场，依靠科技，不断向生产的广度和深度进军。培养青年星火带头人，示范推广科技项目，引导青年农民率先学习应用农业新技术、新品种，增加农业生产中的科技含量，发展优质农产品，优化农产品结构；把生产、加工、销售有机结合起来，提高农产品加工水平和效益，促进农业产业化经营，推动农业向商品化、专业化、现代化转变。推动乡镇企业青年经营管理者根据国家产业政策、市场需求和地区优势，调整优化企业经济结构，发展优势产业和产品。适应小城镇发展要求，开展职业技能培训，提高农村青年从事非农产业的能力，帮助具备条件的农村青年向非农产业转移。

带领企业青年职工参与国有企业改革和发展。国有企业是我国国民经济的支柱，国有企业改革是经济体制改革的中心环节。各级团组织要带领青年职工积极投身企业改革，参与企业技术创新和结构调整。把技术创新作为青年创新创效活动的重中之重，动员青年职工学习和运用新知识、新技术、新工艺，组织青年职工立足本职开展创造性劳动，通过岗位效益的提高促进国有企业整体结构和效益的优化，推动企业开发新的产品，提供新的服务，实现市场价值。实施帮助青年创业计划，以技能培训和创业服务为主要内容，以创办微型企业为重点，引导下岗失业青年通过创业实现再就业。推动团的活动向非公有制企业拓展，促进非公有制经济健康发展。引导青年企业经营管理者用高新技术和先进适用技术改造传统产业，大力发展高新技术产业。动员青年职工学习和运用数字化、网络化技术，促进国有企业信息化建设。

带领青年科技工作者促进科技进步。科学技术是第一生产力。广大青年科技工作者是推动科技进步的重要力量。各级团组织要深入推进中国青年科技创新行动，大力实施金桥计划，在大专院校、科研院所与企业之间、东部地区与西部地区之间、海外学人与国内建设之间，架起人才与项目对接、成果与市场联系的桥梁，为不同领域、不同层次青年科技工作者的创新实践提供服务，促进科研与产业的紧密结合。充分发挥青年科技创新行动示范基

地、高新技术园区的孵化器作用，推动科技成果商品化、产业化。建设中国青年科技信息网，举办中国青年创新论坛，为青年科技工作者交流研究成果、孕育创新思想、传播科技知识提供舞台。

带领青年积极投身西部大开发。实施西部大开发战略，加快中西部地区发展，是党中央面向新世纪作出的重大决策，对于推动国民经济结构调整、促进地区经济协调发展、最终实现共同富裕，具有重大而深远的意义。各级团组织要积极响应党中央号召，扎实开展中国青年西部创业行动，带领青年在西部大开发中建功立业。着眼于进一步提高西部地区青年建设家乡、开发家乡的能力，从科技培训、生产实践、创业扶持等方面入手，促进西部地区青年参与西部大开发。着眼于动员全国尤其是东部地区广大青年参与西部大开发，以“西部行”为主要方式，整合社会资源，为西部地区提供信息、技术、人才、资金等多方面支持。通过挂职交流、团校培训等方式，加大西部地区团干部的培训力度。表彰宣传在西部大开发中涌现出的青年典型，激励更多的青年投身西部大开发。

带领青年参与生态建设和环境保护。加强生态建设和环境保护，实施可持续发展战略，对于社会主义现代化建设具有全局性的重大意义，是关系中华民族生存和发展的长远大计。各级团组织要强力推进保护母亲河行动，动员广大青少年在黄河、长江及其他主要江河流域，大力开展植树造林，治理水土流失，保护生态环境。重点建设一批科技含量高、质量过硬的示范工程。坚持群众性生态公益事业的发展方向，采用简便易行的方式，广泛动员社会各界支持、参与活动。开展形式多样的宣传教育活动，引导青少年从身边小事做起，养成爱护生态环境的习惯，促进全社会可持续发展意识的增强。

鼓励帮助青年自主创业。改革开放和社会主义市场经济的深入发展，呼唤青年一代立志创业，在创业中开辟自己事业的新天地，促进经济发展和社会进步。各级团组织要引导青年适应就业方式多样化的新情况，转变就业观念，坚信处处可创业，行行能创业，不等不靠，勇于自主创业。针对青年科技工作者和海外留学人员等高层次青年人才、机关企事业单位的青年干部职工、青年学生和农村青年等不同青年群体的需求和特点，通过信息服务、政策咨询、项目带动和资金扶持等多种方式，帮助他们中具有创业志向和创业潜能的人走上自主创业之路。

三、服务人民群众精神文化需求，服务青少年健康成长，促进经济社会协调发展

《建议》充分体现了两手抓、两手都要硬的方针，在筹划经济建设的同时，对社会主义精神文明建设也作了全面部署。满足人民群众不断增长的精神文化需求，促进青少年健康成长，是精神文明建设的重要内容。文化塑造青年，青年创造文化。青年具有开风气之先的传统，是精神文明建设的生力军。各级团组织要进一步动员组织广大青年参与精神文明建设，促进经济社会协调发展。

动员组织青少年开展群众性精神文明创建活动。群众性精神文明创建活动是把两个文明建设任务有机统一地落实到基层的有效载体。各级团组织要从解决人民群众普遍关心的实际问题出发，广泛开展群众性精神文明创建活动。全面深化青年志愿者行动，以参与扶贫开发、环境保护、大型服务活动等领域的志愿服务为主要内容，动员和组织广大青年以志愿服务方式服务社会、服务人民，弘扬奉献、友爱、互助、进步的社会新风。以建设社区青少年服务中心为重点，以活动项目为主导，从丰富社区文化、开展社区服务、美化社区环境、维护社区秩序等方面入手，动员和组织广大青年参与社区精神文明建设，创建青年文明社区，促进市民素质和城市文明程度的提高。深

入开展大中学生文化、科技、卫生“三下乡”社会实践，扩大活动规模，增强服务针对性，提高服务层次。以推广科技、传播文明、倡导新风为主旨，举办乡村青年文化节，丰富农村青年文化生活，展示农村青年精神风貌。深化创建青年文明号活动，从解决服务质量、产品质量、工程质量入手，对青年职工进行职业道德、职业责任、职业纪律教育，引导他们弘扬职业文明，树立行业新风。继续实施希望工程，动员社会力量援建希望小学。开展多种形式的手拉手活动，引导城乡之间、东西部之间、不同民族之间少年儿童增进了解，互助友爱。

加强青少年法制教育，维护青少年合法权益。搞好法制教育，增强全体公民的法律意识和法制观念，是加强社会主义精神文明建设的重要方面。各级团组织要深入开展法制宣传教育，引导广大青少年学法守法，增强法律观念和依法保护自己的意识。推进有关青少年的立法工作，为青少年健康成长营造良好的法制环境。配合有关部门推动《未成年人保护法》、《预防未成年人犯罪法》的实施，加大执法力度。联合有关部门创建优秀青少年维权岗，建立社会化的维权网络体系，通过运用法律服务、舆论支持、维权咨询、社会救助等方式，更好地维护青少年权益。协助有关部门开展扫黄打非工作，教育青少年同黄、赌、毒等社会丑恶现象作坚决斗争。从增强维权工作的科学性和针对性入手，逐步建立和完善青少年成长环境监测评估体系。

针对不同青年群体做好教育引导工作。引导高学历、高收入青年追求人生的更高目标，自觉回报社会、回报人民，在青年中更好地发挥导向作用。帮助下岗失业青年理解改革，支持改革，正确对待改革过程中的利益调整。引导进城务工青年学习科学文化知识，提高综合素质，在城乡两个文明建设中发挥更大作用。对各族青年尤其是民族地区青年加强马克思主义民族观、党的民族政策的宣传教育。做好团结信教青年的工作，引导他们为祖国统一、民族团结和社会发展多做贡献。

加强青少年思想文化阵地的建设和管理。团属新闻出版单位要始终坚持正面宣传的方针，牢牢把握正确舆论导向，在引导青少年健康成长中发挥积极作用。深入研究互联网对青少年的影响，运用互联网加强和改进青少年思想教育工作，提高青少年思想教育的时效性，扩大覆盖面，增强影响力。深入贯彻中办、国办《关于加强对青少年学生活动场所建设和管理工作的通知》精神，进一步加强青少年宫等青少年活动场所的建设和管理。加强青少年教育基地建设，为青少年思想教育提供有力的依托。

四、发挥共青团实践育人的优势，大力开发青年人才资源

人才资源是最宝贵的资源，科技进步和经济发展的关键在于人才。《建议》把人才资源开发纳入经济和社会发展总体规划，把人才问题摆到了突出的战略位置，强调要高度重视青年人才的培养和使用。人才资源开发既是“十五”计划的重要目标和重大战略任务，又是“十五”计划各项任务得以实现的重要保证。开发青年人才资源，培养和造就规模宏大的青年人才大军，是共青团为实现“十五”计划做贡献的重要内容。各级团组织要坚持培育“四有”新人的根本任务，发挥实践育人的优势，把培养和造就青年人才作为新世纪初共青团工作的着力点，大力开发青年人才资源。

全面提高青年劳动者素质。提高青年劳动者素质是开发青年人才资源的重要内容。各级团组织要以培养创新能力为重点，引导青年劳动者在实践中不断提高劳动技能，造就大批适应社会主义市场经济发展要求的合格劳动者。加强对青年农民实用技术、市场知识的培训，帮助他们提高科技素质和致富能力。动员企业青年职工学技术，练技能，帮助他们提高职业技能和岗位创造能力，引导他们学习成

才，争当能手。加大对进城务工青年的培训力度，帮助他们在现代化建设中增强劳动就业和创业能力。整合社会资源，利用国际资源，采用互联网等现代技术手段，拓宽培养青年人才的渠道。同时，适应我国加入世贸组织的新形势，积极培养具有国际竞争力的青年人才。

为青年人才施展才华搭建舞台。各级团组织要充分利用共青团的组织系统，发挥青联、学联、青企协、乡企协、青科协等青年组织的作用，广泛团结和凝聚不同领域、不同行业、不同层次的青年人才。以团的重点活动为载体，组织和引导广大青年人才到改革开放和现代化建设第一线砥砺磨练，在更广阔的领域中施展才华，建功立业。继续做好各级各类优秀青年的评选表彰活动，完善青年人才的表彰奖励机制，形成权威性强、社会影响大的青年人才表彰体系。积极举荐青年人才，推动更多的青年人才走上能更好发挥作用的岗位。进一步推动全社会充分认识培养青年人才的意义，努力营造共同关心青年成才、热情帮助青年成才的社会环境。积极促进相关方面制定和完善政策，营造有利于青年成才的政策环境。

引导青少年学习成才。青少年时期是成才的重要阶段，在新知识、新技术不断涌现，知识更新周期不断缩短的新情况下，青年要树立终身学习的观念，不断加强学习。各级团组织要采取切实措施引导青少年学知识、学文化，帮助他们学习成才。深化新世纪读书计划，加强学习引导，抓好学习载体，建好学习基地，推出学习精品，为青少年读书求知提供扎实有效的服务。开展“挑战杯”系列科技创新活动，拓展大中学生素质，帮助他们把所学知识转化为创新精神和创业能力。开发青少年宫的育人功能，推动青少年学习专项知识技能，培养专业特长。深化中国少年雏鹰行动，开展“新世纪我能行”体验教育，帮助少年儿童在实践中逐步培养适应新世纪竞争和挑战的素质。加强科普工作，引导青少年学习科技知识，培育科学精神。

五、以“三个代表”重要思想为指导，进一步加强团的建设

共青团要肩负起团结带领青年为实现“十五”期间经济和社会发展目标做贡献的光荣任务，需要有力的组织保证。“三个代表”重要思想从新的时代高度深化了党的性质、宗旨和根本任务的内涵，是对马克思主义建党学说的新发展，对团的建设具有重要的指导意义。各级团组织要以“三个代表”重要思想为指导，研究新情况，解决新问题，总结新经验，探索新方法，切实增强团组织的先进性，努力在与群众性的有机结合中实现先进性。

加强团的基层组织建设。坚持“党建带团建”，把基层团组织建设纳入党的基层组织建设整体格局，全面推进团的基层组织建设。国有企业、大中学校团组织要适应改革所带来的新情况，创造新优势，寻求新发展。配合农村基层党建“三级联创”，按照“强乡（镇）带村”的思路，推动县、乡（镇）、村团组织建设整体活跃。紧密结合加强非公有制经济组织、城市社区、社会力量所办学校党建工作，加大这些领域的团建工作力度，扩大团组织的覆盖面，增强影响力。进一步深化创建五四红旗团委活动，突出抓好基层团委班子、团支部、团员队伍和团的阵地建设。积极采用项目运行的方式推进团的工作。探索新时期团组织设置的新形式和有效开展活动的新机制，努力创新基层团的组织制度，增强市场经济条件下基层团组织的内在活力。

加强团干部队伍建设。按照党对干部的要求，进一步贯彻落实《共青团中央关于进一步加强团干部思想作风建设的意见》，要求团干部深入学习邓小平理论，坚持讲学习、讲政治、讲正气，身体力行“三个代表”，把团的工作岗位作为学习的岗位、锻炼的岗位、奉献的岗位，以甘当苦力的精神为党做好青年工作。以党的三代领导核心关于青少年和青少年工作的重要思想为武器，努力做好新形势下的共青

团工作和青年工作。增强服务青年的意识,求真务实,埋头苦干,团结拼搏,开拓进取,克服形式主义,力戒工作飘浮。加强团干部培训工作,着力优化团干部的知识结构。按照党委的统一部署,在农村团干部中深入开展"三个代表"重要思想学习教育活动,进一步加强农村团干部的思想作风建设。

加强团员队伍建设。通过建立健全团的活动制度、规范团的活动仪式等措施,开展团员意识教育,增强团员的先进性,更好地发挥团员的模范带头作用。做好经常性发展团员工作,加大在农村、城市社区、非公有制经济组织中发展团员的工作力度。进一步做好"推优"工作,源源不断地向党组织推荐优秀团员作党的发展对象。按照流入地和流出地管理相结合、以流入地管理为主的原则,加强和改进流动团员管理。

全会号召,各级团组织团结带领全国广大团员青年紧密团结在以江泽民同志为核心的党中央周围,高举邓小平理论伟大旗帜,以"三个代表"重要思想为指导,认清形势,抓住机遇,扎实工作,开拓进取,为实现"十五"经济和社会发展目标,为社会主义现代化建设宏伟目标努力奋斗。

共青团中央关于加强和改进团的作风建设的决定

共青团十四届五中全会通过,2001 年 12 月 12 日

中国共产主义青年团第十四届中央委员会第五次全体会议,认真学习了《中共中央关于加强和改进党的作风建设的决定》,分析了进入新世纪共青团面临的新形势新任务,着重研究了认真贯彻落实党的十五届六中全会和党中央《决定》精神,加强和改进团的作风建设问题,作出如下决定。

一、充分认识贯彻落实党中央《决定》精神、加强和改进团的作风建设的重要性和紧迫性

党的十五届六中全会通过的《中共中央关于加强和改进党的作风建设的决定》,以马列主义建党学说、毛泽东建党思想、邓小平党建理论和江泽民同志"三个代表"重要思想为指导,科学分析了进入新世纪我们党面临的新形势新任务,明确提出了加强和改进党的作风建设的指导思想、主要任务和工作部署,是新时期加强和改进党的作风建设的纲领性文件。《决定》对团的作风建设具有十分重要的指导意义,为新时期加强和改进团的作风建设指明了方向。

团的作风是团的性质和宗旨的体现,团的作风建设直接关系到团的创造力、凝聚力和战斗力。共青团历来高度重视作风建设,在近 80 年的奋斗历程中,充分发挥党的助手和后备军作用,紧紧围绕党的中心任务开展工作,团结、教育和带领青年紧跟党前进,生动体现了青年最具活力、勇于创新的特点,在坚持和发扬党的理论联系实际、密切联系群众、批评与自我批评等优良作风的基础上,形成了"党有号召,团有行动"、"实事求是、朝气蓬勃"和"开风气之先"的鲜明特色。这些优良传统和作风,是共青团在我们党和国家各个历史时期充分发挥作用,不断发展壮大的重要保证,是共青团的宝贵精神财富。

当前,国际环境发生重大变化,世界多极

化和经济全球化曲折发展，各种矛盾错综复杂，各种思潮相互激荡，敌对势力加紧对我国进行渗透和破坏活动，与我争夺青年一代的斗争更加激烈。随着改革开放的深入和社会主义市场经济的发展，国内环境发生重大变化，社会经济成分、组织形式、就业方式、利益关系和分配方式的日益多样化，使青年的社会结构、群体分布和思想观念出现了许多新变化、新情况。这些深刻变化，既为团的建设和团的工作提供了发展机遇，也带来了挑战。共青团保持旺盛活力，进一步巩固党的青年群众基础，确保党的事业后继有人的任务更重了，工作要求更高了。全团必须主动适应新形势、新情况，全面加强团的建设，不断增强团组织的吸引力、凝聚力和战斗力。团的作风建设是团的建设的重要组成部分，与团的思想建设、组织建设相互联系、相互促进。抓住了团的作风建设，就抓住了提高团的建设水平，从而完成党交给共青团团结、教育、服务青年任务的一个十分重要的方面。

改革开放以来，各级团组织和广大团员、团干部积极投身建设有中国特色社会主义的伟大实践，坚持和发扬优良传统，锐意进取、开拓创新、服务青年，为团的作风建设注入了新的活力，团的事业取得了长足发展。这是主流，要充分肯定。但必须清醒地看到，与党和人民的要求相比，与时代进步和共青团工作发展的要求相比，团的作风建设还有许多差距，党中央《决定》中指出的问题在部分团组织、团干部和团员中都不同程度地存在。有的事业心、责任感不强，因循守旧，不思进取，面对新情况、新问题，怨天尤人，无所作为；有的作风飘浮、急功近利，搞形式主义和短期行为；有的不能严格要求自己，缺乏艰苦奋斗精神等等。这些问题，归根到底都是脱离实际、脱离青年的，其消极影响和后果不可低估。

团的作风关系团的形象，关系团员团干部的健康成长，关系党的青年工作和团的事业发展。全团要充分认识深入学习贯彻落实党中央《决定》精神，加强和改进团的作风建设，是共青团全面贯彻党的基本理论、基本路线、基本纲领，深入学习贯彻江泽民同志在庆祝中国共产党成立80周年大会上的讲话精神，实践“三个代表”重要思想的必然要求，是共青团感召和凝聚青年，不断增强创造力、凝聚力和战斗力的迫切需要，是共青团适应新形势，开创工作新局面，从而完成党交给任务的重要保证。全团要从讲学习、讲政治、讲正气的高度，在推进团的思想建设、组织建设的同时，把加强和改进团的作风建设放在更加突出的位置，切实抓紧抓好。

二、全面贯彻落实“八个坚持、八个反对”，加强和改进团的作风建设的指导思想和主要任务

党中央《决定》提出的“八个坚持、八个反对”，是对党的作风建设历史经验和新的实践经验的集中概括和总结，是新形势下加强和改进党的作风建设的主要任务。共青团全面贯彻落实“八个坚持、八个反对”，加强和改进作风建设的指导思想和总体要求是：以马列主义、毛泽东思想、邓小平理论为指导，按照“三个代表”重要思想，以进一步密切团组织与青年的联系为核心，以增强团组织内在活力、巩固党的青年群众基础为目标，以各级团的领导机关、领导班子和领导干部为重点，坚持“党建带团建”和团要管团，把团的作风建设与贯彻落实《公民道德建设实施纲要》结合起来，与团的思想建设、组织建设结合起来，发扬优良传统，加强思想教育，推进制度建设，解决突出问题，努力把团的作风建设提高到一个新的水平，更好地担负起团结、教育、带领青年为建设有中国特色社会主义和实现中华民族伟大复兴而奋斗的历史使命。

全面贯彻落实“八个坚持、八个反对”，加强和改进团的作风建设的核心问题是进一步密切团组织与青年的联系。把广大青年紧紧

团结在党的周围，巩固党的青年群众基础，是党赋予共青团的光荣任务。要完成这一任务，就必须深深地扎根于青年之中，竭诚服务青年。脱离了青年，就会失去青年的信任和支持，团组织就会成为无源之水、无本之木，也就无从发挥作用。因此，在任何时候任何情况下，团组织都必须始终保持与青年的密切联系，把竭诚服务青年作为团的工作的出发点和归宿。

加强和改进团的作风建设是一项长期而艰巨的任务，也是一项现实而紧迫的工作。全团要把作风建设的总体要求同阶段性目标结合起来，认真按照党中央《决定》提出的“八个坚持、八个反对”的要求，集中解决好突出问题。当前和今后一个时期的主要任务是：全面贯彻落实“八个坚持、八个反对”，解放思想、实事求是、与时俱进；知青年情、解青年难、竭诚服务青年；求真务实、脚踏实地、真抓实干；艰苦奋斗、甘于奉献；坚决贯彻民主集中制，增强团的民主和纪律观念。全团要以对党的事业高度负责的精神，结合实际，狠抓落实，确保团的作风建设收到实效，取得新的明显进步。

三、解放思想，实事求是，与时俱进

加强和改进团的作风建设，必须把思想作风建设摆在第一位。坚持解放思想、实事求是的思想路线和理论联系实际的学风，是共青团顺应时代进步潮流，紧跟党前进，不断开创工作新局面的根本要求。

要以马列主义、毛泽东思想、邓小平理论和“三个代表”重要思想武装全团，使广大团员和团干部进一步提高理论素养，防止和克服各种“左”和右的错误思想的干扰，掌握与时俱进、开拓创新的强大思想武器。要在大力推动团干部自学的同时，认真抓好集中培训。团中央将研究制定2002年至2005年全国团干部教育培训规划。各级团委要据此制定培训计划和实施方案，努力提高培训质量，保证受训范围。要逐步建立并落实新任职的专职团干部理论培训制度。要加大对理论培训的投入，团费应部分用于团干部理论培训。要健全完善和严格执行各级领导班子中心组学习制度，并把理论学习情况作为评议和考核团的领导干部的重要内容。要针对团员的特点和实际，通过多种形式推动团员的理论学习。

要大力弘扬理论联系实际的马克思主义学风。要联系团员团干部的思想实际，帮助他们了解国情、了解社会，深刻理解马克思主义科学理论，增强政治敏锐性和鉴别力，坚定走建设有中国特色社会主义道路的信心。要联系团的工作和青年实际，运用马克思主义的立场、观点和方法认识问题、分析问题、解决问题，不断增强做好新形势下团的工作的能力。

要与时俱进，勇于创新。全团要按照马克思主义的实践观点和发展观点，以与时俱进的胆识和品格，努力进行团的理论创新、制度创新和工作方式创新。要坚持马克思主义青年观，以党的三代领导核心关于青少年和青少年工作的重要论述为指导，对团的工作的新情况、新经验和青年的新变化作出科学分析和理论概括。团的各级领导机关要加强理论研究规划，确定研究方向和重点课题，组织协调团内外力量搞好研究工作。团内工作性刊物要努力成为团的理论研究阵地。要重点抓好团的基层组织制度创新，通过灵活设置团的基层组织，改进团的组织生活制度等，努力探索建立与社会主义市场经济相适应的团的基层组织制度。要积极探索团的工作社会化、项目化运作，努力创新团的工作方式。要着力抓好团建创新试点工作，通过点上突破，牵动面上推进。团内有关评选表彰要鼓励创新，逐步建立起激励创新的工作评价标准和评价机制。

四、知青年情，解青年难，竭诚服务青年

竭诚为青年服务，是党的全心全意为人民服务宗旨在团的工作中的具体体现，也是共青团密切联系青年、团结凝聚青年的关键所在，是团的工作的出发点和归宿。

要牢固树立服务青年的意识，把服务青年落实到团的各项工作中去。要把为青年办了多少实事、解了多少难题，青年赞成不赞成、满意不满意，作为衡量工作成效的重要标准，作为检验团干部作风的重要尺度。团组织想问题、作决策，要把青年是否受益作为重要依据。团干部要做青年友，不做“青年官”，心中始终装着青年，满腔热忱地为青年排忧解难。

服务青年首先要了解青年。各级团组织都要定期调查了解、分析研究本单位、本地区青年个体和不同青年群体在学习、工作、就业、维权、生活等方面的具体需求，并从服务他们的具体需求入手，服务他们健康成长、奋发成才的根本需求。要通过建立青年接待日制度、设立青年热线电话、开辟青年电子信箱等方式，拓宽了解青年的渠道。

服务青年既要面向全体青年，又要突出重点。要着眼于党和政府关注、青年关心的实际问题，一件事一件事去做，一件事一件事地抓落实。要把帮助困难家庭学生完成学业，为走向社会的青年提供职业技能培训作为服务青年的重点工作，努力提高他们的职业技能，帮助他们增加收入、成长成才，创造美好生活。要把进城务工青年、生活困难的城市青年、农村贫困地区青年、残疾青年等弱势青年群体作为重点服务对象，维护他们的合法权益，帮助他们解决实际困难。要坚决同黄赌毒等社会丑恶现象作斗争，努力优化影响青少年健康成长的社会环境。要针对优势青年群体的需求特点做好服务工作，引导他们更好地发挥示范导向作用。

要发掘团内资源，动员社会力量，提高团组织的服务能力。要充分发挥团的组织网络优势，多做穿针引线、协调推动的事，发动社会力量做好服务青年的工作；要多做下情上达的事，向党和政府反映青年愿望和呼声，争取政策和法律支持；要多做搭建舞台的事，为青年成长成才、展示才华创造条件。要大力推动青少年教育、活动阵地和服务组织的建设，为服务青年创造物质条件。团属各类青少年阵地、新闻出版单位和网络媒体要进一步贴近青年，充分发挥育人作用，做青年的良师益友。

五、求真务实，脚踏实地，真抓实干

求真务实是解放思想、实事求是思想路线在工作作风上的具体体现，是思想认识和工作决策符合客观实际，使团的各项工作落到实处、取得实效的重要保证。

要克服短期行为。团的事业是一项长期的事业，需要一代又一代团员和团干部不懈努力。团干部要切实加强自身修养和党性锻炼，自觉抵制急功近利不良风气的影响，在思想上解决好参加革命是为什么、现在当干部应该做什么、将来身后留点什么的问题，自觉把在团的岗位的有限时光融入到团的长远事业之中，多做抓基层、打基础的工作，努力为团的事业添砖加瓦。

要克服形式主义。组织开展活动是共青团重要的工作方式。团组织要善于创造和运用丰富多彩、青年喜闻乐见的活动形式，开创生动活泼的工作局面，但要坚决反对脱离内容一味追求形式的形式主义，做到重实际、办实事、求实效。制定计划、设计活动，要认真研究基层实际和青年需求，使工作切合实际、贴近青年，不搞没有实际内容的花样翻新、口号翻新。要提高会议和文件质量，提倡开短会，写短文，做到少而精，努力提高工作效率。

要狠抓工作落实。抓工作不能仅仅停留在一般号召上，必须脚踏实地，肯下苦功夫、真功夫，求深入、求扎实。要突出工作重点，务求在重点领域、关键环节取得实质性进展和突破，带动全局发展。对符合青年需求和共青团事业发展需要的工作，要持之以恒，一抓到底，不能浅尝辄止、半途而废。

要大兴调查研究之风。团的机关干部尤其是领导干部，每年都要安排一定时间与青年吃住在一起，深入接触和了解青年。县以上团

委机关干部凡缺乏基层工作经历的，要采取离岗挂职或参加志愿服务的方式，到基层锻炼、扶贫，时间一般应在一年以上。要建立和落实中央、省、地、县四级团的领导机关干部下基层抓点和调查研究制度。省级以上和地（市）、县（市）团委领导干部每年下基层调查研究的时间应分别不少于二个月和三个月，撰写调研文章不少于两篇。

六、艰苦奋斗，甘于奉献

艰苦奋斗是党的优良传统，也是共青团团结带领青年为实现党的宏伟目标努力奋斗的强大精神力量。增强艰苦奋斗精神，对做好新时期团的工作，对团员团干部抵御各种腐朽思想的侵蚀，健康成长，具有重要意义。

要牢固树立正确的世界观、人生观、价值观，处理好个人与组织、个人与集体的关系，正确对待名利，把党的利益、人民的利益摆在首位，把团的岗位当作学习的岗位、锻炼的岗位、奉献的岗位，为党的事业和青年工作奋力拼搏、无私奉献。要把主要精力放在工作上，少一些应酬，多读书学习；少浮在上面，多深入基层；不说空话，多干实事。要继承和发扬共青团长期以来形成的优良传统和作风，团内一律互称同志，不称职务；下基层要轻车简从，不迎来送往，不题词，不收受礼品。

要始终保持积极向上的人生追求和奋发进取的精神状态，培养吃苦在前、享受在后的高尚情操，坚决反对拜金主义、享乐主义和极端个人主义。要坚定理想信念，筑起拒腐防变的思想长城，始终保持清醒的头脑，自重、自省、自警、自励。要厉行节约、勤俭办事。要注重小节，防微杜渐，坚决克服团干部不直接管钱、管物，不会犯大错误的麻痹思想，在任何情况下都要耐得住寂寞，守得住清贫，顶得住诱惑，经得住考验，做到一身正气，一尘不染。

要加强艰苦奋斗精神的教育，大力宣传不畏困难、奋力拼搏、克己奉公、甘于奉献、清正廉洁的模范事迹，弘扬正气，在全团营造艰苦奋斗的浓厚氛围。要加强保障清正廉洁的机制建设，进一步加大监督力度，落实党中央关于勤政廉政的各项规定。团干部特别是团的领导干部要以身作则，旗帜鲜明地反对腐败，在管好自己的同时，管好家人和身边的人，管好所管的部门和单位。

七、坚决贯彻民主集中制，增强团的民主和纪律观念

民主集中制是团的根本组织制度和领导制度。加强民主集中制建设，是增强团结，充分发挥各级团组织和广大团员团干部的积极性、主动性、创造性，提高团组织战斗力的必然要求。

要发扬团内民主，增强团的纪律，做到步调一致。全团必须进一步增强党的观念，自觉坚持党的领导，与以江泽民同志为核心的党中央保持高度一致。要按照团章规定，团员个人服从组织，少数服从多数，下级团组织服从上级团组织。要充分发挥团的代表大会和委员会全体会议的作用，涉及团的全局和长远的问题要提交团的委员会全体会议讨论决定。要拓宽团内民主渠道，使团员对团内事务有更多的了解和参与。团的下级组织既要向上级组织请示和报告工作，又要独立负责地解决自己职责范围内的问题。

要进一步加强团的领导班子民主集中制建设。团的各级领导班子要按照“集体领导、民主集中、个别酝酿、会议决定”的原则，认真落实集体领导和个人分工负责相结合、重大问题集体决策等制度，建立健全班子议事规则和工作规则。议事规则和工作规则要报上一级团委备案。要认真贯彻《党政领导干部选拔任用工作暂行条例》，严格执行干部工作程序，集体研究决定干部的选拔任用。要认真开展批评与自我批评，进行积极健康的思想斗争。县以上团委领导班子要按照党员领导干部民主生活会的规定，至少每半年召开一次民主生活会。会后15日内，要向上级团委报送会议情

况报告和会议记录。要借鉴“三讲”教育的经验，经常听取群众意见，接受群众评议。

要改进团的组织生活制度。基层团组织要按照民主集中制原则，组织团员过好组织生活。要针对新时期团员特点，通过建立、完善团日活动制度和团员重温入团誓词制度，规范团的活动仪式等措施，逐步建立起一套立足团员自我教育、相互教育的新型团的组织生活制度。要努力克服只要求团员尽义务而忽视团员权利的现象，切实保障团员的民主权利。要教育团员增强团的纪律观念，自觉执行团的决定，履行团员义务。

八、加强对团的作风建设的领导

加强和改进团的作风建设，是共青团贯彻落实党的十五届六中全会和党中央《决定》精神的一项重大举措。各级团组织要在党组织的统一领导下，按照本决定的要求，结合本地区、本单位实际，切实抓好团的作风建设。

加强和改进团的作风建设，要坚持“党建带团建”和团要管团。各级团组织要认真克服单纯注重抓团的业务工作而忽视团的自身建设的现象，用更多的精力抓好团的自身建设。要严格要求、严格教育、严格管理、严格监督，从源头上预防和治理各种不良作风。要着力加强制度建设，在调查研究、理论学习、深入青年、民主集中制建设、廉政建设和干部选拔任用等方面进一步建立健全有关制度，形成有效机制。

团的领导班子、领导干部要在团的作风建设中率先垂范。要求下级团组织做到的，上级团组织要首先做到；要求团员做到的，团的干部特别是团的领导干部要首先做到；要求全团做到的，团的中央委员会和团中央机关要首先做到，一级带一级，一级抓一级，作出榜样，抓出成效。

团的县以上领导机关要示范带头。要抓好机关干部的教育管理，广泛开展谈心活动，认真进行批评与自我批评，做好深入细致的思想政治工作。要深化机关干部人事制度改革，用好的作风选人、选作风好的人，吸引和凝聚一流人才。要建立健全机关各项工作制度，形成奖勤罚懒、奖优罚劣的激励约束机制，提高工作质量和工作效率。要自觉遵守党中央关于廉政建设的各项规定，并结合实际制定有关规章制度。要严格财务管理，尤其要加强对团费和社会赞助资金的管理，明确使用范围，严格审批手续。各类评比表彰活动要做到公开、公正，防止违纪违规行为。涉及机关干部群众切身利益的事务，要实行决策公开、执行公开、结果公开，便于群众知情和监督。要加强机关党组织建设，发挥机关党组织在机关作风建设中的重要作用。

各级团组织要以好的作风抓作风建设。贯彻本决定，要在层层抓落实、层层解决问题上下功夫，不能在层层开会、层层发文件上做文章。要增强工作的针对性和实效性，在调查研究的基础上，找准问题，常抓不懈，抓出成效。要加强经常性的督促检查，总结推广典型经验，使团的作风建设的各项任务落到实处。

中国人民解放军和中国人民武装警察部队团的作风建设工作，由解放军总政治部做出部署。

共青团中央号召，全团紧密团结在以江泽民同志为核心的党中央周围，高举邓小平理论伟大旗帜，认真贯彻落实“三个代表”重要思想，以崭新的精神风貌，开拓进取，扎实工作，在新世纪的征程上，团结带领全国各族青年为实现“十五”经济和社会发展目标、社会主义现代化建设宏伟目标而努力奋斗！

四、青联

共青团中央、全国青联关于召开中华全国青年联合会第九届委员会第一次全体会议的通知

2000年3月20日

各省、自治区、直辖市团委、青联，军委总政治部组织部，全国铁道团委，全国民航团委、青联，中直机关团工委、青联，中央国家机关团工委、青联，中央金融团工委、全国金融青联，全国学联，中华基督教青年会全国协会，中华基督教女青年会全国协会，中国青年企业家协会，中国青年乡镇企业家协会，中国青年科技工作者协会，首都青年编辑记者协会，中国青年志愿者协会，中国青年实业发展促进会，中国青年研究会，中国青年工作院校协会：

经全国青联八届六次常委会研究决定，并报经党中央批准，中华全国青年联合会第九届委员会第一次全体会议定于今年7月在北京召开。

全国青联九届一次全委会的主要任务是：总结八届一次全委会以来的工作；制定今后五年的工作方针和任务；修改章程；选举新一届领导班子。

为做好全国青联九届一次全委会的筹备工作，现将《中华全国青年联合会第九届委员会委员组成方案及推荐办法》印发给你们，请按照要求认真做好委员的推荐工作。

希望各省级团委、青联高度重视此次换届工作，在换届前，配齐配好青联干部和团的统战干部，继续推进各项工作，以优异的成绩，迎接全国青联九届一次全委会的召开。

中华全国青年联合会第九届委员会委员组成方案及推荐办法

全国青联九届一次全委会将于2000年7月在北京召开。为做好新一届委员的协商推荐工作，现对全国青联第九届委员会委员的组成及推荐办法提出如下意见：

一、委员的总名额及其构成比例

随着我国改革开放和社会主义现代化建设事业的不断深入，青联组织在参与社会政治、经济生活中的作用日益增强，青联委员队伍不断扩大。在八届全国青联任期内，又有全国民航系统、重庆市、全国金融系统青联先后成为全国青联的团体会员。同时香港、澳门已回归祖国，两地的特邀委员宜适当增加。因此，全国青联九届一次全委会的委员规模将适度扩大，总数为1180名。

考虑到各民主党派和无党派青年优秀人才的分布情况，把各行各业的优秀青年人才吸收到青联，从而既有利于发挥中共党员在青联组织中的骨干作用，又能充分体现全国青联作为我国各族各界青年广泛的爱国统一战线组织的性质，全国青联第九届委员会的中共党员委员比例不超过50%。同时，本届委员会中少数民族委员的比例应占15%左右；女委员的比例应占25%左右；本届委员的年龄不超过40岁（1960年7月1日以后出生），平均年龄35

岁左右，青联常委的年龄可放宽至45岁(1955年7月1日以后出生)。

二、委员推荐原则

1. 委员的推荐要根据我国当前和今后一段时期政治、经济形势的发展对青联工作提出的要求及青联的性质与任务，从有利于调动广大青年参与改革开放和现代化建设的积极性，活跃青联工作出发，统筹兼顾，合理安排，充分考虑党员比例、海内外、民族、地区、界别、年龄、性别等因素，使结构相对合理。

2. 新推荐的委员应是在改革开放和社会主义现代化建设中做出突出贡献的优秀青年代表；各会员团体和青年社团的领导骨干；各民主党派、无党派人士中的青年代表；民族、宗教界青年的代表人物；港澳同胞和华侨、海外留学人员中有影响的青年代表。要注意推选一批30岁左右的优秀青年进入青联，以增强青联组织的活力。

3. 全国青联委员采取团体会员席位制和按界别组协商推荐的办法产生。共青团中央、全国学联、中华基督教青年会全国协会、中华基督教女青年会全国协会、中国青年企业家协会、中国青年乡镇企业家协会、中国青年科技工作者协会、首都青年编辑记者协会、中国青年志愿者协会、中国青年实业发展促进会、中国青年研究会、中国青年工作院校协会的负责人和各省、自治区、直辖市青联、全国民航青联、中直机关青联、中央国家机关青联、全国金融青联的主要负责人、秘书长为指定席位人选。上述人员如因工作调离，其委员资格自行取消，由新任人员替补。各界别组青联委员的名额分配，根据各界别青年的人数、社会作用、在青年中的影响及对青年工做的贡献确定，对青联工作任务较重的省市、少数民族聚居的边疆省份、自治区及青联工作特殊需要的界别给予适当照顾。

三、委员条件

1. 拥护中国共产党的领导和党的改革开放政策，热爱社会主义祖国；

2. 积极参加社会主义现代化建设，并作出突出成绩；

3. 热心祖国统一事业；

4. 热情关心青年和社会公益事业；

5. 在社会上和青年中有较高的威信和影响力，有较高的文化水平和参政、议政能力；

6. 年龄界限为40岁。

四、委员推荐办法

1. 各会员团体的指定席位人选，可直接填写委员提名登记表(在委员提名登记表封面界别处填写“指定席位”，在表中单位审查栏注明“同意为指定席位人选”)，由各会员团体负责上报全国青联秘书处。

2. 各界别组的委员人选，由各推荐单位按规定数额推荐人选，然后由全国青联八届常委与全国青联秘书处分别组成界别审定小组，与各单位协商产生。各省(区、市)青联推荐的委员人选上报前，要报经党委组织、统战部门同意；其他单位推荐的委员人选上报前，要经所在组织部门同意。

3. 中国人民解放军(中国人民武装警察部队)的全国青联委员人选由中国人民解放军总政治部组织部和武警总部政治部按分配名额确定人选，与全国青联协商产生。

4. 台湾省籍、港澳地区特邀委员的推荐，由全国青联与有关单位协商提名。华侨、海外留学人员委员人选(包括侨居国外的台胞)由全国青联与侨办、我驻外使馆协商提名，由全国青联审定。

5. 各单位推荐的委员人选，均需提供委员提名登记表一式3份和事迹材料30份(事迹材料反映人选的主要经历和成就，1000字左右，A4纸打印)，并于协商时一起报全国青联秘书处。

6. 各单位在推荐委员人选时，女性人选比例应不低于25%。各省(区、市)青联在推荐委员人选时，必须保证中共党员人选比例在50%以内。

7. 名额分配表备注栏中的民族要求必须保证，除此之外，可在规定名额内再推荐1至2名少数民族委员人选，少数民族聚居的自治区和省份应更多一些。

8. 为了充分体现择优推选的原则，各单位在推荐委员人选时，可在分配数额外，再多推荐1至2名预备人选（在委员提名登记表上注明“预备人选”），预备人选的界别不限。

委员的协商推荐工作由全国青联秘书处具体负责。

中华全国青年联合会章程

全国青联九届一次全委会通过，2000年7月14日

第一章　总则

第一条　中华全国青年联合会是中国共产党领导下的我国基本的人民团体之一，是以中国共产主义青年团为核心力量的各青年团体的联合组织，是我国各族各界青年广泛的爱国统一战线组织。

第二条　中华全国青年联合会的基本任务是：高举爱国主义、社会主义的旗帜，团结、教育各族各界青年；鼓励青年学习马列主义、毛泽东思想和邓小平理论，学习现代科学技术和文化知识；最广泛地代表和维护各族各界青年的合法权益；引导青年积极健康地参与社会生活，努力为各族各界青年健康成长、奋发成才服务；加强同台湾青年、港澳青年及国外青年侨胞的联系和团结，发展同世界各国青年的联系和友谊；为巩固和发展我国社会安定团结的局面，推进我国的改革开放和社会主义现代化建设，推动社会主义市场经济的发展，健全社会主义民主和法制，促进祖国统一和维护世界和平，把我国建设成为富强、民主、文明的社会主义国家而奋斗。

第三条　中华全国青年联合会的一切活动以中华人民共和国宪法为根本准则。

第四条　中华全国青年联合会的组织原则是民主集中制。

第二章　会员和委员

第五条　中华全国青年联合会实行团体会员制，由全国性的各青年团体和各省、自治区、直辖市青年联合会等联合组成。

凡依法成立、赞成本章程、并自愿申请加入中华全国青年联合会的青年团体，经本会常务委员会通过，即取得本会团体会员资格。

第六条　中华全国青年联合会的委员，由各会员团体推荐、协商产生的代表和本会特别邀请的各族各界青年的代表出任。

第七条　会员团体的权利

一、会员团体有向本会推荐委员的权利；

二、会员团体有对本会工作进行监督、讨论、提出建议和批评的权利；

三、会员团体有根据本会的决议精神，独立开展本团体会务工作的权利。

第八条　会员团体的义务

一、会员团体有遵守本会章程和执行本会决议的义务。如对决议有不同意见，在执行的前提下，可予保留；

二、会员团体有向本会交纳会费、报告团体会务的义务；

三、会员团体有维护青年的合法权益，反映各族各界青年意见和要求的义务。

第九条 会员团体如果严重违反本会章程,由本会常务委员会分别依据情节给予警告或撤销其团体会员资格处分;受处分者有请求本会全体委员复审议一次的权利。

第十条 委员的条件

一、本会委员必须承认本章程,遵守国家法律和社会公德;

二、本会委员应是在青年中有一定影响的各族各界青年杰出人才或代表人物;

三、本会委员应具有一定的议事能力,能代表各族各界青年在本会中认真履行有关权利和义务;

四、本会每届委员出任时,年龄一般不超过40周岁;除特别需要外,常务委员当选时,年龄一般不超过45周岁。

第十一条 委员的权利

一、委员有表决权、选举权和被选举权;

二、委员有对本会工作讨论、建议、批评和监督的权利;

三、委员有参加本会和当地青年联合会举办的活动,要求本会维护委员合法权益的权利。

第十二条 委员的义务

一、委员有遵守本会章程、执行本会决议和积极参加本会工作的义务;

二、委员有维护青年的合法权益,了解和反映各族各界青年意见和要求的义务;

三、在各级人民代表大会中担任代表和在中国人民政治协商会议各级委员会中担任委员的本会委员有反映本会意见和建议的义务。

第十三条 委员如有违反国家法律或严重违反本会章程的行为,由本会常务委员会撤销其委员资格。

第十四条 会员团体和委员都有退出本会的自由,退会前应提出书面申请。

第三章 组织和职权

第十五条 本会的最高权力机关是全国委员会。

第十六条 全国委员会由各会员团体推荐、协商产生的委员和本会特别邀请的委员组成。每届全国委员会名额、名额分配方案,由上届委员会的常务委员会决定。每届任期内有必要变更委员名额及相关事宜,由本届常务委员会决定。

第十七条 本会全国委员会每届任期五年。如遇特殊情况,经常务委员会决定,可提前终止或延长任期。

第十八条 会员团体在本会指定席位的人选工作变更后,由新任人选替补。

第十九条 确需变更、增补委员时,由所在会员团体或推荐单位提出变更、增补理由和人选,报请常务委员会确认;会员团体认为有必要变更本团体参加全国委员会的指定席位委员时,可按规定替补,并报请常务委员会确认。

因工作需要,由全国委员会常务委员会决定增补的常务委员会委员需通报全国委员会委员。

第二十条 全国委员会设主席一人,副主席若干人。主席、副主席由全国委员会全体会议选举产生;在特殊情况下,可由常务委员会予以调整和增选。全国委员会的主席、副主席同是常务委员会的主席、副主席。

第二十一条 全国委员会全体会议每届一般举行两次,会期由常务委员会确定。

第二十二条 全国委员会的职权

一、听取和审议常务委员会的工作报告;

二、讨论和决定本会的重大工作方针和工作任务;

三、修改本会章程;

四、选举全国委员会主席、副主席和常务委员会委员;

五、认为有必要处理的其他重要事务。

第二十三条 全国委员会闭会期间,由常务委员会主持会务。

第二十四条　全国委员会常务委员会每年举行一次，会期由全国委员会主席会议决定。

第二十五条　全国委员会常务委员会下设秘书长一人、副秘书长若干人，协助主席、副主席处理会务。秘书长由主席提名，常务委员会决定。副秘书长及工作机构负责人由主席会议决定。

全国委员会常务委员会根据工作需要，可设立若干工作机构或派出办事处，承办中华全国青年联合会的有关日常工作。

第二十六条　全国委员会常务委员会的职权

一、召集并主持全国委员会全体会议，每届第一次全体会议由会议选举产生的主席团主持；

二、组织实施章程中规定的任务；

三、执行全国委员会全体会议的决议；

四、决定全国委员会工作机构的设置和变动；

五、行使全国委员会全体会议授予的其他职权。

第二十七条　由中华全国青年联合会主席、副主席组成主席会议，处理常务委员会的重要日常工作。

第二十八条　全国委员会根据委员不同的界别，成立界别工作委员会。

界别工作委员会组织本界别委员开展有益于本会事业和界别工作的活动。

界别工作委员会的组成由常务委员会决定。

第四章　地方青年联合会

第二十九条　省、自治区、直辖市、自治州、地级市，以及其他有条件的城市，均可依据本章程，按照国务院颁布的《社会团体登记管理条例》，参照中华全国青年联合会的组成办法，建立地方青年联合会。

第三十条　省、自治区、直辖市青年联合会全体委员会每届任期五年；特殊情况下，经该青年联合会常务委员会决定，可提前终止或延长任期；每届委员会召开的会议次数由该青年联合会常务委员会确定。

第三十一条　地方青年联合会全体委员会的职权

一、听取和审议常务委员会的工作报告；

二、讨论并决定本地青年联合会的重要工作；

三、选举本地青年联合会主席、副主席及常务委员会委员；

四、认为有必要处理的其他重要事务。

第三十二条　地方青年联合会常务委员会的职权

一、在全体会议闭会期间，由常务委员会负责领导会务；

二、召集并主持本地青年联合会全体委员会议，每届第一次全体会议由会议选举产生的大会主席团主持；

三、组织实施章程中规定的任务和中华全国青年联合会作出的全国性决议以及上级地方青年联合会作出的全地区性决议；

四、执行本地青年联合会全体委员会的决议；

五、决定本地青年联合会工作机构设置和变动，并决定秘书长、副秘书长。

第三十三条　上一级青年联合会与下一级青年联合会的关系为指导与被指导的关系。

第五章　经费

第三十四条　本会经费来源为：会员团体的会费、事业收入和其他资助。

第六章　附则

第三十五条　本章程为中华全国青年联合会和地方青年联合会统一章程。地方青年联合会还可依据本章程的原则制定本地的组织和工作细则，并报上一级青年联合会备案。

第三十六条 本章程经中华全国青年联合会全体委员会通过后实行。

第三十七条 本章程的解释权属于中华全国青年联合会。

五、学联

共青团中央、全国学联关于召开中华全国学生联合会第二十三次代表大会的通知

2000年4月11日

各省、自治区、直辖市团委、学联，军委总政治部组织部，全国民航团委，中直机关团工委，中央国家机关团工委：

根据中华全国学生联合会（以下简称“全国学联”）章程关于全国学联代表大会每五年召开一次的规定，经党中央批准，全国学联第二十三次代表大会（以下简称“全国学联二十三大”）定于今年7月在北京召开。

一、会议的主题和任务

全国学联二十三大的主题是：以邓小平理论和党的十五大精神为指导，高扬爱国主义、集体主义、社会主义旗帜，团结和带领广大青年学生勤奋学习，锐意进取，努力培养创新精神，全面提高综合素质，为实现中华民族的伟大复兴努力奋斗。

这次会议的主要任务是：进一步深入学习、领会江泽民同志关于教育问题的重要谈话精神；总结全国学联二十二大以来五年的工作；选举全国学联第二十三届委员会和主席团；修改全国学联章程；确定全国学联今后五年的工作方针和任务。

二、会议代表的产生

今年3月，全国学联秘书处召开了各省、自治区、直辖市学联秘书长联席会议，对全国学联二十三大代表团体、全国学联第二十三届委员会和主席团候选团体产生办法及名额分配进行了充分的酝酿和协商，达成了共识，并在此基础上形成方案。该方案已经全国学联二十二届委员会正式表决通过，现发给你们。请按照这一文件所提出的原则和要求，认真做好全国学联二十三大代表团体、全国学联二十三届委员会和主席团候选团体的推荐和代表人选的选定工作。请务必于5月20日前将《全国学联二十三大正式代表团体登记表》、《全国学联二十三大正式代表人选登记表》、《全国学联二十三大特邀代表团体登记表》、《全国学联二十三大特邀代表人选登记表》、《全国学联二十三大列席代表人选登记表》并另附代表人选本人1寸免冠彩色照片两张（在照片背面注明姓名和所在学校或单位，用于会议证件）报至全国学联秘书处（联系地址：北京前门东大街10号，邮编：100051）。

三、工作要求

召开全国学联二十三大是全国青年学生政治生活中的一件大事，也是全团今年的一项重要工作。希望各省级团委高度重视，认真指

导学联和学生会组织做好全国学联二十三大的筹备工作，特别要严肃认真地做好推荐代表团体、委员会和主席团候选团体以及选定代表的工作。要积极争取当地和有关学校党政领导的支持，通过召开全国学联二十三大的有利契机，团结和引导学生健康成长，推动学联工作的发展，为新世纪学联工作再上新台阶做出积极贡献。

代表大会召开的有关具体事宜另行通知。

全国学联第二十三次代表大会代表团体和全国学联第二十三届委员会、主席团候选团体产生办法及名额分配方案

全国学联第二十三次代表大会（以下简称"全国学联二十三大"）代表团体和全国学联第二十三届委员会、主席团候选团体产生办法及名额分配方案已经全国学联二十二届委员会表决通过，现下发给有关单位，请按照本方案所提出的原则和要求，做好代表团体和人选的推选工作。

一、大会及委员会、主席团规模

全国学联二十三大代表团体总数拟定为490席，其中正式代表团体拟定为428席，特邀代表团体14席，列席代表48席（全国学联二十二大代表团体总数为483席，其中正式代表团体423席，特邀代表团体10席，列席代表50席）。全国学联二十三届委员会团体拟定为166席（全国学联二十二届委员会团体165席）。主席团团体拟定为36席（全国学联二十二届主席团团体为35席）。

二、关于资格限定

1. 正式代表团体在下列团体中产生：国民教育体系中的全日制高等学校的学生会、中等学校的学生会；设有研究生院或研究生在300人以上的学校以及中国科学院和中国社会科学院的研究生会；在中国驻外使馆注册认可的所在国我留学生区域性组织。

2. 选派特邀代表的单位是：解放军（含武装警察部队）的全日制高等学校；宗教类学校学生组织等。

3. 选派列席代表的单位是：全国学联和各省、自治区、直辖市学联秘书处；未成立本系统学联组织的全国民航、中直机关、中央国家机关；中央军委总政治部组织部（含武装警察部队），以及教育部主管留学生工作和国家宗教事务管理局主管学校工作的部门。

4. 委员会候选团体一般应从正式代表团体中产生。主席团候选团体须从委员会团体中产生，并应是各省、自治区、直辖市有影响、有一定代表性的高等学校会员团体。

5. 代表高等学校、中等学校会员团体出席全国学联二十三大的人员必须是本校在册非应届毕业生，必须坚持四项基本原则，品学兼优，具有为广大学生服务的愿望和能力，在学生中有较高的威信。

三、关于名额分配

1. 依据教育部提供的各省、自治区、直辖市学校数和在校生人数占全国学校总数和在校生总数的比例，同时参考全国学联第二十二次代表大会名额分配方案，提出全国学联第二十三次代表大会代表团体和全国学联第二十三届委员会、主席团团体名额分配方案。

2. 全国学联二十三大正式代表团体名额按高等学校学生会、研究生会、留学生组织、中等学校学生会四部分分配。参照教育部对各级各类学校的分类办法，将高等学校分为：综合、理工、师范语文、农林、医药、财经政法、体育艺术、民族港澳侨八类；中等学校分为：普通中学、中等专业学校、职业高中、中等技术学校四类。根据各级各类学校数以及各自所占不同比重，428个正式代表席位中，高等学校学生会293席，占68.46%；研究生会29席，占6.78%；留学生组织5席，占1.17%；中等学校学生会101席，占23.59%。

3. 全国学联第二十三届委员会团体166席。参照各地学校类别比例并适当考虑上届

委员会团体的分布情况,委员会团体中拟定高等学校学生会91席,占54.82%;研究生会19席,占11.45%;留学生组织5席,占3.01%;中等学校学生会51席,占30.72%。

4.全国学联第二十三届主席团团体36席。其中高等学校学生会29席,占80.56%;研究生会7席,占19.44%。

四、关于产生办法

1.正式代表团体、委员会和主席团候选团体,应通过一定的民主程序产生。各省、自治区、直辖市学联应根据实际情况,举行全委会或代表会议、代表大会,民主推荐代表团体、委员会和主席团候选团体。一所学校原则上不产生两个代表团体(包括委员会候选团体)。鉴于原属全国铁道和中央金融工委系统的学校已划归教育部或地方管理,因此不再单列。全国民航、中直机关和中央国家机关的代表团体和委员会候选团体,也应通过相应的民主协商方式产生。

2.留学生组织的代表团体和委员会候选团体由教育部主管留学生工作的部门确定。

3.解放军(含武装警察部队)的特邀代表产生办法,由中央军委总政治部组织部决定。宗教类学校的特邀代表,由全国学联秘书处同国家宗教事务管理局有关司局协商确定。

4.各代表团体应根据实际情况,通过举行全委会等适当的民主程序,确定代表本团体的人选。

5.各省、自治区、直辖市学联和各代表团体在推选出席全国学联二十三大的代表人选时,应适当注意少数民族学生和女学生比例。

六、少代会

共青团中央、教育部、全国少工委关于召开中国少年先锋队第四次全国代表大会的通知

2000年2月25日

各省、自治区、直辖市团委,教委(教育厅),少工委:

经党中央批准,中国少年先锋队第四次全国代表大会将于2000年6月在北京召开。现将有关事宜通知如下。

一、会议主题和任务

会议的主题是以邓小平理论和党的十五大精神为指导,遵循党的教育方针,贯彻落实党中央和江泽民总书记关于少先队工作的一系列重要指示,明确中国少年先锋队新世纪的历史使命,引导广大少先队员热爱祖国,勤奋学习,强健体魄,参与实践,全面发展,时刻准备着为实现中华民族的伟大复兴贡献力量。

会议的主要任务是回顾50年来在党的领导下少年儿童运动的奋斗历程,总结少先队工作的基本经验;学习党的三代领导集体对少年儿童工作的一系列重要指示,展示当代少年儿童的时代风采,展望21世纪少年儿童事业的发展,明确少先队的历史责任;听取和审议第三届全国少工委的工作报告,修改《中国少年

先锋队章程》,选举产生新的少先队工作领导机构。

二、会议代表的产生

大会的正式代表为600名,他们代表着全国1亿1.3亿少先队员、400万少先队辅导员和各行各业的少先队志愿辅导员。各地的代表团将由少先队员代表、辅导员代表和少先队工作干部代表组成,代表总数中成人与少年代表各占一半。

各地团委、少工委和教育行政部门要密切配合,统筹安排,精心组织,共同做好参加全国第四次少代会的各项准备工作。各地要严格按照“代表名额分配表”的要求做好代表的选拔工作,少先队员代表要能体现当代少年儿童的时代特点和精神风貌,具有一定的议事能力和广泛代表性,并经过一定的民主程序在基层少先队组织里由少先队员民主推举,由各级少先队组织集体推荐产生,杜绝通过各种关系推荐代表的情况;辅导员代表中应保证有一定比例的校外志愿辅导员,并注重志愿辅导员广泛的社会代表性;各省(区、市)分管少先队工作的教委(教育厅)副主任(副厅长)原则上作为会议正式代表参加会议;未被推荐为正式代表的第六届全国十佳少先队员、第一、二届全国十佳辅导员、首届全国十佳志愿辅导员以及“少先队突出贡献奖”获得者代表将作为会议列席人员;各团省(区、市)委分管书记担任各代表团团长,各代表团副团长两名,分别由各省(区、市)教委(教育厅)副主任(副厅长)和各团省(区、市)委少年部长担任。代表大会将成立代表资格审查委员会,对代表资格予以确认。

各地务必在3月20日之前将代表登记表,团长、副团长、工作人员(各省1名)登记表和本人2寸免冠彩色照片3张(背面注明姓名)报全国少工委办公室组织培训处。

本次会议期间将举行以和平、环境保护、网络、创新、五自、手拉手为主题的“少年世纪论坛”。为此,各级少先队组织要广泛开展“少年世纪论坛”活动。

三、以实际行动迎接大会的召开

以迎接第四次全国少代会为契机,把少先队各项工作推向一个新台阶。要落实团的十四届三中全会和全国少工委三届五次全委会部署的任务,认真学习贯彻江泽民总书记为少先队成立50周年所作的重要题词和关于教育问题的谈话。广泛深入开展“星星火炬代代相传”主题教育活动。加强少年儿童的思想品德教育,引导少年儿童学会做人、学会合作、学会服务,以昂扬的精神面貌迎接新世纪。要认真贯彻第三次全国教育工作会议精神,深入开展“中国少年雏鹰行动”,推进素质教育的全面实施。要继续深化“手拉手”互助活动,引导少年儿童围绕迎接新世纪写好交友信,认真开展“城乡少年手拉手助学活动”,让城市和农村贫困地区的小伙伴交流学习体会,交换自己不再使用的课本、学习用具。要服务西部大开发战略,继续开展“手拉手捡回一个希望,还母亲河一片绿色活动”。要加强少先队自身建设和少先队社区工作,依托社区团建抓好队建。要逐步实施少先队小干部轮换制,为更多的少年儿童参加自己组织的管理事务、增强服务意识和能力创造条件。要特别重视和大力加强农村和贫困地区的少先队工作,在农村少先队员中广泛开展农业适用科技实践活动。要加大服务少年儿童和少先队工作者的力度,为少年儿童成长和少先队工作者办实事。要重视建设一支适应21世纪教育改革与发展需要的辅导员队伍,关心他们的成长,为他们的学习、生活、工作创造良好的环境和条件。

各地要抓住召开少代会的有利时机,加强少先队的宣传工作,扩大少先队的社会影响,进一步争取有利于少先队工作的相关政策,为新世纪少先队工作再上新台阶创造更为有利的环境,以优异的工作成绩迎接第四次全国少代会的召开。

代表大会召开的有关具体事宜另行通知。

中国少年先锋队章程

中国少年先锋队第四次全国代表大会部分修改,2000 年 6 月 3 日通过

一、我们的队名:中国少年先锋队。

二、我们队的创立者和领导者:中国共产党。

党委托中国共产主义青年团直接领导我们队。

三、我们队的性质:是中国少年儿童的群众组织,是少年儿童学习共产主义的学校,是建设社会主义和共产主义的预备队。

四、我们队的目的:团结教育少年儿童,听党的话,爱祖国、爱人民、爱劳动、爱科学、爱护公共财物,努力学习,锻炼身体,参与实践,培养能力,立志为建设有中国特色的社会主义现代化强国贡献力量,努力成长为社会主义现代化建设需要的合格人才,做共产主义事业的接班人。

维护少年儿童的正当权益。

五、我们的队旗、队徽:五角星加火炬的红旗是我们的队旗。五角星代表中国共产党的领导,火炬象征光明,红旗象征革命胜利。

五角星加火炬和写有“中国少先队”的红色绶带组成我们的队徽。

六、我们的标志:红领巾。它代表红旗的一角,是革命先烈的鲜血染成。每个队员都应该佩带它和爱护它,为它增添新的荣誉。

七、我们的队礼:右手五指并拢,高举头上。它表示人民的利益高于一切。

八、我们的呼号:“准备着:为共产主义事业而奋斗!”回答:“时刻准备着!”

九、我们的作风:诚实、勇敢、活泼、团结。

十、我们的队员:凡是 7 周岁到 14 周岁的少年儿童,愿意参加少先队,愿意遵守队章,向学校少先队组织提出申请,经批准,就成为队员。

队员入队要为人民做一件好事。要举行入队仪式。

队员是少先队组织的主人,在队里都有选举权和被选举权,可以对队的工作和队的活动提出意见和要求。

每个队员都要遵守纪律,服从队的决议,积极参加队的活动,做好队交给的工作,热心为大家服务。

优秀的少先队员可以由队组织推荐作为共青团的发展对象。

队员由一个大队转到另一个大队,要带上队员登记表,到新的大队报到。

超过 14 周岁的队员应该离队。由大队举行离队仪式。

十一、我们的组织:在学校、社区建立大队或中队,中队下设小队。

小队由 5 至 13 人组成,设正副小队长。

中队由两个以上的小队组成,成立中队委员会,由 3 至 7 人组成。

大队由两个以上的中队组成,成立大队委员会,由 7 至 13 人组成。

小队长和中队、大队委员会都由队员选举产生。半年或一年选举一次。

大队和中队委员会可以根据工作需要,设队长、副队长、旗手和学习、劳动、文娱、体育、组织、宣传等委员。

十二、我们的活动:举行队会,组织参观、

访问、野营、旅行、故事会,开展文化科学、娱乐游戏、军事体育等各种有意义有趣味的活动,以及参加力所能及的公益劳动和社会工作。

十三、我们队的奖励和处分办法:队员和队的组织在学习、劳动和活动中,表现积极、主动,做出优异成绩的,由队的组织或报共青团组织给以表扬和奖励。

队员犯了严重错误,经过队组织的耐心帮助,仍不改正,应给以处分。处分分警告、留队察看、停止队籍三种。警告处分在中队会上讨论通过。留队察看停止队籍的处分要经大队委员会讨论通过。停止队籍还要报学校(或村)团组织批准。讨论队员处分的中队会要有队员本人参加,并可申诉意见。

受警告、留队察看处分的队员,改正了错误,分别经中队、大队委员会讨论通过,可撤销处分。停止队籍的队员改正了错误,经大队委员会讨论通过,可以恢复队籍。

十四、我们的辅导员:由共青团选派优秀团员或聘请思想进步、作风正派、知识丰富、热爱少年儿童的教师以及各条战线的先进人物来担任。他们是少先队员亲密的朋友和指导者,帮助中队或大队委员会进行工作,组织活动。

十五、全国和地方各级少先队工作委员会,是全国和地方少先队经常性工作的领导机构,由同级少先队代表大会选举产生。全国代表大会原则上每五年召开一次。

七、组织

共青团中央关于开展创建"五四红旗团委"活动的方案

1998年12月17日

基层团委作为基层团的领导机构和基层团的工作主体,在加强基层团组织建设中的作用日显突出和重要。为了贯彻落实团的十四大精神,以加强基层团委建设为重点,全面推进团的基层建设,团中央决定从1999年开始在全团基层组织中开展创建"五四红旗团委"活动,具体方案如下。

一、创建活动宗旨及目标

创建"五四红旗团委"活动以邓小平理论和党的基本路线为指导,贯彻落实团十四大精神,坚持把为青年服务作为突破口,以服务促建设,以服务求活跃;坚持结合党建加强团的建设;坚持用改革的精神研究新情况,解决新问题,积极探索适应社会主义市场经济新形势的组织机制和运行方式;坚持以加强基层团委建设为重点。通过深入开展创建活动,充分调动和发挥基层团委加强自身建设、发挥主体作用的积极性和创造性,加大团的领导机关抓好基层团委建设的工作力度,通过强化基层团委建设,带动支部建设,促进基层团的建设和团的工作全面活跃。

二、创建活动范围和基本标准

创建活动在全国企业、农村、机关、学校、科研院所、街道等各条战线的基层团委中广泛

开展。

“五四红旗团委”的基本标准是:1. 班子建设好。按期换届,民主选举,整体素质高,制度健全有效,思想作风过硬。2. 主题活动好。围绕服务大局、服务青年的主题,扎实有效地开展团的活动,建有服务组织和服务性实体,在所在单位党的中心工作中较好地发挥了生力军作用。围绕青年成长、成才,办实事,办好事,青年受益面广,效果好。3. 支部建设好。履行团委职责,加强支部建设,指导支部工作,带动支部工作全面活跃。所属团支部按期换届,民主选举,组织制度健全有效,富有活力。在保证质量的前提下团员队伍不断壮大。4. 活动阵地建设好。活动有阵地,工作有依托,经费有保障。

团中央以“四好”基本标准为框架,分别制定企事业、农村、学校、社区“全国五四红旗团委”标准。各级地方团委要以此为依据,结合实际,分战线制定本级“五四红旗团委”的标准。

三、创建活动推进措施

(一)提高认识,加强领导。创建“五四红旗团委”活动是改革开放新形势下全面推进团的基层建设的重要载体和有形手段。团的各级领导机关要将此作为关系到团的工作全局,团组织内在活力的大事,摆上重要工作日程,切实加强领导,精心组织实施。团的领导机关要调整或成立共青团基层组织建设领导小组等领导机构,做到书记亲自抓,分管书记靠上抓,有关部门协调配合,齐抓共管,形成合力。要主动争取各级党组织的重视和支持,争取将创建活动纳入党的基层组织建设的总体部署。各地要结合实际制定工作方案,做到目标明确,步骤清晰,方法得当,措施有力。已经或正在开展团的基层组织创优活动的地方和单位,要认真总结实践经验,使之与创建“五四红旗团委”活动相并轨。

(二)突出创建重点,提高团建整体水平。“五四红旗团委”重在建设。要重点抓好以下几方面的建设:1. 抓民主选举,加强班子建设。要结合党组织的整顿和建设工作,集中抓好基层团委班子按期换届、民主选举工作,一方面切实将政治素质好,业务水平高,团员青年拥护的优秀青年党团员选拔到团的基层领导岗位上来;另一方面要以换届为契机,努力推动所属团支部的建设。2. 抓基层团委,带动支部建设。在农村,实行“强乡带村”,即农村团的基层工作以乡镇团委为主体,以乡带村、乡村一体化。在城市,要适应服务功能社区化的趋势,重点加强社区团建工作,特别是加强街道团(工)委建设,以促进基层团组织横向联系和基层团的工作资源共享、优势互补,推动社区内各类单位团的建设,加强进城务工青年、下岗青工、待业青年及其当中团员的管理。企业、学校、机关等系统基层团委建设,要积极适应各自改革的具体情况,努力创新,以创新求巩固,以创新求提高。要进一步加大新经济组织团的建设力度,加强新经济组织中团员的发展、教育和管理工作。3. 抓主题活动,活跃团的工作。围绕团中央开展的各项重点工作,结合实际突出行业特点,开展丰富多彩、富有实效的活动,充分发挥团组织在两个文明建设中的生力军作用。4. 抓服务载体,形成工作依托。充分利用社会资源,通过建立课外活动阵地、青少年活动中心、青年科技图书站等各类青年学习教育、文娱体育的阵地或基地,兴办服务项目,建立服务组织和实体,使基层团的工作更加有形有效。

(三)积极推动团建工作创新。各级团的组织要遵循有利于党组织加强对团组织的领导,有利于团组织在经济建设中发挥作用,有利于团组织服务和联系青年,有利于健全团的组织管理和系统领导的原则,对团的组织设置、活动方式等积极探索,大胆创新。团的领导机关要充分发挥基层团委的积极性和创造性,深入调查研究,总结推广典型经验,指导推

动面上的工作。倡导各条战线突出行业特点，深化、拓展工作领域，推动团的建设。

（四）评选表彰，形成导向。为了推动创建活动深入发展，鼓励基层团组织的实践探索，形成比学赶超的良好氛围，团的各级组织要建立健全创优评先机制。“全国五四红旗团委”原则上每年进行一次表彰，1999 年底进行首次评选表彰。每次评定 100 个，并从中评出若干个“全国五四红旗团委标兵”（10 名以内）。团中央将按 1∶1.5 的比例确定推荐名额，根据基层团委的数量分配到各省级团委。由省级团委从获得本级“五四红旗团委”称号的单位中选拔，向团中央推荐，共青团全国基层组织建设领导小组初审后，报书记处审定。对活动部署及时，组织领导有力，发动充分广泛，创建成效显著的县以上团委，团中央将择优授予创建“五四红旗团委”活动组织奖。各级地方团委的评选方式和表彰数量自行确定。

（五）加强舆论宣传，广纳社会资源。各级团组织要充分利用团内外宣传媒介，营造社会氛围，形成争先创优的积极导向。同时，广泛吸纳社会资源，建立活动基金，实现社会化发展、事业化运作的良性循环。团中央拟在中国青年报、中国共青团、农村青年等团内报刊开辟创建“五四红旗团委”活动专栏，同时以创建活动为主要内容继续编发《共青团基层组织建设简报》。

（六）加强骨干培训。从 1999 年起，各地要将创建“五四红旗团委”活动作为团干部培训内容列入计划，充分利用团校、团内培训基地进行培训，推动活动深入开展。按照分级负责的原则，团中央负责培训地（市）与部分团县委书记；团省委和团地（市）委主要负责培训县、乡级创建单位团委书记，可采取理论学习、现场参观、研讨问题等多种形式进行。

解放军、武警系统创建“五四红旗团委”工作由解放军总政治部和武警总部政治部根据实际工作需要自行安排。

附件 1：企事业“五四红旗团委”标准

1. 班子建设好。班子健全，按期换届，民主选举领导班子；班子成员整体素质高，主要负责人能力强，业务精，懂经营，会管理；贯彻民主集中制，集体领导，分工负责，做到决策民主，管理科学；班子团结进取，作风扎实，富有开拓精神，在团员青年中具有较高的威信。

2. 主题活动好。围绕企业生产经营和青工建功成才，创造性地贯彻上级团委的精神，扎实开展丰富多彩的活动；团的工作生动活泼且富有成效，工作实绩党政认可，青年好评。适应深化改革和建立社会主义市场经济体制的要求，积极引导广大青工支持改革，参与改革，成为推动改革的有生力量；着眼企业发展和青工成才，广泛开展青年岗位能手活动和青年科技创新行动，企业效益明显增加，青工技能明显提高；积极参与群众性精神文明创建活动，通过深化青年文明号等活动，青年职业道德和职业文明建设明显得到加强；充分发挥青年的突击作用，在急、难、险、重的生产、工作任务中体现新一代青年的风采；代表青工通过职代会等渠道参与企业民主管理和监督；维护青工合法权益，关心青工切身利益，反映青工的意愿和呼声；积极为下岗青工等青年群体提供切实有效的服务。

3. 支部建设好。根据生产经营实际，青年分布特点，合理调整组织设置，理顺工作运行机制；所属支部班子健全，积极工作，富有朝气；各项制度完善，活动开展经常，工作充满活力；支部在青年中影响好，凝聚力强，有一支素质较高的团员队伍。

4. 活动阵地好。有一定规模和档次的团的活动阵地和青工培训场所；有能够满足青工基本文化生活需求的文体娱乐设施；团的工作经费有稳定的来源渠道；善于发掘和运用社会资源，团的工作有一个良好的环境。

附件2：农村“五四红旗团委”标准

1. 班子建设好。班子健全，按期换届，民主选举领导班子，书记是专职团干部；班子成员政治素质好，科学文化水平较高，具备带领团员青年致富成才的能力；班子的民主生活制度和工作制度健全有效，集体领导，分工负责，团结协作，作风扎实，能够密切联系团员青年，全心全意为团员青年服务。

2. 主题活动好。围绕服务农村经济社会发展大局，服务农村青年致富成才，开展团的工作和活动，收到显著成效。积极领办科技推广项目，实施一个以上项目，带动面大，实际效果好；大力开展农村青年实用技术培训，培养青年星火带头人，抓好返乡高、初中学生的技能培训；动员组织农村青少年植绿护绿、改善环境，在实施“保护母亲河行动”中成绩突出，建有一处以上青少年绿色文明园；积极开展乡村青年文化节等健康有益的文化、娱乐等活动，丰富农村青年的精神文化生活，倡导新风尚；维护农村青年的合法权益不受侵害。

3. 支部建设好。所属团支部健全，按期换届，民主选举，普遍实行了从党团员青年星火带头人中选拔村团支部书记并经法定程序进入村党支部或村委会班子的做法；支部工作和组织生活制度健全有效，工作运行正常；根据农村青年分布合理调整支部设置，无团员流失现象；团支部能够积极发展团员，认真做好“推优”和团费收缴工作，按时保质完成上级团委交办的任务。

4. 活动阵地好。建立了青年培训基地、科技推广示范基地、青年科技图书站等阵地，并发挥良好作用；有能够满足青年需求的文化、娱乐、体育活动设施；团组织有稳定的经费来源，团的经费和阵地使用管理制度健全。

附件3：学校“五四红旗团委”标准

1. 班子建设好。班子健全，按期换届，民主选举领导班子；班子的民主生活和工作制度健全有效，实行集体领导和分工负责相结合；班子成员政治素质好，工作作风深入，文化程度高，懂教学，会管理，密切联系学生和青年教师，全心全意为学生和青年教师服务，对青年学生有感召力和影响力。

2. 主题活动好。围绕服务学生成长成才和学校建设，开展团的工作和活动。积极组织引导学生学理论、重实践、明责任、树理想，在学生中形成正确导向；积极开展学生课外知识学习、学术交流、科技创造等活动，促进学生创造能力和创新精神的提高；大力开展社会实践活动，为学生增强社会责任感和社会适应能力创造条件；多方帮助学生勤工助学和济困助学，为学生完成正常学业提供服务和支持；积极开展文化、娱乐、体育活动，丰富校园文化生活；充分发挥党的助手联系青年学生的桥梁纽带作用，认真落实学校党委的指示精神和具体任务，同时注意反映学生的意愿和要求，维护学生的合法权益。

3. 支部建设好。所属支部班子健全，按期换届，民主选举，积极引导和服务学生；适应学生学习、生活特点，团支部设置合理；支部制度健全、落实，正常地开展工作和活动；能够认真做好团员教育和管理工作，“推优”工作成效显著，按时完成上级团委交办的任务。

4. 活动阵地好。建立了业余党团校，并能正常开展培训；有能够开展文化体育活动的设施；建有学生社会实践、勤工助学基地和有关指导服务机构；有稳定的工作经费来源。

附件4：社区“五四红旗团委”标准

1. 班子建设好。班子健全，按期换届，民主选举，配有专职团干部；主要负责人政治素质好，科学文化水平较高，有把握工作全局，协调社区内各单位团组织共同开展工作的能力；贯彻民主集中制，集体领导，分工负责，决策民主，管理科学；团结进取，爱岗敬业，作风扎实，富有开拓创新精神。

2. 主题活动好。围绕服务党的中心工作、服务社区的建设与发展、服务人民群众生产生活基本需求、服务青年成长成才,以创建“青年文明社区”活动统揽社区团的工作全局,带领青年在社区两个文明建设中发挥生力军、方面军作用;动员、组织广大青少年积极参与美化社区环境和社会治安综合治理,营造安全、整洁、优美的社区生活空间;广泛开展社区青年志愿服务和互助活动,构建与社会主义市场经济体制相适应的社区服务体系,提高社区居民生活质量;积极开展丰富多彩的社区文化活动,增强社区凝聚力,形成和谐的社区人际关系;关心社区青少年特别是下岗待业青年、外来务工青年、特殊困境中未成年人等社会弱势群体的切身利益,维护青少年的合法权益不受侵害。

3. 支部建设好。支部组织设置合理,按照团章的要求,在居委会和社区内外来务工青年、下岗待业青年的集中地建立团支部;支部班子配备整齐,工作制度健全,团内管理严明,工作运转有序,能有效地加强社区内团员青年的组织、教育、管理与服务;加强团的外围组织如青联、学联、青年社团的横向联谊与协作,建立起以团组织为核心的覆盖全社区的青年组织网络,社区团的工作覆盖面大。

4. 活动阵地好。充分整合社会资源,建好、管好社区青少年活动阵地,力求做到有社区青年志愿服务站,有社区职业技能培训或职业介绍站,有社区青少年科技、文化、法制教育活动阵地,初步建立了青少年社会服务体系。

附件5:创建“五四红旗团委”活动组织奖标准

1. 组织领导有力。自觉把团建工作摆上重要位置,成立活动领导机构,及时部署创建“五四红旗团委”活动;结合实际,制定科学、合理、可行的工作计划,做到目标明确、步骤清晰,方法得当,措施有力;深入动员,广泛发动,活动参与面大,形成了一定的声势和特色。

2. 推进措施到位。主动争取党委的领导和支持,结合党建加强团组织建设;集中各部门力量共同抓好基层组织建设,推动“创建”活动的开展和深化;善于激发、调动广大基层团组织的积极性,创造性地开展“创建”活动;善于整合社会资源,争取各方支持,为“创建”活动创造良好的外部条件;注意建立健全团建工作制度,做好检查督促,做到奖惩分明。

3. 活动成效显著。团的领导机关能够动员所属基层团委都切实参与到“创建”活动中来,并通过“创建”活动使基层团组织活力进一步增强,整个基层建设水平上了一个新台阶;组织体系进一步健全,覆盖面进一步扩大,组织设置日趋合理;各项制度得到完善,内部管理得到加强,工作运行机制更加顺畅;团员队伍不断壮大,团青比例高,团员结构合理,团员教育日益加强;团干部管理、培训措施有力,团干部队伍整体素质有显著提高;在所属的基层团委中获得“全国五四红旗团委”称号的所占比例较高。

共青团中央关于实施“团干部321培训计划”的方案

1999年1月20日

团干部是我国青少年事业和共青团工作的骨干，同时又是党和国家青年干部的组成部分。团干部教育培训作为提高团干部队伍素质的基本途径之一，历来在全团工作中占有重要地位，并构成党的干部教育事业的有效补充。为了全面贯彻落实团的十四大提出的各项工作任务和《共青团工作跨世纪发展纲要》作出的总体部署，按照新时期党中央对干部队伍建设尤其是对青年干部的总体要求，切实加强团干部队伍建设，全面提高团干部队伍素质，团中央决定自1999年起在全团实施“团干部321培训计划”，即用三年时间，力争使共青团21万名专职干部普遍接受一次培训。

一、宗旨和目标

“团干部321培训计划”旨在根据《中共中央关于在全党深入学习邓小平理论的通知》的精神要求，从团的工作现实需要和团干部的长远发展出发，进一步深入贯彻落实《1996—2000年全国干部教育培训规划》的总体部署，为广大团干部成长为坚持走有中国特色社会主义道路，全心全意为人民服务，德才兼备、既能从事青少年工作，又能适应社会主义现代化建设跨世纪发展需要的复合型人才提供服务。通过全面调动团的各级组织和广大团干部的两方面积极性，进一步加大团干部培训工作力度，充分发挥团干部教育培训在提高团干部素质方面的重要作用；通过有效依托团内教育培训阵地和广泛借助利用社会各类教育资源以及不断开辟多种教育培训渠道，力争从1999年至2001年，使共青团21万名专职干部普遍接受一次规范系统的教育培训；通过逐步深化团干部教育培训内容、方式和工作机制等方面改革，不断健全完善正规化团干部教育培训体系和制度，积极探索新时期独具特色的团干部教育培训工作新路子。

二、任务和途径

“团干部321培训计划”的基本任务是，坚持“用科学的理论武装干部、用现代科技知识和人类创造的一切文明成果充实干部、用党的优良传统和作风教育干部”党的干部教育工作指导方针，针对团干部队伍建设的实际需要，以提高团干部的思想政治素质、岗位工作能力和改善团干部专业知识结构为重点，有计划、有步骤地对团干部实施四方面的教育培训。

（一）政治理论培训。即以提高团干部的思想政治素质、政策理论水平和贯彻执行党的基本路线的自觉性为目的，以邓小平理论及党和国家有关政策、法律、法规为重点内容，结合团干部理论学习的需要和加强团干部思想作风建设的实际进行。

（二）岗位职务培训。即以帮助团干部掌握从事共青团工作岗位必备知识能力，获得岗位任职资格为目的，以青少年工作理论，党和国家青年政策、法规，团的工作业务和相关知识技能为重点内容，结合加强各类团干部管理工作进行。

（三）专业知识技能培训。即以调整、改善团干部专业知识结构，增强团干部适应未来发展需要的综合素质为目的，培训内容根据现代化建设发展要求和团干部成长为复合型人才的实际需要确定，重点突出社会主义市场经济相关知识、现代管理、现代科技、法律、金融、计算机、外语等专业知识技能的培训。

（四）工作项目培训。即以提高团干部从

事团的某项具体工作的实际操作能力为目的，帮助团干部及时掌握全团重点工作的内容、要求、方法和推进步骤等。培训内容根据团的各级组织推进工作的实际需要确定，并结合有关工作的统一部署和安排进行。

“团干部321培训计划”针对不同层次、不同类型和不同岗位团干部的特点和实际需要，通过多种途径，采用多种方式实施，主要包括以下五种形式。

1. 主动争取把团干部培训工作纳入各级党和政府部门及各类企事业干部教育培训计划之中，配合有关方面认真落实相关调训任务，保证团干部按要求参加相关培训。

2. 充分发挥共青团所属各级团校和其他教育培训阵地的作用，进一步挖掘潜力，有计划、有步骤地组织实施团干部多类型和多层次的培训。

3. 逐步拓展与相关部门、社会各类教育培训机构及境外有关机构的合作办学渠道，逐步建立健全相对稳定的团干部教育培训途径，有针对性地选派团干部参加各类培训与研修。

4. 积极利用现代化的教育手段和方式，制作音像教材并通过多种传播媒介、信息网络，对团干部实施远距离、大规模、多形式的教育培训。

5. 广泛调动各级团组织的积极性，结合各项工作的部署和推进需要，直接组织团干部开展具有较强针对性、实用性的各类培训。

三、组织领导和职责分工

“团干部321培训计划”在全团干部教育工作领导小组统一领导下实施。领导小组由分管此项工作的团中央书记处书记担任组长，成员包括团中央办公厅、组织部、宣传部、中央团校等方面负责同志。领导小组下设办公室（设在团中央组织部干部教育处），具体负责分类指导、统筹协调和督促检查等工作。各团省、区、市委原则上应成立相应机构并需确定具体组织实施部门。各团地、市（州、盟）委要确定一名主要领导同志主抓此项工作并要有专人负责各项具体工作。

在实施“团干部321培训计划”中，按照分级负责、分类实施的原则，团的各级组织的职责分工是：

团中央主要负责培训团地市委书记（包括团省、区、市委部门负责人）以上团的地方各级领导干部以及部分团县（市、旗）委、大型国有企业、重点高等院校团委书记。

团省、区、市委主要负责培训团县委正、副书记、部分区、乡、镇团委书记，大中型厂矿、企业、大中专院校团委书记。

团地、市（州、盟）委主要负责培训区、乡、镇和各条战线的基层团委书记。

团县（市、旗）委和相当于这一级的基层团委主要负责培训基层专职团总支、支部书记。

各级团的领导机关的一般干部，主要由本单位负责通过适当方式培训。

各级团组织分工交叉衔接部分，由上一级团委划定。

四、推进措施和有关要求

（一）统筹部署，逐级制定实施方案。为了确保“团干部321培训计划”的顺利实施，团中央将把实施“321团干部培训计划”作为新时期加强团干部队伍建设的重要举措和提高团干部队伍素质的基本途径之一，结合贯彻落实《中共中央关于在县级以上党政领导班子、领导干部中开展以“讲学习、讲政治、讲正气”为主要内容的党性党风教育的通知》和《共青团中央关于加强团干部队伍思想作风建设的意见》精神，通过适当方式进行统筹部署。同时，“全团干部教育工作领导小组”将首先统一协调团中央各部门及各教育培训机构的力量，通过制定《中央团校团干部三年培训规划》和《中央团校1999年团干部调训计划》，确定团中央各部门及相关培训机构各类培训班次和继续拓展国内及境外培训、研修渠道等，进一步加大团中央直接培训团干部工作力度，确保团中

央负责培训对象培训任务的落实。与此相应，团的各级组织要提高认识，加强领导，切实予以高度重视。要结合团干部队伍实际，逐级制定具体实施方案，按要求适时启动和扎实推进这项工作。团省、区、市委的实施方案务于1999年第一季度上报给“全团干部教育工作小组”办公室。

（二）建立健全相关制度，逐步形成激励约束机制。在实施“团干部321培训计划”中，团中央将以加强宏观管理、提高培训质量和促进培训与团干部使用结合等为重点，根据“团干部321培训计划”进展情况和实际需要，进一步健全相关制度，逐步形成团干部教育培训的激励约束机制。首先，建立“团省、区、市委实施团干部321培训计划年度通报制度”和“中央团校团干部调训情况年度通报制度”，并将把通报情况作为评价团省、区、市委加强团干部队伍建设工作的重要依据之一；其次，针对团干部特点和团校工作实际，积极探索建立“团的领导干部理论学习考试考核制度”和“全国团校团干部培训质量评估制度”等，切实保证团干部教育培训质量；第三，结合国家和地方干部人事制度改革的进程和各类干部教育培训工作的发展，在继续加强中央团校各类培训班次联合办学、联合发证工作的同时，积极与有关部门、机构联系，分类指导各地建立“团干部证书化培训制度”，逐步使团干部培训与各类干部教育培训有机衔接，不断增强团干部培训的规范性和有效性，为实现培训与团干部使用的结合创造条件。

（三）加强基础建设，为全面落实“团干部321培训计划”任务提供服务。团中央将通过从团费中划拨和向有关方面筹集等方式，建立“全团干部教育培训基金”，主要用于“团干部321培训计划”的教材建设、团中央负责培训对象的培训经费补贴和对团省、区、市委工作的表彰奖励。团的各级组织也应采取措施，通过争取有关部门支持、从工作经费中划拨和各方面筹集等多种适当方式，为实施“团干部321培训计划”提供经费保证。“全国团校教材编审委员会”和“全团干部电化教育中心”今后三年将以保证“团干部321培训计划”顺利实施为重点，全面加强团干部各类统编教材建设和各类音像资料制作，直接为多类型、多层次和多形式的团干部培训提供服务。“中国青年工作院校协会”作为全国团校间交流情况、研究问题和开展活动的有效载体，将结合“团干部321培训计划”的实施，以深化团干部培训内容体系和教学方法改革为重点，通过开展各方面工作，进一步加强团校教学基础建设和教学管理，推动团校办学质量不断提高。

实施“团干部321培训计划”是共青团组织在新形势下加强自身建设，提高团干部队伍素质的重要举措。团的各级领导机关要从知识经济时代来临，我国改革开放和社会主义现代化建设事业全面推进及共青团工作跨世纪发展面临的机遇和挑战的战略高度，深刻认识其重要意义，真正把扎实推进这一行动作为共青团义不容辞的政治使命，作为推动工作发展的政治保证和对团干部成长应尽的政治义务，切实加强领导，摆上重要工作日程，采取有效措施，确保“团干部321培训计划”宗旨和目标的实现。

附：“全团干部教育工作小组”组成人员名单

组　长：巴音朝鲁　团中央书记处常务书记

成　员：戴克维　团中央办公厅主任

乔保平　团中央组织部部长

李学谦　团中央宣传部部长

褚　平　中央团校党委书记、第一副校长

共青团中央关于加强团干部思想作风建设的意见

1999 年 3 月 22 日

为深入贯彻落实党中央关于讲学习、讲政治、讲正气和江泽民总书记关于“学习学习再学习，实践实践再实践”的要求，建设高素质的团干部队伍，特就加强团干部思想作风建设，提出如下意见。

一、充分认识加强团干部思想作风建设的重要性

1. 以江泽民同志为核心的党中央从确保党的基本理论、基本路线、基本纲领、基本方针的全面贯彻，确保改革开放和社会主义现代化建设顺利进行，确保实现跨世纪发展目标和国家长治久安的战略高度，十分重视干部队伍的思想政治建设和作风建设，作出了一系列重大部署。按照党中央部署要求，加强团干部思想作风建设，是共青团的政治职责，也是当好党的助手，完成党交给任务的重要保证。

2. 当前，我国的改革已进入攻坚阶段，经济发展正处于关键时期。这既为团的工作发展提供了机遇，也对团的工作内容、工作方式、组织建设、运行机制等带来了前所未有的挑战。团干部是团的各项工作的组织者和带头人，其思想素质、精神状态、工作作风如何，在很大程度上决定着团的工作能否适应挑战，开创出新的局面。因此，加强团干部思想作风建设，是新时期共青团工作发展的迫切需要。

3. 近几年来，全团认真贯彻落实党中央要求，加强团干部教育和管理，团干部队伍的思想作风素质整体上有了明显提高。广大团干部思想解放，朝气蓬勃，勤奋工作，锐意进取，为社会主义现代化建设和共青团工作的发展做出了积极贡献。这是团干部队伍的主流，要充分肯定。同时必须看到，团干部作为党的干部队伍中比较年轻的一部分，在马克思主义基础理论的掌握上，在党内生活和党性锻炼上，在艰苦环境和工作实践磨练上，在思想作风和工作方法训练上，与党和人民的要求相比与时代发展和新时期共青团工作的要求相比，还程度不同地存在着差距和不足。有的团干部不注重学习党的理论和政策，是非界限模糊；有的不能严格要求自己，工作讲条件，生活图安逸，缺乏艰苦奋斗的精神；有的作风漂浮，急功近利，事业心、责任感不强等等。如果我们不能正视并解决存在的问题，不仅不利于团干部成长，而且会直接影响团组织的凝聚力和战斗力，对共青团工作造成损害。各级团组织必须提高思想认识，采取切实有力措施，把团干部思想作风建设这一关系共青团事业发展全局的大事抓紧抓好。

二、加强团干部思想作风建设的基本要求

4. 加强团干部思想作风建设总的指导思想和目标是：以邓小平理论为指针，深入学习贯彻党的十五大精神，继承和发扬党的优良传统，按照党中央对年轻干部的一贯要求，针对团干部思想作风的实际状况，把全面提高团干部思想作风素质与着重解决存在的突出问题结合起来，把增强自觉性与严格教育管理结合起来，落实工作措施，建立有效机制，在全团形成讲学习、讲政治、讲正气的浓厚氛围，努力建设一支政治坚定、刻苦学习、勤奋工作、勇于创造、自觉奉献、艰苦奋斗的团干部队伍，更好地担负起团结、教育、带领广大团员青年为实现党的跨世纪目标而奋斗的历史使命。

5. 当前，团干部思想作风建设要重点围绕

五个方面的要求来进行。

第一，坚定信念。要深入学习马克思主义、毛泽东思想特别是邓小平理论，牢固树立共产主义远大理想坚定建设有中国特色社会主义的信念，坚持党的基本路线不动摇，在政治上、思想上、行动上与党中央保持高度一致，自觉服从和服务于全党全国工作大局，坚决做到“党有号召，团有行动”，发挥党的助手和后备军作用。

第二，服务青年。要把党的全心全意为人民服务的宗旨具体落实在青年工作中，做“青年友”，不当“青年官”，与团员青年打成一片，做到尊重、贴近、了解、依靠团员青年。要了解青年愿望，关心青年的具体需求，满腔热忱地为青年排忧解难，在力所能及的条件下，努力办多数青年受益的事，办青年最急需的事，积极为广大团员青年健康成长、建功立业优化环境，提供帮助。

第三，艰苦奋斗。要牢固树立正确的世界观、人生观、价值观，努力增强党性修养，不断提高思想境界，正确处理个人与组织、个人与集体的关系，正确对待名利，把党的利益、人民的利益放在首位，为党的事业和青年工作积极拼搏、无私奉献。要自觉抵制拜金主义、享乐主义和极端个人主义等腐朽思想的侵蚀，发扬艰苦奋斗精神，培养吃苦在前、享受在后的高尚情操，厉行节约、勤俭办事。要少一些应酬，多读书学习；少浮在上面，多深入基层；少说空话，多干实事。要继承和发扬共青团长期以来形成的优良传统和作风，团内一律互称同志，不称职务；下基层要轻车简从，不迎来送往，不题词；廉洁自律，不收受礼品。要始终保持清醒的头脑，自重、自省、自警、自励，拒腐防变。

第四，求真务实。要坚持党的实事求是的思想路线，深入实际、深入基层调查研究，努力使思想认识和工作决策符合客观实际。要敢于坚持真理，维护真理，敢于同各种不良现象作斗争。要把主要精力放在团的工作上，肯下苦功夫、真功夫；要脚踏实地，求深入、求扎实，不要浅尝辄止，大而化之；要集中精力狠抓落实，务求实效，不搞短期行为，不搞形式主义。要切实提高会议和文件质量，会议和文件要少而精，提倡开短会，写短文，努力提高工作效率。

第五，开拓创新。要勤奋学习，丰富知识，开阔视野，提高理论水平，增强创新意识和创新能力。要勇于承担推动共青团工作跨世纪发展的光荣职责，进一步解放思想，振奋精神，大胆探索，勇于实践，开拓进取，以改革的精神和发展的观点，深入研究发展变化中的经济社会形势和发展变化中的青年，注意总结新经验，积极解决新问题，深化重点工作，开拓新的工作领域，把团的工作不断推向前进。

三、坚持用邓小平理论武装思想

6. 邓小平理论是共青团工作的指南，也是我们改造主观世界的强大思想武器。各级团组织要充分认识深入学习邓小平理论的重大意义，把组织全体团干部深入学习邓小平理论，进行思想理论武装，作为加强团干部思想作风建设的一项根本性措施来抓。要发扬理论联系实际的优良学风，把学习邓小平理论同学习贯彻党的十五大精神结合起来，同解决面临的问题、推动团的工作结合起来。通过深入学习，使广大团干部全面理解邓小平理论的科学体系和精神实质，正确掌握邓小平理论的基本立场、基本观点和基本方法，不断提高思想理论素质，构筑精神支柱。同时，要认真组织团干部学习现代经济知识、科技知识和历史知识，全面提高他们的自身素质，不断增强做好新形势下团的工作的能力。

7. 大力推动团干部自学。团干部要根据工作需要和本人情况，制定邓小平理论学习计划，处理好工作与学习的关系，养成良好的学习习惯，不断提高学习的自觉性。各级团组织要从实际出发，对不同层次、不同类型的专兼职团干部分别提出学习要求，规定必读和参考

书目,加强经常性的督促检查。要通过组织学习研讨、交流心得、举办辅导讲座、知识竞赛、报告会等方式,促进学习要求的落实和学习质量的提高。

8. 团委领导干部要示范带头。学习邓小平理论,各级团委领导干部要做到先学一步,多学一点,学深一些。要健全完善和严格执行领导班子中心组学习制度,制定学习计划,确定专题,做到时间、内容、人员和组织四落实。在学习方式上,要做到个人自学与集中讨论相结合,研读原著与专题辅导相结合,走出去与请进来相结合,日常学习与集中一段时间学习相结合。要把理论学习情况作为评议和考核团委领导干部的重要内容,逐步建立述学、评学和学习考核制度。

9. 认真抓好集中培训。从1999年起,用三年时间,对全国在岗的专职团干部进行一次较为系统的邓小平理论培训。培训工作按照分级负责的原则进行,即团中央负责培训地市以上团委领导干部以及部分县(市)、大型国有企业、普通高等院校团委负责人;团省、自治区、直辖市委负责培训团县(市)委、部分乡镇和大中型国有企业、普通高等院校团委负责人;团地市委负责培训乡镇和各条战线的基层团委负责人;团县(市)委和相当于这一级的基层团委负责培训基层其他专职团干部;各级团委的中层及以下干部,由该级团委负责培训。铁道、民航、金融、中直机关、中央国家机关各级团组织,参照上述办法进行分级培训。

各级团委要分别制定培训计划和实施方案,充分发挥团属院校和团内其他教育培训阵地的作用,同时广泛利用团外各种教育培训渠道和资源,通过开办业余党校、业余团校,举办各种类型的培训班、读书班,以及组织、推荐团干部参加团外培训等方式,努力完成培训任务。团中央负责培训的团干部,培训时间一般不少于一个月,省级以下团委负责培训的,其培训时间由各级团委根据实际确定,但最低不得少于五天。团中央拟建立全团干部理论培训基金,各级团委也要下决心落实培训经费。团费应部分用于团干部理论培训。要建立团干部理论培训情况的检查通报制度,推动各级团委培训任务的落实。

四、重点抓好团的领导机关和领导班子建设,切实发挥表率作用

10. 各级团的领导机关和领导班子所处的位置和担负的职责,决定了必须将其作为思想作风建设的重点。团的领导机关和领导班子要率先垂范,通过建立和完善必要的规章制度,严格教育、管理、监督,把思想作风建设的各项要求落到实处,为基层团干部做出榜样。

11. 加强领导班子民主集中制建设。各级团委领导班子要切实提高贯彻执行民主集中制的自觉性,认真落实集体领导和个人分工负责相结合、重大问题集体决策等制度,严格按照少数服从多数的原则进行决策,建立健全班子议事规则和工作规则。议事规则和工作规则要报上一级团委备案。团委领导班子讨论决定问题前要充分发扬民主,深入调查研究,广泛征求意见,努力提高决策的民主化、科学化。要加强和健全党内监督,严格党的纪律。要认真贯彻《党政领导干部选拔任用工作暂行条例》,严格执行干部工作程序,集体研究决定干部的选拔任用。要认真开展批评与自我批评,进行积极、健康的思想斗争。县以上团委领导班子要按照党中央关于党员领导干部民主生活会的规定,至少每半年召开一次民主生活会。会后十五日内,要向上级团委报送会议情况报告和会议记录。通过健全、落实民主集中制,在领导班子中造成严肃认真、是非分明、积极向上、团结和谐的氛围。

12. 抓好干部教育管理。要结合实施"参照管理"工作,加强机关干部的日常管理,认真做好平时考核和年度考核工作,搞好民主测评。要把干部的政治表现、思想素质、工作作

风等作为业绩评定、奖优罚劣和选拔任用的重要依据。要坚持和完善干部民主评议制度,每年至少对包括领导干部在内的机关全体干部集中进行一次民主评议。要重视干部成长,努力改善学习条件,鼓励他们参加各种形式的在职培训和继续教育。要关心干部生活,针对他们普遍关心的问题和突出存在的困难,多想办法,广开渠道,每年办几件实事。机关上下级之间、干部之间要经常而广泛地开展谈心活动。其中,团省、自治区、直辖市委一把手每年至少要与机关中层以上干部深入地交换一次意见,班子其他成员每年至少要与分管部门的干部群众深入地交换一次意见,以听取意见,了解他们在思想、工作、学习、生活等方面的情况,有针对性地解决思想问题和其他方面的实际问题。

13. 落实勤政廉政措施。要建立健全机关各项工作制度,形成奖勤罚懒、奖优罚劣的激励约束机制,努力改进工作作风,提高工作质量和工作效率。要自觉遵守党中央关于廉政建设的各项规定,并结合实际制定有关规章制度。要严格财务管理,尤其要加强对社会赞助资金的管理,明确使用范围,严格审批手续。各类评比表彰活动要做到公开、公正,防止违纪违规行为。住房、用车、医疗、福利等直接涉及机关干部群众切身利益的事务,要实行决策公开、执行公开、结果公开,便于群众知情和监督。要加强对所属企事业单位的管理和服务,促进其健康顺利发展。

14. 大兴调查研究和实践锻炼。要进一步完善、推广团干部挂职锻炼和岗位轮换制度。县以上团委机关干部凡缺乏基层工作经历的,都要采取离岗挂职锻炼的方式,有计划地安排到基层锻炼,时间一般应在一年以上。要从工作实际出发,建立中央、省、地、县四级团的机关干部下基层抓点和调查研究制度。省级以上和地(市)、县(市)团委领导干部每年下基层调查研究的时间应分别不少于三个月和四个月。

五、建立和完善推进团干部思想作风建设的工作机制

15. 积极争取纳入党委工作格局。各级团组织要紧密结合党委的统一要求和总体部署,制定团干部思想作风建设工作规划、目标和措施,并积极争取纳入党委关于干部思想作风建设的工作格局。要主动向党委请示、汇报,积极争取党委的领导和党委有关部门的指导支持。

16. 建立责任制。各级团委要明确职责,把团干部思想作风建设列入议事日程,做到团的业务工作和团干部思想作风建设两手抓,两手都要硬。首先要建立抓本级的责任制。各级团委主要负责人要对本班子和本单位的思想作风建设负总责,其他班子成员要对所分管部门和单位的思想作风建设负直接领导责任。同时要明确抓下一级的责任制。各级团委每年要对下一级团干部的思想作风建设工作进行专项部署,提出明确要求和具体措施;要切实负起协管职责,按照协管程序认真做好协管工作,加强对团委领导干部的教育、监督和管理,积极协助党委建设好团委领导班子。

17. 实施检查。为深入贯彻落实党中央关于讲学习、讲政治、讲正气的要求,团中央拟从1999年起,每两年对省级团委的思想作风建设情况进行一次专项检查,检查的重点是省级团委领导班子。各省级团委领导班子和成员今后要分别向团中央提交年度述职报告,将思想作风建设情况作为报告的一项重要内容;要向团中央报送领导班子成员年度考核的民意测验情况。地方各级团的领导机关和基层团委要从实际出发,制定切实可行的检查办法,并将检查制度化。检查结果要作为优秀团干部、先进团委等评比表彰的重要依据。各级团委组织部门要发挥综合协调作用,负责做好日常工作,以简报等形式,及时交流情况,总结经验,宣传先进典型。要加强机关党的建设,充

分发挥机关党组织在团干部思想作风建设中的重要作用。总之，要通过实施检查和相应的配套措施，一级抓一级，一级带一级，促进团干部思想作风建设任务要求的落实。

共青团中央办公厅关于印发《中国共产主义青年团团旗团徽制作和使用的若干规定》的通知

1999 年 11 月 5 日

共青团各省、自治区、直辖市委，总政组织部，武警总部政治部，全国铁道团委，全国民航团委，中直机关团工委，中央国家机关团工委，中央金融团工委：

共青团中央曾先后于 1959 年 5 月 13 日颁布《关于团徽使用和徽章颁发的暂行规定》、1983 年 3 月 12 日颁布《关于团旗和团徽的使用规定》((83)中青字第 08 号)，对于规范团旗团徽的制作和使用起到了积极作用。为适应当前的实际情况，进一步规范团旗团徽的制作、使用和管理，经共青团中央书记处同意，对上述规定进行了部分修订。现将修订后的《中国共产主义青年团团旗团徽的制作和使用的若干规定》印发给你们，请认真遵照执行。以往有关规定与此规定不一致的，以此规定为准。

中国共产主义青年团团旗团徽的制作和使用的若干规定

第一条 为维护中国共产主义青年团团旗团徽的庄重和严肃性，使团旗团徽的制作、使用更加规范，根据《中国共产主义青年团章程》，制定本规定。

第二条 中国共产主义青年团团旗团徽是中国共产主义青年团的象征和标志。团的各级组织和每一个团员，都应当自觉地尊重和爱护团旗团徽。

第三条 中国共产主义青年团团旗旗面为红色，象征革命胜利；左上角缀黄色五角星，周围环绕黄色圆圈，象征中国青年一代紧密团结在中国共产党周围。

中国共产主义青年团团徽的内容为团旗、齿轮、麦穗、初升的太阳及其光芒，写有"中国共青团"五字的绶带。它象征着共青团在马克思列宁主义、毛泽东思想的光辉照耀下，团结各族青年，朝着党所指引的方向奋勇前进。

第四条 团旗团徽的制作

(一)团旗的制作

团旗为长方形，它的长与高之比为 3:2，通用的尺度有三种：

1. 长 288 厘米，宽 192 厘米；
2. 长 192 厘米，宽 128 厘米；
3. 长 96 厘米，宽 64 厘米；

团旗的制作方法是：黄圈围着的黄色星，缀在旗面左上方，制旗时，先将旗面对分为 4 个相等的长方形，将左(它的反面为右)上角长方形上下分为 12 等份，再以左上角长方形中心点为圆心，3 等份及 4 等份长为半径画两圆周，两圆周之间就是黄色圆圈。再在内圆周上定出 5 个等距离的点，其中一点位于圆周正上方。将此 5 点中各相隔的两点相联成直线，此 5 直线之外轮廓线就是黄色五角星的外缘。

在特定场所需要使用非通用规格团旗的，报县级或县级以上团的委员会批准。

（二）团徽的制作

团徽涂色为金红二色。团旗的旗面和绶带为红色，团旗的五角星和环绕它的圆圈、旗边、旗杆、齿轮、麦穗、初升的太阳及其光芒、“中国共青团”五个字为金色。红为正红（徽章则用珐琅烧制成靠地红色），金为大赤金。

团徽徽章的直径为2厘米。

第五条　团旗团徽的生产和销售

（一）团旗团徽由省级团委指定企业，按照上述制作要求生产。非定点企业一律不得私自生产团旗团徽。省级团委要加强对定点企业的产品质量、价格和售后服务工作的检查、监督和管理。

（二）团组织订购团旗团徽，可由省级团委与定点企业联系，亦可由地（市）、县（市）团委和基层团组织直接与定点企业联系，定点生产企业负责供货，实行团组织内部供应销售。团旗团徽不得作为商品在市场销售。各级团组织和团员不得在市场上购买团旗团徽。

第六条　团旗的使用范围

（一）团的各级代表大会和代表会议、团员大会、举行新团员入团宣誓仪式的会场，应悬挂团旗，也可以同时悬挂党旗。团旗和党旗同时悬挂时，党旗应挂在面向的左方，团旗挂在面向的右方。

（二）团内举行重大庆祝、纪念活动、团日活动，可以使用团旗。当团旗与国旗、党旗同时使用时，团旗应摆在国旗、党旗的后面。

（三）团的各级机关的会议室可以悬挂团旗。

国旗法规定应升挂国旗的场所只悬挂国旗，不悬挂团旗。

除上述情况外，使用团旗及其图案需经县级和县级以上团的委员会批准。

第七条　团徽的使用范围

（一）召开团的各级代表大会和代表会议，应悬挂团徽。

（二）团的各级机关的会议室，可以悬挂团徽。团的各级机关的门口不悬挂团徽。

节日游行庆祝活动，不要抬团徽。

（三）团的各级组织颁发的奖状、奖旗、奖章、证书和其他荣誉性文书、证件上，可以印团徽图案。

（四）团内出版物上可以印团徽图案。

（五）团徽制成徽章，颁发给共青团员和保留团籍的中共党员佩带。团的徽章应佩戴在左胸前。

团的徽章不能作为转移团组织关系的依据。

团的徽章由团的基层委员会保管。团支部接收新团员，向上级团组织报送新团员名单时，领取团的徽章。在举行入团宣誓仪式时，由基层团组织发给新接收的团员。

团的徽章不得转让他人。团员遗失团的徽章，可以申请补发。团员离开团的组织后遗失团的徽章，不再补发。

团员被开除团籍时，应交回团的徽章。

除上述情况外，使用团徽及其图案需经县级和县级以上团的委员会批准。

第八条　悬挂团旗团徽，应当置于显著位置。使用团旗团徽及其图案，应当严肃、庄重。

第九条　不得使用破损、污损、褪色或不符合制作规定的团旗团徽。

第十条　团旗团徽及其图案不得用做商标、广告等商业性活动。

第十一条　团的各级组织应对本规定的执行情况进行监督检查，对违反本规定的团组织和团员应进行批评教育，情节严重的应给予当事人团的纪律处分。

第十二条　本规定由共青团中央组织部负责解释。

共青团中央办公厅关于1999年全国发展团员工作情况的通报

2000年9月25日

共青团各省、自治区、直辖市委，军委总政治部组织部，全国铁道团委，全国民航团委，中直机关团工委，中央国家机关团工委，中央金融团工委，中央企业团工委：

1999年团的组织统计工作已经结束，现将全国1999年发展团员工作情况通报如下。

一、团员队伍情况

1999年全国发展新团员1037.4万名。截至1999年底，全国共有团员6803万名，团员数量基本保持稳定。按照国家统计局提供的青年数计算，团员占青年的比例为21.3%，与1998年团青比例基本持平。

1999年全国农村发展团员306万名，团员数量为2342万名。全国农村团青比例达13.6%，比1998年增长0.2个百分点。

1999年大中学校发展团员574.3万名，比1998年增长9.7万，全国学生团员数量达2687.7万名，比1998年增加104.2万名，团青比例为45.9%，比1998年下降1个百分点。其中，大专院校学生团员总数为409.5万，团青比例为83%，比1998年分别增长3.9万和0.4个百分点；中等专业学校的团青比例为68.5%，比1998年下降0.7个百分点；初中的团青比例为30.8%，比1998年上升0.2个百分点。职业高中、普通高中及初中发展新团员数量有不同程度的增长。

1999年，全国团员行业构成有较明显变化。其中，全国农村团员占全国团员总数的比例为34.4%，比1998年下降0.8个百分点；全国学生团员占全国团员总数的比例为39.5%，比1998年上升1.9个百分点。

1999年，全国非农产业从业团员总数为1864万，其中，在国有经济从业的团员为1380万，占74%，在集体经济从业的为282万，占15%，在私营经济从业的为136万，占7.3%，在外商经济从业的为43万，占2.3%，在港澳台经济从业的为22万，占1.2%。

1999年，全国共有8个省级团委发展团员数量多于1998年。其中，安徽、贵州比1998年增长10%以上；山东、重庆、甘肃增长3%以上；天津、吉林、四川分别比1998年增长1.7%，1.3%和0.6%。

1999年，全国共有20个省级团委团员总数呈现增长。其中，安徽、山东、广西、重庆、四川、贵州、甘肃、中直机关比1998年增长2%以上；河北、黑龙江、江苏、西藏、新疆比1998年增长1%以上；天津、山西、吉林、福建、湖南、宁夏、解放军分别比1998年增长0.1%，0.2%，0.7%，0.2%，0.7%，0.7%和0.9%。

二、发展团员工作中存在的问题

从1999年团的组织统计情况看，全国发展团员工作在继续保持良好势头，团员总数保持基本稳定的同时，还主要存在以下两个问题。

（一）部分团员青年未被团组织有效覆盖。1999年，全国私营经济、外商经济、港澳台经济以及乡镇企业中建立团组织的单位分别为120万个、2.6万个、1.5万个、10.9万个，仅占应建团单位的57.4%、61.3%、45.4%、45.1%，还有相当一部分单位没有建立团组织，使这些单位中的团员青年游离在团组织之外。

（二）部分地方对发展团员工作重视不够，1999年全国有12个省、市、自治区的团员占青

年比例比1998年有所下降。

三、继续做好发展团员工作的要求

（一）要坚持不懈地抓好发展团员工作，保持团员总数基本稳定。发展团员工作是团的建设中一项重要的经常性基础工作，各级团组织要始终把发展团员工作摆在加强团的建设的重要位置，常抓不懈。要抓住全国基层“党建带团建”工作会议召开的有利时机，结合开展创建“五四红旗团委”活动，采取切实有效措施，加强对广大青年的培养教育，提高他们的思想政治素质，源源不断地把先进青年吸收到团组织中来。

（二）要加强重点领域的发展团员工作。占全国青年总数近三分之二的农村，以及在发展团员工作中具有基础作用的中学，仍然是今后发展团员工作的重点领域。农村团组织要进一步采取切合实际、行之有效的措施，积极吸收农村先进青年加入团组织，使农村团员占青年的比例在2002年从目前的13.6%提高到15%。初中、普通高中团组织要高度重视发展团员工作，在保持团青比例基本稳定的同时，进一步提高发展团员的质量。中专、中师、中技和职业高中团组织要进一步加大发展团员工作力度，使团员占学生的比例有所提高。1999年社会服务业团员占青年的比例为21.2%，略低于全国团员占青年的比例。社会服务业团组织要切实采取举措，力争在2001年使全行业的团青比例达到或超过全国总的团青比例。

（三）进一步加强非公有制经济组织、新型社会组织和社区团的建设，不断扩大团组织在青少年中的覆盖面。各级团组织要抽出专门的时间和精力来研究非公有制经济组织、新型社会组织和社区团建，适应青年群体结构和社会分布的新变化，努力探索团的基层组织设置的新形式，逐渐消除团建空白点，加强流动团员的教育管理，在加强基层团组织建设的基础上，努力壮大团员队伍。

共青团中央关于认真贯彻落实全国农村“三个代表”重要思想学习教育工作会议精神的通知

2001年1月8日

共青团各省、自治区、直辖市委，军委总政治部组织部，全国铁道团委，全国民航团委，中直机关团工委，中央国家机关团工委，中央金融团工委，中央企业团工委：

江泽民同志关于中国共产党始终代表中国先进社会生产力的发展要求、代表中国先进文化的前进方向、代表中国最广大人民的根本利益的重要思想，是新形势下加强党的建设的伟大纲领和推进各项工作的行动指南。全国农村“三个代表”重要思想学习教育工作会议，对从今冬明春开始在全国农村开展“三个代表”学习教育活动进行了全面部署。中共中央政治局常委、国家副主席胡锦涛，中共中央政治局委员、国务院副总理温家宝，中共中央政治局候补委员、中央书记处书记曾庆红在会上作了重要讲话。会议印发了《中共中央办公厅关于在农村开展“三个代表”重要思想学习教育活动的意见》。开展“三个代表”重要思想学习教育活动，这是我们党在新世纪解决好农业、农村和农民问题的一项重要基础建设，是

事关改革、发展、稳定全局的一件大事。通过学习教育活动，把“三个代表”的要求贯彻落实到农村基层，对于推动农村经济发展和社会全面进步，具有重大而深远的意义。各级共青团组织尤其是农村团组织，一定要认真学习、深刻领会全国农村“三个代表”重要思想学习教育工作会议精神，切实把思想统一到党中央的重大决策上来，按照党委的统一部署，紧密结合团的实际，深入开展学习教育活动，把各项任务要求落到实处。现将有关事宜通知如下。

一、认真组织县(市)、乡(镇)、村团干部深入学习“三个代表”重要思想

在农村开展“三个代表”重要思想学习教育活动，是对农村基层干部进行的一次普遍的马克思主义自我教育。县(市)、乡(镇)、村团领导班子和干部要深入学习中央领导同志的重要讲话精神，按照党组织的统一要求，认真参加和切实搞好学习培训、对照检查、整改提高等各阶段的各项活动。要下功夫抓好学习提高这个基础环节，保证必要的学习时间尤其是集中学习时间，逐篇学好规定的学习材料。要把学习“三个代表”重要思想同学习党的十五届三中、五中全会精神紧密结合起来，把集中学习同个人自学结合起来，弘扬马克思主义学风，紧密联系实际，边学习、边思考，切实把自己摆进去，防止空对空。在学习提高的基础上，要采取个别谈话、召开座谈会、进村入户调查等形式，认真听取团员青年意见，对照“三个代表”的要求，检查党的十五届三中全会以来自己在思想和工作方面存在的主要问题，总结经验教训，制定整改措施，明确努力方向。团委、团支部班子成员之间要开展谈心，交流思想，通过民主生活会等形式，认真开展批评与自我批评，促进相互提高。在抓好农村团干部学习教育活动的同时，要以邓小平理论武装广大团员，以“三个代表”重要思想教育广大团员，更好地发挥他们在农村两个文明建设中的模范带头作用，使他们按照“三个代表”的要求健康成长。

各级团委要把学习教育活动列入重要议事日程，在党委统一领导下，与有关部门密切配合，加强指导。要深入农村基层，开展调查研究，了解掌握情况，进行督促检查；加强对学习教育活动的宣传，总结推广典型经验，形成良好的舆论氛围。

二、按照“三个代表”的要求，切实促进农村团干部提高思想政治素质，改进思想和工作作风

农村团干部是农村团的工作的骨干，担负着团结带领农村广大团员青年把党的方针政策和团的各项任务落到实处的重要责任。他们的素质和作风如何，对于团组织服务党的农村工作大局，带领团员青年在深化农村改革，调整经济结构，加快农村经济社会发展中做贡献具有至关重要的作用。在学习教育活动中，要把进一步提高广大农村团干部的思想政治素质、切实改进思想和工作作风，作为一项重要任务。广大农村团干部要用“三个代表”重要思想武装头脑，坚定理想信念，身体力行“三个代表”的要求，增强贯彻执行党的路线方针政策的自觉性和坚定性。要增强服务青年的意识，深入青年，了解青年，真心诚意地帮助青年解决实际问题和困难。要始终坚持实事求是，讲实话，办实事，求实效，培养求真务实的作风。要正确认识农村团的工作面临的新情况、新问题，克服畏难情绪，振奋精神，开拓创新，主动探索履行职能、发挥作用的有效途径，善于把握工作主动权，不断开创团的工作新局面。要主动适应农村经济发展的要求，自觉学习农业科学技术和市场经济知识，争取每一个农村基层团干部都能掌握一两门实用技术，提高带领农村青年发展农村经济、调整经济结构、增加农民收入的能力。

三、围绕促进农村突出问题的解决，全面推进农村团的工作

党中央强调，要通过学习教育活动，切实促

进农村突出问题的解决，使增加农民收入、减轻农民负担、转变干部作风、加强农村精神文明建设和民主法制建设等各项工作有新的进展和成效。各级团组织要深刻领会中央精神，以开展“三个代表”重要思想学习教育活动，促进农村团的工作的开展，把解决团干部的思想问题与解决实际问题统一起来，努力推动农村共青团工作上新的水平，为促进农村突出问题的解决做出贡献。为此，要重点做好以下工作：

（一）着力开发青年人力资源，促进农业和农村经济结构战略性调整。要把开发青年人力资源作为一项重要任务抓紧抓实抓好，积极促进结构调整和农民增收。要以带头示范、带头推广新品种新技术为重点，广泛开展农业科技知识和先进实用技术培训，大力培养青年星火带头人，把组织带领团员青年示范推广科技项目的工作全面推进到基层。要广泛动员各种社会资源，采取多种方式，加大对农村青年的职业技能培训力度，积极引导、帮助他们有序流动，拓宽就业和致富门路，促进他们向非农产业转移。要切实加强小城镇团的工作，提高小城镇团的工作水平。

（二）深入持久地开展乡村青年文化节、“青年志愿者扶贫接力计划”等活动，推动农村精神文明建设。要以乡村青年文化节为载体，广泛开展科技大集、文体大赛、卫生大扫除等经常性科技文化活动，引导广大农村青年积极开展健康向上的文化活动，带头倡导科学文明健康的生活方式。进一步加大青少年活动中心、科技图书站、科技文化广场等青少年活动阵地建设。要适应加强小城镇建设的要求，组织农村青年创建“青年文明一条街”，努力提高农村青年的社会公德意识和文明素养。进一步加大在西部贫困地区和民族地区实施“青年志愿者扶贫接力计划”的工作力度，广泛开展支教扶贫、卫生扶贫和科技扶贫，倡导友爱互助的新风尚。深入开展大中学生科技文化卫生“三下乡”活动，扩大参与规模，提高服务成效。继续开展“城乡少年手拉手助学活动”。要发挥好基层团组织在加强农村基层民主法制建设中党的助手作用，引导农村团员青年正确行使民主权利。要加强对农村青年的法制教育，使他们增强公民意识，知法守法，自觉维护农村社会秩序，促进社会稳定。

（三）以大力推进保护母亲河行动为重点，服务农村经济社会可持续发展。要积极争取社会支持，广泛兴建保护母亲河工程，努力提高工程质量和效益。要广泛开展环保教育，提高农村青年的生态环境保护意识和可持续发展意识，组织农村青年按照当地政府的统一规划，退耕还林还草，大力植树种草，治理水土流失，保护森林资源，积极投身再造秀美山川的伟大实践。积极实施青年志愿者绿色行动营计划。要倡导农村团员青年带头禁烧秸秆，科学放牧，应用节水防污技术，发展生态农业，有效防治农村生活污染和农业污染。

四、把握契机，切实加强农村基层团组织建设

以这次“三个代表”重要思想学习教育活动为契机，继续全面加强农村基层团组织建设，是共青团在学习教育活动中的一项重要任务。要自觉把农村基层团组织建设纳入农村基层党组织建设的整体格局，在党建的带领和带动下，在服务大局和服务青年的有机结合中，努力实现农村基层团建的新发展。要主动适应农村经济和社会发展的需要及青年社会群体分布的新变化、新特点，研究新情况，解决新问题，总结新经验，不断改进农村基层团组织的设置形式、活动方式和工作方法。要切实加强农村基层团组织建设中的薄弱环节，加大农村非公有制经济组织、小城镇和城镇社区团建工作力度，努力扩大团组织的覆盖面和影响力。要结合“三个代表”重要思想学习教育活动，加强团员意识教育，通过建立团的活动制度、规范团的活动仪式、完善团员入团集体宣誓、团员重温入团誓词和超龄团员离团仪式等

措施,教育团员增强光荣感、责任感,牢固树立模范带头意识,不断增强先进性。要深入做好“推优”工作,源源不断地为农村党组织输送新鲜血液。要按照“强乡带村”的思路,加强乡镇团委建设,深化创建“五四红旗团委”活动,突出抓好基层团委班子、团员队伍和团的阵地建设,大力推行乡(镇)村团组织按期集中换届,并结合农村基层党建“三级联创”,争创“团建先进县”,全面推进农村基层团组织建设,增强团组织的凝聚力、战斗力,充分发挥团组织在农村两个文明建设和维护社会稳定中的作用,巩固党在农村的青年群众基础。

共青团中央办公厅关于团的领导机关派出调研指导组加强对农村团干部开展“三个代表”重要思想学习教育活动指导的通知

2001年5月4日

共青团各省、自治区、直辖市委:

全国农村“三个代表”重要思想学习教育活动开展以来,广大农村团组织和团干部按照各级党委的部署要求,紧密结合农村团的工作实际,认真开展学习教育活动,取得了初步成效。最近召开的全国农村“三个代表”重要思想学习教育活动联系会议第四次(扩大)会议,要求中央、国家机关各部委结合各自工作性质和特点,进一步加强指导,积极配合地方党委抓好学习教育活动。根据这一精神,共青团中央决定于近期组织调研指导组,到部分省、自治区、直辖市开展调研、指导工作。团省(自治区、直辖市)、地(市)委也应按照本地区学习教育活动的批次安排,分期分批派出调研指导组,其中第一批调研指导组应在6月份之前派出。

调研指导组的主要任务是:深入农村,深入青年,了解掌握情况,指导、帮助农村团组织和团干部在党委的统一领导下,认真开展“三个代表”重要思想学习教育活动,进而推动农村团的工作。

调研指导组要通过个别谈话、召开座谈会、进村入户等方式,面对面地倾听农村团干部和团员青年的意见,认真了解他们在想什么、盼什么,需要团组织做什么;要认真分析新形势下农村团的工作面临的新情况、新问题,着力研究解决问题的措施与方法;要认真了解、总结农村团的工作中的好做法、好经验,通过典型示范,积极探索推进农村团的工作的新路子。调研指导组的成员要尽可能地带着科技和政策下去,努力帮助农村团员青年解决生产生活中的实际困难,为农村青年增效增收、成长成才提供力所能及的服务。

调研指导组要指导和帮助农村团组织和团干部在党委的统一领导下,认真开展“三个代表”重要思想学习教育活动。要在认真听取地方党委意见,及时沟通的基础上,对所调研地方团组织和团干部开展学习教育活动提出有针对性的意见和建议,帮助农村团组织和团干部找准思想和工作中存在的问题与不足,制定切实可行的整改提高措施,推动学习教育活动的不断深入。对第一批学习教育活动三个阶段工作已结束的地方,要帮助当地的团组织

和团干部认真做好总结，落实整改措施，巩固学习教育活动成果。团的领导机关要在每次集中调研指导活动结束后，对有关情况进行综合分析，研究提出下一阶段面上工作的指导性意见，并将调研指导的情况及提出的指导性意见及时上报上一级团组织。

调研指导组要由团委领导班子成员带队，由有一定工作经验的工作骨干组成，每组人员不宜太多，以2－3名为宜，并尽可能地相对固定。调研指导组下去时要轻车简从，切忌层层陪同。要切实深入基层，深入农村，深入青年，认真调查研究，不能浅尝辄止，走马观花。每组在一个县(市)的工作时间一般应不少于7天，其中大部分时间要深入乡村，自带行李和餐费，与团员青年同吃、同住、同劳动。

团的领导机关要高度重视调研指导组的工作，将其作为履行指导职责，帮助农村团组织和团干部搞好学习教育活动，进一步推动农村团的工作的一项重要措施，作为切实改进机关工作作风、锻炼机关干部的具体举措，认真抓实抓好。

各团省(自治区、直辖市)委接此通知后，要认真研究部署。有关情况请及时报告共青团中央组织部。

共青团中央关于加强非公有制经济组织团的建设的意见

2001年7月5日

为加强非公有制经济组织团的建设，做好新形势下非公有制经济组织团的工作，根据《中国共产主义青年团章程》和中共中央组织部《关于在个体和私营等非公有制经济组织中加强党的建设工作的意见(试行)》(中组发〔2000〕14号)，提出以下意见。

一、加强非公有制经济组织团的建设的重要性和紧迫性

改革开放以来，非公有制经济迅速发展，已经成为我国社会主义市场经济的重要组成部分。据统计，到1999年底，全国登记注册的非公有制经济组织(主要包括私营企业、港澳台投资企业、外商投资企业、非国有和集体控股的股份制企业、个体工商户)3300多万个，从业人员约1.3亿人，其中35周岁以下的青年近70%。加强非公有制经济组织团的建设，做好非公有制经济组织团的工作，是共青团组织贯彻落实江泽民同志“三个代表”重要思想的必然要求，是更好地服务改革、发展、稳定大局的必然要求，是团结、教育和服务青年从而进一步巩固党的青年群众基础的必然要求，也是新形势下加强团的自身建设的必然要求。

近年来，各级团组织对非公有制经济组织团的建设进行了积极探索，取得了阶段性成果，但与非公有制经济组织发展的形势相比，还存在明显差距。共青团组织必须从能否完成党交给的任务，履行好自己的社会职能的高度，从能否适应新形势，实现团的事业长远发展的高度，充分认识加强非公有制经济组织团的建设的重要性和紧迫性，增强政治责任感，采取切实有力措施，把非公有制经济组织团的建设抓紧抓好。

二、非公有制经济组织团的建设的指导思想

以马列主义、毛泽东思想、邓小平理论和江泽民同志“三个代表”重要思想为指导，认真

贯彻执行党和国家的路线方针政策，积极探索，大胆创新，努力扩大非公有制经济组织的建团率，提高团组织对非公有制经济组织中团员青年的覆盖率，增强非公有制经济组织团组织的吸引力、凝聚力和战斗力，更好地服务于非公有制经济组织党的建设，服务于非公有制经济组织青年职工成长成才，服务于非公有制经济健康发展。

三、加强非公有制经济组织团的建设应遵循的原则

第一，以服务促建设，以服务求活跃。把服务青年作为非公有制经济组织团的工作的出发点和落脚点，以培育“四有”新人为根本，围绕青年学习、就业、婚恋、参与、维权等基本需求，加大服务力度，拓展服务领域，通过切实有效的服务，增强团组织对团员青年的吸引力和凝聚力。

第二，党建带团建。把非公有制经济组织团的建设主动纳入党的建设的整体格局，在党建的带领和带动下加强团的建设，并以实际工作成效服务于非公有制经济组织党的建设。

第三，在遵循《团章》原则规定的前提下积极进行方法、制度创新。非公有制经济组织团建具有许多与传统的国有企业团建不同的特点，既要继承符合团建基本规律的历史经验，借鉴其他类别基层团组织建设的成功做法，又要解放思想，积极实践，大胆创新出一些能把团章规定的基本原则落到实处的新的方式方法、组织制度，探索一条充满活力的非公有制经济组织团建新路。

第四，重在发挥作用。加强非公有制经济组织团的建设，基础在“建”，关键在发挥作用。能否发挥作用，是团组织在非公有制经济组织中能否建立、巩固和发展的根本，也是检验非公有制经济组织团建工作成效的主要标准。

第五，坚持“因地制宜、分类指导、注重实效”的工作方针。针对各类非公有制经济组织的特点和具体情况，坚持标准，保证质量，积极稳妥，从易到难，成熟一个建立一个，建立一个巩固一个。

四、非公有制经济组织团的建设的工作目标

总体目标是：实现团组织对非公有制经济组织团员青年的组织覆盖和工作覆盖，形成适应非公有制经济组织特点、有利于作用发挥、富有生机与活力的建团方式、活动方式和组织运行机制。

到团的十五大前的工作目标是：1. 符合独立建团条件的非公有制经济组织，建团率达到50%以上；通过联合建团、依托建团、公寓建团、社区建团等方式，使团组织对没有独立建团的非公有制经济组织中的团员青年的组织覆盖率（组织覆盖指团员编入了团的基层组织，青年知道如何并且能够与团组织联系）和工作覆盖率（工作覆盖指团的基层组织能够使团员青年知道如何并且实际参加团的活动）均达到70%以上；2. 已经建立的非公有制经济组织团组织中，“五个有”的比例达到60%以上；3. 初步探索出一些适应非公有制经济组织特点的建团方式、作用发挥方式、工作推进方式和以团的组织生活制度为重点的组织制度。

五、非公有制经济组织团组织的主要任务

（一）组织团员青年学习马列主义、毛泽东思想、邓小平理论和江泽民同志“三个代表”重要思想，学习宣传党的路线、方针和政策，做好青年政治思想工作，推荐优秀团员作党的发展对象，服务非公有制经济组织党的建设；

（二）发挥联系青年的桥梁、纽带作用，了解和反映青年职工的愿望和要求，倾听他们的呼声，切实代表和维护青年职工的合法权益；努力搭建舞台，为青年职工创造学习、锻炼和参与社会的机会，服务他们成长成才。

（三）团结带领团员青年在企业科技进步、生产经营、文化建设等方面发挥生力军作用，促进非公有制经济组织健康发展；

(四)团结带领团员青年积极参与群众性精神文明创建活动,为社会文明进步做贡献;

(五)加强团组织自身建设,不断增强团组织的吸引力、凝聚力和战斗力;

(六)完成党组织和上级团组织交办的其他任务。

六、多种方式建团,扩大组织覆盖

要按照有利于加强党对非公有制经济组织团的工作的领导,有利于团组织加强对团员青年的教育和引导,有利于非公有制经济组织健康发展,有利于团组织加强自身建设的要求,适应团员青年在地区之间、行业之间、单位之间流动的实际状况,积极探索形式多样、科学合理、行之有效的建团方式。

独立建团。28 岁以下的青年职工 30 人以上、团员 3 人以上、生产经营和职工人数相对稳定的非公有制经济组织,一般应独立建立团的基层组织。

联合建团。不具备独立建团条件的非公有制经济组织,或虽具备独立建团条件,但其附近有其他不具备独立建团条件单位的,可按照企业类别或地理位置,就近就便,通过"企企联合"、"村企联合"、"校企联合"等形式,联合建立团的基层组织。

依托建团。工商联、个体劳动者协会、私营企业者协会、行业协会、商会、职业中介机构或其他民间机构、社团组织发育较为成熟的地方,可依托上述组织、机构或相应的行政管理部门建立团的基层组织。

公寓建团。对务工人员实行公寓化管理的,可在公寓建立团的基层组织。

社区建团。通过居委会或小区物业管理部门,把一定区域内不具备独立建团条件的非公有制经济组织中的团员,以及居住或工作在本区域内的团员组织起来,建立团的基层组织。

总之,要适应非公有制经济组织的特点和团员青年工作生活状况的实际,大胆创新建团方式。鉴于今后团员青年学习就业的流动面将越来越大,在探索非公有制经济组织建团方式时,要努力构建一个不会因团员青年部分流动而影响其存在的基层团组织层次,建立起一个能自动随着团员青年流动状况而相应建立、撤销团的基层组织的机制。

七、理顺隶属关系,明确团建责任

非公有制经济组织中已建立党组织的,团组织的隶属关系一般应与党组织的隶属关系相一致;没有建立党组织的,团组织原则上按县(市、区)、乡镇(街道)、村(居)三个层次实行属地管理。非公有制经济组织团组织一般应隶属于所在乡镇或街道团(工)委;规模较小的,可隶属于居委会或行政村团组织;企业规模较大、团员数量较多、在当地有较大影响的非公有制经济组织的团组织,可直接隶属于所在县(市、区)及其以上团委。依托政府行业管理部门或企业主管部门建立的非公有制经济组织团组织,可实行条条管理,也可根据需要实行双重管理。难以确定隶属关系的可由地(市、区)、县(市、区)团委与有关方面协商确定。

八、努力探索适合非公有制经济组织特点和青年实际的活动方式,切实发挥作用,扩大工作覆盖

坚持从实际出发,找准团的工作、企业发展和青年成长成才的结合点,采取灵活有效的方式开展团的活动,努力使团的活动融入企业经营管理、科研开发、市场营销、人力资源开发、文化建设等各个环节,深入到团员青年工作、学习、生活当中,使其为团员青年所欢迎,为企业经营管理者所理解和支持。

活动方式要以"小型、业余"为主,丰富多样,注重实效。要适应非公有制经济组织特点,服务青年多样化的需求,创新团的活动方式,依托基层青年社团等各种团的外围组织和各类活动阵地开展团的活动。允许团员的组织关系与其参加团的活动的范围适当分离。

九、加强团干部队伍建设

要按照“重在素质，合理兼职”的要求，选拔是党团员的青年业务骨干担任团的干部。规模特别大、团员青年数量多的企业，要力争配备专职团干部。鉴于非公有制经济组织团干部大部分为兼职的实际，其团的支部委员会、总支部委员会、委员会组成规模可适当扩大。团干部一般应通过团员大会或团员代表大会选举产生，暂不具备选举条件的，可先由上级团组织任命，待条件成熟后再进行选举。团员数量较少的团组织，若条件具备，可以不提候选人直接进行选举。要积极探索推行“公开选拔”、“民主推荐”、“竞争上岗”等干部选拔方式。

上级团组织要主动引导帮助非公有制经济组织建立团干部培养、选拔、使用、激励机制，把团干部纳入企业相应人事管理序列，努力使团组织负责人按程序进入职代会、监事会，符合条件的党员团组织负责人进入企业党组织班子；要积极推荐优秀团干部到重要岗位工作；要按照隶属关系，采取多种方式，每年至少对非公有制经济组织团的负责人进行一次培训；要适应团干部流动较快的实际，重视加强团干部后备人选的培养选拔工作。

十、加强团员队伍建设

要结合提高企业青年职工思想道德、文化、业务素质加强团员队伍建设，做好团员教育、服务和管理工作。按照“流入地为主，流出地为辅”的原则，注重加强流动团员管理。以流入团员为主的团组织，每年至少应进行一次团员调查统计，并通过设立外来团员联系点等方式，拓展、规范联系渠道，方便外来团员与团组织联系。

认真做好团员发展和“推优”工作。要重点在企业科研、生产、经营一线，特别是关键部门和重要岗位的青年骨干中发展团员。要积极发展那些在企业连续工作六个月以上，具备入团条件的外来青年入团。要经常性地做好“推优”工作。企业未建立党组织的，可通过上级团组织向相应的党组织推荐。对流动团员中的优秀分子，可向其原单位党组织推荐。

十一、积极创新团的组织生活制度

要着眼于提高团的组织生活质量和实际效果，在坚持基本的组织生活制度的同时，对那些与非公有制经济组织团的组织形式、活动方式和团员特点不相适应的具体制度进行大胆创新。要通过丰富和完善团日活动制度、重温入团誓词制度，以及规范团的活动仪式等，逐步建立起一套以增强团员意识为核心，立足团员自我教育、相互教育的新型团的组织生活制度，切实增强团组织对团员的凝聚力。

十二、将非公有制经济组织团建工作纳入党建工作的整体格局

要争取在非公有制经济组织建立党组织的同时建立团的组织。符合建团条件但尚未建立党组织的，要努力建立团组织并开展团的活动，为建立党组织积极创造条件。要在党组织的领导下，从实际出发，争取建立党团联系会议、情况通报、工作协调等制度。要主动争取将非公有制经济组织团建的目标任务纳入党建的目标任务，做到一同研究部署，一同检查落实。

十三、争取有关部门支持，优化工作条件

要争取党政有关部门的支持，制定有关政策，努力营造有利于开展非公有制经济组织团建工作的良好氛围和环境。要加强与工会等群众团体的联系，在建立组织、开展活动、发挥作用等方面密切配合，共同发展。要广泛吸纳社会资源，为非公有制经济组织团组织的活动经费、活动阵地建设提供帮助。对活动经费确有困难的非公有制经济组织团组织，上级团组织可从留成的团费中适当拨补。

十四、加强乡镇和街道团（工）委建设

乡镇、街道团（工）委承担着组织、指导非公有制经济组织团建工作的重要职责。各级

团的领导机关要加强乡镇和街道团(工)委建设,通过扎实开展创建“五四红旗团委”活动,充分发挥其龙头和主体作用,带动非公有制经济组织团建工作;要通过按期集中换届、民主选举,配齐配强乡镇、街道团(工)委书记,加强团委班子建设,把乡镇、街道中具有较强辐射带动功能的单位团组织负责人吸收到团(工)委班子中来,增强其整体功能;乡镇、街道团(工)委应积极探索通过适当方式,直接组织非公有制经济组织的团员青年开展活动,或使活动直接辐射其团员青年,实现工作覆盖。

十五、认真抓好检查落实

团的各级领导机关要把加强非公有制经济组织团的建设摆上重要议事日程,层层分解任务,落实团建责任,做到主要领导亲自抓,相关部门分工协作,形成合力。要加强调查研究,及早对本地区非公有制经济组织类别、数量,应建团单位类别、数量,已建团单位类别、数量等有关情况进行一次调查摸底,并据此提出具体工作目标和有针对性的指导意见、政策措施及推进步骤。要层层确定若干个非公有制经济组织作为示范点,大胆探索,及时总结经验,发挥其典型示范作用,以点带面,促进非公有制经济组织团的建设整体水平的提高。通过适当集中力量狠抓一至两年,使非公有制经济组织团的建设在“两个覆盖”、作用发挥和机制建设三个方面有明显进展,迈上一个新的台阶。

共青团中央办公厅关于2000年全国发展团员工作情况的通报

2001年9月5日

共青团各省、自治区、直辖市委,军委总政治部组织部,全国铁道团委,全国民航团委,中直机关团工委,中央国家机关团工委,中央金融团工委,中央企业团工委:

2000年团的组织统计工作已经结束,现将全国2000年发展团员工作情况通报如下。

一、团员队伍情况

2000年全国发展新团员1007.7万名。截至2000年底,全国共有团员6805万名,团员数量基本保持稳定。按照国家统计局提供的青年数计算,团员占青年的比例为21.8%,比1999年团青比例提高0.5个百分点。

2000年全国农村发展团员280万名,团员数量为2270.1万名。全国农村团青比例为14.0%,比1999年增长0.4个百分点。

2000年大中学校发展团员592.9万名,比1999年增长18.6万,全国学生团员数量达2849.6万名,比1999年增加161.9万名,团青比例为43.6%,比1999年下降2.3个百分点。其中,大专院校学生团员,总数为485.5万,团青比例为88.1%,比1999年分别增长76万和5.1个百分点;中等专业学校的团青比例为68.7%,比1999年下降0.2个百分点;职业高中的团青比例为59.7%,比1999年上升3.5个百分点;普通高中、初中的团青比例分别为62.6%和31.5%,与1999年团青比例基本持平。

2000年全国团员行业构成有较明显变化。其中,全国农村团员占全国团员总数的比例为33.4%,比1999年下降1.2个百分点;全国学

生团员占全国团员总数的比例为41.9%，比1999年上升2.4个百分点。

2000年全国非农产业从业团员总数为1995万，其中，在国有经济组织中从业的团员为1373万，占68.8%，比1999年下降5.2个百分点；在集体经济组织中从业的为283万，占14.2%，比1999年下降0.8个百分点；在私营经济组织中从业的为168万，占8.4%，比1999年上升1.1个百分点；在外商经济组织中从业的为147万，占7.4%，比1999年上升5.1个百分点；在港澳台经济组织中从业的为24.2万，占1.2%，与1999年基本持平。

2000年全国共有14个省级团委发展团员数量多于1999年。其中，辽宁、上海、江西、青海比1999年增长10%以上；山西、吉林、云南、陕西、宁夏增长2%以上；天津、安徽、湖南、广东、甘肃分别比1999年增长1.3%，0.9%，0.3%，1.4%，0.5%。

2000年全国共有21个省级团委团员总数呈现增长。其中，北京、上海、浙江、福建、贵州、云南、青海比1999年增长3%以上；河北、内蒙古、江苏、重庆、四川、陕西、解放军比1999年增长1%以上；江西、湖南、西藏、甘肃、新疆分别比1999年增长0.2%，0.3%，0.4%，0.9%，0.7%，天津、辽宁与1999年基本持平。

二、发展团员工作中存在的问题

从2000年团的组织统计情况看，全国发展团员工作在继续保持良好势头，团员总数保持基本稳定的同时，还主要存在以下两个问题。

（一）全国非公有制经济组织和社区团建工作虽然取得一定成效，但这一领域的团建工作仍然是整个基层团建中的薄弱环节，在一些地区，团组织对非公有制经济组织和社区中的团员还不能实现有效的组织覆盖和工作覆盖，相当一部分团员游离在团组织之外。流动团员管理工作仍然比较薄弱，团员流失现象还没有得到有效遏制。据测算，2000年全国流失团员数量在400万名左右。

（二）部分地方对发展团员工作重视不够，2000年全国有6个省、市、自治区的团员占青年比例比1999年有所下降。

三、继续做好发展团员工作的要求

（一）坚持不懈地抓好发展团员工作，保持团员总数基本稳定。发展团员工作是团的建设中一项重要的经常性基础工作，各级团组织要始终把发展团员工作摆在加强团的建设的重要位置，常抓不懈。要以江泽民同志“三个代表”重要思想为指导，在全团贯彻落实全国基层“党建带团”建工作会议和全国非公有制经济组织团建工作现场推进会议精神，深入推进创建“五四红旗团委”活动，大力加强团的基层组织建设中，采取切实有效措施，加强对广大青年的培养教育，提高他们的思想政治素质，源源不断地把符合团员条件的青年吸收到团组织中来。

（二）加强重点领域的发展团员工作。农村及中学仍然是今后发展团员工作的重点领域。农村团组织要主动适应经济社会形势的变化和青年的新特点，调整工作方法，创新管理方式，积极吸收农村先进青年加入团组织，使农村团员占青年的比例在今年有较大幅度增长的基础上再有所提高，确保2002年全国农村团员占青年的比例达到15%。初中、普通高中团组织要高度重视发展团员工作，在保持团青比例基本稳定的同时，进一步提高发展团员的质量。中专、中师、中技，尤其是职业高中团组织要继续做好发展团员工作力度，使团员占学生的比例有所提高。2000年社会服务业团员占青年的比例为23.9%，比1999年提高2.1个百分点，但团青比例仍然是非农行业中最低的。社会服务业团组织要切实采取举措，力争使全行业团青比例再有较大的提高。

（三）切实加强流动团员的管理。要进一步加强非公有制经济组织和社区团的建设，探索建立以流动团员管理为重点的，动态、开放

的团员管理机制。要适应团员流动性日益增强的特点和社会分布的新变化,按照“流入地为主,流出地为辅”的原则,及时做好团员组织关系转接工作,同时积极拓展联系渠道,尽可能地方便和加强团员与团组织的联系,不断扩大团组织在这些领域的团员中的组织覆盖和工作覆盖。要以增强团员意识为核心,努力探索团员自我教育、相互教育的新型团的组织生活制度,不断增强团组织对团员的凝聚力和团员对团组织的归属感。总之,要采取多方面的有效措施,切实做好流动团员管理工作,最大限度地减少团员流失。

共青团中央关于进一步加强和改进团校建设的意见

2002年7月12日

团校(包括以团校为基础建立的各类青年院校)教育事业是党和国家教育事业的组成部分,历来在全团工作中处于重要地位。为进一步加强和改进新形势下团校建设,特提出以下意见。

一、充分认识加强和改进团校建设的重要性和紧迫性

1. 各级团校成立以来,在党和政府关怀与团组织的直接领导下,一代又一代团校工作者艰苦奋斗,开拓进取,团校建设取得了长足发展,在团干部培训、青年人才培养、青年工作和共青团工作理论研究等方面发挥了重要作用,为共青团培养造就了大批工作骨干,为社会主义建设事业输送了一批又一批合格人才。改革开放以来,各级团校以邓小平理论和江泽民同志“三个代表”重要思想为指导,适应国家教育改革和共青团事业发展需要,坚持在继承中创新,在创新中发展,在切实搞好团干部培训的同时,适应社会发展和青年需要,积极拓展办学领域和办学职能,相继建立了一批青年院校,逐步发展普通高等教育、成人高等教育,开展多种类型的职业教育和青少年技能培训,走出了一条团校教育正规化建设新路。50多年的发展历程充分表明,团校是加强团干部队伍建设、推动共青团工作创新发展的重要工作依托,是服务广大团员青年、培养青年人才的重要基地。全国团校的管理和教师队伍是一支特别能吃苦、特别能奉献、特别能战斗的队伍,为团的教育事业发展做出了重要贡献。

2. 在充分肯定成绩的同时,也应当看到,与“三个代表”重要思想的要求相比,与社会主义市场经济发展、国家教育体制改革不断深化和共青团事业发展的要求相比,当前团校建设还存在一定的差距,有些问题还较为突出。有的地方对团校建设和发展重视不够,团校的地位、作用有所削弱;有的团校对团干部教育培训的基础性地位认识不足,团干部教育培训工作有所放松;有的团校团干部教育培训内容、手段、方式方法缺乏创新,教育培训与实际工作结合不够紧密;有的团校办学思想滞后,办学模式、管理机制不能适应社会主义市场经济的要求;有的团校办学水平不高,跟不上国家教育事业迅速发展的形势,所举办的学历教育面临严峻考验等等。这些问题都是在全国团校建设不断向前发展中产生的,最终只能通过进一步加强和改进团校建设,加快团校事业发

展来解决。

3.当前和今后一个时期是全国团校实现新发展的关键时期。“三个代表”重要思想为团校的建设和发展指明了方向；科教兴国战略的实施，共青团事业的蓬勃发展，广大团员青年对知识、技能的需求日益增长，为团校各类教育事业发展提供了广阔舞台；社会主义市场经济体制的建立和不断完善、教育体制改革不断深化和教育事业的迅猛发展，给团校建设提出了新的课题。面对机遇和挑战，全团必须进一步统一思想，充分认识到加强和改进团校建设，培养造就“党放心，青年满意”的高素质团干部队伍和规模宏大的青年人才大军，是共青团全面贯彻落实“三个代表”重要思想，完成党交给的光荣任务的必然要求，从而把团校工作摆在更加重要的位置，切实加强领导。各地团校要抓住机遇，与时俱进，锐意创新，努力使团校各项事业在新世纪实现新的更大发展。

二、加强和改进团校建设的指导思想、总体思路和基本原则

4.指导思想

以马列主义、毛泽东思想、邓小平理论和江泽民同志“三个代表”重要思想为指导，按照社会主义市场经济和共青团事业发展的要求，主动适应教育体制改革不断深化、教育事业迅猛发展的新形势，紧紧围绕团干部教育培训和青年人力资源开发，面向团干部，面向青少年，与时俱进，以改革求活力，以创新求发展，不断提高办学水平，更好地履行培养团干部和青年人才的双重使命。

5.总体思路

全面贯彻落实“三个代表”的要求，深化改革，开拓创新，不断巩固团干部教育培训的基础性地位，努力提高学历教育水平，大力发展各类职业教育和青少年技能培训，努力形成多渠道、多形式、多层次、充满活力的团校办学新格局；构建以中央团校为龙头，地方团校为主体，业余团校、网上团校、其他团属教育培训阵地和各类社会教育培训资源参与和支持的开放式的培训网络新体系；建设爱岗敬业、甘于奉献、素质精良的团校领导班子和专兼职师资队伍。经过努力，使全国各级团校整体上有一个大发展。

6.基本原则

坚持团的干部院校性质。团校是共青团的干部院校，团干部教育培训是团校基本而重要的职责，是团校有别于其他教育培训机构的特色和优势所在。各级团校要始终坚持团的干部院校性质，围绕建设一支“党放心，青年满意”的团干部队伍，坚持正确的办学方向，切实抓好团干部教育培训工作，服务于共青团事业发展大局。

坚持以改革求活力，以创新促发展。发展是硬道理。要继承团校光荣传统，认真总结经验，进一步解放思想，与时俱进，主动适应新形势下共青团事业的发展要求，始终以开风气之先的勇气，用改革的精神研究新情况，解决新问题，探索新路子，不断创新思想观念、工作方式和工作机制，努力增强内在活力，壮大办学实力，求得新的更大发展。

坚持因地制宜，特色办学。要从当地经济社会发展的实际出发，从团干部和青少年成长成才的需要出发，充分发挥团校的政治优势、组织优势，找准方向，重点突破，努力建设具有团校特色的龙头专业和培训项目。

坚持质量立校。要把提高教育培训质量作为团校建设与发展的关键环节，认真探索和研究团校办学规律，严格教学管理，加强教学研究，充实师资力量，提高办学水平，不断增强团校教育培训的科学性、针对性和实效性，增强团校教育培训的吸引力。

坚持人才效益、社会效益和经济效益相统一。要在把人才效益、社会效益始终放在团校教育工作首位的同时，强化市场观念，遵循社会主义市场经济规律，做到人才效益、社会效益和经济效益的有机统一，促进团校建设的良

性循环和可持续发展。

三、不断巩固团干部教育培训的基础性地位

7. 团校是学习马列主义、毛泽东思想、邓小平理论和江泽民同志“三个代表”重要思想的重要阵地，承担着教育培训团干部的重要职责，具有不可替代的重要作用。要不断增强政治意识、大局意识、责任意识和阵地意识，不断巩固团干部教育培训在团校各项教育事业中的基础性地位，充分发挥团校在团干部教育培训工作中的主渠道作用，为共青团事业发展提供有力支撑。这一点在任何时候任何情况下都不能有丝毫动摇。

8. 针对团干部队伍建设的实际需要，围绕“一个基础，三项培训”做好团干部教育培训工作。“一个基础”即政治理论基础教育，用马列主义、毛泽东思想、邓小平理论和江泽民同志“三个代表”重要思想武装全体团干部，教育广大团员青年。要帮助广大团干部系统学习马克思主义基本原理，精读马列、毛泽东和邓小平的部分原著，掌握马克思主义立场、观点、方法，以及研究新情况、解决新问题的科学态度和与时俱进的创新精神。要组织广大团干部系统、深入地学习江泽民同志“七一”重要讲话和《在中央党校省部级干部进修班毕业典礼上的讲话》，结合共青团和青年工作实际，结合马克思主义青年观教育，深入学习《毛泽东邓小平江泽民论青少年和青少年工作》和江泽民同志《在纪念中国共产主义青年团成立80周年大会上的讲话》。这些经典文献要作为团干部教育培训的基本内容，进教材，进课堂，做到入脑入心。

在抓好政治理论教育的基础上，抓好“三项培训”，即抓好岗位职务培训。组织团干部系统学习党团的历史、工作理论和业务知识，深化对共青团和青年工作的认识，增强理论思考和把握全局的能力；抓好工作项目培训。围绕各个时期团的中心任务和重点工作，部署安排工作项目培训，帮助团干部及时明确工作要求，把握工作重点，提高团干部从事团的专项工作的实际操作能力；抓好专业知识技能培训。帮助团干部拓展视野，锻炼思维，提高文化知识水平，优化知识结构，提高自身综合素质，成为既能从事青少年工作，又能适应社会主义现代化建设需要的复合型人才。

9. 不断改进培训方式和手段，提高团干部教育培训质量。要弘扬理论联系实际的马克思主义学风，紧密结合团的工作和团干部队伍建设的实际，不断增强团干部教育培训的针对性、科学性和实效性。要根据不同层次、不同类型和不同岗位团干部的特点，制定切实可行的教育培训计划，按需施教，因材施教；在团中央教材编审委员会的统一指导协调下，制定团干部教育培训大纲，按照“少而精”的原则，编写出符合团干部教育培训需要的各类教材；要不断改进培训方式，运用现代教育的培训方法，采取课堂讲授与情景模拟、案例教学、考察交流和实践教育等相结合的方式，提高学员的参与度，把理论联系实际贯穿于教学的全过程。

10. 充分发挥团校的理论研究和人才优势，深入开展“三个代表”重要思想研究和共青团工作和青年工作的理论与实践研究，使团校在成为团干部教育培训中心的同时，成为共青团工作和青少年工作理论的研究基地，为服务共青团工作提供有力支撑。

四、努力提高学历教育水平

11. 学历教育是团校教育的重要方面，在很长时间内很大程度上影响着办学体制、教育水平、专业学科和师资队伍等团校建设的方方面面，对提高团干部学历层次、面向社会培养专门人才，促进团校教育正规化具有重要意义。

12. 团校要从我国教育事业迅猛发展、青年一代文化水平大幅度提高的实际出发，着力提高现有学历教育的水平和层次。要切实按

照教育行政部门的有关规定，遵循学历教育的基本规律，严格把握招生、教学、管理、就业等各个环节，提高规范化程度；要发挥团校优势，努力提高现有学历教育层次，拓宽专业领域，加强重点学科和特色专业建设；要深化教学改革，加强教学建设、教师队伍建设和教材建设，不断提高办学质量；要紧密围绕人才培养目标，改革教学内容、课程体系、教学方法，形成各具特色的教学管理与运行机制；要继续办好夜大、函授等成人高等学历教育，严格管理，保证质量。

13. 发展团校学历教育要根据各地实际和学校实际，量力而行。鼓励和支持具备条件的团校，在搞好现有学历教育的基础上，开办更高层次的学历教育。

五、大力发展各类职业教育和青少年技能培训

14. 职业教育和技能培训是青少年成长成才的重要途径，具有巨大的市场需求和广阔的发展前景。各级团校要抓住机遇，乘势而上，把大力发展各类职业教育和青少年技能培训作为贯彻落实"三个代表"要求，服务大局和服务青少年的具体举措，作为事关团校发展全局的大事切实抓紧抓好。

团校开展职业教育和青少年技能培训，要以服务经济社会发展、服务青少年成长成才为出发点和落脚点，面向社会、面向市场，大胆创新，勇于开拓；要按照市场取向，积极拓展办学领域，开门办学，自主办学，努力形成多层次、多形式、多类型、多渠道办学的新局面；要深化改革，通过引进社会力量办学、联合办学、聘任兼职教师等各种方式，逐步探索出多元化办学的新路子，不断增强办学活力和实力。

15. 大力发展职业教育特别是高等职业教育，为青年掌握劳动技能和成才就业提供服务。团校职业教育要创特色、树品牌，紧密结合各地经济发展水平和经济结构调整对人才的现实需求，因地制宜地开展；要加强与政府有关部门的联系和协调，注意与有关机构职业技术培训标准的接轨，结合国家和社会实行的学历证书、培训证书和职业资格证书制度，增强职业教育的活力和吸引力。

16. 广泛开展青少年技能培训。要适应全面提高青少年素质的要求，紧密围绕青少年对外语、计算机网络以及各类文化体育艺术知识和技能的教育需求，广泛开展德育、智育、体育、美育等各方面的培训，以市场为导向，按需办学，努力实现经济效益和社会效益的有机统一。

当前，开办中专教育的团校，可将开展青少年技能培训作为拓展办学领域的重点。符合有关条件的团校，可积极申请开办五年制高等职业教育，或努力争取承担五年制高等职业教育中前三年的教育教学工作。

六、整合资源，增强团校整体办学实力

17. 各地团组织要着力抓好现有团校的建设，不断巩固、整合现有团校资源，逐步建立和完善以中央团校为龙头，地方团校为主体，业余团校为补充的全国团校网络，形成团校间教学、科研、师资、管理和培训等方面的联合，依靠合作增强整体办学实力。

中央团校和办学条件较好的省级、副省级城市团校要通过示范带头、联合办学、设立分校和教学点等多种形式，发挥龙头作用，释放优质教育资源，在团校系统中形成"以大带小"、"以强带弱"的良好局面，带动全国团校的整体发展。

18. 要充分利用青少年宫、青少年教育基地等其他教育培训阵地，延长工作手臂。要强化"不求所有，但求所用，但求发展"的意识，树立"大团校，大发展"的新理念，通过与党校、行政学院、高等院校合作、共建等各种方式，广泛利用各类社会教育培训资源，取得社会各方面对团属教育培训阵地建设的支持，努力解决团校发展中遇到的教师、资金、场地等问题，促进团属教育培训阵地的共同发展。

19. 进一步发挥中国青年工作院校协会的作用。中国青年工作院校协会要充分发挥桥梁纽带作用，在组织开展理论研究、学术研讨、扩大团校间的交流与合作等方面发挥更加积极的作用，为各会员院校提供切实服务。服务要强化手段和载体。协会可以利用互联网在各会员院校间的便捷联系，通过开展研讨交流、论文评选、优秀网页评选等活动，构建团校网络服务体系。要积极发挥团校协会团体的作用，支持它们在相关领域开展交流与合作；要通过创办会刊，为会员院校沟通情况、交流工作服务；要按照国家教育体制改革要求，在团校间区域资源整合，强强联合、强弱联合等方面发挥协调、引导作用。

20. 以正规团校为依托，加强业余团校和网上团校建设。业余团校是团校教育体系的重要组成部分，多年来在团干部教育培训事业中发挥了积极作用。各级团组织要对业余团校予以更多的关心和重视，努力搞好业余团校建设。

要充分认识计算机网络技术的迅猛发展和广泛应用对青少年学习、工作、生活和思维方式产生的深刻影响，积极利用计算机网络设施，发展远程教育，推进教育培训信息化和教学手段现代化。有条件的团校，可以依托中国青少年计算机信息服务网（中青网）等青少年网站建设网上团校，以实现团校间信息资源共享，进一步扩大团校对团干部和青少年的覆盖面和影响力。

七、与时俱进，深化改革，不断加强团校自身建设

21. 加强团校领导班子建设。各地团组织要高度重视团校领导班子建设，按照德才兼备的原则，大力选拔事业心强，懂教育、会管理、有专业特长的年轻同志，充实到团校领导班子。团校领导班子必须认真学习马列主义、毛泽东思想、邓小平理论和江泽民同志“三个代表”重要思想，加强民主集中制建设，不断增强凝聚力、战斗力和创造力；必须解放思想、求实创新，努力推动团校办学理念和管理思想的创新和发展；必须不断钻研干部教育培训理论和业务，努力提高教育管理水平、科学决策水平和领导工作能力。

22. 深化劳动人事制度改革，大力加强师资队伍建设。要结合实际，实行以聘用制为核心的人事和分配制度改革，建立和完善教师队伍、管理队伍的竞争机制和激励机制，努力营造有利于人才健康成长、施展才干的良好环境，促使优秀青年教学和管理人才脱颖而出；要通过完善教师职务聘任制和教师考核指标体系，建立优化教师队伍的有效机制；要努力提高教师的政治素质、业务能力和教学水平，重视对青年教师、教研骨干和学术带头人的培训，选派有培养前途的中青年教师进修深造及出国（境）学习考察和开展学术交流；要大力加强兼职教师队伍建设，根据团校教育事业发展的需要，面向社会，广纳贤才，以多种形式选聘兼职教师，逐步建立一支规模适当、结构合理、素质优良、专兼结合的胜任团干部教育培训工作的师资队伍。

团的领导机关要尊重团校的用人自主权，为团校深化劳动人事制度改革提供支持和帮助。

23. 进一步推进后勤社会化改革。要按照管理科学化和服务社会化的方向，积极推进团校行政管理和后勤服务方面的各项改革。要本着精干、高效原则，科学设置学校党政职能部门，合理提高生员比和生师比。要努力实现后勤社会化，不断提高管理水平和后勤保障能力。校办产业要按照独立法人实体进行企业化管理，逐步建立现代企业制度。要保障发挥教职工代表大会的作用，推行校务公开制度。

24. 努力改善办学条件。要加大对团校建设的投入，加强教育设施、教学设备、图书馆等各项建设，努力改进校园环境，改善办学条件，逐步壮大办学实力。

八、切实加强对团校的领导

25. 团的领导机关要充分认识团校建设的重要意义,高度重视、关心支持团校工作,切实加强对团校的领导。要把团校的建设和发展列入重要议事日程,定期研究团校工作中的重大问题,重点抓好团校的办学方向和领导班子建设。要积极争取党政有关部门和社会各方面的支持,帮助团校解决存在的困难和问题,为团校发展创造有利条件和外部环境。团的领导班子中要明确一名成员分管团校工作。领导班子成员和机关部门负责人要经常到团校讲课和调研,关心支持团校工作。

26. 团委组织部门作为团校管理的职能部门,要切实履行牵头抓总、统筹规划、综合协调的职责,加强宏观管理和业务指导,做好团干部教育培训计划,努力提高团校调训率,为团校提供切实有效服务。

27. 建立健全团校建设的评估考核机制。团中央将按照有关规定,研究制定团校建设的评估考核标准,组织进行团校建设的评估考核工作。各地团校也要结合自身实际,开展自查自评,促进工作。

各地团的领导机关可根据本意见,提出加强和改进团校建设的意见和措施。

共青团中央办公厅关于 2001 年全国发展团员工作情况的通报

2002 年 9 月 16 日

共青团各省、自治区、直辖市委,军委总政治部组织部,全国铁道团委,全国民航团委,中直机关团工委,中央国家机关团工委,中央金融团工委,中央企业团工委:

2001 年团的组织统计工作已经结束,现将全国 2001 年发展团员工作情况通报如下。

一、团员队伍情况

2001 年全国发展团员 1013.2 万名,比 2000 年增长 5.5 万名。截至 2001 年底,全国共有团员 6841 万名,比 2000 年增长 36 万名。按照国家统计局提供的青年数计算,团青比例为 22.1%,比 2000 年团青比例上升 0.3 个百分点。

2001 年全国农村发展团员 269 万名,团员数量为 2215.7 万名,比 2000 年减少约 55 万名;全国农村团青比例为 13.8%,比 2000 年下降 0.2 个百分点。

2001 年大中学校发展团员 601.7 万名,比 2000 年增加 8.8 万名;全国学生团员数量达 3007.6 万名,比 2000 年增加 158 万名,团青比例为 48.4%,比 2000 年上升 4.8 个百分点。其中,大专院校学生团员总数为 554.2 万名,团青比例为 88.2%,比 2000 年分别增长 68.7 万和 0.1 个百分点;中等专业学校的团青比例为 67.6%,比 2000 年下降 1.1 个百分点;职业高中的团青比例为 60.9%,比 2000 年上升 1.2 个百分点;普通高中的团青比例为 60.9%,比 2000 年下降 1.7 个百分点;初中的团青比例 32.2%,比 2000 年上升 0.7 个百分点。

2001 年,全国团员行业构成有较明显变化。其中,全国农村团员占全国团员总数的比例为 32.3%,比 2000 年下降 1.1 个百分点;全国学生团员占全国团员总数的比例为 44%,比 2000 年上升 2.1 个百分点。

2001年,全国非农产业从业团员总数为1982.1万名。其中,在国有经济组织中从业的团员为1417万名,占71.5%,比2000年上升2.7个百分点;在集体经济组织中从业的为302.9万名,占15.2%,比2000年上升1个百分点;在私营经济组织中从业的为189.2万名,占9.5%,比2000年上升1.1个百分点;在外商经济组织中从业的为47万名,占2.3%,比2000年下降5.1个百分点;在港澳台经济组织中从业的为25.8万名,占1.3%,比2000年上升0.1个百分点。

2001年,全国共有18个省级团委发展团员数量多于2000年。其中,河南、海南、贵州、中央国家机关、解放军增长10%以上;北京、天津、湖北、广东、广西、青海、新疆比2000年增长3%以上;辽宁、吉林、黑龙江、江苏、浙江、陕西分别增长2%、0.3%、2.7%、0.3%、0.4%、2.1%。

2001年,全国共有23个省级团委团员总数呈现增长。其中,北京、贵州、中央直属机关、中央国家机关、浙江、安徽、陕西比2000年增长5%以上;山西、内蒙古、吉林、江苏、福建、河南、湖北、云南、青海、新疆比2000年增长1%以上;河北、辽宁、山东、湖南、重庆、宁夏分别增长0.1%、0.5%、0.1%、0.3%、0.8%、0.1%。

二、发展团员工作中存在的问题

2001年团的组织统计情况表明,全国发展团员工作继续保持良好势头,团员总数略有上升,同时主要存在以下几个问题。

1. 农村团青比例出现反复。近年来,在各级团组织的努力下,农村团青比例逐年上升,2000年底达到14%。2001年,农村团员数量下降,团青比例出现反复,比2000年下降了0.2个百分点。

2. 部分非农行业团青比例偏低。社会服务业、建筑业、批发和零售贸易餐饮业是青年相对集中,特别是外来务工青年相对集中的行业。2001年底,以上三个行业的团青比例分别为25.5%、25.6%和25.5%,远低于全国非农行业45%的团青比例。

3. 非公有制经济组织团员队伍建设有待进一步加强。全国非公有制经济组织团建工作现场推进会后,全国非公有制经济组织建团率、团员数量和团青比例都有不同程度的增长,但与青年的分布相比,非公有制经济组织团青比例仍然偏低。

三、继续做好发展团员工作的要求

1. 坚持不懈地抓好发展团员工作,保持团员总数基本稳定。发展团员工作是一项重要的基础性工作,各级团组织要始终把发展团员工作摆在加强团的建设的重要位置,常抓不懈。要以江泽民总书记"三个代表"重要思想为指导,深入学习贯彻江泽民总书记在纪念中国共青团成立80周年大会上的重要讲话精神,坚持党建带团建,不断深化创建"五四红旗团委"活动,大力加强农村、社区、非公有制经济组织等领域团的基层组织建设,采取切实有效措施,加强对广大青年的培养教育,提高他们的思想政治素质,源源不断地把符合团员条件的青年吸收到团组织中来。

2. 切实加强农村团员队伍建设。2001年,农村发展团员数量比2000年下降11万名,总数减少55万名,只占全国团员总数的32.3%,这与农村青年约占全国青年总数三分之二的状况不相适应。加强农村团员队伍建设,要紧紧抓住学校毕业生转接团组织关系这一环节,加大团员管理工作力度,做好基础工作,减少团员流失。

3. 进一步加强流动团员管理。近年来,各级团组织努力加强流动团员管理工作,取得了初步成效。据测算,2001年团员流失数量比2000年减少约30万名。但应看到,团员流失数量仍然较大。要进一步探索建立以流动团员管理为重点的,动态、开放的团员管理机制。要适应团员流动性增强的特点和社会分布的新变化,大力加强非公有制经济组织和社区团

的建设，按照“流入地为主，流出地为辅”的原则，及时做好团员组织关系转接工作。要以增强团员意识为核心，努力探索团员自我教育、相互教育的新型团的组织生活制度，不断增强团组织对团员的凝聚力和团员对团组织的归属感。

2002—2005年全国团干部教育培训规划

2002年9月28日

以邓小平理论和江泽民同志“三个代表”重要思想为指导，深入学习贯彻江泽民同志在纪念中国共产主义青年团成立80周年大会上的重要讲话，大力加强团干部教育培训工作，努力建设一支刻苦学习、勤奋工作、勇于创造、自觉奉献，“党放心、青年满意”的高素质团干部队伍，是事关共青团事业发展全局的一项战略任务。根据全国干部教育培训工作会议精神和《2001—2005年全国干部教育培训规划》，结合团的实际，制定本规划。

一、全面贯彻落实“三个代表”重要思想，把团干部教育培训放在重要的战略地位

团干部是青少年事业和共青团工作的骨干。团干部教育培训作为提高团干部队伍素质的基本途径之一，历来在全团工作中占有重要地位，是党的干部教育事业的重要组成部分。几十年来，团干部教育培训工作围绕各个时期团的中心任务，紧密结合团干部队伍实际，培养、输送了一批又一批工作骨干，有力促进了共青团事业的不断发展。

当前，世界多极化趋势不可逆转，经济全球化进程加快，科技进步日新月异，包括经济实力、科技实力、国防实力和民族凝聚力在内的综合国力的竞争日趋激烈。这种竞争，从根本上讲是人才特别是各类领导人才的竞争。国际环境的重大变化，使得共青团培养造就包括团干部在内的规模宏大的青年人才大军的任务，比以往任何时候都显得更为重要、更为紧迫。另一方面，随着改革开放的深入和社会主义市场经济的发展，我国社会经济成分、组织形式、就业方式、利益关系和分配方式日益多样化，使当代青年的思想观念、社会结构、群体分布随之发生了深刻变化。这既为团的工作发展提供了新的机遇，也对团的工作内容、工作方式、运行机制等带来了新的挑战。团干部是团的各项工作的组织者和带头人，其思想素质、知识水平、业务能力、工作作风如何，在很大程度上决定着团的工作能否适应挑战，不断开创新局面。因此，按照“三个代表”的要求，通过教育培训和实践锻炼，建设一支高素质团干部队伍，比以往任何时候都显得更为重要、更为紧迫。

近年来，我们坚持以邓小平理论和江泽民同志“三个代表”重要思想武装全团、教育团干部，深入实施“团干部321培训计划”，不断加强团干部教育培训工作和团校建设，有力地促进了团干部队伍素质的提高。但也要看到，一些团干部的思想作风、理论素养、知识水平、业务能力等与“三个代表”的要求还有差距，团干部教育培训工作的内容、手段、方式方法、运行机制与新形势新任务还不完全相适应，团校建设还需要进一步加强和改进。对存在的这些问题如不能很好地加以解决，将影响到新形势下团的事业的不断发展。各级团组织要充分

认识到，加强团干部教育培训工作，是共青团全面贯彻落实“三个代表”重要思想，培养造就一支“党放心、青年满意”的高素质团干部队伍的必然要求，是新形势下不断开创团的工作新局面，更好地肩负起党交给共青团的光荣任务的必然要求，从而将团干部教育培训工作放在重要的战略地位，切实抓紧抓好。

二、以“三个代表”重要思想为指针，明确团干部教育培训的指导思想、工作目标、工作原则和主要任务

（一）指导思想。以马列主义、毛泽东思想、邓小平理论和江泽民同志“三个代表”重要思想为指导，全面贯彻落实江泽民同志《在纪念中国共产主义青年团成立80周年大会上的讲话》精神，根据《2001—2005年全国干部教育培训规划》的总体部署，紧紧围绕党和国家的工作大局，紧密结合团干部队伍的实际，着力提高团干部的思想政治素质、理论素养、科学文化水平、业务工作能力和开拓创新能力，努力培养和造就一支符合“三个代表”要求，“党放心、青年满意”，既能从事青少年工作，又能适应社会现代化建设发展需要的高素质、复合型团干部队伍。

（二）工作目标。“三个代表”重要思想在团干部教育培训工作中得到全面贯彻落实；适应建设高素质、复合型团干部队伍需要的教育培训目的更加明确；初步形成以理论基础、世界眼光、战略思维、党性锻炼和业务能力为框架的教育培训内容体系；逐步完善分层次、分类别、多渠道、多形式、重实效、充满活力的教育培训格局；深入研究新时期团干部教育培训工作规律，加大培训力度，提高培训质量；努力建立健全以需求为导向，以团属院校为基地，以干部培训制度、激励和约束机制为保障，团组织按计划调训与干部自主参训相结合的充满活力的运行机制，使团干部教育培训工作在建设高素质团干部队伍和促进共青团事业新的发展中发挥更加重要的作用。

（三）工作原则。理论联系实际。学习和掌握马列主义、毛泽东思想、邓小平理论和江泽民同志“三个代表”重要思想，学习和掌握马克思主义青年观，着眼于青年的新现象、新变化，着眼于团的工作的新实践和新发展，把学习理论与研究解决实际问题结合起来。坚持在改造客观世界的同时努力改造主观世界，树立正确的世界观、人生观、价值观，坚定理想信念，增强贯彻落实“三个代表”重要思想和党的路线、方针、政策的自觉性和坚定性。增强工作的原则性、系统性、预见性和创造性，切实提高工作水平和开拓创新能力。

注重培训质量。将教育培训与干部成长、促进工作有机结合起来，根据不同的培训对象，按需施教，因材施教，增强教育培训的科学性、针对性和实效性。不断探索教育培训规律，制定切实可行的教育培训计划，优化培训内容，改进培训方法，精心编选培训教材，努力提高师资水平，加强教育培训的管理和评估。

突出培训重点。在面向全体团干部的基础上，以专职团干部尤其是团的各级领导干部为教育培训的重点对象。在培训内容上，以提高团干部思想政治素质特别是学习实践“三个代表”重要思想为重点，着力提高团干部运用科学理论研究解决新时期共青团工作中的新情况和新问题的能力。

不断改革创新。按照“三个代表”重要思想的要求，与时俱进，积极探索与新形势新任务相适应的团干部教育培训工作运行机制，创新教育培训的内容和方式方法，拓展培训渠道，延伸培训工作手臂，加强培训阵地建设。

（四）主要任务。按照“三个代表”重要思想，进一步明确团干部在理论素养、思想品德、业务能力、知识水平等方面的要求，有针对性地开展在职学习和脱产培训。

大力加强政治理论教育。把深入学习马列主义、毛泽东思想、邓小平理论和江泽民同志“三个代表”重要思想，不断提高团干部思想

政治素质作为教育培训的首要任务。要深入学习江泽民同志关于“三个代表”重要思想的一系列重要论述，深入学习《毛泽东邓小平江泽民论青少年和青少年工作》、江泽民同志《在纪念中国共产主义青年团成立80周年大会上的讲话》等重要著作。团中央将组织编写学习“三个代表”重要思想和江泽民同志《在纪念中国共产主义青年团成立80周年大会上的讲话》的青年读本，作为全国团干部教育培训的统编教材。经过努力，使广大团干部掌握马列主义、毛泽东思想的基本原理，把握邓小平理论的科学体系和“三个代表”重要思想的精神实质，学会以邓小平理论和江泽民同志“三个代表”重要思想为指导，运用马克思主义青年观，研究解决新形势下共青团和青年工作中的现实问题。

坚持开展党性党风和思想道德教育。巩固和扩大“三讲”教育和农村“三个代表”重要思想学习教育活动成果，不断增强团干部特别是团的各级领导干部党的意识，提高党性修养。加强勤政廉洁教育，社会主义道德和中华民族优良传统教育，以密切联系青年、竭诚服务青年为核心的作风教育等，切实搞好团干部的思想道德建设和作风建设。

切实加强岗位职务培训。学习团的工作理论、团的历史和团的业务知识，帮助团干部掌握从事共青团和青年工作必备的知识能力。同时，结合全团重点工作，开展工作项目培训，提高团干部从事团的具体工作的实际操作能力。

积极开展专业知识技能培训。学习社会主义市场经济知识、法律法规知识、现代管理知识、现代科技知识、计算机网络知识和技能等，调整、改善团干部的专业知识结构，使团干部成为适应未来发展需要，适应社会主义现代化建设要求的复合型人才。

三、以建设高素质团干部队伍为目标，确定团干部教育培训的具体要求

（一）深入开展“三个代表”重要思想的学习培训。以“三个代表”重要思想武装团干部，是团干部教育培训工作的首要任务。团的各级各类教育培训都必须将深入学习“三个代表”重要思想和江泽民同志《在纪念中国共产主义青年团成立80周年大会上的讲话》作为基本内容，确保“三个代表”重要思想和《讲话》进教材、进课堂，入耳入脑。要通过层层举办“三个代表”重要思想培训班、学习班、读书班等，在广大团干部中兴起深入持久地学习“三个代表”重要思想的热潮。今年年底前，各级团组织要对全体团干部特别是专职团干部进行一次集中、系统的“三个代表”重要思想和《讲话》精神的学习教育。团中央将对各地的学习教育情况进行抽查。

（二）大力推进新任职团干部培训。从2002年开始，凡新走上团的工作岗位和新进入团的各级领导班子的团干部，一般要在到岗半年之内接受培训。培训一般应采取集中办班的方式进行，其中有团属院校的地方（系统），应依托团属院校进行培训；没有团属院校的，可依托业余团校、党校或其他教育培训阵地进行培训。由团中央和省级团委负责培训的，其培训时间一般不少于一周；地（市）级及其以下团委负责培训的，其培训时间一般不少于两天。

新任职团干部培训按照分级培训、分类实施的原则进行，团中央主要负责培训团地（市、州、盟）委书记、副书记（包括团省、自治区、直辖市委部门负责人）以上的团的地方各级领导干部以及部分团县（市、区、旗）委、大型国有企业、重点高等院校团委书记、副书记。

省级团委主要负责培训部分团地（市、州、盟）委书记、副书记，团县（市、区、旗）委书记、副书记（包括团地、市委部门负责人），部分乡镇团委书记，大中型企业、大中专院校团委书记、副书记。

团地（市、州、盟）委和团县（市、区、旗）委主要负责培训乡镇和各条战线的基层团委（总

支、支部)书记、副书记。

各级团组织的一般干部,主要由本单位负责组织培训。

上述分工交叉衔接部分,在实施培训前,由上一级团委划定。为便于安排培训计划,各级团组织要及时将应训人员名单及时抄报上级团组织。

从2002年开始,团中央将每年集中举办1—2期省级团委领导班子新任成员培训班。同时,安排中央团校等做好其他应由团中央负责培训的新任职团干部的调训工作。

(三)深入实施“万名西部团干部培训工程”。贯彻落实党中央《西部地区人才开发十年规划》精神,围绕西部大开发的战略目标和重点任务,以观念更新为先导,以提高能力为重点,以学习邓小平理论和“三个代表”重要思想、团的业务工作本领和新知识、新技能为主要内容,在西部地区自身努力的基础上,团中央和东部省市团委充分利用各自的教育培训资源,采取多种形式,从现在起到2005年,帮助西部地区培训万名以上团干部。其中,团中央结合《2001—2005年实施西部地区和少数民族地区团干部“培养计划”》,机关各部门各尽其职,依托中央团校和有关教育培训阵地,通过举办培训班、挂职锻炼、考察交流、务工锻炼等形式,每年培训西部地区团干部不少于1000人次。东部省市团委在将此项工作纳入东西部对口支援总体规划之中统一安排的基础上,采取自愿结对等方式,每年培训西部地区团干部不少于1000人次。其中团上海市委于今明两年,免费培训西部各省、自治区、直辖市团干部1000名。

(四)着力抓好少数民族团干部培训。要高度重视和做好少数民族团干部的教育培训工作,对他们深入进行“三个代表”重要思想和马克思主义民族观、宗教观、青年观的教育。团中央将在继续办好新疆、西藏少数民族团干部培训班的同时,联合国家民委举办少数民族青年干部培训班,对西部其他省、自治区的少数民族团干部进行分片培训,每年直接培训少数民族团干部不少于300人。各地团组织尤其是西部少数民族地区团组织,要将少数民族团干部作为培训重点,经过努力,到2005年,力争使少数民族专职团干部普遍接受一次培训。

(五)认真开展工作项目培训。各级团组织要围绕各个时期团的中心任务和重点工作,从推进工作出发,部署安排各类工作项目培训班,帮助团干部及时掌握重点工作项目的内容、要求、方法和推进步骤,努力提高团干部从事团的重点工作项目的实际操作能力。

(六)积极拓展出国(境)培训。适应我国加入WTO和世界经济一体化进程加快的要求,培养和造就大批具有世界眼光的团干部,是新时期团干部教育培训工作的重要任务。各地团组织要从实际出发,积极拓展相关培训渠道,有计划地开展团干部出国(境)培训。团中央将在继续组织实施百名团干部国外研修培训、中日青年交流计划、青年人力资源开发中国培训班、青年外事干部业务培训班、青年管理人才香港培训计划等项目的基础上,加大工作力度,新确定一批中长期培训合作项目和专题培训团组。到2005年,使以团地(市)委以上领导班子成员、全国优秀团员、团干部和全国先进基层团组织负责人为主要对象参加国(境)外学习培训、考察交流的不少于1000名。

(七)努力为在职学历教育创造条件。树立“大培训、大教育”的观念,在鼓励和支持团干部在岗自学的基础上,积极为团干部接受继续教育,改善专业知识结构创造条件。团中央将在支持中国青年政治学院积极申请硕士学位授予权的同时,争取中央党校和部分全国重点高校的支持,开展团干部学历教育,力争到2005年,为1000名左右团干部提供高等学历教育机会。

四、与时俱进，改革创新，认真落实团干部教育培训的各项保障措施

按照“三个代表”的要求，与时俱进，不断改革创新，建立和完善团干部教育培训工作新机制，切实落实各项保障措施，为全面完成教育培训工作任务提供有力保障。

（一）充分发挥团属院校在团干部教育培训中的主渠道作用。团属院校是团干部教育培训的主渠道。各团属院校要坚持正确的办学方向，搞好教学管理，加强教学研究，深化教学改革，努力提高教育培训质量，切实履行团干部教育培训基地的职能，担负起各项教育培训任务。中国青年工作院校协会要加大协调、推动团属院校之间的交流与合作的工作力度，为团属院校提供切实有效服务。

进一步加强业余团校的建设，充分发挥青少年宫、青少年爱国主义教育基地等团内教育培训阵地的作用，广泛利用各类社会教育培训资源，延伸团干部教育培训工作手臂，逐步建立多渠道、多形式、多层次的团干部教育培训网络。

（二）建设高素质师资队伍。根据事业单位人事制度改革的要求，完善教师职务聘任制和教师考核指标体系，建立优化教师队伍的有效机制；重视对现职教师特别是青年教师、教研骨干和学术带头人的培训，采取挂职锻炼、进修深造、承担重大研究课题、加强与党政群团机关和企事业单位的交流合作等方式，努力提高教师的政治素质、业务能力和教学水平；从具有较深理论功底和丰富实践经验的领导干部以及高等院校、科研单位的专家学者中选聘专职或兼职教师，逐步建立一支规模适当、结构合理、素质优良、专兼结合的胜任团干部教育培训工作的师资队伍。

（三）加强教材建设。在团中央教材编审委员会的统一指导、协调和规划下，由中央团校牵头，各地团校参加，从团干部教育培训的实际需要出发，以学习“三个代表”重要思想为重点，以《毛泽东邓小平江泽民论青少年和青少年工作》、江泽民同志《在纪念中国共产主义青年团成立80周年大会上的讲话》等重要著作为基本教材，按照“少而精”的原则，组织编写适应不同层次团干部需要的培训教材，切实把好编审关，逐步建立起科学合理的团干部培训教材体系。

（四）积极推进团干部教育培训信息化和教学手段现代化。结合全团信息化建设和“县县上网”工程，发展远程教育，逐步在全国团干部教育培训系统建立远程教学网。学习和运用现代教育培训方法，采用情景模拟、案例教学、对策研究等方式，提高学员的参与程度，注重能力培养。

（五）加大团干部教育培训经费的投入。要主动争取把团干部教育培训纳入党委、政府以及企事业单位干部教育培训整体规划之中，积极争取政策和经费支持。要广泛争取社会支持，努力建立团干部教育培训基金。团费的主要部分应用于团干部教育培训。

加强团干部教育培训经费的管理，不断提高经费的使用效益。团干部培训不得以营利为目的。要严格按照有关规定，坚决制止乱办班、乱收费、乱发证的不正之风。

（六）建立完善激励和约束机制。要按照《党政领导干部选拔任用工作暂行条例》的有关规定，把团干部参加培训的情况，作为干部选拔任用的依据之一。要建立并落实检查通报制度。各级团组织和团属院校，每年要对教育培训工作情况进行检查总结，连同干部培训统计表，一并报送上级团组织。各省级团委汇总后，报团中央组织部。从2002年起，团中央将对省级团委和省级团校开展团干部教育培训工作的情况进行抽查，并将抽查结果予以通报。

五、加强对团干部教育培训工作的领导

各级团委要高度重视团干部教育培训工作，列入重要议事日程，在制定团的发展规划、

研究部署工作时，将其作为一项重要内容，同步考虑，统筹安排。要重视并抓好团干部教育培训机构领导班子和队伍建设。要注意研究解决团干部教育培训工作中的重大问题，抓好督促检查，推动各项工作任务的落实。

建立健全团干部教育培训工作领导机构。地市以上团委都应建立团干部教育培训工作领导小组，明确一名负责同志挂帅，办公室、组织部、宣传部、团校等部门(单位)主要负责同志参加，以加强领导和协调，各司其职，形成合力。各县(市)和基层团委要明确一名负责同志分管，并确定专人从事团干部教育培训工作。

各级团委组织部门作为团干部教育培训工作的职能部门，要切实履行综合协调、归口管理的职责。要采取切实措施，加大团干部调训力度，提高调训率。有条件的地方，可以结合教育培训，试行团干部岗位资格证书制度。要规划、协调好各部门的教育培训的内容和班次，避免出现多头重复培训的现象。各单位举办的各类培训班，事先要报同级团委组织部门备案。

团干部培训是一项涉及方方面面的工作。各级团组织要积极争取党组织的重视和领导，将团干部教育培训工作纳入党的干部教育培训工作的整体规划之中。要与党政有关部门和单位密切联系，加强沟通，取得具体帮助，为做好干部教育培训工作创造条件。

各地、各系统可参照本规划的要求，根据实际情况，制定具体的实施意见。

八、宣传

共青团中央、教育部关于实施青年志愿者支教扶贫接力计划有关政策的意见

1998年7月6日

各省、自治区、直辖市团委、教委，全国铁道团委、铁道部教育司，全国民航团委、民航总局科技教育司，中直机关团工委，中央国家机关团工委：

为了更好地服务于科教兴国战略和国家“八七扶贫攻坚计划”，充分开发青年人力资源，促进广大青年在实践中锻炼成长，加强社会主义精神文明建设，同时缓解贫困地区教师数量不足、质量偏低的问题，根据中央领导的指示，中央文明办、共青团中央将从1998年开始组织实施青年志愿者支教扶贫接力计划。这项计划以公开招募、定期轮换的方式组织具有一定文化水平的青年志愿者到贫困地区从事一至二年中、小学教育和科技、文化、医疗等方面的志愿服务。为了进一步贯彻落实《中共中央办公厅、国务院办公厅关于转发中共中央组织部、国家教育委员会、人事部〈关于从党政机关和事业单位选派人员支援基层教育工作的指示〉的通知》(中办发〔1996〕23号)的精神，使支教扶贫接力计划扎实有效地实施，特

提出如下意见：

一、经商人事部，参加支教扶贫接力计划的机关事业单位正式职工（含参加工作的应届大中专毕业生），志愿服务时间可计算工龄；参加支教扶贫接力计划的专业技术人员，在专业技术职务评聘中与学历、资历等条件相同的其他人员同等对待，工作成绩突出的可根据岗位需要予以优先推荐评审。

二、应届大学毕业生录取研究生，参加支教扶贫接力计划的，可保留研究生入学资格。服务期间由招募单位发给基本生活费。

三、应届大学毕业生参加支教扶贫接力计划的，应先落实就业单位并办理好派遣报到手续；毕业后直接从事教育教学工作的，服务期间计算教龄。

四、各有关部门要积极创造条件，支持广大青年按照自愿的原则参加支教扶贫接力计划，妥善解决他们的实际困难，使他们安心在贫困地区做好志愿服务工作。

以上意见请各有关部门认真贯彻执行。

共青团中央关于认真学习江泽民同志在纪念党的十一届三中全会20周年大会上的重要讲话的通知

1998年12月21日

共青团各省、自治区、直辖市委，总政组织部，武警总部政治部，全国铁道团委，全国民航团委，中直机关团工委，中央国家机关团工委，中央金融团工委：

江泽民总书记在纪念党的十一届三中全会召开20周年大会上的重要讲话，高举邓小平理论伟大旗帜，深刻阐述了十一届三中全会的历史地位和伟大意义，全面回顾了我国改革开放20年来取得的巨大成就，科学概括了建设有中国特色社会主义的宝贵经验和基本规律，是指导我国社会主义现代化建设的纲领性文献。各级团组织要把组织广大团干部和团员青年认真学习、深刻领会江泽民总书记的重要讲话做为当前的一件大事，高度重视、精心部署，使他们通过学习，进一步统一认识，振奋精神，在党的领导下满怀信心地把建设有中国特色社会主义事业全面推向新世纪。为此，特通知如下：

一、在帮助广大团干部和团员青年全面了解改革开放以来我国社会主义现代化建设取得的巨大成就上下功夫。各级团组织要通过学习《讲话》，帮助广大团干部和团员青年深刻领会十一届三中全会以来的20年，是我们党团结和带领全国各族人民，解放思想、实事求是，同心同德、锐意进取，进行建设有中国特色社会主义的历史性创造活动的20年，是在建国以后取得重大成就的基础上又取得举世瞩目巨大成就的20年。广大青年是改革实践的积极参与者和最大受益者。要通过这20年取得的巨大成就和现代化建设的光明前景，激励广大青年充分认识十一届三中全会以来党确立的基本理论、基本路线、基本纲领和一系列方针政策是完全正确的，从而进一步坚定建设有中国特色社会主义的信念，以更大的信心和热情夺取改革和建设的新胜利，把建设有中国特色社会主义伟大事业全面推向21世纪。

二、在帮助广大团干部和团员青年深刻认识20年来改革开放和社会主义现代化建设的基本经验上下功夫。各级团组织要通过学习

《讲话》，帮助广大团干部和团员青年深刻领会讲话中全面总结的11个方面历史经验的科学性、正确性；深刻领会20年的历史经验归结到一点，就是把马克思主义的基本原理同中国的具体实际相结合，走自己的路，建设有中国特色社会主义；深刻领会邓小平理论是指导中国人民胜利实现社会主义现代化的伟大理论。要通过学习领会这些基本的经验和规律，引导广大团干部和团员青年增强高举邓小平理论伟大旗帜，坚持党的基本路线一百年不动摇的自觉性，坚定不移地沿着十一届三中全会以来开辟的建设有中国特色社会主义的正确道路前进。

三、在帮助和引导广大团干部和团员青年养成勤奋学习的良好风气上下功夫。江泽民总书记在《讲话》中专门提出，“要在全党养成勤奋学习的风气，并把这种风气大力推广到全国人民特别是广大青少年中去”。这充分体现了以江泽民同志为核心的党中央对青少年殷切希望。各级团组织要按照《讲话》的这一要求，采取各种行之有效的措施，在广大青少年中营造浓郁的学习氛围。要坚持不懈地用邓小平理论武装全团、教育青年，构筑起青年一代的强大精神支柱；要引导广大青少年紧跟时代前进步伐，树立终生学习的观念，用新世纪需要的新知识、新科技、新技能武装头脑；努力使广大青少年成为用邓小平理论和现代科学文化知识武装起来、能够担当起开创21世纪大业历史使命的生力军。

四、在结合实际上下功夫。要把学习《讲话》与“三讲”教育结合起来。团的各级领导干部要按照中组部、中宣部《通知》的要求，把《讲话》列入“三讲”教育的必读篇目，纳入学习计划，集中组织学习，同时切实担负起团干部和团员青年学习组织者的责任。要紧密联系广大团干部和团员青年的思想工作实际，使他们真正掌握《讲话》的精神实质，更加积极地投身到改革开放和现代化建设伟大实践中去，充分发挥改革和建设的生力军作用。学习《讲话》要同总结改革开放20年来在党中央的高度重视和社会各界的大力支持下共青团工作取得的成绩及经验相结合，同学习贯彻党的十五大、十五届三中全会和中央经济工作会议精神相结合，团结带领广大团员青年进一步解放思想、实事求是，加强学习、提高素质，开拓创新、艰苦奋斗，努力开创共青团工作的新局面。

共青团中央关于进一步加强共青团新闻宣传工作的意见

1999年3月8日

共青团各省、自治区、直辖市委，总政组织部，武警总部政治部，全国铁道团委，全国民航团委，中直机关团工委：

1999年是我们党和国家历史上具有特殊意义的一年，也是全团贯彻落实团十四大提出的各项任务的开局之年。今后一个时期，共青团新闻宣传工作的主要任务是：密切配合各类新闻媒体，有计划、有重点地报道共青团工作，为共青团工作实现跨世纪发展营造良好的舆论氛围；把握正确的舆论导向，加强新闻出版单位的管理工作，促进市场经济条件下青年报刊事业的改革和发展；建立、健全新闻评奖机制，推动新闻宣传工作的发展。

一、突出重点，加强协调，做好宣传报道工作

1. 今后一个时期，共青团新闻宣传工作的

指导思想是:在以江泽民同志为核心的党中央领导下,高举邓小平理论伟大旗帜,以党的十五大精神为指导,认真贯彻落实团十四大和团十四届二中全会精神,紧紧围绕党和政府工作大局和共青团工作跨世纪发展的总体目标,坚持团结、稳定、鼓劲,正面宣传为主的方针,牢牢把握正确的舆论导向,有计划、有重点地宣传共青团的重点工作。

2. 认真学习贯彻今年全国宣传部长会议精神和中央书记处对共青团新闻宣传工作的具体指示,按照团十四届二中全会通过的《共青团工作跨世纪发展纲要》确定的总体目标,抓住重大契机,做好共青团宣传报道的四项重点工作。一是围绕在邓小平理论指引下团结带领各族青年为实现党的跨世纪宏伟目标而奋斗的光荣使命,重点宣传各地通过组织青年深入学习邓小平理论,帮助青年牢固树立崇高理想和坚定信念,维护社会稳定,坚定不移地跟着党走建设有中国特色社会主义道路的实践和经验。宣传各级团组织注重提高团干部思想作风素质及各地团组织加强团的基层组织建设的典型和经验。宣传全团结合工作实际所形成的学习理论、学习现代经济知识、学习科技知识和学习历史的新气象。二是围绕纪念五四运动80周年的系列活动,重点宣传改革开放20年来共青团组织在带领广大团员青年积极投身经济建设主战场方面所发挥的作用,宣传共青团组织用青年典型引导青年,充分发挥开风气之先作用的教育实践。宣传共青团在支持和鼓励各行各业青年参与科技创新工作方面所做的努力。三是围绕建国50周年庆典活动,大力宣传共青团带领广大青年在企业改革、农村发展、城市建设、环境保护等方面取得的成果。四是以迎接澳门回归和新世纪的到来为契机,重点宣传共青团带领广大青年开展的爱国主义主题教育活动。宣传共青团组织引导广大青年立足岗位做贡献,为实现中华民族全面振兴而奋斗的实践。

3. 加强新闻协调和新闻策划。一是加强新闻协调。团中央宣传部将定期给中央主要新闻单位提供《共青团季度重点工作报道计划》。团中央机关各部门、各省级团委要在每季度的第二个月将下一季度的工作计划通报团中央宣传部,团中央宣传部汇总后报书记处,拟定下一季度重点工作报道计划,送中央主要新闻单位。团中央宣传部不定期召开新闻通气会,对重大活动进行专门协调。各省级团委要指定专人作为“新闻宣传联络员”,围绕团的重点工作收集新闻线索,主动报送团中央宣传部。二是加强新闻策划。结合全团的整体工作,选取导向正确、新闻性强的题材,报经书记处审定后,策划重点报道。中国青年报和中国青年杂志是团中央的机关报和机关刊,要进一步加大对共青团工作,特别是基层团组织工作报道的力度。

4. 加强对新形势下新闻规律的学习和研究。为确保新闻宣传达到预期效果,要注重对市场经济条件下新闻规律的研究。要在新闻规格,新闻背景,新闻创意和新闻艺术上狠下功夫。青年题材要有青年特点,不要就团论团。要着眼于广大青少年和社会需求,努力探索在改革开放和社会主义市场经济条件下新闻宣传工作的规律,不断把共青团的新闻宣传工作提高到一个新的水平。

二、把握正确舆论导向,推动青年报刊走健康发展的道路

1. 青年报刊要始终坚持正确的舆论导向,把坚定正确的政治方向放在第一位。今后一个时期,青年报刊工作总的指导思想是:以邓小平理论和党的基本路线为指导,以共青团工作和广大青年的生动实践为基础,努力创造良好的舆论氛围,为共青团事业发展和青年一代建功成才服务。舆论导向是事关报刊贯彻党性原则、事关全党全国工作大局的问题。各级团组织和青年报刊领导班子要强化对舆论导向的重要性的认识,坚持“政治家办报”的原

则,要形成防范和纠正在舆论导向上出问题的有效机制。在宣传报道上,要与党和政府的大政方针保持高度一致,要遵守党的宣传纪律和国家有关新闻出版法规。尤其需要注意的是,坚决禁止刊载有颠覆国家、反对党、破坏法律、泄露国家机密、破坏民族团结、宣扬凶杀淫秽、妨害司法机关审案等内容的稿件。涉及到反映党和国家领导人的文章、图片,有关省部级干部的题材、军事题材、"文革"题材、台港澳的题材,要按规定送审。报道社会热点问题和敏感问题要持慎重态度。进行舆论监督要树立正确的舆论监督观,注意把握好度。舆论导向出现偏差时,青年报刊和主管主办的团组织要认真查找原因,采取切实措施,坚决予以纠正。

2. 各级团组织要加强对青年报刊的领导,高度重视青年报刊工作,做到全团办报。这是党的报刊工作中"全党办报、群众办报"的思想在共青团报刊工作上的体现。各级团组织既要加强对青年报刊的政治领导,把握好舆论导向,也要研究和支持青年报刊走市场发展的道路,做到管理和服务并重。各省(区、市)和主要城市团委的一把手要同青年报刊建立经常的工作联系,克服对青年报刊重视不够的倾向。注意研究青年报刊,按照新闻出版规律管理青年报刊。同时,各级团组织要充分发挥青年报刊团结、教育、引导青少年的积极作用,为共青团事业和青少年成长服务。要加强青年报刊队伍建设,努力培养一支政治强、业务精、纪律严、作风正的青年报刊工作者队伍。同时,做好中国青年报和中国青年杂志的发行工作,是贯彻全团办报思想的一个重要工作。全团上下要提高认识,共同努力,确保完成发行任务,进一步提高中国青年报、中国青年杂志在广大团员青年中和全社会的影响力。

3. 目前全国100多家青年报刊中80%以上由共青团主管主办,40%以上是共青团组织的机关报、机关刊。青年报刊作为我国报刊界的一支重要力量,是共青团和青年工作的重要舆论阵地,是党和人民的喉舌。进入90年代后,青年报刊面临激烈的竞争,处于从扩大规模数量为主向提高质量效益为主转变的过程,存在各种各样的困难。如何推动市场经济条件下青年报刊的发展,成为各级团组织和青年报刊的重要任务。随着改革的进一步深化,传统的经营模式必将被市场经济条件下新的管理模式所取代。青年报刊只有加快自身的改革和发展,才能实现事业发展。要科学规划定位,适应报刊业地域化和对象化的发展趋势,满足一定地域特定青少年群体的需求。要适应报刊产业化和集团化的发展规律,尽快实现资源共享,优势互补,形成合力。要提高报刊管理水平,实现报刊机制创新。

三、建立和完善新闻奖励体系和评奖机制

新闻评奖作为一种重要的工作资源,是共青团新闻宣传工作的一个激励、导向手段。目前,团中央关于新闻宣传的奖项有三个,一是"五四新闻奖"评选,由团中央和中国记协共同主办,是经中宣部批准的常设全国性新闻奖,每年评选一次,面向全国新闻单位;二是青年报刊"好新闻、好作品、好活动"评选,由团中央宣传部、新闻出版署报刊管理司和中国青年报刊协会主办,每两年评选一次,面向团属报刊为主的青年报刊;三是"全国优秀青年报刊工作者"评选,由团中央主办,是共青团系统常设的新闻出版奖项,每五年评选一次,面向青年报刊的记者编辑和经营管理人员。这三个奖项对象、范围不同,各有侧重,形成了以五四新闻奖为龙头的全团性的新闻评奖体系。"五四新闻奖"的初评组织单位是各省级团委宣传部,"全国优秀青年报刊工作者"候选人由各报刊经省级团委宣传部批准后推荐,今年起,青年报刊"好新闻、好作品、好活动"评选的推荐作品也要经各省级团委宣传部审定。各省级团委要高度重视并切实做好各奖项的初评组织工作。要精心挑选,努力发掘青年新闻报道领域的精品力作,参评作品题材要丰富多样,要充分反映在改革开放的

大背景下青年领域的新事物、青年一代的新风采和共青团工作的新格局。作品形式要多样化,文字、图片、电视、广播要兼顾起来,抓好重点报道和深度报道。通过精心的组织工作,真正提高参评作品的质量,提高奖项的科学性、权威性,创出奖项的品牌。各省级团委要加强同当地记协和有关新闻单位的联系与合作,积极争取当地政府有关部门的支持。有条件的省级团委也应建立自己相应的新闻奖项,逐步形成良好的评奖工作机制。要把评奖的过程办成一个激励、提高的过程,通过举办有关评奖的座谈会、学习班、研讨班等,开展共青团新闻宣传学习研讨,推动团的新闻宣传理论研究工作,培养新闻宣传人才。要充分认识新闻奖项作为共青团新闻宣传工作重要资源的作用,以办事业的方式做好新闻评奖工作。

以"五四新闻奖"为龙头的共青团新闻奖励体系,对繁荣青年题材的新闻创作,推动共青团新闻宣传领域多出精品、多出人才,推动共青团新闻宣传工作的发展,发挥了积极作用。各省级团委要进一步发挥新闻评奖的激励、引导功能和社会影响。通过多种形式,调动新闻工作者宣传报道青年和共青团工作的积极性,推动新闻单位和全社会关注青年和青年事业良好氛围的形成。

共青团中央关于推进中国青少年新世纪读书计划的意见

1999年3月15日

共青团各省、自治区、直辖市委,总政组织部,武警总部政治部,全国铁道团委,全国民航团委,中直机关团工委,中央国家机关团委,中央金融团工委:

为响应江泽民总书记"大兴勤奋学习之风"的号召,团的十四届二中全会通过的《共青团工作跨世纪发展纲要》把实施中国青少年新世纪读书计划(以下简称新世纪读书计划)摆在了十分重要的地位,提出要引导青年树立终身学习的观念,推动青年面向新世纪,形成以新知识、新科技、新技能为主要内容的学习热潮。为扎实推进新世纪读书计划,团中央特提出如下意见。

一、新世纪读书计划的总体构想

新世纪读书计划是以团组织为主导,在社会各界的支持下,组织青少年开展读书活动并为他们提供服务的工作项目。其宗旨是着眼于新世纪对人才素质的要求,推动广大青少年形成学习知识的热潮。该计划主要由三个支点构成:以网络建设为基础,以主题活动为牵动,以指导措施为导向。三者有机配合,共同构成新世纪读书计划的运行机制。

二、构建读书网络,打好实施新世纪读书计划的基础

读书网络由两个系统组成:一是以组织开展读书活动为重点的新世纪读书俱乐部系统;二是以提供信息、提供书籍为重点的新世纪书屋系统。二者均以服务读者为目标。

1. 普遍建立新世纪读书俱乐部,凝聚广大青少年读者。

各级新世纪读书俱乐部的主要职能是:组织开展形式多样的读书活动;为青少年提供导读、评介等服务;促进青少年读书群体之间的交流和联谊;发展会员、收缴会费并进行管理等。

企业、农村(乡镇和有条件的村)、机关、学

校、科研院所、街道等基层团组织，通过发展个人会员的方式挂牌建立新世纪读书俱乐部。县以上团组织以发展集体会员为主、发展个人会员为辅的方式挂牌建立新世纪读书俱乐部。这类俱乐部往往规模较大，工作任务重，因此可以聘请专门人员协助俱乐部实施管理和开展活动。有条件的团组织可直接面向社会，根据青少年读者的年龄层次、兴趣爱好、专业特点等，建立不同类型的读书俱乐部，或把青少年中业已存在的读书社团、兴趣小组等改建成新世纪读书俱乐部。

团中央已联合有关部委，成立中国青少年新世纪读书计划指导委员会和中国青少年新世纪读书计划组织委员会，以争取党政部门和社会各界对青少年读书活动的指导和支持，做好青少年新世纪读书计划的长远规划和监督实施等工作。各地可成立相应的机构。团中央将组建“中华青少年新世纪读书俱乐部”，作为新世纪读书计划的专门工作机构，这个读书俱乐部的主要工作职责：一是组织开展全国性读书活动；二是指导各地建立读书俱乐部；三是指导新世纪书屋的建设、运作和管理。中华青少年新世纪读书俱乐部具有图书批发权，协调全国性的图书出版部门商定相应折扣，统一向各地的新世纪书屋和中华青少年新世纪读书俱乐部的个人会员提供优质书籍。

2. 重点建设一批新世纪书屋，为读书俱乐部会员提供便捷的供书渠道和稳定的活动阵地。

新世纪书屋作为中华青少年新世纪读书俱乐部在各地的图书销售代理机构，是为读书俱乐部会员提供服务的经济实体。其基本职能是：为俱乐部会员提供优惠售书服务；开展图书租借服务；为青少年读书活动提供场所等。有条件的读书俱乐部建立书屋，首先应征得省级团委的同意。同时积极争取社会各方的支持，并根据中华青少年新世纪读书俱乐部的有关要求进行建设。中华青少年新世纪读书俱乐部将与书屋签订经济合同，通过直接投资、业务管理（购书折扣、信息等）、名称授权等方式对书屋实施管理。

各省（区、市）发展的读书俱乐部会员数达到中华青少年新世纪读书俱乐部的有关指标，中华青少年新世纪读书俱乐部将授权省级读书俱乐部指定或建立书屋作为中华青少年新世纪读书俱乐部在该地区的总代理，负责本地所有新世纪书屋的图书批发业务。

新世纪读书俱乐部和新世纪书屋之间职能互补，相互促进，共同发展。俱乐部利用书屋的阵地依托和服务功能，组织和吸引更多的青少年参与读书，不断拓展活动的覆盖面；书屋根据俱乐部会员的读书需求发布图书信息，开展优惠售书、图书租借、举办读书服务活动等，及时为会员提供又多又好的图书。书屋将通过多方面服务，扩大社会影响，吸引更多读者，最终实现在市场中自我生存、自我发展。

三、开展主题读书活动，不断形成新世纪读书计划的热点和高潮

各地团组织要大力组织和动员广大青少年开展主题读书活动，要把“迈向新世纪”作为今后一段时期总的工作主线，动员社会各方面的力量，根据党和政府的工作重心、经济社会发展的热点和青少年关心的话题，结合重大节日、纪念日，确定阶段性活动主题；也可以将普及各学科领域的基本知识（如经济、管理、电脑网络、农村实用生产技术、环保等）作为主题，通过举办读书会、专题讨论会、演讲会、辩论赛、征文赛、知识竞赛等，有计划、有步骤地开展主题读书活动。要立足青少年的读书需求，定期或不定期邀请专家学者以及图书出版发行单位举办讲座、报告、座谈等活动，并为青少年提供信息咨询、推荐书目、导读导购、优惠售书等集中的服务。各级团组织要充分运用新世纪读书论坛、新世纪读者日等载体开展主题读书活动，并结合实际，不断丰富主题读书活动的内容和形式，以主题活动牵动全团，不断

形成读书学习的热点，引起社会舆论的关注，提高新世纪读书计划的知名度，使新世纪读书计划能够长期持久地影响社会、影响青少年。

四、强化指导措施，为青少年读书活动提供导向

1. 设立新世纪读书榜。

新世纪读书榜既是引导广大青少年读好书、读新书的重要举措，也是青少年读书情况的客观反映。为确保新世纪读书榜具有较高的科学性和权威性，团中央将在中国青少年新世纪读书计划组织委员会推荐书目的基础上，委托专门机构建立科学的统计评价指标体系，综合专家学者、读书俱乐部会员以及图书出版、发行和新闻单位的意见共同议定全国级的新世纪读书榜，以中国青少年新世纪读书计划组织委员会的名义推出，并在全国性的传媒上公布。各地的读书俱乐部要积极参与读书榜的书目推荐和评定工作。

2. 编写《青少年新世纪丛书》。

《青少年新世纪丛书》是新世纪读书计划的重点读物。为了帮助青少年更好地学习新知识，引导他们在读书过程中养成全新的学习观念，提高学习能力，团中央将邀请各学科领域一流的专家学者针对青少年特点，编写《青少年新世纪丛书》，深入浅出地介绍各学科的基础知识和最新成果。各地要积极配合做好该丛书的宣传、发行等工作。

3. 组建新世纪读书计划专家指导团。

新世纪读书计划专家指导团是为青少年读者提供直接的指导和服务、促进基层读书活动扩大影响、提高质量和水平的重要手段。中国青少年新世纪读书计划组织委员会将聘请全国著名专家学者，以义务指导的方式，赴部分城市、厂矿、学校、农村为青少年读书活动开展巡回报告、讲座、座谈等。各地团组织要大力发挥城市科技、文化、信息、人才等优势，定期或不定期组织当地专家学者深入基层的读书俱乐部开展活动，努力扩大活动覆盖面和影响面。

4. 建立新世纪读书计划基金。

团中央将积极筹建“中国青少年新世纪读书计划基金”，为实施新世纪读书划提供保障。各地可根据情况设立新世纪读书计划基金。

五、工作要求

1. 加强领导，真抓实干。新世纪读书计划是共青团贯彻落实党中央要求、服务科教兴国战略、服务青年成长成才的重要举措，是团的十四大后推出的一个全团性重点工作项目。今年是新世纪读书计划的启动推进年，各级团组织要高度重视，精心组织实施，创造性地开展工作，把团中央的工作部署一一落到实处，真正在教育、服务青少年方面办实事。切忌走过场，搞形式主义。

2. 服务大局，把握正确的政治导向。引导青少年读书、为青少年推荐书目、提供书籍是政策性很强的工作，有些工作政治上很敏感。各级团组织要从讲政治的高度出发，坚持把社会效益放在首位，着眼于教育、服务青少年。要在社会上、在青少年中形成正确的舆论宣传导向。同时也要按照市场规律办事，力求社会效益和经济效益的统一，促进新世纪读书计划持久开展。各级团组织要积极主动争取党政部门的指导、支持和监督，确保团组织把这件实事办好。

3. 确立社会化和市场化的机制，坚持活动开展和事业发展并举。各级团组织要努力发挥团组织的优势，充分挖掘社会资源，加强与文化教育、出版发行、新闻宣传等部门的联系和合作，以图书馆(室)、科技馆、社区活动中心等为阵地，广泛、扎实地开展形式多样的读书活动。要尊重市场法则，运用经济手段推进新世纪书屋建设，在市场经济中求得生存和发展。要坚持走活动开展和事业发展并举的道路，积极探索建立与新时期团的工作发展相适应的青少年读书活动网络及其运行机制，逐步使这个读书活动网络成为青少年文化产业的

组成部分，使新世纪读书计划发展成共青团服务于新世纪青少年成长成才的一个重要载体。

4. 加大宣传工作力度，注重形成统一品牌。舆论宣传是推进新世纪读书计划的重要手段，各级团组织都要增强通过多形式、多途径的宣传工作推进读书活动的意识和能力。有条件的团组织还应积极利用团属和社会报刊杂志以及电脑网络等开辟读书栏目、开办读书服务热线。要在实施规范管理的基础上，注意统一步调，形成活动声势，注重以宣传工作动员和引导广大青少年读书，以宣传工作牵动社会，在社会上打响新世纪读书榜、新世纪读书论坛、新世纪读者日等活动，形成以新世纪读书计划为统一品牌的共青团工作的新名牌项目。

5. 注意与团的其他工作有机结合起来，整体推进。新世纪读书计划是全团的一项重点工作，要注重把它纳入共青团工作的整体格局和评价体系，如：把读书活动作为一项指标，纳入入团、评优、评奖以及青少年宫建设、文明社区创建、青年文明号集体创建等工作，在团内形成各条战线共同促进青少年读书活动、整体推进新世纪读书计划的工作格局。

六、今年工作安排

1. 第一季度，各地团组织以建立新世纪读书俱乐部和新世纪书屋为工作重点，团中央将对若干城市开展这项工作进行指导。各地要广泛动员青少年开展新世纪读书论坛和新世纪读者日等多种形式的主题读书活动，形成浓郁的读书氛围。中国青少年新世纪读书计划组织委员会将适时在新闻媒体上公布新世纪读书榜，并组织新世纪读书计划专家指导团开展活动。

2. 第二季度，以纪念五四运动80周年为契机，在北京隆重举办“中国青少年新世纪读书论坛”，各地团组织大力开展丰富多彩的主题读书活动，共同形成青少年新世纪读书计划的第一个高潮。团中央将在适当时机召开现场工作交流会。

3. 第三季度，庆祝建国50周年，重点抓好“五十年辉煌，新世纪畅想”主题读书活动，形成青少年读书活动的热点和高潮。同时，团中央公布第二期新世纪读书榜，并推出《青少年新世纪丛书》的首批书籍。各省（区、市）网络建设具备初步规模。

4. 第四季度，以迎接澳门回归和世纪交接为主要内容，重点开展以“迈向新世纪”为主线的主题读书活动。团中央推出1999年度新世纪读书榜。同时，团中央将推出一批长期坚持学习科技知识和组织读书活动的典型，并开展“青少年新世纪读书计划组织奖”评选活动。

共青团中央关于在全团深入学习邓小平理论的意见

1999年3月26日

中共中央发出的《关于在全党深入学习邓小平理论的通知》指出，用邓小平理论教育广大青年特别是青年学生，是关系改革开放前途和21世纪国家面貌的大事，是坚持党的基本路线一百年不动摇的长远大计。要求共青团在广大团员青年中深入开展学习邓小平理论的活动，加强对青年学习邓小平理论各种组织的指导。江泽民同志强调，要在全党养成勤奋学习的风气，并把这种风气大力推广到全国人民特别是广大青少年中去。全团要按照党的

要求，根据团十四大和团十四届二中全会的部署，切实把用邓小平理论武装全团、教育青年放到各项工作的首要位置，进一步在广大团员青年中兴起学习邓小平理论的新高潮，推动全团的理论学习不断深入。

一、把用邓小平理论武装全团、教育青年放在全团工作的首位

1. 坚持不懈地用邓小平理论武装全团、教育青年，构筑起当代青年的强大精神支柱。各级团组织要引导广大团员青年紧密联系我国社会主义革命和建设事业的发展历程，联系新中国成立50年来特别是改革开放和现代化建设20年来取得举世瞩目成就的伟大实践，联系各自的思想和工作实际，充分认识邓小平理论的历史地位和指导意义，不断增强学习的自觉性。要深刻理解在改革开放和发展社会主义市场经济条件下、在世界范围各种思想文化相互激荡背景中，学习邓小平理论的极端重要性，引导团员青年切实增强学习和运用邓小平理论的紧迫感。通过深入学习邓小平理论，帮助青年牢固构筑起强大的精神支柱，坚持党的基本理论和基本路线不动摇，坚定不移地走建设有中国特色社会主义道路，为把我国建设成为富强民主文明的社会主义现代化国家，实现中华民族的全面振兴贡献青春、智慧和力量。

2. 紧紧围绕党的十五大主题兴起青年学习邓小平理论的新高潮。全团深入学习邓小平理论，要紧紧围绕党的十五大主题，在全面、正确领会和掌握邓小平理论的科学体系和精神实质上下功夫，在全面、正确领会和掌握党的十五大精神上下功夫，把全团的思想和行动进一步统一到党的十五大精神上来，把广大青年的热情和力量进一步凝聚到实现党的十五大确定的各项任务上来。

3. 在全团大兴学习之风。按照江泽民同志关于学习理论、学习现代经济知识、学习科技知识、学习历史的要求，团的干部和团员青年要认真研读邓小平著作，并同选学马列著作和毛泽东同志的著作结合起来，同学习十一届三中全会以来党和国家的重要文献、江泽民同志的重要讲话结合起来。还要努力学习其他知识，特别是反映当代世界发展的各种新知识。通过大兴学习之风，全面提高广大团干部和团员青年的思想道德和科学文化素质。

二、以团干部和青年学生为重点推动全团理论学习深入开展

4. 各级团干部特别是团的领导干部在理论学习中肩负着重要责任，应当发挥组织和带头作用。本着先学一步、学好一点的要求，做到团干部的理论学习走在团员青年的前面、团的领导干部的理论学习走在普通团干部的前面。完善学习制度，制定学习计划，作出具体安排，深入学习邓小平理论。同时，注重把理论学习同贯彻落实党的十五大精神和党的重大决策，同开展“讲学习、讲政治、讲正气”为主要内容的党性党风教育，同推动共青团工作的跨世纪发展，同加强团干部队伍建设紧密结合起来，不断提高理论学习的针对性和实效性。

5. 积极推动团员青年的理论学习。通过抓实践、抓社团、抓活动，引导青年学生深入学习邓小平理论。把大学生社会实践和中学生实践教育活动作为青年学生在实践中学习邓小平理论的重要途径。紧密结合经济社会发展中产生的、青年学生普遍关心的热点问题，有针对性地引导学生积极从邓小平理论中寻找认识和解决实际问题的答案。进一步发挥学联及各类学生社团在推动学生理论学习方面的积极作用。充分发挥学校的组织优势和学习研究优势，发挥课外活动阵地、第二课堂校园文化阵地的作用，开展行之有效的理论学习活动，创造生动活泼的学习局面。积极配合教育部门做好邓小平理论进教材、进课堂、进学生头脑的工作。紧密结合政府机构、国有企业、住房制度改革和加强农业基础地位、深化农村改革等重大举措，在青年职工和青年农民中广泛开展形式多样、有针对性的学习实践活

动，引导青年正确认识和理解改革中的新矛盾、新问题，自觉地服从和服务于改革、发展、稳定的大局。

6.积极探索适合青年特点的理论学习形式。根据当代青年的成长历程，针对不同的青年群体，采取不同的学习形式，侧重不同的学习内容，努力使邓小平理论在青年中入脑、入心。通过研讨会、培训班、巡回报告团、座谈会、专题讲座、读书知识竞赛、演讲比赛、征文比赛、成就展览等各种适应青年特点的学习形式，根据不同地区经济和社会发展实际，分层次、分阶段地开展学习活动，吸引更多的青年加入到学习中来，不断扩大青年理论学习活动的覆盖面。以重要节日、纪念日和重大历史事件为契机，进一步加强对青年的爱国主义、集体主义、社会主义教育，弘扬新时期创业精神，弘扬伟大的抗洪精神。

三、把全团的理论学习、理论研究和理论宣传有机结合起来

7.把邓小平理论的研究、宣传与全团的理论学习有机结合，使之相互促进，推动理论学习不断向深度和广度发展。各级团的宣传部门和团属新闻出版、教学研究机构，要密切配合，形成合力，积极营造浓厚的理论学习氛围。通过扎实开展一系列的学习活动、宣传活动、研究活动、实践活动及展示活动，进一步加强理论研究和理论宣传工作。

8.加强邓小平理论中关于青年和青年工作思想的研究。认真学习研究毛泽东、邓小平、江泽民关于青年和青年工作的重要论述，以邓小平理论为指导，探索改革开放和社会主义市场经济条件下青年和青年工作的发展规律，推动共青团工作实现跨越世纪的新发展。

9.加大理论研究的工作力度，制定和实施共青团青年和青年工作研究规划。针对青年思想和工作中存在的难点、疑点、热点问题，从理论与实践相结合的角度创作一批理论文章，编辑出版一批通俗理论读物。通过新闻媒体定期公布优秀青年理论文章和青年通俗理论读物排行榜，逐步形成面向广大青年的出版、推荐和阅读的系列化理论学习体系，满足广大青年学习理论的需要。各级团校要加强理论教材建设，把邓小平理论的学习和研究纳入课程体系和教学计划。

四、切实加强对青年各种学理论组织的指导

10.重视发挥青年中各种学理论组织的作用。近年来，在青年中成立的理论研究会、业余党校、业余团校、学习理论小组、学党章小组、读书小组等各种学理论组织在青年学习邓小平理论活动中发挥了积极作用，受到了广大青年的欢迎。各级团组织要重视发挥这些青年学理论组织的作用，把青年中蕴藏的学习理论的主动性和积极性引导好、保护好、发挥好。

11.加强对青年学理论组织的指导和管理。帮助他们把握正确导向，制定学习计划，丰富学习内容，提高学习质量。建立学理论组织的联席会议制度，定期规划和实施学理论工作，引导学理论组织始终保持正确的学习方向。注重对各种青年学理论组织中学习骨干的指导和培养，积极组织他们参加各种交流与培训活动，切实提高他们的思想政治素质，发挥他们在青年学理论活动中的示范引导作用。注意及时总结推广青年学理论组织的好做法、好经验，推动青年学理论组织健康发展。积极争取有关部门在提供学习阵地、购买学习资料、创办内部学习交流刊物等方面的政策支持，为学理论组织开展学习创造良好的环境和条件。

五、努力形成持久开展理论学习的机制

12.建立健全理论学习的领导责任制。各级团组织特别是县级以上团组织要把加强理论学习，建立健全理论学习的领导责任制作为一件大事来抓，逐步形成一把手负总责、带头抓，领导班子成员结合分工抓，有关部门共同抓的工作格局，一级抓一级，一级带一级，确保理论学习的各项任务、要求和措施落实到位。

加强对理论学习工作的考核，把开展理论学习工作的情况作为考察和评价团干部特别是团的领导班子、团的领导干部的重要内容。

13. 建立和完善各级团干部的学习培训制度。重点抓好县级以上团干部的理论培训工作。采取切实措施为团干部参加理论学习培训创造条件。进一步完善县级以上团委中心组学习制度，建立健全团干部培训制度，使团干部理论学习经常化、制度化。进一步发挥各级团校和其他培训阵地在促进团干部理论学习方面的作用。

14. 加强对团干部学习理论的督促检查工作。建立督促检查制度，逐步把学习情况与年度考核相结合、与评优评先相结合、与团干部的选拔任用相结合，推动团干部在理论学习的自觉性、理论政策水平及用理论指导实践的能力等方面都得到明显的提高。

15. 通过在广大青年中开展讲理想、讲道德、讲法制活动，推动青年的理论学习扎实持久、不断深化。通过召开理论学习经验交流会、在新闻媒体开辟理论研究成果展示园地、创办理论学习信息与交流刊物等多种形式，发掘和推广基层团组织开展学理论活动的好做法、好经验，用典型的力量推动青年学理论活动的深入开展。

六、坚持理论联系实际的马克思主义学风

16. 弘扬理论联系实际的马克思主义学风是能否兴起理论学习新高潮和理论武装工作能否取得成效的关键。全团要始终坚持解放思想、实事求是的思想路线，按照“要以我国改革开放和现代化建设的实际问题、以我们正在做的事情为中心，着眼于马克思主义的运用，着眼于对实际问题的思考，着眼于新的实践与新的发展”的要求，一切以“三个有利于”为根本判断标准，在团内大力倡导认真学习、民主讨论、积极探索、求真务实的良好风气。

17. 加强青年理论工作者队伍建设。积极鼓励青年理论工作者深入实际、深入基层、深入青年，努力成为政治坚定、思想敏锐、学识渊博、联系实际的马克思主义青年理论工作者。

18. 紧密结合改革开放和现代化建设的生动实践，更好地把理论学习活动引向深入。紧密结合青年思想实际，引导青年进一步认识邓小平理论对自身成长与发展的重要指导意义，在改造客观世界的同时努力改造自己的主观世界，牢固树立正确的世界观、人生观和价值观，在建设有中国特色社会主义伟大实践中建功成才。

共青团中央关于印发《青少年宫管理工作条例》的通知

1999 年 5 月 21 日

共青团各省、自治区、直辖市委：

党的十一届三中全会以来，团中央十分重视青少年活动阵地的建设，并于 1992 年下发了《青少年宫管理工作条例》，对于推动全团阵地建设，加强对阵地的管理，起到了积极的作用。近年来，在各级党政的大力支持下，经过全团上下的共同努力，青少年活动阵地建设取得了长足发展。目前，全国青少年宫、营地总

数已达1200余所，固定资产总额突破100亿元，专职工作队伍5万余人。随着社会主义市场经济体制的逐步完善，青少年宫的运行机制和社会功能发生了较大变化，原有《条例》已经不能适应新形势的需要。为更好地发挥青少年活动阵地在社会文化教育领域中的作用，把青少年宫真正办成共青团组织联系和团结广大青少年的纽带，思想教育的基地，学习科技文化知识的课堂和陶冶身心的场所，团中央特对《青少年宫管理工作条例》进行了较大的修改和补充，现印发给你们，望结合实际认真贯彻落实。

青少年宫管理工作条例

第一章　总则

第一条　为加强青少年文化建设，更好地发挥青少年宫在社会文化教育工作中的重要作用，促进青少年文化事业的健康发展，特制定本条例。

第二条　本条例所称青少年宫（包括青年宫、青少年宫、少年宫、青少年活动中心），是指由政府批准建立，各级共青团组织管辖或参与管理的青少年社会文化教育事业单位。

第三条　青少年宫是共青团组织联系和团结广大青少年的纽带，是向青少年进行社会主义教育的课堂，是广大青少年学习科技文化知识、开展文体娱乐活动的场所。

第四条　青少年宫应以社会效益、人才效益为主导。在保证社会效益的前提下，努力实现社会效益、经济效益和人才效益的有机统一。

第五条　青少年宫的宗旨是努力培养和造就大批有理想、有道德、有文化、有纪律的符合现代化建设要求的合格人才。

第六条　青少年宫必须坚持面向未来、面向现代化、面向全社会、面向广大青少年的服务方向，积极发展青少年文化教育事业，为社会主义物质文明和精神文明建设服务。

第二章　工作任务

第七条　青少年宫的基本任务

（一）运用各种文化艺术手段，寓教于乐，在培养青少年兴趣爱好的同时陶冶情操，进行爱国主义、集体主义、社会主义宣传教育，树立正确的世界观、人生观、价值观。

（二）为适应社会发展和青少年成长成才的需要，大力开展新知识、新技能的普及工作，努力把青少年宫建成培养人才的摇篮。

（三）通过组织丰富多彩的文体科技活动，举办各种类型培训班普及文艺、体育、科技知识，通过组织开展具有导向性、示范性的大型文体科技活动，引导青少年文化的健康发展。

（四）积极帮助青年学习掌握必要的生活知识，进行劳动就业指导。

（五）加强宫际交流，取长补短，相互促进，按照有关规定，努力开展国际文化交流活动，增进各国和地区间青少年的了解与友谊。

第八条　积极争取和依靠党和政府的支持，与文化、教育、体育、工会、妇联、科协等方面合作，开展青少年社会教育工作。

第三章　青少年宫的设立、管理及使用

第九条　各省、自治区、直辖市应设立省级青少年宫；地市级行政区应设立地（市）级青少年宫；县级行政区要创造条件建立青少年宫。

第十条　团中央宣传部受团中央书记处委托，行使对全国青少年宫工作的协调、指导和系统管理等职能。全国青少年宫协会在团中央宣传部的指导下开展工作。

第十一条　省级团委宣传部（省青教办）负责对本地区青少年宫工作的指导和考评，创造条件成立省级青少年宫协会，制定措施加大对青少年宫管理力度，指导本地青少年宫开展工作。

第十二条　县级以上地方团委作为所辖

青少年宫的主管部门负责对其工作的指导和监督。

第十三条 青少年宫工作将作为对其主管团委工作考核的重要内容之一。

第十四条 团的各级组织有责任保护青少年宫的合法权益，保证青少年宫场地不被侵占，人、财、物不被挪用。

第十五条 任何组织和个人不得侵占青少年宫的场地，改变青少年宫的使用性质。

第十六条 拆迁青少年活动场所，必须符合以下要求：

（一）按照原有的性质规模重建。

（二）重建青少年宫的选址应充分考虑到青少年特别是少年儿童参加学习、活动的方便，将市中心区域内的青少年宫迁到中心区域外的，应当严格控制。

（三）具备重建青少年活动场所的资金。

第十七条 青少年宫建设属于社会公益性事业，要积极争取将其纳入国家和地方社会发展的总体规划之中。

第十八条 青少年宫作为当地同级团组织的一个直属事业单位，具有相对独立的业务工作体系。

第十九条 各级青少年宫要根据精简高效的原则，按照事业发展需要，科学合理地设立内部机构与岗位。

第二十条 青少年宫参加和举行跨行业、跨系统、跨区域的全国性评比表彰、授予各类称号及其他各类大型活动，须经省级以上团的主管部门统一审批备案。

第二十一条 为补充经费不足，青少年宫在坚持社会效益前提下，按照有关政策开展的以文补文多种经营活动，主管部门要给予重视和支持，加强管理和指导，以文补文和多种经营的税收问题，应按国家科教、文、卫系列有关规定给予优惠和减免，以增强自我造血功能，加快青少年宫建设发展步伐。

第四章　工作人员

第二十二条 青少年宫主任必须具有大专以上学历，并具有从事社会文化、社会教育的实际工作经验，有较强的经营管理能力。

第二十三条 为保证青少年宫工作正常开展，各级青少年宫须设专职主任。

第二十四条 青少年宫实行主任负责制。地市级以上青少年宫主任每届任期四年，县级青少年宫主任每届任期三年。在任期内要保持相对稳定，青少年宫主任作为青少年宫的法定代表人，依照有关规定行使管理职能。

第二十五条 青少年宫主任应有明确的任期目标，主任任期期满后，需经同级团委和上级团委职能部门组成的考核小组对其进行考核，考核合格者可以连任。

第二十六条 青少年宫主任由同级团委任免，上级团委职能部门审批备案，省级和省会城市青少年宫主任的任免需统一填写团中央印制的表格并报团中央宣传部备案。

第二十七条 青少年宫副主任由主任聘任，报同级团委批准。

第二十八条 省、地（市）级青少年宫主任应参加团中央与国家行政学院联合举办的文化管理干部培训班，培训合格者方可上岗。

第二十九条 青少年宫除配备必要的行政和经营管理人员外，从事教育教学一线业务人员的比例不少于人员总数的70%。

第三十条 青少年宫的工作人员应具备以下条件：

（一）坚持党的基本路线，热爱青少年教育事业，有较强的敬业精神。

（二）具有良好的思想道德素质，遵纪守法，为人师表。

（三）从事青少年宫教育教学一线的教师应具有较强的业务能力，地级以上青少年宫教师文化程度应在大专学历以上，县级青少年宫教师应在中专以上。

（四）青少年宫的部门管理人员应具备相

关专业知识，有一定组织及社会活动能力。

第三十一条　青少年宫要做好在职人员的思想政治工作和业务培训工作，并为他们的政治、业务进修提供条件，不断改善职工的生活福利待遇。

第三十二条　青少年宫工作人员实行专业技术职务聘任制。

第三十三条　青少年宫可以依照有关规定面向社会公开招聘人员。

第三十四条　青少年宫专业人员的职称评定工作，可按照国家人事部、劳动部及中央职称改革领导小组有关文件精神执行，纳入经济、劳动、教育等专业系列职称评定范围。

第五章　表彰与奖励

第三十五条　团中央与有关部门向对青少年宫事业发展做出显著成绩的单位或个人定期给予表彰，并授予荣誉称号。各省（区、市）对在青少年宫事业中做出显著成绩的单位或个人也应定期表彰，并授予荣誉称号。

第六章　经费

第三十六条　青少年宫属政府设立的青少年社会文化教育场所，是精神文明建设的窗口单位，其工作经费应列入当地政府科教、文、卫财政预算。

第三十七条　各级团组织应确保青少年宫有一定的经费保障。

第三十八条　青少年宫由政府划拨的经费和以文补文多种经营所得，任何单位和个人不得平调和挪用，亦不得因此而抵减青少年宫预算内经费。

第三十九条　青少年宫的基本建设（含新建、改建、扩建）投入，列入当地政府基建投资计划并组织实施。

第七章　附则

第四十条　本条例由共青团中央宣传部负责解释。

第四十一条　本条例自颁布之日起实行，共青团中央1992年下发的《青少年宫管理工作条例》同时废止。

共青团中央、教育部关于做好青年志愿者扶贫接力计划支教工作的通知

1999年6月9日

各省、自治区、直辖市团委、教委、教育厅，广东省高教厅，国务院有关部委教育司（局），各部（委）属高等院校：

1996年以来，各级团组织和青年志愿者协会以公开招募和定期轮换的方式，从发达地区、大中城市招募受过高等教育的青年，派遣到贫困地区开展基础教育、师资培训等志愿服务工作，对促进贫困地区教育事业的发展，促进青年在实践中锻炼成长起到了积极的作用。1998年共青团中央、教育部就实施青年志愿者支教扶贫接力计划的有关政策联合发文（中青联发〔1998〕28号），为参加扶贫接力计划的青年志愿者在工龄、教龄等方面提供了政策保障。为了在全国更大范围内实施青年志愿者

扶贫接力计划,根据中央领导的指示,共青团中央、教育部决定从 1999 年开始,共同组织青年志愿者扶贫接力计划支教工作。现将有关事项通知如下。

一、招募工作

招募工作由各省(区、市)、副省级城市团委、青年志愿者协会负责,各地教育部门和各高校积极配合,采取组织招募和社会招募相结合的方式,招募以下人员参加扶贫接力计划支教工作。

1. 在全国师范类高等学校和其他高等院校教育专业中招募具有较高师范教育水平的教师到扶贫接力计划受援点培训、轮训乡村教师,时间为半年到 1 年。

2. 在发达地区中小学校招募具有一定教学经验的青年教师参加扶贫接力计划,时间为一至二年。

3. 从已取得硕士研究生入学资格的大学本科生中招募志愿者组成研究生支教团,参加扶贫接力计划。

青年志愿者参加扶贫接力计划支教工作采取定期轮换的方式,即服务期满后,由下一批志愿者接替。

二、实施范围

受援地区原则上从国定贫困县中选定。派遣青年志愿者以就近就便为原则,以支援本省(区、市)的国定贫困县为主。北京、天津、上海、江苏、山东、浙江、广东、福建和大连、青岛、宁波、厦门、深圳以援助对口扶贫省(区、市)为主。

各地可视情况开设扶贫接力计划支教项目,也可将招募青年志愿者列入本地已实施的扶贫接力计划项目的招募计划。鼓励和支持高等院校和有条件的中小学校与扶贫接力计划受援地或受援学校结对支援、对口帮扶,同时在本校对扶贫接力计划受援地教师进行培训。

三、组织管理

青年志愿者扶贫接力计划支教工作由共青团中央、教育部共同组织,具体工作由团中央青年志愿者行动指导中心负责。各有关部门和派出单位应为青年志愿者提供必要的工作和生活条件。

四、政策保障

1. 志愿者参加扶贫接力计划支教工作视同下基层锻炼,服务期间原单位保留其工资和各项福利待遇,往返受援地和原单位所在地的探亲交通费由原单位承担。

2. 实施项目的各级团组织和青年志愿者协会提供志愿者服务期间的人身意外伤害保险,志愿者原单位提供大病医疗保险。

3. 参加研究生支教团的志愿者均保留研究生入学资格 1 年,党团关系转至受援单位,人事关系、档案、户口保留在原学校。服务期间的生活补贴、保险、探亲交通费由招募单位提供。

4. 在政策允许的范围内,鼓励和支持有关高校吸收参加扶贫接力计划表现突出的优秀青年志愿者进行专续本、本升研的学习深造。

5. 团中央青年志愿者行动指导中心根据志愿者派出情况,向各受援地的项目管理办公室匹配一定的工作经费。

6. 团中央、教育部将对有突出贡献的志愿者及志愿者派出单位进行表彰,各级团组织和教育部门也可根据实际,做好对志愿者及志愿者派出单位的表彰工作。

五、资金募集和管理

扶贫接力计划支教工作所需资金主要采取社会募集的方法解决。社会募集的资金须汇入省级(副省级城市)以上青年志愿者协会指定的银行帐号,建立支教基金,并根据捐助者的要求和项目实施情况统一划拨。资金使用应严格遵守有关财务制度,尊重捐助者的意愿,建立规章制度,加强监督管理。

六、工作要求

1. 提高认识,加强领导。扶贫接力计划支教工作是服务于党和国家的工作大局,促进贫困地区教育事业发展和青年锻炼成长的有效

途径。各地团组织和教育部门对这项工作要高度重视,加强指导,及时帮助解决遇到的各种问题。

2.精心组织,注重实效。要认真研究贫困地区的服务需求,搞好调查研究,制定切实可行的工作计划,创造性地开展工作。选派志愿者要坚持自愿原则,根据贫困地区的实际需求严格审核。要积极争取党政有关部门的支持与配合,开发社会资源,确保服务项目的顺利开展。

3. 加强宣传,营造氛围。各地团组织和教育部门要利用新闻媒体和各种社会宣传活动,有计划地组织宣传,形成良好的社会氛围,从而动员更多的社会成员参加和支持扶贫接力计划支教工作,有效地扩大这项工作的社会基础。

共青团中央关于共青团员不准修炼“法轮大法”的通知

1999年7月23日

共青团各省、自治区、直辖市委,总政组织部,武警总部政治部,全国铁道团委,全国民航团委,中直机关团工委,中央国家机关团工委,中央金融团工委:

一段时间以来,“法轮功”组织在有些地方蔓延。团员青年中也有极少数人修炼“法轮大法”。李洪志编造的“法轮大法”,宣扬一套歪理邪说,严重侵蚀人们的思想。“法轮功”组织还策划、煽动、蒙骗一些“法轮功”练习者到党政机关和新闻单位非法聚集,严重干扰社会公共秩序,破坏改革发展稳定的大局。按照党中央《关于共产党员不准修炼“法轮大法”的通知》的要求,为保持共青团的先进性和纯洁性,增强团组织的凝聚力和战斗力,现就共青团员不准修练“法轮大法”(法轮功)作如下通知:

一、充分认识“法轮功”组织的政治本质和严重危害,明确要求共青团员不准修炼“法轮大法”

马克思主义的辩证唯物主义和历史唯物主义,是无产阶级的世界观和方法论,是无产阶级及其政党认识世界、改造世界的强大思想武器。建立在这一世界观基础上的马克思主义科学理论,是推进建设有中国特色社会主义的根本指针,是我们的精神支柱。李洪志所编造的“法轮大法”,宣扬唯心主义和有神论,否定一切科学真理,是同现代科学和现代文明根本对立的,是同马克思主义的基本理论和基本原则根本对立的,是同党领导人民群众进行的建设有中国特色社会主义的伟大事业根本对立的。如何对待“法轮大法”,是涉及共产党人的根本信仰,涉及全国人民团结奋斗的思想基础,涉及党和国家前途命运的重大政治问题。共青团是党领导的先进青年的群众组织,是党的助手和后备军。共青团员必须自觉遵守《中国共产主义青年团章程》,坚定地信仰马克思主义,决不能信奉“法轮大法”。各级团组织要引导广大团员青年深刻认识“法轮功”的政治本质和严重危害,深刻认识修炼“法轮大法”是与团的性质和宗旨相背离的,是团的纪律所不允许的。每一个共青团员都要立场坚定,旗帜鲜明,把思想认识统一到中央精神上来。

二、针对“法轮功”问题在全团集中开展一次学习教育活动

各级团组织要从现在起,针对“法轮功”问

题，在全体团员中集中开展一次学习教育活动。学习教育活动要以江泽民总书记的重要讲话和党中央关于“法轮功”问题的指示精神为指导，使广大团员普遍受到一次深刻的马克思主义唯物论和无神论的教育，增强政治敏锐性和政治鉴别力，坚定共产主义理想信念；使修炼“法轮大法”的团员脱离“法轮功”组织，从思想上与其划清界限，自觉回到党的正确立场上来；使基层团组织经受锻炼和考验，加强和改进团员的教育管理，增强团组织的凝聚力和战斗力。

学习教育活动分为学习提高、教育转化和组织处理三个阶段，按照党中央的统一部署，在各级党委统一领导下进行。在学习提高阶段，首先要学好《中国共产党章程》和《中国共产主义青年团章程》、江泽民总书记重要讲话和中央有关精神，以及《共产党员为什么不准修炼“法轮大法”》等材料。要联系实际，增强学习的针对性和实效。学习要采取多种形式，时间要相对集中。教育转化阶段要开展谈心活动，组织好专题组织生活会，做深入细致的思想政治工作。要根据不同对象，采取不同方法，把学习教育落实到所有基层团组织和全体团员，不留死角。团的领导机关要把这次学习教育活动和正在开展的“三讲”教育结合进行。团属新闻报刊要认真贯彻中央精神，及时组织发表有说服力的文章，开展生动活泼的宣传教育，充分发挥强有力的舆论导向作用。

各级团组织要发挥党联系青年的桥梁纽带作用，团结广大青年积极分子，加强对青年的教育引导，把工作做到青年中每一个“法轮功”练习者身上，一帮到底，引导他们脱离“法轮功”组织，不参加“法轮功”组织的任何活动。

各级少先队组织要在少先队员中开展学习科学、热爱科学、反对迷信的教育活动。

三、严格掌握政策界限，耐心细致地做好团员中“法轮大法”修炼者的转化工作

这次学习教育活动，要立足于教育，立足于转化，惩前毖后，治病救人。团组织要通过开展深入细致的思想政治工作，使绝大多数参与修炼“法轮大法”的团员提高觉悟，转变态度，同“法轮功”组织在思想上划清界限，在组织上脱离关系，自觉回到党的正确立场上来，做到：不修炼“法轮大法”，不参加“法轮功”组织的活动；不担任“法轮功”组织的任何职务；不为“法轮功”组织的活动提供场所、经费资助和其他方便；不传播“法轮功”组织的材料；主动揭露、批判李洪志及其“法轮大法”；积极配合党、团组织和有关部门认真做好周围群众特别是青年的工作。

在学习教育活动中，要严格掌握政策界限。一般参与修炼“法轮大法”的团员，能主动脱离“法轮功”组织，并从思想上与其划清界限的，一律予以解脱。参与“法轮功”的组织、宣传活动的一般骨干，能主动脱离“法轮功”组织，从思想上与其划清界限，并揭露“法轮功”问题的，不予追究。错误严重的重要骨干，应视情节给予团纪处分；有悔过或立功表现的，视情况可不予追究或从轻处理。经反复教育仍坚持不改的，团组织应劝其退团，劝而不退的，予以除名。对极少数有政治意图、存心作乱的幕后人物和策划者、组织者，要开除团籍。

对那些一时思想不通，但已不参加“法轮功”组织的一切活动的团员，允许有一个认识转变过程，团组织要耐心做好思想教育工作。

组织处理工作一般放在学习教育活动的后期进行。

四、各级团组织要加强领导，切实负起政治责任

揭批李洪志及其“法轮大法”，是一场严肃的思想政治斗争。各级团组织要充分认识这场斗争的复杂性和艰巨性，坚决与以江泽民同志为核心的党中央保持高度一致。要严格按照党中央的统一部署和要求，在各级党委的领导下，紧密结合本地区、本部门的实际，认真落实，精心部署，积极主动、稳妥有效地开展工作，夺取这场斗争的全面胜利。各级团组织的

主要负责同志要以高度的政治敏锐性和政治责任感，切实承担起领导责任和政治责任。要认真研究问题，投入足够的精力，抓好这项工作。处理问题要严格按照党中央的精神，既要旗帜鲜明，态度坚决，又要注意方法，防止草率从事，激化矛盾。要密切掌握动态，加强信息沟通，及时掌握本地区团员青年的情况，及时向同级党组织和上级团组织报告重要情况和信息，增强工作的预见性和主动性，积极维护社会政治稳定。

各地团组织接到本通知后，要抓紧制定工作方案，迅速传达部署，尽快将本通知精神传达到全体团员。贯彻本通知的情况，请及时报告团中央。

中国青少年新世纪读书计划阶段性实施方案

1999年10月9日

中国青少年新世纪读书计划（以下简称“读书计划”）是团十四届二中全会为服务全党和全国工作大局，服务青少年成长成才而推出的一项重要举措。自今年2月共青团全国宣传工作会议部署以来，各地团组织按照团中央的统一要求，结合本地实际，精心组织实施，目前已初见成效。根据团中央书记处的要求，中国青少年新世纪读书计划指导委员会办公室认真总结了前一阶段工作，根据共青团中央《关于推进中国青少年新世纪读书计划的意见》（中青发〔1999〕7号）的精神，现制定《中国青少年新世纪读书计划阶段性实施方案》。本方案在认真总结半年来各地经验与做法的基础上，分别就读书计划今冬明春一段时间的工作重心、工作方法、工作措施及工作要求，提出“围绕一个重心、注重两个结合、实施三路并进、树立四项意识”的工作方针，推动读书计划进一步深化。

一、工作重心

读书计划下一阶段的工作重心是通过丰富多彩的读书活动营造良好的社会氛围。读书计划以传播和宣传现代科学文化知识为根本目的。这一目的决定了该计划在实施过程中，在以读书作为基本工作手段的同时，还要通过广播电视、报刊杂志、电脑网络、读者交流等多种传播形式，创造性地推动活动深入开展。书籍是文化传播的重要形式，但不是惟一的形式。读书是汲取知识的主要手段，但不是惟一的手段。各级团组织要围绕营造青少年学习氛围这一工作重心，通过多种形式的读书活动，引导和帮助青少年增强学习知识的紧迫感，树立终生学习的观念，切实提高自身的思想道德和科学文化素质。

二、工作方法

读书计划在工作方法上要注重两个结合。

1. 组织动员方式与社会化运作方式相结合。在社会主义市场经济条件下开展青少年读书活动，既要发挥共青团传统的组织动员优势，又要充分运用社会化的运作方式来推动工作发展。要注重调动青少年学习新知识的内在积极性，从服务青少年读书学习和成长成才需要入手，积极探索符合市场经济规律和当代青少年特点的活动方式和服务手段。在大型读书活动的开展方面要充分发挥团组织的组织动员优势，同时在长远机制的建设方面要力求符合市场经济规律，以事业化的方式推动读

书计划深入持久地开展下去。

2. 团内自身资源与广泛的社会资源相结合。读书计划是一项综合性社会工程，涉及党政和社会有关方面，有些领域政策性和敏感性很强，仅仅依靠团组织的力量是不够的。要注重将团内自身资源与社会资源相结合，充分发挥共青团的组织协调作用，加强与文化教育、出版发行、新闻宣传等党政和社会有关部门的联系与合作，广泛开发社会资源，形成全社会共同推进的良好态势。在充分利用图书馆、阅览室、科技馆、青少年宫、社区活动中心等现有公共文化阵地的同时，要将团内原有阵地如农村青年科技图书站、社区志愿者服务中心、校园图书室等有效地加以整合，努力使之成为一项青少年自觉参与、社会各界齐抓共管、共青团各部门协同作战、常抓不懈的事业。各级团组织要建立领导协调机构，广泛吸纳有关部门参与，积极争取社会支持，共同推进读书计划深入开展。

三、工作措施

读书计划的实施采取三路并进，争取在短期内使工作全面展开。

1. 以丰富多彩的主题活动打开局面。大力开展主题读书活动。组织大型主题读书活动是读书计划面上工作的基本形式，也是共青团组织传统的工作优势。今冬明春国家大事、喜事较多，题材丰富。各级团组织要根据党和政府工作重心和形势需要，大力开展具有鲜明时代特点、形式多样、丰富多彩的主题教育活动。要组织和动员广大青少年积极参加到读书活动中来，以主题活动牵动全社会，打开局面，不断形成读书学习的热点，引起社会舆论的关注，使读书计划能够迅速地影响全社会、影响青少年。共青团中央宣传部及中国青年报社已于今年 9 月联合主办"全国青少年新中国 50 年知识竞赛"，各地团组织要组织好本地区、本系统的参赛工作，保证参赛人数与答题质量。今年第四季度到明年上半年，团中央将联合有关部门在全国青少年中开展"祖国宝岛台湾在我心中"大型主题读书活动，引导和帮助青少年了解台湾的历史、现状和未来，宣传党和政府的对台方针政策。

举办新世纪读书论坛。读书论坛是读书计划走近青少年、吸引青少年、教育青少年的一个有效形式。主要内容是根据党和政府的工作重点、社会经济发展的热点和青少年关心的话题，结合重大节日、纪念日，利用业余时间，集中举办主题读书会、书友会、讨论会、演讲会、报告会等各种读书学习活动。明年五四期间，拟在北京隆重举办"全国青少年新世纪读书论坛"，展示各地开展青少年读书活动的成果。各级团组织可结合本地情况先期举办读书论坛活动。

开发文化广场的社会教育功能。近一时期，随着党和政府大力开展城市精神文明建设，各地广场文化、社区文化蓬勃发展。各级团组织要抓住这一机遇，加强对各种青少年业余文化活动学习阵地的引导和管理，通过广泛开展广场文化节、科普文化广场等系列活动，不断丰富青少年的业余文化生活，推进读书计划深入展开。

2. 以强有力的指导措施把握方向。引导青少年读书、为青少年推荐好书是政策性很强的工作。根据文化市场多样化、复杂化的特点，各级团组织要从讲政治的高度出发，坚持社会效益第一，着眼于教育、服务青少年，形成正确的舆论宣传导向，团中央近期将采取以下具体指导措施：

继续推出并完善《新书推荐榜》。《新书推荐榜》旨在架起出版社与广大青少年读者的桥梁，通过为好书寻读者，帮读者找好书，引导和帮助广大青少年多读书、读好书、读新书。《新书推荐榜》每期 20 至 30 本，每月一期，每月 6 日发布。在适当时候评选并发布《优秀青少年读物排行榜》。各级团组织要把《新书推荐榜》作为一项重要的指导措施，责成本系统的新闻

媒介充分加以宣传。

创建精品书架。青少年新世纪读书计划“精品书架”由团中央联合国家新闻出版署和新华书店总店设立，目的是根据青少年的读书需求，为青少年提供优惠售书、导读、推介服务。创建“精品书架”，要求在各地新华书店设立固定的位置和空间，有一定数量的优秀青少年读物，备有《新书推荐榜》推出的所有新书，并标明“中国青少年新世纪读书计划”全国统一标志。各地团组织在收到正式发文后应主动联系，积极配合当地新华书店在图书营业地点设立青少年新世纪读书计划“精品书架”，力争年底在中心城市新华书店设立率达到70%。明年年底，全国县级以上新华书店精品书架设立率力争达到50%。

成立专门指导机构。团中央已于今年上半年成立了“中国青少年新世纪读书计划指导委员会”，成员单位包括中宣部、教育部、文化部、科技部、广电总局、新闻出版署、中国科协、总政组织部。指导委员会办公室设在团中央宣传部。各省级团委要在近期成立相应的指导机构和工作机构，切实加强领导，统一部署实施。

组建专家指导团。专家指导团是为青少年读者提供直接指导和服务，促进基层读书活动扩大影响、提高质量和水平的重要手段。团中央拟在近期组建全国“新世纪读书计划专家指导团”，邀请具有全国影响的著名专家、学者和有关部门负责人参加。专家指导团将深入部分城市和农村地区开展读书指导活动。各地团组织可在本地区组建专家指导团，聘请当地知名专家和学者，通过开展巡回指导活动，努力扩大活动覆盖面和影响面，推动青少年读书活动形成热潮。

（三）以有形的工作载体建立阵地。有形的工作载体和工作机制是青少年新世纪读书计划长期坚持的保证。通过构建读书服务网络和工作基地，可以形成读书计划的有效工作基础和物质依托。读书服务网络包括新世纪读书俱乐部、新世纪书屋体系，二者均以服务读者为目标。

青少年新世纪读书俱乐部的主要职能是：组织开展形式多样的读书活动；为青少年提供图书销售、导读、推介等服务；促进青少年在读书方面的交流和联谊；发展会员、收缴会费并进行管理。企业、农村（乡镇和有条件的村）、机关、学校、科研院所、街道等基层团组织，通过发展个人会员的方式挂牌建立新世纪读书俱乐部。县以上团组织以发展集体会员为主、发展个人会员为辅的方式挂牌建立新世纪读书俱乐部。可以聘请专门人员协助俱乐部实施管理和开展活动。有条件的团组织可直接面向社会，根据青少年读者的年龄层次、兴趣爱好、专业特点等，建立不同类型的读书俱乐部，或把青少年中业已存在的读书社团、兴趣小组等改建成新世纪读书俱乐部，力争在年底前全国读书俱乐部达到1000个，会员达到50万名。团中央正在组建中华青少年新世纪读书俱乐部，其主要工作职责是：组织开展全国性读书活动；指导各地建立读书俱乐部；指导新世纪书屋的建设、运作和管理。中华青少年新世纪读书俱乐部具有图书批发权，协调图书出版部门商定相应折扣，发行俱乐部会刊，统一向各地的新世纪书屋和中华青少年新世纪读书俱乐部的个人会员推荐并提供优质书籍。各省可建立相应机构，负责协调指导本地活动的开展。

新世纪书屋作为中华青少年新世纪读书俱乐部在各地的图书销售代理机构，是为读书俱乐部会员提供服务的经济实体。其基本职能是：为俱乐部会员提供优惠售书服务；开展图书租借服务；为青少年读书活动提供场所等。书屋的建立要依托各级青少年宫、农村青年科技图书站、青年志愿服务站等团内阵地，同时也可广泛利用各级各类图书馆（室）、街道社区活动中心、科技馆等社会资源。书屋有助

于青少年读者少花钱、多读书、读好书，通过为青少年提供服务壮大自身实力，推动青少年图书出版发行事业的发展。首批书屋可先在大中城市、重点社区、大专院校建立，力争年底全国达到500个。有条件的书屋要统一标准、统一名称和统一建筑风格，纳入城市、社区精神文明建设规划。中华青少年新世纪读书俱乐部可与书屋签订经济合同，通过直接投资、业务管理（购书折扣、信息等）、名称授权等方式对书屋实施管理。新世纪读书俱乐部和新世纪书屋之间职能互补，相互促进，共同发展。各级团组织下半年要下功夫抓好新世纪读书俱乐部和新世纪书屋的建设，既要量力而行，又要想方设法创造条件，务必建一个成一个，切忌形式主义。团中央将于今年年底对此项工作进行检查。

四、工作要求

1. 树立服务意识。服务青少年生活需求是共青团组织开展各项活动的重要出发点。读书计划要深入持久地开展下去，必须紧紧抓住青少年的内在需求，将团结、引导和教育青年的目标融汇到服务手段当中去，为青少年读书学习创造有利条件，帮助他们找好书，方便他们读好书。要深入基层，切实了解青少年的学习需求，采取针对性措施，创造性地开展读书活动。切忌仅仅停留在发文件、开会动员或搞仪式等表层活动上。通过一段时间的探索，争取形成一套服务青少年学习的文化产业网络。

2. 树立责任意识。青少年新世纪读书计划是共青团贯彻落实党中央要求，服务科教兴国战略，服务青少年成长成才的重要举措，是团的十四大后推出的一个全团性重点工作项目。今年是读书计划的启动推进年，各级团组织要高度重视，统筹规划，树立责任意识。按照团中央的总体工作安排，结合本地实际情况，预定工作指标，突出重点，整体推进。要把读书计划的开展情况纳入各级共青团工作的评价体系，及时对读书计划经验进行总结，积极探索活动的有效载体和有效途径，努力推动活动深入发展。对在读书计划实施过程中涌现出来的先进集体和先进个人要及时表彰，充分调动基层团组织的积极性。各地收到本方案后，要迅速研究部署，制定具体实施方案，精心组织实施。今年10月底之前，各省（区、市）要把读书计划具体实施情况上报团中央。团中央将在明年上半年进行总结表彰，推出一批长期坚持学习科学知识和组织读书活动的典型和先进单位。

3. 树立宣传意识。在营造良好的社会氛围方面，舆论宣传起着不可替代的作用。加大对读书计划的宣传力度，是下一阶段工作的重要内容。团中央将定期在《中国青年报》开辟读书栏目；在宣传部设立读书服务咨询电话；印发《中国青少年新世纪读书计划快报》；统一制作广告招贴画；统一挂牌。各级团组织都要强化通过多种形式、多种途径进行宣传的意识，利用当地广播电视、团属报刊及电脑网络开辟读书栏目、开办读书服务热线。要统一步调，以宣传工作牵动社会，在全社会形成较大的舆论声势。

4. 树立品牌意识。协调多种社会资源集中打响名牌，进而带动活动全面展开，是共青团组织卓有成效的工作方式之一。各地在开展各种各样文化活动的同时，要加强品牌意识，在统一名称、统一标志和统一口号的前提下，发扬创新精神，开展丰富多彩的活动。只有这样，才能凝聚各方资源，把青少年新世纪读书计划建设成为一项社会普遍欢迎、青少年积极响应的共青团工作名牌项目。

共青团中央办公厅关于调整团中央青年志愿者行动指导中心职能和机构设置的通知

1999年10月14日

共青团各省、自治区、直辖市委，总政组织部，武警总部政治部，全国铁道团委，全国民航团委，中直机关团工委，中央国家机关团工委，中央金融团工委：

为进一步推动青年志愿者行动广泛、深入、持久地发展，动员和组织广大青年以志愿服务的方式积极投身改革开放和社会主义现代化建设，团中央书记处研究决定对团中央青年志愿者行动指导中心的职能和机构设置进行调整。现通知如下：

一、指导中心是书记处领导下负责统一规划、协调和指导全团青年志愿者行动的专门工作机构，是全团青年志愿者行动的领导部门，同时行使中国青年志愿者协会秘书处的职能。团中央宣传部思想教育处原承担的涉及青年志愿者行动的职能全部划归指导中心。

二、指导中心增设综合指导处，内设机构由原办公室、项目发展部和基金部调整为办公室、综合指导处、项目发展处和基金处四个正处级工作机构，其基本职能分别是：

1. 办公室负责处理中心日常事务，协调中心日常工作，负责青年志愿者行动的对外宣传、联络和交流，完成上级交办的其他工作。

2. 综合指导处负责指导青年志愿者行动的具体工作，设计并组织指导青年志愿者行动面上的大型活动，建立和完善青年志愿服务评估、认定、考核、奖励制度，加强青年志愿者行动发展的理论研究，协调有关部门推动青年志愿服务立法，负责协会建设的日常工作及会员的日常管理，完成上级交办的其他工作。

3. 项目发展处负责设计并实施青年志愿者行动的重点工作项目，培训青年志愿者骨干，完成上级交办的其他工作。

4. 基金处负责为青年志愿者行动的发展筹措资金，有效地管理和使用青年志愿者行动发展基金，完成上级交办的其他工作。

青年志愿者行动是全团的一项重点工作，是新时期共青团组织服务党政工作大局、服务青年成长成才的重要举措，是社会主义市场经济条件下共青团组织动员和团结广大青年的有效手段。各级团组织特别是团的宣传部门一定要高度重视，在团中央书记处的领导下，加强全团青年志愿服务工作的沟通与协调，在团中央青年志愿者行动指导中心的统一安排下，争取党政有关部门和社会各界的有力支持，把青年志愿者行动的实施与党政部门关心的热点、难点、重点工作更好地结合起来，把组织开展服务活动与推进机制建设更好地结合起来，把面上的集中大型活动、长期重点项目与各地的特色活动更好地结合起来，把发挥共青团自身优势与开发社会资源更好地结合起来，齐心协力，把青年志愿者行动推向新的发展阶段。

中共中央宣传部、共青团中央
中央社会治安综合治理委员会办公室
国家发展计划委员会、国家经济贸易委员会
教育部、科技部、公安部、民政部、司法部
建设部、水利部、农业部、文化部、卫生部
国家环保总局、国家体育总局、国家文物局
关于实施“新纪元志愿服务计划”的通知

2000年2月18日

各省、自治区、直辖市党委宣传部、教育工委、团委、综治委办公室、计委、经贸委（经委、计经委）、教委（教育厅、高教厅）、科委、公安厅（局）、民政厅（局）、司法厅（局）、建委（建设厅）、水利厅（局）、农业厅（局）、文化厅（局）、卫生厅（局）、环保局、体委、文物局，全国铁道团委，全国民航团委，中直机关工委宣传部、团工委，中央国家机关工委宣传部、团工委，中央金融工委宣传部、团工委：

在世纪、千年之际，为深入贯彻党的十五大和十五届三中、四中全会精神，贯彻落实江泽民总书记对青年志愿者工作的重要批示，紧紧把握时代发展的脉搏，更好地动员广大青年服务于改革发展稳定的大局和人民群众生产生活的基本需求，以志愿服务的方式积极投身两个文明建设，弘扬奉献、友爱、互助、进步的时代新风，迎接2001年“国际志愿者年”，推动国家西部大开发战略、科教兴国战略和可持续发展战略的实施，促进经济发展和社会全面进步，中共中央宣传部、共青团中央、中央社会治安综合治理委员会办公室、国家发展计划委员会、国家经济贸易委员会、教育部、科技部、公安部、民政部、司法部、建设部、水利部、农业部、文化部、卫生部、国家环保总局、国家体育总局、国家文物局决定共同实施“新纪元志愿服务计划”。现将有关事宜通知如下。

一、实施时间

“新纪元志愿服务计划”从2000年初开始实施，到2001年年底结束，以一年为一个实施周期，按两年的时间安排。

二、实施内容和步骤

实施“新纪元志愿服务计划”，以“世纪、千年”这个时代口号统揽，动员和组织广大青年踊跃参与社区建设、扶贫开发、环境保护等领域的志愿服务活动。团中央和有关部委联合开展一些具有示范作用并连接整个计划的重点项目和大型活动；各地有关部门按照各阶段的侧重点，结合实际情况，开展各种不同类型的活动。每年按四个阶段推进：

第一阶段（每年1－2月）：重点在元旦、春节期间展开，围绕为困难群众排忧解难、送温暖掀起高潮。组织青年志愿者为孤寡老人、残疾人、下岗职工、部分离退休人员、特困生、进城务工人员等亟须帮助的群众提供生活料理、医疗保健、义务培训、捐款捐物、信息咨询等服务活动。组织青年志愿者，利用元旦、春节假期，深入到广大农村特别是贫困地区开展科学技术知识普及、工农业实用技术推广、卫生、文

化体育等服务活动。同时，为全年的志愿服务工作制定规划，营造氛围。

第二阶段（每年3－5月）：以环保服务为重点，全面实施“3·5”中国青年志愿者服务日活动。组织广大青年志愿者开展植树造林、推进垃圾分类、清除白色污染、宣传环保知识等活动。团中央将联合有关部门在全国范围内扎实推进保护母亲河“中国青年志愿者绿色行动营计划”，动员青年积极为国家可持续发展战略的实施做贡献。围绕维护交通、普法宣传、社会治安综合治理等开展社会公益性服务。组织动员青年志愿者配合“百城万店无假货活动”开展质量监督、举报、售后调查等活动。配合公安系统“110”开展警民共建活动，探索青年志愿服务与“110”联动的工作机制。动员大中专学生发挥自身专业优势，在博物馆、纪念馆、展览馆及其他有教育和纪念意义的公共场所，开展义务讲解服务。

第三阶段（每年6－8月）：重点是组织动员具备一定素质的青年志愿者参加农村扶贫开发、服务国有企业改革与发展，推动西部大开发战略和科教兴国战略的实施。广泛实施青年志愿者扶贫接力计划，动员青年志愿者为贫困地区提供教育、科技、卫生等方面的长期服务。按照就近就便和定点不定期等原则，组织青年科技人员、青年星火带头人等开展“节假日志愿者扶贫”活动。大力开展大中学生志愿者暑期科技、文化、卫生“三下乡”活动。以组织博士生服务团、科技专家服务团等形式广泛动员高学历、高素质的青年志愿者，为国有企业扭亏脱困、改革发展提供服务。

第四阶段（每年9－12月）：重点开展社区青年志愿服务。全面实施青年志愿者社区发展计划，推动社区青年志愿服务组织网络建设，以社区为中心，根据社区群众实际需求，按照多种模式广泛建立青年志愿者服务站，根据服务需求，组建多种形式的服务队；在服务站比较集中的地区进行青年志愿者服务中心建设的试点工作，协调服务站开展志愿服务。深化“一助一”长期结对服务，规范中学生成人预备期志愿服务，积极参与文明城市、文明村镇创建活动，推进社区建设。

2000年底，主办单位将对各地实施新纪元志愿服务计划的情况进行阶段性表彰。2001年，主办单位将在“12·5”国际志愿者日对新纪元志愿服务计划进行总结表彰，并以此为基础，进一步规范和完善青年志愿者行动评估表彰机制。

三、工作原则和目标

实施“新纪元志愿服务计划”，要坚持自愿原则，活动组织部门招募志愿者时要充分尊重青年自主选择、自愿参与的积极性；要坚持志愿者提供服务的持续性原则，参与计划的志愿者一般要求每年提供不少于48小时的服务时间，鼓励志愿者提供更多时间的服务；要坚持需求与服务对路的原则，根据各方面需求，策划、确定项目和活动，组织相应的志愿者参加，提高服务的质量和实效；要坚持奖励原则，按照志愿者参与服务时间的长短和做出贡献的大小，制定规范并行之有效的奖励办法，同时对工作扎实有效、有特色的活动进行奖励；要坚持资金筹集的社会化和争取政府专项资金相结合的原则，充分利用新世纪、新千年的影响力，动员社会各界支持这项计划。

实施“新纪元志愿服务计划”力争实现三大目标：一是社会受益，即以青年为主体，动员社会各方面广泛参与，为世纪之交国家的各项重点工作、为满足人民群众生产生活急需做贡献，努力使参加这项计划的志愿者达到3000万人次，向社会提供志愿服务超过10亿小时。二是青年受益，为当代青年参与社会、展现才华、增长见识、提高素质创造机会，引导青年在实践中锻炼成长。三是以世纪、千年庆典为契机，在全社会大力弘扬“奉献、友爱、互助、进步”的志愿者精神，为庆祝新世纪、新千年营造良好氛围。通过实施这项计划，进一步推动青年志愿服务事业发展成为社会主义精神文明

建设的有效途径,成为我国多层次社会保障体系的有机组成部分,成为新时期青年和共青团工作的重要载体。

四、组织机构

主办单位联合成立“新纪元志愿服务计划”指导委员会,负责规划、协调、指导整体活动的开展,直接组织开展重点项目和示范性的集中大型活动。指导委员会办公室设在团中央青年志愿者行动指导中心。

五、工作要求

(一)加强领导,精心组织。“新纪元志愿服务计划”是共青团组织今后两年青年志愿服务工作的统揽项目,是新世纪、新千年动员和团结广大青年服务经济社会发展的重要举措。各地要高度重视,以强烈的责任感认真筹划和组织实施。

(二)结合实际,鼓励创新。各地要在配合做好重点活动的同时,充分发挥群众的首创精神,结合本地经济社会发展实际,开展富有实效和特色的志愿服务活动,不搞一刀切,鼓励创新,提倡丰富多彩,力争做出各地的特色。

(三)统筹规划,形成合力。“新纪元志愿服务计划”实施时间比较长,内容多,任务重,各个阶段又各有侧重点,各地、各部门要加强协调,统一部署,切实做好各个阶段的衔接工作,要以实施这项计划来统揽正在或即将开展的青年志愿服务各项工作,攥紧拳头,形成合力。

(四)加强宣传,营造氛围。“新纪元志愿服务计划”的宣传工作由各地党委宣传部门统一安排,采取新闻宣传和活动宣传双管齐下的方式进行。新闻宣传要抓住各个阶段的重点和主题,力求每阶段都掀起宣传高潮。要不失时机地开展多种多样的宣传活动,提高宣传工作的覆盖面和感召力。各地有关部门要积极配合党委宣传部门,共同做好“新纪元志愿服务计划”的宣传工作。

各地、各部门要及时总结每个阶段、每年的实施情况,形成工作报告并报指导委员会办公室。联系地址:北京前门东大街10号团中央青年志愿者行动指导中心;邮编:100051;Email:fxw@263.net。

共青团中央关于组织广大团干部和团员青年认真学习《毛泽东邓小平江泽民论思想政治工作》的通知

2000年2月22日

共青团各省、自治区、直辖市委,军委总政治部组织部,全国铁道团委,全国民航团委,中直机关团工委,中央国家机关团工委,中央金融团工委:

为帮助广大干部群众更好地学习毛泽东、邓小平、江泽民同志关于思想政治工作的论述,深入贯彻落实《中共中央关于加强和改进思想政治工作的若干意见》,中央宣传部编辑了《毛泽东邓小平江泽民论思想政治工作》一书。中央组织部、中央宣传部就学习《毛泽东邓小平江泽民论思想政治工作》专门下发通知,提出了要求。现就组织广大团干部和团员青年认真学习《毛泽东邓小平江泽民论思想政治工作》的有关事宜通知如下。

一、充分认识学习党的三代领导核心关于思想政治工作论述的重要意义

高度重视思想政治工作,充分发挥思想政治工作在革命和建设中的重要作用,是我们党

的优良传统和政治优势。在长期的革命和建设实践中，我们党在思想政治工作方面积累了丰富的经验。《毛泽东邓小平江泽民论思想政治工作》集中反映了我们党思想政治工作的基本理论和基本经验，是我们党的宝贵精神财富，是我们党思想政治工作理论和实践的高度概括，是加强和改进新形势下思想政治工作的强大思想武器和重要指导方针。学习、研究、宣传和贯彻党的三代领导核心关于思想政治工作的论述，对于进一步提高对思想政治工作重要性的认识，加强和改进新形势下思想政治工作，全面推进改革开放和社会主义现代化建设，具有十分重要的意义。党的三代领导核心都十分重视青少年的思想教育，从关系党和国家的前途、命运的高度反复强调青少年思想教育的重要性，对青少年思想教育发表了一系列非常重要的论述，为加强和改进青年思想政治工作指明了方向。各级团组织要充分认识学习党的三代领导核心关于思想政治工作论述的意义，把学习工作切实抓紧抓好。

二、组织广大团干部和团员青年认真学习、深刻领会党的三代领导核心关于思想政治工作的论述

各级团组织要按照中组部、中宣部《通知》的要求，把学习《毛泽东邓小平江泽民论思想政治工作》，作为全团的一件大事，作为今年广大团干部和团员青年学习的一项重要内容，高度重视，精心部署，纳入规划，科学安排。各级团干部要带头学习好、宣传好党的三代领导核心关于加强和改进思想政治工作的论述。学习《毛泽东邓小平江泽民论思想政治工作》，要同学习其原著结合起来，同贯彻落实十五大精神结合起来，同学习贯彻党的三代领导核心关于青少年思想教育的一系列重要论述和重要指示结合起来，同贯彻落实《中共中央关于加强和改进思想政治工作的若干意见》和《共青团中央关于在新形势下加强和改进青年思想政治工作的若干意见》精神结合起来，同加强和改进青年思想政治工作的实践结合起来，全面准确地掌握基本观点和精神实质，全面准确地掌握思想政治工作的方针原则、主要内容和方式方法。各级团校等教学科研机构，要在教学研究中增加相关内容。团属新闻媒体要加大宣传力度，努力形成良好的学习氛围。

三、结合学习党的三代领导核心关于思想政治工作的论述，切实把新形势下加强和改进青年思想政治工作落到实处

学习贯彻《毛泽东邓小平江泽民论思想政治工作》，各级团组织要坚持理论联系实际的马克思主义学风，强化在新形势下做好青年思想政治工作的意识，适应经济成分和经济利益多样化、社会生活多样化、社会组织多样化、就业岗位和就业方式多样化以及随之带来的青年思想观念、社会构成、行为方式的多样化趋势，注意了解新情况，研究新问题，开辟新途径，探索新方法，创造新经验，努力增强青年思想政治工作的针对性和实效，使之始终保持蓬勃的生机和活力。要深入基层，深入青年，采取有力措施，把青年思想政治工作落实到基层，落实到具体人身上。要以理想信念教育为核心，在广大团员青年中大力开展党的基本理论、基本路线、基本纲领的宣传教育，大力开展爱国主义、集体主义、社会主义和艰苦创业精神的宣传教育，大力开展世界观、人生观、价值观的宣传教育，大力开展讲学习、讲政治、讲正气的宣传教育，大力开展科学知识、科学思想、科学方法、科学精神的宣传教育，坚定对马克思主义的信仰，坚定对社会主义的信念，增强对改革开放和现代化建设的信心，增强对党和政府的信任。要注意总结共青团在青年思想政治工作中的成功经验，坚持实践育人、服务育人、文化育人，充分发挥青年志愿者行动、青年文明号、手拉手、大中学生社会实践、保护母亲河行动、青少年新世纪读书计划、青年文明社区等有效载体的作用。要加强对社区和新兴青年群体思想政治工作的探索，充分发挥团属青年报刊和互联网、青少年

文化活动阵地和爱国主义教育基地等在教育引导青年中的作用,促进青少年的健康成长。要坚持用党的跨世纪宏伟目标凝聚青年,用改革开放的伟大成就激励青年,把蕴藏在广大青年中的丰富智慧和巨大潜力开发出来,引导他们为把我国建设成为富强民主文明的社会主义国家而努力奋斗。

各地要把学习贯彻《毛泽东邓小平江泽民论思想政治工作》的有关情况及时报团中央宣传部。

共青团中央关于进一步学习贯彻江泽民总书记对青年志愿者工作重要批示精神的通知

2000年3月13日

共青团各省、自治区、直辖市委,军委总政治部组织部,全国铁道团委,全国民航团委,中直机关团工委,中央国家机关团工委,中央金融团工委:

江泽民总书记对青年志愿者工作作出重要批示以来,各级团组织按照团中央的要求,迅速行动,认真传达学习,精心组织安排,正在把江总书记的重要批示精神落实到具体工作中。为了把全团学习江总书记重要批示引向深入,进一步推动青年志愿者工作和团的各项工作在新世纪取得更大发展,引导和帮助青少年在社会主义改革开放和现代化建设的伟大实践中建功成才,特做出如下通知。

一、充分认识江总书记对青年志愿者工作重要批示的重要意义,增强推进青年志愿者行动的紧迫感和责任感

江总书记对青年志愿者工作的重要批示,精辟阐述、充分肯定了青年志愿者行动在弘扬中华民族助人为乐、扶贫济困的传统美德,在全社会树立奉献、友爱、互助、进步的时代新风方面的积极作用,称赞青年志愿者行动“是当代社会主义中国一项十分高尚的事业”,“是大有希望的事业”,殷切希望广大青年“在新的世纪里继续努力,发扬我国青年的光荣传统,不懈奋斗,不断创造,奋勇前进,为实现中华民族的伟大复兴做出新的更大的贡献”。这是对全国各级团组织、广大团员青年、青年志愿者的亲切关怀和巨大鼓舞,为新世纪青年工作和青年志愿者行动的发展指明了方向,对做好新世纪的共青团工作和青年工作具有重要的指导意义。最近,江总书记在《关于教育问题的谈话》中突出强调,要积极引导青少年参加社会实践,切实加强青少年的思想政治教育,使他们能够德智体美全面发展。各级团组织、广大团干部要把学习领会江总书记关于青年志愿者工作重要批示精神和《关于教育问题的谈话》结合起来,切实增强推进青年志愿服务事业的紧迫感和责任感,更广泛地动员组织青少年积极投身这项事业,引导广大青少年在自觉服务社会的实践中接受教育,锻炼成长,全面提高思想道德和科学文化素质,用自己的青春、智慧和力量服务人民、报效祖国。

二、深刻领会江总书记重要批示精神,进一步把握青年志愿者行动的时代特征和发展规律

要通过学习贯彻江总书记的重要批示精神,进一步深化对青年志愿者行动社会意义的认识。青年志愿者行动倡导“奉献、友爱、互

助、进步”的精神，继承和发扬了中华民族的传统美德，树立了时代新风正气，成为新时期群众性精神文明创建活动的有效载体；以扶贫济困、助人为乐为主题，以社会弱势群体为主要扶助对象，通过志愿服务方式为困难群众提供实实在在的帮助，推动了社会保障和社会服务事业的发展；适应了当代青年自主意识、参与意识日益增强的特点，调动了青年主动参与社会、服务社会的内在积极性，成为共青团在市场经济条件下动员组织青年的有效手段；体现共青团实践中育人的宗旨，使青年在志愿服务实践中了解社会，经受锻炼，提高思想道德和科学文化素质，成为新的历史条件下加强青年思想政治工作的有效途径。青年志愿者行动符合时代发展的潮流，符合人民群众的需要，符合当代青年的特点，蕴藏着巨大的发展潜力，呈现出旺盛的生命力和广阔的发展前景，是发展社会主义市场经济中一项生机勃勃的事业。各级团组织要进一步统一思想认识，认真总结青年志愿者行动实施六年来的基本经验，积极探索和研究青年志愿者工作及新时期共青团工作的发展思路和规律，把服务党政工作大局、服务群众生产生活急需、服务青年成长成才有机统一起来，进一步抓好青年志愿者工作和团的各项工作，努力把青年培养成为党所要求的建设有中国特色社会主义伟大事业的合格建设者和接班人。

三、以江总书记重要批示精神为指导，全面推进青年志愿者工作和团的各项工作

各级团组织、广大团干部要深入贯彻落实江总书记重要批示精神，抓住机遇，乘势而上，根据中国青年志愿者协会第二次全国代表大会提出的“着眼发展、着力建设”的总体思路，积极争取党政有关部门和社会各界的支持，全面推进青年志愿服务各项工作。要切实加强青年志愿者工作组织建设，进一步建立健全协会专门工作机构，加大社区青年志愿者服务站建设的力度，逐步完善由青年志愿者服务中心、服务站、服务队组成的基层志愿服务组织网络，健全和规范志愿服务内部运行机制，推动青年志愿服务法制化进程；大力推进项目建设，继续围绕西部开发、社区服务、环境保护等社会关注的主题，深化扶贫接力计划、绿色行动营计划、“一助一”长期结对服务计划、大中学生志愿者“三下乡”、成人预备期志愿服务等重点项目，全面实施社区发展计划，同时，适应时代发展要求不断开辟新的工作领域，努力形成项目体系；认真抓好队伍建设，不断丰富动员方式和手段，加强青年志愿者队伍管理，更好地调动青年参与社会、服务社会的积极性，建立一支规模宏大、相对稳定的志愿者大军。今年要按照《中国青年志愿者协会2000年工作要点》的安排，以实施“新纪元志愿服务计划”为统揽，切实抓好10件实事，为今后五年的发展起好步、开好局。要把推进青年志愿者行动同推进保护母亲河行动、新世纪读书计划、创建青年文明社区、科技创新行动、西部创业行动、青年文明号、手拉手、大中学生社会实践等重点工作结合起来，全面推进新时期团的各项事业，团结带领广大青年沿着党指引的方向不懈奋斗，不断创造，奋勇前进，努力为实现中华民族的伟大复兴做出新的更大的贡献。

各地学习贯彻江总书记重要批示精神的情况请及时报团中央办公厅。

共青团中央关于组织广大团员青年学习《毛泽东邓小平江泽民论青少年和青少年工作》的通知

2000年8月2日

共青团各省、自治区、直辖市委，中央军委总政治部组织部，全国铁道团委，全国民航团委，中直机关团工委，中央国家机关团工委，中央金融团工委：

为帮助广大青少年和青少年工作者更好地学习领会毛泽东、邓小平、江泽民同志关于青少年和青少年工作的一系列重要论述和指示，坚持不懈地用科学的理论武装教育青少年，切实加强和改进新形势下青少年工作，促进青少年健康成长，共青团中央和中央文献研究室共同编辑了《毛泽东邓小平江泽民论青少年和青少年工作》一书，近日已由中央文献出版社和中国青年出版社出版发行。现就组织广大团干部和团员青年认真学习《毛泽东邓小平江泽民论青少年和青少年工作》的有关事宜通知如下。

一、充分认识学习党的三代领导核心关于青少年和青少年工作论述的重要意义

《毛泽东邓小平江泽民论青少年和青少年工作》的出版发行，是中国共青团和广大青少年政治生活中的一件大事。毛泽东、邓小平、江泽民同志从关系党和国家前途、命运的高度，十分关心青少年的健康成长，高度重视青少年工作，他们对青少年和青少年工作作了一系列重要论述和指示。《毛泽东邓小平江泽民论青少年和青少年工作》收入了毛泽东、邓小平、江泽民同志分别在不同历史时期有关青少年和青少年工作的重要论述和指示，集中地反映了党的三代领导核心关于青少年和青少年工作的思想、理论和观点。这是我们党关于青少年教育思想的集中体现，是我们在新形势下做好青少年工作，促进青少年健康成长的强大思想武器。学习党的三代领导核心关于青少年和青少年工作的重要论述和指示，对于坚持党的基本路线不动摇，引导广大青少年沿着党指引的方向健康成长，培养建设有中国特色社会主义事业的合格建设者和接班人，充分发挥广大青年在两个文明建设中的生力军作用，加强和改进新形势下的青少年工作，具有十分重要的意义。各级团组织要把组织广大团干部和团员青年学习《毛泽东邓小平江泽民论青少年和青少年工作》作为一项重要任务抓紧抓好。

二、以党的三代领导核心关于青少年和青少年工作的重要思想为指导，切实做好新形势下的青少年工作

学习《毛泽东邓小平江泽民论青少年和青少年工作》，要大力弘扬理论联系实际的马克思主义学风，学会运用党的三代领导核心关于青少年和青少年工作的思想和方法，分析和解决工作中的实际问题。要下功夫认真研读原著，紧密结合我国革命和建设的历史，全面系统地深刻理解和把握党的三代领导核心关于青少年和青少年工作的重要思想和基本观点。要联系青少年工作实际，切实做好新形势下的青少年工作。团干部要深入基层，深入青年，调查研究社会生活的新变化以及由此带来的青少年思想观念、社会构成和行为方式的变化，深入了解青少年，准确把握青少年，更好地教育和服务青少年。各级团组织要联系当前青少年的思想实际，教育引导青少年牢固树立振兴中华的远大理想，坚定跟党走建设有中国特色社会主义道路的信念，树立正确的世界观、人生观、价值观，胸怀祖国，服务人民，自觉把个人抱负与奋斗融汇到祖国改革开放和现代化建设的宏伟事业中去，坚持走与实践相结合、与人民群众相结合的

成长道路。要认真分析和研究新形势下青少年工作出现的新情况、新问题、新变化，积极探索青少年工作的新思路、新方法、新途径，使之始终保持蓬勃的生机和活力。要认真贯彻中央思想政治工作会议精神，在青年思想政治工作的内容、形式、方法、手段、机制等方面进行创新和改进，增强青年思想政治工作的时代感和针对性、实效性、主动性，努力开创青年思想政治工作的新局面。要紧跟时代发展的步伐，充分利用互联网、大众传媒、文化艺术等手段来开展和推进青少年工作。要进一步深化青年志愿者行动、青年文明号、青年岗位能手、中国少年雏鹰行动、保护母亲河行动、青年科技创新行动、青少年新世纪读书计划、青年文明社区创建等团的特色活动和重点工作，大力加强团属青年报刊、青少年文化活动阵地和爱国主义教育基地建设，促进青少年健康成长。

三、把学习党的三代领导核心关于青少年和青少年工作的重要论述作为一项长期的重要任务抓紧抓好

从现在起，各级团组织要把学习《毛泽东邓小平江泽民论青少年和青少年工作》，作为坚持用马列主义、毛泽东思想和邓小平理论武装教育广大青少年的重要内容，作为共青团组织贯彻落实十五大精神的重要举措，作为广大团干部和团员青年学习的重要任务，高度重视，精心部署，纳入规划，常抓不懈。在学习过程中，要把学习《毛泽东邓小平江泽民论青少年和青少年工作》同学习贯彻江泽民总书记关于"三个代表"的重要思想紧密结合起来，推动团的建设。要采取有力措施，迅速在全团和广大青少年中形成学习高潮。团中央将召开学习座谈会。各省级团委要对学习做出安排，要有计划地对处级以上团干部进行轮训，带动全团的学习。各级团的领导干部要带头学习好、贯彻好党的三代领导核心关于青少年和青少年工作的重要论述和指示，切实担负起组织团干部和团员青年学习的责任。要把集中学习和自学结合起来，通过讲座、研讨、团课等形式搞好集中学习，同时结合实际采取多种形式充分调动广大团干部和团员青年学习的内在积极性。要加强对学习工作的指导，采取适当的形式开展学习辅导。各级团校、青少年研究所等教学科研机构，要在教学研究中增加相关内容。要充分利用团属新闻报刊等舆论宣传工具进一步加大宣传力度，努力在全团和广大青少年中形成良好的学习氛围。

各地要把学习贯彻《毛泽东邓小平江泽民论青少年和青少年工作》的有关情况及时报团中央宣传部。

共青团中央、科技部关于组织实施科技青年志愿者西部行动计划的通知

2000年12月12日

各省、自治区、直辖市团委、科技厅（科委），军委总政治部组织部，全国铁道团委，全国民航团委，中直机关团工委，中央国家机关团工委，中央金融团工委，中央企业团工委：

实施西部大开发战略，加快西部地区发展，是以江泽民同志为核心的党中央作出的重大决策。实施西部大开发战略，人才是最关键、最根本的因素，应当通过多种渠道鼓励各

类人才，特别是科技人才投身西部建设。1997年以来，科技部、团中央联合实施了“科技扶贫青年知识分子促进行动”，动员和组织了大批科技界青年志愿者和科技企业为贫困地区特别是西部地区提供志愿服务，有力地促进了当地的经济发展和社会进步，同时也使广大青年科技人员在服务的实践中了解国情，提高了素质。志愿服务这项工作已经成为新时期群众性精神文明创建活动的有效途径，成为新形势下加强青年思想政治工作的重要载体，成为促进各类青年人才为西部地区服务的有效方式。为深入贯彻落实江泽民同志对青年志愿者工作的重要批示精神，配合西部大开发战略的实施，更好地发挥青年科技人才在扶贫开发和精神文明建设中的先锋和突击作用，共青团中央、科技部决定在“十五”期间，组织实施科技青年志愿者西部行动计划（以下简称“西部行动”）。现将有关事宜通知如下。

一、主要任务和方式

“西部行动”的主要任务是：动员和组织科技界青年志愿者在西部地区开展科学普及、科研规划、产品开发、技术指导、市场调研、人员培训等方面的志愿服务。其实施方式包括：

1. 扶贫接力。以定期轮换的方式向西部贫困地区派遣青年科技人员。根据不同情况，参与扶贫接力的志愿者在贫困地区服务的时间一般为半年至一年，具体时间根据实际工作需要确定。

2. 短期服务。根据西部地区的实际需求，组织科技界青年志愿者，开展半个月左右的志愿服务活动。

3. 远程服务。依托中国志愿服务网，建立西部地区网点以及需求信息库，实现志愿者供需信息的网上对接。

4. 志愿捐助。组织和动员发达地区的科技企业向西部地区无偿捐赠实用技术和产品。

二、实施范围和步骤

受援地区原则上在西部国定贫困县中选定。派遣青年志愿者以就近就便为原则，以支援本省（区、市）的国定贫困县、省定贫困县及省内革命老区、少数民族地区、边远地区为主。北京、天津、上海、江苏、浙江、广东、山东、福建、辽宁和大连、青岛、宁波、厦门、深圳等副省级城市以及在京各系统单位以援助对口扶贫省（区、市）为主。

2001年，团中央、科技部拟选择西部五个省（区、市）进行试点，在总结经验的基础上，逐步推开。

三、招募对象与方式

志愿者主要从大中城市中招募，同时也欢迎其他城镇的志愿者参与。应募者应具有奉献精神，大专以上学历，身体健康，能够适应西部贫困地区科技发展等方面的服务要求，年龄一般在20－40岁之间，确系受援地区需要的专门人才，年龄可适当放宽。

招募工作应坚持公开招募、志愿报名、统一选拔的基本原则。招募方式主要有两种：一是社会招募。通过新闻媒体和其他形式发布招募启示，举办招募说明会，开展各种宣传活动，面向社会公开招募志愿者。二是组织招募。各级团委、科技行政管理部门在当地党委、政府的领导和支持下，按照有关规定，通过组织系统开展动员工作。

四、组织管理

“西部行动”由共青团中央、科技部共同组织实施，并成立相应的领导小组及其办公室。办公室设在团中央青年志愿者行动指导中心、中国青年志愿者协会科技分会。各省（区、市）团委、科技厅（局）根据情况成立相应的领导机构和工作机构。

招募单位负责向参加“西部行动”的志愿者提供人身意外伤害保险和住院医疗保险。受援地的县级团委在用人单位的协助下，负责青年志愿者的日常管理。

五、政策保障

1. “西部行动”作为促进西部人力资源开

发的一种有效方式。各级科技行政管理部门应当结合当地实际制定具体政策，鼓励党政机关、企事业单位的青年科技工作者参加。

2.参加“西部行动”是机关青年干部下基层锻炼的重要途径。服务期间由原单位保留基本工资和各项福利待遇，提供假期探亲往返受援地的交通费。地市以上科技行政管理部门把派遣本单位青年干部参加“西部行动”，纳入干部培养规划。表现优秀的在晋级、晋职时给予优先考虑。

3.科研、教学人员参加“西部行动”的，其志愿服务时间计入专业工龄，服务期间由原单位保留基本工资和各项福利待遇，提供假期探亲往返受援地的交通费，在职称评定中与同等资历人员享有同等权利，表现突出的应予优先评聘。

4.企业待岗科技人员志愿参加“西部行动”的，服务期满后，有关部门根据志愿者的实际表现推荐上岗。

5.企业向贫困地区捐赠产品和技术，享受国家规定的税收优惠政策。

六、资金落实与管理

“西部行动”所需资金采取社会募集为主、党政支持为辅的方法解决，在继续加大社会募集的宣传力度，进一步争取社会各方面资金以及国际资金支持的同时，“西部大开发”科技专项行动将提供部分资金支持。各地要结合实际采取多种方式支持“西部行动”的实施。

社会募集的资金须汇入省级（副省级城市）以上青年志愿者协会指定的银行帐号，根据捐助者的要求和项目实施情况统一划拨。资金使用应严格遵守有关财务制度，尊重捐助者的意愿，建立规章制度，加强监督管理。

七、工作要求

1.提高认识，加强领导。“西部行动”是服务于西部大开发战略、加强社会主义精神文明建设和青少年思想道德教育的有效途径，是促进贫困地区科技进步和青年科技知识分子锻炼成长的有效途径。各地对这项工作要高度重视，有关负责同志要亲自挂帅，加强指导，及时帮助解决遇到的各种问题。

2.精心组织，注重实效。各地要按照要求，进一步落实各项保障政策，要根据受援地区的实际需要，认真研究服务需求，确定服务岗位和服务内容，制定切实可行的工作计划，创造性地开展工作。选拔志愿者要坚持自愿原则？严格审核。要积极争取党委和政府的政策支持，开发社会资源，确保服务项目的顺利实施。

3.加强协作，优化配置。各地在实施“西部行动”中，要按照“十五”科技发展规划的总体要求，加强与“西部大开发”科技专项行动、科普行动计划、科技扶贫计划等工作的衔接和配合，合理配置各种资源。

4.注意总结，加强宣传。各地要进一步贯彻落实江泽民同志对青年志愿者工作的重要批示精神，注意总结经验，对具有导向和示范作用的典型，利用各种新闻媒体，有计划地组织宣传，形成良好的舆论氛围，从而动员更多的社会成员支持和参加“西部行动”，为西部大开发战略的全面实施，为社会主义物质文明和精神文明建设做出贡献。

具体事项可与团中央青年志愿者行动指导中心、科技部青年联合会联系。团中央联系人：侯宝森，电话：(010)85212197；科技部联系人：沐华平、赵静，电话：(010)68512075。

附：“西部行动”领导小组及办公室名单

组　长：朱丽兰　科技部部长
　　　　周　强　团中央书记处第一书记
副组长：李学勇　科技部副部长
　　　　胡春华　团中央书记处书记
成　员：孙寿山　团中央宣传部部长
　　　　于鹰科　技部直属机关党委常务副书记
　　　　尚勇科　技部政策体改司司长

卢雍政　团中央青年志愿者行动指导中心副主任

杜占元　科技部发展计划司副司长

王宏广　科技部农村与社会发展司副司长

王志学　科技部农村中心副主任

马连芳　科技部农村中心副主任

办公室

主　任：卢雍政（兼）

副主任：沐华平　中国青年志愿者协会科技分会常务副主任、科技部青年联合会主席

中央文明办、共青团中央、人事部 国务院西部地区开发领导小组办公室 关于配合实施西部大开发战略 全面推进青年志愿者扶贫接力计划的通知

2001 年 4 月 23 日

各省、自治区、直辖市文明办、团委、人事厅（局）、西部办，国务院各部委、各直属机构人事（干部）部门，全国铁道团委，全国民航团委，中直机关文明办、团工委，中央国家机关文明办、团工委，中央金融工委文明办、团工委，中央企业工委文明办、团工委：

1996 年以来，为贯彻落实科教兴国战略和“八七扶贫攻坚计划”，中央文明办、共青团中央、教育部、卫生部、科技部、农业部积极实施青年志愿者扶贫接力计划，通过公开招募、自愿报名、集中选拔的方式，先后派遣 6810 名城市青年前往中西部 160 多个贫困县，开展为期半年至二年的农村基础教育、医疗卫生、科技推广和农业技术等方面的志愿服务工作，在促进贫困地区经济社会发展、培养锻炼青年、加强社会主义精神文明建设等方面取得了良好成效。

为深入贯彻落实江泽民总书记对青年志愿者工作的重要批示和党的十五届五中全会、中央思想政治工作会议精神，配合西部大开发战略的实施，通过多种渠道鼓励各类人才投身西部建设，加快西部地区发展，更好地发挥青年志愿者在扶贫开发和精神文明建设中的先锋和突击作用，引导广大青年以实际行动实践“三个代表”重要思想，进一步推进团中央与教育部、卫生部、农业部、科技部正在组织实施的青年志愿者扶贫接力计划的各项工作，中央文明办、共青团中央、人事部、国务院西部地区开发领导小组办公室决定，从 2001 年开始，全面实施青年志愿者扶贫接力计划。现将有关事宜通知如下。

一、实施时间和范围

从 2001 年开始，以定期轮换的方式向中西部贫困地区派遣青年志愿者，从事基础教育、医疗卫生、科技推广和农业技术等方面的志愿服务。根据不同情况，志愿者在贫困地区的服务时间一般为半年至二年。派遣青年志愿者主要采取就近就便的方式，以支援本省（区、市）的国定贫困县、省定贫困县及革命老区、少数民族地区、边远地区为主。北京、天津、上海、江苏、浙

江、广东、山东、福建、辽宁和大连、青岛、宁波、厦门、深圳等副省级城市以及在京各系统单位以支援对口扶贫省(区)为主。

二、招募对象与方式

志愿者主要从大中城市中招募。应募者应具有大专以上学历,年龄一般在20－45岁之间,有奉献精神,身体健康,能够适应农村基础教育、医疗卫生、科技推广和农业技术等方面的工作要求。确系受援地区需要的专门人才,年龄、学历可适当放宽。

在招募中应坚持公开招募、自愿报名、集中选拔、统一培训派遣的基本原则。招募方式主要有两种:一是社会招募,通过新闻媒体和其他形式发布招募启事,举办招募说明会,开展各种宣传活动,面向社会公开招募志愿者。二是组织招募,各地团组织和青年志愿者组织在当地党委、政府及有关部门的领导和支持下,按照有关规定,通过组织系统开展动员、选拔工作。

三、组织管理

青年志愿者扶贫接力计划由中央文明办、共青团中央、人事部、国务院西部地区开发领导小组办公室联合相关部委共同组织实施,具体工作由团中央负责落实。各省(区、市)文明办、团委、人事厅(局)、西部办按照相应职责在本地区联合相关部门组织实施,具体工作由各省(区、市)团组织负责落实。

招募单位负责向参加扶贫接力计划的志愿者提供人身意外伤害保险和住院医疗保险。受援地的县级团委在用人单位的协助下,负责青年志愿者的日常管理。

志愿者完成服务任务后,派出志愿者的省(区、市)团组织根据受援地的县级团委及用人单位的意见统一颁发《青年志愿者扶贫接力计划服务鉴定书》,记入志愿者个人档案,作为落实各种保障政策的主要依据。

四、政策保障

1. 鼓励通过考试录用成为机关工作人员和国家公务员的应届大学毕业生、研究生参加扶贫接力计划,把参加扶贫接力计划作为培养、锻炼青年干部的一个渠道,服务期一至二年的,视同下基层锻炼,按有关规定对待。

2. 参加扶贫接力计划的大中城市机关、企事业单位专业技术人员,服务期间保留工资、待遇不变,并按照国家有关规定报销假期探亲往返受援地的交通费。

3. 参加扶贫接力计划的青年志愿者(含应届大学毕业生和在读研究生),服务期间计算工龄;专业技术人员同时计算从事本专业的工作时间,在职称评定等方面与原单位同等资历人员享有同等权利;完成1年服务的应届大学毕业生,就业时可以不经过见习期直接转正。

4. 参加扶贫接力计划并在中西部艰苦边远地区服务的青年志愿者,按照国办发〔2001〕14号文件《关于实施艰苦边远地区津贴的方案》的有关规定,领取艰苦边远地区津贴。

5. 青年志愿者扶贫接力计划作为实施西部人才开发规划的具体措施,适用西部人才开发规划的有关政策规定。

6. 把实施扶贫接力计划纳入创建文明城市的总体规划,作为创建文明城市的一项重要工作内容。

五、资金落实与管理

扶贫接力计划所需资金采取社会募集与党政支持相结合的方法解决,在继续加大社会募集的宣传力度,进一步争取社会各方面资金的同时,鼓励各地从精神文明建设专项资金和其他相关资金中划拨部分资金予以支持。

社会募集的资金须汇入省级(含副省级城市)以上团委指定的银行帐号,根据捐助者的要求和项目实施情况统一划拨。资金使用应严格遵守有关财务制度,尊重捐助者的意愿,建立规章制度,加强监督管理。

六、工作要求

1. 高度重视。扶贫接力计划是服务于西部大开发战略的具体措施,是加强社会主义精

神文明建设和青年思想道德教育的有效途径，是丰富人才培养方式和有效开发人力资源的重要手段。各地有关部门对这项工作要高度重视，领导同志要切实负起责任，及时帮助解决遇到的各种问题，精心组织实施。

2. 务求实效。各地要按照通知要求，认真落实各项保障政策，并结合本地实际制定切实可行的工作计划，创造性地开展工作。选拔志愿者要坚持自愿原则，严格审核。要从实际出发，根据募集到的财力量力而行。要广泛开发社会资源，确保服务项目的实际成效。

3. 加强宣传。各地要注意总结经验，对具有导向和示范作用的典型，要运用新闻媒体等各种渠道，加强宣传工作，营造舆论氛围，大力弘扬"奉献、友爱、互助、进步"的时代新风，动员社会各界广泛支持和参与扶贫接力计划，为西部大开发战略的全面实施，为社会主义物质文明和精神文明建设做出贡献。

共青团中央关于认真学习贯彻江泽民同志在庆祝中国共产党成立80周年大会上重要讲话的通知

2001年7月2日

共青团各省、自治区、直辖市委，军委总政治部组织部，全国铁道团委，全国民航团委，中直机关团工委，中央国家机关团工委，中央金融团工委，中央企业团工委：

江泽民同志在庆祝中国共产党成立80周年的大会上发表了重要讲话。江泽民同志的重要讲话，坚持以马克思列宁主义、毛泽东思想、邓小平理论为指导，贯彻党的解放思想、实事求是的思想路线，全面回顾和系统总结了我们党80年的光辉历程和基本经验，全面阐述了"三个代表"重要思想的科学内涵，深刻回答了新的历史条件下加强和改进党的建设需要解决的重大问题，进一步阐明了党在新世纪的历史任务和奋斗目标，是一篇马克思主义的纲领性文献。江泽民同志的重要讲话，思想深刻，内容丰富，对于适应新形势新任务的要求，进一步加强和改进党的建设，进一步做好全党和全国的各项工作，具有重大而深远的指导意义。共青团是党的助手和后备军，要以江泽民同志的重要讲话为指针，全面推进新世纪的共青团建设，更好地完成党交给共青团的光荣任务。各级团组织一定要认真学习，深刻领会，吃透精神，坚决贯彻。现就学习和贯彻《讲话》的有关事宜通知如下。

一、把学习江泽民同志的重要讲话作为当前和今后一个时期的首要任务来抓，把广大团干部和团员青年的思想统一到《讲话》精神上来。

各级团组织要迅速行动起来，采取行之有效的措施，组织学习宣传活动，广泛动员广大团干部和团员青年认真学习、深刻领会江泽民同志的重要讲话。团的各级领导机关和领导班子要带头学习，要在近期内集体组织学习，并组织一些专题研讨，认真学习领会《讲话》精神实质，明确《讲话》中提出的各项要求。学习要抓住重点，着重学习、领会和把握党的基本经验，"三个代表"重要思想的科学内涵，加强和改进新时期党的建设的任务和要求，党在新世纪的历史任务和奋斗目标等重大问题。要通过学习，把广大

团员青年特别是团的领导干部的思想、行动统一到江泽民同志重要讲话精神上来，推动广大团干部和团员青年进一步提高贯彻执行党的基本理论、基本路线、基本纲领的自觉性和坚定性，进一步提高贯彻“三个代表”重要思想的自觉性和坚定性。

二、学习江泽民同志的重要讲话要紧密结合共青团工作的实际，以“三个代表”重要思想为指导，全面推进新世纪共青团的建设和团的各项工作。

要以“三个代表”重要思想为指导，全面推进新世纪共青团的建设。进一步加强团的思想建设，始终坚持以马列主义、毛泽东思想、邓小平理论和江泽民同志“三个代表”重要思想为指导。进一步加强团的组织建设，使共青团始终保持先进青年群众组织的特点，同时扩大在青年中的覆盖面，增强对广大青年的吸引力和凝聚力。进一步加强团的干部队伍建设，努力建设政治合格、思想过硬、作风扎实的干部队伍。

要把“三个代表”的要求全面落实到团的各项工作中。用马列主义、毛泽东思想、邓小平理论和“三个代表”重要思想武装团员青年，用社会主义现代化建设宏伟目标凝聚团员青年，组织动员广大青年为实现新世纪党的历史任务而奋斗。动员组织青年在推动先进社会生产力发展中发挥生力军作用。用先进文化塑造青年，陶冶青年，同时推动青年在建设有中国特色社会主义文化中发挥生力军作用。既要竭诚为青年服务，又要通过青年志愿者、希望工程、手拉手、青年文明号、保护母亲河行动、创建青年文明社区、新世纪读书计划、创建优秀青少年维权岗等活动，组织青年服务社会、服务人民。

要按照“三个代表”的要求，切实巩固党的青年群众基础。坚持“党建带团建”，进一步做好推荐优秀团员作党的发展对象的工作，为党的事业源源不断地输送新鲜血液。采取切实措施，不断提高思想政治工作的实效性、针对性，把党的政策和主张传达到青年当中，最大限度地、最广泛地把青年团结在党的周围。

各级团组织要在深入学习《讲话》精神的基础上，制定贯彻落实的具体措施，真正把《讲话》精神落到实处，贯彻到共青团的建设中，贯彻到团结带领广大团员青年为实现党的宏伟目标而奋斗的实践中。

三、团属新闻舆论阵地要按中央要求，组织开展有声势、有深度的宣传，推动团员青年学习贯彻江泽民同志重要讲话活动深入发展。

要重点宣传80年来党团结和带领全国各族人民奋斗的光辉历程和伟大业绩，贯彻“三个代表”重要思想的现实意义和长远意义，加强和改进党的建设的重要性和紧迫性，《讲话》对新世纪团的建设和团的各项工作的重要意义，激励广大团员青年以更加饱满的热情和更加坚定的信心投身改革开放和社会主义现代化建设的伟大事业。要宣传报道好团员青年学习贯彻《讲话》的活动，推动学习宣传活动深入开展。对于团员青年提出的思想认识问题和理论问题，要按照党的基本理论、基本路线、基本纲领和《讲话》，进行深入的宣传阐释和思想引导工作，帮助他们全面、正确、积极地理解《讲话》精神。

各省级团委要及时把学习贯彻江泽民同志重要讲话精神的有关情况报团中央办公厅。

共青团中央关于进一步加强民族地区青少年爱国主义教育工作的意见

2001年8月10日

我国是一个统一的多民族国家。爱国主义历来是动员和鼓舞全国各族人民团结奋斗的一面旗帜，是推动我国社会历史前进的巨大力量，是各族人民共同的精神支柱。加强民族地区青少年爱国主义教育，是一项关系国家前途命运的重要工作。各级团组织要按照党中央的要求，进一步贯彻落实《爱国主义教育实施纲要》精神，以高度的责任感、紧迫感切实抓好民族地区青少年爱国主义教育工作。

一、高度重视民族地区青少年爱国主义教育工作

1. 充分认识加强民族地区青少年爱国主义教育的重要性。民族地区青少年担负着今后民族地区建设和发展的重任，他们的思想政治状况和精神面貌，与民族地区的未来、祖国的前途紧密联系在一起。现在一些民族地区反分裂斗争形势严峻，这些地区青少年处在反分裂斗争的前沿，是境内外民族分裂势力和宗教极端势力重点争夺的对象。进一步加强民族地区青少年爱国主义教育工作，对于维护祖国统一和民族团结，促进各民族共同繁荣，维护改革、发展、稳定的大局，具有重要的意义。各级团组织要从事关国家长治久安和中华民族伟大复兴的战略高度，充分认识加强民族地区青少年爱国主义教育的重要性，高度重视并扎实推进民族地区青少年爱国主义教育工作。

2. 加强民族地区青少年爱国主义教育是全团的共同任务，民族地区团组织更要作为首要任务。民族地区团的工作要把加强青少年爱国主义教育放在突出的位置，作为一条主线贯穿在全部工作中。这是民族地区共青团工作服务大局、服务党政中心工作的体现。要围绕青少年爱国主义教育来设计工作，开展工作，采取措施，努力使爱国主义教育落实到实处，见到实效。

3. 进一步加强民族地区青少年爱国主义教育要以邓小平理论为指导，按照江泽民同志"三个代表"重要思想的要求，坚持重在建设的方针，加强针对性、实效性、主动性和时代感，把广大青少年培养成为坚定的爱国者，把各族青少年的爱国热情引导和凝聚到建设有中国特色社会主义伟大事业上来，引导和凝聚到为祖国的统一、繁荣和富强做贡献上来，团结和带领各族青少年积极促进民族地区共同发展和繁荣，为实现我国新世纪发展的宏伟目标努力奋斗。

二、广泛开展丰富多彩的爱国主义主题宣传教育活动

4. 开展主题宣传教育活动，是共青团的传统和优势，是对青少年进行爱国主义教育的有效途径。各级团组织要针对民族地区青少年的特点，围绕爱国主义教育的内容，结合历史和现实生活中的重大题材，设计主题鲜明、形式活泼、为青少年喜闻乐见的爱国主义主题宣传教育活动，精心组织实施，在青少年中大力营造氛围，激发青少年的爱国热情，帮助各族青少年牢固树立正确的国家观、民族观、宗教观。

5. 大力加强中华民族悠久历史和优秀传统文化教育。通过教育活动，帮助民族地区各族青少年了解中华民族自强不息、百折不挠的发展历程，了解各民族共同创造中华民族历史

的事实，了解各族人民在创造灿烂中华文明的过程中形成的具有强大生命力的传统文化，了解中华民族崇高的民族精神、民族气节和优良道德，了解中华民族对人类文明的卓越贡献，了解各民族在漫长的历史长河中逐步形成的不可分割的血肉联系，从而增强他们对中华民族和伟大祖国的认同感和归属感，增强他们作为中华民族大家庭一员和作为中国人的自信心和自豪感。

6. 大力加强党的基本路线和社会主义现代化建设成就教育。用党的十一届三中全会以来改革开放和现代化建设的巨大成就教育、鼓舞青少年，用民族地区的进步与发展和国家的巨大变化教育、鼓舞青少年，使各族青少年进一步坚定走建设有中国特色社会主义道路的信念，坚持党的基本路线不动摇，增强振兴中华的责任感和使命感。

7. 大力加强民族团结教育。引导和帮助各族青少年深入了解党的民族宗教政策，正确对待民族宗教问题，引导和帮助他们深刻认识中华民族的振兴需要各民族的紧密团结和共同繁荣，牢固树立汉族离不开少数民族，少数民族离不开汉族，各少数民族之间也相互离不开的思想。要在各族青少年中广泛开展马克思主义唯物论、无神论和现代科学文化知识教育，大力弘扬科学精神。

8. 旗帜鲜明地开展反分裂斗争。在一些反分裂斗争形势严峻的民族地区，要针对民族分裂势力和国内外敌对势力对青少年的渗透和影响，采取切实有效的措施，开展针锋相对的斗争，加强对青少年的教育，引导各族青少年立场坚定、旗帜鲜明地反对民族分裂，维护祖国统一。要大力加强社会主义民主法制教育，增强青少年的国家意识和法制观念，养成遵纪守法的习惯，正确行使和履行公民的权利和义务，坚决维护国家利益。

9. 抓住重要节庆日、重大事件的契机开展教育。重要纪念日、各民族的传统节日、重大事件，是对青少年开展爱国主义教育的良好契机。要抓住这些契机，结合实际开展生动活泼的爱国主义教育，使教育取得实效。要善于结合重要节庆日和重大事件设计开展主题教育活动，把爱国主义教育融入到各族青少年的生活中。

三、团结带领各族青少年为促进各民族的共同发展和共同繁荣做贡献

10. 加快民族地区的经济和社会发展，实现各民族的共同繁荣，是民族地区面临的主要任务，也是民族团结和民族地区稳定的根本保证。加强民族地区青少年爱国主义教育的一个重要任务，就是要团结带领各族青少年为促进民族地区的发展和繁荣做贡献，以爱国主义作为推动青少年投身经济建设和社会发展的强大动力，在改革开放和现代化建设伟大实践中进一步使广大青少年受到教育，经受锻炼。

11. 团结带领各族青年在西部大开发中发挥生力军作用。实施西部大开发战略，为民族地区的发展和进步提供了重要的历史机遇，各级团组织要响应中央的号召，在西部大开发中充分发挥青年的生力军作用，动员组织各族青年用自己的智慧和汗水，建设美好家园，促进民族地区的发展和繁荣。要引导民族地区青年解放思想，自主创业，为两个文明建设做出积极的贡献。

12. 为各族青年投身经济建设和社会发展的实践搭建舞台。要大力实施青年创业行动、青工创新创效、青年岗位能手、青年文明号、青年星火带头人、青年志愿者、三下乡活动、乡村青年文化节、保护母亲河、大学生社会实践等活动，为青年投身两个文明建设提供渠道和途径，引导和推动他们立足本职，发愤学习，艰苦创业，把为各民族共同发展和繁荣做贡献落实到实际行动中。

13. 大力培养民族地区青年人才。民族地区的发展，需要大批各个方面的建设人才。团组织要发挥聚集人才、举荐人才、培养人才的

职能,为青年人才的成长创造良好的环境和条件,提供支持和帮助,推动大批青年人才脱颖而出。要在青少年中大力开展新知识、新技能、新科技学习活动,进一步推进青少年新世纪读书计划的实施,努力提高广大青少年的科学文化素质,促进他们健康成长。

四、通过必要的礼仪,强化爱国意识

14. 爱国主义情感是一个逐渐养成、爱国主义教育是一个不断强化的过程。提倡必要的礼仪,对于增强青少年的爱国主义情感,具有重要的作用。民族地区团组织要结合实际,探索行之有效的礼仪教育活动,丰富礼仪教育的内容,并逐步使之规范化和系统化,发挥礼仪在爱国主义教育中的作用。

15. 开展有助于培养各族青少年对国旗、国歌、国徽崇敬感的礼仪活动。各级团组织要认真遵守《中华人民共和国国旗法》,严格执行升旗制度,凡属可以升挂国旗的单位和场所,都要积极创造条件,升挂国旗。学校团队组织要坚持升降旗制度。在开学典礼、毕业典礼、运动会等大型集体活动中必须举行庄严、隆重的升旗仪式。广泛开展国旗下宣誓、向国旗献词等活动,丰富升降国旗活动的内容。在大型集会等活动中,要齐唱国歌。要使每个青少年都学会唱国歌,并能理解国歌的内容和国旗、国徽的涵义。

16. 广泛开展 18 岁成人仪式教育活动。18 岁成人仪式教育活动包括成人预备期教育、成人预备期志愿服务、18 岁成人宣誓仪式三个环节。民族地区可结合各民族的实际,形成具有民族特色的成人仪式活动。通过成人仪式教育,要使青少年掌握宪法和法律的有关知识,懂得宪法和法律所赋予的公民权利和义务,增强对国家、对社会、对家庭的责任感,同时通过规定适龄青少年参与一定时间的志愿服务,引导青少年把成年与服务社会有机结合起来。成人宣誓仪式应选择在当地的重要公共场馆、烈士陵园、具有纪念意义的历史遗迹、遗址等地举行,进一步强化爱国主义教育效果。

五、大力加强爱国主义教育阵地建设

17. 依托阵地开展爱国主义教育,是加强民族地区青少年爱国主义教育的重要途径。要积极创造条件大力加强青少年宫、青少年活动中心、青少年之家、青年科技图书站、青年文化大院、团队活动室、学生俱乐部等各级各类青少年活动阵地建设,依托阵地广泛开展多种形式的爱国主义教育活动,充分发挥阵地在爱国主义教育中的作用。要在党委政府的支持下,把青少年活动阵地建设纳入当地的建设总体规划,有计划地逐步落实青少年活动阵地建设项目。

18. 挖掘和利用民族地区的教育资源,普遍建立青少年爱国主义教育基地。要会同文化、文物、民政、园林等部门,在当地的博物馆、纪念馆、烈士纪念建筑物、文物保护单位、历史遗迹、风景名胜和重大建设工程、城乡先进单位等地普遍建立青少年爱国主义教育基地,广泛开展直观、生动、形象的爱国主义教育。

19. 学校是对青少年进行爱国主义教育的重要场所。学校团组织要积极配合课堂教育,开展丰富多彩的爱国主义教育活动。大、中、小学校的爱国主义教育活动要结合青少年的年龄特点,各有侧重,使学校的爱国主义教育系统化,成为一个循序渐进的过程。要组织学生开展丰富多彩的社会实践活动和实践教育活动,举办生动活泼的主题“冬令营”、“夏令营”,在实践中加强对青少年的爱国主义教育。要充分发挥少先队组织、业余党校、业余团校和各种学生社团的作用,使爱国主义教育贯穿各个方面。

20. 充分发挥团属新闻舆论阵地在青少年爱国主义教育中的作用。团属报刊杂志、图书音像出版等单位,要大力开展爱国主义教育宣传,出版爱国主义教育作品,在民族地区青少年中切实营造浓厚的爱国主义教育舆论氛围。

要充分利用互联网,开辟网上青少年爱国主义教育阵地,进一步拓展爱国主义教育的手段和覆盖面。

六、坚持不懈地用爱国先进典型教育引导青少年

21. 加强爱国先进典型宣传,充分发挥榜样的示范作用。要在民族地区青少年中大力宣传中国历史上涌现出的著名爱国者、民族英雄、杰出人物以及新中国成立以后涌现的英雄模范人物的先进事迹,特别要注意宣传各民族历史上的爱国英雄,同时配合对革命领袖、革命先烈、著名爱国者的纪念活动对青少年进行爱国主义教育,引导青少年向爱国先进典型学习。要在大中小学的教室、图书馆、礼堂等场所,悬挂为中华民族的发展做出杰出贡献的革命领袖、先烈和名人的画像、诗词、格言,企事业单位和街道、乡村的文化站、俱乐部等公共活动场所还可以贴挂一些本地区、本行业、本单位、本部门著名劳动模范的画像、照片,对青少年进行潜移默化的爱国主义教育。

22. 大力开展表彰先进活动,树立青少年身边的典型。大力表彰各行各业青年先进典型,宣传他们热爱党、热爱祖国、热爱社会主义、岗位奉献、团结进步的先进事迹,为青少年提供可亲、可敬、可信、可学的榜样。进一步加强民族地区青少年爱国主义教育工作先进单位的表彰和宣传活动,继续开展全国各族青年团结进步杰出(优秀)奖的评选表彰活动,发挥这些奖项在教育青少年中的作用。

七、动员全团力量共同抓好民族地区青少年爱国主义教育工作

23. 民族地区青少年爱国主义教育是全团的一项重要工作。没有民族地区的发展和稳定,就没有全国的发展和稳定,没有民族地区的现代化,就不能说实现了全国的现代化。全团要从党和国家的工作全局的高度,从实现中华民族伟大复兴的高度,发扬各族人民同呼吸、共命运、心连心的光荣传统,以高度的政治责任感共同做好民族地区青少年爱国主义教育工作。

24. 加强各族青少年的交流,加大对民族地区青少年培养的力度。要创造条件,大力开展各族青少年之间的交流,大力开展民族地区青少年和东部、中部地区青少年的交流,增进各族青少年之间的理解与友谊。要开展各民族少年儿童“手拉手”活动,不断扩大结对的范围和规模。要进一步推进民族地区团干部“培养计划”,大力选拔民族地区青年干部到内地和沿海城市挂职锻炼、学习培训。中央团校和有条件的地方团校要继续办好民族地区青年干部培训班,扩大办班规模和范围,培养一大批爱党爱国、具有较高业务水平的民族青年干部。

25. 开展互结对子、东西互助活动。提倡东部、中部地区省、市团组织和民族地区团组织结成对子,建立对口援助机制,通过项目援助、组织活动、人才交流培训等方式,促进民族地区的青少年爱国主义教育工作。要动员和组织团属新闻宣传、文化出版等部门加强与民族地区团组织的联系,针对民族地区青少年的实际,组织出版以爱国主义为主题的民族语言版青少年读物。共青团青少年活动阵地经费要向民族地区青少年宫建设倾斜。

26. 动员和组织各地青年通过多种方式踊跃参与民族地区两个文明建设,促进共同发展。希望工程、金桥计划、青年志愿者扶贫接力计划等活动要以民族地区为重点,充分发挥活动在推进民族地区扶贫攻坚中的重要作用。要进一步扩大青年志愿者在民族地区支教、支医、支农、支企等活动的规模和范围,动员和组织有志青年为推动民族地区的发展和进步做贡献。

八、努力使共青团在民族地区青少年爱国主义教育中发挥更大的作用

27. 民族地区青少年爱国主义教育涉及面广,是一项系统工程。民族地区各级团组织要

在党委的统一领导下，充分发挥自身的政治优势和组织优势，在青少年爱国主义教育中发挥积极作用，和社会各方面一道共同抓好这项重要工作。

28. 大力加强团的基层组织建设和团干部队伍建设。基层团组织的建设是共青团做好民族地区青少年爱国主义教育工作的保证。要以“三个代表”重要思想为指导，坚持党建带团建，推动民族地区基层团组织建设，不断增强团组织的吸引力、凝聚力和战斗力，充分发挥基层团组织的战斗堡垒作用。要逐步推广和完善推优入党机制，把优秀团员输送到党的队伍中。培养一支高素质的团干部队伍是共青团做好民族地区爱国主义教育工作的关键。要注意发现和培养优秀团的干部，加强对他们的培训，不断提高他们的思想政治和业务水平，逐步形成一支政治坚定、素质全面、富有战斗力的干部队伍，为落实民族地区青少年爱国主义教育工作任务提供保证。要关心团干部的学习、生活和工作，努力帮助他们解决面临的困难和问题，使他们无后顾之忧，精神振奋地投入工作。

29. 发挥好各级各类青年组织在爱国主义教育中的作用。在民族地区特别是反分裂斗争形势严峻的民族地区，各级各类青年组织在教育青少年中发挥着重要作用。各级青联、学联、青企协、乡企协、青年志愿者协会等青年组织要进一步发挥广泛联系青年的优势，及时把党和政府的声音传达给各族青少年，把党和政府的温暖传递给各族青少年，认真倾听、及时反映广大青少年的呼声、愿望和要求，广泛团结不同民族、不同职业、不同层次、不同信仰的爱国进步青年。

30. 积极配合有关部门，努力形成青少年爱国主义教育齐抓共管的局面。要积极配合教育、文化、宗教等部门抓好爱国主义教育阵地建设和队伍建设，抓好扫盲工作和汉语普通话的推广工作，办好有关青少年的广播电视节目，加强对文化市场的管理，防止民族分裂活动和非法宗教活动对青少年的渗透和影响，积极维护青少年的合法权益。要坚持党的领导，推动把爱国主义教育融入学校教育、家庭教育、社会教育的方方面面，努力形成职责明确、齐抓共管的民族地区青少年爱国主义教育工作的良好局面。

共青团中央关于认真学习贯彻党的十五届六中全会精神的通知

2001年9月29日

共青团各省、自治区、直辖市委，军委总政治部组织部，全国铁道团委，全国民航团委，中直机关团工委，中央国家机关团工委，中央金融团工委，中央企业团工委：

党的十五届六中全会是在我国已进入全面建设小康社会、加快推进社会主义现代化的新的发展阶段召开的一次重要会议，对于保证党的路线方针政策的贯彻落实，深入贯彻“三个代表”重要思想，稳步推进改革开放和现代化建设，顺利实现党在新世纪的三大任务，具有十分重要的意义。江泽民总书记在全会上的讲话，着眼于党面临的新形势新任务，科学分析了党的作风建设的实际，为进一步加强和改进党的作风建设指明了方向。全会通过的

《中共中央关于加强和改进党的作风建设的决定》，以马列主义建党学说、邓小平同志党建理论和江泽民总书记“三个代表”重要思想为指导，在实事求是地分析党的作风建设现状的基础上，明确提出了加强党的作风建设的指导思想、总体要求、主要任务和核心问题，意义十分重大。共青团作为党的助手和后备军，要认真学习贯彻党的十五届六中全会精神，切实加强和改进团的作风建设，全面推进新世纪的共青团工作，更好地完成党交给共青团的团结、教育、服务青年的任务。现将学习贯彻党的十五届六中全会精神的有关事宜通知如下。

一、认真组织学习，统一思想，提高认识

各级团组织要把学习党的十五届六中全会精神作为一项重要任务来抓。团的领导机关和领导干部要发挥表率作用，带头学习。通过学习，要进一步认识到，加强和改进党的作风建设是在新形势下全面贯彻党的基本理论、基本路线、基本纲领和实践“三个代表”重要思想的迫切需要，是开创改革开放和现代化建设新局面的必然要求，是党永远立于不败之地的重要保证，具有极端重要性和紧迫性。要把握新的历史条件下加强和改进党的作风建设的指导思想、总体要求、核心问题、重点内容和落实措施。要充分认识到《决定》总结概括出的“八个坚持”、“八个反对”涵盖了党员干部思想作风、学风、工作作风、领导作风和生活作风的各个方面，既继承了党的优良传统和作风，又体现了与时俱进的时代要求；既具有很强的宏观指导性，又具有很强的现实针对性，对于加强和改进党的作风建设至关重要。要抓住“保持党同人民群众的血肉联系”这个核心问题，深刻认识贯彻党的群众路线、密切联系群众的重要性，任何时候、任何情况下都要与人民群众同呼吸共命运，真正做到全心全意为人民服务。

二、充分认识党的十五届六中全会精神对于加强和改进团的作风建设的意义

团的领导机关和领导干部要深刻认识江泽民总书记的重要讲话和《决定》对于加强和改进团的作风建设、做好新形势下共青团工作和青年工作的重要指导意义，进一步提高加强和改进团的作风建设的自觉性，努力把团的作风建设提高到一个新的水平。特别是要认识到，在经济成分和经济利益多样化、社会生活方式多样化、社会组织形式多样化、就业岗位和就业方式多样化的情况下，青年的社会结构、共青团的组织依托、工作手段、服务方式也发生了很大变化，青年思想政治工作面临大量的新情况、新问题。只有切实转变作风，按照党中央的要求，以服务青年作为共青团工作的出发点和归宿，切实履行好代表和维护青少年合法权益的职能，深入青年，了解青年，服务青年，共青团组织才能不断增强吸引力、凝聚力和战斗力，才能更好地团结教育青年，把青年更广泛地团结在党的周围，巩固党的青年群众基础。

三、紧密结合共青团工作和青年工作实际，进一步加强和改进团的作风建设

切实抓好对各级团干部的教育工作。根据党的十五届六中全会精神，结合团干部队伍的实际，重点抓好三个方面的教育。

1. 抓好理论教育。用马列主义、毛泽东思想、邓小平理论和江泽民总书记“三个代表”重要思想教育团的干部，使他们进一步提高理论素养，掌握解放思想、开拓创新、与时俱进的强大思想武器。

2. 抓好“三观”教育。教育团的干部要始终拥有正确的世界观、人生观和价值观，特别是要解决好“参加革命是为什么、现在当干部应该做什么、将来身后应该留点什么”的问题，始终牢记党的宗旨，以服务青年的实际行动落实党的宗旨。

3. 抓好传统教育。既要教育团干部继承和发扬党的优良传统和作风，又要继承和发扬团的优良传统和作风，在团的岗位上养成脚踏实地、艰苦奋斗的作风，克服浮躁情绪，力戒形式主义，特别要明确，在团的工作岗位上，不是

来做青年官的，而是按照党的要求来为青年服务的，要始终心中装着青年，密切联系青年，竭诚服务青年。

进一步加强制度建设。各级团组织要根据六中全会精神，结合本地区、本单位的实际，进一步加强制度建设。要在调查研究、理论学习、深入青年、民主集中制建设、廉政建设和干部选拔任用等方面进一步建立健全有关制度，形成持久的机制。

着力解决好当前团干部作风方面存在的突出问题。要按照中央要求，对照《决定》精神，在调查研究的基础上，进一步摸清情况，找准问题。针对存在的问题，采取切实措施，一个问题一个问题地抓，从团内不称职务，互称同志，年轻干部参加扶贫，团内不搞迎来送往等具体事情开始，一件事情一件事情地抓，常抓不懈，切实抓出实效。

四、切实把党的十五届六中全会精神贯彻落实到工作中去，以新的作风推动工作实现新的发展

各级团组织要紧密结合本地青年工作实际，深入学习党的十五届六中全会精神，认真研究贯彻落实措施，做出部署，切实把全会精神贯彻落实到工作中去，以新的工作作风推动共青团工作在新的一年里实现新的发展。

各省级团委要及时把学习贯彻党的十五届六中全会精神的有关情况报团中央办公厅。

共青团中央办公厅关于加强团办互联网站宣传管理工作的通知

2001年12月30日

共青团各省、自治区、直辖市委，全国铁道团委，全国民航团委，中直机关团工委，中央国家机关团工委，中央金融团工委，中央企业团工委：

近年来，各级团组织建立、主办的网站越来越多，在团结教育引导服务青少年中发挥了积极的作用。为贯彻落实中央关于加强互联网宣传工作的指示精神，遵循互联网宣传管理的法律法规，建好、管好团办网站，促进团办网站健康发展，现就加强团办网站宣传管理工作通知如下。

一、高度重视团办网站的宣传管理工作

互联网站是思想政治工作的新阵地，是团结教育引导服务青少年的新渠道。这些年来，青少年上网人数越来越多，互联网对青少年的影响越来越大。互联网上既有有益信息，也有有害信息，敌对势力也在竭力利用它与党和政府争夺群众，争夺青年。加强管理，兴利除弊，掌握网上斗争的主动权，十分重要。党中央高度重视互联网新闻宣传工作，对互联网的宣传管理工作作出了一系列的规定。各级团组织要高度重视所办网站的管理工作，贯彻“积极发展，充分运用，加强管理，趋利避害，发挥优势，主动出击”的总要求，切实把团办网站建设、管理好。要按照谁主办、谁负责的原则，坚持建设和管理并重。要把网站管理纳入有关团组织的工作内容，书记班子中要有专人负责，团的宣传部门要切实担负起宣传管理的职责。各级团组织要加强对网站登载内容的审核，加强对网站宣传工作的指导，努力使团办

网站成为共青团团结教育引导服务青少年的坚强阵地。

二、充分发挥团办网站在教育服务青少年中的积极作用

团办网站要端正办站的指导思想，把促进青少年健康成长、竭诚为青少年服务作为出发点和落脚点，善于运用互联网的特点和优势，充分发挥在教育引导服务青少年中的积极作用。要宣传好党的路线方针政策，宣传好党对青少年健康成长的要求，宣传好青少年成长进步的时代风貌，为青少年的学习、工作、生活提供切实的服务。要增大信息量，扩大覆盖面，提高时效性，增强影响力，为青少年提供及时、准确、健康有益的信息。要积极配合团的工作开展网络宣传，组织开展生动活泼的网上主题活动，加强网络文明建设，进一步壮大团办网站的实力，使团办网站在青少年的教育和服务中发挥更大的作用。

三、贯彻落实党对新闻宣传工作的要求

团办互联网站的宣传是党的宣传工作的组成部分，必须贯彻落实好党对新闻宣传工作的要求。要坚持正确的舆论导向，坚持团结稳定鼓劲、正面宣传为主的方针，唱响主旋律，打好主动仗，把团办网站建成宣传科学理论、传播先进文化、弘扬社会正气、倡导科学精神、塑造美好心灵的阵地，坚决杜绝违反四项基本原则、违反党的路线方针政策的内容。要严格按照党的新闻宣传纪律开展网上宣传工作，涉及到重大事件、突发事件和热点敏感问题的稿件，要严格把关，决不能登载与中央要求不一致的稿件。

四、严格遵守互联网宣传管理的法律法规

全国人大常委会颁布的《关于维护互联网安全的决定》，国务院颁布的《互联网信息服务管理办法》，有关部门颁布的《互联网站从事登载新闻业务管理暂行规定》和《互联网电子公告服务管理规定》，是互联网新闻宣传管理的法律法规，团办网站要认真贯彻落实，依法加强管理。团办网站登载的文字、图片决不能包含下列内容：违反宪法所确定的基本原则；危害国家安全，泄露国家机密，煽动颠覆国家政权，破坏国家统一；损害国家的荣誉和利益；煽动民族仇恨、民族歧视，破坏民族团结；破坏国家宗教政策，宣扬邪教，宣扬封建迷信；散布谣言，编造和传播假新闻，扰乱社会秩序，破坏社会稳定；散布淫秽、色情、赌博、暴力、恐怖或者教唆犯罪；侮辱或者诽谤他人，侵害他人合法权益；法律法规禁止的其他内容。对于在网站宣传中出现的违规事件，要依法处理。要加强对网站工作人员特别是版主、编辑记者互联网新闻管理的法律法规教育，不断增强从业人员的法律意识和遵纪守法的自觉性。

五、建立健全团办网站管理制度

要认真研究和适应互联网传播快、信息多、互动性、开放性等特点，建立健全管理制度，提高管理的针对性和实效性。要建立日常监管制度，加强对网站登载内容的日常监管，明确责任，形成机制，经常性地对登载的内容进行审读核查和更新。团办网站转载其他网站的内容要严格把关，认真核实。严禁在网站链接境外媒体和网站。开设网上论坛、电子公告牌等互动性栏目要十分慎重，开设这类栏目的网站要有专人负责，对栏目昼夜值班，采取有效监管办法，采用先进的技术手段，及时滤除不良信息，同时积极进行舆论引导。

六、不断加强团办网站的自身建设

加强团办网站的管理，网站的自身建设是关键。团办网站必须要有专人负责，要健全管理制度，完善技术手段，提高网站工作人员队伍素质。要建立健全严格的规章制度，明确稿件审查、信息发布等重要环节的责任，做到责任到人。要加强网站的技术建设，充分运用现代化的网络技术加强网站管理。要采取措施，防止别有用心的人对团办网站的恶意攻击。要加强对网站工作人员特别是版主、编辑记者

的马克思主义新闻观教育、法规纪律教育和职业道德教育,提高从业人员的政治素质和业务水平,建设一支熟悉党的新闻工作、掌握网络传播技术、具有开拓创新精神的高素质的网站工作人员队伍。

各地团组织和团办网站贯彻本通知、加强网站宣传管理工作的情况请及时报团中央宣传部。

中国青年志愿者注册管理办法(试行)

2002年3月14日

为进一步规范青年志愿者的注册管理,全面推进中国志愿服务事业,特制定本办法。

一、定义

志愿者是指不为物质报酬,基于良知、信念和责任,自愿为社会和他人提供服务和帮助的人。

注册志愿者是指按照一定程序在团组织、志愿者组织注册登记、参加服务活动的志愿者。

二、基本条件

1. 年满14周岁。

2. 具有奉献精神。

3. 具备与所参加的志愿服务项目及活动相适应的基本素质。

4. 根据自身愿望和条件至少选择一个志愿服务项目,从事一定时间的志愿服务工作。

5. 遵纪守法。

三、权利

1. 参加团组织、志愿者组织提供的培训。

2. 要求获得从事志愿服务的必需条件和必要保障。

3. 申请成为基层志愿者协会的个人会员。

4. 优先获得志愿者组织和其他志愿者提供的服务。

5. 就志愿服务工作对团组织、志愿者组织提出建议和意见。

6. 相关法律、法规及团组织、志愿者组织所制定的有关规定赋予的其他权利。

四、义务

1. 履行志愿服务承诺。

2. 不得以志愿者身份从事任何以赢利为目的或违背社会公德的活动。

3. 自觉维护团组织、志愿者组织和志愿者的形象。

4. 相关法律法规及团组织、志愿者组织规定的其他义务。

五、注册机构

县级或县级以上团组织、志愿者组织为志愿者注册机构,负责志愿者注册管理工作。机构健全、制度完备的县级以下基层团组织、志愿者组织,可经所在县级团组织、志愿者组织授权开展志愿者注册工作。

六、注册程序

1. 申请人提出注册申请,填写全国统一格式的注册登记表和服务项目登记表。

2. 团组织、志愿者组织对申请人情况进行审核。

3. 审核合格,申请人参加团组织、志愿者组织开展的志愿服务活动项目,进行宣誓,领取“中国注册志愿者志愿服务证”、“中国志愿者胸章”。

七、注册号

为便于全国注册志愿者的统一管理,志愿

者注册后即获得全国统一使用的注册号。注册号在志愿服务证和胸章上标明并记录在志愿者本人的注册档案中。每名志愿者的注册号永久使用，因死亡、失踪、丧失民事行为能力、违法、未履行志愿服务义务等情况而取消注册志愿者资格的，应注销其注册号，被注销的号码原则上也不重新使用。注册号由共青团中央青年志愿者行动指导中心、中国青年志愿者协会秘书处统一确定编制规则。

八、志愿服务证

志愿服务证用于证明注册志愿者的身份，记录注册志愿者参加志愿服务的时间、内容和所获的志愿服务荣誉。注册志愿者参加志愿服务后，由服务对象提供志愿者的服务时间、服务内容证明，志愿者所属的团组织、志愿者组织予以认定并在其志愿服务证中注明。志愿服务证及胸章原则上由共青团中央青年志愿者行动指导中心、中国青年志愿者协会秘书处统一制作，根据各地团组织、志愿者组织的申请发放。志愿服务证在全国通用。

九、管理和培训

各级团组织、志愿者组织负责注册志愿者的管理和培训工作。具体工作原则上由志愿者组织负责，尚未建立志愿者组织的，由团组织负责。注册机构负责建立注册志愿者档案和服务需求档案，努力实现管理工作科学化、制度化、规范化。注重志愿服务理念、知识和有关技能等方面的培训，提高志愿者的个人综合素质。

十、志愿服务

1. 各地团组织、志愿者组织应根据当地实际需求，积极组织开展形式和内容多样的志愿服务活动，实施不同领域的志愿服务项目，向注册志愿者提供志愿服务岗位。发挥协调作用，推荐注册志愿者到其他部门和机构提供志愿服务。鼓励注册志愿者自行联系服务岗位，经所属的团组织、志愿者组织认可后参加志愿服务活动。志愿服务活动也可广泛吸纳符合条件但未注册的志愿者参加。

2. 除临时性活动外，注册志愿者参加志愿服务，应由其所在的团组织、志愿者组织或本人与服务对象签订志愿服务协议书，明确服务内容、时间和各方的权利、义务。

3. 注册志愿者完成一个志愿服务项目后，可通过向其所在的团组织、志愿者组织申请，填写服务项目登记表，继续参加同类或其他类型的志愿服务项目。

十一、激励和表彰

团组织、志愿者组织依据已认定的志愿服务时间的长短，分别授予注册志愿者中国青年志愿服务金奖、银奖、铜奖和服务奖奖章。

1. 志愿者注册后参加志愿服务时间累计达到400小时的，授予中国青年志愿服务奖奖章，评定授予工作由共青团中央、中国青年志愿者协会授权县级团委、志愿者组织负责。

2. 从获得中国青年志愿服务奖奖章后算起，参加志愿服务时间累计达到600小时的，授予中国青年志愿服务铜奖奖章，评定授予工作由共青团中央、中国青年志愿者协会授权地（市）级团委、志愿者协会负责。

3. 从获得中国青年志愿服务铜奖奖章后算起，参加志愿服务时间累计达到800小时的，授予中国青年志愿服务银奖奖章，评定授予工作由共青团中央、中国青年志愿者协会授权省级团委、志愿者协会负责。

4. 从获得中国青年志愿服务银奖奖章后算起，参加志愿服务时间累计达到1000小时的，授予中国青年志愿服务金奖奖章，评定授予工作由共青团中央、中国青年志愿者协会负责。

5. 连续从事志愿服务达到6个月至1年的，可视情况直接授予中国青年志愿服务奖及以上级别奖章；超过1年的，可视情况参照本条第2—4项规定执行。

6. 奖章、证书由负责评定工作的团组织、志愿者组织按照全国统一式样制作。获奖者

名单应及时报上级团组织、志愿者组织备案。原则上奖章授予仪式可安排在每年国际志愿者日(12月5日)前后举行。

各级团组织、志愿者组织还可以依据青年志愿者的服务业绩,参考服务时间,定期开展评选表彰活动,授予志愿者荣誉称号。原则上评选表彰活动可安排在每年中国青年志愿者服务日(3月5日)前后进行。

十二、权益保障

各级团组织、志愿者组织应认真落实和保障注册志愿者的有关权益。探索注册志愿者服务时间储蓄制度,使注册志愿者在本人需要帮助时,优先得到志愿者组织和其他志愿者的服务。加强宣传,争取政策,推动立法,使志愿者的业绩逐步获得社会公认,为志愿者在升学、就业等方面创造有利条件。

十三、组织保障

共青团中央青年志愿者行动指导中心、中国青年志愿者协会秘书处负责全国注册志愿者工作的规划、协调、指导和检查。县级以上团组织应普遍建立志愿者协会或志愿者指导中心、志愿者工作部、服务中心,条件成熟的县级和县级以下团组织应逐步建立志愿者协会或志愿者服务站、服务总站,安排专人负责志愿者注册管理工作。各级志愿者组织可通过定期轮换等方式,安排注册志愿者在专职人员的指导下参加管理工作。发挥志愿者服务站的核心作用,促进由服务站、服务基地、服务队构成的基层组织网络建设。

十四、其他

1. 各级团组织、志愿者组织应将志愿者注册管理工作成效大小作为志愿服务工作业绩的重要指标。凡在本办法颁布后未开展志愿者注册工作的团组织、志愿者组织,原则上不得参加志愿者工作组织奖评选。

2. 各地已经开展的志愿者注册登记工作应逐步与本办法之规定接轨,结合实际有计划地开展重新审核、注册工作,并于2005年1月1日前全部完成。

3. 本办法自发布之日起生效,其修改、变更、解释权属于共青团中央青年志愿者行动指导中心、中国青年志愿者协会秘书处。

共青团中央青少年和青少年工作研究课题管理办法(试行)

2002年8月5日

第一条　总则

为进一步加强青少年和青少年工作研究,使青少年和青少年工作研究课题的管理更加科学化、规范化,促进课题研究多出优秀成果,特制定本办法。

1. 共青团中央青少年和青少年工作研究课题要坚持以马列主义、毛泽东思想、邓小平理论为指导,贯彻江泽民同志"三个代表"重要思想,解放思想,实事求是,与时俱进,开拓创新,以新时期青少年和青少年工作的重大理论问题和实践问题为重点,积极探索新时期青少年和共青团工作的发展规律,更好地为党和国家制定和完善青少年政策服务,为推动共青团工作服务,为促进青少年成长成才服务。

2. 研究课题立足全团,面向社会,长期开展,体现公平竞争、规范管理的要求,以多出成

果、多出精品为目标。

3. 研究课题的确定按照突出重点、兼顾一般的原则,设立经费资助项目和非经费资助项目两大类。

4. 课题管理工作的最高机构为共青团中央青少年和青少年工作研究规划领导小组,其下设的规划领导小组办公室(简称规划办,该办于1999年成立,设在共青团中央宣传部,具体工作由理论宣传处负责)和课题评审办公室(简称评审办,该办于2002年成立,设在中国青少年研究中心,具体工作由中国青少年研究会办公室负责),负责研究课题的评审、立项、管理工作。各省级团委可根据本地(系统)实际,设立相应机构,确定专人负责管理本地区和本系统人员所承担的研究项目。

第二条　规划与选题

1. 共青团中央青少年和青少年工作研究课题的选题范围主要以研究课题(年度)指南的方式进行规划,在课题申报通知中公布。指南及选题范围的确定,由评审办首先向有关部门和单位广泛征集研究课题并汇总整理,报共青团中央青少年和青少年工作研究规划领导小组审定。

2. 选题要以我国改革开放和社会主义现代化建设中青少年和青少年工作中的突出理论问题和实践问题作为主攻方向,研究课题要具体、明确,有一定的前瞻性,积极推动理论创新和实践创新。

3. 课题每两年申报、评审一次。立项课题研究期限原则上均不超过两年。基础研究成果形式限研究报告、论文、专著等。应用研究提倡以研究报告为最终成果形式。

4. 共青团中央青少年和青少年工作研究课题规划项目分为重大项目、重点项目和一般项目。重大项目由共青团中央青少年和青少年工作研究规划领导小组根据需要确定,单独立项,委托研究;重点项目和一般项目由评审办评审、报规划领导小组审批立项。

第三条　申报和评审

1. 共青团中央青少年和青少年工作研究课题每两年立项一次,自课题申报通知发布之日起开始受理课题申报,期限不超过三个月。

2. 课题研究实行主持人负责制,课题主持人应具备以下条件中的两条:

(1)具有中级以上的专业技术职称;

(2)有三年以上关于青少年和青少年工作研究、共青团工作研究的经历;

(3)具有与申报课题相关的研究成果;

(4)承担过省级以上的课题研究。

3. 主持人必须真正承担课题研究的组织、领导,必须从事实质性的研究工作。

4. 主持人不得同时申报两个以上(含两个)课题,原已承担的青少年研究项目尚未结项者,不得再行申报课题。

5. 课题的组织申报工作由各省、自治区、直辖市的省级团委或相关单位受理,课题申报通知发布后,申请人可通过其单位向其所在的省级团委或相关部门索取申请书及有关资料,并按照申请书的提示和要求认真填写。申请人所在单位领导对申请书进行审核,对申请书填报的主要内容和申请人能否胜任该课题的研究工作签署明确意见,并承担信誉保证后报省级团委审核。各省级团委的项目管理机构收到申请后,对课题主持人进行资格审查,签署意见,并在规定期限内将本地区或本单位的申请书统一报送共青团中中央评审办。

6. 评审办对申报课题进行复审、初选,选出拟立项课题提交由共青团中央有关部门负责人和专家学者组成的评委会评审,评委会将根据下列条件进行审议:

(1)申请课题的理论、实践意义。

(2)设计的创新性,论证的规范性,方法的恰当性。

(3)预期科研成果的形式及数量标准的合理性。

(4)经费使用的合理性。

(5)申请者的能力水平及课题组成员的构成状况。

(6)预期科研成果的形式及数量标准。

(7)申请者的能力水平能否胜任此课题研究。

(8)共青团中央青少年和青少年工作研究规划领导小组认为需要考虑的其他条件。

7. 评委会经充分讨论后以无记名投票方式对立项课题提出初步意见,报规划领导小组最后审定。随后下发书面的课题立项通知,并送达课题主持人本人。

8. 获得立项批准的课题主持人,需要与课题评审办签订正式的课题任务书,然后,方可开始该项课题的研究。

第四条　课题资助

1. 为保证课题研究的顺利进行,对重大项目和重点项目,给予额度不等的经费资助。

2. 项目资助经费拨到课题主持人所在单位的银行帐户,由所在单位统一管理。

3. 资助经费限用于图书资料费、文具费、调研费(含差旅费、交通费等)、小型会议费、成果打印费、计算机机时费及出版补贴等项开支。不得用于购买固定资产。

4. 凡未经批准自行中断或无特殊原因不能按时完成的课题,应追回已资助的全部费用。由于研究者的原因,经批准取消的项目,酌情追回部分资助经费。

第五条　课题的中期管理

1. 课题立项后,评审办将对课题研究的进度和质量进行中期管理,并向规划办通报项目执行情况,课题研究检查是中期管理的重点,检查内容包括:

(1)课题主持人及参加者是否按计划投入了力量;

(2)研究进度是否符合项目计划的要求;

(3)主持人所在部门是否给项目的实施提供了必要条件;

(4)资助经费是否真正用到科研工作上,开支是否合理。

2. 予以资助经费项目的中期检查由规划办统一组织,其他项目的中期检查由各省级团委负责组织实施。

3. 凡立项课题,主持人均不得擅自对其加以变更。如确实有转题必要,主持人必须向评审办写出有充分理由的申请报告,经规划领导小组研究同意后方能实施,对私自改变课题或研究方向者,其研究成果将不予鉴定验收。

4. 如因特殊原因,必须调整主持人或推迟结项时间,原主持人须向评审办写出书面申请,经规划领导小组研究同意后,方能继续享受有关权益。

第六条　结项

1. 课题研究完成后,由课题主持人向评审办提出书面结项申请,并提交此课题研究的所有阶段性成果和最终成果。基础性研究课题,其最终成果原则上为报告、论文、专著或其他正式出版物。欲以正式出版物作为最终成果而到课题研究截止时仍未出版的,可提交稿件清样,填写结项报告。

2. 评审办对所提交的科研成果依照课题立项时的申请报告进行核实,写出书面鉴定意见,再经由专家组成的评委会对成果和鉴定进行复审,验收合格后方能正式结项,并下发结项证书,并送达课题主持人本人。

3. 由于受不可抗拒的原因等非主观因素的直接影响,在规定时间内未能完成课题研究者,主持人必须向评审办写出延期报告,经规划办研究同意后,方可继续该项目研究。如延期后仍未完成的应追回未完成部分的经费。如研究成果未通过验收,此项研究则告取消。

4. 为调动各地开展课题研究的积极性,进一步提高课题研究质量,将适时开展共青团中央青少年和青少年工作研究课题优秀成果评选活动。评选办法另定。

5. 对于优秀的课题研究成果,规划办将定

期以论文集的形式出版发行，以扩大研究成果的应用范围和社会影响。

6.各省级团委和相关单位的课题管理情况及课题研究成果的质量将作为评选共青团精神文明建设“五个一工程”组织工作奖的重要依据。

第七条　附则

1.本办法自发布之日起试行。未尽事项根据实际情况经研究后，再作补充规定。

2.本办法的解释权和修改权属共青团中央青少年和青少年工作研究规划领导小组。

司法部、共青团中央关于实施法律援助志愿者服务计划的通知

2002年12月3日

各省、自治区、直辖市司法厅(局)、团委，新疆生产建设兵团司法局、团委，军委总政治部司法局、青年局，全国铁道团委，全国民航.团委，中直机关团工委，中央国家机关团工委，中央金融团工委，中央企业团工委：

为深入贯彻“三个代表”重要思想，贯彻落实依法治国与以德治国相结合的基本方略和中央关于青年志愿者工作的指示精神，动员社会各界、特别是青年人才通过志愿服务方式积极投身法律援助工作，推动法律援助和志愿服务事业的进一步发展，为改革、发展、稳定大局服务，司法部、共青团中央决定共同实施法律援助志愿者服务计划。现提出如下实施意见。

一、主要任务和方式

法律援助志愿者服务计划的主要任务是：动员和组织法律界以及热心法律援助的各界志愿者参与法律援助工作，开展普法宣传、法律咨询、法律培训等方面的志愿服务，为建设社会主义法治主国家贡献力量。其实施方式包括：

1.专业法律援助。按照国家法律规定和服务对象的实际需要，招募专业法律人才作为法律援助志愿者，在各级司法行政机关所属法律援助机构的指导下，为符合援助条件的当事人提供专业法律援助服务。

2.社区法律援助。依托各级法律援助中心、青年志愿者服务站，组织法律援助志愿者开展面向普通居民的形式多样的普法宣传、法律咨询等方面的志愿服务工作。

3.远程法律援助。依托中国志愿服务网等网站，建立法律援助服务网点以及需求信息库，实现供需信息的网上对接。

4.西部普法宣传。配合西部大开发战略的实施，与东西部对口法律援助、大中学生志愿者三下乡、青年志愿者扶贫接力计划等工作有机结合起来，招募法律援助志愿者前往中西部贫困地区开展法律援助制度普法宣传活动。

5.法律援助培训。定期开设法律援助志愿者培训班，邀请法律专家开办专题讲座、案例分析等培训活动，不断提高法律援助志愿者的服务水平。

6.志愿捐助。组织和动员社会各界捐赠款物支持法律援助志愿服务工作。

二、实施范围和步骤

法律援助志愿者服务计划依照法律援助和志愿服务事业的总体发展规划，紧密围绕国

家经济社会发展和人民群众生产生活实际需要，有重点、分阶段地逐步推广实施。2003 年开始，司法部、团中央将选择部分省（区、市）进行试点，在总结经验的基础上，逐步在全国推开。

三、招募对象与方式

志愿者主要在县级以上城市招募，同时也欢迎其他城镇的志愿者参与。报名者原则上应具有奉献精神，大专以上学历，身体健康，具备相应法律专业知识或资格，能够适应相应法律援助志愿服务工作的实际要求，年龄一般在 20－60 岁之间；确系工作需要的，年龄、学历可适当放宽。

招募工作应坚持公开招募、自愿报名的原则。招募方式一是社会招募，即通过新闻媒体和其他形式发布招募启示，举办招募说明会，开展各种宣传活动，面向社会公开招募志愿者。二是组织招募，即各级司法行政管理部门、团组织、志愿者组织在当地党委、政府的领导和支持下，按照有关规定，通过组织系统开展动员工作。

法律援助志愿者报名时，应在所在地区或单位的青年志愿者组织就近就便注册登记，成为中国注册志愿者。

四、组织管理

法律援助志愿者服务计划由司法部、共青团中央共同组织实施，并成立中国青年志愿者协会法律援助志愿者分会，负责规划、协调、指导全国法律援助志愿服务的各项工作，筹划、组织全国性法律援助志愿服务活动，推动实施长期工作项目，配合每年全国青年志愿者行动“十杰百优”评选表彰工作，推荐参评人选，并组织法律援助志愿服务的专项宣传、表彰活动。分会秘书处设在司法部法律援助中心。各省（区、市）司法厅（局〉、团委根据实际工作需要建立相应的组织机构，并推荐司法厅（局）分管厅（局）长、团委分管书记担任中国青年志愿者协会法律援助志愿者分会执委，推荐法律援助机构、青年志愿者协会秘书处负责人担任分会委员。

五、政策保障

1. 法律援助志愿者服务计划是促进法律援助社会人力资源开发的一种重要方式，各级司法行政管理部门、团组织应当结合实际制定具体政策，鼓励社会各界、特别是法律工作者或法律院校师生积极参与。

2. 企业向中国法律援助基金会、中国青年志愿者协会以及各级法律援助机构、志愿者组织或中西部贫困地区捐赠款物的，享受国家规定的税收优惠政策。

六、资金落实与管理

法律援助志愿者服务计划所需资金，主要依托中国法律援助基金会、中国青年志愿者协会开展社会募集，同时积极争取政府的支持。各地要结合实际采取多种方式支持法律援助志愿者服务计划的实施。

社会募集的资金须汇入中国法律援助基金会、中国青年志愿者协会以及省级（含副省级）法律援助机构、青年志愿者协会指定的银行账号，根据捐助者的要求和项目实施情况统一划拨。资金使用应严格遵守有关财务制度，尊重捐助者的意愿，建立规章制度，加强监督管理。

七、工作要求

1. 高度重视，加强领导。各地司法行政机关和共青团组织要加强对这项工作的领导，有关负责同志要亲自组织实施，加强指导，及时帮助解决遇到的各种问题。

2. 精心组织，注重实效。各地要按照通知要求，根据本地区法律援助和志愿服务工作的实际情况，认真研究服务需求，制定切实可行的工作计划，创造性地开展工作。选拔志愿者要坚持自愿原则，严格审核。要积极争取党委和政府的政策支持，积极开发社会资源，确保服务项目的顺利实施。

3. 加强协作，优化配置。各地在实施法律

援助志愿者服务计划过程中，要按照法律援助和志愿服务事业发展的总体要求，加强与“四五普法”、“注册志愿者”等工作的衔接和配合，合理配置各种资源。

4.认真总结，加强宣传。各地要注意总结经验，对具有导向和示范作用的典型，要利用各种新闻媒体积极组织宣传，并结合实际开展法律援助志愿者服务计划的专项宣传活动，营造良好的舆论氛围，动员更多的社会公众支持和参与法律援助志愿服务工作。

具体事项可与司法部法律援助中心，团中央青年志愿者行动指导中心联系。

中共中央宣传部、中央文明办、解放军总政治部共青团中央关于纪念开展学习雷锋活动40周年的通知

2002年12月30日

各省、自治区、直辖市委宣传部，文明办，各军区、各军兵种、各总部、军事科学院、国防大学、国防科学技术大学、武警部队政治部，各省、自治区、直辖市团委：

2003年3月5日是毛泽东等老一辈革命家号召“向雷锋同志学习”40周年。40年来，在三代中央领导集体的亲切关怀下，以广大青少年为生力军的群众性学习雷锋活动蓬勃发展，“向雷锋同志学习”已成为我国亿万人民的生动实践，在促进整个社会道德风尚的提高中发挥了重要作用。当前，我国已经进入全面建设小康社会、加快推进社会主义现代化的新的发展阶段。开展学习雷锋40周年纪念活动，对于认真贯彻落实党的十六大精神，全面贯彻“三个代表”重要思想，在全社会弘扬和培育民族精神，切实加强思想道德建设，促进社会主义物质文明与精神文明协调发展，具有十分重要的意义。为此，中宣部、中央文明办、解放军总政治部、共青团中央决定在2003年2月下旬至3月上旬集中开展纪念学习雷锋40周年活动。

一、纪念活动的指导思想

纪念开展学习雷锋活动40周年，要以邓小平理论和“三个代表”重要思想为指导，认真贯彻落实党的十六大精神，坚持与时俱进的要求，紧密结合新形势、新任务，大力弘扬雷锋精神，推动学雷锋活动和青年志愿者行动深入发展，推动《公民道德建设实施纲要》的贯彻和落实，促进公民道德素质和社会文明程度的不断提高，加强社会主义精神文明建设。

二、纪念活动的主题

纪念开展学习雷锋活动40周年的主题是：“弘扬雷锋精神，参与志愿服务，建设精神文明。”

三、纪念活动的安排

纪念开展学习雷锋活动40周年期间，中宣部、中央文明办、解放军总政治部、共青团中央将重点做好五个方面的工作。

1.召开学习雷锋活动40周年纪念会。明年2月底，由中宣部、中央文明办、解放军总政治部、共青团中央联合召开会议，纪念学习雷锋活动40周年。

2.表彰一批全国学习雷锋、志愿服务先进集体和先进个人，向全社会推出一批学雷锋的典型，宣传雷锋精神的时代意义。

3.举办“学习雷锋40年”大型图片展。2月底至3月上旬在北京举行“学习雷锋40年”图片展，展出党的三代领导集体的题词、雷锋

的生平事迹以及人民群众开展学雷锋活动和志愿服务活动的情况。

4. 在“雷锋团”举办电视文艺专题晚会，3月初在中央电视台播出。组织制作学习雷锋的多媒体光盘，出版有关挂图和图书。

5. 开展“弘扬雷锋精神、参与志愿服务”主题系列活动。组织发动广大群众特别是青少年深入开展敬老助残、扶贫帮困、智力支教、环境保护、公益劳动等志愿服务活动，推动学雷锋活动的深入开展。

四、开展纪念活动的要求

各地党委宣传部门、文明办、军队政治机关和团委，要高度重视，加强领导。在积极配合以上活动的同时，按照本通知精神，围绕纪念活动主题，结合本地本部门实际，认真组织好有关纪念活动。

纪念学习雷锋活动40周年活动要立足基层，注重实效。各地要抓住有利契机，组织开展集中性纪念活动，可以采取召开纪念会、座谈会、组织专题研讨、先进事迹报告会、举办专题展览、群众性文艺活动等多种形式，在全社会大力弘扬雷锋精神，弘扬社会主义道德风尚。

要充分发挥基层党、团组织的作用，在组织开展好志愿服务和各种社会公益服务活动的同时，引导人们以雷锋为榜样，立足岗位，创造一流的成绩，为祖国的建设和发展做贡献。

新闻单位要积极配合纪念学习雷锋40周年活动，加强宣传报道，努力营造学雷锋、学先进、实践公民道德的良好氛围。

纪念活动严禁搞形式主义和铺张浪费，严禁以纪念活动的名义从事商业性营利活动。

附件1：全国学习雷锋、志愿服务先进集体和先进个人评选表彰活动方案

为表彰先进，发挥典型的示范激励作用，倡导“奉献、友爱、互助、进步”的时代新风，引导广大人民群众弘扬雷锋精神，参与志愿服务，积极投身社会主义精神文明建设，中宣部、中央文明办、解放军总政治部、共青团中央决定，在纪念学习雷锋40周年之际，开展全国学习雷锋、志愿服务先进集体和先进个人评选表彰活动。

一、评选活动的组织领导

中宣部、中央文明办、解放军总政治部、共青团中央组成全国评选表彰活动领导小组，负责评选活动的组织领导。领导小组办公室设在共青团中央青年志愿者行动指导中心，具体负责评选活动的日常工作。各地、各系统可成立有关部门负责同志参加的评选活动组织机构，日常工作可由省级团委宣传部门负责。

二、评选范围和标准

（一）表彰名额和评选范围。本次活动将评选100个全国学习雷锋、志愿服务先进集体，100名全国学习雷锋、志愿服务先进个人。评选范围为近年来全国各地、各行各业涌现出的学习雷锋、志愿服务集体和个人。

（二）评选标准。1. 热爱党、热爱祖国、热爱人民，认真学习马列主义、毛泽东思想、邓小平理论和“三个代表”重要思想；

2. 模范遵守国家法律、法规；

3. 具有良好的精神面貌，积极参与社会主义物质文明和精神文明建设并做出突出成绩；

4. 以雷锋同志为榜样，全心全意为人民服务，艰苦奋斗，无私奉献，事迹突出，有较大社会影响。

三、评选办法

1. 全国评选表彰活动领导小组按一定比例确定各地、各系统候选集体和候选个人推荐名额分配方案。

2. 2003年2月1日前，各地、各系统评选组织机构根据推荐名额和评选标准开展评选工作，由各省级团委负责按要求上报候选集体和个人。军队系统的评选推荐工作由解放军总政治部统一安排，单独推荐候选集体和候选个人。

3. 全国评选表彰活动领导小组办公室负责对候选集体和候选个人进行初审并报领导小组审定，确定先进集体和先进个人。

四、表彰

2003年2月底在中宣部、中央文明办、解放军总政治部、共青团中央联合召开的学习雷锋活动40周年纪念会上表彰“全国学习雷锋、志愿服务先进集体和先进个人”，邀请部分获奖集体和个人代表出席座谈会，向获奖集体颁发奖牌，向获奖集体和个人颁发荣誉证书。

五、工作要求

各地、各系统党委宣传部门、文明办、军队政治机关和团委要高度重视，加强对推报工作的组织领导，以严肃认真、实事求是的态度，严格标准，确保质量，自下而上逐级做好推荐、考核和审查等项工作，并及时向全国评选表彰活动领导小组办公室通报评选活动进展情况。各有关部门之间要相互支持、密切配合，采取切实有效的措施，抓好评选工作。

各地、各系统推荐的候选集体和候选个人的推荐表和事迹材料（2000字左右），务必于2003年2月1日前以特快专递寄达全国评选表彰活动领导小组办公室（事迹材料请同时附电子文档或发电子邮件）。通讯地址：北京前门东大街10号共青团中央青年志愿者行动指导中心；邮编：100051；电话：(010)85212049/2193；传真：(010)85212049，67031837；E－mail：zhangyh@cycnet.com；联系人：廖恳、张俊虎。

附件2："弘扬雷锋精神、参与志愿服务"主题活动方案

2003年3月5日是学习雷锋活动开展40周年，2003年也是中国青年志愿者行动实施10周年。中宣部、中央文明办、解放军总政治部、共青团中央决定，抓住纪念学习雷锋40周年的契机，在全国集中开展“弘扬雷锋精神、参与志愿服务”主题系列活动，动员广大青少年和部队官兵广泛开展志愿服务等多种形式的学习雷锋活动。方案如下。

一、目的意义

青年志愿者行动是新形势下学习雷锋活动的深化和发展，动员和组织青少年和部队官兵广泛开展形式多样、扎实有效的学习雷锋、志愿服务活动，大力弘扬“奉献、友爱、互助、进步”的志愿精神，是纪念学习雷锋活动40周年的重要内容，对于认真贯彻落实党的十六大精神，全面贯彻“三个代表”重要思想，在全社会弘扬和培育民族精神，切实加强思想道德建设，促进物质文明和精神文明协调发展具有重要意义。

二、活动主题和主要内容

纪念活动以“弘扬雷锋精神、参与志愿服务”为主题。根据这个主题和今年志愿服务活动的安排，活动的主要内容包括以下方面：

1. 扎实开展助老、助残等扶贫帮困志愿服务。要积极组织开展为老年人、残疾人、下岗失业人员等困难群众及灾区、贫困地区群众提供教育科技、医疗保健、法律援助、文化娱乐等志愿服务，实实在在地帮助他们解决生活和生产中的实际问题。要以推进志愿者注册制度为切入点，大力推进青年志愿者社区发展计划，不断深化志愿者为老服务金晖行动和百万青年志愿者助残行动，全面实施维护社会治安志愿者筑城行动和法律援助志愿者服务计划。通过长短期服务相结合方式深化青年志愿者扶贫接力计划，动员教育、科技、医疗、文化艺术等方面专家学者，组建各种类型的志愿者服务队，利用业余时间为贫困地区群众开展短期志愿服务。通过开办“周日志愿培训学校”等形式，动员具有较高专业素质或技能的志愿者为下岗失业人员提供免费培训和专门指导，努力帮助他们实现再就业。

2. 广泛开展“寻雷锋足迹、扬志愿精神”主题团队日活动。各地、各系统要充分利用当地的雷锋纪念馆等青少年教育基地，就近就便开展主题团日、队日活动。在辽宁、湖南等雷锋生前工作和生活过的地区以及青年志愿者行动开展较好的地区，集中开展一些规模较大、影响面较广的主题教育活动，缅怀雷锋同志的先进事迹，学习当代先进人物的高尚情操，激

励青少年积极参与志愿服务，争做新时代的雷锋传人。要进一步深化“为奉献者奉献”志愿服务活动，引导青少年和部队官兵在为老英模提供志愿服务的过程中受教育。深化“岗位学雷锋、行业树新风”等传统学雷锋活动，把人民群众参与志愿服务的积极性引导到立足本职岗位，拼搏奉献的行动上来。

3. 积极推进环境保护领域的志愿服务工作。结合各地、各系统实际，通过组建各具特色的绿色行动营、开辟绿色行动营基地等方式，动员青年和社会各界人士积极参与“保护母亲河”青年志愿者绿色行动营计划，开展义务植树造林、护花种草、认养绿地等活动；把种植成人纪念树、纪念林作为中学生成人预备期志愿服务的重要内容，动员适龄中学生志愿者广泛参与植绿护绿活动；广泛开展清除白色垃圾、促进垃圾分类收集和综合利用等环境治理志愿服务活动。

4. 进行经验总结和理论研讨。要紧密结合我国改革开放和现代化建设的新形势，通过举办经验交流会、座谈会、理论研讨会等多种方式，深入总结学习雷锋活动40周年和实施青年志愿者行动10年来的经验，赋予雷锋精神以新的时代内涵，深化对青年志愿者行动发展规律的认识，更好地推动新时期学习雷锋、志愿服务活动。

三、组织领导

“弘扬雷锋精神、参与志愿服务”主题活动以纪念学习雷锋40周年为契机开展，在3月5日前后形成高潮，并要求将活动贯穿全年。各地、各系统要高度重视，加强领导，各省级团委要切实负责。要将这次活动纳入今年精神文明建设的总体安排，统一部署，精心组织。要认真落实《中国青年志愿者注册管理办法（试行）》，精心策划好志愿服务活动和项目，健全志愿服务的各项制度，确保志愿服务的实效。要加强对活动的宣传报道，突出主题，营造氛围。要充分调动基层的积极性和创造性，开展富有特色的、为当地青少年喜闻乐见的志愿服务活动。要从群众看得见、摸得着的具体事情入手，真正为群众做实事、办好事。要着眼长远，以这次主题活动为契机，推动学习雷锋活动和青年志愿者行动深入持久地开展。

军队系统开展这一活动，由总政治部统一部署安排。

九、青工

共青团中央关于印发《中国青年创业行动实施方案》的通知

1999年4月7日

共青团各省、自治区、直辖市委，总政组织部，武警总部政治部，全国铁道团委，全国民航团委，中直机关团工委，中央国家机关团工委，中央金融团工委：

实施中国青年创业行动，是贯彻团十四届二中全会精神，落实《共青团工作跨世纪发展纲要》的总体要求的重要措施，是帮助广大青年在实现我国跨世纪宏伟蓝图的伟大实践中

奋发向上、建功立业的重要载体，是在现代化建设中更好地发挥共青团的生力军作用的重要体现。各级团组织要高度重视，加强领导，精心组织实施，现将《中国青年创业行动实施方案》印发给你们，望结合实际，认真贯彻落实。

中国青年创业行动实施方案

为了培养面向21世纪的青年创业者，进一步组织动员广大青年在改革开放和经济建设的伟大实践中艰苦奋斗，建功立业，为实现党的跨世纪宏伟目标而奋斗，特制定本方案。

一、指导思想

中国青年创业行动的指导思想是，以邓小平理论为指导，以党的十五大精神为指针，贯彻落实团十四大和十四届二中全会精神，团结带领广大青年弘扬新时期创业精神，增强创业意识，提高创业能力，投身创业实践，在改革开放和现代化建设实践中自觉奋斗，建功立业，成长成才，使跨世纪一代青年成为勇于创业的一代，艰苦奋斗的一代，为民族的振兴、国家的富强和人民的幸福贡献青春和力量。

二、基本内容

（一）培养青年的创业精神。要从基本国情和青年肩负的历史使命入手，在青年中深入开展新时期创业精神教育，帮助青年深刻认识在建设有中国特色社会主义的伟大历史进程中，只有通过一代又一代青年的艰苦创业，才能克服各种困难，战胜任何险阻，不断把我们的事业推向前进，最终把我们的理想变为现实。要及时发现、培养、树立各类青年创业典型，通过各种宣传媒介，大力宣传他们的创业精神和感人事迹，在全社会形成创业的良好氛围，从而激发青年的创业热情，提高他们创业的勇气。要通过开展内容丰富、形式多样的创业活动，引导不同行业、不同群体的青年苦练创业本领，在各自的岗位上创造一流效益，做出一流成绩。

（二）实施青年创业培训计划。帮助青年掌握创业本领是实现创业的基础环节。要以学习新知识、掌握新技能为突破口，进一步深化青年岗位能手活动，通过短期培训、导师带徒、技能比赛、岗位训练等形式，培养青工的技能素质，帮助他们掌握和提高立足岗位创业的本领。大力推进下岗青工创业行动，依托团校、青少年宫等团内阵地，联合企业培训机构、高校和职业学校，突出职业指导教育和市场适应力训练，对下岗青工进行转岗培训，帮助下岗青工自谋职业，自主择业，自强创业，在创业中实现再就业。深化“振兴千家中小企业行动”，加大对青年企业经营管理者的培训力度，鼓励和支持优秀青年企业经营管理者探索国有小企业放开搞活的有效方式，采用经济手段帮助亏困中小企业扭亏增盈，走上振兴。加强对城镇待业青年、暂时没有找到工作的大中专毕业生的实用技能培训，继续实施好“千校百万”外来务工青年培训计划，帮助他们提高创业本领。对于取得培训结业证书和技术等级证书的，要通过职业介绍机构优先推荐就业。

（三）培养青年兴业领头人。在实施下岗青工创业行动中，着力培养青年兴业领头人。要以发展第三产业为导向，通过项目带动和资金扶持，引导和组织有创业理想和创业能力的青年，领办和创办股份合作制、合伙制、个体等不同经营方式和组织形式的企业，做促进多种经济成份共同发展的实践者。家政服务业具有投入少、风险小、吸纳就业人数多、发展前景广阔的特点，要从人民群众生产生活基本需求出发，引导青年以创办家政服务公司为基本形式，大力发展净菜配送、小孩接送、家庭保洁、送货上门等劳动密集型的家政服务业。积极鼓励有胆识、有能力的青年按国家政策规定和市场经济要求，承包、租赁、购买亏困小企业，使更多的小企业走出困境，走向振兴。充分发挥青年企业家协会的优势，动员和组织青年企业家采用“一助一”的方式，结对扶持青年兴业

领头人。加强对青年兴业领头人的创业指导，建立由专家、青年企业家和团干部组成的咨询机构，为青年兴业领头人领办和创办小企业提供项目论证、业务咨询和决策参考。

（四）开展“挑战杯”大学生创业计划竞赛。锻炼和提高青年学生把科学技术转化为现实生产力的能力，培养和造就未来科技创业者，是知识经济时代我国发展的要求。大学生创业计划竞赛要求学生提出一项具有市场前景的科技产品或服务，组成一个优势互补的竞赛小组，在深入研究和广泛进行市场调查的基础上，完成一份把产品或服务推向市场的完整、具体、深入的商业计划，同时，创造条件，吸引风险投资家和企业家注入资金，推动商业计划真正走向市场。通过创业计划竞赛，推动青年学生把科技实践和社会实践联系起来，树立知识经济时代的创业观念，锻炼和提高青年学生面向现代化建设的需要进行科技创业的实际能力和全面素质，帮助和促进一批未来科技创业者脱颖而出。要以“挑战杯”为品牌，以创业计划竞赛为推动，促进高校科技文化活动的开展和活跃，在学生中牢固树立科学技术是第一生产力的观念，适应科教兴国的需要全面提高自身素质，更好地迎接知识经济时代的挑战。

（五）鼓励扶持不同青年群体在发展现代农业中创业。当前，我国农业和农村经济进入了一个新的历史阶段，农村有着巨大的创业舞台。要在不断深化培养青年星火带头人活动的基础上，帮助更多的农村青年领办科技含量高、市场潜力大、辐射带动能力强的科技项目，成为带领农村青年脱贫致富奔小康的领头人。要充分利用各类青年星火培训基地，广泛开展以实用技术为主要内容的培训。要联合教育、农业等部门在农村中学开展创业教育，进行创业训练，帮助学生树立回乡创业观念，增强创业意识，及时掌握创业技能。积极引导农村外出务工青年回乡创业。鼓励和支持大中专毕业生到农村寻求发展，开辟事业的新天地。

三、保障措施

（一）加强政策指导。政策指导和政策支持是青年实现创业的重要条件。要建立由共青团和政府有关部门共同组成的政策咨询机构，加强对青年创业的政策指导，帮助青年及时了解党和国家的有关政策，保证青年的各种创业在国家政策和法律允许的范围内进行。积极争取劳动、工商、税务、教育等部门支持，出台鼓励青年创业的具体政策，使各项工作措施与政府有关政策法规接轨，与企业、教育行政部门等有关单位的规章制度配套。

（二）建立服务体系。联合劳动部门，依托团校、青少年宫等团内阵地，利用高校、职业教育学校和企业职工培训中心等社会资源，逐步建立以团中央、省级团委、地（市）级团委三级培训中心为主体的青年职业培训体系。定期举办用工市场，开展项目洽谈、发布各种信息，建立中介服务网络，为青年创业提供具体帮助。

（三）提供资金支持。争取社会、企业支持，建立青年创业基金，为青年创业提供必要的资金支持。团中央拟建立中国青年创业基金。资金支持采用市场运作，力求实现效用的最大化。

（四）健全激励机制。设立中国青年创业奖，联合政府有关部门对青年创业成绩突出的进行表彰奖励，为青年树立榜样，激励青年向先进学习，走创业之路。表彰组织工作出色的地区和单位，营造支持青年创业的良好氛围。

共青团中央、国家经贸委 国家知识产权局、中国科学技术协会 关于在全国企业青年职工中开展创新创效活动的通知

1999年5月17日

各省、自治区、直辖市团委、经贸委(经委、计经委)、专利管理机关、科协,全国铁道团委、全国民航团委、中直机关团工委、中央国家机关团工委、中央金融团工委:

为深入贯彻党的十五大精神,实施"科教兴国"战略,推进企业技术创新工程,落实《共青团工作跨世纪发展纲要》,动员和引导企业青年职工增强创新意识,提高创新能力,投身创新实践,在企业创新中发挥生力军作用,为促进企业改革和发展做出积极贡献,团中央、国家经贸委、国家知识产权局、中国科协决定联合在全国企业青年职工中开展创新创效活动(简称青年创新创效活动)。

一、活动宗旨

企业是技术创新的主体。青年最富有创新精神,他们是推动企业创新的有生力量。青年创新创效活动,是以企业青年职工为主体,以创新创效为目的的群众性实践活动;是推动企业加快技术进步、调整产业结构、提高经济效益的有效措施,是引导企业青年职工加强学习、锐意创新,在企业改革和发展中成长成才、建功立业的重要途径,是企业团组织服务于企业中心工作、服务于经济发展的实际行动。开展创新创效活动,旨在引导企业青年职工立足岗位,面向市场,通过创新创效为企业发展注入新的活力,促进企业经济效益的提高。

二、基本内容

青年创新创效活动,要以市场为导向,以提高企业经济效益为目标,围绕创新这个主题,重点突出技术创新,从企业技术、管理、营销、服务等各个方面来展开。

(一)技术创新。动员和组织青年职工围绕企业技术创新工作,大力开展"开发一项新产品,创造一项新工艺,推广一项新技术,转化一项新成果"活动,充分发挥他们的作用,积极引导广大青年职工参加技术创新项目的研究和开发,鼓励广大青年争做技术带头人。从本职工作出发,广泛开展"五小"(小发明、小革新、小改造、小设计、小建议)、先进操作法和其他技术革新、专利发明及合理化建议活动。开展技术培训、技术咨询、信息交流、技术转让等中介服务,加强与高等院校、科研院所的合作,促进科技成果转化为现实生产力。通过开展技术创新,建立以企业为主体的技术进步机制,增强企业的技术创新能力和市场竞争力,促进企业的发展。

(二)管理创新。动员和组织青年职工创新管理思想,不断根据市场和社会变化,积极借鉴国内外企业的先进管理经验,不断探索适应企业自身特点的管理模式、管理方法和管理手段。开展质量管理小组、安全管理小组等活动,向管理要效益,推动企业提高管理水平,赢得市场竞争。调动企业青年管理人员的积极性和创造性,分析查找企业管理中存在的薄弱环节和突出问题,为加强企业管理出主意,动脑筋,想办法。推进企业管理的制度化、规范

化、科学化和现代化,建立相应的规章制度,引导和鼓励企业青年管理人员积极探索,勇于实践,总结企业管理的成功经验,形成适合企业自身发展的管理模式。

(三)营销创新。动员和组织青年职工提高对企业营销重要性的认识,刻苦学习营销知识,强化营销意识,创新营销手段,提高营销能力,成为经验丰富、思路开阔和踏实勤勉的专业营销人才。面向市场,面向用户,做好市场分析,跟踪市场变化,以市场为导向,研究营销战略,制定营销规划,确定营销目标,构建营销网络。以用户满意为原则,不断拓宽市场空间,扩大品牌知名度,提高企业产品的市场占有率。

(四)服务创新。动员和组织青年职工增强服务意识,树立顾客第一的思想,从顾客关心的具体事情做起,改进服务态度,创新服务方式,优化服务过程,改善服务环境,增强服务的人情味,营造良好的服务氛围,为顾客提供更快捷、更有效的服务。

三、保障措施

(一)成立组织机构。要加强对青年创新创效活动的组织领导,成立以企业党政领导牵头,团组织具体协调,有关职能部门共同参与的组织管理机构。成立青年技术协会等机构,经常性地组织技术攻关、技术交流、技术协作和技能竞赛活动。成立青年管理者联谊会、服务创新活动小组、促销队等,指导青年在管理、营销、服务等方面积极创新。

(二)发展活动阵地。要采取多种方式,因企业而宜,大力发展活动阵地,为企业青年职工进行创新提供必要的条件和场所。已建立技术中心的企业,要依托企业技术中心来建立活动阵地。

(三)健全评价体系。要依照国家法律法规,争取相关职能部门支持,成立评价考核机构。围绕创新实践,突出创新效果,制定科学的评价标准。依据评价标准,组织成果评估考核和认定。

(四)建立物质依托。把青年创新创效活动纳入企业技术创新工程,争取企业科技开发经费支持,为青年职工开展创新创效活动提供必要的资金保证。有条件的可设立青年创新创效活动专项基金,用于扶持重点项目的攻关和重点课题的研究。

(五)完善激励机制。要本着精神鼓励与物质奖励相结合的原则,制定创新创效活动的奖励政策,对优秀组织单位、先进个人、优秀成果等给予表彰奖励。不断完善激励机制,推动创新创效活动深入开展。

四、有关要求

(一)加强领导。团中央、国家经贸委、国家知识产权局、中国科协联合成立全国企业青年职工创新创效活动领导小组。各省、自治区、直辖市也要成立相应机构。各企业也要成立有党政领导、技术部门和团委负责人参加的组织领导机构。

(二)典型示范。要广泛开展调查研究,总结挖掘典型,以典型引路、示范带动的方式逐步推进。将选择100家创新基础比较好的企业作为试点单位。各地也要集中力量抓好试点工作。在总结试点经验基础上,再全面展开。

(三)讲求实效。要把创新创效活动作为跨世纪企业共青团工作的一项重要内容来抓,抓实抓好。建立工作责任制,一级抓一级,一级带一级,创造性地开展工作。以市场为导向,注重创新成果的开发应用,把着眼点放在提高经济效益上。

(四)创新工作方式。青年创新创效活动是一项开拓性很强的工作。企业要以创新的精神来组织开展这项活动,与国家经贸委的技术创新工程、国家知识产权局的促进专利技术产业化示范工程等结合起来,积极探索、大胆采用有利于创新创效活动的方式方法。适应企业创新创效活动的客观要求,在内容、机制、

阵地等方面不断推陈出新,形成一套与企业改革发展相适应的工作运行机制。

(五)注重宣传。要通过新闻媒介,广泛宣传青年创新创效活动的目的和意义。开展多种形式的宣传教育活动,营造有利于创新创效活动开展的良好氛围。及时总结推广青年创新创效活动中的好做法、好经验,深入挖掘、树立、宣传活动中涌现出来的先进典型,形成积极的导向。

附:全国企业青年职工创新创效活动领导小组名单

组　长:周　强　团中央书记处第一书记
张志刚　国家经贸委副主任

副组长:孙金龙　团中央书记处书记
郭晓东　国家知识产权局党组成员、纪检组长
常志海　中国科协书记处书记

成　员:王建曾　国家经贸委技术进步与装备司司长
胡佐超　国家知识产权局协调管理司司长
崔建平　中国科协普及部副部长
王体先　团中央青工部部长

办公室主任:王体先(兼)

常务副主任:王　晓　团中央青工部副部长

副 主 任:李　力　国家经贸委技术进步与装备司综合处处长
顾晓莉　国家知识产权局协调管理司市场监督处处长
王笑延　中国科协普及部工业企业处处长
郭　平　团中央青工部企业处处长
张良驯　团中央青工部机关事业处处长
余龙文　团中央青工部青年企业家工作处处长

(领导小组办公室设在团中央青工部)

关于学习贯彻党的十五届四中全会精神充分发挥青年职工在国有企业改革和发展中的生力军作用的决议

共青团中央常委(扩大)会议通过,1999年10月15日

共青团中央常委扩大会议认真学习了《中国共产党第十五届中央委员会第四次全体会议公报》、江泽民总书记在全会上作的重要讲话和《中共中央关于国有企业改革和发展若干重大问题的决定》。一致认为,党的十五届四中全会是在全国人民深入贯彻党的十五大精神,全面推进建设有中国特色社会主义的伟大事业,满怀信心地迈向新世纪的重要历史时刻召开的一次十分重要的会议。全会通过的《决定》以邓小平理论和党的十五大精神为指导,科学地总结了我国国有企业改革和发展二十多年的基本经验,深刻地阐明了国有企业改革和发展的主要目标、指导方针和重大措施,对开创国有企业改革和发展的新局面作出了全面部署,是指导国

有企业实现跨世纪发展的纲领性文件。江泽民总书记发表的重要讲话，为加快国有企业改革和发展指明了方向，对于全党全国人民落实党的十五届四中全会精神，夺取国有企业改革和发展的新胜利，具有重要的指导意义。为把党的十五届四中全会精神切实贯彻到团的实际工作中去，团结带领广大青年职工为实现国有企业改革和发展目标而奋斗，共青团中央常委扩大会议特作出如下决议：

一、组织团员青年认真学习领会党的十五届四中全会精神

各级团组织要把组织团员青年学习党的十五届四中全会精神作为当前和今后一个时期的一项重要工作抓紧抓好。按照各级党委的统一部署，采取各种行之有效的形式，组织广大团员青年特别是企业团员青年认真学好全会文件，深刻领会全会精神。团的领导机关和广大团干部要带头学习，当好表率。要把学习党的十五届四中全会精神与学习邓小平理论和党的十五大精神紧密结合起来，与企业改革和发展的实际、青年职工思想和工作的实际紧密结合起来，学以致用，讲求实效。通过学习，引导和帮助广大团员青年充分认识搞好国有企业改革和发展的重大意义，增强责任感和使命感；进一步明确国有企业改革和发展的近期目标和长远目标，坚定信心，振奋精神；深刻理解国有企业改革和发展的指导方针和重大政策措施，积极站在改革的前列，理解改革，支持改革，投身改革，推动改革，用青春和智慧为国有企业改革和发展做出新的贡献。

二、努力提高青年职工的综合素质

要用邓小平理论和党的基本路线武装青年职工，用建设有中国特色社会主义的共同理想凝聚青年职工，引导青年职工自觉维护国家改革、发展、稳定大局。加强对青年职工的爱国主义、集体主义、社会主义和民主法制教育，大力弘扬艰苦创业精神、无私奉献精神和科学精神，帮助他们树立正确的世界观、人生观和价值观。加强对青年职工的社会公德、职业道德和家庭美德教育，引导青年职工建设一流的职业文明，树立良好的社会风尚，促进社会主义精神文明建设。以深化青年岗位能手活动为着力点，切实加强青年职工业务技术和劳动技能培训，通过开展导师带徒、岗位练兵和技术比武等活动，引导青年职工积极适应知识经济和市场竞争的新要求，刻苦学习新知识，努力掌握新技能，不断完善知识和技能结构，成为知识丰富、业务熟练、技术精湛的合格劳动者。

三、引导青年职工积极参与企业管理

以青年文明号活动为载体，充分发挥青年职工在加强企业管理中的积极作用。要着眼于强化企业基础管理，进一步充实青年文明号活动的内容，创新活动方式，完善活动机制，通过制定明确、具体的创建标准，细化行业规范，分解管理目标，完善岗位工作责任制，把严格管理落实到基层，落实到岗位，实现管理的具体化和人格化。通过扩大活动的规模和领域，建设更多的青年文明号柜组、班组、车间、生产线，优化企业基层的管理单元，实现企业的整体优化，促进企业全面管理水平的提高。要积极适应企业采用现代管理技术、方法和手段的新要求，组织和引导青年职工学习和运用网络知识和网络技术，促进电子商务的发展和现代信息技术在管理中的运用，推动企业管理提高到一个新的水平。

四、组织青年职工大力开展技术创新

要以市场为导向，以技术创新为重点，在青年职工中大力开展创新创效活动。围绕技术进步和产业升级，动员青年科技人员开发新产品，创造新工艺，推广新技术，转化新成果。以小发明、小革新、小改造、小设计、小建议等“五小”活动为载体，组织一线青年工人立足岗位，广泛开展群众性技术创新活动。通过开展技术创新中介服务，举办技术创新成果展销会、技术转让交易会等多种形式，促进青年创新成果转化为现实生产力。发挥团组织联系青年人才的优势，采取多种方式，广泛开展人

才与项目、开发与生产的多元对接。组织引导科研机构和大专院校的青年科技人员面向企业和市场，开发推广高新技术，为企业技术进步和产业升级贡献力量。

五、帮助下岗青年职工通过创业实现再就业

以深化下岗青工创业行动为重点，积极引导下岗青工通过创业实现再就业。要帮助下岗青工转变就业观念，增强自谋职业、自主择业、自强创业的自觉性。以转岗培训为基础环节，切实加大对下岗青工的培训力度，广泛建立培训基地，广开培训门路，增强培训的针对性和实效性，提高下岗青工再就业能力。大力培养青年兴业领头人，积极鼓励和扶持有创业理想、有一技之长的下岗青工创办产销对路的企业，带动更多的下岗青工走自主创业之路。围绕发展第三产业，以创办青年家政服务公司为突破口，引导下岗青工开展社区服务，在为人民群众生产生活基本需求服务的过程中实现再就业。充分发挥团的组织优势，广泛动员社会力量，通过举办用工洽谈会、建立再就业市场、发布用工信息等多种方式为下岗青工再就业牵线搭桥，提供服务。

六、适应新形势进一步加强国有企业团的建设

在深化国有企业改革的进程中，团的建设要始终坚持党建带团建，以服务促发展，以服务求活跃的原则。要努力落实党章的规定，团委书记是党员的，可以列席企业党的委员会和常务委员会的会议。要积极探索与现代企业制度相适应的团的组织设置、团的工作运行机制和活动方式。要适应团的工作对象和外部环境的发展变化，允许团的组织隶属关系和团的活动范围适当分离，引导和鼓励国有企业团组织和所在地其他团组织发挥各自优势，联合开展团的活动。鼓励基层团的组织积极探索团的组织设置，创新活动方式，延伸工作手臂。要注重代表和维护青年职工的合法权益，积极推荐优秀青年职工代表进入企业职代会。要把加强国有企业团的建设同加强社区团的建设结合起来，健全社区团的组织，加强社区团员青年的教育管理，开展青年就业培训，丰富青年文化生活。要进一步健全落实以民主选举制度为重点的团的各项制度，探索和总结企业专兼职团干部培养管理的有效方式，提高团干部自身素质，切实加强企业团干部队伍和团员队伍建设。要把深入开展创建“五四红旗团委”活动作为加强企业团的建设、活跃企业团的工作的重要措施，通过开展创建活动，充分调动企业团组织加强自身建设的主观能动性，带动企业团的工作的全面活跃。

实现国有企业的跨世纪发展，需要建设高素质的经营管理者队伍和优秀企业家队伍。各级团组织要发挥青联组织和青年企业家协会的联结优势和服务功能，着力培养一大批优秀的青年经营管理人才和青年企业家。要通过在职学历教育、短期培训、出国研修等多种途径，帮助青年经营管理者和青年企业家学习掌握先进科技知识，市场经济、现代管理和法律知识，不断提高他们的素质。继续深化“振兴千家中小企业行动”，组织优秀青年企业家为中小企业提供信息咨询、技术支持、人才培训等多方面的服务，帮助一批中小企业特别是科技型企业走向振兴。

各级团组织要把握国有企业改革和发展的历史机遇，以建立现代企业制度为目标，积极推进团属企业的改革和发展。团属企业要健全和完善各项规章制度，加强和改善企业管理，加快技术进步和产业升级，努力提高经济效益，实现跨世纪的新发展。

会议号召，各级团组织和广大团员青年紧密团结在以江泽民同志为核心的党中央周围，高举邓小平理论的伟大旗帜，深入贯彻党的十五大精神，发扬光荣传统，奉献青春年华，立志建功成才，为实现党的十五届四中全会提出的国有企业改革和发展的各项任务而努力奋斗！

共青团中央、中国青年企业家协会关于在实施西部大开发战略中开展“中国青年企业家西部行”活动的意见

2000年3月23日

实施西部大开发战略,加快中西部地区的发展战略,是党中央贯彻邓小平同志关于我国现代化建设“两个大局”战略思想,面向新世纪所作出的重大决策。对于扩大内需、推动国民经济持续增长,促进各地区经济协调发展,最终实现共同富裕,进一步增强民族团结、维护社会稳定和巩固边防,都具有十分重要的意义。为贯彻落实党中央的这一重大战略部署,推进“中国青年西部创业行动”,共青团中央、中国青年企业家协会决定开展“中国青年企业家西部行”活动,动员和组织广大青年企业家积极投身西部大开发的伟大实践,为推动西部经济腾飞做出应有的贡献。

一、目的意义

积极参与西部大开发是青年企业家义不容辞的历史责任。西部大开发是一项宏大的系统工程,需要国家统筹规划和政策引导,更需要企业的广泛参与,使企业成为西部大开发的主体。同时,西部大开发也是一项长期任务,需要持续几十年的艰苦努力。青年企业家是西部大开发的积极参与者和生力军,每一位有责任感的青年企业家都应认清自己肩负的历史使命,为着实现中华民族的伟大复兴,迅速投身西部大开发的热潮,自觉走在开发西部、建设西部的前列。

积极参与西部大开发是青年企业家的历史机遇。西部地区地域广阔,自然资源和劳动力资源丰富,有许多特色农产品,也有相当的重工业基础和人才储备。在实施西部大开发的过程中,国家将以优惠政策、财政转移支付、基础设施建设等形式逐步加大扶持力度,西部各地区还会加快观念更新和体制改革的步伐,尽最大可能创造良好的投资环境。这些都将为广大青年企业家开拓市场、发展事业创造良好的条件,提供广阔的舞台。广大青年企业家应以时不我待的紧迫感抓住这一千载难逢的发展机遇,乘势而进,在西部开发的广阔天地中展现更大的作为,发挥更大的作用。

二、基本内容

开展中国青年企业家西部行活动,要以服务西部大开发、服务青年企业家成长成才为目标,以考察交流、服务协作、投资开发为手段,遵循市场经济规律,引导和组织青年企业家认识西部,了解西部;走进西部,服务西部;融入西部,建设西部,在投身西部大开发中增长才干,建功立业。

1. 认识西部,了解西部。以各种形式组织青年企业家特别是东部发达地区的青年企业家对西部地区进行考察,通过有针对性的考察,帮助青年企业家全面深入了解西部地区的人文风俗、自然条件、资源状况、投资环境、市场需求等,引导他们认识到,西部大开发战略是以江泽民同志为核心的党中央

高瞻远瞩、统揽全局作出的重大决策，为青年企业家在西部地区创业成才提供了宝贵机遇；西部地区资源丰富，劳动成本低，资源利用和市场开发潜力巨大，具备青年企业家创业成才的良好条件；西部地区与东部地区相比，在总体发展水平上还存在着较大的差距，现实呼唤当代青年企业家在发展西部地区经济、缩小东西地区差距方面有所作为，从而加深对西部地区和西部人民的感情，自觉树立“致富思源，富而思进”的意识，增强投身西部大开发的责任感和自信心。

2.走进西部，服务西部。在认识西部、了解西部的基础上，动员组织青年企业家发挥资金、管理、技术、人才等方面的优势，主动走进西部，切实服务于西部地区企业发展和经济建设。通过组织西部地区企业经营管理者到东部一些优秀青年企业家所在企业挂职锻炼、开展东西部地区企业之间的对口交流等方式，向西部地区企业输出先进技术和管理经验。组织青年企业家和有关专家学者对西部地区典型企业联合会诊，进行重点帮扶。运用项目论证等方式，动员青年企业家为西部地区经济发展献计献策。

3. 融入西部，建设西部。以市场为纽带，动员组织青年企业家把事业融入到西部大开发的实践中去。鼓励青年企业家根据发展特色经济、调整经济结构的要求，到西部投资办厂，兴办实业。动员青年企业家采用兼并、租赁、承包、股份合作等方式，直接帮助西部地区搞活那些面临困境中的中小企业，提高西部地区经济质量。协助和引导青年企业家依据国家有关规定，积极投身西部地区生态开发和生态建设，促进西部地区经济与社会协调发展。

三、主要工作

1.组织“中国青年企业家西部考察服务团”。考察服务团主要由东部地区的青年企业家和专家、学者组成。通过考察服务，使东部地区的青年企业家能够增进对西部地区的了解，促进东、西部青年企业家之间的交流与合作，并为西部地区企业的发展战略、经营管理等提供咨询服务。团中央和中国青年企业家协会每年将组织二至三批青年企业家赴西部考察服务。近期将组织首批青年企业家赴宁夏考察服务，在团中央和中青企协的统一指导下，各地也可以自行组织本地青年企业家赴西部考察服务，开展经济合作。

2. 加大对西部地区青年企业家的培养力度。中青企协将在今后举办的青年企业家培训班和出国考察团中，增加西部地区青年企业家和其他经营管理人员的名额，并专门为西部地区的青年企业家举办符合其实际需要的培训班，通过政府官员介绍政策、专家授课、与东部地区优秀企业家座谈等形式，促进西部地区的青年企业家更新观念，充实知识，提高能力，以更好地适应市场竞争。同时，将采取挂职锻炼的方式，陆续组织西部地区的青年企业管理人员到沿海优势企业挂职半年到一年，帮助他们开阔视野，增长才干。

3. 建立“中国青年企业家西部创业园区”。中青企协将在广泛考察的基础上，选定若干地点，与当地政府合作，建立“中国青年企业家西部创业园区”，为东部青年企业家在西部创业、发展提供基地。东部地区的青企协要积极组织当地青年企业家到创业园区投资和发展，园区所在地的青企协要为投资者提供切实有效的服务。

4. 引导青年企业家积极投身西部生态开发和建设。要以建设“中国青年企业家世纪林”为契机，依据市场规律和国家有关规定，动员青年企业家以承包荒山、开发生态农业等多种方式，为“再造山川秀美的大西北”和“保护母亲河”做贡献。

5. 帮助东部地区的青年企业家去西部投资办厂。中青企协及各地青企协都要建立“西部开发项目库”，一方面收集西部地区的重点

开发项目，另一方面收集东部青年企业家到西部的投资意向，并进行对接。同时，发挥青企协组织的网络优势和人才优势，并为东部地区的青年企业家去西部投资提供各个环节的服务。

四、具体措施

1. 加强领导。“中国青年企业家西部行”活动作为“中国青年企业家西部创业行动”的一个重要组成部分，是一项长期的工作。为了切实加强对这项活动的组织领导，成立“中国青年企业家西部行”活动组委会及办公室，中国青年企业家协会秘书处代行活动组委会办公室职责，在组委会领导下，具体负责活动的组织规划、实施指导和综合协调。

2. 广泛动员。各级团组织和青企协，尤其是东部地区的团组织和青企协要向青年企业家宣传西部大开发的重大意义，动员青年企业家积极参加“中国青年企业家西部行”活动，进而根据本企业特点、能力和西部地区的需要，以输出资金、技术、品牌、管理等形式积极投身西部大开发，开拓事业发展的新天地。

3. 搞好服务。在组织青年企业家参与西部大开发的过程中，各级团组织和青企协要通力合作，发挥组织优势，做好信息搜集、活动安排、后续合作等各个环节的服务工作。中青企协将建立西部开发项目库，一方面收集西部地区的重点开发项目，另一方面收集东部青年企业家到西部的考察投资意向，并进行对接。

4. 加强宣传。要及时掌握并采取各种形式宣传青年企业家参与西部大开发的热情、经验和成效，以激励先进，进一步营造有利于动员青年企业家积极参与西部大开发的良好社会氛围。团中央和中青企协将在适当时机，表彰在参与西部大开发中做出突出贡献的青年企业家。

附：“中国青年企业家西部行”活动组织工作委员会名单

一、组委会顾问

周　强　团中央书记处第一书记
王梦奎　国务院发展研究中心主任
陈清泰　国务院发展研究中心副主任、党组书记
厉以宁　全国人大常委、北京大学教授
吴敬琏　全国政协常委、国务院发展研究中心研究员
萧灼基　全国政协委员、北京大学教授

二、组委会主任

孙金龙　团中央书记处书记、中国青年企业家协会会长

副主任

邵　宁　国家经贸委企业司司长、中青企协副会长
王体先　团中央青工部部长、中青企协常务副会长兼秘书长
张　鸣　团中央青工部副部长、中青企协副会长

三、组委会办公室（设在中青企协秘书处）

办公室主任

余龙文　团中央青工部企业家工作处处长、中青企协常务副秘书长

副主任

马　君　团中央青工部企业家工作处副处长、中青企协副秘书长

共青团中央关于深化下岗青工创业行动实施“帮助青年创业计划”的意见

2000年5月8日

21世纪是中华民族腾飞的世纪。实现党的十五大提出的宏伟目标，需要跨世纪的一代青年大力弘扬新时期创业精神，在创业的实践中担负起自身的历史使命，用创业的成就来报效祖国。为培养和造就具有创业精神和创业素质的青年创业大军，引导、组织和帮助广大青年奋发创业，把广大青年的创业热情和创造活力进一步凝聚到为实现我国跨世纪的宏伟目标上来，团中央根据深化下岗青工创业行动的要求，决定从2000年至2003年，在下岗失业青年和企事业单位青年中实施“帮助青年创业计划”。

一、指导思想

当前，我国改革处在攻坚阶段，发展处在关键时期。国有企业改革进入了决战阶段，去年底召开的中央经济工作会议指出，完成国有企业改革和发展三年目标，是今年经济工作中的重中之重。党中央总揽全局、面向新世纪作出的实施西部大开发战略的重大决策，启动了加快西部开发，促进东西部协调发展这一具有重大经济和政治意义的宏大工程。此外，我国的就业形势依然严峻，下岗职工去年结转650万人，今年预测将达到1200万人；农村外出务工7500万人，跨省流动4000万人，农村剩余劳动力在1.2亿人左右。无论是国有企业改革决战，还是实施西部大开发战略，都迫切需要广大青年奋发创业，艰苦奋斗。解决我国的就业问题，更需要广大青年自主创业，走在创业中推动经济发展、实现自身就业的道路。

“帮助青年创业计划”的指导思想是，贯彻党的十五大、十五届四中全会和中央经济工作会议精神，大力弘扬江泽民总书记倡导的新时期创业精神，围绕实现国有企业改革发展的三年目标和实施西部大开发战略，以为青年创业提供具体有效的帮助为立足点，以创业培训和创业服务为基本手段，以下岗失业青年为重点，广泛动员、积极帮助广大青年增强创业意识，提高创业素质，挖掘创业潜能，投身创业实践，在创业中建功成才，在创业中实现就业。通过实施“帮助青年创业计划”，进一步深化中国青年创业行动和下岗青工创业行动，培养大批适应新世纪发展要求的青年创业者，培育新的经济增长点，为推动我国经济发展和维护社会稳定做出更大贡献。

二、目标任务

各级团组织要充分发挥自身优势，广泛争取社会支持，积极动员、引导和帮助青年自强创业，经过四年努力，力争实现帮助300万名青年掌握创业本领，帮助10万名青年创立微型企业，成为兴业领头人的目标。

三、主要措施

1. 加强创业教育。把加强创业教育，增强创业意识，作为加强青年职工思想政治工作的重要内容。从实现中华民族伟大复兴的高度，通过动员会、报告会、大讨论等多种形式，帮助青年认清历史使命，增强创业的紧迫感和自觉性。大力树立、宣传青年创业典型，引导青年学习创业经验，增强创业信心，投身创业实践。

2. 深化创业培训。依托团校、青少年宫、青年就业培训中心等团内阵地，借助企事业单位培训机构和职业学校，建立青年创业培训基地。组织编写具有针对性和指导性的青年创业学习大纲，对青年进行包括工商登记、项目选择、资金筹措、经营管理、市场营销等在内的创业项目培训。尤

其要引导青年积极创办、领办投资少、见效快、劳动密集、与居民生活密切相关的社区(家政)服务企业。举办创业方案大赛,引导青年开阔创业思路,制定创业计划,迈出创业步伐。

3. 提供创业服务。适应青年创业的实际需要,发挥团组织的社会动员优势,依靠劳动与就业部门的支持,为青年创业提供信息、政策、资金、技术等多方面的服务。建立青年创业网站,为青年创业提供快捷、丰富的信息服务。争取政府部门为青年创业提供具体政策,创造更多机会。争取社会、企业支持,建立青年创业种子基金和担保基金,为青年创业提供必要的资金支持。建立由政府官员、企业家、学者、法律工作者等组成的青年创业指导与咨询机构,提供项目论证、技术支持和法律咨询服务。动员更多的青年企业家结对帮扶青年创办微型企业。

4. 进行创业激励。为鼓励更多的有志青年投身创业活动,对在创业实践中做出突出成绩和贡献的先进典型进行表彰奖励。奖励方式实行物质奖励和精神奖励相结合,要对先进典型进行大张旗鼓的宣传。

在加大为青年创业服务力度的同时,继续抓好帮助青年再就业工作,进一步搞好青年再就业培训,完善青年再就业服务,努力为政府分忧,为下岗青工解难。

四、几点要求

实施"帮助青年创业计划"是深化下岗青工创业行动的重要措施。各级团组织要高度重视,以务实的精神抓好落实,务求取得明显实效。

1. 统一思想,提高认识。各级团组织要充分认识实施"帮助青年创业计划"对于促进经济发展,维护社会稳定,服务青年成长的重要意义,认真贯彻意见精神,切实把这项工作摆上重要日程。

2. 加强领导,精心组织。各省级团委、地(市)级团委要与劳动和社会保障部门密切配合,总结下岗青工创业行动经验,搞好对这项工作的组织和领导。要进行深入的调查研究,从本地区实际出发,制定具体可行的工作方案,寻求工作对策,特别是要将帮助青年创办微型企业的任务层层分解,切实抓紧抓好。

3. 真抓实干,讲求实效。实施"帮助青年创业计划"目标硬,任务实,来不得半点虚假。各级团组织要使实劲,求实效,从下岗青工关心的具体事情做起,一件一件地去办实事,一个一个地去帮青年,真心实意地为青年创业提供实实在在的服务。

请各地将贯彻本意见的情况及时反馈到团中央青工部机关事业处。

全国青年文明号活动组委会
关于实行全国青年文明号公示制的意见

2001 年 3 月 1 日

为完善青年文明号的评选机制,加强对青年文明号的监督管理,推动青年文明号活动持续健康发展,全国青年文明号活动组委会决定,从 2001 年起,对全国级青年文明号的评选将实行公示制。

一、目的意义

青年文明号公示制,是指在评选全国级青年文明号过程中,公布申报单位青年文明

号活动情况，公开接受社会监督的一项制度。实行青年文明号公示制，目的在于贯彻江泽民同志“以德治国”的重要思想，扩大群众的参与面，更好地听取群众意见，把青年文明号真正置于群众的监督之下，增强青年文明号评选工作的透明度，提高青年文明号评选工作的科学性，确保青年文明号质量，使青年文明号真正成为讲文明、树新风、讲信用、重信誉的典型。

二、公示办法

公示采取申报单位自行公示和全国青年文明号活动组委会集中公示相结合的办法。凡申报全国级青年文明号的单位必须在工作场所的醒目位置张贴公示，将申报单位的自然情况（人数、平均年龄、负责人姓名及年龄、35周岁以下青年数等）、创建情况（指采取了哪些创建措施，取得了什么业绩，获得过什么荣誉等）、申报情况（指申报哪个行业的文明号，由什么组织往上申报等）、全国青年文明号活动组织管理部门（包括行业主管部委有关部门和全国青年文明号活动组委会办公室）的监督电话及通讯地址、电子信箱等公布于众，主动接受基层群众监督。集中公示由全国青年文明号活动组委会组织实施，由组委会将全国的所有申报单位名单集中在公众媒体（如报纸、网络等）上公布，公开接受社会监督。集中公示原则上每年度组织一次。

自行公示不少于20天，集中公示不少于半个月。

公示期间，全国青年文明号活动组委会将指定专人接待群众来访和受理投诉意见。投诉人既可以是个人也可以是集体。投诉一般要求署名或当面反映。对群众的投诉意见，组委会将逐件调查核实，调查核实后的处理意见必须在接到投诉之日起的20天内做出。如经调查发现申报单位不符合青年文明号评选条件的，将取消其评审资格。

三、有关要求

1. 高度重视。要充分认识实行公示制对于做好青年文明号评选工作、深化青年文明号活动的重要意义，把实行公示制作为青年文明号评选的必要环节，作为强化青年文明号活动管理的一项重要手段。

2. 精心组织。要认真组织、指导、督促申报单位做好自行公示工作，虚心听取群众意见。对于群众反映的问题，要及时调查核实，并将情况及时向全国青年文明号活动组委会报告，并通报给申报单位。

3. 严格管理。要对实行青年文明号公示制情况进行严格管理。未进行公示的申报单位，要取消其青年文明号评选资格。公示期间，可根据需要组织青年文明号特约监察员进行明察暗访。要通过扎实有效的工作使评选活动真正做到申报有公示、投诉有检查、检查有结果。本意见自2001年3月开始实施。省级以下（含省级）青年文明号活动组委会在文明号评选过程中可参照此意见执行。

本意见的最终解释权属于全国青年文明号活动组委会办公室。

共青团中央、国家安全生产监督管理局关于在全国企业中开展创建“青年安全生产示范岗”活动的通知

2001 年 4 月 26 日

各省、自治区、直辖市团委、安全生产监督管理机构，全国铁道团委，全国民航团委，中直机关团工委，中央国家机关团工委，中央金融团工委，中央企业团工委：

为贯彻落实全国社会治安工作会议、全国整顿和规范市场经济秩序工作会议精神，动员组织广大青年职工投身安全生产管理，强化安全生产意识，提高安全生产技能，为企业安全生产工作做出积极贡献，共青团中央、国家安全生产监督管理局决定，在全国企业班组或人员规模相当于班组的青年集体中开展创建“青年安全生产示范岗”活动。现将有关事宜通知如下：

一、目的意义

安全生产事关人民生命财产安全，事关国民经济健康发展和社会稳定。加强安全生产的监督管理工作，促进安全生产状况的根本好转，需要包括青年在内的广大企业职工的共同努力。

创建“青年安全生产示范岗”活动是指以青年职工为主体，以安全生产示范为导向，以安全思想教育、安全技能培训、安全监督管理为内容，以确保企业安全生产为目的的群众性安全实践活动。在全国企业中开展创建“青年安全生产示范岗”活动，是为了在安全生产领域贯彻落实江泽民总书记“三个代表”重要思想，推动企业落实安全生产责任制、健全安全生产自我约束机制和激励机制，维护广大青年职工的合法权益，提高青年职工的安全素质，从而防止伤亡事故的发生，确保广大职工生命安全、健康和企业生产经营的正常进行。

二、主题口号

“安全生产，青年当先”

三、“青年安全生产示范岗”条件

1. 创建示范岗的单位中35周岁以下青年应占全体职工的70%以上，负责人中至少有一位年龄不超过35周岁。

2. 创建示范岗的单位必须文明从业，各项经济技术指标在同行领先。

3. 严格执行各项安全生产法律、法规和规章制度，岗位现场管理规范，无违章作业、违犯劳动纪律的现象，无重伤以上事故。

4. 创建示范岗的单位成员应具有较强的安全生产意识、较高的安全生产技能，做到不伤害自己，不伤害他人，不被他人伤害。

5. 具有切实可行的创建规划和行之有效的创建措施，经常开展丰富多彩的主题活动，在确保安全生产方面创造了先进经验。

四、创建措施

各企业要坚持“安全第一、预防为主”的方针，坚持“重在建设”的原则，着眼于提高青年职工的安全素质，把创建活动融入企业生产经营活动之中，重点做好以下几项工作：

1. 加强安全生产宣传教育。以广播、电视、网络、报刊、板报、墙报等为阵地，广泛宣传江泽民总书记和中央其他领导同志关于安全生产的一系列重要指示、党和国家安全生产方针政策和法律法规、企业各项安全生产规章制度，提高青年职工对安全生产重要意义的认

识。通过印发岗位安全宣传手册，悬挂安全警示牌和安全标语，邀请老工人和因工致残人员与青年职工座谈，开展事故反思活动，举办因违章指挥、违章作业、违犯劳动纪律而造成重大事故的案例教育，强化青年职工的安全生产意识，增强投身安全生产实践的主动性和紧迫感，自觉实现由“要我安全”到“我要安全”和“我会安全”的转变。

2. 开展安全生产技能培训。把安全生产培训作为培养青年岗位能手的一项重要内容，纳入青年职工技术业务培训序列，通过举办安全生产知识培训班、开展安全生产知识竞赛等方式，组织青年职工认真学习掌握安全生产操作规程和技术标准。开展事故应急预演、岗位危险预知训练等以安全生产为内容的岗位练兵、技术比武活动，帮助青年职工掌握安全生产操作技能，提高安全生产和处理突发事故的能力，努力做到“不伤害自己，不伤害别人，不被别人伤害”。围绕安全生产中的薄弱环节，组织青年职工开展科技攻关，推广应用创新成果，促进企业安全生产技术、管理水平的改进，不断提高企业的安全防范能力。

3. 强化安全生产监督管理。根据创建目标的要求，将安全生产责任、创建活动的各项工作任务有效落实到岗位负责人和每个成员，通过签订责、权、利明确的安全生产责任状，制定并兑现相应奖惩措施，增强青年职工安全生产的责任感和紧迫感。每个岗位要至少配备一名具有一定生产实践经验、熟悉安全规程和各种操作规程的青年职工担任青年安全监督员，建立安全性评价制度，组织他们积极查找事故隐患，向有关人员下发安全整改通知单，充分发挥监督作用。定期组织岗位全体职工开展安全大检查，消除各种隐患，把事故消灭在萌芽状态。采取举办安全生产点子大赛、召开事故隐患现场分析整改会、开展安全生产合理化建议活动等方式，组织青年职工为企业安全生产献计献策，形成群众性安全实践活动的热潮。

五、有关要求

创建“青年安全生产示范岗”活动是当前和今后一个时期企业共青团工作的一项重要内容。各地区、各企业要以创新的精神、务实的态度，切实把这项活动抓实抓好。

1. 加强领导。共青团中央、国家安全生产监督管理局联合成立全国创建“青年安全生产示范岗”活动组委会（名单见附件），组委会办公室设在团中央青工部。各省、自治区、直辖市要成立相应机构。各企业也要成立有党政领导、安全部门和团委负责人参加的组织领导机构。

2. 精心组织。要根据全国创建活动的总体要求，结合行业、地方、企业的实际，制定切实可行的创建标准、创建措施、奖励办法等，创造性地开展工作。要将创建活动与青年创新创效活动、青年岗位能手活动有机结合起来，与企业“安康杯”竞赛活动结合起来，并处理好树立典型与面上发动之间的关系，动员尽可能多的青年职工参与到活动中来。各地、各企业以往开展的各项青年安全生产活动，要在名称和操作上逐步向创建“青年安全生产示范岗”活动并轨。

3. 完善机制。要按照“坚持标准、重在创建、从严考核”的原则，逐步建立起申报、创建、考核、命名、表彰等一整套工作运行机制。共青团中央、国家安全生产监督管理局将在层层选拔推荐的基础上，每年表彰一批全国“青年安全生产示范岗”、

创建“青年安全生产示范岗”活动先进组织单位、关心支持创建“青年安全生产示范岗”活动的企业领导。各地、各企业也要定期对活动进行表彰，并争取出台有关奖励政策。各企业应为活动提供适当的经费，逐步把活动表彰纳入企业表彰奖励系列。

4. 掌握信息。各地、各企业要及时总结推广活动中的好做法和好经验，形成积极的导向和良好的社会影响。要将活动开展情况及时

上报全国创建“青年安全生产示范岗”活动组委会办公室。

附：全国创建“青年安全生产示范岗”活动组委会名单

主任委员：孙金龙　共青团中央书记处书记
　　　　　闪淳昌　国家安全生产监督管理局（国家煤矿安全监察局）副局长
委　　员：王体先　共青团中央青工部部长
　　　　　黄　毅　国家安全生产监督管理局（国家煤矿安全监察局）政策法规司副司长
　　　　　王　晓　共青团中央青工部副部长
办公室主任：王　晓　（兼）
副 主 任：郭　平　共青团中央青工部企业处处长
　　　　　安元洁　国家安全生产监督管理局（国家煤矿安全监察局）政策法规司综合处处长
　　　　　马兴民　共青团中央青工部企业处副处长

共青团中央、国家经贸委、国家知识产权局中国科协关于深化企业青年职工创新创效活动的实施意见

2001 年 6 月 6 日

青年创新创效活动自开展以来，在各级团组织、经贸委、专利管理机关和科协等部门的高度重视、精心组织和通力配合下，已在广大企业中取得了明显成效，目前正呈现出良好的发展态势。为深入贯彻落实党的十五届五中全会和九届全国人大四次会议精神，动员组织广大青年职工为推动企业改革和发展做出更大贡献，共青团中央、国家经贸委、国家知识产权局、中国科协决定今后一个时期继续深化青年创新创效活动并提出如下实施意见。

一、指导思想

以党的十五届五中全会精神和江泽民同志“三个代表”的重要思想为指针，以开发青年职工人力资源、提高企业经济效益为目标，以组织青年职工立足岗位开展创造性劳动、推动企业面向市场提供创新型产品（服务）为基本立足点，以实施强力推进、深化活动内涵、坚实人才基础、完善工作机制为手段，组织引导广大青年职工在群众性创新实践中成长成才，建功立业。

二、总体目标

在巩固已有成果的基础上，再经过三年的努力，使青年创新创效活动在 85% 以上的国有及国有控股企业和 60% 以上的非公有制企业 1000 万青年职工中展开，以人均创效 1000 元为目标，实现创效 100 亿元，通过创新创效实践，使青年职工的创新意识和创新能力得到明显提高。

三、主要措施

1. 强力推进。一是分行业推进。发挥行业管理部门的指导优势、政策优势、组织优势以及行业中重点企业的示范作用，直接牵动大

型企业，借助行业力量抓好典型树立、经验推广、评选表彰、政策出台等工作环节。二是分区域推进。建立东北、华北、华东、华南、华中、西南、西北等七个区域青年创新创效活动协调小组，定期开展区域性研讨会、经验交流会、成果洽谈会等形式多样、内容丰富的主题活动。三是分所有制推进。在充分发挥国有企业示范带动作用的同时，注重探索非公有制企业开展活动的经验，形成创新创效活动新的生长点。四是分创新类别推进。根据技术、管理、营销、服务等创新领域特点，认真总结好的做法和经验并加以推广。

2、深化内涵。把“项目化运作”作为深化青年创新创效活动的重要抓手，切实规范和完善创新的过程。主要抓好几个关键环节：一是制定工作目标。结合企业、青年的特点和实际，制定切实可行的“项目化运作”工作目标，并予以量化分解。二是申报创新课题。通过发放“青年项目书”等方式，发动青年职工立足本职岗位，以市场为导向，分析查找技术、管理、营销、服务等日常工作中存在的突出问题，向活动组织机构申报创新课题。三是进行项目招标。在青年职工申报创新课题的基础上，确定企业所需、青年所能的攻关项目，对青年职工公开招标，由项目负责人与企业签订攻关合同，明确双方的权利和义务。四是开展项目攻关。协调成立多层次、多类型的青年科技攻关协会或科技攻关小组，组织青年职工以完成攻关课题为目标，开展创新攻关。企业在加强项目管理的同时，要通过建立青年创新创效活动基金、成立青年创新项目导师团等方式，为青年职工提供技术、信息、资金、场地等方面的支持。五是促进成果转化。通过举办青年科技节、青年创新成果展等方式，强化中介服务，优化创新过程，努力缩短创新成果实现商业化应用的过程和时间，促进科技成果向现实生产力的转化。六是探索青年创新创效活动的激励机制，使创新创效活动制度化、经常化。

3、坚实基础。以开发青年人力资源为着力点，把增强青年创新意识、提高青年创新能力作为深化活动的基础工作来抓，通过开展创造性劳动大讨论、举办青年创新论坛、进行科技知识普及和培训等行之有效的方式，帮助青年职工提高科学文化素质和技术技能水平，努力建设一支富有创新精神和创新能力的高素质青年职工队伍。各地区、各企业要适应国民经济信息化的要求，在今后一个时期大力加强计算机网络知识和技能的培训工作，力争三年内国有大中型企业青年职工基本掌握和运用计算机网络知识和技能。要抓好青年创新创效活动与青年岗位能手活动的有机结合，促进青年岗位能手活动由适应型人才培养向创新型人才培养转变，由岗位基本技能培训向新科技、新知识培训转变，为青年创新创效活动奠定人才基础。

4、完善机制。一是组织机制。各地区要建立健全由团委、经贸委、专利管理机关、科协等单位共同组成的活动组织领导机构。各企业要成立以党政领导牵头、团组织具体协调、有关职能部门共同参与的活动组织领导机构。二是培养机制。把对青年职工的培训工作纳入企业培训体系之中，规范人才评价标准，建立青年人才库，注重培养高新技术人才，为构建企业创新体系提供人才储备。三是评价机制。各地区、各企业要成立主要由企业技术、管理、营销、服务等部门有关负责同志组成的青年创新成果评价机构，强化创新成果评价工作的效益导向，制定以效益为根本评判标准的青年创新创效活动考评办法，促进考评工作的科学化、规范化和制度化建设。四是激励机制。各地区、各行业要加大活动表彰力度，并争取出台地区性、行业性的奖励政策。各企业要制定实施有关推进青年创新创效活动的政策，并把活动纳入企业奖励体系之中，在学习深造、收入分配等方面向优秀青

年人才倾斜，进一步激发广大青年职工投身创新实践的热情和积极性。

四、有关要求

深化实施青年创新创效活动，是今后一个时期企业共青团工作的重中之重。各地区、各企业要以务实的精神把活动抓紧抓好。

一要提高认识。要在知识经济迅猛发展、科学技术日新月异的时代背景下，在开放的市场格局下，站在全局和战略的高度，充分认识和把握深化青年创新创效活动对于引导青年职工建功成才、推动经济发展和社会进步的重要意义，将其列入重要议事日程，采取有力措施，务求取得明显实效。

二要精心组织。要结合实际，因地制宜，因企制宜，大胆探索，勇于实践，不断创新工作方式方法，努力创造可供借鉴推广的新鲜经验。进一步健全工作责任制，一级抓一级，一级带一级，把深化实施青年创新创效活动的各项工作任务落到实处。

三要讲求实效。各地区、各企业要坚持“贵在创新、重在创效”的原则，普遍建立青年创新创效活动业绩申报制度。企业在开展青年创新创效活动中取得的经济效益要经相关部门鉴定、企业党政领导认可后逐级上报。各级青年创新创效活动领导机构将以此作为评价下级组织工作的根本标准。共青团中央、国家经贸委、国家知识产权局、中国科协将在适当时机命名一批全国青年创新创效活动示范基地。

四要强化宣传。要通过新闻媒介，广泛宣传活动的重要意义、成功做法和有益经验，大力培育树立先进典型，形成积极的导向，进一步加深各方面对青年创新创效活动的认识，创造有利于活动开展的良好环境。

共青团中央、中央金融工委、中央企业工委
国家计委、国家经贸委、公安部、建设部
铁道部、交通部、信息产业部、水利部、卫生部
国家税务总局、中国民航总局、国家工商行政管理总局
国家旅游局、国家海洋局、国家电力公司
中国石油天然气集团公司、中国石油化工集团公司
中华全国供销合作总社、中国个体劳动者协会
关于“青年文明号信用建设示范行动”的实施意见

2001 年 12 月 7 日

自《关于在全国青年职工中实施“青年文明号信用建设示范行动”的通知》（中青联发〔2001〕21 号）下发以来，各地区、各行业、各部门高度重视，密切配合，精心组织，取得了初步成效。为深入贯彻党的十五届六中全会精神和江泽民总书记依法治国与以德治国相结合

的重要思想，全面落实《公民道德建设实施纲要》有关要求，深入实施“青年文明号信用建设示范行动”，充分发挥广大青年职工在倡导忠于职守、诚实守信的职业道德和讲信用、重信誉的文明新风，构建社会道德体系中的示范作用，共青团中央、中央金融工委、中央企业工委、国家计委、国家经贸委、公安部、建设部、铁道部、交通部、信息产业部、水利部、卫生部、国家税务总局、中国民航总局、国家工商行政管理总局、国家旅游局、国家海洋局、国家电力公司、中国石油天然气集团公司、中国石油化工集团公司、中华全国供销合作总社、中国个体劳动者协会决定在今后一个时期继续深入实施“青年文明号信用建设示范行动”。实施意见如下。

一、实施目标

在巩固已有成果的基础上，用两年左右的时间，动员85%以上的窗口行业青年集体，60%以上的工业企业、重点建设工程、机关事业单位青年集体开展形式多样的信用教育、实践活动。通过实施“青年文明号信用建设示范行动”，使青年职工的信用意识得到显著增强，使青年文明号集体成为本行业、本地区讲信用、重信誉的示范，成为信用体系建设的骨干，成为良好社会氛围形成的推动力量。

二、实施范围

“青年文明号信用建设示范行动”的实施范围主要是工业生产领域、商贸流通领域以及公安、建设、铁道、交通、邮政电信、卫生、税务、民航、旅游、电力、石油、石化、供销等与人民群众生产生活密切相关行业以及个体工商户、私营企业中的青年文明号集体及争创集体。

三、实施内容

1. 加强信用教育。深入开展信用教育，是加强信用建设的基础环节。要通过举办动员会、报告会，组织辩论赛、宣讲团、大讨论，编写印发《信用教育读本》等多种方式，加强对青年文明号集体及争创集体的信用意识培养和信用道德教育，用重信守诺、诚实劳动的信用观念和道德要求教育广大青年职工，引导他们提高信用道德素质，强化信用责任感，树立先进的职业观，养成良好的职业习惯，展示青年文明号崭新的时代风采。大力宣传、树立一批信用道德优良、信用行为过硬、信用效果显著的青年文明号集体典型，充分发挥青年文明号的示范导向作用，不断强化广大群众的信用意识，共建守信用、重信誉的良好社会氛围。

2. 倡导信用自律。强化信用自律，实现自律与他律的有机结合是加强信用建设的迫切需要。要将全国青年文明号活动组委会制定并颁布的《全国青年文明号信用公约》作为青年文明号集体及争创集体进行信用自律的重要依据，在工作中认真加以贯彻。通过在重要场所和重大活动中举行全国青年文明号信用公约宣誓仪式，在工作场所醒目位置悬挂“青年文明号信用公约”标牌等方式，使“诚信为本，有诺必践，恪尽职守，率先垂范”扎根于每一个青年职工心中，将积极进步的信用规范转化为个体道德自律的自觉实践。引导青年文明号集体结合各自工作实际，制定并恪守通俗易懂、简短精炼、具有本职工作特色的信用道德警言，推动广大青年职工在遵守和实践基本信用规范的基础上，不断提高自身道德修养，追求更高层次的信用道德目标。

3. 深化信用实践。参与经常性的信用实践活动，是加强信用建设的重要途径。要建立以实践目标、实践内容、实践措施、实践效果、实践评价、实践监督等为主要内容的“青年文明号信用实践档案”，记录青年文明号集体、争创集体及其成员开展信用实践的时间、地点、内容、受益人意见等内容，并将信用实践次数、执行情况、群众反映作为年终考核和评定青年文明号的重要依据，推动信用实践经常化、长久化开展。引导青年文明号集体及争创集体在进一步推行“青年文明号服务卡”的基础上，结合本行业、本地区、本部门工作实际，围绕信

用建设方面群众关心的突出问题开展信用实践。以班组、柜台等青年集体为基本参赛单位结对开展以信用为主题的争先创优活动，推动信用实践的全员化开展。组织青年文明号服务队、青年文明号质量监察小分队走上街头，深入社区，开展集中性的实践活动，积极拓展信用实践的阵地。

4. 强化信用监督。借助社会力量对信用行为进行监督，是加强信用建设的有效保障。要引导青年文明号集体及争创集体在工作场所醒目位置公布青年文明号监督电话，自觉接受群众监督。以各级青年文明号活动组委会、监委会为主体，联合行业主管部门，通过开通监督投诉网站、聘请特约监察员、进行明察暗访、组织抽查互检等方式，对青年文明号集体及争创集体的信用状况进行经常性的监督管理。实行青年文明号公示制，申报青年文明号的单位要公示本集体的自然情况、创建情况、申报情况等，各级青年文明号活动组委会要将所有申报单位名单集中在新闻媒体上公布，扩大对青年文明号集体信用状况的的监督面。

5. 实施信用惩戒。建立信用惩戒制度，对失信主体及其行为进行惩处，是加强信用建设的强大武器。要结合行业规范，健全完善青年文明号信用标准，建立青年文明号信用惩戒制度，综合运用行政、经济、舆论等手段，进一步约束规范青年文明号集体、争创集体及其所在单位的信用行为，实行青年文明号信用状况一票否决制。对有失信事实的争创集体，两年内不能申报青年文明号；对有失信事实的青年文明号集体，立即取消其青年文明号称号，摘取青年文明号牌匾，并在新闻媒体上曝光；失信行为直接责任人和其所在青年文明号集体、争创集体及其所在单位负责人两年内不得申报个人荣誉称号；对虽无失信事实但在信用实践活动方面组织不力、表现不佳的青年文明号集体，将在青年文明号年度考核认定中作出相应处理。

四、近期安排

共青团中央和有关部委将联合开展一些具有示范作用并牵动全局的重点活动；各地区、各有关部门要按照各个阶段的侧重点，结合实际情况，开展各种不同类型的活动。近期的主要安排如下：

1. 2001 年 12 月至 2002 年 1 月，重点开展“全国青年文明号信用公约”系列宣传活动。全国青年文明号活动组委会将建立“青年文明号信用公约墙”，并组织青年文明号集体成员签名承诺。各地区、各行业要在本地区、本行业报纸醒目位置刊登“全国青年文明号信用公约”，并至少组织一次大规模的信用公约宣誓仪式。

2. 2002 年 2 月至 3 月，重点开展“青年文明号信用教育月”活动。共青团中央将联合有关部委印制活动宣传画，在有关媒体播出、刊登以青年文明号与信用建设为主题的公益广告，举办“青年文明号与信用建设”征文活动。各地区、各行业要集中开展辩论赛、报告会、青年论坛等多种形式的信用教育活动，并充分利用地方新闻媒体报道活动有关情况，形成强大的宣传声势。

3. 2002 年 4 月至 5 月，重点开展青年文明号信用监督活动。全国青年文明号活动组委会将开展“青年文明号信用调查神州行”活动，组织部分人大代表、政协委员、新闻记者深入各地检查、监督、采访青年文明号集体的信用状况，听取当地群众对他们信用行为的评价并予以集中报道。各地区、各行业也要组织有一定声势的监督活动。

4. 2002 年 6 月至 7 月，重点推动青年文明号集体开展信用实践。共青团中央将联合有关部委召开全国青年文明号信用实践经验交流会，总结、交流基层青年集体开展岗位信用实践、社会信用实践的经验和做法，在全国推行“青年文明号信用实践档案”。各地区、各行业要在继续推行“青年文明号服务卡”、开展

“百城万店青年文明号促销创效”活动和“青年文明号优质服务促假日经济”活动的基础上，组织青年文明号集体结合本地区、本行业实际广泛开展信用实践活动。

五、有关要求

1. 提高认识，加强领导。深入实施“青年文明号信用建设示范行动”，是贯彻《公民道德建设实施纲要》的重要举措，是动员和组织广大青年职工服务经济建设和社会发展的有效途径，是今后一个时期青年文明号活动的主攻方向。各级团组织和有关部门要高度重视，切实加强领导。

2. 精心组织，狠抓落实。各地区、各行业要按照“重在实践、贵在示范”的原则，结合本地区、本行业工作实际，找准青年集体高扬职业道德建设旗帜、参与社会信用体系建设的切入点，从党政所急、社会所需、群众所盼、青年所能的方面入手，制定富有针对性、操作性、实效性的活动方案并以强烈的事业心和责任感狠抓落实，务求取得明显实效。各级青年文明号活动组委会要把青年集体在活动中的表现情况作为考核认定、评选表彰青年文明号的重要依据。

3. 加强协调，形成合力。深入实施“青年文明号信用建设示范行动”内容多，任务重，涉及面广，需要各部门相互协调，密切配合。地方团组织要担负起区域性协调的任务，协同行业主管部门共同推进这项活动。行业主管部门要充分发挥政策优势和管理优势，把活动纳入本行业的总体工作格局，为青年文明号集体及争创集体开展活动创造良好的环境和条件。

4. 树立典型，扩大宣传。各地区、各行业要挖掘、培养、树立一批在信用建设方面作出突出成绩、具有示范意义的青年文明号集体典型，充分发挥电视、报刊、互联网等新闻媒体的作用，广泛宣传活动的意义，展示青年文明号重信守诺、争创一流的时代风采，不断扩大活动的社会影响，形成守信光荣、失信可耻的积极导向，营造诚实劳动、重信守诺的良好氛围。

各地区、各行业开展活动的做法和经验请及时向全国青年文明号活动组委会办公室（设在共青团中央青工部）反馈。

共青团中央办公厅关于实施“工岗快递”行动的通知

2002年10月16日

共青团各省、自治区、直辖市委：

为深入贯彻江泽民总书记“三个代表”重要思想，落实全国再就业工作会议的有关要求，全力推进青年就业和再就业工作，共青团中央决定实施“工岗快递”行动，通过充分发挥各级共青团组织的网络优势、动员优势和人才优势，在下岗失业青年和城镇新增青年劳动力、农村富余青年劳动力与用工岗位之间及时搭建有效对接的平台，帮助青年找到工作岗位，尽快实现就业和再就业。现将有关事宜通知如下。

一、总体目标

从2002年9月开始用三年的时间，帮助100万名下岗失业青年和城镇新增青年劳动力、农村富余青年劳动力实现就业和再就业，进一步拓宽青年就业渠道。

二、实施范围

“工岗快递”行动在全国范围内组织实施。

今年首先在山西、辽宁、吉林、黑龙江、河南、湖南、四川等省(市)和北京、上海、江苏、浙江、福建、山东、广东等省(市)之间先行实施,然后逐步扩展。

三、主要内容

“工岗快递”行动是共青团组织在充分遵循劳动力市场运作规律的基础上,开展的以下岗失业青年和城镇新增青年劳动力、农村富余青年劳动力为主要对象,以定向结对、签订协议、发布信息、提供岗位为主要手段,以促进青年就业和再就业为主要目标的主题活动,包括省际工岗快递、省内工岗快递和网上工岗快递三方面内容。

1. 省际工岗快递。北京、上海、江苏、浙江、福建、山东、广东等省(市)团组织要充分发挥自身优势,协调青年企业家协会会员企业为对口联系地区下岗失业青年和城镇新增青年劳动力、农村富余青年劳动力提供一批用工岗位。要依托青年就业服务中心或职业中介机构集中挖掘一批社区保安、保绿、保洁、保养等就业岗位,向对口联系省区发布。再就业任务比较重的省(区、市)团组织要依托各级青年就业服务中心做好有异地就业意愿的下岗失业青年和城镇新增青年劳动力、农村富余青年劳动力的调查摸底工作,掌握他们的基本情况和就业需求,帮助他们及时了解用工信息,做好用工岗位与人力资源的有效对接。

2. 省内工岗快递。各级团组织要挖掘本地区用工信息,通过举办企业招工会、用工信息发布会、劳动就业洽谈会,建立青年择业超市等方式,帮助下岗失业青年和城镇新增青年劳动力、农村富余青年劳动力就近就便实现就业和再就业。要督促各级青年就业服务中心建立和完善用人单位用工申报及登记制度,确定用工信息联席企业,招募提供用工信息的青年志愿者队伍,广泛收集用工信息。要争取新闻媒体的支持,利用电视、广播、报纸等开辟工岗快递专栏,及时发布用工和求职信息,使省内不同城市之间、市内不同城区之间实现用工信息共享,引导本地区劳动力合理流动并得到有效配置。

3. 网上工岗快递。共青团中央将开通“中国青年创业网”,为不受地域、时空限制的信息互通搭建有效平台。各省(区、市)团委以及地市团委要督促、指导本地区青年就业服务中心建立相应网站,并与“中国青年创业网”实现链接,或把本地区的用工信息及下岗失业青年和城镇新增青年劳动力、农村富余青年劳动力的基本情况和求职需求及时传送到“中国青年创业网”,逐步实现“工岗快递”行动的科学化、网络化、现代化。

四、组织实施

“工岗快递”行动在全国青年就业和再就业工作领导小组统一领导下实施。具体工作由各级团组织负责协调,由青年就业服务中心负责操作和落实。定向结对的地区团组织之间要签订协议书。

青年输出地团组织的职责是:

1. 指导、督促本地区青年就业服务中心收集下岗失业青年和城镇新增青年劳动力、农村富余青年劳动力的相关信息,按照其特长、学历、性别、年龄等建立专门档案;组织用工洽谈会,帮助用工单位挑选基本符合其用工岗位要求的青年;进行包括思想政治教育、职业道德教育、岗位基本技能培训等方面内容的岗前培训;选择责任心强、热心为他人服务的人员担任领队,切实负责劳务输出途中的纪律和安全等问题。

2. 为输出的下岗失业青年和城镇新增青年劳动力、农村富余青年劳动力中的共青团员转出团组织关系。

3. 开通青年就业维权热线。

青年接收地团组织的职责是:

1. 指导、督促本地区青年就业服务中心每年提供3000个用工岗位,帮助结对地区下岗失业青年和城镇新增青年劳动力、农村富余青

年劳动力实现有效就业;协调落实所接收下岗失业青年和城镇新增青年劳动力、农村富余青年劳动力的岗位待遇,包括工资、作息、劳保、节假等。

2. 接转所接收下岗失业青年和城镇新增青年劳动力、农村富余青年劳动力中共青团员的团组织关系,组建临时团支部并指导开展团的活动,充分发挥共青团员的模范带头作用。

3. 开通青年就业维权热线。

五、有关要求

1. 提高认识，加强领导。“工岗快递”行动是共青团组织服务党政工作大局的切实举措，是为企业发展提供人才支持的有效途径，是帮助青年尽快实现就业和再就业的具体方式。各级团组织要充分认识实施“工岗快递”行动的重要意义，把这项工作摆上重要议事日程。先期启动的省（区、市）和再就业工作任务较重的地区团组织主要负责人要亲自挂帅，并委派专人负责。要一级抓一级，层层抓落实，并把这项工作作为年度工作考核的一项重要指标。

2. 精心组织,注重实效。各级团组织要从本地区实际出发,制定操作性、实效性强的实施方案,层层分解工作任务。要深入了解青年的就业需求,并在此基础上充分挖掘用工岗位,确保青年与用工岗位的有效对接。要以办事业的精神创造性地开展工作,从一件一件具体事情做起,切实取得实效,力戒形式主义。

3. 形成机制,常抓不懈。各级团组织要把这项工作与本地区促进青年就业和再就业的日常性工作结合起来,逐步探索出行之有效的工作模式。“工岗快递”行动启动后,要坚持定人、定期、定向地开展工作,并注重制度建设和规范管理。共青团中央将适时对在实施“工岗快递”行动中表现突出的集体和个人进行表彰,以推动这项工作长久化开展。

共青团中央办公厅关于成立共青团全国青年就业和再就业工作领导小组的通知

2002年10月17日

共青团各省、自治区、直辖市委,军委总政治部组织部,全国铁道团委,全国民航团委,中直机关团工委,中央国家机关团工委,中央金融团工委,中央企业团工委:

为深入贯彻江泽民总书记“三个代表”重要思想和全国再就业工作会议精神,进一步做好青年就业和再就业工作,共青团中央书记处决定,成立共青团全国青年就业和再就业工作领导小组,其职责是:在书记处的统一领导下研究决定全国青年就业和再就业工作的重大事宜及相关政策;制定全国青年就业和再就业工作的总体规划;监督检查各地团组织开展青年就业和再就业工作的落实情况。领导小组办公室设在共青团中央青工部,具体负责领导小组日常工作,办公室主任由青工部部长兼任。

现将共青团全国青年就业和再就业工作领导小组名单印发给你们,望各地参照成立相应的组织领导机构,并积极争取政府有关部门和社会各方面支持,把青年就业和再就业工作纳入本地区就业和再就业工作的总体部署,切实把青年就业和再就业工作抓出实效,为推动经济发展和维护社会稳定做出新的贡献。

附:共青团全国青年就业和再就业工作领导小组名单

组　长:周　强　共青团中央书记处第一书记

副组长:胡　伟　共青团中央书记处书记

成　员:李晓军　共青团中央办公厅主任

尹德明　共青团中央组织部部长

刘可为　共青团中央宣传部副部长

王体先　共青团中央青工部部长

白平胜　共青团中央青农部副部长

白希共　青团中央学校部部长

吕虹共　青团中央统战部副部长

胡增印　共青团中央社区和维护青少年权益部部长

江广平　共青团中央国际联络部部长

卢雍政　中国青年志愿者行动指导中心主任

陆士桢　中国青年政治学院副院长

徐祝庆　中国青年报社社长

艾　玲　中国青少年发展服务中心主任

王　晓　共青团中央青工部副部长

办公室主任:王体先　共青团中央青工部部长(兼)

副　主　任:王　晓　共青团中央青工部副部长(兼)

青年就业服务中心管理条例(试行)

2002年11月19日

第一章　总则

第一条　为加强青年就业服务中心(以下简称中心)的建设和管理,更好地发挥中心在开发青年人力资源、搭建青年就业阶梯方面的重要作用,把促进青年就业和再就业工作全面引向深入,特制定本条例。

第二条　本条例所称青年就业服务中心(包括青年再就业服务中心、青年创业指导服务中心、青年人才交流服务中心、青年职业介绍所等),是指由各级共青团组织管辖的,以下岗失业青年和城镇新增青年劳动力、农村富余青年劳动力为主要服务对象,以全心全意为青年就业和再就业服务为宗旨的事业单位或实体。

第三条　中心是共青团组织促进青年就业和再就业的有效阵地,是拓宽青年就业和再就业渠道的主要场所,是实现促进青年就业和再就业工作事业化、社会化、市场化、产业化运作的基础平台。

第四条　中心应以社会效益、人才效益为主导,在确保社会效益的前提下,努力实现社会效益、经济效益和人才效益的有机统一。

第五条　所有团属青年就业服务中心都必须遵守本条例。

第二章　设立要求

第六条　青年就业服务中心可建于直辖市和全国青年就业和再就业工作重点联系城市;重点联系城市中工作任务较重的县区团委可建立青年就业服务站;就业和再就业任务较重的街道、社区、企业团委可依托已有的青少

年宫、青年志愿者服务站、社区青少年服务中心、社区服务站等阵地开展工作。

第七条 青年就业服务中心应具备以下基本条件:

(一)有开展业务所需的固定场所、办公设施和一定数量的开办资金;

(二)有确定的服务项目,为服务对象提供人力储备、就业指导、职业介绍、人才开发、技能培训、创业扶持等多方面服务;

(三)有相对科学的组织架构,实行主任负责制,并设市场、培训、外联、发展等业务部门;

(四)有一定数量的专职工作人员,且具备较高的政治素质、良好的职业道德、过硬的业务水平、较强的社会活动能力和组织协调能力;

(五)能够独立承担民事责任;

(六)法律、法规规定的其他条件。

第三章 工作任务

第八条 中心的基本任务:

(一)根据服务对象的特点,开展转变就业观念、掌握求职技能等方面的指导,帮助他们认清就业形势,更新就业观念,树立自谋职业、自主创业意识;

(二)根据劳动力市场需求,开展多层次、多形式的培训,帮助服务对象提高就业技能和创业能力;

(三)通过举办专场招工会、就业洽谈会、用工信息发布会,设立择业超市,开辟下岗失业青年再就业专栏(专题节目、专刊),开通青年就业和再就业服务网站,组织劳务输出等各种类型的中介活动,帮助青年及时、准确地了解用工信息,尽快找到就业岗位;

(四)建立求职青年人才库,借鉴和采用科学手段对入库青年的素质、能力、业绩、潜能等进行测评,帮助他们进行职业生涯设计,促使其人力资源得到合理配置;

(五)对有创业意愿的青年提供工商登记、项目论证、保险缴纳等专项服务;

(六)运用橱窗、板报、传单等宣传工具,向广大下岗失业青年宣传国家及本地区有关方针政策,帮助他们了解政策,树立信心,通过自己的努力实现再就业。

第九条 积极争取劳动保障部门的指导和支持,与企业再就业服务中心、失业保险经办机构、公共职业介绍机构及社区、街道劳动保障机构等合作,共同为促进下岗失业人员再就业做出贡献。

第十条 国家和劳动保障部门规定的其他工作职责。

第四章 评选表彰

第十一条 共青团中央定期对各地中心进行检查验收。

第十二条 共青团中央每年对各地中心进行评级、授牌并颁发荣誉证书。对于成绩突出的中心负责人,团中央将予以表彰奖励,其中符合条件的,将被优先推荐为全国优秀团干部。

第十三条 各级团组织要大张旗鼓地宣传中心建设、管理、发展中的典型做法和成功经验,并将其负责人作为青年干部予以重点培养,提供学习和锻炼机会。

第五章 监督管理

第十四条 共青团全国青年就业和再就业工作领导小组办公室(设在团中央青工部)在团中央书记处领导下,行使对全国各级青年就业服务机构工作的协调、指导、督促和管理等职能。

第十五条 省级、地市级青年就业和再就业工作组织领导机构负责对本地区中心的指导、管理和考评。

第十六条 中心作为所在地同级团组织的直属事业单位,应具有相对独立的业务工作体系。任何组织和个人不得利用其人、财、物

开展其业务范围以外的工作。

第十七条 中心参加和组织跨区域的大型用工洽谈、劳务输出等活动，须经省级以上团的主管部门统一审批备案。

第十八条 中心实行挂牌制度。要将牌匾悬挂在工作场所的醒目位置，自觉接受社会监督。

第十九条 共青团中央将通过组织检查组、聘请专门检查人员等方式对中心的工作进行检查。对有违反法律法规行为的，将及时作出处理并在新闻媒体上予以曝光。

第六章 经费运营

第二十条 中心的启动及运行经费本着自筹的原则，团的主管部门应给予适当的先期扶持。

第二十一条 中心实行自主经营、自负盈亏、自我发展。

第七章 附则

第二十二条 本办法将在试行的过程中，不断总结实践经验，逐步加以完善。本办法的修改、变更、解释权归团中央青工部。

第二十三条 本办法自发布之日起生效。

十、青农

关于学习贯彻党的十五届三中全会精神充分发挥团员青年在建设有中国特色社会主义新农村中生力军作用的决议

共青团中央常委（扩大）会议通过，1998年10月29日

共青团中央常委扩大会议认真学习了《中国共产党第十五届中央委员会第三次全体会议公报》，学习讨论了江泽民总书记在全会上的重要讲话和《中共中央关于农业和农村工作若干重大问题的决定》。一致认为，党的十五届三中全会是在全面贯彻党的十五大提出的战略部署，实现我国跨世纪发展宏伟目标的关键时刻召开的一次十分重要的会议。全会通过的《决定》集中全党智慧，精辟总结了我国农村改革二十年的基本经验，明确阐述了农业和农村跨世纪发展的目标和必须坚持的方针，对我国农村经济、政治、文化建设作出了全面部署，制定了推进农业和农村工作的重大政策措施，是指导我国建设有中国特色社会主义新农村的行动纲领。江泽民总书记的重要讲话，高屋建瓴，总揽全局，对于学习领会、贯彻落实党的十五届三中全会精神，对于我国农业和农村工作的跨世纪发展，具有重要的指导意义。会议认为，党的十五届三中全会提出的从现在起到2010年建设有中国特色社会主义新农村的目标，为广大青年特别是农村青年施展才华、发挥作用提供了广阔舞台，对于进一步做好共青团工作特别是共青团农村工作具有极其重要的

指导意义。各级共青团组织要认真学习全会文件，全面贯彻落实全会精神，坚持不懈地用邓小平理论教育和武装青年，抓住有利时机，深入推进共青团服务万村脱贫致富奔小康行动，培养有理想、有道德、有文化、有纪律的新型农村青年，团结引导广大青年积极投身建设有中国特色社会主义新农村的伟大实践，为实现我国农业和农村跨世纪发展的宏伟目标贡献青春、智慧和力量。为此，做出如下决议。

一、组织广大团员青年认真学习、深刻领会、广泛宣传党的十五届三中全会精神，带头执行党的农业和农村工作方针、政策。各级团组织要把组织团员青年学习领会宣传党的十五届三中全会精神，作为当前和今后一个时期的一项重要工作抓紧抓好。今冬明春，要以农村战线团干部和农村团员青年为重点，采取多种形式，开展行之有效的学习。学习要同邓小平理论学习相结合，同青年实际和团的农村工作实际相结合。通过学习，帮助广大青年特别是农村团员青年认清我国农业和农村跨世纪发展的目标，理解实现这一目标必须坚持的方针，了解推进农业和农村工作的重大政策措施，增强对坚持党的农村基本政策不动摇，坚持把发展农村经济、提高农业生产力水平作为整个农村工作的中心不动摇，坚持党对农村工作的领导不动摇等一系列重大问题的认识，进一步增强使命感和责任感，做现代农业的开拓者，做科教兴农、勇闯市场的排头兵，做共同富裕、遵纪守法的带头人，大力宣传、带头执行党的农业和农村工作各项方针、政策，积极投身建设富裕、民主、文明社会主义新农村的伟大实践。

二、领办科技推广项目，开发青年人力资源，积极推动农业的专业化、市场化、现代化。依靠科技和市场，切实帮助农村青年脱贫致富奔小康。从实际出发，大力兴办、领办科技含量高、市场潜力大、辐射带动力强的农业项目，是共青团开发青年人力资源，推动我国实现农业的专业化、市场化、现代化的重要途径。要以市场为导向，领导机关示范带头，采取事业化推进的方式，继续深化领办科技推广项目，努力走出一条在促进农业产业化经营的过程中活跃农村共青团工作的路子。努力提高乡镇企业青年职工技能水平，鼓励青年管理、技术人员在机制创新、科技创新中发挥更大作用，帮助培育一批具有市场开拓能力、能进行农产品深度加工、为农民提供服务和带动农户发展商品生产的“龙头企业”。围绕领办科技推广项目，大力开展实用技术培训，培养青年星火带头人，创建“青年农业高新科技示范园”，推进“千校百万”外来务工青年培训计划，加强返乡高、初中学生的技能培训，在农村青年中广泛兴起学用科技的热潮，积极推进新的农业科技革命。不断探索团组织领办科技推广项目的有效方式，认真总结和推广青年股份合作体等行之有效的生产组织形式，促进农村青年积极发展多种形式的联合与合作。鼓励和引导农村青年发展个体、私营经济。支持大中专毕业生到农村创业。继续评选表彰“杰出青年农民”、“杰出青年星火带头人”，树立一批农村青年的先进典型。

三、实施“保护母亲河行动”，动员组织广大青少年植绿护绿、改善环境，促进农村经济和社会可持续发展。植树造林，再造秀美山川，对于改善农业生态环境意义重大，是关系中华民族生存和发展的长远大计。举全团之力，牵动全社会，动员全国青少年，实施“保护母亲河行动”，积极参与黄河、长江及其他主要江河流域植树造林，治理水土流失，改善生态环境。实施“保护母亲河行动”，要采用工程造林、项目管理的办法，建设好保护母亲河重点工程；要在植树节、地球日、环保日、防止荒漠化日集中开展以宣传教育、资金募集和植护实践为主要内容的保护母亲河行动周（日）活动；要多方筹集

资金创建保护母亲河基金。坚持植树与育人有机结合，广泛创建青（少）年绿色文明园，继续推行“一队一林（绿地）”做法，全面深入地推动青少年植树造林、绿化祖国活动，促进青少年增强环境保护意识，推进农村经济和社会的可持续发展。

四、开展活动与加强阵地建设并举，充分发挥农村青年在群众性精神文明创建中“开风气之先”的作用。广泛开展“乡村青年文化节”活动，以“科技大集”、“文体大赛”、“卫生大扫除”等适合农民特点的方式推广科技，传播文明，引导农村青年革除陋习，倡导新风，丰富健康向上的精神文化生活。进一步加大以乡镇青年科技图书站为主的阵地建设，努力拓展功能，完善机制，为广大农村青少年开展科技文化活动创造必要条件。继续深化城乡少年儿童“手拉手”互助活动和“雏鹰争章”活动，促进农村中小学的全面素质教育。搞好希望工程最后一轮劝募行动，帮助失学儿童重返校园。加大实施青年志愿者支教扶贫接力计划的力度和广度，动员并组织城市青年志愿者到农村和贫困地区开展支教和科技、文化扶贫服务。深入开展大学生志愿者“三下乡”活动，努力为农民提供科技、文化、卫生服务，促进扫除青壮年文盲。加强对农村青年的法制教育，使他们增强公民意识，知法守法，履行应尽义务，用法律保护自己的合法权益，自觉维护农村良好社会秩序。

五、结合党建加强团建，实施“强乡带村”，进一步增强农村基层团组织活力。紧密结合乡镇党委建设和村党支部建设，切实加强和改进农村基层团组织建设，以服务促建设，以服务求活跃，把农村基层团组织建设成具有凝聚力和战斗力的坚强集体。实施“强乡带村”，就是要强乡镇团委班子，带农村基层团建；强乡镇团委领办科技推广项目，带农村青年脱贫致富奔小康；强乡镇青年活动阵地，带农村青年服务体系建设，加强乡镇团委在农村基层团组织中的地位和作用，促进农村基层团的工作整体活跃。落实团章规定，抓好乡镇团委、村团支部按期换届等工作，加强和扩大农村基层团内民主，促进农村基层团组织建设经常化、规范化。重视从党团员农村青年星火带头人中培养和选拔村团支部书记，积极推荐村团支部书记进入村两委班子。适应农村改革的深化和农业产业化经营的发展，合理调整基层团组织设置，进一步巩固和活跃农村团组织。发挥好基层团组织在加强农村基层民主法制建设中党的助手作用，引导农村团员青年正确行使民主权利。积极推荐农村优秀团员作党的发展对象。做好经常性发展团员工作，重视吸收在农业和农村经济发展中业绩较突出的青年入团。加强农村基层团干部培训，建立健全轮训制度，充分发挥各级团校的作用，切实提高农村基层团干部队伍素质。加强对农村基层团组织的建设中新情况、新问题的研究，不断探索符合社会主义市场经济和未来发展要求的农村团的工作方式。

六、全团高度重视，推动共青团农村工作为我国农业和农村跨世纪发展做出更大贡献。农业、农村和农民问题是关系我国改革开放和现代化建设全局的重大问题。团的农村工作，是共青团服务农业和农村工作大局的集中体现，全团要予以高度重视。各地要进一步加强对共青团农村工作的领导。沿海发达地区的团组织，要团结带领本地团员青年为率先基本实现农业现代化做贡献。农村战线的团组织要更加勤奋工作，不断创造新的业绩。城市各条战线的团组织要共同参与扶贫攻坚，开展城乡经济、技术、贸易合作与交流，加强城乡互助，推动共青团农村工作不断发展，为促进农村经济建设和社会主义进步做出积极的贡献。

会议决定，今年 12 月召开团的十四届二中全会，对未来五年团的工作做出进一步部署。

会议号召，团的各级组织和广大团员青年

紧密团结在以江泽民同志为核心的党中央周围,高举邓小平理论伟大旗帜,认真贯彻党的十五大和十五届三中全会精神,认清责任,抓住机遇,扎实工作,开拓进取,勇于创新,为开创我国农业和农村工作新局面,全面推进建设有中国特色社会主义伟大事业不懈奋斗!

共青团中央关于开展首届“乡村青年文化节”活动的通知

1998年11月2日

共青团各省、自治区、直辖市委,总政组织部,武警总部政治部,全国铁道团委,全国民航团委,中直机关团工委,中央国家机关团工委,中央金融团工委:

为贯彻落实党的十五大和十五届三中全会关于加强农村社会主义精神文明建设的精神,配合“三下乡”活动的深入开展,充分激发农村青年参加两个文明建设的内在热情,发挥其在建设有中国特色社会主义新农村伟大进程中的生力军作用,共青团中央决定,从1999年起,在元旦、春节期间开展“乡村青年文化节”活动。现就开展首届“乡村青年文化节”活动的有关事项通知如下。

一、指导思想

“乡村青年文化节”以传播文明、推广科技、树立新风为主题,以科技传播为重点,以文体卫生活动为补充,立足基层,由团县委统一部署协调,乡(镇)团委组织开展,活动辐射到村。抓住冬季农闲和两节期间青年集中、具有节日氛围的有利时机,组织青年开展内容丰富、形式多样、喜闻乐见的科技文化卫生活动,掀起一个群众性精神文明创建活动热潮。

二、活动时间

根据本地情况,活动可在元旦前半月左右开始至春节后半月左右结束。

三、主要内容

首届“乡村青年文化节”重点开展以下三个方面的活动。

(一)举办科技大集。各地要把乡村集市、场坝作为科技传播的主要阵地,选择最佳时间和重点集市,集中举办两至三次“青年科技大集”活动。届时通过播放录像、图片展览、现场咨询、散发资料、租借图书、销售农用物资等多种形式开展科技传播活动。在推广新项目时,要会同农业、科技、科研院校等部门,根据当地区域经济和农业产业化发展要求进行科学论证和精心筛选,并组织农业科技人员、青年星火带头人进行示范和技术讲解,同时辅之以良种、肥料、农药等农资供应以及市场销售等服务。各省、地、县团组织除加强工作指导外,要调动和依靠社会资源,联合有关部门组织“科技大篷车”进行巡回服务。

(二)组织文体大赛。各地要充分利用乡村现有的文化娱乐场所和设施,采取集中与分散相结合的办法,围绕宣传改革开放成就、科教兴国战略等内容,大力开展具有本地特色的群众性文体竞赛活动。活动要广泛吸引当地务农、务工、返乡的外出打工青年和学生参加。要努力通过文体大赛,大大丰富两节期间乡村群众文化生活。

(三)开展卫生大扫除。各地要采取突击整治、重点示范、表彰激励等办法开展卫生大扫除活动。组织团员青年参加从各自的庭院、村寨到乡镇街区和公共区域的环境卫生竞赛,

开展乡村青年文明示范街区评比活动；组织青年突击队、青年志愿者服务队帮助孤寡老人、军烈属、劳弱户等进行卫生集中整治。在洪涝灾区，要动员和组织广大农村青年着力配合当地卫生防疫部门，集中开展卫生防疫、环境整治活动。

除上述重点活动内容及形式外，各地还可以从当地的实际情况出发，在继承传统的行之有效做法的基础上，赋予时代特色，开展一些具有创造性的活动。

活动中，各地要继续大力推进青年科技图书站和青年星火带头人志愿者服务队建设。已创建青年科技图书站和组建青年星火带头人志愿者服务队的地方，要充分发挥其在开展“乡村青年文化节”活动中的阵地和骨干作用，并结合“乡村青年文化节”各项活动的开展，不断丰富和扩展功能，增设活动设施，完善服务手段，建立健全活动机制，以满足农村青年不断增长的科技文化需求。尚未建站组队的地方，要采取有力措施加快创建步伐。

四、工作要求

“乡村青年文化节”活动是在农村开展的一项以青年为主体、大规模自下而上的群众性精神文明创建活动，是农村基层主动吸纳“三下乡”成果的接力行动，是在新形势下强化基层团组织功能，实施强乡带村、活跃基层组织的重要举措。各级团组织要高度重视，认真组织，确保活动收到实效。

（一）统一行动。各省、地、县团组织要结合本地实际，制定具体实施方案，层层落实，并着力抓好协调、指导和服务工作，特别是要集中组织“三下乡”队伍，组织“科技大篷车”深入乡村开展巡回服务活动。各乡村团组织要提前做好各项准备工作，在统一时间内集中开展活动。

（二）广泛动员。各地要依靠群众，充分激发基层团组织和广大农村青年的积极性和创造性，以点带面，由团内到社会，通过青年带动广大农民群众。在首届“乡村青年文化节”活动期间要确保50%以上的乡村积极行动起来，使活动既热热闹闹，又富有实际效果。

（三）抓好示范。在活动全面启动之前，各省、地、县团组织要分别确定一至二个重点实施地区，针对青年的实际需求和关注热点，精心设计活动内容和形式，提前抓一批有影响和带动作用的示范性活动，力争在这些地区办出特色、创出经验，推动整个活动开展。

（四）大力宣传。各地要积极协调当地新闻媒体深入报道活动情况，同时向中央新闻单位及时提供新闻线索和典型活动的素材，做好新闻宣传工作，努力营造良好的节日氛围。

“乡村青年文化节”活动作为加强农村精神文明建设的具体措施，将长期开展。各地要从首届活动开始，做好长远规划，建立长期运行机制，为活动的不断深入奠定基础。首届“乡村青年文化节”活动结束后，将在全国评选优秀组织奖和最佳活动奖。各地要注意及时汇总活动情况，上报书面总结材料，推荐评选对象，并相应进行表彰。

共青团中央办公厅关于建立团中央系统“保护母亲河行动”实施领导及工作机构的通知

1999年1月12日

共青团各省、自治区、直辖市委，总政组织部，武警总部政治部，全国铁道团委，全国民航团委，中直机关团工委，中央国家机关团工委，中央金融团工委：

为举全团之力在全国范围内迅速深入推动“保护母亲河行动”，根据《关于开展“保护母亲河行动”的意见》，团中央书记处决定，建立团中央系统领导及工作机构。名单如下：

一、保护母亲河行动协调指导委员会

主　任：巴音朝鲁　团中央书记处常务书记

副主任：崔　波　团中央书记处书记

成　员：戴克维　团中央办公厅主任

李学谦　团中央宣传部部长

王体先　团中央青工部部长

王晓东　团中央青农部部长

邓　勇　团中央学校部部长

孙寿山　团中央少年部部长

胡　伟　团中央统战部部长

曹卫洲　团中央国际联络部部长

徐永光　中国青少年发展基金会秘书长

金　东　中青国际公司董事长

张乐斌　团中央青农部副部长

职　责：在书记处的统一领导下，具体负责“保护母亲河行动”团内的指导督促，以及各方面力量的整合协调。

二、保护母亲河行动协调指导委员会工作机构

（一）办公室

主　任：王晓东　团中央青农部部长

副主任：张乐斌　团中央青农部副部长

白　希　团中央宣传部副部长

彭友东　团中央学校部副部长

涂　猛　中国青少年发展基金会秘书长助理

职责：1. 落实委员会做出的有关决定；

2. 负责有关部委、团中央系统有关部门和有关单位的协商工作；

3. 组织开展丰富多采的保护母亲河行动周(日)活动；

4. 负责宣传工作，营造良好的舆论环境；

5. 负责表彰奖励的具体工作；

6. 负责落实委员会交办的其他事宜。

（二）工程部

主　任：张乐斌　团中央青农部副部长

副主任：涂　猛　中国青少年发展基金会秘书长助理

职责：1. 负责保护母亲河工程的总体规划；

2. 负责各地申报全国重点工程项目的审批；

3. 负责协调落实全国重点工程项目国家投入资金；

4. 负责对工程项目实施的监督、指导、验收和审计；

5. 保护母亲河工程启动实施过程中的其他有关事宜。

（三）基金部

主　任：徐永光　中国青少年发展基金会秘书长

副主任：张乐斌　团中央青农部副部长

涂　猛　中国青少年发展基金会秘书长助理

职　责：1. 面向社会及青少年筹集基金及开展与筹集资金相关的宣传活动；

2. 负责基金的管理和监督；

3. 对地方筹集基金活动的指导、监督；

4. 负责与筹集基金有关的其他活动。

共青团中央、水利部、中国青少年发展基金会关于开展“保护母亲河行动”的意见

1999年1月15日

各省、自治区、直辖市团委、水利厅（局）、青少年发展基金会：

生态环境的保护和治理，关系到21世纪我国国民经济和社会的可持续发展。特别是以去年长江及松花江、嫩江流域的特大洪水和黄河长时间断流为主要标志的我国生态环境严重恶化的状况，更使这一问题日益成为全社会关注的热点。为深入贯彻落实江泽民总书记关于治理水土流失、改善生态环境的重要指示精神和《中共中央关于农业和农村工作若干重大问题的决定》、国务院颁布的《全国生态环境建设规划》提出的加强以黄河、长江上中游地区、风沙区、草原区为重点的生态环境建设的要求，动员青少年和全社会积极投身生态环境保护和建设的伟大事业，努力再造山川秀美的锦绣中华，共青团中央、水利部、中国青少年发展基金会决定，从1999年起在全国范围内开展“保护母亲河行动”。

一、宗旨

以保护哺育中华民族和一方人民的“母亲河”——黄河、长江及其他主要江河为主题，通过举全团之力，广泛动员各级团组织和广大青少年，充分吸纳社会资源，建设“保护母亲河流域综合治理工程”、开展“保护母亲河行动周（日）”活动、创建“保护母亲河行动专项基金”，在“母亲河”流域以小流域为单元，大力开展治理水土流失、保护生态环境，倡导和树立可持续发展意识，推动国家生态工程建设，为母亲河更好地造福于中华民族和实现全球性生态平衡做贡献。

二、建设“保护母亲河流域综合治理工程”

1. 目标：先期规划从1999年开始，利用五年的时间，主要在黄河、长江及其他主要江河流域国家重点生态工程治理区，建设100万亩以上水土保持生态工程。

2. 实施方式：以小流域为单元，山水田林路综合治理，按工程技术规范施工，项目化管理。工程统一名称，即“保护母亲河流域综合治理工程＊＊项目”。对项目严格地进行科学设计，通过申报审批确定项目。全国重点工程应在国家确定的重点生态工程治理区，以及地方政府规划的生态治理区内选项，由县级以上（含县级）人民政府申报，经省级“保护母亲河

行动”领导机构同意，报全国“保护母亲河行动”领导小组审批。各地也可确定当地的重点工程，并由当地领导小组负责规划实施。所有项目均按工程组织实施，强化管理。

3. 资金投入：原则上按照200元/亩标准建设。全国重点工程采用社会筹资、水利部专项资金支持、工程所在地县级以上（含县级）政府匹配适当资金的办法，落实建设资金。地方重点工程的建设资金由各地团组织、水利部门、青基会与当地有关部门协调落实。各级水利部门可从水土保持基金中切块支持工程建设。

4. 开展“保护母亲河行动小流域治理优质工程竞赛”。组织广大青少年积极参与小流域治理，在此基础上，共青团中央、水利部和中国青少年发展基金会每年在全国范围内开展保护母亲河行动小流域治理优质工程竞赛活动（竞赛方案另发）。竞赛活动以县为单位，以小流域为单元，自愿参加，由团组织和水利部门负责申报，经当地政府和省级团组织、水利部门、青基会等审核，保护母亲河行动领导小组组织评选表彰。

三、开展“保护母亲河行动周（日）”活动

在日常开展青少年治理水土、保护生态活动的基础上，把植树节和中国水周作为“保护母亲河行动周”，将世界水日、国际地球日、防止荒漠化日等作为“保护母亲河行动日”，集中组织开展大规模的宣传教育、治理保护实践和资金募集活动。

1. 宣传教育活动：在行动周和行动日，开展保护生态环境，实现可持续发展以及水土保持法、水法、土地法、森林法、草原法、环保法等宣传活动；通过新闻媒体传播、举办展览等方式，对“母亲河”流域生态状况、行动开展情况进行宣传；通过举办各种仪式、纪念活动，进一步增强广大青少年绿化祖国、治理水土流失、建设生态环境的光荣感、责任感和使命感。

2. 治理保护实践活动：在重点工程实施区，组建保护母亲河青少年志愿者服务队，通过义务投劳，按照工程规划设计种植纪念树和水保林，营造示范工程；根据重点工程实施进展，组织国内外志愿者，赴工地开展志愿服务等；广泛组织青少年，特别是少先队员清除白色垃圾及其他废弃物，保护治理成果，美化和保护环境。

3. 募集资金活动：中国青少年发展基金会及其授权的省级青少年发展基金会通过组织募捐、义卖、义演等方式，面向社会募集资金。

四、创建“保护母亲河行动专项基金”

在中国青少年发展基金会建立“保护母亲河行动专项基金”。中国青少年发展基金会和经中国青少年发展基金会授权的省级青少年发展基金会是“保护母亲河行动专项基金”捐款受理机构和基金管理机构，执行统一的资金募集及管理规则。所有募集资金全部用于“保护母亲河流域综合治理工程”建设，使用情况及时向捐款人和社会公布，接受社会严格监督。

“保护母亲河行动专项基金”是共青团推动工程建设的主要经费来源，以“5元捐植一棵树”、“200元捐植一亩林”、“200元捐建一亩坡地改梯田”和捐建命名水保纪念林、流域治理区等为主要形式募集。基本途径为：面向积极关注和参与祖国生态环境建设大业的国内企业、团体和公民个人募集；面向关注中国和世界环境、生态建设的国际组织和海外企业、团体、有识之士募集。

五、几项具体要求

1. 高度重视。“保护母亲河行动”是推进国家重点生态工程建设，进一步深化治理水土流失、保护生态环境大业的重要举措。各级团组织、水利部门、青基会等要将“保护母亲河行动”作为贯彻落实党的十五届三中全会精神和国务院《全国生态环境建设规划》的重要手段，以此为牵动，在全社会尤其是青少年中树立母亲河意识、水土保持意识、生态环境意识和可持续发展意识，全面推进祖国生态环境建设。

2. 加强领导。共青团中央、水利部、中国青基会共同组成由主要领导参加的全国“保护母亲

河行动”领导小组，对活动进行统一领导、统一部署，对全国重点工程进行统筹规划、统一审批和监督。领导小组办公室设在共青团中央。各地在“保护母亲河行动”中也要成立相应机构，切实加强领导，确保活动能够顺利、健康开展下去。

3. 建好工程。“保护母亲河流域综合治理工程”是整个行动的核心。共青团中央、水利部、中国青基会今年先期启动实施全国首批重点工程，以此为牵动逐步向黄河、长江等主要江河流域国家重点生态工程其他治理区延伸。各地各级团组织、水利部门、青基会等要集中力量，把全国和地方重点工程建成“保护母亲河行动”的样板工程；所有工程要严格按照申报审批立项制、项目法人制、工程监理制、资金报帐制、产权预先确认制等制度实施。要因地制宜、形式多样地开展好“小流域治理竞赛活动”。

4. 健全机制。建立健全良好的运作机制是实施好“保护母亲河流域综合治理工程”的重要保证。要在实践中注意建立规范的工程建设、基金筹集、活动开展等方面的运作机制，以良好的机制保证总体行动的健康、协调、有序发展。“保护母亲河行动”是一项崭新的社会化事业，各地要积极探索和实践，创造性地形成适合当地实际情况的工作方式和工作机制。

5. 大力宣传。要唤起全社会广泛关注和参与“保护母亲河行动”，舆论宣传是具体有效的手段和途径。各地要利用新闻媒体充分及时报道有关工作和活动，大肆宣传在活动中涌现出的先进事迹和先进人物，影响和带动全社会掀起“保护母亲河”的热潮。

附：全国“保护母亲河行动”领导小组成员名单

顾　问：韩长赋　中央财经领导小组办公室副主任
路　明　农业部副部长
李延龄　财政部副部长
祝光耀　国家环保总局副局长
组　长：周　强　团中央书记处第一书记
副组长：崔　波　团中央书记处书记
朱登铨　水利部副部长
成　员：王晓东　团中央青农部部长
焦居仁　水利部水土保持司司长
徐永光　中国青少年发展基金会秘书长
刘震水　利部水土保持司副司长
张乐斌　团中央青农部副部长
涂　猛　中国青少年发展基金会秘书长助理
办公室主任：王晓东　团中央青农部部长（兼）

农业部、财政部、共青团中央关于开展跨世纪青年农民科技培训工程试点工作的意见

1999年5月12日

为了贯彻落实科教兴国战略，进一步提高青年农民科技文化素质，培养一大批适应21世纪农业和农村经济发展需要的青年农民，农业部、财政部和团中央决定从1999年起，启动跨世纪青年农民科技培训工程（简称“青年农民培训工程）。这项工程分两个阶段实施，

1999—2000 年为试点阶段,2001—2005 年为全面实施阶段。“青年农民培训工程”计划培训农村青年农民 500 万,每个村培训 7—8 人,基本达到每个村民小组培训 1 名青年农民。现就跨世纪青年农民培训工程试点工作提出如下意见:

一、目标、任务、对象和内容

1. 目标。通过培训,全面提高农村青年农民科技文化水平和农业生产技能,培养青年农民的创业精神和创新意识,更新就业观念,增强热爱农业、献身农业、为建设繁荣富强的新农村而奋斗的责任感,培养一大批有文化、懂技术、善经营、会管理、觉悟高的跨世纪青年农民,使他们成为农业生产的技术骨干和农村脱贫致富的带头人,为实现我国农业和农村跨世纪发展目标提供智力支持和人才保证。

2. 任务。试点阶段的主要任务,是在部分省选择几十个经济条件相对较好,广大农村青年对开展科技培训有强烈要求,当地领导重视,特别是在农村青年培训方面已经有一定基础的县(市)开展培训活动,每县(市)在一年内培训不少于 3000 人。通过试点,总结经验,探索开展培训的有效形式。

3. 对象和内容。跨世纪青年农民科技培训的主要对象是回乡劳动两年以上,具有高、初中学历水平的优秀农村青年农民,特别要重视妇女青年农民的培训。培训人员采取自愿报名与组织推荐相结合的方式确定。

内容主要是农牧渔业生产、农产品加工等新技术和实用技术;党在农村的方针政策;国家有关的法律、法规、农业和农村经济管理知识等。具体培训内容、课程设计可根据各地的实际情况实际情况确定。

培训时间一般为 300 学时,其中理论课时 200 学时,实践课 100 学时。开设 3—5 门课程。培训形式和具体时间可根据农业生产特点和产特点和当地实际情况确定,一般以集中授课为主,同时可以和现场教学、广播电视教学、函授、自学等形式相结合。培训结束通过考核、考试合格者,发给相应证书。

二、实施要求

1、组织领导。为了搞好“青年农民培训工程”试点工作,各试点县要成立由政府主管领导牵头,有财政部门、农业部门和团组织参加的“青年农民培训工程”领导小组。领导小组下设办公室、负责制定本县“青年农民培训工程”的实施计划、课程设计、招生、培训、实习、考核、发证、学员跟踪调查等工作。办公室可挂靠在农业部门或县团委。

试点省、县要根据本意见制定“青年年农民培训工程”试点工作实施方案,“实施方案”经财政部、农业部、团中央批复后实施。

2、部门职责。“青年农民培训工程”的有关工作协调,由财政部门负责。各试点省、县财政部门、农业部门和团组织要加强部门协作,搞好配合,做到既有分工,又有合作,共同抓好试点工作。农业部门要负责提供培训场所和设施、实习基地、聘请培训教师、确定培训内容等。

团组织要做好学前动员、学后跟踪调查和青年农民典型事迹宣传等工作。

财政部门负责落实培训经费及经费管理,监督检查培训经费的使用。财政安排的培训经费按中央、省、县 1:1:1 配套,主要用于培训教材、聘请教师、教学管理等方面,要做到专款专用。

三、主要措施

1. 加强领导,统筹规划。各试点县要树立农业的根本出路在科技、在教育的观念,将“青年农民培训工程”纳入当地的经济和社会发展的总体规划,制定切实可行的规划和实施计划。把实施情况列入政府和有关部门的任期目标和岗位责任制的考评内容,实行“有目标、有计划、有措施、有考评、有奖惩”的目标管理机制。

2. 政策引导,措施配套。各试点县要制定

相应政策和措施，保证培训工作顺利开展，对学有所成的学员要给予表彰和奖励。对在实践中涌现的先进典型和事迹要积极宣传和报道，激励青年农民学科学用科学的积极性。

3. 充分利用现有教育资源。试点县要充分利用农业中专学校、农广校、团校、农业技术推广中心、农业职业中学各类学校、培训机构现有的培训场所、设备、师资开展培训工作。要聘请农业科技推广专家、农村科技能人开设课程和讲座，保证教学质量和效果。培训教材可通过指定、推荐和自编的方法解决。

4. 建立健全监督评估制度。为了保证试点工作的顺利开展，财政部、农业部和团中央将根据开展“青年农民培训工程”的目标、要求和工作原则，制定“青年农民培训工程”的评估指标体系，并据此进行监督、检查、评估工作。对实施“青年农民培训工程”工作有力、成效突出的单位给予表彰鼓励。对实施“青年农民培训工程”工作开展不力，评估不合格的单位给予通报批评。

共青团中央关于广泛动员各级团组织和团员青年在扶贫攻坚中更好地发挥生力军作用的通知

1999 年 6 月 24 日

共青团各省、自治区、直辖市委，总政组织部，武警总部政治部，全国铁道团委，全国民航团委，中直机关团工委，中央国家机关团工委，中央金融团工委：

最近召开的中央扶贫开发工作会议是一次十分重要的会议。江泽民总书记在会上发表的重要讲话，精辟地总结了扶贫开发的经验，科学地分析了扶贫攻坚的形势，明确阐述了扶贫攻坚的指导思想和攻坚目标、措施，表明了我们党和政府实现《国家八七扶贫攻坚计划》的决心和信心。会议向全国和全世界人民展示了我国扶贫开发工作取得的巨大成就，具体部署了今明两年扶贫攻坚的主要任务，对今后扶贫开发工作具有非常重要的指导意义。各级团组织要认真学习、全面贯彻会议精神，在党和政府的领导下，团结引导广大青年在扶贫攻坚中更好地发挥生力军作用，为确保实现今明两年的扶贫攻坚目标做出积极贡献。

一、以高度的政治责任感，积极投入扶贫开发攻坚战

今明两年基本解决贫困地区群众的温饱问题，既是党和政府的重要任务，也是全社会的共同责任。共青团作为党的助手和后备军，在党的领导下积极参与扶贫开发工作，是义不容辞的职责。各级团组织要从全局的高度，深刻认识做好今明两年扶贫开发工作的重大意义。要认识到帮助贫困群众解决温饱问题是实践党的全心全意为人民服务宗旨的最直接、最实际的体现，是关系我国民族团结、边疆巩固、社会稳定的大事，是实施扩大内需战略方针的现实需要，也是贯彻邓小平同志“两个大局”思想的实际步骤。各级团组织要充分认清今明两年我国扶贫攻坚的形势和团组织应当肩负的历史责任，切实把参与扶贫开发作为服务大局、服务青年的阶段性重点摆上重要的工作位置，精心布置，狠抓落实，务求实效。贫困地区的团组织要充分发挥自身优势，进一步激

发和调动广大团员青年脱贫致富的积极性和创造性，带领他们自强不息，艰苦奋斗，大胆创造，为实现当地的扶贫攻坚目标而不懈努力。城市和发达地区的团组织要积极开发资源，通过多种途径和多种形式对贫困地区团组织和广大青年开展的扶贫开发工作给以大力支持。

二、以科技和市场为重点，努力为增加贫困地区农民的收入做贡献

通过发展经济和改善基本生产条件，努力增加收入，是解决贫困人口温饱问题最根本、最现实的途径。各级团组织要紧紧围绕这个工作重点，充分发挥自身优势，切实发挥生力军作用。

1. 以学用科技和开发市场为重点，大力在贫困地区领办种养业项目。团组织领办种养业项目要立足于带动千家万户增加收入，按照当地资源条件和农业产业结构规划，确定重点推广的新品种、新技术，积极开拓产品市场。在争取政府有关部门大力支持的基础上，依靠团组织的组织优势和青年星火带头人的示范、带头、骨干作用，通过技术培训、现场示范、大户带动等具体办法和组织青年星火带头人志愿者服务队、营销服务队及其他服务性实体等多种组织形式，带动先进实用技术在当地的普遍推广和产品市场的培育。条件具备的地方，团组织可从所领办项目的实际需要出发，积极参与当地农业银行实行的扶贫资金小额信贷工作。

2. 组织带领贫困地区的团员青年，在改造家乡基本生产生活条件的实践中发挥突击队作用。随着全国扶贫攻坚工作的进一步深入，各级党委和政府用于贫困地区改造基本生产生活条件的投入将进一步增加，贫困乡村也将自力更生，在改造当地基本生产生活条件方面投入更多的人力物力。各地团组织要审时度势，主动作为，可以通过组建各种类型的青年突击队，承担相关工程中的急、难、险、重任务，也可以单独承建某一工程，还可以组织团员青年自力更生地设计实施一些小型工程，用自己的双手为改变家乡的面貌做出贡献。

3. 积极组织贫困地区青年劳务输出。各级团组织要继续努力广辟渠道，大力组织贫困地区青年外出务工，帮助他们参与当地的铁路、公路、水利等基础设施建设，或到经济相对发达的地区务工学技，尽量增加收入。输入地的团组织要依托“千校百万”外来务工青年培训学校加强对贫困地区外来青年的培训，做到优先安排，重点帮扶，努力为他们创造更多的就业条件和机会。

三、动员组织广大青少年为确保如期实现扶贫攻坚目标贡献智慧和力量

扶贫助困是中华民族的优良传统。长期以来，各级团组织为此开展了一系列富有成效的活动。在扶贫攻坚的决战阶段，要在认真总结以往经验的基础上，进一步加大实施力度，更好地把广大青少年参与扶贫攻坚的积极性引导好、发挥好。

要加大青年志愿者扶贫接力计划的实施力度，努力扩大扶贫接力计划的实施规模和扶助范围，积极争取利用财政的扶贫资金，招募农业技术人才和项目带头人到贫困地区帮助发展种养业。要做好战略重点转移阶段的“希望工程”工作，进一步深化少年儿童“手拉手”互助活动，继续动员城市和发达地区青少年向贫困地区捐款、捐物、捐书，为贫困地区青少年提供切实帮助。大中学生志愿者暑期文化科技卫生“三下乡”活动，要以扶贫攻坚任务重的地区为重点，努力帮助当地群众解决一些生产生活中的实际困难。城市和经济发达地区的团组织要继续努力推动东西互助，动员组织当地的青年企业家、青年星火带头人等优秀青年人才开展跨地区扶贫开发活动，鼓励他们到贫困地区投资办厂、为贫困地区提供先进适用技术，或以自己的项目或企业为基地，对贫困地区青年进行技术培训。特别是中央确定的有对口帮扶任务的省市团组织更要在当地党委政府的统一领导下，通过多种形式开展对口帮扶工作，努力走在当地部门对口帮扶的前列。

各地正在兴建的“保护母亲河工程”，要本着同等优先的原则，尽量在长江、黄河中上游及其他大江大河流域的贫困地区选项布点，在保证生态效益、社会效益的前提下，通过组织当地农民参加工程建设、林权落实到户、生态林经济林适当搭配等措施带动群众脱贫致富，推动贫困地区经济社会的可持续发展。

四、按照党政要求切实做好团组织定点帮扶工作

各级党政机关定点帮扶贫困地区，是党和政府采取的一项加强扶贫攻坚的重要措施，也是密切党与人民群众联系，改进机关工作作风，培养锻炼干部的重要途径。承担定点帮扶任务的团的各级领导机关，要把定点帮扶作为一件大事来抓。要选派得力干部蹲点扶贫，努力发挥自身优势，采取多种形式，为当地尽快脱贫致富多办实事好事。服务万村行动重点联系村尚没有脱贫的，有关团组织要继续加大工作力度。团中央机关将发动各部门和直属单位继续抓好山西灵丘定点帮扶工作。

共青团中央办公厅关于印发《小城镇共青团工作试点方案》的通知

2000年4月30日

共青团北京、天津、河北、辽宁、山东、上海、江苏、浙江、福建、广东、广西、海南等省、自治区、直辖市委：

今年初，团中央召开了全国小城镇共青团工作现场会，总结推广了福建省漳州市小城镇共青团工作的经验，提出快速发展的小城镇已经成为共青团农村工作的一个新领域，做好小城镇团的工作是活跃经济发达地区共青团农村工作的关键环节。为进一步落实会议精神，深入探索和研究小城镇共青团工作的内容、形式和方式方法，带动全国小城镇共青团工作的开展，经与有关省、区、市团委协商确定了74个试点单位，同时，制定了《小城镇共青团工作试点方案》。现印发给你们，望认真做好落实工作。

小城镇共青团工作试点方案

一、指导思想

切实加强小城镇共青团工作，是我国农业和农村经济发展进入新阶段的要求，也是共青团自身发展的需要。试点工作要以党的十五届三中全会和《中共中央关于加强和改进思想政治工作的若干意见》精神为指导，以切实服务于农村青年增效增收、成长成才为目标，按照“强乡带村”的思路，突出重点，积极探索，科学规划，稳步推进，努力形成一批符合农村发展方向并有显著特点的小城镇共青团工作先进典型和基本经验，促进农村共青团工作整体活跃。

二、工作内容

1. 以小城镇青少年科技文化活动阵地建设为重点，创新基层团组织的工作方式。青少年活动中心、青少年宫、青年科技图书站、青年科技文化广场等青少年活动阵地，是社会主义市场经济条件下农村基层团组织开展活动的主要场所，是广泛联系青少年的重要途径，是为团员青年服务的有效手段。搞活小城镇共青团工作，不能没有青少年活动阵

地。试点单位要抓住国家加强小城镇建设的有利时机，积极争取党政支持，集中力量建设一处有一定规模的青少年科技文化活动阵地。建设活动阵地，可以在地方党政支持下独立创建，也可与有关部门合建或协调社会资源与社会力量联建。无论采取哪种形式，都要明晰产权，明确以青少年为主要服务对象。青少年科技文化活动阵地，都要以教育、引导和服务青少年为宗旨，开展卓有成效的政治思想教育、科技文化培训以及丰富多彩的文体活动，影响、辐射和带动辖区内基层团的组织，吸引广大青少年主动参与，逐渐使其成为有较大社会影响的区域性精神文明创建基地和农村青年思想政治工作阵地，使基层团组织开展工作的物质基础更加强化，联系途径更加多样，服务手段更加有力，工作成效更加显著。

2. 以“乡村青年文化节”为突破口，创新农村基层团的活动形式。积极开展健康文明的科技和文体娱乐活动，是小城镇区域范围内广大青少年成长生活的迫切要求，也是基层共青团组织义不容辞的责任，是基层共青团工作的一项重要职能和任务。试点单位应从新时期青少年需求多元化的特点、小城镇发展的方向和农村共青团工作方式社会化的趋势出发，在继承传统活动形式的基础上，广泛利用现代化表现手段，开展青少年乐于参加、便于参加的活动。要以“青年科技大集”为载体，积极开展科技知识、就业技能等培训、传播活动，为青年成长成才、自主创业和劳动生产服务。要以“乡村青年大擂台”、“乡村青年赛歌会”等具有显著青少年特点的表现形式，积极开展文体娱乐活动，丰富、活跃乡村群众业余生活，占领农村文化阵地，努力使文化节活动由阶段性向经常性转变，使之真正成为新时期农村群众性精神文明创建活动的重要内容。

3. 要以创建“共青团文明一条街”为载体，探索青少年参与文明村镇建设的新途径。试点单位要以小城镇主要商业街道、标志性街道为对象，以青少年为主体，以志愿服务活动为主要形式，紧紧围绕文明经商、志愿服务、环境卫生、植绿护绿等方面，积极开展“共青团文明一条街”的创建活动。试点单位要注意健全和完善活动的领导、创建和监督机制，组建专门队伍，树立统一标志，健全规章制度，设立宣传阵地，定期开展活动，并切实采取达标挂牌、违规摘牌的管理办法，自觉接受社会监督。

4. 以发挥乡镇团委主体作用为主要内容，探索小城镇共青团基层组织建设的新方法。农村的改革和发展，打破了农村传统的经营体制，改变了农村青年的就业结构和社会分布。尤其在小城镇发达地区，团员青年分布面广，流动性大，迫切需要用新的方法加强基层团的组织建设。小城镇团的组织建设，要以确立乡镇团委的主体地位，发挥乡镇团委的主体作用为重点，本着哪里有团员青年，哪里就应有共青团组织，哪里就应有团的活动的原则，灵活设置团的总支、支部、小组。乡镇团委是做好小城镇共青团工作的核心，要以乡镇团委按期换届和团支部民主选举为主要抓手，引导广大团员关心团的事务，行使自己的权利，真正把那些热心团的工作的优秀分子选拔到团的领导岗位上。乡镇团委要切实转变工作方式，更多地直接面对团员青年开展活动。有条件的地方，可在乡镇团委与基层团支部之间设立团的工作委员会，作为乡镇团委的派出机构开展工作。组织设置要便于团员青年与团组织的联系，便于基层团的活动开展，便于为青年服务。团支部可以按地域、单位建立，也可以按行业、产业建立，还可以按兴趣、爱好建立。

三、时间安排

试点工作从2000年初开始，历时二年的时间。福建会后，团中央青农部与有关省、

区、市团委确定试点单位，制定试点方案。5月份，试点单位根据团中央试点方案要求，对辖区内团的组织状况、团员青年分布及当地经济社会结构等情况进行一次比较深入的调查摸底，在广泛听取当地党政领导、团员青年意见的基础上，制定出切实可行的试点工作方案，并于6月底前上报团中央青农部。团中央青农部将在下半年采取理论学习、现场参观、研讨问题等多种形式，组织试点单位的团干部进行培训，根据试点工作的进展情况，适时召开经验交流会或现场会，及时推广试点单位的成功经验，推动全国小城镇共青团工作全面开展。

四、有关要求

1. 切实加强领导。小城镇共青团工作试点是一项着眼于共青团长期发展的大事，意义深远，责任重大，政策性很强，必须主动争取地方党政领导的关心和支持，以党建带团建。试点单位要在试点工作开始前，向当地党委作一次全面汇报，可成立由党政主要领导挂帅的小城镇共青团工作试点领导小组，统一安排部署、总结指导试点工作。要积极争取党委、政府在政策、资金、物资等方面的支持。试点单位所在的县级以上团的领导机关，都要把试点工作列入今年农村工作的重点，切实加强领导。省级团委要集中对试点单位的团干部进行一次培训，地(市)团委要把当地试点小城镇作为工作的直接联系点，县(市)级团委要担负起小城镇试点工作的具体指导和协调任务，团县委书记要直接抓。通过各级团组织的共同努力，把小城镇共青团工作试点落到实处，取得成绩。

2. 制定周密规划。小城镇共青团工作试点是一项创新性工作，涉及小城镇的许多方面，必须统筹安排，科学规划。试点要有计划、有步骤、有重点、有目标地进行。要充分调动广大基层团组织的积极性、创造性，发挥广大共青团员的作用。要积极争取把试点工作纳入当地文明村镇建设中，使之成为农村精神文明创建活动的有机组成部分。

3. 及时总结推广经验。首批列入的试点单位是全国小城镇共青团工作的先行者、探索者，担负着为全国提供典型经验的重要责任。在工作中，各级团的组织都要注意及时发现典型，总结成功经验。特别是要注意从中寻找和总结出带有普遍性、规律性的东西。团中央确定青农部为小城镇共青团工作试点的责任部门，具体负责协调和指导工作。

附：全国小城镇共青团工作试点单位名单

（共74个）

北京市(5个)

怀柔县北房镇　　通州区宋庄镇

房山区阎村镇　　顺义区马坡镇

昌平区小汤山镇

天津市(3个)

西青区张家窝镇　　津南区小站镇

武清县杨村镇

河北省(3个)

滦县响嘡镇　　迁安市蔡园镇

抚宁县留守营镇

辽宁省(6个)

沈阳市新城子区虎石台镇　　大石桥市水源镇

灯塔市佟二堡经济特区　　东港市椅圈镇

大连市旅顺口区铁山镇

清原满族自治县红透山镇

山东省(5个)

济南市历城区王舍人镇　　平度市南村镇

莱州市夏邱镇　　兖州市新兖镇

文登市崮山镇

上海市(5个)

奉贤县江海镇　　松江区小昆山镇

嘉定区马陆镇　　青浦区徐泾镇

宝山区淞南镇

江苏省(7个)

张家港市塘桥镇　　昆山市淀山湖镇

吴县市陆慕镇　宜兴市和桥镇

武进市湖塘镇　南京市雨花台区雨花镇

丹阳市界牌镇

浙江省(5个)

杭州市滨江区浦沿镇　鄞县邱隘镇

绍兴县齐贤镇　温岭市泽国镇

东阳市横店镇

福建省(17个)

龙海市角美镇　福清市音西镇

闽侯县青口镇　厦门市湖里区禾山镇

南安市梅山镇　莆田县江口镇

石狮市永宁镇　泉州市鲤城区浮桥镇

泉州市洛江区河市镇　漳浦县佛昙镇

三明市三元区岩前镇　永安市曹远镇

漳州市芗城区天宝镇　邵武市水北镇

霞浦县三沙镇　龙岩市新罗区大池镇

永定县培丰镇

广东省(10个)

梅县雁洋镇　顺德市容桂镇

连州市星子镇　新会市司前镇

仁化县丹霞镇　潮阳市两英镇

花都市新华镇　高要市回龙镇

深圳市龙岗区龙岗镇　电白县水东镇

广西壮族自治区(5个)

贵港市港南区桥圩镇　合浦县石康镇

北流市民乐镇　横县校椅镇

藤县太平镇

海南省(3个)

文昌市潭牛镇　琼山市东山镇

琼海市温泉镇

团中央、科技部、中国农业银行关于“帮助万名西部青年科技创业行动”的实施方案

2000年12月12日

为贯彻落实西部大开发战略,积极推动“中国青年西部创业行动”和“星火西进”,促进星火农村人才开发示范工程和共青团领办科技推广项目活动不断深化,扶持和帮助一批西部青年解放思想、更新观念、增强创业能力,在西部大开发中发挥带头作用,共青团中央、科技部、中国农业银行决定实施“帮助万名西部青年科技创业行动”(简称“助力行动”)。现就“助力行动”的实施提出如下方案。

一、目标、对象和内容

(一)目标。从2001年开始,用三年左右的时间,在我国西部地区12个省、区、市和新疆生产建设兵团,扶持帮助1万名(平均每个县10名左右)年纪轻、文化程度高、发展潜力大的农村青年,面向市场,依靠科技,自主创业。

通过持续的技术培训和创业扶持,使这1万名西部青年率先成为当地以市场为导向,依靠科技,自主创业的带头人,成为当地种植业、养殖业、农产品加工业和流通领域的骨干力量,成为示范推广新品种、新技术,促进产业结构调整,加快地方特色经济发展的新生力量。

(二)对象。“助力行动”的帮扶对象是28周岁以下,高中以上文化程度,有一定的生产劳动经验和经济基础,有强烈的创业愿望和较强的科技、市场意识的优秀农村青年。

(三)内容。“助力行动”分科技知识培训、“一带一”生产实践和“三助一”跟踪扶持

三部分。

科技知识培训。依托各地国家级星火培训基地、青年星火带头人培训示范基地，首先对西部创业青年进行一段时间的农业科技知识和生产技术培训、农业政策和法律法规知识培训、农业和农村经济经营管理知识培训等。

“一带一”生产实践。在全国公开招募一批有一定经济实力、较大生产规模和较高技术水平的青年星火带头人志愿者，与西部创业青年建立“一带一”、“一带多”关系。西部创业青年以“以劳助学”的方式，在科技知识培训结束后，到青年星火带头人处进行一段时间的生产实践，学习积累生产管理经验，并与之形成长期联系和协作。

“三助一”跟踪扶持。县级团委、科委、农行分别选派一名人员，三人共同跟踪扶持一名创业青年。三部门围绕创业青年所确定的项目，在匹配资金、技术指导、经营管理等方面给予切实帮助，并积极争取协调当地政府及社会力量，从政策、物资、市场等方面为这些青年创业成功创造外部条件。

二、组织实施

（一）明确分工。团中央、科技部、中国农业银行总行负责宏观指导、协调和监督，由各省（区、市）团委、科委和农业银行负责组织，各县（市）团委、科委和农行具体实施。

（二）项目、人员、资金“三确定”。做好项目确定、人员选拔和资金落实三项工作是“助力行动”顺利实施的基础和前提。

项目由团县委、县科委和县农行共同确定。所选项目要适合当地的实际情况，能够吸引青年人参加，有利于带动当地调整产业结构，有助于当地发展特色经济的新技术、新品种项目，市场前景好、发展潜力大。

选拔人员以项目为基础，按照“公平、公正、公开”的原则进行，以县为单位，青年自愿报名，经由团委、科委、农行等组成的选拔委员会择优确定。自己有项目，具备一定的技术和管理经验基础的青年可优先考虑。

落实资金包括创业青年落实自有生产资金和农业银行扶持创业资金两部分。个人自有生产资金不少于将从事的生产项目所需资金的一半，并存入当地农业银行，作为取得农业银行贷款的条件。县级农业银行要将扶持创业资金列入年度贷款计划，安排贷款额度。

（三）组织培训。全国将事先公布一批国家级星火培训基地、青年星火带头人培训示范基地名单及其所承担的培训项目、技术水平、师资力量、教学设施等情况。西部地区根据各自确定的人选和项目选择已公布的培训基地进行科技知识培训。原则上集中培训一次，学员既可以学习技术知识，又可以交流经营管理经验。培训时间根据项目需要确定，原则上每次科技知识培训不少于50个学时，政策法规和经营管理知识培训不少于20个学时。培训由承接培训任务的省级科委和团委负责具体组织，有关国家级星火培训基地和青年星火带头人培训示范基地负责实施。

（四）生产实践。全国将公开招募青年星火带头人志愿者并公布他们从事的行业、技术项目、经济实力等有关资料，西部创业青年按照自愿和需要的原则，由当地团委和科委牵线搭桥，就近就便，与本地区或东、中部经济发达地区对口的青年星火带头人志愿者联系，结成对子，进行生产实践活动。生产实践时间一般不少于所学技术项目的一个生产周期。

（五）跟踪扶持。西部地区县级团委要确定一名干部直接与创业青年联系，及时宣讲党的农村政策，通过深入细致的思想政治工作，充分调动创业青年的内在积极性、主动性。县科委要选派一名专业技术人员，作为创业青年的技术顾问，随时帮助解决生产中遇到的技术问题。县农业银行主要帮助创业青年解决所需生产资金，在符合国家产业政策和贷款条件的前提下，优先提供贷款。西部地区省、地

(市)级团委、科委、农行要层层对辖区内创业青年“建档立卡”,掌握动态,在政策、物资、技术等方面切实做好扶持。全国将建立“西部青年科技创业信息服务站”,通过互联网、电话、信函等形式,及时为他们创业提供政策、技术、市场、资源等信息服务。

(六)培训及工作经费。根据各地科技培训和工作进展状况,科技部和团中央安排引导资金给予资助。创业青年学习和生产实践期间原则上费用自理。为降低成本,减轻负担,充分调动西部创业青年的主观能动性,在科技知识培训特别是“一带一”生产实践期间,实行“以劳助学”。

(七)表彰奖励。全国适时对组织工作好的团委、科委、农行等先进集体进行表彰;对于学习实践积极认真,能够自主创业,成绩显著的青年,授予“西部青年科技创业先锋”称号。

三、有关要求

(一)高度重视,加强领导。“助力行动”是团中央、科技部和中国农业银行贯彻落实党中央、国务院西部大开发战略的重要措施。全国成立专门的领导小组,指导、协调活动的开展。领导小组下设办公室,由团中央青农部、科技部农社司、中国农业银行信贷管理三部有关人员组成,负责具体协调工作。西部地区省、地(市)级都要成立相应机构,有条件的地区可以成立由党政领导挂帅,有团委、科技、农行等有关部门负责人参加的领导小组,切实加强对这项工作的领导。县级也要建立有关领导协调组织机构。有条件的地区,可以自己扩大规模,积极帮助更多的农村青年自主创业。

(二)科学规划,认真组织。“助力行动”包括选拔人员、确定项目、组织培训、生产实践、创业扶持等诸多环节,既涉及西部地区,又涉及到东、中部地区,面广线长,必须环环相扣,有序进行,层层落实。各地要结合实际,科学论证,做好三年总体规划和年度计划。每次实施前要上报方案备案,实施结束后要汇报情况。

(三)营造良好氛围,务求工作实效。“助力行动”是一项实实在在服务西部大开发,服务西部青年成长成才的开拓性事业,各地要加大宣传工作力度,不断总结新经验,树立新典型,形成全社会大力支持、农村青年广泛参与的良好局面。青年创业成功是最终目的,要把西部青年的创业成功率和促进当地经济、科技进步的示范带动作用作为评价工作的最终标准。通过青年、科技、金融的结合,西部、中部、东部的联合,共同为西部大开发、大发展做出贡献。

农业部、财政部、共青团中央关于跨世纪青年农民科技培训工程项目实施操作规程

2001年6月27日

为了贯彻落实科教兴国战略,把农业和农村经济增长转到依靠科技进步和提高劳动者素质的轨道上来,充分开发农村人力资源,将我国丰富的人口资源转化为人才优势,全面提高青年农民科技文化素质,培养造就一大批适应农业和农村经济发展需要的新型农民,加强农村

精神文明建设,农业部、财政部和团中央决定从2001年开始在全国全面组织实施"跨世纪青年农民科技培训工程"(以下简称"青年农民培训工程")。实施青年农民培训工程旨在根据农业专业化生产和产业化经营对人才的需求,通过有组织、有计划、有目标、有步骤地培训,不断提高农村青年农民的科技文化素质,使之成为建设社会主义新农村的中坚力量,为我国农业产业结构调整,加快农业产业化进程,增加农民收入,实现我国21世纪初农业和农村发展战略目标提供智力支持和人才保障。

为了规范对青年农民培训工程项目管理,确保项目顺利实施,根据《跨世纪青年农民科技培训工程管理办法》,特制定本规程。

一、立项

(一)申报组织

青年农民培训工程项目申报工作由农业部、财政部、共青团中央(以下简称三部委)统一部署,由各省、自治区、直辖市及计划单列市、新疆生产建设兵团(以下简称省)农业部门会同财政部门、共青团组织共同组织,以县(包括县级市、区、旗、垦区团场,下同)为单位进行申报。

(二)申报条件

1. 当地党委和政府重视农民教育工作,能积极给予政策、资金、技术扶持;

2. 省、市、县能保证按中央财政投入经费1:1:0.5:0.5的比例配套,保证专款专用;

3. 有较好的农民教育工作基础,青年农民对开展农业科技培训有强烈要求;

4. 有固定的培训场所,有稳定的师资队伍和对口的实习基地,基本教学设施完善。

(三)申报程序

1. 三部委每年10月底以前印发项目申报通知,下达各省项目单位数量。

2. 县级申报单位按申报有关要求编制《县跨世纪青年农民科技培训工程培训项目申请报告》、填写《县跨世纪青年农民科技培训工程培训项目申报表》等申报材料。申报材料经市(地、盟、州、师,下同)审核后,一式四份报省青年农民培训工程领导小组办公室。

3. 省领导小组组织对各县申报材料进行评审,编制《省跨世纪青年农民科技培训工程培训项目申请及评审报告》(报告格式见附件3),填写《省跨世纪青年农民科技培训工程培训项目申报表》。

4. 各省农业厅(局、委,下同)会同财政厅(局)、团省委联合发文在每年12月底以前将次年《省跨世纪青年农民科技培训工程培训项目申请及评审报告》、《省跨世纪青年农民科技培训工程培训项目申报表》和当年《省跨世纪青年农民科技培训工程年度工作自评报告》一式5份,分别报农业部科教司、农业部财务司、财政部农业司、团中央青农部和农业部农民科技教育培训中心各1份。

(四)项目批复

农业部、财政部、团中央于3月底以前对各省项目申请报告予以批复。

二、项目实施

(一)组织管理

1. 青年农民培训工程由三部委共同组织实施,日常工作由农业部科技教育司和团中央青农部负责。各省、市、县成立"跨世纪青年农民科技培训工程领导小组",领导小组下设办公室。

2. 三部委负责起草有关方针政策性的文件、规划;组织项目申报并批复,部署指导项目实施;组织制订示范性培训计划;组织编写部分通用文字教材和声像教材;组织开展经验交流、研讨、督导检查、评价和表彰等工作。

3. 省领导小组主要负责制定本省规划、实施方案、指导性教学计划及有关管理规章制度;组织项目的申报评审;落实项目配套资金及时到位;部署指导项目实施;组织编写省统编文字教材和声像教材;组织经验交流、研讨、督导、检查、评估及表彰等工作。

4. 市领导小组的职责是：按照省的统一部署和要求，督促本地区项目单位落实配套资金；协助省里组织并指导本地区各县项目的实施。

5. 县级领导小组的职责：组织制定本县实施性培训规划、实施方案、教学计划、教学单元大纲等；组织编印乡土教材和讲义；组织学员的调查和选拔；确认培训承办单位；落实培训场地、师资，组织教学；组织考试、考核和发证；落实县级配套资金；对学员进行跟踪服务；组织督导自评；制定相应的优惠政策和措施。

（二）项目启动

各省要在项目批复之日起一个月之内部署项目实施工作。项目单位要及时做好办班前的准备工作，如举办管理人员和师资培训、制定培训计划、发动宣传、确认教学承办单位、落实师资、教材、实习基地、做好学员调查与选拔等工作，在项目批复之日起两个月之内开展培训工作等。

（三）培训管理

1. 学员的推荐、考核与招收。

（1）学员基本条件。具有初中毕业以上文化程度，从事农业生产、经营、服务活动二年以上，年龄在40岁以下，有一定生产经营管理水平的优秀青年农民。要重视村干部、团干部、复员军人、专业大户、科技户的培训，特别要重视对妇女和少数民族青年农民的培训。

（2）招收学员要坚持个人自愿的原则，村民委员会从每一村民小组推荐1—2名符合条件的备选学员，并填写学员推荐审批表。

（3）乡镇要对各村民委员会推荐的对象进行审核，每个村民小组择优确定一名学员，报县领导小组办公室审批。

2. 教学班设置。

（1）青年农民培训必须按要求设置教学班，教学班可分普通班和重点班。普通班以乡镇举办为主。重点班在县或高、中等农业院校举办，每个乡镇可挑选2—3名优秀学员进行重点培训，每个县至少举办二个重点班。

（2）要根据当前农业产业结构调整和学员的报名情况，围绕当地主导产业设置教学班。一个教学班的技术培训一般只培训从事某一种产业所需的基本知识和技能。××产业就叫××教学班，如特种蔬菜教学班、养鸡教学班等。教学班的设置由县领导小组办公室组织科研、推广、教育等方面的专家进行论证。原则上以乡镇为单位设置教学班，每个乡镇可根据实际需要设若干个教学班。

（3）每个教学班的学员数为30—60人，教学班要做到“五个固定”，即有固定学员、固定班主任、固定指导老师、固定培训场所和相对固定实践教学基地。培训场所和教学基地要统一挂牌。

（4）教学班以“勤奋、自强、协作、创新”为班训，并张贴在有关教学场所，激励学员热爱祖国、热爱家乡、建设家乡、奋发图强、开拓创新、艰苦奋斗、积极向上的精神。

3. 教学安排。

（1）各省要制订指导性教学计划，各县可据此制订各教学班的实施性教学计划。

（2）每个教学班要有详细的教学计划，一般可按在一年左右安排完教学内容。一个教学班的总课时不少于300学时，其中理论与实践之比约为1:1。

（3）教学单元设计。教学单元内容要由县级农业主管部门组织有关专家和技术人员进行论证，立足于使学员掌握本产业生产和经营管理方面的一般性理论知识和各生产环节实践操作技能，注重学员的综合素质培养。每个教学班一般设置10个左右教学单元。

（4）教学内容。要根据农时季节、生产周期和农村生产、生活特点安排课时和教学内容，既要保证教学内容具有相对连续性，又要适应农业、农村特点。技术培训以实践和技能培训为主，以理论为辅。

4. 组织教学。

（1）一般以乡镇为中心采取集中授课方式

为主,每次集中的时间一般不少于三天,每天按6个学时计算。

(2)提倡现场教学,实践教学要有实习指导手册,有指导教师和稳定的实践教学基地。

(3)要有规范的学籍卡、教学日志、教案和备课本、学员课堂笔记等。

5. 教材建设。

(1)包括基本教材和视听教材(如电视片、录像片、幻灯、投影片、计算机软件等),可分为全国统编教材、省统编教材、县乡地方教材和讲义等,以省统编教材为主。

(2)编写教材要重点突出现代实用技术和最新科技成果;要通俗易懂,文图并茂,文字精练,强调教材的实用性、针对性,要特别重视具有地方特色的乡土教材建设。

(3)教材参编人员要有一定业务水平,有比较丰富的生产实践经验和农民教育经验。

6. 师资及管理干部队伍建设。

(1)承担培训任务的教师要具备中级以上职称(具有丰富实践经验的农民技术员、科技能手、专业户、科技示范户可放宽要求),熟悉农村、农业、农民及农民教育工作,具有一定的专业理论知识、熟练的专业技能。

(2)各级要加强对青年农民培训工程管理干部的业务培训。三部委负责培训省管理干部及市、县骨干人员;省领导小组办公室负责培训市、县管理干部;县领导小组办公室负责培训乡、镇管理干部。

7. 实习基地。县领导小组办公室要充分利用当地的资源,与当地农业高科技示范园、养殖场、种植园及社会上的厂(场)、站、村(户)通过签订协议建立稳定的教学实习基地。

8. 学员管理。项目单位要建立学员管理制度,制定学员守则,规范学员管理。通过管理软件,将学员的基本情况、受训记录、考试考核成绩等进行统一管理。学员名册要报省领导小组办公室备案。

9. 考试、考核与发证。要建立健全学员考试、考核、发证制度。学员完成教学计划规定的理论和实践课时后,须参加县领导小组办公室统一规定的考试和考核(具体考试、考核规定可根据各地实际情况,由各省按本规程制定细则)。考试、考核合格的学员,经县领导小组办公室审核,由县级人民政府颁发农业部、财政部、共青团中央统一印制的"跨世纪青年农民科技培训工程证书"。

10. 学后跟踪服务。省、市、县各级要建立学员培训后的跟踪服务制度。

(1)技术服务。学员要根据自身家庭条件及所参加教学班的特点确定生产经营方向,县、乡培训管理部门指定专门教师对学员产业规划、生产技术、经营管理等方面进行指导。

(2)政策扶持。县、乡一级党委、政府要制定一些有利于学员学后从事生产经营活动的优惠政策,如评定农民技术职称、新品种、新技术试验、示范、优先承包项目、帮助开辟市场、产品营销等。

(3)资金、物资扶持。对从事生产经营在资金、物资上确有困难的,县、乡(镇)政府可提供一定的物资、资金扶持,如提供有偿资金援助、贴息贷款、生产资料、种苗等。

(四)档案管理。县级要建立详细的学员、师资档案,设立专门的档案柜,并利用计算机进行档案管理。

(五)宣传工作。中央、省、市、县、乡各级都要加大对青年农民培训工程的宣传力度,一是通过各种新闻媒体进行报道;二是编印简讯、简报、动态等;三是通过网站;四是通过举行各级跨世纪青年农民科技培训工程启动仪式、召开现场会及其他形式进行宣传。

三、经费管理使用

(一)经费来源

培训经费以中央财政专项经费和各级财政配套经费为主,各级财政部门可根据实际需要安排一定的项目管理经费。项目单位要积极筹措资金支持培训设施、培训手段和实习基

地等方面的建设,为工程的顺利实施创造有利条件。严禁以任何理由向农民收取培训、管理、教材、证书等有关费用。

(二)资金使用

1. 项目资金主要用于教材、聘请教师、教学管理、跟踪服务等。

教材:包括文字教材和声像教材等方面的支出,控制在经费的25%左右;聘请教师:用于教师的课时费、交通费、食宿费、师资培训等方面的支出,控制在经费的30%左右;教学管理:用于招生、教学实习、考试考核、计算机档案管理、管理人员培训、资料印刷、购置证书等方面的支出,控制在经费的30%左右;跟踪服务:用于学前动员、学后跟踪服务、青年农民典型事迹宣传等方面的支出,控制在经费15%左右。

2. 项目资金的使用必须坚持专款专用、集中管理的原则,不得变更资金使用范围和比例。

(三)经费管理

1. 各级财政部门要加强项目资金管理,强化监督和检查。

2. 各项目单位要对资金使用进行总体计划,科学测算,资金预算一经核定不再调整。项目资金预算报告要随项目申请报告一同报省领导小组办公室。

3. 中央财政专项资金和各级财政配套资金要专款专用。具体承担培训任务单位使用培训经费要实行报帐制,领导小组办公室要按教学任务完成进度拨付培训经费。

4. 项目资金要设专帐管理。项目单位要确定一名领导主管经费审批,统一开支范围、统一报销程序、统一费用标准,建立完整的财务档案。

5. 三部委和省、市主管单位将不定期对经费使用情况进行监督检查。对违规使用资金、不能按期完成培训任务的项目单位按督导评价有关规定给予处罚。

6. 项目结束后,必须经过省市管理部门的财务审计,方可进行评估验收。项目单位要将资金决算与项目自评报告一并报省领导小组办公室。

四、督导检查与评价

为加强青年农民培训工程管理工作,保证青年农民培训工程顺利实施,要逐步建立科学、规范和制度化的运行与管理机制,加强青年农民培训工程督导检查和评价工作。

(一)组织领导

督导检查与评价是实施青年农民培训工程一项重要的管理手段,对于保证和提高青年农民培训工程实施的质量和效益具有重要意义,为科学考核和正确评价各地各部门工作提供重要依据。

督导检查与评价工作要在三部委和各级领导小组的组织领导下,由办公室统一组织进行。各地在开展督导检查与评价时,可根据需要成立专门督导检查与评价专家组,依据《省(县)级跨世纪青年农民科技培训工程评价要点(指标体系)》开展督导检查与评价工作。

(二)督导检查

1. 督导检查范围、内容及标准。

(1)督导检查范围。对省、市、县各级在组织实施青年农民培训工程中的行政管理和教学管理两个方面的督导检查。

(2)督导检查内容主要包括:

省、市、县各级贯彻国家三部委有关方针、政策及文件、会议精神等方面情况;省、市、县各级组织机构、资金使用与管理、配套政策制定与落实等方面情况;县培训工作的质量与效益,主要包括办学条件、教学班设计、学员管理、师资、教材、学员跟踪服务以及培训进度等方面情况;各地实施青年农民培训工程中成功的经验典型、存在的主要问题等方面情况。

(3)督导检查主要参照《省(县)级跨世纪青年农民科技培训工程评价要点(指标体系)》标准要求组织进行。

2. 督导检查方式方法。采取逐级督导的

方式进行。农业部、财政部、共青团中央负责对各省青年农民培训工程实施情况进行督导，各省农业、财政、共青团负责组织指导所辖市对所辖各实施青年农民培训工程县工作开展情况进行督导。督导检查主要以访谈、察看、调研等方法进行。

3. 督导检查原则及要求。青年农民培训工程的督导检查应遵循以下原则：

(1)指导性原则。督导检查要充分发挥指导、帮助的作用，指导和帮助被督导单位更有效地开展工作。

(2)激励性原则。督导检查既要发挥监督职能，同时也要着眼于激励被督导检查单位的积极性，让被督导检查单位明确工作中的成绩和不足，激励其发扬长处，改正不足。

(3)导向性原则。督导检查工作必须依照国家有关文件精神和温家宝副总理的批示精神，确保工程的有效实施以及人才培养目标的实现。

(4)反馈性原则。督导检查应注意掌握来自各方面的信息，及时反馈到各级有关部门，为加强管理决策提供依据。

(5)民主性原则。督导检查要充分发挥民主，相信、依靠群众，深入现场及学员家中，听取学员和周围农民的意见和建议，了解问题、发现问题，提高督导检查水平，防止督导检查偏差和走过场。

青年农民培训工程督导检查工作一般每年集中组织一次，督导检查结束后要形成督导检查报告，逐级上报。

(三)评价

1. 评价指标体系。

(1)《省级跨世纪青年农民科技培训工程评价要点》由评价项目、评价内容、计分标准和评价依据四项构成。评价项目由组织领导、实施条件、管理、宣传、培训与发证数五项指标组成，评价内容共计18条，总分100分。

(2)《县级跨世纪青年农民科技培训工程评价指标体系》由评价项目、评价标准和评价依据三项构成。评价项目由组织、培训、管理、绩效4个一级指标和组织领导机构等16个二级指标两项组成，评价标准由评价内容和计分标准两项组成。总分为100分。

评价得分是根据评价内容和计分标准计算得出，评价得减分情况须附有具体评价负责人签字的详细文字记录，酌情扣分处要根据均衡与突出重点相结合的原则掌握。

2. 评价程序。

(1)省级评价。对省级青年农民培训工程的评价主要采取自评与抽评相结合的方式进行。各省根据《省级跨世纪青年农民科技培训工程评价要点》进行自评，每年12月底前将年度自评报告报三部委。三部委根据情况组成联合评价工作组在次年初对省评价工作进行抽评。

(2)县级评价。对县级青年农民培训工程的评价，采取评、审结合的方式，分自评、审核两个阶段进行。自评：自评工作由市统一组织进行。要求项目单位照三部委颁发的《县级跨世纪青年农民科技培训工程评价指标体系》在项目实施第二年年底县以前完成自评工作，写出自评报告报市领导小组办公室，由市审验后报省领导小组办公室。

审核：省组成评价专家组，在自评的基础上，根据自评报告对县进行审核，综合评价县实施青年农民培训工程情况，形成对县的评价意见，于项目完成次年1月底前完成审核工作。

3. 评价方法。

青年农民培训工程的评价主要采取听、看、谈、察等方法进行。

听——主要听取被评价单位实施青年农民培训工程的综合情况介绍和自评情况介绍等；看——主要看有关材料(包括自评材料、有关文件、规章制度、教材、教学计划等)和培训现场等；谈——主要组织有关教学、管理人员及学员进行座谈，了解和核实有关情况、反馈

工程实施效果等；察——主要考察学员应知应会情况和学员个体生产经营现场、科技带头与幅射作用及工程实施的效益等。

青年农民培训工程的评价，根据评价最终得分情况分成优秀、合格、不合格三个等级，100－90分（含90分）为优秀，90－70分（含70分）为合格，70分以下为不合格。

（四）奖励与处罚

根据督导检查和评价结果，三部委将对培训工作优秀的省、县工作表现突出的个人或单位给予表彰奖励。对在工程项目实施过程中违反有关规定或经评价不合格的单位，上级项目管理部门将给予停止拨付项目资金等处罚。

省、市、县可制定相应的奖励和处罚办法。

农业部、财政部、共青团中央关于跨世纪青年农民科技培训工程管理办法

2001年6月27日

第一章　总则

第一条　为加强对跨世纪青年农民科技培训工程（以下简称“青年农民培训工程”）的管理，保证青年农民培训工程有效地实施，根据农业部、财政部和共青团中央（以下简称三部委）《关于印发<关于开展跨世纪青年农民科技培训工程试点工作的意见>的通知》（农科教发[1999]8号文件）精神，制定本管理办法。

第二条　实施青年农民培训工程的目的是为我国农业专业化生产和产业化经营培养高素质的劳动者和带头人，培养造就一大批觉悟高、懂科技、善经营的新型农民，使其成为建设社会主义新农村的中坚力量，为实现我国21世纪初农业和农村发展战略目标提供智力支持。

第三条　青年农民培训工程要面向农业和农村生产、经营、服务等领域。实施范围主要包括种植业、养殖业、农产品加工、农业机械、农村经营管理和农村能源生态等行业。

第四条　青年农民培训工程的培训对象是年龄在40岁以下，具有初中以上文化水平，从事农业生产、经营、服务两年以上，有一定生产经营管理水平的优秀青年农民。要重视农村村组干部、团干部、复员军人、专业大户、妇女和少数民族青年农民的培训。

第五条　在总结1999、2000两年试点经验的基础上，从2001年起在全国全面实施青年农民培训工程，计划到2005年培训青年农民500万人，基本达到每个村民小组有1名青年农民接受培训。

第六条　青年农民培训工程实行项目管理。

第二章　组织机构

第七条　三部委全面负责青年农民培训工程的组织实施工作，具体日常工作由农业部科技教育司和团中央青农部负责。

第八条　各省、自治区、直辖市及计划单列市、新疆生产建设兵团（以下简称“省”）和市、地、州、盟、师（以下简称“市”），分别成立由农业、财政、共青团组织等部门共同组成的

青年农民培训工程领导小组,对辖区内的青年农民培训工程工作进行协调和组织管理。领导小组下设办公室,负责日常工作。

第九条 县、市、区、旗、垦区团场(以下简称“县”)成立由县委和政府领导负责,农业、财政、共青团组织等部门共同组成的青年农民培训工程领导小组,负责本县青年农民培训工程的具体实施。领导小组下设办公室,负责日常工作。

第十条 各级领导小组和办公室应包括独立设置的畜牧、水产、农机、农垦、农民科技教育培训中心(或农广校)等部门和单位。

第三章 申报立项

第十一条 青年农民培训工程项目申报立项工作由三部委统一部署,省、市、县各级由农业部门会同财政部门、共青团组织共同组织,以县为单位进行申报。

第十二条 申报单位的基本条件是县委和政府重视并积极支持实施青年农民培训工程,有较好的培训条件,省、市、县级财政具有资金配套能力。

第十三条 各省负责本省申报项目的评审工作,并将评审结果报三部委批复。

第四章 组织管理

第十四条 青年农民培训工程项目实行分级管理。三部委为一级项目管理单位,省为二级项目管理单位,市为三级项目管理单位,县为项目单位。

第十五条 各级农业、财政部门和共青团组织按照统一领导、分工协作的原则共同组织实施青年农民培训工程。

农业部门负责提供培训场所和设施、实习基地、聘请培训教师、确定培训内容等。

共青团组织负责学前动员、学后跟踪服务和青年农民典型事迹宣传等工作。

财政部门负责落实培训经费,监督检查培训经费的使用情况。

第十六条 实施青年农民培训工程是一项政府行为,项目单位要将青年农民培训工程纳入当地农村经济发展的总体规划,实行“有目标、有计划、有措施、有考评、有奖惩”的目标管理责任制。

第十七条 经县领导小组综合评价,择优确定具备培训条件的农业广播电视学校、农业中专学校、团校、农业技术推广中心、农业职业中学、乡镇农技校及农村成人学校等单位,承担具体教学工作。要特别重视发挥农业广播电视学校在培训中的骨干作用。

第十八条 青年农民培训工程的主要培训内容是农牧渔业生产、农产品加工、农业机械、农村能源环保等基本知识和技能;农业和农村经营管理等有关知识;党和国家在农村的方针政策;法律基本知识和有关农业农村法律、法规。

技术培训要围绕当地主导产业、农业产业化和农业结构调整的要求进行,要重视农业新知识、新技术的培训,并与生态家园富民计划、农业技术引进计划、跨越计划、丰收计划、生态农业等项目培训相配合。

第十九条 项目单位按照统一规划、统一教学计划、统一师资、统一教材、统一档案管理、统一考试考核的“六统一”原则,按教学班组织和管理教学,每个项目单位在二年内按要求完成3000人左右的培训任务。

第二十条 青年农民培训工程项目资金的使用必须坚持预算管理、专款专用、权责分明、程序规范的原则。

第二十一条 对考试考核合格者,颁发由三部委统一印制的“跨世纪青年农民科技培训工程证书”。

第二十二条 各地要制定有关政策,对获得“跨世纪青年农民科技培训工程证书”的青年农民在承包土地、鱼塘、山林,获得

科技资料，参加新品种、新技术试验示范，参加农广校、中等职业学校学习、科技培训，评定农民技术职称及贷款等方面给予政策倾斜和支持。

第二十三条 加强青年农民培训工程有关情况的统计工作，各省按青年农民培训工程统计管理软件要求在每年12月底以前将软盘报到农业部农民科技教育培训中心。

第二十四条 三部委制定项目实施操作规程，对项目进行规范化管理，使培训工作逐步走向科学化、规范化、制度化轨道。

第五章 督导与评价

第二十五条 三部委对青年农民培训工程实行项目督导检查与评价制度，严格项目管理。

第二十六条 为鼓励在实施青年农民培训工程工作中做出突出贡献的单位和个人，三部委定期组织表彰奖励活动。各省、市、县可根据当地实际工作情况组织表彰和奖励活动。

第二十七条 对不能按本办法有关规定执行的项目单位要限期整改；对不能按要求整改的项目单位，停止拨付项目资金；对不能按要求管理项目，未通过验收的项目单位，要通报批评。

第六章 附则

第二十八条 本办法自公布之日起实施。

第二十九条 本办法解释权属于三部委。

共青团中央关于动员各级团组织和广大团员青年在国家实施《中国农村扶贫开发纲要》中充分发挥生力军作用的意见

2001年8月20日

今年5月份召开的中央扶贫开发工作会议，是党中央、国务院在新世纪初召开的一次重要会议，充分肯定了我国扶贫开发工作取得的重大成就，对新时期扶贫开发工作作出了全面部署。会议讨论通过的《中国农村扶贫开发纲要(2001—2010年)》，坚持以邓小平理论和江泽民同志“三个代表”重要思想为指导，紧紧围绕社会主义现代化建设第三步战略目标，确定了今后10年我国扶贫开发的目标任务、指导思想和方针政策，是继《国家八七扶贫攻坚计划》之后，又一个指导全国农村扶贫开发工作的纲领性文件。各级团组织要认真贯彻党中央的统一部署，在党和政府的领导下，团结带领广大团员青年充分发挥生力军作用，为扶贫开发纲要的顺利实施积极贡献青春、智慧和力量。

一、参与扶贫开发是共青团组织义不容辞的光荣责任

改革开放以来，特别是实施《国家八七扶贫攻坚计划》以来，各级团组织主动请战，扎实工作，为扶贫开发事业做出了应有的贡献。共青团服务万村脱贫致富奔小康行动取得明显成效。各级团组织直接为上万个贫困村提供了科技、文化、信息、项目、资金等方面的服务；

重点帮助青年掌握先进适用技术，每年培养青年星火带头人10万多名，开展实用技术培训上千万人次；每年领办具有一定科技含量、辐射面广的项目近万个，带头示范带动推广了一大批新技术和新品种，带动更多的农村青年走上了科技致富之路。“希望工程”不断实现新的发展，迄今已接受海内外捐款近20亿元，援建希望小学8400多所，救助失学儿童近230万名，不仅改善了贫困地区的办学条件，促进了贫困地区基础教育的发展，也弘扬了尊师重教、扶贫济困的良好风尚，成为一项具有广泛影响的社会公益事业和社会爱心象征。“扶贫接力计划”开拓了扶贫开发的新领域。自1996年开始，通过公开招募、自荐报名、集中选拔的方式，组织受过高等教育的青年志愿者到贫困地区从事农村基础教育、医疗卫生、农业科技等方面的扶贫开发服务，每期半年到两年，定期轮换，形成接力机制。截至2000年底，参加扶贫接力计划的志愿者达到6810人，受援贫困县160个，直接受益人群超过百万，为促进贫困地区基础教育和科教文卫事业的发展作出了积极努力。各级团组织还通过对口帮扶、定点帮扶等方式多渠道、多形式促进贫困地区发展，取得了积极进展。实践表明，共青团组织只要自觉服从和服务于国家的扶贫开发工作，发挥自身优势，做实事，求实效，示范带头，项目带动，就能够团结带领广大团员青年在扶贫开发事业中受教育，有作为，做贡献。

到去年底，全国农村贫困人口的温饱问题已经基本解决。这是全国人民在党的领导下取得的一个了不起的历史性成就，不仅在中华民族历史上是一件大事，而且在人类发展史上也是一个壮举，充分体现了社会主义制度的优越性。但是，扶贫开发作为建设有中国特色社会主义伟大事业的一项历史任务，将贯穿于社会主义初级阶段的全过程。基本解决农村贫困人口的温饱问题，只是扶贫开发、实现共同富裕的一个阶段性胜利。巩固扶贫成果，在此基础上实现小康，还需要一个长期的奋斗过程。中央决定从2001年到2010年，集中力量，加快贫困地区脱贫致富的进程，把我国扶贫开发事业推向一个新的阶段，这是贯彻邓小平同志共同富裕伟大构想和江泽民同志“三个代表”重要思想的一项战略决策，是全面建设小康社会、实现社会主义现代化建设第三步战略目标的一项重大举措，需要全社会共同参与。共青团作为党的助手和后备军，作为党联系青年的桥梁和纽带，在党的领导下积极参与扶贫开发工作，是义不容辞的光荣职责。各级团组织一定要认清形势，统一思想，提高认识，以高度的政治责任感，以毫不懈怠的干劲，以更加扎实的工作，积极参与到国家实施扶贫开发纲要的工作中来。总的要求是：以邓小平理论和江泽民同志“三个代表”重要思想为指针，以促进贫困地区农村青年增收、带动更多农民群众增收为基本任务，以开发青年人力资源为着力点，积极促进贫困地区农村青年增收成才，促进贫困地区基础教育和经济社会的可持续发展，团结带领广大团员青年在扶贫开发中充分发挥生力军和突击队作用，为贫困地区脱贫致富奔小康做出应有贡献。

二、帮助贫困地区农村青年增加收入

要以促进农村青年增收成才行动为统揽，广泛开展职业训练、实施项目带动和培养青年创业带头人，引导帮助贫困地区农村青年面向市场，依靠科技，不断提高技能水平，增强立业能力，实现职业发展，在带头推动传统农业向现代农业跨越，率先稳妥实现农业领域就业向非农产业就业跨越的过程中增收成才。在创建青年工场、举办职业训练班、开展科技传播和技能竞赛等活动的基础上，既要组织农村青年带头示范、带动推广新品种新技术，向农业的深度和广度进军，又要想方设法促进农村青年非农就业，努力为贫困地区培养一大批青年星火带头人、青年农业产业化带头人和青年非农创业带头人，带动更多的农村青年和农民群

众脱贫致富。要加大帮助万名西部青年科技创业行动的实施力度。财政支持的跨世纪青年农民科技培训工程项目要优先考虑扶贫开发重点县。

深入实施“进城务工青年发展计划”，充分利用贫困地区农村青年进城务工的有利时机，围绕深化“千校百万”培训、塑造打工文化、维护合法权益、引导返乡创业、优化成长环境等方面，扎扎实实为进城务工青年办实事、办好事，促进他们知识技能、劳动态度和创业行为的开发，不断提高进城务工青年的整体素质和持续发展能力，鼓励、支持他们开拓进取、创新创业，激发他们投身农村现代化建设的积极性和创造性。

深入实施“金桥计划”，从贫困地区的具体项目需求出发，开展青年专家科技服务团、百名博士西部行、海外学人为国服务等活动，通过技术服务、项目合作、创业扶持等方式，架起海内外优秀青年人才参与西部大开发的桥梁，为西部地区的经济发展和科技进步提供更多切实有效的服务。

大中专学生志愿者暑期文化科技卫生“三下乡”活动，要以扶贫开发重点县为重点地区，推动一批重点高校在这些地区建立一批长期实践服务基地，通过项目化运作方式，使“三下乡”常下乡。要通过推广先进适用技术、解决生产技术难题、传播科学文明的生活方式，着力培养当地的青年科技骨干力量，为地方培养一支带不走的青年人才队伍。坚持“按需设项，据项组团，双向受益”的原则，扩大博士生、硕士生等高学历人才参与活动的数量规模，提高服务的质量和水平。

三、帮助贫困地区发展基础教育

继续实施“希望工程”。要根据我国公益事业发展要求，做到适度规模和持续扩张，继续兴建希望小学，大力推进希望网校建设，着重通过教育信息化提升希望工程的品牌质量，缩小城乡教育的差距。要通过发现和培养希望之星，使一批确有培养前途的农村青少年人才得到深造。要以希望网校为龙头，以希望小学为基本载体，以教育信息化为提升手段，形成希望网校、希望小学、希望之星、希望小学教师培训各项目相互推动、共同发展的良性互动格局，为贫困地区发展基础教育事业做出新的贡献。适时推出促进贫困地区扶贫开发的其他公益项目。

大力推进中国青年志愿者扶贫接力计划。要按照“巩固支教，拓展支医，探索支农、支科”的总体思路，采取“党政支持，共青团组织承办，社会化运作”的工作方式，平均每年派遣3000—4000人，10年内基本覆盖扶贫开发重点县。在支教扶贫领域，以研究生支教团为示范，努力保持目前每年2000名左右的选派规模，并不断提高服务质量。在支医扶贫领域，努力使有条件的地区普遍开展起来，争取到2003年达到支教扶贫的实施规模。要不断扩大规模，积极探索青年志愿者农业科技扶贫的有效路子。同时，依托参与扶贫接力计划的志愿者，启动实施青年志愿者西部电脑人才培养计划，以每名志愿者每年培养50名实用电脑人才为目标，力争为贫困地区培养百万实用电脑人才。

深入开展其他扶助贫困地区青少年的重点工作。深化各族少年和城乡少年“手拉手”互助活动，继续动员城市和发达地区青少年向贫困地区捐赠书籍、文具、教学用具等物品，为贫困地区青少年提供切实帮助。进一步加大对贫困地区少先队辅导员的培训力度。通过动员和组织高等院校特别是民办高校，开展“助学扶贫行动”，为中西部地区青少年免费提供继续学习深造的机会和条件，力争在2001年至2005年五年间为西部地区培养5000名高素质人才。现有的济困助学金、奖学金要向来自扶贫开发重点县的经济困难大学生倾斜，同时要更加广泛地吸纳社会资源，设立专门扶助来自贫困地区经济困难学生的各类奖（助）学

金，并积极为经济困难学生联系提供勤工助学岗位，尽力帮助他们解决一些实际困难，激励更多的贫困地区农家子弟完成学业。

四、推动贫困地区实现可持续发展

大力建设保护母亲河工程，改善当地生态环境。贫困地区大多也是生态环境重要地区和相对脆弱地区。贫困地区保护母亲河行动工程建设始终是保护母亲河行动的重点，必须努力扩大规模。立足当地、面向全国，积极建设保护母亲河工程，通过兴建各种形式的“纪念林”，大力植树种草、保持水土。全国重点资助项目要向中西部生态环境相对脆弱的地区倾斜。鼓励和提倡东西互助、相互支援，经济发达地区、生态环境和植被较好的地区要通过建纪念林等形式，大力支助经济欠发达地区、上游植被状况差的地区的保护母亲河工程建设。

广泛开展保护母亲河生态监护活动，动员广大青少年和社会公众参与生态环境监督与保护。广泛开展建立保护母亲河监护站，依托监护站建立保护母亲河监护队和设立热线电话、确定保护母亲河监护点、发布生态公告，广泛开展生态环境监督、保护活动，从而动员广大青少年和社会公众关注绿色、关注母亲河，架设人民群众参与生态监督和保护的桥梁。

积极开展保护母亲河天天环保活动，促动生态环境保护走进日常生活。要以日常环保小事为主要抓手，大力倡导从身边做起，引导广大青少年和社会公众自觉养成良好的生产生活习惯。每年全国要集中一件小事作为当年的主题，贫困地区要确定相应分主题，通过宣传发动、统一行动、典型带动、生态环保技术和产品展示，把当年的小事做深做透，动员广大人民群众身体力行参与环保事业。

五、促进贫困地区精神文明建设

开展乡村青年文化活动，促进贫困地区文化事业发展。积极探索农村青年文化事业发展的新路子，不断创新青年文化活动的具体形式，开展好乡村青年文化节活动，发挥团组织和团员青年在农村群众文化生活中的骨干作用，促进农村群众性文化活动健康开展，带动农村群众性文化事业的发展。创造条件，加大对扶贫开发重点县建设乡镇青年科技图书站的支持力度，不断完善其功能，充分发挥其在文化阵地建设中的作用，到2010年青年科技图书站建站率要达到50%以上。

大力实施中国青少年新世纪读书计划。坚持扶贫先扶智，根据贫困地区青少年成长成才的实际需要开展形式多样的读书活动，激发青少年读书求知的兴趣和热情，引导和帮助青少年学习新知识、新科技、新技能，促进他们转变思想观念，拓宽致富门路，增强创业本领。要立足贫困地区的条件积极推动新世纪读书俱乐部、新世纪书屋建设。

加强青少年活动阵地建设，力争到2010年每个国家级扶贫开发重点县都建设有青少年宫，充分发挥这些阵地在扶贫开发中提高青少年思想道德和科学文化素质方面的作用。要进一步在广大青少年中加强道德意识教育，特别是加强扶贫济困意识等中华民族优良传统美德教育，引导青少年从小树立社会责任感，情系贫困地区，力所能及地为他人提供帮助。

六、按照党政要求切实做好团组织东西协作和定点帮扶工作

扶贫开发是一项艰巨的、长期的工作任务。各级团组织尤其是贫困地区团组织要有长期作战的思想准备，切实把这项工作摆上重要日程，统一思想，提高认识，艰苦奋斗，扎实工作。要认真总结团组织参与实施扶贫开发工作的经验，加强对这项工作的组织和领导。要深入调查研究，从本地区实际出发，制定具体可行的方案，把团组织参与扶贫开发工作逐步引向深入。贫困地区团的基层组织和干部队伍建设是当地团组织参与扶贫开发工作的

重要保障，各级团的领导机关要切实加强对贫困地区团的工作的指导力度，把其建成能团结带领团员青年积极参与扶贫开发的坚强战斗堡垒。团中央将继续深入实施“培养计划”，组织更多的西部地区和少数民族地区团干部到东部沿海较发达地区挂职锻炼、培训交流和考察学习。每年对扶贫开发重点县新任职的团县委书记进行一次培训。

党政机关定点联系、支持贫困地区开发建设，是党和政府采取的一项加强扶贫攻坚的重要措施，也是密切党与人民群众联系，改进机关工作作风，培养锻炼干部的重要途径。城市和经济发达地区的团组织要继续努力推动东西互助，动员组织当地青年企业家、青年星火带头人等优秀青年人才开展跨地区扶贫开发活动。中央确定的有对口帮扶任务的省市团组织要在当地党委政府的统一领导下，通过多种形式开展对口帮扶工作。承担定点帮扶任务的团的各级领导机关，要把定点帮扶作为一件大事来抓，选派得力干部蹲点扶贫，努力发挥自身优势，采取多种形式，为当地脱贫致富多办实事好事。

要加强宣传工作，进一步营造良好的社会氛围。中西部欠发达地区团组织要广泛动员当地广大青少年积极投身扶贫开发工作。东部较发达地区团组织要宣传好国家扶贫开发工作的重要意义，动员广大青少年积极支持中西部地区的扶贫开发工作。对于在实施扶贫开发工作中涌现出来的青年先进个人和集体，要及时宣传表彰。

共青团中央关于开展促进农村青年增收成才行动的意见

2001年8月31日

团十四大以来，共青团农村工作紧紧围绕促进农业和农村经济发展，紧紧围绕服务农村青年增效增收成长成才，在不断深化领办科技推广项目工作和培养青年星火带头人活动的同时，又相继推出跨世纪青年农民科技培训工程和帮助万名西部青年科技创业行动，为促进我国农业和农村经济结构战略性调整，促进农业增效、农民增收和农村稳定，做出了积极贡献。实践表明，只要从农村青年最关切的问题入手，面向市场，依靠科技，示范带头，项目带动，团的农村工作就能够在服务大局、服务青年的生动实践中取得良好成绩，不断向前推进。这也是我们总结长期以来农村团的工作得出的一个基本经验。

我国农业和农村经济发展已经进入新的历史阶段，农业、农村和农民问题越来越突出表现为农民的增收问题。党中央明确指出，必须高度重视农民收入问题，把千方百计增加农民收入作为做好新阶段农业和农村工作、推进农业和农村经济结构调整的基本目标，并放在整个经济工作的突出位置。为切实按照江泽民同志“三个代表”重要思想的要求全面推进共青团农村工作，更好地服务党的农业和农村工作，服务农村青年增效增收成长成才，共青团中央决定，对现有农村团的工作项目进行整合，拓展为促进农村青年增收成才行动（简称“增收成才行动”）。现提出以下意见。

一、指导思想

深入实践“三个代表”的重要思想，以促进农村青年增收、带动更多农民群众增收为基本任务，通过广泛开展职业训练、实施项目带动和培养青年创业带头人，大力开发农村青年人力资源，引导帮助农村青年不断提高技能水平，增强立业能力，实现职业发展，带头推动传统农业向现代农业跨越，率先稳妥实现农业领域就业向非农产业就业跨越，积极推动我国的农业现代化和国家的工业化、城镇化，为实现党的宏伟蓝图而艰苦奋斗、建功立业。

二、主要内容

（一）开展职业训练。随着科技进步、结构升级和产品市场、劳动力市场竞争的加剧，农村青年自身的素质、技能和阅历，对他们自身的增收成才，越来越具有决定性的影响。无论是向农业的广度和深度进军，还是发展非农产业，都必然要求农村青年首先提高自身的职业素质和技能。因此，要把广泛组织开展职业训练，作为实施增收成才行动的基础环节，抓实抓好。

1. 创建青年工场。所谓青年工场，泛指在增收成才行动中对农村青年进行相对规范的职业技能训练的各类场所。青年工场一般由县级或县级以上团委从证照齐全、资质良好、技术水平领先、规模较大、项目开发潜力大、与团组织合作意愿强，每年能够接纳 100 名以上农村青年进行职业训练的各类农场、养殖场、交易市场、工厂、培训机构、示范基地等企事业法人单位中选定、命名，并报上一级团委备案。各级团组织在增收成才行动中都要创建、联系一批青年工场，其中，共青团中央每年直接联系 15 个左右，省级团委每年应直接联系 10 个左右，地、县级团委每年应分别直接联系 3 至 5 个，力争每年由各级团组织与各类青年工场合作举办的职业训练班直接训练 50 万人次以上。各地原有各类青年科技培训、示范、推广基地等符合条件的，应纳入青年工场进行管理。

2. 举办职业训练班。各级团组织要把与各类青年工场合作举办职业训练班，作为对农村青年进行职业训练的主要途径。职业训练班一般由县级或县级以上团组织提出或同意举办，由相应的青年工场具体组织实施，提出或同意办班的团组织要协助青年工场办理招生、办训、考核等事宜。职业训练班主要就职业素质、职业技能、法规知识三部分内容对农村青年进行培训，以职业技能训练为主，突出强调通过实际操作达到职业训练的目的，学员接受训练后，应能够熟练掌握至少一门专门技能。职业素质、法规知识部分全国适时统一要求，职业技能部分按行业分类适时统一要求，有国家标准的执行国家标准，有统编教材的采用统编教材。要积极争取相关政策，把团组织举办的职业训练班与政府职能部门开展的职业技能培训、考核、颁证结合起来。大力推行“以劳助学”等减轻学员经济负担的有效方式。参加职业训练班的学员应以 16 周岁以上、35 周岁以下，初中以上文化程度，遵纪守法，发展潜力较大的农村青年为主。职业训练班一般要与带头示范、带动推广新品种新技术，或与帮助农村青年非农创业有机结合起来，努力使农村青年的职业训练与他们的劳动就业、增加收入结合得更加直接、更加紧密。

3. 开展科技传播和技能竞赛活动。要适合农村青年特点，充分利用现有的科技、教育、文化等资源，发挥团组织优势，多做宣传发动、组织引导、信息沟通、争取优惠政策等服务性工作，通过举办乡村青年文化节等途径，广泛组织开展形式生动活泼、内容实际有用的先进实用技术培训、科技大集、科普竞赛、技能比武等群众性活动，努力营造职业训练的良好氛围，帮助更多的农村青年认识到提高自身的素质和技能是增加收入的必备条件。小城镇和乡镇企业是农村青年工作生活的聚集地，团组织尤其要发挥优势，有针对性地组织开展好这

些群众性强的活动。

跨世纪青年农民科技培训工程作为由国家财政支持、对农民进行职业训练的一项基础性工程，聚农业、财政、共青团三家之力，必将在促进农村青年增收成才中发挥出越来越重要、越来越显著的作用。各级团组织一定要统一思想，提高认识，抓住机遇，乘势而上，全力参与工程实施。要认真贯彻执行《跨世纪青年农民科技培训工程管理办法》和《跨世纪青年农民科技培训工程项目实施操作规程》两个重要文件，积极主动地全面参与组织实施工作，通力协作，精心组织，扎实工作，不断总结经验，完善措施，努力提高培训效果，充分发挥示范和推动作用，共同把青年农民培训工程抓出实效。工程实施县的团组织，一定要把这项工程做为帮助农村青年增收成才的统揽性工作，切实抓紧抓好。

（二）实施项目带动。通过项目带动，做实事，求实效，是近年来农村共青团工作的成功经验。要把广泛实施项目带动，作为组织开展增收成才行动的主要内容和推进工作的主要方式。实施项目带动，主要包括示范推广农业科技、促进非农就业两个方面。

1. 带头示范、带动推广新品种新技术。从目前我国的实际情况看，促进农村青年增加收入最现实、最可靠的途径之一，在于引导农村青年大力调整农业结构，全面提高农业的素质和效益。要在农业、科技等部门的指导支持下，以带头示范、带动推广新品种新技术为工作重点，面向市场，依靠科技，发挥当地比较优势，把带领团员青年示范推广科技项目的工作全面推进到基层，进一步挖掘农村青年在农业内部的增收潜力，鼓励一部分有志青年立足农业现代化实现增收成才。要示范引导农村青年以优化结构、提高质量、增加效益为中心，积极调整种植业、养殖业、农产品加工业的品种结构和品质结构，发展优质高产高效农业，发展多种经营。积极争取财政、金融等部门的支持，为农村青年生产创业优先提供资金扶持。积极促进青年科技协会等农村青年联谊、合作组织的建立和发展，帮助他们提高组织程度、管理水平和共同抵御市场风险的能力。

2. 促进农村青年非农就业。增加农民收入的根本出路在于发展农村二、三产业，推进农村城镇化，逐步转移农业富余劳动力。五年内转移农业劳动力4000万人，是“十五”期间国家宏观调控的主要预期目标之一。对越来越多的农村青年来说，在本地或者外出从事门类多样、形式多样的非农就业，是增加收入的重要来源，甚至是主要来源。因此，促进农村青年增加收入，要高度重视积极稳妥地组织实施帮助农村青年从事非农产业的工作项目，通过提供小额创业资金、与用人单位合作开展“订单培训”、建设劳务输出基地等方式，引导和扶持更多的农村青年务工、经商、办企业，更多地从事非农产业，以多种形式自谋职业、自主创业，千方百计拓宽增收门路。东西扶贫协作对口帮扶省区的团组织，要把组织贫困地区农村青年到沿海发达地区务工作为一项主要帮扶内容。乡镇企业是农村青年从事非农就业的重要集聚场所，团组织要高度重视做好服务乡镇企业青年员工增收成才的工作。要积极争取工商、劳动等部门的支持，把促进农村青年非农就业纳入当地经济社会发展特别是劳动力开发就业、流动就业的总体规划，从政策、管理和服务等方面不断完善、优化促进农村青年多渠道就业、多渠道增收的机制和环境，努力为农村青年在培训、就业、消费、事业发展等方面争取优惠待遇。小城镇团的工作尤其要着力帮助农村青年非农就业。

跨世纪青年农民科技培训工程实施县的团组织，要按照团中央和农业部、财政部的统一要求，切实做好由共青团分工负责的学前动员、学后跟踪服务和青年农民典型事迹宣传工作，把这些工作分解落实到具体的工作项目中去。

（三）培养青年创业带头人。对广大农村青

年来说，自己身边看得见、学得了的成功创业典型最有说服力、影响力和带动力。农业现代化和国家的工业化、城镇化，客观上也迫切需要大批优秀农村青年人才脱颖而出，发挥带头作用。各级团组织在组织实施增收成才行动中，始终要高度重视培养造就大批农村青年创业带头人，帮助他们提高水平，引导他们发挥作用。

1. 青年星火带头人。增加农民收入的重要支撑，是要坚持实施科教兴农战略，加快农业科技创新步伐，把农业和农村经济的发展真正转移到主要依靠科技进步和提高农民素质的轨道上来。科教兴农，青年当先。要认真总结十余年来培养青年星火带头人的成功做法，研究新情况，解决新问题，会同科技部门把这项影响广泛、深受欢迎的农村青年科技活动深入开展下去。

2. 青年农业产业化带头人。农业产业化经营是加快农业结构战略性调整，增加农民收入的重要带动力量。要通过大力培养青年农业产业化带头人，推动一批优秀农村青年面向国内外市场，带头发展农产品销售、储运、保鲜和深加工等产业，依托产业链条，带动更多的农村青年和农民群众进入市场，增加收入。要重视培养一支青年农民经纪人队伍，支持他们积极开展技术、市场、人才、信息等产前、产中和产后中介服务，主要依托他们的力量，逐步构建起上下联动、左右互通、服务有形、具有特色的农村青年社会化服务体系，促进农业产业化经营，带动农村青年增加收入。

3. 青年非农创业带头人。农村青年不仅是农业劳动力的重要组成部分，更是由农业向非农产业转移的主力军。他们从事的行业一般要经过多次选择才能相对稳定下来，但总的趋势是从纯农业转向兼业，从农业转向非农产业，从乡村转向城镇。在这个转变过程中，率先务工、经商、办企业，发展二、三产业，并走上成功之路的青年非农创业带头人，往往发挥着巨大的示范引导作用。各地团组织要因势利导，重点做好他们的工作，通过他们引导更多的农村青年提高素质，增强技能，文明务工，文明经商，自主创业。

要适应青年星火带头人、青年农业产业化带头人、青年非农创业带头人的较高层次职业发展需要，有针对性地组织相应的职业训练，实施相应的工作项目，帮助他们实现事业的不断发展。同时，要采取切实措施，充分发挥他们在增收成才行动中的示范带动作用。要高度重视从跨世纪青年农民科技培训工程的受训学员中培养选拔各类农村青年带头人。西部省区团组织要把与科技部门、农业银行共同组织开展帮助万名西部青年科技创业行动（助力行动），作为当地 2001 年至 2003 年三年内实施增收成才行动，特别是培养青年带头人的主要带动项目，切实抓紧抓好，抓出成效。

三、工作措施

（一）举办青年农洽会。要紧紧抓住市场这一龙头，从地方、区域特点出发，通过举办青年农洽会，积极参与优质农副产品推介、农业科技成果推广和培训市场、人才市场、劳务市场的培育和发展，同时借助各类青年培训、就业、信息服务等中介机构，不断扩展服务范围，加大服务力度，探索为农村青年服务的有效方式。全国原则上每年举办一次中青农洽会，为各地开展增收成才行动提供集中沟通交流、商洽合作的机会。

（二）建设服务网站。在发展社会主义市场经济的条件下促进农村青年增收，必须按经济规律办事，自觉尊重农村青年在接受培训、劳动就业、生产经营决策等各方面的自主权，主动适应职业培训市场、劳动力市场、商品市场发育发展的要求，努力探索社会化、项目化运作的方式，切实把工作的着力点放到为农村青年提供切实有效的社会化服务，特别是信息服务上来。

全国适时开通促进农村青年增收成才服务网站，主要功能包括：(1)公告各地青年工场及职业训练班等相关信息。(2)公告各地实施项目动态及相关信息。(3)提供科技、就业等

有关信息。(4)适时建立、联通农村青年人才库及相应的信息查询系统。各地要及时上报本地信息,并积极选择网上信息组织职业训练和实施项目。

(三)选树先进典型。要加大评选表彰和宣传力度,树立新典型,总结新经验,营造良好氛围,务求工作实效。全国每年评选一批优秀农村青年创业带头人,对在增收成才行动中成绩突出的青年星火带头人、青年农业产业化带头人、青年非农创业带头人进行表彰;同时表彰奖励一批优秀青年工场和工作项目。

(四)设立奖励基金。要高度重视调动、整合、借助社会资源,主动争取政府部门和社会力量的支持,设法筹集资金,按照以奖代助、表彰先进的原则,努力为基层团组织开展增收成才行动办实事。全国设立农村青年增收成才奖励基金,用于表彰奖励工作。设立促进农村青年增收成才特别贡献奖,每年表彰一批做出重要贡献的社会人士。

四、加强领导,突出重点,精心组织

促进农村青年增收成才行动是共青团组织学习“三个代表”、实践“三个代表”,组织引导农村团员青年推动农业和农村经济结构战略性调整,促进农业增效、农民增收和农村稳定,服务农村青年增效增收成长成才的总揽性举措。各地要切实加强领导,积极争取党委、政府和农业、科技、劳动、教育、工商等有关部门的支持,统筹规划,上下协调,精心组织,扎实工作。要一级抓一级,层层抓落实,加强工作指导,努力为基层开展工作创造必要条件。要做好调查摸底工作,一切从实际出发,突出工作重点,做到目标明确,方法得当,措施有力。既要认真贯彻落实统一要求,树立全国一盘棋的观念,又要充分发挥主动性、创造性,切实抓实抓出成效。要加强对工作的督促检查和考核评价,全国每年表彰一批做出突出成绩的先进单位和个人。

共青团中央、国家环境保护总局关于开展保护母亲河生态监护活动的通知

2001年12月31日

各省、自治区、直辖市团委、环保厅(局):

为广泛动员广大青少年和社会公众积极参与生态环境建设,特别是母亲河流域生态环境的监测与保护,不断扩大保护母亲河行动的参与面,深入推进保护母亲河行动,共青团中央、国家环境保护总局决定在全国开展保护母亲河生态监护活动。现将有关事宜通知如下。

一、宗旨

通过对家乡、尤其是对母亲河的生态环境监测与保护,促进广大青少年和社会公众更清楚地了解当地生态环境和母亲河的状况,增强他们保护母亲河、保护生态环境的责任心和紧迫感,动员青少年和社会公众更加积极抵制污染和破坏生态环境的行为,形成全社会保护母亲河、保护生态环境的良好氛围。

二、目标

到2005年,在全国保护母亲河行动领导小组注册的保护母亲河生态监护站达到500

个以上，监护站所在地常年活动的保护母亲河监护队达到1000支以上，受到定期监护的保护母亲河监护点达到5000个以上，使这些地区主要污染源受到广大青少年和社会公众的关注；使生态监护活动在全国普遍开展，成为培养青少年和社会公众母亲河意识和生态环境道德意识、促进经济社会环境协调发展的有效手段。

三、主要内容

（一）建立保护母亲河生态监护站

保护母亲河生态监护站（下称“监护站”）是保护母亲河生态监护活动的机构，负责制定监护活动计划、确定监护点、开设监护热线、组织本地区群众性的监护活动，是监护志愿者之家。

监护站原则上建在县级团委或其所属的青少年活动阵地。由当地团组织和环保部门共同领导。监护站需具备以下条件：有固定的场所；有专门的负责人员；有一套科学规范的管理制度；定期开展生态监护活动。

监护站本着有条件和自愿的原则建设，活动经费由当地团组织和环保部门共同筹措，并积极寻求各界支持。

共青团中央、国家环保总局将对各地监护站实行择优注册制。全国每年新注册100个左右监护效果好、工作成绩突出的监护站，以“以奖代补”的方式对注册的监护站一次性奖励一定经费，资助该站的活动。监护站注册由县级团委和环保部门提出申请，由市级团委和环保部门推荐给所属省级保护母亲河行动领导小组，由其审核后，报全国保护母亲河行动领导小组。注册申报时间为每年的第三个季度。

（二）开展保护母亲河生态监护活动

1. 确定保护母亲河生态监护点。由环保部门统筹安排，在当地重点污染控制区、排污口等社会普遍关注的地方设立。

2. 组建保护母亲河生态监护队。向社会公开招募志愿者，组成以青少年为主、人员相对稳定的监护队。主要职责是定期对监护点进行监督，向环保部门提供线索，举报违法行为并协助执法部门予以制止，积极向社会公众宣传环保知识和有关政策。监护活动可一队一点，也可一队多点。

3. 设立保护母亲河生态监护热线。在监护站设立热线，安排专人接听。热线的职责是开展环保咨询、接受举报，并将举报情况及时向当地环保部门反映，由环保部门协调处理。

4. 发布“母亲河公告”。“母亲河公告”主要是发布经环保部门确认的监护点的环境状况、生态监护活动的进展情况等。全国保护母亲河行动领导小组办公室将与国家环保总局宣教办在全国性报刊媒体，共同发布“母亲河公告”，费用由国家环保总局每年提供15万元，不足部分由全国保护母亲河行动领导小组办公室负责筹集。各地可参照此办法发布本地的“母亲河公告”。

四、有关要求

1. 高度重视，明确职责。保护母亲河生态监护活动是广大青少年、社会公众参与生态环境保护和对破坏行为进行监督的桥梁，是深化保护母亲河行动的重要载体。各级团组织和环保部门对此要有充分认识。在推进过程中，团的组织负责选择监护站址、组建监护队、设立热线电话、开展环保宣传活动；环保部门负责确定监护点、提供技术指导、处理举报、审核发布的“母亲河公告”、按照对举报人的奖励政策鼓励支持监护站和监护队的工作。

地、市以上团的领导机关和环保部门要加强对本地区活动的组织、指导与服务，为下级建立监护站、开展监护活动提供帮助，有条件的也可直接在当地重点污染治理区确定监护站，开展监护活动。团中央、国家环保总局将在“保护母亲河网站”上公布注册的监护站，宣传监护站开展的活动以及监护成果，为它们提供广泛的信息服务。

2. 精心组织，积极推进。建立监护站，开展生态监护活动要有规划，要有措施，要本着

自愿的原则，根据当地生态环境的实际情况开展。先期重点在生态环境形势严峻、具有监护条件的县（市）试点。在不断总结和探索的基础上，逐步推动监护站在全国各县（市）建立，最终形成强大的监护网。

3. 建立机制，力求实效。开展保护母亲河生态监护活动，贵在坚持，重在实效。各地要从当地实际出发，立足长远，制定行之有效的规章制度，探索科学的监护机制，切忌花样文章，短期行为。对监督对象的监护既要尽职尽责，又要实事求是，客观反映实际情况，切实有助于当地经济社会的发展和环境状况的改善。暂时没有条件建立保护母亲河生态监护站的地方，也要积极开展适合本地情况的生态监护活动。

共青团中央、农业部关于全面推进农村青年增收成才行动的意见

2002年4月4日

为深入学习实践江泽民同志“三个代表”重要思想，发挥亿万农村青年在加快农业和农村经济结构战略性调整，增加农民收入中的重要作用，促进农村改革、发展和稳定，推动整个国民经济持续快速健康发展和社会全面进步。共青团中央、农业部决定，从2002年起，在全国范围内全面推进农村青年增收成才行动（简称增收成才行动）。

一、总体要求

以江泽民同志“三个代表”重要思想为指导，以促进农村青年增收成才，带动更多农民群众增加收入为基本目标，以培养人、抓服务为工作着力点，大力引导和帮助广大农村青年提高素质，增强本领，艰苦创业，开拓进取，带头推动传统农业向现代农业转变，促进农村劳动力向非农产业转移，积极推动我国农业现代化和农村工业化、城镇化，为新阶段农业和农村经济发展，为改革开放和现代化建设作出新的更大的贡献。

二、主要措施

1. 大力培养农村青年创业致富带头人。大批农村青年创业致富带头人不断涌现，是农业和农村经济持续健康发展的强大动力，是农村青年增收成才的必然要求。培养一大批包括青年科技兴农带头人、青年经纪人、青年农业产业化带头人和青年工商创业带头人在内的各类农村青年创业致富带头人，通过典型引路，辐射带动更多的农村青年和农民群众增收致富。

青年科技兴农带头人。科教兴农，青年当先。要认真总结多年来开展农村青年科技活动的成功做法，适应新形势，解决新问题，使青年科技兴农带头人在带头示范、带动推广新品种新技术，加快农业科技创新步伐等方面，发挥更加重要的作用。

青年经纪人。下大气力培养农村青年经纪人队伍，支持他们带头从事农村社会化服务，面向农村青年和农民群众开展优质便捷的技术、市场、人才、信息等产前、产中和产后服务，特别是市场中介服务。

青年农业产业化带头人。大力培养青年农业产业化带头人，推动一批优秀农村青年面向国内外市场，带头发展农产品销售、储运、保

鲜和深加工等产业,依托产业链条,带动农村青年和农民群众进入市场,增加收入。

青年工商创业带头人。促进农村劳动力向非农产业转移是增加农民收入的有效途径。要扶持一大批带头从事农村二、三产业,带头进城务工经商办企业的农村青年工商创业带头人,激励、带动农村青年和农民群众不断拓宽增收渠道。

2. 继续实施跨世纪青年农民科技培训工程。要认真落实《跨世纪青年农民科技培训工程实施操作规程》(农科教发〔2001〕4 号)和《跨世纪青年农民科技培训工程管理办法》(农科教发〔2001〕15 号)两个重要文件,不断总结经验,完善措施,努力提高培训效果,充分发挥示范和推动作用,为我国农业专业化生产和产业化经营培养造就一大批觉悟高、懂科技、善经营的新型农民,使他们成为建设社会主义新农村的中坚力量。工程实施县要把这项工程作为农村青年增收成才行动的重点工作,切实抓紧抓出成效。

3. 积极建设农村青年社会服务信息网。信息不充分和不畅通是近年来困扰农村青年和农民群众增收的一大难题,也是新阶段农业和农村经济发展必须逾越的一大障碍。为农村青年增收成才服务,最关键的是为农村青年提供科技、市场、培训、就业等方面便捷可靠的信息服务。

要充分运用互联网等现代传媒,建设全国农村青年社会服务信息网,公告农村青年增收成才行动的工作动态,宣传农村青年增收成才的先进典型,发布科技、市场、就业等方面的有关政策和服务信息,开展网上咨询、交流与合作。全国将开通中国农村青年信息服务网站。各地要积极结合"共青团县县上网工程",大力推动农村基层团组织和农村青年特别是农村青年创业致富带头人上网,学会运用网络获取创业致富的信息,捕捉增收成才的机会。要重视利用网络促进科技进村、产品进城和劳务输出,用现代科技手段服务青年。

4. 加快发展农村青年专业合作经济组织。近年来兴起的各类农村青年市场中介组织和专业合作经济组织,在推广农业科技、搞活农产品流通、促进产业化经营等方面发挥出了积极作用,实践证明这是促进农村青年增收成才的重要手段。各地要积极引导、大力扶持,促使其不断加强管理、完善机制、健康发展,逐步稳定和规范与农户的联系,不断开拓和巩固对外交流渠道,更好地为组织成员服务,为农村青年和农民群众服务。

要在各类农村青年市场中介组织和专业合作经济组织中建立团的组织,把依托农村青年市场中介组织和专业合作经济组织建团、开展活动作为农村青年工作上水平的一个重要增长点,努力扩大服务农村青年的领域。

5. 不断深化进城务工青年发展计划。进城务工是农村青年增收成才的重要途径,而且越来越重要。要千方百计为进城务工青年办实事办好事,引导农村剩余劳动力有序流动,加快转移步伐。继续开展"千校百万"培训,努力为进城务工青年接受更高层次的学历教育创造条件,促使他们不断开发知识技能,提高整体素质和持续发展能力。塑造健康向上的打工文化,依托各类载体,进一步丰富进城务工青年的业余文化生活。要在进城务工青年集中的新经济组织和社区普遍建立基层团组织,积极依法维护他们的合法权益,特别要大力推动拖欠工资等侵害进城务工青年权益的突出问题得到解决。广泛对农村青年进行创业辅导,积极引导进城务工青年返乡创业。

6. 扎实推进"城乡互动 1 + 1"。农业与工业相互结合,农村与城市协调发展,密切城乡经济往来是农村经济发展的必然要求,要主动适应城乡一体化进程,广泛开展"城乡互动 1 + 1"活动。

城乡互动 1 + 1 包括单位 1 + 1、个人 1 + 1

和项目1+1。单位1+1,就是要广泛动员城市各类机关企事业单位与农村青年组织结对互助、定点帮扶。个人1+1,就是要广泛动员具备条件的城市青年与农村青年建立个人之间的经常联系,开展合作交流。项目1+1,就是广泛开展科技文化卫生“三下乡”、青年农民超市行等各类有利于打破城乡分割,实现城乡优势互补、良性互动的工作项目。工作中要坚持个人自觉自愿,方式灵活多样,总体互惠互利的原则。要高度重视,大力帮助农村青年中的困难群体增收成才,走共同致富的路子。

三、工作要求

1.统一思想。增收成才行动是学习实践“三个代表”重要思想的具体举措。各级共青团组织和农业部门要高度重视,密切配合,切实加强领导。

2.精心组织。我国幅员辽阔,地区差异性大,农村经济和社会发展不平衡。各地既要认真贯彻落实统一要求,形成合力,又要结合实际,充分发挥工作的主动性、创造性。增收成才行动直接面向农村青年,目标明确,任务具体,各地要制定详细的工作计划,稳步推进,抓出特色,抓出实效。各级共青团组织要积极做好组织发动和协调工作。各级农业部门要从政策、资金、项目上给予支持。

3.选树典型。各地要及时总结经验,培养青年典型,要充分利用各种宣传媒体,扩大活动影响,宣传增收成才的农村青年典型人物,教育青年,影响社会,形成良好的舆论氛围。全国每年将评选表彰一批成绩突出的先进单位和个人,以及一批杰出青年农民和农村青年创业致富带头人。

共青团中央、中央综治办、教育部、科技术民政部、劳动和社会保障部、农业部、文化部关于加强新阶段农村青年工作的意见

2002年4月5日

农村青年占全国青年总数的近70%。这支庞大的队伍,既是推动传统农业向现代农业转变的中坚力量,又是城市外来务工人员的主要来源;既是促进当前农村改革发展稳定的生力军,又是决定农村未来繁荣进步和长治久安的重要力量。因此农村青年工作的好坏,不仅影响农村,而且影响全局;不仅影响当前,而且影响未来。特别是在我国进入全面建设小康社会、加快推进社会主义现代化的新阶段之后,农村青年的社会地位和作用越来越突出,切实做好农村青年工作显得尤其重要。这对于应对加入世贸组织新形势,加快农业和农村经济结构调整,促进农村改革、发展和稳定,推动整个国民经济持续快速健康发展和社会全面进步,具有十分重要的战略意义。

根据党中央确立的建设社会主义新农村的目标,适应农业和农村经济发展新阶段的要求,当前和今后一个时期农村青年工作的总体要求是:以邓小平理论和江泽民同志“三个代表”重要思想为指导,深入贯彻落实党中央国务院关于农业和农村工作的各项方针政策,紧紧围绕调整农业和农村经济结构、千方百计增加农民

收入这一农业和农村工作的中心任务，全面促进农村青年增收成才，团结引导亿万农村青年为实现党的农业和农村工作目标而不懈奋斗。

一、切实加强农村青年思想政治教育

当代农村青年要肩负起历史赋予的光荣使命，最根本的是用马列主义、毛泽东思想、邓小平理论和江泽民同志“三个代表”重要思想武装自己，树立起崇高的理想和坚定的信念。要在农村青年中深入开展“三个代表”重要思想学习教育和宣传实践活动，坚持不懈地用江泽民同志“七一”重要讲话和“三个代表”重要思想教育青年，帮助广大农村青年深刻认识“三个代表”重要思想的历史地位和指导意义，从而坚定跟党走建设有中国特色社会主义道路的信念。继续深入开展爱国主义、集体主义和社会主义教育，帮助农村青年树立正确的世界观、人生观和价值观。根据党的中心任务和农村青年的思想实际，抓住重大节日、重大活动、重大事件，不失时机地开展好形势、任务和政策教育。

对农村青年进行思想政治教育要方法对路，讲究实效，既满腔热情，又严格要求。要注意发现、树立各类优秀农村青年的先进典型，用榜样的力量鼓舞、激励农村青年。要重视农村青年思想政治教育阵地的建设，充分发挥其思想政治教育功能。

二、千方百计帮助农村青年增加收入

当前农业和农村工作中最突出的问题是农民增收困难。坚定不移地推进农业和农村经济结构战略性调整，提高农业整体素质，促进农民收入持续稳定增长，是新阶段农村工作的中心任务和基本目标。要大力开发农村青年人力资源，培养一大批包括青年星火带头人、青年经纪人、青年农业产业化带头人和青年工商创业带头人在内的各级各类农村青年创业致富带头人，通过典型引路，辐射带动更多的农村青年和农民群众增加收入。

科技是推动农业和农村经济发展的重要力量，要不断加大跨世纪青年农民科技培训工程的实施力度。加强有关部门的合作，充分利用农村现有教育资源，开展农村青年职业教育和成人教育，“十五”期间，要使大部分农村青年掌握1—2项增收的适用技术。在充分发挥现有科技、教育示范基地作用的基础上，大力建设农村青年科技示范推广基地，积极带头实行农业标准化生产，发展无公害食品、绿色食品、有机食品。优先支持青年创业致富带头人承担星火计划、丰收计划、跨越计划项目。要培育一大批高素质的农村青年经纪人，扶持他们尽快成为农产品营销的市场骨干力量。要从资金、技术、信息等方面，积极鼓励、扶持农村青年创业致富带头人创建农业产业化龙头企业。积极鼓励、扶持一大批农村青年积极参与实施农业发展行动计划。要大力帮助农村青年积极从事农村二、三产业、外出务工经商。积极开展跨省区劳务协作，为农村劳动力转移就业提供用工信息等中介服务。扶持和引导职业学校、成人学校和有关培训机构积极开展面向农村青年的职业培训，为农村青年向非农产业转移创造条件。各部门要取消不合理收费，简化手续，为农村青年外出务工提供方便。

三、不断丰富农村青年的精神文化生活

不断发展健康向上、丰富多彩的，具有农村风格、农村特色的社会主义文化，满足农村青年日益增长的精神文化需求，是引导农村青年从思想上正确武装和不断提高，实现自身全面发展的重要保证和必然要求。要深入开展乡村青年文化活动，逐渐形成一批具有乡土性、民族性、群众性的乡村节目，丰富精神文化生活。高度重视挖掘一批乡村青年歌手和其他青年文艺人才，帮助他们拿出一些“绝活”来。深入开展青年志愿者“三下乡”活动，为农村青年提供科技、文化、卫生服务，努力扩大城乡文化交流。要广泛组织开展各类健康有益、有趣有为的文化体育活动，使农村青年陶冶情操、健康成长。

要切实加大农村青少年文化活动阵地建设的力度,将其纳入农村经济社会发展的总体规划,从政策、资金等各方面予以重点支持。要广泛动员、积极鼓励和支持社会力量,以新建、改建、扩建、共建等多种方式,灵活多样地建设农村青年活动阵地。凡挤占、挪用农村青少年活动阵地的行为,必须立即纠正。农村现有的图书馆、文化馆、体育场馆,要优先优惠向青少年开放。经济发达地区,要抓住加快发展小城镇的重要机遇,积极兴建一批功能齐全的农村青少年活动阵地。要帮助活动阵地加强管理,拓展功能,完善机制,发展壮大。

四、切实维护农村青年的民主权利和合法权益

保障和维护农村青年的民主权利和合法权益,是充分调动和发挥农村青年在农村改革发展稳定中的积极性、主动性、创造性的必然要求。要切实保障农村青年在基层民主政治建设中的民主权利,引导他们在党的领导下,依照法律规定,积极参与村民自治,在村级民主选举、民主决策、民主管理和民主监督中富有建设性地参政议政,既要依法行使好、维护好自身的民主权利,也要依法履行应尽的各项义务。要依法维护农村青年从事正常学习、生产、生活的合法权益。切实帮助农村青年实现好受教育权。坚决依法维护农村青年特别是进城务工青年的劳动就业权益,使他们的诚实劳动同样受到社会的尊重,对农村青年进城务工要公平对待,合理引导,完善管理,搞好服务,不能采取歧视限制政策,当前要着力解决好拖欠工资问题。要充分发挥共青团在国家和社会事务管理中的民主参与、民主监督作用。依法代表好、维护好广大农村青年的切身利益和合法权益,制定涉及农村青年事务的重大政策时,要广泛听取农村团组织和农村青年的意见。

为农村青年健康成长创造良好环境是保障和维护他们权益的重要方面。要引导和动员广大农村青年积极参与农村治安防范、群防群治等基层安全创建活动,深入开展“扫黄”、“打非”,打击制造、贩卖、传播毒品、黄色文化及其他不健康产品的行为,努力预防和减少农村青少年违法犯罪。要努力做好刑满释放、解除劳教和失足青少年的帮教挽救工作,使他们感受温暖,走上正道,减少重新犯罪。要充分利用各种渠道,采取灵活多样、针对性强的方法和措施,对广大农村青年进行法制宣传教育,帮助农村青年树立法制观念,自觉养成遵纪守法的良好习惯,善于用法律保护自己的合法权益。积极为农村青年提供法律援助服务。

五、积极引导农村青年为两个文明建设多做贡献

广泛动员广大农村青年为实现“十五”计划和第三步战略目标做出积极贡献，在两个文明建设中充分发挥生力军和突击队作用。通过开展农村青年增收成才行动和保护母亲河行动，动员农村青年在加强农业基础和增加农民收入中发挥积极作用。在农村青年中广泛开展道德实践活动，深入贯彻《公民道德建设实施纲要》，引导农村青年自觉履行“爱国守法、明礼诚信、团结友善、勤俭自强、敬业奉献”的基本道德规范，在农村社会主义精神文明建设中开风气之先。大力开展志愿服务活动，组织农村青年为优抚对象和困难群众提供热心帮助。积极引导农村青年移风易俗，革除陋习，崇尚科学精神，倡导健康文明的生活方式，反对封建迷信，坚决拒绝黄、赌、毒。大力宣传党的宗教政策，动员组织广大农村青年积极与邪教和利用宗教进行非法活动的行为做坚决斗争。组织农村青年积极参与农村社会治安综合治理，自觉维护社会稳定。开展国防意识教育，鼓励适龄农村青年积极参军入伍，参加民兵、预备役队伍，积极拥军优属。引导农村青年实行计划生育，保护生态环境，为实现经济社会和人口资源环境的协调发展做贡献。

六、进一步加强农村基层共青团组织建设

农村基层共青团组织是开展农村青年工作的核心力量，必须坚持不懈地建设好。要坚持党建带团建，在党建的带领和带动下，提高农村基层团的建设整体水平。进一步深化创建“五四红旗团委”活动和争创“全国团建先进县（市）”工作，紧密结合乡镇党委建设和村党支部建设，结合农村党建“三级联创”的要求，建立健全农村团建常抓不懈的工作机制。大力推行乡村两级团组织按期集中换届、民主选举，形成富有活力的团的组织运行机制。以增强团员意识为核心，认真做好农村团员发展、教育管理和“推优入党”工作。要把实施强乡带村作为促进农村基层团建的关键措施，切实把乡镇团委建好建强，带动农村各类团支部活跃。创新、调整农村基层团组织设置，扩大对农村团员青年的覆盖面。

要按照一手抓培育发展，一手抓监督管理的原则，大力加强农村各类青年市场中介服务组织和专业合作经济组织的建设，延伸农村青年工作的手臂，使其更好地为农村青年和农民群众服务。大力发展农村青年社会服务信息网，积极构建以团组织为核心、农村各类青年组织为依托的农村青年社会化服务体系，不断提高服务农村青年的水平。

七、全社会共同关心支持农村青年和农村青年工作

加强农村青年工作必须动员全社会的力量，各负其责，通力协作。各级有关部门要提高认识，加强领导，制定和完善必要的农村青年工作制度和督促指导措施，把农村青年工作摆上重要议事日程，努力为农村青年的健康成长和创业成才创造条件。全国建立农村青年工作联系会议制度，加强对农村青年工作的指导。各地可根据当地实际，成立相应协调机构。

要关心农村团干部和青年工作者的工作和生活，积极帮助他们解决各种实际困难，努力为他们开展工作、成长发展创造良好环境。要按照有关政策规定落实好他们的政治、生活待遇，充分调动他们的积极性、主动性和创造性。

各地应根据本意见精神，研究制定具体措施。

共青团中央、科技部、民进中央关于实施“青年星火西进计划”的方案

2002 年 4 月 5 日

为广泛调动社会各界力量特别是东、中部地区的科技、人才资源积极参与西部大开发，帮助西部地区农村青年提高科技素质，提升西部农村的科技支撑能力，促进西部农业和农村经济结构的战略性调整和农民群众增收致富，同时推动东、中部有关企事业单位通过向西部拓展实现更大范围和更高层次的发展，共青团中央、科技部、民进中央决定在多年积极配合实施“星火计划”、广泛培养青年星火带头人和大力实施“帮助万名西部青年科技创业行动”的基础上，从 2002 年起，共同组织实施“青年星火西进计划”。

一、内容和方式

（一）内容。1. 科技培训。组织东、中部地

区的科技力量到西部地区办班，帮助培训西部地区的农村青年。组织西部农村青年到东、中部地区，主要通过以劳助学的形式学习科技。

2. 科技示范。动员组织东、中部地区的科技力量，结合自身业务发展，到西部地区自建、共建或帮建科技示范基地，并以基地为依托，培养人才，扩散技术，发展产业。

3. 科技协作。动员组织东、中部地区的科技力量，与西部地区进行科技项目合作、技术转让等，优势互补，共同发展。

4. 科技服务。组织东、中部地区科技人员和大学生到西部地区开展期限不等的志愿服务活动。

（二）方式。以省级为单位，自愿接洽，按照项目化运作的方式进行。每个实施项目都要主体明确、内容具体、对象确定、时间和地点清楚，力求实效。

二、基本原则

（一）公益性原则。动员社会各个方面的力量出钱出力出人，关心支持实施这项计划，促进西部大开发。

（二）市场化原则。在具体项目对接和项目实施中坚持市场取向，遵循经济规律，坚持东西合作、优势互补、互惠互利、共同发展。

（三）开放性原则。广泛宣传发动，广泛组织实施，发挥共青团组织、科技部门、民进组织和各党政机关、企事业单位和个人的积极性。

（四）开发性原则。把此项工作与支边扶贫工作结合起来，帮助西部地区农民脱贫致富，实现人才开发和科技开发。

三、目标任务

（一）东部省（市）每年直接组织或推动实施二个以上、中部省份直接组织或推动实施一个以上项目西进。省（市）以下的工作要求由各省（市）自定。

（二）西部省（区、市）做好东、中部西进项目的引进和在当地的落实。每年，每个市（地、州）直接组织或推动实施二个以上西进项目，培养青年星火带头人10人以上。

（三）促进西部地区改善科技投资、科技创业的软环境。

四、推进措施

（一）宣传发动。通过电视、电台、报刊、杂志等媒体，现场推进会、内部文件、工作简报、互联网等方式，广泛动员，大力宣传，营造氛围。各级共青团组织、科技部门和民进组织都要积极参与到这项工作中来。积极推动社会各界关心支持这项计划，努力使这项计划成为一项具有良好社会影响的公益行动。重点组织发动国家级星火龙头企业、国家级星火培训基地和全国杰出青年星火带头人、民进组织会员所在单位在实施这项计划中充分发挥作用。

（二）智力支持。组建青年星火西进计划专家服务团，聘请知名专家学者、社会人士、企业家和科技工作者，民进系统科技、经济、教育界成员，以志愿服务的方式，为各地实施这项计划提供咨询指导和规划论证。

（三）信息服务。通过有关媒体和中国共青团网站、中国星火计划网站、民进中央网站等及时发布工作动态和项目供求信息，促进实现项目对接。适时举办星火西进科技成果推广商洽会，为东、中部和西部地区实施这项计划提供集中沟通交流、商洽合作的平台。

（四）扶优扶强。对部分青年星火西进项目和西部地区部分地方、企事业单位和个人进行重点扶持。对有关项目按同等优先的原则，在申报星火计划项目、农业科技成果转化基金和其他国家科技计划项目时予以重点支持。

（五）表彰奖励。全国每年表彰奖励一批在实施青年星火西进计划中做出突出成绩的先进单位和先进个人。

五、组织管理

共青团中央、科技部和民进中央共同成立全国青年星火西进计划领导小组，决定有关重大事宜。领导小组下设办公室（设在团中央青农部），由团中央青农部、科技部农村与社会发

展司、民进中央社会服务部有关负责人组成，具体负责指导协调和督促检查工作。各地也要成立相应机构，切实加强领导。

“青年星火西进计划”宣传发动和具体组织实施工作，由各级团组织负责；各级科技部门积极提供科技支持和必要的活动经费，并争取财政及其他经费支持；各级民进组织充分发挥自身的人才优势，积极提供智力支持。根据全国星火计划经费的增加和“青年星火西进计划”逐步深化，科技部将适当增加专项活动经费。

附：全国青年星火西进计划领导小组名单

总顾问：许嘉璐　全国人大副委员长、民进中央主席

顾　问：周　强　团中央书记处第一书记

徐冠华　科学技术部部长

组　长：赵　勇　团中央书记处书记

李学勇　科学技术部副部长

张怀西　民进中央常务副主席

成　员：王晓东　团中央青农部部长

王晓方　科学技术部农村与社会发展司司长

雍冠生　民进中央副秘书长兼社会服务部部长

白平胜　团中央青农部副部长

陈传宏　科学技术部农村与社会发展司副司长

赵　会　民进中央社会服务部副部长

办公室主任　白平胜(兼)

共青团中央、文化部关于切实加强农村青年文化建设的意见

2002年4月20日

进入新世纪，我国农村经济社会发展进入了一个新的历史阶段。新的历史阶段不仅为文化建设提供了坚实的基础，也对文化建设提出了更高的要求。为深入贯彻落实江泽民同志“三个代表”重要思想和以德治国基本方略，切实提高农村青年的思想道德水平和科学文化素质，充分发挥青年在农村先进文化建设中的生力军作用，共青团中央、文化部就进一步加强农村青年文化建设提出以下意见。

一、加强农村青年文化建设具有十分重要意义

加强农村青年文化建设是贯彻落实“三个代表”重要思想的具体实践。在农村经济社会发展进入一个新的历史阶段之际，按照党的要求，用先进的文化武装青年，用先进的文化塑造一代“四有”新人，显得尤其重要和迫切。推广传播先进实用的科学知识和技术，用先进的民族的大众的文化熏陶农村青年，用群众的观点教育农村青年，是农村青年工作学习、宣传、贯彻“三个代表”重要思想的具体体现和要求，更是新时期农村青年文化建设的重要内容。

加强农村青年文化建设是推动农村经济发展的迫切要求。文化建设以经济发展为基础，同时又对经济发展具有巨大的反作用。大力调整农村产业结构，千方百计增加农民收入，是当前农村工作的中心任务。完成这一历史性任务，取决于农民科学文化素质的全面提高。青年是建设社会主义新农村的生力军和

突击队,他们的素质高低对实现这一历史性任务起着加速或延缓的作用,必须卓有成效地加强农村青年文化建设,为农村经济发展提供强大精神动力和智力支持。

加强农村青年文化建设是促进农村精神文明建设和农村社会稳定的重要保障。社会主义文化在广大农村已居主导地位。但由于历史和现实原因,迷信、愚昧、颓废、庸俗等落后腐朽文化还在一定范围内存在。同时,国外渗透进来的腐朽没落的文化也会在一定程度上影响着农村青年。把依法治国同以德治国结合起来,用先进的、具有民族传统的文化教育青年、引导青年、团结青年、凝聚青年,已成为农村精神文明建设和社会稳定的关键。

加强农村青年文化建设是服务农村青年增收成才的重要手段。求富、求知、求乐、成才是目前农村青年的最大需求,全国普遍开展的农村青年增收成才行动就是对农村青年利益的最大满足。加强农村青年文化建设不仅可以帮助农村青年提高综合素质,提高其在市场经济中的竞争力,而且还可以促进农村青年吸纳、传播、实践、创造先进文化。当前农村青年文化建设还存在投入不足,设施建设落后;工作形式单一,手段落后,活动内容和形式过于陈旧,缺乏创新;青年文化生活匮乏等突出问题,难以满足日益富裕的广大农村青年对文化的需求。这种状况只有通过加强建设才能改变。

二、加强农村青年文化建设的指导思想和总体目标

当前和今后一个时期,加强农村青年文化建设的指导思想是:以邓小平理论和“三个代表”重要思想为指导,以培育“四有”新人为目标,以服务农村青年增收成才为主线,创新载体、加大投入、重在建设、寓教于乐。以科学的理论武装人,以正确的舆论引导人,以高尚的精神塑造人,以优秀的作品鼓舞人,用先进文化塑造农村青年、武装农村青年。充分发挥青年在农村先进文化建设中的生力军作用,为农村经济社会发展提供强大的精神动力和智力支持。

加强农村青年文化建设的总体目标是:定期开展丰富多彩、群众喜闻乐见的文化活动,推出一批富有传统特色和时代特征、积极向上的农村青年文化项目,培育一批个人素质好、示范带动强的农村青年文化带头人,创建一批辐射范围广、富有生机活力的农村青年文化阵地,逐步形成以文化活动为途径,以文化项目为载体,以文化阵地为依托,以文化人才为骨干,以繁荣农村青年文化生活、提高农村青年综合素质、促进农村经济社会发展为根本目的农村青年文化建设新格局。

三、加强农村青年文化建设的主要内容

1. 普遍开展农村青年文化活动。随着农村物质生活水平的提高,广大农村青年对文化活动有着更为迫切的渴求。要在总结多年来开展农村青年文化活动经验基础上,继续开展丰富多彩、富有乡土气息、积极向上的文化活动。要注意研究农村青年的新特点和发展趋势,根据青年群体结构分化和文化生活多样化需求,积极创新活动内容和形式。要统筹安排,系统抓好各种类型和层次的农村青年文化活动,对经济发达与不发达,务农青年与非农产业青年、进城务工青年等要区分群体,有针对性地开展活动。要利用好农村的节日、集市、广场开展活动,在每年“五四”、“七一”、“十一”和元旦春节期间定期组织一些大型文化活动,掀起活动高潮。

2. 积极培育农村青年特色文化项目。文化项目是文化建设的重要支撑。农村面大地广,文化项目非常丰富,从中选择一批普遍的、大众的、具有浓郁民族特点的项目就能带动整个农村文化活动的开展。因此,要结合各地文化传统,适应青年需求,在农村生产生活中积极寻找符合乡情、民情的活动载体,努力培育一批既能操作在手,又能充分体现各地特色、

富有牵动性的特色文化项目。要发挥青年参与文化活动的积极性、主动性和创造性，积极挖掘和弘扬农村民俗文化、乡土文化的潜力和优势，促进当地文化产业发展。全国将确定一批重点县（市），采取报送节目、电视展播、公开评审等办法，展示和推广各地农村青年特色文化项目，带动农村青年文化建设。

3. 大力培养农村青年文化带头人。文化建设没有人才不行。要通过重点培养、重点扶持、表彰激励等方式，培育一批政治思想好、文化素质高、有文艺专长的青年文化带头人。要把农村青年文化骨干组织起来，建立文艺队、体育队、科技队及各种兴趣小组，深入基层开展健康向上、丰富多彩的文化活动。要积极开展乡村青年歌手、大力士、剪纸、书法等各种文化比赛，发现并推出一批文化人才，逐步形成有利于青年人才脱颖而出的机制。全国将每年分类举办农村青年文化比赛，为农村青年施展才华提供舞台，为社会提供文化人才资源。

4. 加强农村青年文化阵地建设。文化阵地是农村文化建设的重要依托。要切实加大农村青年文化阵地建设的力度，建好用好农村青年文化阵地。农村现有的图书馆、文化站，要优先优惠向青年开放，坚持思想教育、知识学习、技能培训、文化娱乐“四位一体”的方针，依托阵地开展好青年文化活动。经济发达地区，要抓住加快发展小城镇的重要机遇，广泛动员、积极鼓励和支持社会力量，以新建、改建、扩建、共建等多种方式，兴建完善一批功能齐全的农村青年文化阵地，更好地吸引青年、联系青年、凝聚青年、服务青年。要帮助农村青年文化阵地加强管理，拓展功能，完善机制，使其在运用过程中不断自我发展、自我壮大。

四、采取切实措施加强农村青年文化建设

1. 高度重视，加强领导。青年文化建设是农村文化事业的重要组成部分，是贯彻落实“三个代表”重要思想和以德治国基本方略，把一代又一代农村青年培育成为“四有”新人的关键环节，是一项决定农村未来的育人工程。各级团组织和文化部门要切实把加强农村青年文化建设作为大事来抓，摆上重要的议事日程。

2. 纳入规划，抓好示范。要将此项工作纳入到农村文化事业的总体规划中，进行全面部署、广泛动员和精心组织。要制订详细工作计划，突出工作重点，一级抓一级，层层抓落实，切实把农村基层普遍发动起来。要确定一批重点县、重点乡镇，抓好一至两项特色活动作为示范项目，影响和带动面上活动开展。

3. 建立机制，表彰激励。要自觉树立人才观念，层层建立农村青年文化人才档案，建立各种文化技能的资格评定和证书制度，建立有利于青年文化人才脱颖而出的机制，切实做好农村青年文化人才的发现、培养和举荐工作。要采取多种形式，大张旗鼓地表彰在此项工作中成效突出的优秀青年文化活动、项目、单位、个人和阵地，激励先进，引导和带动更多的人力、物力、财力投入农村青年文化建设工作。对于涌现出来的青年集体和个人，将纳入全国文化工作先进单位和个人评选范围给予表彰。

4. 加强宣传，营造氛围。要积极协调新闻宣传部门，充分运用广播、电视、报刊、互联网等传媒，大力宣传农村青年文化建设工作中涌现出来的先进典型，推广各地成功经验，反映建设工作成效，进一步营造农村青年文化活动蓬勃发展、青年文化人才健康成长的良好社会氛围。

共青团中央关于江泽民总书记“保护母亲河”题词手迹使用规定的通知

2002 年 8 月 2 日

共青团各省、自治区、直辖市委，军委总政治部组织部，全国铁道团委，全国民航团委，中直机关团工委，中央国家机关团工委，中央金融团工委，中央企业团工委：

2002 年 5 月 4 日，江泽民总书记为保护母亲河行动亲笔题词“保护母亲河”，这是对保护母亲河行动的充分肯定，是对全国亿万青少年的亲切关怀和殷切期望。使用好题词手迹，对于进一步激励广大青少年以更加饱满的精神投入到保护母亲河行动，为国家生态环境建设做出更大贡献，具有重大意义。现将题词手迹印发给你们，并就使用的有关规定通知如下。

一、使用范围

“保护母亲河”题词手迹主要用于各级保护母亲河行动领导小组开展的保护母亲河行动宣传、教育、实践等活动。具体包括制作保护母亲河旗帜、保护母亲河工程和教育基地纪念标牌、“保护母亲河号”牌匾、保护母亲河行动纪念碑、徽章等。

二、使用要求

1.“保护母亲河”题词手迹（横竖排，简繁体）标准版以文件印发的为准，使用题词手迹需经当地保护母亲河行动领导机构批准。

2.各级保护母亲河行动领导小组要本着严肃负责的态度，按照全国保护母亲河行动领导小组规定的使用范围使用题词手迹。

3.“保护母亲河”题词手迹不得用于任何商业活动。

4.在保护母亲河旗帜、保护母亲河工程和教育基地纪念标牌、“保护母亲河号”牌匾、保护母亲河行动纪念碑、徽章等上使用题词手迹，要按照国内通行的制作方式和标准，把题词手迹摆放在显著位置，字体大小和颜色要协调、对称、美观。

共青团中央、国家工商行政管理总局、农业部科技部关于加强农村青年经纪人队伍建设的意见

2002 年 11 月 19 日

农村青年经纪人是在农业和农村经济活动中，以收取佣金为目的，为促成他人交易而从事居间、行纪或者代理等经纪业务的农村青年个人和以农村青年为从业主体即持有经纪资格证书的人员。随着我国社会主义市场经济体制的不断完善和正式成为世界贸易组织成员，农民经纪人特别是农村青年经纪人在向农村推广先进适用技术、沟通供求信息、促成

农副产品买卖双方交易、搞活商品流通、促进农产品市场健康发展、实现农业产业化经营和转移农村剩余劳动力等方面将发挥出越来越重要的作用。为进一步加强农村青年经纪人队伍建设，共青团中央、国家工商行政管理总局、农业部、科技部特提出以下意见。

一、大力培养各类农村青年经纪人

农村青年经纪人培养工作要以促进农村经济发展、农业产业化经营和农民群众增收为基本目标，充分发挥共青团组织和工商、农业、科技等政府主管部门优势，利用一至三年时间，在全国建立一支规模较大、作用明显的农村青年经纪人队伍，支持他们带头从事农村社会化服务，面向农村青年和农民群众开展优质便捷的技术、人才、资金、物资、信息等产前、产中和产后服务，特别是农副产品市场中介服务，不断引领农村青年勇闯市场，成为农副产品市场的主体，推进农村社会化服务体系建设。

1. 大力培养农村青年科技中介型经纪人。发展优质高效农业，农民群众急切需要一批懂技术、善管理的科技能人进行传、帮、带。利用各种形式和途径培养一批能够结合农业产业化发展、农业结构调整和当地新兴产业，掌握先进适用技术的农村青年经纪人，为农民群众发展农业产业化生产、推广新品种新技术，提供优质高效的产前、产中、产后技术服务，采用签订技术承包合同形式，把科技转化为现实生产力。

2. 大力培养农村青年流通中介型经纪人。随着我国正式成为世界贸易组织成员，我国农业要面对国内、国际双重市场压力，受市场约束越来越大，农户小规模经营与大市场矛盾比较突出。农村急需一批能够推销农副产品和预先为农副产品找到订单的经纪人。利用各种形式和途径培养一批农村青年流通经纪人，引导农民群众搞好产销衔接，搞活流通，促进农民群众及时、有效地抓住商机，使农副产品顺利进入市场。

3. 大力培养农村青年劳务中介型经纪人。要积极培育有知识、有头脑、矢志创业的农村青年从事劳务中介，帮助农民群众有序向二、三产业转移，不断推动小城镇建设和发展。

二、全面提高农村青年经纪人队伍的整体素质

要充分利用现有资源，采取多种形式，为农村青年经纪人提高从业素质、增强业务本领提供有效的服务。要根据农村青年经纪人队伍发展的实际需要，制定切实可行的培训计划，通过培训，不断增强农村青年经纪人的法律意识和职业道德观念，完善知识结构，提高把握市场和科学决策的能力，规范经营行为，使农村青年经纪人在业务素质和职业道德等方面得到全面发展。培养职业化、多元化的农村青年经纪人队伍，提高其在市场中的持续竞争能力。

各地要大力挖掘、培养、树立一批在推广农业新品种新技术、推进农副产品流通、农业产业化经营中做出突出贡献、具有示范意义的农村青年经纪人，充分利用广播电视、报刊、互联网等传媒，宣传他们的先进事迹，通过典型引路，不断扩大活动的社会影响力和影响面。共青团中央、国家工商行政管理总局、农业部、科技部每年将表彰一批优秀农村青年经纪人及有关工作的先进单位和先进个人。

三、切实加强农村青年经纪人队伍的建设和管理

1. 实行准入制度。要规范农村青年经纪人资格认定制度，按照国家工商行政管理总局颁布的《经纪人管理办法》，凡具备条件的农村青年经纪人员，经考核，可取得经纪人资格证书。

2. 加强监督管理。在大力培育和发展农村青年经纪人队伍的同时，加强对他们的监督管理，严禁地下经纪活动、骗买骗卖、欺诈顾客、违法经营等严重影响农村青年经纪人形象和扰乱市场经济秩序的行为。各地工商行政管理机关要设立农村青年经纪人管理档案，建立健全经纪人年检制度，认真做好经纪人的监督管理工作，使农村青年经纪人队伍一开始就

步入良性发展轨道。

3. 建立相应的协作关系。各地要在培养一批自然人经纪人的基础上,积极引导和帮助农村青年经纪人员共同组成经纪组织,积极培育龙头企业+经纪人+农户、专业市场+经纪人+农户、中介服务组织+农户、科技协会+经纪人+农户等协作关系组织。

四、提高认识、精心组织、整合资源、狠抓落实

各地要充分认识加强农村青年经纪人队伍建设的重要意义,高度重视、关心支持农村青年经纪人健康成长。积极创造条件,帮助农村青年经纪人解决发展中存在的实际困难和问题,不断优化农村青年经纪人队伍生存和发展的外部环境,切实为他们提供各类服务。

各级团组织要把加强农村青年经纪人队伍建设摆上重要议事日程,层层分解任务,落实责任,做好与工商、农业、科技等相关部门的协调工作。工商行政管理机关要为农村青年经纪人健康成长创造有利条件,大力维护经纪人的合法权益,积极支持经纪人发展业务和开展经纪工作。农业部门要为农村青年经纪人从业提供各种便利,在信息、政策等方面加大扶持力度。科技部门要为农村青年经纪人从事农业新品种新技术中介服务提供便利,在各方面予以倾斜扶持。各级团组织和农业、科技主管部门要指定一名负责同志配合工商行政管理机关做好农村青年经纪人工作。

各地要深入调查研究,据此提出具体工作目标和做好工作安排。要确定示范点,不断总结经验,以点带面,促进农村青年经纪人队伍的整体建设。要把加强农村青年经纪人队伍建设作为一项经常性的工作,结合本地实际情况,制定长远规划和具体政策。

各地可根据本意见,提出加强农村青年经纪人队伍建设的具体实施意见和措施。

共青团中央办公厅关于以“贯彻十六大、创造新业绩”为主题开展第五届“乡村青年文化节”的通知

2002年12月2日

共青团各省、自治区、直辖市委:

为有效地动员和组织广大农村青年学习、宣传、贯彻党的十六大精神,大力繁荣和发展社会主义文化,用先进文化教育和鼓舞亿万农村青年,充分发挥青年在农村先进文化建设中的生力军作用,共青团中央决定,今冬明春以“贯彻十六大、创造新业绩”为主题,在全国农村广泛开展第五届“乡村青年文化节”活动。现将有关事宜通知如下。

一、指导思想

以党的十六大精神为指针,把学习贯彻党的十六大精神作为开展文化节活动的主题,全面贯彻“三个代表”重要思想,紧紧围绕全面建设小康社会的宏伟目标,组织广大农村青年大力开展丰富多彩、扎实有效的文化活动,推动农村先进文化的繁荣和发展,促进农村青年增收成才。

二、主要内容

1. 以生动活泼的方式,繁荣乡村文化生活

牢牢把握先进文化的前进方向,动员组织广大农村青年结合农村实际创作一批快板、小品、相声、音乐、戏曲、诗歌等新作品,以生动的

艺术形式宣传党的十六大精神。举办时代金曲演唱会、诗歌朗诵会、歌手大赛、文艺汇演等演出活动，满怀豪情、热情讴歌我们党的丰功伟绩，充分表达广大农村青年永远跟党走的炽热情怀。鼓励支持农村青年用剪纸、编织、绘画、布艺等各种民间艺术，描绘农村幸福生活和美好未来。制作赠送宣传党的十六大精神的新年画、新春联，倡导挂主题年画、贴时代春联。组织庆祝党的十六大胜利召开的主旋律影片到乡村巡回放映。

2. 以文化活动的形式，传播现代农业科技

紧紧围绕农业和农村经济结构调整要求，依托乡村集市和场坝，开展形式活泼、有趣有为的科技传播活动。普遍举办青年科技大集，通过图片展览、播放录像、发放资料、现场咨询、租借图书、销售农用物资等方式，组织农业科技人员、青年星火带头人进行示范和技术讲解，推广农业新技术新品种，推广农业标准化生产技术，推广农产品市场流通知识。积极组织科技文化擂台赛、科技知识竞赛，注意选取能够充分体现乡村文化特色、促进当地经济发展的项目进行比赛，以农村生产技能为内容，以集体竞赛为手段，引导农村青年学科技、学文化，提高综合素质。

3. 以寒假大学生“三下乡”为牵动，活跃乡村文化生活

充分发挥大学生有知识、有能力、热心服务社会的重要作用，抓住寒假大学生回乡的有利时机，组织他们服务奉献家乡，架起城乡文化互动桥梁。重点开展好“五个一”活动，即开展一次党的十六大精神宣讲活动、组织一场大学生文艺演出活动、开展一次义写义送春联活动、开展一次给困难家庭送温暖活动、写出一份家乡建设发展调研报告。各大中专院校团组织要把寒假大学生

“三下乡”活动列入学校社会实践总体安排，与大学生素质拓展计划的实施结合起来，提出统一要求。各县、乡团委要在活动中发挥好协调作用，提前了解本地服务需求，确定服务地点和方式，主动把回乡大学生组织起来，提供一定的活动条件，保证大学生社会实践服务活动顺利有序开展。

4. 以进城务工青年回乡为契机，开展“把文明带回家”活动

加大对进城务工青年教育与服务力度，充分发挥他们在家乡两个文明建设中的积极作用，组织动员广大进城务工青年利用春节回乡探亲的机会，把科学文化、致富技能、文明习惯带回家。输入地团组织要在进城务工青年回乡前开展文明宣传教育和送温暖活动。输出地团组织要积极动员组织回乡的进城务工青年参与到文化节各项活动之中，引导他们传播在城市就业中学到的科学文化知识，开展科普教育和健康向上的文化娱乐活动，传授先进实用的劳动技能，倡导健康文明的生活方式。

三、实施步骤

1. 今年12月上中旬为规划部署阶段。各地团组织要按照本届活动通知要求，制定具体实施方案。要借助年底工作总结安排之际，对文化节活动进行全面部署。各省（区、市）文化节活动方案应于12月15日前报团中央备案。

2. 今年12月下旬为重点示范阶段。全国将确定100个示范单位，每个省级团委重点推荐2-4个，抓好典型示范。各地开展的示范活动要选择在全国有代表性的、知名度较高的县、乡、村开展，并积极协调省级电视台播出活动节目。团中央还将重点抓好以下示范活动：北京“十六大精神进农家”主题系列活动、天津“颂党情、赞津城、话未来”主题春联大赛和乡村青年歌手大赛、内蒙古“学习宣传十六大、文明欢乐进农家”主题活动、河南“百万农村青年科技大集”、浙江、上海、江苏共同举办的长江三角洲地区乡村青年文化活动、广东“十六大精神耀南粤”青年文化直通车进乡村等。

3. 明年1月至2月中旬为全面展开阶段。各县、乡、村团组织要普遍组织开展文化节活

动。县以上各级团组织要抓好指导服务工作，主要负责同志要深入乡村与当地青年一起活动，以推动全国文化节广泛热烈开展，形成较大声势。

4. 明年3月为总结表彰阶段。团中央将在本届文化节活动结束后，通报表彰优秀组织单位、先进个人和优秀活动项目各100个。各地也要组织好总结表彰工作。

四、有关要求

1. 高度重视。要切实将文化节活动作为学习贯彻党的十六大精神的一件大事，作为今冬明春农村团的工作的重中之重，抓紧抓好，抓出成效。要突出“贯彻十六大、创造新业绩”的鲜明主题，使文化节活动更好地服务大局、服务青年。

2. 示范带动。要充分调动基层开展文化节活动的积极性和创造性，广泛吸收各方面青年参与到活动中来，一级抓一级，层层抓落实，确保各乡村团组织开展活动。要切实抓住一批有影响的县市、乡村作为重点活动地区，抓好一至两个特色活动作为牵动项目，影响和带动面上活动开展。

3. 加大宣传。要积极争取党政领导和有关部门的关心与支持，充分利用“三下乡”活动资源，借助外力，形成合力，共同推动文化节活动蓬勃开展。要积极协调新闻宣传单位，充分运用广播、电视、报刊、网络等传媒，对文化节活动大张旗鼓地进行宣传，营造良好的社会氛围。

4. 建立机制。要认真总结四年来开展“乡村青年文化节”活动的成功经验，注意按照项目化、市场化、社会化的路子，积极探索和建立文化节活动运行机制，推动活动不断深入开展。要树立典型，表彰先进，激发更多的乡村团组织和青年深入持久地开展好文化节活动。

十一、学校

中共教育部党组、共青团中央关于普通高等学校共青团建设有关问题的通知

1998年11月2日

各省、自治区、直辖市党委教育工作部，教育委员会，教育厅，团委，广东省高教厅，国务院有关部委教育司(局)：

普通高等学校共青团组织是学校教育工作中的一支重要力量，在培养社会主义现代化建设合格人才、维护高校稳定等方面发挥着重要作用。在推进教育体制改革、特别是高校内部管理体制改革中，各地各校要认真贯彻落实《中共中央关于加强和改善党对工会、共青团、妇联工作领导的通知》（中发〔1989〕12号）和中共国家教委党组、共青团中央《关于加强高等学校共青团建设的意见》（中青联发〔1991〕28号）的有关精神，充分考虑共青团作为先进青年的群众组织的

特点，重视和支持共青团组织的工作，进一步发挥共青团在高等学校教育中的积极作用。现就有关问题通知如下。

1. 加强和改善高校党组织对共青团工作的领导。共青团是中国共产党的助手和后备军,各级党组织应该按照党章的规定加强对同级共青团组织的领导。高校团委受高校党委的直接领导,高校党委要有一名副书记分管共青团工作,高校团委书记是党员的,可以列席高校党委或党委常委的有关会议。要把共青团工作纳入学校整体工作之中,充分发挥共青团组织在人才培养中的积极作用,为共青团开展工作创造必要条件,提供必要的活动场所、设备和经费,保证必要的活动时间。

2. 支持高校团组织按照团章独立自主地开展工作。各高校要按照团章规定设置学校共青团的组织机构。团的组织机构是共青团开展工作、发挥作用的重要保证，不得把学校共青团组织的机构撤消、合并或归属于其他工作部门。已经将共青团组织机构合并或归属其他工作部门的学校，应尽快采取措施纠正。

3. 建设一支高素质的高校团干部队伍。指导和帮助高校团组织加强干部队伍建设,是高校党委的一项重要任务。要重视高校团干部队伍建设,选拔德才兼备、有培养前途的青年教师和优秀毕业生到团的工作岗位上来,不断提高团干部的思想政治素质和工作能力,建设一支以专职干部为骨干,专、兼职相结合的高素质的团干部队伍。校级团委正、副书记为专职,按学校部、处级干部配备、管理,并享受相应待遇。专职的团委各部部长和系团总书记应按科级干部配备、管理,并享受相应待遇。高校团委领导职数和高校专职团干部的人数,根据学校规模和工作需要而定,应保证共青团工作正常开展的需要。

普通高等学校共青团组织要适应改革发展特别是教育体制改革发展的要求,在学校党委和团的上级组织的领导下,贯彻落实党的教育方针,围绕学校的中心工作,积极探索新形势下共青团工作的有效途径,在培养社会主义现代化建设合格人才中发挥更大的作用。

共青团中央关于1999年深入开展中学生18岁成人仪式教育活动的通知

1999年2月24日

共青团各省、自治区、直辖市委,全国铁道团委,全国民航团委:

近年来,各地团组织广泛开展了18岁成人仪式教育活动,受到中学生的欢迎和社会各方面的好评。今年是我们党和国家历史上具有特殊意义的一年,将迎来新中国成立50周年、五四运动80周年、澳门回归祖国,还有世纪之交等几件大事,这为在中学生(含普通中学、职业中学、中等专业学校、技工学校学生)中深化18岁成人仪式教育活动、进行爱国主义教育提供了良好的契机。为落实《共青团工作跨世纪发展纲要》,实施中学生"素质拓展",使这项活动在中学生成长成才过程中发挥更大的作用,引导中学生主动面向新世纪,增强公民意识和社会责任感,树立成才报国的理想,实现全面发展,共青团中央要求,各地团组

织要抓住1999年的有利时机，继续广泛深入地开展中学生18岁成人仪式教育活动。现将有关事宜通知如下。

一、进一步规范和普及18岁成人仪式教育活动。在《共青团中央关于规范18岁成人仪式教育活动的暂行意见》（中青发〔1996〕9号）的基础上，总结近年来各地创造的成功做法和经验，这项活动要按照16岁公民意识教育、成人预备期志愿服务、18岁成人宣誓仪式三个环节进行，形成完整的教育过程。要利用年满16岁领取居民身份证的契机，联合有关部门，加大对中学生进行公民意识教育的力度，使中学生掌握宪法和法律的有关知识，懂得公民应有的权利和义务。要组织16－18岁处于成人预备期的中学生开展志愿服务活动，引导中学生在为社会服务的过程中培养履行公民义务的意识和能力，增强社会责任感。要按照升国旗、唱国歌、面对国旗宣誓、领导勉励、前辈祝愿、成人心声、颁发成人纪念物等基本程序，为年满18岁的中学生举行成人宣誓仪式。要推行把接受过公民意识教育、完成了48小时以上志愿服务作为参加成人宣誓仪式必要条件的制度，以激励更多的中学生主动参与成人仪式教育活动。要本着突出重点、全面部署的原则，在中小城市进一步推广普及18岁成人仪式教育活动，使这项活动逐步成为中学团组织在中学生中广泛开展的经常性活动。

二、集中举行中学生18岁成人宣誓仪式。为纪念五四运动80周年、新中国成立50周年，在今年5月4日和10月1日前后，由团中央学校部协调，组织两次全国统一的大规模的成人宣誓仪式。除当地已明确“成人节”、“成人宣誓日”的外，原则上集中组织一定规模的中学生18岁成人宣誓仪式，形成统一的声势。成人宣誓仪式可在本地具有纪念意义的场所举行。要引导中学生面向新世纪，明确肩负的历史责任，树立成才报国的理想。可以配合成人宣誓仪式开展多种形式的纪念活动。

三、实行“16－18岁学生成长纪念册”制度。为推动18岁成人仪式教育活动的深入开展，使活动形成有形的载体，引导更多的中学生自觉参与这项活动，更好地进行自我教育，团中央今年将制订并推行《16－18岁学生成长纪念册》。纪念册可以使中学生便于记载从16岁到18岁个人成长进步的足迹，保存值得纪念的经历，了解法律、科技、国情等方面的知识，提高中学生的综合素质，更好地为成人做准备。

四、加快18岁成人仪式教育法制化步伐。普及和深化成人仪式教育活动，并使之最终成为一种全民族的习俗，必须逐步形成制度，依靠法制的保障。近年来，成人仪式教育活动的地方立法工作取得了突破性进展，上海、广州、南京等地相继确定了本市的“成人宣誓日”，石家庄、汕头、厦门等市人大常委会相继确定了本市的“成人节”，北京市、湖南省等也以不同形式确立了成人仪式教育活动的法律地位。今年，各地要加大这项工作的力度，加强对活动的宣传，扩大活动的影响，积极争取党政和人大的重视、支持，推动更多的城市确定地方的“成人节”、“成人宣誓日”。团中央今年将以适当形式推广一些地方的成功经验。

五、以团的学校部门为主加强对活动的领导和协调。开展中学生18岁成人仪式教育活动，是全团实施中学生“素质拓展”，开展青少年公民素质教育的重点项目，各地务必给予高度重视，切实加强对活动的领导和协调。从今年起，中学生18岁成人仪式教育活动以团的学校部门为主进行部署安排，同时，联合团的宣传等部门及社会有关方面共同组织开展这项活动。各级团组织的有关部门要做好相关工作的衔接，进一步增强对这项工作的责任感，加强对基层活动的指导。各地要结合实际，认真研究深化成人仪式教育活动的具体措施，在巩固已有工作成果的基础上，不断探索活动的新形式、新途径。要及时了解学校开展

活动的有关情况，注意总结经验，推动这项活动不断取得新发展。

各地开展中学生18岁成人仪式教育活动的有关情况，请上报团中央学校部。

中共中央宣传部、教育部、共青团中央、全国学联关于大力开展全国大中专学生志愿者暑期文化科技卫生“三下乡”活动的通知

1999年5月27日

各省、自治区、直辖市党委宣传部、党委教育工作部门，教委、教育厅，团委，学联，广东省高教厅：

近年来，各地大中专学生利用暑期开展的文化科技卫生“三下乡”活动，取得了显著的成效，产生了良好的反响，受到了广大青年学生和农民群众的普遍欢迎。为深入贯彻党的十五大和十五届三中全会精神，促进学生综合素质的提高，推动农村两个文明建设，中宣部、教育部、共青团中央、全国学联决定，今年暑期继续大力开展大中专学生志愿者“三下乡”活动。现将有关事项通知如下。

一、活动主题

今年暑期“三下乡”活动的主题是：弘扬五四爱国精神，勇担强国富民重任。

今年是建国50周年、五四运动80周年，前不久，广大青年学生和全国人民一道愤怒声讨以美国为首的北约轰炸我国驻南联盟使馆的暴行，表现了强烈的爱国主义精神。要抓住这一有利时机，通过深入开展“三下乡”活动，使青年学生切身感受建国50年来特别是改革开放以来我国社会主义现代化建设的巨大成就，加深对邓小平理论的理解，进一步弘扬爱国主义精神，牢固树立强国富民、振兴中华的理想。要把青年学生的爱国热情引导到为我国广大农村地区的经济建设和社会发展做贡献上，引导到用所学知识报效祖国、服务社会、回报人民上，引导到在丰富生动的社会实践中经受锻炼、增长才干、提高素质上，以成才报国的实际行动进一步展示当代青年学生强烈的历史责任感和积极向上的良好精神风貌。

二、活动内容

暑期的“三下乡“活动主要集中在7月上旬至8月中旬。今年的重点活动项目是：

1. 百乡千村科技扶贫。选择100个乡的1000个欠发达村，以农林、水利等院校学生为主，根据当地农村经济发展的实际需要，通过开办培训班、现场指导等方式，传授和推广科技知识，帮助农民解决生产中遇到的问题，推动当地尽快脱贫致富。

2. 千支服务队灾区援助。组织1000支志愿服务队，深入去年遭受洪涝灾害的地区，为灾区群众提供文化、科技、卫生援助，帮助灾区更好地恢复和发展生产，提高卫生和健康水平。

3. 千家乡镇企业促进行动。以理工、财经院校学生为主，充分发挥博士生、硕士生的作用，结合乡镇企业实际需要，开展市场营销、产品开发、技术创新、规范管理、职工培训等方面的服务工作，为1000家乡镇企业的发展提供帮助。

4. 大学生文艺队千场演出。组织一批大学生

业余文艺演出队，深入农村巡回演出1000场。可以与当地农民艺术团体相互配合，精心编排农民群众喜闻乐见的节目，丰富和活跃农村文化生活。

5. 万户农民健康普查。组织大学生医疗服务队，为1万户农民进行简单的健康普查和常见病治疗，开展卫生常识咨询，普及医疗卫生知识，为农村送医、送药、送器械。在一些地方病高发区普及预防知识。

6. 千支服务队支教扫盲。以师范院校学生为主，组织1000支志愿服务队，为农村地区中小学服务，举办中小学师资培训班。同时，开展扫盲活动，帮助更多的青壮年文盲提高文化水平。

7. 法律宣传进万家。组织政法院校学生，以宪法、刑法、民法、婚姻法、森林法、土地法、义务教育法等法律为重点内容，走村串户向农民宣传和普及法律知识，增强农民的法律意识和法制观念，推动农村的民主法制建设。

8. "保护母亲河"行动。组织大中专学生特别是农林水利等专业的学生，以调查团、宣讲团、夏令营等形式，积极参与"保护母亲河"行动，进行生态环境调查，宣传保护母亲河，并提供力所能及的技术服务。黄河、长江流域主要城市要认真组织好"母亲河，我与你同行"绿色传递活动。充分发挥大中专学生在倡导绿色文明和实施可持续发展战略中的作用，利用暑期掀起"保护母亲河"行动的高潮。

为更好地推动农村社会主义精神文明建设，中宣部等部门还将委托专门机构，以首批公布的全国文明村镇创建活动100个示范村为对象，组织和培训部分大学生作为调查员，深入了解示范村农民综合素质等方面的情况，开展文明村镇创建活动调查。

各地各校还可以围绕活动主题，结合本地实际，设计开展多种形成的"三下乡"活动。

三、活动要求

今年暑期开展大中专学生志愿者"三下乡"活动，是对青年学生进行爱国主义教育、引导青年学生健康成长的一项重要举措，是推动农村两个文明建设的一项重要工作，是纪念五四运动80周年、迎接建国50周年的一项重要内容。各地要高度重视，切实加强领导，下大力气抓好这项工作。

一要突出活动重点。各地各校要把灾区和贫困地区作为活动的重点地区，在当地受灾地区和贫困地区中确定一些活动重点区，集中本地高校力量，开展文化科技卫生综合服务。要按照全国统一部署抓好重点活动，优先保证重点活动项目的实施。各地各校也要安排好自己的重点活动。

二要务必讲求实效。各地各校开展"三下乡"活动，一定要从实际出发，保证活动既轰轰烈烈，又扎扎实实。要立足学校，立足基层，结合专业特点，并充分考虑服务地区的现实需求，增强活动的针对性。要按照项目的形式运作，把各项服务活动具体化。鼓励学校和地方建立长期稳定的联系，使暑期"三下乡"发展成"常下乡"，真正帮助地方解决一些实际问题。要适当扩大参加"三下乡"活动的学生规模，适当增加活动时间，以增强活动的影响力。今年暑期要通过集中组队、回乡度假分散活动等多种形式，力争动员60万名大中专学生参加"三下乡"活动。

三要切实提供保障。大中专学生志愿者"三下乡"是社会实践活动的深化和发展，在学生中具有广泛的影响，各有关部门要多创造条件，为活动的开展提供更有力的保障。各普通高等学校、高等职业学校和中等职业学校应当在把社会实践活动纳入教育计划的基础上，进一步建立和完善学生参加"三下乡"等社会实践活动成果的考核制度，调动他们参加"三下乡"活动的积极性。有关部门和各学校要在保证现有社会实践经费的基础上，适当增加"三下乡"社会实践活动专项经费投入。要进一步建立和完善教师指导学生参加社会实践活动的制度，学校组织的"三下乡"活动都应配备指导教师以提高活动的质量和水平。

四要加强新闻宣传。各地要从多方面加大新闻宣传工作的力度,使更多的学生从中受到教育,各新闻单位要充分重视"三下乡"活动的宣传,摆上日程,列入计划,进行较大力度的报道。要组织精干力量深入基层一线,及时、高质量地报道各项重点活动的开展情况和青年学生、农民群众的反映。中央电台、光明日报、中国青年报、中国教育报、农民日报等中央新闻单位要开展"从农村变化看共和国五十年"主题征文活动,并开辟专题专栏,系列刊发学生的优秀征文。各地新闻单位也要组织好本地区的新闻宣传,运用多种体裁,为大中专学生"三下乡"活动创造有利的舆论氛围。

活动结束后将评选表彰先进单位和优秀志愿服务队。各地各校有关活动情况,请及时报团中央学校部。

共青团中央、中共教育部党组关于加强社会力量举办的高等学校团的建设工作的意见

2000 年 11 月 28 日

为适应形势发展需要,进一步加强社会力量举办的高等学校(含社会力量举办的其他高等教育机构)团的建设,根据中共中央组织部、中共教育部党组印发的《关于加强社会力量举办学校党的建设工作的意见》(中组发〔2000〕7 号)精神和中共中央组织部、共青团中央召开的全国基层党建带团建工作会议的要求,现就社会力量举办的高等学校团的建设工作提出如下意见。

一、及时建立社会力量举办的高等学校团的组织

凡按国家有关规定,经行政主管部门批准的社会力量举办的高等学校,必须建立团的基层组织。社会力量举办的高等学校团组织的设置形式,根据团员人数和工作需要,按照有关规定确定。

已建立党组织的社会力量举办的高等学校,由学校党组织为主,上级团组织协助建立团组织,并共同领导其工作。暂时未建立党组织的,由上级团组织负责建立团组织,并领导其工作。社会力量举办的高等学校团的上级组织,一般指省(自治区、直辖市)、市团委或同级教育行政部门团(工)委。

社会力量举办的高等学校团组织的领导成员,按照团的基层组织选举规则选举产生。已建立党组织的学校,选举结果应报学校党组织和上级团组织批准,由上级团组织发文公布。暂不具备选举条件的,可由学校党组织和上级团组织协商,或上级团组织同学校行政领导部门协商,指派学校团组织的代理负责人,待条件成熟后,再按规定进行选举。社会力量举办的高等学校团组织的负责人,原则上按学校党组织(或行政)职能部门负责人的条件配备,并享受相应待遇。社会力量举办的高等学校团组织的负责人工作变动,须征求上级团组织的意见。

社会力量举办的高等学校团组织工作机构的设置和干部配备,由学校根据工作需要确定。对兼职团干部所从事的团务工作应计算一定的业务工作量。团组织活动经费应列入学校年度经费预算,活动时间要有保证。

二、明确社会力量举办的高等学校团组织的职责

社会力量举办高的等学校团组织应该发

挥团结教育学生的核心作用，围绕学校党政中心工作和青年学生成长成才的实际需要，着眼于提高学生的思想政治素质，培养学生的实践能力、创新意识、创业精神等各方面素质，以灵活多样的方式开展工作。其主要职责有：

（一）开展思想政治工作。组织学生学习马克思列宁主义、毛泽东思想、邓小平理论和党的路线、方针、政策，开展爱国主义、集体主义和社会主义教育，引导学生树立远大理想，明确政治方向，坚定走建设有中国特色社会主义道路的信念。开展党的知识教育，做好推优入党工作。

（二）协助学校党政培养和提高学生的素质。鼓励和引导学生勤奋学习，切实掌握专业知识。开展各种形式的校园科技文化、社会实践、志愿服务等活动，促进学生全面素质的提高。

（三）发挥桥梁纽带作用。做好学校党政与学生之间上情下达、下情上传工作。引导学生理解并认真执行学校的制度和措施。积极参与涉及学生的各项事务和管理工作。及时反映学生的意见和建议，维护学生的权益。关心学生的学习、生活，为学生提供切实有效的服务。

（四）加强团组织自身建设。健全团的组织生活，做好发展团员和团员教育、管理等工作，加强团干部队伍建设。

（五）指导学生会和学生社团开展工作。学生会是学生自己的群众组织，在党组织的领导和团组织的指导帮助下，依照法律、学校规章制度和各自的章程，独立自主地开展工作。学生社团是学生根据兴趣爱好等组织的团体。学生会、学生社团是高校不可或缺的重要组织和团体，在促进学校建设和学生成长方面具有重要作用。要指导帮助学生会健全组织，正确开展工作。正确引导、严格管理各类学生社团，促进学生社团健康发展。

三、加强对社会力量举办的高等学校团建工作的领导

各级团委、党委教育工作部门或教育行政部门党组织要高度重视社会力量举办的高等学校团的建设，坚持党建带团建，把社会力量举办的高等学校团的建设摆到重要地位，切实加强领导。要加强调查研究、检查指导，做好组织协调工作，及时总结、推广社会力量举办的高等学校团的建设工作的先进经验。要把社会力量举办的高校团的建设作为党建工作的组成部分来评估、考核，发现问题，及时解决。

社会力量举办的高等学校党的组织要认真抓好本校团的建设工作，把团组织建设纳入到党组织建设的整体格局。学校党组织领导成员中要明确一人分管共青团工作，校行政领导也应有人联系共青团工作。校团委的主要负责人应是校务委员会委员，如果是党员的，应列席学校党委会。学校党组织要定期召开专题会议研究团的工作。要争取校行政部门的支持，为团组织开展工作创造便利条件，提供必要的经费和活动阵地。要关心团干部的成长发展，给他们交任务、压担子、提要求，重视团干部的选拔和培训工作，建设一支专兼职结合的高素质的团干部队伍。

社会力量举办的高等学校团的上级组织，要加强对社会力量举办的高等学校团的工作指导，把其纳入工作总体部署。要根据社会力量举办的高等学校及学生的特点，研究和有针对性地部署工作。

中共中央宣传部、教育部、共青团中央、全国学联关于组织开展2001年大中专学生志愿者暑期文化科技卫生“三下乡”社会实践活动的通知

2001年5月30日

各省、自治区、直辖市党委宣传部，教育厅（教委），团委，学联：

今年是新世纪的开启之年，是实施“十五”计划的第一年，也是建党80周年。为深入贯彻江泽民总书记“三个代表”的重要思想，促进“依法治国”和“以德治国”的实施，落实党的十五届五中全会和中共中央、国务院《关于深化教育改革全面推进素质教育的决定》精神，更好地服务农村两个文明建设，服务青年学生的成长成才，中宣部、教育部、团中央、全国学联决定，今年继续在暑期组织开展大中专学生志愿者文化科技卫生“三下乡”社会实践活动。现将有关事项通知如下：

一、活动主题

今年活动的主题是：播科学圣火，做文明使者。要抓住新世纪开启之年和纪念建党80周年的契机，组织青年学生在丰富生动的社会实践中学习宣传邓小平理论和江泽民同志“三个代表”的重要思想，进一步激发青年学生成长进步、奋发进取的主动性、积极性和创造性，进一步增强青年学生建设祖国、振兴中华的责任感、使命感和紧迫感，坚定跟党走建设有中国特色社会主义道路的信念。要继续坚持“受教育、长才干、做贡献”的原则，大力传播科学技术和现代文明，宣传和弘扬科学精神，引导广大学生在服务“十五”计划、服务农村经济和社会发展的实践中提高自身素质，实现全面发展。

二、活动内容

今年的“三下乡”社会实践活动主要围绕以下几个方面展开：

1. 科技支农。组织学生深入乡村基层，根据当地经济发展的实际需要，传播和推广农业实用技术，帮助群众解决生产技术难题，培训农村科技人才。

2. 企业帮扶。组织学生围绕乡镇企业的改革和发展，开展技术创新、产品开发、市场营销、规范管理、职工培训等方面的服务工作，为企业发展提供帮助。

3. 文化宣传。组织大中专学生业余文艺演出队到农村巡回演出，培训一批乡村文艺骨干。帮助建设一批乡村图书站（室）。组织学生通过图片展览、放映录像、发放资料、编演节目等多种形式，在农村深入揭批“法轮功”，帮助和引导群众相信科学，远离邪教。

4. 医疗服务。组织学生为农民进行健康普查和常见病治疗，开展卫生常识宣传咨询，普及医疗卫生知识，为农村送医、送药、送医疗器械。

5. 法律普及。配合正在开展的“严打”斗争，在农村大力宣传普及与农民生产生活密切相关的法律法规，开展法律咨询，为农民进行法律援助。

6. 支教扫盲。组织学生培训中小学师资，丰富中小学生的暑期生活，为农村中小学实施素质教育服务。开展扫盲活动，帮助青壮年文盲提高文化水平，促进农村“两基”目标的最终实现。

7. 环境保护。组织学生积极参与“保护母亲河”行动，进行生态环境调查，宣传倡导环保观念，治理环境污染。

为贯彻落实江泽民总书记“三个代表”的重要思想，使大学生党员在“三下乡”社会实践中更好地经受锻炼、接受教育，今年将组织百支党员大学生“三个代表”实践服务团。

为更好地发挥高学历人才在服务农村两个文明建设中的作用，今年继续组织百支博士团“三下乡”志愿服务行动。

今年将动员和组织 50 万名大中专学生以多种形式参加“三下乡”活动。各地各校可根据活动总体安排，结合地方经济社会发展实际需要和学校专业特点，设计开展丰富多彩的“三下乡”社会实践活动。

三、活动要求

大中专学生暑期“三下乡”社会实践活动，是改进和加强青年学生思想政治工作，服务和引导学生健康成长的重要举措，是培养和提高学生实践能力的重要途径，各地各校务必高度重视，切实加强领导，集中力量做好这项工作。

1. 广泛动员，精心组织。各地各校要按照今年活动的总体部署，从实际出发，对本地本校“三下乡”活动的服务地区、内容、方式等做出精心设计和安排，制定切实可行的活动方案，落实具体措施。要充分调动广大学生参与活动的主动性、积极性，通过集中组队、回乡分散活动等多种形式，广泛动员大中专学生投入到活动中去。

2. 突出重点，讲求实效。今年的活动要坚持就近就便的原则，早部署，早安排，早落实。要确定一批重点帮扶乡镇，规划一批重点服务项目，组建一批重点服务队，带动面上活动的开展。特别要加大对民族地区的服务力度。整个活动都要紧密围绕农村经济社会发展的实际需要开展，努力为基层解决实际问题，注重办实事、办好事，使各项服务活动具体、有效，针对性强，力戒形式主义，并注意不要增加地方负担。

3. 创造条件，提供保障。各地各校要进一步加大工作力度，为活动的开展创造更好的条件，提供有力的保障。学校党政领导要亲自抓社会实践活动，要把社会实践活动纳入教育计划，完善考核评价机制。有关部门和学校要增加社会实践活动的专项经费投入，保证活动更好地开展。要命名建设一批“三下乡”社会实践基地，使“三下乡”活动形成长期开展的依托。要不断丰富社会实践活动的内容和形式，使更多的学生在活动中得到锻炼。活动中要切实做好师生的安全保障工作。

4. 密切配合，加强宣传。暑期的“三下乡”社会实践活动规模大、涉及面广、时间集中，有关方面必须协调行动，形成合力，发挥整体优势。特别是跨地区的实践服务活动，派出地和接收地团组织要和有关部门密切配合，精心组织。各新闻单位要充分重视“三下乡”活动的宣传，摆上日程，列入计划，组织精干力量深入一线进行采访报道，加大宣传工作力度，为“三下乡”活动创造良好的舆论氛围。

活动结束后将进行总结表彰。各地活动的有关情况请及时报团中央学校部。

附 1. 百支党员大学生“三个代表”实践服务团实施方案

一、宗旨

组织百支党员大学生“三个代表”实践服务团，是今年深化全国大中专学生“三下乡”社会实践活动的一项重要内容，旨在贯彻落实江泽民同志“三个代表”的重要思想，使广大学生党员在“三下乡”实践中深入学习、领会和实践“三个代表”，同时积极配合和推动农村“三个代表”学习教育活动的深入开展，更好地服务于农村的改革、发展、稳定。

二、时间

2001 年 6 月—9 月

三、内容

1. 实践服务。充分发挥学生的专业技能优势，为农民群众开展多种形式的文化、科技、卫生服务，把先进文化、先进生产力送到农村基层，以实际行动体现党的全心全意为人民服

务的宗旨。

2. 学习考察。考察农村基层党组织在“三个代表”学习教育活动中发生的积极变化，对农村党的基层组织建设的先进典型进行调研，使学生党员从中学习和借鉴党建的新鲜经验，接受正面的教育。同时，通过寻访党的革命足迹、走访老党员、考察农村改革开放成就、与地方党政干部座谈等形式，使学生深刻了解党的优良传统，了解农村发生的巨大变化，加深对“三个代表”丰富内涵的理解。

3. 宣传教育。配合农村“三个代表”学习教育活动，通过举办讲座、发放张贴宣传品等方式，深入浅出地向农村基层干部群众宣传江泽民同志“三个代表”的重要思想。

在活动内容安排上，要坚持以服务为主，注重为农民群众办实事。

四、步骤

1. 组团(6月上旬—6月中旬)。参加“三个代表”实践服务团的学生须是党员或预备党员，也可吸收已被确定为发展对象的入党积极分子参加，要求学生具有过硬的政治素质，在各方面表现比较突出。每团10人左右，专业配备合理，并由一到两名专职团干部或专业教师带队。可以跨校组团。各地要参考组团名额分配，于6月18日前将组团情况报团中央学校部。

2. 培训(6月中旬—6月下旬)。“三个代表”实践服务团组成后，必须进行严格的培训，提出较高的要求。可以请各地“三个代表”学习教育活动领导机构的有关同志、党政干部、专家学者等对服务团成员讲授有关知识，组织服务团成员集中学习“三个代表”的有关论述，提高思想理论水平，增强政治意识和组织纪律观念。

3. 实施(7月—8月)。“三个代表”实践服务团到达服务地区后，要紧密结合当地实际和群众的生产生活需要，围绕实践服务、学习考察、宣传教育等内容开展各项活动。要突出服务，注重为群众解决实际问题，使活动取得扎实成效，真正赢得群众欢迎。

4. 总结(10月)。活动结束后，将对“三个代表”实践服务团的情况进行总结、表彰，并组织参加活动的学生汇报交流体会。

附2：百支博士团“三下乡”志愿服务行动实施方案

一、宗旨

百支博士团“三下乡”志愿服务行动，是新形势下深化大中专学生“三下乡”社会实践的一项重点活动，旨在通过集中组织博士生开展高层次的文化科技卫生服务，更好地发挥高学历人才的优势，服务农村两个文明建设。

二、时间

2001年6月—9月。

三、内容

1. 帮助企业进行技术攻关、开发新产品、改进生产工艺、优化管理、开拓市场、治理环境污染；

2. 积极推广农业新技术、新品种，帮助基层发展农产品精深加工，优化农村产业结构；

3. 深入调查研究，为地方经济和社会发展建言献策，提出建议报告；

4. 举办培训班、专题讲座等，提高基层干部、科技工作者、医务工作者、法律工作者的知识水平和工作水平，为培养地方人才服务；

5. 促进校地合作，积极推广高校科研项目，推动高校科技成果转化。

四、步骤

1. 调查立项(6月上旬以前)。各省级团组织和有关部门根据当地高校博士生情况，参考组团名额分配，经与地方党政部门协商，确定若干县市作为重点服务地区，在深入调研的基础上，规划出一批重点服务项目，形成任务表，切实做好项目对接。

2. 组团培训(6月中旬—6月下旬)。服务地区和服务项目确定后，省级团组织和有关部门协调省内高校招募志愿者，组建博士团。每支博士团一般在10人左右，可吸收少量专业

对口的硕士生参加，每团配备一位指导老师。可以跨校组建博士团。

博士团的活动，除根据地方需要跨省（区、市）开展服务外，原则上立足本地开展服务。

各地组派团情况请于6月18日前报团中央学校部。

3. 具体实施（7月—8月）。博士团到达服务地后，围绕项目要求，运用专业知识，努力帮助当地解决实际问题。一时解决不了的问题，可以先形成初步方案，回校后继续研究解决。通过活动，加强高校与地方的联系，促进高校和地方进行多方面的合作。

4. 总结表彰（10月）。活动结束后，团中央等单位将对博士团的活动进行总结表彰。

共青团中央、中国科协、教育部、全国学联关于开展第三届“挑战杯”天堂硅谷中国大学生创业计划竞赛的通知

2002年3月21日

各省、自治区、直辖市团委、科协、教育厅（教委）、学联，中直机关团工委，中央国家机关团工委：

“挑战杯”中国大学生创业计划竞赛已成功举办了两届，竞赛对于促进创新、创业活动在全国高校的开展，全面推进素质教育发挥了积极作用，取得了比较显著的成绩。为进一步引导大学生了解创业知识，培养创业意识，树立创业精神，提高创业能力，深化校园科技文化活动，共青团中央、教育部、全国学联决定举办第三届“挑战杯”天堂硅谷中国大学生创业计划竞赛。

一、时间

2002年3月—10月

二、承办单位

浙江大学、杭州市人民政府

三、方式及推进步骤

1. 竞赛继续采用预赛、复赛和决赛三个阶段的方式进行。

2. 3月—4月，组织专家赴各地对参赛学生和有关人员进行辅导和培训。

3. 4月—5月，各高校（含社会力量举办高校）准备作品或举行本校预赛。

4. 5月—6月，各省（区、市）组织本地预赛。

5. 6月15日前，各省（区、市）将作品统一报送全国组委会，各省（区、市）报送作品的数额不得超过作品数额分配表中规定的数额，全国组委会不接受学校或个人的申报。每校申报作品不得超过3件，每人（每个团队）限报一件作品；作品要分别通过电子版（http://www.chuangye2002.com.cn）和直接寄达组委会两种方式报送；作品请注明作者详细联系方式，以便及时通知复赛事宜。

6. 7月初，举行全国竞赛复赛。全国评委会对作品进行评审，选出若干件优秀作品进入决赛，并书面通知各省（区、市）、高校。

7. 9月20日前，各省（区、市）将进入决赛的作品进一步充实完善后，报送全国组委会。

8. 10月，进行全国竞赛决赛。评委会将以书面评审和秘密答辩相结合的方法，评出若干金银铜奖及其他单项奖作品。全国组委会将根据各地组织情况评出若干省级、校级优秀组织奖。

四、工作要求

1. 提高认识,把握正确导向。“挑战杯”中国大学生创业计划竞赛是共青团中央、中国科协、教育部、全国学联主办的大学生科技创新系列竞赛活动的重要组成部分,是大学生素质拓展的重要内容,各地要高度重视,认真组织,把竞赛当作今年一项重点工作抓紧抓好。尤其要把握正确导向,组织有关社会力量帮助每一个大学把创业计划设计和今后的职业发展设计有机结合起来,为今后就业创业提供实实在在的帮助。

2. 建章立制,扩大群众基础。各地、各校在组织工作中要突出抓好机制建设。有条件的省(区、市)、高校要组织本地、本校的竞赛。鼓励各校建立扶持和奖励制度。各高校应向参赛者提供必要的经费支持,选派专业教师对申报作品进行指导,对获奖学生进行专项奖励。

3. 搞好宣传,营造舆论氛围。各省(区、市)要结合本地实际加大宣传力度,促使全社会关注大学生的创新创业活动,形成良好的外部环境。要注意宣传“挑战杯”的统一品牌,进一步扩大活动在社会上和青年学生中的影响。

共青团中央、教育部、全国学联关于实施“大学生素质拓展计划”的意见

2002 年 3 月 25 日

为进一步贯彻落实《中共中央国务院关于深化教育改革全面推进素质教育的决定》精神,适应经济社会发展对人力资源开发尤其是青年人力资源开发的迫切需要,服务高校素质教育的全面实施,适应广大青年学生成长成才、就业创业的迫切需要,共青团中央、教育部、全国学联决定在部分高校联合开展“大学生素质拓展计划”试点工作。

一、试点工作的目的和意义

“大学生素质拓展计划”旨在全面贯彻党的教育方针,按照江泽民总书记“四个统一”的要求,坚持面向现代化、面向世界、面向未来,以培养大学生的思想政治素质为核心,以培养创新精神和实践能力为重点,普遍提高大学生的人文素养和科学素质,造就“有理想、有道德、有文化、有纪律”,德智体美等全面发展的社会主义事业建设者和接班人。

实施“大学生素质拓展计划”,有利于形成大学生自觉参与素质教育的积极导向,有利于动员社会资源服务大学生素质教育,有利于增强大学生自主创业就业的意识和能力。

二、试点工作的基本内容

“大学生素质拓展计划”的基本内容是以开发大学生人力资源为着力点,进一步整合深化教学主渠道外有助于学生提高综合素质的各种活动和工作项目,在思想政治与道德素养、社会实践与志愿服务、科技学术与创新创业、文体艺术与身心发展、社团活动与社会工作、技能培训等六个方面引导和帮助广大学生完善智能结构,全面成长成才。

“大学生素质拓展计划”的实施要注重三个结合,即课内外相结合、第一课堂与第二课堂相结合、学习与实践相结合。实施工作主要围绕职业设计指导、素质拓展训练、建立评价

体系、强化社会认同四个环节，通过教学、课堂、讲座、活动等丰富多彩的方式展开。尤其要突出一些具有特色的传统工作项目，如“挑战杯”、“三下乡”等，全面带动和促进“大学生素质拓展计划”的实施。

职业设计指导：根据学生个人的特点、爱好和能力，对他们将来可能从事的职业进行设计指导，并就学生完善素质的具体方法和途径提出合理化建议，帮助学生建立成才目标，引导他们有意识、有选择地参加各种素质拓展活动。

素质拓展训练：根据不同阶段和层次的学生不同的成才需求，广泛开展校园科技文化活动、社会实践以及其他有益于学生素质提高的第二课堂活动，为学生的全面发展提供必要的训练和帮助。

建立评价体系：建立客观记录学生素质发展变化情况的青年学生人力资源能力评价体系，重点实施《大学生素质拓展证书》，量化评价指标，引导和激励学生更好地进行素质拓展。

强化社会认同：争取劳动、人事等部门对大学生素质拓展的政策支持，完善大学生就业准入机制，畅通用人单位的信息反馈渠道，推动社会对大学生素质拓展及其评价体系的认同。以适当方式吸纳社会力量参与计划的实施。

三、有关要求

开展“大学生素质拓展计划”试点工作是新形势下加强和改进高校德育工作，全面推进素质教育，促进大学生全面发展的一项重要举措，各地和有关高校一定要高度重视，把这项工作列入重要日程。要加强对“大学生素质拓展计划”的领导。各地应由省级共青团组织、教育行政部门、学联组织联合成立省级“大学生素质拓展计划”领导小组，协调本省的实施工作，办公室设在省级团委学校部。《大学生素质拓展证书》是推进“大学生素质拓展计划”的重要载体，要以此为切入点，推动大学生素质拓展的各项工作。各有关高校要制订长远规划和具体落实措施，由校领导牵头组织团委、学工部(处)、教务处等有关部门成立“大学生素质拓展认证中心”，负责计划的实施工作，办公室设在校团委。要做好“大学生素质拓展计划”与学校已有工作项目尤其是学生综合测评等评估办法的衔接，应就计划实施在评优创先、求学深造、就业推荐等方面制订配套的政策。共青团、学生会、社团组织以及关心下一代工作委员会在教学主渠道以外的学生素质拓展方面具有传统的优势，高校党政要高度重视、积极支持他们在“大学生素质拓展计划”实施中发挥应有作用，学校各相关部门要密切配合，共同推进这项工作顺利开展。

实施“大学生素质拓展计划”要注意统一品牌、协调行动、形成合力；要因地、因时制宜，兼顾地区、学校、专业和学生之间的差异性；要与时俱进，不断适应形势发展的需要，大胆探索新的工作内容和工作方法；要注重机制建设，通过建立健全操作机制、评价机制和对学生的激励机制确保这项工作取得扎实成效。

在总结试点工作经验基础上，拟在全国普通高校(包括社会力量举办的高校)逐步实施“大学生素质拓展计划”。

附：开展“大学生素质拓展证书”试点工作高校名单(共63所)

北京大学	清华大学
中国人民大学	北京师范大学
北京科技大学	北京航空航天大学
北京理工大学	中央民族大学
中国农业大学	中国政法大学
北方交通大学	中国青年政治学院
海淀走读大学	南开大学
天津大学	河北大学
河北建筑工程学院	石家庄铁道学院
山西农业大学	内蒙古大学

辽宁大学　吉林大学
东北林业大学　哈尔滨工业大学
复旦大学　华东师范大学
上海师范大学　华东政法大学
上海中医药大学　南京大学
东南大学　南京工业大学
苏州科技学院　浙江大学
连云港化工高等专科学院
中国科技大学　福建师范大学
江西师范大学　山东大学
郑州大学　武汉大学
武汉化工学院　湖南大学
华南理工大学　广州大学
广西大学　海南师范学院
四川大学　电子科技大学
西南财经大学　西南交通大学
重庆大学　西南师范学院
贵州工业大学　云南大学
昆明理工大学　西安交通大学
西北农林科技大学　西安欧亚学院
天水师范学院　青海民族学院
宁夏大学　新疆大学

中央文明办、共青团中央、全国学联关于开展大中专学生志愿者“四进社区”社会实践活动的通知

2002年7月8日

各省、自治区、直辖市文明办，团委，学联：

为认真学习贯彻江泽民总书记“三个代表”重要思想，落实《公民道德建设实施纲要》，推进“大学生素质拓展计划”，根据中央办公厅、国务院办公厅有关加强社区建设的文件精神和中央文明办、团中央等八部委下发的《关于开展科教、文体、法律、卫生“四进社区”活动的通知》(文明办〔2002〕2号)要求，中央文明办、团中央、全国学联决定，今年暑期联合开展大中专学生志愿者科教、文体、法律、卫生“四进社区”社会实践活动。现将有关事项通知如下。

一、活动主题

以“三个代表”重要思想为指导，展现青春风采，共建文明社区。

二、活动内容

充分发挥青年学生的知识文化技能优势，利用寒暑假和平时课余时间，深入到城市社区开展科教、文体、法律、卫生实践服务活动，宣传普及科学知识，增强居民法律意识，进一步丰富社区文化生活，满足城市人民群众不断增长的精神文化需求。同时在实践服务活动中促进青年学生了解社情民意，提高综合素质，实现全面发展。具体活动内容有四个方面。

1. 科教进社区。组织青年学生在社区与居民共同举办科普读书、科普讲座、科普培训、科普竞赛等活动，通过办好社区科普宣传栏、制作科普公益广告、进行网上远程科普宣传等方式，宣传科学生活观念，普及科学生活知识，传播科学精神，破除愚昧落后习俗，提高社区居民的生活质量。

2. 文体进社区。组织青年学生发挥个人特长，利用社区各类文体设施，帮助社区组

织开展歌咏、书画、曲艺、体操、舞蹈、健身等丰富多采的群众性文体活动，进行文体骨干培训、巡回文艺演出、建立社区图书站等服务，在活动中弘扬传统美德，促进先进文化的传播。

3. 法律进社区。组织青年学生配合“四五”普法，深入社区开展法律宣传工作，举办社区法制讲座、法律咨询、志愿援助等活动，建立法制园地和社区法律学校等阵地，向社区居民赠送法律知识读物，发放宣传资料，提高社区居民的法律意识，优化社区的法制环境。

4. 卫生进社区。组织医学专业青年学生为社区居民进行健康检查，开展卫生常识宣传咨询和常见病义诊，普及医疗卫生知识，为残疾人、孤寡老人、下岗职工和困难家庭等群体提供卫生保健服务，倡导健康生活的观念和实践。

三、活动要求

1. 高度重视，广泛动员。创建文明社区是建设文明城市的必然要求，也是社会主义精神文明建设的一项重要内容，大学生运用所学知识参与社区建设，对促进创建文明社区工作、提高学生综合素质具有重要意义。从今年暑期开始，大学生社会实践活动将逐渐形成在农村地区开展“三下乡”活动、在城市社区开展“四进社区”活动的新格局。各地各高校要高度重视“四进社区”活动，把它作为实施“大学生素质拓展计划”、深化大学生社会实践活动的有效抓手。要充分调动大中专学生的主动性、积极性，通过集中组队、定点联系、校区共建等多种形式，广泛动员大中专学生参与到活动中来。尤其要在今年暑期扎实推进这项工作，7月15日至22日在全国各大中城市组织开展“大中学生志愿者‘四进社区’活动周”，全国主要大中专院校统一行动，集中兴起一个“四进社区”的高潮。

2. 精心安排，注重创新。“四进社区”活动是一项持续时间长，涉及面广的工作，各地各高校要从实际出发，借鉴“三下乡”活动的成功经验，对本地本校的“四进社区”活动的服务项目、内容、方式等进行通盘考虑，制订长远规划，作出精心设计和安排，尤其要重视节假日活动与日常活动的结合，使大中专学生社会实践活动在时间、空间上的分布更加科学合理。要结合城市社区的不同特点，注重在活动内容、活动方式和工作机制上进行创新。要注意发挥学生的专业优势，同时要充分利用网络等现代技术手段开展服务，不断推动这项活动深化发展。

3. 形成合力，加强保障。各地文明办、团学组织和志愿者协会要密切配合，形成合力，努力实现资源共享，发挥整体工作优势，为活动的开展创造更好的条件，提供有力的保障。要指定专门人员负责活动的实施，为活动列支专项工作经费。要积极吸纳社会资源的参与，不断加强活动的阵地建设。要高度重视宣传工作，组织精干力量深入一线采访报道，挖掘典型，推广经验，为“四进社区”活动创造良好的舆论氛围。

十二、少工委

共青团中央、教育部关于深入开展“中国少年雏鹰行动”，推进素质教育的意见

1998年12月3日

各省、自治区、直辖市团委、少工委，教委、教育厅：

中国少年先锋队是中国共产党委托共青团领导的少年儿童的群众组织。近几年，少先队组织在新的形势下，探索出一条能发挥组织教育作用，并能带动少先队工作全局的途径：广泛地开展“中国少年雏鹰行动”（以下简称“雏鹰行动”）。由于“雏鹰行动”着眼于面向全体少年儿童培养自学、自理、自护、自强、自律的精神和能力，着眼于激励每个有差异的少年儿童全面发展，着眼于缩短少年儿童的社会化进程，也使之成为少先队组织配合基础教育实现从应试教育向素质教育战略转变的现实途径。

为使“雏鹰行动”更好地配合素质教育的实施，特提出以下意见。

一、以江泽民总书记为“雏鹰行动”题词“自学、自理、自护、自强、自律，做社会主义事业的合格建设者和接班人”为指导，使“雏鹰行动”成为基础教育实施素质教育的一个重要组成部分

江泽民同志为“雏鹰行动”的题词，对当代少年儿童明确提出了“五自”的要求。要充分认识“五自”在培养少年儿童素质中的指导意义。“五自”具有鲜明的时代特征和少年儿童特点，是21世纪人才在少年阶段应具素质的一种生动、形象、简洁的概括；“五自”突出一个“自”字，注重少年儿童的自主创造，着眼于激发他们内在的成长潜力，尊重每个少年儿童的个性，体现了现代的教育思想；“五自”要求注重少年儿童日常的学习、生活实践，从小事、小处着手，从一点一滴做起，使每个少年儿童不断地为自己确立新的努力目标，不断发现自己的潜力，不断看到自己的进步，感受到挑战自我的喜悦，对探索实施素质教育的方法给予思路上的启迪。

要全面理解“五自”的深刻内涵。自学是要通过教育少年儿童学会求知，掌握科学的学习习惯和方法，从小树立终生学习的意识和具备创造的品质；自理是通过自我服务的训练，教育少年儿童逐步树立劳动的观念；自护是通过培养少年儿童自我保护的意识和能力，学会克服遇到的困难和解决遇到的问题；自强是通过自立意识的培养和意志品质的磨练，逐步树立民族的自信心和自豪感以及为民族发展、祖国繁荣奋斗的决心和精神；自律是通过中小学生行为规范的要求和约束以及在集体中共同生活的训练，在实践中逐渐形成一种高度自觉意识，逐渐形成对事业、对他人、对集体、对国家的高度责任感。对少年儿童的要求要因材施教、循序渐进，只要按照这一方向努力，就会为培养21世纪社会主义事业合格建设者和接班人奠定坚实的基础。

要把“五自”始终作为“雏鹰行动”的基本内容。围绕“雏鹰行动”开展一切活动，采用的一切措施和手段，都要准确地体现“五自”对于少先队组织培养21世纪人才全面素质的要求，都要着眼于少年儿童“五自”精神和能力的培养。少先队组织要主动向教育部门和学校了解中小学课程、教材、教学方式的改革思路，发挥少先队开展实践性活动和组织体系完备的优势，在素质教育中发挥不可替代的作用；教育行政部门和学校也要注意发挥少先队组织的独特作用；使“雏鹰行动”成为教育教学改革具有实践性的示范和学习实践的有效途径。

二、建立“雏鹰行动”的激励体系，使“雏鹰奖章”成为衡量少年儿童内在素质和能力的重要依据

要引导少年儿童向“五自”方向努力，就要按照少年儿童的特点，将“五自”分解为一个个看得见、摸得着、适应不同年龄阶段和地区差异、引起少年儿童兴趣、激发少年儿童努力的具体目标，即“雏鹰奖章”。通过雏鹰争章活动，使“雏鹰行动”的内容与形式、结果与过程、激励与奖励有机地统一起来；使少先队组织人人有向上的追求，队队有攀登的行动，天天有奋斗的目标，常常有成功的喜悦。

雏鹰争章要注重在定章、争章、颁章等各个环节上体现重在参与、重在过程、重在自主的原则和操作规范，注重训练过程与激励机制的有机结合，注重校内外阵地、社区、辅导员队伍和利用社会资源等多方面手段和方式、方法的综合运用。要强调尊重少年儿童的自主性，让少年儿童根据自身情况自主选择要争的基础奖章和活动项目；辅导员要对获章标准和活动项目进行详细说明和指导，要鼓励少年儿童向自身挑战，但不要强制少年儿童必须完成哪些项目。争章过程要注意进度性和阶段性，循序渐进，注重个体差异。要发挥少年儿童的主动性，围绕雏鹰争章开展的一切活动，都要充分考虑到少年儿童的兴趣和内在需要，充分调动每一个少年儿童的积极性，有些项目活动可放手让他们策划、组织和实施。要注重雏鹰争章的非竞争性，设定的全部项目让全体少年儿童都可以参加，获章标准一般通过努力都可以达到。要摒弃选拔意识，强化普及观念，不强调少年儿童之间相互竞争，提倡自己和自己竞争，不断为自己设定新的目标。对每个少年儿童经过努力，基本达到获章标准，都要授予雏鹰奖章。要注重项目的活动过程，让少年儿童在项目活动中不断地挑战自我，战胜自我，达到一个个项目的目标，不断感觉成功的喜悦。各地各校少先队组织要根据当地的具体情况，适当地增加或减少项目和基础奖章，鼓励基层大胆创造。

三、进一步深化“手拉手”互助活动的内涵，使之成为“雏鹰行动”的重要载体

“手拉手”互助活动是“雏鹰行动”的重点项目，是把城市和农村、富裕地区和贫困地区、健康和残疾的各族少年儿童紧密地联系起来，互助互学，共受教益，塑造少年儿童优良的行为品格，是中华民族凝聚力和传统美德在少年儿童身上生动具体的体现，为社会主义精神文明建设做出了积极贡献。党的十四届六中全会明确地把“手拉手”作为青少年思想道德建设的一个重要项目。江泽民同志在接见“手拉手”互助活动的少先队员代表时指出：“‘手拉手’体现的是一种互相关心、助人为乐的社会主义精神，是一种共同进步、共同发展的集体主义精神。”

深化“手拉手”活动要坚持团结互助、共同提高的原则，防止出现单纯的捐赠和救助。要利用多种活动渠道，切实加强“手拉手”双方信息的交流、学习生活的交流、情感的交流，让活动的参加者开眼界、长知识、学本领、受教育、立志向，在知、情、意、行几个方面都得到提高。要通过主题教育活动牵动，继续抓好“手拉手情系贫困（灾区）小伙伴”、“手拉手红领巾助残”、“手拉手读书交友”等活动，特别是通过主题活动引导和鼓励少年儿童写好“手拉手交友

信”，强化“手拉手交朋友”这一中心环节。要凝聚多方面力量，作为“手拉手”活动的后援力量，校长、教师、辅导员、家长和社会热心人士都要站在共同育人的高度，齐心协力推动“手拉手”活动的广泛、持久地开展。要通过招募志愿辅导员等方式加强农村少先队工作，让更多的农村少年儿童参加到“手拉手”活动中来。

四、加强对少先队工作的指导和支持，提高“雏鹰行动”的活动水平

团十四大对共青团指导少先队组织继续实施“雏鹰行动”，提出了明确要求。各级团组织要按照全团带队的要求，定期研究少先队工作，提出结合当地情况开展“雏鹰行动”的指导性意见；要健全少先队的领导机构，选拔素质优秀的干部相对稳定地从事少先队工作，不断提高对“雏鹰行动”的指导水平；要把少先队工作，特别是少先队组织配合实施素质教育开展“雏鹰行动”的情况作为检查考核地方团的工作的重要内容；要积极主动地争取社会各方面的支持，帮助少先队组织解决实际困难，优化少先队工作的外部环境。

各级少先队组织要主动向教育行政部门和学校汇报少先队工作，争取支持和帮助。

各级教育部门和学校要进一步采取有效措施，积极支持少先队工作，尤其是支持开展“雏鹰行动”。要把少先队工作列入学校教育的议事日程，帮助解决少先队工作中的困难和问题。要协助团组织加强少先队辅导员队伍的建设，各地要按照原国家教委和团中央《关于加强少先队工作的意见》（中青联字〔1990〕第031号）的有关规定，选拔、配备少先队大、中队辅导员，并使其享受相应待遇。要把辅导员的培训工作作为少先队基础建设的重要工作，在开展“雏鹰行动”过程中，尤其要引导辅导员开阔眼界、注入现代教育观念，适应素质教育的需要。要重视表彰优秀辅导员的工作。

共青团中央、教育部、民政部、中国关心下一代工作委员会
全国少工委关于加强少先队社区工作的意见

1999年12月17日

随着我国改革开放和社会主义现代化建设事业的发展，城市化进程不断加快，社区日益成为人民群众包括广大少年儿童生活学习的重要空间。江泽民总书记在第三次全国教育工作会议上明确指出，要加强社区建设，积极创造有利于青少年成长的家庭、邻里和学校环境。《中共中央国务院关于深化教育改革全面推进素质教育的决定》也明确提出，要建立青少年参与社区服务和社区建设的制度。为贯彻落实第三次全国教育工作会议精神，更好地服务于素质教育和少年儿童的健康成长，特提出以下意见。

一、明确加强少先队社区工作的意义

加强少先队社区工作是我国经济社会发展的客观要求。随着我国改革开放的不断深入和现代化建设的发展，社区功能不断强化，一方面随着政府职能的转变和现代企业制度的建立，城市服务和管理的重点将转移到社区，大量社会管理和服务的职能落到了社区；另一方面随着社会经济结构和利益结构的调整，社区既是人们生活的主要空间，也是各种社会矛盾、社会问题的集中反映地。实现我国

经济社会的协调健康发展，迫切需要社会各方面力量积极支持和参与社区建设。顺应时代的发展，少先队组织就要充分利用社区这个重要阵地，发挥团结、教育、服务和保护少年儿童的作用，同时，要在组织、引导广大少年儿童参与社会管理、服务社区建设、维护稳定大局的工作中做出积极的贡献。

加强少先队社区工作是实施素质教育，培养跨世纪合格人才的必然选择。素质教育是一个社会系统工程，需要调动社会各方面的力量，为实施素质教育服务。少年儿童一年中有160多天的节假日和其他课余时间主要在社区度过，少先队组织必须加强社区工作，承担起在社区教育少年儿童的职能，通过社区里的活动提高少年儿童的全面素质；少年儿童的成长过程是一个不断社会化的过程，必须经过充分的社会实践和群体互动才能顺利实现，社区正是少年儿童参与实践活动和社会生活的重要空间。加强少先队社区工作，充分发挥社区在少年儿童教育工作中的时间和空间优势，调动社区的各种教育资源，促进少年儿童的全面素质提高，正是少先队服务基础教育实施素质教育的重要举措。

加强少先队社区工作是新形势下少先队事业发展的现实需要。少先队学校工作是少先队生存与发展的重要基础，随着形势的发展，迫切需要少先队在巩固学校工作的同时，拓展社区这个新的生长点和发展空间。根据社区的地域性和社会化特点，不断建立和完善少先队的社区组织体系和社会化的工作运行机制，创造和丰富适合少年儿童特点的社区活动内容和方式，使校内和校外少先队工作有机结合，成为少先队事业不可缺少的组成部分，对于推动少先队事业的跨世纪发展具有重要意义。

二、依托社区团建，抓好社区队建

全团带队是共青团的光荣传统，也是党赋予共青团的神圣职责。依托社区团的建设，推进社区队的建设重点要抓好四件事：

一是要逐步在街道、城镇建立社区少工委，负责指导少先队社区工作。社区少工委原则上由街道、城镇的团组织牵头，吸收教育、文化、民政、公安等部门同志参加，形成一个齐抓共管的协作机制。

二是要在居委会或微型社区，由社区少工委牵头，按就近就便和孩子们自主自愿的原则把少先队员组织起来。社区中的少先队组织形式可以不拘一格，多种方式。

三是要在少先队的社区组织中形成一套少先队社区运行机制，让孩子们在社区里愉快健康地成长。

四是要建立一支社区志愿辅导员队伍。把社区里的优秀人才动员起来，形成一支强大的少先队社区工作力量。要抓好社区志愿辅导员的招募、登记、培训、聘任、使用、评估、表彰等环节工作，发挥社区志愿辅导员的骨干作用。

社区队建作为新形势下少先队组织建设的新探索，鼓励各地少先队组织根据本地社区发育的情况，探索适合当地实际的少先队社区工作的组织形式和工作方法。同时，也鼓励有条件的农村小城镇和乡村进行少先队社区工作的探索。

三、围绕提高少年儿童全面素质，开展少先队社区工作

少先队社区组织要根据全队的工作部署，结合当地的实际，重点开展好五项工作。

一是突出“雏鹰争章”。充分发挥少先队社区组织在时间和空间上的优势，利用社区的各种资源和设施引导少年儿童开展“雏鹰争章”活动，注重在定章、争章、考章、颁章等各个环节中，体现重在参与、重在自主的原则。要广泛动员家长和社会各界人士各尽所能，指导少年儿童进行“雏鹰争章”训练，为提高少年儿童的全面素质发挥积极作用。

二是开展丰富多彩的社区文娱活动。根

据少年儿童的年龄特点，结合社区的实际，通过组织轻松的游戏、制作、故事会、趣味比赛等各具特色的文娱活动，使少年儿童在社区有快乐的课余活动和节假日，有快乐的社区集体生活，在伙伴集体活动的玩乐中，减少孤独感和寂寞感，从而满足少年儿童健康成长的内在需求。

三是为少年儿童健康成长提供服务。为少年儿童提供咨询服务，通过开通热线电话、设立少年儿童信箱、开办咨询室等多种方式，倾听少年儿童心声，帮助他们解决遇到的各种问题。为少年儿童提供权益保护服务，预防社会犯罪和家庭暴力对少年儿童的侵害，并通过在少年儿童中的法制宣传和自主教育，预防青少年犯罪。为少年儿童提供学习辅导服务，动员广大家长和大中专学生辅导少年儿童掌握科学的学习方法，养成良好的学习习惯，同时，要在广大家长中普及科学的家教理论和方法，为少年儿童营造更加优良的成长环境。为少年儿童提供交友服务，为少年儿童结对交友创造条件。为少年儿童提供信息服务，通过在社区推广“雏鹰网”等信息服务，引导少年儿童开阔视野，启迪思维。少年儿童的健康需求是多方面的，少先队社区组织的服务空间也是非常广阔的，各地可结合本地实际，积极探索，大胆实践。

四是引导少年儿童参与社区服务和社区建设。配合“文明城市”和“青年文明社区”建设，参与社区服务和社区建设，少先队社区组织拥有独特的优势。要发动广大少先队员通过群众喜闻乐见的活动方式，宣传科学知识，破除封建迷信；弘扬文明新风，反对陈规陋俗；倡导文明生活，抵制低级趣味。要组织广大少先队员力所能及地参与社区公益服务，开展社区清洁卫生、植绿护绿和环保活动，美化社区生活环境。要引导广大少先队员深入开展社区互助服务和丰富多彩的送温暖活动，尊老敬老，为社区的孤寡老人提供力所能及的帮助，继续开展“红领巾助残活动”。

五是加强少先队的社区阵地建设。少先队社区组织要力争建立图书室（角）、队室、宣传栏等“两室一栏”，有条件的社区要逐步建立少先队的社区读书屋、社区少年儿童素质培训点等等，使之成为少先队在社区开展活动的重要依托。要充分利用各级少年宫（家、站）等校外教育阵地，争取社区和社会各界提供各种活动和实践基地，促进少先队社区工作的发展。

四、加强对少先队社区工作的指导和支持

全团带队是党赋予共青团的重要职责，是共青团的优良传统，也是共青团事业自身发展的客观需要。各级团的领导机关要在继续加强学校少先队工作的同时，加强对少先队社区工作的领导。要结合全团创建“青年文明社区”工作，把少先队社区工作纳入“青年文明社区”及社区团建的总体框架，统一研究、规划和部署；要适时建立少先队社区工作的领导机构，选派懂教育、事业心强、有社区工作经验的优秀同志担任少先队社区工作干部；要积极主动地争取社会各界的支持，帮助少先队社区组织解决实际困难，优化少先队社区工作的外部环境。

各级教育行政部门要按照第三次全国教育工作会议的精神，把少先队社区工作作为引导少年儿童参与社区建设和社区服务，培养少年儿童全面素质的重要载体加以高度重视，加强对少先队社区工作的指导，努力为少先队社区工作创造条件，提供服务。

少先队学校工作与社区工作同为少先队工作体系的两大重要组成部分，要密切配合，相互促进。学校少先队组织要积极支持和大力协助少先队社区组织建设，要积极动员广大少先队员在校外参加少先队的社区活动；要鼓励教职员工在节假日担任少先队的社区志愿辅导员；在条件允许的情况下，要在节假日向少先队社区组织开放校内活动设施，充分发挥

学校教育资源的优势,提高教育设施的利用率。少先队的社区组织也要主动与学校少先队取得联系,争取支持与协作。

作为社区建设的职能部门,各级民政部门都要从关心少年儿童健康成长的高度充分认识社区少年儿童工作的重要意义,把少先队社区工作作为创建“文明城市”、“文明社区”的组成部分,努力为少先队社区组织营造良好的工作环境。要努力为广大少年儿童参与社会实践、锻炼提高自身素质创造条件、提供服务;要积极引导广大少年儿童参与社区建设,为创造治安良好、环境优美、生活便利、关系和谐的文明社区,推进基层民主,维护社会稳定,促进两个文明建设贡献力量。

离退休老同志是少年儿童教育工作的重要力量,在推进少先队社区工作中具有特殊的优势。各级关工委要充分调动和发挥离退休老同志的工作积极性,积极鼓励和支持他们参与少先队社区工作;要认真引导离退休老同志学习现代教育理论,掌握科学的教育方法,不断提高工作水平。

各级少先队组织要以高度的责任意识和改革的精神,积极稳妥地推进少先队社区工作。要加强理论研究,不断丰富和完善少先队社区工作理论。要抓住各地创建“文明城市”、“青年文明社区”的契机,逐步建立和完善少先队的社区组织体系,增强少先队组织的社会服务功能。要及时总结经验,不断深化,逐步提高。

共青团中央、全国少工委关于认真学习贯彻江泽民总书记题词精神,在少先队组织中开展“星星火炬、代代相传”迎接新世纪主题教育活动的通知

1999年12月26日

各省、自治区、直辖市团委,少工委:

1999年10月12日,中共中央总书记、国家主席江泽民为中国少年先锋队成立50周年亲笔题词:“星星火炬、代代相传”。

“星星火炬”是少先队的队徽,是少先队的象征。在少先队成立50周年,即将进入21世纪的时候,江泽民总书记的题词充分体现了党对全国少年儿童的亲切关怀,是对少先队组织承前启后,继往开来,肩负起培养21世纪社会主义事业合格建设者和接班人神圣使命的殷切期望,是对一亿三千万少先队员、几代少先队辅导员和少先队工作者的巨大鼓舞。

50年来,党把少先队事业作为自己事业不可分割的重要组成部分。党委托共青团领导少先队组织,推动少先队事业伴随着祖国的发展不断迈出新的步伐。从少先队组织里,成长起一批又一批社会主义事业的建设人才。少先队组织不断学习、继承党的优良传统,在团结、带领、教育少年儿童健康成长的过程中积累了丰富的经验,形成了优良的作风。在即将跨入新世纪的历史时刻,我们要按照江总书记题词的要求,把党的优良传统和少先队50年来积累的优良作风作为宝贵财富,倍加珍惜,并适应新世纪的时代进步要求,不断发扬光大。

各级共青团、少先队组织要将江泽民总书记的题词迅速传达到基层少先队组织，传达到每一名少先队员、少先队辅导员、少先队工作者，并引导他们认真领会江泽民总书记题词的精神实质和深刻内涵。要通过学习，让广大少年儿童了解我们党的优良传统，知道党和政府对他们的殷切希望，激励他们努力学习，积极实践，提高素质，全面发展，做21世纪社会主义事业的合格建设者和接班人，把党的优良传统一代代传下去。要通过学习，使少先队员了解少先队的历史，增强作为少先队员的光荣感和使命感，把少先队组织的优良作风一代代传下去。要通过学习，使少先队辅导员增强责任感，进一步激发创造性，把为培育祖国下一代忘我工作、无私奉献的精神一代代传下去。要通过学习，使共青团、少先队组织明确所肩负的神圣使命，把党开创的建设有中国特色社会主义的伟大事业一代代传下去。

为贯彻江泽民总书记的题词精神，共青团中央、全国少工委决定，以继承少先队的光荣传统为主要内容，以丰富多彩的实践活动为主要形式，在全国少先队组织中广泛开展"星星火炬、代代相传"迎接新世纪主题教育活动。

各级共青团、少先队组织要运用多种教育资源，采取多种教育手段，把活动重点放在基层，发挥少先队员的积极性、主动性和创造性，注重活动的实际教育效果。要把学习江泽民总书记的题词，开展"星星火炬、代代相传"主题教育活动与学习新华社长篇通讯《亲切的关怀殷切的期望——江泽民总书记关怀少年儿童纪事》结合起来，深刻领会以江泽民同志为核心的党中央对当代少年儿童的期望和要求；要与迎接新世纪的丰富多彩的活动结合起来，展现当代少年儿童面向现代化、面向世界、面向未来的精神风貌；要与深化"中国少年雏鹰行动"、推进素质教育结合起来，引导少先队员提高全面素质，按照党和人民的要求健康成长。

附："星星火炬、代代相传"迎接新世纪主题教育活动方案

一、活动宗旨

"星星火炬、代代相传"迎接新世纪主题教育活动要充分体现以江泽民同志为核心的党中央对少年儿童的关怀和对少先队事业的重视，充分反映少先队50年的光荣历程，认真总结少先队50年的优良传统和历史经验，使少先队员受到一次生动的热爱党、热爱祖国、热爱社会主义的教育。

二、活动内容

基层少先队组织要以主题队会和队日活动等形式，结合各地的实际情况，围绕以下三个方面开展丰富多彩的活动。

（一）忆过去，讲传统。通过请进来、走出去的形式，请老少先队员、少先队辅导员、少先队工作者讲述少先队的历史和光荣传统，对少先队员提出希望和要求；走访老少先队辅导员、少先队工作者，了解少先队50年历史上的大事；走访为保卫祖国、建设祖国做出贡献的英雄人物和劳动模范，了解他们在少先队组织中学习实践、锻炼成长的经历；走访自己的父母和身边社会各界关心少先队工作的人士，了解全社会为少年儿童教育所做的工作。

（二）看今朝，展风采。通过回顾"雏鹰行动"发展历程，展示"雏鹰行动"成果，探索实施素质教育的方法等形式，反映当代少年儿童努力自学、自理、自护、自强、自律，勤奋学习，参与实践，全面发展的精神风貌；反映少先队组织自觉遵循党的教育方针，不断深化和完善教育思想，积极推进素质教育，服务少年儿童健康成长，少先队事业蓬勃发展的情况；反映全社会关心支持少先队事业、共同育人的成果。

（三）想未来，立志向。通过实地观察、走访、查阅资料、共同讨论、交流心得等形式，开

展“手拉手共同展望新世纪”活动，帮助少先队员了解党的跨世纪奋斗目标，展望祖国在下个世纪中叶达到中等发达国家水平，基本实现现代化，建成富强民主文明的社会主义现代化国家的光辉前景，引导少年儿童树立走建设有中国特色社会主义道路的信念和为实现中华民族伟大复兴而奋斗的远大志向，把对理想的追求化作每一天的具体行动，立志用自己的知识和本领为祖国和人民服务。

三、活动要求

各地共青团、少先队组织要充分认识“星星火炬、代代相传”迎接新世纪主题教育活动的重要意义，高度重视，加强领导，按照全国的统一部署，统筹规划，精心安排，务求实效。要立足基层，面向广大少先队员，体现少年儿童特点和时代气息。各地应注意结合当地的教育资源，组织富有地方特色的活动。要加强活动的宣传工作，使这一活动形成规模和声势。

共青团中央、教育部、全国少工委关于做好少先队干部任职工作的通知

2000年5月8日

各省、自治区、直辖市团委，教委(教育厅)，少工委：

中国少年先锋队是少年儿童的群众组织，是少年儿童学习实践的学校。由少先队员担任大、中、小队干部是少先队组织教育的重要方面，是实现少先队员自我教育、自我管理、自我服务的重要途径，也是少先队基层组织建设的重要组成部分。长期以来，广大少先队员在担任队干部的过程中受到了教育，得到了锻炼，提高了素质。为贯彻落实江泽民同志关于教育问题重要谈话的精神，充分发挥少先队干部在少先队工作中的积极作用，使广大少年儿童在少先队的组织里锻炼多方面的兴趣和能力，从小培养关心他人、服务他人、热爱集体的优良品德，进一步加强少先队基层组织建设，现就做好少先队干部任职工作通知如下。

一、提高对做好少先队干部任职工作重要意义的认识

做好少先队大、中、小队干部任职工作是少先队组织的一项重要任务。少先队组织通过这项工作给少先队员提供了一个服务集体、服务他人的机会，提供了一个锻炼能力，培养积极进取精神的机会。在选举少先队员担任队干部的过程中，对每一个少先队员又是一次学习、实践民主和接受集体主义教育的机会。做好这项工作对健全少先队组织建设，促进少年儿童健康成长有着重要意义。

做好少先队干部任职工作是实施素质教育的要求。实施素质教育要求面向全体学生，尊重学生身心发展特点和教育规律，为学生的全面发展创造条件，使学生生动活泼、积极主动地得到发展。充分利用好少先队干部的岗位，能够为少年儿童创造更有吸引力的锻炼机会和条件，调动少年儿童追求进步、关心集体、服务他人的良好品质，充分体现少先队组织的育人思想和素质教育的内在要求。

做好少先队干部任职工作是满足少年儿童自身成长需求的重要途径。充分利用好少先队干部的岗位，使更多的队员有机会做队的工作，有利于充分发挥少年儿童的自主性、创造性，满足他们

的自尊需求、表现需求、成功需求和友爱需求。

做好少先队干部任职工作有利于促进基层少先队组织活跃。充分利用好少先队干部的岗位，能使更多的队员在各自的岗位中发挥积极作用，实现少年儿童的自我管理，从而有利于形成奋发向上、团结友爱、充满活力的优秀集体。少先队干部的作用发挥得越好，少先队组织就越有生命力，就越能团结教育广大少先队员，少先队活动就越丰富多彩。

二、积极稳妥地做好少先队干部任职工作

（一）做好少先队干部任职工作，要把握好以下几个原则：重在参与、面向多数的原则。做好少先队干部任职工作的首要任务是要让更多的少先队员参与到队的工作中来，在参与中受教育，在参与中受锻炼。少先队干部任职工作应着眼于全体队员的参与，面向绝大多数，通过建立广泛的参与机制，达到人人在队里得到锻炼能力和提高素质的目的。

全面成长、发展个性的原则。做好队干部任职工作有利于队员全面发展，也有利于他们发展个性，发挥特长。由于自身素质和内在潜能的不同，以及队员各自不同的特点，少先队组织通过多种岗位的设置，为他们的发展和进步提供了更为有利的条件，使每个队员的个性和创造性最大限度地得到发展。

自愿自主、平等民主的原则。每个少先队员都是队组织的主人，基层组织的活力在很大程度上取决于队员的自主性。做好队干部任职工作要充分尊重广大少先队员的意愿，严格实行队干部的民主选举，禁止由成人指定或变相指定队干部。要尊重队员的民主权利，发挥队员的自主精神，让他们学会自我教育、自我管理、自我服务。

（二）要广泛设置队干部服务岗位，最大限度地为队员们创造参与实践的机会，提供锻炼成才的舞台。做好少先队干部任职工作，要在根据队章规定设置大、中队委员会（其中设队长、副队长、旗手和学习、劳动、文娱、体育、组织、宣传等委员）及小队长职务岗位的基础上，设置更多类型的干部服务岗位，如可尝试增加科技、卫生等新委员，也可增设文学、艺术、科技、体育等各个方面的兴趣性团体、小组组长等，以及少先队的各种服务岗位。要最大限度地让更多的少先队员都能够参与到队的工作中，做到人人都有服务岗位，个个都有实践的机会和成功的体验。

（三）要充分调动队员们担任队干部的积极性，使队的组织真正成为全体队员锻炼成长的摇篮。要把增强担任队干部的光荣感、自豪感和鼓励所有队员参与有机地结合起来。要充分发挥每个队员的积极性，把全体队员都调动起来。对于那些平时锻炼机会较少的队员，要创造良好的氛围，激发他们的自信心和勇气，给予更多的鼓励和扶持。要在队的组织里形成这样一种共识，少先队员在队的集体里，人人都是积极向上的，彼此都是平等的，只要给他们机会，都会有进步和提高；担任队干部的荣誉主要体现在各方面努力走在前方，体现在有更多的机会为队员们服务上。要从根本上改变那种担任队的干部就是当上了“官”、可以管别人的角色心理，否则不但会使少数队干部脱离大多数队员，而且对担任队干部的少年儿童一生的成长产生消极影响。

（四）建立完善的队干部任职制度，全面发挥少先队组织的育人功能。少先队大、中、小队干部的任职，要遵照队章规定民主选举产生，原则上小队、中队干部每届任期为一个学期，每个学期选举一次。大队干部每届任期为一个学年，每个学年选举一次。各级队干部任职期满后，要由中队、大队辅导员及时组织进行换届选举。按照队员申请、审核、参选、投票的程序选举产生队干部。中队、小队干部新一届的候选人要坚持在未担任过队干部的队员中产生。原则上，在还有队员未担任过队干部时，已担任过队干部的队员不宜再担任，使担

任队干部的机会均等。确因工作需要并经全体队员同意连任的队干部可连任一届。在队干部任职工作中，要在充分尊重少先队员自主的基础上，注意做好教育引导工作，保证队干部任职工作健康、有序地进行。

（五）发挥少先队组织作用，持之以恒地进行队干部培训管理。定期进行队干部培训是做好队干部任职工作的一个重要环节。学校和辅导员要向全体少年儿童进行担任队干部就是为队员服务的教育，开展队史、队的知识教育和少先队干部应具备的基本技能和素质的培训，为队员们承担队的工作打下良好的心理准备和上岗任职的能力准备。对新任队干部职务的队员要倾注满腔热情，给以真挚的帮助和指导，以激励手段增强队干部的自信心，提高队干部的能力。

三、切实加强领导，确保队干部任职工作健康发展

做好队干部任职工作是一项严肃的工作，各级少先队组织和教育部门要切实加强领导和指导。少先队组织要把队干部任职工作列入重要议事日程，加强研究，认真部署，狠抓落实。要从本地区的少先队工作实际出发，制定队干部任职工作规划，明确工作目标，提出培养措施；要依靠少先队大、中队辅导员做好这一工作，少先队辅导员要帮助队的基层组织认真贯彻落实做好队干部任职工作的规划和要求，制定具体计划，采取有效措施把做好队干部任职工作作为一项经常任务，常抓不懈。教育部门要把队干部任职工作，作为实施素质教育的一项重要内容，指导学校为做好这一工作创造条件，发挥其在激励少年儿童，提高他们多方面素质和能力方面的积极作用。

各级少先队组织和学校可以在做好队干部任职工作中，先行试点，在总结经验的基础上逐步推广。在具体实施的过程中，既要面向全体少先队员，又要适度培养队干部骨干，确保少先队工作的顺利进行。对于可能出现的思想及心理问题要及时加以引导、解决。各级少工委要搞好调查研究，总结成功经验，加强工作指导。要把做好队干部任职工作，作为检查和考核少先队工作的重要内容，作为促进少年儿童全面素质提高和加强基层少先队组织的有效措施，以此推动和保证这项工作的健康发展。

共青团中央、教育部关于进一步加强少先队工作的意见

2000年5月30日

中国少年先锋队是中国共产党委托共青团领导的少年儿童的群众组织，是少年儿童学习共产主义的学校，是建设社会主义和共产主义的预备队。少先队成立50年来，在党的领导和共青团组织的带领下，在教育部门和学校的支持下，开展了生动活泼、丰富多彩、独具特色的活动，为促进少年儿童的成长进步发挥了不可替代的重要作用。

为贯彻落实江泽民总书记关于教育问题的重要谈话和对少年儿童工作的一系列重要指示，培养21世纪社会主义事业的合格建设者和接班人，现就进一步加强少先队工作提出以下意见。

一、充分认识进一步加强少先队工作的重要意义

当代少年儿童肩负着实现中华民族伟大复

兴的崇高使命。他们的人生历程伴随着祖国实现现代化的伟大进程，把我国建设成富强民主文明的社会主义现代化国家的目标将在他们的不懈奋斗中实现。引导和促进少年儿童健康成长，使他们能够德智体美等全面发展，是关系到国运兴衰和民族复兴的重大问题。

促进少年儿童的健康成长是全社会的共同责任。特别是加强对少年儿童进行爱国主义、集体主义和社会主义的思想教育，帮助他们树立正确的世界观、人生观、价值观，不仅是学校教育的重要内容，也是少先队首要的工作任务。

少先队事业是党的事业的重要组成部分，是共青团事业的重要组成部分，是教育事业的重要组成部分。按照党的要求，把少年儿童培养成有理想、有道德、有文化、有纪律的一代新人，是少先队组织的神圣使命。把竭诚为少年儿童健康成长服务作为工作的出发点和落脚点，在团结、引导、教育少年儿童中发挥积极作用，是少先队组织义不容辞的责任。做好少先队工作，有着重要的现实意义和长远意义。

二、充分发挥少先队在素质教育中的重要作用

党中央、国务院召开的第三次全国教育工作会议向全党全社会发出了深化教育改革全面推进素质教育的号召，这是全面推进我国社会主义现代化建设事业的必然选择，是 21 世纪中华民族自立于世界民族之林的根本保证。《中共中央国务院关于深化教育改革全面推进素质教育的决定》明确指出："加强共青团、少先队、学生会工作，在培养和提高学生素质方面发挥更大的作用。"这为少先队组织开展素质教育提出了更高的要求。

实施少年儿童素质教育，就是要全面贯彻党的教育方针，面向现代化，面向世界，面向未来，以提高国民素质和民族创新能力为根本宗旨，以对少年儿童进行爱国主义、集体主义、社会主义教育为核心的思想品德教育为灵魂，以培养少年儿童创新精神和实践能力为重点，促进全体少年儿童主动地全面发展。

少先队实施少年儿童素质教育，就是要切实加强少年儿童思想品德教育。通过生动活泼的活动对少年儿童进行思想品德教育是少先队的优良传统。要按照德育总体目标和少年儿童成长规律，由浅入深、循序渐进地开展少年儿童思想政治教育、品德教育、纪律教育和法制教育。要继续深化"手拉手"互助活动等富有实效的教育实践活动，不断创造出少年儿童易于接受的活动形式，培养他们热爱党、热爱祖国、热爱社会主义的情感，努力做到心中有他人、心中有集体、心中有祖国，为他们树立正确的世界观、人生观、价值观奠定基础。

少先队实施少年儿童素质教育，就是要大力培养少年儿童的创新精神和实践能力。实践是教育的重要环节，带领少年儿童在实践中体验是少先队实施素质教育的重要途径和优势所在。要引导和组织少年儿童在学好书本知识的同时，积极参加各种实践活动。按照江总书记"自学、自理、自护、自强、自律，做社会主义事业的合格建设者和接班人"题词的要求，不断深化"中国少年雏鹰行动"，把"雏鹰奖章"作为衡量少年儿童内在素质和能力的重要依据，通过"雏鹰争章"等有效活动载体，激发少年儿童成长成才的愿望，开发他们自身的潜能，帮助他们接触大自然，接触社会，接触现代科学技术，把创新精神和实践能力转化为少年儿童的素养，提高他们的综合素质，促进他们全面发展。

少先队在加强少年儿童思想品德教育和培养创新精神和实践能力的过程中，要针对少年儿童身心发展的实际，开展生动有趣、健康有益的文化体育艺术活动，把德育、智育的要求和增强体魄、学会审美结合起来；要围绕中小学教育教学改革的大局，开展丰富多彩的课外实践活动，把课外活动和课堂教学有机地结合起来；要针对社区正在成为少年儿童重要活

动空间的现实情况，大力发展城市社区少先队组织，把校外和校内的活动结合起来；要配合扶贫支教工作，大力加强农村少先队组织建设，把城市和农村的少先队工作结合起来；要主动争取社会各方面的大力支持，充分利用社会资源，调动一切积极因素，把家庭教育、学校教育和社会教育结合起来。

三、努力建设一支高素质的辅导员队伍

学校少先队辅导员是人民教师的重要组成部分，是实施素质教育的重要力量。建设一支高素质的少先队辅导员队伍是加强少先队工作的关键，也是学校整体师资队伍建设的重要环节。要采取积极措施，切实加强少先队辅导员队伍建设。

要认真做好学校少先队辅导员的选拔、聘任工作。将那些热爱少年儿童、熟悉少年儿童工作、作风正派、年富力强的优秀教师选拔到辅导员岗位上来。大队辅导员一般按不低于副教导主任的条件来进行选拔、配备，学校在聘任大队辅导员时，要报上级教育部门和团委备案。有条件的省（区、市）、地（市）、县（市）可以在同级团委或教育部门设总辅导员。要在政治、工作、学习、生活上关心少先队辅导员。重视推荐优秀辅导员加入党组织的工作。要将辅导员的工作量折算成相应的教学工作量。在教师聘任、评选先进时，要将辅导员从事少先队工作的能力和成绩作为考核的主要依据。辅导员享受中小学教师教龄津贴，有条件的地方可参照班主任津贴或教学课时津贴标准为少先队辅导员发放岗位津贴。全国优秀辅导员每五年表彰一次。教育行政部门表彰的优秀教师和共青团组织表彰的先进个人中，少先队辅导员要占一定的比例。

学校要重视提高少先队辅导员的政治素质和业务素质，把少先队辅导员的培训作为学校师资培养的重要组成部分，纳入正常师资培训渠道，为他们参加学习、培训创造条件，引导他们忠诚党的教育事业，学习、研究现代教育思想，确立正确的儿童观、人才观、教育观、质量观，增强他们实施素质教育的自觉性和能力。要鼓励少先队辅导员创造性地开展少先队工作，提高少先队工作水平。

要在巩固学校辅导员队伍的基础上，不断壮大志愿辅导员队伍，调动家长和社会各界有识之士的积极性，力争实现城市学校每个大队、中队，农村学校每个大队以及每个雏鹰假日小队都至少有一名志愿辅导员。

四、切实加强对少先队工作的领导

少先队工作委员会是少先队经常性工作的领导机构，由共青团和教育部门共同组成，与同级团组织的少年部门合署办公。区县以上都应成立少工委，有条件的乡镇、街道也可成立少工委。加强少先队工作部门的干部配备，选拔优秀青年干部从事少先队工作并保持相对稳定。

全团带队是党赋予共青团的重要职责。各级团组织要进一步明确少先队工作在共青团事业中的基础地位，把少先队工作纳入团的总体工作之中，进一步加强对少先队组织的领导，健全少先队各级工作机构，保证必要的编制。各级团委不能把少先队工作机构等同于一般业务部门，更不能以任何理由随意撤消或合并。要为少先队开展活动出思路，指方向，鼓励少先队组织创造性地开展工作。要把少先队工作作为检查、考核基层团委工作的重要内容。各级团委的活动经费中要有合理的比例用于少先队活动，同时积极争取财政部门的支持，将少先队工作经费纳入财政预算。要努力加强各级少先队工作学会的建设，重视少先队理论研究工作。各级团校和青少年研究所要设立少先队研究室。要重视发挥队报队刊在少先队事业中的积极作用，为少年儿童提供健康的精神食粮。

少先队教育和学校教育的对象和目标是一致的，它们紧密相联，不可分割，相辅相成，互为补充。各级教育行政部门在规划本地区

教育发展时,要将少先队工作作为重要内容统筹安排,把对少先队工作的指导、检查、考核纳入教育行政部门督导、评估的工作范畴。各级教育行政部门的有关负责同志要参与同级少先队工作委员会的领导工作。教育行政部门要督促中小学校把少先队工作纳入学校工作的议事日程,并将少先队工作情况作为衡量学校办学质量的重要标准。学校党组织和行政部门要把少先队工作列入重要议事日程,经常听取汇报,定期进行研究,及时指导帮助。要大力支持少先队开展各种活动,保证每周至少两个课时的少先队活动时间和开展活动必要的经费支持。要把少先队基础建设作为学校整体发展规划的一部分,加强硬件建设,建设好少先队队室、鼓号队、中队角、红领巾广播站、红领巾电视台等校内活动阵地。

各级团组织和教育行政部门要调动社会各方面的积极性,充分利用各级各类校外教育机构,加强区、县、街道、居民小区、村等综合性、社区性少年儿童校外教育活动阵地建设,大力发展和建设各种少先队校外德育基地、劳动实践基地、科技活动基地、文化体育活动基地、少年军(警)校和国防教育基地等,为少年儿童健康成长营造良好的社会环境。

共青团中央、全国少工委关于动员和组织少先队员在实践中体验的实施意见

2000 年 10 月 23 日

为切实加强少年儿童思想品德教育和创新精神与实践能力的培养,根据第四次全国少代会提出的少先队要着重组织少年儿童在实践中体验的精神,共青团中央、全国少工委决定在全国少先队员中广泛深入地开展以“新世纪我能行”为主题的体验教育活动,并提出以下意见。

一、充分认识动员和组织少先队员在实践中体验的重要意义

少先队组织引导少先队员在实践中体验是指在少先队的各种实践活动中,充分发挥少先队员的主体作用和主观能动性,强化实践活动中的体验环节,从而把少先队的教育目的内化为少年儿童的自身品质的过程。

动员和组织少先队员在实践中体验符合少年儿童的成长规律和现代教育的要求。少年儿童世界观、人生观和价值观及道德品质的形成离不开课堂教学和广泛的阅读,同时也需要他们自己通过亲身实践去理解、去认识,特别是远大理想的孕育、高尚情操的培养、良好习惯的形成,更是需要他们的亲身实践。因此,重视少年儿童亲身参与,在亲身参与的过程中获得真实感受,对少年儿童的健康成长具有重要意义。

引导和组织少先队员在实践中体验是少先队服务素质教育的有效途径。少先队提供给少先队员的是一种面向社会、必须通过亲身参加实践活动才能获得知识和能力的教育和学习。而体验正是实践活动的重要环节,在体验的过程中不依赖固定的正规教材,教材主要来源于社会生活,少先队员在其中既是受教育者,也是教育者。因此,引导少先队员通过亲身参加实践完成体验过程,是少先队教育的根本要求和优势所在。

开展体验教育，是少先队教育的新发展。引导和组织少先队员在实践中体验要求少年儿童面向社会生活的广阔空间，有助于加速少年儿童的社会化进程，使少先队教育能够更加广泛地动员社会各方面的力量，把学校教育、家庭教育和社会教育有机地统一起来。因此，强调和突出体验这一教育思想，可以促进少先队教育提高到新水平，为检验少先队教育的效果提供了新标准，为少先队建立与经济社会发展相适应的社会化的运行机制开辟了新视野。

二、要按照在实践中体验的思想开展少先队的各项教育活动

引导少年儿童在实践中体验是少先队重要的教育思想，必须体现在少先队开展的各项教育活动之中，注重突出和强调体验的环节，使少先队教育活动的目标在少先队员的主动参与下，潜移默化为自身的道德品质和创新精神与实践能力。

贯彻体验的教育思想，就要使少先队员成为一切教育活动的主人。要根据少先队的教育目标，充分考虑不同年龄阶段少年儿童的需求和特点，依据教育活动的主题，让少先队员自主选择活动方式和参与形式，使之成为设计活动形式的主人。要根据少先队教育活动的内容，充分考虑少先队员的认知水平和能力，通过多种方法启发他们，引导带领他们去寻求真理，使之成为活动过程的主人。要根据少先队教育活动的要求，充分考虑活动的条件和可能，鼓励少先队员不断为自己确立努力的目标，不断发现自己的潜能，不断看到自己的进步，不断加深对事物的认识，使之成为检验活动效果的主人。

贯彻体验的教育思想，就要把少先队员完成体验获得真实感受作为教育活动所必须达到的具体目标。思想品德的形成和创新精神与实践能力的培养，需要在获得真实感受的基础上完成。决定教育成效的关键是少年儿童在实践体验中真正体会并转化为自己的经验和意识，形成自己的判断。因此少先队要把少年儿童在实践中完成体验作为必须达到的直接的、具体的目标，通过对活动过程的设计和把握，让少年儿童在体验中获得的真实感受与教育目标相一致，并以此作为检验教育效果的重要标准。

要通过贯彻体验的教育思想，突出和强化体验环节来深化“中国少年雏鹰行动”和“手拉手”活动。深化“雏鹰行动”，就要按照江泽民总书记“五自”题词的要求，充分考虑少年儿童的兴趣和内在需要，调动每一个少年儿童的积极性、主动性和创造性，要使他们在提高技能的同时获得深刻的感受，通过解决一个个具体问题去主动完成体验过程。深化“手拉手”活动，就要引导少年儿童在互助互学的情感交流中切身感受小伙伴的生活环境和学习条件，切身感受同龄人之间的真挚情谊，切身感受不同地区人民的生活状况和现代化建设所取得的成就，为塑造他们优良的行为品格打下情感基础。同时，鼓励和提倡少先队组织、少先队员积极探索形式多样的体验活动。

三、广泛开展“新世纪我能行”体验活动

（一）“新世纪我能行”体验活动的基本内容。

胡锦涛同志在代表党中央、国务院给第四次全国少代会的祝词中寄语当代少年儿童：“你们一定能行！”“新世纪我能行”体验活动是为落实第四次全国少代会精神而推出的新的教育载体，它的基本内容是通过开展符合少年儿童身心发展规律的具有少年儿童情趣和时代气息的实践活动，帮助少年儿童从家庭生活、学校生活、社会生活和大自然等各个方面，寻找一个“岗位”，扮演一个角色，获得一种感受，明白一个道理，养成一种品质，学会一种本领，从而提高自己的全面素质。

要引导少年儿童在家庭生活中体验，把为家庭生活服务作为“岗位”，把当一天爸爸、妈妈作为扮演的角色，根据家庭生活的实际情况

做一些打扫房间、买菜、做饭、洗衣服、照顾老人、邻里沟通等具体事务，根据父母的工作情况跟父母上一天班，体验父母路途的辛苦和工作的紧张，获得家庭生活的真实感受，明白孝敬父母的道理，养成热爱劳动的品质，学会为父母分忧、生活自理的本领。到残疾人、孤寡老人、生活贫困家庭开展扶贫帮困和助残活动，体验他们生活的艰辛，学习他们自强不息的生活态度，培养乐于助人的高尚情操。

要引导少年儿童在学校生活中体验，把为老师同学服务作为“岗位”，把当一天辅导员、老师、校长、校工作为扮演的角色，体验组织活动、备课、讲课、组织教学、维护秩序、后勤服务等项工作的重要性，获得为人师表的真实感受，明白尊敬师长的道理，养成热爱学习的品质，学会自主学习、自我管理的本领。

要引导少年儿童在社会生活中体验，把为社会服务作为“岗位”，把当一天工人、农民、解放军战士、售票员、交警、法官、记者等作为扮演的角色，体验面对工作时的心情和责任、工作过程中的辛劳和情感、工作完成后的情绪和收获，获得服务他人、服务社会、实现价值的真实感受，明白做一个合格公民的道理，养成文明礼貌、团结互助、诚实守信、遵纪守法、珍惜劳动成果的品质，学会适应不同生活环境、用自己的双手创造美好生活的本领。

要引导少年儿童在大自然中体验，结合所学自然、生物知识，开展大自然探秘、远足、野营、旅游等活动，鼓励他们多接触自然、了解自然，懂得环境保护的重要性，充分感受自然界的和谐与美好，培养起热爱生活、保护环境的美好情操。结合自护章的获得，开展自护知识学习实践活动，使少年儿童体验生命的宝贵，学会自我保护、互相救助的本领。

（二）开展“新世纪我能行”体验活动的具体要求。

一是要创设生动多样的活动项目，使少年儿童受到全方位的体验。要根据少年儿童身心发展规律和认知规律，按照由低到高、由易到难的原则，为不同年级的少年儿童设计不同类型的体验活动项目，建立灵活开放的、可为少年儿童自主选择的体验活动项目体系，引导少年儿童发挥主动性、创造性，自愿选择岗位，自主扮演角色，自觉进行体验。要让少年儿童知道“酸甜苦辣都是营养”的道理，通过感受遇到失败时的痛苦体验获得成功的宝贵，通过感受遇到挫折时的沮丧体验一帆风顺的愉悦，通过感受孤军奋战时的无助体验合作共处的重要，为他们将来走好人生之路做好心理上、情感上的准备。

二是要把“新世纪我能行”体验活动和“雏鹰争章”活动结合起来，发挥雏鹰奖章在体验活动中的激励作用。既要用“体验”的教育思想来指导雏鹰争章活动的深入发展，又要坚持把雏鹰奖章作为衡量、评价少年儿童在体验教育中取得进步的标准，对那些在某一方面的体验中取得突出成绩的少年儿童，应该及时颁发相应的雏鹰奖章或者增设新的章目，以激励少年儿童不断进取，取得新的成绩。

三是要建立社会化的体验教育运行机制。各级少先队组织尤其是社区少先队组织要充分发挥自身优势，注重利用各种教育基地，开展丰富多彩、各具特色的体验教育活动。要不断壮大由家长和社会各界有识之士组成的校外志愿辅导员队伍，为少年儿童在实践中体验提供有力的保障，形成体验教育的强大合力。

四是各级团组织和少先队组织要高度重视并大力支持少年儿童开展“新世纪我能行”体验活动。要积极协调社会有关方面为少年儿童进行体验提供便利。要对辅导员进行专题培训，切实提高辅导员老师的思想认识，增强他们实施体验教育的主动性和自觉性。要争取学校把支持少先队组织开展体验教育作为贯彻第三次全国教育工作会议和全国中小学德育工作会议精神的具体措施，把体验教育活动纳入素质教育评估体系，为少先队开展体验教育活动提供切实的支持。

共青团中央、全国少工委关于加强农村少先队工作的意见

2001年2月5日

农村少先队工作是整个少先队工作的重要组成部分。长期以来，农村少先队组织、辅导员和少先队工作者积极探索，勇于开拓，开展了卓有成效的工作，积累了宝贵经验。为贯彻江泽民总书记“三个代表”重要思想和党的十五届五中全会精神，使农村少先队工作适应培养未来农村经济发展和社会进步需要的高素质的人才和建设者，适应农村基础教育实施素质教育的要求，改变农村少先队工作相对薄弱的状况，推进少先队事业的整体发展，现就加强农村少先队工作提出以下意见。

一、充分认识农村少先队工作的重要意义

党的十五届五中全会通过的《中共中央关于制定国民经济和社会发展第十个五年计划的建议》确定了我国新世纪初发展的奋斗目标、指导方针和重要任务，并强调了做好农村工作的重要性。农业、农村和农民问题，是关系到社会主义现代化建设全局的重大问题。农业、农村的未来发展问题归根结底是人的问题。要把党赋予的培养21世纪社会主义事业合格建设者和接班人的任务完成好，少先队就要把农村少年儿童培养成推进农村物质文明和精神文明建设的生力军。

深化教育改革全面推进素质教育任务的实施，对于农村教育事业的发展具有非同寻常的意义。要成为实施素质教育的重要力量，少先队就要适应农村经济社会发展的需要，适应科技兴农、农村产业结构调整、推进城镇化建设的需要，把广大农村少年儿童团结在少先队组织中，充分发挥实践育人的优势，通过开展丰富多采的活动，把农村对未来建设者的要求传递给少年儿童，把农村生产生活的基本知识技能传授给少年儿童，用适应农业现代化的思想观念、行为方式武装少年儿童，帮助他们提高综合素质，全面发展。

农村少先队员占全体队员的绝大多数，少先队基层组织大多数在农村，农村工作在少先队工作中具有举足轻重的地位。虽然目前农村少先队工作的整体水平与城市相比相对薄弱，农村少年儿童成长发展的需求还没能得到充分的满足。但是应该看到，农村少先队工作具有独特优势，蕴藏着巨大的发展潜力，拥有可供创造的广阔空间。要推进少先队事业在新世纪的新发展，少先队就要把加强农村少先队工作作为迫切任务，根据农村经济社会发展对人才的要求、农村少年儿童的现实成长需求和少先队组织肩负的历史责任，下大力气，采取更有效的措施，加强农村少先队工作。

加强农村少先队工作，要认真贯彻落实团中央、教育部《关于进一步加强少先队工作的意见》（中青联发〔2000〕37号），以引导和教育农村少年儿童为建设有中国特色的社会主义新农村做好全面准备为主题，以有组织、有队伍、有阵地、有活动、有机制为基本目标，以竭诚为农村少年儿童健康成长服务为根本出发点，以实践育人、引导少年儿童在实践中体验为基本途径，以“争当科技小能手”农业实用科技实践活动（以下简称“争当科技小能手”活动）和“争当文明小使者”倡导现代文明新风活

动(以下简称“争当文明小使者”活动)为载体,以建设一支高素质的农村少先队辅导员队伍为重要保证,推进农村少先队工作向前发展。

二、深入开展“争当科技小能手”活动和“争当文明小使者”活动

加强农村少先队工作,不搞“大而全”,要搞“特而精”,以适合农村少年儿童开展的活动为载体和突破口。

开展“争当科技小能手”活动,就是要提供给少年儿童能够学习掌握的基本农业科技知识和技能,以及他们年龄阶段能够接受的正在推广的最新实用农业科技成果,供他们自主选择;让他们通过实践了解其基本原理、基本操作程序,通过亲自动脑动手消化和掌握;让他们运用所掌握的知识和技能,在一定范围内,如在自己的家庭和亲友中推广。总之,是组织少年儿童积极参与科技兴农的实践,逐步培养他们科技创新的勇气、意识、思维和技能,为农村物质文明建设做贡献。

开展“争当文明小使者”活动,就是要围绕农村生活设施条件的改善,如改水改厕和新盖功能较齐全的住房等,组织少年儿童了解相应的知识,宣传与之相适应的卫生习惯和生活方式;围绕农村以水利为重点的基础设施建设和农业建设,组织少年儿童了解节约、保护水资源,保护耕地、森林植被,防止水土流失、土地荒漠化和环境污染的知识,宣传保护生态环境;围绕农村科普教育和民主法制教育及社会治安综合治理,组织少年儿童了解生产生活中的科学知识,进行科普宣传,反对封建迷信活动,让自己周围的人远离“黄、赌、毒”;围绕农村文化生活的需要,组织少年儿童了解当地的民俗风情,开展当地农民喜闻乐见的文艺、体育活动。总之,是组织少年儿童积极参与“文明户”、“文明村镇”的建设,为农村精神文明建设做贡献。

开展这两项活动,符合国家经济社会发展大局对未来农村劳动者素质的要求,符合当前农村产业结构调整、努力增加农民收入、逐步实现城镇化的大局,符合农村少年儿童成长发展的需求。开展“争当科技小能手”活动,可以保护好农村少年儿童的好奇心、求知欲、好胜心,把他们培养成勤于动脑、乐于动手的“小能手”,为他们将来成为各行各业的创造者奠定基础。开展“争当文明小使者”活动,可以帮助他们养成文明生活的良好习惯,发挥他们对成人和成人社会的影响力,培养他们助人为乐、热心公益事业的思想品德和眼界开阔、面向未来的宽广心胸,为他们将来成为有现代意识和文明素养的合格新农民奠定基础。

开展这两项活动,要发挥农村少先队组织的优势。开展“争当科技小能手”活动,要发挥少先队组织拥有的课外和校外时间的优势,开展小种植、小养殖、小制作、小发明、小创造活动;发挥和政府有关部门密切联系的优势,及时了解最新的科技发展和产业调整信息以及实现城镇化建设的步骤;发挥和科技部门特别是农技推广机构联系的优势,加强指导和辅导;发挥借助社会各方面力量的优势,广泛建立小型、多样的农业科技实践基地。开展“争当文明小使者”活动,要发挥少先队组织少年儿童的优势,使每一名少年儿童都行动起来;发挥少先队组织开展活动的优势,使倡导现代文明新风活动形成规模,造成影响;发挥少年儿童群体优势,用他们的小行动影响父母,影响亲友,影响成人;发挥少先队作为社会组织的优势,使对少年儿童的思想道德教育和创新精神与实践能力的培养,和当地社会风气的改善和精神文明建设融为一体。

开展这两项活动,要贯彻引导少年儿童在实践中体验的教育思想,使这两项活动都着眼于把对少年儿童科技素质和文明素养方面的要求,内化为他们的思想道德素质和创新精神与实践能力。要使少年儿童成为活动的主人,依据活动的主题,让他们自主选择和参与的形

式,在活动过程中通过多种方式启发他们,带领他们寻求问题的解决。要把活动的每一个环节和所要达到的教育目的紧密地联系到一起,依据活动的目标,设计活动每一部分的内容,使每一个环节都体现教育的思想,为教育的目标服务。要把少年儿童完成体验获得真实感受,作为活动必须达到的具体目标,让少年儿童在体验中获得的真实感受与教育目标相一致,把少年儿童是否完成了符合教育目标的体验作为检验教育活动效果的重要标准。

开展这两项活动,要和深化"中国少年雏鹰行动"和"手拉手"活动结合起来,和"新世纪我能行"体验教育活动结合起来。要把雏鹰奖章作为活动的激励体系,根据活动实际设立以农业科技实践和倡导文明新风为内容的雏鹰奖章。要使城乡少年儿童紧密联系起来,通过深化"城乡少年手拉手助学活动"、"东西部少年手拉手助学活动",帮助农村少年儿童掌握科技知识,了解现代文明成果。要以科技和文明为内容,帮助农村少年儿童在家庭生活、学校生活和社会生活中,找到相应的"岗位",扮演相应的角色,获得科技创造和文明生活的真实感受,明白科技兴农和追求文明生活的道理,养成热爱劳动、热爱生活、热爱科学、热爱家乡、热爱农村的品质,学会用自己的双手创造美好生活的本领。

三、加大为农村少年儿童和少先队组织服务力度

竭诚为少年儿童健康成长服务,不断增强少先队组织的吸引力和凝聚力,是少先队的光荣传统和基本经验。抓服务就是抓落实,加强农村少先队工作要更加强调服务。各级少先队工作委员会要为农村基层少先队组织服务,为农村少年儿童和少先队辅导员服务;农村少先队辅导员要为少年儿童服务;农村少先队小干部也要为队员服务。

为农村少年儿童服务,要从他们生活、安全的实际和求知、求乐、渴望交流等方面的具体需求入手,尽心竭力地为他们办实事、办好事。要关心他们的身体健康,为他们改善营养结构、增强体质提供服务。要关心他们的人身安全,配合农村环境治理和社会治安综合治理,消除安全隐患,改善他们生活、学习、劳动场所的自然环境和治安环境。要维护他们的合法权益。在农村广泛深入地宣传《未成年人保护法》、《预防未成年人犯罪法》等有关法律法规,结合创建优秀青少年维权岗活动,明确成年人的法律责任,促进对农村少年儿童的家庭保护、学校保护、社会保护和司法保护。要加强对他们的自护教育,提高他们自我保护的意识和能力。要关心他们的学业,想方设法地为他们完成九年义务教育服务,发动多方力量向贫困地区农村捐赠图书、教具、远程教育设备等。要引导他们走出自我,走出家庭,走出校园,走进社区,面向社会,与身边和远方的小伙伴通过"手拉手",勤沟通,多交流,同进步,共发展。

为农村基层少先队组织服务,要从加强指导、加强协调和优化环境等方面入手,不断焕发基层队组织的活力。各级少先队工作委员会要及时传达全国工作的精神,抓好政策落实,经常深入工作第一线,为基层少先队组织排忧解难。要协调政府有关部门和社会各方面,调动多种社会资源,为基层少先队组织开展活动创造条件。要适应新情况,健全农村基层少先队组织,努力做到有组织、有辅导员、有活动。要了解农村乡镇、村建设的情况,着手进行农村社区开展农村少先队工作的探索。

各级少工委每年都要想方设法为农村少年儿童、少先队辅导员、少先队基层组织办几件实事。特别是要广泛开展助队支教活动,根据农村的实际需求,采取社会公开招募的方式,组织符合一定条件的志愿者到农村担任少先队志愿辅导员,从事时间长短不一的少先队志愿服务。开展志愿辅导员假日农村援助和农村助队服务,组织城市大中学生、社区工作

干部、学生家长、企事业职员和优秀少先队辅导员、少先队工作者等，利用节假日到农村担任少先队志愿辅导员，或帮助基层少先队组织开展辅导员短期培训、工作咨询和项目指导等工作。

四、努力建设高素质的农村少先队辅导员队伍

建设一支高素质的农村少先队辅导员队伍，是加强农村少先队工作的关键。要特别关心农村少先队辅导员的工作、生活、学习和成长，采取切实有力的措施，加强农村少先队辅导员队伍建设，努力提高农村少先队辅导员实施素质教育的水平和能力。要按照团中央、教育部的意见（中青联发〔2000〕37 号文件）要求，严格执行有关政策，切实解决好辅导员的政策待遇问题。积极鼓励优秀青年人才充实到县（市）、乡（镇）和农村学校少先队辅导员队伍中来。有条件的县（市）可以在同级团委或教育部门设总辅导员，乡（镇）总辅导员由中心小学辅导员兼任。县（市）、乡（镇）总辅导员是团员的，可参选同级团委委员。县（市）、乡（镇）总辅导员工作调动时，在征求上级团委和教育行政部门意见后，才能履行解聘手续，并做到随缺随补。要大力宣传、大力表彰农村少先队辅导员的先进典型，在涉及少先队辅导员的表彰中，大幅度地增加对农村少先队辅导员的表彰比例。

各级少先队工作委员会要把培训辅导员工作的重心放在农村，分层次、分类别、多渠道、多形式、重实效地开展培训，帮助农村少先队辅导员开阔眼界，树立素质教育的观念，提高综合素质。各级团委和少先队工作委员会要为县（市）、乡（镇）和农村学校辅导员参加各种培训和进修创造条件。各级团校要逐步把农村辅导员培训工作列入工作计划，把与少先队工作相关内容纳入相关课程，配合少先队工作委员会建立辅导员培训制度。鼓励农村辅导员接受继续教育。鼓励农村少先队辅导员创造性地开展工作。要加强城市、农村少先队辅导员之间的交流，在少年儿童“手拉手”基础上，帮助城乡少先队辅导员“手拉手”，共同提高，城市少先队辅导员要为农村辅导员提供必要的帮助。

要积极发展农村志愿辅导员，形成学校辅导员，农科技人员，乡镇、村各级管理人员，家长，邻里等各方面人士组成的辅导员队伍，力争实现农村学校、社区每个大队都至少有一名志愿辅导员。各级少先队工作委员会和学校要对志愿辅导员进行岗前资格认证和岗位监督，不合格的不予聘任或坚决解聘。

五、切实加强对农村少先队工作的领导

各级团委要特别重视和大力加强农村少先队组织建设，加强对不同经济社会发展水平条件下少先队工作的分类指导，不断改善对农村少先队工作的领导。

各级团组织要进一步明确农村少先队工作在团、队工作全局中的重要位置，明确农村少先队工作的思路，确定加强农村少先队工作的突破口，落实加强农村少先队工作的保证措施，扎实推进农村少先队工作的新发展。要主动争取党政领导和教育部门对农村少先队工作发展的了解、关心与支持，发挥少先队组织的优势，配合教育部门开展好少年儿童素质教育。要为少先队开展好“争当科技小能手”和“争当文明小使者”活动出思路，办实事，鼓励少先队组织发挥好主动性和创造性。要把农村少先队工作作为检查、考核基层团委工作的重要内容。要支持少先队组织不断加强对农村少先队工作背景、方向、方法、措施的应用性理论研究和前瞻性学术探索，因地制宜地借鉴发达国家和发展中国家农村少年儿童工作经验。重视农村少先队工作的信息化建设。

各级团组织和少先队组织要加强与教育行政部门的协调与合作，积极争取在教育行政部门督导、评估的工作范畴中，重视和加强对农村少先队工作的指导、检查和考核，督促农

村中小学校开展好少先队工作。要争取农村学校党组织和行政部门根据学校教育目标开展行之有效的活动。争取多方支持，建好少先队校内活动阵地。

各级团组织要调动社会各方面的积极性，建立与农村经济社会发展相适应的少先队工作运行机制，把少年儿童带入农村广阔的社会生活中，调动社会资源支持少先队组织开展活动。重点做好在党委、政府重视和支持下，协调有关部门和社会各方面齐抓共管，为农村少年儿童的健康成长服务。做好农村少先队工作动员、活动内容、组织形式、队伍建设、阵地依托的社会化工作。充分利用各方面的资源，创办多种形式的实践活动基地。

少先队是党的预备队，少先队事业是党的事业的组成部分。加强农村少先队工作，服务农村少年儿童的健康成长，服务少年儿童素质教育的深入实施，推进少先队事业在新世纪的新发展，是贯彻江泽民总书记“三个代表”重要思想的重要课题。各级团组织和少先队工作委员会要以“三个代表”重要思想为指导，把农村少先队工作摆在更加突出的位置，引导和教育农村少年儿童努力成长为21世纪社会主义事业的合格建设者和接班人。

共青团中央、全国少工委关于继续深入开展“手拉手”活动的意见

2002年1月28日

中共中央颁布的《公民道德建设实施纲要》，把“手拉手”作为深入开展群众性公民道德实践活动的重要项目，认为，社会各界组织的公益活动，覆盖面广、参与人数多，对公民道德建设有着深刻的影响，并提出“要在各项创建活动中充分体现社会公德、职业道德、家庭美德的内容，明确具体标准，制定落实措施，力求取得实效”的要求。为贯彻落实《公民道德建设实施纲要》，充分发挥“手拉手”活动在少年儿童思想道德教育中的重要作用，现提出以下意见。

一、进一步明确“手拉手”活动是少年儿童思想道德教育的重要载体

“手拉手”活动开展10多年来，把城市和农村、富裕地区和贫困地区、健康和残疾的、各民族的少年儿童紧密地联系起来，互助互学，共受教益，塑造了少年儿童优良的行为品格，是中华民族凝聚力和传统美德在少年儿童身上生动具体的体现，为社会主义精神文明建设做出了积极贡献。党的十四届六中全会通过的《中共中央关于进一步加强社会主义精神文明建设的决议》中明确地把“手拉手”作为青少年思想道德建设的一个重要项目。江泽民总书记指出：“‘手拉手’体现的是一种互相关心、助人为乐的社会主义精神，是一种共同进步、共同发展的集体主义精神，有利于激发顽强奋斗的民族精神。”实践表明，“手拉手”活动以特有的吸引力，引导少年儿童走出自我，关心他人，走出家庭，面向社会，把爱国主义、集体主义和社会主义教育融入少年儿童生动活泼的实践活动之中；以特有的感召力，带动了辅导员、家长和社会之间的“手拉手”，传播了团结友爱、助人为乐的社会新风；以特有的凝聚力，为少年儿童长大以后成为维护祖国统一、促进民族团结的重要力量奠定了坚实的基础。“手

拉手”活动已经成为少先队在新的形势下进行少年儿童思想道德教育的重要载体，是培养社会主义事业合格建设者和接班人的一项很有意义的工作。

把“手拉手”活动作为少年儿童思想道德教育的重要载体，就要进一步强化“手拉手”活动的爱国主义、集体主义和社会主义思想内涵。通过“手拉手”小伙伴之间的思想沟通和情感交流，使少年儿童真切地感受到中华民族是由遍布祖国各地的不同民族、不同生活条件、不同风俗习惯，但休戚与共、血脉相连的同龄伙伴以及他们的亲人组成的大家庭，从而激发他们对中华民族的认同感和归宿感，从小培养对祖国、对民族、对人民的浓厚情感。通过“手拉手”小伙伴之间真诚相待和团结友爱，使少年儿童真切地感受集体的温暖，从而激发他们对集体的热爱和对他人的友善，从小培养他们关心集体、关心他人、助人为乐的良好品质。通过“手拉手”小伙伴之间的互相帮助和共同进步，使少年儿童真切感受社会主义大家庭的温暖，从而激发他们对社会主义美好未来的无限向往，从小培养做建设有中国特色社会主义事业合格建设者和接班人的坚定信念。

把“手拉手”活动作为少年儿童思想道德教育的重要载体，就要在准确把握“手拉手”活动基本内容的基础上，不断强化体验环节。“手拉手”活动要坚持以城市与农村少年儿童“手拉手”、家庭富裕与家庭困难的少年儿童“手拉手”、健康和残疾少年儿童“手拉手”、不同民族少年儿童之间“手拉手”为主要形式，坚持以自主自愿、简便易行、富于实效为基本原则，坚持以城市为主导，辐射广大农村和少数民族地区，强调以互助互学、共受教益、防止简单救助为指导方针，坚持以“手拉手”找朋友、“手拉手”交朋友、“手拉手”看朋友为主要活动步骤，努力使少年儿童做到“四个一”，即结交一个“手拉手”好朋友，写一封“手拉手”交友信，在力所能及的情况下帮“手拉手”小伙伴做一件好事，在条件允许的情况下看望一次“手拉手”小伙伴。在这一个过程中，要特别强调引导少年儿童在亲身参与的过程中，真切地感受小伙伴不同的生活条件和学习环境，体验小伙伴的思想、情感和追求，让他们从“手拉手”小伙伴的身上看到丰富的大世界，从对比中找到自己的责任，从互助中感受到助人的快乐，从实践中锻炼自己的能力，提高自己的素质。

二、以“城乡少年手拉手助学”和“各族少年手拉手互助”活动为重点，推动“手拉手”活动的进一步深化

我国是一个多民族国家，地域辽阔，经济、文化和教育发展不平衡，还存在着城乡差别、地域差别。在推进建设有中国特色社会主义事业，实现现代化的进程中，不断巩固平等、团结、互助的社会主义民族关系，对于国家的统一、民族的团结、政治的稳定、经济的发展和社会的进步至关重要；消除贫困，全面普及九年义务教育，提高全体国民特别是农村和贫困地区人口的素质，也是至关重要的。少先队组织历来把服务党和国家的工作大局和服务少年儿童的健康成长作为自己的神圣职责，“手拉手”活动是少先队组织既服务大局，又服务少年儿童的具体体现。今后一个时期，各级少先队组织要把广泛开展“城乡少年手拉手助学”和“各族少年手拉手互助”活动，作为深化“手拉手”活动的工作重点。

“城乡少年手拉手助学”活动是针对贫困地区一些少年儿童因买不起课本和文具而面临辍学的情况，通过发动城市和东部富裕的农村地区少年儿童，把自己用过但仍可使用的旧课本、文具等捐赠给贫困地区的小伙伴，帮助他们克服学习生活的困难，完成九年义务教育的一项公益教育活动。开展“城乡少年手拉手”活动，要继续按照《国务院办公厅转发国务院扶贫开发领导小组关于组织经济较发达地区与经济欠发达地区开展扶贫协作报告的通知》确定的开

展扶贫协作的对口关系和“东部地区学校对口支援西部贫困地区学校工程”、“西部大中城市学校对口支援本省(自治区、直辖市)贫困地区学校工程”确定的相应对口支援关系,组织东西部地区和广大城乡少先队组织、少先队员之间建立“手拉手”助学关系。西部各省、自治区、直辖市少工委要与教育部门通力配合,在摸清贫困地区学校教材使用和需求情况的基础上,由各省(自治区、直辖市)根据实际确定本省(自治区、直辖市)内对口支援学校名单,其中支援方要以各级红领巾示范学校、红旗大队为先行单位,重点解决贫困地区学校教材缺乏的问题。各省(自治区、直辖市)少工委要将这项工作作为每学期初或学期末的一次少先队组织开展的重点活动,部署城市和经济较发达地区的少先队大队利用布置假期活动的队日时间,鼓励和组织已有贫困地区“手拉手”小伙伴的少先队员把自己用过的符合要求的课本直接寄给小伙伴。还没有贫困地区“手拉手”小伙伴的少先队员要通过捐赠教科书的活动找到并建立长期联系。地、县少工委要及时了解下学期贫困地区少先队员教科书的需求情况,适当组织有一定声势和规模的捐赠活动,作为学期末主题队日活动,并将少先队员成批捐出的教科书送到有需求的少先队员手中。有条件的地区要适应国家普及九年义务教育的进程,逐步建立教育对口支援捐赠中心,开展向贫困地区小伙伴的经常性助学活动。同时,各地在实际工作中,要积极动员机关、大中学校等企事业单位把淘汰下来但仍可继续使用的旧电脑、收录音机等电教设备捐赠给贫困地区,以改善当地学校的教学条件。

“各族少年手拉手互助”活动旨在通过不同民族少年儿童之间的通信交往,互助互学,了解中华民族大团结的历史和我国的社会主义民族政策,了解新中国成立以来党和政府为促进各民族的共同繁荣所做的大量工作以及新世纪我国各民族美好的发展前景,培养他们对中华民族五千年悠久历史文化的认同感,帮助各族少年儿童从小懂得汉族离不开少数民族,少数民族离不开汉族,各少数民族也相互离不开的道理,牢固树立民族团结进步的意识,自觉做民族团结的宣传者和实践者,做维护国家统一和社会稳定的积极力量。开展“各族少年手拉手互助”活动,要充分发挥城市的主导作用,发动城市少先队员主动同少数民族少年儿童“手拉手”交朋友,并力所能及地为民族地区少年儿童提供各种帮助。要创造条件让不同民族少年实现互访,到小伙伴家做客、民宿,亲身感受、亲身体验。各直辖市、副省级城市和省会城市以及山东、江苏、浙江、福建、广东等东部沿海省份的部分重点城市要集中与西藏、新疆、内蒙古、云南等民族地区的地(市)有关方面建立稳定的联系,每年要邀请一批少数民族少年儿童到城市来,也可组织城市的少年儿童到对口的民族地区去,实现相互看望。

三、加强对“手拉手”活动的领导和指导,努力形成社会化的工作运行机制

“手拉手”是共青团、少先队工作的重要品牌。全团带队是共青团的神圣职责和光荣传统,加强对“手拉手”活动的领导和指导是各级共青团组织的重要任务。各级共青团组织要高度重视“手拉手”活动,把它纳入全团工作的整体部署,作为对各级共青团工作考核的重要标准。要开展深入的调查研究,及时掌握“手拉手”活动的进展状况,加强对“手拉手”活动的指导,不断推动“手拉手”活动的深入开展。

各级少先队组织要把“手拉手”活动作为重要的常项工作,常抓不懈。要充分调动广大少先队员的积极性,既要鼓励和引导城市和富裕地区的小朋友了解贫困地区“手拉手”小伙伴的生活状况,也要鼓励他们把用过的物品捐赠出来,为贫困小伙伴提供力所能及的帮助;既要引导农村和贫困地区小伙伴把思想的沟通和情感的交流作为活动的主要内容,又要尽可能地考虑城市小伙伴的承受能力,不提过高

的物质要求,使“手拉手”活动在自主自愿、和谐友好的气氛中开展下去。

要通过多种形式,在少先队员家长中广泛宣传“手拉手”活动作为独生子女情感交流、国情教育和艰苦奋斗教育有效途径的重要意义,充分调动广大家长支持和参与的积极性。

要在学校和教师中广泛宣传“手拉手”活动作为学校德育实践有效载体的重要意义,充分调动学校和教师的积极性,使“手拉手”活动与学校德育课教学相互补充,共同提高少年儿童德育的针对性、实效性和主动性。

要在社会上广泛宣传“手拉手”活动作为社会主义精神文明建设重要项目的重要意义,引导全社会为之创造条件,提供资源。要努力形成“手拉手”活动舆论宣传的社会化机制,积极营造“手拉手”活动的良好社会氛围;要努力形成“手拉手”活动的社会化组织机制,通过少年儿童之间的“手拉手”,带动家长、学校、地区之间的“手拉手”;要努力形成“手拉手”活动的社会化动员机制,形成少先队员、家长、学校、社会各方面共同参与的良好局面。

在推进“手拉手”活动社会化运行机制的进程中,各级少先队的领导机构担负着重要责任,要积极与立法、宣传、教育等有关部门相协调,营造“手拉手”活动的良好社会环境;要把机制建设与主题教育活动有机结合起来,通过开展丰富多彩的主题教育活动,促进“手拉手”活动社会化运行机制的形成。

共青团中央、教育部、全国少工委关于加强少年儿童思想道德教育,深入开展体验教育的意见

2002 年 3 月 6 日

实践育人是少先队加强少年儿童思想道德教育的基本途径。一年多来,各级少先队组织认真学习贯彻江泽民同志在庆祝中国共产党成立 80 周年大会上的重要讲话和“三个代表”重要思想,贯彻把依法治国和以德治国结合起来的治国方略,落实中共中央办公厅、国务院办公厅《关于适应新形势进一步加强和改进中小学德育工作的意见》,发挥自身优势,着眼于提高少年儿童思想道德教育的针对性、实效性和主动性,通过开展体验教育,努力构建适应社会主义市场经济体制、符合少年儿童身心发展规律、与公民道德建设相衔接的少年儿童思想道德教育体系,探索加强少年儿童思想道德教育的有效方式,取得了显著的成效。为认真贯彻执行党中央颁布的《公民道德建设实施纲要》,适应国内外形势的新变化、教育改革与发展的新任务和少年儿童思想道德教育的新要求,进一步加强少年儿童思想道德教育,把体验教育引向深入,特提出如下意见。

一、指导思想

以邓小平理论和江泽民同志“三个代表”的重要思想为指导,贯彻江泽民同志把依法治国和以德治国结合起来的重要思想及党中央关于少年儿童教育工作的一系列重要指示,按照中国少年先锋队章程的要求,把思想道德教育放在首位。

要按照建设有中国特色社会主义事业对未来人才的要求,以竭诚为少年儿童健康成长服务为出发点和落脚点,教育和引导少年儿童德智体美全面发展,为推进祖国新世纪大业做

好全面准备，长大以后肩负起实现中华民族伟大复兴的重任。

要明确少年儿童思想道德教育在全社会思想道德建设中的基础地位，与公民道德建设相衔接，按照少年儿童身心发展的规律，努力把广大少年儿童培养成为家庭中的好孩子、学校中的好学生、社会上的好少年、大自然的好朋友，为把他们培养成为对祖国、对社会、对自身有责任感的好公民，成为有理想、有道德、有文化、有纪律的社会主义新人奠定坚实的基础。

要坚持以体验教育为主要方式，组织和引导少年儿童在家庭生活中体验、在学校生活中体验、在社会生活中体验、在大自然中体验，使他们在亲身实践的体验中把做人做事的道理内化为健康的心理品格，转化为良好的行为习惯。

二、实施目标

要体现时代要求和少先队教育特色，使少先队员听党的话，爱祖国，爱人民，爱劳动，爱科学，爱社会主义，逐步树立正确的世界观、人生观、价值观；使少先队员具有诚实、勇敢、活泼、团结的优良作风和胸怀祖国、放眼世界、拥抱未来的宽广胸怀，逐步培养志存高远、眼光远大、积极进取、健康向上的人格；使少先队员继承和发扬中华民族的优秀传统和革命传统，具有社会主义民主法制意识，遵守法纪和社会公德，逐步形成良好的行为习惯。

根据6—14岁接受少先队入队教育的少年儿童和少先队员的生理、心理发育特征以及接受教育的程度，分为三个阶段（小学一至三年级、小学四至六年级、初中阶段），分别在思想道德的知识、态度、能力、习惯等四个方面提出明确的要求，使少年儿童通过自主的体验来感知道德知识，通过真实的感受形成正确的道德判断，通过深刻的理解掌握道德规范，并在实践中培养道德能力，最后形成并表现为良好的行为习惯。

三、实施原则

少先队开展的少年儿童思想道德教育，是基础教育德育工作的组成部分，既要符合少年儿童德育的一般规律，又要突出少先队教育的特色。为使少先队开展的思想道德教育与思想品德课有机地衔接起来，与教育部门和学校的德育工作有机地结合起来，发挥少先队组织不可替代的重要作用，应遵循以下原则：

基础性原则。少年儿童正处在人生的起步阶段，处在道德的重要养成期，对他们的思想道德教育主要是养成教育。要遵循少年儿童身心成长规律，重视基础性行为习惯的养成，引导少年儿童学习和掌握基本的规范要求，逐步把这些规范变为行为习惯。

主体性原则。少先队员是少先队的主人，他们在少先队开展的思想道德教育中具有主体地位。要使教育内容和方式为少年儿童所接受、所喜爱，充分发挥他们在教育过程中的积极性、主动性和创造性，引导他们自我教育。

实践性原则。实践育人是少先队教育的基本途径和优势所在。要开展丰富多彩的实践活动，引导少年儿童体验社会生活，体验生产劳动，体验现代科技，体验大自然，使他们在全身心地参与的一次次实践中不断体会、不断感悟、不断积累，把思想道德的要求内化为自身的素质。

针对性原则。不同年龄阶段少年儿童的生理、心理发育特征和接受教育的程度存在着差异，不同地区、不同环境、不同生活经历的少年儿童也存在着差异，同样生活条件下的少年儿童个体之间也存在着差异。要充分考虑到这些差异，从实际出发，增强思想道德教育的实效。

社会性原则。少年儿童的成长离不开社会环境，社会环境对少年儿童成长的影响也越来越大。要引导少年儿童走出学校，走出家庭，走进社区，走向社会，把思想道德教育置于广阔的社会生活背景中来进行。要广泛动员、运用和整合社会多种资源和手段，争取广泛的支持，为少年儿童的成长营造良好的社会环

境。

四、实施的内容

少先队开展的思想道德教育，应以四个方面的关系为体验内容，即人与人的关系、人与社会的关系、人与自然的关系、人与自我的关系，分别以形成人对人、对社会、对自然、对自我的态度为核心，以感知人对人、对社会、对自然、对自我的最基本的知识和培养相关能力为基础，以通过反复体验养成良好的行为习惯为外在标志和落脚点。

少先队通过体验教育进行思想道德教育，按人与人、人与社会、人与自然、人与自我的关系，分别以知识、态度、能力、习惯提出相应内容和要求。其中知识不是一般性的关于人类、社会、自然、自我等方面的知识（这些知识主要从课堂上和书本上学习），而是少年儿童作为主体“我”，通过体验能够感知到的，与他的学习、生活密切联系的，有关“我”与他人、“我”与社会、“我”与自然、“我”与自身的“关系”方面的知识。在此基础上，引导他们通过体验，产生“我”的感受，形成“我”的态度。在“我”感知到的知识和“我”的感受、“我”的态度的体验中，锻炼少年儿童掌握“我”的能力。有了“我”感知到的知识，形成了“我”的态度，锻炼了“我”的能力，最后通过反复的实践体验养成“我”的习惯。

以下所列的具体内容和要求中，以对小学一至三年级的内容和要求为基础；小学三至六年级在这个基础上，增加进一步的内容和要求；初中阶段在前两个阶段内容和要求的基础上，再提出进一步的内容和要求。

（一）人与人的关系。人与人的关系，要以形成人与人平等友爱、团结互助、共同进步的观念为核心，以对父母亲人、老师同学、伙伴朋友、相识与不相识的人、同龄人与长辈等的正确认识以及掌握和他们相处的能力为基础，以养成孝敬父母、尊敬师长、尊老爱幼、尊重他人、诚实守信、文明礼貌、助人为乐的行为习惯为外在标志和落脚点。

通过体验感知“四个知道”：

知道我家庭主要成员的角色、权利和责任。

知道我学习过程中的老师、同学与我的关系。

认识伙伴、街坊邻里和日常生活中所接触到的人。

了解工人、农民、战士、科技工作者、文艺工作者等各行各业的劳动者对我的生活所做的贡献。

在此基础上，高年级和初中阶段的少年儿童还可以知道家庭成员、社会成员以及不同行业、不同职业的劳动者所创造的主要价值，以及以课堂上学过的有关社会文化生活的知识为基础。

在此基础上，通过“四种感受”形成“四种态度”：

感受父母含辛茹苦的养育，形成孝敬父母的态度。

感受老师呕心沥血的培养，形成应该尊敬老师的态度。

感受同学伙伴、街坊邻里的友情和帮助，形成同学伙伴要相互尊重，对比自己年龄小的要谦让，街坊邻里要友好相处的态度。

感受普通劳动者为自己生活付出的默默无闻的劳动，形成崇敬普通劳动者的态度。

高年级的少年儿童还可以通过丰富的活动和真切的感受，逐步形成礼貌是有教养的表现，友谊可贵、友情难得、劳动光荣的态度。初中阶段的少年儿童还可以逐步形成和谐的人际关系是美好的和己所不欲、勿施于人以及爱情需要准备的态度。

在“四个知道”、“四种感受”的体验中，还要锻炼少年儿童掌握“五种能力”：

学会与师长沟通。

学会与他人交往与合作。

学会原谅别人的过失。

学会结交朋友。

能够感觉别人的存在。

高年级和初中阶段的少年儿童还要锻炼与人平等交往、和谐相处和尊重不同意见、原谅伤害过自己的人、宽容的能力。

有了“四个知道”，形成了“四种态度”，锻炼了“五种能力”，最后就可以通过反复的实践体验养成“五种习惯”：

说话有礼貌，对师长用尊称。

说了就要做，对朋友要真诚。

不给别人添麻烦，对别人的请求给予力所能及的帮助，及时感谢别人的帮助。

不做破坏别人劳动成果的事。

做事情想到与别人合作。

高年级的少年儿童还可以养成扶助弱小，帮助残疾人的习惯。初中阶段的少年儿童还可以养成时刻准备帮助别人的习惯。

（二）人与社会的关系。人与社会的关系，要以形成人不能脱离群体而应努力为公共利益服务的观念为核心，以对班集体、少先队组织、学校、社区、社会团体、民族、国家、政党等的正确认识以及掌握如何在社会生活中生存与发展的能力为基础，以养成热爱集体、爱护公物、遵纪守法、服务公众的行为习惯为外在标志和落脚点。

通过体验感知“六个知道”：

知道我生活在班集体中，是（将要是）少先队组织的一员。

知道我的家居住在社区中。

知道集体有纪律，国家有法律。

知道我是中国人，56个民族组成一个大家庭。

知道中国共产党是领导我们的党。

知道世界是由多民族、多种族、多国家组成的。

在此基础上，高年级的少年儿童还可以知道我国的根本制度和政治制度、经济制度。初中阶段的少年儿童还可以知道企事业单位和各种服务性组织、机构等在经济生活中的地位和作用，知道阶层、团体、政党在国家政治生活中的地位和作用，知道经济类、政治类国际性组织在国际事务中的地位和作用，知道少年儿童权利和与自己生活有关的基本法律法规，以及以课堂上学过的有关法律、历史、政治、社会常识等知识为基础。

通过“五种感受”形成“五种态度”：

感受班级、少先队的温暖，形成爱集体、爱少先队组织的态度。感受社区为我们生活提供方便，形成爱护公共财物的态度。

感受纪律和法律、法规对集体和社会生活的重要性，形成大家都要自觉遵纪守法的态度。感受作为中国人的自豪，形成热爱家乡、热爱祖国的态度。

感受今天幸福的生活，形成热爱中国共产党的态度。

有条件的和高年级的少年儿童还可以感受与世界各国少年儿童相处，形成世界各民族、种族、国家应相互尊重，和平共处，共同发展的态度。初中阶段的少年儿童还可以通过丰富的活动和真切的感受，逐步形成以开放的姿态、过硬的本领、顽强的意志面对世界政治格局多极化、经济全球化的趋势和各种思想文化的相互激荡的态度。

在“六个知道”、“五种感受”的体验中，还要锻炼少年儿童掌握“四个能力”：

学会参与班级和少先队集体事务。

学会通过力所能及的方式为社区服务。

学会获知国内外大事的方法。

学会受纪律约束。

高年级和初中阶段的少年儿童还要锻炼自觉遵守法律和用法律的武器保护自己、与不同国家和地区的少年儿童进行交流的能力。

有了“六个知道”，形成了“五种态度”，锻炼了“四个能力”，最后就可以通过反复的实践体验养成“四种习惯”：

在班集体和少先队组织中以小主人的身份发表意见、提出建议，对大家决定的事情努力去做。

在社区里多做好事。

每天注意阅读、收听、收看新闻。

按规则行动。

高年级的少年儿童还可以养成力所能及地参与社会生活的习惯。初中阶段的少年儿童还可以养成力所能及地参加公益服务的习惯。

(三)人与自然的关系。人与自然的关系,要以形成人与自然和谐相处的观念为核心,以对植物、动物、自然资源、生态环境等的正确认识以及掌握与自然界相处的能力为基础,以养成爱护动植物、保护自然资源和生态环境的行为习惯为外在标志和落脚点。

通过体验感知“三个知道”:

知道我呼吸的空气、站立的土地、沐浴的阳光、看到的山水、身边的草木就是自然环境的一部分。

知道提供给我衣食住行的物质来自自然资源。

知道我身边哪些行为是对自然环境和资源的破坏。

高年级和初中阶段的少年儿童还可以知道大气、河流、海洋、土地、矿藏、森林、草原和各种生物构成了我们生存的自然环境;知道人类的一些活动使有害物质进入环境后对生物的正常生存和发展产生不利的影响,形成环境污染;知道人类社会发展与环境密不可分,人类要永葆生机,就要把保护环境和合理利用资源有机结合起来,使人类社会可持续发展;以及课堂上学过的有关环境和资源的知识为基础。

通过“两种感受”形成“两种态度”:

感受地球养育了我们,地球只有一个,形成要保护地球的态度。

感受清新的环境和可爱的动植物带来的美好舒畅,形成喜爱蓝天、青山碧水、洁净的空气,喜爱小动物,爱护小植物的态度。

高年级的少年儿童还可以通过丰富的活动和真切的感受,逐步形成为了人类的进步,树立人与自然和谐与协调发展的意识的态度。初中阶段的少年儿童还可以通过丰富的活动和真切的感受,逐步形成为了人类的未来,树立可持续发展的意识,努力建立保护地球环境的绿色文明的态度。

在“三个知道”、“两种感受”的体验中,还要锻炼少年儿童掌握“三个能力”:

学会分辨对环境有利、有害的事。

能为改善身边的环境做好事。

劝说别人不破坏环境、不浪费。

高年级的少年儿童还要锻炼宣传环境保护知识的能力。初中阶段的少年儿童还要锻炼参与环境保护的调查、提出建议的能力。

有了“三个知道”,形成了“两种态度”,锻炼了“三个能力”,最后就可以通过反复的实践体验养成“三种习惯”:

自己不做随地吐痰、乱扔垃圾、伤害小动物等对环境有害的事。

节约不浪费。

保护环境卫生。

高年级的少年儿童还可以养成植绿护绿、爱鸟护鸟的习惯。初中阶段的少年儿童还可以养成亲近自然的习惯。

(四)人与自我的关系。人与自我的关系,要以形成珍爱生命、健康生活、追求美好、乐观向上的观念为核心,以对生命、时间、意志、价值取向、理想信念等的正确认识以及掌握如何认识自己、如何把握自己的能力为基础,以养成乐观开朗、珍惜时间、勇敢顽强、自尊自信、乐于创造、健康向上的行为习惯为外在标志和落脚点。

通过体验感知“四个知道”:

知道自己所处的年龄阶段。

知道身体健康、心情愉快有利于自己的成长。

知道时间过去就不会再来。

知道有目标就有力量。

高年级的少年儿童还可以知道心理调节的功能。初中阶段的少年儿童还可以知道青春期的有关知识,以及课堂上学过的常识课有关人的知识为基础。

通过“三种感受”形成“三种态度”：

感受成功的快乐，形成对自己有信心，热爱生活的态度。

感受生命的可贵，形成珍爱生命、珍惜时间的态度。

感受努力实现目标的过程，形成对未来有希望，不怕困难的态度。

高年级的少年儿童还可以通过丰富的活动和真切的感受，逐步形成对自己的言行负责、给予比索取更快乐的态度。初中阶段的少年儿童还可以通过丰富的活动和真切的感受，逐步形成不满足已有成绩、积极进取和人生的价值在于奉献、在于创造的态度。

在“四个知道”、“三种感受”的体验中，还要锻炼少年儿童掌握“六个能力”：

能够意识到自己的长处和不足。

能把坏心情变为好心情。

遇事能问为什么，敢想别人没想过的事。

遇到难事能想办法解决。

有多种生活情趣。

能自学、自理、自护。

高年级的少年儿童还要锻炼宣传环境保护知识的能力和自强、自律的能力。初中阶段的少年儿童还要锻炼参与环境保护的调查、提出建议的能力以及确立努力的目标和要实现的理想、初步确立人生信念的能力。

有了“四个知道”，形成了“三种态度”，锻炼了“六个能力”，最后就可以通过反复的实践体验养成“五种习惯”：

做人讲道理，做事有计划。

不向困难低头。

不迁就自己的毛病。

天天锻炼身体，干干净净迎接每一天。

爱动脑筋，以创造为快乐。

高年级的少年儿童还可以养成做事专注，不三心二意的习惯。初中阶段的少年儿童还可以养成对美好的新事物感兴趣的习惯。

以上述四个基本关系以基本框架，通过从真实的感受到深刻的理解由浅入深、由近及远、由表及里、由形象到抽象循序渐进的思想道德教育，使少年儿童掌握与其生活密切联系的道德知识，感受道德形成过程，加深对道德影响人类生活和社会发展的认识，提高他们参与道德实践的浓厚兴趣，培养他们积极、严谨、求实、活泼的生活态度和良好的行为习惯。

五、实施的方式

体验教育是少先队适应新形势、进一步加强少年儿童思想道德教育的主要方式。要从少年儿童日常所能接触到的家庭生活、学校生活、社会生活的具体情景和遇到的问题入手，也可设置现实生活和未来生活中可能出现的许多场景，使他们感知和强化思想道德方面的知识，感受讲道德的快乐和高尚、不讲道德的痛苦和耻辱，接纳正确的道德观念，启迪他们的道德觉悟，激励他们的道德情感，强化他们的道德意志，增强他们的荣辱观念和道德责任感，提高他们的道德推理能力、选择能力和践行能力，从而最终形成良好的行为习惯。

少先队是体验教育的倡导者和组织者，让少年儿童在少先队集体生活中体验，以少先队的组织形式到社会实践中去体验，是体验教育的重要形式。在少先队的组织和引导下，让少年儿童以自己的身份、自己的视角去参与体验，以他人的身份、他人的视角去参与体验，进入设定的事件和设定的环境的情景中去体验等，都是进行体验教育的方式。

根据不同年龄阶段少年儿童生理、心理的特征，少先队开展思想道德教育分三个年龄阶段实施。

一至三年级是小学的初始阶段，该年龄阶段的儿童对直观形象的事物容易引起注意，好奇好问好动手，是引起他们对道德问题产生兴趣，体验道德生活的重要时期。少先队组织要通过加入少先队组织前的启蒙和加入少先队组织后的教育，引导他们对生活中的道德现象进行观察，形成一些正确的道德印象，关注他们个人行为习惯的培

养,注意他们方法和能力的训练。

四至六年级是小学的高年级阶段,经过三年的学生生活,该年龄阶段的少年已经适应学校生活,掌握了读、写、说的基础知识和基本技能。少先队组织要通过少先队的组织生活和丰富多彩的活动,增加一些道德知识的深度,除了讲“本然”以外,再讲一点“所以然”;在进行实践活动的同时,增加一些讨论,强化对道德态度的体验,初步养成小学生应该具备的良好行为习惯。

初中阶段的少年儿童身心发展进入了青春初期,思维的主要方式开始从形象思维为主,发展到形象思维与抽象思维并重;自我意识发展迅速,自我控制与评价能力日趋成熟;已经能够认识自己在社会和集体中的地位和作用,形成初步的社会责任感。少先队组织要通过进行组织教育和团前教育,充分利用在课堂上、书本里所学到的相关知识,通过丰富的实践活动和探究性、研究性学习,让他们获得参与道德研究和践行过程的体验,逐步坚定道德信念,增强道德判断能力,形成良好的行为习惯。

少先队开展的思想道德教育,是共青团思想道德教育的重要组成部分,是学校德育工作的一支重要力量,是全社会思想道德建设一个方面的基础性工作。各级共青团组织要认真履行全团带队的重要职责,按照青少年思想道德教育的总体要求,支持少先队组织通过体验教育创造性地进行少年儿童思想道德教育。要积极争取各级教育行政部门和中小学对少先队开展的思想道德教育的支持。少先队作为一个社会性、群众性的组织,具有协调、动员社会力量的优势,要借助和依靠社会力量,广泛开发和利用社会资源,通过多种途径和手段,为通过体验教育开展少年儿童思想道德教育创造条件,为少年儿童的健康成长营造良好的社会环境。

共青团中央、全国少工委
关于深入学习贯彻党的十六大精神
在少年儿童中开展“实现宏伟蓝图
做好全面准备”主题活动的通知

2002年12月23日

各省、自治区、直辖市团委,少工委:

认真学习贯彻党的十六大精神,是全党全国人民当前和今后一个时期的首要政治任务,也是全团全队的首要政治任务。少先队组织学习贯彻十六大精神就要落实到教育引导广大少年儿童为实现十六大提出的全面建设小康社会宏伟目标做好全面准备上。为此,共青团中央、全国少工委决定在少年儿童中开展“实现宏伟蓝图,做好全面准备”主题活动。现将有关事宜通知如下。

一、目的和意义

在少年儿童中广泛开展“实现宏伟蓝图,做好全面准备”主题活动是少先队组织贯彻落实十六大精神的具体行动。要以丰富多彩的体验教育活动为载体,教育引导少年儿童学习十六大精神,知道一个思想——“三个代表”的

重要思想；了解一个目标——全面建设小康社会的宏伟目标；确立一个志向——为实现中华民族伟大复兴做好全面准备。

二、主要内容

党中央在第四次全国少代会上希望当代少年儿童要从小树立远大理想，养成优良品德，培养过硬本领，锻炼强健体魄，为推进祖国新世纪大业做好全面准备。少先队组织学习贯彻十六大精神，就要把十六大提出的全面建设小康社会的宏伟目标与当代少年儿童的成长紧密地结合起来，引导他们为实现宏伟蓝图做好全面准备。重点开展以下活动：

（一）开展“红领巾心向党”活动。以领悟十六大的灵魂“三个代表”重要思想为主题，通过收集资料和深入农村、企业、社区，了解近13年来在党的领导下我国改革开放和现代化建设所取得的成就，引导少年儿童感受生产力发展所带来的巨大变化，感受文化事业发展所带来的新面貌，在此基础上引导少年儿童走访身边的模范共产党员，感受他们为人民利益无私奉献的崇高境界，使少先队员进一步明确党、团、队的特殊关系，培养对党的深厚感情，进一步增强和坚定永远跟党走的信念和决心。

（二）开展“手拉手，话小康”活动。以十六大提出的“全面建设小康社会”的宏伟目标为依据，通过城市与农村、发达地区和欠发达地区、不同民族手拉手小伙伴之间的通信、互访，交流或亲身感受家庭、学校、社会所发生的新变化，了解当地近年来经济建设和社会发展所取得的新成就和实现小康的具体目标，通过写作、图画、制作等多种形式分别设计自己家乡和小伙伴家乡未来的美好蓝图，用全面建设小康社会的目标感召少年儿童，激励他们勤奋学习、参与实践，德智体美全面发展，成为中国特色社会主义事业的合格建设者。

（三）深入开展“养成道德好习惯”活动。以十六大提出的“认真贯彻公民道德建设实施纲要”，“加强青少年的思想道德建设”为依据，按照共青团中央、全国少工委《关于加强少年儿童思想道德教育深入开展体验教育的意见》（中青联发〔2002〕11号）提出的人与人、人与社会、人与自然、人与自我的关系为基本结构，在家庭生活、学校生活、社会生活和大自然中，通过扮演不同角色和进入特定的事件和情景，体验感知17个知道，通过14种感受形成14种态度，在知道和感悟的基础上锻炼18种能力，通过反复的实践体验培养17个基本行为习惯，为少年儿童养成社会公德、职业道德和家庭美德奠定基础。

（四）开展“民族精神代代传”活动。以弘扬和培育十六大提出的“以爱国主义为核心的团结统一、爱好和平、勤劳勇敢、自强不息的伟大民族精神”为主题，引导少年儿童以少先队中队、小队的组织形式做好三件事：一是寻找一个人，即从历史人物和熟悉的人身上寻找和发现表现出的民族精神；二是挖掘一件事，即从历史事件和亲身经历的事情中寻找和发现表现出的民族精神；三是做一件能体现民族精神的事。以此教育引导少年儿童了解民族精神的丰富内容，感受民族精神的伟大力量，体验民族精神的时代内涵，逐步树立民族自尊心、自豪感，为长大以后实现中华民族的伟大复兴贡献力量奠定基础。

（五）开展“争奖章，做准备”活动。按照十六大提出的“坚持教育创新”，“全面推进素质教育”的要求，进一步深化“雏鹰争章”活动。以《“中国少年雏鹰行动”雏鹰奖章实施细则》（中少发〔1999〕2号）提出的基础奖章、获章标准及参考训练项目为基础，按照“争奖章，做准备”的主题创设新的雏鹰奖章，激励少年儿童积极、主动地参加活动，在定章、争章、考章、颁章、护章的各个环节中引导少年儿童为实现宏伟蓝图，提高综合素质，做好全面准备。

（六）继续开展“中华少年小甲A足球活动”。根据十六大提出的“德智体美全面发展”和“开展全民健身运动，提高全民健康水平”的

要求，因地制宜地建立形式多样的小甲A足球活动俱乐部，开展足球游戏活动、足球文化活动和足球竞技活动。这项活动既是强健少年儿童体魄的群众体育活动，又是少年儿童做好全面准备的重要内容，要在抓好学校小甲A足球活动的同时，积极探索，健全机制，努力做好社区推广工作。要按照“体验足球，快乐成长”的理念，让少年儿童体验“用心出智慧，配合有力量，顽强能进步”的做人做事的道理，体验“激情欣赏，文明表达”中蕴涵着的民族精神和道德要求。

三、工作要求

（一）要把这项活动作为2003年少先队的重点工作，充分认识这项工作的重要意义。党的十六大是我们党在开始实施社会主义现代化第三步战略部署的新形势下召开的一次十分重要的会议，大会提出了新世纪新阶段党和国家的奋斗目标和行动纲领。当代少年儿童的人生历程将和全面建设小康社会、实现现代化第三步战略目标的历史进程紧紧相伴。因此从小就要使他们受到“三个代表”重要思想的熏陶，受到小康社会宏伟蓝图的感召，从小培育和弘扬民族精神，从小养成道德好习惯，在德智体美各方面做好全面准备。

（二）这项活动要按照体验教育的思路实施，组织和引导少年儿童在亲身体验中把活动的教育目标内化，并转化为实现宏伟蓝图做好准备的实际行动中，避免仅仅靠观念的讲授和理论的阐述。在活动中要创造良好的形式、氛围和环境，引导少先队员讲真话，抒真情，表真意。“红领巾心向党”活动的关键环节是在现实生活中感受在党的领导下所取得的伟大成就，体验共产党人崇高的思想境界；“手拉手，话小康”活动的重要步骤是感受生活的变化，体验手拉手小伙伴的真情实感；“养成道德好习惯”活动的主要形式是在家庭、学校、社会生活和大自然中的体验和感受；“民族精神代代传”活动的中心环节是做一件自己认为最能体现民族精神的事，感受民族精神的丰富内涵和巨大力量；“争奖章，做准备”的主要任务是使少年儿童在提高技能的同时强化体验环节，获得真实感受；“中华少年小甲A足球活动”要使少年儿童在开展足球活动的过程中体会做人做事的道理。

（三）这项活动所涉及的六项主要内容在“实现宏伟蓝图，做好全面准备”的主题下形成一个有机整体，涵盖了“三个代表”重要思想的教育和对全面建设小康社会目标的理解，把少年儿童应具备的民族精神、良好的思想品德和多方面的能力放在了突出的位置，也给少先队组织在不同时间段根据实际情况有重点地开展某一项内容的活动留有创造的空间。各地应结合实际创设体验项目，以此为主题开展丰富多彩的队日队会活动。各省级少工委要选择两个比较好、具有地方特色的活动方案和成果于2003年9月10日前以文字、图片、录像等多种形式报全国少工委办公室，全国少工委将适时展示活动成果。

（四）“实现宏伟蓝图，做好全面准备”主题活动是2003年活动的总揽，其他各项活动都要按照这样一个主题开展和深化。少先队组织的自身建设也要围绕这一主题展开，把少先队组织建设成为引导少年儿童做好全面准备的集体。同时要注重活动的宣传，要广泛动员新闻媒体宣传这项主题活动，在重要的节庆日和重点工作项目上统一步骤，形成声势，为少先队组织学习贯彻十六大精神营造良好的舆论氛围和社会环境。

十三、统战

共青团中央、全国青联关于进一步加强对“中国十大杰出青年”培养的意见

1998年10月23日

各省、自治区、直辖市团委、青联，总政组织部，武警总部政治部，全国铁道团委，全国民航团委、青联，中直机关团工委、青联，中央国家机关团工委、青联，中央金融团工委：

“中国十大杰出青年”评选活动自1990年创办以来，在全社会引起了强烈反响。每年推出的10名杰出青年都是在我国社会主义现代化建设中做出突出贡献的青年佼佼者，是我国各行各业优秀青年的代表。他们的奋斗足迹为广大青年的成长提供了深刻的启示，他们艰苦奋斗、勇于创新的精神激励着亿万青年奋发成才。十杰青年在成为广大青年学习榜样的同时，也成了全社会关注和监督的对象。社会在赋予十杰青年崇高荣誉的同时，也对他们的学习、工作和生活提出了更高的要求。十杰青年的一言一行直接影响着周围青年的成长，也影响着十杰青年的整体形象和“中国十大杰出青年”评选活动在社会上的声誉。因此，进一步加强对十杰青年的培养，推动他们继续发展，使其永远成为广大青年学习的楷模，是一件具有十分重要意义的工作，也是各级青年组织义不容辞的责任。为此，特提出以下进一步加强对“中国十大杰出青年”培养的意见。

一、全面考核历届“中国十大杰出青年”。对历届“中国十大杰出青年”的事业发展现状进行调查、考察，详细了解每一位十杰青年在获誉之后的发展情况及取得的新成就。要通过与十杰青年所在单位的上级主管部门加强联系与沟通，全面了解十杰青年当选后在当地和所在单位引起的反响及其表现。调查结束后，将结果通报给每一位十杰青年和其上级主管部门，对十杰青年取得的成绩，要予以充分肯定，对存在的缺点，要予以热情的帮助，以在十杰青年中形成一种激励、鞭策和比发展、争贡献的良好氛围，进一步弘扬十杰青年始终追求卓越的奋斗精神。

二、为十杰青年的发展提供切实的服务。对在事业发展过程中遇到困难的十杰青年，要协同有关部门为其提供帮助；对在工作和生活中遭受不法侵害的十杰青年，要据实向有关部门反映情况，依据有关法律，切实维护他们的合法权益；对当选后又获得较大发展的十杰青年，要向组织人事部门推荐，使其在更重要的岗位上经受锻炼，发挥作用。同时，在新闻媒体上给予大力宣传；对个别违法或犯有严重错误的十杰青年，将根据有关规定，取消其“中国十大杰出青年”称号，坚决维护“中国十大杰出青年”的良好声誉。

三、加强制度建设，完善十杰青年的培养机制。制订“中国十大杰出青年”自律条例（试行），使十杰青年严格自律，以荣誉为动力，继续努力拼搏，不断将事业推向新的发展，同时积极参加社会公益活动，为国家和社会发展多

做贡献,为保持“中国十大杰出青年”这一崇高荣誉而不懈努力。要与十杰青年建立定期联系和年度业绩汇报制度,及时掌握十杰青年的发展动态。适时成立以十杰青年为成员的非法人性质的联谊性组织,加强十杰青年之间的联系、沟通与合作,在全社会更好地塑造十杰青年的整体形象。

加强对“中国十大杰出青年”的培养,不仅是对十杰青年个体的发展负责,也是对十杰青年这个群体的形象负责,更是对一代青年的成长负责。开展“中国十大杰出青年”评选活动,不仅在于举荐、树立典型,更重要的在于关注典型的继续进步,加强对典型的培养。只有这样,“中国十大杰出青年”才能永远走在时代的前列,“中国十大杰出青年”的评选活动才能保持和不断扩大在社会上业已形成的良好声誉。

附:“中国十大杰出青年”自律条例(试行)

第一条 为使“中国十大杰出青年”当选者在获得荣誉之后,继续努力拼搏,不断将事业推向新的发展,维护“中国十大杰出青年”这一崇高荣誉的严肃性,保持和发展“中国十大杰出青年”评选活动在社会上业已形成的良好声誉和影响,特制定本条例。

第二条 本条例仅适用于从1990年以来和今后每年评选出的“中国十大杰出青年”。

第三条 正确对待荣誉,戒骄戒躁,把“中国十大杰出青年”这一崇高称号作为自己毕生事业追求的强大动力,作为生活中的一把标尺在各方面严格要求自己,始终保持朴实、和平的姿态在广大青年中发挥表率作用。

第四条 顺应时代发展和社会进步的需要,不断追求事业发展的最高境界,以卓越的成绩回报社会。

第五条 在实现自身发展的同时,以高度的社会责任感,积极参与社会公益事业,为人民群众服务,为更多的青年成长成才服务。

第六条 在国际交往与合作中,树立高度的民族自豪感和责任感,并充分展示当代中国青年的风采与实力,为国争光。

第七条 经常与全国青联保持联系,以一定方式汇报和反映所取得的重大成绩或事业发展中遇到的困难,积极参加全国青联组织的有关活动。

第八条 如违法或犯严重错误,“中国十大杰出青年”评选活动的主办单位有权取消其“中国十大杰出青年”称号,并通过媒体曝光。

第九条 本条例自公布之日起生效。

第十条 本条例由“中国十大杰出青年”评选活动组委会办公室负责解释。

共青团中央、科技部关于共同实施中国青年科技创新行动的意见

1999年5月18日

人类即将进入21世纪,世界各国共同面对着知识经济时代的机遇和挑战。知识经济的本质在于创新。创新是一个民族进步的灵魂,是国家兴旺发达的不竭动力。实施科教兴国战略,提高我国的科技创新能力,把经济建设真正转移到依靠科技进步和提高劳动者素

质的轨道上来，已经成为党和政府以及全民族的广泛共识和实际行动。当前，在科技经济诸多领域，青年已成为创新的中坚力量。为进一步发挥广大青年在科教兴国战略中的生力军作用，培养和造就一代面向新世纪的高素质青年人才，共青团中央、科学技术部决定共同实施中国青年科技创新行动。

一、行动宗旨

中国青年科技创新行动旨在以邓小平理论为指导，以党的十五大精神为指针，组织动员广大青年积极投身科教兴国的伟大实践，培养科技创新精神，提高科技创新能力，在全社会营造良好的创新氛围，促进大批面向新世纪的优秀青年人才脱颖而出，使中国青年科技创新行动成为国家创新体系的重要组成部分，促进经济体制改革和经济增长方式的转变，提高我国科学技术水平，为21世纪中华民族的全面振兴做出贡献。

二、主办单位及职责

此项工作由团中央、科技部共同实施。团中央有着较广泛的工作联系面，可根据青年的实际，负责制定青年科技创新工作的规划并具体组织实施。科技部负责制定宏观的科技政策，提供相关的政策支持，为青年科技成果转化为现实生产力创造条件。主办单位将努力发挥各自的优势，促进人才、资金、项目的多元对接，实现创新资源的优化配置。

三、主要内容

1. 大力开展科技知识的学习传播活动，在全社会营造科技创新的良好氛围。通过成立读书俱乐部、编写科技丛书、举办科技节、建立科技广场及科技教育基地等，使科技走近青年，提高他们的科技知识素养，增强广大青年乃至全社会的科技创新意识。充分发挥现代传媒作用，运用电脑网络和新闻媒介，广泛介绍国际国内科技经济发展现状，介绍科技成果在经济领域和现实生活中的应用，展望现代科技发展趋势及其对人类社会生活的影响。通过多层次的科技学习和传播活动，推动全社会对科技创新工作的关注和支持，形成学科技、用科技、推动科技发展的良好局面。

2. 积极鼓励广大青年科技工作者大胆发明创造，推动科技创新事业的发展。青年是科技创新的中坚力量，要通过“中国青年科学家奖”、“中国青年科技创新创业奖”等评选活动，激励他们在基础科学领域大胆创新，鼓励技术创新和科技成果的转化应用。定期举办中国青年科技论坛，使之成为孕育、传播新的科学知识的重要阵地。为广大科技工作者特别是青年科技人才开发拥有自主知识产权的产品提供服务。注重企业的技术创新工作，以“创新创效”为主题，以市场为导向，以“四个一”活动（开发一项新产品、创造一项新工艺、推广一项新技术、转化一项新成果）为基本内容，在企业中开展技术创新活动。在农村，鼓励青年大力领办科技推广项目，创办科技示范基地（园），形成项目、基地与服务组织相结合的农村青年科技服务体系。要注重在学生中培养创新精神，重点实施大学生素质发展计划和中学生成人教育计划，以“挑战杯”统领大学生课外学术活动，推动课外学术科技活动氛围的形成，帮助青年学生提高创新能力。

3. 研究市场需求，努力促进科技成果的推广和应用。在政府部门的宏观协调和指导下，依托共青团组织和各级青年科技工作者协会，建立科技成果转化、应用的中介服务机构及其网络，发挥中介服务功能，提供市场信息分析、市场预测、风险评估等服务，努力营造有形的技术成果交易市场。有条件的地方可组织各类科技成果博览会、技术交流会和新闻发布会，促进科技成果的推广和应用，加快科技成果的商品化、产业化进程。积极推动产学研相结合，使市场需求成为科技创新的目标和动力。帮助企业经营管理者和科研人员选择具有市场开发前景的科研项目进行孵化催生，使科研成果得以转化应用。组织海内外科技专

家尤其是青年科技工作者以招标和引荐的方式,为企业的技术攻关,为地方的经济发展提供服务。

四、保障机制

健全网络系统。通过各级青年科技工作者协会及其中介服务机构建立工作网络;通过计算机互联网络建立汇集各类科研项目、成果、人才的信息库,形成畅通的信息网络,促进全社会创新资源的优化配置。

建立激励机制。办好"中国青年科学家奖"、"中国青年科技创新创业奖",激励创新人才的成长与发展。建立中国青年创新基金,扶持青年创新成果的开发和推广运用,提高科技成果产业化的成功率。

加强阵地建设。在各类科技馆、博物馆、重点实验室等命名一批青年科技创新行动教育基地。在一些高新技术园区和高新技术企业中建立青年科技创新行动示范基地,形成青少年科技知识的学习基地和创新基地。

制定相关政策。鼓励、支持青年参与科技项目,通过必要的科技、经济政策和人才政策为青年科技创新工作创造条件。

"中国十大杰出青年"评选章程

第10届"中国十大杰出青年"评选活动组织委员会第一次会议通过

1999年6月2日

第一章　评选宗旨

第一条　开展"中国十大杰出青年"评选活动,旨在表彰、宣传在改革开放和社会主义现代化建设实践中做出突出业绩和重大贡献的青年典型,树立当代中国杰出青年的光辉形象,激励广大青年刻苦学习,勤奋工作,服务社会,建功成才,并在全社会进一步优化青年成长成才环境,为培养更多适应跨世纪发展和社会主义现代化建设需要的青年人才做出积极贡献。

第二章　评选条件

第二条　18周岁至39周岁的中华人民共和国公民。

第三条　热爱社会主义祖国,拥护党的基本路线。

第四条　在改革开放和社会主义现代化建设实践中做出突出业绩和重大贡献。

第三章　评选机构

第五条　"中国十大杰出青年"评选活动由中华全国青年联合会、中国青少年发展基金会、中央电视台、中央人民广播电台、人民日报(含海外版)、中国青年报、光明日报、解放军报、经济日报、科技日报、工人日报、农民日报等单位联合主办。

第六条　邀请我国老一辈革命家、社会活动家以及有关方面权威人士担任顾问。

第七条　成立由主办单位负责人和有关部委的部门负责人组成的"中国十大杰出青年"评选活动组织委员会,负责评选活动的组织工作,处理评选活动中出现的重大问题。

第八条　由组委会成员和有关部委、群众团体的部门负责人、部分专家学者以及以团体席位参加的省级青联组织组成"中国十大杰出青年"评选审定委员会,负责审议和评选"中国

十大杰出青年”。

第九条 组委会下设办公室(设在全国青联秘书处),在组委会领导下具体负责评选活动的实施。

第四章 评选程序

第十条 “中国十大杰出青年”评选活动每年一届,每届依据本章程制定具体评选意见。

第十一条 由各省级团委、青联根据评选意见的要求,通过直接严格的考察,提出本地区、本系统的人选,向组委会推报。推报人选一般不超过2名。

第十二条 由组委会确定30名正式候选人,并通过新闻媒体向社会公布,在30天内,广泛征求社会各界的意见。如遇异议,由组委会办公室负责同推报单位进行核实,在评选审定委员会投票前,将核实情况向组委会汇报,组委会酌情处理。

第十三条 评选审定委员会在对正式候选人进行认真审议、充分酝酿的基础上,进行无记名投票,按得票多少确定10名当选者。

第五章 奖励方式

第十四条 主办单位对评选审定委员会投票选出的10名正式候选人授予“中国十大杰出青年”称号,并颁发荣誉证书、奖杯和奖章。

第十五条 主办单位对其他正式候选人授予“中国十大杰出青年”提名奖称号,并颁发荣誉证书。

第十六条 举行“中国十大杰出青年”颁奖典礼及有关活动,进行表彰和宣传。

第十七条 中华全国青年联合会和富绅服装实业公司共同设立“中国十大杰出青年”富绅基金,用于评选活动。

第十八条 设立“中国十大杰出青年”富绅基金管理委员会,负责基金的使用和管理。

第六章 附则

第十九条 “中国十大杰出青年”称号获得者如违反法律或犯严重错误,主办单位有权取消其“中国十大杰出青年”称号。

第二十条 本章程由中华全国青年联合会秘书处负责解释。

全国性青年社会团体管理办法

1999年12月10日

第一条 为保障公民法人的结社自由,保障青年社会团体(以下简称青年社团)的合法权益,加强对青年社团的规范化管理,促进其健康发展,发挥青年社团在两个文明建设和社会主义市场经济建设中的积极作用,根据中办〔1996〕22号《中共中央办公厅关于加强社会团体和民办非企业单位管理工作的通知》精神和国务院1998年颁发的《社会团体登记管理条例》规定,结合青年社团具体情况,制定本办法。

第二条 全国性青年社团是指依法成立的冠以“中国青年”、“中华青年”、“全国青年”等字样的协会、学会、研究会、基金会、联合会、促进会、联谊会等组织。

第三条 全国性青年社团必须遵守宪法、法律、法规和国家政策,以党的中心工作为指针,根据共青团工作的总体部署,围绕经济建设和精神文明建设,协助党委和政府管理部门的工作,沟通会员与党政管理部门及相关单位之间的信息,促进共青团事业及本社团工作的发展。

第四条 全国性青年社团的活动不得损害国家利益、社会公共利益以及其他组织和公民的合法权益,不得违背社会道德风尚。

第五条 全国性青年社团的业务活动受共青团中央的指导,其资格审查、年检等具体管理、协调工作由团中央统战部负责。

第六条 凡申请成立全国性青年社团,均应依照本办法规定由其筹备组织向团中央提出资格审查申请。

第七条 申请资格审查,应当提交下列材料(一式四份):

(一)社团筹备组织负责人签署的登记申请书;

(二)社会团体章程草案;

(三)机构设置及工作职责;

(四)筹备组织负责人组成及其个人简历;

(五)社团常设办事机构的地址、电话、联系人及房产使用证明;

(六)社团筹备工作简况;

(七)成员数额;

(八)有关单位、个人的发起倡议书。

第八条 全国性青年社团的章程应按照《社会团体登记管理条例》的规定,载明必要事项。

第九条 全国性青年社团的名称,应与其业务范围、成员分布、活动地域相一致,非全国性青年社团名称不得冠以"中国青年"、"中华青年"、"全国青年"等字样。

第十条 团中央统战部在确认全国性青年社团具备成立条件后,应出具资格核查意见,并报团中央书记处审定。

第十一条 成立新的全国性青年社团,须按要求备齐一切申报材料,经团中央书记处同意后,由团中央统战部统一向民政部履行申报手续。全国性青年社团的成立,凡涉及征求有关部门意见的,由团中央统战部统一发函办理。

第十二条 全国性青年社团的日常管理及业务的指导和监督,由所属部门负责。

第十三条 团中央有关部门配合民政部门对全国性青年社团行使下列监督管理职责:

(一)负责社会团体筹备申请、成立登记、变更登记、注销登记前的审查;

(二)监督、指导社会团体遵守宪法、法律、法规和国家政策,依据其章程开展活动;

(三)监督社团依照《社会团体登记管理条例》的规定,进行活动履行注册登记手续;

(四)按规定进行年检的审核。

第十四条 团中央对所属全国性青年社团的申请登记、思想政治工作、机构建设、财务活动、人事管理、召开研讨会和对外交往等重要活动安排、接受资助等事项负有领导责任。

第十五条 各社团的会员应是单个法人或自然人。

第十六条 会费的收取应符合国家规定。

第十七条 全国性青年社团换届选举、召开全会及重大事项应事先将工作报告、修改章程等有关事项报团中央书记处,并抄送团中央统战部备案。

第十八条 全国性青年社团应当于每年3月31日前将上年度的工作总结及下年度工作计划报送团中央统战部,经初审同意后,于5月31日前报送登记管理机关,接受年度检查。工作报告的内容包括:本社会团体遵守法律法规和国家政策的情况、依照本条例履行登记手续的情况、按照章程开展活动的情况、人员和机构变动的情况以及财务管理的情况。

第十九条 全国性青年社团的变更或注销,应报团中央书记处审定后,由团中央统战部向民政部申报变更或注销手续。

第二十条 全国性青年社团应邀以单位会员名义加入境外民间组织,必须报团中央批准。确因工作需要在境外设立代表机构的,必须报团中央和民政部批准。

第二十一条 全国性青年社团常设机构专职工作人员和长期兼职人员中,凡是有正式党员3人以上的,必须建立党组织。

第二十二条 地方性青年社团可参照本办法执行。

第二十三条 本办法由团中央统战部负责解释。

第二十四条 本办法自下发之日起执行。

共青团中央关于印发《2001—2005年实施西部地区和少数民族地区团干部"培养计划"工作规划》的通知

2001年1月2日

各省、自治区、直辖市团委,军委总政治部组织部,全国铁道团委,全国民航团委,中直机关团工委,中央国家机关团工委,中央金融团工委,中央企业团工委:

《2001—2005年实施西部地区和少数民族地区团干部"培养计划"工作规划》是共青团中央贯彻落实党中央关于西部大开发战略,加快民族地区发展的一项重要措施。《规划》由团中央组织部、统战部共同组织实施。

现将《2001—2005年实施西部地区和少数民族地区团干部"培养计划"工作规划》印发给你们,请结合本地区、本行业的实际情况,认真贯彻落实。有关省(区、市)团委要按照本规划的要求,制定落实方案,并报团中央备案。

2001—2005年实施西部地区和少数民族地区团干部"培养计划"工作规划

为实施国民经济和社会发展"十五"计划和西部大开发战略,贯彻落实全国统战工作会议精神,切实加强西部地区和少数民族地区团干部队伍建设,深入实施"培养计划",特制定本规划。

一、指导思想

以邓小平理论和党的基本路线为指导,贯彻落实党的十五届五中全会精神和江泽民总书记在全国统战工作会议、中央民族工作会议暨第三次全国民族团结进步表彰大会上的讲话精神,按照党中央关于实施西部大开发战略和加快民族地区发展的要求,认真总结经验,大胆改革创新,积极拓展途径,进一步有计划地组织西部地区和少数民族地区优秀团干部到经济相对发达地区挂职锻炼和培训学习、考察交流,帮助他们学习经济相对发达地区的先进经验,掌握科学的工作方法,不断提高政策理论水平和组织领导能力,更好地带领各族青年为推动西部地区和少数民族地区经济发展、社会进步做出更大的贡献。

二、工作目标

从2001年至2005年,团中央及有关团省(区、市)委每年组织西部地区和少数民族地区担任一定领导职务的优秀团干部到经济相对发达地区挂职锻炼和培训学习、考察交流。通

过五年的努力，力争使4000名左右的优秀团干部通过参加不同层次、不同形式的挂职锻炼、培训交流和考察学习，在政治思想素质、组织领导能力和改革创新意识等方面有所增强，进一步营造有利于少数民族团干部成长成才的良好环境，为培养选拔更多更优秀的少数民族团干部投身西部大开发做出应有的贡献。

三、组织形式

1. 挂职锻炼。分两种形式，一是由团中央每年组织50名左右的西部地区和少数民族地区优秀团干部到经济相对发达地区挂职锻炼。二是由西部地区和少数民族地区省（区、市）团委每年组织经济欠发达地区和少数民族地区优秀团干部到本省（区、市）的经济相对发达地区挂职锻炼，人数不低于本省（区、市）参加团中央组织外派的挂职干部人数。两种形式每年共组织挂职干部100人左右。同时提倡西部地区和少数民族地区团委自行协商、组织优秀团干部到外省（市）经济相对发达地区挂职锻炼。

2. 培训学习。分三种形式，一是由团中央每年组织100名左右的西部地区和少数民族地区优秀团干部在中央团校或其他地方举办培训班。二是由团中央主办、西部地区和少数民族地区省（区、市）团委承办在该省（区、市）内举办培训班，培训当地优秀的团干部，每年培训100人左右。三是由西部地区和少数民族地区省（区、市）团委自行组织培训班，每年培训500人左右。三种形式每年共计培训700人左右。

3. 考察交流。西部地区和少数民族地区省（区、市）团委还可以组织优秀团干部赴本省（区、市）内经济相对发达地区考察交流。

四、选派干部条件

1. 坚持四项基本原则，坚决维护祖国统一和民族团结，大专以上文化程度，基本素质好，有发展潜力和培养前途，身体健康。

2. 以少数民族团干部为主，也可选派一定数量的汉族团干部。

中共中央组织部、共青团中央关于2001年选派“博士服务团”到西部地区锻炼服务的通知

2001年3月8日

重庆、内蒙古、江西、广西、四川、贵州、云南、陕西、甘肃、青海、宁夏等省（区、市）党委组织部、团委，中央和国家机关有关部委干部（人事）部门，中央国家机关团工委、中央金融团工委、中央企业团工委：

为贯彻落实中央关于实施西部大开发的战略部署，进一步加强专业技术人才队伍建设，中央组织部和共青团中央确定，2001年继续选派“博士服务团”到西部地区锻炼服务。现将有关事项通知如下：

一、充分认识这项工作的重要性

改革开放以来，一大批年轻博士、硕士逐步成为我国专业技术人才队伍的骨干。加强对他们政治上的关心和组织管理能力的培养，积极创造条件，让他们深入基层，深人实践，了解国情，增长才干，是组织人事部门知识分子工作的重要内容。

西部大开发战略为专业技术人员的培养锻炼和发挥作用提供了机遇。选派“博士服务团”到西部地区锻炼服务，是为西部大开发战

略提供人才支持的一项重要措施。做好这一工作,既可为西部地区提供高水平智力服务,建立起科研单位、高校与西部地区技术服务和人才支持的渠道,又能使一批高学历专业技术人员通过社会实践,提高组织管理能力。这项工作对探索培养优秀年轻专业技术人才的手段和方法,加强专业技术人才队伍建设,促进西部地区的经济社会发展都具有重要的意义。

二、组织和实施

1. 按照“按需选派,双向选择”的原则,2001年计划选派100名左右“博士服务团”人员,到重庆、内蒙古、江西、广西、四川、贵州、云南、陕西、甘肃、青海、宁夏等省区市挂职锻炼服务。

2. 选派对象:中央和国家机关有关部委所属科研院所、高校等企事业单位中,年龄在45周岁以下,身体健康,获得博士学位二年或获得硕士学位五年以上(获硕士学位者需具有副高级以上职称),政治素质好,有一定组织管理能力和较大发展潜力的专业技术骨干。

3. 职务安排:省区市直属机关和企事业单位的副职或助理,国家和省区市重点工程项目的技术负责人,地(市)直属机关、企事业单位的副职和部分县(市)的政府领导副职。

4. 锻炼服务时间为1年。在此期间,“博士服务团”人员在原单位的待遇不变,接收单位的生活补贴、往返交通费等相关待遇参照接收省区市科技副职的规定执行。

5. 请有关省区市党委组织部、团委根据本地实际情况,提出8-10人的需求计划填写《“博士服务团”需求调查表》,于4月30日前,报中央组织部知识分子工作办公室。中组部和团中央将参照各地的需求,制定选派方案,于5月底向有关部委下达选调计划。有关部委干部、人事部门和团委根据选调计划,提出拟派人选名单,6月底前报中央组织部知识分子工作办公室。中组部和团中央将与有关方面协商,确定选派人选,组织预培训,于7月底统一派出。

三、有关要求

1. 有关省区市党委组织部、团委和接收单位要充分利用好“博士服务团”的智力资源。要创造条件,使“博士服务团”人员尽快熟悉本地区社会经济发展情况和本单位的业务工作,帮助他们解决工作和生活中通到的实际困难。同时,要对他们严格要求,严格管理。工作结束时,要认真地做好总结鉴定工作,报中组部和团中央,并抄送派出单位。

2. 有关部委的干部、人事部门和团委要严格把关,按照规定的条件确定选派对象。要把政治素质放在第一位,把具有发展潜力的优秀年轻骨干选派出来,确保选派人员的质量。派出单位要及时了解派出人员锻炼服务期间的思想和工作情况,做好协调工作,使派出人员在锻炼服务期间和各项待遇不受影响。锻炼服务结束前,要对派出人员进行考察,并将考察结果作为考核和使用干部的重要依据。

3. “博士服务团”人员要严格遵守组织纪律,自觉接受服务单位的管理。要牢固树立服务意识,虚心学习,勤于思考,大胆工作,乐于奉献。工作结束前,要写出个人总结,分别交服务单位和派出单位。

共青团中央、国家民委、全国青联关于以“三个代表”重要思想为指导进一步开展全国各族青年团结进步活动的意见

2002年2月28日

由共青团中央、国家民委、全国青联共同主办的全国各族青年团结进步活动已开展了10年。这项活动对组织各族青年深入学习领会江泽民总书记关于民族工作的一系列讲话精神，牢固树立马克思主义民族观，促进民族地区经济社会发展，丰富各民族群众的精神文化生活，培养、选拔各民族优秀青年人才，维护民族团结和祖国统一等方面发挥了积极作用，在社会上尤其在民族地区广大青年中产生了较大的影响。

共青团中央、国家民委、全国青联决定进一步开展全国各族青年团结进步活动。活动的指导思想是，认真贯彻落实江泽民总书记在庆祝中国共产党成立80周年大会上的重要讲话精神，以“三个代表”重要思想为指导，帮助各族青年进一步树立马克思主义民族观，推动民族地区经济社会发展，弘扬优秀的民族文化，培养各族青年人才，团结带领全国各族青年为促进民族团结进步事业，实现党在新世纪的三大任务做出应有的贡献。共青团中央、国家民委、全国青联将于2004年，总结活动开展情况，进行第四届“全国各族青年团结进步杰出(优秀)奖”的评选，表彰在活动中涌现出来的为民族团结进步事业做出较大贡献的先进集体和个人。活动实施意见如下。

一、以“三个代表”重要思想为指导，进一步开展全国各族青年团结进步活动，帮助各族青年牢固树立马克思主义民族观

紧紧围绕民族团结进步，进一步加强对广大青年的马克思主义民族观和党的民族政策、法规的教育，使各族青年坚定对马克思主义的信仰，坚定对社会主义的信念，深刻认识中华民族的伟大复兴有赖于各民族的紧密团结和共同繁荣，不断增强以民族振兴、祖国强盛为己任的紧迫感和责任感。马克思主义民族观教育的重点是加强“汉族离不开少数民族，少数民族离不开汉族，少数民族之间也相互离不开”的教育。要通过命名民族团结教育基地和举办讲座、参观考察等活动，让广大青年了解我国各民族团结奋斗，致力于民族解放和富强的历史，了解各族群众坚持爱国主义，坚决维护民族团结和祖国统一可歌可泣的先进事迹，了解改革开放以来我国各族人民所取得的巨大成绩，从而牢固树立“三个离不开”的思想，自觉维护和发展平等、团结、互助的社会主义民族关系，继承和发扬我国民族大团结的优良传统。党的民族政策、法规教育的重点是要加强《民族区域自治法》的学习和教育。要抓住《民族区域自治法》颁布20周年的有利契机，通过开展知识竞赛、理论征文等活动，进一步学习、掌握和宣传民族区域自治等党的民族政策，促进各民族的繁荣进步。

二、以“三个代表”重要思想为指导，进一步开展全国各族青年团结进步活动，努力推动民族地区经济社会发展

我们要抓住西部大开发的历史机遇，振奋精神，开拓创新，围绕民族地区经济建设这个中心，努力营造氛围，提供条件，搭建舞台，帮

助各族青年学习现代科学技术和文化知识，不断提高科学文化素质和劳动技能、创造才能，充分发挥他们的积极性、主动性和创造性，用自己的智慧与力量促进民族地区经济社会发展。要扎扎实实地组织实施“兴边富民”行动和中国青年科技创新行动“金桥计划”，发挥共青团、青联组织人才智力和联系广泛的优势，深入开展“百名博士西部行”、“科技、文化、卫生三下乡”、“农村星火带头人”、“企业创新创效”、“东西互助、共同迈向富裕”等活动，组织青联委员和其他青年专家深入民族地区开展技术攻关和献计献策活动，解决技术难题，传授科技知识和信息，并为技术转让、开拓市场牵线搭桥，努力提高企业产品的科技含量和科技成果的利用率，促进产业结构调整和特色经济发展，为实现民族地区跨越式发展做贡献。

三、以“三个代表”重要思想为指导，进一步开展全国各族青年团结进步活动，大力弘扬优秀的民族文化

优秀的民族文化，是各民族人民在长期的实践工作中创造出来的，是整个中华文化不可或缺的重要组成部分。要开展“追寻民族文化的历史足迹”等活动，组织各族青年进行实地调查和采风，了解、挖掘、弘扬优秀的民族文化，加深他们热爱民族、热爱祖国的感情。开展“为民族繁荣进步而学习”等活动，引导各族青年认真学习现代科学技术和文化知识，追赶世界科学文化的发展前沿，高举先进文化的前进旗帜，建设、弘扬适应时代发展要求的优秀民族文化。开展各种类型的思想教育活动，在各族青年中倡导爱国主义、集体主义、社会主义思想，反对和抵制拜金主义、享乐主义、极端个人主义等腐朽思想，增强广大青年的民族自尊心、自信心、自豪感，激励他们为振兴中华民族而奋斗。加强科学知识、科学方法、科学思想、科学精神的宣传教育，帮助各族青年树立正确的世界观、人生观和价值观，增强对改革开放和现代化建设的信心，增强对党和政府的信任，增强自立意识、竞争意识、效率意识、民主法制意识和开拓创新意识，不断提高自身的思想道德水平和科学文化素质，成为有理想、有道德、有文化、有纪律的社会主义“四有”新人。

四、以“三个代表”重要思想为指导，进一步开展全国各族青年团结进步活动，大力培养各族青年人才

成长成才是各族青年的最大愿望，是各族青年根本利益所在，也是各民族繁荣进步对青年提出的要求。我们要适应这种要求，代表各族青年的根本利益，积极营造环境，创造条件，帮助他们尽快成长成才。要加大教育培训力度，提高各族青年的思想道德和科学文化素质，培养一大批符合现代化建设要求的有用人才，为民族地区经济发展和社会进步提供强有力的人才智力支持。组织各族青年考察交流团和各族青年友好班组活动，促进民族地区与发达地区青年人才之间的交流与合作，努力为各族青年建功成才营造良好环境。充分利用现有的青少年活动阵地，积极开发青年人力资源，建立起多层次、多种类型的青少年培养基地，形成青年人才培训网络，健全青年人才信息库和举荐优秀青年上岗制度，为青年人才的健康成长创造有利条件。进一步培养、表彰和举荐各民族优秀青年人才，加大舆论宣传力度，为他们脱颖而出营造氛围，搭建舞台。培养民族地区青年人才的重点是要培养好少数民族青年干部。要加大“培养计划”的实施力度，全面落实《2001—2005 年实施西部地区和少数民族地区团干部“培养计划”工作规划》，力争组织 4000 名左右的优秀团干部参加不同层次、不同形式的挂职锻炼、培训学习和考察交流，为民族地区改革开放和现代化建设培养一支高素质的青年干部队伍。

各级团委、民委、青联，特别是民族地区团委、民委、青联要从事关经济发展、民族团结、社会稳定、祖国统一的战略高度，充分认识做好各族青年团结进步工作的重要意义，以“三

个代表”重要思想为指导，根据各地、各系统的实际，因地制宜地开展形式多样、富有特色的各族青年团结进步活动。要从基层抓起，逐级定期评选表彰各族青年团结进步活动先进集体和个人，大力宣传他们的先进事迹，从而带动更多的青年，掀起各族青年团结进步的新高潮，为推动民族团结进步事业，实现中华民族的伟大复兴做出应有的贡献。

十四、权益

共青团中央、中央社会治安综合治理委员会办公室关于在全国开展创建“优秀青少年维权岗”活动的意见

1998年11月25日

各省、自治区、直辖市团委，社会治安综合治理委员会办公室：

为了贯彻落实党的十五大提出的依法治国、建设社会主义法治国家的精神，切实维护青少年的合法权益，预防和减少青少年犯罪，营造青少年健康成长的良好环境，共青团中央、中央社会治安综合治理委员会办公室决定联合中央有关单位，在全国开展创建“优秀青少年维权岗”活动。现将有关事宜通知如下。

一、目的和意义

“优秀青少年维权岗”是指与青少年事务直接有关的基层单位中自觉履行法律和政策赋予的职能，为维护青少年合法权益做出突出贡献的单位。

开展创建“优秀青少年维权岗”活动，是维护青少年合法权益，为青少年健康成长提供服务和保障，促进社会文明进步的重要措施。这项活动有利于动员社会各方面力量，共同关注和参与青少年维权工作；有利于缓解社会矛盾，预防和减少青少年犯罪，在维护社会稳定中发挥积极作用；有利于加强政法队伍和相关部门内部建设，树立良好社会形象；有利于密切党和群众的血肉联系，调动广大青少年投身两个文明建设的积极性。

二、内容和方式

创建“优秀青少年维权岗”活动在共青团、人民法院、人民检察院、公安、司法、民政、文化、广播电影电视、工商、新闻出版、质量技术监督等系统和行业广泛开展。“优秀青少年维权岗”原则上设有上述系统和行业的基层单位，主要包括：基层团组织及社区中的青少年服务机构；基层人民法院及少年法庭；基层人民检察院及少年刑事检察机构；基层公安部门及派出所、戒毒所；基层司法所及律师事务所、法律援助中心、监狱、少管所、劳教所；基层民政部门及社会福利机构；青少年文化娱乐场所、外来务工青年集中的企业和培训学校、站、点；商场的青少年食品、用品销售柜台；文化监督、质量技术监督和工商行政管理站、所；新闻媒体的相关栏目等。

共青团中央将分别联合最高人民法院、最高人民检察院、公安部、司法部、民政部、文化

部、广播电影电视总局、国家工商行政管理局、新闻出版署、国家质量技术监督局等部门，结合各系统和行业特点下发通知，全面开展创建活动。

“优秀青少年维权岗”分为全国、省、地市、县(区)四级，全国“优秀青少年维权岗”由团中央和相关部委共同命名，省级、地市级和县(区)级“优秀青少年维权岗”由省级、地市级、县(区)级活动主办单位参照全国级的命名方式进行。

“优秀青少年维权岗”命名实行严格的申报、考察、核准制度。命名工作要根据确定的条件和要求，严格考核，认真评比。各地、各行业应择优确定一批争创单位，对能够较好履行职责，达到创建条件要求的单位，予以命名表彰，并纳入各行业职工奖励体系进行奖励。对已被命名的各级“优秀青少年维权岗”也要进行考察评比，对不合格的单位撤销命名。

三、条件和标准

“优秀青少年维权岗”应认真贯彻、执行《中华人民共和国宪法》、《中华人民共和国未成年人保护法》及有关法律、法规中保护青少年合法权益的规定，保护青少年健康成长。“优秀青少年维权岗”依据其所在系统、行业的工作性质和特点，应具备和达到以下条件和标准：

1. 深入宣传、贯彻有关青少年权益保护的法律、法规，积极配合有关部门做好青少年权益保护工作，努力营造有利于青少年健康成长的良好社会环境，为他们的成长和发展提供有效的法律服务、心理咨询服务和其他切实帮助。

2. 在侦查、检察、审理涉及青少年的案件中充分考虑青少年身心特点，切实维护青少年的合法权益；大力开展扫黄打非、缉毒工作，严厉打击针对青少年的违法犯罪活动；重视对失足青少年的教育、感化和挽救工作，并做好安置帮教工作，预防和减少青少年重新犯罪。

3. 根据青少年心理特点对劳教、服刑的青少年进行改造、帮教；重视青少年法制教育工作，结合实际，建立青少年法制教育联系点或确定共建单位，通过教育、培训等方式指导青少年开展法制学习和进行普法宣传活动；积极为权益受到侵害的青少年提供法律援助。

4. 重视社区内维护青少年合法权益工作，利用多种形式增强青少年运用法律手段保护自身合法权益的能力，对弱势青少年群体提供有效保护；积极做好孤残儿童的收养、护理、教育、康复工作，流浪少年儿童的救助、保护和儿童的收养登记工作，措施得力，成效显著。

5. 在广大青少年中倡导文明、健康的生活娱乐方式，坚决制止和取缔各种反动、淫秽、色情、暴力、封建迷信音像、图书等制品的生产和经营活动，净化文化市场，净化青少年精神生活空间；发挥舆论、传媒优势，普及有关法律知识，大胆揭露、曝光侵害青少年权益的现象，并对典型案例进行报道，效果显著。

6. 加强质量法制教育，增强青少年质量意识，加强对青少年食品、用品的质量管理和监督工作，保证青少年食品、用品质量，维护青少年消费者的合法权益；加大对制造、销售和经营有害青少年健康成长的商品、文化制品的打击力度，加强对青少年娱乐场所的监督管理，优化青少年成长的环境。

四、措施和要求

1. 加强领导，扎实推进。团中央、中央综治办将联合有关中央单位组成创建活动组委会，负责这项工作的组织领导和协调，办公室设在团中央权益部，负责处理日常工作。团中央将分别与有关中央单位成立创建活动领导小组，负责创建活动的具体实施。地方团委、综治办应主动争取有关系统和行业行政领导部门的支持，共同建立创建活动组织领导和协调机构，将创建活动纳入政府行为。各级团的领导机关、综治办要对创建“优秀青少年维权岗”活动予以高度重视，摆上日程，切实抓紧、

抓好；要本着统一部署、典型示范、逐步推进的工作方针，从本地实际出发，制定周密细致的推进计划，采取切实有力的措施，确立长远的发展目标，推动创建活动卓有成效地开展。

2. 加强协调，发挥优势。开展创建“优秀青少年维权岗”活动涉及的部门多，牵涉面广，各级团的领导机关和综治办要积极做好各部门间的协调工作，及时沟通情况，交流信息，相互支持，做好创建工作；要充分发挥相关部门的行业优势，为广大青少年提供多方面的服务。

3. 重视宣传，扩大影响。要在扎扎实实开展创建活动的基础上，加强对创建活动及“优秀青少年维权岗”先进事迹的宣传，扩大社会影响，营造良好的社会氛围，以此激发各参与创建活动单位和部门的积极性，推动创建活动向纵深发展。

五、推进步骤

1. 先期启动，挂牌示范。1998 年 11 月至 1999 年 2 月，团中央将联合有关中央单位下发开展创建活动的通知，各单位择优确定本系统“优秀青少年维权岗”，在相对集中的一段时间内，通过召开现场会、举行命名挂牌仪式等方式分别启动，带动全系统的创建活动。同时，采取各种形式集中进行宣传报道，形成一定社会声势。各地团组织和综治办要结合本地实际，制定相应计划，建立创建活动组织领导和协调机构，启动本地的创建活动。

2. 逐级推广，全面展开。1999 年 3 月至 10 月，各级团组织、综治办按照意见要求，以先行示范单位为龙头，采取多种形式组织开展大规模创建活动，形成达标争先的良好局面。各地应及时将创建活动有关情况，特别是带有普遍意义的经验和典型报团中央权益部。

3. 命名表彰，完善机制。1999 年 11 月至 12 月，在各行业考评、各省推荐的基础上，团中央将联合各有关部委集中命名表彰一批全国“优秀青少年维权岗”。各级创建活动领导机构可根据实际情况进行命名表彰。各地要在广泛开展创建活动的基础上，逐步规范创建活动，形成良好的创建、评比、表彰运行机制。全国创建活动领导小组办公室将在总结各地经验的基础上，在 1999 年底前颁布实施《“优秀青少年维权岗”创建、评比、表彰条例》。

4. 推广经验，全面深化。各地要在创建活动中注意发现和培养典型，总结带有普遍性的经验，并自觉运用到实际工作之中。全国创建活动领导小组办公室将根据创建活动进展情况，通过召开现场推进会、研讨会等方式推广有关经验，推进创建活动的深入、持久发展。

共青团中央关于在全国城镇深入开展创建“青年文明社区”活动的意见

1999 年 4 月 26 日

自团中央、民政部、建设部、国家工商局联合发起的“青年文明社区”创建活动开展以来，各地高度重视，真抓实干，把创建工作纳入当地群众性精神文明建设的整体部署之中，受到广大群众和社区青少年的普遍欢迎，涌现出了一大批“青年文明社区”，为城市两个文明建设

做出了积极贡献。实践表明,创建“青年文明社区”活动是团组织参与群众性精神文明建设的重要途径,是全面加强社区团工作的重要举措。

为了全面贯彻党的十五大和团十四大精神,充分发挥青年在社区两个文明建设中的积极作用,团中央决定在全国城镇深入开展创建“青年文明社区”活动,现提出如下意见。

一、以服务项目为主导,全面深化创建活动

共青团工作进社区,根本的一条是项目进社区、服务进社区。服务项目是“青年文明社区”的有效载体,通过项目构筑社区服务体系是深化创建活动的重要环节。当前,要着重抓好以下几个服务项目的建设。

1. 社区青少年文化服务。在社区中建立青少年读书亭、阅报栏、宣传橱窗,动员组织社区居民特别是广大青少年开展读书活动,营造社区学科学、学知识、学文化的氛围;充分利用楼群、楼道空间,推广楼群、楼道文化,开辟“社区青春文化广场”,因地制宜开展青少年喜闻乐见的文化娱乐活动,宣传科普知识,倡导健康文明的生活方式。

2. 社区青少年维权服务。联合政府有关部门开展创建社区“优秀青少年维权岗”活动,组织动员与青少年事务有关的基层单位,自觉履行法律和政策赋予的职能,承担起服务和维护青少年权益的责任。利用多种形式广泛开展青少年法制教育,严厉打击侵犯青少年权益的违法犯罪行为,坚决查处各种非法出版物,强化对文化娱乐场所的监督管理,净化社区青少年成长环境,发挥舆论监督作用,揭露、批评侵害青少年权益的现象,并特别关注特殊青少年群体,开展面向青少年的心理生理、法律咨询等项服务。

3. 社区青年志愿服务。建立社区青年志愿服务站,推广社区青年志愿服务卡联系制度,根据社区志愿者的专长特点、社区群众的需求以及社区可利用资源等,建立健全服务机制和网络,广泛开展社区便民服务。

4. 社区青年教育服务。围绕青年学习、成长、就业等多方面需求,建立社区技能、技术培训学校或站点,组织待业青年、下岗青年开展技能学习,拓展就业渠道和领域;在外来务工青年较集中的社区,着力深化“千校百万”外来务工青年培训计划,为广大外来务工青年的生产、生活、成长、成才给予多方面服务。

5. 社区“青年文明号”优质服务。通过广泛开展“青年文明号服务卡助万家”活动,使优质服务深入社区、深入家庭,为人民群众提供优质、便捷的服务。

6. 社区家政服务。组织、扶持下岗青工和待业青年积极开展家政服务,既为居民提供生活服务,又帮助下岗青工和待业青年拓宽就业渠道,提供新的就业机会。

7. 大学生社区援助服务。动员组织大学生深入社区担任居委会主任助理、青年干事、少先队辅导员,充分发挥他们的人才优势和智力优势。通过开展共建活动,组织大学生广泛开展家庭教育、医疗卫生、法律援助、家电维修、心理咨询等内容丰富、形式多样的社区服务活动,为社区建设贡献力量。

8. 社区少先队服务。在社区广泛建立雏鹰假日小队,有条件的地方可建立社区少工委,开展雏鹰争章等活动,将中小学生的课外活动引向社区,通过开展各种科普行动,兴趣小组、艺术学习、拓展锻炼,培养他们广泛的兴趣爱好和积极向上、团结进取的合作精神,把社区建设成为中小学生素质教育的社会实践基地。同时组织他们力所能及地参与社区服务、植绿护绿。

9. 社区安全服务。动员组织社区青年积极参与社区社会治安综合治理,广泛开展法制宣传教育、安置帮教、清除黄、赌、毒等活动,倡导助人为乐、见义勇为的社会风尚,为维护社区安全、稳定发挥作用。

二、以社区团建为基础，全面活跃社区团的工作

社区团的工作是城市基层团的工作新的生长点和发展点。加强社区团组织建设，不仅对创建“青年文明社区”活动有着决定性的作用，而且对新时期城市共青团基层组织的生存和发展有着深远的意义。

1. 把社区团建摆在突出的位置。社区团的工作是城市共青团工作基础的重要组成部分。各级团组织要积极参与创建“五四红旗团委”活动，全面推进社区基层团组织建设。要充分认识和积极迎接社会经济结构转型给城市基层团工作带来的挑战，切实把社区团建作为当前和今后一个时期城市基层团组织建设的重点，努力构建适应市场经济新形势的社区团的组织架构和运行机制。

2. 加强社区团建的基本原则。一是要坚持党带团建，团组织要积极争取各级党组织的重视和支持，把团组织建设纳入到党组织建设规划之中，按照党组织的要求和社区团工作的需要，依靠党组织解决好社区团建中遇到的实际问题。二是要坚持以服务促团建，以服务社区和青少年发展为切入点，依托社区服务项目，努力为人民群众和广大青少年提供多种形式的服务，在为社区群众和青少年服务中发展、壮大社区团组织，推进社区团建工作。三是要坚持以加强街道团工委建设带动社区团组织建设全面发展。

3. 切实抓好街道团工委建设。在机构改革和企业改革不断深化的新形势下，街道作为城市区或市政府的派出机构，在城市基层管理中担负着越来越重要的职责。街道团工委在城市团的基层工作中的基础和主导作用日益显著，其职能应得到拓展，主要是：领导街道所属单位团组织的工作；教育、管理和服务在本辖区内就业的外来务工青年和居住的下岗青年、待业青年以及在校青少年；负责各类功能社区和新兴经济组织团的建设；促进辖区内各单位团组织的横向联谊，等等。要把加强街道团工委建设作为社区团建的基础环节，切实下功夫抓好。配齐配强专职团干部，保证每个街道至少配备专职团干部一名。街道专职团干部应具有大专以上学历，年龄在30岁以下，可以从本街道优秀青年干部中选拔，也可以由团区(市)委带编制派出；健全街道团工委班子，应吸收辖区内有影响的企业、学校、机关等单位的团组织负责人担任团工委委员；团工委要大力兴办服务社区建设和青少年成长成才的工作项目，建立各种服务组织和基地；加强街道青少年活动阵地建设，增强团的工作的物质依托；建设以街道团工委为核心的社区团组织联谊机构，促进各单位团组织在工作中横向联合，共享资源，发挥优势，共同活跃。

4. 全面推进社区团组织建设。市场经济的发展和青年流向分布的变化，给社区团建工作带来了繁重的任务，提出了新的要求。团的各级领导机关特别是团区(市)委要指导和帮助街道团工委分类推进社区团组织建设。巩固和加强街道所属单位现有团的组织；积极在居委会中普遍建立团支部(总支)，动员和吸收在本居委会居住的团员青年参加团的活动，推广在居委会设立专职青年干事的做法；以物业管理、市场管理部门和社区内有关单位为立足点，大力在居民小区、工业小区、商业街、集贸市场等功能社区中建立团组织，以社区为依托，采取灵活方式，推动私营企业、港澳台商和外商投资企业的团组织建设和团的活动开展；无论哪种类型的基层团组织都要努力实行按期换届和团干部民主选举，围绕服务中心工作和“青年文明社区”创建开展团的活动，增强自身活力。根据青少年的需求，坚持一手抓发展，一手抓管理，建设团组织外围的青少年社团，使青少年社团成为团组织更广泛地联系青少年的途径。总之，通过多种方式，把越来越多的流动团员青年组织起来，努力扩大团的组织和工作对团员青年的覆盖面，使团的基层组

织建设更好地适应不断发展变化着的新形势。

5. 加强社区团员队伍建设和青年的教育、管理与服务。社区是团员青年的聚集地，也是流动团员和青年的集散地。社区团组织要把团员队伍建设摆在重要位置。坚持做好经常性发展团员工作，凡在本社区居住、就业时间过半年，提出入团申请并具备团员条件的青年，都应该吸收入团；要定期了解本社区内外来务工团员的情况，主动吸收他们参加团的生活和活动，加强管理。认真及时地做好下岗团员、学校毕业生团员的组织关系转接工作；坚持通过生动活泼的方式加强团员教育，增强广大团员在本职工作和创建“青年文明社区”活动中发挥模范作用的自觉性，积极推荐优秀团员作党的发展对象。要以街道团工委为主导，社区团组织密切配合，加强对外来务工青年、下岗青年、待业青年等青年群体的教育和管理，努力为他们提供就业、培训、生活、维权等方面的服务。

三、从战略发展的高度统一全团认识，齐抓共建、因地制宜抓落实

党的十五大为社区团的工作提供了更加广阔的舞台和空间，团的十四大对新时期社区团的工作提出了更高的要求。立足全国城镇，广泛开展创建“青年文明社区”活动，是全面活跃新时期城市共青团工作的有效手段和具体措施，务必抓紧抓实。

1. 统一认识，加强领导。各级团组织要充分认识开展活动的重要意义，把它作为贯彻党的十五大精神，落实团十四大整体部署，凝聚全团力量的重要措施。要从共青团工作跨世纪发展战略的高度，认识到社区团的工作是城镇团工作的落脚点；是跨世纪共青团事业发展的生长点；社区团建是城镇共青团工作的关键点；创建“青年文明社区”是全面活跃城市共青团工作的牵动点。各地团组织要积极争取党政领导的重视和支持，把创建活动纳入当地城市文明建设的整体部署之中，与有关单位、部门积极合作，推动社区建设和发展。

2. 拓展领域、突出重点。创建活动要由城市社区拓展到农村小城镇，各地要从实际出发，结合当地创建文明城市、文明社区、文明城镇的实际，制定符合实际的实施方案；要本着统一部署、全面推进、突出特色的原则，根据当地社区的实际情况和发展需要，从“党政所急、群众所盼、青年所能”项目着手，分类指导。提倡一切从实际出发、量力而行、突出特色、典型引路、逐步推广。重点抓好服务项目和社区团建。

3. 健全机制、务求实效。创建文明社区是一项复杂的系统工程，需要作长期艰苦的努力，要紧密围绕创建“青年文明社区”的活动目标，明确工作要求，分解创建目标，从社区发展的实际需要出发，做到每一个项目措施到位，责任到人，切实抓出成效。要重视和加强机制建设，建立健全市场经济体制下与城市管理、发展相适应的“青年文明社区”运行机制，确保创建活动能自我生存、自我发展持之以恒地深入开展。

4. 齐抓共建、形成合力。各级团组织要广泛动员和依靠区域内的社会力量，利用社区资源开展各种共建活动，按照社会化的工作思路，形成共建机制；要协调团内各条战线的力量，按照工作到社区，项目到社区，人员到社区的要求，共同为创建“青年文明社区”贡献力量营造一个方方面面齐抓共建，积极参与创建“青年文明社区”的良好态势。

附：团中央创建“青年文明社区”活动领导小组成员名单

组　长：巴音朝鲁　团中央书记处常务书记
副组长：赵　勇　团中央书记处书记
成　员：郭长江　团中央办公厅副主任
尹德明　团中央组织部副部长
白　希　团中央宣传部副部长
张　鸣　团中央青工部副部长
彭友东　团中央学校部副部长

高　洪　团中央少年部副部长

刘晓平　团中央权益部副部长

卢雍政　团中央青年志愿者行动指导中心副主任

办公室主任：刘晓平（兼）　团中央权益部副部长

办公室副主任：胡增印　团中央权益部副部长

共青团中央关于宣传、贯彻《中华人民共和国预防未成年人犯罪法》的通知

1999 年 7 月 12 日

共青团各省、自治区、直辖市委员会：

《中华人民共和国预防未成年人犯罪法》（以下简称《预防未成年人犯罪法》）已于 1999 年 6 月 28 日经第九届全国人大常委会第十次会议审议通过，并将于 1999 年 11 月 1 日起施行。这是继《未成年人保护法》之后我国又一部旨在保护青少年身心健康、促进青少年健康成长的重要法律，体现了党和政府及全社会对青少年健康成长的关心和重视，标志着我国未成年人保护工作进一步走向法制化，对于进一步动员全社会共同做好预防未成年人犯罪工作，维护社会稳定，保障未成年人身心健康，优化青少年成长环境具有十分重要的意义。为了深入贯彻《预防未成年人犯罪法》，加大共青团维权工作力度，现将实施这部法律的有关事项通知如下。

一、大力宣传《预防未成年人犯罪法》，增强全社会依法教育保护未成年人的法律意识

《预防未成年人犯罪法》是以宪法为依据，针对未成年人犯罪的具体特点和实际，规定了预防未成年人犯罪，立足于教育和保护，从小抓起，对未成年人不良行为及时进行预防和矫治的指导思想，特别是强化了各级政府、司法机关、人民团体和家庭、学校、社区等社会各方面的责任，为全社会依法做好未成年人教育保护工作提供了重要法律依据。各级团组织要把宣传、贯彻这部法律作为今后一个时期的重要任务摆上位置。要通过各种形式，组织广大团干部特别是从事维权工作的团干部认真学习这部法律，了解其基本精神和主要内容，充分认识制定该法的重要意义。团属青少年报刊要把宣传《预防未成年人犯罪法》作为一项重要内容列入工作计划，要开辟专栏，通过知识竞赛、征文、咨询、广告、讲座、讨论、以案说法、模拟法庭等形式，面向社会做好宣传和普及。要广泛动员社会力量，充分利用报刊、电视、广播等媒体，运用多种载体，大张旗鼓地宣传《预防未成年人犯罪法》。要结合《预防未成年人犯罪法》的实施，集中开展宣传日、宣传周活动，通过各种形式的宣传，使这部法律走进千家万户，深入人心，在全社会形成强大的舆论声势，增强社会各界依法维护未成年人合法权益、预防和减少青少年犯罪的法律意识，使这部法律真正成为全社会教育保护未成年人一致遵循的基本行为准则。

二、以《预防未成年人犯罪法》为重点内容，加大青少年法制教育工作力度

《预防未成年人犯罪法》第 8 条规定共青团、少先队等组织应当结合实际开展多种形式的预防未成年人犯罪的法制宣传活动；第 11

条规定少年宫、青少年活动中心等应把预防未成年人犯罪的教育作为一项重要工作内容，开展多种形式的教育活动。今后一个时期，各级团组织要以这部法律为重点，会同有关部门，采取有效措施，大力开展青少年法制教育。要在建设一支稳定的法制宣传教育队伍的基础上，依托各级各类青少年阵地，开展丰富多采的法制教育活动；要通过报告、展览、演讲、文艺演出等生动活泼的形式，帮助广大青少年了解有关法律的规定，掌握法律的精神；要根据青少年的特点，编写适合青少年阅读的法律教材和读物，让广大青少年自觉学法、懂法、守法和用法，增强青少年的法制观念，提高他们的法律意识。

三、大力开展青少年自护教育，增强未成年人自我保护和抵御犯罪的能力

按照《预防未成年人犯罪法》关于未成年人对犯罪的自我防范的规定，各级团组织要积极开展增强未成年人自我保护能力的教育活动，通过邀请犯罪学、心理学、生理学和研究紧急情况避险及救护的专家设计课程，采取专家授课、录像观摩、模拟情景训练、替身陪练等多种形式，向广大未成年人普及自我保护知识。共青团中央将在今后一个时期在全国范围内开展自我保护教育活动，指导各地团组织通过举办自护培训班、训练营、自护学校，编写自我保护手册等措施，使自我保护知识深入家庭、学校，帮助广大未成年人增强自护意识，提高防御能力。

四、动员社会力量齐抓共管，大力优化青少年成长环境

依据《预防未成年人犯罪法》，进一步加大创建优秀“青少年维权岗”活动的力度，主动联合法院、检察院、公安、司法、综治办、广电、新闻出版、工商、质量技术监督等部门积极开展创建优秀“青少年维权岗”活动，调动与青少年事务有关单位的积极性，配合有关部门加大打击侵害青少年权益犯罪的力度，坚持开展扫黄打非，打击制造、贩卖、传播毒品、黄色文化及其他不健康产品的行为，积极为青少年提供法律服务、法律援助，切实维护青少年合法权益。

要结合贯彻实施《预防未成年人犯罪法》，深入开展创建“青年文明社区”活动。团组织要主动配合社区内派出所、街道等单位搞好社会治安综合治理，充分利用社区内的宣传阵地、活动场所，多形式、多层次、多渠道地进行青少年犯罪预防教育；要大力开展丰富多采的文化、科技、体育活动特别是社区青年读书活动，充实青少年的精神生活，提高他们的思想、道德和文化水平；要积极动员组织青年志愿者参与失足青少年的安置帮教工作，主动协调家庭、学校和社会各方面的力量，做好对失足青少年的教育感化和挽救工作，逐步建立全社会齐抓共管的机制。

要在预防未成年人犯罪工作中发挥民主参与和社会监督作用，通过积极向党政机关、国家权力机关反映青年的意愿和呼声，向立法机关和执法部门提出建议和意见，组织青年志愿者参与文化市场监督等形式，进一步加强预防未成年人犯罪工作，为青少年健康成长创造有利条件。

各地接到通知后，要集中力量认真研究，精心部署，结合当地实际制定宣传贯彻《预防未成年人犯罪法》的实施方案，并将实施方案于1999年8月20日前报团中央权益部。

共青团中央、中央社会治安综合治理委员会办公室关于在创建优秀“青少年维权岗”活动中加强青少年自我保护教育工作的意见

1999 年 10 月 11 日

为贯彻党的十五大提出的依法治国、建设社会主义法治国家的精神，广泛动员社会力量维护青少年合法权益，1998 年底，共青团中央联合中央社会治安综合治理委员会办公室等单位开展了创建优秀“青少年维权岗”活动。活动开展以来，各系统高度重视，精心组织，积极拓展各自维护青少年权益的职能，发挥行业优势，为服务青少年做了大量工作。为深化创建优秀“青少年维权岗”活动，增强青少年的自我保护意识和能力，培养跨世纪合格的建设者和接班人，共青团中央、中央社会治安综合治理委员会办公室决定在创建优秀“青少年维权岗”活动中加强青少年自我保护教育工作。现提出如下意见。

一、目的和意义

在创建优秀“青少年维权岗”活动中加强青少年自我保护教育工作，旨在动员、组织各系统维权岗和相关单位的专业人员对青少年进行自我保护教育与训练，全面增强和提高青少年的自我保护意识和能力。

开展青少年自我保护教育工作是党的全心全意为人民服务的宗旨的具体体现，是维护青少年合法权益，为青少年健康成长提供服务和保障的重要措施。这项工作有利于增强和提高青少年的自我防范意识和能力，保障青少年的健康成长；有利于全面提高青少年素质，培养跨世纪合格建设者和接班人；有利于青少年自觉规范和约束自己的行为，预防和减少犯罪，维护社会稳定。

二、内容和方式

青少年自我保护教育是一个完整的科学体系，涉及面很广，同时由于接受教育的青少年群体在年龄及所处地域方面均有一定差异，各地应结合实际情况，选择适当的内容和方式，有针对性地开展青少年自护教育工作。

（一）开展青少年自我保护教育工作的主要内容。

1. 法制教育。要在青少年中开展宪法知识和有关青少年行为规范及与青少年生活密切相关的法律知识的教育活动，重点学习《中华人民共和国未成年人保护法》、《中华人民共和国预防未成年人犯罪法》，使青少年知法、懂法、守法、用法，明确自己的权利和义务，提高对是非的判别能力，增强依法保护自身权益的意识和技能。同时，教育青少年在正当权益受到侵害时运用正确方法寻求法律保护。

2. 青春期生理、心理卫生教育。要把青春期生理、心理卫生教育作为自护教育重要环节，根据性别差异，有针对性地做好培训工作。要组织相关专家、学者，通过讲座、咨询、测试等方式为青少年提供科学的生理心理卫生知识，使青少年能够正确认识成长中遇到的问题，增强心理承受能力，充分开发自身潜能，形成健康向上的个性品质，避免由于对自身出现的一些问题认识不清而导致失常行为。

3. 防灾避险教育。公安、卫生、地震、消防等部门的专业人员应帮助青少年提高对自然灾害成因及其危害的认识，帮助他们了解自然

灾害情况下防灾避险知识及避险逃生中应注意的问题。要让青少年了解家庭用电、用气安全常识和交通法规常识，防止意外事故的发生。要帮助青少年提高识别假冒伪劣产品的能力和自觉抵御不良文化制品侵蚀的能力，减少它们对青少年造成的伤害。

4.意外伤害自救互救训练。要让青少年掌握面临意外伤害时如何进行自救和互救的技能，如外伤救护中的止血、包扎、固定、搬运技术及溺水、中毒等意外伤害的急救。

5.犯罪预警能力、临界防卫原则及实用技能训练。要让青少年了解在社会中犯罪现象的真实情况，请有经验的公安干警和其他专业人员讲解犯罪者实施犯罪的行为特点，提高青少年对犯罪者实施犯罪的防范意识和预警能力。要对青少年进行强化训练，使他们掌握抵御犯罪的基本对策和实用技能。

（二）开展青少年自我保护教育工作的主要方式。

1.集中开办自护营或培训班。针对不同年龄阶段青少年生理、心理状况及不同地区的环境特点，利用寒暑假或休息日开办自护营或培训班，采取专家授课、录像观摩、模拟情景训练等多种方式，集中向青少年教授自我保护的基础知识和基本技能。

2.组织在校学生接受自护教育。学校团、队组织可以配合学校法制课的教学，组织在校学生接受自护教育。通过聘任从事法制教育、心理教育、安全教育的专职教师、兼职教师或校外辅导员等方式，对学生进行有针对性的自护教育。

3.深入社区开展自护教育。社区可以通过设立青少年自护教育宣传橱窗、专栏等方式，向青少年普及自护知识。同时，可以利用休息日、学生寒暑假，组织有关专业人员深入社区，通过开办培训班、开设讲座、开展各类咨询活动等方式，为社区青少年提供自护教育。

4.采取社会化方式开展自护教育。要广泛利用各种机构、设施为青少年开展自护教育，通过现有的青少年问题研究组织、青少年宫、青少年维权中心、法律服务中心、心理咨询站，为青少年提供法律、心理等方面咨询和各种技能训练。

5.利用传媒开设自护教育栏目。联合电台、电视台、报刊等传播媒介开设专题栏目，通过讲座、征文、典型案例分析等多种形式，向青少年普及自护知识和技能。

6.广泛开展自护知识、技能比赛。要在青少年中广泛开展自护知识、技能比赛，并通过电视台等新闻媒体进行宣传，在全社会形成重视青少年权益保护，关心青少年健康成长的良好氛围。

三、措施和要求

1.要高度重视青少年自护教育工作。各地要站在服务改革发展稳定大局的战略高度，重视青少年自护教育工作；要把青少年自护教育工作作为开展创建优秀“青少年维权岗”活动的重要内容切实抓好落实，并将其作为各系统考核、命名优秀“青少年维权岗”的重要指标；要从青少年特点和本地实际出发，制定切实可行的教育培训计划，确立长远有序的发展目标和具体推进计划，精心安排，认真部署自护教育工作。

2.要注意发挥相关部门和专业人员的优势。青少年自我保护教育工作所包含的内容丰富，涉及的范围广泛，单靠一家力量很难为广大青少年提供全面有效的知识与技能。各地要积极调动社会力量，发挥各系统维权岗及其他相关部门的优势，聘请相关行业的专业人员，采取不同方式，从不同角度为青少年提供自护教育与培训。

3.要加强对青少年自护教育工作的研究。青少年自我保护教育是维护青少年合法权益的一项全新实践。各地要在借鉴国外成功经验的基础上，针对国内青少年的需求，不断研究，加强探索，建立一套符合我国青少年特点的自护工作新路子、新方法，逐步形成科学的青少年自护教育工作体系。要组织有关专家加强青少年群体的被害预防研究，定期召开专家研讨会，分析青少年热线及投诉接待中的典型案例，为有关部门加强防范，制

定政策提供依据。

4. 要对青少年自护教育工作进行规范的管理。青少年自护教育是切实为青少年健康成长提供服务的一项具体工作，各地要从青少年的根本利益和创建工作的长远发展出发，运用科学的管理方法，建立严格的教育培训体系，制定适合青少年特点的教育培训大纲与切实可行的管理办法和工作规范，力戒形式主义，务求实效，最大限度地为青少年健康成长提供服务。在工作实践中要加强对教职人员、教学场地和教育资金的管理，保障受训青少年的安全，促进青少年自护教育工作健康发展。

各地要及时总结开展青少年自我保护教育工作的经验和遇到的问题，并上报团中央权益部。

共青团中央、建设部、公安部、中央社会治安综合治理委员会办公室关于在建设系统深入实施“千校百万”外来务工青年培训计划的通知

2000年2月1日

各省、自治区、直辖市团委，建委（建设厅），公安厅（局），社会治安综合治理委员会办公室：

由团中央、建设部、公安部、中央社会治安综合治理委员会办公室等八部门联合发起的“千校百万”外来务工青年培训计划实施两年来，各地建设系统高度重视，取得了积极的成效。为了贯彻落实《中共中央关于加强和改进思想政治工作的若干意见》精神，进一步深化“千校百万”外来务工青年培训工作，提高建设系统外来务工青年的素质，充分发挥他们在城乡两个文明建设中的积极作用，团中央、建设部、公安部、中央社会治安综合治理委员会办公室决定在全国建设系统进一步深化“千校百万”外来务工青年培训计划。现将有关事宜通知如下。

一、重视和加强建设系统外来务工青年培训工作具有重要的现实意义

随着城市建设的不断发展和用工制度的改革，大量农村剩余劳动力涌入城市和经济发达地区，他们中的相当一部分进入了建设系统，从事建筑、市政施工和环卫等工作。外来务工青年补充了建设系统劳动力的不足，承担着大量繁重的体力劳动，从事着苦、脏、累、险的工作；他们爱岗敬业，勤奋工作，勇于创业，已经成为建设系统的一支生力军，为城市建设和发展做出了重要贡献。外来务工青年的素质直接关系到建设行业整体素质，关系到工程质量和服务水平的高低。目前，由于城乡差距的存在和受教育程度的不同，一些外来务工青年的文化素质、文明程度、劳动技能、法制观念等基本素质与建设系统实际工作和社会发展需要仍有很大差距，亟需提高。因此，加强建设系统外来务工青年的培训至关重要。

二、深化“千校百万”外来务工青年培训工作的主要内容

劳务输出基地要严格按照建设部有关规定对准备外出的青年做好劳动技能培训工作和思想政治教育、科学文化知识教育、职业道德教育和法制教育。对已经输出的外来务工青年，各用工单位要在继续做好岗位技能培训的同时，认真贯彻《中共中央关于加强和改进

思想政治工作的若干意见》精神，从促进经济建设和社会发展需要出发，提高外来务工青年思想道德文化素质，增强法制观念。当前，要着重做好以下几个方面的工作。

1. 加强思想政治教育。切实把“千校百万”培训作为加强外来务工青年思想政治工作的重要载体，深入浅出地宣传邓小平理论和党的路线、方针、政策，介绍我国改革开放取得的伟大成就，及时向外来务工青年介绍国内外发生的重大事件，提高他们爱党、爱国、爱社会主义的觉悟，引导他们树立正确的世界观、人生观、价值观。

2. 加强科学文化知识教育。组织和动员他们系统地学习科技常识、安全生产、优生优育等科学文化知识，树立崇尚科学的观念，破除封建迷信思想。通过开展丰富多彩的科技文化娱乐活动，丰富他们的业余生活，引导他们自觉遵守城市文明公约，讲文明、树新风，拒绝黄、赌、毒，在群众性精神文明创建活动中发挥积极作用。

3. 加强职业道德教育。通过多层次、多形式的宣传教育，动员、组织广大外来务工青年立足本职岗位，爱岗敬业，树立安全生产意识、质量意识、文明意识，在第二故乡建功立业，为企业的发展贡献力量。

4. 加强法制教育。在外来务工青年中宣传、普及法律法规知识，通过各种形式的宣传教育，帮助他们增强法制观念和运用法律武器同违法犯罪行为作斗争的能力，提高他们维护社会治安以及依法自我保护的意识。

三、深化“千校百万”外来务工青年培训工作的基本要求

1. 高度重视，加大培训力度。要充分认识到培训工作的重要性，企业的党政主要领导要亲自担任本单位“千校百万”培训工作负责人，对培训工作予以具体指导。要做好外来务工青年的岗前、岗上培训，并将是否接受“千校百万”培训作为竞争上岗、评选优秀外来务工青年的重要依据之一。

2. 明确职责，加强协调配合。有关部门既要分工，又要协作，共同做好培训工作。公安、社会治安综合治理部门要担负起法制宣传教育和维护合法权益工作。建设行政管理部门和企业党政领导负责培训的全面组织和协调。各级团组织要按照《团章》的有关规定，以团建创新的精神，加强外来务工青年中的团组织建设。在所在企业党组织的统一领导下，把团建工作和外来务工青年的管理、教育、服务工作有机结合起来。发挥共青团作为党和政府联系青年的桥梁与纽带作用，了解他们的思想情绪，帮助他们排忧解难，传达党和政府的有关精神，并向有关部门反映外来务工青年中出现的倾向性问题。

3. 制定规划，强化师资力量。加强“千校百万”外来务工青年培训工作，一定要结合实际情况，分阶段、分重点确定本地区、本单位培训工作内容和目标，形成详细的工作规划，通过组织企业干部、有关部门工作人员，招募关心外来务工青年事务的志愿人员建立相对稳定的师资队伍。

4. 规范内容，使用统一教材。培训内容关系到培训的质量，关系到培训工作能否真正为外来务工青年提供切实、有效的帮助。各地要把统一、规范培训内容作为搞好培训工作的重要环节来抓，统一使用《外来务工青年文明手册》和行业统一的各工种培训教材，确保培训质量。

5. 突出服务，加强权益保护工作。外来务工青年合法权益保护工作关系到稳定大局，要加大工作力度，把维权工作做实做细，在工资按时发放、工作时间、劳动安全、伤残赔偿、基本生活保障等方面为他们提供有效的保障。要竭诚为外来务工青年的物质文化生活服务，切实帮助他们健康成长成才。任何单位和个人不得借“千校百万”培训工作向外来务工青年收取各种费用。

6. 典型引路，提高培训工作水平。团中央、建设部、公安部、中央社会治安综合治理委员会办公室决定在全国建设系统确定一批深化“千校百万”外来务工青年培训示范单位，并将与这些示范单位保持经常性联系，及时介绍、推广好的做法和经验，还将适时评选表彰

建设系统的“千校百万”外来务工青年培训工作先进集体和个人。

附：建设系统“千校百万”外来务工青年培训工作示范单位名单

北京市城建集团有限责任公司
北京市住宅开发建设集团总公司
北京市城乡建设委员会外管处
北京市城乡建设第五建筑工程公司
天津市第一市政公路工程有限公司
天津二建建筑工程有限公司
上海市建工(集团)总公司
上海市市政工程管理局
铁道部第三工程局华海工程公司(上海)
南通市第四建筑安装工程公司上海公司
重庆建工集团三建公司
重庆市建设岗位培训中心
河北省清源县建筑劳务基地
河北省第四建筑工程公司
河北省驻北京建筑队伍管理处
山西建筑工程(集团)总公司
内蒙古包钢建筑安装公司
大连市建筑工程总公司劳务公司
吉林省第一建筑工程公司
哈尔滨市第二建筑工程公司
江苏省苏州第一建筑工程集团公司
江苏省常州市建委
江苏省宿迁市建设开发总公司
浙江省建工集团有限责任公司
浙江省湖州市房地产开发实业总公司
浙江宏润建设集团有限公司
安徽省驻北京建筑管理处
安徽省建设厅干校
福建省厦门市建委建管处
中建七局三公司
山东省青岛市市政工程管理局
山东省潍坊市昌大集团
山东省临沂市建筑工程管理局
河南省建设厅驻北京建筑管理办事处
河南省濮阳市建委
河南省林州市建管局培训中心
武汉市建委市场站
湖北省襄樊市建管局外管处
湖南省建工集团六公司
长沙市市政公司
广州市建筑工程总公司
广东省汕头市建委培训中心
华西集团建设二公司
成都市第六建筑工程公司
中建二局三公司
中建三局总承包公司
中建八局一公司

共青团中央关于加强城市社区团组织建设的若干意见

2000年10月8日

为了贯彻落实江泽民总书记“三个代表”的重要思想，贯彻落实中央思想政治工作会议精神，按照全国基层“党建带团建”工作会议的要求，切实加强城市社区共青团工作，不断巩固党的青年群众基础，充分发挥青少年在社区两个文明建设中的生力军作用，现就加强城市

社区团组织建设，提出如下意见。

一、充分认识加强社区团组织建设的重要性和紧迫性

近年来，各地团组织根据社区发展的需要，适应青年的新变化、新特点，以“青年文明社区”创建活动为载体，以街道团工委建设为重点，对新时期社区团建进行了积极探索，取得了积极成效。但是，仍有相当一部分社区的团组织建设滞后，相当一部分团员青年游离于传统团组织网络之外，社区团的工作缺乏应有的活力，与经济社会发展还不相适应，因此，必须提高认识，采取有力措施，切实加强社区团组织建设。

（一）必须充分认识到，加强社区团组织建设，是服务改革、发展、稳定大局的必然要求。社区是基本的社会单元，承担着从政府和企事业单位分离出来的大量社会职能，社区的建设和发展直接关系到改革、发展、稳定全局，关系到人民群众生产生活的基本需求，关系到青少年的成长成才。共青团作为党的助手和后备军，在配合党和政府做好社区青年工作，推进社区建设方面负有义不容辞的责任。只有切实加强社区团组织建设，不断增强团组织的凝聚力和战斗力，才能更好地团结、教育和带领青年，为推动社区的两个文明建设，推动经济和社会协调发展做出积极贡献。

（二）必须充分认识到，加强社区团组织建设，是社会主义市场经济条件下做好青年思想政治工作的必然要求。社会主义市场经济条件下，经济成分和经济利益多样化、社会生活方式多样化、社区组织形式多样化、就业岗位和就业方式多样化，使青年思想政治工作面临大量的新情况、新问题，社区聚集着越来越多的青年，做好新时期的青年思想政治工作必须占领社区这块重要阵地。只有加强社区团组织建设，才能使共青团的社区青年思想政治工作有坚实的组织保障，从而巩固党在社区中的青年群众基础。

（三）必须充分认识到，加强社区团组织建设，是共青团自身发展的必然要求。随着改革的深化，社会经济结构发生了深刻的变化，这些变化对团组织，特别是城市基层团组织提出了新课题、新挑战。非公有制经济组织迅速发展，大量的进城务工青年、待业青年、下岗青年聚集在社区内，现有团的组织网络还难以覆盖这些青年，一些地方的基层团组织缺乏应有的活力，有的甚至处于瘫痪、半瘫痪状态。这种状况若不加以改变，将影响共青团自身的发展。加强社区团组织建设，把不同领域、不同层面的青年凝聚起来，已经成为共青团在新形势下实现自身发展的战略选择。因此，各级团组织必须充分认识到加强社区团组织建设的重要性和紧迫性，把社区团组织建设摆上重要位置，采取切实措施，抓紧抓好。

二、社区团组织建设的指导思想和基本原则

新时期社区团组织建设的指导思想是：以邓小平理论和江泽民总书记“三个代表”的重要思想为指导，紧密结合社区党的建设，以街道团工委为核心，建立健全社区团的组织网络，探索和创新社区团的工作方式，不断增强社区团组织内在活力，更好地为大局服务，为青年服务。

加强社区团组织建设，要遵循以下原则：

——坚持“党建带团建”。要坚持党的领导，自觉以党的基本理论、基本路线和“三个代表”的重要思想指导社区团的建设，把社区团的建设纳入社区党建的整体格局，在党建的带领和带动下推进社区团的建设。

——坚持服务促团建。服务党的中心工作，服务社区的发育和发展、服务青少年成长成才，是社区团建能否成功的关键。要紧密围绕经济建设中心，集全团之力，在精神文明建设、民主法制建设、维护社区稳定等任务中发挥团员青年的骨干作用。在服务中发展、壮大社区团组织，使共青团联系青年的纽带作用发

挥得更加充分。

——以改革、发展、创新的观点来研究和推动社区团组织建设。要解放思想，实事求是，研究新情况，解决新问题，探索新方法，在实践中不断发展和完善社区团建理论。坚持继承与创新的统一，充分发挥基层的主观能动性，尊重和鼓励基层的首创精神。

三、加强社区团组织建设的目标、任务

当前和今后一个时期加强社区团组织建设，要适应城市管理体制改革，适应青年群体结构和分布的新变化，强化街道团工委的主体作用，建立健全社区团组织网络，大力加强社区团干部和团员队伍建设，使社区团组织在服务大局和服务青年的有机结合中不断增强内在活力，为进一步开创社区青少年工作新局面提供坚实的组织基础。

（一）以街道团工委为核心，建立健全社区团组织工作网络。要在街道普遍建立团工委，充分发挥其在社区团的工作中的主体作用。街道团工委作为区（市）团委的派出机构，负责领导街道所属单位团组织的工作，管理街道内下岗、待业的团员；负责街道内的非公有制经济组织和新型社会组织的建团工作（街道管理范围之外的单位除外），这些单位的团组织建立后，原则上隶属于街道团工委；受区（市）团委委托，街道团工委可指导、协调区（市）团委所属的驻街单位团组织的工作；对隶属于区（市）以上团委的驻街单位团组织，街道团工委应主动协调，联合其开展团的工作和活动。驻街单位团组织应积极支持、配合街道团工委开展工作。街道团工委要积极探索对居住在街道、但组织关系不在街道的团员的管理方式，担负起外来务工团员青年的教育管理职责。要积极承担并管理好政府委托的青少年事务。

街道以下团组织的设置，要按照有利于开展团的活动，有利于发挥团组织作用的原则，从实际出发，因地制宜。要努力在居委会或小区一级建立团支部（总支），并以物业管理、市场管理部门和社区内有关单位为依托，大力在居民区、工业区、商业街、集贸市场、外来务工青年居住区中建立团组织，建立健全社区团组织网络。要发扬“全团带队”的优良传统，普遍建立街道少工委，并以居委会、楼院等为单位成立少先队的基层组织。要加强青少年社团建设，延长团的工作手臂。

要争取党组织的重视支持，推动街道党政领导牵头，有关职能部门和单位参加，办事机构设在街道团工委的街道青年工作委员会，优化街道团的工作环境。要努力保证社区团组织正常开展工作的必要经费和活动阵地。街道团工委的工作经费应从财政列支。社区青少年服务中心等阵地建设应纳入本地区经济社会发展和精神文明建设规划。要按照“五个有”的要求，全面加强社区团组织建设，力争用几年时间，使具备“五个有”的社区团组织达到60%以上，并创建一大批“五四红旗团委”。

（二）切实加强社区团干部队伍建设。要在党组织的统一领导下，探索与社区改革和发展相适应的社区团干部管理制度，通过组织推荐、民主选举等方式，把思想政治素质好、工作责任心强、善于联系广大团员青年的青年党员和优秀团员选拔到街道团的岗位上来。要重点加强街道团工委班子建设，街道团工委委员应包括有代表性的驻街单位的团组织负责人。上级团委要协助街道党（工）委，认真做好街道团工委负责人的选拔配备和管理工作。要着力配齐配强街道专职团工委书记，条件暂不具备的，要先配备兼职团工委书记并逐步向专职过渡。街道专职团干部一般应具有大专以上学历，年龄在30岁左右，从本街道优秀青年干部中选拔。街道团工委负责人应享受同级党组织职能部门或下一级党组织负责人的待遇，是党员的，根据党章规定可列席街道党（工）委会议。街道兼职团干部应保证必要时间从事团的工作，并享受相关政治、生活待遇。

（三）认真做好社区团员发展和教育管理

工作。在坚持标准、保证质量的前提下，向一切先进青年敞开大门，加大经常性发展团员的工作力度。对在本社区居住、就业时间在6个月以上，且无固定单位或所在单位未建立团组织，提出入团申请并具备团员条件的青年，应吸收入团。要加强对团员的教育管理，认真及时地做好下岗团员、待业团员、学校毕业生团员、复转军人团员、外来务工团员的组织关系转接工作。要按照团员流出、流入地共同负责，以流入地管理为主的原则，切实做好在辖区内居住和就业的流动团员的教育管理工作。要努力探索"一个身份，两个舞台"的团员"双重管理"机制，突破团员只参加所属团组织的活动的传统模式，允许团员的组织隶属关系与参加团的活动的范围适当分离，使团员除参加所在单位、学校的团组织活动外，参加所居住社区团组织的活动。社区团组织应通过适当方式将这部分团员的有关情况反馈给所属单位、学校的团组织。要积极做好"推优"工作。加强对团员入党积极分子的培养、教育，为党组织源源不断地输送新鲜血液。

四、进一步明确社区团组织的职责，探索适合社区特点的工作和活动方式

社区团组织要在党组织的领导下，认真贯彻执行党的基本路线和方针政策，找准共青团组织在服务社区建设和发展中的位置，履行好各项职能，开展符合社区特点和青年实际工作，充分发挥团结教育青年的核心作用。

(一)加强社区团组织的自身建设。要始终把社区团组织建设摆在社区团的工作的首位，建立并落实工作责任制。要针对青年群体结构、分布和青年特点的新变化，积极探索与之相适应的团内组织生活制度和工作运行机制。要努力创新社区团组织的工作内容和活动方式，逐步形成社区共青团"小机构、多载体、大服务"的工作格局。小机构即以街道团工委为核心，整合社区内团组织，建立精干、高效的工作机构；多载体即充分发挥社区共青团的资源优势和广泛联系社会的优势，动员社会力量，整合社区资源，把社区内的服务载体、服务手段、服务阵地有效利用起来；大服务就是针对社区人员结构和社区居民素质的多样性，一切依靠居民，一切服务居民。

(二)加强对青少年的思想政治教育。结合党的十五大精神和社会主义建设历史、改革开放和现代化建设的实践，加强青年思想政治工作，坚持不懈地对广大青年进行邓小平理论教育、党的基本路线和基本纲领教育、社会主义道德教育、爱国主义和集体主义教育，使他们成为有理想、有道德、有文化、有纪律的社会主义公民。

(三)代表和维护青少年的合法权益。要关心青少年的思想、工作、学习和生活，反映他们的意见和要求，为青少年提供心理咨询、婚恋服务、技能培训、就业指导、法律援助、失足青少年帮教等服务项目。通过对社区内青少年弱势群体的帮扶，帮助有困难的青少年走出困境；通过开展创建"优秀青少年维权岗"活动，清除社区黄赌毒，净化青少年成长成才的环境；开展"千校百万"外来务工青年培训和下岗青年再就业培训，提高他们的劳动技能和文明素质。

(四)构建青少年参与社区服务和建设的制度。要以"青年文明社区"创建活动为统揽，以社区青少年服务中心为工作平台，以社区青少年组织为基础，以青年志愿者、青年文明号、大家乐、新世纪读书计划、跨世纪中国少年"雏鹰行动"等各种服务项目和群众性文体活动为主导，围绕美化社区环境、优化社区秩序、活跃社区文化、完善社区服务、和谐社区人际关系、提高青少年素质六个方面的内容，建立青少年和社区之间的互助互动的双向服务体系，发挥青少年在社区精神文明建设中的积极作用。

共青团中央关于实施“进城务工青年发展计划”的通知

2001 年 6 月 27 日

共青团各省、自治区、直辖市委，全国铁道团委，全国民航团委，中央金融团工委，中央企业团工委：

随着社会主义市场经济的发展，大批农村青年离开家乡，进入城市和经济发达地区务工创业，他们已经成为推动改革开放、促进经济发展和维护社会稳定的一支重要力量。为贯彻江泽民总书记“三个代表”的重要思想和党中央关于青年工作的一系列重要指示，近年来，共青团中央联合有关部门开展了“千校百万”进城务工青年培训计划等活动，有力地服务了进城务工青年成才创业，得到了进城务工青年和社会的普遍欢迎。今年 5 月 4 日，胡锦涛同志代表党中央看望进城务工青年，高度评价了他们在城乡两个文明建设中所发挥的积极作用，对广大进城务工青年提出了殷切希望和要求，明确要求共青团组织优化进城务工青年成长环境，更好地为进城务工青年成才创业服务。

为贯彻落实党中央对进城务工青年工作的要求，适应形势发展和青年需求的变化，从开发青年人力资源的高度出发，更加系统地为进城务工青年提供服务，引导他们在城乡两个文明建设中发挥更大的作用，共青团中央在总结经验的基础上，决定在全国实施“进城务工青年发展计划”。现将有关事宜通知如下。

一、目的和意义

江泽民总书记最近指出：“当今世界，人才和人的能力建设，在综合国力竞争中越来越具有决定性的意义。”随着改革开放和社会主义市场经济的深入发展，进城务工青年日益成为我国现代化建设进程中重要的人力资源。有效地开发进城务工青年人力资源，越来越成为推动经济发展和社会进步的重要环节。实施“进城务工青年发展计划”的目的在于进一步系统推进进城务工青年的教育、服务工作，为他们创造良好的工作、学习和生活环境，帮助他们学习成才，鼓励他们开拓进取，支持他们创新创业，激发他们投身社会主义现代化建设的热情，增强他们为城乡两个文明建设做贡献的自信心和创造力。这对于服务改革、发展、稳定大局，服务青年成才创业，加快推进我国现代化进程具有十分重要的意义。

二、目标和内容

“进城务工青年发展计划”的目标是：使“本地青年外地青年都是有为青年，第一故乡第二故乡同为创业之乡”的理念得到青年和社会的广泛认同；在建筑、煤炭、铁道、纺织、保安等重点行业全面推进“千校百万”进城务工青年培训工作，大中城市普遍开展社区职业技能培训；进城务工青年权益保障体系逐步建立，手段更加完善，侵权案件的发生呈下降趋势；在进城务工青年集中的企业及生活区建立团组织和文化活动设施，业余文化生活丰富多采；进城务工青年自由流动，返乡创业蔚然成风。

“进城务工青年发展计划”包括以下六个方面的内容：

（一）加强团组织建设，把进城务工青年组织起来。狠抓基层团组织建设，提高团组织在进城务工青年中的覆盖率，力争做到哪里有进

城务工青年，哪里就有团的组织，把流动分散的进城务工青年团结和凝聚在团组织周围。一是要在非公有制经济组织中积极推进团建工作；二是要在进城务工青年集中的生活区、工作区（如公寓、居住点、开发区等）建立团组织；三是依托社团加强团组织建设，根据进城务工青年的爱好和需求，成立进城务工青年之家、联谊会、读书俱乐部、兴趣小组等组织，并在其中组建团组织；四是加强社区团建，结合创建“青年文明社区”活动，坚持党建带团建的原则，由街道团工委指导建立社区（居委会）团支部（总支），把分散在社区的进城务工青年纳入社区团的工作范围。

（二）深化“千校百万”培训计划，提高进城务工青年整体素质。深入实施“千校百万”进城务工青年培训计划。一方面，依托职业技术学校、企业职工夜校、青少年宫、社区青少年服务中心等阵地，动员行业和社区的力量，广泛进行思想道德、法律法规、安全生产、文明行为、文化素质教育，引导进城务工青年树立正确的世界观、人生观、价值观，坚定建设有中国特色社会主义的信念；引导他们追求真善美，抵制假恶丑，团结互助，共同进步；引导他们崇尚科技、苦练技能，不断提高自身素质。要组织热心于进城务工青年教育的各方面人员组成志愿者讲师团，建立素质较高、人员相对稳定的师资队伍。另一方面，要联合中等、高等教育院校开展教育、培训，帮助进城务工青年参加自学考试、成人高考、网络教育等，接受基础文化教育和职业技能教育。为他们获取学历证书和职业资格证书创造条件。

（三）塑造健康向上的打工文化，丰富进城务工青年业余生活。要带领广大进城务工青年在群众性精神文明创建活动中发挥积极作用，讲文明、树新风，移风易俗，拒绝黄、赌、毒，提高文明素养，成为文明的传播者和建设者。积极组织进城务工青年与城市社区人民群众一道参与“青年文明社区大家乐”活动，增进相互之间的了解和沟通，共同促进城市精神文明建设。有条件的地方和企业可以组建进城务工青年艺术团，为广大进城务工青年施展才华提供广阔舞台，激发他们创造美好生活的热情。要扶持进城务工青年创办文学社、书画协会、读书俱乐部、棋牌协会等组织，丰富他们的业余文化生活。依托各类媒体开展“打工人生”征文活动，开辟打工文化专栏，反映进城务工青年的心声，展示进城务工青年的风采。在进城务工青年集中的工作区、生活区建立小型的“进城务工青年之家”（集共青团组织、文体活动场所、培训学校、青少年维权联系点、图书室等于一体），方便进城务工青年开展文体活动。

（四）依托优秀“青少年维权岗”，维护进城务工青年的合法权益。要认真组织各系统优秀“青少年维权岗”单位密切配合，深入进城务工青年比较集中的社区或单位，把进城务工青年作为青少年权益保护工作的重点群体，建立维权联系点和维权信箱，发放进城务工青年维权服务卡，及时便捷地为进城务工青年提供服务。要深入开展“平安打工”活动，配合有关部门加强安全生产检查，采取有效措施解决劳动安全、人身伤害、工资拖欠等问题，帮助进城务工青年运用法律武器维护自身合法权益。要设立咨询服务热线，通过聘请专家和招募志愿者，为进城务工青年答疑解难，帮助他们化解工作、学习、生活中出现的矛盾和困惑。要广泛宣传发动，公开招募一批热心为进城务工青年提供法律帮助的青年法律工作者和律师事务所，为维护进城务工青年的合法权益提供服务。

（五）动员进城务工青年传播文明，引导进城务工青年返乡创业。要继续开展“把文明带回家”活动。利用每年春节大批进城务工青年返乡探亲的时机，号召进城务工青年争做传播文明的使者，把科学文化、致富技能、文明习惯、爱心孝心带回家，在城乡之

间架起传播文明的桥梁。输入地团组织要通过送温暖和开展文明宣传教育等活动，做好广泛深入的发动工作。输出地团组织要积极创造条件，为进城务工青年把文明带回家提供各种服务。要积极动员进城务工青年返乡创业。输入地和输出地的团组织要积极配合做好政策宣传和牵线搭桥工作，推动各地在鼓励进城务工青年返乡创业方面制定优惠政策，引导那些学有所成、劳有所得的进城务工青年返乡创业，从事农业产业化、兴办中小企业、参与小城镇建设。返乡创业青年集中地区的团组织，通过建立“创业园”、成立“返乡创业协会”等组织，在资金、技术和信息等方面提供切实有效服务。

（六）建立评比表彰机制，树立进城务工青年中的先进典型。继续开展全国杰出（优秀）进城务工青年、进城务工青年良师益友、“千校百万”进城务工青年培训工作先进集体评选活动，表彰进城务工青年先进典型和热心帮助进城务工青年成长成才的先进集体和个人。各地也要开展进城务工青年评选表彰活动，举办优秀进城务工青年事迹展览，组织报告团，并对进城务工青年先进典型给予适当奖励，增强广大进城务工青年成长成才的信心，调动学习知识、掌握技能的积极性，激励进城务工青年在城乡两个文明建设中发挥重要作用，在全社会营造尊重、关心服务进城务工青年的浓厚氛围。

三、保障和要求

实施“进城务工青年发展计划”是开发人力资源、提高进城务工青年整体素质、服务他们成长成才的有效途径，是推进城乡两个文明建设，服务改革、发展、稳定大局的重要举措。各地务必高度重视，切实把这项工作抓实抓好。

（一）加强领导，精心部署。各地团组织要把“进城务工青年发展计划”作为今后一个时期的一项重点工作，协调相关部门，成立进城务工青年发展计划领导小组，加强对基层工作的指导。要按照“进城务工青年发展计划”的总体部署，结合当地实际制定切实可行的实施方案，精心组织，认真实施，把各项工作落到实处。

（二）争取政策，提供保障。要积极争取当地党委和政府的支持，将“进城务工青年发展计划”纳入当地人力资源开发的总体部署。要努力创造条件，积极推动地方政府制定有关政策，特别是对进城务工青年就业、劳动安全、工资发放、权益保护、子女入学、返乡创业等问题作出明确的规定，出台相应措施，为“进城务工青年发展计划”的顺利实施提供保障。

（三）整合资源，完善机制。进城务工青年的教育和服务工作是一项复杂的系统工程，需要整合团内资源和社会资源，齐抓共管。要广泛动员社会力量，积极协调相关部门，充分利用社会资源，建立社会化的进城务工青年教育和服务体系，完善各项考核评价机制。要充分挖掘团内资源，把服务进城务工青年工作同社区团的工作、企业团的工作和青少年维权工作结合起来，以办事业的方式推进“进城务工青年发展计划”的实施，并取得成效。

（四）大力宣传，营造氛围。要利用报纸、电视、广播、宣传画等各种宣传媒介大张旗鼓地宣传“进城务工青年发展计划”；通过宣传、表彰优秀进城务工青年，树立进城务工青年群体正面形象，向全社会充分展示他们在城乡两个文明建设中所发挥的积极作用；通过宣传、表彰进城务工青年良师益友和先进集体，弘扬关心、关注、帮助进城务工青年成长成才的风尚。各地要不断总结新经验，树立新典型，营造实施“进城务工青年发展计划”、开发青年人力资源的良好舆论氛围。

各地“进城务工青年发展计划”的实施情况请及时报共青团中央权益部。

共青团中央、中央综治委预防青少年违法犯罪工作领导小组关于在社区开展青少年维权岗暑期自护教育行动的通知

2001 年 7 月 2 日

各省、自治区、直辖市团委，预防青少年违法犯罪工作领导小组：

为深入贯彻江泽民总书记“三个代表”重要思想，认真实施《中华人民共和国未成年人保护法》和《中华人民共和国预防未成年人犯罪法》，增强青少年的自我保护能力，促进青少年健康成长，共青团中央、中央综治委预防青少年违法犯罪工作领导小组决定，今年暑假期间，在全国社区集中开展青少年维权岗暑期自护教育行动。以后要形成制度，每年寒暑假都要开展自护教育行动。现将有关事项通知如下。

一、活动主题

这次行动的主题是：自护自强，防范侵害。要充分利用暑假中小学生活动范围主要在社区这一特点，依托各系统“青少年维权岗”单位，在社区广泛开展青少年自护教育活动，进一步增强青少年的法制观念，提高青少年自我保护的意识和技能，有效预防和减少青少年违法犯罪，促进青少年健康成长。

二、活动内容

（一）围绕增强青少年的法律意识和预警能力，开展实用法律常识教育。

要结合本地实际，针对当前青少年权益受侵害的特点和常见的青少年违法犯罪等现象，对青少年进行以实用法律知识为主要内容的维权知识教育和安全预警技能教育。帮助青少年区分合法与非法，掌握报警和防范侵害的基本技能，学会运用法律武器维护自身权益，做到学法、懂法、守法和用法。

（二）围绕培养青少年健全的人格，开展青春期心理、生理卫生教育。

要根据不同年龄阶段、不同性别、不同生活环境青少年的心理、生理特点，开展有针对性的青少年青春期心理、生理卫生教育，帮助青少年正确认识和对待成长中遇到的各种心理、生理问题，培养良好的心理素质，增强心理承受力，塑造健全的人格，防止因心理异常而造成行为偏差。

（三）围绕提高青少年的安全意识，开展防灾避险教育。

要针对本地区自然条件和社会治安情况，结合青少年的年龄特点和容易出现的意外伤害，对青少年进行交通安全知识、正确用电、用火、用燃气知识、防汛、防雷电知识和外出旅行常识等教育，帮助青少年增强防灾避险的意识和技能，避免和减少青少年意外事故的发生。

（四）围绕增强青少年抵御不良诱惑的能力，开展健康娱乐教育。

要组织青少年参加健康有益的娱乐活动，为青少年推荐适合阅读、观看的图书、期刊、影视作品、电脑网站，组织学唱、传唱优秀少儿歌曲，以健康向上的文化陶冶青少年情操，同时教育青少年远离歌舞厅、录像厅、游艺厅等不宜场所，帮助青少年辨别网站内容，自觉抵御不良文化的诱惑。

三、活动方式

（一）课堂教育。

要动员和组织社区中具有一定专业知识的青年志愿者和“青少年维权岗”单位专业人员，利用中小学校假期闲置的教室和社区青少年活动阵地，通过聘请专家授课、举办专题讲座、录像观摩、自护培训班等方式，为青少年讲授法律、心理、防灾避险、健康娱乐等自护基础知识，并定期开展咨询，解疑释惑，提供帮助。

（二）体验教育。

要利用社区中的空闲场地和“青少年维权岗”单位的专门设施，依托“青少年维权岗”单位专业人员，通过举办模拟法庭、以案说法、意外事件情景演示、自护训练营、抗挫折夏令营等活动，使青少年在模拟体验中强化法律常识、生活常识和防灾避险、自救互救等实用技能，把掌握的自护知识变为自觉行动。

（三）亲子双向教育。

依托“知心家庭学校”，由“青少年维权岗”单位的专业人员为社区青少年和他们的家长讲授自我保护知识，举办以家庭为单位的各类自护竞赛，加强两代人之间的沟通，达到双向教育的目的，共同提高紧急情况下的合作应对能力。

（四）主题活动教育。

要围绕青少年自护教育广泛开展主题团队会、讲座、演讲和“我的自护经历征文”活动，鼓励青少年将自己运用自护知识和技能有效保护自己的经历告诉别人，促进同龄人之间的自我互动教育，增强教育效果。

四、活动要求

青少年自护教育是维护青少年合法权益的重要手段，是青少年健康成长的必修课。各地要从关心祖国未来、维护社会稳定大局的高度，充分认识在社区开展青少年维权岗暑期自护教育行动的重要意义，切实加强领导，集中力量抓好这项工作。

（一）集中力量，精心实施。各地要抓住暑假这一有利时机，组织专门力量，结合本地区情况和青少年的特点，精心设计、安排活动，保证活动操作上具有可行性，实施上具有普遍性。

（二）注重创新，讲求实效。要充分调动基层的积极性，尊重各地的首创精神，积极开发、利用各种社会资源，不断创新自我保护教育的方式、方法，使自护教育切实能为青少年提供帮助，使人民群众受益。

（三）大力宣传，营造氛围。各地要充分利用各种宣传手段，加强对社区青少年维权岗暑期自护教育行动的宣传工作，多角度、多渠道为活动的开展创造良好的舆论氛围，营造全社会关心青少年健康成长的社会环境。

（四）规范管理，确保安全。各地在开展活动的过程中，要对参加的青少年、指导人员、教具、教材等严格管理，力求内容科学化、师资专业化、收费合理化。并采取有力措施确保人员安全。

各地请于7月15日前将行动方案报团中央权益部，并将有关活动情况及时报团中央权益部。共青团中央、中央综治委预防青少年违法犯罪工作领导小组将对组织工作做得好的单位颁发组织奖。

“我的自护经历征文”优秀作品请于9月5日前报团中央权益部，共青团中央、中央综治委预防青少年违法犯罪工作领导小组将组织有关专家进行评比，对其中的优秀作品将给予奖励。

共青团中央、司法部、教育部、中央社会治安综合治理委员会办公室、中央综治委预防青少年违法犯罪工作领导小组关于开展创建青少年法律学校活动的通知

2001年8月21日

各省、自治区、直辖市团委，司法厅(局)，教育厅(教委)，社会治安综合治理委员会办公室，预防青少年违法犯罪工作领导小组：

为贯彻江泽民总书记"三个代表"重要思想，促进"依法治国"、"以德治国"的实施，维护青少年合法权益，预防和减少青少年违法犯罪，促进青少年健康成长，共青团中央、司法部、教育部、中央社会治安综合治理委员会办公室、中央综治委预防青少年违法犯罪工作领导小组决定，在全国开展创建青少年法律学校活动。

一、活动目的

创办青少年法律学校是贯彻落实"四五"普法规划，构建青少年法制教育的有形载体。青少年法律学校立足基层，贴近青少年，通过开展多种形式的青少年法制宣传教育活动，提高青少年的法律意识和法律素质，帮助青少年学法、懂法、守法和用法，预防和减少青少年违法犯罪，促进青少年健康成长。

二、活动内容

(一)充分利用社会资源，广泛创办青少年法律学校。创办青少年法律学校，主要在青少年相对集中的城市、城镇和社区展开，并逐步向有条件的乡村延伸。青少年法律学校要具备以下条件：一是要有场地。可以利用社区青少年服务中心自建教室、青少年宫(家、站)、乡镇青少年文化活动站、优秀"青少年维权岗"及争创单位场地、青少年法制教育基地及其他场所、中小学校假期和晚上的闲置教室。二是要有师资。志愿讲师或辅导员由优秀"青少年维权岗"及争创单位专业人员、现有的各中小学校法制副校长、本地区有专业知识的青年志愿者、从事法律工作的离退休老同志组成。三是要有宣传教育材料。要根据青少年的需要，选用适合青少年特点的宣传教育材料，定期和不定期地开展法律教育活动。中宣部、教育部、司法部、共青团中央等单位共同组织编写的《青少年法制教育读本》(小学、中学版)应作为青少年法律学校的推荐读物。四是要有规范的培训办法。要制定明确具体的培训计划，既要加大对青少年法律知识的教育培训，又要加强对教师和辅导员的培训。

(二)依托青少年法律学校，开展丰富多彩的法律宣传教育活动。根据不同年龄段青少年的身心特点和本地区的实际情况，以青少年法律学校为阵地，大力开展各种法律宣传教育和法律实践活动。

1. 以自我互动教育为形式，开展生动活泼的法律学习活动。要组织青少年开展适合他们年龄特点的互动式法律学习活动，通过讲法律故事，举办法律讨论会、案例分析会、法律知识竞赛等主题活动，调动青少年学习法律知识的积极性，帮助青少年增强法律意识，掌握基本法律常识。

2. 以体验教育为形式，开展多种类型的法律实践活动。要组织青少年积极参与法律实践，通过到少年法庭、律师事务所、少年犯管教所、看守所、戒毒所、劳教所等单位观摩体验，

组织罪错青少年进行现身说法,组织青少年开展模拟法庭、情景训练等活动,帮助青少年深刻理解法律,促使法制观念入心入脑。

3. 以亲子双向教育为形式,开展潜移默化的家庭法律教育活动。要动员家长参与到法律学习教育中来,通过以家庭为单位,围绕法律与文化、法律与道德、法律与社会,举办重大法律事件讲座、组织讨论等多种形式的法律教育活动,使父母与子女共同建立起一种内在的法律信念,从内心的深层情感上自觉接受法律,树立法律信仰,促进整个家庭法律素质的提高。

4. 以集中授课为主要形式,开展法律基础知识教育。要聘请优秀“青少年维权岗”及争创单位的法律专业人员、中小学法制副校长和其他法律志愿者,重点对闲散青少年、进城务工青年和有不良行为的青少年开展多种形式的法律宣讲活动,帮助他们掌握与自己学习、工作、生活密切相关的法律知识。

(三)依托青少年法律学校,为青少年提供及时有效的法律服务。

1. 建立有效的法律服务设施。要依托当地的优秀“青少年维权岗”及争创单位在青少年法律学校建立起方便有效的法律服务设施。有条件的地方要开通青少年法律服务热线,开通青少年法律学习网站,在社区设立“青少年维权岗”服务站,设置维权信箱,建立专业人员定期值班制度,形成为青少年提供帮助的区域性维权网络。

2. 开展经常性的法律咨询。要组织政法系统的优秀“青少年维权岗”及争创单位的法律工作者和其他专业人员,定期到青少年法律学校开展法律咨询活动,为青少年解答学习、工作、生活中的法律问题。要建立固定的专家咨询队伍,对青少年经常面临的法律问题进行分析、研究,对咨询过程中发现的带有普遍性和倾向性的问题,要及时总结。

3. 提供便捷的维权服务。要组织相关系统优秀“青少年维权岗”及争创单位,到青少年法律学校,为青少年提供多种类型的维权服务。通过区域性的维权服务网络,经常了解本地区青少年的权益保护状况,为权益受到侵害的青少年及时提供法律帮助和法律援助,严厉打击侵害青少年身心健康的各种违法、犯罪活动。

三、活动要求

创建青少年法律学校是一项长期活动,各地要在共青团、司法行政、教育、社会治安综合治理、预防青少年违法犯罪等部门的领导下,精心组织实施。

(一)青少年法律学校的创办要因地制宜,从实际出发。

各地在先办好示范点的基础上,要认真总结经验,适时全面推广;要突出青少年特点,办出自己的特色;要注重探索创新,讲求工作实效。

(二)青少年法律学校要和正在开展的相关活动有机结合起来。

要按照“四五”普法教育规划的要求,把青少年法律学校和优秀“青少年维权岗”创建活动、中小学聘请法制副校长工作、青年文明社区创建活动、基层团建工作、雏鹰争章、青少年法制教育基地建设等工作结合起来。要将青少年法律学校的工作情况作为申报优秀“青少年维权岗”活动和青年文明社区的重要标准,严格考评。

(三)青少年法律学校要将家庭教育、学校教育、社会教育有机结合起来。

中小学法制副校长要在青少年法律学校中发挥重要作用,协调各个方面,把校内教育和校外教育紧密结合起来,积极组织社区内的中小学生参与法律学校的学习、实践活动。青少年法律学校教学内容要丰富多采,形式要灵活多样,要注意家庭、学校、社会教育的衔接,通过亲子双向、法制副校长、青少年法律学校等方式的教育,三方面相互补充,使青少年多

方面接受法制观念，全面提高青少年法律素质。

（四）各相关部门要密切配合，积极支持创建青少年法律学校活动。

共青团组织要积极联系活动场地，配合各系统创建优秀“青少年维权岗”单位组织授课人员，规范培训、活动办法；司法行政部门要加强对法制学校的教学指导，配合做好教员的培训工作，组织律师事务所及法律援助中心人员在活动中热情解答青少年的法律咨询，为青少年提供多方面的维权服务；教育行政部门要通过多种途径积极支持青少年法律学校的工作；社会治安综合治理部门和预防青少年违法犯罪工作机构要加强对本地区青少年权益保护状况的调查研究，协调各成员单位认真开展青少年法律学校的各项活动。

共青团中央、中央综治委预防青少年违法犯罪工作领导小组
信息产业部、公安部、文化部、国家工商行政管理总局
关于在全国开展创建“青少年安全放心网吧”活动的通知

2001年10月9日

各省、自治区、直辖市团委，预防青少年违法犯罪工作领导小组，通信管理局，公安厅（局），文化厅（局），工商行政管理局：

为促进江泽民总书记依法治国和以德治国相结合方略的实施，贯彻党中央和国务院关于重视和加强互联网建设的有关精神，针对当前互联网的飞速发展给青少年带来越来越深刻的影响，以及人民群众迫切要求对互联网上网服务营业场所进行规范的情况，推动形成网上健康文明的道德规范，营造青少年健康成长的良好社会环境，促进青少年健康成长，共青团中央、中央综治委预防青少年违法犯罪工作领导小组、信息产业部、公安部、文化部、国家工商行政管理总局决定在全国开展创建“青少年安全放心网吧”活动。共青团组织、预防青少年违法犯罪工作领导机构负责对活动的组织策划和宣传工作；通信管理机构、公安部门、文化部门、工商行政管理部门负责对“青少年安全放心网吧”和参与创建活动的网吧进行创建工作的具体指导、检查及监督工作。现将有关事宜通知如下。

一、活动目标

通过活动在全国范围内逐步创建一批“青少年安全放心网吧”，发挥它们的典型示范作用，引导青少年形成健康的网络生活方式，将“青少年安全放心网吧”建设成为青少年自我学习、自我提高、互相促进、共同进步的活动阵地。并推动有关部门共同构建互联网方面的道德规范。

二、标准和条件

创建“青少年安全放心网吧”活动主要在大中城市和小城镇的互联网上网服务经营场所进行，这些场所包括网络俱乐部、网络教室、网吧等等（以下简称网吧）。“青少年安全放心网吧”应具备以下标准和条件：

1. 认真贯彻执行《中华人民共和国未成年人保护法》、《互联网信息服务管理办法》、《互联网上网服务营业场所管理办法》等法律、法

规中的有关规定。

2. 室内设施、环境设计、软硬件配备等方面要符合青少年身心健康的要求。

3. 除悬挂《经营许可证》、《营业执照》等证照外，在显著位置悬挂青少年网络文明公约。

4. 建立青少年上网巡视和提醒制度。经营者要在营业场所随时巡视；青少年超时上网或浏览不良信息时，经营者要及时进行提醒，必要时予以制止。

5. 安装经公安部指定检测机构检测认可的网吧安全管理软件并向广大青少年和家长推荐。同时推荐一批适合青少年浏览的网站。

6. 自愿接受有关部门和社会各界的监督和检查，确保青少年健康上网。

7. 要有良好的服务态度和高度的责任心，做到文明经营，热情服务。

三、活动内容

（一）推动和构建一套有关互联网的道德规范。

1. 公布全国青少年网络文明公约。针对当前青少年在网上聊天、游戏无节制、无自律现象，制定全国青少年网络文明公约并选择适当时机出台。在活动开展的过程中，各地“青少年安全放心网吧”要在室内张贴青少年网络文明公约，营造全社会关注青少年网上安全，保障青少年健康成长的良好社会环境。

2. 推动网吧经营业主制定文明从业守则。结合活动开展，积极推动网吧经营业主制定出台文明从业的有关守则，并在经营场所的显著位置张贴、悬挂。

（二）建立一套“青少年安全放心网吧”的约束监督机制。

1. 推动网吧业主签订“青少年安全放心网吧”承诺书。由注册经营规模较大的网吧带头，推动其他网吧共同订立规范经营、遵章守纪、争创“青少年安全放心网吧”的承诺书，并在经营场所张贴，接受社会监督。

2. 建立网吧监督举报热线。向全社会公布一批监督电话，充分利用社会现有电话举报网络，与各地的“青少年维权热线”、“110”、“148”、“12315”结合起来，并及时向当地有关管理部门通报情况。

3. 聘请“青少年安全放心网吧”监督员。聘任或招聘一批政协委员、人大代表、离退休老同志和社区青年志愿者为“青少年安全放心网吧”文明监督员，依据“青少年安全放心网吧”的标准对网吧经营情况进行监督，及时向有关部门反映情况，形成对网吧的社会监督体系。

（三）推出一批创建活动的典型。

1. 示范启动。创建活动首先选择在条件比较成熟的大中城市开展，动员各大中城市网吧积极响应，随后逐渐向小城镇推开。

2. 重在建设。利用社会资源和现有网吧，根据《互联网上网服务营业场所管理办法》有关规定和“青少年安全放心网吧”的有关标准，建设一批“青少年安全放心网吧”。

3. 命名表彰。在各地推荐的基础上，根据“青少年安全放心网吧”有关标准，在“青少年安全放心网吧”争创单位中筛选确定出一批全国“青少年安全放心网吧”。各地要分级、分批命名一批“青少年安全放心网吧”争创单位，对考核合格的“青少年安全放心网吧”争创单位进一步认定为“青少年安全放心网吧”，并进行表彰奖励，挂牌示范。全国“青少年安全放心网吧”标牌由团中央统一设计。

4. 宣传推广。利用社会媒体向广大青少年和家长推荐已经被命名的“青少年安全放心网吧”，并宣传推广它们在创建活动中探索出的成功做法和取得的先进经验。

（四）依托“青少年安全放心网吧”，面向青少年开展一系列生动活泼、健康向上的活动。

1. 举办主题团队活动。依托“青少年安全放心网吧”，组织各种形式的青少年网络爱好者俱乐部，运用网络开展征文、知识竞赛等各种生动活泼、健康向上的交流活动和主题团队活动。将“青少年安全放心网吧”建设成为青

少年自我学习、自我提高、互相促进、共同进步的活动阵地。

2. 开展网上主题教育活动。以“青少年安全放心网吧”为工作平台，组织青少年参加“民族魂”、“血铸中华”、“我为奥运做贡献”等主题教育活动。

3. 组织青年志愿者引导网上聊天。动员具有一定专业知识的青年志愿者，分主题、分人群组织青少年网络爱好者在网上开展积极有意义的探讨研究，引导形成健康向上的网络聊天氛围。

四、活动要求

1. 高度重视，加强调研。各地团组织和有关单位要将这项工作摆上重要位置，要在广泛调研的基础上制定切实可行的工作实施办法。

2. 加大宣传，营造氛围。各地要动员各种宣传力量，加大活动的宣传力度，营造全社会共同关注青少年网络生活空间的氛围，对活动开展好的要进行表彰。

3. 完善机制，务求实效。各地开展活动可以根据实际情况逐步规范创建活动，形成良好的运行机制。通过健全机制，保证活动长期深入地开展。

4. 加强协调，稳步推进。各地共青团组织、预防青少年违法犯罪工作领导机构要与信息产业、公安、文化、工商等部门加强协调，密切配合，形成合力，稳步推进活动走向深入。

共青团中央、中央综治委预防青少年违法犯罪工作领导小组、国家禁毒委、民政部关于在全国开展“社区青少年远离毒品”行动的通知

2001年10月12日

各省、自治区、直辖市团委，民政厅（局），禁毒委，综治委预防青少年违法犯罪工作领导小组：

近年来，毒品的危害有蔓延趋势，青少年已成为毒品的主要受害者，毒品现象也成为青少年违法犯罪的直接诱因之一。为教育引导青少年远离毒品，预防和减少青少年违法犯罪，共青团中央、民政部、国家禁毒委、中央综治委预防青少年违法犯罪工作领导小组决定在全国联合开展“社区青少年远离毒品”行动。现将有关事项通知如下。

一、行动目的

开展“社区青少年远离毒品行动”旨在进一步动员各级团组织和广大青少年积极主动地参与禁毒斗争，全面加强社区青少年禁毒教育，教育引导青少年认识毒品危害，自觉远离毒品，增强青少年拒毒、防毒的意识和能力，预防和减少青少年违法犯罪，营造有利于青少年健康成长的社会环境。

二、行动目标

通过在全国开展“社区青少年远离毒品”行动，逐步做到社区青少年能够积极参加社区禁毒知识的宣传，主动投身反毒品侵害的斗争；在社区内建立固定的普法、禁毒知识宣传栏等设施，并能有效利用社区内的青少年宫、文化站、青少年服务中心等阵地开展禁毒教

育。禁毒志愿者宣传、服务队伍能够经常在社区中开展活动。社区团组织能够协同有关部门,打击针对青少年的毒品犯罪,形成一套有效的禁毒工作机制,力争创建一大批青少年群体中无人涉毒的社区。

三、行动内容

(一)大力宣传,营造良好的禁毒氛围。

1. 争取党政支持,动员社区青少年参与。禁毒工作是一项复杂的社会系统工程,需要动员社会各方面力量进行综合治理。各级团组织要充分发挥自身的优势,积极争取党政领导的大力支持,与禁毒工作的职能部门密切配合,动员广大社区青少年积极参与,在社区内形成综合治理的工作格局。

2. 利用各种媒体和载体广泛宣传。宣传工作是禁毒教育的关键环节。要结合"青年文明社区"、"示范社区"、"无毒社区"和基层安全创建活动,充分利用影视、广播、报刊、图书等宣传手段,广泛宣传毒品给我国造成的历史灾难、对社会、家庭和个人造成的严重危害,积极宣传禁毒工作面临的形势和重大意义,努力在社区形成强大的禁毒宣传声势。

3. 利用节假日和重大活动进行宣传。把经常性宣传与重大活动宣传相结合,结合6月3日虎门销烟、6月26日国际禁毒日等重要纪念日,集中开展大规模的宣传活动,举办演讲、竞赛、文艺演出等多种形式的活动,在社区营造良好的防毒、禁毒氛围。

(二)加强教育,增强青少年拒毒防毒能力。

1. 建立禁毒教育基地。建立禁毒教育基地是坚持不懈地抓好禁毒工作的重要依托。要充分利用青少年宫、社区青少年服务中心、知心家庭学校、进城务工青年培训学校、青少年维权服务站、青少年法律学校等活动阵地,建立社区青少年禁毒教育基地,为长期深入地开展青少年禁毒教育创造条件。

2. 开展远离毒品"自护教育"活动。以"认识社会,拒绝诱惑,远离毒品,防范侵害"为主题,通过举办多种"青少年远离毒品知识培训班",开展"青少年暑期禁毒自护教育"等活动,向青少年普及拒毒、防毒知识,教育他们自觉远离毒品,提高青少年自我保护意识和能力,增强青少年对毒品的免疫力。

3. 针对青少年特点开展多种形式的教育。针对不同年龄段青少年的不同特点,开展有所侧重、分层次的禁毒教育活动,坚持"从小抓,重在防";要把普法教育与禁毒教育有机地结合起来,利用好现有的普法教育阵地,打好坚实的基础;要着眼于调动青少年拒绝毒品的自主性和积极性开展教育活动,让广大青少年充分认识到禁绝毒品是每个公民义不容辞的责任,积极主动地参与到禁毒斗争中来。

(三)强化服务,重点抓好特殊青少年的预防教育。

1. 针对特困群体,做好生活服务。针对遇到困难的特殊群体如家境贫困、身体残疾、下岗、待业人员,对他们给予温暖、关怀,解决其生活上的困难,为其上学、就业提供服务与帮助,消除他们的后顾之忧。提高他们的社区认同感,人际温暖感,帮助这些青少年树立生活的勇气和信念,自觉远离毒品。

2. 针对有不良行为人群,做好维权服务。对有闲散滋事、曾被治安拘留、收容教育、劳动教养等的青少年,在工作、生活、学习上关心他们,爱护他们。通过组织他们参观戒毒所,观看"告别昨天,重塑自我"的文艺演出,对其进行教育。结合深化创建优秀"青少年维权岗"活动,进一步提高维权工作力度,积极动员各创建单位,根据本地区青少年禁毒工作实际,打击针对青少年的毒品犯罪,依法维护其合法权益,净化成长环境,从根本上杜绝他们接近毒品诱惑的机会,防患于未然。

3. 针对曾经吸毒的群体,做好结对帮教服务。通过组织青年志愿者开展"一助一"、"手拉手"等活动形式,对其进行帮教,为其提供服

务，解决其生活中的具体困难，献爱心，把强制戒毒、心理辅导、社会关爱结合起来，使他们感受到社会的关心和温暖，树立起对生活的信心，促使他们改过自新。

（四）繁荣文化，充实青少年精神生活。

1. 大力推荐健康有益的文化作品。各级团组织，要精心选择、积极推荐一批适合青少年的优秀文化读物、影视作品、歌曲等，作为青少年健康成长的精神食粮。利用社区青少年服务中心开展“读一本好书”、“写一篇心得”、“讲一个好故事”、“看一部好电影”、“唱一首好歌曲”等活动。

2. 加强社区青少年文化组织、文化阵地建设。社区团工委要积极组织社区青少年创办“青少年文化社团”、“青少年特色兴趣活动小组”等外围组织。有计划、有主题地组织青少年开展健康有益的科技、文化、艺术活动。要有效整合社区资源，广泛建立社区文化广场、科普长廊、青少年文化园、体育活动场馆、大家乐舞台等文化、体育活动阵地。利用好社区内及驻社区单位现有的文体活动阵地和设施，使其成为传播文明、活跃文化的主阵地。

3. 积极开展丰富多彩的社区文化、体育活动。各级团组织要充分发挥自身的组织优势和人才优势，有效利用社区内的文化、体育活动阵地资源，结合“青年文明社区大家乐”活动，以楼道文化、广场文化等为载体，积极组织社区居民、青少年和驻社区单位，大力开展健康有益的社区大家唱、大家舞、大家讲、大家演、大家写、大家画等文化、科技、体育活动。融反毒、拒毒、禁毒的内容于“大家乐”活动之中；融青少年的理想、道德、纪律和法制教育于“大家乐”活动之中，寓教于乐。用积极健康的文化熏陶青少年，感染青少年，丰富青少年的精神文化生活，培养青少年健康的业余爱好。

四、组织领导单位及主要职责

“社区青少年远离毒品”行动由共青团中央、民政部、国家禁毒委、中央综治委预防青少年违法犯罪工作领导小组共同组织实施。

共青团中央：依托“青年文明社区”创建活动，指导各级共青团组织开展禁毒知识宣传、自护教育、维权服务、志愿帮教等工作，负责具体活动的组织和实施。

民政部：把“社区青少年远离毒品”行动纳入社区建设“示范社区、示范街道、示范城市”的创建活动体系中，协调各级民政部门对行动的开展提供指导，并给予必要的政策支持。

国家禁毒委：把“社区青少年远离毒品”行动纳入“无毒社区”创建活动体系当中，并对行动的开展提供有关专业方面的指导，提供开展宣传教育活动的资料、师资，给予必要的政策与资金支持。

中央综治委预防青少年违法犯罪工作领导小组：协调领导小组各成员单位积极支持和配合“社区青少年远离毒品”行动，对行动的开展进行指导。

五、行动要求

1. 提高认识，加强领导。各地要充分认识“社区青少年远离毒品”行动的重大意义，把这项活动作为“青年文明社区”、“示范社区”、“无毒社区”和基层安全创建的一项重要内容，对活动进行统一领导和部署。

2. 周密部署，讲求实效。各地要按照活动要求，结合实际，制定切实可行的实施方案。要深入社区，摸清情况，有的放矢，对症下药，取得实效。

3. 加强宣传，形成声势。各地要充分利用当地新闻媒体，调动各种宣传力量，尤其是团属新闻报刊，加大活动的宣传力度，形成青少年反毒、禁毒的群众性声势。

4、建立机制，持之以恒。各地在开展活动过程中，要注意根据实际情况逐步探索、建立有效的工作机制和监督保障机制。通过健全机制确保活动长期、深入地开展。

共青团中央办公厅关于在全国开展“永远跟党走”——社区青年文化节活动的通知

2002年4月18日

共青团各省、自治区、直辖市委，军委总政治部组织部，全国铁道团委，全国民航团委，中直机关团工委，中央国家机关团工委，中央金融团工委，中央企业团工委：

为贯彻落实江泽民总书记“三个代表”的重要思想，纪念中国共产主义青年团建团80周年，迎接党的十六大的胜利召开，全面展示社区青少年的文化生活，展示当代青年的精神风貌，热情讴歌改革开放的伟大成就，畅想美好新世纪，共青团中央决定，以“永远跟党走”为主题，以“青年文明社区”大家乐活动为主要形式，在全国“青年文明社区”及争创单位开展社区青年文化节活动。现将有关事宜通知如下。

一、活动目的

以纪念建团80周年为契机，组织广大社区居民和青少年在社区中开展丰富多彩、青少年喜闻乐见的群众性文化、艺术、体育活动，热情讴歌共青团听从党的召唤，紧跟党的步伐，发挥党的助手和后备军作用，为党的事业而努力奋斗的80年光辉历程；充分表达共青团团结和带领全国各族青少年，按照江泽民总书记“三个代表”重要思想的要求，培育“四有”新人，永远跟党走的信念与决心。

二、活动时间

2002年4月中旬至2002年10月中旬。2002年4月中旬启动社区青年文化节，持续到10月中旬，在五四青年节前后和十六大召开前后分别形成两次高潮。

三、活动内容

1. 社区“大家乐”巡演。各社区结合本地实际，以社区“大家乐”舞台为阵地，以“永远跟党走”为主题，组织开展“同唱一首歌——社区青春歌会”、“红五月歌咏活动”、“地方戏曲、民俗文化、传统体育项目表演赛”、“青年文明社区大家乐文艺汇演”等多种形式的大家乐活动。各省(自治区、直辖市)可组织本地的大家乐节目评选，举办巡演、汇演等活动，集中展示社区青少年优秀文化成果，丰富社区文化生活，培育现代社区理念。

2. 社区楼道文化展示。组织社区青少年以“弘扬先进文化，歌颂党、歌颂美好生活”为主题，对楼道进行美化，装扮公共生活空间，陶冶情趣，把社区楼道建成宣传的媒介、传递信息的窗口、弘扬道德的阵地。通过在社区楼道开展书法、绘画、摄影、文学、手工等作品展示活动，加强对社区青少年的爱国主义教育等主题教育；结合《公民道德建设实施纲要》，对青少年和社区居民加强公民道德教育；展示改革开放给人民物质和文化生活带来的可喜变化，表达社区居民和青少年对美好生活的无限热爱和对党的感激之情。

3. 社区家庭文化“擂台”。以社区家庭为单位，组织开展以“和睦、团结、进步”为主题的家庭之间歌咏、舞蹈、小品、乐器、朗诵、演讲、厨艺、茶艺、园艺、服装展示、棋牌、球类等项目的比赛。加强社区家庭间的横向交流、联系，突出体现家庭的和睦、邻里的团结、人际关系的和谐，促进家庭美德、社会公德的形成。

4. 社区青少年才艺大“舞台”。以社区青少年服务中心为主要阵地，动员和组织广大社

区青少年，以“光荣啊，中国共青团”为主题，开展“继承优良传统，争做四有新人”读书征文比赛、“社区青少年文化作品展览”、“社区青少年演讲（朗诵）大赛”、“青年文明社区‘五四’火炬接力传递”、“社区青少年系列体育竞赛”等活动，为广大社区青少年提供展示才华的阵地和舞台，展示当代青少年的聪明才智和蓬勃向上的精神风貌。

四、活动部署

2002年4月中旬，“永远跟党走”——社区青年文化节在全国各大中城市的“青年文明社区”和“青年文明社区”创建单位同时启动，各地张贴全国统一活动宣传海报，举行各种形式的启动仪式。活动期间，各地根据各自的实际情况，围绕上述四项重点活动内容，因地制宜地开展一系列丰富多彩、具有浓厚文化艺术氛围的活动，在“五四”青年节、党的十六大召开前后掀起活动高潮。活动后期，各地针对活动开展情况进行总结，评选出优秀作品，整理活动文字、图片、音像资料。团中央将在适当时候对全国社区青年文化节活动进行总结并表彰一批优秀活动组织奖、优秀活动项目奖。

五、活动要求

“永远跟党走”——社区青年文化节是在城市社区开展的一项以社区青少年为主体的大规模的群众性精神文明建设活动，要从实践江泽民总书记“三个代表”重要思想、向建团80周年、党的十六大献礼的高度充分认识社区青年文化节的重要意义，认真组织安排，抓紧落实。

1. 高度重视，精心部署。要积极为活动提供指导与支持，召开专门会议研究制定切合本地实际、富有地方特色、具体周密的活动实施方案和推进办法，指派专人负责，并在短期内迅速形成活动高潮，确保活动的顺利开展。

2. 立足基层，突出重点。活动开展要本着“立足基层，活跃基层”的原则，要广泛发动广大社区居民和青少年积极参与，充分调动基层群众的积极性和创造性，不断扩大社区青年文化节活动的参与面和影响面。在活动的组织、安排中要注重发掘地方特色、民族特色和社区特色，突出重点，着力推出新品、精品，并不断推广，推动基层文化的全面活跃。

3. 加强宣传，扩大影响。要把加强宣传作为保证活动效果的重要措施，充分利用广播、电视、报刊、网络等各种宣传媒介，大张旗鼓地对活动进行宣传，形成声势，扩大影响。有条件的省市要积极争取活动在卫星电视节目中播出。各地要将活动开展的有关情况及时报团中央社区和维护青少年权益部，以加强对各地社区青年文化节活动的指导和交流。

共青团中央关于贯彻实施“四五”普法规划在青少年中深入开展法制教育的意见

2002年7月2日

青少年法制教育是我国社会主义法制建设的重要内容，是实施依法治国方略的重要基础。在青少年中深入开展法制教育，对于提高青少年法律素质，保护青少年的合法权益，促进青少年健康成长，推动依法治国、建设社会主义法治国家的进程具有重要意义。为了认

真落实《中共中央、国务院关于转发〈中央宣传部、司法部关于在公民中开展法制宣传教育的第四个五年规划〉的通知》(以下简称“四五”普法规划)和全国人大常委会《关于进一步开展法制宣传教育的决议》,深入持久地开展青少年法制教育,现提出如下意见。

一、指导思想

高举邓小平理论伟大旗帜,认真学习贯彻江泽民总书记“三个代表”重要思想,按照依法治国与以德治国相结合的要求,紧密围绕党和政府工作大局,按照“四五”普法规划的要求,继续在青少年中深入开展法制宣传教育,使法制观念在青少年中深入人心。

二、目标

通过开展“四五”法制宣传教育,提高青少年守法、用法意识,全面提高青少年的法律素质,依法维护青少年合法权益,保障和促进他们健康成长。

三、工作内容

1. 继续深入学习宣传邓小平民主法制理论和党的依法治国、建设社会主义法治国家的基本方略,学习宣传宪法和国家基本法律,特别学习宣传与青少年成长成才有关的法律法规知识,要着重宣传贯彻《未成年人保护法》和《预防未成年人犯罪法》。

2. 广泛建立“青少年法律学校”,把“青少年法律学校”作为推进青少年法制教育的主要阵地。依托社区、学校、执法职能部门、企业以及青少年宫等青少年活动阵地设立青少年法律学校。聘请专业人士组成志愿讲师队伍,培训青少年法制骨干,使他们掌握培训内容和技巧,掌握必要的法律知识和技能。根据不同青少年的身心特点和本地区的实际情况,贴近青少年生活,进行分类别个性化指导。通过到少年法庭、律师事务所、少年犯管教所、看守所、戒毒所、劳教所等单位观摩体验,组织罪错青少年进行现身说法,组织青少年开展模拟法庭、情景训练等活动,在法律实践中帮助青少年深刻理解法律;通过青少年法制骨干为自己的青少年伙伴讲法律故事,传授法律自护技巧、举办法律讨论会、案例分析会等,在同伴教育中不断增强青少年的法律意识。

3. 成立“中国法学会青少年法律研究会”,积极组建专业化的青少年法制教育队伍。共青团中央依托中国法学会成立“中国法学会青少年法律研究会”,该会由从事青少年法律研究与实践的法学工作者和法律工作者组成,开展青少年法律的理论研究和实践活动。各省、自治区、直辖市团委要继续做好青年法律工作者协会的工作,同时积极推动成立省级“法学会青少年法律研究会”,并作为“中国法学会青少年法律研究会”的团体会员。各级“青少年法律研究会”和青年法律工作者协会要团结凝聚青少年法学工作者和法律工作者,建设稳定的高素质的法制宣传教育队伍,把青少年普法作为重要工作内容,有计划、有组织、有步骤地开展青少年法制教育,为提高青少年法律素质做出贡献。

4. 依托有形载体,推动青少年法制教育工作深入开展。通过实施进城务工青年发展计划,会同有关部门,着力解决进城务工青年人身伤害、工资拖欠、劳动安全等突出问题,在维权工作中以案说法,帮助进城务工青年掌握法律武器,依法维护自身权益;通过开展创建优秀“青少年维权岗”活动,依法打击侵害青少年权益的不法行为,在司法和执法实践中向青少年普及法律知识,提高青少年权益观念;通过开展创建“青年文明社区”活动,建立社区青少年服务中心,活跃社区文化,加强社区闲散青少年的教育和管理,帮助青少年在校外教育中增强法制观念,预防违法犯罪;深入开展“青少年安全放心网吧”创建活动,宣传《全国青少年网络文明公约》,优化未成年人成长的文化环境;大力推进青少年自护教育,通过举办自护训练营、自护学校,普及防范侵害的知识和技能,引导未成年人学会依法维权;要继续开展

整治“口袋书”专项行动和“青少年远离毒品”行动，贯彻预防为主的原则，依法解决影响青少年健康成长的突出问题；继续开展杰出（优秀）青年卫士等评选表彰活动，为青少年树立可亲、可敬、可信、可学的法制先进典型，用先进典型的感人事迹和优秀品质鼓舞和教育青少年。

四、工作要求

1. 加强对青少年法制教育的领导。各地要按照普法工作的要求，明确领导分工，指定专人负责，统一组织指导和协调本地的青少年法制教育工作。要按照国家“四五”普法规划部署和共青团中央的要求，制定本地开展青少年法制教育的总体规划和详细的阶段性工作计划，确定法制教育的任务、措施和步骤。

2. 加强青少年法制教育的理论研究。要切实转变工作作风，在调查的基础上搞好市场经济条件下青少年法律和公共政策体系的深入研究，并整理、交流、运用好理论成果，为深化青少年的普法工作提供正确的理论指导和支持，引导青少年法制宣传教育工作适应形势而变化和发展。

3. 强化青少年法制教育的分类指导。要根据本地的情况，确定重点普法对象，分类指导，因人施教。要通过各种途径的学习和实践，提高各级团干部的法律知识和依法管理水平。在校学生是青少年的重要组成部分，学校是接受法制教育的重要途径，要积极推动大、中、小学生在校接受法制教育。要把进城务工青年的法制教育作为青少年法制教育的重要方面，深入开展“千校百万”进城务工青年培训计划，重点宣传与进城务工青年工作和生活有关的法律。要注重对闲散青少年的法制教育，把闲散青少年的管理、服务同法制教育密切结合起来，预防和减少闲散青少年的违法犯罪。

4. 注重青少年法制教育的规范化和实效性。要把青少年法制教育工作纳入当地政府的规划和部署之中，积极推动青少年法制教育体系的完善和相关政策的制定，使青少年法制教育逐步制度化、规范化；团的各级领导机关和未成年人保护机构要将法制教育工作经费纳入预算，为各地开展青少年法制教育提供必要的物质保障；团属新闻出版单位要编辑出版“四五”普法青少年系列图书，为青少年学习和培训法律知识提供参考教材；各级团组织要加强与职能部门的协调和配合，形成合力，动员社会各界共同参与青少年法制教育工作；要认真总结青少年法制教育的成功经验和做法并加以推广，切实提高青少年法制教育的实效性。

5. 发挥新闻媒体在青少年法制教育中的宣传导向作用。要充分发挥电视、广播、报刊等新闻媒体的作用，形成持久、有力的法律宣传声势，开展形象生动、能够吸引广大青少年参加的普法教育活动，并对侵害青少年权益的违法现象和违法行为进行揭露和批评，营造良好的青少年法制教育氛围。要重视互联网在青少年法制教育中的作用，加强网上的正面宣传和管理，充分运用网络资源开展青少年法制教育。

共青团中央、中央综治办、最高人民法院、最高人民检察院公安部、司法部、劳动和社会保障部、国家广播电影电视总局国家工商行政管理总局、国家质量监督检验检疫总局新闻出版总署关于印发《全国优秀“青少年维权岗”创建、评比、表彰、考核及管理办法（试行）》的通知

2002年9月26日

各省、自治区、直辖市团委，高级人民法院，人民检察院，公安厅（局），司法厅（局），劳动和社会保障厅（局），广播电影电视局（厅），工商行政管理局、质量技术监督局，新闻出版局：

为进一步加强管理，规范创建优秀“青少年维权岗”活动的各项制度措施，推动创建活动健康持续发展，共青团中央、中央综治办、最高人民法院、最高人民检察院等11个参与创建优秀“青少年维权岗”活动的单位联合制定了《全国优秀“青少年维权岗”创建、评比、表彰、考核及管理办法（试行）》。现将《全国优秀“青少年维权岗”创建、评比、表彰、考核及管理办法（试行）》印发给你们，请结合实际认真贯彻落实。

全国优秀“青少年维权岗”创建、评比、表彰、考核及管理办法（试行）

第一章　总则

第一条　为贯彻落实党的十五大提出的依法治国、建设社会主义法治国家的精神，切实维护青少年的合法权益，预防和减少青少年违法犯罪，营造青少年健康成长的良好环境，促进创建优秀“青少年维权岗”活动更加广泛、深入、持久开展，加强对活动的指导和管理，特制定本办法。

第二条　优秀“青少年维权岗”是指与青少年事务直接有关的基层单位中自觉履行法律和政策赋予的职能，为维护青少年合法权益作出突出贡献的单位。

第三条　创建优秀“青少年维权岗”活动在共青团、综治办、人民法院、人民检察院、公安、司法、劳动保障、民政、教育、建设、文化、广播电影电视、工商、新闻出版、质量技术监督等系统和行业中开展。

第四条　创建优秀“青少年维权岗”活动，是维护青少年合法权益，为青少年健康成长提供服务和保障，促进社会文明进步的重要措施。

第五条　创建优秀“青少年维权岗”活动，旨在动员社会各方面力量，共同关注和参与青少年维权工作；缓解社会矛盾，预防和减少青少年违法犯罪，在维护社会稳定中发挥积极作用；加强政法队伍和相关部门内部建设，树立良好的社会形象；密切党和群众的血肉联系，调动广大青少年投身两个文明建设的积极性。

第二章　创建标准

第六条　认真贯彻、执行《中华人民共和国宪法》、《中华人民共和国未成年人保护法》、《中华人民共和国预防未成年人犯罪法》及有关法律、法规中保护青少年合法权益的规定，保护青少年健康成长。

第七条　开展创建优秀“青少年维权岗”的单位，要有明确的创建计划、专门的组织领

导力量、切实的创建措施、规范的运行管理机制；要向社会公开创建优秀“青少年维权岗”的各种情况，接受社会监督。

第八条 开展创建优秀“青少年维权岗”的单位，在扎扎实实开展创建活动的同时，注重加强对创建活动和“优秀青少年维权岗”的宣传，不断扩大其社会影响。

第九条 优秀“青少年维权岗”依据其所在系统、行业的工作性质、职能和特点，应具备和达到以下条件和标准：

（一）深入宣传、贯彻有关青少年权益保护的法律、法规，积极配合有关部门做好青少年权益保护工作，努力营造有利于青少年健康成长的良好社会环境，为青少年的成长和发展提供有效的法律服务、心理咨询服务和其他切实帮助。

（二）在侦查、检察、审判涉及青少年的案件中充分考虑青少年的身心特点，切实维护青少年的合法权益；大力开展“扫黄”“打非”、禁毒工作，严厉打击针对青少年的违法犯罪活动；重视对失足青少年的教育、感化和挽救工作，并做好安置帮教工作，预防青少年重新犯罪。

（三）根据青少年心理特点对劳教、服刑的青少年进行改造、帮教；重视青少年法制教育工作，结合实际，建立青少年法制教育联系点或确定共建单位。通过教育、培训等方式指导青少年开展法制学习和进行普法宣传活动，积极为合法权益受到侵害的青少年提供法律援助。

（四）加强劳动保障执法监察，维护青年职工的劳动保障合法权益，做好未成年工的各项劳动保护工作，严厉查处非法使用童工行为。组织青年职工职业技能培训，提高劳动技能素质，增强就业竞争能力。

（五）重视社区内维护青少年合法权益工作，利用多种形式增强青少年运用法律手段保护自身合法权益的能力，对弱势青少年群体提供有效保护；积极做好孤残儿童的收养、护理、教育、康复工作，流浪少年儿童的救助、保护和儿童收养登记工作，措施得力，成效显著。

（六）在广大青少年中倡导文明、健康的生活、娱乐方式，坚决制止和取缔各种反动、淫秽、色情、暴力、封建迷信的音像制品和书刊等出版物的生产和经营活动，净化文化市场、净化青少年精神生活空间；发挥舆论、传媒优势，普及有关法律知识，深入揭露、曝光侵害青少年权益的现象，并对典型案例进行报道，效果显著。

（七）加强对青少年食品、用品的质量管理和监督工作，保证青少年食品、用品质量，维护青少年消费者的合法权益；加大对制造、销售和经营有害青少年健康成长的商品和出版物等文化用品的打击力度，加强对青少年娱乐场所和出版物市场的监督管理，优化青少年成长的环境。

（八）加强教师道德教育，注重校园周边环境整治，充分维护在校青少年学生合法权益；配合有关部门在青少年学生中开展法律知识、自护常识教育，增强青少年法律意识，提高青少年自我保护能力；积极解决弱势青少年群体就学问题，成绩显著。

第三章 评选办法

第十条 优秀“青少年维权岗”分为全国、省、地市、县（区）四级。优秀“青少年维权岗”的评比、表彰及撤销等事宜，采取逐级申报、考核、命名的办法进行，获得本级别优秀“青少年维权岗”称号的单位，有资格申报更高级别的优秀“青少年维权岗”。

第十一条 优秀“青少年维权岗”的命名要有严格的申报、考核和审批制度。各级创建优秀“青少年维权岗”活动领导机构要确保被推荐单位具有先进性和代表性，命名工作要根据确定的条件和标准，认真评选，严格考核，逐级审批。对能够较好地履行职责，达到创建条件要求，并在青少年维权事业中具有导向和示范作用的单位，予以命名表彰。

第十二条 各级各地优秀“青少年维权

岗”的评比工作，原则上每年进行一次。

第四章　表彰与奖励

第十三条　团中央与开展创建活动的各有关部门，原则上每一至二年联合命名一批全国级优秀“青少年维权岗”，授予全国级优秀“青少年维权岗”牌匾和称号。各级优秀“青少年维权岗”的表彰、授牌由同级创建活动机构进行。

第十四条　基层单位对优秀“青少年维权岗”的表彰，要实行精神奖励与物质奖励相结合的办法，既要大张旗鼓地宣传优秀“青少年维权岗”的先进经验、典型事迹、优秀个人，又要落实奖励机制，把对优秀“青少年维权岗”的表彰奖励纳入各地先进单位、先进个人的表彰奖励体系，根据创建优秀“青少年维权岗”工作的实绩，在有关政策及待遇方面给予倾斜。

第十五条　各行业系统对优秀“青少年维权岗”的表彰，要纳入本行业、本系统的奖励机制。

第五章　考核与管理

第十六条　建立和完善各级优秀“青少年维权岗”的申报、推荐、考核、审批、命名、奖励的资料档案，实行台账管理制度，实现创建管理工作的规范化。全国级优秀“青少年维权岗”由全国创建活动领导小组负责管理。各级优秀“青少年维权岗”由同级创建活动领导机构负责管理。

第十七条　各级创建优秀“青少年维权岗”活动领导机构负责各级优秀“青少年维权岗”的检查、考核以及认定工作，通过成立监察委员会、聘请特邀监察员、组织检查组等多种形式，加强对优秀“青少年维权岗”创建活动的日常监督检查。

第十八条　优秀“青少年维权岗”评比不搞终身制，每年各级监督检查机构要对所有命名的优秀“青少年维权岗”进行考核。考核以监督检查机构组织检查的结果情况和特邀监察员的意见为主要依据，符合标准的将认定其优秀“青少年维权岗”称号，达不到标准的予以撤销。

第十九条　对于在新闻媒体公示中被反映有不符合优秀“青少年维权岗”评比和考核条件的，或对应当受理的青少年问题未及时妥善处理的，经本级或上级监督检查机构查实后，提出警告，情节严重的予以摘牌。

第二十条　优秀“青少年维权岗”实行挂牌制度。正在创建未被命名的单位，悬挂“争创优秀青少年维权岗”标语或旗帜；已获得各级优秀“青少年维权岗”荣誉称号的单位，悬挂由同级创建优秀“青少年维权岗”活动领导机构颁发的优秀“青少年维权岗”牌匾。牌匾要按标准统一制作，悬挂在醒目位置，自觉接受社会的监督。

第二十一条　各级优秀“青少年维权岗”牌匾的制作规定：

1. 材料：铜板底，字为腐蚀凹体充色；

2. 字体：“优秀”二字为行书体，“青少年维权岗”为综艺体，落款日期为黑体，位于右下角；

3. 颜色：“优秀青少年维权岗”为大红色，落款为黑色；

4. 尺寸：全国级为650mm×400mm，省级为560mm×350mm，市、县级为480mm×300mm。

第六章　附则

第二十二条　本办法适用于各级优秀“青少年维权岗”及正在创建优秀“青少年维权岗”的单位。

第二十三条　各地要根据实际，参照本办法制定本地的优秀“青少年维权岗”管理办法。

第二十四条　本办法在试行的过程中，将不断总结实践经验，逐步加以完善。本办法的解释权在全国创建优秀“青少年维权岗”活动领导小组办公室（办公室设在共青团中央社区和维护青少年权益部）。

第二十五条　本办法自发布之日起生效。

十五、外事

共青团中央办公厅关于进一步加强对共青团、少先队组织开展的中小学生赴境外夏(冬)令营等活动管理的有关规定

1999年2月2日

第一条 关于共青团、少先队组织赴境外开展夏(冬)令营活动的定义

中小学生赴境外夏(冬)令营等活动,是应外国政府或青少年组织邀请,由各级团组织或少先队组织开展的赴国外境外友好交流活动。

第二条 中小学生赴境外参加夏(冬)令营等活动的报批程序

1. 中小学生赴境外参加夏(冬)令营活动是青少年对外交往的组成部分,各省级团委应根据中央有关外事管理的规定,本着从严控制、从严审批、从严管理的精神,对本地区、本部门共青团、少先队组织开展的中小学生赴境外夏(冬)令营等活动加强统一协调和管理,对活动规模和交往频率实行总量控制。

2. 地方各级共青团、少先队组织开展的中小学生夏(冬)令营等活动的立项须报上一级团组织审批。各省级团委统战(国际)、联络部负责归口管理和协调。省级团委审核后以省级团委的名义报团中央国际联络部审批。

3. 各省级团委上报的请示应详细说明活动地点、起止时间、主题及意义、外方邀请组织背景、联系经过、人选和费用负担情况及有无其他国家或地区的代表参与等情况,最迟应在活动开始前四十五天报团中央国际联络部。

4. 团中央国际联络部在接到请示件后,原则上在二十个工作日内将审批意见或进展情况通知报件单位。有关同意赴访的意见应书面批复有关单位并抄送公安部出入境管理局备案。申报单位按有关规定到公安机关出入境管理部门办理出国手续。

第三条 开展中小学生夏(冬)令营等有关活动的注意事项

1. 由于现阶段我国广大人民群众的总体生活水平不高,且中小学生尚未成年,不易管理,举办此类活动不应盲目攀比。贫困地区、经济不发达地区的团组织、少先队组织不宜举办此类活动。不得组织小学低年级学生参加此类活动。

2. 组织中小学生赴境外参加夏(冬)令营活动不得以营利为目的。此类活动原则上每次只能在一个国家或地区举行。

3. 组派单位必须认真做好代表团出访前的准备和集训工作,对参加活动的中小学生和有关人员进行必要的法制、安全和外事纪律教育,并精心组织,严格管理,保障参加人员的合法权益,维护国家安全、荣誉和利益。活动结束后,应及时将活动情况分别向团中央国际联络部和公安机关出入境管理部门作出书面报告。

4. 对于违反本通知规定,造成参加人员境外走失或人身伤害、经济损失等其他权益侵害的团组,将追究派出单位有关责任人员和主要领导的责任。

5. 本通知由团中央国际联络部负责解释,自即日起实行。

第四部分

重点工作概述

邓小平理论和“三个代表”重要思想学习教育活动

团中央始终把用邓小平理论和“三个代表”重要思想武装全团、教育青年作为首要政治任务，采取切实措施，在全团深入开展学习邓小平理论和“三个代表”重要思想的活动，不断掀起理论学习新高潮，努力使邓小平理论和“三个代表”重要思想在团员青年中入脑、入心。

抓好总体部署，确保全团理论武装工作沿着正确的方向发展。团的十四大确立了邓小平理论在青年思想教育工作中的核心地位，明确提出要坚持不懈地用这一理论武装全团、教育青年。1999年3月，团中央下发《关于在全团深入学习邓小平理论的意见》，对用邓小平理论武装团员青年的工作进行部署。江泽民同志“三个代表”重要思想和“七一”讲话发表后，团中央先后下发《关于深入学习江泽民总书记关于“三个代表”重要思想的通知》和《关于认真学习贯彻江泽民同志在庆祝中国共产党成立80周年大会上的重要讲话的通知》，对全团认真学习宣传贯彻“三个代表”重要思想进行了部署。党的十六大召开之后，团中央通过了《关于组织团员青年认真学习贯彻党的十六大精神的决议》，部署全团学习十六大精神，进一步兴起学习贯彻“三个代表”重要思想新高潮。

按照抓活动、抓实践、抓骨干的思路，不断在团员青年中掀起理论学习热潮。一是抓活动。团中央举办了“全国青年改革开放20年知识竞赛”，全国高科技领域、非公有制企业及农村等社会各界青年学习“三个代表”重要思想座谈会，学习“三个代表”征文比赛等活动，受到广大青年的欢迎。各地团组织针对不同青年群体，采取多种形式，广泛开展报告会、座谈会、专题讲座、知识竞赛、演讲比赛、征文比赛、成就展览等丰富多彩的学习活动，发挥青少年宫、青少年教育基地、广播站、学生活动中心等青年文化阵地的作用，形成了浓厚的理论学习氛围。高校和企业的业余党校、业余团校、青年学马列小组、学党章小组、“三个代表”研究会等青年理论学习社团，积极开展各种理论辅导、学习和研讨活动，吸引了大批青年参加。不少高校和院系建立了学理论“红色网站”，在网上开辟青年学习“三个代表”的专门网页，利用现代科技手段扩大理论学习的覆盖面，增强活动的时代感。二是抓实践。组织团员青年积极参加“三个代表”实践服务团，参加“三下乡”活动、青年志愿者、青年文明号、青年文明社区、保护母亲河行动、青年创新和创业行动等，让他们在实践中体会邓小平理论和“三个代表”重要思想的精神实质，感受科学理论的现实威力。三是抓骨干。注意发现和培养青年理论学习骨干，重视和发挥团干部、大学生及各条战线的骨干力量在理论学习中的示范带头作用。通过县级以上团委中心组学习制度，推动各级团的领导干部带头学好理论。配合教育部门实施的“三进”工作，推动大学生深入学习邓小平理论和“三个代表”重要思想，在各条战线的青年骨干中大力营造积极

学习理论的氛围。积极举办各类青年理论骨干研讨班、培训班、学习班。1999年以来，团中央每年都与中央党校联合举办共青团理论骨干培训班，聘请知名专家学者进行专题理论辅导，收到良好效果。2001年8月，团中央组织学习江泽民总书记“七一”重要讲话宣讲团，分赴北京、河北、河南、山东、内蒙古等地，深入到广大团员青年中开展宣讲报告活动，产生了良好的社会影响。

加强对理论学习活动的宣传，注重教材建设和理论研究，推动理论学习活动更好地开展。各级团的宣传部门和团属新闻出版、教学研究机构密切配合，形成合力，及时反映各地青年理论学习活动的动态，加强理论研究工作，开设了多种理论学习的专栏、专刊，创作了一批理论文章，编写出版了《邓小平著作选读》、《毛泽东邓小平江泽民论青少年和青少年工作》、《给你一双慧眼——邓小平理论与当代青年》、《邓小平理论青年读本》等一批青年理论学习读本，为理论学习活动深入开展创造条件。

重视理论学习活动的经验总结和推广工作，树立理论学习典型，积极发挥他们的示范和带动作用。召开青年学理论工作座谈会，交流理论学习经验。2000年，团中央与中宣部、教育部联合召开全国青年学习邓小平理论经验交流会，党和国家领导人李岚清等出席。座谈会推出了近百名青年理论学习典型，编辑出版了《全国青年学习邓小平理论经验交流会文集》，对团员青年的理论学习活动起到重大促进作用。

青少年思想教育主题活动

团的十四大以来，共青团把加强和改进新形势下的青少年思想政治教育工作作为重中之重抓紧抓好，积极教育、引导青少年树立正确的世界观、人生观、价值观，努力把广大青少年培养成德、智、体、美全面发展的“四有”新人。

一是加强对全团开展青少年思想道德教育工作的指导。为贯彻落实《中共中央关于加强和改进思想政治工作的若干意见》、《爱国主义教育实施纲要》、《公民道德建设实施纲要》等中央文件精神，在深入调查研究的基础上，团中央于1999年、2001年、2002年先后下发《关于在新形势下加强和改进青年思想政治工作的若干意见》、《关于进一步加强民族地区青少年爱国主义教育工作的意见》、《关于加强青少年道德教育 全面提高青少年道德素质的意见》等文件，明确青年思想道德教育的指导思想、主要任务和工作要求，为各级团组织开展青年思想道德教育工作提供了有力指导。

二是抓住重大节庆日、重大事件纪念日以及重大突发事件等契机，通过形式多样、内容丰富的主题活动，在青少年中大力开展党的基本理论、基本路线、基本纲领、基本经验教育，开展爱国主义、集体主义、社会主义教育。把握香港、澳门回归、国庆50周年、建党80周年、建团80周年、中国加入世贸组织、北京申奥成功等时机，在青少年中广泛开展爱党、爱国、爱社会主义的主题宣传教育。1998年以来，在抗洪抢险斗争中，组织动员广大青年投身抗洪第一线，抗洪结束后，积极引导青年发扬伟大的抗洪精神。以美国为首的北约轰炸我国驻南斯拉夫大使馆和美侦察机撞毁我军用飞机后，引导青年

声讨美国的霸权主义，迸发爱国热情。在批判李登辉“两国论”和陈水扁分裂祖国言行中，引导青少年反对分裂，维护祖国统一。此外，2001 年，团中央还抓住有利时机，在新疆、西藏等民族地区开展青少年爱国主义状况的大调研，开展主题鲜明、丰富多彩的反分裂教育和中华民族大团结教育，在西藏召开全国民族地区青少年爱国主义教育工作座谈会，总结各地的有效做法，展示育人成果，对今后一个时期的民族地区青少年爱国主义教育进行部署，推动了民族地区青少年爱国主义教育工作的蓬勃开展。全团还为支援西藏青少年发展事业捐资近 1300 万元。

三是广泛开展道德教育和道德实践活动，提高青少年的道德素质。2001 年以来，贯彻《公民道德建设实施纲要》的要求，共青团在青少年中广泛开展“中国青年人生新格言创作大赛”、“道德实践营”、“好习惯推广”、“寻找身边的榜样”、“道德评议”、“青年文明号信用建设示范行动”、“创建青少年安全放心网吧”等道德教育和道德实践活动，推动青少年提高道德素质，帮助青少年养成文明的行为习惯和健康的生活方式。

四是积极开展同“法轮功”邪教的斗争，在青少年中大力弘扬科学精神。党中央做出处理和解决“法轮功”问题的决策后，团中央迅速采取有力措施，坚决贯彻落实，下发了一系列通知，对全团同“法轮功”做斗争的工作进行部署。成立了处理“法轮功”问题领导小组，设立了领导小组办公室。开展“全国青年文明社区反邪教行动”、“千所青少年宫反邪教教育宣传栏”活动，“校园拒绝邪教”主题宣传教育活动等专项行动，用打战役的方式迅速形成反邪教斗争的群众性声势。通过座谈会、评论文章、“崇尚科学，拒绝邪教”图书推荐榜、“青少年走进科学世界”科普活动等多种形式，努力营造揭批“法轮功”邪教的浓厚氛围，引导青少年崇尚科学，破除迷信，反对邪教。

五是充分发挥典型的示范带动作用。在《人民日报》、《光明日报》等中央新闻报刊宣传上海宝钢团委组织青年学习邓小平理论、江苏吴县团市委在农村团员青年中开展“致富思源、富而思进”主题教育活动等一批重大典型。在《中国青年报》开辟专栏，宣传一批青年思想政治工作者典型。在中宣部《宣传工作》、《中国共青团》等刊物上宣传青年思想政治教育的典型经验。推出秦文贵、黄东华等优秀青年典型，大力宣传他们的先进事迹，注重挖掘他们平凡中见伟大、普通中见崇高的精神。在“弘扬雷锋精神、参与志愿服务”主题活动中，表彰一批全国学习雷锋、志愿服务的先进典型，有力推动了青少年道德实践活动的开展。

跨世纪青年文明工程

1993 年 12 月，在团的十三届二中全会上通过了《关于在建立社会主义市场经济体制进程中我国青年工作战略发展规划》，提出了要全面实施跨世纪青年文明工程。

跨世纪青年文明工程的宗旨是：用建设有中国特色社会主义的理论教育青年，帮助青年树立正确的理想、信念、人生观和价值观，突出爱国主义、集体主义和社会主义教育，弘扬适应社会主义市场经济发展要求的社会公德、职业道德、艰苦创业精神，倡导健康、文明、科学

的生活方式，确立正确的青年文化导向，提高青年思想道德素质和科学文化素质，把蕴藏在青年中的精神力量不断转化为促进改革和建设的巨大物质力量。跨世纪青年文明工程先从青年志愿者、青年文明号、青年文化园等三个方面展开。

跨世纪青年文明工程实施后，取得了重要进展。青年学习邓小平建设有中国特色社会主义理论的自觉性不断增强，青年理论教育逐步深入。爱国主义教育在广泛开展的基础上重点突出，形式和内容更加贴近青少年。希望工程、青年志愿者、手拉手、青年文明号等活动扎实开展，促进了青少年思想道德素质的提高和良好社会风气的形成。团属新闻出版文化事业有了新的发展，为青少年的健康成长提供了有益的精神食粮，发挥了正确的导向作用。跨世纪青年文明工程成为对外开放和发展社会主义市场经济条件下，我国青少年建设精神文明的生动实践，成为动员广大青少年为改革开放和现代化建设做贡献的有力举措。

1996 年 12 月，为了贯彻落实《中共中央关于加强社会主义精神文明建设若干重要问题的决议》，进一步深化和丰富跨世纪青年文明工程，团的十三届五中全会通过了《深化跨世纪青年文明工程的决定》。

全团提出实施跨世纪青年文明工程要把构筑青少年一代精神支柱的任务落到实处，首先，要把邓小平建设有中国特色社会主义理论作为凝聚鼓舞全国青年实现民族振兴的强大精神支柱，组织广大青年普遍开展多种形式的理论学习，帮助青年增强坚持党的基本路线的自觉性和坚定性，树立正确的世界观、人生观、价值观，以建设有中国特色社会主义为主题，深入持久地进行爱国主义、集体主义、社会主义教育。使广大青少年了解现代化建设的伟大成就和宏伟目标，继承中华民族优秀传统和革命传统，发扬自尊、自信、自强的民族精神。把爱国主义教育与艰苦创业精神教育结合起来，帮助青少年正确认识国情，懂得热爱祖国就要努力为国家富强、人民幸福自强不息，艰苦奋斗。其次，要运用重大纪念日、重大历史事件和重大社会活动，开展集中性教育。1997年，全团抓住我国恢复对香港行使主权、党的第十五次全国代表大会召开以及纪念建团 75 周年这三个关节点，开展了重点教育活动。第三，全团着力构建了符合青少年特点的工作载体，抓好经常性教育。18 岁成人仪式教育活动，在大中城市普遍开展的基础上，逐步向农村普及。同时也抓了 16 周岁领取居民身份证前后的公民意识教育、18 岁的成人预备期志愿服务和年满 18 周岁面对国旗宣誓三个环节，使这一活动成为系统规范的教育过程。深化了大学生社会实践和中学生实践教育活动，积极引导青年学生深入基层，了解国情，受教育、长才干、做贡献。做了青少年爱国主义教育基地和法制教育基地的命名建立工作，使这些基地的教育功能得到进一步发挥。

经过全团上下的努力，跨世纪青年文明工程的重点活动取得新进展。

青年志愿者行动从城市公益服务向农村扶贫开发领域扎实推进，到 1998 年初步形成了较为完善的青年志愿服务网络。全团广泛动员青年志愿者参加城市公益服务，发挥青年志愿者在创建青年文明社区中的作用，在街道社区普遍建立了青年志愿服务站。"一助一"长期结对服务和大中学生社区援助行动进一步深化，吸引了各行各业有专业特长的青年，为社区群众提供医疗保健、法律咨询、义务家教等专业志愿服务。工作领域进一步拓宽，在博物馆、敬老院、儿童福利院、交通要道、旅游景点等服务需求相对集中的场所，建立了面向公众的青年志愿服务基地，深入开展志愿讲解、敬老助残、保护生态、植绿护绿、治理"脏、乱、差"等公益性志愿活动。同时还广泛动员青年志愿者参与农村扶贫开发。实施了青年志愿者扶贫接力计划，采取社会公开招募、定

期轮换的方式,组织青年志愿者到贫困地区开展1至2年的科教扶贫工作,实施范围逐步扩大。加大了科技扶贫的力度,联合高等院校、科研院所等单位在贫困地区建立扶贫接力科技服务站。进一步深化了大中学生扫盲与科技文化服务行动,组织志愿服务队,深入重点地区开展扫盲教育和实用技术培训;动员回乡度假的大中学生,在当地团组织的统一安排下参与志愿服务活动。倡导青年志愿者每人每年为社会提供一定小时的志愿服务。团中央成立青年志愿者行动指导中心,作为中国青年志愿者协会的专门工作机构。

青年文明号成为创建文明行业的排头兵。全团大力倡导职业道德,引导广大青年职工立足本职岗位,创造一流成绩,促进经济效益、社会效益和人才效益的同步提高。青年文明号创建活动的覆盖面扩大,先后分行业推出了100个青年文明号商场,100个青年文明号集贸市场,100条青年文明号城市公交线路等。以抓好窗口行业为基础,逐步向重点工程和工业企业扩展,创建了一批青年文明号生产线和车间(班组)。在商业、金融、卫生、公安等窗口行业普遍推行青年文明号服务卡,从承诺产品质量、服务质量入手,抓住与人民群众日常生活息息相关、党和政府十分关注的事情,不断强化青年职业道德建设的载体。团组织协调相关行业的青年文明号集体,开展"青年文明号服务卡助万家"活动,青年文明号的优质服务向社会和家庭延伸。

"手拉手"互助活动成为少先队思想品德教育的基础工作。"手拉手"互相活动的范围进一步扩大,帮助更多的少年儿童通过写一封交友信,寄一本好书刊(或一件文具),学一项新知识、新本领,做一件好事,找到朋友,保持长期联系,促进他们在思想品德、行为习惯等方面发生积极变化,提高全面素质,形成了城市先行,学校主导,以少年儿童为主体,以辅导员为纽带,机制健全,措施完备,城乡优势互补,基层全面活跃的工作格局。突出了扶贫帮困的内容,在少年儿童中重点开展了"手拉手情系贫困小伙伴"活动。

希望工程进一步推动尊师重教、扶贫济困社会风尚的形成。希望工程的社会影响力不断扩大,激发起广大青少年和全社会关心、支持希望工程的热情。积极开展了青少年"爱心储蓄"和"希望工程一日捐"活动,增强发展后劲,扩大救助面。同时建立了一批救助工作示范县,集中各方力量,在这些县基本解决适龄儿童因贫困失学的问题。希望书库建设有了很大发展。

充分发挥青少年典型的榜样和导向作用。建立和完善了发现、培养、评选、表彰优秀青少年的制度。团中央、全国青联和省级团委、青联组织设立了"五四青年奖章",形成了包括"十大杰出青年"、各界杰出青年、新长征突击手、优秀团员、团干部以及"十佳少先队员"等重点奖项的青少年表彰体系。1997年"五四"期间,颁发首次"五四青年奖章",集中宣传了一批在两个文明建设中做出突出成绩的青年典型。

以提高农村青少年素质、奔小康和建设社会主义新农村为目标,发挥农村青少年在文明村镇创建活动中的积极作用。倡导文明健康的生活方式,遵守乡规民约、破除陈规陋习,反对非法宗教活动,促进农村新风正气的形成。帮助乡镇建立了一批青年科技图书站,在农村青少年中开展读书竞赛、科普宣传、技术培训等活动,帮助他们提高文化科技素质,增强脱贫致富奔小康的能力。

在丰富精神文化生活、促进青少年的健康成长方面,全团积极动员社会力量为青少年的健康成长创造良好的文化氛围,提供丰富的精神食粮。主要包括广泛开展青年读书活动、红领巾读书活动。联合有关部门向青少年推荐百种爱国主义图书、百部爱国主义影视片和优秀歌曲的工作;编辑出版了"三辰影库",为少

年儿童提供了一批优秀的中外少儿影视片，引导青少年读好书、看好片、唱好歌。结合社区文化、村镇文化、企业文化和校园文化建设，开展了青少年喜闻乐见、丰富多彩的文化、体育、科学普及活动，寓教于乐，使青少年在活动中学习知识、受到教育、陶冶情操。深入开展了“保护明天行动”，配合有关部门搞好文化市场的监督和管理，优化青少年成长的社会文化环境。团的宣传部门、研究机构和新闻出版单位，也进一步加强协调，集中力量，配合实施精神文明建设“五个一工程”，为青少年提供推出了更多更好的文化精品。重点抓了理论文章、长篇小说、少儿作品和青少年歌曲的创作与生产，推出一批思想性、艺术性统一，具有强烈吸引力、感染力，深受青少年喜爱的优秀作品。团属青少年报刊积极为青少年健康成长提供正确导向，始终把引导动员青少年奋发向上、积极投身现代化建设作为根本任务。以“千宫百万”活动为龙头，发挥了青少年活动阵地的整体功能，帮助青少年掌握现代科学文化知识和技能。

经过几年的实施，跨世纪青年文明工程形成了一定的规模效益，调动了广大青少年参与精神文明建设的内在热情，扩大了各项活动的参与面和社会影响面，形成了以大中学生、青年干部和青年知识分子为主体的青年志愿者大军，以各行各业的青年职工为主体的创建青年文明号大军，吸引了更多的少年儿童参加到“手拉手”活动的行列中来，动员了更广泛的社会力量关心和支持希望工程。

跨世纪青年人才工程

1993 年 12 月，团的十三届二中全会就实施跨世纪青年人才工程做了全面的部署。随后，团中央又于 1995 年出台《跨世纪青年人才工程实施纲要》，对这项工作又进行了细化安排。

实施跨世纪青年人才工程是实行两个具有全局意义的根本性转变，即实行经济体制从传统的计划经济体制向社会主义市场经济体制转变，经济增长方式从粗放型向集约型转变，对共青团提出的必然要求。实行这两个转变，需要依靠科技进步和提高劳动者素质，需要千百万各行各业、各级各类的跨世纪人才。这项工作着眼于开发青年中蕴藏着的巨大人力资源，发挥青年人才的作用，以全新的面貌投身改革开放和现代化建设，推动国民经济整体素质和效益的显著提高，也是我国赢得未来国际竞争主动权的历史任务赋予共青团的重要职责。在科学技术日新月异、知识更新不断加快的时代，综合国力的竞争集中表现为经济和科技的竞争，归根到底是人才的竞争。只有着眼未来，尽快造就一支门类齐全、规模宏大、素质较高的跨世纪人才大军，我国才能在激烈的国际竞争中立于不败之地，从而推动科教兴国战略的实施，为我国在国际间经济和科技的竞争中掌握主动奠定人才基础。

在跨世纪青年人才工程的实施过程中，主要坚持了以下工作方针：

1. 以经济建设为中心，带领青年为实现现代化建设奋斗目标建功成才。2. 按照“四有”的要求，把思想道德教育贯穿在实施跨世纪青年人才工程的全过程中。3. 牢固树立“科学技术是第一生产力”的思想，引导和促进青年不

断提高科学文化素质。4. 强调创业与成才的有机结合，体现共青团在实践中育人的特色。5. 在人才的培养上下硬功夫，为青年成长与成才提供切实有效的服务。6. 努力用办事业的方式，形成共青团培养人才的良性机制。7. 广泛挖掘社会资源，营造青年人才成长的良好社会环境。8. 坚持从实际出发，把跨世纪青年人才工程建设成开放性的工作体系。

实施跨世纪青年人才工程的总体目标是：培养数以千万计的企业青年岗位能手和农村青年致富带头人，举荐数以十万计的优秀青年人才，建设宏大的跨世纪人才后备队伍，引导广大青少年健康成长为有理想、有道德、有文化、有纪律的社会主义公民，造就一支堪当重任的跨世纪青年人才大军。

主要任务是：1. 帮助青少年提高思想道德水平。发挥共青团开展青少年思想教育工作的优势，致力于进一步坚定广大青少年走建设有中国特色社会主义道路的信念，提高他们的思想道德素质，做跨世纪的社会主义合格公民。2. 提高青年劳动大军的整体素质。面向广大青年劳动者，致力于普遍提高他们的文化知识水平和技术熟练程度，以适应建立社会主义市场经济体制、转变经济增长方式对劳动者素质提出的要求。通过开展培养青年岗位能手活动，大幅度提高企业青工的实际操作水平和技术等级；通过开展培养青年星火带头人活动，推进共青团服务万村脱贫致富奔小康行动，增强广大农村青年科技致富的能力；通过实施百城市青年计算机知识和技能等级考试（CRE）达标行动等，推动青年学习现代专项知识技能；通过开展社区青年职业技能培训，帮助待业青年、下岗青年和务工青年提高就业能力；通过开展“东西互助—劳务协作”活动，为贫困地区培养一大批掌握脱贫致富本领的青年；通过组织实施中国大中学生志愿者扫盲与科技文化服务行动，帮助青年农民学习文化基础知识和农村实用技术。3. 加速规模宏大的青年专门人才队伍的形成。着眼跨世纪发展对人才提出的更高要求，致力于完善青年人才的综合素质，使一批跨世纪的青年学术带头人、技术带头人和其他优秀专门人才迅速成长。通过举办高层次的培训、研讨和国际交流活动，为青年专门人才开阔视野、提高专业素养服务；通过扶持高科技战线的优秀青年人才创办科技实业，推动他们走向国民经济主战场，参与国际高科技竞争；通过表彰、宣传、推荐优秀青年人才工作，进一步发挥他们的聪明才智。通过理论学习、知识培训、实践锻炼等手段，全面提高团干部队伍的素质。4. 促进人才后备队伍的成长。配合教育机构，致力于帮助在校学生打下扎实的文化知识基础，提高参与社会实践的能力，培养良好的心理素质，成为德、智、体等全面发展的社会主义事业建设者和接班人。通过实施大学生跨世纪素质发展计划，促进大学生知识与能力的协调发展；通过开展中学生实践教育活动，帮助中学生掌握一些经济建设所需要的基本知识和实用技能，推动农村中学生学习农村实用知识；通过实施跨世纪中国少年雏鹰行动，重点开展“五自”学习实践活动和“手拉手”互助活动，普遍提高广大少年儿童的生存与发展能力。

重点推进工作主要有：

1. 青少年公民素质教育。引导广大青少年努力具备与我国的法律制度、政治制度和社会制度相适应的品德、知识、技能、情感，成为跨世纪的社会主义合格公民。主要目标是：使青少年通过爱国教育，了解历史，了解国情，树立为国家富强、民族振兴而奋斗的远大理想；通过责任教育，懂得公民的权利和义务，增强对国家、民族、社会的责任感，提高民主素质和法制观念；通过公德教育，培养高尚品德，遵守社会公德和职业道德，关心公益事业，养成文明习惯；通过人格教育，塑造健全的人格、健康的心理和坚强的意志品质，培养敬业创业精神，增强创造才能和团结协作意识。

2. 培养青年岗位能手。促进城乡企业适应经济增长方式的转变和建立现代企业制度的改革，围绕培养岗位文明、增强岗位技能、提高岗位效益，造就一支以青年岗位能手为骨干的跨世纪企业合格劳动大军。主要目标是：每年培养200万名青年岗位能手，到2000年累计培养1000万名，并使青工的实际技术水平普遍提高2—3个技术等级。

3. 培养青年星火带头人。在贯彻加强农业、全面发展和繁荣农村经济的战略要求，推动农村科技进步，使一大批不同层次的跨世纪农村科技人才加速成长。主要目标是：如实完成《培养青年星火带头人活动五年推进计划》，每年组织1000万名农村青年参加实用技术培训，每年培养12—15万名青年星火带头人，到2000年累计培养100万名，并使农村青年普遍掌握1—2门农村实用技术。

4. 实施大学生跨世纪素质发展计划。推动大专院校学生增强社会责任感、适应力和创造力，完善智能结构，造就一支跨世纪的专门人才后备队伍。主要目标是：从1996年起，使参加素质发展计划的在校大学生数逐年递增10%，到2000年累计达到150万人以上。

5. 举荐优秀青年人才和杰出青年。促进更多的青年人才脱颖而出，为广大青年成长与成才树立榜样，推动全社会形成关心青年人才成长的良好氛围，不断壮大跨世纪优秀青年人才队伍。主要目标是：每年在科技界、企业界及各行各业中推举一批优秀青年人才，到2000年全国累计推举出10万名。

6. 提高团干部队伍素质。加强团干部的理论学习和党性修养，使他们进一步坚定正确的政治方向，学会运用邓小平同志建设有中国特色社会主义理论来解决实际问题，不断提高政治思想水平；创造条件，帮助团干部学习社会主义市场经济知识和现代科学、文化、管理知识；完善团干部挂职锻炼、上下交流制度，促进团干部在内地与沿海、机关与基层、团的岗位与党政部门及企事业单位之间挂职交流的实践中经受锻炼，增长才干。

跨世纪青年人才工程在实施工程中十分注意机制建设。1. 创造培养青年人才的政策环境。根据人才培养的需要，积极与有关方面联合制定相应政策，使人才工程的各项工作措施与政府的相关政策、法规接轨，与基层的规章制度配套，成为政府行为、社会行为和行业行为。2. 加强青少年知识技能培训基地建设。建设以基层培训基地为基础，全国、省、地级示范基地为龙头的多层次、多种类的知识技能培训网络。3. 筹建跨世纪青年人才工程发展基金。积极争取各级政府的资金支持，广泛吸纳社会各界的赞助、捐资，多渠道、多形式地筹措资金，逐步建立统一的跨世纪青年人才工程发展基金。4. 完善青年人才表彰奖励机制。逐步形成各类别全国级青年荣誉奖励及称号的人才表彰体系。5. 建立跨世纪青年人才工程信息库。通过传播媒介广泛宣传优秀青年人才的成就和业绩，推动社会重视青年人才；定期向有关方面和社会各界传递青年人才信息，为举荐优秀青年人才服务；与社会人才中介机构建立工作联系，开辟青年人才交流的渠道。

青少年爱国主义教育网站建设

随着全球信息化浪潮的推进，特别是随着互联网在我国的发展和普及，网络正在深入人们的学习、工作和生活，并对广大青少年产生着日益深刻和不可逆转的影响。为适应时代进步和发展的要求，用先进文化和先进技术占领网上思想文化阵地，弘扬伟大的民族精神，抵御网上不良文化的侵袭和渗透，对青少年加强历史教育、革命传统教育和爱国主义教育，在青少年中培育民族精神。从2000年开始，在团中央书记处的领导下开始组织、策划网上青少年爱国主义教育基地的建设工作。

2000年8月，网上青少年爱国主义教育基地建设工作正式开始，共青团中央联合中国社科院、中央党史研究室、国家档案局组成了网站建设领导小组。

2001年6月25日，中共中央政治局常委、全国人大委员长李鹏为网站题词："继承先烈遗志，发扬革命传统，致力振兴中华"。

6月28日，民族魂、血铸中华网站举行开通仪式，同时举办"网上祭英烈，共铸中华魂"主题团日活动。并以此为契机，全国各地300多万中学生广泛开展了"党在我心中"网上主题团日活动，凭吊革命先烈，纪念建党80周年。《民族魂》网站是以1840年至今中华民族近现代史上的英雄人物为主线，介绍近代以来，为民族解放、人民幸福和国家统一富强而英勇献身的民族英烈和人民楷模的英雄事迹，缅怀他们的丰功伟绩，是屹立在互联网上的"人民英雄纪念碑"；《血铸中华》网站是以1840年至1949年间发生的重大历史事件为主线，展示了近代百年间无数中华儿女为反抗帝国主义列强侵略、争取民族独立和解放而不屈不挠的奋斗历程，表明了中国走社会主义道路的历史必然性，是矗立在互联网上的革命纪念馆。

9月29日至10月5日，联合国内百家中文网站共同发起"向英烈献一束鲜花，迎建国52周年"活动。活动期间，献花和留言4万多条。

10月至12月，开通网上"毛泽东纪念馆"、"一二·九运动纪念馆"、"抗美援朝英烈纪念馆"，同时举办"向抗美援朝英烈致敬"活动。

11月，民族魂、血铸中华网站网友留言选《红色感动》由中国青年出版社出版。

2002年1月至4月，开通网上"李大钊纪念馆"、"贺龙纪念馆"、"东北抗日联军纪念馆"、"淞沪抗战纪念馆"。

4月3日至7日，联合国内200多家网站共同举办首届"网上祭英烈，共铸中华魂"大型网上公祭活动。活动期间，网站访问量达40多万人次。

5月至9月，开通网上"邓小平纪念馆"、"陈毅纪念馆"、"徐向前纪念馆"、"秋瑾纪念馆"、"鲁迅纪念馆"、"焦裕禄纪念馆"、"鸦片战争纪念馆"、"八一南昌起义纪念馆"。

9月，"血铸中华"网站被评为"中国优秀文化网站"。

9月26日至10月8日，联合国内300多家网站举办"向民族英烈献花，述复兴中华之志"网上公益活动。活动期间，网站访问量达90多万人次。

10月至12月，开通网上"彭德怀纪念馆"、"刘伯承纪念馆"、"罗荣桓纪念馆"、"聂荣臻纪念馆"、"叶剑英纪念馆"、"彭真纪念馆"、"阮啸仙纪念馆"、"张学良纪念馆"、"林则徐纪念馆"、"西安事变纪念馆"、"南京大屠杀遇难同胞纪念馆"。

12月，举办网上"一二·九"运动知识竞赛。

共青团县县上网工程

“共青团县县上网工程”是共青团组织贯彻落实中央关于加快国民经济和社会信息化的有关精神，积极推进共青团信息化建设，构建共青团组织和青少年工作信息网络体系的基础性工程。工程的目标是，通过“东西互助”等形式，使全国所有县级以上团委均配置有可以接入互联网的计算机，基本实现“县县上网、全团互联”；建设共青团公共信息平台，形成联接全团的网上信息沟通渠道，实现网上信息交换、信息发布；在团干部中普及信息技术知识，培养一批既掌握网络技术知识、又熟悉团务的人才；以工程建设和人才培养为基础，构建“电子团务”系统。

“共青团县县上网工程” 于 2001 年下半年启动，2002 年年初，书记处提出以“东西互助”为起点的工作思路，帮助中、西部地区部分有困难的县级团组织配置计算机及相关设备。

1 月 22 至 23 日，共青团县县上网工程“东西互助”协调会在京举行，北京、天津、山东、浙江、江苏、上海、福建、广东等东部地区的团组织和中央国家机关团工委、中央金融团工委、中央企业团工委、全国青联秘书处、中国青年企业家协会负责同志参加了协调会，

3 月 27 日，团中央专门召开了共青团县县上网工程电视电话会议，团中央书记处第一书记周强同志在会上做了重要讲话，常务书记孙金龙同志部署了工作。电视电话会议召开后，各省级团委积极贯彻落实会议精神，陆续成立了专门的信息化工作领导小组或“工程”建设领导及实施机构，召开了专门的信息化建设会议，结合本地实际制定了切实可行的实施意见或工作方案，部署了本地的实施目标和具体要求。

4 月 18 日至 22 日，在京举办第一期“共青团县县上网工程骨干培训班”，针对各省级团委及重点城市（区、县）团委办公室系统骨干人员开展网络实务培训。来自全国各地的 61 名团干部参加了培训班的学习，之后，各省级团委积极组织培训工作，先后举办了各种类型的培训班和讲座，分期分批地对基层各级团干部就计算机和网络应用技术进行培训。通过培训，各级团干部进一步提高了对推进团的信息化建设的认识，应用计算机和网络的能力有一定程度的提高，为掌握和熟练使用互联网、计算机局域网打下基础。

通过开展“东西互助”工作，在东部发达地区团组织及相关单位和社会有关方面的支持下，筹集 1000 余套设备，帮助西部和中部一些地区部分有一定困难的县团委配置计算机及相关设备。截至 2002 年底，全国所有县级以上团委（包括大型企业、高校团委）均配备有至少 1 台上网用计算机设备，顺利完成一期工程建设目标。

创建“五四红旗团委”活动

创建“五四红旗团委”活动，是新形势下全面推进团的基层组织建设、活跃基层团的工作的重要载体和有形手段。创建“五四红旗团委”活动以邓小平理论和“三个代表”重要思想为指导，坚持党建带团建，以竭诚服务青年为突破口，坚持以服务促建设，以服务求活跃；坚持用改革的精神研究新情况，解决新问题，积极探索适应社会主义市场经济体制下的组织机制和运行方式；坚持以加强基层团组织建设为重点，通过强化基层团委建设带动团支部建设，推动团县（市、区）委建设，促进基层团的建设和团的工作全面活跃。

1998 年起，团中央在全国基层团组织中部署开展创建“五四红旗团委”活动。按照“班子建设好、主题活动好、支部建设好、活动阵地建设好”的“四好”标准，制定了企事业、农村、学校、社区“全国五四红旗团委”标准，印发了开展创建“五四红旗团委”活动的方案，制定了“全国五四红旗团委”及组织奖评选表彰办法。创建活动在全国企业、农村、机关、学校、科研院所、街道等各条战线的基层团委中广泛开展。各省级团委按照“立足基层，重在创建，加大力度，形成声势，务求实效”的工作要求，层层确定创建单位，逐步形成了“逐级申报，差额评选，有效期限，滚动发展”的工作机制。

2001 年，为进一步深化创建“五四红旗团委”活动，按照“形成新机制，抓好新载体，实现新发展”的目标，开展争创“全国团建先进县（市）”活动和创建“五四红旗团支部”活动，依托这两个新载体，使创建工作向县、村两级延伸，配合农村基层党建“三级联创”，推动县、乡、村团组织建设整体活跃。

创建“五四红旗团委”活动开展以来，各级团的领导机关高度重视，加强领导，认真部署，精心实施，推动创建活动不断深入发展。一是加强领导，整体推进。团中央先后通过共青团全国省（区、市）委组织部长会议、全国创建“青年文明社区”活动暨社区团建现场推进会、全国基层党建带团建工作会议，对创建工作进行安排和推动精心组织。各级团的领导机关调整或成立团的基层组织建设领导小组等机构，结合实际制定了工作方案，做到书记亲自抓，有关部门协调配合，形成了齐抓共管的工作局面。二是突出创建重点，提高团建整体水平。突出抓好以下几个方面：抓重点项目，通过大力推行基层团组织按期集中换届，进一步加强团的基层领导班子建设；抓主体工作，在农村实行“强乡带村”，在城市重点加强社区团建工作，以创新求巩固，以创新求提高；抓主题活动，围绕团中央开展的各项重点工作，突出行业特点，充分发挥团组织在中国特色社会主义建设中的生力军作用；抓服务载体，充分利用社会资源，通过建立各类青年学习教育、文娱体育的阵地或基地，兴办服务项目，建立组织和实体，使基层团的工作更加有形有效。三是重点培养工作骨干。通过举办基层团建培训班，对全国“五四红旗团委”创建单位的团委书记培训了一遍，大大提高了创建单位团干部的素质。四是加强宣传指导。编印了《基层团委工作手册（试行）》、《基层团支部工作手册（试行）》和《创建“五四红旗团委”活动精粹》，并通过《共青团基层组织建设简报》总结交流各地的典型经验和好的做法。五是评选表彰，形成导向。

创建“五四红旗团委”活动自开展以来，得到了各地党政领导的重视和支持，受到各级团

组织和广大团员青年的普遍欢迎。通过深入开展创建活动，加大了团的领导机关抓好基层团委建设的工作力度，充分调动和发挥了基层团委加强自身建设、发挥主体作用的积极性和创造性，促进了基层团的建设和团的工作全面活跃。目前，全国“五四红旗团委”创建单位通过滚动式发展，共确定了4024个，创建活动形成了整体推进的良好态势。

党建带团建工作

坚持党建带团建，是加强和改进团的建设的根本要求。近年来，各地从实际出发，逐步形成了党建带团建较为完整的做法，积累了丰富的经验。党建带团建成为新形势下加强基层团的建设、增强团组织生机和活力的重要途径和基本经验。

2000年8月，中共中央组织部、共青团中央联合召开了全国基层党建带团建工作会议，中组部副部长虞云耀、团中央书记处第一书记周强出席会议并讲话。会议总结交流了各地基层党建带团建工作的基本经验，进一步明确了基层党建带团建工作的思路、目标和措施，研究部署了此后一个时期的基层党建带团建工作。

基层党建带团建工作会议的召开，对于优化共青团的外部工作环境，进一步加强团的组织建设特别是团的基层组织建设，充分发挥共青团组织团结、教育、带领青年在建设有中国特色社会主义事业中发挥生力军作用，起到了十分重要的推动作用。会议的召开，标志着全国基层党建带团建工作进入了一个新的发展阶段。

全国基层党建带团建工作会议召开后，各地团组织认真贯彻落实会议精神，从加强领导、优化外部工作环境、建立健全工作机制等方面入手，切实加强团的自身建设，党建带团建工作初步形成了良好的发展态势。

1. 党建带团建工作得到了各级党组织的高度重视。目前，全国31个省(区、市)都已下发了党建带团建有关文件，并召开专门会议研究部署党建带团建工作。很多省市成立了工作领导小组，建立了由党委组织部门牵头的基层党建带团建工作联席会议。有些地方明确提出：党委分管领导亲自主持研究党建带团建工作的专题会议每年不得少于两次。

2. 各地普遍建立了党建带团建的工作制度。各地结合本地实际，建立起把团的基层建设纳入党的建设整体格局的工作机制。一是建立党建带团建工作目标责任制度。许多地方明确规定，基层党组织主要负责人是基层党建带团建工作第一负责人，分管共青团工作的负责人负直接责任，并把这项工作的好坏作为考核其政绩的一个重要方面。二是建立党建带团建工作检查考核制度。把基层团建工作作为检查考核基层党建工作的重要内容，确定相应的检查考核分值；在开展基层党建带团建工作检查考核时，党委组织部门会同团组织一同进行。

3. 探索形成了一些党建带团建工作的有效载体。各地结合自身实际，积极探索党建带团建工作的有效载体。一些地方从“推优”入手，把“推优”工作作为发展党员的一项重要的基础性工作来抓，使党员队伍和团员队伍建设有机衔接起来。一些地方从培养入手，强化基层团干部的教育培养和配备管理，加大选拔培

养力度，使基层团的岗位成为培养锻炼基层党的后备干部的重要岗位，使团的干部队伍成为党的干部队伍重要组成部分。一些地方把农村党建“三级联创”和城市创“五好”党组织活动与共青团创建“五四红旗团委”活动有效整合，充分发挥基层团组织的作用。一些地方把推进基层党团组织同期集中换届作为突破口，使基层团干部队伍建设得到加强。

4. 基层团组织的工作条件得到进一步优化。许多地方的党组织在加强基层党建带团建工作中，就团组织的工作经费和活动阵地建设等做出了专门规定。一些地方对于团的专项活动，实行专项拨款，积极支持基层团组织兴建青少年活动中心、青少年科技图书站、青年之家等活动阵地。

几年来的实践证明，坚持党建带团建，把基层团组织建设纳入基层党组织建设的整体格局，形成全党抓基层组织建设的良好环境和氛围，有利于保证团的建设的正确方向，切实增强基层团组织的内在活力，使团组织作为党组织的助手和后备军作用得到充分发挥。同时，基层党组织在抓基层团组织建设中，也促进了自身建设。据统计，近年来每年发展的新党员中，由团组织推荐的优秀团员占30%，并且呈逐年增多的趋势。这对党员队伍改善结构、增强活力、提高素质，起到了积极作用。

非公有制经济组织团建工作

改革开放以来，我国非公有制经济从无到有，从弱到强，迅速发展，成为我国国民经济发展的重要力量。作为先进青年的群众组织，共青团必须按照党的要求，把加强非公有制经济组织团的建设作为一项紧迫的战略任务抓紧抓好，以扩大团的工作在非公有制经济组织青年中的覆盖面，更好地教育、引导和服务青年，巩固党的青年群众基础，更好地促进非公有制经济健康发展。

2001年6月，团中央在浙江省温州市召开了全国非公有制经济组织团建工作现场推进会。团中央书记处第一书记周强、团中央书记处书记崔波出席会议并作重要讲话。会议对此后一个时期全团加强非公有制经济组织团建工作进行了研究部署，并制定下发了《共青团中央关于加强非公有制经济组织团的建设的意见》（中青发［2001］19号）。《意见》明确了非公有制经济组织团的建设的指导思想、基本原则、总体目标和主要任务，是新时期指导非公有制经济组织团建工作的重要文件。

全国非公有制经济组织团建工作现场推进会后，各省级团委认真贯彻落实会议精神，加强领导，明确职责分工，制定政策措施，突出工作重点，形成了层层抓非公团建、级级促工作落实的良好工作态势。各地团组织在工作实践中探索出了独立建团、联合建团、依托建团、公寓建团、社区建团等非公有制经济组织建团方式，在非公有制经济组织团组织的隶属关系、活动方式以及加强团干部队伍、团员队伍建设、创新团的组织生活制度等方面进行了大胆创新和有益尝试。

目前，非公有制经济组织团的建设取得了可喜成果。一是团组织对非公有制经济领域团员青年的组织覆盖和工作覆盖进一步扩大。各地在抓好非公有制经济组织中团组织的组

建工作的同时，积极开展适合非公有制经济组织实际和青年特点的活动，逐步消灭空白点，做到“哪里有团员，哪里就有团的组织；哪里有青年，哪里就有团的活动”，进一步夯实了团的组织基础和工作基础。截至2003年底，全国已有12.9万个非公有制经济组织建立团组织，占应独立建团的非公有制经济组织的56.3%。其中，独立建团的私营经济组织7.7万个，独立建团的外商投资经济组织有1.3万个，独立建团的港澳台投资企业0.6万个。二是切实增强了非公有制经济组织团组织的内在活力。各级团组织按照有利于加强党对非公有制经济组织团的工作的领导，有利于团组织加强对团员青年的教育和引导，有利于非公有制经济组织健康发展，有利于团组织加强自身建设的要求，不断加大非公有制经济组织工作力度，切实提高非公有制经济组织团组织的自身运转能力，增强了内在活力。三是建立和完善了非公有制经济组织团建工作运行机制。各地积极探索非公有制经济组织团的组织体系建设的新方式，探索非公有制经济组织团员队伍和团干部队伍建设的新机制，逐步建立起符合非公有制经济组织特点、充满生机与活力的工作运行机制。

团建创新试点工作

团建创新是团组织对变化着的内外环境的主动适应、自我完善、自觉提高，其根本目标在于增强团组织的内在活力。1998年底，团中央在全团部署开展团建创新试点工作。

团建创新试点的工作方向是，分析研究市场经济条件下基层团组织建设面临的新情况、新问题，总结加强基层团组织建设、活跃基层团的工作的新经验，积极探索适应发展社会主义市场经济新形势的组织机制和运行方式，努力把团的基层组织建设成为先进作用突出，群众基础巩固，运行方式有效，具有吸引力、凝聚力和战斗力的坚强集体。

1998年12月，团中央组织部下发了《关于开展团建创新试点工作的通知》，就1999年团建创新试点工作进行了部署，从各省级团委申报的91个团建创新试点候选单位中，层层筛选，反复比较，严格审定，按照农村、社区、企事业、学校四种类型，精心确定了25个试点单位。

2000年9月，在各地申报的55个团建创新试点候选单位的基础上，团中央确定了团河南驻马店市委等27个单位为第二批全国团建创新试点单位，试点方向涉及推进团的基层民主建设等13个方面的内容。

2001年团建创新试点工作，把推动团的基层组织制度创新和加强团员意识教育作为重点，确定了第三批全团团建创新试点单位25个。进一步建立健全机关有关战线部门齐抓共管基层团的建设，尤其是非公有制经济组织团的建设的工作机制，加大工作宣传和指导力度，推动团建创新试点工作在面上进一步展开，在基层进一步深化。

几年来，团建创新试点工作在全国农村、城市社区、企事业和学校等单位全面展开，试点方向涉及基层组织设置、团干部选拔配备、团员管理、团员意识教育、团务管理、完善团内组织生活制度、增强团组织的服务功能、推进基层团的民主建设等多方面的内容。自试点工作开展以来，为推动团建创新试点工作深入

开展，以团的组织设置方式创新、组织管理方式创新和组织运行机制创新为重点，于2000年11月中旬在深圳召开了全国团建创新试点工作现场研讨推进会，总结交流全国团建创新试点单位的创新成果；对全国团建创新试点单位分战线、分专题进行了检查考核，系统总结各单位在团的组织设置、组织管理模式和工作运行机制等方面的成功做法；在基层团组织中试行团日活动制度、重温入团誓词制度、规范团的活动仪式等三项团的组织制度，试行《基层团委工作手册》和《团支部（总支）工作手册》；举办全国基层团建创新工作培训班；对团建创新工作进行专题调研等形式，使团建创新工作在面上不断扩展，在点上不断深化。

经过几年的实践，创新思想逐渐深入人心，各级团组织遵循有利于党组织加强对共青团的领导，有利于发挥团组织在两个文明建设中的积极作用，有利于团组织服务青年成长成才，有利于增强团组织的内在活力的基本原则，对团的组织方式、活动方式、发挥作用方式、工作推进方式、资源获取方式等方面进行了积极的探索，取得了一批创新成果。如通过调整和完善团的基层组织设置，进一步扩大了团组织对青年的有效覆盖；通过探索流动团员的管理，减少了团员的流失，使全国团员总数保持基本稳定；通过积极探索团干部培养选拔方式，进一步优化了团干部队伍；通过建立和完善党建带团建的工作机制，不断优化了基层共青团工作的外部环境。这些创新成果对团的建设起到了重要推动作用。

团干部321培训计划

1999年1月，团中央下发通知（中青发［1999］2号），决定自1999年起在全团实施“团干部321培训计划”，即用三年时间，力争使共青团21万专职团干部普遍接受一次培训。

“团干部321培训计划”旨在根据《中共中央关于在全党深入学习邓小平理论的通知》的精神要求，从团的工作现实需要和团干部的长远发展出发，进一步深入贯彻落实《1996—2000年全国干部教育培训规划》的总体部署，为广大团干部成长为坚持走有中国特色社会主义道路，全心全意为人民服务，德才兼备，既能从事青少年工作，又能适应社会主义现代化建设跨世纪发展需要的复合型人才提供服务。通过全面调动团的各级组织和广大团干部两方面的积极性，进一步加大团干部培训工作力度，充分发挥团干部教育培训在提高团干部素质方面的重要作用；通过有效依托团内教育培训阵地和广泛借助利用社会各类教育资源以及不断开辟多种教育培训渠道，力争从1999年至2001年，使共青团21万名专职团干部普遍接受一次规范系统的教育培训；通过逐步深化团干部教育培训内容、方式和工作机制等方面的改革，不断健全完善正规化团干部教育培训体系和制度，积极探索独具特色的团干部教育培训工作新路子。

经过各级团组织和团校的共同努力，“团干部321培训计划”进展顺利，各项培训任务圆满完成。1999年至2001年，累计培训团干部27.9万人次，全国专职团干部普遍接受了一次培训，有力地促进了团干部队伍素质的提高，为推动共青团事业发展提供了组织保证和人才支持。

——把理论武装作为团干部教育培训工作的首要任务，有力促进了团干部大兴理论学习之风。把用邓小平理论和“三个代表”重要思想武装团干部作为首要任务，以提高团干部的思想政治素质、政策理论水平和贯彻执行党的基本路线的自觉性为目的，以邓小平理论、“三个代表”重要思想及党和国家有关政策、法律、法规为重点内容，结合团干部理论学习的需要和加强团干部思想作风建设的实际，通过举办专题研讨班、开展学习交流等形式，在团干部中兴起了学习邓小平理论和“三个代表”重要思想的热潮。

——开展以业务知识为主要内容的形式多样的岗位培训，有力推动了共青团工作的发展。适应共青团工作发展的新形势，紧密结合团干部的思想和工作实际以及全团重点工作，举办了党建带团建、创建五四红旗团委、团建创新、青年人力资源开发等专题培训班，帮助团干部不断提高业务素质。适应经济、社会发展需要，开展了社会主义市场经济知识、法律法规知识、现代管理知识、现代科技知识以及计算机网络知识的培训，帮助团干部不断改善知识结构。

——与时俱进，团干部教育培训工作不断创新。各级团组织坚持党建带团建，积极争取将团干部培训纳入党政干部培训规划；运用现代教育培训方法，通过案例教学、拓展训练、实践锻炼等方式，团干部教育培训的质量进一步提高；充分利用社会各类教育培训阵地，逐步建立多渠道的团干部教育培训网络，团干部教育培训途径进一步拓展；积极推行“共青团省（区、市）委团干部教育培训工作年度通报制度”，团干部教育培训的督促检查工作进一步加强。

实践证明，实施“团干部321培训计划”是新时期共青团组织贯彻党中央有关精神，加强自身建设，提高团干部队伍素质的重要措施，是进一步用邓小平理论、“三个代表”重要思想武装团干部、帮助团干部掌握跨世纪发展需要的知识技能和为团干部健康成长服务的有效载体，取得了良好的效果，并为新世纪团干部教育培训工作打下坚实基础。

推荐优秀团员做党的发展对象工作

推荐优秀团员做党的发展对象工作（简称“推优”工作）就是坚持不懈地按照党的要求培养教育团员，推荐他们中的优秀分子让党组织挑选，为党源源不断地输送新鲜血液，保持党的生机与活力。“推优”是党赋予共青团的一项光荣职责，是共青团发挥党的后备军作用的一个重要方面。

“推优”工作是从80年代初开始的。根据党中央的指示，1982年团十一大把“推荐优秀团员做党的发展对象”写入了团章。1986年中组部批转了团中央书记处《关于认真做好推荐优秀团员做党的发展对象工作的报告》，强调各级党组织要把“推优”作为党的工作的一项内容，切实加强领导，“推优”工作在全国普遍开展起来。1992年，中组部、团中央在上海召开全国“推优”工作座谈会，联合下发了《关于进一步做好推荐优秀团员做党的发展对象工作的意见》，明确提出：今后28周岁以下青年入党，一般应从团员中发展；发展团员入党一般应经过团组织推荐。

1995 年初，中组部、团中央在鞍山召开加强在青年中发展党员暨深化“推优”工作座谈会。中组部下发了《关于进一步加强在青年中发展党员工作的意见》，团中央下发了《关于深入开展推荐优秀团员做党的发展对象工作的意见》，明确了共青团进一步做好“推优”工作的总体目标，使“推优”工作真正成为党组织发展青年党员的主要渠道。“推优”工作不断深化，逐步走上制度化、规范化的轨道。2000 年全国基层“党建带团建”工作会议的召开，为“推优”工作的开展创造了良好的环境，使“推优”工作进一步经常化、制度化。“推优”工作已经成为党组织发展青年党员的主要渠道，成为团组织落实“三个代表”重要思想，加强党建带团建工作的有效载体。

几年来,各级党团组织把“推优”工作作为加强党员队伍建设、永葆党的生机与活力的重要任务,作为激发广大团员青年政治热情、增强共青团组织凝聚力的重要途径,作为对团员青年进行理想信念教育的有效载体,高度重视,狠抓落实,“推优”工作不断深入发展,取得明显成效。

1. 各级党团组织高度重视。2000 年全国基层党建带团建工作会议召开后,各地党团组织相继联合召开专门会议,将“推优”工作作为基层“党建带团建”的重要内容进行研究部署,并结合本地区、本单位实际出台了有关文件。中共四川省委组织部、共青团四川省委联合下发文件,把“推优”工作纳入党建目标管理,做到年初有计划,平时有指导,季度有分析,年末有总结。

2. 立足培养，加强教育，夯实“推优”基础。各地在工作中切实加强对团员青年的培养教育，全面提高广大团员青年的思想政治素质，打牢“推优”工作的基础。一些地方通过抓好团员青年的思想政治教育，加强对积极要求入党的优秀团员的重点教育，认真做好对“推优”对象的深化教育，形成了一套完善的“育优”机制。通过对团员青年进行理想信念教育，实行与培养对象定期谈心制度，使他们首先在思想上入党。同时，注重给“推优”对象交任务、压担子，使他们在实践中不断成熟。

3. 坚持标准,严格程序,完善“推优”机制。各级团组织坚持严把推荐关,严格履行“推优”程序,不断建立健全“推优”的有关制度,坚持成熟一个,推荐一个,确保了“推优”的质量。有的地方明确规定了“确定对象——教育培训——跟踪考察——推荐”的一整套“推优”工作程序,建立了“推优”工作目标责任制,要求做到“三个必须”,即必须组织“推优”对象参加业余党校、团校的学习;必须有一名党员联系“推优”对象;必须加强对“推优”对象在实践中锻炼和培养。有的地方对“推优”工作实施了规范化管理,推行了“申请入党团员登记表”、“团员入党积极分子登记表”、“推荐优秀团员做党的发展对象登记表”、“推荐优秀团员入党培养考察档案”和“团委‘推优’工作写实本”等制度,逐步完善目标考核机制,形成了较为完善的“推优”工作机制。

据统计，1998 年至 2002 年，经各级团组织推荐入党的优秀团员为 299. 5 万名，其中 2002 年全国共有 72. 1 万名团员入党，其中 62. 7 万名是经过团组织“推优”入党的，占 87%。

中国青少年新世纪读书计划

1998年12月，团中央以大兴勤奋学习之风、造就一代高素质人才为宗旨，以提高青少年思想道德素质和科学文化素质为目标，发起并实施了中国青少年新世纪读书计划，组织青少年开展丰富多彩的主题读书活动，着力形成良好的读书导向，构建读书网络和阵地，在青少年中营造了读书学习、提高自身素质的良好氛围。

一是围绕全党全国工作大局和经济社会发展热点，开展了一系列有影响的大型主题读书教育活动。围绕庆祝新中国成立50周年，举办了全国青少年新中国50年知识竞赛活动，参赛青少年达20万人；在全国20多个省、市、自治区开展了“50年辉煌，新世纪畅想”青少年读书教育活动。围绕纪念江泽民同志关于发展两岸关系、推进祖国和平统一进程的八项主张发表5周年，2000年开展了“祖国宝岛台湾在我心中”宣传教育活动，近9000万青少年参加了“盼祖国早日统一”签名活动，签名长卷被中国革命博物馆收藏。“祖国宝岛在我心中”知识竞赛活动在广大青少年中掀起了读书热潮。围绕纪念中国共产党成立80周年，举办了“党在我心中”青少年主题读书知识竞赛活动，竞赛回收答题卡达211万份。各地团组织开展了“党在我心中”青少年读书节、读书论坛、党史知识读书教育月等形式多样的读书活动。围绕认真学习宣传贯彻“三个代表”重要思想，举行了全国青年学习“三个代表”重要思想主题读书活动，开展学习《论“三个代表”》读书征文活动，举办专题报告会、主题读书论坛、读书会、研讨会、座谈会、知识竞赛、演讲比赛等读书交流活动，有效引导了青年理论学习的不断深入。围绕引导青年学习新知识、新科技、新技术，举办了“IT知识学习月”、青少年计算机DIY方案大赛、中国青年网络英语竞赛等活动，掀起了学习新知识、新科技、新技术的热潮。围绕学习《公民道德建设实施纲要》，举办了“中国青年人生新格言创作大赛”，收到来稿23690件。与中央电视台联合举办了首届全国青年世纪风采电视大赛，吸引了全国各地机关、企业、部队和高等院校的近20万青年报名参加。

二是着力形成良好的青少年读书导向，引导青少年多读书、读好书。推出了中国青少年新世纪读书计划“优秀图书推荐榜”，聘请中央有关部委有关方面负责同志、著名专家学者和中央主要新闻单位负责同志等组成评审委员会，定期对新书进行认真评审并择优向青少年推荐。优秀图书推荐榜先后推出了26期近千种优秀图书。与新闻出版总署联合开展了在大中城市新华书店创建中国青少年新世纪读书计划精品书架活动，各地有100多家书店设立了精品书架。精品书架展示的都是优秀图书推荐榜推出的图书及其他适合青少年阅读的好书，为青少年购书、读书提供了方便。

三是积极构建读书网络和阵地依托，努力为青少年读书学习提供扎实有效的服务。依托青少年宫、青少年活动中心等团内阵地、新华书店、民营书店、文化公司等社会力量以及社区、乡镇文化科技阵地等创建青少年新世纪读书俱乐部、新世纪书屋等读书阵地，成立青少年读书协会、读书兴趣小组等读书组织，为青少年提供优惠购书、图书信息咨询、图书借阅以及提供阅读场所等服务，组织青少年开展读书活动。很多地方初步形成了市、县(区)、乡(镇)三级读书组织网络和活动网络。全国

各级各类青少年新世纪读书俱乐部有5.6万多个，各种规模的新世纪书屋6万多个，青少年读书协会1.5万多个，读书组织开展各种读书活动达80多万次，参加青少年愈千万人次。成立了工作网站“中国青少年新世纪读书网”，该网站的日点击量达到30万次。团中央所属的中青网开设了中国青少年新世纪读书计划网页。各地团组织建立了青少年读书网站或开设读书计划专题网页，组织青少年依托互联网开展读书活动。

四是实施青年助学行动，开发青年人力资源。于2001年9月启动青年助学行动，通过高等院校特别是民办高校和中专、技校、职业高中以及社会力量举办的各类实用技能培训机构动员和组织起来，为贫困地区品学兼优、同时又因经济困难无力就学的优秀青年免费或低费提供学习知识、培养技能的机会和条件，开发贫困地区人才资源，推进贫困地区经济、社会的发展。先后有42所民办高等院校和近100所中等职业技术学校加盟，全国有1200多名青年接受青年助学行动帮助在大学校园学习，有超过15万人次的城乡贫困青年、城市下岗青年接受了青年助学行动提供的技能培训。

“千宫百万”行动

“千宫百万”行动从1996年起推出，2001年至今进入深化阶段，旨在充分发挥团属青少年活动阵地在教学设施、场地、人员和资金方面的优势，通过科学的系统规范和权威的项目运作，开展社会需要、青少年欢迎的专项知识技能普及培训活动，为青少年学习新知识、新技能提供切实服务。从2000年起，“千宫百万”行动在内容上、形式上和规模上继续深化和拓展，不断地吸纳新项目，丰富培训内容，已成为一项开放式的创新活动，在全国各级青少年宫中建立起近千所青少年现代知识培训站，为青少年宫事业的发展和青少年的成长成才发挥了更大作用。“千宫百万”行动主要的培训项目有：

计算机普及活动。计算机培训活动分为单项技能普及竞赛和综合能力培训考试两大部分，实行全国统一教学大纲、教材、考试、认证，培训由获得资格的青少年计算机培训站完成。其中，单项技能普及竞赛部分由全国青少年“小能手”系列组成，分为电脑操作小能手、文字处理小能手、图像处理小能手、网上冲浪小能手、程序设计小能手、电脑绘画小能手等10个模块，每个模块都有其独立的教学要求和完善的考试竞赛系统；综合能力培训考试部分分为全国青少年计算机培训等级考试一级和二级。

外语普及活动。开展了英国剑桥少儿英语培训考试工作，推动英语在我国广大少年儿童中的普及运用。

棋类普及活动。全面开展青少年棋院工作，制定规范的业余棋手等级认证办法，编制统一的教学培训教材，举办教师上岗培训班，组织全国性的棋类比赛。

艺术类普及培训活动。在传统培训的基础上，建立全国青少年音乐培训等级考试，实行全国统一教学大纲、教材、考试和认证。

体能测试及健身指导活动。联合国家体育总局科研所，充分发挥青少年活动阵地在

体育设施、场所、人员方面的优势，通过科学的体能测试，指导青少年开展健身运动，并开发出一整套青少年身体健康标准指数及针对性的健身指导措施。建立中国青少年体能监测网，在各地青少年宫设立青少年健康指导站，开展科学的青少年体能监测和健身指导，形成全国第一个中国青少年体能监测网。

创建“青年文化广场”活动

青年文化广场是指利用城镇社区、街道、企业、学校、乡镇的场地优势建立起来的、有一定规模的、开放式的青少年文化活动基地。它的作用是充分发挥青少年活动阵地的辐射功能，广泛开展青少年喜爱的群众文化活动，丰富和繁荣社会文化生活，满足青少年文化需求，弘扬社会文明，引导和推动社会文化的健康发展，优化青少年健康成长的文化环境。它的显著特点是青少年的广泛参与和深厚的群众文化活动基础，使青少年活动阵地的文化教育功能通过“青年文化广场”辐射社会，从而加强对青少年文化活动和青少年文化消费的引导，提高青少年文化活动水平和青少年的文化品位。青年文化广场是共青团组织面向社会建立起来的青少年文化活动阵地，是各级团组织在新时期开展青年文化工作的重要助手。从2001年开始，以建党80周年为契机，各级团组织通过创建“青年文化广场”，广泛开展“党在我心中”系列教育活动，营造隆重、热烈的庆祝氛围，对广大青少年进行生动的爱党、爱国教育，努力把青年文化广场建设成为青少年文化活动的基地、展示才华的舞台和社会主义精神文明建设的窗口。青年文化广场活动的主要内容形式有：

1. 开展群众性歌咏、文艺演出活动。在青年文化广场举行群众性歌咏和文艺演出活动，讴歌共产党好、社会主义好、改革开放好，展示当代青年热爱党、热爱祖国、热爱社会主义和朝气蓬勃、开拓进取的精神风貌。

2. 开展优秀电影展播活动。在有条件的青年文化广场组织放映反映在我党各个历史时期革命斗争、重要活动和优秀人物的优秀影片，同时，通过影评、座谈会等各种形式，充分发挥这些影片的教育作用。

3. 开展改革开放成就展示活动。通过摄影、征文、图片展览等形式，在青年文化广场展示改革开放取得的巨大成就，对青少年进行生动活泼的改革开放教育。

4. 开展书画展示活动。组织青少年进行书画创作，利用青年文化广场进行展示，表达青少年热爱党、跟着党奋勇前进的坚定信心。

5. 开展演讲活动。在组织青少年读书学习、参观革命圣地和改革开放成就展的基础上，在青年文化广场举办演讲活动，歌颂党的丰功伟绩，抒发青少年爱党、爱国、爱社会主义的真挚情怀。

中国青年创业行动

1998年以来，各级团组织根据党和政府的要求，结合共青团工作的特点，在全国范围内组织实施了“中国青年创业行动”，广泛动员、积极帮助广大青年在创业中实现就业和再就业，为配合做好国家就业和再就业工作做出了积极努力。

一是加强观念引导。在青年中普遍开展宣传教育活动，引导青年认清形势，摒弃不合时宜的陈旧观念。弘扬新时期创业精神，帮助青年树立正确的就业观，增强创业的紧迫感和自觉性。

二是开展技能培训。把培训作为一项基础性工作来抓，建立了6830多个形式多样的培训基地（中心、站），对149万多名下岗失业青年进行了实用性、操作性强的就业培训，帮助青年提高从业技能和创业能力。许多地方争取劳动保障部门的支持，将培训与职业技能等级鉴定结合起来，增强了培训的吸引力和有效性。

三是扶持一批青年创业者。着眼于引导青年自主创业，加大了对青年兴业领头人的培养力度。几年来，共扶持44150名青年兴业领头人创办企业并安置下岗失业人员60多万名。

四是提供中介服务。建立了483个青年再就业服务中心或职业介绍所，770多个下岗失业青年再就业市场，举办了3800多场（次）职业介绍（洽谈）活动，为269万多名下岗失业青年提供了就业咨询、职业介绍等服务，帮助20多万名下岗失业青年最终实现再就业。2002年，团中央在北京、辽宁等14个省（市）之间启动“工岗快递”行动，组织引导各级团组织通过定向结对、签订协议、发布信息、提供岗位等手段为择业青年和用工单位牵线搭桥，一次性提供用工岗位10333个。

五是实施就业援助。发动社会力量，通过群体资助、“一助一”等多种形式，广泛开展了以关爱进万家、岗位进万家、政策进万家为主要内容的“真情助困进万家”活动，解决了部分特困下岗失业青年生活难、培训难、就业难的问题，帮助他们树立起生活的信心，焕发再就业的热情。

青年文明号活动

1998年以来，贯彻依法治国和以德治国相结合的基本方略，按照公民道德建设实施纲要的有关要求，紧扣党政大局和社会热点开拓新思路，寻找新载体，力求新突破，充分发挥青年文明号集体在建设社会主义物质文明和精神文明中的积极作用。

一是开展形式多样的主题活动。围绕整顿和规范市场经济秩序工作要求，把“青年文明号信用建设示范行动”作为深化青年文明号活动的突破口。联合国家经贸委、中央金融工

委、铁道部、交通部、国家工商行政管理总局、中国民航总局下发了《关于在全国青年职工中实施“青年文明号信用建设示范行动”的通知》，在工业生产领域、商贸流通领域以及金融、铁道、交通、工商、民航等行业的青年集体中以“信用第一、信誉至上”为主题口号，广泛实施了“青年文明号信用建设示范行动”，组织动员11万多个青年文明号集体开展信用教育，规范信用行为，公开信用承诺，加强信用监督，发挥信用示范作用，推动社会信用体系的建立，为市场秩序的综合治理和市场经济的健康发展做贡献。根据中宣部等部门《关于开展“百城万店无假货”活动的通知》的有关要求，动员和组织商业（服务）企业青年文明号集体及争创集体，以“真品真货，真心真情”为主题开展了“百城万店青年文明号促销创效”活动，围绕弘扬诚实守信的职业道德，强化优质服务，开展打假活动，推出特色服务，创新促销方式，促进企业两个文明建设。全国5万多个商贸行业青年文明号集体和争创集体参与了活动，为近100万消费者提供了购物、咨询和回访服务。联合建设部、铁道部、交通部、中国民航总局、国家旅游局、国家内贸局、中华全国供销合作总社等部门在全国范围内开展了“青年文明号优质服务促假日经济”活动。各地以组建青年文明号服务小分队、宣传小分队和成立青年文明号服务站等多种方式，动员上万名青年通过公布服务承诺、创新服务方式、优化服务环境、构建服务网络等切实举措在节假日期间掀起优质服务、促销创效的新热潮，促进群众节假日消费，为拉动国内有效需求、推动国民经济发展做出贡献。

二是发挥青年文明号在强化企业基础管理中的积极作用。围绕提高企业核心竞争力，以号、手联动为形式，以科学管理为手段，以创新为导向，在企业开展青年文明号生产线创建工作，优化企业基层管理单元。各地根据企业岗位经济目标责任制的总体要求制定创建标准，细化行业规范，并将总体目标进行分解，细化到每个班组和个人，实现了管理的具体化和人格化；在班组、柜组、车间之间广泛开展劳动竞赛，将质量、成本、效益等指标落实到每个成员，坚持动态考核与静态考核相结合，强化过程控制，使青年文明号创建过程成为优化企业基层管理单元的过程；把青年文明号活动与青年创新创效活动紧密结合起来，引导青年文明号集体探索适应企业自身特点的管理模式、管理方法、管理手段，使青年文明号成为了企业管理创新的一种模式。

三是扩大青年文明号活动的创建规模。在抓好窗口行业的基础上，积极向重点工程、党政群机关和工业企业等领域拓展，进一步扩大了青年文明号活动的覆盖面，取得了显著的规模效应。各地团组织与有关行业部门紧密配合，积极开辟工作新领域，使活动向小城镇、外商投资企业、民营企业、中小学教师群体等领域拓展，形成了创建工作的新热点。据统计，截至2002年，团中央共联合原中央金融工委、原中央企业工委、原国家计委、原国家经贸委、公安部、建设部、铁道部、交通部、信息产业部、水利部、卫生部、国家税务总局、中国民用航空总局、国家工商行政管理总局、国家质检总局、国家旅游局、国家海洋局、国家电网公司、中国石油天然气集团公司、中国石化集团公司、中华全国供销合作总社、中国个体劳动者协会等部门开展了青年文明号活动。

四是选树一批青年文明号典型。为贯彻落实中央思想政治工作会议精神，进一步加强和改进青年思想政治工作，团中央召开了“青年文明号集体加强青年思想政治工作经验交流会”，交流了中国工商银行山东省济南市大观园储蓄所等青年集体如何以青年文明号活动为重要载体，大力加强青年思想政治工作的经验。推出塔里木油田塔中作业区青年文明号集体，被中宣部确定为中央思想政治工作会议召开前宣传的全国4个重大典型之一，在

《人民日报》头版头条、中央电视台《新闻联播》及其他报刊上进行了重点报道。推出沈阳商业城皮鞋二商场这个讲诚信的青年文明号集体典型，被中宣部确定为实践《公民道德建设实施纲要》的重大典型，并组织中央电视台等十五家中央媒体进行了现场采访和集中宣传。为树立一批高标准的全国青年文明号先进典型，激励更多的青年文明号集体向先进学习，向高标准看齐，在比学赶超中推动青年文明号活动不断上台阶、上水平，联合国家20个部委开展了首届“全国杰出青年文明号”评选表彰活动，命名了北京西单商场股份有限公司男装服饰组等37个青年文明号集体为首届“全国杰出青年文明号”。

五是完善青年文明号活动的管理机制。为完善青年文明号的评选机制，加强对青年文明号的监督管理，2001年年初，组委会下发了《关于实行全国青年文明号公示制的意见》，决定从2001年起对全国级青年文明号的评选实行公示，以增强青年文明号评选工作的透明度，提高青年文明号评选工作的科学性。每年，全国青年文明号活动组委会都将所有申报全国青年文明号的单位集中在《中国青年报》、中青网上公布，公开接受社会监督。所有申报单位也都在工作场所醒目位置张贴了公示，主动接受基层群众监督。“3·15”期间，通过开通“全国青年文明号监督投诉网站”，在各大新闻媒体公布网址和投诉信箱，开展“青年文明号社会监督日”活动，派工作人员在现场受理群众投诉等途径，加强对青年文明号的监督管理。

青年创新创效活动

为了激发广大青年的创新热情，充分发挥青年职工在企业创新中的生力军和突击队作用，共青团中央联合原国家经贸委、国家知识产权局、中国科协在全国企业青年职工中开展了青年创新创效活动。1999年6月，活动主办单位在山东齐鲁石化公司召开了全国青年创新创效活动现场启动大会，明确提出要把这项活动作为全团工作的一个重点，作为企业共青团工作的重中之重，切实抓紧抓好。铁道部、中央企业工委、科技部、国家冶金工业局、国家电力公司等11个部门先后下发文件开展活动，铁道、冶金、电力、石油、石化、国家级经济技术开发区等系统专门召开了行业青年创新创效活动启动大会。活动开展一年后，活动主办单位在重庆长安汽车公司召开了全国青年创新创效活动推进大会，总结活动取得的阶段性成果，提出推进活动要把握两个立足点，即立足于“推动企业提供创新型产品（服务），推动企业青工开展创造性劳动”。2002年7月，活动主办单位在长春一汽集团公司召开了全国青年创新创效典型推介会议，推广“项目制”、“手册制”、创新创效大赛等推进青年创新创效活动的有形载体，研究全面深化青年创新创效活动的措施，提出了以开发青年职工人力资源为着力点，全面深化活动的工作思路。

四年来，各地、各行业、各企业高度重视，精心组织，扎实推进青年创新创效活动蓬勃开展，取得了显著成效。青年创新创效活动已经成为共青团组织服务企业改革和发展的有效载体，成为引导青年职工成长成才的重要途径。一是创新创效活动增强了青年职工的创

新意识。各级团组织通过强化创新宣传、开展创新教育、组织创新研讨、树立创新典型等方式，帮助广大青年职工增强创新意识，树立“时时可创新、处处可创新、人人能创新”的观念，引导他们以振兴企业为己任，积极争当本岗位、本工种的创新能手，使学习、创新、建功、成才成为他们立足岗位的自觉实践和人生追求。团中央青工部以《全团要讯》、《中国共青团》、《青工工作动态》等团内刊物和中央有关新闻媒体为阵地，广泛宣传活动的目的和意义，并通过举办“应对入世：青年创新素质与企业竞争力”研讨活动、专门培训班、评选表彰全国青年创新创效先进集体和个人等方式，引导广大青年职工立足岗位、积极开展创造性劳动。二是创新创效活动提高了青年职工的创新能力。各级团组织适应现代企业生产经营和市场竞争的要求，针对不同条件青年职工群体的不同需求，通过组织新知识新技能培训、开展岗位训练、举办学术讲座、进行课题研讨等方式，着力优化青年职工知识技能结构，有效增强了青年职工的创新能力。1999 年 10 月，团中央联合原国家经贸委、信息产业部举办了由网页设计大赛、企业电子商务应用成果评选、“21 世纪青年与互联网”辩论赛、企业电子商务论坛、青年职工互联网络应用及企业信息化建设状况调查、“新世纪 · 青年职工 · 互联网”主题征文比赛等内容组成的全国青年职工互联网络应用大赛，掀起了青年职工学习新知识、新技能的热潮。三是创新创效活动推进了青年职工的创新实践。各级团组织通过实施“项目制”、“手册制”，举办创新创效大赛等方式，动员和组织广大青年职工结合企业生产、经营实际，围绕技术、管理、营销、服务等方面开展创新活动，掀起了群众性创新实践的热潮，促进青年职工在投身企业创新实践的过程中发挥推动企业改革和发展的生力军作用。团中央于 2001 年 4 月下发了《关于深化全国青年创新创效活动的实施意见》，提出大力实施青年项目负责制，组织青年职工以项目攻关的方式投身企业创新实践，并联合有关部门先后举办了全国大城市青年创新创效成果大赛和全国青年创新创效大赛，为广大青年职工提供了施展创新才华的舞台，激励和引导青年职工勇于投身创新实践、多出创新成果。四是创新创效活动优化了青年职工的创新环境。各级团组织在开展青年创新创效活动中，通过加强组织领导、提供政策支持、强化阵地依托、规范考核评价、建立支持体系、完善绩效激励、营造创新氛围、建设创新文化，优化了青年职工的创新环境，为青年创新人才和创新成果脱颖而出创造了良好条件。团中央联合原国家经贸委、国家知识产权局、中国科协成立了全国青年创新创效活动领导小组，为活动在全国范围的开展提供了强有力的组织保障。各省(区、市)均下发了活动文件，成立组织领导机构，加强工作指导。

青年创新创新效活动产生了大量青年创新成果，带来了显著的经济效益。据评估，全国青年创新创效活动共产生各类成果 6 万多项，许多企业达到了青年职工人均创效 1000 元的目标。广大青年职工以活动为舞台，施展才华，建功立业，开辟了个人进步和事业发展的新天地。青年创新创效活动准确把握了企业团的工作规律，体现出了很强的时代生命力，奏响了企业共青团工作的跨世纪发展乐章。

青年岗位能手活动

青年岗位能手活动是共青团组织实施的“跨世纪青年人才工程”的基础项目,其目的在于动员组织广大企业青年职工立足岗位、学练技能,成长成才,为推动企业的改革和发展提供人才支持,奠定人的素质基础。1994 年,团中央、原国家经贸委、劳动和社会保障部联合发文,启动实施了这项活动,并从 1995 年开始每年评选表彰一批全国杰出青年岗位能手和青年岗位能手。至 2002 年,评选活动共开展了 9 届(表彰名单见《团中央文件汇编》),共评出全国杰出青年岗位能手 90 多名,全国青年岗位能手 900 多名。青年岗位能手活动营造了崇尚技术、创新成才的良好社会氛围,形成了积极的社会导向,受到了社会各界的广泛认同。主要做法有以下几个方面:一是大力树立先进典型。团中央联合国家经贸委、劳动和社会保障部从 1995 年始每年命名表彰全国杰出青年岗位能手和全国青年岗位能手,树立了先进典型,浓厚了活动氛围,形成了青年职工立足本职岗位、积极学习技术的导向。二是抓好工作指导。在深入调研的基础上,指导各地各企业结合实际,广泛开展了“青工技能月”、导师带徒、推广先进操作法等内容丰富、形式多样的主题活动,形成了蓬勃发展的工作局面。指导各地各企业以普及互联网知识和技术为切入点,加强新技术、新技能培训,促进青年职工整体素质的提高。三是突出青年岗位能手在企业安全生产中的示范作用。在青年岗位能手的培训、考核、评价过程中突出安全生产的内容,加强青年职工的安全生产培训,不断提高青年职工的安全生产技能,充分发挥青年岗位能手在企业安全生产中的示范作用。先后联合国家安全生产监督管理局开展了评选“全国青年安全生产示范岗”活动,提高了广大青工的安全生产意识和安全生产技能。

“扶持千名青年兴业领头人”活动

为了配合党和政府实施再就业工程,1998 年,中国青年企业家协会开展了“扶持千名青年兴业领头人”活动。活动的目的是,发挥青年企业家协会的优势,帮助那些有理想、有一定文化基础的下岗青工通过发展第三产业,走上创业之路。活动采用一名青年企业家与一名青年兴业领头人结对方式,通过资金、技术、信息等扶持,帮助一批下岗青工、失业青年和其他有志创业的青年创办直接为社会服务的小企业,引导更多的青年通过创业实现再就业。

“青年企业家西部行”活动

为了配合实施西部大开发战略，动员引导广大青年企业家为西部大开发做贡献，2000 年 3 月，共青团中央、中国青年企业家协会组织开展“青年企业家西部行”活动。“青年企业家西部行”活动的总体思路是，以服务西部大开发、服务青年企业家事业发展为目标，以考察交流、经贸协作、投资开发为手段，遵循市场经济规律，动员和组织青年企业家认识西部、了解西部，走进西部、服务西部，融入西部、建设西部，为西部的发展繁荣贡献力量，为青年企业家的事业发展搭建舞台。根据活动的总体要求，结合西部地区的实际，中青企协采取了有效的工作措施。一是组织开展经贸考察活动。几年来，中青企协先后组织了大规模的“青年企业家西部行经贸考察团”，分赴宁夏、内蒙古、广西、陕西、新疆等地进行经贸考察，同时，组织小规模的经贸考察团，积极参与“广西百企入桂”等地方政府组织的招商引资活动。据统计，共有 1000 余人次青年企业家（以东部地区为主）参与。活动期间，青年企业家着重考察了当地资源开发、生态建设、国企改革、民营企业发展和投资环境等状况，与经济主管部门和企业进行了深入的洽谈。在各级党政领导的重视支持下，在各级共青团和青企协组织的积极努力下，在广大青年企业家的踊跃参与下，活动深入开展，取得了明显成效，产生了良好的社会反响。二是服务西部地区生态环境建设和基础教育事业。在“西部行”活动中，先后动员青年企业家在陕西延安捐建了 1 万亩“中国青年企业家世纪林”，在新疆捐建了 6 所希望小学，为青海基层团组织实施“县县上网工程”捐助了 100 台电脑。三是加强西部地区青年企业家能力建设。在举办企业管理培训班、开展在职学历教育、组织境外考察中，重点向西部地区青年企业家倾斜，提高了他们的综合素质，从而为西部地区经济社会发展提供了人才保障。

创建“青年安全生产示范岗”活动

2001 年 4 月，共青团中央、国家安全生产监督管理局联合在全国企业中开展创建“青年安全生产示范岗”活动，提出了“安全生产、青年当先”的主题口号。“青年安全生产示范岗”创建活动开展以来，全国各地区、各行业企业团组织根据活动的要求，紧密结合实际，制定创建规划，完善创建措施，围绕强化青工安全生产意识，提高青工安全生产技能，加强企业安全生产管理，做了大量工作。活动深入基层，扎实开展，1000 多万各行业、各工种青年职工参加到活动中来，“青年安全生产示范岗”正成为企业安全生产中的一道风景。主要做法有以下两个方面：一是评选表彰“全国青年安全生产示范岗”。为表彰创建“青年安全生产示范岗”活动中涌现出来的先进典型，共青团中央联合国家安全生产监督管理局评选出首

批“全国青年安全生产示范岗”（表彰名单见《团中央文件汇编》），100个单位被授予“全国青年安全生产示范岗”称号，激励号召广大青年职工参与到活动中来，认真落实企业安全生产责任制，强化安全生产意识，促进安全生产管理，在企业安全生产中发挥生力军作用。二是联合举办矿山救援技术比武活动。煤炭矿山系统安全事故频发、救援救护工作责任重大。团中央与国家安全生产监督管理局等单位联合在煤炭矿山系统广泛开展矿山救援技能比武活动，并对活动中涌现出来的青年典型授予各级的青年岗位能手称号，极大地激发了青年职工学技成才的积极性。三是召开“青年职工与企业安全生产”座谈会。为了总结交流企业开展创建“青年安全生产示范岗”活动的好做法、好经验，表彰活动中涌现出来的先进典型，进一步统一企业团干部的思想认识，2002年8月，共青团中央、国家安全生产监督管理局联合召开“青年职工与企业安全生产”座谈会，来自全国不同战线和企业的部分企业党政领导、团委书记、一线青工参加会议，团中央书记处和国家安全生产监督管理局有关负责同志出席会议并讲话。座谈会统一了各级团组织的思想，明确了工作思路，为动员更多的青年职工参与企业安全生产起了积极的推动作用。另外，几年来，共青团中央作为主办单位之一，与中宣部、国家安全生产监督管理局等部门联合开展“安全生产万里行”、“全国安全生产月”等活动，积极为国家安全生产工作做贡献。

共青团服务万村行动

1995年4月，为了进一步贯彻落实《中共中央关于加强农村基层组织建设的通知》和中央农村工作会议精神，使农村基层团组织在服务党的农村工作大局中，走出以服务促建设、以服务求活跃的新路，更好地发挥团组织在推动农村改革深化、经济发展和社会进步中的积极作用，团中央决定，从现在起到本世纪末，在全国农村基层团组织中实施“共青团服务万村脱贫致富奔小康行动”（简称“服务万村行动”）。

“服务万村行动”以党的十四届四中全会和中央农村工作会议精神为指导，把加强农村基层团组织建设与服务农村经济全面发展、服务农村青年致富成才有机结合起来，以加强农村基层团组织建设和促进农村脱贫致富奔小康为目标，以兴办服务项目和实体为突破口，立足于调动和发挥基层团组织和团员青年的积极性，广泛动员和依靠社会力量，通过团的中央和地方各级领导机关以各种形式联系上万个农村团组织（1995年先期启动1000个示范村），取得经验和成果，辐射和带动全国百万农村团组织，逐步建立农村青年服务体系，全面活跃农村基层团的工作。

实施“服务万村行动”，是共青团服务党在农村中心工作的重要举措，是共青团发挥组织优势，动员和依靠社会力量，共同支援农村发展的积极探索，建设青年服务体系，加强农村基层团组织建设的具体实践，是落实党中央关于领导机关干部要深入基层的要求，促进团的领导机关更好地为基层服务的实际措施。“服务万村行动”是加强农村基层团组织建设的重要抓手，重点落实以下三项任务。

以建设服务青年脱贫致富奔小康的好班子为重点，加强农村基层团组织建设。根据党委的统一部署，与农村党支部整顿同步，力争用三年时间把松散瘫痪的农村基层团组织整顿好。把加强领导班子建设放在首位，根据兴办服务项目和实体的要求，选拔优秀青年党团员担任村团支部书记，提高班子的整体素质，增强其带领青年脱贫致富奔小康的能力。加强团员队伍建设和团的制度建设，坚持标准、保证质量，大量吸收农村先进青年入团，积极推荐政治素质好，在实施“服务万村行动”中表现突出的优秀团员做党的发展对象。

以培养适应农村跨世纪发展需要的好队伍为着眼点，努力提高农村青年的思想道德和科技文化素质。对广大农村青年进行爱祖国、爱家乡的教育，帮助他们增强建设社会主义新农村的责任感、使命感。引导青年学习党的富民政策和社会主义市场经济知识，提高觉悟，更新观念，开阔思路，形成与社会主义市场经济相适应的思想、道德和行为规范。大力开展扫盲工作，在青年中普及文化和科学知识。广泛开展实用技术培训，组织青年学习和推广各类实用技术，培养大批青年科学种田能手和发展多种经营的青年致富能人。在此基础上，对具有一定文化素质、技术基础和经营意识的青年，进行较高层次的系统培训，培养一批有技术、懂市场、善经营的青年种粮种棉大户、青年乡镇企业家和农业综合开发项目带头人，形成一支推动农村两个文明建设的青年骨干力量。

以选准服务当地经济发展和青年致富的好项目为切入点，建设农村青年服务体系。根据当地主导产业发展的要求，从实际出发，选准投资少、见效快、前景好的服务项目，建立服务组织，兴办服务实体。立足于促进农业朝着优质、高产、高效的方向发展，推广优良品种，积极开展科技服务；立足于促进乡镇企业的发展，积极开展青工技术培训和供应、营销等服务；立足于促进农村第三产业的发展，广泛开展产前、产中、产后一条龙服务；立足于促进当地资源综合开发利用，为青年开发荒山荒地、河湖水面，大力发展种养业和庭院经济服务；立足于促进农村小集镇建设，组织青年闯市场、建市场，为搞活农村商品流通服务；立足于促进农村精神文明建设，兴办青年活动阵地及书报刊发行网络，为丰富青年文化生活和移风易俗服务。团组织兴办服务项目和实体从市场需求出发，按经济规律办事，逐步积累，滚动发展，采取团组织独资、合资经营和青年股份合作等多种形式，明确产权关系，实行科学管理。

实施“服务万村行动”，落实三项工作任务，要使农村基层团组织建设达到以下八条标准：一是领导班子健全，团支部书记和班子成员有为青年脱贫致富奔小康服务的本领；二是兴办一个以上服务项目或实体，团组织有保证正常开展工作的经费收入，并逐年有所递增；三是培训70%以上的青年掌握一到两门实用技术，20%以上的青年成为致富能手或青年星火带头人；四是能够为青年提供致富信息，帮助大多数青年找到致富门路，青年年收入在现有基础上翻一番；五是基本完成青年扫盲任务；六是团员在致富行动中走在前列，团员占青年的比例达到20%以上；七是每年能够推荐一两名优秀团员做党的发展对象；八是制度健全有效，组织运转正常。

“服务万村行动”是共青团服务社会、服务青年、服务基层的有机结合，主要提供了以下五个方面的服务。

科技服务。团中央确定和建立了十个能涵盖农业技术主要门类的全国青年星火培训基地，培训农村青年星火科技骨干，组织部分全国青年星火带头人到各地进行技术示范、指导和培训，组织大学生志愿者深入农村，开发科技服务活动。通过多种形式的培训，培养青年星火带头人，推广农业科技项目。要联合农业科技部门，发动和组织农业科技人员送技下

乡，上门服务。特别是团县（市）委，根据本地农村主导产业发展的要求，发挥乡（镇）团委的积极性，有计划地培训农村青年，建立青年科技服务组织，开展经常性的技术服务，使他们掌握帮助青年脱贫致富奔小康的本领。

信息服务。团的各级领导机关面向社会，广泛收集项目、技术、人才、市场等方面的适用信息，为农村基层团组织兴办服务项目和实体，为农村青年找到致富门路提供信息服务。团中央建立了“服务万村行动”信息中心；区省（区、市）、地（市）委也建立了信息库；团县（市）委建立了信息服务站，并在乡（镇）、村团干部和青年致富能手、青年星火带头人中发展信息员。目标是逐步建立起一个来源广泛、内容丰富、传递及时、能够自我运转和发展的农村青年致富信息服务系统。

文化服务。团中央和有关部委组织开展了大中学生志愿扫盲活动，为广大农村培养扫盲师资，帮助扫除青年文盲。通过深化少先队“手拉手”活动，发动城市和较发达地区的少先队员、辅导员捐赠图书，为10000所贫困地区农村学校建立书屋。同时，通过发动社会捐赠，为10000所农村学校建立了“希望书库”。同时，根据新形势下农村青年的文化需求，指导和帮助农村基层团组织搞好青年文化阵地建设，因地制宜地开展多种形式的读书、读报、文娱体育等活动，培植健康的乡土文化，为广大农村青年提供丰富的精神食粮。

政策服务。团中央与国务院扶贫开发领导小组办公室联合下发文件，对55个国家级贫困县的550个村团组织兴办扶贫开发项目给予政策扶持，要求有关省（区）、县扶贫部门在安排扶贫资金时，对团组织兴办的项目实行同等优先的原则，省（区）扶贫部门对这些县给予重点支持和资金倾斜。争取中央和国务院有关部委的支持，努力为加强农村基层团组织建设和建设农村青年服务体系提供政策服务。

资金服务。团的中央和地方各级领导机关采取向政府有关部门、从团办实体、社会有关单位筹资的方式，为农村基层团组织开展青年技术培训和兴办服务项目、实体，提供资金支持，并注重发挥共青团组织网络健全、社会联系广泛的优势，发动各类企事业单位、社会团体和经济发达地区，与经济欠发达地区和贫困地区的村建立结对互助关系，引导社会资源，为团组织兴办服务项目和实体提供资金和物力支持。

农村青年增收成才行动

世纪交替之际，我国农业和农村经济发展进入了一个新阶段，农业、农村和农民问题越来越突出地表现为农民的增收问题。调整农业结构、增加农民收入、提高农村购买力水平，成为农业和农村工作的中心任务。正是在这样的背景下，共青团中央于1999年初提出实施“农村青年增收成才行动”，并以其为主线，推进新时期共青团农村工作。

农村青年增收成才行动紧紧围绕“调整农业和农村经济结构，增加农民收入”这一中心任务，以统筹城乡共青团工作为着眼点，以城乡良性互动为基本途径，大力培养创业致富带头人，有效地促进了农村青年成长成才和农村经济的发展。

推进“农村青年增收成才行动”主要措施包括：一是培养一大批包括青年科技兴农带头

人、青年经纪人、青年农业产业化带头人和青年工商创业带头人在内的各类农村青年致富典型，通过典型引路，带动广大农村青年增收致富。二是开展青年农民科技培训活动，为农村社会经济事业的全面发展，培养一大批有文化、懂科技、善经营、会管理的农村青年。三是发展农村青年专业合作经济组织，促进产业化经营、搞活农产品流通、繁荣城乡市场。四是扎实推进“城乡互动1+1”，促进农业与工业相互结合、农村与城市协调发展，帮助农村青年中的困难群体增收成才，走共同致富的路子。五是积极建设农村青年社会服务信息网，为农村青年提供科技、市场、培训、就业等方面便捷可靠的信息服务。六是深化进城务工青年发展计划，千方百计为进城务工青年办实事、办好事。

农村青年增收成才行动开展以来，系统培训农村青年200万人次，培养县级以上青年星火带头人1000多人，实施农业科技项目10万多个，扶持建立各类青年农业专业协会1800多个，会员近20万人，建设了中国农村青年信息网，初步构建了农村青年社会化服务体系。

2002年4月9日至10日，共青团中央、农业部在北京联合召开全国农村青年工作会议，温家宝同志出席会议并发表重要讲话。会议就以农村青年增收成才行动为统揽，全面推进共青团农村工作做出了部署，下发了《关于全面推进农村青年增收成才行动的意见》，标志着共青团农村工作进入了新阶段。

保护母亲河行动

1998年，主要以普遍开展创建“青少年绿色文明园”活动为抓手，动员各级团组织和广大青少年志愿者积极行动起来，深化青少年植绿护绿行动，植树造林，绿化祖国，将植绿护绿行动纳入当地创建文明社区文明村镇活动之中。在此基础上，大力开展命名表彰活动，联合建设部、全国少工委命名21处青少年植绿护绿重点地段为全国“青少年绿色文明园”，联合全国绿委、国家林业局命名表彰45个“全国青年绿色文明园”。

1999年，为积极响应江泽民同志“再造祖国秀美山川”的伟大号召，团中央会同全国绿委、全国人大环境与资源保护委员会、全国政协人口资源环境委员会、水利部、农业部、国家环保总局、国家林业局共同发起了一项大型生态公益事业——保护母亲河行动，并以此统揽全国青少年生态环保活动。保护母亲河行动以保护哺育中华民族和一方水土的黄河、长江以及大大小小的江河流域为主题，旨在教育青少年，影响全社会，大力植树造林，治理水土流失，保护生态环境，为再造祖国秀美山川做积极贡献。

保护母亲河行动主要开展了以下几项工作：

一是开展生态文化宣传教育活动。将每年的3月9日确立为“保护母亲河日”。同时，利用“世界地球日”、“世界环境日”等时机，一年一主题，集中开展主题宣传教育活动，在广大青少年和社会公众中大力倡导母亲河意识和生态环境意识。先后开展了“母亲河，我与你同行”、“清洁江河水，保护母亲河”、“承诺天天做，保护母亲河”、“革除陋习，天天环保”等主题活动。此外，还专门组织拍摄环保电影，排演话剧，举办音乐会和文艺晚会，制作出版保护母亲河生态教育挂图、丛

书,为青少年生态环境教育提供教材。提出青少年生态道德教育以及“植绿护绿、珍爱生灵、节约资源、抵制污染”十六字青少年生态道德要求,规范青少年环保行为。

二是组织青少年生态体验活动。在加强宣传教育的同时,注重体验教育功能。开展保护母亲河生态监护活动,对家乡母亲河的环境状况进行监护。开展“请跟我来,天天环保”活动,通过制作印有名人形象的“绿色承诺卡”,引导青少年从节约用水、不乱扔垃圾等日常生活中的环保小事做起,天天做环境建设者。在内河航运系统开展“保护母亲河号”航船创建活动,使“保护母亲河号”成为青少年实践环保、宣传环保的流动阵地。在风景名胜区命名100多个青少年生态环境教育基地,利用节假日,组织青少年到基地开展环保体验活动。配合国家林业六大重点工程的实施,开展“青春在绿色生态工程中闪光活动”,大力培养退耕还林青年示范户、速生丰产林种植示范户,对青年森工进行就业培训,组织青少年志愿者参与野生珍稀动植物保护和防沙治沙劳动。

三是建设保护母亲河工程。采取“5元钱捐植一棵树,200元钱捐建一亩林”的简便方式,面向海内外筹集社会资金,在国家和地方重点生态治理区开展工程建设,并制定了资金使用管理办法,设立专账,做到专款专用。工程建设严格执行申报审批制、项目法人制、工程监理制、资金报账支付制和产权预先确认制等五项基本制度。申报审批制就是每个工程的立项都要由具备相应资质的设计单位做出规划,由项目法人申报,在实地考察论证,通过项目终审会后,方可审批。项目法人制就是指定项目所在地的县级人民政府为项目法人,承担项目建设的法律责任。工程监理制就是指定具备资质的工程监理单位和技术人员全过程地为工程建设提供技术指导和服务。资金报账支付制就是工程先建设,后报账,资金分三年按5:3:2的比例进行拨付,未达到规定的建设标准则不报账。产权预先确认制就是在工程实施前明确地权、林权所属,确保工程建设成果的巩固。

四是促进国内外青少年生态环保交流与合作。组织了东南亚青年“湄公河之旅”。与日本友好团体协作,运用“小渊基金”建设中日青年友好纪念林;与港澳台等地青年组织合作建设“中华青年林”;与友好国家与地区的青年志愿者共建“国际青年志愿者林”。对中外青少年互相了解、增进友谊起到了积极的促进作用。

截至2002年底,保护母亲河行动已累计筹集社会资金2.5亿元人民币,建设保护母亲河全国重点工程48个,总规划面积287万亩。与29个国家和地区的青少年进行了友好交流与合作,吸引了3亿人次青少年和社会公众参与。2002年5月4日,江泽民同志为这项活动亲笔题词“保护母亲河”,对全国各族青少年寄予亲切关怀和深切厚望。2002年10月,联合国副秘书长兼联合国环境规划署执行主任克劳斯先生来京期间专题听取保护母亲河行动汇报,给予高度评价。

跨世纪青年农民科技培训工程

为了进一步提高青年农民科技文化素质,培养适应21世纪农业和农村经济发展的高素质农民,团中央、农业部和财政部从1999年起在全国启动了“跨世纪青年农民科技培训工程”,依托农业中专学校、农广校、农业技术推广中心等各方面力量,在全国范围内向广大

青年农民传授农业科学技术，提高青年农民素质。并在青年农民培训工作中，将传授健康教育和卫生知识与农业科技推广有机结合起来，使农民在接受农业新技术的同时，也受到卫生健康教育。该项工程有效地提高了受训青年农民的科技文化素质，为农业和农村经济发展培养造就了一大批觉悟高、懂科技、善经营、会管理的新型农民，大部分受训农民已经成为当地发展农村经济的带头人。

“跨世纪青年农民科技培训工程”从1999年启动以来，分两批在全国198个县（市）进行了试点。2001年6月27日，农业部、财政部、团中央联合印发《跨世纪青年农民科技培训工程项目实施操作规程》和《管理办法》，正式推开此项工作。具体措施及成效为：

（一）加强对青年的培训。把培训对象确定为40岁以下，具有初中以上文化水平，从事农业生产、经营、服务两年以上，有一定生产经营管理水平的优秀青年农民，抓住了推动农村经济社会发展的关键。

（二）有针对性地开展培训。培训坚持从农村政策及法律法规、农业新技术、新成果、生态农业、市场经济知识等方面入手，紧紧围绕当地主导产业发展和经济结构调整的实际需要，根据青年农民的接受能力，确定具体内容，兼顾了技术的实用性和知识的系统性。《操作规程》还明确规定一个教学班的总课时不少于300学时，其中理论与实践之比为1：1，技术培训以实践和技能培训为主，以理论为辅，提倡现场教学，保证了培训质量。同时培训既有长期班，又有短期班，满足了农村青年的不同需要。

（三）各部门协调开展培训。共青团、农业、财政按照统一领导、分工协作的原则共同实施培训工程，发挥各自优势，促进了培训工程的有效实施。

“跨世纪青年农民科技培训工程”实施以来，项目实施县市区达到464个，中央财政投入1亿元，省、市、县财政策配套投入2亿元，直接培训了160多万名农村青年，为培养造就觉悟高、懂科技、善经营的新一代青年农民做出了贡献。

青年星火西进计划

为广泛调动社会各界力量特别是东、中部地区的科技、人才资源，积极参与西部大开发，帮助西部地区农村青年提高科技素质，提升西部农村的科技支撑能力，促进西部农业和农村经济结构的战略性调整和农民群众增收致富，同时推动东、中部有关企事业单位通过向西部拓展实现更大范围和更高层次的发展，共青团中央、科技部、民进中央在多年积极合作实施“星火计划”、广泛培养青年星火带头人和大力实施“帮助万名西部青年科技创业行动”的基础上，从2002年起，共同组织实施了“青年星火西进计划”。

“青年星火西进计划”主要围绕科技培训、科技示范、科技协作、科技服务等四项内容开展，主要措施与成效是：

（一）抓好示范带动工作。确定四川彭州、陕西凤翔等16个县（市）为首批全国青年星火西进计划示范县，在东部地区确定了37个青年星火西进计划科技示范推广基地，组织各级团委加大对示范县的扶持力度，从政策、资金、

项目、技术等方面予以倾斜。

（二）大力培养农村青年人才。采取“以劳助学”等优惠形式，实施千名西部农村青年东部受训项目。组织东中部地区到西部地区帮助培训农村青年，在西部76个县培训青年农民22.8万人。

（三）积极开展科技服务。组织东中部地区科技人员和大学生，在西部地区广泛开展送科技下乡、科技大集、科技大赛、科技节等活动，举办各类科技服务活动300多场（次），散发科技资料500多万份。采取多种方式，整合协调社会力量捐款捐物，向全国农村青年中心建设试点县捐赠科技图书10万册，价值54万余元，在广大农村青年中掀起了学科技、用科技的热潮。

（四）全面推动项目西进。组织东西部地区开展项目、产业、技术合作，推动科技含量较高、发展潜力较大、推广价值较好的农业科技项目到西部地区实施。计划实施以来，各地团组织在20个示范县（市）实施了100个以上技术成熟、科技含量较高的农业科技项目，有效促进了西部地区经济发展。

“青年星火西进计划”的深入实施，切实提高了西部地区农村青年的科技素质，有效地改善了西部地区科技投资、科技创业的软环境。

乡村青年文化活动

为有效地动员和组织广大农村青年繁荣和发展社会主义文化，用先进文化教育和鼓舞亿万农村青年，充分发挥青年在农村精神文明建设中的生力军作用，促进农村青年增收成才，从1998年底开始，共青团中央在农村连续五年组织开展了乡村青年文化活动。该活动是立足基层，以县、乡为单位，以农村青年为主体，以推广科技、传播文明、倡树新风为宗旨，以科技大集、文体大赛、创建青年文明一条街等为主要活动形式，在农村集中开展的一项主题鲜明的青年群众性精神文明创建活动。

乡村青年文化活动主要内容有四项：一是动员组织广大农村青年结合农村实际创作快板、小品、相声、戏曲、诗歌、年画、春联等新作品，举办时代金曲演唱会、诗歌朗诵会、歌手大赛、文艺汇演等演出活动，以生动活泼的方式繁荣乡村文化生活。二是普遍举办青年科技大集，组织科技文化擂台赛、科技知识竞赛，通过图片展览、播放录像、发放资料、现场咨询、租借图书、销售农用物资等方式，以文化活动的形式传播现代农业科技。三是抓住寒假大学生回乡的有利时机，组织他们服务奉献家乡，架起城乡文化互动桥梁，以大学生“三下乡”为牵动活跃乡村文化生活。四是组织动员广大进城务工青年利用春节回乡探亲的机会，把科学文化、致富技能、文明习惯带回家，以进城务工青年回乡为契机开展“把文明带回家”活动。

乡村青年文化活动的开展，得到了广大基层团组织和农村青年的积极响应，形成了从城镇到村寨普遍开展群众性、自发性科技文化活动的火热场面。每年吸引全国60%以上的乡村参与，组织开展“青年科技市场”、“青年科技之冬”等活动，举办科技大集和文化大赛1万多场，1亿多名农村青年参与活动，全国创建5200多个“青年科技图书站”和1万条“青年文明一条街”，涌现出3万名乡村青年歌手、乡村青年大力士等各类文化人才，全国表彰500

多个优秀青年文化项目，组建3300个农村青年志愿者服务队，向农民群众赠送了300多万幅主题年画和春联等宣传品。

乡村青年文化活动的开展，在满足农村青年精神文化需求，活跃农村文化生活，促进农村经济社会协调发展等方面做出了积极贡献，得到了党政领导的充分肯定和广大农村青年的热烈欢迎。2000年12月，胡锦涛同志在共青团十四届四中全会上，对开展乡村青年文化活动给予了充分肯定，他指出：共青团在活跃乡村青年文化生活上，进一步发挥了广大团员青年在社会主义精神文明建设中的积极作用。2002年4月，温家宝同志在全国农村青年工作会议上指出：多年来，各级团组织围绕大局，发挥优势，在团结、教育、服务农村青年等方面，做了大量工作。希望各级团组织和广大团干部加强基层文化建设，不断丰富农村青年的精神文化生活。

“三下乡”社会实践活动

大中专学生“三下乡”社会实践活动，是共青团中央联合教育部、中宣部发起和组织的一项旨在全面提高大学生综合素质的教育实践活动。是在80年代初，伴随着高等教育的恢复和发展，逐步发展起来的，经历了由自发到自觉、由零散到集中、由单一到全面的发展过程。20世纪80年代初期，一些高校团组织率先开展了社会实践活动，主张组织大学生利用课余时间走出校园，接触社会，在与人民群众相结合的过程中全面成长成才。当时，共青团中央书记处经过充分论证后，决定把社会实践活动作为提高大学生综合素质的主要途径，号召大学生广泛深入社会，向实践学习，向人民学习，为人民服务。从此，大中专学生“三下乡”社会实践活动轰轰烈烈、蓬蓬勃勃地开展起来。特别是1997年以来，“大中专学生志愿者暑期文化、科技、卫生‘三下乡’活动”，坚持“受教育、长才干、做贡献”的原则，成为社会实践活动的主打品牌，极大地调动了广大青年学生参与社会实践的积极性，得到了基层党政和人民群众的热烈欢迎，成为新形势下对青年学生进行实践教育的创新和发展。

大中专学生“三下乡”社会实践活动紧紧围绕党和国家的工作中心，紧密结合大学生思想认识实际，把学生自愿参加与普遍要求结合起来，把组织选派与市场选择结合起来，把暑期下乡与平时下乡结合起来，把组队下乡与分散下乡结合起来，把点上的服务和面上的服务结合起来，把“做贡献”与“长才干”结合起来，形成了良好的工作运行机制。每年暑期和寒假，数百万大中专学生（包括博士生、硕士生）深入城镇乡村、田间地头、乡镇企业，运用所学专业知识，开展丰富多彩的政策宣传、文艺演出、普法宣传、医疗服务、技术援助、信息咨询等实践服务活动，用他们的专业知识和火一般的热忱服务农村，帮助农民，推动经济、社会发展。

据不完全统计，1997年以来，全国共有2500余万人次参加活动，开办各类讲座3.5万场，培训农村青年技术骨干近百万名，文艺演出2.8万场，解决或初步解决技术难题40余万个，提交调研报告近2万篇，为数百万名群众义诊，培训师资50万名，帮助近百万名青壮年文盲脱盲。每年的活动得到了服务地区党

政和人民群众的热烈欢迎,也得到了包括学生家长在内的社会各界的高度评价,媒体争相报道,社会反响强烈。据不完全统计,中央主要新闻媒体对活动报道累计达4000多篇,中央电视台新闻联播栏目报道400多条,各地方媒体报道达4万条以上。“三下乡”活动成为了共青团高校战线的一面旗帜,也成为一项具有鲜明时代特色和很强的针对性、实效性、主动性的思想政治教育工作。

通过参与“三下乡”社会实践活动,广大青年学生进一步加深了对邓小平理论和“三个代表”重要思想的认识,加深了对国情的认识和理解,密切了与人民群众的感情,坚定了跟党走有中国特色社会主义道路的信念。在“三下乡”社会实践活动中,广大青年学生积极发挥人才智力优势,服务农村经济社会发展和人民群众生产、生活,有力地推动了农村三个文明建设。“三下乡”社会实践活动使广大青年学生开阔了眼界,受到了教育,得到了锻炼,提高了自身素质。

大中专学生“三下乡”社会实践活动适应了经济社会发展和青年学生成长成才的需要,顺应了素质教育的发展要求,产生了明显的社会效益、经济效益和人才培养效益,产生了广泛的社会影响,展现出旺盛的生命力和广阔的发展前景。

大学生素质拓展计划

“大学生素质拓展计划”由团中央、教育部、全国学联自2002年开始联合实施。

“大学生素质拓展计划”的宗旨是全面贯彻党的教育方针,按照江泽民同志“四个统一”的要求,坚持面向现代化、面向世界、面向未来,以培养大学生的思想政治素质为核心,以培养创新精神和实践能力为重点,普遍提高大学生的人文素养和科学素质,造就“有理想、有道德、有文化、有纪律”,德智体美等全面发展的社会主义事业建设者和接班人。

“大学生素质拓展计划”的主要内容是以开发大学生人力资源为着力点,进一步整合深化教学主渠道外有助于学生提高综合素质的各种活动和工作项目,在思想政治与道德素养、社会实践与志愿服务、学术科技与创新创业、文体艺术与身心发展、社团活动与社会工作、技能培训等六个方面引导和帮助广大学生完善智能结构,全面成长成才。

“大学生素质拓展计划”的实施主要围绕职业设计指导、素质拓展训练、建立评价体系、强化社会认同四个环节展开。

全国全日制普通高等学校(包括社会力量举办的全日制高等学校)均在计划实施范围之内。《大学生素质拓展证书》是推进“大学生素质拓展计划”的重要载体,也是用人单位录用人员的重要参考。

“挑战杯”中国大学生新世纪主题设计竞赛活动

由团中央、中国科协、全国学联主办、北京大学举办的“挑战杯”中国大中学生展望新世纪主题设计竞赛,于1999年1月至5月在全国各地大中学校广泛开展,6月3日至6日在北京大学举行了获奖作品展暨总决赛,并取得圆满成功。

这项竞赛是在伟大的“五四”运动80周年、新的世纪即将来临之际举办的,竞赛旨在引导广大青年学生弘扬爱国、进步、民主、科学的五四精神,主动面向新世纪科技革命和社会进步的新要求,激发学生的想像力、创造力和社会责任感,激励学生以勇于创新、积极进取、报效祖国的积极姿态跨入21世纪。同时,竞赛也是青年学生纪念“五四”运动80周年的一项全国性主题活动。这项竞赛广泛发动全国大中学生在运用现有知识和所掌握的科学原理的基础上,充分发挥想像力和创造力,就4个方面主题对21世纪进行合理的展望和概念设计,形成实物模型、图片、电脑设计、文章等具体作品参赛。作品的主题主要包括:21世纪可能实现的科技进步与突破;21世纪工业、农业、服务业中可能出现的产品和制造方式、工作方式;21世纪人类可能的生活方式、教育方式、生存空间、生存环境;21世纪经济和社会发展中的重大现实问题在21世纪可能的解决方案。

竞赛经历了动员部署、地方及学校竞赛、全国总决赛三个阶段。全国各地数以千计的大中学校组织了校级竞赛,多数省、区、市团委、科协和学联组织了省级竞赛,数百万大中学生参加了竞赛活动。28个省、区、市按照竞赛要求向全国组委会呈报了近3000件优秀作品,参加总决赛。由19名专家、学者组成的竞赛评委会,从科学性、想像力与创造力、先进性、表现力、综合性五个方面,分成实物模型和图片、电脑设计、文章类三个组,对作品进行了综合考察和评选。经终审,10件作品获得“巨龙杰出展望奖”、20件作品获得“巨龙最佳创意奖”,20件作品获得“巨龙最佳制作奖”,19件作品获得“巨龙最佳设计奖”,94件作品获得“巨龙创意奖”、“巨龙制作奖”、“巨龙设计奖”,另外还有321件作品获得“巨龙鼓励奖”,10个省、市、区团委、科协和学联获得了优秀组织奖。

这些作品充分表达了当代中国青年学生对新世纪的大胆设想和美好憧憬,反映了广大青年学生丰富的想像力、创造力,体现了他们对社会、对国家、对整个人类的责任感、使命感,富有启发性,令人感到欣喜和振奋。

中学生18岁成人仪式教育活动

18岁成人仪式教育活动是共青团组织在适龄青少年中开展的一项德育教育活动,是新时期对青少年进行思想道德教育、公民素质教育的重要载体。为使18岁成人仪式教育活动在大中城市广泛开展的基础上,进一步向中小城市和乡镇普及,2001年,共青团中央以“在实

践中成长，在奉献中成人”为主题，组织全国百城市中学生重点开展了18岁成人仪式教育活动。

2001年，18岁成人仪式教育活动在广泛开展公民意识教育的基础上，重点组织中学生参加形式多样的成人预备期志愿服务，分别以“环保”、“科普”和“敬老”为主题，确定4、6、9三个月中每月的第二个星期六为全国统一行动日。4月14日，全国有180多个城市约60万名中学生参加了“环保”志愿服务统一行动日活动，发放环保宣传品、整理废旧物品、清洁社区、养护绿地、捡拾白色垃圾等。6月9日全国各地共有60多万名适龄中学生开展了以“科普”为主题的志愿服务，他们在科技馆做志愿讲解员，进入社区、街道、农村宣传科普知识，举行“传播科学，远离邪教”的科普展览等。9月8日，60多万名中学生参加了全国百城市中学生成人预备期“敬老”志愿服务统一行动日活动，他们进入社区和各种社会养老机构，开展以生活服务、精神慰藉、文化娱乐为内容的敬老志愿服务。通过这些活动，让中学生在服务社会中不断学习实践，锻炼成长，逐步培养起服务他人、服务社会的社会责任感。10月1日，在共和国新世纪的第一个国庆日，全国100多个城市以“青春献给新世纪的共和国”为主题，组织100多万名年满18岁的中学生举行了庄严、神圣的成人宣誓仪式。活动声势浩大，影响广泛，得到了社会的好评。

济困助学工作

一、1999年全国学联济困助学工作

近年来，由于地区间经济发展的不平衡、家庭收入差距的拉大、上学收费制的实施及社会保障体系的不完善等原因，大学生中的贫困生现象日益突出。据统计，全国1000余所正规高校中，贫困大学生（经济来源不足200元/月）约占学生总数的20%，西北地区高校贫困生比例接近30%；特困生（经济来源不足100元/月）比例为5%－7%，在校特困生总数高达20万左右。

鉴于上述情况，全国学联作为全国大学生自己的组织，近年来以扶助高校贫困大学生为目的向社会募集资金，对大学贫困生进行生活补贴、寻求勤工俭学的工作岗位，并鼓励和帮助他们自立自强、成才报国。针对高校贫困生的济困助学工作，弘扬了中华民族扶危济困、助人为乐、捐资助学的传统美德，促进了社会主义精神文明建设，是我国社会主义公益事业新的探索和新的尝试；并有助于高校贫困大学生勤奋学习、奋发成才、报效祖国，有助于我国社会主义事业的建设者和接班人的培养，有助于高校的稳定工作；同时也是共青团和学联工作的新领域，加强了共青团和学联组织在学校中的作用和影响，是学联工作的手臂延伸和职能完善。

从1995年底开始，全国学联开展了大学生济困助学工作，并于1996年正式成立全国学联济困助学办公室。四年来，由于各级党政领导的关心支持以及社会各界人士的捐助奉献，我们按每人1000元/年左右的标准，共直接资助高校贫困生达3000余人。其中“恒安集团”每年提供100万元的专项捐款，深圳“黄金灯饰”两年共提供80万的捐赠，“大中华高教基金会（美国华人组织）”已提供折合人民币近30万元的捐款，社会个人零散捐款也达20

余万元。所有这些捐助均全部用于资助各地高校的特困生。同时全国学联济困助学办公室已直接为贫困生联系勤工俭学工作岗位约100个，并在近几年春节期间还组织在京贫困生参加发售社会福利奖券的劳务工作。另外我们还每年组织“首都高校老少边穷地区留京学生新春团拜会”，为无法回家过年的贫困大学生带去慰问和关怀。

全国学联在济困助学工作中的这些示范性、导向性的活动，带动了各地团组织、学联组织对这项工作的投入和参与，形成了良好的社会氛围，为部分贫困生提供了实实在在的支持和帮助。但是，由于贫困生基数较大，济困助学工作的开展还远未从总体上使贫困生的状况得到完全解决，还有待于继续努力和深化。

二、2001 年全国学联济困助学工作

近年来，由于地区间经济发展的不平衡等原因，大学生中的贫困生现象日益突出。全国学联大力加强了济困助学工作，主要通过向社会募集资金，对大学贫困生进行生活补贴、寻求勤工俭学的工作岗位，并鼓励和帮助他们自立自强、成才报国。全国学联济困助学工作始于1995年底，1996年全国学联济困助学办公室正式成立。五年来，由于各级党政领导的关心及社会各界人士的捐助奉献，共直接资助高校贫困生3000余人。其中福建恒安集团每年提供100万元连续10年共1000万元的专项捐款，深圳黄金灯饰集两年共提供80万元的捐赠，美国大中华高教基金会已提供近60万元的捐款，社会个人零售捐款也达20余万元。所有这些捐助 均全部用于资助各地高校的特困生。同时全国学联济困助学办公室已直接为贫困生联系勤工俭学工作岗位约100个。每年春节前举办的“首都高校寒假留京学生新春联欢会”，更为因经济困难等原因无法回家过年的大学生带去慰问和关怀。

“手拉手”活动

“手拉手”活动由共青团中央、全国少工委联合有关部门于90年代初发起，旨在引导广大少先队员团结互助、共同进步，是少先队组织开展未成年人思想道德教育的重要载体，是亿万少年儿童参与社会主义精神文明建设的生动实践。城市和农村少年儿童手拉手，富裕地区和贫困地区的少年儿童手拉手，身体健康和有残疾的少年儿童手拉手，各民族少年儿童手拉手，使不同环境、不同状况的少年儿童架起了沟通的桥梁，建起了感情融合的纽带。

1999年，为帮助贫困地区特别是西部地区少年儿童完成义务教育，解决他们学习、生活中的实际困难，共青团中央、教育部、全国少工委开展了“城乡少年手拉手助学活动”，组织城市少年儿童为西部贫困地区少年儿童捐赠了大量的旧文具、课本、衣物和电器等。2001年，共青团中央等三部委又在北京、天津、上海、郑州、成都、西安等条件较为成熟的地区设立教育对口支援捐赠中心，专门负责接受社会各方面对农村中小学的经常性捐赠，并负责将捐赠物品送到西部贫困地区的受助少年儿童手中，使“城乡少年手拉手助学活动”形成长效运行机制。

2000年，为配合西部大开发战略的实施，配合“东部地区学校对口支援西部贫困地区学校工程”和“西部大中城市学校对口支援本省贫困

地区学校工程”的实施，共青团中央、全国少工委启动“城乡少先队大队手拉手互助互学活动”，组织东部地区9个省（市）各100所学校的少先队大队、4个计划单列市各25个少先队大队和西部地区10个省（区、市）的各100个少先队大队结成互助对子，共有十多万名少先队员结成“手拉手”小伙伴。2002年，全国少工委又下发通知，要求城市少先队大队为结对少先队大队做一至二件实事，比如援建一个队室、一个手拉手书库、一个红领巾广播站、训练一支鼓号队、订阅一份队报或队刊等等。同年，全国少工委实施了“辅导员手拉手互助交流计划”，由少先队教育专家、优秀中小学校长、科技辅导员等组成的“手拉手互助交流讲师团”奔赴西部5省进行讲座和辅导，并选派西部地区辅导员、中小学校长到对口的发达地区学习、进修，极大地促进了东西部地区少先队工作者的双向交流，促进了活动的进一步深化。

为引导全国各民族少年儿童在相互学习、相互交流、相互关心的亲身体验中培养民族团结的意识和情感，帮助他们加深对祖国大家庭的了解，增强他们的民族自尊心和自豪感，共青团中央、国家民委、中国关工委、全国少工委深入开展“各民族少年手拉手”，并于2001年、2002年“六一”期间在北京、上海、南京、济南、广州等大中城市同时开展各族少年“手拉手”志愿家庭接待活动，向社会公开招募志愿接待家庭，邀请少数民族少年儿童代表到城市参观、做客、民宿，并与志愿接待家庭中的少年儿童“手拉手”交朋友。通过各族少年“手拉手”志愿接待家庭活动，各民族少年儿童开阔了眼界，增长了见识，与“手拉手”小伙伴交流了感情，增进了友谊，体会到了社会主义大家庭的温暖和各民族之间互帮互助、团结友爱的兄弟情谊。

中国少年雏鹰行动

“中国少年雏鹰行动”（以下简称“雏鹰行动”）是中国少年先锋队为推进素质教育的全面实施，提高少年儿童的综合素质，面向全国少年儿童开展的一项少先队活动。“雏鹰行动”于1992年正式启动，旨在培养少年儿童的创新精神和实践能力，激励每个有差异的少年儿童全面发展，其核心内容是“雏鹰争章”，即组织少先队员通过定章、争章、颁章等环节争获各种“雏鹰奖章”。

根据江泽民同志“自学、自理、自护、自强、自律，做社会主义事业的合格建设者和接班人”的题词精神，全国少工委从少年儿童的年龄特征出发，把对少年儿童的理想信念、道德修养、创造能力、审美情趣、心理品质、健康程度等素质方面的要求，具体化为若干枚“雏鹰奖章”，鼓励少年儿童从日常生活及学习的具体环节入手，不断为自己确立新的目标，不断发现自己的潜能，不断看到自己的进步，不断证明自己的成功。

“雏鹰争章”活动面向全体少年儿童，人人可为，天天可为，打破了传统的单纯靠分数评价优劣的模式，成为衡量少年儿童综合素质的重要依据；各种奖章如同一根根纽带，把社会各方面的力量凝聚在一起，把校内和校外教育有机结合起来，为社会各方面关心支持素质教育提供了有效的载体。一个个争章计划体现了少年儿童成才的渴望和对未来的美好向往，使他们在制作计划的过程中感受到了自主选择的快乐，明确了努力的方向，增强了向新的

目标攀登的决心；一次次争章训练为少年儿童提供了学习实践的课堂，使他们在各种实践体验活动中磨练了意志，提高了本领，养成了良好的行为习惯；一枚枚挂在胸前的“雏鹰奖章”，使少年儿童享受到了收获的喜悦，激发了他们不断进取的勇气和信心。

经过十年的实践，“中国少年雏鹰行动”正在走向规范化、系统化，为千百万中国少年儿童提供了学习实践的广阔空间，激励他们积极向上，全面发展，深受广大少先队员和少先队辅导员的欢迎，成为少先队配合基础教育实施素质教育的有效途径。

“新世纪我能行”体验教育活动

“新世纪我能行”体验教育活动是共青团中央、全国少工委贯彻“以德治国”重要思想，落实第四次全国少代会精神而推出的少先队思想道德教育载体。它始于2000年，基本内容是通过开展符合少年儿童身心发展规律的具有儿童情趣和时代气息的实践活动，帮助少年儿童从家庭生活、学校生活、社会生活和大自然等各个方面，寻找一个“岗位”，扮演一个角色，获得一种感受，明白一个道理，养成一种品质，学会一种本领，在实践中明白做人做事的基本道理，养成良好的行为习惯。

全国少工委从人与人、人与社会、人与自然、人与自我四个关系出发，引导少年儿童在家庭生活、学校生活、社会生活和大自然中，通过扮演不同角色和进入特定的事件和情景，体验感知17个知道，通过14种感受形成14种态度，在知道和感悟的基础上锻炼18种能力，通过反复的实践体验培养17个基本行为习惯，为少年儿童培养社会公德、职业道德和家庭美德，养成“爱国守法、明礼诚信、团结友善、勤俭自强、敬业奉献”的基本道德规范奠定了基础。

通过开展体验教育活动，有的少先队员把为家庭生活服务作为“岗位”，把“当一天‘爸爸’、‘妈妈’”作为扮演的角色，根据家庭生活的实际情况体验打扫房间、买菜、做饭、洗衣服、照顾老人、邻里沟通等，或“跟爸爸、妈妈上一天班”，体验父母的路途辛苦和工作状况，获得家庭生活的真实感受，明白孝敬父母的道理，养成热爱劳动的品质，学会为父母分忧、自理生活的本领。

通过开展体验教育活动，有的少先队员把为老师、同学服务作为“岗位”，把“当一天‘辅导员’、‘老师’、‘校长’、‘校工’”作为扮演的角色，体验备课、讲课、组织活动、维护秩序、后勤服务等，获得为人师表的真实感受，明白尊敬师长的道理，养成热爱学习的品质，学会自主学习、自我管理的本领。

通过开展体验教育活动，有的少先队员把为社区服务作为“岗位”，把“当一天‘清洁工’、‘售货员’、‘售票员’、‘交通警’、‘医生护士’、‘农技推广员’、‘科技研究员’、‘社区调查员’”等作为扮演的角色，体验服务他人、服务社会、实现人生价值的真实感受，明白做合格公民的道理，养成文明礼貌、团结互助、诚实守信、遵纪守法、珍惜劳动成果的品质，学会适应不同生活环境、用自己的双手创造美好生活的本领。

通过开展体验教育活动，有的少先队员把为爱护大自然服务作为“岗位”，把“自然小卫士”、“环保宣传员”等作为扮演的角色，体验远足野营、动植物观察、水文气象调查、生态环境评估、回收可再利用资源等，获得自然界和谐

美好的真实感受，明白人与自然和谐相处的道理，养成热爱自然、爱护环境的品质，学会保护动植物、保护生态环境的本领。

“新世纪我能行”体验教育活动得到了基层少先队员和少先队辅导员的普遍欢迎，体验教育的思想也逐步为社会各界广泛认同。数以百万计的少先队员参加了这项活动，有的少先队员深有感触地说：“看到的记忆不深，听到的容易忘记，只有亲身体验的才刻骨铭心、终身难忘。”

“少年军校”活动

“少年军校”活动是共青团、少先队组织在解放军和武警部队的积极参与和热情支持下、在教育行政部门的统一协调和指导下、面向全体少儿童开展的国防教育活动。自1989年起，“少年军校”活动在全国迅速开展起来，活动内容不断丰富、活动方式不断创新、活动阵地不断设立，已经成为对少年儿童进行国防教育和提高他们多方面素质的重要载体。2001年4月，“少年军校”活动被写入了公布施行的《中华人民共和国国防教育法》。

1999年，为推动“少年军校”活动的健康发展，使之逐步走向系统化、正规化和科学化的轨道，共青团中央、教育部、解放军总政治部、全国少工委等相关单位联合成立了“中国少年军校总校”，中共中央政治局委员、中央军委副主席兼国防部长迟浩田欣然担任了中国少年军校总校名誉校长，连续三次出席了全国少年军校检阅式并发表了重要讲话。据不完全统计，截止到2002年底，全国各种类型的少年军（警）校已发展到1.3万多所；每年在少年军（警）校接受国防知识教育和体验军营生活的少年儿童达2000多万人。

“少年军校”活动是对广大少年儿童进行爱国、爱党、爱军教育的重要载体，各地在活动中十分注重少年儿童的主动参与和实践体验，不断丰富少年军校的活动内容，创新少年军校的活动手段，创设少年军校的活动基地，受到广大少年儿童的喜爱和家长、教师的普遍欢迎。由少先队工作者、部队指战员和热心少年儿童事业的志愿者构成的少年军校工作者队伍不断壮大，成为推进素质教育、开展国防教育的重要力量。

“中华少年小甲A”足球活动

中华少年小甲A足球活动由共青团中央、全国少工委发起并联合中国足球协会、中央电视台共同主办，是少先队开展的普及性少年儿童体育活动，旨在贯彻落实邓小平同志“足球从娃娃抓起”的指示，促进和发展我国的少年儿童足球事业，为少年儿童的健康成长服务。

中华少年小甲A足球活动于2000年正式启动，以后每年举行一届，迄今已成为少先队组织开展的规模最大的全国性少年儿童体育活动。小甲A足球活动充分融入并全面体现少先队的体验教育思想，它以“体验足球，快乐成长”为主题，通过开展各种足球游戏活动、足球文化活动和足球竞技活动，充分调动少年儿童“爱玩”的天性，使更多的少年儿童在无拘无束的氛围中接触足球，了解足球，热爱足球，从小培养现代足球文化理念，在足球活动中提高身体素质，锤炼意志品质，养成良好的体育道德和行为习惯。

在学校和社区组建“中华少年小甲A红领巾足球俱乐部”，引导少先队员自发成立小甲A足球队、小甲A啦啦队和小甲A志愿者服务队是少先队员集体参与小甲A足球活动的重要组织形式。小甲A足球队的口号是“用心出智慧、配合有力量、顽强能进步”，体现了小球员们的创新意识、团队意识和拼搏精神。小甲A啦啦队的口号“激情欣赏，文明表达”，体现了少先队员遵守社会公德、讲究文明表达的愿望。小甲A志愿者服务队的口号“积极参与，热情服务”，体现了少先队员注重参与、乐于奉献的精神。这些口号充分展示了当代少先队员的风采。

丰富多彩的足球游戏活动、足球文化活动和足球竞技活动是中华少年小甲A足球活动的主要内容。足球游戏活动包括运球、传球、颠球、顶球、射门攻擂赛、网式足球赛等，这些活动都包含一定的技能训练或竞技对抗的内容，不同年龄段的少年儿童都能在其中找到适合自己参与的项目。足球文化活动包括奥运知识宣传、足球知识问答、小甲A征文、演讲、摄影、绘画比赛等，这些活动有利于少年儿童充分表达对足球运动的热爱，激发他们奋发向上的拼搏精神，培养审美、想像和创造能力。足球竞技活动主要是小学高年级学生参加的5人制或7人制足球比赛活动，这些活动不以夺取锦标为目的，而是体验足球的一部分，有利于进一步激发少先队员的参与激情。

创建“知心家庭学校”活动

创建“知心家庭学校”活动是共青团、少先队组织积极参与和服务少年儿童家庭教育的有效途径，是少先队校外教育的有机组成部分。“知心家庭学校”倡导科学的儿童观、人才观、教育观，传播科学的教育方法，在提高家庭教育质量、服务少年儿童健康成长等方面发挥着独特的作用。

创办“知心家庭学校”活动由全国少工委办公室和中国少年儿童新闻出版总社共同主办，主要是在中、小学校或社区建立知心家庭学校，通过组织讲座和生动活泼的实践活动，提供家庭教育方面的培训、咨询等服务，引导亲子两代人加强沟通了解，帮助家长学习掌握科学的教育观和教育方法。1998年，全国第一所知心家庭学校在北京翠微小学开办；2000年3月，全国第一所市级知心家庭学校在浙江省金华市创办；2000年5月，北京市朝阳区和平街社区建成了全国第一所社区知心家庭学校。目前，已在全国20多个省创办了300多所知心家庭学校。

多年来，“知心家庭学校”坚持平等互动的原则，实践教育与服务相结合的原则，因地制

宜、积极创新的原则，本着为优化少年儿童的成长环境服务、为促进父母与孩子的沟通服务的宗旨，开展了一系列活动。“知心家庭学校”通过举办专家讲座、家长培训班、家教交流会等活动，向学生家长传授儿童教育学、心理学、生理卫生学、营养学、未成年人保护法、预防未成年人犯罪法等有关知识；通过“知心热线”、“知心信箱”，及时为少年儿童解答学习、生活中遇到的种种疑难问题，帮助他们解决心理上的困惑；通过家长和孩子一道参加“同写知心家信、同读好书好报、同诵中华美文、同做环保益事、同游祖国河山”等活动，积极引导广大家长和孩子们在相互平等、相互尊重、相互信任的基础上加强交流。

中国青年科技创新行动

中国青年科技创新行动是共青团、青联组织贯彻落实科教兴国战略和人才强国战略，推进国家创新体系建设的重要举措。1999 年 5 月，团中央、科技部联合下发了《关于共同实施中国青年科技创新行动的意见》，中国青年科技创新行动开始实施。1999 年 12 月，共青团十四届三中全会讨论通过了《共青团中央关于大力推进中国青年科技创新行动为全面实施科教兴国战略做贡献的决定》，中国青年科技创新行动作为全团的重点工作全面开展。

1999 年 7 月、2001 年 3 月，团中央、全国青联先后命名建立了两批 58 个中国青年科技创新行动教育基地和 85 个中国青年科技创新行动示范基地，为青年科技创新行动的开展提供了阵地依托。2000 年 4 月，全国青联与亿阳集团共同设立了“中国青年科技创新行动”亿阳基金，为活动的顺利实施提供了有力保障。几年来，团中央、全国青联以“金桥计划”为核心，通过组织百名博士西部行、青年专家科技服务团、博士服务团、海外学人回国创业周等活动，招募了近 1 万名青年科技工作者、青年企业家和海外留学人员，以项目合作、技术支持、科技论坛、成果发布、咨询论证以及挂职锻炼等方式开展服务与合作，累计发布科技成果 1 万多项，达成意向性项目协议近 2000 项，协议金额 2 亿多元。通过开展中国青年科学家奖、中国青年科技创新奖、中国软件行业杰出青年评选活动，举荐和宣传了大批青年科技人才。目前，已经有 78 人获得中国青年科学家奖，40 人获得中国青年科技创新杰出奖，480 人获得中国青年科技创新优秀奖，10 人获得中国软件行业杰出青年称号，30 人获得中国软件行业杰出青年提名奖。

五年来，初步形成了青年科技创新行动的有效工作机制。

1. 社会化运作机制。一是工作职能的社会化，二是工作方式的社会化，三是工作对象的社会化。

2. 项目化运作机制。着重抓好需求调查、前期对接、现场发布、参观考察、签订协议、跟踪反馈等六个环节，既推动了项目和成果的转化，又符合了市场规律；既保证了活动的实效，又保持了青年科技创新行动的长期性和持久性。

3. 共青团青年科技工作的协调机制。实现了团内与团外的内外协调机制、团的多条战线内部协调机制和团的各级组织上下协调机制，既形成了开放式的工作格局，广泛调动了

社会各方面的力量，又形成了点面结合、战线结合、全团抓创新的良好局面。

各级共青团、青联组织积极响应团中央、全国青联的号召，高度重视、不断创新，在全社会广泛营造了尊重科学、尊重人才的良好氛围，激发了青年科技工作者的创新与创业热情，采取多种形式为不同领域、不同层次青年科技工作者的创新实践提供了切实有效的服务，在大专院校、科研院所与企业、园区之间，东部地区与西部地区之间、海外学人与国内建设之间，架起了人才与项目对接、成果与市场联系的桥梁，促进了科研与产业的紧密结合，为进一步推进我国经济社会的发展，为全面建设小康社会做出了积极的贡献。中国青年科技创新行动已经成为新时期共青团工作和青年工作服务经济建设的重要结合点。

与港澳青年交流活动

在"一国两制"方针的指引下，根据中央港澳工作的方针政策，围绕团十四大以来的工作大局，团中央坚决贯彻港澳两个《基本法》的有关精神，积极宣传《基本法》，促进澳门的顺利回归和香港的长期繁荣稳定，努力推进内地与港澳青少年交流的蓬勃发展。先后开展了"中华龙腾——海内外青年汇长城"、"爱我中华、建树香江——公民教育教学系列活动"、"中国心"迎接澳门回归祖国倒计时 100 天天安门广场大型音乐会、"龙声飞扬"万人青年音乐会、青年管理人才高级研修班等大型和常年开展的活动，并形成品牌，在内地及港澳青少年中获得热烈的反响。

五年来，全国青联共举办了 5 项涉港澳的大型交流活动，接待来访团组近 100 个，人数约 5100 人次；派出团组近 50 个，人数约 1500 人次。活动中打破两项吉尼斯世界纪录，创立一项新的吉尼斯世界纪录。

海峡两岸青年交流活动

海峡两岸同胞情同手足、血脉相连，实现祖国完全统一是包括广大青年在内的海内外中华儿女的共同心愿。随着两岸民间交流的蓬勃发展，两岸青年之间的联系更加紧密，两岸青年在经济、文化、教育、科技等方面交流日益密切，感情不断加深。

近年来，共青团、青联组织始终把加强对台青少年交流工作放在重要位置，坚持以"弘扬中华文化的优秀传统，明确当代青年的历史使命"为主题，不断拓展与台湾地区青少年团体的交流。开展了学术报告、研讨座谈、经贸考察等专业交流，组织不同行业、团体的两岸青年精英相互访问，促进台湾青年多来祖国大陆参观交流；注意利用文字、图片、声像等资

料，借助广播、影视等媒体力量，积极宣传中华民族的优秀文化传统和海峡两岸历史文化的渊源关系，宣传祖国大陆改革开放、经济建设的成就；充分利用香港、澳门回归并保持稳定繁荣，以有说服力的大量生动的实例，宣传“一国两制”方针和中央各项对台政策。

从1995年至今，全国青联成功地在北京、上海、杭州、大连、广西等地举办了四届以“同在一轮明月下”、“海上升明月”、“山歌唱团圆”等为主题的“海峡两岸青年中秋联欢”活动和四届以“两岸情、同胞心”等为主题的“元宵佳节聚台北”活动；在深圳、澳门、香港、台北和杭州等地举办了六届“海峡两岸暨港澳地区青年企业家研讨会”；还举办了“海峡两岸青年创业之路研讨会”、“海峡两岸杰出青年论坛”等一系列内容丰富、形式多样并具有青年特色的交流活动。邀请台湾杰出青年和青年学生组团来祖国大陆进行考察观摩，努力推动两岸经贸、科技、教育、文化界优秀青年的互访交流，建立友谊、增进了解、提高互信，进一步密切了两岸青年之间的交往与联系。八年来，全国青联共接待台湾青少年4956人次，组派近900人次赴台湾访问，为促进两岸关系发展发挥了积极作用。

博士服务团活动

为响应党中央关于实施西部大开发战略的号召，组织动员青年尤其是青年科技人员为西部大开发做贡献，自1999年以来，团中央联合中组部共同开展了“博士服务团”工作，先后选派了3批213名博士赴四川、陕西、甘肃、宁夏、内蒙古、广西、贵州、云南、青海、重庆等西部10个省（区、市）和江西省进行为期一年的挂职锻炼服务。在实践中，博士们发挥了自身的专业优势，为西部地区带去了新的观念、信息和科研成果，发挥了参谋助手和桥梁纽带作用，促进了技术合作与交流，提供了切实有效的服务。有的同志带领当地科研人员，大胆进行科技创新，促进了科技成果向现实生产力转化。有的同志帮助地方找准科研方向，提高了申报国家课题和项目的质量和水平。有的同志通过调查研究，结合专业，提出了很多合理化建议。2001年，国家旅游局选派到重庆挂职的彭德成博士，针对三峡库区沿岸旅游发展中存在的问题，提出了把长江三峡旅游发展纳入国家规划的建议，受到了4个省市的积极响应，建议被国家旅游局等六部委正式采纳，并且已付诸实施。还有不少博士在派出单位和派往地方之间架起了桥梁，促进了双方在人才、科技以及经济方面的交流与合作。中科院与重庆、内蒙古在科研项目、人才交流方面达成了多项合作协议，教育部所属东南大学与贵州省达成了人才培养的合作协议。实践表明，这项工作是组织动员青年知识分子面向基层需要，为地方科技进步和经济发展服务的过程，也是理论与实践相结合的过程。它不但使青年知识分子明确了肩负的历史使命，而且增强了服务祖国和人民的责任感和实际本领。同时，这项工作打破了人才所属部门及专业领域的限制，克服了“见物不见人”的现象，把人才资源和基层的需求有效对接起来，使人才资源得到合理的配置，使地方经济和社会发展得到了更坚实的人才支持，探索了加速培养和有效使用复合型专业技术人才的灵活用人机制。中共中央政治局常委、书记处书记曾庆

红同志曾经亲自参加“博士服务团”培训班并发表讲话，对此项工作给予了充分肯定。目前，“博士服务团”工作作为中组部、团中央为西部大开发提供人才支持的一项重要举措，已经列入《2002－2005 年全国人才队伍建设规划纲要》（中办发[2002]第 12 号）。

百名博士西部行活动

中央提出西部大开发战略以后，团中央认为，实施西部大开发将为广大青年，尤其是青年知识分子施展才华提供广阔的舞台和难得的发展机遇。共青团作为党的助手和后备军，作为联系青年的桥梁和纽带，应该积极响应党中央的号召，组织动员广大青年，尤其是青年科技工作者、青年企业经营管理者参与西部大开发，在全社会特别是在青年中营造一种关心、支持、参与西部大开发的良好氛围，把青年的积极性和创造力引导到为西部大开发做贡献上来。为此，团中央、全国青联决定组织“百名博士西部行”活动，充分发挥高层次青年科技人才的智力优势，立足于市场需求，从解决西部地区的实际问题出发，积极推动科技成果产业化，帮助西部地区提高经济发展的科技含量。

一、基本情况

“百名博士西部行”活动，由团中央、全国青联牵头，组织海内外有志于为西部大开发做贡献的青年博士，以短期工作、定期服务、项目合作等方式，分期分批深入到西部地区，为当地的企业技术创新和经济发展提供人才、信息、技术、项目等多方面的服务。活动一般分为三个阶段：需求调查，开展服务，跟踪反馈。需求调查，就是由准备开展“百名博士西部行”活动的省（市、区）级团委针对全省企事业单位和科研院所的项目需求进行调查摸底，下发需求调查表，统计调查结果，筛选可对接的项目；开展服务，即团中央根据企业技术需求情况，与各大科研院所联系，挑选出可进行项目对接的博士，组织他们赴当地开展服务，服务的形式主要以高层次讲座、科技成果发布会、咨询论证和人才与项目对接为主；跟踪反馈，就是每一次活动结束后，针对重点项目进行信息反馈和跟踪报道，及时发现问题，从企业、博士和地方政府三方面入手，促使意向性协议落到实处，加速科技成果转化为生产力。

“百名博士西部行”活动开展以来，受到了西部地区党政机关、企事业单位和科研院所的热烈欢迎。陕西省委书记、省人大常委会主任李建国在座谈会上说，团中央和全国青联组织这样高层次的青年专门人才到西部来，是响应江总书记的伟大号召，紧跟党中央的战略部署，动员广大青年参与西部大开发的重要举措。这个活动意义深远，抓住了西部大开发的关键问题，即人才准备。相信这个活动所焕发的青春力量、昭示的时代精神，将会吸引更多人才到西部来。中共青海省委书记白恩培、中共甘肃省委副书记陆浩同样对博士们寄予厚望，他们希望博士们抓住西部大开发的机遇，将自己的科研成果充分运用到实践当中，为西部地区的发展和祖国的现代化建设贡献力量。

从 2000 年 1 月到 8 月，团中央、全国青联已经与中科院、社科院、农科院、全日本在职中国留学人员联谊会、中国农机研究院、中国建材研究院、机械科学研究院、煤炭科学研究院、

钢铁研究总院、中航第一集团公司、中航第二集团公司、北京矿冶研究总院、北京机电研究所、中国博士联谊会等单位联合组派了4批“博士团”共161人次，先后赴陕西、甘肃、青海三省开展人才与项目对接、咨询论证和技术服务，为西部地区带去了新的观念、新的思想和新的方法，与当地的企业进行了广泛的科技成果和合作项目，签订了118项意向性项目协议。迄今为止，已经有40多家媒体对“百名博士西部行”活动进行了宣传报道，使它的影响不断扩大。一段时期以来，包括海外留学人员在内的青年知识分子也纷纷来电来函，要求参加“博士团”，他们表示，愿意为西部地区的发展，为国家的经济建设贡献自己的聪明才智。

陕西：2000年1月9日至13日，团中央、全国青联组织了第一批59名博士赴陕西开展工作，其中包括中科院和社科院的7位所长（副所长）、1名中科院院士、7名海外博士和一批博士生导师等我国一流的青年科技人才，举办了两场关于西部开发政策和农业产业结构调整的讲座，为西安飞机工业集团等46家企业进行了咨询论证，发布了312项科技成果，签订了33项意向性合作协议，建立了中国杨凌海外学人农业高科技虚拟创业园。“白名博士西部行”活动得到了各级政府的大力支持，为了听取博士们的意见，陕西省委书记李建国专门从北京赶回西安，与团中央书记处书记周强、常务书记巴音朝鲁、中科院副院长白春礼、陕西省委副书记范肖梅共同听取博士们对西部大开发的见解。李建国强调，“百名博士西部行”活动的重要性不仅仅在于谈成了一批项目，更为重要的是它是一个转折点，标志着长期以来形成的“孔雀东南飞”的局面已经开始向“人才西部行”转变。

4月29日至5月2日，全日本在职中国留学人员联谊会一行22位博士再一次走进陕西，开始了新一轮项目、人才与西部的对接，在短短的三天时间里，与陕西省的13家企业（单位）签订了21个经济技术项目协议。作为“百名博士西部行”活动的拓展和延伸，留日学人以“报效祖国”为旗帜，以为国服务为宗旨，以团结引导广大留日学人积极投身祖国的改革开放和社会主义建设的主战场为任务，以“海外百名博士走进西部行动”为依托，计划在五年内组织百名海外优秀留学人员与西部建立长期的合作，实施“对接工程”、“创新工程”、“创业工程”，使留学人员的事业和祖国的发展有机地结合起来。

甘肃：7月26日至30日，团中央、全国青联组织了第三批博士团赴甘肃开展工作，在不断总结过去工作的基础上，为了使对接工作富有实效，团中央与团甘肃省委用了3个月时间反复联系协调，使博士与对接项目更加符合实际需要，最终签订了37项意向性项目协议。尤其是在农业节水灌溉、水果保鲜、马铃薯深加工、有色金属开采和基础设施建设等项目的合作方面卓有成效。在甘肃的活动中，给博士们印象最深的是甘肃各级党政领导对人才的高度重视和强烈渴望，中国农机研究院院长陈志说：“这次我和6位博士来甘肃，看到企业如此求贤若渴，提出了许多可以合作的项目，使我们深受感动，更增强了我们与西部地区企业合作的信心。我们相信，在大家的共同努力下，一定会使西部大开发事业蓬勃发展，铸造辉煌。”

青海：继甘肃的活动之后，博士们又不辞辛苦来到青海，也因此引出了青海省长与博士“高原结义”。青海省马培华副省长是世界级的盐湖专家，在“百名博士西部行”青海座谈会上，他对青海的优势资源如数家珍、了如指掌，当他讲到青海氯化锂的储量占全国储量的50%时，在对面坐着的陆惠波博士顿时激动起来。陆博士是第九届全国青联委员、法国国家科研中心高级研究员，他一直有一个愿望，就是把在世界领先的未来新技术带到国内，并建立一个产业化基地。经过几次会晤之后，马副省长与陆博士商定，在青海建立一个中法新材

料能源联合实验室。陆惠波博士仅仅是众多丰收者中的一员,博士团的绝大多数成员不仅找到了合作伙伴,而且在他们即将离开青海时,33位博士每人手里都多了一张“青海省人民政府科技顾问”的聘书。

二、成效和意义

1.“百名博士西部行”活动适应了西部大开发的需要。活动不仅及时为西部地区的企业提供了信息、技术和项目支持,而且帮助改制后的科研院所开拓了市场,将科研、开发、应用有机结合,形成一个完整的系统,以科研带动市场发展,以市场需求促进科研开发。

2.“百名博士西部行”活动为青年科技人才参与西部大开发提供了广阔的舞台和发展空间,是组织广大青年报效祖国,实现自身价值的有效形式。

3.“百名博士西部行”活动为西部地区注入了新的人才观和市场观。西部大开发面临的是经济结构的战略性调整,这也意味着人才结构要作战略性调整。可以说,西部大开发的首要任务是人才资源的开发。由于多年来的“孔雀东南飞”造成了西部地区整体人才结构总量失衡,不适应西部快速发展的需要。“百名博士西部行”就是要发挥青年科技人才优势,以“人”为切入点,通过人才、技术、信息和项目等要素的引入,促使西部地区的用人观念和市场意识发生转变,使西部地区的人才培养由“输血”变为“造血”,增强自身的“造血”功能,充分挖掘和培养本地区的人才资源,增强市场观念,加速科技成果的产业化。

青年专家科技服务活动

为了有效发挥共青团、青联组织的自身优势,组织动员青年科技人员为地方经济建设服务,自2001年起团中央、全国青联组织了青年专家科技服务系列活动。几年来,大专院校、科研院所、高新技术企业、风险投资机构等领域的2000多名青年专家参加了活动,他们围绕电子信息、生物工程、机械制造、新型材料、环境保护、医学研究等领域,通过学术报告、投资信息公布、产业发展论坛、项目成果发布和交流洽谈等形式,与全国各地的190多家相关企业、科技园区及政府部门的有关人士进行了广泛交流和深入探讨,发布了科研成果2067项,介绍了1163项高新技术投资信息,青年专家与341个单位建立了包括技术转让、技术合作、投融资等合作关系,签订意向性项目合作协议415项,并达成了9000多万元的合作协议,有111位博士被聘为企业的技术顾问。经过一段时期的摸索与实践,青年专家科技服务活动受到了参与者的普遍欢迎和广泛好评,就效果而言,不但为高新技术与风险投资的有效结合提供了渠道,提升了社会分散资金的投资效率,而且为高科技企业寻求项目、参与市场竞争创造了良好的条件,把人才、项目、信息、资金引入高科技园区,使园区拥有了各方面的资源,在科技创新和科技成果转化的过程中起到了催化剂的作用。青年专家科技服务团较其他类似活动而言,更为务实,效果也更为突出,为科研成果的转化搭建了对接平台,促进了青年科技人员事业的发展,为企业解决了难题。

几年来,各级共青团、青联、青科协组织按照实际、实用、实效的原则,纷纷组织了不同领域、不同类型、不同层次的青年专家科技服务

团。河南团省委结合当地实际，组织了青年专家中原行，为地方经济建设提供了人才和智力支持。甘肃团省委与中科院兰州分院和省农科院合作，实行定点帮扶，充分发挥了科研院所的作用。广西团省委以企业为重点，充分挖掘了企业青年科研人员的潜能。实践表明，青年专家科技服务团把从事科研开发、高新技术企业、高科技园区、风险投资、科技管理等领域的青年人才聚集起来，形成科技成果转化的人才链，使个体无法独自完成的科技成果转化工作，在人才的有效聚合中得以实现，促进了官、产、学、研、资等要素的有效结合。

海外学人为国服务系列活动

创建：1997 年至 2001 年，共青团中央、全国青联开展了留日学人为国服务团、海内外青年材料博士服务企业活动、海外百名博士“走进西部”行动、海外学人为国服务唐山创业行、青年专家科技服务团青岛创新行动、廊坊创新行动等海外学人为国服务系列活动。

措施：活动主要组织来自日本和欧美等国家和地区的海外留学人员 26 个团组共 1108 人次，以项目合作、技术服务和直接创办高新技术企业等多种方式为国服务。

成效：活动帮助广大留学人员与国内 16 个省(区、市)的企业、高校和科研单位开展合作，先后与国内有关单位达成了 560 多项经济技术合作项目，与全国 23 个留学人员创业园建立了技术交流等方面的联系，建立了 27 家合作研究基地，为 800 多家企业提供了咨询服务，创办了 6 个海外学人高科技创业园和 12 家高科技企业。

意义：海外学人为国服务系列活动是共青团中央、全国青联大力开发海外人才资源，推动海外学人以多种方式为国服务，帮助他们为祖国经济发展和科技进步做出更大贡献的重要举措。

具体活动情况如下：

1. 留日学人为国服务团

团中央、全国青联与中国留日同学总会共同开展了留日学人为国服务团活动。1997 年以来，先后 23 次组织共 1000 多名海外博士回国服务，参与了多项国家 863 计划项目和“九五”重点工程的研究开发工作，先后与华北制药集团、北京有色金属研究总院等单位进行技术合作和项目公关，分别在山东、陕西、北京等 13 个省、直辖市建立了 27 个为国服务基地，与国内达成了 120 多项经济技术合作项目，在陕西杨凌、山东威海等地与地方政府共建了 3 家海外学人高科技创业园，创办了 10 多家高科技企业，为国家的改革开放和现代化建设做出了积极的贡献。2001 年 5 月 4 日，中共中央总书记、国家主席胡锦涛考察了中国青年科技创新行动示范基地——北京有色金属研究总院半导体材料国家工程研究中心，对该院与留日学人为国服务团的合作项目给予了充分肯定。

2. 海内外青年材料博士服务企业活动

1999 年 10 月 8 日至 18 日，海内外青年材料博士服务企业活动先后在杭州、上海、宁波、太仓、昆山、北京等地举办。来自美国、英国、日本、德国、澳大利亚、新加坡等近 20 个国家和地区 180 多位具有博士学位的优秀青年科技专家以及分布在全国高校、研究院所和各相关企业的近 300 位优秀青年学者参加了活动。

10月18日，中共中央政治局常委、国务院副总理李岚清亲切接见参加活动的代表。

3. 海外百名博士“走进西部”行动

2000年4月29日至5月2日，由全日本在职中国留学人员联谊会具体落实并组织的首批22名海外博士，携带他们在金属与非金属材料科学、信息科学与软件开发、农业经济、生命与环境科学方面的最新科研成果赴陕西进行实地考察，与宝鸡有色金属加工厂、大唐电信、杨凌示范区、咸阳市政府等16家企业和单位开展对口服务和项目合作，活动期间，博士们与13家企业(单位)签订了21项经济技术合作项目协议。

4. 海外学人为国服务唐山创业行

2001年6月20日，由中国青年科技工作者协会、共青团河北省委、河北省青联、河北省人事厅、中共唐山市委、唐山市人民政府联合主办的“海外学人为国服务活动——唐山创业行”活动在河北省唐山市拉开了序幕。此次活动旨在帮助和吸引更多的海外学人回国创业或以各种形式为国服务，探索以高科技园区为载体，促进人才、项目、资金有效结合的新途径。在为期3天的活动中，来自美国、日本、加拿大、丹麦、荷兰、德国、瑞典、南非和香港等9个国家和地区的116名海外留学人员聚集唐山，他们带来了涉及信息产业、生物工程、新材料、新能源、光机电一体化、节能环保等诸多领域的技术，通过报告会、高科技项目及产品发布会、咨询论证等形式为国内企业提供人才、智力、信息、技术等多方面的服务，并与相关高科技企业和风险投资公司进行项目合作与洽谈。

5. 青年专家科技服务团青岛创新行动

2001年7月6日至9日，来自海内外新材料领域高等院校、科研院所、高新技术企业、风险投资机构的近200名青年专家通过学术报告、投资信息公布、产业发展论坛、项目成果发布及洽谈等形式，与来自全国各地的90多家相关企业、高科技园区及政府部门的有关人士，就新材料的研发、应用及其产业化等问题进行了广泛深入的交流和探讨。共发布了科研成果238项，介绍了63项高新技术投资信息，青年专家与128个单位建立了包括技术转让、技术合作、投融资等合作关系，并达成了4000多万元的合作协议。

6. 青年专家科技服务团廊坊创新行动

2001年10月26日至29日，中国青年科技工作者协会、共青团河北省委、河北省青联、中共廊坊市委、廊坊市人民政府共同主办了“青年专家科技服务团廊坊创新行动”。来自日本、美国、加拿大、荷兰以及国内各科研院所的33名海内外青年博士参加了本次活动，他们带着电子、农业、环保、新材料、生物、机械等领域的近百项科研成果和合作项目与当地企业进行了交流、洽谈，共达成15项经济技术合作项目。

全国宗教界青年代表人士考察学习团活动

为更好地团结、教育和引导宗教界青年代表人士，促进宗教与社会主义社会相适应，为民族团结、社会发展和祖国统一做贡献，2000年9月和2001年11月，共青团中央、全国青联组织了二次“全国宗教界青年代表人士考察学习团”活动。参加考察学习活动的宗教

界青年代表人士，包括全国青联宗教界委员、在社会上和信教青年中具有一定影响力和号召力的省级青联宗教界委员。来自19个省（区、市）佛教、道教、伊斯兰教、天主教、基督教五大宗教的青年代表人士共40人先后到上海、江苏、北京、广东、福建等地参观、考察和学习。

考察学习活动主要包括：举办学习班，邀请经济专家做经济发展形势报告，中央统战部、国家宗教事务局有关部门负责同志做宗教政策理论、法律法规讲座；举行座谈会，由考察学习团成员及参观考察地方的部分宗教界青年代表人士就贯彻落实党的宗教政策、依照法律开展宗教活动、团结引导信教青年等方面进行座谈交流；进行参观考察活动，如参观经济技术开发区、高新技术园区和知名企业，参观爱国主义教育基地，考察宗教活动场所。

考察学习活动使宗教界青年代表人士亲身感受到了改革开放和社会主义现代化建设事业的勃勃生机和巨大成就，激发了他们热爱党、热爱祖国、热爱社会主义的感情，进一步增强了责任感；感受到党的宗教政策得到全面落实，进一步增强了积极与社会主义社会相适应，报效祖国的自觉性；通过各教之间的交流，使他们加深了相互了解，扩大了共识，增进了友谊。

2000年9月27日，共青团中央、全国青联在京召开“宗教界青年代表人士座谈会”，全国政协副主席、中央统战部部长王兆国会见了全体与会代表，出席座谈会并作重要讲话。共青团中央书记处第一书记周强、中央统战部副部长、国家民委主任李德洙、共青团中央书记处常务书记、全国青联主席巴音朝鲁、国家宗教局局长叶小文等参加了会见并出席座谈会。参加“全国宗教界青年代表人士考察学习团”的全体成员和北京市宗教界部分青年代表人士共50多人参加了座谈会。周强同志主持了座谈会。巴音朝鲁同志在座谈会上代表共青团中央、全国青联讲话。

听取五大宗教青年代表人士发言后，王兆国同志向宗教界各位青年朋友阐述了宗教信仰自由政策和独立自主、自办教会的方针。他希望宗教界青年朋友要继承和弘扬老一辈宗教界人士爱国爱教的优良传统，坚持走爱国爱教的道路，坚持独立自主、自办教会的原则不动摇，自觉抵制境外势力利用宗教进行政治渗透和思想渗透，努力提高和加强自己的道德素养和宗教学识，树立良好的宗教职业者的形象，团结宗教界的广大青年，振奋精神，以更加饱满的热情投入到有中国特色的社会主义建设中去，为中华民族的全面振兴贡献自己的力量。

全国青联志愿者艺术团下基层慰问演出活动

为充分发挥青联组织的人才优势，积极为经济、社会发展大局服务，推动新时期青年文艺工作者的健康成长，团中央、全国青联充分发挥人才优势，长期坚持组织文艺界青联委员和青年文艺工作者深入老、少、边、贫地区和国家重点工程建设一线开展慰问演出活动。2000年10月，在总结以往“心连心”、“三下乡”、赈灾助残、扶贫帮困等文艺慰问活动的基础上，成立了全国青联志愿者艺术团，使这一工作逐步走向规范化和制度化，并在社会上形

成了统一的品牌。

全国青联志愿者艺术团以“回报社会、奉献人民，培养德艺双馨艺术家”为宗旨，以全国青联文艺界委员和青年文艺工作者为主要成员，通过组织开展各种主题鲜明、形式多样的慰问演出活动，把党和政府的关怀和温暖送到人民群众和共和国建设的功臣当中。同时，广大青年文艺工作者通过参加慰问演出活动，深入体验当代中国发展和进步的历史进程，切身感受人民群众的创业热情和火热的生活，为创作出更多更好的艺术作品，促进自身的发展提供了素材和体验。

1998 年至 2002 年间，团中央、全国青联组织的慰问演出团足迹遍布近 20 个省级区划，组织大型慰问演出 37 场，现场观众人数达 65 万人，参加演出的知名演员达 272 人次。从三峡库区到西沙群岛，从厂矿企业到高校校园，从国定贫困县到养老院、福利院，从国家重点工程建设一线到条件恶劣的边防哨卡，从农家院简陋的土堆舞台到灾后狼藉的一片废墟……，到处都留下了全国青联文艺界志愿者们熟悉的身影。艺术团慰问演出活动得到了领导的高度重视，每次活动都由团中央书记处成员带队。冯巩、李杨、殷秀梅、彭丽媛、阎维文、郁钧剑、刘斌等青年艺术家和那英、韦唯、解小东、蔡国庆、韩红、韩磊等演艺界明星组成的强大演出阵容更是受到了所到地方群众的热烈欢迎，使活动收到了良好的社会效果。

在全国青联的示范下，湖北、山东、浙江、湖南、四川、陕西、甘肃、青海、内蒙古、河北等省级青联相继成立了艺术团地方分团，纷纷开展丰富多彩的慰问活动，初步形成了横向联合、上下联动的活动方式，为扩大活动受益面打下了坚实的基础。

海外学人回国创业周活动

创建：为推动更多的海外学人回国创业，帮助他们在祖国建设和科技进步中做出更大贡献，从 2001 年起，共青团中央、全国青联、欧美同学会于每年年底联合组织了“科技创业、报效祖国——海外学人回国创业周活动”。

措施：2001 年 12 月 23 日至 27 日，共青团中央、全国青联、欧美同学会联合举办的“科技创业、报效祖国——2001 海外学人回国创业周”活动，组织了来自 15 个国家和地区的 360 位海外留学人员，赴 8 个省市的 20 个园区开展产品发布、项目洽谈和交流。活动中举办了 20 场高科技项目发布会，发布项目 235 个；与 192 家企业、52 家投资机构进行了对接和洽谈。中国留日同学总会、北美华人科技协会等 16 家海外华人团体组织海外学人参加活动。12 月 27 日，中共中央政治局常委、国务院副总理李岚清亲切会见了其中的部分代表并与他们进行了座谈。活动期间，还在京举办了“2001 海外学人回国创业论坛。”

2002 年 12 月 22 日至 27 日，共青团中央、全国青联、欧美同学会联合举办了“科技创业、报效祖国——2002 海外学人回国创业周”活动。来自 16 个国家和地区的 421 名海外学人分为 9 个组，分赴北京、天津、黑龙江、上海、江苏、浙江、福建、广西、四川、陕西等省（区、市）的 32 个高科技园区开展了丰富多彩、各具特色的活动。各地共组织海外学人参观高科技企业和园区 58 家，组织座谈会、项目发布会、洽谈会和交流会 42 场。12 月 26

日，中共中央政治局委员、全国人大常委会副委员长王兆国亲切会见了其中的部分代表并与他们进行了座谈。活动期间，在京还举办了“2002海外学人回国创业论坛”；黑龙江省举办了“省十大海外青年学人回国创业之星”表彰活动，成立了“中国海外学人黑龙江创业投资基金”；陕西省举办了“中国青年科技创新行动示范基地”授牌仪式。不仅如此，各地还为大家精心安排了丰富的圣诞庆祝活动。

成效：通过组织“海外学人回国创业周活动”，与一批在美国、日本、英国、德国等国家的留学人员社团建立了联系，逐步搭建起海外学人的人才库。“2001海外学人回国创业周活动”中共达成项目合作协议59项，涉及计算机、通信、网络、医药、生物工程等众多领域。“2002海外学人回国创业周活动”通过网络发布项目600余项，现场发布项目252项，共签署意向性协议112份。

意义：通过组织“海外学人回国创业周活动”，营造了鼓励和支持海外学人回国创业和以多种方式为国服务的良好社会氛围，帮助海外学人参与祖国的经济建设和社会发展，为广大海外学人回国创业和发展提供了切实有效的服务，搭建了方便、快捷的桥梁。

创建“青年文明社区”活动

1998—2002年，共青团中央联合民政部、建设部、国家工商行政管理总局推出创建“青年文明社区”的活动继续得到深化。各地以社区团建为基础，以社区服务项目为重点，围绕“建立良好的社区秩序、美化社区环境、完善社区服务、形成和谐的社区人际关系、提高社区青少年素质”这一总体目标，团结带领广大青少年积极投身群众性精神文明建设。在创建活动的实践中推出了许多具有广泛影响的品牌项目，形成了鲜明的工作特色，对于推动社区建设和发展发挥了积极作用。

在“青年文明社区”创建过程中，各地团组织在党组织的统一领导下，从促进社会稳定的大局出发，积极配合团中央探索和创新社区团的组织方式和管理制度，不断增强社区团组织的内在活力。为切实加强城市社区共青团工作，优化社区新型的人际环境，探索出了一些行之有效的工作模式。

1. 加强城市社区组织建设。各地坚持党建带团建，重点加强了街道团组织建设和非公有制经济组织团建工作并积极发展社区各类青年社团组织，构建社区青年组织网络，提高了社区团组织的有效覆盖率。北京、上海、广州等地社区的建团率都达到80%以上。

2. 加强城市社区青少年活动阵地建设。各地团组织积极整合社会资源，努力运用市场化的运作手段，坚持多渠道资金参与建设，并注重加强社区青少年活动阵地的整合利用，为社区青少年各项工作提供基础平台和物质支持，加强以社区青少年服务中心为核心的共青团阵地网络的建设。各地陆续建立了一批融社区青少年志愿服务、维权服务、文化服务于一体的社区青少年服务中心。五个首批校外教育资金资助的社区青少年服务中心已经顺利建设起来。

3. 加强城市社区文化建设。以“青年文明社区‘大家乐’”为统揽，在社区积极开展大家唱、大家跳、大家说、大家画、大家写等群众性文化活动，调动了社区青年和群众的积极性，丰富了社区群

众的文化生活。2001年2月6日，团中央在全国范围内启动实施了“青年文明社区反邪教行动”，800万团员、青年在全国100个大中城市同时走上街头，深入社区，通过开辟宣传橱窗、举办集会、签名、展览、咨询等活动，张贴招贴画、发放宣传材料、播放影像制品，开展多种形式的反“法轮功”邪教宣传教育活动。2002年，为进一步深化开展青年文明社区“大家乐”活动，全团以纪念建团80周年和喜迎党的十六大召开的契机，开展了“永远跟党走”——全国社区青年文化节活动。各地以大家乐舞台、广场、楼道等为载体，通过社区青少年和广大居民自编、自演、自娱、自乐的方式，使大家乐舞台成为社区开展丰富多彩的文化、艺术、体育、科普活动的有效载体。全国各地800多万社区青少年和社区居民已参加了1.5万余场群众性演出。

4. 加强城市社区青少年服务项目建设。开展了社区志愿服务、“青年文明号”驻万家、社区维权服务、社区青少年的就业、教育、培训等等。通过丰富社区服务项目，进一步促进社区青少年服务体系的形成。

5. 加大创建工作推进力度。为进一步推动“青年文明社区”活动的深入开展，2002年月，团中央联合民政部、建设部、国家工商行政管理局下发了《关于开展全国“青年文明社区示范城(区)创建活动的通知》。从城市发展的整体战略高度出发，以城(区)为单位，以大中城市为重点，充分发挥城区在城市社区建设中承上启下的作用，形成城(区)、街道、社区共同推进青年文明社区创建工作的整体态势。通过首批61个示范城(区)的评选活动和各地创建“青年文明社区”活动案例的汇编，树立了一批创建“青年文明社区”的先进城(区)典型，充分发挥典型引路、以点带面的作用，推动全国“青年文明社区”在各级城市的发展。

到2002年底，全国已有国家级“青年文明社区”约1000个，全国“青年文明社区大家乐”舞台102个，省、地(市)级“青年文明社区”近3000个。

“千校百万”进城务工青年培训计划及“进城务工青年发展计划”

目前全国有近1亿进城务工青年。为了做好进城务工青年工作，把广大进城务工青年的积极性、创造性凝聚到改革、发展、稳定上来，从1996年开始，团中央从服务、教育入手，联合有关部委开展了“十杰百优”进城务工青年评选、“千校百万”进城务工青年培训计划等项活动，积极探索做好进城务工青年工作。2001年7月，在认真总结近年来各项工作的基础上，团中央以加强团组织建设、培训技能、弘扬打工文化、维护合法权益、引导返乡创业、树立先进典型为重点，在全国实施了“进城务工青年发展计划”，取得了积极成效。

1. 加强团组织建设，团结凝聚广大进城务工青年。各地本着党建带团建和自我管理、自我教育、自我服务的原则，加强了进城务工青年团组织建设，增强团组织的凝聚力和影响力。通过开展培训工作和丰富多彩的科技文化活动，动员、引导进城务工青年为务工地的经济和社会发展服务，为所在的社区服务，为家乡的发展服务，并在工作、活动和学习的过程中提高自身素质。各地还积极探索推荐优秀进城务工青年团员作为党的发展对象、流失团员的关系转

接、新团员的发展、积极分子的培养等项工作，并在进城务工青年成长成才、维护合法权益等方面提供实实在在的服务。浙江、山东、广东等地的团组织积极探索进城务工青年团组织建设的方式，摸索出了宿舍建团、兴趣建团、联合建团、行业建团等行之有效的团建方式，使大批“口袋团员”重新回到了团组织的怀抱，其中的一些先进分子还被发展为中共党员。

2. 加大培训力度，提高了进城务工青年素质。从1997年起，团中央、公安部、司法部、建设部、中央综治办等七部门实施了“千校百万”进城务工青年培训计划，开展了政策法规、文化知识、基本职业技能、权益保护、劳动安全、计划生育和卫生常识等方面的培训。截至2002年底，各地共建立了3200多家进城务工青年培训学校，对2800多万进城务工青年进行了针对性、实用性强的培训，受到了用工单位和广大进城务工青年的欢迎，得到了社会各界的支持。各地在工作中还积极把社会培训机构纳入“千校百万”进城务工青年培训学校的范围，引导它们为进城务工青年提供优质、实用的培训服务，指导进城务工青年就业，维护进城务工青年的权益，丰富进城务工青年的业余文化生活。团中央还通过“打工青年发展网”，向进城务工青年提供了近3万条就业信息，促进进城务工青年的有序流动。

3. 开展维权工作，把权益保护工作落到实处。近年来，各地团组织深入到进城务工青年群体中，倾听他们的呼声，了解他们的需求。在实践中，有些地方的团组织还在进城务工青年团支部中设立了维权委员，通过维权委员反映进城务工青年的权益保护需求，普及维权常识。各级团组织动员社会力量积极维护进城务工青年合法权益，并在进城务工青年相对集中的区域建立维权站、点，为进城务工青年发放维权服务卡，普及法律知识和外出务工常识，提供法律咨询和援助，帮助进城务工青年增强法制观念，提高依法自我保护能力。目前，全国共发放维权服务卡500多万张。2002年6月，团中央办公厅、劳动和社会保障部办公厅联合下发了《关于在共青团组织中开展劳动保障法律监督员工作的通知》，要求各地建立与完善共青团劳动保障法律监督员队伍，积极配合当地劳动保障部门开展维护进城务工青年合法权益的各项工作。

4. 培育务工文化，丰富进城务工青年精神文化生活。各地团组织积极组织青年志愿者和进城务工青年文艺骨干深入社区、企业，开展“大家乐”等丰富多彩的群众性文化活动，丰富进城务工青年的精神文化生活，用先进的打工文化塑造和影响当代进城务工青年。广州开发区员工大厦为8000名进城务工青年配备了乒乓球室、篮球场、卡拉OK厅、图书阅览室、广播室、教育培训厅、家乡阅报栏等，由务工青年们自己办的对开四版的《金雁报》成为青年们心灵交流的桥梁。

5. 突出具体服务，为进城务工青年办实事办好事。在培训和表彰的基础上，团组织还开展了“把文明带回家”、“平安打工”、“三送一助”（“送知识、送文化、送健康、助安全”）、送温暖等主题活动，把党和政府的关心和爱护送到进城务工青年身边。2001年至2002年，团中央陆续开通了两条进城务工青年咨询热线，组织各地青年志愿者为100多万进城务工青年义务体检，为进城务工青年赠送30万份人身意外伤害保险，发放进城务工青年奖学金，建立了一批进城务工青年之家等，并开办了“打工青年发展网”，为进城务工青年提供劳务信息、政策咨询、打工文化等服务。通过这些工作，使“本地青年外地青年都是有为青年，第一故乡第二故乡同为创业之乡”和“今日城市建设者，明天家乡创业人”等理念逐步形成，有效服务了进城务工青年成长成才。

6. 树立先进典型，营造了良好的社会舆论氛围。从1996年开始，团中央联合中央综治办、公安部等部委开展了三届全国杰出（优秀）

进城务工青年评选活动，共表彰了30名杰出进城务工青年、300名优秀进城务工青年的先进典型、206名进城务工青年良师益友和186个全国“千校百万”培训工作先进集体。胡锦涛同志曾亲切接见首届和第三届“十杰百优”进城务工青年代表，并鼓励进城务工青年们要争做“学习的模范，创业的先锋，守法的公民，致富的骨干”。各地团组织也相继开展了评选表彰，广东、天津等地还为一些先进典型解决了城市户口。

创建优秀“青少年维权岗”活动

优秀“青少年维权岗”是指自觉履行法律和政策赋予的职能，为维护青少年合法权益做出突出贡献的与青少年事务直接有关的基层单位。1998年，团中央首先联合中央综治办、最高人民法院、国家质量监督检验检疫总局，在与青少年成长密切相关的领域启动创建优秀“青少年维权岗”活动。截至2002年，这项活动覆盖到最高人民检察院、公安部、司法部、劳动和社会保障部、广播电影电视总局、国家工商行政管理总局、新闻出版总署等11个部门。几年来，创建优秀“青少年维权岗”活动得到了社会各界的大力支持。各系统基层单位立足本职工作，拓展工作领域，做好延伸服务，使创建活动在维护青少年合法权益方面取得了实效。目前，已经联合开展了三次全国级优秀“青少年维权岗”评选表彰活动，共产生全国级优秀“青少年维权岗”近900个。

几年来，创建活动重点开展了以下几方面的工作：

一是强化管理，推动创建活动的制度化建设。1. 制定出台了系列管理制度。2002年，团中央联合各部门共同制定出台了《全国优秀“青少年维权岗”创建、评比、表彰、考核及管理办法》，与最高法、最高检、公安部、司法部分别制定出台了《优秀“青少年维权岗”职责与奖励办法》。各省市都相继制定下发了《优秀“青少年维权岗”创建评比表彰管理办法》，使创建活动有章可循，制度日趋规范和完善。2. 监督检查机制进一步完善。为推动创建优秀“青少年维权岗”活动的机制不断完善，全国创建优秀“青少年维权岗”活动领导小组办公室在中青网上公布全国级优秀“青少年维权岗”名单和监督举报电话，接受社会的监督，2002年还组成联合检查组对全国创建活动开展情况进行检查调研。各省、市也成立了创建活动监督检查领导小组，聘请社会各界人士作为维权岗监督员，对优秀“青少年维权岗”进行日常监督、年终考核。对优秀“青少年维权岗”的动态管理，保证了优秀“青少年维权岗”的先进性和代表性。

二是实施“青少年维权岗在行动”活动，不断优化青少年成长环境。组织各级优秀“青少年维权岗”单位对毒品、不健康“口袋书”、非法“网吧”等严重危害青少年身心健康的问题齐抓共管，优化青少年成长环境。1. 针对不健康“口袋书”危害青少年的问题，2002年，在全国开展了淫秽卡通画册和不健康“口袋书”专项整治行动，采取集中检查和突击抽查相结合的方式，开展了重点整治，教育和引导青少年提高防范淫秽色情出版物的意识和能力，自觉远离不健康“口袋书”。2. 针对部分不良“网吧”危害青少年成长的问题，共青团中央、中央综治委预防青少年违法犯罪工作领导小组、信息

产业部、公安部、文化部、国家工商行政管理总局联合开展创建“青少年安全放心网吧”、“未成年人远离不健康网吧”活动，净化青少年的上网环境，教育引导广大未成年人健康文明上网。3. 针对“毒品”危害青少年成长的问题，团中央、国家禁毒委和民政部联合部署，在全国各地街道、社区开展了“社区青少年远离毒品”系列宣传教育活动。

三是树立了一大批典型，推动了未成年人保护工作。近年来，我国的未成年人保护事业在各级党和政府的领导下，在各级未成年人保护机构和社会各界的共同努力下稳步发展，取得了显著成绩，涌现出一大批关心未成年人健康成长，积极为未成年人做好事、办实事的先进集体和先进个人。1994 年，中共中央宣传部、全国人大内务司法委员会、共青团中央、教育部、司法部联合成立全国“保护明天行动”组织委员会，办公室设在团中央权益部。1995 年，组委会开展了首届评选表彰活动。1997 年，更名为第二届全国未成年人保护工作先进集体和首届中国保护未成年人杰出（优秀）公民评选表彰活动。2001 年是《中华人民共和国未成年人保护法》颁布 10 周年，为了深入宣传“未保法”，全国保护明天行动组委员会办公室开展了第四届评选表彰活动。7 年来，共开展了四届评选表彰活动，共评选出“全国未成年人保护工作先进集体”409 个、“中国保护未成年人杰出公民”40 名和“中国保护未成年人优秀公民”400 名。

实践证明，创建优秀“青少年维权岗”活动切实代表和维护了青少年权益，有效协调和整合了社会资源，集中处理侵害青少年权益的案件，解决突出问题，推进了青少年权益保护工作，提高了青少年的自身素质。

青少年自我保护教育工作

为了强化青少年的自我保护意识和能力，1998 年，团中央和中央综治办启动了“青少年自我保护教育行动”，通过多种形式，开展青少年自护教育。经过几年的实践和探索，青少年自我保护教育工作不断深化，教育内容逐步成熟完善，取得了良好的教育效果。

1. 着眼于增强青少年自我保护意识，不断加大青少年自护教育宣传力度。一是开设宣传窗口，大力宣传青少年自护教育。北京团市委与北京图书大厦合作，在文化企业中建立了第一所自护学校，并在图书大厦设立了长期固定的咨询台，在《北京青年报》、《北京晚报》、《北京广播电视报》等报刊杂志开辟自护专栏，面向全社会宣传青少年自我保护教育，取得了良好的效果。二是出版一批自护书籍，为广大青少年提供健康的精神食粮。团中央权益部策划出版了《中国青少年自我保护手册》、《青春不信邪》、《青少年自我保护掌中宝》；北京团市委编辑出版了《未成年人自我保护读本》、《中小学生法制教育读本》、《星光青春自护学校学生手册》，这些书籍受到了广大青少年及其家长的好评。三是监制推出了一些以自护教育为题材的影视作品。团中央权益部、中央综治委预防办监制拍摄了《青少年安全防范三十招》等影视作品，并在中央电视台播出，丰富了青少年自护教育的形式和内容。四是推动各地青少年维权网和自护教育网建设。一些地方团省委相继开通了青少年维权网和自护

教育网，这些网站在宣传自护知识和自护理念、帮助青少年克服学习和生活中的困难、提高自护能力等方面起到重要作用。

2. 着眼于提高青少年自我保护能力，积极开展青少年自护训练。一是开办自护训练营，对青少年进行体验教育。如北京团市委推出的“星光青春自护训练营”、浙江省杭州市举办的“走进社会大课堂”自护训练营、江苏省徐州市组织的“我能行”生存与自护训练营、广西南宁市举办的“我能行雏鹰自护营”等，逐渐形成了青少年安全教育的品牌工程，都增强了自护教育的针对性和实效。二是开办自护训练班，采取专家授课、录像观摩、模拟情景训练等多种方式，集中向青少年教授自我保护的基础知识和基本技能。

3. 着眼于建立青少年自我保护工作社会化机制，广泛动员社会力量积极参与。一是积极组织，联合公、检、法、司等各系统的“优秀青少年维权岗”及争创单位，深入学校和社区，为青少年提供形式多样的自护教育和培训。二是实施“青少年维权岗在行动”，组织、动员各级优秀“青少年维权岗”单位对毒品、不健康“口袋书”、非法“网吧”等严重危害青少年身心健康的问题采取专项整治行动，齐抓共管，优化青少年成长环境。

4. 着眼于调动青少年自我保护的自主性，探索开展青少年自护同伴教育。一是开展“我的自护经历”征文活动、自我保护绘画大赛活动等，并将获奖作品汇成文集，促进同龄人之间的互动教育，增强教育效果。二是组织中小学生开展生动活泼的网络教育活动，学习以网络知识、安全上网知识、文明上网知识、文明上网聊天等为主要内容的网络自护知识，培养法制观念和网络道德意识，自觉远离网吧，安全文明上网。

青少年法制建设工作

1998 年至 2002 年，各级共青团组织高举邓小平理论伟大旗帜，认真学习贯彻“三个代表”重要思想，按照依法治国与以德治国相结合的要求，紧密围绕党和政府工作大局，按照“四五”普法规划的要求，在青少年中深入开展法制宣传教育，提高青少年守法、用法意识，全面提高青少年的法律素质和法制观念，依法维护青少年合法权益，保障和促进他们健康成长。

1. 制定青少年法制教育工作规划。为了认真落实《中共中央、国务院关于转发〈中央宣传部、司法部关于在公民中开展法制宣传教育的第四个五年规划〉的通知》和全国人大常委会《关于进一步开展法制宣传教育的决议》，深入持久地开展青少年法制教育，团中央制定了《共青团中央关于贯彻实施“四五”普法规划在青少年中深入开展法制教育的意见》，继续深入宣传邓小平民主法制理论和党的依法治国、建设社会主义法治国家的基本方略，宣传宪法和国家基本法律，特别学习宣传与青少年成长成才有关的法律法规知识，着重宣传贯彻《未成年人保护法》和《预防未成年人犯罪法》。团中央还先后制定和参与制定了《关于进一步加强青少年学生法制教育的意见》、《关于充分发挥农村青年在农村社会治安综合治理中的重要作用的意见》，配合司法部、教育部、中央综治办召开了全国青少年学生法制教育工作会议，有力地指导和推动了全团的法制工作。

2. 加强青少年法制教育阵地建设。各地团组织依托社区、学校、执法职能部门、企业以及青少年宫等青少年活动阵地建立社区青少

年法律学校，把“青少年法律学校”作为推进青少年法制教育的主要阵地。聘请专业人士组成志愿讲师队伍，培训青少年法制骨干，使他们掌握必要的法律知识和技能。通过到少年法庭、律师事务所、少年犯管教所、看守所、戒毒所、劳教所等单位观摩体验，组织罪错青少年进行现身说法，组织青少年开展模拟法庭、情景训练等活动，在法律实践中帮助青少年深刻理解法律；通过青少年法制骨干为自己的青少年伙伴讲法律故事，传授法律自护技巧，举办法律讨论会、案例分析会等，在同伴教育中不断增强青少年的法律意识。

3. 加大青少年法制教育宣传力度。各级团组织紧紧围绕家庭、学校、社会三个环节，广泛动员社会力量，充分利用报刊、广播、电视等新闻媒体，采取以案说法、文艺演出、知识竞赛、系列讲座、现场咨询、普法漫画等多种方式，对《未成年人保护法》、《预防未成年人犯罪法》和地方未成年人法律保护法规，开展了声势浩大的宣传教育活动。以贯彻《未成年人保护法》和《预防未成年人犯罪法》为主题，团中央组织编写了未成年人保护法图例和挂图、《未成年人保护法律知识宣传》等普法书籍，向全国各地发行。1999 年和 2000 年，各级团组织结合《预防未成年人犯罪法》的贯彻实施，再次在全国掀起了两法的宣传教育高潮，提高了全社会依法保护未成年人的法律意识。2001 年 7 月，团中央、全国人大内司委、司法部、中央综治办联合下发《关于在全国开展学习宣传未成年保护法律知识活动的通知》，并于 7 月在全国举行了“双峰杯”全国未成年人保护法律知识竞赛活动，活动历经 3 个月，收到各界人士参赛答卷近 30 万份。2002 年，团中央、中央综治委预防青少年违法犯罪工作领导小组办公室还参与监制和制作了《为了明天》、《为了母亲的微笑》、《成长路上与法同行》等影视专题片，受到社会各界的广泛好评。

4. 加大执法监督力度，促进青少年法律法规的有效实施。2000 年 6 月和 2001 年 12 月，全国人大内司委联合团中央分别在北京召开了“实施《预防未成年人犯罪法》座谈会”和“《未成年人保护法》颁布 10 周年座谈会”。李鹏同志两次出席会议并发表重要讲话，对未成年人保护工作提出了具体的要求。各地、各部门对两部法律的贯彻实施情况进行了认真讨论，总结了成功的经验，并组织有关新闻媒体对两次会议和两部法律进行了广泛宣传，在全社会引起了强烈反响，有力地促进了两部法律的实施，进一步提高了社会各界保护未成年人健康成长的法律责任意识。

青少年法制建设是我国社会主义法制建设的重要内容，是实施依法治国方略的重要基础。共青团中央将在青少年中继续深入开展法制教育，提高青少年法律素质，保护青少年的合法权益，促进青少年健康成长，推动党的依法治国、建设社会主义法治国家基本方略顺利实施。

预防青少年违法犯罪工作

2001 年 1 月，中央综治委成立了由 15 个部门组成的预防青少年违法犯罪工作领导小组，办公室设在团中央权益部。2001 年至 2002 年，在中央综治委的领导下，各地、各部门以邓小平理论和“三个代表”重要思想为指导，深入贯彻全国社会治安综合治理工作会议和

全国政法工作会议精神，进一步落实中央办公厅、国务院办公厅转发的《中央社会治安综合治理委员会关于进一步加强预防青少年违法犯罪工作的意见》，互相配合、齐抓共管，全国预防青少年违法犯罪工作呈现出稳步推进的良好局面。

1. 深入开展调查研究，探索预防工作的新途径，适时推出《青少年违法犯罪社区预防计划》。领导小组成立后，组织专题调研小组分赴各地进行调查研究并形成了调研报告，委托中国青少年研究中心开展了《闲散青少年犯罪的原因、现状及预防对策》和《闲散未成年人违法犯罪的原因及预防》专题研究。就“一中学生网上传播反动书籍案”和北京“蓝极速”网吧特大放火案进行调研，提出了有针对性的整改措施。

2. 依托青少年法律学校，加强青少年法制教育，提高青少年的法律意识和自律自护能力。2001 年 8 月 17 日全国第一所青少年法律学校正式成立，到 2002 年，全国已建立社区青少年法律学校 2900 多所，培训青少年 300 万人次。2002 年 7 月，团中央、司法部、公安部和全国青少年校外教育工作联席会议办公室等部门在全国广泛开展了青少年法律学校“暑期社区行”活动。举办社区青少年法律学校“法制课堂”、“普法夏令营”，对青少年进行生动实用的消防、交通和预防违法犯罪安全教育。开展了评选百所全国示范“青少年法律学校”、百名青少年法律学校“优秀法制教育辅导员”、百名“全国学法用法好少年”以及开展“优秀教案”评选和“青少年法制教育卡通漫画”大赛等活动。编写了《法与少年》一书，作为法律学校的参考读物。

3. 加大整治力度，优化青少年健康成长的社会环境。预防办、团中央、国家禁毒委和民政部联合部署，在全国各地街道、社区开展“社区青少年远离毒品”活动。各地结合“青年文明社区”、“无毒社区”创建活动，集中开展形式多样、声势浩大的群众性禁毒宣传教育活动，在全国各个社区营造禁毒防毒的良好氛围。

开展“青少年安全放心网吧”创建活动，大力宣传《全国青少年网络文明公约》，对青少年进行网络知识和网络观念的培训。2002 年4 月，山东省对网吧进行突击检查，被抽查的“青少年安全放心网吧”各项管理制度比较健全，在网吧行业中确实发挥了积极的示范作用。

2002 年上半年，预防办会同新闻出版总署、文化部、教育部、公安部、中央综治办等部门，在全国开展了“口袋书”专项整治行动。在打击和整顿的同时，各地团组织会同相关部门通过“新世纪读书计划”等活动，向广大青少年推荐、提供健康向上的文化作品，培养青少年高尚的审美情趣、良好的阅读习惯。

4. 加强舆论宣传，营造了有利于青少年健康成长的社会氛围。结合全国第四个五年法制教育规划贯彻实施，加大对《未成年人保护法》和《预防未成年人犯罪法》等法律法规的宣传力度。在广电总局的统筹协调下，中央电视台、中央人民广播电台等新闻单位，在《今日说法》、《社会经纬》等法制栏目中，侧重对青少年罪案的剖析，开辟了“成长路上有法同行”栏目，受到广大青少年和家长的普遍欢迎。中央综治办、预防办等单位联合监制的、我国首部以预防青少年违法犯罪为主题的教育影片《为了明天》，于 2002 年 8 月 23 日在人民大会堂首映，社会各界反响良好。

5. 各地预防机构和预防机制也得到健全和完善，初步形成了齐抓共管的工作格局。截至 2002 年底，全国已经有 26 个省、市、自治区（含新疆生产建设兵团）成立了预防青少年违法犯罪工作领导小组，黑龙江、吉林、湖北、广东、广西和贵州六省市也正在筹备中。各地党委、政府对这项工作思想重视，认识充分，为预防工作顺利开展提供了强有力的组织保障。

“长城计划”友好交流活动

“长城计划”友好交流活动始于1989年，是由日本自民党原竹下派发起、并先后由新生党、新进党、自由党、民主党继承并与我全国青联联合实施的一项大型中日民间友好交流活动，截至2002年共开展了11次。该活动以日方派遣的包括众多国会议员、社会活动家在内的各界人士访华为主要形式，以两国政治家的对话为重点，交流内容涉及政治、经济、文化、体育等各个领域，层次较高，效果显著，在两国具有较高的知名度。十几年来，日方共派出了包括前首相海部俊树、羽田孜等知名政治家、100多名国会议员以及各界青年在内的1000多人来华访问，多次受到江泽民、李鹏、胡锦涛、尉健行等我国党和国家主要领导人的接见。“长城计划”友好交流活动在巩固中日关系的民间感情基础、增进两国各界的相互理解与信任方面一直发挥着积极的作用，已成为中日民间交流领域的品牌项目。

1998年至2002年，“长城计划”共开展两次，分别于1999年和2000年实施。日方派出包括小泽一郎、东祥三、山冈贤次、中冢一宏等11位日本自由党众、参两院国会议员、自由党本部职员及日本社会各界人士在内的265人访问了中国。中共中央政治局常委尉健行、全国人大常委会副委员长布赫、全国人大常委会副委员长蒋正华等分别会见了代表团。代表团还与全国青联、全国人大、中联部、国务院新闻办公室、国家发展改革委员会、中科院日本研究所等各有关单位人员举行座谈，就中日关系、历史问题、日本当前政局及经济形势等问题进行了坦率、深入的对话。

“长城计划”友好交流活动在实施过程中突出表现出如下特点：(1)起点高。这项以举世闻名的万里长城来命名的友好交流活动，匠心独特，立意高深。中日双方均对该项目给予高度重视，从形式、内容和社会效益上把“长城计划”友好交流活动办成始终处于领先水平的中日友好交流品牌。(2)层次高。在该活动实施之初，中日双方就明确了以日本国会议员为核心、以地方议员和社会活动家为骨干、以各界青年为后续力量的组团思路，并将其视为中日友好交流活动的长线项目。为提升活动的质量，双方一直把高层政治对话作为活动重点。通过高层政治对话，双方就中日关系发展进程中的敏感问题坦诚交换意见，增信释疑，扩大共识，努力减少和消除两国关系中的阴影和消极因素。(3)结构好。参加该活动的日方人员来自日本全国各地和社会各界，不仅包括日本政界要人、社会知名人士，还吸收了大批热心于中日友好事业的各界人士，其中包括普通百姓与青年，具有广泛的代表性，社会基础十分深厚，对推动日本社会各界全方位地了解中国以及参与中日友好事业起到了积极的促进作用。(4)影响大。十几年来，“长城计划”友好交流活动在日本社会拥有很高的知名度。不仅许多日本国会议员以能参加“长城计划”为荣，而且日本各派政治势力对“长城计划”均表现出认同的态度，视其为与我进行高层对话的一个重要渠道。(5)内容实。除高层会见、参观学校、工厂以及经济技术开发区、观光游览等内容之外，该项目还特别注重开展深入细致的交流与探讨。通过一系列座谈研讨会，双

方对中日关系的过去、现状和未来进行严肃认真的分析，同时围绕中日关系存在的问题，积极寻求解决的办法和出路，产生了良好的效果和较为深远的影响。

“澜沧江—湄公河青年友好之船”活动

“澜沧江—湄公河青年友好之船”活动是由中国共青团中央和中华全国青年联合会创意发起，邀请泰国社会发展与人类保障部、越南胡志明共青团中央、缅甸联邦巩固与发展协会、老挝人民革命青年团、柬埔寨教育青年体育部共同参与的多边青年交流活动。第一届和第二届友好之船活动分别于2001年和2002年举办。

“澜沧江—湄公河青年友好之船”活动旨在贯彻落实朱镕基总理在东盟10+3会议上提出的关于加大湄公河流域开发和环保力度，加强基础设施建设和人力资源开发，以及在大湄公河次区域(GMS)领导人会议上提出的关于不断加强区域经济合作，有力推动各国经济发展，为深化10+3、10+1创造有利条件的有关倡议精神，依托大湄公河次区域开发与合作这个大背景，紧扣区域热点问题，加强六国青年相互交流，奠定六国青年合作基础，为GMS和“10+1”合作营造良好的氛围。

第一届“澜沧江—湄公河青年友好之船”活动于2001年12月21日至31日在湄公河上游开展。老挝总理西沙瓦·乔本潘为活动发来贺信。在云南景洪，中国共青团中央书记处书记、全国青联常务副主席黄丹华、泰国总理府部长克瑞斯·常旺吉斯、老挝人民革命青年团第一书记本宝·布达纳冯、柬埔寨教育青年体育部国务秘书伊姆·赛思以及缅甸和越南的受权代表出席了“澜沧江—湄公河流域青年组织领导人会议”、西双版纳国际青年友谊林揭幕和植树仪式、中外青年文化交流之夜和青年友好之船出航仪式，并共同签署了《澜沧江—湄公河青年友好之船合作协议》。黄丹华还分别会见了各国青年组织和政府青年机构的领导人，就双边关系、青年合作等共同关心的问题进行了富有成果的交谈。在曼谷，泰国总理府部长克瑞斯·常旺吉斯会见并宴请了各国青年代表，出席了友好之船活动闭幕式和告别晚会，并为青年代表颁发证书。在万象，老挝外交部副部长丰沙瓦·布帕会见了各国青年代表团主要领导，老挝人民革命青年团第一书记本宝·布达纳冯会见并宴请了全体代表。在船上，各国青年代表举行了论坛、展览、民族文化交流等活动。在各被访城市，各国青年代表参观了环保企业、青年环保项目、孤儿院、民俗村、历史古迹等，还种植了青年友谊树。

第二届“澜沧江—湄公河青年友好之船”活动于2002年12月12日至22日举行，由泰国主办，中国协办。在第一届活动由水路走完澜沧江—湄公河上半段的基础上，第二届“澜沧江—湄公河青年友好之船”活动主要由陆路走完了湄公河下半段。六国青年代表共约70人会聚泰国首都曼谷，拉开第二届“澜沧江—湄公河青年友好之船活动”的帷幕。在曼谷，泰国副总理差龙·猜桑接见了代表团全体成员。代表团听取了关于湄公河次区域环境保护的专题讲座，并以“湄公河次区域的发展——青年的参与与合作”为主题进行了分组讨论。代表团还参观了泰王行宫及大皇宫和巴

特列残疾儿童之家，并与泰国学生共同种植了友谊树。在柬埔寨，代表们参观了著名的世界文化遗产吴哥窟，参加了由柬埔寨教育青年体育部举办的欢迎晚宴。在胡志明市，胡志明市人大副主席接见了代表团并为代表团举行了欢迎晚宴。代表团乘船游览了湄公河入海口，参观了胡志明市软件工业园，并与越南青年学生举行了联欢活动。

“中国环游”国际公路自行车赛活动

“中国环游”活动是由全国青联、中国自行车运动协会和日本“中国环游”实行委员会联合在华举办、由日本著名跨国食品集团卡乐比株式会社赞助的一项国际公路自行车赛。该活动始于1992年，当时作为中日邦交正常化20周年的纪念活动及声援北京市申办2000年奥运会活动的一部分在北京举行。从1996年起，该比赛在国际自行车联盟正式注册为2.5级赛事，目前已成为亚太地区自行车运动的重要赛事之一。截至2002年，已先后在北京、甘肃、新疆、内蒙古等地连续举办过10届。

1998年至2002年，共有17支参赛队（其中国外参赛队9支）、约400名运动员参加了在各地举行的赛事。2000年为声援北京申办2008年奥运会而举办的赛事活动广受好评，其精彩镜头在申奥陈述片中被多次引用。2002年的赛事被外交部、文化部列为纪念中日邦交正常化30周年系列活动中的重点项目。该活动也一直受到中国政府的重视，五年间，王光英、孙孚凌等国家领导人及张香山等中日友好的老前辈先后接见过出席赛事活动的日方主要成员。

举办这项活动不仅有助于推动中国的全民健身运动，促进中国体育和世界接轨，而且对提高世界范围内的自行车运动水平也有着积极的意义，同时也为在新时期开展更为务实的中日友好合作、探索中外青年交流的新方式摸索出了一条切实可行的新路子。

“中越青年友好会见”活动

“中越青年友好会见”活动是由中越两国共青团共同举办的一项大规模的中越青年交流活动，是落实中越两党总书记达成的共识以及中越联合声明中关于“加强青少年之间的友好交往，使中越两国的友好事业全面发展，后继有人”精神的重要举措，是响应江泽民总书记在河内国家大学演讲中关于“希望两国青年继承和发扬两国老一辈领导人和革命家共同培育的中越传统友谊，加强交流，相互学习，增进了解，切实承担起发展中越关系的历史责任”和“中越两国青年一定能接过两国人民友好的接力棒，把中越全面友好合作关系一代一

代传下去”伟大号召的具体行动，是推动建立和发展长期稳定、面向未来的中越睦邻友好与全面合作关系的重要步骤。

2000年10月，应中国共青团中央邀请，以越南共产党中央委员会委员、越南胡志明共青团中央书记处第一书记、越南国会代表、越南全国青年委员会主席武重金为团长的越南胡志明共青团代表团一行80人来华，与80名中国青年代表共同参加了第一届“中越青年友好会见”活动，并访问了北京、上海、广州和南宁。中共中央总书记、国家主席江泽民和越共中央总书记黎可漂分别为此次活动发来贺词、贺信，中共中央政治局常委、全国政协主席李瑞环会见了代表团主要成员并与中越全体代表合影留念。

2001年10月，应越南胡志明共青团中央邀请，以团中央书记处第一书记周强为团长、书记处书记黄丹华为副团长的中国青年代表团一行80人，赴越南参加了第二届“中越青年友好会见”活动。在越南期间，越共中央政治局委员、中央书记处常务书记潘演会见了参加活动的中越青年代表。团中央书记处第一书记周强与越南胡志明共青团中央书记处第一书记黄平均共同签署了《中国共青团与越南胡志明共青团2002－2003年合作协议》。

2002年9月23日至10月1日，第三届“中越青年友好会见”活动在中国北京、上海和广西举行，由越共中央委员、越南胡志明共青团中央第一书记黄平均率领的100名越南青年来华，与中国各界100名青年代表共同参加了此次活动。活动期间，中共中央政治局常委、国家副主席胡锦涛会见了越南青年代表团主要成员，并与全体代表合影留念；举行了“中越友好青年主题活动”、“中越世代友好联欢晚会”、“青年工作对口交流”等一系列活动；越南青年听取了中国政治、经济形势专题报告，参观了高新技术产业区、现代农业示范基地，游览了万里长城、故宫等名胜古迹。

“中越青年友好会见”活动用中越世代友好的精神教育两国青年，继承和发扬传统友谊，培养造就中越友好事业的接班人，谱写了中越青年交流的新篇章，在中越两国人民和青年中产生了广泛的影响，对中越两国发展长期稳定、面向未来的睦邻友好与全面合作关系起到了积极的促进作用，具有深远的意义。

亚太经合组织青年节暨杰出青年企业家论坛

2001年7月9日至14日，全国青联与加拿大有关部门合作，在北京和上海举办了亚太经合组织（APEC）青年节暨杰出青年企业家论坛。此次活动的主题是“青年迎接新经济的挑战：促进共同繁荣”。共有来自APEC组织21个经济体的244名代表和80余名观察员出席会议。

中共中央总书记、国家主席江泽民为此次论坛致贺信；中共中央政治局常委、国家副主席胡锦涛与全体代表合影留念，并会见了各经济体代表团团长和部分嘉宾；中共中央政治局委员、上海市委书记黄菊会见了各经济体代表团团长；团中央书记处第一书记周强出席开幕式并致开幕辞；加拿大国家税收部长马丁·科雄、上海市人民政府副市长周慕尧在开幕式上致辞；中国国家统计局副局长邱晓华、加拿大雷弗公司总裁安德莉娜·雷弗在开幕式上分别做了主旨发言；泰国前副总理、世界贸易组

织候任总干事素帕猜出席闭幕式并发表了演讲。

青年节包括论坛、在线博览会和友好交流等内容。论坛分别以“贸易领域的信息通讯技术”和“推动创新创业的发展”为主题召开了全会。论坛期间还召开了各经济体代表团团长圆桌会议，全国青联副主席黄丹华以及澳大利亚互促互动网络教育公司首席执行官格罗瑟发表了主旨演讲。论坛还分别以“IT变革的影响”、“培养高科技文化”、“电子商务”、“信息通讯技术的未来革命”、“商业机遇和数字鸿沟”、“培养创新创业精神”、“企业家的挑战和机遇”、“企业的社会责任”、“科技扶贫”等为议题进行了分组讨论。与会者围绕APEC框架内的青年发展、缩小数字鸿沟、保持创新创业的活力、互联网络商业运作模式和信息技术的发展等问题进行了热烈的讨论，并提出了将“青年发展”纳入APEC的框架之内等建设性建议。

2001年是中国的APEC年。APEC青年节暨杰出青年企业家论坛的成功举办为亚太经合组织领导人非正式会议在中国的召开铺路造势，达到了烘托气氛的效果。这也是在APEC框架内首次举办的青年联欢节和较大规模的青年企业家交流活动，得到了APEC外交部长和外经贸部长双部长会议的充分肯定，在APEC框架内创造了青年工作的模式，现已成为APEC组织的固定活动。

中俄青年友好交流活动

1998至2002年间，除开展定期小规模的常规双边交流活动之外，为进一步落实《中俄睦邻友好合作条约》的精神，全国青联与俄罗斯有关组织在中俄友好、和平与发展委员会和中俄教育、文化、卫生、体育合作委员会的框架下，开展了一系列具有规模效应的中俄青年交流活动，旨在增进中俄青年之间的了解与理解，培养两国友好事业的接班人，进一步巩固中俄发展睦邻友好与平等合作关系的社会基础。其中比较突出的是2001年在华举办的“中俄青年联欢节”和2002年在俄罗斯举行的“中俄青年共游伏尔加河”活动。

2001年9月25日至10月1日，应全国青联邀请，以俄罗斯青年“统一”组织中央监察委员会主席什科尔尼克为团长、由100名青年组成的俄罗斯青年代表团来华访问并参加了“中俄青年联欢节”活动。活动期间，中共中央政治局常委、国务院副总理李岚清会见了代表团主要成员并与全体团员合影留念；团中央书记处第一书记周强与代表团主要成员进行了会谈并宴请了全团；团中央书记处书记、全国青联副主席黄丹华出席了中俄青年论坛并做主旨发言。俄罗斯青年参加了中俄青年联欢晚会、中俄青年论坛，参观了首都钢铁集团公司、中央电视台和北京经济技术开发区，分三路赴北京大学、中国人民大学和北京外国语大学参观，并与三所高校学生进行了友好体育竞赛。除北京外，代表团还访问了陕西省、上海市和深圳市。代表团参观了当地的经济技术开发区、博物馆，游览了风景名胜并与各地青年代表进行了友好交流。

2002年8月30日至9月10日，应中俄友好、和平与发展委员会俄方委员会邀请，全国青联组派中国青年代表团一行18人访问

了俄罗斯，并参加了中俄青年共游伏尔加河活动。活动期间，俄罗斯外交部第一亚洲司司长阿法纳西耶夫会见了代表团，代表团拜会了莫斯科企业家中心中国俱乐部，并与莫斯科各界青年代表进行了交流。在游伏尔加河期间，代表团受到了下诺夫哥罗德、喀山、萨玛拉及伏尔加格勒等主要城市青年代表的热烈欢迎和媒体的广泛关注。下诺夫哥罗德州第一副州长基里延科、鞑靼斯坦共和国青年和体育部部长巴利耶夫、萨马拉州青年事务委员会负责人、伏尔加格勒州青年委员会主席瓦拉金等会见了代表团，双方就中俄青年的就业状况、受教育情况、青年组织开展活动情况以及中俄经贸交流等问题进行了广泛的交流。此外，代表团还参观了位于伏尔加河沿岸的俄罗斯古城乌格里奇、科斯特罗马和萨拉托夫。

中俄青年大规模交流活动得到了两国青年的普遍欢迎,受到了两国社会各界的广泛关注,产生了十分深远的影响。一方面,这些活动主题鲜明,针对性强,进一步增强了两国青年一代对发展中俄友好关系重要性和必要性的认识,以及继承和发扬中俄友好传统的使命感和责任感;另一方面,这些活动丰富了中俄青年交流的形式,深化了中俄青年交流的内涵,开创了中俄青年交流的新局面。

中国联合国青年人力资源开发项目

在国际社会日益重视青年人力资源开发和青年能力建设的大气候下,在我国实施西部开发战略和注重人才培养的大背景下,在共青团组织大力开展青年创业行动的大环境下,我以全国青联名义同联合国系统围绕青年人力资源开发的主题开展了一系列国际合作项目。通过引进外资、智力和培训机制,采取引进来和走出去的方式,以促进青年人力资源开发、开展青少年权益保护和健康教育为主要内容,面对基层青年和青年组织开展培训,取得了良好的社会效益,同时有效地宣传了我国青年组织在上述领域取得的巨大成就,得到了以联合国为主导的国际社会的认同,联合国亚太经社会在 1999 年授予全国青联人力资源开发奖。自 1998 年至 2002 年,通过项目合作共引进联合国资助 12.9 万美元(约合 107 万元人民币),聘请外国专家及联合国官员来华 22 人次,培训 450 人次,撰写青少年健康问题非正规教育调查报告 1 份,编写《青少年健康知识宣传手册》1 套。其中,同联合国亚太经社会、联合国教科文组织合作举办了 3 期面对西部青年工作者的青年人力资源开发培训班,培训 90 余人次;同联合国亚太经社会合作在云南开展了青少年权益保护项目,并在此框架下举办了青少年权益保护巡回展览和权益保护培训等 2 个试点项目,共开办 11 期针对培训者、少年儿童及家长的培训班,培训 200 余人次,参观展览人次达数千人;举办了 3 期针对政府、社会服务机构人员的项目评估研讨会,参加者 120 多人次;组派出国培训及参加有关国际会议 10 余人次。

中美青年领导人互访项目

自20世纪70年代末以来，团中央国际联络部积极配合党政外交的需要，从民间角度出发，以全国青联的名义积极开展了对美国的交流工作，在政治、经济、文化和青年等各个领域发展了与一系列组织的交流与合作关系，其中最重要的交流组织系美国青年政治领袖理事会。美国青年政治领袖理事会（以下简称美青理会）始创于1966年，是一个跨越美国共和、民主两党的政治性青年团体，成员多为美国政治界和经济界有一定影响和发展前途的青年领导人。美青理会以开展国际青年政治交流为主要活动内容，其宗旨是拓展美国各界青年领袖的国际视野，为他们结识和发展同各国青年领导人的关系开辟渠道。

自1979年我与该组织建立交往关系以来，双方本着促进中美两国人民和青年、特别是中美两国年轻高层政界人物交流与理解的宗旨，定期派出较高层次代表团进行互访，全面考察到访国的政治、经济、文化和社会服务体制，达到了较好的交流效果。据不完全统计，我们以全国青联名义与美青理会至今相互派遣和接受了45个由年轻政治领袖组成的代表团，参加者达425人次，其中中方出访22批团组193人次，美方来访23批232人次。在应我邀请来华的人士中，许多人发展成为美国政界颇有影响的政治家，如联合国负责管理事务的副秘书长 Catherine Bertini、美国负责公共外交和公共事务的副国务卿 Margaret Tutwiler、美国维和部队指挥官 Gaddi Vasquez、布什总统的首席顾问 Alberto Gonzales 等。在我派出参加该交流活动的代表团团员中，其中有近1/4的团员已经走上省部级领导岗位。

该交流项目在美国政界具有一定影响。每次中国青年代表团访美，中国驻美使馆大使或公使都要宴请代表团，使馆的外交人员通过该交流项目获取了多做美国议员工作的机会。1999年和2000年，全国青联与美青理会分别在中国和美国举办了两组织交流20周年纪念活动。事实证明，这样的交流对于增进中美两国年轻政治家的相互理解，特别是对于促进美国政界年轻人士对中国的了解起到了积极作用。

中日青年友好交流活动

1998至2002年期间，中日青年友好交流的规模不断扩大，领域不断拓展，交往方式不断创新，取得了十分显著的成效。

中日青年交流的常规重点项目得以巩固并不断深化。如“中日青年友谊计划”（即访日“百人团”项目），该项目始于1987年，是根据中日两国政府间换文，由日本政府出资每年邀请100名中国青年访日的一项大型中日青年交流项目，全国青联受中国政府委托担任中方派遣窗口，日本国际协力事业团（JICA）作为日

本政府开发援助的实施机构负责具体接待事宜。1998年至2002年间，全国青联共派遣499名中国各界优秀青年访问日本，代表团分为青年工作者、经济、地域振兴、教育等四个分团，团员均为全国各地各行业的优秀青年代表。通过参加讲座、合宿研讨、民宿、座谈、参观游览等丰富多彩的活动，以及对日本政治、经济、文化、教育等各个领域广泛、深入的考察，全体团员进一步加深了对日本的了解，增进了与日本人民特别是青年之间的相互理解和友好情感。此外，全国青联与日本内阁府、日本青年团协议会、日本青年会议所、东京青年会议所、日中青年研修协会、创价学会等机构和组织开展的传统交流项目也进一步深入，并在交往内容、交往方式上不断创新。

除传统项目外，根据1998年中国国家主席江泽民访日期间，中日两国政府签署的《关于进一步发展青少年交流的框架合作计划》，中日青少年跨世纪交流计划于1999年启动。根据该计划，中国政府邀请日本政府或其指定团体自1999年至2003年每年派遣100名日本青年访华。日方的派遣窗口为日中友好协会，中方的接待单位为全国青联。1999年至2002年，我方共接待四批、计402名日本青年访问了北京、上海、西安、南京、贵州、呼和浩特、郑州、延吉、银川、武汉、兰州、厦门、重庆、杭州等十多个城市。该团受到两国政府的高度重视，中国国家主席江泽民和日本首相小渊惠三为首批代表团访华发来贺电。代表团在华期间，李鹏、许嘉璐、司马义艾买提、蒋正华、何鲁丽等党和国家领导人均曾会见过代表团。

日本青年代表团在华期间，通过拜会、座谈、参观、游览、民宿等多种形式，与中国各地青年开展了丰富多彩的交流活动，不仅加强了两国青年之间的理解，而且使日本青年充分感受到了中日关系的良好氛围，进一步增强了为发展中日青年交流及中日友好关系而努力的信心和决心。

从推动中日睦邻友好关系发展的长远角度看，该项交流计划的实施有利于教育日本青年正视历史，面向未来；有利于扩大中日友好活动在日本广大青年中的影响，培养一批中日友好事业的接班人；有利于充分调动日本社会各界维护与推进中日友好合作关系的积极性。

西部计划——中新青年跨世纪交流活动

“西部计划”由全国青联与新加坡全国青年理事会、新加坡人民协会青年运动中央理事会、新加坡雷励国际、新加坡义安理工学院、新加坡圣公会高中等多个青年组织和学校共同合作开展。其宗旨是利用国际资源，配合我国西部大开发战略，结合全国青联所开展的青年志愿者活动、希望工程和保护母亲河行动等重点工作，在中国西部地区开展务实帮扶项目以及青年交流和环保活动，完善基础教育设施，并以此促进当地经济、社会发展，磨炼青年意志，促进两国青年的交流与合作，增进中新两国青年友好。

“西部计划”的重点是为西部贫困地区修缮和修建小学，传播先进的科学文化知识和教学方法，同时还提供一些物质上的资助。从1998年起至2001年，该项目先后在内蒙古自治区、江西、广西壮族自治区、贵州、湖南、山西、陕西、云南、新疆维吾尔族自治区、西藏自

冶区等地修缮和修建“希望小学”10 所、初级中学 1 所。中新双方共有 1700 多名志愿者参与了此项活动,其中新方志愿者为 636 人,中方约 1000 多人。投资金额超过 300 万人民币。该项活动具有政治、经济、社会及人才四位一体的综合效益。首先,活动的实施为中新青年交流向更深层次的发展起到了积极的推动作用,它拓展了中新两国青年交流的领域,丰富了两国青年交流的内容,使中新青年交流朝着更为灵活、务实的方向发展,培养了跨世纪中新青年的友好使者,为中新友好关系在下个世界的稳定发展奠定了良好的基础。其次,活动的实施为引进国际资源推进团的重点工作开辟了新途径,从而扩大了团的重点工作的社会影响力和国际影响力。再次,这项活动以修缮学校为切入点,紧密联系“科教兴国”这一战略任务,采取“扶贫先扶智”的方式,取得了较好的经济效益,树立了扶贫新观念。第四,活动的开展客观上为优化地方团组织工作环境、扩大团组织的社会影响力发挥了积极的作用。

中国青年志愿者扶贫接力计划

中国青年志愿者扶贫接力计划是青年志愿者行动在扶贫开发领域的重点项目。这项工作采取公开招募、自愿报名、定期轮换、长期坚持的接力机制,动员和组织城市青年以志愿服务方式到中西部贫困地区开展每期半年至二年的基础教育、医疗卫生、农业科技推广等方面的服务,从 1996 年试点,1998 年开始全面实施。截至 2003 年 10 月,全国 30 个省、区、市和中央直属机关组织实施了这项计划,共有近 30 万名城市青年自愿报名参加,先后从中派遣了 14240 名青年到包括西藏、新疆等在内的中、西部 19 个省(区、市)开展服务,服务贫困县达到 223 个,已形成省内发达地区支援欠发达地区和东西部地区对口支援两种模式和支教扶贫、支医扶贫两大支柱项目,

目前,扶贫接力计划已在实践中形成了包括招募、培训、派遣、日常管理、评估、经费筹措等方面一套组织实施和管理机制。

招募:团中央及各省、地市级团组织、青年志愿者组织根据贫困地区实际需求,在大、中城市招募年龄在 20—45 岁之间,大专以上文化程度,身心健康且具有奉献精神的青年志愿者,有的还要求具有一定的专业技能。

培训:志愿者上岗前,开展 10 天左右的集中培训。培训内容包括志愿服务的基本知识、志愿者的行为守则、服务行业和岗位工作规范、专业技能、职业道德及受援地经济社会发展情况等。

派遣:将入选志愿者名单和基本情况通报受援地区,并会同受援地的县级团委及有关部门、服务单位,落实志愿者工作岗位和生活保障。生活保障包括基本的住宿和伙食,在指定的时间将志愿者派遣到已落实的受援地服务岗位。

日常管理:各受援县成立项目管理领导小组,项目管理办公室设在团县委。项目管理办公室在项目管理领导小组的指导下,在受援单位协助下,负责志愿者的日常工作、生活管理和服务。志愿者的业务工作由受援地有关业务部门统一指导和归口管理。

考核评估:对完成服务的青年志愿者,项目管理办公室做出鉴定,统一填写《青年志愿

者扶贫接力计划鉴定书》，鉴定书记入志愿者个人档案，作为落实各种保障政策的主要依据。对参加扶贫接力计划表现突出的青年志愿者及项目实施单位、项目管理单位、受援单位进行表彰。同时积极争取党政有关部门支持，把对扶贫接力计划志愿者的表彰纳入升学、就业、评级等评估体系中。

经费筹措：扶贫接力计划实施所需资金主要包括提供相当于受援地区工作人员平均收入水平的基本生活费和人身意外伤害保险、大病医疗保险及假期探亲的往返交通费，连同所需的配套工作经费（有些志愿者所在单位能够承担一部分），派遣一名志愿者平均每人每年约需6000元。这些经费主要通过社会捐助一部分、受益单位补贴一部分等方式筹措。

为探索项目规律，团中央联合有关部门实施了全国示范项目。在支教领域，从1999年开始，团中央、教育部连续组建了六届扶贫接力计划研究生支教团；在支医领域，团中央、卫生部已组建两届青年卫生志愿者扶贫接力计划西部服务团。

扶贫接力计划得到了中央领导同志的亲切关怀、各级党政部门的大力支持和社会各界的关心帮助。中央文明办、人事部、教育部、卫生部、农业部、科技部、国务院西部办先后与团中央联合发文，围绕招募对象、实施范围、组织管理、工龄计算、工资待遇、人事档案及户口关系、生活补贴等做出了相应的规定。这些保障政策的及时出台，为扶贫接力计划的顺利实施发挥了重要作用。

扶贫接力计划服务于国家西部大开发战略，对于完善农村教育、医疗卫生体系起到了积极作用，促进了中西部地区经济社会的全面发展；在全社会弘扬“奉献、友爱、互助、进步”的道德新风，推动了社会主义精神文明建设；传播现代文明和科学知识，促进了贫困地区群众思想观念的转变，带动了全社会对贫困地区的关注和支持；锻炼和培养了大批优秀青年，他们在参加扶贫接力计划的艰苦实践中经受了难得的锻炼和教育。

中国青年志愿者扶贫接力计划研究生支教团是由团中央、教育部联合组织实施的青年志愿者扶贫接力计划全国示范项目。它采取公开招募的方式，每年在全国部分重点高校中招募一定数量具备保送研究生资格、有奉献精神、身心健康、能够胜任支教扶贫工作的应届本科毕业生，以志愿服务的方式到国家中西部贫困地区开展为期一年的支教工作，同时开展力所能及的扶贫志愿服务。服务期满后，由下一批志愿者接替其工作，形成“志愿加接力”的长效工作机制。

从1999年开始，团中央、教育部连续组建了五届扶贫接力计划研究生支教团，先后从全国66所重点高校中公开招募派遣了846名志愿者到中西部19个省55个（地）县（含西藏四个地区）开展支教服务。五年来，在团中央与教育部的共同努力下，研究生支教团的参加人数、参加高校、志愿服务实施地等几方面呈现逐年上升的趋势。1999年第一届研究生支教团101名队员，高校为26所；第二届研究生支教团130名，高校为32所；第三届研究生支教团人数162名，高校为36所；第四届研究生支教团255名，高校为50所；第五届研究生支教团314名，高校为65所。服务期间，团中央青年志愿者工作部为志愿者提供大病医疗保险和人身意外伤害保险费用以及工作经费，派出高校则提供基本生活费、每年两次往返受援地探亲差旅费用。2001年，北京大学5名志愿者首次踏上了雪域高原西藏；2002年，山东师范大学、曲阜师范大学、南京师范大学的14名志愿者来到了位于祖国西北边陲新疆伊宁地区昭苏县开展支教服务。

研究生支教团的实施，使贫困地区教师缺乏且素质偏低的状况有所改善，对提高贫困地区教学质量起到了推动作用；影响并促进了当地干部、群众思想观念的转变，也带动了社会

各界对贫困地区的关注，加快了贫困地区群众脱贫致富的步伐和经济社会发展；弘扬了“奉献、友爱、互助、进步”的时代新风，引导青年自觉到祖国和人民最需要的地方，在艰苦的环境受教育、做贡献、长才干，与人民紧密结合，为祖国奉献青春，促进了青年一代的健康成长。

中国青年志愿者西部计算机实用人才培训计划

中国青年志愿者西部计算机实用人才培训计划由团中央、国务院西部地区开发领导小组办公室联合组织，从 2002 年 7 月开始实施，计划利用三年左右的时间，实现培训 100 万人的目标。

这项工作通过动员社会各界向中西部地区志愿者长期服务地、服务学校捐助计算机，有效挖掘、利用当地资源，以扶贫接力计划、西部计划等长期项目志愿者和其他志愿者为培训师资，通过在志愿者服务地的中、小学建立培训点和培训基地，义务为当地群众开展培训工作。为确保这项工作顺利实施，团中央、国务院西部开发办以及各地有关部门联合成立了全国、服务省、服务县、志愿者服务地四级项目办，明细责任，量化培训工作标准和培训点、培训基地建设标准，制定培训教材，为这项工作提供了可靠的组织实施保障。截至 2004 月 3 月，累计培训总数已超过 58 万人。

这项工作是青年志愿者行动在西部扶贫开发领域的创新项目，丰富了扶贫接力计划的工作内容、服务对象和扶贫手段，开辟了以志愿服务方式合理配置资源新机制；密切了青年与人民群众联系，为广大青年发挥聪明才智，在基层实践中锻炼成长提供了更为广阔的空间。

中国青年志愿者社区发展计划

中国青年志愿者社区发展计划旨在以社区群众的服务需求为导向，以推行志愿者注册制度为核心，以为老服务、助残等为工作重点，以“共建、互助、共享”为主题，积极动员青年及其他社会公众以志愿服务方式参与社区建设。该计划的主要内容包括：

青年志愿者“一助一”长期结对服务工作。以孤寡老人、残疾人、生活困难的离退休人员和下岗职工、特困学生、民政优抚对象等困难群众为主要服务对象，通过团组织、志愿者组织牵线搭桥，在志愿者和服务对象之间建立长期稳定的关系，由一名志愿者或一支志愿者服务队为一名困难群众或一个困难家庭提供经常性服务。截至 2002 年底，全国“一助一”结对已达 250 多万对，部分城市已经覆盖了绝大多数的民政优抚对象。

大中学生志愿者社区援助工作。大中学生利用周末和课余时间，发挥自身的知识、智

力优势，就近就便深入社区，以志愿方式提供多项内容的专业援助服务，每年都有数十万青年学生参与到这项活动。目前，各地大学生志愿者正在通过到居委会挂职等方式积极开展教育、科技、文化“三进巷”活动和青年志愿者科教、文体、法律、卫生“四进社区”活动，中学生志愿者正在开展形式多样的成人预备期志愿服务活动等。

社区青年志愿者服务站创建工作。全国已经建成各类服务站2.4万多个，这些服务站与数万支青年志愿者服务队共同构成了志愿服务的基层组织网络。

普遍开展各具特色的社区青年志愿服务活动，大力推进助老、助残、维护社会治安、法律援助等专项行动。各地围绕各个时期社区建设的重点和社区群众生产生活的基本需求，开展各具特色的社区青年志愿服务活动。如浙江的“天天”志愿行动、青岛的“周日志愿行动”、黑龙江的“扶贫互助柜台”和上海、长沙郑州、株州等地的志愿服务“时间银行”、“道德银行”等等。同时，大力推进助老、助残、维护社会治安、法律援助等专项行动，极大地丰富了社区青年志愿服务的内涵，进一步拓展了青年志愿服务的领域。

推行志愿者注册制度，发展壮大社区志愿者队伍。按照《中国青年志愿者注册管理试行办法》，在社区中加大志愿者注册工作力度，规范注册志愿者的管理，实现志愿者、服务对象和活动项目的有效对接，以此带动志愿服务项目建设、组织建设、机制建设等各项基础建设。同时，加强对非注册志愿者的组织动员工作，努力建设一支规模宏大的社区志愿者队伍。

“保护母亲河”青年志愿者绿色行动营计划

“保护母亲河”青年志愿者绿色行动营计划是中国青年志愿者行动的重要工作项目之一。上世纪末，针对我国的植被破坏和大气、水污染严重等生态环境的严峻状况，经过了解环保需求和城市青年服务需求等调研工作，共青团中央、全国政协人口环境资源委员会、水利部、中央电视台、中国青年志愿者协会、中华环境保护基金会、中国林业科学研究院共同实施这项计划。

这项工作参照国际通行惯例，结合我国实际，以“劳动、交流、学习”为主题，以组建志愿者绿色行动营、建设绿色行动营基地为基本形式，动员青年以志愿服务方式参与植树造林、沙漠治理和大气、水污染、白色垃圾治理以及环保宣传等方面工作。

1999年6月，河北省丰宁县启动了第一个全国试点项目。截至目前，已先后在内蒙古呼和浩特、包头、达里诺尔，山西万家寨，宁夏沙湖，青海龙羊峡，吉林延吉，浙江楠溪江，四川广安等地进行了较大规模的试点和推广。每年都吸引数以万计的青年和其他公众积极参与。期间，还组建了来自英、法、德、日、韩、新加坡、土耳其等20多个国家和地区的1000多名青年参加的数期国际志愿者绿色行动营。这项工作正在成为动员广大城市青少年和公众参与环保建设、培养环保意识，促进经济社会协调发展的有效途径。

中国青年志愿者海外服务计划

中国青年志愿者海外服务计划是由共青团中央、中国青年志愿者协会发起实施的长期重点项目。主要是根据受助国的实际需求，由主办单位与受助国签订合作协议，通过公开招募、自愿报名、集中选拔的方式，在约定的时间派遣优秀的中国青年志愿者赴受助国开展中长期志愿服务（一般为六个月），同时按照对等原则引进外国志愿者到国内中西部贫困地区开展志愿服务。从 2002 年 5 月开始启动，截至目前，已经先后向老挝和缅甸等国家派遣多名青年志愿者开展语言教学、医疗卫生、计算机培训等方面的志愿服务。

参加海外服务的志愿者一般应为具有大学本科以上学历或中级以上职称、年龄在 20 至 40 岁之间、身体健康、有国内志愿服务经历、自愿报名并经所在单位同意或县级以上团组织、志愿者组织推荐的中国公民。确系受助国需要的专门人才，年龄、学历可适当放宽。主办单位向参加海外服务的志愿者提供往返国际旅费、服务期间基本生活费和人身意外伤害保险，并协调受助国提供住宿、医疗和日常交通等安排。

志愿者在海外服务期间，主办单位委托接收志愿者的受助国的政府部门、青年组织等对口协作组织负责志愿者的日常管理和联络，并与托管单位保持密切联系，及时了解志愿者的工作与生活情况。同时，主办单位争取我驻受助国使领馆的支持，共同做好志愿者的日常服务管理工作。

实施这项计划，从事志愿服务的人员不拿受助国任何报酬，深入当地学校、医院等基层单位直接为普通群众服务，能在不同国家、不同民族、不同文化之间架起相互沟通的桥梁和纽带，增进与各受助国人民之间的相互了解和友谊，展示并实践着人们对建立人与人之间团结互助美好关系理想的追求，有利于传播中华文化；这种服务形式，以参与者的志愿和不追求报酬为前提，因而能充分调动和发挥志愿者的积极性和主动性，并在援外过程中丰富他们的人生阅历，培养他们的国际视野，有利于人力资源在更大空间的合理开发和利用；这种服务形式，主办单位只提供志愿者基本生活费、国际旅费和人身保险，只需较少的投入就能取得较大的综合效益。从已有的实践和效果看，这种做法得到了我国广大青年包括应届大学毕业生的积极响应，也得到了受助国的热烈欢迎，呈现出广阔的发展前景，可以视为新时期对外援助的一种新形式。

国际志愿者年系列活动

1997 年 11 月 20 日，第 52 届联合国大会通过了 123 个国家提交的 52/17 号提案，决定把 2001 年确定为国际志愿者年（International Year of Volunteers）。为抓住国际志愿者年的有利时机推动我国志愿服务事业，2001 年 3 月，经国务院批准，外经贸部、共青团中央共同

发起成立了“中国2001国际志愿者年委员会”（以下简称委员会，工作时间至2002年6月），负责组织协调国际志愿者年期间的重大活动，全面推动中国志愿服务工作的发展。

国际志愿者年期间，广泛动员组织团员青年积极参与志愿服务。一是深入实施青年志愿者扶贫接力计划，动员团员青年积极参与扶贫开发。2001年，来自全国部分城市的3205名受过高等教育的青年志愿者参加了这项计划，受援的重点贫困县达到207个，并首次往西藏派遣了志愿者。同时，数十万大学生志愿者参加了暑期“三下乡”活动。二是全面展开青年志愿者社区发展计划，引导团员青年积极参与社区建设。三是组织青年志愿者积极参与第21届世界大学生运动会、APEC会议、世界华商大会、西部论坛、全国九运会等国内外大型活动，提供规范、高效的志愿服务，展示了当代中国青年的良好精神风貌。四是通过组织“党在我心中”为奉献者奉献、“新纪元从做志愿者开始”等有特色的主题活动，在增强志愿服务教育内涵方面不断深化，引导青年在参与志愿服务的同时，更好地受到锻炼和教育。

国际志愿者年期间，集中组织开展国际志愿者年大型活动。一是举办“四海同心”2001国际志愿者年庆典晚会。委员会、共青团中央、外经贸部、全国青联、中央电视台、中共深圳市委、深圳市人民政府、联合国开发计划署于2001年12月5日在深圳举办了“四海同心”2001国际志愿者年庆典晚会。二是在北京召开“以德治国与志愿服务”理论研讨会，就如何贯彻《公民道德建设实施纲要》精神、落实以德治国方略，倡导广大青年和其他社会公众参与志愿服务，更好地发挥志愿服务在公民道德建设中的积极作用，进行了广泛深入的研讨。三是开展国际志愿者年献礼影片《因为有爱》在全国的巡映活动。

作为2001国际志愿者年的重要后续行动，2002年5月，由委员会、共青团中央、外经贸部、中华全国青年联合会、联合国开发计划署共同举办的志愿服务国际会议在北京隆重开幕。中国2001国际志愿者年委员会主席吴仪出席开幕式并代表中国政府致辞。团中央书记处第一书记、中国2001国际志愿者年委员会执行主席周强及联合国志愿人员组织总协调人夏珑女士在开幕式上分别发表了主旨演讲，与会代表还共同发表了《志愿服务北京宣言》。志愿服务国际会议以“新世纪的志愿服务：认知、支持、发展”为主题，旨在促进志愿服务国际交流，推动政府、企业及社会各界对志愿服务的认同、支持和参与，推动中国及全球志愿服务事业的更大发展。此次大会吸引了来自世界五大洲29个国家和地区的近170名代表与会，成为志愿服务国际交流的一次盛会，有力推动了中国及全球志愿服务事业的更大发展。

国际志愿者年系列活动成效显著，意义重大。一是志愿服务理念在我国社会公众中的认知程度明显提高。国际志愿者年的各项活动和工作，使越来越多的人认识到：志愿服务行为和志愿精神，体现了人类追求和平、发展，盼望人与人、人与社会、人与自然和谐共处的美好理想，符合先进文化的发展方向。二是我国志愿服务各项工作取得新的发展。国际志愿者年系列活动带动了我国志愿服务的组织、项目、队伍及机制建设的新发展。三是我国志愿服务事业的国际影响不断扩大。2001年8月22日，国务院新闻办举行中外记者招待会，邀请委员会负责人介绍了中国志愿服务发展状况、志愿服务国际交流等情况，并就国际志愿者年期间有关活动回答了中外记者的提问。12月5日，在第56届联合国大会上，我国常驻联合国副代表沈国放大使介绍了以青年志愿者为主体力量的中国志愿服务事业发展状况，使世界各国更好地了解了中国的志愿服务工作。来华访问的联合国志愿人员组织副总协

调员爱德·雷德和联合国开发计划署驻华首席代表莱特娜、高级副代表倪荣国分别参加了我国国际志愿者年有关活动，对我国的志愿服务及国际志愿者年工作给予了高度评价。

志愿者为老服务金晖行动

敬老助老是中华民族的传统美德，也一直是青年志愿服务工作的重要内容。伴随着我国社会主义市场经济体制的建立和城市人口进入老龄化，越来越多的老年人对志愿服务的需求不断增长，越来越多的青年和其他社会公众参与为老志愿服务的热情也在不断增长。共青团中央、全国老龄工作委员会办公室根据社会的需求，于2002年4月联合下发了《关于实施"志愿者为老服务金晖行动"的意见》，决定在全国范围内实施"志愿者为老服务金晖行动"（简称"金晖行动"），组织动员广大青年和其他社会公众积极参与到为老服务的志愿者行列，以实际行动为有需要的老年人办实事、办好事，同时组织动员许多低龄老年人加入"金晖志愿者"行列，发挥老年人的优势。

金晖行动主要以企事业单位离退休困难职工和无劳动能力、无生活来源、无赡养人的老年人及有特殊困难的老干部、老科技工作者、老教师为重点，以建设志愿者服务站、建立志愿者骨干队伍为核心，以"一助一"长期结对服务为基本形式，针对不同的情况采取"个人助个人"、"集体助个人"、"集体助集体"等多种形式，广泛开展日常生活照料、医疗保健、法律援助、文化娱乐等多方面的服务，建立接力服务机制，在志愿者与老年人重点服务对象间形成长期稳定的服务关系，促进志愿者为老服务工作的可持续发展。

各级共青团组织、志愿者组织发挥组织协调作用，承担组织协调志愿者开展为老服务工作的职责，与各级老龄组织密切配合，完善各项工作规章制度，规范服务项目运行机制；充分发挥服务站在为老服务工作中的积极作用，通过将服务站建设纳入"社区老年福利服务星光计划"的实施范围以及积极探索社会捐助方式创建服务站的方式，大力推进服务站的建设，在社区的老年福利服务设施、场所中建立规范的为老服务站。

金晖行动的实施，既充分发挥了青年志愿者组织体系比较完备、机制比较健全、富有青春活力的优势，又针对老年人特别是低龄老人经验丰富、闲暇时间较多的特点，调动他们投身志愿服务的内在积极性。一方面，越来越多的青年加入为老志愿服务行列，另一方面，越来越多的低龄健康老年人加入到"金晖志愿者"行列，初步形成了"朝霞与夕阳相辉映"、青年人与老年人共同参与、相互学习、老少共融的局面。

截至2002年12月，参加为老服务的青年志愿者已达到327万多人，包括123万多为老服务的注册志愿者；金晖志愿者达到9.4万多人；建设志愿者为老服务站11000多个，通过"一助一"结对服务等方式为40多万困难老人提供了2800多万小时的医疗保健、生活照料、法律援助、文化娱乐等多内容的志愿服务。

百万青年志愿者助残行动

助残一直是青年志愿者工作的一项重要内容。为进一步深化这项工作，动员组织更多的青年和其他社会公众加入助残志愿者行列，共青团中央、中国残联于2002年4月联合下发《关于开展“百万青年志愿者助残行动”的通知》，在全国范围内实施助残行动。

助残行动采取普查的方式，掌握辖区内残疾人的数量及服务需求，明确重点服务对象、服务内容和联系方式，结合残疾人及家庭的生活实际，积极为他们提供日常生活照料、义务家教、卫生医疗保健、法律援助、技术培训等多方面的服务，提高他们的文化、教育、技术水平，增强他们自立自强、参与社会的能力；采取注册的方式，掌握助残志愿者的数量、特长、联系方式及可以提供服务的项目、时间，坚持普遍号召和重点发动、社会招募和组织招募相结合，广泛动员青少年加入助残志愿者行列，逐步形成一支以青年为主体、包括许多中老年人在内的比较稳定的助残志愿者骨干队伍；采取“一助一”长期结对服务的方式，把残疾人的服务需求和志愿者的服务能力有机结合起来，根据就近就便、力所能及、持续接力、务求实效的原则，动员一名志愿者或一支志愿者服务队为一个有困难的残疾人或家庭提供经常性服务。采取“多助一”的方式，在残疾人福利院、残疾人康复中心和聋校、盲校、培智学校、特殊教育学校、福利企业等残疾人比较集中的场所，普遍建立志愿者助残服务基地，引导各行各业的志愿者或志愿服务集体利用双休日、节假日经常性地为一个服务基地的残疾人开展各类所需要的志愿服务，做到到期轮换、长期坚持；采取建设志愿者助残服务站、联络站的方式，在残疾人和志愿者之间架起沟通的桥梁，使志愿者有事可做，服务对象有求可应。

助残行动践行了志愿精神，倡导了助残风尚，动员引导了广大青年积极参与助残志愿服务，带动社会各界共同关注、帮助残疾人，形成了扶残助残的良好社会风尚。据不完全统计，截至2002年11月底，全国23个省、区、市已建立志愿者助残服务站4143个，服务基地2852个，696936名志愿者（其中注册志愿者为464886名）为310802名各类残疾人提供了15362272小时的服务。

维护社会治安志愿者筑城行动

为充分调动和发挥广大群众尤其是青年维护社会治安的积极性，推动群防群治工作的深入开展，2002年11月，公安部、共青团中央开始共同实施“维护社会治安志愿者筑城行动”（简称“筑城行动”）。

参加筑城行动的志愿者在公安民警的直接带领或具体指导下，依托社区基层组织和单位，以治安巡逻和看楼护院、邻里守望、

法制宣传等为主要方式，参加维护社会治安秩序的活动。志愿者的具体职责和任务主要有协助公安机关向辖区群众开展法制、安全宣传教育和咨询服务活动；协助公安机关开展防火、防盗、防毒、防治安灾害事故的安全检查；预防和制止各类违法犯罪活动，对现场抓获的违法犯罪嫌疑人员及时扭送公安机关处理；发现刑事、治安案件和治安灾害事故，立即组织保护现场，并迅速报告公安机关；协助公安机关和基层组织做好对监外执行罪犯 的监督管理工作，对刑满释放和解除劳教人员、有不良行为和轻微违法犯罪青少年等开展帮助、教育活动；协助完成公安机关和基层组织相关的其他维护社会治安等工作。筑城行动力争通过三至五年的努力，使维护社会治安志愿服务发展成为涉及面广、对象明确、内容具体、社会影响大、能长期坚持的志愿服务项目，为改革开放和人民群众安居乐业创造良好的治安环境。

筑城行动实施以来,各试点社区的治安情况明显好转,社区公民群防群治意识明显提高;通过维护社会治安志愿者巡逻行动,有力地打击了犯罪分子的嚣张气焰,有效地遏制了违法犯罪的苗头,受到了各级党政领导和广大人民群众的欢迎。广大青年在服务过程中也受到了锻炼,增强了法制意识。

法律援助志愿者服务计划

法律援助是国家为保障经济困难的当事人获得必要的法律服务而建立的一种法律保障制度,是实现“公民在法律面前人人平等”的宪法原则的重要举措。随着市场经济的深入发展和人们法律意识的不断增强,需要法律援助救济的人群与日俱增,仅靠政府拨款和专职法律援助人员,已越来越难以满足社会需求。2002 年 12 月,司法部和共青团中央开始共同组织实施法律援助志愿者服务计划。法律援助志愿者服务计划是围绕党政中心工作,围绕人民群众、特别是困难群众的实际需要开展各项法律援助志愿服务活动的长期项目,按照公开招募、自愿报名的原则,广泛动员招募具有专业知识和经过专门培训的注册志愿者参与法律援助。法律援助志愿者行动主要围绕以下几个方面开展工作。

1. 专业法律援助。按照国家法律规定和服务对象的实际需要,招募专业法律人才作为法律援助志愿者,在各级司法行政机关所属法律援助机构的指导下,为符合援助条件的当事人提供专业法律援助服务。

2. 社区法律援助。依托各级法律援助中心、青年志愿者服务站,组织法律援助志愿者开展面向普通居民的形式多样的普法宣传、法律咨询等方面的志愿服务工作。

3. 远程法律援助,依托中国志愿服务网等网站,建立法律援助服务网点以及需求信息库,实现供需信息的网上对接。

4. 西部普法宣传。配合西部大开发战略的实施,与东西部对口法律援助、大中学生志愿者三下乡、青年志愿者扶贫接力计划等工作有机结合起来,招募法律援助志愿者前往中西部贫困地区开展法律援助制度普法宣传活动。

5. 法律援助培训。定期开设法律援助志愿者培训班,邀请法律专家开办专题讲座、案例分析等培训活动,不断提高法律援助志愿者

的服务水平。

6. 志愿捐助。组织和动员社会各界捐赠款物支持法律援助志愿服务工作。法律援助志愿者服务计划的实施有助于弥补财政资金投入少和专职队伍规模小的局限，为落实党的十六大提出的“积极开展法律援助工作”的任务、完成“十五”期间建立法律援助体系的目标做出积极贡献。

第五部分

命名及表彰

中国青年五四奖章

为了贯彻落实《中共中央关于加强社会主义精神文明建设若干重要问题的决议》精神，进一步加大树立和宣传当代青年先进典型的力度，在广大青年中形成崇尚先进、学习先进的风气，引导和激励广大青年在新的历史时期继承和发扬"五四"光荣传统，积极投身改革开放和社会主义现代化建设，在建设有中国特色社会主义的伟大实践中建功立业，健康成长，共青团中央和全国青联作出决定，对在社会主义现代化建设中表现突出，做出重大贡献的先进青年颁发"中国青年五四奖章"。

"中国青年五四奖章"是共青团中央、全国青联授予青年的最高荣誉。其颁发条件是：(1)14周岁至40周岁的中国青年；(2)积极拥护中国共产党的领导，坚持党的基本路线，热爱社会主义祖国，是广大青年政治进步的楷模；(3)踊跃投身改革开放和社会主义现代化建设实践，爱岗敬业，勤奋学习，艰苦创业，在工作中做出了突出成绩和重大贡献，是广大青年建功成才的典范；(4)积极参加社会主义精神文明建设，具有良好的社会公德、职业道德和家庭美德，是广大青年精神文明的榜样。

"中国青年五四奖章"原则上每年"五四"青年节授予，有特殊贡献者，可以随时授予。1997年，"中国青年五四奖章"首次颁授，迄今已颁授六届，秦文贵、陈永川、杨元庆、谭铁牛、卢柯、李金城等60名同志先后获得此项殊荣，李向群、黄华东、王伟等被追授"中国青年五四奖章"。"中国青年五四奖章"获得者们来自各行各业，是我国改革开放和社会主义现代化建设实践中涌现出来的优秀青年典型。他们的先进事迹集中体现了当代青年报效祖国、热爱人民的崇高思想；艰苦奋斗、无私奉献的高尚情操；锐意进取、勇于探索的创新精神；不畏艰难、不折不挠的坚韧品格；爱岗敬业、脚踏实地的实干作风。他们的事迹充分反映了党和人民对青年一代的期望和要求，集中体现了当代青年薪新的时代风貌，昭示了在新世纪的伟大征程中当代青年成长成才的必由之路，他们的全国广大青年学习的榜样。

团中央、全国青联动员全国各级团组织、青联组织通过多种形式，广泛深入地开展了宣传和学习"中国青年五四奖章"获得者先进事迹的活动。每年五四期间，团中央、全国青联都要组织"中国青年五四奖章"获得者与首都高校大学生座谈，举办专题报告会或互联网论坛，印制"中国青年五四奖章"获得者宣传册，编辑出版《青春的奉献——"中国青年五四奖章"丛书》，联络中央主要新闻媒体对"中国青年五四奖章"获得者进行详细报道。"中国青年五四奖章"评选表彰活动在广大团员青年中促进了崇尚先进、学习先进、争当先进的良好风气的形成，增强了团员青年的责任感、使命感和紧迫感，对引导和激励广大团员青年积极投身改革开放和社会主义现代化建设的伟大实践，锐意进取，艰苦创业，自觉奉献，产生了积极的意义。

"中国青年五四奖章"评选表彰活动得到

了党中央领导的亲切关怀，1997 年 5 月 4 日，江泽民同志亲切接见了第一届“中国青年五四奖章”获得者。胡锦涛同志先后接见了第一至第六届“中国青年五四奖章”获得者。

1998 年中国青年五四奖章获得者名单

南开大学数学研究所教授陈永川

山东济阳县新市乡新市村农民王玉梅

上海庄妈妈净菜服务有限公司董事长庄红卫

广西第六地质队梧州基地医务所所长谭学智

广东省军区通信站有线电连话务班班长邱玲

福建漳州市公安局巡警支队直属大队大队长李铁军

1999 年中国青年五四奖章获得者名单

联想集团高级副总裁兼联想电脑公司总经理杨元庆

铁道部第十六工程局总工程师胡万毅

中国科学院系统科学研究所所长郭雷

中国葛洲坝水利水电工程集团公司副总经理陈飞

上海复星高科技(集团)有限公司董事长、总经理郭广昌

胜利石油管理局钻井工程技术公司经理刘汝山

中国人民解放军空军某飞行试验训练中心副团长刘明

中国人民解放军军事科学院战役战术研究部副团职研究员公方彬

中国人民武装警察部队云南省总队二支队中队长方红霄

广东省公安厅刑侦局科长张绍新

河省郑州市公安局火车站分局侦察员王玉荣

中国远洋运输(集团)总公司轮机长王新全

天津百货大楼股份有限公司电讯商场进口音响部主任邱汝舜

河南省内乡县马山口镇河西村农民秦英林

内蒙古中蒙医医院副主任医师乌兰

南京大学新闻传播系学生孙海涛

2000 年中国青年五四奖章获得者名单

中国科学院自动化研究所所长助理、模式识别国家重点实验室主任谭铁牛

上海交通大学电子信息学院副院长、图像通信所所长张文军

中国酒泉卫星发射中心高级工程师邹利鹏

河南省周口地区饲草饲料站站长张卫宪

大庆油田有限责任公司董事长、总经理、党委书记苏树林

四川公路桥梁建设集团有限公司董事长、总裁孙云

辽宁省北宁市公安局局长王立科

山西省大同矿务局团委书记王凤英

国家乒乓球集训队队员王楠

中国一汽铸造一厂灰熔车间副主任胡金豹

河北省兴隆县兴隆镇三义村党支部书记王双全

中国三毛集团党委书记、总裁周建平

2001 年中国青年五四奖章获得者名单

中国科学院金属研究所研究员、快速凝固非平衡合金国家重点实验室主任卢柯

天津天药药业股份有限公司总工程师卢彦昌

中国人民解放军某集团军地空导弹团装备处处长许光锋

广东省广州市人民检察院检察员吴筱萍

中央电视台新闻中心主任李挺

飞跃缝纫机集团公司董事长邱继宝

武警甘肃省总队临夏支队作训股股长苏伟

胜利石油管理局河口采油厂采油四矿副矿长兼采油四队政治指导员国梁

黑龙江省苏萌绿色开发有限公司总经理苏艳霞

上海市闸北区临汾路街道团工委书记孙红

2002 年中国青年五四奖章获得者名单

铁道第一勘察设计院青藏指挥部副总指挥、青藏线项目设计总工程师李金城

中国航天科技集团第五研究院副院长、“神舟”

号飞船系统总指挥袁家军
中国军事医学科学院放射医学研究所所长贺福初
内蒙古呼和浩特市“心灵之旅”热线创办人寒星
广东省珠海格力电器股份公司筛选分厂机修班班长张树源
黑龙江大庆市让胡路区人民法院经济审判庭庭长顾双彦
四川蔬菜研究所所长刘光基
天津市宁河县潘庄镇团委书记刘旭清
中国人民解放军68312部队63分队班长赵彪
甘肃省金川集团公司第一冶炼厂闪速炉车间主任王智
中国科学院古脊椎动物与古人类研究所所长朱敏

中国十大杰出青年

“中国十大杰出青年”评选活动是由中华全国青年联合会创意策划，联合中国青少年发展基金会和中央电视台、中央人民广播电台、《人民日报》、《中国青年报》、《光明日报》、《解放军报》、《经济日报》、《科技日报》、《工人日报》、《农民日报》等首都十家新闻单位共同主办的，自1990年起每年评选一次。多年来，一批在改革开放和社会主义现代化建设中业绩突出的优秀青年脱颖而出，他们的辉煌业绩和艰苦创业精神被社会各界，特别是当代青少年广为传颂，他们具有鲜明时代特征和较强导向性的楷模形象激励着更多的青少年刻苦锤炼，奋发成才。同时，“十杰青年”评选活动对在全社会进一步营造崇尚人才、学习先进的良好氛围，产生了积极的作用。

“中国十大杰出青年”评选活动包括五个环节：(1)各省级青联根据要求推荐人选；(2)组委会确定30名候选人；(3)在媒体上公布候选人事迹，进行为期一个月的社会公示；(4)评委会以无记名方式投票选出“十杰青年”；(5)举办系列颁奖表彰活动。

自第13届起，组委会进一步完善了评选机制，适当扩大了人选推报渠道，使更多优秀青年参加评选，并设立评委库，通过电脑随机抽取产生评委，使评选更加科学规范、公正客观。

主办单位每年举办隆重的颁奖表彰系列活动，通过颁奖晚会、事迹报告会、大学生见面会、网上交流等丰富多彩的活动，广泛宣传他们的感人事迹和奋斗精神。

第9届“中国十大杰出青年”称号获得者名单

（按姓氏笔画排序）

小香玉　山西小香玉希望艺术学校校长
刘金虎　宁夏金龙集团总裁
吕　植　北京大学生命科学院副教授
李小松　青海盐湖工业集团有限公司总工程师
孟富强　济南市公安局交警支队支队长
昝圣达　江苏通州兴东镇黄金村党支部书记
柏耀平　海军某部参谋长
贺业军　唐山豪门集团公司总裁
袁亚湘　中科院计算数学与科学工程计算研究所所长
谭和平　重庆云阳县故陵镇故陵村党支部书记

第9届"中国十大杰出青年"提名奖获得者名单

（按姓氏笔画排序）

王　跃　永新县人民法院民事审判庭副庭长

王玉江　沈阳市爱心产业中心经理

邓　伟　哈尔滨亿阳集团有限公司董事长、总裁

史改梅　北京铁路局太原铁路分局太原站客运车间值班员

刘　谊　安徽淮南新集二矿（花家湖煤矿）矿长

何彦林　新疆生产建设兵团农7师130团团长

吴向党　贵州尊荣贵宝（集团）股份有限公司董事长

张志宏　辽源市公安局龙山公安分局东吉派出所副所长

李　华　西北农业大学葡萄酒学院院长兼党委书记

李一男　深圳华为技术有限公司总工程师、中央研究部总裁

汪秀丽　天津蓟县残疾儿童康复中心主任

陈德华　四川省甘孜养路段雀尔山五道班班长

洛桑班丹　拉萨市岗旋语言学校校长

赵福运　河南焦作市山阳区巡返村党支部书记

晏新春　中国葛洲坝集团公司三峡指挥部工管部总工程师

盛云龙　浙江依多金企业集团公司董事长、党委书记

黄豆豆　上海歌舞团舞蹈演员

谭学智　广西第六地质队梧州基地医务所所长

谭秋云　湖南省岳阳市岳阳楼区审计局财金行审股长

魏　明　云南省昆明市邮政局新闻路投递分局邮政投递员

第10届"中国十大杰出青年"称号获得者名单

（按姓氏笔画排序）

丁　榕（女）　福州铁路公安处福州车站派出所副主任科员

邓　伟　黑龙江省哈尔滨市亿阳集团有限公司董事长兼总裁

刘　谊　安徽省淮南市国投新集能源股份有限公司总经理

吕岩松　人民日报社驻南斯拉夫记者

孙　雯（女）　中国女子足球队队长

吴奇修　湖南省涟源市茅塘镇石门村党支部书记

张　荣（女）　河南省西峡县丁河镇北峪村农民

张庆伟　中国航天科技集团副总经理

李洪涛　总参陆航某直升机团机务大队战士机械员

侯新民　甘肃省漳县金钟乡斜坡希望小学校长

第10届"中国十大杰出青年"提名奖获得者名单

（按姓氏笔画排序）

王　征　江西省南昌铁路公安局南昌车站公安派出所警长

王　强　吉林省九台市卡伦湖综合开发股份有限公司董事长

白岩松（蒙古族）　中央电视台新闻评论部主持人

刘东海（回族）　宁夏西吉县农业技术推广中心

许京军　南开大学物理科学学院副院长

何　伟　何氏眼科——沈阳眼显微外科中心院长

何建生　福建省云霄县闽南蔬菜科学研究所所长

张全海　广西桂林市公交总公司驾驶员
李家权　四川绵竹市龙蟒集团董事长兼总裁
李勤夫　浙江省茉织华集团公司总经理
李德永　江苏大地集团董事长、总经理兼党委书记
杨春生　陕西省西安彼特企业集团总裁
邱广基　山东省莱州市长毛兔良种研究所所长
周孟波　铁道部大桥工程局副局长兼芜湖长江大桥工程指挥部指挥长、党工委书记
郑维列　西藏农牧学院科研处处长
徐少春　广东省深圳金蝶软件科技有限公司董事长兼总裁
柴　必　山西省河津市北交公路指挥部总指挥
热比古依明(女,维吾尔族)　新疆公路局叶城公路总段、阿卡孜公路段伯西提来克道班班长
蒋剑辉　武警青海省总队玉树州支队政治处副主任
裴成敏　海南省国营乌石农场场长

第11届“中国十大杰出青年”称号获得者名单

（按姓氏笔画排序）

于　果　江西省蓝天职业技术学院校长
乌日更达赖　内蒙古杭锦旗图古日格苏木青年农民
白岩松　中央电视台新闻评论部主持人
龙新平　中国工程物理研究院化工材料研究所所长
伏明霞(女)　湖北省跳水队运动员
许京军　天津南开大学物理科学学院教授
李大有　陕西西安惠群集团公司总经理
南存辉　浙江正泰集团公司董事长
袁家军　中国航天科技集团公司中国空间技术研究院副院长
曹雪涛　第二军医大学全军免疫与基因治疗重点实验室主任

第11届“中国十大杰出青年”提名奖获得者名单

（按姓氏笔画排序）

母连云　海南省国营三道农场场长
任生武　甘肃省天祝县祁连乡石大板村副书记
伊力汗·奥斯曼(维吾尔族)　新疆电视台副台长兼新闻中心主任
刘小秦　湖南巴陵山石油化工厂厂长
刘丽娟(女)　长春电影制片厂副厂长
刘绍喜　宜华企业集团有限公司董事长、总经理
刘鸿志(女)　国家环保总局污染控制司水污染控制处处长
吉　林　江苏省长江公路大桥建设指挥部副总工程师
成会明　中科院金属研究所副所长
许光锋　解放军南京军区某集团军地空导弹团装备处处长
杨桂生　上海杰事杰新材料股份有限公司董事长、总经理
沈铁梅(女)　重庆市川剧院副院长
陈川平　山西太原钢铁(集团)有限公司总经理
陈攀峰　武警北京市总队五支队八中队副中队长
罗东川　北京市第一中级人民法院知识产权审判庭庭长
姜　明　河南天明集团有限公司董事长
胡飞跃　广西荔浦县胜利家庭网络应用研究所所长
柴永森　海尔集团常务副总裁、海尔集团电器产业有限公司总经理
莫莉萍(女)　贵州贵阳生产力促进中心主任
谢　毅(女)　中国科学技术大学化学与材料科学学院教授

第12届“中国十大杰出青年”称号获得者名单

（按姓氏笔画排序）

于魁智（回族） 中国京剧院二团团长、国家一级演员

尹祥美 成都军区驻藏某边防团骡马运输队队长

王　辰 首都医科大学附属北京朝阳医院副院长、主任医师

母连云 海南省国营三道农场场长

伊力汗·奥斯曼（维吾尔族） 新疆电视台副台长、主任记者

刘小宁 武警福建总队政治部保卫处副团职干事

张伟平 南开大学南开数学研究所副所长、教授

杨桂生 上海杰事杰新材料股份有限公司董事长、总裁、研究员

周继红（女） 国家跳水队副领队、高级教练

黄　强 中国航空工业西安飞机设计研究所所长、研究员

第12届“中国十大杰出青年”提名奖获得者名单

（按姓氏笔画排序）

万　猛 武汉海事法院院长、党组书记

毛小兵 西部矿业有限责任公司董事长兼总经理、高级工程师

王中华 中原油田钻井工程技术研究院总工程师、高级工程师

王长春 吉林省种子总站农业推广研究员

王玉锁 新奥集团股份有限公司董事长兼总裁

白礼西 太极集团有限公司董事长兼总经理、高级工程师

刘迎霞（女） 哈尔滨翔鹰（集团）股份有限公司董事长

吕红军（女） 辽宁对外经贸职业学院常务副院长、教授

孙丕恕 浪潮集团有限公司总裁、研究员

吴伯增 柳州华锡集团车河选矿厂厂长、高级工程师

张　健 北京体育大学教师

李金城 铁道第一勘察设计院高级工程师，青藏铁路设计总工程师

李春虎 山西太原理工大学煤化工研究所副所长、教授

林　武 湖南湘潭钢铁集团有限公司总经理、高级工程师

娄晓萍（女） 宁夏儿童福利院院长、高级政工师

高自民 深圳市能源集团有限公司总经理、高级经济师

高国兰（女） 江西省肿瘤医院院长、副主任医师

曹建国 中国航天科工集团第三研究院副院长、研究员

蒋锡培 江苏新远东电缆有限公司总经理、高级经济师

第13届“中国十大杰出青年”称号获得者名单

（按姓氏笔画排序）

万明坚 TCL移动通信有限公司总经理

王少华 空军航空兵某团飞行二大队大队长、特级飞行员

孙丕恕 浪潮集团有限公司总裁

杨　扬（女） 国家短道速滑队运动员

肖颖彬 第三军医大学新桥医院心血管外科主任、主任医师

林圣雄 浙江圣雄集团有限公司董事长、总经理

迪丽娜尔·阿布都拉（女，维吾尔族） 新疆维吾尔自治区歌舞团国家一级演员

郭　为 神州数码（中国）有限公司总裁兼首席执行官

梁建增 中央电视台新闻评论部主任

雷凡培 中国航天科技集团公司第六研究院院长、研究员

第13届“中国十大杰出青年”提名奖获得者名单

（按姓氏笔画排序）

王焕臣　甘肃开盛实业集团有限公司董事长、总经理

边巴扎西（藏族）　西藏登山队运动员、国家级运动健将

刘　强　中国石油天然气股份有限公司抚顺石化分公司总经理

张亚平　中国科学院昆明动物研究所副所长、研究员

张庆桓　上海铁路分局上海站客运员

李书磊　中共中央党校培训部主任、教授

杨金龙　中国科学技术大学教授

闵建功　河南省正阳县建筑工程公司水电暖安装班班长

周文波　上海隧道工程股份有限公司高级工程师

金　海　华中科技大学计算机学院副院长、教授

赵小林（苗族）　湖南省麻阳苗族自治县文昌阁乡党委副书记

徐颖军　天津市公安局红桥分局南头窑派出所副所长

袁绍宏　国家海洋局“雪龙”号极地破冰船船长

黄宝国　吉林省第二实验学校校长助理、中学高级教师

景　柱　海南汽车集团有限公司董事长

蒋锡培　江苏远东集团有限公司董事长、总裁

谢国刚　江西省地质调查院西藏区调队队长、高级工程师

道日诺（蒙古族）　内蒙古新巴尔虎左旗巴音诺尔苏木塔日根宝力格嘎查党支部书记

韩杰才　哈尔滨工业大学航天学院院长、教授

潘殿卿　哈励逊国际和平医院院长、主任医师

全团调研奖

全团调研奖是团中央面向全团设置的评选表彰优秀调研成果的最高奖项。这一奖项的设置旨在推动全团大兴调查研究之风，提高调研工作水平，推动共青团工作和青年工作发展。评选表彰工作根据《全团调研奖条例》进行，每年评选一次。评选程序为：各省级团委根据有关要求报送参评文章，由团中央办公厅聘请专家学者组成独立的评委会，经过严格认真评审，评选出三个等级的获奖文章，进行表彰奖励。另外，团中央办公厅还根据各个省级团委每年报送调研和信息材料以及对本年度调研奖的组织情况，评选出若干个组织奖获奖单位。每一年度的优秀获奖论文均结集出版。

2001年度全团调研奖名单

一等奖8名

1. 江苏新经济组织青年特征及工作对策研究
（江苏省青少年研究所课题组　叶南客、田锋、沈自力、周永中、张超、李俊）
2. 开放世界中的新世纪上海青年——关于改革开放进程中上海青年观念和行为选择的研究报告
（团上海市委研究室）
3. 山东农村青年社会意识的跨国比较
（山东省青少年研究所　张华）

4. 关于浙江省青少年社区成长环境的调查报告
（团浙江省委宣传部）
5. 北京市青年社团建设与发展研究报告
（北京市青年联合会）
6. 西藏自治区青少年爱国主义教育调研报告
（团西藏自治区委）
7. 中国社区化发展与青年工作社会化转型
（辽宁省青少年研究所　江洪）
8. 让青春在西部闪光——西部大开发与共青团工作调研报告
（团甘肃省委调研组）

二等奖 27 名

1. 以“三个代表”重要思想为指导，建设新世纪的共青团
（团广东省委　万庆良）
2. 山西省高校共青团组织建设情况调查与分析
（团山西省委课题组　白云、张晓峰、张建忠、张霞、任晓华、杨建忠、杨峰）
3. 共青团实践“三个代表”的尝试与思考
（团陕西省委　庄长兴、张普庆、戈养年、郝鹏涛、崔梦社）
4. 实践“三个代表”发挥“三带”作用
（团四川省委　尧斯丹）
5. 关于全市团组织积极投身反“法轮功”邪教政治斗争工作的调查分析
（团北京市委　张效廉）
6. 试论加强外商投资企业党的后备队伍建设
（团江苏省委　樊金龙）
7. 正确处理新时期共青团工作的几个关系
（团山东省委　刘慧晏）
8. 掌握网上育人的主动权
（团湖南省委　刘莲玉）
9. 关于共青团组织在促进农民增收中发挥作用的调查报告
（团陕西省委　王建军、梁晓军、赵莉萍、刘虹）
10. 当代青年思想状况的调查研究及对策
（团山西省委课题组　张九萍、刘润民、李兵义、张冬明、王式清、韩永清、高航、李军）
11. 新时期青年思想政治工作创新与发展的研究思考
（团黑龙江省委　宋希斌、刘冰）
12. 继承发展实践完善——当代河南青少年思想道德状况调查报告
（团河南省委　张笑东、侯红、韩维俊）
13. 优化环境强化服务，促进外来青年建功成才
（团北京市委　李印泽）
14. 团员青年和团干部状况的调查与分析
（团河北省委　高宏志、王建军）
15. 关于开发我省农村青年人力资源的调查与思考
（团山西省委课题组　刘志杰、刘亚林、李云峰、张号、暴英杰、段霖瑶）
16. 国有控股企业团组织建设的研究和思考
（团上海市委青工部、上海市港务局团委）
17. 成都市企业共青团组织发展战略研究
（团四川成都市委　冯炼）
18. 在互动中共同发展——宝山区优势青年群体与弱势青年群体互动效应的研究及对策
（团上海宝山区委）
19. 事业化发展、项目化运作——关于拓展社区青少年事务的思考
（团上海长宁区委）
20. 北京青年发展状况研究报告（2000－2001）
（团北京市委、北京市青年研究会）
21. 浦东新区青少年生活质量与教育对策研究报告
（上海市浦东新区青少年事务署）
22. 广东非公有制经济组织团建工作的实践和思考
（团广东省委　陈毅军）
23. 研究探索共青团职能在企业中的有效实现形式，构建现代企业制度中团青工作的职

能化运行模式
（团北京市委青工部）
24. 互联网对当代青年与青年工作的影响
（中国社科院团委　张冠梓）
25. 湖北省青年科技人才发展状况研究报告
（湖北青年科技人才发展状况课题组）
26. 高校思想教育工作理论与实务
（西北政法学院团委　王静）
27. 市场经济条件下政府对青少年事务管理的行为探析
（苏州市团校　王菁哲
团江苏苏州市委　王飚）

三等奖 43 名

1. 对新时期新疆青少年爱国主义教育问题的思考
（团新疆区委宣传部）
2. 在新世纪的起点上——2000 年北京市未成年人发展状况调查的总体情况报告
（团北京市委权益部）
3. 甘肃省少数民族青年宗教信仰现状调查
（团甘肃省委联合调研组）
4. 网络与青少年网络道德建设
（团北京市委　孙武权）
5. 勇于探索，不断创新构建社区青年工作机构新模式
（团天津河西区委课题组　刘惠、褚亚鑫、郝曼泽）
6. 青年科技人员科技创新、创业态势——上海科技系统青年科技人员科技创新、创业群体报告
（上海市科委团委课题组　徐进、周敬、姜晓凌、王晓辉）
7. 审时度势，开拓创新，开创青工工作新局面
（团吉林省委青工部）
8. 重庆社区共青团工作调研报告
（团重庆市委）
9. 适应农业现代化新形势，探索农村团的工作新路子
（团山东潍坊市委　李强）
10. 当代农村青年的心理冲突
（山东省青少年研究所　权福军）
11. 克拉玛依市青年状况调查及前瞻性研究
（团新疆克拉玛依市委）
12. 21 世纪团校建设的新走向
（团江西省委课题组　钟志生、曾春晖、敖秋生、郭常亮、罗凯亮）
13. 农村“三大改革”对基层共青团工作的影响及对策
（团山东莱州市委　桑京波）
14. 关于对我省基层党建带团建情况的调查报告
（团吉林省委　张天华）
15. 关于网络对高校学生影响的调查与思考
（浙江大学团委　胡礼祥、费英勤、傅强、王志强、闻继威）
16. 突出创新，注重实效，全面深化青工创新创效活动
（团陕西省委　冯启麦、李晓虎、马异文、郝昌军）
17. 广西少数民族青年群体变化的调查分析
（团广西区委　陈振华、赵永富）
18. 中华民族传统美德和革命传统与当代中小学生思想道德教育
（团上海杨浦区委）
19. 毕节地区农村青年就业状况及其政策导向的思考
（团贵州毕节市委　熊灿平、张玉杰）
20. 新形势下共青团工作的思考
（团内蒙古乌兰浩特市委　张世晶、包海波）
21. 知识经济时代视野中共青团信息化建设的若干思考
（团福建省委　陈训明）
22. 上海市青年人力资源开发中的社会网络探索
（上海市青年人才交流服务中心）
23. 昌平区非公有制经济组织青年状况调查报

告
（团北京昌平区委）

24. 关于我省青年思想教育和基层团组织的调查与思考
（团吉林省委 王韬）

25. 昆明市农村共青团工作调查报告
（团云南昆明市委青农部）

26. 关于青年在成长发展和社会生活中的需求及变化趋势的调查报告
（团山东济南市委 吴昌富）

27. 夯实团建基础，促进工作发展
（团山东青岛市委调研组 江敦涛、车景华、张忠堂）

28. 关于在大学生中开展“法轮功”问题专题调研情况的分析与思考
（团浙江省委课题组 蔡永波、徐军伟、李强）

29. 关于团的作风建设情况的调研报告
（团河南省委团的作风建设调研组）

30. 互联网对高校共青团工作的影响及对策
（天津大学团委课题组 于立军、赵鸣、王志勇、任宝平、张蕾、罗进飞、梁春早、潘睿、王阳）

31. 青年学生心目中的高校团组织
（河北经贸大学团委 杨淑欣、武玉鹏、崔丽娟、赵志川）

32. 通州区农村青年思想状况的调查与思考
（团北京通州区委 肖志刚）

33. 用社会主义先进文化丰富当代青年的精神世界
（黑龙江省青少所调研组 宋国力、吕杰、闫峰、高洪贵、史晓杰）

34. 海南大学学生思想道德状况调查报告
（海南大学团委 王大群）

35. 垦区青少年期盼健康成长的环境
（团农八师石河子市委 张建军、努尔赛丽提）

36. 积极应对网络影响，大力加强青年思想工作
（团河北省委 于广大）

37. 苏州市城乡青年休闲、消费、交往方式的调研报告
（团苏州市委青年文化研究课题组 钱崇贤、王菁哲、陈海澜、邵继红）

38. 八小时外青工在干什么
（石家庄铁路分局团委）

39. 以“三个代表”为指导，努力开创共青团工作新局面
（团安徽省委 张昭）

40. 关于贯彻全路“党建带团建”工作会议精神情况的调研检查报告
（全国铁道团委调研组）

41. 城市化进程中近郊农村团工作的新思考
（团浙江宁波市委课题组 陈奕君、江鲁、张相晋、翁启栋、丁晓芳）

42. 关于吉林省国有企业青年思想政治工作状况的调查
（团吉林省委 周伟、潘宏峰、于艇）

43. 市场经济条件下我省青少年的社会道德状况、成因及应采取的对策
（青海省青少年研究中心 裴瑾霖）

2001 年度全团调研奖组织奖名单

共青团山东省委　　共青团北京市委
共青团上海市委　　共青团天津市委
共青团广东省委　　共青团河北省委
共青团浙江省委　　共青团陕西省委
共青团山西省委　　共青团湖南省委
共青团黑龙江省委　　共青团江西省委
共青团福建省委

全国五四红旗团委(团支部)和全国团建先进县(市)

1999年全国五四红旗团委标兵名单

（10个）

上海宝钢集团公司团委
福建龙海市角美镇团委
清华大学团委
辽宁沈阳市和平区南湖街道办事处团委
中国嘉陵工业有限公司团委
山东济南市公安局交警支队团委
广东东莞市长安镇团委
西安交通大学团委
广西柳州市白云小区团工委
中国人民解放军54852部队团委

1999年全国五四红旗团委名单

（90个）

北京电力工业局团委
北京海淀区中关村街道团工委
天津宁河县潘庄镇团委
大津建工集团二建公司团委
天津河西区马场街团委
华北制药集团公司团委
河北秦皇岛港务局团委
河北大学团委
山西夏县胡张乡团委
山西西山煤电集团公司团委
山西太原理工大学团委
内蒙古锡盟东乌旗顿达高壁苏木团委
内蒙古呼盟特泥河农牧场团委
内蒙古呼和浩特市二中团委
辽宁锦州北宁市常兴店镇团委
鞍山钢铁集团公司团委
大连海事大学团委
吉林通化市辉南县辉发城镇团委
吉林化纤集团股份公司团委
吉林四平市红嘴集团公司团委
吉林大学团委
黑龙江宁安市范家乡团委
大庆石油化工总厂团委
大庆石油管理局钻井一公司团委
黑龙江哈尔滨第三中学团委
华东师范大学团委
上海长宁区华阳街道团工委
江苏宝应县射阳湖镇团委
江苏常柴股份有限公司团委
江苏连云港中药学校团委
江苏南京市鼓楼街道团工委
浙江中义集团团委
浙江大学团委
浙江温州市鹿城区五马街道团工委
安徽合肥市郊区常青镇团委
安徽安庆石油化工总厂团委
福建厦门一中团委
福建福州市晋安区王庄街道团委
江西南昌县泾口乡团委
江西师范大学团委
山东寿光市稻田镇国家级农业现代化示范区团委
齐鲁石油化工总公司团委
胜利石油管理局胜利采油厂团委
山东青岛市市北区辽宁路街道团工委
河南新野县沙堰镇团委
河南安阳钢铁集团公司团委
河南焦作矿务局团委
河南郑州市二七区大学路办事处团工委
湖北孝感市孝南区杨店镇团委
武汉大学法学院团委

湖北武汉市武昌区中华路街道团工委
湖南醴陵市王仙镇团委
湖南湘潭市中心医院团委
湖南长沙市岳麓区望月湖街道团工委
广东顺德市陈村镇团委
广东中山市小榄镇团委
广东深圳市皇岗实业股份公司团委
华南师范大学团委
广西玉林市福绵管理区新桥镇团委
海南海口市罗牛山农业综合开发区团委
重庆荣昌县双河镇团委
重庆市电力公司团委
西南师范大学团委
四川三台县芦溪镇团委
中国水利水电第七工程局团委
华西集团四川省第十二建筑工程公司团委
四川康定师范学校团委
贵州盘县红果镇团委
贵州民族学院团委
云南宜良县狗街镇团委
西藏林芝地区第一中学团委
西安飞机工业(集团)有限公司团委
陕西西安市国家税务局团委
西安铁路分局团委
甘肃玉门石油管理局团委
青海海晏县哈勒景乡团委
宁夏有色金属冶炼厂团委
新疆阜康市城关镇团委
新疆钢铁集团公司炼钢厂团委
中国人民解放军83318部队团委
中国人民解放军56107部队团委
海军37033部队团委
武警海口市支队团委
牡丹江铁路分局团委
石家庄铁路分局团委
民航中南管理局团委
中共中央办公厅团委
外交部团委
中国石油天然气集团公司直属机关团委
中国工商银行上海市分行团委

2000年全国五四红旗团委标兵名单

(10个)

中国第一汽车集团公司团委
浙江温岭市泽国镇团委
北京大学团委
北京朝阳区和平街道团工委
湖南长沙卷烟厂团委
广西贵港市港南区桥圩镇团委
重庆大学团委
上海闸北区临汾路街道团工委
大港油田集团有限责任公司团委
中国人民解放军75211部队团委

2000年全国五四红旗团委名单

(90个)

北京通州区梨园镇团委
中国石化集团北京燕山石油化工有限公司团委
天津师范大学外语学院团委
天津河西区天塔街道团工委
河北师范大学团委
石家庄车辆厂团委
开滦(集团)有限责任公司团委
山西神头第一发电厂团委
山西林业学校团委
内蒙古工业大学团委
内蒙古包头市供热公司团委
内蒙古阿拉善左旗巴润别立镇团委
辽宁灯塔市柳河子镇团委
辽宁工程技术大学团委
辽宁东港市椅圈镇团委
东北电力学院团委
吉林辉南县庆阳镇团委
大庆油田有限责任公司第一采油厂团委
黑龙江佳木斯发电厂团委

黑龙江龙江县黑岗乡团委
黑龙江哈尔滨市道里区通江街道团工委
江南造船(集团)有限责任公司团委
上海交通大学团委
中国石化集团扬子石油化工有限责任公司团委
江苏东台市头灶镇团委
江苏徐州市鼓楼区黄楼街道办事处团工委
浙江奉化市萧王庙镇滕头村团委
中国石化镇海炼油化工股份有限公司团委
浙江正泰集团团委
安徽马鞍山发电厂团委
安徽大学团委
安徽六安一中团委
福建三明市梅列区列东街道团委
福建炼油化工有限公司团委
福建福安市溪柄镇团委
武警江西抚州市消防支队团委
江西省公安厅直属机关团委
江西奉新县宋埠镇团委
山东电力集团公司团委
山东师范大学团委
山东肥城市孙伯镇团委
山东淄博电业局团委
河南商城县三里坪乡团委
河南新飞电器集团团委
河南禹州市颍川街道办事处团委
河南鹤壁中等专业学校团委
湖北宜昌市西陵区西陵街道办事处团委
东风汽车公司团委
湖北枣阳市吴店镇团委
湖南岳阳市农业学校团委
湖南株洲市天元区嵩山路街道办事处团委
广东深圳市宝恒工人服务有限公司团委
广州远洋运输公司团委
广东广州市海珠区南华西街团委
广东珠海市香洲区前山镇团委
广西自治区卫生厅团委
广西平果铝业公司团委
海南琼海市温泉镇团委
长安汽车(集团)有限责任公司团委
重庆卫生学校团委
四川省电力公司团委
四川德阳市旌阳区孝泉镇团委
四川嘉陵纺织(集团)股份有限公司团委
四川自贡市自流井区新街团委
贵州铜仁市茶店镇团委
贵州黔西南州兴仁县民族中学团委
云南大学团委
云南宣威市榕城镇团委
西藏米林县卧龙镇团委
长庆石油勘探局团委
陕西宝鸡县阳平镇团委
西安咸阳国际机场团委
甘肃武威市高坝镇团委
酒泉钢铁(集团)有限责任公司团委
青海石油管理局团委
宁夏中宁县石空镇团委
新疆库尔勒市普惠农场团委
新疆沙湾县大泉乡团委
中国人民解放军65456部队团委
中国人民解放军66240部队团委
解放军理工大学工程兵工程学院团委
武警8621部队团委
郑州铁路局安康铁路分局团委
兰州铁路局兰州西机务段团委
中国西北航空公司团委
新华社机关团委
中央纪委、监察部机关团委
对外贸易经济合作部直属机关团委
中国银行宁波市分行团委
中国石油化工集团公司直属机关团委

2001 年全国五四红旗团委标兵名单

(10个)

邯郸钢铁(集团)公司团委

江苏江阴市华西村团委
复旦大学团委
四川成都市武侯区浆洗街道团工委
沈阳军区 65667 部队团委
北京有色金属研究总院团委
青岛港务局团委
广东深圳市龙岗区龙岗镇团委
天津大学团委
山西太原市迎泽区老军营街道团委

2001 年全国五四红旗团委名单

（90 个）

首都钢铁总公司团委
北京昌平区兴寿镇团委
中国人民大学团委
天津河西区尖山街道团工委
河北邢台矿业(集团)有限责任公司团委
河北衡水桃城区邓庄乡团委
山西铝厂团委
包头钢铁(集团)公司团委
内蒙古巴盟临河市新华镇团委
内蒙古赤峰阿旗扎嘎斯台镇团委
辽宁锦州凌海市闫家镇团委
大连港务局团委
辽宁抚顺第二中学团委
东北师范大学团委
吉林通化钢铁集团有限责任公司团委
吉林化工集团公司团委
黑龙江佳木斯电业局团委
黑龙江八五二农场团委
黑龙江哈尔滨动力区文政街道团委
上海市卫生局团委
上海普陀区甘泉路街道团工委
谏壁发电厂团委
江苏赣榆县塔山镇团委
浙江工业大学团委
浙江杭州下城区武林街道团工委
浙江宁波余姚泗门镇团委
安徽黄山屯溪第一中学团委
安徽含山县仙踪镇团委
福建凤竹集团有限公司团委
福建永定县培丰镇团委
福建厦门思明区思明街道团委
南昌铁路局团委
南昌大学团委
山东大学团委
山东烟台莱州夏邱镇团委
山东枣庄滕州鲍沟镇团委
山东济宁市电业局团委
中铁十五局集团第二工程有限公司团委
河南偃师城关镇团委
河南师范大学团委
河南濮阳电业局团委
河南平顶山煤矿集团团委
湖北电力公司团委
中国地质大学(武汉)物探系团委
湖北咸宁市鄂南高级中学团委
中国石化集团江汉石油管理局团委
涟源钢铁集团公司团委
湘潭电机厂团委
湖南岳阳市地税局岳阳楼分局团委
常德师范学院团委
中山大学团委
广东东莞清溪镇团委
广东河源公安局团委
广西柳州钢铁(集团)公司团委
广西河池地区大化瑶族自治县大化镇团委
海南琼台师范学校团委
重庆重型汽车集团有限责任公司团委
重庆渝北区统景镇团委
重庆巴县中学团委
四川沱牌曲酒厂团委
四川大学团委
四川华蓥市公安局团委
贵州贵阳市公共交通总公司团委
贵州黔南民族师范学院团委

云南楚雄牟定县新甸乡团委
云南文山民族师范学校团委
西藏拉萨师范学校团委
西北工业大学团委
陕西咸阳市秦都区渭滨镇留印村团委
陕西西安新城区西一路街道团委
甘肃白银有色金属公司团委
兰州铁路局团委
青海西宁供电局团委
宁夏银川郊区大新乡团委
新疆阿克苏地区温宿县托乎拉乡团委
新疆医科大学团委
新疆生产建设兵团农八师石河子市东热电厂团委
兰州军区 68262 部队团委
空军 95982 部队团委
解放军汽车管理学院团委
武警福建省总队福州市支队团委
广深铁路股份公司团委
上海铁路局阜阳机务段团委
中国北方航空公司团委
中国科学院团委
人民日报社团委
国家广播电影电视总局团委
中国农业银行上海市分行团委
中国建设银行上海市分行团委
上海市电力公司团委

2001 年全国五四红旗团支部标兵名单

（10 个）

厦门航空有限责任公司乘务队团总支
贵州遵义县共青村团总支
南京农业大学动物科技学院团总支
上海黄浦区南京东路街道厦门小区团总支
广州军区 75706 部队 79 分队团总支
广西红水河水泥股份有限公司化验室团支部
辽宁抚顺县石文镇毛公村团总支
北方交通大学第二附属中学团总支

浙江温州市龙湾区永中街道普门村团支部
西安铁路集团物资有限责任公司团支部

2001 年全国五四红旗团支部名单

（63 个）

北京申安集团公司团总支
天津武清区陈咀镇渔四村团支部
天津河北区望海楼街中远里社区团支部
河北武安市磁山镇磁山二街团总支
河北农业大学园艺学院团总支
山西晋城市巴公镇东四义村团总支部
大同煤矿集团马脊梁矿综采一队团支部
内蒙古莫力达瓦旗特克镇安民村团支部
内蒙古包头九原区新城乡当铺村团支部
辽宁锦州凌河区菊园街道世纪花园社区团支部
吉林化纤集团有限责任公司后加工二车间团支部
吉林大学文学院团总支
大庆石油管理局钻井二公司 32318 钻井队团支部
黑龙江穆棱市八面通镇清河村团支部
宝山钢铁股份公司条钢厂线材团总支
盐城工学院海洋工程系团总支
杭州钢铁集团股份有限公司焦化厂机修团支部
安徽芜湖繁昌县城关镇七里村团总支
安徽雷鸣科化股份有限公司 85#车间团总支
福建永安市燕南街道南塔社区团支部
江西南昌市郊区湖坊镇进顺村团总支
江西吉安市吉州区习溪桥街道长岗岭社区团支部
山东威海荣成石岛镇大鱼岛村团总支
山东师范大学文学院团总支
河南信阳市师河区十三里桥肖家庙村团支部
河南方城县城关镇蔬菜产业团总支
中国石化集团江汉分公司采油厂采油一队团支部

湖北红安县城关镇园艺村团支部
湖南长沙县江背镇印山村团总支
湖南计算机产业集团技术中心团总支
广东东莞安力科技园建造有限公司团总支
广东广宁县古水镇小益村团支部
广西防城港市防城区那梭镇平木村团支部
海南海口市振东区人民路街道新利社区居委会团支部
海南海口市国土海洋资源局团总支
重庆交通学院交通及汽车工程系团总支
重庆万州区大周镇铺椏村团支部
四川泸州市龙马潭区莲花池街道宏达社区团总支
西南财经大学工商管理学院团总支
贵州贵阳市南明百事吉饭庄团支部
云南嵩明县杨林镇官渡村西村小组团支部
昆明理工大学材料与冶金工程学院团总支
西安咸阳国际机场候机楼管理公司团支部
长庆钻井工程总公司 60144 钻井队团支部
甘肃定西地区漳县金钟乡看治村团支部
中国石油长庆油田公司采油二厂城一转团支部
青海西宁市供电局变电工区团总支
青海互助县双树乡大通苑村团支部
新疆伊犁哈萨克自治州红旗幼儿园团支部
新疆巴州尉犁县兴平乡达西村团总支
新疆生产建设兵团农九师一六四团九连团支部
西藏农牧学院农学系团支部
海军大连舰艇学院政治系学员 3 队团支部
77 223 部队 76 分队团支部
北京首都机场集团公司运行保障部暖通中心集中供热站团支部
民航江西省管理局候机楼管理部团支部
邢台车务段官庄车站团支部
中国水利报社团支部
中国计划生育宣传教育中心团支部
中国工商银行福建省三明市永安市支行团总支
中国银行四川省分行双流支行团支部
华北石油管理局油建二公司电器仪表工程部一中队团支部
中铁四局集团五公司工程机械厂水电一队团支部

2001 年全国团建先进县(市)名单

(60 个)

共青团北京通州区委
共青团天津津南区委
共青团河北沧县县委
共青团河北正定县委
共青团河北乐亭县委
共青团山西清徐县委
共青团山西霍州市委
共青团内蒙古通辽市科尔沁区委
共青团内蒙古巴盟杭锦后旗团委
共青团辽宁沈阳和平区委
共青团辽宁大连旅顺口区委
共青团吉林延吉市委
共青团吉林公主岭市委
共青团黑龙江海伦市委
共青团黑龙江嫩江县委
共青团上海黄浦区委
共青团江苏溧阳市委
共青团江苏南京市鼓楼区委
共青团江苏张家港市委
共青团浙江余姚市委
共青团浙江乐清市委
共青团安徽界首市委
共青团安徽明光市委
共青团福建邵武市委
共青团福建莆田县委
共青团福建南靖县委
共青团江西南康市委
共青团江西南丰县委
共青团山东莱西市委

共青团山东诸城市委
共青团山东莱州市委
共青团河南确山县委
共青团河南舞钢市委
共青团河南栾川县委
共青团湖北武汉市江汉区委
共青团湖北应城市委
共青团湖南醴陵市委
共青团湖南溆浦县委
共青团广东深圳市宝安区委
共青团广东广州市番禺区委
共青团广东广宁县委
共青团广西北海市海城区委
共青团广西象州县委
共青团海南屯昌县委
共青团重庆渝中区委
共青团四川温江县委
共青团四川中江县委
共青团四川江油市委
共青团贵州贵阳市花溪区委
共青团贵州福泉市委
共青团云南呈贡县委
共青团云南陆良县委
共青团西藏乃东县委
共青团陕西富平县委
共青团陕西宝鸡县委
共青团甘肃兰州七里河区委
共青团青海互助土族自治县委
共青团宁夏灵武市委
共青团新疆焉耆回族自治县委
共青团新疆玛纳斯县委

2002 年全国五四红旗团委标兵名单

（10 个）

大庆油田有限责任公司第一采油厂团委
内蒙古鄂尔多斯市达拉特旗解放滩镇团委
东华大学团委
重庆市江北区观音桥街道团工委
中国人民解放军 93704 部队团委
郑州铁路局团委
山东淄博市张店区沣水镇城东村团委
湖北十堰市第一中学团委
北京市西城区月坛街道团工委
广州市港务局团委

2002 年全国五四红旗团委名单

（190 个）

北京市邮政管理局团委
北京市门头沟区龙泉镇团委
北京师范大学团委
北京市海淀区马连洼街道团工委
天津市公安交通管理局团委
天津石油化工公司团委
天津市北辰区宜兴埠镇团委
南开大学团委
天津市卫生局团委
唐山钢铁集团有限责任公司团委
河北农业大学团委
河北省电力建设第一工程公司团委
河北万全县孔家庄镇团委
河北石家庄新华区联盟路街道团委
河北香河县刘宋镇团委
山西大学团委
太原钢铁有限责任公司团委
山西汾阳市西河乡团委
山西大同市城区振华南街团委
内蒙古阿拉善盟公路管理局团委
内蒙古五原县塔尔湖镇团委
内蒙古通辽市科尔沁区建国镇团委
内蒙古电力集团有限责任公司团委
营口港务局团委
辽宁沈阳市于洪区翟家镇团委
大连理工大学团委
抚顺石油化工公司团委
本溪钢铁集团公司团委
辽宁丹东电业局团委

辽宁锦州市太和区钟屯乡团委
吉林延边朝鲜族自治州林业管理局团委
辽源供电公司团委
吉林通化市卫生学校团委
吉林通榆县兴隆山镇团委
吉林化工学院团委
吉林长春市公安局团委
吉林省国家安全厅直属机关团委
黑龙江佳木斯市交通局团委
黑龙江牡丹江市建设局团委
黑龙江鹤岗电业局团委
黑龙江省农垦总局红兴隆分局团委
黑龙江哈尔滨市第一中学团委
上海石油化工股份有限公司团委
上海市浦东新区社会事业委员会团委
上海市杨浦区大桥街道团工委
上海市公安局交巡警总队团工委
江苏镇江供电公司团委
江苏泰兴市泰兴镇团委
张家港港务局团委
南京农业大学团委
南京钢铁集团有限公司团委
南京中医药大学附属医院团委
江苏江都市丁伙镇团委
江苏永嘉县瓯北镇团委
浙江杭州市中策职业学校团委
浙江杭州市下城区天水街道团工委
宁波中华纸业有限公司团委
宁波大学团委
浙江湖州市车辆通行费征收处团委
浙江台州市路桥区路桥街道团委
安徽安庆供电局团委
安徽宿城第一中学团委
安徽电力建设第二工程公司团委
安徽舒城县城关镇团委
安徽阜阳市颍东区口孜镇团委
厦门航空有限公司团委
福建石狮市永宁镇团委

福建莆田六中团委
福建省交通厅直属机关团委
福建三明市三元区富兴堡街道团委
江西铜业集团公司团委
江西赣西供电局团委
江西洪都航空工业集团有限责任公司团委
江西农业大学团委
宜春学院团委
胜利石油管理局团委
山东菏泽发电厂团委
山东省泰安卫生学校团委
山东青岛市崂山区国税局团委
中国海洋大学团委
山东临沂市兰山区半程镇团委
济南钢铁集团总公司团委
洛阳铜加工集团有限责任公司团委
中原石油勘探局团委
舞阳钢铁有限责任公司团委
河南浚县白寺乡团委
河南新野县五星镇团委
河南安阳市电业局团委
河南大学团委
华中科技大学团委
湖北省武汉市江汉区常青街团工委
湖北省公安厅团委
湖北省荆门市象山中学团委
湖北省恩施州中心医院团委
湖北农学院团委
湖南长沙县暮云镇团委
湖南省对外贸易经济合作厅团委
湖南大学团委
中南大学团委
常德市电业局团委
湘潭大学团委
湖南郴州市苏仙区白露塘镇团委
广东中山市三乡镇团委
广东遂溪县岭北镇团委
华南理工大学团委

广州铁路公司羊城铁路总公司团委
广东阳东县东城镇团委
南宁化工集团有限公司团委
广西贺州市八步区八步镇团委
防城港务局团委
广西东兰县五篆镇团委
海南师范学院团委
海南文昌市潭牛镇团委
海南海口市美兰区和平南路街道团工委
重庆市公安局团委
重庆市电信公司团委
长江重庆航道工程局团委
重庆德泉电力股份公司团委
重庆大足县万古镇团委
西南政法大学团委
四川省交通厅直属机关团委
东方汽轮机厂团委
四川长虹电子集团有限公司团委
成都飞机工业集团有限责任公司团委
四川巴中市供电公司团委
乐山师范学院团委
四川大竹县城西乡团委
四川南充高级中学团委
贵州安顺供电局团委
贵州都匀第一中学团委
贵州航空工业(集团)有限责任公司团委
贵州德江县煎茶镇团委
云南省大理州南涧县宝华镇团委
云南铜业集团有限公司团委
云南曲靖市烟草企业团委
昆明理工大学团委
西藏日喀则地区综合中等专业学校团委
西藏山南地区扎囊县中学团委
西藏自治区人民医院团委
彩虹集团公司团委
西安饮食服务集团股份有限公司团委
陕西城固县龙头镇团委
西安理工大学团委

中铁一局集团有限公司团委
陕西西安市长安路街道团工委
陕西铜川市新区下高埝乡团委
金川集团有限公司团委
甘肃省景泰川电力提灌管理局团委
甘肃兰州市七里河区西园街道团工委
甘肃张掖市新乐小区团委
青海省都兰县巴隆乡团委
青海省湟源县大华镇团委
青海省乐都县一中团委
宁夏银川市公安局团委
宁夏中宁县枣园乡团委
宁夏交通学校团委
新疆疏勒县库木西力克乡团委
新疆石油管理局供电公司团委
新疆乌鲁木齐市直属机关团工委
新疆农业大学团委
新疆焉耆县五号渠乡团委
新疆兵团农四师71团委
新疆兵团农五师83团委
中国人民解放军65723部队团委
中国人民解放军66289部队团委
中国人民解放军69315部队团委
中国人民解放军73057部队团委
中国人民解放军75221部队团委
中国人民解放军92270部队团委
中国人民解放军第二炮兵工程学院团委
中国人民解放军防化指挥工程学院团委
中国人民解放军63751部队团委
中国人民解放军国防科技大学人文与管理学院团委
中国人民武装警察部队上海市总队一支队团委
沈阳铁路局白城机务段团委
济南铁路局徐州北机务段团委
南昌铁路局向塘机务段团委
柳州铁路局柳州铁路中心医院团委
民航华东空中交通管理局团委

中国民航学院团委
中国外文出版发行事业局团委
共青团中央直属机关团委
交通部直属机关团委
国务院机关事务管理局各省区市政府驻京办事处管理司机关团委
故宫博物院团委
中国人民银行济南分行团委
交通银行上海分行团委
中铁十二局集团公司团委
路桥集团第二公路工程局团委
中国北方机车车辆工业集团公司大连机车车辆厂团委

2002 年全国五四红旗团支部（总支）标兵名单

（10 个）

北京铁路分局北京列车段 T21/22 次京沪团支部
新疆尉犁县兴平乡达西村团总支
湖南岳阳市岳阳楼区一中团总支
江苏无锡市南长区清扬路街道沁园第一社区团支部
中国人民解放军 61726 部队司令部团总支
中国航天科工集团公司第二事业部二十三所二室团支部
天津市宝坻区林亭口镇帐房鄚村团支部
四川农业大学动物科技学院团总支
福建三明市梅列区列东街道圳尾社区团支部
浙江富阳市富春街道春华村团支部

2002 年全国五四红旗团支部（总支）名单

（290 个）

北京市森林旅游开发公司团支部
北京市第一中级人民法院民事审判第五庭团支部
北京科技大学信息工程学院博士 01 班团支部
北京市知春里中学高三(1)班团支部
铁道第三勘察设计院桥梁处团支部
天津市民族中学教工团支部
天津工业大学材料化工学院团总支
天津美术印刷厂印刷车间团支部
河北保定市公安消防支队四中队团支部
河北唐山市公安交通警察支队车辆管理所团支部
承德医学院中医系 99 级 2 班团支部
秦皇岛港务集团流动机械公司机械六队团支部
河北衡水市饶阳县五公镇中学团支部
河北阔丹——凌云汽车胶管有限公司团支部
河北邢台市桥西区滨河社区团支部
河北廊坊市金桥物业公司团支部
河北张家口市公安局桥西分局刑警大队团支部
华北石油管理局第一综合服务处石油机械修造厂团总支
河北石家庄市供水总公司给水设计院团支部
河北邯郸市中心医院儿科团支部
广播电影电视管理干部学院编播系团总支
山西清徐县清源镇大北村团支部
山西忻州市忻府区东楼乡前郝村团支部
山西汾阳市贾家庄镇贾家庄村团总支
山西晋中市榆次区郭家堡乡使赵村团支部
山西太原市老军营街道桃园南路第三社区团支部
山西焦煤集团官地矿多种经营公司团支部
国阳新能股份有限公司一矿选煤厂重介队团支部
山西榆园大酒店团总支
内蒙古锡林郭勒盟东乌旗乌里雅斯太镇额尔敦乌拉嘎查团支部
内蒙古呼伦贝尔市伊敏苏木毕鲁图嘎查团支部
内蒙古兴安盟扎赉特绰勒镇茂力格尔嘎查团支部

内蒙古赤峰市巴林右旗巴彦汉镇玛拉沁新村团支部
内蒙古集宁市乌兰察布电业局地区调度所团支部
辽宁沈阳惠天热电股份有限公司第二供暖部团总支
大连新船重工有限责任公司造船事业部船体工程部团总支
中国人民保险公司辽宁岫岩县支公司团支部
辽宁本溪市北地城市信用社团总支
辽宁丹东移动通信公司营业部团支部
锦州铁合金股份有限公司有色冶炼厂团总支
营口海事局团总支
辽宁阜新市第七中学教工团支部
辽阳石油化纤公司电力检修安装公司团总支
辽宁铁岭县双井子乡高家店村团支部
凌源钢铁股份有限公司中宽热轧带钢厂团总支
辽宁绥中县西平坡满族乡东平坡村团支部
吉林省残疾人联合会团总支
中国石油天然气股份有限公司吉林石化公司炼油厂加氢裂化车间团支部
吉林延吉市新兴街道团总支
吉林四白一级公路四平收费站团支部
辽源移动通信公司市场经营部团支部
吉林通化市自来水公司管线管理所团支部
吉林白山市人事局团支部
吉林大安市四棵树乡铁西村团支部
吉林石油集团有限责任公司地质录井公司地气录井队团支部
吉林大学反邪教青年志愿者协会团支部
黑龙江省海伦市共合镇共青团村团支部
黑龙江省富裕县友谊乡永久村团支部
牡丹江第二发电厂发电分厂团总支
黑龙江佳木斯市机动车综合性能检测站团支部
黑龙江七台河市新大陆鞋城团支部
黑龙江省农垦总局宝泉岭分局名山农场六队团支部
黑龙江省大兴安岭地区新林林业局宏图林场团总支
黑龙江鹤岗市人民医院外科系团支部
黑龙江双鸭山市机关事业单位会计核算中心团支部
黑龙江省冰上训练中心团总支
上海航空股份有限公司客舱服务部乘务三队团总支
上海市儿童福利院团支部
上海市政工程设计研究院给排三所团支部
上海体育运动技术学院莘庄基地团总支
上海市高级人民法院办公室团支部
江苏南京长途汽车客运总公司南京汽车站团支部
江苏扬中市八桥镇长胜村团支部
江苏省灌南县第四中学团总支
中国电子科技集团公司第十四研究所接收技术研究室团支部
江苏扬州市邗江区邗上街道兰庄社区团支部
江苏射阳县盘湾镇盘东居委会团支部
江苏启东市电信局团总支
江苏兴化城南收费站团支部
江苏徐州市贾汪区青山泉镇马庄村团总支
南京禄口国际机场有限公司运输服务部团支部
南京大学法学院2000级(2)班团支部
宁波高等专科学校计算机协会团支部
浙江慈溪市龙山镇西门外村团总支
建设银行浙江温州市瓯海区营业部团支部
浙江绍兴县财税局团总支
浙江金华市环境卫生管理处团支部
浙江嵊泗县龙泉村团支部
浙江衢州市国家税务局机关团支部
浙江台州市路桥区新桥镇凤阳章村团支部
浙江丽水市松阳文化体育广播电视局团支部
浙江省第四监狱管教团支部
镇海炼化检修安装公司机修二车间团支部

安徽芜湖市公安局交通警察支队新芜大队团支部
安徽省电信公司铜陵分公司市场经营团支部
安徽亳州团市委机关团支部
皖北煤电集团公司刘桥一矿掘进一区团支部
安徽华光玻璃集团浮法团支部
安徽淮南市田家庵区朝阳街道柏园社区团支部
安徽巢湖市居巢区城北街道光明村团支部
安徽马鞍山市公安局花山分局团总支
中铁四局二公司青藏铁路项目经理部团支部
安徽黄山宝华塑粉彩涂有限公司团总支
福建泉州市丰泽区东海镇云谷村团总支
福建厦门市思明区夏港街道团总支
福建东山县铜陵镇铜兴村团总支
福建长汀县策武乡南坑村团支部
福建闽侯县地方税务局团总支
厦门大学经济学院财政金融系团总支
福建省统计局直属单位团支部
福建宁德市机动车辆综合性能检测中心团支部
南昌铁路局南昌南车辆段向西列检所第三团支部
萍乡钢铁有限责任公司炼钢厂机修车间团总支
江西移动通信有限责任公司南昌营销中心营业室团支部
江铃五十铃汽车有限责任公司总装厂团总支
南昌航空工业学院材料科学与工程系 990121 团支部
江西万年青机电工程有限责任公司团支部
华东交通大学机电工程学院团总支
南昌大学电气与自动化工程学院电力系统及其自动化 991 班团支部
贵溪化肥有限责任公司磷铵车间团总支
山东济南市槐荫区西市场商贸区团总支
山东青岛市城市管理局排水管理处李村河污水处理厂团支部
山东枣庄市薛城区周营镇常埠村团支部
山东省通信公司东营市分公司重点客户服务中心团总支
山东烟台栖霞市桃村镇国路夼村团总支
山东潍坊寿光市孙家集镇三元朱村团支部
山东济宁兖州市新兖镇小马青村团总支
山东威海乳山市城区街道外商服务办公室团总支
山东日照市地税局直属征收分局团支部
山东莱芜市城市信用社钢铁城办事处团支部
山东临沂供电公司农电所团支部
山东德棉股份有限公司细纱车间团总支
山东聊城长途汽车总站团支部
莱钢股份有限公司炼铁厂高炉二车间团支部
济南铁路局青岛铁路分局青岛机务段检修车间团总支
河南确山县三里河乡后楼村团支部
河南义马市千秋镇裴村团总支
河南移动通信有限责任公司许昌分公司营业部团支部
河南郑州市电业局东区分局团支部
河南省电力公司调度通信中心团支部
河南省濮阳热电厂发电车间团支部
河南罗山县宾馆团总支
河南济源市公安交通警察支队五大队团支部
河南公安高等专科学校侦查系 2001 级一中队团支部
漯河卷烟厂三车间团支部
河南日报报业集团第一团支部
中铁十五局集团电务工程有限公司第七分公司综合三队团支部
中建七局安装工程公司南阳分公司团总支
河南油田分公司第一采油厂江河油矿采油六队团支部
中铁隧道集团第八工程公司赣定项目部团支部
湖北省老河口市国税局团总支
湖北省宜昌市中心人民医院内科团支部
湖北省武汉一冶水泥厂制成车间团支部
武钢能源总厂热力厂 07 电站团支部

湖北省随州市财会核算中心团支部
湖北省鄂州市第二医院团总支
湖北省安陆市国税局团总支
湖北华新水泥股份有限公司制造分厂粉磨车间团支部
湖北天门市竟陵办事处官路村团总支
湖北省仙桃市汽车客运总站团支部
湖北省通城县隽水镇宝塔村团总支
湖北长江路桥股份有限公司团总支
湖南长丰汽车制造股份有限公司团总支
湖南衡阳市自来水总公司兴达管道安装有限公司团支部
湖南常德卷烟厂金鹏公司团总支
湖南株洲市国税局荷塘分局团总支
湖南张家界市财政局团支部
湘潭大学商学院团总支
湖南工程学院电气与信息工程系团总支
湖南城市学院土木工程系团总支
湖南怀化医专 2001 级临床医疗 12 班团支部
湖南长沙市雨花区侯家塘街道廖家湾社区团支部
湖南郴州市北湖区燕泉街道办事处团总支
广东顺德市容桂区振华居委会团总支
广东新丰县小正镇茶坑村团支部
广东东莞市万江区石美村团总支
南方航空股份有限公司客舱部乘务二分部团支部
广东紫金县电信局团总支
广东梅县梅雁蓝藻有限公司团支部
广东罗定市供电局团支部
广东揭阳市人民检察院机关团总支
广东省电信公司汕头分公司计算机工作站团支部
广东移动通信有限责任公司潮州分公司团总支
广东惠州市桥东新建社区团总支
广东汕尾市公路局团总支
广西武鸣县城厢镇大皇后村团总支
柳州铁路局南宁机务段百色机务轮乘所团支部
广西恭城瑶族自治县电力公司团支部
广西电信公司贵港分公司电信营业处团支部
梧州师范 98 大专团支部
广西北海市铁山港区营盘镇石村团支部
柳州华锡集团有限责任公司车河选矿厂一车间团支部
广西南梧公路五塘收费站团支部
海南三亚明珠海景酒店团总支
中国海洋石油富岛股份有限公司尿素车间团支部
海南三亚市河西区儋州村团支部
国航重庆公司乘务队一中队团支部
重庆市涪陵区江东街道群沱子居委会团支部
重庆市黔江区城东街道城东居委会团支部
重庆江津市仁沱镇花铺村团支部
西南铝业集团有限责任公司熔铸厂扁熔车间团支部
西南师范大学计算机与信息管理科学学院 2000 级信息管理本科团支部
重庆邮电学院通信工程学院通信工程专业 2001 级 6 班团支部
中国工程物理研究院化工材料研究所材料研究部团支部
四川航天工业总公司 7111 厂十四车间团支部
眉山车辆厂货车公司货一车间团支部
四川科伦大药厂团总支
四川省甘孜军分区独立营二连团支部
四川广元市市中区人民检察院团支部
四川甘孜州畜牧局团总支
四川绵竹市武都镇新开村团支部
四川自贡市工业开发区团总支
四川峨眉山市交通局团总支
四川攀枝花市国税局机关团总支
四川邻水县收费路桥管理所团支部
四川内江市公安局巡警支队团支部
四川金川县卡拉脚乡二普鲁村团支部

贵州盘县水利电力局团总支
贵州黔西南自治州电信分公司电信营业部团支部
贵州龙里县醒狮镇羊场司村团支部
贵州安顺市西秀区地税局团总支
遵义医院医技团总支
贵州毕节市市东办麻园村团支部
贵州印江土家族自治县板溪镇上洞村团支部
贵州普定县地方税务局团总支
昆明海关走私犯罪侦查分局团支部
云南昭通市昭阳区一中高中部团总支
云南思茅卫生学校教师团支部
云南西双版纳州景洪市电力公司团总支
云南德宏州工商局团支部
云南文山电力股份有限公司小河沟发电厂团支部
云南迪庆州香格里拉经济开发区管委会机关团支部
云南凤庆县烟草专卖局团总支
云南怒江傈僳族自治州交通局团支部
西藏山南乃东县泽当镇乃东居委会团支部
西藏拉萨市师范学校2003级7班团支部
西藏大学数理系团总支
陕西榆林市中级人民法院机关团支部
陕西五环集团股份有限公司细纱车间丁班团支部
西安航测遥感局测绘工程院团总支
陕西杨陵区杨村乡南庄村团支部
陕西西安供电局周至供电分局团支部
陕西移动通信有限责任公司延安分公司城区营业部团支部
陕西长安县韦曲镇西韦村团支部
陕西安康市财政局团支部
中铁二十局集团第二工程有限公司路面摊铺一队团支部
甘肃白银市平川区宝积乡吊沟村团支部
甘肃省金昌化工集团公司磷铵厂矿粉车间团支部
兰州大学经济管理学院2000级国际经济与贸易班团支部
中国石油兰州石化公司合成橡胶厂水冷车间团支部
甘肃银光化工集团有限公司化工一厂103车间团支部
甘肃张掖市山丹县位奇镇芦堡村团支部
青海民族学院应用数学系团总支
中国水利水电第四工程局第一施工局基础处理大队团总支
青海省久治县藏文中心寄校团支部
宁夏石嘴山市大武口区红星社区团支部
宁夏大学教育科学学院团总支
宁夏彭阳县彭阳乡罗堡村团支部
塔里木油田分公司塔西南勘探开发公司石化厂合成车间团支部
新疆医科大学第一临床医学院临床2000-2团支部
新疆伊犁州苗苗幼儿园团支部
新疆莎车县恰热巴格乡阿依库勒村团支部
新疆兵团农一师3团工程二连团支部
新疆天富热电股份有限公司电力调度所团支部
中国人民解放军65319部队69分队团支部
中国人民解放军66088部队75分队团支部
中国人民解放军68303部队75分队团支部
中国人民解放军71336部队78分队团支部
中国人民解放军73681部队522分队团支部
中国人民解放军海南军区三亚警备区30分队团支部
中国人民解放军77643部队51分队团支部
中国人民解放军95246部队83分队团支部
中国人民解放军第一军医大学分校学员一队团支部
沈阳铁路局叶柏寿车务段老锅站团支部
呼和浩特铁路局临河工务段杜家台养路工区团支部
成都铁路局绵阳工务段江油养路领工区团支部

铁道第四勘察设计院线路站场设计研究处运经所团支部

武汉天河机场有限责任公司现场指挥救援中心团支部

温州永强机厂运输服务部团支部

中央警卫团三大队三中队团支部

中央广播电视塔动力部团支部

中国科学技术信息研究所团总支

国务院办公厅行政司服务处团支部

中国工商银行北京市分行体育馆路分理处团总支

中国农业银行泉州市分行营业部团支部

中国银行长沙市蔡锷支行团总支

中国建设银行江苏省分行直属支行团支部

中国石油化工集团公司长城润滑油公司油品调和团支部

煤炭科学研究总院测试中心团支部

中国航天工业第二集团公司东安集团公司东安动力股份公司206车间团总支

2002年全国团建先进县(市)名单

(60个)

共青团北京朝阳区委

共青团天津塘沽区委

共青团河北昌黎县委

共青团河北武安市委

共青团河北高碑店市委

共青团山西泽州县委

共青团山西晋中市榆次区委

共青团内蒙古赤峰市元宝山区委

共青团内蒙古锡林浩特市委

共青团辽宁海城市委

共青团辽宁抚顺市望花区委

共青团吉林前郭尔罗斯蒙古族自治县委

共青团吉林榆树市委

共青团黑龙江哈尔滨市道里区委

共青团黑龙江依安县委

共青团上海市浦东新区区委

共青团江苏昆山市委

共青团江苏南京市玄武区委

共青团江苏江阴市委

共青团浙江台州市椒江区委

共青团浙江安吉县委

共青团浙江上虞市委

共青团安徽芜湖县委

共青团安徽合肥市包和区委

共青团福建晋江市委

共青团福建漳平市委

共青团江西波阳县委

共青团江西铜鼓县委

共青团山东滕州市委

共青团山东济南市历下区委

共青团山东淄博市张店区委

共青团河南郑州市二七区委

共青团河南宁陵县委

共青团河南浚县县委

共青团湖北宜都市委

共青团湖北枣阳市委

共青团湖南祁阳县委

共青团湖南湘乡市委

共青团广东深圳市龙岗区委

共青团广东珠海市香洲区委

共青团广西河池市大化瑶族自治县委

共青团广西钦州市浦北县委

共青团海南琼海市委

共青团重庆云阳县委

共青团四川成都市武侯区委

共青团四川自贡市自流井区委

共青团四川射洪县委

共青团贵州贵阳市云岩区委

共青团贵州惠水县委

共青团云南石林县委

共青团云南大姚县委

共青团云南澄江县委

共青团西藏江孜县委

共青团陕西咸阳市秦都区委

共青团陕西宝鸡市渭滨区委
共青团甘肃定西县委
共青团青海大通回族土族自治县委
共青团宁夏吴忠市利通区委
共青团新疆克拉玛依市克拉玛依区委
共青团新疆库尔勒市委

全国共青团系统先进工作者

为进一步加强团干部队伍建设,发挥先进典型的示范作用,激励广大团干部立足岗位、自觉奉献,团结带领团员青年为实现党的跨世纪宏伟目标而努力奋斗,共青团中央决定,并经国家人事部核准,对在共青团岗位上做出突出贡献的专职团干部、团属企事业单位的干部授予"全国共青团系统先进工作者"称号,获奖者按国家有关规定享受省部级劳动模范待遇。奖项按国家人事部的有关文件规定每4年表彰一次。

1999年表彰名单

北京青年报社青年部主任王颖
团天津市委办公室主任李景林
团山西静乐县委书记李旭清
团内蒙古敖汉旗委书记龙国生
团辽宁沈阳市委书记范继英
团吉林公主岭市委书记宋国军
上海青年报社党委书记、总编辑李智平
团湖北武汉市委少年部部长柯有棣
团安徽金寨县委书记王平
江西青少年报刊社社长、总编辑李灿宇
团山东省委组织部部长仉兴玉
团河南南阳市委书记杨炳旭
团广东广州市委书记徐咏虹
团广西南宁地委书记雷永达
团四川仁寿县委书记李秀英
团贵州玉屏侗族自治县委书记张涛
云南省江川县前卫镇团委书记王牙明
陕西省宝鸡县阳平镇团委书记赵世明
团甘肃玉门市委书记王金生
新疆生产建设兵团农八师团委书记张建军

全国团校优秀教师

1999年9月,团中央下发文件(中青发〔1999〕26号),决定表彰全国优秀团校教师。

团十四大以后,全国各级团校按照团中央提出的加强新时期团干部队伍建设,把团校建设成为培养跨世纪青年人才的重要基地,推动共青团工作跨世纪发展的工作目标,不断深化

教学改革,拓宽办学领域,提高办学水平,逐步形成了以团干部培训为主业,面向青年开展各项知识技能培训在内的多类型和层次教育体系,为推动共青团工作的发展和青年的成长成才做出了积极贡献。团校教育工作取得的可喜成绩,与广大团校教师的辛勤努力分不开。他们忠诚党的教育事业,刻苦钻研,勤奋工作,为团校教育事业的发展做出了重要贡献。评选表彰全国团校优秀教师,是为了充分肯定广大团校教师多年来所作出的成绩,形成尊师重教、弘扬先进的舆论氛围,创造一个以教学水平看成绩,以科研成果论长短的工作环境,进一步激励广大团校教师在共青团工作跨世纪发展和团干部队伍建设中发挥更大作用。

陈升等42名同志获得全国优秀团校教师称号。这42名团校优秀教师占全国团校教师总数的3.5%,分布于中央团校、26所省级团校和12所市级团校。其中,女同志16名,占38%,少数民族2名,占4.8%;副教授以上职称27名,占67%。他们均为所在系统、院校先进工作者,具有较丰富的教学、科研成果,获省级以上先进工作者荣誉称号的5名,占13%,科研成果获省以上表彰的10名,占25%。

1999年全国团校优秀教师名单

陈　升　中央团校
杨小凤(女)　中央团校
刘映春(女)　中央团校
夏颖颖(女)　北京市团校
孔淑娟(女)　天津市团校
赵显明　山西省团校
孟建伟　山西省团校
赵显明　陕西省团校
拉西尼玛(女,蒙古族)　内蒙古自治区团校
于　雷　辽宁省团校
周　超　鞍山市团校
陈凌云(女)　吉林省团校
刁玉峰　吉林市团校
肖伯冬(女)　黑龙江省团校
苏国英(女)　哈尔滨市团校
温淑珍(女)　齐齐哈尔市团校
袁标勋　上海市团校
刘宏森　上海市团校
文洁民　江苏省团校
张钧海　苏州市团校
陈　微(女)　浙江省团校
王章煌　福建省团校
郑炎明　江西省团校
沈永曦　山东省团校
张爱勤(女)　济南市团校
王成金　枣庄市团校
肖振甫　河南省团校
肖雨田　湖北省团校
沈典刚　武汉市团校
袁才保　湖南省团校
彭民安　长沙市团校
卓汉容　广东省团校
刘钧演　广州市团校
田　杰　深圳市团校
冯君中　广西壮族自治区团校
郑泽黎　重庆市团校
姚世民　成都市团校
蒙兴莉(女)　贵州省团校
张大羽(女)　云南省团校
张来斌　陕西省团校
王凤霞(女)　甘肃省团校
秦晓冬(女)　青海省团校
闫梅(女,俄罗斯族)　新疆维吾尔自治区团校

2002年全国团校优秀教师名单

李耀珠(女)　北京市团校
王胜利　天津市团校
闫新丽(女)　河北青年管理干部学院
李兵义　山西青年管理干部学院
赵可新(女,蒙古族)　内蒙古自治区团校
邸　军　沈阳市团校

李维岳　辽宁省团校
袁承为　吉林省团校
杨立波(女)　吉林省吉林市团校
高秀珠(女)　黑龙江省青年干部学院
王　波(女)　黑龙江省牡丹江市团校
洪守义　上海青年管理干部学院
闵卫平　南京市团校
王菁哲　江苏省苏州市团校
汪　慧(女)　浙江省团校
钱永祥　杭州市团校
赵　莲(女)　安徽省团校
谢纳新　福建省团校
于　波(女,满族)　江西省团校
张　华(女)　山东省团校
颜世明　济南市团校
王　静(女)　河南省团校
张宝林　河南省平顶山市团校
乐玉惠(女)　湖北省团校
李巧萍(女)　武汉市团校
刘布光　湖南省团校
徐偃生　广东省团校
杜淑冰(女)　广州市团校
罗　强　广西壮族自治区团校
陶晓明　重庆青年管理干部学院
汤继平　四川省团校
冯　卫(女)　成都市团校
付红玲(女)　贵州省团校
张大羽(女)　云南工会共青团妇联干部学校
王广诚　云南省昆明市团校
万　琦(女)　陕西省团校
赵宪军(满族)　甘肃省团校
裴瑾霖　青海省团校
哈丽达(女)　新疆维吾尔自治区团校
石　颖(女)　济南铁路局团校
陈立思(女)　中国青年政治学院
陈　涛　中国青年政治学院
武力平(女)　中国青年政治学院
姬金铎　中国青年政治学院

全国团干部教育培训工作先进个人

2002年6月,为表彰先进,鼓舞和激励全国团干部教育培训工作者和团校广大教师奋发努力、开拓进取,进一步做好团干部教育培训工作,团中央决定授予付晓辉等63名同志“全国团干部教育培训工作先进个人”称号。

2002年全国团干部教育培训工作先进个人名单

付晓辉　团北京市委组织部长
朱生利　北京青年政治学院副院长、北京市团校校长
林　洁(女)　团天津市南开区委书记
孟昭晴　天津市团校党委书记
王建军　团河北省委组织部正科级干事
张晓峰　团山西省委组织部长
郝本廉　山西青年管理干部学院党委书记
侯延年(女,蒙古族)　内蒙古自治区团校副校长
孔庆平　团辽宁省委组织部部长
吴　莹(女)　辽宁青年继续教育中心主任兼培训处处长
吴广川　吉林省团校党委书记、校长
王大雷　团长春市委组织部部长
刘仲玺　黑龙江省青年干部学院党委书记

孟　波（女）　黑龙江省齐齐哈尔市团校校长
朱勤皓　团上海市委组织部部长
陈永弟　上海青年管理干部学院党委书记、常务副院长
钮学兴　团江苏省委组织部部长
戴美华（女）　江苏省委党校团校工作处处长
林雅莲（女）　团宁波市委组织部部长
傅忠道　浙江省团校正处级调研员、研究员
吕　鸣（女）　安徽省青少年培训中心副主任
吴建铭　团福建省委组织部正科级干事
黄　铮（女）　福建省团校副校长
曾　萍（女）　团江西省委组织部正科级干事
傅芳有　江西省团校党委书记
崔建荣（女）　山东青年管理干部学院副院长
高　静（女）　团山东省委组织部正科级干事
翟秀芳（女）　河南省团校副校长
谢红杰（女）　团武汉市委组织部部长
张　红（女）　湖北省团校党委副书记、副校长
王瑰曙　团湖南省委组织部部长
郭志平　湖南省团校校长
田　杰　深圳青年学院副院长
周民杰　珠海市团校常务副校长
邓劲夫　广西壮族自治区团校校长
张福庆　海南省农垦总局团委组织部部长
余　丽（女）　海南医学院团委书记
尹季田　重庆青年管理干部学院党委书记、重庆市团校副校长
刘　革（女）　西南政法大学团委书记
董　康　四川省团校党委书记、常务副校长
郑　涛（女）　团四川省委组织部副科长
杨　桑（女）　团贵州省委组织部副部长
亢光甫　贵州省团校校长
毕小忠（彝族）　团云南省委组织部副部长
张　涛　云南省工会共青团妇联干部学校党委书记、校长
郝玉琦　陕西青年管理干部学院党委书记、院长
沈　波（女）　陕西青年管理干部学院党委副书记、副院长
马志厚　团甘肃省委组织部干部
王凤霞（女）　甘肃省团校教务处主任
蔡长春　团青海省委组织部副部长
李建成　团宁夏回族自治区委工农青年部部长
马　忠（回族）　宁夏回族自治区团校副校长
徐　江　团新疆维吾尔自治区委组织部部长
杜　勇　新疆维吾尔自治区克拉玛依市局团委书记
王　艳（女）　新疆生产建设兵团团委组织部部长
包海峰　65667部队团委书记
马文彬　92602部队团委书记
石永奇　95982部队团委副书记
王向东　武警福建省总队福州市支队团委书记
赵秀险（女）　全国铁道团委组织部部长
罗卫文（女）　全国民航团委助理调研员
李庆祝　中央团校轮训部主任
郁明福（满族）　中央团校轮训部副研究员

全国团校系统优秀教材

2002年6月，为进一步促进团校系统教材建设，团中央决定对团校系统有关团干部教育培训和青少年工作的优秀教材进行表彰奖励。经全国团校系统教材评审委员会评审，《当代世界的思想政治教育》等2本教材获“全国团校系统优秀教材”二等奖，《青年心

理与心理咨询》等3本教材获“全国团校系统优秀教材”三等奖，《中学生团校简明读本》等5本教材获“全国团校系统优秀教材”优秀奖。

一等奖

（空缺）

二等奖

《当代世界的思想政治教育》　中央团校陈立思主编

《邓小平理论与共青团工作》　北京市团校朱天麟主编

三等奖

《青年心理与心理咨询》　上海市团校田志华主编

《共青团工作新论》　中央团校陈升主编

《青少年科技教育》　浙江省团校张戟辉编著

优秀奖

《中学生团校简明读本》　山东省团校张华主编

《中国共青团团史简编》　中国青少年研究中心李玉琦主编

《青年心理学》　中央团校田万生著

《青少年法规教育与行为教育》　浙江省团校汪明岳等主编

《青年干部市场经济读本》　陕西省团校沈波等主编

共青团精神文明建设“五个一工程”奖

共青团精神文明建设“五个一工程”（简称团的“五个一工程”）是共青团中央为充分发挥文化育人作用，广泛动员团内外力量积极参与青少年精神产品的创作与生产的导向工程和示范工程，也是全团文化建设的最高奖项。从1996年实施以来，团的“五个一工程”坚持以邓小平理论和“三个代表”重要思想为指导，以“以科学的理论武装人，以正确的舆论引导人，以高尚的精神塑造人，以优秀的作品鼓舞人”为宗旨，坚持“二为”方向和“双百”方针，大力传播先进文化，弘扬时代主旋律，讴歌改革开放和现代化建设的成就，反映青少年一代健康向上的精神风貌。

团的“五个一工程”实施之初每年评选一次，2002年起为适应精神产品创作与生产的规律，并与中宣部全国“五个一工程”评选相适应，改为两年评一次。团的“五个一工程”设入选作品奖、优秀文化活动奖和组织工作奖。其中入选作品奖用以奖励团中央机关各部门、省级团组织，团属教学、科研、新闻、出版、文化等机构，以及广大团干部和团员青年参与组织或直接创作的理论文章、图书、歌曲、影视（片）、戏剧等。优秀文化活动奖用以表彰在基层开展的、有较大影响力和良好育人效果的青年文化建设项目。组织工作奖授予组织工作突出、获奖作品较多的单位。为加强组织领导，团中央成立了共青团精神文明建设“五个一工程”工作领导小组，每年拨出专款，用于奖励在全国精神文明建设“五个一工程”和团的“五个一工程”作品评选中获奖的单位和个人，逐步使团的“五个一工程”成为一项可持续发展的事业。

这些年来，团的“五个一工程”在团内外产生了较大的影响力和吸引力。一是参与面更

加广泛，在基层的影响更为深入，每年都有三百多项作品参评。许多省级团委成立了由主管书记负责的组织领导机构，部分团省委书记还参与创作了一批质量较高的作品。浙江、上海等地团组织及中国青年政治学院还组织实施了自己的“五个一工程”。二是导向性作用进一步增强。逐渐确立了在团的文化建设奖项中的最高地位，填补了团的文化活动奖项的空白。三是工作程序更加规范。每年都是专门下发团中央文件推动这项工作。评选程序分为初评、终评两个阶段，评选方法由专家投票和省级团委投票相结合，评委会成员相对稳定并具有权威性。每年的获奖名单在《中国青年报》上刊登，表彰工作在团的宣传部长会议上进行。另外，资料收集整理更加完备，初步建立起了一个小型的数据库。四是申报作品的数量和质量都在逐年提高，越来越多的作品得到评委会的认可和好评。

1998—2002年的四届中，团的“五个一工程”共接受申报作品、活动约1100多项，其中有60篇理论文章、83部图书、33部电视剧（片）、13部戏剧、48首歌曲、3部电影、9部广播剧荣获入选作品奖，43项文化活动获优秀文化活动奖。在历届全国精神文明建设“五个一工程”作品评选中，都有团的“五个一工程”作品获奖。一大批具有较高思想性和艺术性的作品受到了青少年的喜爱，越来越多的文化活动吸引了广大团员青年的热情参与，对于促进青少年健康成长，加强社会主义精神文明建设，发挥的积极作用。2001年，团中央荣获第八届全国精神文明建设“五个一工程”组织工作奖。团的“五个一工程”的各项工作受到了中央有关部门的充分肯定。

第三届共青团精神文明建设“五个一工程”获奖名单

组织工作奖

共青团广西区委

解放军总政治部组织部

武警总部政治部

中国青年出版社

中国少年儿童出版社

中国青少年研究中心

入选作品奖

文章

1. 基本结论·基本特征·基本依据·基本路线——深刻理解社会主义初级阶段理论　中国青年报社
2. 从新纪元宣言到新世纪宣言　中国青年报社
3. 九届人大一次会议大会发言热点问题综述　中央直属机关团工委
4. 对当前部队青年战士基本特点的调查与思考　解放军总政治部组织部
5. 电脑与青年犯罪　解放军总政治部组织部
6. 时代的旗帜与灵魂跨世纪的指导思想和精神支柱——关于高举邓小平理论伟大旗帜的几点学习体会　共青团北京市委
7. 杂志的价值效应　中国青年出版社
8. 邓小平论新时期青年运动正确方向　共青团辽宁省委
9. 共青团工作社会化的前瞻性思考　共青团甘肃省委
10. 扶贫攻坚的共青乐章——服务万村行动实施效果评估调研报告　中国青少年研究中心
11. 试论党的建设的“伟大工程”与“新的伟大工程”　中国青年政治学院
12. 论物质文明是物化了的精神文明　中国青年政治学院
13. 谈青年外事工作指导思想　共青团中央国际联络部
14. 解好“服务”这道共青团跨世纪的课题　共青团山西省委
15. 在青年中有效开展邓小平理论学习的基本策略　共青团湖北省委

图书

1. 当代中国的青年和共青团　共青团中央办公厅
2. 强国之路20年　中国青年出版社
3. 邓小平与他的事业　共青团福建省委
4. 从邓小平到江泽民领导的中国　中国青年出版社
5. 迎着新世纪的太阳　中国青年杂志社
6. 探索与创新——社会主义市场经济发展进程中的中国共青团　中国青少年研究中心
7. “三五”普法少年法律知识读本　共青团中央权益部
8. 深圳共青团工作社会化发展之路　共青团广东省委
9. 培养独生子女健康人格　中国青少年研究中心
10. 金锚文学丛书　解放军总政治部组织部
11. 新纪元的挑战与应对　共青团江苏省委
12. 中学生入团必读　共青团中央组织部
13. 手拉手　中国少年儿童出版社
14. 爱科学科学跨世纪科普丛书　中国少年儿童出版社
15. 少先队的自动化　共青团上海市委
16. 国外青年志愿服务活动概况　共青团中央国际联络部
17. 我是中国人　共青团辽宁省委
18. 浩然正气　中央直属机关团工委
19. 一代元戎肖劲光大将　武警总部政治部
20. 脚踏实地迈向未来　共青团广西区委

歌曲

1. 花季·雨季　共青团广东省委
2. 月亮和兵　武警总部政治部
3. 水甜甜　中国青少年儿童出版社
4. 新兵连的故事　武警总部政治部
5. 一样的天空　中国青年杂志社
6. 走出题海　共青团湖南省委
7. 青春无限　共青团重庆市委
8. 云中飘来小阿肯　全国铁道团委
9. 当兵来到左右江　共青团广西区委
10. 祖国的孩子　共青团山东省委

电视剧(片)

1. 驱逐舰舰长　解放军总政治部组织部
2. 情感的守望　武警总部政治部
3. 希望工程的报告　共青团广西区委
4. 三线学兵连　共青团陕西省委
5. 百年盛典　共青团天津市委
6. 同在蓝天下　共青团浙江省委
7. 山村英雄　共青团重庆市委

戏剧

1. 警魂　共青团山东省委
2. 国旗下的士兵　武警总部政治部

广播剧

1. 葫芦妹的故事　共青团广西区委
2. 来来不是梦　共青团湖北省委

第四届共青团精神文明建设“五个一工程”获奖名单

组织工作奖

共青团上海市委　共青团广西区委
共青团江苏省委　解放军总政治部组织部
共青团山东省委　武警总部政治部
共青团浙江省委　中国青年政治学院
共青团湖北省委　中国青少年研究中心
共青团湖南省委　中国少年儿童出版社

入选作品奖

图书

1. 不知道的世界　中国少年儿童出版社
2. 百个爱国主义教育示范基地故事丛书　中国少年儿童出版社
3. 中国的旗帜——邓小平理论少年学习100问　中国少年儿童出版社
4. 雷锋传　中国青年出版社
5. ’98决战中国　中国青年出版社
6. 向孩子学习　中国青少年研究中心
7. 新状态——当代城市青年报告　中国青少年研究中心

8. 当代世界的思想政治教育　中国青年政治学院
9. 婚恋新语　中国青年政治学院
10. 新时期英雄战士李向群　解放军总政治部组织部
11. 呼啸天疆　解放军总政治部组织部
12. 磨难　武警总部政治部
13. 中国读本　共青团辽宁省委
14. 旗帜在我心中——当代大学生谈邓小平理论学习　共青团内蒙古区委
15. 启蒙知识童话　共青团山西省委
16. 当代文化冲突与青年文化思潮　共青团天津市委
17. 岁月有情　共青团山东省委
18. 波涛中永生　共青团湖北省委
19. 学习伟大理论　担当历史责任　共青团湖北省委
20. 浙江共青团工作的实践与研究　共青团浙江省委
21. 青年道德建设论　共青团江苏省委
22. 面向21世纪的上海共青团系列丛书　共青团上海市委
23. 太阳升起来　共青团广西区委
24. 李向群的人生启示　共青团海南省委

文章

1. 永远的“五四”——关于“五四”的评价和纪念札记　中国青年报社
2. 周恩来的婚恋观初探　中国青年报社
3. 社会转型与青少年道德教育　中国青年政治学院
4. 浅谈面向21世纪的青少年品德教育　中国青年政治学院
5. 青年的伦理困惑向道德建设提出的任务　中国青年政治学院
6. 1978—1998：充满机会和希望的中国青年　中国青少年研究中心
7. 中国独生子女兵的军旅情结　解放军总政治部组织部

8. 再就业与青年素质结构的调整　共青团黑龙江省委
9. 面对21世纪青年的选择一论中国青年的现代化　共青团江苏省委
10. 用邓小平理论武装共青团　共青团浙江省委
11. 面向现代化城市的上海共青团工作发展战略　共青团上海市委
12. 未来15年上海青少年素质发展研究　共青团上海市委
13. 对当代青年需求的变化与团的工作方式创新的思考　共青团湖南省委
14. 邓小平理论与当代青年　共青团云南省委
15. 规范“双争”活动促进跨世纪重点工程建设　全国铁道团委

歌曲

1. 啊，共产党　解放军总政治部组织部
2. 白浪花　解放军总政治部组织部
3. 吹唢呐的女孩　武警总部政治部
4. 祝愿　武警总部政治部
5. 风从海上来　共青团山东省委
6. 山里的小姐姐　共青团山东省委
7. 小石桥　共青团浙江省委
8. 千年的拥抱　共青团江苏省委
9. 一位红嫂的故事　共青团安徽省委
10. 不大不小　共青团湖南省委
11. 一幅美丽的壮锦　共青团广西区委
12. 梦中的油灯　共青团中央少年部

电视剧(片)

1. 尉官二十刚出头　解放军总政治部组织部
2. 上海1919——纪念五四运动80周年　共青团上海市委
3. 俞秀松　共青团浙江省委
4. 远山　共青团甘肃省委
5. 大过年　共青团山东省委
6. 我的同桌“老玉米”　共青团山东省委
7. 李丹才10岁　共青团湖北省委
8. 走近雷锋　共青团湖南省委

9. 志愿者在百色　共青团广西区委

10. 拒绝毒品　中国青少年音像出版社

电影

1. 花季·雨季　共青团广东省委

2. 朗朗星空　共青团山东省委

戏剧

1. 女儿泉　共青团上海市委

2. 柳暗花明　共青团安徽省委

广播剧

1. 山韵　共青团的山西省委

2. 会飞的巴郎　共青团新疆区委

第五届共青团精神文明建设“五个一工程”获奖名单

组织工作奖

解放军总政治部组织部　　共青团广东省委

共青团北京市委　　共青团湖北省委

共青团上海市委　　武警总部政治部

共青团江苏省委　　中国青少年研究中心

入选作品奖

文章

1. 1999年外来务工青年状况调查报告　中国青少年研究中心

2. 青少年政策发展的国际背景及其启示　中国青年政治学院

3. 走向21世纪的中国青少年政策　中国青年政治学院

4. 重新认识全球化　共青团北京市委

5. 共青团干部必须带头树立新观念　共青团山西省委

6. 论传统价值观的消极因素对创新的影响与制约　共青团吉林省委

7. 知识型社会青年创新人才的基本特征与训练　共青团黑龙江省委

8. 中国青年运动80年史话　共青团辽宁省委委

9. 创新能力培养与教育体制改革　共青团上海市委

10. 大学校园青年文化的个性及其表现　共青团浙江省委

11. 高中学生心理负担状况调查　共青团湖北省委

12. 试论爱国主义教育的现实化　共青团甘肃省委

13. 论共青团组织与现代企业法人机制的相互联系和作用　共青团广东省委

14. 在传统文化的沃土上培育青年完美的人格　共青团福建省委

15. 对新兵役制与新兵成长关系的思考　解放军总政治部组织部

图书

1. 中国20世纪的三大伟人　中国少年儿童出版社

2. 邓小平理论青年读本　中央国家机关团工委

3. 画说数理化　中国少年儿童出版社

4. 当代春秋　中国青年出版社

5. 21世纪教师与父母必读　中国青少年研究中心

6. 新跨越——当代农村青年报告　中国青少年研究中心

7. 中国青年运动主题曲——20世纪中国共青团的历程　中国青少年研究中心

8. 跨世纪的中国——1990—1999主题教育读本　共青团北京市委

9. 现代科学知识·热点问题450例　共青团北京市委

10. 青春的跨越　共青团天津市委

11. 少先队之歌　共青团陕西省委

12. 新世纪青年必读——现代人综合素质纵横谈　共青团河南省委

13. 世纪之交的上海青年——上海青年发展报告　共青团上海市委

14. 少年素质教育丛书　共青团江苏省委

15. 广东新经济组织团建探索　共青团广东省委

16. 红岩魂纪实系列　共青团重庆市委
17. 云天红霄　共青团云南省委
18. 跨世纪的星　解放军总政治部组织部
19. 走进传奇世界　武警总部政治部
20. 为了孩子为了未来　共青团中央少年部

歌曲

1. 梦中的星星　共青团湖南省委
2. 四季花雨　共青团湖南省委
3. 长江我的家　共青团湖北省委
4. 我的名字叫油娃　共青团山东省委
5. 赶鸭歌　共青团江苏省委
6. 春夏秋冬去上哨　共青团浙江省委
7. 节日的泉边　共青团四川省委
8. 珍藏那张笑脸　共青团广东省委
9. 美好年华　共青团广西区委
10. 军旅年华　解放军总政治部组织部
11. 天使之歌　解放军总政治部组织部
12. 我和新中国　武警总部政治部

电视剧(片)

1. 思源　中国青少年音像出版社
2. 星星火炬　共青团中央少年部
3. 女子特警队　武警总部政治部
4. 情系红土地　共青团上海市委
5. 母亲河,我与你同行　共青团中央青农部
6. 母亲　共青团北京市委
7. 希望的天空　共青团湖北省委

戏剧

1. 绿荫里的红塑料桶　解放军总政治部组织部
2. 窗外有片红树林　共青团广东省委
3. 未来组合　共青团四川省委

广播剧

1. 谁当班长　共青团江苏省委
2. 中华鲟历险记　共青团湖北省委
3. 最后的雷场　共青团广西区委

优秀文化活动奖

1. 拓展训练　共青团山东省委
2. “大家乐”广场文化活动　共青团广东省委
3. 上海医务青年新世纪医院文化创意大赛　共青团上海市委
4. 《祖国颂》大型文艺焰火晚会　解放军总政治部组织部
5. 保尔与盖茨谁是英雄　共青团北京市委
6. 迎接2000年祝福母亲河　共青团四川省委
7. 三峡良缘青年世纪婚礼　共青团湖北省委
8. “与共和国同喜”——世纪婚礼　共青团江苏省委
9. 周末校园文化航班　共青团吉林省委
10. “蓝带杯”全国大专辩论赛　中国青年政治学院
11. 黄河漂流考察活动　共青团甘肃省委
12. 乡村青年文化节　共青团新疆区委
13. 碉堡文化　解放军总政治部组织部
14. 桂林市青春艺术节　共青团广西区委
15. 飞鹰行动——大学生社会生活能力训练　共青河南省委
16. 国旗国歌国徽知识竞赛　武警总部政治部
17. 河北工业大学'98艺术节　共青团河北省委
18. “世纪潮”侨乡青年文化活动　共青团福建省委
19. 《祖国万岁》大型演唱会　共青团内蒙古区委

第六届共青团精神文明建设“五个一工程”获奖名单

组织工作奖

共青团北京市委　解放军总政治部组织部
共青团上海市委　中国青少年研究中心
共青团黑龙江省委　中国青年出版社
共青团广东省委　共青团中央青农部
共青团湖北省委

入选作品奖

图书

1. 北京青年发展报告　共青团北京市委
2. 大学生心理与心理健康　共青团天津市委
3. 新形势新探索新成效——上海青年思想政治工作丛书　共青团上海市委

4. 五元小书库——小学生必读　共青团安徽省委
5. 2000年青岛市儿童文选　共青团山东省委
6. 跨世纪青年工作的理性思考　共青团河南省委
7. 绿太阳　共青团陕西省委
8. 社会变革中的青年与青年工作　共青团湖北省委
9. 西域文化的回声　共青团新疆区委
10. 中国金融青年论坛——WTO. 迈向新世纪的中国金融　中央金融团工委
11. 东方神话　解放军总政治部组织部
12. 军旅英才　解放军总政治部组织部
13. 百年中国儿童　中国青少年研究中心
14. 中国青少年政策报告　中国青年政治学院
15. 李自成　中国青年出版社
16. 给你一双慧眼　中国青年出版社
17. 西部之魂　中国青年出版社
18. 看不见的世界　中国少年儿童出版社
19. 80年奋斗记　中国少年儿童出版社

文章

1. “三个代表”思想引领共青团的世纪使命　共青团北京市委
2. 遵循“三个代表”与共青团工作的基本思路　共青团上海市委
3. WTO中国青年的机遇与挑战　共青团内蒙古区委
4. 知识经济与青年职业流动　共青团黑龙江省委
5. 哈尔滨中学生心理健康状况调查　共青团黑龙江省委
6. 关于共青团组织设置的几点思考　共青团浙江省委
7. 关于当前青少年学生思想政治工作的调查与思考　共青团安徽省委
8. 新时期青年文化生活状况及其发展研究　共青团湖北省委
9. 互联网对当代青年与青年工作的影响　中央国家机关团工委
10. 传统价值观与现代价值观和后现代价值观能否同时并存？　中国青年政治学院
11. “以德治国”的历史环境、时代含义和客观依据　中国青年政治学院
12. 当代中国青年思想状况特点　中国青少年研究中心
13. 实行新兵役制与造就高素质青年士官队伍的新思考　解放军总政治部组织部
14. 当代中国青年与社区建设调研报告　中国青少年研究中心
15. 中国青年志愿者行动研究报告中国　青少年研究中心

歌曲

1. 花儿四季　共青团北京市委
2. 共有一个家　共青团江苏省委
3. 小陀螺　共青团湖南省委
4. 中华世纪大团圆　共青团浙江省委
5. 永远跟你走　共青团广东省委
6. 年轻　共青团四川省委
7. 志愿　共青团新疆区委
8. 总书记和我们手拉手　共青团中央少年部
9. 朝霞·太阳　共青团中央少年部
10. 幸福万年长　共青团中央青农部
11. 精卫填海　中国少年儿童出版社
12. 无悔的选择　解放军总政治部组织部
13. 军港的晚霞　解放军部政治部组织部
14. 西部梦　解放军总政治部组织部

电视片(剧)

1. 走出误区　共青团北京市委
2. 纪念“五四”特别节目——“年轻的朋友来相会”　共青团北京市委
3. 七彩瓜瓜园　共青团江苏省委
4. 无悔的选择　共青团四川省委
5. 我爱母亲河　共青团中央青农部
6. 爱心无限——国际志愿者年特别节目　共青团中央青年志愿者行动指导中心
7. 为人民服务　共青团中央青年电视节目制

作中心

8. 刀锋　解放军总政治部组织部

9. 三峡船闸　解放军总政治部组织部

电影

1. 支撑　共青团中央青农部

戏剧

1. 再见了,妈妈　共青团上海市委

2. 去年冬天　共青团上海市委

3. 万年草　共青团山东省委

4. 春雨沙沙　共青团湖北省委

5. 天鹅之歌　共青团中央青农部

6. 种子　解放军总政治部组织部

广播剧

1. 天风　共青团陕西省委

2. 绿色守望　共青团新疆区委

优秀文化活动奖

1. “新世纪·新青年”大型主题教育活动　共青团北京市委　北京青年报

2. 北京少先队“迎接新世纪的曙光——唐诗儿歌歌咏活动”　北京市少工委

3. 国策征文　天津南开大学法政学院

4. 青年“十杯”大赛　共青团天津武清区委

5. “‘三新’文明驿站”　共青团上海杨浦区委

6. 上海戏剧学院学生反邪教文艺演出　上海戏剧学院团委

7. “洪源杯”农民院坝运动会　重庆龙岗镇团委

8. 内蒙古农业大学首届大学生社团节　内蒙古农业大学团委

9. “世纪欢歌大家唱”青年文化广场演唱会　共青团哈尔滨市委

11. 无偿献血“红色行动”　共青团黑龙江佳木斯市委

12. “情满江汉”中秋赏月晚会　湖北江汉油田团委

13. 江苏省暨南京市预防青少年违法犯罪展览　共青团南京市委

14. 西湖情玫瑰婚典　共青团杭州市委　杭州市青少年活动中心

15. 青年志愿者送文化下乡活动　共青团濮阳市委

16. “广场之声”青年文化广场歌手擂台赛　共青团江西赣州市委

17. “农村青年欢乐有约”活动　广州市芳村区团委

18. 海南通什青年文化广场系列活动　共青团海南通什市委

19. 四川省第三届乡村青年文化节“西部颂歌”演唱会暨民族体育竞技比赛　共青团四川凉山彝族自治州委

20. “我是西电人”主题宣传教育活动　西安电子科技大学团委

21. “雏鹰飞进六盘山”中小学生夏令营　银川铁路分局团委　银川铁路教卫中心团委

22. 塔里木河青少年绿色希望工程　塔里木农业大学团委

23. 军营广场文化系列活动　济南军区政治部政治处

24. “威风锣鼓”雪山腰鼓队　七八五二五部队

五四新闻奖

五四新闻奖是共青团中央、中华全国新闻工作者协会共同设立的授予宣传青年和共青团工作优秀新闻作品的年度最高奖，是经中宣部批准的常设国家级新闻奖。五四新闻奖评选宗旨是坚持正确的政治方向和舆论导向，突出时代特征，为促进青年成长、推动

青年工作发展和繁荣新闻事业服务，同时不断提高科学性和权威性，发挥示范作用，推动青年工作宣传报道多出精品，多出人才。评选自1994年开始，迄今已连续评选9届。

五四新闻奖评选工作安排在每年的7月至11月，参评作品是上一年1月1日至12月31日期间公开发表的、报道青年和共青团工作（含青联、学联、少先队工作）的新闻作品，分为文字、图片、广播、电视四类。中央主要新闻单位、各省（区、市）主要新闻单位均可参评。评选经过初评、复评和定评。各中央主要新闻单位和各省（区、市）团委、记协进行初评后，将推荐作品报送至五四新闻奖全国评选委员会办公室，由评选委员会负责组织复评和定评工作，最后评出文字、图片、广播、电视类作品一、二、三等奖，分别颁发证书和奖金。同时对组织工作出色的参评单位进行表彰，颁发组织奖及奖金。

五四新闻奖全国评选委员会由中宣部、新闻出版总署、广电总局、新华社、人民日报、光明日报、经济日报、中央电视台、中央人民广播电台等单位的领导和专家组成。评选委员会办公室设在团中央宣传部，负责评选具体工作。五四新闻奖评选出了一大批主题深刻，极富思想性和艺术性，展示当代青年风采，反映共青团工作及其成果的优秀作品，对于加强青年题材的新闻报道，推动青年领域新闻报道出精品、出人才，促进青年和共青团工作发展，起到了积极作用。一是五四新闻奖评选出了一批具有代表性的优秀作品，集中反映党中央对青年一代和青年工作的关怀重视，对祖国未来的殷切希望。这些作品成为教育、引导、激励青年和青年工作者的优秀教材。二是五四新闻奖获奖作品弘扬了时代主旋律，充分反映了广大青少年积极向上的时代风貌，为广大青年的健康成长和建功立业创造了良好的舆论氛围。历届五四新闻奖参评作品都热情报道富有时代精神的青年典型，真实反映青年生存状态，揭示青年问题。三是五四新闻奖的评选对共青团工作和青年工作的宣传报道起到了推动作用，为新世纪共青团工作和青年工作的开展提供了有力的舆论支持。五四新闻奖为新闻宣传战线和青年工作战线提供了一条联结的纽带，评选中涌现出了大量宣传报道各级共青团组织团结带领广大青年投身改革开放和社会主义现代化建设生动实践的优秀作品。四是五四新闻奖的评选促进了青年新闻工作者的成长进步，培养造就了一批钟情于青年领域新闻宣传的编辑记者。近年来，五四新闻奖在广大新闻工作者特别是青年新闻工作者中的影响越来越大，更多的青年新闻工作者参与到评选中来，参评作品数量逐年增加。

五四新闻奖的评选至今已经走过了9年的历程，逐步发展为一项具有较高质量、为社会各界所关注的新闻奖项。为展示历年来的评选成果，团中央宣传部、中国记协国内部获奖作品汇编成册，邀请国内新闻界知名专家对获奖作品进行点评，出版了《青春的行板——五四新闻奖获奖作品点评集》系列丛书三册。团中央、中国记协以后将进一步总结经验，努力探索，不断扩大五四新闻奖的评选规模，增设新的评选项目，推选出更多地反映青年精神风貌和共青团工作实践的优秀作品，更好地发挥其在促进青年健康成长和推动共青团工作发展中的作用。

1998 年第四届五四新闻奖获奖名单

作品名称		
文字类	**推荐单位**	**作　者**
一等奖(11 件)		
真情实意为百姓——探访青年文明号系列报道(1 -3)	新华社	胡晓梦
沙漠中的青年突击队	人民日报	唐维红
爱国·成才·奉献	人民日报	董洪亮
为下岗青工再就业创造机会	光明日报	丰　捷
勇当人民保护神	解放军报	乔兰山
		吕向阳
		彦　军
创业万岁	中国青年报	马少华
市场经济与农村共青团(专题系列报道)	中国青年报	乔建宾
		刘　健
		哈学胜
激荡的爱国主义热流——国旗护卫队记事	武警部队政治部组织部	谭道博
		吴天智
		郭　嘉
一个下岗团委书记的故事	中国青年杂志	刘朱婴
“二敏”下乡记	辽宁日报	高　爽
一个青工坚固的梦想	青年报	吴纪椿
		沈　铁
		韩国强
		杨　桦
二等奖(18 件)		
合肥青年志愿者强强联合	中国青年报	黄　勇
“呼家楼”里的年轻人	北京青年报	王　颖
		王丽文
		高　杉
		张　颖
		陈筱红
蒋帅呼吁:我们需要自己走路	浙江青年报	蒋文胜
		殷　红
红火的春联(一组)	青岛晚报	崔均鸣
务农硕士	南方日报	许金丹
		殷功伟
		张春生
大学生暑期“三下乡”赢得农民赞誉	新华社	胡晓梦

万人合唱迎接香港回归	新华社	丁　逸
志愿者与四件实事——长春市青年文明社区见闻	光明日报	倪　迅
一曲精神文明的赞歌	解放军报	朱昌旺
		董家昌
		张家军
深圳农村向“四不”青年说:不!	经济日报	周益川
		邹大虎
学生在农村生活中锻炼(英文)	中国日报	黄　颖
面对贫困——高校勤工助学采访记	中国青年报	吴苾雯
		王伟群
		高　峻
罗甸县放飞凤凰借地育才	科技日报	唐先武
凝集青春力量　共建社区家园	法制日报	侯召迅
黄土高原,点一盏希望的灯	中国教育报	刘华蓉
打工的人生也壮丽	中国青年杂志	刘新平
团旗插进居委会	天津青年报	马宇彤
干这行,不愿轻言“对不起”	羊城晚报	杜　英
三等奖(30 件)		
写好青年这本大书	新闻出版报	吴苾雯
		武志莲
		宋安明
积极向上进取不息	总政组织部青年局	胡春华
		曾晓明
		刘令滨
降半旗	武警政治部组织部	唐建国
		岳双喜
黑龙江:20 个县委书记赶团会	中青报黑龙江站	董　时
琅琅书声,送给天国的恋人	年轻人杂志	胡志强
好大一面团旗	四川青年报	李　军
		廖　骏
拍卖有价　爱心无价	贵州日报	李卫红
青年志愿者羌塘行	西藏日报	加　措
消除贫困:一个世纪性的命题	瞭望周刊	黄海霞
		石景才
永不生锈的螺丝钉	人民日报	阎晓明
大中学生志愿者“三下乡”(组合报道)	科技日报	瞿　剑
畅谈理想,共话人生	中国教育报	梁　杰
请为他们喝彩——顾吾书社探访记	中国化工报	吴金慧

在学习与实践中建功成才	总政组织部青年局	本刊评论员
“青年文明号”扬帆上海岛	中央国家机关团工委	姜新起
殷殷吕梁情	中国青年志愿者协会	金思宇
志愿者:奉献与收获	北京晚报	王　远
“小木匠”出国了	吉林日报	李广武
上海市共青团组织努力推进青年示范群体建设 ——五支示范队伍初具雏形	解放日报	陈　斌
用青春谱写人生壮美的诗篇	文汇报	倪国和
志愿者的承诺	浙江日报	周咏南
耿利华:为办学再踏打工路	安徽青年报	张　清
我们真的赶上好时候了吗?(系列讨论)	江西青年报	朱小钧
东亭小区一花引来百花开	湖北日报	张　辉 贺海水
给予温馨	湖南日报	王志红 黄　劲
并轨了,还上得起大学吗?	西南工商报	董大法 贺　丹
医疗下乡暖人心	宁夏日报	郑　峥
征战死亡之海	新疆石油报	周逢武 胡　林 褚邦江
外来打工青年志在特区成才	厦门日报	余　辉
张书智创出农业科技推广新路	河南日报	郭跃丽

电视类

一等奖(5 件)

1997 名京港 18 岁青年在京举行成人仪式	中央电视台	孔琳琳 朱　刚
中国十大杰出青年农民刘笑带领乡亲脱贫致富	中央电视台	刘京山
青工素质堪忧	中央电视台	刘　宁
徐红和徐霞的故事	中国教育电视台	靳黎明 陈　忱 胡晓静
志愿者老师,您别走!	山西电视台	欧阳平 吉红枝

二等奖(6件)

国旗的忠诚卫士	武警政治部组织部	孙志海
		冷冶夫
		沈国龙
		赵　宇
他们在大山深处	大连电视台	寒　竹
		周　羽
刘笑——在吕梁山播种科技的人	山西电视台	欧阳平
		韩一平
一则小广告,牵动万人心	中央电视台	刘京山
青春作伴上井冈——首都青年社会实践活动纪实	北京电视台	宋　扬
		李劲松
		高　斌
真情助残　爱在人间	济南电视台	郭小平
		魏明等

三等奖(10件)

三马架屯的希望小学	黑龙江电视台	杜慧杰
		顾少宇
寸草映春晖	内蒙古电视台	张铁敏
		乐巴图
还孩子一个心愿	福州电视台	岳福荣
		李亦仁
		孙　涛
文明的使者——中国青年志愿者扶贫接力计划专题报道	中央电视台	杨　丹
18岁,让我们上路	中国教育电视台	王　健
		王兆俭
歌声里的故事	北京电视台	迟素音
		刘　祺
“静海”不平静	江苏教育电视台	马凤雷
		陈　琼
赣港学生军事夏令营纪行	江西电视台	许运交
		胡永瑜
		颜　瑶
		高兴全
		魏　磊
凡人伟业——“十杰”“百优”青年速写	甘肃电视台	杨德灵
		张成虎

志愿扶贫　奉献社会	广西电视台	徐　磊 畅创泽

广播类

一等奖(2 件)

录音报道:为了那古老的黄土地	中央人民广播电台	陶　炜
保护明天夏令营的一天	陕西人民广播电台	辛　红

二等奖(3 件)

爱满凤凰城	中央人民广播电台	吴卫民
系列报道:三尺岗台写青春	石河子电台	李春弟 马玉芬
果子岭上植新绿	江西人民广播电台	刘崇智

三等奖(5 件)

李登海与民营科研的三次创业	山东电台经济台	潘士强 权珍琦 于　健
共创文明家园	中央人民广播电台	范　明
心系希望工程的大学生	中国国际广播电台	郑群海
二十四位老人的儿子	黑龙江人民广播电台	张玉春 孙　展
团旗飘扬奔富裕	贵州人民广播电台	杨秋芬

图片类

一等奖(2 件)

孔繁森收养的藏族孩子入伍了	解放军报	刘应华
我们是志愿者	中国青年报	李建泉

二等奖(3 件)

渴望读书	青海青年报	海忆水
轮椅大学生	合肥晚报	张恣宽
我们是盲人的眼睛	陕西日报	孙　巍

三等奖(5 件)

首都机场拒绝偷渡	北京青年报	孙京龙
电脑走进瑶家	新华社广西分社	陈天湖
青年志愿者	吉林日报	栾雅丽
静海寺,孩子们对你说	新华日报	沈峥嵘 王广林
下乡学子展才华	三秦都市报	杨小兵 陈　烨

组织奖

共青团江苏省委　　共青团安徽省委　　共青团广东省委

共青团甘肃省委	共青团宁夏区委	总政组织部青年局
武警部队政治部组织部	中央电视台	共青团北京市委

1999 年第五届五四新闻奖获奖名单

作品名称		
文字类	**推荐单位**	**作 者**
特别奖(4 件)		
“希望寄托在你们身上”——江泽民总书记关怀青年一代纪事	新华社	何 平 刘思扬
共青团十四大特刊	中国青年报	曹 红 乔建宾 袁梦德
青年同志们,奋发努力啊——江泽民总书记关怀青年和青年工作纪实	中国青年报	张建伟
中国青年眼中的 20 年	中国青年报	马明洁 熊 波
一等奖(10 件)		
又见“大眼睛”	新华社	胡晓梦 李术峰
海天骄子——柏耀平	新华社	黄彩虹 贾 永 陈万军
大潮中亮出青春的旗	人民日报	唐维红
自强不息的下岗女工王兆兰	光明日报	倪 迅
抗洪钢铁战士	解放军报	乔林生 汪应祥等
跨世纪青年的光荣使命	中国青年报	焦 加
青年,担起发展知识经济重任	科技日报	刘 莹
青春+知识=奇迹	中国青年杂志	彭明榜
积极理性独立健康——当代上海青年思想观念主流	解放日报	陈 斌
抗洪父子兵两代好党员	浙江日报	周咏南
二等奖(16 件)		
连队“铁脊梁”家庭“顶梁柱”	总政组织部	周锦涛 宫曦岭等
小饼与大饼的算术	长江日报	王南方 郑 华
云南涌现出一批农村青年股份合作体	新华社云南分社	屈明光 徐玉长

奉献青春智慧无愧伟大时代	新华社	陈　雁 胡晓梦 李术峰
中国鼓励青年人发掘潜能适应社会变革	新华社	周效政 喻　菲
共青团在服务青年中赢得青年	新华社瞭望周刊	庄会宁
青春在田野闪光——全国大中学生暑期“三下乡”活动综述	人民日报	董洪亮
创业实现再就业	人民日报	唐维红
播种希望——“青年志愿者扶贫接力计划”活动回顾	经济日报	许跃芝
巾帼英雄花	解放军报	雷金正 王洪山 张爱民 张智猛
新世纪读书计划启动(英文)	中国日报	孟　彦
沪上团事新	中国青年报	曹　红
如果我们有梦想	中国教育报	刘继安
亮丽的青春法治的希望	法制日报	侯召迅
咱们的中国,这一次……	中国青年杂志	杨　浪
断层威胁共和国的明天	中国青年杂志	杨晓升

三等奖(30 件)

以崭新的风貌迈向新世纪	解放军报	胡春华
悠悠爱心路浓浓人间情	全国铁道团委	韩耀先 李文葭 王泽民 徐　阳
这里的青年找团委	北京青年报	张　颖
红土地上抒写壮美诗篇	文汇报	倪国和
引“科技水”解致富“渴”	贵州日报	袁　燕
赵颀一年为石井乡建起 13 所希望小学	河南日报	庞新升
牵着你的手我们一起走	中国教育报	刘华蓉
风狂雪聚真情暖天寒地裂苦亦甜——首都新闻记者赴张北尚义地震灾区采访速写	新闻出版报	宋安明 陈天庆
去留两依依——国家机构改革中的年轻人	中央国家机关团工委	邱四维 刘　霞
陇原空港青年社区大显身手	全国民航团委	杨文斗
李守星堪称士兵学理论楷模	总政组织部	李道明
看《水浒》后慎“出手”	武警总部政治部	刘新颖

“回首’98 聚焦三大行动”系列报道	天津青年报	张　明 李景秀
倾听一种声音	内蒙古青年报	阿古拉泰
“明星”畅谈创业史省长帮忙出点子	辽沈晚报	刘　征 陶　刚
永远记住他的名字——大学生陈瑞生的故事	新民晚报	金　耘
“大好人,上海奔波拉”——记长眠雪域的上海援藏干部邵海云	青年报	黄　宾
做好事为何反遭怀疑	钱江晚报	朱成方
万利云——甘做农民的眼睛	新华社安徽分社	王正忠 周剑虹
900 分不算满分	《青春潮》杂志	罗　北
三妮治山	大众日报	于　伟 侯彦谦
温情暖意送进老人屋	羊城晚报	杜　英 汤佐城
外来工权益呼唤法律保护	南方日报	杨　冰
红土地上新来的年轻人	广西日报	曾铁强 覃海明
青年志愿者挑战贫困到城口	重庆晨报	程　闯
尔且甲谷,凉山一朵报春花	四川青年报	李　军
“大学生农民”的青春之歌	西藏青年报	刘俊涛
深山播希望	陕西日报	李琼燕
真情如歌	甘肃日报	马　瑜
村支书都换成大学生咋样	青年生活导报	张　莹

电视类

特别奖(2 件)

实话实说·父子协定	中央电视台	徐　欢等
构筑一代青年的精神支柱	上海电视台	徐　东 桑蔚莲

一等奖(7 件)

焦点访谈·爱岗敬业兴厂	中央电视台	杨晓凌 左　琳 赵　宇
上海有个“庄妈妈”	中央电视台	刘京山 李纪炎
地下千米荡歌声	中央国家机关团工委	王　阳

他的生命里没有盲区　山西电视台　张安国 王晓波 王新宇

今年我 20 岁　江苏电视台　虞　嘉 陆　军 曹云豹 唐　猛 孙　可

失爱子忍痛捐角膜献爱心他人见光　南京电视台　戴乔奇 唐　宁 陆　逊 韩铁蓝

国旗护卫队　武警总部政治部　冷冶夫 沈国龙等

二等奖(8 件)

青春之歌　湖北电视台　李　蔚

青年农民路小固为救落水儿童英勇献身　宁夏电视台　徐　赛 田宝贵 李志宁 宋　韬 马春梅

用三轮车闯出一条下岗再就业之路　中央电视台　邢　栋 王　阳 刘京山

红领巾电视台　辽宁电视台　吴　琪 马理等

计算机王国的无臂园丁　芜湖教育电视台　程荣逑 于　飞 段天文 胡　军

城里娃娃,下乡学种“责任田”　泉州电视台　刘　良 方　莉 王奋飞 赖礼建 杨旭东

一腔热血战洪魔　荆州电视台　樊　俊 杨太旭等

自修大学的农家女　甘肃电视台　赵　沛

三等奖(10件)

中国共青团十四大在京开幕	中央电视台	孔琳琳
		李荣国
香港明天会更好	北京电视台	高　斌
		宋　扬
青年志愿者成为吕梁山区小学顶梁柱	中央电视台	李炼成
长春营建“宝宝林”	吉林电视台	侯雪涛
戴常芹为失学儿童圆梦	黑龙江电视台	杜慧杰
		郭春雨
		邹洵沂
实验园丁——窦桂梅	吉林电视台	刘大华
		徐海林
		刘　彦
威海市实行青少年义务社会服务制度	山东电视台	王闽京
		高　磊
		孙丰华
彝村的变化——共青团尔且甲谷扶贫工作纪实	四川电视台	朱　恺
孙繁森的养女曲尼	西藏电视台	陈国庆
		白玛娜珍
我省青年世纪宣言18岁成人宣誓仪式	西安电视台	李静涛
		朱　辉

广播类

一等奖(2件)

寻找生命的新高度	中央人民广播电台	范　明
面向社会——独生子女走近老三届	江西经济广播电台	程　普
		王　泉
		吴　炜

二等奖(3件)

大山里的青春接力	中央人民广播电台	姜海清
爱心同祭英雄魂	乌鲁木齐人民广播电台	李晓方
父母下岗我们自强	山西人民广播电台	台飞舟
		张五一
		刘　灼

三等奖(5件)

中小学生午餐不容忽视	吉林人民广播电台	蒋蔚红
		刘　荣
绿色的迷恋——记优秀青年科学家、十五大代表彭少麟	广东人民广播电台	古国真
		张敬忠

音专访——走近寒星	内蒙古人民广播电台	黄小葵
春无悔献真情	甘肃人民广播电台	刘天鹏 赵英斌
霞对夕阳的奉献	石河子人民广播电台	向荣慧 宗晓莉

片类

等奖(2 件)

泽民总书记和各民族青年在一起	中国青年报	解海龙
青团代表喜聚长城	新华社	刘卫兵

等奖(3 件)

泪送功臣	新华社广西分社	陈天湖
南帐房希望小学(组照)	青海青年报	海忆水
村来了志愿者	联合日报	李德辉

等奖(5 件)

为何笑得如此灿烂	四川青年报	马川单
登华山	华商报	胡国庆 王　月
贫接力到陕北	新华日报	肖　勇 姥海峰
春奉献热血浓情	海峡都市报	林　丹
暖八桂艺馨南国	广西日报	林涌泉

织奖

华社	中央电视台	武警总部政治部	总政组织部青年局
青团天津市委	共青团上海市委	共青团山东省委	共青团广东省委
青团江西省委	共青团湖北省委		

2000 年第六届五四新闻奖获奖作品名单

品名称	体裁	作　者	推荐单位	发表日期
字类				
等奖(13 件)				
切的关怀,殷切的期望——江总书记关怀少年儿童纪事	通讯	胡晓梦	新华社	10 月 12 日
青海油田高级钻井工程师秦文贵(上下篇)	通讯	唐维红	人民日报	4 月 28、29 日
洪涛爱军习武成为科技精兵	消息	马晓春 任燕军	解放军报	4 月 18 日

培养和造就无愧于新世纪的高素质青年军人	通讯	董　强 胡春华 严金久	解放军报	5月7日
永远的“五四”	通讯	陈　晋	中国青年报	4月21日
危难中，挺立起英雄队列	通讯	张双武 武天敏 袁华智	中国青年报	10月27日
青春社区	通讯	侯召迅	法制日报	9月17日
百战红霄镇毒枭	通讯	刘新平	中国青年杂志	9月
举报英雄难道真的只有“逃难”？	通讯	吴杭民	浙江工人日报	5月17日
感受新思路	通讯	汪　栩 计　翀 韩　阳	安徽青年报	4月5日
“谢师宴”行情冷落	消息	应朝晖 傅彩虹	江西青年报	8月20日
青春无悔	通讯	韩少林 蒋　绶	楚天都市报	3月13日
扛着团旗闯天下	通讯	张继四	川青年报	12月21日

二等奖（21件）

心酸打工路——珠江三角洲外来工生存处境扫描	调查	褚庆喜 林双川	新华社	5月5日
抢了人才还得用好人才	通讯	金　耘	新民晚报	12月27日
加强创造力培养迫在眉睫	述评	顾卫临	新华社	8月16日
胸怀祖国、服务人民	综述	袁建达 唐维红 董洪军	人民日报	4月23日
国际绿色行动营志愿者在行动	消息	李海秀	光明日报	9月3日
社区希望无限——记“青年文明社区”沈阳市和平区南湖街道三好街（配短评）保安寺社区	通讯	许跃芝	经济日报	9月21日
21世纪：军旅青年对你说	通讯	胡春华	解放军报	12月3日
中国学生学习如何自我保护	消息	孟　彦	中国日报	8月11日
永远的创新	通讯	刘　莹	科技日报	5月20日
青年突击队永葆时代青春的人	通讯	杨连元	工人日报	4月28日
黄金时代创业潮	通讯	江　华 徐永恒	中国青年报	12月13—15日
青年不只是未来，也是现在	专题	曹　红 万兴亚	中国青年报	11月20日

变“三下乡”为“常下乡”	通讯	唐景莉	中国教育报	9月2日
中国青年:50年的人生追问	通讯	彭明榜	中国青年杂志	10月
“星光青春保护行动”创北京名牌	消息	张　颖	北京青年报	8月9日
为奉献者奉献	通讯	葛昌秋	唐山劳动日报	3月5日
青春不下岗	通讯	吴纪椿	上海青年报	4月13日
山村来了北京教师	通讯	李凤莲	内蒙古日报	6月11日
刮目相看“打工仔”	通讯	唐江澎 刘　汇	长沙晚报	5月4日
毛头小伙挑起科技大梁	通讯	孙　璇 李宜航 蔡　澎	羊城晚报	5月4日
在贝城怒吼的上海人	通讯	钱志磊	上海青年报	5月14日
三等奖(30件)				
是谁扼杀了我们的想像力	通讯	赵为民	中国青年杂志	3月
无人监考,我们经得起这种考验吗?	通讯	刘　茜 李　明	中国少年报	3月23日
给特别的你一份特别的爱	通讯	王　春 孙　耀 范计春	江海晚报	4月4日
勇立潮头写青春	通讯	林智岚 刘　雯	福建日报	5月3日
青春的航迹	通讯	郭　凯	总政组织部	7月
射阳搏击商海处变不惊	消息	顾建洲 潘政治 沈建华	农民日报	8月30日
背负着理想远行	特写	刘华蓉	中国教育报	7月3日
北大女生和盲人的爱情	通讯	鲍云凡	北京青年报	11月30日
知识经济敲响津门系列报道	系列报道	邵　洁 刘冬梅	天津青年报	5月17日
在竞争中重定“坐标”	通讯	赵经纬	河北日报	5月6日
痴心筹巨资开凿扶贫路	通讯	孟育建	山西日报	7月20日
科尔沁草原上的希望之星	通讯	哈斯其木格	内蒙古日报蒙文版	6月1日
让爱国之情扎根青少年心中	通讯	李　明 邵永光	辽宁日报	6月1日
你跑得有多快?——记几位青年农民的故事	通讯	柏秀云 宋显峰	吉林日报	5月11日
市场竞争德厚者昌	通讯	刘嫒嫒	黑龙江日报	4月16日

引来春色美人间	通讯	陈　斌	解放日报	5月4日
“青年星座”系列报道	系列报道	李晓玲 赵衍红 高志国	服务导报	5月4、5、7、[illegible]日
“抢救黑松林”青年志愿者特别行动	连续报道	阎格宁	青岛晚报	5月
火红的集市	消息	宋华茹	河南日报	12月21日
田野里的“抗大”——枣阳市青年政治学校速写	通讯	王　晶	湖北日报	3月27日
大学生挑起重担当村官	通讯	杨　冰	南方日报	5月3日
拥抱“胜利”的年轻人	通讯	沈桂才	广西日报	5月12日
生命悲逝在长夜	通讯	程必忠 李　静	重庆商报	5月29日
乡路上的小信使	通讯	步芝梅	贵州都市报	8月23日
给我一颗童心还你一个世界	通讯	谭晶纯	云南日报	5月26日
建功小康工程	通讯	汪晓华	西藏日报	7月21日
扶贫接力:青年志愿者高唱奉献歌	通讯	余鸿燕 李琼燕	陕西日报	5月3日
我们一同感受寒冷	通讯	丁　洪 温尚志	银川晚报	1月24日
首府两千中学生致信市长:呼唤蓝天	消息	杜宗阳	新疆经济报	3月30日
玫瑰,蓝天有约	通讯	连茂军	民航团委	6月15日

电视类

特别奖(1件)

李大钊(上、下集)	电视文献记录片	阎　东	中央电视台社教中心	10月29－30日

一等奖(5件)

青年文明社区大有可为	消息	刘京山	中央电视台	**5**月**16**日
加入中国共产党成为当代大学生的崇高追求	消息	陈　征 赵一民 武国栋 孟丹红	中央电视台	**5**月**4**日
青春中国(六集电视系列片)	电视系列片	潘　超 徐　彬	中央电视台	**5**月**4**日
挑战	系列报道	韩　屹 盘　旋	重庆电视台	**10**月**17－28**日
田野呼唤	科技专题	张晓晖 宋锦峰	中央国家机关团工委	**4**月**24**日

二等奖(6件)

社会联动为中国少年雏鹰争章开辟新天地	消息	孔琳琳 于志辉	中央电视台	12月31日
恒星永不失落	新闻报道	吉红枝 牛高华	山西电视台	12月5日
学生公司,是耶?非耶?	专题	蒋为民 刘　玮 蒋金轮 沈文琦	上海电视台	10月23日
情结千亩田	专题	刘亚萍	浙江电视台	1月
把海风带进大山的青年人	系列报道	孙瑞春 王闽京 杨丽敏 陈　丽	山东电视台	5月4日－8日
拥抱母亲河	专题	肖　威 高　子	甘肃电视台	10月2日

三等奖(10件)

怎能忘记	专题	谢幸福 潘敬东 付　彦	湖北荆州电视台	2月16日
青春火红	电视专题	张　锦	天津电视台	11月
家庭教育,我拿什么奉献给你	述评	苏　杭 王　光	辽宁本溪电视台	3月
朗德贵和他的“农村俱乐部”	消息	刘　彦 徐海林 刘大华	吉林电视台	5月23日
孩子们的拍卖会	专题	陈文泓 杨旭东 林惠坤	福建团省委	7月27日
济南市上万名青少年成国“维权岗”受益者	消息	马　利 张　文 隗　铜	济南电视台	5月
青春无悔寄扶贫	专题	田　雷 宋雪莉 马明德 胡永洁 韩　冰	河南有线广播电视台	9月6日
广大青年志愿者服务世博会	电视新闻	张　焱 曲　韵	昆明电视台	5月4日

贫困山区不走的志愿者	消息	李炼成 袁　江 胡兆衡	中央电视台	5月4日
五星红旗，我为你骄傲	电视新闻（特写）	高　飞 王　健 白丽萍	中国教育电视台	10月13日

广播类

一等奖(3件)

社会广角——开公司的大学生	专题	龚　铭	中国国际广播电台	7月11日
纪念五四运动80周年特别节目——八集广播特写《瞩目青春》	录音报道	姜海清 范　明 魏胜利 王秉理	中央人民广播电台	5月1－8日
知心姐姐说"我能行"	专题	陈彩虹	常州人民广播电台	10月30日

二等奖(4件)

弘扬五四精神，肩负起跨世纪历史责任——纪念五四运动80周年现场特别报道节目	专题	社教部	山东人民广播电台	5月4日
青春中国	专题	方　舟 高　岩 扎西顿珠	中央人民广播电台	5月4日
穿越大峡谷——贵州青年徒步穿越雅鲁藏布大峡谷系列报道	系列报道	肖　宇	贵州人民广播电台	9月5－25日
托起大山的希望	广播新闻	白彩翔 高红烈 杨　杰	甘肃人民广播电台	11月30日

三等奖(6件)

中学生谈寄宿制	生活专题	庄大伟 周维文	上海人民广播电台	3月25日
博士送科技下乡厂长迎财神进门	录音报道	魏胜利	中央人民广播电台	7月31日
选择坚强	专题	宋　青 印永清	天津电台经济频道	11月7日
开通热线　服务社会	新闻专题	申　红 王跃红 汪茂永	安徽人民广播电台	11月26日

百草园(488 期)	综合性节目	李　成 邢　月	海南人民广播电台	1月30日
九九西部深山行	专题	廖永亮 周灿碧	中央人民广播电台贵州站	12 月 8 - 10 日

图片类

一等奖(2 件)

百岁老人点燃火炬,万名青年宣誓入团	新闻照片	黎旭阳	人民日报	5月4日
青春之歌	新闻照片	柴继军	中国青年报	5月6日

二等奖(2 件)

爸妈,你们为什么不管我	组照	杨乐明	浙江青年报	4月29日
中尉和他的红瑶女童	新闻照片	陈天湖	新华社广西分社	6月20日

三等奖(4 件)

振龙,爸妈看你来了	新闻照片	樊　强	重庆商报	5月31日
50 个孤儿有个家——曹春生与他的孩子们	新闻照片	高　洁	新华社	5月
“未婚妈妈”收养残疾儿童	图片报道	任军民 邢金善	农民日报	5月29日
一个中国士兵的强军梦	组照	冯根锁	总政治部组织部	6月15日

组织奖

新华社	人民日报社	中央人民广播电台	中央电视台
解放军报社	团上海市委	团山东省委	团广东省委
团甘肃省委	总政组织部青年局		

2001 年第七届五四新闻奖获奖名单

作品名称

文字类	**体裁**	**作　者**	**推荐单位**	**发表日期**
一等奖(15 件)				
希望工程如何延伸希望	述评	李亚彪 邵克斌	新华社	8月14日
特写:张贵权:年轻的“熊猫保姆”	通讯	朱　琦 冯昌勇	新华社	8月30日
手拉手,培养爱心与责任	通讯	唐维红	人民日报	5月26日
中国士兵戴上联合国奖章	消息	兴　华 赵丕聪 边富斌	解放军报社	9月3日

王凤英：送走1350个务工青年	通讯	王海洲	中国青年报社	4月5日
呼唤正气呼唤良知	通讯	吴湘韩	中国青年报社	11月22日
“挑战杯”挑战了什么？	通讯	唐景莉	中国教育报	11月28日
拼了“三国”扔了“粮草”	消息	李　强	中国少年报社	12月18日
“捐植希望林，保护母亲河”系列报道	系列报道	张虹红 王振良	天津今晚报社	6月21日31日
患者安危重如山，纵使下岗也甘心	系列报道	曹　奕	新民晚报	11月21日－23日
江阴：青年志愿者“领唱”文明之歌	通讯	姚国光 冯金涛 李宗长	新华日报	3月3日
英雄，历史不会忘却	通讯	吴杭民 卢　凯	浙江工人日报社	3月28日
英雄部队文武兼备的飞行员	消息 通讯 述评	陈志铭 白春风 陈汉忠 陈益源	空军政治部空军报	5月13日－6月29日
装甲团的女副团长——张可	通讯	陈世荣 季桂林 徐文良	解放军总政治部组织部青年局	9月6日
“生命线上”的绝唱（上下篇）	通讯	黄秋生等	解放军总政治部组织部青年局	5月31日－6月1日

二等奖（20件）

让生命之花悠然绽放	通讯	胡　果	人民日报	11月23日
转型期大学生：莫辜负美好年华	述评	黄其庄 沈虹冰	新华社	9月
牢记党的希望不负时代重托	评论	王金海	人民日报	7月15日
少年英雄王涛的故事	通讯	闫文华	宁夏日报社	2月7日
儿子“出卖”父亲以后……	特写	陈　鹏	人民日报	3月29日
社区文明建设的一支奇葩	通讯	李海秀	光明日报	5月9日
情注三千贫困生	通讯	蒋永武 张东华 李增瑞	解放军报社	8月25日
今天的中国儿童更加自信	通讯	孟　彦	中国日报社	2月28日
拳拳爱心化新绿	消息	刘　莹	科技日报	5月2日
我国孩子总体身高为什么低于日本	通讯	蓝　燕	中国青年报社	2月18日

作品	体裁	作者	单位	日期
学生求学追踪记	通讯	原春琳	中国青年报社	9月3日－6日
岁了，我宣誓	通讯	刘　微	中国教育报	5月20日
少年维权有了"晴雨表"	消息	侯召迅	法制日报	11月4日
击都市洗车童	通讯	张永强 王守增 林　晖	中国少年报社	12月5日－19日
探李进良：全世界最爱恋皮肤的那个人	报道	胡励君	中国青年杂志社	10月
人教授留学哈佛	报道	张　颖	北京青年报社	9月11日
龙江万名青年经纪人活跃乡村	报道	刘　冰 李坦阔 亓树新	黑龙江团省委	8月25日
工族我们帮你讨工钱	消息	王枚显 吴先华	江西江南都市报	1月20日
青来参加志愿向导	系列报道	刘明辉 李建勋	青岛晚报	9月25－10月5日
学生杨宗宗发现世界罕见植物	通讯	刘文健	新疆兵团日报	9月7日

三等奖(25件)

作品	体裁	作者	单位	日期
起民族复兴的重任	综述	许跃芝	经济日报社	7月15日
我是王震我是品牌	报道	彭明榜	中国青年杂志社	1月
男儿逞英豪	通讯	张云平	山西忻州日报	9月14日
给你一个起飞的空间	通讯	黄　宾	(上海)青年报社	5月2日
挂起团旗争创"青年文明号"	通讯	曾　璇	羊城晚报社	6月28日
青年的事业将和祖国伟大事业同行	通讯	刘华蓉	中国教育报	7月14日
"8 21"儿童节(附："8·21"儿童节后)	通讯	申　东	中国少年报社	9月6日
是知识英雄何不还乡？	述评	刘新平	中国青年杂志社	5月
播种光明——铁西供电局郭家售电站青年文明号	通讯	倪　兵	沈阳日报	5月4日
常年为盲人服务的故事新上海人为上海添光彩	报道	宋　铮	文汇报	4月29日
接过葛爷爷的小闹钟	报道	朱永君 李　东	安徽青年报	6月5日

横街竖楼	通讯	李灿宇 涂继愉	江西青年报社	5月26日
魏正:河南在校大学生创业第一人	通讯	赵　绪 孙　璐	河南青年报	3月15日－23日
博士给乡亲提个醒	报道	王　晶 陈　艳	湖北日报	7月18日
不恋“银窝”恋“草窝”	报道	陈植源	湘潭日报社	7月26日
我助人,因为我幸福	通讯	刘良龙	深圳商报社	12月5日
人的一生应当这样度过……	通讯	文　萍 黄光荣	新华社广西分社	4月26日
希望托起未来	报道	李延林	四川日报	11月8
放飞明天的希望	通讯	袁　莉	贵州日报社	10月9日
彝州青年带头绿化荒山	消息	贾云巍	云南日报社	4月15日
吴爱民弃商从农治理家乡穷山恶水	消息	李琼燕 王斐羡	陕西日报	5月3日
不负美好青春	报道	冯泽善	石河子日报社	7月27日
京晋城乡中学生网上对话	通讯	富子梅	中直机关团工委	12月19日
岳杰:将学习进行到底、三封意见卡	通讯	齐丽红	全国民航团委	2月11日－3月25日
红领巾提案直击教育热点	通讯	万兴亚	中国青年报	6月5日

电视类

一等奖(4件)

第四届中国青年“五四”奖章获得者——张文军	人物报道	刘京山	中央电视台	5月4日
新闻特写:万尺巨龙舞长城	新闻	孔琳琳 朱　刚	中央电视台	2月19日
网络弄潮——记“自强不息求知创新”好青年	人物专题	陈帆红 俞玲芳 江　涌	宁波电视台	5月4日
坚守	专题	纪　林	新疆电视台	5月20日

二等奖(9件)

学生党员在华东理工大学各项工作中起到表率作用	电视新闻	王小节	中央电视台	5月27日
广东:万名团员青年投身扶贫修路大会战	报道	吕永青	广东电视台	7月16日

帮助别人是我最大的幸福——我是寒星	新闻专题	鲁海娟 李原野 李　剑 姜　昊	内蒙古电视台	12月7日
关注小德央	新闻连续报道	孔昭巍 吉　宇 徐　达 张剑锋 左顺荣	江苏电视台	6月13日–7月21日
团委书记年薪三万你干吗?	消息	卢思丹 徐少杰 徐铁民	浙江电视台	4月16日
让"徐虎精神"在洪城闪光	消息	李熙坤 罗俐珍 杜云志 黄　燕 刘春源	江西电视台	5月29日
终圆大学梦	新闻	邱扬清 于伦方 张爱臣 邵　卫	山东电视台	8月15日
母亲河畔写绿	新闻专题	陈方英 张　强 俞振宁	兰州电视台	5月26日
中国青年志愿者研究生支教团:在艰苦的环境中磨炼意志增长才干	消息	李炼成	中央电视台	4月21日
三等奖(10件)				
龙二养鸭	专题	瞿沙曼 李长荣 闫维毅	中央电视台	4月21日
东方时空面对面——学子创业邱虹云	人物报道	马天立	中央电视台	12月18日
吉林油田:以创新创效手段走科技兴团之路	新闻	苏　羽 刘大华	吉林电视台	5月4日
爱载小木舟	报道	朱力军 朱晓梅 曹东军 程孟伟	湖北电视台	12月30日

薪火相传有来人	新闻	王　健 高　飞 刘春来	中国教育电视台	1月2日
新疆之行——博士团“三下乡”服务系列报道	系列报道	刘　莹 王云鹏	天津有线电视台	8月16日
下岗不失志创业展风采	消息	景　佳	辽宁电视台	11月27日
亲历生存体验	专题	张庆礼 金日松 曲夕忠 张　峻	牡丹江电视台	7月16日－23日
河南省第三届乡村青年科技文化节启动	新闻	池里军 冯东亮 田东里	河南电视台	12月24日
计生办里的年轻人	专题	王启南	海口广播电视台	10月

广播类

一等奖(2件)

年轻的朋友来相会	专题	范　明	中央人民广播电台	5月4日
江海志愿者精神在传递	专题	蔡跃华 吴雪琪	江苏南通人民广播电台	1月16日

二等奖(3件)

两岸清华学子中秋共话母亲河	新闻	陶　炜	中央人民广播电台	9月13日
董家兄弟和他们的“精神家园”	通讯	爱　君 晓　林 梦　新	山西临汾市人民广播电台	10月
飞往大西北的燕子	专题	姚宝山 杨　晶 晓　宇 包维林	黑龙江人民广播电台	12月31日

三等奖(5件)

系列报道《世纪回望——我们的爱情故事》4篇	系列报道	张小艳	中央人民广播电台	12月20日－23日
青年与青年的对话	通讯	范　屹	天津人民广播电台	12月20日
海阔凭鱼跃	录音通讯	杨学平 白天敬	甘肃临泽人民广播电台	10月18日

走向社会完善自我——记上医大临床医学96(一)班	录音报道	江　婧	上海东方广播电台	7月1日
我们拥有欢乐的家	录音专稿	吴思影 周　玉	江西人民广播电台	2月7日

图片类

一等奖(1件)

祝愿	新闻照片	李建泉	中国青年报	7月11日

二等奖(1件)

搏风击浪铸海魂	新闻照片	张全跃	人民海军报	8月19日

三等奖(2件)

春节,我们不回家	新闻照片	肖　勇	江苏新华日报	2月7日
爸爸出征	新闻照片	钱东升	上海青年报	8月29日

特别奖(共1件)

全国青联学联两会特刊	新闻照片	何春龙 曹　红 杜涌涛 李立红 万兴亚 王海洲	中国青年报社	7月10日-14日

组织奖

新华社	人民日报	中央电视台	中央人民广播电台
天津团市委	山西团省委	上海团市委	江苏团省委
山东团省委	河南团省委	湖北团省委	宁夏团区委
江西团省委	新疆团区委	解放军总政治部青年局	

全国青年创新创效奖

青年创新创效活动是由共青团中央、国家经贸委、国家知识产权局、中国科协联合发起组织的一项群众性创新活动,是企业共青团工作的重中之重。三年多来,在各级团组织、经贸委、知识产权局、科协等部门的高度重视和密切配合下,在企业党政领导的大力支持和具

体指导下，这项活动开展得既轰轰烈烈又扎扎实实。活动立足基层，立足企业，以市场为导向，以创新为手段，以创效为目的，引导企业广大青年职工投身技术、管理、营销、服务等创新实践，在企业改革发展中发挥了积极作用。几年来，中央企业工委、铁道部、科技部、建设部、国家冶金工业局、中国石油天然气集团公司、中华供销合作总社分别和共青团中央联合发文开展这项活动，许多省、自治区、直辖市召开专门会议推进这项活动，全国有1000多万青年职工参加了这项活动。各企业团组织从企业实际出发，创造性地开展工作，通过广泛宣传动员，营造了良好的创新氛围；通过组织学习培训，增强了广大青年职工的创新意识，提高了他们的创新能力；通过实行项目制，组织技术攻关，开展“五小”活动、“QC”小组活动，成立青年科技协会等措施，不断强化活动载体，扎实开展活动；通过深化活动内涵、突出育人导向、完善工作机制等手段，组织引导广大青年职工在创新实践中成长成才、建功立业，创造出一批创新成果，取得了良好的经济效益、人才效益和社会效益。

为表彰先进，树立典型，深化青年创新创效活动，激励全国广大企业青年积极参加青年创新创效活动，在企业技术创新和改革发展中进一步发挥生力军作用，共青团中央、国家经贸委、国家知识产权局、中国科协决定，授予曹威等201名同志首届全国青年创新创效奖。

希望受到表彰的青年创新创效个人珍惜荣誉，再接再厉，在创新中不断提高自身素质，以更加昂扬的斗志投身于青年创新创效活动，在创新中不断取得新的成绩。希望企业中的广大青年职工向首届全国青年创新创效奖获得者学习，积极参加青年创新创效活动，不断增强创新意识和创新能力，在企业创新中发挥生力军作用。希望各级团组织、经贸委、知识产权局和科协等部门在更大范围、更高层次上开展好这项活动，为促进企业改革和发展，为实现我国新世纪发展目标做出更大的贡献。

首届全国青年创新创效奖名单

北京

曹　威（女）　北京住总第六开发建设有限公司

李　锴　北京友谊商店股份有限公司

曾　鹏　北京吉普汽车有限公司

孙明烨　北京市煤气热力工程设计院

何孔翔　北京京煤集团有限责任公司大安山煤矿

闵　洪　华夏银行总行营业部

天津

刘福华　中铁十八局集团第五有限公司

张旦天　天津钢管公司轧管厂

毕江寰　天津一建建筑工程有限公司

曹　诚　天津市市政工程研究院

赵长江　铁道部第三勘察设计院

徐振发　天津石化公司化纤厂

河北

范林生　石家庄国际大厦酒店

岳　进　河北中润制药有限公司

习　杰（女）　新兴铸管股份有限公司

张　震　唐山银丰钢铁有限公司

苏忠武　河北省邢台矿业集团

常战芳　宣钢集团技术中心

任贺臣　华北塔里木钻井公司60158队

山西

杨　斌　太原钢铁有限公司计控处

范文生　山西焦煤集团有限责任公司石家庄销售公司

李哲军　山西杏花村汾酒公司销售公司

李利霞（女）　山西太原公交总公司

张贵文　山西太原第二热电厂

刘秀全　吕梁路桥有限公司

薛　亮　山西焦煤集团公司太原选煤厂

内蒙古

赵勇纲　内蒙古电力科学研究院

毛仲秋　呼和浩特铁路局呼和机务段
冀树军　包头铝业股份有限公司电解一公司
梁行方　包头稀土研究院
潘旭鹏　包头市兼强轻型板业有限责任公司
辽宁
缪广斌　沈阳黎明航空发动机有限责任公司
田雪野　大连冰山集团制冷空调安装公司
孟劲松　鞍钢新钢铁公司技术部
杨青松　中国石油天然气股份公司抚顺石化分公司石油一厂
翁　宇　本溪钢铁有限公司技术中心
董元涛　渤海船舶重工有限公司
吉林
王崇奇　吉林省交通建设集团
孙永乐　一汽富奥转向机分公司
韩子平　吉林石油集团钻井工程服务公司
秦江扬　吉林省辽源供电公司
崔德臣　吉林省化纤集团公司
陈宏明　吉林省辽源市工程建设监理有限公司
黑龙江
韩庭秀　大庆石油管理局电力总公司油田热电厂
赵明昌　大庆石化分公司塑料厂
张彦军　哈尔滨锅炉厂有限公司
徐　辉　黑龙江鹤岗工业局
吴　迪　大庆市大庆油田设计院水化室
李迎光　黑龙江九三油脂集团
上海
周乔奇　上海移动通信有限责任公司
张红铃(女)　江南造船有限责任公司
李洪刚　上海跃龙新材料股份公司
陶　俊　上海三菱电梯有限公司
费　勤(女)　中国太平洋保险公司上海分公司
许　宁(女)　东方商厦有限公司
江苏
王友林　中国电子科技集团公司第14研究所
丁　纯　国家电力公司南京自动化研究院
杨振刚　南京化学工业有限公司氮肥厂
严建华　仪征化纤股份有限公司产品技术开发中心
肖学林　南京机电产业集团五洲制冷公司
詹永成　江苏康缘药业股份有限公司
浙江
严伟灿　浙江卧龙集团公司
龚晓彬　杭钢昌兴电炉炼钢有限公司
梁辉峰　宁波东海自动控制设备有限公司
童华光　浙江海正集团有限公司
周珠峰　北仑第一发电有限责任公司
伟　鼎　万向集团公司
安徽
刘晓华　中石化股份公司安庆分公司化肥厂
章国胜　马鞍山钢铁股份有限公司车轮轮箍分公司
陈卫东　安徽省铜陵有色金属公司
刘亚松(女)　安徽雷鸣科化股份有限公司
刘道富　芜湖长轮公司拖管处
福建
苏国传　福建石化集团三明化工有限公司
罗旺春　龙岩卷烟厂
李　帆　福州联通计算中心
柴　智　厦门联创微电子股份有限公司
郑　飞　福建电力勘测设计院
江西
黄峥嵘　江西新余钢铁公司
王华平　江西洪都航空工业集团650所
陈　辉　江西铜业公司德兴铜矿大山选矿厂
廖竹青　江西景德镇昌河飞机集团公司
刘伟东　江铃汽车股份有限公司
山东
刘　晋　青岛港务局前港公司
朱永新　烟台建设集团第十建安公司
黄兴运　聊城市工业设备安装公司
田景东　济南长途汽车总站
郑平友　齐鲁石化公司氯碱厂

孙建设　山东莱钢股份有限公司
王传铸　山东三角轮胎股份有限公司
河南
朱武松　河南省平顶山电厂锅炉分厂
林来信　洛阳石油化工总厂
张　辉　平顶山姚孟发电有限责任公司
吴天君　郑州市房地产管理局
刘思科　河南新飞电器有限公司
王卫军(女)　安阳钢铁集团有限责任公司制氧厂
湖北
刘　青　东风汽车公司技术中心客车部
雷自力　湖北中航救生科技股份有限公司
彭元洪　宜昌兴发集团有限责任公司
林　林　中石化江汉油田分公司盐化工总厂
陈　慧(女)　湖北电信公司武汉分公司
谢红兵　中铁大桥集团有限公司
湖南
禹冬明(女)　湖南华菱集团公司涟钢技控部
袁志祥　湖南岳阳长岭炼化公司
庞怀林　湖南化工研究院
刘　捷　湖南湘潭钢铁集团公司
何文德　湖南华南光电科技股份有限公司
广东
余国武　广东省韶关钢铁集团有限公司技术研究中心
王秀英(女)　茂名石化公司机械厂
杨文伟　深圳能源集团妈湾发电厂
李轲新　广州广钢集团珠江钢铁有限公司
钟应明　华能广东分公司
李文俊　广东省电力集团中山供电分公司
海南
胡成豪　海南诚利集团
林　诗　青海南琼山市电信局
云　晴　海南移动通信有限责任公司
广西
梁和平　广西玉柴机器股份有限公司
李贤海　柳州五菱汽车有限公司培训中心
王劼耘　广西路桥总公司
袁　兵　广西移动通信有限公司南宁分公司
刘顺益　广西河池化工股份有限公司
重庆
石安涛　重庆船舶工业公司重庆长江涂装机械厂
游江海　西南铝业集团有限责任公司
王　兵　长安汽车股份有限公司
胡　泊　嘉陵工业股份有限公司技术中心
贺　镇　重庆钢铁公司炼铁厂
涂　涌　重庆商社有限公司
四川
孟　菖　成都飞机工业(集团)公司
邹建新　四川攀枝花攀钢(集团)公司
胡　鉴　四川德阳东方汽轮机厂
肖　华　四川地质矿产开发局113地质队
马铁桥　四川长虹电子股份有限公司电视公司
袁秀平　泸州老窖集团公司
贵州
袁朝兴　贵州中国第七砂轮股份有限公司
胡　波　遵义供电局
沈科林　贵州黎阳机械厂
肖　伟　贵州云马飞机制造厂客车工业公司
云南
马　军　云南铜业股份有限公司电解分厂
李敬伟　昆明铁路局昆明北车辆段
娄　伟　云南省路桥三公司
孙成余　云南驰宏锌锗股份有限公司第二冶炼厂
代　伟　昆明卷烟厂销售部
张文方　云南大姚铜矿
陕西
罗率领　西安铁路工程集团公司第一有限责任公司
蔺满相　西安陕鼓动力股份有限公司
王苏安　航天科技集团公司四院41所
庞雅妮(女)　陕西历史博物馆

杨　鹏　神华神东公司祁连塔煤矿
张新娟（女）　西安飞机工业有限责任公司
青海
方勤升　青海盐湖集团钾肥有限公司
马白宁　青海油田分公司采油一厂
黄　新（女）　青海医学院附属医院
魏国山　中国水利水电第四工程局
甘肃
崔　伟　中国石油兰州石化公司合成橡胶厂
任雁鹏　长庆石油勘探局工程技术研究院
蒋心泰　酒钢（集团）宏兴股份公司
刘　晨　金川集团有限公司技术中心
宁夏
张建华　中国石油宁夏石化公司
李　静　宁夏东方钽业股份有限公司
马玉山　吴钟仪表股份有限公司
刘　珺　宁夏青铜峡铝业集团公司
新疆
吴明春　新疆建工集团四建大华分公司
李　旭　新疆塔里木油田公司开发事业部
姜振峰　新疆八钢股份公司小型材厂
吴　彬（女）　新疆石河子中发化工有限责任公司
刘　胜　塔里木油田分公司勘探事业部
铁道
殷剑宏　郑州铁路局郑州科研所
夏忠健　福州铁路分局永安机务段
段绍斌　长沙铁路总公司衡阳站
马宏伟（女）　海拉尔铁路分局团委
张　翔　北京铁路分局石景山南站
荆世明　重庆铁路分局重庆西站
何俊胜　呼和浩特铁路局包头西机务段
民航
王　航　民航总局第二研究所
吉　森　北方航空公司飞机维修基地大修部
中直
黄小波（女）　中国少年儿童新闻出版总社
国家机关
蔡　华　交通部公路科学研究所
王加启　中国农业科学院畜牧研究所
中央金融
杨龙如　工商银行浙江省分行电脑中心
谷　澍　工商银行总行会计结算部
陈　航　农行福建分行科技处
华　文（女）　农行深圳市分行第二营业部
王　军　中行公司业务部网上银行处
傅　晓（女）　中行四川省分行信息科技处
李　雪　建行个人银行业务部
林　健　建行厦门分行公司营业部
余　飞　中国人民保险公司河南分公司
中央企业工委
刘树合　航天科工集团第六研究院红岗机械厂
张彦军　中国航天科技集团公司第十一研究所
袁玉森　中铁电气化局集团第二工程有限公司
王　军　中国航天工业第一集团公司飞行试验研究院
梁向东　江西洪都航空工业集团有限责任公司
林会喜　中石化胜利油田管理局地质科学研究院
程海涛　中国北方机车车辆工业集团公司青岛四方车辆研究所
石玉东　山东电力集团公司日照电业局
杜　宏　兵器工业集团公司北方车辆研究所
秦光泉　长安汽车有限责任公司弹药研究所
徐志远　中煤集团平朔煤炭工业公司
蒋晓放　宝山钢铁股份有限公司炼钢厂
张文英　神华准能公司黑岱沟露天煤矿厂
张飞虎　首钢技术研究院
任志武　中国华北电力集团公司北京十三陵蓄能电厂

全国企业青年创新创效活动优秀集体和先进个人

自团中央、国家经贸委、国家知识产权局、中国科协联合推出青年创新创效活动以后，各级团组织和经贸、知识产权、科协等部门密切配合，精心组织，扎实开展了青年创新创效活动；各地、各企业党政领导高度重视，热情支持，切实加强对活动的领导；广大青年职工积极响应，踊跃参与，满腔热情地投身创新创效实践。在各方面的共同努力下，经过一年的探索实践，青年创新创效活动取得了初步的成效，正呈现出良好的发展态势。为表彰先进，树立典型，把活动不断引向深入，全国企业青年职工创新创效活动领导小组决定，授予共青团北京市委青工部等34家单位为“全国企业青年创新创效活动优秀组织单位”，授予首钢集团团委等99家企业团委为“全国企业青年创新创效活动先进单位”，授予赵文芝等60名同志为“企业青年工作优秀领导者”称号，授予张飞虎等63名同志“技术创新奖”，王立鹏等60名同志“营销创新奖”，杜洪涛等32名同志“管理创新奖”，杨玉强等30名同志“服务创新奖”。

1999—2000年度全国企业青年创新创效活动优秀组织单位名单

共青团北京市委青工部
共青团天津市委青工部
共青团河北省委青工部
共青团山西省委青工部
共青团内蒙古区委青工部
共青团辽宁省委青工部
共青团吉林省委青工部
共青团黑龙江省委青工部
共青团上海市委青工部
共青团江苏省委青工部
共青团浙江省委青工部
共青团安徽省委青工部
共青团福建省委青工部
共青团江西省委青工部
共青团山东省委青工部
共青团河南省委青工部
共青团湖北省委青工部
共青团湖南省委青工部
共青团广东省委青工部
共青团广西区委青工部
共青团四川省委青工部
共青团重庆市委青工部
共青团贵州省委青工部
共青团云南省委青工部
共青团陕西省委青工部
共青团甘肃省委青工部
共青团青海省委青工部
共青团宁夏区委青工部
共青团新疆区委青工部
全国铁道团委
中央金融团工委
中央国家机关团工委
中直机关团工委
中央企业团工委

1999—2000年度全国企业青年创新创效活动先进单位名单

北京
首钢集团团委
北京市电力工业局团委

北京市邮政管理局团委
天津
天津市电子仪表总公司团委
铁道部第三勘测设计院团委
天津大港油田团委
河北
河北兴泰发电有限责任公司团委
唐山开滦(集团)有限责任公司团委
石家庄制药集团有限公司团委
山西
太原钢铁集团公司团委
西山煤电集团公司团委
山西天脊煤化工集团有限公司团委
内蒙古
内蒙古森工集团团委
呼和浩特铁路局团委
包头钢铁公司团委
辽宁
沈阳一汽金杯汽车股份有限公司团委
大连重工集团有限公司团委
辽宁渤海造船厂团委
吉林
一汽集团公司团委
吉化集团公司团委
长春汽车城百货大楼团委
黑龙江
黑龙江化工集团公司团委
哈尔滨制药总厂团委
大庆石油化工总厂团委
上海
上海宝钢集团公司团委
上海建工(集团)总公司团委
中国电信集团上海市电信公司团委
江苏
金陵石化公司团委
徐工集团工程机械制造厂团委
江苏黄桥热电厂团委
浙江
杭州钢铁集团公司团委
宁波豹王电池有限公司团委
杭州市公交总公司团委
安徽
淮北矿业集团公司团委
马钢(集团)控股有限公司团委
东航安徽分公司团委
福建
三明钢铁厂团委
福建实达电脑集团团委
福建省星光纸业股份有限公司团委
江西
洪都集团公司团委
江西铜业公司团委
新余钢铁有限责任公司团委
山东
邹县发电厂团委
海信集团团委
齐鲁石化公司团委
河南
中原石油勘探局团委
舞阳钢铁有限责任公司团委
郑州铁路分局团委
湖北
鄂州钢铁集团公司团委
武汉市亚贸广场团委
湖北省石油总公司团委
湖南
长沙卷烟厂团委
湘潭钢铁集团公司团委
水口山矿务局团委
广东
广州市电信局团委
深圳能源集团公司团委
深圳市赛格集团有限公司团委
广西
柳州华锡集团有限责任公司团委
柳州钢铁(集团)公司团委

广西平果铝业公司团委
四川
攀枝花钢铁集团公司团委
四川长虹电子集团公司团委
成都印钞公司团委
重庆
长安汽车(集团)有限责任公司团委
重钢(集团)有限责任公司团委
重庆江津增压器厂团委
贵州
贵航集团黎阳公司团委
遵义供电局团委
贵阳车辆厂团委
云南
昆明市烟草企业团委
云南铜业股份有限公司团委
昆明百货大楼(集团)股份有限公司团委
陕西
西安飞机工业(集团)有限责任公司团委
郑州铁路局安康铁路分局团委
咸阳彩虹彩色显像管总厂团委
甘肃
甘肃金川公司团委
甘肃省电力公司团委
白银有色金属公司团委
青海
青海石油管理局团委
青海铝业有限责任公司团委
青海盐湖集团公司团委
宁夏
宁夏移动通信公司团委
宁夏青铜峡铝厂团委
宁夏有色金属冶炼厂团委
新疆
中国石油塔里木油田分公司团委
新疆八一钢铁(集团)有限责任公司团委
新疆石油管理局团委
铁道
上海铁路局团委
济南铁路局徐州铁路分局团委
北京铁路局天津铁路分局团委
金融
中国印钞造币总公司团委
中国工商银行浙江省分行营业部团委
中国建设银行北京分行海淀支行团委
中央企业团工委
国家电力公司上海电力公司团委
中国石化胜利石油管理局团委
航天科技集团公司清华机械厂团委
船舶工业集团公司沪东造船厂团委
中航第二集团公司哈尔滨飞机工业集团有限责任公司团委
中航第一集团公司成都飞机工业(集团)有限责任公司团委

1999—2000 年度企业青年工作优秀领导者名单

北京
赵文芝　北京市公交总公司党委书记
闻铁征　北京铁路分局党委副书记
天津
于志涛　天津市公路局党委书记
刘志嘉　天津天铁冶金集团有限公司党委书记
河北
何善瑜　河北兴泰发电有限责任公司党委书记
佟卫东　保定市电业公司总经理
山西
吴晓程　太原钢铁集团有限公司党委副书记
梁兴保　西山煤电集团公司党委书记
内蒙古
岳建华　内蒙古电力科学院副院长
刘洪国　内蒙古阿里河森工公司董事长
辽宁
张晓辉　盘锦北方沥青股份有限公司总经理
韩国贺　辽宁盼盼集团有限公司副总经理

吉林

董　毅　吉林临江林业局党委副书记

黑龙江

许文祥　黑龙江黑化集团公司副董事长

李文健　哈尔滨锅炉厂有限责任公司副总经理

上海

顾逖泉　江南造船集团党委副书记

范忠伟　上海建工集团党委副书记

江苏

纪彩虹　春兰(集团)公司党委副书记

何达平　淮钢集团董事长

安徽

赵玉华　东航安徽分公司总经理

祝良富　中石化安庆分公司总工程师

福建

黄炳文　福建炼油化工有限公司党委副书记

李伟雄　福州港务局党委书记

江西

张仁雪　南昌铁路局新余电务段段长

王振坤　江西铜业公司党委副书记

山东

王延康　齐鲁石化公司总经理

荣滋白　齐鲁石化公司党委书记

唐　波　烟台建设集团有限公司副董事长

河南

王献安　中原石油勘探局党委书记

聂光国　平顶山煤业(集团)有限公司总经理

湖北

钟金保　武汉铁路分局党委副书记

王忠芳　江汉石油管理局向阳物业处党委副书记

湖南

卢　平　长沙卷烟厂党委书记

赵振营　湘潭钢铁集团公司党委副书记

广东

余宝山　广州广船国际股份有限公司总经理

高自民　深圳能源集团公司总经理

广西

张友宝　广西柳州华锡集团有限责任公司总经理

沈　阳　五菱汽车有限责任公司总经理

四川

齐天义　四川双马水泥(集团)有限公司党委副书记

刘新会　攀钢(集团)公司党委副书记

重庆

陈永强　长安汽车有限公司党委书记

唐民伟　重钢集团有限责任公司董事长

云南

何云辉　云南铜业股份有限公司党委书记

付文明　昆明云大科技产业股份有限公司董事长

陕西

张军邦　安康铁路分局局长

王金力　神华集团神府东胜煤炭有限责任公司总经理

甘肃

刘仲贤　白银有色金属公司党委常委、纪委书记

王全双　中国核工业集团五O四厂党委副书记

青海

万押平　青海铝业公司党委副书记

付青龙　青海石油管理局供水供电公司党委副书记

宁夏

陆　冰　宁夏移动通信公司副总经理

张创奇　宁夏青铜峡铝厂副厂长

新疆

赵　峡　八一钢铁股份有限公司董事长

唐　健　新疆石油管理局党委副书记

铁道

冯凌云　郑州铁路局局长

王汝宽　上海铁路局党委书记

金融

吴汝江　中国工商银行山东分行营业部党委书记

马维亮　中国建设银行黑龙江省分行哈尔滨南岗支行党支部副书记中央企业团工委

李大东　石油化工科学研究院院长

雷凡培　中国航天科技集团公司０六七基地主任

1999—2000 年度全国企业青年创新创效个人奖名单

一、技术创新

北京

张飞虎　首钢集团技术中心

张海生　北京供电局平谷供电局

天津

姚江波　天津大港油田物探公司研究所

齐力鹏　中建六局工程承包公司

河北

贾　茜　华北制药集团新药中心

孙　革　秦皇岛市烟草工业机械厂

山西

李志斌　太钢钢研所不锈钢室

杨　立　西山煤电集团马兰矿选煤厂

内蒙古

李小钢　包钢技术中心冶炼所

雷丙旺　内蒙古北方重工业集团公司

辽宁

陈　雷　沈阳高压开发有限责任公司

马春来　葫芦岛锌厂

吉林

胡金豹　一汽铸造有限公司铸造一厂

蔡小平　吉林石化分公司研究院

黑龙江

秦　丽　哈尔滨电业局变电工区

兰献彬　哈尔滨铁路局工业总公司

上海

江来珠　宝钢公司研究院

樊敏伟　上海市药材公司中药一厂

江苏

冒永生　仪征化纤股份公司

姚　峰　江苏石油勘探局石油工程技术研究院

浙江

虞　琪　中银宁波电池有限公司

黄法敏　浙江康莱特药业有限公司

安徽

黄海斌　淮北矿业集团公司

龚志翔　马鞍山钢铁公司钢研所

福建

陈宏涛　实达网络科技有限公司通信网络研究院

吴晋安　福建炼油化工有限公司催化车间

江西

肖胜辉　洪都集团公司制造工程部

彭建军　江西铜业公司德兴铜矿

山东

郭庆斌　胜利石油管理局河口采油厂

朱同佳　山东龙口发电厂华龙工业股份公司铸造厂

河南

郭宪臻　安阳钢铁集团有限责任公司

刘民强　白鸽集团有限责任公司有机磨具公司

湖北

曹龙文　大冶有色金属公司冶炼厂

刘　志　长航集团科技中心技术部

湖南

刘澜波　长沙卷烟厂

陈佑明　湘潭钢铁集团公司烧结厂

广东

崔文凯　广州市电信局传播维护分局

何松涛　广州市邮电通信设备有限公司

广西

练朝春　五菱汽车有限责任公司柳州微型汽车厂

邓金灿　广西高峰矿业有限责任公司

四川

王燕川　长虹电器股份有限公司电视技术研

究所
午　晔　东方汽轮机厂设计处
重庆
熊银成　重钢股份公司七厂
陈仁泉　重庆江津增压器厂技术开发中心
贵州
樊国福　贵州黎阳航空发动机公司
宋俊学　铁道部贵阳车辆厂产品开发部
云南
李洪春　昆明卷烟厂生产二部
赛德辉　云锡公司老厂锡矿
陕西
赵　军　陕西咸阳彩虹彩色显像管总厂
吕　海　西安飞机工业(集团)有限责任公司
甘肃
白小军　甘肃第六建筑工程股份有限公司
张应祥　中国核工业集团五〇四厂
青海
孙　德　青海铝业公司第三电解厂
杨德峰　青海石油管理局格尔木炼油厂
宁夏
任志远　银川市邮政局技术科
新疆
黄永平　新疆石油管理局地调处
贺耀文　众和股份有限公司铝电解厂
铁道
邱望龙　广州铁路中心医院传染科
江海涛　成都铁路局成都机务段
金融
魏基忠　成都印钞公司金银精炼厂
赵卫纲　交通银行上海市分行
中央企业团工委
高　侠　中航第一集团公司沈阳飞机工业(集团)有限公司
韩圣铭　煤炭科学研究总院北京建井所

二、营销创新

北京
王立鹏　北京市西单商场
李开龙　北京供销合作总社
天津
辛建忠　铁道部第三勘测设计院
李玉柱　天津钢管公司销售公司
河北
陈　凯　石家庄市北国商城
孟瑞君　唐山百货大楼
山西
庞满喜　太钢集团销售处成都公司
王福先　天脊煤化工集团公司销售处
内蒙古
王　斌　呼和浩特铁路局呼和浩特车务段营销部
高　燕　包头市达丽雅商厦
辽宁
程显栋　大连瓦轴集团华东销售公司
王忠铃　中国石油锦州石化分公司运输部
吉林
韩爱国　吉林敖东药业集团股份有限公司
李　波　华康制药厂
黑龙江
张伟成　哈尔滨飞机制造公司
吴　昊　牡丹江木工机械厂销售公司
上海
常卫军　上海柴油机股份有限公司东风销售公司
钱启敏　申银万国证券股份有限公司研究发展中心
江苏
孙　莺　徐州市百货大楼钟文商场
包晓健　苏州人民商场股份有限公司
浙江
潘玉明　杭州中策橡胶有限公司
姚伟永　浙江中义集团公司
安徽
李祥林　皖北煤电集团销售公司
魏五州　合肥美菱股份有限公司

福建

方　寅　南纺股份有限公司生产经营部

郭金辉　龙钢有限责任公司销售部

江西

周　军　南昌铁路局新余车务段

赵明强　南昌卷烟厂

山东

姜　明　兰雁集团股份有限公司

邓冠东　济南钢铁集团国际贸易有限责任公司

河南

苏文超　中国一拖集团有限公司销售中心

吴　刚　许继集团销售公司

湖北

张泽涛　神龙汽车有限公司

杨玉华　湖北石油零售公司

湖南

唐宏伟　株洲市南方集团工模具分公司

余　冰　长沙卷烟厂销售部

广东

尹海澜　深圳市赛格集团有限公司

李桂城　韶关钢铁第二物资公司广州分公司

广西

黄贵新　广西贵糖团委

王弟明　防城港务局北作业区货管部

四川

曹阳东　绵阳电业局城区供电局

吴　刚　成都人民商场(集团)股份有限公司

重庆

王　惟　长安公司河北分销中心

贵州

唐玉军　铁道部贵阳车辆厂营销管理部

云南

袁　伟　昆明百货大楼

王美英　昆明铁路局

陕西

王　昭　西安铁路分局西安车站

伍旭东　庆安制冷股份有限公司

甘肃

姜　诚　甘肃金昌化工集团有限责任公司销售处

钟永海　玉门石油管理局机械厂

青海

贾卫东　青海丁香粮油集团

王　军　西安铁路分局西宁车务段

宁夏

任　强　宁夏华联商厦有限公司

新疆

王春红　天山百货大楼

铁道

曾　玲　昆明铁路局宜良车务段宜良站

斯　琴　呼和浩特铁路局临河站

金融

雷　鸣　中国工商银行上海分行第一支行

李　骏　中国建设银行上海分行

中央企业团工委

王成文　国家电力公司齐齐哈尔电业局

周　平　中航第二集团江西昌河汽车股份有限公司销售公司

三、管理创新

北京

杜洪涛　北京建工集团

天津

孙　钢　天津建工集团二建公司

河北

李　耀　邯郸钢铁集团公司动力厂

山西

李晋平　山西潞安矿务局石圪节煤矿

内蒙古

王青山　内蒙古一机医院

辽宁

杜明林　辽宁黄海汽车(集团)有限责任公司

吉林

杨文俊　吉林通化市城市规划设计院

黑龙江

王建民　大庆石油管理局测井公司地球物理

研究所

上海

梁信军　上海复星高科技公司

江苏

高　颂　华兴公司秦山三期项目经理部

浙江

罗加健　华东医药股份有限公司

安徽

丁劲松　安徽金鼎集团公司

福建

周　煜　厦门电信分公司客户二部

江西

胡焰辉　江西洪都集团公司财务部

山东

魏新民　莱芜钢铁集团公司

河南

陈武营　郑州煤业集团供电处

湖北

李年君　湖北龙发集团

湖南

肖富国　湖南水口山矿务局

广东

李　宾　中山电力工业局远程动作计算机组

广西

宇喜福　柳州钢铁集团公司动力厂

四川

林　原　中铁二局股份有限公司

重庆

唐忠俊　嘉陵集团公司车体分厂

贵州

李晓燕　贵阳市邮政局油榨街分局

云南

刘　波　云南第二公路桥梁工程有限公司

陕西

李雪岗　长庆油田第二钻井工程处 32752 钻井队

甘肃

李国维　兰州铝厂电解三车间

青海

肖飞虎　西宁特钢集团质量部

宁夏

曹建中　宁夏科技厅计算机研究所

新疆

刘建勋　中国石油塔里木油田分公司哈德油田项目部

铁道

关国红　北京铁路局临汾分局侯马车务段

金融

宁效云　中国银行岳阳分行

中央企业团工委

岳　朴　中国石油管道三公司

四、服务创新

北京

杨玉强　北京电信管理局五棵松局

天津

屈华敏　天津铁路分局客运段津京城际列车第二包乘组

河北

刘海鲲　廊坊天都大酒店

山西

李利霞　太原公交总公司汽车一公司

内蒙古

娜仁高娃　内蒙古民族集团家电部

辽宁

朱国辉　工商银行本溪市分行解放路储蓄所

黑龙江

王　震　哈尔滨市药材公司服务中心

上海

李惠麟　上海第一百货商店

江苏

赵振东　跃进集团南京依维柯汽车有限公司

浙江

姚咏慧　杭州市公共交通公司

安徽

宁　红　合肥供电局营业大厅

福建

邓　铿　福州市旅游局

江西

沈　彬　招商银行南昌支行北京西路分理处

山东

马宏伟　威海市煤气总公司

河南

降亚东　中国洛阳玻璃集团职工医院

湖北

卜建东　襄樊市劳动就业管理局

湖南

黄　广　长沙市公交一公司

广东

阿　霞　深圳锦绣中华表演部

广西

黄雪萍　南宁化工股份有限公司

四川

马青华　四川省人民医院

重庆

李　勇　重庆商社新世纪百货公司

云南

李　黎　云南航空公司“云莺”乘务组

陕西

顾大海　长岭集团股份有限公司

甘肃

王金晓　兰州化学工业公司经济信息中心

青海

朱景华　西宁市公共空调总公司第二分公司

宁夏

张晋萍　宁夏移动通信公司虹桥营业厅

新疆

赵玉红　新疆石河子宾馆

铁道

谷　岚　哈尔滨铁路局哈尔滨分局哈尔滨客运段K18次车组

金融

库叁柒　中国工商银行北京分行资金营运处

中央企业团工委

张革利　中国化工建设总公司技术设备进出口本部

全国冶金系统青年创新创效活动先进组织单位

自1999年全国冶金系统青年职工创新创效启动大会召开以来，冶金系统各级团组织在各企业党政领导下，在各职能部门支持配合下，积极响应，精心组织，动员广大青年职工全力以赴投入到创新创效活动中，围绕技术、管理、营销、服务等方面开展多种形式的创新实践活动，取得了明显的成效，为全行业经济效益显著提高做出了积极的贡献。

2000年9月，为表彰先进，激励冶金系统各级团组织进一步深入推进创新创效活动，共青团中央、国家冶金局决定授予鞍山钢铁集团公司等15家单位全国冶金系统青年创新创效活动“优秀组织单位”称号，授予宝钢集团上海梅山有限公司等19家单位全国冶金系统青年创新创效活动“先进组织单位”称号。

全国冶金系统青年创新创效活动优秀组织单位名单

鞍山钢铁集团公司

本溪钢铁(集团)有限责任公司

包头钢铁(集团)有限责任公司

唐山钢铁集团有限责任公司
太原钢铁(集团)有限公司
武汉钢铁(集团)公司
马钢(集团)控股有限公司
重庆钢铁(集团)有限责任公司
攀枝花钢铁(集团)有限公司
酒泉钢铁(集团)有限责任公司
上海宝钢集团公司
首钢(集团)总公司
柳州钢铁(集团)公司
邯钢集团有限责任公司
国家冶金工业局直属机关
水城钢铁(集团)有限责任公司
杭州钢铁集团公司
西宁特殊钢集团有限责任公司
天津冶金工业总公司
南京钢铁集团有限公司
昆明钢铁总公司
抚顺特殊钢(集团)有限责任公司
安阳钢铁集团公司
陕西省冶金工业局
北钢集团公司
合肥钢铁集团有限公司
韶关钢铁集团有限公司
舞阳钢铁有限责任公司
新疆八一钢铁有限责任公司
莱芜钢铁集团有限公司
江西新余钢铁有限责任公司
福建三明钢铁有限责任公司

全国冶金系统青年创新创效活动先进组织单位名单

宝钢集团上海梅山有限公司
湘潭钢铁集团有限公司

全国青年创新创效活动优秀组织单位

青年创新创效活动开展三年多来,涌现出一大批优秀创新成果,增强了广大青年职工的创新素质,产生了良好的经济效益和人才效益,取得了明显成效,呈现出蓬勃发展的良好势头。各地区团组织普遍把这项活动作为青工工作的重中之重来抓,高度重视,精心组织,稳步推进,做了许多扎实有效的工作。各企业团组织紧扣创新创效的主题,在活动载体、保障措施、工作机制等方面大胆探索,勇于实践,创造出了许多好做法和好经验。为了深入贯彻江泽民总书记在纪念中国共产主义青年团成立80周年大会上的讲话精神,树立典型,表彰先进,推动青年创新创效活动深入开展,共青团中央决定授予共青团北京市委企业工作部等100个单位为全国青年创新创效活动优秀组织单位。

2002年全国青年创新创效活动优秀组织单位名单(100个)

共青团北京市委企业工作部
中国建筑第二工程局团委
中国石化集团北京燕山石油化工有限公司团委
共青团天津市委青工部
大港油田集团有限责任公司团委
天津天铁冶金集团有限公司团委
共青团河北省委青工部

邢台矿业(集团)有限责任公司团委
邯郸钢铁集团有限责任公司团委
共青团山西省委青工部
太原钢铁(集团)有限公司团委
山西焦煤集团公司团委
共青团内蒙古区委青工农牧部
呼和浩特铁路局团委
共青团辽宁省委青工部
共青团大连市委青工部
沈阳市煤气总公司团委
共青团吉林省委青工部
共青团长春市委青工部
中国第一汽车集团公司团委
共青团黑龙江省委青工部
黑龙江华安工业(集团)公司团委
大庆油田有限责任公司团委
共青团上海市委青工部
宝山钢铁股份有限公司团委
江南造船(集团)有限责任公司团委
共青团江苏省委青工部
中国石化仪征化纤股份有限公司团委
中国核工业华兴建设公司团委
共青团浙江省委青工部
星星集团有限公司团委
浙江省绍兴电力局团委
共青团安徽省委青工部
安徽省电力公司思想政治工作部
中国石化集团公司安庆石油化工总厂团委
共青团福建省委青工部
福建省红炭山矿业有限责任公司团委
共青团江西省委青工部
江西洪都航空工业集团有限责任公司团委
共青团山东省委青工部
青岛港务局团委
中国石化集团齐鲁石油化工公司团委
共青团河南省委青工部
中国一拖集团有限公司团委
舞阳钢铁有限责任公司团委
共青团湖北省委青工部
共青团宜昌市委青工部
中国葛洲坝水利水电工程集团有限公司团委
共青团湖南省委青工部
中国航空工业第二集团公司中南传动机械厂团委
湘潭电机集团有限公司团委
共青团广东省委城乡部
共青团广州市委城乡部
共青团深圳市委青工部
海南钢铁公司团委
北方航空三亚有限公司团委
共青团广西壮族自治区委青工部
广西柳州钢铁(集团)公司团委
共青团四川省委青工部
中航一集团成都飞机工业(集团)有限责任公司团委
四川双马水泥(集团)有限公司团委
共青团重庆市委青工部
中国嘉陵工业有限公司团委
重庆重型汽车集团有限责任公司团委
共青团贵州省委青工部
中国贵州航空工业(集团)有限责任公司团委
共青团云南省委城青部
云南铜业股份有限公司团委
共青团陕西省委青工部
郑州铁路局安康铁路分局团委
中国航天科技集团公司第四研究院团委
共青团甘肃省委青工部
酒泉钢铁(集团)有限责任公司团委
共青团青海省委工农青年部
青海石油管理局团委
共青团新疆维吾尔自治区委青工部
新疆八一钢铁集团有限责任公司团委
新疆天业(集团)有限公司团委
新疆天富电力(集团)有限责任公司团委
全国铁道团委宣传部
哈尔滨铁路局团委

成都铁路局团委
中国东方航空股份有限公司安徽分公司团委
中国北方航空公司团委
中国农业科学院畜牧所反刍动物营养工程研究中心团委
中国人民银行济南分行团委
中国银行安徽省分行团委
中国建设银行聊城市分行团委
中国石油天然气集团公司团委
东风汽车公司团委
中国远洋运输(集团)总公司团委
中国铁道建筑总公司团工委
中国铁路工程总公司团委
中国石油化工集团公司思想政治工作部青年工作处
中国北方机车车辆工业集团公司团委
华北电力集团公司团委
中国路桥(集团)总公司团委
中国南方机车车辆工业集团公司团委
攀枝花钢铁(集团)公司团委
中国石油天然气股份有限公司管道分公司团委

全国青年文明号

1997 年度全国青年文明号名单

公 安 系 统

一、继续认定的
北京市公安局宣武分局牛街派出所
北京市公安局朝阳分局南磨房派出所
北京市消防总队第四支队双榆树消防中队
天津市公安交通管理局河东支队六纬路大队六纬十一经路岗组
天津市公安消防总队调度指挥中心
河北省玉田县公安局刑警大队
河北省张家口市公安巡警支队特勤大队
河北省保定市公安交警支队直属一大队永华路岗
山西省太原市公安局交警支队一大队五一广场东岗组
山西省孝义市公安局梧桐派出所
内蒙古自治区乌海市公安局海勃湾分局新华街派出所
内蒙古自治区赤峰市公安局红山区公安交警大队岗勤四中队
内蒙古自治区额济纳旗算井子边防派出所
辽宁省沈阳市公安局东陵区分局凌云派出所
辽宁省大连市公安局中山分局春海街派出所
黑龙江省哈尔滨市公安局道外分局东莱派出所
黑龙江省佳木斯市公安局郊区分局西门巡警服务站
黑龙江省宁安市公安局宁安镇第一派出所
上海市公安局消防总队第五支队车站中队
上海市公安局闸北分局交警支队天目恒丰路岗组
上海市公安局静安分局巡警支队二中队
上海市公安局黄浦分局南京东路警察署户口受理室
江苏省徐州市公安局青年派出所
江苏省镇江市公安交警支队中山西路道口岗亭
江苏省邗江县公安局刑警大队技术中队
江苏省公安厅《警方》编辑部

安徽省淮南市公安局李嘴孜派出所
安徽省六安市公安局刑警大队
福建省漳州市公安局巡警支队直属大队
福建省福州市公安局东街派出所
福建省厦门市公安局交警支队开元大队公园岗
江西省南昌市公安局交警支队西湖大队展览馆岗
江西省萍乡市消防支队一中队
江西省鹰潭市公安局巡警支队二大队
山东省淄博市公安局张店分局特警队
山东省威海市公安局巡警支队一大队二中队
山东省青岛市公安局四方分局平安路派出所
河南省宁陵县公安局张弓派出所
湖北省荆州市公安局荆州分局巡警大队
湖北省仙桃市公安局交警大队城区中队
湖北省宜昌市公安局交警支队西陵大队解放路岗亭
湖南省长沙市公安局交警支队司门口岗台
湖南省长沙市公安局岳麓区分局刑侦大队
湖南省岳阳市公安局交警支队桥东岗台
湖南省祁阳县公安局刑侦大队
武警广东边防总队第六支队十三中队
广东省湛江市公安局解放派出所
广东省东莞市公安消防支队虎门中队
广东省广州市公安局越秀区分局人民街派出所刑侦中队
广东省深圳市公安局四处外事科
广东省深圳市公安交通管理局罗湖大队金城岗
广西壮族自治区南宁市公安局交警支队东风中队
广西壮族自治区梧州市公安局和平派出所
广西壮族自治区桂林市公安局交警支队阳桥中队
海南省琼海市公安局加积派出所
重庆市公安局交警支队二大队临江门岗组
四川省成都市公安局金牛分局刑警大队缉毒探组
四川省绵阳市公安局巡警支队
四川省成都市公安消防支队五中队
贵州省遵义县公安局永乐镇派出所
贵州省六盘水市公安局刑侦一队
贵州省贵阳市交警支队二大队一中队交际处岗
云南省昆明市公安局交警支队五华大队博物馆岗
武警云南德宏州边防支队木康公安边防检查站
云南省怒江傈僳族自治州公安局治安巡警大队
西藏自治区拉萨市公安局八廓派出所
西藏自治区拉萨市公安局刑警支队技术科
陕西省勉县公安局刑警大队
甘肃省镇原县公安局屯字派出所
青海省互助土族自治县公安局威远镇派出所
宁夏回族自治区银川市公安局交警支队城区队邮电大楼岗组
宁夏回族自治区中卫县公安局刑侦大队
新疆维吾尔自治区克拉玛依市公安局交警支队市区大队
兰州铁路公安局景泰车站公安派出所
乌鲁木齐铁路公安处乘警大队北京分队
南京港公安局客运派出所第一警组
广州港公安局老港派出所
民航重庆市局江北机场公安派出所
福建省建瓯市公安局迪口林业派出所
吉林省红石林业公安局第一派出所
四川省广元市公安局朝天区分局林业科

二、新命名的

北京市公安局巡察执法总队直属支队四队
天津市公安局红桥分局南头窑派出所
河北省廊坊市公安交警支队直属一大队
河北省石家庄市公安局机要通信处
山西省孝义市公安局兑镇派出所
山西省临汾市公安局交警大队四中队
内蒙古自治区呼和浩特市公安局新城区分局西街派出所
辽宁省鞍山市公安局交警支队立山大队双山

岗
辽宁省抚顺市公安局新抚区分局抚顺城派出所
辽宁省公安厅刑科所 DNA 室
吉林省吉林市公安局昌邑分局新地号派出所
吉林省四平市公安局 110 报警服务台
吉林省延吉市公安局防暴巡警大队
吉林省通化市公安局交警支队东昌大队江东中队
黑龙江省哈尔滨市公安局香坊分局六顺派出所
黑龙江省大庆市公安局红岗分局胜利派出所
江苏省南京市公安局秦淮区分局夫子庙派出所户籍室
浙江省嘉善县公安局巡特警大队
浙江省杭州市公安消防支队西湖中队
浙江省奉化市公安局交警大队大桥中队
浙江省余杭市公安局交警大队临平镇中队邱山二号岗
安徽省芜湖市公安局交警支队新芜大队二中队劳动路警组
安徽省马鞍山市公安局采石派出所
福建省石狮市公安局刑警大队
山东省济南市公安局历下分局 110 报警服务中队
山东省济宁市公安局交警支队三大队七中队
山东省聊城市公安局消防中队
河南省济源市公安交警五大队
河南省郑州市公安交誉二大队市委岗
河南省洛阳市公安局白马寺派出所
河南省开封市公安交警支队第一大队一中队
湖北省武汉市公安交通管理局硚口大队利济路岗
湖北省咸宁市公安局横沟派出所
广西壮族自治区柳州市公安局交警支队五一女子中队
海南省琼山市公安局巡警大队
重庆市公安局渝中区分局大阳沟派出所
四川省南溪县公安局交通警察大队
武警云南德宏州消防支队潞西市消防中队
陕西省西安市公安局车辆管理所
陕西省宝鸡市公安局交警支队金台大队烟厂岗台
陕西省咸阳市公安局交警支队秦都大队一中队
甘肃省嘉峪关市公安局巡警大队
甘肃省金昌市公安局金川分局 110 报警服务台
青海省西宁市公安局交警支队城中大队大什字岗
新疆生产建设兵团农七师车排子垦区公安局苏兴滩派出所
新疆维吾尔自治区乌鲁木齐县公安局二宫派出所
昆明铁路公安处乘警大队一队
重庆铁路公安处重庆车站派出所刑警队
大同铁路公安处大同车站公安派出所
民航广西区局两江国际机场公安派出所
江西省乐安市公安局招携林业派出所
公安部物证鉴定中心 DNA 鉴定处

公 交 系 统

一、继续认定的

北京市公交总公司 323 路 3924 号车组
北京市公交总公司 10 路 4702 号车组
北京市公交总公司 13 路 1825 号车组
北京市公交总公司 1 路 3135 号车组
北京市公交总公司 103 路 2835 号“王桂荣”车组
北京市出租汽车公司二分公司一车队才广利出租车
北京市公交总公司 21 路 1333 号车组
天津市公交总公司 5 路 1252 号车组
天津市公交总公司 40 路 2868 号车组
天津市公交总公司 8 路 3509 号车组
河北省石家庄公交总公司 1 路 188 号车组

河北省邯郸市公交总公司3046号车组
河北省保定市公交总公司1156号车组
河北省唐山市公交总公司044号车组
山西省太原市公交总公司第一出租公司张津江车组
山西省大同市公交总公司一公司203号车组
山西省大同市公交总公司三公司387号车组
山西省太原市公交汽车二公司一队四路2530号车组
内蒙古自治区呼和浩特市公交总公司1路56号车组
内蒙古自治区乌海市公共汽车公司五队36号车组
内蒙古自治区包头市公交总公司11路1509号车组
辽宁省鞍山市公交总公司23119号车组
辽宁省抚顺市公共汽车总公司3路7025号车组
辽宁省锦州市公交总公司3412号车组
辽宁省营口市公共汽车公司192号包车组
吉林省延吉市公共汽车有限公司一车队601号车组
吉林省长春市公交总公司109车队526包车组
吉林省四平市公共汽车公司吉C10936包车组
吉林省吉林市公交总公司3126号青年包车组
吉林省吉林市吉B·D0001号孟庆春出租车
黑龙江省哈尔滨市公共汽车总公司1320号车组
黑龙江省哈尔滨市电车总公司110环路8677号车组
黑龙江省哈尔滨市天鹅出租汽车公司黑A—50339号车
上海市申新巴士有限公司49路HPl—54号车组
上海市一电公交公司四车队37路PK—01号车组
上海市第一汽车公司70路F—2101号车组
上海市第五汽车公司108路N—235号车组
上海市浦东强生出租汽车股份有限公司沪A—M1545号车
上海市公交48路公共汽车HK—192号车
上海市强生出租汽车股份有限公司沪A—M2340号车
江苏省南京市公交总公司2路2005号车组
江苏省徐州市公交总公司11路286号车组
江苏省苏州市公交总公司7路1019号车组
江苏省镇江市公交总公司一公司2路1003号车组
浙江省杭州市公交总公司16路1—2053号车组
浙江省宁波市公交总公司3709号车组
浙江省杭州市公交总公司38路2—0050号车组
安徽省合肥市公交总公司4—T216号车组
安徽省合肥市公交总公司3—T198号车组
安徽省蚌埠市公交公司三分公司2002号车组
福建省三明市公交公司闽G01794号车组
福建省福州市公交总公司第一公司109号车组
福建省厦门市公交总公司闽D13173号车组
福建省厦门市公交总公司轮渡公司20号渡船
江西省南昌市公交总公司电车二路11471号车组
江西省景德镇市公交公司行车一队02711号车组
江西省新余市公交公司二路00719号车组
山东省济南市公交总公司35路365号车组
山东省青岛市出租汽车股份有限公司鲁BT0422出租车
山东省青岛市公交总公司电车公司2路868号车组
山东省济南市恒通出租汽车公司鲁A—B2341号出租车
河南省新乡市公交总公司1路83号车组
河南省安阳市公交总公司2路37号车组

河南省平顶山市公交总公司404号车组
湖北省武汉市公共汽车总公司66路227号车组
湖北省武汉市电车公司4路36号车组
湖北省武汉市出租汽车公司第一分公司熊斌出租车
湖北省武汉市轮渡公司5号船
湖北省黄石市公共汽车公司710青年号车组
湖北省十堰市公共汽车公司20545号车组
湖南省长沙市公交总公司12—50号车组
湖南省邵阳市公交总公司4—06号车组
湖南省长沙市公交总公司2—19号车组
广东省广州市白云小汽车出租公司5024号吴耀华出租车
广东省广州市第一公共汽车公司10路792号出租车
广东省广州市出租汽车公司2608号刘广瑜出租车
广东省珠海市公共汽车公司吉大分公司4路粤C04555号车组
广东省汕头市轮渡公司“金凤轮”号
广西壮族自治区南宁市公交总公司6—264号车组
广西壮族自治区柳州市公共汽车公司4—228号车组
广西壮族自治区桂林市公共汽车公司930号车组
广西壮族自治区玉林市公共汽车公司16号车组
四川省成都市公交总公司4路36080号车组
四川省成都市公交总公司5路36062号车组
四川省绵阳市公共汽车公司101号车组
四川省成都市出租汽车公司一车队张丘出租车
重庆市公共电车公司江北站4814号车组
重庆市第三公交公司306路3047号车组
贵州省贵阳市公交一公司2路566号车组
贵州省贵阳市公交一公司14路555号车组
贵州省贵阳市公交一公司2路568号车组
云南省昆明市公共汽车总公司一公司751号车组
云南省昆明市公共汽车总公司四公司4路116号车组
陕西省西安市公交总公司第二公司三队357号车组
陕西省宝鸡市公交公司6路229号车组
陕西省铜川市公交总公司陕B00222号车组
陕西省西安市出租汽车公司陕A—T5013号出租车
甘肃省兰州市公交总公司1路1027号车组
青海省西宁公交总公司02714号车组
青海省西宁公交总公司00134号车组

二、新命名的

北京市公交总公司44路(小环)3737号车组
天津市公交总公司7路4507号车组
天津市公交总公司94路5709号车组
河北省石家庄市公交总公司6路230号车组
山西省太原市公交总公司1路1702号车组
山西省大同市公交总公司17路427号车组
内蒙古自治区呼和浩特市公交总公司3路36号车组
辽宁省沈阳市客运集团214路公共汽车6019号车组
吉林省吉林市公交总公司电车一场145号青年包车组
吉林省长春市公交总公司114车队386号包车组
黑龙江省大庆市公共汽车公司东风分公司二车队592号车组
上海市宝山公交公司53路KP一17号车组
上海市金山公交公司一车队石化一线Fl—149号车组
江苏省常州市公交总公司1201号车组
江苏省南京市客运交通管理处票证科
江苏省南京市东方出租汽车公司苏A—84129号车

浙江省金华市公交总公司8路1—003号车组
安徽省滁州市公交公司048号车组
福建省南平市公交公司3路闽H02180号车组
江西省南昌市公交总公司电车一队12426号车组
河南省郑州市公交总公司4路108号车组
湖北省宜昌市公共汽车公司6路335号车组
湖北省十堰市公共汽车公司8路8号车组
湖南省岳阳市公共汽车公司20路138号车组
湖南省长沙市公交总公司12路106号车组
广东省中山市公共汽车公司22路粤T04483号车组
广东省湛江市公共汽车公司11路2—058号车组
广东省广州市第二公共汽车公司509专线4485号车组
广东省珠海市公共汽车公司201路粤C04725号车组
广西壮族自治区桂林市公交总公司四公司桂C—04624号车组
广西壮族自治区梧州市公交总公司2—142号车组
四川省泸州市公交总公司三分公司14路3301号车组
重庆市第一公交公司103路1120号车组
贵州省贵阳市公交一公司7路311号车组
陕西省咸阳市公交公司陕D—06861号车组
甘肃省兰州市公交总公司4路5035号车组
青海省西宁市公交总公司9路2781号车组

铁道系统

一、继续认定的

三棵树机务段DFH3—114机车组
鹤岗机务段DF4—7450机车组
塔河车务段西罗奇站
伊图里河车辆段列检乙班
牡丹江站运转四班二调
昂昂溪机务段DF4—1220"黄继光"号机车组
免渡河站青年调车组
哈尔滨客运段K17/18次1组
大连客运段529/530次5、6组
沈阳北站客运一班第一候车室
叶柏寿车务段老锅站
大安北机务段前进6143号机车组
沈阳客运段53/54次车队
本溪列车段603/604次2组
长春列车段K59/60次2组
丰台机务段DF4—1955机车组
侯马车务段刘村站
石家庄客运段Y221/224次车队
秦皇岛南站乙班一调
大同列车段43/44次11组
太原北机务段8G—25号青年包乘组
北京铁路工程总公司陈江芝青年突击队
包头客运段563/564次车队
呼和浩特站丙班三调
包头西机务段DF4—4275"共青团号"机车组
集宁机务段DF4—1415"共青团号"机车组
徐州列车段565/566次车队
济南机务段DFll—0039机车组
徐州车务段桃山集站
烟台站客运车间
济南列车段597/598次车队
青岛列车段539/540次车队
西安站一楼东去"共青团号"候车室
郑州客运段179/180次车队
洛阳机务段6K—059机车组
信阳生活段信阳老场公寓
西安东站二班四调
荆门车务段桃子岭车站
紫阳工务段巴山"共青团指导区"
武昌电务段乌龙泉信号工区
武汉客运段K37/38次车队
成都站空调候车厅青年班
内江车务段汉王山车站
六盘水机务段电机组

成都分局客运服务公司 207/208 次旅游列车
重庆西机务段 SSl—235 机车组
昆明机务段 DFl—1718 号机车组
轩远山腰车站
中卫站乙班调车组
格尔木车务段鱼水河站
兰州西机务段 DF4—3225 机车组
武威南机务段 SS3—6066 机车组
石嘴山车辆段设备车间电工班
上海列车段 K13/14 次车队
漳平机务段 SS3—4027 机车组
宿县车务段十里堡站
南京列车段 K65/66 次车队
衢州车务段十里铺站
鹰潭站"熊云清售票窗口"
上饶机务段 DF4—3918 号机车组
南昌客运段 67/68 次 1、2 组
柳州南站甲班三调
柳州车辆段南到达场列检所
南宁客运段 5/6 次 2、6 组
柳州机务段 DF4—3263 机车组
柳州客运段 379/380 次 2、6 组
怀化车辆段到达场列检二班
广州客运段 15/16 次 2、6 组
株洲电务段株北驼峰信号楼工区
长沙客运段 1/2 次 2 组
广深股份公司广九客运段广九 2 组
哈密工务段红光养路工区
和静车务段上新光车站
吐鲁番站二班一调
乌鲁木齐客运段 53/54 次 8 组
阿拉山口列检所
株洲九方装备自动化有限责任公司引进设备服务中心
大连机车车辆厂铸钢车间造型大件青年岗
戚墅堰机车车辆厂车辆分厂钢一车间电焊一班
资阳内燃机车厂机车分厂转向架车间大车班
西安车辆厂冲压车间拼板组
南口机车车辆机械工厂油泵油嘴分厂大件班组
四方机车车辆厂客车总装车间技术组
大同机车厂铸铁车间合金组
浦镇车辆厂车架车间铆焊 3 组
齐齐哈尔车辆厂货车设计青年班
铁道部专业设计院航测处外业队
铁道部科学研究院电子所青年科技攻关组
通号总公司济南工程公司第一信号段
铁道部专运处列车段三队列车三班

二、新命名的

哈尔滨站软席候车室青年班
吉林列车段 571/2 次 5 组
榆次站乙班一调
临河工务段杜家台青年养路工区
济南站客运车间第 1、2 候车室
郑州站供水车间
成都客运段 7/8 次 1、2 组
昆明站客运副班
兰州客运段 75/6 次 1、2 组
永安电务段岭头信号工区
宜春车务段宣风站
湛江车辆段青年台车组
广州客运段 29/30 次 6 组
哈密车辆段柳园列检所
长春客车厂转向架分厂轮轴车间轴承班
北京二七车辆厂货车三通阀青年班
北京铁路总医院门诊大厅青年导医组
南昌站公安派出所客勤三组

内贸系统

一、继续认定的

北京市王府井百货大楼(集团)股份有限公司服装纺织商场男衬衫柜组
北京市东安集团公司长安商场家电商店海尔专卖店
北京市隆福大厦家电部空调组

北京市朝阳副食品公司团结湖副食品商场
北京市崇文门饭店安保部门卫组
北京市建筑器材租赁公司清河租赁站
北京市东郊粮食批发交易市场青年文明窗口
北京市北郊粮库北方食品厂青年科技班
北京王府井百货大楼(集团)股份有限公司百货部雪花柜组
北京市西单股份有限公司文化商品部照像器材组
北京市地安门副食商场熟肉部
北京市北太平庄商场烟酒组
北京市和平门菜市场自选部
北京市贵友大厦皮件部皮件组
天津市滨江商厦电讯文表商场微型收录机柜组
天津百货大楼股份有限公司钟仪商场音响部
天津东方商业大厦纺织部装饰组
天津市机电商贸大厦电缆科
天津市大亨时装公司“杨华柜组”
天津市煤建二公司生产科甲班
天津市塘沽商业大厦针织鞋帽商场箱包柜组
天津劝业场股份有限公司“勿忘我”礼仪服务部
河北省石家庄燕风楼烤鸭店二楼服务组
河北省华鑫集团公司车辆器材公司零件经营部
河北省石家庄建华百货大楼女装精品专柜
河北省保定商场日百商场化妆品三组
河北省新乐市食品公司
河北省唐山市百货集团公司针织商场毛织物组
河北省石家庄市长安粮油食品公司棉四粮店
河北省邢台市中桥商场
河北省故城县机电设备总公司
山西省太原五一百货大楼股份有限公司服装商场精品(西服柜组)部
山西省临汾市第一百货大楼文化组
山西省化轻总公司塑料分公司
山西省太原市湖滨健美乐园三楼女部
山西省太原市粮食局军粮供应站
内蒙古自治区包头市百货大楼工艺商场
内蒙古自治区哲里木盟奈曼旗燃料公司
内蒙古自治区呼和浩特市北方多味思食品厂
内蒙古自治区包头市家乐青松粮油食品店
内蒙古自治区包头市百货大楼集团公司蓝天商厦
内蒙古自治区赤峰粮油应用技术研究所
辽宁省沈阳市和平宾馆青年接待班
辽宁省中兴——沈阳商业大厦美容食品商场美容二部牙膏组
辽宁省大连渤海饭店十楼青年服务班
辽宁省富佳粮油食品(集团)公司富佳大酒店
辽宁省锦州市锦华商场小食品组
辽宁省中兴大连商厦儿童用品商场玩具一班
吉林省吉林东方商厦股份有限公司音像商场影像商品部
吉林省机电设备总公司机床销售公司
吉林省长春市粮油食品经销总公司兴隆路粮店
吉林省松原市粮油食品有限责任公司
吉林省通化市化工轻工总公司橡胶制品部
吉林省长春国贸中心纺织精纺一组
吉林省粮油储运公司
黑龙江省哈尔滨秋林股份有限公司纺织商场精纺组
黑龙江省大庆百货大楼股份有限公司日化商场化妆二组
黑龙江省大庆市粮食综合批发市场挂面厂
黑龙江省哈尔滨市动力第二粮油食品店
黑龙江省哈尔滨第一百货商店家电商场电视机组
黑龙江省铁力市第九粮店
上海市第一百货商店四楼商场礼品柜
上海妇女用品商店新一代青年女子专柜
上海新亚(集团)股份有限公司新城饭店门厅小组

上海物资贸易中心股份有限公司梦丝娱乐总汇
上海市第五粮食仓库
上海市新世界股份有限公司丽华公司小商品柜
上海市油脂总厂精制油小包装车间
上海市机电设备总公司汽车公司摩托车部
上海华联超市公司华山店
上海东方商厦有限公司超市商场
江苏省南京金谷大厦前厅部
江苏省南京中央商场股份有限公司针织商场内衣组
江苏省良茂大酒店餐饮部
江苏省物资贸易中心物贸大酒店餐饮部
江苏省苏州物贸集团胥城大厦
江苏省张家港市商业大厦
浙江省宁波市第二百货商店“老凤祥”首饰柜
浙江省绍兴流苑饭店总服务台
浙江省杭州市西湖区松木场粮油食品商店
浙江省衢州市粮油购销储运公司下街粮油食品商场
浙江省杭州解放路百货商店股份有限公司箱包部雨伞柜
浙江省机电设备公司汽车分公司
安徽省庐江县石头粮油分站
安徽省蚌埠百货大楼股份有限公司衬衫组
安徽省合肥市银河大厦食品商场
安徽金属材料总公司钢材经营公司
安徽物贸中心金属材料公司
安徽省铜陵市面粉厂制粉车间
安徽省商之都食品商场糖果组
安徽省物资贸易中心资源开发公司
安徽省黄山市购物中心照相器材组
安徽省燃料总公司煤炭供销公司
福建省福州市饮食(集团)公司美食园餐厅
福建省福州购物中心
福建省福州工业品贸易中心股份有限公司中心商场
江西省物资储运总公司仓储分公司装卸一班
江西省樟树国家粮食储备库专储部
江西省燃料总公司油品分公司
江西共青粮油食品店
山东省荣城市南山路粮店
山东华联商厦股份有限公司
山东省桓台宾馆
山东省威海市永利坚装饰配套公司
山东省青岛第三面粉厂制粉丙班
山东省济南人民商场股份有限公司
山东省济南市经二纬六路粮店
山东省青岛国货股份有限公司
河南省郑州商业大厦食品商场粮面组
河南省机电设备总公司轴承公司
河南省周口地区太康县粮食局面粉厂生产一组
河南省郑州市刘胡兰有限责任公司糕点组
河南省开封市开泰法式面包房
河南省许昌市煤炭运销公司青年突击队
河南省郑州亚西亚商场家电一部洗衣机组
湖北省武汉商场日用化妆公司刘莉柜
湖北一汽集团湖北联合贸易公司
湖北省孝感市孝南区四方稍粮库
湖北省武汉市六渡桥百货(集团)股份有限公司桥东商场电讯商场“曹明平”柜
湖北省武汉市物资再生利用武昌公司青年示范岗
湖北省武汉中心百货商场鞋帽商场郭和平柜
湖北省物资贸易中心中南大酒店客房部
湖北省金属材料总公司青山分公司第一经营部
湖北省襄樊市化工建材总公司轮胎橡胶分公司
湖南省长沙市中山路百货大楼电视机共青团优质服务示范柜
湖南省湘潭百货大楼(集团)公司华隆大厦大百杂柜
湖南省先锋期货经纪有限责任公司

湖南省长沙市五一粮油食品经营部
湖南省常德市粮食局深圳潇湘米业公司
湖南省长沙物资贸易总公司计划财务部
湖南省怀化国家粮食储备库铁路专线货场
湖南省金盛化工防腐研究中心
广东省广州百货大厦食品商场超市收款台
广东省深圳经济特区国营外币免税商场金饰A组
广东省珠海市百货集团百货广场童装柜
广东省东莞运河商场鞋柜
广东省建材公司江村仓库轮胎吊班
广东省佛山市城区粮油供应公司嘉裕商场
广东省广州百货大厦
广西壮族自治区桂林市百货总公司观音阁商场化妆柜
广西壮族自治区桂林依兰发展集团公司
广西壮族自治区梧州面粉股份有限公司专用粉车间三班
广西壮族自治区南方大厦商场名酒城
广西壮族自治区隆林县桠杈镇粮所
四川省成都市红旗商场自选奶制品柜
四川物资宾馆客房部
四川省德阳市粮油食品供应公司旌晶食品厂
四川省德大集团有限责任公司购物城家电经营部小家电柜组
四川省内江百货(集团)总公司副食分公司副食一柜
四川省涪陵地区粮油航运贸易总公司川粮516船队
四川省建材总公司散装水泥分公司
四川省渠江大厦
贵州省贵阳百货大楼集团公司钟表柜
贵州省生产资料服务公司物资开发部
贵州省贵阳市粮食局南方粮油精品公司
贵州省万山特区粮食局土坪粮站
云南省贸易联营总公司云南商业饭店客房部
云南大酒店
云南省昆明国家粮食储备库仓储部
云南省元阳县粮食局水果基地
陕西省西安市唐城集团股份有限公司化妆品商场护肤柜
陕西省西安市北一粮油贸易商行
陕西省西安饭庄秦苑餐厅青年服务班
陕西省宝鸡市化工轻工总公司民爆器材专营公司民爆经营部
陕西省西安太白商业大厦
甘肃省锦华商厦棉织内衣组
青海省纺织品总公司纺织品大楼百货部化妆品组
青海省粮油综合厂专用粉分厂专用粉车间
宁夏回族自治区银川绿洲饭店客房部三楼服务组
宁夏回族自治区宁丰宾馆客房部十二楼服务组
宁夏回族自治区银川市丽华商场糕点组
新疆维吾尔自治区饲料公司贸易二部
新疆维吾尔自治区华联商场地毯经营部
新疆维吾尔自治区乌鲁木齐市友好商场股份有限公司百货用品商场铝制品组

二、新命名的

北京市金伦大厦小家电经营部
天津市美膳酒楼营业部小组
天津市专用粉实验厂制粉二班
天津市立达国际商场股份有限公司服装二部衬衣组
山西省物产轮胎橡胶有限公司
山西省机电设备仓库物资经销分公司
山西省太原天龙集团股份有限公司女装商场
内蒙古自治区民族实业集团股份有限公司友谊商店进口电视机组
辽宁省丹东市良茂宾馆客房部
辽宁省阜新国泰大厦食品部
吉林省白山糖酒站万隆商城
上海市华生化工厂新产品试制小组
上海市兰笋山庄
上海长春食品商店

江苏省苏州工业品商场购物中心
江苏省生产资料贸易总公司汽车贸易部
浙江省上虞市阳光购物中心(阳光粮店)
安徽省物资集团汽车贸易有限公司上汽产品分公司
安徽省华物期货经纪有限责任公司投资发展部
安徽省机械化粮库筹建处
安徽省芜湖市百货大楼股份有限公司黄金部
福建省晋江市粮油储运公司
福建省厦门市华联商厦服装部金利来柜
润华集团股份有限公司山东庆铃汽车销售有限责任公司
山东省青岛粮油机械厂上海大众汽车青岛特约维修站
山东省青岛崂山百货大楼(集团)股份有限公司
山东省淄博商厦
河南省中原集团公司男装商场衬衣专柜
河南省安阳市青年粮油食品店
湖北省化塑实业股份有限公司
湖北省武汉市汉商集团日化公司邹三梅专柜
湖南省长沙阿波罗商业城照相器材专柜
广东省广州友谊商店股份有限公司工艺品商场钻石岗
广东省广州市五风粮油食品店
广西壮族自治区柳州五星商厦纺织商场毛呢组
四川省成商集团武侯分场食品区冷冻柜
四川省第一汽车集团联合贸易公司
重庆商社家电维修中心电子电讯部
贵州省贵阳市河滨饭店客房部
云南省昆百大集团公司毛呢柜
陕西省西安市老孙家饭庄二楼服务班
陕西省礼泉县西张堡粮站
甘肃省兰州民百集团亚欧商厦家电部
青海省国家粮油储备库仓储一组
宁夏回族自治区华联商厦整机组
新疆维吾尔自治区百花村大酒店有限公司“一品红”快餐厅
新疆维吾尔自治区糖酒副食品总公司乌鲁木齐经营部

税务系统

一、继续认定的

北京市宣武区国家税务局第三税务所
北京市宣武区地方税务局白纸坊牛街税务所
天津市河北区国家税务局第三税务所
天津市地方税务局和平区分局三所
河北省唐山市海港开发区国家税务局
河北省宽城满族自治县地方税务局峪耳崖分局
山西省大同市国家税务局稽查二分局稽查二科
山西省太原市地方税务局一分局管理一科
内蒙古自治区哲里木盟奈曼旗国家税务局青龙山税务所
内蒙古自治区鄂伦春自治旗地方税务局
辽宁省本溪市国家税务局平山分局一洞桥税务所
辽宁省大连市国家税务局旅顺口分局铁山中心税务所
辽宁省沈阳市国家税务局沈河分局五爱税务所
辽宁省大石桥市地方税务局官屯税务所
辽宁省大连市地方税务局第一分局计征科
辽宁省沈阳市地方税务局皇姑分局征收科
吉林省辽源市国家税务局征收二分局天桥税务所
吉林省长春市国家税务局高新技术产业开发区分局
吉林省通榆县地方税务局稽查分局
吉林省长春市地方税务局朝阳分局检查五科
黑龙江省大庆市国家税务局萨尔图分局拥军税务所
黑龙江省哈尔滨市国家税务局道外分局前进

税务所
黑龙江省阿城市地方税务局二分局
黑龙江省尚志市地方税务局一面坡分局
上海市国家税务局第二分局第六税务所
江苏省仪征市国家税务局青山分局
江苏省南京市国家税务局栖霞分局营防税务所
江苏省镇江市地方税务局工交分局
江苏省南京市地方税务局白下分局稽查二所
浙江省龙游县国家税务局溪口税务所
浙江省宁波市象山县国家税务局爵溪分局
浙江省湖州市地方税务局和孚税务所
安徽省涡阳县国家税务局稽查分局
安徽省淮南市地方税务局谢家集分局蔡家岗税务所
福建省闽侯县国家税务局上街分局
福建省厦门市国家税务局直属三局湖里税务所
福建省晋江市地方税务局磁灶分局
福建省厦门市地方税务局稽查局
江西省泰和县国家税务局文田分局
江西省萍乡市湘东区地方税务局下埠税务所
山东省淄博市周村区国家税务局办税服务厅
山东省胶南市国家税务局计征科
山东省临沂市河东区地方税务局汤头镇税务所
山东省青岛市地方税务局第一分局征收管理科
河南省安阳市郊区国家税务局龙泉中心税务所
河南省巩义市地方税务局直属分局
湖北省襄樊市国家税务局樊城分局征收科
湖北省武汉市国家税务局江岸分局稽查五所
湖北省天门市地方税务局征收分局
湖北省武汉市地方税务局洪山分局第三管理稽查税务所
湖南省新化县国家税务局炉观征收分局
湖南省黔阳县地方税务局城镇第二税务所
广东省珠海市国家税务局拱北分局
广东省深圳市国家税务局宝安分局福永税务所
广东省广州市国家税务局第二分局办税科
广东省电白县地方税务局稽查分局
广东省深圳市地方税务局福田征收分局征收科
广西壮族自治区田东县国家税务局平马征收分局
广西壮族自治区柳州市地方税务局鱼峰稽查分局
海南省海口市国家税务局涉外分局
海南省琼山市地方税务局桂林洋税务所
重庆市綦江县国家税务局古南税务所
四川省渠县国家税务局税务稽查分局
四川省成都市双流县国家税务局机场税务所
四川省成都市大邑县地方税务局悦来税务所
贵州省安顺市地方税务局轿子山镇税务所
云南省鹤庆县国家税务局征收分局
云南省嵩明县地方税务局杨林分局
陕西省城固县国家税务局南乐税务所
陕西省西安市国家税务局新城分局长乐西路税务所
陕西省安康市地方税务局稽查分局
陕西省西安市阎良区地方税务局稽查队
甘肃省兰州市国家税务局涉外分局
甘肃省兰州市城关区地方税务局五里铺税务所
青海省天峻县国家税务局新源税务所
青海省德令哈市地方税务局
宁夏回族自治区石嘴山市石炭井区国家税务局白岌沟税务所
宁夏回族自治区灵武市地方税务局城区税务所
新疆维吾尔自治区乌鲁木齐市国家税务局新市区分局迎宾路税务所
新疆维吾尔自治区乌鲁木齐市地方税务局新市区分局火车北站税务所

二、新命名的

北京市密云县国家税务局第一税务所
北京市石景山区地方税务局冶金税务所
天津市红桥区国家税务局稽查一所
天津市地方税务局南开区分局征收所
河北省东光县国家税务局城区分局
河北省邢台县地方税务局东汪税务所
山西省朔州市平鲁区国家税务局下水头税务所
山西省榆社县地方税务局直属征收分局办税服务厅
内蒙古自治区宁城县国家税务局八里罕分局
内蒙古自治区包头市东河区地方税务局
辽宁省抚顺市国家税务局新抚分局公园税务所
辽宁省沈阳市国家税务局苏家屯分局姚千税务所
辽宁省大连市国家税务局甘井子分局第四中心税务所
辽宁省海城市地方税务局西柳分局
辽宁省沈阳市地方税务局沈河分局五爱税务所
辽宁省大连市地方税务局第二分局
吉林省吉林市国家税务局东关分局稽查二科
吉林省长春市国家税务局宽城分局兴隆山税务所
吉林省珲春市地方税务局合作区分局
吉林省长春市地方税务局二道分局征收管理科
黑龙江省桦川县国家税务局江川分局
黑龙江省巴彦县国家税务局城郊分局
黑龙江省兰西县地方税务局稽查分局
黑龙江省哈尔滨市地方税务局道里分局计征科
上海市闸北区国家税务局征收所
江苏省邳州市国家税务局官湖分局
江苏省江宁县国家税务局禄口分局
江苏省吴县市地方税务局直属税务所
江苏省南京市地方税务局雨花台分局第三稽查所
浙江省绍兴县国家税务局福全税务所
浙江省余姚市国家税务局临山分局
浙江省绍兴县地方税务局福全税务所
浙江省象山县地方税务局爵溪税务所
安徽省淮南市国家税务局第三分局办税服务厅
安徽省合肥市地方税务局第二直属分局征收四所
福建省邵武市国家税务局办税服务厅
福建省厦门市国家税务局稽查局
福建省闽侯县地方税务局
福建省厦门市地方税务局对外税务分局
江西省九江市国家税务局直属分局征收所
江西省吉水县地方税务局直属分局
山东省济南市市中区国家税务局稽查分局
山东省青岛市崂山国家税务局
山东省安丘市国家税务局景芝分局
山东省枣庄市市中区地方税务局征收分局
山东省青岛市地方税务局第三分局征收科
河南省陕县国家税务局观音堂中心税务所
河南省林州市地方税务局征收管理分局
湖北省松滋市国家税务局第一分局
湖北省武汉市国家税务局武昌分局征收科
湖北省咸宁市国家税务局城区分局
湖北省罗田县地方税务局大崎分局
湖北省武汉市地方税务局青山分局征收服务税务所
湖南省长沙市国家税务局二分局城南路税务所
湖南省郴州市国家税务局一分局城前岭税务所
湖南省桃江县地方税务局城关税务所
广东省吴川市国家税务局梅菉分局
广东省深圳市国家税务局龙岗分局龙岗税务所
广东省广州市东山区国家税务局第二税务所

广东省普宁市地方税务局直属征收分局
广东省深圳市地方税务局稽查分局
广东省广州市地方税务局对外税务分局业务一科
广西壮族自治区岑溪市国家税务局糯垌分局
广西壮族自治区武鸣县地方税务局锣圩税务所
海南省三亚市国家税务局第一分局
海南省三亚市地方税务局解放一路税务所
重庆市九龙坡区国家税务局杨家坪征收税务所
重庆市高新技术产业开发区地方税务局
四川省德阳市国家税务局直属分局
四川省成都市武侯区国家税务局机投税务所
四川省西昌市地方税务局稽查分局
四川省地方税务局直属征收分局申报征收科
贵州省遵义市红花岗区国家税务局办税服务厅
贵州省贵阳市南明区地方税务局二戈寨税务所
云南省丽江县国家税务局巨甸分局
云南省昆明市五华区地方税务局个体集贸征收管理分局
陕西省咸阳市国家税务局涉外分局
陕西省西安市国家税务局第二分局计会征收科
陕西省大荔县地方税务局城关税务所
陕西省户县地方税务局税务稽查队
甘肃省嘉峪关市国家税务局征收分局
甘肃省文县地方税务局碧口征收分局
青海省平安县国家税务局平安税务所
青海省乐都县地方税务局纳税申报中心
宁夏回族自治区银川市新市区国家税务局朔方税务所
宁夏回族自治区平罗县地方税务局太西征收分局
新疆维吾尔自治区鄯善县国家税务局石油分局
新疆维吾尔自治区克拉玛依市地方税务局白碱滩分局

民航系统

一、继续认定的

民航华北管理局空中交通管制中心塔台进近管制室
民航内蒙古区局航管中心呼和浩特区域管制室
民航太原空管局中心区域管制室
中国航空油料华北公司第四油库汽车加油班
中国国际航空公司飞行总队三大队
中国国际航空公司飞行总队耿丽萍乘务组
中国国际航空公司天津分公司售票处
中国国际航空公司飞行总队中韩航线青年乘务组
北京首都国际机场天然气管理处设备维修科
北京首都国际机场贵宾室
北京首都国际机场公安分局消防队
北京首都国际机场安检站安检三科
民航华东管理局航务管理中心虹桥塔台进近管制室
民航安徽省局合肥售票处
民航浙江省局运输部候机室
南京禄口国际机场安检站安检科
中国东方航空公司“2308 样板机”青年维护组
中国东方航空公司客舱部“凌燕”乘务示范组
中国东方航空公司山东分公司“鲁燕”乘务示范组
中国东方航空公司营运部售票处青年创优窗口
中国东方航空公司江西分公司飞行大队乘务中队
中国东方航空公司安徽分公司“皖燕”乘务组
上海虹桥国际机场维修管理部供电科灯光站
上海虹桥国际机场候机楼管理服务科电话问询室
民航中南管理局航务管理中心白云塔台

民航中南管理局航务管理中心气象台预报室
民航中南管理局湖南省局长沙区调
桂林两江国际机场运输服务部服务队
武汉天河机场修缮公司灯光动力队
中国南方航空股份有限公司运输部客运处航班不正常处理室
中国南方航空股份有限公司飞行部乘务大队“春风组”
中国南方航空（集团）公司海南公司张警予乘务示范组
中国南方航空（集团）公司湖南公司“芙蓉乘务示范组”
广州白云国际机场安全检查站一中队
广州白云国际机场旅客服务公司中餐部烧腊房
广州白云国际机场公安局刑警队
民航西南管理局航务管理中心双流塔台
民航西南管理局空管局气象中心预报室
中国航空油料西南公司航空加油站
重庆江北机场候机楼总服务台
成都双流机场安全检查站
中国西南航空公司运输服务部要客服务室
中国西南航空公司飞机维修厂五车间一工段
云南航空公司候机楼公司服务科
西安咸阳国际机场维修动力处供电站灯光分队
中国西北航空公司甘肃公司运输服务部候机室
中国西北航空公司飞行大队乘务二中队“如意”乘务组
中国西北航空公司飞机维修基地空客车间定检工段
民航黑龙江省局航务处管制室
大连国际机场公安局派出所
民航吉林省局长春机场候机室
中国北方航空公司飞机维修基地发动机车间
中国北方航空公司沈阳营运部售票处
中国北方航空公司哈尔滨飞机维修厂四车间
中国北方航空公司沈阳乘务队共青团“微笑”乘务组
新疆航空公司通信导航处莎车导航站
新疆航空公司营运部客运处问询处
新疆航空开发总公司机场宾馆客房服务组
中国民航计算机信息管理中心应用室货运组
中国航空结算中心海外业务部
民航电信公司设备部
中国民航飞行学院广汉分院机务工程部团员安全监督岗
上海航空公司营运部延安中路售票处
上海航空公司乘务队“金鹤”乘务组
海南航空公司 H4181/2 乘务示范组
深圳航空公司乘务大队
深圳国际机场承远油料公司航空加油站
深圳国际机场运输部服务科
四川航空公司工程维修部三中队 A320 分队
厦门国际航空港集团有限公司营运部服务站
厦门航空有限公司客舱服务部乘务队

二、新命名的

民航天津市局公安处派出所
中国国际航空公司地面服务部要客服务室
北京空港航空地面服务有限公司客运部值机室
中国东方航空公司客运部温馨组
民航海南省局通信导航站
中国南方航空股份有限公司特种车辆修理分队
广州白云国际机场客货公司售票处国内柜台
重庆机场交通警察大队
中国西南航空公司重庆公司“红岩”乘务组
中国民航飞行学院洛阳分院航站安检站
云南航空公司“金孔雀”乘务组
民航宁夏区局银川售票处
民航东北空管局气象中心预报科
中国北方航空公司长春飞机维修厂三车间
中国新疆航空公司“雪莲”乘务组
中国民航总医院门诊西药调剂组

旅游系统

一、继续认定的

北京市丽都假日饭店泰国餐厅
北京市国际饭店前厅行李组
北京市昆仑饭店保卫部前厅门卫
中国职工之家客房部
北京饭店中华礼仪餐厅
北京市西苑饭店中餐宴会服务组
北京市新侨饭店前厅部电话班
北京市前门全聚德烤鸭店餐厅组
北京市友谊商店百货部抽纱组
北京市首汽集团公司国宾队
北京市颐和园德和园班
北京市长富宫饭店宴会厅班组
天津市利顺德大饭店白金汉宫宴会厅
天津市水晶宫饭店西餐服务组
山西大酒店客房部
河北宾馆金燕都餐厅
内蒙古新城宾馆八号楼班组
内蒙古饭店客房部
辽宁省凤凰饭店客房部
辽宁省大连天富大酒店前台接待部
吉林省集安市翠园宾馆客房部
吉林省宾馆客房部
黑龙江省中国青年旅行社港台部
黑龙江省哈尔滨天鹅饭店餐饮前厅部
上海市静安宾馆应接青年服务班
上海市春秋国际旅行社国内部门市营业部小组
上海市银河宾馆 VIP 班组
上海市衡山宾馆客房部一号电梯班组
上海市新锦江大酒店青年国宾接待班组
上海市华亭宾馆宴会厅
江苏省南京金陵饭店佳宾厅
浙江省杭州望湖宾馆望湖楼餐厅
浙江省宁波亚洲华园宾馆商务中心
浙江杭州香格里拉饭店商务中心
安徽饭店主楼客房服务班
福建外贸中心酒店客房部
福建省厦门市鹭江宾馆总台
福建省武夷山市玉女大酒店客房部
江西省青山湖宾馆客房部
江西宾馆客房部七楼小组
江西省赣州中国国际旅行社
山东省威海卫大厦鲁苑厨房
山东省青岛海天大酒店东来顺餐厅
河南省南阳宾馆紫竹园餐厅服务班
广东省中国大酒店酒水部
广东省白天鹅宾馆管家部机动综合班
广东省广州酒家正店三楼班组
广东省深圳世界之窗有限公司表演部日本园
广东省佛山市旅游总公司旅游部
广西壮族自治区桂林漓江航运总公司十九号船
广西壮族自治区柳州饭店四号楼餐厨班
广西壮族自治区南宁邕江宾馆大堂酒吧
广西壮族自治区桂林汽运总公司观光 701 船
海南省三亚金陵度假村客房部三区三楼服务班
四川省锦江宾馆客房部主五楼小组
四川省岷山饭店客房部三区
贵州省铁路旅行社“花溪号”旅游列车
贵州省凯里宾馆总服务台班组
云南民族村
西藏自治区拉萨假日酒店牦牛咖啡厅
西藏宾馆客房部
甘肃省金城宾馆经营销售部
甘肃省兰州丝路国际旅行社
青海省旅游总公司外联部
青海省中国青年旅行社
青海宾馆公关营业部前台科总服务台
新疆维吾尔自治区巴音郭愣宾馆客房部
新疆维吾尔自治区石河子宾馆客房部

二、新命名的

北京市旅游汽车公司京旅通信公司 466 台

天津市友谊宾馆营销小组
河北省秦皇岛市山海关老龙头景区管理处
山西国旅大厦酒店
内蒙古自治区满洲里国际饭店餐饮部
吉林省长白山宾馆客房部
黑龙江省哈尔滨市国际观光旅行社外联部
上海市和平饭店客房部北四楼青年班组
上海国际购物中心国际首饰厅班组
江苏省苏州市竹辉饭店商场部
浙江省温州华侨饭店客房部
安徽省黄山西海饭店总服务台
福建省中国青年旅行社交通业务部
江西省景德镇合资宾馆客房部二班
山东省蓬莱阁管理处导游科
河南省新乡宾馆客房部
河南省郑州市嵩山饭店餐饮部7号楼餐厅
湖南省衡阳市雁城宾馆共青团文明楼
广东省深圳锦绣中华发展有限公司中国民俗文化村
广西壮族自治区桂林市榕湖饭店旺福楼餐厨组
广西壮族自治区桂林五洲旅游股份有限公司八桂号船
四川省峨眉山万年索道有限公司
重庆市人民宾馆前厅部东楼前台
贵州省国际旅行社国内部
云南省昆明锦华大酒店
云南省大理茶花旅游有限责任公司“杜鹃”号游船
西藏自治区中国青年旅行社导游部
甘肃省长城宾馆餐饮部
青海省国际体育旅行社国际部
宁夏国际饭店客房部
海南省海口市南庄酒店公关部

金融系统

一、继续认定的

中国人民银行黑龙江省七台河市分行办公室
中国人民银行吉林省白山市分行科技科
中国人民银行辽宁省抚顺市分行调统处
中国人民银行辽宁省鞍山市分行科技处
中国人民银行山东省淄博市博山区支行
中国人民银行上海市分行稽核处银行科
中国人民银行安徽省宿县分行计划调统科
中国人民银行福建省南平市分行营业部
中国人民银行江西省万年县支行
中国人民银行青海省果洛藏族自治州分行计划调研科
中国人民银行陕西省略阳县支行
中国人民银行河北省曲阳县支行
中国人民银行内蒙古自治区包头市青山区支行
中国人民银行河南省商丘县支行
中国人民银行河南省长葛市支行会计国库科
中国人民银行河南省信阳市支行
中国人民银行山西省太谷县支行
中国人民银行天津市塘沽分行营业部
中国人民银行湖北省襄樊市分行城区办事处
中国人民银行湖南省临澧支行
中国人民银行深圳经济特区分行稽核处
中国人民银行海南省分行资金清算中心
中国人民银行云南省蒙自县支行
中国人民银行宁夏回族自治区石嘴山分行营业部
中国人民银行新疆维吾尔自治区拜城县支行营业部
中国人民银行广东省东莞分行货币金银科
中国人民银行广西壮族自治区柳州分行业务部
中国工商银行黑龙江省牡丹江市分行长安街支行出纳科
中国工商银行长春市分行三八储蓄所
中国工商银行吉林省吉林市分行湘潭储蓄所
中国工商银行辽宁省抚顺市分行雷锋储蓄所
中国工商银行大连市分行青泥洼桥支行站前储蓄所

中国工商银行山东省济南市中区支行大观园储蓄所
中国工商银行山东省济南市中区支行经十纬二路储蓄所
中国工商银行上海市浦东分行外高桥保税区支行
中国工商银行上海市黄浦支行南京东路第三储蓄所
中国工商银行江苏省扬州市分行营业部
中国工商银行江苏省无锡市分行第一营业部人民路储蓄所
中国工商银行南京市分行西善桥分理处
中国工商银行浙江省杭州市西湖支行延安路储蓄所
中国工商银行宁波市古楼支行古楼储蓄所
中国工商银行安徽省淮北市支行营业部相山储蓄所
中国工商银行安徽省马鞍山分行营业部会计股
中国工商银行福建省福州市分行第二营业部储蓄专柜
中国工商银行厦门市湖里支行东渡分理处
中国工商银行江西省南昌县支行莲塘储蓄所
中国工商银行江西省南昌市分行胜利路办事处胜利路储蓄所
中国工商银行青海省西宁市支行城中办事处营业室
中国工商银行宁夏回族自治区银川市分行新城支行
中国工商银行甘肃省兰州市东岗办事处定西南路储蓄所
中国工商银行陕西省铜川市支行红旗街储蓄所
中国工商银行西安市分行解放路储蓄所
中国工商银行陕西省宜川县支行大街储蓄所
中国工商银行河北省张家口市解放街储蓄所
中国工商银行石家庄分行桥西办事处出纳科
中国工商银行内蒙古自治区包头市支行东河区环城路办事处商场储蓄所
中国工商银行河南省郑州市支行建设路储蓄所
中国工商银行河南省新乡市分行牡丹信用卡业务部
中国工商银行河南省安阳市支行安钢一生活区储蓄所
中国工商银行河南省洛阳市分行营业部中州路储蓄所
中国工商银行山西省太原市分行营业部金厦储蓄所
中国工商银行山西省临汾市支行东大街储蓄所
中国工商银行山西省长治市支行信用卡业务部
中国工商银行太原市分行大营盘储蓄所
中国工商银行北京市东城支行王府井储蓄所
中国工商银行北京市海淀支行玉泉路储蓄所
中国工商银行天津市分行北站储蓄所
中国工商银行天津市分行李家台储蓄所
中国工商银行湖北省随州市支行第二营业部
中国工商银行湖北省潜江市支行营业部
中国工商银行武汉经济技术开发区支行
中国工商银行湖北省荆州市分行营业部
中国工商银行湖南省长沙市分行东塘本部储蓄所
中国工商银行广州市分行署前路储蓄所
中国工商银行深圳经济特区分行营业部金融大厦储蓄所
中国工商银行广东省佛山市分行向秀丽储蓄所
中国工商银行四川省分行直属支行盐市口营业部
中国工商银行四川省达川市支行东风路储蓄所
中国工商银行成都市春熙支行春熙路储蓄所
中国工商银行成都市滨江支行青羊宫分理处
中国工商银行重庆市分行渝都储蓄所

中国工商银行云南省分行国际营业部
中国工商银行广西壮族自治区柳州市分行解放北路储蓄所
中国工商银行广西壮族自治区桂林市分行阳桥储蓄所
中国工商银行海南省海口市分行金贸办事处
中国农业银行黑龙江省牡丹江市园明支行中心储蓄所
中国农业银行吉林省公主岭市支行原种场办事处
中国农业银行长春市分行国际业务部
中国农业银行辽宁省本溪市分行营业部新华储蓄所
中国农业银行大连市沙河口支行民生街分理处
中国农业银行沈阳市分行滨河支行
中国农业银行山东省淄博市桓台县支行
新国农业银行上海市东昌支行庄家桥营业所
中国农业银行上海市分行虹口支行大连西路营业所
中国农业银行江苏省吴江市支行东方办事处
中国农业银行浙江省杭州市西湖支行中心储蓄所
中国农业银行安徽省庐江县支行营业部
中国农业银行安徽省合肥市分行营业部
中国农业银行安徽省临泉县支行营业部
中国农业银行福建省莆田县支行石庭营业所
中国农业银行江西省九江市分行八里湖支行
中国农业银行江西省赣州市支行国商储蓄所
中国农业银行新疆维吾尔自治区焉耆县支行新城储蓄所
中国农业银行青海省海北州门源县支行青石嘴办事处
中国农业银行甘肃省兰州市支行七里河办事处
中国农业银行陕西省咸阳市中心支行营业部
中国农业银行西安市分行营业部莲湖路分理处
中国农业银行河北省秦皇岛分行国际业务部
中国农业银行石家庄市分行第二营业部
中国农业银行内蒙古自治区伊克昭盟分行营业部
中国农业银行山西省太原市分行第二营业部营业室
中国农业银行北京市房山支行周口店分理处
中国农业银行天津市分行六纬路分理处
中国农业银行湖北省潜江市支行后湖营业所
中国农业银行湖北省襄樊市分行营业部
中国农业银行武汉市分行武昌区支行大东门储蓄所
中国农业银行湖南省零陵地区中心支行营业部
中国农业银行湖南省郴州分行营业部
中国农业银行湖南省长沙市分行五一路支行营业部
中国农业银行广州市白云支行萝岗储蓄所
中国农业银行深圳经济特区布吉支行田背办事处
中国农业银行海南省分行信息电脑部
中国农业银行重庆市梁平支行屏锦营业所
中国农业银行四川省巴中市支行平梁营业所
中国农业银行四川省分行营业部
中国农业银行西藏自治区山南地区中心支行营业部
中国农业银行拉萨市分行营业部
中国农业银行云南省分行营业部
中国农业银行广西壮族自治区分行营业部
中国农业银行广西壮族自治区柳州分行飞鹅路第六储蓄所
中国银行黑龙江省分行营业处
中国银行吉林省延吉支行建工储蓄所
中国银行沈阳市分行青年大街储蓄所
中国银行山东省龙口支行西市场储蓄所
中国银行上海市分行资金部外汇交易科
中国银行上海市分行黄浦支行华侨服务部
中国银行江苏省海门支行营业部

中国银行南京市分行百子亭分理处
中国银行浙江省舟山市分行普陀山办事处
中国银行安徽省芜湖市分行营业部
中国银行福建省福清支行国际业务部
中国银行江西省赣州地区分行文清路储蓄所
中国银行青海省西宁市支行八一路民航储蓄所
中国银行宁夏回族自治区银川市新城支行怀远路分理处
中国银行甘肃省兰州市分行西关什字分理处
中国银行陕西省宝鸡支行体育路储蓄所
中国银行西安市分行营业部存款科
中国银行河北省石家庄市分行机场路营业部存汇科
中国银行河南省洛阳市支行国际结算部
中国银行山西省忻州支行长征路储蓄所
中国银行太原市北城支行
中国银行北京市大兴区支行储蓄专柜
中国银行天津市分行天山路储蓄所
中国银行湖北省荆门分行漳河办事处
中国银行湖南省分行营业部
中国银行湖南省长沙市分行德茂隆分理处
中国银行广州市分行长堤路储蓄所
中国银行深圳经济特区东门支行储蓄科
中国银行海南省分行存汇处
中国银行云南省开远支行
中国银行广西壮族自治区梧州分行河西储蓄所
中国建设银行黑龙江省牡丹江市分行中心储蓄所
中国建设银行哈尔滨市分行南岗支行储蓄专柜
中国建设银行长春市人民广场支行
中国建设银行辽宁省锦州铁北支行铁北储蓄所
中国建设银行大连市沙河口支行五四广场储蓄所
中国建设银行沈阳皇姑支行第一储蓄所

中国建设银行山东省济宁市分行城区支行
中国建设银行济南市历下区支行朝山街储蓄所
中国建设银行上海市黄浦支行营业室
中国建设银行上海市杨浦支行长阳路办事处储蓄所
中国建设银行上海市第五支行业务一科市政重大工程小组
中国建设银行江苏省张家港市支行金州储蓄所
中国建设银行江苏省徐州市分行营业部储蓄专柜。
中国建设银行南京市分行汉中路分理处
中国建设银行江苏省淮阴市分行清浦办事处
中国建设银行浙江省杭州市分行营业部松木场储蓄中心
中国建设银行安徽省分行营业部储蓄专柜
中国建设银行厦门市思明支行中山储蓄所
中国建设银行江西省南昌市分行营业部永叔路口储蓄所
中国建设银行乌鲁木齐市支行沙依巴克区办事处营业部
中国建设银行青海省西宁市支行城北办事处储蓄专柜
中国建设银行宁夏回族自治区盐池县支行大水坑办事处储蓄专柜
中国建设银行甘肃省兰州市支行城关办事处储蓄专柜
中国建设银行兰州铁路专业支行营业部营业室
中国建设银行陕西省铁道专业支行友谊东路办事处
中国建设银行西安市分行东郊支行储蓄专柜
中国建设银行内蒙古自治区乌海市海渤湾电厂专业支行老石旦分理处
中国建设银行山西省太原城建专业支行会计柜台组
中国建设银行北京城建支行安华里储蓄所

中国建设银行北京朝阳支行营业部
中国建设银行北京市分行海淀支行科南路储蓄所
中国建设银行天津市河西支行平山道储蓄所
中国建设银行河南省分行营业部中原办事处
中国建设银行湖北省荆门市新桥办事处
中国建设银行湖北省襄樊市襄城支行
中国建设银行武汉市分行营业部胜利街储蓄所
中国建设银行湖北省分行营业部储蓄专柜
中国建设银行湖南省长沙市第三支行本部储蓄所
中国建设银行广州市黄埔支行登峰路办事处
中国建设银行深圳经济特区田背支行东乐分理处
中国建设银行海南省分行直属海府支行美舍河办事处
中国建设银行海南省分行营业部储蓄专柜
中国建设银行四川省分行营业部第一储蓄专柜
中国建设银行成都市第一支行羊市街储蓄所
中国建设银行重庆涪陵市分行中心分理处
中国建设银行贵州省六盘水市共青团储蓄所
中国建设银行云南省大理州中心支行直属支行
中国建设银行广西壮族自治区柳州分行北站路第二储蓄所
中国建设银行西藏自治区分行西郊办事处
中保财产保险有限公司沈阳市分公司国外货运险部
中保财产保险有限公司大连分公司中山区支公司财险一部
中保财产保险有限公司潍坊分公司营业部
中保财产保险有限公司南京市下关支公司
中保人寿保险有限公司南京市下关支公司
中保财产保险有限公司淮南市洞山支公司
中保人寿保险有限公司福州市晋安支公司
中保财产保险有限公司青海省格尔木市支公司
中保财产保险有限公司天水分公司营业部五里铺营业所
中保财产保险有限公司河北省唐山分公司国际保险部
中保人寿保险有限公司赤峰市元宝山支公司
中保财产保险有限公司宜昌市葛洲坝支公司中心办事处
中保财产保险有限公司广州市分公司海珠支公司国际保险科
中保人寿保险有限公司成都分公司锦江支公司业务部
中保财产保险有限公司南宁分公司永新办事处
中信实业银行杭州分行天水办事处
重庆城市合作银行四贤巷分理处
交通银行长春分行长春大街办事处储蓄专柜
交通银行吉林省延边支行营业部
交通银行大连分行甘井子办事处大连湾分理处
交通银行山东省淄博分行临淄办事处
交通银行上海分行杨浦支行鞍山路分理处
交通银行南京分行营业部储蓄所
交通银行江苏省张家港支行储蓄专柜
交通银行乌鲁木齐分行营业部
交通银行北京市分行外汇计划信贷部信贷科
交通银行天津分行房地产信贷业务科
交通银行河北省石家庄分行第六办事处
交通银行武汉分行营业部西马路储蓄所
交通银行广州分行越秀支行储蓄专柜
交通银行重庆分行南坪支行南城分理处
交通银行贵州省遵义支行舟水桥办事处
交通银行昆明分行国外业务部
兴业银行厦门分行厦港办事处
招商银行武汉分行营业部会计组
中国印钞造币总公司保定钞票纸厂一三车间抄纸乙班
中国印钞造币总公司沈阳造币厂三车间冲光

一号机组
中国印钞造币总公司西安印钞厂四六车间印码四号机台

二、新命名的

中国人民银行青海省湟中县支行
中国人民银行河南省汝州支行
中国人民银行贵阳市分行营业部会计科
中国人民银行深圳经济特区分行保险监管组
中国人民银行湖北省荆门市分行科技科
中国农业发展银行新疆维吾尔自治区巴州分行营业部
中国农业发展银行河北省分行营业部营业室
中国农业发展银行山西省长治市分行营业部
中国工商银行宁夏回族自治区石嘴山市支行南街储蓄所
中国工商银行云南省大理市支行振兴街储蓄所
中国工商银行湖南省长沙韶山路支行大楼储蓄所
中国工商银行河南省安阳分行人民大道储蓄所
中国工商银行河南省平顶山分行营业部大楼储蓄所
中国工商银行北京市分行南礼士路分理处出纳大组
中国工商银行山东省青岛市分行市南支行龙口路储蓄所
中国工商银行黑龙江省分行营业部
中国工商银行贵州省贵溪支行甘荫塘分理处
中国工商银行广西壮族自治区南宁市分行桃源储蓄所
中国工商银行山西省运城市分行广场办事处广场储蓄所
中国工商银行新疆维吾尔自治区石河子分行营业部
中国工商银行辽宁省锦州市分行古塔支行大楼储蓄所
中国工商银行重庆市九龙坡区支行西郊分理处
中国工商银行浙江省湖州市分行红旗路储蓄所
中国工商银行山东省济南市分行经二纬三路储蓄所
中国工商银行山东省济南市分行解放路储蓄所
中国工商银行山东省济南市分行经二纬十二路储蓄所
中国工商银行山东省潍坊市分行营业部
中国工商银行总行营业部
中国农业银行湖南省邵阳市青龙支行朝阳分理处
中国农业银行浙江省温州市分行营业部储蓄专柜
中国农业银行新疆维吾尔自治区阿克苏兵团支行营业部
中国农业银行湖北省荆州市荆州区支行泰安办事处
中国农业银行江苏省徐州市分行营业部
中国农业银行黑龙江省大庆市卧里屯支行
中国农业银行贵州省水城县支行营业室
中国农业银行山东省东营市东营区支行基东办事处
中国农业银行陕西省延安分行营业部
中国农业银行宁夏回族自治区银川开发区支行
中国农业银行辽宁省抚顺市望花支行
中国农业银行广东省南海市支行国际业务部
中国农业银行湖北省武汉市江岸区支行建设大道办事处
中国农业银行山东省临沂市兰山区支行营业部
中国银行湖北省潜江广华支行
中国银行安徽省阜阳分行向阳分理处
中国银行浙江省绍兴市分行清道桥分理处
中国银行内蒙古自治区通辽分行东城分理处
中国银行山西省平朔支行

中国银行四川省双流支行会计出纳科
中国银行海南省海口市国科园办事处
中国银行新疆维吾尔自治区乌鲁木齐市支行西北路分理处
中国银行江西省新余市分行渝水办事处储蓄专柜
中国建设银行江西省赣州地区分行营业部文清路分理处储蓄专柜
中国建设银行宁夏回族自治区青铜峡铝厂办事处
中国建设银行重庆市万县市分行营业部
中国建设银行甘肃省兰州电力专业支行火电公司办事处
中国建设银行吉林省公主岭市支行
中国建设银行辽宁省葫芦岛市连山支行东方储蓄所
中国建设银行河北省石家庄市分行第三办事处
中国建设银行山西省新绛县支行
中国建设银行河北省邯郸铁西办事处
中国建设银行海南省分行直属龙华支行义龙分理处
中国建设银行江苏省射阳县支行营业部
中国建设银行河南省平顶山市煤炭专业支行营业部
中国建设银行陕西省咸阳分行城区办事处
中国建设银行云南省昆明市西山区支行棕树营储蓄所
中国建设银行山东省日照市分行岚山办事处
中国建设银行总行营业部结算部
中保财产保险有限公司上海市宝山支公司宝钢办事处
中保人寿保险有限公司湖北省钟祥市支公司
中保财产保险有限公司吉林省吉林市龙潭支公司铁东办事处
中保人寿保险有限公司安徽省蚌埠分公司营业部
中保财产保险有限公司天津市分公司国际业务部非水险科
中保财产保险有限公司福建省泉州市分公司运工二部
中保财产保险有限公司山东省泰安分公司营业部
中保人寿保险有限公司河北省秦皇岛海港支公司
中保财产保险有限公司青海省西宁市城中支公司
交通银行河南省郑州分行文化路支行黄河路分理处
交通银行上海分行浦东六里支行
招商银行深圳市深纺大厦营业部
石家庄印钞厂凹印车间四一七机台
上海造币厂卧式印花机班组
沈阳造币厂四车间小包班一号机台
西安印钞厂超级接线凹印十号机
山东省蒙阴县桃墟镇农村信用社
浙江省台州市路桥城市信用社总社营业部
福建省兴业银行福安办事处储蓄专柜
江西省赣州地区城市信用合作中心社第三营业部
吉林省前郭县信用合作联社新立信用社

海洋系统

一、继续认定的

国家海洋局东海分局北礵海洋站

二、新命名的

国家海洋局北海分局石臼海洋站
国家海洋局南海分局向阳红14船
国家海洋局杭州水处理中心工程部
国家海洋局海洋技术研究所计算机网络实验室
山东省海洋与水产厅长岛县渔政监督管理站
山东省青岛市海洋与水产局城阳区渔政船检站
山东省青岛海丰集团加工厂动力车间
海南寰岛集团“寰岛2号”半潜式海底观光船

供销系统

一、继续认定的

北京市崇文区南祥商业公司粮油食品一部
北京市丰台区亿客隆商城六里桥商场烟酒组
北京弘棉实业有限责任公司物资分公司销售部
天津市商业物资供销总公司南开金属经营公司金属材料商店
天津市宁河县供销社芦台百货大楼化妆品组
河北省石家庄市河北贸易大厦高档时装组
河北省石家庄市中山路化妆品专业商店
河北省邯郸市供销社工业品总公司家电公司
山西省农业生产资料公司科技服务分公司
山西省运城市华夏大酒店
山西省阳泉市天元商厦
山西省供销合作社招待所
内蒙古自治区赤峰市松山区牤牛营子乡供销社商品生产服务部
内蒙古自治区赤峰市喀喇沁旗乃林供销社副业组
辽宁省大连市旅顺供销大厦青年服务队
吉林省吉林市秋林大厦
吉林省辽源市联贸大厦车辆部
黑龙江省哈尔滨星河宾馆客房部
黑龙江省大庆市五金工具总汇有限责任公司
黑龙江省哈尔滨市北疆宾馆客房部
黑龙江省哈尔滨市陶瓷总公司建材分公司
江苏省淮阴供销大厦股份有限公司新亚影视柜
江苏省天京大酒店总服务台
江苏省大丰市银都大酒店
浙江省衢州市家电城
浙江省湖州市浙北大酒店总服务台
浙江省宁波市美乐门股份有限公司小家电部
安徽省冠隆实业总公司砀山县酥梨饮品生产车间
安徽省六安大厦
安徽省马鞍山市珍味南北货有限责任公司
安徽省安庆市干鲜果品公司新泉商店
福建省供销大厦家电柜
福建省连城县日杂果品公司食杂经营部
福建省晋江市龙湖供销社
江西省萍乡市供销大厦钟表柜组
江西省彭泽县棉纺厂一车间纺细丁班
江西省新余市供销大厦黄金首饰组
山东省青岛东方贸易大厦
山东省东营市东营大酒店
山东省枣庄市供销社家电总站
山东省兖州市华联商厦
河南省商城大厦照材商场相机柜
河南省鹤壁市人民商场化妆组
河南省洛阳市大千股份有限公司大千家具世界
河南省信阳地区棉麻商厦白云宾馆
湖北省供销社循礼门饭店“崔红班组”
湖北省农资总公司青年农资科技服务队
湖北省仙桃市供销集团公司商城大厦
湖南省长沙县路口区供销社路口商场
湖南省岳阳市九州大厦
湖南省岳阳市九龙商厦
广东省东莞市华商公司商场音响家电部
海南省儋州市供销合作联社经营管理部
广西壮族自治区桂平市供销社贸易中心商场
广西壮族自治区柳州市洋华商行
广西壮族自治区南宁市南园大厦综合商场
广西壮族自治区百色地区供销大厦
贵州省供销工业品联销公司紫林商场食品组
陕西省农资总公司庄稼医院总院
甘肃省金塔县棉花公司东坝收购加工厂打包车间
甘肃省兰州市兰山宾馆客房服务班
甘肃省日杂大楼铝制品组
青海省土产杂品总公司日用杂品经营部
青海省大通县工业品总公司供销商场
新疆维吾尔自治区凯达物资供销工业公司
新疆维吾尔自治区石河子市棉麻公司检验科

二、新命名的

天津市大港区供销社港商医药总公司业务科
河北省廊坊市农业生产资料公司化肥科
山西省柳林县贸工农实业有限公司
辽宁省沈阳玫瑰大酒店前厅部
吉林省长春市农业生产资料总公司农药经营站
黑龙江省哈尔滨市农资公司储运分公司化工库
浙江省杭州宝善宾馆管家部楼层班组
福建省仙游县枫亭供销社枫江商场
江西省宜春地区农资总公司金辰购物中心百货组
山东省青岛北方国贸大厦股份有限公司
河南省商城大厦工艺商场K金二柜
湖南省长沙泰阳商城
广东省普宁市中都大酒店
贵州省贵阳山林大酒店楼层集体
宁夏回族自治区农业生产资料总公司经警班
新疆生产建设兵团供销社供销大厦有限公司华都商场食品部酒类柜组
中国农业生产资料集团公司农药储备处

电力系统

一、继续认定的

内蒙古自治区蒙达发电有限责任公司运行部
吉林省通化市二道江发电厂七号机组
黑龙江省哈尔滨电业局道里供电局道里售电所
江苏省扬州供电局500千伏江都变电所
浙江省嘉兴市电力局城郊供电公司110千伏王店变电所
福建省沙溪口水力发电厂1号水轮机组
江西省贵溪火力发电厂电气检修公司继电保护班
河南省洛阳热电厂#1青年机组
河南省火电二公司锅炉钢架青年突击队
河南省洛阳热电厂1号青年机组
广东省电力工业局黄埔发电厂燃丁分岗
广西壮族自治区梧州供电局平浪变电站
西北电管局灞桥热电厂电气主控制室
甘肃省兰州供电局变电处海石湾三三O变电所
青海省龙羊峡水力发电厂运行分场

二、新命名的

华北电力集团北京供电公司城区供电分公司西城营业站抄表班
华北电力集团张家口供电公司宣化供电分公司抄表班
华北电力集团北京大唐发电股份有限公司陡河发电厂运行甲值四单元班
华北电力集团唐山供电公司建设路营业站
天津市电力公司城南供电局河西营业站
天津市电力公司高压供电公司继电保护管理所
天津第一热电厂热机运行热水网
天津市电力公司调度中心调度运行张军组
河北省石家庄电业局桥东营业厅
河北省西柏坡发电总厂一号机组运行岗位
河北省邢台发电厂锅炉分场机动三班
山西省大同供电分公司新开路营业所
山西省运城地区电业局三正自动化所
山西省太原二电厂燃料车间
内蒙古自治区包头电业局调度所微波班
内蒙古自治区蒙电华能热电股份有限公司电气集控室
内蒙古自治区呼和浩特供电局新城分局鼓楼营业站
内蒙古自治区丰镇发电厂汽机车间
辽宁省鞍山电业局用电服务中心
辽宁省金州供电局用电服务处
辽宁省沈阳供电局送电工区
辽宁省铁岭发电厂锅炉分厂制粉班
黑龙江省佳木斯电业局浩良河供电局
黑龙江省牡丹江电业局东安供电局
黑龙江省哈尔滨第三发电厂值长组

吉林省长春电业局宽城供电局电费发行科
吉林省龙潭供电局营业窗口
吉林省长春热电二厂1#发电机组
华东电力集团望亭发电厂发电部运乙1班
华东电力集团富春江水电厂运行二值
上海市区供电局沪西供电所线路一班
上海市东供电局浦东供电所营业室
上海市闵行发电厂运行13号机组
浙江省金华电业局电力设计所
浙江省镇海发电厂煤运一班
浙江省绍兴电业局用电管理所营业厅
江苏省常州供电局月电服务中心
江苏省南京供电局栖霞供电分局营业厅
江苏省连云港供电局连云(开发区)分局业务班
江苏省南京热电厂锅运行新厂丁班
安徽省马鞍山供电局配网运行检修班
安徽省安庆供电局调度所调度组
安徽省淮北发电厂5#主机
华中电力集团财务公司梨园专柜
华中电力集团华阳发电有限责任公司电检二班
湖北省武汉供电局武昌分局洪山营业所
湖北省宜昌供电局东山分局“小虎队”
湖北省汉川电厂2#机组
河南省开封市电业局供电检修服务中心
河南省郑州市电业局石佛变电站
河南省洛阳首阳山电厂4#青年机组
湖南省长沙电业局天顶变电站
湖南省株洲电业局云田变电站
湖南省五强溪水力发电厂修试总公司试验工区
江西省赣西供电局220KV白沙变电站
江西省九江供电局妙智变电所
江西省万安水力发电厂大修青年突击队
西北电力集团西安供电局蓝田变电站
西北电力集团咸阳供电局渭南供电站
西北电力集团蒲城发电厂锅炉管阀班
甘肃省兰州供电局送电处一工区带电班
甘肃省庆阳电力局修试所高压试验班
甘肃省靖远电厂运行部化学检修班
宁夏回族自治区电力建筑安装工程公司大坝项目部
宁夏回族自治区电力局石嘴山发电厂高压焊工班
宁夏回族自治区电力局送变电工程公司承建自一蓉同塔双回500千伏线路工程南段第Ⅲ标段基础工程
青海省西宁供电局城东供电所
青海省送变电工程公司送电四处三队
青海省桥头发电厂机检分场
新疆维吾尔自治区乌鲁木齐电业局市北供电局急修班
新疆维吾尔自治区吐鲁番电业局托克逊220KV变电站
新疆维吾尔自治区玛纳斯发电厂锅炉运行三班
山东省临沂电业局客户服务中心营业股
山东省济南供电局天桥电力公司营业厅
山东省淄博电业局张店供电局配电班
山东省十里泉发电厂6#机组生产线
四川省德阳电业局220KV新市变电站
四川省自贡电业局供电营业厅
四川省攀枝花电业局青龙山变电站
四川省江油发电厂“共青团号”机组
福建省福州电业局马尾供电所
福建省龙岩电业局营业大厅
福建省三明电业局调度所调度班
福建省水口水力发电厂自动化班
云南省昆明供电局城区分局电费班
云南省滇东电业局三岔变电站
云南省漫湾发电厂6#机组
广西壮族自治区北海供电局用电管理所电费收校班
广西壮族自治区柳州供电局沙塘500千伏变电站
广西壮族自治区恶滩水电厂检修分场二次班

重庆市城区供电局用电营业厅
重庆市万县电业局三峡供电局用电科
重庆市发电厂12#机组
贵州省遵义供电局南白分局抄核收班
贵州省都匀供电局调度自动化班
贵州省贵阳发电厂运行二分场
广东省茂名电业局农电分局分界供电所
广东省广州电力局用电处业扩组
广东省汕头电业局500KV汕头变电站
华能德州电厂检修公司汽机专业本体班
华能福州电厂发电部运行C值
南方电力联营公司天生桥水力发电总厂水工分厂水调班

个协系统

一、继续认定的

北京市海淀区芳雪药店
北京市百货大楼叶青时装专柜
天津市大维制衣有限公司上衣车间缝合组
天津市南开区永安日用百货商店百货组
河北省唐山市汇丰实业有限公司
河北省正定县新宇家电商店
河北省衡水市育新幼儿园
山西省长治市英雄台市场晋生玩具批发部
山西省太原市南城区长治路照相馆
内蒙古自治区包头市石拐区少华影像社
辽宁省沈阳市铁西区伊斯兰歌舞餐厅
辽宁省大连市胜利街无线电修理部
辽宁省鞍山市铁东区二道街天国酒楼
辽宁省沈阳市好利来实业发展有限公司中街分店
吉林省磐石市商业大厦刘淑英柜台
吉林省九台市光明农机有限公司
吉林省桦甸市亚太冷藏有限公司
黑龙江省哈尔滨市国贸城新丝路精品行
黑龙江省牡丹江市东安市场司季红批发部
黑龙江省齐齐哈尔市清真轩饭店
黑龙江省哈尔滨市南岗区明日朝鲜餐馆
上海市松江县东墩镇国庆标牌厂
上海市普陀区金沙江路旧家具调剂商店
江苏省赣榆县九里乡小丽养鸡场
江苏省南通市易安达机电设备有限公司东风电器商店
江苏省南京市新叶时装百货商店
江苏省海安县李堡春明发廊
浙江省慈溪市浒山镇珍珍复印社
浙江省上虞市崧厦镇友谊印染厂
浙江省衢州市普农家电有限公司
浙江省温州市鞋料市场14组13班
安徽省芜湖市南征水泥有限公司
安徽省阜阳市鸿远轮驳运输公司
安徽省六安市得生特种水产动物研究所
福建省云霄县三和水产行
福建省仙游县榜头镇坝下庆财工艺雕厂
福建省惠安县肖厝家畜研究所
福建省福州市万友企业集团万友电器经营部
山东省滨州市滨渤有限公司
山东省淄博市淄博南国商贸有限公司
山东省莱州市长毛兔良种研究所
山东省平度市大光明眼镜店
山东省济南市济南绿色兔业开发有限公司
河南省郑州市读来读去读书社
河南省洛阳大佳(集团)有限公司
河南省安阳市超越(集团)有限公司
河南省开封市顺河区人头马大酒店
湖北省京山县著头酒厂
湖北省黄州市龙王山红梅副食批发部
湖北省襄樊市伊斯兰饭店
湖北省枝江县雅畈木板市场
湖北省孝感市孝南区卧龙街麻糖经营户
湖南省浏阳市城关“意德记”钟表修理店
湖南省祁阳县秋林石化有限公司
湖南省永州市飞龙有限公司
湖南省怀化市武陵城实业(集团)有限公司
广东省澄海市中心市场一层裕达利毛织品店
广东省广州市利嘉皮革商行

广东省中山市祥兴制衣有限公司
广西壮族自治区南宁市周小容连锁店
广西壮族自治区容县南方工艺厂
海南省文昌市重兴家具厂
重庆市梁平县梁山镇江城化工厂
四川省成都市光建实业有限责任公司
四川省什邡市城西开发区什邡印务公司
四川省南充市银峰房地产综合开发公司
贵州省遵义市红花岗区南关镇镇隆村艾秀伦运输户
云南省昆明市宝大祥工贸有限公司
西藏自治区拉萨市宇拓路拉萨文体用品公司
陕西省安康市丰源纺织品经营部
陕西省宝鸡市烟厂路蔬菜批发市场批发商
宁夏回族自治区石嘴山市大武口区百花市场烧鸡店

二、新命名的

河北省唐山市新区长城轧钢厂
河北省保定市火车站英华商店
内蒙古自治区锡林浩特市恒星实业有限责任公司
浙江省台州市中山西路光明眼镜钟表店眼镜柜台
山东省郯城马头镇源深企业(集团)有限公司
湖南省长沙市金通科技发展有限公司
广东省深圳市龙岗区布吉镇华美农场
重庆市长寿县望江汽车运输队
四川省宜宾市宏远纸业有限责任公司
四川省绵阳市四川铁骑力士实业有限责任公司
贵州省遵义市凤凰山矿泉饮料有限责任公司
云南伊佳依服饰有限责任公司
甘肃省武威市亚美美容保健有限责任公司
甘肃省白银市白银区白银顺香菜馆
青海省三绒集团有限公司

其　　他

一、继续认定的

北京市公用局液化气公司呼家楼供应站
北京市首饰进出口公司业务二部首饰组
北京焦化厂回收一分厂东鼓风冷凝泵房
北京第一棉纺织厂细纱车间丙班七组
北京国际会议中心会展部二层班组
北京汽车摩托车联合制造公司第三总装厂底盘车间青年流水线
北京海关报关厅
北京城乡建设总公司恒万公司第一项目经理部
天津渤海化工集团天津化工厂聚氯乙烯合成转化岗
天津市红桥区环卫局五四青年路岗组
天津海关驻机场办事处旅检科
河北省邢台电缆厂交联车间
河北省唐山钢铁集团有限责任公司运输部1127 机车组
河北省邯郸钢铁集团有限责任公司炼铁厂1260 高炉工段
河北省国防工业建筑工程公司张晓珍青年突击队
河北省石家庄市乐仁堂调剂部
山西省太化集团公司化肥厂质检处溶液制备室
山西省太化集团公司化工厂 112 号泵房
山西省太原钢铁(集团)有限公司金属制品厂
山西省太原市煤气公司管线所检修班
山西省国营大众机械厂第一研究所青年岗
山西省大同市左云县鹊儿山矿综采队
内蒙古自治区赤峰市煤气热力经营总公司红山热网所
内蒙古自治区铁骑集团棉纺织厂织二车间保养组
内蒙古自治区通辽通顺铝厂供电车间
中国第一汽车集团公司制泵厂铸造车间造型一线
吉林省龙井市开山屯化学纤维浆厂检验处
吉林化学工业股份有限公司化肥厂压缩车间1号压缩机青年岗

吉林省大石头林业局森林铁路管理处
中国第一汽车集团公司热电厂锅炉车间1号炉
黑龙江省哈尔滨市房产信托经营公司王兆热电厂共青团包烧号
黑龙江省哈尔滨市制药厂粉针分厂九工段
黑龙江省佳木斯纸品集团有限公司造纸二厂3号机抄纸工段
黑龙江省完达山食品厂乳品一厂
上海大众汽车有限公司发动机厂中凸轴生产线
上海宝山钢铁(集团)公司炼钢厂铸钢分厂青年浇钢台
上海海洋石油钻井工程公司"勘探二号"钻井队
上海市杨浦区房产管理局控江物业公司青年管养段
上海市提篮桥监狱青年实验中队
上海柴油机股份有限公司伊维公司工艺科P7泵工艺组
上海市东方明珠娱乐总公司观光接待部
江苏省南京夫子庙晚晴楼接待部
江苏省气象台观测站
江苏省仪征化纤集团公司证券交易营业部
浙江省湖州市图书馆外借部
浙江省三狮水泥股份有限公司烧成车间2#回转窑看火班
浙江省杭州海关驻邮局办事处申报台
浙江省镇海炼油化工股份有限公司700万吨改造装置
安徽省芜湖医药站芜湖大药房
安徽省和县陋室宾馆客房部
安徽省建工集团一建第一分公司
福建省福州港集装箱公司重点设备科
福建省化纤化工厂有机分厂回收一班
福建省福州二化集团公司热电分厂5号青年炉
福建省龙马集团农用车有限公司销售总公司
福建省九江一棉纺织有限责任公司一纺厂细纱车间"八闯将"小组
福建省南昌飞机制造公司76车间125发动机流水线
山东电视台新闻部时事政治组
河南省舞阳钢铁公司煤气公司煤气车间发生炉工段
中国长江航运(集团)总公司燃料供应总站长燃5号轮
中国建筑第三工程局二公司深圳分公司第三项目经理部
中国葛洲坝集团公司水泥厂烧成一车间2号水泥窑系统
湖北省武汉煤气(集团)公司武昌液化气分公司中北路煤气供应站
湖北省东风汽车公司车身厂覆漆车间11#面漆生产线
湖南省资江农药厂氯碱分厂蒸发工段
湖南省长岭炼油化工总厂运销公司装油车间计量大班
中国水电八局五强溪施工局一工段厂房青年突击队
湖南省黎家坪水泥厂旋窑分厂看火班
湖南计算机厂科研所终端部
广东省三茂铁路总公司三水机务段1197号机车青年包乘组
广东省珠海市拱北海关行李物品监管处调查科缉毒组
广东省珠岛宾馆中心二楼服务班
广东省深圳市万厦公司莲花北村管理处
广西玉柴机器股份有限公司冷加工厂缸盖段枪铰机组
四川明珠集团有限责任公司螺丝池水电厂
四川华西集团第十二建筑工程公司成都"新世纪广场——省老干部活动中心"工程项目经理部
四川省长城特殊钢集团有限责任公司第一钢厂炼钢分厂4号炉丙班

云南省昆明海关驻机场办事处旅检科
云南省昆明市卷烟厂八工段电工组
武警陕西省西安市警卫处
陕西省长岭股份有限公司29车间钣金组
陕西省宝鸡啤酒厂包装一车间丙工段
陕西省和信律师事务所
甘肃省兰州化学工业公司石化厂毫秒炉车间压缩机房岗位
甘肃省酒泉钢铁公司总计控厂仪表三车间二班
甘肃省兰州飞控仪器总厂装配分厂陀螺稳定平台班
甘肃省天水长城开关厂板材加工 FMS 生产班组
新疆维吾尔自治区石油总公司乌鲁木齐经销分公司青年路加油站
新疆维吾尔自治区五家渠联营棉纺织厂前纺车间丙班
新疆生产建设兵团农二师湖光纺织针织厂电力运转工段
新疆生产建设兵团第一建筑安装工程公司102项目
武警天津市总队二支队四中队
武警广东省总队深圳市支队沙头角区中队
中南海新华门哨位
中央纪委监察部信息中心硬件部
北京图书馆外文新书第一阅览室
劳动和社会保障部劳动关系与监察司劳动监察处
中共中央办公厅、国务院办公厅信访局联络处登记科
国家经贸委办公厅信息处
公安部出入境管理局港澳处
民政部优抚司抚恤处
司法部监狱管理局狱政管理处
人事部流动调配司流动与仲裁处
建设部城市建设司产业发展处
农业部农村合作经济指导司农民负责管理处
国家国内贸易局消费品流通司
对外贸易经济合作部交际司翻译处
国家工商行政管理局法制司法规处
国家环保局值班室

二、新命名的

辽宁省沈阳变压器有限责任公司装配车间特型装配组
辽宁省本溪有线电视维修管理服务公司
吉林省松原市石油大厦
黑龙江省哈尔滨市房地产市场产权处产权管理科
上海市豫园旅游商城绿波廊酒楼三楼服务组
江苏省金坛市国土规划局
江苏电视台新闻中心《大写真》专栏
福建商检局检务处
江西电视台青少部
河南省平顶山市联盟路工商所
河南省开封市人民检察院技术装备处
河南省安阳市供水总公司供水服务处
河南省洛阳市自来水公司涧东水厂临涧泵工班
湖南长沙铁路总公司长沙火车站母婴——军人候车室
四川成都无缝钢管有限责任公司轧管五厂青年生产线
中国嘉陵集团公司设备工程公司数控二组
重庆市工商行政管理局渝中区分局大溪沟工商所
重庆市少管所七中队
重庆万县市天然气公司青年抢险突击队
贵州省贵阳卷烟厂一车间二线甲大班
贵州钢绳厂一分厂钢丝车间二拉4#机组
云南省冶炼厂电解分厂一工区四班
陕西省水电工程局四处五队
青海省达美餐饮娱乐有限公司
宁夏回族自治区石炭井矿务局大峰露天矿采掘队维修班
新疆通用航空有限责任公司 B—8243 王忠利

机组

新疆生产建设兵团农七师奎屯河“青年突击队”

新疆生产建设兵团石河子八一制糖厂动力车间电气组

新疆生产建设兵团农一师青松建材化工总厂水泥厂烧成三分厂

新疆生产建设兵团建筑工程第一师特种机械工程公司商品砼分公司

海南省海口市自来水公司中心化验室

海南省东升农场十一队青年割胶班组

海南省丰田特约汽车维修中心

中共中央对外联络部亚洲一局印度尼泊尔处

中华全国妇女联合会国际部亚洲处

人民日报社教科文部文化组

中央电视台新闻评论部

新华社国际部要闻专稿编辑室要闻片

中国聋儿康复研究中心语言训练部

中国新华航空公司“祥鸽”乘务示范组

1998 年度全国青年文明号名单

公 安 系 统

一、继续认定的

北京市公安局宣武分局牛街派出所

北京市公安局朝阳分局南磨房派出所

北京市消防局第四支队双榆树消防中队

天津市公安交通管理局河东支队六纬十一经路岗组

天津市公安消防局调度指挥中心

天津市公安局红桥分局南头窑派出所

河北省保定市公安交警支队一大队永华路岗

河北省张家口市公安巡警支队特勤大队

河北省廊坊市公安交警支队一大队

河北省石家庄市公安局机要通讯处

山西省太原市公安局交警支队一大队广场东岗组

山西省临汾市公安局交警大队四中队

山西省孝义市公安局兑镇派出所

内蒙古自治区呼和浩特市公安局新城分局西街派出所

内蒙古自治区乌海市公安局新华街派出所

内蒙古自治区额济纳旗算井子边防派出所

内蒙古自治区赤峰市公安局红山区分局交警大队八中队

辽宁省沈阳市公安局东陵区分局凌云派出所

辽宁省大连市公安局中山分局春海街派出所

辽宁省鞍山市公安局交警支队立山大队双山岗

吉林省延吉市公安局防暴巡警大队

黑龙江省哈尔滨市公安局道外分局东莱派出所

黑龙江省佳木斯市公安局郊区分局西门巡逻服务站

黑龙江省宁安市公安局宁安镇第一派出所

黑龙江省大庆市公安局红岗分局胜利派出所

黑龙江省哈尔滨市公安局香坊分局六顺派出所

上海市公安局静安分局巡警支队二中队

上海市公安局黄浦分局南京东路警察署户口受理室

上海市公安消防总队第五支队车站中队

上海市公安局闸北交警支队天目恒丰岗

江苏省邗江县公安局刑警大队技术中队

江苏省南京市公安局秦淮区分局夫子庙派出所户籍室

江苏省公安厅警方杂志社

江苏省徐州市公安局青年派出所

浙江省嘉善县公安局巡特警大队

浙江省余杭市公安局交警大队临平中队邱山二号岗

浙江省奉化市公安局交警大队大桥中队

浙江省杭州市公安局消防支队西湖中队

安徽省淮南市公安局李嘴孜派出所

安徽省芜湖市公安局交警支队新芜大队劳动路警组

安徽省马鞍山市公安局采石派出所
福建省漳州市公安局巡警支队直属大队
福建省厦门市公安局交警支队开元大队公园岗
福建省福州市公安局东街派出所
福建省石狮市公安局刑警大队
江西省南昌市公安局交警支队西湖大队展览馆岗
江西省萍乡市公安消防支队一中队
江西省鹰潭市公安局巡警支队二大队
山东省聊城市公安消防支队第三中队
山东省济宁市公安局交警支队三大队七中队
湖北省武汉市公安局交通管理局硚口大队利济路岗
湖北省咸宁市公安局横沟派派出所
湖南省岳阳市公安局交警支队桥东岗亭
湖南省长沙市公安局岳麓区分局刑侦大队
广东省公安边防总队第六支队十三中队
广东省湛江市公安局解放派出所
广东省广州市公安局越秀区分局刑警大队人民街中队
广东省深圳市公安局四处外事科
广东省深圳市公安交通管理局罗湖大队金城岗
广西壮族自治区桂林市公安局交警支队李向群岗亭中队
广西壮族自治区梧州市公安局和平派出所
广西壮族自治区南宁市公安局交警支队东风中队
海南省琼海市公安局加积派出所
海南省琼山市公安局巡警大队
重庆市公安局交警支队二大队临江门岗组
重庆市公安局渝中区分局大阳沟派出所
四川省成都市公安局金牛分局刑警大队缉毒探组
四川省成都市公安消防支队五中队
四川省绵阳市公安局巡警支队
四川省南溪县公安局交警大队
贵州省遵义县公安局永乐镇派出所
贵州省六盘水市公安局刑侦一队
云南省潞西市公安消防中队
西藏自治区拉萨市公安局八廓派出所
西藏自治区拉萨市公安局刑警支队技术科
甘肃省嘉峪关市公安局巡警大队
甘肃省金昌市公安局金川分局110报警服务台
宁夏回族自治区银川市公安局交警支队城区大队邮电大楼岗组
宁夏回族自治区中卫县公安局刑侦大队
新疆维吾尔自治区克拉玛依市公安局交警支队市区大队
新疆维吾尔自治区乌鲁木齐县公安局二宫派出所
新疆生产建设兵团农七师车排子垦区公安局苏兴滩派出所
北京铁路公安局大同站派出所
昆明铁路公安局昆明乘警大队一队
兰州铁路公安局景泰站派出所
乌鲁木齐铁路公安局乌鲁木齐乘警队北京分队
广州港公安局老港派出所
民航重庆市管理局公安局江北机场派出所
民航广西壮族自治区管理局公安处桂林两江机场派出所
江西省乐安县森林公安局招携派出所

二、新命名的

北京市公安交通管理局府右街南口岗
北京市公安局石景山分局八角派出所
河北省公安厅办公室指挥中心
山西省泽州县公安局刑事警察大队
辽宁省本溪市公安局铁山派出所
辽宁省锦州市公安局治安巡警支队三大队
辽宁省营口经济技术开发区公安局巡警大队
吉林省长春市公安局重庆路派出所
吉林省公主岭市公安局市区分局刑警队
吉林省洮南市公安局富文派出所

上海市公安局虹口分局巡警支队一中队
江苏省建湖县公安局交通巡逻警察大队上冈中队
江苏省常熟市公安局110处警服务中队
安徽省绩溪县公安局交警大队二中队
江西省赣州市公安局交警大队女民警岗值勤班
山东省菏泽市公安局110接警服务中队
山东省济南市公安局历城分局洪家楼派出所
山东省青岛市公安局交警支队四方大队人民路中队
山东省淄博市公安局张店分局公园派出所
山东省枣庄市公安局交警支队直属一大队二中队
河南省巩义市公安交通警察大队
河南省洛阳市公安局巡警支队三中队
河南省安阳市公安局郊区分局刑警大队
河南省濮阳市公安局治安警察支队110特勤大队
河南省郸城县公安局刑警大队
河南省驻马店市公安交通警察大队青年中队
湖北省荆州市公安局交警支队二大队便河岗亭班
湖北省鄂州市公安局交警支队鄂城大队女警班
湖北省麻城市公安局交警大队城区中队
湖北省公安消防总队武汉市支队新洲中队
湖南省永州市公安局芝山分局徐家井派出所
湖南省常德市公安局交警支队青阳阁岗亭
湖南省长沙市公安局巡警支队第一防暴大队一中队
广东省汕头市公安局指挥中心110报警服务台
广东省佛山市公安局巡警支队石湾大队一中队
广西壮族自治区武宣县公安局交警大队通挽中队
海南省海口市公安局秀英分局治安科
重庆市石柱县公安局南宾镇派出所
四川省攀枝花市公安局交警支队车管所业务室
贵州省贵阳市交警支队二大队一中队新路口岗
贵州省交警总队直属支队三大队一中队
云南省昆明市公安局交警支队盘龙大队邮电大楼岗亭
云南省寻甸县公安局刑警大队
云南省个旧市公安局乍甸派出所
云南省澜沧县城关公安边防检查站
陕西省岐山县公安局蔡家坡派出所
陕西省合阳县公安局城关派出所
陕西省铜川市公安局交警支队一大队红旗街岗台
陕西省西安市公安局新城分局太华路派出所
甘肃省临洮县公安局缉毒队
青海省西宁市公安局城西分局户政办理大厅
青海省民和县公安局缉毒大队
新疆维吾尔自治区乌鲁木齐市公安局交警支队友好路中队
呼和浩特铁路公安局二连浩特站派出所
上海铁路公安局杭州公安处杭州站派出所
南昌铁路公安局鹰潭站派出所
长江重庆港公安局客运总站派出所值勤组
青岛港公安局交警大队“一号码头值勤岗”
吉林省临江林业公安局
浙江省淳安县公安局林业公安科
四川省冕宁县公安局林业公安分局
内蒙古自治区大兴安岭克一河森林公安局
公安部办公厅研究室

建设系统

一、继续认定的

北京市公交总公司323路3924号车组
北京市公交总公司10路4702号车组
北京市公交总公司13路1825号车组
北京市公交总公司1路3135号车组

北京市公交总公司21路1333号车组
北京市公交总公司44路(小环)3737号车组
北京市出租汽车公司二分公司一车队才广利车
北京市公交总公司103路2835号车组
北京市公用局液化气公司呼家楼供应站
天津市公交总公司四公司7路4604号车组
天津市公交总公司五公司94路5709号车组
天津市公交集团有限公司5路1252号车组
天津市公交集团有限公司8路3509号车组
河北省石家庄市公交总公司6路230号车组
河北省唐山市公交总公司5路044号车组
河北省邯郸市公交总公司3046号车组
河北省保定市公交总公司二公司2156号车组
山西省大同市公交总公司一分公司203号车组
山西省大同市公交总公司四分公司427号车组
山西省大同市公交总公司三分公司387号车组
内蒙古自治区包头市公交总公司11路1－509号车组
内蒙古自治区乌海市公共汽车公司五队36号车组
内蒙古自治区呼和浩特市公交总公司1路56号车组
内蒙古自治区呼和浩特市公交总公司3路36号车组
辽宁省鞍山市公共交通总公司第二汽车公司共青团216路线23119号包车组
辽宁省抚顺市公交总公司8305号车组
辽宁省营口市公共汽车公司251号车组
辽宁省锦州市公交总公司3412号车组
吉林省延吉市公交有限责任公司一车队601号包车组
吉林省长春市公交总公司6路526号包车组
吉林省四平市公共汽车公司10936号包车组
吉林省吉林市公交总公司3126号包车组
吉林省吉林市孟庆春出租车
吉林省吉林市公交总公司电车一场145号车组
黑龙江省哈尔滨市公共电车总公司110环[illegible]8677号车组
黑龙江省大庆市公共汽车东风分公司二车[illegible]592号车组
上海市申新巴士有限公司49路HPl—54号[illegible]组
上海市第一汽车公司70路PK—34号车组
上海市一电公交公司四车队37路PK—01[illegible]车组
上海市浦东强生出租汽车股份有限公司[illegible]A—M1545号车
上海市第五汽车公司46路PC—362号车组
上海市公交公司72路K—266号车组
上海市强生出租汽车股份有限公司沪BN099[illegible]号车
上海市宝山公交公司53路KP—17号车组
上海市金山公交公司一车队石化一线P1—14[illegible]号车组
上海海洋石油钻井工程公司“勘探二号”钻井平台钻井队
江苏省南京市公交总公司25053号车组
江苏省徐州市公交总公司11路286号车组
江苏省苏州市公交总公司1619号车组
江苏省镇江市公交总公司一公司2路1003号车组
江苏省常州市公交总公司1036号车组
江苏省南京市客运交通管理处票证科
江苏省南京市东方出租汽车公司苏A—84129号车
浙江省宁波市公交总公司三公司15路3709号车组
浙江省杭州市公共交通二公司38路2－1131号车组
安徽省合肥市公交总公司四车队4－T369号车组

安徽省合肥市公交总公司三车队 3 - T392 号车组
安徽省蚌埠市公交公司三分公司 2002 号车组
安徽省滁州市公交公司 048 号车组
福建省三明市公交公司闽 GY - 0114 号车组
福建省福州市公交总公司营达公交有限公司 8 路 109 号车组
福建省厦门市公交总公司 12 路闽 DY1465 号车组
福建省厦门市公交总公司轮渡公司 20 号渡船
福建省南平市公交公司 3 路 0050 号车组
江西省南昌市公交总公司电车二路 11471 号车组
江西省景德镇市公交公司行车一队赣 H · 03815 号车组
江西省新余市公交公司二线路 01 号车组
江西省南昌市公交总公司电车一队 12426 号车组
山东省济南市公交总公司 35 路 365 号车组
山东省青岛市出租汽车股份有限公司鲁 BT0422 出租车
山东省青岛市公交集团电车有限责任公司 868 号车组
山东省济南市恒通出租汽车公司鲁 A - B2341 号出租车
河南省新乡市公交总公司 1 路 83 号车组
河南省安阳市公交总公司 2 路 37 号车组
河南省平顶山市公交总公司 404 号车组
河南省郑州市公交总公司 4 路 108 号车组
河南省安阳市供水总公司供水服务处
河南省洛阳市自来水公司涧东水厂临涧泵工班
湖北省武汉市公交公司第四公司 66 路 227 号车组
湖北省武汉市电车公司 4 路 36 号车组
湖北省武汉市出租汽车公司第一分公司熊斌出租车
湖北省武汉市轮渡公司 5 号船
湖北省黄石市公共汽车公司 710 号车组
湖北省十堰市公交公司 20545 号车组
湖北省宜昌市公共汽车公司 6 路 335 号车组
湖北省十堰市公交公司 10808 号车组
湖南省长沙市公交总公司 12 路 106 号车组
湖南省长沙市第二公共汽车公司 2—19 号车组
湖南省长沙市公交总公司 12—50 号车组
湖南省岳阳市公共汽车公司 20 路 138 号车组
广东省珠海市公共汽车公司拱北分公司 4 路粤 C05858 号车组
广东省珠海市公共汽车公司三灶分公司 201 路粤 C04725 号车组
广东省广州市第一公共汽车公司 10 路 792 号车组
广东省汕头市轮渡公司“金凤轮”
广东省广州市公共汽车公司 509 专线 485 号车组
广东省广州市金轮股份有限公司粤 A · A2433 号车组
广东省广州市白云小汽车出租公司粤 A · A8081 号车
广西壮族自治区玉林市公共汽车公司 16 号车组
广西壮族自治区梧州市公交总公司 2—153 号车组
广西壮族自治区桂林市公共交通总公司一公司 853 号车组
广西壮族自治区柳州市公共交通有限公司 4—228 号车组
广西壮族自治区南宁市公交总公司 6—358 号车组
四川省成都市公交总公司 4 路 36080 号车组
四川省成都市公交总公司 5 路 36062 号车组
四川省绵阳市公共汽车公司 101 号车组
四川省泸州市公交总公司三分公司 14 路 3301 号车组
重庆市新城公共交通有限公司 6014 号车组

重庆市冠忠公共交通发展有限公司3047号车组
重庆市第一公交公司1120号车组
贵州省贵阳市公交总公司一公司010号车组
贵州省贵阳市公交总公司一公司2路568号车组
贵州省贵阳市公交总公司一公司2路566号车组
云南省昆明市公共汽车总公司一公司四车队481号车组
云南省昆明市公共汽车总公司四公司4路116号车组
陕西省西安市公交总公司第二公司105路357号车组
陕西省宝鸡市公交公司6路2—0610号车组
陕西省铜川市公交总公司陕B00222号车组
陕西省西安市出租汽车公司陕A—T7998号出租车
陕西省咸阳市公交公司陕D—0681号车组
甘肃省兰州市公交总公司1路1027号车组
甘肃省兰州市公交总公司4路5035号车组
青海省西宁市公交总公司1路青A—0134号车组
青海省西宁市公交总公司2路青A—2714号车组
青海省西宁市公交总公司9路青A—2781号车组
海南省海口市自来水公司中心化验室

二、新命名的

北京市地下铁道总公司太平湖车辆段116车组
北京市公交总公司第六客运分公司374路车队
北京市第四清洁车辆场四车队一班
天津市公交总公司二公司40路
天津市煤气集团京津服务站
天津市花卉管理处宜兴埠花圃工程组
河北省石家庄市公交总公司1路
河北省承德市公交总公司小5路516号车组
河北省邯郸市热力公司热交换站
山西省太原市公交总公司汽车1路
山西省长治煤气化总公司营业所
山西省大同市公交总公司四分公司512号车队
内蒙古自治区包头市煤气公司营业所
内蒙古自治区呼和浩特市自来水公司玉泉KB查换工段
辽宁省鞍山市煤气总公司湖南管修所
辽宁省沈阳市客运集团公司214路
辽宁省大连市第二公共汽车公司19路294号青年包车组
吉林省通化市公共汽车公司6号包车组
吉林省长春市自来水公司二道供水处青年“便民服务队”
吉林省吉林市城市客运管理处站前青年文明岗
黑龙江省大庆市公共汽车公司乘风分公司十车队3606号车组
黑龙江省哈尔滨市公共汽车总公司一分公司2路
黑龙江省哈尔滨市公共电车总公司105路
上海市浦东大众公共交通有限责任公司980路
上海市城建集团市政一公司沪杭高速公路(上海段)HH01标项目经理部
上海市一建金茂工程管理部
江苏省南京市公交总公司第二客运部9路
江苏省镇江市自来水公司金西水厂中心控制室
江苏省无锡市太湖鼋头渚风景区管理处游船服务部“神仙号”游船
浙江省衢州市公交总公司一分公司1路线228号车组
浙江省杭州市公交总公司K16路
浙江省遂昌县环境卫生管理所
安徽省阜阳市公交总公司3路118号车组

安徽省合肥市煤气总公司管道煤气供应公司维修所
安徽省蚌埠市液化气公司中荣街营业厅
福建省福州市公共交通总公司亚细亚专线265车组
福建省厦门市公交总公司闽DYl415车组
江西省南昌市煤气公司城北营业处
江西省赣州市自来水公司用水管理所
江西省赣州市公共汽车赣B00949号车组
山东省济南市自来水公司“小白热线”服务中心
山东省日照市公共汽车公司3路无人售票车组
河南省开封市公共交通总公司四公司13路
河南省新乡市自来水公司营业所抄表一组
河南省安阳市天然气公司110服务中心
湖北省襄樊市公交总公司二分公司43号车组
湖北省宜昌市市政维修管理处道路维修养护班
湖北省武汉市自来水公司供水部江汉营业所抄表班
湖南省永州市水龙头股份有限公司娘子岭水厂
湖南省益阳市公交总公司7路07号车组
湖南省株洲市公交捷运公司一车队200号车组
广东省广州市煤气公司“红帽子”服务队
广东省中山市公共汽车总公司22路
广东省深圳市公交集团10路22861号车组
广西壮族自治区柳州市公共交通有限公司19路
广西壮族自治区桂林市公共交通总公司10路
云南省昆明市公共汽车总公司第二公司五车队0010车组
海南省海口市城市排水监测站
陕西省西安市公交总公司第一公司611路100号车组
青海省西宁市公交总公司25路9277号车组
青海省西宁市政有限公司第二分公司
新疆维吾尔自治区乌鲁木齐市公交三分公司3—36号车组
新疆维吾尔自治区昌吉市公交总公司1路

铁道系统

一、继续认定的

三棵树机务段DFH3—114机车组
南岔机务段DF4—7450机车组
塔河车务段西罗奇站
伊图里河车辆段列检乙班
牡丹江站运转四班二调
昂昂溪机务段DF4—1220“黄继光”号机车组
免渡河站青年调车组
哈尔滨客运段K17/18次1组
哈尔滨站软席青年班组
大连客运段531/532次5、6组
沈阳北站客运一班第一候车室
叶柏寿车务段老锅站
大安北机务段前进6143号机车组
沈阳客运段53/54次车队
本溪列车段603/604次2组
长春列车段K59/60次2组
吉林列车段571/572次5组
丰台机务段DF4—1955机车组
侯马车务段刘村站
石家庄客运段Y221/224次车队
秦皇岛南站乙班一调
大同列车段43/44次5组
太原北机务段8G—25号青年包乘组
北京铁路工程公司李克智青年突击队
太原分局榆次站乙班一调
包头客运段563/564次车队
呼和浩特站丙班三调
包头西机务段DF4—4275“共青团号”机车组
集宁机务段DF4—1415“共青团号”机车组
临河工务段杜家台青年养路工区
徐州列车段565/566次车队

济南机务段 DFll—0039 机车组
徐州车务段桃山集站
烟台站客运车间
济南列车段 597/598 次车队
青岛列车段 539/540 次车队
济南站客运车间第一、二候车室
西安站一楼东去“共青团号”候车室
郑州客运段 179/180 次车队
洛阳机务段 6K—059 机车组
信阳生活段信阳老场公寓
西安东站二班四调
荆门车务段桃子岭车站
紫阳工务段巴山“共青团指导区”
武汉客运段 K37/38 次车队
武昌电务段乌龙泉信号工区
郑州车站供水车间
成都站候车厅青年班
内江车务段汉王山车站
六盘水机务段电机组
成都分局客运服务公司 107/108 次旅游列车
重庆西机务段 SSI—235 机车组
成都客运段 7/8 次第一、二包乘组
重庆站派出所刑警队
昆明机务段 DFl—1718 号机车组
河口山腰车站
昆明站客运副班
中卫站乙班调车组
格尔木车务段鱼水河站
兰州西机务段 SS3B—4225 机车组
武威南机务段 SS3—6066 机车组
石嘴山车辆段设备车间电工班
兰州客运段 75/76 次第一、二组
上海列车段 K13/14 次车队
漳平机务段 SS3—4027 机车组
宿县车务段十里堡站
南京列车段 K65/66 次车队
衢州车务段十里铺站
福州分局永安电务段岑头信号工区
鹰潭站“熊云清售票窗口”
上饶机务段 DF4—3918 号机车组
南昌客运段 67/68 次 1、2 组
宜春车务段宣风站
南昌站公安派出所客勤三组
柳州南站甲班三调
柳州车辆段南到达场列检所
南宁客运段 5/6 次 2、6 组
柳州机务段 DF4—3263 机车组
柳州客运段 379/380 次 2、6 组
湛江车辆段青年台车组
怀化车辆段到达场列检二班
广州客运段 15/16 次 2、5 组
株洲电务段株北驼峰信号楼工区
长沙客运段 1/2 次 2 组
广深股份公司广九客运段广九 2 组
广州客运段 29/30 次 6 组
哈密工务段红光养路工区
和静车务段上新光车站
吐鲁番站二班一调
乌鲁木齐客运段 53/54 次 8 组
阿拉山口列检所
大连机车车辆厂铸钢车间造型大件青年岗
戚墅堰机车车辆厂车辆分厂钢一车间电焊一班
资阳内燃机车厂机车分厂转向架车间大车班
西安车辆厂冲压车间拼板组
南口机车车辆机械工厂油泵油嘴分厂大件班组
四方机车车辆厂客车总装车间技术组
大同机车厂铸铁车间合金组
浦镇车辆厂车架车间铆焊 3 组
齐齐哈尔铁路车辆(集团)有限责任公司设计处货车设计青年班
株洲电力机车厂引进设备青年科技攻关小组
北京二七车辆厂货车三通阀青年班组
长春客车厂转向架分厂轮轴车间轴承班
铁道部科学研究院电子所青年科技攻关组

铁道部专运处列车段三队列车三班
铁道部专业设计院航测处外业队
北京铁路总医院门诊大厅青年导医小组
通号总公司济南工程公司第一信号段

二、新命名的

佳木斯车辆段 261/264 车队
锦州机务段 DF4—4360 共青团机车组
石家庄工务段探伤工区
包头西车辆段到达列检丙班
徐州工务段二段三张茂养路工区
西安东车辆段新丰一场列检所红外线班组
成都机务段 DF5—1321 青年号包乘组
昆明客运段京昆三、八组
嘉峪关车辆段嘉峪关列检所丙班
阜阳机务段检修车间第二包修队
新余工务段探伤二班
南宁站贵宾室
怀化车务段仁里冲站
南疆临管处库尔勒客运段 Y201/204 车队
眉山车辆厂货一车间中梁电焊班
唐山机车车辆厂质检处柴油机检查组
西安铁路信号工厂监控设备分厂

交 通 系 统

一、继续认定的

北京市车辆购置附加费征稽处征费二所
首都高速公路发展公司天竺收费站第五道、十道
上海钢铁汽车运输股份有限公司共青分公司
重庆市成渝高速公路管理处重庆收费站
天津市汽车运输六场一车队运行四班
内蒙古自治区锡林浩特汽车站
山西省太旧高速公路管理局晋中管理处武宿收费站
山西省柳林县交通征稽所
河北省高速公路管理局石家庄收费站
河北省公路工程局第四工程处三工区油面施工组
河北省石家庄市运管处出租汽车管理大队
河北省交通规划设计院第一测设队
辽宁省高速公路管理局沈阳管理所
辽宁省沈阳高等级公路建设总公司第一工程公司四队
辽宁省铁岭市运输总公司长途客运站站务二班
吉林省长春市公路客运中心站服务乙班
吉林省通化市运输公司客运总站
黑龙江省哈尔滨市公路客运总站南岗客运站站务班
黑龙江省高等级公路管理局尚志管理所
江苏省无锡市公交公司 11 路 238 车组
江苏省苏州市汽车北站
江苏省南京江海航运(集团)公司二公司“江苏627”轮 13 队
江苏省宁连公路南城收费站
江苏省交通科学研究所中心试验室
安徽省机械疏浚工程公司南淝河工程项目经理部
安徽省淮北市运输管理处运政管理科
山东省济青高速公路济南收费站
山东省烟台市公路局烟青一级公路管理处
山东省莱芜市交通局 17 号交通稽查站
山东省济南长途汽车总站
浙江省舟山市轮船公司“锦屏”轮青年服务队
浙江省 03 省道金华收费站
浙江省路桥工程处杭甬高速公路六标路面工区
浙江省杭州运河客运旅游公司“天堂”轮
江西省高等级公路管理局艾城管理所
江西省鹰潭贷款路征收站
福建省公路通行费赛岐大桥征收管理处
福州外轮代理公司电脑部
湖南省江永县公路局新铺道班
湖南省冷水江市运输公司东站运输站
湖南省张家界市直交通运输管理所
湖南省嘉禾县交通规费征稽所

湖北省宜昌市恒通公司大公桥水陆客运站公路售票班
湖北省襄樊市公路建设有限责任公司
湖北省恩施州公路总段野三河收费站
湖北省高等级公路管理局青年突击队
河南省许昌市公路管理总段107国道组庄收费站
河南省平顶山市运管处征费科
河南省新乡市公路总段沥青一库
广东省珠海市公共汽车公司10路粤C04450车组
广东省恩平桥路收费站
广佛高速公路横沙收费站
广东省钢结构工程公司三公司
广东省广州市长途汽车运输公司客运分公司售票站
中国海口外轮代理公司船务部
广西壮族自治区桂林汽车运输总公司观光车船公司“观光—701”船
广西壮族自治区路桥总公司二处三岸邕江大桥经理部
贵州省贵阳公路养护总段粑粑坳道班
贵州省高等级公路管理局金关征费站
四川省成渝高速公路成都收费站
四川省公路桥梁工程总公司桥梁公司二处万县长江公路大桥青年突击队
四川省轮船公司“中华”号客轮
四川省汽车运输自贡公司自贡汽车客运站微机室
四川省泸州市公路运输管理处兰田片区站
云南省文山公路总段富宁段那河管理所
云南省武定交通规费征稽所
云南省曲靖精工达轿车维修中心
陕西省岐山交通征稽所
甘肃省青江驿公路养护管理站
宁夏回族自治区公路管理局大武口公路段
青海省房建公司交通大楼项目经理部
新疆维吾尔自治区喀什公路养护总段红其拉甫道班
新疆维吾尔自治区和田公路总段安迪尔道班
西藏自治区客运总公司拉萨汽车站
上海远洋运输公司“洛河”轮
青岛远洋运输公司“泰华海”轮
天津远洋运输公司“天目山”轮
上海海兴轮船股份有限公司货运分公司“振奋2”轮
广州海运(集团)有限公司内部银行
大连海运(集团)公司“棒棰岛”轮客运部
长航集团重庆长江救助打捞公司潜水队
长航集团南京长江油运公司“大庆419”轮
长航集团上海长江轮船公司“甲81057”驳
黑龙江航运管理局哈尔滨船务公司“龙推314”轮
招商局蛇口工业区鲸山别墅保安中队
上海港机厂金属车间项目攻坚组
广州航道局“黄埔号”轮
第二航务工程局三公司三O二青年突击队
第三航务工程局赵晖青年项目经理部
第二公路工程局南昌八一大桥青年突击队
第一公路工程总公司重庆嘉陵江大桥项目经理部
广州救助打捞局“南天马”潜水分队
交通部水运科学研究所港电室
交通部科技信息研究所信息技术研究室
南京高等交通专科学校管理系
上海海上安全监督局吴淞交管分中心
广州海上安全监督局海测大队制图队
大连海上安全监督局通信处中控台
中国交通通信中心海事运行部
武警交通一总队二支队二营
武警交通二总队五支队七连
长江航道局莲花背信号台
南京港第三港务公司装卸分公司
宜昌长江港监局船员考试科
上海港务局引航管理站引航青年班
大连港务局大连湾港务公司流机队叉车二班

天津港务局第二港埠公司成机队备货组
烟台港务局第一港埠公司货商科
天津市公路局京津塘高速处二所
交通部第三航务工程勘察设计院设计一所水工二室
交通部第二公路勘察设计院第二设计室

二、新命名的

首都高速公路发展公司
北京市公路局京津塘高速公路管理处北京收费站
上海市浦东汽车运输总公司三分公司青年班组
天津市交通局二号院公路征费稽查站
重庆交通运业有限责任公司重庆汽车站服务总台
内蒙古自治区乌海市通行费 110 国道三麻段征稽所
山西省太旧高速公路管理局阳泉管理处旧关收费站
山西省公路局晋中分局 108 线榆次东长寿至祁县东观“青年文明号”创建管理组
河北省怀来县交通局运输管理站
河北省保定市交通局易县收费站
河北省井陉西收费站
辽宁省高速公路管理局本溪管理处
辽宁省阜新市公路管理段大巴沟道班
辽宁省路桥建设二公司二处测量班
吉林省高速公路管理局四平收费站
吉林省长春公路客运北站
黑龙江省高等级公路管理局肇东处安达所
黑龙江省高等级公路管理局磨刀石所
黑龙江省交通征费稽查局哈尔滨一处南岗所
江苏省宁沪高速公路股份有限公司南京收费站
江苏省南京机场高速公路主线收费站
江苏省交通工程总公司淮江高速公路项目总经理部
江苏省武进市交通建设工程总公司淮江高速公路 K9 标项目经理部
安徽省路港工程公司青年突击队
安徽省铜陵长江公路大桥收费站
山东省交通工程总公司四分公司
山东交通济宁高速运业有限公司
山东省济南市历城区交通局稽查站
山东省淄博市公路管理局淄河大桥收费处
浙江省交通工程建设集团一处上三青年突击队
浙江省 205 国道开化通行费征收管理所
浙江省余姚市“四自”公路管理所
江西省南丰公路段路政巡查大队
江西省玉山古城贷款路通行费征收站
江西省高等级公路管理局邹家河管理所
福建省海上安全监督局船舶报验中心
福建省公路通行费飞鸾岭征管所
湖南省高速公路总公司长永管理处黄花收费站
湖南省三湘客车集团有限公司客车研究所车身研究室
湖南省株洲市交通规费征稽处直属一所
湖北省黄黄高速公路建设指挥部综合办公室
湖北省交通规划设计院第七勘察设计室
湖北省路桥公司第二分公司
河南省 C107 线信阳甘岸收费站
河南省高速公路建设管理局郑州分局机场收费站
河南省高速公路建设管理局新乡分局卫辉收费站
广东省长大公路工程有限公司三公司路面机械化施工队
广东省佛开高速公路路政大队
广东省汕头海湾大桥收费站
广东省深圳市罗湖汽车客运站
海南省海口外轮代理公司船务部
广西壮族自治区桂柳高速公路僚田收费站
广西壮族自治区漓江旅游航运公司花桥 37 号船
贵州省交通厅关岭征费稽查所
贵州省独山公路管理段麻尾道班
四川省交通厅公路规划勘察设计研究院隧道

研究设计处
四川省成都银帆运业有限公司川 A—15686 号车组
四川省路桥集团大桥分公司第二项目经理部
四川省绵阳市绵江公路征费站
云南省昆嵩高速公路管理段严家山收费站
云南省下关汽车运输经贸总公司大理苍山号游船
云南省开远公路管理总段蚂蝗塘收费站
陕西省靖边收费站管理处
甘肃省 312 国道车道岭隧道管理所收费站
宁夏回族自治区公路管理局固原公路段周庄公路站
青海省清水河公路段查龙穷工区
新疆维吾尔自治区路桥二处四工区青年突击队
新疆维吾尔自治区塔城总段夹河子道班
西藏自治区拉萨交通运输管理所
中远集装箱运输有限公司民河轮
上海中远国际货运有限公司电脑部
广州远洋公司安龙江轮
中海集团广州海运公司“摩星岭”轮
中海发展股份有限公司油轮公司大庆 48 轮
中海发展股份有限公司油轮公司广州泰华分公司明池轮
长航南京石油运输有限公司大庆 436 轮
长航青山船厂造船事业部外业车间电焊工段七组
黑龙江省航道局测量大队测量七队
长江航道局张家港征稽站
南京港轮驳公司宁港拖 1008 轮
武汉港客运总站服务部便民服务台
中港(集团)第一航务工程局四公司三分公司
中港(集团)第四航务工程局二公司三处盐田港二期青年突击队
中港(集团)广州航道局一公司赤湾轮
路桥(集团)公路二局海沧大桥总经理部
路桥(集团)北京中交建安公司第一项目部
烟台救捞局港务处客运站
大连海事大学董氏镀铁集团有限公司
重庆公路科学研究所隧道工程室
上海海上安全监督局海测大队制图队绘图组
烟台海上安全监督局东港区监督站
上海集装箱码头有限公司工程技术部技援组
大连港香炉礁港务公司衡重室
天津港第六港埠固机队电工班
烟台港集装箱公司工程部
武警交通一总队机械化养护支队六连
武警交通二总队四支队机场指挥所
新疆生产建设兵团道路桥梁总公司二公司
北京运达交通技术开发公司
中国交通通信中心卫星通信处

商 贸 系 统

一、继续认定的

北京市王府井百货大楼(集团)股份有限公司服装纺织商场男衬衫柜组
北京市东安集团公司长安商场家电商店海尔专卖店
北京市隆福大厦家电部空调组
北京市朝阳副食品公司团结湖副食品商场
北京市崇文门饭店安保部门卫组
北京市建筑器材租赁公司清河租赁站
北京市东郊粮食批发交易市场青年文明窗口
北京市北郊粮库北方食品厂青年科技班
北京市王府井百货大楼(集团)股份有限公司百货部雪花柜组
北京市西单股份有限公司文化商品部照像器材组
北京市地安门副食商场熟肉部
北京市北太平庄商场烟酒组
北京市贵友大厦皮件部皮件组
北京市金伦大厦小家电经营部
天津市滨江商厦“十姐妹”柜组
天津百货大楼股份有限公司电讯商场进口音响部
天津东方商业大厦纺织部装饰组

天津市大亨时装有限公司“杨华柜组”
天津市金元宝商厦集团日百商场箱包柜组
天津劝业场股份有限公司“勿忘我”礼仪服务部
天津市美膳酒楼一楼营业部
天津市专用粉实验厂制粉二班
天津市立达国际商场股份有限公司衬衣组
河北省石家庄燕风楼烤鸭店二楼服务组
河北省华鑫集团公司车辆器材公司零件经营部
河北省石家庄建华百货大楼女装精品专柜
河北省保定商场日百商场化妆品三组
河北省唐山市百货集团公司针织商场毛织物组
河北省邢台市中桥商场
河北省故城县机电设备总公司
山西省太原五一百货大楼股份有限公司服装商场精品(西服柜组)部
山西上海汽车工业销售有限公司
山西省临汾市商业(集团)有限公司文化组
山西省化轻总公司塑料分公司
山西省太原市湖滨健美乐园女部
山西省物产轮胎橡胶有限公司
山西省机电设备仓库物资经销分公司
内蒙古自治区包头市百货大楼工艺商场
内蒙古自治区呼和浩特市北方多味思食品厂
内蒙古自治区包头市家乐青松粮油食品店
内蒙古自治区包头市百货大楼集团公司蓝天.商厦
内蒙古自治区赤峰粮油应用技术研究所
内蒙古自治区民族实业集团股份有限公司友谊商店进口电视机组
辽宁省沈阳市和平宾馆青年接待班
辽宁省中兴——沈阳商业大厦美容食品商场美容二部牙膏组
辽宁省大连渤海饭店十楼青年服务班
辽宁省锦州市锦华商场小食品组
辽宁省中兴大连商厦儿童用品商场玩具一班
辽宁省阜新国泰大厦食品部
吉林省吉林东方商厦股份有限公司音像商场影像商品部
吉林省机电设备总公司机床销售公司
吉林省通化市化工轻工总公司橡胶制品部
吉林省长春国贸中心纺织精纺一组
吉林省白山糖酒站万隆商城
黑龙江省哈尔滨秋林股份有限公司纺织商场精纺组
黑龙江省大庆百货大楼股份有限公司日化商场化妆二组
黑龙江省哈尔滨第一百货商店家电商场电视机组
上海市第一百货商店四楼商场礼品柜
上海妇女用品商店新一代青年女子专柜
上海新亚(集团)股份有限公司新城饭店门厅小组
上海物资贸易中心股份有限公司梦丝娱乐总汇
上海市新世界股份有限公司丽华公司小商品柜
上海市油脂总厂精制油小包装车间
上海市机电设备总公司汽车公司摩托车部
上海华联超市公司华山店
上海东方商厦有限公司超市商场
上海市华生化工厂新产品试制小组
上海市兰笋山庄
上海长春食品商店
江苏省南京中央商场股份有限公司针织商场内衣组
江苏省物资贸易中心物贸大酒店餐饮部
江苏省苏州物贸集团胥城大厦
江苏省张家港市商业大厦
江苏省苏州工业品商场购物中心
江苏省生产资料贸易总公司汽车贸易部
浙江省宁波市第二百货商店“老凤祥”首饰柜
浙江省杭州解放路百货商店股份有限公司箱包部雨伞柜

浙江元通汽车有限公司
安徽省蚌埠百货大楼股份有限公司衬衫组
安徽金属材料总公司钢材经营公司
安徽物贸中心金属材料公司
安徽省商之都食品商场糖果组
安徽省黄山市购物中心照相器材组
安徽省燃料总公司经营公司
安徽省物资集团汽车贸易有限公司上汽产品分公司
安徽省华物期货经纪有限责任公司投资发展部
安徽省芜湖市百货大楼股份有限公司黄金部
福建省福州市饮食(集团)公司美食园餐厅
福建省福州购物中心
福建省福州工业品贸易中心股份有限公司中心商场
福建省厦门市华联商厦服装部金利来柜
江西省物资储运总公司仓储分公司装卸一班
江西省燃料总公司油品分公司
山东华联商厦股份有限公司
山东省桓台宾馆
山东省威海市永利坚装饰配套公司
山东省济南人民商场股份有限公司
山东省青岛国货股份有限公司
山东省青岛崂山百货大楼(集团)股份有限公司
山东省淄博商厦
河南省机电设备总公司轴承公司
河南省郑州市刘胡兰有限责任公司糕点组
河南省平顶山市中原集团公司衬衣分公司
湖北省武汉商场日用化妆公司刘莉柜
湖北一汽集团湖北联合贸易公司
湖北省武汉市六渡桥百货(集团)股份有限公司桥东商场电讯商场“曹明平”柜
湖北省武汉市物资再生利用武昌公司资源科
湖北省武汉中心百货商场鞋帽商场郭和平柜
湖北省物资贸易中心中南大酒店客房部
湖北省金属材料总公司青山分公司第一经营部
湖北省襄樊市化工建材总公司轮胎橡胶分公司
湖北省化塑实业股份有限公司
湖北省武汉市汉商集团日化公司邹三梅专柜
湖南省长沙市中山路百货大楼电视机共青团优质服务示范柜
湖南省湘潭百货大楼(集团)公司华隆大厦大百杂柜
湖南省先锋期货经纪有限责任公司
湖南省长沙物资贸易总公司计划财务部
湖南省金盛化工防腐研究中心
湖南省长沙阿波罗商业城照相器材专柜
广东省广州百货大厦食品商场超市收款台
广东省深圳经济特区国营外币免税商场金饰A组
广东省珠海市百货集团百货广场童装柜
广东省东莞运河商场皮具鞋类岗
广东省建材公司江村仓库轮胎吊班
广东省广州百货大厦文化商场机一岗
广东省广州友谊商店股份有限公司工艺品商场钻石岗
广东省广州市五风粮油食品店
广西壮族自治区桂林市百货总公司观音阁商场化妆柜
广西壮族自治区南方大厦商场名酒城
广西壮族自治区柳州五星商厦纺织商场毛呢组
四川省成都市红旗商场自选奶制品柜
四川物资宾馆客房部
四川省内江百货(集团)总公司副食分公司副食一柜
四川省建材总公司散装水泥分公司
四川省成商集团武侯分场食品区冷冻柜
四川省第一汽车集团联合贸易公司
重庆商社家电维修中心电子电讯部
贵州省贵阳百货大楼集团公司钟表柜
贵州省贵阳市河滨饭店客房部

云南省威龙饭店客房部
云南大酒店
云南省昆百大集团公司毛呢柜
陕西省西安市唐城集团股份有限公司化妆品商场护肤柜
陕西省西安饭庄秦苑餐厅青年服务班
陕西省宝鸡市化工轻工总公司民爆器材专营公司民爆经营部
陕西省西安太白商业大厦
陕西省西安市老孙家饭庄二楼服务班
甘肃省兰州民百集团亚欧商厦家电部
青海省纺织品总公司纺织品大楼百货部化妆品组
宁夏回族自治区银川绿洲饭店客房部三楼服务组
宁夏回族自治区银川市丽华商场糕点组
宁夏回族自治区华联商厦整机组
新疆维吾尔自治区华联商场地毯经营部
新疆维吾尔自治区乌鲁木齐市友好商场股份有限公司百货用品商场铝制品组
新疆维吾尔自治区百花村大酒店有限公司“一品红”快餐厅
新疆维吾尔自治区糖酒副食品总公司乌鲁木齐经营部

二、新命名的

北京市菜市口百货有限责任公司黄金商品部
北京市昌乐电器服务中心
中国嘉德国际拍卖有限公司
天津市鸿起顺饭庄厨房组
天津华联商厦电讯商场进口彩电部
天津市北辰区集贤大酒家
河北省石家庄市新燕春集团天府大酒店
河北省沧州华北商厦集团有限公司
山西省太原天龙大厦
山西省机电设备总公司汽车部
内蒙古自治区天元商厦售后服务中心
内蒙古自治区呼和浩特市第三粮库青年保管组
内蒙古自治区赤峰宾馆客房部
辽宁省沈阳商业城集团鞋帽公司皮鞋二商场
辽宁省大连商场股份有限公司家电外贸部国产电视机班
辽宁省大连天百大楼服装二商场小伙子专柜
吉林省长春汽车城百货大楼电视机组
吉林燃料股份有限公司自备车营业处
上海华联商厦照相机柜
上海市培罗蒙西服公司定制中心
江苏省物资集团经贸发展有限公司
江苏省南京商厦文化商场电脑组
江苏省常州百华大楼股份有限公司购物中心电视机A柜
浙江省百大集团嘉兴购物中心黄金钟照商场黄金柜
安徽省兴物商贸公司
福建省三明市商业集团公司三元百货大楼文具柜
江西省南昌亨得利钟表眼镜公司珠宝金行
山东省银座商城股份有限公司
山东省烟台瑞康生化药品有限责任公司
山东省济南世界购物广场
山东省青州市农机交易市场
山东省德州友谊形象设计有限公司
河南省洛阳市洛阳酒家贵宾厅
河南省驻马店商业大厦服装公司
河南省平顶山商场文化部笔组
河南省洛阳市新艺实业有限公司
湖北省孝商集团百货部化妆柜
湖北省黄石物资集团物兴经贸有限公司
湖南省郴州北湖商场副食柜
广东省物资汽车贸易公司汽车销售中心
广东省天河城广场管理中心
广东省深圳布吉农产品中心批发市场
海南省第一百货商场化妆部
重庆商社新世纪百货日化分公司精品柜
云南省机电设备总公司锦泰大酒店前厅部
第一汽车集团云南联合贸易公司中兴汽车城

陕西省西安开元商城购物中心电视机音像商场
甘肃省兰州民百(集团)股份有限公司民百大楼黄金部
青海省金香粮油(集团)有限责任公司
宁夏回族自治区糖酒副食品总公司连锁总店
宁夏回族自治区银川百货大楼羊毛衫组
新疆维吾尔自治区百货总公司新疆百货大厦家电部冰洗组
新疆维吾尔自治区乌鲁木齐仓房沟国家粮食储备库青年熏蒸班
新疆生产建设兵团农七师明珠楼
新疆维吾尔自治区徕远经贸总公司徕远宾馆销售部
新疆维吾尔自治区商业储运公司物流中心集装箱科

卫 生 系 统

一、继续认定的

北京市天坛医院神经内科二病房
北京市结核病胸部肿瘤研究所六病区
北京市红十字朝阳医院内科血液病区
天津市第三医院门诊化验室
天津市南开区黄河医院急诊内科
河北省冀州市医院外科
河北省人民医院急诊中心
河北省衡水哈励逊国际和平医院内二病区
山西省人民医院内分泌科二病区
山西医科大学第二医院骨科
山西省长治市人民医院妇产科病房
辽宁省阜新市中医医院结石病医疗中心护士站
辽宁省沈阳市第五人民医院外一病房
辽宁省抚顺市第二医院内科门诊
辽宁省沈阳市红十字会医院外科十病房
吉林省四平市中心医院门诊大厅服务岗
吉林省人民医院血液科
黑龙江省医院心血管外科
黑龙江省佳木斯市中心医院透析中心
黑龙江省哈尔滨市儿童医院急救中心
上海市第六人民医院产科病区
上海市第二医科大学附属仁济医院药房窗口
上海中医药大学附属曙光医院检验科急诊窗口
上海市第二人民医院急诊护理组
江苏省无锡市第二人民医院十一病区
江苏省南京市鼓楼医院急诊中心护理组
安徽省蚌埠市医院儿科护理部
安徽省立医院重症监护室
安徽省立医院输血科
福建省肿瘤医院六病区护理组
福建省龙岩市急救中心
福建省厦门市仙岳医院二病区
江西医学院第一附属医院妇产科
江西省肿瘤医院放疗科技术组
江西省赣州地区人民医院急诊科
山东省立医院消化东组病房护理组
山东省精神卫生中心心理健康热线
山东省济南市传染病医院检验科
山东省济南市中心医院友谊血液净化中心
河南省漯河市第一人民医院外二科
河南省人民医院一内科四病区
湖北省人民医院(湖北医科大学附一医院)检验科
湖北省武汉市第四医院肿瘤科
湖北省鄂州市第一医院心血管内科
湖南省湘潭市中心医院十六病室
广东省韶关市粤北人民医院老年病科
广东省汕头大学医学院第一附属医院内七病房
广西壮族自治区桂林医学院附属医院消化内科
广西壮族自治区梧州市妇幼保健院妇产科
海南省人民医院肿瘤内科
四川省人民医院“绿色生命通道”急救组
重庆市外科医院呼吸内科
重庆市第三人民医院老年病科
贵州省贵阳市妇幼保健院新生儿科

贵州省人民医院急诊科
云南省昆明市延安医院昆明心胸外科研究中心
云南省大理州医院内三科东病区
陕西省肿瘤医院 CT 室
陕西省西安市中心医院神经外科护理部
陕西省西安市儿童医院新生儿科（西病区）
甘肃省中医医院急诊科
青海省儿童医院电生理科
新疆维吾尔自治区卫生防疫站肝炎研究室
山东省青岛市立医院神经外科
广东省深圳市人民医院显微外科
同济医科大学同济医院内科血液病房
西安医科大学第一临床医学院肾移植科
华西医科大学附属第一医院心血管内科护理组
山东医科大学附属医院肿瘤中心七病房
北京医科大学第一医院儿科二病房
中国医学科学院北京协和医院 ICU 病房
中日友好医院中心治疗室
中国中医研究院广安门医院五病区
四川省成都市第三人民医院干部病区
内蒙古医学院附属医院门诊部
浙江省人民医院急诊室
浙江省温州市温州医学院附属一院急诊科
四川省成都市第一人民医院中西医结合重症监护病区
西藏自治区人民医院小儿科
新疆维吾尔自治区乌鲁木齐红十字中心血站检验中心
辽宁省大连市中医医院股骨头专科病房
辽宁省大连市儿童医院重症监护病房
浙江省宁波市医疗中心李惠利医院心胸外科
中国医科大学第二临床学院儿科急救中心
湖南医科大学代谢内分泌研究所

二、新命名的

北京市同仁医院急诊科
北京友谊医院急诊科

天津市第一中心医院检验学部临床检验科
河北省保定市儿童医院新生儿科
山西省阳泉市第三人民医院手外科
辽宁省锦州市亚东眼科医院
吉林省肿瘤医院胸二科护理组
黑龙江省哈医大二院老年病房六病区
上海市瑞金医院灼伤三楼病区
江苏省常州市第二人民医院心血管内科
浙江省中医院八病区
安徽省血吸虫病防治研究所血吸虫研究室
福建省人民医院五区护理组
江西省人民医院重症监护病房
山东省潍坊市人民医院妇科
河南省洛阳正骨医院下肢正骨一科
湖北省肿瘤医院化疗科
湖南省邵阳市中心医院小儿观察室
广东省广州市中医医院普罗肿瘤治疗中心
广西壮族自治区玉林市第一人民医院急诊科
海南省海口市急救中心 120
重庆医科大附一院检验科门诊
贵州省遵义医学院附属医院急诊科
云南省第二人民医院肝胆外科
陕西省人民医院急诊科
甘肃省卫生厅计财处
宁夏医学院附属医院神经外科
新疆维吾尔自治区人民医院急诊内科
辽宁省大连市第五人民医院胸外一病房
广东省深圳市保安区人民医院外一科
湖南医科大学附属二院心胸外科
白求恩医科大学第三临床学院（中日联谊医院）急救中心护理组
北京医科大学第一医院泌尿科
卫生部北京医院神经内科病房护理组

税务系统

一、继续认定的

北京市宣武区国家税务局第一征收所
北京市密云县国家税务局第一税务所

北京市宣武区地方税务局白纸坊牛街税务所
北京市石景山区地方税务局冶金税务所
天津市河北区国家税务局稽查三所
天津市红桥区国家税务局稽查一所
天津市地方税务局和平区分局三所
天津市地方税务局南开区分局征收所
河北省唐山市海港开发区国家税务局
河北省东光县国家税务局城区分局
河北省宽城满族自治县地方税务局峪耳崖分局
河北省邢台县地方税务局东汪税务所
山西省大同市国家税务局稽查二分局稽查二科
山西省朔州市平鲁区国家税务局下水头中心税务所
山西省太原市地方税务局一分局管理一科
山西省榆社县地方税务局征收分局办税服务厅
内蒙古自治区哲里木盟奈曼旗国家税务局青龙山税务所
内蒙古自治区宁城县国家税务局八里罕分局
内蒙古自治区鄂伦春自治旗地方税务局
内蒙古自治区包头市东河区地方税务局
辽宁省本溪市国家税务局平山分局一洞桥税务所
辽宁省抚顺市国家税务局新抚一分局公园税务所
辽宁省沈阳市国家税务局沈河分局五爱税务所
辽宁省沈阳市国家税务局苏家屯分局姚千税务所
辽宁省大连市国家税务局旅顺口分局铁山中心税务所
辽宁省大连市国家税务局甘井子分局第四中心税务所
辽宁省大石桥市地方税务局官屯税务所
辽宁省海城市地方税务局西柳分局
辽宁省沈阳市地方税务局皇姑分局征收科
辽宁省沈阳市地方税务局沈河分局五爱税务所
辽宁省大连市地方税务局第一分局计征科
辽宁省大连市地方税务局第二分局
吉林省辽源市国家税务局征收二分局天桥税务所
吉林省吉林市国家税务局稽查局东关稽查二科
吉林省长春市国家税务局高新技术产业开发区分局
吉林省长春市国家税务局宽城分局兴隆山税务所
吉林省通榆县地方税务局稽查局
吉林省珲春市地方税务局合作区分局
吉林省长春市地方税务局朝阳分局检查五科
吉林省长春市地方税务局二道分局征收管理科
黑龙江省大庆市国家税务局萨尔图分局拥军税务所
黑龙江省桦川县国家税务局江川分局
黑龙江省哈尔滨市国家税务局道外分局前进税务所
黑龙江省巴彦县国家税务局城郊分局
黑龙江省阿城市地方税务局征收二分局
黑龙江省兰西县地方税务局稽查局
黑龙江省尚志市地方税务局一面坡分局
黑龙江省哈尔滨市地方税务局道里分局计征科
上海市国家税务局第二分局第六税务所
上海市闸北区国家税务局征收所
江苏省仪征市国家税务局青山分局
江苏省邳州市国家税务局官湖分局
江苏省南京市国家税务局栖霞分局营防税务所
江苏省江宁县国家税务局禄口分局
江苏省镇江市地方税务局工交分局
江苏省吴县市地方税务局直属税务所
江苏省南京市地方税务局白下分局稽查二所

江苏省南京市地方税务局雨花台分局稽查三所
浙江省龙游县国家税务局征管分局
浙江省绍兴县国家税务局福全税务所
浙江省宁波市象山县国家税务局爵溪分局
浙江省余姚市国家税务局临山分局
浙江省湖州市地方税务局菱湖分局和孚办税服务厅
浙江省绍兴县地方税务局直属中心税务所福全办税服务站
浙江省宁波市象山县地方税务局爵溪分局
安徽省涡阳县国家税务局稽查分局
安徽省淮南市国家税务局第三分局办税服务厅
安徽省淮南市地方税务局谢家集分局蔡家岗税务所
安徽省合肥市地方税务局第二直属分局征收四所
福建省闽侯县国家税务局上街分局
福建省邵武市国家税务局办税服务厅
福建省厦门市国家税务局直属征收局湖里中心税务所
福建省厦门市国家税务局稽查局
福建省晋江市地方税务局磁灶分局
福建省闽侯县地方税务局
福建省厦门市地方税务局稽查局
福建省厦门市地方税务局对外税务分局
江西省泰和县国家税务局文田分局
江西省九江市国家税务局直属分局征收所
江西省萍乡市湘东区地方税务局下埠税务所
江西省吉水县地方税务局直属分局
山东省淄博市周村区国家税务局办税服务厅
山东省济南市市中区国家税务局稽查局
山东省胶南市国家税务局计征科
山东省安丘市国家税务局景芝分局
山东省青岛市崂山国家税务局
山东省临沂市河东区地方税务局汤头镇税务所
山东省枣庄市市中区地方税务局征收分局
山东省青岛市地方税务局第一分局征收管理科
山东省青岛市地方税务局第三分局征收科
河南省安阳市郊区国家税务局龙泉中心税务所
河南省陕县国家税务局观音堂中心税务所
河南省巩义市地方税务局征收管理分局
河南省林州市地方税务局征收管理分局
湖北省襄樊市国家税务局樊城分局征收科
湖北省松滋市国家税务局第一分局
湖北省武汉市国家税务局江岸分局第五稽查所
湖北省武汉市国家税务局武昌分局征收科
湖北省咸宁市国家税务局城区分局
湖北省天门市地方税务局征收分局
湖北省罗田县地方税务局大崎分局
湖北省武汉市地方税务局洪山分局第三管理稽查税务所
湖北省武汉市地方税务局青山分局征收服务税务所
湖南省新化县国家税务局炉观征收分局
湖南省长沙市国家税务局二分局城南路税务所
湖南省郴州市国家税务局一分局城前岭税务所
湖南省洪江市地方税务局第三征收分局
湖南省桃江县地方税务局第一征收分局
广东省珠海市国家税务局市区中心分局
广东省吴川市国家税务局城区中心分局
广东省深圳市宝安区国家税务局福永税务所
广东省深圳市龙岗区国家税务局龙岗分局
广东省广州市国家税务局第二中心分局办税科
广东省广州市东山区国家税务局第二税务所
广东省电白县地方税务局稽查分局
广东省普宁市地方税务局直属征收分局
广东省深圳市地方税务局福田征收分局征收科
广东省深圳市地方税务局稽查分局

广东省广州市地方税务局对外税务分局业务一科
广西壮族自治区田东县国家税务局平马征收分局
广西壮族自治区岑溪市国家税务局糯垌分局
广西壮族自治区柳州市地方税务局鱼峰分局
广西壮族自治区武鸣县地方税务局锣圩税务所
海南省三亚市国家税务局第一分局
海南省琼山市地方税务局桂林洋税务所
海南省三亚市地方税务局河西第一分局
重庆市綦江县国家税务局古南税务所
重庆市九龙坡区国家税务局杨家坪征收税务所
重庆市高新技术产业开发区地方税务局
四川省渠县国家税务局稽查局
四川省德阳市国家税务局直属分局
四川省成都市双流县国家税务局机场税务所
四川省成都市武侯区国家税务局机投税务所
四川省西昌市地方税务局稽查分局
四川省成都市大邑县地方税务局悦来税务所
四川省地方税务局直属征收分局申报征收科
贵州省遵义市红花岗区国家税务局办税服务厅
贵州省安顺市地方税务局轿子山镇税务所
贵州省贵阳市南明区地方税务局二戈寨税务所
云南省鹤庆县国家税务局征收分局
云南省丽江县国家税务局巨甸分局
云南省嵩明县地方税务局杨林分局
云南省昆明市五华区地方税务局个体集贸征收管理分局
陕西省城固县国家税务局南乐中心税务所
陕西省咸阳市国家税务局涉外分局
陕西省西安市国家税务局新城分局长乐西路税务所
陕西省西安市国家税务局第二分局计会征收科
陕西省安康市地方税务局稽查分局
陕西省大荔县地方税务局城关税务所
陕西省西安市阎良区地方税务局稽查队
陕西省户县地方税务局税务稽查队
甘肃省兰州市国家税务局涉外税收分局
甘肃省嘉峪关市国家税务局征收分局
甘肃省兰州市城关区地方税务局五里铺税务所
甘肃省文县地方税务局碧口征收分局
青海省天峻县国家税务局新源税务所
青海省平安县国家税务局平安税务所
青海省德令哈市地方税务局,
青海省乐都县地方税务局纳税申报中心
宁夏回族自治区石嘴山市石炭井区国家税务局白岌沟税务所
宁夏回族自治区银川市新市区国家税务局朔方税务所
宁夏回族自治区灵武市地方税务局城区税务所
宁夏回族自治区平罗县地方税务局太西税务所
新疆维吾尔自治区乌鲁木齐市国家税务局新市区分局迎宾路税务所
新疆维吾尔自治区鄯善县国家税务局石油分局
新疆维吾尔自治区乌鲁木齐市地方税务局新市区分局火车北站税务所
新疆维吾尔自治区克拉玛依市地方税务局白碱滩分局

二、新命名的

吉林省延吉市国家税务局新兴分局

民 航 系 统

一、继续认定的

民航华北管理局空中交通管制中心塔台进近管制室
民航内蒙古区局航管中心呼和浩特区域管制室

民航天津市局公安处派出所
民航山西省管理局太原空中交通管理中中区域管制室
中国航空油料华北公司第四油库第三汽车加油站
中国国际航空公司飞行总队乘务部金凤一组
中国国际航空公司天津分公司售票处
中国国际航空公司飞行总队中韩航线青年乘务组
中国国际航空公司地面服务部要客服务室
北京空港航空地面服务有限公司客运部值机室
北京首都国际机场天然气管理处设备维修科
北京首都国际机场贵宾室
北京首都国际机场公安分局消防队
北京首都国际机场安检站安检三科
中国民航计算机信息中心货运部
中国航空结算中心海外业务部
中国民航总医院门诊西药调剂组
民航华东空管局空管中心虹桥塔台进近管制室
民航安徽省局合肥售票中心
民航浙江省局运输部候机楼服务科
南京禄口国际机场安检站安检科
中国东方航空公司“2308 样板机”青年维护组
中国东方航空公司客舱部“凌燕”乘务示范组
中国东方航空公司山东分公司客舱部“鲁燕”乘务示范组
中国东方航空公司客运部售票处“青年创优窗口”
中国东方航空公司江西分公司飞行大队乘务中队
中国东方航空公司安徽分公司“皖燕”乘务示范组
中国东方航空公司客运部旅客服务部“温馨服务小组”
上海虹桥国际机场维修管理部供电科灯光站
上海虹桥国际机场股份有限公司候机楼管理分公司电话问询室
上海航空公司售票中心
上海航空公司乘务部“金鹤”乘务组
厦门国际航空港集团有限公司客货代理公司服务站
厦门航空有限公司客舱服务部乘务队
民航中南空管局白云塔台管制室
民航中南空管局气象中心预报室
民航湖南省局航务管理中心区调
桂林两江国际机场运输服务部服务队
武汉天河机场场务修缮公司灯光动力部
民航海南省局航管中心通信导航站
中国南方航空股份有限公司运输部客运处航班不正常处理室
中国南方航空股份有限公司客舱部“春风”乘务组
中国南方航空(集团)公司海南公司张警予乘务示范组
中国南方航空(集团)公司湖南公司“芙蓉乘务示范组”
中国南方航空股份有限公司特种车辆修理分队
广州白云国际机场安全检查站一中队
广州白云国际机场旅客服务公司中餐部烧腊房
广州白云国际机场公安局刑警大队
广州白云国际机场航空客货服务公司售票处国内柜台
深圳航空公司乘务大队
深圳国际机场承远油料公司航空加油站
深圳国际机场运输部服务科
海南航空股份有限公司乘务大队“飞鹿”乘务组
民航西南空管局管制中心塔台管制室
民航西南管理局空管局气象中心预报室
中国航空油料西南公司航空加油站
重庆江北机场候机楼总服务台
重庆江北机场交通警察大队

成都双流机场安全检查站
中国西南航空公司运输服务部要客服务室
中国西南航空公司飞机维修厂五车间一工段
中国西南航空公司重庆公司“红岩”乘务组
中国民航飞行学院洛阳分院航站安检站
中国民航飞行学院广汉分院机务工程部团员安全监督岗
云南航空公司候机楼公司服务部
云南航空公司“金孔雀”乘务组
四川航空公司机务部 A320 中队三分队
西安咸阳国际机场维修动力处供电站灯光分队
中国西北航空公司甘肃公司运输服务部候机室
中国西北航空公司飞行大队乘务二中队“如意”乘务组
中国西北航空公司飞机维修基地空客车间定检工段
民航宁夏区局银川售票处
民航黑龙江省局航务处管制室
大连周水子国际机场公安局派出所
民航吉林省局长春机场候机室
民航东北空管局气象中心预报室
中国北方航空公司飞机维修基地发动机车间
中国北方航空公司沈阳营运部售票处
中国北方航空公司哈尔滨飞机维修厂四车间
中国北方航空公司沈阳乘务队共青团“微笑”乘务组
中国北方航空公司长春飞机维修厂三车间
中国新疆航空公司通信导航信息处莎车导航站
中国新疆航空公司运输部客运处问询处
中国新疆航空公司开发总公司机场宾馆客房部服务组
中国新疆航空公司“雪莲”示范乘务组

二、新命名的

山东航空公司“彩虹”乘务队
四川航空公司乘务队黄蓉萍乘务组
中国西北航空公司地面服务部服务处问询及特殊服务小组
中国民用航空大理站营运科
广州白云国际机场贵宾室
中国航空油料新疆公司航空加油站三分队
中国货运航空公司国内收货室
中国北方航空公司沈阳客运部服务室
中国东方航空公司山西分公司太原售票处
深圳航空公司商务华联售票处
中国南方航空(集团)公司海南公司中航售票处
沈阳桃仙国际机场安检站安检队
上海虹桥国际机场安检站二科一分队
民航甘肃省管理局区域管制室
民航开发总公司徐州设备修造厂一车间
中国国际航空公司内蒙古分公司航修厂六车间
民航西南管理局办公室秘书科
中国民航中南机场设计研究院

金 融 系 统

一、继续认定的

中国人民银行天津塘沽中心支行营业部
中国人民银行河北省曲阳县支行
中国人民银行山西省太谷县支行
中国人民银行辽宁省抚顺市中心支行调查统计处
中国人民银行辽宁省鞍山市中心支行科技处
中国人民银行吉林省白山市中心支行科技科
中国人民银行上海分行银行监管一处综合科
中国人民银行福建省南平市中心支行营业部
中国人民银行安徽省宿州市中心支行调查统计科
中国人民银行山东省淄博市博山区支行
中国人民银行河南省汝州支行
中国人民银行湖北省襄樊市中心支行营业部
中国人民银行湖北省荆门市中心支行科技科
中国人民银行江西省万年县支行

储蓄所
中国人民银行深圳市中心支行银行监管一处保险科
中国人民银行广东省东莞市中心支行货币金银科
中国人民银行云南省蒙自县支行
中国人民银行广西壮族自治区柳州市中心支行业务部
中国人民银行贵阳市中心支行营业部会计科
中国人民银行青海省湟中县支行
中国人民银行宁夏回族自治区石嘴山市中心支行营业部
中国人民银行新疆维吾尔自治区拜城县支行营业部
中国人民银行陕西省略阳县支行
中国人民银行青海省果洛藏族自治州中心支行计划调研科
沈阳造币厂四车间十包班一号机台
石家庄印钞厂凹印车间印刷一班417机台
河北保定钞票纸厂一三车间抄纸乙班
上海造币厂二车间卧式印花机组
吉林省前郭县新立农村信用社
浙江省台州市银座城市信用社总社营业部
山东省蒙阴县桃墟镇农村信用合作社
江西省赣州地区城市信用合作中心社第三营业部
重庆城市合作银行四贤巷分理处
招商银行深圳市深纺大厦营业部
招商银行武汉分行营业处营业室会计组
福建省兴业银行厦门分行海口支行厦港分理处
福建省兴业银行福安支行储蓄专柜
中信实业银行杭州分行天水办事处
中国工商银行黑龙江省牡丹江市分行长安街支行出纳科
中国工商银行黑龙江省哈尔滨市中央大街支行
中国工商银行吉林省长春市三八储蓄所
中国工商银行吉林省吉林市吉化市支行湘潭储蓄所
中国工商银行天津市分行李家台储蓄所
中国工商银行湖北省随州市支行第二营业部
中国工商银行湖北省潜江市支行营业部
中国工商银行湖北省荆州市分行营业部
中国工商银行湖南省分行营业部东塘本部储蓄所
中国工商银行湖南省分行营业部韶山路支行大楼储蓄所
中国工商银行广东省广州市署前路储蓄所
中国工商银行广东省深圳分行营业部金融大厦储蓄所
中国工商银行广东省佛山市分行向秀丽储蓄所
中国工商银行四川省直属支行盐市口营业部
中国工商银行四川省达川市支行东风路储蓄所
中国工商银行四川省成都市春熙路支行春熙路储蓄所
中国工商银行四川省成都市滨江支行青羊宫分理处
中国工商银行重庆市渝中区支行渝都储蓄所
中国工商银行重庆市九龙坡区支行西郊分理处
中国工商银行云南省昆明市银通支行
中国工商银行云南省大理州分行振兴街储蓄所
中国工商银行贵州省贵溪布支行甘荫塘分理处
中国工商银行广西壮族自治区柳州市分行解放北路储蓄所
中国工商银行广西壮族自治区桂林市分行阳桥储蓄所
中国工商银行广西壮族自治区分行营业部桃源街储蓄所
中国工商银行海南省海口市金贸办事处
中国工商银行总行营业部
中国农业银行北京市房山支行周口店分理处

中国农业银行山西省太原市分行第二营业部营业室

中国农业银行河北省石家庄市分行第二营业部

中国农业银行河北省秦皇岛市分行迎宾路办事处

中国农业银行天津市河东支行六纬路分理处

中国农业银行辽宁省分行营业部滨河支行

中国农业银行辽宁省抚顺市分行望花支行

中国农业银行辽宁省本溪市分行营业部新华储蓄所

中国农业银行吉林省公主岭市支行原种场办事处

中国农业银行吉林省分行营业部

中国农业银行黑龙江省大庆市分行卧里屯支行

中国农业银行黑龙江省牡丹江市分行园明支行中心储蓄所

中国农业银行辽宁省大连市沙河口支行民生街分理处

中国农业银行江苏省徐州市分行营业部

中国农业银行江苏省吴江市支行东方丝绸市场办事处

中国农业银行浙江省杭州市西湖支行中心储蓄所

中国农业银行浙江省温州市分行鹿城支行中山储蓄所

中国农业银行山东省临沂市兰山区支行营业部

中国农业银行山东省淄博市桓台县支行

中国农业银行山东省东营市东营区支行基东办事处

中国农业银行安徽省临泉县支行营业部

中国农业银行安徽省庐江县支行营业部

中国农业银行安徽省合肥市长江路支行

中国农业银行福建省莆田县支行石庭营业所

中国农业银行上海市浦东分行庄家桥营业所

中国农业银行上海市虹口支行大连西路营业所

中国农业银行江西省九江市分行八里湖支行

中国农业银行江西省赣州市支行国商储蓄所

中国农业银行湖北省武汉市江岸区支行建设大道办事处

中国农业银行湖北省武汉市武昌区支行大东门储蓄所

中国农业银行湖北省潜江市支行后湖营业所

中国农业银行湖北省荆州市荆州区支行泰安办事处

中国农业银行湖北省襄樊市分行营业部

中国农业银行湖南省郴州市分行营业部

中国农业银行湖南省邵阳市昭陵支行朝阳分理处

中国农业银行湖南省永州市分行营业部

中国农业银行广东省南海市支行国际业务部

中国农业银行广东省分行营业部白云支行萝岗储蓄所

中国农业银行广东省深圳市布吉支行田背办事处

中国农业银行海南省分行信息电脑部

中国农业银行四川省巴中市支行平梁营业所

中国农业银行四川省分行营业部

中国农业银行广西壮族自治区南宁市天桃支行营业部

中国农业银行广西壮族自治区柳州分行飞鹅路第六储蓄所

中国农业银行云南省昆明市盘龙支行

中国农业银行贵州省水城县支行营业室

中国农业银行西藏自治区山南地区中心支行营业部

中国农业银行重庆市梁平支行屏锦营业所

中国农业银行陕西省咸阳市中心支行营业部

中国农业银行陕西省延安市分行营业部

中国农业银行陕西省西安市分行营业部莲湖路分理处

中国农业银行宁夏回族自治区分行银川市开发区支行

中国农业银行新疆维吾尔自治区焉耆县支行新城储蓄所
中国农业银行新疆生产建设兵团分行阿克苏兵团支行营业部
中国农业银行青海省海北州门源县支行青石嘴办事处
中国农业银行甘肃省兰州市支行七里河办事处
中国银行江西省赣州地区分行文清路储蓄所
中国银行青海省西宁市支行八一路民航储蓄所
中国银行宁夏回族自治区银川市新城支行怀远路分理处
中国银行甘肃省兰州市分行西关什字分理处
中国银行陕西省宝鸡支行体育路储蓄所
中国银行陕西省西安市分行营业部存款科
中国银行河北省石家庄市分行机场路营业部存汇科
中国银行河南省洛阳市支行国际结算部
中国银行山西省忻州支行长征路储蓄所
中国银行山西省太原市北城支行
中国银行北京市大兴支行储蓄专柜
中国银行天津市分行天山路储蓄所
中国银行湖南省分行营业部
中国银行湖南省长沙市分行德茂隆分理处
中国银行广东省广州市分行长堤路储蓄所
中国银行海南省分行存汇处
中国银行云南省开远支行
中国银行广西壮族自治区梧州分行河西储蓄所
中国银行黑龙江省分行营业处
中国银行吉林省延吉分行建工储蓄所
中国银行辽宁省沈阳市分行青年大街储蓄所
中国银行山东省龙口支行西市场储蓄所
中国银行上海市分行资金部外汇交易科
中国银行上海市分行黄浦支行华侨服务部
中国银行江苏省海门支行营业部
中国银行江苏省南京市分行百子亭分理处
中国银行浙江省舟山市分行普陀山办事处
中国银行安徽省芜湖市分行营业部
中国银行福建省福清支行国际业务部
中国银行湖北省潜江广华支行
中国银行安徽省阜阳分行向阳分理处
中国银行浙江省绍兴市分行清道桥分理处
中国银行内蒙古自治区通辽分行东城分理处
中国银行山西省平朔支行
中国银行四川省双流支行会计出纳科
中国银行海南省海口市国科园办事处
中国银行新疆维吾尔自治区乌鲁木齐市支行西北路办事处
中国银行江西省新余市分行渝水办事处储蓄专柜
中国建设银行总行营业部结算部
中国建设银行北京市城建支行安华里储蓄所
中国建设银行北京市朝阳支行营业部
中国建设银行北京市海淀支行科南路储蓄所
中国建设银行天津市河西支行平山道储蓄所
中国建设银行上海市黄浦支行营业部
中国建设银行上海市杨浦支行长阳路办事处储蓄所
中国建设银行上海市第五支行业务一科市政重大工程小组
中国建设银行黑龙江省牡丹江市分行中心储蓄所
中国建设银行黑龙江省哈尔滨市分行南岗支行储蓄专柜
中国建设银行吉林省公主岭市支行
中国建设银行吉林省长春市人民广场支行
中国建设银行河北省石家庄分行第三办事处
中国建设银行河北省邯郸铁西办事处
中国建设银行辽宁省葫芦岛市连山支行东方储蓄所
中国建设银行辽宁省锦州铁北支行铁北储蓄所
中国建设银行辽宁省沈阳皇姑支行第一储蓄所

中国建设银行辽宁省大连市沙河口支行五四广场储蓄所
中国建设银行山东省济宁市分行城区支行
中国建设银行山东省日照市分行岚山办事处
中国建设银行山东省济南历下区支行朝山街储蓄所
中国建设银行江苏省射阳县支行营业部
中国建设银行江苏省张家港市支行金州储蓄所
中国建设银行江苏省徐州市分行营业部储蓄专柜
中国建设银行江苏省淮阴市分行清浦办事处
中国建设银行江苏省南京汉中路分理处
中国建设银行浙江省杭州分行营业部松木场储蓄中心
中国建设银行安徽省分行营业部储蓄专柜
中国建设银行江西省南昌分行营业部永叔路口储蓄所
中国建设银行江西省赣州分行营业部文清路分理处储蓄专柜
中国建设银行福建省厦门分行思明支行中山储蓄所
中国建设银行青海省西宁支行城北办事处储蓄专柜
中国建设银行新疆维吾尔自治区乌鲁木齐市支行沙依巴克区办事处营业部
中国建设银行宁夏回族自治区盐池县支行大水坑办事处储蓄专柜
中国建设银行宁夏回族自治区分行青铜峡铝厂办事处
中国建设银行甘肃省兰州市支行城关办事处储蓄专柜
中国建设银行甘肃省兰州电力支行火电公司办事处
中国建设银行甘肃省兰州铁路专业支行营业部营业室
中国建设银行陕西省铁道专业支行友谊东路办事处
中国建设银行陕西省咸阳分行城区办事处
中国建设银行陕西省西安市分行东郊支行储蓄专柜
中国建设银行内蒙古自治区乌海市海渤湾电厂专支老石旦分理处
中国建设银行山西省太原城建专业支行会计柜台组
中国建设银行山西省新绛县支行
中国建设银行河南省分行营业部中原办事处
中国建设银行河南省平顶山煤炭专业支行营业部
中国建设银行湖北省荆门市新桥办事处
中国建设银行湖北省襄樊市襄城支行
中国建设银行湖北省分行营业部储蓄专柜
中国建设银行湖北省分行营业部胜利桥储蓄所
中国建设银行湖南省长沙市第三支行本部储蓄所
中国建设银行广东省广州黄埔支行登峰路办事处
中国建设银行广东省深圳田背支行东乐分理处
中国建设银行海南省分行营业部储蓄专柜
中国建设银行海南省海府支行美舍河办事处
中国建设银行海南省龙华支行义龙分理处
中国建设银行四川省分行营业部第一储蓄所
中国建设银行四川省成都市第一支行羊市街储蓄所
中国建设银行重庆涪陵市分行中心分理处
中国建设银行重庆万县市分行营业部
中国建设银行贵州省六盘水市共青团储蓄所
中国建设银行云南省大理州中支直属支行
中国建设银行云南省昆明市西山区支行棕树营储蓄所
中国建设银行广西壮族自治区柳州市分行北站路第二储蓄所
中国建设银行西藏自治区西郊办事处
中国农业发展银行新疆维吾尔自治区巴州分

行营业部
中国农业发展银行河北省分行营业部营业室
中国农业发展银行山西省长治市分行营业部
交通银行南京分行营业部储蓄所
交通银行长春分行长春大街办事处储蓄专柜
交通银行吉林省延边支行营业部
交通银行大连分行甘井子办事处大连湾分理处
交通银行山东省淄博分行临淄办事处
交通银行上海分行杨浦支行鞍山路分理处
交通银行江苏省张家港支行储蓄专柜
交通银行乌鲁木齐分行营业部
交通银行北京分行外汇计划信贷部信贷科
交通银行天津分行房地产信贷业务科
交通银行石家庄分行第六办事处
交通银行武汉分行营业部西马路储蓄所
交通银行重庆分行南坪支行南城分理处
交通银行贵州省遵义支行舟水桥办事处
交通银行郑州分行文化路支行黄河路分理处
交通银行上海分行六里支行
中国人民保险公司天津市分公司国际业务营业部业务三部
中国人民保险公司沈阳市分公司国外货运险部
中国人民保险公司安徽省分公司淮南洞山支公司
中国人民保险公司青海省分公司西宁市城中区支公司
中国人民保险公司青海省分公司格尔木支公司
中国人民保险公司南京市分公司下关支公司
中国人民保险公司广州市分公司海珠支公司市场一部
中国人民保险公司上海市分公司宝山支公司宝钢办事处
中国人民保险公司山东省泰安分公司营业部
中国人民保险公司山东省潍坊分公司营业部
中国人民保险公司吉林市分公司龙潭支公司铁东办事处
中国人民保险公司大连市分公司中山支公司财险一部
中国人民保险公司福建省泉州分公司营业部
中国人民保险公司湖北省分公司宜昌市葛洲坝支公司中心办事处
中国人民保险公司河北省唐山分公司国际保险部
中国人民保险公司甘肃省天水分公司五里铺营业所
中国人民保险公司广西壮族自治区南宁市分公司永新支公司
中国人寿保险公司内蒙古自治区赤峰市元宝山支公司
中国人寿保险公司江苏省南京市下关支公司
中国人寿保险公司安徽省蚌埠市分公司营业部
中国人寿保险公司河北省秦皇岛市海港支公司
中国人寿保险公司湖北省钟祥市支公司
中国人寿保险公司福州市晋安支公司
中国人寿保险公司成都分公司锦江支公司业务部

二、新命名的

中国人民银行重庆营业管理部外资外债科
中国人民银行天津分行办公室文书科
中国人民银行南京分行营业管理部货币金银处整点科
中国人民银行江西省上高县支行
中国人民银行四川省松潘县支行
北京印钞厂九五车间印码4号机何玉岩机台
中国人民银行内蒙古自治区土默特左旗支行
中国人民银行长春中心支行营业部与清算分中心
中国人民银行山东省文登市支行
中国人民银行山东省广饶县支行
中国人民银行河南省虞城县支行
中国人民银行广东省江门市中心支行国库科
中国人民银行深圳市中心支行营业部

中国人民银行甘肃省榆中县支行保卫股
南京造币厂 W160 落镗机台
西安印钞四一车间连结料站
成都印钞公司印钞厂胶印 207 机台
江苏证券有限责任公司常州营业部
中国工商银行河北省邢台市冶金路办事处
中国工商银行山西省阳泉市分行桥头储蓄所
中国工商银行辽宁省本溪市平山支行解放路储蓄所
中国工商银行江苏省镇江市分行中山路储蓄所
中国工商银行福建省泉州市分行营业部
中国工商银行山东省莱芜市莱城区支行城关储蓄所
中国工商银行河南省焦作市分行三八储蓄所
中国工商银行湖南省湘潭市乐塘支行乐塘储蓄所
中国工商银行四川省泸州市纳溪支行河东储蓄所
中国工商银行宁夏回族自治区吴忠市分行裕民街储蓄所
中国工商银行湖北省分行营业部民航新村分理处
中国工商银行山东省济南高新技术产业开发区支行
中国工商银行山东省济南市中支行七里山西路储蓄所
中国农业银行北京市分行宣武区支行骡马市分理处
中国农业银行黑龙江省哈尔滨市昆仑支行
中国农业银行浙江省绍兴市分行中心储蓄所
中国农业银行广东省顺德市支行第二营业部
中国农业银行重庆市万州市分行营业部
中国农业银行陕西省渭南分行营业部
中国农业银行四川省绵阳市涪城区支行营业部
中国农业银行河南省南阳市内乡县支行营业部

中国农业银行福建省厦门市分行滨北分理处
中国农业银行新疆生产建设兵团分行巴音郭楞支行营业部
中国农业银行吉林省四平市分行红嘴分理处
中国农业银行山西省运城市分行第二营业部
中国农业银行宁夏回族自治区银川市北京路支行
中国农业银行湖北省宜都市支行营业部
中国建设银行天津南开支行王顶堤储蓄所
中国建设银行福建省厦门湖里支行储蓄专柜
中国建设银行福建省福州分行城北支行会计部
中国建设银行江苏省苏州金阊办事处储蓄专柜
中国建设银行江苏省南通市启东支行营业部储蓄专柜
中国建设银行广西壮族自治区南宁市分行朝阳支行朝阳储蓄所
中国建设银行浙江省绍兴分行大通支行储蓄专柜
中国建设银行湖南省电力专业分行长岭支行
中国建设银行山东省潍坊市分行营业部
中国建设银行宁波第一支行储蓄专柜
中国农业发展银行江西省分行营业部营业厅
中国银行山东省阳信支行
中国银行河南省郑州市支行陇西办事处
中国银行江苏省昆山支行鹿城储蓄所
中国银行江西省南昌市分行大院分理处
中国银行浙江省台州市黄岩支行青年东路分理处
中国银行陕西省分行营业部零售业务部
中国银行内蒙古自治区包头市分行包百大楼储蓄所
中国银行深圳市分行信用卡中心业务部
中国银行江苏省南通市分行营业部
交通银行武汉分行竹叶分理处
交通银行郑州分行铁道支行储蓄专柜
交通银行青岛分行市北第一支行储蓄专柜

交通银行上海分行业务部会计科
交通银行江苏省常州分行营业部储蓄专柜
中国人民保险公司黑龙江省绥化分公司绥化市支公司
中国人民保险公司山东省分公司东阿县支公司
中国人民保险公司四川省宜宾市分公司营业部
中国人寿保险公司河南省洛阳市城郊营业部业务科
中国人寿保险公司江西省宜丰县支公司
中国人寿保险公司广东省佛山市分公司营业部
中国人寿保险公司上海市分公司业务处理中心核保理赔部

供 销 系 统

一、继续认定的

北京市崇文区南祥商业公司粮油食品一部
北京市丰台区亿客隆商城六里桥商场烟酒组
北京弘棉实业有限责任公司物资分公司销售部
天津市宁河县供销社芦台百货大楼化妆品组
天津市港商医药总公司业务科
河北省石家庄市中山路化妆品专业商店
河北省邯郸市供销社工业品总公司家电公司
河北省廊坊市农业生产资料公司化肥科
山西省农业生产资料公司科技服务分公司
山西省运城市华厦大酒店
山西省阳泉市天元商厦
山西省供销合作社招待所
山西省柳林县贸工农实业有限公司
内蒙古自治区赤峰市松山区牤牛营子供销社商品生产服务部
内蒙古自治区赤峰市喀喇沁旗乃林供销社科技兴农服务部
辽宁省大连市旅顺供销大厦青年服务队
辽宁省沈阳玫瑰大酒店前厅部
吉林省吉林市秋林大厦
吉林省辽源市联贸大厦车辆部
吉林省长春市农业生产资料总公司长农商社
黑龙江省哈尔滨星河宾馆客房部
黑龙江省大庆市五金工具总汇有限责任公司
黑龙江省哈尔滨市陶瓷总公司建材分公司
黑龙江省哈尔滨市农资公司储运分公司化工库
江苏省淮阴市新亚商城影视柜
江苏省天京大酒店总服务台
江苏省大丰市银都大酒店
浙江省衢州市家电城
浙江省湖州市浙北大酒店总服务台
浙江省宁波市美乐门股份有限公司小家电部
浙江省杭州宝善宾馆管家部楼层班组
安徽省冠隆实业总公司砀山县酥梨饮品公司
安徽省六安大厦
安徽省马鞍山市珍味南北货有限责任公司
安徽省安庆市干鲜果品公司新泉商店
福建供销大厦家电柜
福建省连城县日杂果品公司食杂经营部
福建省仙游县枫亭供销社枫江商场
江西省萍乡市供销大厦钟表柜组
江西省彭泽县棉纺厂一车间纺细丁班
江西省新余市供销大厦黄金首饰组
江西省宜春地区农资总公司金辰购物中心
山东省青岛东方集团股份有限公司
山东省东营市东营大酒店
山东省枣庄市供销社家电总站
山东省兖州市华联商厦
山东省青岛北方国贸大厦股份有限公司
河南省商城大厦照材商场相机柜
河南省信阳地区棉麻商厦白云宾馆
河南省商城大厦工艺商场 K 金二柜
湖北省供销社循礼门饭店“崔红班组”
湖北省农资总公司青年农资科技服务队
湖北省仙桃市供销集团公司商城大厦
湖南省长沙县路口区供销社路口商场

湖南省岳阳市九州大厦
湖南省岳阳市九龙商厦
湖南省长沙泰阳商城
广东省东莞市华商公司商场音响家电部
广东省普宁市中都大酒店
海南省儋州市供销合作联社经营管理部
广西壮族自治区柳州市洋华商行
广西壮族自治区百色地区供销大厦
贵州省供销工业品联销公司紫林商场食品组
贵州省贵阳市山林大酒店楼层集体
甘肃省金塔县棉花公司东坝收购加工厂打包车间
甘肃省兰州市兰山宾馆客房服务班
甘肃省日杂大楼铝制品组
青海省土产杂品总公司日用杂品经营部
青海省大通县工业品总公司供销商场
宁夏回族自治区农业生产资料总公司经警班
新疆维吾尔自治区石河子市棉麻公司检验科
新疆生产建设兵团供销大厦有限公司华都商场食品部酒类柜组
中国农业生产资料集团公司农药储备处

二、新命名的

北京市万事吉商城食品部保鲜组
河北省石家庄市大众商场橱柜组
河北省翼兴房地产开发公司
辽宁省盘锦供销大厦有限公司
吉林省敦化市黄泥河供销社黄泥河商场
黑龙江省尚志市北方商场首饰组
江苏省果品食杂总公司市场部
安徽省新世纪大厦餐饮部
福建省上杭县土产日杂公司紫金商场
山东省泰安市华联商厦
中国郑州交易中心商场饭店总台
河南省内乡县新大新有限公司新大新商场
河南省西平县第二农业生产资料公司
湖北省随州购物中心三资化妆柜
广东省东莞市长安供销社新世界购物中心影视部
广西壮族自治区玉林金城商厦有限责任公床上用品柜
贵州省工业品联销公司紫林商场衬衣柜
新疆生产建设兵团棉麻大厦利华大酒店餐部中餐厅

电力系统

一、继续认定的

内蒙古自治区蒙达发电有限责任公司运行部
吉林省通化市二道江发电厂七号机组
黑龙江省哈尔滨电业局道里供电局道里售电所
江苏省扬州供电局500千伏江都变电所
浙江省嘉兴市电力局城郊供电公司110千伏王店变电所
福建省沙溪口水力发电厂1号水轮机组
江西省贵溪火力发电厂电气检修公司继电保护班
河南省洛阳热电厂#1青年机组
河南省火电二公司锅炉钢架青年突击队
广东省电力工业局黄埔发电厂燃丁分岗
广西壮族自治区梧州供电局平浪变电站
西北电管局灞桥热电厂电气主控制室
甘肃省兰州供电局变电处海石湾三三O变电所
青海省龙羊峡水力发电厂运行分场
江苏省盐城供电局营业厅青年服务队
华北电力集团张家口供电公司宣化供电分公司抄表班
华北电力集团北京大唐发电股份有限公司陡河发电厂运行甲值四单元班
华北电力集团唐山供电公司建设路营业站
天津市电力公司城南供电局河西营业站
天津市电力公司高压供电公司继电保护管理所
天津市第一热电厂热机运行热水网
天津市电力公司调度中心调度运行张军组
河北省石家庄电业局桥东营业厅

河北省西柏坡发电总厂一号机组运行岗位
河北省邢台发电厂锅炉分场机动三班
山西省大同供电分公司新开路营业所
山西省运城地区电业局三正自动化所
山西省太原二电厂燃料车间
内蒙古自治区包头电业局调度所微波班
内蒙古自治区蒙电华能热电股份有限公司电气集控室
内蒙古自治区呼和浩特供电局新城分局鼓楼营业站
内蒙古自治区丰镇发电厂汽机车间
辽宁省鞍山电业局用电服务中心
辽宁省金州供电局用电服务处
辽宁省沈阳供电局送电工区
辽宁省铁岭发电厂锅炉分厂制粉班
黑龙江省佳木斯电业局浩良河供电局
黑龙江省牡丹江电业局东安供电局
黑龙江省哈尔滨第三发电厂值长组
吉林省长春电业局宽城供电局电费发行科
吉林省龙潭供电局营业窗口
吉林省长春热电二厂1#发电机组
华东电力集团望亭发电厂发电部运乙1班
华东电力集团富春江水电厂运行二值
上海市区供电局沪西供电所线路一班
上海市东供电局浦东供电所营业室
上海市闵行发电厂运行13号机组
浙江省金华电业局电力设计所
浙江省镇海发电厂煤运一班
浙江省绍兴电业局用电管理所营业厅
江苏省常州供电局用电服务中心
江苏省南京供电局栖霞供电分局营业厅
江苏省连云港供电局连云(开发区)分局业务班
江苏省南京热电厂锅运行新厂丁班
安徽省马鞍山供电局配网运行检修班
安徽省安庆供电局调度所调度组
安徽省淮北发电厂5#主机
华中电力集团财务公司梨园专柜
华中电力集团华阳发电有限责任公司电检二班
湖北省武汉供电局武昌分局洪山营业所
湖北省宜昌供电局东山分局“小虎队”
湖北省汉川电厂2#机组
河南省开封市电业局供电检修服务中心
河南省郑州市电业局石佛变电站
河南省洛阳首阳山电厂4#青年机组
湖南省长沙电业局天顶变电站
湖南省株洲电业局云田变电站
湖南省五强溪水力发电厂修试总公司试验工区
江西省赣西供电局220KV白沙变电站
江西省九江供电局妙智变电所
江西省万安水力发电厂大修青年突击队
西北电力集团西安供电局蓝田变电站
西北电力集团咸阳供电局渭南供电站
西北电力集团蒲城发电厂锅炉管阀班
甘肃省兰州供电局送电处一工区带电班
甘肃省庆阳电力局修试所高压试验班
甘肃省靖远电厂运行部化学检修班
宁夏回族自治区电力建筑安装工程公司大坝项目部
宁夏回族自治区电力局石嘴山发电厂高压焊工班
宁夏回族自治区电力局送变电工程公司承建自一蓉同塔双回500千伏线路
工程南段第Ⅲ标段基础工程
青海省西宁供电局城东供电所
青海省送变电工程公司送电四处三队
青海省桥头发电厂机检分场
新疆维吾尔自治区乌鲁木齐电业局市北供电局急修班
新疆维吾尔自治区吐鲁番电业局托克逊220KV变电站
新疆维吾尔自治区玛纳斯发电厂锅炉运行三班
山东省临沂电业局客户服务中心营业股

山东省济南供电局天桥电力公司营业厅
山东省淄博电业局张店供电局配电班
山东省十里泉发电厂6#机组生产线
四川省德阳电业局220KV新市变电站
四川省自贡电业局供电营业厅
四川省攀枝花电业局青龙山变电站
四川省江油发电厂“共青团号”机组
福建省福州电业局马尾供电所
福建省龙岩电业局营业大厅
福建省三明电业局调度所调度班
福建省水口水力发电厂自动化班
云南省昆明供电局城区分局电费班
云南省滇东电业局三岔变电站
云南省漫湾发电厂6#机组
广西壮族自治区北海供电局用电管理所电费收校班
广西壮族自治区柳州供电局沙塘500千伏变电站
广西壮族自治区恶滩水电厂检修分场二次班
重庆市城区供电局用电营业厅
重庆市万县电业局三峡供电局用电科
重庆市发电厂12#机组
贵州省遵义供电局南白分局抄核收班
贵州省都匀供电局调度自动化班
贵州省贵阳发电厂运行二分场
广东省茂名电业局农电分局分界供电所
广东省广州电力局用电处业扩组
广东省汕头电业局500KV汕头变电站
华能德州电厂检修公司汽机专业本体班
华能福州电厂发电部运行C值
南方电力联营公司天生桥水力发电总厂水工分厂水调班

二、新命名的

华北电力集团调度局调度运行处
北京市供电局昌平500KV变电站运行班
河北省保定供电公司用电服务中心
山西省忻州供电公司220KV匡村变电站
辽宁省大连电业局甘井子供电局用电服务处
东电送变电工程公司送电第五工程处
吉林热电厂11#青年机组
黑龙江省佳木斯发电厂经警中队
上海市电力公司南桥交直流变电站
安徽省合肥供电局用电管理所营业班
重庆市江北供电局用电服务中心
湖北省荆门热电厂四号机组
江苏省镇江供电局220KV官塘变电所
云南省小龙潭发电厂5#机组
山东省日照电业局客户服务中心
甘肃省西固热电厂热机分场汽机附属一班
河南省开封火车厂检修公司热工自动班
天津市城东供电局河北营业站
湖北省襄樊供电局市区分局用电管理所
江西省火电建设公司调试青年突击队
湖南省长沙电业局城南供电局营业站
新疆维吾尔自治区乌鲁木齐电业局地调所调度运行班
四川省宜宾豆坝电厂“共青团号”机组
青海省李家峡水力发电厂电气自动化监控班
福建省厦门电业局城区供电局用电服务中心
广西壮族自治区南宁供电局配件抢修中心
浙江省台州发电厂燃料分场程控班
宁夏回族自治区电力局固原变电所
贵州省清镇发电厂1号机炉
华能江苏淮阴发电厂有限公司检修继电保护班
华北电力集团承德供电公司调度所继电保护科
华东电力集团新安江电厂运行分场三值
华能大连电厂运行一值
南方电力联营公司调度所调度科
广东省沙角发电总厂A厂燃料分场燃戊班
内蒙古自治区巴彦淖尔电业局调度所调度班
陕西省黄陵县电力局城区供电所

个 协 系 统

一、继续认定的

北京市海淀区西苑芳雪药店

北京市百货大楼叶氏服装服饰专柜
天津市大维制衣有限责任公司上衣车间缝制组
天津市永安日用百货商店日用百货小组
河北省唐山市立国集团有限责任公司
河北省衡水市育新幼儿园
河北省石家庄市正定县新宇家电商店
河北省保定市北市区英建餐厅
山西省太原市长治路照相馆
山西省长治市英雄台市场晋生玩具店
内蒙古自治区锡林浩特市恒星实业有限责任公司
辽宁省沈阳市好利来实业发展有限责任公司
吉林省磐石市商业大厦刘淑英柜台
吉林省桦明市亚太冷藏有限责任公司
黑龙江省牡丹江市东安市场四季红小百货批发
黑龙江省齐齐哈尔市清真轩饭店
黑龙江省哈尔滨市明日酒楼
上海市松江区国庆标牌厂
江苏省南京市新叶时装百货商店
江苏省海安县李堡镇春明发廊
江苏省樟榆县小丽养鸡场
江苏省南通易安达机电设备有限责任公司
浙江省台州市光明眼镜钟表店眼镜柜组
浙江省温州市鞋料市场 14 组 13 班
安徽省芜湖市南征水泥集团有限责任公司
安徽省六安市特种水产动物研究所
福建省福州市万友企业集团万友电器经营部
福建省惠安县肖厝家畜研究所
山东省郯城马头镇山东郯城源深企业（集团）有限公司
山东省滨州市滨渤有限公司
山东省莱州市长毛兔良种研究所
山东省济南绿色兔业开发有限公司
河南省安阳市超越（集团）有限公司
河南省洛阳大佳（集团）有限公司
湖北省襄樊市伊斯兰饭店
湖北省孝感市孝南区卧龙街麻糖经营户
湖北省京山县著头酒厂
湖北省枝江县雅畈木板市场
湖南省金通科技发展有限责任公司
湖南省浏阳市城关"意德记"钟表修理店
湖南省怀化市武陵城实业（集团）有限公司
湖南省永州市飞龙有限公司
湖南省祁阳县秋林石化有限公司
广东省中山市祥兴制衣有限公司
广西壮族自治区容县南方工艺厂
广西壮族自治区南宁市周小容连锁店
四川省成都市光建实业有限责任公司
四川省什邡市城西开发区什邡印务公司
四川省南充市银峰房地产综合开发公司
四川省宜宾市宏远纸业有限责任公司
四川省绵阳市四川铁骑力士实业有限责任公司
重庆市梁平县梁山镇江城化工厂
云南省昆明市宝大祥工贸有限公司
贵州省遵义市凤凰山矿泉饮料有限责任公司
贵州省遵义市红花岗区南关镇镇隆村
陕西省宝鸡市烟厂路蔬菜批发市场批发商
陕西省安康市丰源纺织品经营部
甘肃省白银市白银区白银顺香菜馆
甘肃省武威市亚美美容保健有限责任公司
青海省三绒集团有限公司
宁夏回族自治区石嘴山市大武口区百花市场烧鸡店

二、新命名的

北京市用友集团财务及企业管理软件事业部
天津市红桥区大胡同批发市场卢萍精品屋
河北省唐山市路南蒙妮坦美容美发院
辽宁省本溪市嘉玲国际美容中心
辽宁省盘锦市双台子区盘锦化妆城
辽宁省丹东市元宝区韩氏化妆洗涤经营部
吉林省白山市集贸大厦眼镜店
吉林省九台市艳平水暖有限责任公司
黑龙江省哈尔滨市香香快餐店

上海市杨浦区“小苏北”旧货调剂商店
上海市丹妮形象设计工作室
安徽省宿州市符离集刘老二烧鸡加工厂
福建省福州市福马路红光饭庄
福建省福州市庆城路梳剪美容美发城
江西省高安市大城新兴饭店
江西省九江市浔阳区玻璃经营部
江西省赣州港嘉兴食品有限责任公司
山东省泰安市立静牧业集团有限责任公司
山东省桓台县泰丰道路工程有限责任公司
河南省周口地区东方机绣有限责任公司
河南省郑州市海灵实业有限责任公司
湖北省武汉市永胜集团股份有限责任公司
海南省琼中县李江酒家
海南省陵水县陵水多利种子农药贸易有限责任公司
重庆市渝中区重庆泰正(集团)有限责任公司
广东省奥迪玩具实业有限责任公司
广东省广州市恒生集团有限责任公司
广东省深圳市龙岗区坪山六联餐室
青海省绿宝饮品集团有限责任公司
宁夏回族自治区吴忠市红旗建筑工队

其　他

一、继续认定的

北京市首饰进出口公司业务二部首饰组
北京焦化厂回收一分厂东鼓风冷凝泵房
北京第一棉纺织厂细纱车间丙班七组
北京国际会议中心会展部二层班组
北京汽车摩托车联合制造公司第三总装厂底盘车间青年流水线
北京海关报关厅
北京城乡建设总公司恒万公司第一项目经理部
天津渤海化工集团天津化工厂聚氯乙烯合成转化岗
天津市红桥区环卫局五四青年路岗组
天津海关驻机场办事处旅检科
河北省邢台电缆厂交联车间
河北省唐山钢铁集团有限责任公司运输部1127 机车包乘组
河北省邯郸钢铁集团有限责任公司炼铁厂1260 高炉工段
河北省国防工业建筑工程公司张晓珍青年突击队
河北省石家庄市乐仁堂调剂部
山西省太化集团公司化工厂112 号泵房
山西省太原钢铁(集团)有限公司金属制品厂
山西省太原市煤气集团公司管线所检修班
山西省国营大众机械厂第一研究所青年岗
山西省大同市左云县鹊儿山矿综采队
内蒙古自治区赤峰市煤气热力经营总公司红山热网所
内蒙古自治区铁骑集团棉纺织厂织二车间保养组
内蒙古自治区通辽通顺铝厂供电车间
中国第一汽车集团公司制泵厂铸造车间造型一线
吉林省松原石油大厦
吉林省龙井市开山屯化学纤维浆厂检验处
吉林化学工业股份有限公司化肥厂压缩车间1号压缩机青年岗
中国第一汽车集团公司热电厂锅炉车间1号炉
黑龙江省哈尔滨市房产信托经营公司王兆热电厂共青团包烧号
黑龙江省哈尔滨市制药总厂103 车间六工段
黑龙江省佳木斯纸品集团有限公司造纸二厂3号机抄纸工段
黑龙江省完达山食品厂乳品一厂
黑龙江省哈尔滨市房地产市场产权处产权管理科
上海大众汽车有限公司发动机厂中凸轴生产线
上海宝山钢铁(集团)公司炼钢厂铸钢分厂青年浇钢台

上海海洋石油钻井工程公司"勘探二号"钻井队
上海市杨浦区房产管理局控江物业公司青年管养段
上海市提篮桥监狱青年实验中队
上海柴油机股份有限公司伊维公司工艺科 P7 泵工艺组
上海市东方明珠娱乐总公司观光接待部
上海豫园旅游商城绿波廊酒楼三楼服务组
江苏省南京夫子庙晚晴楼接待部
江苏省气象台观测站
江苏省仪征化纤集团公司证券交易营业部
江苏省金坛市国土规划局
江苏电视台新闻中心《大写真》专栏
浙江省湖州市图书馆外借部
浙江省三狮水泥股份有限公司烧成车间 2#回转窑看火班
浙江省杭州海关驻邮局办事处申报台
浙江省镇海炼油化工股份有限公司 700 万吨改造装置
安徽省芜湖医药站芜湖大药房
安徽省和县陋室宾馆客房部
安徽省建工集团一建第一分公司
福建省化纤化工厂有机分厂回收一班
福建省福州二化集团公司热电分厂 5 号青年炉
福建省龙马集团农用车有限公司销售总公司
福建商检局检务处
江西电视台青少部
山东电视台新闻部时事政治组
河南省舞阳钢铁公司煤气公司煤气车间发生炉工段
河南省开封市人民检察院技术装备处
中国长江航运(集团)总公司燃料供应总站长燃 5 号轮
中国建筑第三工程局二公司深圳分公司第三项目经理部
中国葛洲坝集团公司水泥厂烧成一车间 2 号水泥窑系统
湖北省武汉煤气(集团)公司武昌液化气分公司中北路煤气供应站
湖北省东风汽车公司车身厂覆漆车间 11#面漆生产线
湖南省长岭炼油化工总厂运销公司装油车间计量大班
中国水电八局五强溪施工局一工段厂房青年突击队
湖南省黎家坪水泥厂旋窑分厂看火班
湖南计算机股份有限公司厂科研所终端部
湖南省长沙铁路总公司长沙火车站母婴一军人候车室
广东省三茂铁路总公司三水机务段 1197 号机车青年包乘组
广东省珠海市拱北海关行李物品监管处调查科缉毒组
广东省珠岛宾馆中心二楼服务班
广东省深圳市万厦公司莲花北村管理处
广西玉柴机器股份有限公司冷加工厂缸盖段枪铰机组
中国嘉陵集团公司设备工程公司数控二组
重庆市工商行政管理局渝中区分局大溪沟工商所
重庆市少管所七中队
重庆万县市天然气公司青年抢险突击队
贵州省黄果树集团制品分公司一车间二线甲大班
贵州钢绳厂一分厂钢丝车间二拉 4#机组
陕西省水电工程局四处五队
武警陕西省西安市警卫处
陕西省长岭股份有限公司 29 车间钣金组
陕西省宝鸡啤酒厂包装一车间丙工段
陕西省和信律师事务所
海南省东升农场十一队青年割胶班组
海南省丰田特约汽车维修中心
中共中央对外联络部亚洲一局印度尼泊尔处
中华全国妇女联合会国际部亚洲处
人民日报社教科文部文化组
中央电视台新闻评论部

新华社国际部要闻专稿编辑室要闻片
中南海新华门哨位
中央纪委监察部信息中心硬件部
中共中央办公厅国务院办公厅信访局联络处登记科
国家经贸委办公厅信息处
公安部出入境管理局港澳处
北京图书馆外文新书第一阅览室
司法部监狱管理局狱政管理处
人事部流动调配司流动与仲裁处
农业部农村合作经济指导司农民负责管理处
国家国内贸易局消费品流通司
对外贸易经济合作部交际司翻译处
国家环保局值班室
中国聋儿康复研究中心语言训练部
中国新华航空公司“祥鸽”乘务示范组
劳动和社会保障部法制司劳动监察处

二、新命名的

北京矿务局总医院导医服务队
天津大港油田定向井公司伊朗项目组
河北省委办公大楼服务科
河北宝山集团有限公司电镀车间
山西商检局综合检测中心
山西信托投资公司证券营业部
内蒙古莫尔道嘎林业局龙岩山庄总服务台
辽宁大连海洋渔业集团公司安全处消防队
辽宁省锦州市商业银行凌云支行储蓄专柜
图们铁路多经公司 Y2512 次一组
吉林长春发电设备总厂研究所
吉林敖东集团九歌城宾馆
上海海关调查局调查处办案组
江苏徐州市财政局直属征收管理处
江苏南通海关查验科
浙江横店进出口有限公司
浙江中义集团维修配件中心
安徽国投新集能源股份有限公司一矿新世纪青年综采队
安徽进出口商品检验局报验厅
福建莆田商检局检务科
江西上饶地区中级人民法院研究室
江西铜业公司德兴铜矿精尾综合厂 4#坝青年突击队
山东济南电视台新闻部
山东泰安市工商行政管理局企业登记管理科
河南平煤集团一矿程太昌班
《河南日报》要闻处一二版组
湖北得伟律师事务所
广东深圳市工商局(物价局)专业市场管理分局市场管理二科
广东中山进出口商口检验局小榄办事处
广西桂林银海纺织集团三分厂甲班
广西柳州微型汽车厂 CAD/CAM 工作站
四川省科委政策法规与体制改革处
四川宜宾五粮液股份有限公司五 O 八车间五粮液包装流水线
重庆工商局企业登记所
云南昆明水泥股份有限公司质量处物理组
贵州贵航集团红林机械厂民品公司毛坯分厂机加工段
中国核工业第二建设公司第五项目部
中华人民共和国西安咸阳机场海关旅检科
陕西省宝鸡金太公司
甘肃清远矿务局魏家地煤矿综放队
青海劳教所二大队
宁夏灵武矿务局磁窑堡煤矿充电室
新疆乌鲁木齐石化总厂化纤厂公司工程车间
新疆兵团党委机要局译电传真处
海南工商行政管理局法规调研处
中国气象局中央气象台短期一科
安全部一局编听组

1999 年度全国青年文明号名单

公 安 系 统

一、继续认定的

北京市公安交通管理局西城支队府右街南口

岗

北京市公安局南磨房派出所

北京市公安局牛街派出所

北京市消防局第四支队双榆树消防中队

天津市公安交通管理局河东支队六纬路大队六纬十一经路岗组

天津市公安消防局调度指挥中心

河北省公安厅指挥中心

河北省石家庄市公安局机要通信处

河北省廊坊市公安交警支队一大队

山西省泽州县公安局刑警大队

山西省临汾市公安局交警大队四中队

山西省孝义市公安局兑镇派出所

山西省太原市公安局交通警察支队一大队广场东岗组

内蒙古自治区额济纳旗算井子边防派出所

内蒙古自治区呼和浩特市公安局西街派出所

内蒙古自治区乌海市公安局新华街派出所

内蒙古自治区赤峰市公安交警支队红山大队八中队

辽宁省本溪市公安局铁山派出所

辽宁省锦州市公安局巡警支队三大队

吉林省延吉市公安局防暴巡警大队

吉林省公主岭市公安局市区分局刑警队

黑龙江省哈尔滨市公安局六顺街派出所

黑龙江省大庆市公安局胜利派出所

上海市公安消防总队第五支队车站中队

上海市公安局南京东路警察署受理室

上海市公安局静安分局交巡警支队二中队

江苏省邗江县公安局刑警大队技术中队

江苏省常熟市公安局 110 处警服务中队

江苏省徐州市公安局青年派出所

江苏省南京市公安局夫子庙派出所户籍室

江苏省建湖县公安局交通巡逻警察大队上冈中队

江苏省公安厅警方杂志社

浙江省奉化市公安局交警大队大桥中队

浙江省余杭市公安局交巡（特）警大队临平中队丘山二号岗

浙江省嘉善县公安局巡特警大队

浙江省杭州市公安消防支队西湖中队

安徽省马鞍山市公安局采石派出所

福建省漳州市公安局巡警支队直属大队

福建省福州市公安局东街派出所

福建省石狮市公安局刑警大队

福建省厦门市公安交警支队开元大队公园岗

江西省南昌市公安局交警支队西湖大队展览馆岗

江西省萍乡市公安消防支队一中队

江西省鹰潭市公安局巡警支队二大队

江西省赣州市公安局交警支队直属一大队女民警岗值勤班

山东省青岛市公安局交警支队四方大队人民路中队

湖北省荆州市公安局交警支队二大队便河岗亭班

湖北省麻城市公安局交警大队城区中队

湖北省咸宁市公安局横沟桥派出所

广东省广州市公安局越秀区分局刑警大队人民街中队

广东省边防总队第六支队十三中队

广东省湛江市公安局解放派出所

广东省汕头市公安局指挥中心 110 报警服务台

广西壮族自治区梧州市公安局和平派出所

广西壮族自治区武宣县公安局交警大队通挽中队

重庆市公安局交警一支队临江门岗组

重庆市石柱县公安局南宾镇派出所

重庆市公安局大阳沟派出所

四川省成都市公安消防支队五中队

四川省绵阳市公安局巡警支队

四川省南溪县公安局交警大队

贵州省遵义县公安局永乐镇派出所

贵州省贵阳市公安局交警支队二大队一中队新路口岗

云南省潞西市公安消防中队
云南省昆明市公安局交警支队盘龙大队邮电大楼岗
云南省个旧市公安局乍甸派出所
云南省寻甸县公安局刑警大队
云南省澜沧公安边防检查站
西藏自治区拉萨市公安局八廓派出所
西藏自治区拉萨市公安局刑警支队技术科
甘肃省嘉峪关市公安局巡警大队
甘肃省金昌市公安局金川分局 110 报警服务台
甘肃省临洮县公安局缉毒队
青海省民和县公安局缉毒大队
新疆维吾尔自治区乌鲁木齐市公安局交警支队友好路中队
新疆生产建设兵团农七师公安处车排子垦区公安局苏兴滩派出所
北京铁路公安局大同站派出所
昆明铁路公安局昆明乘警大队一队
上海铁路公安局杭州东站派出所
呼和浩特铁路公安局二连浩特站派出所
南昌铁路公安局鹰潭站派出所
青岛港公安局交警大队一号码头值勤岗
民航重庆市管理局公安局江北机场派出所
民航广西壮族自治区管理局公安处桂林两江机场派出所
江西省乐安县森林公安局招携派出所
内蒙古自治区大兴安岭克一河森林公安局
公安部办公厅研究室

二、新命名的

北京市公安局交道口派出所
天津市公安局老湾道派出所第三警务组
天津市公安局穿芳峪派出所
河北省承德市公安交警支队直属一大队
河北省保定市公安交警支队一大队
河北省黄骅市公安局刑警大队
河北省香河县公安局刑警大队
山西省怀仁县公安局鹅毛口派出所
辽宁省沈阳市公安局大东门派出所
辽宁省大连市公安局女子巡警大队
辽宁省鞍山市公安局刑警支队青年侦查大队
辽宁省抚顺市公安局东洲派出所
辽宁省辽阳市公安局西关派出所
吉林省敦化市公安局巡警大队
吉林省通化市公安局山下派出所
吉林省白山市公安交警支队八道江大队城中队
吉林省长春市公安局建设广场派出所
黑龙江省牡丹江市公安局阳明派出所
黑龙江省鹤岗市公安局红旗路派出所
黑龙江省肇东市公安局正阳派出所
黑龙江省绥滨县公安局交警大队
上海市公安局刑事侦察总队十支队一探组
上海市第一收容教育所三中队
江苏省镇江市公安交巡警润州大队中山西路道口岗亭
江苏省常州市公安局南大街派出所
浙江省金华市公安局刑侦支队出租车治安管理大队
安徽省蚌埠市公安局巡警支队一大队一中队
安徽省凤阳县公安局刑警大队
安徽省安庆市公安局交警支队二大队车站岗亭
安徽省蒙城县公安局乐土派出所
福建省福州市公安局对湖派出所
江西省婺源县公安局紫阳镇派出所
山东省济南市公安局外管处出入境管理科
山东省淄博市公安局车站派出所
山东省荣成市公安局交警大队
山东省枣庄市公安局渴口派出所
山东省泰安市公安局交通巡逻警察支队市委岗组
山东省东营市公安局交警支队直属二大队一中队中心岗
河南省开封市公安交警支队三大队二中队
河南省洛阳市公安局金谷园派出所

河南省驻马店地区公安处车管所
河南省周口市公安局七一路派出所
河南省南阳市公安交警支队物资局交通岗
河南省焦作市公安交警支队艺新岗
河南省郾城县公安交警大队
河南省汝州市公安交警大队一中队
湖北省武汉市公安局巡警处四大队
湖北省黄石市公安局交警支队黄石港大队天津路中队
湖北省十堰市公安局交警支队二大队柳林岗
湖北省嘉鱼县公安消防中队
湖南省韶山市公安局韶山冲派出所
湖南省新化县公安局刑侦大队上梅中队
湖南省城步县公安局汀坪派出所
湖南省澧陵市公安局巡警大队
湖南省麻阳县公安局高村镇派出所
湖南省常德市公安局 110 处警大队
广东省深圳市公安局天安派出所
广东省深圳市公安局螺岭派出所
广东省东莞市公安局城区分局特警队
广西壮族自治区南宁市公安局 110 警务大队
广西壮族自治区钦州市公安局车辆管理所
广西壮族自治区平南县公安局燕湖派出所
海南省文昌市公安局锦山派出所
海南省澄迈县公安局巡警大队
海南省琼山市公安消防中队
重庆市万州区公安局交警支队二大队
四川省成都市公安局青羊区分局巡警大队
四川省彭山县公安局刑警大队
四川省遂宁市公安局交警支队直属大队
贵州省贵阳市公安局黔灵东路派出所
贵州省六盘水市公安局钟山区分局交警大队三中队
贵州省遵义市公安局红花岗区分局刑侦大队直属中队
陕西省西安市公安局大明宫派出所
陕西省扶风县公安局城关派出所
陕西省咸阳市公安局交警支队渭城大队一中队
陕西省汉中市公安局交警支队一大队钟楼女子交警班
陕西省洛川县公安局刑警大队
甘肃省天水市公安局秦城分局巡警大队
青海省共和县公安局河东派出所
宁夏回族自治区石嘴山市公安局防暴巡警支队二大队
宁夏回族自治区石嘴山市公安局石炭井区分局巡警大队
新疆维吾尔自治区乌鲁木齐市公安局巡警支队二大队女子中队
新疆维吾尔自治区库尔勒市公安局巡警大队
新疆维吾尔自治区克拉玛依市公安局刑警支队
新疆生产建设兵团农二师公安处乌鲁克垦区公安局刑警大队
兰州铁路公安局 110 报警服务中心
郑州铁路公安局西安处乘警队刑警中队
广州铁路公安局怀化处古丈站派出所
长江航运公安局宜昌分局客运站派出所
大连港公安局刑警支队大窑湾中队
民航黑龙江省管理局公安处哈尔滨机场派出所
四川省珙县公安局森林公安分局
吉林省白河林业公安局第二派出所
安徽省金寨县公安局青山林业派出所
深圳出入境边防检查总站罗湖检查站五队

铁 道 系 统

一、继续认定的

三棵树机务段 DFH3—114 机车组
南岔机务段 DF4e—5300 机车组
塔河车务段西罗奇站
伊图里河车辆段列检乙班
牡丹江站运转四班二调
昂昂溪机务段 DF4—1220“黄继光”号机车组
免渡河站青年调车组

哈尔滨客运段 K17/18 次 1 组
哈尔滨站软席青年班组
佳木斯车辆段 261/264 车队
大连客运段 531/532 次 5、6 组
沈阳北站客运一班第一候车室
叶柏寿车务段老锅站
大安北机务段前进 6143 号机车组
沈阳客运段 53/54 次车队
本溪列车段 603/604 次 2 组
长春列车段 K59/60 次 2 组
吉林列车段 571/572 次 5 组
图们铁路分局服务总公司旅游 251/252 次 1 组
锦州机务段 DF4c—4360 共青团机车组
丰台机务段 DF4—1955 机车组
侯马车务段刘村站
石家庄客运段 Y221/224 次车队
秦皇岛南站乙班一调
大同列车段 43/44 次 5 组
太原北机务段 8G—25 号青年包乘组
北京铁路工程公司王志雷青年突击队
太原分局榆次站乙班一调
石家庄工务段探伤工区
包头客运段 563/564 次车队
呼和浩特站丙班三调
包头西机务段 DF4—4275“共青团号”机车组
集宁机务段 DF4—1415“共青团号”机车组
临河工务段杜家台青年养路工区
包头西车辆段包西列检到达丙班
徐州列车段 565/566 次车队
济南机务段 DF11—0039 机车组
徐州车务段桃山集站
烟台中心站客运车间
济南列车段 597/598 次车队
青岛列车段 539/540 次车队
济南站客运车间第一、二候车室
徐州工务段二段三张茂养路工区
西安站一楼东去“共青团候车室”
郑州客运段 179/180 次车队

洛阳机务段 6K—059 机车组
信阳生活段信阳老场公寓
西安东站二班四调
荆门车务段桃子岭车站
紫阳工务段巴山指导区
武汉客运段 K37/38 次车队
武昌电务段乌龙泉信号维护工区
郑州车站供水车间
西安东车辆段新丰一场列检所红外线班组
成都站候车厅青年班
内江车务段汉王山车站
六盘水机务段电机组
成都分局客运服务公司 107/108 次旅游列车
重庆西机务段 SS1—235 机车组
成都客运段 7/8 次车队
成都机务段 DF5—5168 青年号包乘组
重庆站区刑警大队
昆明机务段 DF1—1718 号机车组
河口山腰车站
昆明站客运副班
昆明客运段 K61/62 次 3、8 组
中卫站乙班调车组
格尔木车务段鱼水河站
兰州西机务段 SS3b—4225 机车组
武威南机务段 SS3—6066 机车组
石嘴山车辆段设备车间电工班
兰州客运段 K75/76 次 1、2 组
嘉峪关车辆段嘉峪关列检所丙班
上海列车段 K13/14 次车队
漳平机务段 SS3—4027 机车组
宿县车务段十里堡站
南京列车段 K65/66 次车队
衢州车务段十里铺站
永安电务段西洋信号工区
阜阳机务段检修车间第二包修队
鹰潭站“熊云清售票窗口”
上饶机务段 DF4—3918 号机车组
南昌客运段 67/68 次 1、2 组

宜春车务段宣风站
南昌站公安派出所客勤三组
新余工务段探伤二班
柳州南站甲班三调
柳州车辆段南到达场列检所
南宁客运段K5/6次2、6组
柳州机务段DF4—3263机车组
柳州客运段379/380次2、6组
湛江车辆段青年台车组
南宁站贵宾室
怀化车辆段到达场列检二班
广州客运段K15/16次2、5组
株洲电务段株北驼峰信号楼工区
长沙客运段K1/2次2组
广深股份公司广九客运段广九2组
广州客运段K29/30次6组
怀化车务段仁里冲站
哈密工务段红光养路工区
和静车务段上新光车站
吐鲁番站二班一调
乌鲁木齐客运段53/54次8组
阿拉山口列检所
哈密车辆段柳园列检所
库尔勒客运段Y201/204车队
大连机车车辆厂铸钢分厂造型大件青年岗
戚墅堰机车车辆厂内机分厂机车二车间电焊一班
资阳内燃机车厂机车分厂转向架车间大车班
西安车辆厂冲压车间拼板组
南口机车车辆机械工厂油泵油嘴分厂大件班组
四方机车车辆厂客车制造本部总装分厂工艺组
大同机车厂铸铁车间合金组
浦镇车辆厂车架车间铆焊3组
齐齐哈尔铁路车辆(集团)有限责任公司设计处货车设计组
株洲电力机车厂九方装备公司引进设备维修服务中心
北京二七车辆厂货车三通阀青年班组
长春客车厂转向架分厂轮轴车间滑动班
眉山车辆厂货一车间中梁电焊班
唐山机车车辆厂质检处柴油机检查组
通号总公司济南工程公司第一信号段
西安铁路信号工厂监控设备分厂
铁道部专业设计院航测处外业队
铁道部科学研究院电子所青年科技攻关组
铁道部专运处列车段三队列车三班
北京铁路总医院门诊大厅青年导医小组

二、新命名的

牡丹江机务段DF8—0089机车组
加格达奇铁路医院林海卫生所
佳木斯机务段DF4—1710青年包乘组
梅河口车务段兴隆河站
赤峰车站青年调车组
长春站售票中心预售班
北京西站客运车间036候车室
侯马北机务段DF4—6413包乘组
湖东车辆段修制车间制动组
呼和浩特电务段察索齐青年机械室
青岛列车段K25/26次1、3组
郑州北车站YIS系统室
襄樊客运段49/50次2、5组
郑州铁路局中心医院重症监护病房
郑州铁路局西安工程公司承建的西康铁路豁口特大桥
遵义机务段SS3—0459机车组
广通机务段DF4—9378号青年包乘组
天水机务段SS3—0585机车组
西宁机务段DF4—1105机车组
杭州列车段K31/32次1、2组
上海车辆段制动室
京九线王楼至阜南段
南昌站客运三组
黎塘信号一场青年班组
广州铁路(集团)公司

龙川机务段DF4—7569机车包乘组
阿拉山口站换装作业所起重工班
铁一局五处西康铁路秦岭隧道青年突击队
铁一局承建的西康铁路灞河特大桥
中铁二局五处承建的西康铁路第十标段(DK146+280—DK157+630)
铁三局六处承建的西康铁路黑沟隧道
铁四局二处承建的西康铁路产河特大桥
中铁五局承建的西康铁路两河关旬河特大桥
铁道部大桥局四处承建的芜湖长江大桥0#至8#大孔径钻桩基础工程
铁道部隧道局一处承建的西康铁路天池隧道
铁道部电化局二处承建的南昆铁路(南那段)接触网工程
铁道部建厂局一处卢卫平青年突击队承建的北京铁道大厦
铁四院通信信号研究所设计的京九线带超速防护18信息移频自动闭塞商阜试验工程
铁十一局一处承建的三峡移民工程秭归九畹大桥
中铁十二局二处承建的西康铁路堰岭隧道进口
铁十三局一处承建的西康铁路落马寨大桥
铁十四局三处承建的连徐高速公路潘塘互通立交桥
铁十五局四处承建的侯月铁路侯北机务段电力检修库
铁十六局承建的北京地铁复王府井至建国门段
铁十七局三处承建的石家庄南环大桥B标段
铁十八局三处承建的天津大港晨晖日高层住宅
铁十九局三处承建的朔黄铁路温塘河特大桥
铁二十局承建的南京栖霞大桥
中铁建筑工程公司承建的北京翠宫饭店
哈尔滨车辆厂产品开发部设计组
济南机车车辆厂备料车间预处理一班
贵阳车辆厂台车车间轴承工段
中国铁路通信信号上海工程公司轨道交通项目部

邮电通信系统

一、继续认定的

北京市建内大街邮电局储蓄组
北京市东四邮电局投递组
北京市百万庄共青团邮电局营业班
天津市邮政局红旗路邮局储蓄组
河北省廊坊市邮政局报刊发行公司
山西省新绛县邮政局营业厅
内蒙古区通辽市邮政局营业班
内蒙古区赤峰市邮政局红山分局储汇中心
辽宁省沈阳市邮政局中兴街共青团邮政支局
辽宁省大连市邮政局站前分局营业厅
吉林省吉林市邮政局船营分局营业室
吉林省长春市邮政局桂林路邮电局投递室
上海市邮政局曹家渡邮电局投递班
上海市邮政局卢湾邮电局综合服务台
江苏省镇江市邮政局火车站邮政支局
浙江省岱山县邮政局高亭支局
浙江省宁波市邮政局中山东路邮政支局营业班
安徽省合肥市邮政局收投公司中区分公司
福建省福州市邮政局华林营业室
福建省莆田市邮政局城厢邮政营业组
福建省厦门市邮政局湖西支局
福建省三明市邮局列东邮政营业组
江西省宜春市中山西路邮政储蓄所
山东省济南市天桥区邮政局发行投递局
山东省青岛市邮政局广西路支局
河南省郑州市邮政局花园路收投局女子投递班
河南省新乡市邮政局分拣科转运站
湖北省武汉市邮政局水果湖支局储蓄组
湖南省邮政局长沙邮区中心局长京2/1次押运组
湖南省常德市邮政局青年投递班

广西区桂林市邮政局中南营业处
海南省海口市邮政局白坡分局
云南省河口县邮政局营业组
四川省南充市邮政局邮政营业厅
重庆市邮政局解放碑邮政营业室
贵州省瓮安县邮政局储汇班
西藏自治区拉萨市邮政局投递班
陕西省西安市邮政局小寨邮电局营业组
甘肃省天水市邮政局火车邮件转运站
甘肃省兰州市邮政局中央广场分局邮政营业部
青海省西宁市邮政局五四大街邮政支局
宁夏区银川市邮政局发投局女子投递班
新疆区乌鲁木齐市邮政局东山区石化邮政支局
北京市西单电话局查修班
北京长途电话局国际通信话务室五班
天津市长途电信局营业大厅业务部
天津市内电话局八区局黄山道分局线路一班
辽宁省沈阳市电信局话务分局114查号台
黑龙江省哈尔滨市电信局客户营业部尚志营业厅共青团岗组
上海市电话局查号台
上海市长途电信局营业二室南京东路营业大厅
江苏省苏州市电信局装机公司
浙江省岱山县电信局营业班
浙江省杭州市电信局武林门电信综合营业部营业厅
安徽省合肥市电信局数据分局
江西省南昌市电信局电报投递班
山东省临沂地区电信局装机班
山东省济南市电信局共青团路东营业厅
河南省郑州市电信局百花路电信营业厅
湖北省老河口市电信局中心营业处
湖北省武汉市电信局电话信息咨询公司960台
广东省珠海市吉大电信营业分局电报班
广东省佛山市电信局电信营业处
广东省深圳市电信局深大电话信息咨询公司160台
广东省汕头市电信局计算机站
广西南宁市电信局大客户服务部
海南省海口市电信局海府区测量维护中心
四川省成都电信局人民东路营业厅
四川省南充市电信局综合营业厅
贵州省贵阳市电信局客户营业处营业厅
云南省大理州人民街电信营业室
西藏拉萨市电信局市营部窗口营业班
陕西省汉中市电信局电信营业班
青海省海东地区电信局电信营业班
宁夏石嘴山市石嘴山区电信局机线班
新疆乌鲁木齐市电信局市话六分局维护一班
北京移动通信公司广渠门营业厅
陕西移动通信公司西安分公司海星营业班
河北移动通信公司秦皇岛分公司设备维护中心
天津移动通信公司移动通信局中心营业厅
河北国信通信石家庄分公司话务部
山西太原126国信寻呼台
吉林国信长春分公司话务部
黑龙江国信佳木斯分公司话务部
江苏国信徐州126寻呼台
南京国信通信人工话务台
湖南国信寻呼长沙分公司126台
重庆国信通信公司综合营业厅

二、新命名的

北京市邮政中心局信函分拣处平常进口科甲班
天津市邮政局鞍山道邮政支局
河北省石家庄市邮政局石长押运班
山西省太原市邮政局收投公司广场女子收投分公司
内蒙古乌盟邮政发投局投递组
辽宁省丹东市邮政局七经街营业厅
吉林省长春市邮政局桂林路邮电局同志街支

局营业室
黑龙江省大庆市邮政局会战局营业班
江苏省苏州市邮政局察院场支局
浙江省瑞安市万松邮政支局营业厅
安徽省界首邮政局邮政综合营业班
福建省泉州市邮政局九一路支局
江西省九江市邮政局投递组
山东省泰安市邮政局投递班
河南省安阳市邮政局车站支局邮政营业班
湖北省武汉市航空路邮政局邮政组
湖南省张家界市邮政局中心邮政储蓄所
广东省东莞市邮政局城区邮政分局运河西营业室
广西南宁市邮政局新城邮政营业处
海南省海口市南宝邮政储蓄所
四川省成都市邮政局沙湾分局营业部
重庆市南岸区邮政局南坪营业室内勤组
贵州省贵阳市邮政局喷水池营业部
云南省大理州邮政局建设路综合营业室
西藏那曲地区邮政局营业班
陕西省咸阳市邮政局中心分局邮政营业班
甘肃省陇南地区邮政局投递班
青海省西宁市邮政局礼仪服务中心
宁夏银川市邮政局虹桥营业厅
新疆区伊犁哈萨克自治州邮政局斯大林街邮政储汇处
北京市话局八区局五棵松查修班
天津专用电信局线务班
河北省衡水市电信局 114 查号台
山西省太原市电信局 114 查号台
山西省大同市电信局电营科营收中心
内蒙古自治区伊克昭盟电信局南分局营业大厅
辽宁省丹东市电信局电信营业中心收费班
吉林省吉林市电信局营业部营业室
吉林省通化市电信局江东电话安装维护科
黑龙江省鸡西市电信局客户服务中心大用户班
江苏省徐州电信局电信营业处营业厅
浙江省温州市电信局电信营业分局南站市话营业班
安徽省合肥市电信局营业处芜湖路支局
福建省福州电信局五一中路枢纽综合营业厅
福建省厦门市电信局营销科营业部
福建省福清市电信局综合营业厅
江西省九江市电信局市话机线中心
山东省青岛市电信局杭州路电信营业厅
河南省新乡市电信局电信营业科饮马口营业厅
湖北省武汉市电信局武昌区局东亭支局
湖南省长沙市电信局线路维护二处
广东省广州市电信局特种业务分局 114 查号台
广西壮族自治区柳州市电信局龙城路电信营业处
海南省海口市电信局海府营业厅
四川省乐山市电信局邮电广场电信营业厅
贵州省黔南布依族苗族自治州电信局传输中心光缆维护段
云南省昆明市电信局营销中心
西藏自治区拉萨市电信局线路维护班
陕西省西安市电信局装拆移机公司
甘肃省兰州市电信局计费账务结算中心
宁夏回族自治区数据通信局大客户服务中心
新疆维吾尔自治区吐鲁番地区电信局电信商场
重庆电信营业局大坪综合营业厅
山西移动通信公司忻州分公司定襄营业部
内蒙古移动通信公司交换维护中心
辽宁移动通信公司沈阳南顺城营业厅
吉林移动通信公司辽源分公司业务受理科
黑龙江移动通信公司哈尔滨分公司营业部中央大街营 业厅
上海移动通信公司九江路营业厅
江苏移动通信公司姜堰分公司营业销售中心
浙江移动通信公司湖州分公司移动营业班

安徽移动通信公司合肥芜湖路营业受理班
江西移动通信公司新余市移动通信公司移动通信班
山东移动通信公司潍坊分公司早春园营业厅
河南移动通信公司市场经营部
湖北移动通信公司荆州分公司广场营业厅
湖南移动通信公司邵阳移动通信机房
广东移动通信公司深圳公司客户服务热线
广东移动通信公司中山分公司恒信营业处
海南移动通信公司海口分公司客户服务中心
广西移动通信公司柳州分公司营业中心营业班
重庆移动通信公司移动通信营业厅
福建移动通信公司移动通信维修中心
四川移动通信公司成都分公司太升南路营业厅
贵州移动通信公司黔西南分公司移动通信营业班
云南移动通信公司昆明分公司东华营业厅
甘肃移动通信公司兰州分公司交换维护中心
青海移动通信公司西宁分公司东大街营业部
宁夏移动通信公司银川分公司虹桥营业厅
新疆移动通信公司结算中心
上海国脉人工寻呼中心 128 查询台
天津国信寻呼话务室
河南国信安阳公司话务中心
广西国信南宁分公司话务中心
福建国信龙岩分公司营业维修中心
山东国信日照分公司寻呼话务台
宁夏国信银川分公司寻呼一班
陕西国信西安分公司 998 寻呼台
浙江国信杭州分公司话务中心
内蒙古国信赤峰分公司运维部运行维护班
湖北国信十堰分公司话务台
四川国信乐山分公司中心营业厅
辽宁国信锦州分公司寻呼台
新疆国信伊犁州分公司话务部

商贸系统

一、继续认定的

北京市百货大楼二卖场男衬衫柜组
北京市长安商场家电商店冰箱组
北京市隆福大厦家电部空调组
北京市京客隆团结湖副食品商场
北京市崇文门饭店安保部门卫组
北京市恒物汽车经营公司建筑租赁中心清河租赁站
西北部粮库北方食品厂青年科技班
北京市王府井百货大楼化二组
北京市西单股份有限公司文化商品部照相器材组
北京市地安门副食商场熟肉部
北京市北太平庄商场烟酒组
北京市贵友大厦皮件部皮件组
北京市金伦大厦小家电经营部
天津市滨江商厦“十姐妹”柜组
天津百货大楼股份有限公司电讯商场进口音响部
天津东方商业大厦纺织部装饰组
天津市大亨时装有限公司“杨华柜组”
天津市金元宝商厦集团日百商场箱包柜组
天津劝业场股份有限公司“勿忘我”礼仪服务部
天津市美膳酒楼一楼营业部
天津市专用粉实验厂制楼二班
天津市立达国际商场股份有限公司衬衣组
河北省石家庄燕风楼烤鸭店二楼服务组
河北省华鑫集团公司车辆器材公司零件经营部
河北省石家庄建华百货大楼女装精品专柜
河北省保定商场日百商场化妆品三组
河北省唐山市百货集团公司针织商场毛织物组
河北省邢台市中桥商场
河北省故城县机电设备总公司
山西省太原五一百货大楼股份有限公司服装商场精品(西服柜组)部

山西上海汽车工业销售有限公司
山西省临汾市第一百货大楼文化组
山西省化轻总公司塑料分公司
山西省物产轮胎橡胶有限公司
山西省机电设备仓库物资经销分公司
内蒙古自治区包头市百货大楼工艺商场
内蒙古自治区呼和浩特市北方多味思食品厂
内蒙古自治区包头市家乐青松粮油食品店
内蒙古自治区包头市百货大楼集团公司蓝天商厦
内蒙古自治区赤峰粮油应用技术研究所
内蒙古自治区民族实业集团股份有限公司友谊商店进口电视机组
辽宁省沈阳市和平宾馆青年接待班
辽宁省中兴—沈阳商业大厦美容食品商场美容二部牙膏组
辽宁省大连渤海饭店十楼青年服务班
辽宁省锦州市锦华商场小食品组
辽宁省中兴大连商厦儿童用品商场玩具一班
辽宁省阜新国泰大厦食品部
吉林省吉林东方商厦股份有限公司音像商场影像商品部
吉林省机电设备总公司机床销售公司
吉林省通化市化工轻工总公司橡胶制品部
吉林省长春国贸中心纺织精纺一组
吉林省白山糖酒站万隆商城
黑龙江省哈尔滨秋林股份有限公司纺织商场精纺组
黑龙江省大庆百货大楼股份有限公司日化商场化妆二组
黑龙江省哈尔滨第一百货商店家电商场电视机组
上海市第一百货股份公司东楼礼品柜
上海妇女用品商店新一代青年女子专柜
上海新亚(集团)股份有限公司新城饭店门厅小组
上海物资贸易中心股份有限公司梦丝娱乐总汇
上海市新世界股份有限公司丽华公司小商品柜
上海市油脂总厂精制油小包装车间
上海市机电设备总公司汽车公司摩托车部
上海华联超市公司华山店
上海东方商厦有限公司超市商场
上海市华生化工厂新产品试制小组
上海市兰笋山庄
上海长春食品商店
江苏省南京中央商场股份有限公司针织商场内衣组
江苏省物资贸易中心物贸大酒店餐饮部
江苏省苏州物资集团胥城大厦
江苏省张家港市商业大厦
江苏省苏州工业品商场购物中心
江苏省生产资料贸易总公司汽车贸易部
浙江省宁波市第二百货商店“老凤祥”首饰柜
浙江省杭州解放路百货商店股份有限公司箱包部雨伞柜
浙江元通汽车有限公司
安徽省蚌埠百货大楼股份有限公司衬衫组
安徽金属材料总公司钢材经营公司
安徽省商之都食品商场糖果组
安徽省黄山市购物中心照相器材组
安徽省燃料总公司晋煤公司
安徽省物资集团汽车贸易有限公司上汽产品分公司
安徽省华物期货经纪有限责任公司投资发展部
安徽省芜湖市百货大楼股份有限公司黄金部
福建省福州市饮食(集团)公司美食园餐厅
福建省福州购物中心
福建省福州工业品贸易股份有限公司零售商场
福建省厦门市华联商厦服装部金利来柜
江西省物资储运总公司仓储分公司装卸一班
山东华联商厦股份有限公司
山东省桓台宾馆

山东省威海市永利坚装饰配套公司
山东省济南人民商场股份有限公司
山东省青岛国货股份有限公司
山东省青岛崂山百货大楼（集团）股份有限公司
山东省淄博商厦
河南省机电设备总公司轴承公司
河南省郑州市刘胡兰有限责任公司糕点组
河南省平顶山市中原集团公司衬衣分公司
湖北省武汉商场日用化妆公司刘莉柜
中国一汽集团湖北联合贸易公司
湖北省武汉市武昌金属回收公司资源科
湖北省武汉中心百货商场鞋帽商场郭和平柜
湖北省物资贸易中心中南大酒店客房部
湖北省金属材料总公司青山分公司第一经营部
湖北省襄樊市化工建材总公司轮胎橡胶分公司
湖北省化塑实业股份有限公司
湖北省武汉市汉商集团日化公司邹三梅专柜
湖南省长沙物资贸易总公司计划财务部
湖南怀化国家粮食储备库铁路货场
湖南省金盛化工防腐研究中心
湖南省长沙阿波罗商业城照相器材专柜
广东省广州百货大厦食品商场超市收款台
广东省深圳经济特区国营外币免税商场金饰A组
广东省珠海市百货广场童装柜
广东省东莞运河商场皮具鞋类岗
广东省建材公司江村仓库轮胎吊班
广东省广州百货大厦文化商场机一岗
广东省广州友谊商店股份有限公司工艺品商场钻石岗
广东省广州市五凤粮油食品店
广西壮族自治区桂林市百货总公司观音阁商场化妆柜
广西壮族自治区南方大厦商场名酒城
广西壮族自治区柳州五星商厦纺织商场毛呢组
四川省成都市红旗商场自选奶制品柜
四川物资宾馆客房部
四川省内江百货（集团）总公司副食分公司副食一柜
四川省建材总公司散装水泥分公司
四川省成商集团武侯分场食品区冷冻柜
四川省第一汽车集团联合贸易公司
重庆商社（集团）有限公司家电维修中心电子电讯部
贵州省贵阳百货大楼集团公司钟表柜
贵州省贵阳市河滨饭店客房部
云南省威龙饭店客房部
云南大酒店
云南省昆百大集团公司毛呢柜
陕西省西安市唐城集团股份有限公司化妆品商场护肤柜
陕西省西安饭庄秦苑餐厅青年服务班
陕西省宝鸡市化工轻工总公司民爆器材专营公司民爆经营部
陕西省西安太白商业大厦
陕西省西安市老孙家饭庄二楼服务班
甘肃省兰州民百集团亚欧商厦家电部
甘肃锦华商厦针织部棉织内衣组
青海省纺织品总公司纺织品大楼百货部化妆品组
宁夏回族自治区银川绿洲饭店客房部三楼服务组
宁夏回族自治区银川市丽华商场糕点组
宁夏华联商厦整机组
新疆维吾尔自治区华联商场地毯经营部
新疆维吾尔自治区乌鲁木齐市友好商场股份有限公司百货用品商场铝制品组
新疆维吾尔自治区百花村大酒店有限公司“一品红”快餐厅
新疆维吾尔自治区糖酒副食品总公司乌鲁木齐经营部
北京市菜市口百货有限责任公司黄金珠宝首

饰部

北京市昌乐电器服务中心

中国嘉德国际拍卖有限公司

天津市鸿起顺饭庄厨房组

天津华联商厦电讯商场进口彩电部

天津市北辰区集贤大酒家服务部

河北省石家庄市新燕春集团天府大酒店

河北省沧州华北商厦集团有限公司

山西省太原天龙大厦

山西省机电设备总公司汽车部

内蒙古自治区天元商厦售后服务中心

内蒙古自治区呼和浩特市第三粮库青年保管组

内蒙古自治区赤峰宾馆客房部

辽宁省沈阳商业城(集团)鞋帽公司皮鞋二商场

辽宁省大连商场股份有限公司家电外贸部国产电视机班

辽宁省大连天百大楼服装二商场小伙子专柜

吉林省长春汽车城百货大楼电视机组

吉林燃料股份有限公司自备车营业处

上海华联商厦照相机柜

上海市培罗蒙西服公司定制中心

江苏省物资集团经贸发展有限公司

江苏省南京商厦文化商场电脑组

江苏省常州百货大楼股份有限公司购物中心电视机 A 柜

浙江省百大集团嘉兴购物中心黄金钟照商场黄金柜

安徽省兴物商贸公司

福建省三明市商业集团公司三元百货大楼文具柜

江西省南昌亨得利钟表眼镜公司珠宝金行

山东省银座商城股份有限公司

山东省烟台瑞康生化药品有限责任公司

山东省济南世界购物广场

山东省青州市农机交易市场

山东省德州友谊形象设计有限公司

河南省洛阳市洛阳酒家贵宾厅

河南省驻马店商业大厦服装公司

河南省平顶山商场文化部笔组

河南省洛阳市新艺实业有限公司

湖北省孝商集团百货部化妆柜

湖北省黄石物资集团物兴经贸有限公司

湖南省郴州北湖商场副食柜

广东省物资集团汽车贸易公司汽车销售中心

广东省天河城广场管理中心

广东省深圳布吉农产品中心批发市场

海南省第一百货商场化妆部

重庆商社新世纪百货公司日化分公司精品柜

云南省机电设备总公司锦泰大酒店前厅部

第一汽车集团云南联合贸易公司中兴汽车城

陕西省西安开元商城购物中心电视机音像商场

甘肃省兰州民百(集团)股份有限公司民百大楼黄金部

青海省丁香粮油(集团)有限责任公司青年志愿者服务队

宁夏回族自治区糖酒副食品总公司连锁总店

宁夏回族自治区银川百货大楼羊毛衫组

新疆维吾尔自治区百货总公司新疆百货大厦家电部冰洗组

新疆维吾尔自治区乌鲁木齐仓房沟国家粮食储备库青年熏蒸班

新疆生产建设兵团农七师明珠楼

新疆维吾尔自治区徕远经贸总公司徕远宾馆销售部

新疆维吾尔自治区商业储运公司物流中心集装箱科

二、新命名的

北京市张一元茶庄

北京市北京燕莎友谊商城有限公司

北京市西友集团西单商场男服部男装服饰组

天津南楼百货商场电讯部

天津市生产资料有限公司金属一公司

河北省邯郸市美食林商场

書河北省山百货大楼集团有限责任公司女装分公司
河北省蓝天商厦
河北省邯郸市第一物资再生利用总公司
山西省长治市金威商城服装部
内蒙古通辽北国家粮食储备中转库
内蒙古自治区哲里木金店
内蒙古自治区呼市第一粮食仓库经济民警队
辽宁省 中兴—沈阳商业大厦(集团)股份有限公司“仙玛”柜台
辽宁省沈阳商业城(集团)针织品公司
辽宁省沈阳铁西百货大楼金店
辽宁省大连商场集团抚顺百货大楼有限公司钟表商场照相器材班组
吉林省长春百货大楼电讯商场小收录机部
吉林省东方商厦股份有限公司儿童商场玩具商品部
黑龙江省 哈尔滨秋林集团华侨友谊公司首饰二组
黑龙江省哈尔滨中央商城
上海市上海物资学校物校学生报报社
江苏无锡商业大厦集团有限公司五金车料分公司自行车柜
江苏省苏州人民商场股份有限公司鞋帽部全半胶柜
江苏省南京新街口百货商店股份有限公司金利来柜
江苏省南京友谊华联(集团)有限责任公司食品商场烟酒组
江苏省射阳百货大楼
江苏省徐州市百货大楼股份有限公司钟文商场黄金饰品柜
浙江省百大集团杭州百货大楼食品商场烟酒柜
浙江省宁波长发商厦男鞋精品部
浙江省温州大酒店客房七楼房务中心
浙江省温州菜篮子集团有限公司蔬菜交易市场
浙江省绍兴市国商大厦有限责任公司食品部
浙江省台州市金路超市有限公司
浙江省宁波城隍庙实业股份有限公司国泰金银珠宝有限责任公司明牌专柜
安徽省合肥长江饭店客房部四楼
安徽省巢湖饭店客房部三楼班组
安徽省亳州农机大市场
安徽省化工轻工总公司轻纺分公司
福建省南平市四鹤百货大楼
江西省南昌百货大楼股份有限公司电视机组
江西省赣江宾馆前厅部总服务台
山东省烟台百货大楼有限公司
山东省日照市百货大楼
山东省德州市金属建材有限责任公司
河南省郑州华联商厦文化商场照测部
湖北省鄂州市化工建材总公司
湖北省中南商业大楼电视机一柜
湖南省长沙友谊商店家电部冰箱柜
湖南省株洲西苑宾馆股份有限公司
湖南省益阳爱丽丝连锁有限公司
湖南省马王堆蔬菜批发市场
广东省广州市新大新公司女士儿童商场单一岗
广东省中山百货大厦三商场衬衣柜
广东省中山市益华百货(四海电器中心)
广东省茂名市名城商场
广东省广州王府井百货大楼第三商场黄金部足金一组
四川省物资储运公司金属科保管组
重庆市新世纪百货女装分公司
重庆百货大楼北碚商场小食品柜
重庆市金属回收总公司报废车专营分公司
贵州省六盘水市百货公司友谊超市
贵州华联大酒店客房部
陕西天斗蛋业有限公司
陕西宴友思宾馆
甘肃省兰州医药(集团)有限公司安泰堂药店
甘肃省天天商城烟酒组
甘肃省民百公司兰百大楼毛针部
青海省百货股份有限公司商城副食部

新疆友好集团天山百货大楼服装商场女休闲二组
新疆生产建设兵团
新疆生产建设团农二师博斯腾宾馆客房部
新疆百花村购物中心洗涤超市组
伊力特实业股份有限公司热电厂运行一值

税务系统

一、继续认定的

北京市宣武区国家税务局第一征收所
北京市密云县国家税务局第一税务所
北京市宣武区地方税务局白纸坊牛街税务所
北京市石景山区地方税务局冶金税务所
天津市河北区国家税务局稽查三所
天津市红桥区国家税务局稽查一所
天津市地方税务局和平区分局三所
天津市地方税务局南开区分局征收所
河北省唐山市海港开发区国家税务局
河北省东光县国家税务局城区税务所（原城区分局）
河北省宽城满族自治县地方税务局峪耳崖分局
河北省邢台县地方税务局东汪征收分局（原东汪税务所）
山西省大同市国家税务局稽查二分局稽查二科
山西省朔州市平鲁区国家税务局下水头中心税务所
山西省太原市地方税务局一分局管理一科
山西省榆社县地方税务局直属征收分局（原征收分局办税服务厅）
内蒙古自治区哲里木盟奈曼旗国家税务局青龙山中心税务所（原青龙山税务所）
内蒙古自治区宁城县国家税务局八里罕分局
内蒙古自治区鄂伦春自治旗地方税务局
辽宁省本溪市国家税务局平山分局一洞桥税务所
辽宁省抚顺市国家税务局新抚分局公园中心税务所（原新抚一分局公园税务所）
辽宁省沈阳市国家税务局沈河分局五爱税务所
辽宁省沈阳市国家税务局苏家屯分局陈相中心税务所（原姚千税务所）
辽宁省大连市国家税务局旅顺口分局铁山中税务所
辽宁省大连市国家税务局甘井子分局第四中心税务所
辽宁省大石桥市地方税务局官屯税务所
辽宁省海城市地方税务局西柳公局
辽宁省沈阳市地方税务局皇姑分局计征科（原征收科）
辽宁省沈阳市地方税务局沈河分局五爱税务所
辽宁省大连市地方税务局第一分局计征科
辽宁省大连市地方税务局第二分局
吉林省辽源市国家税务局征收二分局天桥税务所
吉林省吉林市国家税务局稽查局东关检查二科（原稽查二科）
吉林省延吉市国家税务局新兴分局
吉林省长春市国家税务局高科技术产业开发区分局
吉林省长春市国家税务局宽城分局兴隆山税务所
吉林省通榆县地方税务局稽查局
吉林省珲春市地方税务局合作区分局
吉林省长春市地方税务局朝阳分局检查五科
吉林省长春市地方税务局二道分局征收管理科
黑龙江省大庆市国家税务局萨尔图分局拥军税务所
黑龙江省桦川县国家税务局江川分局
黑龙江省哈尔滨市国家税务局道外分局前进税务所
黑龙江省巴彦县国家税务局城郊分局
黑龙江省阿城市地方税务局征收管理中心（原

征收二分局）
黑龙江省兰西县地方税务局稽查局
黑龙江省尚志市地方税务局一面坡分局
黑龙江省哈尔滨市地方税务局道里分局计征科
上海市国家税务局第二分局第六税务所
上海市闸北区国家税务局征收所
江苏省仪征市国家税务局青山分局
江苏省邳州市国家税务局官湖分局
江苏省南京市国家税务局栖霞分局营防检查税务所（原营防税务所）
江苏省江宁县国家税务局禄口分局
江苏省镇江市地方税务局工交分局
江苏省吴县市地方税务局直属分局（原直属税务所）
江苏省南京市地方税务局白下分局稽查二所
江苏省南京市地方税务局雨花台分局稽查三所
浙江省龙游县国家税务局征管分局
浙江省绍兴县国家税务局征管分局办税服务厅（原福全税务所）
浙江省宁波市象山县国家税务局爵溪分局
浙江省余姚市国家税务局临山分局
浙江省宁波市象山县地方税务局爵溪分局
安徽省涡阳县国家税务局稽查分局
安徽省淮南市国家税务局第三分局办税服务厅
安徽省淮南市地方税务局谢家集分局蔡家岗税务所
安徽省合肥市地方税务局第二直属分局征收四所
福建省闽侯县国家税务局上街分局
福建省邵武市国家税务局办税服务厅
福建省厦门市国家税务局直属征收局湖里中心税务所
福建省晋江市地方税务局磁灶分局
福建省闽侯县地方税务局
福建省厦门市地方税务局稽查局
福建省厦门市地方税务局对外税务分局
江西省泰和县国家税务局文田分局
江西省九江市国家税务局直属分局征收所
江西省萍乡市湘东区地方税务局下埠税务所
江西省吉水县地方税务局直属分局
山东省淄博市周村区国家税务局办税服务厅
山东省济南市市中区国家税务局稽查局
山东省胶南市国家税务局计征科
山东省安丘市国家税务局景芝分局
山东省青岛市崂山国家税务局
山东省临沂市河东区地方税务局汤头分局（原汤头镇税务所）
山东省枣庄市市中区地方税务局征收分局
山东省青岛市地方税务局第一分局税收管理一科（原第一分局征收管理科）
山东省青岛市地方税务局第三分局征收科
河南省安阳市郊区国家税务局龙泉中心税务所
河南省陕县国家税务局观音堂中心税务所
河南省巩义市地方税务局征收管理分局
河南省林州市地方税务局征收管理分局
湖北省襄樊市国家税务局樊城分局征收科
湖北省松滋市国家税务局第一分局
湖北省武汉市国家税务局江岸分局第五稽查所
湖北省武汉市国家税务局武昌分局征收科
湖北省咸宁市咸安区国家税务局城区分局（原咸宁市国家税务局城区分局）
湖北省天门市地方税务局征收局（原征收分局）
湖北省罗田县地方税务局大崎分局
湖北省武汉市地方税务局洪山分局第三管理稽查税务所
湖北省武汉市地方税务局青山分局征收服务税务所
湖南省新化县国家税务局炉观征收分局
湖南省长沙市国家税务局二分局城南路税务所

湖南省郴州市国家税务局一分局城前岭税务所
湖南省洪江市地方税务局第三征收分局
湖南省桃江县地方税务局第一征收分局
广东省珠海市国家税务局市区中心分局
广东省吴川市国家税务局城区中心分局
广东省广州市国家税务局直属第二中心分局办税科
广东省广州市东山区国家税务局第二稽核管理所(原第二税务所)
广东省深圳市宝安区国家税务局福永分局
广东省深圳市龙岗区国家税务局龙岗分局
广东省电白县地方税务局稽查分局
广东省普宁市地方税务局直属征收分局
广东省深圳市地方税务局福田征收分局征收科
广东省深圳市地方税务局稽查分局
广西壮族自治区田东县国家税务局平马征收分局
广西壮族自治区岑溪市国家税务局糯垌分局
广西壮族自治区柳州市地方税务局鱼峰分局
广西壮族自治区武鸣县地方税务局锣圩税务所
海南省三亚市国家税务局第一分局
海南省琼山市地方税务局桂林洋税务所
海南省三亚市地方税务局河西第一分局
重庆市綦江县国家税务局古南税务所
重庆市九龙坡区国家税务局杨家坪征收税务所
重庆市高新技术产业开发区地方税务局
四川省渠县国家税务局稽查局
四川省德阳市国家税务局直属分局
四川省双流县国家税务局机场税务所
四川省西昌市地方税务局稽查分局
四川省大邑县地方税务局悦来税务所
四川省地方税务局直属征收分局申报征收科
贵州省遵义市红花岗区国家税务局直属征收管理分局(原办税服务厅)

贵州省安顺市地方税务局轿子山镇税务所
贵州省贵阳市南明区地方税务局二戈寨税务所
云南省鹤庆县国家税务局征收分局
云南省丽江县国家税务局巨甸分局
云南省嵩明县地方税务局杨林分局
云南省昆明市五华区地方税务局个体集贸征收管理分局
陕西省城固县国家税务局南乐中心税务所
陕西省咸阳市国家税务局涉外分局
陕西省西安市国家税务局新城分局长乐西路税务所
陕西省西安市国家税务局第二分局计会征收科
陕西省安康市地方税务局稽查分局
陕西省大荔县地方税务局城关税务所
陕西省西安市阎良区地方税务局稽查队
陕西省户县地方税务局税务稽查队
甘肃省兰州市国家税务局涉外税收分局
甘肃省嘉峪关市国家税务局征收分局
甘肃省兰州市城关区地方税务局五里铺税务所
甘肃省文县地方税务局碧口征收分局
青海省天峻县国家税务局综合管理股(原新源税务所)
青海省平安县国家税务局平安税务所
青海省德令哈市地方税务局
青海省乐都县地方税务局碾伯中心税务所(原纳税申报中心)
宁夏回族自治区石嘴山市石炭井区国家税务局白岌沟税务所
宁夏回族自治区银川市新市区国家税务局朔方税务所
宁夏回族自治区灵武市地方税务局城区税务所
宁夏回族自治区平罗县地方税务局太西税务所
新疆维吾尔自治区乌鲁木齐市国家税务局新

市区分局迎宾路税务所

新疆维吾尔自治区鄯善县国家税务局石油分局

新疆维吾尔自治区乌鲁木齐市地方税务局新市区分局火车北站税务所

新疆维吾尔自治区克拉玛依市地方税务局白碱滩分局

二、新命名的

北京市朝阳区国家税务局第十税务所个体组

北京市西城区地方税务局二龙路税务所

天津市武清县国家税务局开发区税务所

天津市地方税务局蓟县分局马伸桥税务所

河北省徐水县国家税务局遂城税务所

河北省丰南市地方税务局唐坊税务分局

河北省廊坊市地方税务局开发区分局

山西省柳林县国家税务局征收分局

山西省屯留县地方税务局征收分局

内蒙古自治区准格尔旗国家税务局办税服务厅

内蒙古自治区包头市地方税务局直属第三分局

辽宁省盘锦市国家税务局直属一分局稽查局

辽宁省大石桥市国家税务局官屯中心税务所

辽宁省大连市国家税务局金州分局北乐中心税务所

辽宁省铁岭县地方税务局稽查局

辽宁省沈阳市地方税务局铁西分局征收科

辽宁省大连市地方税务局对外分局办税服务厅

吉林省四平市国家税务局中央路分局

吉林省长春市国家税务局绿园分局征收科

吉林省辉南县地方税务局办税服务厅

吉林省白山市地方税务局八道江分局

黑龙江省嫩江县国家税务局九三分局

黑龙江省 哈尔滨市国家税务局开发区分局工大园区税务所

黑龙江省林口县地方税务局征收分局

黑龙江省哈尔滨市地方税务局南岗分局计征科

江苏省吴江市国家税务局同里分局

江苏省江阴市国家税务局青阳分局

江苏省如东县国家税务局直属分局

江苏省盐城市地方税务局直属征收分局

江苏省兴化市地方税务局周庄分局

浙江省乐清市国家税务局柳市办税服务厅

浙江省湖州市国家税务局菱湖办税服务厅

浙江省宁波市奉化市国家税务局溪口分局

浙江省杭州市地方税务局征管分局办税服务厅

浙江省温州市地方税务局征管分局

浙江省宁波市鄞县地方税务局下应税务所

安徽省宣州市国家税务局水东税务分局

安徽省霍山县地方税务局直属分局

福建省 福州市仓山区国家税务局

福建省厦门市海沧投资区国家税务局

福建省福州市台江区地方税务局征收分局

福建省厦门市开元区地方税务局开禾分局

江西省浮梁县国家税务局仙槎分局

江西省丰城市地方税务局上塘分局

江西省吉安市地方税务局习溪桥分局

山东省诸城市国家税务局直属分局

山东省兖州市国家税务局新兖分局

山东省乳山市国家税务局下初分局

山东省青岛市城阳国家税务局

山东省淄博市周村区地方税务局南闫征收分局

山东省文登市地方税务局征收分局

山东省邹平县地方税务局位桥征收分局

山东省青岛市崂山地方税务局计征科

河南省汝州市国家税务局办税服务厅

河南省平顶山市新华区地方税务局征收所

湖北省孝感市孝南区国家税务局第二分局

湖北省仙桃市国家税务局七分局

湖北省鄂州市地方税务局葛店分局

湖北省随州市地方税务局征收局

湖南省冷水江市国家税务局禾青征收分局

湖南省湘西州地方税务局省级税收征收直属

分局
湖南省郴州市地方税务局省级税收征收分局
广东省阳西县国家税务局沙扒分局
广东省中山市国家税务局直属分局
广东省深圳市国家税务局蛇口征收分局税政科
广东省新兴县地方税务局中心征收分局
广东省江门市江海区地方税务局征收分局
广东省深圳市地方税务局宝安分局福永征收所
广西壮族自治区南宁市国家税务局征收一分局
广西壮族自治区防城港市地方税务局直属征收分局
海南省儋州市国家税务局白马井分局
海南省保亭黎族苗族自治县地方税务局
重庆市大渡口区国家税务局征收所
重庆市九龙坡区地方税务局征收中心
四川省乐山市国家税务局直属分局
四川省广元市国家税务局直属征收分局
四川省宜宾市地方税务局直属征收分局
四川省德阳市地方税务局直属分局
贵州省贞丰县国家税务局第一征收管理分局
贵州省贵阳市南明区地方税务局征收科
云南省禄丰县国家税务局勤丰分局
云南省丽江县地方税务局城关分局
西藏自治区国家税务局直属征收局办税服务厅
陕西省安康市国家税务局江南征收分局
西安市国家税务局碑林分局柏树林税务所
榨水县地方税务局直属征收分局
西安市新城区地方税务局韩森寨税务所
甘肃省安西县国家税务局柳园分局
甘肃省静宁县地方税务局余湾税务所
青海省 西宁市国家税务局城中分局水井巷税务稽查所
青海省西宁市城西区地方税务局办税服务厅
宁夏回族自治区固原县国家税务局城区中心税务所
宁夏回族自治区石嘴山市大武口区地方税务局
新疆维吾尔自治区博尔塔拉蒙古自治州国家税务局阿拉山口分局
新疆维吾尔自治区鄯善县地方税务局办税服务厅

民 航 系 统

一、继续认定的

民航华北空管局空中交通管制中心塔台进近管制室
民航内蒙古区局航管中心呼和浩特区域管制室
民航山西省局太原空中交通管理中心区域管制室
民航天津市局公安处派出所
中国航空油料总公司华北公司第四油库第三汽车加油站
中国国际航空公司飞行总队乘务部金凤一组
中国国际航空公司飞行总队中韩航线青年乘务组
中国国际航空公司地面服务部要客服务室
中国国际航空公司内蒙古分公司航修厂六车间
中国国际航空公司天津分公司售票处
北京空港航空地面服务有限公司客运部值机室
北京首都国际机场天然气管理处设备维修科
北京首都国际机场贵宾室
北京首都国际机场安检站安检三科
北京首都国际机场公安分局消防队
中国民航计算机信息中心货运部
中国航空结算中心海外业务部
中国民用航空总医院门诊部西药调剂组
中国民航开发总公司徐州设备修造厂一车间
民航浙江省局运输部候机楼服务科
民航华东空中交通管理局空管中心虹桥塔台进近管制室

民航安徽省局合肥售票中心
南京禄口国际机场安检站安检科
中国东方航空股份有限公司客舱部“凌燕”乘务示范组
中国东方航空股份有限公司山东分公司客舱部“鲁燕”乘务示范组
中国东方航空股份有限公司江西分公司飞行大队乘务中队
中国东方航空股份有限公司安徽分公司“皖燕”乘务示范组
中国东方航空股份有限公司客运部服务部“温馨服务小组”
中国东方航空股份有限公司“2308 样板机”青年维护组
中国东方航空股份有限公司客运部售票处“青年创优窗口”
中国东方航空股份有限公司山西分公司太原售票处
中国货运航空公司国内收货室
上海航空公司乘务部“金鹤”乘务组
上海虹桥国际机场维修管理部供电科灯光站
上海虹桥国际机场股份有限公司候机楼管理分公司电话问询室
上海虹桥国际机场安检站二科一分队
上海航空公司售票中心
厦门国际航空港集团有限公司客货代理公司服务站
厦门航空有限公司客舱服务部乘务队
山东航空公司“彩虹”乘务队
民航中南空中交通管理局白云塔台管制室
民航中南空中交通管理局气象中心预报室
民航湖南省局航务管理中心区调
民航海南省局航管中心通信导航站
桂林两江国际机场运输服务部服务队
武汉天河机场场务修缮公司灯光动力部
民航中南机场设计研究院
中国南方航空股份有限公司运输部客运处航班不正常处理室
中国南方航空股份有限公司特种车辆修理分队
中国南方航空股份有限公司客舱部“春风”乘务组
南方航空(集团)公司海南公司张警予乘务示范组
南方航空(集团)公司海南公司中航售票处
南方航空(集团)公司湖南公司“芙蓉”乘务示范组
广州白云国际机场旅客服务公司中餐部烧腊房
广州白云国际机场贵宾室
广州白云国际机场航空客货服务公司售票处国内柜台
广州白云国际机场安检站一中队
广州白云国际机场公安局刑警大队
深圳机场(集团)公司承远油料公司航空加油站
深圳机场(集团)公司运输部服务科
深圳航空公司商务华联售票处
深圳航空公司乘务大队
海南航空股份有限公司乘务大队“飞鹿”乘务组
民航西南空中交通管理局管制中心塔台管制室
民航西南空中交通管理局气象中心预报室
重庆江北国际机场候机楼总服务台
重庆江北国际机场交通警察大队
成都双流国际机场安检站
民航西南管理局办公室秘书科
中国航空油料西南公司航空加油站
中国西南航空公司运输服务部要客服务室
中国西南航空公司重庆公司“红岩”乘务组
中国西南航空公司飞机维修厂五车间一工段
云南航空公司“金孔雀”乘务组
云南航空公司候机楼公司服务部
民航大理站营运科
中国民航飞行学院洛阳分院航站安检站

中国民航飞行学院广汉分院机务工程部团员安全监督岗
四川航空公司乘务队黄蓉萍乘务组
四川航空公司机务部 A320 中队三分队
西安咸阳国际机场维修动力处供电站灯光分队
民航甘肃省局区域管制室
民航宁夏区局银川售票处
中国西北航空公司飞行大队乘务二中队“如意”乘务组
中国西北航空公司飞机维修基地空客车间定检工段
中国西北航空公司地面服务部服务处问讯及特殊服务小组
中国西北航空公司甘肃公司运输服务部候机室
民航吉林省局长春机场候机室
民航黑龙江省局航务处管制室
民航东北空中交通管理局气象中心预报室
沈阳桃仙国际机场安检站安检队
大连周水子国际机场公安局派出所
中国北方航空公司沈阳乘务队共青团“微笑”乘务组
中国北方航空公司沈阳客运部服务室
中国北方航空公司飞机维修基地发动机车间
中国北方航空公司哈尔滨飞机维修厂四车间
中国北方航空公司长春飞机维修厂三车间
中国北方航空公司沈阳营运部售票处
中国新疆航空公司“雪莲”示范乘务组
中国新疆航空公司运输部客运处问讯处
中国新疆航空公司开发总公司机场宾馆客房部服务组
中国航空油料新疆公司航空加油站三分队
中国新疆航空公司通信导航信息处莎车导航站

二、新命名的

西安咸阳国际机场公安分局机场派出所
深圳机场（集团）公司安检站旅检二分队
中国西南航空公司重庆公司“银鹰”乘务组
中国东方航空股份有限公司江苏有限公司“苏燕”乘务队
中国南方航空股份有限公司深圳分公司“木棉”乘务组
中国北方航空公司大连分公司 2818858 航空信息服务中心
民航贵州省局贵阳售票处
中国西北航空公司飞机维修基地特种车辆车间一工段
民航江西省局公安局昌北机场派出所
华南蓝天航空油料湖北分公司航空加油站
民航天津市局运输服务部问询台
中国国际航空公司内蒙古分公司签派室
民航总局空中交通管理局电信公司卫星通信部
上海虹桥国际机场股份有限公司候机楼管理分公司虹桥服务部贵宾室
上海航空公司乘务部“银鹤”示范乘务组

旅 游 系 统

一、继续认定的

北京丽都假日饭店泰国餐厅
国际饭店前厅行李组
昆仑饭店保卫部前厅门卫
中国职工之家客房部
北京饭店中华礼仪餐厅
西苑饭店中餐宴会服务组
新侨饭店前厅部电话班
前门全聚德烤鸭店餐厅组
首汽集团公司国宾队
颐和园德和园班
长富宫饭店宴会厅班组
北京市旅游汽车公司京旅通信公司 466 台
北海公园琼岛景区
世界公园安保部
北京中华民族园
天坛公园回音壁殿堂班

中国人民解放军空军航空博物馆
天津利顺德大饭店白金汉宫宴会厅
水晶宫饭店西餐服务组
友谊宾馆营销小组
盘山索道公司
温泉游乐宫
河北河北宾馆金燕都餐厅
秦皇岛市山海关老龙头景区管理处
承德避暑山庄管理处宣教群工部
内蒙古新城宾馆八号楼班组
呼盟鄂温克旗巴彦呼硕旅游区
哈素海旅游度假村
辽宁凤凰饭店客房部
大连天富大酒店前台接待部
本溪水洞管理处导游班
凤凰山风景名胜区管理局山门管理科
吉林集安市翠园宾馆客房部
吉林省宾馆客房部
吉林省长白山宾馆客房部
延边天池宾馆
吉林市松花湖滑雪场滑雪俱乐部
黑龙江省中国青年旅行社港台部
哈尔滨天鹅饭店餐饮前厅部
哈尔滨国际观光旅行社外联部
大庆市铁人纪念馆
上海静安宾馆应接青年服务班
春秋国际旅行社国内部门市营业部小组
银河宾馆 VIP 班组
衡山宾馆客房部一号电梯班组
新锦江大酒店青年国宾接待班组
华亭宾馆宴会厅
和平饭店客房部北四楼青年班组
上海国际购物中心国际首饰厅班组
江苏南京金陵饭店佳宾厅
苏州市竹辉饭店商场部
南京夫子庙旅游商贸区
苏州市虎丘山风景区管理处售票组
浙江杭州望湖宾馆望湖楼餐厅

宁波亚洲华园宾馆商务中心
杭州香格里拉饭店商务中心
温州华侨饭店客房部
安徽安徽饭店主楼客房服务班
黄山西海饭店总服务台
黄山北海宾馆总服务台
黄山云谷索道贵宾室
九华山索道公司
福建福建外贸中心酒店客房部
厦门市鹭江宾馆总台
省中国青年旅行社交通业务部
江西青山湖宾馆客房部
江西宾馆客房部七楼小组
赣州中国国际旅行社
景德镇合资宾馆客房部二班
庐山风景名胜区庐山宾馆客房部
南昌市滕王阁管理处接待科
山东威海卫大厦鲁苑厨房
青岛海天大酒店东来顺餐厅
蓬莱阁管理处导游科
泰山风景名胜区泰安市博物馆导游部
青岛崂山风景区奇石馆
威海刘公岛景区甲午海战馆导游讲解班
河南南阳宾馆紫竹园餐厅服务班
新乡宾馆客房部
郑州市嵩山饭店餐饮部 7 号楼餐厅
开封包公祠讲解组
安阳市殷墟博物苑展厅讲解班
广东中国大酒店酒水部
白天鹅宾馆管家部机动综合班
广州酒家正店三楼班组
深圳世界之窗有限公司表演部日本园
佛山市旅游总公司旅游部
深圳锦绣中华发展有限公司中国民俗文化
F 村
深圳世界之窗
广州云台花园
肇庆七星岩游览公司龙岩洞讲解班

广西桂林漓江游船公司桂海 27 号船
柳州饭店四号楼餐厨班
南宁邕江宾馆大堂酒吧
桂林榕湖饭店旺福楼餐厨组
桂林漓江游船公司八桂 17 号船
桂林芦笛公园导游班
北海银滩管理处票务部
四川锦江宾馆客房部主五楼小组
岷山饭店客房部三区
峨眉山万年索道有限公司
峨眉山金顶索道公司
长宁县竹海风景区竹海宾馆
贵州凯里宾馆总服务台班组
贵州省国际旅行社国内部
西藏 拉萨假日酒店牦牛咖啡厅
西藏宾馆客房部
甘肃金城宾馆经营销售部
兰州丝路国际旅行社
长城宾馆餐饮部
嘉峪关关城文管所
武威市博物馆
敦煌月牙泉管理处接待部
青海青海省中国青年旅行社
青海宾馆公关营业部前台科总服务台
新疆巴音郭楞宾馆客房部
石河子宾馆客房部
巴音郭楞宾馆博斯腾湖西海渔村清真餐厅前堂部
重庆人民宾馆前厅部东楼前台
大足石刻宣传讲解组
巫山县小三峡清洁队
宁夏宁夏国际饭店客房部
海南海口市南庄酒店公关部
万宁市兴隆热带植物园
南山佛教文化苑保安部
山西山西大酒店客房部
山西国旅大厦酒店
五台山友谊宾馆中餐厅服务组
大同云冈石窟文物研究所宣传接待部
太原晋祠博物馆群工部
湖南衡阳市雁城宾馆共青团文明楼
资兴市东江湖风景旅游区兜率岛景点
湖北襄樊市隆中风景名胜区接待导游班
武汉市东湖磨山管理处旅游接待部
陕西华山风景名胜区园林环境卫生管理处
秦始皇兵马俑博物馆宣教部

二、新命名的

北京建国饭店西餐厅
港澳中心电话总机班
江苏徐州市云龙山观景台管理所
南通文峰大世界总服务台
河南洛阳市新友谊大酒店客房部
濮阳宾馆贵宾楼餐饮服务班
广东江门市恩平金山温泉度假酒店前厅部
南海市中旅集团公司云影琼楼酒店前台
安徽芜湖市铁山宾馆竹苑楼
安庆市安庆迎宾馆御苑餐厅
马鞍山市林散之艺术馆
黄山狮林大酒店总服务台
河北石家庄市国际大厦客房部 12—15 楼班组
唐山饭店美食林宴会服务班
廊坊市天都大酒店
山东潍坊富华游乐园摩天轮、过山车机组
江西九江市九江宾馆餐饮部居易山庄服务小组
抚州温泉宾馆客房部
浙江杭州大华饭店“共青团服务楼”
台州市凤凰山庄房务中心
奉化市溪口台胞服务中心
海南海口市金海岸罗顿大酒店前堂部
黑龙江哈尔滨市马迭尔宾馆总服务台
大庆市大庆宾馆总服务台
湖南省中国青年旅行社导游部
琵琶溪宾馆客房部二号楼服务班
上海上海大厦前厅部大堂班组
湖北宜昌国际大酒店前厅部

十堰市十堰商业贸易大厦客房部
吉林银河大厦总服务台
辽宁鞍山玉佛苑青年导游服务班
抚顺友谊宾馆客房部
广西柳州饭店前厅接待组
重庆扬子江假日饭店客房部
甘肃嘉峪关宾馆客房部
新疆吐鲁番市葡萄沟游乐园
贵州山水旅行社外联部
福建泉州酒店客房部

金融系统

一、继续认定的

中国人民银行
天津分行太谷县支行(原山西太谷县支行)
天津分行塘沽中心支行营业部
天津分行办公室文书科
天津分行土默特左旗支行(内蒙古自治区土默特左旗支行)
沈阳分行抚顺市中心支行调查统计处
沈阳分行鞍山市中心支行支付科技科(原辽宁鞍山市中心支行科技处)
沈阳分行长春中心支行营业与清算分中心
沈阳分行白山市中心支行支付科技科(原吉林白山市中心支行科技科)
上海分行银行监管一处综合科
上海分行南平市中心支行营业部(原福建南平市中心支行营业部)
南京分行宿州市中心支行调查统计科(安徽宿州市中心支行调查统计科)
济南分行广饶县支行(原山东广饶县支行)
济南分行文登市支行(原山东文登市支行)
济南分行虞城县支行(原河南虞城县支行)
武汉分行万年县支行(原江西万年县支行)
武汉分行上高县支行(原江西上高县支行)
武汉分行荆门市中心支行支付科技科(原湖北荆门市中心支行科技科)
武汉分行襄樊市中心支行营业部(原湖北襄樊市中心支行营业部)
广州分行深圳市中心支行营业部
广州分行江门市中心支行国库科
广州分行柳州市中心支行业务部(原广西柳州市中心支行业务部)
广州分行东莞市中心支行货币金银科
成都分行蒙自县支行(原云南蒙自县支行)
成都分行贵阳中心支行营业部会计科
成都分行松潘县支行(原四川松潘县支行)
西安分行拜城县支行营业部(原新疆拜城县支行营业部)
西安分行湟中县支行(原青海湟中县支行)
西安分行果洛藏族自治州中心支行计划调研科(原青海果洛藏族自治州中心支行计划调研科)
西安分行榆中县支行保卫股(原甘肃中县支行保卫股)
西安分行略阳县支行(原陕西略阳县支行)
西安分行石嘴山市中心支行营业部(原宁夏石嘴山市中心支行营业部)
重庆营业管理部外资外债科
河北保定钞票纸厂一三车间抄纸乙班
上海造币厂二车间853压印组(原上海造币厂二车间卧式印花机组)
西安印钞厂四一车间连接料站
石家庄印钞厂凹印417机台(原石家庄印钞厂凹印车间印刷一班417机台)
南京造币厂W160落镗机台
福建省兴业银行厦门分行海口支行厦港分理处
福建省兴业银行福安支行储蓄专柜
浙江省台州市银座城市信用社总社营业部
吉林省前郭县新立农村信用社
华泰证券有限责任公司常州和平南路证券营业部(原江苏证券有限责任公司常州营业部)
江西省赣州地区城市信用合作中心社第三营业部

中信实业银行杭州分行天水支行（原中信实业银行杭州分行天水办事处）

中国工商银行

黑龙江省牡丹江市长安街支行出纳科

黑龙江省哈尔滨市中央大街支行（原黑龙江省分行营业部）

吉林省长春市三八储蓄所

吉林省吉林市吉化市支行湘潭储蓄所

辽宁省抚顺市分行雷锋储蓄所

辽宁省大连市青泥洼桥支行站前储蓄所

辽宁省锦州市古塔支行大楼储蓄所

山东省济南市中区支行大观园储蓄所

山东省济南市中区支行经十纬二路储蓄所

山东省济南市经二纬三路储蓄所

山东省济南市解放路储蓄所

山东省济南市经二纬十二路储蓄所

山东省潍坊市分行营业部

山东省青岛市分行龙口路储蓄所

上海市外高桥保税区支行

上海市黄浦支行南京东路第三储蓄所

江苏省扬州市分行营业部

江苏省无锡市人民路储蓄所

江苏省南京雨花支行西善桥分理处

浙江省杭州市西湖支行延安路储蓄所

浙江省宁波市古楼支行古楼储蓄所

浙江省湖州市分行红旗路储蓄所

安徽省淮北市支行营业部相山储蓄所

安徽省马鞍山分行营业部会计股

福建省福州市闽都支行储蓄专柜（原福州市分行第二营业部储蓄专柜）

福建省厦门市分行东渡分理处

江西省南昌县支行莲塘储蓄所

江西省分行营业部胜利路储蓄所（原南昌市分行胜利路储蓄所）

青海省分行营业部城中支行营业室（原西宁市分行城中办事处营业室）

宁夏回族自治区银川市新城支行

宁夏回族自治区石嘴山区支行南街储蓄所

新疆维吾尔自治区石河子市分行营业部

甘肃省兰州市东岗办事处定西南路储蓄所

陕西省铜川市支行红旗街储蓄所

陕西省西安市解放路储蓄所

陕西省宜川县支行大街储蓄所

河北省张家口市分行解放街储蓄所

河北省石家庄桥西办事处出纳科

内蒙古自治区包头市环城路办事处商场储蓄所

河南省郑州市建设路储蓄所

河南省新乡市分行牡丹卡业务部

河南省安阳市分行梅一所

河南省洛阳市分行营业部中州路储蓄所

河南省安阳市分行人民大道储蓄所

河南省平顶山市分行营业部大楼储蓄所

山西省分行营业部金厦储蓄所（原太原市分行营业部金厦储蓄所）

山西省临汾市支行东大街储蓄所

山西省长治市支行牡丹办事处（原山西省长治市支行信用卡业务部）

山西省分行营业部大营盘储蓄所（原太原市分行大营盘储蓄所）

山西省运城分行广场办事处广场储蓄所

北京市东城支行王府井储蓄所

北京市海淀支行玉泉路储蓄所

北京市南礼市路支行出纳大组（原北京市南礼市路分理处出纳大组）

天津市分行北站储蓄所

天津市分行李家台储蓄所

湖北省随州市支行第二营业部

湖北省潜江市支行营业部

湖北省荆州市分行营业部

湖南省分行营业部东塘本部储蓄所（原长沙市分行东塘本部储蓄所）

湖南省分行营业部韶山路支行大楼储蓄所（原长沙市分行大楼储蓄所）

广东省广州市署前路储蓄所

广东省深圳分行营业部金融大厦储蓄所

广东省佛山市分行向秀丽储蓄所
四川省直属支行盐市口营业部
四川省达川市支行东风路储蓄所
四川省成都市春熙路支行春熙路储蓄所
四川省成都市滨江支行青羊宫分理处
重庆市渝中区支行渝都储蓄所
重庆市九龙坡区支行西郊分理处
云南省昆明市银通支行(原云南省分行国际营业部)
云南省大理州分行振兴街储蓄所
贵州省贵溪支行甘荫塘分理处
广西壮族自治区柳州市分行解放北路储蓄所
广西壮族自治区桂林市分行阳桥储蓄所
广西壮族自治区分行营业部桃源街储蓄所(原南宁市分行桃源街储蓄所)
海南省海口市金贸办事处
总行营业部
河北省邢台市冶金路办事处
山西省阳泉市分行桥头储蓄所
辽宁省本溪市平山支行解放路储蓄所
江苏省镇江市分行中山路储蓄所
福建省泉州市分行营业部
山东省莱芜市莱城区支行城关储蓄所
河南省焦作市分行三八储蓄所
湖南省湘潭市岳塘支行岳塘储蓄所
四川省泸州市纳溪支行河东储蓄所
宁夏回族自治区吴忠市分行裕民街储蓄所
湖北省分行营业部民航新村分理处
山东省济南高新技术产业开发区支行
山东省分行营业部七里山西路储蓄所

中国农业银行

北京市宣武区支行骡马市分理处
北京市房山支行周口店分理处
山西省运城市分行第二营业部
山西太原市分行第二营业部营业室
河北省石家庄市分行广安支行(原石家庄市分行第二营业部)
河北秦皇岛市分行迎宾路办事处(原河北秦皇岛市分行国际业务部)
天津市河东支行六纬路分理处
辽宁省抚顺市分行望花支行
辽宁省本溪市分行营业部新华储蓄所
吉林省长春市北安支行(原吉林省分行营业部)
吉林省四平市分行红嘴分理处
吉林省公主岭市支行原种场办事处
黑龙江省哈尔滨市昆仑支行
黑龙江省大庆市分行卧里屯支行
黑龙江省牡丹江市分行园明支行中心储蓄所
江苏省徐州市分行营业部
江苏省吴江市支行东方丝绸市场办事处
浙江省绍兴市分行中心储蓄所
浙江省杭州市西湖支行中心储蓄所
浙江省温州市分行鹿城支行中山储蓄所
山东省东营市东营区支行基东办事处
山东省临沂市兰山区支行营业部
山东省淄博市桓台县支行
安徽省庐江县支行营业部
安徽省临泉县支行营业部
福建省莆田县支行石庭营业所
上海市浦东分行庄家桥营业所(原上海市东昌支行庄家桥营业所)
上海市虹口支行大连西路营业所
江西省赣州市分行营业部国商储蓄所(江西赣州市支行国商储蓄所)
江西九江市分行八里湖支行
河南省南阳市内乡县支行营业部
湖北省武汉市江岸区支行建设大道分理处
湖北省武汉市武昌区支行大东门储蓄所
湖北省潜江市支行后湖营业所
湖北省荆州市荆州区支行泰安办事处
湖北省宜都市支行营业部
湖南省永州市分行营业部(原湖南零陵地区中心支行营业部)
湖南省邵阳市昭陵支行朝阳分理处
广东省广州市白云支行萝岗储蓄所(原广东省

分行营业部白云支行萝岗储蓄所)
广东省南海市支行国际业务部
广东省顺德市支行第二营业部
海南省分行信息电脑部
四川省巴中市支行平梁营业所
四川省成都市总府支行营业部(原四川省分行营业部)
四川省绵阳市涪城区支行营业部
重庆市万州市分行营业部
重庆市梁平县支行屏锦营业所
广西南宁市天桃支行营业部(原广西分行营业部)
广西柳州分行飞鹅路第六储蓄所
云南省昆明市盘龙支行(原云南省分行营业部)
贵州省水城县支行营业室
西藏自治区山南地区中心支行营业部
陕西省咸阳市中心支行营业部
陕西省延安市分行营业部
陕西省西安市分行营业部莲湖路分理处
陕西省渭南分行营业部
宁夏分行银川市开发区支行
宁夏分行银川市北京路支行
新疆维吾尔自治区焉耆县支行新城储蓄所
新疆兵团分行阿克苏兵团支行营业部
新疆兵团分行巴音郭楞支行营业部
青海省海北州门源县支行青石嘴办事处
大连市沙口支行民生街分理处
深圳市分行田背支行(原深圳市布吉支行田背办事处)
厦门市分行滨北分理处

中国银行

江西省赣州市分行文清路储蓄所(原江西省赣州地区分行文清路储蓄所)
青海省西宁市东关支行八一路民航储蓄所(原青海省西宁市支行八一路民航储蓄所)
宁夏回族自治区银川市新城支行怀远路分理处
甘肃省兰州市城关支行西关什字分理处(原甘肃省兰州市分行西关什字分理处)
陕西省宝鸡支行体育路储蓄所
陕西省西安市解放路支行存款科(原西安市分行营业部存款科)
河北省石家庄市机场路支行存汇科(原河北省分行机场路营业部存汇科)
河南省洛阳市支行国际结算部
山西省忻州支行长征路储蓄所
山西省太原市北城支行
北京市大兴支行储蓄专柜
天津市分行天山路储蓄所
湖南省分行营业部
湖南省分行赤岗支行德茂隆分理处(原湖南省长沙市分行德茂隆分理处)
广州市沿江支行长堤路储蓄所(原广州市分行长堤路储蓄所)
海南省分行存汇处
云南省开远支行
广西壮族自治区梧州分行河西储蓄所
吉林省延吉分行建工储蓄所
沈阳市分行青年大街储蓄所
山东省龙口支行西市场储蓄所
上海市分行资金计划处外汇交易科(原上海市分行资金部外汇交易科)
上海市分行黄浦支行南京东路分理处(原上海市分行黄浦支行华侨服务部)
江苏省海门支行营业部
南京市城北支行百子亭分理处(原南京市分行百子亭分理处)
浙江省舟山市分行普陀山支行(原浙江省舟山市分行普陀山办事处)
安徽省芜湖市分行营业部
湖北省潜江广华支行
安徽省阜阳分行向阳分理处
浙江省绍兴市分行清道桥分理处
内蒙古自治区通辽分行东城分理处
山西省平朔支行

四川省双流支行会计出纳科
海南省海口市秀英支行国科园办事处（原海南省海口市国科园办事处）
新疆维吾尔自治区乌鲁木齐市北京路支行西北路分理处（原新疆维吾尔自治区乌鲁木齐市支行西北路办事处）
江西省新余市分行渝水办事处储蓄专柜
山东省阳信支行
河南省郑州市陇西支行营业部（原河南省郑州市支行陇西办事处）
江苏省昆山支行鹿城储蓄所
江西省南昌市东湖支行大院分理处（原江西省南昌市分行大院分理处）
浙江省台州市黄岩支行青年东路分理处
陕西省分行营业部零售业务科
内蒙古自治区包头市分行包百大楼储蓄所
深圳市银行卡中心客户服务科（原深圳市分行信用卡中心业务部）
中国建设银行
总行营业部结算部
北京市城建支行安华里储蓄所
北京市朝阳支行营业部
北京市海淀支行科南路储蓄所
天津市河西支行平山道储蓄所
天津南开支行王顶堤储蓄所
上海市黄浦支行营业部
上海市杨浦支行长阳路办事处储蓄所
上海市第五支行业务一科市政重大工程小组
黑龙江省牡丹江市水电专业支行中心储蓄所（原黑龙江牡丹江市分行中心储蓄所）
黑龙江省哈尔滨市分行南岗支行储蓄专柜
吉林省公主岭市支行
吉林省长春市人民广场支行
河北省石家庄市西大街支行（原河北石家庄分行第三办事处）
河北省邯郸铁西办事处
辽宁省锦州铁北支行铁北储蓄所
辽宁省分行营业部皇姑支行第一储蓄所（原沈阳皇姑支行第一储蓄所）
辽宁省大连市沙河口支行五四广场储蓄所
山东省济宁市分行城区支行
山东省济南历下区支行朝山街储蓄所
山东省潍坊市分行营业部
江苏省射阳县支行营业部
江苏省徐州市分行营业部储蓄专柜
江苏省淮阴市分行清浦办事处
江苏省分行营业部第一支行汉中路分理处（原南京汉中路分理处）
江苏省南通市启东支行营业部储蓄专柜
江苏省苏州张家港市支行金洲储蓄所
江苏省苏州金阊办事处储蓄专柜
浙江省杭州市宝石支行松木场储蓄所（原杭州分行营业部松木场储蓄中心）
浙江省绍兴分行大通支行储蓄专柜
宁波市分行第一支行储蓄专柜
安徽省分行营业部储蓄专柜
江西省分行营业部永叔支行永叔路口储蓄所（原江西南昌分行营业部永叔路口储蓄所）
江西省赣州分行营业部文清路分理处储蓄专柜
福建省福州分行城北支行会计部
福建省厦门分行中山分理处（原厦门分行思明文行中山储蓄所）
福建省厦门湖里支行储蓄专柜
青海省第二营业部城北支行储蓄专柜（原青海西宁支行城北办事处储蓄专柜）
新疆维吾尔自治区营业部黄河路支行营业部（原新疆乌鲁木齐市支行沙依巴克区办事处营业部）
宁夏盐池县支行大水坑办事处储蓄专柜
宁夏分行青铜峡铝厂办事处
甘肃省兰州市支行城关办事处武都路分理处储蓄专柜（原甘肃兰州市支行城关办事处储蓄专柜）
甘肃省兰州电力支行西固办事处（原甘肃兰州电力支行火电公司办事处）

甘肃省兰州铁路专业支行营业部营业室
陕西省铁道专业支行友谊东路办事处
陕西省咸阳分行城区办事处
陕西省分行营业部长乐中路分理处储蓄专柜（原陕西西安市分行东郊支行储蓄专柜）
内蒙古乌海海南区支行老石旦分理处（原乌海市海渤湾电厂专支老石旦分理处）
山西省太原城建专业支行会计柜台组
山西省新绛县支行
河南省郑州市桐柏路支行（原河南分行营业部中原办事处）
河南省平顶山煤炭专业支行营业部
湖北省荆州市分行新桥办事处（原湖北荆沙市新桥办事处）
湖北省襄樊市襄城支行
湖北省省直支行储蓄专柜（原湖北分行营业部储蓄专柜）
湖北省长江支行胜利街储蓄所（原武汉分行营业部胜利桥储蓄所）
湖南省长沙市芙蓉支行梓园储蓄所（原湖南长沙市第三支行本部储蓄所）
湖南省长沙市长岭支行（原湖南电力专业分行长岭支行）
广东省广州市开发区支行登峰办事处（原广州黄浦支行登峰路办事处）
广东省深圳田背支行东乐分理处
海南省分行营业部储蓄专柜
海南省海府支行美舍河办事处
海省龙龙华支行义龙分理处
四川省成都市岷江支行蜀都分理处储蓄专柜（原四川分行营业部第一储蓄所）
四川省分行营业部羊市街储蓄所（原四川成都市第一支行羊市街储蓄所）
四川省直属支行南郊办事处
重庆市新兴支行（原重庆涪陵市分行中心分理处）
重庆万州分行营业部（原重庆万县市分行营业部）
贵州省六盘水市分行共青团储蓄所
云南省大理州分行庆丰分理处（原云南大理州中支直属支行）
云南昆明市城西支行棕树营储蓄所（原云南昆明市西山区支行棕树营储蓄所）
广西柳州市分行北站路第二储蓄所
广西南宁市分行朝阳支行朝阳储蓄所
西藏自治区西郊办事处

中国农业发展银行

新疆维吾尔自治区巴州分行营业部
河北省分行营业部营业室
山西省长治市分行营业部
江西省分行营业部营业厅

交通银行

上海分行杨浦支行鞍山路分理处
上海分行六里支行
上海分行业务部会计科
南京分行营业部储蓄专柜（原南京分行营业部储蓄所）
大连分行甘井子支行大连湾分理处（原大连分行甘井子办事处大连湾分理处）
重庆分行南坪支行南城支行（原重庆分行南坪支行南城分理处）
武汉分行营业部西马路储蓄所
武汉分行竹叶分理处
北京分行信贷业务部（原北京分行外汇计划信贷部信贷科）
青岛分行市北第一支行储蓄专柜
山东淄博分行临淄办事处
郑州分行文化路支行黄河路分理处
郑州分行铁道支行储蓄专柜
天津分行房地产信贷业务部业务科
乌鲁木齐分行营业部
长春分行长春大街支行储蓄专柜（原长春分行长春大街办事处储蓄专柜）
苏州分行张家港支行营业部储蓄专柜（原江苏省张家港支行储蓄专柜）
遵义分行万里支行舟水桥办事处（原贵州省遵

义支行舟水桥办事处）
工苏常州分行营业部储蓄专柜
中国人民保险公司
天津市分公司国际部业务四部（原天津市分公司国际业务营业部业务三部）
沈阳市分公司国外货运险部
安徽省分公司淮南洞山支公司
青海省分公司西宁市城中区支公司
青海省分公司格尔木支公司
南京市分公司下关支公司
广州市分公司海珠支公司市场一部（原广州市分公司海珠支公司国际保险科）
上海市分公司宝山支公司宝钢办事处
山东省泰安市分公司营业部
山东省潍坊市分公司营业部业务处理中心（原山东省潍坊分公司营业部营业室）
吉林市分公司龙潭支公司铁东办事处
大连市分公司中山支公司财险一部
福建省泉州市分公司营业部
湖北省分公司宜昌市葛洲坝支公司中心办事处
河北省唐山市分公司国际保险部
甘肃省天水市分公司五里铺营业所
广西南宁市分公司永新支公司
黑龙江省绥化分公司绥化市支公司
山东省分公司东阿县支公司
四川省宜宾市分公司营业部
中国人寿保险公司
广东省佛山市分公司营业部
江西省宜丰县支公司
内蒙古自治区赤峰市元宝山支公司
河南省洛阳市城郊营业部业务科
江苏省南京市下关支公司
河北省秦皇岛市海港支公司
招商银行
武汉分行营业处营业室会计组

二、新命名的

中国人民银行
天津分行黎城县支行
天津分行安国市支行
沈阳分行哈尔滨中心支行调统处统计组
上海分行杭州中心支行外汇管理处出口收汇核销管理科
上海分行嘉兴中心支行外汇管理科
济南分行淄博市临淄区支行
济南分行邹城市支行
济南分行舞阳县支行
济南分行上蔡县支行
武汉分行余江县支行
西安分行海东地区中心支行货币金银科
重庆营业管理部酉阳县支行
上海印钞厂制墨车间配墨小组
沈阳造币厂十车间冷轧机王新洲机组
北京印钞厂九六车间Ⅱ型线韩宝辉机台
成都印钞公司钞票纸厂自控班
江苏省铜山县三堡农村信用合作社
中国证券监督管理委员会
大连商品交易所
中国工商银行
北京市宣武支行范家胡同储蓄所
辽宁葫芦岛市连山支行新华储蓄所
上海市分行第一支行
浙江省分行营业部解放路支行储蓄专柜
安徽省分行营业部回龙桥储蓄所
山东东营市分行东城支行
湖北省分行营业部青山区支行十九街坊储蓄所
广东省分行营业部长堤储蓄所
广西柳州分行鱼峰路第二储蓄所
四川自贡市分行沙弯储蓄所
陕西省分行营业部咸宁路储蓄所
青岛分行登州路储蓄所
河南省分行营业部行政区支行政二街分理处
中国农业银行
上海市嘉定支行安亭营业所
江苏省无锡市江阴支行璜土办事处
福建省福州市鼓楼支行营业厅

山东省分行营业部和平支行
浙江省长兴县支行解放路储蓄所
黑龙江省分行建三江支行
河北省石家庄市分行西城支行
广东省分行营业部西湖路办事处
四川省分行西昌市支行营业部
新疆自治区分行乌鲁木齐市团结路支行营业部
宁波市慈溪市支行中国食品城分理处
深圳市分行龙兴支行(原龙岗办事处)
甘肃省白银市分行西区办事处
湖南省分行营业部城中支行营业部
安徽省宣城分行直属办事处
江西省南昌市叠山支行营业部

中国银行

总行营业部燕莎营业处
北京市西城区支行三里河分理处
云南省昆明市南窑支行机场分理处
广东省东莞分行长安支行
安徽省合肥市三孝口支行营业部
湖北省武汉市沌口支行营业部
河北省石家庄市育才支行储蓄专柜
重庆市九龙坡支行中心储蓄所
黑龙江分行营业部储蓄科
青海省西宁市城中支行大什字分理处
浙江省台州市温岭支行储蓄专柜

中国建设银行

山东省齐鲁石化专业支行
辽宁省沈中支行储蓄专柜
青岛市南区支行贵州路储蓄所
湖南省长沙市华兴支行营业部
黑龙江省哈尔滨市工大支行
厦门市厦大分理处
北京前门支行永安分理处
福建省晋江市支行
山西省分行营业部
甘肃省兰州市电力支行住房城建办事处
上海市宝钢支行营业室
新疆维吾尔族自治区乌鲁木齐铁道支行营业部

中国农业发展银行

江苏省沛县支行

交通银行

洛阳分行营业部
温州分行营业部储蓄中心
乌鲁木齐分行开发区支行营业部
南京分行新街口支行营业部
昆明分行建设路支行
无锡分行业务部储蓄专柜

中国人民保险公司

福建省分公司营业部
甘肃省安西县支公司
云南玉溪分公司营业部

中国人寿保险公司

广西柳州市鱼峰支公司
山东聊城分公司临清营业部
福建莆田市涵江区支公司
黑龙江新林支公司
贵州长顺县支公司

招商银行

沈阳分行营业部个人银行部
南京分行营业部

中国民生银行

北京管理部公司银行处

供 销 系 统

一、继续认定的

北京市崇文区南祥商业公司粮油食品一部
北京市丰台区亿客隆商城六里桥商场烟酒组
北京弘棉实业有限责任公司物资分公司销售部
北京市万事吉商城食品部保鲜组
天津市宁河县供销社芦台百货大楼化妆品组
天津市港商医药总公司业务科
河北省石家庄市中山路化妆品专业商店
河北省邯郸市供销社工业品总公司家电公司

河北省廊坊市农业生产资料公司化肥科
河北省石家庄市大众商场橱柜组
河北省翼兴房地产开发公司
山西省农业生产资料公司科技服务分公司
山西省运城市华厦大酒店
山西省阳泉市天元商厦
山西省供销合作社招待所
山西省柳林县贸工农实业有限公司
内蒙古自治区赤峰市喀喇沁旗乃林供销社科技兴农服务部
辽宁省大连市旅顺供销大厦青年服务队
辽宁省沈阳市玫瑰大酒店前厅部
辽宁省盘锦供销大厦有限公司
吉林省长春市农业生产资料总公司长农商社
黑龙江省哈尔滨星河宾馆客房部
黑龙江省大庆市五金工具总汇有限责任公司
黑龙江省哈尔滨市陶瓷总公司建材分公司
黑龙江省哈尔滨市农资公司储运分公司化工库
黑龙江省尚志市北方商场首饰组
江苏省淮阴市新亚商城影视柜
江苏省天京大酒店总服务台
江苏省大丰市银都大酒店
江苏省果品食杂总公司市场部
浙江省衢州市家电城
浙江省湖州市浙北大酒店总服务台
浙江省宁波市美乐门股份有限公司小家电部
浙江省杭州市宝善宾馆管家部楼层班组
安徽冠隆实业总公司砀山县酥梨饮品公司
安徽省六安大厦
安徽省马鞍山市珍味南北货有限责任公司
安徽省新世纪大厦餐饮部
福建供销大厦家电柜
福建连城县日杂果品公司食杂经营部
福建省仙游县枫亭供销社枫江商场
福建省上杭县土产日杂公司紫金商场
江西省萍乡市供销大厦钟表柜组
江西省彭泽县棉纺厂一车间纺细丁班
江西省新余市供销大厦黄金首饰组
山东省青岛东方集团股份有限公司
山东省东营市东营大酒店
山东省枣庄市供销社家电总站
山东省兖州市华联商厦
山东省青岛北方国贸大厦股份有限公司
山东省泰安市华联商厦
河南省商城大厦照材商场相机柜
河南省信阳地区棉麻商厦白云宾馆
河南省商城大厦工艺商场K金二柜
河南省中国郑州交易中心商城饭店总台
河南省内乡县新大新有限公司新大新商场
湖北省供销社循礼门饭店“崔红班组”
湖北省农资总公司青年农资科技服务队
湖北省仙桃市供销集团公司商城大厦
湖北省随州市购物中心三资化妆柜
湖南省长沙县路口区供销社路口商场
湖南省岳阳市九州大厦
湖南省岳阳市九龙商厦
湖南省长沙市泰阳商城
广东省普宁市中都大酒店
广东省东莞市长安供销社新世界购物中心影视部
海南省儋州市供销合作联社经营管理部
广西壮族自治区百色地区供销大厦
广西壮族自治区玉林市金城商厦有限责任公司床上用品柜
贵州省供销工业品联销公司紫林商场食品组
贵州省供销工业品联销公司紫林商场衬衣柜
贵州省贵阳市山林大酒店楼层集体
甘肃省金塔县棉花公司东坝收购加工厂打包车间
甘肃省兰州市兰山宾馆客房服务班
甘肃省兰州市日杂大楼铝制品组
青海省土产杂品总公司日用杂品经营部
青海省大通县工业品总公司供销商场
宁夏回族自治区农业生产资料总公司经警班
新疆维吾尔自治区石河子市棉麻公司检验科

新疆兵团供销大厦有限公司华都商场食品部酒类柜组
新疆兵团棉麻大厦利华大酒店餐饮部中餐厅
中国农业生产资料集团公司农药储备处

二、新命名的

北京市亿客隆商城闭架烟酒组
河北省武安市供销大厦
山西省农业生产资料公司化肥二分公司
黑龙江省大庆市供销合作社开发公司
江苏省农资(集团)公司经营管理部
福建省忠门供销商厦
山东省安丘市供销大厦
河南省洛阳市供销储运总公司仓储分公司
河南省柘城县大仵棉花加工厂检验科
广东省云浮市百惠超级商场
海南果蔬食品配送有限公司团支部
青海省农牧生产资料总公司仓储部
云南省供销合作社储运公司甸尾分公司生产科
新疆兵团石河子供销大厦
新疆兵团棉麻大厦利华大酒店营销部

中国石油化工集团公司

胜利石油管理局工程建设一公司青年突击队
胜利石油管理局现河采油厂一矿采油五队青年突击队
胜利石油管理局通讯公司通讯中心站青年突击队
中原石油勘探局采油一厂 17 号计量站
中原石油勘探局采油五厂 48 号计量站
河南石油勘探局地质调查处 2235 地震队
河南石油勘探局勘察设计研究院热机室
江汉石油管理局井下作业处作业六队青年突击队
江汉石油管理局中心医院(五七)机械分院托老康复中心
江苏石油勘探局试采二厂采油九队韦庄集转站
滇黔桂石油勘探局油气销售总公司祥周加油站
新星石油有限责任公司上海海洋石油局“勘探三号”
管道储运公司邹城输油处临邑输油站加热炉班
燕山石化有限公司化工一厂电气车间低压电工班
燕山石化有限公司炼油事业部检验中心分析组
齐鲁石化公司第二化肥厂合成总控室
齐鲁石化公司腈纶厂聚合车间回收岗
高桥石化公司上海炼油厂催三车间反应内操岗
金陵石化有限责任公司炼油厂加氢精制车间全员文明岗
茂名石化公司港口公司营业大厅
茂名石化公司销售公司化工处
天津石化公司化纤厂间歇缩聚车间主工艺岗
天津石化公司医院急诊科
扬子石化股份有限公司芳烃厂中控室
扬子石化股份有限公司化工厂醋酸车间乙醛工段
巴陵石化有限责任公司岳阳石化总厂合成橡胶厂 SBS 车间聚合岗
巴陵石化有限责任公司洞庭氮肥厂水汽车间生活水岗位
长岭炼油化工有限责任公司 1#常减压车间司泵岗位
上海石化股份有限公司 1#乙烯联合装置 C—402 压缩机系统岗
上海石化股份有限公司化工事业部聚乙烯醇联合装置合成岗
仪征化纤股份有限公司涤纶五厂 806 青年女子班
南京化学工业有限公司氮肥厂硝酸车间直硝工段
镇海炼油化工股份有限公司炼油厂延迟焦化车间

广州石化总厂炼油厂炼油二车间重整装置
安庆石化总厂机械厂工修车间电工班
洛阳石化总厂二催化车间
荆门石化总厂炼油厂催化一车间气压机岗
九江石化总厂炼油厂芳烃岗位
石家庄炼油厂供电车间电气运行岗
济南炼油厂聚丙烯车间
武汉石化厂联合车间青年团员岗
福建炼油化工有限公司催化车间
沧州炼油厂炼油二部
重庆一坪高级润滑油公司销售分公司市场部
天津石油集团有限公司加油供应分公司丁字沽三号路加油站
河北石油集团有限责任公司第一分公司建设大街加油站
上海石油(集团)有限公司计算机管理中心
江苏省石油集团有限公司徐州石油分公司矿山路女子加油站
安徽省石油总公司蚌埠石油公司营业部
山东省石油集团总公司日照石化宾馆餐饮部
湖北石油总公司零售公司王家墩加油站
洛阳石化工程公司炼油实验厂一催化车间反应岗位
第二建设公司第一工程公司管工童林宝组
第四建设公司第三工程公司中原专业项目部
第五建设公司三队洛阳 PTA 装置青年突击队
第十建设公司安装一公司丁殿慧钳工班

电 力 系 统

一、继续认定的

吉林通化市二道江发电厂 7 号机组
黑龙江省哈尔滨电业局道里供电局道里售电所
内蒙古蒙达发电有限责任公司运行部
江苏省扬州供电局 500KV 江都变电站
浙江省嘉兴市电力局城郊供电公司 110KV 王店变电所
福建省沙溪口水力发电厂 1 号水轮机组
江西省贵溪火力发电厂电气检修公司继电保护班
河南省洛阳热电厂 1 号青年机组
河南省火电二公司锅炉钢架青年突击队
广东省电力局黄埔发电厂燃丁分岗
广西壮族自治区梧州供电局平浪变电站
西北电管局霸桥热电厂电气主控制室
甘肃省兰州供电局变电处海石湾三三〇变电所
青海省龙羊峡水力发电厂运行分场
江苏省盐城供电局营业厅青年服务队
华北电力集团张家口供电公司宣化供电分公司抄表班
华北电力集团北京大唐发电股份有限公司陡河发电厂运行甲值四单元班
华北电力集团唐山供电公司建设路营业站
华北电力集团调度局调度运行处
华北电力集团承德供电公司调度所继电保护班
北京供电局昌平 500KV 变电站运行班
天津市电力公司城南供电局河西营业站
天津市电力公司高压供电公司继电保护管理所
天津市第一热电厂热机运行热水网
天津市电力公司调度中心调度运行张军组
天津市城东供电局河北营业站
河北省石家庄电业局桥东营业厅
河北省西柏坡发电总厂 1 号机组运行岗位
河北省邢台发电厂锅炉分场机动三班
河北省保定供电公司用电服务中心
山西省大同供电分公司新开路营业所
山西省运城地区电业局三正自动化所
山西省太原二电厂燃料车间
山西省忻州供电公司 220KV 匡村变电站
内蒙古自治区包头电业局调度所微波班
内蒙古自治区呼和浩特供电局新城分局鼓楼营业站
内蒙古自治区丰镇发电厂汽机车间

内蒙古自治区巴彦淖尔电业局调度所调度班
内蒙古自治区电力科学研究院热工所
辽宁省鞍山电业局用电服务中心
辽宁省金州供电局用电服务处
辽宁省沈阳供电局送电工区
辽宁省铁岭发电厂锅炉分厂制粉班
辽宁省大连电业局甘井子供电局用电服务处
东电送变电工程公司送电第五工程处
黑龙江省佳木斯电业局浩良河供电局
黑龙江省牡丹江电业局东安供电局
黑龙江省哈尔滨第三发电厂值长组
黑龙江省佳木斯发电厂经警中队
吉林省长春电业局宽城供电局电费发行科
吉林省龙潭供电局营业窗口
吉林省长春热电二厂1号发电机组
吉林省吉林热电厂11号青年机组
华东电力集团望亭发电厂发电部运乙一班
华东电力集团富春江水电厂运行二值
华东电力集团新安江电厂运行分场三值
上海市区供电局沪西供电所线路一班
上海市东供电局浦东供电所营业室
上海市闵行发电厂运行13号机组
上海市电力公司南桥交直流变电站
浙江省金华电业局电力设计所
浙江省镇海发电厂煤运一班
浙江省绍兴电业局用电管理所营业厅
浙江省台州发电厂燃料分场程控室
江苏省常州供电局用电服务中心
江苏省南京供电局栖霞供电分局营业厅
江苏省连云港供电局连云分局业务班
江苏南京热电厂锅炉运行新厂丁班
江苏省镇江供电局220KV官塘变电站
安徽省马鞍山供电局配网运行检修班
安徽省安庆供电局调度所调度组
安徽省淮北发电厂5号主机
安徽省合肥供电局用电管理所营业班
华中电力集团财务公司梨园专柜
华中电力集团华阳发电有限责任公司电检二班
湖北省武汉供电局武昌分局洪山营业所
湖北省宜昌供电局东山分局“小虎队”
湖北省汉川电厂2号机组
湖北省荆门热电厂4号机组
湖北省襄樊供电局市区分局用电管理所
河南省开封市电业局供电检修服务中心
河南省郑州市电业局石佛变电站
河南省洛阳首阳山电厂4号青年机组
河南省开封火电厂检修公司热工自动化班
湖南省长沙电业局天顶变电站
湖南省株洲电业局云天变电站
湖南省五强溪水力发电厂修试总公司试验工区
湖南省长沙电业局城南供电局营业站
江西省赣西供电局220KV白沙变电站
江西省九江供电局妙智变电所
江西省万安水力发电厂大修青年突击队
江西省火电建设公司调试青年突击队
陕西省西安供电局蓝天变电站
陕西省咸阳供电局渭南变电站
陕西省蒲城发电厂锅炉管阀班
陕西省黄陵县电力局城区供电所
甘肃省兰州供电局送电处一工区带电班
甘肃省庆阳电力局修试所高压实验班
甘肃省靖远电厂运行部化学检修班
甘肃省西固热电厂热机分场汽机附属一班
宁夏电力建筑安装工程公司大坝项目部
宁夏电力局石嘴山发电厂高压焊工班
宁夏电力局送变工程公司承建自一蓉同塔双回500KV线
路工程南段基础工程青年突击队
宁夏电力局固原变电站
青海省西宁供电局城东供电所
青海省送变电工程公司送电四处三队
青海省桥头发电厂机检分场
青海省李家峡水力发电厂电气自动化监控班
新疆维吾尔自治区乌鲁木齐电业局市北供电

局急修班
新疆维吾尔自治区吐鲁番电业局托克逊220KV变电站
新疆维吾尔自治区玛纳斯发电厂锅炉运行三班
新疆维吾尔自治区乌鲁木齐电业局地调所调度运行班
山东省临沂电业局客户服务中心营业股
山东省济南供电局天桥电力公司营业厅
山东省淄博电业局张店供电局配电班
山东省十里泉发电厂6号机组生产线
山东省日照电业局客户服务中心
四川省德阳电业局220KV新市变电站
四川省自贡电业局供电营业厅
四川省攀枝花电业局青龙山变电站
四川省江油发电厂“共青团号”机组
四川省宜宾豆坝电厂“共青团号”机组
福建省福州电业局马尾供电所
福建省龙岩电业局营业大厅
福建省三明电业局调度所调度班
福建省水口水力发电厂自动化班
福建省厦门电业局城区供电局用电服务中心
云南省昆明供电局城区分局电费班
云南省滇东电业局三岔变电站
云南省漫湾发电厂6号机组
云南省小龙潭发电厂5号机组
广西壮族自治区北海供电局用电管理所电费收校班
广西壮族自治区柳州供电局沙塘500KV变电站
广西壮族自治区恶滩水电厂检修分场二次班
广西壮族自治区南宁供电局配件抢修中心
重庆市城区供电局用电营业厅
重庆市万县电业局三峡供电局用电科
重庆市发电厂12号机组
重庆市江北供电局用电服务中心
贵州省遵义供电局南白分局抄核收班
贵州省都匀供电局调度自动化班
贵州省贵阳发电厂运行二分场
贵州省清镇发电厂1号机炉
广东省茂名电业局农电分局分界供电所
广东省广州电力局用电处业扩组
广东省汕头电业局500KV汕头变电站
广东省沙角发电总厂A厂燃料分场燃戊班
华能德州电厂检修公司汽机专业本体班
华能福州电厂发电部运行C值
华能江苏淮阴发电厂有限公司检修继电保护班
华能大连电厂运行一值
南方电力联营公司天生桥水力发电总厂水工分厂水调班
南方电力联营公司调度所调度科

二、新命名的

华北电力集团公司大同第二发电厂网控站
山西省电力公司长治大用户营业所
河北省衡水供电公司用电服务中心
内蒙古自治区包头第一热电厂电气主控室
华能南京分公司发电部运行甲值
华能辛店发电厂运行丁值一班
青海省海东供电局送电工区带电班
河南省南阳电业局青台220KV变电站
四川省乐山电业局嘉州供电局范坝变电站
四川省成都电业局双流供电局调控中心
广西壮族自治区岩滩水电厂发电部
甘肃省白银供电局西区营业站
广东省深圳供电局客户服务中心
陕西省榆林供电局110KV沙沟岔变电站
华东电力集团公司华东电力调度局调度科
西北电力设计院工程项目处
安徽省芜湖供电局用电营业厅
福建省泉州电业局500KV泉州变电所
湖南省电力公司民丰500KV变电站
山东省烟台电业局客户服务中心营业厅
西北电力建设调试施工研究所
江西省景德镇供电局用电营业厅
吉林省长山热电厂8号单控室

辽宁省营口电业局西市供电局用电服务中心
云南省鲁布革发电厂计算机班
重庆市杨家坪供电局巴山变电站
浙江省杭州电力局城南供电局营业厅
江苏省徐州市西供电局营业柜台
黑龙江省齐齐哈尔电业局建华供电局售电所
新疆玛纳斯发电有限责任公司汽机专业本体班
湖北省黄石供电局市区分局黄石港供电所
国电东北分公司丰满发电厂运行分厂五值
重庆市北碚供电局梅花山 220 KV 变电站
山东省济宁电业局客户服务中心
上海电缆输配电公司电缆工程公司二分公司
华北电力集团公司北京送变电公司北戴河重要用户供电
系统改造工程青年突击队
葛洲坝一公司三峡泄洪坝段砼浇筑青年突击队
青海省电力公司桥电六期项目部
四川电力建设三公司南通工程公司
甘肃火电公司平凉电厂 1 号机组锅炉水压工程青年突击队
中水七局机电安装分局青年突击队
中水一局大朝山水电站地下厂房开挖青年突击队
中水二局第三分局二公司青年突击队
中水四局机电安装发电机安装中队
中水五局昌马施工局水电队
中水十一局二分局小浪底进水口项目部青年突击队
上海送变电公司输能青年突击队
河北省电力建设第一工程公司大件吊装青年突击队
安徽省电力公司送变电公司 500 KV 淮江线项目部
山东省电力集团公司潍坊电业局农网改造青年突击队
江西省电力公司送变电建设公司送电一处二队
云南省电力集团公司送变电工程公司送电三处
江苏省电力建设公司三公司汽机本体班
黑龙江省电力有限公司火电一公司建筑工程处
河南送变电建设公司变电工程公司一队
国电东北分公司通辽电业局河西一次变工程队
浙江省北仑电厂 4 号锅炉受热面喷燃器改造青年突击队
湖北省电建二公司襄樊 A 标工程青年突击队

个协私协系统

一、继续认定的

北京市海淀区西苑芳雪药店
北京市百货大楼叶氏服装服饰专柜
北京市用友软件股份有限公司财务软件开发部
天津市大维制衣有限责任公司上衣车间缝制组
天津市南开区永安日用百货商店日用百货组
天津市红桥区天奕商城 5 楼 C 区 2 号展厅卢萍精品屋
河北省唐山市立国实业(集团)有限责任公司
河北省唐山市蒙妮坦美容美发院
内蒙古自治区锡林浩特市万利达商贸有限责任公司
辽宁省本溪市嘉玲国际美容中心
辽宁省盘锦市兴隆台区盘锦化妆城
辽宁省丹东市元宝区韩氏化妆品洗涤专营店
吉林省桦甸市亚太冷藏有限责任公司
吉林省白山市集贸大厦眼镜店
吉林省九台市艳平水暖有限责任公司
黑龙江省牡丹江市东安市场四季红小百货批发
黑龙江省齐齐哈尔市清真轩饭店
黑龙江省哈尔滨市南岗区明日酒楼

黑龙江省哈尔滨市道里区香香快餐店
上海市杨浦区“小苏北”旧货调剂商店
上海市闸北区丹妮形象设计工作室
江苏省南京市新叶时装百货商店
江苏省海宁县李堡镇春明发廊
江苏省赣榆县小丽养鸡场
江苏省南通易安达机电设备有限责任公司
浙江省台州市光明眼镜钟表店眼镜柜组
浙江省中义集团维修配件中心
安徽省芜湖市南征水泥集团有限责任公司
安徽省宿州市符离集刘老二烧鸡加工厂
安徽省六安市特种水产动物研究所
福建省福州市万友企业集团万友电器经营部
福建省惠安县肖厝家禽研究所
福建省福州市福马路红光饭庄
福建省福州市庆城路梳剪美容美发城
江西省高安市大城新兴饭店
江西省于都县嘉兴食品有限责任公司
山东省郯城源深企业(集团)有限责任公司
山东省莱州市珍珠兔业科技有限责任公司
山东省济南绿色兔业(集团)有限公司
山东省泰安市立静牧业(集团)有限责任公司
山东省桓台县泰丰道路工程有限责任公司
河南省安阳市超越(集团)有限责任公司
河南省周口地区东方机绣有限责任公司
河南省郑州市海灵实业有限责任公司
湖北省襄樊市伊斯兰饭店
湖北省孝感市楚特麻糖米酒有限公司
湖北省京山县蓍头酒厂
湖北省武汉市永胜集团股份有限公司
广东省中山市祥兴制衣(集团)有限责任公司
广东省奥迪玩具实业有限责任公司
广东省广州市恒生(集团)有限责任公司
广东省深圳市龙岗区坪山镇六联餐室
广西壮族自治区南宁市周小容连锁店
海南省陵水县陵水多利种子农药贸易有限责任公司
重庆市梁平县江城化工厂
重庆市重庆泰正(集团)有限责任公司
四川省什邡市城西开发区四川蓝剑印务有限责任公司
四川省南充市银峰房地产综合开发公司
四川省宜宾市宏远纸业有限责任公司
四川省绵阳市四川铁骑力士实业有限责任公司
贵州省遵义市凤凰山矿泉饮料有限责任公司
云南省昆明市宝太祥工贸有限公司
陕西省宝鸡市人民路长静蔬菜批发公司
陕西省安康市鑫源批发市场丰源纺织品经营部
甘肃省白银市白银区白银顺香菜馆
甘肃省武威市亚美美容美发中心
青海省绿宝饮品集团有限责任公司
宁夏回族自治区吴忠市红旗建筑队

二、新命名的

天津市天津阔佬皮业超市
河北省迁安市北方家具城
河北省阜城县华兴服装有限责任公司
河北省藁城市京虎实业有限责任公司
山西省临汾市唐宫酒楼
山西省祁县珍珍美容美发中心
内蒙古自治区呼和浩特市如意开发区内蒙古恒茂(集团)有限责任公司
内蒙古自治区包头市沙河镇朝聚眼科医院
辽宁省沈阳市和平区沈阳小土豆餐饮娱乐有限公司
辽宁省大连市甘井子区大连金三角双盛园餐饮娱乐有限公司
吉林省长春市太隆服饰有限公司
黑龙江省佳木斯市地下商业街叶新针织精品屋
上海市复旦金仕达计算机有限公司
江苏省常州市江苏月星家具有限责任公司总部青年集体
江苏省江阴市贝贝装饰有限责任公司贝贝布艺中心

浙江省缙云县布厂织布车间
浙江省嘉兴市精诚电器维修站
浙江省浙江铁牛实业有限公司
浙江省舟山市普陀区普乐家电维修服务部
安徽省霍山县源牌实业有限责任公司
山东省平度市联邦家具有限责任公司
山东省博兴县万事达物资(集团)有限责任公司
河南省长葛市特种养殖研究所
河南省永城市佳丽制衣厂
湖北省宜昌市沙龙宴餐饮娱乐有限责任公司
广西壮族自治区玉林市广西玉林巨东种养有限责任公司
广西壮族自治区玉林市顺达纺织品经营部
海南省琼海市国土大厦
重庆市名亨(集团)有限责任公司
四川省成都市金牛区耘涛美容美发总院
贵州省兴义市仙燕傢俬
贵州省盘县新型卷帘门装饰厂
云南省昆明市优耐达网络(集团)有限责任公司
陕西省西安市西大街世纪金花服饰巴利专柜
甘肃省兰州市益民伊甸园饮食有限责任公司
青海省西宁市青海省视健光学贸易有限责任公司
宁夏回族自治区青铜峡市小坝镇丹丹美容美发中心
新疆维吾尔自治区乌鲁木齐市天山区好运电器维修中心
新疆维吾尔自治区洛浦县“亚克西”百货商店
新疆维吾尔自治区奇台县永合医院

其　他

一、继续认定的

北京首饰进出口公司业务二部首饰组
北京焦化厂回收一分厂东鼓风冷凝泵房
北京京棉纺织集团一分厂细纱车间丙班七组
北京国际会议中心会展部二层班组
北京汽车摩托车联合制造公司总装厂装配车间装配流水线
北京海关报关厅
北京城乡建设总公司恒万实业有限公司第二项目经理部
北京矿务局总医院导医服务队
天津渤海化工集团天津化工厂聚氯乙烯分厂合成车间转化岗
天津红桥区环卫局五四青年路岗组
天津海关驻机场办事处旅检科
天津大港油田定向井公司伊朗项目组
河北邢台电缆厂交联车间
河北唐山钢铁集团有限责任公司运输部112?机车包乘组
河北邯郸钢铁集团有限责任公司炼铁厂5#高炉工段
河北国防工业建筑工程公司张晓珍青年突击队
河北石家庄市乐仁堂调剂部
河北省委办公大楼服务科
河北宝山集团有限公司电镀车间
山西太化集团公司化工厂112号泵房
山西太原钢铁(集团)有限公司金属制品厂
山西太原市煤气集团公司管线所检修班
山西国营大众机械厂第一研究所青年岗
山西大同市左云县鹊儿山矿综采队
山西出入境检验检疫局检验检疫技术中心
山西信托投资公司证券营业部
内蒙古赤峰市富龙热力股份有限公司红山供热所
内蒙古铁骑集团棉纺织厂织布二车间保养组
内蒙古通辽通顺铝厂供电车间
内蒙古莫尔道嘎林业局龙岩山庄总服务台
内蒙古自治区党委机关幼儿园
内蒙古呼和浩特宾馆北楼服务组
辽宁大连海洋渔业集团公司安全处消防队
辽宁锦州市商业银行凌云支行储蓄专柜
辽宁沈阳市煤气供应公司和平二处

中国第一汽车集团公司制泵厂铸造车间造型一线
吉林松原石油大厦
吉林龙井市开山屯化学纤维浆厂检验处
吉林化学工业股份有限公司化肥厂压缩车间1号压缩机青年岗
中国第一汽车集团公司热电厂锅炉车间1号炉
吉林大石头林业局森林铁路管理处
吉林长春发电设备总厂研究所
吉林敖东集团九歌城宾馆
黑龙江哈尔滨市房产信托经营公司王兆热电厂共青团包烧号
黑龙江哈尔滨市房地产交易中心
上海宝山钢铁(集团)公司炼钢部青年浇钢台
上海海洋石油钻井工程公司“勘探二号”平台
上海杨浦区房产管理局控江物业公司青年管养段
上海提篮桥监狱青年实验中队
上海柴油机股份有限公司伊维公司工艺科P7泵工艺组
上海东方明珠广播电视塔有限公司接待部
上海豫园旅游商城绿波廊酒楼三楼服务组
上海海关调查局调查处办案组
江苏南京夫子庙晚晴楼接待部
江苏省气象台观测站
江苏仪征化纤集团公司证券交易营业部
江苏金坛市国土规划局
江苏电视台新闻中心《大写真》专栏
江苏徐州市财政局直属征收管理处
江苏南通海关查验科
浙江湖州市图书馆外借部
浙江三狮水泥股份有限公司烧成车间2#回转窑看火班
浙江杭州海关驻邮局办事处申报台
浙江镇海炼油化工股份有限公司重三装置区六位一体生产线
浙江横店进出口有限公司
安徽国投新集能源股份有限公司一矿新世纪青年综采队
安徽进出口商品检验局报验厅
安徽安兴建设设计装饰有限责任公司
福建化纤纺织有限公司有机分厂回收一班
福建龙马集团农用车有限公司销售总公司
福建出入境检验检疫局检务处
福建莆田出入境检验检疫局检务科
江西电视台青少部
江西上饶地区中级人民法院研究室
江西铜业公司德兴铜矿精尾综合厂4#坝青年突击队
山东泰安市工商行政管理局企业科
河南舞阳钢铁公司煤气公司煤气车间发生炉工段
河南开封市人民检察院技术装备处
河南平顶山煤业(集团)一矿程太昌班
河南日报要闻处一二版组
中国长江航运(集团)总公司燃料供应总站长燃5号轮
中国建筑第三工程局二公司深圳分公司第二项目经理部
中国葛洲坝集团公司水泥厂烧成一车间2号水泥窑系统
湖北武汉煤气(集团)公司武昌液化气分公司中北路煤气供应站
湖北东风汽车公司车身厂覆盖件部11#面漆生产线
湖北得伟律师事务所
湖南长岭炼油化工总厂运销公司装油车间计量大班
湖南黎家坪水泥厂旋窑分厂看火班
湖南计算机股份有限公司技术中心
湖南长沙铁路总公司长沙火车站母婴一军人候车室
广东三茂铁路总公司三水机务段7639号机车青年包乘组
广东珠海市拱北海关行李物品监管处调查科

缉毒组
广东珠岛宾馆中心二楼服务班
广东深圳市万厦公司莲花北村管理处
广东深圳市工商局专业市场分局第二工商所
广东中山进出口商品检验局小榄办事处
广西玉柴机器股份有限公司冷加工厂缸盖工段枪铰机组
广西桂林银海纺织集团三分厂甲班
广西柳州微型汽车厂 CAD/CAM 小组
四川省科委政策法规与体制改革处
四川宜宾五粮液股份有限公司五 O 八车间五粮液包装流水线
中国嘉陵集团公司设备工程公司数控二组
重庆工商行政管理局渝中区分局大溪沟工商所
重庆少管所七中队
重庆万州天然气公司青年抢险突击队
重庆工商局企业登记所
重庆商业银行邹容路支行四贤巷分理处
云南昆明水泥股份有限公司质量处物理组
贵州黄果树烟草集团制品分公司一车间甲班二线
贵州钢绳(集团)有限责任公司一分厂钢丝车间二拉 4#机组
陕西水电工程局四处五队
武警陕西西安市警卫处
陕西长岭股份有限公司 29 车间钣金组
陕西宝鸡啤酒厂包装一车间丙工段
陕西和信律师事务所
中国核工业第二一建设公司第五项目经理部
中华人民共和国西安咸阳机场海关旅检科
陕西宝鸡金太公司
海南东升农场十一队青年割胶班组
海南丰田汽车特约维修服务中心
海南工商行政管理局法规调研处
甘肃靖远矿务局魏家地煤矿综放队
宁夏灵武矿务局磁窑堡煤矿充电室
新疆乌鲁木齐石化总厂化纤厂公用工程车间
新疆生产建设兵团党委机要局译电传真处
新疆五家渠联营棉纺织厂前纺车间丙班
新疆生产建设兵团农二师湖光纺织针织厂电力运转工段
新疆生产建设兵团第一建筑安装工程公司重远公司
新疆通用航空有限责任公司 B－8243 王忠利机组
新疆生产建设兵团农七师奎屯河水管所青年突击队
新疆生产建设兵团石河子市八一糖业有限公司动力车间电气组
新疆生产建设兵团农一师青松建材化工总厂水泥厂烧成三分厂
新疆生产建设兵团建筑工程第一师特种机械工程公司商品砼分公司
武警天津市总队二支队四中队
武警深圳市支队沙头角区中队
中共中央对外联络部亚洲一局印度尼泊尔处
人民日报社教科文部文化组
中央电视台新闻评论部
新华社国际部要闻专稿编辑室要闻片
中办警卫局新华门哨位
中央纪委监察部信息中心硬件部
国家海洋局东海分局北霜海洋站
国家经贸委办公厅信息处
公安部出入境管理局港澳处
国家图书馆外文新书第一阅览室
司法部监狱管理局狱政管理处
人事部流动调配司流动与仲裁处
农业部农村合作经济指导司农民负担管理处
国家国内贸易局消费品流通司
对外贸易经济合作部交际司翻译处
国家环保局办公厅值班室
中国聋儿康复研究中心语言训练部
中国新华航空公司“祥鸽”乘务示范组
中央气象局 2 台短期一科
国家安全部一局编听组

二、新命名的

北京石油公司宣武门加油站
北京燕山石油化工有限公司化工一厂仪表车间高压班
北京第一社会福利院颐养区
北京城建集团戎泉公司玉泉路粮油市场
天津建工集团二建罗马花园工程青年突击队
天津联合化学有限公司聚乙烯部
天津第一市政公路工程有限公司共青团项目经理部
天津减速机总厂一车间柔性线班
天津渤海石油公司采油渤西油气处理厂
中国石油股份有限公司华北石油分公司第三采油厂输油大队首站
河北邯郸市雪驰集团有限公司销售公司
河北石家庄东方热电燃气集团有限公司燃气分公司营业所抄表班
山西太原第一监狱运输科机电维修组
山西煤电集团公司机电总厂结构分厂
山西大同市永和红旗美食城
山西大同北方电器有限责任公司
内蒙古呼和浩特市新城区人民检察院审查批捕科
内蒙古森工集团满归森工公司绿星宾馆
内蒙古伊敏华锋实业有限责任公司物业管理分公司水厂二级泵站
中国河西化工机械公司红峡化工厂二车间浇注组
辽宁大连瓦房店金刚石股份有限公司投矿排尾工段
辽宁鞍山市社会保险总公司基金财务处
辽宁本溪市城市信用联社东宫储蓄所
辽宁辽阳变电所运行班
辽宁葫芦岛市财政局预算科
吉林白城电视台新闻部
吉林汪清林业局森铁处027青年包车组
中国第一汽车集团公司客车底盘厂研究所
吉林和龙市工商局和龙市场分局
吉林化学工业股份有限公司有机合成厂第二苯乙烯生产线苯乙烯精馏岗
吉林辽源市城市信用联社营业部
黑龙江哈尔滨飞机工业集团公司飞机事业部设计所九室结构组
黑龙江哈尔滨锅炉厂有限责任公司联箱分厂三通组
大庆石化公司炼油厂重油催化生产线
黑龙江哈尔滨房产经营(集团)有限责任公司道外房产经营公司第三分公司滨江房管站
黑龙江哈尔滨市药材总公司服务中心
上海宝山钢铁股份有限公司炼铁部一号高炉
上海通用汽车有限公司动力总厂发动机车间缸体青年流水线
上海环境监测中心现场监测室
上海利泰进出口有限公司第四业务部
上海南市区城市规划设计室
江苏淮阴市水利建设集团有限公司生产经营部
江苏江都市建设工程总公司田晓明项目部
江苏徐州卷烟厂三车间
江苏恒顺集团灌装线青年集体
江苏昆山市陆家镇财政所
江苏华泰证券南通姚路营业部
浙江杭州市商业银行官巷口支行营业部
浙江金华市商业银行市府分理处
浙江省气象台中短期预报科
浙江第五建筑工程公司缙云客运大楼项目部
安徽省委办公厅综合调研室
安徽省政府办公厅秘书三室
安徽华光玻璃集团有限公司浮法锡退工段
安徽芜湖造船厂希亚德大酒店房务部楼层
安徽肥东宾馆迎宾楼餐饮服务班
安徽安庆石油化工总厂化肥厂合成车间合成氨装置
福建漳州市工商行政管理局12315消费者投诉服务台
福建宁德出入境检验检疫局检务科

福建福州市工商行政管理局仓山分局12315消费者投诉服务分台
福建兴业证券公司泉州证券交易营业部
江西铜业公司德兴铜矿采矿场工程机械维修青年突击队
江西新余钢铁有限责任公司运输部1610号青年包乘组
江西新华印刷厂八色机车间
江西铜业公司永平铜矿9#电铲青年机组
江西庐山风景名胜区园门北山收费班
山东天元建设集团北京工程公司青年突击队
山东广饶石化集团股份有限公司催化主控室
山东世界银行贷款项目培训中心客房部
山东烟台市委机要局业务科
山东青岛钢铁集团公司第一线材厂青年轧制生产线
山东淄博市博山区人民检察院反贪污贿赂局
河南新野纺织集团股份有限公司东织分厂织造车间
河南开封县人民检察院综合服务中心
中国建筑第七工程局(上海)有限公司四分公司751项目部
河南安阳市人民检察院技术处
河南驻马店地区检察院技术科
中原油田采油一厂17号计量站
中国建筑第三工程局一公司武汉分公司武昌项目经理部
湖北武汉市基础地理信息中心
湖北葛洲坝电厂大江分厂维修车间
湖北武汉市公路勘察设计院
湖北华光器材厂二车间4号炉
中国建筑第五工程局三公司湖南平和堂项目
湖南长沙卷烟厂六车间甲4#生产线
湖南湘耒高速公路衡东工作组
湖南湘潭钢铁集团有限公司高速线材轧制生产线
湖南长沙市商业银行华夏支行营业部
湖南常德卷烟厂八车间丙纤加胶棒生产组

广东广州白云机场海关行李物品监管科
广东广州地铁运营有限公司黄沙站
广东深圳赛格股份有限公司三星锥11线
广东东莞市长安镇莲花山庄
广西柳州市商业银行营业部
广西柳州市华锡集团车河选矿厂二车间锌组
广西桂林市工商局巡查大队
广西平果铝业公司电解铝厂铸造车间
广西贵港市贵糖集团第一造纸厂卫生纸车间14#纸机组
中国建筑工程海南开发公司
海南鸿益药业有限公司
海南海口市罗牛山蛋鸡场
海南海口市国土海洋资源局服务窗口
重庆海关驻机场办事处
重庆渝北区绿化工程处
重庆巴山仪器厂惯性器件研究所
长安汽车(集团)有限责任公司235车间“长安之星”总装线
重庆沙坪坝区城镇建设拆迁管理办公室
四川峨眉山市工商城市信用合作社
四川广元工商局南河分局
四川遂宁市蓬溪县红江发电厂
四川剑南春集团包装一车间
四川广安市广安区四九滩电站
贵州赤天化集团有限责任公司育才学校中学青年教师组
贵州开磷(集团)有限责任公司息烽重钙厂后勤部保健食堂
贵州水城钢铁(集团)有限责任公司原料处原料科
贵州贵阳市商业银行营业部
云南第三建筑工程公司四处孙开祥青年突击队
云南易门县小街乡财政所
云南锡业公司老厂锡矿掘进13队
云南昆明卷烟厂动力部110kV电站
云南羊场煤矿沙背冲矿井青年突击队

云南驻昆解放军化肥厂农化服务中心
陕西铜川市工商局城区分局青年路工商所
陕西建筑二公司西安高新工程处经理部
中国石油股份有限公司长庆油田分公司第一采油厂王三计量站
陕西宝鸡卷烟厂五车间
西北国棉一厂细纱车间赵梦桃小组
甘肃金昌化工（集团）有限责任公司纯碱厂重碱车间碳化岗位
甘肃白银有色金属公司冶炼厂电解车间种板工段
甘肃永登水泥厂烧成车间二号窑班组
甘肃兰州铝厂电解二厂一车间二大组
甘肃兰州炼油化工总厂炼油二厂二套常减压车间
三峡青云公司6#顶带机供料线系统
青海油田天然气开发公司涩格采输大队一中队
青海盐湖钾肥股份有限公司采收车间
新疆红其拉甫海关
新疆乌鲁木齐石油化工总厂保卫处经警大队
新疆八一（钢铁）集团有限责任公司动力厂1159 热线服务台
新疆建工集团第四建筑公司乌鲁木齐市第二长途枢纽工程项目部
新疆生产建设兵团农八师石河子市东热电厂化学分场
武警北京市总队十四支队国旗护卫队
武警浙江省总队一支队三中队
人民日报社经理部科技处传输室
中共中央办公厅机要局译电室
信息产业部电子第十一研究所“锑化铟光伏器件班”

2000 年度全国青年文明号名单

公 安 系 统

一、继续认定的

北京市公安局交管局西城支队府右街南口岗组
北京市公安局消防局第四支队双榆树中队
北京市公安局交道口派出所
北京市公安局牛街派出所
北京市公安局南磨房派出所
天津市公安消防局调度指挥中心
河北省石家庄市公安局通讯处
河北省保定市公安局交警一大队
河北省香河县公安局刑警大队
河北省承德市公安局交警直属一大队
河北省公安厅指挥中心
山西省太原市公安局交警支队一大队广场东岗
山西省临汾市公安局交警大队四中队
山西省怀仁县公安局鹅毛口派出所
山西省孝义市公安局兑镇派出所
内蒙古自治区阿盟算井子公安边防派出所
辽宁省沈阳市公安局大东门派出所
辽宁省大连市公安局巡警支队女子巡警大队
辽宁省鞍山市公安局刑警支队二大队
辽宁省本溪市公安局铁山派出所
辽宁省锦州市公安局治安巡警支队三大队
辽宁省辽阳市公安局西关派出所
黑龙江省大庆市公安局胜利派出所
黑龙江省牡丹江市公安局阳明派出所
黑龙江省哈尔滨市公安局六顺派出所
黑龙江省绥滨县公安局交警大队
黑龙江省肇东市公安局正阳派出所
黑龙江省鹤岗市公安局红旗路派出所
上海市公安局南京东路警察署受理室
上海市公安局静安分局交巡警支队二中队
上海市第一收容教育所三中队
上海市公安局刑侦总队十支队缉毒探组
江苏省公安厅《警方》编辑部
江苏省常德市公安局“110”处警服务中队
江苏省镇江市公安交巡警润州大队中山西路道口岗亭
江苏省邗江县公安局刑警大队技术中队

江苏省建湖县公安局交通巡逻警察大队上冈中队
江苏省南京市公安局夫子庙派出所户籍室
江苏省徐州市公安局青年派出所
江苏省常州市公安局南大街派出所
浙江省金华市公安局刑警支队出租车治安管理大队
安徽省凤阳县公安局刑警大队
安徽省蚌埠市公安局巡警支队一大队一中队
安徽省安庆市公安局交警支队二大队车站岗亭
福建省福州市公安局对湖派出所
福建省漳州市公安局巡警支队直属大队
福建省福州市公安局东街派出所
福建省石狮市公安局刑警大队
福建省厦门市公安交警支队开元大队公园岗
江西省南昌市公安局交警支队西湖大队展览馆岗
江西省赣州市公安局交警支队直属大队女警中队
江西省鹰潭市公安局巡警支队二大队
江西省萍乡市安源公安消防一中队
江西省婺源县公安局紫阳镇派出所
湖北省武汉市公安局巡逻民警处四大队
湖北省麻城市公安局交警大队城区中队
湖北省荆州市公安局交警支队二大队便河岗亭班
湖南省韶山市公安局韶山冲派出所
湖南省新化县公安局刑侦大队上梅中队
湖南省城步县公安局汀坪派出所
湖南省澧陵市公安局巡警大队
湖南省麻阳苗族自治县公安局高村镇派出所
湖南省常德市公安局110处警大队
广东省广州市公安局越秀区分局刑警大队人民街中队
广东省深圳市公安局天安派出所
广东省深圳市公安局螺岭派出所
广东省湛江市公安局解放派出所
广东省东莞市公安局城区分局特警队
广东省汕头市公安局指挥中心110报警服务台
广东省边防总队第六支队十三中队
广西壮族自治区武宣县公安局交警大队通挤中队
广西壮族自治区南宁市公安局110警务大队
广西壮族自治区钦州市公安局车辆管理所
广西壮族自治区平南县公安局燕湖派出所
海南省文昌市公安局锦山派出所
海南省澄迈县公安局巡警大队
海南省琼山市消防中队
重庆市石柱县公安局南宾镇派出所
重庆市万州区公安局交通警察支队二大队
重庆市公安局大阳沟派出所
重庆市公安局交警总队一支队临江门岗组
四川省成都市公安局青羊区分局巡警大队
四川省彭山县公安局刑警大队
四川省南溪县公安局交警大队
四川省成都市公安局消防支队五中队
云南省寻甸县公安局刑警大队
云南省个旧市公安局乍甸派出所
云南省昆明市公安局交通警察支队盘龙大队邮电大楼岗
云南省公安边防总队澜沧公安边防检查站
贵州省遵义市公安局红花岗分局刑侦大队直属中队
西藏自治区拉萨市公安局八廓派出所
西藏自治区拉萨市公安局刑警支队技术科
甘肃省临洮县公安局缉毒队
甘肃省天水市公安局秦城分局巡警大队
宁夏回族自治区石嘴山市公安局石炭井分局巡警大队
新疆维吾尔自治区乌鲁木齐市公安局巡警支队二大队女子大队
新疆维吾尔自治区乌鲁木齐市公安局交警支队沙区大队友好路中队
新疆维吾尔自治区克拉玛依市公安局刑侦支

队

新疆维吾尔自治区库尔勒市公安局巡警大队

新疆生产建设兵团农二师公安处乌鲁克垦区公安局刑警大队

昆明铁路公安局昆明乘警大队一队

上海铁路公安局杭州东站派出所

呼和浩特铁路公安局二连浩特站派出所

南昌铁路公安局鹰潭站派出所

兰州铁路公安局110报警服务中心

郑州铁路公安局西安处乘警队刑警中队

长江航运公安局宜昌分局客运站派出所

青岛港公安局交通警察大队一号码头值勤岗

民航重庆市管理局公安局江北机场派出所

民航广西壮族自治区管理局公安局桂林两江机场派出所

民航黑龙江省管理局公安处哈尔滨机场派出所

吉林省白河森林公安局第二派出所

内蒙古自治区大兴安岭克一河森林公安局

四川省珙县公安局森林公安分局

公安部办公厅研究室

深圳出入境边防检查总站罗湖检查站五队

二、新命名的

天津市公安局七处第一看守所女子看守班

天津市公安局南头窑派出所青年突击队

天津市公安局大毕庄派出所

河北省沧州市公安局交警二大队

河北省公安厅高速交警总队一支队涿州大队

山西省临汾市公安局110报警服务台

山西省太原市公安局巡警（防暴）支队特警大队

内蒙古自治区呼和浩特市公安局车辆管理所业务股

内蒙古自治区宁城县公安局巡逻防暴警察大队

内蒙古自治区开鲁县公安交警大队新开大街交通岗

内蒙古自治区海拉尔市公安局交通警察大队河西中队

辽宁省丹东市公安局交警支队振兴一大队铁路文化宫岗

辽宁省兴城市公安交警大队一中队

吉林省长春市公安局朝阳分局刑警大队三中队

吉林省吉林市公安局交警支队昌邑大队一中队

吉林省延吉市公安局朝阳派出所

吉林省公主岭市公安局东三派出所

吉林省通榆县公安局巡警大队

吉林省公安厅交警总队高速公路支队长春东大队

黑龙江省牡丹江市边防支队建设派出所

上海市公安局交巡警总队高架道路支队南北高架岗段

上海市公安消防总队第二支队天山中队

上海市公安局浦东分局交巡警支队东方明珠中队

浙江省杭州市公安局闸弄口派出所

浙江省鄞县公安局姜山派出所

浙江省台州市公安局路桥分局刑警大队

浙江省舟山市公安局定海分局刑警大队

浙江省公安厅高速公路交警支队杭州大队

安徽省六安市交警支队一大队女子班

安徽省芜湖县公安局巡警大队

安徽省庐江县公安局巡逻警察大队

福建省晋江市公安局刑警大队

江西省新余市公安局巡警支队特警大队

山东省济南市公安局工业北路派出所

山东省淄博市公安局临淄分局巡警大队

山东省烟台市公安局毓西路派出所

山东省成武县公安局南鲁派出所

山东省蒙阴县公安局蒙城派出所

山东省滕州市公安局刑警大队一中队

山东省莱芜市公安局交警支队城区大队女子岗亭（宾馆岗亭）

山东省日照市公安局东港分局巡警大队

河南省安阳市公安局巡警支队一大队
河南省洛阳市公安交警支队一大队解放路青年岗
河南省平舆县公安交警大队
河南省武陟县公安局刑警大队
河南省宝丰县公安交警大队
河南省商丘市公安交警支队一大队火车站岗
河南省郑州市公安局省委交通治安岗
河南省开封市公安交警四大队迎宾岗
湖北省鄂州市公安局杨叶派出所
湖北省武汉市公安局民意街派出所
湖北省荆门市公安局交警支队东宝大队漳河中队
湖北省襄樊市公安消防支队万山大队
湖南省双峰县印塘派出所
广东省惠州市公安局交警支队高速公路大队白云中队
广西壮族自治区宜州市公安局德胜派出所
广西壮族自治区博白县公安局东平派出所
重庆市公安局朝天门派出所
四川省三台县公安局巡警大队
四川省广汉市公安局巡警大队
四川省乐山市公安局交警支队直属大队张公桥中队
云南省昆明市公安局武成路派出所
云南省怒江州公安消防支队直属中队
贵州省贵阳市公安局交警支队四大队一中队
贵州省平坝县公安局刑侦大队
贵州省公安厅交警总队直属支队贵遵三大队
贵州省遵义市公安消防支队直属二中队
陕西省西安市公安局交警支队第五大队岗勤中队
陕西省宝鸡市公安局渭滨分局刑誊大队技术中队
陕西省渭南市公安局东风街派出所
陕西省铜川市公安局巡警特警大队
陕西省石泉县公安局刑警大队
甘肃省兰州市公安局消防支队安宁中队
甘肃省西峰市公安局巡警大队
甘肃省金昌市公安局广州路派出所
青海省西宁市公安局防暴支队三大队七中队
青海省黄南州公安局刑警支队
宁夏回族自治区银川市公安局城区交警大队严管街中队
宁夏回族自治区青铜峡市公安局河东派出所
新疆生产建设兵团农八师公安处交警支队城区大队
沈阳铁路公安局海城域站派出所
成都铁路公安处重庆乘警队京渝五组
天津港公安局交通警察大队一中队
浙江省诸暨市公安局林业公安科
江西省万载县公安局森林分局
江西省安福县公安局森林公安局章庄派出所

建 设 系 统

一、继续认定的

北京市液化气公司呼家楼供应站
北京市第四清洁车辆场四车队三班
北京市地铁总公司古城车辆段运用车间 G115 车组
北京市地铁总公司太平湖车辆段 T116 车组
北京市公交电车分公司 103 路 85016 车组
北京市公交第六客运分公司 374 路
北京市公交第六客运分公司 1 路 67046 车组
北京市公交第四客运分公司 10 路 4702 车组
北京市公交第三客运分公司 44 路小环 37037 车组
北京市公交第三客运分公司 34128 车组
北京市公交第一客运分公司 21 路 12492 车组
北京市公交第一客运分公司 13 路 18302 车组
天津市公交集团有限公司 7 路 4 – 0604 号车组
天津市公交集团有限公司 96 路 5707 号车组
天津市公交集团有限公司 5 路 1 – 0252 号车组
天津市公交集团有限公司 8 路 9301 号车组

天津市公交集团有限公司40路车队
天津市燃气集团第二销售分公司河北营业所京津服务站
天津市花卉管理处宜兴埠花圃工程组
河北省石家庄市公交总公司6路230车组
河北省石家庄市公交总公司1路
河北省唐山市公交总公司5路044车组
河北省邯郸市公交总公司3046车组
河北省保定市公交总公司2156车组
河北省承德市公交总公司小5路516车组
河北省邯郸市热力公司热交换站
山西省太原市公交公司汽车1路
山西省大同市公交四公司427号车组
山西省大同市公交四公司512号车组
山西省大同市公交一公司203号车组
山西省大同市公交三公司387号车组
山西省长治市煤气化总公司营业所
内蒙古自治区呼和浩特市公交总公司3路4号
内蒙古自治区呼和浩特市公交二公司1路56号
内蒙古自治区乌海市公共交通公司五队36号车组
内蒙古自治区包头市公交运输集团有限责任公司4－109号
内蒙古自治区包头市燃气总公司营业所
辽宁省沈阳市客运集团公司南塔公共汽车分公司214路
辽宁省沈阳市煤气总公司和平营业分公司维修服务部
辽宁省大连市第二公共汽车公司19路2940车组
辽宁省鞍山市公交公司2－3119号包车组
辽宁省鞍山市煤气总公司湖南管修所
辽宁省抚顺市公共汽车总公司2路8891号车组
辽宁省营口市公共汽车总公司251号车组
辽宁省锦州市公交总公司第三车队3415号包车组
吉林省长春市公交总公司6路526号包车组
吉林省长春市公交总公司13路386号包车组
吉林省长春市自来水公司二道供水管理处便民服务队
吉林省吉林市公交总公司145包车组
吉林省吉林市公交总公司3126包车组
吉林省吉林市城市客运管理处站前青年文明岗
吉林省吉林市吉B·D0001号孟庆春出租车
吉林省四平市公共汽车公司共青团号包车组
吉林省通化市公共汽车公司6号包车组
吉林省延吉市公共汽车有限公司车队601号包车组
黑龙江省哈尔滨市公共电车总公司105车队
黑龙江省哈尔滨市电车总公司110车队2070号包车组
黑龙江省哈尔滨市汽车总公司二车队
黑龙江省大庆市石油管理局公共汽车公司东风分公司3606车组
黑龙江省大庆市石油管理局公共汽车公司东风分公司592车组
上海市申新巴士有限公司49路HP1－54号车组
上海市第一汽车公司70路PK－34号车组
上海市一电公交公司四车队37路PK－01号车组
上海市浦东强生出租汽车股份有限公司沪A－M1545号车组
上海市第五汽车公司46路PC－362号车组
上海市公交公司72路K－266号车组
上海市强生出租汽车股份有限公司沪BN0992号车组
上海市宝山公交公司53路KP－17号车组
上海市金山公交公司一车队石化一线P1－149号车组
上海市浦东大众公共交通有限责任公司980路

上海市城建集团市政一公司沪杭高速公路(上海段)HH01 标项目经理部
上海市一建金贸工程管理部
江苏省南京市公共交通总公司 25053 车组
江苏省南京市客运交通管理处票证科
江苏省南京市东方出租汽车公司苏 A - 72668 车
江苏省南京市公共交通总公司 9 路线
江苏省镇江市公共交通总公司 1003 车组
江苏省镇江市自来水公司金西水厂中控室
江苏省苏州市公共交通总公司 1619 车组
江苏省常州市公共交通总公司 1036 车组
江苏省徐州市公共交通总公司 286 车组
江苏无锡市鼋头渚管理处游船服务部神仙号游船
浙江省杭州市公共交通总公司 K16 路
浙江省杭州市公共交通二公司 38 路 2 - 1131 车组
浙江省金华市公交 8 路线 1 - 003 车组
浙江省宁波市公交公司三分公司 37009 车组
浙江省衢州市公交总公司一路线 228 号车组
浙江省遂昌县环境卫生管理所
安徽省合肥市公交总公司四车队 T369 车组
安徽省合肥市公交总公司三车队 D816 车组
安徽省合肥市煤气总公司管道煤气供应公司维修所
安徽省蚌埠市公交三公司 2002 车组
安徽省蚌埠市液化气公司中荣街营业厅
安徽省阜阳市公交总公司四分公司 13 路 118 号车组
安徽省滁州市公共汽车公司 048 车组
福建省福州市公共交通总公司营达公交有限公司 8 路 109 车组
福建省福州市公共交通总公司亚细亚专线 265 车组
福建省厦门市公共交通总公司 2 路闽 DY1415 车组
福建省厦门市轮渡公司 20 号渡船
福建省三明市公共交通公司闽 GY - 0114 车组
福建省南平市公共交通公司 3 路 050 车组
江西省南昌市公交总公司电车一队 12426 车组
江西省南昌市公交总公司电车二车队 11471 车组
江西省南昌市煤气公司城北营业处
江西省赣州市公交 A1029 车组
江西省赣州市自来水公司用水管理所
江西省景德镇市公共交通公司行车一队赣 H·03815 号车组
江西省新余市公共汽车公司 2 路线 944 号车组
山东省济南市自来水公司小白热线服务中心
山东省济南市公交总公司恒通出租汽车公司鲁 A - T1851 出租车
山东省青岛市出租汽车股份有限公司鲁 BT0422 出租车
山东省青岛市公交集团电车 2 路队 868 号车组
山东省日照市公共汽车公司 3 路无人售票车组
河南省郑州市公交总公司 4 路 108 号车组
河南省安阳市公交总公司 2 路 37 号车组
河南省安阳市供水总公司供水服务处
河南省安阳市天然气公司 110 服务热线
河南省洛阳市自来水公司涧东水厂临涧泵工班
河南省新乡市公交总公司 1 路 83 号车组
河南省新乡市自来水公司营业所抄表一组
河南省开封市公共交通总公司四公司 13 路
湖北省武汉市公共汽车总公司第四公司 66 路 227 号车组
湖北省武汉市电车公司四路电车 36 号车组
湖北省武汉市出租汽车公司熊斌出租车
湖北省武汉市自来水公司供水部江汉营业所抄表股
湖北省武汉市轮渡公司轮渡 5 号轮

湖北省宜昌市公共汽车总公司6路335号车组
湖北省宜昌市市政设施维修管理处道路所道路维修养护班
湖北省十堰市公共汽车总公司20545号车组
湖北省十堰市公共汽车总公司10808号车组
湖北省襄樊市公交公司二分公司43号车组
湖北省黄石市城市公交集团公司710号车组
湖南省长沙市公交12-106号车组
湖南省长沙市公交12-50号车组
湖南省长沙市公交2-19号车组
湖南省岳阳市公交20-138号车组
湖南省益阳市公交7-07号车组
湖南省株洲市公交捷运1-200号车组
湖南省永州市水龙头股份有限公司娘子岭水厂
广东省广州市第一公共汽车公司10路线792号车组
广东省广州市第二公共汽车公司509专线40485号车组
广东省广州市白云小汽车出租公司粤A·A8081号车
广东省广州市金轮集团有限公司粤A·A2433号车组
广东省广州市煤气公司"红帽子"志愿服务队
广东省深圳市公共交通集团公司10路线22861号车组
广东省珠海市公共汽车公司拱北分公司4路粤C0858号车组
广东省珠海市公共汽车公司三灶分公司201路粤C04725号车组
广东省中山市公共汽车公司22路线
广东省汕头市轮渡公司"金凤"轮
广西壮族自治区南宁市公共汽车公司6-669号车组
广西壮族自治区玉林市公共汽车公司16号车组
广西壮族自治区桂林市公共汽车总公司624号车组
广西壮族自治区桂林市公共汽车总公司"桂林熊本友谊号"车组
广西壮族自治区柳州市公交有限公司4-228号车组
广西壮族自治区梧州市公共汽车总公司二车队三路线2-220号车组
广西壮族自治区玉林市公共汽车公司16号车组
广西壮族自治区柳州市公交有限公司19路线
广西壮族自治区桂林市公共汽车总公司10路线
四川省成都市公共交通总公司36062号车组
四川省成都市公共交通总公司36080号车组
四川省绵阳市公共汽车公司10路101车组
四川省泸州市公共交通总公司三分公司3301号车组
重庆市第一公交公司103路队1120号车组
重庆市冠忠(第三)公共交通有限发展公司3047号车组
重庆市冠忠(新城)公交公司6014号车组
贵州省贵阳市公交总公司566号车组
贵州省贵阳市公交总公司一中心站568车组
贵州省贵阳市公交179车组
云南省昆明市公共汽车总公司第一公司四车队4路线481号车组
云南省昆明市公共汽车总公司第四公司九车队9路线2085号车组
甘肃省兰州市公交第一分公司1路1027号车组
甘肃省兰州市公交第二分公司31路2061号车组
甘肃省兰州市公交第五分公司4路5035号车组
青海省西宁市公交总公司1路0134车组
青海省西宁市公交总公司2路2714车组
青海省西宁市公交总公司9路青A·11022号车组

青海省西宁市公交总公司25路9277车组
青海省西宁市市政工程有限公司第二分公司
海南省海口市自来水公司中心化验室
海南省海口市排水监测站
新疆维吾尔自治区乌鲁木齐市公交总公司三分公司3W－36号车组
新疆维吾尔自治区昌吉市公交有限责任公司1－02号车组

二、新命名的

北京市自来水集团长辛店水厂业务班
北京市地铁总公司客运段阜成门站
北京市公交电车客运分公司108路85140车组
北京市公交第三保修分公司三车间保一组
天津市三建建筑工程有限公司陈印桥青年突击队
天津市住房资金管理中心资金部
河北省秦皇岛市公交公司368号车组
河北省保定市公交公司第二公司一路线
河北省唐山市路北区新华道机械清扫保洁文明一条街
山西省太原市自来水公司兰村水厂运行二组
山西省长治市煤气化总公司调度中心
辽宁省本溪市公共交通总公司兴安车厂7路
吉林省长春市自来水公司绿园供水处青年便民服务队
吉林省吉林市吉D－00999号包车组
江苏省南京市中北(集团)股份有限公司3路线
江苏省无锡市自来水公司营业所
江苏省徐州市公共交通集团11路线
浙江省金华市公交总公司二分公司8路线
浙江省杭州市自来水总公司室内供水设施维修中心
安徽省马鞍山市公交总公司1277号车组
安徽省蚌埠市供水有限公司供水规划设计处
安徽省芜湖市供水总公司杨家门水厂生产技术科
福建省福州市煤气公司管线所抢修班
福建省清源山风景名胜区管理处接待科
江西省赣州市环卫处文清路班
江西省鹰潭市燃气公司送气服务队
山东省潍坊市城市管理监察大队奎文中队一分队
山东省日照市环卫处保洁一队三班
河南省开封市供水总公司女子抄表班
河南省濮阳市公用事业服务热线
河南省南阳市市政管理处女子疏浚班
河南省安阳市公交总公司二路线
河南省平顶山市公交总公司6路线
湖北省襄樊市公交总公司三分公司32号车组
湖北省荆州市公共交通总公司18路线
湖北省宜昌市公共汽车总公司409号车组
湖南省长沙市燃气总公司蓝焰维修队
湖南省长沙市巴士股份有限公司303－104车组
湖南省常德市公共交通总公司1路线
广东省佛山市供水总公司沙口水厂
广东省珠海市香洲水质净化厂运转班
广东省汕头市自来水总公司新津水厂
四川省攀枝花市公交客运总公司共青团线路
四川省内江市公共交通有限责任公司2－66号车组
贵州省贵阳市公交总公司二中心站311车组
云南省昆明市公共汽车总公司第三公司十五车队68路2299号车组
云南省昆明市城市客运交通管理处稽查一组
甘肃省兰州市公交总公司第三分公司3路3065号车组
青海省西宁市公共交通有限责任公司12路0152车组
海南省三亚市城建监察大队一大队
新疆维吾尔自治区喀什市自来水公司
新疆维吾尔自治区哈密市城建管理监察大队

铁 道 系 统

一、继续认定的

三棵树机务段DFH3－114机车组

南岔机务段 DF4c－5300 机车组
塔河运输管理中心西罗奇站
伊图里河车辆段列检乙班
牡丹江站运转四班二调
昂昂溪机务段 DF4—1220“黄继光”号机车组
免渡河站青年调车组
哈尔滨客运段 T17/18 次 1 组
哈尔滨站软席青年班组
佳木斯车辆段金鹤车队 K687/688 次 2 组
牡丹江机务段 DF8－0089 机车组
加格达奇铁路医院林海卫生所
佳木斯机务段 DF4－1710 青年包乘组
大连客运段 2531/2532 次 5、6 组
沈阳北站客运一班第一候车室
叶柏寿车务段老锅站
大安北机务段前进 6143 号机车组
沈阳客运段 K53/54 次车队
本溪列车段 4203/4204 次 2 组
长春列车段 T59/60 次 2 组
吉林列车段 K271/272 次 5 组
图们旅游总公司 K675/676 次 1 组
锦州机务段 DF4c－4360 共青团机车组
梅河口车务段兴隆河站
赤峰车站二队一调
长春站售票中心预售班
丰台机务段 DF8b－5066 机车组
侯马车务段刘村站
石家庄客运段 K721/724 次车队
秦皇岛南站乙班一调
大同列车段 K217/218 次 4 组
太原北机务段 8G－25 号青年包乘组
北京铁路工程公司王志雷青年突击队
太原分局榆次站行一车间乙班一调
石家庄工务段探伤工区
北京西站客运车间 036 候车室
侯马北机务段 DF46413 包乘组
湖东车辆段修制车间制动组
呼和浩特铁路局客运公司 K263/264 次车队
呼和浩特站丙班三调
包头西机务段 DF4－4275“共青团号”机车组
集宁机务段 DF4－1415“共青团号”机车组
临河工务段杜家台青年养路工区
包头西车辆段包西列检到达丙班
呼和浩特电务段察索齐青年机械室
徐州列车段 2565/2566 次车队
济南机务段 DF11－0039 机车组
徐州车务段桃山集站
烟台站客运车间
济南列车段 2597/2598 次车队
青岛列车段 2539/2540 次车队
济南站客运车间第一、二候车室
徐州工务段二段三张茂养路工区
青岛列车段 T25/26 次 1、3 组
西安站一楼东去“共青团候车室”
郑州客运段 K179/180 次车队
洛阳机务段 6K－059 机车组
信阳生活段老场公寓
西安东站二班四调
荆门车务段桃子岭车站
紫阳工务段巴山指导区
武汉客运段 T37/38 次车队
武昌电务段乌龙泉信号维护工区
郑州车站供水车间
西安东车辆段新丰一场列检所红外线班组
郑州北车站 YIS 系统室
襄樊客运段 K49/50 次 2、4 组
郑州铁路局中心医院重症监护病房
成都站候车厅青年班
内江车务段汉王山车站
六盘水机务段辅机组
成都分局客运服务公司 K113/114 次列车
重庆西机务段 SS1－235 机车组
成都客运段 T7/8 次车队
成都机务段 DF7－5168 青年号包乘组
重庆站区刑警大队
遵义机务段 SS3－0459 机车组

昆明机务段 DFl－1718 号机车组
河口山腰车站
昆明站客运副班
昆明铁路局客运公司 T61/62 次 3、8 组
广通机务段 DF4－9378 号青年包乘组
中卫站乙班调车组
格尔木车务段鱼水河站
兰州西机务段 SS3B－4225 机车组
武威南机务段 SS3－6066 机车组
石嘴山车辆段设备车间电工班
兰州客运段 T75/76 次 1、2 组
嘉峪关车辆段嘉峪关列检所丙班
天水机务段 SS3－0585 机车组
西宁机务段 DF4－1105 机车组
上海列车段 T13/14 次车队
漳平机务段 SS3－4027 机车组
宿县车务段十里堡站
南京列车段 T65/66 次车队
衢州车务段十里铺站
永安电务段西洋信号工区
阜阳机务段检修车间第二包修队
杭州列车段 T31/32 次 1、2 组
京九线王楼至阜阳南段
上海车辆段制动室
鹰潭站“熊云清售票窗口”
上饶机务段 DF4－3918 号机车组
南昌铁路局客运总公司 K67/68 次 1、2 组
宜春车务段宣风站
南昌站公安派出所客勤三组
新余工务段探伤二班
南昌站客运三组
柳州南站甲班三调
柳州车辆段南到达场列检所
柳州铁路局客运公司 T5/6 次 2、6 组
柳州机务段 DF4－3263 机车组
柳州铁路局客运公司 1379/1380 次 2、6 组
湛江车辆段青年台车组
南宁站贵宾室
黎塘信号一场信号青年班组
广铁(集团)公司
怀化车辆段到达场列检二班
广州铁路客运公司广州事业部 T15/16 次 2、5 组
株洲电务段二场驼峰信号楼工区
长沙客运段 T1/2 次 2 组
广深股份公司广九客运段广九 2 组
广州铁路客运公司广州事业部 T29/30 次 6 组
怀化车务段仁里冲站
龙川机务段 DF4－7569 机车包乘组
哈密工务段红光养路工区
和静车务段上新光车站
吐鲁番站二班一调
乌鲁木齐客运段 T53/54 次 8 组
阿拉山口列检所
哈密车辆段柳园列检所
库尔勒客运段 K881/888 次车队
阿拉山口站换装作业所起重工班
铁道专业设计院航测处外业队
铁道部专运处列车段三队列车三班
铁道科学研究院电子所青年科技攻关组

二、新命名的

牡丹江列车段 K265/266 次 5 组
哈尔滨车辆段哈南一场二班一组
大安北工务段三十三养路工区
沈阳机务段 DF4d－0095 机车组
阜新车务段小东车站
天津机务段 DF4d－0355 机车组
邢台车务段官庄站
太原客运段 K701/702 次 4 组
呼和浩特铁路局
二连站运转车间乙班宽轨一调
徐州站客运北区候车室
工电大修公司大型机械化养路段 332 号清筛机组
西安客运段 T41/42 次 3、4 组
洛阳北供电段阳城接触网工区

工岸机务段 SS4－288 机车组

重庆客运段 K9/10 次 4 组

成都东站营销中心货源部

昆明公安处宜良北派出所青年警组

迎水桥机务段 SS3b－4126 机车组

武威南供电段安远变电所

常州站贵宾软席候车室

上海站张庆恒服务台

新余车务段潭岗站

百色牵引变电所

广铁(集团)公司

广州北车辆段轮轴检修组

株洲车站软席贵宾室

乌鲁木齐铁路局

哈密机务段包修一组

交通系统

北京市车辆购置附加费征稽管理处

天津市特种车修理厂检测站

河北石安高速公路邢台北收费站

山西原太高速公路有限公司养护事业部

内蒙古包头市公路路政稽查大队四中队

辽宁省本溪市阿家岭收费站

吉林省交通建设集团有限公司第三公司延图项目部

黑龙江省牡宁高等级公路管理中心牡丹江收费站

上海地铁运营有限公司车辆分公司 12 号列车乘务组

江苏省南通汽运集团南通汽车站

江苏省苏北航务管理处邵伯船闸管理所

浙江省 37、39 省道东阳征费所

安徽省高速公路总公司高界管理处

福建厦门大桥管理中心

江西省公路管理局萍乡公路分局湘东公路段机关

山东省滨州市公路工程监理咨询公司

河南省濮阳市一 O 六国道王助收费站

湖北省京珠高速公路建设指挥部武汉军山长江大桥项目部

湖南长常高速公路朝阳收费站

广东省航务工程总公司岩土公司

深圳市宝安区公路局水田收费站

中国三亚外轮代理公司

广西桂柳高速公路管理处

广西铁山港跨海特大桥建设工地青年文明号共创集体

重庆市第二公共交通公司共青团 215 空调路队

四川路桥集团宜昌长江公路大桥分公司第四项目经理部

贵州仁怀市盐津河大桥收费站

云南公路桥梁工程总公司第四项目经理部

西藏自治区交通厅公路规费征稽局拉萨征稽所

陕西省渭南公路管理局合阳金水沟大桥收费处

甘肃省平凉公路总段鄘荿段管理所东收费站

甘肃省武威公路总段 G312 线六坝河收费站

青海省湟源公路段

宁夏公路工程局三处

新疆阿勒泰总段卫东养护站

新疆生产建设兵团交通局一运司加油站

中远集装箱运输有限公司市场部

中远散货运输公司漫海轮

上海海运(集团)公司大庆 42 轮

中国长航(集团)武汉长江轮船公司长江 22015 轮

中港第二航务工程局鄂黄大桥 A 标项目部一分部

路桥集团第二公路工程局京珠国道主干线武汉军山长江公路大桥主 5 号墩青年突击队

深圳市招商名仕花园护管队

长江引航中心镇江引航站

长江三峡通航管理局一号船闸集控室

珠江水系航运规划办公室

上海集装箱码头有限公司营运操作部电脑组
青岛港集装箱股份有限公司机械四队四号车组
日照港务局第一装卸公司中控室
连云港港务局第三港务公司固机队电修班
宁波港务局轮驳公司甬港 1004 驳
湛江港股份有限公司散货事业部机械队技术组
广州港务局新沙港务公司煤矿队装船机中队
营口港务局计划处计算中心
南通港务局集装箱码头有限公司桥吊班
张家港港务局船舶服务中心张港 8 号轮
武警交通川藏公路机械化养护支队 6 中队
海南海事局海口话台
广州救捞局南天龙工程队
交通部公路科学研究所交通工程研究室

邮电通信系统

一、继续认定的

北京市建内大街邮电局储蓄组
北京市东四邮电局投递组
北京市百万庄共青团邮电局营业班
北京市邮政中心局信函分拣处平常进口科甲班
天津市邮政局红旗路邮局储蓄组
天津市邮政局鞍山道邮政支局
河北省廊坊市邮政局报刊发行公司
河北省石家庄市邮政局石长押运班
山西省新绛县邮政局营业厅
山西省太原市邮政局收投公司广场女子收投分公司
内蒙古区通辽市邮政局营业班
内蒙古区赤峰市邮政局红山分局储汇中心
内蒙古区乌盟邮政发投局投递组
辽宁省沈阳市邮政局中兴街共青团邮政支局
辽宁省大连市邮政局站前分局营业厅
辽宁省丹东市邮政局七经街营业厅
吉林省吉林市邮政局船营分局营业室
吉林省长春市邮政局桂林路邮电局投递室
吉林省长春市邮政局桂林路邮电局同志街支局营业室
黑龙江省大庆市邮政局会战支局邮政营业班
上海市邮政局曹家渡邮电局投递班
上海市邮政局卢湾邮电局综合服务台
江苏省镇江市邮政局火车站邮政支局
江苏省苏州市邮政局察院场支局
浙江省岱山县邮政局高亭支局
浙江省宁波市邮政局中山东路邮政支局营业班
浙江省瑞安市万松邮政支局营业厅
安徽省合肥市邮政局鸿迅邮政投送公司中区分公司(原收投公司)
安徽省界首邮政局邮政综合营业班
福建省福州市邮政局华林邮电支局
福建省莆田市邮政局城厢邮政营业组
福建省厦门市邮政局湖西支局
福建省三明市邮政局列东邮政营业组
福建省泉州市邮政局九一路支局
江西省宜春市中山西路邮政储蓄所
江西省九江市邮政局投递组
山东省济南市邮政投递局师范路分局(原天桥区邮政局发行投递局)
山东省青岛市邮政局广西路支局
山东省泰安市邮政局投递班
河南省郑州市邮政局花园路收投局女子投递班
河南省新乡市邮政局分拣科转运站
河南省安阳市邮政局车站支局邮政营业班
湖北省武汉市邮政局水果湖支局储蓄组
湖北省武汉市邮政局航空路支局邮政班组
湖南省邮政局长沙市邮区中心局长京 2/1 次押运组
湖南省常德市邮政局青年投递班
湖南省张家界市邮政局中心邮政储蓄所
广东省东莞市邮政局城区邮政分局运河西营业室

广西区桂林市邮政局中南营业处
广西区南宁市邮政局新城邮政营业处
海南省海口市邮政局白坡分局
海南省海口市南宝邮政储蓄所
四川省南充市邮政局邮政营业厅
四川省成都市邮政局沙湾分局营业部
重庆市渝中区邮政局解放碑邮政营业室
重庆市南岸区邮政局南坪营业室内勤组
贵州省瓮安县邮政局储汇班
贵州省贵阳市邮政局喷水池营业部
云南省河口县邮政局营业组
云南省大理州邮政局建设路综合营业室
西藏自治区拉萨市邮政局投递班
西藏自治区那曲地区邮政局营业班
陕西省西安市邮政局小寨邮电局营业组
陕西省咸阳市邮政局中心分局邮政营业班
甘肃省兰州市邮政局中央广场分局邮政营业部
甘肃省天水市邮政局火车邮件转运站
甘肃省陇南地区邮政局投递班
青海省西宁市邮政局五四大街邮政支局
青海省西宁市邮政局速递局礼仪服务中心
宁夏回族自治区银川市邮政局城区投递服务局女子投递班
宁夏回族自治区银川市邮政局西城邮政分局虹桥营业厅
新疆维吾尔自治区乌鲁木齐市邮政局东山区石化邮政支局
新疆维吾尔自治区伊犁哈萨克自治州邮政局斯大林街邮政储汇组
北京市电信公司三区电话局西单局(原西单电话局)查修班
北京市电信公司长途电话局国际台话务室五班
北京市电信公司八区电话局五棵松局查修班
天津市电信公司长途电信局大厅业务部
天津市电信公司八区局黄山路(道)分局线路一班
天津市电信公司专用电信局线务班
河北省电信公司衡水市分公司查号服务中心114查号台
山西省电信公司太原市分公司话务处114查号台
山西省电信公司大同市分公司电信营业管理科营收中心
内蒙古自治区电信公司伊克昭盟分公司南分局营业厅
辽宁省电信公司沈阳市分公司114查号台
辽宁省电信公司丹东市分公司电信营业中心收费班
吉林省电信公司吉林市分公司电信营业室
吉林省电信公司通化市分公司江东电话安装维护科
黑龙江省电信公司鸡西市分公司大客户服务中心大客户班
黑龙江省电信公司哈尔滨市分公司尚志营业厅
上海市电信公司查号中心
上海市电信公司长途通信实业部南京东路营业厅
江苏省电信公司苏州市分公司电话装机公司
江苏省电信公司徐州分公司电信营业处营业厅
浙江省电信公司岱山县电信局营业班
浙江省电信公司杭州市分公司武林广场电信营业厅(原武林门电信综合营业部营业厅)
浙江省电信公司温州市分公司电信营业分局南站市话营业班
安徽省电信公司合肥市电信局数据分局
安徽省电信公司合肥市电信局营业处芜湖路支局
福建省电信公司福州市分公司电信(五一中路)枢纽综合营业厅
福建省电信公司厦门市分公司第二客户服务部营业部(原电信局营销科营业部)
福建省电信公司福清市电信局电信综合营业

厅
江西省电信公司南昌市分公司数据分局电报投递班
江西省电信公司九江市分公司市话机线中心
山东省电信公司临沂市电信局装机班
山东省电信公司济南市电信局共青团路东营业厅
山东省电信公司青岛市电信局营业分局杭州路营业厅
河南省电信公司郑州市电信局百花路电信营业厅
河南省电信公司新乡分公司营业科业务部(原市电信局电信营业科饮马口营业厅)
湖北省电信公司老河口市电信局中心营业处
湖北省电信公司海大通信有限责任公司信息咨讯分公司960人工服务台(原武汉市电信局电话信息咨询公司960台)
湖北省电信公司武汉市分公司武昌区局东亭支局
湖南省电信公司长沙市分公司天辰线路公司线路维护二处(原电信局线路维护二处)
广东省电信公司珠海市吉大电信营业分局电报班
广东省电信公司佛山市分公司亲仁电信营业处(原电信局电信营业处)
广东省电信公司深大信息通实业有限公司160台
广东省电信公司汕头市分公司计算机站
广东省电信公司广州市分公司特种业务分局114查号台
广西壮族自治区电信公司南宁市分公司大客户服务部
广西壮族自治区电信公司柳州分公司龙城路电信营业处
海南省电信公司海口市电信局海府区域测量维护中心
海南省电信公司海口市电信局海府营业厅
重庆市电信公司大坪综合营业厅
四川省电信公司成都分公司人民东路营业厅
四川省电信公司南充市电信局综合营业厅
四川省电信公司乐山市分公司玉堂街邮电广场电信营业厅
贵州省电信公司贵阳市分公司电信营业中心中华南路营业班(原贵州省贵阳市电信局客户营业处营业厅)
贵州省电信公司黔南州分公司光缆维护段
云南省电信公司大理州人民街电信营业室
云南省电信公司昆明市电信局营销中心
西藏自治区电信公司拉萨市电信营业厅
西藏自治区电信公司拉萨市分公司线路班
陕西省电信公司汉中分公司电信营业班
陕西省电信公司西安市分公司装拆移机部
甘肃省电信公司兰州市电信局计费账务结算中心
宁夏回族自治区电信公司石嘴山区电信局机线(装机)班
宁夏回族自治区电信公司数据通信局大客户服务中心
青海省电信公司海东分公司电信营业班
新疆维吾尔自治区电信公司乌鲁木齐分公司胜利路市话分局维护一班(原市电信局市话六分局)
新疆维吾尔自治区电信公司吐鲁番分公司电信商场
中国联通天津分公司寻呼话务室
中国联通佳木斯分公司寻呼话务部
中国联通长沙分公司126台
中国联通陕西分公司西安分部无线寻呼事业部998台
联通国脉通信股份有限公司128查询台
中国联通伊犁分公司126话务台
中国联通宁夏分公司无线寻呼事业部寻呼一班
中国联通龙岩分公司营业厅
中国联通十堰分公司话务台
中国联通南宁分公司话务中心

中国联通长春分公司寻呼话务部
中国联通日照分公司无线寻呼话务部
中国联通乐山分公司中心营业厅
安阳联通话务中心
中国联通太原分公司国信寻呼台
中国联通石家庄分公司话务中心
中国联通赤峰分公司运行维护部
中国联通徐州分公司寻呼台
中国联通江苏分公司通信事业部寻呼台
重庆联通无线寻呼事业部小洞天营业厅
中国联通锦州分公司寻呼台
中国联通杭州分公司话务中心
北京移动通信有限责任公司广渠门营业厅
陕西移动通信公司西安市营业部尚朴路营业班
河北移动通信有限责任公司秦皇岛分公司设备维护中心
天津移动通信有限责任公司中心营业厅
山西移动通信公司忻州分公司定襄营业部
内蒙古自治区移动通信公司省会运行维护中心交换维护室
辽宁移动通信有限责任公司沈阳分公司南顺城营业厅
吉林移动通信公司辽源市移动通信分公司业务受理科
黑龙江移动通信公司省会营销中心中央大街营业厅
上海移动通信有限责任公司九江路营业厅
江苏移动通信有限责任公司姜堰分公司营业销售中心
浙江移动通信有限责任公司湖州分公司营业班
安徽移动通信公司合肥分公司芜湖路营业受理班
江西移动通信公司新余市分公司移动通信班
山东移动通信有限责任公司潍坊分公司早春园营业厅
河南移动通信有限责任公司市场经营部
湖北移动通信公司荆州公司广场营业厅
湖南移动通信公司邵阳市分公司机房
广东移动通信有限责任公司深圳公司客户服务热线
广东移动通信有限责任公司中山分公司恒信营业室
海南移动通信有限责任公司海口分公司大客户服务处
广西移动通信有限责任公司柳州分公司营业中心营业班
重庆移动通信公司营业厅
福建移动通信有限责任公司移动通信维修中心
四川移动通信公司省会营销中心太升南路营业厅
贵州移动通信公司黔西南分公司营业班
云南移动通信公司昆明东华营业厅
甘肃移动通信公司兰州建设维护中心交换中心
青海移动通信公司西宁分公司东大街营业部
宁夏移动通信公司银川营销中心虹桥营业厅
新疆移动通信公司计费业务中心技术部

二、新命名的

北京市北太平庄邮电局营业组
上海市邮政局国际邮件局营业科
辽宁省抚顺市邮政局营业分局望花营业班
吉林省白城市邮政局青年街支局营业室
黑龙江省双鸭山市邮政局储汇中心
江苏省扬州市邮政局文昌支局
安徽省铜陵市邮政局长江路邮政支局
浙江省金华市邮政局西市街营业班
福建省漳州市邮政局南昌路邮政储蓄所
江西省南昌市邮政局广场邮政分局营业班
广东省中山市邮政局小榄分局营业班
湖北省荆州市邮政局发投公司荆中投递班
湖南省衡阳市邮政局大楼储蓄所
海南省琼海市邮政局邮政储蓄营业班
中国电信河北省石家庄电信分公司营业处桥东营收班

中国电信江苏省苏州市电信分公司集团客户部

中国电信福建省漳州市电信分公司112应急通信抢修中心

中国电信广东省微波局广州卫星通信局国际室

中国电信山东省淄博市电信局重点客户服务中心

中国电信河南省驻马店市分公司建苑电信营业厅

中国电信湖北省荆州分公司江津电信支局

中国电信辽宁省鞍山电信技术有限公司

中国电信重庆市涪陵区电信局高笋塘营业厅

中国电信山西省晋中市电信分公司112集中受理中心

中国电信吉林省通化市电信分公司营业中心

中国电信海南省三亚市电信局解放路营业处

中国电信云南省楚雄州分公司电信营业厅

中国电信广西壮族自治区梧州电信分公司营业中心市话营业班

中国电信内蒙古自治区呼伦贝尔盟电信分公司伊敏街电信营业

中国电信贵州省黔西南州分公司电信营业班组

中国电信新疆维吾尔自治区克拉玛依分公司电信营业班

中国电信浙江省金华市电信分公司西市街营业厅

中国电信上海市电信公司数据通信事业部数据网络中心

中国电信四川省成都市电信商城有限公司

中国联通北京公司198寻呼台

中国联通福建公司三明市分公司寻呼话务中心

中国联通河南开封分公司127机房

福建移动通信有限责任公司厦门分公司莲前营业中心

辽宁移动通信有限责任公司沈阳分公司客户服务中心

浙江移动通信有限责任公司余姚分公司营业班

四川移动通信公司泸州分公司水井沟营业厅

山东移动通信有限责任公司济南分公司客户服务中心

陕西移动通信公司咸阳分公司计费班

中国卫星公司卫星测控监测中心

卫 生 系 统

一、继续认定的

北京市天坛医院神经内科二病房

北京市结核病胸部肿瘤研究所六病区

北京市红十字朝阳医院内科血液病区

北京大学第一医院儿科二病房

北京市同仁医院急诊科

北京友谊医院急诊科

北京大学第一医院泌尿科

天津市第三医院门诊化验室

天津市南开区黄河医院急诊内科

天津市第一中心医院检验学部临床检验科

河北省冀州市医院外科

河北省人民医院急诊中心

河北省衡水市哈励逊国际和平医院内二病区

河北省保定市儿童医院新生儿科

山西省人民医院内分泌科二病区

山西医科大学第二医院骨科

山西省长治市人民医院妇产科

山西省阳泉市第三人民医院手外科

内蒙古医学院附属医院门诊部

辽宁省阜新市中医医院结石病医疗中心护士站

辽宁省沈阳市第五人民医院外一病房

辽宁省抚顺市第二医院内科门诊

辽宁省沈阳市红十字会医院外科十病房

辽宁省大连市中医医院股骨头专科病房

辽宁省大连市儿童医院重症监护病房

辽宁省锦州市亚东眼科医院

辽宁省大连市第五人民医院胸外一病房
中国医科大学第二临床学院儿科急救中心
吉林省四平市中心医院门诊大厅服务岗
吉林省人民医院血液内科
吉林省肿瘤医院胸二科护理组
吉林大学中日联谊医院急救中心护理组
黑龙江省医院心血管外科
黑龙江省佳木斯市中心医院肾内科血液透析中心
黑龙江省哈尔滨市儿童医院急救中心
黑龙江省哈医大二院老年病房六病区
上海市第六人民医院产科病区
上海市第二医科大学附属仁济医院药房窗口
上海中医药大学附属曙光医院检验科门急诊窗口
上海市第二人民医院急诊护理组
上海市瑞金医院灼伤三楼病区
江苏省无锡市第二人民医院十一病区
江苏省南京市鼓楼医院急诊中心护理组
南京医科大学附属常州第二人民医院心血管内科
浙江省人民医院急诊科
浙江省温州市温州医学院附属医院急诊科
浙江省宁波市医疗中心李惠利医院胸心外科
浙江省中医院八病区肿瘤科
安徽省蚌埠市医院儿科护理部
安徽省立医院重症监护室
安徽省立医院输血科
安徽省血吸虫病防治研究所血吸虫研究室
福建省肿瘤医院六病区护理组
福建省龙岩市“120”急救中心
福建省厦门市仙岳医院二病区
福建省人民医院五区护理组
江西医学院第一附属医院妇产科
江西省肿瘤医院放疗科技术科
江西省赣州市人民医院急诊科
江西省人民医院外科重症监护室(SICU)
山东省立医院消化东病房护理组
山东省精神卫生中心心理健康热线
山东省济南市传染病医院检验科
山东省济南市中心医院友谊血液净化中心
山东省青岛市立医院神经外科
山东大学齐鲁医院中心七病房
山东省潍坊市人民医院妇科
河南省漯河市第一人民医院外二科
河南省人民医院一内科四病区(心内科)
河南省洛阳正骨医院下肢正骨一科
湖北省人民医院(湖北医科大学附一医院)检验科
湖北省武汉市第四医院肿瘤科
湖北省鄂州市第一医院心血管内科
华中科技大学同济学院附属同济医院内科血液病房
湖北省肿瘤医院化疗科
湖南省湘潭市中心医院十六病室
中南大学湘雅二医院代谢内分泌研究所
湖南省邵阳市中心医院小儿观察室
中南大学湘雅二医院心胸外科
广东省韶关市粤北人民医院老年病科
广东省汕头大学医学院第一附属医院内七病房
广东省深圳市人民医院显微外科
广东省广州市中医医院肿瘤科一区
广东省深圳市保安区人民医院外科一区
广西壮族自治区桂林医学院附属医院消化内科
广西壮族自治区梧州市妇幼保健院妇产科
广西壮族自治区玉林市第一人民医院急诊科
海南省人民医院肿瘤内科
海南省海口市急救中心120
重庆市第三人民医院老年病科
重庆医科大附一院检验科门诊
四川省人民医院“绿色生命通道”急救组
四川省成都市第三人民医院干部病区
四川省成都市第一人民医院中西医结合重症监护病区

华西医科大学附属第一医院心血管内科护理组
贵州省贵阳市妇幼保健院新生儿科
贵州省人民医院急诊科
贵州省遵义医学院附属医院急诊科
云南省昆明市延安医院昆明心胸外科
云南省大理州人民医院内三科东病区
云南省第二人民医院肝胆外科
陕西省肿瘤医院 CT 室
陕西省西安市中心医院神经外科护理部
陕西省西安市儿童医院新生儿科（西病区）
西安交通大学第一医院肾移植科
陕西省人民医院急诊科
甘肃省中医医院急诊科
甘肃省卫生厅计财处
青海省儿童医院电生理科
宁夏医学院附属医院神经外科
宁夏回族自治区人民医院普外科
宁夏医学院附属医院胸心外科
新疆维吾尔自治区卫生防疫站肝炎研究室
新疆维吾尔自治区乌鲁木齐血液中心检验科
新疆维吾尔自治区人民医院急救中心团支部
中国医学科学院北京协和医院 ICU 病房
中日友好医院中心治疗室
中国中医研究院广安门医院五病区
卫生部北京医院神经内科病房护理组

二、新命名的

北京市急救中心青年车组
北京安定医院十四病区
北京大学第三医院神经内科高干病房
天津市第二中心医院肿瘤病房
天津市医科大学附属肿瘤医院高级病房护理部
河北省邯郸市中心医院儿科
山西医科大学第一医院呼吸内科
山西医科大学第二医院药剂科
辽宁大连医科大学附属第二医院心血管内科
辽宁省抚顺市中心医院放射科
吉林省人民医院特诊病房
黑龙江省牡丹江心血管医院监护室
黑龙江省大庆市第四医院骨外科
哈尔滨医科大学第一临床医学院普外科
上海市第一人民医院眼科病区
复旦大学附属中山医院肝肿瘤科
江苏省昆山市中医医院
江苏省盐城市第一人民医院二病区护理组
浙江省余杭市第一人民医院急诊护理站
浙江省湖州市中心医院妇产科
安徽蚌埠医学院附属医院重症监护中心
福建省急救中心
福建省妇幼保健院产房护理组
山东省淄博市中心医院普外科
山东青岛市妇女儿童医疗保健中心脑瘫康复中心
山东省泰安市卫生学校学生工作处
河南三门峡市卢氏县防疫站
河南医科大学第二附属医院妇产科
湖北省荆门市第二人民医院妇产科
湖北省襄樊市中心医院神经外科
湖南省肿瘤医院十二病室
湖南省湘潭市第一人民医院十一病室
广东肇庆市第一人民医院急诊科
广西医科大学一附院神经内科专五病区
广西区柳州市人民医院心胸外科
海南省农垦总局医院急诊科
重庆医科大学儿童医院重症监护室
四川成都市妇幼保健院产科高危病区
四川省德阳市人民医院内一病区
贵州医学院附属医院外科二病房
云南省红河州人民医院内一科
西藏自治区人民医院儿科
陕西西安交通大学第一医院肝胆外科
甘肃兰州医学院第一附属医院心内介入病房（CCU）
青海省人民医院神经外科
宁夏回族自治区人民医院眼科

宁夏回族自治区银川市第一人民医院肝胆外科
新疆乌鲁木齐市妇幼保健院产房
新疆生产建设兵团哈密农场管理局红星医院外科
中日友好医院重症监护室
中国中医研究院西苑医院呼吸科护理组
北京中医药大学东直门医院急诊科

三、全国卫生系统 1999—2000 年度“号手”创建活动优秀组织奖名单

黑龙江省卫生厅
云南省卫生厅
广西壮族自治区卫生厅
浙江省卫生厅
天津市卫生局
重庆市卫生局
青岛市卫生局
无锡市卫生局
武汉市卫生局
河南省人民医院

中央企业

一、继续认定的

神华集团新华航空公司祥鸽乘务示范组
大连机车车辆厂铸钢分厂造型大件组
戚墅堰机车车辆厂内机分厂机车二车间电焊一班
资阳内燃机车厂机车分厂转向架车间大车班
西安车辆厂冲压车间拼板组
北京南口机车车辆机械厂油泵油嘴分厂大件班
四方机车车辆厂客本部总装分厂工艺组
大同机车厂铸铁车间合金组
南京浦镇车辆厂车架车间铆焊三组
齐齐哈尔铁路车辆(集团)有限责任公司设计处货车设计组
株洲电力机车厂九方装备公司引进设备维修服务中心
北京二七车辆厂货车车间三通阀班
长春客车厂转向架分厂轮轴车间轴承班
眉山车辆货车公司货一车间中梁电焊班
哈尔滨车辆厂产品开发部设计组
济南机车车辆厂备料分厂预处理一班
贵阳车辆厂台车车间轴承工段
中国铁路通信信号总公司济南工程公司第一信号段
西安铁路信号工厂监控分厂
中国铁路通信信号总公司上海工程公司轨道交通项目部
上海中远国际货运公司电脑部
中国第一汽车集团公司制泵厂铸造车间造型一线
中国第一汽车集团公司客车底盘厂研究所
中国第一汽车集团公司热电厂锅炉车间 1 号炉
上海宝山钢铁(集团)公司炼铁部一号高炉
上海宝山钢铁(集团)公司炼钢部青年浇钢台
中国建筑第七工程局(上海)有限公司四分公司 751 项目部
中国建筑第三工程局一公司武汉分公司武昌项目经理部
中国长江航运(集团)总公司燃料供应总站长燃 5 号轮
中国建筑第三工程局二公司深圳分公司第三项目经理部
中国建筑第五工程局三公司湖南平和堂项目
长安汽车(集团)有限责任公司 235 车间“长安之星”总装线
中国核工业第二一建设公司第五项目经理部
信息产业部电子第十一研究所“锑化铟光伏器件班”

二、新命名的

中国核工业建设集团第二三建设公司深圳组科利核电工程有限公司检修部
中国航天科技集团公司五院五二九厂一车间数控班

西安航空发动机(集团)公司发动机总装生产线

昌河飞机工业集团涂装车间运行工段

长安汽车(集团)有限责任公司231车间A1组

华北石油管理局钻井二公司32668钻井队

中国建筑工程总公司第七工程局四公司428项目部

北京和利时系统工程股份有限公司

山东潍坊电业局客户服务中心优质服务岗

鞍山钢铁集团公司新钢铁公司热轧带钢厂1780热连轧生产线

山西神州煤电焦化公司焦化厂炼焦热工工段

中煤建设集团一公司岭北职工医院

北京有色金属研究总院有自公司

西安安康铁路秦岭I线隧道

中国港湾建设(集团)总公司一航局长江口项目部

西安筑路机械有限公司计算机信息部

东风汽车公司神龙公司曲轴生产线

北京首钢股份有限公司第二炼铁厂三高炉值班室

中国工程与农业机械进出口总公司成套工程一部

中国铁路通信信号集团公司济南工程公司城市交通工程处

彩虹彩色显像管总厂彩管一厂ITC组

中国第一重型机械集团公司大型装备制造厂装配二组

第一汽车集团公司减震器分公司支架车间拖曳钩班

中国国际工程咨询公司高技术项目部

天地科技股份有限公司开采所事业部巷道支炉室

中国房地产开发集团公司三峡置业股份有限公司

内昆铁路李子沟特大桥

秦山核电公司运行部主控室

风华机器厂101车间有色组

中信实业银行嘉兴支行营业部

民 航 系 统

一、继续认定的

民航华北空中交通管理局管制中心塔台进近管制室

民航内蒙古区局航管中心呼和浩特区域管制室

民航天津市局公安处派出所

民航山西省局太原空中交通管制中心区域管制室

中国航空油料总公司华北公司第四油库第三汽车加油站

民航天津市局运输服务部问询台

中国国际航空公司飞行总队乘务部金凤一组

中国国际航空公司飞行总队中韩航线青年乘务组

中国国际航空公司地面服务部要客服务室

中国国际航空公司内蒙古分公司航修厂六车间

中国国际航空公司内蒙古分公司签派室

中国国际航空公司天津分公司售票处

北京空港航空地面服务有限公司客运部值机室

北京首都机场集团公司天然气管理处设备维修科

北京首都国际机场股份有限公司要客部贵宾休息室

北京首都国际机场股份有限公司安检站安检三科

北京首都国际机场股份有限公司公安分局消防队

中国民航信息网络股份有限公司货运部

民航总局空中交通管理局电信公司卫星通信部

中国民航实业开发总公司徐州设备修造厂一车间

民航华东空中交通管理局空管中心虹桥塔台

进近管制室
民航安徽省局合肥售票中心
民航浙江省局运输部候机楼服务科
南京禄口国际机场安检站安检科
民航江西省局公安局昌北机场派出所
中国东方航空股份有限公司客舱部“凌燕”乘务示范组
中国东方航空股份有限公司山东分公司客舱部“鲁燕”乘务示范组
中国东方航空股份有限公司客运部售票处“青年创优窗口”
中国东方航空股份有限公司江西分公司飞行大队乘务中队
中国东方航空股份有限公司安徽分公司“皖燕”乘务示范组
中国东方航空股份有限公司客运部服务部“温馨服务小组”
中国东方航空股份有限公司“2308 样板机”青年维护组
中国东方航空股份有限公司山西分公司太原售票处
中国东方航空股份有限公司江苏有限公司“苏燕”乘务队
上海机场(集团)有限公司维修管理部供电科灯光站
上海机场(集团)有限公司候机楼管理分公司电话问讯室
上海机场(集团)有限公司候机楼管理分公司虹桥服务部贵宾室
上海机场(集团)有限公司安检站二科一分队
上海航空公司售票中心
上海航空公司乘务部“金鹤”乘务组
上海航空公司乘务部“银鹤”乘务组
厦门国际航空港集团有限公司客货代理公司服务站
厦门航空有限公司客舱服务部乘务队
山东航空公司飞航部“彩虹”乘务队
民航中南空中交通管理局白云塔台管制室
民航中南空中交通管理局气象中心预报室
民航湖南省局航务管理中心区调
桂林两江国际机场运输服务部服务队
武汉天河机场场务修缮公司灯光动力部
民航海南省局航管中心通信导航站
民航中南机场设计研究院
华南蓝天航空油料湖北分公司航空加油站
中国南方航空股份有限公司运输部客运处航班不正常处理室
中国南方航空股份有限公司客舱部“春风”乘务组
中国南方航空股份有限公司特种车辆修理分队
中国南方航空股份有限公司海南公司“含笑”乘务示范组
中国南方航空股份有限公司海南公司中航售票处
中国南方航空股份有限公司湖南公司“芙蓉”乘务示范组
中国南方航空股份有限公司深圳公司“木棉”乘务组
广州白云国际机场集团公司公安局刑警大队
广州白云国际机场股份有限公司安全检查站一中队
广州白云国际机场股份有限公司旅客服务公司中餐部烧腊房
广州白云国际机场股份有限公司航空客货服务公司售票处国内柜台
广州白云国际机场地勤服务有限公司贵宾室
深圳机场(集团)公司承远油料公司航空加油站
深圳机场(集团)公司运输部服务科
深圳机场(集团)公司安检站旅检二分队
深圳航空公司乘务大队
深圳航空公司商务华联售票处
海南航空股份有限公司乘务大队“飞鹿”乘务组
民航西南空中交通管理局管制中心塔台管制

室
民航西南空中交通管理局气象中心预报室
中国航空油料西南公司航空加油站
重庆江北国际机场候机楼总服务台
重庆江北国际机场交通警察大队
成都双流国际机场安全检查站
民航西南管理局办公室秘书科
民航贵州省局贵阳售票处
中国西南航空公司运输服务公司服务部要客服务室
中国西南航空公司飞机维修厂五车间一工段
中国西南航空公司重庆公司客舱服务部“红岩”乘务组
中国西南航空公司重庆公司客舱服务部“银鹰”乘务组
中国民航飞行学院洛阳分院航站安检站
中国民航飞行学院广汉分院机务工程部团员安全监督岗
云南航空公司候机楼公司服务部
云南航空公司飞行大队“金孔雀”乘务组
民航云南省局大理站营运科
四川航空公司机务部 A320 中队三分队
四川航空公司客舱公司乘务队黄蓉萍乘务组
西安咸阳国际机场维修动力处供电站灯光分队
西安咸阳国际机场公安分局机场派出所
民航宁夏区局银川售票处
民航甘肃省局区域管制室
中国西北航空公司甘肃公司运输服务部候机室
中国西北航空公司飞行大队乘务二中队“如意”乘务组
中国西北航空公司飞机维修基地航线部空客定检车间
中国西北航空公司地面服务部服务处问讯及特殊服务小组
中国西北航空公司飞机维修基地特种车辆车间一工段
民航黑龙江省局航务处管制室
民航吉林省局长春机场候机室
民航东北空中交通管理局气象中心预报室
沈阳桃仙国际机场安检站安检队
大连周水子国际机场公安局派出所
中国北方航空公司沈阳客舱服务部共青团“微笑”乘务组
中国北方航空公司飞机维修基地发动机车间
中国北方航空公司哈尔滨飞机维修厂四车间
中国北方航空公司长春飞机维修厂三车间
中国北方航空公司沈阳营运部售票处
中国北方航空公司沈阳客运部服务室
中国北方航空公司大连分公司 2818858 航空信息服务中心
中国新疆航空公司飞行部乘务大队三中队“雪莲”示范乘务组
中国新疆航空公司运输部客运处问讯处
中国新疆航空公司开发总公司机场宾馆客房部服务组
中国新疆航空公司通信导航信息处莎车导航站
中国航空油料总公司新疆公司航空加油站三分队

二、新命名的

中国国际航空公司内蒙古分公司飞行大队“百灵”乘务组
民航山东省局济南售票处
中国东方航空股份有限公司山西分公司“白鸽”乘务示范组
中国东方航空股份有限公司安徽分公司“黄山”乘务组
民航河南省局航空地面服务公司旅客服务部
中国南方航空股份有限公司客舱部“春晖”乘务示范组
中国航空油料总公司西北公司咸阳航空加油站
大连周水子国际机场商贸公司免税店
中国北方航空公司长春中心售票处

云南航空公司昆明中心售票处

旅 游 系 统

一、继续认定的

北京丽都假日饭店泰国餐厅
北京国际饭店前厅行李组
北京昆仑饭店保卫部前厅门卫
北京中国职工之家客房部
北京饭店中华礼仪餐厅
北京西苑饭店中餐宴会服务班
北京新侨饭店前厅部电话班
北京前门全聚德烤鸭店餐厅组
北京首汽集团公司国宾队
北京颐和园德和园班
北京长富宫饭店宴会厅班组
北京市旅游汽车公司京旅通信公司466台
北京北海公园琼岛景区
北京世界公园安保部
北京中华民族园
北京天坛公园回音壁殿堂班
北京中国人民解放军空军航空博物馆
北京建国饭店西餐厅
北京港澳中心电话总机班
天津利顺德大饭店白金汉宫宴会厅
天津水晶宫饭店西餐服务组
天津友谊宾馆营销小组
天津盘山索道公司
天津温泉游乐宫
河北河北宾馆金燕都餐厅
河北秦皇岛市山海关老龙头景区管理处
河北承德避暑山庄管理处宣教群工部
河北石家庄市国际大厦客房部12—15楼班组
河北唐山饭店美食林宴会服务班
河北廊坊市天都大酒店
山西大酒店客房部
山西国旅大厦酒店
山西五台山友谊宾馆中餐厅服务组
山西大同云冈石窟文物研究所宣传接待部
山西太原晋祠博物馆群工部
内蒙古新城宾馆八号楼班组
内蒙古呼盟鄂温克旗巴彦呼硕旅游区
内蒙古哈素海旅游度假村
辽宁凤凰饭店客房部
辽宁大连天富大酒店前台接待部
辽宁本溪水洞管理处导游班
辽宁凤凰山风景名胜区管理局山门管理科
辽宁鞍山玉佛苑青年导游服务班
辽宁抚顺友谊宾馆客房部
吉林省集安市翠园宾馆客房部
吉林省宾馆客房部
吉林省长白山宾馆客房部
吉林省延边天池宾馆
吉林市松花湖滑雪场滑雪俱乐部
吉林省银河大厦总服务台
黑龙江省中国青年旅行社港台部
黑龙江省哈尔滨天鹅饭店餐饮前厅部
黑龙江省哈尔滨国际观光旅行社外联部
黑龙江省大庆市铁人纪念馆
黑龙江省哈尔滨市马迭尔宾馆总服务台
黑龙江省大庆市大庆宾馆总服务台
上海静安宾馆应接青年服务班
上海春秋国际旅行社国内部门市营业部小组
上海银河宾馆VIP班组
上海衡山宾馆客房部一号电梯班组
上海新锦江大酒店青年国宾接待班组
上海华亭宾馆宴会厅
上海和平饭店客房部北四楼青年班组
上海国际购物中心国际首饰厅班组
上海大厦前厅部大堂班组
江苏南京金陵饭店佳宾厅
江苏苏州市竹辉饭店商场部
江苏南京夫子庙旅游商贸区
江苏苏州市虎丘山风景区管理处售票组
江苏徐州市云龙山观景台管理所
江苏南通文峰大世界总服务台
浙江杭州望湖宾馆望湖楼餐厅

浙江宁波亚洲华园宾馆商务中心
浙江杭州香格里拉饭店商务中心
浙江温州华侨饭店客房部
浙江杭州大华饭店“共青团服务楼”
浙江台州市凤凰山庄房务中心
浙江奉化市溪口台胞服务中心
安徽饭店主楼客房服务班
安徽黄山西海饭店总服务台
安徽黄山北海宾馆总服务台
安徽黄山云谷索道贵宾室
安徽九华山索道公司
安徽芜湖市铁山宾馆竹苑楼
安徽安庆市安庆迎宾馆御苑餐厅
安徽马鞍山市林散之艺术馆
安徽黄山狮林大酒店总服务台
福建泉州酒店客房部
福建厦门鹭江宾馆总台
福建外贸中心酒店客房部
福建青年旅行社交通业务部
江西青山湖宾馆客房部
江西宾馆客房部七楼小组
江西赣州中国国际旅行社
江西景德镇合资宾馆客房部二班
江西庐山风景名胜区庐山宾馆客房部
江西南昌市滕王阁管理处接待科
江西九江市九江宾馆餐饮部居易山庄服务小组
江西抚州温泉宾馆客房部
山东威海卫大厦鲁苑厨房
山东青岛海天大酒店东来顺餐厅
山东蓬莱阁管理处导游讲解班
山东泰山风景名胜区泰安市博物馆导游部
山东青岛崂山风景区奇石馆
山东威海刘公岛景区甲午海战馆导游讲解班
山东潍坊富华游乐园摩天轮过山车机组
河南南阳宾馆紫竹园餐厅服务班
河南新乡宾馆客房部
河南郑州市嵩山饭店餐饮部 7 号楼餐厅
河南开封包公祠讲解组
河南安阳市殷墟博物苑展厅讲解班
河南洛阳市新友谊大酒店客房部
河南濮阳宾馆贵宾楼餐饮服务班
湖北襄樊市隆中风景名胜区接待导游班
湖北武汉市东湖磨山管理处旅游接待部
湖北宜昌国际大酒店前厅部
湖北十堰市十堰商业贸易大厦客房部
湖南衡阳市雁城宾馆共青团文明楼
湖南资兴市东江湖风景旅游区兜率岛景点
湖南省中国青年旅行社导游部
湖南琵琶溪宾馆客房部二号楼服务班
广东中国大酒店酒水部
广东白天鹅宾馆管家部机动综合班
广东广州酒家正店三楼班组
广东深圳世界之窗有限公司表演部日本园
广东佛山市旅游总公司旅游部
广东深圳锦绣中华发展有限公司中国民俗文化村
广东深圳世界之窗
广东广州云台花园
广东肇庆七星岩游览公司龙岩洞讲解班
广东江门市恩平金山温泉度假酒店前厅部
广东南海市中旅集团公司云影琼楼酒店前台
广西桂林漓江游船公司桂海 27 号船
广西柳州饭店四号楼餐厨班
广西南宁邕江宾馆大堂酒吧
广西桂林榕湖饭店旺福楼餐厨组
广西桂林漓江游船公司八桂 17 号船
广西桂林芦笛公园导游班
广西北海银滩管理处票务部
广西柳州饭店前厅接待组
海南海口市南庄酒店公关部
海南万宁市兴隆热带植物园
海南南山佛教文化苑保安部
海南海口市金海岸罗顿大酒店前堂部
重庆人民宾馆前厅部东楼前台
重庆大足石刻宣传讲解组

重庆巫山县小三峡清洁队
重庆扬子江假日饭店客房部
四川锦江宾馆客房部主五楼小组
四川岷山饭店客房部三区
四川峨眉山万年索道有限公司
四川峨眉山金顶索道公司
四川长宁县竹海风景区竹海宾馆
贵州凯里宾馆总服务台班组
贵州省国际旅行社国内部
贵州山水旅行社外联部
西藏拉萨假日酒店牦牛咖啡厅
西藏宾馆客房部
陕西华山风景名胜区园林环境卫生管理处
陕西秦始皇兵马俑博物馆宣教部
甘肃金城宾馆经营销售部
甘肃兰州丝路旅行社
甘肃长城宾馆餐饮部
甘肃嘉峪关关城文管所
甘肃武威市博物馆
甘肃敦煌月牙泉管理处接待部
甘肃嘉峪关宾馆客房部
青海省中国青年旅行社
青海宾馆公关营业部前台科总服务台
宁夏宁夏国际饭店客房部
新疆巴音郭楞宾馆客房部
新疆石河子宾馆客房部
新疆巴音郭楞宾馆博斯腾湖西海渔村清真餐厅前堂部
新疆吐鲁番市葡萄沟游乐园

二、新命名的

北京喜来登长城饭店茶园餐厅
北京五洲大酒店总机班
天津市大亚旅行社导游部
河北遵化中国国际旅行社北京接待中心
山西迎泽宾馆客房部
内蒙古呼伦贝尔宾馆餐饮部
内蒙古集宁映山大厦贵宾楼
辽宁沈阳园林国际旅行社国内部
辽宁大连博览大酒店康乐中心
吉林乐府大酒店客房部
吉林长春华侨饭店客房部
黑龙江哈尔滨铁道国际旅行社国际部
黑龙江省旅游培训中心培训部
上海华东大酒店前厅部总台班组
江苏连云港连岛海滨浴场
江苏常州江南春宾馆客房服务一班
江苏省溧阳市天目湖宾馆餐饮部
江苏张家港国贸酒店前厅部
浙江浙江省中国国际旅行社公民出国旅游公司
浙江杭州大厦总台
安徽省滁州市凤凰宾馆客房部
安徽相王府宾馆总服务台
安徽巢湖市临湖宾馆客务部
福建永安市桃源洞国家风景区导游班组
江西萍乡市安源宾馆宴会厅
江西井冈山市井冈山大厦餐饮部红案班
山东贵都大酒店餐饮部
山东菏泽南华牡丹大酒店前厅部
河南焦作市月季大酒店餐饮部
河南三门峡明珠宾馆房务部前厅部
湖北省赤壁市金桥宾馆青年集体
湖北省荆门市八方国际大酒店客房部
湖南中银大酒店前厅部
湖南华都大酒店餐饮部
广东万绿湖风景区票务部
广东韶关市东明商贸有限公司金沙商场
广东南海市迎宾馆客房部
广东罗浮山旅游开发总公司门楼管理部
广西梧州市五丰大酒店房务部
广西桂林宾馆前厅部
海南三亚珠江花园酒店珠江春中餐厅
海南宝华海景大酒店客房部
重庆宾馆客房部服务中心会议组
重庆市奉节县白帝城文管所讲解组
四川红珠山宾馆客房部

四川九寨沟民族艺术团
贵州省中国国际旅行社欧美部
云南石林风景名胜区管理局导游组
云南瑞丽新凯通国际大酒店房务部
陕西太白山索道公司
甘肃甘肃张掖电力宾馆客房部
宁夏沙湖旅游公司旅游部
新疆伊犁大酒店客房部
新疆徕远宾馆餐饮部零点组

供销系统

一、继续认定的

北京市丰台区亿客隆商城六里桥商场烟酒组
北京市万事吉商城食品部保鲜组
北京市亿客隆商城闭架烟酒组
天津市宁河县供销社芦阳百货大楼化妆品组
天津市港商医药总公司业务科
河北省石家庄市中山路化妆品专业商店
河北省邯郸市供销社工业品总公司家电公司
河北省廊坊市农业生产资料公司化肥科
河北省石家庄市大众商场燃气具组
河北省冀兴房地产开发公司
河北省武安市供销大厦
山西省农业生产资料公司科技服务分公司
山西省运城市华夏大酒店
山西省阳泉市天元商厦
山西省供销合作社招待所
山西省柳林县贸工农实业有限公司
山西省农业生产资料公司化肥二分公司
内蒙古自治区赤峰市喀喇沁旗乃林供销社科技兴农服务部
辽宁省大连市旅顺供销大厦青年服务队
辽宁省沈阳市玫瑰大酒店前厅部
辽宁省盘锦供销大厦有限公司
吉林省长春市农业生产资料总公司邦农商社
黑龙江省哈尔滨星河宾馆客房部
黑龙江省大庆市五金工具总汇有限责任公司
黑龙江省哈尔滨市陶瓷总公司建材分公司
黑龙江省哈尔滨市农资总公司化工储运分公司
黑龙江省尚志市北方商场首饰组
黑龙江省大庆市供销合作社开发公司
江苏省淮阴市供销大厦股份有限公司家电商场影视柜
江苏省天京大酒店总服务台
江苏省大丰市银都大酒店
江苏省苏果超市有限公司总部
江苏苏农农资连锁有限责任公司
浙江省衢州市家电城有限责任公司
浙江省湖州市浙北大酒店总服务台
浙江省宁波市美乐门股份有限公司小家电部
浙江省杭州市宝善宾馆管家部楼层班组
安徽省马鞍山市珍味南北货有限责任公司
安徽省新世纪大厦餐饮部
福建省仙游县枫亭供销社枫江商场
福建省上杭县土产日杂公司紫金商场
福建省忠门供销商厦
江西省萍乡市供销大厦钟表柜组
江西省彭泽县棉纺厂一车间后纺细纱丁班
江西省新余市供销大厦黄金首饰柜组
山东省青岛东方集团股份有限公司
山东省东营市东营大酒店
山东省兖州市广场商厦
山东省青岛北方国贸大厦股份有限公司
山东省泰安市华联商厦
山东省安丘市供销大厦
河南省商城大厦照材商场相机柜
河南省信阳地区棉麻商厦白云宾馆
河南省商城大厦工艺商场 K 金二柜
河南省郑州贸易中心栈商城饭店总台
河南省内乡县新大新有限公司新大新商场
河南省洛阳市供销储运总公司仓储分公司
河南省柘城县大作棉花加工厂检验科
湖北省供销社循礼门饭店“崔红班组”
湖北省农资总公司青年农资科技服务队
湖北省仙桃市供销集团公司商城大厦
湖北省随州市购物中心三资化妆柜

湖南省长沙县路口区供销社路口商场
湖南省岳阳市九州大厦
湖南省岳阳市九龙商厦
湖南省长沙市泰阳商城
广东省普宁市中都大酒店
广东省东莞市长安供销社新世界购物中心影音部
广东省云浮市百惠超级商场
海南省儋州市供销合作联社经营管理部
海南果蔬食品配送有限公司
广西壮族自治区百色地区供销大厦
广西壮族自治区玉林市金城商厦有限公司床上用品柜
贵州省供销工业品联销公司紫林商场食品组
贵州省供销工业品联销公司紫林商场针织柜
贵州省贵阳市山林大酒店客房部楼层班组
云南省供销合作社储运公司甸尾分公司生产科
青海省土产杂品总公司日用杂品经营部
青海省大通县工业品总公司供销商场
青海省农牧生产资料总公司仓储部
宁夏回族自治区国棉农药公司经警队
新疆维吾尔自治区石河子市棉麻公司检验科
新疆兵团供销大厦有限公司华都商场食品部酒类柜组
新疆兵团棉麻大厦利华大酒店餐饮部中餐厅
新疆兵团石河子供销大厦
新疆兵团棉麻大厦利华大酒店营销部
中国农业生产资料集团公司农药储备处

二、新命名的

北京市京北大世界商贸集团家电商场通讯器材组
河北省武安市蓝天宾馆餐饮部
山西省盐业公司太原分公司皇后园批发部
山西省朔州市家用电器公司
内蒙古自治区赤峰市宁城县汐子供销合作社
辽宁省辽阳市翰林府大市场管理处
辽宁省沈阳市农业生产资料总公司化肥经销公司
吉林省白山市合兴实业股份有限公司食品化妆商场
黑龙江省哈尔滨市埃德乐器公司
福建省莆田市湄州湾北岸灵川供销社商厦
山东省淄博东泰商厦
山东省即墨市新世界大厦皮鞋组
河南省农业生产资料总公司化肥二公司
河南省柘城县棉麻公司伯岗收购站
湖南省商务学校经济贸易专业科
贵州省福泉市马场坪供销合作社
陕西省勉县新世纪商城
陕西省商洛乾元宾馆客房部
新疆生产建设兵团供销大厦华都大饭店前厅部

电 力 系 统

一、继续认定的

华北电力集团公司北京供电公司昌平 500KV 变电站
华北电力集团公司大唐公司陡河发电厂运行甲值四单元班
华北电力集团公司张家口供电公司宣化供电分公司营业组
华北电力集团公司唐山供电公司建设路营业所
上海市区供电局沪西供电所线路班
上海市东供电局浦东供电所营业室
上海市电力公司南桥交直流变电站
上海市闵行发电厂运行 13 号机组
上海电力电缆工程公司二分公司
上海送变电公司输能公司青年突击队
大同第二发电厂网控站
山东省十里泉发电厂 6 号机组生产线
山东省日照电业局客户服务中心
山东省电力集团公司潍坊电业局农网改造青年突击队
山东省临沂电业局客户服务中心营业股

山东省济宁电业局客户服务中心
山东省济南供电局天桥电力公司营业厅
山东省烟台电业局客户服务中心营业厅
山东省淄博电业局张店供电局配电班
山西省大同供电公司新开路营业所
山西省太原二电厂燃料车间“青年文明皮带间”
山西省电力公司长治大用户营业所
山西省运城地区电业局三正自动化所
山西省忻州供电分公司220KV匡村变电站
广东省广州电力局用电处业扩组
广东省电力集团公司黄埔发电厂燃丁分岗
广东省汕头电业局500KV汕头变电站
广东省沙角发电总厂A厂燃料分场戊班斗轮组
广东省茂名电业局分界供电所
广东省深圳供电局客户服务中心
广西壮族自治区岩滩水电厂发电部
广西壮族自治区南明供电局配件抢修中心
广西壮族自治区柳州供电局沙塘500KV变电站
广西壮族自治区恶滩水电厂检修分场二次班
广西壮族自治区梧州供电局平浪变电站
中水一局大朝山水电站地下厂房开挖青年突击队
中水七局机电安装分局青年突击队
中水三局第三分局二公司青年突击队
中水四局机电水轮发电机安装中队
云南省小龙潭发电厂运行5号机炉
云南省昆明供电局城区分局电费班
云南省送变电工程公司送电三处
云南省鲁布革发电厂计算机班
云南省滇东电业局变管所三岔变电站
云南省漫湾发电厂6号机组青年集体
内蒙古自治区丰镇发电厂汽机车间
内蒙古自治区巴彦淖尔电业局调度所调度班
内蒙古自治区包头供电局调度所微波班
内蒙古自治区包头第一热电厂电气主控室

内蒙古自治区电力科学研究院热工所
内蒙古自治区呼和浩特供电局新城分局鼓楼营业站
内蒙古蒙达发电有限责任公司运行部
天津市电力公司城南供电分公司河西营业站
天津市电力公司调度中心调度运行组
天津市电力公司高压供电公司继电保护管理所
天津市城东供电分公司河北营业站
天津市第一热电厂汽机运行热水网
四川省乐山电业局220KV范坝变电站
四川省电力建设三公司南通工程公司
四川省成都电业局双流供电局调控中心
四川省江油发电厂“共青团号”机组
四川省自贡电业局盐滩供电局用电营业厅
四川省宜宾豆坝发电总厂2号机组
四川省绵竹供电局新市变电站
四川省攀枝花电业局青龙山变电站
宁夏电力公司固原变电所
宁夏电力局石嘴山发电厂高压焊工班
甘肃火电公司平凉电厂1号机组锅炉水压工程青年突击队
甘肃省兰州供电局变电处海石湾变电所
甘肃省兰州供电局送电处一工区带电班
甘肃省白银供电局银川供电站西区营业站
甘肃省庆阳电力局修试所高压试验所
甘肃省西固热电公司汽机附属一班
甘肃省靖远第一发电有限责任公司运行部化检班
辽宁省大连电业局甘井子供电局用电服务处
辽宁省沈阳供电局送电工区
辽宁省金州供电局用电服务处
辽宁省铁岭发电厂锅炉分厂制粉班
辽宁省营口供电公司西市供电分公司用户服务中心
辽宁省鞍山电业局用电服务中心
华中电力集团华阳发电有限责任公司检修公司电检二班

华中电力集团财务公司营业部
华能大连电厂运行部运行一值
华能江苏淮阴发电有限公司检修继电保护班
华能辛店发电厂运行丁值一班
华能南京分公司运行部甲值
华能福州电厂发电部运行C值
华能德州电厂检修公司机务机本体班
吉林省长山热电厂8号机组
吉林省长春公司宽城供电分公司电费发行科
吉林省长春第二热电有限责任公司1号发电机组
吉林省龙潭供电分公司营业窗口
吉林省吉林热电厂11号青年机组
安徽省马鞍山供电局配望运行检修班
安徽省送变电公司500KV淮江线项目部
安徽省合肥供电局用电管理所营业班
安徽省安庆供电局调度所调度组
安徽省芜湖供电局用电营业厅
安徽省淮北发电厂5号机组
江西省九江供电局妙智变电所
江西省万安水力发电厂大修青年突击队
江西省火电建设公司调试青年突击队
江西省送变电建设公司送电一处二队
江西省贵溪电厂检修公司继电保护班
江西省景德镇供电局用电用电分局营业厅
江西省赣西供电局白沙变电站
江苏省扬州供电局500KV江都变电所
江苏省连云港供电局连云分局客户服务中心
江苏省南京供电局栖霞供电分局营业厅
江苏省南京热电厂锅炉运行部锅炉运行新丁班
江苏省徐州市电业局市西供电局营业厅
江苏省盐城供电局用电营业厅青年服务队
江苏省常州供电局用电服务中心
江苏省镇江供电局220KV官塘变电所
西北电力设计院工程项目处
西北电力建设调试施工研究所
国电东北分公司丰满发电厂运行分厂五值
国电东北分公司通辽电业局河西一次变工程队
国电华东分公司华东电力调度通讯中心调度科
国电华东分公司望亭发电厂发电部运乙一班
国电华东分公司富春江水电厂运行集体
国电华东分公司新安江电厂运行三值
河北省电力建设第一工程公司大件吊装青年突击队
河北省石家庄电业局桥东营业厅
河北省兴泰发电有限责任公司锅炉检修公司机动三班
河北省西柏坡发电有限责任公司1号机组运行岗位
河北省保定供电公司用电服务中心
河北省衡水供电公司用电服务中心
河南省开封火电厂检修公司热工自动班
河南省开封市电业局供电检修服务中心
河南省郑州市电业局石佛变电站
河南省南阳市电业局青台220KV变电站
河南省洛阳首阳山电厂4号青年机组
河南省洛阳热电厂1号青年机组
河南省送变电建设公司变电工程公司一队
河南省第二火电建设公司锅炉钢架青年突击队
陕西省电力公司霸桥热电有限责任公司电气主控室
陕西省西安高压供电局蓝田变电站
陕西省咸阳供电局市区电力局渭南变电站
陕西省黄陵县电力局城区供电所
陕西省榆林供电局110KV沙沟岔变电站
陕西省蒲城发电有限责任公司锅炉管阀班
青海省电力公司桥电六期项目部
青海省龙羊峡发电分公司运行分场
青海省西宁供电局城东供电所
青海省李家峡水力发电分公司电气分部自控班
青海省送变电工程公司送电四处三队

青海省桥头发电厂汽机分公司
青海省海东供电局送电工区带电班
南方电力联营公司天生桥水力发电总厂水工分场水调班
南方电力联营公司调度所调度科
贵州省贵阳发电厂运行二分场
贵州省都匀供电局调度自动化班
贵州省清镇发电厂1号机炉
贵州省遵义供电局南白分局抄核收班
重庆市万县电业局三县供电局用电科
重庆市发电厂12号机组
重庆市江北供电局用电服务中心
重庆市杨家坪供电局巴山变电站
重庆市城区供电局用电营业厅
重庆市北碚供电局梅花山220KV变电站
浙江省北仑电厂4号锅炉受热面喷燃器改造青年突击队
浙江省台州发电厂燃料分场程控室
浙江省杭州电力局城南供电局营业厅
浙江省绍兴电业局用电管理所营业厅
浙江省金华电业局电力设计所
浙江省嘉兴市电力局城郊供电公司110KV网电变电站
浙江省镇海发电厂煤运一班
湖北省汉新发电有限公司2号青年文明机组
湖北省宜昌供电局东山分局"小虎队"
湖北省武汉供电局武昌分局洪山营业所
湖北省荆门热电厂4号机组
湖北省黄石供电局市区分局黄石港供电所
湖北省襄樊供电局市区分局用电管理所
湖南省五强溪水力发电厂修试总公司试验工区
湖南省长沙电业局天顶变电站
湖南省长沙电业局城南供电局营业站
湖南省电力公司民丰500KV变电站
湖南省株洲电业局云天变电站
葛洲坝一公司三峡建设公司泄洪坝段砼浇铸青年突击队
黑龙江省齐齐哈尔电业局建华供电局售电班
黑龙江省牡丹江电业局东安供电局
黑龙江省佳木斯发电厂经警中队
黑龙江省佳木斯电业局浩良河供电局
黑龙江省哈尔滨电业局道里供电局新阳路售电所
黑龙江省哈尔滨第三发电公司值长组
新疆乌鲁木齐电业局市北供电局急修班
新疆乌鲁木齐电业局地调所调度运行班
新疆吐鲁番电业局托克逊220KV变电站
新疆玛纳斯发电有限责任公司运行部锅炉运行三班
新疆玛纳斯发电有限责任公司检修公司汽机专业本体班
福建省三明电业局调度所调度班
福建省水口水力发电厂自动化班
福建省龙岩电业局营业大厅
福建省沙溪口水力发电厂1号水轮机组
福建省泉州电业局500KV泉州变电站
福建省厦门电业局城区供电局用电服务中心
福建省福州电业局马尾供电所

二、新命名的

华北电力集团公司秦皇岛电力公司市区营抄班
华北电力集团公司十三陵蓄能电厂运行主值（ON－CALL）
华北电力集团公司滦河发电厂继电保护班
天津塘沽供电局塘沽营业站
河北省邯郸供电公司电力客户服务中心
河北衡丰发电有限责任公司2号机运行集体
山西省太原供电公司建设北路营业站
内蒙古乌拉山发电厂检修公司锅炉队
河南省安阳市电业局调度班
陕西省西安供电局西郊营业站
江苏省徐州发电厂汽机公司一班
湖北省荆门钟祥市供电局城区供电所
湖北省宜昌县电力营销中心
山东枣庄电业局市中供电一所

山东威海电业局客户服务中心营业厅
南方公司梧州超高压局 500KV 梧州变电站
上海外高桥发电厂三号机组集控运行青年集体
黑龙江省富拉尔基发电总厂检修公司汽机车间调速班
吉林省白城市供电公司洮北营业厅
吉林省双辽发电厂发电分场一号机组
甘肃兰州供电局变电处桃树村变电站
新疆库尔勒市铁门关水电厂运行分场
云南省滇西电业局西洱河二级电站运行一值
江西省赣州供电局用电管理所客户服务中心
青海省煌源县电力局
宁夏石嘴山供电局大武口区分局营业班
青海省水电检修安装公司一处水轮调速班
东北分公司元宝山发电厂二号机运行集体
西藏拉萨电业局用电营业厅
湖南电力调度通讯中心调度科
湖南省火电建设公司益电锅炉钢架安装创精品青年突击队
重庆市南岸供电局用电营业班
国电华中分公司襄樊电厂发电部四值
辽宁省沈阳供电公司和平分公司营业厅
辽宁省鞍山供电公司调度所配电调度班
安徽省巢湖供电局用电管理所营业大厅
广东输变电工程公司变电工程处
广西桂林供电局电力故障报修服务中心
四川省德阳电业局电通寻呼公司
北京送变电公司顺义 500KV 变电所工程
浙江省温州电业局送电工区二工段
甘肃送变电公司 330KV 和平变电所电气安装工程青年突击队
江西省水电工程局一分局第一工程队
华北电力设计院张家口——顺义二回 500KV 输电线路工程
水电闽江工程局安装公司第二分公司
华电电站装备(集团)总公司物料输送部
北京勘测设计院驻引黄入晋工程国际Ⅱ、Ⅲ标监理部
华能榆社电力有限责任公司化学车间试验班
国家电力公司电力建设研究所发电室
水电三局第三分局四公司青年突击队
中国电力科学研究院电网调度自动化公司
国家电力公司西安热工研究院材料中心结构强度与管道技术研究所

个协私协系统

一、继续认定的

北京市海淀区芳雪药店
北京市叶氏企业集团有限公司
北京市用友软件股份有限公司财务软件开发部
天津市南开区永安百货商场百货组
天津市红桥区天奕商城卢萍时装屋
天津市阔佬皮衣超市
河北省唐山市牛燕美容美发院
河北省迁安市北方家具城
河北省阜城县华兴服装有限公司
河北省藁城市京虎实业有限公司
山西省祁县珍珍美容美发中心
内蒙古自治区锡林浩特市万利达商贸有限公司
内蒙古恒茂集团有限公司
内蒙古自治区包头市沙河镇朝聚眼科医院
辽宁省本溪市嘉玲国际美容中心
辽宁省丹东市元宝区韩氏化妆洗涤专营店
辽宁省大连金三角双盛园餐饮娱乐有限公司
辽宁省沈阳小土豆餐饮有限公司
吉林省桦甸市亚太冷藏有限公司
吉林省白山市集贸大厦眼镜店
吉林省九台市艳平水暖有限公司
吉林省长春市太隆服饰有限公司
黑龙江省牡丹江市四季红百货商行
黑龙江省齐齐哈尔市清真轩饭店
黑龙江省哈尔滨市南岗区明日酒楼
黑龙江省哈尔滨市香香快餐店
黑龙江省佳木斯市地下商业街叶新精品屋
上海市杨浦区小苏北旧货调剂商店

上海市闸北区丹妮形象设计工作室
上海市复旦金仕达计算机有限公司
江苏省海宁县李堡镇春明发廊
江苏省赣榆县小丽养鸡场
江苏省南通易安达机电设备有限公司
江苏月星家具集团总部
江苏省江阴市贝贝装饰有限公司
浙江省台州市光明眼镜钟表店眼镜柜组
浙江中义集团维修配件中心
浙江省缙云县布厂织布车间
浙江省嘉兴市精诚电器维修站
浙江省铁牛实业有限公司
浙江省舟山市普陀区普乐家电维修服务部
安徽省芜湖市南征水泥集团有限责任公司
安徽省宿州市符离集刘老二烧鸡加工厂
安徽省霍山县源牌实业有限公司
福建省福州市万友企业集团万友电器经营部
福建省福州市庆城路梳剪美容美发城
江西省高安市新兴饭店
江西省于都县港嘉兴食品有限公司
山东省郯城源深企业集团有限公司
山东省泰安市立静牧业集团有限公司
山东省桓台县泰丰道路工程有限公司
山东省平度市联邦家具有限公司
山东省博兴县万喜达物资有限公司
河南省周口地区东方机绣有限公司
河南省郑州市海灵实业有限公司
河南省长葛市特种养殖研究所
河南省永城市佳丽制衣厂
湖北省襄樊市伊斯兰饭店
湖北省孝感市楚特麻糖米酒有限公司
湖北省宜昌市沙龙宴餐饮娱乐有限公司
广东省中山市祥兴制衣集团有限公司
广东省奥迪玩具实业有限公司
广东省广州市恒生集团有限公司
广东省深圳市龙岗区坪山镇六联餐室
广东省惠阳裕华永兴电子有限公司
广西壮族自治区南宁市周小容连锁店
广西壮族自治区玉林市巨东种养有限公司
广西壮族自治区玉林市顺达纺织经营部
海南省琼海市国土大厦
海南省陵水多利种子农药贸易有限公司
重庆市梁平县江城化工厂
重庆泰正集团有限责任公司
重庆市名亨集团有限公司
四川省什邡市蓝剑印务有限公司
四川省南充市银峰房地产开发公司
四川省宜宾宏远纸业有限责任公司
四川铁骑力士实业有限责任公司
四川省成都市金牛区耘涛发型美容总院
贵州省兴义市仙燕家私商店
贵州省盘县新型卷帘门装饰厂
云南省昆明宝太祥工贸有限公司
云南省昆明优耐达网络集团有限公司
陕西省宝鸡市人民路长静蔬菜批发公司
陕西省安康市鑫源批发市场丰源纺织品经营部
陕西省西安市西大街世纪金花服饰巴利专柜
甘肃省兰州益民伊甸园饮食有限公司
甘肃省武威市亚美美容保健有限公司
青海省绿宝饮品集团销售公司
青海省视健光学贸易有限公司
宁夏回族自治区吴忠市红旗建筑施工队
宁夏回族自治区青铜峡市丹丹美容美发婚纱摄影名店
新疆维吾尔自治区乌鲁木齐市天山区好运电器维修中心
新疆维吾尔自治区和田地区洛浦县亚克西百货商店
新疆维吾尔自治区奇台县永和医院

二、新命名的

北京市朝阳区新静粤菜酒楼
天津市乐氏商贸有限公司乐乐敬老院
天津市宝成会议服务公司服务部
河北省唐山龙悦酒店用品总汇
河北省唐山市贺祥锆业有限公司
山西省远鑫实业有限公司

山西省侯马市家和自选商店
辽宁省海城市吉利来蛋糕鲜花世界
吉林省白城市蓝盾美容美发学校
黑龙江省鸡西市恒祥煤炭储运有限公司
上海百达辉琪市场拓展有限公司
江苏省南京市海世界实业有限公司
江苏省江都市金鑫电器制造有限公司
浙江传化集团化学制品公司三车间
安徽省界首市良威塑化有限责任公司
福建省福州国家森林公园鸟语村
福建省惠安县洛阳庆达石雕厂
江西省上饶县复混肥厂
江西省万安县无线电学校
江西省东乡县缫丝总厂机关
山东望海实业集团有限公司
山东省嘉祥永昌公路工程建筑有限公司
山东省潍坊金丝达实业有限公司
河南省焦作市精益眼镜有限公司
河南省平顶山市美味思大酒店
湖北省武汉小蓝鲸健康美食管理公司
湖北省十堰市永兴房地产开发有限公司
湖北省长友食品有限公司
湖南省永州市君萍实业有限公司
海南省儋州艺进实业有限公司
重庆市川江车辆制造有限公司
四川王氏集团有限公司
贵州省遵义金旭实业发展有限公司
贵州省遵义市明豪购物广场
云南西红花产业股份有限公司
陕西省西安东盛集团东盛医药有限公司
甘肃省酒泉市创通科贸有限公司
宁夏多维药业有限公司
青海省西宁市水井巷市场富燕副食店

其　　他

一、继续认定的

北京石油公司宣武门加油站
北京燕山石油化工有限公司化工一厂仪表车间高压班
北京第一社会福利院颐养区
北京城建集团戎泉公司玉泉路粮油市场
北京首饰进出口公司业务二部首饰组
北京焦化厂回收一分厂东鼓风冷凝泵房
北京京棉纺织集团一分厂细纱车间丙班七组
北京国际会议中心会展部二层班组
北京汽车摩托车联合制造公司总装厂装配车间装配流水线
北京海关总关报关厅
北京城乡建设总公司恒万实业有限公司第二项目经理部
北京矿务局总医院导医服务队
天津建工集团二建罗马花园工程青年突击队
天津联合化学有限公司聚乙烯部
天津第一市政公路工程有限公司共青团项目经理部
天津减速机总厂一车间柔性线班
天津渤海石油公司采油渤西油气处理厂
中国石油股份有限公司华北石油分公司第三采油厂输油大队首站
天津渤海化工集团天津化工厂聚氯乙烯分厂合成车间转化岗
天津红桥区环卫局五·四青年路岗组
天津大港油田定向井公司伊朗项目组
河北邯郸市雪驰集团有限公司销售公司
河北石家庄东方热电燃气集团有限公司燃气分公司营业所抄表班
河北邢台电缆厂交联车间
河北唐山钢铁集团有限责任公司运输部1127机车包乘组
河北邯郸钢铁集团有限责任公司炼铁厂5#高炉工段
河北国防工业建筑工程公司张晓珍青年突击队
河北石家庄市乐仁堂调剂部
河北省委办公大楼服务科
河北宝山集团有限公司电镀车间

山西太原第一监狱运输科机电维修组
山西煤电集团公司机电总厂结构分厂
山西大同市永和实业有限责任公司
山西大同北方电器有限责任公司
山西太化集团公司化工厂112号泵房
山西太原钢铁(集团)有限公司金属制品厂
山西太原市煤气集团公司管线所检修班
山西国营大众机械厂第一研究所青年岗
山西大同市左云县鹊儿山矿综采队
山西出入境检验检疫局检验检疫技术中心
山西信托投资公司证券营业部
内蒙古呼和浩特市新城区人民检察院审查批捕科
内蒙古森工集团满归森工公司绿星宾馆
内蒙古伊敏华锋实业有限责任公司物业管理分公司水厂二级泵站
内蒙古赤峰市富龙热力股份有限公司红山供热所
内蒙古铁骑集团棉纺织厂织布二车间保养组
内蒙古通辽通顺铝厂供电车间
内蒙古莫尔道嘎林业局龙岩山庄总服务台
内蒙古自治区党委机关幼儿园
内蒙古呼和浩特宾馆北楼服务组
中国河西化工机械公司红峡化工厂二车间浇注组
辽宁大连瓦房店金刚石股份有限公司投矿排尾工段
辽宁鞍山市社会保险总公司基金财务处
辽宁本溪市城市信用联社东宫储蓄所
辽宁沈阳超高压局辽阳送变电工区运行班
辽宁葫芦岛市财政局预算科
辽宁大连海洋渔业集团公司安全处消防队
辽宁锦州市商业银行凌云支行储蓄专柜
吉林白城电视台新闻部
吉林汪清林业局森铁处027青年包车组
吉林和龙市工商局和龙市场分局
吉林化学工业股份有限公司有机合成厂第二苯乙烯生产线苯乙烯精馏岗
吉林辽源市城市信用联社营业部
吉林松原石油大厦
吉林龙井市开山屯化学纤维浆厂检验处
吉林化学工业股份有限公司化肥厂压缩车间1号压缩机青年岗
吉林长春发电设备总厂研究所
吉林敖东集团九歌城宾馆
黑龙江哈尔滨飞机工业集团公司飞机事业部设计所九室结构组
黑龙江哈尔滨锅炉厂有限责任公司联箱分厂三通组
大庆石化公司炼油厂重油催化生产线
黑龙江哈尔滨房产经营(集团)有限责任公司道外房产经营公司第三分公司滨江房管站
黑龙江哈尔滨市药材总公司服务中心
黑龙江哈尔滨市房产信托经营公司王兆热电厂共青团包烧号
黑龙江哈尔滨市房地产交易中心
上海通用汽车有限公司动力总成厂发动机车间缸体生产线
上海环境监测中心现场监测室
上海利泰进出口有限公司第四业务部
上海黄浦区城市规划设计室
上海海洋石油钻井工程公司“勘探二号”平台钻井队
上海杨浦区房产管理局控江物业公司青年管养段
上海提篮桥监狱青年实验分监区
上海柴油机股份有限公司伊维公司工艺科P7泵工艺组
上海东方明珠广播电视塔有限公司接待部
上海豫园旅游商城绿波廊酒楼三楼服务组
上海海关调查局调查处办案组
江苏淮阴市水利建设集团有限公司生产经营部
江苏江都市建设工程总公司田晓明项目部
江苏徐州卷烟厂三车间
江苏恒顺集团灌装线青年集体

江苏昆山市陆家镇财政所
江苏华泰证券南通姚路营业部
江苏南京夫子庙晚晴楼接待部
江苏省气象台观测站
江苏仪征化纤集团公司证券交易营业部
江苏金坛市国土规划局
江苏电视台新闻中心《大写真》专栏
江苏徐州市财政局直属征收管理处
华泰证券有限责任公司常州和平南路证券营业部
江苏南通海关查验科
浙江杭州市商业银行官巷口支行营业部
浙江金华市商业银行市府分理处
浙江省气象台中短期预报科
浙江第五建筑工程公司缙云客运大楼项目部
浙江湖州市图书馆外借部
浙江三狮水泥股份有限公司烧成车间 2#回转窑看火班
浙江杭州海关驻邮局办事处申报台
浙江镇海炼油化工股份有限公司重三装置区六位一体生产线
浙江横店进出口有限公司
中信实业银行杭州分行天水支行
安徽省委办公厅综合调研室
安徽华光玻璃集团有限公司浮法锡退工段
安徽芜湖造船厂希亚德大酒店房务部楼层
安徽肥东宾馆迎宾楼餐饮服务班
安徽安庆石油化工总厂化肥厂合成车间合成氨装置
福建漳州市工商行政管理局 12315 消费者投诉服务台
福建宁德出入境检验检疫局检务科
福建福州市工商行政管理局仓山分局 12315 消费者投诉服务分台
福建兴业证券公司泉州证券交易营业部
福建化纤纺织有限公司有机分厂回收一班
福建龙马集团农用车有限公司销售总公司
福建出入境检验检疫局检务处
福建莆田出入境检验检疫局检务科
福建兴业银行厦门分行海口支行厦港分理处
福建兴业银行福安支行储蓄专柜
江西铜业公司德兴铜矿采矿场工程机械维修青年突击队
江西新余钢铁有限责任公司运输部 1610 号青年包乘组
江西新华印刷厂八色机车间
江西铜业公司永平铜矿 9#电铲青年机组
江西庐山风景名胜区园门北山收费班
江西电视台青少部
江西上饶地区中级人民法院研究室
江西铜业公司德兴铜矿精尾综合厂 4#坝青年突击队
江西赣州地区城市信用合作中心社第三营业部
山东天元建设集团北京工程公司青年突击队
山东广饶石化集团股份有限公司催化主控室
山东世界银行贷款项目培训中心客房部
山东烟台市委机要局业务科
山东青岛钢铁集团公司第一线材厂青年轧制生产线
山东淄博市博山区人民检察院反贪污贿赂局
山东泰安市工商行政管理局企业科
河南新野纺织集团股份有限公司东织分厂织造车间
河南开封县人民检察院综合服务中心
河南安阳市人民检察院技术处
河南驻马店地区检察院技术科
中原油田采油一厂 17 号计量站
河南舞阳钢铁公司煤气公司煤气车间发生炉工段
河南开封市人民检察院技术装备处
河南平顶山煤业(集团)一矿程太昌班
河南日报新闻出版部夜编组
湖北武汉市基础地理信息中心
湖北葛洲坝电厂大江分厂维修车间
湖北武汉市公路勘察设计院

湖北华光器材厂二车间4号炉
中国葛洲坝集团公司水泥厂烧成一车间2号水泥窑系统
湖北武汉煤气(集团)公司武昌液化气分公司中北路煤气供应站
湖北东风汽车公司车身厂覆盖件部11#面漆生产线
湖北得伟律师事务所
湖南长沙卷烟厂六车间甲4#生产线
湖南湘耒高速公路衡东工作组
湖南湘潭钢铁集团有限公司高速线材轧制生产线
湖南长沙市商业银行华夏支行营业部
湖南常德卷烟厂八车间丙纤加胶棒生产组
湖南长岭炼油化工总厂运销公司装油车间计量大班
湖南黎家坪水泥厂旋窑分厂看火班
湖南计算机股份有限公司技术中心
湖南长沙铁路总公司长沙火车站母婴一军人候车室
广东广州白云机场海关行李物品监管科
广东广州地铁运营有限公司黄沙站
广东深圳赛格三星股份有限公司锥11线
广东东莞市长安镇莲花山庄前台部
广东三茂铁路总公司三水机务段7639号机车青年包乘组
广东珠海市拱北海关行李物品监管处调查科缉毒组
广东珠岛宾馆中心二楼服务班
广东深圳市万厦公司莲花北村管理处
广东深圳市工商局专业市场分局第二工商所
广东中山出入境检验检疫局小榄办事处
广西柳州市商业银行营业部
广西柳州市华锡集团车河选矿厂二车间锌组
广西桂林市工商局巡查大队
广西平果铝业公司电解铝厂铸造车间
广西贵港市贵糖集团第一造纸厂卫生纸车间14#纸机组
广西玉柴机器股份有限公司冷加工厂缸盖工段枪铰机组
广西桂林银海纺织集团三分厂甲班
广西柳州微型汽车厂CAD/CAM小组
中国建筑工程海南开发公司
海南鸿益药业有限公司
海南海口市罗牛山蛋鸡场
海南海口市国土海洋资源局服务窗口
海南东升农场十一队青年割胶班组
海南丰田汽车特约维修服务中心
重庆海关驻机场办事处
重庆渝北区绿化工程处
重庆巴山仪器厂惯性器件研究所
重庆沙坪坝区城镇建设拆迁管理办公室
中国嘉陵集团公司设备工程公司数控二组
重庆工商行政管理局渝中区分局大溪沟工商所
重庆少管所七管区
重庆万州天然气公司青年抢险突击队
重庆工商局企业登记所
重庆商业银行邹容路支行四贤巷分理处
四川峨眉山市工商城市信用合作社
四川广元工商局南河分局
四川遂宁市蓬溪县红江发电厂
四川剑南春集团包装一车间
四川广安市广安区四九滩电站
贵州赤天化集团有限责任公司育才学校中学青年教师组
贵州开磷(集团)有限责任公司息烽重钙厂后勤部保健食堂
贵州水城钢铁(集团)有限责任公司原料处原料科
贵州贵阳市商业银行营业部
贵州黄果树烟草集团制品分公司一车间甲班二线
贵州钢绳(集团)有限责任公司一分厂钢丝车间二拉4#机组
云南第三建筑工程公司四处孙开祥青年突击

队
云南易门县小街乡财政所
云南锡业公司老厂锡矿掘进 13 队
云南昆明卷烟厂动力部 110KV 电站
云南羊场煤矿沙背冲矿井青年突击队
云南驻昆解放军化肥厂农化服务中心
云南昆明水泥股份有限公司质量处物理组
陕西铜川市工商局城区分局青年路工商所
陕西建筑二公司西安高新工程处经理部
中国石油股份有限公司长庆油田分公司第一采油厂王三计量站
陕西宝鸡卷烟厂五车间
西北国棉一厂细纱车间赵梦桃小组
陕西水电工程局四处五队
武警陕西西安市警卫处
陕西长岭股份有限公司 29 车间钣金组
陕西宝鸡啤酒厂包装一车间丙工段
陕西和信律师事务所
中华人民共和国西安咸阳机场海关旅检科
陕西宝鸡金太公司
甘肃金昌化工(集团)有限责任公司纯碱厂重碱车间碳化岗位
甘肃白银有色金属公司冶炼厂电解车间种板工段
甘肃永登水泥厂烧成车间二号窑班组
甘肃兰州铝厂电解二厂一车间二大组
甘肃兰州炼油化工总厂炼油二厂二套常减压车间
甘肃靖远矿务局魏家地煤矿综放队
宁夏灵武矿务局磁窑堡煤矿充电室
青海油田天然气开发公司涩格采输大队一中队
青海盐湖钾肥股份有限公司采收车间
新疆红其拉甫海关
新疆乌鲁木齐石油化工总厂保卫处经警大队
新疆八一(钢铁)集团有限责任公司动力厂 1159 热线服务台
新疆建工集团第四建筑公司黄河公司广汇集中供热站项目部
新疆生产建设兵团农八师石河子市东热电厂化学分场
新疆乌鲁木齐石化总厂化纤厂公用工程车间
新疆生产建设兵团党委机要局译电传真处
新疆五家渠联营棉纺织厂前纺车间丙班
新疆生产建设兵团农二师湖光纺织针织厂电力运转工段
新疆生产建设兵团第一建筑安装工程公司天元公司
新疆通用航空有限责任公司 B－8243 王忠利机组
新疆生产建设兵团农七师奎屯河水管所青年突击队
新疆生产建设兵团农一师青松建材化工总厂水泥厂烧成三分厂
新疆生产建设兵团建筑工程第一师特种机械工程公司商品砼分公司
武警北京市总队二师十四支队六中队
武警浙江省总队一支队三中队
武警天津市总队二支队四中队
武警广东省总队深圳市支队沙头角区中队
人民日报社经理部科技处传输室
中共中央办公厅机要局译电室
人民日报社教科文部文化组
中央电视台新闻评论部
新华社国际部要闻专稿编辑室要闻片
中办警卫局新华门哨位
中央纪委监察部信息中心硬件部
国家海洋局东海分局北霜海洋站
国家经贸委办公厅信息调研处
国家图书馆外文新书第一阅览室
司法部监狱管理局狱政管理处
人事部人才流动开发司人才流动与人才市场处
农业部农村合作经济指导司农民负担管理处
对外贸易经济合作部交际司翻译处
国家环保局办公厅值班室

中国聋儿康复研究中心语言训练部

中国新华航空公司“祥鸽”乘务示范组

中央气象局2台短期一科

二、新命名的

北京天安门城楼管理处

北京海淀区人民检察院审查起诉一处

北京医药股份有限公司计算机中心

北京建材经贸集团新科公司国际精品厅

北京怀柔县职业介绍服务中心

天津东港海关查验一科

天津钢管公司轧管厂热轧作业区

天津汽车夏利股份有限公司汽车制造分公司

唐津高速公路二期工程青年业主项目经理部

天津工商局大港分局太平工商所

中国华冶二公司西部矿山建设青年突击队

河北沧州黄骅港航务工程有限公司水工分公司

河北秦皇岛耀华国投浮法玻璃有限责任公司

河北唐山钢铁股份有限公司棒材厂

河北沧州市农村信用合作社中心社

山西国阳新能股份有限公司一矿选煤厂重介洗选组

山西勘察设计研究院岩土工程处

山西太原新世纪眼镜有限公司

山西出入境检验检疫局太原机场办事处

山西晋中市榆次区郭家堡乡财政所

内蒙古党政专用电信局话务科

内蒙古康源药业有限公司

内蒙古呼和浩特市回民区司法局公证处

内蒙古包钢(集团)公司房地产开发公司房改办

辽宁凌源钢铁集团炼铁厂喷煤制粉班

辽宁辽阳市商业银行辽阳县支行

中国科学院金属研究所纳米材料研究组

辽宁丹东化纤集团股份有限责任公司粘胶长丝一厂加工车间

辽宁阜新矿务局海州露天煤矿运输段6608包机组

吉林辽源市社会保险公司大厅

吉林四平市益民小区物业管理站

吉林辉南县工商局朝阳分局

吉林吉林市工商局市直属企业登记监督管理处

黑龙江哈尔滨市工商局道外分局南十六工商管理所

黑龙江哈尔滨市房地局直属机关房产经营分公司

黑龙江齐齐哈尔富拉尔基监狱狱政接见室

黑龙江齐齐哈尔市北虹地质机械修造厂溜槽组

上海三菱电梯有限公司工程本部急修中心

上海永新彩色显像管有限公司制造技术科

上海徐汇区人民检察院审查起诉科

上海河流污水管理所彭越浦泵站

上海吴淞出入境检验检疫局动植物和食品检验检疫科

江苏南京海关行邮处旅检科

江苏南京证券有限责任公司大钟亭营业部

江苏泰兴电视台新闻部

江苏徐州市工商局朝阳市场管理所

江苏无锡市财政局预算管理处

浙江博物馆社教部

浙江杭州中美华东制药有限公司三车间

浙江杭州钢铁集团公司小轧公司连轧车间P3操作室

浙江宁波市工商局奉化分局溪口工商所

浙江化纤联合集团有限公司长丝分厂牵伸M-4029#机

安徽省国债服务中心

安徽马鞍山出入境检验检疫局综合业务科

安徽蚌埠卷烟厂一车间5000KG/H制丝线

安徽宁国市工商局城关工商所

安徽九华山管理处预算外资金管理局

福建省直单位公积金管理中心

福建福清出入境检验检疫局检务科

福建兴业银行福州分行营业部

福建漳州市区土地登记处
福建厦门基业衡信工程监理有限公司
江西井冈山革命烈士陵园管理处
江西庐山博物馆宣教部讲解组
江西铅山县房地产交易所
江西江南信托投资股份有限公司南昌证券部
山东济南市天桥区人民检察院反贪局侦查科
山东淄博市商业银行营业部
华夏银行济南市城东支行
山东济南化肥厂有限责任公司甲醇车间
河南洛阳玻璃股份有限公司浮法一线
河南安阳钢铁股份公司炼铁厂四高炉车间
河南平顶山煤业集团天宏焦化公司80炼焦厂乙工段
河南义煤(集团)公司机电总厂采掘分厂
河南长铝公司氧化铝厂成品过滤岗位
湖北省社会劳动保险统筹办公室
湖北黄石大冶铁矿球团厂竖炉班
湖北广济药业股份有限公司广宁制药厂
三峡工程水厂2#船水厂
湖北武汉烟草(集团)有限公司武汉卷烟厂制丝车间甲班制丝组
湖南湘潭市住房委员会办公室
湖南长沙市商业银行银德支行营业部
湖南长沙市雨花区人民检察院刑事检察科
广东广州市政府总值班室
广东深圳市规划国土局南山分局收发文窗口
广东东莞出入境检验检疫局凤岗办事处
广东佛开高速公路有限公司
广西柳工集团有限公司驱动桥厂
广西贵糖(集团)股份有限公司第二造纸厂抄纸工段
广西玉柴发动机一厂技术科
广西红水河水泥股份有限公司化验室质控站
广西平果铝动力厂供电车间
四川成都海关驻机场办事处旅检二科
四川成都市工商局双流分局华阳工商所
四川成都市商业银行营业部
四川德阳工商局旌东分局旌湖工商所
四川泸天化股份有限公司合成二主控岗位
重钢电子有限责任公司三峰仪表成套厂
重庆大足县人民检察院反贪局
重庆永川工商局企业(外资)个体登记管理科
重庆燃气有限责任公司渝西分公司茄子溪管理站
贵州贵阳铝镁设计研究院冶建分院电解组
贵州贵阳市商业银行金城支行营业部
贵阳特殊钢有限责任公司一炼钢厂六号炉丙班
贵州茅台酒股份有限公司制酒二车间一班
贵州水城矿务局汪家寨选煤厂洗煤车间生产三轮班
云南白药集团股份有限公司制剂二车间片剂组
中国船舶重工集团公司七五O试验场第四研究室诱饵组
中国第九冶金建设公司金结厂一车间气焊班
陕西出入境检验检疫局机场办事处旅检科
陕西宝鸡市工商局渭滨分局马营工商所
陕西西安变压器厂机械制造分厂钳工一班
青海盐湖钾肥股份有限公司干包车间
西部矿业有限责任公司脱水车间真空泵机组
青海铝业有限责任公司运输部客运队
新疆有色金属工业公司阜康冶炼厂电解车间操作运行班
新疆建工集团三建李全军青年项目部
将军烟草集团新疆卷烟厂科研所
新疆维吾尔自治区水利厅玛河管理处第二水利工程管理站
新疆生产建设兵团建工师特种机械工程公司路桥一分公司
海南昌茂企业(集团)有限公司销售部
海南琼山市房产管理局
海南和友海鲜馆楼面部
海南国营八一总场金川农场办公室
武警福建省总队泉州市支队晋江市中队

武警四川省总队乐山市支队峨眉山市中队
中央办公厅老干部局文津俱乐部活动处
人民日报网络中心论坛组
中国青少年发展基金会希望工程管理中心
国家经贸委委主任办公室
国务院办公厅秘书一局信息处

2001年度全国青年文明号名单

公 安 系 统

一、继续认定的

北京市公安局办公室指挥中心110报警服务台
北京市公安局警卫局警卫队
北京市公安局交管局西城支队府右街南口岗组
北京市公安局消防局第四支队双榆树中队
北京市公安局交道口派出所
北京市公安局牛街派出所
北京市公安局南磨房派出所
天津市公安局交管局南开支队南马路大队海光寺岗组
天津市公安局消防局司令部调度指挥中心
天津市公安局大毕庄派出所
河北省公安厅高速公路交警总队一支队涿州大队
河北省保定市公安交警支队一大队
河北省承德市公安交警支队直属一大队
河北省沧州市公安局交通警察支队二大队
山西省太原市公安局巡警支队特警大队
山西省太原市公安局交警一大队广场东岗
山西省怀仁县公安局鹅毛口派出所
山西省临汾市公安局尧都分局交警四中队
山西省临汾市公安局尧都分局110报警服务台
山西省孝义市公安局兑镇派出所
内蒙古自治区呼和浩特市公安局交警支队车辆管理所业务股
内蒙古自治区海拉尔市公安局交警大队河西中队
辽宁省沈阳市公安局大东门派出所
辽宁省大连市公安局巡警支队女子巡警大队
辽宁省鞍山市公安局刑警支队二大队
辽宁省丹东市公安局交警支队振兴一大队铁路文化宫岗
辽宁省辽阳市公安局西关派出所
辽宁省兴城市公安交通警察大队一中队
上海市公安局交巡警总队高架道路支队南北高架岗段
上海市公安消防总队第二支队天山中队
上海市公安局浦东分局交巡警支队东方明珠中队
上海市公安局静安分局交巡警支队二中队
江苏省徐州市公安局青年派出所
江苏省常州市公安局南大街派出所
江苏省常熟市公安局指挥中心110处警服务中队
江苏省建湖县公安局交巡警大队上冈中队
江苏省南京市公安局夫子庙派出所户籍室
江苏省镇江市公安交巡警润州大队中山西路道口岗亭
江苏省扬州市邗江区公安局刑警大队技术中队
江苏省公安厅《警方》编辑部
浙江省杭州市公安局闸弄口派出所
浙江省鄞县公安局姜山派出所
浙江省金华市公安局刑侦支队出租车治安管理大队
浙江省台州市公安局路桥分局刑警大队
浙江省舟山市公安局定海分局刑侦大队
浙江省公安厅高速公路交警支队杭州大队
安徽省蚌埠市公安局巡警支队一大队一中队
安徽省凤阳县公安局刑警大队
安徽省安庆市公安局交警支队二大队车站岗亭
安徽省六安市公安局交警支队一大队女子班

安徽省庐江县公安局巡逻警察大队
福建省福州市公安局东街派出所
福建省福州市公安局对湖派出所
福建省厦门市公安局交警支队开元大队公园岗
福建省晋江市公安局刑警大队
福建省石狮市公安局刑警大队
福建省漳州市公安局巡警支队直属大队
江西省南昌市公安局交警支队西湖大队展览馆岗
江西省赣州市公安局交警支队直属大队女警中队
江西省鹰潭市公安局巡警支队二大队
江西省公安消防总队萍乡市支队安源消防一中队
江西省新余市公安局巡警支队特警大队
湖北省鄂州市公安局杨叶派出所
湖北省公安局民意街派出所
湖北省武汉市公安局巡逻民警处四大队
湖北省荆门市公安局交警支队东宝大队漳河中队
广东省广州市公安局越秀区分局刑警大队人民街中队
广东省深圳市公安局螺岭派出所
广东省深圳市公安局天安派出所
广东省汕头市公安局110报警服务台
广东省东莞市公安局城区分局特警队
广东省湛江市公安局解放派出所
广东省惠州市公安局交警支队高速公路一大队白云中队
广东省公安边防总队第六支队十三中队
广西壮族自治区南宁市公安局巡警支队110警务大队
广西壮族自治区钦州市公安局交警支队车辆管理所
广西壮族自治区平南县公安局燕湖派出所
广西壮族自治区宜州市公安局德胜派出所
广西壮族自治区博白县公安局东平派出所
海南省公安消防总队琼山市支队
海南省澄迈县公安局巡警大队
重庆市公安局大阳沟派出所
重庆市万州区公安局交通警察支队二大队
重庆市公安局朝天门派出所
重庆市公安局交警总队一支队临江门岗组
重庆市石柱土家族自治县公安局南宾第一派出所
四川省成都市公安局青羊分局巡警大队
四川省公安消防总队成都市支队五中队
四川省三台县公安局巡警大队
四川省广汉市公安局巡警大队
四川省乐山市公安局交警支队直属大队张公桥中队
四川省彭山县公安局刑警大队
贵州省公安厅交警总队直属支队贵遵三大队
云南省昆明市公安局武成路派出所
云南省公安消防总队怒江州支队直属中队
西藏自治区拉萨市公安局八廓派出所
西藏自治区拉萨市公安局技术情报中心
甘肃省天水市公安局秦城分局巡警大队
甘肃省公安消防总队兰州市支队安宁中队
甘肃省金昌市公安局广州路派出所
甘肃省西峰市公安局巡警大队
青海省民和县公安局缉毒大队
青海省西宁市公安局防暴支队三大队七中队
宁夏回族自治区银川市公安局交警支队城区大队严管街中队
宁夏回族自治区石嘴山市公安局石炭井区分局巡警大队
新疆维吾尔自治区乌鲁木齐市公安局巡警支队二大队女子中队
新疆维吾尔自治区克拉玛依市公安局刑侦支队
新疆维吾尔自治区库尔勒市公安局巡警大队
新疆生产建设兵团石河子市公安局交警支队城区大队
新疆生产建设兵团乌鲁克垦区公安局刑警大

队
昆明铁路公安局昆明公安处乘警支队一大队
重庆铁路公安处乘警支队京渝五组
西安铁路公安处西安乘警大队刑警中队
沈阳铁路公安局海城车站公安派出所
兰州铁路公安局 110 报警服务中心
长航宜昌公安分局客运站派出所
民航黑龙江省管理局公安局哈尔滨机场派出所
内蒙古自治区大兴安岭克一河森林公安局
吉林省白河森林公安局第二派出所
四川省珙县公安局森林公安分局
深圳出入境边防检查总站罗湖检查站五队

二、新命名的

天津市公安局土城派出所
天津市公安刑侦局五队西青道中队
天津市公安局张家窝派出所
河北省保定市公安交通警察支队车辆管理所
河北省霸州市公安交通警察大队
河北省冀中公安局巡警支队一大队
河北省邢台市公安局巡警支队特勤大队
河北省唐山市公安局路南区分局巡警防暴大队
内蒙古自治区包头市公安局交警支队昆都仑区大队岗勤一中队
内蒙古自治区杭锦旗公安局锡尼镇派出所
内蒙古自治区东乌珠穆沁旗公安局乌里雅斯太镇派出所
内蒙古自治区公安消防总队乌海市支队三中队
辽宁省抚顺市公安局朴屯派出所
辽宁省公安消防总队锦州市支队北宁中队
辽宁省喀左县公安局治安巡警大队
吉林省长春市公安局交通警察支队朝阳大队人民银行岗
吉林省吉林市公安局土城子派出所
吉林省四平市公安局仁兴街派出所
吉林省辽源市交警支队驾管科
吉林省松原市公安局巡警支队
吉林省江源县公安局车辆管理所
黑龙江省公安边防总队黑河市支队镇东公安边防派出所
黑龙江省双鸭山市公安交通警察支队尖山大队
黑龙江省安达市公安局巡警大队
黑龙江省大庆市公安局指挥中心 110 调度科
黑龙江省佳木斯市公安局指挥中心 110 报警服务台
黑龙江省牡丹江市公安交警支队驾驶员管理科
黑龙江省齐齐哈尔市公安交通警察支队铁锋大队
黑龙江省哈尔滨市公安局交警支队南岗大队大厦岗组
上海市公安局 110 报警服务台
上海市公安局治安总队特警支队防暴突击大队
上海市公安局大场派出所
江苏省通州市公安局交巡警大队兴仁中队
浙江省公安消防总队衢州市支队直属一中队
安徽省马鞍山市公安局花山分局刑警大队
江西省九江市公安局交警支队直属大队汽车站岗组
山东省济南市公安局建筑新村派出所
山东省青岛市公安局长江路派出所
山东省龙口市公安局车辆管理所
山东省潍坊市公安局火车站派出所
山东省东营市公安局 110 报警服务台
山东省聊城市公安局警卫科
山东省济宁市公安局培训中心收款处
山东省博兴县公安局指挥中心
山东省曹县公安局庄寨派出所
山东省滨海公安局刑警支队技术科
河南省商城县公安交通警察大队
河南省安阳市公安局 110 特勤大队
河南省郑州市公安局须水派出所

河南省新乡市公安局巡警支队二大队
河南省鹤壁市公安局刑警支队二大队
河南省漯河市公安交警支队二大队
河南省周口市公安局通信科话务班
河南省宁陵县公安局城关派出所
河南省孟津县公安局交警大队
湖北省黄梅县公安局濯港镇派出所
湖北省咸宁市公安局贺胜桥派出所
湖北省孝感市公安局交警支队直属一大队二中队
湖北省公安消防总队应城市中队
湖南省公安厅户政处人口信息科
湖南省怀化市公安局广场派出所
湖南省长沙市公安局交警支队科研所团支部
湖南省衡阳市公安局治安(防暴)支队一大队暨110出警大队
湖南省常德市公安局城西派出所
湖南省株洲市公安局巡警支队防暴大队
湖南省临武县公安局刑侦大队
湖南省公安消防总队平江县大队
广东省广州市公安局华乐街派出所社区警务中队
广东省中山市公安局出入境管理科
广东省公安消防总队广州市支队五羊中队
广西壮族自治区桂林市公安局交警支队机动车辆管理一所
海南省公安边防总队琼海市支队潭门边防派出所
重庆市綦江县公安局110报警服务台
四川省成都市公安局北干道派出所
四川省内江市公安局交警支队东兴区大队一中队
贵州省凯里市公安局巡警大队
贵州省龙里县公安局龙山镇派出所
民航贵州省公安局机场派出所
贵州省公安消防总队贵阳市支队息烽县中队
云南省昆明市公安局交警支队六大队北站岗位
云南省武定县公安局刑警大队
云南省曲靖市公安局交警支队直属大队南宁岗亭
云南省公安边防总队保山市支队曼海边防检查站
陕西省长安县公安局交通警察大队城区岗勤中队
陕西省宝鸡市消防支队二中队
陕西省咸阳市公安局居民身份证制证所
陕西省铜川市公安局广阳派出所
陕西省韩城市公安局巡警大队
陕西省延安市公安局宝塔分局防暴巡警大队
甘肃省武威市公安局交通警察支队车辆管理所
青海省平安县公安局110巡警大队
宁夏回族自治区青铜峡市公安局巡警大队
新疆维吾尔自治区沙湾县公安局交警大队
新疆维吾尔自治区奎屯市公安局巡警大队
成都铁路公安处江油车站派出所一警组
南昌铁路公安局南昌车站公安派出所
太原铁路公安处太原站公安派出所
库尔勒铁路公安处库尔勒站派出所
长江九江港公安局交警大队
大连港公安局大窑湾刑警中队
民航河南省管理局公安局郑州新郑机场派出所
杭州萧山机场公安分局机场派出所
四川省冕宁县公安局林业公安分局
安徽省祁门县公安局祁山森林派出所
陕西省靖边县公安局冯家峁林业派出所
陕西省户县公安局太平林业派出所
上海海关走私犯罪侦查分局直属二队一科青年探组
公安部刑事侦查局爆炸恐怖案件侦查处

铁 道 系 统

一、继续认定的

哈尔滨铁路局三棵树机务段DF4D－3094号机

车组
哈尔滨铁路局南岔机务段 DF4C－5300 号机车组
哈尔滨铁路局塔河运输管理中心西罗奇站
哈尔滨铁路局伊图里河车辆段伊图里河列检乙班
哈尔滨铁路局牡丹江站运转车间四班二调
哈尔滨铁路局昂昂溪机务段 DF4－1220 号机车组
哈尔滨铁路局免渡河站青年调车组
哈尔滨客运段 T17/18 次第一乘务组
哈尔滨站客运车间软席班组
哈尔滨铁路局佳木斯车辆段 K687/688 次列车
哈尔滨铁路局牡丹江机务段 DF8－0089 号机车组
哈尔滨铁路局加格达奇医院林海卫生所
哈尔滨铁路局佳木斯机务段 DF4－1710 号机车组
哈尔滨铁路局牡丹江列车段 K265/266 次第五乘务组
哈尔滨车辆段哈南一场二班一组
沈阳铁路局大连客运段 T227/228 次第二、第三乘务组
沈阳北站客运一班第一候车室
沈阳铁路局叶柏寿车务段老锅站
沈阳铁路局大安北机务段 DF4－9007 号机车组
沈阳客运段 K53/54 次车队
沈阳铁路局本溪列车段 4203/4204 次第二乘务组
沈阳铁路局长春列车段 T59/60 次第二乘务组
沈阳铁路局吉林列车段 K271/272 次第五乘务组
沈阳铁路局图们列车段 K675/676 次第一乘务组
沈阳铁路局锦州机务段 DF8B－0022 号机车组
沈阳铁路局梅河口车务段兴隆河站
沈阳铁路局赤峰站运转车间二队一调
沈阳铁路局长春站售票中心预售班
沈阳铁路局大安北工务段三十三工区
沈阳机务段 DF4D－0095 号机车组
沈阳铁路局阜新车务段小东站
北京铁路局丰台机务段 DF8b－5066 机车组
北京铁路局侯马车务段刘村站
北京铁路局石家庄客运段 K721/724 次车队
北京铁路局秦皇岛南站乙班一调
北京铁路局大同列车段 K217/218 次 4 组
北京铁路局太原北机务段 8G－25 号青年包乘组
北京铁路局北京铁路工程公司王志雷青年突击队
北京铁路局太原分局榆次站行一车间乙班一调
北京铁路局石家庄工务段探伤工区
北京西站客运车间 036 候车室
北京铁路局侯马北机务段 DF4－6413 包乘组
北京铁路局湖东车辆段修制车间制动组
北京铁路局天津机务段 DF4d－0355 机车组
北京铁路局邢台车务段官庄站
北京铁路局太原客运段 K701/702 次 4 组
呼和浩特局客运公司 K263/264 次车队
呼和浩特站丙班三调
呼和浩特铁路局包头西机务段 DF4－4275 号机车组
呼和浩特铁路局集宁机务段 DF4－1415 号机车组
呼和浩特铁路局临河工务段杜家台养路工区
呼和浩特铁路局包头西车辆段包西列检到达丙班
呼和浩特铁通察索齐机械室
呼和浩特铁路局二连站运转车间乙班宽轨一调
郑州铁路局西安站一楼东去候车室
郑州铁路局郑州客运分公司 K179/180 次列车
郑州铁路局洛阳机务段 6K－059 机车组
郑州铁路局信阳老场公寓

郑州铁路局西安东站二班四调
郑州铁路局荆门车务段桃子岭站
郑州铁路局紫阳工务段巴山指导区
郑州铁路局武汉客运分公司 T37/38 次列车
郑州铁路局武昌电务段乌龙泉信号维护工区
郑州站供水车间
郑州铁路局西安东车辆段新丰一场列检所红外线班组
郑州北站 YIS 系统室
郑州铁路局襄樊客运分公司 K49/50 次第二、第四乘务组
郑州局中心医院重症监护病房
郑州铁路局西安客运分公司 T41/42 次第三、第四乘务组
郑州铁路局洛阳北供电段阳城接触网工区
郑州铁路局江岸机务段 SS4－288 号机车组
济南铁路局徐州客运分公司 2565/2566 次车队
济南机务段 DF11－0039 号机车组
济南铁路局徐州车务段桃山集站
济南铁路局烟台站客运车间
济南铁路局青岛客运分公司 2539/2540 次车队
济南站客运车间南方向候车室
济南铁路局徐州工务二段三张茂养路工区
济南铁路局青岛客运分公司 T25/26 次列车
济南铁路局徐州站客运车间北区候车室
济南铁路局大型机械化养路段大机一队 332 号清筛机组
上海列车段 T13/14 次车队
上海铁路局漳平机务段 SS3－4027 号机车组
上海铁路局宿州车务段十里堡站
上海铁路局南京列车段 T65/66 次车队
上海铁路局衢州车务段十里铺站
上海铁路局厦门电务段西洋信号工区
上海铁路局阜阳机务段检修车间第二包修队
上海铁路局杭州列车段 T31/32 次第一、第二乘务组
上海铁路局京九线王楼至阜阳南段
上海车辆段制动室
上海铁路局常州站贵宾软席候车室
上海站张庆恒服务台
南昌铁路局鹰潭站
南昌铁路局上饶机务段 DF4－3918 号机车组
南昌铁路局客运总公司 K67/68 次 1、2 组
南昌铁路局宜春车务段宣风站
南昌站公安派出所客勤三组
南昌铁路局新余工务段探伤二班
南昌站客运三组
南昌铁路局新余车务段潭岗站
广铁（集团）公司怀化车辆段到达场列检二班
广铁（集团）公司广州客运事业部 T15/16 次第二乘务组
广铁（集团）公司株洲电务段株北驼峰信号楼
广铁（集团）公司长沙客运事业部 T1/2 次第二乘务组
广铁（集团）公司广深客运事业部广九第二乘务组
广铁（集团）公司广州客运事业部 T29/30 次第三乘务组
广铁（集团）公司怀化车务段仁里冲站
广铁（集团）公司广梅汕动力事业部 DF4－7569 机车组
广铁（集团）公司广州北车辆段轮轴检修组
广铁（集团）公司株洲站软席贵宾室
柳州南站运转车间甲班三调
柳州车辆段柳南到达场列检所
柳州局客运公司 T5/6 次第二、第六乘务组
柳州局客运公司 K1379/1380 次第二、第六乘务组
柳州铁路局湛江车辆段段修车间青年台车组
柳州铁路局南宁站软席候车室
柳州铁路局南宁电务段黎塘一场信号工区
柳州铁路局百色供电段百色牵引变电所
成都站音乐茶座候车室
成都铁路局内江车务段汉王山站

成都铁路局六盘水机务段辅机组
成都铁路局成都分局客运服务公司 K113/114 次列车
成都铁路局重庆西机务段 SS1－235 号机车组
成都客运段 T7/8 次车队
成都机务段 DF7－5168 号机车组
成都铁路局重庆站区刑警大队
成都铁路局遵义机务段 SS3－0459 号机车组
成都铁路局重庆客运段 T9/10 次第四乘务组
成都东站营销中心策划部
昆明铁路局山腰站
昆明客运公司客运副班
昆明局客运公司 T61/62 次第三、第八乘务组
昆明铁路局广通机务段 SS3B－4388 号 机车组
昆明公安处宜良北站派出所青年警组
兰州铁路局中卫车务段中卫站乙班调车组
兰州铁路局格尔木车务段鱼水河站
兰州西机务段 SS3B－4225 号机车组
兰州铁路局武威南机务段 SS3－6066 号机车组
兰州铁路局石嘴山车辆段设备车间电工班
兰州客运段 T75/76 次第一、第二乘务组
兰州铁路局嘉峪关车辆段嘉峪关列检所丙班
兰州铁路局天水机务段 SS3－0585 号机车组
兰州铁路局西宁机务段 DF4－1105 号机车组
兰州铁路局迎水桥机务段 SS3B－4126 号机车组
兰州铁路局武威南供电段安远变电所
乌鲁木齐铁路局哈密工务段红光养路工区
乌鲁木齐铁路局和静车务段上新光站
乌鲁木齐铁路局吐鲁番站运转车间二班一调
乌鲁木齐客运段 T53/54 次第八乘务组
乌鲁木齐铁路局奎屯车辆段阿拉山口列检所
乌鲁木齐铁路局哈密车辆段柳园列检所
乌鲁木齐铁路局库尔勒客运段旅游车队
乌鲁木齐铁路局北疆公司阿拉山口换装作业所起重工班
乌鲁木齐铁路局哈密机务段检修车间包修一组
铁道专业设计院航测处外业队
铁道部专运处列车段三队列车三班
铁道科学研究院电子所青年科技攻关组

二、新命名的

哈尔滨铁路局海拉尔分局满洲里站运转四班解体青年调
沈阳铁路局通辽分局奈曼车务段三义井站
北京铁路局太原工程总公司王峰青年突击队
呼和浩特铁路局集宁车辆段南站列检所丁班
郑州铁路局郑州分局郑州机务段京武快速机车队
济南铁路局济南分局泰安车务段泰山站客运车间
济南铁路局客运公司济南客运分公司 T35/36 次列车
上海铁路局杭州分局杭州北车辆段艮山门到达场列检所二班
南昌铁路局南昌客运公司北京一车队 1454/1453 次一、二组
广州铁路(集团)公司长沙总公司株洲水电段 110KV 变电站
柳州铁路局玉林工务段居仕养路工区
成都铁路局贵阳分局贵阳机务段 SS34260 机车(青年包乘组)
昆明铁路局昆明东站调车组四组二调
兰州铁路局西宁车辆段哈尔盖列检所戊班
乌鲁木齐铁路局乌鲁木齐分局乌鲁木齐客运段北京车队京三组
铁道第一勘察设计院岩土工程处
铁道第三勘察设计院线路处轻轨所
铁道第四勘察设计院轨道院武汉轻轨项目部
铁道第二勘察设计院桥隧处桥隧室

邮电通信系统

一、继续认定的

北京市北太平庄邮电局营业组
北京市建内大街邮电局储蓄组

北京市东城区邮政投递局东四投递部
北京市百万庄共青团邮电局营业班
北京市邮政中心局信函分拣处平常进口科甲班
天津市邮政局红旗路邮局储蓄组
天津市邮政局鞍山道邮政支局
河北省廊坊市邮政局报刊发行公司
河北省石家庄市邮政局石长押运班
山西省新绛县邮政局营业厅
山西省太原市邮政局收投公司广场女子收投分公司
内蒙古区通辽市邮政局营业班
内蒙古区赤峰市邮政局红山分局储汇中心
内蒙古区乌盟邮政发投局投递组
辽宁省抚顺市邮政局营业分局望花营业班
辽宁省沈阳市邮政局中兴街共青团邮政支局
辽宁省大连市邮政局站前分局营业厅
辽宁省丹东市邮政局七经街营业厅
吉林省白城市邮政局青年街支局营业室
吉林省吉林市邮政局船营分局营业室
吉林省长春市邮政局桂林路邮电局投递室
吉林省长春市邮政局桂林路邮电局同志街支局营业室
黑龙江省双鸭山市邮政局储汇中心
黑龙江省大庆市会战邮政局营业班
上海市邮政局国际邮件局营业科
上海市邮政局曹家渡邮电局投递班
上海市邮政局卢湾邮电局综合服务台
江苏省扬州市邮政局文昌支局
江苏省镇江市邮政局火车站邮政支局
江苏省苏州市邮政局察院场支局
浙江省金华市邮政局西市街营业班
浙江省岱山县邮政局高亭支局
浙江省宁波市邮政局中山东路邮政支局营业班
浙江省瑞安市万松邮政支局营业厅
安徽省合肥市邮政局鸿迅邮政投送公司中区分公司
安徽省界首邮政局邮政综合营业班
安徽省铜陵市邮政局长江路邮政支局
江西省宜春市中山西路邮政储蓄所
江西省南昌市邮政局广场邮政分局营业班
江西省九江市邮政局投递组
山东省济南市邮政投递局师范路分局
山东省青岛市邮政局广西路支局
山东省泰安市邮政局投递班
福建省漳州市邮政局南昌路邮政储蓄所
福建省福州市邮政局华林营业室
福建省莆田市邮政局城厢邮政营业组
福建省厦门市邮政局湖西支局
福建省三明市邮局列东邮政营业组
福建省泉州市邮政局九一路支局
河南省郑州市邮政局花园路收投局女子投递班
河南省新乡市邮政局分拣科转运站
河南省安阳市邮政局车站支局邮政营业班
湖北省武汉市邮政局水果湖支局储蓄组
湖北省武汉市航空路邮政局邮政组
湖北省荆州市邮政局发投公司荆中投递班
湖南省衡阳市邮政局大楼储蓄所
湖南省邮政局长沙市邮区中心局长京 2/1 次押运组
湖南省常德市邮政局青年投递班
湖南省张家界市邮政局中心邮政储蓄所
广东省中山市邮政局小榄分局营业班
广东省东莞市邮政局城区邮政分局运河西营业室
广西区桂林市邮政局中南营业处
广西区南宁市邮政局新城邮政营业处
海南省琼海市邮政局邮政储蓄营业班
海南省海口市邮政局白坡分局
海南省海口市南宝邮政储蓄所
重庆市邮政局解放碑邮政营业室
重庆市南岸区邮政局南坪营业室内勤组
四川省南充市邮政局邮政营业厅
四川省成都市邮政局沙湾分局营业部

云南省河口县邮政局营业组
云南省大理州邮政局建设路综合营业室
贵州省瓮安县邮政局储汇班
贵州省贵阳市邮政局喷水池营业部
西藏自治区拉萨市邮政局投递班
西藏区那曲地区邮政局营业班
陕西省西安市邮政局小寨邮电局营业组
陕西省咸阳市邮政局中心分局邮政营业班
甘肃省兰州市邮政局中央广场分局邮政营业部
甘肃省天水市邮政局火车邮件转运站
甘肃省陇南地区邮政局投递班
宁夏区银川市邮政局城区投递服务局女子投递班
宁夏区银川市邮政局西城邮政分局虹桥营业厅
青海省西宁市邮政局五四大街邮政支局
青海省西宁市邮政局速递局礼仪服务中心
新疆区乌鲁木齐市邮政局东山区石化邮政支局
新疆区伊犁哈萨克自治州邮政局斯大林街邮政储汇组
福建省电信公司漳州市分公司 112 应急通信抢修中心
福建省电信公司福州市分公司电信（五一中路）枢纽综合营业厅
福建省电信公司厦门市分公司第二客户服务部营业部
福建省电信公司福清市电信局电信综合营业厅
重庆市电信公司涪陵区电信局高笋塘营业厅
重庆市电信公司大坪综合营业厅
青海省电信公司海东分公司电信营业班
浙江省电信公司岱山县电信局营业班
浙江省电信公司杭州市分公司武林广场电信营业厅
浙江省电信公司温州市分公司电信营业分局南站市话营业班
浙江省电信公司金华市分公司西市街营业厅
北京市电信公司三区电话局西单局查修班
北京市电信公司长途电话局国际台话务室五班
北京市电信公司八区电话局五棵松局查修班
天津市电信公司长途电信局大厅业务部
天津市电信公司八区局黄山路（道）分局线路一班
天津市电信公司专用电信局线务班
河北省电信公司衡水市分公司查号服务中心 114 查号台
河北省电信公司石家庄分公司营业处桥东营收班
云南省电信公司大理州人民街电信营业室
云南省电信公司楚雄州分公司电信营业厅
云南省电信公司昆明市电信局营销中心
海南省电信公司海口市电信局海府区域测量维护中心
海南省电信公司海口市电信局海府营业厅
海南省电信公司三亚市电信局解放路营业处
安徽省电信公司合肥市电信局数据分局
安徽省电信公司合肥市电信局营业处芜湖路支局
广西壮族自治区电信公司南宁市分公司大客户服务部
广西壮族自治区电信公司柳州分公司龙城路电信营业处
广西壮族自治区电信公司梧州分公司营业中心市话营业班
江苏省电信公司苏州市分公司电话装机公司
江苏省电信公司徐州分公司电信营业处营业厅
江苏省电信公司苏州市分公司集团客户部
四川省电信公司成都分公司人民东路营业厅
四川省电信公司南充市电信局综合营业厅
四川省电信公司乐山市分公司玉堂街邮电广场电信营业厅
四川省电信公司成都市电信商城有限公司

湖南省电信公司长沙市分公司线维公司维护二处
湖北省电信公司老河口市电信局中心营业处
湖北省电信公司海大通信有限责任公司信息咨讯分公司960人工服务台
湖北省电信公司武汉市分公司武昌区局东亭支局
湖北省电信公司荆州分公司江津电信支局
黑龙江省电信公司鸡西市分公司大客户服务中心大客户班
黑龙江省电信公司哈尔滨市分公司尚志营业厅
河南省电信公司郑州市电信局百花路电信营业厅
河南省电信公司新乡分公司业务管理中心
河南省电信公司驻马店市分公司建苑电信营业厅
宁夏回族自治区电信公司石嘴山区电信局机线(装机)班
宁夏回族自治区电信公司数据通信局大客户服务中心
甘肃省电信公司兰州市电信局计费账务结算中心
陕西省电信公司汉中分公司电信营业班
吉林省电信公司吉林市分公司电信营业室
吉林省电信公司通化市分公司江东电话安装维护科
吉林省电信公司通化市分公司营业中心
辽宁省电信公司鞍山电信技术有限公司
辽宁省电信公司沈阳市分公司114查号台
辽宁省电信公司丹东市分公司电信营业中心收费班
贵州省电信公司贵阳市分公司电信营业中心中华南路营业班
贵州省电信公司黔西南州分公司电信营业班组
贵州省电信公司黔南州分公司光缆维护段
山西省电信公司太原市分公司话务处114查号台
山西省电信公司晋中市分公司112集中受理中心
山西省电信公司大同市分公司电信营业管理科营收中心
新疆维吾尔自治区电信公司乌鲁木齐分公司胜利路市话分局维修一班
新疆维吾尔自治区电信公司吐鲁番分公司电信商场
新疆维吾尔自治区电信公司克拉玛依分公司电信营业班
山东省电信公司临沂市电信局装机班
山东省电信公司济南市电信局共青团路东营业厅
山东省电信公司青岛市电信局营业分局杭州路营业厅
山东省电信公司淄博市分公司重点客户服务中心
江西省电信公司南昌市分公司数据分局电报投递班
江西省电信公司九江市分公司市话机线中心
广东省微波局广州卫星通信局国际室
广东省电信公司珠海市吉大电信营业分局电报班
广东省电信公司佛山市分公司亲仁电信营业处
广东省电信公司深大信息通实业有限公司160台
广东省电信公司汕头市分公司计算机站
广东省电信公司广州市分公司特种业务分局114查号台
上海市电信公司查号中心
上海市电信公司长途通信实业部南京东路营业厅
上海市电信公司数据通信事业部数据网络中心
内蒙古自治区电信公司呼伦贝尔盟分公司伊敏街电信营业

内蒙古自治区电信公司伊克昭盟分公司南分局营业厅
西藏自治区电信公司拉萨市电信营业厅
西藏自治区电信公司拉萨市分公司线路班
中国联通北京公司198寻呼台
中国联通天津分公司寻呼话务室
中国联通佳木斯分公司寻呼话务部
中国联通长沙分公司126台
中国联通陕西分公司西安分部无线寻呼事业部998台
中国联通国脉通信公司128查询台
中国联通伊犁分公司126话务台
中国联通宁夏分公司无线寻呼事业部寻呼一班
中国联通龙岩分公司营业厅
中国联通三明分公司话务中心
中国联通十堰分公司话务台
中国联通南宁分公司话务中心
中国联通长春分公司无线寻呼话务部
中国联通日照分公司无线寻呼话务部
中国联通乐山分公司中心营业厅
中国联通安阳分公司寻呼话务中心
中国联通开封分公司127机房
中国联通太原分公司国信寻呼台
中国联通石家庄分公司话务中心
中国联通赤峰分公司运行维护部
中国联通徐州分公司寻呼台
中国联通江苏分公司寻呼事业部寻呼台
中国联通重庆分公司无线寻呼事业部小洞天营业厅
中国联通杭州分公司话务中心
中国联通锦州分公司寻呼台
北京移动通信有限责任公司广渠门营业厅
天津移动通信有限责任公司中心营业厅
河北移动通信有限责任公司秦皇岛分公司设备维护中心
山西移动通信公司忻州分公司定襄营业部
内蒙古自治区移动通信公司省会运行维护中心交换维护室
辽宁移动通信有限责任公司沈阳分公司客户服务中心
辽宁移动通信有限责任公司沈阳分公司南顺城营业厅
吉林移动通信公司辽源市移动通信分公司业务受理科
黑龙江移动通信公司省会营销中心中央大街营业厅
上海移动通信有限责任公司九江路营业厅
江苏移动通信有限责任公司姜堰分公司营业销售中心
浙江移动通信有限责任公司余姚分公司营业班
浙江移动通信有限责任公司湖州分公司营业班
安徽移动通信公司合肥芜湖路营业受理班
福建移动通信有限责任公司厦门分公司莲前营业中心
福建移动通信有限责任公司移动通信维修中心
江西移动通信公司新余市移动通信公司移动通信班
山东移动通信有限责任公司济南分公司客户服务中心
山东移动通信有限责任公司潍坊分公司早春园营业厅
河南移动通信有限责任公司市场经营部
湖北移动通信公司荆州移动公司广场营业厅
湖南移动通信公司邵阳市移动通信公司机房
广东移动通信有限责任公司深圳分公司客户服务热线
广东移动通信有限责任公司中山分公司恒信营业室
海南移动通信有限责任公司海口分公司大客户服务处
广西移动通信有限责任公司柳州分公司营业中心营业班

重庆移动通信公司营业厅
四川移动通信公司泸州分公司水井沟营业厅
四川移动通信公司省会营销中心太升南路营业厅
贵州移动通信公司黔西南分公司营业班
云南移动通信公司昆明东华营业厅
陕西移动通信公司咸阳分公司计费班
陕西移动通信公司西安市营业部尚朴路营业班
甘肃移动通信公司兰州建设维护中心交换中心
青海移动通信公司西宁分公司东大街营业部
宁夏移动通信公司银川营销中心虹桥营业厅
新疆移动通信公司计费业务中心技术部
中国通信广播卫星公司卫星测控监测中心

二、新命名的

北京移动通信有限责任公司客户服务中心1860台
河北移动通信有限责任公司石家庄分公司大客户服务中心
吉林移动通信公司长春营销中心客户服务中心
安徽移动通信公司黄山市移动通信分公司建维部维护中心
江西移动通信公司南昌营销中心八一大道营业厅
湖北移动通信公司十堰市分公司客户服务中心
广东移动通信有限责任公司顺德分公司网管维护中心
贵州移动通信公司安顺分公司中心营业厅
云南移动通信公司大理白族自治州分公司大理市人民街营业室
河南移动通信有限责任公司许昌分公司市区营业部
浙江移动通信有限责任公司金华分公司营业中心
中国联通山东济南分公司市中第一营业厅
中国联通广西柳州分公司话务中心
中国联通江西南昌分公司叠山路营业厅
中国联通山西晋中分公司寻呼台
中国联通北京分公司西直门营业厅
中国联通福建厦门分公司江头营业维修班
中国联通河南平顶山分公司火车站营业厅
中国联通内蒙古包头分公司话务中心
中国联通湖南湘潭分公司126寻呼台
中国联通江西鹰潭分公司东湖营业厅
天津市邮政局天津站邮政支局邮政营业组
河北省邯郸市邮政局中华大街邮政营业班
山西省临汾市邮政局平阳北街营业厅
内蒙古自治区呼伦贝尔盟海拉尔市邮政局中央街邮政支局
黑龙江省佳木斯市邮政局储汇营业厅
山东省济南市邮政营业局经二路营业室
河南省驻马店市邮政局解放路邮政营业处
广东省广州市邮政局中山大道东邮局
广西自治区柳州市邮政局邮件处理中心邮件转运站
四川省成都邮政运递局建设路投递部
云南省瑞丽市邮政局邮政营业组
贵州省遵义市邮政局中华南路邮政所
西藏自治区阿里地区邮政局中心营业厅
陕西省延安市邮政局中心街支局
甘肃省武威市邮政局城区邮政支局
宁夏回族自治区石嘴山市邮政局中心营业厅
新疆维吾尔自治区吐鲁番地区邮政局城市投递班
上海市邮政局邮区中心局沪长71班
江苏省无锡邮政局人民路营业支局
北京市南区邮电局计算机中心
福建省电信公司泉州市分公司账务计算机中心
福建省电信公司厦门市分公司1000客户呼叫服务中心
吉林省电信公司靖宇县电信局营业班
辽宁省电信公司大连市分公司营业中心民生

营业厅

贵州省电信公司遵义市分公司114查号台

山东省电信公司威海市分公司市话线路分局线路查修队

陕西省电信公司韩城市电信局营销中心组

甘肃省电信公司嘉峪关市电信分公司中心营业处

宁夏回族自治区电信公司吴忠市分公司网管中心

黑龙江省电信公司服务监察部受理中心（96180总经理服务热线）

江西省电信公司九江市分公司浔阳路营业厅

湖北省电信公司仙桃市分公司112修障中心

江苏省电信公司扬州市分公司跃进桥营业处

安徽省电信公司滁州市电信分公司讯维中心

北京市电信公司四区局左家庄局查修班

青海省电信公司海晏县电信局营业班

湖南省电信公司常德市分公司装移查修中心

广东省电信公司汕尾市分公司香洲营业班

天津市电信公司数据通信局信息业务开发部

重庆市电信公司巴南区电信营业厅

山西省电信公司万荣县电信局营业厅

四川省电信公司绵阳电信实业有限责任公司22局装机维护组

云南省电信公司西双版纳州分公司电信营业室

商 贸 系 统

一、继续认定的

北京百货大楼二卖场男衬衫柜组

北京长安商场家电商店冰箱组

北京隆福大厦家电部空调组

北京崇文门饭店安保部门卫组

北京恒物汽车经营公司建筑租赁中心清河租赁站

北京王府井百货大楼第一卖场化妆品二组

北京西单股份有限公司文化商品部照像器材组

北京贵友大厦皮件部皮件组

北京金伦大厦小家电经营部

北京张一元茶庄

北京燕莎友谊商城有限公司

北京西友集团西单商场男服部男装服饰组

北京菜市口百货有限责任公司黄金珠宝首饰部

天津滨江商厦“十姐妹”柜组

天津百货大楼股份有限公司汝舜电器分公司

天津金元宝商厦集团日百商场箱包柜组

天津劝业场股份有限公司“勿忘我”礼仪服务部

天津美膳酒楼一楼营业部

天津利达面粉有限公司专用粉实验厂制楼二班

天津国际商场有限公司男士精品组

天津威通生产资料有限公司金属一公司

天津鸿起顺饭庄厨房组

天津华联商厦股份有限公司电器商场彩电部

天津北辰区集贤大酒家服务部

河北石家庄燕风楼烤鸭店二楼服务组

河北华鑫集团公司车辆器材公司零件经营部

河北石家庄建华百货大楼女装精品专柜

河北保定商场日百商场化妆品三组

河北邢台市中桥商场

河北邯郸市美食林商场

河北唐山百货大楼集团有限责任公司女装分公司

河北蓝天商厦

河北邯郸市第一物资再生利用总公司

河北石家庄市新燕春集团天府大酒店

河北沧州华北商厦集团有限公司

山西太原五一百货大楼股份有限公司服装商场精品部

山西上海汽车工业销售有限公司

山西临汾市第一百货大楼文化组

山西化轻总公司塑料分公司

山西物产轮胎橡胶有限公司

山西机电设备仓库物资经销分公司
山西长治市金威商场服装部
内蒙古天元商厦售后服务中心
内蒙古呼和浩特市第三粮库青年保管组
内蒙古包头市百货大楼工艺商场
内蒙古包头市家乐青松粮油食品店
内蒙古包头市百货大楼集团公司蓝天商厦
内蒙古民族实业集团股份有限公司友谊商店进口电视机组
内蒙古通辽北国家粮食储备中转库
内蒙古哲里木金店
内蒙古呼和浩特市第一粮食仓库经济民警队
辽宁沈阳商业城（集团）鞋帽公司皮鞋二商场
辽宁大连商场股份有限公司家电外贸部国产电视机班
辽宁大连天百大楼服装二商场小伙子专柜
辽宁沈阳市和平宾馆青年接待班
辽宁中兴—沈阳商业大厦美容食品商场美容二部牙膏组
辽宁大连渤海饭店十楼青年服务班
辽宁锦州市锦华商场小食品组
辽宁中兴大连商厦儿童用品商场玩具一班
辽宁阜新国泰大厦食品部
辽宁中兴—沈阳商业大厦（集团）股份有限公司“仙玛”柜台
辽宁沈阳商业城（集团）针织品公司
辽宁沈阳铁西百货大楼金店
辽宁大连商场集团抚顺百货大楼钟表商场照相器材班组
吉林长春汽车城百货大楼电视机组
吉林燃料股份有限公司自备车营业处
吉林吉林东方商厦股份有限公司音像商场影像商品部
吉林长春百货大楼电讯商场小收录机部
吉林东方商厦股份有限公司儿童商场玩具商品部
黑龙江哈尔滨秋林集团纺织商场阿尔巴斯羊绒组
黑龙江大庆百货大楼股份有限公司日化商场化妆二组
黑龙江哈尔滨第一百货商店家电商场电视机组
黑龙江哈尔滨秋林集团华侨友谊公司首饰二组
黑龙江哈尔滨中央商城
上海华联商厦照相机柜
上海培罗蒙西服公司定制中心
上海第一百货股份公司东楼水晶礼品柜组
上海妇女用品商店新一代青年女子专柜
上海新亚（集团）股份有限公司新城饭店门厅小组
上海油脂总厂精制油小包装车间
上海物资集团汽车贸易有限公司营销部
上海华联超市公司华山店
上海东方商厦有限公司超市商场
上海华生化工厂新产品试制小组
上海兰笋山庄
上海长春食品商店
上海物资学校《物校学生报》报社
江苏物资集团经贸发展有限公司
江苏南京商厦文化商场电脑组
江苏常州百货大楼股份有限公司购物中心电视机A柜
江苏南京中央商场股份有限公司针织商场内衣组
江苏物资贸易中心物贸大酒店餐饮部
江苏苏州物资集团胥城大厦
江苏张家港市商业大厦
江苏苏州工业品商场购物中心
江苏生产资料贸易总公司汽车贸易部
江苏无锡商业大厦集团有限公司五金车料分公司自行车柜
江苏苏州人民商场股份有限公司鞋帽部全半胶柜
江苏南京新街口百货商店股份有限公司金利来柜

江苏南京友谊华联（集团）有限责任公司食品商场烟酒组
江苏射阳百货大楼
江苏徐州市百货大楼股份有限公司钟文商场黄金饰品柜
浙江宁波市第二百货商店“老凤祥”首饰柜
浙江元通汽车有限公司
浙江百大集团杭州百货大楼食品商场烟酒柜
浙江宁波长发商厦男鞋精品部
浙江温州大酒店客房七楼房务中心
浙江温州菜篮子集团有限公司蔬菜交易市场
浙江绍兴市国商大厦有限责任公司食品部
浙江台州市金路超市有限公司
浙江宁波城隍庙黄金专柜
安徽徽商股份有限公司市场部
安徽蚌埠百货大楼股份有限公司衬衫组
安徽徽商金属材料有限公司
安徽商之都食品宣礼凤柜组
安徽黄山市购物中心照相器材组
安微徽商集团新能源股份有限公司晋煤公司
安微徽商集团汽车股份有限公司上汽产品分公司
安徽华物期货经纪有限责任公司投资发展部
安徽合肥长江饭店客房部四楼
安徽巢湖饭店客房部三楼班组
安徽徽商集团化轻股份有限公司轻纺分公司
福建三明市商业集团公司三元百货大楼文具柜
福建福州市饮食（集团）公司美食园餐厅
福建厦门市华联商厦服装部金利来柜
福建南平市四鹤百货大楼
江西南昌亨得利钟表眼镜公司珠宝金行
江西物资储运总公司仓储分公司装卸一班
江西南昌百货大楼股份有限公司电视机组
江西赣江宾馆前厅部总服务台
山东银座商城股份有限公司
山东烟台瑞康生化药品有限责任公司
山东济南世界购物广场
山东青州市农机交易市场
山东德州友谊形象设计有限公司
山东桓台宾馆
山东威海市永利坚装饰配套公司
山东济南人民商场股份有限公司
山东青岛国货股份有限公司
山东青岛崂山百货大楼（集团）股份有限公司
山东淄博商厦
山东日照市百货大楼
山东德州市金属建材有限责任公司
河南洛阳市洛阳酒家贵宾厅
河南驻马店商业大厦服装公司
河南平顶山商场文化部笔组
河南机电设备总公司轴承公司
河南郑州市刘胡兰有限责任公司糕点组
河南平顶山市中原集团公司衬衣分公司
河南郑州华联商厦文化商场照测部
湖北孝商集团百货部化妆柜
湖北武汉商场日用化妆公司刘莉柜
湖北武汉市武昌金属回收公司资源科
湖北武汉中心百货商场鞋帽商场郭和平柜
湖北武汉市汉商集团日化公司邹三梅专柜
湖北鄂州市化工建材总公司
湖北中南商业大楼电视机柜
湖南郴州北湖商场副食柜
湖南长沙物资贸易总公司计划财务部
湖南怀化国家粮食储备库铁路货场
湖南金盛化工防腐研究中心
湖南长沙阿波罗商业城照相器材专柜
湖南长沙友谊商店家电部冰箱柜
湖南株洲西苑宾馆股份有限公司
湖南益阳爱丽丝连锁有限公司
湖南马王堆蔬菜批发市场
广东物资集团汽车贸易公司汽车销售中心
广东天河城广场管理中心
广东深圳布吉农产品中心批发市场
广东广州百货大厦自选商场超市收款一岗
广东深圳经济特区国营外币免税商场金饰A

组
广东珠海市百货广场童装柜
广东东莞运河商场皮具鞋类岗
广东建材公司江村仓库轮胎吊班
广东广州百货大厦文化商场笔机岗
广东广州友谊商店股份有限公司工艺品商场钻石岗
广东广州市五凤粮油食品店
广东广州市新大新公司女服商场单一岗
广东中山百货大厦三商场衬衣柜
广东中山市益华百货四海电器中心
广东茂名市名城商场
广东广州王府井百货大楼第三商场黄金部足金一组
广西柳州五星商厦纺织组
海南第一百货商场化妆品部
四川物资宾馆客房部
四川成商集团武侯分场食品区冷冻柜
四川物资储运公司金属科保管组
重庆商社新世纪百货公司日化分公司精品柜
重庆商社(集团)有限公司家电维修中心电子电讯部
重庆新世纪百货女装分公司
重庆百货大楼北碚商场小食品柜
云南机电设备总公司锦泰大酒店前厅部
云南威龙饭店客房部
云南大酒店
云南昆百大集团公司毛呢柜
陕西西安开元商城购物中心电视机音像商场
陕西西安市唐城集团股份有限公司化妆品商场护肤柜
陕西西安饭庄秦苑餐厅青年服务班
陕西宝鸡市化工轻工总公司民爆器材专营公司民爆经营部
陕西西安太白商业大厦
陕西西安市老孙家饭庄二楼服务班
陕西天斗蛋业有限公司
陕西宴友思宾馆
甘肃兰州民百(集团)股份有限公司民百大楼黄金部
甘肃兰州民百集团亚欧商厦家电部
甘肃兰州医药(集团)有限公司安泰堂药店
甘肃民百公司兰百大楼毛针部
青海纺织品总公司纺织品大楼百货部化妆品组
宁夏糖酒副食品总公司连锁总店
宁夏银川百货大楼羊毛衫组
宁夏银川绿洲饭店客房部三楼服务组
宁夏银川市新华百货丽华连锁有限公司丽华商场糕点组
宁夏华联商厦整机组
新疆乌鲁木齐市友好商场股份有限公司百货用品商场铝制品组
新疆友好集团天山百货大楼时装二部十一组
新疆生产建设兵团农二师博斯腾宾馆客房部
新疆生产建设兵团伊力特实业股份有限公司热电厂运行一值
新疆百花村大酒店有限公司“一品红”快餐厅
新疆乌鲁木齐粮食储运公司储运处防化科熏蒸班
新疆生产建设兵团农七师明珠楼
新疆徕远经贸总公司徕远宾馆销售部
新疆商业储运公司物流中心集装箱科

二、新命名的

北京友谊商店服装部丝绸组
天津好利来食品有限公司下瓦房分店
天津一商集团友谊商厦前卫店总服务台
天津粮油集团新港油脂库改扩建工程项目组
山西忻州市商业实习饭店
山西太原市五一商厦照相机组
辽宁大连天百大楼股份有限公司李林班
大商集团辽宁本溪商业大厦有限公司家电商场
辽宁沈阳商业城股份有限公司服装公司女装商场
吉林白山市方大商业有限公司

吉林长春百货大楼五金商场冰箱部
吉林吉林市百货大楼家电商场
吉林辽源市凯玛商贸有限公司
大商集团黑龙江牡丹江百货大楼总台礼仪班
上海第一百货商店五楼摄像机柜组
上海虹桥友谊商城皮件部鞋区
上海九百家具装饰商城静安店洁具部
江苏南京天环集团顶山养殖场种猪场兽医组
江苏盐阜人民商场集团有限公司服装一部杉杉柜
浙江嘉兴市戴梦得购物中心有限公司服装商场衬衫柜
浙江湖州市星火服装有限公司
浙江杭州百大集团杭州大酒店总台
安徽六安商之都针织鞋帽商场衬衫柜组
安徽合肥鼓楼商厦国产彩电组
福建银河花园大酒店
福建莆田国货精品大商场
山东贵和购物中心
山东滨州市百货大楼有限责任公司一分公司超市
山东济宁市华联商厦股份有限公司洗化商场护肤柜
河南洛阳市百货大楼百货部飞利浦小组
河南新乡市百货大楼有限责任公司日化部
湖北武商集团武汉广场总服务台
湖北孝感汉川市白云大酒店
湖北恩施市午阳大酒店
广西桂林市华中华商厦首饰足金柜
广西贵港市贵港宾馆客房部
广西南宁南方大酒店旋宫
广西柳州市五星商厦进口影视组
四川绵阳绵州酒店有限公司营销部
四川乐山市糖酒副食品总公司三八商场
云南昆百大集团股份有限公司服装二部精品二柜
云南曲靖市麒麟区兴城供销大厦商场
云南大理州苍山饭店总服务台
陕西汉中世纪阳光商厦有限公司电子音响部电子二科
陕西宝鸡市宝鸡饭店客房部总服务台
陕西西安民生集团股份有限公司邢峰柜组
青海纺织品股份有限公司纺织品大楼床上用品组
宁夏华联商厦海尔组
宁夏糖酒副食品连锁经营公司西街超市
宁夏石嘴山市人民百货商场有限责任公司
新疆石河子市巴蜀名吃城
新疆生产建设兵团医药有限责任公司销售部

中央企业

一、继续认定的

中国核工业建设集团第二三建设公司深圳组科利核电工程有限公司检修部
中国航天科技集团公司五院五二九厂一车间数控班
西航集团公司装配试车分厂60车间总装生产线
昌河飞机工业集团涂装车间运行工段
长安汽车(集团)有限责任公司231车间A1组
华北石油管理局钻井二公司32668钻井队
中国建筑工程总公司第七工程局四公司428项目部
北京和利时系统工程股份有限公司
山东潍坊电业局客户服务中心优质服务岗
鞍山钢铁集团公司新钢铁公司热轧带钢厂1780热连轧生产线
山西神州煤电焦化公司焦化厂炼焦热工工段
中煤建设集团一公司岭北职工医院
北京有色金属研究总院有自公司
西安安康铁路秦岭I线隧道
中国港湾建设(集团)总公司一航局长江口项目部
西安筑路机械有限公司计算机信息部
中国工程与农业机械进出口总公司成套工程一部

中国铁路通信信号集团公司济南工程公司城市交通工程处

彩虹彩色显像管总厂彩管一厂ITC组

中国第一汽车集团公司减振器分公司支架车间拖曳钩班

天地科技股份有限公司开采所事业部巷道支炉室

中国房地产开发集团公司三峡置业股份有限公司

内昆铁路李子沟特大桥

秦山核电公司运行部主控室

风华机器厂101车间有色组

中信实业银行嘉兴支行营业部

中国建筑工程总公司第七工程局徐州公司项目经理部

大连机车车辆厂铸钢分厂造型大件组

戚墅堰机车车辆厂内机分厂机车二车间电焊一班

资阳内燃机车厂机车分厂转向架车间大车班

西安车辆厂冲压车间拼板组

北京南口机车车辆机械厂油泵油嘴分厂大件班

青岛四方机车车辆厂客本部总装分厂工艺组

大同机车厂铸铁车间合金组

南京浦镇车辆厂车架车间铆焊三组

齐齐哈尔铁路车辆(集团)有限责任公司设计处货车设计组

株洲电力机车厂九方装备公司引进设备维修服务中心

北京二七车辆厂货车车间三通阀班

长春客车厂转向架分厂轮轴车间轴承班

眉山车辆货车公司货一车间中梁电焊班

唐山机车车辆厂质检处柴油机检查组

哈尔滨车辆厂产品开发部设计组

济南机车车辆厂备料分厂预处理一班

贵阳车辆厂台车车间轴承工段

中国铁路通信信号总公司济南工程公司第一信号段

西安铁路信号工厂监控分厂

中国铁路通信信号总公司上海工程公司轨道交通项目部

中国第一汽车集团公司客车底盘厂研究所

中国第一汽车集团公司热电厂锅炉车间1号炉

上海宝山钢铁(集团)公司炼铁部一号高炉

上海宝山钢铁(集团)公司炼钢部青年浇钢台

中国建筑第七工程局(上海)有限公司四分公司751项目部

中国建筑第三工程局一公司武汉分公司武昌项目经理部

中国长江航运(集团)总公司燃料供应总站长燃5号轮

中国建筑第三工程局二公司深圳分公司第三项目经理部

中国建筑第五工程局三公司湖南平和堂项目

长安汽车(集团)有限责任公司235车间“长安之星”总装线

中国核工业第二一建设公司第五项目经理部

中旅大厦客房部楼层组

北京丽都假日饭店泰国餐厅

北京丽都假日饭店电话总机班

二、新命名的

中国核工业集团公司原子能科学院同位素所53室碘二组

中国航天科技集团公司一院211厂33车间

中国航天科工集团公司六院红岗机械厂四分厂小车组

中国航空工业第一集团公司沈飞集团公司数控加工厂21工段

中国航空工业第二集团公司直升机旋翼动力学国防科技重点实验室

中国船舶工业集团江南造船集团公司造船事业部机装车间机舱三工段六组

中国兵器装备集团公司建设工业集团有限责任公司建设宾馆前厅销售部

中国石油化工集团公司北京燕化公司合成橡

胶事业部聚合车间化工三班

中国电信集团公司贵州省电信公司黔南州分公司市郊中心机线班

中国建筑工程总公司一局张运龙项目管理型青年突击队

神华集团神府东胜煤炭公司大柳塔煤矿综采一队

中国电子信息产业集团公司华大集成电路设计中心软件部

国家电力公司青岛电业局客户服务中心营业厅

第一汽车集团公司轿车股份有限公司二发厂双轴车间

东风汽车公司总装配厂装配分厂一线

上海宝钢集团公司五钢气体有限责任公司机修车间青年维修组

中国煤炭工业进出口集团公司山西平朔安太堡矿选煤厂工艺龙班

中煤建设集团公司五公司友谊宾馆前厅部

首钢(集团)总公司第二炼铁厂炼钢车间 2 号炉乙班

中国北方机车车辆工业集团公司北京二七机车厂传动车间箱体班

中国南方机车车辆工业集团公司株洲电力机车研究所变流技术开发部

中国铁路工程总公司宝桥公司道岔分公司大刨组

中国铁路建筑总公司十四局隧道工程分公司株六铁路复线项目部

中国铁路建筑总公司十五局二公司西安未央路立交桥项目部

中国港湾建设(集团)总公司三航二公司“建港劲旅”青年项目管理部

中国路桥集团总公司中交公路规划设计院桥梁室

中国普天信息产业集团公司东方通信移动系统生产制造部

攀枝花钢铁(集团)公司连铸浇钢台

上海船舶运输科学研究所舰船机舱监控自动化组

国家电力公司武汉华中华能发电股份有限公司输煤公司机械班

中国化学工程总公司第七建设公司独山子重整青年突击队

中国建筑土木工程公司第一项目经理部

上海宝钢集团公司一钢公司炼铁厂 2500 中控室

中国港湾建设(集团)总公司四航局广州地铁二号线新磨区东段土建工程突击队

中国铁路通信信号集团公司上海工程公司卫星通信网项目部

中国移动通信集团公司青岛分公司香港中路全球通营业厅

煤炭科学研究总院北京中煤公司金草田分公司

中国航空工业第一集团公司成飞集团民用飞机制造公司

武汉钢铁集团公司大型轧钢厂高线车间轧钢乙班

中国长江航运集团总公司武汉长江交通科技股份有限公司长江 22039 轮

中国第一重型机械集团公司冶金分公司精炼炉工段

税 务 系 统

一、继续认定的

北京市宣武区国家税务局办税服务厅(原第一征收所)

北京市密云县国家税务局第一税务所

北京市朝阳区国家税务局第六税务所个体集贸一组(原第十税务所个体组)

北京市宣武区地方税务局白纸坊牛街税务所

北京市石景山区地方税务局税源监控税务所(原冶金税务所)

北京市西城区地方税务局二龙路税务所

天津市红桥区国家税务局稽查一所

天津市武清区国家税务局开发区税务所（原武清县国家税务局开发区税务所）
天津市地方税务局和平区分局征收所（原和平区分局三所）
天津市地方税务局南开区分局征收所
天津市地方税务局蓟县分局马伸桥税务所
河北省唐山市海港开发区国家税务局
河北省东光县国家税务局城区分局（原城区税务所）
河北省徐水县国家税务局遂城分局（原遂城税务所）
河北省宽城满族自治县地方税务局峪耳崖分局
河北省邢台县地方税务局东汪征收分局
河北省丰南市地方税务局唐坊分局
河北省廊坊市地方税务局开发区分局
山西省大同市国家税务局征收三分局管理一科（原稽查二分局稽查二科）
山西省朔州市平鲁区国家税务局下水头中心税务所
山西省柳林县国家税务局征收分局
山西省太原市地方税务局一分局管理一科
山西省榆社县地方税务局征收分局（原直属征收分局）
山西省屯留县地方税务局征收分局
内蒙古自治区奈曼旗国家税务局青龙山税务所（原青龙山中心税务所）
内蒙古自治区宁城县国家税务局八里罕管理局（原八里罕分局）
内蒙古自治区准格尔旗国家税务局办税服务厅
内蒙古自治区包头市地方税务局三分局（原直属三分局）
辽宁省本溪市国家税务局平山分局一洞桥中心税务所（原平山分局一洞桥税务所）
辽宁省抚顺市国家税务局新抚分局公园中心税务所
辽宁省沈阳市国家税务局沈河分局五爱税务所
辽宁省沈阳市国家税务局苏家屯分局陈相中心税务所
辽宁省盘锦市国家税务局直属一分局稽查局
辽宁省大石桥市国家税务局官屯中心税务所
辽宁省大连市国家税务局旅顺口分局铁山中心税务所
辽宁省大连市国家税务局甘井子分局大连湾中心税务所（原甘井子分局第四中心税务所）
辽宁省大连市国家税务局金州分局北乐中心税务所
辽宁省大石桥市地方税务局官屯税务所
辽宁省海城市地方税务局西柳分局
辽宁省铁岭县地方税务局稽查局
辽宁省沈阳市地方税务局皇姑分局征收科（原皇姑分局计征科）
辽宁省沈阳市地方税务局沈河分局五爱税务所
辽宁省沈阳市地方税务局铁西分局征收科
辽宁省大连市地方税务局中山区征收管理分局计征科（原第一分局计征科）
辽宁省大连市地方税务局高新技术产业园区征收管理分局办税服务厅（原对外分局办税服务厅）
吉林省辽源市国家税务局征收分局（原二分局天桥税务所）
吉林省吉林市国家税务局稽查局稽查二科（原稽查局东关检查二科）
吉林省延吉市国家税务局新兴管理分局（原新兴分局）
吉林省长春市国家税务局高新技术产业开发区分局
吉林省长春市国家税务局宽城分局兴隆山税务所
吉林省长春市国家税务局绿园分局征收科
吉林省四平市国家税务局中央路分局
吉林省通榆县地方税务局稽查局

吉林省珲春市地方税务局合作区分局
吉林省长春市地方税务局朝阳分局检查三科（原朝阳分局检查五科）
吉林省长春市地方税务局二道分局办税服务厅（原二道分局征收管理科）
吉林省辉南县地方税务局办税服务厅
吉林省白山市地方税务局八道江分局
黑龙江省大庆市国家税务局萨尔图分局拥军税务所
黑龙江省桦川县国家税务局江川分局
黑龙江省嫩江县国家税务局九三分局
黑龙江省巴彦县国家税务局城郊分局
黑龙江省哈尔滨市国家税务局道外分局前进税务所
黑龙江省哈尔滨市国家税务局开发区分局工大园区税务所
黑龙江省阿城市地方税务局阿城分局（原征收管理中心）
黑龙江省兰西县地方税务局稽查局
黑龙江省尚志市地方税务局一面坡分局
黑龙江省林口县地方税务局林口分局（原征收分局）
黑龙江省哈尔滨市地方税务局南岗分局计征科
黑龙江省哈尔滨市地方税务局道里分局计征科
上海市国家税务局第二分局第六税务所
上海市闸北区国家税务局征收所
江苏省仪征市国家税务局征收分局（原青山分局）
江苏省邳州市国家税务局官湖分局
江苏省南京市国家税务局栖霞分局营防税务所（原营房检查税务所）
江苏省南京市江宁区国家税务局禄口分局（原江宁县国家税务局禄口分局）
江苏省吴江市国家税务局征收分局（原同里分局）
江苏省江阴市国家税务局第四管理分局（原青阳分局）
江苏省如东县国家税务局征收分局（原直属分局）
江苏省南京市地方税务局白下稽查分局稽查二所（原白下分局稽查二所）
江苏省南京市地方税务局雨花台分局稽查三所
江苏省镇江市地方税务局直属分局（原工交分局）
江苏省苏州市吴城地方税务局直属分局（原吴县市地方税务局直属分局）
江苏省盐城市地方税务局直属征收分局（原直属分局）
江苏省兴化市地方税务局周庄分局
浙江省龙游县国家税务局办税服务厅（原征管分局）
浙江省绍兴县国家税务局办税服务厅（原征管分局办税服务厅）
浙江省乐清市国家税务局柳市管理站（原柳市办税服务厅）
浙江省湖州市国家税务局菱湖管理局（原办税服务厅）
浙江省象山县国家税务局第一管理局（原爵溪分局）
浙江省余姚市国家税务局第二管理局（原临山分局）
浙江省奉化市国家税务局第二管理局（原溪口分局）
浙江省杭州市地方税务局征管分局办税服务厅
浙江省温州市地方税务局征管局（原征管分局）
浙江省鄞县地方税务局下应税务所
浙江省象山县地方税务局爵溪分局
安徽省涡阳县国家税务局稽查局（原稽查分局）
安徽省淮南市国家税务局第三分局办税服务厅

安徽省宣城市国家税务局水东税务分局(原宣州市国家税务局水东税务分局)
安徽省淮南市地方税务局谢家集分局蔡家岗税务所
安徽省合肥市地方税务局第二直属分局征收四所
安徽省霍山县地方税务局直属分局
福建省闽侯县国家税务局上街管理分局(原上街分局)
福建省邵武市国家税务局征收局(原邵武市国家税务局办税服务厅)
福建省福州市国家税务局仓山管理局
福建省厦门市国家税务局管理二局湖里分局(原直属征收局湖里中心税务所)
福建省厦门市海沧投资区国家税务局
福建省晋江市地方税务局磁灶分局
福建省闽侯县地方税务局
福建省福州市台江区地方税务局征收分局
福建省厦门市地方税务局稽查局
福建省厦门市地方税务局对外税务分局
福建省厦门市开元区地方税务局开禾管理分局(原开禾分局)
江西省泰和县国家税务局文田分局
江西省九江市国家税务局直属分局办税服务厅(原直属分局征收所)
江西省浮梁县国家税务局仙槎分局
江西省萍乡市湘东区地方税务局下埠税务所
江西省吉水县地方税务局直属分局
江西省丰城市地方税务局上塘分局
江西省吉安市吉州区地方税务局习溪桥分局
山东省济南市市中区国家税务局综合业务科(原稽查局)
山东省安丘市国家税务局景芝分局
山东省诸城市国家税务局城区分局(原直属分局)
山东省兖州市国家税务局新兖分局
山东省乳山市国家税务局下初分局
山东省胶南市国家税务局办税服务厅(原计征科)
山东省临沂市河东区地方税务局汤头分局
山东省枣庄市市中区地方税务局征收分局
山东省淄博市周村区地方税务局南闫征收分局
山东省文登市地方税务局直属分局(原征收分局)
山东省邹平县地方税务局位桥分局(原位桥征收分局)
山东省青岛市崂山地方税务局计征科
山东省青岛市地方税务局第一分局税收管理一科
山东省青岛市地方税务局第三分局征收科
河南省安阳市国家税务局第一管理局税源管理三科(原郊区国家税务局龙泉中心税务所)
河南省陕县国家税务局观音堂税务所(原中心税务所)
河南省汝州市国家税务局计划征收科(原办税服务厅)
河南省平顶山市地方税务局新华办税服务厅(原新华区地方税务局征收所)
河南省巩义市地方税务局征收管理分局
河南省林州市地方税务局征收管理分局
湖北省襄樊市国家税务局樊城分局计划征收科(原樊城分局征收科)
湖北省松滋市国家税务局新江口分局(原第一分局)
湖北省武汉市国家税务局江岸分局第五管理所(原江岸分局第五稽查所)
湖北省武汉市国家税务局武昌分局征收税务所(原武昌分局征收科)
湖北省咸宁市咸安区国家税务局永安分局(原城区分局)
湖北省孝感市孝南区国家税务局第二分局
湖北省仙桃市国家税务局五分局(原七分局)
湖北省武汉市地方税务局洪山区分局第三管理稽查所

湖北省武汉市地方税务局青山区分局征收局（原征收服务税务所）
湖北省天门市地方税务局第一分局纳税服务厅（原征收局）
湖北省罗田县地方税务局三里畈分局（原大崎分局）
湖北省鄂州市地方税务局葛店开发区分局（原葛店分局）
湖北省随州市地方税务局直属征管局（原征收局）
湖南省新化县国家税务局西河税务所（原炉观征收分局）
湖南省长沙市国家税务局天心分局城南路税务所（原二分局城南路税务所）
湖南省郴州市国家税务局开发区分局（原一分局城前岭税务所）
湖南省洪江市地方税务局第三征收分局
湖南省桃江县地方税务局第一征收分局
湖南省湘西土家族苗族自治州地方税务局省级税收征收分局（原征收直属分局）
湖南省郴州市地方税务局省级税收征收分局
广东省珠海市国家税务局直属征收分局（原市区中心分局）
广东省吴川市国家税务局直属征收分局（原城区中心分局）
广东省广州市东山区国家税务局第二管理分局（原第二稽核管理所）
广东省阳西县国家税务局沙扒分局
广东省中山市国家税务直属征收分局（原直属分局）
广东省深圳市国家税务局蛇口管理分局税政科（原征收分局税政科）
广东省深圳市宝安区国家税务局福永分局
广东省深圳市龙岗区国家税务局龙岗分局
广东省电白县地方税务局稽查局
广东省普宁市地方税务局征收管理分局（原直属征收分局）
广东省新兴县地方税务局征收管理分局（原中心征收分局）
广东省江门市地方税务局江海征收管理分局计划征收股（原江海区地方税务局征收分局）
广东省深圳市地方税务局宝安分局福永征收所
广东省深圳市地方税务局福田征收分局征收科
广东省深圳市地方税务局稽查分局
广西壮族自治区田东县国家税务局平马征收分局
广西壮族自治区岑溪市国家税务局糯垌分局
广西壮族自治区南宁市国家税务局征收一分局
广西壮族自治区柳州市地方税务局鱼峰分局
广西壮族自治区武鸣县地方税务局锣圩税务所
海南省三亚市国家税务局第一分局
海南省儋州市国家税务局白马井分局
海南省保亭黎族苗族自治县地方税务局
海南省琼山市地方税务局桂林洋税务所
海南省三亚市地方税务局河西第一分局
重庆市綦江县国家税务局古南税务所
重庆市九龙坡区国家税务局征收税务所（原杨家坪征收税务所）
重庆市大渡口区国家税务局征收局（原征收所）
重庆市九龙坡区地方税务局征收所（原征收中心）
重庆市高新技术产业开发区地方税务局
四川省渠县国家税务局稽查局
四川省德阳市国家税务局征收局（原直属分局）
四川省双流县国家税务局管理三分局（原机场税务所）
四川省乐山市国家税务局征收局（原直属分局）
四川省广元市国家税务局直属征收分局

四川省地方税务局直属征收分局申报征收科
四川省西昌市地方税务局稽查局
四川省大邑县地方税务局悦来税务所
四川省宜宾市地方税务局直属征收分局
四川省德阳市地方税务局直属征收分局(原直属分局)
贵州省遵义市国家税务局征收局办税服务厅(原红花岗区国家税务局直属征收管理分局)
贵州省贞丰县国家税务局珉谷征收管理分局(原第一征收管理分局)
贵州省贵阳市南明区地方税务局征收分局(原南明区地方税务局征收科)
贵州省贵阳市南明区地方税务局二戈寨税务所
贵州省安顺市西秀区地方税务局轿子山税务所
云南省鹤庆县国家税务局征收分局
云南省丽江县国家税务局巨甸分局
云南省禄丰县国家税务局勤丰征管分局(原勤丰分局)
云南省丽江县地方税务局城关分局
云南省嵩明县地方税务局杨林分局
云南省昆明市五华区地方税务局个体集贸征收管理分局
西藏自治区国家税务局信息中心拉萨市区办税服务厅(原直属征收局办税服务厅)
陕西省西安市国家税务局碑林分局柏树林税务所
陕西省西安市国家税务局新城分局长乐西路税务所
陕西省西安市国家税务局稽查三局稽查五科(原第二分局计会征收科)
陕西省城固县国家税务局南乐税务所(原南乐中心税务所)
陕西省咸阳市国家税务局涉外分局
陕西省安康市汉滨区国家税务局江南征收局
陕西省安康市汉滨区地方税务局稽查局
陕西省大荔县地方税务局城关税务所
陕西省户县地方税务局税务稽查队
陕西省柞水县地方税务局直属征收分局
陕西省西安市新城区地方税务局韩森寨税务所
陕西省西安市阎良区地方税务局稽查队
甘肃省兰州市国家税务局涉外税收分局
甘肃省嘉峪关市国家税务局征收分局
甘肃省安西县国家税务局柳园管理分局(原柳园分局)
甘肃省兰州市城关区地方税务局五里铺税务所
甘肃省文县地方税务局碧口征管分局(原征收分局)
甘肃省静宁县地方税务局余湾税务所
青海省天峻县国家税务局综合管理科(原综合管理股)
青海省平安县国家税务局平安征收分局(原平安税务所)
青海省西宁市国家税务局城中分局水井巷税务所(原水井巷税务稽查所)
青海省西宁市城西区地方税务局办税服务厅
青海省德令哈市地方税务局
青海省乐都县地方税务局办税服务厅(原碾伯中心税务所)
宁夏回族自治区石嘴山市石炭井区国家税务局白岌沟税务所
宁夏回族自治区银川市新市区国家税务局朔方税务所
宁夏回族自治区固原县国家税务局城区税务所(原城区中心税务所)
宁夏回族自治区石嘴山市大武口区地方税务局
宁夏回族自治区灵武市地方税务局城区税务所
宁夏回族自治区平罗县地方税务局太西税务所
新疆维吾尔自治区乌鲁木齐市国家税务局迎

宾路税务所（原新市区分局迎宾路税务所）

新疆维吾尔自治区国家税务局石油税收管理局东疆分局（原鄯善县国家税务局石油分局）

新疆维吾尔自治区阿拉山口国家税务局（原博尔塔拉蒙古自治州国家税务局阿拉山口分局）

新疆维吾尔自治区鄯善县地方税务局办税服务厅

新疆维吾尔自治区乌鲁木齐市地方税务局头屯河区分局火车北站税务所（原新市区分局火车北站税务所）

新疆维吾尔自治区克拉玛依市地方税务局白碱滩分局

二、新命名的

北京市丰台区国家税务局第七税务所

北京市门头沟区地方税务局石龙工业区税务所

天津市津南区国家税务局直属征收大厅

天津市地方税务局塘沽分局征收所

河北省泊头市国家税务局泊镇分局

河北省山海关经济技术开发区地方税务局

山西省闻喜县国家税务局征收分局

山西省地方税务局农业税征收管理局

内蒙古自治区巴彦淖尔盟国家税务局办税服务厅

内蒙古自治区宁城县地方税务局天义镇税务所

辽宁省彰武县国家税务局彰武镇分局

辽宁省辽阳市国家税务局刘二堡特区分局

辽宁省大连庄河市国家税务局塔岭中心税务所

辽宁省海城市国家税务局腾鳌特区分局

辽宁省凤城市地方税务局通远堡税务所

辽宁省本溪满族自治县地方税务局小市中心税务所

辽宁省大连市地方税务局西岗区征收管理分局计征科

辽宁省盘锦市地方税务局兴隆台分局中心税务所

吉林省吉林市国家税务局西关管理分局办税服务厅

吉林省公主岭市国家税务局刘房子分局

吉林省通化市地方税务局二道江分局鸭园中心所

吉林省扶余县地方税务局稽查局

黑龙江省绥芬河市国家税务局稽查一局

黑龙江省齐齐哈尔市国家税务局龙沙分局永青税务所

黑龙江省齐齐哈尔市地方税务局富拉尔基分局计征科

黑龙江省黑河市地方税务局黑河分局

上海市卢湾区国家税务局办税服务厅

上海市地方税务局虹口区分局征收所开票组

江苏省盐都县国家税务局义丰管理分局

江苏省靖江市国家税务局西来管理分局

江苏省启东市国家税务局海东管理分局

江苏省徐州市地方税务局泉山分局奎山税务所

江苏省句容市地方税务局城郊分局

江苏省武进市地方税务局魏村分局

浙江省桐乡市国家税务局梧桐办税服务厅

浙江省天台县国家税务局城关办税服务厅

浙江省宁波慈溪市国家税务局第一办税服务厅

浙江省台州市地方税务局黄岩中心分局征管局

浙江省绍兴市地方税务局第二征管局

浙江省宁波慈溪市地方税务局长河税务所

安徽省无为县国家税务高沟税务分局

安徽省安庆市地方税务局石化分局办税服务厅

福建省福州市国家税务局涉外税收管理局

福建省厦门市同安区国家税务局新店分局

福建省南平市地方税务局征收分局

福建省厦门市海沧投资区地方税务局

江西省宜春市袁州区国家税务局三阳分局
江西省九江市庐山风景区国家税务局征收局
江西省南昌市西湖区地方税务局永叔路管理所
山东省蓬莱市国家税务局大辛店分局
山东省枣庄市薛城区国家税务局沙沟分局
山东省青岛平度市国家税务局张戈庄管理分局
山东省曲阜市国家税务局王庄分局
山东省新泰市地方税务局新汶征收分局
山东省成武县地方税务局城区分局
山东省青岛市胶州地方税务局李哥庄分局
山东省潍坊市地方税务局
河南省淮阳县国家税务局稽查局
河南省辉县市国家税务局孟庄税务所
河南省陕县地方税务局征收管理分局
湖北省荆门市国家税务局东宝分局办税服务厅
湖北省恩施市国家税务局城区分局
湖北省宜城市地方税务局第五分局
湖北省宜昌市地方税务局猇亭分局
湖南省澧县国家税务局甘溪滩税务所
湖南省永州市地方税务局办税服务厅
湖南省衡阳市地方税务局雁峰分局
广东省东莞市国家税务局虎门分局
广东省顺德市国家税务局大良分局
广东省化州市地方税务局南盛税务所
广东省东莞市地方税务局
广东省深圳市地方税务局罗湖征收分局征收科
广西壮族自治区来宾县国家税务局城镇分局
广西壮族自治区浦北县地方税务局小江分局
广西壮族自治区宾阳县地方税务局芦圩分局
海南省琼山市国家税务局桂林洋税务所
海南省儋州市地方税务局那大第四税务所
重庆市万盛区国家税务局征收所
重庆市江北区地方税务局征收所
四川省攀枝花市仁和区国家税务局管理二分局
四川省阿坝县国家税务局征收分局
四川省广元市地方税务局稽查局
四川省绵阳市涪城区地方税务局南郊税务所
贵州省松桃苗族自治县国家税务局寨英征收管理分局
贵州省凯里市地方税务局直属征收分局
云南省昆明市国家税务局涉外税收管理分局征收处
云南省大理市地方税务局凤仪分局
西藏自治区日喀则地区国家税务局办税服务厅
陕西省洛南县国家税务局直属征收分局
陕西省吴旗县国家税务局城区征收分局
陕西省铜川市印台区地方税务局三里洞税务所
陕西省西安市地方税务局第二分局办税服务厅
甘肃省白银市白银区国家税务局征收分局
甘肃省玉门市地方税务局征收管理分局
青海省门源县国家税务局青石咀征收分局
宁夏回族自治区吴忠市利通区国家税务局城区分局
宁夏回族自治区石嘴山市石嘴山区地方税务局
新疆维吾尔自治区博湖县国家税务局
乌鲁木齐市地方税务局头屯河区分局火车西站税务所

民航系统

一、继续认定的

民航华北管理局空中交通管制中心塔台（进近）管制室
民航内蒙古区局航管中心呼和浩特区域管制室
民航天津市局公安处派出所
民航山西省局太原空中交通管理中心区域管制室

中国航空油料华北公司第四油库第三汽车加油站
民航天津市局运输服务部问询台
中国国际航空公司客舱服务部金凤一组
中国国际航空公司客舱服务部金凤二组
中国国际航空公司地面服务部要客服务室
中国国际航空公司内蒙古分公司飞机维修基地定检维修分部
中国国际航空公司内蒙古分公司运控分中心签派室
中国国际航空公司天津分公司售票处
中国国际航空公司内蒙古分公司客舱服务部“百灵”乘务组
北京空港航空地面服务有限公司客运部国际值机室
北京首都机场集团公司运行保障部天然气管理中心设备维修站
北京首都国际机场股份有限公司要客部贵宾室
北京首都国际机场股份有限公司安全护卫中心安全检查站安检三科
北京首都国际机场股份有限公司安全护卫中心消防大队
中国民航信息网络有限公司货运部
中国民航总局空中交通管理局电信公司网络支持部
中国民航开发总公司徐州设备修造厂一车间
民航华东空中交通管理局空管中心虹桥塔台进近管制室
民航安徽省局合肥售票中心
杭州萧山国际机场航空地面服务公司服务部
南京禄口国际机场安检护卫公司安检二科
民航江西省局公安局昌北机场派出所
民航山东省局济南售票处
中国东方航空股份有限公司客舱部“凌燕”乘务示范组
中国东方航空股份有限公司山东分公司“鲁燕”乘务示范组
中国东方航空股份有限公司市场营销部上海营业部售票处“青年创优服务窗口”
中国东方航空股份有限公司江西分公司“赣燕”乘务示范组
中国东方航空股份有限公司安徽分公司“皖燕”乘务示范组
中国东方航空股份有限公司客运部服务部“温馨服务小组”
中国东方航空股份有限公司“2308 样板机”维护组
中国东方航空股份有限公司山西分公司太原售票处
中国东方航空股份有限公司江苏有限公司“苏燕”乘务示范组
中国东方航空股份有限公司山西分公司“白鸽”乘务示范组
中国东方航空股份有限公司安徽分公司“黄山”乘务示范组
上海机场运行管理公司虹桥运行保障部供电科灯光站
上海国际机场股份有限公司虹桥候机楼管理分公司服务部电话问讯室
上海国际机场股份有限公司虹桥安检护卫分公司国内科一分队
上海国际机场股份有限公司虹桥候机楼管理分公司服务部贵宾室
上海航空公司商务部中心售票处
上海航空公司乘务部“金鹤”乘务组
上海航空公司乘务部“银鹤”乘务组
厦门国际航空港集团有限公司客货代理公司服务站
厦门航空有限公司客舱服务部乘务队
山东航空股份有限公司客舱服务部“彩虹”乘务队
民航中南空中交通管理局白云塔台管制室
民航中南管理局空管局气象中心预报室
民航长沙空管中心航务管理部区域管制室
民航广西区局运输服务部服务队

武汉天河机场公司场务修缮公司灯光动力部
民航海口空管站技术保障部
中国民航中南机场设计研究院
华南蓝天航空油料湖北分公司航空加油站
民航河南省局地面服务处旅客服务部
中国南方航空股份有限公司地面保障部航班不正常处理室
中国南方航空股份有限公司客舱部“春风”乘务组
中国南方航空股份有限公司 GAMECO 地面保障设备部特种车辆修理分队
中国南方航空股份有限公司深圳公司空中服务“木棉”乘务组
中国南方航空股份有限公司海南公司“含笑”乘务组
中国南方航空股份有限公司湖南公司乘务队“芙蓉”乘务组
中国南方航空股份有限公司海南公司售票处
中国南方航空股份有限公司客舱部“春晖”乘务组
广州白云国际机场集团公司公安局刑警大队
广州白云国际机场股份有限公司航空护卫分公司(安全检查站)一中队
广州白云国际机场股份有限公司旅客服务分公司天龙酒家烧腊房
广州白云国际机场股份有限公司航空运输服务分公司市场营销部售票处国内柜台
广州白云国际机场股份有限公司贵宾室
深圳航空有限责任公司乘务大队
深圳航空有限责任公司商务部华联售票处
深圳机场(集团)公司承远航空加油站
深圳机场(集团)公司旅客服务部服务科
深圳机场(集团)公司安检站旅检二分队
海南航空股份有限公司乘务大队“飞鹿”乘务组
民航西南空中交通管理局管制中心塔台管制室
民航西南空中交通管理局气象中心预报室
中国航空油料西南公司成都航空加油站
重庆江北国际机场候机楼总服务台
民航重庆市局公安局交巡警支队
成都双流国际机场安全检查站
民航西南管理局办公室秘书科
民航大理站营运科
民航贵州省局贵阳售票处
中国西南航空公司运输服务公司服务部要客室
中国西南航空公司飞机维修基地航线部 B737-300 分部一工段
中国西南航空公司重庆公司客舱服务部“红岩”乘务组
中国西南航空公司重庆公司客舱服务部“银鹰”乘务组
中国民航飞行学院洛阳分院航站安检站
中国民航飞行学院广汉分院机务工程部团员安全监督岗
昆明机场航空地面服务有限公司服务部
云南航空公司“金孔雀”乘务组
云南航空公司昆明中心售票处
四川航空公司机务部 A320 中队三分队
四川航空公司乘务队黄蓉萍乘务组
西安咸阳国际机场动力公司灯光站
民航宁夏区局银川中心售票处
民航甘肃省局兰州空管中心区域管制室
中国航空油料总公司西北公司咸阳航空加油站
西安咸阳国际机场公安分局候机楼派出所
中国西北航空公司飞行大队乘务二中队“如意”乘务组
中国西北航空公司飞机维修基地空客车间定检工段
中国西北航空公司地面服务部服务处问讯及特殊服务小组
中国西北航空公司飞机维修基地特种车辆车间一工段
中国西北航空公司甘肃公司运输服务部候机

室
东北空管局哈尔滨空管中心航务部管制室
民航吉林省局长春机场候机室
民航东北空中交通管理局气象中心预报科
沈阳桃仙国际机场安检站安检一科
大连周水子国际机场公安分局派出所
大连周水子国际机场商贸公司免税店
中国北方航空公司空地服务部“共青团微笑乘务组”
中国北方航空公司飞机维修基地大修部发动机车间
中国北方航空公司沈阳售票处
中国北方航空公司飞机维修厂航线车间
中国北方航空公司长春飞机维修厂三车间
中国北方航空公司空地服务部服务室
中国北方航空公司大连分公司 2818858 航空信息服务中心
中国北方航空公司长春中心售票处
民航乌鲁木齐管理局酒店管理公司机场宾馆客房部服务组
中国航空油料新疆公司航空加油站三分队
民航乌鲁木齐管理局通信导航处莎车导航站
新疆航空公司“雪莲”示范乘务组
新疆航空地面服务公司问询处

二、新命名的

民航华北空管局气象中心预报室
中国国际航空公司货运分公司北京货运部特运室
温州航空客运有限公司
上海东航实业公司汽修厂升降平台车维修保养组
中国东方航空股份有限公司江苏有限公司“苏鹰”文明机组示范组
上海航空股份有限公司商务部顾客服务中心
厦门航空有限公司运输服务部旅客服务处值机室
山东航空股份有限公司市场部济南营业部
民航河南省局安检站一中队一分队
民航湖南省局现场运行指挥中心客运部候机室
广州南方航空报关有限公司
中国南方航空股份有限公司湖北分公司“楚韵”乘务示范组
南航(集团)汕头航空有限公司“虹云”乘务示范组
广州白云国际机场宾馆有限公司餐饮部贵宾房
民航第二研究所信息技术分公司
中国西南航空公司成都乘务部“蓝色旅途”乘务组
民航甘肃省局公安处中川机场派出所
中国西北航空公司货运部咸阳货运处营业室
中国北方航空三亚有限公司乘务队“天涯知己”乘务组
中国新疆航空公司市场营销部售票处客运室

旅 游 系 统

一、继续认定的

北京丽都假日饭店泰国餐厅
北京国际饭店前厅行李组
北京昆仑饭店保卫部前厅门卫
北京中国职工之家客房部
北京饭店中华礼仪餐厅
北京西苑饭店中餐宴会服务班
北京新侨饭店前厅部电话班
北京前门全聚德烤鸭店餐厅组
北京首汽集团公司国宾队
北京颐和园德和园班
北京长富宫饭店宴会厅班组
北京市旅游汽车公司京旅通信公司 466 台
北京北海公园琼岛景区
北京世界公园安保部
北京中华民族园
北京天坛公园回音壁殿堂班
北京中国人民解放军空军航空博物馆
北京建国饭店西餐厅

北京港澳中心电话总机班
北京喜来登长城饭店茶园餐厅
北京五洲大酒店总机班
天津利顺德大饭店白金汉宫宴会厅
天津水晶宫饭店西餐服务组
天津友谊宾馆营销小组
天津盘山索道公司
天津温泉游乐宫
天津大亚旅行社导游部
河北宾馆金燕都餐厅
河北秦皇岛市山海关老龙头景区管理处
河北承德避暑山庄管理处宣教群工部
河北石家庄市国际大厦客房部 12—15 楼班组
河北唐山饭店美食林宴会服务班
河北廊坊市天都大酒店
河北遵化中国国际旅行社北京接待中心
山西大酒店客房部
山西国旅大厦酒店
山西五台山友谊宾馆中餐厅服务组
山西大同云冈石窟文物研究所宣传接待部
山西太原晋祠博物馆群工部
山西迎泽宾馆客房部
内蒙古新城宾馆八号楼班组
内蒙古呼盟鄂温克旗巴彦呼硕旅游区
内蒙古哈素海旅游度假村
内蒙古呼伦贝尔宾馆餐饮部
内蒙古集宁映山大厦贵宾楼
辽宁凤凰饭店客房部
辽宁大连天富大酒店前台接待部
辽宁本溪水洞管理处导游班
辽宁凤凰山风景名胜区管理局山门管理科
辽宁鞍山玉佛苑青年导游服务班
辽宁抚顺友谊宾馆客房部
辽宁沈阳园林国际旅行社国内部
辽宁大连博览大酒店康乐中心
吉林集安市翠园宾馆客房部
吉林宾馆客房部
吉林长白山宾馆客房部
吉林延边天池宾馆
吉林吉林市松花湖滑雪场滑雪俱乐部
吉林银河大厦总服务台
吉林乐府大酒店客房部
吉林长春华侨饭店客房部
黑龙江中国青年旅行社港台部
黑龙江哈尔滨天鹅饭店餐饮前厅部
黑龙江哈尔滨国际观光旅行社外联部
黑龙江大庆市铁人纪念馆
黑龙江哈尔滨市马迭尔宾馆总服务台
黑龙江大庆市大庆宾馆总服务台
黑龙江哈尔滨铁道国际旅行社国际部
黑龙江旅游培训中心培训部
上海静安宾馆应接青年服务班
上海春秋国际旅行社国内部门市营业部小组
上海银河宾馆 VIP 班组
上海衡山宾馆客房部一号电梯班组
上海新锦江大酒店青年国宾接待班组
上海华亭宾馆宴会厅
上海和平饭店客房部北四楼青年班组
上海国际购物中心国际首饰厅班组
上海大厦前厅部大堂班组
上海华东大酒店前厅部总台班组
江苏南京金陵饭店佳宾厅
江苏苏州市竹辉饭店商场部
江苏南京夫子庙旅游商贸区
江苏苏州市虎丘山风景区管理处售票组
江苏徐州市云龙山观景台管理所
江苏南通文峰大世界总服务台
江苏连云港连岛海滨浴场
江苏常州江南春宾馆客房服务一班
江苏溧阳市天目湖宾馆餐饮部
江苏张家港国贸酒店前厅部
浙江杭州望湖宾馆望湖楼餐厅
浙江宁波亚洲华园宾馆商务中心
浙江杭州香格里拉饭店商务中心
浙江温州华侨饭店客房部
浙江杭州大华饭店“共青团服务楼”

浙江台州市凤凰山庄房务中心
浙江奉化市溪口台胞服务中心
浙江中国国际旅行社公民出国旅游公司
浙江杭州大厦总台
安徽饭店主楼客房服务班
安徽黄山西海饭店总服务台
安徽黄山北海宾馆总服务台
安徽黄山云谷索道贵宾室
安徽九华山索道公司
安徽芜湖市铁山宾馆竹苑楼
安徽安庆市安庆迎宾馆御苑餐厅
安徽马鞍山市林散之艺术馆
安徽黄山狮林大酒店总服务台
安徽滁州市凤凰宾馆客房部
安徽相王府宾馆总服务台
安徽巢湖市临湖宾馆客务部
福建泉州酒店客房部
福建厦门鹭江宾馆总台
福建外贸中心酒店客房部
福建青年旅行社交通业务部
福建永安市桃源洞国家风景区导游班组
江西青山湖宾馆客房部
江西宾馆客房部七楼小组
江西赣州中国国际旅行社
江西景德镇合资宾馆客房部二班
江西庐山风景名胜区庐山宾馆客房部
江西南昌市滕王阁管理处接待科
江西九江市九江宾馆餐饮部居易山庄服务小组
江西抚州温泉宾馆客房部
江西萍乡市安源宾馆宴会厅
江西井冈山市井冈山大厦餐饮部红案班
山东威海卫大厦鲁苑厨房
山东青岛海天大酒店东来顺餐厅
山东蓬莱阁管理处导游科
山东泰山风景名胜区泰安市博物馆导游部
山东青岛崂山风景区奇石馆
山东威海刘公岛景区甲午海战馆导游讲解班
山东潍坊富华游乐园摩天轮、过山车机组
山东贵都大酒店餐饮部
山东菏泽南华牡丹大酒店
河南南阳宾馆紫竹园餐厅服务班
河南新乡宾馆客房部
河南郑州市嵩山饭店餐饮部 7 号楼餐厅
河南开封包公祠讲解组
河南安阳市殷墟博物苑展厅讲解班
河南洛阳市新友谊大酒店客房部
河南濮阳宾馆贵宾楼餐饮服务班
河南焦作市月季大酒店餐饮部
河南三门峡明珠宾馆房务部前厅部
湖北襄樊市隆中风景名胜区接待导游班
湖北武汉市东湖磨山管理处旅游接待部
湖北宜昌国际大酒店前厅部
湖北十堰市十堰商业贸易大厦客房部
湖北赤壁市金桥宾馆青年集体
湖北荆门市八方国际大酒店客房部
湖南衡阳市雁城宾馆共青团文明楼
湖南资兴市东江湖风景旅游区兜率岛景点
湖南中国青年旅行社导游部
湖南琵琶溪宾馆客房部二号楼服务班
湖南中银大酒店前厅部
湖南华都大酒店餐饮部
广东中国大酒店酒水部
广东白天鹅宾馆管家部机动综合班
广东广州酒家正店三楼班组
广东深圳世界之窗有限公司表演部日本园
广东佛山市旅游总公司旅游部
广东深圳锦绣中华发展有限公司中国民俗文化村
广东深圳世界之窗
广东广州云台花园
广东肇庆七星岩游览公司龙岩洞讲解班
广东江门市恩平金山温泉度假酒店前厅部
广东南海市中旅集团公司云影琼楼酒店前台
广东万绿湖风景区票务部
广东韶关市东明商贸有限公司金沙商场

广东南海市迎宾馆客房部
广东罗浮山旅游开发总公司门楼管理部
广西桂林漓江游船公司桂海 27 号船
广西柳州饭店四号楼餐厨班
广西南宁邕江宾馆大堂酒吧
广西桂林榕湖饭店旺福楼餐厨组
广西桂林漓江游船公司八桂 17 号船
广西桂林芦笛公园导游班
广西北海银滩管理处票务部
广西柳州饭店前厅接待组
广西梧州市五丰大酒店房务部
广西桂林宾馆前厅部
海南海口市南庄酒店公关部
海南南山佛教文化苑保安部
海南海口市金海岸罗顿大酒店前堂部
海南三亚珠江花园酒店珠江春中餐厅
海南宝华海景大酒店客房部
重庆人民宾馆前厅部东楼前台
重庆大足石刻宣传讲解组
重庆巫山县小三峡清洁队
重庆扬子江假日饭店客房部
重庆宾馆客房部服务中心会议组
重庆奉节县白帝城文管所讲解组
四川锦江宾馆客房部主五楼小组
四川岷山饭店客房部三区
四川峨眉山万年索道有限公司
四川峨眉山金顶索道公司
四川长宁县竹海风景区竹海宾馆
四川红珠山宾馆客房部
四川九寨沟民族艺术团
贵州凯里宾馆总服务台班组
贵州国际旅行社国内部
贵州山水旅行社外联部
贵州中国国际旅行社欧美部
云南石林风景名胜区管理局导游组
云南瑞丽新凯通国际大酒店房务部
西藏拉萨假日酒店牦牛咖啡厅
西藏宾馆客房部
陕西华山风景名胜区园林环境卫生管理处
陕西秦始皇兵马俑博物馆宣教部
陕西太白山索道公司
甘肃金城宾馆经营销售部
甘肃兰州丝路旅行社
甘肃长城宾馆餐饮部
甘肃嘉峪关关城文管所
甘肃武威市博物馆
甘肃敦煌月牙泉管理处接待部
甘肃嘉峪关宾馆客房部
甘肃张掖电力宾馆客房部
青海省中国青年旅行社
青海宾馆公关营业部前台科总服务台
宁夏国际饭店客房部
宁夏沙湖旅游公司旅游部
新疆巴音郭楞宾馆客房部
新疆石河子宾馆客房部
新疆巴音郭楞宾馆博斯腾湖西海渔村清真餐厅前堂部
新疆吐鲁番市葡萄沟游乐园
新疆建设兵团伊犁大酒店客房部
新疆建设兵团徕远宾馆餐饮部零点组

二、新命名的

北京民族饭店磨坊咖啡厅
北京京都信苑饭店乡榭丽寨咖啡苑
北京昌平区十三陵特区办事处定陵博物馆
山西云冈宾馆有限责任公司客房部七楼班组
内蒙古巴盟电力大酒店
辽宁抚顺雷锋纪念馆
吉林伪满皇宫博物院宣教部
吉林雾凇宾馆康乐部保龄中心
黑龙江哈尔滨铁路分局旅游公司黑河号列车
黑龙江牡丹江北山宾馆
上海锦江饭店前厅礼仪班组
上海海仑宾馆索菲特俱乐部
江苏无锡大饭店有限公司总机商务班
江苏盐城市盐阜宾馆房务部迎宾苑服务班
浙江湖州国际大酒店总服务台

浙江舟山市普陀山息耒小庄保安部
安徽寿县寿州宾馆房务部
安徽池州市九华山庄前厅部
福建福州大饭店
福建泰宁县金湖导游服务公司
江西赣州市虔城大酒店客房部
江西上饶龟峰旅行社
江西赣州悦来旅行社
山东临沂陶然居大酒店餐饮部
山东曲阜孔子六艺城艺术团
山东淄博中国古车博物馆
河南安阳宾馆四号楼服务组
河南许昌大酒店客房部
河南开封清明上河园有限公司保卫科
湖北黄鹤楼公园主楼科
湖北鄂州康福国际旅行社
湖南湘西民族宾馆前厅部
广东湛江海滨宾馆六号楼服务班
广东中山国际酒店前台部
广西桂林旅游股份有限公司漓江游船公司山水18号船组
广西凭祥市园林大酒店
海南兴隆金银岛大酒店前厅部
海南三亚明珠海景酒店客房部A座服务班组
重庆武隆县芙蓉洞讲解组
重庆市新亚国际旅行社海外部
贵州铁路通达饭店餐饮部服务班
贵州青年文化旅行社
陕西茂陵博物馆
甘肃兰州假日旅行社
甘肃敦煌宾馆
新疆生产建设兵团北屯宾馆客房部

金融系统

一、继续认定的

中国人民银行
天津分行太谷县支行
天津分行塘沽中心支行营业部
天津分行办公室文书科
天津分行土默特左旗支行
天津分行黎城县支行
天津分行安国市支行
天津分行文安县支行
沈阳分行抚顺市中心支行货币信贷与统计处
沈阳分行长春中心支行营业部与清算分中心
沈阳分行白山市中心支行科技科
沈阳分行哈尔滨中心支行调查统计处统计一组
沈阳分行大连市中心支行营业部
沈阳分行鞍山市中心支行外汇管理处
上海分行银行管理处业务管理科(原上海分行银行监管一处国有商业银行监管二科)
上海分行南平市中心支行营业室
上海分行杭州中心支行经常项目管理处出口收汇管理科(原上海分行杭州中心支行外汇管理处出口收汇管理科)
上海分行嘉兴市中心支行外汇管理科
上海分行泉州市中心支行营业室
南京分行宿松县支行
南京分行南通市中心支行货币金银科
济南分行广饶县支行
济南分行文登市支行
济南分行淄博市临淄区支行
济南分行邹城市支行
济南分行舞阳县支行
济南分行柘城县支行
济南分行汝南县支行
济南分行宝丰县支行
武汉分行万年县支行
武汉分行上高县支行
武汉分行荆门市中心支行支付科技科
武汉分行襄樊市中心支行营业室(原武汉分行襄樊市中心支行营业部)
武汉分行余江县支行
广州分行办公室
广州分行深圳市中心支行营业部

广州分行深圳市中心支行科技处
广州分行柳州市中心支行营业室（原广州分行柳州市中心支行业务部）
广州分行江门市中心支行国库科
成都分行蒙自县支行
成都分行贵阳中心支行营业部联行核算科
成都分行松潘县支行
成都分行德宏傣族景颇族自治州中心支行科技科
西安分行略阳县支行
西安分行平凉地区中心支行国库科
西安分行拜城县支行营业部
西安分行湟中县支行
西安分行果洛藏族自治州中心支行货币信贷与统计科（原西安分行果洛藏族自治州中心支行计划调研科）
西安分行石嘴山市中心支行营业部
西安分行海东地区中心支行货币金银科
重庆营业管理部资本项目处外资外债科（原重庆营业管理部外汇管理处外资外债科）
重庆营业管理部酉阳县支行
重庆营业管理部云阳县支行会计国库股
南京造币厂 W160 落镗机台
昆山钞票纸厂制浆车间 BIVIS 丙班
浙江省台州市银座城市信用合作社营业部
江苏省铜山县三堡农村信用合作社
中国证券监督管理委员会
大连商品交易所
深圳证券交易所综合研究所
中国工商银行
北京市王府井支行王府井储蓄所
北京市翠微路支行玉泉路储蓄所
北京海淀新技术产业开发试验区支行技术保障科（原北京海淀新技术产业开发试验区支行科技科）
天津市分行北站储蓄所
天津市分行李家台储蓄所
天津市塘沽分行营口道储蓄所
河北省张家口市分行解放街储蓄所
河北省石家庄桥西支行营业室（原河北省石家庄桥西支行出纳科）
河北省邢台市冶金路支行
河北省邯郸分行中华北路储蓄所
山西省分行营业部金厦储蓄所
山西省临汾市支行东大街储蓄所
山西省长治市支行牡丹办事处
山西省分行营业部大营盘储蓄所
山西省运城分行广场办事处广场储蓄所
山西省阳泉市分行桥头储蓄所
山西省太原市建设北路储蓄所
内蒙古自治区包头市环城路支行商场储蓄所
辽宁省抚顺市分行雷锋储蓄所
辽宁省锦州市古塔支行大楼储蓄所
辽宁省本溪市平山支行解放路储蓄所
辽宁葫芦岛市连山支行新华储蓄所
辽宁省分行营业部太原街第一储蓄所
吉林省长春市三八储蓄所
吉林省吉林市吉化市支行湘潭储蓄所
吉林省长春经济技术开发区支行
黑龙江省牡丹江市长安街支行出纳科
上海市外高桥保税区支行
上海市黄浦支行南京东路第三储蓄所
上海市分行第一支行
上海市浦东分行证券大厦分理处
江苏省扬州市分行营业部
江苏省南京雨花支行西善桥分理处
江苏省镇江市分行中山路储蓄所
江苏省南通市长桥分理处（原江苏省南通市长桥储蓄所）
浙江省杭州市西湖支行延中分理处储蓄专柜（原浙江省杭州市西湖支行延安路储蓄所）
浙江省湖州市分行红旗路储蓄所
浙江省分行营业部解放路支行储蓄专柜
浙江省瑞安市支行营业部储蓄专柜
安徽省淮北市分行营业部相山储蓄所
安徽省马鞍山分行营业部会计股

安徽省分行营业部回龙桥储蓄所
福建省福州市闽都支行储蓄专柜
福建省泉州市分行营业部
江西省南昌县支行莲塘储蓄所
江西省分行营业部胜利路储蓄所
山东省济南市大观园储蓄所
山东省济南市中区支行经十纬二路储蓄所
山东省济南市经二纬三路储蓄所
山东省济南市解放路储蓄所
山东省济南市经二纬十二路储蓄所
山东省潍坊市分行营业部
山东省莱芜市莱城区支行城关储蓄所
山东省济南市市中支行七里山西路储蓄所
山东省济南高新技术产业开发区支行
山东东营市分行东城支行
山东省淄博高新技术产业开发区支行
河南省郑州市建设路储蓄所
河南省新乡市分行银行卡中心(原河南省新乡市分行牡丹卡业务部)
河南省安阳市分行安钢一生活区储蓄所(原河南省安阳市分行梅一所)
河南省洛阳市分行营业部中州路储蓄所
河南省安阳市分行人民大道储蓄所
河南省焦作市分行三八储蓄所
河南省分行营业部行政区支行政二街分理处
湖北省随州市支行第二营业部
湖北省潜江市支行营业部
湖北省荆州市分行营业部
湖北省分行营业部民航新村分理处
湖北省分行营业部青山区支行十九街坊储蓄所
湖南省分行营业部银迅支行储蓄专柜
湖南省分行营业部韶山路支行大楼储蓄所
湖南省湘潭市岳塘支行岳塘储蓄所
湖南省分行营业部南门口储蓄所
广东省广州市署前路储蓄所
广东省佛山市分行向秀丽储蓄所
广东省分行营业部长堤储蓄所
广东省惠州市分行长寿路储蓄所
广西壮族自治区柳州市分行解放北路分理处
广西壮族自治区桂林市分行阳桥储蓄所
广西壮族自治区分行营业部桃源街储蓄所
广西壮族自治区柳州市分行鱼峰分理处
广西桂林分行解放东路储蓄所
海南省海口市金贸分理处
重庆市渝中区支行渝都储蓄所
重庆市九龙坡区支行西郊分理处
四川省分行营业部盐市口支行营业室
四川省达州市通川支行东风路储蓄所
四川省成都市春熙路支行春熙路储蓄所
四川省成都市滨江支行青羊宫分理处
四川省泸州市纳溪支行河东储蓄所
四川自贡市分行沙湾储蓄所
贵州省贵阳市云岩支行交际处储蓄所
云南省昆明市银通支行
云南省大理州分行振兴街储蓄所
陕西省铜川市支行红旗街储蓄所
陕西省宜川县支行大街储蓄所
陕西省分行营业部咸宁路储蓄所
陕西省咸阳分行个人金融服务中心
甘肃省兰州市东岗办事处定西南路储蓄所
甘肃兰州市金城支行储蓄专柜
青海省分行营业部城中支行营业室
宁夏回族自治区银川市新城支行
宁夏回族自治区石嘴山市分行南街储蓄所
宁夏回族自治区吴忠市分行裕民街储蓄所
新疆维吾尔自治区石河子市分行百大城分理处
辽宁省大连市青泥洼桥支行站前储蓄所
青岛市分行龙口路储蓄所
青岛分行登州路储蓄所
浙江省宁波市鼓楼支行鼓楼储蓄所(原浙江省宁波市古楼支行古楼储蓄所)
广东省深圳分行营业部金融大厦储蓄所
深圳市深圳湾支行营业部
福建省厦门市分行东渡分理处

三峡分行葛洲坝支行石子岭分理处(原三峡葛洲坝储蓄所)
苏州张家港市城西路储蓄所
中国工商银行总行营业部
中国农业银行
北京市宣武区支行骡马市分理处
北京市朝阳区支行定福庄分理处
天津市河东支行六纬路分理处
河北省秦皇岛市迎宾支行
河北省石家庄市广安支行
河北省石家庄市西城支行
河北省唐山市建设南路支行(原河北省唐山市翔云里办事处)
山西省太原市水西关支行营业室
山西省大同市振兴支行
山西省运城市河东支行
辽宁省分行营业部砂山支行
辽宁省抚顺市望花支行
辽宁省本溪市新华支行新华储蓄所(原辽宁省本溪市分行营业部新华储蓄所)
吉林省长春市北安支行
吉林省四平市分行红嘴分理处
吉林省公主岭市支行黄龙办事处
黑龙江省牡丹江市园明支行中心储蓄所
黑龙江省大庆市卧里屯支行
黑龙江省哈尔滨市昆仑支行
上海市浦东分行庄家桥营业所
上海市虹口支行大连西路营业所
上海市嘉定支行安亭营业所
上海市宝山支行吴淞营业所
江苏省吴江市支行东方办事处
江苏省徐州市分行营业部
江苏省江阴市支行璜土办事处
江苏省邗江县支行新区办事处
浙江省杭州市西湖支行中心储蓄所
浙江省温州市中山支行中山储蓄所
浙江省长兴县支行解放路储蓄所
浙江省绍兴市分行营业部中心储蓄所
安徽省宣城分行城中支行(原宣城分行直属办事处)
安徽省临泉县支行营业部
安徽省庐江县支行营业部
福建省莆田县支行石庭营业所
福建省福州市鼓楼支行营业厅
福建省晋江支行营业部
江西省南昌市叠山支行营业部
江西省赣州市分行营业部国商分理处
山东省淄博市桓台县支行
山东省分行营业部和平支行
山东省临沂市兰山区支行营业部
山东省青州市支行营业部
山东省东营市东营区支行基东办事处
河南省南阳市内乡县支行营业部
河南省商丘市八一路支行
湖北省武汉市江岸区支行建设大道分理处
湖北省武汉市武昌区支行大东门储蓄所
湖北省荆州市分行营业部泰安分理处(原湖北省荆州市荆州区支行泰安分理处)
湖北省宜都市支行营业部
湖南省分行营业部城中支行营业部
湖南省永州市分行营业部
湖南省邵阳市昭陵支行朝阳分理处
广东省顺德市支行营业部
广东省南海市支行国际业务部
广东省分行营业部白云支行萝岗储蓄所
广东省分行营业部西湖路办事处
广西南宁市国贸支行天桃分理处
广西柳州柳南支行飞鹅路第六储蓄所
海南省分行科技处
海南省万宁支行兴隆储蓄所
四川省西昌市支行营业部
四川省巴中市巴州区支行平梁营业所
四川省成都市总府支行营业部
四川省绵阳市涪城区支行营业部
四川省广安市分行营业部
重庆市万州市分行营业部

重庆市梁平县支行屏锦营业所
贵州省水城县支行营业室
贵州省贵阳市青云支行
云南省昆明市盘龙支行
云南省红河州建水县支行营业室
西藏自治区山南地区中心支行营业部
陕西省咸阳市分行营业部
陕西省延安市分行营业部
陕西省分行营业部莲湖路分理处
陕西省渭南市分行营业室
陕西省汉中市分行营业部
青海省海北州门源县支行青石嘴办事处
宁夏银川市开发区支行
宁夏银川市北京路支行
新疆库尔勒石油支行营业部
新疆焉耆县支行新城储蓄所
新疆分行营业部中山路支行营业部
新疆阿克苏兵团支行营业部
新疆巴音郭楞兵团支行营业部
新疆阿克苏兵团支行一团营业所
大连市沙河口支行民生分理处
青岛市分行四方区支行杭州路分理处
宁波慈溪市支行中国食品城分理处
厦门市分行滨北支行
厦门市海沧支行新阳分理处
深圳市分行龙兴支行
深圳市分行田贝支行
中国银行
总行营业部长安营业处(原总行营业部燕莎营业处)
北京市西城区支行三里河分理处储蓄专柜
天津市河东支行天山路储蓄所
河北省石家庄市机场路支行零售业务部
河北省石家庄市育才支行储蓄专柜
山西省忻州分行长征路储蓄所
山西省太原市北城支行
山西省平朔支行
内蒙古自治区通辽分行东城分理处
内蒙古区包头市分行包百大楼储蓄所
辽宁省沈阳市分行中山支行
吉林省延边分行友谊分理处(原吉林省延边州分行建工储蓄所)
黑龙江省分行营业部储蓄科
黑龙江省齐齐哈尔市分行营业部储蓄专柜
上海市分行资金计划处交易室(原上海市分行资金计划处外汇交易科)
上海市分行结算业务处结算二科
江苏省海门支行营业部
江苏省南京市城北支行百子亭分理处
江苏省昆山支行鹿城分理处(原江苏省昆山支行鹿城储蓄所)
江苏省苏州分行营业部(原江苏省苏州市分行营业部)
浙江省舟山市分行普陀山支行
浙江省台州市黄岩支行青年东路分理处
浙江省绍兴市分行清道桥分理处
浙江省台州市温岭支行储蓄专柜
安徽省芜湖市分行营业部
安徽省阜阳分行向阳分理处
安徽省合肥市三孝口支行营业部
江西省赣州市分行文清路分理处(原江西省赣州市分行文清路储蓄所)
江西省新余市分行渝水办事处储蓄专柜
江西省南昌市东湖支行大院分理处
山东省阳信支行
河南省洛阳分行结算业务部
河南省郑州市陇西支行营业部
河南省郑州市文化支行营业部储蓄专柜(原河南省郑州市文化支行营业部存汇专柜)
湖北省潜江广华支行
湖北省武汉市沌口支行二桥分理处
湖北省武汉市洪山支行何家垅分理处
湖南省分行营业部
湖南省岳阳分行营业部
广西壮族自治区梧州分行河西分理处(原广西壮族自治区梧州分行河西储蓄所)

海南省分行营业部储蓄专柜
海南省海口市秀英支行国科园分理处
四川省成都市双流支行营业部(原四川省双流支行会计出纳科)
四川省成都市蜀都人道支行东城根街分理处
重庆市九龙坡支行中心储蓄所
云南省开远支行
云南省昆明市南窑支行机场分理处
西藏分行营业部
陕西省宝鸡分行体育路储蓄所(原陕西省宝鸡支行体育路储蓄所)
陕西省西安市解放路支行营业部
陕西省分行营业部零售业务科
甘肃省兰州市城关支行广武门分理处
青海省西宁市东关支行八一路民航储蓄所
青海省西宁市城中支行大什字分理处
宁夏区银川市新城支行怀远路分理处
宁夏分行营业部储蓄专柜
新疆乌鲁木齐市解放路支行营业部
深圳市分行银行卡中心客户服务科

中国建设银行

总行营业部结算部
北京分行铁道支行金安分理处
北京分行前门支行永安分理处
北京分行朝阳支行营业部
北京分行城建支行安华里储蓄所
北京分行海淀支行科南路储蓄所
天津分行南开支行王顶堤储蓄所
天津分行河西支行平山道储蓄所
天津塘沽分行广州道储蓄所
内蒙古分行乌海海南区支行老石旦分理处
山西分行新绛县支行
山西分行营业部
河北分行邯郸铁西办事处
河北分行石家庄市西大街支行
黑龙江分行牡丹江市分行中心储蓄所
黑龙江分行哈尔滨市南岗支行储蓄专柜
黑龙江分行哈尔滨市工大支行
吉林分行营业部人民广场支行
吉林分行四平市中心支行公主岭支行
辽宁分行营业部沈中支行储蓄专柜
辽宁分行营业部皇姑支行第一储蓄所
辽宁分行沈阳铁路支行中兴街分理处
上海分行杨浦支行长阳路分理处储蓄柜
上海分行黄浦支行营业室
上海分行第五支行业务一科市政小组
上海分行宝钢(宝山)支行营业室
江苏分行南通市启东支行营业部储蓄专柜
江苏分行仪征市支行城南分理处(原城南办事处)
江苏分行射阳县支行营业部
江苏淮安市分行清浦支行(原淮阴市分行清浦办事处)
江苏徐州市分行营业部储蓄专柜
江苏分行营业部新街口支行(原第一支行)汉中路分理处
安徽分行营业部钟楼支行储蓄专柜
山东分行济南市历下区支行朝山街分理处(原朝山街储蓄所)
山东分行淄博市齐鲁石化专业支行
山东潍坊市分行营业部
山东分行济宁市城区支行
浙江分行杭州市宝石支行松木场储蓄所
浙江分行温州市瓯海区支行营业部
浙江分行绍兴市大通支行营业部储蓄专柜
江西分行南昌市永叔路口储蓄所
江西赣州市分行文清路分理处储蓄专柜
福建分行福州市城北支行会计储蓄专柜(原福州市城北支行会计部)
福建分行晋江市支行
河南平顶山分行煤炭支行营业部
河南分行郑州市金水支行桐柏路支行
湖北分行襄樊市襄城支行
湖北分行武汉市省直支行储蓄专柜
湖北分行武汉市长江支行胜利街储蓄所
湖北荆州市分行新桥分理处

湖南分行长沙市华兴支行营业部
湖南分行长沙市芙蓉支行梓园路储蓄所
湖南分行长沙市长岭支行
广东分行广州市登峰办事处
广东茂名市分行官渡分理处
广西分行南宁市朝阳支行朝阳路储蓄所
广西柳州市分行北站路第二储蓄所
广西分行南宁市新城支行新民分理处
海南分行营业部储蓄专柜
海南分行海口市美舍河分理处
海南分行海口市义龙分理处
四川分行绵阳江油支行纪念碑分理处
四川分行直属支行南郊办事处
四川分行成都市一支行(原营业部)羊市街储蓄所
四川分行成都市岷江支行蜀都分理处储蓄专柜
云南大理州分行庆丰分理处
云南分行昆明市城西支行棕树营储蓄所
贵州六盘水市分行共青团储蓄所
西藏分行城西支行营业部
陕西分行西安市长乐中路分理处储蓄专柜
陕西分行蒲城电厂专业支行
陕西分行西安市友谊东路分理处
陕西分行咸阳城区办事处
甘肃分行兰州市城关支行城关区办事处武都路分理处储蓄专柜
甘肃分行兰州市电力支行西固办事处
甘肃分行兰州市电力支行住房城建办事处
甘肃分行兰州市铁路支行营业部营业室
宁夏分行盐池大水坑办事处储蓄专柜
宁夏分行青铜峡铝厂分理处
青海分行西宁市城北支行储蓄专柜
新疆分行营业部黄河路支行营业部
新疆分行营业部铁道支行营业部
新疆分行营业部红山路支行营业部
大连分行机场分理处
青岛分行市南区支行贵州路储蓄所
青岛分行高科技工业园支行
宁波分行营业部(第一支行)储蓄专柜
宁波分行镇海区支行储蓄专柜
厦门分行文灶分理处
厦门分行厦大支行
厦门分行湖里支行储蓄专柜
厦门分行中山分理处
深圳分行东乐支行
重庆分行新星支行
重庆万州分行营业部
重庆分行高新技术开发区支行营业部
苏州分行张家港市支行金洲储蓄所
苏州分行金阊分理处储蓄专柜

国家开发银行

总行资产重组保全局资产重组处
总行营业部财会处(原会计结算处)
济南分行信贷一处

中国农业发展银行

河北省分行营业部营业室
山西省长治市分行营业部
河南省漯河市分行营业部
江苏省沛县支行
江西省南昌市西湖支行(原江西省分行营业部营业厅)
新疆区巴州分行营业部

交通银行

上海分行杨浦支行鞍山路支行(原鞍山路分理处)
上海分行业务部会计科
南京分行营业部储蓄专柜
南京分行新街口支行营业部
大连分行甘井子支行大连湾分理处
重庆分行南坪支行南城支行
重庆分行营业部营业厅
遵义分行万里支行舟水桥办事处
武汉分行江岸支行会计科(原江岸支行储蓄专柜)
武汉分行竹叶支行

武汉分行武昌支行会计科
岳阳支行营业部储蓄专柜
青岛分行市北第一支行营业厅(原第一支行储蓄专柜)
南宁分行桃源支行
郑州分行文化路支行黄河路分理处
郑州分行铁道支行储蓄专柜
洛阳分行营业部
乌鲁木齐分行营业部
乌鲁木齐分行开发区支行营业部
昆明分行建设路支行
长春分行长春大街支行储蓄专柜
大庆分行开发区支行
太原分行高新技术开发区支行
无锡分行储蓄专柜
温州分行营业部储蓄中心
扬州分行营业部出纳科
常州分行营业部储蓄专柜
苏州分行张家港支行营业部储蓄专柜
中国人民保险公司
天津市分公司国际部业务四部
辽宁省沈阳市分公司国外货运险部
安徽省分公司淮南洞山支公司
青海省分公司西宁市城中区支公司
青海省分公司格尔木支公司
南京市分公司下关支公司
广州市分公司海珠支公司市场一部
上海市分公司宝山支公司宝钢办事处
山东省泰安分公司营业部
山东省潍坊分公司营业部业务处理中心
吉林市分公司龙潭支公司铁东办事处
大连市分公司中山支公司财险一部
福建省泉州分公司营业部
湖北省分公司宜昌市葛洲坝支公司中心办事处
河北省唐山分公司国际保险部
甘肃省天水分公司五里铺营业所
广西南宁市分公司永新支公司

黑龙江绥化分公司绥化市支公司
山东省分公司东阿县支公司
四川省宜宾市分公司营业部
福建省分公司营业部
甘肃省安西县支公司
云南省玉溪分公司营业部
安徽铜陵分公司营业部
浙江省分公司国际部第二展业小组
湖南衡阳水口山支公司
上海外高桥支公司业务一部
广西桂林营业部
中国人寿保险公司
广东省佛山市分公司营业部
内蒙古自治区赤峰市元宝山支公司
河南省洛阳市城郊营业部业务科
江苏省分公司营业管理部城北支公司(原江苏南京市城北支公司)
河北省秦皇岛市海港支公司
广西柳州市鱼峰支公司
山东聊城分公司临清营业部
福建莆田市涵江区支公司
四川宜宾市分公司营业部
陕西商州市支公司
浙江天台县支公司
山西阳泉市分公司城区营业部
招商银行
沈阳分行营业部个人银行部
南京分行营业部
北京分行营业部
武汉分行营业处营业室会计组
深圳红岭支行
中国民生银行
北京管理部营业部
北京管理部万寿路支行
深圳分行罗湖支行

二、新命名的

中国人民银行
天津分行霍林郭勒市支行

沈阳分行铁岭市中心支行国库科
沈阳分行齐齐哈尔市中心支行科技科
上海分行大田县支行农村合作金融监管股
上海分行嘉兴市中心支行营业部
南京分行盐城市中心支行营业室
济南分行寿光市支行
武汉分行婺源县支行
成都分行宜宾市中心支行营业室
西安分行庆阳县支行
成都印钞公司印钞事业部接线凹印机 3 号机
北京印钞厂印钞二部李春荣机台
上海印钞厂凹印车间乙班史一明机台
西安印钞厂凹印车间接线凹印机 10 号机
石家庄印钞厂凹印车间 010 机台
南昌印钞厂科技处机电设计室
上海造币厂六车间机电设计组
沈阳造币厂五车间高速冲床刘爽机组
保定钞票纸厂四二车间抄纸丙组
中国证券监督管理委员会
上海证券交易所
中国工商银行
北京市新街口支行地安门外大街储蓄所
天津市河东支行万新村储蓄所
内蒙古呼盟分行河东支行储蓄专柜
辽宁省鞍山市分行站前储蓄所
黑龙江省分行营业部西十二支行中央大街第一储蓄所
上海市徐汇支行淮海中路分理处会计组
福建省分行营业部南门支行储蓄专柜
江西省九江分行柴桑分理处
山东省分行营业部经四纬一路储蓄所
河南省分行营业部国际业务部
湖北省荆门市石化工业区支行白庙储蓄所
广东省汕头市分行大厦储蓄所
广西区玉林分行解放路分理处
四川省南充市顺庆支行茧市街储蓄所
贵州省分行营业部甲秀支行
云南省丽江地区分行营业部新大街储蓄所
陕西省分行营业部东新街支行
青海省分行营业部营业室
新疆区分行营业部北京路支行三宫储蓄所
大连市青泥洼支行商品交易所分理处
宁波分行营业部会计结算部
深圳市罗湖支行营业部
中国农业银行
江苏省昆山经济技术开发区支行国际业务部
广西桂林市分行营业部分分钟储蓄所
甘肃省张掖市西区支行城关分理处
深圳市福田支行营业部
黑龙江省直属支行兴垦分理处
重庆市分行营业部上清寺分理处
上海市普陀支行陆家宅营业所
青海省格尔木市支行营业部
江西省广丰县支行
贵州省贵阳市甲秀支行
吉林省蛟河市支行电脑储蓄专柜
陕西省榆林市长城路支行
厦门市莲花支行
四川省泸州市纳溪支行营业部
浙江省金华市义乌支行第一储蓄所
广东省东莞市厚街支行营业部
宁夏银川市广场支行南郊分理处
青岛市市北区第一支行京山分理处
中国银行
北京市经济技术开发区支行业务部
上海市金桥支行洋泾分理处
山东省青岛市市南区支行香港西路分理处
湖南省长沙市蔡锷支行八一路分理处
江西省分行营业部储蓄专柜
新疆克拉玛依石油分行通讯路分理处
辽宁省鞍山分行中银储蓄所
陕西省西安市北大街支行四府路分理处
四川省绵阳分行中心储蓄所
广东省惠州分行营业部储蓄专柜
云南省分行营业部零售业务科
黑龙江省牡丹江市分行营业部储蓄专柜

江苏省启东支行储蓄专柜
北京市丰台支行西站分理处
浙江省杭州市钱塘支行营业部
福建省厦门市思明支行厦禾分理处
湖北省武汉市汉口支行营业部非贸易柜组
安徽省分行营业部零售业务科
海南省海口市海甸支行营业部
中国建设银行
天津分行河北支行铁路办事处
山西晋城市分行营业部
河北分行唐山市广场办事处
吉林分行吉林市分行武汉路储蓄所
辽宁锦州市分行储蓄专柜
江苏分行无锡市学前支行(原学前办事处会计科)
安徽分行营业部营业处储蓄专柜
山东分行泰安市分行新汶矿区专业支行
浙江分行杭州市高新支行储蓄专柜
福建莆田市分行储蓄专柜
河南分行郑州市金水支行营业部储蓄专柜
广东分行广州市署前路办事处
广西分行南宁市民主支行园湖路分理处
云南分行昆明市城东支行营业室储蓄专柜
大连分行栾金分理处
深圳分行营业部结算服务部
重庆分行杨家坪支行营业部
苏州分行吴江市盛泽分理处
国家开发银行
总行清算中心外币清算处
中国农业发展银行
辽宁省阜新市分行营业部
新疆区吐鲁番地区大河沿支行
交通银行
兰州分行城关支行结算柜组
上海分行金桥支行金杨路支行
石家庄分行裕华西路支行
哈尔滨分行营业部会计科
长沙分行湘湖支行
西安分行大雁塔支行
中山分行华桂支行
合肥分行营业部
中国人民保险公司
厦门市湖里区支公司
江苏常熟支公司定损理赔中心
天津开发区支公司业务一部
山西运城分公司营业部
中国人寿保险公司
云南澜沧县支公司营业部
内蒙古自治区四子王旗支公司
湖北五峰土家族自治县支公司
福建邵武市支公司
中国民生银行
北京管理部上地支行
招商银行
上海分行徐家汇支行
中国银河证券有限责任公司
中国银河证券有限责任公司中山证券营业部
中国光大(集团)总公司
中国光大银行黑龙江分行哈尔滨市经济开发区支行
中国光大银行济南市舜耕支行

供销系统

一、继续认定的

北京市丰台区亿客隆商城六里桥商场烟酒组
北京市万事吉商城食品部保鲜组
北京市亿客隆商城闭架烟酒组
北京市京北大世界商贸集团家电商场通讯器材组
天津市宁河县供销社芦阳百货大楼化妆品组
天津市港商医药总公司业务科
河北省石家庄市中山路化妆品专业商店
河北省邯郸市供销社工业品总公司家电公司
河北省廊坊市农业生产资料公司化肥科
河北省石家庄市大众商场燃气具组
河北省冀兴房地产开发公司

河北省武安市供销大厦
河北省武安市蓝天宾馆餐饮部
山西省农业生产资料公司科技服务分公司
山西省运城市华夏大酒店
山西省阳泉市天元商厦
山西省供销合作社招待所
山西省柳林县贸工农实业有限公司
山西省农业生产资料公司化肥二分公司
山西省盐业公司太原分公司皇后园批发部
山西省朔州市家用电器公司
内蒙古自治区赤峰市喀喇沁旗乃林供销社科技兴农服务部
内蒙古自治区赤峰市宁城县汐子供销合作社
辽宁省大连市旅顺供销大厦青年服务队
辽宁省沈阳市玫瑰大酒店前厅部
辽宁省盘锦供销大厦有限公司
辽宁省辽阳市翰林府大市场管理处
辽宁省沈阳市农业生产资料总公司化肥经销公司
吉林省长春市农业生产资料总公司帮农商社
吉林省白山市合兴实业股份有限公司食品化妆商场
黑龙江省哈尔滨星河宾馆客房部
黑龙江省大庆市五金工具总汇有限责任公司
黑龙江省哈尔滨市陶瓷总公司建材分公司
黑龙江省哈尔滨市农资总公司化工储运分公司
黑龙江省尚志市北方商场首饰组
黑龙江省大庆市供销合作社开发公司
黑龙江省哈尔滨市埃德乐器公司
江苏省淮阴市供销大厦股份有限公司家电商场影视柜
江苏省天京大酒店总服务台
江苏省大丰市银都大酒店
江苏省果品苏果超市有限公司总部
江苏苏农农资连锁有限责任公司
浙江省衢州市家电城有限责任公司
浙江省湖州市浙北大酒店总服务台
浙江省杭州市宝善宾馆管家部楼层班组
安徽省马鞍山市珍味南北货有限责任公司
安徽省新世纪大厦餐饮部
福建省仙游县枫亭供销社枫江商场
福建省上杭县土产日杂公司紫金商场
福建省忠门供销商厦
福建省莆田市湄州湾北岸灵川供销社商厦
江西省萍乡市供销大厦钟表柜组
江西省新余市供销大厦黄金首饰柜组
山东省东营市东营大酒店
山东省兖州市广场商厦
山东省青岛北方国贸大厦股份有限公司
山东省泰安市华联商厦
山东省安丘市供销大厦
山东省淄博东泰商厦
山东省即墨市新世界大厦皮鞋组
河南省商城大厦照材商场相机柜
河南省商城大厦工艺商场 K 金二柜
河南省中国郑州贸易中心栈商城饭店总台
河南省内乡县新大新有限公司新大新商场
河南省洛阳市供销储运总公司仓储分公司
河南省农业生产资料总公司化肥购销公司
湖北省供销社循礼门饭店“崔红班组”
湖北省农资总公司青年农资科技服务队
湖北省随州市购物中心三资化妆柜
湖南省长沙县路口区供销社路口商场
湖南省岳阳市九州大厦
湖南省岳阳市九龙商厦
湖南省长沙市泰阳商城
湖南省商务学校经济贸易专业科
广东省普宁市中都大酒店
广东省东莞市长安供销社新世界购物中心影音部
广东省云浮市百惠超级商场
广西壮族自治区百色地区供销大厦
广西壮族自治区玉林市金城商厦有限责任公司床上用品柜
贵州省供销工业品联销公司紫林商场食品组

贵州省供销工业品联销公司紫林商场针织柜
贵州省贵阳市山林大酒店客房部楼层班组
贵州省福泉市马场坪供销合作社
云南省供销合作社储运公司甸尾分公司生产科
陕西省勉县新世纪商城
陕西省商洛乾元宾馆客房部
青海省农牧生产资料总公司仓储部
宁夏回族自治区国棉农药公司经警队
新疆维吾尔自治区石河子市棉麻公司检验科
新疆兵团棉麻大厦利华大酒店餐饮部中餐厅
新疆兵团石河子供销大厦
新疆兵团棉麻大厦利华大酒店营销部
新疆兵团供销大厦华都大饭店前厅部
中国农业生产资料集团公司农药储备处
海南果蔬食品配送有限公司

二、新命名的

北京市佳之兴商业有限公司
北京市顺义隆华购物中心冰箱组
河北省邢台站北汽车站调度室
山西省晋城市太行饭店
山西省商业供销职工医院内科住院部
吉林省供销大厦客房部
江苏省徐州供销大厦有限责任公司
浙江省绍兴大通商城股份有限公司副食商场烟酒组
江西省商业学校信息管理专业科
山东省枣庄购物中心有限公司
山东省日照市凌云大厦
河南省商丘市银河纺织有限公司
湖南省娄底银海商业广场黄金柜
贵州省盘县朱东供销合作社
新疆兵团广厦房地产开发总公司财务科

中国石油天然气集团公司

一、继续认定的

塔里木油田分公司塔中作业区
大庆石油管理局电力总公司供电公司张铁匠一次变电所
大庆石油管理局钻井二公司10519钻井队
大庆油田有限责任公司天然气分公司杏V－1油气处理站
大庆油田有限责任公司第二采油厂第二油矿48队
吉林石油集团有限责任公司第二钻井工程公司32758队
吉林油田新木采油厂采油三队
辽河石油勘探局油建一公司涩宁兰输气管道工程青年突击队
辽河石油勘探局钻井二公司32476钻井队
辽河油田分公司辽河金马油田股份有限公司采油二区洼一联合站
大港油田有限责任公司钻井工程公司50541钻井队
大港油田分公司第二采油作业区采油二队港西18站
华北石油第四钻井工程公司40510钻井队
华北油田分公司采油一厂文31站
四川石油地调处地震四大队青年突击大队
西南油气田分公司输气管理处成都配气站
长庆石油勘探局钻井工程总公司30533钻井队
长庆油田分公司沣东加油站
玉门石油管理局水电厂电气车间运行岗位
玉门油田分公司炼化总厂常减压蒸馏装置
青海石油管理局物探公司2139队
新疆石油管理局克拉玛依供电公司变电二车间枢纽变电所
新疆石油管理局钻井公司45188钻井队
新疆油田分公司油气储运公司总站
新疆油田分公司百口泉采油厂油研所动态室
塔里木油田分公司油建管理项目部冲锋号突击队
吐哈油田分公司丘陵采油厂联合站
冀东油田分公司作业三区
中国石油集团地球物理勘探局研究院库尔勒分院

中国石油管道局第三工程公司化建五处青年突击队
中国石油管道分公司锦州输油管理处葫芦岛输油站
大庆石化总厂公安处交警大队女子中队
大庆石化分公司化纤厂丙烯腈操作室
哈尔滨石化分公司第三套催化车间
大连石化分公司三催化车间反应岗
抚顺石油化工公司石化二厂“小红帽”青年志愿者服务站
抚顺石化分公司石油三厂蒸馏车间北蒸馏装置二泵房
锦州石化分公司青年突击队
兰州石化公司石油化工厂烯烃车间
兰州石化公司炼油厂二套常减压车间
兰州化学工业公司宏达公司塑料薄膜三厂复合鹏膜车间
乌鲁木齐石化分公司化肥厂二合成车间
大庆炼化分公司马鞍山生产区催化裂解车间
前郭石化分公司常减压车间
锦西炼油化工总厂渤海加油总站
辽阳石化分公司炼油厂加氢裂化反应岗
吉化集团公司总医院磁共振科
吉化股份有限公司乙烯厂乙烯车间
吉化股份有限公司电石厂醋酸车间化工青年岗
中国石油辽宁销售分公司加油中心
陕西销售分公司西安分公司大庆路加油站
中国石油华东销售分公司上海申茂加油站
中国石油天然气集团公司机关幼儿园
中国石油勘探开发研究院油气田开发研究所天然气室
石油规划设计总院天然气所
中国石油物资装备(集团)总公司宝鸡石油机械厂设备分厂机加工车间数控工段
中国石油工程建设公司华东勘察设计研究院工艺室

二、新命名的

大庆石油管理局物资装备总公司物资信息中心
大庆油田有限责任公司第一采油厂第三油矿中十六联合站
辽河石油勘探局钻井一公司 50101 钻井队
大港油田分公司原油集输公司滨海大站
华北石油管理局井下作业公司第二作业大队
四川石油管理局川中油气公司钻井 61 队
长庆石油勘探局井下技术作业处 177 队
长庆油田分公司第三采油厂靖二联合站
新疆石油管理局工程建设有限责任公司水利工程公司
西南油气田分公司重庆气矿采气五厂相 18 井
塔里木油田牙哈作业区
吉化公用事业总公司维修四公司管工三班
兰州石化公司炼油厂酚精炼车间
独山子石化公司炼油厂蒸馏车间
中油辽宁抚顺销售分公司青年示范加油站
新疆销售分公司黄河路加油站
四川销售分公司直属水碾河加油站
中油管道二公司第二安装公司青年突击队

中国石油化工集团公司

一、继续认定的

胜利石油管理局石油化工建设有限责任公司青年突击队
胜利石油管理局现河采油厂一矿五队青年突击队
胜利石油管理局通讯公司通讯中心站
中原石油勘探局采油一厂 17 号计量站
中原石油勘探局采油五厂一矿采油六队 48#计量站
河南石油勘探局地质调查处 2235 地震队
河南石油勘探局勘察设计研究院热机室
江汉石油管理局井下作业处作业六队青年突击队
江汉石油管理局中心医院(五七)机械分院托老康复中心
江苏石油勘探局试采二厂采油九队韦庄集转

站
管道储运公司邹城输油处临邑站加热炉班
新星石油公司上海海洋石油局勘探三号
燕山石化公司化工一厂电气车间低压电工班
燕山石化公司炼油事业部检验中心分析组
天津石化公司医院急诊科
高桥石化公司炼油厂催三车间反应内操岗
金陵石化公司炼油厂加氢精制车间全员文明岗
扬子石化公司化工厂醋酸车间乙醛工段
扬子石化公司芳烃厂中控室
仪化有限公司涤纶五厂806青年女子班
南京化工公司氮肥厂硝酸车间直硝工段
齐鲁石化公司第二化肥厂合成总控室
齐鲁石化公司腈纶厂聚合车间回收岗
巴陵石化公司岳阳石化总厂合成橡胶厂SBS车间聚合岗
巴陵石化公司尿素产品部水处理大班
长岭炼化公司1#常减压车间外操岗位
茂名石化公司港口公司营业大厅
茂名石化公司销售公司化工处
安庆石化总厂机械厂工修车间电工班
广州石化总厂炼油厂炼油二车间重整装置
荆门石化总厂催化一车间气压机岗
洛阳石化总厂油炼厂二催化车间
九江石化总厂炼油厂二联合车间芳烃岗位
石家庄炼油厂动力装置电气运行岗位
济南炼油厂聚丙烯车间
武汉石化厂联合车间润滑油站青年团员岗
沧州炼油厂炼油二部
重庆一坪润滑油公司销售公司市场部
上海石化公司炼化部1#乙烯装置C—402压缩机系统岗位
上海石化公司化工事业部聚乙烯醇联合装置合成岗位
镇海炼化公司炼油厂延迟焦化车间
福建炼化公司重油催化车间
天津石油公司三号路加油站
河北石油公司第一分公司建设大街加油站
上海石油公司计算机管理中心
江苏石公司徐州矿山路加油站
安徽石油公司蚌埠石油分公司营业部
山东石油公司日照石化宾馆餐饮部
湖北石油公司零售公司王家墩加油站
洛阳工程建设公司炼油实验厂一催化车间反应岗位
第二建设公司安装工程公司管工童林宝组
第五建设公司安装三队青年突击队
第十建设公司安装一公司丁殿慧钳工班

二、新命名的

胜利石油管理局北京胜利饭店
中原石油勘探局钻井三公司70101钻井队
河南油田分公司第一采油厂魏岗联合站
江汉油田分公司江汉采油厂采油一队
江苏石油勘探局钻井处32730钻井队
新星石油公司西南石油局川西采输处新场集输气站
天津石化公司化工厂PTA车间
高桥石化公司化工厂苯酚车间2#装置氧成内操岗
金陵石化公司烷基苯厂制气车间
扬子石化公司贮运厂液体装卸车间桶装台
仪化有限公司动力厂总降青年文明生产区
南京化工公司东方化工有限公司环己酮车间
齐鲁石化公司胜利炼油厂重油加氢车间循环机岗位
巴陵石化公司岳化总厂化工二厂环己酮车间主控岗位
长岭炼化公司催化剂厂加氢车间
茂名石化公司经理办官度村客房部
安庆石化总厂港贮公司油品七罐区
广州分公司仪控中心一车间重催班
四川维尼纶厂热电厂燃运车间青年突击队
洛阳分公司炼油厂常减压车间
九江分公司化工厂聚丙烯车间内操岗位
济南炼油厂二催化车间

南京化工厂设计所工艺室
青岛石化厂催化车间 DCS 岗位
上海石化公司涤纶事业部 2#长丝联合装置 POY2#生产线
天津石油公司气象台路加油站
河北石公司邯郸石油分公司第十一加油站
山西石公司临汾公司尧庙加油站
江苏石油公司南京分公司汉中门加油站
湖南石油公司宁乡县石油支公司湘宁加油站

电 力 系 统

一、继续认定的

华北电力集团公司唐山供电公司建设路营业站
华北电力集团公司张家口供电公司宣化区供电分公司抄收班
华北电力集团公司华北网调调度运行班
华北电力集团公司北京供电局变电处昌平 500KV 变电站
华北电力集团公司滦河发电厂继电保护班
华北电力集团公司秦皇岛市区供电公司营抄班
华北电力集团公司十三陵蓄能电厂运行主值
华北电力集团公司大唐公司陡河发电厂运行甲值四单元
河南省电力公司洛阳热电厂 1 号青年机组
河南省电力公司郑州市电业局石佛变电站
河南省电力公司开封火电厂热工自动班
河南省电力公司安阳市电业局调度班
河南省电力公司第二火电建设公司锅炉钢架青年突击队
河南省电力公司开封市电业局供电抢修服务中心
河南省电力公司洛阳首阳山电厂 4 号青年机组
河南省电力公司送变电建设公司变电工程公司施工一队
河南省电力公司南阳市电业局青台变电站
新疆电力公司乌鲁木齐电业局市北供电局急修班
新疆电力公司乌鲁木齐电业局地调所调度运行班
新疆电力公司吐鲁番电业局 220KV 托克逊变电所
新疆巴州电力有限责任公司铁门关水电厂运行分场
新疆玛纳斯发电有限责任公司运行部锅炉运行三班
新疆玛纳斯发电有限责任公司检修公司汽机本体班
湖北省电力公司汉新发电有限责任公司 2#青年文明机组
湖北省电力公司钟祥市供电局城区供电所
湖北省电力公司宜昌供电局东山分局优质服务快速反应“小虎队”
湖北省电力公司宜昌供电局夷陵区电力营销中心
湖北省电力公司黄石供电局市区分局黄石港供电所
湖北省电力公司武汉供电局洪山营业所青年文明号
湖北省电力公司襄樊供电局襄樊供电分局客户服务中心
湖北省电力公司荆门热电厂四号机组
北京勘测设计研究院引黄入晋工程国际Ⅱ、Ⅲ标监理项目部
中国电力科学研究院电网调度自动化公司
国家电力公司西安热工研究院结构强度与管道技术研究所
中国华电工程(集团)公司物料输送部
水电四局机电安装分局水轮发电机组安装中队
水利水电闽江工程局安装公司第二分公司
国电电力发展股份有限公司大同第二发电厂发电部网控站
福建省电力有限公司福建水口发电公司自动

化班
福建省电力有限公司超高压输变电局500KV泉州变电所
福建省电力有限公司龙岩电业局营业大厅
福建省电力有限公司三明电业局电力调度中心
福建省电力有限公司沙溪口水力发电厂1#机
福建省电力有限公司厦门电业局城区电力客户服务中心
福建省电力有限公司福州电业局马尾供电局
内蒙古电力公司丰镇发电厂汽机车间
内蒙古电力公司巴彦淖尔电业局调度所调度班
内蒙古电力公司内蒙古电力科学研究院热工所
内蒙古电力公司呼和浩特供电局新城分局鼓楼营业站
内蒙古电力有限公司蒙达发电有限责任公司运行部
内蒙古电力有限公司包头第一热电厂电气主控室
内蒙古电力有限公司华电包头第二热电厂电气主控室
内蒙古电力有限公司乌拉山发电厂检修公司锅炉队
内蒙古电力有限公司包头供电局调度所微波班
山东电力集团公司十里泉发电厂运行二场六号机组生产线
山东电力集团公司济南供电公司天桥电力公司营业厅
山东电力集团公司威海电业局客户服务中心营业厅
山东电力集团公司淄博电业局张店供电局配电班
山东电力集团公司枣庄市市中供电局永安所
山东电力集团公司潍坊电业局农网改造青年突击队
山东电力集团公司日照电业局客户服务中心营业厅
山东电力集团公司烟台电业局客户服务中心营业厅
山东电力集团公司济宁电业局客户服务中心
山东电力集团公司临沂电业局客户服务中心服务部
黑龙江电力有限公司佳木斯发电厂经济警察中队
黑龙江电力有限公司富拉尔基发电总厂检修公司调速班
黑龙江电力有限公司哈尔滨第三发电有限责任公司值长组
黑龙江电力有限公司佳木斯电业局浩良河供电局
黑龙江电力有限公司牡丹江电业局东安供电局
黑龙江电力有限公司齐齐哈尔电业局建华供电局售电班
黑龙江电力有限公司哈尔滨电业局道里供电局道里售电所
华能集团公司山西榆社电力有限责任公司化学车间试验班
华能集团公司江苏华能淮阴发电有限公司继电保护班
华能集团公司华能辛店电厂运行丁值一班
华能集团公司华能南京公司(电厂)运行甲值
华能集团公司华能福州电厂运行C值
华能集团公司华能德州电厂机务检修部汽机本体班
华能集团公司华能大连电厂运行部运行一值
吉林省电力有限公司吉林热电厂11号发电机组
吉林省白城供电公司洮北客户服务中心营业厅
吉林省电力有限公司吉林供电公司龙潭供电分公司营业室
吉林省电力有限公司双辽发电厂1号机组

吉林省电力有限公司长山热电厂8号机组
吉林省长春第二热电厂有限责任公司1号机组
水电三局第三分局四公司青年突击队
国家电力公司东北公司丰满发电厂运行分厂五值
国家电力公司东北公司通辽电业局河西一次变工程队
国家电力公司东北公司元宝山发电厂2#机组运行集体
河北省电力公司石家庄供电公司桥东营业大厅
河北省电力公司电建一公司锅炉大件吊装青年文明号
河北省电力公司衡丰发电公司2#机组集控运行集体
河北省电力公司西柏坡发电有限责任公司1号机组运行岗位
河北省电力公司保定供电公司用电服务中心
河北省电力公司邯郸供电公司电力客户服务中心
河北省电力公司兴泰发电公司锅炉检修分场机动三班
河北省电力公司衡水供电公司用电服务中心
江苏省电力公司徐州发电厂汽机公司本体一班
江苏省电力公司徐州市西供电局用电服务中心
江苏省电力公司镇江供电公司220KV官塘变电所
江苏省电力公司南京热电厂运行部新丁班
江苏省电力公司连云港供电局连云分局业务班
江苏省电力公司南京供电局栖霞分局营业厅
江苏省电力公司常州供电公司用电服务中心
江苏省电力公司盐城供电公司城区用电营业厅青年服务队
江苏省电力公司扬州供电公司变电工区500KV江都变电所
水利水电第七工程局机电安装分局
甘肃省电力公司兰州供电局变电处桃树村变电站
甘肃省电力公司白银供电分局西区供电所
甘肃省电力公司兰州西固热电公司汽机附属一班
甘肃省电力公司庆阳地区电力局修试所高试班
甘肃省电力公司兰州供电局送电处一工区带电班
甘肃省电力公司靖远第一发电有限责任公司运行部化检班
甘肃省电力公司兰州供电局变电处海石湾变电所
宁夏回族自治区电力公司石嘴山发电厂高压焊工班
宁夏回族自治区电力公司石嘴山供电局大武口区分局营业班
宁夏回族自治区电力公司固原供电局固原变电所
华东分公司电力调度中心调度处
华东分公司望亭发电厂发电部电运乙1班
华东分公司富春江水力发电厂运行中控室集体
华东分公司新安江水电厂运行三组
山西省电力公司长治供电分公司大用户营业所
山西省电力公司运城供电分公司继电保护自动化所
山西省电力公司忻州供电分公司匡村220KV变电站
山西省电力公司太原供电分公司建北营业站
山西省电力公司山西大同供电公司城区公司新开路营业所
山西省电力公司太原二电厂7#文明皮带间
贵州省电力公司贵阳发电厂运行分场(9#机组)

贵州省电力公司遵义供电局南白分局大客户站

贵州省电力公司都匀供电局自动化班

贵州省电力公司贵州清镇发电厂“1 号机炉”青年文明号

西北分公司龙羊峡发电分公司运行分场

西北分公司黄河水电公司检修安装分公司水轮调速班

西北分公司李家峡发电分公司电气部分自控班

天津市电力公司滨海供电公司塘沽营业站

天津市电力公司城南供电分公司河西营业站

天津市电力公司电网调度运行组

天津市电力公司高压供电公司继电保护管理所

天津市电力公司天津第一热电厂汽机运行热水网岗位

天津市电力公司天津市城东供电分公司河北营业站

葛洲坝水利水电工程集团有限公司葛洲坝一公司三峡建设公司泄洪坝段砼浇青年文明号

青海省电力公司青海火电工程公司桥电项目部

青海省电力公司青海送变电工程公司送电四处三队

青海省电力公司海东供电局送电工区带电班

青海省电力公司湟源县电力局

青海省电力公司城东电力营业所

青海省电力公司桥头发电有限责任公司发电二部 2#机组

青海省电力公司桥头发电有限责任公司汽机分场

国家电力公司南方公司天生桥水利发电总厂水工部水调班

国家电力公司南方公司梧州超高压局 500KV 梧州变电站

国家电力公司南方公司南方公司调通中心调度科

广东省广电集团有限公司茂名电力工业局分界供电所

广东省广电集团有限公司输变电工程公司变电工程处

广东省广电集团有限公司广州电力工业局用电处业扩组

广东省广电集团有限公司 500KV 汕头变电站

广东省广电集团有限公司深圳分公司客户信息服务中心

广东省粤电资产经营公司黄埔发电厂燃丁分岗

广东省粤电资产经营公司沙角 A 电厂燃料运行 E 班司机组

广西电力有限公司梧州供电局平浪变电站

广西电力有限公司岩滩水力发电厂发电部

广西电力有限公司桂林供电局电力故障报修服务中心

广西电力有限公司柳州供电局沙塘 500KV 变电站

广西电力有限公司南宁供电局配电抢修中心

云南电力集团有限公司滇西电业局西洱河电站运行一值

云南电力集团有限公司昆明供电局城区供电分公司电费组

云南电力集团有限公司云南送变电工程公司送电三处

云南电力集团有限公司小龙潭发电厂运行部五号机炉

云南电力集团有限公司漫湾发电厂 6 号机组青年集体

云南电力集团有限公司滇东电业局三岔变电站

云南电力集团有限公司鲁布革发电厂计算机班

上海市电力公司沪西供电公司线路一班

上海市电力公司浦东供电公司营业部

上海市电力公司超高压输变电公司 500KV 南

桥交直流变电站
上海市电力公司闵行发电厂13号机组
上海市电力公司上海输能电力工程公司青年突击队
上海市电力公司外高桥发电厂三号机组集控运行青年集体
上海市电力公司电缆工程公司二分公司青年工程队
浙江省电力公司绍兴电力局用电管理所营业服务部
浙江省电力公司杭州电力局城南供电局营业厅
浙江省电力公司金华电业局电力设计所有限公司
浙江省电力公司温州电业局送电工区运检二工段
浙江省电力公司嘉兴电力局城郊分局操作二班
浙江省电力公司镇海发电公司燃灰煤运一班
浙江省电力公司台州发电厂程控班
安徽省电力公司芜湖供电局用电营业大厅
安徽省电力公司淮北发电厂5号主机
安徽省电力公司马鞍山供电局配网检修班
安徽省电力公司安庆供电局调度所调度组
安徽省电力公司巢湖供电局用电营业大厅
安徽省电力公司合肥供电局用电所营业厅营业班
江西省电力公司贵溪发电厂检修公司继电保护班
江西省电力公司江西省送变电建设公司送电一处二队
江西省电力公司万安水力发电厂大修青年突击队
江西省电力公司九江供电局妙智变电站
江西省电力公司赣西供电局220KV白沙变电站
江西省电力公司江西省水电工程局一分局第一工程队
江西省电力公司景德镇供电局用电营业厅
江西省电力公司赣州供电局用电管理所客户服务中心
江西省电力公司江西省火电建设公司调试青年突击队
华北电力设计院张顺二回500KV输电线路工程青年突击队
西北电力设计院工程项目处
陕西省电力公司西安高压供电局兰田变电站
陕西省电力公司黄陵县电力局城区供电所
陕西省电力公司西安灞桥热垫有限责任公司电气主控室
陕西省电力公司西北电建调试施工研究所
陕西省电力公司西安供电局城南供电分局西郊营业站
陕西省电力公司陕西浦城发电公司锅炉检修管阀班
辽宁省电力公司沈阳电业局送电工区青年群体
辽宁省电力公司沈阳供电公司和平营业厅
辽宁省电力公司鞍山供电公司二次集控站
辽宁省电力公司鞍山供电公司用电服务中心
辽宁省电力公司营口供电公司西市分公司用户服务中心
辽宁省电力公司送变电公司工程公司送电第五分公司
辽宁省电力有限公司铁岭发电厂锅炉分厂制粉班
辽宁省电力有限公司大连电业局金州供电局营业服务班
辽宁省电力有限公司大连电业局甘井子供电局用电服务处
华中分公司华阳发电有限责任公司电检二班
华中分公司湖北襄樊发电有限责任公司发电部四值
华中分公司中国电力财务有限公司华中分公司
重庆市电力公司城区供电局用电营业厅

重庆市电力公司万州电业局三峡供电局电力营销中心
重庆市电力公司江北供电局电力营销中心用电营业部
重庆市电力公司杨家坪供电局巴山变电站
重庆市电力公司北碚供电局梅花山变电站
重庆市电力公司南岸供电局用电营业厅
湖南省电力公司电力调度通讯中心调度科
湖南省长沙电业局天顶变电站
湖南省五强溪水力发电厂修试总公司试验工区
湖南省长沙电业局城南供电局营业站
湖南省电力公司民丰500KV变电站
湖南省株洲电业局云天变电站

二、新命名的

华北电力集团公司廊坊供电公司开发区分公司
华北电力集团公司张家口发电厂发电部运行五值四单元
水利水电第四工程局青云公司金属结构厂
湖北黄石发电股份有限公司200MW机组
葛洲坝水电工程集团机电公司三峡泄洪坝段金结安装青年集体
上海电力建设有限责任公司电力安装一公司汽机本体班
河南省电力公司焦作市电业局供电110班
国家电力公司调度通信中心调度运行科
四川电力公司内江发电总厂高坝发电厂11#机组
福建省电力有限公司莆田电业局城厢电力客户服务中心
内蒙古电力集团有限责任公司鄂尔多斯电业局客户服务中心
山东电力集团公司超高压公司500KV淄博变电站
山东电力集团公司滨州电业局客户服务中心
黑龙江省电力有限公司鹤岗发电有限责任公司运行三值
黑龙江省电力有限公司大庆电业局东风供电局汇丰营业厅
中国华能集团公司浙江华能长兴电厂燃料公司电工班
吉林省电力公司吉林省辽源市西安供电营业所
东北公司哈尔滨超高压局大庆变电站运行二班
东北公司通辽发电总厂青年文明输煤段
河北省电力公司沧州供电公司客户服务中心
河北省电力公司河北电力调度通信中心调度处
中电国际淮南平圩发电有限责任公司运行部化学实验班
江苏省电力公司苏州供电公司市区营业部营业厅
甘肃省电力公司天水供电局秦城供电所配电班
宁夏电力公司银川供电局新城变电站
国电华东分公司新安江电厂经警中队
山西省电力公司洪洞供电支公司洪洞中心营业站
国电西北公司宝鸡第二发电有限责任公司锅炉分场机动班
国电西北公司调度通信中心调度处
广东省广电集团有限公司新会市电力工业局客户服务中心
广东省粤电资产经营有限公司珠海发电厂热工分部炉控班
广西电力有限公司防城港供电局新兴变电站
云南电力集团有限公司个旧供电局个旧营业厅
上海市电力公司市南供电公司金山供电所线运一班
浙江省电力公司江山供电局外线二班
安徽省电力公司铜陵供电局用电业务班
湖南省电力公司湘潭电业局荷塘变电站
江西省电力公司景德镇发电有限责任公司汽

机本体班

江西省电力公司赣西供电局新余分局营业大厅

四川省电力公司宜宾电业局江南客户服务中心

西北电建四公司一〇七工程队

辽宁省电力公司两锦供电公司锦州一次变工区南山一次变电所

重庆市电力公司沙坪坝供电局电力营销中心营业班

重庆市电力公司长寿供电局 220KV 东新村变电站

广东珠海供电局明源公司

浙江送变电工程公司 110KV 舟山至岱山联网输电高塔工程

陕西省电力公司安康水力发电厂电气分场保护班

湖北超高压输变电局荆门分局运检队

湖南省电力公司石门电厂发电集控室

云南电力集团公司滇中电业局青年志愿者服务队

个协私协系统

一、继续认定的

北京市海淀区芳雪药店

北京市叶氏服装服饰有限公司百货大楼专柜

北京市用友软件股份有限公司财务开发部

北京市朝阳区新静粤菜酒楼有限公司

天津市南开区永安百货商场百货组

天津市红桥区天奕商城卢萍时装屋

天津市阔佬皮衣超市

天津市乐氏商贸有限公司乐乐敬老院

天津市宝成会议服务公司服务部

河北省唐山市牛燕美容美发院

河北省迁安市北方家具城

河北省阜城县华兴服装有限公司

河北省藁城市京虎实业有限公司

河北省唐山市龙悦酒店用品总汇

河北省唐山市贺祥锆业有限公司

山西省祁县珍珍美容美发中心

山西远鑫实业有限公司

山西省侯马市家和自选商店

内蒙古自治区锡林浩特市万利达商贸有限公司

内蒙古恒茂集团有限公司

辽宁省海城市吉利来蛋糕鲜花世界

辽宁省大连金三角双盛园餐饮娱乐有限公司

辽宁省沈阳小土豆餐饮有限公司

吉林省桦甸市亚太冷藏有限公司

吉林省白山市集贸大厦眼镜店

吉林省九台市艳平水暖有限公司

吉林省长春市太隆服饰有限公司

吉林省白城市蓝盾美容美发学校

黑龙江省牡丹江市四季红百货批发商行

黑龙江省齐齐哈尔市清真轩饭店

黑龙江省哈尔滨市南岗区明日酒楼

黑龙江省哈尔滨市道里区香香快餐店

上海市杨浦区小苏北旧货调剂商店

上海市丹妮形象设计工作室

上海市复旦金仕达计算机有限公司

上海百达辉琪市场拓展服务有限公司

江苏省海安县李堡镇春明发廊

江苏省赣榆县小丽养鸡场

江苏省南通易安达机电设备有限公司

江苏月星家具集团有限公司总部

江苏省江阴市贝贝装饰有限公司贝贝布艺中心

江苏省南京市海世界实业有限公司

江苏省江都市金鑫电器制造有限公司

浙江省台州市光明眼镜钟表店眼镜柜组

浙江中义集团有限公司维修配件中心

浙江省缙云县布厂织布车间

浙江省嘉兴市精诚电器维修站

浙江铁牛实业有限公司

浙江省舟山市普陀区普乐家电维修服务部

浙江传化集团有限公司化学制品公司三车间

中控室
安徽省宿州市符离集刘老二烧鸡加工厂
安徽源牌集团实业有限公司
安徽省界首市良威塑化有限公司
福建万友企业集团有限公司
福建省福州市鼓楼区梳剪城
福建省福州鸟语林游乐有限公司
福建省泉州市肖厝家禽研究所
江西省高安市新兴饭店
江西省于都县港嘉兴食品有限公司
江西省上饶县复混肥厂
江西省万安县无线电学校
江西省东乡县缫丝总厂
山东省郯城源深企业集团有限公司
山东省桓台泰丰道路工程有限公司
山东省博兴万事达物资有限公司
山东望海实业集团有限公司
山东嘉祥永昌公路工程有限公司
山东省潍坊金丝达实业有限公司
河南省周口市东方机绣有限公司
河南省郑州市海灵实业有限公司
河南省秀玲特种养殖有限公司
河南省永城市佳丽制衣厂
河南省焦作市精益眼镜有限公司
河南省平顶山市美味思大酒店
湖北省孝感市楚特麻糖米酒有限公司
湖北省宜昌市沙龙宴餐饮有限公司
湖北省武汉小蓝鲸健康美食酒店管理有限公司
湖北永兴房地产开发有限公司
湖北长友食品有限公司
广东祥兴制衣集团有限公司
广东省广州市恒生集团有限公司
广东省深圳市龙岗区坪山镇六联餐室
广东省惠阳裕华电子有限公司
广西壮族自治区南宁市周小容回报牌食品连锁店
广西壮族自治区玉林巨东种养有限公司
广西壮族自治区玉林市顺达纺织品经营部
海南省琼海市国土大厦
海南省儋州艺进实业有限公司
重庆江城化工厂
重庆市川江车辆制造有限公司
四川省什邡光荣塑料制品有限公司
四川省南充市银峰房地产综合开发有限公司
四川省宜宾市宏远纸业有限公司
四川铁骑力士实业有限公司
四川省成都市金牛区耘涛美容美发总院
四川王氏集团有限公司
贵州省遵义金旭实业发展有限公司
贵州省遵义市明豪购物广场
云南省昆明市宝太祥工贸有限公司
云南优耐达信息产业有限公司
云南西红花产业股份有限公司
陕西省宝鸡市长静蔬菜批发公司
陕西省安康市鑫源批发市场
陕西省西安市世纪金花商场巴利专柜
陕西省西安东盛集团东盛医药有限公司
甘肃省兰州益民伊甸园饮食有限公司
甘肃省酒泉市创通科贸有限公司
青海绿宝饮品集团有限公司纯净水公司
青海省视健光学贸易有限公司
青海省西宁市富燕副食品店
宁夏回族自治区青铜峡市丹丹美容美发中心
宁夏多维药业有限公司
新疆维吾尔自治区洛浦县亚克西百货商店
新疆维吾尔自治区奇台县永合医院

二、新命名的

北京正辰科技发展有限公司
河北怡达食品集团有限公司
河北小洋人食品有限公司
内蒙古自治区乌兰浩特市建华图片社
辽宁大石桥市新世界家私城
辽宁阜新市天妮美容院
辽宁葫芦岛市连山区丽君服装店
吉林万隆路桥工程有限公司

黑龙江大庆市北方皮草行有限公司
黑龙江庆东集团股份有限公司工程一处
黑龙江哈尔滨云马酒店管理有限公司
黑龙江千里集团有限公司
上海视点公共关系有限公司
江苏徐州久隆集团有限公司
江苏盐城市小海农贸市场爱清水产经销点
浙江温州市浙南农副产品中心市场第二组
安徽临泉山羊集团有限公司
安徽万厦建安集团有限公司
江西扶州市天义广告艺术有限公司
江西仁和集团发展有限公司总部机关
江西赣县液化气供应站
山东和瑞电子工程有限公司
山东净雅大酒店有限公司
山东青岛洁神洗涤有限公司
河南内乡县牧园养殖有限公司
湖北安康置业有限公司
湖北荆门市永兴茶庄
湖南临湘市富食村
广东深圳市深信电器冷气服务有限公司
广东佛山市城区嘉讯办公咨询设备服务中心
广东东莞市美新电器百货有限公司
云南大理市亦乐商饮有限公司
陕西西安市于素梅脚病修治部
青海金溢新型铝型材有限公司氧化电泳车间
宁夏中卫县张氏集团有限公司
宁夏石嘴山市大恒电子商贸有限公司

其　他

一、继续认定的

北京天安门城楼管理处
北京海淀区人民检察院审查起诉一处
北京医药股份有限公司计算机中心
北京建材经贸集团新科公司国际精品厅
北京怀柔县职业介绍服务中心
北京石油公司宣武门加油站
北京燕山石油化工有限公司化工一厂仪表车间高压班
北京第一社会福利院颐养区
北京城建集团戎泉公司玉泉路粮油市场
北京首饰进出口公司业务二部首饰组
北京焦化厂回收一分厂东鼓风冷凝泵房
北京京棉纺织集团一分厂细纱车间丙班七组
北京国际会议中心会展部二层班组
北京汽车摩托车联合制造公司总装厂装配车间装配流水线
北京海关总关报关厅
北京京煤集团总医院导医服务队
天津东港海关查验一科
天津钢管公司轧管厂热轧作业区
天津汽车夏利股份有限公司汽车制造分公司装配车间C线
唐津高速公路二期工程青年业主项目经理部
天津工商局大港分局太平工商所
天津建工集团二建罗马花园工程青年突击队
天津石化公司乙烯厂聚乙烯部
天津一市政青年路桥有限公司
天津减速机总厂一车间柔性线班
天津渤海石油公司采油渤西油气处理厂
天津渤海化工集团天津化工厂聚氯乙烯分厂合成车间转化岗
天津红桥区环卫局五四青年路岗组
天津大港油田定向井公司伊朗项目组
河北沧州黄骅港航务工程有限公司水工分公司
中国华冶二公司西部矿山建设青年突击队
河北秦皇岛耀华国投浮法玻璃有限责任公司
河北唐山钢铁股份有限公司棒材厂
河北沧州市农村信用合作社中心社
河北邯郸市雪驰集团有限公司销售公司
河北石家庄东方热电燃气集团有限公司燃气分公司营业所抄表班
河北邢台电缆厂交联车间
河北唐山钢铁集团有限责任公司运输部1127机车包乘组

河北邯郸钢铁集团有限责任公司炼铁厂5#高炉工段

河北国防工业建筑工程公司张晓珍青年突击队

河北石家庄市乐仁堂调剂部

河北省委办公大楼服务科

河北宝山集团有限公司电镀车间

山西国阳新能股份有限公司一矿选煤厂重介洗选组

山西勘察设计研究院岩土工程处

山西太原新世纪眼镜有限公司

山西出入境检验检疫局太原机场办事处

山西晋中市榆次区郭家堡乡财政所

山西太原第一监狱运输科机电维修组

山西煤电集团公司机电总厂结构分厂金属构件生产线

山西大同市永和红旗美食城

山西大同北方电器有限责任公司

山西太化集团公司化工厂112号泵房

山西太原钢铁(集团)有限公司金属制品厂

山西太原市煤气集团公司管线所检修班

山西国营大众机械厂第一研究所青年岗

山西大同市左云县鹊儿山煤矿综采队

山西出入境检验检疫局检验检疫技术中心

山西信托投资公司南宫证券营业部

内蒙古党政专用电信局话务科

内蒙古康源药业有限公司

内蒙古呼和浩特市回民区司法局公证处

内蒙古包钢(集团)公司房地产开发公司房改办

内蒙古呼和浩特市新城区人民检察院审查批捕科

内蒙古森工集团满归森工公司绿星宾馆

内蒙古伊敏华锋实业有限责任公司物业管理分公司水厂二级泵站

内蒙古赤峰市富龙热力股份有限公司红山供热所

内蒙古铁骑集团棉纺织厂织布二车间保养组

内蒙古通辽通顺铝业股份有限公司供电分厂

内蒙古莫尔道嘎林业局龙岩山庄总服务台

内蒙古自治区党委机关幼儿园

内蒙古呼和浩特宾馆西楼服务组

辽宁凌源钢铁集团炼铁厂喷煤制粉班

辽宁辽阳市商业银行辽阳县支行

中国科学院金属研究所纳米材料研究组

辽宁丹东化纤集团股份有限责任公司粘胶长丝一厂加工车间

辽宁阜新矿务局海州露天煤矿运输段6608包机组

辽宁大连瓦房店金刚石股份有限公司汽车队

辽宁鞍山市社会保险总公司基金财务处

辽宁本溪市城市信用联社东宫储蓄所

辽宁沈阳超高压局辽阳送变电工区运行班

辽宁葫芦岛市财政局预算科

辽宁大连海洋渔业集团公司安全处消防队

辽宁锦州市商业银行凌云支行储蓄专柜

吉林四平市益民小区物业管理站

吉林辉南县工商局朝阳分局

吉林吉林市工商局市直属企业登记监督管理处

吉林白城电视台新闻部

吉林汪清林业局森铁处027青年包车组

吉林和龙市工商局光明分局

吉林化学工业股份有限公司有机合成厂第二苯乙烯生产线苯乙烯精馏岗

吉林石油集团公司石油大厦

吉林龙井市开山屯化学纤维浆厂检验处

吉林化学工业股份有限公司化肥厂压缩车间1号压缩机青年岗

吉林长春发电设备总厂研究所

吉林敦化市敖东宾馆

黑龙江哈尔滨市工商局道外分局南十六工商管理所

黑龙江哈尔滨市房地局直属机关房产经营分公司

黑龙江齐齐哈尔富拉尔基监狱狱政接见室

黑龙江齐齐哈尔市矿产勘查开发总公司溜槽组
黑龙江哈尔滨飞机工业集团公司飞机事业部设计所九室结构组
黑龙江哈尔滨锅炉厂有限责任公司联箱分厂三通组
大庆石化公司炼油厂重油催化生产线
黑龙江哈尔滨房产经营(集团)有限责任公司道外房产经营公司第三分公司滨江房管站
黑龙江哈尔滨市药材总公司服务中心
黑龙江哈尔滨市房产信托经营公司王兆热电厂共青团包烧号
黑龙江哈尔滨市房地产交易中心
上海三菱电梯有限公司工程本部急修中心
上海永新彩色显像管有限公司制造技术科
上海徐汇区人民检察院审查起诉科
上海河流污水管理所彭越浦泵站
上海吴淞出入境检验检疫局动植物和食品检验检疫科
上海通用汽车有限公司动力总成厂发动机车间缸体生产线
上海环境监测中心现场监测室
上海利泰进出口有限公司第四业务部
上海黄浦区城市规划设计室
上海海洋石油钻井工程公司“勘探二号”平台钻井队
上海杨浦区房产管理局控江物业公司青年管养段
上海提篮桥监狱青年实验分监区
上海柴油机股份有限公司伊维公司工艺科 P7泵工艺组
上海东方明珠广播电视塔有限公司接待部
上海豫园旅游商城绿波廊酒楼三楼服务组
上海海关调查局调查处办案组
江苏南京海关行邮处旅检科
江苏南京证券有限责任公司大钟亭营业部
江苏泰兴电视台新闻部
江苏徐州市工商局朝阳市场管理所
江苏无锡市财政局预算管理处
江苏淮阴市水利建设集团有限公司生产经营部
江苏江都市建设工程总公司田晓明项目部
江苏徐州卷烟厂三车间
江苏恒顺集团灌装线青年集体
江苏昆山市陆家镇财政所
江苏华泰证券南通姚路营业部
江苏南京夫子庙晚晴楼接待部
江苏省气象台观测站
江苏仪征化纤集团公司证券交易营业部
江苏金坛市国土规划局
江苏电视台新闻中心《大写真》专栏
江苏徐州市财政局直属征收管理处
华泰证券有限责任公司常州和平南路证券营业部
江苏南通海关查验科
浙江博物馆社教部
浙江杭州中美华东制药有限公司三车间
浙江杭州钢铁集团公司小轧公司连轧车间 P3操作室
浙江宁波市工商局奉化分局溪口工商所
浙江化纤联合集团有限公司长丝分厂牵伸 M－4029#机
浙江杭州市商业银行官巷口支行营业部
浙江金华市商业银行市府支行
浙江省气象台中短期预报科
浙江第五建筑工程公司缙云客运大楼项目部
浙江湖州市图书馆外借部
浙江三狮水泥股份有限公司烧成车间 2#回转窑看火班
浙江杭州海关驻邮局办事处申报台
浙江镇海炼油化工股份有限公司重三装置区六位一体生产线
浙江横店进出口有限公司
安徽省国债服务中心
安徽马鞍山出入境检验检疫局综合业务科
安徽蚌埠卷烟厂一车间 5000KG/H 制丝线

安徽宁国市工商局城关工商所
安徽九华山管理处预算外资金管理局
安徽省委办公厅综合调研室
安徽华光玻璃集团有限公司浮法锡退工段
安徽芜湖造船厂希亚德大酒店房务部楼层
安徽肥东宾馆迎宾楼餐饮服务班
安徽安庆石油化工总厂化肥厂合成车间合成氨装置
福建省直单位公积金管理中心
福建福清出入境检验检疫局检务科
福建兴业银行福州分行营业部
福建漳州市区土地登记处
福建厦门基业衡信工程监理有限公司
福建漳州市工商行政管理局 12315 消费者投诉服务台
福建宁德出入境检验检疫局检务科
福建福州市工商行政管理局仓山分局 12315 消费者投诉服务分台
福建兴业证券公司泉州证券交易营业部
福建纺织化纤集团有限公司有机分厂回收甲班
福建出入境检验检疫局检务处
福建莆田出入境检验检疫局检务科
福建兴业银行厦门分行海口支行厦港分理处
福建兴业银行福安支行储蓄专柜
江西井冈山革命烈士陵园管理处
江西庐山博物馆宣教部讲解组
江西铅山县房地产交易所
江西江南信托投资股份有限公司南昌证券部
江西铜业公司德兴铜矿采矿场工程机械维修青年突击队
江西新余钢铁有限责任公司运输部 1610 号青年包乘组
江西新华印刷厂八色机车间
江西铜业公司永平铜矿 9#电铲青年机组
江西庐山风景名胜区园门北山收费班
江西电视台青少部
江西上饶地区中级人民法院研究室
江西铜业公司德兴铜矿精尾综合厂 4#坝青年突击队
江西赣州地区城市信用合作中心社第三营业部
山东济南市天桥区人民检察院反贪局侦查科
山东淄博市商业银行营业部
华夏银行济南市城东支行
山东济南化肥厂有限责任公司甲醇车间
山东天元建设集团北京工程公司青年突击队
山东广饶石化集团股份有限公司催化主控室
山东世界银行贷款项目培训中心客房部
山东烟台市委机要局业务科
山东青岛钢铁集团公司第一线材厂青年轧制生产线
山东淄博市博山区人民检察院反贪污贿赂局
山东泰安市工商行政管理局企业科
河南洛阳玻璃股份有限公司浮法一线
河南安阳钢铁股份公司炼铁厂四高炉车间
河南平顶山煤业集团天宏焦化公司 80 炼焦厂乙工段
河南义煤(集团)公司机电总厂采掘分厂
河南长铝公司氧化铝厂成品过滤岗位
河南新野纺织集团股份有限公司东织分厂织造车间
河南开封县人民检察院综合服务中心
河南安阳市人民检察院技术处
河南驻马店地区检察院技术科
中原油田采油一厂 17 号计量站
河南舞阳钢铁公司煤气公司煤气车间发生炉工段
河南开封市人民检察院技术装备处
河南平顶山煤业(集团)一矿综采三队程太昌班
河南日报新闻出版部夜编组
湖北省社会劳动保险统筹办公室
湖北黄石大冶铁矿球团厂竖炉班
湖北广济药业股份有限公司广宁制药厂
湖北武汉烟草(集团)有限公司武汉卷烟厂制

丝车间甲班制丝组
湖北武汉市基础地理信息中心
湖北武汉市公路勘察设计院
湖北华明公司熔炼车间4号炉
中国葛洲坝集团公司水泥厂烧成一车间2号水泥窑系统
湖北武汉煤气(集团)公司武昌液化气分公司中北路煤气供应站
湖北得伟律师事务所
湖南湘潭市住房委员会办公室
湖南长沙市商业银行银德支行营业部
湖南长沙卷烟厂六车间甲4#生产线
湖南湘耒公路管理处衡东养护所
湖南湘潭钢铁集团有限公司高速线材轧制生产线
湖南长沙市商业银行华夏支行营业部
湖南常德卷烟厂八车间丙纤加胶棒生产组
湖南长岭炼油化工总厂运销公司装油车间计量大班
湖南黎家坪水泥厂旋窑分厂看火班
湖南计算机股份有限公司技术中心
湖南长沙铁路总公司长沙火车站母婴-军人候车室
广东广州市政府总值班室
广东深圳市规划国土局南山分局收发文窗口
广东东莞出入境检验检疫局凤岗办事处
广东佛开高速公路有限公司
广东广州白云机场海关非贸物品监管科
广东广州地铁运营有限公司黄沙站
广东深圳赛格三星股份有限公司锥11线
广东东莞市长安镇莲花山庄前台部
广东三茂铁路总公司三水机务段7639号机车青年包乘组
广东珠海市拱北海关行李物品监管处调查科缉毒组
广东珠岛宾馆中心二楼服务班
广东深圳市万厦公司莲花北村管理处
广东深圳市工商局专业市场分局第二工商所
广东中山出入境检验检疫局小榄办事处
广西柳工集团有限公司驱动桥厂托架班
广西玉柴发动机一厂技术科
广西平果铝动力厂供电车间
广西柳州市商业银行营业部
广西柳州市华锡集团车河选矿厂二车间锌组
广西桂林市工商局巡查大队
广西平果铝业公司电解铝厂铸造车间
广西玉柴机器股份有限公司冷工厂缸盖工段枪铰机组
广西桂林银海纺织集团三分厂甲班
广西柳州五菱汽车有限责任公司模具中心CAD/CAM小组
广西开发投资有限公司恶滩发电有限责任公司检修部二次班
四川成都海关驻机场办事处旅检二科
四川成都市工商局双流分局华阳工商所
四川成都市商业银行营业部
四川德阳工商局旌东分局旌湖工商所
四川泸天化股份有限公司合成二主控岗位
四川峨眉山市工商城市信用合作社
四川广元工商局南河分局
四川遂宁市蓬溪县红江发电厂
四川剑南春集团包装一车间
四川广安市广安区四九滩电站
重钢电子有限责任公司三峰仪表成套厂
重庆大足县人民检察院反贪局
重庆永川工商局企业(外资)、个体登记管理科
重庆燃气有限责任公司渝西分公司茄子溪管理站
重庆海关驻机场办事处
重庆渝北区绿化工程处
重庆巴山仪器厂惯性器件研究所
重庆沙坪坝区城镇建设拆迁管理办公室
中国嘉陵集团公司设备工程公司数控二组
重庆工商行政管理局渝中区分局大溪沟工商所
重庆少管所七管区

重庆万州天然气公司青年抢险突击队
重庆工商局企业登记所
重庆商业银行邹容路支行四贤巷分理处
贵州贵阳铝镁设计研究院冶建分院电解组
贵州贵阳市商业银行金城支行营业部
贵阳特殊钢有限责任公司一炼钢厂 6 号炉丙班
贵州茅台酒股份有限公司制酒二车间一班
贵州水城矿务局汪家寨选煤厂洗煤车间生产三轮班
贵州赤天化集团有限责任公司育才学校中学青年教师组
贵州开磷（集团）有限责任公司息烽重钙厂后勤部保健食堂
贵州水城钢铁（集团）有限责任公司原料处原料科
贵州贵阳市商业银行营业部
贵州贵阳卷烟厂一车间二线甲班
贵州钢绳（集团）有限责任公司一厂钢丝车间拉丝 5#机组
云南第三建筑工程公司四处孙开祥青年突击队
云南易门县小街乡财政所
云南锡业公司老厂锡矿掘进 13 队
云南羊场煤矿沙背冲矿井青年突击队
云南驻昆解放军化肥厂农化服务中心
云南昆明水泥股份有限公司质量处物理组
中国第九冶金建设公司金结厂一车间气焊班
陕西出入境检验检疫局机场办事处旅检科
陕西宝鸡市工商局渭滨分局马营工商所
陕西西安变压器厂机械制造分厂钳工一班
陕西铜川市工商局城区分局青年路工商所
陕西建筑二公司西安高新工程处经理部
中国石油股份有限公司长庆油田分公司第一采油厂王三计量站
陕西宝鸡卷烟厂五车间
西北国棉一厂细纱车间赵梦桃小组
陕西水电工程局四处五队
武警陕西西安市警卫处
陕西长岭股份有限公司 29 车间钣金组
陕西宝鸡啤酒厂包装一车间五四青年工段
中华人民共和国西安咸阳机场海关旅检科
陕西宝鸡金太公司
甘肃金昌化工（集团）有限责任公司纯碱厂重碱车间碳化岗位
甘肃白银有色金属公司冶炼厂电解车间种板工段
甘肃兰州铝厂电解二厂一车间二大组
甘肃靖远矿务局魏家地煤矿综放队
宁夏灵州集团有限责任公司矿务局磁窑堡煤矿充电室
青海盐湖钾肥股份有限公司干包车间
西部矿业有限责任公司脱水车间真空泵机组
青海盐湖钾肥股份有限公司采收车间
新疆有色金属工业公司阜康冶炼厂电解车间操作运行班
新疆建工集团三建李全军青年项目部
将军烟草集团新疆卷烟厂科研所
新疆维吾尔自治区水利厅玛河管理处第二水利工程管理站
新疆生产建设兵团建筑工程第一师北新路桥建筑股份公司西安绕城一项目部
新疆红其拉甫海关
新疆八一（钢铁）集团有限责任公司动力厂 1159 热线服务台
新疆建工集团第四建筑公司黄河公司广汇集中供热站项目部
新疆生产建设兵团农八师石河子市东热电厂化学分场
新疆乌鲁木齐石化总厂化纤厂公用工程车间
新疆生产建设兵团党委机要局译电传真处
新疆五家渠联营棉纺织厂前纺车间丙班
新疆生产建设兵团农二师湖光纺织针织厂电力运转工段
新疆生产建设兵团第一建筑安装工程公司天元公司

新疆通用航空有限责任公司 B－8243 王忠利机组
新疆生产建设兵团农七师奎屯河水管所青年突击队
新疆生产建设兵团农一师青松建材化工总厂水泥厂烧成三分厂
新疆生产建设兵团建筑工程第一师北新路桥建筑股份公司商品砼分公司
海南琼山市房产管理局
海南国营八一总场金川农场办公室
海南鸿益药业有限公司
海南海口市罗牛山蛋鸡场
海南海口市国土海洋资源局服务窗口
海南东升农场十一队青年割胶班组
海南丰田汽车特约维修服务中心
武警福建省总队泉州市支队晋江市中队
武警四川省总队乐山市支队峨眉山市中队
武警北京市总队二师十四支队六中队
武警浙江省总队一支队三中队
武警天津市总队二支队四中队
武警广东省总队深圳市支队沙头角区中队
中央办公厅老干部局文津俱乐部活动处
人民日报网络中心论坛组
中国青少年发展基金会希望工程管理中心
人民日报社经理部科技处传输室
中共中央办公厅机要局译电室
人民日报社教科文部文化组
中央电视台新闻评论部
新华社国际部要闻专稿编辑室要闻片
中办警卫局新华门哨位
中央纪委监察部信息中心硬件部
国家经贸委委主任办公室
国务院办公厅秘书一局信息处
国家海洋局东海分局北霜海洋站
国家经贸委办公厅信息调研处
国家图书馆外文新书第一阅览室
司法部监狱管理局狱政管理处
人事部人才流动开发司人才流动与人才市场处
农业部农村经济体制与经济管理司农民负担监督管理处
对外贸易经济合作部交际司翻译处
国家环保局办公厅值班室
中国聋儿康复研究中心语言训练部
中国新华航空公司“祥鸽”乘务示范组
国家气象中心中央气象台短期预报科

二、新命名的

北京房山区劳动和社会保障局养老保险科
北京丽晶皇城老妈饮食有限责任公司宣武店
北京首佳物业管理有限公司青年管理集体
天津五市政湖北京珠高速吴秉军项目经理部
中铁十八局集团第五工程有限公司滨海立交桥项目部
天津梨园监狱六监区
天津有机化学工业总公司溶剂厂苯酐车间
天津公路局养路费征稽处
河北邢台矿业（集团）有限责任公司东庞矿机掘一队
河北高碑店市白沟箱包交易市场
河北石家庄车辆厂轴承检修基础工艺线
华北制药集团 114 车间八楼
河北建设勘察研究院岩土工程处
山西医药杂志社
山西太原市财政局办公室
山西天维尔食品发展有限责任公司
山西太原市青年创业中心
山西建筑设计研究院综合设计一所
内蒙古包头市热力总公司供热二公司机动抢修队
内蒙古通辽市扎鲁特旗会计核算中心
内蒙古呼和浩特市回民区人民检察院起诉科
内蒙古包钢（集团）公司生产部总调度室
辽宁沈阳市铁西供电分公司郭家售电站
辽宁鞍山市铁东宾馆
辽宁北方华兴机械有限公司军品研究所设计室

辽宁天宝虎台煤业分公司选煤厂跳汰机1—5号
吉林长春市商业银行安达街支行
吉林吉林市昌邑区人民检察院反贪局
吉林四平市站前城市信用社
中国民族国际信托投资公司长春证券营业部
吉林辉南县工商局市场分局
黑龙江哈尔滨市皇山公墓管理处
黑龙江大庆市让胡路区人民检察院起诉科
黑龙江黑河出入境检验检疫局大黑河岛办事处
黑龙江双鸭山市机关事业单位会计核算中心
黑龙江齐齐哈尔市商业银行营业部
上海西郊宾馆中宾接待班组
上海新长宁房产销售有限公司销售部
上海宝山钢铁股份有限公司技术中心信息所网络室
上海汇众汽车制造有限公司内燃机配件厂二车间轮毂生产线
上海第四建筑有限公司青少年校外活动营地青年项目管理部
江苏苏州海关报关厅
江苏如东县工商信息咨询服务中心
江苏盐城市工商局直属市场管理分局人民路工商所
江苏南京市江宁区汤山法庭
江苏徐州市房产管理局产权监理处评估科
浙江临海市信用联社营业部
浙江浦江县农机监理站
浙江温州建设集团公司第二项目部
浙江嘉兴市工商行政管理局秀城分局新丰工商所
浙江大成建设集团有限公司合徐高速公路项目部
中共安徽省委办公厅机关招待所
安徽合肥鑫胜工贸有限责任公司
安徽淮北市物价局相山分局
安徽芜湖市工商行政管理信息中心
安徽芜湖海员宾馆
福建马尾出入境检验检疫局检务科
福建泉州市鲤城区工商行政管理局中区工商所
福建兴业证券股份有限公司福州古田路营业部
福建福州市鼓山地区人民检察院
福建黄金大酒店餐饮部
江西南昌市商业银行中山支行营业部
江西上饶县华坛山农村信用合作社
江西铜业公司德兴铜矿泗洲选矿厂碎三圆锥车间
国泰君安证券九江甘棠路营业部
江西江铃全顺汽车厂总装车间吊装班
山东莱芜市城市信用社钢城办事处营业部
山东烟台市商业银行西大街支行
山东威海市外商投资服务中心
山东日照市市级机关服务中心服务部
山东济南四建(集团)有限责任公司邢继宪项目部
河南安阳卷烟厂科技交流中心
河南周口市人民检察院起诉处
中国长城铝业公司热力厂燃化车间除盐水站岗位
中国船舶重工集团公司七二五研究所三室橡胶制品车间
河南濮阳师范学校行政办公室
湖北襄樊邓城神农园
湖北出入境检验检疫局三峡办事处
湖北鄂钢集团公司鄂钢医院外二科(骨科)
中国建筑三局总承包公司湖北出版文化城项目经理部
湖北黄梅县停前镇财政所
湖南防汛抗旱指挥部办公室
湖南长沙市商业银行金城支行营业部
湖南长沙市房屋产权登记发证小组
湖南衡阳市雁峰区财政局
湖南湘潭市商业银行雨湖支行

广东广州本田汽车有限公司总装科底盘班
广东梅县雁南飞茶田有限公司
广东深圳市规划与国土资源局罗湖分局办公室
中华人民共和国笋岗出入境检验检疫局动物检验检疫科
广东东莞市凤岗镇康佳电子公司电脑插件厂C班
广西柳钢气体公司空分车间二班
广西航空大厦售票处“玉桂组”
广西桂林市商业银行秀峰支行营业部
广西东兴出入境检验检疫局货检组
广西梧州市工商行政管理局南中工商所
四川成都杜甫草堂博物馆讲解部
四川九寨沟管理局票务处
四川明珠水利电力股份有限公司供电所
四川宜宾市寓苑房地产开发有限公司工程部
四川航空公司客舱服务部客运室
重庆万州区工商行政管理局直属分局
重庆新华书店集团民生路图书发行大楼
中港二航局二公司机械化公司青年突击队
重庆忠县国土资源局
贵州贵阳市第十一幼儿园
贵州开磷集团矿业总公司无轨设备维修一班
贵州赤天化股份公司尿素车间总控制中心
贵州金星啤酒有限公司糖化车间
贵州贵阳海关现场业务处
云南龙生绿色产业(集团)有限公司科研组
云南玉溪红塔集团生产一部白班包装机修理组
云南滇红集团茶科所科研所
云南第一女子监狱一监区
云南农业科学院园艺所花卉研究中心
陕西鼓风机集团有限公司产品试验研究室科研二组
陕西西安市商业银行城南支行营业室
陕西西凤酒股份有限公司销售公司市场科
陕西咸阳偏转股份有限公司二分厂
陕西汉江药业股份有限公司706车间
甘肃白银公司深部铜矿机运队运转工段
甘肃第七建筑工程集团公司吴建华青年抹灰领包队
甘肃八盘峡水电厂机械分场轮机班
甘肃兰州佛慈制药股份公司销售公司
甘肃银光化学工业公司仪表计量处仪表流量组
青海劳动教养管理所二大队
中共青海省委幼儿园
新疆塔城海关报关厅
新疆八一钢铁股份有限公司转炉炼钢厂转炉机修维护组
新疆乌鲁木齐市乌河管理处供水公司红雁水厂运行班
新疆特变电工股份有限公司变压器厂总装车间
新疆生产建设兵团农七师奎屯棉纺织厂织布分厂乙班二组
海南海口海滩开发管理有限公司假日海滩
海南琼中县检察院审查起诉股
海南海口市中级人民法院书记官处
海南海口工商局振东分局
武警上海总队第一支队十中队
武警安徽总队池州市支队九华山中队
武警天津总队第三支队六中队
新华社国内部经济采访室
中央电视台《今日说法》专题栏目组
中央警卫团二大队三中队人民大会堂东门哨位
最高人民检察院检查日报社总编室
苏州证券有限责任公司张家港杨舍证券营业部
中华人民共和国黄山海关报关厅
伊犁霍尔果斯海关查验二科

全国杰出青年文明号

全国杰出青年文明号名单

北京市西单商场股份有限公司男装服饰组
安徽省合肥市商之都食品商场糖果组
中南海新华门哨位
中国嘉陵集团公司设备工程公司数控二组
中国工商银行山东省分行营业部大观园储蓄所
中国农业银行上海市虹口支行大连西路营业所
中国建设银行江苏省分行营业部第一支行汉中路分理处
中国铁路通信信号济南工程公司第一信号段
齐齐哈尔铁路车辆(集团)有限责任公司技术中心货车设计组
中国新华航空公司“祥鸽”乘务示范组
黑龙江省哈尔滨市公安局东莱派出所
福建省漳州市公安局巡警支队直属大队
山东省济南市自来水公司小白热线
浙江省杭州市公交公司 K16 路
济南铁路局徐州列车段 2565/6 次车队
北京铁路局刘村站
江西省高速公路管理局艾城管理所
山东省济青高速公路济南收费站
吉林省吉林市邮政局船营分局营业室
江苏省苏州市电信分公司电话装机公司
浙江省温州医学院附属一院急诊科
黑龙江省医院心血管外科
湖北省襄樊市国家税务局樊城分局征收科
广西壮族自治区柳州市地方税务局鱼峰分局
中国东方航空股份有限公司“凌燕”乘务组
民航吉林省局长春候机室
广东省深圳市世界之窗
广西壮族自治区桂林市芦笛公园导游班
国家海洋局东海分局北礵海洋站
华北电力集团公司唐山供电公司建设路营业站
山东电力集团公司淄博电业局张店供电局配电班
塔里木油田塔中作业区
大庆石油管理局物探公司地震五大队 2287 青年突击队
胜利石油管理局工程建设一公司三分公司工程一队青年突击队
新星石油公司上海海洋石油钻井工程公司勘探二号钻井平台钻井队
江苏省赣榆县小丽养鸡场
河南省郑州市海灵实业有限公司

全国杰出青年岗位能手、全国青年岗位能手

青年岗位能手活动是1994 年初由共青团中央、国家经贸委、劳动和社会保障部联合组织开展的一项在企业党政直接领导下,以共青团组织牵头组织协调、协同企业各部门一起实施,以企业青年职工为主体,以岗位为基本单位,以提高岗位文明、岗位技能、岗位效益为基本内容,以培养为中心环节,以规范、考核、评定、奖励为主要手段的活动,是跨世纪青年人才工程的重

要组成部分。青年岗位能手是指年龄在35岁以下,有优良的思想品德和职业道德,敬业爱岗,熟练掌握本岗位各项业务技能和理论知识,能够优质并超额完成本岗位各项年度考核指标,创造了较好经济效益的企业青年职工。青年岗位能手活动的总体目标是:提高青年职工的综合素质,培养造就一大批“品德优良、技术精湛、贡献突出”的优秀青年人才。

该项活动自开展以来取得了长足发展,已经成为企业共青团组织的一项重点工作和参与企业管理的有效途径。各行业、各地区均已建立了青年岗位能手评价体系,并在企业内部形成了对青年职工的激励与约束并举的运行机制。

1998年度全国杰出青年岗位能手名单

郭子杰　天津第一市政公路工程有限公司
张学海　内蒙古第一机械制造厂
李铁华(女)　吉林化纤集团有限责任公司
吕　莉(女)　中国建设银行上海市分行
王新全　中国远洋运输(集团)总公司集装箱运输公司
贾　民　兖州矿业(集团)有限责任公司东滩煤矿
张全海　广西桂林市公共交通总公司
陈玲玲(女)　重庆市万盛区邮政局
郭洪金　胜利石油管理局现河采油厂工艺所
王　毅　济南铁路局徐州列车段565/6次车队

1998年度全国青年岗位能手名单

北京
丁　健　北京燕山石化集团有限公司研究院
朱德文　北京化学工业集团有限责任公司东方化工厂
孙永田　北京市宣武区地方税务局
天津
刘子扬　天津太平(集团)有限公司
崔　妍(女)　天津滨江商厦有限公司
乔俊飞　铁道部第三勘测设计院线路处
河北
暴子良　武安市国家税务局矿山分局
李平现　河北冀兴房地产开发公司
刘禾峰　中国农业银行石家庄分行
韩金刚　石家庄制药集团有限公司
山西
高　岭　山西省公安厅交通管理局
赵发宝　山西省进出口商品检验局
成永平　山西煤炭气化(集团)有限责任公司
内蒙古
贺荣强　呼和浩特市供电局
王福和　内蒙古伊利实业集团有限公司奶粉厂
张卫华(女)　内蒙古仕奇集团青松制衣有限公司
辽宁
王洪灿　鞍山市公安局
王　凯(女)　阜新市国泰大厦
赵　岩　辽宁锦西炼油化工总厂
吉林
钟　臣　长春市公安局绿园区分局
齐　宇　长春市电信局
黑龙江
张春盛　牡丹江迈科电力技术有限公司
王海涛　哈尔滨飞机制造公司特设维修中心
郭玉玖　大庆市地方税务局石油分局
李晓佳　黑龙江省北航天鹅航空公司飞行大队
上海
高德华　上海大众汽车有限公司发动机厂
蔡毓靖　上海铁路局上海机务段
程　斌　上海上菱电器股份有限公司
江苏
葛志强　中石化金陵石化公司烷基苯厂
顾明祥　南通市公安局刑警支队
夏　军　淮阴县财政局
浙江

张剑隼　宁波华联商厦
金颖颖（女）　中国工商银行温州市分行
叶　攀　杭州望湖宾馆
安徽
胡庆安　上海铁路局蚌埠铁路分局
杨自军　安徽淮化集团有限公司
吴优福　合肥发电厂
徐　翼　安徽华茂集团
福建
黄定杰　福州外轮代理公司
张明海　中保财产保险有限公司上杭县支公司
戴卫民　福建炼油化工有限公司
林志和　厦门华厦国际电力发展有限公司嵩屿电厂
江西
刘新安　江西贵溪火力发电厂
廖晓东　江西纸业集团有限公司
鲁建明　江西新余钢铁有限责任公司第一炼钢厂
山东
闵令民　山东三塑集团有限公司防水材料公司
孙式瑞　山东莱芜钢铁总厂
牟劲松　烟台电业局
慈兴华　山东胜利石油管理局地质录井公司
河南
徐建生　郑州宇通客车股份有限公司
李　庆　安阳卷烟厂
徐　伟　南阳电业局
湖北
王怀清　武汉市水利规划设计院
毕亚雄　中国长江三峡工程开发总公司葛洲坝水力发电厂
郭志刚　襄樊市国营建昌机器厂
湖南
赵永清　湖南计算机厂
程赞强　长沙友谊集团友谊商店

贺石头　湖南水口山矿务局
李文康　衡阳市审计师事务所
广东
聂春胜　广东省长大公路工程有限公司第三分公司
姜　峰　深圳市建筑装饰（集团）有限公司
邓敏怡（女）　广州市电信局
海南
王　奋　琼山市地方税务局
徐　敏　澄迈县公安局
庄　磐　中国人民保险公司海南省分公司
广西
李传玉　南宁市国税征收二分局
黄星海　广西公路桥梁工程总公司第二工程处
重庆
何志明　重庆市高新技术产业开发区地方税务局
陈　燕　重庆市华渝电气仪表总厂
四川
刘泽平　成都蓝风（集团）股份有限公司
蒋意珏（女）　成都电业局
王　敏（女）　中保人寿保险有限公司宜宾市分公司
贵州
何　涛　贵州省赤天化集团有限责任公司
张　华　贵州驰宇集团毕节卷烟厂
云南
汪永生　云南省磷肥厂
谢晓虹　昆明供电局
西藏
邓雪梅（女）　中国建设银行西藏自治区分行
陕西
袁有志　陕西省航天建筑工程公司
杨刚亮　陕西省长岭（集团）股份有限公司
张　斌　西安东盛集团有限公司
青海
赵生茂　青海桥头发电厂

陈海兰(女)　青海石油管理局油建工程公司

甘肃

马　春　甘肃省玉门石油管理局水电厂

何万里　甘肃省窑街矿务局

宁夏

常体勇　石嘴山矿务局

马　勇　同心县国家税务局

胡春阳(女)　银川市邮政局

新疆

高海峰　新疆建筑工程公司第三建筑公司

张亚军　乌鲁木齐石化总厂设备安装公司

阿吾力江·库尔班　新疆八一钢铁(集团)有限责任公司炼钢厂

新疆生产建设兵团

王　平　新疆生产建设兵团农八师

在京七大团委推荐

梅绍华　经济日报社

高风林　航天工业总公司一院211厂

李国军　中国北方航空公司飞机维修基地航线部技术室

聂建雄　中国民航中南空管局空管中心

袁海钢　总后59150部队

杜　超(女)　中国工商银行黑龙江省营业部哈铁支行

鞠　青(女)　中国人民保险公司大连市中山区支公司

行业部、局推荐

倪继忠　上海市电力公司电力检修工程公司

李承海　湖北省电建一公司

王英武　哈尔滨东安发动机制造公司

麻永强　邯郸钢铁集团有限责任公司

耿承辉　抚顺石化公司石油三厂

朱艳静(女)　上海市工业微生物研究所

闫景龙　哈尔滨医科大学附属第二医院

庄　霞(女)　卫生部北京医院

袁丽颖(女)　中国第一汽车集团公司变速箱厂

蒋显斌　东风汽车公司总装配厂

银军胜　中国一拖集团有限公司精铸厂

他光英　青海铝业有限责任公司第一电解厂

万慧岚(女)　武汉中百集团股份有限公司

胡传清　中石化集团扬子石化股份有限公司炼油厂

李洪香(女)　大港油田集团地质勘探开发研究院

邱元广　山东齐鲁石化公司热电厂

1999年度全国杰出青年岗位能手名单

史喜亭　北京城建集团第一建设工程有限公司

卢彦昌　天津药业有限公司

祝淑钗(女)　河北医科大学第四医院

曲英年　辽宁沈阳商业城(集团)鞋帽公司

戴　杨　浙江数源科技股份有限公司

王中华　中原石油勘探局钻井泥浆技术研究所

付　强　中国石油化工集团公司江钻股份有限公司

彭家鹏　中国广播民族乐团

林　瑜(女)　中国工商银行福建省福州市五一支行

曲剑午　山西省西山煤电集团有限公司

1999年度全国青年岗位能手名单

北京

王　琦(女)　北京市邮政管理局西区邮局百万庄支局

卜文革　首钢总公司中厚板轧钢厂

天津

胡国斌　北京铁路局天津铁路分局秦皇岛车务段

陈俊丽(女)　大港油田集团有限责任公司第二采油作业区采油三队

酒思君　大港油田集团有限责任公司定向井技术服务公司

河北

郭军臣　河北石家庄制药集团有限公司河北制药厂
王　荣(女)　河北石家庄市长安区财政局

山西

王　晋　山西省公路局
王立新　山西太原钢铁(集团)有限公司钢铁研究所
侯　巍　山西省信托投资公司证券营业部

内蒙古

闫　军　内蒙古电力科学研究院
杜宝江　内蒙古包头钢铁(集团)有限责任公司炼铁厂

吉林

胡金豹　中国第一汽车集团公司铸造一厂
孙金礼　吉林辽源市龙泉酒厂
李世荣　吉林珲春林业局森林调查设计队

黑龙江

顾明波　黑龙江省公安厅刑事技术处
杨井江　黑龙江鸡西煤矿机械厂
陈继富　黑龙江鹤岗矿务局峻德煤矿

上海

高爱东　上海江南造船(集团)有限责任公司
王　斌　上海信息产业有限公司
陈建谦　上海浦东煤气制气有限公司

江苏

王三凤(女)　江苏无锡庆丰集团有限公司
沈言彬　江苏双沟酒业集团有限公司
王荣勇　江苏南京长江机器集团有限公司雷达总厂
殷大斌　中国石油化工集团公司扬子石化股份有限公司塑料厂

浙江

竺　亚(女)　中国工商银行义乌市支行北门街分理处
马　腾　浙江火电建设公司

安徽

王　军　安徽合肥市公安局110直属大队
吴必松　安徽铜陵有色金属(集团)公司铜官山铜矿
倪　彬　安徽维尼纶厂涤纶分厂
舒笑笑　安徽黄山旅游集团西海饭店

福建

黄克键　福建省第一电力建设公司
林忠舵　福建省三明化工总厂机械厂
康　林　福建省福州市国家税务局对外税务局

江西

张　墐　江西铜业公司生产技术处
邓秋明　江西新余钢铁有限责任公司烧结厂
胡大信　江西南昌供电局市中分局

山东

马国军　山东青岛海尔集团公司
邢继宪　山东济南四建(集团)有限责任公司
冯　斌　胜利石油管理局桩西采油厂

河南

张玉娥(女)　河南嵩岳集团郑州三棉有限公司
贾明强　河南郑州未来大酒店有限公司
朱武松　河南平顶山电厂锅炉分场

湖北

郝良生　东风汽车公司泵业有限公司
李　涛　武汉铁路分局武昌电务段

湖南

于彩葵　湖南永州电业局调度管理所
朱正兵　湖南长沙市公安消防支队长沙县消防中队
周庆平　湖南岳阳石油化工总厂合成橡胶厂

广东

韩流柱　广东番禺市国家税务局
朱永章　广州市公安局流花地区分局
朱志威　广东增城市公安局刑警大队
贾盛源　中国联合通信有限公司东莞分公司

海南

张俊凯　海南海口市电信局线路监测维护中心
李　维　海南三亚明珠海景酒店有限公司

广西

刘　岩　广西钦州市公安局车辆管理所

刘湘平　广西柳州华锡集团有限责任公司

重庆

郭　斌　重庆市公安局交通管理局第一支队

朱俊炜　重庆钢铁(集团)建设工程有限公司金属结构制造厂

李　泉　西南铝加工厂熔铸分厂

四川

郑林用　四川省农业科学院土壤肥料研究所

李诚玲(女)　四川宜宾市第一人民医院

王小权　四川双马水泥(集团)有限公司

贵州

陈振宇　中国贵航集团云马飞机制造厂

孙　禾(女)　成都铁路局贵阳铁路分局

云南

唐明星　云南省第六建筑工程公司

杨伟祖　云南烟草科学研究院

崔同金　云南第五公路工程处

陕西

段晓文　中国石油天然气股份有限公司长庆油田分公司研究院

杨　军　陕西康德集团

李　颖(女)　陕西西安民生集团股份有限公司

青海

周　诠　青海铺铁山矿务局

贾晓强　青海省公路局玉树总段清水河段

甘肃

康　强　甘肃兰州市公共交通总公司第二分公司

张荣魁　甘肃兰州市西固热电厂

宁夏

陈永增　宁夏电力公司石嘴山供电局

汤卫林　中国石油天然气集团公司宁夏石化公司

新疆

张新胜　新疆石油管理局钻井公司

热比古丽·阿不来提(女)　新疆八一钢铁(集团)有限责任公司动力厂

王永华　新疆有色金属工业公司可可托海稀有金属矿

新疆生产建设兵团

寇中英(女)　新疆生产建设兵团农二师二十九团孔雀棉纺厂

总政

王凤英(女)　总后第三军医大学第一附属医院

武警

王世武　武警水电三峡指挥部第四支队

铁道

赵　林　哈尔滨铁路局牡丹江铁路分局

罗　琳(女)　成都铁路分局成都车站

民航

陈　霞(女)　新疆航空公司运输部

金融

马　睫(女)　中国人民银行昆明中心支行电子结算中心

王　华　中国人民保险公司济宁市市中区支公司

包　钢　中国银行扬州分行

国家机关

张德华　交通部公路司公路建设处

刘宪权　山西平朔煤炭工业公司安太堡露天矿工程部

曹腊梅(女)　中国航空第一集团公司北京航空材料研究院

周育峰　中国路桥(集团)总公司中交公路规划设计院

陈许英(女)　中国国际信托投资公司实业银行广州分行

海　峡(女)　中国远洋运输(集团)总公司人才中心

郭永富　中煤建设集团一公司特凿处

国家冶金局

褚建东　唐山钢铁集团有限责任公司

国家贸易局
刘建民　哈尔滨市第一百货商店股份有限公司
卫生部
董　迎(女)　辽宁朝阳市中心医院
国家电力公司
赵　亮　华北电力集团公司青年工作部
交通部
诸葛宇杰　上海港务局上海港务工程公司
国家轻工业局
袁利军　山西杏花村汾酒(集团)公司
中国石油天然气集团公司
周　丰　中国石油天然气集团公司长庆石油勘探局
中国石油化工集团公司
谢道雄　中国石油化工集团公司九江炼油股份有限公司

2000 年度全国杰出青年岗位能手名单

曾大乾　中国石化集团公司中原油田分公司勘探开发科学研究院
朱润海　鞍钢新钢铁公司第三炼钢厂
罗怀聪　中国河西化工机械公司红峡化工厂六车间装药组
王　军　宝山钢铁股份有限公司热轧部一精整分厂
彭毅虹(女)　工行广西区分行营业部新城支行星湖分理处
郑永煌　酒泉卫星发射中心试验技术部
卜海涛　中国核工业华兴建设公司田湾核电项目经理部
甄占民　中共中央宣传部政策法规研究室
刘兰强　天津市市政工程局公路工程总公司
张会锋　石安高速公路管理处邯郸北收费站

2000 年度全国青年岗位能手名单

北京
郭延红(女)　北京建工集团有限责任公司三建公司
赵世伟　北京植物园
魏云生　北京市地下铁道总公司供电段技术科
天津
蓝海东　天津市东方红化工厂
雷升祥　中铁第十八工程局
河北
穆桂树　河北沧州市公安交警二大队
刘凤潮　邯郸钢铁集团连铸连轧厂
山西
陈　琦　山西省财政厅机关党委
张锁明　北京铁路局太原铁路分局团委
秦同文　太原钢铁集团尖山矿业有限公司
内蒙古
陈锁富　呼和浩特铁路局包头工务段
辽宁
曲维峰　大连机车车辆厂铸铁车间
张成林　盘锦市国家税务局直属一分局
吉林
杨文俊　吉林省通化市城乡规划设计院
齐守营　吉林省梨树县地方税务局办税服务中心
赵新龙　吉林省吉林市公安局交通警察支队昌邑大队
黑龙江
任　杰　武警黑龙江边防总队绥芬河边防检查站监护中队
陆书文　阿城继电器股份公司电站研究所
张欣林　黑龙江省大庆石化总厂计算机开发公司
何　平　黑龙江省通信软件工程局
上海
夏　雷　上海电信技术研究所
黄　毅　上海市机械施工公司
江苏
邢志勇　春兰研究院
李朝晖　江苏省仪征化纤股份有限公司涤纶

五厂
陈志宁　江苏南京长江第二大桥建设指挥部
浙江
李祖款　浙江温州市公安局特巡警支队
邵初晓　浙江省丽水市中心医院
陈德芳(女)　浙江省东阳市国家税务局
安徽
吴黎康　安徽省海螺集团宁国水泥厂
王　强　安徽省芜湖市公安局交警支队新芜大队三中队
汪志强　安徽省蚌埠卷烟厂七车间
福建
陈体旺　福建省工业设备安装有限公司设备厂
林育红(女)　中国人民保险公司泉州市分公司营业部
李　东　福建省顺昌县地方税务局
江西
李广生　江西省赣州市人民医院神经内科
方悦江　铃汽车股份有限公司模具中心
山东
田　勇　济南钢铁集团总公司中型轧钢厂
王立中　华夏银行济南分行电脑处
辛凌澎　山东青岛市海慈医疗集团思达国际心脏医院
河南
李学均　豫港(济源)焦化有限公司
魏辉生　河南省光山卷烟厂销售公司
湖北
曹　峰　湖北武汉钢铁设计研究总院
罗良尚　中国建筑三局(广州)一公司
谢立强　中铁十一局基建安装工程处
湖南
戴仕平　湖南巴陵石化公司岳化总厂合成橡胶厂 SBS 车间
方映东　湖南湘潭电机股份有限公司特电分公司
谭渡渡(女)　湖南省长沙电业局调度管理所
广东
刘刚亮　广东省长大公路工程有限公司
何志强　广州珠江钢琴集团有限公司
李子鸿　广东佛山市中医院
海南
黄茂兴　海南琼山市房产管理局
陈锦昌　海南省文昌市公安局交警大队
广西
曾光安　广西柳工机械股份有限公司
何盛明　民航广西区局公安处桂林机场派出所
重庆
黄勇富　重庆市畜牧兽医科学研究所
余国华　重钢集团重庆钢铁股份有限责任公司型钢厂
张洪发　重庆市西山坪劳动教养管理所七中队
四川
吴建东　东方电机控制设备有限公司
陈　勇　四川省巴中市南江县正直区农村信用社
李　舜　中国建设银行四川省宜宾市分行
贵州
田海军　贵州铝厂电解厂电解四车间
欧应江　贵州省凯里造纸厂碱回收车间
云南
董建强　云南省后所煤矿电业公司
朱　伟　云南昆船电子设备有限公司
陕西
牛肖凯　陕西移动通信公司咸阳分公司
付　颖(女)　陕西西安荣华企业集团
安宏刚　陕西长庆石油勘探局地球物理勘探处
青海
栾　风　江西宁市房地产管理局建设科
张　强　青海省人民医院神经外科
甘肃
姜爱民　甘肃省公路局

刘　军　甘肃省电力公司刘家峡水电厂厂办

宁夏

马玉山　宁夏吴忠仪表集团有限公司

唐　斌　宁夏长城须崎铸造股份有限公司第二铸造工厂

新疆

刘庆彬　新疆红雁池发电厂发电公司锅炉专业

许勇伟　新疆八一钢铁股份有限公司转炉炼钢厂

新疆生产建设兵团

王宇鹏　新疆生产建设兵团人民检察院农八师分院

总政

向光献　总后青藏兵站部通信总站二营六连内线班

武警

苏　琦　中国人民武装警察部队通信总站

张振武　中国人民武装警察部队交通第一总队厦门指挥所

中央金融

贾云霞(女)　中国人民银行日照市中心支行

颜　璐(女)　中国银行南京市城北支行萨家湾营业部

杜晓燕(女)　中国工商银行上海市分行杨浦支行鞍山路分理处

孟　娟(女)　中国建设银行山东省德州市分行营业部

刘卫兵　中国农业银行白城市中心支行通榆县支行第一储蓄所

铁道

夏　雷　上海铁路局南京铁路分局芜湖机务段技术科

林景阳　柳州铁路局客运公司南客一车队

王宏军　乌鲁木齐铁路局乌鲁木齐分局鄯善车站运转车间乙班一调

吕　翱　昆明铁路局昆明机务段

民航

张志文　中国北方航空公司飞机维修基地修理厂特设车间

陈　健　中国国际航空公司飞行总队六大队

国家机关

刘淮松　信息产业部电子第十五研究所丰涛建设部建筑设计院

中央企业

赵华超　中国航空工业第一集团公司中国空空导弹研究院总体所

梁向东　中国航空工业第二集团公司江西洪都航空工业集团有限责任公司特设处

岳　林　中国石油天然气集团公司管道局第三工程公司

秦新言　中国石化集团公司管道储运公司管道发展规划办公室

赵超越　中国第一汽车集团公司采购部电器室

元征筹　中国恒天集团公司湖南邵阳第二纺织机械厂机一分厂

刘若元　中国港湾建设(集团)总公司上海航道局上海交通建设总承包公司

尹卫东　中国普天信息产业集团公司贵阳普天通信机械厂

2001 年度全国杰出青年岗位能手名单

吴秉军　天津五市政公路工程有限公司

王　静(女)　河北省电信公司邯郸市分公司

张彦军　哈尔滨锅炉厂有限责任公司锅炉设计开发处

张传昌　兖矿集团有限公司东滩矿

李明琨　广西南宁化工集团有限公司化机厂

俞兆飞　中国核工业总公司五 0 四厂

陈荣送　广州白云国际机场股份有限公司航空护卫分公司

梁建增　中央电视台新闻评论部

秦丽娅(女)　中国银行湖北省分行随州市支行

明　键　中国石化集团齐鲁石化股份有限公司

2001 年度全国青年岗位能手名单

北京

平桂祥　北京建工集团有限责任公司四建工程建设有限公司

张学琪　中国石化集团北京燕山石油化工有限公司

朱　敬（女）　北京市东城区园林局

天津

赵长江　铁道第三勘察设计院

王福祥　天津天铁冶金集团有限公司轧二制钢有限公司

河北

王　健（女）　河北省石家庄国际大厦（集团）股份有限公司国宾大酒店

李海楠　河北省保定市公安局交警支队

山西

吴晓柳　山西绿洲纺织有限责任公司

田　忠　山西省煤炭运销总公司

华　楠（女）　山西医科大学第二医院

内蒙古

张越亮　中国石油天然气股份有限公司呼和浩特石化分公司

骈文波　呼和浩特铁路局

辽宁

张闯锦　西炼油化工总厂

战　江　沈阳飞机工业（集团）有限公司 63 厂

吉林

孙洪涛　吉林化纤公司

吴　颖　吉林油田第二钻井工程公司

何晶波（女）　吉林省移动通信公司辽源分公司

黑龙江

周立民　黑龙江省绥化卷烟厂

刘书学　大庆石油管理局钻井一公司

上海

吴鹏程　上海港务局上海港务工程公司

竺海安　上海广电金星电子有限公司

浦晓敏（女）　上海市医药股份有限公司华氏大药房

张军沪　浦东中华造船（集团）有限公司

江苏

张晓征（女）　中国石化集团仪征化纤股份有限公司

诸　刚　南京钢铁集团有限公司炼铁厂

季中平　江苏大屯煤电（集团）有限责任公司

周　洪　江苏常州市交通工程总公司

孙跃华　扬子石油化工股份有限公司扬子石油化工设计院

浙江

许江杰　浙江省高级人民法院经济审判第一庭

潘佩霞（女）　宁波中汇纺织有限公司

张勤慧　杭州钢铁集团公司小型轧钢股份有限公司

安徽

杨红文　安徽金种子酒总厂

陈文体　安徽省皖北煤电集团有限公司刘桥第一煤矿

张剑锋　安徽省安庆曙光化工（集团）有限公司安全生产部

福建

陈显成　福建省梳剪城美发美容职业技能培训学校

陈咏梅（女）　中国人寿保险公司泉州分公司

许　佳　福建省漳州市公安局巡警支队直属大队

江西

查克兵　江西铜业公司德兴铜矿

吴晓华　江西江铃齿轮股份有限公司

昌国乐　江西宜春供电局 220KV 袁州变电站

山东

孙勇鲁　济南制药股份有限公司

曹旭东　青岛海关大港审核放行处

河南
苏宏延　许昌烟草工业机械厂
郝新宇　河南漯河市有线电视台
谢　华　中国建筑第三工程局第一建筑安装工程公司
蔡宝中　中国石化新星公司华北石油局
湖北
夏　晴　中国南方航空股份有限公司湖北分公司
周红祥　湖北省三环集团黄石锻压机床有限公司
康红星　湖北省青山热电厂热工分场
湖南
黄　强　湖南省电信公司长沙市分公司
夏中卫　株洲冶炼集团有限责任公司铅精炼厂
杨海洋　湖南衡阳钢管(集团)有限公司
广东
张树源　广东珠海格力电器股份有限公司
陈伟权　广东中山市路桥建设有限公司
尹兆林　中国石化集团茂名石油化工公司
海南
林峰源　海南省海口市国家税务局信息中心
吴伟文　海南省澄迈县公安局交警大队
广西
潘　东　广西玉柴机器股份有限公司
重庆
齐　东　重庆市北碚区文化广播电视局
王显加　交通部长江航务管理局重庆代表处
刘春阳　重庆移动通信公司
四川
刘永红　四川省农业科学院作物研究所
杨莉(女)　四川嘉陵纺织(集团)股份有限公司南充棉纺织厂
张述静　东方电机股份有限公司
许应飞　攀钢集团成都无缝钢管有限责任公司
贵州
黄　涛　贵州赤天化集团有限责任公司销售公司
池恩安　贵州新联爆破工程有限公司
云南
李吉安　云南红塔集团楚雄卷烟厂
杨世旭　云南省电信公司昆明市分公司
杨艳梅(女)　云南省交通厅路桥三公司
西藏
刘建明　中国建设银行西藏自治区分行
陕西
任立新　中铁一局集团有限公司
汪　屏　陕西省西安市市政设计研究院
杨江存　陕西省人民医院
青海
郝　彪　青海省公路桥梁工程集团有限公司
高建民　中国水利水电第四工程局第二施工局
甘肃
杨隆涛　甘肃兰州炭素(集团)有限责任公司压型二厂
宁夏
温建宝　宁夏太西集团大武口洗煤厂
新疆
宋香才　新疆建工(集团)有限责任公司一建高层建筑分公司
艾合买提·尼牙孜　新疆维吾尔自治区交通厅公路管理局阿克苏公路总站
刘　梅(女)　新疆石河子八棉纺织有限公司
铁道
代发强　昆明铁路局昆明北车辆段
何国华(女)　柳州铁路局柳州电务段
欧阳巧燕(女)　乌鲁木齐铁路局乌鲁木齐站
邓建明　南昌铁路局南昌南车辆段
民航
陈　誉　中国南方航空股份有限公司湖北分公司
中直机关
周　泉　经济日报社报业集团服装时报社
金融

严秀文(女)　中国农业银行厦门市分行

秦　莉(女)　中国建设银行上海市分行

于泽勇　中国建设银行北京市分行

李王莹(女)　交通银行天津分行

陆　栋　中国人民保险公司上海市分公司

国家机关

刘　寰　公安部物证鉴定中心指纹鉴定处

中央企业

何登发　中国石油勘探开发研究院盆地分析室

韩成斌　中国建筑二局第三建筑公司

张勇峰　航天科技集团公司7103厂

贺雄伟　中国三江航天集团红阳机械厂

戴圣龙　中国航空第一集团公司航空材料研究院

董　良　哈尔滨飞机工业(集团)有限责任公司产品开发部

吴杏平　中国电力科学研究院

王骏飞　宝山钢铁股份有限公司冷轧厂

刘竞雄　天地科技股份有限公司高新技术事业部

冯云成　中国路桥(集团)总公司第一公路勘察设计研究院

汪剑平　中国阳光投资公司

全国青年兴业领头人和实施"帮助青年创业计划"优秀组织单位和先进个人

第二届全国杰出和优秀青年兴业领头人名单

一、全国杰出青年兴业领头人名单(10名)

刘　刚　北京市青源技术再创有限责任公司总经理

夏建枫(女)　河北省夏氏矿泉饮食有限公司总经理

池雨馥(女)　辽宁省辽阳市广宏家庭劳务服务公司经理

栾宝国　吉林省天鹏实业有限公司总经理

于红岩(女)　黑龙江省哈尔滨市于红岩服装有限公司总经理

陶华强　上海市宝松实业发展有限公司总经理

郑思庚　江西省新余市郑佳不锈钢厨具厂厂长

张国贤　河南省周口市兴达服装绣品厂厂长

王　填　湖南省步步高连锁超市有限公司总经理

张安新　陕西省西安市小六汤包餐饮有限责任公司总经理

二、全国优秀青年兴业领头人名单(99名)

赵德隆　北京市阳曦书店经理

张书践　天津市大森玻璃有限公司经理

段继红(女)　天津市金宝居饭店经理

宋寿延　天津市千手美容美发中心经理

么顺利　河北省丰南市盛达广告装潢工程公司总经理

尹智强(回)　河北省青县建公开发总公司经理

李兆廷　河北省石家庄东旭机械厂厂长

杨建新　山西省百圆裤业有限公司总经理

安建忠　山西省太原市三替公司总经理

贺宏伟　山西省吉利宝鑫实业有限公司总经理

魏建平　山西省大同市华鑫实业有限责任公

司总经理
吴晋龙 山西省临汾市科海有限公司总经理
胡宪荣 内蒙古呼和浩特市鑫蕊物质公司总经理
张瑞强 内蒙古名流实业有限公司总经理
燕铁人 内蒙古乌海市电力自动化技术公司总经理
黎　明 辽宁省沈阳市黎明百姓商贸有限责任公司董事长
吴敬忠 辽宁省抚顺市天狼星服装有限责任公司董事长
朱红军 辽宁省营口市天宇彩板有限公司董事长
周光辉 辽宁省辽北鹿城鲜花生产基地经理
张运生(满) 辽宁省锦州市通亚百合食品有限公司总经理
朱海峰 吉林省华信集团有限公司董事长兼总经理
魏利伟 吉林省辽源市大成电子科贸公司总经理
李高文 吉林省梨树县天意水泥有限公司总经理
孙和平 吉林省抚松县和平家具有限公司总经理
吴乃刚 黑龙江省佳木斯市华联商厦药品商场总经理
麻立群 黑龙江省齐兴轧辊集团有限责任公司总经理
杨维旭(苗) 黑龙江省肇东市客运集团总公司经理
孙庆波 黑龙江省太阳电脑学校校长
赵立国 黑龙江省林甸县碧港淀粉厂厂长
卞怀祥 黑龙江省杜尔伯特县祥发造纸有限责任公司总经理
翁联辉 上海市世好餐饮管理有限公司董事长
汪妙祖 上海市汪洋纸业有限公司总经理
李　忙 江苏省南京市强氏计算机有限公司总经理
蒋建新 江苏省常州市丽华快餐有限公司总经理
唐　伟(女) 江苏省徐州市雪里红清洗公司总经理
吴雅玲(女) 浙江省宁波市小玲超幼儿园校长
尤　源 浙江省正原电气股份有限公司总经理
奚德平 浙江省温州市天宇锁业有限公司总经理
陈　芸(女,苗) 贵州省贵阳市花溪布依园经理
刘远贵 贵州省遵义市远东修理厂经理
巨永红 甘肃省平凉新生商贸制衣有限责任公司董事长
王　晋 甘肃省天水汇通新技术开发有限公司总经理
任渝欣 重庆市山城超市有限公司总经理
侯　东 重庆市十五分钟快餐速送中心总经理
雷长碧(女) 重庆市太阳风美容美发培训学校校长
龚　伟 重庆市智得热工工业有限公司总经理
许　震 安徽省芜湖市天宝保健品有限公司总经理
张　辉 安徽省淮南市申华科技实业有限公司总经理
吴天增 安徽省马鞍山市天正糖尿病食品专卖连锁店总经理
崔云峰 安徽省蚌埠市火炬运动制衣厂厂长
李　明 安徽省安庆市明欣实业有限公司经理
肖玉庆(女) 福建省龙岩市星兴川菜馆经理
陈晓萍(女) 福建省真味包点有限公司总经理
蔡福伟 江西省上饶市三鼎实业发展有限公

司总经理
赖德贵　江西省赣州市德贵农庄总经理
邓丽娜(女)　江西省政府大院育新少儿托管中心
王　伟　山东省济宁市圣丰纺织集团嘉祥棉纺厂厂长
吕永春　山东省临沂市蒙阴县“六姐妹”食品有限公司总经理
王法庆　山东省潍坊市昌乐县松岩针织有限公司总经理
池福云(女)　山东省腾州市凌云书画苑经理
侯良义　山东省菏泽市科达化工厂厂长
史龙超(女)　河南省百合实业有限公司经理
陈光辉　河南省商丘市大京九食品有限公司经理
李新友　河南省开封市新大有预应力工程设备厂厂长
池保军　河南省鹤壁市百虹商贸有限公司经理
王志清　河南省济源市清源水处理有限公司经理
余震彦　湖北省武汉市艳阳天商贸酒店发展有限公司总经理
蔡冬华(女)　湖北省黄石市市委印刷厂厂长
张　燕(女)　湖北省京山羽西美容院经理
周　仁　湖北省永和安门业有限公司总经理
杜诗武　湖北省襄樊市小白象电器有限公司总经理
李绍军　湖南省三七实业集团公司总经理
李有为(土家)　湖南省龙山县摩托车城有限责任公司总经理
周海军　湖南省银天装饰材料有限公司总经理
刘锦成　广东省广州市番禺明珠星钟厂厂长
邹　芸(女)　四川省金诺美容美发中心经理
马红星　四川省西昌市新星电脑公司总经理
梁　华　四川省泸州市特种珍禽养殖场总经理
彭　军　四川省攀枝花市誉鑫有限公司总经理
雷　平　四川省华蓥市兴业食品开发公司总经理
刘汴京　四川省广元市委民洁服务中心总经理
杜静茹(女)　云南省昆明市杜氏佳景家政服务有限公司总经理
余谷所　云南省师宗县雏凤种禽场经理
苏军科　陕西省中北学院院长、宝鸡市职业技术培训学校校长
冯毅良　陕西省西安市诗兰美容、美体中心经理
马忠科　陕西省西安市公共交通城巴有限责任公司董事长
张荣华(女)　陕西省咸阳市巨川公司经理
马显云(回)　青海省莱麦丹工商贸有限公司总经理
朱向荣　青海省亚桥信息产业公司总经理
张海文(女)　新疆乌鲁木齐市海闻有限公司总经理
韩世龙　新疆乌鲁木齐市宏宝青年社会服务中心总经理

第三届全国杰出和优秀青年兴业领头人名单

一、全国杰出青年兴业领头人名单(10名)

景爱军　北京碧海花香鲜花销售中心总经理
赵　楠(女)　河北邯郸农庄山水业中心总经理
秦宝刚　辽宁鞍山宝利美容美发学校总经理
孟繁中　黑龙江鹤岗市百媚生化妆品有限公司总经理
彭　倩(女)　四川成都市“小草屋”食品公司总经理
杜云峰　河南安阳市普惠佳超市总经理
汤浩瀚　吉林四平市方向机械有限公司总经理

付九梅(女)　江苏南京一家人家政服务有限公司总经理
刘文生　山西侯马市邦尼家政服务公司总经理
肖灯银　湖北荆州市富宫装饰材料有限公司总经理
热迪力(维)　新疆阿尔曼实业有限公司总经理
张意心(女)　上海黄浦区百帮永逸家政服务社负责人
林　强　山东烟台市喜旺食品有限公司总经理
张永哲　陕西咸阳永嘉房地产开发公司总经理
李卫华　湖南衡阳精创富康实业公司总经理

二、全国优秀青年兴业领头人名单(99名)

北京
郑桂琴(女)　京机兴物业管理有限公司分公司洗衣店(青青洗衣店)经理
胡玉茹　玉清佳宝劳务服务有限公司总经理
天津
韩建清　天津双宝贸易公司总经理
张　民　禾田电器厂厂长
河北
宋铁峰　河北厨具燃气具销售维修中心厨房电器经营部经理
姚小东　河北滦河实业集团有限公司总经理
高秀华(女)　红日计算机学校校长
蒋　卫　聚实快乐餐快送服务有限公司总经理
山西
刘晋梅(女)　山西太原万柏林区华星豆制品厂总经理
王智斌　山西兰华实业集团有限公司总经理
翟　鹏　晋中假日旅行社有限公司总经理
齐俊伟　山西省定襄县耀龙商厦总经理
张永萍(女)　沁水县利民商业有限公司总经理
内蒙古
张永平　内蒙古紫汽修设备有限公司总经理
冯宝君　通辽三兴包装印刷有限责任公司总经理
郭香菊　丑小鸭艺术幼儿园校长
辽宁
邹先平　丹东市阳光食品有限公司总经理
包晓瑞　沈阳明瑞眼镜有限公司总经理
曲　峰　玉光社区拉面馆总经理
王德顺　本溪市宏宇电器有限公司总经理
刘宇平　锦市视康眼镜有限公司总经理
吉林
张亚斌　白城市拖车总厂厂长
任　勇　通化中天酒业有限公司总经理
冯晓刚　吉林省浩昌装饰工程有限公司总经理
曲　刚　吉林吉祥集团有限公司总经理
朱　姝(女)　吉林华信大众集团有限公司总经理
黑龙江
张胜武　黑龙江晶彩广告公司总经理
杜修胜　牡丹江市众程科技产业有限公司总经理
黄海波　佳木斯林海雪原米业(集团)公司总经理
李福源　国贸商厦有限责任公司总经理
王成福　黑龙江肇成福食品有限责任公司总经理
上海
王　薇(女)　上海伊俪美容美发职业培训学校校长
吴　亮(女)　上海市静安区大家乐非常工作室总经理
江苏
杜　江　徐州市江恒木业有限公司总经理
陆永华　江苏林洋电子有限公司总经理
浙江
彭　星　温州法派服饰企业有限公司总经理

吴跃明　兰溪市外贸制衣厂总经理

安徽

沈基前　梦都餐饮发展有限公司总经理

孙兴华　淮北华兴兔业公司总经理

秦　进　安徽安然饮品有限公司总经理

杜朝晖　蚌埠市昊方汽车空调电磁离合器有限公司总经理

李卫平　安徽凯帆化工有限公司

福建

陈　雄　雄岗摩托施救中心总经理

杨　萍(女)　福建扬达实业有限公司总经理

江西

许　斌　九江华东实业有限公司总经理

赵　彤　江西新生实业有限公司总经理

顾井红(女)　九江市琪雅职业技能培训中心总经理

山东

李天爱　山东裕鑫玻璃纤维有限公司总经理

郑文革(女)　东明县物资调剂站总经理

吴华清(女)　母女服装店总经理

南　潮　聊城市南潮电脑有限公司总经理

周海宁　荣成比特电脑公司总经理

河南

任迎峰　许昌市一峰烟酒副食有限公司总经理

贺若愚　开封皮鞋商场总经理

王玉生　西华县四通农机有限公司总经理

李秉忠　遂平县振中玻璃制品有限公司总经理

程　建　濮阳百姓量贩有限公司总经理

湖北

彭　澎(女)　新世纪艺术幼儿园校长

廖海琼(女)　宜昌市连邦软件有限公司总经理

吕建平　湖北安康置业有限公司总经理

湖南

李国武　临湘市副食村总经理

李新娟(女)　郴州市新华汽车服务有限公司总经理

尹艳群(女)　洪江嵩云禽业有限公司总经理

罗济民　湖南省天龙米业有限公司总经理

广东

宋亚养　湛江鸿智电器有限公司总经理

钱艾琪(女)　广东云浮市金鹏石材厂总经理

陈　曦　泰安集团有限公司总经理

广西

黎　波(女)　烈士陵园放养鸡场总经理

周小容(女)　周小容连锁店总经理

骆红华　柳州市青年职业介绍所总经理

四川

乐青铭　苍溪县太阳广告公司总经理

程王君(女)　泸州市新天大饭店总经理

何晋平　南部县万达房地产开发有限公司总经理

张　颜(女)　江安县江城印刷厂总经理

邹毅敏(女)　德阳市一生美容有限公司总经理

重庆

李红卫　重庆大好经贸有限公司总经理

刘义红(女)　重庆双星童车行总经理

夏　斌　重庆友恒电脑科技有限公司总经理

贵州

杨发祥　遵义市恒兴实业有限公司总经理

孙　洪　贵州省安顺市心连心服务部总经理

云南

张从明　个旧市汽车出租有限责任公司总经理

陕西

刘尊众　西安瑞德脚病修治所总经理

戴慧敏　陕西班博服饰有限公司总经理

廖　刚　西安德瑞实业集团公司总经理

刘晓应　宝鸡青年旅行社总经理

甘肃

欧阳君　靖远化工建材厂总经理

丁　燕(女)　武威市伊宁斋商贸有限公司总经理

青海

王　钢　青海宁互路桥汤青有限公司总经理

刘　砖　青海四宁建筑装潢有限公司总经理

程建华　西宁建华商贸公司总经理

宁夏

郝向峰　银川泰丰实业有限公司总经理

马泽民　名特果蔬气调保鲜有限公司总经理

新疆

沙迪克江·沙吾提　伊犁祥和房地产开发公司总经理

李　俊　新疆库尔勒香梨股份置业公司总经理

第二届实施“帮助青年创业计划”优秀组织单位和先进个人名单

一、优秀组织单位名单(48名)

北京

北京京城机电控股有限公司团委

天津

天津渤海化工集团公司团委

河北

共青团邢台市委

共青团保定市委

山西

共青团山西省委

太原市青年创业服务中心

大同煤矿集团公司团委青年人才交流中心

内蒙古

共青团包头市委

通辽市再就业管理局

辽宁

共青团鞍山市委

共青团锦州市委

共青团阜新市委

吉林

共青团长春市委青年就业培训中心

共青团吉林省委再就业服务中心

吉林省就业服务局

黑龙江

共青团黑龙江省委

共青团鸡西市委

共青团伊春市委

上海

共青团上海市闸北区委

江苏

共青团江苏省委城工部

浙江

共青团湖州市委

安徽

共青团淮北市委

共青团铜陵市委

福建

共青团三明市委

江西

江西省地矿局团委

江西省赣州市劳动就业服务管理局

山东

山东电力集团公司团委

共青团济南市委

河南

共青团河南省委青工部

共青团鹤壁市委员会

商丘电子计算机职业中等专业学校

湖北

湖北省黄石市劳动和社会保障局

共青团咸宁市委

湖南

共青团娄底市委

共青团常德市委

广东

共青团广东省委城乡部

广西

共青团南宁市委

四川

共青团四川省委

共青团达州市委

南充市劳动和社会保障局

重庆

共青团重庆市委青工部

贵州

贵州省劳动和社会保障厅培训就业处

陕西

共青团西安市委青工部

西安市劳动和社会保障局就业办公室

甘肃

共青团天水市委

青海

共青团西宁市委

宁夏

西北煤矿机械制造高级技工学校

新疆

共青团昌吉回族州委

二、先进个人名单(48 名)

北京

张　中　北京市安吉劳动服务中心经理

天津

徐　丽(女)　天津针织集团公司团委书记

河北

付振波　唐山团市委副书记

张荷红(女)　邯郸团市委副书记

山西

高　波　太原团市委书记

张瑞芳　共青团山西省委青工部部长

刘　敬　大同煤矿集团公司团委书记

内蒙古

张庆宗　内蒙古通辽批发城管理处董事长

辽宁

李　刚　共青团鞍山市委工农部部长

杨统惠　抚顺市青年事业发展服务中心主任

由培洪　辽宁省劳动和社会保障厅就业处副处长

吉林

潘宏峰　共青团吉林省委青工部部长

曹广成　共青团吉林省白山市委书记

金德生　共青团长春市委就业培训中心主任

黑龙江

韩佰呈　共青团黑龙江省双鸭山市委青工部副部长

于洪涛　共青团大庆市委书记

刘延民　哈尔滨市劳动和社会保障局科长

何忠海　黑龙江省伊春市劳动和社会保障局党组书记、局长

上海

康雅定　上海市普陀区帮帮服务中心主任

江苏

叶跃华　江苏泰州劳动保障局副局长

浙江

潘　峥　华狮啤酒(舟山)有限公司董事长

安徽

徐　松　共青团蚌埠市委青工部部长

王启荣　安徽马鞍山团市委副书记

福建

张　远　共青团福建省委青工部部长

江西

贾燕春　共青团萍乡市委员会工农青年部部长

章小云　阳光鲜奶新余直销中心经理

山东

王卫东　山东段店集团总公司副总经理

王　辉　共青团枣庄市委副书记

李其超　共青团聊城市委副书记

河南

杨自强　河南开封团市委青工部部长

杨建旭　共青团安阳市委青工部部长

杨平甫　临颍县人事劳动和社会保障局局长

湖北

董大英(女)　湖北省宜昌市劳动就业管理处副科长

艾继武　共青团孝感市委青工部副部长

湖南

肖正滔　湖南九龙经贸(集团)有限公司董事长

刘锡泉　湖南省天博瓷业有限公司总经理

广西

钟凡耀　南宁市维威制药有限公司董事长

四川

卢其勇　四川富临实业集团有限公司人力资源部总监

李　骏　四川联通公司乐山市分公司总经理

廖莉萍（女）　四川省广安市国盾科技开发有限公司总经理

重庆

马　超　共青团重庆市九龙坡区委书记

贵州

覃　杰　共青团六盘水市委员会副书记

陕西

龚晓燕（女）　共青团宝鸡市委书记

胡宝华　宝鸡市委劳动和社会保障局就业科科长

甘肃

杨民召　兰州城关物业管理服务中心总经理

青海

马金彪　共青团青海省委工农青年部副部长

宁夏

呼延俊杰　固原市劳动就业服务局局长

新疆

曹志文　共青团昌吉回族自治区州委员会书记

全国青年安全生产示范岗

团中央、国家安全生产监督管理局联合举办的全国“青年安全生产示范岗”创建活动是以青年职工为主体，以安全生产示范为导向，以安全思想教育、安全技能培训、安全监督管理为内容，以确保企业安全生产为目的的群众性安全实践活动，主题口号是“安全生产，青年当先”。活动的基本内容是加强安全生产宣传教育，开展安全生产技能培训，强化安全生产监督管理。活动从2001年4月开始启动实施。

活动开展以来，各地根据团中央和国家安全生产监督管理局的要求，成立了领导小组和工作机构，层层开展了创建活动。通过组织广大团员青年学习安全生产知识，掌握安全生产技能、举办培训班、座谈会、现场推进会、主题活动、知识竞赛等行之有效的形式，着眼于提高青年职工的安全素质，把创建活动融入企业生产经营活动之中，产生良好的经济和社会效益。各地涌现了一大批安全生产先进集体和先进单位，青年安全生产示范岗位活动取得了明显效果。

首批全国“青年安全生产示范岗”名单

北京

北汽福田汽车股份有限公司北京福田轻客车架班

北京首钢股份有限公司第二炼铁厂一高炉炉前乙班

北京市建工集团杨志欣青年安全生产示范岗

天津

天津天铁冶金集团有限公司炼铁厂四高炉车间

天津卷烟厂二车间甲班 Protos－GDX22#机组

天津六建建筑工程有限公司三分公司实验中学项目部

河北

石家庄电业局变电检修工区继电保护二班

唐山钢铁公司北区动力厂供电车间青年安全

生产示范岗
河北承德新新钒钛股份有限公司炼铁厂六号高炉值班室
山西
山西焦煤集团公司杜儿坪矿运输区运输一队青年安全岗
太原钢铁(集团)有限公司供水厂水净化综合泵站青年安全岗
山西大同煤矿集团公司四台矿综采一队青年安全岗
内蒙古
呼和浩特铁路局二连浩特车站运转车间乙班宽轨一调青年班组
内蒙古蒙达发电有限责任公司网控室
辽宁
鞍钢集团新钢铁公司炼铁总厂二烧车间烧结机青年安全生产示范岗
中石油抚顺石化分公司洗涤剂化工厂 DCS 岗位
本钢热连轧厂 1700mm 生产线青年安全生产示范岗
吉林
长春一汽锻造有限公司模锻车间 209—10#乙班
吉林化纤集团有限责任公司热电车间锅炉生产岗
通化钢铁集团有限责任公司小型连轧厂轧钢四车间轧钢班
黑龙江
哈尔滨热电有限责任公司电气运行一班
大庆油田有限责任公司第二采油厂第三油矿南五联合站
黑龙江省路桥建设集团有限公司五处桥梁主塔施工作业队
上海
上海中远化工有限公司氧气厂“万立”空分小组
宝山钢铁股份有限公司冷轧厂镀锡分厂
上海市第三建筑有限公司丁伟燕青年项目管理部
江苏
南京长江油运公司大庆412轮
徐州矿务集团有限公司权台煤矿运搬工区煤车组
中国石化新星公司华东石油局试采大队采油一队158井组
浙江
杭州钢铁集团公司转炉炼钢厂行车车间青安岗
杭州民生药业集团有限公司产品开发部
宁波电业局变电运行工区 220 千伏湾塘变电所
安徽
国投新集能源股份有限公司新集一矿新世纪青年综采队
马鞍山钢铁股份公司高速线材厂线材轧钢车间青年安全生产示范岗
淮北矿业(集团)有限责任公司桃园煤矿采煤四区
福建
福州铁路分局邵武车务段和顺车站
福建省三钢(集团)有限责任公司机械制造安装公司第二安装分公司起重工段
江西
中国石化股份有限公司九江分公司化肥厂合成车间中控操作岗
江西铜业公司德兴铜矿采矿场爆破工段青年技术组
山东
兖矿集团鲍店煤矿综采二队青年安全监督岗
山东黄金集团有限公司焦家金矿 61112 采矿班
胜利石油管理局油气集输公司东营原油库原油集输岗
河南
平顶山煤业(集团)有限责任公司四矿掘进二

队J56—19200机巷
洛阳首阳山电厂3#、4#机组集控室
中国建筑第七工程局第一建筑公司三门峡工行项目李守信“青年安全生产示范岗”
湖北
中国第一冶金建设公司工业炉工程公司劳务处青年安全总岗
湖北黄石发电股份有限公司汽机分公司调油班
武汉铁路分局武昌南机务段检修车间电力分车间
湖南
郴州卷烟厂安保部消防队
中国石化集团长岭炼油化工有限责任公司岳阳兴长气分厂气体分离岗
株洲车辆厂一组装分厂钳工二班
广东
羊城铁路总公司广州供电段电力调度所广州调度台
广州双桥股份有限公司葡萄糖车间
广东省广电集团有限公司清远供电分公司调度中心远动班
海南
海南钢铁公司选矿厂粗碎车间检修一组
海口美兰机场有限责任公司运行保障部助航灯光站
广西
中铝股份广西分公司电解铝厂电解三车间
南宁糖业股份有限公司制糖造纸厂动力车间5#汽轮机组
四川
四川省华蓥山广能(集团)有限责任公司绿水洞煤矿采煤三队
东方汽轮机厂主机四分厂加工工段
攀枝花煤业(集团)有限责任公司大宝顶煤矿三采区青安岗
重庆
中国嘉陵工业股份有限公司(集团)四分厂新涂装工段
重庆重型铸锻厂热处理分厂淬火二班
重庆钢铁股份有限公司动力厂热力车间电动风机站
贵州
贵州赤天化集团有限责任公司尿素车间青年安全监督岗
贵阳特殊钢有限责任公司无缝钢管分厂青年安全监督岗
云南
云南省路桥三公司砚平高速公路项目经理部
云南省羊场煤矿沙背冲矿井青安分岗
西藏
民航西藏自治区管理局机务维修科
陕西
陕西秦岭水泥(集团)股份有限公司湿法分厂烧成车间
陕西飞机工业(集团)有限公司808车间
西安石油勘探仪器总厂测井仪分厂电子装联车间焊接组
甘肃
白银有色金属公司选矿厂铅锌脱水车间铅锌脱水工段
甘肃银光化学工业公司化工三厂505工组青海
中国水利水电第四工程局尼那工程项目部浇筑二队
青海省路桥集团有限公司交通房建公司第四项目部
宁夏
宁夏青铜峡铝业股份有限公司电解部电解一车间
宁夏太西集团有限责任公司白汲沟矿采二区综放队
新疆
新疆八一钢铁股份有限公司转炉炼钢厂连铸丙班3#机组
乌鲁木齐石化公司化纤厂氧化车间运行二班
铁道

沈阳铁路局锦州分局锦州机务段0022机车组
北京铁路局太原分局玉门沟站甲班甲调
柳州铁路局柳州车辆段到达场列检所
民航
沈阳桃仙国际机场安全检查站安检一科
中国西北航空公司飞行部飞行二部
国家机关
信息产业部电子十一所光伏锑化铟组件班
中央企业
中铁大桥局集团四公司襄十线项目部青年安全监督岗
中国南车集团株洲电力机车厂备料分厂光冲班
中国航天科技集团公司7102厂10车间
三峡工程施工供电局运行车间
上海宝钢化工有限公司化产二厂
中国煤炭工业进出口集团公司大屯煤电公司姚桥煤矿采煤二队
江苏煤炭地质勘探二队205钻机
中铁十二局集团青藏铁路第三项目部巴拉大才曲特大桥青年班组
华北电力集团公司秦皇岛发电有限公司运行部四值
新疆生产建设兵团
农一师青松公司水泥厂电力分厂电气工段

中国杰出青年农民

“中国杰出青年农民”评选表彰活动是共青团中央、水利部、农业部、财政部、国家林业局和全国青联自1996年起共同组织开展的一项评奖活动。全国性的评选表彰活动带动了省、地、县三级层层开展评选表彰活动，在全国树立了一批热爱农村、学用科技、艰苦创业、勇于创新、奋发有为、具有时代特征的青年农民典型。他们主动适应农业和农村经济发展的要求，带头进行农业和农村经济结构调整；带头进行农业标准化生产；带头促进农产品产加销一条龙的农业产业化发展；带头参与农村社会主义民主政治；带头建设农村社会主义精神文明，有力地推动了农村社会的全面进步，在全社会产生了强烈反响，极大地鼓舞着全国亿万农村青年积极参与农村改革和发展，为建设全面小康社会做贡献。

评选表彰活动自启动之日，就一直受到党中央、国务院的高度重视，江泽民同志曾给首届“中国杰出青年农民”致信，对青年农民寄予深切关怀和殷切希望，胡锦涛、温家宝、姜春云、王兆国、布赫、杨汝岱、孙孚凌、乌云其木格等党和国家领导人都曾亲切接见过受表彰的青年农民代表，给广大青年农民以极大的鼓舞，在全社会营造了关心农业、农村、农民的良好氛围。

第三届中国杰出青年农民名单

（1998年　按姓氏笔画排序）

龙华阶（苗族）　湖北省鹤峰县太平镇官屋村农民
朱新华　江西省宜黄县新丰乡东门村农民
刘爱平　湖南省衡东县霞流镇大桥村农民
刘德华　贵州省仁怀市中枢镇下坝村农民
安晨明　河南省泌阳县羊册镇羊南村农民
杜德建　山西省永济市董村乡张坊村农民
祝　荣　重庆市长寿县风城镇体育村农民
高慧娟（女）　山东省东平县张河桥乡夏谢四村农民

程立力　江苏省武进市湖塘镇大巷村农民
穆特里甫·霍加尼亚孜(维吾尔族)　新疆维吾尔自治区阿克苏市浑巴什乡阔什艾日克村农民

第三届中国杰出青年农民提名奖名单

(按姓氏笔画排序)

王文光　内蒙古自治区包头市郊古城湾乡磴口村农民
刘建平　宁夏回族自治区平罗县头闸镇东通平村农民
刘春海　天津市北辰区双街镇双街村农民
何延忠　甘肃省永登县柳村乡复兴村农民
张济强　广东省高州市泗水镇红岭管理区农民
赵仁川　浙江省温岭市江厦乡东门头村农民
钟永团　广西壮族自治区扶绥县渠黎镇碧汁村农民
郭景厦(满族)　辽宁省北宁市常兴店镇下观村农民
曹仁伟　四川省阆中市金城乡麒麟村农民
黎国发　黑龙江省宾县宾西镇四合村农民

第四届中国杰出青年农民名单

(1999 年　按姓氏笔画排序)

万正和　河南省固始县三河尖乡黄寨村农民
牛　伟　山西省蒲县西坪垣乡天花岭村农民
王　坤　新疆生产建设兵团农五师八十一团开发农场职工
王大民　内蒙古自治区乌兰浩特市居力很乡红心村农民
田永亮　山东省曹县仵楼乡后张楼村农民
乔书领　河北省隆尧县千产营乡狮子疙瘩村农民
张　浩　湖南省浏阳市洞阳乡生基村农民
欧阳晓玲(女)　四川省华蓥市禄市镇红光村农民
祝义才　江苏省南京市雨花台区沙洲乡双和村农民
高　才　吉林省九台市苇子沟镇西沟村农民

第四届中国杰出青年农民提名奖名单

(按姓氏笔画排序)

王守成　辽宁省海城市西柳镇西古村农民
王国先　黑龙江省海林市新合乡马北村农民
朱　贵　甘肃省张掖市上秦镇安家庄村农民
李云锁　云南省呈贡县洛羊镇小新册办事处农民
况定良　重庆市涪陵区百胜镇百胜村农民
杜胜兴(回)　宁夏回族自治区灵武市杜木桥乡杜家滩村农民
张廷贵　贵州省兴义市橘山镇花月村农民
张烈财　陕西省宝鸡县天王镇八庙村农民
庞丙炎　天津市静海县西双塘村农民
范恒进　安徽省太和县城关镇杜国村农民
郑美海　福建省龙海市浮公镇美山村农民
阙龙飞　广西壮族自治区博白县新田镇大田村农民
戴欣华　江西省宜丰县石市镇夏讲村农民

第五届中国杰出青年农民名单

(2000 年　按姓氏笔画排序)

王　琨　陕西省合阳县防虏寨乡防虏寨村农民
李　臣　内蒙古自治区通辽市科尔沁区余粮堡镇一街村农民
刘春海　天津市北辰区双街镇双街村农民
余　聪　宁夏回族自治区盐池县高沙窝乡农民
余晓兰(女)　山西省右玉县杨千河乡南崔家窑村农民
苏艳霞(女)　黑龙江省肇东市四站镇四站村农民
郑长峰　浙江省杭州市下城区石桥镇灯塔村农民
席　强　甘肃省天水市吕二沟乡暖和湾村农民
徐天剑　云南省腾冲县蒲川乡向阳村农民

葛耀星　吉林省桦甸市永吉街道小城子村农民

第五届中国杰出青年农民提名奖名单

（按姓氏笔画排序）

万河保　江西省余江县平定乡双鱼村农民
王大实　辽宁省义县石佛堡乡石佛堡村农民
王明善　海南省琼山市十字路镇占符村农民
刘继台　河北省顺平县神南乡刘家营村农民
严国圣　福建省莆田市涵江区白塘镇集奎村农民
杨遂胜　湖北省老河口市洪山咀办事处农民
汪德寿　安徽省颍上县刘集乡湖稍村农民
徐卫东　江苏省张家港市泗港镇杨港村农民
夏热甫·艾那西　新疆维吾尔自治区巩留县五乡喀拉巴克村农民
蒋爱国　广西壮族自治区全州县全州镇集才村农民
雷昌平　湖南省江永县粗石江镇宋村农民
缪天明　四川省峨边县五渡镇工农村农民
蔡兴权　重庆市丰都县三坝乡硝厂沟村农民

第六届中国杰出青年农民获奖名单

（2001 年　按姓氏笔画排序）

王永平　福建省龙海市九湖镇新塘农民
王铁柱　北京市大兴区瀛海镇怡乐村农民
李怀财　吉林省蛟河市新农乡头门村农民
李昌明　重庆市渝北区鸳鸯镇农民
李晓东　辽宁省盘锦市大洼县大洼镇农民
李满常　河北省高阳县庞口镇边家务村农民
次仁罗布　西藏自治区林芝地区林芝县百巴乡农民
陈永亮　四川省筠连县武德乡共和村农民
高俊生　河南省临颍县杜曲镇农民
裴利静（女）　山东省泰安市岱岳区北集坡镇农民

第六届中国杰出青年农民提名奖名单

（按姓氏笔画排序）

扎木苏荣　内蒙古自治区锡林浩特市伊利勒特苏木农民
刘万贵　黑龙江省齐齐哈尔市富拉尔基区富国乡农民
朱汉成　宁夏灵武市新华桥镇农民
李绍权　湖北省建始县龙坪乡农民
许洪海　安徽临泉县瓦店镇瓦店村农民
买买提沙吾尔　新疆维吾尔自治区尉犁县兴平乡达西村农民
陈生友　陕西省榆林市榆阳区镇川镇农民
周　俊　云南曲靖市麒麟区三宝镇农民
张存平　甘肃省临洮县玉井乡岗观坪村农民
胡伟清　湖南省岳阳屈原管理区黄金办事处农民
胡英刚　江苏省赣榆县青口镇下口村农民
赵源润（女）　天津市津南区南洋镇五登房村农民
温带颖　广东省梅州市梅县丙村镇农民
潘姝戎（女）　山西省河津市赵家庄乡赵家庄村农民

第七届中国杰出青年农民

（2002 年　按姓氏笔画排序）

才层玛（女，蒙族）　青海省海西州宗务隆乡青年农民
尹为民　辽宁省大石桥市官屯镇青年农民
王洪伟　河南省濮阳县徐镇青年农民
王家仲　天津市武清区陈咀乡青年农民
刘卫明　山西省祁县城赵镇青年农民
邹怀斌　安徽省六安市城南镇青年农民
吴松青　福建省晋江市安海镇青年农民
侯正宇　江苏省洪泽县岔河镇青年农民
胡昌月　海南省保亭县毛感乡青年农民
魏新菊（女）　河北省衡水市邓庄乡青年农民

第七届中国杰出青年农民提名奖名单

（按姓氏笔画排序）

卢宗强　吉林省延吉市三道湾镇青年农民
孙洪波（女）　四川省阆中市七里镇青年农民
刘九生　湖南省衡阳市程垅乡青年农民
刘三明　内蒙古自治区杭锦后旗头道桥镇青年农民
刘士伟　黑龙江省宝清县青原镇青年农民
刘延龙　甘肃省兰州市拱星墩乡青年农民
阮铁军　浙江省诸暨市山下湖镇青年农民
刘银水　湖北省随州市三里岗镇青年农民
阿　努（藏族）　西藏自治区堆德庆县羊达乡青年农民
李代文　云南省麻栗坡县马街乡青年农民
昝宏森　陕西省扶风县段家镇青年农民
唐传志　广西壮族自治区玉林市福绵镇青年农民
曹守江　山东省临沂市汪沟镇青年农民
蔡福伟　江西省上饶县皂头镇青年农民

全国农村青年创业致富带头人 服务农村青年增收成才奖

"全国农村青年创业致富带头人"、"服务农村青年增收成才奖"评选表彰活动是团中央和农业部自2001年起联合开展的一项活动。"全国农村青年创业致富带头人"包括科技兴农带头人、青年经纪人、农业产业化带头人和工商创业带头人等农村青年创业致富带头人。他们认真学习贯彻党在农村的各项方针政策，大力推广先进实用农业技术，大胆开拓农产品市场，积极发展农业产业化，带头创办农村二、三产业，致富思源，富而思进，带领广大农民致富奔小康，在农村这一广阔天地里取得了突出成绩。"服务农村青年增收成才奖"先进集体和先进个人是活跃在地方团组织和农业部门，以服务农村青年增收成才为己任，满怀热情，无私奉献，在政策、资金、项目、信息、技术和人员培训等各方面对农村青年给予极大支持，成为广大农村青年创业致富的领路人。

评选活动鼓舞着广大农村青年立足农村，努力学习、运用和推广先进农业技术，积极调整农业产业结构，进行农业产业化经营，寻求新的就业增收渠道，带头增收成才，带领当地农民群众共同致富。同时评选活动也有力地推动了各级团组织和农业部门认真贯彻落实党在农村的各项方针政策，全面推进农村青年增收成才行动，以培养人才、配合服务两个关键环节为着力点，开拓创新，为广大农村青年提供切实有效的扶持和帮助，增强他们的致富本领，帮助他们发展生产，增加收入，为发展农村经济、推进农村全面小康建设做出了积极贡献。

2001年度全国农村青年创业致富带头人名单

（405名）

一、青年科技兴农带头人（104名）

张千秋　北京市通州区青年林果协会会长
申玉清　北京市顺义区李桥镇高级农艺师
刘　勋　天津市蓟县畜牧局畜牧兽医技术服

务中心副主任
王德旺　天津市宝坻区德旺特种动物养殖总场总经理
何殿华　河北省衡水市桃城区邓庄乡农民
楚国彬　河北省宁晋县国宾食品有限公司董事长兼总经理
黄　军　河北省隆化县农业局农艺师
李丙友　河北省沧州市东光县科技局技术人员
姬森祥　山西省高平市石末乡青年科技图书站站长
石慧强　山西省阳泉市义井镇泊里村农民
隋建国　山西省临猗县矮化枣研究中心主任
王建辉　山西省离石市良种场场长
宋　飞　内蒙古自治区鄂尔多斯市伊金霍洛旗布尔台格乡哈沙图村农民
席宝力高　内蒙古自治区通辽市奈曼旗白音他拉镇喇民他拉嘎查牧民
周晓华(女)　内蒙古自治区锡林郭勒盟锡林浩特市毛登牧场养兔场场长
陈海柱　内蒙古自治区包头市达茂旗额尔登敖包苏木金星嘎查牧民
李艳宏(女)　辽宁省辽阳市牛奶公司经理
高树礼　辽宁省铁岭市昌图县大洼镇农民
苑树林　辽宁省建平县太平庄乡党委书记
王树军　辽宁省阜新市细河区四合镇黄家沟村村委会主任
王翊众　吉林省长春市朝阳区翊农农业高新技术研究所所长
张志臣　吉林省桦甸市首冠苗木花卉公司总经理
丁宝库　吉林省柳河县林源珍稀濒危野生植物研究中心主任
王金龙　黑龙江省伊春市伊敏林场场长
刘士伟　黑龙江省双鸭山市宝清县青原镇新城村农民
张利民　黑龙江省依安县新屯乡团委书记
包永富　黑龙江省虎林市忠诚乡忠诚村农民
张胜飞　上海市南汇区胜华电缆厂总经理
凌惠明　上海市浦东区森林特种钢门有限公司总经理
刘　浩　江苏省金田集团副总经理
裴俞一(女)　江苏省南京市老山药业股份有限公司副总经理
赵加龙　江苏省高邮市天山镇生猪协会会长
李　生　江苏省沭阳县苏北花卉盆景公司总经理
陈灿道　福建省福清市日怡花卉有限公司总经理
陈万林　福建省东山县西埔镇青年干部实践锻炼基地主任
胡传树　福建省宁德市寿宁县鳌阳镇安章村村委会主任
夏贤明　浙江省舟山市定海区宏烟农特产有限公司董事长
李旭晨　浙江省湖州市安吉县种子公司副经理
赖建斌　浙江省丽水市青田县现代生态养殖有限公司总经理
范永清　浙江省衢州市龙游县湖镇镇康乐养鸡场场长
万发勇　江西省南昌市圣丰农业综合开发有限公司总经理
吴友稼　江西省南康市友家食品有限公司经理
汪胜辉　江西省景德镇市浮梁县寿安镇副镇长
葛江明　江西省武宁县南市乡江明果业开发实验场场长
夏吉国　安徽省桐城市鸿润集团公司董事长兼总经理
干莫刚　安徽省明光市三关乡汪郢村农民
邵四洋　安徽省铜陵县钟仓乡西湖村农民
尤加林　安徽省灵璧县加林农机有限责任公司董事长兼总经理
刘继军　山东省聊城市茌平县信发铝业公司

总经理
司长信　山东省枣庄市海石花蜂业有限公司总经理
王兴文　山东省平度市大泽山镇西岳石村团支部书记
刘忠宝　山东省新泰市小协镇碗窑头村农民
贾燕妮（女）　山东省龙口市致远花卉发展公司总经理
许传良　山东省诸城市昌城镇杨义庄村团支部书记
宋　伟　河南省信阳市固始县三高集团固始鸡开发公司经理
王海潮　河南省鹤壁市浚县伟业饲料公司经理
景占盈　河南省郑州市香山牧业公司经理
方志刚　河南省开封市尉氏县庄头乡高寨村团支部书记
鲁新占　河南省驻马店市确山县瓦岗乡邢店村农民
陈建安　湖北省孝感市云梦县城关镇星星禽业公司经理
曾　玺　湖北省武汉市江夏区安山镇张郑湖养殖场场长
崔群山　湖北省襄樊市樊城区王家寨村农民
方荣华　湖北省罗田县大河岸镇高庙村党支部书记
周深培　湖南省怀化市鹤城区石门乡金龙示范园场长
田正清　湖南省新宁县山镇宝丰园艺场场长
罗永东　湖南省新化县永东硅业有限责任公司总经理
杨官柏　湖南省泸溪县上堡乡联盟村农民
黄开科　海南省琼海市阳江镇红色村农民
江水先　海南省儋州市侨南村农民
戴学济　广东省茂名市世和生态农业发展有限公司董事长
邱福兰（女）　广东省韶关市仁化县仁化镇岭田村农民
罗建明　广东省兴宁市南华茶业有限公司副总经理
李江平　广东省梅州市梅雁经济发展总公司总经理
陈莲娣（女）　广东省韶关市新丰县回龙镇新村农民
袁　超　广东省廉江市一品木业有限公司总经理
叶运寿　广东省东莞市星河实业有限公司总经理
梁宏彪　广西壮族自治区钦州市钦北区共青特种养殖实验基地负责人
覃上峻　广西壮族自治区象州县百丈乡新寨村农民
梁器盈　广西壮族自治区兴业县城隍镇湖村农民
蔡教奎　重庆市永川市何埂镇渔箭滩村农民
戴连光　重庆市南川市东城街道办事处金家村农民
陈　革（女）　四川省温江县农友家禽研究所副所长
谢才荣　四川省攀枝花市东区银江镇凤凰社区农民
邹云腾　四川省合江县虎头乡农民
黄建军　四川省峨眉山市新坪乡创新果业研究所所长
陈永斌　云南省玉溪市云溪香精香料公司总经理
王学兰（女）　云南省临沧地区双江自治县勐勐镇千蚌村农民
王达昌　云南省西畴县新马街乡克丘村农民
夏和成　贵州省石阡县五德镇地印村村民
王　文　贵州省兴义市橘山镇永兴村村民
白玛四郎　西藏自治区波密县扎木镇巴穷村农民
达　玖　西藏自治区米林县南伊珞巴民族乡琼林村农民
赵凤侠（女）　陕西省宝鸡市扶风天马贸易有

限公司经理

袁向东　陕西省咸阳市礼泉县欣叶公司经理

张建成　陕西省渭南市蒲城县成龙集团总经理

纪文燕(女)　陕西省西安市户县葡萄研究所所长

周唯全　甘肃省榆中县洋芋营销协会会长

张进福　甘肃省秦安县康宝纯净水厂厂长

张元俊　甘肃省镇原林草工程有限责任公司经理

韩　伟　青海省循化县南台滩农、林、牧三业开发公司经理

居来提·司拉木　新疆维吾尔自治区喀什市乃则尔巴格乡党委副书记

彭永瑞　新疆维吾尔自治区乌鲁木齐县青格达湖乡新联村农民

张明华　新疆维吾尔自治区霍城县莫乎尔乡农田一村农民

刘　辉　新疆农垦科学院科研处副研究员

二、青年农业产业化带头人(102 名)

冯国平　北京市大兴区长子营蔬菜示范区厂长

祁艳霞(女)　北京市延庆县旧县镇茂茂盛奶牛养殖场场长

王家仲　天津市武津区陈嘴镇渔坝口村四队党支部书记

张良喜　天津市汉沽区孟庄园葡萄酿酒有限公司总经理

刘赵宁　河北省石家庄市刘洋淀粉糖有限公司经理

孙邵芳　河北省承德市绿源绿色食品有限公司总经理

王玉峰　河北省宁晋县玉峰淀粉糖业有限公司董事长兼总经理

杨海增　河北省沙河市凯特饲料集团有限公司董事长

王连亮　山西省汾阳市北京中林林业科技开发公司汾阳良种苗木繁育示范基地总经理

刘　跃　山西省阳曲县喜跃发产业有限公司董事长

王文刚　山西省万荣县山西科联食品保鲜开发部经理、万荣华北水果预冷保鲜冷库经理

王顺存　山西省娄烦县马家庄乡西会村农民

方　武　内蒙古自治区赤峰市草原兴发有限责任公司总经理

高有良　内蒙古自治区鄂尔多斯市达拉特旗大树湾镇东海星村农民

王艳霞(女)　内蒙古自治区乌海市海南区巴音陶亥乡东方红村农民

武二平　内蒙古自治区包头市达茂旗乌兰乡农民

赵建国　内蒙古自治区锡林郭勒盟多伦县裕兴养殖有限责任公司总经理

尹为民　辽宁省营口市大正集团董事长

裴春来　辽宁省盘锦市盘山县统一乡农民

代小龙　辽宁省本溪市天缘生态养殖场场长

郭有刚　吉林省德惠市朱城子镇肉牛屠宰厂总经理

岳喜民　吉林省公主岭市范家屯经济开发区铁南村农民

郑方国　吉林省辉南县正方农牧股份有限公司董事长兼总经理

崔由波　吉林省白山市八道江区市郊乡七道江村农民

郑新民　黑龙江省哈尔滨市完达山乳业股份有限公司总经理

杨　臣　黑龙江省哈尔滨市北大荒麦业集团总经理

刘树新　黑龙江省富锦市红光村建材加工厂厂长

张　伟　黑龙江省林口县奎山乡宏达特产公司经理

金永均　上海市金山区银龙蔬菜加工厂负责人

黄　春　上海市崇明县宝岛蟹业发展有限公司董事长
钱仁界　江苏省无锡市南洋农畜业有限公司董事长
姜　滢　江苏省淮安康达饲料有限公司董事长、总经理
马金海　江苏省如皋市金海植物组织繁育有限公司董事长
承尧兴　江苏省武进市聪聪奶牛场场长
练庆祥　福建省三明市恒祥农牧有限公司总经理
严国圣　福建省莆田市红太阳精品有限公司总经理
孙少锋　福建省泉州市惠安县中绿农业综合开发有限公司总经理
张仁华　浙江省宁波市鄞县通茂工贸实业有限公司总经理
刘建明　浙江省绍兴市绍兴县百花园艺有限公司经理
祝燕军　浙江省嘉兴市海盐县希望花卉有限公司经理
杨仙程　浙江省台州市路桥区蓬街蔬菜开发公司经理
王跃泉　浙江省杭州市萧山区梅西八字桥酱菜厂厂长
晏锦田　江西省宜春市上高县蔬菜食品厂厂长
黄梁山　江西省鹰潭市余江县绿色食品开发有限公司总经理
涂国平　江西省南昌县天禾糖业发展有限公司经理
李章作　江西省南昌市卓茵景观工程有限公司董事长
俞辉文　江西省乐平市三宝实业有限公司经理
朱先良　安徽省舒城县绿园食品有限责任公司总经理
杨国辉　安徽省固城县丰牧山羊开发有限公司总经理
毛传平　安徽省宁国市五星养殖集团公司董事长
曹守江　山东省临沂市费县汪沟镇科华兔业有限公司总经理
王德山　山东省淄博市张店区淄博绿赛尔有限公司总经理
赵广春　山东省德州市经济开发区华达集团总经理
王均敬　山东省日照市东港区黄墩镇南庄村农民
王彦行　山东省荷泽市曹县花木制品有限公司经理
董朝新　河南省洛阳市阿新奶业有限公司经理
刘鹏翔　河南省三门峡市卢氏县枣业公司经理
郭天保　河南省辉县市大地饲料公司经理
崔冠明　河南省周口市莲花味精集团有限公司副总经理
李高兴　湖北省武汉市洪山区洪山乡乡长、党委副书记
范宏军　湖北省鹤峰县宏军富硒茶叶有限公司经理
范红平　湖北省洪湖市沙口镇鸿鹄生态养殖公司经理
周剑洪　湖南省永州市之野异蛇实业有限公司总经理
彭澧康　湖南省张家界市桑植县康华粽叶开发有限公司董事长兼总经理
刘　时　湖南省安化县坪口镇丛阳村党支部书记
陈汉平　湖南省洪江市黔城镇培新农牧有限公司总经理
谭光辉　湖南省湘阴县长康实业有限公司总经理
罗贻章　海南省澄迈县美亭乡美亭村村委会主任

胡志清　海南省三亚市新兴建筑公司副总经理

温志芬　广东省新兴县温氏食品集团副总裁、南方育种公司总经理

吴松林　广东省化州市民昌果业有限公司董事长

冯广伟　广东省中山市横栏镇新茂村支部书记

郭伟光　广东省陆河县生宝种养有限公司总经理

陈　丹　广东省湛江市恒兴集团有限公司董事长

邹英雄　广西壮族自治区北流市智勇荔枝龙眼发展有限公司副经理

韦赞琪　广西壮族自治区金秀县桐木镇农民

朱小林　广西壮族自治区博白县银龙集团有限公司总经理

张维佳　重庆市垫江县凤凰林业综合开发有限公司董事长

张道国　重庆市合川市种鸭场场长

李天群(女)　重庆市渝北区王家镇海螺村农民

何孝义　四川省绵竹市绵远镇三泉农业综合开发有限公司经理

郑柏林　四川省南充市蓬安县柏林绿色园艺场场长

刘剑波　四川省广安市邻水县六合果业开发有限公司经理

李云锁　云南省昆明市呈贡县晨农绿色产品有限公司总经理

龚艳琼(女)　云南省昆明市寻甸县钟灵山农业科技开发有限公司经理

熊家宏　云南省潞西市宏天实业集团总公司总裁

李跃升　云南省思茅地区镇沅县恩乐镇五一村村委主任、五一茶厂厂长

祝常亮　贵州省余庆县敖溪镇胜利村共青果林场场长

罗贤辉　贵州省罗甸县逢亭镇祥脚村村委会主任

毛恩来　贵州省黎平县洪州镇洪州村村委会主任

阎全民　陕西省西安市全民高优农牧园经理

李晓林　陕西省宝鸡市陇县关山乳业有限公司经理

万惠琴(女)　陕西省汉中市南郑县胡家营乡群星村团支部书记

林文华　甘肃省临泽雪莲乳品公司总经理

禹　宏　甘肃省华亭县宏源清真肉食水产公司经理

缪　坤　宁夏回族自治区银川市宏坤置业有限公司经理

满跃俊　宁夏回族自治区吴忠市雪泉清真乳品厂厂长

艾合买提努尔　新疆维吾尔自治区沙雅县红旗乡古再勒村农民

张英群　新疆维吾尔自治区巩留县青年培训中心主任

吴　磊　新疆维吾尔自治区和硕县芳香植物科技开发股份有限公司总经理

米先进　新疆维吾尔自治区精河县八家户农场新鲁木业制板厂厂长

陈国斌　新疆生产建设兵团农四师六十一团阿力玛里葡萄种植场场长

三、青年工商创业带头人(105 名)

陈国新　北京市昌平区长陵镇昭陵村农民

侯立军　北京市怀柔县怀建集团副总经理

左树清　天津市津南区沽上木业有限公司总经理

赵文杰　天津市北辰区赵虎村农工商总公司经理

吕　超　天津市天海汽车同步器厂厂长

吴振岭　河北省石家庄市天山实业集团有限公司副总裁

张保发　河北省衡水市精信化工有限公司董事长

陈世勇　河北省青县小洋人食品有限公司经理
李金仓　河北省丰南市唐山燕泉啤酒厂厂长
阎巨才　山西省古交市聚财煤焦有限公司总经理
朱俊平　山西省定襄县山西穗穗甜玉米（集团）有限公司董事长兼总经理
刘立胜　山西省翼城县里砦镇老官庄村村委会主任、老官庄农工贸公司总经理
张垣跃　山西省清徐县同戈站村党总支书记、清徐垣跃暖气片有限公司董事长兼总经理
弓香贺　内蒙古自治区通辽市科尔沁区庆和镇兴通农机厂厂长
张运生　辽宁省凌海市锦州百合食品有限公司总经理
宋爱国　辽宁省大连市华禹建筑工程有限公司董事长兼总经理
胡国联　辽宁省沈阳市于洪区国联实业有限公司总经理
杨伟言　辽宁省抚顺市梨花木业（集团）公司董事长
杨艳花（女）　吉林省九治市米业有限责任公司总经理
卢宗强　吉林省延吉市三道湾镇支边村农民
盛　发　吉林省白城市裕丰实业有限公司董事长兼总经理
常贺柱　黑龙江省哈尔滨市清真肥牛养殖场场长
王炜钧　黑龙江省肇东市金都实业集团总经理
华　涛　黑龙江省五常市华雨制药有限公司总经理
黄海波　黑龙江省佳木斯市桦南县林海雪原米业（集团）有限公司董事长兼总经理
杨春勇　上海市松江区浦南空调设备附件厂厂长
马士龙　上海市奉贤区上海舒美园艺公司负责人
尹国华　江苏省晨风集团股份有限公司总经理
赵跃进　江苏省江宁区金城摩托配件厂厂长
韩　勇　江苏省徐州市中原木业公司董事长
潘双林　江苏省启东市吕泗镇东皇山村党支部书记
高岳峰　江苏省无锡市清华双峰环保系统有限公司董事长
林文智　福建省泉州市冠福集团有限公司总经理
郑新岳　福建省莆田市仙游大老古食品有限公司董事长兼总经理
陈开新　福建省建瓯市富雅饲草饲料有限公司总经理
沈　乐　福建省厦门市同安区华乐塑胶有限公司总经理
翁荣弟　浙江省义乌市浪莎针织有限公司总经理
施建耀　浙江省慈溪市海逸园林工程有限公司经理
陈统钗　浙江省台州市天台县天鸿汽车用品有限公司总经理
周成建　浙江省温州市美特斯邦威有限公司董事长
郑晓峰　浙江省杭州市淳安县千岛湖啤酒有限公司董事长兼总经理
王纬海　江西省赣州市永盛房地产开发有限公司董事长兼总经理
胡国华　江西省高安市建设施工有限公司董事长
蔡长远　江西省宜春市靖安县雕刻精品厂厂长
徐辉良　江西省贵溪市金沙蔬菜加工厂厂长
程月文　江西省乐平市龙腾水泥有限公司总经理
邓爱娣（女）　江西省景德镇市浮梁县大地酒

店经理

邹祖根　江西省九江市湖口县东坡大酒店经理

卢　伟　安徽省合肥市义兴奶业有限公司总经理

安珠东　安徽省亳州市珠东精制面粉厂厂长

汪国华　安徽省马鞍山市恒兴镀锌有限公司董事长兼总经理

李　清　安徽省黄山市黑多县民间工艺厂厂长

王芝锐　山东省青岛市城阳区红埠工贸公司总经理、盛阳包装有限公司总经理

董和学　山东省莱芜市钢城区黄庄镇洪沟居委会党支部书记

王德友　山东省枣庄市东方变性淀粉有限公司董事长、总经理

安　静(女)　山东省新泰市钓鱼台宾馆总经理

王炳焦　山东省滨州市博兴县汇泉厨业有限公司总经理

韦士民　河南省洛阳市洛宁县佳美人造板厂厂长

顾兴旺　河南省濮阳市台前县中星鞋业有限公司

杜文君　河南省鹤壁市淇县大用实业有限公司董事长兼总经理

徐胜杰　河南省郑州市建安防腐绝热有限公司南京公司经理

汪盛明　湖北省宜昌市科力生农业开发有限公司董事长

王恩军　湖北省宜昌市长江综合批发市场经理

艾汉成　湖北省武汉市江岸区后湖乡竹叶山集团股份公司副总经理

杨　振　湖南省宁乡县经济开发区加加集团董事长

郭志欢　湖南省南县南洲大曲酒业有限公司董事长

谭光辉　湖南省长康实业有限公司总经理

刘翔浩　湖南省祁阳县金浩植物油有限公司总经理

傅启锐　海南省文昌市潭牛镇夏兰园村副村长

黄　雄　海南省屯昌县南坤镇淀粉加工厂厂长

熊炽辉　广东省东莞市飞跃电业有限公司董事长兼总经理

郑龙桂　广东省茂名市电白县抻龙建筑安装工程有限公司经理

王健康　广东省东莞市美新电器百货有限公司总经理

陈志锋　广东省中山市民众镇沙仔村农民

张爱中　广东省兴宁市南威房地产开发有限公司董事长兼总经理

文汉根　广东省深圳市宝安区汉永实业有限公司董事长

黄贵生　广西壮族自治区都安县安阳镇南门商场负责人

陈贻康　广西壮族自治区永福县龙腾胶合板厂负责人

曹里军　广西壮族自治区北流市鹤云建材有限公司经理

方定洪　重庆涪陵区兴宏园林绿化工程公司总经理

唐　庆　重庆市大渡口区梦柯达鞋业有限公司总经理

汪丽平(女)　重庆市奉节县汀来绿色食品开发有限公司董事长

李方明　四川省成都市成华区金山绿色生态产业有限公司董事长兼总经理

杨万平　四川省泸州市南方建筑工程有限公司董事长兼总经理

谢永林　四川省攀枝花市米易县平大生物制品有限责任公司董事长

华霖飞　云南省丽江县鲁甸乡老君山农场总经理

马向东　云南省易门县东力综合公司总经理
谢凡聪　贵州省开阳县城关镇南桥水泥厂厂长
谢启明　贵州省西秀区轿子山镇哈露冲煤矿矿长
熊　鹏　贵州省毕节市顺弘建筑工程有限公司副经理
范亚锋　陕西省西安市泰峰电器厂厂长
郝亚锋　陕西省兴平市欣宇畜产品加工公司经理
韩宏涛　陕西省旬邑县七里川煤矿矿长
房　忠　甘肃省白银市平川区房地产开发有限公司董事长兼经理
孙旭洲　甘肃省成县亚兴选矿厂厂长
杨金萍(女)　宁夏回族自治区平罗县通伏乡通伏村农民
张伟军　宁夏回族自治区陶乐县五堆子乡沟湾子村团支部书记
马　宁　宁夏回族自治区西吉县兴宁商贸有限责任公司经理
胡月霞(女)　宁夏回族自治区固原地区月霞打字行经理
路万元　青海省万元工贸实业基地负责人
马应录　青海省平安铅业有限责任公司董事长
买合木提·库尔班　新疆维吾尔自治区巴音郭楞蒙古自治州和硕县番茄酱销售、旅游资源开发公司经理
玛　海(女)　新疆维吾尔自治区托里县城镇民族刺绣、手工艺品厂厂长
买买提吐松·阿不都拉　新疆维吾尔自治区喀什地区莎车县顺风道路客运有限责任公司总经理
马新军　新疆生产建设兵团石河子市宏新现代养殖公司经理

四、优秀青年经纪人(94 名)

吴新颖(女)　北京市房山区双大肉鸡饲养服务部副经理
赵云峰　北京市密云县太师屯镇云峰奶牛小区负责人
董在成　天津市宁河县农业局蔬菜技术服务站站长
王绍山　天津市大港区港西街联盟村党总支书记
李建华(女)　河北省邯郸市峰峰矿区和村镇副镇长
刘　计　河北省迁安市四方有限责任公司董事长
王建强　河北省石家庄市栾城县中禽种鹌鹑场场长
陈秀山　河北省青县喜来登农业开发有限公司总经理
刘卫明　山西省晋中市祁县城赵镇固邑村农民
王少刚　山西省黎城县四通贸易有限责任公司总经理
武永财　山西省右玉县马铃薯原种场场长
张志忠　山西省高平市寺庄镇华康猪业有限公司总经理
梁长武　内蒙古自治区通辽市开鲁县道德镇东明村农民
丁志虎　内蒙古自治区兴安盟科右中旗巴彦呼舒镇新立嘎查农民
姜晓旭　内蒙古自治区赤峰市宁城县头道营子镇河南村农民
高　东　辽宁省鞍山市千山区宁远蔬菜批发市场总经理
崔忠文　辽宁省丹东市振安区同兴镇同兴村团支部书记
张立成　辽宁省葫芦岛市中国农产品保鲜工程协会辽西试验基地总经理
纪凤秋(女)　吉林省榆树市弓棚镇农民
张生敏　吉林省公主岭市黑林子镇农民
杨茂义　吉林省洮南市北方辣椒有限公司总经理
王　安　黑龙江省大庆市杜尔伯特县白音诺勒乡农民
白雪飞　黑龙江省双城市新兴乡新胜村农民

李庆丰　黑龙江省宾县庆丰农业科研所所长
邢广明　黑龙江省嫩江县长福乡经贸公司经理
钱红弟　上海市青浦区绿色工艺品编结有限公司总经理
施浩明　上海市嘉定区顾浦村党支部书记
纪荣喜　江苏省句容县白兔镇青年农民
曾小明　江苏省泰兴市分界镇七贤村农民
蒋学焦　江苏省太仓市岳王镇星月村农民
郑友东　江苏省射阳县耦耕乡兴耦村农民
范贵茂　福建省建瓯市南方油桃研究所所长
李永得　福建省漳州市漳浦闽佳花卉榕树盆景实验场经理
吴其英　福建省龙岩市连城县其英果竹开发有限公司总经理
叶　明　福建省南平市松溪县河东乡农技推广员
阮铁军　浙江省诸暨市阮仕珍珠首饰有限公司董事长兼总经理
沈根付　浙江省平湖市新埭镇丁桥村农民
王　磊　浙江省乐清市鸿基农业科技有限公司董事长
沈岳明　浙江省余姚市黄家埠填横塘村淡水养殖场场长
陈新年　浙江省建德市农科开发服务公司总经理
赖平川　江西省赣州市寻乌县农副产品营销中心总经理
李文龙　江西省德兴市泗洲镇祝家村农民
方加军　江西省上饶市铅山县湖坊镇农业技术推广中心主任
华莲娥(女)　江西省乐平市接渡镇工艺品厂厂长
谢丹亭　安徽省淮北市杜集区高岳镇农业产业化综合服务中心总经理
党会军　安徽省阜南县会龙乡卢庄村农民
姜　文　安徽省无为县华菱热工电缆总厂厂长
邢秀奇　安徽省芜湖县精诚园林园艺有限公司董事长
王　云　山东省潍坊市昌乐县尧沟镇董家庄农民
石洪杰　山东省淄博市周村区南郊镇西平村农民
于申洋　山东省荣成市玉洋花生制品有限公司董事长
梁新峰　山东省泗水县泉林镇临湖村农民
王忠春　山东省东营市利津县食用菌研究所所长
陈国华　河南省南阳市西峡县神菇食用菌集团公司董事长兼总经理
李世俊　河南省平顶山市叶县伊帆清真食品有限公司经理
侯金锋　河南省商丘市夏邑县火店乡铁棚村农民
江丕荣　河南省安阳市汤阴县鑫泰食用菌公司经理
黄　华　湖北省竹山县华康化工有限责任公司董事长
刘银水　湖北省随州市曾都区银海菇业有限公司总经理
魏福桥　湖北省孝感市孝昌县丰山镇井边村农民
印加斌　湖北省仙桃市郭河镇农业办公室副主任
周江森　湖南省祁东县水果批发市场总经理
张选云　湖南省株洲县渌口镇排上村农民
谭　智　湖南省望城县双盈房地产开发有限公司总经理
胡维谷(女)　湖南省张家界市永定区西溪坪办事处农民
周载云　海南省昌江黎族自治县乌烈镇乌烈村农民
罗秋枝　广东省中山市东升镇新胜村农民
程　班　广东省茂名市电白县华特实业公司总经理
莫秀情　广西壮族自治区横县云表镇南康村农民

赵敏良　广西壮族自治区金秀县罗香乡农民

刘　电　广西壮族自治区横县校椅镇农民

包传彬　重庆市荣昌县包黑子食品有限公司董事长兼总经理

郑　勇　重庆市江津市锦程实业有限公司总经理

冉志林　重庆市北碚区绿康果业有限公司董事长

万晓红　四川省自贡市贡井区建设镇龙都早香柚协会理事长

张文秋　四川省乐山市竹根镇茶花村农民

吴小平　四川省凉山州雷波县卡哈洛乡羿子村农民

郭　良　云南省昆明市呈贡县康玉花卉公司总经理

杨忠华　贵州省息烽县永靖镇阳佳食用菌商贸中心主任

杨举英(女)　贵州省织金县珠藏镇骂丫村党支部书记

何利贵　贵州省六盘水市钟山区黄土坡办事处钟山村农民

布阿林　西藏自治区山南地区草原工作站副站长

董福锁　陕西省渭南市大荔县温室水果生产有限公司总经理

李卫伟　陕西省铜川市耀县鹿苑实业有限公司经理

任明星　陕西省延安市甘泉县城关镇姚店村党支部书记

张　良　陕西省榆林市靖边县周河乡东坪村党支部书记

张玉林　甘肃省临夏市城关乡政府农技推广员

潘　啸　甘肃省陇西县文峰镇三十铺村农民

杜光中　宁夏回族自治区贺兰县水产销售信息服务中心总经理

路伏国　宁夏回族自治区青铜峡市叶升镇五星村农民

周立新　新疆维吾尔自治区伊犁霍城县惠远镇北门村农民

徐胜军　新疆维吾尔自治区阜康市城关镇龙王庙西村农民

买买提·库尔班　新疆维吾尔自治区和田县塔瓦库勒乡卡热其村农民

陈　谦　新疆生产建设兵团农业技术推广总站站长

2002 年度全国农村青年创业致富带头人标兵名单

（98 名）

北　京　仉锁忠　张永利

天　津　吕　超　薛兴龙

河　北　庞晓环　赵秀丽　丹志民　王宝梁

山　西　潘姝戎　乔道首　常添金

内蒙古　道日诺　席宝力高　叶德成

辽　宁　李兴东　张运生　王树军

吉　林　张立国　高德奇　马德福　南　日

黑龙江　刘士伟　陈树霖　曹祚东　王淑贤

上　海　顾德平　黄　春

江　苏　陆　怡　姜小红　陈长富　柏广友

浙　江　康雪芬　谢公荣　陈火庆　赵子群

安　徽　孙宗华　张下放　王文治

福　建　潘小平　吴荣山　苏建行

江　西　秦国强　陈招明　童云平

山　东　鲁兴中　黄兴福　王顺楠　燕兴华　刘振贵

河　南　花二军　马实现　王国申　石国富　刘文新

湖　北　冯晓燕　张保江　罗太平

湖　南　彭澧康　文靖波　马兴志

广　东　吴朝旭　陈　丹　梁启堂　魏顶国

广　西　覃明亮　蒋爱国　刘名建

海　南　黄春光　陈文娇

重　庆　林德高　胡平正

四　川　马志惠　蒲元平　薛　忠　董存伟

贵　州　罗华维　李根斌　何利贵

云　南　杨　卫　叶　青　代兴晋

西　藏　同　美　口戈扎
陕　西　曹建林　闫文华　别跃民
甘　肃　师向东　才让扎西　高学鹏
青　海　马应录　韩　伟
宁　夏　缪　坤　刘国民　张海明
新　疆　杜尔再　张保堂　黄　海　李保国

2002年度全国农村青年创业致富带头人名单

(814名)

一、青年科技兴农带头人(284名)

北　京　王学忠　高秀娟　韩满军　赵海洋　郭洪亮
天　津　张云凤　周　立　赵绍军　贾立明　孙艳来　王绍山
河　北　刘学会　赵保伶　闫树成　叶新征　刘海河　魏颖坤　刘海军　黄宗甫　冯福禄　史保正
山　西　张百顺　李怀斌　陈　菁　孙诗亮　田玉明　侯俊明　李国平
内蒙古　王大民　李　强　李国成　参　丹　徐　瑞　扎木苏荣　萨仁朝　格　图　武占江　敖云毕力格　贺二女
辽　宁　张　弼　寇永新　纪广文　李国勇　宋孝东　赵连鑫　吕庆斌
吉　林　王翊众　郭传义　刘　辉　杨建臣　张志臣　夏玉生　王洪武　刘　伟　卢　文　孙开春　尹万国　李晓丽
黑龙江　柏　林　张立彬　徐　峰　张令山　徐炳江　徐志勇　李吉振　方车朔　包永富　徐海军　李昭军　兰百维　宗太庆　齐鸿祥　邢祥伟　姜国超　迟彦君　刘相春　杨俊峰　李　彦
上　海　姚红兵　曹月琴　朱建忠　倪巧林　唐建国　徐跃明
江　苏　孙红霞　孙宏君　陈洪新　张　俊　何宝富　肖　飞　单新亚　谢粉祥　赵玉华
浙　江　谢建利　王海岳　谢剑峰　沈晓飞　赵文刚　钟维标
安　徽　刘文军　刘大彬　周志银　李雪梅　王昌杰　杨　泉　石玉胜　江跃进　胡承龙　许精华　许石红
福　建　张阿丽　胡兴乾　高　文　周丕铧　叶理敏　江　航　林荣亮　陈兆奎　吴国雄
江　西　梅石生　邓乐生　曾根明　陈化赛
山　东　李秀安　徐兆升　薛焕朋　李厚龙　李洪明　修龙田　王军库　毛　峰　王均敬　张志昌　陈明利
河　南　张金利　刘文通　史保太　刘田修　郝长森　代子星　张存民　戚永祥
湖　北　陈列勇　陈志明　戚祖兵　陈　俊　罗　平　孙长彬　安自启　彭书良　黎　进　詹少奇　邵能文　金志美
湖　南　陈　爵　杨庆华　陈国锋　李海东　陈　华　汤小奇　李学军　杜林桂　雷竹生　杜开发　邓宜华　邓泽华　余建湘　张　咏　李荣辉　马　东　滕春明
广　东　谢玉莲　罗妙洪
广　西　许　平　杨卫清　何金龙　卫双荣　李福生　陈冠宁　凌　皋　吴起升　叶贤新　谭合章　琚远想　韦兆忠　陈宪满
海　南　吴多敬　韩恭定　邓其昌　黄　彬
重　庆　刘晓燕　刘学强　刘远平　吴国荣
四　川　许　军　谢永林　许明凯　马燕君　李　平　徐洪勇　黄　青　蒋　君　高志兵
贵　州　孔令全　李文安　曾宪芬　冯　鹏　邱洪祥　王家富　杨乔勇　石　林
云　南　陈学蔚　田茂荣　余　辉　易祥华　管庆华　谷建康　普周兴　张　云　王崇云　吴朝英　罗开荣　张卫彪

张兴宏　李顺达　屈天文　杨学志
阿批恒　麦洛得
西　藏　尼　玛　格桑次仁
陕　西　袁　方　沈红波　彭为民　景光明
李鹏德　拓生雄　王建军　张　国
张　宁　史俊鹏　李松发　曹世荣
付祖兵　徐小明　王　康　刘代筠
董家福
甘　肃　车占飞　尕让加措　王发元
马东风　任玉祥　唐天成　董福山
汤玉平　冯朝辉　张　义　尕尔尕
青　海　张延银　孟克巴特尔　李守存
赵嫦卿
宁　夏　梁建军　郑新武　王　林　刘建平
张伟军　王仁洲　韩万里
新　疆　商作飞　马金龙　张　鑫
艾沙·居玛　高尚清　俞国宏
艾尔肯·吾布力　赫国春　胡友琪
依民江·阿不都艾尼　王　斌
贾晓林　古来赛木　牟秀庆
王永信

二、青年农业产业化带头人(232 名)

北　京　山庆余　王燕敏　刘少先　余春建
天　津　邢方军　吴佐元　宋红艳　高宝华
河　北　宋　春　田　利　忻龙祚　程　玺
桂金忠　王世海　赵久广　贺维亮
柳春生
山　西　赵成书　秦建新　庞永兵　李兰泉
张志忠　申世清　李生军　王瑞军
段志胜
内蒙古　杨　贞　牛双柱　苏永军　张志青
李文军　敖伦夫　额尔德尼
张　海　王　鑫
辽　宁　于敏和　宋贵国　刘洪生　夏云权
韩宝山　齐友贵　高志宁　孙　波
王　坤　张　鹏　吴　琼
吉　林　刘景臣　冯　刚　李彬卓　朱昱来
郭洪生　赵海泉　王行利　崔由波

尚文玉　潘振权　常青春　任百万
黑龙江　宋　光　刘佩庆　陈富存　柳树林
魏　冲　杨　志　刘玉财　齐景辉
上　海　王志强　夏国海　陆秋生　朱建伟
沈　强　王红刚　陆　成　陆　瑜
江　苏　曹海忠　刘　卉　殷瑞萍　何雪海
陈士新　李庆农　李龙来
浙　江　蒋莉萍　周惠英　吴明祥　蒋万春
叶国营　邱善其　曹鉴清　林春法
安　徽　丁保文　朱道席　崔黎明　韩　磊
羊　晗　朱　静　陈　鑫　钱让学
陈齐春
福　建　陈明辉　张美林　林立伦　陈模绍
林　强　李建洪　陈清华
江　西　蔡庆国　邓名煌　古东福　林垂嘟
万河保　吴成水　黎　辉　徐　吉
邓继猛　徐小平　张锁根　肖红兵
山　东　吴　振　单保平　刘伟海　孙志强
郭承东　刘春晓　张　均　孙希勇
曹守江　张仁奎
河　南　陈小伍　张开民　李　伟　张志强
包有民　马如斌　张字典　徐艳凯
湖　北　赵择友　李伟和　余青霖　汪祖猛
徐荣奎　胡华锋　李文利　印白兰
闵东毅
湖　南　许均朋　邓寒屏　湛星星　刘爱平
蒋震宇　李运雪
广　东　陈瑞爱　陈标垣　周维星　叶运良
林伟坚　温贤能　区国强
广　西　卓祖新　全春茂　白万峰　覃俊柱
郭起才　叶　兰　林炳成　吴远强
江朝河　周广均
海　南　白焕宋　陈泰献
重　庆　於　梅　陈顺华　潘　兵　严　锋
四　川　万晓红　马秀英　何朝波　姜建平
宋语林　李朝富　邓世杰　张一云
王其武
贵　州　黄吉凤　张加恩　韦成刚　卢吕莲

王　俊　廖正明　杨通富　杨　洪
云　南　李廷龙
陕　西　田兴会　乔志博　孙顺潮　李卫伟
邵礼文　李森林　仵　艳　冯　安
党俊宏
甘　肃　孙建民　魏　巍　张　明　彭双财
张玉珊　王兴义　张园莉　李有文
王玉文　姚升荣　马良俊
青　海　张金宝　杨应昌
宁　夏　马明军　沙哈克　马志明　范淑芳
马兴祥　张　军　马银轩
新　疆　阿巴拜克热·吾买尔
托合提·米吉提
买买提·沙吾尔　马奋军　安　强
吐尔逊·亚森　杨　冬
努尔买买提·库尔班　梁　宏
李　军　姚昌富　于卫军

三、青年工商创业带头人(187 名)

北　京　张玉良　赵海军　孙玉喜　巩长河
刘雁飞
天　津　张　凯　于茂彬　国连军
河　北　齐李军　任秋征　贾　巍　刘发祥
张冲海　王志国　王胜来　孙双岐
杨进功　王尚新
山　西　宋卫东　潘路标　康　伟　盖德有
郭国方　贾保民　周建红　朱晓风
王建国
内蒙古　乌云宝力格
辽　宁　郑殿佳　侯大伟　朱廷军　解鳞海
李海君　罗玉成　于广新　陶大伟
王建民　彭德武　徐凤鸣　李桂彬
王正文
吉　林　孙亚刚　马　月　耿世永　刘永超
王银海　马春光　高玉伟　潘洪滨
黑龙江　仲兆春　国福祥　张宏奎　褚　奇
李玉双　牛学银
上　海　顾　杰　沈尉林　沈志华　俞林华
万沪东
江　苏　葛宏林　刘庆德　朱丽芳　胡英刚
戴松涛　翟洪田　何纪荣　蔡卫兵
马根龙
浙　江　郁　明　程向阳　章小华　王明荣
安　徽　王新江　姜一荣　许齐宝　杨志田
石建洲
福　建　陈在根　沈　乐　蒋志鹏　郑德荣
胡永贵　赖建江　林建国　吴家荣
李振辉　吴华春
江　西　刘　勇　刘智君　何春明　钟启文
秦国强　陈红艳
山　东　董　鹏　孙守年　段连全　周长信
张乃星　孙宪法　刘世礼　潘　军
栗士恩　宫增民　刘明德
河　南　赵学敏　朱国永　田三保　王跃杰
陈晓明　刘继刚　任玉良　杨正宾
罗继江　郑明理　邵振武　刘　军
湖　北　朱　武　周　强　张　江　洪传林
陈学文　杨秀华　肖岳芬
湖　南　陈重新　杨勇波　谢多华　李小华
周卫红　李有为
广　东　刘旭奇
广　西　秦年夕　廖焕江　宋雪松　徐　伟
余达愿
海　南　廖勇锋
重　庆　杨剑平　万绍碧　刘祖树
四　川　杨翠军　叶尚君　龙　虎　徐正全
杨文林　周正洪　李兴海　罗　琼
牟光义　姚飞则
贵　州　江　勇　王贵全　左怀揖　余洪强
张学进　余不悔　姚本干
云　南　王树德　解富华　李学峰　张一凡
史元红　申学理　方志新　董占军
西　藏　洛　永　白玛罗布
陕　西　龚永国　王红军　席战民
甘　肃　丁玉平　毕有仁　陈永年　张春军
武学斌　王红铃
宁　夏　陈建云　关　忠　毛学兵　吴文华

新　疆　吾买尔江·热依木　毛拉阿吉·司地克
　　　　吐尔逊·热西丁　周广平　韩国庆
　　　　赵俊玲

(四)优秀青年经纪人(111名)

北　京　黄建军　柏文东　侯顺利　李　颖
天　津　何振军　陈树勇
河　北　张风礼　魏聚民　胡胜强　刘建辉
　　　　许宝军　崔国庆
山　西　杨致勇　杨芳君　胡海明　王　勇
　　　　牛鹏洲　李秋生
辽　宁　王国维　张纪周　丁　薇　曹东哲
吉　林　王景山　张君臣　宁清波
黑龙江　张　伟　王海银
江　苏　毛焕胜　马新存　陈　功　成亚忠
　　　　平培良　顾国平　王伟东　王宗凯
　　　　丁　军　蒋瑞林
浙　江　朱奇新　詹伟建　卢良坚　何　斌
　　　　项志明　陈　勇　熊金平　饶文浩
安　徽　李士雨　汪文广　徐建起　窦　伟
福　建　张继鹏　陈水源　余振文　林启明
　　　　宋美妹
江　西　李新华
山　东　沈希华　李久庆　张功伦　徐国华
　　　　高洪刚　杨宝忠　武邦勇　李建强
　　　　马茂军
河　南　段天奎　王军生　张文杰　刘　素
　　　　王建民　洪学斌　孟聚良　黄彦春
　　　　王泽营　李林海　夏广涛　许中林
湖　北　杨明春　王德强　杨落新　白继雄
　　　　邓元海
广　东　冯广伟
广　西　刘　电　于敏发
海　南　冯清海　周载云　何德通
重　庆　黄艳宁　周光宁　丁朝海　程志伟
四　川　李洪俊
贵　州　李长江　罗昌盛　金　林　王永利
　　　　代大春　宋全海　张光强
云　南　杨中兴
西　藏　次　旺
陕　西　何林岐
甘　肃　姚宝林　张　军
宁　夏　张伟艳　王亚军　刘正兴
新　疆　阿布都哈力力·赛买提　马　钊
　　　　柴红卫　吐尔逊买买提·夏依买买提

2002年度服务农村青年增收成才奖名单

一、先进集体(100个)

北京市怀柔区团委
北京市密云县团委
北京市延庆县团委
天津市武清区团委
天津市汉沽区茶淀镇政府
天津市津南国家农业科技园区
河北省乐亭县团委
河北省邯郸市团委
河北省辛集市农业局
山西省长治市团委
山西省运城团市委青农部
山西省大同市兽医防治站
内蒙古自治区兴安盟突泉县团委
内蒙古自治区通辽市开鲁县团委
内蒙古自治区呼和浩特市玉泉区桃花乡人民政府
辽宁省沈阳市辽中县团委
辽宁省大连市团委
辽宁省鞍山市海城市团委
吉林省长春市团委
吉林省白山市团委
吉林省吉林市农业委员会
吉林省长岭县农民科技教育培训中心
黑龙江省哈尔滨市团委
黑龙江省牡丹江市团委
黑龙江省鸡西市团委
黑龙江省富锦市团委
上海市青浦区团委

上海市金山区农技推广中心
上海市浦东区机场镇团委
江苏省吴江市鱼病防治中心
江苏省赣榆县柘汪镇政府
江苏省如东县团委
浙江省宁波市团委
浙江省温岭市团委
浙江省松阳县团委
安徽省合肥市团委
安徽省安庆市团委
安徽省芜湖县农业委员会
福建省福州市科技局农业科技处
福建省龙海县团委
福建省永春县团委
江西省鹰潭市团委
江西省抚州宜黄县团委
江西省吉安市泰和县农业局
江西省萍乡市上栗县福田镇
山东省寿光市团委
山东省枣庄市团委
山东省农业厅科教处
山东省肥城市农业局
河南省平顶山市团委
河南省安阳市团委
河南省南阳市农业局土壤肥料站
河南省信阳市浉河区团委
湖北省武汉市团委
湖北省恩施州团委
湖北省襄樊市襄阳区农业局
湖南省长沙市农村工作领导小组办公室
湖南省湘乡市团委
湖南省岳阳市团委
湖南省怀化市团委
广东省中山市农业局
广东省清新县团委
广东省高要市农业技术推广中心
广西壮族自治区玉林市福绵管理区团委
广西壮族自治区柳州市团委
广西壮族自治区贺州市八步区农业局
广西壮族自治区南宁地区横县团委
海南省澄迈县金江镇团委
海南省琼海市长坡镇团委
海南省三亚市田独镇团委
重庆市九龙坡区团委
重庆市忠县团委
重庆市黔江区团委
四川省泸州市团委
四川省眉山市团委
四川省宜宾市翠屏区农牧局
四川省成都市团委
贵州省石阡县石固乡畜牧站
贵州省遵义县团委
贵州省黔东南州农业技术推广站
贵州省贵阳市团委
云南省农业广播电视学校曲靖分校
云南省昆明团市委青农部
云南省曲靖市麒麟区越州镇团委
西藏自治区山南地区农技推广中心
西藏自治区林芝地区工布江达县巴河镇政府
陕西团省委青农部
陕西省农业厅科教处
陕西省西安市团委
陕西省宝鸡市团委
甘肃省武威市天祝藏族自治县团委
甘肃省张掖市民乐县团委
甘肃省天水市秦城区团委
青海省海东地区团委
宁夏回族自治区银川市畜牧兽医工作站
宁夏回族自治区平罗县农牧局
宁夏回族自治区青铜峡市小坝乡团委
新疆维吾尔自治区团委青农部
新疆维吾尔自治区昌吉州团委
新疆生产建设兵团农五师团委

二、先进个人(100名)

北　京　张光廉　韩兴无　王雪艳
天　津　魏建国　毕献军　李晓东

河　北　武卫东　杨延昌　陈丽萍
山　西　韩国昌　苏秀莲　成永生
内蒙古　石先勇　常　成　国　庆
辽　宁　裴立新　路　冶　赵明晓
吉　林　杨秀敏　常　莉　秦　吉　刘　贵
黑龙江　田　凯　陈宏伟　陈永发　朱梦研
上　海　朱华平　徐　兰　杜华平
江　苏　谢　山　孙树马　朱　兵　栾晨风
浙　江　王建伟　郑　华　陆爱琪
安　徽　高宗霞　袁舜玲
福　建　詹夷生　王胜文　王　青
江　西　黄先才　李超群　简火仔　古祖亮
山　东　刘国琴　朱　林　王中文　高日志
河　南　张恒昌　李月亮　段文汉　冯　新
湖　北　郑先荣　柯枫英　熊福然
湖　南　周岳云　谭建贵　李镇江　李元松
广　东　吴美良　陈金笑　高　竟
广　西　廖伟福　钟文佳　容　健
海　南　梁宝强　周光精　颜业礼
重　庆　黄贵川　刘小华　秦　怡
四　川　彭　涛　张顺生　古正举　石　凯
贵　州　高　青　郭顺祥　王　梅
云　南　李　疆　韩永连　饶晓华
西　藏　达瓦次仁　索朗顿珠
陕　西　梁晓军　胡小平　程　军　王东京
甘　肃　蒲福如　李世珍　沈慧云
青　海　袁红英
宁　夏　许学禄　李建成　蒋学勤
新　疆　玉苏甫江·买合苏　成小风
　　　　沈慧娟　张　静

全国青少年绿色文明园

1998年、1999年，共青团中央、建设部、全国少工委联合命名一批全国青少年绿色文明园、全国青年绿色文明园、全国少年绿色文明园，以表彰各级团组织在广泛组建青少年植绿护绿队，大力营造青年示范林、种植纪念树；普遍推行"一队一林"、"一队一绿地"，管护现有绿地和植被；大力开展公民意识、生态环境意识的宣传教育，倡导绿色文明等方面做出的积极贡献。

1998年全国青少年绿色文明园名单

北京市怀柔县青少年文明先锋路（共青团怀柔县委）
河北省秦皇岛市山海关区南园生活小区（共青团秦皇岛市山海关区委）
辽宁省大连市人民广场（共青团大连市西岗区委）
吉林省白山市沿江小区江堤带状游园（共青团白山市委、市建设局、市少工委）
浙江省杭州市中河路（共青团杭州市委）
浙江省余姚市南雷路（共青团余姚市委）
福建省福州市青春广场（共青团福州市委、市园林局）
福建省厦门市滨湖南路（共青团厦门市委）
山东省济南市市中区绿阴休闲广场（共青团济南市市中区委、区绿化管理处）
山东省青岛市海尔路（共青团青岛市崂山区委）
河南省郑州市绿城广场（共青团郑州市委、市城乡建设委员会园林处、市少工委）
湖南省长沙市五一路（共青团长沙市委）
广东省广州市荔湾区金花街蟠虬苑小区（共青

团广州市委）
贵州省贵阳市人民广场（共青团贵阳市委、市人民广场管理所、市少工委）
新疆维吾尔自治区库尔勒市青少年文明一条街（共青团库尔勒市委）

1998 年全国青年绿色文明园名单

内蒙古自治区包头市青年百里长街绿化美化工程（共青团包头市委）
江西省南昌市青年婚林基地（共青团南昌市湾里区委）

1998 年全国少年绿色文明园

天津市南开区川府小区（南开区少工委）
重庆市秀山县清溪场镇红领巾文明路段（秀山县清溪小学少先队大队）
黑龙江省哈尔滨市铁东“少年林”（哈尔滨市香坊区教育团工委）
湖北省新洲县邾城新区黄茂小区（新洲县城南小学）

1999 年全国青少年绿色文明园名单

北　京
丰台区方庄小区（方庄地区团工委、市建设开发总公司一分公司）
天　津
和平区昆明路小学雏鹰实践基地（昆明路小学）
河　北
廊坊市和平路（共青团廊坊市委）
唐山市路北区建设路（共青团路北区委员会）
石家庄市新华区联盟路联盟生活小区（新华区联盟路街道办事处、共青团新华区委员会）
山　西
朔州市中心广场（朔州市建委、共青团朔州市委）
太原市迎泽区老军营街道办事处老耳营小区（共青团太原市迎泽区委员会、老军营街道办事处）
辽　宁
大连市中山音乐广场（大连市城建局、共青团大连市委员会）
锦州市凌河区马家新区（中共凌河区马家街道委员会、共青团凌河区马家街道委员会）
吉　林
吉林市吉林大街小区（共青团吉林市委）
延吉市新兴街道（共青团延吉市新兴街道委员会）
黑龙江
哈尔滨市道里区兆麟街（哈尔滨市兆麟小学少先队）
牡丹江市西安区先锋街道江宾小区（牡丹江西安区先锋街道团总支、先锋小学少先大队）
江　苏
南京市白下区御道街青年绿岛（共青团南京市白下区委）
张家港市杨舍镇青年绿岛（共青团张家港市委、杨舍镇、张家港市城乡绿化管理局）
徐州市东苑居住区民富园绿化基地（共青团徐州市委、徐州市新苑物业管理处）
浙　江
台州市路桥区金清镇工业大街（共青团金清镇委员会）
宁波市江东区东柳街道东柳小区（共青团江东区委员会、东柳街道委员会）
安　徽
合肥市省委大院小区（共青团合肥市中市区委员会）
蚌埠市珍珠园（蚌埠市建委团委）
福　建
漳州市胜利西路新矶广场（共青团漳州市芗城区委）
福州市台江区宁化小区（共青团台江区宁化街道委员会）
江　西
赣州滨江大道章江园（共青团赣州市园林处委

员会)

山　东

新泰市中心绿地广场(新泰市园林管理处、共青团新泰市委员会)

济南市槐荫广场(槐荫区建设委员会、共青团槐荫区委员会)

烟台市滨海路北段(烟台市园林管理处、共青团烟台市委员会)

河　南

郑州市金水河滨河公园(郑州市金水河管理处、共青团郑州市委)

济源市学苑东路(共青团济源市委、济源市建委团委)

湖　北

宜昌市云集路(共青团宜昌市西陵区委员会)

荆门市中天街青年文明路(共青团荆门市委)

湖　南

株洲市天元区天台山路(共青团天元区委)

常德卷烟厂生活小区(常德卷烟厂团委)

广　东

深圳深港青年迎香港回归纪念林(共青团深圳市委)

汕头市龙湖区丹霞小学校园(龙湖区丹霞小学)

广　西

南宁市民族大道(共青团南宁市新城区委员会)

柳州市白云小区(白云小区团工委)

重　庆

九龙坡区杨家坪街道(九龙坡区杨家坪街道办事处、共青团九龙坡区委员会)

渝北区西路镇晨曦园小区(共青团重庆市渝北区委员会)

四　川

绵阳市青少年活动中心(共青团绵阳市委)

成都市武侯区棕北小区中心花园(共青团成都市武侯区委员会、武侯区建管委员会)

贵　州

贵阳市云岩区北京路办事处园林小区(贵阳市园林局、共青团云岩区委员会)

毕节市第八中学校园(毕节市第八中学)

青　海

西宁市新宁路(西宁市城西区园林绿化管理处、共青团城西区委员会)

互助土族自治县民族中学校园(互助土族自治县民族中学)

宁　夏

石嘴山市第七小学校园(石嘴山第七小学)

银川市唐徕回民中学校园(银川市唐徕回民中学)

新　疆

新疆兵团技工学校校园(共青团兵团技工学校委员会)

石河子市二号小区(石河子园林管理处、共青团石河子委员会)

全国青年绿色文明园

1998 年 4 月 13 日，共青团中央、全国绿委、国家林业局联合下发《关于命名表彰全国青年绿色文明园的决定》(中青联发[1998]12 号)，命名陕西省洛川县青年苹果技术协会南贺苏科技示范园等45 个植绿护绿优秀成果为全国“青年绿色文明园”，以表彰各级团组织在积极组织带领广大青少年营建并管护大批防护林、经济林、生态林和纪念林，为江河土地防

护、水源涵养、沙漠荒山绿化、生态农业建设以及农村经济发展做出的贡献。

1998年全国青年绿色文明园名单

北京市

大兴县万亩太平林(共青团大兴县委)

平谷县靠山集乡小东沟林果基地(平谷县小东沟村团支部)

天津市

东丽湖大学生义务植树基地(市各大专院校)

重庆市

铜梁县仙隐山青年林(铜梁县双山乡团委、林业站)

开县郭家镇泡桐村青年林(开县郭家镇泡桐村团支部、村委会)

河北省

张北县占海乡阿木太沟青年林(张北县战海乡团委)

邢台县前南峪经济试验小区小南沟生态经济沟(共青团邢台县委)

山西省

和顺县南圪梁"青字号"太行山绿色工程(共青团和顺县委)

安泽县城关镇桃曲村经济林(安泽县城关镇桃曲村委会、团支部)

内蒙古自治区

赤峰市敖汉旗老烧锅村青年沟(赤峰市新地乡老烧锅村团支部)

辽宁省

葫芦岛连山区新台门镇青年经济林(葫芦岛市连山区新台门镇团委)

庄河市西大城共青经济林(共青团庄河市委)

吉林省

双辽青年防护林(共青团双辽市委)

黑龙江省

牡丹江市青年防护林(共青团牡丹江市委)

安达市青年防护林工程(共青团安达市委)

东宁县太平川村青少年经济林(东宁县大肚川镇太平川村小学)

浙江省

富阳市富春江青年绿化工程(共青团富阳市委、市林业局)

安吉县鄣吴镇上堡共青希望林(安吉县鄣吴镇团委)

安徽省

砀山县葛集镇葛套青年经济林(共青团砀山县委、葛集镇团委)

青年经济林示范点(共青团庐江县委)

福建省

长汀县青年友谊林(共青团长汀县委、共青团江西省瑞金市委)

三明市三元区岩前官坑毛竹丰产培育实验基地(三明市林委团委)

江西省

青年翠竹工程共青示范带(江苏省共青城团委)

山东省

东营市东营区青年防护林带(共青团东营市东营区委)

烟台市福山区门楼水库内岛青少年绿化基地(共青团烟台市福山区委、区林业局)

河南省

洛阳市吉利区青年黄河防护林工程(共青团洛阳市吉利区委)

博爱县山区青年万亩花椒经济林基地(共青团博爱县委、月山镇政府)

湖北省

石首市新州青年防护林(石首市笔架山办事处团委)

罗田县青年高效科技示范板栗园(共青团罗田县委)

怀化地区万亩共青团林场(共青团怀化地委)

广西壮族自治区

钦州钦南区犀牛脚镇青年防护林(钦州市钦南区犀牛脚镇团委)

海南省

热带"农椓謔牧"人工生态系统示范区(海南省

林业局、中国林科院、中国热带农科院、儋州市林业局、儋州市雅星林场、示范区团总支)

四川省

西充县金山乡大金山青年水保防护林(西充县金山乡团委)

广安县龙安柚基地(共青团广安县委、县林业局、龙安乡政府)

贵州省

黔西南州共青林场(共青团黔西南州委)

西藏自治区

达孜县青年防护林(共青团西藏自治区委青农部)

山南桑日县江乡团委经济林(山南桑日县江乡团委)

陕西省

大荔县青少年鲁安红枣示范园(共青团大荔县委)

洛川县青年苹果技术协会南贺苏科技示范园(共青团洛川县委)

甘肃省

金塔县鸳鸯池水库青年防护林带(共青团金塔县委)

庆阳地区南湾沟万亩青年林基地(共青团庆阳地委)

青海省

泮子山绿化点(共青团青海省委)

宁夏回族自治区

永宁县沙渠青年沙漠防护林(共青团永宁县委、县青少年植绿护绿队)

新疆维吾尔自治区

水塔山青年林(共青团乌鲁木齐市委)

昌吉州青年林(共青团昌吉回族自治州委)

青少年志愿者植绿护绿行动先进单位

1998 年 8 月 7 日,团中央办公厅发文,表彰奖励团北京市委等 69 家单位为青少年志愿者植绿护绿行动先进单位(中青办发[1998]15 号),以表彰把青少年志愿者植绿护绿行动作为重点工作,广泛组建青少年志愿者植绿护绿队,大力创建青少年绿色文明园,使植绿护绿行动形式多样、内容丰富、重点突出、成效显著,产生良好社会效应的植绿护绿先进集体。

1998 年春季青少年志愿者植绿护绿行动先进单位名单

北京

团北京市委团丰台区委怀柔县北房镇团委

天津

团天津市委团宝坻县委团和平区委

河北

团承德市委团保定市委

山西

团忻州市委团祁县县委

内蒙古

团巴彦淖尔盟委团武川县委

辽宁

团大连市委团锦州市委

吉林

团白山市委团延边州委

黑龙江

团齐齐哈尔市委团海林市委

上海

团长宁区委团闽行区委

江苏

团江苏省委团宜兴市委团盐城市委

浙江

团浙江省委团丽水市委省交通厅团工委

安徽

团蚌埠市委

福建

团福建省委团福州市委团厦门市委

团泉州市委肖厝工作委员会

江西

团上饶地委团赣州地委

山东

团济南市委

河南

团郑州市委团驻马店地委

湖北

团武汉市青山区委团咸宁地委

湖南

团洪江市委团永州市冷水滩区委

广东

团深圳市委团郁南县委

广西

团南宁市委团钦州市钦北区委

重庆

团渝中区委团永川市委

四川

团宜宾市委团米易县委

贵州

团剑河县委团镇宁布衣族苗族自治县委

云南

团丽江地委云南铝厂团委

西藏

拉萨市自来水公司团支部

陕西

团陕西省委团榆林地委团洛川县委团城固县委

甘肃

团兰州市七里河区委团定西地委

青海

黄原县申中乡韭菜沟村团支部

宁夏

区直机关团工委宁夏化工厂团委

新疆

精河县阿合其农场团委英吉沙县沙汗乡团委

总政

59853 部队团委 56023 部队团委

武警

宁夏总队直属支队团委 8653 部队团委

山西省总队长治市支队壶关县中队团支部

母亲河奖

2001 年 5 月 17 日，经共青团中央、全国绿化委员会、全国人大环境与资源保护委员会、全国政协人口资源环境委员会、水利部、国家环境保护总局、国家林业局、中国青少年发展基金会同意，全国保护母亲河行动领导小组颁发首届“母亲河奖”，以表彰奖励长期以来为中国的环境保护事业做出积极贡献的人士。

首届“母亲河奖”获得者名单

王中强　内蒙古自治区伊克昭盟军分区干部

王文善　水利部黄河水利委员会水土保持局高级工程师

太田诚一　日本产业开发青年协会常务理事
尕布龙　青海省南北两山绿化工程常务副总指挥
申纪兰　山西省平顺县西沟村农民
刘　春　环保志愿者
周美恩　江苏省徐州矿务集团有限公司退休中学教师
郭七保　山西省离石市田家会镇前马家村农民

第二届“母亲河奖”获得者名单

久保田满宏　日本友人
田桂荣　河南新乡市农民、环保志愿者
李　磊　北京林业大学学生

李双良　山西省太原市钢铁(集团)有限公司治渣顾问
杨　欣　四川省绿色江河环境保护促进会会长
陈奇伟　可口可乐中国有限公司董事长
容　忆　美国芝加哥大学学生
唐　臣　内蒙古克什克腾旗万合永镇西大营子村农民
奚志农　云南民间环保组织“绿色高原”创始人
梁从诚　自然之友会长
梅忠堂　解放军报社记者

保护母亲河行动特别贡献奖

秦保中　解放军总政治部组织部组织局局长

全国保护母亲河行动先进集体和先进个人

2002 年 1 月 16 日，共青团中央、全国绿化委员会、全国人大环境与资源保护委员会、全国政协人口资源环境委员会、水利部、农业部、国家环保总局、国家林业局决定，命名表彰一批“全国保护母亲河行动先进集体”和“全国保护母亲河行动先进个人”（中青联发［2002］4 号），以表彰大力支持保护母亲河行动，积极主动组织和发动本地区、本系统、本单位青少年和干部职工，因地制宜地开展各种宣传教育活动，植树造林、保持水土，以自己的不懈努力促进了生态文明的传播，扩大了保护母亲河行动的社会影响，推动了保护母亲河行动的深化和发展单位和个人。

全国保护母亲河行动先进集体名单

省级保护母亲河行动领导小组
北京市保护母亲河行动领导小组
天津市保护母亲河行动领导小组
山西省保护母亲河行动领导小组
内蒙古自治区保护母亲河行动领导小组
浙江省保护母亲河行动领导小组
福建省保护母亲河行动领导小组
山东省保护母亲河行动领导小组
湖北省保护母亲河行动领导小组
广东省保护母亲河行动领导小组
四川省保护母亲河行动领导小组
陕西省保护母亲河行动领导小组
中央军委总政治部组织部青年局
全国铁道团委
中央直属机关团工委
中央国家机关团工委
北京
共青团北京市密云县委员会
共青团北京市大兴区委员会
北京市水土保持工作总站

天津
天津市河西区绿化委员会办公室
共青团天津市河北区委员会
天津市水利局团委
河北
共青团河北省丰宁满族自治县委员会
共青团河北省平山县委员会
山西
山西省水土保持生态环境建设中心
共青团山西省太原市委员会
共青团山西省平顺县委员会
山西省陵川县崇文镇团委
内蒙古
共青团内蒙古自治区伊克昭盟委员会
共青团内蒙古自治区呼和浩特市委员会
共青团内蒙古自治区通辽市委员会
辽宁
辽宁省凌海市水土保持站
吉林
桦甸市林业局
共青团吉林省长春市委员会
黑龙江
共青团黑龙江省佳木斯市委员会
共青团黑龙江省哈尔滨市委员会
上海
上海市市容环境卫生水上管理处
共青团上海市奉贤区委员会
华东理工大学资环学院分团委
江苏
共青团江苏省苏州市委员会
共青团江苏省盐城市委员会
浙江
中共浙江省直属机关工作委员会
共青团浙江省杭州市委员会
共青团浙江省温州市委员会
共青团浙江省绍兴县委员会
共青团浙江省磐安县委员会

安徽
共青团安徽省蚌埠市委员会
马鞍山市环境宣传教育中心
福建
共青团福建省长汀县委员会
共青团福建省莆田市委员会
共青团福建省南平市委员会
江西
共青团江西省九江市委员会
共青团江西省景德镇市委员会
山东
黄河水利委员会山东河务局
山东省水利厅水土保持处
共青团山东省青岛市委员会
山东省林业局造林绿化处
共青团山东省滨州市委员会
河南
河南省水利厅水土保持处
共青团河南省荥阳市委员会
孟津县黄鹿山乡政府
湖北
湖北省政协人口资源环境委员会
共青团湖北省宜昌市委员会
共青团湖北省武汉市委员会
孝感市建设委员会
共青团湖北省十堰市委员会
湖南
共青团湖南省望城县委员会
共青团湖南省张家界市委员会
广东
共青团广东省广州市委员会
共青团广东省东莞市委员会
共青团广东省韶关市委员会
惠州市博罗县林业局
广西
共青团广西壮族自治区来宾县委员会
共青团广西壮族自治区玉林市委员会

重庆
共青团重庆市万州区委员会
共青团重庆市合州市委员会
涪陵师范学院
四川
共青团四川省成都市委员会
共青团四川省乐山市委员会
四川省林业厅
四川省水土保持局
贵州
共青团贵州省桐梓县委员会
贵阳市乌当区绿化办
云南
共青团云南省红河州委员会
云南省环境保护局团委
共青团云南省福贡县委员会
西藏
西藏自治区林业勘察设计研究院
陕西
陕西省财政厅
延安市青少年保护母亲河行动指挥部
陕西省交口抽渭灌溉管理局
甘肃
共青团甘肃省兰州市委员会
共青团甘肃省天水市委员会
甘肃省省直机关团工委读者杂志社
青海
西宁市教育委员会团委
青海省海南州保护母亲河行动领导小组办公室
共青团青海省民和回族土族自治县委员会
宁夏
共青团宁夏回族自治区盐池县委员会
共青团宁夏回族自治区陶乐县委员会
新疆
共青团新疆维吾尔族自治区尉犁县委员会
新疆日报社
新疆兵团农一师十团团委

总政
中国人民解放军 65667 部队
中国人民解放军 68311 部队团委
济南军区黄河三角洲生产基地
武警重庆市总队第三支队
武警陕西榆林支队
铁道
兰州铁路局团委
金融
中国银行团委
中直机关
新华社团委
中共中央办公厅团委
国家机关
公安部直属机关团委
国家税务总局机关团委
中国期刊协会

全国保护母亲河行动先进个人名单

北京
宣　登　希望工程北京捐助中心副主任
甘　敬　首都绿化办副主任、市林业局副局长
肖志刚　共青团北京市通州区委书记
天津
徐志君　天津市宁河县林业局
王　君　南开大学环科学院团委书记
王振良　天津《今晚报》记者
河北
黄晓东　共青团河北省怀来县委书记
宋国瑞　承德市围场满族蒙古族自治县水利水保局副局长
山西
李云峰　共青团山西省委青农部副部长
张云龙　山西省造林局副局长
张冬明　共青团山西省晋中市委副书记
田小平　共青团山西省偏关县委书记
内蒙古
包丽华　共青团内蒙古自治区锡林郭勒盟委

副书记

陈　蕾　内蒙古青少年发展基金会秘书长

牛　华　内蒙古自治区林业厅治沙造林处调研员

辽宁

裴立新　共青团辽宁省清原满族自治县县委书记

吉林

隋明利　共青团吉林省委青农部

靳朝晖　吉林市绿化办工程师

黑龙江

李　兵　共青团黑龙江省委青农部部长

李胜利　黑龙江省水利厅调研员

上海

俞　昊　上海市环境监察总队

杨　辛　上海市环城绿化带建设管理处

吉玉萍　上海市闵行区园林管理局

江苏

李雪峰　共青团江苏省南通市市委书记

陶　明　南京市排水管理处处长

浙江

吴黎明　浙江省绿委办专职副主任、浙江省林业局造林处处长

江　鲁　共青团浙江省宁波市委青农部部长

王建国　中共开化县县委副书记

金志伟　共青团浙江省台州市委农工青年部部长

安徽

史志刚　安徽省水利厅水土保持处副处长

夏云起　共青团安徽省合肥市委青农部部长

福建

黄晓炎　共青团福建省委副书记

邱　萍　共青团福建省龙岩市委书记

柯志宏　共青团福建省漳州市委书记

江西

吴晓蓉　共青团江西省靖安县委书记

史文斌　共青团江西省九江市委书记

山东

钱海骅　山东省人大常委会委员、齐鲁环保世纪行组委会副主任

苗晓钢　共青团山东省委青农部副部长

曲志远　黄河水利委员会山东河务局

王玉华　山东省林业局造林处主任科员

河南

聂庆忠　共青团河南省委青农部副部长

牛兰英　共青团河南省三门峡市委书记

赵会生　共青团河南省济源市委书记

湖北

杨琼鹏　共青团湖北省武汉市委副书记

徐　玲　共青团湖北省蕲春县委书记

曹宁国　郧县林业局局长

赵爱军　湖北省水利厅团委书记

湖南

谢　立　湖南省环保局办公室主任

刘厚甫　湖南省水利厅水土保持处副处长

广东

刘闪星　共青团汕尾市委副书记

张富城　共青团河源市委书记

刘巧慧　共青团惠州市委书记

黄兆芬　共青团清远市委书记

广西

李　兵　共青团南宁市委副书记

唐庆林　共青团桂林市委副书记

重庆

陈大奎　共青团重庆市委副书记

李永琦　《重庆青年报》副总编辑

廖杰祥　重庆长江港监督局朝天门站党支部书记

四川

王　萍　共青团四川省宜宾市委副书记

谢　琪　共青团四川省雅安市雨城区委书记

张海英　四川省乐山市林业局副局长

王丽槐　四川省水土保持局副局长

贵州

祝熙林　桐梓县水利电力局水保办副主任

陈　萍　共青团黔西县委副书记

云南

马德芳　共青团云南省委绿色希望工程办公室副主任

华　炜　云南林业厅团工委负责人

刘绍宏　共青团云南省江川县委书记

西藏

左　力　西藏自治区实验林场

陕西

王彦哲　陕西省水土保持局副局长

赵莉萍　共青团陕西省委青农部副部长

邢维勤　清涧县林业局局长

甘肃

刘为民　共青团甘肃省委副书记

马金山　兰州市南北两山环境绿化工程指挥部副指挥

孔令义　甘肃省永靖县农林局副局长

青海

侯万吉　青海省保护母亲河行动领导小组项目办副主任

蒋启山　共和县林业站

党铎杰　青海省林业局机关党委专职副书记

宁夏

杨文俊　宁夏盐池县林业局

马　勤　共青团宁夏回族自治区石嘴山市委书记

新疆

张　平　共青团新疆维吾尔族自治区委青农部部长

吉力力・纳斯儿　尉犁县委副书记、县长

袁玉铃　新疆兵团农一师十团副政委

高熙中　兰州军区联勤部沙漠植物种植试验基地副团职主任

郭振耀　海军装备部驻兰州781厂军事代表室总代表

王家鸣　中国人民解放军93964部队副大队长

胡学庆　武警总部政治部组织部副部长

李汉荣　武警甘肃总队司机训练队队长

全国铁道

王兴刚　哈尔滨铁路局团委

中直机关

叶苗田　中国青年杂志社离休干部

国家机关

宁堆虎　水利部水土保持司处长

王志成　中国印刷物资总公司人事保卫处副处长、团委书记

保护母亲河号

2002年9月2日，共青团中央、交通部、国家环保总局联合下发文件（中青联发[2002]48号），命名长江航运集团所属的"江山4号"客船为"保护母亲河号"，以推动在内河航运的青年职工中广泛开展的创建"保护母亲河号"活动。

保护母亲河示范工程

2002年9月8日，全国保护母亲河行动领导小组决定，命名四川乐山项目等7个保护母亲河工程为“保护母亲河示范工程”（全保领发〔2002〕3号），以表彰一批各地建设的保护母亲河工程中的样板工程。

首批全国保护母亲河示范工程名单

保护母亲河绿色工程四川乐山项目

保护母亲河中日青年鄂尔多斯生态绿化示范林项目

保护母亲河绿色工程浙江开化钱江源项目

保护母亲河绿色工程福建长汀项目

保护母亲河绿色工程山东青岛大沽河项目

保护母亲河流域综合治理工程湖北宜都项目

保护母亲河流域综合治理工程重庆合川小安溪项目

乡村青年文化活动先进集体和先进个人

乡村青年文化活动是共青团中央为贯彻落实党的十五大和十五届三中全会关于加强农村社会主义精神文明建设的精神，激发农村青年参与两个文明建设的热情，充分发挥文化育人功能和青年在农村先进文化建设中的生力军作用，从1998年起，在农村开展的一项以青年为主体、大规模自上而下的群众性精神文明创建活动。

1999年，以举办科技大集、组织文体大赛和开展卫生大扫除三项活动为重点，开展了首届“乡村青年文化节”活动，表彰了59个首届“乡村青年文化节”活动先进组织单位和97个优秀活动项目，对参与“灾区青年志愿者卫生防疫行动”的内蒙古、吉林、黑龙江、安徽、江西、湖北、湖南七省（区）各有关团组织给予特别表彰。2000年以“倡树文明新风、争做文明青年、建设文明村镇”为主题，开展了“青年文明一条街”创建活动，命名了50条村、镇街道为首批全国“青年文明一条街”。2001年以“跨进新世纪，歌颂新时代”为主题，广泛开展第三届“乡村青年文化节”，表彰了240个“乡村青年文化节”先进乡镇团委和81个优秀活动项目。2002年，开展了第四届“乡村青年文化节”活动，表彰了93个第四届“乡村青年文化节”优秀组织单位，63个优秀活动项目和88名先进个人。

首届“乡村青年文化节”活动先进集体和优秀项目名单(59个)

北京市

共青团顺义区委

天津市

共青团天津市委　　　共青团西青区委

河北省

共青团石家庄市井陉矿区委

共青团张家口市桥西区委

山西省

共青团运城地委　共青团长治市委

内蒙古自治区

共青团呼和浩特市委　共青团哲里木盟委

辽宁省

共青团沈阳市委

共青团桓仁满族自治县委

吉林省

共青团通榆县委　共青团九台市委

黑龙江省

共青团黑龙江省委　共青团鸡西市委

上海市

共青团奉贤县委　共青团松江区委

江苏省

共青团南京市委　共青团淮安市委

浙江省

共青团宁波市委　共青团温岭市委

安徽省

共青团安徽省委　共青团巢湖地委

福建省

共青团福建省委　共青团漳州市委

江西省

共青团宜丰县委　共青团万年县委

山东省

共青团枣庄市委　共青团泰安市委

河南省

共青团河南省委　共青团驻马店地委

湖北省

共青团嘉鱼县委　共青团黄冈市委

湖南省

共青团湘西土家族苗族自治州委

共青团麻阳苗族自治县委

广东省

共青团顺德市委　共青团郁南县委

广西壮族自治区

共青团柳州市郊区委　共青团灵山县委

海南省

共青团海南省委　共青团三亚市委

重庆市

共青团渝北区委　共青团永川市委

四川省

共青团成都市委　共青团郫县委

贵州省

共青团贵阳市白云区委

共青团遵义市红花岗区委

云南省

共青团楚雄彝族自治州委

共青团永仁县委

陕西省

共青团西安市委　共青团澄城县委

甘肃省

共青团天水市委　共青团定西县委

青海省

共青团乐都县委　共青团贵德县委

宁夏回族自治区

共青团平罗县委　共青团银川市委

新疆维吾尔自治区

共青团塔城地委

新疆生产建设兵团农二师团委

首届“乡村青年文化节”活动优秀活动项目名单(97个)

北京市

党的农村政策进农家暨通州区乡村青年歌手汇报演出(通州区马驹桥镇团委)

百名青年科普志愿者科技传播活动(共青团怀柔县委)

天津市

城乡青年手拉手,科技文化赶大集(静海县独流镇团委)

百年沧桑史,小镇世纪行(武清县东马圈镇团委)

喜庆送农家,好歌大联唱(津南区咸水沽镇团委)

河北省

青年科技大集(丰润县石各庄镇团委)

水上艺术节（宽城满族自治县孛罗台乡团委）
“科技大集”青年志愿服务活动（栾城县窦妪镇团委）
科技、文化、政策宣传演出（卢龙县卢龙镇团委）
山西省
青年科技大集（灵丘县高家庄乡团委）
农业科技逐村轮训活动（平遥县洪善镇团委）
“小白龙”节水喷灌、沟植垄盖、良种化地膜覆盖玉米配套技术推广活动（平顺县城关镇团委）
“共青团科技传播月”活动（阳高县城关镇团委）
内蒙古自治区
第一届“宗申杯”青春旋律演歌会（共青团开鲁县委）
“爱科技、学科技”文艺汇演（五原县永利乡团委）
乡村卡拉 OK 大奖赛（扎兰屯市浩饶山乡团委）
首届“爱国兴乡富民”歌咏大赛（杭锦后旗红旗乡团委）
辽宁省
“青年文化驿站”活动（大连市甘井子区红旗镇团委）
文化科技大集（辽阳县穆家镇团委）
青年科技大集（凤城市青城子镇团委）
“青年文化广场”活动（大连市旅顺口区水师营街道团委）
吉林省
“农村青年俱乐部”活动（吉林市丰满区丰满乡腰屯村团支部）
共青新村“拉场戏《受灾之后》”（通榆县团结乡团委）
二人转大赛（德惠市达家沟镇合义村团支部）
青年科技大集（九台市其塔木镇团委）
黑龙江省
“乡村文化大院”活动（逊克县边疆乡团委）
“黑土地青年时装表演队”活动（双城市五家镇民富村团支部）
乡村青年读书活动（肇东市向阳乡团委）
“五个一”活动（宾县宾西镇团委）
上海市
绿色婚典活动（共青团奉贤县委）
“昂立之夜”晚会（崇明县竖新镇团委）
“项目＋农户”导师团巡回指导活动（共青团南汇区委）
江苏省
“科技传播、便民服务”大集市（溧水县明觉镇团委）
“世纪良缘”农村青年集体婚礼（东台市六灶乡团委）
青年银杏艺术节（邳州市港上镇团委）
浙江省
“炒冷饭”比赛（慈溪市周巷镇团委）
科技种子进村入户（玉环县鲜迭镇团委）
“青年舞龙队”舞龙表演（绍兴县东浦镇团委）
安徽省
“青年志愿者‘三改’行动突击月”活动（共青团池州地委）
“农村文艺大舞台”活动（共青团宣城地委）
科技大赶集活动（凤台县毛集镇团委）
福建省
科技图书流动活动（三明市三元区岩前镇团委）
“绿海甜园”科技赶集（仙游县榜头镇团委）
文艺汇演（上杭县古田镇团委）
“两高一优农业”青年科技传播活动（闽侯县青口镇团委）
江西省
农业技术知识竞赛（万年县马家乡团委）
文体大赛（泰和县沿溪乡团委）
山东省
科技大集（沂源县张家坡乡团委）
“农村青年清洁日”活动（章丘市龙山镇团委）
科技大集（莱芜市莱城区寨里镇团委）

文体活动(文登市汪疃镇团委)
河南省
“河南省百日百乡百万农村青年科技大集”偃师市佃庄镇活动(偃师市佃庄镇团委)
“河南省百日百乡百万农村青年科技大集”林州市合涧镇活动(林州市合涧镇团委)
“河南省百日百乡百万农村青年科技大集”扶沟县练寺镇活动(扶沟县练寺镇团委)
“河南省百日百乡百万农村青年科技大集”济源市思礼乡活动(济源市思礼乡团委)
湖北省
灾区卫生与健康防疫咨询宣传活动(嘉鱼县门镇垸乡团委)
青年科技服务队活动(浠水县六神港乡团委)
湖南省
青年歌手卡拉 OK 大奖赛(长沙县黄兴镇团委)
“心连心”文艺宣传表演队演出(石门县雁池乡团委)
“四个一”活动(新田县十字镇老夏荣村团支部)
广东省
郁南县与华南农业大学三级团组织结对活动(共青团郁南县委)
醒狮武术贺新岁(共青团顺德市德胜区委)
广西壮族自治区
山歌汇演(柳江县进德镇团委)
“文化兴村树新风”活动(柳城县凤山镇团委)
“百村千户科技支农暨文化下乡”活动(南宁市郊区金陵镇团委)
“青年星火带头人志愿者服务队”活动(灵山县三海镇团委)
海南省
“康佳杯”海南乡村青年歌手大奖赛通什赛区比赛(共青团通什市委)
康佳电影下乡晚会(共青团乐东黎族自治县委)
“宏嘉达”反季节瓜菜培训班(共青团儋州市委)
重庆市
青年科技图书站“新世纪读书竞赛”活动(忠县石宝镇团委)
龙灯歌舞闹新春(九龙坡区含谷镇团委)
科技服务一条街(梁平县仁贤镇团委)
“净化家园,讲究卫生”行动(共青团城口县巴山区委)
四川省
科技大集(泸州市江阳区黄舣乡团委)
“木耳种植技术赶场日”活动(中江县兴隆镇团委)
贵州省
“五下乡”活动(贵阳市白云区沙文乡团委)
正月十四闹灯会(遵义县尚嵇镇团委)
青年科技传播活动(遵义市红花岗区新蒲镇团委)
青年志愿者果蔬技术研究服务活动(贵阳市乌当区永乐乡团委)
云南省
科技大集(景洪市基诺族乡团委)
西藏自治区
文艺汇演(拉萨市城关区娘热乡团委)
陕西省
小康村“青年竞技比赛”(宝鸡县天王镇团委)
农村青年学习农业实用新技术比武活动(富县牛武镇团委)
药王故里“展望新世纪”民间文艺演出(耀县孙塬镇孙塬村团支部)
农村青年果枝育香菇技术培训(合阳县甘井镇团委)
甘肃省
农村实用技术培训(兰州市七里河区魏岭乡团委)
“科苑杯”知识竞赛(敦煌市南湖乡团委)
农村青年“果、牛、烟”知识大奖赛(共青团灵台县委)
农业科技知识大奖赛(永昌县河西堡镇下洼子

村团支部）

青海省

农民体育健身运动（湟中县共和乡团委）

届“科技集市”、“文卫广场”、“新风园地”（大通县鸻沟乡团委）

宁夏回族自治区

青年趣味运动会（永宁县增岗乡团委）

青年大合唱（中宁县康滩乡团委）

新疆维吾尔自治区

“民间社火队”演出（乌苏市甘河子镇团委）

“科技之冬”知识竞赛（沙湾县金沟河乡团委）

绿洲青年文艺汇演（新疆生产建设兵团农一师十团团委）

“双丰之春”青年文艺汇演（新疆生产建设兵团农二师三十团团委）

首批全国“青年文明一条街”名单（50个）

北京

昌平区北七家镇政府路（北七家镇团委）

门头沟区斋堂镇斋堂中学门前大街（斋堂中学团委）

天津

静海县东城区地纬路西段（静海县第五中学）

宝坻县方家庄镇沙发市场街（宝坻县团委）

河北

秦皇岛市海港区东港镇中港路（东港镇团委）

栾城县方村镇东荆壁村干道（东荆壁村团支部）

山西

太谷县北汪乡南张村干道（北汪乡南张村团支部）

辽宁

灯塔市佟二堡镇干道（佟二堡镇团委）

大石桥市水源镇干道（大石桥水源镇团委）

辽阳市首山镇首山站村干道（首山站村团总支）

吉林

松原市宁江区善友镇干道（善友镇团委）

九台市兴隆镇大荒村干道（兴隆镇团委）

黑龙江

密山市杨木乡育青村干道（杨木乡育青村团支部）

海伦市海北镇正大街（海北镇团委）

内蒙古

呼盟阿荣旗那吉镇体育路（那吉镇团委）

上海

嘉定县黄渡镇绿苑路（黄渡镇团委）

江苏

张家港市塘桥镇人民中路（塘桥镇团委）

射阳县盐东镇盐海路（盐东镇团委）

浙江

玉环县清港镇迎宾路（清港镇团委）

象山县爵溪镇镇前街（爵溪镇镇团委）

安徽

桐城市范岗镇红旗路（范岗镇团委）

颖上县南照镇中谷大道（南照镇团委）

福建

龙海市角美镇文圃大道（角美镇委员会）

福州市仓山区仓镇首山路（仓山镇团委）

山东

枣庄市台儿庄区台儿庄镇台湾街（台儿庄镇团委）

新泰市汶南镇汶南大街（汶南镇团委）

河南

登封市卢店镇迎宾路（卢店镇团委）

浚县钜镇商贸街（钜桥镇团委）

湖北

枣阳市七方镇手套厂到罐头厂路段（七方镇团委）

鄂州市华容区楚藩大道（华容区团委）

仙桃市通海口镇海口南路（通海镇财政所团支部）

湖南

长沙县黄兴镇鹿芝岭集镇干道（黄兴镇鹿芝岭

集镇团委）

广东

高要市回龙镇中心大道（回龙镇团委）

海南

三亚市田独镇迎宾大街（三亚市田独镇团委）

重庆

荣昌市广顺镇西大街（荣昌县广顺镇团委）

四川

成都市武侯区机投镇武青南路（机投镇团委）

新津县花桥镇人和街（花桥镇团委）

贵州

大方县六龙镇荆州大道（六龙镇团委）

贵阳市花溪区花溪镇吉麟村大吉路（花溪镇吉麟村团支部）

青海

大通县新城乡主街区（新城乡团委）

陕西

凤翔县柳林镇东大街（柳林镇团委）

甘肃

武威市武南镇区三马路（武南镇团委）

临泽县平川乡芦湾村干道（平川乡芦湾村团委）

云南

宣威市板桥镇虹桥新街（虹桥办事处团总支）

广西

兴安县溶江镇大凸村干道（溶江镇大凸村团支部）

贵港市覃唐镇南环路（覃唐镇团委）

新疆

呼图壁县大丰镇红柳塘村干道（大丰镇红柳塘村团委）

玛纳斯县凉州户镇干道（凉州户镇团委）

疏勒县阿拉甫乡政府前主街道（阿拉甫乡团委）

第三届“乡村青年文化节”活动先进集体和优秀项目名单（240个）

北京

昌平区沙河镇　　怀柔县怀北镇

延庆县井庄镇　　大兴县榆垡镇

门头沟区龙泉镇

天津

西青区张家窝镇　　北辰区青光镇

武清区徐官屯镇　　宝坻县林亭口镇

静县双塘镇

河北

邢台市桥西区南大部乡　青县清州镇

青县韩村镇　　河间市西九吉乡

正定县曲阳桥乡　　平山县平山镇

抚宁县留守营镇　　昌黎县龙家店乡

蔚县蔚州镇

山西

文水县刘胡兰镇　　平遥县洪善镇

平遥县南政乡　　临猗县临晋镇

忻府区东楼乡　　泽州县巴公镇

潞城市黄牛蹄乡　　清徐县徐沟镇

阳泉市郊区荫营镇

内蒙古

临河市曙光乡　　磴口县公地乡

辽宁

新民市法哈牛镇

大连市旅顺口区三涧堡镇

东港市汤池镇　　凌海市余积镇

大石桥市高坎镇　　辽阳市宏伟区曙光乡

开原市金钩子镇　　朝阳县北四家子乡

葫芦岛市连山区钢屯镇　庄河市黑岛镇

吉林

抚松县万良镇　　汪清县东光镇

黑龙江

方正县德善乡　　宾县宾西镇

富裕县富路镇　　东宁县三岔口镇

富锦市富锦镇

大庆市让胡路区喇嘛甸镇

鸡东县东海镇　　集贤县集贤镇

萝北县团结镇　　勃利县抢垦乡

海伦市共合镇

上海

南汇县东海镇　奉贤县塘外镇
崇明县城桥镇　青浦区华新镇
浦东新区机场镇
江苏
张家港市塘桥镇
南京市雨花台区江心洲乡
启东市汇龙镇　宜兴市官林镇
沛县张寨镇　盐都县秦南镇
武进市横山桥镇
连云港市连云区高公岛乡
东台市富安镇　溧阳市社渚镇
赣榆县土城镇　如东县苴镇
海门市万年镇
浙江
浦江县黄宅镇　苍南县龙港镇
海盐县澉浦镇　江山市淤头镇
建德市梅城镇　绍兴县齐贤镇
诸暨市枫桥镇
安徽
凤阳县小溪河镇　繁昌县孙村镇
颍上县汤店镇　肥西县江夏店乡
福建
闽侯县甘蔗镇　漳浦县霞美镇
晋江市磁灶镇　沙县富口镇
南平市延平区樟湖镇　龙岩市新罗区雁石镇
莆田县黄石镇　古田县鹤塘镇
福清市龙田镇　漳平市菁城镇
江西
瑞金市叶坪乡　井岗山市下七乡
南昌县武阳镇　分宜县双林镇
南丰县市山乡　万安县百加镇
新余市渝水区水西镇
山东
莱芜市莱城区张家洼街道办事处
文登市高村镇　武城县甲马营乡
陵县陵城镇　海阳县凤城镇
龙口市外向型经济开发区
招远市蚕庄镇　高唐县固河镇

阳谷县翟庄镇　新泰市翟镇
泰安市岱岳区化马湾乡日照市东港区涛雒镇
商河县白桥乡
河南
叶县遵化店镇　舞钢市枣林乡
宝丰县商酒务镇　安阳县柏庄镇
信阳市浉河区吴家店镇新县浒湾乡
濮阳县柳屯镇　商丘市梁园区刘口乡
济源市思礼乡　南阳市卧龙区陆营镇
遂平县玉山镇　太康县宋口镇
鹤壁市郊区大河涧乡　郑州市金水区祭城镇
新乡县七里营镇
湖北
仙桃市通海口镇　南漳县九集镇
枣阳市太平镇　枣阳市许寨镇
武汉市江岸区后湖乡　武汉市新洲区江集街
武汉市洪山区洪山乡　十堰市张湾区柏林镇
郧县茶店镇　房县门古镇
天门市竟陵办事处　孝昌县小河镇
黄梅县孔垅镇　麻城市宋埠镇
麻城市熊家铺乡
湖南
长沙县黄兴镇　浏阳市沙市镇
广东
深圳市龙岗区横岗镇　深圳市龙岗区龙岗镇
潮阳市两英镇　东莞市清溪镇
仁化县长江镇
广西
北海市铁山港区南康镇南丹县八圩瑶族乡
横县云表镇　苍梧县梨埠镇
海南
琼海市博鳌镇　文昌市会文镇
重庆
大足县龙岗镇　开县临江镇
永川市何埂镇　沙坪坝区覃家岗镇
江津市李市镇
四川
普格县螺髻山镇　金堂县赵镇

泸县牛滩镇　汶川县水磨镇
宣汉县东乡镇　中江县龙台镇
彭山县青龙镇　德阳市旌阳区德新镇
达县马家乡　峨眉山市高桥镇
峨眉山市符溪镇　彭州市磁峰镇
贵州
清镇市红枫湖镇　普定县马官镇
桐梓县楚米镇
江口县德旺土家族苗族乡
大方县大方镇　铜仁市谢桥办事处
凯里市旁海镇　水城县南开乡
安龙县龙广镇　兴义市黄草坝镇
云南
弥渡县密祉乡　鹤庆县云鹤镇
麒麟区三宝镇　陆良县板桥镇
富源县竹园乡　楚雄市苍山镇
元谋县花同乡　红塔区李棋镇
通海县秀山镇
西藏
扎朗县扎其乡　林芝县米瑞乡
陕西
长安县引镇　宝鸡市渭滨区马营镇
眉县齐镇　耀县孙塬镇
宜君县尧生乡　南郑县协税镇
甘肃
宁县太昌乡
泾川县温泉经济开发区镇原县城关镇
正宁县宫河镇
西峰市经济开发区寨子乡
环县曲子镇　临泽县板桥乡
张掖市小满乡　永靖县刘家峡乡
浪县扬河乡　嘉峪关市文殊乡
青海
湟源县大华乡　湟中县拦隆口乡
互助土族自治县高寨回族乡
海晏县金滩乡
宁夏
永宁县通桥乡　平罗县高庄乡
吴忠市利通区东塔寺乡中宁县石空镇
固原县杨郎乡
新疆
玛纳斯县凉州户镇　昌吉市城郊办事处
库尔勒市铁克其乡　焉耆县五号渠乡
疏勒县阿拉甫乡　莎车县艾力西湖镇
泽普县古鲁巴克乡　阿克苏市良种繁育场
克拉玛依区小拐乡　哈巴河县加依勒玛乡
库尔勒市铁克其乡
新疆生产建设兵团农一师 12 团
新疆生产建设兵团农二师 24 团
新疆生产建设兵团农三师 45 团
新疆生产建设兵团农四师 73 团
新疆生产建设兵团农五师 89 团
新疆生产建设兵团农六师 101 团
新疆生产建设兵团农七师 125 团
新疆生产建设兵团农九师 169 团
新疆生产建设兵团农十师 187 团
新疆生产建设兵团农十三师红星三场

第三届“乡村青年文化节”优秀活动项目名单(81 个)

北京
“跨世纪、争奥运、迎新春”龙狮大赛(顺义区北务镇团委)
“致富明方向,十五再发展”青年演讲比赛(平谷县团委)
辞旧迎新大扫除活动(通州区胡各庄镇团委)
青年卡拉 OK 演唱会(昌平区阳坊镇团委)
天津
义写春联大派送活动(西青区团委)
“同唱一首歌,迈向新世纪”大合唱比赛(津南区小站镇团委)
河北
青少年歌手大赛(鹿泉市团委)
“一方水土一方人”摄影展(秦皇岛市海港镇)
“乡村清洁日”活动(张北县团委)
拉花艺术表演(井陉县团委)

山西

农科技能擂台(平遥县洪善镇团委)

乡村青年文化大院活动(壶关县团委)

乡村青少年同声歌唱新时代演唱会(文水县团委)

农村科技传播活动(永济市团委)

内蒙古

青年大合唱歌咏比赛(磴口县公地乡团委)

辽宁

农业新技术展览推介会(凌海市余积镇团委)

“跨进新世纪,歌唱新时代”文艺演出(丹东市振安区团委)

青年农业科技成果展(凤城市团委)

吉林

青年科技文化大集(公主岭市范家屯镇团委)

黑龙江

“乡村清洁日”活动(海伦市共合镇团委)

乡村青年文化广场活动(大庆市让胡路区喇嘛甸镇团委)

青年科普知识擂台赛(方正县德善乡团委)

青年科技大集(东宁县三岔口镇团委)

江苏

“新世纪、新华西、新青年”同唱新世纪活动(江阴市华西村团委)

世纪星乡村青年文化大擂台(海安县团委)

新世纪青年银杏艺术节(邳州市港上镇团委)

青年“心连心”艺术团表演(连云港市团委)

浙江

青年大力士擂台赛(温岭市团委)

“乡村清洁日”统一行动(杭州市团委)

“跨进新世纪,歌颂新时代”歌咏比赛(苍南县龙港镇团委)

福建

乡村青年文化大看台(尤溪县团委)

青年科技大集(闽清县白樟镇团委)

江西

辞旧迎新大扫除(瑞金市团委)

风筝艺术节(九江市庐山区新港乡团委)

农民业余孟戏团演出(广昌县甘竹镇团委)

山东

乡村青年文艺巡演(莱芜市团委)

农村青年评兔擂台赛(荣成市团委)

青年科技比武擂台赛(宁津县柴胡店镇团委)

青年秧歌队擂台赛(海阳市凤城镇团委)

河南

乡村青年科技大擂台(商丘市团委)

农村青年文体大赛(安阳市团委)

农村青年学科技用科技知识竞赛(平顶山市团委)

青年民歌擂台赛(新县团委)

湖北

青年农民管乐大赛(仙桃市通海口镇团委)

广东

“致富思源、富而思进”龙岗青年广场论坛(深圳市龙岗区团委)

“温馨在龙岗”春节大型系列活动(深圳市龙岗区龙岗镇团委)

广西

瑶乡铜鼓舞大赛(南丹县八圩乡团委)

手工制作展览(苍梧县梨埠镇团委)

重庆

趣味体育竞赛(开县临江镇团委)

舞龙耍狮演出(巫溪县上磺镇团委)

青年乐队大比武(开县岳溪镇团委)

青年乡村知识比赛(永川市茶店镇团委)

四川

西部颂歌演唱会暨民族体育竞技比赛(凉山州团委)

乡村青年大擂台(泸州市龙马潭区特兴镇团委)

青年舞龙队表演(峨眉山市符溪镇团委)

优秀青年经纪人巡回报告会(中江县团委)

贵州

百日百村百集活动(贵阳市团委)

科技项目设计大赛(江口县团委)

乡村青年擂台赛(桐梓县楚米镇团委)

云南

花灯狂欢节（弥渡县团委）

乡村青年同声歌唱新时代（曲靖市麒麟区三宝镇团委）

卫生大扫除活动（富源县后所乡团委）

科技文化法律知识宣讲活动（陆良县板桥镇团委）

西藏

青年歌咏比赛（乃东县颇章乡团委）

陕西

世纪歌王、世纪新星大奖赛（西安市高陵县团委）

乡村青年果树冬剪擂台赛（宜君县团委）

元宵节社火游演（凤翔县团委）

新春科技大集（南郑县协税镇团委）

甘肃

青年农科知识大赛（陇原县上秦镇团委）

青年卡拉 OK 大奖赛（康乐县团委）

“乡村青年同唱新时代”演唱会（静宁县三合乡团委）

乡村青年送春联活动（泾川县团委）

青海

农村青年百科知识竞赛（互助土族自治县丹麻乡团委）

文化科技大集（大通县团委）

宁夏

文艺社火队演出（贺兰县四十里乡团委）

青年农民画创作展（平罗县头闸镇团委）

青年风筝展（吴忠市利通区高闸镇团委）

新疆

乡村青年科技之星大擂台（新疆生产建设兵团农九师 169 团团委）

乡村青年大擂台（新疆生产建设兵团农四师 72 团团委）

青年文体大赛（新疆生产建设兵团农五师 86 团团委）

“这方热土”文艺汇演（新疆生产建设兵团农二师 29 团团委）

第四届“乡村青年文化节”活动先进集体和个人名单（93 个）

北　京

共青团北京市委　　共青团密云县委

共青团昌平区委　　共青团平谷县委

天　津

共青团西青区委　　共青团武清区委

共青团静海县委

河　北

共青团石家庄市委　　共青团衡水市委

共青团徐水县委　　共青团青县县委

共青团内邱县委

山　西

共青团祁县县委　　共青团襄汾县委

内蒙古

共青团内蒙古自治区委　共青团呼伦贝尔盟委

共青团包头市九原区委　共青团临河市委

共青团通辽市科尔沁区委

辽　宁

共青团抚顺市委　　共青团盘锦市委

共青团丹东市委

吉　林

共青团长春市委　　共青团延边州委

共青团抚松县委

黑龙江

省农垦总局宝泉岭分局团委

共青团双鸭山市委

上　海

共青团南汇区委　　共青团青浦区委

浦东新区农村团工委

江　苏

共青团南京市委　　共青团连云港市委

浙　江

共青团浙江省委　　共青团温岭市委

共青团桐庐县委　　共青团金华市委

安　徽

共青团阜阳市委　　共青团安庆市委

共青团六安市委

福 建

共青团南平市委　　共青团惠安县委

共青团清流县委

江 西

共青团永修县委

山 东

共青团青岛市委　　共青团济宁市委

共青团枣庄市委

河 南

共青团漯河市委　　共青团新乡市委

共青团鹤壁市委

湖 北

共青团湖北省委　　共青团洪湖市委

共青团襄樊市委　　共青团随州市委

湖 南

共青团桂阳县委　　共青团衡阳市委

共青团通道侗族自治县委

广 东

共青团广州市白云区委

共青团深圳市龙岗区委共青团遂溪县委

广 西

共青团广西壮族自治区委

共青团宜州市委　　共青团南宁市委

共青团玉林市委　　共青团柳江县委

海 南

共青团澄迈县委

重 庆

共青团重庆市委　　共青团永川市委

共青团黔江区委　　共青团奉节县委

四 川

共青团成都市委　　共青团德阳市委

共青团眉山市委

贵 州

共青团织金县委

云 南

共青团弥渡县委

西 藏

共青团林芝地委

陕 西

共青团西安市委　　共青团宝鸡市委

共青团榆林市榆阳区委

甘 肃

共青团张掖地委　　共青团嘉峪关市委

白银市王岘乡团委

青 海

共青团西宁市委　　共青团平安县委

宁 夏

共青团石嘴山市委　　共青团永宁县委

吴忠市金积镇团委

新 疆

共青团昌吉回族自治州委

共青团吐鲁番地委

共青团巴音郭楞蒙古自治州委

新疆生产建设兵团农七师团委

新疆生产建设兵团农一师一团团委

新疆生产建设兵团农八师一四八团团委

新疆生产建设兵团农六师新湖农场团委

第四届“乡村青年文化节”优秀活动项目名单(共63个)

北 京

主题年画春联进农家(共青团怀柔县委)

青年演讲比赛(共青团顺义区委)

天 津

青年文化大擂台(东丽区华明镇李明庄村团支部)

广场文化艺术节(津南区双港镇团委)

河 北

青年评剧团活动(丰南市西葛镇团委)

义写义送春联(共青团承德市双桥区委)

山 西

科技知识竞赛(临猗县北景乡团委)

女子铁棍表演(徐沟镇东南坊村团支部)

内蒙古

民族广场舞(共青团莫力达瓦达斡尔自治旗委)

青年家庭文艺节（新巴尔虎左旗宝力格苏木）
书法作品和手工艺品征集活动（乌海市乌兰乡团委）
辽　宁
送春联下乡（共青团新宾县委）
乡村喜获丰收擂台赛（共青团抚顺县委）
扣蟹挑选及防逃设施搭建擂台赛（大洼县三角洲河蟹养殖公司）
吉　林
青年科技大集（共青团德惠市委）
象帽舞表演大赛（汪清县百草沟镇团委）
黑龙江
文艺汇演（共青团宾县县委）
上海“大篷车”巡回下乡活动（共青团奉贤区委）
江　苏
水乡青年歌手大赛（共青团昆山市委）
文艺宣传巡回演出（共青团南京市江宁区委）
浙　江
挂主题年画、贴时代春联（共青团台州市委）
VYBA 乡村青年篮球联赛（共青团慈溪市委）
福　建
渡海挑战赛（共青团霞浦县委）
“民间故事大家讲”征集活动（福鼎市白琳镇团委）
江　西
乡村青年果业开发知识擂台赛（共青团贵溪市委）
山　东
“玉兔”评比大擂台（共青团荣成市委）
民间故事队活动（共青团泰安市岱岳区委）
乡村青年小戏（共青团临朐县委、县文化局）
河　南
青年科技大集（共青团内黄县委）
乡村青年歌手大奖赛（共青团偃师市委）
湖　北
青年科技卫生文化志愿服务月（共青团广水市委）
送戏下乡（襄樊市豫剧院）
湖　南
青年艺术周（桂阳县樟市镇团委）
青年志愿者巡回文艺演出（共青团衡东县委）
皇都侗族文化村艺术团活动（通道侗族自治县黄土乡团委）
广　东
青年联谊活动（共青团深圳市宝安区委）
电影文化节（深圳市龙岗区大鹏镇团委）
春节舞狮游园（共青团仁化县委）
青年灯谜会（澄海市隆都镇团委）
广　西
山歌大赛（宜州市同德乡团委）
彩调队、山歌队演出活动（柳江县百朋镇团委）
乡村青年科技擂台赛（共青团博白县委）
海　南
“青年文化广场”演出活动（共青团五指山市委）
重　庆
青年歌手大奖赛（共青团渝北区委、区文体局）
农民运动会（荣昌县双河镇团委）
四　川
青年文化科技大传送（共青团凉山州委）
新春游园（共青团什邡市委）
雪山高原青年文化节（共青团松潘县委）
贵　州
农民文化日（玉屏侗族自治县平溪镇团委）
写春联送春联（共青团贵阳市白云区委）
云　南
东方花灯狂欢节（弥渡县密祉乡团委）
西　藏
文艺演出（乃东县昌珠镇团委）
陕　西
青少年艺术团乡村演出活动（共青团高陵县委）
青少年公民道德建设书画展（共青团澄城县委）
甘　肃
文体、科技、知识竞赛（永昌县河西堡镇团委）
产业化青年领头人巡回报告会（共青团民乐县委）
青　海
乡村青年科技大擂台（共青团湟中县委）
宁　夏
科技文化卫生综合大集（共青团贺兰县委）

社火大赛(隆德县沙塘镇团委)

新　疆

青年科技大集(共青团焉耆县委)

青年比武大擂台(共青团米泉市委)

文艺演出(沙湾县四道河子镇团委)

青年歌曲大奖赛(新疆生产建设兵团农六师军户农场团委)

第四届"乡村青年文化节"先进个人名单(88个)

北　京

吕英门　头沟区王平地区团委

李小兵　共青团大兴区委

王　辉　顺义区文化馆

天　津

钱晓军　共青团天津市委

张志堂　塘沽区北塘街宁车沽乡党总支

张汝英　大港区中塘镇团委

河　北

李　军　共青团河北省委

魏庆辉　共青团石家庄市委

沈　宽　共青团秦皇岛市委

齐建中　共青团大城县委

孟令瑞　吴桥县文化馆

山　西

暴英杰　共青团山西省委

韩　军　共青团晋中市委

唐兰兰　泽州县北义城镇尹西村

内蒙古

鄂海峰　共青团莫力达瓦达斡尔自治旗委

乌敦高娃　共青团乌审旗委

高建新　共青团伊金霍洛旗委

辽　宁

薛晓阳　共青团抚顺市委

高　山　共青团营口市委

王世野　共青团抚顺县委

吉　林

吴　兰　共青团长春市委

滕广涛　共青团德惠市委

江世红　共青团江源县委

黑龙江

李　兵　共青团黑龙江省委

张立岩　共青团宾县县委

燕鸿冬　逊克县车陆乡团委

宋庆春　穆棱市八面通镇清河村团支部

上　海

邵丹华　共青团奉贤区委

沈　英　共青团南汇区委

邹巾文　浦东新区高桥镇团委

江　苏

高玉宇　共青团苏州市相城区委

陈冬梅　共青团海安县委

周　倜　沭阳县广播电视文化局

浙　江

潘美云　共青团温岭市委

董晓晨　共青团金华市委

钱范杰　共青团宁波市鄞州区委

安　徽

郑　东　共青团无为县委

夏家平　当涂县龙山桥镇团委

宁险峰　共青团阜阳市颍东区委

福　建

叶锦文　共青团福建省委

郭德志　共青团漳州市委

廖深洪　共青团龙岩市委

吴云锦　共青团福清市委

江　西

裴玲珠　共青团贵溪市委

袁汝琴　共青团永修县委

山　东

刘国琴　共青团山东省委

毕德国　共青团济宁市委

周生华　共青团泰安市委

河　南

薛乃芝　共青团河南省委

张恒昌　共青团平顶山市委

张朝辉　共青团开封市委
湖　北
陈汉玲　共青团鄂州市委
赵炳红　共青团襄樊市委
湖　南
吴文明　共青团桂阳县委
林喜洋　共青团衡阳市委
广　东
戴红艳　共青团广州市白云区委
廖远滨　深圳市宝安区青少年活动中心
夏志文　高要市金渡镇团委
广　西
韦　寒　共青团柳州市郊区委
莫镓铭　共青团贵港市港南区委
凌　芝　共青团北流市委
海　南
黄　剑　共青团五指山市委
重　庆
陈兴明　共青团开县县委
黄作盛　共青团巫溪县委
四　川
刘红凌　共青团四川省委
鞠　丽　共青团泸州市委
文志坚　共青团乐山市委
刘　刚　共青团彭州市委
贵　州
徐启才　贵阳市西秀区马官镇团委
杨　梅　贵阳市白云区牛场布依族乡团委
云　南
席　玲　共青团弥渡县委
西　藏
德庆卓　嘎乃东县昌珠镇人民政府
陕　西
田小梅　咸阳市渭城区高级职业中学
刘晓燕　富平县王寮镇团委
甘　肃
武晓燕　共青团白银市委
张仕军　共青团徽县县委
马　鹏　共青团康乐县委
青　海
郑怀寿　共青团互助土族自治县委
杨占仓　共青团大通回族土族自治县委
宁　夏
王　勇　共青团银川市委
王继祖　吴忠市高闸镇党委
杜鸿雁　共青团隆德县委
新　疆
海拉提　共青团新疆维吾尔自治区委
赵　琴　共青团博尔塔拉蒙古自治州委
塔依尔·买买提　共青团喀什地委
李阳高　新疆生产建设兵团团委
李　华　新疆生产建设兵团农七师团委
付婷伟　新疆生产建设兵团农十师一八七团团委

全国乡村青年歌手大赛

全国乡村青年歌手大赛是贯彻落实党的十五届三中全会精神，加强农村社会主义精神文明建设，弘扬民族文化，繁荣农村文艺事业，丰富农村文化生活，广大农村青年歌颂党的丰功伟绩，讴歌改革开放给农村带来的巨大变化，抒发农村青年热爱党、热爱祖国、热爱社会主义的炽热情怀，展现农村青年崭新精神面貌，深受农村青年喜爱的以歌

唱比赛形式的乡村青年文化活动。自1999年至2002年，先后举办了三届全国乡村青年歌手大赛。大赛分为地区选拔赛、全国复赛、决赛三个阶段。参赛对象为在乡村工作、生活的16岁至35岁的青年业余歌手，参赛歌曲以乡村题材为主，具有浓厚的民族特色和乡土气息，歌颂党的改革开放政策，反映当代农村青年热爱祖国、热爱家乡的情怀和崭新的精神风貌。

“蓝田杯”第一届全国乡村青年歌手电视大奖赛由共青团中央主办，于1999年9月在北京举行，中央电视台录播了决赛实况。经各地精心选拔，全国共有33名优秀乡村青年歌手参加复赛、决赛，决赛聘请了金铁霖、王世光、马玉涛、郭颂、田玉斌、付林、田青、孙毅、刘斌等著名声乐教育家、作曲家和歌唱家担任评委，共评出一等奖3名，二等奖4名，三等奖8名以及优秀奖和优秀组织奖。

“蓝田杯”第二届全国乡村青年歌手大赛由共青团中央主办，共青团广西壮族自治区承办，中国蓝田（集团）总公司协办，于2000年9月在广西壮族自治区南宁市举行。大赛以“唱支山歌给党听”为主题，全国共有41名优秀乡村青年歌手参加复赛、决赛，决赛聘请了王世光、田玉斌、付林、傅磬、龚耀年、曾文济、刘斌、孙毅、唐佩珠等著名声乐教育家、作曲家和歌唱家担任评委，共评出一等奖3名，二等奖5名，三等奖9名以及优秀奖和组织奖。

“邹城杯”第三届全国乡村青年歌手大赛由共青团中央主办，共青团山东省委承办，于2002年9月13至14日在山东省邹城市举行。大赛以“弘扬优秀民族文化，迎接党的十六大”为主题，全国共有38名优秀乡村青年歌手参加复赛、决赛，决赛聘请了王世光、刘秉义、田玉斌、王秉锐、付林、孙毅、雷岩、徐君等著名声乐教育家、作曲家和歌唱家担任评委，共评出一等奖2名，二等奖5名，三等奖9名，并首次评选最佳词曲创作奖。

“蓝田杯”第一届全国乡村青年歌手电视大奖赛获奖歌手名单

一等奖

杨德洪　云南省昆明市西山区厂口乡
张　君（女）　山东省聊城市东昌府区
宋小霞（女）　山东省莱阳市城厢

二等奖

杜春梅（女）　江苏省邳州市运河镇
秦勇多吉（藏族）　四川省道孚县鲜水镇
李继红（女）　四川省道孚县鲜水镇
陈赛君（女）　广东省顺德市大良镇

三等奖

陈尚东　广东省东莞市石龙镇
朝格其木格（女，蒙古族）　甘肃省肃北蒙古族自治县城关镇
安祥林　湖北省远安县鸣凤镇
白秀霞（女）　天津市宝坻县城关镇
高　斌　山东省莱芜市城子坡镇
罗恩宏　贵州省余庆县龙溪镇
张　华　山东省莱阳市城厢
林　波　北京市大兴县黄村镇

优秀奖

李贵荣（女）　北京市顺义区仁和地区
马媛媛（女）　河北省唐山市新区银城铺乡
李剑峰　河北省滦南县方各庄管理区
赵冬变（女）　山西省汾阳市东关
白　雪（女）　黑龙江省宾县宾州镇
安艳华（女，达斡尔族）　黑龙江省杜尔伯特蒙古族自治县敖林西伯乡
宋华东　内蒙古自治区巴林右旗大板镇
魏红云（女）　山东省鄄城县闫什镇
张冉冉（女）　山东省莱西市水集镇
邬乡婷（女）　湖北省远安县鸣凤镇
朱　静（女）　浙江省苍南县灵溪镇
黄凤霞（女）　安徽省肥东县张集乡

朱红梅(女)　安徽省濉溪县濉溪镇
陈海燕(女)　江苏省海门市三星镇
黄卫东　福建省云霄县云陵镇
甘晓萍(女)　广东省深圳市龙岗区龙岗镇
陆筱波(女)　广西壮族自治区容县容城镇
李新莲(女)　新疆维吾尔自治区石河子市炮台镇

优秀组织奖

共青团山东省委
共青团内蒙古自治区委
共青团北京市委

"蓝田杯"第二届全国乡村青年歌手大赛获奖歌手名单

一等奖

江小平(土家族)　重庆市黔江区联合镇
牙志光(壮族,二人组合)　广西壮族自治区东兰县隘洞乡
陆小宁(女,壮族,二人组合)　广西壮族自治区上林县镇圩瑶族乡

二等奖

和文军(纳西族)　云南省丽江县大具乡
满选东　重庆市荣昌县昌元镇
雷淑敏(女,土家族)　湖北省建始县景阳镇
黄圣权　江西省定南县历市镇
张志国　天津市武清区后巷乡

三等奖

张　娟(女)　安徽省南陵县家发镇
徐怀伟(二人组合)　广东省梅县扶大镇
李利红(女,二人组合)　广东省梅州市梅江区城北乡
秦仁增(女,土族)　青海省互助土族自治县巴扎乡
施丽君(女)　浙江省文成县大峃镇
黄　跃(女,壮族)　广西壮族自治区防城港市防城区江山乡
阿曼古丽玉素甫(女,维吾尔族)　新疆维吾尔自治区巴楚县皮恰克松地镇
段奎山　宁夏回族自治区永宁县杨和乡
陆正婕(女)　广西壮族自治区南宁市那龙镇

优秀奖

王乃强　福建省仙游县西苑乡
蓝娇媚(女,瑶族,三人组合)　广西壮族自治区马山县古寨瑶族乡
韦盼盼(女,瑶族,三人组合)　广西壮族自治区马山县白山镇
黄　莹(女,壮族,三人组合)　广西壮族自治区都安县拉烈乡
阿衣布金(女,彝族,二人组合)　四川省甘洛县新市坝镇
宋　洁(女,二人组合)　四川省昭觉县新城镇
秦靖红　陕西省靖边县张家畔镇
邓　岭　安徽省舒城县千人桥镇
黄和平　山东省平度市香店办事处
邱光平(女)　广东省中山市三乡镇
娜布庆花(女,蒙古族)　内蒙古自治区乌审旗嘎鲁图苏木
张正坤　云南省宣威市东山乡
瞿祥龙　湖北省荆州市沙市区岑河镇
苏兵杰　河南省长葛市南席镇
蔡凤江　北京市平谷县韩庄乡
卢小芳(女,黎族)　海南省乐东黎族自治县山荣乡
周娟娟(女)　安徽省芜湖市鸠江区官陡镇
丛晓春　河北省承德县三家乡
姜秀英(女)　云南曲靖市会泽县金钟乡
田先青　湖北省长阳县资坵镇
朱还粉(女)　江苏省大丰市刘庄镇
陈开余(女)　重庆市大足县龙岗镇
瞿静晖(女)　上海市浦东新区高桥镇
赵彦妮(女)　贵州省铜梓县娄山关镇
张冉冉(女)　山东省莱西市水集镇
乌敦高娃(女,蒙古族)　内蒙古自治区乌审旗沙尔利镇
唐　浩　湖南省沅江市熙和乡
张春蕊(女)　广东省阳江市闸坡镇

贾文广　吉林省白山市白沙乡

组织奖

共青团广西区委

共青团湖北省委

共青团重庆市委

“邹城杯”第三届全国乡村青年歌手大赛获奖名单

一等奖

李　辉(女)　山东省淄博市南博山镇

赵　健　天津市武清区曹子里乡

二等奖

高雪飚　山东省邹城市看庄镇

刘文旭　吉林省延吉市伊兰镇

阿衣奴尔·阿吉木拉(女,哈萨克族)　新疆生产建设兵团农十二师养禽场

廉桂花(女,朝鲜族)　吉林省延吉市小营镇

王　称(藏族)　四川省理县米亚罗镇

三等奖

李　帅(女,二人组合)　山东省邹城市北宿镇

张春芳(女,二人组合)　山东省金乡县金乡镇

徐　敏(女)　湖北省浠水县清泉镇

吴小进　重庆市开县汉丰镇

田凤霞(女,土家族)　上海市嘉定区外冈镇

马　兰(女,东乡族)　新疆生产建设兵团农六师一O一团

田文忠(佤族)　云南省临沧县凤翔镇

李敏治(女)　福建省晋江市青阳镇

李金明　河南省商丘市新城办事处

优秀奖

杨雪花(女)　黑龙江省五常市五常镇

蒲　洋　重庆市綦江县古南镇

史立娟(女)　北京市大兴区西红门镇

黄贤文　江西省井冈山市茨坪镇

伊斯马义江·努尔买买提(维吾尔族)　新疆生产建设兵团农十二师三坪农场

文　佳(女)　陕西省礼泉县城关镇

李延鹏　黑龙江省五常市五常镇

李文会　黑龙江省五常市五常镇

袁宝东　山东省青岛市城阳镇

张　鑫　山东省梁山县徐集镇

李宝庆　天津市西青区王稳庄镇

李　姿(女)　重庆市璧山县璧城镇

郭艳红(女)　新疆维吾尔自治区昌吉市二六工乡

王明伟　新疆生产建设兵团农八师一二一团

刘　勇　天津市大港区胜利街办事处

陈建瑞(女)　新疆维吾尔自治区昌吉市城郊办事处

邵长伟　安徽省砀山县唐寨镇

祁万军(回族)　青海省门源县麻莲乡

李长玉(女)　山东省菏泽市东城办事处

马跃玺(回族)　甘肃省康乐县附城镇

安家满　辽宁省大石桥市高坎镇

最佳词曲创作奖

《农家有双绣春的手》　词:丁恩昌　曲:徐君

组织奖

共青团山东省委

共青团重庆市委

共青团天津市委

共青团黑龙江省委

共青团吉林省委

新疆生产建设兵团团委

枫叶创造基金

1999 年度“枫叶杯”获得者名单

吴宇新　北京市宣武区职教中心　数码控制 MIDI 多键盘演奏器

张丽杨　天津市耀华中学　海河水污染对天津的影响

陈长慧等　山东省滕州市第一职高　平菇大棚双台阶立体覆土栽培

王永贵　山西省祁县里村中学　西瓜与南瓜嫁接技术

王　亮　上海市包头中学　21 世纪保健型城市生态新村设计

岳献斌　甘肃省庄浪县第一中学　玉米地膜“覆一用二”新技术

孙跃等　安徽省怀远县唐集职高　A92—1 凤美 I 号矮杆杂交高粱引种实验

段利波等　四川省泸县第四中学　龙眼规模开发

（集体）　团河北省定兴县委　回乡中学生香菇栽培实践基地

“枫叶创造基金”获得者名单

北京

吴　斯　人民大学附中　供盲人使用的电话

杨彦玲　大兴县第一职业高中　小麦品种比较及繁育推广试验

马　征　昌平县长陵中学　创办果林科技实践基地

付连月　顺义县李桥中学　创建青少年科技示范园

天津

孙　刚　武清县职业中专　劣质果树的改接换种

方宗英　蓟县泗溜镇高中　全日光温室绿色食品栽培

兰学利　武清县下伍旗职业中学　甘兰“932”种植性状试验

魏　鑫　东丽中学　水污染对水稻的影响

阚国泉　津南职专　电冰箱故障演示仪

周立明等　武清县下伍旗职业中学　“北京新 2 号一代”杂交大白菜育种

王亚萍　北仓第二中学　用地膜覆盖技术开发盐碱地

张　杰　第三十一中分校　遥控彩电关机自动断电插座

李广健　蓟县泗溜镇高中　立体庭院经济项目

刘作斌　静海县独流中学　鸭产品综合开发

甘长花　静海县三中　瘦肉型猪养殖

王印海　静海县独流中学　观赏鱼养殖

河北

陈文水　顺平县顺平中学　开发大岭后村石榴沟计划

王　铁　顺平县顺平中学　利用废旧塑料生产鞋底

晏运杰　顺平县顺平中学　大棚高产草莓实验基地

王占信　肥乡县肥乡镇耳寨中学　王氏食用菌添加剂

杨　波　崇礼县林业技术中学　盐碱滩培育经济林试验

赵术生　定兴县东落堡乡初中　人参果温带繁育种植

郝建良　定兴县东落堡乡初中　黑色作物引进开发

梁庆利　定兴县周家庄中学　美国青蛙引种养殖

孙　钢　定兴县东落堡乡初中　日光温室栽培早熟桃

房海华　定兴县周家庄中学　大棚葡萄一年三熟栽培

李术桐　定兴县东落堡乡初中　庭院养殖埃及革胡子鲶鱼

张中东　定兴县东落堡乡初中　大棚香菇栽培

刘晓红　定兴县周家庄中学　大棚葡萄一年三熟栽培

张利军　定兴县东落堡乡初中　引种美国青蛙养殖

燕龙梅　定兴县职教中心　大棚葡萄一年三熟栽培

王冬玲　定兴县定兴中学　大棚种植伊丽莎白甜瓜

张秋艳　定兴县东落堡乡初中　创建小型养猪场

岳元民　定兴县定兴中学　大棚无籽西瓜高效栽培

王国良　定兴县定兴中学　大棚种植伊丽莎白甜瓜

蔡常虹　定兴县定兴中学　大棚葡萄一年三熟栽培

申文堂　魏县一中　法国獭兔引种养殖

（集体）　大名县职教中心团委　繁育高产优质出口大花生

山西

荆云峰　临猗县临猗中学　人工饲养绿毛龟试验

侯文静　平定县高级职业中学　创建园艺技术研究所

张　磊　高平县三中　安装 CO2 发生器使大棚增产技术

郭　凯　翼城县城关中学　影射灯诱扑器的研制

曹海清　灵石县一中　创建规模养鸡场

许建华　万安县高中　秸秆种菇、养猪、肥田循环模式

刘红芳　长治市六中　长治地区植被研究

（集体）　团平遥县委　建立中学生科技实践基地

赵强等　榆次市北田镇中学　果实着色技术

（集体）　临猗县临猗中学学生绿化试验组“毛白杨串联育苗”试验

田　峰　曲沃县曲沃中学　果苗新品种标准试验园

李俊铭　祁县温曲中学　液体白僵菌防治棉铃虫技术

张牧英　寿阳县第一职业中学　马铃薯早熟栽培种植试验

（集体）　芮城县风陵渡中学团委　创办中学生科技实践基地

王建新　榆次市北田镇中学　劣质果树嫁接换种丰产技术

阎宏杰　榆次市北田镇职业中学　果树穴贮肥水技术

内蒙古

孙慧萍　包头市金巴图中学　利用沼气肥进行温室立体种植养殖

冯利军　包头市沙尔沁中学　新品种平菇栽培

（集体）　团和林县委　创办中学生养殖科技实践基地

（集体）　赤峰市华夏职业中学团委　创办中学生养殖科技实践基地

黑龙江

梁　锐　宁安市海浪镇中学　美国西芹大种植

卢士东　嫩江县伊拉哈镇中学　减少化学除草对大豆的影响实验

王　秋　阿城市永源镇中学　栽培黄皮礼品西瓜试验

乔文礼　绥化市双河镇第一中学　苏达盐碱地井水种稻高产技术

张凌羽　嫩江县前进中学　高寒区花卉的种

植和培育

曹宪忠　嫩江县高中　高寒区大豆育种新技术

郑和平等　龙江县兴隆川乡中学　三算一体算盘文具盒

（集体）　肇东市第二中学团委　创办中学生课外科技实践基地

吉林

郭金权　东丰县拉拉河镇增福中学　果树腐烂病防治技术

辽宁

周　政　北宁市富屯乡初级中学　富屯乡老果树改造

刘志友　灯塔市柳河子镇中学　地膜覆盖下的大棚草莓生产

上海

傅哲清　金山县漕泾中学　上海农村环境污染状况研究

项圣婴　闵行中学　扫描式导盲杖

姚之盈　市西中学　下残助行器

王淼荣　嵩山中学　新型家用自动安全插座

陈姝瑾　娄山中学　上海市高架路绿化设计

施浩然　崇明中学　水稻秧田喷施稀土研究初探

陆相宇　延安中学　机动车尾气污染调查及治理

（集体）　上南中学天文兴趣小组　太阳黑子与地球大气关系初探

（集体）　横沔中学生物考察队　昆虫考察及标本制作

（集体）　上海市环科爱好者曹扬二中分会　环境污染及保护系列调查

江苏

穆丽丽　淮阴县韩桥中学　地膜覆盖甘薯栽培技术

朱玉旺　盐都县南洋职中　氨化秸秆养羊试验

秦　晶　盐城市高级技工学校　实用鱼塘报警器

王　森　南京市南湖第二中学　粒状食品销售箱

黄海健　启东市大江中学　两用弹子锁

杨　柳　盐城市高级技工学校　电话自动照明开关

蔡可海　丰县第二中学　双重密封小型水泵

（集体）　邳州市邳城中学团委　创办银杏种植科技实践基地

（集体）　南京市十三中酸雨监测小组　酸雨监测及对农业影响的实验研究

浙江

方　正　瑞安县瑞安中学　大小便分制式节水抽水马桶

季敬聚等　瑞安县瑞安中学　多功能扳手

王培浩　海宁市农业技术学校　创建长山科技实验农场

黄杭丽　淳安农业技术学校　千岛湖网箱养殖名贵鱼

福建

郑鹭华等　厦门一中　螺旋藻的农用配方及其培养的研究

林志远　莆田市华侨职业中专　全自动碱性锰电池充电器

马步华　福安市老区中学　果园养鱼综合开发

张释山　厦门一中　芒果增产新技术

刘剑武　莆田市农业职业中专学校　盆栽水养技术

山东

吴恩强　平度市职业中专分校　食用菌专业村的设计与管理模式

姚庆娥　新泰市第四中学　创办家庭毛刷厂

王　凯　新泰市第一中学　大棚养猪技术

崔俊利　莱西市职业中专　油桃大棚早熟高产栽培技术

赵秀虎　济南市七贤镇杨庄　果树新品种引种项目

张　涛　林朐县桃花初级中学　蚕吐平面丝新技术

徐　强　东阿县东阿二中　荒滩立体养殖项目

董彩霞　荣城市水产学校　牡蛎人工育苗增产技术

王道亮　东阿县东阿一中　创办乡村农机维修中心

聂本平　青州市邵庄镇初级中学　柿树老化整治及害虫防治

徐友锋　枣庄市彭楼乡中学　蔬菜新品种大棚引种项目

黄　利　滕州市二中　创办小型洗衣粉生产厂

吴　伟　诸城市一中　创办乡村家电维修中心

安徽

张　杨　固镇县湖沟中心　北极狐人工饲养实验研究

李　冉　蚌埠市二十六中　自行车抱闸改装防盗锁

姚为宏　滁州市施集高级职业中学　茶园综合开发实验

张　军　蚌埠市龙湖中学　民用压水井止泄阀研制

王　蕊　肥东县二中　液化气炉燃煤器研制

朱　锐　芜湖市三中　中华鳖卵的人工孵化

张青波　芜湖县湾中学　巨森苹果反季节嫁接栽培

陈南云　芜湖县火龙岗中学　新型增肥饲料规模养鸡项目

江西

宋树礼　南昌市气象学校　长江以南农田自益菌系培植与推广

钟荣兰　兴国县平川中学　小灰鹅养殖及综合开发

（集体）　上饶地区农职业学校团委　创办石榴矮化密植科技实践基地

（集体）　赣县职业技术学校团委　创办甜菊栽培科技实践基地

钟永安　萍乡市宣风职业中专　秸秆青苗氨化制作家畜冬饲料

河南

张志杰等　内黄县第一职业技术高中　应急照明电源插座及声光验电笔

湖北

童希俊　黄州市黄州中学　电子座姿矫正器

张志军　谷城县职业中学　栗苗早期芽接当年出圃计划

李时洁　潜江市徐李镇中学　提高农村化肥施用效益实验

陈付云　宜城市职业高中　利用松木点种香菇项目

广西

（集体）　团百色市委　创办中学生芒果种植科技实践基地

重庆

蔡洪彬　重庆乡镇企业职工中专　梨树密植技术

（集体）　庹家坳职业中学团委　建立无土栽培科技实践基地

（集体）　酉阳县民族职业中学团委　创办花卉苗木科技实践基地

张友谊　黔江县民族职业学校　生猪新品种规模养殖项目

徐征宇　潼南县潼南中学　密码式热释红外线火盗报警系统

曹礼云　登云中学　藤梨与烤烟套种项目

汪小波　南川市隆化中学　高山立体种养殖试验林园

李科等　铜梁县蒲吕职业中学　甲鱼矿物质添加剂试验

四川

胡红萍　冕宁县巨龙农职业中学　推广德国齐长肉兔

张海俊　苍溪县元坝职业中学　猕猴桃综合

开发项目
何松泽　内江市凤鸣初级中学　美国青蛙人工养殖项目
贵州
刘　臻　镇远县二中　高效节能照明控制器
安万军　思南县民族中学　杂交水稻新品种试种
陕西
姜建国　商洛地区棣华中学　葡萄叶养蚕新技术
（集体）耀县中学团委　建立青少年科技实践基地
甘肃
张俭德　皋兰县黑石川乡大横中学　科学养殖小尾寒羊项目
程　震　榆中县农职业学校　人工授精法繁殖良种羊技术
王浩盛　武威市职业中专　普通白炽灯延寿节能多功能灯头研制
徐维成　榆中县职业技术学校　庭院集约化蔬菜生产项目
马诗思　广河县第一回民中学　兴办干旱山区小尾寒羊养殖场
杨春雄　永昌县农中　经济果木的矮化盆栽
王志强　礼县一中　小型面皮机研制
宁夏
吴吉忠　中卫县永康职业中学　果树修剪的症状反应及嫁接新技术
马　宁　永宁县回民中学　废旧泡沫塑料的回收综合利用
青海
张金花　煌源县职业学校　高寒区大棚栽培平菇
王海连　民和县职教中心　玉米芯生料袋装法栽培食用菌
李加东智　黄南州卫生学校　开办文都乡青年藏医诊所
新疆
李　勇　石河子市莫索湾职中　食用菌珍稀品种的开发与生产
黄正锦　乌鲁木齐县二工乡回民中学　毛节瓜等稀有蔬菜种植
买买提·阿不都拉　墨玉县扎瓦乡　清油深加工新技术
吐逊尼沙　墨玉县扎瓦乡　牛羊育肥新技术
艾比巴　墨玉县扎瓦乡　高原养殖综合开发
木娜瓦尔　墨玉县扎瓦乡　新疆棉综合加工
（集体）和硕县塔哈其乡中学团委　创办温室果菜科技实践基地
（集体）新疆兵团六师101团中心学校　五家渠地区农田杂草及害虫普查
买买提·卡得尔　和田县色格子库勒乡　灌溉沙壤土植棉项目

团中央重点联系县部分回乡中学生获扶助项目名单

贵州省桐梓县
王维波　鞍山中学　果园渔场经营
（集体）新站镇农里村团支部　兴建苗圃场及畜养场
赵光且　燎原镇中学　鱼羊立体养殖
万　刚　燎原镇中学　鱼羊立体养殖
刘　莉　鞍山中学　巨蜂葡萄及草莓种植项目
（集体）桐梓职高团委、学生会　创办黄梨种植科技实践基地
张其吉　高桥中学　栽桑养蚕项目
付甫龙　桐梓一中　早熟蔬菜种植
杨小波　元田中学　苍溪雪梨的引进栽培
令狐莉　桐梓职高　高海拔地区池塘高产养鱼项目
杨道启　九坝镇九坝民中　高效生物蛋白饲料养乌鸡项目
马光利　九坝镇九星中学　金针菇新型栽培
张　强　桐梓一中　荒山果林开发
苏　烈　燎原中学　麻醉法高效饲养肉狗

重庆市开县
侯相军　汉丰中学　食用菌种植
严德碧　汉丰中学　沟坝经济型蔬菜园开发
田　蜜　郭家初级中学　创办科技图书站
曾　毅　郭家初级中学　大棚蔬菜种植
王　平　天白职业中学　建立食用菌栽培示范基地
邓　清　天白职业中学　综合经营示范基地
黄中辉　天白职业中学　创办黄羊纯繁场及畜牧科技咨询服务部
王文珍　天白职业中学　食用菌栽培
韦　勇　天白职业中学　食用菌栽培
张　平　天白职业中学　新饲料资源开发
谢方兵　天白职业中学　创办实用技术培训班
段宏清　天白职业中学　食用菌栽培
山东省寿光市
于军信　第二中学　新型帆布生产
董经元　实验中学　酵素菌肥促进西瓜增产技术
孙元欣　第十一中学　新型防水材料生产
郑东兴　第二中学　鸭梨生产
李春玉　寿光中学　创办乡村医疗所
赵卫波　寿光中学　大棚蔬菜种植
河北省定兴县
王艳丽　肖村乡初中　大棚香菇栽培
肖红梅　职教中心　大棚香菇栽培
林艳香　肖村初中　大棚香菇栽培
肖君海　东落堡乡初中　大棚香菇栽培
李志江　定兴中学　大棚香菇栽培
金海伟　定兴中学　大棚香菇栽培
卢海红　定兴中学　大棚香菇栽培
车　帅　东落堡乡初中　大棚香菇栽培
娄金雪　东落堡乡初中　大棚香菇栽培
杨建红　职教中心　大棚香菇栽培
山西省泽州县
（集体）　李寨中学　生物标本制作
（集体）　李寨乡中学　食用菌生产
李志华　李寒中学　鱼鸭甲鱼猪立体养殖
（集体）　大阳中学　BS 高营养有机复合肥实践基地
河南省堰城县
张建军　孟庙高中　高空立体养殖
董金岗　第一职业高中　存栏养殖
陈磊刚　新店二中　规模养猪
王小毛　年乡第一初中　规模养猪
张　伟　孟庙一中　分群式养猪
方志强　青年乡高中　木材加工
张世杰　职业高中　开放式养兔
杨海峰　第一高中　棉絮加工
李文周　实验中学　日光塑料大棚项目
王春林　实验中学　规模养鸡
李俊桥　第一职业高中　长毛兔喂养
柴　灏　实验中学　花卉种植
钮建伟　实验中学　规模养鸡
朱军法　实验中学　规模养猪
胡　斌　实验中学　规模养兔
罗庆锋　实验中学　银耳栽培
王　峰　黑龙潭二中　种养综合开发
熊瑞峰　第一高中　规模养兔
王伟山　黑龙潭二中　种鸡孵化
马合有　召陵镇一中　长白猪饲养
曹效伟　万金乡二中　肉鸡饲养
王明华　大刘职业高中　规模养鸡
关广杰　孟庙镇一中　规模养猪
曹金川　实验中学　规模养兔
天津市北辰区
李宝琛　河头中学　规模养鸡
李　艳　津北成人中专　服装制作
刘海丰　辛候庄中学　肉兔养殖
张玉腾　朱唐庄中学　奶牛养殖
刘　伟　北辰区职中　家电维修
内蒙古自治区巴林左旗
刘庆贺　白音敖包职中　规模养鸡
王春艳　白音敖包职中　规模养羊
于占海　白音敖包职中　豆腐生产
张海艳　白音敖包职中　淡水鱼养殖

全国18岁成人仪式教育活动优秀组织单位

1999年全国18岁成人仪式教育活动优秀组织单位

一、省级优秀组织奖获奖单位名单

共青团北京市委　共青团山西省委
共青团黑龙江省委　共青团上海市委
共青团江苏省委　共青团山东省委
共青团广东省委　共青团重庆市委

二、地(市)级优秀组织奖获奖单位名单

北京市
西城区教育局团委　大兴县教育局团委
天津市
红桥区教委团委
河北省
共青团石家庄市委　共青团邢台市委
山西省
共青团太原市委　共青团长治市委
内蒙古自治区
共青团包头市委　共青团呼和浩特市委
辽宁省
共青团沈阳市委　共青团鞍山市委
吉林省
共青团吉林市委　共青团长春市委
黑龙江省
共青团哈尔滨市委　共青团大庆市委
上海市
浦东新区团工委　共青团长宁区委
江苏省
共青团南京市委　共青团常州市委
浙江省
共青团杭州市委　共青团宁波市委
安徽省
共青团合肥市委　共青团巢湖地区区委
福建省
共青团厦门市委　共青团宁德地区区委
江西省
江西省中学共青团工作协会
共青团鹰潭市委
山东省
共青团济南市委　共青团青岛市委
河南省
共青团焦作市委　共青团鹤壁市委
湖北省
共青团武汉市委　共青团荆门市委
湖南省
共青团长沙市委　共青团湘潭市委
广东省
共青团广州市委　共青团深圳市委
广西壮族自治区
共青团南宁市委　共青团桂林市委
海南省
共青团海口市委
四川省
共青团成都市委　共青团攀枝花市委
重庆市
共青团江津市委
贵州省
共青团毕节地区区委
云南省
共青团昆明市委
陕西省
共青团西安市委
甘肃省
共青团天水市委

青海省
共青团西宁市委
新疆维吾尔自治区
共青团乌鲁木齐市委
克拉玛依市新疆石油管理局团委
全国铁道
兰州铁路局团委

2000年全国18岁成人仪式教育活动优秀组织单位

一、省级优秀组织奖获奖单位名单

共青团上海市委　共青团浙江省委
共青团重庆市委　共青团河南省委
共青团福建省委　共青团江苏省委
共青团黑龙江省委　共青团北京市委
共青团甘肃省委

二、地(市)级优秀组织奖获奖单位名单

北京市
海淀区教育工委团委　石景山区教育局团委
天津市
河西区教委团委
河北省
共青团石家庄市委　共青团衡水市委
山西省
共青团太原市委　共青团晋中市委
内蒙古自治区
共青团包头市委
辽宁省
共青团沈阳市委　共青团抚顺市委
吉林省
共青团吉林市委　共青团延边州委
黑龙江省
共青团哈尔滨市委　共青团鸡西市委
上海市
共青团杨浦区委　共青团长宁区委
江苏省
共青团泰州市委　共青团苏州市委
浙江省
共青团杭州市委　共青团宁波市委
安徽省
共青团蚌埠市委　共青团芜湖市委
福建省
福州市教育局团委　共青团南平市委
江西省
共青团南昌市委　共青团新余市委
山东省
共青团济南市委　共青团青岛市委
河南省
共青团郑州市委　共青团新乡市委
湖北省
共青团武汉市委　共青团襄樊市委
湖南省
共青团株洲市委　共青团衡阳市委
广东省
共青团广州市委　共青团汕头市委
海南省
共青团三亚市委
四川省
共青团达州市委　共青团乐山市委
重庆市
共青团渝北区委
贵州省
共青团遵义市委
云南省
共青团玉溪市委
西藏自治区
共青团拉萨市委
甘肃省
共青团西峰市委
青海省
共青团西宁市委
宁夏回族自治区
共青团银川市委

三、学校优秀组织奖获奖单位名单

北京市
育才学校团委　求实职业中学团委

怀柔县红螺寺中学团委
天津市
南开中学团委　　电子信息学校团委
河北省
石家庄市第十五中学团委
邯郸市第四职业中学团委
唐山市第一中学团委
山西省
太原师范分校团委　　榆次第一中学团委
阳泉市技工学校团委
内蒙古自治区
伊克昭盟农牧学校团委通辽第五中学团委
辽宁省
本溪市第一中学团委
鞍山市第一中等职业技术学校团委
大连市第一中学团委
吉林省
东北师大附中团委
通化艺术幼儿师范学校团委
吉林毓文中学团委
黑龙江省
哈尔滨电力学校团委　黑河中学团委
鸡西矿务局一中团委
上海市
黄浦区敬业中学团委　第五十四中学团委
群星职业学校团委
江苏省
南京市第十三中学团委
无锡市第三高级中学团委
徐州中等专业学校暨徐州第一职业中学团委
盐城商业学校团委
浙江省
温州市瑞安中学团委　湖州中学团委
金华东阳中学团委　　台州中学团委
安徽省
合肥市第二十六中学团委
马鞍山市第二中学团委滁州卫生学校团委
福建省
厦门第一中学团委　　莆田第六中学团委
福州卫生学校团委
江西省
南昌气象学校团委　　景德镇陶瓷学校团委
江西省机械工业学校团委
山东省
威海市工业学校团委　临沂市第二中学团委
烟台市第一职业中等专业学校团委
山东省电力学校团委
河南省
郑州市第七中学团委　开封市第七中学团委
南阳市第一师范学校团委
泌阳师范学校团委
湖北省
江汉油田广华中学团委
华中师范大学第一附属中学团委
荆门市第一中学团委
湖南省
长沙市雅礼中学团委　湖南省交通学校团委
广东省
珠海市工业技工学校团委
中山纪念中学团委　　东莞市实验中学团委
梅县东山中学团委
海南省
农垦海口中专学校团委
四川省
泸州市第六中学团委　成都师范学校团委
攀枝花市建筑工程学校团委
重庆市
重庆市第二卫生学校团委
巴蜀中学团委
云南省
云南省旅游学校团委
西藏自治区
山南地区第一中学团委
甘肃省
兰州市第十四中学团委

青海省

西宁市第十四中学团委

宁夏回族自治区

吴忠市吴忠中学团委

全国铁道

哈尔滨铁路卫生学校团委

2001 年全国 18 岁成人仪式教育活动优秀组织单位

一、省级优秀组织奖获奖单位名单

共青团北京市委　共青团天津市委

共青团河北省委　共青团黑龙江省委

共青团上海市委　共青团安徽省委

共青团福建省委　共青团江西省委

共青团海南省委

二、地级优秀组织奖获奖单位名单

北京市

朝阳区教育团工委　门头沟区教育团工委

天津市

河北区教委团委　河西区教委团委

河东区教委团委

河北省

共青团邯郸市委　共青团承德市委

共青团廊坊市委

山西省

共青团阳泉市委　共青团临汾市委

共青团晋中市委

内蒙古自治区

共青团通辽市委　共青团赤峰市委

辽宁省

共青团锦州市委　共青团阜新市委

吉林省

共青团白山市委　共青团松原市委

黑龙江省

共青团哈尔滨市委　共青团牡丹江市委

共青团齐齐哈尔市委

上海市

共青团闸北区委　共青团虹口区委

江苏省

共青团徐州市委　共青团南京市委

无锡市教育团工委

浙江省

共青团杭州市委　共青团宁波市委

共青团绍兴市委

安徽省

共青团合肥市委　共青团马鞍山市委

福建省

共青团泉州市委　共青团福州市委

江西省

共青团赣州市委

山东省

共青团济南市委　共青团威海市委

共青团莱芜市委

河南省

共青团鹤壁市委　共青团郑州市委

湖北省

共青团武汉市委　共青团荆州市委

共青团襄樊市委

湖南省

共青团衡阳市委

广东省

共青团佛山市委　共青团中山市委

共青团东莞市委

广西壮族自治区

共青团南宁市委

海南省

共青团海口市委

四川省

共青团资阳市委　共青团乐山市委

共青团达州市委

重庆市

共青团渝中区委　共青团南岸区委

共青团沙坪坝区委

云南省

共青团思茅地委　共青团大理州委

西藏自治区
共青团山南地委
陕西省
共青团宝鸡市委
甘肃省
共青团兰州市委
青海省
共青团海东区委
宁夏回族自治区
共青团银川市委
新疆维吾尔自治区
共青团克拉玛依市委　共青团喀什地委

“挑战杯”全国大学生课外学术科技作品竞赛奖

1999 年“挑战杯”全国大学生课外学术科技作品竞赛获奖名单

一、获“挑战杯”的学校

复旦大学(420 分)

二、获“优胜杯”的学校

综合、语文师范、财经政法、体育艺术类院校(前 4 位次)

1. 南京大学(310 分)
2. 武汉大学(280 分)
3. 山西大学(270 分)
4. 北京大学
   华东师范大学
   北京师范大学(260 分、并列)

理工农医类院校(前 6 位次)

1. 重庆大学(370 分)
2. 中国科学技术大学(340 分)
3. 江苏理工大学(260 分)
4. 西安电子科技大学(250 分)
5. 北京航空航天大学
   上海交通大学
   华东理工大学
   华中理工大学(240 分、并列)
6. 大连海事大学
   东南大学(220 分、并列)

三、获“香港优胜杯”的学校

香港大学(320 分,注:香港特区的作品单独评审计分)

四、团体总分前 100 所学校

1. 复旦大学(420 分)
2. 重庆大学(370 分)
3. 中国科学技术大学(340 分)
4. 南京大学(310 分)
5. 武汉大学(280 分)
6. 山西大学(270 分)
7. 北京大学
   江苏理工大学
   华东师范大学
   北京师范大学(260 分、并列)
11. 西安电子科技大学(250 分)
12. 北京航空航天大学
   苏州大学
   上海交通大学
   华东理工大学
   华中理工大学(240 分、并列)
17. 云南大学(230 分)
18. 大连海事大学
   东南大学(220 分、并列)
20. 北方交通大学
   东北大学

无锡轻工大学(210分、并列)
23. 国立华侨大学
哈尔滨理工大学
河海大学(200分、并列)
26. 清华大学
重庆医科大学
中国人民大学
同济大学
暨南大学(190分、并列)
31. 北京理工大学
西南师范大学
山东工业大学
大连理工大学
浙江大学
吉林工学院(180分、并列)
37. 南开大学
重庆建筑大学
武汉交通科技大学
新疆大学(170分、并列)
41. 南京理工大学
中国地质大学(武汉)
汕头大学
西南政法大学
南京航空航天大学(160分、并列)
46. 第三军医大学
吉林大学
安徽大学
电子科技大学(150分、并列)
50. 中国政法大学
上海大学
石油大学(华东)
厦门大学
中南工业大学
华中师范大学
桂林工学院
陕西财经学院(140分、并列)
58. 南京化工大学
中国矿业大学
山东大学
浙江工业大学
长沙铁道学院
中山大学
云南师范大学
西安交通大学(130分、并列)
66. 太原理工大学
河北大学
华北电力大学
扬州大学
华东船舶工业学院
湖南财经学院
海南大学
兰州大学
新疆石河子大学(120分、并列)
75. 重庆邮电学院
辽宁工学院
辽宁工程技术大学
齐齐哈尔大学
中国药科大学
杭州商学院
福建农业大学
湖南大学
国防科技大学
同济医科大学
西南交通大学(110分、并列)
86. 天津大学
天津理工学院
内蒙古大学
河北工业大学
吉林工业大学
黑龙江大学
合肥工业大学
青岛海洋大学
武汉测绘科技大学
郑州大学
河南大学
桂林电子工业学院

广西师范大学

贵州工业大学

四川大学

成都理工学院(100 分、并列)

五、获省级组织奖的省、自治区、直辖市(共 16 个)

重庆市　上海市　江苏省　山东省

浙江省　湖北省　山西省　四川省

江西省　湖南省　吉林省　广东省

福建省　天津市　陕西省

内蒙古自治区

六、获特别组织奖的单位

新华社香港分社教育科技部

七、获校级组织奖的高校(63 所,排名不分先后)

北京理工大学　北方交通大学

北京科技大学　中国政法大学

天津理工学院　复旦大学

同济大学　重庆大学

重庆医科大学　西南师范大学

华北电力大学　河北科技大学

太原理工大学　内蒙古大学

东北大学　大连理工大学

吉林大学　吉林工学院

哈尔滨理工大学　齐齐哈尔大学

山东大学　石油大学(华东)

山东工业大学　青岛海洋大学

苏州大学　南京理工大学

中国矿业大学　南京航空航天大学

安徽大学　合肥工业大学

厦门大学　浙江大学

郑州大学　河南大学

郑州工业大学

中国地质大学(武汉)　武汉交通科技大学

华中师范大学　中南工业大学

长沙铁道学院　江西师范大学

南昌大学　中山大学

暨南大学　汕头大学

桂林工学院　桂林电子工业学院

海南大学　西南交通大学

成都理工学院　电子科技大学

云南大学　云南师范大学

贵州工业大学　西安交通大学

西安建筑科技大学　西安工业学院

兰州大学　青海师范大学

宁夏大学　西藏农牧学院

新疆石河子大学　新疆大学

2001 年第七届"挑战杯"全国大学生课外学术科技作品竞赛获奖名单

一、获"挑战杯"的学校

东南大学　复旦大学(并列)

二、获"优胜杯"的学校

北京航空航天大学　苏州大学

西安交通大学　山东大学

北京大学　大连理工大学

重庆大学　华东师范大学

武汉大学　国防科学技术大学

宁夏大学　南开大学

中国人民大学　同济大学

清华大学　汕头大学

南京大学　南京理工大学

云南大学　北京理工大学

北京科技大学　中山大学

浙江大学　中国科学技术大学

三、获"港澳优胜杯"的学校

香港浸会大学

四、团体总分前 70 名学校名单

1. 东南大学(370 分)

　复旦大学(370 分)

3. 北京航空航天大学(350 分)

4. 苏州大学(330 分)

5. 西安交通大学

　山东大学(320 分、并列)

7. 北京大学

　大连理工大学(290 分、并列)

9. 重庆大学(280 分)

10. 华东师范大学(270 分)

11. 武汉大学(250 分)
12. 国防科学技术大学
宁夏大学(240 分、并列)
14. 南开大学
中国人民大学
同济大学(230 分、并列)
17. 清华大学
汕头大学
南京大学
南京理工大学
云南大学(220 分、并列)
22. 北京理工大学
北京科技大学
中山大学
浙江大学
中国科学技术大学(210 分、并列)
27. 贵阳中医学院
天津大学
大连海事大学
上海交通大学
武汉理工大学
西安电子科技大学(200 分、并列)
33. 河北大学
扬州大学
华中师范大学(190 分、并列)
36. 北京师范大学
兰州大学
新疆大学(180 分、并列)
39. 电子科技大学
东北大学
吉林工学院
华侨大学(170 分、并列)
43. 四川大学
西安理工大学
中国地质大学(武汉)
中国政法大学
厦门大学
暨南大学(160 分、并列)
49. 华北电力大学
合肥工业大学
山西大学
江苏理工大学
郑州大学
湖南大学
第三军医大学
云南师范大学(150 分、并列)
57. 郑州工程学院
哈尔滨理工大学
长安大学
华东理工大学
河海大学
华中科技大学
哈尔滨工程大学
浙江工业大学
中南大学
西南交通大学
西北工业大学
石河子大学(140 分、并列)
69. 天津理工学院
齐齐哈尔大学
太原理工大学
江南大学
西北农林科技大学
南京化工大学
安徽大学
石油大学(华东)
桂林工学院(130 分、并列)

五、获省级优秀组织奖的省、自治区、直辖市

陕西省　四川省　广东省　福建省
河南省　江苏省　上海市　北京市
云南省　重庆市　山东省　浙江省
安徽省　湖北省　湖南省　天津市
山西省　内蒙古自治区

六、获校级优秀组织奖的学校

中国人民大学　北京航空航天大学
北京科技大学　北方交通大学

北京理工大学　天津大学
河北大学　华北电力大学
华北工学院　太原理工大学
山西大学　内蒙古工业大学
大连理工大学　大连海事大学
吉林大学　哈尔滨工程大学
上海交通大学　华东师范大学
同济大学　华东理工大学
南京航空航天大学　扬州大学
江苏理工大学　江南大学
浙江工业大学　合肥工业大学
厦门大学　华侨大学
江西师范大学　石油大学(华东)
青岛海洋大学　山东科技大学
郑州大学　河南农业大学
华北水利水电学院　华中科技大学
武汉理工大学　华中师范大学
中南大学　湖南大学
华南理工大学　暨南大学
广州大学　桂林工学院
海南大学　四川大学
西南交通大学　四川工业学院
重庆大学　西南师范大学
重庆医科大学　贵州工业大学
云南师范大学　昆明理工大学
西藏民族学院　西安交通大学
西北工业大学　西安电子科技大学
长安大学　兰州大学
宁夏大学　青海师范大学
新疆大学　石河子大学
香港树仁学院　香港专业教育学院
澳门大学

七、获特别组织奖的单位

中央人民政府驻香港特别行政区联络办教育科技部
中央人民政府驻澳门特别行政区联络办宣教文体部
中国科学院研究生院

八、获科学技术交流特别奖的学校

台湾新竹交通大学

“挑战杯”中国大学生创业计划竞赛奖

“挑战杯”中国大学生创业计划竞赛奖由团中央、中国科协、教育部、全国学联主办，1999 年、2000 年、2002 年，清华大学、浙江大学分别承办了第一、二、三届竞赛。

创业计划竞赛借用风险投资的运作模式，要求参赛者组成优势互补的竞赛小组，围绕一个具有市场前景的技术或服务产品，以获得风险投资为目的，完成一份完整的创业计划书，最终由专家、业界人士等组成的评审委员会通过书面评审和答辩的方式评出获奖者。

创业计划竞赛的成功举办，在全国高校中掀起了创新、创业的热潮，产生了良好的社会影响。讯飞、中华行知网、奥视等一批学生创业公司从众多参赛作品中脱颖而出，进入实际运行阶段并逐步走向成熟。

1999 年首届“挑战杯”和讯网中国大学生创业计划竞赛获奖名单

一、优秀组织奖名单(共 5 个)

山东省　北京市　上海市　陕西省　江苏省

二、金奖、银奖获奖作品名单

金奖获奖作品(共10件)

清华大学　Fanso网络信息服务创业计划

东华大学　医用甲壳质缝合线创业计划

清华大学　博创生医成型公司创业计划

天津大学　第四代高纯水技术与装置创业计划

上海交通大学　网上出版与iRead阅读器创业计划

北京师范大学　今日校长在线创业计划

北京大学　Self心理测评公司创业计划

复旦大学　WAY威媒体传播有限公司创业计划

清华大学　视美乐科技发展有限公司创业计划

厦门大学　辣椒的综合利用技术创业计划

银奖获奖作品(共20件)

山东大学　岚剑有限责任公司创业计划

合肥工业大学　全自动二液灌封机创业计划

青岛海洋大学　海利德创业计划

上海大学　新世纪涂料公司创业计划

山东大学　朝阳化工有限责任公司创业计划

石家庄经济学院　关于高效氮肥的创业计划

上海交通大学　富乐士创业计划

扬州大学　中华清酒创业计划

浙江大学　图书俱乐部/"书盟"—盘古公司电子商务创业计划

天津商学院　飞天创业计划

清华大学　洁宝小组创业计划

南京化工大学　中国捷康导医公司创业计划

陕西师范大学　中国网元信息公司创业计划

西安交通大学　TCP快速成型机创业计划

西安交通大学　层析三维数字化仪及基于逆工程技术的服务中心创业计划

华中理工大学　爱克森超声波电机公司创业计划

大连理工大学　亿达金色夕阳房地产公司创业计划

南京大学　怡香闻艺有限公司创业计划

山东工业大学　迪迪CKE创业计划

河南农业大学　研究开发"多酶剂"复合酶制剂系列饲料添加剂的市场前景创业计划

2000年第二届"挑战杯"万维投资
中国大学生创业计划竞赛获奖名单

一、获金奖的作品(15件)

东南大学　基于卫星移动通信的信号实时跟踪伺服器创业计划

清华大学　智能家庭系统创业计划

上海交通大学　分布式ISP接入方式创业计划

山东大学　驼铃创业计划

西安交通大学　安行知资讯传播有限公司创业计划

清华大学　源点创业计划

清华大学　Helpwork. net创业计划

上海交通大学　新型锂离子电池创业计划

上海交通大学　热网远程抄表系统创业计划

东华大学　富光绿色照明有限责任公司创业计划

同济大学　同济美特公司创业计划

厦门大学　高效原油脱硫剂创业计划

武汉科技大学　佳士得智能电器创业计划

武汉大学　天网科技创业计划

南京大学　唯优医用制品有限公司创业计划(其中东南大学的"基于卫星移动通信的信号实时跟踪伺服器"创业团队获最佳团队表现奖)

二、获银奖的作品(35件)

北京大学　生物高科技复合饲料创业计划

北京师范大学　紫杉醇增产技术创业计划

南开大学　B&P生物制品公司创业计划

天津大学　新绿化工产品创业计划

天津轻工业学院　吉稻有限责任公司创业计

划

哈尔滨理工大学　电子摄像杂质测量仪创业计划

东华大学　熔融法生产 PAN 基碳纤维创业计划

东华大学　“人工肾”——聚醚砜中空纤维透析器创业计划

复旦大学　Save 小脑顶核治疗仪创业计划

复旦大学　印艺在线创业计划

华东船舶工业学院　博捷牌舰船抢修专业用多功能焊割机创业计划

南京大学　多科特创业计划

南京大学　中衡网创业计划

南京航空航天大学　亚飞—慧达高速公路智能收费系统创业计划

南京师范大学　力洁多用玻璃薄膜创业计划

扬州大学　高档节水坐便器创业计划

扬州大学　秸秆粉碎旋耕灭茬机创业计划

浙江大学　维康公司创业计划

华侨大学　“锐必得”高技术陶瓷刀具创业计划

厦门大学　计算机光莫尔防伪技术应用创业计划

青岛海洋大学　海科创业计划

青岛海洋大学　海创药业科技有限责任公司创业计划

山东大学　纳美化工有限责任公司创业计划

山东建材工业学院　科瑞特股份有限公司创业计划

山东科技大学　天一科技有限责任公司创业计划

河南农业大学　万利达香精香料有限公司创业计划

武汉大学　科林数码胶卷创业计划

武汉大学　软通科技创业计划

武汉科技学院　武建机械股份有限公司创业计划

华南理工大学　广州普丽磨具有限公司创业计划

华南理工大学　饮水机自动售水售物创业计划

重庆大学　重庆伊索制药有限公司创业计划

重庆医科大学　蕺菜饮料创业计划

西安工业学院　世创公司创业计划

西安邮电学院　西安捷运公司创业计划

三、获铜奖的作品(100 件)

清华大学　蓝牙无线网络创业计划

清华大学　辰光信息创业计划

北京师范大学　人力资源顾问创业计划

北京师范大学　数码媒体交易创业计划

北京工商大学　SMA 科技开发有限公司创业计划

北京工商大学　创业管理技术推广创业计划

北京理工大学　计算机远程技术支持创业计划

北京物资学院　物流有限公司创业计划

南开大学　南开川枫网络公司创业计划

南开大学　求索网络服务创业计划

天津大学　ilike 全能网际音乐播放器创业计划

天津大学　未来网络栈 oolAD 公司创业计划

天津商学院　PC 创业计划

天津师范大学　新空气文化传播有限公司创业计划

天津医科大学　天建生物医学工程有限公司创业计划

石家庄经济学院　生物钾矿复合肥创业计划

石家庄经济学院　康利世富硒食品创业小组创业计划

吉林大学　上佳诊断仪创业计划

吉林大学　卫士——100 环境友好自修复功能油添加剂创业计划

东北林业大学　希望旅游公司创业计划

哈尔滨理工大学　水之星大气取水创业计划

复旦大学　文心无尘黑板创业计划

华东理工大学　发酵法年产 1000 吨 82% 固体

低聚果糖创业计划

华东理工大学　生物酵解——复合变性方法生产变性淀粉创业计划

华东师范大学　连锁儿童书店——育儿服务网络创业计划

华东师范大学　消噪耳机创业计划

华东师范大学　讯易有限公司创业计划

上海财经大学　高层建筑幕墙全自动智能清洗机器人创业计划

上海财经大学　东方书缘网站创业计划

上海大学　安全、快速、应用广泛的指纹识别安全系统创业计划

上海工程技术大学　抗皱弹性苎麻创业计划

上海工程技术大学　家庭水处理系统创业计划

上海海运学院　在线心理诊所创业计划

上海交通大学　东方神芝创业计划

同济大学　同光个人网络广告服务公司创业计划

东南大学　黑特尔电热材料创业计划

东南大学　厌氧序批活性污泥反应器创业计划

江苏理工大学　桑果汁饮料创业计划

南京大学　微晶泡沫玻璃创业计划

南京大学　掌上学习通创业计划

南京化工大学　南京美森制药有限公司创业计划

南京农业大学　激生一号疫苗创业计划

南京农业大学　去势基因工程疫苗创业计划

南京师范大学　二十一世纪白金工程创业计划

南京邮电大学　医学影像学资料多科室会诊系统创业计划

苏州大学　莫贝斯塔创业计划

无锡轻工大学　无锡科锐生物技术有限公司创业计划

盐城工学院　一种新型建筑抗震材料创业计划

扬州大学　IFC 集成型化肥增效剂创业计划

中国医科大学　舒尔表皮生长因子漱口片创业计划

浙江大学　捷锐激光股份有限公司创业计划

浙江大学　口口爽公司创业计划

中国科技大学　校园形象设计公司创业计划

福建农业大学　天易食业股份有限公司创业计划

福建农业大学　植物源农药开发有限公司创业计划

福建师范大学　电话保姆创业计划

福州大学　光催化自洁、杀菌陶瓷创业计划

福州大学　FED“绿色”显示器创业计划

华侨大学　松子新技术推广公司创业计划

华侨大学　“优粤凉茶”创业计划

集美大学　钢筋矫直切断机的应用和推广创业计划

集美大学　鳗鱼骨的综合利用创业计划

集美大学　肉食性鱼类人工配合饵料技术综合利用创业计划

集美大学　厌氧消化技术开发与应用创业计划

厦门大学　新型电镀锌镍合金防腐技术创业计划

厦门大学　蓝讯生物技术有限公司“盐藻胡萝卜素”开发项目创业计划

青岛海洋大学　兴海创业计划

青岛建筑工程学院　净嘉创业计划

山东大学　温馨家园 JQ 创业计划

山东大学　绿创纸业创业计划

山东工业大学　SDL 系列绿色润滑油创业计划

山东建工学院　安泰创业计划

山东科技大学　天盾高分子材料有限公司创业计划

山东农业大学　妙克乳业开发公司创业计划

山东师范大学　扇贝边的综合利用创业计划

山东中医学院　济南宏天民生保健品公司创业计划

河南农业大学　物宝食品有限公司创业计划
河南农业大学　生态墙面创业计划
湖北大学　欣馨生物高新技术开发公司创业计划
华中科技大学　创源蓝光创业计划
华中科技大学　爱盟数码科技有限公司创业计划
华中农业大学　康尔微藻科技有限公司创业计划
华中师范大学　瘫痪康复坐椅创业计划
华中师范大学　Heartsnet 互联网公司创业计划
武汉科技学院　净城公司创业计划
武汉科技学院　武汉织物 CAD 股份有限公司创业计划
中国地质大学　光盘自动检索器创业计划
中南大学　中国在线公司创业计划
华南理工大学　马良创业计划
华南理工大学　UFO 创业计划
华南理工大学　广东绿华可降解塑料制品有限公司创业计划
广东外语外贸大学
海南大学　海南海马海洋产业创业计划
重庆大学　绿洲植物组培开发有限责任公司创业计划
重庆交通学院　方康实业创业计划
重庆医科大学　多普勒胎儿心动仪及孕妇心律电话线传输维护创业计划
陕西师范大学　拓普体育产业发展股份有限公司创业计划
西安工业学院　分离机与灭菌器创业计划
西安理工大学　MMC. COM 创业计划
西安邮电学院　ROYUN 牛奶有限公司创业计划
西安邮电学院　伊兰通信市场开发有限公司创业计划

四、获省级优秀组织奖的省、市(9 个)

山东省　福建省　上海市
天津市　湖北省　江苏省
重庆市　北京市　黑龙江省

五、获校级优秀组织奖的高校(33 个,排名不分先后)

北京大学　清华大学
北京师范大学　天津大学
南开大学　天津轻工业学院
天津职业技术师范学院　哈尔滨理工大学
哈尔滨工业大学　复旦大学
上海交通大学　东华大学
南京大学　扬州大学
东南大学浙江大学　厦门大学
华侨大学　山东大学
青岛海洋大学　山东科技大学
山东建材学院　河南农业大学
华中科技大学　华中师范大学
武汉科技大学　武汉科技学院
华南理工大学　重庆大学
重庆医科大学　西安交通大学

2001 年“和讯杯”第三届中国大学生电脑网络大赛获奖名单

一、获奖学生及作品(40 名)

温晓通　北京师范大学　《青春点阵》
王　莹　北京师范大学　《我们的好时光》
陈小云　北京师范大学　《春秋》
曹晓明　北京师范大学　《未来网络的抉择：M&S 之争》
郝　丹　北京师范大学　《小猪银行——一个让未成年人学习实践理财的网站》
单庆锋　北京师范大学　《同窗网》
陈洪波　天津大学　《CG 风暴》
李　慧　天津大学　《文渊阁》
刘志国　天津大学　《汽车小屋》
吴风炎　天津大学　《环保网》
吴文飞　大连理工大学　《雨人驿站》
李大江　大连理工大学　《天堂》

王　华　东北大学　《网络邮局商业计划网络》
冯保成　南京化工大学　《Homepage 发展前景之我见》
吴春华　南京大学　《个人财务助理网站》
宋　骏　华侨大学　《生命的色彩》
张艳清　福建师范大学　《LearningEnglish》
林雪佳　福建师范大学　《情牵女儿心》
汤培新　华东地质学院　《广州地铁》
胡大伟　山东大学　《网络远程心理治疗的初步构想》
猛　飞　山东科技大学　《深蓝蜻蜓的家》
曲祥雯　山东科技大学　《天盾资讯》
徐　磊　山东科技大学　《网上法庭》
张　明　山东科技大学　《网络软件公司》
周锦华　石油大学　《有我心情》
高　平　郑州大学　《节能与网络安全，中小企业 LAN 新方案——软件 ROUTER，分离式操作》
高步云　武汉大学　《精彩奥运》
陈　恒　南华大学　《保护环境》
胡松球　深圳大学　《全息影像在互联网上的应用》
陈肇铭　中山大学　《面向白领的 B2C》
李　健　桂林工学院　《桂林民族游》
刘鉴澄　桂林工学院　《桂林风采》
袁　巍　桂林工学院　《我和桂林有个约会》
孙洁亮　广西大学　《温馨家园》
陆　洋　重庆商学院　《银幕空间》
李京桦　重庆商学院　《古音悠悠》
刘　炼　渝州大学　《Lady § Fashion》
罗锦波　重庆邮电学院　《幻境》
沈启华　重庆交通学院　《新空计协》
马旭洲　青海民族学院　《哭泣的藏羚羊》

二、省级优秀组织奖(9 个)

山东省　重庆市　福建省　山西省
辽宁省　广西壮族自治区　湖北省
天津市　湖南省

三、校级优秀组织奖(20 个)

北京师范大学　北京科技大学
山东科技大学　中南林学院
湘潭大学　山东师范大学
上海交通大学　复旦大学
山西财经大学　山东大学
山西大学　大连理工大学
南京大学　福建师范大学
中山大学　太原理工大学
桂林工学院　青岛化工学院
重庆商学院　太原理工大学
桂林工学院　青岛化工学院
重庆商学院

2002 年第三届“挑战杯”天堂硅谷 中国大学生创业计划竞赛获奖名单

一、获奖作品名单

金奖

北京大学　“胃肽美”商业计划书
北京师范大学　赛业化工创业计划书
清华大学　“蓝天”高效宽氧窗口汽车尾气催化剂创业计划书
清华大学　“亮点”节能光纤照明系统创业计划书
厦门大学　e 客软件有限责任公司创业计划书
中南大学　平安护理有限责任公司创业计划书
东南大学　64 位平板显示器驱动芯片创业计划书
东南大学　金飞公路养护技术有限责任公司创业计划书
南京大学　南京天宁科技有限责任公司创业计划
南京大学　环境净化纳米功能材料创业计划书
内蒙古工业大学　牧皇有限责任公司“草原、新概念住宅”商业计划书

山东大学　“海之星”生物工程有限责任公司创业计划
西安交通大学　锐思工作组创业计划
东华大学　绿源草坪有限公司创业计划
东华大学　人体内腔道药物内支架系统创业计划
上海交通大学　祺瑞科技—生物发酵过程优化控制调度软件创业计划
上海理工大学　新型殡葬服务创业计划书
浙江大学　“暗金”(ENERGY)高纯度药用褪黑素创业计划
浙江大学　亿可利绿色科技有限公司创业计划
重庆大学　“固康”牌医用高分子矫形绷带创业计划书

银奖

合肥工业大学　空调铝箔用亲水涂料商业计划书
北京大学　北大智能信息防伪项目商业计划书
北京科技大学　星宇珠宝创业方案
中国地质大学(北京)
北京邮电大学　移动天网——虚拟网络运营创业计划
清华大学　光环网际交互系统创业计划
中国地质大学　银杏制品的商业投资开发报告
(北京)
集美大学　异域鳗鲡疾病的综合防治创业计划
集美大学　小型船舶遇险报警装置创业计划
暨南大学　暨风指南管理咨询有限责任公司创业计划
河南农业大学　绿康有限责任公司创业计划
哈尔滨工程大学　万福鲜品有限公司创业计划
哈尔滨工程大学　旭初水下仪器有限责任公司商业计划

哈尔滨工业大学　洛书公司创业计划书
华中科技大学　基于千兆以太网的宽带无源光网络系统创业计划
华中农业大学　香鱼系列产品开发商业计划书
武汉大学　维信多功能计油器创业计划书
中国地质大学　超声波干洗机创业计划书
江苏大学　高压静电喷雾装置创业计划
南京大学　格霖新一代绿色环保空气净化器商业计划
南京工业大学　海尔斯生物制药有限公司创业计划
南京师范大学　21世纪“绿色农药”工程创业计划
苏州大学　“普尔”创业计划
苏州大学　“天丝”创业计划
扬州大学　彩恒照片保护剂——“真珍宝”创业计划
沈阳工业大学　绿色长城保险经纪公司创业计划
中国海洋大学　百思特创业计划书
山东大学　亿康生态树脂有限责任公司创业计划
西安电子科技大学　钛酸锶(SrTiO3)厚膜氧传感器创业计划书
西安电子科技大学　基于现场总线的现代设施农业多参数综合测控系统创业计划
西安邮电学院　绿康物流有限责任公司计划书
复旦大学　纳米级绿色环保型纸制品防水剂创业计划
上海交通大学　天穹网络安全有限责任公司商业计划书
上海水产大学　生物技术黄腐酸开发有限公司创业计划
同济大学　绿嘉水性涂料有限公司创业计划
同济大学　金诚信资信管理有限公司商业计

划书

四川大学　SB2 发展计划创业计划

天津师范大学　绿舟科技有限责任公司创业计划

天津医科大学　威鸿医疗器械有限公司商业计划书

重庆交通学院　华林科技有限责任公司“森爱斯”木材料创业计划

重庆医科大学　碘维康(聚维酮碘药膜)创业计划书

铜奖

安徽大学　“贵族”俱乐部(宠物服务)创业计划书

合肥工业大学　智能设计通商业计划书

北方交通大学　Sunny 太阳能储能设备有限公司创业计划

北方交通大学　盟友第三方物流企业创业计划书

北京大学　转基因抗旱耐寒草坪草项目

北京化工大学　锌铁高能碱性电池创业计划

北京科技大学　喷丝板自动检测系统计划书

北京理工大学　绿树新材料有限责任公司创业计划书

北京林业大学　创建核桃深加工企业计划书

北京师范大学　“数码节水管理系统”商业计划书

北京邮电大学　手机防盗及信息找回和信息个性化管理业务创业计划

对外经济贸易大学　宝宝的家庭保健专家创业计划

中国农业大学　北京康纳尔纳豆股份有限公司创业计划书

中国人民大学　艾可美生态设计与咨询有限责任公司创业计划

福建农林大学　蓝太阳计划——“蓝太阳”教授经纪公司创业计划

福建师范大学　温室多参数智控系统创业计划

福建师范大学　SCES 控制工程支持系统

华侨大学　CUBC 中国高校篮球俱乐部创业计划

华侨大学　联创先进制造技术有限公司创业计划

集美大学　智能小区供配电监控系统的应用创业计划

厦门大学　废聚酯为原料合成的 DOTP 新工艺创业计划

广东工业大学　“好靓”无水洗车连锁店创业经营方案

广东工业大学　广州科捷流责任有限公司创业计划

广东商学　“康田”绿色餐具有限公司风险投资计划

华南理工大学　BANDDIY(斑点)斑点创意岛创业计划

华南理工大学　S2 公司创业计划

华南农业大学　废品回收创业计划书

中山大学　文辉文化传播有限公司商业计划书

海南大学　海南省保鲜业调研报告暨创业计划

河北大学　神农生物技术开发公司企划书

河北建筑科技学院　科理茵水务股份有限公司创业计划书

河北经贸大学　河北经贸大学爱之花业有限责任公司创业计划书

华北电力大学　华通公司创业计划书

华北电力大学　邦德研究与开发有限公司商业计划书

石家庄经济学院　思普蓝德液晶材料股份有限公司创业计划书

石家庄经济学院　华泰纳米陶瓷粉体材料商业计划书

郑州大学　储粮害虫自动检测仪创业计划

东北林业大学　“绿熵”创业计划书

哈尔滨工业大学　怡康保健实业有限责任公

司创业计划
哈尔滨理工大学　塞迪噪音干扰器
哈尔滨理工大学　RM200 转矩流变仪（哈博电气有限责任公司商业计划）
哈尔滨商业大学　中华药膳创业计划
黑龙江大学　金城有限责任公司创业计划
黑龙江大学　企安公司创业计划书
湖北大学　科灵生物工程股份有限公司创业计划
湖北经济学院　凯利创业计划
华中科技大学　龙须草纸基地膜创业计划
华中科技大学　单相交流电机变频器创业计划
华中农业大学　猪伪妇犬病毒油乳剂灭活疫苗生产与推广的商业计划
三峡大学　智能滚动编码红外线隐形防盗网创业计划
武汉大学　青蓝科技创业计划书
武汉化工学院　康生药业有限责任公司创业计划
武汉科技大学　3P 科技有限责任公司创业计划
武汉科技大学　武汉奥捷新型建材有限责任公司创业计划
武汉科技学院　方圆新材料纺织器材股份有限公司创业计划书
武汉科技学院　锦华数码科技股份有限公司创业计划书
武汉理工大学　武汉方圆科技有限责任公司创业计划书
武汉理工大学　武汉安安电子有限责任公司创业计划
中国地质大学（武汉）　TRIGIS 创业计划书
中国地质大学（武汉）　多功能自动取纸机创业计划
中南财经政法大学　精诚财务咨询有限责任公司创业计划

湖南大学　盛世科技基站空调项目创业计划
南华大学　瑞尔康环保氡内墙漆商业计划
长春大学　新式多功能电子手杖创业计划
吉林大学　护生基因生物技术有限公司创业计划书
东南大学　安捷汽车防撞预警系统创业计划
江南大学　发酵法生产丙酮酸创业计划
南京航空航天大学　GPS 汽车智能电子系统创业计划
南京航空航天大学　基于指纹识别应用软件开发平台的考勤管理系统创业计划
南京理工大学　南京华创机器人科技有限责任公司创业计划
南京农业大学　羽健生物除草剂创业计划书
南京农业大学　猪链球菌灭活疫苗创业计划书
苏州大学　光盾创业计划
扬州大学　汽车尾气催化转化器创业计划
中国矿业大学　宁夏爱克活性炭有限公司创业计划
中国药科大学　通安制药有限公司——西红花多苷片创业计划
江西财经大学　鄱阳湖生态旅游开发公司创业计划
江西师范大学　志德科技实业公司创业计划书
江西中医学院　江西爱心好用器械有限公司众大清肺仪创业计划
南昌大学　江西绿驰科技有限责任公司创业计划
南昌大学　鄱阳湖生态旅游有限公司创业计划
大连海事大学　易航航海模拟器公司创业计划
大连理工大学　嘉联微晶玻璃有限公司创业计划
大连水产学院　碧水蟹业创业计划

计划书

东北大学　沈阳磐石科技发展有限责任公司创业计划书

沈阳工业大学　风发科技发展有限公司创业计划

内蒙古农业大学　肉羊繁育开发有限责任公司计划书

中国海洋大学　“华英纳米”创业计划

中国海洋大学　目心物流咨询有限责任公司创业计划

青岛建筑工程学院　先锋 HVAC 能耗服务有限责任公司

山东财政学院　Guide&Help 投资咨询服务公司创业计划

山东大学　绿洲农业科技有限责任公司创业计划书

山东建筑工程学院　V7 创业计划

山东科技大学　达恩新材料有限责任公司创业计划

山东理工大学　“彩云”生物综合深加工创业计划

山东理工大学　工程机械遥控操纵系统创业计划

石油大学　柯林瑞尔管修有限责任公司创业计划

华北工学院　中立图像处理软件包创业计划

山西大学　山西大学中元软件技术有限公司创业计划书

太原理工大学　高亮度蓝、绿 LED 项目创业计划

太原理工大学　多功能可降解液态地膜创业计划

长安大学　环保型便携式 X 光机创业计划书

西安工程科技学院　恒星数据有限责任公司商业计划书

西安交通大学　昕康医疗技术公司创业计划

西安科技学院　西安研新科技有限责任公司创业计划

西安理工大学　高节开发有限责任公司创业计划书

西安邮电学院　睿智大学生成功培训有限公司创业计划

西北工业大学　个人媒体助理商业计划书

东华大学　赛润医用材料有限公司商业计划

复旦大学　明烨分析技术有限责任公司创业计划书

复旦大学　基于旅游的供应链管理创业计划

华东理工大学　e 光公司创业计划书

上海财经大学　“J&M”(建安盟)PVC 蜂巢芯结构铝合金幕墙板创业计划

上海财经大学　蓝盾创业计划书

上海大学　魔音车用语音控制设备制造有限公司商业计划书

上海电力学院　上海生活有机垃圾微生物处理有限责任公司创业计划

上海电力学院　涡街式气液两相流流量与组分测量仪创业计划

上海水产大学　关于生物药肥——芎草素的创业计划

上海水产大学　上海全维联合商务服务有限公司创业计划书

上海外国语大学　“海视”滴入型液体眼镜创业计划书

成都理工大学　无水氯化镁制备新工艺创业计划

电子科技大学　易翔软件商业计划

电子科技大学　“收藏品资讯公司”商业计划

四川大学　PDS 可降解手术缝合线开发生产项目创业计划

西南财经大学　世达担保投资公司创业计划书

西南财经大学　西岭雪山经营性改进计划

西南科技大学　黄山药的开发生产创业计划书

南开大学　高性能家用血糖仪创业计划

南开大学　“海吉亚”垃圾处理器创业计划

天津大学　“派尔凝”六环水创业项目

天津大学　可编程数字显示器测试系统创业计划

天津工业大学　环保降解型一次性筷子创业计划

天津理工学院　傲雷药业公司创业计划

天津轻工业学院　福瑞生物技术有限责任公司创业计划

天津商学院　亿科生物 CPPs 实业创业计划

天津医科大学　M 型人工小梁支架治疗青光眼产品

新疆大学　关于《少数民族系列软件》的开发与销售计划

杭州商学院　“新巢”汽车旅馆全程策划案

宁波大学　宝尚 CASHINE 寝室用品研发有限责任公司创业计划

浙江财经学院　浙江新绿国际种业有限公司创业计划

浙江大学　节净之星——移动节水洁净厕所创业计划

浙江工程学院　3A 化纤股份有限公司商业计划

浙江工程学院　纳米功能纤维的整体开发创业计划

浙江工业大学　“精易扬”便携式扫描笔创业计划

浙江林学院　“忆点缘”校园服饰制造有限公司

重庆大学　经济型高速文档双面自动录入机创业计划书

重庆交通学院　宝净垃圾处理公司创业计划

重庆交通学院　信封广告开发有限公司创业计划

重庆邮电学院　支点通信技术责任有限公司商业计划

重庆邮电学院　Balance 营养快餐特许连锁店创业计划

二、“最佳表现团队奖”、“最佳创意团队奖”获奖名单

最佳表现团队奖

南京大学　环境净化纳米功能材料创业计划

最佳创意团队奖

东华大学　人体内腔道药物内支架系统创业计划

三、第三届“挑战杯”天堂硅谷中国大学生创业计划竞赛省级优秀组织奖获奖名单

浙江	北京	重庆	山东
内蒙古	湖南	陕西	江苏
上海	天津	福建	黑龙江
四川	湖北		

四、第三届“挑战杯”天堂硅谷中国大学生创业计划竞赛校级优秀组织奖获奖名单(共 80 所，略)

中国大学生“建昊奖学金”

为树立青年学生的先进典型，引导和激励当代大学生适应时代要求，勤奋学习，积极实践，勇于创新，提高综合素质，为实现中华民族伟大复兴奋发成才，1996 年，建昊集团捐资 1000 万元，团中央、全国学联和北京建昊集团共同设立了中国大学生“建昊奖学金”，每年评选一次，对当年涌现出的优秀大学生进行表彰。其中特等奖 10 名，优秀奖 100 名。1999 年，为增强这项奖学金的权威性和示范性，更好地体现共青团组织服务青年学生成长成才

的目的，奖学金名称调整为中国大学生“五四奖学金”、“建昊奖学金”，“五四奖学金”即原“建昊奖学金”特等奖，获奖者同时获得“建昊杯”。

“中国大学生跨世纪发展基金·建昊奖学金”1998年度优秀奖获得者名单

（141名）

北京

刘耀诚　清华大学

张卫冬　北京科技大学

张　鹰　北京理工大学

赵　辉　北方交通大学

谷成明　中国协和医科大学

单连勇　北京邮电大学

张慕鸿（女）　北京化工大学

常　武　北京工业大学

天津

李　伟（满族）　天津医科大学

寇会忠　南开大学

曹东宁　天津师范大学

李鸿强　天津纺织工学院

河北

李占乔（女）　河北科技大学

潭朝晔（女）　河北大学

安胜军　河北医科大学

姜宏岩　燕山大学

陈　全　石家庄铁道学院

山西

田　亮　太原理工大学

刘丽琼（女）　山西财经大学

王　欣（女）　太原重型机械学院

杨贵军　山西师范大学

内蒙古

格日勒图（蒙古族）　内蒙古林学院

王　凤（女）　内蒙古师范大学

楚敬杰（女）　内蒙古大学

辽宁

肖兴志　东北财经大学

李　颖（女）　辽宁师范大学

罗荣阁　大连理工大学

王　纲　辽宁工学院

滕文华　沈阳工业大学

贾连群（女）　大连医科大学

苏万军　鞍山钢铁学院

吉林

段晓东　吉林大学

闫家福　吉林农业大学

杨　威（女）　吉林工学院

赵心锐　四平师范学院

吉崇敏（女）　延边大学

黑龙江

姜呈家　哈尔滨建筑大学

李伟昌　哈尔滨工程大学

林　洋（女）　哈尔滨理工大学

李尔洋（女）　东北林业大学

荆　锐　黑龙江交通高等专科学校

张德刚　黑龙江省财政专科学校

上海

刘　强　上海交通大学

彭　波（女，满族）　同济大学

陆　骏　华东师范大学

张杰青（女）　华东理工大学

何春燕（女）　上海外国语大学

朱宏杰　上海大学

卢洪洲　上海医科大学

江苏

王　冬　南京大学

方　芳（女）　东南大学

马文刚　南京师范大学

樊可可　南京化工大学

王　懿（女）　南京邮电学院

马　涛（女）　苏州大学

陈　军　扬州大学

浙江

林　菲（女）　杭州商学院

王　慧(女)　浙江师范大学
陈欣欣(女)　浙江大学
沈　沁(女)　中国美术学院
安徽
沈其宇　安徽大学
王建明　安徽师范大学
付瑞燕(女)　安徽农业大学
陈秋华　合肥工业大学
高道能　中国科技大学
江西
江　燕　江西师范大学
严晋华(女)　江西医学院
汤红顺　江西财经大学
李湖南　南昌大学
福建
陈明达　福建师范大学
谢　岚　厦门大学
陈晓东　福州大学
邱振光　福建中医学院
石秋梅(女)　福建农业大学
山东
孙　云(女)　山东中医药大学
赵　琳(女)　山东轻工业学院
王　刚　山东财政学院
旷玉辉(女)　青岛建工学院
崔永春　潍坊医学院
梁凌云(女)　莱阳农学院
河南
仓顺东　河南医科大学
滕玉欣(女)　郑州纺织工学院
王国兴　新乡医学院
彭　勇　焦作工学院
姚雪强　郑州工业高等专科学校
湖北
桑　农　华中理工大学
池骊峰　湖北大学
王清华(女)　武汉测绘科技大学
雷玉桃(女)　华中农业大学
吕永钢　武汉纺织工学院
湖南
王意洁(女)　国防科技大学
谷　柯　中南工学院
刘　慧(女)　湖南财经学院
杨红霞(女)　长沙交通学院
郭睿倩(女)　中南工业大学
施敏洲　湘潭工学院
广东
邹小龙　中山大学
徐双琪(女)　广东工业大学
金　琳(女)　广东外语外贸大学
陈福发　广东药学院
林　航　汕头大学
海南
黄　旭(女)　琼州大学
高炳玉　海南医学院
四川
李　舒(女)　四川联合大学
林海玲(女)　成都理工大学
顾凌云　电子科技大学
张　颖(女)　成都中医药大学
吴　英(女)　四川师范学院
重庆
王　智　重庆建筑大学
马　骐　西南师范大学
王　平(穿青族)　西南政法大学
李　剑　重庆工业管理学院
贵州
欧开萍(女)　遵义医学院
唐　丽(女,壮族)　贵阳医学院
廖琪钟　贵阳中医学院
云南
李海斌　云南农业大学
邓建勇　云南教育学院
张晓文(女,白族)　云南民族学院
西藏
扎西多杰(藏族)　西藏农牧学院

陕西

洪　微　西安交通大学

王怀志　西安电子科技大学

李晓军　西安公路交通大学

赵　英(女)　西北农业大学

王　颢　西安医科大学

杨　丽(女)　陕西师范大学

甘肃

金宝勇　甘肃工业大学

石传群(女)　兰州医学院

张兰欣(女)　兰州商学院

广西

张丽芬(女)　广西民族学院

钟　川　广西师范大学

郭　斌(女)　广西师范学院

新疆

安尼瓦尔·赛买提(维吾尔族)　新疆大学

郑　宏　新疆医科大学

迪里夏提·卡地尔(维吾尔族)　新疆医科大学

青海

曹云飞(女)　青海师范高等专科学校

祁梦渔(女,蒙古族)　青海民族学院

宁夏

卜登攀　宁夏农业学院

罗进德　宁夏大学

铁道系统

刘　灵(女)　铁道部长沙铁道学院

民航系统

王钰华　中国民航学院

中直机关

戴　颖　中国青年政治学院

1999年度中国大学生“建昊奖学金”获得者名单

(140名)

北京(7名)

王文奎　北京林业大学硕士生

李　姝(女)　北京师范大学本科生

邱虹云　清华大学本科生

徐　杨　中国人民大学硕士生

郭启华　首都师范大学本科生

梅秀兵　中国农业大学本科生

蔡志航　中央财经大学硕士生

天津(4名)

白凤玲(女)　天津师范大学专科生

孙庆国(回族)　天津体育学院本科生

何　庆　天津医科大学博士生

徐明基(女)　天津音乐学院本科生

河北(5名)

马丽华(女)　河北大学本科生

王　涛　石家庄铁道学院本科生

王国铭　河北农业大学本科生

李　扬(女)　河北理工学院本科生

黄　圣　石家庄经济学院本科生

山西(4名)

李钢桥　太原理工大学本科生

桑　强　山西大学硕士生

高　婷(女)　山西农业大学本科生

黄　堃　山西财经大学本科生

内蒙古(3名)

全　杰(蒙古族)　内蒙古财经学院本科生

陈雅君(女)　内蒙古工业大学本科生

卿前锋　包头钢铁学院本科生

辽宁(5名)

王　峥(女)　辽宁师范大学本科生

王庆海　辽宁大学博士生

许　研　东北大学硕士生

佟国峰　东北大学博士生

南　方　大连理工大学硕士生

吉林(5名)

张　军　长春科技大学本科生

李昌植(朝鲜族)　长春中医学院本科生

邱　杨(女)　吉林农业大学本科生

邵志强　长春税务学院本科生

符小天(女)　长春师范学院本科生

黑龙江(5名)
马冰冰　哈尔滨工业大学本科生
刘立锋　东北林业大学本科生
吕胜利　黑龙江中医药大学本科生
许　威　哈尔滨师范大学本科生
黄　鹏　哈尔滨医科大学硕士生
上海(8名)
刘晓峰　华东师范大学硕士生
朱立新　上海师范大学博士生
何　瑛(女)　同济大学本科生
杜宁轶(女)　上海大学本科生
赵　霞(女)　上海交通大学硕士生
赵光涛　华东理工大学本科生
蔡　伟　上海第二医科大学本科生
戴浩然　复旦大学本科生
江苏(6名)
刘新宇(女)　南京理工大学本科生
孙海涛　南京大学本科生
陈　宇　南京师范大学本科生
柳　斐(女)　江苏石油化工学院本科生
禹业栋　东南大学硕士生
钟绍焱　南京林业大学本科生
浙江(6名)
王正方　杭州电子工业学院本科生
包士毅　浙江工业大学硕士生
杨　骏　浙江大学本科生
竺　效　浙江大学本科生
姚丽丽(女)　浙江师范大学本科生
盛　乐　浙江大学硕士生
安徽(4名)
朱国苗　安徽中医学院本科生
汪术文　安徽机电学院本科生
沈正宏　安徽建筑工业学院本科生
胡玉萍(女)　阜阳师范学院本科生
福建(5名)
兰小鹏　福建医科大学博士生
谷　胜　厦门大学博士生
梁　川　福州大学硕士生
黄少宵(女)　华侨大学本科生
黄承祖　福建中医学院本科生
江西(4名)
左敏静(女)　江西医学院本科生
李亿华　南昌大学本科生
周培胜　江西财经大学硕士生
易　娟(女)　江西师范大学本科生
山东(5名)
马晓乐(女,回族)　济南大学本科生
刘　冬　烟台师范学院本科生
汤继军　山东经济学院本科生
祁　靖(女)　临沂师范学院大专生
宋振举　济宁医学院本科生
河南(5名)
王成卫　郑州工业大学本科生
王建旭　河南大学本科生
代献生　河南农业大学本科生
吴玥丽(女,回族)　河南医科大学本科生
李艳芳(女)　郑州大学硕士生
湖北(5名)
万建民　中南财经大学本科生
邓联繁　武汉大学本科生
卢　怡(女)　武汉科技大学本科生
张华楸　同济医科大学本科生
张鸿华　武汉汽车工业大学硕士生
湖南(6名)
万娟霞(女)　岳阳师范学院专科生
尹　倪(女)　湖南医科大学本科生
郑　彩(女)　湖南师范大学本科生
郑海龙　湖南大学博士生
钟岳松　湖南农业大学本科生
黄一斓(女)　湘潭大学本科生
广东(5名)
王　凡　中山大学硕士生
杜　兰(女)　暨南大学硕士生
杨　扬(女,苗族)　广州星海音乐学院本科生
郑海声　华南农业大学本科生

黄爱华(女)　广东职业技术师范学院本科生

广西(4名)

兰　军　广西师范大学硕士生

古　松　广西艺术学院本科生

张国志　广西中医学院本科生

黄　丹(女,壮族)　广西师范学院本科生

海南(2名)

李　静(女)　海南大学本科生

林春燕(女)　海南师范学院本科生

四川(6名)

叶克梅(女)　西南工学院本科生

张　科　西南石油学院本科生

张志华　成都气象学院本科生

唐永林　四川大学博士生

程永忠　华西医科大学硕士生

鲜国颖(女)　成都电子高专专科生

重庆(5名)

王世海　西南农业大学本科生

陈　英(女)　西南师范大学硕士生

周瑞华　重庆交通学院本科生

居　琰　重庆大学博士生

褚冬竹　重庆建筑大学硕士生

贵州(3名)

王　葵(女)　贵州民族学院本科生

汤嘉伟　贵州大学本科生

李　颖(女,侗族)　贵州师范大学本科生

云南(4名)

文传浩　云南大学博士生

陈　红　昆明冶金高等专科学校中专生

骆海燕(女)　昆明理工大学本科生

康传媛(女,白族)　昆明医学院硕士生

西藏(1名)

米玛琼达(女,藏族)　西藏民族学院本科生

陕西(6名)

于海夫　西北工业大学本科生

孙日和　西北大学本科生

宋妮娜(女)　西北建筑工程学院本科生

周陪袁　西安统计学院本科生

金波洋　西安公路交通大学本科生

谭　琦　西安交通大学本科生

甘肃(3名)

王东成　甘肃农业大学本科生

罗　华(女)　西北师范大学本科生

韩方华　甘肃工业大学本科生

青海(2名)

马克强　青海医学院本科生

李　滨　青海大学本科生

宁夏(2名)

马宏兴(回族)　西北第二民族学院本科生

王　磊　宁夏医学院本科生

新疆(2名)

李　萍(女)　新疆农业大学本科生

迪丽努尔·买买提依明(女,维吾尔族)　新疆医科大学本科生

全国铁道系统(1名)

赵宗广　华东交通大学本科生

全国民航系统(1名)

张　超　民航飞行学院本科生

中直工委(1名)

刘轶琳(女)　北京电子科技学院本科生

2000年度中国大学生“建昊奖学金”获奖者名单

(150人)

北京(8名)

侯廷军　男　汉　北京大学　物化　博士生

黄浩东　男　汉　北京航空航天大学　导航、制导与控制　博士生

冯颙　男　汉　北京外国语大学　法语　本科生

章　灿　男　汉　石油大学(北京)　经济管理　硕士生

罗月丰　男　汉　中国地质大学(北京)　计算机科学与技术　本科生

王占东　男　汉　华北电力大学(北京)　物资管理工程专业　本科生

邢统坤　男　汉　北京工业大学　机电　硕士生

王　静　女　汉　海淀走读大学　经管学院文秘专业　专科生

天津(5 名)

王建友　男　汉　天津大学　化学工程　博士生

董　颖　女　汉　天津财经学院　财政经济学　硕士生

郭鹏天　女　汉　天津工业大学　会计学　本科生

王宝利　男　汉　天津医科大学　内分泌　博士生

李　萌　女　汉　天津师范大学　汉语　本科生

河北(4 名)

罗　强　男　汉　石家庄经济学院　金融　本科生

王文才　男　汉　河北建筑工程学院　给水排水　本科生

李英夫　男　汉　河北青年进修学院　法律　本科生

郑丹丹　女　汉　华北电力大学(保定)　电力系统及其自动化　本科生

山西(4 名)

宋宇飞　男　汉　山西大学　生物无机化学　博士生

王振红　女　汉　太原理工大学　市场营销　本科生

张　刚　男　汉　山西中医学院　中医　本科生

银　晶　女　汉　山西农业大学　畜牧专业　本科生

内蒙古(3 名)

那日苏　男　蒙　内蒙古师范大学　体育　本科生

王鹏宇　男　汉　内蒙古大学　法学专业　本科生

李文杰　女　汉　内蒙古医学院　医学　本科生

辽宁(7 名)

徐静英　女　汉　辽宁师范大学　心理学　本科生

孙立涛　男　汉　沈阳工业大学　材料加工工程　硕士生

刘海江　男　汉　东北大学材料　物理　本科生

易　富　男　汉　辽宁工程技术大学　交通土建　本科生

张红光　男　汉　抚顺石油学院　化工设备与机械　本科生

王　涛　男　汉　鞍山钢铁学院　建筑工程　本科生

雷春阳　女　汉　辽宁万成经贸职业学院　国贸　专科生

吉林(5 名)

张一赫　女　汉　吉林大学　国际经济法　本科生

盛赵奕　女　汉　东北师范大学　图书馆　本科生

姜美花　女　朝鲜　延边大学　医麻　本科生

刘树龙　男　汉　吉林艺术学院　美术教育　本科生

吴晓颖　女　汉　长春工程学院　水电　专科生

黑龙江(6 名)

罗熙淳　男　汉　哈尔滨工业大学　机电制造及自动化　博士生

李　刚　男　汉　哈尔滨工程大学　控制理论与控制工程　硕士生

张　龙　男　汉　黑龙江大学　基础数学　硕士生

王　岩　男　汉　哈尔滨师范大学　汉语语言文学　本科生

傅　斌　男　汉　黑龙江科技学院　自动化　本科生

闫文才　男　汉　东方学院　涉外文秘　专科生

上海(7名)

胡志强　男　汉　上海交通大学　船舶与海洋结构物设计与制造　硕士生

魏建东　男　汉　同济大学　材料物理与化学　硕士生

杨　丽　女　汉　华东师范大学　思想政治教育　本科生

王芝眉　女　汉　华东理工大学　化学工程与工艺　本科生

陈　革　男　汉　东华大学　机械学院　博士生

余文君　女　汉　上海理工大学　会计(公司理财)　本科生

潘灵剑　男　汉　上海师范大学　中文系　硕士生

江苏(7名)

曹英俊　男　汉　南京理工大学　强化　本科生

葛　亮　男　汉　河海大学　港口及航道工程　本科生

梁治国　男　汉　南京农业大学　国际贸易　本科生

耿　涛　男　汉　南京林业大学　室内及家具　本科生

吴　骏　男　汉　南京中医药大学　针灸系　本科生

张月兰　女　汉　扬州大学　物理学教育　本科生

潘　琦　女　汉　无锡轻工大学　工业设计　本科生

浙江(8名)

夏振海　男　汉　浙江大学　能源工程热物理　博士生

夏一行　女　汉　浙江大学　仪器检测　本科生

毛争春　男　汉　浙江大学　临床医学　本科生

叶　敏　男　汉　浙江工业大学　工业外贸　本科生

施俊天　男　汉　浙江师范大学　美术教育　本科生

王　征　男　汉　宁波大学　汉语言文学教育　本科生

曾　艳　女　汉　杭州商学院　杭州商学院　本科生

沈万峰　男　汉　浙江万里学院　电机与电器　专科生

安徽(5名)

王秀峰　男　汉　合肥工业大学　机械制造及自动化　博士生

谢周清　男　汉　中国科技大学　地球化学　博士生

赵寅生　女　汉　安徽大学　生化　本科生

李生斌　男　汉　安徽大学　诉讼法学　硕士生

高羽佳　女　汉　安徽农业大学　计算机　本科生

福建(5名)

柯紫萱　女　汉　集美大学　运动系　专科生

宋宇力　女　汉　厦门大学　国际经济法　本科生

陈锦松　男　汉　福州大学　应用数学　本科生

郭春柱　男　汉　福建师范大学　应用电子　本科生

叶　恩　男　汉　华侨大学　电脑　本科生

江西(4名)

张桂华　男　汉　江西财经大学　投资经济学　硕士生

尹建明　男　汉　南昌大学　经济法　硕士

生
叶　菲　女　汉　江西师范大学　教育　硕士生
周　菁　女　汉　江西医学院　临床　本科生
山东(6名)
张军朴　女　汉　山东师范大学　汉语言文学教育　本科生
李　杨　女　汉　青岛海洋大学　国际金融　本科生
顾　娟　女　汉　山东科技大学　大地测量　硕士生
杨　旭　男　汉　山东枣庄师范　专科学校　中文　专科生
孔祥玉　男　汉　山东建材工业学院　工业自动化　本科生
丁　艳　女　汉　山东万杰医学高等专科学校　临床　专科生
河南(6名)
赵国栋　男　汉　河南大学　广告　本科生
陈　霞　女　汉　郑州大学　化工工艺　本科生
马　菲　男　汉　河南农业大学　环保　本科生
吴　琦　女　汉　河南师范大学　英教　本科生
李鹏飞　男　汉　黄河科技学院　机械工程　专科生
丁静润　女　回　郑州大学　外文　硕士生
湖北(7名)
周玄毅　男　汉　武汉大学　国家人文科学试验　本科生
沈　玲　女　汉　华中科技大学　工商管理　本科生
任雁胜　男　汉　中国地质大学　机械　本科生
李　健　男　汉　湖北大学　中国语言文学　本科生
金华进　男　汉　武汉科技学院　环境与化学工程系染整　本科生
崔阳洋　男　汉　武汉工业学院　计算机　本科生
邓科瑞　男　汉　华中法商学院　法律　专科生
湖南(5名)
蔡怡颖　女　汉　长沙电力学院　会计学　本科生
刘兴国　男　汉　中南林学院　市场营销　本科生
胡海波　男　汉　南华大学　会计学　本科生
伍英岩　男　汉　湖南商学院　电信　本科生
张志伟　男　汉　长沙交通学院　机械设计制造及自动化　本科生
广东(5名)
康　峰　男　汉　中山大学　经济地理与城乡区域规划　本科生
邱楚泉　男　汉　华南师范大学　体育教育　本科生
陈兆健　男　汉　广州体育学院　体育教育　本科生
王靓红　女　汉　华南理工大学　光电　本科生
刘蓓蓓　女　汉　广东外语外贸大学　国际经济法　本科生
广西(4名)
温锦山　男　汉　桂林工学院　计算机　本科生
罗建明　男　汉　广西医科大学　儿科　博士生
陈宇航　男　汉　广西民族学院　行政管理　本科生
李俊奇　男　汉　桂林医学院　临床医学　本科生
海南(2名)

陈巧巧　女　汉　海南师范学院　汉语言文学　本科生
朱伊鸣　女　汉　海南大学　工商管理　本科生

四川(5 名)
罗　斌　男　汉　成都大学　环艺　专科生
于　洋　男　汉　西南交通大学　机电　本科生
邓维斌　男　汉　四川农业大学　计算机　本科生
贾臻彦　女　汉　四川师范大学　会计学　本科生
唐德祥　男　汉　西南民族学院　艺术设计　本科生

重庆(5 名)
刘杨东　男　汉　重庆医科大学　外科学　博士生
刘雪峰　男　汉　重庆大学　材料加工工程　博士生
张伟莉　女　汉　西南政法大学　国际贸易　本科生
黄国庆　女　汉　西南师范大学　旅游管理　本科生
柳　苗　女　汉　四川外语学院　日语　本科生

贵州(3 名)
陈　明　男　布依　贵州师范大学　化学　本科生
朱灿平　男　汉　贵州民族学院　法律系　本科生
杨秀权　男　苗　贵州财经学院　贸易经济系　本科生

云南(4 名)
邓　铭　男　汉　云南大学　思想史　硕士生
张万林　男　白　云南财贸学院　统计学　本科生
张晓燕　女　汉　昆明理工大学　英语　本科生
白云佳　女　回　云南省广播电视大学　计算机应用　专科生

西藏(1 名)
潘晓琳　女　汉　西藏大学　汉语文　本科生

陕西(7 名)
卢波辉　男　汉　西安理工大学　铸造　本科生
罗礼平　男　汉　西北政法学院　法学　本科生
陈　敏　女　汉　长安大学　计算机科学与技术　本科生
王振华　男　汉　陕西师范大学　思想政治教育　本科生
何立明　男　汉　西安邮电学院　通讯工程　本科生
王　泳　男　汉　西安体育学院　健美操　本科生
王　颖　女　汉　西安外事学院　英语　专科生

甘肃(5 名)
王　文　男　汉　兰州大学　历史学　本科生
张　磊　男　汉　张掖师范高等专科学校　汉语言文学　专科生
张　卉　女　汉　西北民族学院　工商管理　本科生
王晓燕　女　汉　西北师范大学　中文　本科生
草珺　女　汉　甘肃政法学院　法律　本科生

青海(1 名)
徐世栋　男　汉　青海师专　政史　专科生

宁夏(2 名)
白雪娟　女　汉　宁夏农学院　食品系　本科生
陈　原　男　汉　固原师专　政史　专科生

新疆(3 名)
阿布都瓦斯提·吾拉木　男　维　新疆大学　地图学与地理信息系统　硕士生
李国庆　男　汉　新疆农业大学　机械制造与设计及自动化　本科生
艾则孜·吾布力　男　维　新疆医科大学　临床医学　本科生

中直机关(1 名)
毛　飞　男　汉　中国青年政治学院　思想政治教育　本科生

2001 年度中国大学生“建昊奖学金”获奖者名单

(140 人)

北京(7 名)
雷　霖　男　汉　清华大学　博士生
王永健　男　汉　北京大学　中共党史　硕士生
张江艺　男　汉　北京师范大学　广播电视艺术学　硕士生
刘克明　男　汉　北京科技大学　冶金物化　博士生
尹鹏威　男　汉　北方交通大学　计算机　本科生
于吉顺　男　汉　北京林业大学　林学　本科生
刘小鹏　女　汉　中央财经大学　经济信息管理　本科生

天津(4 名)
钱学翰　男　汉　天津医科大学　临床眼科　硕士生
薛博　男　汉　天津大学　生物化工　博士生
段炼　男　汉　天津理工学院　工业自动化　本科生
王举颖　女　汉　天津工业大学　管理信息系统　本科生

河北(5 名)
周春雷　男　汉　河北大学　经济法　本科生
李红艳　女　汉　石家庄铁道学院　投资经济　本科生
赵建利　女　汉　河北师范大学　计算机　本科生
郑　斌　女　汉　河北医科大学　中西医结合基础医学　博士生
赵琳静　女　汉　河北科技大学　制药工程　本科生

山西(4 名)
焦艳鹏　男　汉　山西大学　法学　本科生
田原宇　男　汉　太原理工大学　化学工程　博士生
武洁姝　女　汉　山西医科大学　公共卫生　本科生
屈　涛　男　汉　山西财经大学　经济信息管理　本科生

内蒙古(3 名)
丁玉龙　男　蒙　内蒙古大学　蒙古语言文学　博士生
柳桂琦　男　汉　内蒙古工业大学　热动　本科生
白秀兰　女　蒙　内蒙古民族高等专科学校　会计　专科生

辽宁(5 名)
范本勇　男　汉　鞍山钢铁学院　硅酸盐　本科生
邹明江　男　汉　抚顺石油学院　工业电气自动化　本科生
卢春光　男　汉　锦州医学院　眼科　本科生
朱轩彤　女　汉　东北大学　计算机　本科生
巩　娜　女　汉　沈阳电力高等专科学校　继电保护　专科生

吉林(6 名)

程　龙　男　汉　吉林大学　法律　硕士生

车小云　女　汉　东北电力学院　检测技术及仪器仪表　本科生

王晋疆　男　汉　长春光学精密机械学院　光学工程　博士生

王大铭　男　汉　吉林公安高等专科学校　交通　专科生

王　琳　女　汉　东北师范大学　电子信息科学与技术　本科生

宋立东　男　汉　长春税务学院　财政　本科生

黑龙江(6名)

童志祥　男　汉　哈尔滨工业大学　计算机　本科生

陈　旭　女　汉　黑龙江大学　应用英语　本科生

张博强　男　满　哈尔滨师范大学　汉语言文学　本科生

商诺诺　男　汉　东北林业大学　电子信息　本科生

李　颖　女　汉　哈尔滨理工大学　精化　本科生

王　兰　女　汉　哈尔滨医科大学　免疫学　研究生

上海(7名)

崔　倩　女　汉　复旦大学　传播　硕士生

宫　海　男　汉　同济大学　结构工程　博士生

黄　燕　女　汉　华东师范大学　政治学理论　硕士生

陈立俊　男　汉　华东理工大学　行政管理　本科生

杨　莹　女　汉　上海大学材料学院　材料学　硕士生

薛冠华　男　汉　上海第二医科大学　血管外科　博士生

吴　珏　女　汉　华东政法学院　国际经济法　本科生

江苏(7名)

戴　戈　男　汉　东南大学　通信　本科生

邹　飞　男　汉　南京大学　计算机　本科生

候晶晶　女　汉　南京师范大学　教育哲学　博士生

任　良　男　汉　南京航空航天大学　自动化　硕士生

沈永德　男　汉　南京工业大学　化学工程与工艺　本科生

金晓扬　男　汉　江苏大学　财务管理　本科生

查伟大　女　汉　苏州大学　服装设计与工艺教育　本科生

浙江(6名)

汪　伟　男　汉　浙江大学　经济学　本科生

蒋旭宏　男　汉　浙江中医学院　中医　本科生

陈　悦　女　汉　杭州商学院　法学　本科生

石凌凌　女　汉　浙江工程学院　市场营销　本科生

丁峰平　男　汉　浙江工业大学　通信工程　本科生

秦莉娟　女　汉　浙江大学　硕士生

安徽(4名)

丁根芳　男　汉　合肥工业大学　工程力学　硕士生

郑　毅　男　汉　安徽农业大学　园艺　本科生

沈文春　女　汉　安徽师范大学　汉语言文学　本科生

李秀琴　女　汉　淮南工业学院　环境工程　本科生

福建(5名)

杨黄浩　男　汉　厦门大学　分析化学　博士生

魏国武　男　汉　福州大学　机械电子工程本科生
詹　玲　女　汉　福建师范大学　马克思主义理论与思想政治教育硕士生
蒋益青　男　回　集美大学　工商管理　本科生
李　楠　男　汉　福建中医学院　中医骨伤科学　博士生

江西(4名)

陈　军　男　汉　江西师范大学　旅游　本科生
柳　迈　男　汉　江西农业大学　园艺教育本科生
涂　强　男　汉　南昌大学　法律　本科生
张凤林　男　汉　赣南师范学院　物理教育本科生

山东(6名)

杜瑶瑶　女　汉　青岛大学法律本科生
刘洪涛　男　汉　山东财政学院税务本科生
陈　琳　女　汉　聊城师范学院中文本科生
王明科　男　汉　曲阜师范大学思想政治本科生
盖致富　男　汉　山东农业大学农机本科生
朱爱玲　女　汉　青岛化工学院外语本科生

河南(5名)

马剑平　男　汉　郑州大学　数量经济学硕士生
李鹤翔　男　汉　淮南大学　汉语言文学本科生
亢向国　男　汉　河南农业大学　林学　本科生
侯晓吻　女　汉　华北水利水电学院　计算机　本科生
李　臻　男　汉　郑州大学　医学影像　本科生

湖北(7名)

郭笑撰　男　汉　武汉大学　经济思想史博士生
尹　浩　男　汉　华中科技大学　通信与信息工程　博士生
王长波　男　汉　武汉理工大学　结构工程硕士生
赵秀忠　男　汉　中国地质大学　计算机应用技术　硕士生
钟　稳　男　汉　华中农业大学　社会学本科生
盛　媛　女　汉　华中师范大学　法律　本科生
王兴立　男　汉　武汉科技大学　工商管理本科生

湖南(6名)

罗　永　男　汉　国防科技大学　博士生
汤　琳　女　汉　湖南大学　环境工程　本科生
谭　京　男　汉　常德师范学院　历史　本科生
宋旭明　男　汉　湖南师范大学　法律　硕士生
廖北海　女　汉　湘潭大学　经济法　硕士生
周远屹　男　汉　衡阳师范学院　美术学本科生

广东(5名)

梅方权　男　汉　中山大学　人类学　硕士生
肖　菲　女　汉　暨南大学　对外汉语教学与华文教育　硕士生
李汶强　男　汉　广东工业大学　企业管理本科生
刁娥凤　女　汉　肇庆学院　幼教　专科生
郑品亮　男　汉　佛山科学技术学院　思想政治教育　本科生

广西(3名)

阮经艳　女　汉　广西民族学院　物理学本科生
谢愈挺　男　汉　桂林工学院　计算机　本

科生

龙冬梅　女　汉　广西师范学院　化学教育　本科生

海南(2名)

王光旭　男　羌　华南热带农业大学　植保　本科生

王国祥　男　汉　海南师范学院　思想政治教育　本科生

四川(6名)

马祖军　男　汉　西南交通大学　管理科学与工程　博士生

陈　路　男　汉　电子科技大学　计算机科学与技术　本科生

王　亚　男　汉　四川大学　金融　硕士生

曾　芳　女　汉　成都中医药大学　中医　本科生

刁怀宏　男　汉　西南财经大学　产业经济学　博士生

呷　他　男　藏　康定民族师范高等专科学校　藏语文　专科生

重庆(4名)

邓忠良　男　汉　重庆医科大学　外科学　博士生

段　跃　男　汉　重庆邮电学院　通信工程　本科生

万　劲　女　汉　西南师范大学　教育学原理　硕士生

张荣梅　女　汉　西南政法大学　法学　本科生

贵州(3名)

唐晓玲　女　汉　贵州工业大学　电力系统及自动化　本科生

李春燕　女　汉　贵州财金学院　金融　本科生

杨　帆　男　汉　遵义医学院　临床　本科生

云南(3名)

章夏冰　男　汉　昆明理工大学　机械自动化　本科生

普　赛　女　汉　云南师范大学　计算机辅助教学与管理　本科生

保晓君　男　彝　云南财贸学院　国际金融　本科生

西藏(1名)

米玛罗布　男　藏　西藏藏医学院　药剂　专科生

陕西(7名)

李　涛　男　汉　西北工业大学　工材料加工工程　博士生

苏世彬　男　汉　西安工程科技学院　经济管理　硕士生

谢富贵　男　汉　西安科技学院　采矿　本科生

舒　展　男　汉　西北农林科技大学　法学　本科生

王　林　男　汉　西北大学　分析化学　硕士生

黄新明　男　汉　西安石油学院　电气工程与自动化　本科生

黄俊玲　女　汉　长安大学　会计　本科生

甘肃(2名)

辛瑞萍　女　汉　西北师范大学　法学　本科生

刘小红　男　汉　甘肃政法学院　法学　本科生

青海(2名)

石大存　男　汉　青海师范大学　本科生

桓　寿　男　汉　青海职业技术学院　物理教育　专科生

宁夏(2名)

魏　鹏　男　汉　宁夏医学院　临床医学　本科生

汪文帅　男　汉　宁夏大学　应用数学　本科生

新疆(3名)

李若明祖木来　男　汉　新疆医科大学　预

防医学　本科生

提　女　维　新疆艺术学院　声乐　本科生

田　静　女　汉　石河子大学　经济学　本科生

2002 年度中国大学生“建昊奖学金”获得者名单

（140 人）

北京（8 人）

周　亚　男　汉　北京师范大学　系统理论　博士生

于　涵　男　汉　清华大学　核燃料循环与材料　博士生

郭　雳　男　汉　北京大学　国际法　博士生

王小虎　男　汉　中国人民大学　世界经济　硕士生

梁治国　男　汉　北京科技大学　机械电子工程　博士生

陈　娟　女　汉　北京航空航天大学　自动化　本科生

洪　浩　女　汉　北京理工大学　法学　本科生

王敬贤　男　汉　北方交通大学　电气　本科生

天津（4 人）

栗大超　男　汉　天津大学　精密仪器及机械　博士生

陈　茉　女　汉　天津师范大学　数学　硕士生

孙　涛　男　汉　天津医科大学　临床医学　本科生

韦　伟　女　壮　天津工业大学　国际经济与贸易　本科生

河北（5 人）

燕　侃　男　汉　燕山大学　民商法　本科生

宋　超　男　汉　河北大学　财政学　本科生

邵　慧　女　汉　河北师范大学　国画　本科生

侯军虎　男　汉　华北电力大学　热能工程　博士生

左文娟　女　汉　河北经贸大学　数学与应用数学　本科生

山西（4 人）

李小博　男　汉　山西大学　科技哲学　博士生

冯雪霞　女　汉　太原师范学院　编导　本科生

陈玺华　男　汉　山西医科大学　肝脏病生理　博士生

王　科　男　汉　太原理工大学　材料加工工程　硕士生

内蒙古（3 人）

吕海东　男　汉　内蒙古农业大学　工商管理　本科生

白俊文　男　汉　内蒙古医学院　普通外科　硕士生

夏清华　女　汉　内蒙古大学　播音主持　大专生

辽宁（6 人）

李春香　女　朝鲜　大连民族学院　外语　本科生

秦晓飞　男　汉　中国医科大学　临床医学　硕士生

赵　啸　男　汉　大连水产学院　水产养殖　硕士生

王　磊　男　汉　大连理工大学　国际经济与贸易　本科生

张庆锋　男　汉　沈阳化工学院　高分子材料　本科生

贾卫国　男　满　辽宁大学　无机化学　硕士生

吉林（6 人）

关　丽　女　汉　东北师范大学　地理科学

本科生

吴树男　女　汉　吉林农业大学　社会学　硕士生

陈　川　男　汉　北华大学　自动化　本科生

宋静宜　女　汉　吉林师范大学　物理　本科生

王天昊　男　汉　长春税务学院　财政学　本科生

马　辉　男　汉　吉林体育学院　运动　本科生

黑龙江(6人)

白云峰　男　汉　东北农业大学　动物营养　博士生

杨珊珊　女　汉　哈尔滨医科大学　临床医学　本科生

刘树新　男　汉　哈尔滨师范大学　历史教育　本科生

强振民　男　汉　黑龙江大学　新闻学　本科生

姚　远　男　汉　东北林业大学　法律　本科生

衣正尧　男　汉　哈尔滨理工大学　机械电子工程　本科生

上海(8人)

麦　挺　男　汉　复旦大学　世界经济　硕士生

蒋立峰　男　汉　上海交通大学　凝聚态物理　硕士生

陈　迅　女　汉　同济大学　管理科学与工程　博士生

白　芸　女　汉　华东师范大学　教育原理　博士生

邢　丹　女　汉　华东理工大学　市场营销　本科生

任　远　女　汉　上海外国语大学　国际金融　本科生

邬蕴杰　男　汉　东华大学　机械设计　硕士生

钱　静　女　汉　上海大学　公共管理　本科生

江苏(6人)

郝　震　男　汉　东南大学　结构工程　硕士生

裴庆达　男　满　河海大学　经济学　本科生

李　彬　男　汉　中国药科大学　中药分析　本科生

姚　芳　女　汉　南京经济学院　财务管理　本科生

万之全　男　汉　华东船舶工业学院通信工程　本科生

倪中海　男　汉　中国矿业大学　化工工艺　硕士生

浙江(7人)

忻　皓　男　汉　浙江大学　环境科学　本科生

陈　洁　女　汉　浙江大学　现当代文学　硕士生

孙　博　男　汉　浙江大学　计算机　本科生

吕冰海　男　汉　浙江工业大学　机械制造及自动化　硕士生

骆梅英　女　汉　宁波大学　法学　本科生

赵　亮　男　汉　杭州电子工业学院　信息与计算科学　本科生

郑滋安　男　汉　浙江万里学院　计算机应用与维护　大专生

安徽(5人)

郑仁奎　男　汉　中国科学技术大学　凝聚态物理　博士生

覃　艳　女　汉　合肥工业大学　土木工程　本科生

魏练平　女　汉　安徽大学　生化与分子生物学　硕士生

周晓丹　女　汉　安徽医科大学　临床医学　本科生

吴 琼 女 汉 安徽建筑工业学院 给水排水工程 本科生

福建(5人)

吴进营 男 汉 福建师范大学 应用电子 本科生

李 远 男 汉 华侨大学 机械制造及其自动化 博士生

张兰波 男 汉 厦门大学 财政金融 本科生

傅仰耿 男 汉 福州大学 计算机科学与技术 本科生

师好智 男 汉 集美大学 轮机工程 本科生

江西(4人)

余清平 男 汉 江西中医学院 骨伤学 本科生

陈文杰 男 汉 江西师范大学 工商管理 本科生

陈明华 男 汉 南昌大学 生物技术 本科生

郭训忠 男 汉 南昌航空工业学院 材料成型与控制工程 本科生

山东(6人)

丁荣刚 男 汉 石油大学(华东) 化学工程与技术 博士生

解来卿 男 汉 山东理工大学 机械设计 本科生

赵 伟 女 汉 山东工艺美术学院 装潢 本科生

孟凡贵 男 汉 莱阳农学院 机制 本科生

朱 兴 男 汉 烟台大学 法学 本科生

任超群 女 汉 济南大学 公关文秘 大专生

河南(4人)

杨涛林 男 汉 河南科技大学 材料成型 本科生

贺 挺 男 汉 河南师范大学 艺术设计 本科生

鲁 静 男 汉 焦作工学院 地质工程 硕士生

王 媛 女 汉 洛阳师范学院 体育教育 大专生

湖北(6人)

王 新 男 汉 华中科技大学 电力电子与电力传动 硕士生

张婷茹 女 汉 华中师范大学 法学 本科生

朱信永 男 汉 中南财经政法大学 农林经济管理 本科生

闵云通 男 汉 湖北大学 文艺学 硕士生

程 思 女 汉 武汉科技大学 服装艺术设计 本科生

梁凤霞 女 汉 湖北中医学院 针灸推拿 博士生

湖南(6人)

王晓琼 女 汉 中南大学 有色冶金 本科生

朱海霞 女 汉 湖南师范大学 中文 本科生

彭 莉 女 汉 湖南农业大学 会计教育 本科生

郭天峰 男 汉 中南林学院 园艺 本科生

苏 玲 女 汉 南华大学 临床医学 本科生

陈 乐 女 汉 吉首大学 音乐学 本科生

广东(5人)

唐 锐 男 汉 中山大学 企业管理 硕士生

李 昊 女 汉 华南师范大学 科技哲学 硕士生

叶锦帮 男 汉 广东职业技术师范学院 中文 本科生

钟贻府 男 汉 广东商学院 工商管理 本科生

黄廉东　男　汉　广东工业大学　计算机　本科生

广西(3人)

王梦灵　女　壮　广西艺术学院　作曲　本科生

关　艳　女　汉　广西工学院　工业工程　本科生

李刚英　女　汉　广西教育学院　外语　大专生

海南(2人)

蔡旭东　男　汉　海南医学院　临床医学　本科生

马科科　男　汉　琼州大学　汉语言文学　本科生

四川(5人)

李继华　男　汉　四川大学　口腔颌面外科　博士生

陈　孝　男　汉　西南财经大学　会计　硕士生

马　男　男　汉　电子科技大学　市场营销　本科生

谯　楼　男　汉　四川乐山师范学院　中文　本科生

宋　跃　男　汉　四川工商职业技术学院　网络技术　大专生

重庆(4人)

郑　丽　女　汉　西南农业大学　生物技术遗传育种　博士生

王　衡　男　汉　西南政法大学　国际经济法　硕士生

罗　毅　男　汉　重庆师范学院　计算机　本科生

王　睿　男　汉　重庆大学　金融学　本科生

贵州(3人)

陈承利　男　汉　贵州大学　水保　本科生

刘　丽　女　土家　贵阳医学院　妇幼卫生　本科生

蒲　翔　男　汉　贵阳中医学院　临床医学　本科生

云南(4人)

庞春平　男　汉　云南师范大学　数学教育　本科生

刘亚萍　女　汉　云南农业大学　植物保护　本科生

毕力雄　男　汉　云南中医学院　中医　本科生

王凤华　男　汉　楚雄师范学院　物理教育　大专生

西藏(1人)

何　花　女　汉　西藏大学　生物　本科生

陕西(6人)

孙方涛　男　汉　西安电子科技大学　通信工程　本科生

王　勇　男　汉　陕西师范大学　国民经济学　硕士生

冯务中　男　汉　西北政法学院　马克思主义哲学　硕士生

张卫峰　男　汉　西安财经学院　理财学　本科生

晏　韬　男　汉　西安邮电学院　通信工程　本科生

梁英建　男　汉　陕西教育学院　计算机科学与应用　本科生

甘肃(2人)

刘占波　男　汉　西北师范大学　地理科学　本科生

柏　鑫　男　汉　兰州大学　物理学　本科生

青海(2人)

蒋　艳　女　汉　青海大学　经济学　本科生

邓湘琼　女　汉　青海师范大学　美术　本科生

宁夏(2人)

罗强强　男　汉　宁夏大学　思想政治教育　本科生

马丽娟　女　回　宁夏医学院　临床医学本科生

新疆(2人)

玛依拉·胡　女　维吾尔　医科大学　妇幼本科生

王果平　女　汉　石河子大学　园艺　本科生

中国大学生“五四奖学金”

为树立青年学生的先进典型,引导和激励当代大学生适应时代要求,勤奋学习,积极实践,勇于创新,提高综合素质,为实现中华民族伟大复兴奋发成才,1996年,建昊集团捐资1000万元,团中央、全国学联和北京建昊集团共同设立了中国大学生“建昊奖学金”,每年评选一次,对当年涌现出的优秀大学生进行表彰。其中特等奖10名,优秀奖100名。1999年,为增强这项奖学金的权威性和示范性,更好地体现共青团组织服务青年学生成长成才的目的,奖学金名称调整为中国大学生“五四奖学金”,“五四奖学金”即原“建昊奖学金”特等奖,获奖者同时获得“建昊杯”。

“中国大学生跨世纪发展基金·建昊奖学金”1998年度特等奖获得者名单

(10名)

于安池　北京大学博士生

胡丙杰　中山医科大学博士生

王志杰　重庆大学博士生

林　炜(女)　四川联合大学博士生

王建林　天津大学硕士生

黄先碧(女,回族)　武汉大学硕士生

吴颜媛(女)　复旦大学本科生

戚建刚　浙江大学本科生

次　落(藏族)　中国地质大学(武汉)本科生

刘晓杰　吉林电气化高等专科学校大专生

1999年度中国大学生“五四奖学金”获得者名单

(10名)

黄岩谊　北京大学无机化学专业博士生

高恩庆　南开大学无机化学专业博士生

刘庆峰　中国科技大学信号与信息处理专业博士生

林　红(女)　苏州大学纺织工程专业硕士生

朱光有　石油大学石油地质专业硕士生

徐囡囡(女)　沈阳体育学院运动训练系本科生

田　灼　哈尔滨理工大学会计学专业本科生

李玲玲(女)　华中理工大学新闻学专业本科生

依达也提·再东　新疆大学电子科学与信息系统专业本科生

刘湘毅　北华大学计算机应用技术专业大专生

2000年度中国大学生“五四奖学金”获得者名单

(10名)

马扬飚　男　回族　清华大学　材料加工工程　博士生

侯　华　女　汉族　山东大学　物理化学博士生

黄立业　男　汉族　西安交通大学　材料博士生

李　辉　男　汉族　复旦大学　遗传学　硕士生

谢文兵　男　汉族　中南大学　地质工程

硕士生

温蜀山　男　汉族　电子科技大学　通讯与信息系统　硕士生

宫璐璐　女　汉族　河北师范大学　教育　本科生

楚洪波　男　汉族　长春大学　推拿　本科生

黄　郑　男　土家族　华中师范大学　国际贸易　本科生

卓玛本　男　藏族　青海医学院　藏医　本科生

2001 年度中国大学生

“五四奖学金”获得者名单

（10 人）

解江凌　男　汉族　中国人民大学　诉讼法　硕士生

杜　森　男　汉族　南开大学　物化　博士生

康喆雯　女　汉族　大连理工大学　化工外贸　本科生

沈　承　男　汉族　上海交通大学　控制理论与控制过程　博士生

孙　杰　男　汉族　浙江大学　混合班　本科生

曾长淦　男　汉族　中国科学技术大学　凝聚态物理　博士生

李　茵　女　汉族　广西艺术学院　环艺设计　本科生

李　浩　男　汉族　重庆大学　城市规划　本科生

王启梁　男　彝族　云南大学　宪法与行政法　硕士生

王　臻　女　汉族　兰州大学　分析化学　博士生

2002 年度中国大学生

“五四奖学金”获得者名单

（10 人）

张　磊　男　汉　南开大学　化学　本科生

索文斌　男　回　南京大学　地球科学　本科生

王　涛　男　汉　郑州工程学院　金融学　本科生

黄胜友　男　汉　武汉大学　凝聚态物理　博士生

秦玮鸿　女　汉　广西大学　汉语言文学　硕士生

李勇明　男　汉　西南石油学院　油气田开发　博士生

王盛春　男　汉　解放军重庆通信学院　军事装备学　硕士生

张　勇　男　汉　西安交通大学　信息工程　本科生

李小军　男　汉　甘肃农业大学　森林经理学　硕士生

夏木斯娅·艾拜都拉　女　维吾尔　新疆大学　维吾尔语言文学　本科生

“三下乡”系列奖项

全国大中专学生志愿者暑期“三下乡”社会实践活动先进单位

“三下乡”社会实践活动是新形势下大中专学生社会实践的深化创新，是加强大学生思想政治教育的重要途径，由中宣部、中央文明办、教育部、共青团中央和全国学联共同主办，

每年对活动中涌现出的先进单位进行一次表彰，授予“先进单位”荣誉。

1998 年度暑期高等学校学生社会实践活动先进单位名单

（309 个）

北京

北京大学　北京林业大学

清华大学　中国农业大学

北京航空航天大学　北京理工大学

中央民族大学　北方交通大学

中央财经大学　北京工业大学

中国地质大学　北京科技大学

北京师范大学　北京医科大学

中国人民大学

天津

南开大学　天津城建学院

天津师范大学　天津理工学院

天津外国语学院

天津师范高等专科学校　天津大学

天津医科大学　天津音乐学院

河北

河北师范大学　河北医科大学

河北科技大学　河北大学

河北农业大学　华北电力大学

河北建筑科技学院　河北工业大学

燕山大学　河北建筑工程学院

山西

团太原市委　团晋中地委

团长治市委　团晋城市委

山西大学　太原理工大学

山西财经大学　山西农业大学

山西医科大学

内蒙古

内蒙古大学　内蒙古师范大学

内蒙古工业大学　内蒙古农牧学院

内蒙古林学院　包头钢铁学院

哲里木畜牧学院

辽宁

沈阳农业大学　中国医科大学

沈阳化工学院　大连理工大学

辽宁师范大学　东北财经大学

抚顺石油学院　本溪广播电视大学

丹东纺织高等专科学校　辽宁工学院

锦州医学院

营口师范高等专科学校　辽宁工程技术大学

铁岭师范高等专科学校

吉林

团长春市委　团吉林市委

吉林大学　东北师范大学

吉林工学院　吉林工业大学

白求恩医科大学　吉林农业大学

长春邮电学院　东北电力学院

吉林师范学院

吉林电气化高等专科学校

黑龙江

哈尔滨理工大学　哈尔滨工程大学

东北林业大学　哈尔滨建筑大学

东北农业大学　黑龙江商学院

哈尔滨医科大学　黑龙江中医药大学

黑龙江交通高等专科学校

黑龙江水利高等专科学校

黑龙江东方学院

上海

复旦大学　上海交通大学

同济大学　华东师范大学

华东理工大学　上海大学

上海医科大学　上海师范大学

第二军医大学　上海工程技术大学

华东政法学院　上海水产大学

上海外国语大学

江苏

南京大学　东南大学

南京师范大学　河海大学

南京航空航天大学　南京农业大学

南京林业大学　南京化工大学

南京中医药大学　华东船舶工业学院
镇江师范专科学校　苏州大学
扬州大学　徐州师范大学
常州技术师范学院
浙江
浙江大学　宁波大学
浙江工业大学　浙江师范大学
杭州应用工程技术学院　杭州商学院
浙江丝绸工学院　杭州电子工业学院
浙江中医学院　温州师范学院
浙江农村技术师专
安徽
合肥工业大学　安徽大学
安徽师范大学　安徽机电学院
华东冶金学院　淮北煤炭师范学院
安徽农业技术师范学院　滁州师范专科学校
团芜湖市委　团蚌埠市委
团滁州市委
福建
厦门大学　福建农业大学
福建医科大学　团厦门市委
团漳州市委　团三明市委
团南靖县委　团长泰县委
团永安市委　鼓浪屿好八连
江西
南昌大学　江西师范大学
江西农业大学　江西医学院
江西中医学院　江西财经大学
南昌航空工业学院　华东交通大学
南昌职业技术师范学院　赣南师范学院
山东
山东工业大学　山东大学
山东师范大学　山东农业大学
青岛海洋大学　山东医科大学
曲阜师范大学　山东建工学院
山东财政学院　聊城师范学院
枣庄师范专科学校　泰安市
临沂市　青岛市

河南
郑州大学　河南农业大学
河南大学　河南医科大学
河南师范大学　郑州工业大学
河南职业技术师范学院　团郑州市委
河南中医学院　团南阳市委
团安阳市委
湖北
武汉市　武汉大学
华中理工大学　华中师范大学
武汉工业大学　武汉测绘科技大学
中国地质大学(武汉)　华中农业大学
中南民族学院　中南政法学院
武汉汽车工业大学　湖北大学
湖北工学院　武汉城市建设学院
湖南
中南工业大学　湖南大学
湖南医科大学　湖南商学院
湖南中医学院　中南工学院
岳阳师范高等专科学校
怀化师范高等专科学校　武陵高等专科学校
芷江侗族自治县　湖南日报社
广东
中山大学　中山医科大学
暨南大学　华南农业大学
广东工业大学　广东外语外贸大学
广州师范学院　广东医学院
嘉应大学　惠州大学
汕头大学　广东石油专科学校
广东药学院
广西
广西师范学院　广西艺术学院
桂林电子工业学院　广西民族学院
广西商业高等专科学校
广西财政高等专科学校
广西体育高等专科学校
右江民族师范高等专科学校
团河池地委　团武宣县委

海南

海南师范学院　华南热带农业大学

海南医学院

重庆

西南师范大学　西南农业大学

重庆大学　重庆建筑大学

西南政法大学　重庆工业管理学院

重庆师范学院

涪陵师范高等专科学校

四川

四川农业大学　四川音乐学院

西昌师范专科学校　电子科技大学

华西医科大学　成都中医药大学

西南财经大学　成都大学

成都理工学院　西南民族学院

四川工业学院　康定师范专科学校

贵州

贵州大学　贵州工业大学

贵州民族学院　贵阳中医学院

贵州教育学院

遵义师范高等专科学校福泉市

云南

云南大学　云南师范大学

云南工业大学　云南民族学院

云南财贸学院　云南中医学院

云南农业大学　楚雄师范专科学校

大理师范专科学校

西藏

西藏民族学院

陕西

西安交通大学　西安电子科技大学

西北农业大学　西安医科大学

西安建筑科技大学　西安公路交通大学

西安工业学院　西安理工大学

西安工程学院　陕西师范大学

西北政法学院　咸阳师范专科学校

甘肃

兰州大学　西北师范大学

西北民族学院　兰州商学院

甘肃工业大学

张掖师范高等专科学校

庆阳师范高等专科学校

天水师范高等专科学校

青海

青海民族学院　青海师范大学

青海医学院

宁夏

宁夏固原师范高等专科学校

宁夏林业学校　宁夏农业学校

新疆

新疆大学　新疆石油学院

新疆艺术学院　新疆喀什师范学院

乌鲁木齐职业大学

新疆伊犁哈萨克自治州新疆阿克苏地区

新疆公安司法管理干部学院

全国铁道系统

长沙铁道学院　石家庄铁道学院

南京铁道医学

全国民航系统

中国民航学院

1999 年中国大中专学生志愿者暑期文化科技卫生“三下乡”和大学生社会实践活动先进单位名单

（320 个）

北京市(15)

北京大学　清华大学

中国人民大学　北京师范大学

北京科技大学　北京理工大学

北京航空航天大学　北方交通大学

北京外国语大学　北京医科大学

中国农业大学　中央民族大学

北京化工大学　中央财经大学

北京林业大学

天津市(9)

南开大学　天津大学

天津师范大学　天津理工学院
天津商学院　天津医科大学
天津轻工学院　天津中医学院
天津职业技术学校

河北省(10)

河北科技大学　河北医科大学
石家庄经济学院　河北经贸大学
石家庄师范专科学校　河北农业大学
华北电力大学　河北大学
河北理工学院
邯郸农业高等专科学校

山西省(10)

山西大学　太原理工大学
山西财经大学　运城高等专科学校
山西医科大学　雁北师范学院
山西中医学院　长治医学院
山西农业大学　大同职业技术学院

内蒙古自治区(8)

内蒙古大学　内蒙古师范大学
内蒙古工业大学　内蒙古农业大学
内蒙古财经学院　内蒙古艺术学院
内蒙古民族师范学院　包头钢铁学院

辽宁省(13)

辽宁大学　沈阳广播电视大学
沈阳农业大学　东北大学
中国医科大学　大连海事大学
大连医科大学　辽宁师范大学
鞍山钢铁学院　鞍山师范学院
抚顺师范高等专科学校　辽宁工程技术大学
辽宁工学院

吉林省(13)

吉林大学　吉林建工学院
东北师范大学　吉林职业师范学院
吉林工业大学
长春建筑高等专科学校　白求恩医科大学
延边大学　长春大学
东北电力学院　长春邮电学院
吉林农业大学　吉林工学院

黑龙江省(11)

哈尔滨工业大学　黑龙江大学
东北农业大学　哈尔滨医科大学
东北林业大学　黑龙江中医药大学
哈尔滨师范大学　哈尔滨理工大学
哈尔滨工程大学　牡丹江师范学院
五常市营城子乡党委

上海市(14)

复旦大学　上海交通大学
同济大学　华东师范大学
华东理工大学　上海大学
东华大学　上海财经大学
上海理工大学　上海铁道大学
上海水产大学　上海工程技术大学
上海师范大学　第二军医大学

江苏省(15)

南京大学　东南大学
南京师范大学　南京航空航天大学
南京化工大学　南京邮电学院
江苏理工大学　华东船舶工业学院
苏州大学　扬州大学
徐州师范大学　江苏石油化工学院
河海大学　南京中医药大学
无锡轻工大学

浙江省(11)

浙江大学　中国计量学院
浙江工业大学
杭州应用工程技术学院　宁波大学
浙江万里学院　浙江师范大学
浙江中医学院　杭州商学院
浙江林学院　浙江工程学院

安徽省(11)

中国科技大学　合肥工业大学
安徽大学　安徽师范大学
安徽农业大学　安徽财贸学院
蚌埠医学院　淮北煤炭师范学院
安徽农业技术师范学院　华东冶金学院
舒城团县委

福建省(10)
厦门大学　福州大学
福建师范大学　福建农业大学
福建医科大学　福建林学院
福建公安高等专科学校　三明市暑教办
福建省科教扶贫基金会　政和团县委
江西省(10)
南昌大学　江西师范大学
江西医学院
南昌水利水电高等专科学校
江西财经大学　江西农业大学
华东地质学院
南昌职业技术师范学院　赣南师范学院
江西中医学院
山东省(15)
山东工业大学　山东农业大学
山东大学　山东师范大学
山东医科大学　枣庄师范专科学校
青岛化工学院　曲阜师范大学
山东中医药大学　青岛海洋大学
山东科技大学　泰安师范专科学校
山东建筑工程学院　泰安市
枣庄市
河南省(11)
河南农业大学　河南医科大学
华北水利水电学院　河南师范大学
郑州工业大学　河南中医学院
信阳师范学院
南阳师范高等专科学校
安阳师范高等专科学校　新乡医学院
河南职业技术师范学院
湖北省(15)
武汉大学　华中理工大学
中国地质大学　华中师范大学
华中农业大学　武汉工业大学
湖北医科大学　湖北工学院
武汉汽车工业大学　武汉城建学院
湖北中医学院　湖北大学

武汉工业学院　武汉科技大学
武汉化工学院
湖南省(13)
中南工业大学　湖南大学
国防科技大学　湘潭大学
长沙铁道学院　湘潭师范学院
常德师范学院　株洲工学院
岳阳师范学院
湘潭机电高等专科学校　岳阳团市委
衡阳医学院　涟源团市委
广东省(13)
中山大学　华南农业大学
暨南大学　广东工业大学
华南师范大学　仲恺农业技术学院
广州中医药大学　湛江师范学院
广东药学院　佛山科技学院
西江大学　韶关市
佛山市
广西壮族自治区(9)
广西医科大学　广西大学
广西师范大学　广西民族学院
广西师范学院　广西中医学院
广西工学院　桂林工学院
河池地区团委
海南省(3)
海南师范学院　华南热带农业大学
海南大学
重庆市(9)
西南师范大学　重庆建筑大学
重庆商学院　西南农业大学
重庆大学　重庆医科大学
西南政法大学　西南师范学院
中共忠县委员会
四川省(12)
四川大学　西南交通大学
四川师范学院　四川师范大学
成都中医药大学　成都大学
电子科技大学　四川工业学院

西南财经大学　成都理工学院
四川农业大学　西南民族学院
贵州省(8)
贵州大学　贵州民族学院
贵州师范大学
遵义师范高等专科学校　贵州工业大学
贵阳医学院　贵阳中医学院
雷山县团委
云南省(9)
云南大学　昆明理工大学
云南农业大学　云南师范大学
云南艺术学院　云南民族学院
云南财贸学院　云南中医学院
云南林学院
西藏自治区(2)
西藏农牧学院　西藏民族学院
陕西省(13)
西安交通大学　西安电子科技大学
西北农业大学　西安理工大学
西安科技学院　汉中师范学院
西安医科大学　陕西财经学院
陕西师范大学
商洛师范高等专科学校　西安工业学院
西安建筑科技大学　西安公路交通大学
甘肃省(9)
兰州大学　西北师范大学
兰州商学院　西北民族学院
甘肃中医学院
庆阳师范高等专科学校
张掖师范高等专科学校　庆阳地区团委
天水地区团委
青海省(3)
青海大学　青海民族学院
青海师范大学
宁夏回族自治区(3)
宁夏农学院　陶乐县团委
西北第二民族学院
新疆维吾尔自治区(9)
新疆大学　新疆医科大学
新疆师范大学　乌鲁木齐职业大学
新疆工学院　新疆农业大学
新疆财经学院　石河子大学
新疆石油学院
全国铁道系统(3)
长沙铁道学院　石家庄铁道学院
上海铁道大学
全国民航系统(1)
中国民航学院

2000年全国大中专学生志愿者暑期“三下乡”社会实践活动先进单位名单

(313个)

北京市(15)
北京大学(含北京大学医学部)
清华大学　中国人民大学
北京师范大学　北京林业大学
北京科技大学　北京理工大学
中国地质大学(北京)　中国农业大学
首都师范大学　北京中医药大学
北京化工大学　中央财经大学
北京语言文化大学　北京服装学院
天津市(10)
天津师范大学　天津医科大学
天津轻工业学院　天津工业大学
天津财经学院　中国民航学院
天津职业技术师范学院　天津体育学院
天津理工学院　天津音乐学院
河北省(11)
河北医科大学　河北大学
华北电力大学　河北师范大学
承德医学院　衡水师范专科学校
邯郸医学高等专科学校　石家庄铁道学院
河北理工学院　燕山大学
河北经贸大学
山西省(10)
山西医科大学　山西财经大学

山西大学　太原理工大学
山西中医学院　长治医学院
山西财政税务专科学校　运城高等专科学校
长治团市委　太原重型机械学院
内蒙古自治区(8)
内蒙古大学　内蒙古师范大学
内蒙古农业大学　内蒙古工业大学
内蒙古医学院　内蒙古财经学院
内蒙古艺术学院　呼伦贝尔学院
辽宁省(11)
东北大学　辽宁大学
大连理工大学　大连铁道学院
辽宁工学院　锦州医学院
鞍山师范学院　辽宁工程技术大学
本溪市冶金高等专科学校
辽阳石油化工高等专科学校
抚顺石油学院
吉林省(11)
东北师范大学　吉林农业大学
长春大学　吉林建工学院
吉林艺术学院　吉林工学院
四平师范学院　吉林职业师范学院
东北电力学院　长春中医学院
吉林大学
黑龙江省(10)
哈尔滨师范大学　哈尔滨工业大学
东北林业大学　东北农业大学
哈尔滨工程大学　哈尔滨医科大学
黑龙江大学　哈尔滨理工大学
黑龙江中医药大学　黑龙江商学院
上海市(14)
复旦大学　上海交通大学
同济大学　华东师范大学
华东理工大学　上海外国语大学
上海大学　东华大学
上海理工大学　第二军医大学
上海师范大学　华东政法学院
上海财经大学　上海第二医科大学

江苏省(15)
南京大学　东南大学
扬州大学　江苏理工大学
南京医科大学　华东船舶工业学院
苏州大学　南通师范学院
盐城师范学院　南京航空航天大学
河海大学　南京师范大学
南京中医药大学　南京化工大学
徐州师范大学
浙江省(11)
浙江大学　浙江工业大学
浙江师范大学　宁波大学
浙江中医学院　浙江教育学院
浙江万里学院　嘉兴学院
浙江广播电视高等专科学校
浙江财经学院　杭州师范学院
安徽省(12)
中国科学技术大学　合肥工业大学
安徽大学　安徽医科大学
安徽师范大学　安徽建筑工业学院
芜湖师范专科学校　安徽财贸学院
安徽技术师范学院　共青团淮北市委
淮北煤炭师范学院　安庆师范学院
福建省(9)
厦门大学　福州大学
福建师范大学　福建农业大学
福建医科大学　福建林学院
漳州师范学院
福建公安高等专科学校　龙岩团市委
江西省(11)
南昌大学　江西师范大学
江西医学院　江西财经大学
南方冶金学院　江西中医学院
南昌水利水电高等专科学校
南昌航空工业学院　华东交通大学
江西农业大学　九江团市委
山东省(14)
山东大学　山东师范大学

山东科技大学　石油大学(华东)
青岛海洋大学　山东中医药大学
聊城师范学院　枣庄师范专科学校
山东农业大学　青岛化工学院
东营团市委　枣庄团市委
泰安团市委　菏泽团市委

河南省(11)

华北水利水电学院　河南农业大学
郑州大学(新)　河南大学
信阳师范学院
河南纺织高等专科学校
周口师范高等专科学校　河南师范大学
南阳师范学院　安阳市　鹤壁市

湖北省(14)

华中农业大学　武汉大学
华中科技大学
中国地质大学(武汉)　华中师范大学
中南民族学院　湖北大学
武汉科技大学　武汉科技学院
武汉工业学院　湖北工学院
湖北中医学院　湖北教育学院
武汉船舶职业技术学院

湖南省(13)

中南大学　湖南大学
湖南师范大学　湘潭大学
湖南农业大学　长沙交通大学
长沙电力学院　衡阳师范学院
中南林学院　岳阳师范学院
娄底师范高等专科学校
益阳师范高等专科学校　共青团怀化市委

广东省(11)

中山大学　华南师范大学
华南理工大学　暨南大学
广东工业大学　广东药学院
广东职业技术师范学院　佛山科技学院
东莞理工学院　肇庆学院
韶关团市委

广西壮族自治区(10)

广西大学　广西师范大学
广西师范学院　广西中医学院
桂林工学院　桂林电子工业学院
广西民族学院　广西医科大学
广西农业学校　广西商业专科学校

海南省(3)

海南大学　农垦海口中专学校
海南医学院

重庆市(11)

重庆大学　重庆医科大学
西南师范大学　重庆师范学院
西南政法大学　西南农业大学
重庆工学院　重庆交通学院
第三军医大学　共青团丰都县委
中共涪陵区委、涪陵区政府

四川省(12)

四川大学　电子科技大学
成都理工学院　华西医科大学
四川工业学院　成都中医药大学
西南石油学院　四川农业大学
西南交通大学
成都电子机械高等专科学校
成都信息工程学院　西南工学院

贵州省(8)

贵州大学　贵州师范大学
贵州教育学院　贵州民族学院
安顺师范高等专科学校
毕节师范高等专科学校
遵义师范高等专科学校　贵州工业大学

云南省(8)

云南大学　昆明理工大学
云南艺术学院　云南民族学院
玉溪师范学院　云南师范大学
昆明医学院　云南农业大学

西藏自治区(2)

西藏民族学院　西藏农牧学院

陕西省(13)

西安交通大学　西北工业大学

西安电子科技大学　陕西师范大学
西安理工大学　西安建筑科技大学
长安大学　西安工业学院
西北农林科技大学　汉中师范学院
陕西工学院　西北轻工业学院
共青团铜川市委员会

甘肃省(9)

兰州大学　西北师范大学
兰州商学院　西北民族学院
庆阳高等师范专科学校甘肃农业大学
兰州铁道学院　甘肃中医学院
平凉团地委

青海省(3)

青海民族学院　青海师范大学
青海大学

宁夏回族自治区(3)

宁夏大学　西北第二民族学院
宁夏医学院

新疆维吾尔自治区(10)

新疆医科大学　新疆大学
新疆农业大学　乌鲁木齐职业大学
新疆师范大学　新疆工学院
石河子大学　新疆石油学院
新疆艺术学院　伊犁地区

2001 年全国大中专学生志愿者暑期“三下乡”社会实践活动先进单位名单

（326 个）

北京市(16)

北京大学　清华大学
中国人民大学　北京师范大学
北京科技大学　北京航空航天大学
北方交通大学　北京化工大学
中央民族大学　中国农业大学
北京林业大学　中国政法大学
中国地质大学(北京)　北京工业大学
北京二轻工业学校　北京外国语大学

天津市(11)

天津大学　天津医科大学
天津师范大学　天津理工学院
南开大学　天津轻工业学院
天津外国语学院　天津工业大学
中国民航学院　天津音乐学院
天津体育学院

河北省(11)

河北大学　燕山大学
河北师范大学　河北医科大学
河北科技大学　河北经贸大学
华北电力大学　河北理工学院
石家庄铁道学院　河北建筑科技学院
河北职业技术师范学院

山西省(11)

山西农业大学　山西师范大学
山西财经大学　华北工学院
太原理工大学　山西医科大学
雁北师范学院　山西中医学院
团晋中市委　山西大学
太原重型机械学院

内蒙古自治区(8)

内蒙古财经学院　包头医学院
内蒙古医学院　包头市固阳县
内蒙古农业大学　内蒙古大学
内蒙古师范大学　内蒙古民族大学

辽宁省(11)

辽宁大学　沈阳建工学院
沈阳工业大学　沈阳农业大学
辽宁师范大学　大连医科大学
鞍山钢铁学院　抚顺石油学院
锦州医学院　大连轻工业学院
沈阳音乐学院

吉林省(11)

吉林大学　东北师范大学
延边大学
吉林农业大学
长春光学精密机械学院吉林工学院
北华大学　长春大学

四平师范学院　吉林职业师范学院
吉林体育学院
黑龙江省(11)
黑龙江大学　东北农业大学
哈尔滨工业大学　东北林业大学
哈尔滨工程大学　哈尔滨医科大学
哈尔滨师范大学　哈尔滨理工大学
哈尔滨商业大学　哈尔滨体育学院
哈尔滨金融高等专科学校
上海市(15)
复旦大学　上海交通大学
同济大学　华东师范大学
华东理工大学　上海外国语大学
上海大学　东华大学
上海财经大学　华东政法学院
上海师范大学　上海第二医科大学
第二军医大学　上海工程技术大学
上海海运学院
江苏省(18)
南京大学　东南大学
南京师范大学　河海大学
南京理工大学　南京工业大学
扬州大学　苏州大学
徐州师范大学　南京航空航天大学
南京医科大学　江苏大学
华东船舶工业学院　中国矿业大学
淮阴师范学院　盐城工学院
南通医学院　江南大学
浙江省(11)
浙江大学　浙江工业大学
浙江师范大学　宁波大学
杭州商学院　浙江中医学院
嘉兴学院　浙江工程学院
浙江林学院　温州师范学院
杭州电子工业学院
安徽省(12)
中国科学技术大学　合肥工业大学
安徽大学　安徽农业大学
安徽中医学院　安徽师范大学
皖南医学院　安徽财贸学院
安徽工业大学　安徽技术师范学院
淮北煤炭师范学院　安庆师范学院
福建省(10)
厦门大学　福州大学
福建师范大学　福建农林大学
华侨大学　福建医科大学
福建公安高等专科学校集美大学
漳州师范学院　团莆田市委
江西省(10)
江西师范大学　南昌大学
江西医学院　华东交通大学
江西财经大学　江西农业大学
华东地质学院　南方冶金学院
井冈山师范学院
南昌水利水电高等专科学校
山东省(14)
山东大学　山东师范大学
青岛海洋大学　山东农业大学
山东科技大学　曲阜师范大学
聊城师范学院　山东中医药大学
青岛化工学院　莱阳农学院
山东财政学院　枣庄师范专科学校
泰安市　临沂市
河南省(12)
焦作市　安阳市
郑州大学　河南大学
河南农业大学　河南师范大学
华北水利水电学院　洛阳师范学院
信阳师范学院
许昌师范高等专科学校
河南公安高等专科学校郑州工程学院
湖北省(15)
武汉大学　华中科技大学
华中师范大学　武汉理工大学
华中农业大学　中南民族学院
中国地质大学(武汉)　湖北大学

武汉科技大学　湖北农学院
湖北中医学院　武汉工业学院
武汉科技学院　武汉化工学院
团武汉市委
湖南省(13)
中南大学　湖南大学
湖南师范大学　岳阳师范学院
湖南农业大学　南华大学
湘潭大学　长沙电力学院
湘潭师范学院　常德师范学院
衡阳师范学院
邵阳师范高等专科学校团中方县委
广东省(13)
中山大学　华南理工大学
暨南大学　华南农业大学
广州中医药大学　华南师范大学
广东工业大学
中国石化茂名石化团委广东教育学院
佛山科学技术学院　汕头大学医学院
东莞理工学院　肇庆学院
广西壮族自治区(9)
广西大学　广西师范大学
广西民族学院　广西医科大学
广西师范学院　广西中医学院
广西教育学院
河池师范高等专科学校
柳州师范高等专科学校
海南省(3)
海南师范学院　华南热带农业大学
海南大学
四川省(11)
四川大学　西南财经大学
成都中医药大学　成都体育学院
西南石油学院　四川农业大学
成都大学　乐山师范学院
四川工业学院　西南交通大学
成都理工大学
重庆市(11)
重庆大学　西南师范大学
西南农业大学　西南政法大学
重庆医科大学　重庆师范学院
重庆工学院　重庆教育学院
涪陵师范学院　重庆三峡学院
綦江县人民政府
贵州省(8)
贵州大学　贵州工业大学
贵州师范大学　贵阳中医学院
贵州民族学院　遵义医学院
贵州教育学院
黔东南民族师范专科学校
云南省(9)
云南大学　昆明理工大学
云南师范大学　云南农业大学
云南广播电视大学　云南艺术学院
云南中医学院
昆明冶金高等专科学校曲靖师范学院
西藏自治区(2)
西藏大学　西藏农牧学院
陕西省(13)
咸阳市　西北工业大学
西安电子科技大学　西北农林科技大学
长安大学　陕西师范大学
西安理工大学　西安科技学院
西北政法学院　西安工程科技学院
汉中师范学院
陕西工业职业技术学院西安邮电学院
甘肃省(9)
西北师范大学　兰州商学院
兰州铁道学院　甘肃农业大学
西北民族学院　河西学院
庆阳师范高等专科学校团武威市委
团平凉地委
青海省(3)
青海医学院　青海大学
青海省建筑工程学校
宁夏回族自治区(3)

西北第二民族学院　宁夏农学院
固原师范高等专科学校
新疆维吾尔自治区(9)
新疆大学　新疆农业大学
新疆医科大学　新疆师范大学
新疆财经学院　新疆艺术学院
乌鲁木齐职业大学　喀什师范学院
博尔塔拉蒙古自治州
新疆生产建设兵团(3)
石河子大学　塔里木农垦大学
新疆生产建设兵团警官学校

2002 年全国大中专学生志愿者暑期“三下乡”社会实践活动先进单位名单

(328 个)

北京市(15 个)
清华大学　北京大学
中国人民大学　北京师范大学
北京科技大学　北京航空航天大学
北京理工大学　北方交通大学
北京化工大学　中央民族大学
中国农业大学　北京林业大学
中国政法大学
中国地质大学(北京)　石油大学(北京)
天津市(11 个)
天津大学　南开大学
天津师范大学　天津医科大学
天津工业大学　天津科技大学
天津理工学院　天津财经学院
天津中医学院　天津外国语学院
天津体育学院
河北省(12 个)
河北大学　燕山大学
河北医科大学　河北农业大学
河北师范大学　河北经贸大学
石家庄经济学院　石家庄铁道学院
河北理工学院　华北电力大学
河北建筑工程学院　中央司法警官学院
山西省(12 个)
山西财经大学　太原理工大学
山西农业大学　山西师范大学
山西医科大学　华北工学院
长治医学院　太原师范学院
临汾团市委　运城学院
晋中师范高等专科学校　山西大学
内蒙古自治区(8 个)
内蒙古农业大学　内蒙古工业大学
内蒙古民族大学　内蒙古师范大学
内蒙古财经学院　内蒙古医学院
内蒙古大学艺术学院　包头师范学院
辽宁省(11 个)
东北大学　辽宁大学
中国医科大学　沈阳师范大学
大连海事大学　辽宁师范大学
沈阳电力高等专科学校　大连轻工业学院
大连民族学院　鞍山科技大学
锦州医学院
吉林省(11 个)
吉林大学　东北师范大学
北华大学　长春工业大学
长春大学　吉林建筑工程学院
长春师范学院
吉林工程技术师范学院　吉林艺术学院
吉林体育学院　吉林师范大学
黑龙江省(11 个)
黑龙江中医药大学　东北农业大学
哈尔滨医科大学　东北林业大学
黑龙江大学　哈尔滨工程大学
哈尔滨师范大学　哈尔滨工业大学
哈尔滨理工大学　佳木斯大学
牡丹江师范学院
上海市(15 个)
复旦大学　上海交通大学
同济大学　华东师范大学
华东理工大学　上海外国语大学

东华大学　上海大学
上海财经大学　华东政法学院
上海水产大学　上海第二医科大学
上海师范大学　上海工程技术大学
第二军医大学
江苏省(17 个)
扬州大学　南京师范大学
江苏大学　中国矿业大学
华东船舶工业学院　南京工业大学
南通师范学院　南京农业大学
南京航空航天大学　南京理工大学
南京大学　东南大学
苏州大学　江南大学
南京邮电学院　南京审计学院
徐州师范大学
浙江省(13 个)
浙江大学　浙江工业大学
浙江师范大学　宁波大学
杭州商学院　浙江工程学院
浙江中医学院　嘉兴学院
温州师范学院　浙江林学院
温州大学　杭州师范学院
浙江树人大学
安徽省(12 个)
中国科学技术大学　合肥工业大学
安徽大学　安徽医科大学
安徽建工学院　安徽师范大学
安徽财贸学院　安徽工业大学
淮北煤炭师范学院　淮南师范学院
阜阳师范学院　安庆师范学院
福建省(10 个)
厦门大学　福州大学
福建师范大学　华侨大学
福建农林大学　福建医科大学
福建中医学院　福建教育学院
泉州师范学院　泉州团市委
江西省(10 个)
南昌大学　江西师范大学
江西农业大学　华东交通大学
江西财经大学　江西医学院
南昌航空工业学院　江西中医学院
景德镇陶瓷学院　井冈山师范学院
山东省(14 个)
山东大学　山东师范大学
山东建筑工程学院　山东中医药大学
济南大学　山东农业大学
青岛科技大学　曲阜师范大学
潍坊医学院　泰山医学院
聊城大学　枣庄师范专科学校
临沂师范学院　中国海洋大学
河南省(12 个)
郑州大学　河南大学
河南农业大学　河南师范大学
华北水利水电学院　河南中医学院
洛阳师范学院　南阳师范学院
信阳师范学院　商丘师范学院
安阳市　鹤壁市
湖北省(15 个)
武汉大学　华中科技大学
中国地质大学(武汉)　华中农业大学
华中师范大学　中南财经政法大学
湖北大学　武汉科技大学
武汉工业学院　湖北中医学院
湖北农学院　武汉理工大学
武汉化工学院　武汉船舶技术学院
三峡大学
湖南省(13 个)
中南大学　湖南大学
湖南师范大学　湖南农业大学
湖南商学院　长沙电力学院
南华大学　中南林学院
湘潭大学　湖南工程学院
湘潭师范学院　吉首大学
株洲团市委
广东省(13 个)
华南农业大学　华南师范大学

广东工业大学　广州大学
佛山科学技术学院　韶关学院
东莞理工学院　深圳大学
肇庆学院　深圳职业技术学院
清远团市委　珠海团市委
茂名团市委

广西壮族自治区(9个)
广西大学　广西师范学院
广西中医学院
广西商业高等专科学校　广西师范大学
桂林工学院　桂林电子工业学院
广西民族学院　广西教育学院

海南省(3个)
海南师范学院　华南热带农业大学
海南大学

四川省(11个)
四川大学　电子科技大学
西南财经大学　四川师范大学
成都中医药大学　成都体育学院
川北医学院　乐山师范学院
四川农业大学　西南石油学院
成都电子高等专科学校

重庆市(12个)
重庆大学　西南师范大学
西南农业大学　西南政法大学
重庆医科大学　重庆邮电学院
重庆工学院　重庆工商学院
重庆师范学院　渝西学院
重庆教育学院　四川外语学院

贵州省(8个)
贵阳医学院　遵义师范学院
遵义医学院　贵阳中医学院
贵州财经学院　贵州教育学院
贵州广播电视大学
毕节师范高等专科学校

云南省(9个)
云南农业大学　云南民族学院
云南财贸学院　云南中医学院
云南广播电视大学　曲靖师范学院
大理学院
蒙自师范高等专科学校　红河团州委

西藏自治区(2个)
西藏民族学院　拉萨市师范学校

陕西省(13个)
西安交通大学　西北工业大学
西安电子科技大学　西北农林科技大学
陕西师范大学　长安大学
西安建筑科技大学　西北政法学院
西安理工大学　西安科技学院
西安工程科技学院　西安邮电学院
延安大学

甘肃省(9个)
兰州大学　西北师范大学
西北民族学院　甘肃工业大学
兰州医学院　甘肃农业大学
兰州商学院
兰州师范高等专科学校
庆阳师范高等专科学校

青海省(3个)
青海大学　青海师范大学
青海医学院

宁夏回族自治区(4个)
宁夏大学　西北第二民族学院
固原师范高等专科学校　宁夏医学院

新疆维吾尔自治区(10个)
新疆大学　新疆农业大学
新疆医科大学　新疆师范大学
石河子大学　新疆职业大学
新疆工业高等专科学校　新疆财经学院
乌鲁木齐职业大学　巴音职业技术学院

全国大中专学生志愿者暑期“三下乡”社会实践活动优秀组织工作奖

“三下乡”社会实践活动是新形势下大中专学生社会实践的深化创新，是加强大学生思想政治教育的重要途径，由中宣部、中央文明

办、教育部、共青团中央和全国学联共同主办，每年对当年组织工作突出的省级单位进行一次表彰，授予“优秀组织工作奖”荣誉。

1998年度暑期高等学校学生社会实践活动优秀组织工作奖名单

（20个）

江苏　上海　山东　湖南
福建　广东　黑龙江　河南
陕西　四川　山西　湖北
浙江　甘肃　江西　内蒙古
北京　广西　重庆　天津

1999年中国大中专学生志愿者暑期文化科技卫生“三下乡”和大学生社会实践活动“优秀组织工作奖”名单

（17个）

江苏省　山东省　上海市　山西省
河南省　湖北省　湖南省　重庆市
浙江省　陕西省　河北省　黑龙江省
安徽省　甘肃省　吉林省　四川省
新疆维吾尔自治区

2000年全国大中专学生志愿者暑期“三下乡”社会实践活动“优秀组织工作奖”名单

（18个）

湖北　重庆　江苏　广西
上海　北京　山西　安徽
天津　河南　新疆　湖南
陕西　河北　内蒙古　江西
甘肃　西藏

2001年全国大中专学生志愿者暑期“三下乡”社会实践活动优秀组织工作奖名单

（18个）

浙江　重庆　北京　江苏
陕西　天津　湖北　山西
上海　安徽　湖南　河北
山东　黑龙江　辽宁　广东
河南　新疆

2002年全国大中专学生志愿者暑期“三下乡”社会实践活动优秀组织工作奖名单

（22个）

江苏　陕西　四川　山东
北京　黑龙江　广东　河南
浙江　重庆　福建　上海
江西　湖北　吉林　天津
内蒙古　湖南　山西　河北
甘肃　宁夏

全国大中专学生志愿者暑期“三下乡”社会实践活动优秀团队

“三下乡”社会实践活动是新形势下大中专学生社会实践的深化创新，是加强大学生思想政治教育的重要途径，由中宣部、中央文明办、教育部、共青团中央和全国学联共同主办，不定期地对当年活动中涌现出的优秀团队进行一次表彰，授予“优秀团队”荣誉。

1998年度中国大中学生志愿者暑期文化科技卫生“三下乡”活动优秀志愿服务队名单

（202支）

北京

北京大学赴青海互助扶贫支教服务队
清华大学“清华博士齐鲁行”实践队
中国人民大学赴河北怀来县存瑞乡科技文化服务队
北京师范大学赴山东乐陵支教服务队
中国农业大学“春蕾”科技服务队
北京医科大学赴内蒙古社会实践团

天津

天津财经学院赴甘肃礼县“三下乡”志愿服务队

天津职业技术师范学院赴甘肃“三下乡”志愿服务队

天津师范大学赴甘肃“三下乡”志愿服务队

河北工业大学赴甘肃“三下乡”志愿服务队

天津商学院赴甘肃“三下乡”志愿服务队

河北

衡水师专数学系赴阜城县七里卜村社会实践小分队

河北建筑科技学院赴涉县响堂铺志愿服务小分队

沧州卫生学校赴孟村回族自治县综合服务小分队

河北理工学院赴滦南县青年志愿者社会实践小分队

承德医学院赴滦平县医疗卫生服务队

河北大学青年志愿者赴张家口地震灾区小分队

河北医科大学第四临床医学院青年志愿者送医下乡服务队

山西

长治医学院“三下乡”志愿服务队

山西大学师范学院“三下乡”志愿服务队

雁北师范学院“三下乡”志愿服务队

太原师范专科学校“三下乡”志愿服务队

吕梁高等专科学校“三下乡”志愿服务队

运城高等专科学校“三下乡”志愿服务队

晋中师范专科学校“三下乡”志愿服务队

内蒙古

内蒙古师范大学赴商都大拉子乡营图村志愿服务营

内蒙古工业大学“三下乡”志愿服务队

内蒙古艺术学院“三下乡”志愿服务队

内蒙古大学“三下乡”志愿服务队

内蒙古蒙医学院赴兴安盟灾区医疗志愿服务队

包头医学院“三下乡”志愿服务队

辽宁

东北大学志愿服务队

大连海事大学志愿服务队

辽宁大学志愿服务队

辽宁电力专科学校志愿服务队

大连医科大学志愿服务队

鞍山钢铁学院志愿服务队

锦州师范学院志愿服务队

吉林

长春科技大学赴双阳科技志愿服务队

吉林建筑工程学院赴梅河口科教志愿服务队

长春中医学院赴双辽医院防疫志愿服务队

吉林职业师范学院计算机志愿服务队

四平大学赴山门镇科技文化服务队

延边职工大学赴和龙科教志愿服务队

吉林丰满电力学校青年志愿服务队

黑龙江

东北农业大学赴双城志愿服务队

哈尔滨工业大学人文学院赴杜尔伯特蒙古族自治县社会实践小分队

黑龙江大学赴巴彦县东旭村志愿服务队

哈尔滨理工大学电气与电子工程学院赴甘南县中兴乡志愿服务队

哈尔滨师范大学赴五常市志愿服务队

东北林业大学“绿冀”社会实践服务队

哈尔滨建筑大学赴拜泉志愿服务队

上海

复旦大学“迎接新世纪的曙光”赴云南地区遗传资源考查服务队

上海交通大学“深入农村、走进基层、锻造身心”赴湘西服务队

同济大学“莘莘学子三下乡、浓浓情谊满井冈”赴井冈山服务队

华东师范大学数学系赴贵州服务队

上海大学经济管理学院“远山的呼唤”赴四川广安服务队

第二军医大学海医系赴九江抗洪救灾医疗服

务队

江苏

南京林业大学农田林网规划设计服务队

南京邮电学院赴建湖“三下乡”服务队

江苏理工大学“送邓小平理论下乡”志愿服务队

无锡轻工大学“绿色呼唤”志愿服务队

中国矿业大学赴贾汪科技服务队

江苏石油化工学院赴金湖科技服务队

南京理工大学赴盐城科技服务队

南京医科大学赴扬州卫生下乡志愿服务队

浙江

浙江大学华家池校区赴磐安“三下乡”小分队

浙江师范大学中文系、计算机系赴洞头“三下乡”小分队

浙江中医学院赴建德“三下乡”小分队

浙江大学玉泉校区赴云和“三下乡”小分队

浙江工业大学赴温州“三下乡”小分队

浙江大学西溪校区赴武义“三下乡”小分队

温州农校赴平阳“三下乡”小分队

安徽

中国科技大学赴金寨县志愿服务队

安徽医科大学赴凤阳县志愿服务队

安徽中医学院赴长丰县志愿服务队

安徽财贸学院赴怀远县志愿服务队

华东冶金学院赴宣州市志愿服务队

淮南工业学院赴怀远县志愿服务队

芜湖师范专科学校赴繁昌县志愿服务队

福建

厦门大学赴长泰文化科技下乡服务队

福州大学赴闽西文化科技下乡服务队

福建师范大学赴闽东文化下乡服务队

福建医科大学赴闽北灾区卫生下乡服务队

福建林学院赴闽北文化科技下乡服务队

漳州师范学院文化科技下乡服务队

三明大学文化科技下乡服务队

江西

江西师范大学赴星子县白鹿镇志愿服务队

江西医学院临床一系赴靖安县宝峰村志愿服务队

江西农业大学农学院赴靖安县果园场志愿服务队

南昌水利水电专科学校赴弋阳县宝峰村志愿服务队

南昌气象学校、江西省银行学校、江西省机械学校、江西省医药学校联合赴德安县高塘乡志愿服务队

南昌大学人文学院赴瑞昌市南阳乡志愿服务队

上饶师专赴大坳水库志愿服务队

山东

山东大学赴无棣县“三下乡”志愿服务队

山东师范大学赴蒙阴县岱崮镇“三下乡”志愿服务队

山东工业大学赴泰安市山口镇“三下乡”志愿服务队

山东农业大学赴新泰市大东庄镇“三下乡”志愿服务队

山东烟台大学赴牟平区“三下乡”志愿服务队

山东中医药大学赴齐河县务头乡“三下乡”志愿服务队

山东矿业学院赴范家庄村“三下乡”志愿服务队

青岛化工学院赴青岛市城阳区与河北省徐水县“三下乡”志愿服务队

河南

华北水利水电学院赴宁陵科技下乡服务队

河南财经学院赴荥阳、商丘科技文化大篷车服务队

南阳师专赴方城县“三下乡”志愿服务队

商丘师专赴永城市志愿服务队

许昌师专赴新县志愿服务队

安阳师专赴濮阳送文艺下乡志愿服务队

开封师专赴兰考科技文化卫生志愿服务队

新乡医学院送医下乡志愿服务营队

湖北

武汉测绘科技大学学生艺术团送戏下乡志愿服务队
华中师范大学信息技术赴秭归县科技文化志愿服务队
华中农业大学赴红安县科技志愿服务队
武汉冶金科技大学百名大学生党员赴通山县志愿服务队
武汉纺织工学院赴红安县时装表演志愿服务队
武汉城市建设学院赴巴东县野三关镇“三下乡”志愿服务队
同济医科大学赴红安县卫生“三下乡”志愿服务队
湖北中医学院赴英山县卫生“三下乡”志愿服务队

湖南

中南工业大学赴城步苗族自治县“三下乡”志愿服务队
湖南医科大学赴沅陵县“三下乡”志愿服务队
长沙交通学院赴古丈“三下乡”志愿服务队
长沙电力学院赴桑植县“三下乡”志愿服务队
衡阳医学院赴南岳区“三下乡”志愿服务队
中南工学院赴衡阳县“三下乡”志愿服务队
湘潭师范学院赴麻阳苗族自治县“三下乡”志愿服务队
湖南商学院赴浏阳市“三下乡”志愿服务队

广东

中山大学、澳门大学赴清远市“三下乡”联合服务队
华南农业大学博士、硕士生赴高州市挂职服务队
暨南大学医学院赴阳山县医疗服务队
广东工业大学化工系赴阳江市科技服务队
广东药学院赴揭东县“三下乡”医疗服务队
仲恺农业技术学院赴始兴县农业科技服务队
星海音乐学院“三下乡”文艺演出队
西江大学赴封开县“三下乡”服务队

广西

广西工学院赴三江、融水县志愿服务队
广西大学农学院赴南宁市两县一郊志愿服务队
广西师范大学“三下乡”志愿服务队
桂林医学院赴三江县志愿服务队
广西中医学院“三下乡”志愿服务队
广西医科大学“三下乡”志愿服务队
广西职业技术学院赴巴马县志愿服务队

海南

海南大学赴屯昌镇、新兴镇“三下乡”服务队
海南医学院赴文昌市专题调查服务队
琼州大学电器维修服务队

重庆

西南师范大学赴江津“三下乡”志愿服务队
重庆建筑大学赴开县“三下乡”志愿服务队
重庆大学赴开县“三下乡”社会实践队
西南农业大学赴江津智力支乡小分队
重庆教育学院赴武隆县“三下乡”志愿服务队
重庆商学院赴四川珙县“三下乡”志愿服务队

四川

四川农业大学“现代农业科技千里大传送”志愿服务队
四川音乐学院赴凉山州志愿服务队
西昌师范高等专科学校赴布拖等县志愿服务队
四川师范学院赴南充嘉陵区志愿服务队
电子科技大学赴蒲江县志愿服务队
成都理工学院赴都江堰聚源镇志愿服务队
四川联合大学“全国公众环境意识调查”志愿服务队
华西医科大学口腔医学院赴绵阳梓潼县志愿服务队

贵州

贵州大学赴长顺县志愿服务队
贵州民族学院赴雷山县志愿服务队
遵义医学院赴仁怀县志愿服务队
六盘水市师范专科学校赴盘县特区志愿服务队

安顺师范专科学校赴普定县志愿服务队

云南

云南大学赴弥勒服务队

昆明理工大学赴中甸服务队

云南工业大学赴龙陵县服务队

云南电大赴武定县服务队

云南教育学院赴会泽县服务队

西南林学院赴大关县服务队

西藏

西藏大学青年志愿者行动总队

西藏农牧学院志愿服务队

陕西

延安大学暑期“三下乡”志愿服务队

西安电子科技大学赴商州“三下乡”志愿服务队

西安理工大学研究生部志愿服务队

西北纺织工学院赴山阳县伍竹乡志愿服务队

西安工程学院赴榆林安崖乡志愿服务队

西北农业大学赴丹凤县支农服务队

西北建筑工程学院管理工程系赴江西萍乡志愿服务队

甘肃

兰州大学赴清水“三下乡”小分队

西北师范大学赴通渭县平襄镇志愿服务队

西北民族学院赴定西县香泉乡志愿服务队

兰州商学院赴定西县御风乡服务队

天水师范专科学校赴秦安“三下乡”服务队

甘肃中医学院赴灵台县“三下乡”服务队

武威职业中专“三下乡”服务队

青海

青海民族学院文化服务小分队

青海大学农牧学院第二小分队

青海师范大学赴乐都县洪水乡科技扫盲小分队

青海医学院赴大通县卫生服务小分队

宁夏

宁夏大学物理与电气信息工程系志愿者服务队

宁夏农学院食品系赴宁南“三下乡”志愿者服务队

固原师范专科学校数学系志愿者服务队

新疆

新疆农业大学赴南疆科技下乡志愿服务队

新疆医科大学赴南疆医疗卫生下乡志愿服务队

新疆师范大学赴南疆文化下乡志愿服务队

新疆艺术学院赴南疆文艺下乡志愿服务队

新疆工学院赴乌苏市“三下乡”志愿服务队

新疆财经学院赴沙湾县“三下乡”志愿服务队

全国铁道

北方交通大学学生艺术团志愿服务队

华东交通大学电气系赴乐平红岩志愿服务队

长沙铁道学院赴永顺志愿服务队

全国民航

中国民航飞行学院赴珙县“三下乡”志愿服务队

2000 年中国百支博士团(全校网)“三下乡”志愿服务行动优秀博士服务团名单

(50 个)

第 1 分团(北京大学、中国地质大学、北京林业大学、石油大学、中国农业大学)

第 2 分团(清华大学)

第 5 分团(北京科技大学、中国地质大学、北京工业大学、北京中医药大学、北京师范大学)

第 11 分团(中央民族大学、北京理工大学、北京工业大学)

第 15 分团(北京化工大学、北京大学)

第 104 分团(北京师范大学、中国农业大学、北京大学、北京理工大学)

第 16 分团(天津大学)

第 17 分团(南开大学)

第 22 分团(河北医科大学)

第 24 分团(山西大学)

第 130 分团(内蒙古农业大学)

第27分团（辽宁大学、东北大学、沈阳农业大学、辽宁工程技术大学）
第29分团（吉林农业大学、吉林大学、原长春科技大学、原吉林工业大学、原白求恩医科大学）
第31分团（哈尔滨工业大学）
第32分团（东北农业大学）
第44分团（第二军医大学）
第40分团（东华大学）
第33分团（上海交通大学）
第42分团（同济大学）
第38分团（华东理工大学）
第51分团（南京农业大学、无锡轻工大学、南京师范大学）
第50分团（中国矿业大学、南京农业大学、河海大学、南京大学、东南大学、扬州大学、苏州大学）
第46分团（南京理工大学、南京航空航天大学、南京中医药大学、南京化工大学、东南大学、南京师范大学、江苏理工大学）
第49分团（南京大学、东南大学、扬州大学）
第101分团（浙江大学）
第57分团（中国科学技术大学）
第59分团（厦门大学）
第61分团（南昌大学、江西农业大学、江西师范大学、江西财经大学、江西医学院）
第64分团（原山东工业大学、原山东医科大学）
第63分团（山东科技大学、山东大学）
第62分团（山东农业大学）
第66分团（郑州大学）
第149分团（华中农业大学、华中师范大学、湖北省农科院）
第152分团（武汉科技学院、原同济医科大学、湖北大学、湖北省农科院）
第148分团（中国地质大学、华中农业大学、原武汉城建学院）
第68分团（武汉大学、武汉化工学院）
第73分团（中南大学、湖南大学、湘潭大学、湖南师范大学、国防科技大学、湖南农业大学、湖南中医学院、长沙交通学院、中南林学院）
第76分团（华南理工大学）
第77分团（中山大学）
第80分团（华南热带农业大学）
第85分团（重庆大学）
第87分团（重庆医科大学）
第86分团（西南农业大学）
第81分团（四川大学）
第82分团（西南交通大学、西南财经大学、四川工业学院）
第88分团（贵州大学、贵州工业大学、遵义医学院、贵阳医学院）
第89分团（云南大学）
第93分团（西北工业大学）
第92分团（西安电子科技大学）
第97分团（甘肃农业大学）

2002年全国大中专学生志愿者暑期“三下乡”社会实践活动优秀团队名单（107个）

北京市（5个）
北京大学博士生赴冀邢党员大学生“三个代表”实践服务团
清华大学新闻学子“重走长征路”大学生“公民道德”实践服务团
中国人民大学博士生赴新疆“服务农村青年增收成才”实践服务团
北京科技大学“彩虹工程”博士生“服务农村青年增收成才”实践服务团
北京林业大学女大学生北京女子监狱“一帮一”结队帮教“公民道德”实践服务团
天津市（3个）
天津大学博士生“农村青年增收成才”实践服

务团
南开大学大学生“公民道德”实践服务团
天津师范大学党员大学生“三个代表”实践服务团
河北省(3个)
湖北大学博士生赴坝上“农村青年增收成才”服务团
河北医科大学赴井陉矿区“公民道德”实践服务团
石家庄经济学院党员大学生赴邯郸市涉县“三个代表”实践服务团
山西省(4个)
山西大学党员大学生“三个代表”实践服务团
太原理工大学博士生“农村青年增收成才”实践服务团
太原师范学院赴大寨“公民道德”实践服务团
山西财经大学女子大学生“公民道德”实践服务团
内蒙古自治区(3个)
内蒙古医学院大学生“三个代表”实践服务团
内蒙古农业大学博士生“农牧区青年增收成才”服务团
内蒙古大学艺术学院“公民道德”实践服务团
辽宁省(3个)
大连医科大学“公民道德建设”社会实践服务团
大连理工大学“三个代表”社会实践服务团
辽宁工程技术大学博士生“三下乡”社会实践服务团
吉林省(3个)
长春理工大学“公民道德”实践服务团
长春工程学院“三个代表”实践服务团
东北电力学院“农村青年增收成才”实践服务团
黑龙江省(4个)
黑龙江中医药大学博士生实践服务团
东北农业大学博士生“农民青年增收成才”实践服务团
哈尔滨医科大学博士生实践服务团
黑龙江省大学生艺术团赴铁力“三个代表”社会实践服务团
上海市(6个)
复旦大学“党的三代领导核心故乡重访”党员大学生“三个代表”实践服务团
上海交通大学赴贵州博士生“农村青年增收成才”实践服务团
同济大学赴青藏线党员大学生“三个代表”实践服务团
华东理工大学博士生赴云南开运“公民道德”实践服务团
第二军医大学赴云南鲁甸博士生“农村青年增收成才”实践服务团
华东师范大学赴安徽青阳博士生“农村青年增收成才”实践服务团
江苏省(5个)
南京医科大学博士生赴洪泽县公民道德实践服务团
盐城师范学院“三峡移民”文化科技服务团
南京林业大学大学生“公民道德”实践服务团
中国药科大学大学生“三个代表”党员服务小分队
南京中医药大学赴大丰市“三个代表”实践服务团
浙江省(5个)
浙江大学农学院赴浦江、诸暨、松阳“农村青年增收成才”实践服务团
浙江工业大学“三个代表”重要思想流动车实践团
浙江科技学院苍南扶贫支教“三个代表”实践服务团
宁波大学“建文明社区、学百句英语”公民道德实践服务团
浙江师范大学美术学院“农村青年增收成才”实践服务团
安徽省(3个)
中国科技大学赴山东济阳县博士生“农村青年

增收成才”实践服务团

安徽农业大学赴肥东县古城镇大学生“三个代表”实践服务团

安徽技术师范学院大学生“公民道德”实践服务团

福建省(4个)

福建中医学院党员大学生“三个代表”实践服务团

华侨大学大学生“公民道德”实践服务团

福建农林大学博士生“农村青年增收成才”实践服务团

福建师范大学博士生“农村青年增收成才”实践服务团

江西省(3个)

东华理工学院“三个代表”实践服务团

南昌水利水电高等专科学校“公民道德”实践服务团

宜春学院“农村青年增收成才”实践服务团

山东省(4个)

石油大学诚信“公民道德”服务团

青岛海洋大学赴荣成科技服务博士团

山东中医药大学博士生赴潍坊市医疗服务团

山东经济学院党员大学生“三个代表”赴荣成市乳山实践服务团

河南省(4个)

河南职业技术师范学院大学生“三个代表”实践服务团

新乡医学院大学生“三个代表”实践服务团

河南财经学院大学生“公民道德”实践服务团

中原工学院大学生“公民道德”实践服务团

湖北省(5个)

武汉大学计算机学院博士生“农村青年增收成才”实践服务团

华中科技大学材料学院大学生“公民道德”实践服务团

华中农业大学博士生“农村青年增收成才”实践服务团

华中师范大学信息技术系星光服务队

湖北大学大学生“三个代表”实践服务团

湖南省(4个)

株洲工学院“三个代表”实践服务团

岳阳师范学院“抗洪救灾”服务团

衡阳师范学院“三个代表”宣讲团

娄底师范高等专科学校“三个代表”服务团

广东省(4个)

中山大学生命科学院博士生赴斗门县“农村青年增收成才”实践服务团

华南理工大学赴阳春市博士生“农村青年增收成才”实践服务团

暨南大学研究生院大学生“公民道德”实践服务团

广东外语外贸大学赴东莞市大学生“三个代表”实践服务团

广西壮族自治区(4个)

广西大学生实践“三个代表”服务“边境建设大会战”志愿服务团

广西大学农学院动物科学技术学院博士、硕士生“农村青年增收成才”服务团

广西师范学院“三个代表”服务团

广西教育学院博士生“三个代表”服务团

海南省(2个)

海南省博士生“农村青年增收成才”实践服务团

海南省大学生公民道德实践服务团

四川省(3个)

成都信息工程学院“三个代表”实践服务团

四川烹饪高等专科学校“公民道德”实践服务团

阿坝师范高等专科学校“公民道德”实践服务团

重庆市(3个)

重庆大学党员大学生“三个代表”实践服务团

重庆交通学院博士生“农村青年增收成才”实践服务团

四川美术学院大学生“公民道德”实践服务团

贵州省(2个)

贵州大学“农村青年增收成才”实践服务团

贵州师范大学党员学生“三个代表”实践服务

团

云南省(3个)

云南大学“三个代表”实践服务团

云南师范大学“公民道德”实践服务团

昆明理工大学“农村青年增收成才”实践服务团

西藏自治区(1个)

西藏大学化生地系暑期大学生“三下乡”服务团

陕西省(4个)

西安交通大学党员大学生“三个代表”实践服务团

西安电子科技大学党员博士生“三个代表”实践服务团

西北工业大学大学生“公民道德”实践服务团

西北农林科技大学博士生“农村青年增收成才”实践服务团

甘肃省(3个)

西北民族学院大学生“公民道德”社会实践服务团

西北师范大学政法学院大学生“三个代表”社会实践服务团

兰州商学院大学生“三个代表”社会实践服务团

青海省(2个)

青海民族学院“公民道德”实践服务团

青海建筑职业技术学院“公民道德”实践服务团

宁夏回族自治区(2个)

西北第二民族学院大学生“三个代表”实践服务团

宁夏医学院大学生“公民道德”实践服务团

新疆维吾尔自治区(3个)

新疆大学大学生“三个代表”实践服务团

新疆艺术学院大学生“公民道德”实践服务团

新疆农业大学大学生“农村青年增收成才”实践服务团

全国先进班集体标兵

为树立青年学生身边的学习榜样,展示青年学生奋发向上的精神风貌,引导和激励广大青年学生勤奋学习、健康成长,培养和造就适应社会主义现代化建设事业需要的合格人才,教育部、共青团中央每两年组织开展一次评选、表彰全国三好学生、优秀学生干部和先进班集体活动,对在争创活动中取得突出成绩的个人和班集体予以表彰。共设全国三好学生标兵、全国优秀学生干部标兵、全国先进班集体标兵和全国三好学生、全国优秀学生干部、全国先进班集体六个荣誉奖项,分别授予相应荣誉称号。

1999年全国先进班集体标兵名单
(12个)

北京大学生命科学学院生物化学及分子生物学系96级本科班

中国人民大学马克思主义学院博士生班

山西省第二人民警察学校狱政27班

东北林业大学森林旅游95-1班

上海医科大学临床医学96(1)班

南京中医药大学中医专业97年级(1)班

江西财经大学会计学院96审计班

山东工业大学电力工程学院电气95·2班

华中师范大学物理系96级基地班

华西医科大学临床医学院94级7班

云南师范大学历史系96级本科班
西北师范大学政法系96级经济法班

2001年全国先进班集体标兵名单

（10个）

中国人民大学工商管理学院企业管理专业98级本科班
天津师范大学化学与生命科学学院生物系98级本科班
内蒙古民族大学蒙医药学院蒙医专业98级本科班
上海交通大学电子信息学院99级03401本科班
山东师范大学政法系经济法专业97级本科班
河南安阳卫生学校护士专业99级二班
广东外语外贸大学财务管理专业98级本科班
西南师范大学经济政法学院政教专业98级本科班
西北工业大学航海工程学院博士生班
新疆农业大学经贸学院土地规划与利用专业98级本科二班

全国先进班集体

1999年全国先进班集体名单

（188个）

北京市(10个)
北京航空航天大学自动控制系370311班
北京工业大学970312班
北京师范大学历史系96级
中国政法大学国际经济法系96级2班
首都师范大学中文系97级6班
中央民族大学生物化学系96级食品班
北方交通大学人文学院法律96-1班
北京一轻工业学校96食品班
北京市化工学校仪表9702班
北京市求实中学95商务英语1班
天津市(5个)
南开大学生命科学学院96生化班
天津大学化工学院97级研究生班
天津师范大学化学与生命科学学院生物学系95本科班
天津大港油田集团石油学校工业企业电气化97-1班
天津市统计职业中等专业学校国际会计专业1班
河北省(9个)
河北科技大学控制科学与工程系97-1班
河北理工学院96电专1班
河北医科大学基础医学院97级1班
石家庄经济学院应用经济系496221班
燕山大学检测97-1班
石家庄师范专科学校97级数学系5班
河北省苍州工业学校计算机95-2班
石家庄市职业技术教育中心电算会计97-3班
邢台市职业技术教育中心职专46班
山西省(4个)
山西农业大学动科系动营961班
山西医科大学第一临床医学院95级1952班
运城高等专科学校生化系9611班
山西省交通学校运管109班
内蒙古自治区(3个)
内蒙古蒙医学院96级蒙医班
内蒙古农牧学院农学院95级植物保护班
内蒙古伊克昭盟东胜职业高级中学47班

辽宁省(11 个)
东北大学 95 环境工程班
大连理工大学机械工程系 956 班
辽宁大学 95 级保险班
中国医科大学 81 期 4 班
辽宁师范大学政法系 95·2 班
辽宁工程技术大学会计 95·2 班
沈阳电力高等专科学校供电 973 班
大连大学临床医学专业 94 级本科班
沈阳市政法学校法律 96·5 班
辽宁仪器仪表工业学校 95051 班
中国汽车工业丰田金杯技工培训中心 97 机加 1 班
吉林省(7 个)
吉林工业大学理学院 9546 班
东北师范大学政法学院法律系 97 级法学班
东北电力学院动力系集控 964 班
长春中医学院针灸骨伤系 96 针灸班
长春科技大学文管学院 8952 班
长春市农业学校农经专业 97－9 班
长春工程学校钻探专业 602951 班
黑龙江省(6 个)
哈尔滨工程大学 96－1021 班
哈尔滨工业大学 966401 班
黑龙江矿业学院选矿 95 班
东北农业大学水利 96 班
黑龙江牡丹江职教中心学校市场营销 96－2 班
黑龙江省牡丹江林校市场营销 97－2 班
上海市(9 个)
复旦大学材料科学系 96 级
上海交通大学化工学院 11251 班
同济大学建筑工程系 96(3)班
华东师范大学历史系 96 级
华东理工大学学优 950 班
上海大学通信与信息工程学院 960216 班
上海市统计职业技术学校 2000 届报关班
上海市逸夫职业技术学校办公自动化专业三年级
上海市东辉职业技术学校 96 时装班
江苏省(11 个)
南京大学法学院 96 级本科班
南京理工大学计算机系 950631 班
河海大学土木工程学院土木水利综合班 95 级
南京师范大学经济法政学院 95 级(1)班
江苏理工大学人文学院经济法 961 班
苏州大学工学院 96 级通信工程班
扬州大学人文学院中文 96(乙)班
南京市鼓楼职业学校 96 商专班
南通市中等专业学校普通中专 96 经贸日语班
江苏省无锡商业学校 96521 班
江苏省淮阴农业学校农学 9769 班
浙江省(7 个)
浙江大学医学系 95－2 班
浙江工业大学通信工程 961 班
宁波大学海运学院 96 级轮机管理班
杭州电子工业学院信息工程分院 95412 班
浙江省宁波商业学校外贸 95061 班
杭州市中策职业高级中学 96 财政班
杭州技工学校 9602 班
安徽省(6 个)
安徽大学英语系 95 级本科班
安徽师范大学文学院中文教育专业 95 级本科班
安徽机电学院管理工程系管理 97－1 班
滁州师范专科学校政史系 97 级 1 班
安徽省巢湖卫生学校护理 2025 班
安徽省马鞍山工业学校 97 财会班
福建省(4 个)
福建师范大学中文系 95 级国家文科基地班
福建中医学院中医系 95 级甲班
彰州师范学院 96 历史本科班
福建省福州幼儿师范学校 96(4)班
江西省(4 个)
南昌大学材料系 95 级材料专业
南昌航空工业学院外语系 95511 班
江西省第一工业学校机电 9541 班
江西省司法警官学校五中队

山东省(9个)
山东大学光电子信息工程系96级
石油大学(华东)机械系化机96－1班
聊城师范学院中文系95级文秘班
青岛化工学院化工工艺961班
青岛海洋大学气象系97级1班
淄博张店第一职业中等专业学校96级会统1班
山东省青岛第十二中学97级外事服务班
山东省电子工业学校95级1班
民政部济南民政学校97级计算机专业四班
河南省(9个)
河南大学经贸学院97级贸易班
郑州轻工业学院食品工程系96级生化班
河南师范大学中文系96(1)班
河南中医学院中医系96本科班
郑州工业高等专科学校超硬材料及制品专业96721班
河南省漯河师范学校961班
郑州工业贸易学校97物业1班
河南省计划统计学校统计专业科小97－6班
豫西师范学校971班
湖北省(9个)
中国地质大学(武汉)91961班
武汉水利电力大学计算机科学与技术系96511班
武汉交通科技大学法商学院经济法9607021班
湖北医科大学第一临床学院儿科系94级7班
江汉大学秘书学系行政管理9701班
江汉石油学院应用地球物理专业972班
武汉无线电工业学校955622班
湖北黄冈农业学校97文秘(1)班
武汉市第一职业教育中心9502班
湖南省(9个)
吉首大学外语系英语教育专业96级3班
湖南大学机械与汽车工程学院机械工程与自动化96级1班
湖南财经学院金融保险系963班
湘潭师范学院历史系960811班
湖南师范大学法学院95级政教(1)班
中南工业大学文法学院经济法961班
长沙电力学院数学与计算机系973201班
湖南工程技工学校973－1班
长沙市财经职业中专学校112班
广东省(9个)
中山大学化学与化学工程学院95级化学基地班
深圳大学经济学院95级国际金融班
暨南大学医学院临床(口腔)医学专业94级本科班
广东工业大学数理系97级优秀学生提高班电类专业班
华南理工大学电子与信息学院95级电类联合班
广东医学院临床医学系95级本科(2)班
广东女子中等专业学校95计算机(1)班
广东省邮电学校计算机969班
顺德市梁求据中学财经专业三(1)班
广西壮族自治区(5个)
广西师范大学教育系96级本科班
广西大学理学院数理专业96级
广西中医学院临床医学二系95级骨伤班
桂林市旅游职业中等专业学校178班
广西柳州地区民族师范学校98级9班
海南省(2个)
海南师范学院中文系95级本科班
海南琼台师范学校97师5班
重庆市(6个)
西南政法大学法律系96级1班
重庆交通学院道路工程系本科9702班
重庆师范学院经济政法系思想政治教育专业97级1班
重庆黔江县民族职业中学高2000旅游班
重庆市龙门浩集团职业高级中学2000级航空旅游一班
重庆市涪陵工业学校水泥97班
四川省(7个)
四川农业大学动物营养及饮料饲料加工专业95级
四川大学历史文化学院历史系96级基地班

四川师范大学数学系 96 级 2 班
西南石油学院石油工程 96 级 3 班
绵阳师范高等专科学校生物系 97 级 1 班
四川省康定民族师范学校 2000 届 3 班
四川省成都财贸职业高级中学 99 届金融中专班
贵州省(4 个)
贵州大学电科系 97 电信班
贵阳医学院临床医学系 95 级本科班
安顺师范高等专科学校地理系 97(1)班
贵阳市经济贸易中等专业学校 96 中(8)班
云南省(4 个)
云南农业大学经济贸易学院 96 农经金融班
云南省玉溪师范高等专科学校化学系化学教育专业 96 级
云南省国防工业学校 2131 班
云南省司法警官学校四中队十二分队
西藏自治区(2 个)
西藏大学政史系 96 级政治理论宣传班
拉萨市师范学校 96 级 5 班
陕西省(8 个)
西北大学文博学院研究生班
西北工业大学材料科学与工程系硕士研究生 96604 班
西北农业大学经贸学院 95 经济管理(师资)班
西安建筑科技大学建筑工程系 9503 班
陕西师范大学政治经济学院 96 级思政班
咸阳师范专科学校历史系 97 级 1 班
西安机电学校机电 9606 班
澄城县职业中等专业学校 96 级艺术 1 班
甘肃省(1 个)
甘肃省兰州市商业学校初财 9 班
青海省(2 个)
青海师范高等专科学校工管系 96 级计划统计班
青海省财经学校 97 级商业会计(2)班
宁夏回族自治区(2 个)
宁夏大学历史系 96 级历史教育本科班
宁夏吴忠市职业技术教育中心幼教班
新疆维吾尔自治区(4 个)
新疆医科大学临床医学院 96 级 2 班
新疆和田师范专科学校生化系 96 级 1 班
新疆昌吉师范学校 96 级普师 1 班
石河子大学农学院农科系 97－4 班(兵团)

2001 年全国先进班集体名单

(189 个)

北京市(10 个)
北京大学国际关系学院 97 级本科班
清华大学建筑学院空 7 班
北京师范大学外语系 99 级英专一班
北京科技大学英语 99 级
北京航空航天大学 380341 班
北京理工大学自动控制系 21992 班
中国政法大学 99 级法律系八班
北京市一轻工业学校 98 家电班
北京市无线电工业学校 99021 班
北京市机械工业学校计算机 98－(2)班
天津市(4 个)
天津工业大学艺术设计学院服装设计 98 级 1 班
天津财经学院财政系税务 9902 班
天津市司法学校 99 经济 4 班
天津工程职业技术学院(原大港石油学校)中专企电 99－2 班
河北省(8 个)
河北大学生命科学院 98 级生物学专业
河北师范大学中文系 98－7 班
石家庄铁道学院土木工程分院 1981－7 班
河北理工学院土木建筑系 98 级给水排水班
邯郸医学专科学校 98 级医学检验班
河北交通学校筑路机械 8 班
唐山乐亭综合职业学校 98 级保安专业
沧州南皮职教中心综合高中一年级 1 班
山西省(5 个)
山西财经大学经贸外语系 99 英语(一)班
太原理工大学建筑与环境工程学院建筑学 9702 班
山西大学物理电子工程学院 98 物理基地班

山西省贸易学校98级计算机及应用1班
太原电力学校农村电气化9801班
内蒙古自治区(2个)
包头钢铁学院建筑工程98(3)班
内蒙古石油化工学校办公与信息99班
辽宁省(9个)
大连海事大学管理学院外贸运输982班
辽宁大学国际经济学院98级金融班
辽宁师范大学政法学院98级二班
辽宁工程技术大学土木建筑系交通土建97-2班
沈阳电力高等专科学校动力工程集控981班
营口职业技术学院普师系九七·三班
大连金融中等职业技术专业学校金融事务专业国际金融二年三班
本溪市卫生学校99妇幼卫生专业
抚顺市第一中学职业技术专业学校烹饪专业二年二班
吉林省(7个)
四平师范学院生物系971班
吉林大学工商管理学院9885班
延边大学人文社会科学学院99级朝语班
长春税务学院法学系9808班
长春中医学院中医系971班
吉林市女子中等专业学校99级计算机班
四平市卫生学校妇幼医士专业993班
黑龙江省(7个)
哈尔滨师范大学中文系98级
东北林业大学森林资源与环境学院97级
牡丹江医学院影像系98-9班
黑龙江工程学院房地产99-1班
黑龙江中医药大学98资源(2)班
哈尔滨电力学校农电99(7)班
哈尔滨司法警官学校十一大队二区队
上海市(10个)
复旦大学99哲学——文基联合班
同济大学城市规划系97级(2)班
华东师范大学外语学院英语系98级2班
华东理工大学化工学院工优试970班
东华大学旭日工商管理学院国际金融971班
上海师范大学理工信息学院97级计算机3班
上海财经大学国际工商管理学院99国贸班
上海信息技术学校99181班
上海市旅游职业技术学校9901班
东辉职业技术学校99商业英语班
江苏省(12个)
南京理工大学971011班
河海大学港口及航道工程98(2)班
南京航空航天大学机电学院059704班
南京农业大学食品科技学院食品工程71班
南京医科大学97级9班
淮阴工学院电器系数控98级
盐城师范学院计算机系98(2)班
南通医学院影像学本科98级
江苏省连云港财经学院98初会电2班
江苏省淮海工业贸易学校机电98(1)班
泰州职业教育中心校99计算机(1)班
江苏省丝绸学校计算机应用98(1)班
浙江省(7个)
浙江绍兴市职教中心99工商班
浙江大学机械与能源工程机电98-2班
浙江师范大学法政经济学院思想政治教育98(1)班
杭州电子工业学院98613班
杭州商学院营销师资98(1)班
杭州市中策职业高级中学99家用电器(1)班
金华卫生学校护卫9762班
安徽省(6个)
安徽大学哲学系97级本科班
安徽师范大学98级数学教育专业本科(2)班
安徽机电学院自动化98(2)班
淮南师范学院化学系99级二班
蚌埠市职教中心99级财会与计算机(1)班
安徽安庆商业学校财会991班
福建省(5个)
福建师范大学文学院97级国家文科基地班
福州大学数学系98应用数学

福建农林大学97级农业推广
福建省仙游师范98级(1)班
福建省南平师范学校983班
江西省(5个)
江西医学院临床二系97级(9)班
南昌航空工业学院97511班
华东地质学院97711班
江西省纺织工业学校99服装(1)班
江西司法警官学校99级十五中队
山东省(9个)
山东大学机械工程学院工设97班
山东财经学院金融系97投本一班
山东农业大学植保学院97植检班
石油大学(华东)机制98
潍坊医学院医学系98级四班
济南师范学院97级大专文科一班
东营师范学校98级五班
莱芜一中四十级三班
胜利油田一中高99级六班
河南省(8个)
郑州大学电信学院98(2)班
河南大学化工学院98(3)班
郑州工业高等专科学校99311班
焦作工学院电气工程系电力98(1)班
安阳师范学院政史系98级法律班
郑州工业贸易学校99网络7班
南阳市第二职业中等专业学校99财会班
三门峡中专98工民建
湖北省(10个)
华中师范大学历史文化学院历史系9701班
武汉大学遥感信息工程学院99025班
华中科技大学材料学院塑性972班
中国地质大学(武汉)010981班
湖北大学法学院99法学班
江汉石油学院机电982班
江汉大学(筹)秘书学系98级行政管理班
武汉市第二职业教育中心学校美术专业9810班
武汉水运工业学校计算机应用专业98141班
湖北省黄冈市工业学校9941班
湖南省(9个)
中南大学计算机科学与技术专业97-1班
湖南大学金融学专业98-2班
湖南师范大学英语教育专业98-3班
湘潭大学哲学与历史文化学院98级历史班
湖南农业大学会计教育专业99-1班
长沙交通学院计算机科学与技术98-1班
长沙市商业学校电算会计大专二班
张家界航空工业学校98121班
邵阳市卫生学校助产21班
广东省(8个)
中山大学计算机科学系97甲班
广东工业大学机电工程学院机电97(3)班
汕头大学医学院临床医学97(3)班
广东教育学院物理系98级本4班
广东医学院临床一系97本一班
珠海市第一中等职业学校旅游99(2)班
广东女子中专计算机专业98(1)班
肇庆卫生学校助产98(4)班
广西壮族自治区(5个)
广西大学法学院法学专业98本科班
广西民族学院管理学院行政管理专业97本科班
广西中医学院药学院中药专业98本科2班
广西贸易经济学校商运专业9742班
广西农业学校畜牧兽医专业98-2班
海南省(2个)
海南医学院97级临床医学本科班
海南省农垦海口专科98财电(一)班
重庆市(6个)
重庆交通学院桥梁工程系9801本科班
重庆工学院工商管理系9882本科班
西南政法大学刑事侦查学院98级鉴定本科班
重庆市水电学校98级电力班
重庆市旅游学校旅2002级3班
重庆市五一技工学校车工99级3班

四川省(9个)

四川农业大学职业技术师范学院农业经济管理教育98级

西南财经大学货币银行学98级2班

四川大学法学院98级1班

西南石油学院化学化工学院化工98级

四川师范学院政法系98级1班

绵阳师范高等专科学校物理系99级2班

四川省医药学校中药97－1班

四川省机电工程学校38班

达州职业高级中学高2001级计算机1班

贵州省(4个)

贵州工业大学冶金系材料98班

贵阳医学院临床医学99级E班

贵州财经学院会计系98级(1)班

思南师范学校99级(5)班

云南省(5个)

云南大学生命科学与化学学院98级生物学基地班

昆明医学院第一临床学院96级二班

云南省曲靖师范学院计算机科学系9921班

云南省财贸学校98会计统计1班

云南省旅游学校计算机18班

西藏自治区(2个)

西藏自治区商业学校2000级计算机文秘班

西藏农牧学院农学98级本科班

陕西省(7个)

西安电子科技大学机电工程学院4991班

陕西师范大学政治经济学院97思政(1)班

西安建筑科技大学通讯98班

西安理工大学人文学院经济法982班

西安科技学院采矿工程9802班

西安旅游中等职业学校99级1班

西安电力工业学校电984班

甘肃省(3个)

甘肃政法学院法律一系98级法本(二)班

兰州医学院预防系96级2班

甘肃省卫生学校98级英语护理(4)班

青海省(2个)

青海大学农牧学院草业科学系草业99班

青海省交通学院交通运输管理9804班

宁夏回族自治区(1个)

宁夏大学机械工程系981－1班

新疆维吾尔自治区(2个)

昌吉师专中文98－1

新疆机械电子高级技术学校电子2001民族班

全国优秀学生干部标兵

为树立青年学生身边的学习榜样，展示青年学生奋发向上的精神风貌，引导和激励广大青年学生勤奋学习、健康成长，培养和造就适应社会主义现代化建设事业需要的合格人才，教育部、共青团中央每两年组织开展一次评选、表彰全国三好学生、优秀学生干部和先进班集体活动，对在争创活动中取得突出成绩的个人和班集体予以表彰。共设全国三好学生标兵、全国优秀学生干部标兵、全国先进班集体标兵和全国三好学生、全国优秀学生干部、全国先进班集体等六个荣誉奖项，分别授予相应荣誉称号。

1999年全国优秀学生干部标兵名单

(6名)

毛照方　天津大学机械工程学院汽车工程

系
王红军　徐州医学院麻醉系
谢　岚　厦门大学法律系
金　琳　广东外语外贸大学国际商务英语系
吴　茜　西安电子科技大学计算机学院
依不拉音·司马义（维）　新疆医科大学药学院药学系

2001 年全国优秀学生干部标兵名单

（5 名）

洪　波　清华大学电机工程系博士生
叶　恩　华侨大学电脑系 97 级
王　亚　四川大学金融系 2000 级
刘振亚（女）　兰州大学行管系 97 级
桑　果（藏）　青海民族学院藏学系 97 级

全国优秀学生干部

1999 年全国优秀学生干部名单

（98 名）

北京市（3 名）
郑　霄　张　鲲　阚　冬
天津市（1 名）
种泽龙
河北省（5 名）
石　磊　蔡文龙　关晓波　王国铭　张　悦
山西省（3 名）
史金金　孟　慧　张阳阳
内蒙古自治区（2 名）
张海波　郭　鹏
辽宁省（5 名）
矫世克　耿　玮　刘羽丹　李　淇　高　阳
吉林省（4 名）
谭红梅（朝鲜）　卫　峥　陈旎旎　王　敏
黑龙江省（4 名）
姜呈家　苑方江　静　川　薛文丽
上海市（3 名）
戴晶斌　贾玉华　周雪芹
江苏省（4 名）
石　峰　刘　军　崔鸣刚　唐进来
浙江省（4 名）
泮进明　陈　漪　汪三波　胡金涛
安徽省（6 名）
范　炜　郝靖欣　杨　敏　王国琴　孙笑莉
汪天一
福建省（4 名）
梁　川　林愿作　李筱丹　田小青
江西省（2 名）
周洪丽　张　磊
山东省（6 名）
谭　芳　赵　强　刘　娟　王永军　刘双燕
谭　莉
河南省（5 名）
王成卫　张孝营　陈昕志　孙中强　刘长路
湖北省（5 名）
张兆云　李旭鸿　周胜利　卢　怡　严珍珍
湖南省（3 名）
李元旦　谢文兵　刘建华
广东省（2 名）
毛之奇　李　宇
广西壮族自治区（4 名）
丘　悦　侯锋云　吴美琼　梁晓燕
海南省（2 名）
高炳玉　曾英才

重庆市(2名)
罗廷健　吴　浩
四川省(4名)
陈彦丞　程永忠　何　宁　龚　波
贵州省(3名)
杨再丹(苗)　罗正刚　张　琳(侗)
云南省(2名)
杨　勇　朱学方
西藏自治区(1名)
次仁旺拉(藏)
陕西省(3名)
陈阳静　李莉莉　董中华
甘肃省(1名)
刘微容
青海省(1名)
库进良(土)
宁夏回族自治区(2名)
陈本栋　李　丽
新疆维吾尔自治区(2名)
哈尼克孜·买买提明(维)　余　璐(兵团)

2001年全国优秀学生干部名单

(99名)

北京市(6人)
洪广欣　李胜兰　陈　首　许　磊　段　楠
李静怡
河北省(4人)
应寅锋　李　侃　李建雪　赵永丽
山西省(3人)
王根伟　具本哲(朝鲜)　杨君
内蒙古自治区(2人)
呼格吉乐(蒙)　王志强(蒙)
辽宁省(6人)
蔡　萌　徐坤鹏　曹　巍(满)　李　爽
张　晔(满)　许晓冬(蒙)
吉林省(4人)
张　巍　吴树男　曲宏伟　郑滢滢
黑龙江省(4人)

冯杰鸿　丁　健　孙　宇　高玉琼
上海市(3人)
李　祺　张　盈　张伟萍
江苏省(3人)
李国欣　袁　丁　杭　波
浙江省(4人)
周　健　董华青　丁　放　温茜茜
安徽省(5人)
瞿　晖　罗　彬　丁汉林　汪增梅　叶义菊
福建省(3人)
张　军　王国平　蒋　文
江西省(5人)
余科豪　谭祖飞　陈沈平　钟　敏　谢　慧
山东省(7人)
张金岭　亓　凯　孙旭涛　王后宾　赵　佩
许永波　刘冠军
河南省(5人)
冯　刚　肖　艳　李丽华　吴九岭　何玉新
湖北省(3人)
汪　波　王　波　张金露
湖南省(2人)
周定武　罗丰林
广东省(2人)
朱秀华　曾德加
广西壮族自治区(1人)
余　珊
海南省(2人)
李　静　沈名喜
重庆市(2人)
陈华丽　柳　苗
四川省(5人)
盛　钢　曹春茂　龙　呷(藏)　王卫华
张　勋
贵州省(3人)
廖晨煜　覃　波(苗)　张家富(苗)
云南省(3人)
周小慧　张海艳　段丽恒(白)
陕西省(4人)

舒　展　王　军　张卫锋　孔昌元

甘肃省(1 人)

石佩奇

青海省(1 人)

孙保玉

宁夏回族自治区(1 人)

皮学尚

新疆维吾尔自治区(3 人)

阿里木·阿不都热合曼(维)

祖克拉古丽(维)　李若明

新疆生产建设兵团(2 人)

黄国华　李泽宇

全国三好学生标兵

为树立青年学生身边的学习榜样,展示青年学生奋发向上的精神风貌,引导和激励广大青年学生勤奋学习、健康成长,培养和造就适应社会主义现代化建设事业需要的合格人才,教育部、共青团中央每两年组织开展一次评选、表彰全国三好学生、优秀学生干部和先进班集体活动,对在争创活动中取得突出成绩的个人和班集体予以表彰。共设全国三好学生标兵、全国优秀学生干部标兵、全国先进班集体标兵和全国三好学生、全国优秀学生干部、全国先进班集体六个荣誉奖项,分别授予相应荣誉称号。

1999 年全国三好学生标兵名单

(10 名)

冯文毅　清华大学精密仪器与机械学系博士生

裘　端　河北工业大学化工学院

王　莉　内蒙古师范大学汉文系

朱玉梅　吉林大学电子工程系

吴颜媛　复旦大学中文系

戚建刚　浙江大学法学系

詹灵杰(蒙)　淮北煤炭师范学院历史系

申庆伟　河南滑县师范学校

李金辉　武汉大学金融保险系

褚冬竹　重庆建筑大学建筑城规学院

2001 年全国三好学生标兵名单

(10 名)

陈永利　北京大学外国语学院东语系97级

司　勇　大连理工大学机械系 97 级

张一赫(女)　吉林大学法学院 98 级

李　娜(女,回)　复旦大学新闻系 98 级

耿　皎　南京大学化学系 99 级博士生

王靖岱　浙江大学化工系 99 级博士生

伍　渊(女)　江西省第一工业学校电算专业 97 级

李　华　武汉大学管理信息系 97 级

王身余　湘潭大学哲学系 98 级硕士生

肖政华(回)　贵阳中医学院临床二部针灸专业 96 级

全国三好学生

1999 年全国三好学生名单

（186 名）

北京市(11 名)

宋吉红　赵　鹏　陈　冰　茹海波　张慕鸿　朱国森　李应博　李勇量　冯丽军　李　优　方　丽

天津市(5 名)

兰　燕　王学庆　高　妍　樊春岩　石　彧

河北省(8 名)

任　健　胡　蕊　王浩雷　温进芳　白晓娟　杨红春　闫　莉　古　菲

山西省(5 名)

张　云　高　婷　何博静　张　杰　葛　岚

内蒙古(3 名)

王志平　王向东　青　春

辽宁省(10 名)

刘英魁　金莹杉　李秀英　王庆东　王诗晗　王雪婷　章夏芬　樊春香　冯　爽　戴建国

吉林省(6 名)

李红军　丁　杰　杨　威　鲁子卉　张　宁　周　雨

黑龙江省(7 名)

黄　鹏　沈国峰　任福深　吴　霞　刘振国　宋丹妮　姜海英

上海市(8 名)

王　尧　马京涛　张杰青　高　芸　陆建华　徐未晚　张　斌　余　虹

江苏省(14 名)

黄建伟　唐超颖　曹　芳　李远锋　刘　畅　周雪晖　于　元　张勤芳　姜牧星　徐　琴　孙　旦　戴丽华　孙明玉　李　玲

浙江省(6 名)

姚丽丽　林　菲　舒素娥　单洪洋　朱文琴　邵　伟

安徽省(4 名)

刘　岩　历彦永　黄界颖　纵观庆

福建省(3 名)

江守忠　叶瑞芬　冯晓惠

江西省(7 名)

李艳茶　郭　静　汤红顺　陈源文　张友高　许海艳　唐　红

山东省(9 名)

任　乐　邢洪涛　刚宪约　许真真　颜媛媛　程　红　苏彩欣　迟永年　解晓庆

河南省(8 名)

叶冬梅　李　刚　姜　蕊　王嫦娥　程晓菡　刘克君　张晓鹏　张　玲

湖北省(10 名)

王清华　王方良　徐雅琴　陈　立　别丽芳　张　磊　贺　辉　皮海斌　易　茜　陈燕妮

湖南省(8 名)

宋秋景　郑　彩　黄一斓　万娟霞　邹　艳　杨　震　李　娜　郑海龙

广东省(10 名)

陈　韵　陈　军　刘春梅　谭露琳　江　涛　张　宇　林楚燕　杨　毅　陈海燕　张雅颖

广西壮族自治区(4 名)

丘春明　谢　伟　阳国宾　韦妙华

海南省(1 名)

周　高

重庆市(4 名)

李　剑　庞永珍　叶丽华　高欣欣

四川省(7 名)

林　炜　李　莉　张　颖　刘　珍　章　贵　张　娟　王心文

贵州省(3 名)

马　龙　安利娜　黄晓雪

云南省(5名)

王丽坤　范云鹰　黄青春　段袁冰　张银波

西藏自治区(2名)

罗布卓玛(藏)　白　张(藏)

陕西省(7名)

洪　微　张明涛　刘晨光　刘　青　高广英

牛　威　王晓娟

甘肃省(4名)

赵　明　伍丽梅　朱保美　马　敏(回)

青海省(2名)

朱沁芳　王　红

宁夏回族自治区(1名)

马　飞

新疆维吾尔自治区(4名)

肖友能　李　萍　阿孜古丽(维)　顾生春

2001年全国三好学生名单

(186名)

北京市(7人)

张宏伟　谭廉华　辛　怡　刘殿仁　杜娟娟

王　蕾　卜　玫

天津市(7人)

王青鹏　于春晖　汤利芳　路秀玲　沈建伟

范淑梅　刘　林

河北省(10人)

赵建利　韩　伟　王震洲　张　梅　高振元

李　琦　赵　钊　冯柏淋　袁致中　李进仕

山西省(5人)

任艳芳　马小娟　易华珍　石莲花　张孝峰

内蒙古自治区(4人)

朱　慧(蒙)　淑　琴(蒙)　包金山(蒙)

代丽梅

辽宁省(6人)

刘海江　夏经钢　邹明江　范本勇

刘　钰(满)　贺　宠

吉林省(6人)

冯　葳　于　燕　罗生存　赵　云　李海波

郭晓婷

黑龙江省(7人)

张　义　崔筱英　姜道民　曹　贺　白　玲

于洪涛　张丽丽

上海市(10人)

韩　甲　陈俏巧　陈立俊　庞　洁　杨　莹

刘铁华　钟丽丹　王　青　张　怡　韩　晨

江苏省(14人)

刘福斌　丁道群　李梦楠　刘晓英　马　涛

徐　晶　陈　榕　武　敏(回)　王雷雷

施培红　袁以恒　王丽枝　王婧怡　吴佳伟

浙江省(6人)

王翔鸿　冯元远　江海丰　王海静　陶建英

余利峰

安徽省(6人)

丁　鹏　王　清　官　银　杨　广　谢寒梅

徐元慧

福建省(4人)

赵易蓉　吴　侠　李　楠　杨柳青

江西省(3人)

廖文梅　张桂华　陈琳琳

山东省(8人)

赵　镝　李　杰　李凤元　刘晓光　李　杨

刘春晖　王瑞明　陈庆涛

河南省(9人)

姜美玲　祁　舒　王　萍　贾　菲　王　娟

蔡　洋　吴俊美　尹　艳　吴春风

湖北省(12人)

陈裕海　袁浚菘　江　琳　余建军　张海禄

王旺平　赵巧妹　于永霞　梁　俊　肖　艳

朱荣平　李淑梅(土家)

湖南省(9人)

汤　琳　宋旭明　谢文兵　肖　露　吴　婕

罗振华　胡水军　柏元飞　潘应彬

广东省(11人)

梅方权　薛　菲　李凤亮　陈侃贞

金　珊(回)　胡娓莎　刘峥嵘　何德明

廖福娣　程　兆　陈雁飞

广西壮族自治区(7人)

林筱颖　林　莉(壮)　马剑丽　赵　静

韦　薇(壮)　黄炳祥(壮)　吕柳艳(壮)

海南省(1人)

曹　莎

重庆市(6人)

蒋再文(苗)　牟　君　张　娟　刘　丹

程　新　左荣梅

四川省(5人)

陈　路　张建中　晁　坤　许珈嘉

尔古伍呷(彝)

贵州省(2人)

邓维佳　葛祺琦(布依)

云南省(4人)

李　源(回)　邹海俊　黄静媛　吴成林(苗)

西藏自治区(3人)

尼玛此里(藏)　李雪琴　普布塔杰(藏)

陕西省(7人)

王　磊　张　岩　任兰滨　李红琴　王　颖

李凤敏　姜延平

甘肃省(2人)

郭志鸿　马立元(撒拉)

青海省(1人)

梁　霞

宁夏回族自治区(1人)

马晓婵(回)

新疆维吾尔自治区(1人)

皇甫盼

新疆生产建设兵团(2人)

努汗·哈斯木(维)　余　静

全国中学生暑期实践教育活动优秀组织奖

2001年获奖单位名单

一、省级优秀组织奖获奖单位名单

共青团内蒙古区委　共青团河南省委

共青团吉林省委　共青团湖北省委

共青团上海市委　共青团广东省委

共青团浙江省委　共青团海南省委

共青团山东省委　共青团重庆市委

二、地级优秀组织奖获奖单位名单

北京

东城区教育局团委　宣武区教育局团工委

天津

河西区教委团委　河东区教委团委

河北

共青团邯郸市委　共青团唐山市委

山西

共青团太原市委　共青团晋城市委

共青团长治市委

内蒙古

共青团包头市委　共青团通辽市委

共青团赤峰市委

辽宁

共青团沈阳市委

吉林

共青团长春市委　共青团吉林市委

黑龙江

共青团哈尔滨市委　共青团齐齐哈尔市委

共青团牡丹江市委

上海

共青团徐汇区委　共青团闵行区委

共青团崇明县委

江苏

共青团南京市委　共青团无锡市委

共青团徐州市委
浙江
共青团杭州市委　共青团绍兴市委
共青团嘉兴市委
安徽
共青团合肥市委　共青团蚌埠市委
福建
共青团三明市委　共青团南平市委
共青团龙岩市委
江西
共青团九江市委
山东
共青团东营市委　共青团威海市委
共青团烟台市委
河南
共青团郑州市委　共青团驻马店市委
湖北
共青团武汉市委　共青团宜昌市委
湖南
共青团长沙市委　共青团株洲市委
广东
共青团东莞市委　共青团清远市委
广西
共青团玉林市委
重庆
共青团渝中区委　共青团江津市委
云南
共青团昆明市委　共青团红河州委
陕西
共青团西安市委　共青团宝鸡市委
甘肃
共青团庆阳市委
青海
共青团西宁市委　共青团海东地委
宁夏
共青团银川市委　共青团吴忠市委
新疆
共青团乌鲁木齐市委　共青团克拉玛依市委
新疆生产建设兵团　共青团农四师委
共青团农五师委　共青团农九师委

全国十佳少先队员

"全国十佳少先队员"是当代中国少年儿童的崇高荣誉,由共青团中央、教育部、全国少工委和中央电视台联合授予,每两年评选一次,1989年评选第一届。评选"全国十佳少先队员"是少先队运用典型引导和激励少年儿童健康成长的重要途径,是少年儿童开展相互学习、自我教育的重要形式。通过评选活动,向全社会展示少年儿童的时代风采,进一步促进少先队自身建设,增强少先队组织的凝聚力和影响力,激励广大少年儿童热爱祖国、勤奋学习,勇于实践,努力成为德智体美全面发展的社会主义事业的合格建设者和接班人。

第六届"全国十佳少先队员"
(1999年)

热爱劳动、钻研农技的四川省蒲江县大塘镇中心小学少先队员万伟

乐于奉献、尽职尽责的天津市和平区西康路小学少先队员王杨(女)

奋发向上、朴实无华的福建省厦门市实验小学少先队员方佳佳(女)

善于思考、潜心钻研的北京市崇文区体育馆路

小学少先队员田飞

热爱科学、勇于创新的江苏省南京市凤凰街小学少先队员叶波(女)

意志坚定、自强不息的山东省济南市经二路小学少先队员兰珍妮(女)

积极争章、勤于实践的浙江省衢州市柯城区新衢小学少先队员刘哲辰

热爱艺术、富有爱心的贵州省凯里市第七小学少先队员易雷(女)

品学兼优、全面发展的上海市曹杨二中少先队员陶晓隽(女)

兴趣广泛、乐于助人的陕西省西安市钟楼小学少先队员海蒂

第七届“全国十佳少先队员”

(2001 年)

品学兼优、开展网上“手拉手”活动的湖北十堰东风汽车公司第五中学少先队员马思健(女)

热爱学习、乐于助人、维护民族团结的西藏自治区林芝地区第二小学少先队员白玛益西

热爱科学、勇于创新的吉林省松原市宁江区实验小学少先队员白雪霁

克服困难、奋发向上的甘肃省兰炼二中少先队员吕妍娜(女)

勤奋好学、关心时事、保护环境的重庆市永川北山中学少先队员孙露希(女)

爱好广泛、责任感强、为北京申奥做出贡献的河北沧州实验小学少先队员陈一栗(女)

爱好广泛、积极争章的福建省泉州市通政中心小学少先队员洪佳婧(女)

热爱艺术、富有爱心的河南省郑州市金水区艺术小学少先队员秦梦瑶(女)

热爱科学、勇于实践的广西壮族自治区柳州市景行小学少先队员蒋龙

素质全面、擅长用电脑制作动画片的天津市河西区上海道小学少先队员谭鑫

全国十佳少先队辅导员

“全国十佳少先队辅导员”是少先队辅导员的崇高荣誉,由共青团中央、教育部、全国少工委联合评选表彰,每两年评选一次,1997 年评选第一届。评选表彰“全国十佳少先队辅导员”,是加强少先队组织建设和队伍建设的重要举措。通过评选活动,大力宣传少先队辅导员的无私奉献精神,用榜样的力量教育和感召少先队工作者,推动少先队事业代代相传。

第二届“全国十佳少先队辅导员”

(1999 年)

于执武　山西省忻州市前播明联校卢家窖小学少先队大队辅导员

乐蕴韬　上海市浦东新区少工委专职少先队总教研员

刘森力　广东省深圳市南山区总辅导员

吴玉兰　吉林省珲春市第一实验小学少先队大队辅导员

时玉莲　江苏省无锡市锡山市洛社中心小学大队辅导员

杨　芳　天津市河北区增产道小学大队辅导员

苏翠玲　内蒙古内东胜市第一小学少先队辅导员

周宏敏　黑龙江省哈尔滨市道里区经纬小学少先队大队辅导员

徐吟鹂　云南省玉溪市红塔区少先队总辅导员

魏慈瑛　浙江省少工委总辅导员

第三届“全国十佳少先队辅导员”

（2001 年）

何　惠　四川省内江市中区总辅导员

陈　丽　青海省西宁市前营街大队辅导员

林　燕　贵州省贵阳市实验小学大队辅导员

张　颖　黑龙江省大庆市直第二小学大队辅导员

岳丽群　云南省景洪市勐养镇中心小学大队辅导员

杨　莉　安徽省合肥市中市区总辅导员

赵　嵘　上海市闸北区第一中心小学大队辅导员

赵常付　北京市朝阳区垂杨柳学区总辅导员

裘　芳　浙江省绍兴县秋瑾小学大队辅导员

黎明亮　广东省东莞市常平镇中心小学总辅导员

全国十佳少先队志愿辅导员

“全国十佳少先队志愿辅导员”由共青团中央和全国少工委联合评选表彰，每两年评选一次，1999 年评选第一届。“全国十佳少先队志愿辅导员”评选活动是加强少先队组织建设和队伍建设的重要举措。通过评选活动，大力宣扬少先队志愿辅导员的无私奉献精神，进一步优化少年儿童成长的社会环境，激励更多的社会力量关心少年儿童健康成长，支持少先队事业的发展。

第一届全国十佳少先队志愿辅导员

（1999 年）

王洪明　黑龙江 81039 部队军务股参谋

王春荣　西藏林芝地区交警支队民警

朱再保　湖南省岳阳市军队干休所退休干部

李英兰　武警青海总队通讯站班长

陈迎春　北京市丰台区洛平小学大队辅导员

张明经　河南省安阳市关工委常务副主任

陈铁洋　宁夏银川市新城区地税局团支部书记

欧阳辉　江西临川市粮食局干部

祝　薇　武汉市武昌区教委团委副书记

韩方裕　大连市沙区交警大队干警

第二届“全国十佳少先队志愿辅导员”

（2001 年）

厉　华　重庆市歌乐山革命纪念馆馆长

张　东　北京市回龙观医院心理医生

张一湘　江苏省南京市南湖街道工委副书记

何书来　天津市消防教导大队政委

何和诚　海南省海口市国土海洋资源局局长

李有宝　辽宁省抚顺市 65639 部队汽车连连长

易兴波　内蒙古自治区包头市昆区关工委社教办主任

赵　凌　江西省南昌市交警支队西湖大队民警

胡雪兰　湖南省长沙县青少年教育活动中心

陈新民　山东胜利油田北胜兴家庭教育学校副校长

全国优秀少先队辅导员

“全国优秀少先队辅导员”由共青团中央、教育部、全国少工委联合评选,每五年评选一次,每次表彰300名。通过评选活动,进一步激励广大少先队辅导员继承和发扬优良传统,努力把握当代少年儿童成长的特点和规律,不断提高思想素质和业务素质,把少先队工作提高到一个新水平。

2000年“全国优秀少先队辅导员”名单

北京市

赵希民　男　汉　通州区郎府乡中心小学少先队总辅导员

杨　靓　女　汉　北京市育英学校少先队辅导员

赵常付　男　汉　朝阳区垂杨柳学区少先队总辅导员

房丽丽　女　汉　崇文区板厂小学少先队大队辅导员

左红霞　女　汉　昌平区马池口中心小学少先队总辅导员

李　燕　女　汉　大兴县孙村中心小学少先队总辅导员

赵士清　女　汉　怀柔县第二小学少先队大队辅导员

韩桂欣　女　汉　宣武区香厂路小学少先队大队辅导员

天津市

刘　英　女　汉　铁路第一小学少先队大队辅导员

李富荣　女　汉　北辰区少工委少先队总辅导员

陈志红　女　汉　和平区岳阳道小学少先队大队辅导员

郭景妹　女　汉　津南区实验小学少先队大队辅导员

刘淑萍　女　汉　大港区教育局团委少先队总辅导员

丁桂萍　女　汉　红桥区同义庄民族小学少先队大队辅导员

毕　盈　女　汉　河西区中心小学少先队大队辅导员

鞠　侠　女　汉　大港油田中心区第一小学少先队大队辅导员

河北省

张小春　男　汉　石家庄市桥东区教育局教育科长

张艳春　女　汉　秦皇岛市少先队总辅导员

门兰新　女　汉　衡水市少先队总辅导员

李立新　女　汉　邯郸市邯山区少先队总辅导员

王鹏玲　女　汉　廊坊市安次区团委少先队总辅导员

周春梅　女　汉　张家口市桥东区宝善街小学少先队辅导员

韩　利　女　汉　任丘华北油田油建小学少先队大队辅导员

王殿吉　男　满　承德市围场团县委少先队总辅导员

杨乃霞　女　汉　邢台市育才小学少先队大队辅导员

邓　莉　女　汉　保定市五四路小学少先队大队辅导员

山西省

明应果 女 汉 太原市少工委少先队总辅导员

宋跃玲 女 汉 临汾市贾得乡少先队总辅导员

赵贤芳 女 汉 绛县第二实验小学少先队总辅导员

梁金环 女 汉 介休市少先队总辅导员

梁粉霞 女 汉 泽州县周村小学少先队大队辅导员

郭红伟 男 汉 长治市实验小学少先队大队辅导员

刘秀英 女 汉 离石市第四小学少先队大队辅导员

赵文斌 男 汉 阳泉市城区上站小学少先队大队辅导员

王剑峰 男 满 朔州市实验小学少先队大队辅导员

孙美玲 女 满 大同市城区第四小学少先队大队辅导员

内蒙古自治区

红 岩 女 蒙 通辽市科尔沁区教育局少先队总辅导员

李桂枝 女 汉 宁城县城关镇椁椤树小学少先队大队辅导员

范艳琴 女 汉 锡林浩特市第七小学少先队大队辅导员

赫伊丰 女 汉 丰镇市少先队总辅导员

张亚丹 女 汉 呼市郊区锡林南路小学少先队大队辅导员

万选亮 男 汉 包头市九原区教育局少先队总辅导员

金 刚 男 回 磴口县第三完小少先队大队辅导员

高剑飞 女 汉 乌海市海勃湾区第二完小少先队大队辅导员

翟淑兰 女 汉 呼铁局第二小学少先队大队辅导员

常艳娟 女 蒙 林管局莫尔道嘎森工公司第一小学少先队大队辅导员

辽宁省

顾晓光 男 汉 沈阳市皇姑区少先队总辅导员

刘希斌 男 汉 大连市大连湾中心小学少先队大队辅导员

刘 敏 女 汉 鞍山市铁西区少先队总辅导员

董世延 男 汉 抚顺市少先队总辅导员

吴文革 女 汉 本溪市明山区联丰小学少先队大队辅导员

何秀丽 女 汉 丹东市实验小学少先队大队辅导员

刁桂珍 女 汉 锦州市少先队总辅导员

姚 丽 女 汉 营口市西市区创新小学少先队大队辅导员

王 健 女 汉 辽阳市白塔区新梅小学少先队大队辅导员

连庆功 男 汉 阜新蒙古族自治县沙拉镇中心校少先队大队辅导员

王 爽 女 汉 盘锦市双台小区辽化小学少先队大队辅导员

侯岩丽 女 汉 葫芦岛市少先队总辅导员

吉林省

范玉芝 女 汉 榆树市五棵树镇中心校少先队辅导员

高 杰 女 汉 长春市朝阳区教育局少先队总辅导员

于广骥 女 汉 吉林市船营区教育局少先队总辅导员

苏宝峰 男 汉 四平市地直街小学少先队大队辅导员

封喜梅 女 汉 辽源市第一实验小学少先队大队辅导员

迟文举 女 汉 临江市建国小学少先队大队辅导员

朱彦洵　女　汉　乾安县实验小学少先队大队辅导员
白先杰　女　汉　通化市东昌区胜利小学少先队大队辅导员
石今玉　女　朝鲜　延吉市新兴小学少先队大队辅导员
李庆余　男　汉　白城市洮北区明仁小学少先队大队辅导员

黑龙江省

孙伟莉　女　汉　哈尔滨市复华小学少先队大队辅导员
陈冰实　女　汉　齐齐哈尔市永安小学少先队大队辅导员
陈　丹　女　汉　牡丹江市北山小学少先队大队辅导员
于　雷　女　汉　佳木斯市第六小学少先队大队辅导员
王玉芬　女　汉　大庆市龙凤区龙凤镇中心小学少先队大队辅导员
潘林静　女　汉　鸡西市师范附属小学少先队大队辅导员
王丽霞　女　汉　七台河市第五小学少先队大队辅导员
张海华　女　汉　肇东市三友小学少先队大队辅导员
郭丽香　女　汉　五大连池市第一小学少先队大队辅导员
张敏丽　女　汉　牡丹江铁路第一小学少先队大队辅导员

上海市

陆　琤　女　汉　长宁实验小学少先队大队辅导员
马国勋　男　汉　凤溪中心小学少先队大队辅导员
袁　莉　女　汉　普陀区教育局少先队总辅导员
王　芳　女　汉　宝山区实验小学少先队大队辅导员
汪伟鸣　女　汉　卢湾区少先队总辅导员
董　洁　女　汉　黄浦区东格致中学少先队中队辅导员
张振杰　男　汉　浦东新区少先队总辅导员
夏荣祥　男　汉　上海市宇航学会秘书长

江苏省

马玉茹　女　回　南京市鼓楼区第一中心小学少先队大队辅导员
蔡　霞　女　汉　徐州市少先队总辅导员
刘国琴　女　汉　常州市钟楼区少先队总辅导员
惠　桦　男　汉　苏州市少先队总辅导员
吴云霞　女　汉　南通师范第二附属小学少先队总辅导员
戴咏芳　女　汉　连云港师范附属小学少先队大队辅导员
吴红明　女　汉　盐城市少先队总辅导员
沈焕成　男　汉　淮安市新安小学少先队总辅导员
赵红梅　女　汉　句容市下蜀镇少先队总辅导员
吴立宏　男　汉　江都市实验小学少先队大队辅导员
姚恒章　男　汉　泰兴市泰兴镇少先队总辅导员
张秀清　男　汉　宿豫县溪河镇少先队总辅导员

浙江省

封美娟　女　汉　杭州市青少年活动中心少先队总辅导员
柴建范　男　汉　慈溪市长河镇中心小学少先队总辅导员
邱圣福　男　汉　瑞安市梅头镇中心小学少先队大队辅导员
陈瑛瑛　女　汉　绍兴市团委少先队总辅导员
俞建林　男　汉　嘉兴市海宁硖石镇中心小学镇少先队总辅导员

阮贝群　男　汉　台州市黄岩区教委少先队总辅导员
吴长松　男　汉　兰溪市少先队总辅导员
姜路强　男　汉　开化县青少年宫少先队总辅导员
王忠军　男　汉　舟山市舟嵊小学少先队大队辅导员
廖思琴　女　汉　遂昌县教委少先队总辅导员

安徽省
武艳玲　女　汉　宿州市埇桥区少先队总辅导员
胡　伟　男　汉　滁州师范第二附属小学少先队大队辅导员
孙莉娅　女　汉　阜阳市清河路第一小学少先队大队辅导员
田志生　男　回　蚌埠市青少年宫少先队校外总辅导员
高　超　男　汉　亳州市夏侯小学少先队大队辅导员
樊　煦　女　汉　马鞍山市马钢九村小学少先队大队辅导员
贾　卿　女　汉　合肥市西市区教委少先队总辅导员
任祥林　男　汉　含山县清溪镇中心小学少先队总辅导员
章金凤　女　汉　青阳县童埠镇少先队总辅导员
白兆从　男　汉　铜陵市铜陵有色露采小学少先队大队辅导员

福建省
陈孙义　男　汉　福州市仓山区麦顶小学少先队总辅导员
张劲秋　女　汉　厦门市少先队总辅导员
李　瑄　女　汉　漳州市芗城区实验小学少先队总辅导员
黄宏渠　男　汉　泉州市晋光小学少先队总辅导员
何水影　男　汉　泉州市实验小学少先队总辅导员
林幼鹏　男　汉　莆田市实验小学少先队总辅导员
陈维森　男　汉　尤溪县实验小学少先队总辅导员
蒋丽英　女　汉　顺昌县实验小学少先队总辅导员
陈煜熙　女　汉　龙岩市新罗区溪南小学少先队总辅导员
阮光清　男　汉　宁德师范附属小学少先队总辅导员

江西省
李惠娟　女　汉　景德镇市第八小学少先队大队辅导员
陈　俭　女　汉　宜春市中山学校少先队大队辅导员
钟裕梅　男　汉　萍乡市少先队总辅导员
邹禄金　女　汉　崇仁县实验小学少先队大队辅导员
袁淑芸　女　汉　万年县六〇小学少先队大队辅导员
钱跃进　男　汉　永修县少先队总辅导员
陈永保　男　汉　永丰县恩江小学少先队大队辅导员
钟　炜　男　汉　新余市长青小学少先队总辅导员
王良英　女　汉　兴国县潋江第一小学少先队大队辅导员
吴煌军　男　汉　余江县画桥镇少先队总辅导员

山东省
纪　亮　男　汉　济南市历下区教委少先队总辅导员
刘　琳　女　汉　青岛市四方区少先队总辅导员
唐　勋　男　汉　淄博市张店区少先队总辅导员

白莲俊　男　汉　滕州市城郊乡教委少先队总辅导员
郝经春　男　汉　招远市张星镇教委少先队总辅导员
于　利　男　汉　潍坊市少先队总辅导员
石秀芳　女　汉　济宁市师范附属小学少先队总辅导员
许东振　男　汉　宁阳县实验小学少先队总辅导员
侯桂智　男　汉　文登市少先队总辅导员
范胜杰　女　汉　德州市德城区教委少先队总辅导员
高常权　男　汉　沂南县教委少先队总辅导员
许宗珺　男　汉　聊城市东昌府区少先队总辅导员
宋　刚　男　汉　邹平县教委少先队总辅导员
司品供　男　汉　菏泽地区少先队总辅导员
任光升　男　汉　胜利油田61中少先队大队辅导员
祝茜华　女　汉　日照市团委少先队总辅导员

河南省

王胜华　女　汉　郑州市管城区文教体委少先队总辅导员
刘朝霞　女　汉　开封市县街小学少先队大队辅导员
高双侠　女　汉　洛阳市西工区文教体委少先队总辅导员
徐艳丽　女　汉　平顶山煤业集团公司第八小学少先队大队辅导员
李　琳　女　汉　新乡市新华区少先队总辅导员
贾莉霞　女　汉　安阳市北关区少先队总辅导员
徐秀芳　女　汉　焦作市解放区焦西小学少先队大队辅导员
王慧芳　女　汉　濮阳市第二师范附属学校少先队大队辅导员
杜伟强　男　汉　许昌实验小学少先队总辅导员
杨敏英　女　汉　漯河市源汇区受降路小学少先队大队辅导员
燕海吉　女　汉　南阳市第十二小学少先队大队辅导员
韩　敏　女　汉　商丘市前进小学少先队大队辅导员
何金华　男　汉　西华县二中少先队辅导员
张　宏　女　汉　驻马店市文教体委少先队总辅导员
张巧云　女　汉　信阳市 浉河区实验小学少先队大队辅导员
高　宇　女　汉　河南省南阳油田第一小学少先队大队辅导员

湖北省

周　雷　男　汉　荆门市金虾路小学少先队大队辅导员
曹庆山　男　汉　孝感市航天第一小学少先队大队辅导员
刘兆国　男　汉　钟祥市丰乐镇小学少先队大队辅导员
汪祖富　男　汉　随州市东关学校少先队大队辅导员
徐燕青　女　汉　武汉市江岸区教委少先队校外辅导员
雷　婷　女　汉　襄樊市人民路小学少先队大队辅导员
邓　滨　女　汉　十堰市东风汽车公司教育部少先队总辅导员
明正芝　女　汉　十堰大学附属小学少先队大队辅导员
何军华　男　汉　罗田县实验小学少先队大队辅导员
吴安萍　女　汉　荆州市沙市区红星路小学少先队大队辅导员

湖南省

李雯　女　汉　长沙市开福区少先队总辅导员

李小芳　女　汉　衡阳市衡冶子弟小学少先队总辅导员

蒋剑文　男　汉　湘潭市雨湖区金庭学校少先队大队辅导员

高兴红　男　汉　慈利县苗市镇中心小学少先队大队辅导员

王小也　女　汉　益阳师范附属小学少先队大队辅导员

姜魁元　男　汉　郴州市少先队校外总辅导员

孙力　男　汉　东安县白牙市镇第一小学少先队大队辅导员

易辛　男　汉　怀化市人民路小学少先队大队辅导员

瞿扬众　男　土家　永顺县民族实验学校少先队大队辅导员

喻世光　男　汉　武冈师范附属小学少先队大队辅导员

广东省

毛军红　女　汉　广州市黄埔区少先队总辅导员

何美卿　女　汉　珠海市斗门县实验小学少先队大队辅导员

陈悦　男　汉　乳源瑶族自治县金禧小学少先队大队辅导员

古桂群　男　汉　五华县文葵镇少先队总辅导员

陈纪雄　男　汉　陆丰市碣石镇少先队总辅导员

梁锦玲　女　汉　东莞市虎门镇少先队总辅导员

冯金怡　女　汉　中山市少先队总辅导员

杨明仪　女　汉　江门市实验小学少先队大队辅导员

阮卫东　女　汉　佛山市汾江中学少先队大队辅导员

刘映南　男　汉　顺德市容桂镇少先队总辅导员

郑瑞星　男　汉　阳江市江城第一小学少先队大队辅导员

梁文杰　男　汉　化州市第二小学少先队总辅导员

黄美璇　女　汉　潮州市湘桥区昌黎路小学少先队大队辅导员

余少游　男　汉　广州铁路(集团)羊城总公司教育办少先队总辅导员

广西壮族自治区

冯燕宁　女　汉　南宁市华强小学少先队总辅导员

赵桂宁　女　满　宁明县教育局少先队总辅导员

莫华　男　壮　来宾县实验小学少先队总辅导员

农雪梅　女　壮　德保县实验小学少先队总辅导员

雷玲　女　汉　柳州市胜利第二小学少先队总辅导员

梁景　男　汉　桂林市育才小学少先队总辅导员

黎恩惠　女　汉　博白县博白镇少先队总辅导员

梁春燕　女　汉　灵山县实验小学少先队总辅导员

海南省

潘家坤　男　汉　琼山市大致坡中心小学少先队大队辅导员

吴宏丰　男　汉　定安县第一小学少先队大队辅导员

赵檀木　男　汉　海口市龙峰实验小学少先队大队辅导员

陈银　女　汉　农垦国营新进农场所中心小学少先队总辅导员

王珏　女　汉　海南省海南中学少先队总辅导员

唐会洲　男　汉　万宁市教育局少先队总辅

导员

重庆市

王晓燕　女　汉　万州区天城教委少先队总辅导员

欧晓玲　女　土家　石柱县南宾小学少先队大队辅导员

黄　燕　女　汉　重庆市少年宫副主任(少先队志愿辅导员)

黄庆江　男　汉　渝北区实验小学少先队大队辅导员

马　佳　女　汉　渝中区第二实验小学少先队大队辅导员

谢　军　女　汉　涪陵师范附属小学少先队大队辅导员

四川省

牟家全　男　汉　邛崃市羊安镇中心小学少先队总辅导员

吴丽群　女　汉　成都市青羊区少先队总辅导员

卢全贵　男　汉　什邡市少先队总辅导员

李小华　男　汉　泸州市实验小学少先队大队辅导员

雷晓春　男　汉　乐山市县街小学少先队大队辅导员

米　强　男　汉　遂宁顺南街小学少先队大队辅导员

李　川　男　汉　武胜县沿口镇小学少先队大队辅导员

刘志强　男　汉　四川省科学城第一小学少先队大队辅导员

龚明礼　男　汉　巴中市第十小学少先队总辅导员

高凤玲　女　藏　康定县藏族小学少先队大队辅导员

甘群芳　女　汉　自贡市大安区兴隆坳小学少先队中队辅导员

何荣书　男　汉　万源市人大常委会主任(少先队志愿辅导员)

涂亚常　男　汉　成都体育学院医师(少先队志愿辅导员)

刘　蕾　女　汉　成都市龙江路小学大队辅导员

贵州省

周晓群　女　汉　中铁五局第一小学少先队大队辅导员

张晓丽　女　汉　水城矿物局一中少先队大队辅导员

金崇俊　男　仫佬　都匀市第六小学少先队大队辅导员

杨胜霞　女　苗　凯里市第五小学少先队大队辅导员

魏仁毓　女　汉　贵阳市第四实验小学少先队大队辅导员

王　强　男　仡佬　道真县玉溪小学少先队大队辅导员

杜德芹　女　黎　镇宁县城关第一小学少先队大队辅导员

冯　丹　女　汉　兴义市盘江路小学少先队大队辅导员

云南省

王华祝　男　汉　昆明市盘龙区书林第二小学少先队大队辅导员

李永清　男　汉　姚安县官屯乡兼职少先队总辅导员

郭相标　男　白　大理师范附小少先队大队辅导员

薛春晓　女　白　建水县第一小学少先队总辅导员

尹可然　男　汉　腾冲县少先队总辅导员

李柱宽　男　汉　曲靖市师范附属第二小学少先队大队辅导员

黄茹萍　女　壮　广南县城第一小学少先队总辅导员

施加林　男　彝　峨山县少先队总辅导员

西藏自治区

次旦汪姆　女　藏　拉萨市城关区雪小学少

先队大队辅导员
阿尔美　男　藏　日喀则地区小学少先队总辅导员
聪　吉　女　藏　林芝地区第一小学少先队大队辅导员
刚　组　男　藏　山南地区第一小学少先队大队辅导员
普布扎西　男　藏　安多县完小少先队大队辅导员
罗布顿珠　男　藏　昌都地区实验小学少先队大队辅导员

陕西省

张　蓉　女　汉　西安市实验小学少先队大队辅导员
樊爱莉　女　汉　宝鸡市金台区神武路小学少先队大队辅导员
卢芳娥　女　汉　咸阳市实验小学少先队大队辅导员
骆卫利　男　汉　西安铁路分局教育中心少先队总辅导员
田育华　女　汉　西安市远东第一小学少先队大队辅导员
苏　军　男　汉　延安市宝塔区少先队总辅导员
焦松森　男　汉　汉中市师范附属小学少先队大队辅导员
李艾青　女　汉　咸阳市西北国棉一厂小学少先队大队辅导员
杨善银　男　汉　镇安县城关小学少先队大队辅导员
侯成林　男　汉　白河县城关小学少先队大队辅导员

甘肃省

杨让礼　男　汉　皋兰县石洞小学少先队大队辅导员
孙志康　男　汉　陇西地区陇西师范附小少先队大队辅导员
焦维忠　男　汉　甘南州少先队总辅导员
郅红霞　女　汉　酒泉市东关二校少先队大队辅导员
王桂芳　女　汉　武都县少先队总辅导员
田　青　女　汉　天水市建工第二小学少先队大队辅导员
李援朝　女　汉　白银市白银公司第八小学少先队大队辅导员
侯海录　男　汉　兰州铁路局团委少先队总辅导员

青海省

朱金莲　女　回　海北藏族自治州祁连山小学少先队大队辅导员
和云青　男　藏　玉树州红旗学校少先队大队辅导员
赵　静　女　回　循化县积石小学少先队大队辅导员
张晓芸　女　汉　西宁市水井巷小学少先队大队辅导员
达玉梅　女　蒙古　德令哈市郭里木乡民族希望小学少先队大队辅导员
王继文　男　汉　尖扎县马克唐第一完校少先队大队辅导员

宁夏回族自治区

黄　涛　男　汉　银川市城区教育局少先队总辅导员
许　炜　男　汉　永宁逸夫小学少先队大队辅导员
安自福　男　汉　平罗县灵沙中心小学少先队辅导员
刘美芹　女　汉　石嘴山市石炭井矿务局大武口洗煤厂小学少先队总辅导员
翁红丽　女　汉　中卫县第一小学少先队大队辅导员
李志勇　男　汉　盐池县惠安堡镇中心小学少先队大队辅导员
王晓萍　女　汉　固原县城关第六小学少先

队大队辅导员
杨秉毅　男　汉　彭阳县白阳镇一小少先队大队辅导员

新疆维吾尔自治区

沙玉兰　女　回　巴州库尔勒市教育局少先队总辅导员
杜玉红　女　汉　阜康市第三小学少先队大队辅导员
郭雪英　女　锡伯　克拉玛依市第二小学少先队大队辅导员
买日也木古力·艾山　女　维吾尔　岳普湖县三中少先队总辅导员
张文娟　女　汉　乌鲁木齐市逸夫小学少先队大队辅导员
王　坚　女　锡　伯奎屯市第三小学少先队大队辅导员
武红欣　女　汉　新疆兵团农二师华山中学少先队中队辅导员
蒋荣荣　女　汉　新疆兵团农七师123团团直小学少先队大队辅导员

“星星火炬”奖章

“星星火炬”奖章由全国少工委评选，用于表彰各条战线长期关心支持少先队工作并做出突出贡献的人士，1994年开始评选，每5年评选一次，每次表彰200—300名。通过评选活动，宣传在党和政府及社会各界的关心支持下，少先队事业所取得的成绩；激励广大少先队辅导员和少先队工作者为培养中国特色社会主义事业合格建设者和接班人而努力工作；吸引和鼓励更多的社会各界人士支持和关心少先队事业；进一步优化少年儿童健康成长的社会环境，推动星星火炬事业再上台阶。

1998年“星星火炬”奖章获得者

北京

刘亚强(女)　市少年宫主任
曹桂俭(女)　平谷县教育局党委副书记
王永信　西城区展新小学校长兼党支部书记

天津

孙彦博　大港油田集团团泊洼开发公司经理、党委书记
孙志政　团塘沽区委书记
孙淑玲(女)　河北区教委副主任

河北

张建顺　张家口市少工委副主任
李英华　赵县石塔实验学校校长、党支部书记
魏浩然　保定市河北小学副校长、大队辅导员

山西

明应果(女)　太原市少工委总辅导员
刘计娥(女)　榆次市羊毫街小学校长、党支部书记

内蒙古

李爱霞(女)　呼和浩特市回民区教委总辅导员
卜继珍(女)　包头市少年宫活动部长
宁百庚　内蒙古饭店副总经理

辽宁

王有为　中共大连市委副书记
唐　励(女)　沈阳皇姑区教委副主任
郑秀英(女)　沈阳大东区白塔小学校长

吉林

朱　彤(女)　中共白山市委副书记
牟丽芳(女)　长春市解放大路小学校长兼党支部书记

金玉茶（女）　长春市南关区树勋小学常务副校长
龚　玲（女）　省实验中学党委书记兼副校长
黑龙江
孟凡杰　省教委副主任
郭素滨（女）　哈尔滨市复华小学校长
赵玉霞（女）　哈尔滨市铁岭小学校长
张兴国　哈尔滨市兆麟小学校长
上海
林　锋（女）　宝山区教育局副局长、区少工委主任
江东霞（女）　长宁区实验小学校长、党支部书记
周成华（女）　卢湾区教育学院德育研究室副主任
吴新生　闸北区青少年活动中心主任
江苏
汪遐义　南京市教委副主任
李洪根　江都市教委副主任
严　清　南通市教委副主任
浙江
张维娟（女）　湖州市人民政府副市长
陈守义　宁波市政协副主席
吕士琴（女）　诸暨市教委总辅导员
安徽
锁炳勋　金种子集团有限公司董事长
吴世秀（女）　合肥市六安路小学党支部书记
胡于楠（女）　省校外总辅导员
福建
陈明义　中共福建省委书记
雷春美（女）　团福建省委副书记
王毅华（女）　漳浦县旧镇学区总辅导员
江西
柯进水　中共铅山县委副书记
潜成猛　奉新县冯川一小大队辅导员
杨三勇　团吉安地委学少部负责人
山东
郑和平　得利斯集团公司董事长、总裁
杜世皓　济南市教委主任、党委副书记

周奎齐　博兴县第一小学校长
河南
闫月平（女）　郑州市金水区艺术小学校长
张　琳（女）　团开封市委学校部长兼市总辅导员
湖北
张明达　武汉钢铁（集团）公司党委书记
周元武　省教委副主任
熊守璋　中共黄石市委副书记
湖南
朱再保　岳阳市军队干休所退休干部
方伟华　岳阳市岳阳楼管理处主任
沈小敏（女）　长沙市雨花区教育局少先队总辅导员
广东
陈以良（女）　中共肇庆市高要市委副书记
何木星　东莞市教育局德育科副科长、市少先队总辅导员
冯广强　佛山市南海市桂城区中心小学校长
广西
冯燕宁（女）　南宁市华强小学党支部副书记、少先队总辅导员
温铁群　贵港市桂平市桂平镇城西小学校长
梁丽珍（女）　百色市百色镇中山八一希望小学校长兼党支部书记
海南
李　木　海南人民广播电台社教部副主任
王　珏（女）　海口市海南中学团委副书记、少先队辅导员
重庆
蒋国昌　市教委副主任
邢真理（女）　市少年宫主任
颜恩文（女）　市人民小学校长、党支部书记
四川
冷晓燕（女）　团成都市委少年部长
廖克全　乐山市教委副主任
张　莉（女）　绵阳市人民路小学大队辅导员
贵州

张国新　中共毕节地委委员、组织部长
杨贵珠(女)　省教委副主任
辛维光　中共贵阳市委副书记

云南

李兴荟(女)　临沧地区少工委办公室主任
殷玉依(女)　昆明市五华区教委总辅导员
黄　玲(女)　昭通地区少工委主任
马纯芳(女)　红河州蒙自县第三中学大队辅导员

西藏

林凤秋(女)　拉萨市第一小学校长
希　吉(女)　林芝地区第二小学辅导员
拉巴旺堆　拉萨市师范附属小学校长

陕西

曹秀英(女)　西安市东方机械厂子弟小学校长兼党支部书记
刘晓洲　团西安市委青工部长、市少工委副主任
仲　妍(女)　省少工委总辅导员

甘肃

石宗源　中共甘肃省委常委、宣传部长
张文武　省财政厅副厅长
陶炳海　兰州大学科技开发总公司总经理

青海

高月英(女)　西宁市北大街小学校长
任锡品　互助县城南小学校长
董志忠　德令哈市煤炭运销有限公司总经理

宁夏

高天军　中国农业银行银川市分行行长
刘风清(女)　石嘴山市第十一小学大队辅导员
王扬宝　银川市新城区教育局局长

新疆

马天申　新疆生产建设兵团农七师一二三团政委
方　强　乌鲁木齐市少工委副主任、团市委学校部长
刘　盈(女)　哈密地区少工委副主任

铁道

罗向东　长沙铁路总公司衡阳铁路第一中学专职科技辅导员
冯　军(女)　沈阳铁路局第五小学校长兼党支部书记
潘　琼(女)　上海铁路分局教委总辅导员

中央直属

徐惟诚　文化部文化扶贫委员会主任
柳　斌　国家教育部总督学
曾　媛(女)　中央电视台青少中心少儿部节目主持人

优秀少年军校工作者

“优秀少年军校工作者”由共青团中央、解放军总政治部和全国少工委联合评选，用于表彰热心少年军校工作、乐于奉献的党政军领导、部队官兵、团队干部、教育工作者和社会工作者，每5年表彰一次，1999年评选第一届。通过评选活动，进一步推进少年军校活动的开展，加强少年军校规范化建设，加强对少年儿童进行爱国主义教育、国防教育和素质教育。

第一届优秀少年军校工作者名单

(1999年)

范少同　北京市丰台区一小少年艺术军校教官、解放军某部政治处干事
周立军　北京市银箭少年军校校长

熊国兰　北京市海淀区群英小学少年通信军校政教主任
彭九顺　北京铁路职工子弟第五小学军校校长
冯素琴　天津市河北区启东少年军校校长
曹广成　天津市八十八中学少年军校校长
任德福　天津市河东区常州道小学少年军校校长
陈吉祥　重庆市渝中区解放少年警校校长
周世华　重庆市少年消防警校政治委员
苏永康　重庆市少年交警学校辅导员、重庆市公安交通管理局宣传科主任科员
刘　军　内蒙古自治区包钢实验军校校长
陈　良　内蒙古自治区扎赉诺尔矿务局少年军校军事科长
王迎春　呼和浩特铁路一中少年军校教务主任
赵强拄　山西省大同市预备役军校第二分校校长
王建伟　山西省清徐县平泉少年军校校长
纪荣丽　河北省沧州市光明小学少年军校校长
贺生贵　河北省石家庄市沿西街小学少年军校校长
顾贞珍　辽宁省实验小学少年军校校长
吕恒玉　辽宁省沈阳市大东区上园少年军校校长
谢华庚　吉林省少年军校政治处主任、解放军某部装甲兵技术学校政治部组织科长
姜凤兰　吉林省长春市宽平小学少年警校校长
耿立新　黑龙江省佳木斯市向阳区少年军校总校常务副校长
郭丽君　黑龙江省牡丹江市新荣小学少年军校校长
王宜伟　江苏省徐州市少年军校教官、徐州工程兵指挥学院二系参谋
周其保　江苏省泰州市实验小学少年军校校长
陈继志　安徽省合肥市西市区少年军校副校长
王轶强　山东省青岛市少年军校教导员
董崇文　山东省威海市少年海军学校副校长
傅忠明　浙江省供墅区丽水路少年交警学校校长、供墅交警大队副大队长
唐根富　浙江省嘉兴市秀城区少年军校校长、秀城区人民武装部政委
俞健玲　江西省赣州市少年军事学校政教处主任
卢秋如　江西省吉安地区少年军校副校长
陈玉宝　福建省漳浦县少年军校总校副校长
张敬仁　福建省石狮市灵秀山少年军校校长、驻石狮某部司令部协理员
杨世全　湖南省泸溪县武溪少年军校校长、泸溪县人民武装部政工科长、县国防教育办公室主任
苏雄伟　湖南省洪江市少年军校校长、驻洪江某部气象台台长
杞飞跃　湖北省十堰十三中少年军校教官
孙国华　湖北省枣阳市少年军校负责人
虎卫红　河南省信阳少年军校教导员
吴　云　河南省驻马店市靖宇少年军校校长
霍　勇　原广东省广州市警备区副司令、广州市少年军校总校总教官
段建法　广东省湛江市第八小学红领巾军校指导员、海军陆战旅特种团坦克二连指导员
卢传华　广东省潮州市绵德小学分校少年军校校长
符芳泽　海南省琼海市嘉积中学少年军校副校长
林春红　海南省农垦少年军校副校长
张振荣　广西壮族自治区北海市海军少年军校校长、解放军某部政治处政委
苏柳莉　广西壮族自治区柳州乐群路少年交

警学校校长

潘洪建　贵州省福泉市少年军校副校长

高筑英　贵州省贵阳市省府路小学少年军校交警队队长

涂　虹　四川省遂宁市青少年业余交通警察学校常务副校长

景培朗　四川省攀枝花市少年军校校长

吕凤娥　云南省曲靖市罗平县少年消防警校副校长

杨鸿玮　云南省保山市汉庄少年军校副校长

刘　彬　陕西省西安市灞桥区少年军校副校长

俞　敏　空军某部工厂子女小学少年军校校长

陈金中　甘肃省西峰市新建小学少年军校校长

洪　涛　甘肃省金昌市金川公司少年军校副校长

雷玉梅　青海省西宁市城中区少年军校副校长

罗　森　宁夏回族自治区石灰井矿物局贺兰山少年军校政委

王宗会　宁夏回族自治区贺兰山雏鹰军校办公室副主任

杜秀珍　新疆维吾尔自治区乌鲁木齐市第九中学少年军校副校长

冯　勇　新疆维吾尔自治区哈巴河县一小少年军校辅导员

贺惠民　新疆建设兵团农八师石河子市第一小学少年军校副政委

陈兆东　新疆建设兵团农七师124团少年军校副校长

全国红旗大队

全国红旗大队由全国少工委评选表彰，每两年评选一次，每次表彰1000名。少先队大队是少先队的重要基层组织，是少先队工作的基础和保障，是少年儿童身心得到锻炼和健康发展的重要阵地。通过评选活动，加强少先队员的集体观念，提高少先队员的团队精神，倡导诚实、勇敢、团结、活泼的队风，推动少先队基层组织建设。

2001年“全国红旗大队”名单

北京

丰台区洋桥学校少先队大队

西城区育翔小学少先队大队

怀柔县第二小学少先队大队

宣武区红莲小学少先队大队

房山区良乡三小少先队大队

门头沟区大峪第二小学少先队大队

延庆县第一小学少先队大队

东城区丁香胡同小学少先队大队

平谷县东高村中心小学少先队大队

朝阳区垡头第二小学少先队大队

大兴县黄村五小少先队大队

海淀区育英学校少先队大队

海淀区翠微小学少先队大队

昌平区巩华中心小学少先队大队

天津

和平区实验小学少先队大队

河西区启智学校少先队大队

河东区靶革当村小学少先队大队

红桥区雷锋大队少先队大队

河北区昆纬路第一小学少先队大队
武清区杨村第四小学少先队大队
东丽区实验小学少先队大队
铁路第一小学少先队大队
北辰区实验小学少先队大队
南开大学附属小学少先队大队
大港区马棚口联校少先队大队
塘沽区浙江路小学少先队大队
汉沽区河西第一小学少先队大队
津南区实验小学少先队大队
河北
邯郸市渚河路小学少先队大队
邯郸市复兴区王郎小学少先队大队
石家庄市裕华区青园街小学少先队大队
石家庄市桥西区曙光小学少先队大队
石家庄市铁路第二小学少先队大队
沧州河间市第一实验小学少先队大队
沧州市车站小学少先队大队
霸州市信安镇中心小学少先队大队
秦皇岛市海港区迎秋里实验小学少先队大队
保定市保师附小少先队大队
保定市前卫路小学少先队大队
张家口市下东营小学少先队大队
张家口市卫华小学少先队大队
邢台市金华实验小学少先队大队
邢台市威县实验小学少先队大队
承德市平泉县平泉镇双桥小学少先队大队
唐山市路南区实验小学少先队大队
唐山市路北区光明实验小学少先队大队
任丘市华北石油教培中心井下小学少先队大队
冀州市第二实验小学少先队大队
山西
吕梁地区汾阳市实验小学少先队大队
太原市迎泽区双西小学少先队大队
太原市杏花岭区新道街小学少先队大队
太原市星火一校少先队大队
太原市杏花岭区新建路小学少先队大队
临汾师范附属小学少先队大队
长治市师范附属小学少先队大队
榆中市榆次区逸夫小学少先队大队
大同铁路分局第二职工子弟小学少先队大队
阳泉市煤业集团有限公司马家坪小学少先队大队
忻州市七一路学校少先队大队
晋中市平遥县汇济小学少先队大队
晋城市凤鸣小学少先队大队
通宝育杰学校少先队大队
运城市临猗县贵戚坊小学少先队大队
内蒙古
呼盟伊敏煤电公司第三小学少先队大队
通辽市实验小学少先队大队
通辽市科尔沁区实验小学少先队大队
赤峰市松山区第二小学少先队大队
赤峰市实验学校少先队大队
锡盟太仆寺旗头支箭中心校少先队大队
呼市新城区满族小学少先队大队
呼市新城区北垣小学少先队大队
呼市赛罕区南门外小学少先队大队
包钢第一实验小学少先队大队
包头市昆区乌兰小学少先队大队
包头市东河区胜利路小学少先队大队
包头市青山区民主路小学少先队大队
鄂尔多斯市达旗树林召镇第四小学少先队大队
巴盟临河市第九小学少先队大队
乌海市师范附小少先队大队
阿盟阿左旗八一希望小学少先队大队
内蒙古电力公司丰镇电厂子弟学校少先队大队
临河铁路小学少先队大队
赤峰平煤公司古山小学少先队大队
大兴安岭林管局牙克石林业第四中学少先队大队
辽宁
辽宁省实验学校少先队大队
辽阳市师范附属小学少先队大队
沈阳市沈河区育鹏小学少先队大队

沈阳市皇姑区珠江五校少先队大队
沈阳市大东区大东路第二小学少先队大队
沈阳铁路局锦州分局第二小学少先队大队
大连市甘井子区营城子中心小学少先大队
大连市沙河口区玉华小学少先队大队
鞍山市铁西区跃进小学少先队大队
鞍山市铁东区胜利小学少先队大队
抚顺市城区将军一校少先队大队
抚顺市教师进修学院附属小学少先队大队
本溪市平山实验小学少先队大队
本溪市明山区东胜小学少先队大队
丹东市实验小学少先队大队
丹东市红房小学少先队大队
阜新市实验小学少先队大队
铁岭市银州区第十八小学少先队大队
葫芦岛市师范附属小学少先队大队
朝阳市建平县叶柏寿第三小学少先队大队
营口市西市区启文小学少先队大队
锦州黑山县大虎山镇中心小学少先队大队

吉林

延吉市公园小学少先队大队
长春市宽城区天津路小学少先队大队
长春市解放大路小学少先队大队
乾安县实验小学少先队大队
长岭县流水镇中心校少先队大队
通化市实验小学少先队大队
榆树市五棵树镇中心小学少先队大队
辽源市第一实验小学少先队大队
公主岭市西四小学少先队大队
四平市地直街小学少先队大队
白山市八道江区实验小学少先队大队
白城市明仁小学少先队大队
吉林市龙潭区世纪小学少先队大队
吉林市船营区第四小学少先队大队
吉林省第二实验学校少先队大队

黑龙江

哈尔滨市动力区电工小学少先队大队
呼兰县呼兰镇东方红小学少先队大队
依安县第四小学少先队大队
牡丹江市人民小学少先队大队
佳木斯市第六小学少先队大队
大庆市直机关第二小学少先队大队
双鸭山市建国小学少先队大队
鹤岗市工农区东方红小学少先队大队
七台河市第六小学少先队大队
海伦市实验小学少先队大队
黑河市实验小学少先队大队
省农垦总局宝泉岭分局普阳农场小学少先队大队
柴河林业局第三小学少先队大队
哈尔滨铁路第四小学少先队大队
大庆石油管理局教育培训中心龙南小学少先队大队

上海

报童小学少先队大队
上海师范专科学校附属小学少先队大队
初级中学少先队大队
静安区教育学院附属实验学校少先队大队
陆家宅小学少先队大队
永兴路第二小学少先队大队
广灵路小学少先队大队
长白二村小学少先队大队
同泰路小学少先队大队
鲁汇小学少先队大队
南苑小学少先队大队
福山路小学少先队大队
泥城小学少先队大队
古华小学少先队大队

江苏

南京铁路分局芜湖铁路第二小学少先队大队
南京市北京东路小学少先队大队
扬州市梅岭小学少先队大队
扬州市梅岭中学少先队大队
昆山市正仪中心小学少先队大队
连云港市开发区朱曹中心小学少先队大队
江都市实验小学少先队大队

启东市实验小学少先队大队
建湖县森达小学少先队大队
常熟市报慈小学少先队大队
无锡市渔港小学少先队大队
无锡市堰桥中心小学少先队大队
常州市盛毓度小学少先队大队
金湖县实验小学少先队大队
镇江实验学校少先队大队
泗阳县实验小学少先队大队
江苏油田第二小学少先队大队
徐州市解放路中心小学少先队大队
仪征化纤第二小学少先队大队
泰州市城东中心小学少先队大队
浙江
杭州市西湖区文三街小学少先队大队
杭州市萧山区瓜沥镇第二小学少先队大队
宁波市北仑区新矸小学少先队大队
宁波市鄞县高桥镇中心小学少先队大队
宁波市骆驼镇中心小学少先队大队
温州市育英国际实验学校少先队大队
温州市建设小学少先队大队
嘉兴市秀州磻溪小学少先队大队
湖州市安吉县实验小学少先队大队
绍兴市绍兴县秋瑾小学少先队大队
金华市磐安县实验小学少先队大队
衢州市衢县大洲镇中心小学少先队大队
舟山市普陀区沈家门小学少先队大队
舟山市定海小学少先队大队
台州市天台县城关镇中心小学少先队大队
丽水市莲都区大洋路学校少先队大队
镇海炼油化工股份有限公司子弟小学少先队大队
安徽
合肥市双岗小学少先队大队
合肥市长江路第三小学少先队大队
合肥市屯溪路小学少先队大队
繁昌县新林乡郭仁小学少先队大队
芜湖市柳春园小学少先队大队
蚌埠第二实验小学少先队大队
宁国市西津小学少先队大队
淮南市田家庵区第二小学少先队大队
淮北矿业集团淮北选煤厂学校少先队大队
宿州市第十二小学少先队大队
黄山市屯溪长干小学少先队大队
滁州市实验小学少先队大队
铜陵市人民小学少先队大队
六安市金安区皖西路小学少先队大队
马鞍山市实验小学少先队大队
含山县林头中心小学少先队大队
福建
福州晋安鼓山中心小学少先队大队
福州福清实验小学少先队大队
厦门同安区新民中心小学少先队大队
泉州惠安县螺城中心小学少先队大队
泉州鲤城区晋光小学少先队大队
漳州漳浦县实验小学少先队大队
漳州平和县育英小学少先队大队
莆田市城厢区梅峰中心小学少先队大队
南平建瓯建安中心小学少先队大队
南平延平区南山学区少先队大队
三明永安实验小学少先队大队
三明三元区建设小学少先队大队
龙岩长汀实验小学少先队大队
龙岩上杭实验小学少先队大队
宁德市柘荣县实验小学少先队大队
江西
南昌市豫章路小学少先队大队
南昌市洪都中学少先队大队
赣州市章贡区白云小学少先队大队
吉安市吉州区石阳小学少先队大队
上饶市逸夫小学少先队大队
樟树市第四小学少先队大队
抚州市临川区第一小学少先队大队
九江市浔阳区柴桑小学少先队大队
景德镇市第十一小学少先队大队
景德镇铁路子弟中学小学部少先队大队

鹰潭市第一小学少先队大队
新余市新钢公司第一小学少先队大队
江西水文地质大队子弟学校少先队大队
江西铜业公司德兴铜矿中心小学少先队大队
四治学校实验小学部少先队大队
萍乡师范附小少先队大队

山东

济南市纬十路小学少先队大队
济南市制锦市街小学少先队大队
济南铁路第四小学少先队大队
青岛市平安路第二小学少先队大队
青岛市嘉峪关学校少先队大队
枣庄市立新小学少先队大队
烟台市芝罘区工人子女小学少先队大队
龙口市实验小学少先队大队
潍坊市安丘实验小学少先队大队
邹城市第二实验小学少先队大队
曲阜市鲁城街道办事处书院街小学少先队大队
泰安市泰山雷锋学校少先队大队
威海市古寨小学少先队大队
日照市港务局第一小学少先队大队
莱芜市第二实验小学少先队大队
德州市北园小学少先队大队
临沂市第三实验小学少先队大队
聊城市东昌府区民主小学少先队大队
滨州市博兴县第一小学少先队大队
菏泽市牡丹区第二小学少先队大队
胜利石油管理局孤岛小学少先队大队
齐鲁石化公司总校第八小学少先队大队
莱钢集团有限公司第二中学少先队大队

河南

郑州市管城区城东路第一小学少先队大队
郑州市中原区育红小学少先队大队
开封市第二师范附属小学少先队大队
开封市县街小学少先队大队
洛阳市涧西区天津路小学少先队大队
洛阳市芳林路小学少先队大队
平顶山市矿工路小学少先队大队
平顶山市煤业集团公司第八小学少先队大队
新乡市新华区回民小学少先队大队
安阳市钢铁公司第一小学少先队大队
修武县实验小学少先队大队
濮阳市师范附属小学少先队大队
许昌市实验小学少先队大队
漯河市育才学校少先队大队
三门峡市第六小学少先队大队
鹤壁市鹤翔小学少先队大队
南阳市第十五小学少先队大队
南阳油田第一小学少先队大队
商丘市第一实验小学少先队大队
周口市六一路小学少先队大队
驻马店市实验小学少先队大队
信阳市平桥区实验小学少先队大队
济源市轵城镇实验小学少先队大队
郑州铁路局第十子弟小学少先队大队
中原油田局机关第一小学少先队大队

湖北

武汉市崇仁路小学少先队大队
武汉市江岸区铭新街小学少先队大队
武汉市武昌区中华路小学少先队大队
荆门市实验小学少先队大队
荆门市金虾路小学少先队大队
荆州市沙市实验小学少先队大队
黄石市中山小学少先队大队
黄石市广场路小学少先队大队
汉川市仙女办事处一小少先队大队
随州市曾都区实验小学少先队大队
宜昌市东山小学少先队大队
江汉油田广华二小少先队大队
东风汽车公司锻造厂小学少先队大队
东风汽车公司第一小学少先队大队
十堰市实验小学少先队大队
黄冈市浠水县师范附小少先队大队
黄冈市黄州区实验小学少先队大队
襄樊南漳县实验小学少先队大队

湖南
湘西自治州吉首市第一小学少先队大队
衡阳市石鼓区人民路小学少先队大队
永州市芝山区一小少先队大队
怀化市舞水小学少先队大队
怀化市实验学校少先队大队
怀化市麻阳苗族自治县民族小学少先队大队
益阳市桃江县三堂街镇中心小学少先队大队
郴州市第九完全小学少先队大队
常德市鼎城区灌溪镇中心小学少先队大队
岳阳长岭炼化公司职工子弟小学少先队大队
邵阳市东塔小学少先队大队
湘潭市和平小学少先队大队
长沙市芙蓉区育才学校少先队大队
湖南一师一附小少先队大队
广东
广州市十七中学少先队雏鹰少先队大队
深圳市实验学校小学部少先队大队
珠海市斗门区井岸镇第一小学少先队大队
汕头市金园区华新小学少先队大队
韶关市武江区金福园小学少先队大队
梅州市五华县水寨镇中心小学少先队大队
惠州市光彩小学少先队大队
东莞市厚街镇新塘小学少先队大队
中山市实验小学少先队大队
江门市蓬江区实验小学少先队大队
佛山南海市沙头镇水南小学少先队大队
阳江市阳西县实验小学少先队大队
湛江雷州市雷城第一小学少先队大队
湛江廉江市河唇镇中心小学少先队大队
肇庆市第七小学少先队大队
清远市佛冈县第四小学少先队大队
潮州市湘桥区城南小学少先队大队
揭阳市惠来县隆江中心小学少先队大队
顺德市大良区实验小学少先队大队
广西
南宁地区上林县大丰街第二小学少先队大队
南宁市卫国路第二小学少先队大队
南宁市华强路小学少先队大队
柳州地区融水苗族自治县民族小学少先队大队
柳州铁路局第六小学少先队大队
柳州市景行小学少先队大队
贺州地区贺州市八步镇第一小学少先队大队
百色市百色镇爱新小学少先队大队
河池地区南丹县第一小学少先队大队
河池地区宜州市庆远镇第一小学少先队大队
桂林市汇通小学少先队大队
梧州市文化路小学少先队大队
北海市海城区第十一小学少先队大队
钦州市灵山县实验小学少先队大队
防城港市防城区防城镇第二小学少先队大队
桂平市桂平镇中心小学少先队大队
玉林市玉州区玉林镇古定中心小学少先队大队
海南
琼山市新城镇中心小学少先队大队
琼海市实验小学少先队大队
农垦新进农场中心小学少先队大队
农垦总局桂林洋中心小学少先队大队
三亚市实验小学少先队大队
海口市长流中心小学少先队大队
乐东黎族自治县第一小学少先队大队
白沙县第一小学少先队大队
万宁市万城镇番村小学少先队大队
定安县定城镇中心小学少先队大队
儋州市那大第四小学少先队大队
昌江黎族自治县乌烈镇中心小学少先队大队
五指山市南圣军民希望小学少先队大队
屯昌县南坤区南坤小学少先队大队
东方市第四小学少先队大队
重庆
南岸区珊瑚实验小学少先队大队
石柱县南宾小学少先队大队
沙坪坝区第一实验小学少先队大队
北碚区梅花山小学少先队大队
江津市向阳小学少先队大队
渝北区花园小学少先队大队

垫江县凤山小学少先队大队
忠县忠洲镇第二小学少先队大队
江北区新村实验小学少先队大队
万盛区和平小学少先队大队
万州区电报路实验小学少先队大队
巴南区鱼洞第二小学少先队大队
合川市凉亭小学少先队大队
綦江县陵园小学少先队大队
四川
成都市郫县郫筒镇第一小学少先队大队
成都市高新区实验小学少先队大队
自贡市龙星艺术学校少先队大队
攀枝花市实验学校少先队大队
泸州市龙马潭区小街子小学少先队大队
德阳市第一小学少先队大队
绵阳市游仙区云凤乡中心小学少先队大队
遂宁市射洪县太和镇第一小学少先队大队
内江市隆昌县金鹅镇楼峰小学少先队大队
广元市市中区北街小学少先队大队
乐山市县街小学少先队大队
宜宾市兴文县中城镇第二小学少先队大队
南充市南部县建兴镇小学少先队大队
广安市华蓥市双河镇第二小学少先队大队
达州市通川区第八小学少先队大队
巴中市师范附属实验小学少先队大队
雅安市雨城区实验小学少先队大队
眉山市师范附小少先队大队
甘孜州白玉县昌合区小学少先队大队
阿坝州马尔康民族师范附属小学少先队大队
凉山州冕宁县城厢小学少先队大队
贵州
六盘水市实验小学少先队大队
贵定县第二小学少先队大队
黄平县第二小学少先队大队
印江县第二完全小学少先队大队
贵阳花溪小学少先队大队
贵阳市第二实验小学少先队大队
贵阳六中少先队大队
贵阳铁路分局二小少先队大队
遵义市同济学校少先队大队
黎阳子校少先队大队
云南
昆明市盘龙区中华小学少先队大队
昭通市彝良县示范小学少先队大队
曲靖市会泽县工农小学少先队大队
玉溪市红塔区灵秀小学少先队大队
红河州开远市乐白道办事处卧龙邑小学少先队大队
思茅地区镇源恩乐镇小学少先队大队
大理州师范附属小学少先队大队
保山市隆阳区第五小学少先队大队
德宏州瑞丽市团结小学少先队大队
丽江地区丽江县大研镇兴仁小学少先队大队
怒江州兰坪县金顶学区江头河完小少先队大队
迪庆州中甸县逸夫小学少先队大队
临沧地区永德县城关完小少先队大队
文山州西畴县第一小学少先队大队
楚雄州民族师范附属小学少先队大队
西藏
拉萨市第一小学少先队大队
拉萨市师范附小少先队大队
拉萨市城关区海城小学少先队大队
拉萨市城关区雪小学少先队大队
拉萨市城关区吉崩岗小学少先队大队
日喀则地区小学少先队大队
日喀则地区谢通门县完小少先队大队
山南地区隆子县隆子镇新巴乡完小少先队大队
山南地区第三小学少先队大队
林芝地区第一小学少先队大队
林芝地区第二小学少先队大队
昌都地区第一小学少先队大队
昌都地区实验小学少先队大队
那曲地区第一小学少先队大队
阿里地区孔繁森小学少先队大队
陕西

西安市雁塔区吉祥村小学少先队大队
西安庆安集团公司子弟小学少先队大队
西安黄河小学少先队大队
长安大学附属小学少先队大队
长庆石油勘察局西安子弟学校少先队大队
榆林市榆阳区第二小学少先队大队
榆林市星元小学少先队大队
延安大学附属小学少先队大队
韩城矿务局机关子弟学校少先队大队
宝鸡长岭机器子弟学校少先队大队
中国水利水电第三工程局教育处子弟一校少先队大队
咸阳市实验小学少先队大队
五环集团小学少先队大队
陕西汽车制造总厂子弟一校少先队大队

甘肃

酒泉市实验小学少先队大队
靖远县乌兰小学少先队大队
玉门石油管理局第二中学少先队大队
平凉市实验小学少先队大队
临洮县实验小学少先队大队
天水市公园小学少先队大队
张掖市民族小学少先队大队
合作市藏族小学少先队大队
武都县葆真小学少先队大队

青海

玉树州红旗小学少先队大队
甘德县初级民族中学少先队大队
同仁县第一完全小学少先队大队
互助县城北小学少先队大队
共和县第二小学少先队大队
平安县第三小学少先队大队
海晏县城小学少先队大队
祁连县第一完全小学少先队大队
西宁市新宁路小学少先队大队
西宁市林家崖逸夫小学少先队大队
西宁市山川学校少先队大队
西宁市周家泉小学少先队大队
西宁市南大街小学少先队大队
格尔木市实验小学少先队大队

宁夏

银川市景岳小学少先队大队
银川市郊区逸夫小学少先队大队
永宁县仁存乡向阳小学红日大队
银川市城区第十五小学少先队大队
银川市新城区第九小学少先队大队
贺兰县潘昶乡中心小学少先队大队
中卫县第三小学少先队大队
吴忠市利通区第一小学少先队大队
石嘴山市大武口太西集团七小曙光少先队大队
石嘴山市第七小学少先队大队
平罗县城关一小少先队大队
固原县逸夫小学少先队大队
银川市新城区第十小学少先队大队
银川市城区海宝逸夫小学少先队大队
银川市城区第十一小学少先队大队

新疆

伊宁市第十五小学少先队大队
塔城地区托里县第一小学少先队大队
阿勒泰市实验小学少先队大队
博州精河县大河沿子镇第七小学少先队大队
克拉玛依市第十九小学少先队大队
昌吉州私立光华学校小学部少先队大队
乌鲁木齐市第一小学少先队大队
乌鲁木齐火车西站铁三小学少先队大队
吐鲁番鄯善县第二小学少先队大队
巴州且末县小学少先队大队
哈密地区巴里坤县奎苏乡中心小学少先队大队
阿克苏温宿县一校少先队大队
喀什市第八小学少先队大队
和田地区策勒县第二小学少先队大队
兵团农二师华山中学少先队大队

中国青年科技创新奖

“中国青年科技创新奖”评选活动由团中央、全国青联主办，中国青年科技工作者协会承办，创办于1994年，评选周期为两年一次。至2002年，“中国青年科技创新奖”已经举办了五届，共有40人获得“中国青年科技创新奖”杰出奖，580人获得优秀奖。该奖项旨在表彰在技术创新和科技成果产业化方面取得突出成绩的青年典型，培养青年创新精神，提高创新能力，在全社会营造有利于创新的良好氛围，促进大批的青年创新人才脱颖而出，推动科技成果的商品化、产业化，为我国的科技进步和经济发展贡献力量。

1. 评选范围：在实施技术开发项目、社会公益项目、重大工程项目及国家安全项目中完成重大科学技术创新工作，做出突出贡献的青年科技工作者、管理者；在高科技研究领域有重大成果，并已转化为高科技产业，使生产力得以明显提高的青年科技工作者；在产品、工艺、材料及其系统等方面有重大技术发明的青年科技工作者；在科研开发、科技成果推广转化等方面做出突出成就，并且领导高科技实业，促进人才与项目对接，加速科技和经济紧密结合的青年企业经营管理者等。

2. 评选资格：年龄为40周岁以下（有突出贡献者可适当放宽至45周岁）的科技工作者或高新技术企业经营管理者；热爱祖国，拥护党的基本路线，有良好的职业道德；具有中级以上专业技术职称；为科技创新及科技成果产业化做出突出贡献；技术创新成绩突出，在科技成果开发、推广、应用中取得重大成绩并获得显著经济效益；以科技进步促进社会发展，获得显著社会效益。

3. 组织领导：组织委员会。由主办单位负责同志及有关新闻单位领导组成，负责该项活动领导工作；评选委员会，由知名专家学者及高新技术产业界的著名人士组成，负责评选工作；组委会办公室（设在团中央统战部），负责评选活动的日常工作。

4. 评选办法：“中国青年科技创新奖”评选，采取自下而上逐级考查、审核、推荐的方式。在各地推报的基础上，组委会办公室负责对推报材料进行审查，将符合条件的候选人材料提交评委会。评委会在各地推报的人选中先选出100名优秀奖获得者，在此基础上再进行第二轮无记名投票，选出10名杰出奖获得者。

第四届“中国青年科技创新奖”获奖者名单

（10名，按姓氏笔画排序）

于康震　中国农业科学院哈尔滨兽医研究所副所长、研究员

张　建　国家煤炭工业局总医院副院长、主任医师

陈顺利　和顺（中国）实业集团有限公司董事长兼总经理、高级经济师

陈自森　浙江龙游混凝土外加剂厂厂长、工程师

汪群斌　上海复星实业股份有限公司总经理、工程师

周厚健　海信集团公司总裁、党委书记、高级工程师

徐少春　深圳金蝶软件科技有限公司董事长兼总裁、高级经济师

聂　红（女）　中国石油化工集团公司石油化工科学研究院第十五研究室主

任、高级工程师

常　青　北京有色金属研究总院半导体材料国家工程研究中心副主任、教授级高级工程师

曹建国　中国航天机电集团公司三院副院长、研究员

第四届“中国优秀青年科技创新奖”获奖者名单

（100名，排名不分先后）

杨义先　北京邮电大学信息安全中心主任　教授

柳军飞　中国科学院软件研究所中科软件有限公司总裁　研究员

王常力　北京和利时系统工程股份有限公司总经理兼副董事长　高级工程师

王　莘　北京瑞星电脑科技开发有限责任公司董事长　工程师

张伟力　天津大学精仪学院教授

罗　萍　（女）　信息产业部电子十八研究所　高级工程师

柴宝成　天津宝成集团有限公司总裁　高级经济师

孔祥东　燕山大学机械工程学院院长　教授

郝玉山　保定市三川电气有限责任公司董事长　教授

刘金铜　中国科学院石家庄农业现代化所研究员

杜文广　山西太工天成科技实业有限公司董事长兼总经理　高级工程师

郭金刚　山西潞安矿务局王庄煤矿矿长　高级工程师

赵宝荣　中国兵器工业第五二研究所所长　高级工程师

博格日勒图　内蒙古大学高分子研究所教授

陈　军　沈阳市邮政通信科学研究所所长　高级工程师

于国宏　深圳辽河通达化工股份有限公司总经理　工程师

邵春杰　长春海王生物制药有限责任公司教授

张学军　中科院长春光学精密机械与物理研究所　研究员

张伟汉　中国兵器工业第五五研究所副所长　高级工程师

杜晓光　大兴安岭林业集团公司材料所总工程师　高级工程师

马　军　哈尔滨建筑大学市政环境工程学院教授

宋殿权　哈尔滨光宇集团董事长　总经理　高级工程师

蔡友铭　上海市花卉良种试验场场长　高级工程师

张文军　上海交通大学电子信息学院副院长　教授

龚　剑　上海市第一建筑有限公司副总工程师　高级工程师

许建峰　信息产业部电子第十四研究所机载雷达研究部副部长　高级工程师

徐建荣　苏州精细化工集团有限公司董事长兼总经理　工程师

顾全荣　南京大学化学化工学院副教授

陈夏鑫　杭州西子奥的斯电梯有限公司总裁　经济师

夏崇耀　宁波东方集团公司总裁　经济师

戴　杨　数源科技股份有限公司总工程师　工程师

徐　峰　合肥美菱股份有限公司技术中心副主任　高级工程师

王家捷　安徽省计算中心副主任　工程师

陈梅生　福州梅生医用设备有限公司董事长兼总经理　工程师

彭小英　（女）　江西草珊瑚集团公司党委书记　董事长　总经理　高级工程师

陈　苏　江西南昌先锋实业有限公司总经理

江风益　江西省南昌大学材料科学研究所所长　教授
冯久田　山东鲁北企业集团总公司副董事长　总经理　高级工程师
韩明涛　山东工业大学大工实业公司总经理兼总工程师　讲师
鲁　铁　亚太会计集团董事长　总裁　研究员
孙自学　河南省中医院副教授
苏竣丰　郑州苏竣丰药业有限公司董事长
黄　培　华工科技产业股份公司监事　开目分公司总经理
黄支金　铁道部大桥工程局副总工程师　高级工程师
詹明生　中科院武汉物理与数学所常务副所长　研究员
熊　翔　中南工业大学粉末冶金研究所副所长　教授
莫继红　湖南计算技术研究所副所长　副研究员
钟志华　湖南大学机械与汽车工程学院　教授
陈健雄　广东省中山食品进出口公司白石猪场总场厂长　畜牧兽医师
张树武　深圳市桑夏计算机与人工智能开发有限公司董事长兼总经理　高级工程师
严金波　深圳市特种证件制作所所长　高级工程师
苏家红　柳州华锡集团有限公司副总经理　高级工程师
唐　骞　广西平果铝业公司电解铝厂副厂长　高级工程师
吕传柱　海南省海口市人民医院副院长　副主任医师
郝　明　重庆高技术创业中心主任兼书记　教授级高级工程师
刘　勇　中国航天科技集团公司重庆巴山仪器厂总工程师　研究员
王智彪　重庆医科大学医学超声工程研究所副所长　教授
李玉宝　四川大学分析测试中心副主任　教授
魏晓峰　中科院核物理与化学研究所激光技术工程部副主任　研究员
何浚治　四川天祥骨科医院业务院长　主任医师
宋如华　四川托普集团董事局主席兼首席执行官　副教授
宋宝安　贵州大学精细化工研究中心主任　研究员
李　良　云南大学生化学院教授
唐　川　云南省地理研究所所长　研究员
尼玛扎西　西藏自治区农牧科学院科技合作交流培训处副处长　助理研究员
弓亚斌　西安同维科技发展有限责任公司总经理　高级工程师
尚　勇　西安庆安制冷设备股份有限公司总经理　高级工程师
苟　彪　铁一局五处秦岭工程公司总工程师　高级工程师
王联盟　兰州好为尔乳品有限公司董事长兼总经理　高级经济师
刘维民　中科院兰州化物所固体润滑国家重点实验室副主任　研究员
王　舰　青海省农林科学院生物技术研究中心主任　副研究员
郭少锋　宁夏大坝发电厂厂长　教授级高级工程师
杨明建　新疆维吾尔自治区棉麻公司总工　高级工程师
帕拉提·阿布都卡迪尔　新疆工学院资源与环境工程系系主任　教授
李保成　新疆石河子农科中心副主任　副研究员
曾维政　成都军区总医院消化内科副主任医师　副教授

张嘉保　解放军军需大学动物科技系教授

陈华清　海军装备论证研究中心舰船所动机室副主任　高级工程师

郁文贤　国防科技大学电子工程学院总工　教授

李玉明　武警医学院内科教研室讲师

白万成　武警黄金地质研究所副所长兼总工　高级工程师

张　铎　北京铁路通信信号研究设计院研究室主任　高级工程师

祝　震　齐齐哈尔铁路车辆(集团)有限责任公司设计处货车设计组组长　高级工程师

杨　旭　中国东方航空股份有限公司飞机维修基地总经理　高级工程师

吴国华　中国国际航空公司计算机中心高级工程师

于传斌　中办机要研究所技术处处长　高级工程师

方　勇　北京电子科技学院三系副主任　教授

曾庆军　国家广播影视总局网络中心网络研究所所长　工程师

朱宇江　中青创业(集团)有限公司总裁兼首席执行官

李晓红　中航第一集团公司北京航空材料研究院副总工程师　研究员

夏建中　中国兵器工业系统工程研究所副所长　高级工程师

黄业茹(女)　国家环保总局中日友好环境保护中心研究室主任　副研究员

严　庆　中科院化学研究所副所长　研究员

孙彦广　国家冶金局自动化院智控事业部总经理　高级工程师

沈政昌　北京矿冶研究总院设备研究所浮选室主任　教授

沈顺高　中国航空工业规划设计研究院副院长兼总工程师　研究员

汤广福　中国电力科学研究院输配电及节电技术国家工程研究中心总工程师　高级工程师

贾大山　交通部水运科学研究所运输管理工程咨询部主任　副研究员

陈益民　中国建筑材料科学研究院教授级高级工程师

杨银付　教育部教育发展研究中心未来室副主任　副研究员

第五届“中国杰出青年科技创新奖”获奖者名单

（10名，按姓氏笔画排序）

万明坚　TCL移动通信有限公司董事总经理、高级工程师

马宏绪　国防科技大学模式识别与智能系统教研室主任、副教授

王加启　中国农业科学院畜牧研究所副所长、研究员

石玉林　中国石油化工科学研究院第十七研究室主任、教授级高工

刘庆峰　安徽科大讯飞信息科技有限公司总裁、高级工程师

吴玉章　第三军医大学全军免疫学研究所所长、教授

杜光林　山东海尔集团技术中心主任兼海尔研究院院长、高级工程师

邹汝平　中国兵器工业第二0三研究所所长、研究员级高工

苏佩凤(女)　水利部牧区水利科学研究所高级工程师

褚　健　浙江大学先进控制研究所所长、浙江浙大中控技术有限公司总裁、教授

第五届“中国优秀青年科技创新奖”获奖者名单

（100名，排名不分先后）

刘小明　北京工业大学副校长

怀进鹏　北京航空航天大学副书记、副校长
刘钧贻　北京资源亚太饲料科技有限公司董事长
徐生恒　北京四博连通用机械新技术公司总经理
曹学斌　天津凯镛保健品有限公司总经理
褚建东　唐山钢铁股份有限公司高速线材厂厂长
王玉锁　新奥集团股份有限公司董事长
张文海　河北邢矿集团东庞矿副总工程师
靳洪强　河北沧化实业集团沧井化工有限公司总经理
殷卫宁　太原航空仪表有限公司董事长
赵队家　山西省交通科学研究院院长
郭平毅　山西农业大学农学院副院长
张汉谦　太原理工大学焊接材料研究所所长
王锐军(女)　内蒙古自治区审计厅办公室调研员
付　超　沈阳金昌普新材料股份有限公司总经理
杜恩义　金城造纸(集团)有限责任公司副总裁
何　伟　沈阳何氏眼科医院副主任医师
任　彪　长春长白实业有限责任公司总经理
潘国立　长春佳林实业集团有限公司董事长
盛　军　长春生物制品研究所所长兼党委书记
王永春　中国石油天然气股份有限公司吉林油田分公司总经理
韩杰才　哈尔滨工业大学航天学院院长
孟庆刚　哈尔滨医科大学附属第一医院创伤外科主任
姚景彬　黑龙江黑大同庆软件工程股份有限公司总经理
周正毅　上海高校科技产业(集团)有限公司董事长
郭朝晖　宝山钢铁股份公司技术中心高级工程师

金东寒　中船重工集团公司七院七一一所总工程师
许网保　江苏溧阳市力华化学有限公司董事长、江苏瑞禾农药厂董事长
顾冲时　河海大学水利水电工程学院副院长
张亦斌　新海宜电信发展股份有限公司董事长
吕　帆(女)　温州医学院眼视光学院副院长
潘建清　浙江天通电子股份有限公司总经理
谢用富　中国质量管理协会咨询中心浙江分部主任
陈良龙　福建省医科大学附属协和医院心内科主任
黎立璋　福建三钢(集团)有限责任公司总经理助理
郑　伟　南昌卷烟厂厂长、党委书记
罗方承　江西晶安高科技股份有限公司总经理
胡彪斌　江西华讯信息网络有限公司董事长
王　洪　江西新余钢铁有限责任公司中板厂厂长
王　革　山东元隆生物技术有限公司总经理
宿洪涛　枣庄矿业集团公司董事
姚克荣　山东中创软件工程股份有限公司副总经理
王云龙　河南华美生物工程有限公司总工程师
刘占朝　河南省林业科学研究所办公室主任
李建成　武汉大学测绘科学与技术学院院长
杨光圣　华中农业大学研究室副主任
胡瑞敏　武汉大学计算机科学与技术学院副院长
邱则有　长沙巨星轻质建材股份有限公司总经理
丁　亮　创智集团董事长兼总裁
李　劼　长沙业翔科技发展有限公司董事长
吴海军　深圳市新天下实业有限公司董事长
柴向东　深圳市海王英特龙生物技术有限公

司总经理
晏　杰　广西玉柴机器集团公司副总经理
方宣钧　海南省热带农业资源开发利用研究所所长
黄礼光　海南省农科院院长
杨　春　重庆东软金算盘软件有限公司总经理
袁　春　解放军重庆通信学院动力发电教研室主任
蒲勇健　重庆大学工商管理学院副院长
陈　健　四川天一科技股份有限公司副总经理
徐洪忠　贵州省畜牧兽医科学研究所寄生虫病研究室主任
王　伟　贵阳朗玛信息技术有限公司总经理
陈泽辉　贵州省农科院旱粮所所长
朱有勇　云南农业大学植保学院院长
张克勤　云南大学副校长
孙加林　昆明贵金属研究所所长
相里斌　中国科学院西安光机所所长
陈　健　西安恩科网络技术有限公司总经理
李增胜　西安三茗科技有限责任公司总经理
熊　健　青海油田采油一厂采油工程师
冯建明　青海省人民医院副院长
房建宏　青海省公路科研勘测设计院科技研究开发部主任
齐进军　甘肃大圣生物技术有限公司董事长
金社林　甘肃省农科院植保所植物病害研究室主任
张　明　甘肃省交通劳动服务公司总经理
王　军　甘肃窑街煤电公司副总经理
何建国　宁夏农学院副院长
王　峰　宁夏农林科学院沙漠治理研究所副所长
热迪力　新疆阿尔曼实业有限公司总经理
热娜·卡斯木（女）　新疆医科大学科研处副处长
叶　军　新疆特变电工股份有限公司常务副总经理
赵升红　空军油料研究所第一研究室副主任
刘春和　第二炮兵第一研究所五室主任
黄　烽　解放军总医院风湿科主任
郑永煌　63620部队一室副主任
杨晓元　武警工程学院电子技术系密码工程教研室主任
谢俊武　警杭州指挥学校电化模拟中心副主任
李金城　铁道部第一勘察设计院总工办副主任
薛社贤　呼和浩特铁路局乌海工务段治沙科研室主任
李　晖　北京首铁在线电子商务公司技术开发部副主管
杨定江　信息产业部电子第十一研究所科技处处长
杨其长　中国农业科学院农业气象所设施农业研究中心主任
侯增谦　中国地质科学院矿产资源研究所副所长
马寅生　中国地质科学院地质力学研究所研究室副主任
王佑春　中国药品生物制品检定所研究员
吕仲涛　中国工商银行总行信息科技部总工程师
徐　捷　中国建设银行信息技术部副总经理
叶又升　中国农业银行软件开发中心副总经理
董　瀚　钢铁研究总院结构材料研究所副所长
吴杏平　中国电力科学研究院电网自动化研究所副所长
郭先臣　中国计算机软件与技术服务总公司副总经理

中国青年科学家奖

“中国青年科学家奖”评选活动由团中央、全国青联主办，中国青年科技工作者协会承办，国家自然科学基金委员会协办，始于1992年，每两年举办一次，至2002年已举办了五届，共有49人获得“中国青年科学家奖”，29人获得提名奖。

“中国青年科学家奖”旨在深入贯彻“科学技术是第一生产力”和“尊重劳动、尊重知识、尊重人才、尊重创造”的重要思想，表彰、宣传在基础研究和应用基础研究领域做出杰出贡献的青年科学家。评选领域分为数理科学、化学科学、生命科学、地球科学、技术科学和管理科学六个学科。评选程序科学规范，遵守公平、公正、公开、合理的原则。评选步骤分为初审、复审、公示、无记名投票、表彰宣传五个阶段。初审评委皆由各学科知名中青年专家担任，复审评委则由各学科两院院士担任。

“中国青年科学家奖”获得者都是在国际国内该研究领域具有较大影响的青年科学家，有的在自己的研究领域取得了国内外公认的学术成就。其中，白春礼、陈竺、赵玉芬、谢和平、贺福初、卢柯等15位获奖者先后当选为中国科学院或中国工程院院士，绝大多数获奖者得到了国家杰出青年科学基金的资助。他们中有的走上了科技和教育工作领导岗位，有的当选为党的十五、十六大代表和全国人大代表、全国政协委员。

“中国青年科学家奖”在科技界已成为一项权威性的奖项。卢嘉锡、吴阶平、王淦昌、张存浩等老科学家先后为该奖项题词。周光召、朱光亚、成思危、丁肇中、杨振宁、陈省身等科学家担任评审顾问。获奖者在广大青年科技工作者中起到了引导、带动和示范作用，激发了广大青年勇攀科技高峰、促进科技创新的热情，营造了“尊重劳动、尊重知识、尊重人才、尊重创造”的良好社会氛围。

由于评选活动的科学性、严肃性和获奖者的影响力，从1996年开始，中组部、科技部（原国家科委）、人事部与团中央、全国青联共同作为评选活动主办单位，评选“中国青年科学家奖”。“中国青年科学家奖”评选活动已成为发现、培养、宣传、举荐高层次青年科技人才的有效载体和途径。

第四届“中国青年科学家奖”获奖者名单

学　科	姓　名	工作单位及职务	奖　别
数理科学（含天文、力学）	张　杰	中国科学院物理所研究员	获奖者
	张继平	北京大学数学学院院长、教授	获奖者
	符　松	清华大学工程力学系教授	提名奖
化学	李　灿	中国科学院大连化学物理研究所研究员	获奖者
	赵新生	北京大学化学系教授	提名奖
生命科学	张启发	中国农业大学生命科学技术学院教授	获奖者
	郭亚军	第二军医大学国际合作肿瘤研究所教授	获奖者

	王　宪	北京医科大学三院血管研究所研究员	获奖者
	贺福初	军事医学科学院副院长、研究员	提名奖
地球科学	郑永飞	中国科技大学地球和空间科学系教授	获奖者
	杨长春	中国科学院地球物理研究所研究员	提名奖
技术科学	魏炳波	西北工业大学应用物理系教授	获奖者
	周　玉	哈尔滨工业大学教授	获奖者
	杨义先	北京邮电大学信息工程系教授	获奖者
	孙恒虎	中国矿业大学教授	提名奖
管理科学	唐小我	电子科技大学管理学院教授	获奖者
	黄季焜	中国科学院地理科学与资源研究所研究员	提名奖

第五届"中国青年科学家奖"获奖者名单

学　科	姓　名	工作单位及职务	奖　别
数理科学(含天文、力学)	佘振苏	北京大学教授	获奖者
	赵　刚	中国科学院国家天文台研究员	获奖者
	李嘉禹	中国科学院数学与系统科学研究院研究员	提名奖
化学	谢　毅(女)	中国科学技术大学化学系教授	获奖者
生命科学	贺福初	军事医学科学院副院长、研究员	获奖者
	宋微波	教育部海水养殖重点实验室教授	获奖者
	蒋华良	中国科学院上海药物研究所研究员	获奖者
	冯明光	浙江大学微生物研究所教授	提名奖
地球科学	丁仲礼	中国科学院地质与地球物理研究所研究员	获奖者
	邵明安	中国科学院教育部水土保持与生态环境研究中心教授	提名奖
技术科学	马伟明	海军工程大学电力电子技术应用研究所教授	获奖者
	陈左宁	解放军某部高级工程师	获奖者
	许宁生	中山大学理工学院教授	获奖者
	李　卫	钢铁研究总院功能材料研究所教授	提名奖
管理科学	黄季焜	中国科学院地理科学与资源研究所研究员	获奖者
	汪寿阳	中国科学院数学与系统科学研究院研究员	提名奖

中国软件行业杰出青年

“中国软件行业杰出青年”评选活动由共青团中央、信息产业部、全国青联主办，中国青年科技工作者协会、中国软件行业协会、国研科技文化交流中心承办，评选周期为两年一届。这项评选活动立足于我国软件产业现实，致力于软件产业的良性循环和可持续发展，通过表彰、宣传在软件的研究、开发、生产、经营、管理和投资领域工作，有成功的开发项目或做出突出业绩和重大贡献的优秀青年人才，激励广大青年明确使命、锐意创新，为提高我国软件产业的研发水平，增强国际竞争力，推动信息产业的跨越式发展做出积极的贡献。

为保证“中国软件行业杰出青年”评选活动的顺利进行，主办单位与北京荣丰房地产开发有限公司共同设立“中国软件行业杰出青年”评选活动荣丰基金，基金总额为200万元。

第一届“中国软件行业杰出青年”获奖名单(2001 年)

(10 名,按姓氏笔画排序)

王文京　北京用友软件股份有限公司董事长
王伟斌　北京双全天地科技发展有限公司董事长、总经理
乔志刚　上海复旦金仕达计算机有限公司董事长
刘昌平　中国科学院自动化研究所研究员、北京汉王科技有限公司研究中心主任
池宇峰　北京金洪恩电脑有限公司董事长、北京洪恩在线技术有限公司董事长
宋如华　四川托普集团董事局主席兼首席执行官
李儒雄　北京连邦软件有限公司总裁
求伯君　珠海市金山电脑有限公司总裁
段云所　北京北大青鸟环宇科技股份有限公司副总裁
徐少春　金蝶国际软件集团有限公司董事长

第一届“中国软件行业杰出青年”提名奖名单(2001 年)

(30 名,按姓氏笔画排序)

亓　峰　北京市天元网络技术有限公司总工程师、副研究员
王克照　国家信息中心计委学术委员会软件评测研究中心主任、高级工程师
王家捷　安徽科力信息产业有限责任公司总经理、安徽省计算中心副主任、副研究员
卢如西　福建实达电脑集团股份有限公司执行董事、高级副总裁、高级工程师
刘学东　河南省金龙多媒体信息服务有限公司董事长、总经理、工程师
孙辉民　广州润衡软件有限公司总经理、高级工程师
朱　军　南昌先锋实业有限公司软件开发部经理、工程师
朱　涛　深圳市深软电子实业有限公司总工程师兼 CIO、工程师
许建钢　北京亿坤管理技术咨询有限公司执行董事、总经理、高级会计师
宋庆伟　天津天大天财股份有限公司副总经理、总工程师
宋朝弟　科利华网络股份有限公司董事长、高级工程师
张桂萍(女)　沈阳格微软件有限责任公司总

经理、教授

李云贵　中国建筑科学研究院 PKPMCAD 工程部副主任、研究员

李引珍　兰州铁道学院交通运输工程系主任、教授

李平立　北大方正技术研究院高级工程师、副研究员

李志高　电脑报社常务副社长、天极信息发展有限公司总经理、高级工程师

陈光火　天津通译软件有限公司董事长兼总经理、高级工程师

周　兵　深圳市特种证件制作所总工程师、高级工程师

庞海东　南京联创系统集成股份有限公司常务副总裁

姚克荣　山东中创软件工程股份有限公司副总经理、高级工程师

柳军飞　中科软件股份有限公司总裁、中国科学院软件研究所、研究员

袁　淮　沈阳东大阿尔派软件股份有限公司副总经理、副研究员

高利民　上海美宁计算机软件有限公司总裁、高级程序员

黄　培　华工科技股份公司开目集成技术分公司执行总经理、高级工程师

董云卫　西安协同软件股份有限公司总工程师、工程师

董玉东　北京铁路分局电子计算所、工程师

韩乃平　中软总公司副总工程师、基础软件事业部总经理、高级工程师

韩振江　联想电脑公司助理总裁兼软件事业部总经理、高级工程师

蔺国强　浪潮集团山东通用软件有限公司副总经理、研发本部总经理、工程师

镇锡惠　国家图书馆现代文津信息技术研究中心经理、高级工程师

全国各族青年团结进步奖

为了在各族青年中广泛宣传马克思主义民族观和党的民族政策，进一步巩固和发展平等、团结、互助的社会主义民族关系，促进民族团结进步事业发展，自1993年起，共青团中央、国家民委、全国青联共同主办全国各族青年团结进步表彰活动。1999年和2001年，主办单位分别表彰了第二届“全国各族青年团结进步模范集体、模范个人奖”和第三届“全国各族青年团结进步杰出(优秀)奖”。经主办单位评选确定，这三次表彰活动共授予95个单位为全国各族青年团结进步先进集体，479名同志为全国各族青年团结进步先进个人。这些受表彰的先进个人分布在全国的各行各业，来自56个民族，其中有的是自愿放弃优越条件，扎根民族地区开花结果；有的是响应党的号召，到民族地区开展援助工作；有的是大学毕业后自愿回乡建设民族地区；有的是为民族地区人才培养做出重大贡献；还有的是为民族地区的发展无私提供物质、智力帮助，等等，他们用各自不同方式为促进经济发展、民族团结、社会稳定和祖国统一做出了较大的贡献。活动对于组织各族青年深入学习贯彻“三个代表”重要思想，牢固树立马克思主义民族观，培养各民族优秀青年人才，促进民族地区经济社会发展，丰富各民族群众的精神文化生活，维护民族团结、社会稳定和祖国统一等方面发挥

了积极作用，在全社会，尤其是在民族地区广大青年中产生了较大的影响。2002 年，团中央、国家民委、全国青联下发了《关于以“三个代表”重要思想为指导，进一步开展全国各族青年团结进步活动的意见》，对团结带领全国各族青年进一步促进民族团结进步事业做出了部署。

第三届“全国各族青年团结进步杰出奖”获得者名单

（10 名，按姓氏笔画排序）

才旺仁增（藏族）　西藏那曲地区人民医院内科主任

马徽江（回族）　江西省民族宗教局民族处处长

艾尔肯·尤努斯（维吾尔族）　新疆喀什市公安局巡警大队大队长

关金红（女，鄂伦春族）　黑龙江呼玛县白银纳鄂伦春族乡乡长

杜学军（蒙古族）　共青团内蒙古呼伦贝尔盟委书记

周真国（汉族）　云南省军区 77322 部队 62 分队排长

南　亿（朝鲜族）　吉林省万洋出国服务有限公司董事长

施汉飞（壮族）　广西宾阳县委书记

谢昆或（白族）　云南大理卷烟厂第一副厂长

谭　平（土家族）　重庆石柱土家族自治县民族中学校长

第三届“全国各族青年团结进步优秀奖”获得者名单

（169 名）

北京市

范　宝（回族）　满　艳（女，回族）

天津市

孙庆祥　刘　健（回族）

河北省

杨连福（回族）　刘海波（满族）　王　亮

曹　阳（回族）

山西省

王淑彦（女）　王永康（回族）

内蒙古自治区

冯　全　朱启明（满族）　闫凤鸣

吴庆云（鄂伦春族）　岱　沁（蒙古族）

敖文生（达斡尔族）　涂宏文（鄂温克族）

斯琴朝客图（蒙古族）　薛子君

辽宁省

于　洋（蒙古族）　关　飞（满族）

佟泽宾（满族）　吴丽英（女，锡伯族）

李志峰（满族）

吉林省

池莲花（女，朝鲜族）　杜晓民（蒙古族）

赵　莉（女，满族）　戴明芳（女，回族）

黑龙江省

何玉才（赫哲族）　李大伦（满族）　徐广国

上海市

柳　遐（女，满族）　郭寅龙（回族）

江苏省

龙平英（女，苗族）　梅向东

浙江省

陆伟方　钟声亮（畲族）　蓝著英（女，畲族）

蓝跃军（畲族）

安徽省

马占文　柏发业（女，回族）

福建省

丁志忠（回族）　陈　琛（女）

林秀珠（女，高山族）

江西省

周　兵

山东省

包剑英　温伟宁（回族）

河南省

孙　伟　鲁　玉

湖南省

石　干（侗族）　刘玲军（女）　刘　群（白族）

杨官柏(苗族)　秦继红(女,土家族)
湖北省
王保生　许　敏(土家族)　吴　炯
黄　学(土家族)　戴小明(苗族)
广东省
邓良胜(瑶族)　吴启雄　沈　峻(瑶族)
广西壮族自治区
卢朝阳(毛南族)　汤松波　吴伯增　李德斌
林秀贵(京族)　欧　波(壮族)
黄克官(壮族)　廖光明
潘秋琳(女,仫佬族)
海南省
吉明江(黎族)　吴　飞(黎族)　杨思涛
赵文晓
重庆市
邓忠良　代成瑶(苗族)
四川省
丁晓涛(藏族)　冯发贵(藏族)
赵　文(羌族)　骆木格(彝族)　雷晓红
贵州省
王丽兰(女,仡佬族)　刘晓凯(苗族)
岑柱之(布依族)　杜国辉(彝族)
杨彦峰(布依族)　陈永祥(彝族)
郭启光(苗族)　蒙明洲(水族)　翟　彦
云南省
刀木写(女,景颇族)　王红斌(女,傣族)
玉　荣(壮族)　朱志明(哈尼族)
李光明(哈尼族)　李自云(彝族)
赵艳珍(女,佤族)　杜　光(傈僳族)
杨双桥(基诺族)　杨红兵(藏族)
杨泽军(白族)　和山林(怒族)
和亚宁(纳西族)　洪　雁(拉祜族)
胡明学(布朗族)　赵家周(阿昌族)
曹文彬(普米族)　曾学武(独龙族)
董瑞义(德昂族)
西藏自治区
张金文(藏族)　嘎玛群宗(门巴族)
永　花(女,藏族)　次仁央宗(女,藏族)

江　嘎(藏族)　达　久(珞巴族)
林　木　洛　布(藏族)
陕西省
包志坚(蒙古族)　多　林(满族)
青海省
马丰胜(撒拉族)　马成祥(回族)
刚琴特尔(蒙古族)　朱进成(土族)
杜　捷　周曲才让(藏族)　高　浦
甘肃省
丁目迪(回族)　马文科(保安族)
马成虎(东乡族)　包卓军
卢鸿志(藏族)　安夏青(女,裕固族)
李　毅　杨燕陇(女)
宁夏回族自治区
马丽梅(女,回族)　马　勤(女,回族)
马耀宏(回族)　白　燕(女,回族)
李文章　强金成(回族)　彭　健(回族)
新疆维吾尔自治区
马日尔江·热西提(塔吉克族)
付成华　卢尼奥夫·尼古拉(俄罗斯)
程　鹏　艾合买提·夏尼牙孜(维吾尔族)
戚瑞东　艾丽曼·马木提(女,乌兹别克族)
买买提明·阿不都拉(维吾尔族)
亚森·依沙克(维吾尔族)
阿孜古丽(女,维吾尔族)
哈力比亚提(柯尔克孜族)
菲罗拉·阿里甫拉(女,塔塔尔族)
解放军总政治部
何良元　索会林　黄岳飞　程　鹏
全国铁道
玉素甫·卡德尔(维吾尔族)
王凌云
全国民航
艾克拜尔·买买提(维吾尔族)
李云峰(藏族)
中央直属机关
尤元文
中央国家机关

陆俊华　魏黎耕

中央金融工委

艾尔肯（维吾尔族）　李　虎

新疆生产建设兵团

关新元　阿不拉海提·卡斯木（维吾尔族）

第三届“全国各族青年团结进步组织奖”获奖单位

（15 个）

北京市民族事务委员会

河北省青年联合会

共青团内蒙古自治区委员会

吉林省青年联合会

共青团福建省委员会

共青团山东省委员会

河南省民族事务委员会

共青团海南省委员会

共青团重庆市委员会

四川省民族事务委员会

共青团西藏自治区委员会

陕西省民族事务委员会

共青团青海省委员会

甘肃省青年联合会

共青团新疆维吾尔自治区委员会

中国杰出（优秀）青年外事工作者

为进一步贯彻落实江泽民总书记关于加强外事干部队伍建设的重要指示精神，配合总体外交的全面推进，巩固和强化改革开放和现代化建设的人才基础，调动广大青年外事工作者的工作热情和积极性，激励他们在新形势下锐意进取，建功立业，1999 年 1 月，团中央和全国青联联合中联部、外交部、外经贸部、对外友协共同开展了“中国杰出（优秀）青年外事工作者”评选活动。经过各主办单位、中直机关团工委、国家机关团工委、总政组织部青年局以及各团省、市、自治区委的层层推报和评委会的严格评审，最后评选出了王子建等 10 名中国杰出青年外事工作者和于兴军等 50 名中国优秀青年外事工作者，并于 8 月在北京举行了隆重的表彰活动，取得了圆满成功，受到党中央和团中央书记处的充分肯定。中共中央政治局常委、全国人大常委会委员长李鹏亲切接见了全体获奖人员，并深刻指出：“评选杰出青年外事工作者活动很有意义，是培养外事干部的一项创举。”这是我国外事战线首次开展的全国性大规模评选表彰活动，顺应了时代发展的潮流，符合外事战线的实际需要，带动并掀起了一个学习先进、建功立业的新高潮，对促进外事战线崇尚先进良好氛围的形成，激励广大外事工作者抓住机遇、迎接挑战起到了巨大的推动作用。同时，这项活动还填补了我国外事战线表彰奖励机制的空白，为外事干部的成长成材提供了新的途径，为外事工作的健康发展提供了重要的干部培养机制。

首届中国杰出青年外事工作者名单

（10 名，按姓氏笔画排序）

王子建　中成集团总公司国际工程部总经理

王绍锋　中国水利电力对外公司项目经理

朱　彤（女）　外交部翻译室副处长

任为民　交通部国际合作司主任科员

刘光溪　外经贸部办公厅处长

李秀领　海南省外事侨务厅新闻处副处长

俞　雷　外交部随员

胡锡进　《人民日报》国际部主任编辑

郭心桥　新疆维吾尔自治区外办邻国处副处长

傅继红　上海市外办新闻文化处副处长

首届中国优秀青年外事工作者名单

（50名，按姓氏笔画排序）

于兴军　水利部国际合作与科技司国际合作处处长

王　华　江苏省外办副主任

王　勇（蒙古族）　中纺河南棉花进出口公司副总经理

王　浩　《中国日报》国际部副主任

王　雯（女）　重庆市外办礼宾处副处长

王玉兰（女）　北京西长安街街道办事处外事办公室主任

王生长　中国贸促会法律部副部长

王成骥　河北省教委外事处副处长

尹有岗　贵州省外办友协处主任科员

水均益　中央电视台国际时事记者

白　萍（女）　司法部司法协助外事司副处长

包祥华　安徽轻工进出口公司党委书记

吕学虎　宁夏自治区外办礼宾处副处长

朱万金　国家发展计划委员会外事司副处长

朱玉坤　劳动保障部国际司处长

朱晓东　北京有色金属研究总院外办主任

刘正荣　中国驻美使馆一秘（中央外宣办）

安春松　国家经贸委国际合作司主任科员

阎晨光　内蒙古自治区外办主任科员

许　新（女）　四川省外办欧美处副处长

许世文　青海省外办主任科员

孙大刚　辽宁省外办（侨办）主任助理

宋琢玮　中国粮油食品进出口有限公司部门经理

杜　勇　云南省外办副主任

李　荣（女）　山东省外办亚洲处副处长

李东雷　国防部外办亚洲局参谋

李晓燕（女）　全国政协外事局二处处长

沈　阳　教育部国际合作与交流司处长

张　雪（女）　湖北省外办涉外处主任科员

张大成　新华社驻达累斯萨拉姆分社首席记者

张广东　甘肃省外办礼宾接待处主任科员

张胜斌　外经贸部西亚非洲司主任科员

张晓明　国务院港澳办秘行司副司长

张维君　新闻出版署对外合作司副处长

陈　涛　山西省外办副处长

陈　涛　中国土畜三利发展股份有限公司副总经理

陈黎明　天津市外经委副主任

林　怡（女）　对外友协副处长

金永辉　浙江省外经贸厅外经管处处长

赵尔力　黑龙江省外办日本处处长

徐　波　江西省外办副主任科员

徐　捷　科技部国际合作司亚非处副处长

郭业洲　中联部西欧局德国处处长

曹　莹　中煤集团公司第一业务部副总经理

黄葆源　中国土产畜产广西茶叶进出口公司总经理

舒　青（女）　中建总公司海外业务部

塔尔嘎（藏族）　西藏自治区外办接待处副处长

强皓丽（女）　陕西省外办副主任科员

满庆生（回族）　全国总工会中国职工对外交流中心

欧阳江旋　广东省对外友协副秘书长

中国杰出(优秀)青年卫士

近年来,在政法、行政执法和经济监督管理战线严厉打击违法犯罪,整顿社会秩序和经济秩序,加强社会治安综合治理和抗洪抢险斗争中涌现出一大批坚持原则、秉公执法、严格管理、无私无畏,在本职工作和重大事件中为捍卫法律尊严,维护国家和集体利益,保障人民群众生命财产安全做出突出成绩的优秀青年。为了表彰先进,激励广大青年投身建设社会主义法治国家的伟大事业,从1997年起,共青团中央、中央社会治安综合治理委员会办公室、最高人民法院、最高人民检察院、公安部、司法部、财政部、中国人民银行、海关总署、国家税务总局、国家工商行政管理总局、武警部队总部等十二个部委联合在全国开展了"中国杰出(优秀)青年卫士"评选活动。活动每两年举行一届。

"中国杰出(优秀)青年卫士"评选表彰活动从1997年开始到2002年已开展了三届,树立了一大批执法及社会治安综合治理战线上的先进典型,在全社会形成良好的社会反响,全国各省、自治区、直辖市也都开展了相应的评选表彰活动,不仅集中展示了各有关部门执法队伍建设的优秀成果,充分体现了党和政府及社会各界对广大青年的关心和爱护,而且对维护社会稳定、推动经济发展、促进社会进步做出了积极贡献,塑造了一批新时期先进青年典型,为服务改革、发展、稳定大局,激励广大青年积极投身全面建设小康社会的伟大事业发挥了重要作用。

第二届"中国杰出青年卫士"名单

(10人,按姓氏笔画排序)

任志清　江苏省金坛市人民法院环城人民法庭庭长

谷　静(女)　黑龙江省大庆市国家税务局萨尔图分局铁东税务所所长

张　宇　中国工商银行哈尔滨市分行靖宇支行经济民警

周锦辉　广东省东莞市工商局经济检查分局局长

钟长鸣　四川省泸州市人民检察院反贪污贿赂局政委兼副局长

施华山　江西省贵溪市公安局流口派出所干警

高伟明　财政部驻浙江省财政监察专员办事处一处处长

韩　超　河南省南召县南河店镇司法所所长

赖伟忠　广州海关调查局副局长

蔡忠宝　武警甘肃省总队酒泉地区支队阿克塞县中队指导员

第二届"中国优秀青年卫士"名单

(100人,按姓氏笔画排序)

丁　榕(女)　上海铁路局福州铁路公安处福州车站派出所警长

万占奎　山西省大同市公安交警支队一大队副大队长

王　冰　福建省公安边防总队晋江市边防大队教导员

王立科　辽宁省锦州北宁市公安局政委

王孟生　中国工商银行湖南省浏阳市分行保卫科科长

王春雷　吉林省镇赉分局八监狱赵家岗子监区副监区长

王晓炜　陕西省凤翔县常青镇财政所所长

王登龙　山西省临汾市人民检察院反贪污贿

赂局副局长
云大存　海口海关调查处副科长
方永岌　大连海关调查局副科长
尹东华(女)　天津市和平区人民检察院检察员
尹福香(女)　山东省金乡县缗城农村信用社出纳员
孔　军　湖北省汉阳公安分局翠微街派出所副所长
艾尼瓦尔　乌鲁木齐海关调查处调查科副科长
石　川　四川省成都市公安局锦江区分局春熙路派出所所长
龙昌泽　四川省中江县永太镇财政所所长
平　措　西藏自治区山南地区国家税务局稽查分局副局长
卢　涛　武警重庆市总队一支队三大队副大队长
申文生　河南省焦作市财政局监督科副科长
邓万宏　辽宁省沈阳市公安局苏家屯区公安分局刑警大队大队长
吕　玲(女)　广东省韶关监狱九监区监区长
朱前程　武警西安指挥学校大专二队学员
任继友　吉林省长春市绿园区人民法院刑事审判庭审判员
危晓东　北京市国家税务局对外分局稽查一所所长
刘　勇　黑龙江省大庆市公安局萨尔图分局局长
刘汉波　山东省潍坊市公安局寒亭分局交警大队交通一中队民警
刘让青　海南省农垦通什师范学校综治办主任
刘其盛　湖南省岳阳市中级人民法院经济审判庭审判员
刘战运　武警新疆总队伊犁州支队伊宁县中队中队长
刘涧波　内蒙古自治区通辽市公安局刑警大队教导员
孙小强　武警江西总队抚州地区支队机关炊事班班长
孙复龙　江苏省镇江市人民检察院技术处副处长
麦正华　海南省三亚市地方税务局局长
苏崇信　广西壮族自治区钦州市钦南区人民法院司法警察大队大队长
李　炜　江苏省张家港市地方税务局直属分局局长
李　贵　武警辽宁省总队司令部管理处处长
李少军　武警山东省总队威海市支队文登市中队中队长
李正元　云南省麻栗坡县地方税务局董干税务所干部
李白洋　武警 8684 部队 3 营 8 连班长
李永图　北京市工商局东城分局北京站检查站副站长
李杰民　河北省成安县工商局局长
李和平　湖北省嘉鱼县国家税务局副局长
李法平　江西省九江市工商局第一直属分局三里街工商所所长
李彬林　湖北省汉川市城隍财政所所长
李喜军　河北省隆尧县公安局尹村派出所所长
何　欣　河南省平顶山市郏县人民检察院检察长
何如男(女)　福建省厦门市湖里区人民法院经济审判庭副庭长
何振钦　广东省吴川市国家税务局城区中心分局局长
沈燕君(女)　中国银行无锡市分行锡山支行会计出纳科副科长
张　斌　武警云南德宏边防支队芒市机动大队副大队长
张　慧　湖南省长沙市雨花区人民检察院检察长
张如洪　山西省太原市工商局河西市场管理

处处长

张国政　武警天津市总队二支队二中队一班班长

张绍新　广东省公安厅刑侦局大要案件侦察处暴力案件侦察科科长

张艳平　上海市青浦县工商局练塘工商所干部

张晓丽(女)　河北省承德市人民检察院反贪局副局长

阳　靖　中国建设银行湘潭分行南湖支行干部

武　刚　黑龙江省香兰监狱管教员

林泗水　武警福建省总队泉州市支队晋江市中队指导员

欧名宇　广东省人民检察院反贪污贿赂局副局长

罗东川　北京市第一中级人民法院知识产权审判庭副庭长

虎玖桐　宁夏回族自治区贺兰县潘昶乡司法所所长

尚成书　山西省临汾车站派出所副指导员

邱百林　江西省赣江监狱工程大队大队长

周　鲲　贵州省水城县公安局缉毒队队长

单　煊　青岛海关调查局调查处副科长

陈立新　内蒙古自治区海拉尔市市委常委、政法委书记、综治委副主任

胡　亮　安徽省南湖劳教所第十一大队干警

胡志国　天津市蓟县工商局市场检查中队队长

胡丛华　天津海关稽查处稽查科副科长

钟　臣　吉林省长春市公安局绿园区分局西安广场派出所所长

钟　涛　北京市公安局二处刑技处痕迹室高级工程师

恒钦本　青海省大柴旦矿区检察院检察长

姜　坚　上海市公安局虹口分局江湾派出所副所长

郑文宝　武警广西总队桂林地区支队兴安县中队中队长

贺步强　南京海关所属连云港海关科员

骆　俊　重庆市云阳县故陵镇综治办治安员

顾双彦(女)　黑龙江省大庆市让胡路区法院经济审判庭庭长

徐　宁　新疆维吾尔自治区乌鲁木齐市公安局天山区分局刑警大队副大队长

徐　江　甘肃省兰州市公安局红古分局刑侦队队长

徐佳齐　上海市普陀区人民法院刑事审判庭副庭长

高贵洲　河北省唐山市中级人民法院司法警察支队政委

桑　杰(女)　西藏自治区劳教所中队指导员

黄万成　安徽省庐江县国家税务局白山分局干部

黄素敏(女)　内蒙古自治区赤峰市元宝山区人民检察院副检察长

盛美君　黑龙江省佳木斯市人民检察院起诉科副科长

常　丹　湖南省长沙市公安局芙蓉分局朝阳派出所副所长

康国利　陕西省榆林地区中级人民法院巡回审判法庭审判员

梁彦伟　河南省郑州市管城区十八里河信用社会计

梁振军　宁夏回族自治区银川市公安局缉毒大队大队长

陶　伟　安徽省淮南市工商局经济检查分局副局长

傅松能　广西壮族自治区宁明县公安局副局长

曾　莉(女)　中国建设银行重庆沙坪坝支行副主任科员

楼良其　浙江省金华东阳市公安局刑侦大队副大队长

詹发学　青海省互助土族自治县人民法院双树人民法庭副庭长

蔡锦荣　广东省汕头市公安局南派出所所长
缪守宝　安徽省合肥市公安局车站派出所所长
缪闽江　福建省厦门市公安局刑警支队经侦大队大队长
魏建平　四川省国贸律师事务所主任律师
濮山磊　民航云南省局公安局缉毒队队长

第二届“中国优秀青年卫士提名奖”名单

（67人，按姓氏笔画排序）

刁　力　中华人民共和国田蓬海关关长
才仁彭措　青海省玉树州公安局政保科副科长
马少清　宁夏回族自治区同心县人民法院院长
王　龙　甘肃省兰州市国家税务局稽查三科科长
王大旺　湖南省岳阳市国家税务局稽查局执行科科长
王东晟　上海市白茅岭监狱三监区监区长
王胜斌　山东省泰安市国家税务局市直征收分局局长
王洪海　吉林省安图县国家税务局司机
牛克志　安徽省蚌埠市怀远县公安局副局长
石兰新　新疆维吾尔自治区哈铁公安处乘警队乘警
曲春光　辽宁省本溪市国家税务局一洞桥税务所所长
齐连成　天津市地方税务局专管员
刘小生　江西省瑞金市工商局谢坊工商所所长
刘文斌　武警福建省总队宁德地区支队福安中队政治指导员
刘玉芹（女）　山东省枣庄市工商局公平交易局副科级检查员
刘国良　湖南省衡阳市公安局税侦大队科员
刘金明　北京市海淀区国家税务稽查一所干部
刘晓舟　河北省冀东监狱九支队副支队长
次　登　西藏自治区高级人民法院研究室副主任
孙远志　宁夏回族自治区平罗县公安局刑警大队大队长
李龙亮　陕西省莲花寺监狱狱政科副科长
李连群　天津市公安局河北分局墙子派出所侦察员
李金伍　湖北省黄梅县濯港镇十里村拆车厂治安员
吴冶明　安徽省淮南市公安局九龙岗派出所所长
张　帆　重庆市公安局沙坪坝区分局刑警大队侦察员
张　敏　福建省仓山区国家税务局稽查分局局长
张小帆　广东省梅州市公安局梅江区分局局长
张先成　武警8672部队1营1连战士
张建华　黑龙江省哈尔滨市香坊区六顺派出所民警
张道正　浙江省台州三门县公安局刑侦大队副大队长
杨　勇　武警西藏总队山南地区支队札囊县中队一班班长
杨　联　贵州省贵阳市公安局云岩分局缉毒队队长
杨振河　吉林省吉林市国家税务局案件检查处副主任
杨凌娜（女）　浙江省宁波海曙公安分局刑侦大队侦察员
屈巴陵　湖南省岳阳市监狱副监狱长
罗建忠　四川省眉山县地方税务局稽查局局长
金　实　四川省成都市国家税务局涉外分局局长
周　丹　广西壮族自治区容县地方税务局局长
陈伟才　广东省广州市公安局东山分局华乐街派出所民警
陈雯菁（女）　河南省郑州市二七区人民检察院科长

陈道尔基　内蒙古自治区兴安盟科右中旗公安交警大队副大队长
陈警刚　湖北省黄石市公安局交警支队二大队天津路中队中队长
赵　辉　安徽省阜阳市国家税务局四分局局长
赵文朝　河南省长垣县农业银行保卫科科长
洪可庆　中国农业银行江西省婺远县支行清华营业所出纳员
祖万云　云南省鲁甸县公安局龙头山派出所民警
敖特根　内蒙古自治区伊克昭盟鄂托克前旗看守所所长
袁小彬　重庆市中豪律师事务所主任
徐　剑　上海市杨浦区人民检察院起诉科侦察员
徐为民　浙江省丽水市公安局丽阳门派出所所长
徐步礼　河南省新乡市公安局巡警支队民警
高　峰　江苏省南京市公安局防暴二大队副大队长
涂　云　江西省南昌海关稽查处干部
黄宜海　黑龙江省鹤岗市工商局兴山分局副局长
盛校江　黑龙江省牡丹江市公安局爱民巡警大队大队长
陶　玮　辽宁省抚顺市公安局禁毒处副大队长
韩佰成　陕西省铜川市公安局刑警支队探长
韩富民　湖北省鄂州市地方税务局稽查局副局长
鄂福宗　青海省民和县国家税务局稽查局局长
雷　军　湖北省松滋市公安局交警大队新江口中队副大队长
雷　鸣　陕西省渭南市大荔县人民检察院反贪局副局长
谭佳华　上海海关调查局情报处副处长
翟秋生　山西省吕梁地区孝义市司法局副局长
黎　文　海南省澄迈县公安局白莲派出所所长
薛国旗　陕西省西安市公安局灞桥分局新筑派出所所长
魏　慧　福建省福清市公安局经侦大队办公室副主任
魏洪前　湖北省沙洋汉江监狱工人

第三届“中国杰出青年卫士”名单

（10人，按姓氏笔画排序）

马卫华　武警辽宁省总队丹东市支队三中队排长
邓志祥　江苏省镇江市国家税务局稽查局二所所长
王红松　河南省第一监狱十二监区代理分监区长
王　伟　北京市人民检察院第一分院起诉处二处处长
王　卫　中国工商银行云南省分行营业部大观支行保卫科干部
冯才刚　北京市公安局刑侦总队技术处计算机室高级工程师
刘晓辉（满族）　中华人民共和国天津海关走私犯罪侦查分局局长
周　丽（女）　天津市宝坻县人民法院审判员、政工科长
岳苏霞（女）　河北省邯郸市鸡泽县财政局局长
谈嘉山　江苏省扬州市高邮工商局副局长

第三届“中国优秀青年卫士”名单

（107人，按姓氏笔画排序）

卜广生　新疆维吾尔自治区乌鲁木齐市天山区检察院批捕科副科长
万　猛　湖北省武汉海事法院党组书记、院长
万春桂　江苏省连云港市财政局科员
习尚银　甘肃省敦煌市公安局副局长
邓　勇　武警广西总队河池支队巴马县中队

战士
牛　藩　山西省太原市公安局杏花岭分局职工新村刑警中队中队长
牛江涛　财政部驻河北省财政监察专员办事处副处长
王　芳(女)　中华人民共和国贵阳海关走私犯罪分局法制处副科长
王　洪　江苏省洪泽县国家税务局副局长
王　虹(女)　黑龙江省哈尔滨市道里区人民检察院批捕科科长
王　健　四川省夹江县公安局缉毒大队大队长
王建雄　云南省镇雄县人民检察院审查起诉科副科长
王俊刚　武警天津市总队四支队蓟县中队中队长
王延顺　武警河南省总队平顶山支队郏县中队中队长
王一心　陕西省西安市工商行政管理局新城分局副局长
王治军(土家族)　贵州省贵阳市公安局刑侦支队一大队大队长
王子欣　安徽省太和县公安局局长
艾合买提·尼亚孜(维吾尔族)　武警新疆维吾尔自治区总队阿克苏地区支队库车县中队中队长
冯志礼　甘肃省张掖市人民法院书记员
甘　韬　中华人民共和国西宁海关走私犯罪侦查分局副局长
龙石虎(仡佬族)　贵州省六盘水市水城县人民法院龙场人民法庭庭长
卢　刚　武警河南省总队周口市支队一中队中队长
冉文平(女,土家族)　湖北省利川市工商行政管理局都亭分局副局长
石兰新　乌鲁木齐铁路局哈密分局铁路公安处乘警队乘警长
华　伟　江苏省启东市汇龙镇派出所所长
江建权　福建省上杭县公安局刑警大队科员
刘　昕　重庆市人民检察院反贪局侦察处副处长
刘宝亮　辽宁省沈阳市公安局东陵分局凌云派出所所长
刘来平　广东省深圳市龙岗区人民法院执行庭副庭长
刘书声　甘肃省定西地区中级人民法院刑一庭庭长
刘希平　辽宁省本溪满族自治县地方税务局局长
刘湘伟　财政部监督检查局副处长
刘学昌　辽宁省营口市地方税务局鲅鱼圈分局局长、书记
刘忠强　河北省任丘市人民法院经济审判二庭庭长
吕　急　青海省民和县公安局前和派出所所长
齐秀敏(女)　河北省邢台甲信律师事务所律师
伊力哈木·买买提(维吾尔族)　新疆维吾尔自治区乌鲁木齐市公安局沙依巴克区国内安全保卫大队教导员
岑恩厚　内蒙古自治区包头市公安局东河分局禁毒大队大队长
陈　钢　武警新疆生产建设兵团指挥部司令部侦察处参谋
陈　立　河北省邢台市内邱县公安局党委书记、局长
陈军标　上海市虹口区人民检察院助理检察员
陈思民　广东省广州市海珠区人民检察院副检察长、反贪局局长
初智强(满族)　中华人民共和国鲅鱼圈海关副关长
李　静　北京市新安劳教所副所长
李　森　江苏省浦口监狱狱政科科长
李　莹(女)　中国农业银行青海省分行乐都

县支行出纳员

李迪江　安徽省广德县工商行政管理局城郊工商所所长

李国希　山西省临汾市人民检察院反贪局局长

李继成　黑龙江省安达市公安局刑警大队中队长

李玉霞(女)　宁夏回族自治区银川市新城区人民法院审判员

李育兵(土家族)　贵州省贵阳市白云区人民检察院监所科副科长

李梓绿　广东省汕尾市公安局刑警支队五大队大队长

宋元俊　武警上海总队二支队参谋长

苏　鹏　云南省昆明铁路公安局昆明公安处乘警支队刑侦大队教导员

吴　斌　中华人民共和国上海海关驻邮局办事处通关科干部

杨　凯　民航汕头机场消防大队教员

杨　勇　陕西省西安铁路公安处刑警支队一大队副大队长

杨凌娜(女)　浙江省宁波市海曙区公安分局刑侦三中队副中队长

杨卫红　辽宁省本溪市中级人民法院副院长

余春坤　武警安徽省总队阜阳市支队副参谋长

张　力　北京市高级人民法院经济庭助理审判员

张　宁　重庆市璧山县青杠司法所所长

张福好　海南省海口市消防支队副支队长

张继宏　北京市公安局刑事侦查总队缉毒支队三队副队长

张继尧　中国建设银行贵州省分行黔南州分行都匀市开发区储蓄所主任

张敬艳　山东省菏泽市牡丹区人民检察院党组成员、副检察长

张树新　四川省国家税务局稽查局科长

张延清(藏族)　西藏自治区拉萨市公安局刑警支队支队长

邹小清　湖北省宜昌市夷陵区公安局党委书记、局长

谷志坚　武警山东省总队泰安支队五中队中队长

金兴俊　吉林省吉林市公安局昌邑分局副局长

林　红(女)　中国农业银行福建省分行龙岩市新罗支行社兴储蓄所储蓄员

林　旭　黑龙江省齐齐哈尔市公安局建华分局东市场派出所所长

林志春　中华人民共和国番禺海关海查科科长

罗中清　浙江省台州市工商行政管理局路桥分局经检大队大队长

孟凡辉　河南省新乡市公安局户政科科长

明正彬　云南省保山市公安局副局长兼禁毒支队长

岳林山　河北省廊坊市人民检察院起诉处副处长

郑　闯　广东省深圳市工商行政管理局龙岗分局龙岗工商所副所长

郑　刚　山东省聊城市东昌府区地方税务局柳园分局党支部书记、局长

周　永　安徽省合肥市公安局防巡支队四大队大队长

侯伟平(女)　山东省烟台市中级人民法院民一庭副庭长

胡景辉　江西省南昌市公安局东湖分局副局长

胡淑丽(女)　天津市人民检察院第二分院副处级检察员、主诉检察官

施　杰　四川省鼎立律师事务所主任

赵　萍(女)　新疆生产建设兵团芳草湖垦区人民法院新湖法庭庭长

赵喜民　吉林省吉林市国家税务局稽查局副局长

钟鸣明　海南省海口市工商行政管理局副局长兼新华分局局长

高树林　内蒙古自治区呼和浩特市工商行政

管理局12315消费者申诉举报指挥中心主任

高伟东　中国银行山东省分行临沂分行兰山支行办事员

郭　斌　重庆市公安局交警总队一支队副支队长

郭惠绮（女）　中华人民共和国罗湖海关监控指挥中心副科长

郭剑勇　宁夏回族自治区银川市人民检察院反贪局副局长

唐超仁　湖南省湘阴县公安局瓦窑湾派出所所长

唐桂宏（壮族）　广西壮族自治区百色地区公安局缉毒支队副支队长

曹　斌　宁夏回族自治区银川市国家税务局涉外分局局长

梁　灵　山西省灵石县财政局局长

梁文成　吉林省长春市公安局重庆路派出所所长

盛勇强　上海市高级人民法院民事审判庭副庭长

傅开其　浙江省消防总队温州支队泰顺大队战士

蒋建明　武警湖南总队三支队运输排三级士官

谢　健（女）　江苏省南京市鼓楼区人民检察院副检察长兼反贪局局长

谢孔焕　山东单县地方税务局稽查分局副局长

裘以华　江西南昌国家税务局涉外分局局长

熊晓滨　中华人民共和国黄埔海关调查局海查处海查二科科长

黎定琦　海南省昌江县公安局刑警大队教导员

燕　军　陕西省咸阳市公安局秦都分局刑警大队大队长

全国优秀“青少年维权岗”

为了贯彻落实党的十五大提出的依法治国、建设社会主义法治国家的精神，切实维护青少年的合法权益，预防和减少青少年犯罪，营造有利于青少年健康成长的良好社会环境。1998年，共青团中央分别联合中央综治办、最高人民法院、最高人民检察院、公安部、司法部、劳动和社会保障部、国家广播电影电视总局、国家工商行政管理总局、新闻出版总署、国家质量监督检验检疫总局在与青少年成长密切相关的领域开展了创建优秀“青少年维权岗”活动。

1999年首批全国法院系统优秀“青少年维权岗”名单

福建省闽侯县人民法院

上海市长宁区人民法院

北京市海淀区人民法院

河南省洛阳市涧西区人民法院少年审判庭

江苏省连云港市新浦区人民法院少年刑事审判庭

江西省南昌市西湖区人民法院少年刑事审判庭

吉林省公主岭市人民法院少年审判庭

福建省福州市鼓楼区人民法院少年审判庭

1999年全国检察系统首批优秀“青少年维权岗”名单

河北省石家庄市长安区人民检察院

上海市长宁区人民检察院

北京市东城区人民检察院

北京市西城区人民检察院
上海市虹口区人民检察院
河北省香河县人民检察院
吉林省长春市朝阳区人民检察院
黑龙江省哈尔滨市道里区人民检察院
黑龙江省哈尔滨市道外区人民检察院

1999年全国公安系统首批优秀"青少年维权岗"名单

广西壮族自治区南宁市公安局新城派出所
广西壮族自治区南宁市公安局巡警支队110警务大队
广东省深圳市公安局罗湖公安分局
吉林省长春市公安局桂林路派出所
江苏省南通市公安局人民西路派出所
河南省济源市公安局亚桥路派出所
安徽省合肥市公安局安庆路派出所
江西省南昌市公安局墩子塘派出所
湖北省武汉市公安局红卫路派出所

1999年全国司法行政系统首批优秀"青少年维权岗"名单

四川省成都少年管教所
上海市少年教养所
江苏省金达律师事务所
河南省郑州市公证处
江苏省南京市大厂区葛塘法律服务所
辽宁省大连市法律援助中心

1999年全国广播电影电视系统首批优秀"青少年维权岗"名单

山东电视台《道德与法制》栏目组
山西电视台青少年部
天津电视台《今晨相会》节目组
重庆电视台专题部
浙江电视台青少年部
江西电视台《社会传真》栏目组

1999年全国工商行政管理系统首批优秀"青少年维权岗"名单

上海市工商行政管理局虹口分局四川北工商所
上海市工商行政管理局卢湾分局检查支队
福建省漳州市工商局芗城分局检查大队
河北省石家庄市工商局桥东分局
浙江省宁波市工商行政管理局"96315"消费者举报投诉中心

1999年全国质量技术监督系统首批优秀"青少年维权岗"名单

辽宁省技术监督稽查所
辽宁省营口市技术监督局质量监督科
甘肃省产品质量监督检验所
河北省石家庄市长安区技术监督局
上海市眼镜质量监督检验站

2000年全国法院系统优秀"青少年维权岗"名单

北京市东城区人民法院
北京市宣武区人民法院
北京市崇文区人民法院
北京市丰台区人民法院
天津市河西区人民法院
河北省石家庄市长安区人民法院
河北省邯郸市峰峰矿区人民法院
河北省衡水市桃城区人民法院
山西省离石市人民法院
山西省临汾市人民法院
内蒙古科左后旗人民法院
辽宁省沈阳市沈河区人民法院
吉林省长春市二道区人民法院
吉林省吉林市船营区人民法院
黑龙江省哈尔滨市中级人民法院少年庭
黑龙江省哈尔滨市南岗区人民法院
黑龙江省牡丹江市东安区人民法院
黑龙江省鸡西市鸡冠区人民法院

上海市普陀区人民法院
上海市闵行区人民法院
上海市闸北区人民法院
江苏省宜兴市人民法院
江苏省镇江市京口区人民法院
浙江省杭州市上城区人民法院
浙江省余姚市人民法院
安徽省宿州市中级人民法院少年庭
安徽省马鞍山市花山区人民法院
福建省三明市中级人民法院少年庭
福建省惠安市人民法院
江西省吉安市人民法院
江西省新建县人民法院
江西省上饶市人民法院
山东省济南市槐荫区人民法院
山东省淄博市淄川区人民法院
山东省烟台市芝罘区人民法院
山东省滨州市人民法院
河南省唐河县人民法院
河南省洛阳市中级人民法院少年庭
河南省兰考县人民法院
湖北省武汉市江岸区人民法院
湖北省武汉市江汉区人民法院
湖北省丹江口市人民法院
湖南省南县人民法院
广东省深圳市南山区人民法院
广东省广州市中级人民法院少年庭
广西壮族自治区柳州市中级人民法院少年庭
海南省海口市新华区人民法院
海南省三亚市城郊人民法院
四川省成都市中级人民法院少年庭
四川省西昌市人民法院
四川省乐山市市中区人民法院
重庆市沙平坝区人民法院
云南省昆明市中级人民法院刑二庭
陕西省咸阳市中级人民法院少年庭
青海省西宁市中级人民法院少年庭
甘肃省兰州市城关区人民法院
甘肃省张掖地区中级人民法院少年庭
新疆维吾尔自治区乌鲁木齐市沙依巴克区人民法院

2000 年全国检察系统优秀“青少年维权岗”名单

北京市丰台区人民检察院未成年人犯罪案件检察室
北京市海淀区人民检察院
天津市和平区人民检察院
天津市河东区人民检察院
河北省保定市北市区人民检察院
河北省东光县人民检察院
山西省大同市矿区人民检察院审查批捕科
山西省太原市西峪地区人民检察院
内蒙古自治区宁城县人民检察院
内蒙古自治区呼和浩特市新城区人民检察院
辽宁省沈阳市铁西区人民检察院
辽宁省葫芦岛市人民检察院审查批捕处
吉林省通化市东昌区人民检察院
吉林省吉林市昌邑区人民检察院
黑龙江省鸡西市鸡冠区人民检察院
黑龙江省哈尔滨市南岗区人民检察院
上海市浦东新区人民检察院
上海市杨浦区人民检察院
江苏省锡山市人民检察院
江苏省张家港市人民检察院
浙江省杭州市江干区人民检察院审查起诉科
安徽省巢湖市居巢区人民检察院
福建省连城县人民检察院
福建省闽侯县人民检察院
江西省于都县人民检察院
江西省进贤县人民检察院
山东省菏泽市人民检察院审查批捕科
山东省淄博市临淄区人民检察院审查起诉科
河南省信阳市平桥区人民检察院
河南省驻马店市人民检察院
湖北省武汉市青山区人民检察院

湖北省武汉市硚口区人民检察院
湖南省长沙市天心区人民检察院审查批捕科
湖南省衡阳市人民检察院刑检一科
广东省广州市海珠区人民检察院
广东省广州市人民检察院起诉一处
广西壮族自治区南宁市茅桥地区人民检察院
广西壮族自治区桂林市象山区人民检察院
海南省海口市秀英区人民检察院审查批捕科
四川省阆中市人民检察院审查批捕科
四川省成都市成华区人民检察院审查批捕科
重庆市沙平坝区人民检察院审查起诉科
重庆市江津市人民检察院刑二科
贵州省贵定县人民检察院
云南省玉溪市人民检察院
云南省昆明市官渡区人民检察院审查起诉科
陕西省西安市雁塔区人民检察院
陕西省澄城县人民检察院
西藏自治区拉萨市城关区人民检察院审查批捕科
青海省西宁市城中区人民检察院
青海省湟中县人民检察院刑事侦查检察科
甘肃省平凉市人民检察院
甘肃省宁县人民检察院
宁夏回族自治区青铜峡市人民检察院
宁夏回族自治区银川市城区人民检察院
新疆维吾尔自治区乌鲁木齐市沙依巴克区人民检察院

2000年全国公安系统优秀"青少年维权岗"名单

北京市公安局海淀分局恩济庄派出所
天津市公安交通管理局红桥支队新红桥大队
天津市公安局和平分局体育馆派出所
河北省石家庄市公安局新华分局联盟路派出所
河北省保定市公安局五四路派出所
山西省临汾市公安局路东派出所
山西省太原市公安局尖草坪分局汇丰派出所
辽宁省沈阳市公安局沈河分局滨河派出所
吉林省吉林市公安局昌邑分局延江派出所
吉林省松原市公安局宁江二分局沿江第一派出所
黑龙江省鹤岗市公安局工农分局红旗路派出所
上海市公安局虹口分局提篮桥警察署
上海市长宁区看守所
江苏省南京市公安局秦淮分局夫子庙派出所
浙江省江山市公安局城关派出所
浙江省绍兴市公安局越城分局蕺山派出所
安徽省蚌埠市公安局宏叶村派出所
安徽省阜阳市太和县公安局城北派出所
福建省漳州市公安局新桥派出所
福建省泉州市公安局临江派出所
福建省南平市公安局紫云派出所
江西省赣州市公安局章贡分局南外派出所
江西省贵溪市公安局流口派出所
山东省淄博市公安局张店分局潘庄派出所
山东省济南市公安局治安拘留所
河南省安阳市公安局北关派出所
河南省上蔡县公安局朱里派出所
湖北省宜昌市公安局小溪塔派出所
湖北省鄂州市公安局鄂城分局凤凰派出所
湖南省株洲市公安局天元分局泰山路派出所
湖南省长沙市公安局交警支队直属三大队
广东省广州市公安局海珠区分局南华西街派出所
广西壮族自治区柳州市公安局南站派出所
广西壮族自治区北流市公安局巡警大队
四川省成都市公安局武侯分局永丰场派出所
重庆市九龙坡公安分局马王村派出所
云南省昆明市公安局盘龙分局拓东路派出所
云南省昆明市公安局巡警支队五华大队二中队
陕西省西安市新城分局西五路派出所
陕西省岐山县公安局蔡家坡派出所
青海省西宁市公安局城中分局南滩派出所

甘肃省酒泉市公安局西城关派出所
甘肃省兰州市公安局安宁分局沙井驿派出所
宁夏回族自治区银川市公安局巡警支队四大队
新疆维吾尔自治区乌鲁木齐市公安局水磨沟派出所

2000 年全国司法行政系统优秀
“青少年维权岗”名单

北京市少年犯管教所男二分监区
天津市法律援助中心
天津市少年管教所
河北省少年管教所
河北冀华律师事务所
山西省阳城县司法局
内蒙古自治区第一少年犯管教所
辽宁省海城少年管教所
辽宁省盘锦泰来律师事务所
吉林省辽源群贤律师事务所
吉林省延边朝鲜族自治州劳动教养管理所
黑龙江省佳木斯市振兴律师事务所
黑龙江长城律师事务所
上海市少年管教所
上海市杨浦区法律援助中心
江苏省少年管教所
江苏省南京市白下区司法局
浙江省少年管教所
浙江省嵊泗县菜园镇司法所
安徽省马鞍山市法律援助中心
福建省法律援助中心
江西省少年管教所教育科
江西省乐平市浯口法律服务所
山东省少年管教所
山东德衡律师事务所
河南省焦作少年管教所
湖北省少年犯管教所
湖北省罗田县公证处
湖南省少年管教所
湖南省白马垅劳动教养管理所
广东省广州市法律援助中心
广东省汕头市金园区司法局
广西壮族自治区强制戒毒劳教所
广西壮族自治区少年管教所
海南省少年管教所
四川鼎立律师事务所
重庆市少年管教所
重庆永川市司法局法制宣传教育科
贵州省少年管教所
贵州省心海律师事务所
云南省少年犯管教所八监区
云南实力律师事务所
陕西省少年管教所第一分监区
陕西许小平律师事务所
青海省君剑律师事务所
甘肃省少年管教所
甘肃省第二劳动教养管理所少年收容教养大队
宁夏回族自治区少年管教所一中队
宁夏回族自治区正义达律师事务所
新疆维吾尔自治区乌鲁木齐少年犯管教所

2000 年全国劳动保障系统优秀
“青少年维权岗”单位名单

北京市西城区劳动和社会保障局劳动保障监察大队
北京市劳动争议仲裁委员会
天津市劳动和社会保障局劳动监察大队
河北省石家庄市劳动局劳动监察大队
山西省临汾行署劳动局劳动监察科
内蒙古自治区赤峰市翁牛特旗人事与劳动局
辽宁省锦州市劳动局劳动监察大队
辽宁省大连市劳动局信访仲裁处
吉林省劳动厅劳动监察处
黑龙江省哈尔滨市劳动局劳动监察大队
江苏省连云港市劳动局劳动监察大队
浙江省义乌市劳动监察大队

浙江省温州市劳动争议仲裁委员会
安徽省芜湖市劳动局
福建省厦门市劳动局劳动监察大队
江西省南昌市劳动局
山东省烟台市劳动局劳动监察处
山东省青岛市市南区劳动和社会保障局劳动仲裁科
河南省郑州市劳动局
湖北省大冶市劳动局劳动监察大队
湖北省武汉市劳动局劳动争议仲裁处
湖南省邵阳市劳动局劳动监察大队
广东省劳动厅劳动监察处
广西壮族自治区南宁市劳动局劳动监察大队
海南省琼山市劳动局劳动监察中队
四川乐山市五通桥区人事劳动局劳动监察队
重庆市北碚区劳动局劳动监察科
重庆市渝中区劳动局仲裁处
贵州省劳动厅劳动关系与监察处
云南省劳动和社会保障厅法规监察处
陕西省宝鸡市劳动局劳动监察大队
陕西省西安市劳动争议仲裁委员会
青海省格尔木市劳动争议仲裁委员会
甘肃省天水市人事劳动局劳动保障监察大队
宁夏回族自治区银川市劳动局劳动监察大队
新疆维吾尔自治区乌鲁木齐劳动和社会保障局劳动监察大队

2000 年全国广播电影电视系统优秀“青少年维权岗”名单

中央人民广播电台社会生活部
中央电视台《焦点访谈》栏目
北京电视台青少部《七色光》节目
天津人民广播电台生活频道《少儿天地》节目组
山西人民广播电台专题部《小号角》节目
内蒙古电视台新闻评论部《今日观察》栏目
辽宁人民广播电台新闻中心
吉林电视台《法律在行动》栏目组
黑龙江电视台少儿部
黑龙江人民广播电台《法制经纬》节目组
上海电视台社教节目中心《案件聚焦》栏目
江苏电视台《大写真》专栏
浙江人民广播电台社教部
安徽电视台社教部《七彩路》栏目组
福建人民广播电台《小红帽》节目组
江西电视台青少部
山东人民广播电台《小小月亮船》节目
河南人民广播电台新闻部
河南电视台专题部少儿组
湖北电视台青少部
湖北省武汉市电视台青少部
湖南人民广播电台新闻中心
广西电视台社教部《法系人间》栏目组
海南人民广播电台《百草园》节目
四川凉山人民广播电台
四川人民广播电台《阳光少年》节目
重庆电视二台《记者观察》栏目组
云南人民广播电台卫星广播《金色童年》节目
陕西省宝鸡人民广播电台
西藏人民广播电台藏语专题部《格桑梅朵》栏目组
青海电视台专题部《小雪莲》栏目组
青海人民广播电台藏语部《少儿乐园》栏目组
甘肃人民广播电台第二套节目部
宁夏广播电视报社

2000 年全国工商行政管理系统优秀“青少年维权岗”名单

北京市工商行政管理局西城分局消费者权益保护科
天津市工商行政管理局和平分局劝业场工商所
山西省临汾市工商行政管理局城区市场所
内蒙古自治区呼和浩特市工商行政管理局新城区分局海东路工商所
辽宁省铁岭市工商行政管理局银州分局

上海市工商行政管理局闸北分局三泉工商所
江苏省盐都县工商行政管理局
安徽省巢湖市工商行政管理局卧牛工商所
福建省厦门市工商行政管理局“12315”消费者投诉中心
江西省九江市工商行政管理局第一直属分局双峰工商所
江西省景德镇市工商行政管理局新厂工商所
山东省济南市工商行政管理局槐荫分局西市场小商品批发市场工商所
山东省淄博市工商行政管理局经济检查支队张店大队
河南省郑州市工商行政管理局二七分局建中街工商所
湖北省鄂州市工商行政管理局
湖南省湘潭市工商行政管理局
广东省清远市工商行政管理局经济检查分局
四川省成都市工商行政管理局锦江分局盐市口工商所
重庆市永川工商行政管理局经济检查所
贵州省福泉市工商行政管理局
云南省昆明市工商行政管理局盘龙分局消保科
陕西省西安市工商行政管理局新城分局西一路工商所
西藏自治区拉萨市工商行政管理局城关分局北郊工商所
青海省西宁市工商行政管理局城东分局经济检查科
甘肃省兰州市工商行政管理局公平交易分局
宁夏回族自治区银川市工商行政管理局公平交易分局
新疆维吾尔自治区乌鲁木齐市工商行政管理局水磨沟分局西大桥工商所

2000年全国新闻出版系统优秀“青少年维权岗”名单

北京市新闻出版局市场管理处
天津市新华书店（集团）和平区店素质教育书店
天津市新蕾出版社
山西省阳泉市文化局新闻出版科
内蒙古自治区少年儿童出版社
辽宁省本溪市新闻出版局新闻出版管理处
上海市上海书城
江苏少年儿童出版社
安徽省池州地区新华书店
江西省出版物市场稽查总队直属支队
江西省景德镇市新华书店团支部
山东省青岛市新闻出版局
河南省“扫黄”、“打非”领导小组办公室
湖北省新闻出版局市场管理处
湖南少年儿童出版社
特区青年报社
广西壮族自治区出版物市场稽查处
重庆市新闻出版局市场管理处
云南省新华书店集团有限公司
西藏自治区“扫黄”、“打非”办公室
甘肃省兰州市张掖路新华书店青少组

2000年全国质量技术监督系统优秀“青少年维权岗”名单

福建省中心检验所
山东省计量科学研究所
山东省烟台市技术监督局稽查所
湖北省武汉市质量技术监督局武昌分局
广西壮族自治区技术监督稽查大队
重庆市计量技术研究所

2000年全国共青团系统优秀“青少年维权岗”名单

北京市青少年法律与心理咨询服务中心
共青团浙江省杭州市委员会青少年热线“7065454”
共青团浙江省湖州市委员会青少年成才服务中心

湖北省武汉市汉阳区未成年人保护中心
广东省深圳市义务工作者联合会

2000 年开展创建优秀“青少年维权岗”活动组织奖名单

山西省社会治安综合治理委员会办公室
江西省社会治安综合治理委员会办公室
山东省社会治安综合治理委员会办公室
湖北省社会治安综合治理委员会办公室
共青团北京市委员会
共青团河北省委员会
共青团江苏省委员会
共青团安徽省委员会
共青团福建省委员会
共青团山东省委员会
共青团湖北省委员会
共青团湖南省委员会
共青团重庆市委员会
北京市高级人民法院
河北省高级人民法院
福建省高级人民法院
山东省高级人民法院
吉林省人民检察院
黑龙江省人民检察院
河北省人民检察院
上海市人民检察院
江苏省人民检察院
河北省公安厅
福建省公安厅
湖北省公安厅
广东省公安厅
广西壮族自治区公安厅
辽宁省司法厅
江苏省司法厅
湖北省司法厅
四川省司法厅
广东省司法厅
北京市劳动和社会保障局
重庆市劳动局
辽宁省劳动厅
山东省劳动厅
浙江省劳动厅
浙江省广播电视厅
山东省广播电视厅
湖北省广播电视厅
四川省广播电视厅
河北省工商行政管理局
上海市工商行政管理局
安徽省工商行政管理局
山东省工商行政管理局
宁夏回族自治区工商行政管理局
北京市新闻出版局
天津市新闻出版局
河南省新闻出版局
湖南省新闻出版局
广东省新闻出版局
河北省质量技术监督局
辽宁省质量技术监督局
上海市质量技术监督局
山东省质量技术监督局
福建省质量技术监督局

2001 年全国法院系统优秀“青少年维权岗”名单

北京市西城区人民法院
北京市门头沟区人民法院
天津市河北区人民法院
天津市武清区人民法院
河北省石家庄市中级人民法院刑二庭
河北省衡水市中级人民法院刑二庭
河北省秦皇岛市海港区人民法院
山西省原华市人民法院
山西省太原市万柏林区人民法院
内蒙古包头市中级法院刑一庭
内蒙古托克托县人民法院
辽宁省锦州市古塔区人民法院

辽宁省沈阳市皇姑区人民法院
吉林省敦化市人民法院
吉林省吉林市昌邑区人民法院
黑龙江省高级人民法院刑一庭少年法庭
黑龙江省哈尔滨市太平区人民法院
上海市第一中级人民法院刑二庭
上海市第二中级人民法院刑二庭
江苏省连云港市海州区人民法院
江苏省淮安市清河区人民法院
江苏省扬州市广陵区人民法院
江苏省南京市鼓楼区人民法院
浙江省绍兴市越城区人民法院
浙江省温州市鹿城区人民法院
安徽省合肥市中级人民法院少年庭
安徽省安庆市迎江区人民法院
福建省厦门市开元区人民法院
福建省南平市中级人民法院少年庭
福建省漳州市芗城区人民法院
江西省景德镇市珠山区人民法院
江西省赣州市章贡区人民法院
山东省寿光市人民法院
山东省滕州市人民法院
山东省济南市历城区人民法院
河南省漯河市中级人民法院
河南省泌阳县人民法院
河南省安阳县人民法院
湖北省武汉市武昌区人民法院
湖北省麻城市人民法院
湖北省潜江市人民法院
湖南省长沙市开福区人民法院
广东省广州市海珠区人民法院
广东省深圳市龙岗区人民法院
广东省潮阳市人民法院
广西南宁市新城区人民法院
广西柳州市鱼峰区人民法院
海南省文昌市人民法院
海南省昌江黎族自治县人民法院
重庆市沙坪坝区人民法院
重庆市涪陵区人民法院
贵州省安顺市西秀区人民法院
四川省绵阳市涪城区人民法院
四川省南充市顺庆区人民法院
四川省宜宾县人民法院
云南省昆明市盘龙区人民法院
云南省个旧市人民法院
陕西省西安市未央区人民法院
陕西省西安市碑林区人民法院
陕西省宝鸡市金台区人民法院
甘肃省天水市北道区人民法院
甘肃省酒泉市人民法院
青海省高级人民法院刑事审判庭
宁夏固原县人民法院
新疆乌鲁木齐中级人民法院少年案件审判庭
新疆奎屯市人民法院

2001 年全国检察系统优秀“青少年维权岗”名单

北京市门头沟区人民检察院
北京市昌平区人民检察院
天津市大港区人民检察院
天津市河西区人民检察院
河北省人民检察院审查批捕处
山西省吕梁地区孝义市人民检察院
山西省运城市闻喜县人民检察院批捕科
内蒙古包头市昆区人民检察院
内蒙古临河市人民检察院批捕处
辽宁省铁岭市银州区人民检察院
吉林省长春市二道区人民检察院
吉林省安图县人民检察院
黑龙江省佳木斯市前进区人民检察院
黑龙江省齐齐哈尔市铁峰区人民检察院
黑龙江省牡丹江市东安区人民检察院
上海市黄浦区人民检察院
上海市普陀区人民检察院
上海市奉贤区人民检察院
江苏省宜兴市人民检察院

江苏省镇江市京口区人民检察院
江苏省徐州市鼓楼区人民检察院
江苏省武进市人民检察院
江苏省南京市江宁区人民检察院
浙江省永康市人民检察院审查起诉科
浙江省余姚市人民检察院
安徽省池州市东至县人民检察院
安徽省安庆市郊区人民检察院
福建省福州市鼓楼区人民检察院
福建省漳州市芗城区人民检察院
江西省赣县人民检察院
江西省丰城市人民检察院批捕科
山东省济南市历下区人民检察院审查批捕科
山东省博兴县人民检察院
山东省青岛市市南区人民检察院审查起诉科
山东省龙口市人民检察院批捕科
河南省荥阳市人民检察院审查起诉科
河南省周口市人民检察院审查起诉处
湖北省枣阳市人民检察院
湖南省郴州市人民检察院
湖南省株洲市芦淞区人民检察院
广东省广州市东山区人民检察院
广东省深圳市南山区人民检察院
广西南宁市永新区人民检察院
广西苍梧县人民检察院
海南省文昌市人民检察院
海南省白沙黎族自治县人民检察院
重庆市渝中区人民检察院
重庆市黔江区人民检察院
贵州省贵阳市人民检察院
四川省成都市锦江区人民检察院批捕科
四川省绵阳市涪城区人民检察院
四川省资阳市雁江区人民检察院起诉科
云南省昆明市五华区人民检察院批捕科
云南省红河州个旧市人民检察院批捕科
西藏自治区人民检察院山南分院批捕处
陕西省咸阳市兴平市人民检察院
陕西省宝鸡市宝鸡县人民检察院
甘肃省兰州市城关区人民检察院
甘肃省人民检察院酒泉分院
青海省西宁市城西区人民检察院审查批捕科
宁夏银川市郊区人民检察院
新疆乌鲁木齐市天山区人民检察院
新疆石河市人民检察院

2001 年全国公安系统优秀“青少年维权岗”名单

北京市昌平区公安分局北七家派出所
北京市大兴县公安局红星派出所
天津市公安局河东分局郑庄子派出所
天津市公安局河西分局土城派出所
河北省唐山市公安局开平分局开平派出所
河北省沧州市新华公安分局车站派出所
河北省石家庄市桥西公安分局友谊大街派出所
山西省晋中市榆次区公安局锦纶路派出所
山西省太原市公安局迎泽分局老军营派出所
内蒙古自治区赤峰市公安局红山区分局哈达街派出所
内蒙古自治区呼和浩特市新城公安分局新华东街派出所
辽宁省大连市公安局西岗分局九三派出所
辽宁省沈阳市公安局文圣分局文圣派出所
吉林省长春市公安局朝阳分局重庆路派出所
吉林省吉林市公安局交警支队船营大队二中队
黑龙江省哈尔滨市公安局南岗分局燎原派出所
黑龙江省齐齐哈尔市公安局建华分局中华街派出所
上海市公安局治安总队基层指导处
上海市公安局虹口分局江湾派出所
江苏省镇江市公安局京口分局正东路派出所
江苏省张家港市公安局城中派出所
江苏省连云港市公安局市东派出所
浙江省杭州市公安局下城分局长庆派出所

浙江省宁波市鄞县公安局高桥派出所
浙江省嘉兴市嘉善县公安局魏塘派出所
安徽省合肥市公安局杏花派出所
安徽省安庆市公安局华中路派出所
福建省三明市公安局列西派出所
福建省浦城县公安局城关分局
福建省厦门市公安局莲前派出所
江西省瑞昌市公安局湓城分局
江西省南昌市公安局西湖分局筷子巷派出所
江西省峡江县公安局巴邱分局
山东省寿光市公安局稻田分局
山东省微山县公安局欢城派出所
山东省滨海公安局巡警支队一大队(110 报警服务台)
山东省肥城市公安局桃花源分局
河南省济源市公安局济水派出所
河南省潢川县公安局北城派出所
湖北省鄂州市公安局鄂城区分局杨叶派出所
湖北省武汉市公安局江汉区分局民意街派出所
湖北省十堰市公安局茅箭区分局朝阳路派出所
湖南省常德市公安局武陵分局城南派出所
湖南省湘西自治州龙山县公安局刑警大队
湖南省岳阳市公安局岳阳楼分局东茅岭派出所
广东省广州市公安局东山分局华乐街派出所
广东省梅州市公安局梅江分局江南派出所
广东省潮州市公安局湘桥区分局桥东派出所
广西壮族自治区贵港市公安局港北分局巡警大队
广西壮族自治区陆川县公安局新洲派出所
海南省澄迈县公安局交警中队
海南省文昌市公安局城南派出所
重庆市公安局高新技术产业开发区分局石桥铺派出所
重庆市公安局治安总队青少年犯罪研究所
贵州省贵阳市云岩公安分局刑侦大队
贵州省遵义市红花岗公安分局中华路派出所
四川省成都市青羊区公安分局石人派出所
四川省眉山市彭山县公安局凤鸣派出所
四川省绵阳市游仙区公安分局涪江派出所
四川省南充市高坪区公安分局白塔派出所
云南省昆明市公安局五华分局北门街派出所
云南省昆明市公安局交警支队五华大队二中队
陕西省西安市公安局碑林分局柏树林派出所
陕西省渭南市公安局临渭分局解放路派出所
陕西省铜川市公安局王益分局桃园派出所
甘肃省白银市公安局白银分局工农路派出所
甘肃省镇原县公安局城关派出所
青海省平安县公安局平安派出所
宁夏回族自治区石嘴山市公安局防暴巡警支队
新疆维吾尔族自治区库尔勒市公安局巡警大队
新疆维吾尔族自治区克拉玛依市公安局市区分局天山路派出所

2001 年全国司法行政系统优秀“青少年维权岗”名单

北京市大兴区司法局
北京致诚律师事务所
天津市司法警官学校
河北省第一劳教所
河北省承德市公证处
山西省少年管教所
山西金世纪律师事务所
内蒙古第二少年犯管教所
内蒙古赤峰市阿鲁科尔沁旗巴彦花镇司法所
辽宁省少年教养院
辽宁省大连市“148”法律服务指挥中心
吉林华圣律师事务所
吉林省吉林市法律援助中心
黑龙江省少年犯管教所
黑龙江省松滨监狱

上海市杨浦区公证处
上海新华律师事务所
江苏天之任律师事务所
江苏省南京市公证处
浙江瓯越律师事务所
浙江省杭州市司法局青年法制宣传队
安徽省公证处
安徽省少年犯管教所二监区
福建昊泽律师事务所
福建省南平市法律援助中心
江西沃德律师事务所
江西省安义县新民乡法律服务所
山东省女子劳动教养所三大队
山东省济南市法律援助中心
河南省新密市法律援助中心
河南省漯河市源汇区司法局"148"协调指挥中心
湖北省沙洋监狱管理局团委
湖北省武汉市"148"法律服务专线指挥中心
湖北可达律师事务所
湖南省桂阳监狱
湖南省坪塘劳教所四大队
广东省司法厅老干部关心下一代工作委员会
广东省少年犯管教所
广东省佛山市法律援助中心
广西第一劳教所
广西中司律师事务所
广西衡诺律师事务所
海南维特律师事务所
重庆市巴南区司法局基层科
重庆合纵律师事务所
贵州省兴仁县司法局
四川省都江堰市幸福法律服务所
四川大堰劳教所五中队
四川民达律师事务所
陕西省西安市新城区司法局
陕西华岳律师事务所
甘肃法源律师事务所
甘肃省环县司法局
青海辉湟律师事务所
宁夏贺兰县通义乡司法所
新疆华夏一洲律师事务所
新疆乌鲁木齐法律服务中心

2001 年全国劳动和社会保障系统优秀"青少年维权岗"名单

北京市东城区劳动和社会保障局劳动监察大队
北京市海淀区劳动和社会保障局劳动监察科
天津市河西区劳动和社会保障局劳动监察科
河北省沧州市劳动和社会保障局劳动监察大队
河北省廊坊市香河县劳动人事局劳动监察大队
河北省唐山市路南区劳动人事局
山西省运城市盐湖区劳动局劳动监察大队
山西省晋城市劳动局劳动监察大队
内蒙古自治区包头市劳动局劳动监察大队
内蒙古自治区通辽市人事劳动局劳动监察大队
辽宁省大连市劳动局劳动监察大队
辽宁省沈阳市劳动局劳动监察大队
辽宁省葫芦岛市劳动局劳动监察大队
吉林省吉林市劳动局劳动监察支队
吉林省柳河县劳动局劳动监察科
江苏省无锡市劳动争议仲裁委员会
江苏省泰州市劳动和社会保障局
江苏省镇江市劳动和社会保障局劳动监察支队
浙江省瑞安市劳动局
浙江省温岭市人事劳动局
安徽省马鞍山市劳动局劳动监察科
安徽省祁门县劳动局
福建省福州市仓山区劳动争议仲裁委员会
福建省泉州市劳动局劳动监察大队
江西省劳动和社会保障厅劳动监察总队

江西省南昌市劳动局劳动监察处
山东省劳动和社会保障厅监察监督处
山东省济南市劳动和社会保障局劳动监察处
山东省青岛市劳动和社会保障局劳动监察处
河南省郑州市劳动局
河南省漯河市劳动局
湖北省荆门市劳动局劳动监察大队
湖北省老河口市劳动争议仲裁委员会
湖南省劳动和社会保障厅法制与监察处
湖南省永州市劳动局劳动监察大队
广东省广州市白云区劳动局劳动监察科
广东省深圳市劳动局劳动监察大队
广东省南海市劳动局劳动监察科
广西壮族自治区劳动和社会保障厅劳动保障监察处
广西壮族自治区桂林市劳动局劳动监察科
海南省琼山市人事劳动保障局劳动监察中队
海南省海口市新华区人事劳动保障局劳动监察中队
重庆市江北区劳动局劳动争议仲裁科
重庆市开县劳动局监察科
四川省成都市金牛区劳动局
贵州省贵阳市劳动局劳动监察大队
贵州省遵义市劳动局劳动保障监察支队
云南省劳动和社会保障厅法制监察处
云南省昆明市人事劳动局劳动监察大队
西藏自治区拉萨市劳动局
陕西省延安市劳动局劳动监察支队
陕西省西安市雁塔区劳动局劳动监察大队
陕西省蒲城县劳动争议仲裁委员会
甘肃省兰州市劳动局劳动监察大队
甘肃省白银市劳动局劳动监察大队
青海省劳动和社会保障厅劳动监察处
宁夏回族自治区石嘴山市劳动局劳动保障监察大队
新疆维吾尔自治区库尔勒市劳动局
新疆维吾尔自治区昌吉回族自治州劳动局劳动监察大队

2001 年全国广播电影电视系统优秀“青少年维权岗”名单

中央电视台青少中心综合部
中央电视台新闻中心社会新闻部记者一组
中央电视台《今日说法》栏目
中国电影集团第三制片公司
中央人民广播电台法制部
北京人民广播电台教育广播
北京电视台《法治进行时》栏目
天津人民广播电台新闻频道《法制纵横》
天津电视台青少部
河北电视台社会教育部
河北电台经济频道《灯火阑珊》节目
山西电视台第二套节目黄河电视台《公民与法》栏目
太原电视台社教法制频道《并州之剑》栏目
内蒙古电视台《娜荷芽》栏目
内蒙古人民广播电台蒙古语广播
辽宁电视台青少部
辽宁省本溪市人民广播电台政法部
吉林人民广播电台
吉林电视台社教中心《青苹果乐园》栏目组
黑龙江人民广播电台妇女儿童广播
黑龙江省哈尔滨电视台总编室
上海东方广播电台老年少儿节目部
江苏人民广播电台文艺频率
江苏南京电视台《法制园地》栏目
浙江电视台教育科技频道《走进今天》栏目
浙江省宁波电视台青少体育部
安徽人民广播电台《快乐起跑线》节目组
安徽合肥电视台新闻评论部《社会传真》栏目组
福建东南电视台《记者行动》栏目
福建省三明人民广播电台
山东电视台齐鲁频道
山东人民广播电台《公民与社会》节目
河南省焦作市广播电视局社教中心青少部《七

色光》栏目

河南省三门峡市电视台

湖北省宜昌三峡电视台

湖北省石首市广播电视局

湖南电视台新闻中心

广东电视台青少部

海南人民广播电台

重庆电视台社教部《拍案说法》栏目

四川电视台青少年部

四川成都电视台新闻评论部

云南电视台专题部青少年栏目《七彩时光》、《校园》

云南人民广播电台卫星广播《百姓与生活》、《金色童年》专题节目部

陕西省西安电视台青少部

甘肃省兰州电视台新闻评论部

青海人民广播电台交通音乐广播

宁夏电视台经济频道专题部

2001 年全国工商行政管理系统优秀“青少年维权岗”名单

北京市工商行政管理局东城分局和平里工商所

北京市工商行政管理局朝阳分局呼家楼工商所

北京市工商行政管理局大兴分局黄村工商所

天津市工商行政管理局红桥分局大胡同工商所

天津市工商行政管理局河东区分局万新村工商所

河北省乐亭县工商行政管理局闫各庄工商所

河北省邯郸市工商行政管理局公平交易局

河北省霸州市工商行政管理局经检队

山西省阳泉市工商行政管理局“12315”消费者申诉举报指挥中心

山西省太原市工商行政管理局杏花岭分局杏花岭工商所

内蒙古通辽市工商行政管理局科尔沁区分局第四工商所

内蒙古包头市工商行政管理局昆区分局

辽宁省营口大石桥市工商行政管理局繁荣街工商所

辽宁省抚顺市工商行政管理局河北分局北站工商所

吉林省吉林市工商行政管理局船营分局消费者权益保护科

吉林省长春市工商行政管理局宽城分局公平交易科

黑龙江省七台河市工商行政管理局“12315”申诉举报指挥中心

黑龙江省哈尔滨市工商行政管理局道外分局南十六工商所

上海市工商行政管理局黄浦分局南京东路工商所

上海市工商行政管理局嘉定分局外冈工商所

江苏省盐城工商行政管理局消费者权益保护科

江苏省扬州市工商行政管理局广陵区分局消费者权益保护股(消费者协会)

江苏省连云港市工商行政管理局新浦分局路北工商所

浙江省工商行政管理局经济检查处(消费者权益保护处)

浙江省杭州市工商行政管理局“12315”举报投诉中心

浙江省诸暨市工商行政管理局“12315”举报投诉中心

浙江省永康市工商行政管理局“12315”举报投诉中心

安徽省合肥市工商行政管理局公平交易局经济检查三大队

安徽省涡阳县工商行政管理局向阳楼女子工商所

福建省泉州市工商行政管理局鲤城分局中区工商所

福建省福州市工商行政管理局“12315”消费者

投诉服务台
江西省南昌市工商行政管理局西湖分局南站工商所
江西省赣州市工商行政管理局公平交易局（消费者协会）
山东省寿光市工商行政管理局城关工商所
山东省博兴县工商行政管理局公平交易局
山东省青岛市工商行政管理局市南分局中山路工商所
河南省濮阳市工商行政管理局商贸中心三八女子管理所
河南平顶山市工商行政管理局联盟路工商所
湖北省武汉市工商行政管理局经济稽查分局
湖北省当阳市工商行政管理局公平交易分局
湖北省孝感市工商行政管理局公平交易局
湖南省长沙市工商行政管理局岳麓分局麓山工商所
湖南省湘潭市工商行政管理局公平交易分局
广西南宁市工商行政管理局“12315”申诉举报指挥中心
广西柳州市工商行政管理局巡查大队
海南省儋州工商行政管理局红旗工商所
海南省海口工商行政管理局金龙工商所
重庆市工商行政管理局沙坪坝区分局双子巷工商所
重庆市武隆县工商行政管理局巷口工商所
四川成都市工商行政管理局双流分局城关工商所
四川南充市工商行政管理局顺庆分局北城工商所
四川绵阳市工商行政管理局“12315”消费者申诉举报指挥中心
云南省昆明市工商行政管理局五华分局消费者权益保护科
云南省昆明市工商行政管理局安宁分局消费者权益保护科
西藏自治区拉萨市工商行政管理局城关分局宗角禄康工商所
陕西省咸阳市泾阳县工商局泾干工商所
陕西省铜川市工商局耀县分局城关工商所
陕西省安康市工商局汉滨分局江北工商所
甘肃省兰州市工商行政管理局城关分局平凉路工商所
甘肃省张掖市工商行政管理局城关工商所
青海省西宁市湟中县工商行政管理局
宁夏石嘴山市工商行政管理局万商市管所
宁夏青铜峡市工商行政管理局公平交易局
新疆吐鲁番市工商行政管理局城区工商所
新疆阿克苏市工商行政管理局新城工商所

2001年全国新闻出版系统优秀“青少年维权岗”名单

北京新华图书有限责任公司
北京市新闻出版（版权）局稽查执法大队
天津市新闻出版局书报刊电子出版物市场管理处
天津美术印刷厂
河北省石家庄市新闻出版局
河北省新闻出版局市场管理处
山西省新华书店
山西省忻州市新闻出版科
内蒙古新华书店集团有限责任公司
辽宁省新闻出版学校
辽宁少儿出版社
吉林省新闻出版局出版物市场“扫黄”、“打非”办公室
吉林北方妇女儿童出版社
黑龙江省鹤岗市新华书店
黑龙江省书报刊市场稽查队
上海科学技术出版社科教编辑部
江苏教育出版社
江苏南京新华联合图书销售有限责任公司湖南路新华书店
浙江教育报社
浙江少儿出版社
安徽少年儿童出版社

福建少年儿童出版社
福建素质教育博览杂志社
江西省新闻出版局市场管理处
江西省新闻出版局抚州分局
江西省新闻出版局赣州分局
山东省威海市新闻出版局
山东省临沂市少年天地杂志社
山东省聊城市新闻出版局
河南省洛阳市青少年新世纪读书俱乐部
河南省信阳市新闻出版局
湖北省新闻出版局出版物发行管理处
湖北黄鹤图书发行中心
广西壮族自治区新华书店
广西柳州市新闻出版局
重庆市新闻出版局报刊处
重庆新华书店集团民生路图书发行大楼
四川新华书店集团有限责任公司西南书城
四川少儿出版社
四川省成都市新华书店成都购书中心
西藏自治区新华书店
陕西人民教育出版社
陕西未来出版社
新疆维吾尔自治区新华书店图书批销中心
新疆新华印刷厂

全国青年文明社区

全国“青年文明社区”创建活动由共青团中央、民政部、建设部、国家工商行政管理局于1996年10月联合发起，1998年、2000年分别进行了两次评选，共评选出全国“青年文明社区”160个，创建活动组织奖20个。在这些社区，广大青年有组织地积极参与营造良好的社区秩序，美化社区环境，使居民群众拥有安全、整洁、优美的生活空间；开展丰富多彩的社区文化活动，增强社区凝聚力，促进和谐的社区人际关系的形成；以满足居民群众生产生活基本需求和青年成长成才需要为着力点，积极开展社区服务，加强社区青年职业技能培训和就业服务，实施社区“千校百万”外来务工青年培训计划，全面提高了青年素质；建立健全了社区团的工作机构，实现了辖区内团组织跨行业、跨部门、跨组织层次的区域性联合，齐抓共建，推动了社区的建设与发展。

首批全国“青年文明社区”名单

北京(3)
东城区北新桥街道
丰台区东高地街道
朝阳区三里屯街道
天津(3)
南开区嘉陵道街道
河西区天塔街道
红桥区咸阳北路街道
河北(3)
石家庄市联盟小区
秦皇岛市建设大街
唐山市祥富里小区
山西(2)
太原市漪汾苑生活小区
平朔煤炭工业公司生活小区
内蒙古(2)
呼和浩特市大南街街道
包头市团结街道

辽宁(3)
沈阳市辽河小区
大连市工人村街道
鞍山市山南街道
吉林(3)
长春市富豪花园小区
长春市东站街道
吉林市电院小区
黑龙江(2)
哈尔滨市中央大街
牡丹江市先锋街道
上海(3)
黄浦区人民广场街道
长宁区天山路街道
闸北区临汾路街道
江苏(3)
南京市锁金村街道
泰州市东进小区
苏州市双塔社区
浙江(3)
杭州市朝晖街道
宁波市城关街道
绍兴市塔山街道
安徽(2)
合肥市包河街道
蚌埠市青年街道
福建(2)
福州市大同社区
三明市富兴堡街道
山东(3)
济南市解放路社区
青岛市泰安路街道
淄博市和平小区
河南(2)
郑州市大学路街道
安阳市红旗街道
湖北(1)
武汉市易家墩社区

湖南(2)
长沙市望月湖小区
衡阳市青山街道
广东(3)
广州市华乐街
深圳市宝恒工业区
深圳市南岭村
广西(2)
南宁市明秀小区
柳州市白云小区
四川(2)
自贡市筱溪街社区
达川市西圣寺小区
重庆(2)
沙坪坝区渝碚路街道
渝中区解放碑街道
贵州(2)
贵阳市宅吉小区
桐梓县经济开发区
云南(1)
玉溪市大营街社区
西藏(1)
拉萨市西德贡巷
陕西(1)
西安市张家村街道
甘肃(1)
兰州市铁路局新村东街
宁夏(1)
银川市宁华园社区
新疆(2)
乌鲁木齐市北京路街道
库尔勒市塔里木石油勘探开发指挥部生活小区

第二批全国“青年文明社区”名单

北京(6)
西城区月坛街道
海淀区中关村街道

崇文区崇外街道
朝阳区亚运村街道
石景山区古城街道
通州区梨园镇
天津(3)
塘沽区工人新村街道
和平区南营门街道
河西区马场街道
河北(3)
迁安市城关镇常青居委会
秦皇岛市海港区文化路市政居委会
邢台市中华路中华居委会
山西(2)
长治市太行西街飞龙居委会
平遥县古陶市场社区
内蒙古(3)
包头市昆都仑区前进街道
呼和浩特市回民区通道街
伊克昭盟乌审旗达布察克镇
辽宁(6)
鞍山海城市西柳镇
大连市西岗区北京街道
沈阳市大东区教师花园社区
抚顺市东洲区东洲街道
本溪市溪湖区彩玉社区
北宁市罗罗堡镇
吉林(4)
长春市南关区曙光街道
长春市朝阳区重庆街道
长春市宽城区群英街道
临江市建国街道
黑龙江(4)
哈尔滨市道里区共乐街道
哈尔滨市南岗区锦秀社区
哈尔滨市动力区文政街道
牡丹江市阳明区安顺园社区
上海(6)
杨浦区大桥街道
静安区石门二路街道
卢湾区瑞金二路街道
长宁区虹桥街道虹储居委会
黄浦区南京东路街道尊衍居委会
嘉定区新成路街道
江苏(4)
南京市鼓楼区鼓楼街道
扬州市广陵区汶河街道
扬中市新坝镇
无锡市南长区清扬路街道
浙江(6)
临海市城关镇望洋居委会
嘉兴市秀城区新嘉街道
衢州市柯城区上街街道
宁波市海曙区西门街道
温州市鹿城区五马街道
杭州市江干区采荷街道
安徽(3)
合肥市西市区琥珀山庄
马鞍山市花山区珍珠园社区
巢湖市居巢区卧牛街道
福建(5)
福州市仓山区仓山镇万里村委会
厦门市思明区中华街道
南平市延平区紫云街道
三明市梅列区列东街道
龙岩市新罗区中城街道
江西(2)
广丰县永丰镇白鹤园社区
南昌市西湖区绳金塔街道邮电住宅社区
山东(6)
青岛市市北区辽宁路街道
烟台市芝罘区向阳街道
潍坊市奎文区东关街道
济南市槐荫区振兴街街道
青岛市平度市同和镇
威海市环翠区东北村生活社区
河南(2)

登封市嵩阳路街道
郑州市电新街居委会
湖北(3)
武汉市武昌区楚材社区
荆门市中天街道
鄂州市鄂城区卫生东塔社区
重庆(3)
渝中区大坪街道
九龙坡区黄桷坪街道
渝中区朝天门街道
湖南(3)
湘潭市雨湖区雨湖路街道
株洲市天元区滨江一村社区
耒阳市蔡子池街道化龙居委会
广东(4)
广州市东山区建设街道
广州市荔湾区逢源街道
广州市海珠区南华西街道
深圳市南山区西丽工业区
海南(2)
海口市新华区滨海新村
海口市振东区和平南路街道
广西(3)
南宁市城北区北湖安居社区
柳州市城中区福柳新都居民区
桂林市七星区桂花园社区
四川(3)
成都市金牛区青羊北路街道
宜宾市翠屏区南城街道
凉山州西昌市新村街道
贵州(2)
贵阳市云岩区威清路街道
贵阳市南明区新华路街道
云南(2)
昆明市五华区永昌街道
昆明市西华社区
陕西(4)
宝鸡市金台区十里铺街道
西安市新城区西一路街道
咸阳市秦都区人民路街道
西安市长安县引镇
青海(1)
海西州德令哈市光明社区
甘肃(2)
兰州炼油化工总厂11街区
张掖市新乐社区
新疆(2)
克拉玛依市独山子厂区
克拉玛依市白碱滩区
西藏(1)
林芝县八一镇

全国“青年文明社区”
创建活动组织奖获奖单位名单

共青团北京市委　共青团沈阳市委
共青团河北省委　共青团西安市委
共青团辽宁省委　共青团成都市委
共青团上海市委　共青团广州市委
共青团浙江省委　共青团青岛市委
共青团福建省委　共青团宁波市委
共青团山东省委　共青团长春市委
共青团重庆市委　共青团深圳市委
共青团湖南省委　共青团武汉市委
共青团广西区委　共青团潍坊市委

中国保护未成年人杰出(优秀)公民
全国未成年人保护工作先进集体

“中国保护未成年人杰出(优秀)公民”和“全国未成年人保护工作先进集体”评选活动开展七年来,社会各界涌现出一大批热心于未成年人保护事业、关注未成年人健康成长的先进个人和先进集体。他们在维护未成年人合法权益,优化未成年人健康成长环境,预防和减少未成年人违法犯罪工作方面作出了积极努力,为我国的未成年人保护事业做出了突出贡献。

为树立典型,表彰先进,调动更多的社会力量投身于未成年人保护事业,推进社会主义精神文明建设和法制建设的发展,依据《中华人民共和国未成年人保护法》及有关法规,1999年,中共中央宣传部、全国人大内务司法委员会、共青团中央、教育部、司法部联合开展了第二届中国保护未成年人杰出(优秀)公民”和第三届“全国未成年人保护工作先进集体”评选表彰活动,1999年11月28日颁发表彰决定。决定:授予王国林等10名同志“中国保护未成年人杰出公民”荣誉称号;授予丁凤春等100名同志“中国保护未成年人优秀公民”荣誉称号;授予李德林等21名同志“中国保护未成年人优秀公民”提名奖;授予北京市未成年人保护委员会办公室等114个单位“全国未成年人保护工作先进集体”荣誉称号。

2001年12月,中共中央宣传部、全国人大内务司法委员会、共青团中央、教育部、司法部联合开展了第三届中国保护未成年人杰出(优秀)公民”和第四届“全国未成年人保护工作先进集体”评选表彰活动,2002年9月颁发表彰决定。决定:授予王三乐等10名同志“中国保护未成年人杰出公民”荣誉称号;授予李玲等100名同志“中国保护未成年人优秀公民”荣誉称号;授予常旭东等33名同志“中国保护未成年人优秀公民”提名奖;授予北京市西城区未成年人保护委员会等109个单位“全国未成年人保护工作先进集体”荣誉称号。

第二届中国保护未成年人杰出公民名单
(10名)

王国林　黑龙江省哈尔滨名流国际家具装饰博览中心董事长
陆小娅　中国青年报社主任编辑、新闻副刊中心主任
丁永龄　上海市长宁区人民检察院未成年人刑事检察科科长
魏　敏　天津市津联律师事务所律师、副主任
孙淑君　辽宁省沈阳市皇姑区启智幼儿园园长
彭爱平　广东省北江中学高级教师、副校长
李光蕙　湖北省武汉市儿童福利院党委书记、院长
余德槐　四川省眉山县新华书店退休职工
万　斌　江西省南昌市公安局东湖分局墩子塘派出所所长
朱克俭　浙江省金华市电视台新闻部副主任

第二届中国保护未成年人优秀公民名单
(100名)

丁凤春　北京市高级人民法院审判员
谭　朴　北京市朝阳区工读学校校长
陈伊萍　北京市未成年人保护委员会办公室副主任
宗春山　北京市青少年法律与心理咨询服务

中心秘书长
吴玉和　北京市昌平区南绍镇法律事务所所长
薛　冰　天津市武清县人民法院刑庭法官
马　理　天津市公安局河北分局新开河派出所户籍民警
孙万里　天津市聋哑学校校长
刘建华　河北省少年管教所党委书记、所长
李　军　河北省承德市教育委员会教育科科长
万玉恒　共青团保定市委宣传部副部长
唐建新　共青团河北省委权益部副部长
秦义生　山西省临汾地区中级人民法院刑二庭庭长
刘晋萍　共青团山西省太原市委副书记
米德宏　山西省云中律师事务所主任
李　峰　山西省文水县公安局副局长
桃格图　内蒙古赤峰市中级人民法院离休干部
郝　民　内蒙古呼和浩特市中级人民法院退休干部
管洵惟　辽宁省大连市青少年教育办公室主任
赵　巍　辽宁省鞍山市青少年教育办公室主任
张庆祥　辽宁省营口市站前区公安分局跃进派出所指导员
马莉庭　吉林省长春市南关区司法局局长
刘继业　吉林省常春律师事务所律师
王伟家　吉林省敦化市看守所管教员
张青松　黑龙江省黑河市逊克县工程公司经理
盛校江　黑龙江省牡丹江市公安局爱民巡警大队队长
刘　伟　共青团黑龙江省哈尔滨市委员会权益部干事
孙中平　黑龙江省哈尔滨市铁路局佳木斯铁路分局团委书记
顾月英　上海市普陀区青少年保护委员会办公室主任
周　坚　共青团上海市徐汇区委员会书记
张友明　上海市闵行区文化市场稽查中队队长
张　坚　上海市卢湾区新辉学校教导主任
桑星杰　江苏省少年管教所党委书记、所长
黄宪辉　江苏省锡山市教委主任
陆余文　江苏省泰州市人大常委会副主任
顾鼎竞　江苏省教育电视台总编辑、副台长
卢路生　江苏省高级人民法院刑一庭审判员
王振滔　浙江省中国奥康集团有限公司总裁
朱国炎　浙江省湖州市安吉县梅溪镇人大副主席
邱家教　浙江省嘉兴市电控厂离休干部
周建群　安徽省未成年人保护委员会办公室主任
张中田　安徽省淮南市田家庵区龙湖中学校长
吴晓天　安徽省巢湖地区巢湖市委副书记
吴鸿杰　安徽省蚌埠市三十二中校长
石　华　福建省厦门市思明区人民检察院助理检察员
林　杰　共青团福建省委员会权益部副部长
林　勇　福建省闽侯县人民法院院长
蒋永奇　福建省三明市未成年人保护委员会干部
彭志刚　江西省中山律师事务所律师
杨　武　江西省景德镇市中级人民法院法官
李建勋　山东省《青岛晚报》记者
朱　杰　共青团山东省泰安市委员会副书记
董益锡　山东省枣庄市峄城区关工委常务副主任
赵　峰　山东省淄博市张店区教育委员会党委书记、主任
吴长荣　河南省济源市公安局亚桥派出所指导员
张俊英　河南省安阳县人民法院少年法庭庭

长

徐　薇　河南省郑州市中级人民法院刑二庭庭长

张新刚　河南省固始县人民法院少年法庭庭长

许志华　共青团湖北省宜昌市委员会维权部部长

陈长华　湖北省少年犯管教所所长

张连华　湖北省荆州市荆州区司法局局长

汤瑞仁　湖南省韶山毛家饭店董事长、韶山政协常委

王新华　湖南省溆浦县委书记

刘昆璋　湖南省人大内务司法委员会主任委员

陶树林　湖南省坪塘劳教所副政委

王　敏　广东省广州市中级人民法院副院长

郭世泽　广东省汕头市公安局副局长

曾国施　广东省佛山市司法局副局长

张鸿莉　广西壮族自治区柳州市鱼峰区法院少年刑事审判庭副庭长

王　淮　广西壮族自治区桂林市公安局缉毒支队一大队副大队长

刘晓朝　海南省琼海市嘉积中学校长

陈明越　海南省屯昌县向阳小学校长

张力行　四川省关心下一代工作委员会常务副主任

霍晋宾　四川省德阳市检察院批捕处处长

杨　凯　四川省壤塘县委书记

林锦泉　共青团四川省成都市委员会权益部部长

严道国　重庆市荣昌县安富镇中心小学校长

董世芝　重庆市工商行政管理局离休干部

冉瑞连　重庆市万州区人民法院审判员

陈玉华　重庆市少年管教所三中队中队长

杨哲慧　贵州省贵阳市人民政府副市长

时念好　贵州省六盘水市关心下一代工作委员会主任

马振英　贵州省遵义市红花岗区人民法院党组书记、副院长

王学才　云南省昆明市五华区人民法院北门法庭庭长

田　玲　云南省实力律师事务所主任

宋金平　陕西省财政厅行财处干部

李　宏　陕西省咸阳市中级人民法院刑事审判第一庭副庭长

靳荔剑　共青团陕西省委员会权益部干部

陈　刚　共青团西藏自治区委权益部长

次　仁　西藏自治区林芝地区朗县检察院干部

达景山　青海省互助土族自治县人民法院行政庭庭长

朱书杰　青海省西宁市城中区委副书记

谢　玄　甘肃省兰州市公安局刑警支队二大队大队长

石生泰　中共甘肃省委宣传部宣传处处长

张允文　共青团甘肃省兰州市委员会权益部部长

李　忠　宁夏回族自治区青铜峡市地方税务局局长

王连福　宁夏回族自治区平罗县法院姚伏法庭庭长

阿里木·达吾提　新疆维吾尔自治区乌鲁木齐市沙依巴克区法院副庭长

祝贺香　共青团新疆维吾尔自治区克拉玛依市委副书记

徐总茂　哈尔滨铁路局团委书记

第二届中国保护未成年人优秀公民提名奖名单

（21名）

李德林　天津市大港区检察院检察长

董新臣　河北省邯郸市邯郸县公安局局长

车钟哲　吉林省珲春市公安局政委

赵　平　黑龙江省绥化市建设派出所所长

周胜利　上海市徐汇区青少年保护委员会办

公室主任
沈亚平　浙江省余杭市人民检察院审查起诉科检察官
王节浩　浙江省舟山市岱山县司法局退休干部
台东春　浙江省湖州市城郊人民法院少年刑事审判庭法官
郭　琳　共青团安徽省阜阳市委员会副书记
李春生　江西省吉水县南方少林武术学校校长
闵献华　山东省济南市中级人民法院法官
刘汉波　山东省潍坊市公安局寒亭分局交警大队交通中队民警
李绍武　湖南省少年管教所所长
赵艳庆　共青团广东省珠海市委员会
张中剑　广东省广州市中级人民法院少年刑事审判庭副庭长
韩燕明　共青团四川省大英县委书记、未保办主任
赵　洪　四川省成都市少管所一中队中队长
蔡　瑛　四川省江油市人民法院副院长
杨淑玲　陕西省少年管教所教育科科长
李　力　兰州铁路局团委书记
陈桂玲　新疆维吾尔自治区博湖县机关工委妇联主席

第三届中国保护未成年人杰出公民名单

（10 名）

王三乐　河南省巩义市西村镇罗口村关工委副主任
蔡忠义　陕西省华阴市太华办事处退休干部
佟丽华　北京致诚律师事务所主任
田梦华　黑龙江省哈尔滨市中级人民法院少年法庭庭长
高岳锋　江苏省无锡市清华双峰集团董事长
卢　勤　中国少年儿童新闻出版总社副总编辑
冯德奎　吉林省长春市 133 厂退休干部
朱震寰　上海市新晖中学校长
王　红　湖北省武汉市汉阳区政协副主席
范琼花　四川省蓬安县徐家镇方厂村党支部书记

第三届中国保护未成年人优秀公民名单

（100 名）

李　玲　北京市海淀区检察院副检察长
刘　鹏　北京市朝阳区人民法院刑事审判二庭副庭长
陈立军　共青团北京市通州区委员会权益部部长
郝玉华　天津市人民检察院第一分院二审监督处检察员
任庆起　天津市监狱管理局办公室宣传科科长
薛　辉　共青团天津市大港区委员会
成大功　天津市南开区人民政府副区长
武卫东　共青团石家庄市委员会书记
张掀坤　河北省邢台市隆尧县人民检察院检察长
郑　新　共青团秦皇岛市委员会副书记
董新臣　河北省邯郸县公安局局长
冯健恒　河北省公安厅治安处治安科科长
吴志平　河北省沧州市东光县公安局局长
王耀峰　山西省平遥县城关派出所所长
王向东　山西省太原市巨轮刑警中队中队长
樊　宇　山西省侯马市公安局副局长
特力更　内蒙古自治区锡林郭勒盟教育局副局长
赵孝坤　辽宁省辽阳市中级人民法院少年法庭庭长
邢　军　辽宁省锦州市公安交警支队大队长
夏方越　共青团辽宁省抚顺市教育局委员会书记
马孝文　吉林省少年管教所副所长
张德敏　吉林省教育局校外教育办公室副主任

裴广誉　吉林省白山市看守所所长
岳宪忠　黑龙江省大庆市检察院副检察长
王　林　中共黑龙江省牡丹江铁路分局委员会书记
王晓清　共青团黑龙江省哈尔滨市委员会权益部部长
王玉珍　黑龙江省鸡西市鸡冠区法院未成年人刑事审判庭庭长
吴　双　共青团黑龙江省鹤岗市委员会权益部部长
李忠伟　上海市人民检察院侦察监督处未成年人犯罪检察科科长
陈　磊　上海市公安局北闸分局青少年保护办公室干部
张　莺　上海市普陀区人民法院少年法庭庭长
吴汝信　江苏省人民检察院副检察长
相旭东　江苏省连云港市新浦区人民法院少年审判庭庭长
吴锦铭　《江苏法制报》副总编
王志强　江苏省句东劳教所四大队副大队长
杨阿海　浙江省嘉兴市人大常委会法制委副主任委员
王晓灵　浙江省杭州市社会治安综合治理办公室副主任
戴雪芬　浙江省舟山市普陀区人民法院刑事审判庭庭长
施海成　浙江省乐清市人民检察院主诉检察官
黄亚洲　安徽省亳州市委常委、政法委书记
程积云　安徽省芜湖市繁昌县公安局巡警大队大队长
刘中汉　共青团安徽省安庆市委员会副书记
陈加胜　安徽省公安厅六处一科科长
张　权　共青团安徽省合肥市委员会权益部部长
江　霞　福建省福州市马尾区未成年人保护委员会办公室主任
杨新洪　共青团福建省南平市委员会书记
陈志强　共青团福建省莆田市委员会书记
邱宁江　福建三明邱宁江律师事务所律师
陈宝玉　江西省吉安市检察院起诉科科长
刘小玲　共青团江西省委员会权益部正科级干事
杨　岚　江西省青少年权益保护委员会正科级干事
汤赛南　江西省师范大学附属中学校长
高志坚　共青团江西省抚州市委员会办公室主任
邹韶山　共青团江西省鹰潭市委组织部部长
黄玉林　江西省财经理工专科学院董事长
孔卫民　共青团山东省委员会权益部部长
初建波　共青团山东省淄博市委员会书记
张明磊　山东省东营市中级人民法院少年法庭庭长
张晓东　共青团山东省烟台市委员会权益部部长
邢彦涛　河南省洛阳市公安局刑侦支队中队长
施晓春　河南省教育厅政策法规处干部
李其宏　河南省驻马店市泌阳县人民法院少年审判庭庭长
张跃欣　共青团河南省平顶山市委员会副书记
金则恭　湖南省文化厅副厅长
许庆生　湖南省郴州市人民检察院副检察长
杨自永　湖南省长沙市开福区人民法院院长
吕　军　湖北省襄樊市谷城县公安局民警
周海金　共青团广东省委员会城乡部部长
杨崇斌　中共广州市海珠区委宣传部副科长
田柳青　深圳市南山区教育局副局长
胡文坚　广东省中山市青少年维权中心干部
黄一才　共青团广东省茂名市委员会书记
孟宪荣　广西壮族自治区南宁市公安局110警务大队大队长
龙凤鸣　广西壮族自治区钟山县人民法院少

年刑事审判庭庭长
彭广霞　广西壮族自治区桂林市象山区人民法院刑事审判庭副庭长
邓绍祖　广西壮族自治区百色地区关心下一代工作委员会副主任
傅映柏　海南省海口市第二十七中学校长
廖鸿滨　四川省广元市东坝初级中学书记
郭火儒　中共四川省眉山市仁寿县委员会副书记
李　汉　重庆市少年管教所副所长
周小丽　重庆市沙坪坝区人民法院少年法庭庭长
凌　凡　重庆市公安局青少年犯罪研究会干部
孙国强　贵州省贵阳市人民政府市长
吴智贤　贵州省毕节市公安局刑侦大队中队长
陈兴无　贵州省江口县人民法院少年庭庭长
杨　海　云南省昆明市法律援助中心副主任
李　连　陕西省西安市公安局高新分局巡警大队大队长
贺子明　中共陕西省米脂县委员会副书记
葛　宏　共青团甘肃省庆阳地区委员会副书记
黄荟铭　中共甘肃省委宣传部宣传处副处长
殷咸珍　青海省社会治安综合治理委员会办公室协调处处长
王　侗　中共青海省西宁铁路分局委员会书记
朱丽萍　宁夏回族自治区公安厅干部
张长海　新疆维吾尔自治区伊犁州质量技术监督局党组副书记、副局长
陈　斌　新疆生产建设兵团八十一团子女学校校长
闹　格　共青团新疆维吾尔自治区巴州委员会权益部部长
鲍淑兰　新疆维吾尔自治区乌鲁木齐市中级人民法院少年审判庭庭长
周　平　新疆维吾尔自治区石河子市人民检察院副检察长
索朗达杰　西藏自治区教育厅德育处副处长
郭振荣　共青团铁道部昆明铁路局委员会书记

第三届中国保护未成年人优秀公民提名奖名单

（32名）

常旭东　北京市平谷县政法委副书记
陈秦峰　天津市公安局东丽分局大毕庄派出所所长
高素英　河北省保定市检察院批捕处处长
马立文　黑龙江省大兴安岭地区司法局法律援助中心副主任
关成库　黑龙江省七台河市公安局治安民警大队大队长
蓝一鸣　上海市文化稽查总队副总队长
陈晓东　共青团江苏省南通市委员会副书记
宋广宝　内蒙古自治区乌海市公安局新华西街派出所副所长
姜德成　辽宁省营口市质量技术监督局稽查队队长
张洪伟　共青团吉林省松原市前郭县委员会书记
王好杰　安徽省淮北市公安局百善派出所所长
耿冬生　福建省司法厅离休干部
石平连　江西省景德镇市中级人民法院刑一庭审判员
马建民　共青团山西省柳林县委员会副书记
聂　离　湖北省孝感市应城市人民检察院干警
杨希明　山东省德州市监狱副监狱长
温　静　共青团河南省郑州市委员会权益部部长
王吉富　湖南省劳教局副局长
张　斐　共青团广东省韶关市武江区委员会

副书记

腾映明　广西壮族自治区凤山县人民检察院副检察长

王绍典　海南省琼海市关心下一代工作委员会副主任

罗远富　四川省公安厅治安总队正处级侦察员

聂朝华　重庆市沙坪坝区工读学校校长

杨　丽　共青团云南省昆明市委员会干部

王晨光　贵州省凯里市贵州天合律师事务所

梁　政　陕西省正发实业有限公司总经理

赵　林　甘肃省兰州市公安局户政处基层工作科

兰向阳　青海省互助县人民法院刑事审判庭庭长

高清浪　宁夏回族自治区石嘴山市中级人民法院审判员

尼如提·尼牙孜　新疆维吾尔自治区喀什少管所副所长

张金强　浙江省上虞市人民检察院审查起诉科科长

李艳光　铁道部南昌铁路局建筑工程有限责任公司职工

第三届全国未成年人保护工作先进集体名单

（114 个）

北京市未成年人保护委员会办公室

北京市东城区人民法院少年刑事审判庭

北京市公安局缉毒处

名流（北京）爱心家居装饰中心

天津市人民检察院

天津市南开区未成年人保护委员会

天津市河西区教委团委

河北省石家庄市青少年维权服务中心

河北省沧州市公安局交警支队二大队

河北省石家庄市长安区人民法院少年法庭

河北省邢台市教育委员会

共青团山西省委权益部

山西省大同市公安局西街派出所

山西省晋中地区昔阳县人民法院

山西青年律师事务所

内蒙古自治区承达律师事务所

内蒙古自治区呼和浩特市劳动教养管理所

内蒙古自治区伊克昭盟未成年人保护委员会办公室

内蒙古自治区哲里木盟关心下一代工作委员会

辽宁省沈阳市沈河区人民法院少年案件审判庭

辽宁省大连市甘井子区人民法院刑事审判庭

辽宁省葫芦岛市青少年教育保护委员会办公室

辽宁省抚顺市新抚区人民法院少年案件审判庭

吉林省延吉市交警大队

吉林省长春市第一实验小学

吉林省少年管教所

吉林省大华律师事务所

吉林省延吉市公安局防暴巡警大队

吉林省通化县司法局公证处

黑龙江省未成年人保护委员会办公室

黑龙江省伊春市公安局伊春分局光明派出所

黑龙江省牡丹江市东安区人民法院

黑龙江省鹤岗市工农区人民法院

黑龙江省哈尔滨市中级人民法院少年法庭

上海市延吉街道办事处

上海市闸北公安分局

上海市少年教养所

江苏省南京市白下区司法局

江苏省未成年人保护委员会办公室

江苏省南京市未成年人保护委员会办公室

共青团江苏省徐州市委员会

浙江省湖州市青少年成才服务中心

浙江省金华市婺城区人民法院少年刑事审判庭

浙江省嘉兴市未成年人保护委员会

浙江省杭州市上城区人民法院少年案件审判庭

浙江省舟山市定海区人民检察院

安徽省合肥市未成年人保护委员会办公室

共青团安徽省芜湖市委员会

共青团安徽省铜陵市委员会

福建省人大常委会法制委员会
福建省高级人民法院少年法庭
共青团福建省公安厅委员会
福建省厦门市中级人民法院少年庭
江西省吉水县南方少林武术学校
江西省渝州市电子工业专修学校
江西省南昌市创世纪综合学校
共青团山东省淄博市委员会
山东省少年管教所
山东省滕州市公安局北关派出所
山东省德州市德城区人民检察院
共青团山东省烟台市委员会
共青团河南省郑州市委员会
河南省开封县公安局
河南省南阳市卧龙区人民法院少年法庭
河南省信阳市平桥区人民法院少年刑事审判庭
湖北省监狱管理局团委
湖北省宜昌市伍家岗区隆中路小学
湖北省罗田县公证处
湖南省长沙市中级人民法院民事审判庭
湖南省吉首市人民检察院
共青团湖南省衡阳市委员会
湖南省少年管教所
湖南省长沙市流浪儿童保护教育中心
共青团广东省东莞市委员会
共青团广东省信宜市委员会
广东省司法厅老干部关心下一代协会
广东省深圳市南山区人民检察院
广西壮族自治区柳州市“3·15”行动指挥中心
广西壮族自治区陆川县公安局新洲派出所
广西壮族自治区桂林市社会福利院
海南省三亚市城郊人民法院少年法庭
共青团海南省屯昌县委员会
四川省成都市中级人民法院少年审判庭
四川省马尔康县第二小学
四川省妇联权益部
四川省乐山市老教师关心下一代文艺宣传队
四川省总工会女工部
四川省成都市教育委员会
重庆市公安局沙坪坝区分局小龙坎派出所
重庆市第一中级人民法院少年刑事审判合议庭
重庆市万州区人民检察院批捕处
重庆市沙坪坝区教育局
共青团贵阳市委员会
贵州省六盘水市公安局
贵州省遵义市未成年人保护委员会办公室
云南省昆明市盘龙区人民法院少年刑事审判庭
陕西省三原东周儿童村
陕西省未成年人保护委员会办公室
陕西省西安市新城区后宰门小学
陕西省西安市公安局新城分局西五路派出所
陕西省西安市碑林区人民法院刑事审判少年法庭
陕西省少年管教所
共青团西藏自治区山南地区委员会
西藏自治区劳教所
共青团青海省海东地区委员会
青海省西宁市城北区公安分局团总支
共青团甘肃省委权益部
甘肃省兰州市城关区人民法院
宁夏回族自治区少年管教所
新疆维吾尔自治区乌鲁木齐市沙依巴克区人民法院
共青团新疆维吾尔自治区克拉玛依市公安局委员会
共青团新疆巴州委员会权益部
哈尔滨铁路局海拉尔铁路分局团委
南昌铁路局团委

第四届全国未成年人保护工作先进集体名单

（109个）

北京市西城区未成年人保护委员会
北京市丰台区未成年人保护委员会
北京市昌平区未成年人保护委员会
天津市河北区人民法院刑事审判庭

天津市红桥区社区教师管理办公室
天津市出版物市场稽查大队
河北省未成年人保护委员会办公室
河北省邯郸市丛台区人民法院
共青团河北省唐山市委员会
河北省沧洲市东光县公安局
山西省少年管教所
共青团山西省委员会权益部
山西青年报社
内蒙古自治区巴林右旗未成年人保护委员会
共青团内蒙古鄂尔多斯市委员会
辽宁省鞍山市青少年教育保护委员会办公室
辽宁省大连市青少年教育保护委员会
共青团辽宁省沈阳市委员会
辽宁省葫芦岛市青少年教育保护委员会
共青团吉林省白山市委员会
吉林省少年管教所二监区
吉林省吉林市人民检察院
吉林省松原市前郭县关心下一代工作委员会
吉林省长春市公安局交通警察支队(女子服务队)
共青团黑龙江省牡丹江市委员会
黑龙江省齐齐哈尔市未成年人保护委员会
黑龙江省鹤岗市东山区人民检察院侦查监督科
黑龙江省佳木斯市人民检察院批捕处
黑龙江省鸡西市鸡冠区人民法院未成年人刑事审判庭
上海市徐汇区青少年保护办公室
上海市工商行政管理局闵行分局
中共上海市黄浦区董家渡街道工作委员会
江苏省未成年人保护委员会
江苏省人大内司委
江苏省无锡市未成年人保护委员会办公室
共青团江苏省宿迁市委员会
浙江省杭州市未成年人保护委员会
共青团浙江省嘉兴市委员会
浙江省绍兴市越城区人民法院
浙江省宁波市北仑区未成年人保护委员会
浙江省舟山市普陀区人民法院少年合议庭
共青团安徽省委员会权益部
安徽省少年犯管教育所
安徽省未成年人保护委员会办公室
福建省公安厅
福建省厦门市青少年维权中心
共青团福建省福清市委员会
福建省永春县未成年人保护委员会
江西省青少年权益保护委员会
江西省新亚职业技术学院
江西省公安厅治安警察总队三科
共青团江西省赣州市委员会
共青团山东省委员会权益部
山东省未成年人保护委员会
山东省预防青少年违法犯罪工作领导小组办公室
山东省未成年人保护委员会
山东省威海市人民检察院
河南省郑州市法律援助中心
共青团河南省三门峡市委员会
中共河南省漯河市临颍县王孟乡委员会
河南省兰考县公安局城关乡派出所
湖北省武汉市青少年教育办公室
湖北省宜昌市青少年权益保护工作领导小组办公室
共青团湖北省荆门市委员会
湖南省长沙市第二十中学
湖南省邵阳市司法局
湖南省株洲市公安局
共青团广州市委员会维护青少年权益中心
广东省东莞市法律援助中心
共青团广东省河源市公安局委员会
广东省阳江市关心下一代工作委员会
广东省深圳市龙岗区人民法院少年庭
广西壮族自治区少年管教所
共青团广西南宁市委员会
广西衡诺律师事务所
广西壮族自治区桂林市公安局治安巡逻警察支队六大队(110 警务大队)

海南省五指山市公安局河北派出所
海南省海口市新华区关心下一代工作委员会
共青团四川省委员会权益部
四川省成都市流浪儿童救助保护中心
四川省青少年发展基金会
四川省成都市未成年犯管教所
共青团重庆市委员会
重庆电视台社教部《拍案说法》栏目组
重庆市渝北区人民检察院公诉科
贵州省教育厅基础教育处
贵州省遵义市桐梓县依法治县领导小组办公室
共青团贵州省黔南州荔波县委员会
共青团云南省昆明市委员会权益部
云南省昆明市司法局法制宣传处
云南省红河州司法局
西藏自治区教育厅
西藏自治区拉萨市司法局
陕西省韩城市司法局“148”法律服务所
陕西省西安市工商局新城分局西一路工商所
共青团陕西省委员会权益部
青海电视台
青海省公安厅公共信息网络安全监察处
青海省通信管理局市场监管处
甘肃省兰州市第一中学
甘肃省华亭县公安局
宁夏回族自治区儿童福利院
宁夏回族自治区银川市未成年人保护委员会办公室
新疆维吾尔自治区未成年人保护委员会办公室
共青团新疆维吾尔自治区克拉玛依市委员会
新疆维吾尔自治区石河子市人民检察院
新疆生产建设兵团农四师七十一团
济南铁路公安处济南车站广场公安派出所
共青团哈尔滨铁路局委员会

中国杰出(优秀)进城务工青年、进城务工青年良师益友及“千校百万”培训工作先进集体

中国杰出（优秀）进城务工青年、进城务工青年良师益友及“千校百万”培训工作先进集体评选表彰活动由团中央、公安部、司法部、劳动和社会保障部、建设部、国家计生委、国家工商行政管理局、中央社会治安综合治理委员会办公室联合举办，自1996年开始首届评选。1998年和2001年分别举办了两届，共评选出全国杰出进城务工青年20名，优秀进城务工青年208名，进城务工青年良师益友206名，优秀进城务工青年提名奖39名，社区“千校百万”进城务工青年培训工作先进集体186个。

第二届中国杰出外来务工青年名单

（10名）

周国允　北京城建集团五公司，河南省滑县高平乡人
徐希庆　天津市二建机施钢结构工程有限公司，山东省庆云县大靳乡人
邱金发　上海玉山塑钢有限公司，江西省玉山县华村乡人
黄　方　广东省TCL王牌电器（惠州）有限公司，广东高要市河台镇人
李东旭　山东省东营市东旭养殖公司，山东省广饶县广饶镇人

王永林　江苏省常州市三明律师事务所，四川省三台县双胜乡人

钟　线（女）　浙江兰宝国际毛纺集团公司嘉兴羊毛衫厂，安徽省五河县小圩镇人

金徐凯　海南省海口市保安员，四川省眉山县光华乡厂

左典强　福建省福州市清禄鞋业公司，江西省永修县三溪镇人

宋家昌　安徽阜阳市颍东区冉庙乡梧樟村希望小学，安徽阜阳市颍东区冉庙乡人

第二届中国优秀外来务工青年名单

（100 名）

北京（6 名）

钱善和　唐德双　王新军　贾香丽（女）

焦宏顺　李　帅

天津（4 名）

张其继　顾天彬　周和平　涂晓云（女）

河北（4 名）

肖子山　张国成　张云秀　朱品高

山西（3 名）

贺宜良　史玉江　周庆朋

内蒙古（2 名）

宋俊荣　陈华苍

辽宁（2 名）

刘伟多　吴保生

吉林（2 名）

胡好善　项延龙

黑龙江（2 名）

林德荣　张青松

上海（4 名）

琚一峰　张续贵　周遵仁　张晓彬

江苏（4 名）

胡文林　唐方权　殷　勇　陈国生

浙江（4 名）

邱雪红　李剑兰（女）　陈有忠　胡　伟

安徽（2 名）

万利云　赵凤山

福建（4 名）

丁长钦　曹西刚　许木杰　张德智

江西（3 名）

刘厚生　赖仁远　詹军文

山东（4 名）

王元成　王　勇　刘　钢　嵇惠侠

河　南（3 名）

吴斗峰　郭方舟　朱国强

湖　北（2 名）

陈火兵　左　锋

重　庆（3 名）

邓成荣　刘晓萧　王佐林

湖　南（5 名）

王雪梅（女）　吴荫财　高　磊　李　韬

钟白玉（女）

广　东（4 名）

熊　粤　黄燕霞（女）　李民献（女）　苏惠强

海　南（1 名）

冯学胜

四　川（3 名）

刘延林　李　军　田　蓉（女）

贵　州（1 名）

罗时杰

陕　西（2 名）

李富民　李华江

青　海（1 名）

解森林

甘　肃（2 名）

龙生强　侯天才

宁　夏（1 名）

李士华

新　疆（3 名）

付伦相　李宗信　杨洪池

西　藏（1 名）

赵春吉

公安部（3 名）

党政年　孙流田　蔡福庆

建设部(6名)
谭凡海　成　阳　杨志学　宋海平　张法龙
陈俊祝
国家工商局(7名)
余万能　李克民　刘嘉林　陈金德　申正义
詹　宁　梅正杰
全国铁道(2名)
何开尧　刘　勇

第二届中国优秀外来务工青年提名奖名单

马玉翠(女)　蒋兆阵　高　建　王俊杰
张旭峰　吴金桂　蔡启森　刘颜龙
江伟庆　张世新　王红梅(女)　邱华忠
余志承　潘常青　黄建福　罗海滨
吴顺红(女)　韩吉栋　刘先宏　张双亮
方婉平(女)　赖建辉　吴　茜(女)
钟素蓉(女)　刘代峻　俞红梅(女)
胡春万　蒋昌元　张功亮　潘长亮　王学潮
杨卫国　宫俊福　桂海文　佘朝可　陈根芽
白　勇　周东红　章必信

第二届全国外来务工青年良师益友名单

(102名)

北　京　朱和平(女)　胡德安　陈　曦
　　　　邢秀增
天　津　邢有谦　高建英(女)　韩学群
　　　　马忠桥　冯印雨
河　北　管泽庆　李建忠
山　西　马　达　邓润萍(女)
内蒙古　高　丰　杨国俊　郇　炳
辽　宁　郭成厚　于福田
吉　林　尹敬学　崔晶奎　赵树枝
黑龙江　孙庆波　尹忠盛
上　海　孙有标　陆方遒　高卢明　许伟根
　　　　蔡同宝
江　苏　蒋寿椿　钱元良　孙永华　王阿根
　　　　陈钰苹(女)
浙　江　郑云荣　沈爱琴(女)
福　建　俞龙瑞　潘德璋　刘运建　林永霖
　　　　薛　坚　吴剑明
江　西　詹慧珍(女)　郭跃钢　张华兴
山　东　史红兵　邵铁明　荆忠宝　李世翠
　　　　李玉国
河　南　董新忠　刘劲松　仝保银
湖　北　石　磊　黄　辉
重　庆　瞿泽金　朱广立
湖　南　刘雄军　宋丹之
广　东　方泽平　庄顺福　骆蔚峰　李向东
　　　　辛本兰(女)　许经学　沈崇照
　　　　缪寿良
海　南　谢和顺　吴　震
四　川　何德明　冯　晖　任智勇　戴　浩
陕　西　冯久安
青　海　解玉山
甘　肃　牛笑萍(女)
宁　夏　朱永石
新　疆　曾庆祖
西　藏　丁积成
建设部　张铁发　苏向明　宫如福　陈　伟
　　　　林纪国　王　杰
国家工商局　沈松泊　陶友鉴　张永胜
　　　　　　傅贤恒　谭振辉　徐冠臣
　　　　　　王鸿飞　刘文杰　樊考英
　　　　　　陆启云
全国铁道　王建发　李文星　刘伯泉
　　　　　贾惠平　马德山　张文学
煤炭工业局　苗国华　钟泽民

第二届全国"千校百万"外来务工青年培训工作先进集体名单

(82个)

北京
北京师范大学团委
海淀区团委
北京市保安服务总公司培训中心海淀培训部

北京市城建集团有限责任公司团委
东城区东四街道团委
天津
南开区外来务工青年培训工作领导小组
河西区越秀路街道办事处
天津经济技术开发区泰达青年宫
武清县富强纺织总厂
北辰区宜兴埠镇社会治安综合治理办公室
河北
石家庄团市委
石家庄桥西区公安分局
石家庄长安分局东大街派出所
山西
山西团省委权益部
太原团市委
太原市公安局外来人口管理处
内蒙古
包头市昆仑区团委
辽宁
大连市外来暂住人口培训中心
沈阳市公安局和平分局
吉林
长春市公安局朝阳分局建设广场派出所
延边职工大学
黑龙江
哈尔滨市青年就业服务中心
牡丹江市劳动职业技术培训学校
上海
江南造船(集团)有限公司团委
上海市政培训中心
铁道部第三工程局(上海)华海工程公司
浦东新区梅园街道办事处
市公安局静安分局南京西路警察署
江苏
江苏省外来务工青年培训工作领导小组办公室
无锡市外来务工青年培训工作领导小组办公室
南京鼓楼团区委
常熟团市委
常州戚墅堰团区委
浙江
杭州市西湖区外来务工青年培训工作领导小组
杭州团市委
杭钢股份有限公司转炉炼钢厂
宁波海曙团区委
诸暨市枫桥镇团委
安徽
合肥团市委
蚌埠团市委
阜阳团市委
福建
福州团市委
福州经济技术开发区团委
厦门市青少年权益中心
泉州南丰针织厂团委
龙岩新罗区团委
江西
赣州地区技工学校
浔阳职业培训学校
宁冈团县委
临川团市委
山东
济南市城建材料开发服务中心
青岛经济技术开发区第二劳动公寓
淄博张店团区委
烟台团市委
潍坊青州市公安局
济宁兖州团市委
河南
郑州市管城回族区团委
郑州市工商局个体私营经济管理处
湖北
武汉团市委
黄石团市委
湖南

中南工业大学外来务工青年培训学校
长沙市开福区团委
常德市德山开发区团工委
株洲团市委
广东
深圳市宝恒工人服务有限公司
珠海市香洲区前山镇委员会
汕头经济特区春源实业（集团）有限公司
长城工业村（惠州）有限公司
广州市团校
海南
海南省东升农场青年技术培训学校
海口港集团第二港埠公司
四川
成都团市委
自贡市自流井区团委
长虹电子集团公司团委
仁寿县青少年宫
贵州
贵州省外来外出务工青年培训学校
贵阳团市委
陕西
渭南市扶贫职业技术学校
宝鸡市团市委
青海
青海省工商行政管理局
新疆
新疆三建外用劳务管理服务中心
新疆石油学院基建处团委

第三届全国杰出进城务工青年名单

（10 名，按姓氏笔画排列）

王元成　山东省泰安市东方计算机学校
（山东省宁阳县人）
王立军　天津市渤海石油公司消防队
（山东省莒县人）
马凤祥　河南滑县建筑工程总公司天津公司
（河南省滑县人）
甘榕立　广东省广州市第三汽车公司
（广东省博罗县人）
冯明亮　河南新蒲建筑安装有限公司北京公司
（河南省长垣县人）
仲伟超　上海市杨浦区小苏北旧货调剂商店
（江苏省沭阳县人）
欧吉太　湖南省宁远县水泥厂
（湖南省宁远县人）
陈柳妹（女）　福建福州市嘉福电子有限公司
（福建省南平市人）
桑艳琴（女）　新疆新纺集团公司七一一厂
（新疆奇台县人）
黄　淳　湖北武汉市“新一天”钟点服务公司
（湖南省郴州市人）

第三届全国优秀进城务工青年名单

（108 名）

北　京　夏春廷　董学法　王学刚　高红岗　秦静华（女）
天　津　陈秀宁（女）　李志诚　范保恒　潘慧欣（女）
河　北　马正扬　周艳秋　周保军
山　西　常连贵
内蒙古　李春平　史利军　周玲玲（女）
辽　宁　张振华　何　玲（女）　孙　晶（女）　陈　玲（女）
吉　林　曹庆瑞　孙亚坤　卢宗强
黑龙江　张大军　李永胜　赵　成
上　海　刘星辉　陈建华（女）　闫继君　夏维林
江　苏　王粉祥　杨煌购　韩建刚　季建君
浙　江　何　松　沈海根　潘佩霞（女）　江　山
安　徽　谷维才　陆迪法　马征飞
福　建　冯秀荣（女）　赵纪全　郭良勤（女）　刘信康
江　西　罗海斌　李运强　李期倩

山　东　高延军　陈锦石　许　珊(女)
王　祯
河　南　欧才侠(女)　尹光启　段　瑞(女)
杨志萍(女)
湖　北　廖海琼(女)
湖　南　毛梗秋　程利平(女)　张铭森
潘　健　欧日旭
广　东　李美忠(女)　胡学滨　赵莉敏(女)
广　西　唐海春　陈继志　杨海红(女)
海　南　杜建军　李美萍(女)
重　庆　聂高贵　肖基成　胡　伟　李林泉
贵　州　杨树毅　冯定候
四　川　龙长风　刁良才　张金峰
陕　西　慕小刚　徐道良
青　海　严得龙　余　滢
宁　夏　任　忠　任兆远
新　疆　李发忠　马雪梅(女)　周爱新
建设部　赵喜吉　黄　涛　李华芬(女)
田　磊　林大远　张卫国
司法部　魏胜齐　栗文祥　周述银(女)
国家计生委　魏　文(女)
全国铁道　孙铁梅(女)　秦建洪　刘金根
国家工商行政管理总局
哈尼西·阿比孜(女)
潘玉龙　何广文　田　彬
王学成　孙红柱　高建明

第三届全国进城务工青年良师益友名单

(104名)

北　京　孙　伟　文树敏　王　金
刘玉成　王中奇
天　津　王世光　董金梅(女)　祖广川
高桐水　冯　侠(女)
河　北　修建林　李建荣(女)
山　西　闫唐章　侯勇梅(女)　禹雅灵(女)
马亚丽(女)
内蒙古　朱振洪　罗桂林　刘泽宇(女)
辽　宁　刘　学　于　斌　刘文华
裘孝锁
吉　林　张　远　黄　光(女)
黑龙江　姜　涛　赵德友　于洪岩(女)
石　峰
上　海　乐伟中　夏斯德　周巧英(女)
寿秋芳(女)　胡一心
江　苏　魏　斌　蒋小忠　刘小芳
浙　江　樊永为　刘杰弘　陈　洁(女)
安　徽　黄双喜　杨宏星
福　建　叶一帆　张建林　黄剑青
郑臣霖　雷翔明(女)
江　西　黄海涛　郭　皎(女)
山　东　臧强仕　原松青　张　斌
李秉敬　马翠芬(女)　李保建
河　南　吕志远　高祥灿　白丽亚(女)
赵　明
湖　北　高洪英(女)
湖　南　王剑波　宋丹之
广　东　刘　恩(女)　李荷花(女)　侯景芳
李英红(女)　裴志文
广　西　杨意威
海　南　李广生
重　庆　施崇刚　唐继华　陈大秋
四　川　杜　江　连　义　黄明成
贵　州　王晓阳
陕　西　孙晟荣(女)
甘　肃　朱志城
青　海　许显瑞　王锦生
宁　夏　朱奕龙　何晓祺
新　疆　邵明义
司法部　周崇贤　李治国　卢　群
建设部　马于明　施金根　赵正华
陈　镒　李德国　陈学然
王林森　马永虎　王俊钢
国家计生委　肖和淦　周　平　戴金华
全国铁道　郑元君　田　野
国家工商行政管理总局　毕正明　刘明喜
尹树泽

苏有汉

第三届全国“千校百万”进城务工青年培训工作先进集体名单

（104名）

北京

西城区职业技能开发集团

江苏省驻京办建设管理处

北京市保安培训中心

宣武区椿树街道团工委

朝阳团区委

天津

天津经济技术开发区天海公寓

市公安局大港分局港北派出所

塘沽区杭州街道团工委

北辰区天穆镇团委

市公安局红桥分局先春园派出所

河北

秦皇岛团市委

衡水团市委

邯郸团市委

山西

团省委权益部

太原市公安局外来人口管理处

内蒙古

乌盟丰镇市就业训练中心

通辽市开鲁县就业服务局

辽宁

沈阳市铁西团区委

抚顺市东洲团区委

大连市外来三无人员管理教育中心

吉林

长春团市委青年就业培训中心

吉林市佳朋职业技术学校

黑龙江

哈尔滨市青年宫

牡丹江科技专修学院

鹤岗市青年再就业咨询服务中心

七台河市劳动就业训练中心

上海

徐汇区田林街道办事处

松江区九亭镇团委

虹口区乍浦路街道团工委

市第八建筑有限公司模板设备分公司

江苏省南通市第四建筑安装工程有限公司上海公司

江苏

南京市白下区建康路街道团工委

盐城市人民路市场个协分会

浙江

湖州市建工集团有限公司

温州市“千校百万”外来务工青年培训领导小组办公室

宁波市江北区文教街道团工委

杭州市上城团区委

安徽

滁州团市委

安庆市青少年宫

六安市霍邱团县委

福建

晋江团市委

漳州市芗城区芝山镇有朋来公寓团总支

厦门市就业训练中心

厦门市开元区梧村街道浦南居委会

江西

赣西专修学院

蓝天职业技术学院

山东

泰安宝来利来生物工程有限公司

烟台市公安局户政管理处

山东云龙绣品集团公司

济南市公安局天桥区分局户籍科

潍坊昌大建设有限公司

烟台团市委

河南

郑州团市委

信阳市固始团县委

湖北

孝感团市委

武汉市江汉团区委

湖南

省建工集团工业设备安装公司

永州市技工学校

株洲团市委

广东

广州市白云职业技术学院

中山市青少年活动中心

南海市黄岐团区委

佛开高速公路有限公司

广西

南宁市职业介绍服务中心

桂林市桂东中等职业技术学校

海南

白沙黎族自治县计划生育局

海口市金海岸罗顿大酒店管家部

重庆

涪陵区崇义街道工委

市建设岗位培训中心

金龙计算机专修学校

合川团市委

四川

成都市第六建筑工程公司

成都市武侯团区委

乐山市仁寿县建设局

贵州

贵阳团市委权益部

省公安厅治安总队户政管理和派出所工作指导处

陕西

汉中市第一职业中专学校

榆林市就业训练中心

青海

省第一建筑工程公司职工教育培训中心

格尔木市个体劳动者协会

宁夏

胜达美容美发职业技能培训学校

新疆

乌鲁木齐市新市区流动人口管理培训中心

巴音郭楞蒙古自治州建设局团工委

司法部

浙江省温州市鹿城区普法依法治理办公室

天津市红桥区司法局宣传科

北京市海淀区北太平庄街道办事处

建设部

北京市建委外地施工队伍管理处

上海市市政培训中心

广东省广州大学城建技术学院

湖北省襄樊市建筑市场管理处

浙江省湖州市城乡建设委员会

江苏省启东市建筑工程学校

四川省成都市第四建筑工程公司

国家计生委

北京市海淀区北下关街道人口学校

山东省泰安市泰山区计生委

陕西省西安市新城区流动人口个体经营者计划生育学校

全国铁道

铁道部北京铁路局天津铁路分局天津客运段

铁道部广州铁路集团客运公司广州客运事业部

国家工商行政管理总局

北京市工商行政管理局西城分局

河北省唐山市个体劳动者协会

江西省南昌市万寿宫商城个体私营经济协会

重庆市忠县个体劳动者协会

天津市工商行政管理局河东分局个体私营经济管理科

江苏省苏州市平江区个体劳动者协会

全国“青年文明社区大家乐舞台”

根据中央文明办关于深入开展“讲文明树新风”活动的总体部署，共青团中央、文化部、国家体育总局、中央电视台于2000年3月联合发起，在全国开展了“青年文明社区大家乐”活动。各地团组织坚持用先进的文化占领社区阵地，发动社区居民和青少年自编自演文艺节目，以“大家唱、大家演、大家舞、大家练、大家写、大家画、大家读、大家讲”为主要形式，广泛开展丰富多彩的群众性文化体育活动，丰富了社区群众的文化生活，倡导了健康文明的生活方式，融洽了社区人际关系，传播了道德新风，营造了健康文明的社区文化氛围，受到社区居民和青少年的普遍欢迎。2000年评选出全国“青年文明社区大家乐舞台”102个。

首批全国“青年文明社区大家乐”舞台名单

北京(6)

宣武区椿树园小区大家乐舞台

崇文区体育馆路社区大家乐舞台

海淀区中关村社区大家乐舞台

丰台区云岗社区大家乐舞台

昌平区北七家镇大家乐舞台

朝阳区和平街社区大家乐舞台

天津(5)

大港区胜利街三春里世纪广场大家乐舞台

塘沽区新村街河滨公园广场大家乐舞台

河西区陈塘庄街华山里社区大家乐舞台

河东区华馨公寓大家乐舞台

红桥区芥园街隆春里大家乐舞台

河北(5)

石家庄市翟营大街石门小区大家乐舞台

邯郸市峰峰矿区春光花园社区大家乐舞台

秦皇岛市海港区港城大街街道办事处新世纪公园大家乐舞台

廊坊市第五大街演艺广场大家乐舞台

唐山市发电总厂社区大家乐舞台

山西(1)

太原市青年宫大家乐舞台

内蒙古自治区(2)

呼和浩特市玉泉区长和廊街道大召社区大家乐舞台

包头市昆区前进街道惠民社区大家乐舞台

辽宁(3)

沈阳市大东区小东街道化茂社区大家乐舞台

大连市甘井子区山中街道七星社区大家乐舞台

本溪市溪湖区彩屯街道彩玉社区大家乐舞台

吉林(2)

长春市朝阳区南湖街道南湖社区大家乐舞台

吉林市船营区大东街道松北一区大家乐舞台

黑龙江(3)

哈尔滨市动力区和平路街道丁香园社区大家乐舞台

大庆市让胡路区西宾街道长青社区大家乐舞台

牡丹江市爱民区兴平街道地明安居小区大家乐舞台

上海(7)

上海市杨浦区延吉街道社区大家乐舞台

上海市徐汇区田林街道社区大家乐舞台

上海市长宁区虹桥街道社区大家乐舞台

上海市静安区静安寺街道社区大家乐舞台

上海市闸北区共和新路街道社区大家乐舞台

上海市普陀区甘泉街道社区大家乐舞台

上海市虹口区曲阳路街道大家乐舞台

江苏(3)

南京市下关区热河南路街道中山北路社区大家乐舞台

张家港市杨舍镇城北街道东渡社区大家乐舞台

南通市崇州区百花苑社区大家乐舞台

浙江(3)

杭州市拱墅区大关街道南苑社区大家乐舞台

宁波市海曙区西门街道新高社区大家乐舞台

温州市平阳县鳌江镇求知俱乐部大家乐舞台

安徽(3)

合肥市琥珀山庄街道琥珀山庄社区大家乐舞台

合肥市新站综合开发试验区胜利广场大家乐舞台

马鞍山市桃源路街道四园社区大家乐舞台

福建(4)

福州市晋安区王庄社区大家乐舞台

福州市台江区宁化社区大家乐舞台

三明市纱县林业新村社区大家乐舞台

晋江市青阳镇桂山社区大家乐舞台

江西(4)

景德镇市昌河社区大家乐舞台

赣州市章贡区东外街道东外社区大家乐舞台

九江市浔江区人民路街道湖滨社区大家乐舞台

吉安市吉州区文山街道西苑社区大家乐舞台

山东(7)

济南市槐荫广场社区大家乐舞台

济南市市中区舜玉路社区大家乐舞台

青岛市市南区观海路社区大家乐舞台

青岛市四方区兴隆街道海云广场大家乐舞台

济宁市山东兖矿集团济东新村社区大家乐舞台

烟台市东山社区大家乐舞台

泰安市泰山区财源社区大家乐舞台

河南(3)

郑州市西大街道平等社区大家乐舞台

洛阳市杨文街道大庆路社区大家乐舞台

开封市开封火电厂社区大家乐舞台

湖北(5)

武汉市武昌区首义路街道首义广场社区大家乐舞台

宜昌市西陵区云集街道七一〇社区大家乐舞台

荆州市沙市区中山街办园林社区大家乐舞台

武汉市北湖街道妙三社区大家乐舞台

武汉市江岸区百步亭社区大家乐舞台

湖南(3)

长沙市开福区民主东街杜鹃花社区大家乐舞台

衡阳市雁峰区先锋街道先锋社区大家乐舞台

株洲市车辆厂月桂小区大家乐舞台

广东(5)

广州经济技术开发区员工服务中心金雁乐舞台

深圳市龙岗区横岗镇文体广场大家乐舞台

珠海市香洲区翠香街道柠溪文化广场大家乐舞台

中山市青少年文化广场大家乐舞台

佛山市石湾区澜石镇澜石文化广场大家乐舞台

广西壮族自治区(2)

桂林市七星区东江街道五通街社区大家乐舞台

南宁市青少年活动中心大家乐舞台

海南(2)

五指山市青年文化广场大家乐舞台

海口市中山街道西门外社区大家乐舞台

重庆(5)

渝中区朝天门街道兴隆巷社区大家乐舞台

江北区观音桥街道嘉陵广场社区大家乐舞台

九龙坡黄桷坪街道社区大家乐舞台

涪陵区崇林街道社区大家乐舞台

渝北区回兴街道保圣路社区大家乐舞台

四川(3)

阿坝州小金县日隆镇社区大家乐舞台

西昌市新村街道办事处大家乐舞台

成都市双楠街道置信社区大家乐舞台

贵州(3)

贵阳市西湖路街道青年文明社区大家乐舞台

毕节地区毕节市西天河街道青年文明社区大家乐舞台

贵阳市中山西路中西街道青年文明社区大家乐舞台

云南(2)

昆明市盘龙区拓东路街道石井社区大家乐舞台

昆明市五华区北门街道社区大家乐舞台

陕西(5)

西安市碑林区柏树林街道三学街社区大家乐舞台

宝鸡市渭滨区经二路街道南关路社区大家乐舞台

兴平市东城街道东城社区大家乐舞台

铜川市王益区红旗街街道青年文明社区大家乐舞台

宝鸡市宝鸡卷烟厂广场青年文明社区大家乐舞台

青海(3)

西宁市城西区虎台路街道虎台社区大家乐舞台

西宁市城中区仓门街社区大家乐舞台

西宁市城中区礼让街街道七一路西社区大家乐舞台

新疆维吾尔自治区(3)

克拉玛依市克拉玛依区昆仑路街道南林社区大家乐舞台

克拉玛依市白碱滩区中兴路街道广场大家乐舞台

库尔勒市人民广场社区大家乐舞台

全国“社区青年文化节”优秀活动组织单位

为推动社区青年文化活动的深入开展，共青团中央结合各地活动开展的情况，树立典型，开展了“社区青年文化节”评选表彰活动。2002年，为贯彻落实“三个代表”重要思想，纪念中国共产主义青年团建团80周年，迎接党的十六大的胜利召开，全面展示社区青少年的文化生活，展示当代青年的精神风貌，热情讴歌改革开放的伟大成就，畅想美好新世纪，共青团中央决定，以“永远跟党走”为主题，以“青年文明社区”大家乐活动为主要形式，在全国“青年文明社区”及争创单位开展社区青年文化节活动。共评选出“永远跟党走”——社区青年文化节优秀活动组织奖68个。

“永远跟党走”——社区青年文化节优秀活动组织奖名单

北京

共青团北京市委社区工作部

共青团崇文区委　共青团朝阳区委

天津

共青团天津市委城区工作部

共青团南开区委　共青团河北区委

河北

共青团河北省委权益部共青团石家庄市委

共青团邯郸市委

山西

共青团山西省委权益部共青团太原市委

共青团晋中市委

内蒙古

共青团内蒙古区委社区和权益部

共青团内蒙古通辽市委

共青团内蒙古呼伦贝尔市委

辽宁

共青团沈阳市委

吉林

共青团长春市委

黑龙江

共青团鸡西市委　共青团佳木斯市委

共青团牡丹江市委

上海

共青团杨浦区委　共青团嘉定区委

共青团徐汇区委

共青团浦东新区农村工作委员会

江苏

共青团江苏省委城工部共青团南京市委

共青团镇江市委

浙江

共青团浙江省委权益部共青团杭州市委

共青团绍兴市委

安徽

共青团安徽省委权益部共青团巢湖市委

共青团六安市委

福建

共青团福州市委　　共青团厦门市委

共青团龙岩市委

江西

共青团新余市委　　共青团九江市委

共青团赣县县委

山东

共青团山东省委权益部共青团济南市委

共青团青岛市委

河南

共青团郑州市委

共青团洛阳廛河回族区委

共青团焦作市解放区委

湖北

共青团武汉市委　　共青团襄樊市委

湖南

共青团长沙市委　　共青团衡阳市委

广西

共青团广西区委权益部共青团南宁市委

海南

共青团海口市委　　共青团五指山市委

四川

共青团成都市委　　共青团泸州市委

共青团绵阳市委

贵州

共青团贵州省委

云南

共青团昆明市五华区委

共青团昆明市盘龙区委

西藏

共青团拉萨市委　　共青团林芝地委

陕西

共青团陕西省委权益部共青团宝鸡市委

共青团铜川市委

甘肃

共青团武威市委

青海

共青团青海省委权益部共青团西宁市委

共青团格尔木市委

青少年法律学校

为进一步贯彻落实“四五”普法规划的要求，针对青少年特点开展喜闻乐见的法律实践活动，激发青少年学习法律知识的兴趣，提高学习法律知识的实效，2001 年共青团中央、司法部、教育部、中央社会治安综合治理委员会办公室、中央综治委预防青少年违法犯罪工作领导小组决定在全国开展创建青少年法律学校活动，构建社区青少年法制教育的平台。几年来，各地高度重视，精心组织，广泛创办青少年法律学校，取得了积极的成效。一是充分整合社会资源。各地团组织积极依托社区、学校、执法职能部门、企业以及青少年宫、青年中

心等青少年活动阵地建立社区青少年法律学校，把“青少年法律学校”作为推进青少年法制教育的主要阵地。通过聘请专业人士组成志愿讲师队伍，培训青少年法制骨干，使他们掌握必要的法律知识和技能，加强法律学校的师资队伍建设。二是开展丰富多彩的法律宣传教育活动。以青少年法律学校为阵地，通过组织青少年到少年法庭、律师事务所、少年犯管教所、看守所、戒毒所、劳教所等单位观摩体验，组织罪错青少年进行现身说法，组织青少年开展模拟法庭、情景训练等活动，在法律实践中帮助青少年深刻理解法律；通过青少年法制骨干为自己的青少年伙伴讲法律故事，传授法律自护技巧、举办法律讨论会、案例分析会等，在同伴教育中不断增强青少年的法律意识。重点开展青少年法律学校暑期社区行活动，组织社区青少年法律学校广泛开展法制夏令营、普法课堂、青少年法制漫画比赛、法律教案比赛等多种形式的参与式实践性法制教育活动。三是强化激励机制。组织开展了“青少年法律学校”三百评选活动，即评选全国百所示范“青少年法律学校”、全国百名优秀法制辅导员、全国百名学法用法好少年，以此树立一批先进典型，促进青少年法制教育的阵地和队伍建设，调动社会各方面开展青少年法制教育的积极性。

百所全国示范“青少年法律学校”名单

北京

昌平四中

朝阳区工读学校

北京市赵登禹中学

海淀区西三旗街道少年与家庭法律学校

怀柔区第四中学

平谷区第二中学

通州区潞城镇中心小学

西长安街社区青少年法律学校

大兴区青少年法制教育基地

宣武区陶然亭街道社区青少年法律学校

上海

卢湾区五里桥街道青少年法律学校

闵行区龙柏街道青少年法律学校

闵行区人民检察院

天津

天津市和平区体育馆街湖南路社区青少年法律学校

天津市南开区青少年法律学校

河西区马场街道青少年法律学校

河东区东新街道青少年法律学校

武清区就业训练中心

广东

珠海市香洲区第一小学青少年法律学校

湛江市吴川市梅岭小学

广州市东山区青少年社区法律学校

韶关市职工大学

佛山市第三中学

汕头市金霞街道社区青少年法律学校

东莞市东城职业学校

河北

河北师范大学附属中学

沧州市运河区新华小学

邯郸市第十一中学

河北宁晋中学

唐山市开滦钱家营矿业公司小学

衡水市实验小学

吉林

吉林市第二实验小学

吉林市船营区第二十五小学

通化市东昌区沿江小学

通化市二道江区电源小区

黑龙江

哈尔滨市宣庆小学

牡丹江市阳明区东苑小学

鹤岗市实验小学

山东

青岛市李沧区兴城路街道青少年法律学校

青岛市李沧区兴华路街道青少年法律学校
青岛市北区青少年法律学校
青岛市南区人民法院阳光学校
青岛市四方区水清沟街道青少年法制教育基地
青岛市第二十一中学
青岛市四方区职业中学
青岛市第五十六中学
胶州市阜安中学
胶南市少年法律学校
江西
抚州市南城县实验中学
九江市浔阳区甘棠街道六角石社区法律学校
新干县金川中学
抚州市临川区育新学校
南昌市育新学校
江西省高安二中
湖北
黄石市中山小学
武汉市汉阳区琴断口街七里青少年法律学校
黄石市第八中学
安徽
合肥市六安路小学
合肥市第十中学
合肥市第三十八中学
合肥市琥珀中学
合肥市第六中学
新疆
昌吉州第二小学
霍城县清水学区青莫小学
伊宁市第八中学青少年法律学校
伊宁市第六中学
辽宁
沈阳市大东区珠林街道荣乐社区青少年法律学校
沈阳市和平区马路湾街道省委社区青少年法制学校
沈阳市铁西区兴工街道九委社区青少年法律学校

江苏
海安县洋蛮河镇韩洋小学
南通中学
南京市鼓楼区湖南路地区青少年法制教育中心
南京市建邺区莫愁湖街道社区青少年法制学校
张家港市杨舍镇东渡社区青少年法律学校
镇江市京口区正东路街道船院社区青少年法律学校
陕西
西安市新城区解放门街道社区青少年法律学校
内蒙古
呼和浩特市赛罕区学府花园社区青少年法律学校
巴盟华章纸业集团社区法律学校
赤峰市松山区第二中学青少年法律学校
通辽市明仁小学青少年法律学校
呼伦贝尔市鄂温克旗第四小学“红领巾”青少年法律学校
呼伦贝尔市海拉尔区第七中学青少年法律学校
广西
南宁市天桃试验学校
南宁市卫国路第二小学
柳州市岩村路小学
柳州市第十七中学
桂林市汇通小学
甘肃
西北民族学院青少年法律学校
兰州铁路三中
辽宁
大连市第三十中学
重庆
开县汉丰中学
合川市合阳中学
渝中区阳光求精中学
市杨家坪中学
市江津第二中学
四川
攀枝花市十九冶电装小学
盐边县新城片区青少年法律学校

安岳县余岳阳镇小学
巴中师范附属实验小学
西昌市第四小学

百名全国青少年法律学校“优秀法制教育辅导员”名单

北京
尚秀云　海淀区法院刑二庭副庭长
姜凤龙　通州区法院刑庭副庭长
于富建　西城区人民检察院副检察长
梁志峰　朝阳区工商分局副主任
赵友新　宣武区司法局副局长
李　勇　西城区司法局副局长
陈　阳　丰台区检察院审查起诉处副处长
贾春雨　西城区公安局厂桥派出所
房家燕　昌平区人民检察院检察员
刘　鹏　朝阳区人民法院刑事审判庭副庭长
石志贤　通州区司法局
王　欣　西城区公安局福绥境派出所
梁　刚　朝阳区公安局朝外大街派出所
李志国　怀柔区人民法院刑庭庭长
唐福长　大兴区黄村镇孙村中学校长
马宝光　崇文区公安局内保处副处长
上海
刘承伟　闵行区人民检察院
王一平　徐汇区司法局安帮科
徐素娣　虹口区人民检察院未检科
赵从萍　卢湾区人民检察院
河北
张惠敏　石家庄市长安区检察院批捕科
郭　炜　石家庄市长安区法院纪检组长兼庭长
朱德昌　沧州市检察院预防犯罪处副处长
汲会堂　邯郸市第十一中学副校长
苗庭宽　邢台市中级人民法院副院长
闫新根　邢台市检察院
杜根深　衡水市桃城区司法局党组成员
刘福升　衡水市桃城区法院刑庭副庭长
阙少营　唐山市公安局指挥部团支书
于　娜　唐山市开滦钱家营矿业公司小学大队辅导员
山东
于春山　青岛市四方区人民检察院反贪局副局长
秦东明　莱西市周格庄中学教导主任
薛凤香　胶州市阜安中学团委书记
丛玉华　青岛市北区实验小学党支部书记
广东
汪　洋　珠海市香洲区狮山街道团委书记
李连芳　湛江吴川市梅岭小学大队辅导员
陈海仪　广州市越秀区人民法院审判员
丁宏杰　韶关市北江区检察院公诉科副科长
谢文沛　佛山市同济派出所副所长
吴剑波　汕头市金园区司法局金砂司法所副所长
蔡汉富　汕头市澄海市公安局广益派出所指导员
吉林
何亚薇　吉林市昌邑区第二实验小学辅导员
赵　锐　吉林市船营区实验小学辅导员
孙秋蕾　吉林市丰满区第二实验小学大队辅导员
韩国良　吉林市第一实验小学大队辅导员
杨庆伟　通化市国税局办公室科员
范益文　通化市公安局二道江分局桃源派出所民警
黑龙江
张宏宇　佳木斯市前进公安分局禁毒大队副大队长
王泌友　鸡西市公安局鸡冠分局西山派出所所长
王伟杰　齐齐哈尔市龙沙公安分局刑警一中队
李　杰　伊春市乌马河区检察院监察监督科科长
江西
王迪明　吉水县交警大队文峰中队中队长
付　杰　九江市公安局巡警支队民警

陈先锋　余江县司法局法宣股长
周俊德　吉安县检察院副科长
李建军　南城二中团委副书记

湖北

张　青　武汉市青山区人民检察院

安徽

黄军龙　合肥市公安局县桥派出所
杨德龙　合肥市教育局法规处处长
娄　莉　安徽省少年犯管教所教导员
周　磊　合肥市瑶海区综治办主任
李延法　合肥市司法局副主任科员
朱兆旭　天长市公安局秘书股

内蒙古

尹瞬玉　通辽市科尔沁区解放小学
扬树东　通辽市开鲁县开鲁镇派出所
杨志民　伊敏煤电公司高级中学
西　诺　呼伦贝尔市鄂温克旗公安局南街派出所
李　宝　巴盟乌拉特前旗检察院侦察监督科
滕海波　呼伦贝尔市文化街小学

新疆

贾福兰　伊宁市检察院纪检组组长
郝卫平　霍城县公安局城镇派出所所长
热夏提.努尔买买提　伊宁市司法局副局长
张世民　昌吉州司法局局长

广西

曾宪强　柳州市柳南区政法委副主任
王国辉　南宁市天桃中学部政教处副主任
宁　健　南宁市公安局巡警支队110警务大队
黄　喜　南宁市公安局巡警支队110警务大队
陶晓梅　桂林市汇通小学

甘肃

李生发　省高级人民法院刑事第一审判庭审判长
陈志坚　兰州铁路公安局110报警服务中心教导员

辽宁

刘尊宪　大连市公安局西岗分局长春路派出所所长
孙　文　大连市公安局分局椒房街派出所
于长青　大连市公安局甘井子分局山中街派出所
李刚英　中共辽宁省直机关工委党校
董芳春　省直机关党工委离休干部
刘建伟　沈阳市和平区新华法律服务所
李东云　沈阳市第一三四中学
李昌颖　沈阳市和平区人民检察院
丁　敏　沈阳市铁西区凌空街道滑翔西社区

江苏

钱洪伶　南通市崇川区委政法委
竺　彪　南京市鼓楼区关工作委副主任
王洪浩　南京市建邺区莫愁湖街道综治办主任
唐俊伟　张家港市人民法院刑庭副庭长
冯圣文　镇江市丹徒区谷阳镇希望小学

重庆

陈锐伟　重庆市千禧年律师事务所
王　刚　武警重庆总队二支队六中队副队长
贺孟松　合川市公安局南津街派出所所长
熊昌斌　合川市司法局局长
李万君　荣昌县司法局河包司法所所长
陶　元　涪陵十五中保卫科科长
李碧澄　万盛区关工委副主任
刘忠诚　彭水县司法局
卢耀东　秀山县公安局
涂家文　开县德阳初级中学
伍应琼　秀山县司法局局长
冉超枢　市江津第二中学保卫科
程必顺　江津市公安局杜市派出所
覃　杰　巴南区李家沱小学教师
周贵全　市渝洲律师事务所

四川

史志军　成都市中级人民法院少审庭
唐　村　金堂县人民法院刑庭
张蓉明　新津县法院刑庭
郝静楠　成都市金牛区人民法院刑庭
米因泉　成都市青白区人民法院副院长

赵仕龙　盐边县新城派出所
杨卫东　攀枝花市公安局木社地分局
王福仁　安岳县岳阳镇小学
徐义龙　西昌市人民检察院
傅　刚　汉源县公安局富林派出所

百名全国“学法用法好少年”名单

北京
李　康　通州区潞城镇杨庄小学
李　淼　朝阳区第八十中学初三5班
刘　妍　昌平区第四中学初三6班
韩天放　平谷区第四中学初二6班
王　健　通州区潞城镇古城小学
钟时秒　怀柔区第四中学初二3班
张瑞龙　朝阳区机院附中
陈　欣　朝阳区陈经纶中学分校初二9班
郭　丛　朝阳区和平街一中
吴　琼　朝阳区望京实验学校初三2班
耿丹丹　通州区永顺镇龙旺庄小学
陈　阳　通州区潞城镇大东小学
刘　皓　通州区潞城镇卜落垡小学
李　慧　通州区潞城镇大营小学
王景双　通州区宋庄镇徐辛庄小学
上海
沈嘉鑫　徐汇区东南路小学
天津
郭敬文　和平区中心小学
董荣彬　南开区三十一中学
郑培新　南开区东方小学
李崇珊　红桥区五十一中学
尹嘉颖　武清区雍阳中学
宋庆东　武清区杨村第七小学
方志宁　宝坻地区宝坻一中
郝　岚　塘沽区上海道小学
郑　越　塘沽区实验学校
河北
孔令博　石家庄市范西路小学
曹雨萌　石家庄市谈南路小学
郭剑楠　石家庄市建明小学
陈　龙　沧州市车站小学
韩　硕　沧州市实验小学
邓　超　邯郸市第十一中学
霍正群　沙河市第三小学
王　欣　邢台市中兴路小学
刘天贻　唐山市路北区三十中处三一班
张秋爽　开滦矿务局钱家营矿小学
王亚楠　唐山市路南区新华西道小学
王　哲　衡水市第八中学
张　丹　衡水市第三中学初二5班
山东
李晓东　胶州市阜安中学初三8班
孙珑琦　胶州市阜安中学初三14班
广东
覃心怡　湛江吴川市梅岭小学六(5)班
李俊宏　广州从化市从化中心小学高一(5)班
李相宜　韶关市北江区和平路小学六(1)班
刘　彦　佛山市第九小学六(4)班
陈秦秦　汕头市澄海华侨小学六0二班
辽宁
娄玉婷　沈阳市铁西区兴工街第四小学六年级8班
吉林
陈广和　吉林市第二实验小学六年一班
曹铭元　吉林市第二实验小学六年一班
孙艺欧　吉林市第二实验小学六年六班
曲乐滢　吉林市第二实验小学六年五班
丁子洋　通化市二道江区电源小学四年二班
马小音　通化市佟江小学五年四班
张英文　通化市沿江小学五年四班
黑龙江
杨恩泽　哈尔滨市铁岭小学
李春妍　牡丹江市爱民区北山小学
王　羲　佳木斯市第一小学
曹思佳　双鸭山市一马路小学
江西
宋湛若　抚州市临川区实验小学五(四)班

陈星月　九江市浔阳区柴桑小学五(三)班
陈　旭　吉安市石阳小学五(四)班
徐泽倩　抚州市临川区第十小学四(二)班
刘　泓　吉安市石阳小学五(六)班
张　帅　江西氨厂小学四(二)班
湖北
张　驰　黄石市中山小学五(3)班
张知浩　武汉市江岸区长春街小学六年级一班
安徽
鲍　杰　合肥市第四十七中初二(一)班
赵博文　合肥市青年路小学五(二)班
王雪儿　合肥市琥珀中学初三(二)班
新疆
秦　雪　呼图壁县第一小学六年级三班
赵梦媛　伊宁市第八中学八年级六班
广西
王警乐　桂林市汇通小学五年级一班
江苏
胡栗彬　连云港市解放路小学五年级八班
华锴林　无锡市民办辅仁中学
马　静　常州市清潭中学
何　蕾　南通市虹桥三小六一班
重庆
彭捻涵　涪陵区第十六中学二00四级5班
况灵犀　涪陵区第十五中学
姚梦怡　秀山县雅江镇中心小学六年级2班
付旭宇　秀山县平凯镇平凯小学六年级三班
石　见　秀山县一中初2003级3班
杨兆鹏　市第二十九中初2003级1班
郭　朗　市合川瑞山中学
张　双　市合川久长街中学
彭　玲　市垫江中学初04级4班
钟　媛　黔江区人民小学五年级一班
内蒙古
王砚天　通辽市科尔沁区第七中学
高　继　通辽市开鲁县试验小学
曼　迪　呼伦贝尔市鄂温克旗第四小学
刘梦倩　巴盟磴口县第三中学
王靖瑞　巴盟乌拉特前旗第六中学
四川
王彦璋　巴州区巴师附小
周　泉　攀枝花市盐边县中学
阳　荣　攀枝花市盐边县中学
岳阳东　凉山州第四小学
邓　扬　安岳县岳阳镇小学
邵华夏　雅安市荥经县严通第二小学
李永江　雅安市荥经县中学
任红嘉　汉源县第一中学
青海
孙布尔　乌兰县中学初二四班
郑有璟　互助土族县第一中学

全国青少年法律学校“优秀教案”获奖名单

一等奖(3个)

尚秀云　法律——让我们远离犯罪
　　　　北京市海淀区人民法院刑二庭副庭长
谭万英　帮助学生避开危险
　　　　四川省资阳市雁江镇第一小学
杨小佳　学习法律知识，增强维权意识
李永淑　重庆市涪陵第十四中学

二等奖(5个)

王　虹　依法保护人类共有的家园
　　　　广西壮族自治区南宁市天桃试验学校中学部
娄　莉　青少年不良行为的危害性
　　　　安徽省青少年管教所
丁　敏　关于预防未成年人犯罪的几点对策
　　　　辽宁省沈阳市铁西区凌空二街27号
于春山　青少年犯罪
　　　　山东省青岛市四方区人民检察院
朱崇富　限制未成年人涉足不适宜场所
　　　　江苏赣榆县大岭朱屯小学

三等奖(10个)

赵仕龙　远离“黄”、“赌”、“毒”
　　　　四川省盐边县新城派出所

陈　琼　青少年如何利用法律武器保护自己
　　四川省资阳市雁江区松涛镇中心小学

朱培英　法庭模拟
　　首都师范大学附中丽泽中学(高中部)

皱　蓓　法律与我通行
　　广西壮族自治区桂林市汇通小学

戴佳慧　法律保护公民的隐私权
　　重庆市秀山县第一中学

吴玉朝　学习交通法规,珍视自身生命
　　安徽合肥市公安局交警支队一大队

张晓平　公民的人身自由受法律保护
　　北京市大兴区孙村中学

全国青少年法制教育卡通漫画获奖名单

一等奖(6 人)

李玥玥　《远离暴力片》
　　辽宁省大连市西岗区珠江口路 110 号

梅　影　《我要上学》
　　安徽省合肥市安庆路第三小学

徐天天　《与美餐无缘》
　　上海市紫竹园中学

徐文瀚　《学习科学》
　　北京怀柔区第一小学

孙　傲　《爱护树木》
　　新疆维吾尔自治区精河县 83 团小学

二等奖(12 人)

梁　波　《动物的呼唤》
　　北京市怀柔区怀北中学

罗　哈　《踢球》
　　四川省安岳实验中学艺教部

魏泽楷　《反对痴迷上网》
　　山东省胶州市阜安中学

袁　源　《社会公德》
　　四川省攀枝花市青少年宫

李桑瑜　《家庭力量》
　　上海市紫竹园中学

卢皓玮　《试卷风波》
　　安徽省六安路小学

徐　竹　《珍爱生命,拒绝邪教》
　　北京市大兴区孙村中学

李珍洁　《少先队员要遵守交通法规》
　　山东省青岛市莱西市月湖小学

陈薇伊　《前途无量》
　　辽宁省沈阳市第 31 中学

庄小旭　《还我书桌》
　　北京市平谷中学

吴　瑕　《社会公德》
　　四川省攀枝花市少年宫

魏冰洁　《悔恨的泪水》
　　安徽省合肥市南园新村中学

三等奖(24 人)

任雪丽　《诱人的陷阱》
　　北京师范大学平谷中学

李　林　《失学的小丫》
　　北京市怀柔区杨宋中学

柳　森　《遵纪守法》
　　北京市怀柔区第二中学

陈炳存　《雇用童工当受罚》
　　北京市怀柔第二职业学校

赵　亮　《学》
　　北京市平谷中学

孙瑜璟　《爱护珍稀动物》
　　四川省攀枝花市少年宫

杨　阳　《遵守社会公德》
　　四川省攀枝花市少年宫

蔺容蔺键　《不要侵犯未成年的隐私权》
　　重庆市涪陵区荔枝希望小学

方　璨　《健康加油站》
　　重庆市涪陵区第 16 中学

张雨薇　《贿之风》
　　重庆市涪陵区第 14 中学

张小容等　《刑事诉讼法》
　　重庆市涪陵区城二校

于　健　《崇尚科学，抵制邪教》
山东省莱西市月湖小学

任小墨　《让我们学坏的地方》
山东省莱西市实验一小

毕　然　《我们有玩耍的权利》
山东省青岛市北区实验小学

张思琦　《法在我心中》
山东省枣庄市第29中学

丁瑞林　《不能虐待未成年人》
安徽省合肥市安庆路第三小学

王雨风　《不许用童工》
安徽省合肥市六安路小学

李　桐　《全社会都应尊重教师》
河北省张家口市怀涞县实验小学

全国青少年法律学校“暑期社区行”活动优秀组织奖名单

北京团市委	广东团省委
天津团市委	江苏团省委
上海团市委	四川团省委
重庆团市委	吉林团省委
山东团省委	新疆生产建设兵团团委

中国青年志愿者行动十杰百优

随着青年志愿者行动的蓬勃发展，全国各地涌现出一大批参与青年志愿服务的先进典型。为充分发挥典型的激励示范作用，在全社会大力弘扬“奉献、友爱、互助、进步”的时代新风，引导更多青年进而带动其他社会公众投身志愿者行列，全面推动青年志愿服务事业的发展，促进社会主义物质文明和精神文明建设，共青团中央、中国青年志愿者协会决定对在中国青年志愿服务工作中取得优异成绩、做出突出贡献的先进个人和集体进行表彰。在过去开展杰出青年志愿者个人和集体评选表彰活动的基础上，逐渐形成以“十杰百优”为主的评选表彰奖励体系。目前设立的奖项有：中国十大杰出青年志愿者、中国十大杰出青年志愿服务集体，中国百名优秀青年志愿者、中国百名优秀青年志愿服务集体，中国青年志愿者行动优秀组织奖、中国青年志愿者行动优秀项目奖、中国青年志愿者行动贡献奖各若干个。

共青团中央、中国青年志愿者协会会同有关部门、新闻单位负责人及著名专家学者组成全国评审委员会，负责各个奖项的评选工作。评审委员会办公室设在团中央青年志愿者行动指导中心，负责有关的具体工作。评审委员会对候选个人和集体进行终审评选，产生获奖者。

评选活动按照以下程序进行。

报名：全国评审委员会根据近年来各地（系统）开展志愿服务工作的实际情况分配参评推荐名额；各省级团委、青年志愿者协会依据分配的名额数量，开展本地（系统）参评个人和集体的资格审查、实地考查、初评及推荐工作。

审查：全国评审委员会办公室负责对参评对象进行初审工作，产生候选个人和集体。

公示：全国评审委员会办公室将初审产生的候选个人和集体名单及全国评审委员会办公室电话通过全国新闻媒体和互联网向社会

公布；同时，各地（系统）相应机构负责在当地将“十杰”候选对象事迹材料及全国评审委员会办公室电话向社会公布。全国评审委员会办公室根据反馈情况确定正式候选对象。

评选：全国评审委员会召开评审工作会议，通过无记名投票方式对正式候选对象进行评选，确定获奖者。

1998 年各奖项获奖名单

第二届“中国青年志愿者杰出个人”名单

史海荣　西北师范大学政法系95级学生
孙　秋　浙江省西湖电子集团有限公司团委书记
孙志强　广西壮族自治区桂林市工商行政管理局干部
杨凤莲（女）　上海市清浦县卫生工作者协会职工
肖　波　湖北省武汉钢铁公司企业发展公司职工
余冠彬　广东省深圳市金田物业管理有限公司职工
阿不力克　新疆钢铁学院教师
赵永刚　天津市静海县永刚工业公司经理
高效森　山东省龙口市于高良种蛋鸡繁育公司经理
黄　斌　河南省郑州市管城中医院医师

第二届“中国青年志愿者杰出集体”名单

北京师范大学白鸽青年志愿者服务总队
河北省丰润县三帮青年志愿者服务站
黑龙江省大庆石油化工总厂青年志愿者协会法律义务咨询所
江苏省南京市鼓楼街道青年志愿者社区服务站
浙江省宁波市镇海天天服务社
山东省济南市工商银行槐荫区支行经二纬十二路储蓄所青年志愿者服务队
河南省南阳市卧龙区科技青年志愿服务站
湖北省十堰市青年志愿者 CPR 救护队
广东省广州市中学生心声热线电话
国家科委青年志愿者科技扶贫服务队

第二届“中国青年志愿者行动组织奖”名单

北京市宣武区青年志愿者协会
天津市大港油田集团公司青年志愿者协会
河北省廊坊市青年志愿者协会
山西省青年志愿者协会
内蒙古自治区青年志愿者协会
辽宁省沈阳市青年志愿者协会
吉林省长春市青年志愿者协会
黑龙江省哈尔滨市青年志愿者协会
上海市青年志愿者协会
江苏省青年志愿者协会
浙江省台州市青年志愿者协会
福建省青年志愿者协会
安徽省淮北市青年志愿者协会
江西省青年志愿者协会
山东省青岛市青年志愿者协会
山东省济南市青年志愿者协会
河南省青年志愿者协会
湖北省宜昌市青年志愿者协会
湖南省青年志愿者协会
广东省广州市青年志愿者协会
广西壮族自治区青年志愿者协会
四川省青年志愿者协会
贵州省青年志愿者协会
陕西省咸阳市青年志愿者服务总队
甘肃省青年志愿者协会
共青团新疆维吾尔自治区乌鲁木齐市委
上海铁路局青年志愿者协会
全国民航青年志愿者协会

第二届“中国青年志愿者特别贡献奖”名单

沈　沛　中国南方证券有限公司董事长兼总裁

张秀清（女）　广东省深圳市翔龙通讯有限公司总经理

高德康　江苏省康博集团董事长兼总经理

第二届“中国青年志愿者杰出个人”提名奖名单

王维芳　西北电力建设第四工程公司团委书记

李众敏　中国人民大学农业经济系学生

吴　敏（女）　南昌大学数学与系统科学系学生

邹　敏（女）　贵州省盘县特区中医院医生

沈崇德　江苏省无锡市第二人民医院团委书记

周艳娟（女）　哈尔滨医科大学基础医学院团总支书记

赵罹松　乐山师范高等专科学校教师

洪　鑫　吉林工业大学理学院学生

祖丽培叶·卡哈尔（女）　乌鲁木齐铁路局哈密医院医师

阎　洁（女）　云南省昆明市五华区新村街道办事处团总支书记

曾柏良　广西壮族自治区南宁市残疾人联合会副理事长

魏　刚　山东省淄博市周村中医诊所医师

第二届“中国青年志愿者杰出集体”提名奖名单

北京市文秘档案职业学校团委

中国海洋石油渤海公司青年志愿者服务总队

山西省忻州地区青年志愿者服务中心

内蒙古大学青年志愿者协会

上海交通大学志愿服务总队

上海市凤凰股份有限公司青年志愿者服务队

福建省连城县电力公司青年志愿者服务队

安徽省合肥市郊区青年志愿者协会

江西师范大学“为民社”

山东省青岛市青年志愿者四方服务站

湖南省长沙市开福区北站路社区青年志愿者服务先锋队

广东省普宁市人民医院青年志愿者服务队

广西壮族自治区柳州市长虹机器制造公司青年志愿者巡逻队

西南财经大学青年志愿者服务中心

贵州大学化学系青年志愿服务中心

陕西省韩城市青年志愿者协会

青海省丁香粮油集团青年志愿者服务队

宁夏回族自治区大学数学与电算工程系94（3）班

北京首都机场青年志愿者周日服务队

武警医学院志愿者服务站

2000年各奖项获奖名单

“中国十大杰出青年志愿者”及“中国青年志愿服务金奖”奖章获得者名单

刘茂刚　山东工业大学电子系通信96.1班学生

阮经宙　广西农业科学院干部

何　可　北京何创兴科贸有限责任公司经理

宋昱恬（女）　上海中易心理健康研究所教师

沐华平　科学技术部直属机关团委书记、青联主席

周　宁　广东湛江市中心人民医院急诊科副主任

易红华（女）　江西星子县下岗职工

武耀成　陕西青年志愿者医疗扶贫基地主任

雷　钟　天津大港油田集团公司工人

滕明龙　贵州荔波县逸夫民族中学校长助理

“中国十大杰出青年志愿服务集体”名单

河北唐山市青年志愿者服务中心

山西静乐县青年志愿者协会

内蒙古伊克昭盟鄂托克前旗青年志愿者艺术团

辽宁大连市教育扶贫青年志愿者服务队

上海外国语大学青年志愿者服务总队

江苏江阴市社区服务求助中心

浙江衢州市天天青年志愿者服务中心
福建漳州110青年志愿者为民服务网络
重庆市万州移民开发区青年志愿者协会
云南大学青年志愿者协会

“中国百名优秀青年志愿者”及“中国青年志愿服务银奖”奖章获得者名单

北京
时光寨　陈迎春(女)　罗　丹　阙燕清(女)
天津
李　哲(女)　石　柱
河北
武建中　于　江　赵建广
山西
冯瑞明　薛守明
内蒙古
陈忠利　董振域　杨雪莲(女)
辽宁
冯芝国　王　越(满族)　张有刚　赵　欣
吉林
郭晓平(女)　权　红(女)　于海波(女)
黑龙江
宫玉和　李忠和　王玉林
上海
蔡新军　董俊华　施全红(女)
江苏
戴　凡　刘丽军　孙　晔
浙江
李明侠　孔胜东　陈　耀
安徽
何艳燕(女)　潘海滨
福建
林瑞班　林少辉　石　华　王进伟
江西
江午晖　徐秋平
山东
李江涛　王秀成　于向东
河南
侯　雁(女)　王建朝　张丽萍(女)　张兴兆
湖北
何光建　贾卫东　孙红绪(女)
湖南
高青松　李晓武　赵岳平
广东
黄剑腾　黄雄国　苏莉莉(女)
广西
梁建新　宋国养　赵晓艳(女)
海南
廖翠华(女)　孙衍吾
重庆
董江峡(女)　黄　强　刘崇和　郑科学
四川
黄　凯　江　蓉(女)　邱清泉　张文科(女)
贵州
李　耘　王晓梅(女)
云南
郭斯嘉(女)　田劲松　李小容(女)
西藏
陈　辉　拉娘加(藏族)　李大明
陕西
何　宏(女)　寇晓东
甘肃
达丽红(女)　那有布(藏族)　蒲卫晖
青海
葛军伟　王建生　朱德龙
宁夏
王永明　赵　彤
新疆
陈　亮　张　军　张　文
全国铁道团委
陈　亮　郭金囤　史开志
全国民航
季慧忠
中直机关
姚　红(女)　曾　鑫　张向军
科技分会

胡熳华(女)　朱　迎

“中国百个优秀志愿服务集体”名单

北京海淀区卫生局中关村医院青年志愿服务队
北京首钢总公司青年志愿者协会
中国人民大学青年志愿者协会
中国政法大学青年志愿者讲解团
天津世体赛青年志愿者场馆部服务队
天津北辰区青年志愿者协会
天津医科大学大学生志愿者服务总队
河北沧州农机工程学校“华普爱心社”
河北承德承钢青年志愿者服务站
山西长治二中春蕾志愿者服务队
山西阳泉卫校青年志愿者服务队
内蒙古大学物理系青年志愿者服务队
内蒙古民族集团青年志愿者服务小分队
辽宁百团包百户志愿服务活动总队
辽宁抚顺石油二厂“小红帽”志愿者服务站
吉林长春市青年志愿者协会
吉林松原市青年志愿者协会
东北师范大学红烛志愿者协会
黑龙江大庆石油管理局钻井一公司青年志愿者服务站
黑龙江佳木斯市电业局青年志愿者服务中心
黑龙江牡丹江市青年志愿服务总队
华东政法学院大学生华阳街道社区援助志愿者服务队
上海赴滇扶贫青年志愿者接力队
上海新闻出版系统青年志愿服务队
江苏南京市中山陵全国青年志愿服务基地
江苏南通市江海志愿者服务站
江苏苏州吴江市震泽粮管所青年志愿服务队
浙江杭州市青年志愿者协会
浙江西湖电子集团青年志愿者服务队
浙江电力“光明工程”青年志愿者服务队
浙江宁波市志愿者协会
安徽滁州市团委农村青年志愿者一(组)助一(户)扶贫帮困服务中心
安徽芜湖市青年志愿者协会
安徽金寨县公安局交警大队青年志愿服务队
福建省直团工委青年志愿者服务总队
福建南平市延平区青年志愿者服务队
江西师范大学“蓝心”青年志愿者服务队
江西九江市青年志愿者协会
南昌大学新风服务队
齐鲁石化公司胜利炼油厂青年志愿者协会
山东长清县青年科技志愿服务队
山东平邑县110青年志愿者协会
齐鲁石化公司烯烃厂青年志愿者服务站
山东青岛市青年志愿者协会
山东烟台市青年志愿者协会
中原油田青年志愿者文明督察队
河南安阳市文峰区青年志愿服务队
河南新县青年志愿者协会
湖北鄂州市优抚医院青年志愿服务队
湖北荆州市青年志愿者服务队
共青团湖北黄石市委抗洪救灾青年志愿服务总队
湖南衡阳医学院基础课一部曹克敏、孙秀英教授护理组
湖南郴州师专青年志愿者服务总队
湖南衡东县罗帅故乡青年志愿者服务站
广东广州青年志愿者协会
广东佛山义工团
广东深圳市义务工作者(志愿者)联合会
广东珠海市青年志愿者协会
广西横县职校横州分校青年志愿者服务站
广西壮族自治区南溪山医院老年病科
广西南宁市青年志愿者服务总队
海南大学经济学院青年志愿者服务队
海南农垦总局医院青年志愿者服务队
重钢(集团)有限责任公司青年志愿者协会
重庆大学青年志愿者协会
四川成都电子机械高等专科学校青年志愿者服务总队

四川农业大学青年志愿者协会
四川宜宾市青年志愿者协会
贵州南明区教育系统青年志愿者服务站
贵州青年志愿者协会秘书处
贵州盘县中医院青年志愿者行动服务分队
云南昆明市青年志愿者协会
昆明铁路局青年志愿者服务总队
西藏藏医学院藏医系本科200班
西藏大学青年志愿者服务总队
西藏军区56095部队
陕西西安市长安路地区“新雷锋青年志愿服务总队”
西北政法学院青年志愿者法律服务中心
陕西咸阳市青年志愿者服务大队
甘肃省体委机关青年志愿者服务队
甘肃兰州市城关区青年志愿者服务中心
甘肃兰州铁路机械学校义务助残小组
青海丁香粮油集团公司青年志愿者服务队
青海师范大学青年志愿者协会
宁夏回族自治区人民医院青年志愿者服务队
宁夏农学院青年志愿者服务队
宁夏吴忠中学志愿者服务队
新疆克拉玛依石油管理局采油一厂青年志愿者服务队
新疆乌鲁木齐市新市区北京路街道青年志愿者服务队
广州铁路集团公司羊城铁路总公司广州车站青年志愿服务队
哈尔滨铁路分局青年志愿者服务总队
上海铁路分局上海站青年志愿者服务队
北京首都国际机场青年志愿者周日服务队
南方航空(集团)海南公司青年志愿者服务站
云南航空公司青年志愿者服务队
《中国青年报》“青春热线”志愿者团体
中央电视台团委青年志愿者服务队
中国青年政治学院青年志愿者协会
故宫博物院团委青年志愿者服务队
中国协和医科大学青年志愿者协会

“中国青年志愿服务奖”奖章获得者名单

北　京　储德武　王　琦　吕晓东
天　津　杜海锋　郭庆霞(女)　李志刚
　　　　刘绍英(女)　宋　涛
河　北　葛　勇　赫　剑　黄俊双(女)
　　　　蒋玉洪　刘碧松(女)
山　西　郭小花(女)　李忠泽　杨　华
内蒙古　范建军　耿祖光(蒙古族)　李文杰
　　　　卢雪冰　王东波　张　剑
辽　宁　冯艺田　马树成　孙立新(女)
　　　　韩　伟　陶　洋　魏忠发(锡伯族)
　　　　姚志坚　张志东
吉　林　安光海(朝鲜族)　刘俊刚
　　　　徐春羽(女)　殷宏伟　岳士才
黑龙江　鄂继权(满族)　石忠义　孙孝章
　　　　张为斌　赵　伟
上　海　何鸿斌　金　涛(女)　唐　忠
　　　　周　盛
江　苏　王丽梅(女)　吴建宏　徐有才
　　　　尹　超
浙　江　戴玉梅(女)　傅达明　王鲁辉
　　　　王晓翔　周　征
安　徽　何建刚　何育平　汪　晔(女)
　　　　叶　林　周　富
福　建　董再发　郑云涛　龚元铭　金　震
　　　　张炎安　朱朝阳
江　西　胡莉群(女)　屠国青(女)
　　　　王　雅(女)　徐进军　杨建辉
山　东　崔科军　李继宁　李晓林(女)
　　　　蒲　娜(女)　神安保　佚　凡
　　　　于　利
河　南　李莜珂(女)　孙自学　王理博
湖　北　冯圣兵　付小丽(女)　干　健
　　　　吴　炯　张　平
湖　南　阳　辉　姚鹏飞(女)
　　　　袁文彩(女)　张岸惠
广　东　陈敬锋　陈利珍(女)　毛之奇

张济波

广　西　傅　国　高文军　莫　艳(女)

海　南　熊晓燕(女)

重　庆　杨志强　邓　玲(女)
叶兴萍(女)　曾良平

四　川　姜宏海　刘　凯　舒建军
张　炜(女)

贵　州　毕成智　陈久琪　刘新乐(女)
刘文武(土家族)

云　南　高云飞　郭　华　郭　薇(女)
李　吉　陆　平　王　霞(女)

西　藏　阿　都(回族)　邓兴才
格桑加措(藏族)　孙长有

陕　西　高必征　宋新刚　黎开谊　刘战旗

甘　肃　郭智强　王海山　谢重新　杨斌宏

青　海　傅微娜(女)　贾建平(女)　张宝寿

宁　夏　巩中和　官　玲(女)　刘　颖
王鑫荣(女)　袁　航(回族)

新　疆　艾尔肯·玉赛因(维吾尔族)
冯献平　康冬萍(女)
田永新(蒙古族)　王俊岩

全国铁道　李学谦　闵　攀　汪元明
娜仁高娃(女,蒙古族)　沈　捷
王天一

全国民航　孙俊喜

中直机关　朱　羿

“中国青年志愿者行动贡献奖”名单

丁保华　武警西藏总队政治部组织处副处长

王振滔　中国奥康集团总裁、董事长

吴维明　广西玉林市第一人民医院院长

宋　怡(女)　青海医学院附属医院副书记

张　量　辽宁大连华润啤酒有限公司董事、总经理

张国林　山东红日集团有限公司党委副书记、副总经理

杨慈田　山东烟台华源电气有限公司总经理

邹　伟　湖北白云边集团董事长、总经理

邹水清　湖北省扶贫办主任、党组书记

陈金飞　北京通产投资集团有限公司董事长、总裁

孟江田　浙江衢州市物资局局长、党委书记

郑　伟　江西南昌卷烟厂厂长、党委书记

姜鸣钧　《青岛晚报》副总编

秦兆虎　浙江省政府经济技术协作办公室副主任

贾卫东　青海丁香粮油集团公司总经理

黄成模　海南海口市振东区区委书记

傅希平　山东滨州交运集团有限责任公司董事长、党委书记

韩　庆　重庆跨越(集团)股份有限公司总经理

滕安功　山东青岛啤酒集团有限公司党委副书记

戴光强　安徽省卫生厅党组书记、厅长

中国汇凯集团有限公司

北京中益天顺投资有限公司

北京恒泰基业房地产开发有限公司

北京太合龙脉房地产开发有限责任公司

中国南方证券有限公司

广东深圳福田区文化局深圳大学艺术学院《窗外有片红树林》剧组

广西玉柴机器股份有限公司

昆明卷烟厂

中国太平洋保险公司昆明分公司

2001年各奖项获奖名单

“中国十大杰出青年志愿者”及“中国青年志愿服务金奖”奖章获得者名单

刘崇和　重庆市委党史研究室干部

李祥军　广西南宁人民路东段小学教师

张　毅(女)　北京医院妇产科副主任医师

张启龙　贵州台江县招商局局长助理

张海桥　天津南开大学化学学院新能源所98硕士研究生

陈春晓(女)　湖北姊归香溪一中教师

罗　丹　北京双鹤药业股份公司片剂分厂员工

寒　星(女)　内蒙古《心灵之旅》热线主持人

谢重新　甘肃定西县巉口中学教师

虞德才　安徽省立医院普外科主治医师

“十杰”以外“中国青年志愿服务金奖”奖章获得者名单

王伟斌　北京双全大地科技发展有限公司总裁

林贞吟(女)　新加坡中学教师

“中国十大杰出青年志愿服务集体”名单

中国人民大学青年志愿者协会

内蒙古扶贫接力计划固阳项目第三批北京青年志愿者集体

上海电气青年志愿者服务总队

江苏扶贫接力计划苏陕项目服务团

河南中原油田青年志愿者文明监督队

西藏农牧学院青年志愿者服务总队

陕西西安铁路分局青年志愿者“一助一”服务总队

青海玉树州“三江源”青年志愿者环保宣传队

科技部青年科技志愿者服务团

中国青年志愿者扶贫接力计划安捷伦研究生支教团

“中国百名优秀青年志愿者”及“中国青年志愿服务银奖”奖章获得者名单

北　京　李金明　王小虎　李　雷　侯中伟

天　津　张　军　崔　妍(女)　贾书心(女)

河　北　赵亚瑟　张　华(女)

山　西　周　飞　李逸群　崔本元

内蒙古　孙晓丽(女)

辽　宁　崔炳君　张绍华　常新莉(女)　王　芳(女)

吉　林　岳士才　卢忠春　田　军　于海波(女)

黑龙江　景　通　刘国强　孟广斌

上　海　宫建新　解　峥(女)　龚　辉　张　颖(女)

江　苏　钱建军　刘　成　郑文卫　杨映雪(女)

浙　江　张国范　陈　晨　童菊英(女)　曹建华

安　徽　邓国强　沈永俊

福　建　林　琛　林小文

江　西　胡　妍(女)　胡奕军

山　东　国　强　李　军　胡　霞(女)　朱永环(女)　徐　明

河　南　史孟军　刘俊锋　闵建功

湖　北　方苏亭　潘定宇　余晓莉(女)

湖　南　王明成　卓锦霞(女)

广　东　张连新　欧丽华(女)　杨崇斌　谈韵旋

广　西　廖　岚(女)　陈　虹　展学斌

海　南　蔡　军　符东平

重　庆　秦　健　宋福忠

四　川　刘成勇　李　珠(女)　朱彬权

贵　州　谭　瑾(女)　徐国强

云　南　张光云　蒋文静(女)　赵俊海

西　藏　达　盆(女)

陕　西　王宝菊(女)　马建平

甘　肃　赵兴文

青　海　王晓勇

宁　夏　刘　诤　张翔宇

新　疆　姜守华(女)　阿曼古丽(女)

中直机关　陈卫华(女)

国家机关　刘成刚　洪　旭　卢　欣　崔顺九　鹿文媛(女)　赵　静(女)

全国铁道　李景富　陈志霞(女)

全国金融　玄　磊

中央企业　吴　涛

全国协会　彭健明　陈　应　武陈鹏(女)
赵鉴非　潘惜唇(女)
陈　曦(女)

“中国百个优秀青年志愿服务集体”名单

北京宣武区广内街道志愿者工作站
北京丰台区东高地街道青年志愿者服务总队
2000北京朝阳国际商务节青年志愿者服务总团
北京顺义区成人预备期志愿者分队
天津石化炼油厂青年志愿者服务站
天津大伙巷派出所青年志愿者服务集体
天津市卫生局青年志愿者服务队
天津东丽区卫生局青年志愿者服务队
河北唐山钢铁集团公司青年志愿者服务总站
河北丰宁团县委
河北石家庄市精英中学“自然之子”环保协会
中国石油华北油田二连分公司哈南作业区青年志愿者服务队
山西经纬纺机股份公司榆次分公司纺纱机械部为您服务队
山西太原市煤气公司青年志愿者服务队
内蒙古呼和浩特市一中青年志愿者服务队
内蒙古工业大学机械工程系青年志愿者服务队
辽河油田公司兴隆台采油厂青年志愿者“一助一”服务队
辽宁丹东市振安区青年志愿者协会
辽宁沈阳市沈河区青年志愿者服务队
武警辽宁总队锦州市支队
吉林东北师范大学“红烛”志愿者协会
吉林白山市公安交警支队城区中队
吉林珲春矿物局青年志愿者协会
吉林通化市地方税务局直属征收分局青年志愿者服务站
黑龙江大庆红岗区解放街道青年志愿者服务站
黑龙江牡丹江环卫青年志愿者服务总队
黑龙江哈尔滨道里区青年志愿者服务中心
复旦大学研究生支教团服务队
上海商业会计学校青年志愿者服务队
华东师大化学系青春飞扬大学生志愿者服务队
复旦大学基础医学院九八临床(四)班
江苏常州市卫生局青年志愿者服务总队
江苏苏州农业学校青年志愿者服务队
江苏南湖社区青年志愿者服务站
浙江杭州2000西湖博览会青年志愿者服务队
杭钢动力公司青年志愿者服务队
宁波市志愿者协会
浙江温州师范学院青年志愿者服务队
浙江磐安县“天天”青年志愿者服务总队
安徽安庆石化股份公司安庆分公司炼油厂团委
安徽工业大学大学生志愿者协会
安徽亳州谯城区青年志愿者协会
福建福州台江区青年志愿者服务总队
福建龙岩市青年志愿者协会
福建三钢(集团)有限公司焦化厂青年志愿者为民服务队
江西医学院二系绿色基金会
江西崇仁县公安消防大队青年志愿者服务站
江西财经学院九江分院青年志愿者协会
青岛市卫生局青年志愿者服务队
山东烟台市卫生局青年志愿者服务队
山东东营市市政局青年志愿者服务队
山东荣城市卫生局青年志愿者服务总队
山东济南市供电局青年志愿者服务总队
河南南阳油田青年志愿者服务总站
河南省大中专青年志愿服务总队南阳经贸学校直属队
河南华新棉纺织厂布机车间丙班青年志愿者服务队
湖北江汉油田水电厂供水车间青年志愿者“一助一”敬老队
湖北中国荆州端午龙舟节青年志愿者服务总队

湖北秭归团县委
湖北孝感学院物理系青年志愿者服务队
湖南郴州山河实业集团有限公司青年志愿者服务队
湖南长沙市商业银行青年志愿者服务集体
广东暨南大学 warmtouch 青年志愿者服务队
广东粤港供水有限公司青年志愿者服务总队
广东广州市番禺区青年志愿者协会
广东广州市文昌康龄邻居社区服务中心
广东广州市电信飞捷有限公司青年志愿者服务队
中国人寿保险公司深圳分公司志愿者(义工)服务队
广西贸易经济学校“小红帽”青年志愿者服务队
广西中医学院青年志愿者协会
广西柳州市地税局青年志愿者服务站
广西北海市海城区青年志愿者服务队
海南师范学院青年志愿者协会
海南琼山市向群青年志愿者协会
重庆四川外语学院青年志愿者服务队
渝州大学青年志愿者协会
四川省绵阳医药学校青年志愿者“一助一”服务队
四川攀煤集团精煤公司志愿者服务队
四川广安二中青年志愿者服务队
四川省自贡农业学校青年志愿者服务中心站
贵州贵阳市云岩区青年志愿者服务中心
贵州工业大学青年志愿者协会
云南大理州技工学校青年志愿者服务队
楚雄州青年志愿者服务中心
陕西西北大学“阳光”志愿者服务队
甘肃民航青年志愿者协会
甘肃玉门石油管理局“山鹰”青年志愿者服务队
青海铝业有限责任公司青年志愿者服务总队
宁夏银南供电局吴忠供电分局青年志愿者服务队
宁夏银川铁路分局青年志愿者协会
新疆塔西南勘探开发公司青年志愿者服务总队
新疆巴音郭楞蒙古自治州财校青年志愿服务队
新疆师范大学历史系“爱之队”
兰铁分局青年志愿者协会
济南铁路局济南站客运车间客运南方向候车室
民航华北空管局“未来与希望的握手”青年志愿者下乡援教小分队
武汉天河机场医疗急救中心青年志愿者服务队
青年卫生志愿者扶贫接力计划西部服务团库尔勒服务队
建设银行杭州市经开支行青年志愿者服务队
中国路桥集团第一工程局青年志愿者服务队

“中国青年志愿服务奖”奖章获得者名单

北　京　邓改霞(女)　郝静云(女)　郑　红(女)　杜　强　初幸之
天　津　刘红卫(女)　于　维　臣徐岩(女)　卢庆彬　李晓华(女)
河　北　李雪英(女)　董庆龄(女)
山　西　徐未欣(女)　杨旺利　寇红江　陈　杰　向　辉　刘宏宇
内蒙古　孙宝森　刘志琴(女)　乌英嘎(女)　刘晓燕(女)　周建宁　闵振伟　关慧明
辽　宁　王　震　赵　志
吉　林　翟世辉(女)　孙世福
黑龙江　王洪利
上　海　傅　科　蔡　屹(女)　林凤程
江　苏　苏　军　王建军　任　勇(女)　蒋惠明　陈广祥　朱一蒙　谢伟斌　严学锋　陈元龙　鞠佩峰　阎　宁　杨　峰　李　晔　王根元　张富贵　赵　洪　蔡　纯(女)
浙　江　孙新民　柏承亮　傅金泉　何丁喜
安　徽　宋佟梅(女)　张　旭　丁西平

段金传　路传新　盛炎炎
张东升　金晓平(女)　李正刚
李　惠(女)　马少华　李仕青
周　军(女)　陈晓枫　李方跃
盛敏玲(女)　解　萍(女)　戴廷山
李　蕾　许帮龙　叶俊良
福　建　陈　华　肖　馨(女)　阙少波
江　西　邓　伟　胡华爱　谭祖飞
胡　勇　胡　春
山　东　林秀勇　汤煜春　谭　强
宋立峰
河　南　张丽芳(女)　张少文　吴　勇
齐　刚　张志勇　蒙晓燕(女)
黄新刚　李明奎　梁海燕(女)
谢　波
湖　北　陈登江　李　红(女)　孔　洪
李骏涛　曹秋霞(女)
湖　南　黎　明　周丰年　赵全明
张　询(女)　杨　槐　韩　庆
广　东　陶　静(女)　张小梨　张建忠
何导天
广　西　黄　丹(女)　肖德刚　甘德权
陈　芳(女)　张超群　方卫东
赵晓艳(女)　刘剑波　陈雪飞
傅　国　骆泳薏(女)　唐　宁(女)
周桂森　黄九妹(女)　龙　斌
谭　惠(女)　王建平　冯国斌
陈　静(女)　许永忠
海　南　王立强　林　锦
重　庆　姚永宏　杨永春
四　川　周玉辉　江孤迅　黎方军
贵　州　刘文武　潘永红　许　霞(女)
云　南　王　坚　普玉华
西　藏　李　晶
陕　西　王治国　党　颉　龚晓燕(女)
甘　肃　谈朝发　沈晓茸(女)　郭智强
闫　琴(女)　刘　涵(女)　肖江峰
王　朗　孟　琦　张航宇

李春霞(女)　彭海纳　元冬维
窦洪文　周　倩
青　海　王建林　李长慧　卓挺亚(女)
任吉东　崔　浩　彭文波
梅方权　徐艳玲(女)　曾　艳(女)
张　媛(女)　祁喜鸿(女)
宁　夏　马正福　郭红平　周　鹏　解　帆
叶纪勇　程　龙　何　欣
新　疆　李　英(女)　常　茜(女)
阿依古丽·依米提(女)　刘　刚
韦烈登
中直机关　范　明　刘兆辉
国家机关　于子勇　李鼎峰　孙建华
周　湘(女)　潘凌亚　贾友宏
何小东　张洪春　万伟琳
杨　毅　华　路　冯　强
梁学亚　王桂花(女)　周　海
全国铁道　常英春(女)　龚立钢
中央企业　李学谦

“中国青年志愿者行动组织奖”名单

北京天坛医院团委
北京首钢总公司团委
北京同仁医院团委
北京中医药大学岐黄爱心社
北京海淀区成人预备期志愿服务分队
天津青年志愿者协会秘书处
天津医科大学青年志愿者协会
河北华北石油管理局团委
河北承德钢铁集团有限公司团委
山西省青年志愿者协会秘书处
内蒙古固阳团县委
内蒙古包钢(集团)公司团委
辽宁葫芦岛团市委
辽宁锦州团市委
辽宁大连团市委
吉林长春青年志愿者协会
吉林松源青年志愿者协会

吉林北华大学青年志愿者服务总站
黑龙江齐齐哈尔团市委
黑龙江牡丹江团市委
黑龙江大庆团市委
黑龙江哈尔滨团市委
黑龙江佳木斯团市委
黑龙江中学团委
上海市卫生局团委
上海市嘉定区团委
江苏第六届中国艺术节青年志愿服务活动指挥部
南京团市委
浙江湖州市青年志愿者协会
浙江大学青年志愿者协会
浙江嘉兴市青年志愿者协会
浙江衢州市青年志愿者协会
安徽省青年志愿者协会秘书处
安徽阜阳市人民医院青年志愿者服务队
安徽巢湖市青年志愿者协会
福建莆田团县委
福建卫生厅团委
福建医科大学团委
江西省青年志愿者协会秘书处
江西华东地质学院青年志愿者协会“爱心小组”
江西宁都县人民医院青年志愿者服务队
山东潍坊团市委
山东济南市历下团区委
山东青岛市李沧团区委
河南省青年志愿者协会秘书处
河南洛阳市青年志愿者协会
湖北华中师范大学团委
湖北武汉青年志愿者协会
湖北省卫生厅
湖南省直机关青年志愿者协会
广东广州青年志愿者协会
广东广州公共青年志愿者社区(友爱)服务总队
汕头市青年志愿者协会
深圳义务工作者(志愿者)联合会
广西南宁市青年志愿者协会
广西柳州市青年志愿者协会
广西中医学院大学生青年志愿者协会
海南海口市中医药学校团委
重庆江津市青年志愿者协会
重庆铜梁县青年志愿者服务总队
四川成都市青年志愿者协会
四川德阳团市委
贵州省青年志愿者行动指导中心
贵州铜仁团地委
贵州贵阳青年志愿者协会
贵州紫云团县委
云南广南团县委
云南潞西市青年志愿者协会
西藏民族学院团委
西藏大学团委
陕西民航西北管理局团委
陕西西安建筑科技大学团委
甘肃兰州团市委
甘肃兰州铁路局团委
青海大通团县委
青海丁香粮油(集团)有限公司团委
宁夏石嘴山团市委
宁夏中宁团县委
宁夏西吉团县委
新疆交通青年志愿者协会
新疆喀什团地委
新疆农业大学团委
中共中央办公厅团委
卫生部直属机关团委
青年卫生志愿者扶贫接力计划西部服务团青海服务队
北京铁路局北京分局团委
南方航空(集团)湖北公司客舱部乘务队
中国银行宁波市分行机关青年志愿者服务队
航天科技集团公司五院 508 所青年志愿服务队

“中国青年志愿者行动贡献奖”名单

北京歌华阳光广告有限公司总经理郑谊军
央视—索福瑞媒介研究公司总经理王兰柱
天津豪隆投资发展有限公司总经理吕强
英业达集团天津电子技术有限公司
中国平安保险公司天津分公司(寿险)团体部
河北唐山市地方税务局
河北唐山市陡电青宇水厂
河北迁安市马兰庄镇四方有限责任公司总经理刘计
山西忻州师范学院肖利民
山西省卫生厅青年志愿者服务总队
内蒙古诚信房地产开发有限责任公司董事长白春生
内蒙古包头钢铁(集团)公司党委副书记周茂森
内蒙古电视台副台长赵春涛
吉林长春佳林实业集团有限公司董事长潘国立
吉林长春汇丰实业集团董事长王华威
黑龙江哈尔滨白桦林集团公司总裁白俊华
黑龙江新三星集团股份有限公司副总经理王彩凤
上海航空公司
中共江阴市委副书记、青年志愿者协会会长刘建国
江苏南京奶业(集团)公司
江苏南通市江海晚报社
浙江萧山市卫生局长商炜炜
浙江省教育厅李敏强
浙江省农科院党委副书记潘工政
宁波市卫生局局长何一天
安徽卫生厅
安徽合肥市卫生局局长刘军
安徽省立医院副院长胡世莲
福建福州市邮政信函广告局
厦门东南融通系统工程公司
福建农资集团公司总经理陈少华
福建昊泽律师事务所于宁杰
江西纸业集团有限公司党委副书记孙建明
江西省老年病医院党委书记涂鸣华
山东大众报业集团副总编辑张瑞云
山东济南市供电局副局长张宁
山东省齐鲁户外运动俱乐部主任吴军生
河南奥克啤酒实业有限公司总经理孙志广
湖北省卫生厅直属机关党委书记黄先铭
湖北武汉富豪集团有限公司董事长郭连方
湖北江汉石油管理局五七物业服务处处长庞良宏
湖南常德卷烟厂
湖南岳阳市岳阳楼区洞庭路办事处朱平波
湖北长沙中南大学党委办公室徐建军
广东深圳市一百在线网络有限公司封昌红
广西柳州市地方税务局
海南省通什市公安局河南派出所
海南省定安县定成镇多校村知海书屋青年志愿服务队
四川西南科技大学副校长游建军
四川应林企业集团有限公司董事长童应林
四川泰康人寿保险公司成都分公司副总经理邱希淳
四川成都市府南河管委会办公室
贵州省卫生厅党组成员、厅直机关党委书记杨克勤
贵州贵阳新世纪经济适用住房公司总经理陈万达
中共贵阳市委副书记兆维光
贵州瀑布啤酒集团有限公司
云南曲靖市公安交警支队
云南报业工贸发展有限责任公司广告分公司经理陈慥
西藏日喀则市珠峰农机有限公司总经理多拉
西藏山南师范学校团总支
陕西咸阳团市委
陕西省西安市煤气公司经理吴宏权

西安电子科技大学党委副书记龙建成
甘肃省精神文明建设指导委员会办公室
甘肃省卫生厅
甘肃省扶贫开发办公室
宁夏吴忠市利通区国税局稽查分局
宁夏银川市文化局
宁夏华西村管委会
新疆电视台新闻部主任杨洪新
新疆库尔勒市人事局局长何南平
中共新疆维吾尔自治区委员会常务副秘书长满宗洲
新疆乌鲁木齐市瑞福升咨询有限公司经理吕笑龙
国务院体改办经济体制与管理研究所常务副所长陈立
北京市卫生局党组副书记副局长史炳忠
卫生部直属机关党委副书记兼纪委书记窦熙照
广铁集团羊城总公司广州火车站
中国人民银行监察局副处长杨小春
北京双全天地科技发展有限公司
安捷伦科技有限公司(中国)
263 网络集团
黑龙江齐梅保健食品有限公司
中央电视台广告部
中央电视台电影频道广告部
《人民日报》广告部
《中国青年报》团内生活部
中国证券报社
恒华(国际)集团总裁张宁飞
中天信息产业有限公司董事长张力军
中青爱心网络中心董事长韩颐和
国家税务总局所得税司司长董树奎
北京合智通美广告有限责任公司邵小权
《法制日报》广告信息部主任郭恒忠
北京何创兴有限责任公司总经理何可

2002 年各奖项获奖名单

“中国杰出志愿者”名单

于海波(女)　吉林长春心语志愿者协会
刘　江　黑龙江大庆石油化工总厂青年志愿者协会义务咨询所主任
李　强　辽宁抚顺石化公司石化二厂团委书记
李玉亭　山东济南商河县展家乡褚集村完全小学编外教师
余淑玲(女)　广东珠海市秉德律师事务所主任
金晓平(女)　安徽合肥市第八人民医院妇产科主治医师
查文红(女)　上海武宁百货公司退休职工
徐国强　贵州遵义市个体出租司机
彭海纳　天津英业达集团电子有限公司员工
谭宗俊　四川成都市第 14 中学高级教师

“中国杰出志愿服务集体”名单

北京志愿者协会第 21 届世界大学生运动会志愿服务总团
吉林东北师范大学“红烛”志愿者协会
青年志愿者扶贫接力计划研究生支教团上海复旦大学服务队
江苏武进市禁毒青年志愿者行动队
江西崇仁县公安消防大队“119”联动青年志愿者服务站
广西南宁市青年志愿者协会
云南昭通黑颈鹤保护志愿者协会
陕西西北工业大学“阳光工程”志愿者服务队
新疆乌鲁木齐铁路局北疆铁路公司石河子工务段呼图壁养路工区青年志愿者服务队
深圳市残疾人网站志愿者助残服务站

“中国优秀志愿者”名单

北　京　张晓悦(女)　侍　玮(女)
韩彤宇(女)

天　津　朱贵民　黄　英(女)
河　北　朱宏江　刘新钰(女)　尚文艳(女)
山　西　童馨萱(女)　李建东　常岐龙
内蒙古　高庆东　吴学敏(女)
辽　宁　徐云龙　兰振和
吉　林　周东福　张　文
黑龙江　孟广斌
上　海　唐　磊　罗　蒙
江　苏　张　静(女)　卢婧洁(女)　陈　东
浙　江　金海辉　曹　亮　丁慧玲(女)
安　徽　张其安　曾令芳(女)
福　建　林文发　田毅峰　蔡俊杰
江　西　刘建乐　张有福
山　东　徐志刚　吕美华(女)　门广利
　　　　王振理　扈平伟
河　南　叶　榄　吴新生　张书荣
湖　北　徐海珊　生鸿飞　郑志有
湖　南　王学明　傅　筝(女)
广　东　谭　颖　舒思远　赵淑玲(女)
广　西　张林泉(女)　徐　刚　黄美钦(女)
海　南　陈振华　蒙　涛
重　庆　梅俊辉(女)　罗　元
四　川　魏应斌　张倩妮(女)
贵　州　郭　磊　周　杰
云　南　何建云
西　藏　边巴次仁
陕　西　郭　巧(女)　李洪兵
甘　肃　刘振亚(女)　於赤忠
青　海　董光曦
宁　夏　计春平
新　疆　夏木斯娅·艾拜都拉(女)
　　　　阿不都许库　余建芳(女)
中　直　张　勇
民　航　姜　炜
铁　道　马连勇
金　融　金瑛珲
中央企业　朱勇晖
卫生部　王造文　郭万首　谷　水　满立波
　　　　迟春霞(女)
外经贸部　王凤明　张　敬(女)
全国妇联　姚金兰(女)　杨　晶(女)
　　　　韩惠群(女)　郑　玲(女)
　　　　浦其芳(女)　王爱丽(女)
科　协　殷维杰
中国残联　陈旭红(女)　魏克俊　宁忠权
　　　　韦　青　康金环(女)　操南生
科技部　马燕合　刘越芳(女)　赵　树(女)
环保总局　于京伟(女)

“中国优秀志愿服务集体”名单

北京燕化公司志愿者协会
北京鑫丹妮青年志愿者协会
首都大学生环保志愿者协会
天津市南开区青年志愿者协会
天津市港务局“政策规定、解疑释惑”志愿小分队
天津西青区张家窝镇青年巡逻队
河北邯郸市第三眼科医院青年志愿者健康扶贫快车
河北医科大学第二医院
河北唐山市直机关青年志愿者助残服务站
山西省汾阳医院青年志愿者助患服务队
山西省晋中市榆次区交警一中队
山西大学教育科学学院爱心社
内蒙古伊金霍洛旗青年志愿者协会
内蒙古电力青年志愿者协会
内蒙古电力学院动力系青年志愿者服务队
辽宁大连市青年志愿者协会
辽宁营口市电业局团委
辽宁锦州青年志愿者总队
吉林长春市邮政局同志街邮电支局
黑龙江农垦红兴隆分局江川农场十一队青年110志愿者服务队
黑龙江齐齐哈尔青年志愿者服务总队
黑龙江佳木斯交通局青年志愿者服务中心
上海浦东新区青年志愿者协会

上海吴经化工有限公司青年志愿者服务队
江苏仪征市青年志愿者协会
江苏大丰市供电局光明电力青年志愿者服务队
浙江湖州天天万帮青年志愿者服务总站
浙江杭州商学院法学院志愿者服务队
浙江广播电视大学志愿者服务队
安徽省卫生厅直属机关团委青年卫生志愿者服务队
安徽合肥市青年志愿者协会
福建福州市青年志愿者协会
福建厦门市集美区青年志愿者协会
江西樟树市公安消防大队青年志愿者服务站
江西移动通讯公司南昌营销中心大用户服务室青年志愿者服务队
山东泰安卫生学校青年志愿服务总队
山东青岛市青年志愿者协会
山东济南市永安志愿者消防站
山东荣成市青年志愿者协会
河南正阳县建工水电暖安装有限公司青年志愿者服务站
河南南阳经贸学校志愿服务队
河南商丘职业技术学院青年志愿者服务大队
湖北武汉天河机场现场指挥救援中心青年志愿者服务队
湖北华中师范大学信息技术系星光服务队
湖北黄石青年禁毒志愿者总队
湖南中南大学青年志愿者协会
郴州师范高等专科学校志愿者协会
株洲市青年志愿者协会
广州青年志愿者协会九运会志愿服务总队
广东汕头市青年志愿者协会
广东东莞市青年志愿者协会
广东移动通信有限责任公司惠州分公司团委
广西横县青年志愿者服务中心
广西浦北县第一职业中专学校青年志愿者协会
海南海口市国土资源局青年志愿者服务队
“文明之光”海南青年志愿者艺术团
重庆大学青年志愿者“三个代表”实践服务队
四川外语学院(重庆)青年志愿者服务队
四川大学青年志愿者总队
四川达县师范高等专科学校青年志愿者服务中心
四川乐山卫生学校青年志愿者协会
四川荣县中学校“重晚霞、送温暖”志愿队
贵州省青年志愿者行动指导中心
贵阳青年志愿者协会
贵阳中医学院团委
西藏大学青年志愿者服务总队
陕西财经职业技术学院青年志愿服务大队
甘肃省榆中县青年志愿者服务中心
甘肃天水市北道区桥南街道青年志愿者服务站
青海乐都县青年志愿者服务中心
宁夏石嘴山市青年志愿者协会
新疆师范大学外国语学院青年志愿者绿色阳光行动组
新疆昌吉州卫生学校99级护理2班团支部
全国妇联机关团委
煤炭总医院青年志愿者服务队
贵阳铁路分局青年志愿者协会
南方航空股份有限公司客舱部青年志愿者服务队
中国农业银行宣汉县支行青年志愿者服务队
辽宁抚顺石化公司石化二厂“小红帽”青年志愿者服务站
科技部青年联合会科技促进行动青年志愿者服务队
沈阳沈河区二经街道社区巾帼志愿者协会
武汉市江汉区万能街巾帼志愿者服务组
珠海市精神文明建设义工队
天津市河北区王串场街正兴里社区下岗女工知音站
河北丰南市黄各庄镇黄各庄二村“三八”优抚志愿服务小组

哈尔滨市道里区共乐街道福达家服中心
青岛市市南区妇女法律援助联络中心
青岛市市北区残疾人志愿者服务队
哈尔滨市道里区志愿者助残总队
上海杨浦区“兴家”残疾人子女义务辅导学校
天津小白楼街志愿者助残联络站
浙江残疾人职业技术学校学生志愿者服务队
甘肃兰州白银路街道助残志愿者联络站

中国科技馆志愿者辅导员集体
北京医院健康快车医疗小组
北京协和医院青年志愿者服务队
北京积水潭医院河南新县服务队
中国中医研究院广安门医院青年志愿者服务队
北京大学第三医院志愿服务队
北京同仁医院志愿服务队

第六部分

组 织 概 况

共青团组织基本情况

截至2002年底，全国共有共青团员6986万人，基层团委20万个，团总支24万个，团支部272万个，专职团干部18.3万人。

学生团员总数为3123万人，约占团员总数的44.7%。全国各学校中共有基层团委5.4万个，团总支7万个，团支部90万个。

采掘业、制造业、电力、煤气及水的生产和供应业、建筑业以及地质勘查、水利管理业共有团员为663万人。这些行业中，基层团委达3.6万个，团总支3.7万个，团支部32万个。

在农、林、牧、渔业中，共有团员2189万人，基层团委5.5万个，团总支7.2万个，团支部92万个。

第三产业及其他行业中，团员总数为1011万人，建立了基层团委5.5万个，团总支6.1万个，团支部58万个。

其他青年组织基本情况

中华全国青年联合会

中华全国青年联合会简称全国青联，成立于1949年5月4日。全国青联是中国共产党领导下的我国基本人民团体之一，是以中国共产主义青年团为核心力量的各青年团体的联合组织，是我国各族各界青年广泛的爱国统一战线组织。全国青联实行团体会员制，现有团体会员48个，委员1717名。

进入新时期，青联在党的领导下，坚持以邓小平理论和“三个代表”重要思想为指导，牢牢把握围绕大目标、凝聚新力量、实现大团结、做出新贡献的主题，高举爱国主义、社会主义旗帜，广泛团结和凝聚海内外各族各界中华青年，为支持改革、维护稳定、推动发展、促进统一贡献力量，青联事业取得了新的发展。

大力开展爱国主义教育，激发海内外中华青年报效祖国、振兴中华的巨大热情。全国青联以五四运动80周年、新中国成立50周年、澳门回归祖国、迎接新世纪、中国共产党建党80周年、中国共青团建团80周年为契机，举办“青春之歌”、“历史丰碑”、“永远跟党走”大型文艺晚会和“中华龙腾”海内外青年汇长城、“中国心”广场音乐会等活动，广泛开展爱国主义教育活动，引导青年深入学习邓小平理论和“三个代表”重要思想，缅怀革命先辈的丰功伟绩，回顾新中国取得的伟大成就，展望祖国美好前景，极大地激发了广大青年的爱国热情。

江泽民总书记在“青春之歌”大型文艺晚会上热情地赞扬说：“听了你们嘹亮的歌声，铿锵的朗诵，使我回想起青年时代的战斗岁月，回想起党和人民的伟大奋斗历程。历史证明，中国人是永远不可战胜的！你们的歌声和朗诵，跳动着时代的脉搏，憧憬着美好的未来，未来是属于青年人，青春万岁！”

引导青年投身科教兴国实践，服务经济社会发展。启动中国青年科技创新行动，实施“金桥计划”，组织开展“百名博士西部行”、青年专家科技服务团等活动，针对地方企业、园区、农业发展需求开展对接服务，促进科研与产业的紧密结合，建立了一批中国青年科技创新示范基地和教育基地。成立全国青联志愿者艺术团，组织文艺界青联委员和青年文艺工作者到老、少、边、穷地区和国家重点工程建设一线开展慰问演出等活动，把全国广大青年的慰问和问候送到人民群众和工作一线。

大力开发青年人才资源，促进青年人才脱颖而出。继续开展“中国十大杰出青年”、“中国青年科学家奖”等评选活动，推出“中国青年科技创新奖”和“中国软件行业十大杰出青年”评选活动，完善评选机制，扩大宣传力度，推出一批具有鲜明时代特征、业绩突出的青年人才，为在全社会进一步营造尊重知识、尊重人才的良好氛围发挥了积极作用。选派“博士服务团”到西部地区基层挂职锻炼，面向实践环节培养高素质青年人才。利用香港窗口，举办高级青年管理人才研修班，选送青联委员和青联干部到香港短期学习。举办委员活动日、新委员见面会和界别活动，为委员学习和交流提供切实服务。

做好民族地区青年和信教青年工作，为维护社会稳定、促进民族地区经济发展发挥积极作用。举办全国各族青年团结进步表彰活动，评选和表彰来自56个民族329名先进个人，在民族地区青年中产生良好反响。组织实施“培养计划”，从西部和民族地区16个省（区、市）38个民族中选拔了264名团干部到经济较发达地区进行为期半年的挂职锻炼，为推动民族地区青年人才的培养和共青团工作的发展发挥了积极作用。组织全国宗教界青年代表人士到经济发达地区考察学习，加强宗教界青年代表人士的培养，促进宗教与社会主义社会相适应。

深化港澳台青少年交流工作，为推动祖国统一大业做贡献。抓住港澳回归的契机，充分发挥青联组织自身优势，大力推动与港澳台青少年的交流，使四地青少年交流呈现出领域广、层次多、发展快、交流深的态势。5年来，与港澳台地区128家青年社团、研究机构和高校建立联系，开展交流，共接待来访团组159个，5120人次，派出团组86个，1890人次。举办迎接澳门回归祖国天安门广场音乐会、“中华龙腾”海内外青年汇长城、“龙声飞扬”万人青年音乐会等大型活动，进一步加深港澳青少年对祖国的认识和热爱。举办两岸杰出青年互访交流活动、两岸青年中秋、元宵联欢活动、海峡两岸暨港澳地区青年企业家研讨会等活动，为两岸青少年交流提供平台，带动两岸青少年交流全面活跃。

积极探索，竭诚服务，推动海外学人参与祖国建设。主办两届“海外学人回国创业周”活动，吸引来自美、加、日、英等16个国家和地区的700余位海外留学人员分赴北京、上海、陕西等14个省（区、市）的40余个园区开展产品发布和项目洽谈，让海外学人感受祖国快速发展的良好形势，进一步增强服务祖国的信念，激发参与祖国建设的热情。

历届全国青联主席、副主席、秘书长名单

中华全国第一次青年代表大会

（1949年5月4－11日）

主　席：廖承志

副主席：钱俊瑞　谢雪红　钱三强　沙千里

秘书长：吴　晗

与会代表：552人，委员：87人，候补委员：22

人,常委:25 人

中华全国第二次青年代表大会

(1953 年 6 月 10 – 15 日)

主　席:廖承志

副主席:刘导生　钱三强　吴　晗　区棠亮

秘书长:于北辰

与会代表:560 人,委员:120 人,候补委员:28 人,常委:27 人

中华全国第三次青年代表大会

(1958 年 4 月 9 – 14 日)

主　席:刘西元

副主席:胡　绳　杨静仁　张　超　吴学谦　王光英　李梦华　李　林　刘良模

秘书长:钱李仁

与会代表:600 人,委员:249 人,常委:31 人

全国青联四届一次全委会

(1962 年 4 月 16 – 30 日)

主　席:刘西元

副主席:王照华　丹　彤　王光英　李梦华　刘良模　魏　巍　钱李仁　孙轶青　林兰英　雪康·土登尼玛　杜近芳

秘书长:王传斌

委　员:302 人,常委:41 人

全国青联四届二次全委会

(1965 年 1 月 15 – 27 日)

主　席:王　伟

副主席:王照华　胡启立　李文耀　钱大卫　杜近芳　徐寅生　曹锦如　徐建春　希林贝赫　刘厚明　陆钟武　胡　颖　傅德喜　罗冠宗

秘书长:朱　良

委　员:302 人,常委:47 人

全国青联五届一次全委会

(1979 年 5 月 3 – 9 日)

主　席:胡启立

副主席:刘维明　徐寅生　周鹏程　杜近芳　高占祥　李海峰　伍绍祖　李寿葆　刘厚明　杨　乐　曲钦岳　嘉木样·洛桑久美·图丹却吉尼玛

秘书长:殷明连

委　员:460 人,常委:55 人

全国青联五届二次常委(扩大)会议(1980 年 5 月 16 日)增选李瑞环、荣鸿仁　刘汉良为副主席。

全国青联五届三次常委会(1981 年 4 月 5 日)增选克尤木·巴吾东　朱善卿　殷明连为全国青联副主席。

全国青联五届二次全委会(1981 年 8 月 7—15 日)决定刘维明为代主席,增选何光玮为副主席,选举冯若赐为秘书长。

全国青联六届一次全委会

(1983 年 8 月 17 – 24 日)

主　席:胡锦涛

副主席:克尤木·巴吾东　刘延东　李海峰　何光玮　刘厚明　杨　乐　李富荣　吴英辅　戚烈云　孙家昶　刘能元

秘书长:克尤木·巴吾东(兼)

委　员:523 人,常委:53 人

全国青联六届二次常委会(1984 年 12 月 1 日)决定覃志刚任秘书长。

全国青联六届三次常委会(1985 年 4 月 25 日)改选刘延东为主席。

全国青联六届二次全委会(1986 年 6 月 30 日 – 7 月 5 日)增选洛桑、李源潮、张宝顺、李克强、施光南为副主席。

全国青联六届六次常委会(1989 年 12 月 19 日)决定俞贵麟任秘书长。

全国青联七届一次全委会

(1990 年 8 月 19 – 23 日)

主　席:刘延东

副主席:洛　桑　李源潮　张宝顺　李克强　吴英辅　倪以信　盛承发　张蓉芳　策墨林·丹增赤烈　秦大河　关牧村　霍震寰　杨　岳

秘书长:俞贵麟

委员:664 人,常委 92 人

全国青联七届二次常委会(1991 年 12 月 27 日)改选张宝顺为主席。

全国青联七届四次常委会(1993 年 12 月 8 日)改选刘鹏为主席,增选巴音朝鲁、袁纯清、赵实、俞贵麟为副主席。

全国青联八届一次全委会

(1995 年 7 月 18 - 22 日)

主　席:刘　鹏

副主席:巴音朝鲁　袁纯清　赵　实　俞贵麟　白春礼　陈章良　陈肇雄　李登海　郝　鹏　关牧村　蔡振华　阿嘉·洛桑图旦　赵玉芬　霍震寰　王敏刚　高开贤　张　菁

秘书长:俞贵麟(兼)

委　员:1006 人,常委:145 人。

全国青联八届四次常委会(1998 年 1 月 7 日)决定巴音朝鲁任代主席,增选姜大明为副主席。

全国青联八届五次常委会(1998 年 11 月 26 日)选举巴音朝鲁为主席,增选孙金龙、胡春华、黄丹华为副主席,决定胡伟任秘书长。

全国青联九届一次全委会

(2000 年 7 月 10 - 15 日)

主　席:巴音朝鲁

副主席:孙金龙　胡春华　黄丹华　陈章良　陈肇雄　蔡振华　吉狄马加　李静海　秦文贵　竺延风　夏敬源　李　杨　冯　巩　张继禹　杨慧珠　黄英豪　霍震宇　黄树森　申　跃

秘书长:胡　伟

委　员:1180 人,常委:165 人。

全国青联九届三次常委会(2001 年 12 月 17 日)改选孙金龙为主席,增选崔波、赵勇、邱晓华为副主席。

中华全国学生联合会

中华全国学生联合会(简称全国学联)是中国共产党领导下的中国高等学校学生会、研究生会和中等学校学生会的联合组织。它是中华全国青年联合会的团体会员。其基本任务是:遵循和贯彻党的教育方针,促进同学德、智、体全面发展,团结和引导同学成为热爱祖国、适应有中国特色社会主义现代化建设事业要求的合格人才;发挥作为党和政府联系同学的桥梁和纽带作用,在维护国家和全国人民整体利益的同时,表达和维护同学的具体利益;倡导和组织自我服务、自我管理、自我教育,开展健康有益、丰富多彩的课外活动和社会服务,努力为同学服务;增进各民族同学的团结,加强与台湾和港澳同学的联系,促进中华民族的团结和伟大祖国的统一;发展同世界各国、各地区学生和学生组织的友谊与合作,支持各国、各地区人民和学生的正义事业。

全国学联实行团体会员制。国民教育体系中国家举办和社会力量举办的全日制普通高等学校和中等学校的学生会、高等学校和科研教育机构的研究生会、国外中国留学生团体,承认全国学联章程的,均可成为全国学联的团体会员。目前,全国学联拥有团体会员 10 万多个,团结和联系着全国 8000 多万大中学生。全国学联按照民主集中制的原则,在中国共产党的领导下和中国共产主义青年团的指导下,依照国家的法律、法规和《中华全国学生联合会章程》,独立自主地开展工作。全国学联会员团体分别在所在省、自治区、直辖市组成该省、自治区、直辖市的学生联合会,为全国学联会员团体的地方联合组织。2000 年,召开了全国学联第二十三次代表大会,选举产生了第 23 届委员会、主席团等组织机构。

1998 年至 2002 年期间,全国学联及地方学联、各大中学校学生会组织,结合我国经济社会发展和青年学生的实际,积极开展工作,在团结引导广大同学高举爱国主义旗帜跟党走,服务于广大同学健康成长,表达和维护广大同学的具体利益等方面发挥了重要作用。积极组织和引导广大同学认真学习邓小平理

论和“三个代表”重要思想，树立远大理想，坚定走建设有中国特色社会主义道路的信念；关心国家大事，拥护和支持党的路线方针政策，自觉维护改革、发展和稳定的大局，在重大政治斗争中维护国家利益和民族尊严，在重大节庆活动中抒发对祖国的热爱。实施“大学生素质拓展计划”，促进大中学生综合素质的提高。广泛开展“大中专学生志愿者暑期‘三下乡’社会实践活动”，组织引导广大同学在深入社会、了解国情的实践中，受教育，长才干，做贡献。大力开展“‘挑战杯’全国大学生课外学术科技作品竞赛”、“‘挑战杯’中国大学生创业计划大赛”、“‘挑战杯’中国大中学生展望新世纪主题设计竞赛”、“中国大学生电脑网络大赛”等系列科技竞赛等活动，培养广大同学的创新意识、创造能力和创业精神。评选、表彰“中国大学生‘五四奖学金’、‘建昊奖学金’”，鼓励引导在校大学生勤奋学习、奋发成才。普及和深化以公民意识教育、成人预备期志愿服务、技能训练和成人宣誓仪式为主要内容的18岁成人仪式教育活动，激发广大同学爱国情感，培养公民责任感。广泛吸纳社会资源，设立济困助学金、奖学金，通过评比、颁发“‘恒安’济困助学金”、“大中华高教基金会助学金”，帮助一批经济有困难的大学生完成学业。关注大学生心理健康问题，通过开展“高校心理咨询员培训班”等工作，切实帮助大学生解决学习、生活中遇到的具体问题。积极发展与世界各国和地区学生组织的交流与合作，加强同港澳台地区学生的相互了解与友谊。

中国青少年发展基金会

1998—2002年，在团中央书记处强有力的领导和支持下，中国青基会较好地应对复杂局面，稳定了形势。在继续加大希望工程实施力度的基础上，更加注重管理监督和深化发展，推出了“希望网校”、“希望图书室”等希望工程深化项目，对改善农村贫困地区办学条件做出了巨大贡献。在此期间，中国青基会还制定了《希望工程助学行动实施规则》、《希望之星资助管理规则》、《关于市（地）级团委（青少年发展基金会）使用希望工程服务商标的管理规定》，并对地（市）县希望工程基金和资金的使用进行了清理检查工作，解决了一系列管理问题和隐患，提高了资助效率和效益。现将此间重点工作报告如下。

1998年重点工作包括：

实施“’98希望工程志愿者劝募行动”。通过招募、培训志愿者，开展广泛而多样化的劝募行动，扩大希望工程筹资资助规模。

组织了全国希望工程足球义赛、希望工程纪念币装帧发行等活动。

开展了希望工程全国百万受助工作大检查，强化了希望工程的管理、监督和法律保护，严格、认真地落实日常管理工作，巩固实施成果。

与联合国开发计划署共同主办了第三届“国际青少年消除贫困奖”评审颁奖活动。

该年长江流域发生了历史上罕见的特大洪水，救助灾童及时复学已成为希望工程的当务之急，随即开展了希望工程救灾劝募工作。

1999年重点工作包括：

对地（市）县希望工程基金和资金的使用进行了清理检查工作，妥善解决地（市）县基金和资金管理上的问题，消除隐患，强化规范化建设。

开展了爱心标志活动。在政府有关部门的指导和支持下，通过生产企业、消费者、中小学校和公益机构的通力合作，帮助贫困家庭解决子女读书的困难。

与团中央、全国绿化委员会和国家林业局于年初共同发起“保护母亲河行动”。这是继希望工程后，团中央、中国青基会实施的又一重要的公益项目，是迈向21世纪的“绿色希望工程”。

筹建了“中国青年创新基金”专项基金，旨

在推动和扶持科技成果向市场转化。

设立了公益纪念基金。

继成功实施希望工程后又推出一项具有深远意义的跨世纪社会文化工程——“中华古诗文经典诵读”（简称“古文诵读”）工程。

与科技部火炬高技术产业开发中心、科技部青年联合会、团中央高新技术产业发展中心共同组织实施了“百项创新成果送百县”活动。

与可口可乐、中国青年报社共同设立“第一代乡村大学生”专项奖学金，面向全国50余所著名高等院校，对1999年从农村考入大学、属建国以来所在行政村的第一代乡村大学生实施奖励，资助他们完成大学学业。

2000年重点工作包括：

从2000年开始继续加大了受助生资助管理的力度。

与中国绿色食品协会合作，建立了“绿色爱心基金”，实施“绿色爱心标志”活动。

与中国工商银行在希望工程实施10周年之际，共同发行了我国首张全国公益性银行卡——牡丹希望工程认同卡。

从2000年起在全国推进实施“中华古诗文经典诵读工程——百县百万计划”（简称“双百计划”）。即用三年时间在全国100个县（县级市、区、旗）启动实施“古文诵读”工程。

在北京八达岭长城景区建立了“希望工程爱心纪念园”。

成立了中国青少年足球发展基金，并组成中国青少年足球发展基金管理委员会。

2001年重点工作包括：

大力推动“展望计划”的实施，重点抓了“西部人才工程”，努力实施“双百计划”——吸纳百家国内地方政府、开发区、企业和海外华人团体加盟，实现百项海内外人才信息技术项目和资金的交流与合作。

进一步加强中国青基会的宣传与信息管理工作，建立和完善了信息发布的有关制度和程序。

从2001年起，在全国范围内开展了“保护母亲河——1（家）+1环保计划”家庭环保活动，这是继成功实施“希望工程1（家）+1助学行动”后，中国青基会全力推展的又一大型社会动员活动。

在全国范围内开展了百家百人评选活动，弘扬“扶贫济困、助教育人”的中华民族传统美德。倡导充满人文关怀的良好社会风气。

2002年重点工作包括：

推出了“希望工程助学行动”。建立希望工程助学金，形成对来自农村经济贫困家庭的小学、初中、高中、大学阶段特困学生的资助体系；建立希望小学建校基金，继续改造农村危旧校舍；建立希望网校基金，帮助农村师生上网学习，将资助特困学生置于希望工程工作的中心地位，开创捐资助学新局面。

强化了管理和监察，展开希望工程第三次制度设计。2002年，中国青基会制订并实施《希望工程助学行动实施规则》、《希望之星资助管理规则》、《关于市（地）级团委（青少年发展基金会）使用希望工程服务商标的管理规定》等一系列规章制度，形成了资助地区相对集中，受助学生的确定必须个人申请、公开公示，助学金通过农业银行直接拨付受助学生，受助学生向捐款人复信与助学金划拨挂钩，启用《希望工程捐赠专用收据》等一系列新的管理、资助模式，解决了一系列管理问题和隐患，提高了资助效率和效益。

2002年，希望工程遭受犯罪团伙的恶意攻击。在团中央书记处的正确领导下，中国青基会沉着应对，通过媒体发表严正声明，披露事实真相，反击恶意毁谤，又及时召开第四届理事会第二次常务理事会，通报情况，研讨对策，采取措施，并形成常务理事会决议，公诸社会，把握了舆论导向。中国青基会还主动邀请国家审计署进行审计，以向社会和广大捐助者做出权威的、详尽可靠的交待，全力维护希望工程品牌和声誉

认真检查了多年来管理和项目实施情况,对存在的一些管理问题和隐患进行了认真的分析和总结,制定了整改措施。同时,进一步强化了“管理是希望工程的生命,社会监督是希望工程的保护神”的认识。

继续推进保护母亲河行动的开展,根据书记处关于“制度体制上进行调整,筹资与工程建设相统一”的精神,加强了对新批项目的管理,并在对20多个项目进行检查后按时足额将资金拨付落实到位。继续开展了“百家期刊共建读者林”活动,进一步取得筹资效益和社会宣传效益。

中国青年科技工作者协会

中国青年科技工作者协会(The Chinese Association of Young Scientists And Technologists),简称中国青年科协,成立于1993年,是由海内外有较高威信、影响、知名度的青年科技工作者和地方、行业青年科技团体及部分海外留学人员团体组成的专业性群众组织,是经民政部批准注册的具有独立法人资格的非营利性社会团体,接受团中央的业务指导,是共青团联系青年科技工作者的桥梁和纽带。

中国青年科协的基本任务是:开展学术交流,活跃学术思想,提高学术水平;表彰、奖励、宣传、举荐优秀青年科技工作者,为青年科技工作者的成长成才、脱颖而出提供服务、营造氛围;反映青年科技工作者的愿望,维护青年科技工作者的合法权益;组织青年科技工作者参与科技创新实践,促进科技成果转化为现实生产力,为实施科教兴国战略和全面建设小康社会做贡献。

中国青年科协的最高权力机构是会员代表大会,每届任期3年。至2002年协会共有会长1人,副会长36人,秘书长1人,副秘书长10人,常务理事123人,理事265人,秘书长为法人代表,会员代表大会闭会期间由理事会领导工作。中国青年科协实行个人会员和团体会员制。现有个人会员1431名,团体会员29个。中国青年科协下设信息科技、生物科技、新材料科技、农业科技、医药卫生、科普工作、高科技园区、海外学人8个专业委员会。秘书处为协会常设机构,设在团中央统战部科技处,负责处理日常事务。

中国青年科技工作者协会自1993年5月成立以来,在党中央、国务院有关部门和社会各界的关怀支持下,在共青团中央、全国青联的正确领导下,各项工作取得了长足进步。尤其是1998年以来迎来了快速发展时期。在邓小平理论和党的十五大精神指导下,深入贯彻“三个代表”重要思想,紧紧围绕科技工作大局,团结奋进,开拓创新,为促进科学事业的繁荣与发展,推动科技成果转化为现实生产力做出了积极的贡献。

一、大力实施“金桥计划”,促进科技与经济紧密结合

1998年以来,协会坚决贯彻《共青团中央关于大力推进中国青年科技创新行动,为全面实施科教兴国战略做贡献的决定》,以实施“金桥计划”为重点,全面推动中国青年科技创新行动。充分利用协会的人才资源优势,在大专院校、科研院所与企业之间,东部地区与西部地区之间,海外学人与国内建设之间,架起人才与项目对接、成果与市场联系的桥梁,有效地促进了科技与经济的紧密结合。

1999年和2001年,协会协助团中央、全国青联在全国范围内命名了两批58个中国青年科技创新行动教育基地和85个中国青年科技创新行动示范基地,为实施中国青年科技创新行动提供了强有力的阵地依托。2001年5月4日,时任中共中央政治局常委、国家副主席的胡锦涛同志考察了中国青年科技创新行动示范基地——北京有色金属研究总院半导体材料国家工程研究中心,对示范基地的青年科技创新工作给予了充分肯定。

1. 积极参与服务万村行动,帮助农民脱贫

致富奔小康。积极参与团中央、全国青联开展的“服务万村脱贫致富奔小康行动”，发挥协会团体力量，成立青年科技服务团，进行科技普及、新知识的传播及农业技术服务等活动，积极物色和培养脱贫致富带头人，从智力扶贫入手，将协会以往的科技服务、智力支边的好经验、好做法运用于“服务万村”行动，提出了许多具有可操作性的意见和建议，建立了科技项目支持、资金配套、典型推广一体化的运作体系。成立了“全国青联服务万村行动基金”，用于河北尚义县等7个联系县的科技项目，还开展了养蜂项目等。广泛发动社会力量，引导社会资源支持贫困地区发展教育事业，举行了向贫困地区万个乡村教室送温暖活动，向河北、河南、宁夏、浙江等省区的乡村贫困教师捐赠价值400万元的服装，支持贫困地区发展教育。

2.组织百名博士西部行活动。为响应党中央、国务院西部大开发的号召，协会在团中央、全国青联的指导下，与中科院、中国社科院、中国农科院、中国建材院等近20家科研院所建立了合作关系，开展了百名博士西部行活动。2000年以来，共组织了5批199人次的海内外青年博士先后赴陕西、甘肃、青海、宁夏等省(区)，为西部地区的企业技术创新和经济发展提供人才、信息、技术、项目等多方面的服务，共发布科技成果799项，达成了159个具有较高科技含量和较好市场前景的合作项目。农产品加工科技成果转化项目——3000吨/年马铃薯速冻薯条生产线是百名博士西部行活动取得的诸多项目合作成果之一。它不但成为国家计委“九五”攻关项目的示范工程，同时也是总理亿元资金支持建设的扶贫项目。除此之外还有30多个合作项目正在进行之中。

3.组织海外学人为国服务活动。1998年以来，协会通过举办海内外青年材料博士服务企业、留日学人为国服务团、青年专家科技服务团、百名博士西部行、海外学人回国创业周等活动，组织了来自日本、欧美等国家和地区的海外留学人员26个团组近1100人次，与全国16个省(区、市)的企业、高校和科研单位开展合作，建立了27家合作研究基地，创办了6家海外学人高科技创业园和12家高科技企业。

1999年10月，协会组织举办了“中国青年科技创新行动——海内外青年材料博士服务企业活动”。近20个国家和地区的180多位博士通过项目交流洽谈、成果展示会，充分展示了新材料领域的最新科研成果和研发动向，与地方企业进行了广泛的联系。2001年12月，协会承办了由团中央、全国青联与欧美同学会共同主办的“科技创业，报效祖国——2001海外学人回国创业周”活动，组织了360位海外学人(其中有近40个创业团队和团队代表)分赴国内20个园区进行了项目合作洽谈，发布了235个科技项目，达成合作协议59项。海外学人为国服务活动受到了党中央、国务院的高度重视。时任中共中央政治局常委、国务院副总理的李岚清同志先后两次会见了参加活动的代表并与他们座谈，对活动的成果给予了充分肯定。

4.开展青年专家科技服务团。2001年7月和10月，协会先后在山东青岛和河北廊坊开展了“青年专家科技服务团”活动。来自海内外的200多名青年专家带着电子、农业、环保、新材料、生物、机械等领域的近百项科研成果，与来自全国各地的130多家企业、高科技园区及政府部门的有关人士进行了广泛深入的交流和探讨，共发布了科研成果300多项，与143个单位建立了包括技术转让、技术合作、投融资等合作关系。青年专家科技服务团从地方科技和经济的具体项目需求出发，组织和引导青年科技人才赴地方开展技术服务，促进了产、学、研、资等要素的有效结合。

5.协助选派博士服务团。1997至1998年度，协会承办了由团中央、全国青联、中国社会

科学院、中共重庆市委共同主办的“博士生服务团”赴重庆挂职活动。一年间，服务团成员广泛参与重庆市经济建设和社会发展各个领域的工作，在国有企业破产、兼并工作中，在下岗职工再就业工程中，在三峡库区移民工程和扶贫开发工作中，在重庆市的招商引资工作中，发挥所学专业知识，积极实践，将理论知识转化为生产力，取得了可喜成绩，赢得了重庆市委、市政府和社会各界的好评。挂职结束后，有12名博士留在重庆工作。7月21日，在重庆市召开的“博士生服务团”座谈欢送会上，中共重庆市委书记张德邻对此项工作给予了高度评价。7月29日，主办单位在北京召开了“青年知识分子成长成才暨博士生服务团汇报座谈会”。从1999年开始，“博士生服务团”更名为“博士服务团”，协会协助团中央与中组部联合选派了2批“博士服务团”，共有129位博士到西部10个省、区、市和江西省进行了挂职锻炼。青年博士充分发挥自身的专业技术优势，撰写调研文章，引进新技术，编制技术手册、技术方案，组织申报项目，将他们掌握的先进技术应用于地方的经济发展，为地方科技进步和经济发展发挥了积极作用。实践证明，选派“博士服务团”到基层锻炼服务，是培养和造就大批懂经济、会管理、有基层工作经验的复合型专业技术人才的一条新途径，为青年知识分子在实践中锻炼成才提供了广阔的舞台，从而适应了社会主义现代化建设的需要。

二、开展科技知识的传播活动，营造崇尚科学、致力创新的良好氛围

1998年以来，协会通过举办中国青年创新论坛，开通中国青年科技信息网，编辑科技刊物等方式，积极开展科技知识的传播活动，在全社会广泛营造了崇尚科学、致力创新的良好氛围。

1. 举办中国青年创新论坛。为了团结凝聚更多的高层次青年人才，及时探讨和追踪国内外科技经济领域的重大热点问题，协会在1999年开始举办中国青年创新论坛，并设立专业委员会和执行委员会以保证论坛的良性运转。1999年4月至5月，协会承办了由团中央、全国青联、中国科协、中国科学院和中国社会科学院联合主办的’99中国青年创新论坛。论坛于4月下旬分别在辽宁、上海、浙江、湖北、山东、广东、四川、陕西等省市举办了分论坛，5月18日至19日在北京举办了总论坛。一批优秀的科学家、企业家、大学校长以及青年科技工作者和香港、日本的知名企业家参加了论坛。论坛以“青年·创新·新世纪”为主题，围绕“知识经济与青年人才”、“创新与科技产业化”、“资源环境与可持续发展”、“新世纪科技发展与国际合作”等专题进行了研讨与交流。论坛共收到700多篇涉及众多科研领域的论文，其中122篇入选总论坛论文集。时任中共中央政治局委员、中国社会科学院院长的李铁映同志出席了总论坛开幕式。本次论坛充分展示了当代青年献身科学、致力创新的风采和优秀成果，为青年科技工作者交流科学思想、传播科学知识提供了舞台，产生了广泛的社会影响，营造了崇尚科学、关注创新、支持创新的良好社会氛围。与会代表提出了很好的建议：(1)关于青年人力资源开发。进一步重视和采取措施大力提高全民教育水平，在此基础上，采取“帅才”开发战略，培养青年科学帅才和青年企业管理帅才，造就杰出科学家和高新技术产业领域的杰出企业家。创新人才成长机制，重点使“竞争出人才”的观念在青年人才培养、教育、选拔各个环节中充分体现，推动有真才实学的青年科技人才脱颖而出。(2)关于推动高新技术产业发展。进一步加强民族知识产权保护。要在加强知识产权普遍法律保护的同时，加强和改善对民族知识产权的行政保护；增加风险投资。建立以推动大企业加入风险投资为重点的高新技术产业成长机制，同时为中小企业参与融资创造条件；实行有利于高新技术产业化的税收政策；重视高新技术

企业的营销创新。(3)关于促进海外留学人员和华人科学家在国家创新体系中发挥更大作用。建立和完善留学人员归国创业的相关政策,创造更加良好的归国工作环境。

目前,已经连续举办了3届年度论坛和15期月度论坛。140多位青年专家、政府官员、企业管理者为论坛作了专题演讲。社会各领域的1.6万多位青年参加了论坛。协会已将论坛的前12期内容结集出版,进一步扩大了论坛的影响。

2.建设中国青年科技信息网。通过互联网汇集和发布各类具有应用价值和实际意义的信息,向各类专业人才、科研机构和高科技企业提供双向资讯服务。信息网建立三年来,广泛汇集了具有应用价值和市场前景的科技成果、专利项目1万多项,充分发挥了互联网在科技成果市场化、产业化过程中的信息集成和中介服务功能,促进了社会创新资源的优化配置,实现了技术、项目、人才、需求等信息的交流与对接,成为展示广大青年科技工作者风采的重要阵地和中国青年科技创新行动的有效载体。

3.开通中国青年科技创新在线博览会。经过半年多的紧张筹备,中国青年科技创新在线博览会将在本次大会期间开通。它是集高科技人才、项目、产品、企业、投资机构、科技园区于一体的网络展览会。它以集中展示当代青年科技英才风采,检阅中国青年科技创新行动阶段性成果,为社会各界提供可长期共享的信息资源为宗旨,采取交互式的服务方式,为青年科技创新行动提供展示舞台和信息渠道,具有开放性、综合性、公益性和长期性等特点。在线博览会借助于中国青年科技信息网的平台,与中国青年科技信息网相互补充,及时反映和发布地方青年科技工作。

三、积极举荐和宣传青年科技人才,推动优秀青年科技工作者脱颖而出

1.评选"中国青年科学家奖"。2000年以来,协会协助团中央、全国青联开展了第五届中国青年科学家奖的评审活动,16位在自然科学领域里取得重大科技成果的青年科学家获奖。通过评选活动,极大地激励了广大青年科技工作者,推动了科技人才的队伍建设。该奖项自1992年开办至今,已经评选了五届,共有78人获奖,其社会影响越来越大。大部分获奖者得到了国家杰出青年科学基金的资助。有13位获奖者当选为中国科学院和中国工程院院士,而且当选时都是最年轻的院士。获奖者中已有不少人走上了科技工作的领导岗位,包括2位副部级干部。有2位荣获了"中国青年五四奖章",有4位荣获了"中国十大杰出青年"称号。还有一些获奖者当选为全国人大代表和全国政协委员。

2.评选"中国青年科技创新奖"。1999年以来,协会承办了第四届和第五届中国青年科技创新奖,评出了20名杰出奖和200名优秀奖。这些获奖者学历层次高,相对年龄轻,行业涉及面广,科研成果突出,经济效益显著,社会影响广泛。他们在改造传统产业结构,创办和管理高科技企业,加速科技成果产业化等方面取得了突出的成绩,创造出了显著的经济效益和社会效益,他们是青年科技工作者的优秀代表。2000年5月,时任中共中央政治局常委、国家副主席的胡锦涛同志亲切接见了第四届"中国杰出青年科技创新奖"获奖者,体现了党和国家对青年科技工作者的关怀和重视。

3.评选"中国软件行业杰出青年"。为了深入贯彻党的十五届五中全会精神和国务院关于《鼓励软件产业和集成电路产业发展的若干政策》的精神,充分发挥青年在发展软件产业中的生力军作用,带动更多有志于投身软件产业的青年发奋图强、建功立业,2000年,协会承办了由团中央、信息产业部、全国青联主办的第一届"中国软件行业杰出青年"评选活动。此次活动共评选出"中国软件行业杰出青年"10名,提名奖获得者30名。

四、不断加强组织建设和制度建设，进一步提高工作水平

1999 年 2 月和 2002 年 5 月，协会先后召开了第二届、第三届会员代表大会，不断加强制度建设和组织建设，逐步完善了协会《章程》，选举产生了第二届和第三届协会领导机构。至 2002 年，会员人数增加到 1431 人，理事 265 人，常务理事 123 人，团体会员 24 个，建立了信息科技委员会、生物科技委员会、新材料科技委员会、医药卫生委员会、农业科技委员会、科普工作委员会、高科技园区工作委员会和海外学人工作委员会等 8 个专业技术委员会，使协会力量不断壮大。一些专业委员会如新材料专业委员会、信息科技专业委员会等创造性地开展工作，加强各学科之间的交流与沟通，促进与产业界的广泛合作，在专业研究和成果产业化方面取得了可喜的成绩。协会还帮助全国各省区市建立地方性的青年科技工作者协会，编辑《青年科技创新》内部交流刊物，及时反映协会工作、会员动态和科技政策信息，健全工作网络，拓展工作外延，使协会的工作更加充满生机和活力。随着会员结构和学科结构的不断优化，协会成为了拥有基础研究、科技产业、风险投资等各个领域的青年科技人才，能在青年科技创新行动中发挥龙头作用并具有广泛影响力的青年社团。

中国青年企业家协会

1.“扶持千名青年兴业领头人”活动。为了配合党和政府实施再就业工程，1998 年，中国青年企业家协会开展了“扶持千名青年兴业领头人”活动。活动的目的是，发挥青年企业家协会的优势，帮助那些有理想、有一定文化基础的下岗青工通过发展第三产业，走上创业之路。活动采用一名青年企业家与一名青年兴业领头人结对方式，通过资金、技术、信息等扶持，帮助一批下岗青工、失业青年和其他有志创业的青年创办直接为社会服务的小企业，引导更多的青年通过创业实现再就业。

2.“青年企业家西部行”活动。为了配合实施西部大开发战略，动员引导广大青年企业家为西部大开发做贡献，2000 年 3 月，共青团中央、中国青年企业家协会组织开展“青年企业家西部行”活动。“青年企业家西部行”活动的总体思路是，以服务西部大开发、服务青年企业家事业发展为目标，以考察交流、经贸协作、投资开发为手段，遵循市场经济规律，动员和组织青年企业家认识西部、了解西部，走进西部、服务西部，融入西部、建设西部，为西部的发展繁荣贡献力量，为青年企业家的事业发展搭建舞台。根据活动的总体要求，结合西部地区的实际，中青企协采取了有效的工作措施。一是组织开展经贸考察活动。几年来，中青企协先后组织了大规模的“青年企业家西部行经贸考察团”，分赴宁夏、内蒙古、广西、陕西、新疆等地进行经贸考察，同时，组织小规模的经贸考察团，积极参与“广西百企入桂”等地方政府组织的招商引资活动。据统计，共有 1000 余人次青年企业家（以东部地区为主）参与。活动期间，青年企业家着重考察了当地资源开发、生态建设、国企改革、民营企业发展和投资环境等状况，与经济主管部门和企业进行了深入的洽谈。在各级党政领导的重视支持下，在各级共青团和青企协组织的积极努力下，在广大青年企业家的踊跃参与下，活动深入开展，取得了明显成效，产生了良好的社会反响。二是服务西部地区生态环境建设和基础教育事业。在“西部行”活动中，先后动员青年企业家在陕西延安捐建了一万亩“中国青年企业家世纪林”，在新疆捐建了六所希望小学，为青海基层团组织实施“县县上网工程”捐助了 100 台电脑。三是加强西部地区青年企业家能力建设。在举办企业管理培训班、开展在职学历教育、组织境外考察中，重点向西部地区青年企业家倾斜，提高了他们的综合素质，从而为西部地区经济社会发展提供了人才保障。

中国青年乡镇企业家协会

中国青年乡镇企业家协会在世纪交替之际，积极适应新的形势，按照“三服务一加强”的工作思路，牢固树立服务意识，并于2001年10月召开了第五届会员大会，推动了协会工作的进一步发展。

一、组织开展学习培训和研讨交流。分别组织了“十五大精神学习辅导班”、“乡镇企业改制与资本运营”函授班、“WTO与企业发展高级研讨班”、“乡镇企业创新与21世纪中国经济发展论坛”、“买方市场与乡镇企业发展”专题论坛等学习活动，并多次组织会员分赴澳大利亚、美国、德国、欧洲9国等发达国家和地区培训考察。

二、积极开展经贸活动。1998年10月组织250多名会员参加“第二届APEC中小企业技术交流暨展览会”，并设立专门展厅。1999年10月参与主办“首届中国青年农业科技成果推广商洽会”。2002年先后组织会员参加了第三届中国国际食品和饮料展览会、第六届中国(廊坊)农产品及优种交易会、“全国乡镇企业东西互助合作经贸洽谈产品展示展销会”等国内外商贸活动，连续三年组织和推荐会员参加“全国乡镇企业东西互助合作经贸洽谈会”、“北京高新技术产业国际周”和“全国大学生科技项目竞卖”等活动，帮助会员企业掌握市场信息、提高经济效益。

三、发动会员参与社会公益活动。1998年我国发生特大洪涝灾害期间，协会组织会员积极投身抗洪抢险，并捐款捐物价值250多万，送到抗洪一线。几年来，广大会员还援建青年科技图书站100多个，促进了农村两个文明建设。

中国青年志愿者协会

中国青年志愿者协会成立于1994年12月5日，是由志愿从事社会公益事业与社会保障事业的各界青年组成的全国性社会团体，是中国共产主义青年团中央指导下的，由依法成立的省、自治区、直辖市青年志愿者组织和全国性的专业、行业青年志愿者组织和个人自愿结成的全国性的非营利性社会组织，是全国青联团体会员，联合国国际志愿服务协调委员会联席会员组织。协会通过组织和指导全国青年志愿服务活动，努力弘扬“奉献、友爱、互助、进步”的志愿精神，推动社会主义精神文明建设，促进社会主义市场经济体制的建立和完善，提高青年的整体素质，为经济社会的协调发展和全面进步贡献力量。协会在宪法和法律许可的范围内开展工作。协会基本任务是：改善社会风气和人际关系，为发展社会主义市场经济创造良好的社会环境；适应社会主义市场经济发展的需要，推动青年志愿服务体系和多层次社会保障体系的建立和完善；培养青年的公民意识、奉献精神和服务能力，促进青年健康成长；为城乡发展、社区建设、扶贫开发、抢险救灾以及大型社会活动等公益事业提供志愿服务；为具有特殊困难以及需要帮助的社会成员提供服务；规划、组织青年志愿服务活动，协调、指导全国各地、各类青年志愿者组织开展工作；培训青年志愿者；开展与海内外志愿者组织和团体的交流。

长期以来，协会坚持服务党政大局、服务社会需求、服务青年成长，按照着眼发展、着力建设的工作思路，积极探索志愿服务的组织、项目、队伍和机制建设，青年志愿者行动不断发展，服务领域不断拓展，志愿者队伍不断壮大，为促进经济发展和社会进步做出了积极的贡献。截至2002年底，全国累计已有1亿人次以上的青年在扶贫开发、社区服务、环境保护、大型活动、抢险救灾、海外服务等领域向社会提供了超过45亿小时的志愿服务，已基本形成由31个省级协会、2/3以上地市级和部分县级协会组成的志愿者组织体系。1998－2002年间，协会实施了青年志愿者扶贫接力计划、青年志愿者社区发展计划、“保护母亲河”

中国青年志愿者绿色行动营计划、国际志愿者年系列活动以及青年志愿者海外服务计划等多个全国性志愿服务项目，在全国产生了广泛的影响。其中，扶贫接力计划先后派遣了14240名青年志愿者到中、西部19个省（区、市）开展服务；青年志愿者社区发展计划全国“一助一”结对达250多万对；2002年5月在北京举办的志愿服务国际会议上，来自29个国家和地区的近170名代表共同发表了《志愿服务北京宣言》。制定了《中国青年志愿者注册管理办法（试行）》，当年经过规范注册的志愿者达400万人，在全国建成社区青年志愿者服务站2.4万多个，广东、山东和南京、宁波等地相继对青年志愿服务进行了地方立法，为志愿服务事业的发展提供了有力的保障。

中国青年实业发展促进会

中国青年实业发展促进会是全国性的由青年组织所属经济实体和优秀青年经济工作者组成的群众组织。1994年在民政部登记注册。中国青年实业发展促进会以促进社会主义市场经济发展及青年事业的进步为宗旨，致力于社会主义市场经济理论的研究，指导青年组织所属经济实体坚持“为社会经济发展服务，为青少年健康成长服务，为共青团事业服务”的方向，提高经济实体的经济效益和社会效益，培养具有现代经营管理素质的青年人才。青促会成立几年来，积极配合党和国家的大政方针，围绕共青团的中心工作，开展了大量卓有成效的活动。

一、“迎香港回归”千米长卷绘画活动

该活动开展时间为1996年7月—1997年6月，合作单位为全国少工委、全国少年儿童校外教育研究会、各省少年宫、中国历史博物馆等。此活动目的旨在通过喜迎香港回归，培养少年儿童爱国主义情感，增强民族自豪感，引导少年儿童全面发展。活动经过为：1996年7月在深圳举行首画式；1996年9月—1997年5月，各省按工作方案同时开展活动；1997年6月1日在北京举行竣画式。

二、“全国青少年军乐表演赛”活动

该活动开展时间为1997年6月—1997年8月，合作单位为全国少工委、各省少工委、少先队事业发展中心等。该活动目的为纪念中国人民解放军建军70周年，弘扬爱国主义精神，增强广大青少年国防意识。活动经过为：1997年6月开始，由各省少工委组织训练，排练自己的军乐队；1997年7月10日前将填好的报名表报大赛组委会；1997年7月29日—8月1日在北京举行表演赛。

三、“跨世纪中国青年创新人才推选”活动

该活动开展时间为1999年3月—1999年12月，合作单位为全国青联、摩托罗拉公司、中国青少年发展服务中心、中青计算机网络信息发展中心。活动目的旨在发觉崇尚知识、勇于创新、事业成功的青年英才，宣传他们的优秀品质和成功经验，为渴望成材、成功的当代青年树立榜样。活动经过为：1999年3月25日，在北京、上海同时举行新闻发布会，邀请60余家媒体和有专业建树的成功人士参加；1999年3月29日，广州、成都同时举行同上内容的新闻发布会，邀请媒体30家；1999年6月，由科教、金融、IT产业、法律、医学、传播6个界别各推荐10位45岁以下有专业建树的人士作为候选人。评委会根据材料遴选出每界别3人共18名“跨世纪知识英才”候选人；1999年10月—11月，在《中国青年报》、《中国经营报》、《中华工商时报》以及网络等媒体上以专题方式陆续刊登18位候选人的事迹文章。同时在上海、广州、成都也进行相关宣传。1999年12月，在北京人民大会堂举行颁奖仪式。

四、“百种当代青年心目中国产消费品宣传推广”活动

该活动开展时间为1998年4月—1998年7月，合作单位为中国青年报社和中青文化传播公司，该活动旨在展示当代青年心目中的国

产消费品及其生产企业的建设成就，在青年消费者中形成爱国货、用国货的良好风尚，更好地为经济建设服务。活动经过为：1998 年 4 月—1998 年 6 月，通过在《中国青年报》上刊登青年消费者生活消费调查表，请 45 岁以下的青年消费者填写自己心目中最喜爱的各类国产消费品。1998 年 6 月—7 月，统计回收的调查表，评选出百种国产消费品。1998 年 7 月 1 日—7 日，在北京中国革命博物馆进行国产消费品名牌展览会。

中国青少年研究会

一、基本情况

1. 成立

中国青少年研究会是经团中央书记处同意，国家民政部批准注册，在原中国青年研究会和中国青运史学会合并的基础上，增加了少年儿童研究的职能，于 1999 年 3 月成立的。中国青少年研究会的中文简称为“中国青研会”，英文译名为 China Youth & Children Research Association，缩写为 CYCRA。本会会址设在中国北京（Beijing China）。办事机构设在中国青少年研究中心。

2. 性质与宗旨

本会是由从事青少年研究和青年运动历史研究的科研人员以及社会各界热心青少年问题研究的专家、学者及有关人士自愿联合组成的专门从事青少年问题研究的全国性学术团体，是非营利性社会组织。

本会的宗旨是对中国改革开放和社会主义现代化进程中各族各界青少年发展、青少年问题和青少年工作，以及青年运动历史和少年儿童教育与工作的历史开展研究，交流上述各方面的研究成果，更好地为建设有中国特色社会主义服务，为团结和教育青少年事业服务，为青少年的健康成长服务。

3. 工作范围

A. 联系、团结、凝聚全国青少年研究各学科领域的专家学者和广大实际工作者，制定研究规划，指导、协调和推动全国的青少年研究和青运史研究，举办各种形式的学术活动、业务培训活动和科研成果的评估活动。

B. 组织青少年问题的调查研究，承接国家有关青少年问题的科研任务，为团中央及党政有关部门制定青少年政策及工作决策提供信息和咨询服务，促进研究成果的应用。

C. 组织对有关历史资料的征集、整理和专题研究，开拓在史学领域中的青少年研究阵地，发展和完善青少年学科群。

D. 开展国际间的学术交流与合作，参加和举办国际学术活动。

4. 近期的工作目标

通过专业委员会的建立和会员的发展，整合研究力量；通过编发《中国青研会通讯》和三个会刊（《中国青年研究》、《少年儿童研究》、《青运史辑刊》）及各地青少年研究刊物、互联网等手段，使青少年研究的信息和成果得到及时、通畅的交流与共享；通过重点课题的实施，充分发挥理事、专业委员会委员及会员的作用。

5. 近期的工作任务

与中国青少年研究中心共同推出“中国青少年素质教育 - 成功计划”。配合国家关于推进青少年素质教育的要求，开展专题研究及相关活动，努力使素质教育具体化、有形化、可量化。准备三至五年内，在全国的 500 所学校及校外实践基地建立素质教育研究实践基地，组织科研力量同实际工作相结合，力争有所突破。

办好每年一度的中国青少年研究会年会暨学术研讨会，争取在三年内使其成为国内知名的青少年素质教育年会。

每年就年会主题结集出版优秀论文集。目前已经出版 1999/2000 和 2001 年文集。

6. 组织体系

A. 基本构架

本会的最高权力机构为会员代表大会。其主要职责是讨论决定本会工作方针、任务和

重大事项,修改章程,推行领导机构。

本会的领导机构是理事会。理事会具有选举或罢免常务理事、会长、副会长和秘书长,并决定副秘书长、各机构主要负责人的聘任等职能。理事会的职责是在会员代表大会闭幕期间执行代表大会的决议,领导本会的工作。秘书长、副秘书长(若干人)组成本会具体办事机构。

本会下设若干专业委员会,即青年专业委员会、少年儿童专业委员会及青运史专业委员会。专业委员会的职责是,根据理事会的研究规划,吸纳更广泛的社会力量,开展分领域的学术活动。专业委员会的领导成员由本会常务理事或理事担任。

B. 会员

中国青研会实行团体会员和个人会员并存制。

凡热心青少年研究事业的学者、实际工作者及社会各界有一定研究能力的人士,承认本会章程,愿意履行会员义务,不分性别、年龄、民族和宗教信仰,均可以个人会员的形式申请加入本会。

全国各级团的研究机构、青少年研究所、青少年研究会及研究学会和其他与青少年研究有关的社会科学的学术组织和机构,均可以团体会员的形式加入本会。

个人会员和团体会员均享有入会自愿、退会自由的权利;会员如有严重违反本会章程的行为,或从事有损本会的活动,经理事会或常务理事会表决通过,将被除名。

C. 工作部门

办公室:主要职能是做好会员代表大会、理事会、常务理事会的组织工作;承担每年一度的年会暨学术研讨会的组织和策划工作;负责对研究会秘书处其他部门的管理工作。

研究发展部:主要职能是围绕研究会近期工作计划,开展学术、科研活动,从事相关课题研究。

活动部:主要职能是根据研究会近期工作任务,策划大中型活动,促使研究成果更好、更快地向社会转化。

会员部:主要职能是发展会员,不断整合研究资源,管理会员会籍,及时反馈会员建议,促成资源共享局面。

7. 成员结构

A. 本会理事共计 194 人,会员 1100 人左右(截至 2000 年 10 月 1 日)

B. 理事组成概况

年龄:45 岁以下 124 人,占 63.7%;46 - 60 岁 68 人,占 34.7%;60 岁以上 3 人,占 1.6%。

性别:女 31 人,占 16.1%;男 162 人,占 83.9%。

学历:大专以上 193 人,占 100%;具有高级职称 78 人,占 40.4%。

职业分布:

社会各界人士 35 名,占 18.1%。主要是社会学、心理学、教育学、法学、经济学、哲学、传播学和政治学等学科知名学者。

中央和地方有关部门领导和专家 13 名,占 6.7%。主要来自中央、国务院和地方同青年工作关系密切的部门。

各地团系统的 52 人,占 27.0%。主要是从事经常性调查研究工作的部门负责人。

各地青少年研究机构 43 人,占 22.3%。主要是各省市区专门从事研究工作的青少年研究所所长、青少年研究会会长和部分有较高学术水平和组织能力的团校校长和青年管理干部学院院长等。

团中央系统 50 人,占 25.9%。主要是团中央系统的专家学者及有关方面领导。

8. 会徽

本会会徽由字母 C(CHINA)组成一个逐层剥离、旋转上升的图形(见"中国青少年研究会"手册封面),意喻本会是一个全国性的学术研究团体。中间的一棵小树象征青少年茁壮成长。C 字图形紧紧围绕着小树,意喻本会通过对青少年问题的研究,切实为青少年的健康

成长服务的宗旨。

9.组织架构图

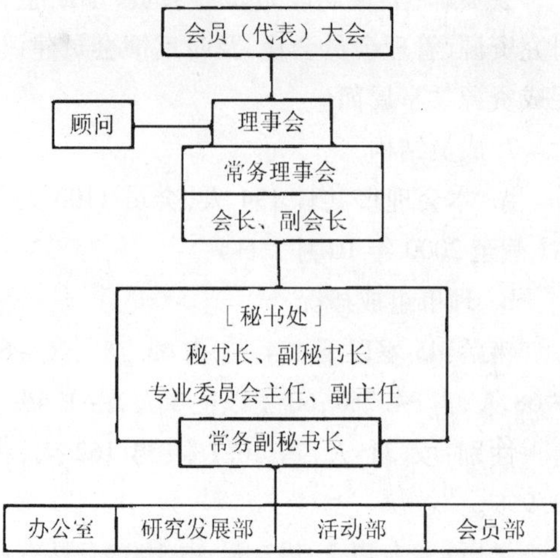

二、工作概况

1999年前，经团中央书记处同意，国家民政部注册批准，中国青少年研究会正式成立。

本会成立以来，与中国青少年研究中心一道，抓住科研主线，围绕服务社会、服务青年这一大局，全方位、多层面、多角度、多学科地开展了有关青少年研究的各类课题。四年来由本会组织撰写、编辑且已出版的书籍达80余部，出版杂志70余期，发表文章近800篇。

在青年研究方面，基础理论研究扎实，应用研究丰富。分门类、分领域、分行业地对青年基本状况进行了较为系统的研究，先后对农村青年、城市青年、国有企业下岗青年职工、非国有企业青年职工、外来务工青年、白领青年、律师青年、外企青年、职业女青年、大学生，以及IT行业、金融系统、铁路系统等青年和少数民族地区青少年的基本状况及青年思想道德状况进行了专项调研，并发表了有重要参考价值的研究报告；同时对青年工作和共青团工作也进行系统性探索。坚持出版青年研究年度报告即“蓝皮书”，定期对年度内青年发展状况及突出问题进行了较为系统、全面的研究记录；先后出版了青年研究“绿皮书”即青年发展趋势预测报告；出版了青年研究“红皮书”即预防闲散未成年人违法犯罪研究报告，对做好预防闲散未成年人发生违法犯罪工作提出了科学的预警；为做好青年研究的基础建设工作，本会先后编制出版了《中国青少年研究报告调查报告卷》、《中国青少年研究报告调查数据卷》和《青年工作参考数据》，为全国青少年研究提供了重要的参考依据。同时，本会先后征集并建立了《中国青少年研究人才库》，收录了全国470位从事青少年工作和热心青少年研究者的基本情况；在此基础上，又进一步建立了“中国青少年研究专家库”，收录了全国青少年研究方面的专家学者10余位；同时还收录了在国内外学术界有一定影响的较为著名的专家学者25人，进入首批“中国青少年研究专家支持系统”，这个“支持系统”已于2002年11月举行了新闻发布会，隆重向社会推出。

在少年儿童研究方面，其课题覆盖面广、研究具体细微、指导操作性强，突出了贴近实践、重在服务的特点。可以说是学术成果丰硕、社会效益显著、社会反响强烈，充实和填补了中国少年儿童研究的不足和空白，在中国社会掀起了一场少年儿童培养教育科学化的风潮，推进了我国少年儿童培养教育科学化、文明化的进程。例如，《独生子女的教育模式》、《向孩子学习》、《21世纪教师与父母必读》、《学会做事》、《学会共处》、《学会做人》、《学会求知》、《打开想像力之门》、《成功父母必读》、《教育的秘诀是真爱》等专著以其全新的视角、科学的理念、生动的个案阐释了少年儿童教育理论，受到了社会、学校和家长的普遍欢迎。另外，《百年中国儿童》以其恢弘的篇幅总括了近百年来中国儿童的状况，是一部划时代的科研成果，而《新发现——当代中国少年儿童发展报告》和《新焦点——当代中国少年儿童人身伤害研究报告》、《儿童教育就是培养好习惯——当代中国少年儿童行为习惯研究报告》等少儿蓝皮书，则开了少年儿童总体研究与专题化之先河。除了构建大的理论体系外，几百篇

研究文章则对少年儿童培养教育中的诸多具体课题进行了专门阐述，使少年儿童教育理论进入全面化发展。

学会的青运史研究工作在原有的基础上得到了一定的发展和进步。在建团80周年前夕完成民主革命时期的《中国青年运动历史资料》第14至19集的编辑出版工作，使这套开始于20世纪50年代的青运史资料编辑工作终于最后宣告完成。本会配合团中央相关部门共同完成了被命名为“2002工程”的网上团史展览馆制作工作。受到了广大团员、青年和其他网民的一致好评，也得到了团中央领导的表扬和肯定。

《中国青年研究》作为本会的重要会刊之一，社会影响力日益增加。《中国青运史辑刊》是本会在历史研究方面的重要学术阵地。先后开辟的老同志访谈录和回忆录等新栏目，以其鲜活的宝贵史料和老团干们可歌可泣的革命斗争事迹，激励着当代共青团人和广大青年，使革命精神得到了弘扬，老团干们的光荣传统得到了传承。为保证史料记录的完整接续，刊物还组织有关方面的专家学者撰写大量具有当代史料价值的文章，填补了社会主义建设时期的一些史料空白。

“中国青少年素质教育研究实践基地”是本会具有创新性的一个教育实践与科学研究相结合的重要阵地。目前已经在全国的300余所中小学建立了“中国青少年素质教育研究实践基地”。

本会坚持举办的年会，是本会一年一度的一次最大规模相互交流的盛会。保持每一年推出一个热点问题同时也是重点问题进行研讨。先后推出了“青少年创新能力的培养”、“社区发展与青少年工作”、“青年人力资源开发”、“青少年事务与政策”等主题。每年的年会论文进行获奖评选，对获奖论文的作者予以褒奖，对获奖论文及优秀论文等精品文章结集进行出版。目前本会的年会已经成为一个完整的配套项目，即论文征集——年会研讨——论文评优——结集出版这样一个四位一体的整体品牌。

本会的日常事务性工作是由办公室来完成的。共发展个人会员700余人，团体会员29个，理事壮大到217位，常务理事发展到42人；为了促进本会内部的及时交流和沟通，办公室不定期地向全体会员印发了11期内部通讯，及时向会员报告工作和学术动向，保持着与广大会员和理事之间的联系，为会内成员相互沟通发挥了桥梁作用。

为发挥本会资源优势，2002年初，本会办公室开始接手团中央课题评审办公室的职能。围绕这一工作，2002年4月本会首次在京召开“青少年与青少年工作研究课题指南研讨会”，邀请全国十余名长期从事青少年研究的专家学者，对课题的建立、课题指南的编制、课题实施中的管理等发表了见解。在此基础上，完成了2002—2003年度“课题指南”的编写工作，修改了“课题管理暂行办法”，同时成立了“共青团中央课题评审办公室”、“课题立项专家评审委员会”，确立了此项工作的组织机构。目前经过课题上报、组织评审、立项实施等各个工作环节，课题实施进展顺利。

中国少先队工作学会

中国少先队工作学会是全国群众性的少先队学术团体，是国家一级学会。中国少先队工作学会受全国少工委、国家民政部的业务指导和监督管理。

中国少先队工作学会目前拥有少先队基础理论专业委员会、少先队活动专业委员会、少年儿童专业委员会、少先队辅导员专业委员会等4个专业委员会、31个省级学会和286名个人会员。学会集合了少先队理论研究的骨干力量，吸收了少年儿童理论研究的专家学者，动员了广大少先队工作者，形成了结构完整、系统有序、专兼结合、组织严密的科研机

构。

学会的宗旨是:研究——组织对少先队理论与实践问题的研究,组织对少年儿童情况的调查和动态研究。参谋——在调查研究的基础上,向决策部门和相关部门提出意见和建议。交流——组织和协调国内外少年儿童工作者的联系和学术交流。服务——通过组织研究、培训、交流等服务项目为少先队辅导员、少先队工作者和热心少先队理论研究的专家学者及社会人士服务。

1998—2002年5年中,学会大力倡导科学研究之风。组织和鼓励各省级学会、各专业委员会及广大学会会员结合自身实际开展丰富多彩的研究和实验活动,取得了积极的成果。《少先队基础教程》、《少先队工作指南》、《雏鹰争章活动指导手册》、《体验教育十法》、《探索·体验·创新》等著作相继问世。

5年中,学会不断加强各省级学会和各专业委员会自身建设,建立了会员管理制度、活动制度、培训制度、学术成果评审制度等,促进了少先队理论工作队伍的发展壮大,增强了自身的吸引力和凝聚力。为少先队理论研究工作提供了有力的保证。

5年中,全国学会会同相关单位连续开展了四届全国少先队教育小论文竞赛和"教育随笔"征文活动,调动了广大会员、少先队辅导员、少先队工作者的科研积极性,发现和培养了一批人才,有效地发挥了理论的指导作用。

5年中,按照社会化的思路,整合司法、宣传、教育等各界资源参加学会工作,增强了少先队理论研究工作的针对性、广泛性和权威性,取得了许多可喜成果。

2001年,中国少先队工作学会召开了第3次会员代表大会。会上总结了5年来学会的工作,部署了后5年的工作,发展了新会员。会上还表彰了中国少年先锋队工学会"九五"科研成果和学会工作先进集体。31本书、66篇论文获奖,北京、天津、上海、江苏、浙江等5省少先队工作学会和少先队基础理论专业委员会被评为先进集体。

中国青年工作院校协会

一、组织简介

中国青年工作院校协会是全国各青年工作院校自愿组成的全国性专业群众团体,接受团中央的领导和政府有关业务部门的指导。协会成立于1994年5月25日,现有理事62人,常务理事19人。

协会的宗旨是坚持党的基本路线,加强青年工作院校间的联系和协作,维护青年工作院校及其工作者的合法权益,促进青年工作院校的建设、改革与发展。主要任务包括组织学术交流活动,交流办学经验,研究探讨青年工作者教育中的新问题;举办各种培训,帮助青年工作院校培养专门人才;加强与中央有关部门、协会的联系,积极反映青年工作院校的实际情况,为会员提供有关政策咨询,组织全国性的评选和检查活动;组织与国外及港澳台地区的友好往来和业务交流等。

二、工作概况

5年间,协会始终坚持服务于国家经济建设、青年人才成长和共青团工作的需要,通过召开会议、开展活动、完善载体、评选表彰等多种形式开展工作,推动团校事业向前发展。

一是召开会议,加强团校建设。1998年,召开青年管理干部学院工作研讨会,研究、探讨在国家教育管理体制改革中全国青年管理干部学院面临的问题和挑战。分片召开部分团校校长会议,了解团校建设现状,交流团校建设经验,听取团校对协会工作的意见。1999年5月,协会第二届理事会召开。原团中央书记处常务书记巴音朝鲁出席会议并讲话,强调协会要进一步增强服务意识,积极主动地为团校工作提供服务。2002年5月,协会第二届理事会第二次会议以通讯形式召开。会议对拟增选的中国青年工作院校协会第二届理事会

会长、副会长、秘书长、副秘书长候选人进行了通讯表决，对部分理事、常务理事进行了调整。2002 年 6 月，全国团干部教育培训暨团校建设工作会议在上海召开。会议深入贯彻落实全国干部教育培训工作会议精神和《2001—2005 年全国干部教育培训规划》，认真总结交流近年来团干部教育培训工作情况和经验，进一步研究加强和改进团校建设，全面部署今后几年团干部教育培训工作。团中央书记处书记胡伟出席会议，并作了《以“三个代表”重要思想为指导，努力开创团干部教育培训工作和团校建设新局面》的重要讲话。

二是开展多种活动，拓展团校办学渠道。积极争取国家政策支持，与国家教育行政部门联合开展了 GRE（全国计算机等级考试）培训，共有 30 多所团校建立了培训站，为 10 万余名青年学习计算机技能提供了直接服务。与国家劳动和社会保障部联合开展了计算机高新技术考试，在 15 所团校设立了考试点。这些工作为会员单位拓宽办学渠道、增强办学实力创造了有利条件。

三是完善载体，更好地为团校提供服务。2002 年，创办了《团干部教育培训工作通讯》，交流团干部教育培训和青年院校建设情况与经验。

四是评选表彰，推动团干部教育培训工作人员和团校教师队伍建设。1999 年 9 月，表彰全国优秀团校教师 42 人。2002 年 6 月，表彰全国团干部教育培训工作先进个人 63 名，全国优秀团校教师 44 名。

全国青少年宫协会

一、组织概况

全国青少年宫协会是由各级共青团所属的青年宫、少年宫、青少年宫、青少年活动中心等青少年活动场所（以下简称青少年宫）组成的非营利性的全国行业性团体。

全国青少年宫协会的工作宗旨是：服务全党工作大局，服务青少年健康成长，服务全团重点工作。

全国青少年宫协会的基本任务是：正确代表青少年宫的利益，维护青少年宫的权益；指导省级青少年宫协会和各级青少年宫工作，组织工作交流和理论研讨，表彰先进；研究制定政策，为青少年宫的建设与发展创造良好的外部环境；培训青少年宫工作人员，帮助他们提高政治、业务素质；加强管理、开发和利用，不断提高青少年宫的社会效益、人才效益和经济效益；面向社会拓展工作领域，密切同社会有关方面的合作，积极开展青少年活动场所建设和青少年校外教育的国际交流，逐步把青少年宫建设成为开放型、社会化的文化产业。

全国青少年宫协会成立于 1988 年，目前共有会员单位 223 个（其中 18 个为省级青少年宫协会）、理事单位 82 个、常务理事 38 个。

二、主要工作

1. 举办内容丰富、形式多样的主题教育活动，加强青少年思想道德建设，促进青少年健康成长。全国青少年宫协会始终把加强青少年思想道德建设作为工作和活动的主线，设计和开展了一系列主题教育活动，加强爱国主义、集体主义和社会主义教育，帮助青少年坚定理想信念，树立正确的世界观、人生观、价值观，坚定不移跟党走中国特色社会主义道路。近年来，全国青少年宫协会协助团中央宣传部先后举办了庆祝香港、澳门回归历史知识竞赛；开展了以歌颂祖国、歌颂党、歌颂社会主义为主题的书法、美术、摄影比赛；围绕纪念建党 80 周年、建团 80 周年，开展“党在我心中”、“永远跟党走”青年文化广场活动等。各地青少年活动阵地坚持面向青少年、服务青少年的宗旨，向青少年免费开放图书馆、阅览室、展览馆等设施。据不完全统计，1998 年以来各地青少年活动阵地举办的各类主题教育活动达 1.8 万余项，直接参与人员近 1.2 亿人次。

2. 实施新知识、新技能培训，帮助青少年

学习成才。团中央于1996年推出了“千宫百万”行动，以千余所青少年宫为依托，以每年培训100万掌握现代知识技能的跨世纪人才为目标，面向广大青少年，广泛开展了计算机、外语、金融、法律、财会等现代知识技能的普及培训活动。全国青少年宫协会积极响应，在各级青少年宫中推动这项活动的开展。目前，全国各地青少年活动阵地每年开办的各类专业技能培训达1.1万余期，接受培训的人数达100多万人。全国200多所大中城市青少年活动阵地建立了规范的“全国青少年计算机培训站”和“全国青少年外语培训站”近500所。

3.开展丰富多彩的社会教育和文化体育活动，促进青少年全面发展。全国青少年宫协会邀请著名专家、学者和杰出人物为青少年开展主题报告和交流活动。青少年宫在实践中形成了一批富有时代特色、深受青少年欢迎的社会教育项目。团中央依托青少年活动阵地实施了“新世纪青少年素质训练计划”，通过建立青少年素质训练基地和开发素质拓展训练项目，引导青少年全面提高素质，锻造完美人格。全国青少年宫协会还根据青少年的身心特点，建立各种青少年兴趣小组、青少年俱乐部和艺术团，组织青少年积极开展天文、航模、科技发明创造等科普活动和文艺表演、演讲比赛、书画、摄影、武术、棋牌、球类等文体活动，产生了良好的社会效果和人才效应。北京青年宫举办的青年体育大擂台、上海青年宫组织的“中国吉尼斯”创纪录和深圳青少年活动中心开展的“大家乐”等一大批活动颇具社会影响力。据统计，每年参加各类科普活动的青少年达500余万人次，每年参加文体活动的青少年达2000万人次。

4.坚持把社会效益放在首位，深化改革，促进发展。全国青少年宫协会严格要求各级青少年活动阵地始终以教育服务青少年为宗旨，坚持社会效益第一，兼顾经济效益，开设以不营利为目的、符合青少年身心健康发展要求的活动项目。同时，全国青少年宫协会坚持“一手抓建设、一手抓管理”，深化内部改革，积极探索科学有效的运行机制，加强教师队伍和管理人员的职业道德建设，增强自身发展活力，不断提高服务水平，积极营造有利于青少年健康成长的良好氛围。为了加强对青少年活动阵地的指导、管理和服务，全国青少年宫协会成立了秘书处、事业发展部和文娱、体育、工作交流、技能培训、创业等5个专门委员会，制定了《全国青少年宫协会章程》、《青少年宫管理工作条例》，健全了各项规章制度。团中央宣传部、全国青少年宫协会定期对青少年宫的培训项目、经营活动和安全工作进行检查和治理。

中国青年报刊协会

中国青年报刊协会坚持正确的政治方向和舆论导向，围绕全国工作大局和全团重点工作，积极推进市场经济条件下青年报刊事业的改革和发展，加强对协会单位的引导、管理和服务，通过丰富多彩的协会活动，更好地调动团内外宣传青年工作的积极性。

一、引导带领协会成员做好重要主题的宣传报道，服务大局、服务青少年。1998年着力做好团的十四大、抗洪精神引导激励团员系列活动等重点工作的宣传。1999年围绕纪念五四运动80周年系列活动、建国50周年庆典活动、迎接澳门回归和新世纪到来等重点，注重新闻策划，做好团的宣传工作。2000年通过新闻宣传，为广大青年树立了黄东华、曹雪涛等一大批青年典型，成功组织了青学联大会、少代会、中国青年五四奖章、青年思想政治工作等团的重点工作的宣传。2001年利用多种传媒形式做好“党在我心中”主题宣传教育活动等重点活动的宣传。2002年抓好契机，精心策划，做好“永远跟党走”纪念建团80周年的系列主题教育活动、团员青年“创造新业绩，迎接十六大”和学习贯彻十六大精神的宣传。

二、加强协会建设，推动事业发展。认真

筹备每年一度的协会年会或工作会议，作为协会成员交流经验的重要平台，力求每一次会议都能开出新意，开出实效。1998 年 8 月为召开十六届全国青年报刊年会在山西举行“部分青年报刊研讨会”，由山西青少年期刊社承办。1998 年 10 月在重庆举行第十六届全国青年报刊年会。1999 年 11 月在天津举行第十七届全国青年报刊年会。2000 年 5 月在浙江举行第八届省市青年报好新闻评选暨青年报发展研讨会。2001 年 7 月 15 日至 16 日在北京召开全国青年报刊工作会议。2002 年底筹备第十八届全国青年报刊年会。5 年间不断拓展壮大青年报刊事业，协会成员单位增加到 83 家。

三、抓好协会评选活动，推动多出精品、多出人才。为庆祝中国青年报刊协会成立 10 周年，1998 年评选表彰首届“全国优秀青年报刊工作者”，编辑出版了《跨世纪的青年报刊——10 年论文精选》和《青年报刊风采》画册。1999 年 6 月在上海举行第七届省市青年报好新闻评选。1999 年 8 月本协会和华北地区报纸自办发行协会联合举办第五届全国青年报刊经营管理研讨会。2000 年 5 月在浙江举行第八届省市青年报好新闻评选。2001 年 11 月在江西南昌进行第九届全国青年报刊“好新闻、好作品、好活动、好论文”评选活动。

中国少年儿童报刊工作者协会

中国少年儿童报刊工作者协会，英文名称：The Workers'Association of China Children's Prress，缩写 WACCP，是中华人民共和国各民族的少年儿童报刊单位自愿结成的行业性、非营利性的社会组织。中国少年儿童报刊工作者协会 1991 年 12 月在北京成立，接受共青团中央和全国少先队工作委员会的领导，接受国家民政部的监督管理。协会总部设在北京中国少年儿童新闻出版总社。

中国少年儿童报刊工作者协会的宗旨是：团结全国少年儿童报刊工作者，加强联系和协作，探讨少年儿童报刊的业务发展，总结交流少年儿童报刊的工作经验，为少年儿童报刊工作者服务，关心和维护少年儿童报刊工作者的利益，促进少年儿童报刊事业的改革和发展。

中国少年儿童报刊工作者协会是国家一级协会。协会实行单位会员制，以新闻出版部门批准公开出版发行的少年儿童报刊为会员。经过 10 多年的发展，中国少年儿童报刊工作者协会拥有 240 家会员单位。从报刊分类上看，报纸会员单位 62 家，期刊会员单位 178 家。从隶属关系上看，中央报纸单位 5 家，期刊单位 18 家；省市级报刊单位 57 家，期刊单位 160 家。从系统分布上看，分属教育、新闻出版、工会、共青团、妇联、民主党派、少数民族等 21 个行业和团体。中国少年儿童报刊工作者协会拥有 7000 多从业人员，其中拥有正、副高级职称的编辑、记者达 1000 多人。

中国少年儿童报刊工作者协会的最高权力机构是全国理事会。全国理事会由加入的各少年儿童报刊单位推荐一名负责人组成。理事会每届任期 4 年。协会常务理事会是全国理事会的执行机构，每年举行一次会议。协会设会长一名，副会长若干名。中国少年儿童报刊工作者协会召开过四届全国理事会，现任会长海飞，副会长王正选、卢勤、申平华、朱智瑛、李东生、李国庆、李连义、陈伟新、陈爱武、高洪、陶剑萍、梁建、程士庆、韩锡润、糜若兮，秘书长任新国。为了更有效、更有针对性地开展协会工作，协会下设综合性报纸、综合性期刊、文学艺术性报刊、低幼报刊、学习辅导报刊、科普报刊、少数民族报刊、中学报刊、美术摄影、经营管理等 10 个专业委员会和小作家分会、小记者分会两个分会，各专业委员会每年召开一次专业委员会会议，积极开展业务工作。

本着协会宗旨，中国少年儿童报刊工作者协会开展的主要工作有：

一、组织学习

协会认真组织和推动全国少儿报刊工作

者进行马列主义、毛泽东思想、邓小平理论和“三个代表”重要思想的学习，贯彻党和国家方针政策，坚持新闻出版正确的舆论导向，为培养有理想、有道德、有文化、有纪律的社会主义新人服务。协会还认真组织生动活泼的编辑、出版、营销业务知识的学习。

二、组织评优

协会每两年一次组织全国优秀少年儿童报刊工作评选活动，每两年一次组织中国少儿报刊奖（论文和好作品编辑）；每两年举办一次组织中国优秀少儿报刊奖评选活动，以表彰先进，推动工作。2001年，在协会成立10周年之际，协会增设了中国少儿报刊界的最高个人奖项——“叶圣陶奖”，奖励那些终身为少年儿童服务，在平凡岗位上踏实工作、开拓进取的少儿报刊工作者。2002年6月，经过自下而上的认真推荐和评委会的认真评选，9名业绩卓著的少儿报刊工作者王怀倜、吴乐平、黎延晖、陈伟新、谢蔚君、韩锡润、高葆新、蔡佩霞、梅笑冬荣获首届“叶圣陶奖”的殊荣。“叶圣陶奖”的设立和首届获奖者的产生，标志着新世纪中国少年儿童报刊工作者有了自己的明星，少儿报刊界有了自己更高的追求。

三、组织活动

协会每年都要组织一项具有全国影响的活动，力争为全国少年儿童办一件实事。协会先后发动会员单位开展过“送少年儿童报刊下乡”、“救助失学女童”、“防灾减灾金点子大赛”、“每天课外阅读10分钟”、“中国20世纪成长快乐少年儿童歌曲十大金曲评选”等大型活动，这些活动都极大地提升了协会的知名度和美誉度，深受全国少年儿童的喜爱。除了协会活动外，各专业委员会的活动更是丰富多彩，充满活力，为整个协会增添了勃勃生机。

四、对外交往

协会积极致力于与国外少年儿童报刊及台港澳地区少年儿童的友好交往。协会曾组织各会员单位出访考察过美国、法国、意大利、荷兰、越南、朝鲜等10多个国家，并与台湾、香港、澳门等地区的兄弟少儿报刊开展联谊活动。这些活动既开阔了中国少年儿童报刊工作者协会的视野，又增进了友谊。

五、办好会刊

协会从2001年起，在原来的协会通讯的基础上创办了协会会刊——《中国少儿报刊界》，并同时提出了协会的奋斗目标和推出协会会标。《中国少儿报刊界》为季刊，内设“卷首语”、“本刊特稿”、“协会动态”、“专委会活动”、“研究与探讨”、“八面来风”、“少儿报刊天地”等栏目。协会的奋斗目标为：“办好协会，争创一流，为托起新世纪的太阳而奋斗！”协会的会徽标识为标有协会英文缩写的“WACCP”的红黄蓝三色的三面风帆，寓意着中国少年儿童报刊像遨游在碧海蓝天中的点点白帆，乘风破浪，扬帆远航，预示着全国少年儿童报刊事业生机勃勃，少年儿童报刊工作者胸怀远大。

中国青少年网络协会

中国青少年网络协会是经国家民政部审核登记、团中央批准成立的全国性一级社团组织，负责在青少年中宣传、推广、普及网络知识技术，开展各类计算机网络培训和竞赛活动，促进青少年互联网络服务机构的健康发展。协会目前下设三个工作委员会（高校互联网协会工作委员会、中小学信息化推广与普及工作委员会、青少年上网服务场所工作委员会）和三个专业委员会（游戏动漫画专业委员会、信息安全专业委员会、短信专业委员会）。

2002年重点工作：为加快推进“共青团县县上网工程”，团中央信息办、中国青少年网络协会于2002年4月18日—22日举办了“共青团县县上网工程骨干培训班”，对各省级团委及重点城市（区、县）团委办公室系统骨干人员开展网络实务培训；会同北京师范大学信息科学院于2002年9月21日－25日共同举办了“网络环境下研究性学习研讨会”。

第七部分

事 业 发 展

团中央实业发展中心

实业中心自1994年成立以来，在书记处的关心支持和全体同志的共同努力下，以邓小平理论和“三个代表”重要思想为指导，紧紧把握市场经济运行的规律，遵循“严格管理、依法经营、规范运作”的原则，抓住机遇、开拓进取，不断发展壮大，逐步形成了以青印厂的综合改造为龙头，多元化经营的经济组织。现将1998—2002年的主要工作总结如下。

一、以接收军企为契机，壮大企业规模

1998年，按照党中央、国务院和中央军委“关于军队武警部队不再从事经商活动”的决定，实业中心根据自身发展的需要，依据国家的有关政策接收了中警实业公司、中国四海工程公司、京丰铁合金厂等三个军转企业（净资产约2000余万元）。三家军队企业的加入壮大了团办实业的整体实力，拓宽了团办实业的产业范围，在当时的历史条件下，为中心壮大自身规模，加快自身发展起到了积极的作用。

二、以高科技产业为龙头，提升企业自身的科技含量

长期以来，团办实业主要集中在为青少年成长成才提供精神和物质服务的第三产业，这些项目由于与团的中心工作紧密结合，因而在产业布局上具有鲜明的共青团特色。在新的历史条件下，中心着眼于技术创新，注重内涵增长，加强技术改造，大力发展高科技项目。1994年，中心成立了中国青年科技园，以“中国青年科技园”为品牌，积极推动农业园的规划运作，逐步形成了工业园、农业园并重发展的格局；1999年5月4日，随着“中国青少年计算机信息服务网”的正式开通和上市融资协议的签订，标志着实业中心在高科技攻关方面有了实质性突破。

三、按照现代企业制度的要求进行规范化改造，建立新型经营管理机制

为了企业发展的要求，提高企业自身的竞争力，根据书记处的有关要求和公司法的规定，实业中心陆续对所属企业进行了改制，转换了企业经营机制，建立了现代企业制度。1. 对中国四海工程公司进行股份化改造，成立了中国四海工程有限公司。2. 对中警实业公司进行改制，成立了中青科技发展集团有限公司。3. 对中国平和进出口总公司进行改制，成立了中国平和进出口有限公司。新成立的公司根据公司法的规定，建立和完善了企业董事会、监事会和职工代表大会制度，实现了决策的科学与民主。

四、保持企业稳定，妥善解决平和公司职工安置

实业中心自1998年接收平和公司以来，由于市场环境的变化和国家有关外贸政策的调整，企业经营效益一直不景气，由此衍生了一系列的矛盾，而其中的核心问题是原企业中下岗职工的安置问题。实业中心从大局出发，从维护社会稳定的角度考虑，专门成

立平和职工安置小组，从2002年4月份开始，根据“通盘考虑、先难后易、着眼了断、不留后患”的处置原则，从维护稳定和维护员工正当合法权益这两个基本点出发，从难点和重点入手，按先解决未签合同的员工问题、再解决接收前已下岗员工问题和已签合同员工问题，最后妥善安置退休员工的顺序进行操作，至2002年年底，已将安置职工工作圆满完成。

五、抓住机遇，勇于开拓，青印厂综合改造工作全面展开

稳定是条件，改革是动力，发展是目的。实业中心抓住机遇，勇于开拓，将青印厂综合改造工作全面展开。2002年8月8日，在书记处的亲切关怀和大力支持下，成立青印厂综合改造领导小组，根据“公平、公正、公开”的原则和公开招标的方式首先进行了确定开发合作者的工作。在招标公司的协助下，经过对10个入围企业的评选，2002年9月底最终确定了合作者。依据“压缩占地面积，盘活存量资产，换取技改资金，优化资产结构”的基本原则陆续开始与合作者进行开发方案的研讨和开发协议的签订工作。至2002年底，与合作者正式签订了综合改造协议书。

中国青年政治学院(中央团校)

一、基本情况

1998年，中国青年政治学院(中央团校)党委书记、第一副院(校)长：褚平；党委常委、常务副院(校)长：张来武；党委常委、副院(校)长：袁天锡、陆士桢、酒曙光、周振想。2002年，中国青年政治学院(中央团校)党委书记、第一副院(校)长：褚平；党委副书记、副院(校)长：陆士桢；党委常委、副院(校)长酒曙光、周振想。

1998年，中国青年政治学院(中央团校)主要设有本科教育、团干部培训、成人教育等教学部门12个，教学管理和辅助部门等4个，行政、后勤等部门8个；2002年，主要设有教学部门13个，教学管理和辅助部门4个，行政、后勤等部门12个。

1998年，中国青年政治学院(中央团校)教职工总数为407人，其中教师134人；2002年，教职工总数为434人，教师169人。

1998年，中国青年政治学院(中央团校)在校本科生1255人，培训团干部2732人；2002年，在校本科生2408人，高职生696人，培训团干部3173人。

1998年，中国青年政治学院(中央团校)建筑面积79961平方米，经费1254万元，固定资产总值5597万元；2002年建筑面积112365平方米，经费6542万元，固定资产总值11750万元。

二、主要工作

1998年是中央团校建校50周年，胡锦涛同志发来贺信，提出“造就一支政治坚定、品德高尚、业务精通、作风过硬的共青团干部队伍”的要求。学校认真学习、深入领会、努力贯彻锦涛同志的要求，以务实、创新的精神推进团干部培训再上新的台阶。1998年是中国青年政治学院通过本科教学合格评价后的第一年，学院党委按照“巩固评建成果、推进全面整改、促使办学水平和教学质量再上新台阶”的工作思路，以教育思想观念的更新为先导，积极推

进教学质量工程、全面整改工程和师资建设工程，学院各方面工作取得明显成绩。学院召开了第二次教学工作会议，推出了一系列规范教学环节、保证教学质量的规定，强化以质量求生存、靠质量创名牌的观念。学院实施机构改革方案，加强教学和教学管理部门，精简党政部门，使学院党政管理部门的处级机构由26个缩减为14个，同时，以饮食服务中心改革为标志，努力推进后勤社会化改革。学院党委把精神文明建设作为一项重要工作常抓不懈，1995—1998年连续4年获"首都文明单位标兵"的光荣称号。

1999年，中国青年政治学院党委按照团中央书记处的要求，紧密围绕改革、发展、稳定的大局和培养人才的根本任务，用整风的精神开展"三讲"教育，领导班子带头学习，虚心听取意见，制定了"整改措施20条"并加紧落实。学院进一步完善教学二级管理，积极落实副修制、选修制、选教制，成立教学专家督导组，健全教学督促环节，推出新的学生工作体制，成立了服务学生的就业指导、心理咨询、考研服务等专门机构。学校按照团中央"321"培训规划，积极拓展团干部培训的领域、开发新的办学模式，同时不断更新教学内容，培训规模达到3312人。学院召开第二次科研工作会议，树立"科研兴校"意识，强化精品战略，颁布了7个科研管理规定，课题申报取得突破，自建院以来首次获准承担国家级研究课题。学院按照"小机关、多实体、大服务"的框架，全面推进后勤社会化改革。学院的基本建设取得了实质性进展，校园改建一期工程——教学综合楼和学生宿舍楼的建设进展顺利，主体工程已完成50%以上。学院精神文明建设再上新台阶，1995—1999年连续5年获"首都文明单位标兵"的光荣称号。

2000年，中国青年政治学院党委按照团中央书记处的部署，在领导班子中开展了"三讲教育回头看"活动，进一步加强了领导班子民主集中制建设，增强了班子的凝聚力和战斗力；召开了党建和思想政治工作会议，加强基层党组织建设；召开了学院第八次党代会，选举产生了新一届党委、纪委，讨论通过了学院"四五"发展规划。学院召开第三次教学工作会议，深入探讨全面推进素质教育的重要问题；颁发了《全面学分制实施条例》，从2000级本科生开始试行，这是学院改革教学体制的一项重大举措；拓展专业领域，本科新增2个新的专业；探索新的办学方式，首次开办高等职业技术教育并招生；学院图书馆自动化、网络化建设工作通过了北京市图书工作委员会专家组的评估检查。学校团干部培训探索新形式，结合团的重点工作开展了"保护母亲河"、"以党建带团建"专项培训。校园改建一期工程——教学综合楼和学生宿舍楼顺利完工并正式投入使用；校园网工程、综合楼装修、电话改造工程、教辅楼、风雨操场建设工程等相继启动，呈现出良好的发展态势。

2001年，中国青年政治学院党委以纪念建党80周年为契机，认真学习贯彻江泽民同志"七一"讲话和"三个代表"重要思想，进一步加强党建和思想政治工作。学院围绕2002年申请硕士学位授予权，成立了申硕工作领导小组，认真研究和部署申硕工作；大力加强学术交流，多次主办大型的全国性、国际性学术研讨会，如"21世纪高校科学与人文教育研讨会"、"以德治国与思想政治教育主题研讨会"、"纪念孙中山诞辰135周年学术研讨会"、"新世纪新闻舆论监督研讨会"等；我院毕业生一次就业率达到95%，在北京地区高校中排在前10名。学院主办了第九届全国青年工作理论研讨会，探讨青年工作理论和团校建设问题，推动全团院校不断向前发展。学院推行了以全面聘用制为主要内容的用人制度改革及其相配套的分配制度改革，全面引入了竞争机制，加快了干部年轻化进程。学院风雨操场、教辅楼工程、煤改

热工程顺利完工并投入使用，校园网建成并开始运行。学院连续第6年获得首都文明单位标兵；再次被评为北京市高校群体工作优秀院校，连续14年获此殊荣。

2002年，中国青年政治学院党委以党的"十六大"精神为指导，以申请硕士学位授予单位为重点，大力加强领导班子建设、学科专业建设、校风建设和校园建设，各方面工作取得明显进展。2002年是学院的作风建设年，学院党委召开了党的作风建设工作会议，以党风建设带动和促进学风、教风和校风建设；召开了第三次教职工、第四次工会代表大会，制订了7个维护职工权益、实行民主管理和民主监督的规章制度；成立了校务公开工作领导小组，印发了相关文件，规定了校务公开的主要内容和基本形式。2002年是学院的申硕年，学院落实团中央书记处的指示精神，以申硕为契机和抓手，深化教育教学改革，全面加强学科专业建设，组建了公共管理系，获准增设了3个新的专业；加强师资队伍建设，引进了40多名教师；召开了第四次教学工作会议，推出了与全面学分制相配套的若干规定；召开了第三次科研工作会议，推出了7个制度性文件；科研经费达到281万元，接近前两年的总和；招收留学生工作正式启动，第一批韩国汉语留学生已来校就读。

中国青少年研究中心

一、基本情况

1998—2002年期间，青研中心以邓小平理论和"三个代表"重要思想为指导，坚持以"服务决策，服务工作，服务青少年健康成长"为宗旨，紧密围绕党政大局和团中央的重点工作，发挥科研优势，深化机制改革，大力推进品牌化科研发展战略，坚持"以人为本，成就个人，强大集体"的管理思路，科研与各项工作取得了突破性进展。

据初步统计，五年来公开发表科研成果2400万字，完成重点课题和一般课题85项，出版青少年研究类著作63部，发表文章395篇，出版音像制品8部，图片集3部；编辑出版《中国青年研究》杂志32期，《少年儿童研究》杂志54期，《中国青运史辑刊》20期；收集、整理青运史资料743万字；编辑、发布网上青少年研究信息61万字；召开大型理论研讨会11次；在全国各地举行专家报告会370余场，培训父母及教师30万人次；建设"成功计划"——青少年素质教育研究实践基地312个；建校外体验教育基地（星星河）15个，培训青少年3.4万人次。

五年来，青研中心连续四年荣获团中央系统"五个一工程"组织奖；共有8本图书、6篇文章荣获团中央系统精神文明建设"五个一工程"作品奖；2001年，青研中心荣获"中直机关文明单位"光荣称号；2001至2002年，青研中心连续两年荣获中直机关事务管理局财务"决算评比先进单位"光荣称号。

二、主要工作

（一）全力打造科研精品，大力推进品牌化科研发展战略。

五年来，青研中心共推出5部蓝皮书，1部绿皮书，1部红皮书，18本青年研究文库、少年儿童研究文库系列书籍。

1. 皮书系列

作为1997—1998年度青年蓝皮书,《新状态——当代城市青年报告》着重研究了当代中国城市青年的现状与问题,分析研究了他们的成长环境、价值取向、在职业选择中的流动与竞争、自我定位、在开放与宽容氛围中的婚姻家庭、在新技术与新条件下的闲暇与消费以及吸毒与犯罪等问题。作为1999—2000年度青年蓝皮书,《新跨越——当代农村青年报告》着重研究了当代中国农村青年的现状与问题,包括他们的价值取向、教育与学习、从业与致富、婚姻与家庭、闲暇与消费、社会网络、犯罪与预防等,是我国第一部针对农村青年编写的蓝皮书。2000—2001年度青年蓝皮书以《新白领——当代热门职业青年报告》为题,以分群体、分行业的方式深入研究了市场经济条件下比较热门的外企中方青年、青年广告人、青年律师、金融业青年、IT业青年,分析了他们的政治态度、价值取向、职业风范、生活方式、成长趋势等,同时对20多个热门职业的青年以访谈的方式进行了真实描述。2002年度青年蓝皮书《新学子——当代大学生研究报告》对当代大学生这一青年中的典型群体从政治态度、社会参与、学习生活、就业与创业、情感与恋爱、人际交往、消费特征等进行多角度剖析,形成了一部关于当代大学生研究的综合性调研报告。

作为2000年度少儿蓝皮书,《新发现——当代中国少年儿童报告》对于当代中国少年儿童发展的总体状况以及他们的成长环境、发展状况做出了基本的分析,提出了对于少年儿童未来发展的预测和建议,并对少年儿童的生理健康、心理健康、教育改革、价值取向、生活方式、生活环境、权利及保护等问题分别作出了研究和探讨。2002年度少儿蓝皮书以《新焦点——当代中国少年儿童人身伤害研究报告》为主题,深入地分析了中国当代少年儿童人身伤害的现状、类型、成因,从显性伤害与隐性伤害、身体伤害与精神伤害、家庭伤害与学校伤害、社会伤害等多角度分析研究,并结合具体实践提出了对策和建议。

2001年度绿皮书《新起点——“十五”期间青年发展趋势报告》,在对“十五”期间青年发展趋势进行专题预测研究的基础上,从人力资源、教育、就业、传媒、消费、社区建设、大学生择业、异地务工、发展小城镇、青少年违法犯罪等十个方面分析研究,为国家有关部门及全团工作提供了具有预测性的理论参考。

2002年度红皮书《预防闲散未成年人违法犯罪研究》,通过对4000多名未成年犯和普通初中生的调查访谈,初步掌握了这一特殊群体的现状、特点、犯罪原因、相关因素及规律,探讨了具体的预防和治理措施,对解决这一特殊高危群体的现实问题具有积极的价值和意义。

2. 专著与研究文库

在青研中心全体科研人员的共同努力下,五年来青研中心共出版《志愿行动在中国——中国青年志愿者行动研究》、《探索与创新——社会主义市场经济发展进程中的中国共青团》、《百年中国儿童》等青少年研究类专著63部。为了鼓励科研人员著书立说,多出精品,2000年青研中心推出了“青年研究文库”、“少年儿童研究文库”、“青运史研究文库”的系列出版计划,几年来共出版系列文库18部。

(二)落实“三个服务”,紧紧围绕团中央重点工作搞科研。

五年来,青研中心始终坚持以“三个服务”为宗旨,紧密围绕全党大局和团中央的重点工作搞科研,完成了多项科研课题。

1998年完成了“中国城市青年发展状况调查”、“八省市青工下岗再就业状况调查”、“中直机关青年干部思想状况调研”、“社会主义市场经济发展进程中的中国共青团”、“社会主义市场经济条件下共青团工作新模式研究”、“共青团文化工作研究”、“中国城市独生子女人格发展与教育研究”等七项重点课题。

1999年完成了“市场经济条件下共青团基层组织面临的机遇、挑战与对策”、“外来务工青年状况调查”、“全国青年职工状况与国有企业改革调查”、“汕头市青少年教育十大网络”、“上海浦东团建创新试点”、“上海青年示范群体建设”、“当代中国少年儿童发展状况调查”、“向孩子学习,两代人共同成长——孩子在社会化进程中对成人世界的影响”等八项重点课题。

2000年完成了“当代中国青年思想道德状况调查”、“当代中国青年与社区建设调研”、“专职团干部队伍状况调查”、“全国金融系统青年发展状况调研”、“中国青年志愿者行动研究”等五项重点课题。

2001年完成了“非国有企业青年职工状况调查”、“当代中国外企青年状况调查”、“当代中国青年律师状况调查”、“当代中国青年广告人状况调查”、“当代中国IT业青年状况调查”、“中国城市儿童想像与幻想研究”、“以德治国与志愿服务研讨会”等七项重点课题。

2002年完成了“京沪穗青年看党的十六大快速调查”、“预防闲散未成年人违法犯罪研究”、“六城市信息化建设与创建青年文明社区调研”、“青少年流行文化现象与对策研究”、“当代中国少年儿童人身伤害研究”等五项重点课题。

（三）以“成功计划”为龙头,科研成果转化呈现新局面。

第一,立足科研,大力提高刊物质量。《中国青年研究》以雄厚的科研成果为依托,加大了“特别企划”、“独家特稿”、“专家专栏”等栏目的论证、策划,选题更加贴近社会现实,稿件质量大幅提升。《少年儿童研究》在“成功计划”的实践中推出了“108个好习惯”等栏目,利用“孙老师热线”对父母在教育孩子过程中遇到的各种疑难问题进行解答,进一步扩大了刊物的社会影响力。

第二,发挥科研优势,加强研究实践基地建设。几年来,青研中心注意将科研成果直接运用到“成功计划——中国青少年素质教育研究实践基地”的建设中,在全国的中小学共建设基地312个,培训父母及教师达30余万人,在社会上引起了强烈反响。

第三,充分利用网络传媒,为科研成果转化增加新途径。青研中心以“了解青少年、研究青少年、服务青少年”为宗旨,开办了“中国青研网”,在网上重点介绍青研中心及国内外青少年研究的最新成果,为科研成果向社会转化提供了一条新途径。

第四,大力推广“星星河”体验教育活动。作为“成功计划”中重要的素质教育研究实践基地,青研中心不断深化“星星河”课题研究,多次召开“星星河”专家论证会、研讨会、现场会,制定并出台了《全国“星星河”体验教育基地管理办法(暂行)》,编写了《“星星河”体验教育活动指南》。几年来,青研中心共组织了3.4万多名学生参加基地的体验教育活动,收到了良好效果,得到了团中央少工委的充分肯定和大力推广。

（四）积极拓宽交流渠道,建设国际青少年研究合作网络。

五年来青研中心积极拓宽国际青少年研究的交流与合作渠道,致力于开发合作与交流课题、定期召开区域性学术研讨会、开展青少年工作培训等,与40多个国家和地区的青少年研究机构进行了广泛的交流与合作,成功地完成了60多次出访任务,接待来访200余人,在国际青少年研究中做出了有益的尝试。

中国青年报社

中国青年报是由共青团中央主管、主办的机关报，1951 年 4 月 27 日，经毛泽东同志、刘少奇同志、周恩来同志亲自批准正式创刊。“文化大革命”中曾被迫停刊，粉碎“四人帮”后于 1978 年 10 月 7 日恢复出版。复刊后，中国青年报社的事业随着国家经济和社会的进步逐步发展壮大起来。到 2002 年底已为广大读者出版了约 1.08 万期报纸，在舆论宣传和为青年提供文化信息服务等方面成绩显著。中国青年报社是实行企业管理的事业单位，到 2002 年已拥有自己的一家印刷厂、中青记者之家饭店、中青在线网站以及《青年参考》、《青年时讯》和《青年体育》三份子报，有职工 500 余人，其中编采人员共 220 余人，经营管理人员 120 余人，大专以上学历人数占总人数的 58% 以上。

党的“十五大”之后，我国的文化事业改革进入了探索实践阶段。在这一大的政策背景下，中国青年报社从 1998 年开始了对改革的一系列有益的探索和实践。1998 年至 2002 年间，报社各项事业的改革和发展成效显著。

一、在新闻报道方面，坚持正确的舆论导向，使报纸更好地适应时代和青年的要求，成为党团结、教育和引导青年的重要舆论阵地

中国青年报作为国内的几家综合性大报之一，一贯遵循中央关于新闻宣传工作的方针、原则，在团中央书记处的领导下，努力围绕党和政府的工作大局，贯彻教育、引导青年的宗旨，坚持正确舆论导向，保持和发扬青年特色，始终把关注青年的生存发展作为报道的主题，始终把促进青年成长、成才、成功作为使命。

从 1998 年到 2002 年，中国青年报针对国内外的政治、经济、社会生活等方面的重大事件精心策划了各种内容丰富、形式多样的报道，力求通过贴近百姓、贴近读者的报道为中国的广大青年提供有益的文化信息服务。

例如，为了进一步加强每年的人大、政协会议报道，中国青年报在 2000 年“两会”期间首次推出了“两会特刊”，并在此后每年的报道中不断创新报道手法，在报道中特别注意突出了中国青年报的独家视角和特点。2001 年“两会”报道重点经营的栏目是《领导访谈》、《两极对话》，并特别推出了《“十五”连着你和我》栏目。2002 年的“两会特刊”，更是从与青年利益密切相关的地方入手做了十几个专题，如“关心弱势群体就是关心我们自己”、教育专题、立法专题等等，都突出了中国青年报鲜明的青年特色。“两会特刊”的推出得到了广泛的好评，获得了社会效益和经济效益的双丰收。

五年中，无论是 1998 年的抗洪报道，2001 年的入世报道，2002 年为迎接“十六大”策划和组织的“迎接十六大特别报道 · 巨变无声”专栏，还是如《进城务工青年创业寻踪》、《海归派在行动》、《不可阻挡的价值发现》等几组关注青年生存和发展的调查性系列报道，都充分体现了中国青年报高度的社会责任感，严肃、严谨的办报风格以及勇于探索、锐意改革的精神特质。

二、探索和深化改革，加强内部管理，促进队伍建设

从 1998 年开始，中国青年报社就一直积极稳妥地推进自身的新闻改革，不断尝试符合我国的文化体制改革趋势、适应报纸自身特色

的改革之路。

1998年11月,报社首先调整了部分版面和编辑部机制,制定了考核与奖惩暂行规定,尝试建立新的管理机制。1999年10月进行了一次较大范围的改革,版面实行"7+1"格局(即每日7个新闻版,1个副刊版)。根据版面变化,编辑部在机构设置上成立了四大中心和四个单列部,改变了过去采编合一,以行业、战线为界限划分报道部门的体制,各部室干部和人员全部竞聘上岗。2000年初,结合年终考核,报社在经营和行政管理部门也进行了一次竞聘上岗,精简了部分人员。

之后,报社从改革的工作实际出发,于2000年对报社编辑委员会(编委会)组成成员进行了调整,编委会由总编辑主持,主要研究新闻报道和加强编辑部管理问题;成立中国青年报社经营管理委员会(经管会),经管会由社长主持,负责报社的经营管理工作。2001年年底为解决领导班子的梯次配备和年轻化,报社增补了4名年龄均在40岁以下的编辑委员会和经营管理委员会成员,并在编辑部门陆续提拔了一批年轻的中层干部。

改版后,报纸新闻信息量增大,报道面拓宽,开辟了一些能吸引读者的小栏目。2002年3月,报社在新闻编辑中心成立了文化编辑室,采取区别于都市报的做法搞有自身特色的文化报道,使文化版成为了改版之后的一个亮点。此外,报纸还结合对2002年沈阳中国国际制造业博览会的报道,策划组织了"技能人才与中国制造"高层论坛,不仅达到了深化报道和推广报纸品牌的目的,而且也在内部进行了一次资源整合的全新尝试。

三、探索经营改革,增加报社积累,提高经济效益

1998年至2002年,报社一直在探索符合市场以及报纸自身发展规律的经营改革之路。五年间,依据中央关于文化体制改革和深化新闻出版事业改革的一系列文件精神,报社在广告、发行等方面进行了一系列改革尝试,这些都为报社下一步的改制做好了准备。

广告:由于报纸自身特点,中国青年报一直在教育类广告上保持了较大优势。五年中,报社的广告经营尝试与编辑部联动搞了一些活动,如开发技工技校、制博会的报道等。同时尝试经营分类广告、栏花广告并取得了成功。2002年报社党组进一步研究了调整广告内部结构机制的问题,准备尝试新的广告经营思路和办法。

发行:1998年至2002年,由于报业市场竞争的进一步加剧以及报纸传统发行机制的各种局限,报纸的发行量连年下滑。五年中,报社重组了发行处的领导班子,加强了人员配备,改原发行处为发行中心,相继推出了"1、3、10"全额考核、"集订分送"、"代理制"等发行政策,并开始尝试发行工作总体思路和操作手段的改革和创新。2002年更是通过广告、活动、报道的联动,从出版发行常规管理、传统营销的开展、全年度系列品牌推广活动、读者通联和售后服务与建立报友会相结合等四个方面打好发行工作的基础。这些措施和努力减缓了中国青年报发行量下滑的速度,为报纸的下一步改革和发展积累了经验,赢得了时间。

基本建设:五年间,报社投资1.2亿元人民币建设了印刷厂及综合服务楼,并于2000年率先引进了德国KBA印刷生产线,在北京印刷业中占得了市场先机。2002年6月,引进的国内第一台报业用热敏直接制版机也投入使用。印刷厂已成为报社一个重要的经济增长点。此外,2001年7月正式营业的中青记者之家饭店在完成好对内服务工作的同时,对外经营也取得了较好的成绩,正在逐渐成为报社新的经济增长点。

四、创办和发展子报

1998年至2002年,中国青年报社为进一步加强在新的报业市场中的竞争力和影响力,

探索适应市场发展趋势的改革道路，在不断发展原有子报《青年参考》的同时，于2000年3月创办了《青年时讯》和《青年体育》两个子报。经过两年的发展，两个子报正逐步在报业市场中赢得自己的读者和位置。

《青年参考》自1984年创刊以来一直受到广大读者的喜爱。这五年来，《青年参考》更是作为报社改革的先锋，率先进行了改制的尝试，于2002年4月进行了机构调整，成立了青年参考经营部。经营部在《青年参考》的广告、发行等方面都进行了一些与市场接轨的有益尝试。

中国青年杂志社

一、《中国青年》

1998—2002年，《中国青年》杂志取得了长足进步。继1996年改为国际流行的大16开本后，1999年第1期起，《中国青年》改为半月刊，上半月刊为综合版，下半月刊为文摘版，当年出版码洋几乎翻了一番。在内容上，继续坚持正确的办刊方向，关注青年中国，服务中国青年，以优秀的作品鼓舞和引导青年，塑造青年。“本刊特别企划”、“第一视点”、“我们的精神家园”、“四季风铃”、“青春策划”等品牌栏目深受读者欢迎。

1999年5月，为纪念五四运动80周年，《中国青年》编辑出版专刊《百年青春》，在读者中引起较大反响，该专刊后被南开大学出版社出版为图书。1999年底，《中国青年》荣获首届国家期刊奖。

2000年5月，时值潘晓讨论20周年，《中国青年》发表长篇报道《潘晓讨论内幕》，对发生于1980年，搅动了全国青年的人生观大讨论作了正本清源的评价，社会反响强烈。

2001年，《中国青年》取消下半月文摘版，改为上下半月综合版，继续以精益求精的精神狠抓文章质量。2001年第1期推出《可能影响21世纪中国的100个青年人物》专刊，备受社会瞩目，该专刊面世不久即由上海人民出版社出版为图书。

2001年年中，《中国青年》对内容进行了一次大的调整，将此前的综合性定位调整为一本以人生为主题的青年杂志，所有的选题都从人生切入，所有的文章都从人生破题，所有的笔墨都向人生集中。经过调整后，《中国青年》的特色更加鲜明突出，得到了读者的广泛好评。

在2001年、2002年，《中国青年》成为国内期刊中被转载率最高的杂志之一。新浪网、读者、青年文摘、新华网、作家文摘等媒体经常转载《中国青年》的文章，美国的《读者文摘》杂志也加入了转载《中国青年》文章的媒体行列。与此同时，《中国青年》创办的网站 www.spark.com.cn 也赢得了不错的人气，平均每天点击率达近万人次，扩大了《中国青年》的影响。由《中国青年》杂志的文章结集出版的图书在社会热销，也从一个侧面说明《中国青年》的办刊质量有了较大的提高。

二、《中国共青团》

《中国共青团》杂志是团中央惟一面向全团各级组织和广大团干部的工作载体。1998年以来，《中国共青团》杂志同团的其他工作一样，不断适应新形势的变化，在改革中发展，在探索中前进，展示了较强的生命力。

《中国共青团》杂志的主要栏目有“本期聚焦”、“权威热线”、“党政与团”、“共青展台”、“典型交流”、“团事点击”、“专家视点”、“每月论坛”等。同时,不断根据共青团各个阶段的工作重点调整、设置和突出相应的栏目设置。始终密切关注时代发展赋予共青团的机遇和挑战,始终密切关注共青团的各项工作实践,并始终按照党对团的工作和青年工作的要求突出导向性,强调服务性。在团的工作和青年工作的发展中,起到了积极的推动作用;在团的各项重点工作的推进中,发挥了重要的指导作用;在团的基层理论人才的培养中,具有特殊的阵地作用。从某种意义上来说,团干部了解全团的工作思路、成果和经验,包括青年的基本状况,各地团的工作情况等,很多时候是依赖《中国共青团》杂志完成的。共青团工作的活力决定了这本杂志的内容和质量,共青团工作的需求决定了这本杂志的生存和发展。所以,各级团组织和广大团干部对《中国共青团》杂志表现出了浓厚的兴趣,倾注了很大的热情,称之为“一位不占编制的团干,一所没有围墙的团校”。

1998年1月至2002年12月,《中国共青团》杂志出版正刊60期,增刊2期,累计发稿文字量650余万字,刊登各类图片1100余幅。其中,共青团第十四次全国代表大会及每年团中央的全会皆出版专号,为贯彻会议的精神及全团的工作部署起到了营造氛围、推动落实的作用。2000年8月出版“基层党建带团建特刊”,集中地展示了全团党建带团建的成果。2001年5月出版的“共青团学习‘三个代表’重要思想专刊”,为全团学习“三个代表”重要思想起到了积极的推动作用。

三、《农村青年》

在办刊上,与团中央青农部在《农村青年》杂志上联合开辟了《兴团之路》栏目。1998至2000年,《农村青年》杂志还紧紧围绕广大农村青年渴望找到致富门路、致富项目的迫切心情和愿望,在深受农村青年读者喜爱的《致富千条路》栏目的基础上,又开辟了《农业大视野》、《致富热门项目》、《致富诊所》和《致富陷阱》等栏目,以“科技兴农,科技致富”为理念,既向读者介绍国内外农业、农村经济发展的大趋势,也向读者推荐分析可以借鉴的致富项目、致富思路和致富路上遇到的各种问题。同时,《农村青年》杂志还在《大地之子》栏目大力宣传依靠科技创业致富的农村青年典型,这些栏目深受读者好评。由于《农村青年》杂志在宣传农业科技知识,宣传科技兴农科技致富方面做了大量的工作,1998年共青团中央、国家新闻出版署授予《农村青年》杂志“最受农村青年读者喜爱的科普读物”荣誉称号。2000年在全国青年报刊年度评选中,《致富热门项目》被评为栏目一等奖。

2001年起,《农村青年》杂志以较大的版面关注广大进城务工青年面临的种种困境和不公平遭遇,呼吁社会为农村青年进城务工、就业经商、在家乡创业致富创造一个公平和谐关爱的环境。2001年《农村青年》杂志还推出了《中国明星村》栏目。

2001年,《农村青年》杂志被团中央等六部委定为“跨世纪青年农民培训工程”指定刊物。

农村青年杂志社还举办了“全国农村文学青年新人新作大奖”赛;由共青团中央、国家邮政局联合主办、承办的全国“十佳百优”优秀青年乡邮员评选活动。

2002年《农村青年》杂志荣获第二届国家期刊奖百种重点期刊。

四、《青年视觉》

《青年视觉》杂志创刊于2002年1月,出版以来一直受到读者的喜爱,发行量不断扩大。初办时选择了在上海出版。

五、《生活资讯》

《生活资讯》自1999年创办以来,一直为寻找有效的市场突破而努力。在近四年的运

作中，《生活资讯》是在运营资金不够充足的条件下，为办好一份全新的生活消费类杂志努力着。

在2000及2001年度，《生活资讯》杂志以狠抓办刊质量为工作重点，健全了流程制度，在本刊2周年生日时，曾宣传协助中国女足冲击世界杯，社会舆论很好。

2002年，《生活资讯》可以说是在市场压力中不断发现问题，不断调整的一年，《生活资讯》开始了新的变革。在办刊方针不变的前提下，重新定位市场，调整运营机制，精简人员，引进人才，树立新的创业文化观念。

六、中国青少年音像出版社

自1998年至2002年五年间，出版了近千种音像、电子制品，其中涉及青少年思想教育、文化、艺术、科技等广泛领域。

1998年以来，音像社筹集资金近千万元，独立制作完成了20集电视连续剧《风雨人生》、8集电视剧《天地良好》、十六大重点献礼片《公仆》等，这些电视剧均在中央电视台一套播出，并在全国多省市发行。

与此同时，音像社还组织开发了有益于青少年成才的少年艺术培训等项目，几年来培训人员达1万人次。

2002年，音像社又获准出版电子出版物许可，出版社资质提高了，业务范围增加了，音像社充分利用这一资源，出版了一大批如《中外名著鉴赏》等优秀电子出版物。

中国青年出版社

中国青年出版社成立于1950年1月，直属共青团中央领导，社址在北京市东城区东四十二条21号。

中国青年出版社是中国惟一的以青年为主要读者对象的普及读物出版社，办社宗旨是：积极传播科学文化知识，努力为青年的成长、成才、成功服务。

中国青年出版社现有青春读物、社科读物、文教读物、文学读物、科普读物、艺术读物、法律读物、音像读物、少儿读物、外版书10个图书编辑出版中心，编辑出版《青年文摘》、《青年文摘·人物版》、《虹》、《青年心理》、《青年文学》5种期刊。其中《青年文摘》杂志月发行230万册左右，是中国发行量最大的青年期刊。

50多年来，中国青年出版社出版图书7000余种，发行7亿册，数百种图书在全国性图书评选中获奖。不少作品已被介绍到世界各地。

自1989年至今，中国青年出版社连续举办了14届全国青少年读书活动，总计有超过1.5亿青少年学生参加活动，在全国广大青少年中产生了广泛的影响。

自20世纪90年代以来，中国青年出版社积极拓展海外合作业务，与美国、英国、德国、日本、新加坡、马来西亚等数十家大型出版社建立了联系，并开展了活跃的版权贸易。

在中国青年出版社建社50周年之际，中国国家副主席胡锦涛曾写来贺信，鼓励全社职工要更好地为青年的健康成长服务。1998—2002年，中国青年出版社坚持正确的出版导向，坚持以广大青年为主要读者对象，出版了一批好书、优质书和获奖书，取得了较好的社会效益和经济效益。

一、五年的图书出版情况

1. 五年中出版新书、再版书及图书获奖情况：

内容＼年度	1998	1999	2000	2001	2002	总计
新书（种）	380	413	362	613	471	2239
再版书（次）	342	174	215	179	301	1211
获奖书（种）	32	28	12	30	24	126

注："获奖书"指获省部级以上奖项的图书。

2. 在服务全党全国和全团工作大局中做贡献。

1998—2002 年，我社配合全党全国和全团工作重点，在各阶段先后出版了有代表性的图书，如：《邓小平理论青年读本》、《从邓小平到江泽民领导的中国》、《真理标准问题讨论始末》、《强国之路20 年》、《'98 决战中国》（抗洪抢险）、《蝉蜕的翅膀——秦文贵的故事》、《新世纪共青团干部素质导论》、《司马南还活着》（批法轮功）、《人民的好记者》（驻南斯拉夫大使馆牺牲的烈士）、《毛泽东邓小平江泽民论青少年和青少年工作》、《中国共产党波澜壮阔的八十年》、《世贸组织基本法律制度讲话》、《迎奥运随身带英语丛书》等，及时地配合了党在各个时期的工作重点，出版社也取得了较好的社会效益和经济效益。

3. 确保了"十五"国家重点图书的出版。

新闻出版总署批准我社三种书（15 册）列入"十五"国家重点图书出版规划，包括《人生观书系》（10 册）、《人类精神文明的发展历程》（4 册）及《中国古代书画鉴定方法研究》。社里明确分工，专人负责，并从财力上大力支持。现在，前两种书已完成，后一种书正在制作过程中。

二、五年的期刊出版发行情况

五年中，我社期刊出版发行情况良好。共有期刊 5 种，包括《青年文摘》、《青年文摘·人物版》、《青年文学》、《虹》和《青年心理》。《青年文摘》被评为"百种全国重要社科期刊"，获"首届国家期刊奖"；1998 年《青年文摘》的月发行量为 100 万册，到 2002 年上升为近 230 万册。其他刊物都在平稳、健康地向前发展。

三、五年的经营状况和职工收入状况

五年中，面对图书、期刊市场的激烈竞争，我社采取了一系列改革措施，千方百计调动职工的积极性，加强管理，努力争取更好的社会效益和经济效益，不断发展壮大自己。书刊销售总码洋和收益及职工收入逐年提高，具体情况见下表：

内容＼年度	1998	1999	2000	2001	2002
书、刊发行总码洋（万元）	15000	17698	19955	20682	26195
利税总额（万元）	833	836	1354.4	1852	2432
职工年平均收入（元）	13889	15771	20593	38206	41808

四、举行庆祝建社 50 周年系列活动

2000 年，中青社举行了建社 50 周年（1950—2000）庆祝活动。中共中央政治局常委、国家副主席胡锦涛发来《致中国青年出版社建社 50 周年的贺信》，许多老一辈革命家和知名人士发来贺词。中青社分别召开了庆祝会、图书展览会、座谈会等，新老中青人济济一堂，共同庆祝中青社建社 50 周年。并出版了纪念册、50 年大事记、50 年书目和论文集。

1998—2002 五年间，中青社不断寻找差距，加强管理，书、刊并举，平稳发展。职工生活水平逐年有所提高，经济效益逐年有所增长，为以后更快、更好地发展打下了较为坚实的基础。

中国少年儿童新闻出版总社

（1998 年—1999 年按中国少年儿童出版社、中国少年报社；2000 年—2002 年按中国少年儿童新闻出版总社。）

1998 年，是中国少年儿童出版社制定和启动跨世纪的五年发展规划并付诸于实施的第一年。提出了“努力构建中少社跨世纪书刊工程，努力把中少社建成具有鲜明特色，具有市场竞争力的‘中国少儿快艇’，建设成为‘国内一流，国际知名的现代化中国第一品牌的少儿出版基地”的总体目标和保证措施。同时还制定了图书、期刊、多媒体读物、教辅读物、文化产业五个系列的五年发展子规划。1999 年，是中国少年儿童出版社的“主版书年”。坚持“在改革中求快，在发展中求快，在竞争中求快”，取得显著成效，主版书发行创历史最高水平，突破了亿元码洋大关。《不知道的世界》荣获第七届精神文明建设“五个一工程”入选作品奖、第四届国家图书奖、第四届共青团精神文明建设“五个一工程”入选作品奖、第四届全国优秀少儿图书奖一等奖、第十届冰心儿童图书奖、第十二届全国优秀畅销书奖等奖项。1998 年—1999 年，是中国少年报社以版面报道为主线，开发活动，扩大社会影响、扩大报纸发行的时期。为纪念改革开放 20 周年，《中国少年报》组织全国百城上万名小记者采访各地改革开放的成就，以《小记者特别报道中国大改革》为题刊登了小记者们的采访成果。全国第一所用回收款建立的“手拉手环保小学”在江西安义县万埠镇桃花村落成。《中国中学生报》的《上学路上问题多》报道荣获中宣部、全国人大内司委、团中央、国家教委、司法部颁发的第四届“全国保护明天”好新闻一等奖。

2000 年 5 月 23 日，中国少年儿童新闻出版总社在人民大会堂宣告成立。这一年是中国少年报社和中国少年儿童出版社的联合之年，是中国少年儿童新闻出版总社的创新之年。总社以改革为动力，实现名社名报的强强联合；以发展为主题，实现两个效益的最佳结合，全面完成 2000 年各项工作任务；以创新为目标，制定总社发展规划，部署新世纪发展格局。总社母体年利润总额 2,300 万元。

2001 年，是总社全面整合、融合、磨合之年，是总社五年发展规划的开局之年，也是“报纸年”、“财务管理年”。这一年，总社坚持以邓小平理论和江泽民同志“三个代表”重要思想为指导，按照“建制与发展并举”的工作思路，全面完成了“人事统一”、“财务统一”、“经营管理统一”、“分配奖励机制统一”的整合工作；成立中国少年儿童音像出版社，创办“中少网站”，形成“三社五报十刊千书一网”的现代传媒集团构架和产业格局构架；面向全国招聘两名高级管理人才，充实总社领导核心。确立了以“发展书报刊主业、建设中少大厦、筹建上市公司”三大任务为核心的工作重点，举全社之力推进总社效益和规模扩张。实行管理创新，强化中心运行，提高总社综合实力。《我是编辑》荣获第十二届中国图书奖。“中国少年儿童手拉手地球村”荣获由全国人大环境与资源保护委员会和福特汽车（中国）有限公司

联合颁发的“福特汽车环保奖”的环境教育与青少年项目最高奖——长城奖。“中少网站”被国家教育部、文化部、共青团中央等10多家部委联合评为“中国优秀十大网站”之一。经新闻出版总署批准，《中学生》、《婴儿画报》、《中国卡通》、《幼儿画报》进入国家期刊方阵。中国少年儿童新闻出版总社被评为2000年度“讲信誉、重服务”出版单位。2001年，是总社的喜庆之年。总社不失时机，本着“出新、务实、隆重、鼓励”的原则组织了中少总社成立1周年、中国少年儿童出版社建社45周年、《中国少年报》创刊50周年庆祝活动。当时的国家副主席胡锦涛同志专门为《中国少年报》报庆发来贺信，对中少总社的工作提出了殷切的希望和要求。报庆活动在社会上造成了广泛的影响，进一步提升了中少总社的知名度和美誉度。总社母体年利润1，418万元。

2002年,总社走过了从全面整合到平稳推进的不平凡的一年。书报刊主业发展迅速,大厦建设取得实质性突破,实现了效益年、发展年的目标。推行集团化运作机制,突出专业少儿文化特色,以发展作为第一要务,推进各项改革创新,夯实了今后跨越式发展的基础。新闻中心办报思路有根本性转变,效益提升,人心思进;期刊中心继续高速发展,加大了向“市场主导”转型力度;图书中心力推重点书、畅销书工程,优化图书结构,成效明显;资讯中心有力支援了主业建设;活动策划中心重策划,抓品牌,创效益,成为主业的重要协同军;研究中心举办“新知识讲座”,推进“学习型企业”建设;财务结算中心重细化管理,抓制度落实;管理中心继续强调优质服务,为总社发展提供有力保障;其他经营部门及社属企业抓规范经营、抓效益落实较有成效;党委、工会、团委工作充满活力,为总社发展聚集了“人气”。总社被联合国儿童基金会授予“中国地区杰出成就奖”;被中宣部、科学技术部、中国科协授予“全国科普工作先进单位”;被“中国儿童慈善活动日”活动组委会授予“公益爱心单位”称号;总社出版的《南极历险·北极历险》荣获第十三届“中国图书奖”。总社母体年利润1,682万元。

中国青少年发展基金会

（见组织概况部分）

中华儿女杂志社

一、基本情况

1. 背景

中华儿女杂志社创立于1988年，是团中央直属正局级事业单位，被评为中直文明单位

和首都文明单位。多年来,《中华儿女》以举爱国旗,当爱国者,做爱国事为原则,积极拓展各项工作。

《中华儿女》杂志是由邓小平题写刊名,共青团中央主管、全国青联主办的国家级人物系列期刊。创刊以来,多次受到读者和有关管理部门的好评,被中宣部、新闻出版署确定为全国百家重点期刊之一,被大众读书会评选为最受读者欢迎的刊物之一,被新闻出版署批准进入中国期刊方阵。

《中华儿女》以“百分之百的纪实作品,百分之百的独家文章”为特点,读者遍布党政军民学,东西南北中,是中国最有影响的人物期刊,以刊登中国当代卓越人物的传记、专访著称于世,是备受中国政界、商界、文化界和其他主流社会关注的重要平面媒体。创刊以来,发表了大量的具有一定社会影响的力作和精品文章。《中华儿女》多年来坚持以长篇人物纪实和传记连载为拳头文章,如毛毛《父亲邓小平在动乱岁月》以及《叶剑英文革风云录》、《红黄黑白张国焘》、《专机上的政要人物》等系列连载,成为读者阅读的一道亮丽风景线。特别是有些题材经过多年的深入挖掘与积累,不仅为本刊所独有,而且逐渐形成了一个个系列,如毛泽东系列、刘少奇系列、周恩来系列等,成为许多读者和馆藏的宝贵资料,不仅了解了更多的政坛内幕,也学习到老一辈革命家的崇高风范,懂得了做官做人的深刻道理。

《中华儿女》现已成为全国人大代表、全国政协委员、全国青联委员、中央机关、国务院机关局以上干部、全国一些地方处以上干部和地方人大代表、政协委员、青联委员逐期阅览的刊物。对于台、港、澳中学、大学和世界各地华人社团、研究中国问题的外国机构,《中华儿女》是不可或缺的刊物。

2. 品牌

《中华儿女》(国内政要)以党政干部、其他界别中坚人士及商界精英为主要读者对象,以传记、特写、回忆等形式,介绍老一辈无产阶级革命家的光辉业绩,宣传当代建设中有突出业绩和重大贡献的中青年杰出人物的事迹,报道海外华人、侨胞和港、澳、台胞中的爱国人士的事迹。经过十多年来的办刊实践,《中华儿女》(国内政要)杂志逐步形成了自己鲜明的内容特色。2002 年以后,根据读者的需求,刊物在选题上作了调整,完成了从第一、第二代领袖群体向第三代领袖群体的转移,从反映领袖政治生涯向反映领袖亲情家事的内容转移;从反映老一辈革命家为主向反映当代领导人的从政生涯转换。同时增加了当代青年杰出人物的选题分量,满足了不同层次读者的需求,丰富了杂志的承载量,增强了可读性,成为中华儿女系列最重要的品牌。

除《中华儿女》(政要)品牌效益更加巩固外,《中华儿女》海外版、《留学生》月刊、《中国周刊》(英文)都在已确定的市场定位基础上,不断改革,更好地贴近市场,贴近各自的读者群,逐渐形成或正在形成各自的风格特色。以《中华儿女》(政要)为主,其他几本刊物为辅的中华儿女系列刊体系已基本形成,品牌的影响力正日益扩大。

3. 特色

近年来,杂志社在办好杂志正刊的同时,积极为青联服务,为社会各界组织服务,从而出版了一系列专刊。1995 年世界妇女大会期间,杂志社组织了“写给妈妈的话”系列活动,被世妇会组委会评为“最有影响的活动”。1999 年 5 月,为纪念“五四”运动 80 周年、全国青联成立 50 周年,杂志社协助全国青联出版了画册《迈向新世纪的全国青联》,出版了《全国青联九届一次会议专刊》,1999 年至今杂志社还出版了《第五届世界华商大会专号》、《第六届世界华商大会专号》、《中国奥运龙虎榜》、《中华儿女·党的十六大专刊》,受到好评。

从1995年开始，杂志社把服务与宣传的触角伸展到全国的省地县，为地方经济服务，先后出版了《青岛专号》、《贵州专号》、《宁夏专号》、《江苏专号》、《吉林专号》、《西藏专号》、《重庆教育专号》等几十本宣传地方的专刊。

4. 活动

结合杂志举办各种社会活动，这也是《中华儿女》社会化办刊、扩大社会影响的特点之一。"港澳知识电视竞赛"、"抗日战争知识电视竞赛"、"向两会代表、委员赠书活动"、"庆祝成功申办奥运系列活动"、"让更多的海外侨胞、港澳同胞认知祖国、热爱中华活动"等多项大型活动的开展，受到社会各界人士的关注和好评，取得了良好的社会效益和经济效益。

5. 网络

中华儿女杂志社在全国有派驻机构30多家，形成了中华儿女信息网络。在建立和完善信息网络构架的同时，加强各项管理制度是重中之重。几年来，杂志社的派驻机构未发现严重违规违纪现象。以专刊、特刊、专栏、特稿、专访、署名文章等各种形式，为地方服务，辟专版，做专刊，宣传各地的优秀中华儿女，受到当地政府的好评。

中华儿女杂志社在香港成立的香港中华儿女出版社、中华文化出版社，是以出版客观公正的记述中国近现代历史人物的中文繁体字书籍为主的综合性的出版社，迄今已出版各类书籍画册数十种，不仅在香港、澳门以及台湾地区具有一定的影响，也受到了世界各地华人的欢迎。在内地，《中华儿女》以弘扬优秀中华文化传统、推动中华民族的复兴为宗旨，力争多出精品、开创品牌，编辑出版了大量以人物传记为主的图书，受到社会各界的关注和好评。

中华儿女杂志社与山东电视台联合拍摄的"中华儿女系列人物"大型专题片《中华儿女——开国共产党人的亲情家事》，再现了中华百年引领时代潮流的风云人物，用平常家事、亲情友情链接伟大，用儿女情、同志情、战友情描绘历史瞬间，已在山东卫视黄金强档播放。

通过以上立体平台的搭建、网络的建立，扩大了中华儿女品牌的发展空间。

6. 党建

杂志社党委、团委、工会紧密配合，利用各种形式，组织了多项学习，开展了一系列丰富多彩的活动，使广大党员、青年、职工在活动中增强集体荣誉感和责任感。

在开展两个文明建设活动中，杂志社党组和社领导班子努力实践"三个代表"重要思想，讲学习、讲政治、讲正气，结合杂志社的具体情况，坚持"依法办刊，以德治社，以人为本"的方针，使全社员工能够团结一致，奋力拼搏，创造佳绩。

二、主要工作

1998年10月，经团中央批准，中华儿女杂志社升格为正局级事业单位，相继建立健全党、团、工会组织，各项工作走上了一个新的台阶。

1. 品牌带出多种刊物的媒体群

《中华儿女》杂志注重为读者做精品文章，办品牌刊物。为了提高刊物质量、办好刊物，坚持正确的舆论导向，做到了扎扎实实地抓选题、抓策划、抓作者，将栏目落实到人。坚持对选题的可行性进行多方论证，使编辑水平上了一个新台阶。

为了提高刊物质量，杂志社不定期地组织业务培训班，邀请专家对编刊业务工作进行培训；为了办好刊物，坚持出版的刊物一定要体现中国先进文化的前进方向，坚持正确的舆论导向，严格把好选题关，弘扬正气，尽力提高社会效益。《江泽民与亚太经合组织会议》、《国航专机上的李鹏委员长》、《刘少奇与他的儿女们》、《田纪云：我是怎样步入中南海的》、《今

日往昔李贵鲜》等一批长篇纪实作品引起广泛关注,长篇连载《父亲邓小平在动乱岁月》、《叶剑英文革风云录》等一批重点文章受到读者广泛称赞。

2. 借助电视传媒扩大了品牌效益

为了充分发挥《中华儿女》杂志人物期刊的特色优势,杂志社在2001年与山东电视台合作,借助电视传媒的立体效果,以便使中华儿女的品牌效益得到进一步的扩大。

为了更好地反映老一辈无产阶级革命家的精神风貌及他们与子女们的亲情家事,以电视语言再现中华民族沧桑而辉煌的历史,用镜头共同品味领袖的人格魅力,为广大青少年留下一部生动、鲜活的历史教材。我社与山东电视台联合摄制的中华儿女系列人物专题片《开国共产党人的亲情家事》已于2001年12月起在山东卫视台播出。

3. 图书出版成为新的亮点

杂志社立足国内、面向海外,精心策划出一系列正面宣传中国共产党,正面阐述中共历史人物,侧面呼应党和政府现行政策的系列图书,在香港和海外产生了一定的影响,不仅参加了香港联合出版集团公司举办的图书展销会,而且在经济上也步入良性循环。

编辑出版的《红黄黑白张国焘》、《专机上的政要人物》、《中国的世纪》、《状告日本国》、《风云政治局》、《风流无毁陈独秀》、《叶剑英文革风云录》等图书受到好评。其中,《曾志——我在共产党内七十年》获芊花杯传记文学作品奖。

4. 突出主业多渠道发展

杂志社在抓好主业的同时发展实业,积极开拓新市场,形成网络经营,注重市场调节,做好商品配送工作,将外地产品打入北京市场,实行多渠道经营。在经营的过程中做到完善内部管理,制定各项规章制度,使经营管理逐步规范化、制度化。

杂志社积极开展社会活动和国际交流,以扩大《中华儿女》杂志的社会影响力。相继成立了“中华儿女书画家联谊会”、“中华儿女收藏家联谊会”,并开展了一系列活动。为纪念建团80周年,与国家机关青联共同举办了《青春的乐章》大型民族与交响音乐会,姜春云、杨汝岱及中央国家机关、团中央、全国青联有关领导出席。为纪念毛泽东同志《在延安文艺座谈会上的讲话》发表60周年,与中国传记文学学会举办座谈会,田纪云及一批著名作家出席。在每年“两会”期间,都开展向“两会”代表、委员赠阅《中华儿女》杂志的活动。

在对外交往中,先后接待了日本、韩国青年代表团;还与青海省政府共同组织了“西部商旅、走进青海”活动,接待了泰国华商华侨以及我国台湾地区的代表。在对外交流中,我社还组团出访了日本、朝鲜、韩国等国家,既扩大了杂志社在海外的影响,又结交了许多国际组织的友人。

5. 强化管理建章立制

杂志社党组和社领导班子努力实践“三个代表”重要思想,讲学习、讲政治、讲正气,结合杂志社的具体情况,坚持“依法办刊,以德治社,以人为本”的方针,使全社员工能够团结一致,奋力拼搏,创造佳绩。

社领导班子成员在民主生活会上,能够坦诚相见,襟怀坦白,几位社领导敢于批评与自我批评,一切为公,不存私心,指出每一位领导的不足,气氛活跃,效果明显。为整个杂志社的党风建设带了个好头。社党委在开展党员思想工作,发挥党员模范作用中起到了积极作用,并配合党组制定完善了各种规章制度,有力地保证了杂志社各项工作的顺利开展。

在每年开展的杂志社“管理月”活动中,党委配合党组,组织全社处以上干部述职,搞民主测评,修订规章制度,完善岗位职责,进行竞争上岗,评比优秀集体和先进个人等等。通过

“管理月”统一思想、奖优罚劣、弘扬正气,是强化科学管理的有效手段。此外,社党组在改善员工住房条件及解决骨干用车等方面做了积极的努力,取得了一定的成效。

中国青少年发展服务中心

中国青少年发展服务中心自1998年8月成立以来,坚持贯彻共青团中央提出的“把竭诚为青少年服务作为共青团工作的出发点和落脚点”的工作原则,依靠共青团、少先队组织优势,以服务于青少年学习生活、人才培训、创业发展为主要工作内容,以服务青少年、奉献全社会的诚心和爱心,凝聚和团结致力于社会公益服务事业的社会各界,共同发展青少年服务事业。

一、几年来,中心在团中央书记处正确领导和大力支持下,创建了一系列青少年兴趣社团,使之成为延伸服务手臂、增强服务功能的有效载体,也是中心承担书记处、少工委交办任务的工作平台

通过几年的建设,各社团都形成了自己的特色,打造了自己的品牌活动,吸引了广大青少年踊跃参与,在社会上形成很好的反响。

中心现有各类青少年兴趣社团共五个,分别是中国少年科学院、中国少年儿童手拉手艺术团、中国少年儿童通讯社、中国少年儿童书画院和中国少年先锋队鼓乐团。各社团根据青少年成长的生理和心理特点,针对新时期青少年的多元化需求,分层次、分类别、按步骤、有选择地开展各种形式的思想道德教育和实践体验活动,教育和引导广大青少年树立共产主义的理想信念和正确的世界观、人生观、价值观,培养创新实践精神和能力,努力成长为“四有”新人和德、智、体、美全面发展的中国特色社会主义事业建设者和接班人。

中国少年科学院成立于1999年初,是目前五个社团中发展比较成熟,机制比较完善,运作科学、规范的一个社团。目前已培育了以“青少年走进科学世界”为龙头的系列品牌科普教育项目,内容涵盖了不同年龄、不同层次、不同兴趣的青少年进行科技创新和实践的要求,成为向广大青少年传播科学思想、精神和方法的有效阵地。

“青少年走进科学世界”科普活动是由团中央、中国科学院和全国少工委共同主办,中国少年科学院承办的一项群众性科普活动,于2002年首届“国家科技活动周”启动以来,通过“小院士评选”、“争当小实验家”、“走进美妙的数学花园”中国青少年数学论坛、“科技之星”电视大赛和科普知识竞赛等具体项目的实施,每年都吸引了全国各地数百万少年儿童的踊跃参与,并且建立了一批“全国青少年走进科学世界科技活动示范基地”、“全国少年儿童科学体验活动”示范基地及“中国少年科学院科普基地”等不同层次和规格的教育基地,吸纳包括两院院士、著名科学家、优秀科技辅导员等在内的一大批热心于青少年科普教育事业的科技、教育工作者成立了“全国青少年走进科学世界科普活动专家指导委员会”,路甬祥院士担任名誉主任。2002年,中国青少年发展服务中心被国家科技部授予“全国科普工作先进集体”。

中国少年儿童手拉手艺术团成立于1999年，成立伊始便得到了全国各地许多专业团体和青少年艺术教育机构的响应和支持，相继在省会城市和大中城市建立了17个分团，构建了较为完善的工作机制和服务网络。该团已在全国发展团员数十万。先后承接了“1999年中华民族歌舞年少儿专场演出”、“2000千禧年赴港澳演出”、“2001世界女童军丝路之旅交流演出”等重大演出任务，开展了“全国少年儿童校园剧汇演”及各类歌舞、器乐展示竞赛等活动，其中2002年开展的与港澳地区11个制服团体的“同心同根万里行”交流活动得到了胡锦涛同志的亲切接见。成为发现和培养青少年艺术人才，展示新世纪我国少年儿童的艺术天赋和风采的重要载体。

中国少年先锋队鼓乐团诞生于中国少年先锋队建队50周年之际。当年为庆祝建队50周年在天安门广场举行了盛大的少先队鼓乐队检阅仪式，之后每两年一届进行全国各地少先队鼓乐队的展示、交流和比赛活动，并对各地少先队辅导员进行专业的鼓乐演奏、队形队列等方面的培训，近几年还加强了与境内外及港澳地区相关的青少年机构互访和交流。

同时，中国少年先锋队鼓乐团根据科学规范的标准，经过严格审查和筛选，在全国的中小学校每年建立一批一级分团、二级分团和三级分团，通过活动和培训推进少先队事业的发展。

中国少年儿童通讯社和中国少年儿童书画院于2000年成立。凭借一开始就在项目的开发、品牌的锻造上下大力气进行调研和论证，并在市场拓展方面尽量满足少年儿童的需求，从而激发了广大少年儿童的兴趣，受到全国各地学校、家庭和青少年的普遍欢迎。

中国少年儿童书画院通过整合各种社会资源，2002年推出的“中国青少年美育绘画”工程，得到了社会各界的广泛关注和支持，共有376位中国当代国画家、油画家、书法家参与创作了《请历史记住他们》、《奥运金牌榜》、《青春颂》、《北京故事》、《东西南北中》等五大大型主题绘画活动，张汀、吴冠中、靳尚谊等著名艺术家热心参与了这项工程，该工程被团中央授予第七届“五个一工程”奖。另外，每年举办的书法绘画培训和竞赛，使青少年书画爱好者有机会得到艺术大师的指点，在艺术的殿堂里陶冶情操。

开展社会公益活动几年来，我们根据书记处为中心确立的青少年公益服务机构的定位要求，设立了彩虹服务基金，在全国少年儿童中开展经典诵读活动，弘扬中华民族传统文化，从小培养他们的文学素养。

二、以团中央促进青年创业就业精神为指导思想，努力做好服务青年的工作，重点打造“彩虹工程”青年创业就业服务项目品牌

建立青年创业就业培训体系。为了落实团中央“关于推进青年职业教育与培训工作规划”的精神，帮助青年掌握创业、就业本领，以学习新知识、掌握新技能为突破口，进一步扶持青年创业带头人，通过短期培训、导师带徒、技能比赛、岗位训练等形式，培养青年的技能素质，帮助他们掌握和提高立足岗位创业的本领。依托各级团委、团校、青少年宫等团内阵地，联合企事业组织、培训机构、高校和职业学校，突出创业就业指导教育和市场适应力训练，建立完善的青年创业就业的培训系统，帮助青年自谋职业，自主择业，自强创业，在创业中实现就业与再就业。现阶段我中心及其直属的中国青年高级人才培训中心和北京中青职业技能培训中心已经在保险行业、人力资源、物流管理、物业管理、心理咨询、信用管理、营销培训和职业指导等领域开展实施了各项培训工作，主要体现在：

1.“职业指导师”培训：在共青团就业再就

业的工作会议后，结合当前的就业形式，中心与劳动和社会保障部协商，2002 年 12 月为共青团系统干部特批了“首期共青团系统职业指导师培训班”，赵勇书记亲临首期培训班并讲话。

2. 资格证书培训：为提高从业人员职业技能水平，帮助就业人员更快地发挥一技之长，开展了人力资源管理师、助理人力资源管理师、高级物流管理员、物业管理员、营销经理、心理咨询师、心理咨询员等国家职业资格培训。

3. 下岗职工培训：2000 年针对文化水平不高、没有一技之长的下岗失业工人首次开设了计算机、插花、空调制冷等专业的培训，帮助数千名下岗人员重新走上了工作岗位。

4. 保险行业从业人员基本资格培训和考试：中心与中国保监会北京办事处合作，取得了在北京地区的保险行业从业人员基本资格考试点的工作（地点设在位于厂桥的北京市电教馆）。这也是经保监办批准在北京地区设立的惟一一处社会考点。

5. 学历教育：为适应经济全球化和中国加入 WTO 后所面临的人才需求，提高在职人员业务素质，中心与有关院校联合，开设了基础心理学专业、发展与教育心理学专业等研究生课程班。

中国青年国际人才交流中心

一、中心工作简介

中国青年国际人才交流中心（以下简称“中心”）是共青团和全国青联从事青年专业技术人员、青年行政管理人员、青年企业管理人员的国际培训专业机构，是团中央引进国外智力工作的实施机构，具有国家外国专家局批准的国家级具有派遣赴国（境）外培训团组的资格。

中心目前与日本、美国、英国、法国、德国、意大利、芬兰、挪威、瑞典、澳大利亚、新西兰、埃及、肯尼亚、南非、墨西哥、巴西、阿根廷、港澳等 20 多个国家和地区的 50 余个友好组织、政府机构、高等院校、经济团体和著名企业保持着长期、稳定、友好的合作关系；先后派遣了 5000 余名青年团干部、青年技术人员和青年科技和行政管理人员赴国（境）外参加研修、培训和经济技术交流、项目合作等活动。组织国内外专家进行国内专业培训工作，参加培训人员达 2 万多人次；接待了来自世界各国的 100 多个国外各类专业性团组、总计 3000 余人来华交流、访问、洽谈业务。

团干部国际人才培训是中心培训工作的重要内容。近年来，累计有 685 名来自全国各地的各级团干部参加了各类国际专业培训项目。2001 年以来每年团干部国际培训规模均达到 100 人以上。

二、国际人才培训工作开展状况

目前，中心每年大约派出 500 名左右各级青年行政管理人员、各类青年专业技术人员及企业管理人员赴国（境）外交流培训、研修学习。

（一）培训方式：

1. 赴国（境）外进行岗位实习。

中心派遣研修人员赴日本松下、雅马哈、新日铁、王子制纸、大王制纸株式会社等著名企业进行 1 个月至 2 年的研修和岗位培训。

接受我赴日研修及岗位培训的机构有：日本海外技术研修协会、日中青年研修协会、友爱日中研修协会、日本青年会议所、日中建设技术友好协会、北海道机械工业会等。

2. 赴国（境）外参加各类短期专业培训和长期专业进修。

中心与美国、德国、法国、英国、澳大利亚、新西兰、日本等国家的专业培训机构和知名大学合作，派遣青年干部赴国外参加公共行政管理、企业管理等领域的短期专业培训以及英语和管理方面的长期进修，专业涉及行政管理、建筑、医药、教育、农业等20多个专业的80多个领域。

与中心合作的知名大学及培训机构有：美国罗斯福大学、美国加州大学伯克利分校古德曼公共政策学院、美国曼斯菲尔德基金会和曼斯菲尔德亚洲研究中心、美国密苏里州立大学、美国乌班纳大学、英国兰卡斯特大学、英国晓星大学、英国龙比亚大学、日本北陆大学、日本中央大学、新西兰国际人力资源开发中心、清华大学、北京大学政府管理学院等。

3. 邀请国际知名人士、权威专家、学者、优秀企业界人士来华讲学。

4. 举办各类培训班、研讨会、经济论坛，进行企业诊断、介绍国外合作项目等。

（二）培训内容：

1. 服务于团干部成长、成才，为国家经济建设服务。

实施的主要项目有：

（1）美国伯克利公共管理高级培训项目

（2）美国密苏里公共管理研修交流项目

（3）英国兰卡斯特公共管理培训项目

（4）新西兰公共管理及企业岗位实习项目

（5）团干部赴新西兰培训实习项目

（6）大学共青团干部赴国外专业交流项目

（7）国外长期、短期研修培训项目

（8）千名西部团干部国际培训项目

2. 服务于党和国家工作大局，为国家经济建设和社会发展培养各类人才。

实施的主要项目有：

（1）金融证券培训项目

（2）财务人员专业培训项目

（3）司法人员专业培训项目

（4）政府青年公务员培训项目

（5）远程教育工作专业培训项目

（6）中国建筑工程技术和管理人员专业交流培训项目

（7）高速公路建设技术和管理人员专业交流培训项目

（8）农业产业化专业技术和管理人员培训项目

三、配合团中央实施保护母亲河行动，做好国际青年人才交流工作的延伸项目

1. 经团联项目。2001年在重庆长寿县正式启动。三年来植树120万株，造林414公顷。现正与日方协商，争取5年协议期满后能够延期。

2. 小渊基金项目。从2000年开始，我中心负责的“小渊基金”重庆合川绿化植林项目和湖北宜昌三峡坝区绿化植林项目已完成4期，共造林1.5万亩，植树250万株，引进资金1亿日元。小渊基金项目的实施，不仅有效地改善项目地生态环境，造福人民，而且促进了中日民间友好事业的发展，取得良好的社会效益。

3. 日本日中绿化议员联盟植树造林项目。2002年12月，近百名国会议员组成的“日中绿化推进议员联盟”访华签署了造林绿化合作协议，2003年春季将在山西、陕西、河南三省交界的黄河两岸开始环保造林。该项目计划10年造林15万亩，所需资金10亿日元全部由日方援助。该项合作不仅有力地支持了“保护母亲河行动”，同时对中日政界的友好交往将带来深远影响，受到了党和国家领导人的高度赞许和重视。

在近几年的人才培训及国际交流工作中，以下三个特点逐渐突出：

（一）紧密结合国际经济形势和社会发展需要，培养了一批业务精、创新能力强、专业

化、复合型国际人才。

以时代需求为导向，扩大领域，突出重点，推动培训工作的全方位发展。一是突破了短期培训方式的单一格局，发展了中长期研修培训项目，满足了不同层面的研修培训需求，为更多的青年出国深造提供了服务；二是研修培训内容的专业化、系列化，目前已形成行政管理、工商管理、项目管理、专业技术、青少年事务等系列化研修培训、专业交流项目；三是根据国家经济发展和结构调整的需要，配合国家西部开发及东北重工业区改造战略，开发重点项目，使我们的青年国际人才培训工作无论是规模上还是质量及实际效果上都有了明显的提高和进步，为我国的改革开放和经济建设培养了大批骨干人才。

（二）环保、人才、经济合作相结合，形成新的工作链条关系。

经济全球化、人才国际化、国际事务协同化为人才工作的开展提供了更多的机遇和更大的空间。中心的国际人才事业更能深切地体会国际风云变幻带来的影响，在长期的不断摸索和资源积累中，形成了环保事业、人才事业和经济合作新的链条关系，相互促进、共同发展。比如，保护母亲河项目的开展对中日间的环保合作乃至经济合作、人才培养工作都产生了广泛的影响。主要原因是日方捐资企业都是日本乃至世界的著名企业，如丰田、松下、本田、日产、雅马哈、新日铁、三井住友、伊藤忠、丸红、日商岩井等，通过该项目来华植树，同时还接受我派遣的研修生，为研修生提供在日本学习和实习的机会；有些企业对来华投资产生兴趣，比如王子造纸公司决定投资2000万美元在南通建大型造纸厂，雅马哈已做在华投资的准备。

（三）国内、国外教育、经济、文化资源相接合，形成内外两个市场、两种资源的有效衔接。

中心一直致力于中国青年与世界青年在文化、艺术、教育、经济领域的交流活动，与国际上十几家教育机构及上百所各类院校建立了长期、稳定的合作关系，如美国罗斯福大学、美国密苏里州立大学、英国晓星大学、日本北陆大学、日本中央大学、新西兰国际人力资源开发中心等。良好的互动关系为中心长期研修、短期培训、专业交流、留学服务工作的有机结合提供了良好的条件和可靠的保证。

通过国内外两种资源的合理充分运用，我们还为国内企业提供综合服务，为中外企业间的经济合作及民间友好往来牵桥搭线。比如，争取日本王子造纸公司为山东华裕集团赠送了价值1.2亿元的造纸成套设备；争取日本三菱化工企业为内蒙古黄化集体捐赠了价值400万元的技术性能在国内尚属领先水平的双螺杆大口径塑料管道成型设备；由我和日方友好组织牵线，北京—上海—日本福岛实现了定期航班通航；大连市与日本相马市集装箱船运通航签了协议。还有通过友好合作，促成新西兰国际人力资源开发中心争取政府资助，派遣教育专家并提供经费对甘肃省少数民族地区小学校长和希望小学校长进行系统培训；由日方友好合作组织出资为贫困地区青年教师设立奖励基金等项目。以上这些成绩的取得，都是通过国际研修培训工作，不断加深友好合作关系发展而来的。随着知识经济的到来，经济全球化趋势的明显加快以及我国加入世贸组织，对青年国际人才培养工作提出了更高要求。为此，我们必须与时俱进、开拓创新、锐意进取，以“三个代表”重要思想为指导，认真贯彻落实党的十六大精神，在团中央书记处和国家外国专家局的领导下，不断开创青年引智工作的新局面，为实现党的十六大提出的全面建设小康社会的奋斗目标做出应有的贡献。

中国少年先锋队事业发展中心

中国少先队事业发展中心是由团中央书记处、全国少工委领导的自收自支的全民所有制事业单位（正局级），成立于1994年3月。中心成立近十年来，始终坚持为少先队组织服务，为广大少年儿童服务的宗旨，努力进取，勤奋工作，取得了社会效益和经济效益协调发展的阶段性成果。为配合少先队的中心工作，加强少先队组织基础建设，扩大少先队教育领域以及增强少先队的整体实力做出了一定的贡献。

几年来，中心在巩固、推动《辅导员》杂志健康发展的基础上，拓展工作领域，逐步建立了《少先队小干部》、《中国少年雏鹰网》等一批新的宣传工作媒体。

《辅导员》杂志是全国少先队工作的队刊，长期以来始终得到团中央书记处、全国少工委的高度重视和充分肯定，在全国辅导员中具有广泛的影响。五年来《辅导员》杂志共刊登少先队理论指导性文章100余篇。先后推出浙江温州“雏鹰行动”及“雏鹰奖章”活动典型经验；大连、青岛开展“雏鹰假日小队”活动经验等一系列经验性文章，并刊登专版20个。总结、推广辅导员个人典型，先后推出了贾福莲、刘让贤等优秀辅导员典型事迹50个。先后举办全国辅导员培训班10次，培训辅导员2000多人次。全国辅导员手拉手活动已有近10万辅导员参加并为联谊校建书架1000个；在低价优质的前提下扩大发行量，经济收入逐年增加。

经团中央、国家新闻出版署批准，《少先队小干部》杂志于2001年1月创刊发行，成为全国惟一面向少先队小干部的权威性强、有儿童特色的少先队教育期刊。为使少先队更加适应社会飞速发展的需要，加快少先队工作信息化进程，中心1998年初开始与上海中国通公司联合筹建中国少年雏鹰网。在全国47个城市试点成功的基础上，联系会员500多万，每天点击人数达1万多人次，在国内教育类网络中名列前茅。全国少工委为此专门印发了中少发[1999]15号文件向全队推广。中国工商银行向全国少先队员免费赠送500万张“牡丹雏鹰卡”，社会反响强烈，少年儿童普遍欢迎。中国少年雏鹰网已被中国互联网络大赛组委会“爱立信杯”中国优秀网站评选为中国百家优秀网站，此次评选是惟一由政府批准和指导的国家级网络赛事。

几年来，中心注意抓好少先队的基础产业建设，为少先队组织和少年儿童的健康成长提供更丰富的物质产品和经济支持，拓展为少先队服务的新领域。

投资1000多万元建立的“全国少年军校总校”挂牌并首批接待来自全国18个省、区、市的少年军校学员。成功举办了第二、三届“全国少年军校检阅式”。中共中央政治局委员、中央军委副主席、国务委员兼国防部长迟浩田上将，团中央第一书记周强，书记处书记赵勇及教育部、北京军区等方面的领导同志参加检阅式并给予高度评价。

1996年成立的北京中少雏鹰用品中心，三年来经营额200多万；“饮水工程”经过曲折的发展过程，现在已进入正常轨道，共有浙江、安徽、吉林、北京、山西、天津、山东等省市建立饮水企业，150所学校近10万名师生受益；全国青少年卡丁车运动委员会在团中央、全国少工委和国家体育总局的支持下，制订了委员会章程（试行）；编写了青

少年卡丁车初级培训大纲；编写了初级培训教材；制订了少年车手执照管理办法，并为在培训中取得优良成绩的青少年颁发车手执照；建立了一批青少年卡丁车培训基地，为卡丁车普及奠定基础；举办青少年卡丁车夏（冬）令营活动，为青少年素质教育开辟第二课堂；举办卡丁车赛事，扩大卡丁车运动的社会影响。参加夏（冬）令营活动营员1000余名，受训少年儿童10000余名，教师1000余人；350余人获得少年车手执照；已连续举办两届“全国青少年卡丁车锦标赛”，140名选手参赛；赛车国产化的卡丁车样车已经生产出来，逐步开拓市场，批量生产。目前，大部分项目正处在开发建设中，项目正常运转后，将为少先队事业发展提供更大的经济支持，中心的总体实力将进一步加强。

中心广泛寻求社会支持，建立少先队组织与企业“手拉手”共同为少先队事业发展服务，为少年儿童服务的新型工作方式。几年来，中心进行了一些有益的探索和尝试。吸引社会力量支持，配合少先队中心工作，组织了一系列活动。

主要活动有：“亿万儿童绘祖国”活动；“清溪杯”全国少年儿童管乐团友谊表演赛；“我爱妈妈、我爱和平”世界儿童手拉手活动；“我爱和平”邮票设计大赛；“写给未来一封信”有奖征文活动；“全国少年军校成果汇报会”；“首届中华校园歌曲电视大赛”等。这些活动大大丰富了雏鹰行动的教育内容，广泛调动了少年儿童的积极性，总计有数百万少先队员参加这些活动，受到领导、老师及社会各界的普遍好评。

组织开展了丰富多彩的夏（冬）令营活动，先后安排和接待了朝鲜、韩国、美国、瑞士、法国、东南亚少年儿童夏令营和友好交流活动，共6000多人次参加。开阔了少年儿童的视野，增进了少先队组织与国际儿童组织间的交往。

特别注重了少年儿童文化用品的开发，编辑出版了少先队工作软件；拍摄了“祖国在我心中”32集电视专题片；制作了电脑普及教学电视片“憨憨漫游电脑世界”57集；出版了《祖国知识题库》丛书；合作出版了《电脑十万个为什么》3套15册；推出100首优秀校园歌曲并录制出版了录音磁带；发行了《少先队礼仪和少年儿童日常行为规范》录像带。印制了“纪念少先队建队50周年邮资明信片”，由国家邮电局面向全国发行600万张，扩大了少先队的社会宣传；设计、发行了“少先队建队50周年”纪念章、纪念表，为建队50周年活动提供资金支持200万元；河南教育音像出版社投资100多万元与中心一起承办摄制了电视文献片《星星火炬》12集面向全队发行，其中精选的6集准备在中央电视台黄金时间播出；为普及航天科普知识，加强对广大青少年进行爱国主义教育和国防教育，中心与航天工业总公司投资200多万元共同举办了“中国航天科技普及巡回展”，展览有实物45件，200多块展板，先后在成都、重庆、自贡等地展出，参观人数达10万人次，社会反响良好。编辑出版了《红领巾书库》1套20册，涵盖了少先队教育、活动、少年英雄、队史、重要会议文件等内容，是一套少先队工作不可多得的资料库。实体项目的开发和精神产品的推出有力地配合了少先队的中心工作，丰富了少先队的组织生活，在社会上产生了广泛的影响。

团中央网络影视中心

团中央网络影视中心是中央机构编制委员会办公室批准成立的正局级事业单位。其宗旨是根据国家关于网络和影视管理的政策法规，认真贯彻落实团中央书记处关于全团信息化建设的有关要求，通过创办“中青网”，制作、引进、发行青少年影视音像文化产品，开展青少年文化教育和交流活动等，为全国的青少年服务，为团的中心工作服务。现将主要工作总结如下：

1. 中青网作为全国最大的青少年服务网，面向社会提供信息、数据库、邮件、网上交流、网上多媒体、网络远程教育、电子商务等网络服务，同时为团中央各部门、各直属单位及团的各级地方组织提供网络服务。1999 年 5 月 4 日中青网正式开通，在团中央的领导下，成为服务于全国共青团组织及青少年的专业性网站。1999 年 10 月首次网上直播“首届青年职工互联网应用大赛”。2000 年 6 月 11 日“儿童表达中心”成立，该中心由联合国儿童基金会、中青网和中国社会科学院新闻所媒介与青少年发展研究中心共同发起成立。2000 年 7 月 16 日原中共中央政治局委员、书记处书记丁关根同志参观考察中青网。2000 年 8 月 7 日保护母亲河网站开通。2000 年 10 月 20 日青少年法律网开通，该网站是中青网与中国青少年犯罪研究会青少年法律援助与研究中心合作开办的栏目，其宗旨是在国家法律法规规定的范围内开展青少年法律援助、咨询法制宣传教育及有关的研究活动。2000 年 10 月 27 日中国青年新论坛直播，中国科学院副院长白春礼院士作了题为《21 世纪科技发展趋势与中国科学院知识创新工程》的主题演讲。2001 年 2 月 7 日国务院新闻办公室副主任杨正泉等领导在团中央书记处第一书记周强、书记处书记孙金龙的陪同下到中青网考察工作。2001 年上半年，在少工委的指导下，中青网成功开展了“首届中国少年网络之星”评选活动。2001 年 6 月 28 日以弘扬爱国主义精神和革命传统为主要内容的“血铸中华”和“民族魂”网站开通，中共中央政治局常委、全国人大常委会委员长李鹏为网站亲笔题词：“继承先烈遗志，发扬革命传统，致力振兴中华”。2001 年 10 月，中青网联合国内 100 家中文网站共同开展“向英烈献一束鲜花，迎建国 52 周年”公益活动。2002 年 2 月 1 日共青团中央书记处第一书记周强、常务书记孙金龙、书记处书记崔波、胡伟、杨岳等领导视察中青网。2002 年 3 月中青网策划、制作了大型专题——《永远跟党走——纪念建团 80 周年暨五四运动 83 周年》。2002 年 9 月 29 日参加“中越友好会见”活动的越南胡志明共青团中央第一书记黄平均及随行人员对中青网进行参观考察。2002 年 11 月 27 日中青网内部论坛开通。2002 年 12 月 3 日中青网开通“民族精神”论坛，论坛旨在贯彻十六大精神，发挥中青网教育引导青少年的作用，利用网络开展青少年民族精神、爱国主义精神培育工作，努力开创一个鼓励青年奋发有为，陶冶爱国情操，振奋民族精神的爱国主义教育阵地。2002 年 12 月 26 日网上毛泽东纪念改版。该纪念馆的开通，已成为广大人民群众缅怀和纪念毛泽东同志的网上纪念馆，成为对青少年进行爱国主义教育的又一个网上基地。

经过 5 年的发展，中青网已经成为国内最大的青少年网站，被列入国家重点扶持的 8 家新闻宣传网站，日益成为广大青少年学习知识的阵地、交流思想的家园和文化娱乐的场所。中青网建设了“血铸中华”、“民族魂”、“三个

代表”学习实践网站、青少年道德网和毛泽东、邓小平等100多个专题纪念网站，形成青少年爱国主义教育网站群。中国共青团网站被评为政府上网工程网站建设示范单位，以中青网为龙头、包括300多个团属网站的工作网络，在各级团组织和广大青少年之间架起了信息时代的新型桥梁。中青网拥有“中国共青团”、“新闻中心”、“青年在线”、“青少年园地”、“道德”、“文明”、“英语版”七大版块，170余个子网站，1000多个栏目，形成了由文本、图片、音视频等各种信息资料的约120G的庞大数据库，日均点击量稳定在500万次以上，受到了广大青少年和全社会的欢迎，被誉为青少年学习生活的良师益友，共青团创新发展的新型载体，全社会信息建设的重要平台。

2. 中国青少年社会服务中心是由共青团中央和全国青联批准、在国家工商局注册成立的团属国有企业，以“面向大社会，服务青少年”为工作宗旨。从1999年开始至2002年，连续举办每年一届的中华青年婚礼大典活动。

3. 中青网络家园是经文化部批准的全国连锁公司，提供上网服务、开展远程培训、图书音像发行等综合文化业务。2002年11月团中央网络影视中心第一个被允许开展全国性互联网上网服务营业场所连锁经营试点。

中国青年旅行社总社

1997年底，以青旅总社为主发起人创建的中青旅控股股份有限公司(简称：股份公司)正式成立。青旅总社与股份公司进行了人员、资产、经营管理等方面的剥离。1998年起，青旅总社结合自身特点，确定经营方针，调整工作重心，努力实现投资的良性循环，主要做了以下几项工作：

一、从企业实际出发，确定经营方针，促进经济运行的良性循环

青旅总社在股改上市后，自身面临着一定的困难和压力，在基本摸清总社资产的基础上，进行了认真的分析研究，确定了“收缩战线，停止亏损，盘活资金”的十二字方针，对总社的几家全资和控股企业的经营状况逐个进行了分析，并针对不同企业的不同情况，采取了不同的措施。

首先，针对原中国青旅实业发展公司的亏损，一方面采取停止经营，清产核资；另一方面利用中国青旅实业发展公司这一品牌，整合社会资源，实行资产重组，形成优势互补。按照市场经济规律和现代企业制度的要求，总社以品牌这一无形资产入股，其他几家企业以资金入股，组建了新的中国青旅实业发展有限责任公司。这样有利于发挥各自优势，开拓市场，共谋发展。

第二，清理整顿，出让股权，收回投资。中青旅西北实业发展有限公司是总社与甘肃青旅于1996年组建成立的。公司成立后的主要经营项目是在兰州建设“青旅大厦”，几年中总社共投入资金近1500万元。但由于管理不善，青旅大厦的建设进度缓慢，牵制了总社的资金。为了及时收回投资，经过我们与甘肃青旅协商并在兰州市积极寻找新的合作者，目前已收回投资1050万元，剩余450万元正在催促之中。桂林帝苑酒店是总社与日方合资经营的大型五星级旅游饭店，是总社

较大的一项投资。2000 年，总社联手中青旅控股股份有限公司共同挤压合资外方，将桂林帝苑酒店全部股权一次性转让给中青旅控股股份有限公司。

第三，以改制促进发展，解决总社债务问题。上海企业发展公司是总社的全资子公司。因近几年建设“泰德花苑”商住楼工程，在银行贷款数额较大，加之一期工程施工完毕后，接着又上二期工程，资金周转出现困难，拖了总社后腿。为实现企业经济运行的良性循环，必须走改革之路，以改制盘活资产。2002 年，我们已将上海企业发展公司改制为上海控股有限公司，吸收两家民营企业，各占总出资额的 10．715%，总社占总出资额的 78．57%，改制后的公司将于 2005 年前分 5 次全部偿还债务，并同时解除总社为上海企业公司的银行担保。

二、发挥优势，孕育新的经济增长点

枫苑饭店是一个老企业，其所处地理位置优越，有发展潜力，但由于饭店规模有限，项目单一，设施档次较低，制约了它的发展，限制了潜力的发挥。经过认真分析和市场预测，我们明确了它的优势和不足，决定通过实业公司吸收社会资金进行投资，对饭店进行加层改造。使饭店在原基础上增加面积近 7000 平方米，客房由 118 间增至 218 间，并增加了游泳、大中小会议室及娱乐设施，整体建筑档次提高了。枫苑饭店更名为东交民巷饭店后，给人以焕然一新的感觉，并创造了较好的经济效益。

中青旅江苏置业有限公司成立于 1997 年，总社为其控股公司。1999 年，总社投入的资金已全部收回。该公司在南京市房地产业中小有名气，主要是其开发建设的房地产项目，速度快，质量好，得到了业主及业内人士的赞许。中青山庄是中青旅江苏置业有限公司 2002 年的在建项目，占地 50 亩，总建筑面积 7 万平方米，共建 13 幢住宅楼和一个地下车库，这一项目的建设及其完工，将使中青旅江苏置业有限公司的实力和信誉迈上一个新的台阶。

高新技术产业将在未来经济发展中占主导地位，是企业获得可持续发展的重要保证。本着这样的目的，我们在发展高新技术产业方面进行了大胆的探索。目前，中国青旅实业发展有限公司组建的标普纳米测控有限公司，已成功开发出“纳米测长仪”和“量块快速检测仪”两项高新技术产品，并通过了由中国工程院院士及国内相关领域 11 位专家组成的鉴定委员会的鉴定，拿到了国家质量监督检验检疫总局颁发的科学技术成果鉴定证书。

三、发挥主导作用，促进中青旅控股股份有限公司的健康发展

作为中青旅控股股份有限公司的控股母公司，五年来，我们积极发挥主导作用，使上市公司有了更进一步的发展。

一是不断调整公司的发展战略，以促进经济效益的稳步增长。五年来，中青旅控股股份有限公司几经调整公司发展战略，收到较好的效果，创造了骄人的业绩。五年来，公司总资产达到 17.4 亿元，净资产达到 10.9 亿元。上述业绩，得到了社会的认可。1999、2000、2001 年公司入选“中国最具发展潜力上市公司 50 强”；1998、1999、2000、2001 年排名“中国百强国际旅行社”第二；1997、1999 年获第七届、第八届“首都旅游紫禁杯”先进企业称号；2001 年获第九届“首都旅游紫禁杯”最佳企业称号。

二是适应市场发展趋势，进入新经济领域。五年来，中青旅控股股份有限公司在创新中成长壮大。从资本运作开始，参股北京科技风险投资股份有限公司，收购港青旅，搭建海外扩张的平台，构建境外投资和海外经营网络，到投资设立中青旅电子商务有限公司，引入连锁经营模式及内部管理信息系统和介入地产投资业务等方面，作了有益尝试，使得中青旅控股股份有限公司利用上市资源和资本

运营手段在旅游、高科技、房地产等业务领域中稳步发展,屡创新高。

四、加强对中青旅集团的领导和管理

经国家旅游局、国家体改委批准,中青旅集团于1988年成立,后于1996年经国家工商局核准,但一直没有办理注册手续及刻制印章。2000年,我们把中青旅集团重新登记作为一件大事来抓,把它看成集团生存发展的大事,也是凝聚着青旅人20多年来共同艰苦创业、改革开拓而组建起来的旅游行业的一个集团。我们认为这支队伍不能散,这面旗帜不能倒。为此,我们历时半年时间,完成了中青旅集团的重新登记注册,刻制了中青旅集团的印章。随即,我们又对地方青旅进行了集团成员单位的重新登记,从中进行筛选,逐步形成参、控股及商号管理等多种形式的集团模式。

与此同时,我们加强了对“中国青旅”商号的管理,下发了《关于加强对中国青旅商标管理的规定》,以维护“中国青旅”商号的形象和信誉。我们针对一些地方旅行社擅自使用和不规范使用“中国青旅”商号的情况,加强了管理的力度。通过委托各省市青旅监督和建立商号使用审批机制,使商号管理走上了规范化、法制化的轨道。对违规的成员单位进行严肃处理,对个别旅行社作出了开除中青旅集团的处理。

中日青年交流中心

中日青年交流中心是目前全团规模最大的青年交流设施。它矗立在北京亮马河畔,是中日两国合作的结晶和两国人民世世代代友好的象征,它是中日两国政府共同出资兴建的一组美丽的群体建筑,占地面积7.2万平方米,建筑面积8万多平方米。由中日两国工程技术人员联合设计、共同施工而建成。它造型独特,融合了传统建筑美学和现代美学思想,新颖美观,被誉为“凝固的乐章,无声的诗篇”,它的主体建筑有21世纪饭店、世纪剧院、教育研修楼、银橄榄游泳馆及网球场以及留学生公寓、国际中学教学楼等。设施先进,功能齐全,是开展大型国际交流活动的理想场所。

中心的21世纪饭店是喻意青年人纯洁挺拔的树干造型,是三星级涉外宾馆,主楼设有365套标准客房,10个套房,附设中餐厅、日餐厅、韩餐厅、咖啡厅及大宴会厅,并设有商务中心、娱乐中心、会议中心、购物中心、美容中心、健身中心等设施。

中心的世纪剧院呈嫩芽出土状,溢散着青春朝气,是具有国际水准的一流剧场,备有1713个软座观众席,大型旋转升降舞台,配有升降、伸缩的台口,拥有300平方米排练厅、11个化妆间、300平方米的道具间、拥有日本RAMSA、松下、三精、JRC等著名厂家提供的全套音响、灯光、舞台机械、无线同声传译等专用设备、电脑自动调光布光、均恒室温等先进设施设备。位于世纪剧院地下的国际会议厅,设有400个软席座位,备有6种语言的无线同声传译设备,设有布景吊杆与升降弧形大幕、电影银幕、可升降投影仪等。

中心的教育研修楼造型象征友好桥梁,拥有设备一流的语言视听室、配有多功能专用烹饪台的烹饪研修室以及服装研修室、舞蹈研修室、器乐研修室、声乐研修室、书法、绘画、雕

塑、茶道、花道等研修室40间,能够同时接待上千人进行研修学习。以此为载体所成立的国际青年研修学院,经过多年努力,以良好的管理和教学质量,先后经国家教育部批准具备了由境外直接招收留学生、涉外留学中介和国家汉语能力测试考点等资格。随后成立了世青中学,国际小学、国际幼儿园,形成了较完善的教育体系。

中心的银橄榄游泳馆以象征和平意义的橄榄为造型,设有50米×21米、8泳道国际标准比赛泳池,可容纳712名观众的看台,拥有日本服部精工、东西化学株式会社、松下等公司分别提供的符合国际正式比赛标准的电子触摸式自动计时装置、电脑控制的恒温系统、水处理系统,特殊音响、升旗装置等,并设有水下观测摄影窗。可供国际游泳比赛、水球比赛、花样游泳比赛及日常训练使用。

一、中心五年主要工作

中心的经营工作稳步发展，不断增强自身实力，为企业的持续与长久发展创造条件。1998年是中心贯彻党的十五大精神，把企业内部的改革和中心各项建设推向新阶段的一年，是在各项经营指标连年大幅度递增的基础上进一步解放思想、抓住机遇、开拓进取、再图发展的一年。1998年全系统经营收入达到13062万元（含下属公司年度收入），在1997年的基础上递增8．7%，考核利润达到2144万元。在保证完成利润的前提下，提取固定资产折旧1654万元，提取大修理基金700万元。1999年面对国内旅游市场低迷、消费不振、行业竞争等不利因素，中心经营工作遇到了自1991年开业以来最为严重的困难。在此形势面前，我们坚持以经营工作为中心，充分发挥自身优势，积极开拓进取，努力增收节支，创营业收入6113万元（自1999年起改变了统计方式与口径，不再综合包括各下属公司营业收入额），保证了经营工作继续平衡、健康地向前发展。2000年中心按照报经团中央书记处批准的全年工作计划目标，经过全体员工勤奋工作、不懈努力，全面实现了年度经营指标，完成收入7060万元，全年实现营业收入较1999年增长近15%，在工资增长、实行企业房补等项成本增加近400万元的情况下，所创利润增加3%，使经营工作稳步向前发展。2001年中心在书记处的领导和关怀下，全体员工在上一年取得较好成绩的基础上，继续奋发努力，使中心的效益得以保持基本稳定，经营收入6764万元，营业利润基本持平。中心在本年度承接了21届大学生运动会水球比赛项目的接待工作，依托良好的硬件基础，以及国家体委、大运会组委会、北京市外办、财政部、团中央的大力支持，接待任务得以圆满完成，受到各方面的高度好评，同时取得了良好的社会效益和经济效益。2002年中心经全体员工的艰苦努力、辛勤工作，各个经营部门都完成或超额完成了各自所承担的创收任务，经营收入经营效益较前年有明显增长，中心全面实现了年度经营计划指标；并以对外交流工作纪念中日邦交正常化30周年为契机，全面促进、重点推进，实施了一大批有规模、有影响、有效益的双边及多边项目；中心院内及秦皇岛高校后勤基地、在中关村高新技术园的开发项目有了显著进展，已成规模并初见效益。中心2002年实现营业收入8087万元，较2001年的6764万元收入总额增长近20%，较2001年度减少经营亏损244万元，减亏近46%，本年度经营性亏损额比计划减少8%，这一成果的取得来之实属不易，主要原于认真学习十六大文件，把贯彻十六大精神作为推动中心各项工作发展的动力。

二、中心的外事工作开辟多种渠道、多种途径,注重民间交流,努力打开对外交流工作局面

1. 坚持以对日交流工作为重点,体现中心的基本运营宗旨。

中心作为中日两国政府兴建的青年交流设施，对日交流工作是工作重点，努力开展以对日交流为重点全方位的国际间青年交流项目是中心基本的运营宗旨。近几年来，中心充分利用自身所拥有的设施、设备及开业12年来所形成的影响，努力实现着中心运营宗旨。首先在交流对象确立以日本的交流为重点。由于中心的性质、特点、历史所决定，在日本有一定的知名度，从这一基础出发，中心开展交流工作时始终坚持以对日为重点，包括文化、教育、旅游等方面的项目，做到稳步发展，不断提升。尤其在2002年抓住纪念两国邦交30周年，开展中国年、日本年活动的契机，广泛联络、精心组织、周密实施，使中心的对外交流工作呈现近年来的一个新的高潮年份。全年主办、承办、接待来自日本的交流团体、举办各类交流项目36次，是近五年最多的一年；前来的日本交流团体规模在百人以上的有六次之多，而且规格提高，去年来访的日本交流团体不少是由日本的知名人士亲任团长，如日本参议员、日本中国研究中心会长松田岩夫、日本休闲协会会长川村皓章、日本和服协会会长清水都岐子等等。其次是交流形式丰富多彩，实施的来自日本的交流项目内容十分丰富，有和服、茶道、花道、吟诗、和纸、舞蹈、体育、休闲等等，涵盖了日本传统文化与现代艺术的各个方面，其中最具代表性的是日本宝塚艺术团再次来访演出剧目；而且交流活动开始走出中心，造成广泛社会影响，所举办的对日交流活动，不像以往，仅在中心世纪剧院进行，而是走出了剧院、走出了中心，有多项是在八达岭长城、紫禁城太庙、钓鱼台国宾馆举办的开幕式及表演、展览活动，使民间交流真正走入民间。此外在以往相对薄弱的对日教育研修交流领域方面取得了进展，除了多年的与日本里千家茶道、池坊花道的合作项目外，通过与日本私立大学协会（科斯莫公司）、日本中国语能力鉴定检测协会、日本国际交流事业团等团体合作开展长、短期留学生、修学团队、日本汉语测考、日本传统艺术讲座等方面交流活动，产生了广泛而良好的社会影响。2002年对日交流工作成绩的取得在于把握与抓住机遇，在两国政府举办下，形成有利双边交流活动开展的氛围，中心利用自身条件及时捕捉住有利的因素乘势而上；同时依靠多年来形成的可靠交流伙伴如日本日中文化事业社，日本青年馆等，分别在文化艺术与友好团体方面促成了众多交流项目。实践证明，开展对日交流之际进行自身的联络拓展外，必须有稳定、有能量的日方合作单位，方可取得事半功倍的效果。与中心有着十年合作关系的日中文化事业社一年中就与中心共同举办了22项交流项目；自中心筹建时期就与中心有合作交流关系至今密切往来的日本青年馆，通过与其交往，中心与日本岩手、北海道、枥木、名古屋、山口、冲绳、宫城、滋贺等地青年馆及安城、古川、千叶等市的青年组织学校在去年中促成了交流项目的实施。中心通过与日本有关方面共同努力，开展了丰富多彩的交流活动，为纪念邦交正常化活动增添了光彩，为发展中日友好合作也做出贡献。

2. 充分发挥中心对外交流的窗口与桥梁作用。

在以对日交流为重点的基础上，继续推进全方面对外交流工作开展，体现中心特色与作用。在着力开展对日交流项目的同时，中心在以往历年开展工作基础上继续稳定推进与世界上其他国家及港澳地区的交流工作，接待承办了美国费城交响乐团、英国百老汇音乐团、澳大利亚墨尔本交响乐团、奥地利维也纳乐团、德国科隆交响乐团、爱尔兰民间歌舞团、意大利歌剧团、印尼民族歌舞团等十几个外国艺术团体的演出活动，以发挥中心对外交流窗口与桥梁的作用。同时中韩

交往日益扩大，来京韩籍人员日渐增多，通过逐步了解，利用中心设施的韩国人已占相当大比例，文化艺术、教学、商务等方面活动在此举办，韩国釜山交响乐团、韩籍歌手金莲子演唱会、中韩歌手演唱会等较有影响项目的实施说明了承办中韩交流项目成为中心对外交流中重要组成部分。

3. 积极开展文化教育交流，拓展教育平台，培养国际人才。

中心作为共青团组织最大的国际交流活动设施，开展教育研修项目拥有良好硬件条件，自1994年起适应改革开放形势发展的需要，在原有的教育研修部这样一个内部部门基础之上，经教育主管部门批准成立了国际青年研修学院。经过十年来不断努力，持续投入，又相继兴办了青苗双语国际幼儿园、世青国际中学和留学服务公司、青苗国际小学等教育机构，规模得以不断扩大，上述教育机构目前在校在学各类学生近800名；教学体系得以完善，形成了从成人学生、全日制中学、小学、幼儿教育成龙配套的以外籍学生为主的国际教育体系；教学质量稳步提升，通过聘请外教，获得国际文凭组织（IBO）授权，建立与国际教育标准接轨的教学保障机制，使由此毕业的学生质量得到社会的承认。1998年以来研修学院学习汉语的加拿大留学生考瑞，学业结束后被中国国际广播电台考核录用，现为《金曲调频》栏目和中央电视台《疯狂英语》的节目主持人；通过以上的工作努力和取得的成果，中心的涉外教育不仅得到国家教育主管部门的肯定与支持，同时也取得良好的社会影响。尼日利亚驻华使馆曾照会北京市市长就世青国际中学的教学与管理提出赞扬，为此周强同志在刊登此事的北京市外事通报上批示予以肯定和勉励。

中心作为团中央资产最大的产业、自负盈亏的国有企业，开展对外交流项目既为实现自身应有的社会效益外，其最终着眼点在促进企业经济效益的提高。近年来，中心所实施的文艺、教育、体育、旅游方面的交流项目都直接或间接促进了中心收益的增加。同时由于中心世纪剧院多年来为促进中日文化艺术交流所起到的作用，经过向日方争取，通过日本国际事业协力团渠道，获得了作为日本政府无偿援助项目后续援助近1亿日元，解决舞台设备、灯光、音响设备维修的燃眉之急；中心银橄榄游泳馆通过承担2001年第21届大学生运动会水球比赛项目，获得国家财政部400万元维修专款，全面维修了设施。在实践中体会到，中心要取得长远、持久、稳定的发展，就必须积极促进自身对外交流工作的开展，走以社会效益实现促进经济效益提高的路子。

中国青年实业发展总公司

一、基本情况

中国青年实业发展总公司是共青团中央的直属企业，组建于1993年12月，注册资金5000万元。

1998—2002年，中青实业在团中央书记处的领导下，坚持以发展实业为基础，以高新技术产业为主导，积极参与市场竞争，不断拓宽经营领域，确立了以进出口贸易为主营业务，以药业为投资主业，同时发展证券投资、汽车销售业务的经营格局，取得了较好的经济效益和社会效益。

公司推行市场化管理，设有国际贸易部、投资部、物业部、财务部、办公室五个直属部门，一个投资企业——嘉事堂药业。公司实行全员劳动合同制，经营管理人员实行聘用制。资产总额9576万元。

二、主要工作

1. 积极拓展国际贸易业务。

中青实业是团中央系统惟一具有进出口权的企业。主要从事机电产品、电子元件、化工原材料、建筑材料、纺织品、保健品、工艺品、中药材等商品的自营和代理进出口，同时办理中外合作生产等项业务。多年来，公司在国际贸易方面积累了一些经验，发展了一些固定客户。公司根据经营结构调整情况，把国际贸易业务作为公司的主营业务，在资金结算、服务等方面给予重点支持，积极稳妥推进国际贸易业务的发展。

亚洲金融风波后，全国进出口业务一度处于低迷状态，在困难的条件下，公司克服没有生产加工基地等不利因素，积极寻求适合的贸易项目，适时调整进出口结构，把握政策机遇，发挥代理服务品牌优势，积极开辟新市场、新客户。至今贸易部门已与美国、澳大利亚、日本、韩国、台湾、香港等国家和地区的客户建立了密切的业务合作关系。

多次参加国家重点建设项目招标。先后中标的项目包括：江苏高速公路指挥部设备招投标、宁宿徐高速公路国际招标、丹山大陆连岛工程响胶门大桥伸缩缝钢材招标和国家863重点科研单位长春光机所进行技术改造和设备更新进口项目等。同时，参与北京家具行业重点企业进口意大利板材、参与引进最新技术板式家具生产线招标均获得成功。

目前，公司进出口产品涉及到化工材料、轻工产品、电子产品、中草药材等行业。代理品种涉及到保健品、汽车配件、医用器械、数控机床、自动化处理设备等。

2. 做强做大嘉事堂药业。

嘉事堂药业股份有限公司是中国青年实业发展总公司投资控股企业。1997年底，总公司与上海张江高科技园区开发股份有限公司、新产业投资股份有限公司等共同投资创立。注册资本1.5亿元人民币。

经过五年的发展，嘉事堂药业以流通为主导，以科技开发为动力，坚持商品经营和资本运营相互促进的经营思路，在改革创新中不断发展，经营规模和经济效益同步增长，形成药品生产、批发、零售、研发、进出口为一体的现代化专业企业。

全国零售连锁药店：2000年9月，公司被国家药品监督管理局批准为全国58家跨省连锁零售企业之一，具有开展全国连锁药店资格。公司积极参与国有医药改制，在北京、大连、上海与当地医药企业进行强强联合，发展零售连锁药店。在北京地区拥有192家直营产权连锁药店和350家农村乡镇销售网点，是北京重要医药零售网络企业之一，连锁门店数量、销售额、利润均进入全国前15名。

药品批发分销：公司药品批发分销业务面向社会医疗机构和零售药店，主要经销公司总代理和自有专利产品，以品种齐全、质量可靠、价格优惠、优质服务赢得市场。公司是同仁堂、三九医药等众多医药企业品种在北京地区的总代理商，具有较好的厂商合作关系和销售网络。公司成立厂家重点品种推广小组，共同开发拓展市场，取得双赢。同时公司发展仿制专利产品，以普药为重点，形成嘉事堂品牌产品，扩大销售额。2002年批发业务中，政府药品招标采购中标额列全市医药商业企业前10名。

生物医药研发：生物工程是国家重点扶持的产业之一，是公司着手长期投资的领域、公司新的利润增长点。公司在生物医药研发领域已投资3000多万元，拥有“风热咳嗽胶囊”、“降钙素原料药”、“降钙素针剂”、“降钙素鼻喷剂”等新药专利。公司与国家军事医科学院共同开发863计划项目、国家一类新药内皮素

抗拮剂，开发国家一类新药鼻炎一滴通，上述项目将成为我国自主知识产权的原创药物，市场潜力和社会效益巨大。近期，公司生物医药重点发展降钙素系列产品，形成自有专利产品营销体系，已在全国15个重点城市建立专利产品销售办事处。

医药物流中心：公司引进发达国家药品配送经营管理机制，建立高起点、规模化的配送中心。目前，公司已按国家GSP标准改造建成配送中心仓储面积1万平方米，库存品种9000个，全面实现计算机管理，24小时为公司直营药店和批发经营单位服务。

公司为NACDS（美国药业连锁协会）国际会员，全国药品零售跨省连锁经营企业，国家批发、连锁GSP认证企业，北京市高新技术企业、北京市商业名牌企业。

中青国际（香港）有限公司

1998—2002年是香港特别行政区在中央人民政府一系列方针政策指引下，按照“一国两制”的方针进一步发展繁荣的五年，是爱国爱港力量面对国际政治经济急剧变幻的形势、为保持香港稳定发展而努力奋斗的五年，是在港中资企业克服重重压力和困难，为香港的政治稳定和经济发展做出积极贡献的五年。在团中央书记处和中联办的正确领导下，中青国际（香港）有限公司牢固树立政治意识、全局意识和奋斗意识，面对国际国内两个市场，立足国际国内两套资源，按照市场化、专业化、规范化运作的原则，努力克服自有资金不足、业务范围受限、同行业竞争激烈的重重困难，积极组织国际融资业务及相关业务，为团中央各有关部门、各有关企事业单位和部分省市团委以及青企协所属相关企业提供了积极的综合服务工作，积极发挥出了团中央窗口公司的历史作用，公司保持了连续五年的正增长。

中青国际（香港）有限公司作为团中央派驻香港的窗口公司，始终面临着把握企业正确发展方向的问题。一方面，公司领导班子成员认真学习贯彻党中央、国务院关于稳定繁荣香港的一系列方针、政策，认真学习贯彻落实团中央书记处和中联办关于加强中资企业建设的一系列指示精神，使领导班子成员始终保持清醒的政治头脑。面临香港错综复杂的政治形势，公司积极组织力量按照中联办的统一安排，参与同妄图破坏香港稳定形势的势力进行坚决的政治斗争，积极引导公司员工引导和带动他们周边环境支持香港特区政府工作，积极完成和落实好中联办交办的各类政治任务，以上工作受到了中联办有关部门的充分肯定和支持。另一方面，我们注意使公司的业务发展与团的全局工作有机结合，从团的全局工作需要中寻找公司生长点，在努力服务于全团工作中寻求企业的更大发展。几年来，公司先后为上海、天津、湖北、广西、辽宁、山西、内蒙古等省、市、自治区的大中型国有企业、股份制企业和青企协会员企业安排了相当数量的招商服务、融资服务、培训服务等，先后为北大、人大、湖大、东财大等大专院校组织协调了青年学生交流活动，先后为中华全国供销总社、中国节能、中国有色、中国机械等大型企业组织协调了项目融资和贸易融资以及贸易结算。在国际融资、国际贸易结算以及相应的金融服务上

取得了扎实的进展。

中青国际(香港)有限公司面临着香港“一国两制”的企业发展环境,坚持遵循市场化、规范化、专业化的运作方式,保证了企业的稳定发展。几年来,公司在用人制度上实现了完全的市场化用人机制,公司的合约签署、财务管理、监督审计实现了法律化运作,企业的专业化运作上也积累了人才和经验。几年来,在中资企业亏损面较大,同类型企业生存艰难的情况下,中青国际连续五年实现了正增长,以实际行动将中青国际的旗帜挺立在了香港特别行政区。

第八部分

省级团委工作简介

北京团的工作

1998年至2002年，北京市团组织高举邓小平理论伟大旗帜，以“三个代表”重要思想为指导，紧密围绕市委、市政府中心工作，主动适应建立和完善社会主义市场经济体制的新要求，积极投身首都现代化建设，探索和创新工作格局，团的事业取得了跨越世纪的新发展。

一、以邓小平理论和“三个代表”重要思想为指导，加强青少年思想政治工作和团的思想理论建设

1998年至2002年，是我们党高举邓小平理论旗帜，兴起学习实践“三个代表”重要思想新高潮，用科学的理论武装全党、教育群众，为国家保持稳定、促进繁荣提供坚强的政治领导和精神动力的5年。5年来，全市团组织深入学习和贯彻党的十五大、党的十六大、市八次党代会、市九次党代会、团十四大等一系列重要会议精神，用邓小平理论和“三个代表”重要思想构筑青年的精神支柱。团市委始终把学习和贯彻邓小平理论、“三个代表”重要思想作为首要任务，下发《关于在广大团员青年中兴起深入学习邓小平理论新高潮的通知》等指导性文件，开办团干部理论读书班、大学生理论学习社团和业余党（团）校等多种形式，编辑出版《旗帜与青年——北京市团组织学习邓小平理论经验交流文集》、《北京市共青团干部学习“三个代表”重要思想论文集》等书籍，在青年中兴起理论学习高潮。全市团组织扎实推进青少年思想政治工作和团的思想理论建设，先后开展了“迎接新世纪——改革开放20周年”、“跨世纪——我们与祖国同行”、“新世纪·新青年——青年发展论坛”、“世纪的挑战，青年的责任”、“永远跟党走”等大型主题教育活动，不断创新思想教育的形式和内容。团市委充分利用北平和平解放50周年、五四运动80周年、建国50周年、澳门回归、迎接新世纪、建党80周年、北京申奥等重大历史契机，全市各级团组织开展了参观、征文、座谈等丰富多彩的教育、纪念活动，大力开展爱党、爱国、爱社会主义的主题教育，生动地弘扬了时代主旋律。全市团组织主动引导青年理性地抗议以美国为首的北约轰炸我驻南使馆，旗帜鲜明地投身反对“法轮功”邪教组织的政治斗争，在历次突发事件和重大斗争中加强对青年的教育引导，有效地维护了首都的稳定。

二、积极开展跨世纪青年人才行动，大力开发青年人力资源，在首都经济建设主战场上发挥了生力军和突击队作用

1998年至2002年是北京市顺利完成“九五”计划、基本实现小康，进而向率先实现现代化宏伟目标不断迈进的5年。5年来，团市委团结引导广大青年积极投身首都现代化建设，为胜利完成“九五”计划、实现“十五”计划良好开局做出积极贡献。青年突击队广泛开展竞赛活动，青年岗位能手活动进一步深化，青年文明号活动稳步扩大规模，在全市范围内开展创建“新世纪号”活动。优化奖励体系，将创新创效先进个人、“五小”科技标兵，统一纳入到“青年岗位能手”评选工作中，有效尝试了团

内品牌的整合与再造。下岗青工再就业工程深入开展，成立“北京市青年职业技术培训中心”，实施“服务青年再就业”行动计划，建立了再就业服务站，有效地促进了国企改革。进城务工青年培训工程持续推进，对外来青年进行法律法规、文明公约、安全生产、职业技能等方面的培训。青年志愿者科技支农服务队、领办科技推广项目、培养青年星火带头人、跨世纪青年农民科技培训工程等活动扎实推进，辐射带动上万农户走上致富道路。围绕农村经济结构的战略性调整，推出北京市农村青年现代化素质培训工程，探索形成了团组织主导、政府支持、对接农村青年和用工企业需求的“通州模式”。在广泛调研、认真论证的基础上，制定了《北京青年新世纪成才计划》，规范工作规则，扩大宣传力度。发挥青联、学联、青企协、青年研究会等青年组织的优势，开辟多种途径对青年进行培训，大力开发青年人力资源。“保护母亲河行动”蓬勃开展，各级团组织通过建立青少年护绿保洁责任区、共青团绿化基地及组建青少年环保宣传队等多种形式，积极为首都环保事业和申奥活动服务，“保护母亲河——构筑京北绿色屏障世纪林”已初步建成多伦、丰宁、密云等片区。

三、抓住重大历史机遇，展示首都青年风采，在推动首都群众性精神文明建设活动中发挥重要作用

1998年至2002年是大事喜事多、历史机遇多的5年，澳门回归、庆祝建国50周年、北京申奥成功等对首都城市建设和精神文明建设提供了新的要求和动力。5年来，团市委先后参与组织全市青年参与了庆祝奥运会申办成功、建国50周年群众联欢活动、庆祝澳门回归祖国等重要庆典联欢活动。2001年大运会期间，4万余人的彩虹志愿者队伍完成大运会各项志愿服务工作，被誉为“本届大运会上最亮丽的一道风景线”。北京申奥成功后适时制定《北京青春奥运行动规划》，动员全市青年投入到首都群众性精神文明创建活动，成立了“青春奥运志愿服务团”，开展多种形式的志愿服务活动。青年文明社区创建活动深入开展，团的组织和工作项目进社区已初步形成规模，团组织协助政府管理青少年事务的职能进一步拓展。大学生社会实践活动取得新的突破，60余万大学生参加了文化、科技、卫生“三下乡”活动，在实践中得到了锻炼、增长了才干。中学生成年教育日益规范，完成48小时志愿服务的人数已达50多万，35万中学生参加了18岁成人宣誓仪式。青年文化体育活动形式多样，丰富了青年业余文化生活。“希望工程”已募集资金近亿元，“爱心基金”和“学子阳光基金”等资助项目帮助万余名特困家庭学生圆了求学梦。“星光青春保护行动”应时推出，成为一项带动全团、牵动社会的新的工作品牌。创建优秀“青少年维权岗”，开展了预防爱滋病“青春红丝带”行动。开展北京青年科技素质状况调研，为制定青少年科普和科技创造活动规划提供了参考。北京青少年新世纪读书计划得到具体实施，同时启动了北京青少年科技创新行动。实施大学生“挑战杯”科技作品竞赛等形式的大学生素质拓展计划，不断丰富中学生实践教育和少先队“新世纪我能行”体验教育，中小学生素质教育工作继续加强。北京青年志愿者行动广泛开展，建成7支专业志愿服务队伍，推出扶贫支教接力计划、社区“关爱工程”、“到公益机构去”等志愿服务新项目。

四、坚持“党建带团建”，以创新的精神加强团的建设，积极探索适应社会主义市场经济体制的、充满生机和活力的组织基础

1998年至2002年是团市委落实团十四大精神，积极落实基层“党建带团建”要求，实施《团建三年规划纲要》，加强团建创新试点工作的5年。5年来，全市团组织持续开展“达标创优”竞赛活动，坚持抓好发展团员、“推优入党”和推优荐才工作，活跃了基层组织。2000年，根据基层“党建带团建”工作会议的要求，积极

研究制定和推动落实工作制度，党团联合共同推动团的基层建设，团建环境明显优化。针对市场经济体制不断完善带来的新要求，开展“团建创新”活动，先后推出三批试点单位，企业共青团工作职能化运行模式、农村小城镇团建、社区青少年工作体系构建和高校团组织整体化建设等探索取得阶段性成果，非公经济组织、高新科技园区和民办学校建团工作稳步推进。按照社会化、法制化、信息化和项目化的要求，创新团的工作机制。深入开展“三讲”教育，各级领导班子建设得到加强，团干部整体素质进一步提高、队伍结构明显改善。2002年，成功召开北京市第十一次团代会，选举了新一届委员会，明确了团的工作现代化的长远目标和具体工作，顺利完成了团市委机关机构改革工作。青联、学联、少先队和其他青年社团组织不断扩大，积极探索青年社团组织的发展和管理。《北京青年报》、北京青年政治学院、北京市青年宫等团属企事业稳步发展，新成立了北京市星光青少年素质教育培训中心等一批服务青年的团属机构，团的实力进一步增强。

天津团的工作

1998年至2002年，在市委和团中央的领导下，天津共青团工作在继承中创新，在探索中前进，全面实施《天津共青团工作跨世纪发展规划》，扎实推进青年创业实践、文明示范、人才培养三大行动，实现了共青团工作的新发展。2002年6月召开了共青团天津市第十一次代表大会，确定了新时期天津团的工作总的指导思想和工作格局，为开创新世纪天津共青团工作新局面奠定了基础。

一、用邓小平理论和“三个代表”重要思想武装青年，思想政治教育逐步深入。始终把理论教育放在工作首位，团干部理论学习深入开展，大学中邓小平理论、“三个代表”重要思想学习研究会应运而生，全国青年学习“三个代表”重要思想主题读书经验交流会在津举行，广大团员青年学习理论的热情不断高涨，进一步坚定了理想、信念。积极探索新形势下思想政治工作的新途径和新方法，开展了“新世纪、新青年、新发展”大讨论，制定实施了《关于进一步加强和改进青少年思想政治工作的意见》，思想教育的工作机制逐步完善。坚持理论学习与思想教育有机结合，不断深化“擎旗、铸魂、跨世纪”教育主题，抓住建党80周年、建团80周年等有利契机，广泛开展“党在我心中”、“永远跟党走”、“祖国在召唤——18岁成人仪式”、“知真切天津、诵家乡巨变、作跨越先锋”等主题系列活动，进一步激发广大青年的爱国、爱天津、爱家乡的热情，青年的社会责任感和历史使命感普遍增强。组织开展“当代青年英雄形象与青年人生观”大讨论，掀起了向子牙河救助落水儿童英雄群体学习的热潮。旗帜鲜明地同“法轮功”邪教组织作斗争，有力地维护了社会政治稳定，广大团员青年的思想政治素质不断提高。

二、以经济建设为中心，青年创业实践行动不断深化。企业团组织以“促改增效比贡献”为主题，不断深化“青年岗位能手”和青年“创新创效”活动，完成科技攻关项目5000余项，总结推广先进操作法200多项，谱写了在企业改革发展中创业建功的新篇章。下岗青

工再就业成效显著，广泛开展技能培训，积极创造就业岗位，大力扶持青年兴业带头人，使7000余人重新就业。大力创建青年优质工程，在“八路二桥”、“十二路五桥”建设及津河、卫津河、南围堤河、月牙河改造等重点工程中，青年突击队尽展风采。以津汉立交桥为代表的“共青团工程”，形成了项目化管理的新模式，为新时期青年突击队活动注入了新的内涵。农村团组织以“青年增收成才”为主线，创建青年农业高新科技示范园130个，领办推广科技示范项目180个，建立青年科技图书站222个，促进了农业产业化，带动农村青年走上致富路。学校团组织深入实施素质拓展计划，大力开展“挑战杯”科技作品竞赛、创业计划大赛，一大批优秀成果跻身全国前列。“海外学人回国创业周”、“青年科技论坛”等活动成效显著，有力地推动了天津改革建设的加速发展。

三、投身精神文明建设，青年文明示范行动扎实推进。全面推行注册青年志愿者制度，建立了2100个青年志愿者服务站，“一助一”长期结对服务达2.5万人。大力推进青年志愿者扶贫接力计划、社区发展计划、“三下乡”、“保护母亲河”等活动，广大青年集结在“志愿者”的旗帜下，为建设家乡、弘扬新风、保护环境、美化生活洒下了辛勤汗水。以第34届世界体操锦标赛为契机，开创了将青年志愿者工作纳入大型活动组织体系的先例。深入开展“青年文明号信用建设”活动，在全社会树立了讲文明、讲信誉、讲质量的良好风尚。5年中，涌现出近500个国家级和市级青年文明号集体。青年文明社区创建活动蓬勃开展，成为共青团工作的新亮点。在“请让我来关心你”和“体验教育”活动中，广大少先队员互助互学、共同进步。希望工程不断深化，先后为我市和西部地区捐建希望小学45所，救助失学儿童8000人，“爱心助学行动”累计资助千余名家庭困难学生完成学业。建成万寿园等青年标志性项目。举办各类文化节、大家乐舞台、群艺之星评选活动，提高了青年文化品位，涌现出一大批文化新人。

四、提高青年综合素质，大批青年人才脱颖而出。不断完善共青团参与人才资源开发的工作机制，通过开展各类人才奖评选、创建青年人才基金、建立青年人才信息库、宣传和举荐优秀青年人才等一系列举措，优化了广大青年的成长环境。全面实施“万千百十”人才培养计划，青年合格劳动者、青年优秀学生、青年优秀知识分子和青年高级人才队伍日益壮大。多渠道发现和培养优秀青年，以“天津青年五四奖章”、“天津十大杰出青年”、“天津青年人才奖”为龙头，开展杰出青年志愿者、杰出青年岗位能手、杰出青年农民、杰出青年卫士、十佳青年教师、十佳青年私营企业经营者、十佳少先队员、杰出进城务工青年等评选活动。5年来涌现出“中国青年五四奖章”获得者陈永川、邱汝舜、卢彦昌、刘旭清和“中国十大杰出青年”许京军、张伟平等200余名在全国有影响的青年典型，为广大青年树立了学习的榜样。

五、全面加强团的自身建设，各项事业蓬勃发展。成功召开了共青团天津市第十一次代表大会，制定了《天津市青少年素质发展计划》和“天津青年六大体系建设规划”，开创了全市新世纪共青团工作的新局面。以“党建带团建”大力加强基层团组织建设，“五四”红旗团委、红旗团支部创建率达70%。非公有制经济组织、社区、民办学校的团建工作取得阶段性成果。“推优”工作机制不断完善，5年共推荐15.5万名优秀青年作为党的发展对象，其中6.1万人光荣加入中国共产党。加强团干部队伍建设，制定《天津市共青团干部管理条例》，团干部的选拔、培养、交流、管理步入制度化轨道，团干部整体素质进一步提高。青少年权益保护工作逐步深入，创建国家级、市级优秀青少年维权岗74个。积极推进“进城务工

青年发展计划”，建立各类培训中心、培训学校400余个。加强青少年法制教育，预防青少年违法犯罪工作取得新进展。加强对青联、学联、少先队工作的指导，引导广大青少年为全市经济、社会发展，推进祖国统一大业做出了积极贡献。深化理论研究，开展重点课题调研，《青春的跨越》、《体验教育十法》相继出版。团属各项事业再上新台阶，团办实业健康发展。天津青年宫、少年宫、青少年活动中心、凤凰山营地、青年友好使者艺术团、绿色文明基地不断拓展教育职能，在服务青少年工作中取得新发展。天津青年职业学院适应社会发展需要，培养了一大批团干部和各类青年人才。青少年报刊总社等团属舆论阵地坚持正确舆论导向，努力用先进文化塑造青年。天津青年联合实业公司、天津中国青年旅行社、未来集团公司积极深化改革，经济效益不断提高。

河北团的工作

1998年至2002年，河北省各级团组织在省委和团中央的正确领导下，坚持以邓小平理论为指导，认真学习“三个代表”重要思想，紧紧围绕党的十五大、十六大及团的十四大、十五大战略部署，坚持服务大局、服务社会、服务青年，认真开展各项工作，为全省经济、社会等各项事业的发展做出了积极的贡献。

一、认真开展青少年思想政治工作

以理想信念教育为核心，通过理论研讨、读书演讲、知识竞赛等形式，坚持不懈地用邓小平理论和“三个代表”重要思想构筑青少年的精神支柱，牢固树立建设有中国特色社会主义的共同理想和“永远跟党走”的坚定信念。以爱国主义、社会主义、集体主义教育为主线，积极开展各种主题教育活动，抓住五四运动80周年、建国50周年、澳门回归、建党80周年、建团80周年等有利契机，广泛开展了“18岁成人仪式”、“祖国宝岛台湾在我心中”、“青年文明社区反邪教”、“党在我心中”、“永远跟党走”等活动，进一步增强了广大青少年的历史使命感和社会责任感。

二、团结带领广大团员青年积极投身河北两个文明建设主战场

引导青年积极投身经济建设主战场。围绕农村经济发展，以促进农业经济结构调整和农村青年增收成才为主线，大力开展“服务万村行动”、项目带动和“跨世纪青年农民培训工程”，培养了一大批青年星火带头人。围绕企业改革与发展，以“岗位成才建功”为主线，深入开展青年岗位能手、青年创新创效活动，共培养青年岗位能手近10万名，团员青年完成科技攻关10多万项。青年科技创新行动蓬勃开展。以河北青年科技发展协会等4个社团为依托，积极实施“金桥计划”，组织了“海外学人唐山创业行”、“博士专家廊坊行”的大型科技与项目的对接活动。保护母亲河行动成果显著。不断加大宣传和引资立项力度，规划实施了4个国家级和一批省、市级“保护母亲河”造林项目，吸引省外资金800多万元，造林3.6万亩。青年志愿者行动深化开展。以推进青年志愿者行动制度化、社会化、国际化、事业化为方向，大力推行青年志愿者注册制度，注册青年志愿者近20万人，结成长期服务对子

6.27万对，80万名青年志愿者长期开展形式多样的志愿服务。青年文明号活动不断深化。启动实施了“信用建设”行动，建立公示制度，强化动态管理，青年文明号的导向性和示范性进一步增强，共涌现国家级青年文明号150多个、省级青年文明号1211个。青年文明社区创建活动跨上新台阶。注意总结推广典型经验，以点带面，不断扩大创建规模，涌现国家级“青年文明社区”23个、省级“青年文明社区”58个，促进了全省城镇化建设。大中学生“三下乡”社会实践活动成效显著。以城乡少年“手拉手”互助活动为带动，形成了少年儿童互帮互学、共同进步的良好局面；以先进文化创建活动为载体，广泛开展乡村青年科技文化大集、社区青年“大家乐”、校园科技文化艺术节等青年文化活动。

三、切实开展服务青少年工作

积极为弱势青少年群体搞好服务。认真开展下岗青工再就业工作，开展下岗青工就业培训，在全省范围建立下岗青工再就业指导中心、职业介绍所，为下岗青工再就业铺路搭桥，帮助5.3万名下岗青工重新就业。大力开展优秀“青少年维权岗”创建活动，充分发挥各级未成年人保护委员会办公室、预防未成年人违法犯罪领导小组办公室的职能，依法维护青少年合法权益，加强青少年法制教育和侵权案件的协办督办等工作，优化青少年健康成长的社会环境。大力培养和选树青年人才。“河北十大杰出青年”、“河北青年五四奖章”等评比表彰活动做到了制度化、规范化，并纳入政府奖励序列，由省政府给予记一等功，“河北十大杰出青年”在全国首家由省委、省政府命名表彰；建立了“四高”（高学历、高职务、高职称、高技能）青年人才库，吸纳优秀青年人才1000多名，团组织举荐人才的工作力度不断加大。深入实施希望工程。开展了“情系张承灾区，奉献爱心助学”、“新世纪希望工程助学行动”等活动，累计筹集基金2600多万元，建设希望小学252所，资助贫困学生27475名；大力推进“爱心育人工程”，落实救助资金近百万元，直接资助特困大学生1500多人，安排勤工助学岗位10万个。

四、团的自身建设不断加强

团的组织建设进一步巩固。逐步形成和完善了带思想、带组织、带班子、带队伍、带工作的“党建带团建”工作思路；在全国率先召开“党建带团建”工作会议，联合省委组织部下发了《关于加强农村基层团组织建设的意见》，认真实施《基层党建带团建工作三年规划》，坚持团建创新，大力开展团建先进县、五四红旗团委、五四红旗团支部“三级联创活动”；团员队伍继续壮大，全省团员总数达到了368万名，团青比例增长了3.1个百分点，“推优入党”16.5万名。切实加强团干部队伍建设。在各级团干部中先后开展了“三讲”教育、“三个代表”学习和警示教育活动，团干部思想作风建设和团的领导班子建设进一步加强；与省委组织部联合下发了《关于加强和改进团省委机关干部转岗工作的通知》，促进了全省各级团干部转岗工作的规范化、制度化。团属事业在改革中探索发展。青联、学联、少先队和其他青年社团组织不断壮大，积极履行各自的工作职能，充分发挥了联系凝聚青年、教育服务青年的桥梁纽带作用；建团80周年前夕，省委召开了河北省历史上第一次青年工作会议，出台了《中共河北省委关于进一步加强和改进青年工作的意见》和《河北省青年工作联席会议制度》，构筑起全省社会化的青年工作新格局。

山西团的工作

1998—2002年间，山西省共青团组织在省委和团中央的正确领导下，高举邓小平理论伟大旗帜，认真学习实践“三个代表”重要思想，全面贯彻党的十五大精神，紧密围绕改革、发展、稳定大局，在加快发展、兴晋富民的伟大实践中，大力开发青年人力资源，着力提高青年综合素质，切实维护青年合法权益，有效加强团的自身建设，扎实推进各项工作，圆满完成了省第十一次团代会提出的各项任务，实现了山西共青团事业跨世纪的新发展。

一、坚持理论创新，团的工作环境进一步优化

1998—2002年5年间，中国在发生着重大变化，山西在发生着重大变化，共青团也在发生着重大变化。社会主义新的实践呼吁新的思想解放，青年运动层出不穷的新情况期待新的理论创新。面对经济成分、利益主体、社会组织和社会生活方式日趋多样化导致的青年价值观、价值取向潜移默化的转变，面对山西经济和社会发展的新形势、新任务，共青团必须在理论和实践上大胆创新。5年来，团省委始终坚持以邓小平理论和“三个代表”重要思想为指导，科学地分析共青团面临的新情况、新问题，与时俱进，不断探索新形势下共青团工作新理论。2000年5月，省委组织部与团省委在夏县联合召开了全省基层“党建带团建”工作会议。会议坚持了“依靠党建带团建，围绕经济抓团建，服务青年促团建”的工作方针，把团的基层组织建设纳入党建工作的总体规划，提出了“五带一优化”（带思想建设、带组织建设、带班子建设、带队伍建设、带工作发展，优化工作条件）的基本要求，形成了“党建带团，制度建团，合力兴团”的良性运行机制。夏县会议是继洪洞会议、榆次会议、朔州会议等改革开放新时期山西共青团基层组织建设现场会之后的又一次重要会议，依靠“党建带团建”是“三位一体”、“三地建设”等新时期山西团建理论的创新和发展。实践证明，只有坚持“党建带团建”，才能不断加强党对共青团工作的领导，也只有紧紧依靠“党建带团建”，才能保证共青团事业始终沿着正确的方向发展。2001年初，全省各级团组织广泛开展了改革开放以来规模最大、内容最广、层次最深的团情大调研活动，为开创新世纪山西共青团工作的新局面奠定了思想上和理论上的坚实基础。4月底，中共山西省委召开了省委青年工作会议。会议站在新世纪山西全面发展的高度，运用马克思主义青年观，审视新形势下重视和加强共青团与青年工作的重要性、紧迫性，出台了《中共山西省委关于进一步加强和改进共青团工作的意见》，明确了新世纪山西共青团和青年工作的指导思想、发展方向和奋斗目标，为进一步加强党的领导、保障共青团和青年工作健康发展提供了重要的理论依据和政策指导，成为山西青年运动史上又一个重要的里程碑。

二、坚持工作创新，团的各项事业蓬勃发展

伟大的时代孕育着伟大的理论，伟大的理论指导着伟大的实践。以党的十五大为标志，过去的5年，是全党全国人民高举邓小平理论伟大旗帜，忠实实践“三个代表”重要思想，不断开创中国特色社会主义新局面的5年，也是山西共青团工作与时俱进、开拓创新的5年。5年来，全省各级团组织坚持不懈地用邓小平理论和“三个代表”重要思

想武装全团，教育青年，着重实施了山西青年思想教育工程，建立和完善了各级团委中心组理论学习制度，青年学理论“1333”工程成效显著，青少年思想教育工作得到进一步深化。围绕山西跨世纪赶超战略，服务经济结构调整，广泛开展了青年职工创新创效活动，创新成果6.5万项，创造经济效益11亿元；以帮助下岗青工再就业为主题，实施了山西青年创业工程，创建了具有共青团特色的青年家政服务中心等微型企业1899个，帮助万名下岗青工通过创业实现再就业；服务农业和农村经济结构调整，实施了领办科技推广项目和新品种、新技术推广为主要内容的“双新工程”，领办项目500余项，推广优良品种90多万斤，推广面积达30万亩；服务可持续发展战略，实施了“保护母亲河”行动和青少年植绿护绿行动，先后实施了大同、偏关、平顺、平陆4个国家级重点生态建设工程、省级重点工程17个，绿化面积达8万亩；服务科教兴晋战略，以山西青年科技创新行动为统揽，实施了金桥计划和大学生素质拓展计划，创办了山西青年科技创新论坛、网络园区，举办了青年科技博览交易会，建立了青年科技示范基地，开展了“兴晋挑战杯”高校青年师生学术科技作品竞赛活动和大中学生志愿者“三下乡”社会实践活动，促进了全省青少年科技创新与实践活动的蓬勃发展。围绕先进文化的发展，团结带领全省团员青年积极投身精神文明建设，广泛开展了青年示范群体、青年志愿者、青年文明号、青年文明社区、青年文化广场、青少年维权岗、乡村青年文化节、校园文化节、18岁成人仪式、手拉手互助活动、希望工程、“三晋风采”、“四海”、“乐凯”助困奖学金、新世纪读书计划、古诗文朗颂等一系列有益于青少年身心健康、有益于社会风气好转、有益于经济和社会协调发展的工作和活动，为全面提高青少年思想道德素质、营造青少年健康成长的良好环境做出了积极的贡献。

三、坚持团建创新，团的工作基础进一步夯实

共青团是党领导的先进青年的群众组织，是党的助手和后备军，能否完成党交给的光荣任务，根本上取决于团的基层组织能否广泛而有效地团结、凝聚、教育和引导青年。5年来，全省各级团组织坚持以“三个代表”重要思想为指导，从党的建设新的伟大工程的高度出发，认真贯彻省委青年工作会议和全省“党建带团建”工作会议精神，全面加强团的基层组织建设，不断为党组织注入生机和活力。坚持用改革的精神，不断创新基层团组织建设的方式、方法，开展了团建先进县、五四红旗团委、五四红旗团支部等“三级联创”活动，拓展了社区、非公有制企业、民办学校团建工作新领域，团组织的吸引力和凝聚力进一步加强；以提高团干整体素质为重点，全面加强了团干培训工作，对6000多名在职团干普遍轮训两次；利用纪念建团80周年等重大节日、纪念日，开展了丰富多彩的主题团日活动，进一步加强了团员意识和团员先进性教育，增强了广大团员的责任感和荣誉感；进一步加强了青联、学联、少先队等组织和青年协会的建设，成立了山西青年信息中心、山西青年志愿者指导中心、山西青年新闻调查中心、山西青年创业指导服务中心，进一步扩展了团结、教育、服务青年的领域。

同时，团属青少年事业也取得了较大的发展。山西青年管理干部学院始终坚持以质量求生存，以效益求发展，内强素质，外树形象，闯出一条融成人高等学历教育、高等职业技术教育和团干培训、青年干部继续教育、国际交流合作、语言培训及青少年工作研究等为一体的办学新思路，创办了共青中学、山西—萨克森HEC外语学院，培养了大批适应社会主义市场经济建设需要的各类高素质的实用型、技能型、复合型人才，为全省高等职业教育的发

展、为青年干部的培养做出了积极的贡献。山西青少年报刊社不断加强改革，青年报的发行量最多突破13万份，并创办了集报刊发行、物流配送为一体的“红马甲”报刊网络直投有限公司，取得了良好的经济效益和社会效益。《山西青年》、《法制博览》、《小学生》等三刊稳步发展。着眼世界青年的大联合、大团结，青年外事工作不断加强，对外交往的渠道和领域不断扩展，先后与日本、德国等国家和地区的青年组织建立了友好交流关系，青年外事工作实现了新的突破。各级少先队组织高扬爱国主义旗帜，紧跟时代发展步伐，以体验教育为统揽，以雏鹰争章达标为手段，广泛开展了手拉手互助活动、启明星科技教育活动、百花园文艺体育活动和手拉手快乐农庄活动等，有效促进了少年儿童的健康成长。山西青年信息中心创建了山西共青团网站、山西五四青年网站、山西青少年信息网站和机关局域网，实施了共青团县县上网工程，开展了青少年文明网络公约活动，为青少年健康上网打下了坚实基础。山西中国青年旅行社积极开拓国内外旅游市场，不断扩大业务，取得了良好效益。

内蒙古团的工作

1998年到2002年，共青团内蒙古自治区委员会在内蒙古自治区党委和团中央的领导和支持下，开展了大量扎实有效的工作。

新世纪青年文明杯

内蒙古团委坚持不懈地用邓小平理论和“三个代表”重要思想武装教育青年，认真学习贯彻党的十六大精神，以青年思想教育为重点，坚定青年建设中国特色社会主义的理想信念。深入开展群众性精神文明建设活动，在广大青少年中大力弘扬和倡导良好的社会公德、职业道德和家庭美德，树立符合社会主义道德要求、与现代经济社会发展相适应的新型道德意识，引导广大青少年努力做中华民族传统美德的传承者，做体现时代进步要求的新型道德规范的实践者，做新型人际关系和良好社会风尚的倡导者。围绕建党、建团等重大纪念日，以“党在我心中”为主题，以青年文化广场为载体，开展了广场音乐会、书画展、演讲赛、报告会、电影展播、党史知识竞赛等一系列内容丰富、形式多样的活动，唱响主旋律，讴歌了新时代。进一步深入开展农村牧区“三个代表”重要思想学习教育活动，选派机关干部深入到盟市、旗县区，进行深入细致的调查研究，并撰写调研报告，在为基层提供切实有效服务的同时，磨炼团干部和团员青年的意志，强化党性观念和团员意识。立足民族地区实际，青少年爱国主义教育工作取得显著成效。积极推进“新世纪读书计划”、“大学生素质拓展计划”、“小学生体验教育活动”。自治区团委牵头组织的包括文艺汇演、书法、绘画、摄影、设计大赛、网络文明用语评比等多项内容的全区大学生科技文化艺术节，深受广大青年学生的欢迎，也得到了团中央的高度重视和肯定。这些主题鲜明、富有时代气息的活动，丰富了青少年思想教育工作的内涵，增强了针对性和实效性。

以“国际志愿者年”为契机，以落实《公民道德建设实施纲要》为重点，大力推广实施志

愿者注册制度,2001 年全区注册志愿者 130 万人,未注册志愿者 100 多万人,有 6 万支志愿者服务队(组)。青少年文明号创建活动不断深化,青年文明号岗台站、青年文明班组、青年文明号生产突击队不断涌现。贯彻江泽民总书记"以德治国"重要思想,按照国家和自治区整顿和规范市场秩序的有关要求,全区各青年文明号单位深入开展"青年文明号信用示范建设"、"青年文明号促假日经济"、"百城万店无假货"等活动,收到明显成效。在社区,重点抓了创建"青年文明社区"示范点工作。通过加强社区团队组织建设、阵地建设、服务体系建设及开展社区青少年喜闻乐见的活动等,有效地发挥了团组织在社区建设中的作用,使全区"青年文明社区"创建工作进一步走向具体化、有形化、规范化和社会化。通过举办乡村青年文化节,宣传党在农村牧区的政策,活跃和丰富了农村牧区青年的文化生活。成功地举办中国环游内蒙古国际自行车公路赛和中国呼和浩特国际青少年马头琴艺术节两项大型活动。特别是在青少年马头琴艺术节开幕式上,千人马头琴齐奏创建了世界基尼斯纪录,填补了自治区乃至中国艺术发展史上的一项空白。通过这些活动,不但弘扬民族文化,同时也扩大了内蒙古在国际国内的影响,展示了内蒙古广大青少年的风采。青少年群众性精神文明建设的深入开展,弘扬了新风,倡导了文明。深入开展民族团结进步和"热爱内蒙古、建设内蒙古"主题教育。通过评选全区"十杰青年"、"杰出青年农牧民"、"杰出青年卫士"和开展向戴成钧、廷·巴特尔等先进人物学习等活动,为青年树立了可亲、可敬、可信、可学的榜样。以一所高校助一区县的形式,积极参与自治区与呼市开展的区市共建活动。积极引进区外青年志愿者,争取到由团中央等部门组成的博士团、硕士团、专家团共 46 人次深入我区包头市等地进行志愿服务,深受人民群众欢迎。青年文明号、青年文明社区大创建、团旗队旗社区走红、乡村青年文化节等活动,丰富了我区群众性精神文明创建的内容。在内蒙古青少年生态园开辟了生日纪念林区,在小学生中开展了"小树和我过生日,我和小树一起长"生日认养小树活动,破除"圆锁"陋习,倡导过文明生日,弘扬文明风尚,引起了极大的社会反响。

1999 年 6 月 1 日,自治区少工委在呼和浩特新华广场举办庆祝"六一"国际儿童节暨纪念江泽民总书记为"雏鹰行动"题词 5 周年"五自"学习实践展示活动。呼和浩特地区 5000 名少先队员、10 支少先队员方队参加了庆祝大会。2002 年 10 月 12 日,自治区团委、自治区少工委举办了"党啊! 红领巾永远跟您走"——迎十六大自治区十佳少先队员表彰大会暨万人入队仪式,首府地区万名少年儿童参加了活动。

新世纪青年人才杯

内蒙古团委从实际出发,根据企业的不同特点和状况,有针对性、有重点、有层次地开展工作,不断完善青年岗位能手的培养、评定和奖励等机制,实现岗位能手从技能型向创新型、单一型向复合型人才转变,成为企业青工学技、用技的榜样。围绕农牧业产业结构的调整,抓住"科技"这一中心环节,进一步加大青年星火带头人的培养力度,使青年星火带头人不但在数量上有了新的突破,在质量上也有了新的提高。2001 年共培养、表彰各级各类青年星火带头人 2 万余名,各类青年农牧业经纪人队伍和协会组织积极为青年农牧民提供产前、产中、产后服务,在农牧业产业化进程中起到了中介和促进作用,充分发挥了"点亮一盏灯,照亮一大片"的带头、示范作用。以大学生党员实践"三个代表"为主体,以素质教育为核心的"三下乡"社会实践活动,在形式和内容上都有了新的创新和突破,开展了以"挑战杯"为龙头的全区大学生科技文化节和在中学生党员"三下乡"社会实践活动。以"全团带队"思想

为指导，以“新世纪我能行”、“雏鹰行动”和“手拉手”活动为载体，采取得力措施，深入推进了少先队素质教育。深入实施青年农牧民增收成才行动，以培养人、抓服务为着力点，促进青年农牧民增收成才。

新世纪青年兴业杯

以不断发展壮大团办实业为出发点，“新世纪青年兴业杯”成效明显，领办科技推广项目和保护母亲河行动向纵深发展。全区各级团组织对领办科技推广项目进行总体规划，提出“县县有精品，乡乡有典型”的目标。围绕这一目标，内蒙古团委积极利用农闲时间，在青年农牧民中进行宣传和指导，举办实用技术培训班，培养和选拔树立青年星火带头人、青年致富能人，对在青年农牧民中推广新品种和新技术起到了积极作用。紧紧围绕“保护母亲河”行动的宣传、筹资和工程建设力度，不断开展“小事做起来，保护母亲河”、“捡一片垃圾，还一方绿色”、“看生态挂图、做身边小事”等活动，在社会中倡导了绿色文明意识。“保护母亲河”工程建设取得重大进展，2001 年累计完成以造林为主要任务的重点工程 25900 亩，进一步加大了筹资力度，通过内引外联、多方联系，全区共筹集“双百万京（津）北绿色屏障工程”建设资金约 200 多万元，确保了“保护母亲河”行动的强势推进。内蒙古团委在呼和浩特市回民区攸攸板乡争取到一块近 1 万亩的荒坡地，出资、出力绿化，力争用 3 至 5 年的时间建成一处以青少年素质教育为主、多功能、综合型的自治区级生态建设示范园，园区规划全部完成，一期工程已破土动工。2001 年年内，全区共有 5 个盟市团委建成有产权、不少于 1000 亩的盟市青少年生态园，部分生态园已具备相当规模；60% 的旗县团委也通过积极争取，建成或正在建立生态教育基地。积极组织广大团员青年投身保护和改善生态环境实践，为建设山川秀美的内蒙古做贡献。引导青年农牧民转变思想观念，改变落后的生产方式和生活方式，率先发展生态农牧业。坚持生态教育与生态实践相结合，在各级团组织的带领下，全区各族各界青年已经汇成一支生态防线的建设大军。希望工程继续得到社会各族各界的广泛关注，2001 年共筹资 100 多万元，希望网校、希望书库等捐物折款 180 多万元，新建希望小学 20 所，救助失学儿童 4000 余名。发挥内蒙古青年科技工作者协会的作用，举办了 2001 年内蒙古青年科技论坛，为青年科技工作者提供交流学术思想、展示科技成果的舞台。还充分发挥青学联组织的作用，积极引导各方面青年人才为内蒙古的两个文明建设出力献策。在工矿企业，深入开展“青工创新创效”。青年职工创新创效活动成为企业共青团工作的重点，自治区各企业团委结合企业实际，有针对性、有重点地开展工作，促进了一批科技、管理、营销、服务等创新创效成果的涌现和应用推广，为企业的生产经营做出积极贡献。自治区被团中央授予创新创效优秀组织奖。在科研院所，积极推动产学研结合，开展科技中介服务，为科技成果向现实生产力转化搭建桥梁。在高等院校，积极开展“挑战杯”大学生科技创新活动。2002 年，在第三届“挑战杯”中国大学生创业计划竞赛中，内蒙古工业大学“草原新概念住宅”商业计划书取得了自治区历史上的第一项金奖。积极实施“进城务工青年发展计划”，全年共向北京等地及自治区各主要城市输出青年劳动力 18. 8 万人，为青年农牧民增加收入 3 亿元。广泛开展“三送一助”活动（即送知识、送文化、送温暖、助安全），倡导城镇居民接纳、关心、支持进城务工青年，采取各种措施帮助进城务工青年提高综合素质，增强他们的创业技能和信心。全区各级团组织积极行动，争取有关部门的支持，共为进城务工青年讨回工资 60 余万元。积极

引导务工青年高起点返乡创业，帮助他们创办非农产业，促进了城乡一体化，为加快内蒙古自治区城镇化发展步伐做出了贡献。

团的自身建设

2002年4月26日至28日，共青团内蒙古自治区第十一次代表大会在呼和浩特召开。会议深入贯彻内蒙古自治区第七次党代会精神，确立了今后5年区共青团工作的努力方向和工作思路：贯穿“一条主线”（提高广大青少年的整体素质），狠抓“两个建设”（团的组织建设和作风建设），大力开展“三杯竞赛”（新世纪青年人才杯、新世纪青年文明杯、新世纪青年兴业杯），培养“六个带头人”（生态建设、科技创新、创业致富、进城务工、学习实践、文明风尚带头人），努力实现“三个效益”（人才、社会和经济效益），与时俱进，开拓创新，推动团的各项工作实现新的跨越。

嘎查村团支部书记“四位一体”的配置模式普遍推开，打破了基层团组织建设的“瓶颈”，解决了基层团支部书记老化、弱化及基层团组织建设软弱涣散等问题。在企业中成立青年工作委员会，延伸了团的工作手臂。在非公经济组织、民办学校、社区等领域建立团组织，扩大了团组织的覆盖面，有效地巩固了党在青年中的群众基础。团属事业实现新发展。举全团之力编纂的《内蒙古青年运动史》（蒙、汉文版），系统总结了全区共青团和青年运动80年来的光辉历史和基本经验。通过开展大规模的调查研究，撰写了反映当代内蒙古青年发展状况的《内蒙古青年发展报告》。经多方协调和努力，与内蒙古师范大学合作，在内蒙古团校的基础上组建了青年政治学院，占地350亩的新院区建设顺利开工。经过积极争取和努力，全区101个旗县团委都配备了微机，为实现县县上网奠定了坚实的基础。按照《农村牧区1998—2000年基层组织建设三年规划》、《国有企业1998—2000年团的建设三年规划》以及《关于加强以党建带团建工作的意见》、《关于进一步加强社区团工作的意见》等文件精神，各级团组织以深入开展创建“五四红旗团委”活动为载体，以“党建带团建”，分层次、分战线、有重点地推进基层组织建设，涌现出一大批班子建设好、主题活动好、支部建设好、阵地建设好的“四好”红旗团委。特别是基层基础工作标准化建设，全区一半以上的乡镇（苏木）和村（嘎查）都落实了基层基础工作标准化建设任务，有的地方还结合实际，创造性地开展这项工作。各地按照“分级负责，层层培训”的要求，加大团干部培训工作力度，进一步提高基层团干部的业务素质和实际工作能力。2002年12月30日，第一次成功地召开了全区青年工作会议，交流经验、提高认识、落实任务、明确目标，为推动全区青年运动的健康发展做出了有益的贡献。

辽宁团的工作

1998年至2002年，是辽宁省国有企业改革取得重大进展、辽宁大地发生巨大变化的5年，也是跨世纪一代辽宁青年在全省两个文明建设的伟大实践中建功成才的5年。5年来，在省委和团中央的正确领导下，辽宁省团组织紧紧围绕省委、省政府的中心工作，坚持服务经济社会发展大局和服务青年成长成才的工作方针，扎实推进团的重点工作，全面履行团

的职能，切实加强团的自身建设，全省共青团事业有了新的发展。

一、青年思想政治工作不断加强

坚持不懈地开展邓小平理论和“三个代表”重要思想学习教育活动，团干部理论读书班、青年学理论活动、改革开放成果教育等各类活动丰富多彩，广大团员、青年学习理论的热情不断高涨，进一步坚定了理想信念。以纪念建国50周年、建党80周年、五四运动80周年、建团80周年等为有利契机，开展“党在我心中”、“做跨世纪合格辽宁青年”等主题教育活动，有力地激发了广大青年的爱党爱国情怀，青年的社会责任感和历史使命感普遍增强。广泛深入地开展思想解放教育活动，帮助青年认识改革形势，树立新的观念，增强发展的紧迫意识，广大青年成为推进改革的积极力量。旗帜鲜明地同“法轮功”邪教组织作斗争，引导青年崇尚科学、热爱科学、维护稳定。全省各地青年网站的建设和使用，为青少年思想政治工作开辟了新的途径。

二、团组织生力军作用明显提高

深入开展了青年职工创新创效活动、青年岗位能手活动，有效地激发了广大青工学技术、当能手、搞创新的积极性，为企业创造了明显的经济效益。全省下岗青工创业行动不断深化，技能培训、就业岗位推荐、扶持青年兴业领头人等工作坚持经常化，全团超额完成了与省政府签订的目标任务。扎实开展了以“五争做”为统领的农村青年增收成才行动，培养了一大批青年创业致富带头人，领办创办了一批科技示范项目，广大农村青年成为农业产业化发展和科技致富的领头雁。大力推进“保护母亲河”行动，青少年植绿护绿活动成效显著。在重点工程建设、抢险救灾等工作中，青年突击队的旗帜引领青年拼搏在前、奉献在前。

三、精神文明建设成果显著

青年文明号创建活动推广到全省17个行业，涌现出国家级和省级青年文明号800余个，青年文明号信用建设示范行动等活动在全社会树立了讲文明、讲质量、讲信誉的良好风尚。青年文明社区创建工作不断深化，广大青年成为文明社区建设的重要力量。青年志愿者扶贫支教活动、“保护母亲河”行动等为建设家乡、弘扬新风、保护环境做出了新的贡献。青年志愿者也在省九运会等全省经济、科技、文化重点工作中展现了辽宁青年的风采。5年里，全省各条战线涌现出一批在全团、全国有重大影响的优秀青年集体，涌现出以全国“五四奖章”获得者、全省“十大杰出青年”等为代表的一大批优秀青年典型。5年里，遍布全省城乡的青年文化广场活动、校园文化活动、大中学生“三下乡”活动、乡村青年科技文化节等，丰富了人民群众的精神文化生活。广大青年以自己的实际作为为全省的精神文明建设增添了绚丽的光彩！

四、服务青年工作不断发展

积极推进素质教育，广泛开展大学生“挑战杯”竞赛、18岁成人宣誓仪式、少先队“雏鹰行动”等活动，取得了可喜的人才效益、社会效益。通过对《未成年人保护法》和《预防未成年人犯罪法》实施执法检查、成立青少年服务中心、开展创建青少年优秀维权岗等工作，为维护青少年合法权益做了大量好事和实事。青少年新世纪读书计划、大学生解困工程、扶贫帮困送温暖、为进城务工青年服务等活动，进一步加大了服务青少年的力度。5年来，全省希望工程共筹集资金8000余万元，新建希望小学245所，帮助8.8万余名贫困失学儿童重返校园。组织开展的“希望之星”培养等工作，推进了希望工程事业的发展。“希望工程”已成为党和政府在扶贫帮困工作中联系人民群众的民心工程。

五、团的建设取得新的进展

坚持“党建带团建”，大力加强基层团组织建设，深化了“五四红旗团委”创建和团建创新试点工作，有效地增强了基层团组织的活力。非公有制经济组织、民办学校、社区团的建设工作取得阶

段性成果，团组织覆盖面进一步扩大。团员队伍保持不断增长，全省团员已达239万名。“推优”工作坚持经常化、规范化，较好地履行了向党输送新鲜血液的光荣职责。团干部的培训、协管等工作不断发展，团干部队伍整体素质明显提高。“三讲”教育和“三个代表”重要思想学习教育活动有力地促进了团的各级机关和班子建设。省委召开了共青团工作会议，专门下发了关于加强和改进对共青团工作领导的意见，各级党委都召开了相应的会议，出台了相关的政策，团的工作外部环境得到优化。

5年里，青联、学联、少先队、青少年对外交流、青少年理论研究、青少年活动阵地建设以及团属事业等都有了新的发展。

吉林团的工作

1998年至2002年，共青团吉林省委在吉林省委的正确领导下，按照团中央的工作部署，全省各级团组织始终坚持贯彻党的要求与体现青年愿望相统一，围绕大局开展工作与发挥青年自身优势相统一，教育青年与服务青年相统一，扎实推进团的各项工作，在促进吉林经济与社会发展的宏伟实践中，谱写了青年运动和共青团工作的新篇章。

一、坚持用邓小平理论和“三个代表”重要思想武装青年，思想教育工作不断深化。开展“跨世纪发展与青年责任”和“跨越式发展与青年责任”主题教育，把邓小平理论和“三个代表”重要思想贯穿于青年思想教育工作的始终，特别是以建国50周年、建党80周年、建团80周年、港澳回归等重大纪念日和重要历史事件为契机，用爱国主义的旗帜指引青年，用改革开放的成就激励青年，强化了青年的发展意识、责任意识和建功意识。开展以揭批“法轮功”为内容的反邪教活动，培养了青少年崇尚科学、反对迷信的精神。组织实施了“青少年新世纪读书计划”，引导青少年多读书、读好书。全省各级团组织共投入资金1000多万元，加强了阵地建设，为青少年思想教育提供了有形依托。选树全国青年“五四奖章”获得者胡金豹、全国十大杰出农民高才等一批先进典型，激发了广大青少年振兴吉林、建设家乡的热情。

二、围绕推动“三大战略”实施，青年建功活动富有实效。在企业，开展争当青年岗位能手、“创新创效 · 四手建功”活动，全省共涌现出国家级青年岗位能手18人、省级青年岗位能手459人，完成创新项目6000多项，促进了一线青工业务素质和岗位技能的普遍提高。团中央两次在吉林省召开现场会，推广了有关活动经验。在农村，开展以“争做科技推广带头人，争做精神文明传播人，争做农业产业化建设新能人”为内容的“三争做”活动，全省团组织共领办和推广农业科技项目60多个，建立省级农村青年科技示范基地20个。加强青年星火带头人协会和其它农村青年专业协会等服务组织的建设，加大科技培训和专项扶持力度，为农村青年全面增收成才提供了有效帮助。开展“保护母亲河 · 吉林青年绿色行动”，全省共营造青年林15万亩，为改善生态环境做出了积极贡献。开展“人才 · 科技 · 经济”中介服务活动，组织博士服务团和青联委员、青年企业家服务团，积极参与招商引资等项工作，为企业和地方发展提供了有力支持。

三、大力弘扬时代新风，服务社会的空间继续拓展。深入实施青年志愿者行动，有1000多万人次的青少年参与志愿者服务活动，在扶贫开发、社区建设、环境保护、抢险救灾、社会公益等方面发挥了重要作用。深化青年文明号创建活动，涌现出200个国家级、1500个省级青年文明号集体，促进了职业道德和窗口行业行风建设。组织开展城乡少年“手拉手”活动，共结成了互助对子80多万对。1998年遭受历史罕见的洪涝灾害，灾区团组织成立了230多支青年突击队奋战在抗洪一线，团省委动员社会力量为灾区捐助1230多万元的资金和物资，还于灾后在通榆县团结乡兴建了“共青新村”。

四、突出代表和维护职能，青少年的合法权益得到有效保护。全面实施“保护明天·爱心救助”行动，开展了创建优秀青少年维权岗活动，全省共创建23个国家级、68个省级优秀青少年维权岗；参与处理了一批侵害未成年人合法权益的典型案件；为青少年提供法律咨询和法律援助，开通了吉林青少年维权网站；针对下岗职工经济困难的实际，开展救助下岗职工子女专项活动。各级未保委的组织体系初步建立，工作运行机制逐步健全。按照引导青年通过创业实现再就业的工作思路，推进“服务下岗青工创业行动”和“帮助青年创业计划”，培养出30多名全国杰出青年兴业领头人和吉林青年创业明星，帮助3万多名青年实现了就业和再就业。1998年初，启动了百所希望小学建设工程。几年来，希望工程共融资5000多万元，建设希望小学169所，救助失(辍)学儿童2万余名。

五、着眼提高基层团组织的凝聚力和影响力，自身建设进一步加强。认真贯彻落实《中共吉林省委关于进一步加强和改善共青团工作的意见》，按照“依托党建带团建、依靠团员促团建”的总体思路，扎实推进了团的基层组织建设。各地相继召开“党建带团建”工作会议，出台一系列推动团建的政策，优化了基层团建的外部环境。深入开展创建“五四红旗团委”活动，全省涌现出13个国家级、268个省级“五四红旗团委”。加大非公有制经济组织和城市社区团建力度。全国团的社区工作座谈会在长春召开，总结推广了吉林省团建创新工作的经验。继续做好团员教育发展工作，有81.3万名青年加入了共青团，3.7万名优秀团员光荣地中国共产党。团干部队伍建设得到加强，一大批优秀团干部走上重要工作岗位。

六、立足增强团的整体实力，各项事业稳步发展。青联、学联、青企协、少先队和其它青年社团组织不断发展壮大。省团校及各级团的培训基地努力改善办学条件，拓宽办学思路，办学能力进一步提高。青运史研究工作取得新成绩。青年外事工作发展迅速，增加了对外交流的人数，拓宽了对外交往的领域。全省团办实业经过一系列改革，已在报刊、旅游和青少年课外活动等领域形成独特优势。

黑龙江团的工作

1998—2002年是共青团黑龙江省第十届委员会任期的5年。5年来，全省各级团组织以邓小平理论和“三个代表”重要思想为指导，坚定不移地贯彻党的路线、方针、政策，紧紧围绕全省“二次创业、富民强省”的工作大局，牢牢把握青年成长成才的根本需求，以改革创新

精神积极探索新时期团的工作新路子，实现了全省团的工作创新发展。

一、青年思想教育工作扎实有效，广大青年沿着正确的道路健康成长。通过开展“三讲”教育理论研讨会、召开“三个代表”重要思想座谈会和“唱、读、学”活动等多种形式，建立2万多个理论小组、研究会。以建国50周年、建党80周年、加入世贸组织、申奥成功、建团80周年等重大纪念日和重要历史事件为契机，对青少年进行爱国主义、集体主义、社会主义和民族精神教育，激发广大青年的报国之志和建设黑龙江的创业之举。通过开展“新世纪、新青年、新形象”主题教育活动，引导青年带头实践《公民道德建设实施纲要》，培养青少年养成良好的社会公德、职业道德和家庭美德。扎实开展“新世纪青少年读书计划”活动，建立读书俱乐部、书屋等千余个。全省有青年志愿者30多万名、志愿服务队10万余支。涌现国家级青年文明号75个、省级青年文明号906个、在“保护母亲河”行动中，植树1300万株，造林近35万亩。“三下乡”活动蓬勃开展，30余万人（次）的大中专学生为贫困地区送医、送药、送科技，送去了党的温暖。希望工程累计筹资4700余万元，援建希望小学326所，资助贫困儿童6万余名，“手拉手”活动结对40万对。通过“科普之冬”和“科技活动周”等形式，大力开展科普教育和稳定教育，引导广大团员、青年崇尚科学，自觉维护社会稳定。2000年，团省委被省委授予思想政治工作先进集体光荣称号。

二、团的创业建功活动进一步深化，广大青年在经济、社会加快发展的实践中充分发挥了生力军作用。全面深化农村青年科技活动。各级团组织试验、示范、推广了800多个先进实用科技项目，创办服务组织和科技经济服务实体3400多个。2001年12月，团省委被省政府评为“全省农村科技工作先进集体”。大力实施“青年职工创新创效活动”和“下岗青工创业行动”。培养国家级青年岗位能手34人、省级青年岗位能手1550人，有8000多名青工提高了一个技术等级。全省培训下岗青工11万人（次），引导和扶持下岗青工创办微型企业4000余个，帮助6万多名下岗青工实现了再就业。1998年4月，黑龙江省下岗青工再就业的工作经验在国务院召开的全国下岗职工再就业工作会议上进行了交流。深入开展“青年科技创新行动”，通过举办科技发展形势报告会、青年科技与学术交流研讨等形式帮助青年提高科技素质，引导青年投身科技创新实践，架起科企对接的桥梁。共组织青年企业家、青年科技工作者开展科技对接27次，有力地促进了企业发展。举办了“海外学人回国创业周”活动，吸引来自美国、日本等国家和地区的58名海外青年博士、硕士到我省进行招商考察和项目洽谈，较好地推介了黑龙江。

三、青年人才队伍建设规模和质量进一步提高，为经济、社会加快发展提供有力的人才和智力支持。全省各级团组织把为二次创业培养造就青年人才、大力开发青年人力资源作为团组织服务经济社会加快发展的突出任务牢牢抓在手上。确立了紧紧围绕培养青年专门人才、青年复合型管理人才、高素质青年劳动者三个层面的青年人才，抓好农村青年星火带头人、青年岗位能手、青年科技工作者、青年兴业领头人等十支青年人才队伍的工作思路。培养造就了一支以苏树林、邓伟、苏艳霞、舒裕等为代表的全国“青年五四奖章”、全国“十大杰出青年”等“杰”字头青年典型31人、省级各类“十杰”称号的青年典型956人。通过与有关部门联合下发《关于加强青年人才队伍建设的意见》，建立各级青年人才库、设立青年人才基金等一系列措施，为青年人才成长铺路搭桥。全省共有市（地）以上青年星火带头人5万多名，青年专业生产经营大户近万户，青年

股份合作体领办人2万多名，青年岗位能手30多万名，农村青年经纪人8万名，青年兴业领头人2万多名，以及青年创业明星、青年科技创新创业奖、十佳大中学生、现代园丁奖等千余人，他们已经成为我省深化改革、加快发展、倡导新风的一支有生力量。同时，通过开展"牵手扶贫帮困工程"、"一助一"、创建"青少年维权岗"等形式，帮助弱势青少年群体解决生产生活中遇到的实际困难，切实维护青少年的合法权益，加快他们的成长成才步伐。

四、团的建设水平进一步提高，外部环境进一步优化。依靠"党建带团建"，与省委组织部等部门联合，先后召开了团建创新工作会议和非公有制经济组织团建工作会议，有力地推动了新形势下团的建设。全省非公有制经济领域建团率已达60.3%，社区建团率已达85.6%。5年来，团省委直接调训团干部3000人(次)，团干部队伍整体素质有了明显提高，年龄和知识结构进一步优化。黑龙江省加强团干部"选育用管"新机制的经验在中组部全国基层组织建设联席会简报上刊发。5年来，全省共发展新团员100万余名，向各级党组织推荐优秀团员入党10万余名。青年立法工作取得初步成效，青年志愿者工作已纳入省人大的立法程序，使团的工作向法制化轨道迈出了新步伐。团的政策建设有了新突破，先后与有关部门联合出台了《关于进一步加强普通高等学校共青团建设的意见》、《关于加强国有及国有控股企业共青团工作的意见》、《关于进一步加强基层党建带团建工作的意见》等10余个政策性文件，为团的工作深化发展提供了政策保障。

上海团的工作

1998—2002年，上海共青团坚持"示范群体建设"的总体思路，以"造就一批优秀青年人才、提高一代青年整体素质"为重点，在服务大局、服务青年的实践中，努力推进典型建设、队伍建设、项目建设和机制建设，塑造了上海共青团鲜明的组织形象、队伍形象和工作形象，为新世纪上海共青团事业的持续发展奠定了扎实基础。

一、坚持不懈地用邓小平理论和"三个代表"重要思想教育青年，青年思想政治工作取得了新成效。深入推进邓小平理论和"三个代表"重要思想的学习实践活动，全市青年"学理论学党章"小组、大学生"邓小平理论研究会"和"三个代表"重要思想实践团、中学生"邓小平理论读书会"等各类理论学习组织超过2.9万个。以纪念建党、建团80周年等重大节庆为契机，广泛开展"党在我心中"、"永远跟党走"等各类主题教育活动，开展反"台独"和揭批"法轮功"邪教本质的斗争。以仪式教育、实践教育和典型教育为载体，探索并形成了一套开展青年思想政治工作的新办法。5年中经"推优"入党的团员青年超过10万人。

二、在两个文明建设中勇开风气之先，发挥了生力军和突击队的作用。深入开展"上海青年成才实践月"活动，大力开发青年人力资源，5年中共涌现出"中国青年五四奖章"、"中国十大杰出青年"、"上海十大杰出青年"和"上海市新长征突击手"称号获得者1500多名。扎实推进职业青年创新创效活动，不断提高新一代青年产业工人的知识化程度，1万多

支青年突击队共10万多名青年突击队员参与了青年工程立功竞赛，近800名青年荣获市青年岗位能手称号。有效开展青年文化建设，创作了《青春耀浦江》、《发现青年》、《青春宣言》等作品，组织了300场“青春的节日”——上海青年文艺巡演。5年中，共有500多万人次的青少年参加了志愿者服务和社区文明行动，4.7万多名青年参与了“为了生命的希望工程”——上海青年骨髓捐献志愿者行动，10万多名青少年投入了“保护母亲河·绿色希望工程”活动，4000多家各级“共青团号”集体开展了“上海市青年文明号信用建设示范行动”。

三、积极服务大局、服务全国，展现了上海青年和青年组织的时代风貌。自觉服务大局，组织全市约100万人次的青年志愿者先后为《财富》全球论坛、APEC会议、亚行年会、申博和中国上海国际艺术节等各类重大活动提供服务，成功承办了“2001年APEC青年节暨杰出青年企业家论坛”。上海“希望工程”5年共援建希望小学近400所，资助款物达1.67亿元，并筹资3800万元建立“希望工程教师上海培训基地”，培训希望小学教师3500多名。5年中，组织近200名青年志愿者赴云南、宁夏等地开展扶贫接力服务，上海青年服务云南、江西的工作纳入两地政府对口帮扶的“五年计划”，共培训西部团干部2500多名，共组织700多名各界青年出访，接待4000多人次的来访。

四、切实服务青少年发展需求，优化了青少年成长成才环境。以社区青少年教育管理和服务为突破口，努力探索共青团协助政府管理青年事务的有效途径。加大法制宣传教育力度，共建立全国和市级“青少年维权岗”120多个，初步形成青少年维权网络。积极开展帮困助学等活动，5年中，共发放“爱心助学”奖（助）学金超过2000万元，资助本市困难学生2万多人次。努力服务青年就业和创业，通过青年人才交流服务中心等，为20多万青年提供求职服务。积极推进“千校百万”培训计划，对27万人次的进城务工青年提供了培训等服务。积极运用网络等传媒手段，开通了上海青年电子社区和东方网少年频道。稳步推进团办事业改革，建立健全监管体系，有效发挥团办事业对青少年的服务保障作用。

五、以改革和创新精神，推动了团的自身建设。按照“党建带团建”的要求，以“三讲”教育为契机，积极实施作风带团战略，团的思想、组织、团干部和团员队伍建设都取得新成效。深入开展青少年研究工作，编辑出版《上海青年志》和《上海青年发展报告》等。进一步加强基层组织建设，在不断巩固企业、学校和农村团建的基础上，进一步加强社区及新经济新社会组织团建工作，初步形成以团为核心，青联、学联为重点，青年社团为补充的多样化组织网络。截至2002年底，全市共有各级团委2519个，团（总）支部36504个，专兼职团干部71056人，团员947839人，正式注册的市区县级青年社团73家。5年累计培训专兼职团干部30多万人次，发展团员476879人。深化“全团带队”工作，160多万少先队员参加了“雏鹰争章”活动。与新加坡、香港等地的青年组织建立了青少年工作者海外培训的双向合作机制，有效推进青少年工作者海外培训工作。

六、尊重和弘扬基层首创精神，探索形成了一批具有示范导向作用的活动品牌和工作机制。5年来，基层团组织和广大团干部坚持从实际出发，创建了“三个代表”重要思想实践团和青少年社区道德评议活动等思想教育新载体；探索推出了团干部预案管理、行业牵动基层、居民区团支部直选、基层团组织工作评价体系、园区青联等组织建设新举措；形成了青年职业生涯导航、有志青年下农村、少先队争章课程化等素质培养新模式；形成了青少年读书网、青年人才市场、青年志愿者认同卡和“红红姐姐”热线等服务青少年的新项目。

江苏团的工作

1998—2002年共青团江苏省委以“三个代表”重要思想为指导，紧紧围绕团中央的工作部署和省委、省政府的中心工作，扎实推进团的各项工作，为加快推进富民强省进程做出了重要贡献。

一、青年思想政治工作不断加强。以团干部、大学生为重点，邓小平理论、“三个代表”重要思想学习教育活动蓬勃开展。抓住庆祝澳门回归、建国50周年、迎接新世纪和纪念五四运动80周年、建党80周年、建团80周年等契机，以“辉煌五十年”、“党在我心中”、“永远跟党走”为主题，唱响了共产党好、改革开放好、社会主义好的主旋律。积极投身抗议北约暴行、反对“两国论”、揭批“法轮功”的政治斗争，广泛开展“双思”教育和新时期创业精神教育，组织了“新世纪江苏青年新形象”大讨论，选树了以“江苏青年五四奖章”获得者、“江苏省十大杰出青年”为代表的一大批青年典型，激发了青年投身改革和建设的热情。切实加强思想教育阵地建设，开通了江苏共青团网站和“雨花魂”爱国主义教育网站，全省共青团网站达40多个，团的信息化建设取得新进展。

二、动员青年创新创业，服务经济建设取得显著成绩。农村青年“三争三创”活动深入开展，创办项目示范基地2600多个，培养青年科教兴农产业带头人8000多名，一大批农村青年经纪人在发展市场经济中发挥了重要作用。动员农村青年外出务工工作取得显著成效，转移农村青年劳动力14.56万名。“保护母亲河行动”强势推进，营建青少年绿化工程450个。青年创业行动、创新创效活动不断深化，培养青年兴业领头人1000多名，建立青年再就业培训基地150个。广大青工立足岗位开展创造性劳动，完成创新课题800多项，涌现出5000多名青年岗位能手。通过组织参加“挑战杯”竞赛、举办“江苏与未来”青年论坛、评选“江苏青年科学家奖”，深入实施青年科技创新行动，为广大青年科技工作者和青年学生投身创新实践提供了新平台。

三、引导青年服务人民、奉献社会，在精神文明建设中发挥了重要作用。青年志愿者行动全面推进，注册志愿者制度深入实施，550多个社区志愿服务站、5000多支志愿者服务队遍布城乡各地，900多万人次的青年志愿者活跃在扶贫济困、抗洪抢险、社区服务等各个领域，在扶贫接力计划、第六届中国艺术节、世界华商大会、世界女篮锦标赛、第八届全国中学生运动会等大型活动中，展示了江苏青年志愿者的风采。“青年文明号”创建活动扩展到40多个行业、20多万个青年集体，涌现出204个国家级、2201个省级青年文明号。少先队员“手拉手”、“新世纪我能行”体验教育、大中学生“三下乡”、乡村青年文化节、青年文明社区创建等活动广泛开展，成为城乡精神文明建设的新亮点。

四、努力代表和维护青少年合法权益，社会职能得到强化。加强青少年生存发展状况的调查研究，编撰出版了《江苏省青少年生存发展状况蓝皮书》。青少年权益保护工作网络日益健全。市级未成年人保护机构全面建立，县和乡镇未保组织稳步发展。成立了省预防青少年违法犯罪专门机构，并逐步加强了市、县两级预防组织建设。优秀“青少年维权岗”创建活动深入开展，全省涌现国家级优秀“青少年维权岗”40个，省级141个。深入宣传、贯

彻“两法一办法”，积极开展失足、刑释解教青少年帮教和未成年人法律援助，启动实施“进城务工青年发展计划”和“千校百万”培训计划，加强青少年自护教育，青少年权益保护工作领域进一步扩大。希望工程成效显著，共划拨各项资金、捐赠各种设备总价值2200万元，救助农村贫困学生2.6万名、城市下岗特困职工子女2.5万名，援建省内外希望小学94所，为青少年健康成长作出了新贡献。

五、不断完善团的社会化运行方式，机制创新步伐进一步加快。着眼于整合社会资源、形成工作合力，基层青年工作协调机制普遍建立。单一行政化的组织动员方式得到改变，公开招募、项目协作的社会动员手段广泛运用。坚持青年评价与社会评价、团内评价与团外评价相结合，评选公示制度、社会监督制度进一步完善。青年志愿服务和18岁成人教育活动的地方性立法实践，标志着青年工作的法制化进程迈出了新步伐。

六、切实加强团的思想组织作风建设，团的自身建设充满生机和活力。以贯彻落实省委《关于进一步加强和改善对共青团和青少年工作领导的意见》为主线，团建工作纳入党建工作总体部署，“党建带团建”工作全面加强。推行基层团组织集中换届，推进“三级联创”活动和团建创新，农村、国有企业和学校团的组织继续巩固提高，非公有制经济组织、开发园区、小城镇和社会力量所办学校的团建工作不断加强，1300多个街道、社区居委会建立了团组织，城市社区建团率大幅度跃升。深入开展“三讲”教育、“三个代表”学教活动和作风建设专题教育活动，加强团的领导班子、领导干部思想作风建设，积极推进团的干部人事制度改革，广泛推行公开选拔、竞争上岗的选配方式，促进了团干部整体素质进一步提高。团员队伍发展壮大，总数达379万人，20多万名优秀团员经团组织推荐加入党组织，向党的队伍输送了新力量。

浙江团的工作

截至2002年底，浙江省14—35周岁青年1418.7多万，其中14—28周岁团龄青年999.6530万。全省团员281.0239万，团青比例28.11%。全省基层团组织122001个，专职团干部4028名。

5年来，浙江各级团组织按照省委和团中央的总体部署，坚持在继承中探索，在探索中创新，在创新中前进，团的各项事业取得长足发展。

一、坚持把理论武装作为首要任务，努力用科学理论构筑青年一代精神支柱。一是理论学习高潮不断，以团干部和青年学生为重点，深入开展邓小平理论、“三个代表”重要思想和党的十六大精神学习教育，坚定广大团员青年的理想信念。二是主题教育活动精彩纷呈，以建党80周年等重大纪念活动为契机，先后开展了“世纪行”、“世纪、青年、责任”、“党在我心中”和“永远跟党走”等主题教育活动，尤其是2001年的“党在我心中”南湖红船圣地行—浙、黔、陕纪念建党80周年活动取得圆满成功，胡锦涛同志在启动仪式上亲切接见了各地代表。贯彻《公民道德建设实施纲要》要求，以“实践‘五爱’要求，争做‘四有’新人”为主题的青少年思想道德教育活动蓬勃展开，成果

喜人。三是探索新时期青少年思想政治工作的新途径和新方法成效显著。2001 年,在原省青少年思想教育工作协调小组的基础上成立了浙江省青少年工作领导小组,制定了《浙江省用于青少年校外活动场所建设的彩票公益金使用管理办法》、《2001—2005 年浙江省青少年学生校外活动场所建设与发展规划》等政策性文件,设立了浙江省“成人节”,开展了浙江青年总体发展状况大调研,开通了“共青思维”、“中国青少年新世纪读书网”等网站,在增强青少年思想教育的针对性、有效性,形成齐抓共管的工作格局方面取得了新的进展。

二、坚持把建功育人作为工作主线,团结带领团员青年在促进经济社会发展中作出积极贡献。一是青年效益农业开发行动逐步深入,“跨世纪青年农民培训工程”成果显著,5 年来各级团组织累计培养青年星火带头人 3 万多名,建成县级以上青年星火基地 890 个。浙江省青年优质农副产品推广商洽会从 2001 年成功举办以来,累计签订农产品销售合同 100 多个,协议资金 2 亿多元。二是企业青工创新创效行动扎实推进,深入开展“号、手”活动,引导青工在生产经营中勇当先锋。5 年来共举办各类青工技能比武 6300 多次,命名各级青年文明号 11087 个,培养县级以上青年岗位能手 9100 多名。三是“青年文明社区”创建活动不断深化,截至 2002 年底,全省共建有“天天”社区青年志愿服务站 435 个。四是青年志愿者活动广泛开展,青年志愿者科教扶贫接力计划成功实施,注册志愿者制度稳步推进,全省注册志愿者达 30 万人。宁波制定并通过了我省首部关于青年志愿服务的地方性法规《宁波市青年志愿服务条例》。五是金温铁路青年绿化工程、海塘青年绿化工程 3 年目标规划圆满完成,创造了以“项目化管理、工程化操作、社会化运作、群众性参与”为主要运作方式的“青字号”工程建设的经验。团省委被省政府授予绿化工作先进集体。

三、坚持把服务作为根本宗旨,竭诚服务广大青年成长成才。一是青少年素质教育体系逐步健全。少先队“雏鹰行动”、中学生“曙光计划”广泛开展,暑期大中专学生“三下乡”社会实践活动持续活跃,新世纪人才学院建设影响日益扩大。1999 年、2000 年全国少先队社区工作座谈会和全国“知心家庭学校”现场推进会分别在杭州和金华召开。二是青少年文化建设进一步加强。建成新世纪读书俱乐部和书屋 619 家,拥有会员 10 万余名。群众性青少年文化活动广泛开展,2001 年、2002 年“全国乡村青年大力士擂台赛”和“长江三角洲地区乡村青年文化节”相继在温岭、慈溪举办。三是“进城务工青年发展计划”深入开展。2000 年,团中央等八部委联合在温州召开了全国“千校百万”外来务工青年培训计划现场会,团省委作了典型发言。四是青少年维权工作不断深化。已在 10 个系统开展了优秀“青少年维权岗”创建活动,涌现出全国级优秀“青少年维权岗”33 家、省级 113 个;维权机构逐步健全,省未保委成员单位已达 25 个,各市、县(市、区)都已建立未保工作机构。五是大学生助学计划启动开展,希望工程不断深化。2002 年联合省直有关部门启动开展了以“爱心助成才、共圆大学梦”为主题的“浙江省大学生助学计划”,五位青年企业家各捐赠 1000 万元建立了总额为 5000 万的“浙江省大学生助学基金创始基金”,当年共帮助 2028 名贫困大学生顺利入学。希望工程继续深化,截至 2002 年底,累计接受社会各界捐款 6085. 98 万元,援建希望小学 352 所,结对资助失学儿童 70581 名。

四、坚持把自身建设作为基础环节,团组织的吸引力、凝聚力和战斗力进一步增强。一是基层“党建带团建”工作不断深化,探索形成了团干部选拔配备和管理使用机制、推优入党和推干荐才机制、镇(乡)和村两级组织统一换届机制、党

团基层组织建设统一评估机制。2002 年在中组部与团中央联合召开的全国基层“党建带团建”工作会议上，将我省的做法作了典型经验介绍。二是基层团组织建设进一步加强，按照“区域覆盖，条块结合，块为中心，多点辐射”的要求，切实加强“强镇带村”、社区团建、非公有制企业团建、高校团建等工作，积累了有益的经验。1999 年、2001 年全国共青团农村基层工作现场会和全国非公有制经济组织团建工作现场推进会分别在台州温岭市和温州市召开。三是团干部和团员队伍建设进一步加强，深入实施“321”团干部培训计划，进一步提高团干部的思想水平和工作水平。切实加强团员发展、教育和管理工作，不断增强团员意识。

安徽团的工作

1998—2002 年的 5 年，安徽省各级团组织以邓小平理论和“三个代表”重要思想为指导，在团中央和省委的正确领导下，努力贴近中心、贴近青年、贴近基层，扎实推进团的各项工作，切实加强团的自身建设，在加快发展、富民强省、全面建设小康社会的伟大实践中，谱写了安徽青年运动和共青团工作的新篇章。

一、加强和改进青少年思想政治工作。坚持用邓小平理论和“三个代表”重要思想武装团员青年，通过团干部理论读书班、大学生理论学习社团和业余党（团）校等多种形式，在青年中兴起理论学习的热潮。大力开展“三讲”教育、农村青年“三个代表”宣传教育和以“党在我心中”、“永远跟党走”、“加快发展、富民强省”为主题的大型系列教育活动，深入开展解放思想、实事求是大讨论，不断提高广大团员青年的思想政治理论水平。以纪念建国 50 周年、建党 80 周年、建团 80 周年、庆祝港澳回归、支持北京申奥、中国加入世贸组织等重大活动为契机，各级团组织广泛开展知识竞赛、演讲比赛、歌咏大赛、文艺演出等活动，大力加强青少年爱国主义、集体主义、社会主义思想教育，唱响共产党好、社会主义好、改革开放好、富民强省好的主旋律。认真贯彻《公民道德建设实施纲要》，加强社会公德、职业道德、家庭美德教育，不断提高青少年道德素质。围绕重大社会政治事件，积极引导广大青少年自觉维护社会稳定。

二、发挥广大团员青年在经济建设中的生力军和突击队作用。围绕农村产业结构调整和经济发展，以促进农村青年增收成才为主题，实施农村青年科技致富奔小康工程，领办科技推广项目 1000 多个，创建青年星火带头人示范培训基地 600 多个，培训农村青年 300 多万人次。培养农村青年“四个带头人”，开发和利用农村青年人力资源，发挥示范带动和辐射作用，促进农村青年增收成才，推动农村经济发展。广泛开展青工创新创效、青年岗位能手活动，引导青年职工立足岗位做贡献，促进企业改革和发展。培养青年兴业领头人，建立下岗青工培训基地 120 个，引导和帮助一大批下岗青工走上创业之路。围绕实施科教兴皖战略，开展安徽青年科技创新行动、大学生“挑战杯”系列科技竞赛，激发了青年的科技创新热情。推进“保护母亲河”行动，为保护生态环境和实施可持续发展战略做出了积极贡献。

三、引导青少年积极参与精神文明建设。青年卫生志愿者扶贫接力工作成效明显，青年

农业科技志愿者扶贫接力、社区青年志愿者“扶弱助困行动”广泛开展，成立青年志愿者服务基地、服务站近2000个，各类服务组织6万余支。5年来共有200多万人次青年参与志愿服务活动，有力地弘扬了“奉献、友爱、互助、进步”的志愿者精神。农村改厕工作稳步推进，举办培训班1000多期，培训改厕人员8万多人次，新建成片改厕20户以上的改厕示范村近3000个，树立青年改厕示范户40多万个，全省农村卫生厕所普及率明显提高。青年文明号创建工作不断深化，青年文明号服务卡助万家、百城万店青年文明号促销创效等活动蓬勃开展，5年来共创建国家级青年文明号65个、省级679个，提高了服务质量和水平。动员组织大中专学生广泛参与社会实践，5年来累计有50万名大中专学生深入全省600多个行政村，开展文化、科技、卫生“三下乡”活动。青年文明社区创建、雏鹰行动、体验教育、18岁成人仪式教育活动扎实开展，提高了青少年素质，弘扬了社会文明新风。

四、切实服务青少年成长成才。发挥共青团聚集、联络和举荐青年人才的作用与优势，积极为优秀人才脱颖而出创造条件，为青年建功成才搭建舞台。开展“安徽青年五四奖章”、“江淮十大杰出青年”等系列评选表彰活动，树立各类可学可比的青少年先进典型。大力创建“优秀青少年维权岗”，5年来被命名为国家级的25个、省级的54个，成立了安徽青年法律工作者协会和省未保委志愿者关爱团，切实维护青少年合法权益。6000多对城乡学校少先队组织手拉手结对互助。希望工程累计筹资1亿余元，援建、修建希望小学380多所，资助失学儿童和大中专学生近13万名，建立“希望书库”287个。“爱心助学”行动为2万多名下岗特困职工未成年子女上学提供支持。选派青年出国培训、考察，实施“共青团县县上网”工程，创建安徽青少年网站，加强青少年宫建设，推进青少年新世纪读书计划，积极为青少年成长成才创造良好的条件。

五、进一步加强团的自身建设。按照“党建带团建”统一部署，切实加强农村、企业、学校和机关事业单位团的建设。在非公有制经济组织、城镇社区和社会力量办学等领域积极开展团建工作，扩大了团组织的有效覆盖面。广泛开展“五四红旗团委”创建活动，全省127个基层团委被命名为全国“五四红旗团委”创建单位，235个基层团委被命名为省级“五四红旗团委”，进一步增强了基层团组织的凝聚力和战斗力。加强团的队伍建设，加大团员发展工作力度，5年来有73万优秀青年加入了团组织，目前全省团员总数已达到295万人。积极做好“推优”工作，8万余名共青团员光荣加入了中国共产党，一大批优秀团干部在各级党组织的关怀下，走上了新的工作岗位。

此外，团的社会化发展也取得了明显成效。青联、学联、少先队和其他青年社团组织不断壮大，团属企事业稳步发展，团的实力和社会影响力进一步增强。

福建团的工作

5年来，在省委和团中央的正确领导下，团省委坚持以邓小平理论和“三个代表”重要思想为指导，团结带领广大团员、青年积极投身福建新一轮创业，团的事业在继承中创新，在

创新中发展，实现了新的跨越。

一、努力加强和改进青少年思想政治工作，坚定了广大团员青年的理想信念。通过抓学习、抓契机、抓典型、抓阵地，不断提高青少年思想政治工作的针对性和有效性。组织广大团员青年学习邓小平理论和“三个代表”重要思想。以纪念建党80周年、建国50周年、五四运动80周年、建团80周年、建队50周年重大纪念日和港澳回归等重大事件为契机，对青少年进行爱党、爱国、爱社会主义教育。引导广大团员、青年同“两国论”和“法轮功”进行坚决的斗争，提高了广大团员、青年的政治觉悟和辨别是非的能力。宣传各条战线的先进青年典型，为青少年树立起时代楷模。加强青少年宫、青少年科技文化活动中心、社区青少年服务中心和少先队“雏鹰训练基地”等阵地建设。实施“共青团县县上网工程”，建立青少年网站70个，青少年思想政治工作的渠道更加丰富。

二、大力开发青年人力资源，造就了一大批高素质的青年人才。实施跨世纪青年农民科技培训工程，开展“农村中学创业意识教育与创业技能训练”活动，实施帮助青年创业计划，培养了一大批青年兴业领头人，提高了青年的科技素质和创业技能。领办一批有影响的农业科技推广项目，开展企业青年创新创效活动，推进以“挑战杯”为龙头的大学生科技竞赛，培养了青年的创新精神，提高了青年的创造能力。开展青年博士服务团下基层和青年企业家西部行、青年企业家为构建山海协作战略通道做贡献等活动。各地还涌现出一大批青年突击队，承担了大量创新项目和急、难、险、重任务。开展“保护母亲河”行动，在我省“五江一溪”流域和长江、黄河流域建设长汀青年世纪林等24个县级以上“保护母亲河”工程项目，实施造林60008亩，为促进经济和社会的可持续发展发挥了积极作用。

三、积极参与群众性精神文明创建活动，提高了青少年的文化道德素质。落实《公民道德建设实施纲要》，培养青年良好的道德习惯。青年志愿者活动不断深化，省青年志愿者立法工作取得突破。全省建立了青年志愿者服务站（队）2500多个，招募青年志愿者30多万人，落实“一助一”服务对象8万多对，参与服务的青年志愿者达1000多万人次。全省5批赴宁夏青年医疗卫生志愿服务进展顺利。青年文明号创建活动深入开展，全省已有全国级青年文明号141个、省级青年文明号1089个，涌现出漳州110、厦航乘务队等一批在全国有影响的青年文明号先进典型。建立“手拉手”联谊学校4000多所，有300多万少年儿童参与“手拉手”活动。扶贫帮困成效明显，援建希望小学76所。在1998年和今年两次闽北抗洪救灾过程中，筹集资金近500万元，先后在光泽县和顺昌县建设两个共青新村，结对帮扶1500名受灾青少年学生。青年文明社区大家乐、乡村青年文化节、校园文化艺术节、大中学生暑期“三下乡”、“迈好青春门，走好成人路”和“新世纪我能行”主题系列活动持续推进。

四、不断构建和完善青少年服务体系，促进了青少年健康成长。实施跨世纪青少年读书计划和“少年雏鹰行动”，促进青少年学习新知识、新科技和新技能。利用全省400多个进城务工青年培训学校（站、点）和各类农村培训基地，开展进城务工青年培训、下岗青工再就业教育和农村青年实用技术培训，培训青年近1000万人次，为青年就业提供了实实在在的服务。开展“三助一送”、“号户结对”等为特困户及下岗青工、困难青少年群体送温暖活动，为社会弱势群体提供帮扶。创建各种形式的青年社团，使广大青少年在全省的144个各级青年社团组织中健康成长。积极推动创建优秀“青少年维权岗”活动，进一步优化了青少年的成长环境，全省800多个各级优秀青少年维权岗为维护青少年的合法权益发挥了积极作用。创办青少年法律学校和创建“青少年安全

放心网吧”等活动，开展青少年自我保护教育，推进预防青少年违法犯罪工作，促进青少年健康成长。

五、积极推进闽台青少年交流工作，增进了闽台青少年的友谊。根据福建省对台工作实际，适时召开了全省共青团对台工作研讨会，部署全省青少年对台交流工作，制定了全省闽台青少年交流工作规划。扎实开展工作，有目的、有步骤地与台湾的有关青年团体建立了长期、友好、稳定的关系，为进一步做好闽台青少年交流工作奠定了良好的基础。以“闽台青少年携手迈向21世纪”为主题，成功开展了系列交流活动。组织了4次大型的全省各界青年代表赴台访问活动。台湾赴闽中学生夏令营是台湾方面首次组织的祖国大陆访问团，使我省对台青少年交流工作取得了新的突破。闽台青少年相互间的交流数量、质量有较大提高。

六、努力加强团的自身建设，增强了团组织的吸引力、凝聚力和战斗力。围绕省委“城市抓社区，农村抓乡镇”的部署，结合团的工作实际，我们制定出台了实施细则，把全省社区和乡镇团的建设纳入规范化和制度化的轨道。全国创建青年文明社区暨社区团建现场会和全国小城镇共青团工作现场会分别在福州和漳州召开，推广全省的先进经验。深入开展“党建带团建”工作，以创建“五四红旗团委”为龙头，团的基层组织建设“三级联创”活动全面展开。团建创新工作稳步推进，在非公有制经济组织和新型社会组织团的建设等方面进行了有益的探索。圆满完成了团干部“321”培训计划，农村共青团系统“三个代表”学习教育活动取得成效，团干部队伍的思想作风建设进一步加强。5年来，全省共发展新团员185万人，“推优入党”16万人，团员总数已达226万人，团青比例为26.9%。

江西团的工作

1998—2002年，共青团江西省第十二届委员会在省委和团中央的正确领导下，坚持以邓小平理论和“三个代表”重要思想为指导，服务大局、服务社会、服务青年，全面加强自身建设，开创了江西省共青团工作新局面，谱写了世纪之交江西青年运动的新篇章。

一、青少年思想教育工作扎实有效。坚持正面引导、理论武装、典型激励，团员青年的思想政治素质不断提高。全面深化青少年理论教育，以学习邓小平理论和“三个代表”重要思想为核心，以青年“双学”小组、邓小平理论研究会、业余团校为依托，在青年中广泛掀起学理论的热潮，坚定团员青年的理想信念。广泛开展青少年主题教育，抓住新中国成立50周年、建党80周年、建团80周年等重要契机，以“永远跟党走”、“我在党旗下成长”为主题，广泛开展爱国主义、集体主义、社会主义和艰苦奋斗精神教育，加深广大团员青年对党、对祖国的感情。积极开展“塑造江西人新形象——青年在行动”主题教育活动，增强广大青年投身江西崛起的坚定信心。着力加强青少年网络教育，大力宣传青少年网络文明公约，引导青少年在虚拟空间自律。“共青团县县上网工程”全面铺开，“江西青年网”和“江西英烈网”成功开通，为青少年思想教育开辟了新阵地，注入了新活力。组织青少年开展反对“台独”、

反对分裂的斗争,维护祖国的完全统一。深入揭批“法轮功”邪教,组织“青年文明社区反邪教”和“校园拒绝邪教”系列活动,引导青少年崇尚文明、热爱科学。

二、服务经济建设取得丰硕成果。自觉服务党政工作大局,主动发挥优势、找准位置、当好助手,通过具体有形的活动和工作项目,引导团员青年积极投身经济建设主战场。围绕企业改革和发展,广泛开展了青年岗位能手、青年突击队、青工技能大赛、青年安全生产示范岗等活动,倡导岗位学习、岗位成才、岗位奉献,培养了1000余名省和国家级青年岗位能手,完成5000余个青年创新创效项目。围绕农村经济发展,全面深化农村青年增收成才行动,按照“实用、实际、实效”的原则,培训青年农民17万人次,推广领办科技项目4000多个。围绕大开放主战略的实施,发挥共青团联系广泛的优势,邀请沪、深两地知名青年企业家来我省开展经贸交流与协作活动,签订经济项目25个,合同资金6亿元。围绕可持续发展战略的实施,全面深化”保护母亲河“行动,大力开展植绿护绿、绿色行动营等活动,争取日本小渊基金700余万元的支持,促进了青年绿色工程的实施。围绕科教兴赣战略的实施,深入开展了青年科技创新行动,全省19项青年科技成果获国家和省级奖,800余个科技项目得到推广应用。连续三年开展“博士服务团”活动,为江西经济、社会发展提供了智力支持。积极参与抗洪救灾等急、难、险、重任务,发挥青年的突击队作用。在'98抗洪抢险斗争中,广大团员、青年积极开展社会募捐、生产自救、重建家园等活动,共募集社会资金和物资3800多万元,为夺取全省抗洪救灾的伟大胜利做出了应有贡献。

三、精神文明创建活动蓬勃发展。坚持一手抓机制,一手抓活动,不断深化青年志愿者行动。全面实施扶贫接力计划和社区发展计划,动员了近千万人次的青年志愿者向社会提供公益服务,注册志愿者达10万余名,“一助一”结对7.5万多对,帮助贫困家庭6.2万多户。青年文明号活动开辟了青年职业道德建设的新途径,全省近万个青年文明号集体在窗口、服务行业为社会提供了高效优质的服务;庐山、井冈山在全国率先开展了整体创建“青年文明号山”活动,发挥了青年文明号的规模示范效应。青年文明社区活动以“四进社区”为主要内容,大力开展家庭教育、法律及医疗等服务活动,全省创建青年文明社区200多个。青年文化活动为广大青年提供了展示才华的舞台,广泛开展青年文化广场、校园歌手大赛、青年世纪风采大赛、乡村青年文化节等活动。文化、科技、卫生“三下乡”活动坚持不懈,大中专学生在社会实践活动中受教育、长才干、做贡献。

四、服务青少年落到实处。以优化青少年成长环境为目标,着力完善青少年服务体系。注重青少年发展能力的培养,着力实施新世纪读书计划,全面深化“雏鹰争章行动”、“新世纪我能行”体验教育活动和“手拉手”活动,广泛开展大学生“挑战杯”课外学术科技作品竞赛、创业计划竞赛等活动,提高了青少年就业、创业能力和参与社会竞争的能力。注重青少年的发展引导,开展“五四青年奖章”和“十大杰出青年”等评选表彰活动,推出一大批先进青年典型,为广大青年成长成才、成就事业树立了榜样。注重青少年的权益保护,深入开展《未成年人保护法》、《预防未成年人犯罪法》的宣传教育活动;在10个行业全面开展了“优秀青少年维权岗”创建活动,积极探索建立青少年维权工作的有形依托。“希望工程”成效显著。全省累计筹资2.3亿元,兴建希望小学703所,捐建三辰影库、希望书库706个,救助贫困大、中、小学生13.7万名。

五、团的建设全面加强。坚持以“党建带团建”为统揽,把团的建设纳入到党的建设总体格局。始终把思想建设放在首位,深入开展了以“讲学习、讲政治、讲正气”为主要内容的

党性党风教育和农村“三个代表”重要思想学习教育活动，广大团干部的思想政治理论素质和党性修养进一步增强。按照“班子建设好、主题活动好、支部建设好、活动阵地建设好”的基本标准，扎实开展创建“五四红旗团委”活动和“团建先进县（市）”活动，增强了团组织的吸引力、凝聚力和战斗力。在巩固、加强农村、企业、学校团组织建设的同时，加大非公有制经济组织、社会力量办学、城市社区等领域团建工作力度，扩大了团组织覆盖面。适应社会的发展，积极推进团建创新，探索灵活多样的团组织设置方式。全面实施团干部321培训计划，全省各级团组织共培训专职团干部2.3万余名，选送近300名团干部赴上海、浙江学习，团干部的素质进一步提高。加大团干部的推优力度，团干部协管工作进一步加强。以团员先进性教育活动为载体，加强了团员队伍建设，加大团员的发展力度，全省现有共青团员200万名。切实加强“推优”入党工作，全省有11万名优秀共青团员光荣加入中国共产党。加强廉政建设，团干部的廉洁自律意识和拒腐防变能力得到增强。青联、学联、少先队和其他青年社团工作都取得了新的进步。青年外事工作进一步加强，扩大了同世界各国青年的友好交流，共接待来自德国、日本、越南、老挝等青年访问团8批，116人。《涉世之初》杂志荣获“第二届国家期刊奖百种重点期刊”，成为在全国最具影响的青年期刊之一。瑞金团中央旧址修缮开放，一批青少年活动阵地建设项目纳入了政府规划。

山东团的工作

1998—2002年，山东各级团组织高举邓小平理论和“三个代表”重要思想的伟大旗帜，在省委和团中央的正确领导下，认真履行团的职能，积极推进自身建设，团结带领全省青年坚定理想信念、努力学习创新、勇于建功奉献，谱写了山东共青团工作的新篇章。

一、以邓小平理论和“三个代表”重要思想为指导，构筑青少年精神支柱

将理论武装工作摆在工作的首位，致力于学习党的十五大精神、十六大精神、“三讲”教育和“三个代表”重要思想教育的结合及各种教育资源的整合、开发和运用，推动理论与实践的结合。认真贯彻实施《关于在全团深入学习邓小平理论的意见》，加大理论工作的指导力度，培养邓小平理论学习骨干。扎实开展全省村级团组织“三个代表”重要思想教育活动，创造出许多重要经验。2002年11月，山东青年学习党的十六大精神宣讲团在全省各地举办专题宣讲21场次，直接辐射2万余名团员青年。广大团员青年尤其是各级团干部在全面、正确领会邓小平理论和“三个代表”重要思想的科学体系和精神实质上，在运用科学理论解决实际问题的能力上，在自觉改造主观世界上，都有了新的进步和提高。

二、带领青年积极投身经济建设，推动品牌工作向现实生产力转化

发起实施的跨世纪青年农民培训工程推向全国，取得阶段性成效。围绕促进农业结构调整和农村青年增收，积极开展团组织领办科技推广项目工作，“团促产业、产业兴团”的先进经验在全国得以推广。围绕企业改革和发展，全面推进青年创新创效活动，“五小”活动

蓬勃开展,青年岗位能手不断涌现。2000 年 10 月,全国青年创新创效推进大会在齐鲁石化召开,会议充分肯定了山东的工作。围绕推进科教兴鲁战略,在众多行业和广阔领域卓有成效地开展中国青年科技创新行动,推出了金桥计划"长清模式"和新世纪山东青年论坛两大亮点。大力推进"保护母亲河"行动,地方工程建设走在全国前列,并走出省门,在内蒙古和青海分别建设"山东奥运纪念林"和"青岛林"。

三、开展群众性精神文明创建活动,发展青少年文化

积极贯彻落实《公民道德建设实施纲要》,群众性创建活动异常活跃,形成了适合青少年特点,具有共青团特色的载体系列、活动系列和典型系列。1998 年 6 月至 9 月,举办山东省青年优生优育知识学习竞赛。2001 年,以"保护母亲河"为主题的大型音乐剧《天鹅之歌》荣获共青团"五个一工程"奖。同年颁布实施《山东省青年志愿服务规定》,山东成为第二个为青年志愿服务立法的省份。5 年间,全省近千万人次青年志愿者向社会提供了约 9000 万小时的服务;青年文明号活动拓展到全省 32 个系统和行业,涌现出省级以上青年文明号 2000 多个;创建青年文明社区 400 多个;希望工程救助了 5.7 万余名失学儿童,援建了 260 所希望小学;大中学生"三下乡"社会实践、少先队手拉手、中华古诗文经典诵读工程、大家乐文化广场、青少年读书节等共青团名牌活动深入开展;与"法轮功"邪教进行了坚决斗争,健康、文明、科学的生活方式广被青年接受。

四、代表和维护青少年合法权益,优化青少年成长环境

全面贯彻"依法治国"方略和"以德治国"思想,深入开展了《中华人民共和国未成年人保护法》、《中华人民共和国预防未成年人犯罪法》和《山东省未成年人保护条例》的宣传教育活动,青少年运用法律武器维护自身合法权益的意识和能力大大提高。组织实施了"山东省进城务工青年发展计划",唤起了全社会对进城务工青年的高度关注。5 年间,共创建青少年维权岗 170 多个,成立了 1000 多支青少年普法宣传队。设立下岗青工子女、贫困大学生救助基金,集中整治"三厅一台","解救卖花童",创建"青少年安全放心网吧"等维权活动,产生了良好的社会反响。形成的《关于网吧对青少年影响的调查报告》和《山东省进城务工青年基本情况调查报告》得到了中共山东省委和团中央领导的高度评价。

五、稳步推进团的自身建设

坚持"党建带团建",全面加强团的自身建设。原有基层组织继续巩固加强,产业建团构筑了联系青年的新纽带,以非公有制经济组织、城镇社区、社会力量举办学校和农村为重点的四个领域团建迈出新步伐。2002 年 7 月,召开了全省"党建带团建"工作会议。以规范团员发展、教育和管理工作强化团员队伍建设,团青比例稳步提高,从 1998 年不足 26% 上升到 2002 年的 28.7%。1998 年,省委组织部出台《关于进一步加强共青团干部队伍建设的意见》。随后,团省委认真按照《意见》要求,建立了以"高进、严管、优出"为核心的团干部培养和使用机制。坚持"立德修身、敬业做事、多学善思"的作风建设理念,深入开展"三讲"教育,以"百村千户青年民情访谈"活动为依托,不断加强团干部作风建设,各级团的领导班子建设得到加强,团干部队伍年龄和学历结构大幅改善。

团的信息化建设进展顺利。1998 年,开通山东共青团网站,山东成为最早开通团属网站的省份之一。2001 年联合大众报业集团大众网开通"大众网・鲁青在线"。2002 年启动共青团"县县上网工程"。截至 2002 年年底,全省 131 个市、县级团委配置了设备,58 个县级以上团委建立了自己的网站(页)。

河南团的工作

1998年—2002年以来，河南团组织始终坚持以邓小平理论和“三个代表”重要思想为指导，紧紧围绕党和政府的工作大局，努力把握当代青年运动的特点和团的工作走势，积极探索新的运行机制，扎实推进各项工作，在跨世纪的进程中，谱写了奋发进取、务实有为的青春篇章。

一、坚持用邓小平理论和“三个代表”重要思想武装青年，团的思想教育取得新的成效。以团干部、大学生和各条战线青年骨干为重点，推动青年理论学习的广泛开展。应时举办团干部读书研讨班，广泛建立大学生学理论社团，共建立学生社团1840多个，覆盖面达到70%。开展百万青年学理论知识竞赛、农村团干部“三个代表”重要思想集中学习教育等活动，2001年以来，每年组织100支大学生“三个代表”重要思想实践服务团，深入到农村、厂矿、社区，宣讲“三个代表”重要思想，在全省青年中持续兴起理论学习的热潮。在《青年导报》和河南共青团网站上开设学习专题和读书征文活动。以庆祝建国50周年、建党80周年和纪念建团80周年、五四运动80周年等重大节庆日以及澳门回归、申奥成功等重大事件为契机，唱响了爱党、爱国、爱社会主义的主旋律，进一步增强了广大青年的民族自信心和自豪感，坚定了永远跟党走的信念。组织青年同“法轮功”邪教作斗争，提高了广大青年的政治觉悟和辨别是非的能力。“河南青年五四奖章”、“河南省十大杰出青年”等一大批青年典型群体的不断涌现，集中展现了当代河南青年崭新的精神风貌。

二、充分发挥青年的人才和智能优势，为河南经济发展办实事成果丰硕。以科技和人才为动力，致力促进先进生产力的发展，激发了广大青年的建设热情和创造潜能。从富民兴团工程的深化，到农村青年增收成才行动的实施，从“共青扶贫示范村”的集中创建，到“共青科技示范村”的整体推进，领办科技推广项目3800多个，培养农村青年致富创业带头人18万名，服务了扶贫攻坚的大局，带动了大批农村青年和农民群众增收致富。积极开展“保护母亲河”行动和青少年绿化中州活动，完成投资11亿元，治理面积50多万亩，有效地参与了生态保护实践。青年职工创新创效活动不断深入，确立省市两级创新项目3100多项，涌现各类青年岗位能手37000多名，促进了企业的改革和发展。青年科技创新行动方兴未艾，青年创新论坛、大学生“挑战杯”竞赛、青年专家中原行等活动主题突出，效果显著，青年的智力资源在经济建设主战场上显示出旺盛的活力。

三、用先进文化引导青年，参与精神文明创建活动成效显著。以道德建设为中心环节，引导青年在道德实践中提升道德素养。青年志愿者行动在扶贫济困、敬老助残、植绿环保等领域广泛开展，150多万青年积极参与志愿服务活动，注册青年志愿者已达30多万，累计向社会提供了近4亿小时的服务，传承了雷锋精神，倡树了“奉献、友爱、互助、进步”的理念。连续6年实施青年志愿

者扶贫接力计划，组织农村青年劳务输出，参与省委驻村工作，带动大批农村青年和农民脱贫致富。2002 年，团省委被河南省委、省政府命名为扶贫工作先进单位。11000 个市级以上青年文明号遍布各行各业，赢得了社会的赞誉。希望工程新援建希望小学 86 所，救助“希望之星”6320 名。新世纪青年文化工程稳步推进，大学生科技文化艺术节、18 岁成人仪式、中原青年文化项目擂台赛、青年文明社区大家乐等活动丰富多彩，每年 15 万名大中学生暑期“三下乡”、“三百科技大集”、少先队员手拉手等活动持续开展，丰富活跃了广大青少年的科技文化生活。

四、代表和维护青少年合法权益，有效地服务于广大青少年的发展需求。跨世纪青年农民科技培训工程、青少年新世纪读书计划、跨世纪青年学生素质工程和新世纪我能行体验教育等活动在不同领域普遍展开，激发了广大青少年求知学技的积极性。实施“万名党团员下岗职工创业培训计划”和职业技能培训，帮助提高青年就业能力和职业转换能力。建立青年再就业服务网络体系，每年为下岗失业青年提供咨询、培训等各种就业服务 7 万人次，积极推进“下岗青工创业行动”，着力实施“工岗快递”行动，提供了 3.5 万个就业岗位，12 万名下岗失业青年实现创业或再就业。举办进城务工青年培训班，鼓励务工青年进城创业或返乡创业，促进农村劳动力向非农产业转移。直接加大对进城务工青年的服务力度，抓培训，树典型，加强就业指导，提高了就业能力。开展“河南省五四新闻奖”和“河南省五四文艺奖”评选，推出优秀青年文化新人 700 多人，评选优秀青年文化作品 500 多件，为青年提供了健康有益的精神食粮。配合有关部门宣传贯彻《未成年人保护法》、《预防未成年人犯罪法》和《河南省未成年人保护条例》，举办预防青少年违法犯罪巡回展览，开通“148”维权热线，建立青少年法律学校，创建优秀青少年维权岗，优化了青少年健康成长的社会环境。

五、坚持“党建带团建”，团的自身建设全面加强。自 2001 年开始，按照“党建带团建”的要求，强力实施团建基础工程。结合农村“党建三级联创”和驻村工作，下力气抓整建，一、二类支部的比例显著提高。在巩固国有企业、机关、学校团组织建设的基础上，主动适应青年群体结构的变化，整顿健全农村团组织，集中力量加强社区、非公有制经济组织、民办学校和新型社会组织团的建设，组织覆盖有了较大提高。积极开展“五四红旗团委”创建和团建创新试点工作，增强了基层团组织的内在活力。团员意识教育普遍开展，流动团员的管理得到加强，团员队伍不断壮大，全省共有共青团员 490 万。切实加强推优入党工作，共推荐 125 万名优秀团员光荣加入党组织。通过大兴学习之风、调研之风，加大培训力度，倡导驻村蹲点，完善制度建设，使团干部的自身素质和作风建设得到了加强，团的领导机关建设水平有了新的提高。

六、青年统战外事工作拓宽交流渠道，日趋活跃。青联、学联及青年社团组织不断壮大，在凝聚服务青年方面发挥了积极作用。少先队工作稳步发展。团报团刊团校和青少年理论研究坚持正确方向，有了新的进展。团办实业的效益和规模有了新的提高。以“河南共青团”为龙头的一大批共青团网站建成开通，共青团县县上网工程扎实推进，团的信息化建设实现了突破性的发展。

湖北团的工作

1998 年至 2002 年，湖北各级团组织和广大团员青年高举邓小平理论伟大旗帜，认真学习实践“三个代表”重要思想，锐意创造、奋力拼搏，为全省改革开放和现代化建设做出了积极贡献。

大力开展“学邓小平理论，做四有青年”主题活动和“三个代表”重要思想学习教育活动。突出抓好团干部和大学生两支骨干队伍的学习，青年学理论小组、邓小平理论研究会等理论学习社团蓬勃兴起，“三个代表”学习宣传队、实践服务团走进青年，科学理论在青年中入耳、入脑、入心。结合建党 80 周年、五四运动 80 周年、建团 80 周年等重要纪念日，开展“党在我心中”、“永远跟党走”等主题活动，开展生动鲜明的爱国主义教育，唱响了“共产党好、社会主义好、改革开放好”的主旋律。

以领办科技推广项目为龙头，荆楚青年致富行动有效服务农业结构调整和农业产业化。全省县级以上团委领办项目 360 个，依托项目基地举办各类农业科技培训，培养青年星火带头人 2.6 万名，农村青年行业协会、青年农民经纪人、青年科技信息网等带动农村青年走上致富路。

着力培养青年创新精神和创业能力，荆楚青年创业行动促进了企业效益提高和青年岗位成才。创新创效活动在 1000 家重点企业全面展开，30 余万名青年岗位能手带动青工岗位建功成才，10000 余项科技、成本“双五小”成果取得显著效益；推进帮助青年创业计划，大力扶持青年兴业领头人，带动青年实现就业和自主创业。

服务“科教兴鄂”战略，荆楚青年科技创新行动增强青年的创新意识，促进科技向现实生产力转化。青年科技论坛为我省科技创新凝聚人才、献计献策，大学生课外学术科技作品和创业计划在全国“挑战杯”竞赛中屡创佳绩，百支博士团、千名科技人员、万名大学师生深入农村、企业，进行技术帮扶、成果转让，青年智力资源在基层广阔天地中显示出旺盛的生命力。

大力实施保护母亲河行动，全省共建成 1 个国家级项目、11 个省级项目、48 个市州级项目、1 个外援项目，完成建林面积 10 万亩。“小事做起来，保护母亲河”、“绿色希望工程荆楚行”等宣传教育活动，增强了青少年的绿色文明意识、生态环境意识和可持续发展意识。

发挥团组织育人优势，千方百计聚才、育才、荐才，各类青年人才脱颖而出，尽展才华。企业青年“自主设计、达标成才”，农村青年产业大王带头致富、带动一方，新兴产业和高新技术领域的青年人才勇攀高峰，大中学生综合素质不断拓展。服务青年成长成才需求，优化青年成长成才环境，青年科技创新基金直接扶持了一批青年科技工作者。湖北省十大杰出青年、五四奖章、杰出青年农民、杰出青年岗位能手、杰出青年志愿者等评选表彰活动，树立了优秀青年的群体形象，刘石泉、李昌彩、龙华阶、王月娥、陈春晓等杰出典型，激励着广大青年拼搏奉献，奋发成才。

广泛开展 18 岁成人仪式、“新世纪我能行”体验教育、青少年网络文明公约宣传、“青年文明社区”创建等活动，引导青少年自觉实践“爱国守法，明礼诚信，团结友善，勤俭自强，敬业奉献”的基本道德规范。

青年志愿者成为弘扬社会新风的一支重要力量。志愿者参加大型节庆活动服务逾百

万人次,“一助一”结对服务20余万对,大学生文化科技卫生“三下乡”志愿服务50多万人次,志愿者扶贫接力计划深受贫困地区群众欢迎。全省注册志愿者达到50万人,志愿服务事业迈入新的发展阶段。青年文明号从窗口行业向工矿企业拓展,创建国家级青年文明号118个、省级青年文明号532个。乡村青年文化节、校园文化节、社区文明大家乐等活动,丰富了青年精神文化生活,倡导了健康文明的社会风尚。手拉手活动引导少先队员互学互助、共同进步。依托青少年维权岗,开展法制教育、法律援助、帮教安置等工作,切实维护了青少年合法权益。

青年突击队发扬传统,勇挑重担,始终是一支召之能来、来之能战、战之能胜的突击力量。在'98抗洪斗争中,1.6万多支青年突击队日夜奋战在千里长江大堤,一个团支部一道堤,一支青年突击队一面旗,同广大军民一道赢得抗洪斗争伟大胜利。围绕“八七”扶贫攻坚,积极组织东西互助和劳务输出,为25个国家级贫困县争取扶贫资金、援建致富项目。希望工程规模不断壮大,5年间共援建希望小学480所,结对救助30087名贫困失学少年。在三峡工程、京珠高速公路、清江流域综合开发等重点工程第一线,青年突击队、青年班组奋战在技术攻关、生产突击和安全管护的最前沿,在火热的建设实践中谱就辉煌篇章。

以工作责任制为载体,“党建带团建”工作内容不断丰富,机制不断完善,团的基层组织建设有效纳入党建整体工作格局,全省涌现出435个省级“五四红旗团委”。大力推进团建创新,非公有制经济组织和民办高校等新领域的团建工作取得新的突破。“推优”工作力度进一步加大,一大批优秀团员光荣加入中国共产党。

1998年

以“学邓小平理论,做四有青年”为主要内容的青少年思想政治工作蓬勃开展,各地呈现出学理论、用理论、促工作的良好局面;围绕农业增效农民增收、促进国有企业改革和发展,荆楚青年致富行动、创业行动全面展开,青年素质培养工作扎实推进,全省各级团委直接领办科技推广项目120余个,青工、青农战线促就业、促创业态势活跃;完成全省基层组织建设十项指标考核;为恩施、宜昌等少数民族地区援建144所希望小学,极大地改善了民族地区基础教育条件。

1998年,面对百年不遇的特大洪涝灾害,全省各级团组织带领广大团员青年奋战在抗洪抢险的的第一线,共有1.6万多支青年突击队活跃在长江、汉江大堤上,整险抢险2400多处(次);在恢复生产、重建家园、发展经济的第二战场上,开展“百万青工百日劳动立功竞赛”,实现全省青年人均节能增效100元;组织万支农村青年突击队和100支医疗志愿服务小分队,为农村水利建设、移民建镇、生产自救日夜奋战;各级团组织动员青年援助灾区,共募集价值5000万元的救灾款物,为灾区修建希望小学100所,捐助帐篷1028顶,使1.25万名灾区少年重返校园。在抗洪抢险和重建家园两大战场上,共青团和广大青年勇立新功,充分展现了湖北青年顽强拼搏、奋发有为的风采。

1999年

深入推进跨世纪荆楚青年致富、创业行动;举办中国青年科技创新论坛湖北论坛,启动荆楚青年科技创新行动。引导青年在生产经营中开展科技创新,积极促进科技成果向生产力转化。启动“保护母亲河——长江”行动,动员广大青少年参与长江等流域植树造林和生态环保建设。在全省开展创建优秀“青少年维权岗”活动,各系统结合业务工作开展了各具特色的创建活动。启动“新世纪读书计划”,联合相关单位发行“青少年读书卡”,各地逐步建立青少年读书俱乐部。

5月8日,以美国为首的北约用导弹袭击

我驻南联盟大使馆，激起全省各界干部群众和广大青年的极大愤慨，广大青年的爱国热情高涨，纷纷以集会、游行等方式表达对北约暴行的愤慨和对遇难同胞的深切哀悼。团省委和高校团组织积极保护、引导学生爱国热情，全力做好稳定工作，并参与组织了全省万人声讨北约暴行大会。

动员组织全省青少年深入揭批李洪志及其“法轮大法”邪教性质，做好参加修炼“法轮功”青少年、团员的教育转化工作与组织处理工作。

团省委扎实开展“讲学习、讲政治、讲正气”为主要内容的党性党风学习教育活动，机关作风建设进一步转变提高。

2000 年

深入学习邓小平理论、努力实践“三个代表”重要思想，全省青年思想政治教育取得了新的成果。召开“湖北青年思想政治工作会议”，进一步明确了新时期全省青年思想政治工作目标和任务。

荆楚青年致富、创业、科技创新“三大”行动进一步深化，25 个国家贫困县领办的青年项目初见成效，6 位青年领办的项目列入省级星火项目；全省 100 家青年营销创新试点单位积极组织团员青年有效开拓了市场；组织 10 余支“假日博士团”共160 名博士(教授、研究员)赴农村、企业基层开展科技服务活动，受到基层普遍欢迎。

全省“青年文明号”活动领域不断拓展，一批民营企业加入“青年文明号”的行列。青年志愿者在服务地方经济、弘扬社会新风中发挥显著作用，青年志愿者成为荆州龙舟节、宜昌旅游节等大型节庆活动中一道亮丽的风景线。“持绿色希望工程卡，建荆楚青年世纪林”活动全面实施，成效显著，全省共募集资金 1565.9 万元，规划建林 4 万亩；投资 600 万元的全国保护母亲河工程重点项目——“中华青年林”在十堰开始建设，各市州建林工程陆续开工。

按照省委的部署，团省委通过学、看、议、写、讲等方式在团干中开展党性党风党纪警示教育活动。

全省推荐的跳水运动员、奥运冠军伏明霞荣获第 11 届“中国十大杰出青年”称号。

2001 年

2001 年，全省各级团组织紧紧围绕大局，贴近青年，以发展为主题，以人才培养为主线，以创新为动力，以服务为手段，开拓进取，扎实奋斗，团的各项工作和建设取得了新的进展。

围绕学习贯彻《公民道德建设实施纲要》，宣传 20 字基本道德规范，大力开展群众性精神文明创建活动，动员组织青少年服务社会、帮助他人，提高青少年思想道德素质。开展了全省百万青少年进社区反邪教、大中小学“校园拒绝邪教”、全省少先队组织“反邪教行动周”等活动，揭批“法轮功”的邪教本质。

推进“创业行动”、“青年文明号信用建设示范行动”、“致富行动”、“科技创新行动”四大行动，深入开展农村青年百业产业大王、杰出(优秀)青年企业家、首届“湖北青年创业奖”的评选、表彰工作，服务全省经济发展和青年成长成才。

全省完成“保护母亲河行动”定植面积 6 万亩，全国重点工程郧县项目通过验收，工程项目在总体上转入管护阶段，同时开展“小事做起来，保护母亲河”系列宣传活动。

宣传青少年网络文明公约，开展创建“青少年安全放心网吧”活动。湖北共青网和团省委机关局域网开通使用。

成功召开了省青联十届一次全委会和省学联第八次代表大会、省第三次少代会。

2002 年

以“贯彻十六大，创造新业绩，迎接十六大”为主题活动，开展“八个一”系列活动(组织一场大型报告会；开展一次特色团日活动；撰写一批学习体会文章；开辟一个学习十六大的专栏；举办一期板报展；举办一次团干、学生

干部、入党积极分子学习班；组织一支十六大报告宣讲团；开展一次文艺下乡），引导全省青年深入学习贯彻十六大精神。

深化荆楚青年致富、青年创业、青年科技创新行动；着力实施进城务工青年发展计划，为进城务工青年提供培训、维权等服务。

建立了湖北省青年志愿者行动发展基金，以事业化方式推进青年志愿者行动。截至2002年，湖北省志愿服务扶贫接力计划共组织了127名志愿者，在贫困地区开展支医、支教工作，累计接诊病人15234人次，收治住院病人156人次，手术152人次。在鄂州启动全省“百部优秀影片进农村”活动，在全省掀起“喜迎十六大、送电影下乡”活动高潮。进一步深化保护母亲河行动，制定《保护母亲河行动五年规划》，发布母亲河生态报告，实现工作项目滚动发展。建立监测站和检测队伍，开展“天天环保、人人环保”活动，促进生态环保走进日常生活。

12月，共青团湖北省第十一次代表大会在武昌召开。中共中央政治局委员、湖北省委书记俞正声出席大会并讲话。李新华代表共青团湖北省第十届委员会向大会做了题为《学习实践“三个代表”重要思想，团结带领湖北青年为全面建设小康社会奉献青春》的工作报告。李新华当选为共青团湖北省第十一届委员会书记，肖菊华、施真强、汪鸿雁、胡铁军当选为副书记。

湖南团的工作

1998—2002年，是跨世纪一代三湘青年在全省两个文明建设的伟大实践中建功成才的5年。5年来，湖南省各级团组织以邓小平理论和“三个代表”重要思想为指导，全面贯彻执行党的路线、方针、政策，围绕培育“四有”新人的工作目标，坚持“贴近中心、贴近青年、贴近基层”的工作方针，扎实推进团的各项重大活动，切实加强团的自身建设，全省共青团事业有了新的发展。

一、积极探索青少年思想教育的新途径，青少年思想政治工作得到了加强和改进。通过广泛开展形式多样的主题教育活动，引导广大青少年深入学习邓小平理论、“三个代表”重要思想和党的十六大精神，在团省委中心组的带领下，各级团组织通过举办“三个代表”重要思想研讨班、组织“三个代表”实践服务团、开展“三下乡”活动等方式，增强了团员青年实践“三个代表”重要思想的坚定性和自觉性；党的十六大召开之际，及时组织团干部和团员青年收看，并通过座谈讨论、写学习心得、巡回演讲等形式，深入学习十六大精神，进一步坚定了全省团员青年跟党走建设有中国特色社会主义道路的理想信念；以纪念建国50周年、建党80周年、庆祝港澳回归、支持北京申奥、纪念建团80周年等重大纪念日、重大活动为契机，全面加强了青少年爱党、爱国、爱社会主义教育。根据不同青年群体的思想特点，分层次开展了有针对性的思想教育活动，把解决青年的思想问题与解决实际问题结合起来，增强了思想政治工作的实效性；重视发挥湖湘文化在教育青少年方面的积极作用，动员和组织广大青少年踊跃参与“雷锋家乡学雷锋”、“青年志愿者”、“青年文明号”、“青年文明社区”、“三下乡”、“手拉手”等群众性精神文明创建活动，大力倡

导和弘扬了文明健康的道德新风；深入开展揭批“法轮功”邪教的斗争，引导青少年崇尚科学、热爱科学；开通了希望工程爱心广播网等富有自身特色的青少年网站，为青少年思想教育注入了新的活力。

二、努力拓展服务大局的新领域，团结带领青年在促进全省经济社会发展中发挥了生力军作用。围绕农业结构调整和农业产业化，按照“抓项目、建基地、强基础”的思路，以农村青年增收成才行动为主线，大力推进领办科技推广项目，全省县以上团组织共领办项目358个，创办农业种养基地1000多个，“跨培”实施县增至26个，年培训学员达4万人次。围绕企业改革和发展，深入开展了青工创新创效等活动，引导青年职工立足岗位，锐意创新，为国有企业建立现代企业制度、提高经济效益发挥了积极作用。围绕实施科教兴湘战略，全面推进湖南青年科技创新行动，通过举办“挑战杯”科技大赛、“三湘百名博士西部行”、评选湖南杰出青年科技创新奖等活动，激发了青年及青年学生的科技创新热情，产生了一批具有独创性、实用性的科技成果。围绕改善生态环境和实施可持续发展战略，推进保护母亲河行动，全省共投入资金3000多万元，建“保护母亲河”生态监护站35个，县以上“保护母亲河”示范基地78处，省级“保护母亲河”示范基地8处。在连续几年的抗洪救灾中，驻湘解放军的青年指战员、武警部队的青年官兵以及由各行各业团员青年组成的青年志愿者突击队，自始至终战斗在抗洪救灾第一线，为夺取抗洪救灾的伟大胜利做出了重要贡献。

三、主动适应青年需求的新变化，为青少年成长成才提供了扎实有形的服务。在学习求知方面，深入实施三湘青少年读书计划，引导青少年读好书，方便青少年多读书；大力推进跨世纪青年农民科技培训工程，加强对青年农民实用技术、市场经济知识的培训，帮助他们提高科技素质和致富能力，培养了近2万名青年星火带头人；广泛开展青年岗位能手活动，通过导师带徒、技术比武等多种形式，帮助青年职工提高职业素养和岗位创造能力，涌现了5万多名各级青年岗位能手；加大了外向型青年人才的培养力度，输送了一批团干部和优秀青年人才到沿海挂职、赴海外研修。在就业创业方面，组织评选了首届湖南青年创业奖，举办了“三湘青年创业论坛”；重点实施下岗青工创业行动，推荐和安置下岗青工再就业2万多人，培养和扶持了一大批青年兴业领头人；以推行《大学生素质拓展证书》为重点，进一步引导大学生提高综合素质，转变就业观念，主动走向市场，努力在创业中实现就业；认真抓好外来务工青年的培训工作，帮助他们增强劳动就业和创业能力，全省每年约有400多万青年农民进城务工。在权益保护方面，大力开展了“两法一办法”宣传教育活动，开展了“全省预防青少年犯罪大型图片巡回展览”，成立了“全省未成年人法律援助与保护中心”，积极创建“青少年维权岗”和“社区青少年法律学校”，切实做好预防未成年人犯罪工作，进一步优化了青少年成长环境。希望工程按照“公益事业、效益工程”的发展理念，实现了基金保值增值，全省累计筹资2亿余元，援建希望小学984所，改善乡村办学条件2000多所，救助贫困失学少年儿童28万多名，走在全国前列。省青少年活动中心确定了总用地面积134亩的选址方案，到位前期启动资金1200万元。认真开展“五四奖章”和“十大杰出青年”等各项评选表彰活动，推出了“全国十大杰出青年”吴奇修等一大批富有时代特色的先进青年典型。

四、不断推出加强团建的新举措，促进了团的事业健康发展。针对基层团建面临的新情况新问题，不断创新团的组织设置方式和活动方式，深入开展“五四红旗团委”创建活动，增强了基层团组织的凝聚力和战斗力。在党建的带领和带动下，切实加强农村、企业、学校和机关事业单位团的建设；全省在建整扶贫中加强团的建设经验得到了中组

部和团中央的充分肯定，部分农村团组织得到了整顿和加强。在城镇社区和新经济组织中开展了团建试点，扩大了团组织的有效覆盖面。认真贯彻落实省委〔1999〕8号《关于进一步加强和改善对共青团工作领导的意见》精神，进一步优化了团组织的工作环境。通过深入开展“三讲”教育、“三个代表”学教和党的十六大精神学习活动，提高了团干部特别是团的各级领导干部的政治理论素养；坚持“高进、严管、优出”，狠抓团干部队伍建设各项措施的落实，提高了团干部队伍的整体素质，一大批优秀团干部在各级党组织的关怀下走上了新的工作岗位。加大发展团员工作的力度，目前团员人数已达到300多万。切实做好推优入党工作，5年来，全省共有23万名共青团员光荣加入中国共产党，占同期青年入党人数的77%。《年轻人》杂志按不同青少年群体的不同需求，扩版为A、B、C版，增强了服务的针对性和实效性，社会影响进一步扩大。团办企业基本实现了按现代企业制度改造和运行。三湘雏鹰行动深入开展，全团带队工作取得了新的成绩。

广东团的工作

1998至2002年，在省委和团中央的正确领导下，共青团广东省委高举邓小平理论伟大旗帜，以学习、宣传、实践“三个代表”重要思想为主线，以服从、服务、促进广东加快率先基本实现社会主义现代化为主题，以开发、培养、造就青年人才大军为主导，谱写了新时期广东青年运动和共青团工作的新篇章。

一、唱响高举团旗跟党走的主旋律

始终坚持党的领导，坚定不移地用邓小平理论和“三个代表”重要思想武装青年，把学习邓小平理论、“三个代表”重要思想和党的十六大精神作为首要政治任务。邓小平理论学习教育活动不断深化。118支“三个代表”重要思想宣传队进村入户，十六大精神宣讲团举办了100多场报告会，“十六大精神耀南粤”——广东青年文化直通车开进了社区、校区、山区，掀起了广大青年学习“三个代表”重要思想和十六大精神的热潮。以“永远跟党走”为主题，全省各级团组织围绕五四运动80周年、建党80周年、建团80周年，开展了形式多样的纪念活动，特别是粤、赣、湘、桂、黔、陕六省（区）青年纪念建党80周年系列活动和粤、蒙、桂、琼、黔、滇、藏、新九省（区）各族青年纪念建团80周年大型歌会，声势浩大、影响广泛。各级团组织抓住迎接澳门回归、庆祝申奥成功、声讨北约暴行、谴责“两国论”等契机，在广大青年中进一步加强了爱国主义教育。富有成效地开展了“致富思源、富而思进”、“崇尚科学，反对邪教”等各项专题教育活动，引导青年进一步坚定社会主义信念，弘扬科学精神。

二、团结带领广大青年在广东两个文明建设中发挥生力军和突击队作用

坚持团的工作与经济社会发展相一致，团结带领广大青年为广东改革开放和现代化建设做出了积极贡献。全力实施“学习‘三个代表’，投身两大会战”行动，在全省修建了65条、总长245公里的广东青年志愿者路。全力实施“学习‘三个代表’，服务百镇千村”行动，培训基层团干部5万多人次、青年农民20多万人次，建设青年绿色文明园近2000公顷，建

立规范化镇级业余团校676个。全力实施“学习‘三个代表’，开好健康直通车”行动，组织120多批、5200多名青年卫生志愿者深入欠发达地区开展送医送药行动，免费诊治困难群众近14万人。与此同时，创建了1220个国家和省级青年文明号。青工创新创效活动创造经济效益14.36亿元。培养各类青年岗位能手10多万名和各级青年星火带头人6万多名。领办科技推广项目6万多个。以“我为九运作奉献”为重点，青年志愿服务活动深入开展，全省青年志愿者发展到130多万人。组织近400多万名青少年参与了创建青年文明社区活动。动员200多万名大学生开展“三下乡”活动。筹资300多万元，强势推进保护母亲河行动，有效服务了广东经济社会发展。

三、切实服务青年成长成才

坚持把服务青年贯穿于工作的全过程，切实代表和维护青年的利益，竭诚服务青年。在全团首次开展“留学青年回国创业之星”评选表彰活动，架起了共青团服务留学青年回国创业的桥梁。“Open your mouth and speak English”活动，营造了学英语、讲英语的良好氛围。“跨世纪青年农民科技培训工程”的实施，进一步提高了青年农民的致富能力。“挑战杯”大学生学术科技作品竞赛、“新世纪青少年读书计划”、大学生素质拓展计划和少年儿童“新世纪我能行”体验教育等活动，有力提高了广大青少年学生的综合素质。希望工程和培英工程资助了10万多名特困学生。青年就业和再就业工程为30多万下岗青工提供了各种培训和服务。同时，全省各地广泛开展各种形式的学法用法、计划生育、国防安全、远离毒品等宣传教育活动，扎实推进“青少年维权岗”等活动，进一步优化了青少年健康成长的社会环境。

四、打造具有广东特色的工作优势和品牌项目

在继承共青团优良传统的同时，坚持争先创优，大胆创新，推出了一系列具有广东特色的工作品牌。《永远跟你走》响彻大江南北。“广东青年志愿者路”延伸到大山深处。“健康直通车”开进田间地头。“进城务工青年发展计划”在全团率先实施。广东青年科技创业园成为全团首个省级“青”字号科技创业园。《广东省青年志愿服务条例》是全国第一个施行的志愿服务条例，率先探索了共青团事业法制化发展的新路子。“共青团综治队”在全团首开先河。以广东青年“三高”农业博览会为新起点，全省各级团组织积极探索服务农业产业化发展的新方式。以青年文化广场、大家乐舞台为带动，广东青年文化的品位和层次得到进一步提升。“爱我中华——粤港澳台两岸四地青年新世纪大汇聚”活动，促进了四地青年的交流与合作。全省各地普遍开展了“举团旗、学团章、戴团徽、交团费、唱团歌、过团日”的团员意识教育活动。

五、推动团的各项建设迈上新台阶

坚持一手抓组织建设，一手抓事业发展，提高了团的整体发展水平。组织建设实现新突破，“党建带团建”形成制度，党团联合出台了系列政策文件。团建创新工作深入推进，各级团组织积极探索了新形势下加强农村、社区、非公有制企业团建工作的新路子。创建国家、省级“五四红旗团委”439个，非公有制企业独立建团16669家，社区建团12000个。深入开展了“三讲”教育和“团干部321培训计划”，各级团组织的领导班子建设得到进一步加强，团干部的整体素质不断提高。试点推进“电子团员证”，探索了加强团员管理的新载体。5年间，全省共发展265万多名共青团员，推荐25万多名优秀团员加入中国共产党。

阵地建设实现新跨越。广东省青少年网、少年军校成功创办、运转良好。各地采取有效措施，加强以青少年宫为主体的活动阵地建设和信息化建设，进一步夯实了团的工作基础。

各项事业实现新发展。青联、学联、少先

队以及其他青年社团组织不断壮大，在团结凝聚、教育引导青少年方面发挥了积极的作用。各级团校进一步加大团干部和青年人才培养的力度，其他团办实业和团属宣传阵地都在创新中迈出新步伐，取得了新成绩。

经过5年的不懈努力，初步树立了广东共青团与时俱进、奋发有为的队伍形象；初步树立了广东共青团团结带领青年开风气之先、创时代业绩的工作形象；初步树立了广东共青团勇于探索、学习创新的组织形象。

广西团的工作

1998—2002年的5年，广西各级团组织高举邓小平理论伟大旗帜，坚持以"三个代表"重要思想为指导，认真贯彻自治区党委和团中央的要求，按照"发挥优势、重点突破、培育精品、整体推进"的工作方针，以学习、创新、建设为主题，团结带领全区广大团员青年解放思想、抓住机遇、扎实工作、锐意进取，为实现广西的改革与发展新突破和富民兴桂新跨越的奋斗目标做出了积极贡献。

一、大力开展"三个代表"重要思想的学习教育活动，团的思想政治工作迈出了新步伐。大力开展"三讲"教育、农村青年"三个代表"学习教育和以"党在我心中"、"永远跟党走"为主题的大型系列教育活动，组织团员青年学习邓小平理论和"三个代表"重要思想。通过举办理论学习研讨班、培训班、演讲比赛和宣讲活动等多种形式的教育活动，在全区广大青年中不断掀起理论学习热潮。抓住纪念五四运动，建党、建团80周年和建国50周年，以及迎接澳门回归和新千年庆典等重大历史契机，举办纪念大会、文艺晚会和各种座谈会，唱响共产党好、社会主义好和改革开放好的主旋律。组织全区近2万名专职团干部与基层团组织"结对子"，全区参加农村"三个代表"学习教育活动的专职团干部有8000多人，乡镇一级团干部参加"三个代表"学习教育活动达98%以上；认真贯彻《公民道德建设实施纲要》，全面提高青少年的思想道德素质；结合新形势，广泛开展"崇尚科学、反对邪教"教育活动，引导青年与邪教组织进行坚决的斗争；通过举办18岁成人仪式和新团员入团宣誓仪式，不断深化公民素质、职业道德、社会公德、家庭美德和团员意识教育；积极组织开展各族青年团结进步活动，为巩固边疆、维护社会稳定做出了积极贡献。

二、充分发挥青年推动社会生产力发展的生力军作用，服务经济建设有了新作为。广西各级团组织共创建青年科技示范园8000多个，领办科技推广项目9280多个，培养各级青年星火带头人45000多名；积极实施"帮助西部青年科技创业行动"，组织"两广"、"桂湘"青年开展"邓小平足迹之旅"和"共青扶贫之旅"活动，参与现代农业示范区建设，以"农村青年诚信创业行动"为载体，帮助10万名农村青年创业，促进了农村的繁荣和稳定。围绕国有企业改革，不断深化创建"青年文明号"、青年职工创新创效活动、青年创业行动和下岗青工再就业行动。全区27家企业被确定为全国和全区青年职工创新创效活动试点单位，80%的国有大中型和部分中小型企业、非公有制经济组织开展了导师带徒、技术比武等活动，帮助青工提高技能水平，优化技能结构；积极参

与“百企入桂”活动，组织区外一大批青年企业家到我区交流、考察，洽谈项目，引进资金16亿元，促进广西企业发展。围绕实施西部大开发和可持续发展战略，扎实推进保护母亲河行动，重点实施了全区保护母亲河行动重点工程项目——红水河来宾项目、广西共青红水河百里竹林长廊工程、保护母亲河漓江行动和持卡建林活动，共发放保护母亲河工程纪念卡73.5万张，筹集资金400多万元，建设各类青年工程林121个，植树150万多株。围绕实施科技兴桂战略，全面推进广西青年科技创新行动。通过举办广西大中专学生科技文化艺术节、广西青年科技创新论坛、青年职工网络应用大赛，深化“金桥计划”——玉柴·百色创新项目，帮助青年增强创新意识，提高创新能力，使广大青年永远站在生产力发展的最前沿。

三、积极倡导社会文明新风，青年文化建设有了新突破。创造了在全团产生广泛影响的青年志愿者扶贫接力计划“百色项目”和青年志愿者服务体系“柳州经验”的工作精品。组织青年志愿者积极开展抢险救灾、扶贫济困、环境保护、社区服务等志愿行动，全区共有300多万青年为社会提供2亿多小时的志愿服务，产生了广泛的社会影响；扩大“青年文明号”的创建规模，丰富创建内涵，创建了第一个“全国青年文明号模范城市”桂林市和“桂海高速公路——广西青年文明号一条路”等品牌工程，全区29个行业（系统）涌现出2万多个参赛集体，其中有106个青年集体被命名为全国“青年文明号”。团省委把“青年文明号”、“青年志愿者”、优秀“青少年维权岗”等共青团的品牌项目引进社区，开展“青年文明社区大家乐”活动，不断丰富青年文明社区创建工作的内容，全区有16个社区获全国青年文明社区。积极开展“青少年新世纪读书计划”，创造性地开展了“广西共青科教援助工程”和大中专学生志愿者文化、科技、卫生“三下乡”活动。5年来，有50多万名大中专学生到基层开展“三下乡”志愿服务活动，共送去图书21万册、科技资料36万份和药品18万元，培训农村文化骨干1500名、医务人员2000名、科技人员5万人。与此同时，积极组织全区少先队员深入开展“中国少年雏鹰行动”、少先队体验教育活动。全区共有80多万少年儿童参加了“手拉手跟党走”主题宣传教育活动，创办少年军校，不断提高少先队员的素质。团省委还十分注重农村青年文化和精神文明建设，举办了四届全区乡村青年文化节，创建了一批生态文明新村和农村青年科技文明示范乡镇，不断丰富农村青年的文化生活。

四、主动参与管理青年事务，服务和代表青少年利益有了新进展。组织实施了跨世纪青年农民培训工程，重点对1000名农村青年进行科技培训和创业扶持；继续推进“青年五四奖章”、“十大杰出青年”、“杰出（优秀）青年卫士”、“杰出（优秀）青年企业家”、“优秀团干”、“优秀团员”、“十佳少先队员”等评选活动，及时树立、宣传当代广西青少年中的先进典型；认真做好青少年维权工作，通过开展创建优秀“青少年维权岗”、“青少年自护营”和“青少年法律学校”活动，开通维权热线，发放青少年维权卡，宣传《青少年网络文明公约》等活动，全区共有800多名禁毒青年志愿者长期活跃在社区禁毒、帮教第一线，切实代表和维护青少年的合法权益；5年来，共筹集希望工程资金9000多万元，援建希望小学298所，资助失学儿童和大中专学生10万多名，培训教师800名，团区委和广西希望工程办公室分别荣获全国“两基”工作先进集体和全区“两基”工作先进集体。充分利用团的外围组织加大青年人才培养力度，不断加强青年外事工作和港澳台青年社团的交流，选派青年出国培训、考察，建立广西青年人才库，成立中国广西国际青年交流学院，创办广西希望高中，筹建广西共青团网站，给全区每个市（地）、县团委配备电脑，大力支持县、乡（镇）建立电子信息馆，利

用青少年宫培训青少年，积极为广大青少年的健康成长创造良好的环境和条件。与此同时，团省委还成功地举办了第四届“海峡两岸青年中秋联欢”活动，承办了三届“中越青年友好会见”部分活动，开办了两期国际青年干部高级研修班。

五、努力适应市场经济体制要求，团的自身建设迈上了新台阶。在团的基层组织建设方面，深入开展“团建创新”、“党建带团建”和创建“五四红旗团委”活动，全区创建“五四红旗团委”单位229个。针对基层团组织建设的薄弱环节，不断加大非公有制经济组织、社区、社会力量办学等新领域团建工作的力度，总结推广了非公有制经济组织建团的典型经验，全区非公有制经济组织建团率达到96%以上。在团干部队伍建设方面，全面实施“团干部321培训计划”，培训专职团干6000多名，选派80多名少数民族团干部和基层团干部到经济发达地区和团区委机关挂职锻炼，选送334人赴日本、新西兰、美国等国家和地区研修、考察和交流。在团员队伍建设方面，我们着重抓了党团关系和团员意识教育，增强团组织的先进性；在坚持标准、保证质量的前提下，大力发展新团员，目前我区有共青团员215.9万人，团青比例为23.7%；认真做好“推优”入党工作，源源不断地把团员队伍中的优秀青年输送到党的队伍中去，5年来有12万名共青团员光荣加入中国共产党。

海南团的工作

1998—2002年，在省委、省政府的领导和团中央的直接指导下，共青团海南省委团结带领全省团员、青年围绕中心，服务大局，服务社会，为加快海南发展，促进海南经济和社会全面进步发挥了积极作用。同时，团的自身建设也得到进一步加强。主要构建了四个工作体系。

一、构建与跨世纪发展要求和社会主义本质要求相适应的育人体系，展现海南青少年时代风采

思想教育主题活动时代特色鲜明，扎实有效。一是抓学习。全省团员青年形成理论学习的热潮，涌现了一批学习邓小平理论和“三个代表”重要思想的骨干分子，大中专学校邓小平理论学习研究社团日益增多。二是抓教育。充分利用大型节庆日，开展“永恒的旗帜，不灭的火种——海南青少年‘四旗’（党旗、国旗、团旗、队旗）传递”活动、“党在我心中”青年文化广场等主题活动，促进了青少年理想、信念的进一步增强。“崇尚科学，反对邪教”宣传教育活动收到良好的效果。三是抓典型。广泛学习宣传“新时期英雄战士”李向群、“海南十大杰出青年”、十六大代表豹爱芳等先进典型，在青少年中形成了学先进、比贡献的良好风气。

精神文明创建活动丰富多彩，效果良好。“从我做起，共创文明”海南青少年道德建设统一行动效果显著。“文明之光”海南青年志愿者艺术团和“青春与文明同行”海南青年志愿者道德建设宣讲团深入全省机关、厂矿、部队、学校、农村进行巡回演出，得到省委、省政府的高度赞扬。4年来，全省3000多支青年志愿者服务队、30多万青年志愿者活跃在全省城乡，广泛开展扶老助残、清洁环境、无偿献血、科普

支教、业务咨询活动，为“椰子节”、“冬交会、“欢乐节”等大型活动提供志愿服务。各地“乡村青年文化节”丰富多彩，“青年文明社区”创建活动有声有色，文艺汇演、青年文化广场大家乐活动等取得了良好的社会效果。“万亩共青椰林”计划取得明显成效，为生态省建设做出共青团的贡献。

二、构建与海南经济、社会发展和青年成长规律相吻合的建功体系，在经济和社会发展大舞台上施展身手

联手扶贫工作成效显著。团省委多方筹集资金270万元，引进资金500多万元，在扶贫点陵水县大里乡完成了历史性的9项基础建设工作，把一个偏远落后的黎族群众聚居山乡建设成为远近闻名的“生态文明乡”。

抗洪抢险大显身手。1999年，团省委号召全省团组织积极开展“以实际行动学习李向群”的赈灾募捐活动，共收到全省团员的“特别团费”358696.22元，以实际行动支持兄弟省灾后重建工作。在全省遭受16号强台风袭击和百年不遇的洪灾中，据不完全统计，全省有270多支青年突击队、5400多名青年突击队员积极响应团省委号召，奋战抗洪抢险救灾第一线。

“青年文明号”活动促进企业创新创效。“青年文明号”已成为各行各业倡导职业文明、加强内部管理、提高企业知名度和经济效益的重要载体。一些非公有制企业在开展“青年文明号”活动中逐步认同共青团工作，主动建立共青团组织。在企业青工中进一步加大青工技术大比武、青年岗位能手和“号手联动”工作力度，开展了技术、管理、营销和服务等方面的“创新创效”活动，组织青工技术攻关，主动请缨完成企业“危、难、重、险、新”任务，较好地发挥了青年突击队的作用。

“服务万村行动”稳步推进。各地团组织积极联合农业、科技、科普等部门开展农村青年实用技术培训，据不完全统计，近四年来培训农村青年近10万人次。团省委在全省农村开展了“海南青年种植无公害瓜菜推介日”活动，创办海南农村青年种植无公害瓜菜生产示范基地和希望农校，鼓励农村青年带头种养“名、优、特”农产品，带头打响无公害农作物品牌。

“希望工程”成效显著。经多方奔走呼吁和努力，从1998年1月至2002年7月，团省委共劝募和接受各类捐款9271089.49元，援建希望小学62所，救助失学儿童28900名。

三、构建功能和手段更加完备的服务体系，为全省青少年的健康成长创造良好的条件

服务青少年成长成才工作深入扎实。开通了“海南共青团”网站，基本实现了共青团“县县上网、全省互联”。团省委与康佳海南公司联手于1998年间，依托地方“青年之家”，在有条件的市县和农垦系统建立了省级青年科技图书站44个，拥有各类图书10万余册。团省委从2000年开始配合省有关部门每年举办学制一年的全省少数民族地区农村青年技术骨干专修班，为少数民族地区培养、输送了一批“青年星火带头人”。在海口市开展了“深化雏鹰行动，推进素质教育”试点工作，受到了团中央、教育部、全国少工委的高度赞扬，全省少年儿童素质教育工作已全面铺开。深入开展大中专学生科技、文化、卫生“三下乡”社会实践活动，四年来规模进一步扩大，累计有3万多名学生参加；层次进一步提高，近两年组织了两批“博士团”深入农村为农民提供种养业技术服务，受到农民兄弟的欢迎。“手拉手”城乡互助活动强化了少先队员的社会责任感，得到了学校、社会、家长的普遍肯定。《现代青年》杂志社贴近时代，服务青年，发行量由1998年初的近3000份上升到目前的10万份左右，成为海南期刊的佼佼者。

青少年维权工作力度加大。在全省公、检、法、司、工商、技监、广电等8个行业开展创建优秀“青少年维权岗”活动，建设一批国家级“优秀青少年维权岗”。紧紧抓住侵害未成年人典型案例，大力宣传《中华人民共和国未成

年人保护法》及《海南省实施办法》，加大维权力度，推进预防青少年犯罪工作，积极为弱势青少年开展献爱心活动，协助有关方面解决校园保护费等个案11宗，为净化全省青少年社会成长环境做出了积极的贡献。

四、构建充满生机活力的组织体系，进一步加强团的自身建设

团的基层组织建设进一步夯实。2000年和2002年团省委与省委组织部联合召开了全省基层“党建带团建”工作会议，有力地推动了全省“党建带团建”工作的深入开展。团的队伍建设进一步加强。广泛开展“团员先进性教育活动”，完成了全省团员重新登记工作，建立和健全了一系列规章制度。团省委中层领导干部年轻化实现新的跨越，2000年11月中旬完成了机关中层干部集体大换班的历史性任务。青年对外友好交往渠道不断拓宽，青年外事工作活跃。省学生联合会工作体制进一步建立和完善，对基层学联组织的指导力度不断加强。省少先队工作委员会积极推动少先队工作社会化进程，少先队工作更加朝气蓬勃，奋发向上。

五、加强机关内部建设，改善机关办公条件

加强机关形象建设。狠抓机关的思想、作风和劳动纪律整顿，修订、完善和建立了三大类26项的内部管理制度和办法，形成了以制度管人、管事、管财的良好局面，机关内部管理走上了新的台阶。开通了团省委自动化办公系统，基本实现无纸化办公。

重庆团的工作

1998—2002年，重庆共青团在市委和团中央的领导下，坚持以邓小平理论和“三个代表”重要思想为指导，紧紧围绕“四件大事”，大力弘扬“红岩精神”，积极投身两个文明建设，为新重庆跨世纪发展做出积极贡献。团的各项事业整体上了一个新台阶，呈现出朝气蓬勃、团结实干、奋勇争先的良好发展态势。

一、大力弘扬“红岩精神”，用先进思想导航青年

5年来，全市各级团组织坚持用科学理论武装青年，在大学中成立邓小平理论、“三个代表”重要思想研究会，开展青年志愿者“三个代表”宣讲活动，理论学习蔚然成风，进一步坚定了广大青年建设中国特色社会主义的理想、信念。以“永远跟党走，建设新重庆”为主题，开展迎澳门回归，纪念五四运动80周年、建党80周年、建团80周年，“红色之旅”等活动，唱响了爱党、爱国、爱社会主义的主旋律，进一步激发了广大青年的爱国热情。引导青年在重大政治事件中保持清醒头脑，坚定政治立场，经受住了各种考验，进一步增强了广大青年的政治敏锐性和鉴别力。贯彻公民道德建设实施纲要，广大青年积极参与精神文明创建活动，青年文明号、青年文明社区、青年文明村镇、青年文明网吧遍布城乡，乡村青年文化节、“校园之春”等活动丰富了青年文化生活，100余万人次青年志愿者参与社会服务，进一步发挥了广大青年引领社会新风的作用。

二、大力实施“四大行动”，带领青年投身经济建设

5年来，团市委紧扣办好“四件大事”，带领青年在经济建设主战场创业建功。“共青团

振兴企业行动”成效显著。百万企业青工广泛开展岗位练兵、节能降耗、安全生产竞赛活动，以技术、营销、管理、服务为重点的创新创效活动深入开展，培养了大批青年岗位能手，为全市工业企业整体扭亏为盈做出了切实的贡献。“共青团扶贫致富行动”硕果累累。大力实施扶贫接力计划，培养农村青年星火带头人12450名，领办科技推广项目2015个，新建希望小学151所，为推进农村产业结构调整和完成“五三六”扶贫攻坚计划做出了切实的贡献。“共青团移民开发行动”攻坚克难。1000多支青年移民突击队带领库区青年先搬先移，争当移民先锋；组织60余万人次大中专学生“三下乡”、210名博士“库区行”，实施567个对口支援项目，为顺利完成二期移民任务和促进库区发展做出了切实的贡献。“共青团环境保护行动”广泛开展。组织青少年植绿护绿活动，开展生态环境道德教育，全市青少年环保意识明显增强；筹集“保护母亲河”基金120万元，争取国内外资金2538万元，实施“保护母亲河”国际合作和国家级、市级项目16个，绿化面积10余万亩，为改善全市生态环境做出了切实的贡献。带领青年积极投身西部大开发，“青年突击队立功竞赛”如火如荼，广大青年在渝涪、渝黔、渝合高速公路和渝澳大桥、渝怀铁路等重点建设工程中勇担急、难、险、重任务；“西部行”大型慰问演出声势浩大，开展中国青年科技志愿者西部行活动，积极推进“一网两线”建设，为西部大开发和科教兴渝战略的实施做出了切实的贡献。

三、积极构建青少年服务体系，竭诚服务青少年成长

5年来，团市委积极承担政府委托管理的青少年事务，多渠道反映青年意愿，争取将青少年活动场所建设纳入我市“十五规划”，重新修订颁布《重庆市实施〈未成年人保护法〉办法》，成立了未成年人保护委员会、预防青少年犯罪领导小组，开展创建优秀青少年维权岗活动，利用小额贷款等多种形式，扶助下岗青工自主创业，维护青少年权益的工作迈出坚实步伐。积极开拓资源，青少年校外活动阵地建设实现重大突破。建立了青少年学生校外活动场所建设联席会议制度，争取资金4550万元，在18个区县建设青少年阵地；投资1700余万元的重庆南湖少儿野营基地一期工程竣工使用；实施“共青团县县上网”工程，各级共青团网站建设发展迅速；团属宣传舆论阵地建设不断加强，爱国主义和革命传统教育基地作用充分发挥。积极服务青少年成长成才，广泛开展“青少年新世纪读书计划”、“18岁成人仪式”、大学生“挑战杯”系列竞赛、青工技能大赛、跨世纪青年农民培训，青少年素质普遍提高。积极建立和完善表彰激励机制，以“青年五四奖章”、“十大杰出青年”评选为龙头，广泛开展各级各类优秀青年、团干部、少先队员评选活动，大批优秀青年人才脱颖而出。

四、不断加强团的自身建设，努力巩固党的青年群众基础

5年来，重庆共青团坚持“党建带团建”，团组织的吸引力、凝聚力、战斗力不断增强。争取市委重视和加强对共青团工作的领导，召开全市群团工作会议和基层“党建带团建”工作会议，出台系列政策文件，“党建带团建”形成制度，团建环境明显优化。建立和完善与直辖市体制相适应的团的组织管理体系，非公有制经济组织和社区建团在探索中发展，团的组织设置和活动方式不断创新。深入开展争创“全国团建先进区县”等活动，涌现出一批“全国五四红旗团委”及标兵，基层组织活力明显增强。5年来新发展团员105万余名，推优入党62947名，多渠道培训团干部2.5万人次，团员和团干部素质明显提高。坚持开展全团集中调研，形成了《新生代》、《托起明天的太阳》等一批理论成果，团的理论建设明显加强。团市委机关和基层团组织深入开展“三讲”、“三个代表”学习教育活动，团的作风建设取得明显成效。市青

联、学联、少工委作用充分发挥，青年外事工作领域不断拓展，团的工作手臂不断延伸。团属事业健康发展，在改革中不断壮大。

1998—2002年，是重庆共青团抢抓机遇、团结奋进的5年，是与时俱进、奋发有为的5年。5年来，重庆市基层“党建带团建”工作、“保护母亲河”行动、企业青工创新创效活动、大学生“三个代表”学习实践活动等在全国产生了较大影响，得到了团中央充分肯定，各项工作获得国家级奖励达45项。

四川团的工作

1998年以来，四川省各级共青团组织在省委和团中央的正确领导下，紧紧围绕党政中心，主动适应时代要求，紧密结合青年特点，广泛开展各种活动，努力培养“四有”新人，全省共青团工作生机勃发，强势推进，为四川省改革开放和现代化建设做出了积极贡献。

一、青少年思想道德教育不断深化。坚持用邓小平理论和“三个代表”重要思想武装全团、教育青年，通过举办经验交流会、报告会、培训班等多种形式的学习活动，坚定了团员青年紧跟党走中国特色社会主义道路的信念。以庆祝新中国成立50周年、纪念建党80周年、迎接澳门回归祖国、纪念五四运动80周年、纪念建团80周年、纪念少先队建队50周年等重大活动为契机，广泛开展“党在我心中”、“祖国在我心中”、“弘扬五四精神、争做世纪栋梁”、“祖国宝岛台湾在我心中”、抗议“北约暴行”、“崇尚科学、反对邪教”等活动，推动了青少年爱国主义教育深入开展。认真贯彻公民道德建设实施纲要，通过座谈会、演讲大赛、知识竞赛等形式，加强青少年的道德教育，积极开展道德实践活动，引导青少年树立正确的世界观、人生观和价值观，发挥青年开创社会新风的现实作用，促进了全社会良好风尚的形成。大力开展“理想、责任、奋进”主题教育活动，组织青年开展了“四川新跨越、青年做什么”大讨论。充分发挥优秀青年典型的榜样示范作用，在青年中形成了人人为四川新跨越争做贡献的氛围，增强了广大青年投身四川新跨越的使命感和责任感。

二、服务经济建设成效明显。大力推进“跨世纪青年人才工程”和“跨世纪青年农民科技培训工程”。大力实施农村青年领办科技推广项目和百万农村青年脱贫致富奔小康竞赛活动，加强农村青年实用技术培训，积极推广农业科技项目，主动参与扶贫攻坚，促进了农业结构调整和农村青年增收。全省开展各类实用技术培训500万人次，共培养全国“青年星火带头人”58名，省级1300多名，县级13万多名，青年农民致富能手标兵5000多名。积极开展“百万青工育人建功大赛”、“双争双创”活动、“振兴中小型企业行动”、“青年建功杯”和下岗青工创业行动，通过拜师学艺、岗位练兵、技术比武、“五小”竞赛等，大力培养青年岗位能手，积极组织青工创新创效，努力帮助下岗青工自主创业和再就业，促进了企业深化改革和提高效益。全省团组织培训下岗青工4万多名，协助安置下岗青工2万多名，培养兴业领头人300多名，表彰省级青年岗位能手近300名。企业团组织实施创新项目上万个，为企业增效7500万元。在全团率先启动保护母

亲河行动，开展了“保护母亲河——四川青年绿色行动”、“保护母亲河大学生沱江行”、“我为小平故里植棵树”等活动，加强青少年生态环境意识教育。多方筹集保护母亲河绿色基金600万元，加大保护母亲河工程建设力度，全国重点工程——乐山项目、宜宾项目完成造林3.58万亩，7个省级重点工程项目完成造林3600亩，实施小流域综合治理31.84平方公里。继续深化四川青年科技创新行动，举办“四川青年科技论坛”和“四川青年科技创业奖”评选，组织博士服务团活动。实施“跨世纪素质发展计划”和“跨世纪中国少年雏鹰行动”。举办“挑战杯”、“亿利达”青少年科技发明竞赛，推行大学生综合素质A级证书评定，促进了科教兴川战略的实施。

三、参与精神文明创建深入扎实。全面实施“跨世纪青年文明工程”。积极参与“三优一学”创建文明城市竞赛，广泛开展“讲文明、树新风”活动。深入开展“青年文明号”创建和“青年文明号助万家”、“青年文明号促销创效”活动，全省共涌现省级以上“青年文明号”500多个，市级和企业级2000多个。不断深化青年志愿者行动，坚持“一助一”长期结对服务，招募799名青年志愿者到民族地区和贫困山区开展支教、支医扶贫，组织大中学生志愿者和青联委员积极开展文化、科技、卫生“三下乡”活动。在第六届全国大学生运动会、首届中国西部论坛、第四届全国农民运动会等大型活动中，青年志愿者以热情周到的服务赢得了广泛赞誉。积极开展四川“乡村青年文化节”活动。实施青少年“新世纪读书计划”，开展了“天天读书一小时”活动。规范推进希望工程，新增筹资2890万元，救助失学儿童5528名，资助建设希望小学105所，帮助881名特困大学生继续学业。广泛开展手拉手活动，少年儿童在活动中互助互学、共同进步、健康成长。积极创建青年文明社区，建立健全社区团队组织，构建社区青少年工作网络，开展青年文明社区大家乐、绿色家园、反邪教等活动，实施千校百万外来务工青年培训计划，有力地服务了社区文化建设。加强青少年法制宣传教育，以创建优秀青少年维权岗活动为载体，以青少年法制教育基地为依托，以《未成年人保护法》、《预防未成年人犯罪法》和《四川省未成年人保护条例》为重点，在青少年中积极开展“三五”、“四五”普法教育，青少年的法制意识不断增强。

四、团的自身建设全面推进。坚持“党建带团建”，深化创建五四红旗团委、五四红旗团支部活动，注重社区、非公有制企业、民办学校团建的试点探索和分类指导，团的基层组织建设不断加强。加大团员发展力度，加强流动团员管理，全省团员总数达到440万，团青比例23.02%。积极参加“三讲”集中教育，以“走乡村、进校企、访青年”活动为载体，深入开展“三个代表”重要思想学习教育活动，培训各级团干部6万人次，团干部队伍素质进一步提高。强化团干部协管工作，团的各级领导班子建设进一步加强。重视团的推优入党工作，有32万名优秀共青团员经团组织推荐光荣加入中国共产党。发挥青联、学联、少工委和青企协、青乡企协等青少年组织的人才优势和广泛联络优势，延伸了团的工作手臂。青年民族宗教工作不断推进，青年外事工作更加活跃。团的各项事业稳步发展，青少年活动阵地功能进一步发挥，团属院校办学实力进一步增强，团办实业积极适应社会主义市场经济的要求，在改革探索中健康发展。

贵州团的工作

1998年至2002年是贵州共青团工作承前启后、继往开来的重要5年。5年来，贵州各级团组织围绕党政中心任务，在团中央的指导下，结合实际，抢抓机遇，拼搏进取，努力服务大局，服务社会，服务青年，各项工作取得了显著成绩，为贵州省的两个文明建设做出了积极贡献。

一、以邓小平理论和"三个代表"重要思想为指针，加强对青少年的思想政治教育

抓住新中国成立50周年、五四运动80周年、少先队建队50周年、迎接澳门回归、建党80周年、建团80周年及十六大胜利召开等主题活动为契机，精心组织了以"党在我心中"、"创造新业绩、迎接十六大"、"贯彻十六大，创造新业绩"等为主题的教育活动，并编辑出版了《充满希望的贵州共青团》画册、《贵州青年运动史》等有影响的书籍，与省集邮公司共同制作了《燃情八十载》纪念建团80周年邮册、纪念封。在这5年里，团省委用邓小平理论和"三个代表"重要思想教育青年、武装全团，带领全省广大青少年坚持党的基本路线，在富民兴黔的伟大实践中，奋力拼搏、建功立业。积极组织广大青少年认真学习贯彻《公民道德建设纲要》，在广大青少年中大力提倡良好的社会公德、职业道德和家庭美德等起到了积极作用。

二、充分发挥生力军和突击队作用，为富民兴黔大业再立新功

青年文明号、青年岗位能手、创新创效工作取得新进展。各地各企业团组织结合本地本单位实际，努力培养岗位能手，开展下岗青工创业行动等活动，帮助青工掌握和提高创业和创新的本领，开展了"十大下岗青工再创业明星"评选表彰活动、创建"青年文明生产线"等活动。深化青年文明号创建活动，推行"青年文明号"公示制，使青年文明号活动向规模化、规范化方向发展。开展了创新创效活动，全面启动了贵州省"工岗快递"行动，加大了对青年兴业领头人的帮助、扶持力度，全省5年共培训下岗青工1.2万余人次，帮助1万余名下岗青工实现了再就业。为企业改革攻坚、提高效益做出了应有贡献。

以增收成才行动为统揽，青农工作取得新突破。积极推进"服务万村行动"的实施；紧紧抓住创业致富带头人的培训培养，千方百计加大培训力度，团省委先后举办了14期各类带头人培训班，培训1100余人次。开展了"跨世纪青年农民科技培训工程"，直接培训青年农民3万余人，组织百万农村青年参加各类实用技术培训。组织动员200多万青少年参与保护母亲河行动，每年都组织开展了"植绿护绿活动"，并连续组织开展了三届保护母亲河行动"绿色夏令营"。成立了贵州省青年民营企业家协会，扩大团组织的覆盖面。

深入开展大中学生社会实践活动，青年学生素质有新提高。实施大中学生"素质拓展"计划，培养提高大学生综合素质尤其是参与市场竞争能力，积极推行《大学生素质拓展证书》，为学生就业提供便利条件。努力探索和培植与教育改革相适应的共青团工作机制。深入开展了以"挑战杯"为龙头的大学生科技创新竞赛活动，加强了学术交流，促进了学生课外学术科技成果向实际应用的转化。连续组织开展了3年大中学生志愿者暑期和贵州博士团中心服务队"三下乡"活动，扩大了大中学生社会实践的参与面。

青年文明社区创建活动不断深化。深化“青年文明社区大家乐”活动，开展了“永远跟党走”社区青年文化节活动和“四进社区”活动，为创造安全文明的社区生活环境做出了积极的贡献。

三、广泛吸纳社会资源，拓展工作领域，进一步加大服务青少年的力度

充分发挥未成年人保护系统的职能，深化青少年维权工作。配合各级人大和政协检查青少年专门法律的执行情况，督促指导各地深入贯彻落实《未成年人保护法》、《预防未成年人犯罪法》、《贵州省未成年人保护条例》。开展创建优秀“青少年维权岗”活动，不断扩大了青少年维权工作的覆盖面。按照“四五”普法要求，针对青少年的特点，开展了一系列法制宣传教育活动，试点创建社区“青少年法律学校”，联合有关部门深入开展创建“青少年安全放心网吧”活动和“社区青少年远离毒品行动”，广泛宣传《全国青少年网络文明公约》，提高未成年人的法制意识，努力做好预防未成年人违法犯罪工作。

充分发挥青联组织的优势，广泛开展青年工作。把团中央、全国青联“金桥计划”与全省实施的科教兴黔战略积极结合起来，命名了贵州省青年科技创新行动教育示范基地。评选表彰了两届贵州省十大杰出青年，树立了一批新的典型。深入实施少数民族青年干部“培养计划”，选派民族地区优秀团干部到经济发达地区挂职锻炼。加大青年外事工作，拓展交流渠道，扩大交流规模，推进科技、经济和文化等领域的交流与合作。

充分发挥少先队组织的作用，提高青少年素质。坚持以团带队，少先队建设得到加强。贯彻落实《公民道德建设实施纲要》，切实加强少年儿童思想道德教育，以体验教育为基本途径，大力开展“新世纪我能行”体验教育活动，以培养少年儿童良好行为习惯为目标，在全省少先队中广泛开展了“养成道德好习惯”体验教育活动，深化“中国少年雏鹰行动”和“手拉手”互助互学活动，抓好社区少先队和农村少先队工作。

希望工程取得新成就。启动贵州省“绿色接力1+1”活动，开辟了贵州省希望工程新的领域——“绿色希望工程”，开通了荔波县邓恩铭希望小学希望网校。5年累计筹集资金3千余万元，援建希望小学80多所，救助贫困儿童1万余名，培训希望小学教师800余人次。

青年志愿者工作走在全团的前列。成立了青年志愿者指导中心，扎实有效地开展志愿服务工作，先后有两名志愿者被评选为“全国十大青年志愿者”，得到了社会各界及团中央的充分肯定。

四、切实加强团的自身建设，全面推进团的各项事业

大力推进创建“五四红旗团委”活动。召开了全省创建“五四红旗团委”活动推进会，连续完成了5年全省“五四红旗团委”、“五四红旗团委标兵”及创建活动组织奖的评选。出台了《关于进一步加强全省基层“党建带团建”工作的意见》和《2001－2003年贵州省基层“党建带团建”工作规则》两个纲领性文件，进一步健全了基层“党建带团建”的工作机制，依靠党建有力地带动和促进了基层团组织的建设，优化了全省共青团组织的外部工作环境。与省委组织部就进一步加强团干部队伍建设，形成了《关于加强共青团干部队伍建设的意见》和《关于在优秀青年中做好“推干荐才”工作的意见》，促使我省各级团干部的配备、管理、培训、使用、转岗工作和推荐优秀青年人才等工作制度化和规范化。

多种形式举办各种类型、各种层次的团干部培训班，全省5年共培训各级专职团干部2万余人。成功召开了共青团贵州省第十一次代表大会，团的自身建设得到全面加强。

云南团的工作

共青团云南省委机关下设办公室、组织部、宣传部、统战部、青农部、城青部和学少部，直属单位有青少年发展基金会、《青年与社会》杂志社和青少年实业发展中心。2002 年末，全省有青年 785 万人、团员 220 万人，团员与青年比例为 28%；全省基层团委 3973 个、团总支 16784 个、团支部 95740 个。全省 16 个地（州、市）、128 个县（市、区）、2164 个乡（镇）全部建立团委。在全省 2055 个应建团的乡镇企业建团 1412 个，在全省 654 个应建团的村办企业建团 344 个，在全省 185 个应建团的私营企业建团 148 个，在全省 40 个应建团的外资企业建团 37 个，在全省 276 个应建团的租赁企业建团 228 个，在全省 3567 个应建团的个体工商业建团 449 个。

近几年来，共青团云南省委团结带领全省各级团组织和广大团员青年，以邓小平理论和“三个代表”重要思想为指导，以经济建设为中心，主动适应建立和完善社会主义市场经济体制的新要求，积极投身西部大开发和全省现代化建设，充分发挥了生力军和突击队作用；以培育“四有”新人为目标，加大青年人力资源开发力度，为青少年成长成才提供切实有效的服务；始终坚持从实际出发，解放思想，更新观念，不断创新，切实加强团的自身建设，扎实推进团的各项工作，实现了跨越世纪的新发展。广大团员青年同全省各族人民一道，艰苦创业，发奋图强，建功立业，致力于经济建设，投身改革开放，开创文明新风，维护社会稳定，开拓进取，自觉奉献，为云南的社会稳定、经济发展和两个文明建设做出了积极的贡献。

一、服务云南经济发展

近年来，共青团云南省委团结带领各级团组织和各族团员青年，紧紧围绕全省农业和农村经济发展，实施“服务万村行动”，在脱贫致富奔小康的历史进程中勇挑重担。全省各级团组织共领办科技推广项目 200 多个，创建青年绿色科技示范园 216 个，创办青年股份合作体 896 个。深入开展“三项实用技术、万亩科技示范”活动，全省共领办推广水稻旱育稀植、脱毒马铃薯、玉米地膜覆盖等实用技术 130 多万亩和其他农业新技术 100 多万亩。不断推进云南保护母亲河行动，筹集资金 1060 万元，建设云南保护母亲河行动工程示范基地 196 个共 18.6 万亩，创建了全团第一个野生动植物监护站，启动了全团第一个草原恢复和建设项目。先后筹集项目经费 1658 万元，重点实施了农村科技推广、农业产业化试点县、农村青年经纪人队伍建设、退耕还林青年示范户、沼气生态示范村、小流域综合治理等 10 多个类别 50 多个子项目，覆盖了全省 16 个地州市 50 多个县。围绕企业改革和发展，广泛组织青年开展以技术创新、管理创新、营销创新、服务创新为主要内容的创新创效活动，创建 5 个国家级示范点、30 个省级示范点，提高了企业的经济效益、社会效益和人才效益。积极引导青年，尤其是下岗、失业青年树立新的择业观、就业观和创业观，在新的领域、新的岗位求发展、做贡献。青年科技创新行动不断深化，“金桥计划”、“挑战杯”等活动不断探索项目与市场的对接，促进了科研成果向现实生产力转化。组织全省各族各界青年为云南经济发展建言献策，取得了良好的效果。

二、服务云南社会进步

1998 年以来，云南团省委和上海团市委共

同开展青年志愿者扶贫接力计划，共有170多名上海青年志愿者和全省青年志愿者深入贫困地区开展科技、教育、卫生等服务活动，为我省贫困地区提供了智力和人力支持。'99中国昆明世界园艺博览会期间，全省6万余名青年志愿者踊跃参与世博会的各项服务工作，充分展示了全省青年爱国爱乡、甘于奉献的精神风貌。全省大中专学生"三下乡"社会实践和"博士服务团"深入农村、企业、学校、社区开展文化科技卫生服务，深受群众欢迎。希望工程实现了新的发展，全省筹集希望工程助学基金3409.7万元，援建希望小学289所，新建"一村一校"310所，资助大中小学生1万多名。"青年文明号"活动进一步提高了青年的职业道德水平，创建国家级青年文明号63个、省级青年文明号493个，促进了行业文明。"青年文明社区"活动提高了社区青年的综合素质，共创建国家级青年文明社区19个、省级青年文明社区26个，为创建文明城市奠定了基础。在急、难、险、重任务中，各行各业团员青年以及人民解放军和武警部队官兵组成青年突击队，谱写了当代青年拼搏奉献的新篇章。认真贯彻《公民道德建设实施纲要》，开展"乡村青年文化节"、"青年文明村寨"、"青年文明校园"、"手拉手"等活动，大力倡导和弘扬了文明健康的道德新风，为全省社会进步做出了积极贡献。

三、服务青年成长成才

全省各级团组织始终坚持用邓小平理论和"三个代表"重要思想构筑青年一代的精神支柱。通过邓小平理论、"三个代表"学习教育活动，开展青少年新世纪读书计划、团干部理论读书班、邓小平理论研究会和业余党校、团校等活动，把学习作为提高广大团员青年思想道德素质和科学文化素质的首要任务。根据不同青年群体的思想特点和成才需求，把解决青年的思想问题与解决实际问题结合起来，增强了工作的实效性和针对性。全省各级团组织紧紧抓住建国50周年、建党80周年、庆祝香港澳门回归、建团80周年等重大契机，着力开展爱党、爱国、爱社会主义教育。主动适应时代新变化和青年的愿望，加大青年人力资源开发力度，为青少年成长成才提供切实有效的服务。1998年以来，我们培养了4.8万名青年星火带头人，涌现了8000多名各级青年岗位能手。实施下岗青工创业行动，培训下岗青工5万多人次，培养和扶持了一大批青年兴业领头人。实施"千校百万"行动，认真抓好外来务工青年的培训工作。开展青少年维权工作，积极宣传贯彻《未成年人保护法》、《预防未成年人犯罪法》，创建国家级青少年维权岗12个，创建省级青少年维权岗43个。认真开展"五四奖章"、"杰出青年"、"杰出青年农民"、"杰出青年科技标兵"、"优秀团干部"、"优秀团员"、"优秀少先队员"等评选表彰活动，涌现了方红霄、张亚平、吴艳、徐天剑、刘清莲等一大批富有时代特色的先进典型。"青年志愿者"、"素质拓展夺杯赛"、"18岁成人仪式"、"三下乡"、"雏鹰行动"、"新世纪我能行"体验教育等活动为青少年成长成才提供了有效的服务和载体。各类优秀青年人才活跃在不同岗位，奉献在各行各业。

四、自身建设稳步推进

全省各级团组织始终坚持从实际出发，解放思想，更新观念，不断创新，团的自身建设和各项事业全面发展。"党建带团建"开创了新的局面。"五四红旗团委"、"红旗团支部"等创建活动，进一步加强了团的基层组织建设。农村、企业、学校、社区团组织不断创新团的组织设置和活动方式。非公经济组织团建工作稳步推进，拓展了工作领域，延伸了工作手臂。各级团组织通过开展"三讲"、"三个代表"学习教育活动，坚持把学习和服务摆在全团工作的重要位置，以作风建设为突破口，以团干部培训为重点，狠抓队伍建设，团干部和团员青年的整体素质有了较大提高。青年干部培养

计划进一步推进，选送了一批团干部和优秀青年人才到发达地区学习、交流、培训和挂职锻炼。全省各级团组织为各条战线培养输送了一大批德才兼备的青年干部。加大团员发展力度，发展团员162万名，团员总数达220万名，团青比例由1997年的22.6%提高到28%。切实做好推优工作，共有17万名优秀团员通过推优加入了党组织。实施“共青团县县上网工程”，为基层团组织配备了100多套电脑设备，开通了“云南共青团网站”，共青团信息化建设取得明显成效。

全省青少年活动中心、青少年宫、农村青少年之家等活动阵地不断巩固发展。《青年与社会》、《云青快讯》、《青年致富信息报》等各类团报团刊有效服务了团的各项工作。云南青少年实业发展管理中心逐步走上团属事业社会化发展的路子。青年统战工作取得新成绩，促进了全省民族团结、进步和繁荣。青年外事工作实现新拓展，对外交往重点向项目化转移。积极参与联合国亚太经社会“大湄公河区域青少年权益保护”和“澜沧江——湄公河六国青年友好之船”工作，与新加坡青年机构共同组织新加坡义工赴省内贫困地区开展爱心扶贫系列活动。青联、学联、少先队和其他青年社团组织不断发展壮大，工作不断拓展，全团带队工作进一步加强。

西藏团的工作

一、以服务稳定为重点，青少年理论学习宣传教育活动和思想政治工作取得新的成绩，发挥了广大团员青年在维护社会稳定中的生力军作用

几年来，根据自治区实际和工作安排，各级团组织坚持以理论学习宣传教育为先导，以维护祖国统一、加强民族团结、反对分裂为主题，着力提高广大团员青年的政治理论水平和思想道德修养，扎实开展各项活动。

明确了学习宣传教育的内容。各级团组织始终将邓小平理论、“三个代表”重要思想为主要学习宣传教育内容，进一步扎实工作作风和学风，在全区团员青年中掀起了一个又一个理论学习宣传教育的热潮。同时，坚持从全区实际出发，继续大力开展了以维护祖国统一、加强民族团结、反对分裂为主题的爱国主义宣传教育和马克思主义“四观”、“两论”的学习教育活动。

改进了学习宣传教育的方法。按照全区的统一部署，每次召开重大会议、下发重要文件之后，团区委理论学习中心组率先垂范，带头学习领会有关精神，同时及时制定学习宣传方案，要求以团的干部特别是团的领导干部为骨干，带头学习宣传并扎实贯彻落实到具体工作中。为保证学习宣传教育的实效，各级团组织针对不同领域、不同行业、不同文化层次的青年，采取了集中培训、分散辅导与自学相结合；举行报告会、座谈会、知识竞赛与组团走村入户开展宣讲相结合等灵活多样的方式。几年来团区委以高校党员大学生为骨干，先后组成了24支党员大学生宣讲团深入拉萨、日喀则两地5县的广大乡村进行宣讲服务；各地市县团组织也分别组成了书记、副书记带队的宣讲小组配合当地宣讲团开展宣讲工作，取得了扎实成效，受到了当地干部、群众的热烈欢迎。改变了就思想政治工作论思想政治工作单纯

说教的做法，真正做到以理服人、以情感人、直观形象。运用了新旧对比、实例参照的方法，使广大青少年切身感受到党的英明和全国人民对西藏的深情厚爱；采用了开展宣传教育与为广大群众办实事、办好事，切实帮助他们解决生产生活中的实际困难相结合，与帮助农牧民增收相结合的办法，使农牧民群众在获得实际利益的基础上理解党的路线方针政策并自觉贯彻到生产生活实际中。

强化了学习宣传教育阵地的建设。学习宣传教育必须有阵地依托。在充分发挥现有阵地，如拉萨市少年宫、各学校、乡村广播站、德育室等青少年文化阵地作用的基础上，以青年报为喉舌，大力宣传党的基本理论、基本路线和各项方针政策，宣传自治区改革开放和社会主义现代化建设的巨大成就，宣传新形势下自治区的历史任务和共青团组织的工作。各级团组织还广泛挖掘社会资源，配合有关部门通过制作专题、开辟专栏、开展活动等途径形成宣传教育的合力；利用当地对青少年有教育意义的自然、人文历史资源加强宣传教育，新命名了一批地、市、县级青少年爱国主义教育基地；加强了乡村青年科技图书站的建设，5 年内新建立了 20 个乡村科技图书站；针对自治区青少年活动场所严重匮乏的实际，提出了加强自治区青少年活动中心建设的可行性方案，并争取有关部门支持得到了一定程度的落实。

二、以服务经济为中心，团的各项工作继续深化拓展，发挥了团员青年在服务我区两个文明建设中的突击队作用

各级团组织坚持思路创新、体制创新和科技创新，围绕服务自治区经济持续快速健康发展和推动自治区精神文明建设，继续深化拓展了团的各项工作。在培养农牧区青年科技和实用技术人才，促进农牧业产业结构调整和帮助农牧民增收；服务国有企业改革发展，促进创新增效；倡导志愿奉献精神，弘扬时代文明新风等方面，做了大量实实在在的工作，得到了社会的普遍赞誉。广大团员青年在参与活动的过程中也得到了锻炼，增长了才干。

服务农牧业结构调整和增加农牧民收入的工作力度继续加大。1. 青年星火带头人的培养和实用技术人才的培训工作继续巩固。团区委协同财政厅和农牧厅，争取到国家有关部委“跨世纪青年农民科技培训工程”在我区 7 个县的试点，5 年来，开办了 7 批青年农牧民科技人员培训班，821 名青年农牧民学员参加了培训，掌握了一定的农业和畜牧业方面的科技与实用技术。各级团组织也协同当地科技和农牧部门开展了培养留得住、用得上的青年人才的工作，发挥他们的辐射带动作用。2. 示范基地的作用进一步发挥。各级团组织依靠当地科技能人建立了一批示范基地，如良种示范田、科技示范地、青年科技林、蔬菜大棚以及农畜产品加工点等。同时，又以这些示范基地为依托，开展现场培训，推广优良品种等，提高农畜产品科技含量，改善产品结构，促进产业结构调整。日喀则地区江孜县紫金乡的“青年种子田”项目获团中央“神农奖”三等奖，西藏农牧学院被命名为第二批中国青年科技创新行动教育基地。3. 加大了乡村科技图书站的建设力度，使乡村青年科技图书站成为农牧民学习科技知识和实用技术的重要阵地依托。4. 帮助农牧民增收的工作有新的举措。各级团组织积极协助当地政府动员组织农牧区青年利用闲暇时节进城务工、从事第三产业服务等，增加农牧民群众的现金收入。目前，日喀则、山南地区的这项工作已经初步走向规范化，仅日喀则地区 5 年来团员青年参加劳务输出人员就达 9 万余人，保守统计，平均每人增加现金收入 1000 余元。5. 继续协同有关部门加大了扫盲力度。通过举办扫盲夜校、文化补习班等方式，继续抓好农牧区青壮年的脱盲教育。

服务自治区企业改革和发展的工作更加扎实。1. 强化宣传教育。切实让广大青工认

识到国企改革的必然性与重要性，转变就业观念，积极支持参与改革，同时使广大青工真正树立市场竞争意识和创新意识，珍惜现有岗位，并立足岗位大胆发明创造，大胆技术革新，降低产品成本，增加产品的科技含量，提高市场竞争力。2. 开展创新创效活动。以系统、行业为单位，以企业团组织为主体，普遍开展了青年岗位能手活动和青工“五小”等群众性技术创新活动，为企业新产品开发、新工艺创造、新技术推广和新成果转化献计出力。3. 实施金桥计划。在广泛了解掌握企业问题和困难的基础上，发挥青年企业家协会的作用，积极在专业人才与企业之间牵线搭桥，为企业创新创效献计献策。4. 开展下岗青工再就业培训。积极发挥青年企业家的作用，促进青年企业家为下岗青工提供帮助，吸纳下岗青工再就业。5. 为企业下岗职工和困难职工送温暖、献爱心，帮助他们解决生活中的实际困难，如以结对救助方式帮助解决其子女上学和课外辅导等问题。

服务自治区精神文明建设的工作更加制度化、规范化。1. 志愿服务工作更趋活跃。几年来，团区委着重抓机制、强管理，使全区青年志愿者继续在扶贫济困、科技推广、抢险救灾、传播文明等社会各方面发挥重要作用，志愿者队伍不断壮大，覆盖面不断拓宽，工作内容不断深化。在城镇，以社区服务为重点，积极开展了“送温暖，献爱心”和清洁美化环境、便民利民服务；在农牧区，充分发挥生力军和突击队作用，承担了大量急、难、险、重任务；争取团中央支持，拓展了全区的青年志愿者扶贫支教工作。2. 青年文明号活动进一步扩大了争创规模，加大了管理力度。以培养职业道德、树立行业新风为内容，进一步加大了对青年文明号挂牌单位的管理，创新了考评机制，加强了群众和社会的监督。3. 大力开展了“三下乡”等系列活动和乡村青年文化艺术节活动，对于倡导科学、破除迷信，崇尚文明、消除愚昧落后，引导广大农牧区青年移风易俗，崇尚健康文明的生产生活方式产生了积极作用。4. 继续加强了希望工程工作，进一步加强了孤儿和优秀贫困大学生助学救助工作。5.“跨世纪中国少年雏鹰行动”和“手拉手”活动继续深入。目前，全区共有113所学校与内地123所学校结为“手拉手”对子，少先队员结对2万余名，辅导员结对380名，建立“手拉手”书屋121个。6. 西藏雪莲少儿艺术团为弘扬民族优秀传统文化，丰富少儿业余文化生活，展示当代西藏少年儿童风采，继续活跃在广大学校、城镇和乡村，承担了自治区众多大型活动的演出任务。

三、以服务青少年为基础，团的凝聚力和战斗力继续增强，发挥了共青团作为党联系青年的桥梁和纽带作用

团的建设进一步加强。以基层“党建带团建”为指导，坚持党建带团建、围绕经济抓团建、服务青年促团建的工作思路，狠抓了团组织自身建设。1. 在团干部队伍建设上，着力加大了培养培训力度。倡导鼓励各级团的干部以各级党校、团校为依托，以函授、自考等方式参加学习，提高综合素质；积极采取团干部到上下级团委机关、党政机关，到内地沿海地区挂职锻炼的方式，加大了干部轮岗与交流的力度；山南、日喀则两地分别联合地区党校和有关部门，举办了大规模的县、乡团干部和少先队辅导员培训班。2. 在团员队伍建设上，继续以农牧区和中学为重点，在保证质量的前提下，大力发展新团员，壮大团员队伍。目前，全区团青比例达到24%。3. 稳步推进“五四红旗团委”的创建工作。4. 在广泛调研的基础上，结合自治区实际，提出了“强县带乡促村”的建团工作思路，着力加强了农牧区基层团组织的整建工作，共整建乡镇团组织126个。

为青少年健康成长服务的工作有长足进步。为青少年服务是党全心全意为人民服务的宗旨在共青团工作中的具体体现。1. 继续

大力实施“跨世纪青年人才工程”，培养了大批的“青年星火带头人”、“青年岗位能手”等高素质的青年劳动者。着力选拔、培养、使用青年人才，安排挂职锻炼、区内培训和组织外出培训等。2. 建立了青年人才培养、选拔、激励机制，形成了“西藏十大优秀青年”、“西藏青年五四奖章”等各级优秀青年群体的评选奖励机制，并使之规范化、制度化。团区委深入宣传了这些优秀青年成长成才的人生轨迹，为全区青年开拓创新、敬业奉献树立了榜样。3. 适应素质教育要求，不断加强校园文化建设，大力实施“素质拓展计划”，开展了“成才杯”、“挑战杯”、“三下乡”等各项活动。4. 不断优化环境，为青少年健康成长创造条件。全面加大了青少年权益保护力度，开展了优秀青少年维权岗的评选设立工作。

陕西团的工作

自 1998 年陕西省第九次团代会以来，全省各级团组织以“三个代表”重要思想为指导，以经济建设为中心，强力推进“一个行动，两个加强”的工作思路，主要工作有：

一、青少年思想教育和文化建设得到加强。建立了陕西共青团网站，实施“共青团县县上网工程”，开辟了青少年思想教育新阵地。广泛开展各种形式的青少年道德教育和精神文明建设实践活动。百万青年志愿者活跃在全省城乡各地，其全面周到的服务，展示了陕西青年热情、文明、开放的新形象。2001 年，“陕西人，请拿出你的微笑来”的口号率先统一在近 3000 家文明号单位叫响；“青年文明号向您微笑服务”活动和“青年文明号信用建设”活动，使先进青年群体在树立职业道德、塑造陕西人新形象和改善投资环境中发挥了带头作用。以实施“雏鹰行动”为总揽，少先队开展了“新世纪、我能行”体验教育和“五自”学习实践活动，队员们在“手拉手”中相互关爱，在“启明星”科技活动中开阔了视野，在“百花园”文艺活动中增长了见识；“大学生文化艺术节”、“乡村青年文化节”、“文明社区大家乐”、新世纪读书计划等活动，在陶冶青少年思想情操、养成健康科学的生活方式方面起了重要的作用。

二、大力推进“三秦青年创业兴陕行动”。几年来，全省各级团组织围绕经济建设的工作大局，强力推进“三秦青年创业兴陕行动”。青农工作以农业产业结构调整、农业产业化和增加农民收入为主线，以“青年增收成才”为主题，广泛开展各类农村实用技术培训、培养农村青年星火带头人和领办科技推广项目活动，累计培训青年农民 100 万人次，培养农村青年星火带头人 3 万余人，领办科技推广项目 4000 多个。“农村青年公司化创业行动”已抓建各类公司或新的青年产业大户 1100 余家，带领数万农户进入市场，增加收入。青工工作围绕深化国有企业改革和发展非公有制经济，不断推进“青年岗位能手”和青工“创新创效”活动。几年来，全省 10 多个行业、70% 以上的国有及国有控股企业和 30% 以上的非公有制企业中，30 余万青工参与了这项群众性创新创效活动，建立创新创效示范点 1500 多个，成立各类青年科技攻关小组 4800 多个，转化创新成果 3000 多项，涌现出创新创效岗位能手万余名，实现直接经济效益 2.4 亿元。围绕实施

“科教兴陕”战略和扩大开放，“金桥计划”作为陕西共青团引资引智工作的实施载体，已成功组织了6次海内外学人来陕创业服务活动，其中“百名博士西部行”活动被载入陕西西部大开发大事记；“青年企业家西部行赴陕经贸协作考察活动”，共签约项目50个，协议引进资金61亿元，实际到位资金已达16.45亿元；“青年海外学人回国创业周”活动签订合作协议41项，资金超过5000万美元。青少年“保护母亲河”行动已抓建示范项目248个，完成造林种草面积25.8万亩；以创建绿色文明园为载体的青少年植绿护绿活动，在学校、工厂、营区和社区普遍开展；以“关爱生存环境、共建绿色家园”为主题的宣传募捐活动丰富多彩。承办了第七届全国大学生“挑战杯”课外学术科技作品竞赛，举办的陕西省大学生第二届和第三届科技作品竞赛和首届大学生创业计划大赛，使价值近1亿元的科技成果向现实生产力转化。

三、积极代表和维护青少年合法权益，进一步为青少年服务。几年来，希望工程助学新筹资2600万元，创建希望小学130所，资助大学生和失学儿童3350名。开展“下岗青工创业行动”和青年企业家“振兴中小企业行动”，举办各类培训班1200多期，培训下岗青工7万人次，募集资金500余万元，培养青年兴业领头人2500名，使万余名下岗青工重新就业。青少年维权工作加大了未成年人保护和预防青少年违法犯罪工作力度，建立了省市两级工作机构，开展了4次青少年法规执法检查，创建国家级和省级优秀“青少年维权岗”141个，创建“青年文明社区”196个。省青联以科技专家服务团、志愿者艺术团、医疗卫生服务团和青年科技论坛为内容的“三团一坛”活动形成了青年统战、外事工作的新平台。

四、“党建带团建”。团省委认真贯彻《中共陕西省委关于进一步加强共青团和青年工作的意见》，召开了全省“党建带团建”工作会议、非公有制经济组织团建现场会、全国社会力量举办学校团建现场会等，提出了基层团建三年工作目标，完善了“党建带团建”工作机制。在省级机构改革中，增设了四个团工委，理顺了省属单位团的组织关系；在农村，重点加强乡镇团委建设，积极推行村级团支部书记“三位一体”配置模式；在国有企业和高校，不断探索与现代企业制度和教育体制改革要求相适应的灵活设置团组织的新路子；强化新型社会、经济组织团建工作，建团率已达35%；在全团率先推行省、市、县、乡四级团委统一换届工作模式，规范了团省委对各市县两级团委工作的考核。广泛开展了“五四红旗团委”、优秀团支部、优秀团干部、优秀团员的创建活动，增强了基层团组织的凝聚力和战斗力。“推优”工作机制不断完善，又有20万名青年加入共青团，团青比例保持在22%左右，有2.5万名优秀团员加入中国共产党。青联、学联、少先队组织自身建设得到进一步加强。团属各协会成为共青团有力的外围组织和有效的社会资源。新成立的省青年科技工作者协会和省青年书法家协会，把更多的有为青年团结在共青团组织周围。

五、加强团干部作风建设。在“基层工作年”、“基层工作年、作风建设年”等活动中，团干部坚持“心往基层想，脚往基层走，重心向下移”，“走百县、进千村、入万户”，有力地促进了工作落实。各级团组织对全省团的重点工作进行量化分解，县级团委每年将重点工作完成情况以统计报表形式直报团省委，已成为检查考核工作的硬性要求。团省委推行了领导包片、部门包市和签订目标责任书的工作制度，规定机关干部逢单月下基层调研指导工作、推进重点任务落实。制定下发了《进一步改进和加强团干部作风建设的若干意见》、《关于加强机关干部学习的决定》，开展了权力观、地位观的大讨论。进一步建立和完善了机关管理规章制度，使各级团干部的素质得到明显提高。

总结几年来的工作，团干部们深刻体会到：党的领导是保持共青团和青年工作正确方向的根本保证；服务青年是实现最广大人民根本利益的具体体现；开拓创新是保持团的生机与活力的不竭源泉；活动和建设并举是团的自身优势得以充分发挥的根本保障；社会化是市场经济条件下共青团事业可持续发展的必由之路。

甘肃团的工作

一、实施农业产业化青年工程

团省委围绕推进农业产业化和农村经济发展，推出了符合甘肃农村经济发展实际的农业产业化青年工程。制定了“15111”目标，即：每年培养100名农业产业化青年领头人，三年内创建50个科技示范基地、100个龙头示范企业、100个青年科技推广示范服务组织、100个乡镇科技图书站。坚持抓培养农业产业化青年领头人，大力领办地膜覆盖、暖棚养畜、节水灌溉、果树新品种等科技推广项目，发展区域化主导产业，创建了30个省级青年科技项目推广示范基地、28个省级龙头示范企业、29个县市区科技图书站，形成了“团组织小服务体系＋星火带头人”、“团组织＋公司＋农户”、“项目＋实体”等模式。为基层协调项目资金1200多万元，捐赠项目物资300多万元；基层团组织领办实体性项目、经济社团3680个，带动了30余万名农村青年致富。

二、启动实施“保护母亲河行动”

结合党中央“再造山川秀美的西北地区”的指示和加强黄河、长江中上游水土流失治理的大好机遇，团省委于1999年4月下发了《关于实施“保护母亲河行动”的意见》，明确了全省“保护母亲河绿色工程”的重点项目，在兰州大砂沟举行了启动仪式。组织了“母亲河，我与你同行”绿色旗帜传递活动、“大学生黄河漂流考察活动”、“捡回一个希望，还母亲河一片绿色”、“捐压岁钱，植纪念树”、植绿护绿、封山育林和退耕还林（草）、建设青字号林等活动。建立了“保护母亲河行动——绿色希望工程基金”、全国“保护母亲河”行动“兰州大砂沟绿化工程”、“金融青年世纪林”、“刘家峡读者纪念林”和“解放军万亩青年林”等项目，共协调资金900万元，植树面积4.5万亩。全省创建“保护母亲河”项目45个，累计造林12万亩，组建“保护母亲河”生态监护站21个，青少年的环保意识明显增强。

三、企业共青团工作深入发展

围绕省委“强化基础、优化结构、科技先导、扩大开放、争创优势”的企业改革方针，团省委根据企业生产经营实际，确立了分类指导、全面服务、探索创新的工作思路，组织实施了“青年创新增效行动”，广泛开展了“五小”、“四个一”活动、“青春不下岗、兴业再创业”教育活动、以“铸敬业魂，练过硬功，干放心活”为主要内容的“兴业杯”竞赛活动、“西部开发展风采，重点工程献青春”竞赛活动，举办了“全省青年互联网应用大赛”。启动实施“下岗青工解困再就业工程”，联合培训下岗青工10万人次；创办各类经济实体，变“找饭碗”为“造饭碗”；动员青年企业家安置待业下岗青年；积极为下岗青年提供法律援助和社会保障援助。

四、少先队“雏鹰行动”生动活泼

省少工委围绕加强少年儿童素质教育的中心,依托“雏鹰行动”深化“雏鹰争章”工作,逐步完善争章评价体系。启动了“少先队万米世纪林”建设工程;蓬勃开展了“手拉手情系贫困小伙伴”、“红领巾助残”、“读书交友”等活动,全省3500余所学校的百万少先队员结成了“手拉手”互学互助对子;“新世纪我能行”体验教育全面展开;以“五自”为主题的“黄河少年”快乐农庄模式的实践教育基地逐步在全省推广,先后有8000余名城市孩子在农庄体验农村生活,社会反响很好。

五、甘肃省第十次团代会隆重召开

2002年12月25日,中国共产主义青年团甘肃省第十次代表大会在兰州隆重召开。大会总结了共青团甘肃省九届委员会5年来在省委、团中央的正确领导下,坚持服务大局、服务社会、服务青年,与时俱进,开拓创新,团结带领广大团员、青年积极投身全省改革发展和西部大开发战略取得的成绩;一致通过了团省委书记王锐同志所做的《深入贯彻“三个代表”重要思想,全面加强团的自身建设,大力推进青年人力资源开发,努力开创甘肃共青团工作新局面》的工作报告;选举产生了第十届团省委领导班子。

省十次团代会确定了今后5年全省共青团工作的指导思想和工作目标:高举邓小平理论伟大旗帜,紧紧围绕全省工作大局,全面加强团的自身建设,大力推进青年人力资源开发,团结带领全省广大青年坚定信念、与时俱进、奋发学习、锐意创新,抢抓机遇、艰苦奋斗,在全面建设小康社会的伟大事业中建功立业。

青海团的工作

1998－2002年,在省委和团中央的领导下,全省各级团组织以邓小平理论和“三个代表”重要思想为指导,坚持服务大局、服务社会、服务青年,团结带领团员青年解放思想,无私奉献,为青海经济和社会发展做出了积极贡献。

一、以邓小平理论和“三个代表”重要思想为指导,努力构筑当代青年的精神支柱。坚持用科学的理论武装青年,组织团员青年学习邓小平理论、“三个代表”重要思想、宣传党的十六大精神。以建国50周年和建党、建团、“五四”运动80周年、党的十六大胜利召开为契机,开展“党在我心中”、“永远跟党走”、“创造新业绩迎接十六大”等主题教育活动,唱响了爱党爱国爱社会主义的主旋律,增强了广大青年的民族自尊心和自豪感。深入开展民族团结和党的民族、宗教政策宣传教育,增强了广大青年的爱国情感和维护民族团结、建设家乡的积极性和主动性。

二、服务西部大开发、青海大发展的战略需求,动员组织广大青年在经济建设中发挥生力军和突击队作用。在农牧区,围绕我省农牧业产业结构战略性调整和加快城镇化建设,大力实施青年农牧民脱贫致富增收成才行动。着眼于科技兴农兴牧,培养农村青年星火带头人13万人次,领办科技推广项目220多个,举办农牧区青年和科技实用技术培训班680多期,组织劳务输出30多万人次。立足可持续发展,结合退耕还林还草,扎实推进“保护母亲河”行动。筹集建设资金1500多万元,着力实

施了全国重点工程龙羊峡项目和玉树州黑土滩治理项目，完成造林22140亩、治理黑土滩34800亩，建设“青岛林”等23个项目林，绿化面积达5万多亩，增强了青少年的环保意识、母亲河意识，达到了植树和育人的有机结合。在企业，围绕建立现代企业制度，提高青工素质，广泛开展青工双争双创活动，鼓励青工发明创造，激励青工岗位创新，培养了15000多名青年岗位能手，推动了技术进步，提高了青工劳动技能；青年文明号创建活动机制进一步完善，领域不断拓展，4500多个青年文明号集体共建信用示范，促进了企业效益增长和全社会诚信建设。发挥青年在经济建设主战场的生力军作用，以“创造新业绩，迎接十六大”为主题，推出“青春在重点工程中闪光”活动，青年突击队的旗帜在青藏铁路等国家重点工程建设中猎猎飘扬。在学校，围绕推进素质教育，积极实施素质拓展计划，开展“挑战杯”、“金钥匙”系列竞赛活动，参与全国学生课外学术科技作品竞赛，激发青年学生的创新意识，提高科技创新能力。在科技等领域，实施以“百名博士西部行”为重点的“金桥计划”，架起科研院所、大专院校与企业之间的合作桥梁，联起海内外青年博士、企业家与全省各经济组织之间的交流纽带，相继促成200余项合作协议，为省政府举荐了40余名科技顾问。

三、勇开风气之先，唱响主旋律，积极参与群众性精神文明创建活动。青年志愿者行动深入人心，志愿者队伍逐年壮大，服务项目日益丰富。全省2000多个青年志愿者服务队、10万多名青年志愿者活跃在各条战线。以项目化运作方式实施的青年志愿者扶贫接力计划，先后引进了145名来自国内外知名院校、医院的志愿者在我省6个贫困县开展义务支教支医工作，并争取到价值110万元的教学和医疗器材。希望工程筹集资金1483万余元，新建希望小学50所，资助贫困学生4625名，捐赠教学设施价值120万元，免费培训了一批希望小学校长和教学骨干。加强青少年阵地建设，争取专项资金160万元，在六州确定了6个青少年活动阵地建设项目，为青少年成长成才创造了有利条件。稳步推进青年文明社区创建活动，先后投入资金40万元，建设社区青少年维权、活动服务中心。

四、不断优化青少年成长成才环境，促进青少年健康成长。宣传贯彻《中华人民共和国未成年人保护法》和《中华人民共和国预防未成年人犯罪法》，开展了青少年普法夏令营、青少年自护训练营，创建社区青少年法律学校、宣传《青少年网络文明公约》等实践活动。以优秀青少年维权岗和“优秀青年卫士”评选表彰活动为载体，配合有关部门扫黄打非、清理整顿文化市场，净化青少年成长环境。积极实施新世纪读书计划，成立青少年新世纪读书俱乐部，开展读书竞赛活动，组织青少年参与网上“读书计划”，在青少年中形成读好书、求新知的浓厚风气。

五、积极探索团建创新思路，努力增强团组织的吸引力、凝聚力和战斗力。以提高团干部整体素质为目标，圆满完成“团干部321培训计划”，培训全省各级专兼职团干部3000多人次，选派基层团干部到经济发达地区挂职锻炼。加强团员队伍建设，开展团员意识教育，大力发展新团员，团青比例达到25%。认真做好“推优”入党和举荐青年人才工作，2.5万名共青团员光荣加入中国共产党，300多名专职团干部被输送到党政工作岗位上，成为各行各业的骨干力量。

1998－2002年，各级团组织以骄人的业绩赢得了省委、省政府和社会各界的高度重视和大力支持。特别是2002年，省委专门召开了全省青年工作会议，为新时期青海青年和共青团工作创造了良好的政策环境，迎来了青海共青团又一新的发展时期。

宁夏团的工作

自治区第八次团代会以来的5年，是自治区改革开放和现代化建设不断取得新成就，宁夏山川发生巨大变化的5年；是跨世纪一代宁夏青年在我区改革开放和现代化建设的伟大实践中建功成才的5年；也是全区共青团组织继往开来，奋力拼搏，圆满完成第八次团代会制定的各项任务，团的事业取得跨世纪发展的5年。

一、坚持用邓小平理论和“三个代表”重要思想武装青年，团的思想教育不断深入、扎实有效。各级团组织始终把思想教育放在工作首位，深入开展了邓小平理论、“三个代表”重要思想和十六大精神的学习活动。通过团干部理论学习班、报告会、大中学生理论学习社团和业余党(团)校等多种形式，在青年中不断掀起理论学习的热潮，增强了用先进理论指导实践的自觉性。加强对青年和青年工作的理论研究，积极探索新形势下思想政治工作的新途径和新方法。抓住建党80周年、建国50周年、“五四”运动80周年、建团80周年、我国加入WTO、申奥成功、澳门回归、自治区成立40周年等有利契机，广泛开展了爱党、爱国、爱社会主义思想教育活动。结合区情，深入开展了民族团结教育。着眼于预防青少年违法犯罪工作，积极开展青少年法制教育。旗帜鲜明地同“法轮功”邪教组织作斗争，有力地维护了社会政治稳定。

二、坚持服务于党政工作大局，引领团员青年在经济建设中拼搏奉献、建功立业。企业团组织普遍开展了以“创新创效”为主题的技术创新、管理创新、营销创新和服务创新等活动，带领30.5万青工岗位建功、岗位成才、岗位奉献，促进了企业改革和发展。在实施西部大开发战略中加强东西合作，组织沿海经济发达省份青年企业家来宁考察，达成合作项目17项，意向性合同金额18.1亿元。配合团中央和全国青联开展百名博士西部行赴宁夏活动，考察了36家企业和部分机关、科研院所，举办了科技成果发布会和项目交流洽谈会，签订经济技术合作协议41项。引导下岗青年职工解放思想，转变观念，为他们再就业开展了各种技能培训，提供信息，积极创造就业机会，扶持青年兴业领头人。大力推进进城务工青年发展计划。农村团组织以增收成才行动为主线，培养各类青年星火带头人2883名；建立青年科技图书站354个；自治区团委领办科技推广示范项目29项，覆盖农户3000余户，直接经济效益达1400万元；成立宁夏农村青年经纪人协会，促进了项目与市场的对接，带动了农村青年走上致富路。不断深化“保护母亲河行动”，建设国家级工程示范基地4个，自治区和市县级基地19个，投资774万元，造林3万亩，为再造一个山川秀美的新宁夏做出了积极的贡献。解放军驻宁部队、武警部队和公安消防部队青年官兵勇挑重担，在承担急、难、险、重任务中发挥了骨干作用。高校团组织开展了大学生“挑战杯”科技作品竞赛，一批优秀成果在全国获奖，为科技成果转化为现实生产力奠定了基础，促进了科教兴宁战略的实施。

三、坚持服务社会的全面进步，青少年群众性精神文明创建活动丰富多彩、成效卓著。青年志愿者行动不断深化，志愿者队伍不断壮大，服务领域不断拓宽，活动机制更加完善，有力地促进了两个文明建设。青年志愿者扶贫

接力计划西吉、海原、隆德支教项目和同心支医项目、大中学生志愿者“三下乡”和“四进社区”活动深受广大群众的欢迎。“手拉手”、“18岁成人仪式”等活动蓬勃开展。“青年文明号”活动扎实推进，创建国家级青年文明号56个、区级青年文明号145个，市县级青年文明号982个，进一步提高了青年职工的职业道德水平，促进了行业文明。希望工程成效显著，截至目前，共资助失学儿童30362名，兴修建希望小学160所，共筹资投资5000多万元。大力推进青年文明社区创建活动，优秀“青少年维权岗”创建活动，构建了社会化的维权服务网络，各类青年文化活动蓬勃开展。

四、坚持服务青少年成长成才，一大批青年人才脱颖而出、尽展才华。各级团组织适应时代的要求，坚持实践育人的传统，全面推进青年科技创新行动和企业青年“读书、创新、成才”主题活动，实施跨世纪青年农民科技带头人培育计划、大中学生素质拓展计划和青少年新世纪读书计划，着力营造有利于青年人才脱颖而出的良好环境，努力培养和造就具有时代特征的青年人才大军。通过开展五四奖章、十大杰出青年、杰出青年企业家、杰出青年农民、杰出青年卫士、优秀团干部、优秀团员、优秀青年志愿者、优秀少先队辅导员、十佳少先队员等评选表彰活动，树立了一批青少年典型，广泛宣传青少年典型的先进事迹，激励更多的青少年以他们为榜样奋发成才。

五、坚持“党建带团建”原则，团的自身建设稳步推进、全面发展。大力加强基层团组织建设，全区24个基层团委被命名为全国“五四红旗团委”，150个基层团委被命名为自治区级“五四红旗团委”。农村、企业、学校团组织不断创新团的组织设置和活动方式。社区、非公有制经济组织团建工作逐步推进，拓展了工作领域。积极开展“推优”工作，5年来共有19905名优秀青年光荣地加入中国共产党。加大团员发展力度，截至2002年底，全区团员达到33.5万，团员队伍不断壮大。实施团干部教育培训规划，强化了团干部的选拔、培养、交流、管理，团干部队伍建设进一步加强。以宁夏团校为龙头，各级团校为主体的团干部培训网络建设得到进一步加强。团的对外交流不断扩大，青年外事工作取得新突破。青联、学联、青年志愿者协会、青年企业家协会等团体按照各自的章程，积极开展活动，延伸青年工作手臂，为青年工作向社会化发展迈出了新的步伐。发扬全团带队的光荣传统，少先队体验教育成效显著。加强青少年宫等青少年活动场所的建设和管理。深化理论研究，开展重点课题调研。《青年生活导报》、《宁夏团讯》等团属报刊坚持正确舆论导向，广泛传播先进文化，发挥了启迪青年、引导青年、鼓舞青年的重要作用。

5年的工作实践，为自治区共青团提供了宝贵的经验和深刻的启示：

——只有坚持党的领导，用邓小平理论和“三个代表”重要思想武装全团，才能确保共青团正确的政治方向；

——只有坚持解放思想，实事求是，与时俱进，开拓创新，才能确保共青团事业的蓬勃生机；

——只有坚持服务于党政工作大局，充分发挥青年的生力军和突击队作用，才能确保共青团在发展先进生产力中大有作为；

——只有坚持弘扬新风正气，敢为风气之先，才能确保共青团在建设先进文化中勇当先锋；

——只有坚持竭诚为青年成长成才服务，始终代表和维护青年的根本利益，才能确保共青团成为凝聚青年的坚强核心；

——只有坚持全面推进团的建设，巩固和拓展工作领域，整合社会资源，才能确保共青团不断焕发出旺盛的创造活力。

新疆团的工作

1998 年，新疆共有青年（14—28 周岁）3048372 名，团员 1019780 名，占青年总数的 33.45%；女团员 417475 名，少数民族团员 487970 名。发展新团员 155317 名，团员入党 20482 名。基层团委 2738 个，团总支 4076 个，团支部 43284 个。2002 年，新疆共有青年（14—28 周岁）3939163 名，团员 1035251 名，发展新团员 143512 名。共有基层团组织 33817 个，专职团干部 2880 人。

1999 年 5 月 20 日，共青团新疆维吾尔自治区第九次代表大会在乌鲁木齐市召开。来自全区各条战线的 498 名代表参加了会议。自治区党政军及新疆生产建设兵团领导王乐泉、阿不来提·阿不都热西提、王传友等出席了开幕式。共青团中央常委、组织部部长乔保平宣读了共青团中央发来的贺信。自治区党委副书记周声涛向大会祝词。全国 21 个省、市、自治区团委向大会发来贺电。大会选举产生的自治区团委第九届委员会由 13 名常委、50 名委员和 30 名候补委员组成；选举尔肯江·吐拉洪（维吾尔族）为自治区团委书记，宋爱荣、张文全、塔里哈提·吾逊（哈萨克族）、宗坚、艾尼瓦尔·阿不都许库尔（维吾尔族）为副书记。

1999 年 8 月 20 日至 22 日，自治区团委、自治区党委组织部在阿克苏召开共青团农牧区基层组织建设工作会议。各地州市党委组织部长、团委书记，部分重点县市党委组织部长、团委书记，新疆生产建设兵团团委和各市局团委书记共 120 余人参加了会议。会议交流了部分地（州）、县（市）、乡（镇）“党建带团建”和加强团建工作的经验，现场观摩了阿克苏良种场等“党建带团建”和团建示范点。自治区党委副秘书长满宗洲宣读了自治区党委副书记周声涛《坚持党建带团建，推动农村基层团组织建设大发展》的书面讲话。自治区团委书记尔肯江·吐拉洪做了《以“双带一创建”为抓手，以整顿后进为重点，全面提高农牧区基层组织战斗力》的工作报告。自治区党委组织部副部长赵德忠就党组织如何做好“党建带团建”工作讲了话。团中央书记处书记胡春华到会并讲话。

2000 年 8 月 27 日至 29 日，全国农村团组织领办科技推广项目现场推进会暨参与西部大开发研讨会在玛纳斯县召开。团中央书记处常务书记巴音朝鲁、书记处书记崔波，各省、自治区、直辖市团委书记或副书记、青农部长，各计划单列市团委书记，11 个全国团建创新试点县团委书记，新疆各地州市团委书记、新疆生产建设兵团各师局团委书记共 180 余人参加了会议。自治区党委副书记周声涛代表自治区党委、人民政府出席会议并致词。与会代表现场观摩了呼图壁县、玛纳斯县各级团组织领办科技推广项目、加强阵地建设、争创“共青团文明一条街”的情况。

1998 年至 2002 年，新疆维吾尔自治区在自治区党委的正确领导下，抓住西部大开发历史机遇，国民经济发展实现了新跨越，人民生活水平跃上了新台阶，精神文明建设达到了新水平，各项社会事业取得了新进步，进入了政治稳定、民族团结、经济社会快速发展的新阶段。

一、坚持开展理想信念教育，努力构筑当代青年的精神支柱。始终把学习贯彻邓小平

理论和“三个代表”重要思想作为首要政治任务，在各族青年中不断掀起理论学习的热潮。深入开展“三讲”教育和农村共青团“三个代表”重要思想学习教育活动，不断提高各族团员青年的政治理论水平和思想境界。充分利用五四运动80周年、建国50周年、建党80周年、建团80周年等重大历史契机，大力开展爱党、爱国、爱社会主义的主题教育活动，唱响时代主旋律。

二、始终高举爱国主义伟大旗帜，切实维护新疆社会政治稳定。把爱国主义教育作为青少年思想政治教育的永恒主题，坚持不懈地开展马克思主义“五观”教育和反分裂教育，组织无神论宣讲，开展反分裂承诺，教育和引导各族青年在反分裂斗争中发挥积极骨干作用。广泛开展“崇尚科学、反对迷信”教育活动，深入揭批“法轮功”邪教组织，引导青年切实维护社会政治稳定。

三、围绕自治区经济发展战略，充分发挥生力军和突击队作用。深入实施农村青年增收成才工程，大力培养5支青年骨干队伍，农村青年参加科技培训累计达92万人次，领办科技推广项目1347个，培养农村青年致富带头人21665名。不断深化青年职工创新创效活动，积极开展具有生产和服务特点的青年文明号集体创建活动，大力实施城镇青年就业工程，全区争创自治区级以上青年文明号756个，培养各类青年岗位能手2万多名，帮助5000余名下岗、待业青年实现就业。积极开展“保护母亲河”行动，组织动员团员、青年植树造林19.2万亩，建设了“雅玛里克山青年林”等一批青少年绿化工程。全面推进青年科技创新行动，举办大学生科技学术节、“挑战杯”科技竞赛、青年科技成果展示等活动，帮助青年增强创新意识，提高创新能力。

四、广泛参与精神文明创建活动，倡树和引领时代新风。组织青年志愿者积极开展扶贫帮困、抢险救灾、环境保护、社区服务等志愿活动，注册志愿者达10万余名，志愿精神深入青年心中。深入开展青年文明社区大家乐、青年文化广场等社区活动，坚持举办乡村青年文化节，数百万城乡青年参与群众性精神文明创建活动。大中专学生社会实践和“三下乡”活动不断深化，15万名学生在服务基层、服务社会的实践中得到了能力和品质的锻炼。

五、切实服务青年成长成才，代表和维护了广大青少年的根本利益。大力选树青年典型，深入开展青年五四奖章、十大杰出青年等评选活动，感召和激励各族青年学习典型、争做模范。积极推进青少年新世纪读书计划，加强青少年活动阵地建设，为农村青年捐赠图书15万册，筹集青少年活动阵地建设资金400余万元。实施共青团县县上网工程，85个县市全部配备了上网计算机，建立“新疆共青团”、“新青网”网站等青少年教育新阵地。希望工程5年累计接受捐款1480万元，救助失学儿童6663名，援建希望小学57所。积极开展创建青少年维权岗、青少年法律学校、青少年安全放心网吧等维权活动，营造青少年健康成长的社会环境。

六、全面加强自身建设，团的各项事业持续健康发展。继续狠抓团的基层组织建设，深入开展“五四红旗团委（团支部）”三级联创，一批“五四红旗团委（团支部）”受到全国和自治区的表彰。积极推进非公有制经济组织团建和社区团建工作，延伸工作手臂，扩大服务范围。加强团干部队伍建设，稳步推行公开招聘、公推直选等团干部选拔方式；通过挂职锻炼、党团校培训、考察研修等多种途径，培训团干部1.5万人次。5年新发展团员5.9万人，团青比例达到36.2%，提高了1.7个百分点。推荐7.8万名优秀团员入党，促进了党员队伍结构的优化。青联、学联、少先队、青企协、青年志愿者协会不断壮大。新疆青少年出版社、新疆青年杂志社、新疆少年报社、新疆团校、新疆青年旅行社等团属企事业单位有了新发展。

5年的工作也存在一些问题，主要表现在：团的工作方法、手段、载体不能很好地适应新形势的要求，与青年对共青团组织的期望和实际需求还有一定差距；团建创新跟不上经济结构和社会结构的变化，维护和代表青少年合法权益工作相对滞后；团干部队伍的整体素质有待进一步提高，团员先进性意识需要进一步增强等。

军队青年工作

几年来，军队青年工作坚持以"三个代表"重要思想为指导，认真贯彻落实江主席为全军青年题词精神，紧紧围绕培养高素质青年军人，坚持创新发展，取得了明显的成绩。

一、召开全军第九次青年工作会议。1999年4月23日至26日，在北京召开了全军第九次青年工作会议。会议主题是深入学习贯彻江主席为全军青年题词和关于青年及青年工作的一系列重要指示，集中研究如何培养和造就无愧于新时代的高素质青年军人问题。各大单位一名副政委或政治部主任、组织部长、青年处长、受总政表彰的先进单位和个人代表，在会上介绍经验事迹的先进单位代表和个人，军队和武警部队历届"中国十大杰出青年"和"中国青年五四奖章"获得者，共164人参加会议。军委江泽民主席等军委领导亲切接见与会代表，总政治部于永波主任做了重要讲话，团中央第一书记周强到会致词。会议交流了部队青年工作经验，表彰了30个先进共青团组织、20名优秀青年工作干部、10名刻苦钻研科技知识的青年典型和100名优秀士兵，讨论修改了总政《关于在全军青年官兵中开展"学习成才"活动的意见》(讨论稿)。这次会议的召开，对于深刻总结军队青年工作经验，充分展示新时期军队青年风采，明确跨世纪发展中军队青年和青年工作的努力方向，产生了深远影响。

二、深入开展学习成才活动。1998年6月，江主席为全军青年做了"努力学习，艰苦奋斗，做无愧于新时代的高素质青年军人"的重要题词(1999年4月公开发表)。为贯彻江主席题词精神，1999年5月，总政下发了《关于在全军青年官兵中开展"学习成才"活动的意见》，全军部队广泛开展了学习成才活动。5年来，全军部队坚持用江主席题词精神统一思想认识，规范活动内容，把握活动方向；紧紧围绕提高部队战斗力，把活动渗透到以军事斗争准备为龙头的各项工作之中；结合本单位实际，积极探索适合青年特点的具体途径和办法；从2000年开始，总政每年表彰全军十大学习成才标兵和10个先进单位，充分运用典型推动活动深入开展。深入开展学习成才活动，契合了新时期军队实现"打得赢"、"不变质"两个历史性课题的需要，赋予了军队青年工作新的时代内涵，激发了青年官兵争做高素质青年军人的热情，催生出一大批军队现代化建设所需的青年人才。

三、以"在党旗下前进"为主题广泛开展纪念建团80周年系列活动。2002年"五四"前夕，总政召开了全军先进青年代表座谈会，驻京大单位政治部主任、组织部长、青年处长和全军先进青年代表参加会议，集中研究了如何进一步

用“三个代表”重要思想武装官兵、凝聚青年的问题。组织军队47名先进青年代表参加了党和国家领导人的接见活动，组织驻京部队部分青年官兵参加了全国纪念建团80周年大会和纪念建团80周年文艺晚会。组织广大团员青年积极参加全国团的知识竞赛和中国青年人生格言创作大赛，军队获奖数分别占全国获奖总数的39.5%和31.2%，受到总政领导好评。有计划有重点地宣扬表彰了一批青年典型，尤其是受全国表彰的典型，质量高，数量在历年也最多。向团中央推荐的兰州军区士官赵彪和总后科技干部、中国科学院院士贺福初获得第六届“中国青年五四奖章”；推荐表彰了2个“全国五四红旗团委（团支部）标兵”、6个“全国五四红旗团委（团支部）”、8个“全国优秀团员和团干部”。总政通报表彰了100个全军先进团组织、优秀团员和团干部，编印下发新时期军队杰出青年风采录《长城世纪星》。军内外各大新闻媒体对军队纪念活动作了充分宣传，在社会上产生了广泛的影响。

四、认真抓了学雷锋学李向群活动和参加全国性重大青年活动。筹备召开了全军学雷锋学李向群，培养高素质青年军人座谈会；组织了“学雷锋学李向群活动笔谈”。指导部队积极适应形势和任务需要，把开展学雷锋学李向群活动作为加强部队思想道德建设的重要途径，举办了学雷锋学李向群纪念会、座谈会和事迹报告会等形式多样的活动，把学雷锋学李向群活动推向了深入。为落实中越两党总书记达成的共识，总政组织军队22名优秀青年参加了“第三届中越青年友好会见活动”，并会同空军等单位承办了“中越世代友好”大型联欢晚会，受到中联部、外交部、团中央、全国青联和越方的广泛好评。积极组织军队青年参加了“首届全国青年世纪风采电视大赛”，军队选手共夺得金奖1个、银奖2个、铜奖2个，单项奖8个，总政组织部青年局获得惟一的优秀组织奖，军队总成绩以绝对优势名列全国第一，充分展示了新世纪军队青年的风采。

五、组织军队青年积极参加“保护母亲河”行动。经报总政领导批准，1999年7月，总政组织部专门下发通知，动员全军共青团组织和广大团员青年，认真贯彻落实江主席关于改善生态环境、实现可持续发展的重要指示和“保护母亲河”题词要求，积极响应党中央西部大开发的号召，主要以交纳“特殊团费”用于植树造林的方式，积极参加这一功在当代、惠及千秋的大型社会公益事业，捐献“特殊团费”360多万元，先后在甘肃省建起了2个“解放军青年林”，总面积达2万多亩，为改善黄河流域生态环境做出了突出贡献，赢得社会广泛赞誉。

六、动员青年官兵积极参加抗洪抢险。1998年全国部分地区遭遇特大洪水灾害。全军各级共青团组织和广大团员青年，积极响应党中央、中央军委决策指示，勇于投身抗洪抢险斗争，充分发挥了突击队和生力军作用，涌现出了以李向群为代表的一大批先进单位和个人。1999年3月17日，中央军委授予李向群“新时期英雄战士”荣誉称号。

七、组织军队代表参加共青团十四大。1998年，根据团中央通知精神，严格按程序组织共青团十四大代表选举工作和十四届团中央委员、候补委员候选对象的推荐工作。全军和武警部队共有19人当选为团中央委员，12人当选为团中央候补委员。其中，团干部20人，团员11人；男性24人，女性7人，代表构成体现了广泛性和先进性。组织与会代表认真参与大会各项议程，圆满完成了赋予的各项任务。

八、宣扬表彰了一大批具有鲜明时代特色、在军内外有影响的先进典型。为展示军队青年良好的精神风貌，发挥榜样的示范带动作用，我们注重做好发现、总结、推荐、宣扬先进典型的工作。几年来，军队青年先后有近百人（单位）受到军内外各级的表彰，特别是推出了李向群、李洪涛、曹雪涛、尹祥美、王少华等一批重大青年典型，在军内外产生了广泛的影响。

武警部队团组织坚持以邓小平理论和“三个代表”重要思想为指导，紧紧围绕“以党建带团建，以活动促活跃”的工作思路，从新形势下部队出现的新情况、新问题和青年工作的特点出发，积极适应时代发展要求，忠诚党的事业，忠实履行使命，圆满完成了以执勤、处突和反恐为中心的各项任务。

广大团员青年政治思想素质有了新的提高。围绕树立正确的世界观、人生观、价值观，紧密结合以“争做党和人民的忠诚卫士”为主题广泛开展“四个教育”，采取学习原著、理论辅导、主题团课、事迹报告、大团日活动等形式，从理论与实践的结合上，组织团员青年深入学习邓小平理论、“三个代表”重要思想和党的十六大，共青团十四大、十五大精神，深刻领会其理论体系、科学内涵和精神实质，用科学的理论武装头脑、指导工作，真正使理论成为立身做人的基本准则和行为规范，成为观察问题、分析问题的世界观和方法论。广大团员青年自觉抵御腐朽文化思想和反动政治观点影响的能力得到加强，政治思想基础更加牢固，始终保持了政治上的坚定和思想道德上的纯洁，确保了部队听党话，跟党走的坚定政治信念。

共青团组织建设进一步加强。按照《军队共青团建设和工作规范（试行）》要求，在认真组织学习《规范》的基础上，坚持以“党建带团建”，一级抓一级，层层抓落实的办法，在福建总队福州市支队团委先期进行了试点，总结推广了经验，下功夫抓了全武警部队各级团的思想、组织、作风和制度建设，指导部分基层单位健全了团组织。结合帮扶基层党支部，有计划、有重点地对问题较多、作用发挥不够明显的35个团支部进行了重点帮扶，不断提高基层团组织建设水平。针对团干部流动快、成份新、经验少、能力弱的问题，依托中央和地方团校，集中时间对各大单位新任青工干部和部分基层团委书记，分批进行了培训，切实提高了各级团干部运用《规范》指导工作的能力，逐步走出了培训经常化、制度化的轨道，团组织的助手作用得到充分发挥。5年中，总部共培训各级各类团干部210名，总队（师）举办培训班130期，培训780人。有3个团委被树为“全国五四红旗团委”，有1个团委被树为“全国五四红旗团委标兵”，100多个基层团组织、65名团干部、230余名团员受到团中央、总政治部、武警总部表彰，25万余名团员加入党组织。

共青团生力军和突击队作用得到充分发挥。各级团组织紧紧围绕执勤、处突和反恐为中心的各项任务开展工作，动员和组织广大团员青年立足本职，勇挑重担，积极投身于社会公益事业、国家重点工程建设和抢险救灾、济贫帮困等活动中。全部队踊现了6000多个学雷锋活动小组，各级共与3130个扶贫点挂钩帮带，与4.3万个贫困户结对帮扶，广泛开展为兵服务，为驻地群众服务活动；积极参加西藏卓雍湖电站、大亚湾核电站、长江三峡水利工程等数10座大型水电工程，青藏、川藏等数10条公路干线和全国50多座大型金矿建设任务；积极投身抗洪抢险，抗震救灾，扑灭森林大火等急难险重任务；先后为“保护母亲河”、“希望工程”捐特殊团费1950万余元，在西部地区长江沿岸和黄河流域建造“武警世纪林”。2人获“国际青少年消除贫困奖”，6个单位、7名个人被共青团中央等8部委表彰为保护母亲河先进集体和先进个人，12个单位被授予“全国青年文明号”，湖南总队长沙市支队望城县中队、山东总队威海市支队乳山市中队指导员彭俊杰等一大批学雷锋先进单位和个人受到武警部队、全军和全国通报表彰。广泛开展了学习成才活动，一大批执勤能手、行业状元等优秀青年典型脱颖而出。3人荣获“全军十大学习成才标兵”，数十名青年获得“全国青年岗位能手”和“中国青年杰出（优秀）科技创业奖”，4个单位被总政树为“全军学习成才先进单位”。14名青年当选“中国科技协会会员”，9名青年的11件作品获得团中央“五个一

工程奖”。

“中国武警十大忠诚卫士”评选活动卓有成效。从1998年起，坚持按照“四结合四为主”原则，每年评选一届“中国武警十大忠诚卫士”。这一活动，得到党中央、中央军委领导的高度重视，受到广大官兵积极响应，赢得社会各界广泛关注，每一届“中国武警十大忠诚卫士”评选揭晓后，中央领导同志都亲切接见并作重要指示。特别是1999年7月，军委江泽民主席欣然为活动题词“永远做党和人民的忠诚卫士”，为活动开展注入了强大精神动力。为广泛学习宣传江主席题词精神，印制下发了题词宣传挂图，开展了以“争做忠诚卫士”为主题的“四个教育”，举办了读书演讲、岗位奉献、知识竞赛等系列活动。坚持把以争做忠诚卫士为主题的青年活动融入到落实《军队基层建设纲要》之中，渗透到以执勤处突为中心任务的方方面面，青年官兵立足岗位建功立业，争当忠诚卫士在部队蔚然成风，进一步增强了学习贯彻题词精神的生机和活力。5年来，有50名优秀青年获得“中国武警十大忠诚卫士”光荣称号，60万名团员青年被评为优秀士兵，有1842名获得二等功以上奖励，涌现出以方红霄、雷敏、苏伟、刘小宁、张云波、马卫华等为代表的一大批“中国武警十大忠诚卫士”，有力地推动了部队全面建设。

拓展了青年工作路子。1999年在总结推广北京总队六支队开展的“互学、互帮、互教”为主要内容的“三互”活动经验的基础上，各单位围绕立足于提高士兵基本素质，着眼于发掘士兵内在潜能，普遍建立了以士兵为主体的“三互”小组，紧密结合“三项经常性工作”开展“三互”活动，士兵的主人翁地位、官兵关系、兵与兵关系进一步增强，推动了部队经常性、基础性工作落实。这一活动内容丰富，形式活泼，实在管用，是新形势下广大官兵加强自我教育和自我管理的一种有效形式，是武警部队开展经常性思想政治工作创造性的实践和探索，得到全军部队广泛推广运用，在全社会引起了强烈反响。

青年先进典型富有鲜明的时代特色。把抓典型、树典型作为部队精神文明建设的重要内容，注重发现，加强培养，大力宣传，努力营造争创先进的浓厚氛围。5年中，先后有1名同志当选为“中国十大杰出青年”，2名同志荣获“中国五四青年奖章”，3名同志荣获“中国杰出青年卫士”，41名同志荣获“中国优秀青年卫士”。这些先进典型的事迹，体现了鲜明的时代特征，展示了当代武警青年官兵精神风貌，成为新时期广大团员青年学习的楷模。

铁道系统团的工作

5年来，铁路各级团组织坚定不移地高举邓小平理论伟大旗帜，认真实践“三个代表”重要思想，在团中央和铁道部党组的领导下，紧密围绕铁路中心工作，全面实施《铁路实施跨世纪青年工程规划》和《铁路青年新世纪三年发展规划》，扎实推进铁路青年学习成才、创新创效和文明先锋三大行动，团结带领铁路广大团员青年拼搏奉献，真抓实干，为铁路的改革发展做出了积极贡献。

一、以邓小平理论和“三个代表”重要思想为指导，思想教育工作出现新局面。重点开展了邓小平理论的学习教育和多种形式的“三

爱”教育、形势任务教育，不断加强青年思想教育工作。“三个代表”重要思想发表以后，铁道团委结合每个时期的重点，对学习进行了专题部署，将理论学习不断引向深入。

铁道团委注重将思想教育与实践结合。1998年在百年不遇的特大洪水面前，铁路各级团组织共组建青年突击队1000多支，参加人员达10万余人。据不完全统计，铁路各级团组织和团员青年为灾区捐款445万元，缴纳特殊团费92.3万元。铁道团委下拨10万元团费帮助受灾团组织，对铁路受灾地区的418名学生提供了4.18万元学费资助。上海铁道大学学生陈瑞生舍身抢救落水儿童英勇牺牲，铁道团委把宣传伟大的抗洪精神和抗洪英雄同学习宣传陈瑞生同志的先进事迹有机结合起来，在广大团员青年中广泛深入开展了向新时期大学生的楷模——陈瑞生同志学习活动。

1999年铁道团委以五四运动80周年为契机，开展系列教育活动：在武汉“二七”广场举行了“发扬五四精神，继承二七传统，改革攻坚跨世纪”宣誓仪式，全面启动“铁路青少年新世纪读书计划”；在媒体上集中宣传了一批走向新世纪、在两个文明建设中做出突出贡献的铁路青年典型；召开了铁路系统纪念五四运动80周年电视电话会议，铁道部党组书记、部长傅志寰及在京的铁道部党组成员参加会议并亲切接见了受表彰的青年代表；联合宣传部、科教司、关工委召开了各界青年和新老典型共话“五四运动与铁路走向新世纪”暨“铁路青年强烈抗议北约轰炸我驻南使馆暴行”座谈会；邀请部分在京的老团干举行了“纪念铁路建团50年座谈会”；启动了铁路青年科技创新行动。

为表达铁路青年反对台独、期盼祖国统一的强烈愿望，铁道团委在兰新线、陇海线举行了“盼祖国早日统一”、“祖国宝岛在我心中”签名传递活动，西起阿拉山口，东至连云港站，行程4000余公里，5000余名青少年在签名长卷上签了名，充分表达了铁路青年盼望祖国早日统一的爱国之情。

2002年4月，铁道团委在郑州铁路局召开了铁路青年新世纪读书计划现场推进会，会议确定了“紧扣需求，构建读书市场；开展活动，营造读书氛围；立足基层，把握读书导向”的铁路青少年新世纪读书计划发展方向。全路初步构建了以“读书小组—青年书屋—读书俱乐部”为纽带的组织网络，建立了以新世纪书屋、书架、流动书箱、网上书屋为依托的阵地网络，读书节、演讲比赛、读书征文、专家讲座、知识竞赛等活动异彩纷呈。团中央对铁路系统各级团组织实施青少年新世纪读书计划所取得的效果，给予了充分肯定和较高评价，并在相关媒体上予以宣传推广。

二、青年创新创效活动不断深化，充分发挥了团组织的生力军作用。1998年，铁道团委结合铁路改革市场化进程，在运输系统开展了大规模的“旅客货主看铁路”市场营销调研实践活动；联合团中央青工部共同召开的“纪念五四投身会战誓师动员电视电话会议”，全路基建系统新一轮“双争一树”竞赛活动正式启动。

1999年，团中央和铁道部联合召开电视电话会议，部署开展以营销创新为重点的创新创效活动，铁道团委召开研讨会，在总结上一年开展的“旅客货主看铁路”市场调查活动的基础上，提出1999年要以“学营销、讲营销、做营销”为主题，重点把握六个要点，向六个方面深化。2000年8月，铁道团委在南京铁路分局召开了“铁路青年职工创新创效活动现场推进会”。10月，团中央在重庆召开了全国青年职工创新创效活动现场推进会。会上，上海铁路局团委作为铁路系统的代表做了大会经验交流。

2001年，铁路各级团组织根据运输形势的变化，以技术创新为重点，以申请、承接、承包项目的项目化运作方式，组织技术创新。在成立领导机构、建立青年人才库和设立专项资金

的基础上，加大力度，强化青年科技创新意识，努力培养科技创新人才。各级团组织围绕春运、暑运和第四次全路大规模的调图提速，组织团员青年开展了大规模的营销宣传和突击奉献活动。至此，全国铁道团委在全路各级团组织中开展了“铁路青年与春运同行”立功竞赛活动，每年春运期间，组织带领广大团员、青年到车站义务维护站车秩序，刨冰除雪，清理站车卫生；组织团干部和团员、青年骨干及青年志愿者担当临客运输任务。

2001 年 7 月 1 日，根据中宣部领导要求和部领导批示精神，铁道团委同部有关部门承担了在青藏铁路举行“青藏铁路建设青年突击队”授旗仪式的任务。来自青藏铁路建设设计、科研、施工等单位的 11 支青年突击队队长接过了“青年突击队”队旗。仪式上，国家青藏铁路建设领导小组副组长、铁道部党组副书记、副部长孙永福，团中央书记处书记崔波出席授旗仪式并做重要讲话。铁道部政治部副主任任喜贵主持了授旗仪式。授旗仪式作为“七一”庆祝中国共产党成立 80 周年特别节目《旗帜》的栏目之一在中央电视台进行了现场直播。2002 年，铁道团委联合国家企业团工委在青藏铁路青年建设者中开展“创新创效，建功成才”活动。9 月，铁道团委、团中央青工部、国家企业团工委到建设工地慰问并表彰了青年建设者。中央电视台、中国青年报等媒体对此进行了报道。

2002 年，铁道团委会同有关部门联合开展“安全生产月”活动，广泛开展安全知识竞赛、《安全生产法》宣传和青工安全大检查大反思等活动，不断强化青工的安全意识，各级团组织以开展技术练兵，建立青年安全包保网络，创建青年安全文明线，设立安全监督岗，适时开展“青工百日安全竞赛”活动，青工安全生产进一步加强。6 月，陇海铁路灞河大桥遭受特大洪水袭击，西铁工程集团公司团委迅速行动，把团委建在抢修工地，及时组建了 4 支青年突击队，和广大职工一起用 70 天的时间修建了一座双线铁路桥，得到了中央领导及各级党政领导的充分肯定。灞河新桥被铁道团委、铁道部运输局联合命名为全路青年文明号工程。

三、以青年志愿者和青年文明号为载体的文明创建活动取得突破。1999 年，铁道团委在西康、内昆、水株等重点建设工地，广泛开展创建了全国青年文明号活动。2000 年 4 至 6 月份，铁道团委组织了 33 个全国青年文明号列车进行了大规模的互检学习活动，组织各车队之间进行交流。12 月上旬，在徐州铁路分局召开了青年文明号列车深化创新创效活动经验交流会，就青年文明号列车深化服务创新和管理创新等课题进行了交流。

2001 年，铁路各级团组织认真落实部政治部开展的“三新”教育，加强青年文明号监管，在青年文明号集体中开展了服务信用示范行动。全国青年文明号徐州客运段 2565/6 次车队的服务经验得到团中央的一致肯定，该集体在中宣部和团中央等单位联合召开的全国“以德治国和青年文明号活动”论坛上作为全国青年文明号的惟一代表做了大会发言，并向全国“青年文明号”集体发出了倡议。2002 年“五四”前夕，铁道团委与铁道部政治部宣传部、南昌铁路局和中央电视台联合拍摄的《我们是青年文明号》MTV，在中央电视台音乐栏目反复播出，在社会上产生了广泛的影响。

1998 年，铁路各级团组织本着“量力而行，有所作为”的原则，启动了青年再就业服务工程，在中央团校举办了“帮助下岗青年再就业指导员培训班”。对下岗职工子女特困生实施资助，共向 11 个单位的 294 名职工子女发放资助金 6 万元。全路各级团组织通过建立青年再就业指导中心、开行青年再就业号列车、开展青年志愿者与下岗青年“一助一”结对帮扶、提供信息和帮助下岗青年解决实际困难等具体工作，为下岗青年提供切实有效的服务。

2000年,铁道希望工程先后下拨375400元,救助特困职工子女1058名。2001年共投入254500元,资助特困学生954人。完成了铁道部对湖北麻城和新疆和田的教育扶贫任务,向全路14个铁路局16所小学捐赠834台计算机。2001年11月19日,经铁道部同意、民政部批准,铁路青少年发展捐助中心成立,承担着铁道部扶贫点希望小学建设及铁路特困职工子女入学的资助工作。

四、团的自身建设得到健康发展。1999年,铁道团委把团的自身建设作为全年的一项重要工作来抓。一是按照"坚持方向,着眼发展,有破有立,重在创新"的思路,积极推进团建创新试点,为探索在国企改革、建立现代企业制度的新形势下,团的建设的新模式、新方法,从上到下层层开展了团建创新试点工作。二是按照"整体规划,两轮推进,有声有形,贵在活跃"的思路,全面开展了"五四红旗团委"创建活动。三是大力加强团干部队伍建设。一方面以团委班子建设为重点,结合全党开展的"三讲"教育,开展党风党纪教育和思想作风整顿;另一方面,在团干部中大兴学习之风,提高团干部的知识能力和综合素质。全面推进团干部挂职锻炼制度,大力加强团干部的培训学习。铁道团委对机关职能进行了研究调整,先后进行了两次大的调研活动,提出在工作指导思想和领导方式上努力求得四个转变:一是抓调研、出思想,给基层以思想指导。通过调查研究,探索规律,理性思考,从大的方面出观点、出思路、把方向。二是抓班子、带队伍,给基层以组织指导。团干部队伍建设是团的工作的龙头和关键,通过抓班子建设,并加强协管力度,一级抓一级,带动团的整体建设。三是抓典型、推经验,给基层以典型指导。通过及时总结、宣传一些典型的经验和事迹,推动团的整体工作的深化发展。四是抓服务、促合力。给基层以信息、政策指导,通过加强信息工作和政策研究,强化服务意识和服务功能,形成一个行业特色鲜明、基层工作活跃、系统优势明显的整体合力。

2000年4月,铁道团委制定了《铁路共青团工作新世纪三年发展规划》,确定铁路共青团新世纪三年的发展思路和总体目标是:实施三大行动(铁路青年学习成才行动、铁路青年创新创效行动、铁路青年文明先锋行动),构建三大体系(铁路青年组织体系,铁路青年参与体系,铁路青年信息网络体系),实现三个突破(在人才培养、生力军作用发挥和团的自身建设上取得突破)。

2001年5月份,铁道部政治部召开全路"党建带团建"工作会议。会后,政治部下发了《关于加强全路"党建带团建"工作的意见》。2002年,铁道团委落实会议精神,在全路开展了共青团组织建设"达标创优"活动,规范了组织建设标准,形成了"抓基础、强标准、争优秀"的良好局面。

铁道团委将提高团干部素质、加强团干部队伍建设视为增强共青团组织凝聚力和战斗力的关键因素。2002年通过了《关于加强和改进铁路团的作风建设的规定》,把"朝气蓬勃、与时俱进的精神状态;实事求是、真抓实干的工作态度;联系青年、服务青年的牢固意识;敬业奉献、率先垂范的优良品格;纪律严明、团结一致的工作精神"作为全路团干部作风建设的目标。坚持每年举办团干部岗位培训班,并与西南交大联合举办团干部本科班和工程硕士研究生班。

团的工作网络不断完善,各级团组织把团的信息工作作为促进工作交流、加强组织建设的重要手段,给予了高度重视。2001年元月,铁道团委在国际互联网上开通了《铁道青年》网站,14个铁路局团委均在互联网和局域网上建立了网站,团内信息实现了网上传输、在线浏览,部分铁路局团委与站段团委实现链接,利用互联网和局域网对工作进行管理考核。

民航系统团的工作

1998－2002 年

几年来，全国民航团委紧紧围绕深化民航体制改革、保证民航飞行安全、促进民航企业发展中心任务，坚持把服务党政工作中心、服务青年成长成才作为工作的出发点和落脚点，坚持以活动促建设、以建设求活跃，积极开展适合青年特点、满足青年需求，丰富多彩、寓教于乐的特色活动，努力推动新形势下民航共青团工作、青年工作实现创新和发展。

一、加强团员青年的思想政治教育，用邓小平理论和“三个代表”重要思想构筑民航广大团员青年的精神支柱

几年来，民航各级团组织始终把加强团员青年的思想政治教育放在工作首位，积极探索新形势下开展团员青年思想政治工作的新途径、新方法。通过举办知识讲座、知识竞赛、理论读书班，开展短期培训、集中轮训，组织参观爱国主义教育基地等多种形式的主题教育活动，组织团员青年系统地学习领会邓小平理论、“三个代表”重要思想、党的十六大报告和江泽民同志“七一”讲话，引导民航广大团员青年树立正确的世界观、人生观、价值观，在思想上、政治上、行动上自觉同党中央保持高度一致，把个人的理想与奋斗融入到民航宏图伟业中去。1998 年，以纪念敬爱的周总理诞辰 100 周年、党的十一届三中全会召开 20 周年为契机，组织了知识讲座、知识竞赛等活动，深入宣传改革开放以来取得的巨大成就，充分认识建设中国特色社会主义理论的重大历史意义和现实意义。1999 年，与中央团校在广东珠海联合举办了为期 6 天的学习邓小平理论及“三讲”教育读书班；开展了向秦文贵同志学习的读书活动，号召青年艰苦创业、奋发进取、甘于奉献。2001 年，以理想信念教育为重点，组织开展了“党在我心中”主题系列教育活动，全行业近 5 万名团员参加“党在我心中”全国青少年党史知识竞赛，唱响了共产党好、社会主义好、改革开放好的主旋律，因组织工作出色、成绩突出，全国民航团委被团中央评为先进集体二等奖（全国总排名第三）。2002 年，组织民航系统 60 余名团干部分期分批地参加了团中央举办的共青团理论骨干学习培训班。

二、求真务实，与时俱进，开拓创新，积极开展服务党政中心工作的特色活动

几年来，全国民航团委和基层各级团组织立足于“党政所需，青年所望，共青团所能”，紧贴民航“安全、服务、效益、改革、发展”中心工作，扎实开展了各种特色活动。

为适应知识经济时代对青年素质的要求，引导青年适应新世纪的需要努力学习，在全行业青年中启动“民航青年新世纪读书计划”，向全体民航青年发出“学习新知识，迈向新世纪”的倡议，创办“新世纪读书俱乐部”，为青年提供导读、评介等服务，帮助青年更好地学习新知识，了解新科技，掌握新技能，树立新观念，好读书、多读书、读好书、读新书，提高学习能力。

深入拓展青年文明号活动。在青年文明号创建活动中，始终坚持在内强素质、外塑形象上下功夫，不断赋予青年文明号活动新的内涵，努力扩大青年文明号的覆盖面和影响力。

在广泛调研的基础上，制定了《全国民航系统青年文明号管理办法》，并先后修订、完善了民航系统12个工种青年文明号的创评标准。严格按标准对青年文明号进行考核和选拔，组织了大规模的交叉考核检查，加强日常监督，严格内部管理，实行优胜劣汰，保持青年文明号的先进性、典型性、示范性。1998年至2002年，先后组织了乘务、机务、空管等多个工种的全国青年文明号集体负责人经验交流会，互相学习借鉴，提高创建水平。目前，民航系统共有4个层级的青年文明号700多个，其中全国级青年文明号181个，分布在30多个大单位、10多个工种。青年文明号活动已经成为民航青工工作中永远的亮点和旗帜。

扎实开展青年岗位能手活动。为不断增强民航系统青年职工学习新知识的热情，提高青工的岗位技能和业务素质，民航各级团组织结合本单位安全生产实际，积极开展岗位练兵、技术比武等系列活动。如成功组织了两届全国民航B737机型青年岗位能手技能运动会，2001年"9·11"事件后不久，即举办了首届全国民航安检工种青年岗位能手技能大赛。基层各大单位如新疆管理局、东航、北方航等单位均定期举办了A320青年岗位能手技能运动会、飞行系统的青工技术比武等。通过广泛开展青年岗位能手活动，一方面在青年中营造了钻研技术、提高技能的良好氛围，另一方面，为青年展示才华、脱颖而出创造了机会，搭建了舞台，也为各单位发掘、选拔、培养、储备人才提供了载体。

积极推进"民航青年职工创新创效活动"。组织青年职工大力开展安全创新、营销创新、服务创新、管理创新、技术创新，较好地发挥了团员青年在民航安全、生产中的生力军和突击队作用，涌现出一大批具有创新意识、较高创新能力、优秀创新成果的青年人才。

以贯彻《安全生产法》为契机，在民航团员青年中加强安全教育，增强了青年的安全意识、责任意识。民航各级团组织在广大团员青年中广泛开展了"安全教育五个一"活动，进行一次"安全第一"和"安全工作0差错"的集中宣传，举办一场安全学术讲座或座谈会，发现和消除一个影响安全的隐患，提出一条保证安全的可行措施或合理化建议，开展一次岗位练兵、技术比武活动。各级团组织以"五个一"为支撑点和有力载体，举办了"查安全隐患，树安全意识"主题研讨会、"安全责任重于泰山"主题巡回演讲、以"我看安全"和"我为安全能做点什么"为主题的青年论坛、"民航法律法规现场知识竞赛"等系列活动。

三、适应形势需要，加强机制建设，夯实工作基础

大力加强基层组织建设。根据民航体制改革和各单位实际，指导民航各级团组织认真做好组建改建、换届选举、委员增补等工作，推动团的组织工作的制度化、规范化。2002年，民航三大航空运输集团和三大服务保障集团公司挂牌成立并与总局脱钩后，及时理顺团组织关系，根据"团跟党走"的原则，将上述单位的团组织关系分别移交给中央企业团工委、团上海市委、团广东省委。

及时总结和推广基层工作经验。一是坚持每年两次的全国民航团委常委（扩大）会议制度，学习贯彻上级的重要会议精神和领导的重要指示，根据总局党委和团中央的工作部署，小结、布置阶段性的工作任务。二是定期组织具有民航行业特点的活动经验交流会，先后召开了民航系统乘务、机务、空管等多个工种的青年文明号集体负责人经验交流会、创新创效活动推进会、民航青工工作研讨会、民航团干部学习"三个代表"重要思想研讨会等，通过互相交流探讨、互相学习借鉴，有力地推动了民航青工工作和各项活动的深入开展。

加强团干部队伍建设，提高基层团干部的业务水平。2001年，全国民航团委对全行业团干部的状况尤其是团总支级以上专兼职团干

部进行了大规模的调查模底。在此基础上，先后推荐了100多名团干部参加了团中央举办的各种业务培训班、学习研讨班，使各级团干部做到专有水平、兼有责任。1999、2001、2003年，分别评选表彰了一批全国民航先进团支部（总支）、优秀团员、优秀团干部、青年师友，进一步调动了基层团干部的积极性和工作热情。

积极开展调研，摸清基层情况，厘清工作思路。围绕民航改革重组、企业转制，组织各大单位团委认真开展青年思想调研工作。如：广州白云机场集团、西南管理局、新疆管理局等单位下发调查问卷，撰写调研报告，及时了解青年真实的思想动态，反映青年关心的热点、焦点问题，向党委建言献策，为做好新形势下基层共青团工作、青年工作提供了依据。2002年年底，全国民航团委经充分调研，认为虽然随着民航体制改革的逐步深化，部分单位团的组织关系相继划转，然而就青年文明号、青年岗位能手活动而言，它所倡导的工作思路、活动形式以及民航系统所独有的行业特点、工作特征，决定了这两项活动依然需要以行业为依托，以塑造和培育行业文化、安全文化，展示民航企业和民航青年良好公众形象为方向，仍由全国民航团委继续实行行业管理更有利于“号、手”活动的深化和拓展，因此及时向团中央提出了建议并得到了批准，促进了“号、手”活动在民航行业的持续、协调、健康发展。

延伸团的工作手臂，坚持开展青联工作。要求民航青联各会员团体以重大活动、重要节日为契机，组织青联委员积极开展各种形式的研讨、交流、联谊活动。几年来，先后推荐了近20名同志分别参加中国青年考察团、代表团赴日本、韩国进行考察访问，赴香港、澳门、台湾学习研修等，开阔了青联委员的视野，强化了委员意识。

四、以参与行业精神文明创建为突破口，积极开展青年志愿者、青年文化园等活动

扎实开展“希望工程”、“服务万村”行动。1998年，民航各单位团委纷纷到结对扶贫村开展调查摸底，积极落实项目和援助资金，援建青年科技图书站，为贫困村早日脱贫致富做出了贡献，同时也树立了民航青年奉献社会的良好社会形象。

组织青年参加抗洪救灾。1998年入夏以后，我国长江、嫩江、松花江流域相继发生了百年一遇的特大洪涝灾害。在这场伟大的抗洪抢险斗争中，全国民航团委根据总局领导的指示，与全国民航工会联合下发电报，紧急号召全行业各级团组织积极行动起来，发挥共青团的组织优势和特别能战斗的优良传统，动员和组织本单位团员青年，成立青年志愿者突击队，全力以赴，以高度的自觉性和责任感，优先、优质做好安全保障，完成运输任务，为支援抗洪抢险前线和帮助受灾地区战胜困难、重建家园作出了应有的贡献。民航系统广大团员青年还积极响应总局党委的号召，发扬“一方有难、八方支援”的精神，情系灾区，无私奉献，踊跃捐款捐物，受到了社会的好评。

圆满完成了“希望工程”冲刺攻坚工作。1998全国民航团委在全行业职工尤其是团员青年中启动了“希望工程最后一轮劝募行动”，号召团员青年献一片爱心，交特殊团费，为实现国家本世纪末的救助目标助一臂之力。在各级团组织的精心组织和团员青年的踊跃参与下，“劝募行动”取得了丰硕的成果，全行业青年职工共捐款224万余元，在湖北、江西、内蒙、黑龙江等受灾地区捐建了10所民航蓝天希望小学，中央电视台、北京电视台、中国青年报、中国民航报等新闻媒体都进行了报道。

结合各种重要活动、重大纪念日，开展丰富多彩的文体活动。1999年结合庆祝建国50周年、纪念“五四运动”80周年，组织民航青年参加了国庆游行活动。民航各级团组织也以召开纪念大会、座谈会、主题报告会、表彰会，撰写纪念文章、举办讲座、书画展，刊出黑板报、宣传栏组织青年志愿者开展志愿服务等形

式，组织了丰富多采的纪念活动。1999年，以迎接澳门回归为契机，在上海举办了以“庆澳门回归，迎千禧盛典”为主题的第四届全国民航青年歌手大赛，弘扬了时代主旋律，展示了当代民航青年积极向上、奋发进取、团结拼搏、争创一流的良好精神风貌。

扎实推进青年志愿者行动。每年一季度，根据团中央、中国青年志愿者协会的要求，以3月5日“中国青年志愿者服务日”为契机，在继续坚持以往行之有效的学雷锋便民服务、宣传咨询活动的同时，围绕“两会”召开、西部大开发等主题，以青年文明号集体、优秀青年代表为骨干，集中开展内容丰富多彩、形式多样的志愿服务，引起了较好的社会反响。几年中，民航系统一批单位和个人受到了团中央和中国青年志愿者协会的表彰。

表彰和宣传先进典型。2000年3月、7月，北京首都机场公安分局刑警队侦察员、共青团员苏钰炜、中国民航飞行学院新津分院飞行训练一部43期乙班学生吴骏见义勇为、勇斗歹徒的英雄事迹在社会上广为传颂后，全国民航团委及时给予宣传表彰，并授予苏钰炜、吴骏“全国民航‘五四’奖章”，号召团员青年向苏钰炜同志、吴骏同学学习，树立正确的世界观、人生观、价值观，弘扬中华民族见义勇为、扶危济困的传统美德，增强社会责任心和正义感，为推动民航精神文明建设作出应有的贡献。

中直机关团的工作

一、不断深化青年理论学习和思想政治工作

注重把机关青年思想政治工作同学习理论结合起来。注重用邓小平理论和“三个代表”重要思想构筑机关青年的精神支柱，于2002年举办中直机关团干部学习“三个代表”理论培训班。2002年下发通知，要求中直各机关团组织积极开展“创造新业绩，迎接十六大”主题活动，并召开了主题活动推进座谈会。党的十六大召开后，团工委组织中直机关十六大精神宣讲团赴河北平山西柏坡宣讲十六大精神。重视理论学习经验的总结和交流，2000年召开了中直机关青年思想政治工作经验交流研讨会。

注重把青年思想政治工作同爱国主义教育结合起来。2000年团工委组织了“祖国宝岛台湾在我心中”宣传教育活动，为各读书小组购买图书，开展台湾问题知识竞赛，举办台湾局势与两岸关系走向报告会，并组织团员参加“盼祖国早日统一”亿万青少年签名活动。2000年在中央档案馆召开了传统教育基地建设工作座谈会。

注重把青年思想政治工作同纪念建党80周年等重大节庆活动结合起来。2001年在中直工委领导下，中直团工委与中央电视台文艺部、中国作协诗歌学会联合举办了“东方之光”大型诗歌音乐朗诵会，纪念建党80周年。2002年中直团工委和中直青联在毛主席纪念堂召开座谈会，纪念建团80周年；组织中直系统五所高校举办“青春放歌”文艺汇演，加强对中直系统高校的广大团员青年进行思想政治教育。

注重把机关青年思想政治工作同学习党的历史、党的优良传统作风及中直机关优良传

统作风结合起来。2002 年，中直团工委对中直机关优良传统作风进行收集、整理，对团员青年进行优良传统教育。

注重把青年思想政治工作同热点问题的讨论结合起来。2000 年美国大选期间，中直团工委邀请专家学者介绍了美国大选的内幕，组织团员青年就美国大选进行讨论。

充分发挥互联网等现代传媒在青年思想政治教育工作中的作用。2000 年中直团工委、中直青联召开了“互联网与当代青年和青年工作”研讨会。2001 年外文局、新华社等中直系统 10 家单位团组织联合举办了“新世纪·新青年·新网络”主题论坛活动。中纪委机关团委等单位或开办团委网站，或在局域网上开通机关团委主页，充分发挥互联网等现代传媒在青年思想政治教育工作中的作用。

二、扎实开展服务机关两个文明建设和青年成长成才工作

开展培养青年岗位能手活动。组织开展多种内容、多种形式的岗位培训、岗位竞赛，组织青年承担急、难、险、重的工作任务，不断深化培养青年岗位能手活动。自 1998 年至 2002 年共组织了三届“中直机关青年岗位能手”评选表彰活动。

开展跨世纪青年文明工程，命名表彰中直机关青年文明号。通过开展青年文明号活动，引领广大机关青年立足本职岗位，服务机关两个文明建设。中直团工委先后命名表彰了三批中直机关青年文明号。开展了“创建文明机关、当好人民公仆”活动，加强机关文化建设。

树立典型，表彰先进。为表彰、宣传在中直机关“三服务”工作中涌现出的优秀青年人才，中直团工委和中直青联在 1998 年至 2002 年期间组织了两届“中共中央直属机关十大杰出青年”评选表彰活动，并将优秀青年的事迹汇编成书。

实施“天天一小时”读书计划。2001 年组织开展了以“迎接新世纪、创造新业绩”为主题的读书活动，2001 年、2002 年开展了中直机关“天天一小时”主题读书评奖工作，并为各读书小组投入读书经费近 13 万元。在广泛开展“天天一小时”主题读书活动的基础上，号召中直各单位团组织积极开展建设学习型团组织活动。

积极开展青年志愿者活动。组织团员青年为机关主体业务工作和精神文明建设提供志愿服务。深入社区，组织多种形式的社区服务。组织青年志愿者到山西、河北贫困地区支教，自 1998 年至 2002 年组织了 5 批共 50 名青年志愿者。编辑了中直第三、四批青年志愿者支教纪事——《黄土地的记忆》和《柏坡情》。

以“中直青年文化社会论坛”为载体，创建符合机关青年需求和特点的学习、教育平台。举办三期“中直青年文化社会论坛”，围绕社会热点、难点问题，邀请知名青年学者，组织研讨或讲座。

丰富机关青年文化生活。2000 年组织了以“弘扬中华体育精神，争创一流工作业绩”为宗旨的中直机关首届足球比赛。

三、加强团的自身建设

加强基层团组织建设。按期进行基层团组织的换届工作。注重调整发展团的基层组织，做好机关新设部门、外来团员集中的部门的建团工作，及时调整与机关和社会发展不相适应的基层组织。把团的基层建设状况作为考核各级团组织工作的重要依据。每两年开展一次评选表彰中直机关优秀团干部、优秀团员和先进团支部工作。开展创建“五四红旗团委”活动，进一步加强基层团的建设。

加强团员队伍建设。注重加强团员发展工作，加强外来团员的管理，并做好 28 岁以下青年党员保留团籍的工作。认真做好“推优入党”工作，使“推优”工作朝经常化、规范化、制度化方向发展。

加强团干部队伍建设。通过多种方式的

培训和实践锻炼,不断提高团干部队伍的整体素质,及时调整、充实团工委班子。

2000 年参与筹备召开中直机关"党建带团建"工作会议,贯彻落实会议精神,推动团建创新。认真做好团情统计及团费收缴工作,合理使用团费。

四、青联工作健康发展

中直青联组织了"三下乡"、新闻采风等活动,参与组织了"新世纪中华青年研讨会"、"龙舞长城"、"中国根"民族交响乐音乐会等。

中央国家机关团的工作

一、深入学习邓小平理论和"三个代表"重要思想,青年理论武装工作取得新效果

1998 年,团工委下发了《中央国家机关团工委关于在团员青年中深入学习邓小平理论的意见》。

1999 年,团工委联合中央国家机关工委宣传部,召开了青年学习邓小平理论情况交流会;组织编写了《邓小平理论青年读本》一书;开展了以学习《邓小平理论青年读本》为主要内容的"学理论、促成才、跨世纪"主题读书活动。

2000 年,团工委下发《关于深入学习江泽民总书记关于"三个代表"重要思想的通知》。

受团中央宣传部的委托,团工委还承办了"国青杯"全国青年邓小平理论知识竞赛活动,共有 31 个省(自治区、直辖市)的 7 万余名读者寄来了答题卡,约有 10 余万团员青年参加了这次知识竞赛活动,在全国青年中掀起了学习邓小平理论的新热潮。

2001 年,江泽民同志在庆祝中国共产党成立 80 周年大会上的重要讲话发表以后,团工委发出通知,要求中央国家机关各级团组织把广大青年的思想统一到《讲话》精神上来。

为了深入贯彻党中央、工委和团中央关于加强思想政治工作的有关精神,团工委制定了《关于加强和改进中央国家机关青年思想政治工作的若干意见》,并由工委批转下发给各部门党组织。

2002 年,为迎接党的十六大召开,团工委响应团中央号召组织开展了"创造新业绩,迎接十六大"主题活动。

团工委组织编写了《"三个代表"青年读本》。

团工委联合《紫光阁》杂志社举办了"机关青年学习党的十六大精神和'三个代表'重要思想知识竞赛"活动,吸引了数万名机关青年的踊跃参与。

江泽民同志在纪念中国共青团成立 80 周年大会上的重要讲话发表以后,团工委认真组织团员、青年学习讲话精神,并及时召开了青年代表座谈会,工委副书记臧献甫同志出席座谈会并讲话。

二、坚持团建创新,稳步推进团的组织建设

大力推进团建创新,灵活设置团的组织和青年组织。中央国家机关团工委作为全国首批惟一的机关团建创新试点单位,进行了团建创新的尝试和探索,取得了一定成效。外交部成立了青年工作领导小组,由副部长兼任组长,办事机构设在部团委;交通部、水利部、外

经贸部、中国社会科学院等部门成立了青年工作处(部),作为机关党委的一个职能处室,与团委一套人马,两块牌子;国防科工委根据机关团员人数少且分散、不便成立团组织,但青年工作较重的状况,成立了青年工作委员会,赋予其配合机关党委做好青年工作的职能;科学技术部、文化部、中国科学院、自然科学基金委员会等部门根据青年人才密集、青年统战工作任务相对较重的情况,成立了青年联合会;更多的部门成立了青年读书会或青年理论研究会。

2002 年,在深入调查研究的基础上,工委成立“中央国家机关青年工作领导小组”。由工委副书记钮茂生任组长,工委副书记臧献甫任副组长,工委有关部门主要负责人为成员,办公室设在团工委。这标志着中央国家机关青年工作领导体制取得了新的突破。

积极争创“五四红旗团委”。截至 2002 年底,共授予“中央国家机关五四红旗团委标兵”6 个,“中央国家机关五四红旗团委”28 个,创建“中央国家机关五四红旗团委”活动组织奖 2 个,累计 3 个单位被评为“全国五四红旗团委”,2 个全国五四红旗团支部,2 个单位评为创建“五四红旗团委”活动组织奖。34 个团委被确定为全国五四红旗团委创建单位,105 个团委确定为中央国家机关五四红旗团委创建单位,34 个团支部确定为中央国家机关五四红旗团支部创建单位。

团干部培训。团工委采取理论培训和外出考察相结合的方式,坚持每年组织各部门的团组织负责同志参加中央国家机关团干部培训班。在集中培训的基础上,组织团干部到全国各地进行实地考察。

与“法轮功”邪教组织作斗争。1999 年,“4. 25 事件”发生后,团工委和各级团组织积极组织团员、青年开展了揭批“法轮功”邪教组织的专项斗争和学习教育活动。团工委还参与组织了工委举办的“中央国家机关法制教育学习班”。

配合机构改革,抓好在京中央企业团的工作。1999 年,根据中央决定,先后有 100 余家在京中央企业的党团关系分别交由中央国家机关工委、团工委管理。团工委先后召开了在京中央企业团组织负责人见面会、座谈会及工作会,调查研究、了解情况、交流工作、部署任务,并在具体活动中逐步理顺关系,加强指导。

三、积极开展“读书实践成才”活动,大力实施青年读书计划

1999 年,以“学理论、学知识、学技能”为重点,推出中央国家机关青年新世纪读书计划。有的单位成立了青年读书组织,有的开辟了青年书屋、建立了精品书架,有的开展了“领导同志为青年荐书寄语”活动,形成了良好的声势,营造了发愤读书、勤奋学习的良好氛围。

2001 年,团工委提出了《关于深化和推进中央国家机关青年读书计划的意见》,并由工委批转下发。

2002 年,团工委召开了“青年 · 读书 · 成才”主题交流研讨会,达到了交流经验、促进合作、共同提高的目的。

四、积极实施跨世纪青年人才工程,推动青年成长成才

中央国家机关优秀(杰出)青年评选工作。1993 年开始开展的中央国家机关优秀(杰出)青年评选工作,每两年评选 1 次。至 2002 年,中央国家机关优秀(杰出)青年评选活动共评选 5 次,共评选、表彰了 50 名“中央国家机关杰出青年”和 1177 名“中央国家机关优秀青年”。

2000 年底,召开“中央国家机关优秀(杰出)青年评选活动总结会”。国务委员、国务院秘书长、中央国家机关工委书记王忠禹等领导同志出席会议,并向杰出青年和优秀青年的代表颁发了荣誉证书和奖牌。

2002 年,团工委精选了近十年来中央国家机关先进青年的典型事迹,编辑成《闪光的青

春——中央国家机关优秀青年事迹汇编》一书。

5年中，中央国家机关先后有一批先进个人和集体受到团中央和全国青联的表彰：张庆伟当选第10届“中国十大杰出青年”，于魁智、周继红、杨桂生光荣当选第12届“中国十大杰出青年”，杨扬荣获“中国青年五四杰出贡献奖章”、第13届“全国十大杰出青年”两项殊荣，朱敏荣获“中国青年五四奖章”，郭为荣获第13届“全国十大杰出青年”称号。

五、开展各种团的活动，激励团员青年投身我国现代化建设

（一）响应团中央号召，开展青年活动

组织开展“保护母亲河行动”

1999年，团工委大力开展了“保护母亲河”行动。中央政治局常委、国务院总理朱镕基，副总理李岚清等领导同志均以普通党员的身份参加了捐款活动，中央国家机关340多名部级领导签名向全体干部职工发出倡议。

捐款100万元在宁夏盐池兴建“中央国家机关世纪林”基地，捐款10万元在甘肃积石山建立“中央国家机关青年生态林”基地。

团工委还组织80多个部门的300多名团员青年在京郊密云开展了以“用青春装点绿色家园”为主题的青年植树活动。

积极开展“青年文明号”创建活动

5年中，中央国家机关系统累计23个单位被评为“全国青年文明号”，159个单位评为“中央国家机关青年文明号”。参与了团中央主编的《青年文明号巡礼》一书的编写。

组织开展“青年志愿者行动”

5年中，中央国家机关有多个集体和个人被团中央授予荣誉称号：全国十杰青年志愿者1人、中国青年志愿服务银奖6人、中国青年志愿者行动贡献奖1人、中国十大杰出青年志愿服务集体1个、中国优秀青年志愿者服务集体1个、中国青年志愿者服务奖15人、中国青年志愿者行动组织奖2个。

（二）团工委自己开展的特色活动

1999年，引导广大团员青年同以美国为首的北约、“法轮功”邪教组织、李登辉的“两国论”进行坚决的斗争，坚定青年政治信念。

1999年，在庆祝建国50周年庆典活动中，团工委参与了国庆群众游行、国庆联欢晚会及群众歌咏大会等组织工作，以团员青年为主体，组织在京中央企业的2700多人参加了各项活动。

2000年，团工委组织了“我自豪，我是公务员”青年演讲比赛，在中央电视台第一套节目播出。

2000年，团工委以“我为西部大开发做贡献”为主题举办了“西部行”活动，还组织参加了“百名博士西部行”等活动。

团工委、青联组织举办了“诺贝尔经济论坛（北京）2001”，邀请诺贝尔经济学奖获得者和我国著名经济学家、企业家和有关部门领导同台演讲；全国人大常委会副委员长彭珮云出席。

团工委联合中央国家机关工会联合会、妇工委于2001、2002年连续举办了两届“中央国家机关飞镖大赛”。

2002年，团工委组织开展了“纪念建团80周年，部长寄语团员青年”活动，203位现职部级领导同志寄语。团工委将领导同志的寄语汇编成《中华未来民族希望——部长寄语团员青年》一书，国务委员兼国务院秘书长、中央国家机关工委书记王忠禹作序，工委副书记张德邻作跋，正式出版发行，并赠送给数万名机关青年学习。全国人大常委会副委员长布赫等领导同志出席了在人民大会堂举行的赠书仪式。

团工委和青联在北京世纪剧院举办了“青春的乐章——纪念中国共青团成立80周年大型音乐会”。全国人大常委会副委员长姜春云、全国政协副主席杨汝岱等领导同志出席。

六、充分发挥人才智力优势，加强青联工作

5年中，青联召开了四次全委会。其中，二届一次全委会于1999年12月召开，选举产生崔志雄同志为主席，16人为副主席，常委67人，委员305人。

青联紧紧围绕党和国家的工作大局，与团工委一起，举办了中央国家机关“百优十杰”青年评选、“科技、经济、青年”学术研讨会、“民族与交响”音乐会、庆祝建党80周年音乐会、“青春的乐章”，庆祝建团80周年音乐会、赴河南小浪底水利枢纽工程慰问演出等大型活动，参与了’98抗洪、国庆50周年联欢、“保护母亲河”行动等工作，为社会主义现代化建设贡献了力量。

中央金融系统团的工作

中央金融团工委成立于1998年。几年来，金融系统青年工作坚持“服务大局、服务青年、服务基层”的工作方针，注重把握青年工作的正确导向，选准青年工作的切入点，不断创新工作内容和活动形式，有效地促进了金融系统两个文明建设。

一、着眼大局，努力推动青年工作的创新和发展

增强政治责任感，认真履行工作职责。团工委坚持从加强和改进新形势下党的群众工作、扩大党的群众基础的高度认识青年工作的重要性，积极履行工委赋予的垂直领导金融系统团的建设和青年工作的职责。经过几年努力，原中央金融工委联系的29家金融机构已有25家组建系统团委，大多数金融机构省级分支机构团委的组建工作也已完成，团干部配备基本到位，金融系统共青团组织体系基本形成。团内统计、团费收缴等日常团务工作按照系统管理的要求，逐步规范化。

注重调研工作，加强青年工作的制度建设，及时向工委提出关于青年工作的建议。一是参与了《中央金融工委关于加强对工会、共青团工作领导的几点意见》（金融工发[2000]10号文件）和《中共中央金融工作委员会关于进一步加强金融系统青年工作的意见》（金融工发[2000]20号）的起草制定工作。二是会同中国青少年研究中心于2000年5月至6月，在金融系统组织实施了较大规模的调查，并根据工委领导意见，将调查报告呈送胡锦涛同志和温家宝同志，同时分送各金融机构主要领导，为各机构党委分析、把握金融系统青年的现状和特点，研究新形势下思想政治工作的方法和规律，进一步改进和加强青年工作，提供了有价值的参考依据。

召开金融系统青年工作会议和金融系统青年知识分子工作座谈会。2000年11月以工委名义召开青年工作会议，工委领导阎海旺同志、陈玉杰同志到会并发表了重要讲话，对金融系统青年工作提出了明确要求。此后许多金融机构党委都召开了青年工作会议，进一步推动了金融系统青年工作的开展。2002年7月，召开了中央金融系统青年知识分子工作座谈会，听取了青年知识分子的意见和建议，对金融系统青年工作进行了总结回顾，得到了中组部知识分子工作办公室负责人的好评。

及时总结和推广金融系统青年工作的经验。一是建立了青年工作联系点制度，确立了37家基层青年工作联系单位；2000年3月召

开了基层青年工作联系单位工作会议，总结、交流了一批基层青年工作的经验和做法。二是于2002年9月分在山西召开了青年工作现场会，推介了作为青年工作联系单位之一的中国人民银行晋中中心支行健全青年工作制度、建立良好工作机制的经验。

二、坚持“服务大局、服务青年、服务基层”的工作方针，紧密围绕金融改革与发展开展青年工作

结合金融工作实际，大力开展职业道德教育。1998年8月，工委建立不久，即召开了金融系统青年文明号工作座谈会，理顺工作关系，明确工作任务。1999年、2000年又分别召开了济南工行青年文明号工作现场会和金融系统青年文明号工作会议，不断推动金融系统青年文明号创建活动的深入开展。2000年、2001年、2002年大多数金融机构根据上述会议精神，分别召开了本系统号手工作会议。为了确保创建活动健康发展，经过普遍征求各金融机构的意见，制定印发了《全国金融系统青年文明号管理办法》和《全国金融系统青年岗位能手评审管理办法》。为做好号手工作，各级领导小组十分重视号手活动骨干培训工作，团工委直接培训工作骨干近200人。目前，金融系统共有全国级青年文明号721个，全国金融系统青年岗位能手305名。团中央书记处对金融系统创建活动给予了充分肯定，《中国青年报》于1999年7月17日刊发了金融系统创建活动的长篇报道。《金融时报》也于2001年进行了专题报道。

举办中国金融青年论坛，引导青年关注金融改革与发展。为了引导和动员金融系统广大青年围绕金融改革与发展，激发青年的积极性和创造性，开展献计献策和进行深层次的理论探讨，从1999年起，每年举办一届中国金融青年论坛，现已举办四届，主题分别是“青年·金融改革与发展·二十一世纪”（1999）、“WTO·迈向新世纪的中国金融”（2000）、“展望十五”（2001）、“迎接挑战——金融创新”（2002）。中央电视台财经报道栏对2002年中国金融青年论坛给予了关注，制作了两期有关金融青年论坛的专题节目。

组织中西部金融机构青年干部赴沿海发达地区进行业务考察。2001年以来，先后组织了6批120余名中西部地区金融机构青年干部赴上海、深圳、厦门等地进行金融业务学习考察。大家反映，这种考察切合金融工作实际，针对性强，体现了行业特点，对提高中西部地区金融机构青年干部的素质、改进和加强所在单位的工作具有积极的促进作用。

开展“关注西部，服务基层”系列业务讲座活动。2000年，在组织青年知识分子赴甘肃、新疆考察后，团工委结合考察情况，与甘肃省政府办公厅共同举办了“金融与西部开发”系列专题报告，既调动了金融系统青年知识分子的热情，增强了责任感和使命感，又培训了地方党政干部，为地方经济和社会发展提供了咨询服务，得到地方党政的高度评价。2002年推出的面向基层金融青年的“关注西部，服务基层”金融理论和业务系列专题讲座活动，利用业余时间组织金融系统专家学者，先后到成都、贵阳、武汉就当前金融改革和发展的热点、难点问题作专题报告，得到了青年们普遍好评。此外，团工委还密切关注金融热点问题，及时组织座谈会、研讨会、专题讲座。几年来，先后就“劳动价值论”、“北京申奥成功给银行业带来的商机”、“利率市场化”、“国有股减持”以及“建立二板市场”等问题，组织了9次学术研讨活动，受到了有关方面的充分肯定。

三、增强创新意识，不断改进和加强青年思想教育工作

积极探索新形势下青年学习邓小平理论和“三个代表”重要思想的有效形式。一是组织青年学习邓小平理论和“三个代表”重要思想。从2000年下半年开始，团工委在部分金融机构的基层单位抓试点，以“青年读书俱乐

部”、青年学理论、学党章“双学”小组等作为推动青年学理论的载体，摸索和总结开展群众性理论学习活动的有效方法和形式，取得了第一手资料和可喜成效。为总结和交流经验，2001年11月，会同工委宣传部联合在上海召开了全国金融系统青年学理论工作座谈会。二是以重大历史事件和重要纪念活动为契机，组织开展形式多样的主题教育活动。先后举办了“党旗下的辉煌”、“永远跟党走”、“闪光的青春”等主题教育与宣传活动，拍摄了以群众歌咏形式歌颂“三个代表”重要思想的音乐电视《旗帜颂》，在党的十六大召开期间，各主要媒体进行了集中播放，获得好评。

组织金融系统青年知识分子开展国情考察活动。几年来，先后会同有关省区党委，连续组织了5期金融系统青年知识分子分赴云南、甘肃、新疆、贵州、陕西进行国情考察。此外，在开展思想教育工作中，我们还注意把形势政策教育与金融改革、发展的实际结合起来。如2001年中国金融青年论坛的主题即为“展望十五”；党的十六大召开后，团工委把学习贯彻十六大精神作为一项政治任务，及时作出布置和安排，广泛发动和组织金融系统青年结合金融行业实际开展了学习活动。

开展主题鲜明、丰富多彩的宣传教育活动。1999年举办“春之歌”五四大型合唱音乐会，取得了圆满成功。中央电视台先后多次播出了音乐会的实况，形成了良好的社会影响。2000年，会同中央电视台成功举办了“青春颂”诗文朗诵音乐会，并制作光盘下发至各省级金融分支机构团委，作为团组织进行思想教育的形象化教材，获得好评。2001年，与工委组织部、中国金融工会具体承办金融系统纪念建党80周年“灯塔颂”朗诵合唱音乐会。组织创作、撰写了歌颂党、歌颂“三个代表”的歌曲、诗文。中央电视台对这次纪念活动先后播放了两次。2002年，举办了纪念建团80周年“青春如歌”合唱音乐会，以合唱艺术的形式回顾了中国共青团80年来的光荣历程。

树立和表彰了一批先进青年集体和个人。几年来，共授予43名金融系统杰出青年“全国金融青年五四奖章”、表彰了66个全国金融系统五四红旗团委（团支部）、198名全国金融系统优秀共青团员、97名全国金融系统优秀共青团干部、305名全国金融系统青年岗位能手。

四、重心下移，夯实基础，大力推动基层青年工作的活跃

团工委将2000年、2001年、2002年连续三年确定为“基层组织建设年”，采取措施，狠抓落实，取得了明显效果。一是全面开展五四红旗团委创建活动。各金融机构团委按照“班子素质好、主题活动好、支部建设好、制度建设好”的要求开展创建工作，有力地推动了基层团组织的规范化建设。二是加大团干部培训力度，进一步提高团干部的综合素质。2000年、2002年先后两次轮训省级金融分支机构团委负责人，举办团干部培训班4期，青年文明号工作骨干培训班1期，900余人次参加了培训。三是重视调查研究，及时总结推广经验，提高工作的针对性。除2000年组织大规模的青年思想状况和青年工作情况调研外，2002年3月分，团工委又组织部分金融机构团委干部，分成两个调研组，分别对广西、云南、河北、山西等四省区的基层青年工作进行了集中调研。此外，还通过基层青年工作联系单位和利用出差机会，通过召开座谈会、实地考察等形式，及时掌握基层青年工作情况，积极探索基层青年工作的有效机制。各金融机构团委也十分重视调研工作，按照团工委的要求，2002年提交了一些有参考价值的调研报告。此外，为加强对基层青年工作的指导，团工委汇编并下发了《金融系统青年工作资料汇编》，为各级团组织、基层团干部掌握青年工作政策、学习团的知识、熟悉团的工作，提供了便利，对团的制度建设起到了有效的推动作用。

中央企业系统团的工作

2001年至2002年是我国改革开放和社会主义现代化建设焕发无限生机与活力的两年，是中央企业深化改革、不断发展、取得显著成果的两年，也是中央企业共青团组织进一步加强自身建设、发挥团组织作用的两年。两年来，中央企业共青团组织按照中央企业工委和团中央的工作部署，紧紧围绕中央企业的改革、发展和稳定，竭诚为青年成长成才服务，将青年思想政治教育作为首要任务，以青年“创新创效”活动和创建“五四红旗团委”活动为主要工作载体，做了大量工作。在促进中央企业改革、发展和稳定中发挥了应有的作用，取得了明显的成绩。

一、切实加强青年思想政治工作，不断加强团的思想建设

两年来，各级团组织自觉将加强和改进企业青年思想政治工作放在首位，始终高举邓小平理论伟大旗帜，全面贯彻“三个代表”重要思想，把握契机，建立依托，完善机制，创新手段，认真探索在新形势下做好青年思想政治工作的新途径和方法，着力增强思想政治工作的效果，取得了良好的成绩，积累了宝贵经验。

1.以理想信念教育为核心，认真组织学习“三个代表”重要思想和党的全会精神，用先进理论武装青年。“三个代表”重要思想是我党的立党之本，执政之基，力量之源。共青团作为党的助手和后备军，要自觉地以“三个代表”的重要思想作为团的建设的指导方针。团工委坚持用“三个代表”的重要思想来教育青年，指导团的工作。多次召开团工委扩大会议认真学习“三个代表”的重要思想，对中央企业团员青年的学习提出要求，做出安排。2001年3月，在中央团校举办了两期中央企业基层团委书记培训班，把学习“三个代表”重要思想作为一项重要培训内容，邀请中央党校周锡荣教授就学习领会“三个代表”重要思想做了专题讲座。江泽民同志“七一”重要讲话发表以后，团工委把学习《讲话》作为共青团组织最重要的工作来抓，迅速召开学习《讲话》座谈会，并下发了《关于认真学习贯彻江泽民同志在庆祝中国共产党成立80周年大会上重要讲话的通知》，对学习活动做出了部署。目前，各中央企业团组织正按照团工委的要求，组织团员青年深入学习《讲话》。

中央企业团工委先后几次召开团工委委员会或下发文件，围绕不同阶段政治理论学习的重点内容，做出安排，提出要求，着力推动中央企业青年思想政治工作的全面开展。党的六中全会通过《中共中央关于加强和改进党的作风建设的决定》，是新的历史条件下加强党的作风建设的重要文件，对于共青团建设具有重要指导意义。以《决定》精神为指导加强团的作风建设，是党的作风建设的伟大工程对共青团的必然要求，也是在建立社会主义市场经济体制条件下做好中央企业青年工作的迫切需要。中央企业团工委首先抓了机关和团工委委员对《决定》的学习，并召开了交流研讨会，并根据工委和共青团中央关于学习贯彻《决定》的总体要求，制定下发了《关于认真学习和贯彻党的十五届六中全会会议精神的通知》，对这项工作做出了部署，提出了明确要求。十六大召开前，团工委邀请中央党校政治

理论教育专家就学习“5·31”讲话做了专题辅导，统一团干部思想，为迎接十六大的召开、学习十六大精神打下良好的工作基础。各级团组织以团干部、企业青年知识分子和青年工作骨干为主要对象，以业余党(团)校、团干部培训班等形式，引导团员青年学习“三个代表”重要思想和“5·31”重要讲话精神。党的十六大召开后，各级团组织进一步掀起学习十六大报告和学习贯彻“三个代表”的热潮。通过学习，广大团员青年进一步明确了十三届四中全会以来，党领导全国人民在推进改革开放和进行现代化建设中所取得的巨大成就，坚定了高举团旗跟党走的信心，明确了在未来20年全面建设小康社会的历史进程中所承担的责任。

2. 以建党建团80周年和江泽民同志“5·15”重要讲话为契机，以“心中的旗帜”、“永远跟党走”为主题，开展了形式多样的思想教育活动。2001年是建党80周年，根据工委关于开展纪念建党80周年活动的部署，在中央企业青年中开展了“心中的旗帜”——纪念建党80周年主题读书演讲活动。这项活动从2001年3月下旬启动至6月底，历时三个多月。各中央企业举行了形式多样、内容丰富的读书活动。在此基础上，组织青年职工举行演讲比赛，共有万余名青年登台演讲。演讲活动分为企业选拔、分片预赛、复赛和决赛四个阶段。经过层层选拔，分别于2001年6月25日和26日，在北京隆重举行了复赛和决赛。《中国青年报》和《经济日报》对此做了报道，中央人民广播电台还连续播放了部分优秀演讲选手的演讲录音。读书演讲活动把深刻的教育内容与生动的艺术形式结合起来，紧紧围绕和突出活动的主题，既增强了对青年的吸引力，又增强了教育的效果，对青年进行了一次生动而深刻的理想信念教育，展示了中央企业青年良好的思想政治素质，促进了中央企业基层团组织建设。

2002年是建团80周年。各中央企业团委以纪念建团80周年为契机，结合企业实际，以“永远跟党走”为主题，开展了形式多样的主题教育活动。按照团中央和团工委的统一要求，共有千余个中央企业基层团组织、数万名团员青年有组织地参加了纪念建团80周年“文和杯”团的知识竞赛；部分企业基层团委以召开不同时期企业青年模范人物座谈会、举办青年劳模事迹展览等形式，大力宣传曾经在企业创建、改革和发展等不同时期做出过突出贡献的青年模范人物，回顾和总结企业青年工作成就，展示共青团组织在社会主义建设不同时期所做出的贡献，引导、激励当代青年刻苦学习、发愤成才，为企业改革和发展做出新的贡献；部分团组织以邀请企业党政领导为青年荐书题词、与企业报刊联合开展征文活动、举办团史图片展、开展义务劳动等不同形式开展了纪念活动。

2002年5月15日，团工委组织33名中央企业先进青年典型代表，参加在人民大会堂召开的中国共青团建团80周年纪念大会，其中18名同志受到了江泽民等党和国家领导同志的亲切接见。会后，各级团组织采取多种形式，组织团员青年认真学习江总书记在纪念建团80周年大会上的重要讲话精神。

3. 积极改进思想政治工作的方式，提高思想政治工作的针对性和实效性。一是积极构建有效思想教育阵地，借助各种媒体和信息化手段，采取平等、互动的交流方式开展思想教育活动。如在企业内部电视台开展由团员与企业领导对话的“青春面对面”活动，举办“企业改革大家谈”、“共青团讲坛”专题活动，引导和激励广大团员、青年投身改革，推动企业发展。多数中央企业团委和部分大型企业二级团委建立了企业青年网站或利用企业内部网站开辟了共青团网上园地，组织团员青年上网学习，开展互动式讨论；二是针对广大团员、青年关心国家未来、企业发展和个人前途的思想实际，紧密结合企业改革实践，因势利导开展

形势教育。如攀钢团委着眼于不断增强企业青年的学习意识、竞争意识、大局意识，帮助团员青年进一步转变观念，明确责任，增强信心，结合企业改组改制，引导团员、青年围绕"谁砸企业牌子，企业就砸他饭碗"、"能者上，庸者下"、"今天工作不努力，明天努力找工作"等现象进行讨论；三是带领团员、青年广泛参与企业精神文明建设和企业文化建设，开展青年素质教育。中国土产畜产进出口总公司团委发起的以"土畜是我家，我是土畜人，土畜大小事，都有我一份"的"我爱我家"主题系列活动，中国电信直属团委开展的青年素质拓展训练，中国五矿团委组织的青工捐助希望工程和参观希望小学活动，中粮进出口集团团委、中国成套设备进出口集团公司团委开展的"我为奥运添绿色"植树活动，中国免税品（集团）总公司团委开展的《中免之歌》歌词征集活动，中纺院团委开展的"看成就，展新貌"摄影展，在企业青年中均起到了凝聚人心、鼓舞士气，鼓励团员青年团结奋斗、努力拼搏的良好作用。

4. 扎实开展青年志愿者活动，引导广大青年在实践中服务社会。青年志愿者活动是青年弘扬奉献、友爱、互助、进步的时代新风，在服务社会、服务他人的志愿活动中，是了解国情、认识社会、经受锻炼的实践活动。中央企业团组织结合企业实际，为下岗职工、待业青年、孤寡老人以及有特殊困难的群体开展志愿服务。在这项工作中，一批个人和集体受到团中央表彰。为纪念建党 80 周年，团工委于 2001 年开展了"为奉献者奉献志愿者活动"，为在中国革命、建设、改革事业中做出突出贡献的老党员、老专家、老模范、援藏援疆干部、有特殊生活困难的离退休干部和因公伤残人员提供志愿服务。

两年来，各级团组织按照团工委的要求，认真组织了团员青年深入学习邓小平理论和江泽民"三个代表"重要思想，通过形式多样、内容丰富的学习和实践活动，增强了贯彻党的基本路线的自觉性和坚定性，坚定了走建设中国特色社会主义道路的决心和信心。

二、以服务青年的成长成才为重点，引导青年在企业经营发展中发挥作用

青年提高岗位技能，学习新的知识，在企业改革发展的实践中实现价值、做出贡献，是中央企业不断增强竞争实力的现实需要，也是中央企业青年最迫切的需求。中央企业各级团组织始终将服务青年成长成才作为共青团贯彻"三个代表"重要思想的具体体现，作为各项工作的出发点和落脚点，引导青年为企业发展做贡献。

1. 深入推进中央企业青年创新创效活动，服务青年岗位成才。自中央企业工委和共青团中央下发了《关于在中央企业青年中开展创新创效活动的意见》以来，中央企业各级团组织按照《意见》的要求，广泛开展了青年创新创效活动，取得了明显的成效。中央企业团工委把青年创新创效作为一项主要工作载体常抓不懈，加强行业的分类指导，推动活动向纵深发展。团工委以抓国家重点工程建设为突破口，推动参建中央企业青年创新创效活动的深入开展。在国家重点工程施工现场，大力开展青年优质安全工程、青年创新工程创建活动，加大工作指导力度，以新技能、新操作法推动创新，以创新确保安全，以安全实现高质量和高效益。

2001 年 11 月上旬，在长春召开中央企业青年创新创效活动现场推进会。2002 年 5 月，团工委与团中央青工部在三峡工程中联合开展了以青年优质安全示范工程（岗）创建活动为目标的"创优质、保三期"活动，引导广大青年牢固树立安全意识、质量意识，查禁事故隐患，消除违章作业，确保大江截流的顺利实现。2002 年 10 月，团工委与团中央青工部、全国铁道团委在青藏铁路建设工程中，开展创青年优质示范工程、青年安全示范工程和青年环保示范工程活动，在工程建设中涌现出来的一批青

年岗位能手受到3家单位的现场表彰，中央电视台、新华社和《中国青年报》对两项活动进行了报道。中国石油天然气集团公司、中国航空第一集团公司、中国远洋运输集团公司等几家中央企业组织参加了全国青年创新创效大赛，在企业内部开展了诸如青年操作大赛、青工技能创新与计算机应用技能创新竞赛、创新成果评比等形式多样的活动。20多家中央企业参加了全国青年电工网上模拟创新创效大赛，一些二级企业还主动通过各团省(区、市)委报名参加比赛。中央企业广大青工表现了极大的参与积极性，取得了良好的成绩。

两年来，中央企业青年创新创效活动在巩固已有成绩的基础上，整体工作水平有了新提高，在全国青年创新创效活动中产生了明显的带动作用。2001年度，共有11人获得全国青年岗位能手称号，10人获得中央企业杰出青年岗位能手称号，50人获得中央企业青年岗位能手称号。2002年，团中央表彰的全国青年创新创效优秀组织单位和全国青年创新创效奖获奖个人中，中央企业各占了36%。“号手”活动取得新成绩，目前，中央企业共有全国青年文明号91个，中央企业青年文明号130个。

2. 推动建立青年安全生产示范岗，增强青年安全意识，为青年成长营造安全的工作环境。加强安全生产的监督管理工作，促进安全生产状况的根本好转，需要包括青年在内的广大企业职工的共同努力。根据团中央和国家安全生产监督局的有关要求，立足中央企业的实际，我们制定了中央企业开展创建“青年安全生产示范岗”的意见，对中央企业团组织开展创建工作提出了要求。中央企业工委办公厅转发了团工委的意见。各央企业团组织在企业的统一安排下，采取多种形式，发动青年职工参与到活动中来，开展了安全生产宣传教育、安全生产技能培训，强化了青年安全生产意识，加强安全生产监督管理等工作，为企业的安全生产献计献策，发挥作用。

3. 采取多种方式，加强中央企业基层团干部的培训工作，为团员青年的学习提供服务。团工委围绕政治理论、经济形势、网络技术、现代企业制度、国防教育以及青年普遍关心的问题，邀请有关专家举办中央企业团委书记系列讲座，为大家的学习和工作提供服务，并作为一项工作制度固定下来。大家普遍反映，以讲座的方式进行培训，形式活泼，内容丰富，对于团干部们完善知识结构、开阔视野、提高工作水平大有帮助。2001年3月7日至30日，在中央团校举办了两期中央企业基层团干部培训班，每期10天，共有122家中央企业下属企业的201名团委书记参加了培训。通过上述活动，使基层团干部进一步了解了团的工作，开阔了知识视野，为推动中央企业团的工作打下了必要的干部基础和思想基础。与此同时，团工委还先后选派了10名中央企业基层团委书记参加团中央举办的团干部专题培训班。

各中央企业团委认真落实团工委关于加强团干部培训工作的意见，制定了年度团干部培训计划，加强团干部培训工作。培训内容涉及政治理论、现代科学技术、企业管理知识、外语和WTO规则。如：中国二重集团公司以创建多元化、复合型的团干部队伍为目标，对全部104名团支部书记进行了培训和考试，实行团支部书记持证上岗制度。团工委选派了40余名基层团干部参加了团中央举办的各类培训，选派了6名团委书记赴国外和港澳地区研修。再是继续深化青少年新世纪读书计划，服务广大团员青年的学习。各级团组织广泛建立了“青年读书俱乐部”、“青年书屋”，组织“青年读书广场”、“青年读书工程”，以开展青年读书活动、举办青年科技文化节等方式，营造了良好的学习气氛，帮助青年树立终身学习的习惯。中国通用技术(集团)公司团委认真开展中国青少年新世纪读书活动，受到了团中央的表彰，他们的读书俱乐部被评为“优秀青少年新世纪书屋”。中国铁通集团天津铁路通

号厂团委以“崇尚知识、时尚读书、提高素质、强我工厂”为主题,组织青工利用业余时间读书已取得明显效果。上海电信集团团委组织青年讲师团,将企业老总、技能尖子、外聘专家吸纳为讲师团成员,深入基层,对团员青年进行新形势、新观念、新技术、新知识培训。此外,各中央企业团委还推荐选拔了57名中央企业青年参加了团中央、全国青联和中央电视台等单位举办的全国青年世纪风采电视大赛活动,引导青年适应新形势,掌握新技能,展示新形象。在此项活动中,中央企业团工委获组织奖。

4. 树立和表彰中央企业青年典型,营造崇尚典型、争当先进的成才氛围。一是选拔推荐中国青年科技工作者协会会员。中国青年科技工作者协会是共青团中央、全国青联领导下广泛凝聚我国科技、实业、金融投资等领域青年人才的团体。近年来,青科协以组织青年专家科技服务团等形式,大力推进中国青年科技创新行动,为青年人才施展才华、服务社会搭建舞台,产生了良好的社会和人才效益,受到各方肯定。在青科协二届三次理事会上,我们推荐的3名人选当选协会理事,中央企业共有16名人选入选会员,1名人选被选为青科协副会长。二是评选中央企业十大杰出青年。2002年,中央企业团工委、中央企业青年联合会联合开展了首届“中央企业十大杰出青年”评比和表彰活动,经过层层推荐和严格评选,10名青年脱颖而出,被授予首届“中央企业十大杰出青年”称号,成为中央企业600万青年学习的榜样。团工委通过互联网、《中国青年报》、《中国青年》杂志对“十杰”和近年来涌现出来的具有时代特点和中央企业特色的优秀青年进行了大张旗鼓的宣传,在中央企业乃至社会上引起了良好的反响。首届中央企业“十杰”称号获得者雷凡培同志当选为“中国十大杰出青年”。部分中央企业团委也开展了企业“十大杰出青年”的评选活动。一些企业团委联合企业人事、科研部门建立了企业人才信息系统,完善企业青年人才的测评、举荐、培养和使用机制,加大了共青团组织“推优荐才”力度。如:中国铁路工程总公司中铁建厂局团委联合人力资源部出台了《关于加强青年人力资源开发的若干意见》,切实优化青年人才成长的政策环境。

此外,各级团组织积极服务青年文化需求,努力为青年提供切实帮助。各级团组织坚持从大处着眼、实处着手,动真感情、下真功夫,把服务青年的大目标落实到满足青年实际需求和为青年解决实际问题的具体行动上。两年来,围绕满足青年日益增长的文化需求,开展了大量的文体活动。在活动中,紧密结合青年特点,充分体现人文关怀,有效增强了团组织的凝聚力。各级团组织积极为团员、青年排忧解难,以关心下岗青工生活和再就业、为患病青工捐款、结对帮助单亲家庭子女学习、改善单身宿舍条件为主要形式,在青年中做了大量暖人心、稳人心的工作,进一步巩固了企业党组织在青年中的群众基础。

三、依靠“党建带团建”,不断优化共青团和青年工作环境

依靠“党建带团建”,是加强团的建设、推进团的各项工作的重要原则和基本经验。两年来,团工委以及中央企业各级团组织积极争取党对共青团工作的关心和支持,不断优化共青团和青年工作环境。

成立了中央企业青年联合会,组织举办青年论坛。成立中央企业青年联合会,是中央企业青年政治生活中的一件大事。年初,根据工委领导的要求,团工委成立了中央企业青年联合会筹备组,多次召开筹备工作会议,确定了委员的人数方案和结构方案,提出了委员预备人选的名单。2001年8月23日,在北京召开了中央企业青年联合会成立暨一届一次全委会。吴邦国副总理对会议的召开做了批语,对中央企业青联的成立表示祝贺,对广大青年提

出了殷切希望。工委郑斯林、王瑞祥副书记，徐敬业、江岩委员出席大会，并参加委员座谈。中央企业青年联合会第一届委员会委员总计180人左右，以中央企业优秀的青年企业管理者、科研工作者为主体。中央企业青年联合会既是一个人才荟萃的集体，也是一个团结培养青年人才的爱国统一战线组织，将围绕中央企业的经营生产、培养人才开展各项工作，为企业改革和发展做贡献。2001年9月13日，由中央企业青年联合会举办的首期“企业发展与合作”论坛在北京举行。全国人大常委会副委员长蒋正华、全国政协副主席万国权、中共中央企业工委副书记王瑞祥、共青团中央书记处书记赵勇出席论坛并讲话。在中国即将加入WTO之际，本期论坛主题是“企业创新与WTO”，邀请了有关政府官员和学者以及企业家就企业创新与迎接加入WTO的理论与实践发表演讲。

召开“党建带团建”工作会议，明确“党建带团建”的各项工作要求。中国南方机车车辆工业集团公司等多家企业召开了“党建带团建”工作会议，制定了关于进一步加强“党建带团建”工作的意见，为共青团和青年工作的开展创造了良好的政策环境。中国铁路工程总公司、中国铁道建筑总公司等部分企业还在基层党组织中广泛开展了“党建带团建”先进单位评选活动，形成了基层“党建带团建”工作的良好氛围。中国土木工程集团公司党委下发了《关于定期举办公司党、团干部培训班及有关问题的通知》，规定团干部每年至少应参加2－3天的培训。

积极推动各中央企业学习贯彻江泽民同志在纪念中国共青团成立80周年大会上的讲话精神。江泽民同志在纪念中国共青团成立80周年大会上发表重要讲话后，团工委协调部分中央企业主要党政领导同志，结合企业实际，就贯彻落实讲话精神，推动共青团和青年工作的开展发表了署名文章；文章通过《中央企业团讯》发送各中央企业团委和党委后，引起了很大反响，对于进一步在中央企业深入学习江总书记讲话精神，争取企业党政领导的重视和支持，优化共青团的工作环境起到了积极作用。这些文章还被团中央采用，向全团刊发。

此外，团工委根据《关于成立共青团中央企业工作委员会及有关问题的通知》（中企［2000］84号）文件的精神，加强对中央企业团委班子的协管工作，主动与企业党委沟通，协商成立企业团委，理顺团的组织关系，推动工作开展。一些中央企业在团委组建或换届工作中迈出了新步伐。

四、强化自身建设，夯实工作基础

两年来，各级团组织立足于共青团组织现实作用的发挥，着眼于中央企业共青团事业的长远发展，坚持以“三个代表”重要思想作为加强团的建设、开展团的各项工作的根本指针，大力开展创建“五四红旗团委”活动，不断完善团内评比表彰机制，深入基层调查研究，团的思想建设、组织建设和作风建设得到了显著加强，为更好地开展工作、发挥作用提供了可靠保障。

加强团的工作制度建设。制定了团工委组宣部和办公室工作制度，促进团工委机关的制度化建设。与此同时，经过充分调研，反复修改，制定并下发了《中央企业共青团协作区制度》，以此规范和加强中央企业共青团协作区的工作，充分发挥协作区增强横向联络和工作交流，分区域推进中央企业共青团工作的积极作用。

深入开展共青团和青年工作调研，促进团的作风建设。中央企业团工委将2002年确定为中央企业共青团和青年工作调研年。通过开展扎实的调研，进一步转变团的作风，增强深入基层和服务青年的意识。年初，团工委对调研工作作出了安排，将调研工作作为中央企业共青团全年工作考核的一项重点内容，并提

出了具体工作要求。2002 年 4 月,团工委专门就调研工作的落实情况进行了检查。5 月至 8 月,调研工作在二个层面上展开:一是各中央企业团委在系统内进行垂直调研;二是中央企业团工委深入不同类型、不同层次的中央企业团组织进行调研。其中团工委直接走访了 25 个中央企业、18 个二级企业,以座谈、发放问卷的方式在团员、青年中进行了调研,并广泛征求党政主要领导同志对共青团和青年工作意见。各级团组织结合实际,开展了调研工作,提交了一批有价值的调研报告。中央企业团工委在调研的基础上,形成了《关于进一步加强和改进中央企业共青团工作的意见(代拟稿)》。

深入开展创建“五四红旗团委”活动,大力加强团的基层组织建设。团工委继续坚持“立足基层,重在创建,加大力度,形成声势,务求实效”的原则,按照“班子建设好,主题活动好,支部建设好,阵地建设好”的标准,采取有力措施,推动中央企业创建“五四红旗团委”活动的广泛开展。在抓好质量建设,加强分类指导的同时,进一步扩大了创建“五四红旗团委”活动的覆盖面,增强了创建活动的影响力。目前,中央企业共有全国“五四红旗团委”创建单位 97 家、中央企业“五四红旗团委”创建单位 290 家。今年,中央企业团工委首次面向中央企业基层团委,评比表彰了 51 家中央企业“五四红旗团委”。此外,中央企业共有 2 家团委被评为“全国五四红旗团委”,其中北京有色金属研究总院团委获全国“五四红旗团委”标兵称号,2 个团支部被评为全国“五四红旗团支部”。

进一步完善了团员、团干部管理和表彰机制。各级团组织按照团工委的要求,加强了团员教育、管理工作,不断增强团员意识,发挥团员的模范作用。如彩虹集团团委完善了流动团员管理制度,中航一集团沈阳黎明航空发动机集团公司团委初步建立了针对团干部、团员及青年的分级教育和管理模式。

2002 年五四期间,经过自下而上层层推荐,中央企业团工委评比表彰了 50 名中央企业优秀团干部和 50 名中央企业优秀共青团员。各中央企业团委也相应开展了优秀团员和优秀团干部评比表彰活动。

贯彻中企(2000)84 号文件,理顺关系,加大协管干部力度。2001 年共批复 16 家企业团委进行换届选举,5 家企业设立临时团委,并协助有关企业党委任命团的主要干部 54 人。2002 年,团工委共协助各企业党委任命、调整中央企业团委书记、副书记 40 人。

回顾这两年的工作,中央企业团的各项工作取得了突出的成绩,总体上可以概括为以下几点:一是工作思路进一步明确,各级团组织特别是各中央企业团委自觉将青少年思想政治工作放在首位,广泛开展了创建“五四红旗团委”活动和中央企业青年“创新创效”活动;二是贯彻团中央、团工委工作要求的自觉性有了进一步增强;三是结合企业特点,在创新团的工作方式、活动方式上进行了有益的探索,取得了良好的成绩。

但是,也必须清醒地看到工作存在的较大差距。一是团的基层组织建设仍有许多薄弱环节,部分企业团的组织关系尚未理顺;二是仍有部分企业团的活动和企业中心工作结合不够紧密;三是团组织服务青年的力度不够。这些必须引起我们的高度重视,继续采取有力措施加以解决。

附　　录

1998—2002年工作大事记

1998—2002 年工作大事记

1998 年

6 月 19 日—25 日 中国共产主义青年团第十四次全国代表大会在北京召开。来自全国各地的 1469 名团员代表出席本次大会。江泽民、李鹏、朱镕基、李瑞环、胡锦涛、尉健行、李岚清等党和国家领导人出席大会开幕式，中共中央政治局常委、国家副主席胡锦涛受中共中央委托向大会致题为《迈向新世纪创造新业绩》的祝词。全国妇联书记处第一书记顾秀莲代表各群众团体向大会致贺词。周强代表共青团十三届中央委员会作题为《在邓小平理论指导下团结带领各族青年为实现党的跨世纪宏伟目标而奋斗》的工作报告。22 日，选举产生了由 177 名委员和 118 名候补委员组成的新一届团中央委员会。23 日，团十四届一中全会选出由 23 名同志组成的团中央常务委员会，周强当选为团中央书记处第一书记，巴音朝鲁、孙金龙、胡春华、黄丹华、崔波、赵勇当选为团中央书记处书记。24 日，党中央邀请全体与会代表参观中南海。中共中央总书记、国家主席、中央军委主席江泽民在中南海亲切接见了 56 个民族的团员代表，并与团中央新一届领导成员和部分代表进行座谈，作了重要讲话。他指出，建设有中国特色社会主义的伟大事业，为全国各族青年施展才华提供了广阔的舞台，只要青年同志坚持学习马列主义、毛泽东思想特别是邓小平理论，坚持解放思想，实事求是，开拓进取，艰苦奋斗，就一定能够在改革开放和现代化建设中做出光荣的业绩。胡锦涛、尉健行、丁关根、张万年、罗干、温家宝、曾庆红等参加座谈会。

6 月 27 日 美国总统夫人希拉里·克林顿在北京会见了希望工程受助生和希望小学的学生代表。克林顿夫人接受了希望工程受助生让英敬献的哈达，与孩子们共同完成一幅中国国画——梅花争艳图，并签上了自己的名字。

7 月 5 日 首都大学生志愿者暑期文化、科技、卫生"三下乡"出征仪式在北京大学举行，当年暑期大学生志愿者"三下乡"活动拉开序幕。教育部副部长张天保为北京大学生"三下乡"志愿服务总队授旗，中宣部秘书长高明光为志愿服务队赠送了农村实用技术图书。胡春华出席送行仪式并讲话。

7 月 13 日 全国创建青年文明号活动组委会下发《关于命名表彰 1997 年度全国青年文明号的决定》，公安、公交、铁道、金融、税务、民航、旅游、供销、内贸、海洋、电力等十几个行业的 1737 个优秀青年集体荣获 1997 年度全国青年文明号称号，并受到共青团中央、公安部、建设部、铁道部等单位的表彰。同时，93 个 1996 年度全国青年文明号单位因考核不合格被取消称号。

7 月 29 日 共青团中央、中国社会科学院、全国青联在北京举行"青年知识分子成长成才暨'博士生服务团'汇报座谈会"。会议总结了"博士生服务团"工作经验，并围绕如何深化跨世纪青年人才工程和探索高素质复合型

人才机制进行了座谈。中国社科院、中共重庆市委及中组部、教育部、人事部等有关方面负责人和“博士生服务团”全体成员出席了座谈会。巴音朝鲁在会上讲话。

8月7日 共青团中央向全国各省级团委发出通知，要求各级团组织深入贯彻落实江泽民总书记和朱镕基总理对防汛抗洪工作的重要指示，按照党中央、国务院、中央军委致全国抗洪军民慰问电的要求，进一步动员广大团员青年投入抗洪救灾斗争，再接再厉，团结奋斗，为夺取抗洪救灾斗争的全面胜利做出新的更大贡献。

8月9日 由全国青联、中国青少年发展基金会与人民日报、中央电视台等首都10家新闻单位联合主办的第九届“中国十大杰出青年”评选结果揭晓。荣获本届“中国十大杰出青年”称号的是：小香玉、刘金虎、吕植、李小松、孟富强、昝圣达、柏耀平、贺业军、袁亚湘、谭和平。

8月9日 在由联合国和葡萄牙政府联合举办的首届世界青年事务部长会议上，黄丹华当选为大会副主席，并在大会上发言介绍中国青年工作情况，阐述中国青年政策。

8月12日 共青团中央发出《关于发动共青团员缴纳特别团费的通知》，要求紧急动员全国未受灾地区的共青团员缴纳特别团费，用于支援受灾严重地区修建或重建希望小学，帮助受灾学生尽早重返校园。

8月17日 团中央书记处决定拨出60万元团费，用于支援内蒙古、吉林、黑龙江等三省团组织开展抗洪抢险工作。

8月18日—20日 共青团中央、交通部在黑龙江联合召开“全国公路收费站系统创建青年文明号活动经验交流会”。孙金龙、交通部副部长张春贤、中共黑龙江省委副书记韩桂芝出席并讲话。

8月19日 由共青团中央、教育部、全国学联和中央电视台联合主办的第二届“中国大学生电脑大赛”总决赛暨电脑科技夏令营在北京举行。胡春华，大赛评委会主任、中科院院士杨芙清教授，全国学联主席张菁以及协办单位的负责人参加开幕式。胡春华在开幕式上代表主办单位讲话。22日，总决赛颁奖仪式在中央电视台举行。本届比赛共有162名同学分获电脑创作、网络知识竞赛、电脑技能竞赛、征文比赛和电视辩论赛的各种奖项，15所高校获组织奖。

8月27日—31日 周强和团中央书记处各位书记带领中国青年志愿者医疗防疫服务队分赴湖北、湖南、安徽、江西、黑龙江、吉林、内蒙古等省（区）受灾严重的地区，向他们送去总值2200余万元的救灾物品。

8月27日 喜之郎集团公司向中国青少年发展基金会捐赠200万元人民币，用于制作400顶帐篷，帮助灾区临时建设400所帐篷希望小学。这是“希望工程救灾劝募行动”推出后，中国青少年发展基金会收到的第一笔专门用于援建帐篷希望小学的捐款。

8月28日 共青团中央和中国青少年发展基金会帮助灾区建设帐篷希望小学的首批帐篷由北京发往灾区。巴音朝鲁出席首发仪式并讲话。

9月2日 中国青年志愿者行动指导中心在山西静乐县举行“中国青年志愿者扶贫接力计划静乐项目接力仪式”。胡春华、中共山西省委副书记郑社奎出席并讲话。

9月4日—5日 团中央统战部在北京召开座谈会，就“中国十大杰出青年”评选活动创办10周年系列纪念活动及加强对“中国十大杰出青年”当选者的培养等方面，广泛征求与会人士意见。部分往届“中国十大杰出青年”和地方十杰青年评选机构负责人代表共20人参加座谈会。

9月10日 中国青少年发展基金会负责人在由教育部、中央电视台、中国教育电视台共同举办的“为了灾区的孩子——’98教育系

统赈灾义演晚会”上宣布：自共青团中央、中国青少年发展基金会推出“希望工程救灾劝募行动”以来，直接接受捐款300多万元人民币，向灾区发送用于兴建帐篷希望小学的帐篷1000顶，向灾区3万多名儿童发放人均100元的希望特别救助款，援助灾区修建希望小学130所。

9月14日 中央团校举行建校50周年座谈会。中共中央政治局常委、国家副主席胡锦涛给中央团校发来贺信，向全体师生员工表示热烈的祝贺和亲切的问候，充分肯定办校50年来取得的成绩，并对学校今后的发展作了重要指示。周强在会上讲话。

9月14日 共青团中央、国家经贸委、劳动和社会保障部联合下发《关于命名表彰1997年度全国杰出青年岗位能手和全国青年岗位能手的决定》，房勇等10名同志被评为1997年度全国杰出青年岗位能手，张加平等232名同志被评为1997年度全国青年岗位能手。

9月16日 中国青少年发展基金会将首批200顶棉制帐篷送至黑龙江肇源县古洽乡姜岗村，用以建设“帐篷希望小学”。

9月18日 共青团中央首批援助灾区生产自救项目正式启动。蔬菜种植、养鱼、养猪等3个项目在湖南澧县、湖北公安、石首、监利等4个重灾区落户，受到灾区群众的热烈欢迎。为这些项目提供菜籽、鱼苗、仔猪援助的全国杰出青年农民和青年星火带头人表示，他们将在这些项目的实施过程中提供技术、产品销售等全方位服务。

9月19日 国家林业局、中国青年报社、团四川省委和清华同方股份有限公司在四川泯江上游汶川林场举行“’98抗洪青年纪念林”植树活动。参加这次活动的有曾经奋战在抗洪一线的记者、热心环保事业的青年志愿者、香港环保志愿者和青年林业科技推广人员。活动旨在唤起全社会特别是广大青少年“植树造林，绿化祖国”的环保意识。胡春华参加植树活动。

9月21日 中央金融工委、共青团中央在北京联合召开全国金融系统创建青年文明号、争当青年岗位能手活动座谈会。孙金龙出席并讲话。

9月21日 中央金融工委、共青团中央决定成立共青团中央金融工作委员会和金融机构系统团委，并联合发出《关于成立共青团中央金融工作委员会和金融机构系统团委，加强金融系统青年工作有关问题的通知》。

9月29日 共青团中央发出通知，要求全国各级团组织广泛动员和组织团员青年认真学习、深刻领会、坚决贯彻9月28日江泽民总书记在全国抗洪抢险总结表彰大会上的重要讲话精神。要求通过学习，把全国亿万青年的力量进一步凝聚起来，把广大团员的先锋模范作用进一步发挥出来，用伟大的抗洪精神激励团员青年自觉投身改革开放和社会主义现代化建设的伟大实践。

9月29日 共青团中央分别在黑龙江泰来县好新乡五一村和湖北监利县容城镇召开抗洪救灾青年突击队命名表彰暨重建家园誓师大会。来自黑龙江、内蒙古、吉林和湖北、湖南、江西、安徽、江苏以及解放军、武警的“抗洪青年突击队员英模”和“抗洪英雄青年突击队”的代表、重建家园青年突击队员代表2000多人参加了大会。135名“抗洪青年突击队员英模”和174个“抗洪英雄青年突击队”受到表彰。周强、巴音朝鲁分别出席并讲话，并于会后与青年突击队员一起参加重建家园劳动，看望灾民。

10月7日—8日 中国青年乡镇企业家协会在山东烟台市举办“乡镇企业创新与21世纪中国经济发展论坛”。中共中央政治局委员、国务院副总理吴邦国接见与会代表并作重要讲话。吴邦国对乡镇企业在搞活经济、安排就业等方面做出的贡献给予充分肯定，对青年企业家提出希望。这次活动共收到专家学者、

政府官员、乡镇企业经营管理者撰写的论文147篇,17篇论文获奖。崔波出席并讲话。

10月8日 中国青年乡镇企业家协会在山东烟台市召开四届二次理事会。崔波当选为新一届协会会长。

10月8日 中国青少年发展基金会"希望工程救灾劝募行动"累计接受捐款4539万元,制作、发运帐篷1400多顶,为灾区5万多名受灾儿童提供临时教学场所;向3万名受灾儿童发放了希望工程特别救助款,使他们重返校园;开始资助130多所灾毁小学重建校园。从10月份开始,救灾劝募行动已从捐建帐篷,一次性救助等紧急措施转移到资助灾毁小学重建上来。

10月8日—9日 团中央青工部在北京召开部分国有大型企业团委书记座谈会。来自冶金、机械、煤炭、石化、航空等十几个行业的20余家国有大型企业的团委书记参加会议。会议围绕在深化国有企业改革过程中企业团组织面临的机遇和挑战、企业青年科技人员在推动企业技术创新中的作用、进一步深化青年岗位能手活动和青年文明号活动以及切实加强新形势下企业团的建设等问题进行了深入研讨。孙金龙出席并讲话。

10月9日 共青团中央、全国学联在北京召开首都大学生弘扬抗洪精神座谈会。来自北大、清华、人大、北师大等20余所首都高校大学生代表畅谈学习江泽民总书记讲话精神的感想,立志要用伟大抗洪精神作动力,勤奋学习,奋发成才。胡春华出席并讲话。

10月11日 共青团中央、全国少工委在北京举行"中国少年先锋队'星星火炬奖章'授章仪式"。全国"十佳少先队员"代表和北京市优秀少先队员代表向多年来关心支持红领巾事业的社会各界人士颁授中国少先队的最高荣誉——全国一级"星星火炬奖章"。周强出席并讲话。

10月14日—15日 共青团中央与国家内贸局、中华全国供销合作总社联合下发《关于在内贸系统和供销系统开展"情系灾区,服务到户"活动的通知》,号召内贸系统、供销系统广大青年职工弘扬抗洪精神,通过组织青年文明号便民服务队、"一对一"帮扶、开展"百店助百村"等多种形式,向湖南、湖北、江西、安徽、黑龙江、吉林、内蒙古等重灾区人民提供维修、培训、营销、结对和多种经营指导服务,服务灾区群众生产生活的基本需求,支持灾区重建家园,发展经济。

10月17日—19日 共青团中央、中国石化集团公司在北京联合召开中国石化集团公司第一次青年岗位能手活动工作会议。会议表彰了一批青年岗位能手,并就如何适应石化改革和发展的新要求,全面深化青年岗位能手活动进行研究部署。周强、孙金龙,中国石化集团公司总经理李毅中,中国石化集团公司党组成员、直属机关党委书记于波清出席并讲话。

10月19日 "庆祝《中国青年》杂志创刊75周年和复刊20周年座谈会"在北京举行。中共中央政治局常委、国家副主席胡锦涛对《中国青年》杂志创刊75周年和复刊20周年表示祝贺。全国政协副主席杨汝岱和中宣部副部长龚心瀚,新闻出版署署长于友先,周强、巴音朝鲁、胡春华以及主管过《中国青年》杂志的在北京原团中央书记处书记、首都主要新闻单位负责人、新老读者代表出席座谈会。龚心瀚、于友先、周强等讲话。

10月20日 由共青团中央、中组部、科技部、人事部主办,全国青联、中国青少年发展基金会承办,中国自然科学基金会协办的第四届"中国青年科学家奖"揭晓。张杰等11人荣获"中国青年科学家奖",符松等6人荣获提名奖。全国人大常委会副委员长成思危,周强,中组部副部长王旭东,人事部副部长戴光前等出席颁奖典礼。

10月22日 共青团中央、铁道部、交通

部、水利部、国家电力总公司联合发出《关于在全国重点建设工程中继续深入开展争创青年文明号，争当青年岗位能手活动的通知》。

10月23日—31日　应全国青联邀请，以台湾青商总会会长郑烯煌为团长，十杰选拔筹备委员会总干事连进德为领队的台湾十大杰出青年观摩团一行19人赴山东省和重庆市访问。该观摩团此次来访，主要是观摩第九届“中国十大杰出青年”颁奖典礼并与祖国大陆的杰出青年进行多领域交流。

10月24日—27日　第九届“中国十大杰出青年”颁奖系列活动在山东济南、青岛等地举行。25日，中共中央政治局委员、山东省委书记吴官正，中共山东省委副书记陈建国，周强、巴音朝鲁等在济南会见第九届“中国十大杰出青年”。

10月27日—30日　中国青年报刊协会第16届年会暨第9次常务理事会在重庆召开。本次年会对首届“全国优秀青年报刊工作者”获得者进行了表彰。胡春华出席并讲话。

10月28日　共青团中央、铁道部、交通部、水利部、国家电力总公司联合在“西安—安康线”秦岭隧道举行“青年文明号决战重点工程誓师会”。孙金龙出席并讲话。

10月29日　共青团中央常委（扩大）会议在北京举行。会议通过了《关于认真学习贯彻党的十五届三中全会精神充分发挥团员青年在建设有中国特色社会主义新农村中生力军作用的决议》，讨论了《共青团工作跨世纪发展纲要（初稿）》。会议决定：12月在北京举行团的十四届二中全会，对未来5年团的工作作进一步研究和部署。

11月3日—5日　中国青年企业家协会第七次会员代表大会在北京召开。全国政协副主席周铁农出席开幕式并讲话。中国企业管理协会会长袁宝华代表中国企协向大会致贺词。周强在会上讲话。大会审议并通过《中国青年企业家协会章程（修正案）》。孙金龙当选会长。

11月8日　由共青团中央、全国学联、国家海洋局联合主办的“国际海洋年南海青年学生营”开营式在北京举行。胡春华出席并讲话。国家海洋局副局长陈炳鑫代表主办单位向学生营授营旗。此次学生营由90名大中学生组成，在海南举行为期5天的活动。活动主要有专家报告、专题研讨，参观三亚军港及海洋开发利用基地，并到西沙永兴岛慰问守岛官兵。

11月12日—14日　共青团中央、全国学联在上海召开全国高校学生深入学习邓小平理论座谈会。来自全国各地40多所重点高校的大学生和团干部代表参加座谈会。中共中央政治局委员、上海市委书记黄菊，周强出席并讲话。

11月15日　共青团中央、农业部、水利部、财政部、国家林业局、全国青联联合表彰第三届中国杰出青年农民。巴音朝鲁、崔波和农业部副部长路明、水利部副部长张春园、财政部副部长李延龄、国家林业局副局长李昌鉴等出席。

11月20日　中共中央政治局常委、国家副主席胡锦涛在人民大会堂亲切接见荣获第三届“中国杰出青年农民”称号和提名奖的青年。周强、巴音朝鲁、崔波和农业部副部长路明、水利部副部长张春园、财政部副部长李延龄、国家林业局副局长李昌鉴等参加会见。

11月26日—27日　全国青联八届五次常委（扩大）会议在北京召开。会议选举巴音朝鲁为八届全国青联主席，增选孙金龙、胡春华、黄丹华为全国青联副主席，选举胡伟为全国青联秘书长。会议增补17名八届全国青联常委和179名八届全国青联委员。周强出席并讲话。

12月2日—4日　以巴音朝鲁为团长的共青团中央、全国青联庆祝广西壮族自治区成立40周年慰问团在广西南宁市、钦州市慰问

演出。32名国内著名歌舞、相声、小品演员表演了精彩的文艺节目,表达了全国各族各界青年对广西人民的美好祝愿。慰问团向广西青少年赠送了价值30万元的药品和10台计算机,并捐建一所希望小学。

12月8日 共青团中央召开青少年新世纪读书计划全国电视电话会议。巴音朝鲁出席并讲话。胡春华就全团实施青少年新世纪读书计划作了部署。团中央有关部门及各省级团委、部分地市级团委负责人参加会议。

12月8日 共青团中央、全国学联在北京举行1998年度"中国大学生跨世纪发展基金建昊奖学金"颁发暨表彰大会。全国人大常委会副委员长许嘉璐、全国政协副主席周铁农、"一二·九"运动老前辈韩天石出席。胡春华出席并讲话。

12月8日—12日 全国少工委在江苏锡山市召开三届四次全委(扩大)会。巴音朝鲁、赵勇出席并讲话。会议推选巴音朝鲁为全国少工委主任,赵勇为常务副主任,教育部副部长吕福源、教育部基础教育司司长李连宁、中国少年儿童出版社社长海飞为副主任。

12月11日 团中央组织部在山西太原市召开全国部分团校校长调研座谈会。会上,各地团校校长交流了工作情况,并对进一步加强团干部培训工作的具体措施以及中国青年工作院校协会第二届理事会的有关事宜进行研讨。

12月12日 青少年新世纪读书计划读者日活动在北京图书大厦举行。周强出席并讲话。科技部副部长李学勇、解放军总政治部组织部副部长范印华以及新闻宣传等部门负责人参加了活动。

12月16日 由共青团中央、科技部、全国青联主办的第三届中国杰出(优秀)青年科技创业奖评选活动在北京揭晓。王长春等10人荣获第三届中国杰出青年科技创业奖,陈金飞等190人荣获第三届中国优秀青年科技创业奖。

1998年12月16日—1999年1月2日 全国学联二十二届二次全委会在北京召开。全国大中学校的159名委员代表参加会议。全国学联主席张菁作了题为《高举邓小平理论伟大旗帜,团结广大同学,为把建设有中国特色社会主义事业全面推向新世纪奋发成才》的工作报告。会议增补重庆大学为全国学联二十二届主席团单位。主席团会议通过邓勇任全国学联秘书长的决定。教育部党组成员陈文博出席,胡春华出席并讲话。

12月19日 共青团中央、全国学联在北京举行1998年度"中国大学生跨世纪发展基金·恒安济困助学金"颁发仪式。全国人大常委会副委员长王光英、全国政协副主席张克辉、全国政协秘书长郑万通和教育部等有关方面负责人出席。胡春华出席并讲话。共有31个省(区、市)的850名高校贫困生获得资助。

12月22日 中共中央政治局常委、中央书记处书记胡锦涛主持党中央书记处会议,听取团中央工作汇报。周强代表团中央书记处汇报了团十四大以来工作情况和1999年工作安排。

12月25日 "爱我中华,建树香江"香港学生交流团北京交流营开幕式在人民大会堂举行。开幕式前,中共中央政治局常委、国家副主席胡锦涛亲切会见参加北京交流营香港与内地的学生代表并发表重要讲话。会见结束时,胡锦涛副主席接受了香港中学生代表赠送给江泽民主席和他本人的新年贺卡以及一幅精美的中国地图。周强、巴音朝鲁和中共北京市委副书记于均波、副市长张茅、国务院港澳办副主任刘名启以及教育部有关负责人参加会见。

12月25日 中共中央政治局常委、国家副主席胡锦涛亲切接见共青团十四届二中全会与会人员,与大家合影并发表重要讲话,亲切勉励共青团干部要认清形势,坚定信心,开

拓进取,再创佳绩。

12 月 25 日—27 日 共青团十四届二中全会在北京召开。会议的主要任务是,以邓小平理论和党的基本路线为指导,深入贯彻落实党的十五大、十五届三中全会和中央经济工作会议精神,全面落实团十四大提出的各项任务,部署今后一个时期的工作。周强作了题为《认清形势,抓住机遇,团结带领广大团员青年满怀信心迈向新世纪》的讲话。他指出,1999年是我们党和国家历史上具有特殊意义的一年。全团要切实加强对团员青年的思想教育;要带领广大团员青年为促进农业和农村的跨世纪发展、为促进国有企业的改革和发展、为实施科教兴国战略、为促进社会主义精神文明建设和社会全面进步、为维护社会稳定作贡献;要在学习、就业、参与、维权四个方面扎实推进服务青年的工作。全会审议通过《共青团十四届二中全会关于团中央委员、候补委员卸职递补确认案》和《共青团工作跨世纪发展纲要》。巴音朝鲁作了总结讲话。

12 月 28 日 周强、巴音朝鲁出席“爱我中华,建树香江”公民教育教学系列活动香港学生交流团京港学生联欢晚会。活动结束时,香港学生交流团的同学们得到一份新年厚礼——江泽民主席亲笔致函香港学生交流团的同学们:“祝你们新年快乐!希望你们努力学习,立志成才,把香港建设得更加美好。向你们的家人和同学们问好”。

1999 年

1 月 4 日 团中央书记处理论学习中心组集中学习《讲学习讲政治讲正气教育读本》。周强、巴音朝鲁、孙金龙、胡春华、黄丹华、崔波、赵勇和机关局级以上干部参加学习。学习结束时,周强作了小结,强调要把集中学习与自学相结合,务必保证通读一遍“三讲”教育必读篇目。

1 月 5 日—7 日 共青团中央在广西荔浦县召开“共青团领办科技推广项目现场推进会”,确定今后一个时期农村共青团工作的总体要求和工作重点,对领办科技推广项目工作作出部署。周强出席并讲话,崔波出席并就农村团的工作方式创新作专题讲话。

1 月 6 日—8 日 全国共青团学校工作会议在北京召开。周强看望与会代表。胡春华出席并讲话。

1 月 8 日 全国人大内司委副主任委员万绍芬、刘珩到团中央了解、听取共青团开展青少年权益保护工作的情况,征求对全国人大内司委工作的建议。周强、赵勇汇报了共青团开展青少年权益保护工作的情况和进一步加强维权工作的安排。

1 月 12 日 周强主持召开团中央书记处会议,传达学习江泽民总书记在省部级主要领导干部金融研究班结业式上的重要讲话,结合共青团工作研究贯彻落实措施。

1 月 12 日 全国少工委在北京举行广州帝豪表企业有限公司向“中国少年雏鹰行动”捐资仪式。全国人大常委会副委员长王光英出席,赵勇出席并讲话。

1 月 13 日 团中央系统“保护母亲河行动”协调指导委员会正式成立,并召开第一次会议。崔波主持会议并讲话。

1 月 18 日 共青团中央、全国绿化委员会、国家林业局和中国青少年发展基金会联合召开会议,全面启动“保护母亲河行动”。周强出席并讲话,巴音朝鲁主持会议,崔波对实施“保护母亲河行动”作具体部署,国家林业局副局长李昌鉴出席并讲话。

1 月 19 日—20 日 共青团中央召开机关局级干部和直属单位主要负责人会议,听取书记处成员“三讲”教育个人总结,并对书记处班子和成员进行民主评议。中央“三讲”教育巡视组组长尹克升、中直工委副书记王景茂以及中央“三讲”教育办公室有关同志、巡视组成员和中直工委有关同志分别参加小组评议。

1月20日 共青团中央决定从1999年起在全团实施“团干部321培训计划”。即用3年时间,力争使共青团21万名专职干部普遍接受一次培训。

1月22日 共青团中央召开《当代中国的青年和共青团》图书出版座谈会。周强出席座谈会,对这部反映建国以来共青团和青年运动发展的大型图书的出版表示祝贺,并代表团中央向该书主编等颁发共青团精神文明建设“五个一工程”特别奖。胡春华主持座谈会。

1月22日 共青团中央联合国家计委、公安部等21个部委、部门召开全国青年文明号活动组委会办公会议,总结1998年工作,研究部署1999年工作。孙金龙出席并讲话。

1月29日 共青团中央、全国总工会和全国妇联在北京召开座谈会,纪念江泽民主席《为促进祖国统一大业的完成而继续奋斗》重要讲话发表4周年暨全国人大常委会《告台湾同胞书》发表20周年。周强,全国妇联副主席、书记处第一书记顾秀莲,全国总工会副主席、书记处书记李奇生出席并讲话。全国妇联书记处书记莫文秀出席。巴音朝鲁主持会议。

2月1日 “共青团中央、全国学联济困助学金”颁发仪式在北京举行。中央民族大学、中国农业大学、北京林业大学三校共107名贫困大学生领取了济困助学金。胡春华出席仪式并到学生宿舍看望了学生。

2月1日 由共青团中央、中国科协、全国学联主办,北京大学承办的“挑战杯”全国大中学生展望新世纪主题设计竞赛启动仪式在北京大学举行。胡春华出席并讲话。

2月1日—3日 以巴音朝鲁为团长的中国青年志愿者扶贫服务团深入团中央的定点帮扶县——山西灵丘的山村集镇,开展科技讲座、文艺演出、巡回医疗门诊等活动。53名科技专家、青年演员和医生及团中央有关部门和单位的负责同志参加了服务团。团中央有关部门资助当地贫困失学儿童500名,捐建希望小学6所,并赠送30台计算机和价值16万元的图书。

2月2日—4日 共青团全国宣传工作会议在厦门市举行。周强在会上作了题为《高举旗帜,服务大局,凝聚力量,动员广大团员青年为实现党的跨世纪宏伟目标而奋斗》的讲话。胡春华主持会议,并就当前和今后一个时期的宣传思想工作进行部署。

2月3日 周强、孙金龙、中共北京市委副书记于均波等在北京慰问部分下岗青工家庭,并看望下岗青工再就业、再创业典型。

2月5日 “中国青少年权益保护基金”设立暨首批救助金发放仪式在北京举行。全国人大常委会副委员长曹志,全国政协副主席孙孚凌,周强出席。赵勇出席并讲话。

2月5日—6日 中国青年科技工作者协会第二届会员大会暨第三届中国杰出(优秀)青年科技创业奖颁奖典礼在北京举行。王长春、古共伟、刘汝山、张平、张延军、胡万毅、胡秀强、徐荣祥、郭为、潘爱华等10人被共青团中央、科技部、全国青联授予第三届杰出青年科技创业奖,陈金飞等190人被授予第三届中国优秀青年科技创业奖。会上,共青团中央、科技部宣布共同实施中国青年科技创新行动。会议选举产生新一届协会领导成员。全国政协副主席王文元,周强,科技部副部长黄齐陶出席并讲话。巴音朝鲁主持会议。

2月6日 共青团中央、科技部举行中国青年志愿者“百千万科技扶贫”活动出征仪式。活动以百项创新成果送百县、千名青年专家到千村、万册科技图书入万户为主要内容,在春节期间为贫困地区提供农业实用技术推广、医疗卫生和社会调查等方面的服务。科技部部长朱丽兰、周强出席并讲话。胡春华主持仪式。

2月8日 中国少年科学院成立暨新老院士座谈会在北京举行。全国政协副主席卢嘉锡任中国少年科学院名誉院长,赵勇任院长。

周强、赵勇，科技部副部长韩德乾，中国科协书记处书记常志海及部分中科院院士、著名科学家出席。

2 月 25 日　全国少工委下发《关于开展少先队“保护母亲河行动周”活动的通知》，决定在新学期开学第一周，开展少先队“保护母亲河行动周”活动，以此启动“手拉手捡回一个希望，还母亲河一片绿色”主题教育活动。同时，把每年 3 月 6 日、7 日确定为“保护母亲河行动日”。

2 月 28 日　中共中央政治局常委、中央书记处书记尉健行，全国人大常委会副委员长布赫分别会见日本第十次“长城计划”友好交流使节团。周强、巴音朝鲁、黄丹华参加会见。

3 月 2 日　希望工程全国监察委第五次全体会议在北京举行。会议调整了监察委员名单并通过了 1999 年度聘任的巡视员名单。会议发布了希望工程年度审计报告、监察报告。孙金龙出席会议并讲话。

3 月 2 日—7 日　共青团中央在中央团校举办团十四届中央委员第一期学习邓小平理论读书班。周强出席开班仪式，并作了题为《大兴勤奋学习之风，团结带领广大团员青年为实现党的跨世纪宏伟目标而奋斗》的讲话。他说，学习是共青团的重要任务。在新形势下，抓好团干部的理论学习，是共青团服务大局、服务青年，推动共青团工作实现跨世纪新发展的需要。他强调，广大团干部要做勤奋学习的表率，系统地学习马克思主义科学理论、系统地学习历史和现代经济知识和科技知识；要在广大青年中大兴学习之风，进一步兴起学习邓小平理论的新高潮。读书班邀请中央党校常务副校长郑必坚，中联部副部长蔡武，北京大学教授、两院院士王选，北京大学教授萧灼基和中国人民银行研究生部主任、研究员唐旭作专题报告。书记处全体同志出席读书班仪式，并分别主持各场专题报告会。

3 月 5 日　团中央系统“保护母亲河行动”捐款活动在团中央机关举行。机关干部和来自直属单位的代表近 400 人捐款，总计金额 96000 元。周强、巴音朝鲁、孙金龙、胡春华、黄丹华、崔波、赵勇参加捐款活动。

3 月 10 日—14 日　共青团中央在中央团校举办团中央委员第二期学习邓小平理论读书班，60 名团中央委员参加学习。委员们先后听取了刘华秋、龚育之、刘明康、厉以宁、张春生、田溯宁等人就邓小平理论以及经济、外交、科技、金融、法制等问题所作的专题报告。16 日，读书班举行结业仪式。周强出席仪式并作总结讲话。

3 月 12 日　中国青少年信息网络工程启动仪式在北京举行。巴音朝鲁出席并讲话。

3 月 14 日—18 日　共青团中央联合民政部、建设部、国家工商行政管理局在福州市召开创建“青年文明社区”暨社区团建工作现场推进会。巴音朝鲁、赵勇出席并讲话。

3 月 22 日　共青团中央制定《关于加强团干部思想作风建设的意见》，提出了加强团干部思想作风建设总的指导思想和目标是：以邓小平理论为指针，深入学习贯彻党的十五大精神，继承和发扬党的优良传统，按照党中央对年轻干部的一贯要求，针对团干部思想作风的实际状况，把全面提高团干部思想作风素质与着重解决存在的突出问题结合起来，把增强自觉性与严格教育管理结合起来，落实工作措施，建立有效机制，在全团形成讲学习、讲政治、讲正气的浓厚氛围，努力建设一支政治坚定、刻苦学习、勤奋工作、勇于创造、自觉奉献、艰苦奋斗的团干部队伍，更好地担负起团结、教育、带领广大团员青年为实现党的跨世纪目标而奋斗的历史使命。基本要求是：坚定信念、服务青年、艰苦奋斗、求真务实、开拓创新。

3 月 26 日　共青团中央下发《关于在全团深入学习邓小平理论的意见》，要求全团切实把用邓小平理论武装全团、教育青年放到各项工作的首要位置，进一步在广大团员青年中兴

起学习邓小平理论的新高潮，推动全团的理论学习不断深入。

3月29日—31日 周强在重庆万州移民开发区出席“保护母亲河绿色工程万州项目”开工仪式，并就“保护母亲河行动”有关工作进行调研。中共重庆市委常委邢元敏参加开工仪式和调研活动。

3月30日 共青团全国青工工作会议在陕西西安市召开。会议总结了1998年的青工工作，并根据团十四届二中全会精神和《共青团工作跨世纪发展纲要》的总体要求，研究部署当前和今后一个时期全团的青工工作。孙金龙出席并讲话。

4月2日 共青团中央、全国青联作出决定，追授中国人民解放军广州军区某部战士李向群“中国青年五四奖章”。25日，共青团中央、全国青联举行追授李向群“中国青年五四奖章”仪式。巴音朝鲁宣读追授决定，李向群生前所在部队代表接受了奖章。解放军总政治部副主任周子玉主持仪式，解放军总政治部副主任唐天标出席。

4月5日 共青团中央、农业部联合下发《关于举办第一届全国乡村青年歌手电视大奖赛的通知》，决定自1999年起共同举办全国乡村青年歌手电视大奖赛。

4月10日 中国青年企业家协会在山东青岛市召开中青企协七届一次会长办公扩大会暨“青年企业家与创新”研讨会。孙金龙出席并讲话。

4月10日—11日 应全国青联的邀请，以全国青联副主席、澳门中华总商会青年委员会主任高开贤为团长的澳门中华总商会青年委员会代表团访问北京。11日，内地与澳门青年在人民大会堂共同举办“纪念《澳门特别行政区基本法》颁布6周年座谈会”。全国政协副主席马万祺以及国务院港澳办副主任陈滋英、新华社澳门分社副社长李水林、全国青联副主席关牧村和澳门特区筹委会副秘书长贺定一出席座谈会。巴音朝鲁出席座谈会并讲话。

4月12日 周强主持召开团中央书记处会议，传达学习全国宣传部长会议精神，研究纪念五四运动80周年有关工作。

4月12日 中宣部、解放军总政治部、共青团中央在北京举行“新时期英雄战士”李向群先进事迹报告会。中央军委委员、解放军总政治部主任于永波，周强，中宣部常务副部长刘云山，副部长刘鹏，解放军总政治部副主任袁守芳，胡春华出席并会见报告团成员。

4月15日 共青团中央、全国青联作出决定，授予杨元庆、胡万毅、郭雷、陈飞、郭广昌、刘汝山、刘明、公方彬、方红霄、张绍新、王玉荣、王新全、邱汝舜、秦英林、乌兰、孙海涛等16名同志“中国青年五四奖章”。

4月16日 共青团中央、中国科协、全国学联主办的“挑战杯”中国大学生创业计划竞赛在清华大学启动。巴音朝鲁出席竞赛情况介绍会并讲话。胡春华、中国科协书记处书记常志海、清华大学校长王大中出席。

4月17日 共青团中央、中央综治办、最高人民法院、最高人民检察院、公安部、司法部、财政部、中国人民银行、国家税务总局、国家工商行政管理局、海关总署、武警部队总部在人民大会堂联合举行“第二届中国杰出（优秀）青年卫士表彰暨事迹报告会”，任志清等10名杰出青年卫士、丁榕等100名优秀青年卫士受到表彰。赵勇主持会议。

4月18日 共青团中央、新华社主办的“光辉历程——纪念五四运动80周年大型图片展”在中国革命博物馆开幕。巴音朝鲁出席开幕式，胡春华致开幕辞。

4月19日 中共中央政治局委员、国务委员、中央政法委书记、中央综治委主任罗干在人民大会堂接见第二届“中国杰出（优秀）青年卫士”获奖者代表。周强、赵勇参加会见。

4月19日 周强、黄丹华会见以古巴全国

人大代表、古共中央委员、古巴共产主义青年联盟第一书记奥托·里维罗为团长的古共青联代表团。

4 月 23 日　中共中央总书记、国家主席、中央军委主席江泽民在人民大会堂接见全军第九次青年工作会议全体代表并发表重要讲话。周强参加会见。

4 月 30 日　共青团中央联合中央金融工委、公安部、建设部、铁道部、交通部等 21 个部委评选出 2153 个 1998 年度全国青年文明号单位。

5 月　周强在《党建研究》1999 年第 5 期发表题为《弘扬五四精神，肩负振兴中华的历史重任》的署名文章。

5 月 2 日　共青团中央、全国青联、全国学联召开“五四运动与迈向新世纪青年和青年工作学术研讨会”。孙金龙、黄丹华、崔波、赵勇及有关部门负责人出席会议。

5 月 3 日　教育部、共青团中央在人民大会堂召开全国三好学生、优秀学生干部和先进班集体表彰座谈会。教育部部长陈至立宣读表彰决定，胡春华出席。

5 月 3 日　团中央书记处全体成员出席第三届“中国青年五四奖章”颁奖仪式，周强、巴音朝鲁向获奖者颁发证书。

5 月 3 日　“当代青年的榜样——秦文贵先进事迹报告会”首场报告在人民大会堂举行。周强出席并讲话。报告会由中宣部副部长刘鹏主持。中国石油天然气集团公司总经理马富才，胡春华，中共青海省委常委、宣传部长田源出席。

5 月 4 日　中宣部、教育部、共青团中央在人民大会堂隆重举行五四运动 80 周年纪念大会。江泽民、李鹏、朱镕基、李瑞环、胡锦涛、李岚清等党和国家领导人出席大会开幕式。中共中央政治局常委、国家副主席胡锦涛在大会上发表重要讲话。他指出，五四运动是中国旧民主主义革命走向新民主主义革命的转折点，树立了推动中国历史进步的丰碑，孕育了爱国、进步、民主、科学的伟大精神。在跨世纪的历史时刻，广大青年要增强历史责任感，高举邓小平理论伟大旗帜，发扬伟大的五四精神，坚定理想、服务人民，深入群众、投身实践，勤奋学习、勇于创造，脚踏实地、艰苦奋斗，为实现我国社会主义现代化不断建功立业。首都各界青年代表 6000 多人参加纪念大会。周强主持。团中央书记处全体成员参加。

5 月 4 日　“青春之歌—纪念五四运动 80 周年文艺晚会”在北京工人体育馆举办。江泽民、李鹏、朱镕基、李瑞环、胡锦涛、李岚清等党和国家领导人同首都各界青年欢聚一堂，共度青年节。演出结束后，江泽民总书记即席发表重要讲话，“听了你们嘹亮的歌声，铿锵的朗诵，使我们回想起青年时代的战斗岁月，回想起党和人民的伟大奋斗历程。历史证明，中国人民是永远不可战胜的！你们的歌声和朗诵，跳动着时代的脉搏，憧憬着美好的未来。未来是属于青年的，青春万岁”。

5 月 5 日　共青团中央、国家民委、全国青联在北京举行第二次全国各族青年团结进步模范集体和个人代表座谈会。国务委员司马义·艾买提，周强出席会议。国家民委副主任江家福，中央统战部副部长田鹤年，巴音朝鲁出席并讲话。

5 月 6 日　纪念中华全国青年联合会成立 50 周年座谈会在人民大会堂举行。中共中央政治局常委、国家副主席胡锦涛，中共中央政治局常委、国务院副总理李岚清，中共中央政治局候补委员、书记处书记、中组部部长曾庆红，全国人大常委会副委员长王光英，全国政协副主席、中央统战部部长王兆国出席座谈会。李岚清在会上作重要讲话。他指出，50 年来，青联组织在党的领导下，高举爱国主义、社会主义旗帜，紧紧围绕党在各个历史时期的中心任务，广泛团结全国各族各界青年，在社会主义革命、建设和改革事业中发挥了重要作

用。青联组织在实践中积累了宝贵的经验，就是必须坚持用马列主义、毛泽东思想特别是邓小平理论指导青联的全部工作，必须坚持中国共产党对青联工作的统一领导，必须用爱国主义、社会主义旗帜感召、引导和凝聚青年，必须把青联事业融入国家和民族发展的整个事业之中，必须坚持把竭诚为青年服务作为青联工作的出发点和落脚点。他向青联组织提出3点希望，要帮助青年在学习和实践中成长进步，要引导青年为改革和发展多作贡献，要进一步巩固和发展全国各族青年的大团结。周强主持座谈会，巴音朝鲁致辞。

5月7日　中组部、共青团中央在中南海召开第四期青年专家国情考察团汇报座谈会。中共中央政治局候补委员、书记处书记、中组部部长曾庆红在听取青年专家发言后发表重要讲话。周强，中组部副部长王旭东，巴音朝鲁出席座谈会。

5月9日　全国青联、全国学联分别召开座谈会，严正抗议和严厉谴责以美国为首的北约轰炸中国驻南联盟大使馆的野蛮行径。团中央书记处全体成员参加座谈会。

5月10日　共青团全国基层组织建设领导小组召开会议，研究部署创建"五四红旗团委"活动和团建创新试点工作，讨论"全国五四红旗团委"及组织奖评选表彰办法，确定团建创新试点单位。周强出席并讲话，崔波主持会议。

5月12日　中宣部、教育部、共青团中央在北京联合召开纪念五四运动80周年座谈会，全国人大常委会副委员长彭珮云、周强出席并讲话。中宣部常务副部长刘云山主持座谈会，中央有关部门负责同志白克明、吕福源、李奇生等出席。

5月14日　共青团中央、全国青联在北京召开座谈会，认真学习5月13日江泽民总书记在欢迎我国驻南斯拉夫联盟共和国工作人员大会上的重要讲话，缅怀邵云环、许杏虎、朱颖3位革命烈士的光辉业绩，号召全国青年把对以美国为首的北约的霸权主义的愤慨和对死难烈士的哀悼之情转化为捍卫国家主权、振兴中华的强大力量，立足本职，努力工作，勤奋学习，奋发图强，以实际行动维护稳定大局，为把我国建设成为社会主义现代化强国而努力奋斗。周强、巴音朝鲁出席并讲话，胡春华主持座谈会。

5月18日　1999中国青年科技论坛总论坛开幕。中共中央政治局委员、中国社会科学院院长李铁映出席论坛开幕式，并在开幕式前会见出席论坛的海外来宾，与参加论坛的全体人员合影。周强在开幕式上致辞。

5月21日　共青团中央、国家经贸委、国家知识产权局、中国科协联合下发《关于在全国企业青年职工中开展创新创效活动的通知》。周强、国家经贸委副主任张志刚担任全国企业青年职工创新创效活动领导小组组长，孙金龙任常务副组长。

5月23日—24日　由共青团中央、中国科协、全国少工委主办的"雏鹰杯"全国少年"五自"实践小课题展示活动在北京举行。全国人大常委会副委员长王光英、全国政协副主席孙孚凌出席并颁奖。赵勇出席并讲话。

6月1日　共青团中央、全国妇联、国务院妇儿工委办公室、全国少工委在人民大会堂联合举行"小伙伴手拉手，共话祖国50年"六一交流活动。中共中央政治局常委、国家副主席胡锦涛，中共中央政治局常委、国务院副总理李岚清和孩子们一起庆祝六一国际儿童节。中共中央政治局候补委员、国务委员吴仪，全国人大常委会副委员长、全国妇联主席彭珮云，周强，教育部部长陈至立，巴音朝鲁等出席。

6月3日　"挑战杯"中国大中学生展望新世纪主题设计竞赛总决赛暨作品展览开幕式在北京大学举行。全国人大常委会副委员长彭珮云宣布总决赛暨作品展览开幕，全国政

协副主席钱伟长向参赛学生代表赠送科技图书。周强在开幕式上讲话。中宣部副部长刘鹏，胡春华，教育部党组成员陈文博，中国科协书记处书记常志海，北京大学校长陈佳洱出席开幕式。

6 月 5 日 全国保护母亲河行动领导小组专家组组建仪式在北京举行。周强向作为首批成员的 8 名专家颁发聘书并讲话。

6 月 11 日 中国少年儿童出版社在人民大会堂举行全国亿万中小学生保护资源教育与实践活动启动暨《中国资源》小学版首发式。中共中央政治局常委、全国人大常委会委员长李鹏为该书题词："从小树立环境与资源意识，长大担负历史重任。"中共中央政治局常委、国务院副总理李岚清发来贺信。

6 月 15 日—17 日 共青团中央、国家经贸委、国家知识产权局、中国科协在山东齐鲁石化公司联合召开全国企业青年职工创新创效活动现场启动大会。中共中央政治局委员、山东省委书记吴官正出席。周强出席并讲话。

6 月 16 日 中宣传、教育部、共青团中央、全国学联在北京召开全国电视电话会议，部署 1999 年暑期大中学生志愿者文化科技卫生"三下乡"活动。中宣部副部长刘鹏，巴音朝鲁出席并讲话。

6 月 17 日 共青团中央、全国政协人口资源环境委员会、水利部、中央电视台、中国青年志愿者协会、中华环保基金会、中国林业科学院在河北丰宁联合举行中国青年志愿者绿色行动营计划启动暨丰宁营开营仪式。赵勇出席并讲话。

6 月 24 日 团中央定点帮扶工作领导小组召开第二次全体成员会议。会议传达了中央扶贫开发工作会议精神，确定了团中央下一阶段帮扶工作的任务和措施，提出了推进帮扶工作的具体要求。巴音朝鲁出席并讲话，崔波主持会议。

6 月 24 日 中国青年政治学院举行 1999 届毕业生毕业典礼。周强、巴音朝鲁等出席。毕业典礼前，周强、巴音朝鲁与志愿到西藏工作的毕业生代表进行座谈。

6 月 28 日 由全国人大内务司法委员会牵头、共青团中央参与起草的《中华人民共和国预防未成年人犯罪法》，经九届全国人大常委会第十次会议审议通过。

6 月 28 日 团中央创建"青年文明社区"活动领导小组召开第一次会议，就深化"青年文明社区"创建工作进行研究。巴音朝鲁、赵勇出席会议。

7 月 3 日 中国青少年发展基金会第三届理事会第二次全体会议在北京举行。会议审议通过《中国青少年发展基金会工作报告》、《中国青少年发展基金会财务工作报告》和《关于修改中国青少年发展基金会章程的决定》，决定增补部分理事和常务理事，选举巴音朝鲁为中国青少年发展基金会理事长。周强、巴音朝鲁出席并讲话。

7 月 4 日 中宣部、教育部、共青团中央、全国学联联合举行 1999 年暑期大中学生志愿者"三下乡"出征仪式。中宣部秘书长高俊良，胡春华等出席仪式。

7 月 6 日—9 日 由中组部、共青团中央联合组派的"博士生服务团"分赴江西、重庆、四川等地进行为期一年的挂职锻炼。

7 月 16 日 "保护母亲河绿色希望工程—日中友好沙漠绿化行动"启动仪式在人民大会堂举行。胡春华出席仪式。

7 月 18 日 由农业部、财政部、共青团中央共同举办的"跨世纪青年农民科技培训工程"启动仪式在山东兖州市举行。崔波出席并讲话。

7 月 20 日 共青团信息工作会议在吉林延吉市召开。孙金龙出席并讲话。

7 月 23 日 共青团中央发出《关于共青团员不准修炼"法轮大法"的通知》。要求各级团组织要充分认识"法轮功"组织的政治本质和

严重危害，明确要求共青团员不准修炼“法轮大法”，要针对“法轮功”问题在全团开展一次学习教育活动。

7月26日 中国青年企业家协会召开“加入WTO与中国软件行业发展”研讨会。孙金龙出席并讲话。

7月27日 共青团中央召开直属单位“三讲”教育总结交流座谈会。周强出席并讲话。

7月27日 共青团中央召开“推动青年创业，服务国企改革”座谈会。孙金龙出席并讲话。

7月27日—29日 共青团农村基层工作现场会在浙江温岭市召开。巴音朝鲁在会上作题为《加强乡镇团委主体地位，带动农村基层整体活跃》的讲话。

7月30日 第二届全国少年军校检阅式在中国少年军校总校训练基地举行。中共中央政治局委员、中央军委副主席、国务委员兼国防部长迟浩田出席检阅式并为“中国少年军校总校”揭牌。周强出席检阅式并讲话。解放军总政治部主任周子玉、教育部副部长张天保和中央军委办公厅、北京军区有关负责人出席。赵勇主持检阅式。

8月6日 青年科技人才与项目对接工作座谈会在河北石家庄市华北制药集团召开。周强出席并看望了“留日学人归国服务团”成员。中共河北省委副书记赵世居出席并讲话。

8月8日 “保护母亲河行动”情况通报会暨捐款仪式在人民大会堂举行。全国人大常委会副委员长王光英，周强，中国工程院副院长沈国舫出席并讲话。

8月9日 共青团中央颁布《“保护母亲河工程”实施办法》和《关于“保护母亲河行动专项（绿色希望工程）基金”管理的暂行规定》。

8月13日 全国少先队队报队刊宣传工作会议在云南玉溪市召开。赵勇出席并讲话。

8月15日 全国青联、中国青少年发展基金会举行“绿色希望工程—日中友好沙漠绿化行动”志愿者誓师大会。全国人大常委会副委员长布赫出席并会见以日本众议院议员武村正义为团长的日中友好沙漠绿化行动代表团主要成员。周强、巴音朝鲁出席誓师大会。

8月16日 中国青少年研究会第一届理事会第一次会议在北京举行。会议选举孙金龙为会长，郗杰英等10人为副会长，孙云晓为秘书长。周强出席会议并讲话。

8月19日 中共中央政治局常委、全国人大常委会委员长李鹏会见日中友好沙漠绿化行动代表团，并在会见前与全体团员合影。全国人大常委会副委员长王光英，周强，全国人大常委会副秘书长吕聪敏，黄丹华，日本驻华大使谷野作太郎参加会见。

8月19日 中共中央政治局常委、全国人大常委会委员长李鹏在人民大会堂接见获得“中国杰出（优秀）青年外事工作者”荣誉称号的青年代表，与大家合影留念，并发表重要讲话。全国人大常委会副委员长王光英，周强，全国人大常委会副秘书长吕聪敏等参加接见。

8月19日 共青团中央、中联部、外交部、外经贸部、对外友协、全国青联在人民大会堂联合召开“中国杰出（优秀）青年外事工作者”表彰大会。全国人大常委会副委员长王光英，周强，全国人大外委会副主任委员李淑铮，中联部副部长蔡武等出席并为获奖者颁奖。周强在会上讲话。

8月23日 全国少工委在拉萨市举行“汉藏少年手拉手共同迈向新世纪”活动启动仪式。赵勇、中共西藏自治区委副书记丹增出席仪式并讲话。

8月24日 周强会见以越南胡志明共青团中央第一书记武重金为团长的越南胡志明共青团代表团，并签署《中国共青团与越南胡志明共青团2000年至2001年期间合作协议》。

8月26日 中共中央政治局常委、国家副

主席胡锦涛在人民大会堂会见越南胡志明共青团代表团。周强、黄丹华、越南驻华大使裴鸿福参加会见。

8 月 31 日 为贯彻落实党中央关于处理和解决“法轮功”问题的工作部署，团中央组织部在北京召开团省(自治区、直辖市)委组织部长会议。周强、崔波出席并讲话。

9 月 4 日 “母亲河，我与你同行——长江流域绿色传递活动”会旗仪式在上海外滩举行。周强，中共上海市委副书记龚学平，上海市委常委、副市长韩正出席。仪式前，中共中央政治局委员、上海市委书记黄菊会见周强和参加仪式的有关同志。

9 月 10 日 共青团中央发出《关于表彰全国优秀团校教师的决定》，授予陈升等 42 名同志“全国优秀团校教师”荣誉称号。

9 月 14 日—16 日 “全国 18 岁成人仪式教育活动现场推进会暨中学共青团工作研讨会”在南京市召开。中共江苏省委副书记顾浩和教育部有关负责同志出席。胡春华出席并讲话。

9 月 21 日 共青团中央、全国青联、全国学联和全国少工委在北京召开“弘扬‘两弹一星’精神，为科教兴国作贡献”座谈会。巴音朝鲁出席并讲话，胡春华主持座谈会。

9 月 23 日 周强主持召开团中央书记处会议，传达学习党的十五届四中全会精神，研究贯彻落实措施。

9 月 25 日 由共青团中央、中国科协、全国学联主办的“挑战杯”中国大学生创业计划竞赛复赛评审工作在北京结束。

9 月 25 日 由全国青联、中国青少年发展基金会与人民日报、光明日报等首都十家主要新闻单位联合主办的第 10 届“中国十大杰出青年”评选活动在北京揭晓。丁榕(女)、邓伟、刘谊、吕岩松、孙雯(女)、吴奇修、张荣(女)、张庆伟、李洪涛、侯新民荣获十杰青年称号。

9 月 27 日 中宣部、国家经贸委、劳动和社会保障部、共青团中央在人民大会堂联合举行“深化国有企业改革先进事迹报告团”首场报告。中宣部副部长刘鹏主持报告会，孙金龙代表主办单位讲话。

9 月 30 日 由全国青联主办、中国青年科技工作者协会承办、中青网协办的中国青年科技信息网(WWW. cysn. net. cn)上网试运行。

10 月 11 日—16 日 团中央组织部在中央团校举办全国基层团干部培训班。周强出席开班式并讲话。崔波出席结业式并讲话。

10 月 12 日 中共中央总书记、国家主席、中央军委主席江泽民为少先队建队 50 周年题词：“星星火炬，代代相传”。

10 月 12 日 中国青少年发展基金会与中央广播电视大学举办“希望工程远程教育——电大园丁工程”启动仪式。巴音朝鲁出席。这一项目以“帮助一名教师，教好一批孩子”为主题，将在 4 年内资助 10000 名希望小学和贫困边远地区小学教师接受远程开放教育，使之成为具有大学专科水平的教学和教育管理骨干。

10 月 13 日 中共中央政治局常委、国家副主席胡锦涛会见参加“星星火炬，代代相传——纪念中国少年先锋队成立 50 周年座谈会”的代表，与大家合影留念并发表重要讲话。周强、巴音朝鲁、赵勇参加会见。

10 月 15 日 共青团中央常委(扩大)会议在北京举行。会议学习传达党的十五届四中全会精神，通过《关于学习贯彻党的十五届四中全会精神，充分发挥青年职工在国有企业改革和发展中的生力军作用的决议》。周强出席会议并讲话。

10 月 16 日 香港同龄同心庆金禧筹委会援建希望小学捐赠及授牌仪式在人民大会堂举行。国务委员司马义·艾买提，周强，教育部部长陈至立，巴音朝鲁出席仪式。

10 月 17 日 “保护母亲河行动——中国少年水保世纪林”工程在河南小浪底水利枢纽

工程黄河两岸正式奠基。孙金龙、水利部和河南省有关领导出席仪式。仪式上,河南少先队员向全国少年儿童发出《保护母亲河,共植中国少年水保世纪林》的倡议。香港特别行政区和澳门地区的少年儿童代表应邀参加仪式。

10 月 18 日 中国青年科技创新行动——海内外青年材料博士服务企业活动座谈会在北京举行。中共中央政治局常委、国务院副总理李岚清会见与会代表,听取汇报发言,并作重要讲话。周强主持座谈会,全国政协副主席朱光亚,科技部部长朱丽兰,巴音朝鲁出席。

10 月 23 日 应中国政府邀请,由日本参议院议员、前外务省政务次官、日中友好协会副会长武见敬三和众议院议员中田宏率领的日本青年代表团来华访问,中日青少年交流框加合作计划正式启动。国家主席江泽民和日本首相小渊惠三为此分别书面致辞。24 日,周强会见代表团主要成员。黄丹华参加会见。

10 月 25 日 黄丹华出席全国青联和联合国亚太经社会联合举办的"青年人力资源开发中国培训班"开幕式并讲话。

10 月 25 日 中央综治委、公安部、司法部、共青团中央举办"为了明天——预防青少年违法犯罪展览"开幕式。周强出席开幕式。11 月 9 日,中共中央政治局常委、书记处书记尉健行参观展览。11 月 18 日, 中共中央政治局常委、国务院副总理李岚清参观展览。

10 月 25 日 由团中央宣传部、新闻出版署报刊司、中国青年报刊协会举办的第八届青年报刊好新闻、好作品、好活动评选工作结束。经评委会严格评议和投票,最后确定好新闻、好作品 160 篇(幅)和好活动 5 项。

10 月 28 日 由共青团中央、中国科协、全国学联、重庆市人民政府主办,重庆大学承办的第六届"挑战杯"全国大学生课外学术科技作品竞赛终审决赛在重庆大学开幕。胡春华出席开幕式并讲话。教育部部长陈至立、科技部副部长徐冠华为决赛发来贺电。

10 月 30 日 巴音朝鲁出席中国青少年发展基金会和联合国开发计划署联合召开的"非营利组织发展与中国希望工程"国际研讨会开幕式并致辞。

10 月 31 日 希望工程 10 周年交响音乐会在北京举行。中共中央政治局委员、书记处书记、中宣部部长丁关根观看演出并听取周强关于希望工程实施 10 年来的工作汇报。人事部部长宋德福、中宣部常务副部长刘云山、国务院副秘书长刘奇葆等观看演出。

11 月 12 日 共青团中央、中国记者协会召开第五届"五四新闻奖"定评会,分别评出一等奖 20 件,二等奖 30 件,三等奖 5 件,特别奖 7 件。胡春华出席并讲话。

11 月 12 日 第四届共青团精神文明建设"五个一工程"评选揭晓。

11 月 14 日 由共青团中央、国家经贸委、劳动和社会保障部、信息产业部联合举办的首届中国青年职工互联网络应用大赛新闻发布会暨大赛网站开通仪式在北京举行。孙金龙、信息产业部副部长吕新奎出席并讲话。本次新闻发布会在中青网上进行了现场直播,这是团中央首次在互联网上直播团的活动。

11 月 15 日 全国人大常委会副委员长成思危在人民大会堂会见美国青年政治领袖理事会代表团,并出席全国青联与美国青年政治领袖理事会建立交往关系 20 周年纪念招待会。周强、巴音朝鲁、黄丹华参加会见。

11 月 16 日 中共中央政治局委员、国务院副总理钱其琛在钓鱼台国宾馆会见美国青年政治领袖理事会代表团。周强、巴音朝鲁、黄丹华参加会见。

11 月 18 日 共青团中央、中国青年志愿者协会召开为大型活动提供志愿服务经验交流暨青年志愿者行动工作部署电视电话会议。胡春华出席并讲话。

11 月 18 日 由团中央宣传部和中国青年报社共同主办,以"学国史、知国情、爱中华"为

主题,历时 2 个月的“全国青少年新中国 50 年知识竞赛”在北京结束。

11 月 22 日 周强主持召开团中央书记处会议,学习传达中央经济工作会议精神,研究贯彻落实措施。会议要求,2000 年元旦、春节期间,各级团组织要以下岗青工、贫困地区和灾区群众、高校贫困生以及特困未成年人为重点,开展多种形式的“献爱心、办实事”活动,努力帮助他们解决工作、学习和生活中的实际困难。

11 月 23 日—24 日 共青团中央分别联合公安部、信息产业部和国家税务局下发通知,决定在全国公安、邮电、税务系统中开展 1999 年度全国青年文明号评选表彰和 1998 年全国青年文明号年度考核认定工作。

11 月 24 日 共青团民族工作暨全国少数民族团干部挂职工作经验交流会在北京召开。

11 月 25 日 中共中央政治局常委、中央书记处书记胡锦涛主持党中央书记处会议,听取团中央工作汇报。周强代表团中央书记处汇报了 1999 年工作情况和 2000 年工作安排。党中央书记处同意团中央的报告和在 1999 年 12 月召开共青团十四届三中全会,以及在 2000 年如期召开全国青联九届一次会议、全国学联第二十三次代表大会和少先队第四次全国代表大会。

11 月 28 日 第三届“全国未成年人保护工作先进集体”和第二届“中国保护未成年人杰出(优秀)公民”表彰大会在北京举行。全国政协副主席赵南起,全国人大内务司法委员会副主任委员刘珩,中宣部秘书长高俊良,崔波出席并为获奖代表颁奖。

11 月 29 日 共青团中央、全国青联和中央电视台在北京联合举办“跨世纪的青春——第 10 届中国十大杰出青年”颁奖典礼。全国人大常委会副委员长布赫,全国政协副主席李贵鲜,周强、巴音朝鲁出席并为十杰青年颁奖。巴音朝鲁代表主办单位在典礼上致辞。在颁奖仪式上,举行了由我国载人航天工程第一艘“神舟”号试验飞船搭载的中国共青团团旗交接仪式。

12 月 1 日 崔波出席团中央首批赴山西灵丘扶贫工作队汇报座谈会。会议听取了扶贫工作队一年来的工作汇报,交流和总结了扶贫工作经验。

12 月 1 日 共青团中央、全国青联在北京举行第 10 届“中国十大杰出青年”事迹报告会。会前,中央军委委员、常务副总参谋长郭伯雄,周强、巴音朝鲁会见了十杰青年。

12 月 3 日 中国大学生“五四奖学金”、“建昊奖学金”颁奖暨表彰大会在北京召开。全国政协副主席孙孚凌出席并为获奖学生代表颁奖,胡春华出席并讲话。

12 月 5 日 为庆祝’99 国际志愿者日和中国青年志愿者协会成立 5 周年,中国青年志愿者协会与联合国开发计划署等十多家中外志愿者组织举办“中外志愿者携手迈向新世纪”活动,同时启动“首都志愿者迎澳门回归万人签名活动”。胡春华、联合国驻华系统发展业务活动总协调人莱特娜出席并参加志愿服务活动。

12 月 6 日 巴音朝鲁主持召开团中央系统社团工作会议,传达学习中共中央办公厅、国务院办公厅《关于进一步加强民间组织管理工作的通知》和国务委员司马义·艾买提的讲话,研究制定《全国性青年社会团体管理办法》。

12 月 8 日 共青团中央、国家经贸委、劳动和社会保障部、信息产业部联合在北京举行首届中国青年职工互联网络应用大赛总结颁奖大会。全国政协副主席陈锦华、周强出席并讲话。孙金龙主持会议。

12 月 9 日 共青团中央、科技部、中华全国新闻工作者协会联合在北京举行中国青年志愿者协会科技分会成立暨“中国青年志愿者科技服务万里行”启动仪式。周强、科技部部

长朱丽兰、全国新闻工作者协会常务副会长郑梦熊出席并讲话，胡春华出席并为中国青年志愿者协会科技分会揭牌。

12月11日 迎接“神舟”号飞船搭载的少先队队旗暨“向太空进军”主题教育活动启动仪式在中国空间技术研究院举行。

12月12日—14日 共青团十四届三中全会在北京召开。周强在会上传达了胡锦涛等党中央书记处领导同志在听取团中央书记处工作汇报后的重要讲话，并作了题为《研究新情况，创造新业绩，以新的姿态迈入二十一世纪》的讲话。他指出，在新形势下，共青团要坚持用邓小平理论武装全团、教育青年，进一步加强和改进青少年思想政治工作，要深入了解青年，更好地教育和服务青年，不断增强工作的针对性和预见性，要组织动员广大团员青年在国有企业改革和科教兴农和扶贫攻坚，社会主义精神文明建设中做出新的贡献。全会号召，全团要以邓小平理论和党的十五大精神为指导，在以江泽民同志为核心的党中央领导下，抓住机遇，迎接挑战，更好地服务党和政府的工作大局，更好地服务、凝聚青年，团结带领广大团员青年满怀信心、昂首阔步迈入新世纪。会议审议通过《共青团中央关于在新形势下加强和改进青年思想政治工作的若干意见》和《共青团中央关于大力推进中国青年科技创新行动，为全面实施科教兴国战略做贡献的决定》，并就明年工作作出安排。巴音朝鲁作了会议总结，孙金龙、胡春华、黄丹华、崔波、赵勇出席会议。

12月14日 共青团中央召开“全国五四红旗团委”和“全国共青团系统先进工作者”表彰大会。团中央书记处全体同志、人事部副部长戴光前出席并为获奖集体和个人颁奖。

12月14日 共青团中央下发《关于在新形势下加强和改进青年思想政治工作的若干意见》，要求各级团组织要认真学习贯彻《中共中央关于加强和改进思想政治工作的若干意见》，研究新情况，适应新形势，切实加强和改进青年思想政治工作。

12月23日 共青团中央、教育部、民进中央、全国少工委联合在人民大会堂举行“城乡少年手拉手助学活动”启动仪式。全国人大常委会副委员长许嘉璐，全国政协副主席周铁农，赵勇出席仪式并讲话。

12月26日 第四届中国杰出青年农民表彰活动在北京举行。万正和等10位农民荣获“中国杰出青年农民”称号，王守成等13位农民获得“中国杰出青年农民提名奖”。全国政协副主席杨汝岱，巴音朝鲁、崔波，农业部常务副部长万宝瑞，水利部副部长朱登铨，国家林业局副局长李育才等出席并为获奖农民颁奖。

12月27日 中国青年企业家协会理事会在北京举行“保护母亲河行动——中国青年企业家世纪林”捐款仪式，并发表《21世纪中国青年企业家保护和建设生态环境宣言》。周强、孙金龙，国家广电局副局长吉炳轩，全国人大环资委委员张宏仁，国家林业局副局长李育才出席。

12月28日 中国青少年发展基金会、中国工商银行联合举行“牡丹希望工程认同卡”首发仪式。崔波出席并讲话。

12月29日 周强在北京通过互联网与广州市市长林树森一起参加共青团广州市十二届三次全会网络会议。

2000年

1月1日 共青团中央、全国少工委在北京中华世纪坛举行“星星火炬代代相传”全国少年儿童迎接新世纪宣誓活动。这项活动拉开了全国少年儿童迎接新世纪系列活动的序幕。老红军张震上将用江泽民总书记零时在世纪坛点燃的圣火火种点燃了少先队员手中的火炬。周强、赵勇出席活动。

1月1日—2日 应澳门各界青年庆祝澳门回归祖国活动筹委会的邀请，以巴音朝鲁为

团长的全国青联访问团访问澳门。

1 月 3 日 团中央书记处召开民主生活会，回顾检查 1999 年初提出的“三讲”教育整改措施落实情况，总结书记处一年来的领导班子建设和工作状况，研究新形势下进一步推动班子建设和各项重点工作发展的具体措施。周强主持，书记处全体成员、中组部党政外事干部局、中纪委五室有关负责人参加。

1 月 4 日 全国青联八届七次主席会议在北京召开。巴音朝鲁主持会议。孙金龙、胡春华、黄丹华，全国青联副主席俞贵麟、白春礼、陈肇雄、郝鹏、关牧村、蔡振华、赵玉芬出席。

1 月 5 日 共青团中央在北京召开座谈会，深入学习贯彻江泽民总书记关于宣传思想工作和精神文明建设的重要批示精神，进一步贯彻《中共中央关于加强和改进思想政治工作的若干意见》，要求全团深入贯彻中央精神，全面落实团十四届三中全会通过的《共青团中央关于在新形势下加强和改进青年思想政治工作的若干意见》，切实加强新形势下共青团宣传思想工作和精神文明建设。周强讲话。巴音朝鲁主持会议。孙金龙、赵勇，机关各部门和直属单位负责人参加。

1 月 6 日 团中央书记处召开办公会议，听取机关党委和组织部的汇报，讨论确定 1999 年度团中央机关各项奖励的获得者名单。同意成立“全国创建青年文明社区活动办公室”，办公室设在权益部。

1 月 8 日—9 日 全国青联八届六次常委（扩大）会议在陕西西安市召开。周强、巴音朝鲁、孙金龙、胡春华、黄丹华等出席，陕西省省长程安东、省委副书记范肖梅到会祝贺。巴音朝鲁做工作报告。会议增补了秦文贵等 8 名全国青联常委和 103 名全国青联委员。决定全国青联九届一次会议于 2000 年 7 月上中旬在北京召开。

1 月 9 日 周强、巴音朝鲁在中共陕西省委副书记范肖梅的陪同下考察陕西杨凌农业高新技术示范区，听取杨凌农业高新技术示范区负责人介绍情况和团陕西省委关于建设中国青年农业科技园的工作汇报，研究中国青年农业科技园的建设和发展问题。

1 月 10 日 共青团中央、全国青联在陕西西安市举行“百名博士西部行”座谈会，正式启动“百名博士西部行”活动。周强、巴音朝鲁，中科院副院长白春礼，中共陕西省委书记李建国、副书记范肖梅、省委常委栗战书、省长助理李说出席。

1 月 11 日 孙金龙出席全国“百城万店青年文明号促销创效行动”启动仪式。

1 月 11 日 赵勇出席重庆市委群团工作会议并代表团中央讲话。

1 月 13 日 共青团中央、中共中央台办、教育部、全国青联、全国少工委、中央电视台联合召开“祖国宝岛台湾在我心中”宣传教育活动电视电话会议。巴音朝鲁、胡春华、中央台办副主任王永海、教育部负责人出席并讲话。

1 月 15 日 由共青团中央、中国科协、全国学联共同主办，清华大学承办的“挑战杯”和讯网首届中国大学生创业计划竞赛在北京开幕。1 月 19 日，“挑战杯”和讯网首届中国大学生创业计划竞赛在北京落下帷幕。本次决赛共有 19 件作品获金奖，20 件作品获银奖。

1 月 16 日 中共中央总书记、国家主席江泽民在杰出青年志愿者的来信上批示：“青年志愿者行动，是当代社会主义中国一项十分高尚的事业，体现了中华民族助人为乐和扶贫济困的传统美德，是大有希望的事业。努力进行好这项事业，有利于在全社会树立奉献、友爱、互助、进步的时代新风。希望你们在新的世纪里继续努力，发扬我国青年的光荣传统，不懈奋斗，不断创造，奋勇前进，为实现中华民族的伟大复兴做出新的更大的贡献。”

1 月 16 日 中国青年志愿者协会第二次全国代表大会在北京开幕。周强出席并首先传达了中共中央总书记、国家主席江泽民在杰

出青年志愿者来信上的重要批示。巴音朝鲁主持会议。胡春华作工作报告。孙金龙、黄丹华、崔波、赵勇出席。

1月18日　全国“保护母亲河行动”电视电话会议在北京召开。巴音朝鲁出席并讲话。崔波主持会议。

1月18日—19日　2000年共青团全国宣传工作会议在北京召开。胡春华出席并讲话。

1月19日　中国青年志愿者协会第二次全国代表大会在人民大会堂闭幕。中共中央政治局委员、书记处书记、中宣部部长丁关根出席并向获得“中国十大杰出青年志愿者”、“中国十大杰出青年志愿服务集体”荣誉的先进个人和集体代表颁奖。周强主持会议。巴音朝鲁作总结讲话。会议选举产生中国青年志愿者协会新一届领导机构,巴音朝鲁当选理事长,胡春华当选常务副理事长,谢伯阳、孙寿山等6人当选副理事长。国务院副秘书长刘奇葆、中央文明办专职副主任胡振民和胡春华、黄丹华、崔波、赵勇等出席。

1月20日　周强主持召开团中央书记处会议。学习传达江泽民总书记在省部级主要领导干部财税专题研讨班上的重要讲话精神和中央纪委第四次全体会议、全国宣传部长会议、中央农村工作会议、全国第三次“三讲”教育工作会议等重要会议精神,研究贯彻落实措施。

1月20日　团中央机关召开1999年度总结表彰大会。周强、巴音朝鲁、胡春华、黄丹华、崔波、赵勇出席。会议表彰了获得1999年度团中央机关“工程奖”、“文明单位”、“文明处室”、“通报嘉奖”、“优秀青年工作者”、“理论调研成果奖”荣誉的集体和个人。

1月22日　中国青少年发展基金会和中国国际人才交流协会联合发起的“展望计划”在上海浦东启动。

1月24日—27日　团中央书记处全体成员到各直属单位听取1999年工作情况和2000年工作安排的汇报,慰问工作在生产第一线的干部职工。

1月28日　赵勇出席中国关心下一代工作委员会、中国科学技术协会、中国宇航学会共同举办的“中国航天之星2000年青少年太空实验方案发布会”。

1月28日　周强出席首都各界纪念江泽民主席《为促进祖国统一大业的完成而继续奋斗》重要讲话发表5周年座谈会,代表工、青、妇等人民团体发言。

1月31日　周强主持召开团中央书记处会议,传达学习江泽民总书记向中央政治局通报中央政治局常委“三讲”情况的重要讲话,研究贯彻落实措施。

2月13日　中共中央政治局常委、国务院副总理李岚清主持召开“学习贯彻江泽民总书记最近对教育工作重要指示精神,进一步推进素质教育”座谈会。胡春华参加并发言。

2月16日　党中央书记处召开会议,听取团中央书记处关于2000年召开第四次全国少代会、全国青联九届一次会议、全国学联二十三大的汇报。中共中央政治局常委、书记处书记胡锦涛就开好三个会议作了重要指示。周强就三个会议的筹备情况及有关事项作了汇报。巴音朝鲁列席会议。

2月17日　共青团中央、全国少工委召开“加强青少年思想教育促进青少年健康成长座谈会”,认真学习《人民日报》评论员文章《全社会都要关心支持教育事业》,研究进一步加强青少年思想教育工作的有关措施。周强出席并讲话。胡春华、赵勇和机关各部门负责人、部分青少年专家学者和青少年工作者出席。

2月18日　由全国青联、香港特别行政区政府民政事务局和民政事务总署、北京市人民政府、中央电视台、香港青年协会联合主办的“中华龙腾”海内外青年汇长城——迈向新世纪中华青年研讨会在人民大会堂举行。中共

中央政治局常委、国家副主席胡锦涛会见参加“中华龙腾”海内外青年汇长城活动的港澳台、海外来宾和1500余名海内外优秀青年代表，并发表重要讲话。全国政协副主席、中央统战部部长王兆国参加会见。周强，中央办公厅副主任令计划，中央统战部副部长朱维群，巴音朝鲁、孙金龙、胡春华、黄丹华、崔波、赵勇，国务院港澳办副主任刘名启，全国青联副主席、中科院副院长白春礼，中央电视台副台长张长明等参加会见。

2月19日 “‘中华龙腾’海内外青年汇长城——龙舞长城”大型活动在北京八达岭长城举行。经北京市公证处公证，世界吉尼斯总部认证，在长城上舞起的这条长达2048米的中华巨龙，打破了原有的吉尼斯世界纪录。巴音朝鲁与香港特别行政区政务司司长陈方安生一同为巨龙点睛。黄丹华，国务院港澳办副主任刘名启，全国青联副主席、中科院副院长白春礼和香港特别行政区立法会主席范徐丽泰等参加活动。

2月21日 全国少工委在北京小学正式启动“保护母亲河——我与新世纪一起成长”系列活动。

2月28日 共青团中央联合民政部、建设部、国家工商行政管理局召开全国深化“青年文明社区”创建活动暨命名表彰电视电话会。巴音朝鲁出席并讲话。

3月2日 中宣部、共青团中央、国家计委、国家经贸委、教育部等18个部委联合下发《关于实施“新纪元志愿服务计划”的通知》。

3月4日 中共中央政治局常委、国家副主席胡锦涛看望出席全国政协九届三次会议的共青团、青联界委员并讲话。全国政协副主席张思卿、孙孚凌及中央办公厅副主任令计划、中央统战部副部长胡德平、全国政协副秘书长孙怀山出席讨论会。巴音朝鲁主持会议。

3月15日 周强主持召开团中央书记处会议，联系学习江泽民总书记《关于教育问题的谈话》，认真学习江泽民总书记3月12日和3月14日的重要批示，研究贯彻落实措施。

3月15日 团中央青工部举行“百城万店青年文明号投诉网站”开通仪式。中宣部副部长刘鹏，孙金龙，国家内贸局副局长田元兰出席并讲话。

3月19日—21日 全国“青年文明社区大家乐”活动启动现场会在深圳市召开。

3月24日—26日 周强到宁夏银川市公交公司、交警支队邮电大楼岗组、西北轴承集团公司、吴忠市中宁县黄河文化城青年志愿林、中宁县石空镇太平村、利通区早元乡、上桥乡花寺村、东塔寺乡等地，就国有企业和农村基层团组织建设、开展保护母亲河行动的有关情况以及青年文明号等工作进行调研。

3月24日—26日 巴音朝鲁到团四川省委机关、四川乐山、宜宾、长宁，就团组织参与西部大开发特别是西部生态环境建设进行调研。

3月25日 共青团中央、中共中央台办、教育部、全国青联、全国少工委、中央电视台在北京举行“盼祖国早日统一”亿万青少年签名长卷交接仪式。胡春华代表活动主办单位介绍活动情况。

3月26日 “中国青年企业家西部行”活动启动仪式在宁夏银川市举行。周强，中共宁夏回族自治区党委书记毛如柏、副书记韩茂华出席并讲话，自治区主席马启智、副主席刘仲出席。孙金龙主持启动仪式。

3月28日 共青团中央与新闻出版署在北京图书大厦联合举行全国首家中国青少年新世纪读书计划精品书架启动仪式。通过示范方式带动各地广泛开展中国青少年新世纪读书计划精品书架创建活动。胡春华出席并讲话。

3月30日 中共中央政治局常委、国家副主席胡锦涛在人民大会堂会见以朝鲜金日成社会主义青年同盟第一书记李日焕为团长的

朝鲜金日成社会主义青年同盟代表团。周强、巴音朝鲁、黄丹华，朝鲜驻华大使朱昌骏等参加会见。当天，周强与李日焕举行工作会谈，黄丹华等参加。

3月30日　孙金龙会见以越南胡志明共青团中央常委、越南胡志明共青团河内市委副书记、越南学生联合会副主席、河内学生联合会主席陈光勇为团长的越南胡志明共青团河内委员会代表团。

3月30日—4月3日　胡春华到甘肃就保护母亲河行动、学校团的工作、青年报刊、青年志愿者扶贫接力计划、民族地区团的工作、牧区团的工作、青少年戒毒工作进行调研。

4月3日—6日　由共青团中央、国家体育总局等有关部门共同发起实施的《全国儿童、青少年体能标准》研制取样工作在太原、大连、南京、武汉、西安，广州、成都等7个城市全面展开。

4月4日　巴音朝鲁会见以台湾财团法人十大杰出青年基金会董事长王甲乙为团长的“新世纪青年学生大陆访问团”主要团员。

4月6日　周强代表团中央书记处，向以原中宣部副部长李彦为组长的中央“三讲”教育检查组汇报开展“三讲”教育“回头看”的有关情况。重点汇报结合共青团实际着重抓好“三个看”的有关工作，即看共青团组织如何更好地坚持自己的性质，完成根本任务；从党和政府中心工作出发，看共青团如何更好地服务全党全国工作大局；按照党对干部特别是年轻干部的要求，看如何进一步加强团干部队伍建设。黄丹华向检查组汇报了团中央书记处“三讲”教育整改措施的落实情况。

4月7日　共青团中央下发《关于认真组织五四运动81周年纪念活动的通知》，要求各级团组织要抓住纪念五四运动的有利契机，宣传五四运动的伟大成就，宣传党的方针政策。要围绕党政工作大局和当前形势及工作实际，深入开展学习邓小平理论活动和爱国主义教育活动，引导团员青年“致富思源，富而思进”，大力加强青少年思想政治工作，宣传和表彰具有鲜明时代特色的青年典型，广泛开展丰富多彩的文化活动，引导广大青年在两个文明建设中发挥生力军作用。

4月11日—13日　中国青年企业家协会组织的“青年企业家西部行赴陕西考察服务团”在西安、延安等地开展考察服务活动。

4月14日　共青团中央召开座谈会，欢迎第七批到团中央挂职锻炼的地方团干部。周强、巴音朝鲁出席并讲话。胡春华、崔波出席。

4月14日　共青团中央、中央综治办等11个部委联合举行全国优秀“青少年维权岗”命名仪式暨事迹报告会。中共中央政治局委员、全国人大常委会副委员长姜春云出席并讲话。

4月14日　中共中央政治局委员李铁映在人民大会堂会见以日本东京青年会议所日中友好之会名誉理事长奥山忠为名誉顾问，以会长田中常雅为名誉团长，以该会议所理事长渡边哲雄为团长的东京青年会议所代表团。周强、黄丹华参加。

4月18日　团中央书记处召开中心组理论学习会，深入学习江泽民总书记关于宣传思想工作的重要批示和在广东考察工作时的重要讲话。研讨如何进一步加强和改进新形势下的青少年思想政治工作。周强出席并讲话。书记处全体成员、机关各部门和直属单位负责人参加学习。

4月18日　第二批“保护母亲河”全国重要项目——内蒙古准格尔旗万家寨库区项目、河南小浪底库区济源项目、宁夏盐池县项目在北京通过终审并签订建设协议。

4月18日　全国人大常委会副委员长成思危会见以俄亥俄州克利夫兰市议员墨尔·戈登为团长的美国青年政治领袖理事会代表团。黄丹华参加会见。当天，周强会见该团。黄丹华与代表团进行工作会谈。

4月22日 由共青团中央、全国青联主办,中国青年科技工作者协会承办的第四届"中国青年科技创新奖"揭晓。

4月22日—23日 "清洁江河水,保护母亲河"活动在全国10大江河流域的100多个主要城市启动。巴音朝鲁、胡春华、崔波分别在北京、黑龙江和广东参加活动。

4月26日 团中央青年志愿者行动指导中心、水利部等单位共同举行"全面推进保护母亲河'中国青年志愿者绿色行动营计划'暨达里诺尔项目启动仪式"。全国人大常委会副委员长布赫出席并授旗。

4月27日 周强出席北京市公安系统推进创建优秀"青少年维权岗"活动现场会,并为荣获全国公安系统优秀"青少年维权岗"称号的北京市公安局朝阳分局和平街派出所授牌。赵勇,中共北京市委常委、政法委书记、公安局长强卫等出席。

4月28日 由共青团中央、信息产业部、文化部、全国学联、中央电视台等单位共同主办,北京师范大学和和讯信息科技有限公司共同承办的"和讯杯"第三届中国大学生电脑网络大赛在北京启动。胡春华出席并讲话。

5月3日 中共中央政治局常委、国家副主席胡锦涛视察北京市朝阳区和平街街道青年文明社区。中共中央政治局委员、北京市委书记贾庆林,周强,中央办公厅副主任令计划陪同视察。团中央书记处全体成员和北京市的有关领导参加。

5月3日 共青团中央、全国青联在人民大会堂举行第四届"中国青年五四奖章"颁授仪式。周强讲话,团中央书记处全体成员出席。

5月8日 共青团中央、全国青联、全国学联举行座谈会,谴责1999年5月8日以美国为首的北约悍然轰炸我驻南联盟使馆的野蛮行径,缅怀邵云环、许杏虎、朱颖三位烈士。巴音朝鲁讲话,胡春华主持会议。

5月8日—9日 中共上海市委召开上海市青年工作会议。中共中央政治局委员、上海市委书记黄菊,周强出席会议并讲话。

5月15日—16日 中宣部、教育部、共青团中央联合召开全国青年学习邓小平理论经验交流会。中共中央政治局常委、国家副主席胡锦涛出席开幕式。中共中央政治局常委、国务院副总理李岚清在开幕式上发表题为《用邓小平理论教育青年一代,培养社会主义现代化事业的合格建设者》的重要讲话。他说,全国各条战线的广大青年积极响应党中央的号召,认真贯彻党的十五大精神,在学习、掌握和运用邓小平理论方面取得了明显成效。他指出,要从实现中华民族伟大复兴的战略高度,充分认识用邓小平理论教育青年一代的重大意义;要坚持马克思主义学风,把理论学习提高到十五大要求的新水平;要大力推进高校开展邓小平理论"进教材、进课堂、进学生头脑"工作,改进教学方法,抓好教材和课程建设;要加强领导,进一步落实用邓小平理论教育青年一代的战略任务。中共中央政治局委员、书记处书记、中宣部部长丁关根主持开幕式。中共中央政治局委员、中央军委副主席张万年出席。周强出席并在闭幕式上讲话。

5月19日 团中央书记处召开中心组理论学习会,认真学习贯彻江泽民总书记在江苏、浙江、上海考察工作时的重要讲话精神。周强出席并讲话。巴音朝鲁、孙金龙、胡春华、崔波以及机关各部门、有关直属单位负责人参加。

5月20日 共青团中央、全国学联和全校网(北京)信息科技有限公司在北京举行2000年中国百支博士团(全校网)"三下乡"志愿服务行动捐资暨大中专学生志愿者暑期"三下乡"社会实践活动网站开通仪式。

5月23日 崔波接待延安时期的老团干王黎明。王黎明将自己收藏的关于1946年至1949年重建共青团组织试点工作的有关档案

资料转交团中央。

5月23日 中国少年儿童新闻出版总社在人民大会堂举行成立大会。全国人大常委会副委员长王光英出席。周强，中宣部副部长龚心瀚，新闻出版署署长于友先出席并讲话。巴音朝鲁为中少总社揭牌。胡春华宣读团中央关于成立中少总社的决定。国务院副秘书长刘奇葆出席会议。赵勇主持会议。中国少年儿童新闻出版总社由中国少年报社和中国少年儿童出版社联合组建。

5月25日 中宣部、教育部、共青团中央和全国学联联合召开2000年大中专学生志愿者暑期“三下乡”社会实践活动电视电话会议。

5月30日 第四次全国少代会的代表在天安门广场举行“星星火炬代代相传，做新世纪的小主人”主题队会。孙金龙、北京市政协副主席万嗣铨出席。

5月31日 共青团中央、全国少工委在北京中华世纪坛举行“星星火炬代代相传—新老少先队员忆传统展未来”主题教育活动。

6月1日 中青旅控股股份有限公司举行“青旅在线”网站开通仪式。黄丹华出席。

6月1日—3日 中国少年先锋队第四次全国代表大会在北京召开。开幕式前，党和国家领导人江泽民、李鹏、朱镕基、李瑞环、胡锦涛、尉健行、李岚清等接见全体代表。开幕式上，中共中央政治局常委、国家副主席胡锦涛代表党中央、国务院致祝词。周强代表团中央致词。丁关根、罗干、温家宝、曾庆红、吴仪、王光英、彭珮云、阿沛·阿旺晋美、陈俊生等参加会见并出席开幕式。赵勇主持开幕式，团中央书记处全体成员出席。

6月2日 中共中央政治局常委、国务院总理朱镕基与参加第四次全国少代会的代表一起观看了中国儿童艺术剧院创作演出的音乐剧《月光摇篮曲》。周强、教育部部长陈至立、文化部部长孙家正和赵勇等一同观看演出。

6月2日 应澳大利亚澳亚青年领袖计划、新西兰国际人力资源开发中心、泰国总理府青年局和新加坡全国青年理事会的邀请，黄丹华率中国青年代表团一行9人离京赴上述四国访问。

6月4日—6日 全国青联荣获亚太经社会1999年度人力资源开发奖。巴音朝鲁赴泰国领奖。

6月5日—7日 全国人大内司委、共青团中央联合召开实施《预防未成年人犯罪法》座谈会。中共中央政治局常委、全国人大常委会委员长李鹏出席并讲话。周强代表团中央发言。

6月19日—20日 巴音朝鲁在陕西西安市会见应全国青联邀请来访的，以台湾中华青年交流协会理事长李钟桂为团长的台湾中华青年丝绸之路访问团主要成员。

6月20日 全国青联在北京举行“面向21世纪两岸青年企业家创业之路座谈会”。经贸、科技、法律、医药卫生等界别的全国青联委员与台湾青年创业协会祖国大陆参访团全体成员进行交流。海协会副会长刘震涛在会上作了关于台商投资祖国大陆政策的报告。

6月23日 中国青年政治学院举行2000年毕业典礼。周强出席并讲话。巴音朝鲁出席。

6月23日 中宣部、共青团中央等**18**部委联合召开“新纪元志愿服务计划推进会”。全国人大常委会副委员长何鲁丽出席并授旗。胡春华出席并讲话。

6月27日 全国保护母亲河领导小组举行会议，会议就“保护母亲河行动”进展情况、存在问题及下一步工作进行讨论。周强、崔波，全国人大环资委副主任李蒙，全国政协人口资源委员会委员袁国林，全国绿委办副主任、国家林业局副局长李育才，水利部副部长翟浩辉，国家环保总局副局长祝光耀出席。

6月27日 共青团中央、中国石油天然气

集团公司、全国学联在北京师范大学联合举办“青春在西部大开发中闪光”座谈会。孙金龙出席并讲话。

6 月 30 日—7 月 1 日 建设部、共青团中央、公安部、中央综治办在上海联合召开全国建设系统深入实施“千校百万”外来务工青年培训计划现场推进会。

7 月 2 日 共青团中央、中宣部、教育部和全国学联在北京举行 2000 年全国大中专学生志愿者暑期“三下乡”社会实践活动暨百支博士团(全校网)“三下乡”志愿服务行动出征仪式。教育部副部长张天保主持仪式。胡春华出席并讲话。

7 月 10 日 党和国家领导人江泽民、李鹏、李瑞环、胡锦涛、尉健行、李岚清在人民大会堂会见出席中华全国青年联合会第九届委员会第一次全体会议和中华全国学生联合会第二十三次代表大会的委员、代表,并和大家合影留念。丁关根、张万年、罗干、温家宝、曾庆红、布赫、何鲁丽、王忠禹、王兆国、孙孚凌等参加会见。团中央书记处全体成员和中央、国家机关及军队有关部门的负责人参加会见。

7 月 10 日 全国少工委、中国足协、中央电视台、广东健力宝集团联合主办的“健力宝中华少年小甲 A 足球活动”开幕式在北京育英学校举行。全国人大常委会副委员会许嘉璐出席。赵勇讲话。

7 月 11 日 中华全国青年联合会第九届委员会第一次全体会议和中华全国学生联合会第二十三次代表大会开幕式在人民大会堂举行。中共中央政治局常委、国家副主席胡锦涛出席并代表党中央、国务院致祝词。他在祝词中充分肯定了广大青年和青年学生的可喜进步,高度评价了青联和学联的工作成绩。他指出,建设有中国特色社会主义的伟大时代,是一个百舸争流、英才辈出的时代。在这个时代,青年的创造活力可以得到最大程度的发挥,青年的成才愿望可以得到最充分的实现。他殷切地希望广大青年和青年学生,一定要肩负起时代赋予的重任,牢记江泽民主席向青年一代提出的“四个统一”的要求,胸怀祖国,勤奋学习,注重修养,锐意创新,在实现中华民族伟大复兴的进程中谱写更加壮丽的青春之歌。他要求青联、学联组织面对新形势新任务,坚持以马列主义、毛泽东思想和邓小平理论为指导,弘扬爱国、团结、进步的光荣传统,充分发挥自身优势,努力在巩固中华青年大团结、促进青年成才和增进我国青年和世界青年友谊等方面多做工作。丁关根、张万年、罗干、曾庆红、彭珮云、许嘉璐、王兆国、王文元出席。周强代表团中央致词。中国科协书记处第一书记张玉台代表全国总工会、全国妇联、中国科协、中国文联、中国作协、全国侨联、全国台联、中国残联等团体致贺词。巴音朝鲁主持会议。

7 月 11 日 全国政协副主席、中央统战部部长王兆国在中央统战部会见来京参加全国青联九届一次全体会议的香港、澳门特邀委员。周强、巴音朝鲁陪同会见。

7 月 12 日 全国青联九届一次全委会举行第一次全体会议。巴音朝鲁代表全国青联第八届常委会作了题为《坚持爱国团结进步,动员和团结各族各界中华青年为新世纪中华民族的伟大复兴而奋斗》的工作报告。孙金龙作了《关于修改中华全国青年联合会章程的说明》报告。

7 月 12 日 中华全国学生联合会第二十三届委员会第一次全体会议在北京召开。会议选举产生了全国学联新一届主席团。

7 月 14 日 中华全国学生联合会第二十三次代表大会在北京闭幕。周强讲话。团中央书记处全体成员出席。新当选的全国学联主席申跃致闭幕词。

7 月 14 日 全国青联九届一次全委会举行第二次全体会议。会议以无记名投票的方式选举出中华全国青年联合会新一届领导机构,巴音朝鲁再次当选为全国青联主席。大会

审议并通过巴音朝鲁代表全国青联第八届常委会所做的工作报告，通过关于《中华全国青年联合会章程修正案》的决议。周强、孙金龙、崔波、赵勇出席。黄丹华主持会议。

7月15日 全国青联九届一次常委会议在北京举行。会议决定胡伟为九届全国青联秘书长。周强、巴音朝鲁讲话。孙金龙主持会议。

7月16日 中共中央政治局委员、书记处书记、中宣部部长丁关根参观考察中国青少年计算机信息服务网并发表重要讲话，对共青团中央以互联网为阵地，开展青少年网络教育和服务的探索给予高度评价。周强，国务院副秘书长刘奇葆，孙金龙等陪同。

7月17日 周强出席互联网络新闻宣传工作汇报会议，并就共青团组织利用互联网进行青少年网络教育和服务的情况作了发言。

7月21日 团中央信息化工作领导小组召开办公会议，传达中共中央政治局委员、书记处书记、中宣部部长丁关根在视察中国青少年计算机信息服务网时和在互联网络新闻宣传工作汇报会议上的重要指示精神，研究贯彻落实措施。周强出席会议并讲话。

7月24日 周强到内蒙古呼和浩特市赛罕区章盖营乡碾格图村、和林县城关镇二道河村和金川开发区，看望慰问参加大中专学生暑期“三下乡”活动的师生，并与参加“三下乡”活动的北京、内蒙古的博士座谈。

7月25日 由共青团中央、中国青年企业家协会组织的“中国青年企业家西部行”赴内蒙古经贸协作考察活动启动仪式在呼和浩特市举行。周强出席并讲话。中共内蒙古自治区委书记刘明祖、副书记乌云其木格，孙金龙等参加。全国100多名青年企业家到呼和浩特、包头、东胜等地实地考察，与内蒙古自治区的企业家举行商务洽谈，并达成一批合作项目。

7月26日—28日 周强到甘肃兰州市“保护母亲河行动”大砂沟项目区、504厂、中科院兰州分院、七里河区崔家崖乡崔家崖村调研。

7月27日 共青团中央、全国青联在甘肃兰州市举行第四届“中国杰出青年科技创新奖”颁奖典礼。周强、中共甘肃省委副书记陆浩等出席。巴音朝鲁出席并讲话。

7月27日—8月3日 共青团中央、全国青联组织“百名博士西部行”活动，先后赴甘肃、青海开展人才与项目对接工作。

8月2日 共青团中央和中央文献研究室共同编辑的《毛泽东邓小平江泽民论青少年和青少年工作》一书，由中央文献出版社和中国青年出版社联合出版。团中央发出通知，要求全团认真学习。

8月3日—4日 中央组织部、共青团中央在北京联合召开全国基层“党建带团建”工作会议。周强、中组部副部长虞云耀出席并讲话。巴音朝鲁主持会议。崔波出席。

8月5日—6日 共青团中央召开省级团委书记学习江泽民总书记“三个代表”重要思想座谈会，就深入学习江泽民总书记“三个代表”重要思想，在团的建设和团的工作中贯彻“三个代表”重要思想进行深入交流。周强出席并讲话。他说，“三个代表”重要思想是马克思主义建党学说的新发展，对党的性质、根本宗旨和历史任务作了新的概括，为党的建设进一步指明了方向。共青团要以“三个代表”重要思想为指导，进一步加强团的建设。要坚持共青团组织的先进性；坚持党建带团建，增强团组织的吸引力、凝聚力和战斗力；坚持共青团在青年工作中的核心地位和作用，把青年更紧密地团结在党的周围。要把“三个代表”重要思想落实到团的各项工作中去。巴音朝鲁主持并作总结发言。孙金龙、胡春华、崔波、赵勇出席。

8月7日—22日 应澳大利亚政治交流理事会和越南胡志明共青团中央委员会邀请，

周强率中国青年代表团一行 9 人赴两国访问。

8 月 10 日—17 日 团中央办公厅在云南丽江地区召开共青团信息工作会议。巴音朝鲁出席并讲话，要求各级团组织要高度重视网络阵地建设，充分运用因特网教育、引导和服务青少年，并进一步抓好团的内刊工作。

8 月 18 日 由共青团中央、国家民委、中国社会科学院、国务院发展研究中心、中国青年企业家协会共同主办的"首届中国青年企业家高级论坛"在吉林延吉市举行。巴音朝鲁出席并作主题演讲，孙金龙出席。

8 月 27 日 2000 年青年志愿者扶贫接力计划暨研究生支教团接力仪式在北京举行。全国人大常委会副委员长许嘉璐，全国政协副主席杨汝岱出席并为志愿者服务团授旗。周强，中央办公厅副主任、中央文明办副主任姜异康出席并讲话。当天，2500 多名扶贫青年志愿者从全国各地启程奔赴青海、宁夏、甘肃、新疆、内蒙古、四川等 11 个省、区的 18 个国家重点扶持的贫困县，开展为期 1 年的扶贫工作。

8 月 27 日 第三届中国互联网络大赛在北京举行开幕式。全国人大常委会副委员长周光召，周强、巴音朝鲁及信息产业部有关负责人出席。巴音朝鲁讲话。

8 月 27 日—29 日 全国农村团组织领办科技推广项目现场推进会暨参与西部大开发研讨会在新疆玛纳斯县召开。巴音朝鲁、新疆自治区党委副书记周声涛出席并讲话。崔波主持会议。

8 月 28 日 共青团中央、全国青联在北京市朝阳区举行"中国青年国际友谊林"工程启动仪式。周强出席。黄丹华、北京市人民政府副市长岳福洪出席并致辞。

8 月 29 日 周强主持召开团中央书记处会议。认真学习江泽民总书记在东北三省党的建设和"十五"期间经济、社会发展座谈会上以及在黑龙江、吉林考察工作时的重要讲话精神，并结合青年和共青团工作实际，深入学习江泽民总书记有关发展青年党员、培养和选拔青年干部的重要讲话精神，研究贯彻落实措施。

8 月 30 日—31 日 团中央直属机关第十三次党代会在北京召开。周强、巴音朝鲁、孙金龙、黄丹华、赵勇到会祝贺并与代表合影留念。周强在开幕式上发表讲话。会议通过黄丹华代表团中央直属机关第十二届党委作的题为《深入贯彻"三个代表"的重要思想，面向新世纪努力创造直属机关党的工作新业绩》的报告。

9 月 8 日 周强代表全国保护母亲河行动领导小组，就全国"保护母亲河行动"实施情况向将赴甘肃、陕西考察"保护母亲河行动"的全国政协委员考察团做专题汇报。全国政协副主席万国权出席并讲话。

9 月 9 日—11 日 全国"青年文明社区"创建工作及社区团组织建设现场推进会在青岛举行。巴音朝鲁、赵勇出席并讲话。

9 月 15 日—9 月 19 日 共青团中央、全国青联组织第五批青年博士，赴宁夏继续开展"百名博士西部行"活动。

9 月 19 日—24 日 团中央权益部、组织部举办社区青少年工作培训班。赵勇出席开班典礼并讲话。

9 月 21 日—22 日 中央综治委、教育部、共青团中央在四川成都联合召开全国预防青少年违法犯罪工作经验交流会。中共中央政治局委员、书记处书记、中央综治委主任罗干出席开幕式并讲话。他强调，搞好预防青少年违法犯罪工作，事关党和国家的前途命运，事关社会治安的稳定，事关千家万户的安宁和人民群众的根本利益。各级党委、政府和各有关部门一定要以江泽民总书记"三个代表"重要思想和关于教育问题的重要谈话精神为指针，进一步提高对预防和减少青少年违法犯罪工作的重要性和紧迫性的认识，增强责任感和使命感，大力加强青少年教育，积极预防和减少

青少年违法犯罪，为我国改革开放和经济建设创造良好的社会治安环境。周强主持会议开幕式，赵勇代表团中央发言。

9月22日 共青团中央召开2001年《中国青年报》、《中国青年》杂志宣传发行工作电视电话会议。周强出席并讲话。

9月27日 共青团中央、全国青联在北京召开宗教界青年代表人士座谈会。全国政协副主席、中央统战部部长王兆国出席并讲话。周强主持座谈会。巴音朝鲁出席并讲话。中央统战部副部长、国家民委主任李德洙，国家宗教事务局局长叶小文出席。

9月27日 共青团中央、教育部、民进中央、全国少工委召开电视会议，部署“东西部地区学校对口支援城乡少年手拉手助学活动”。赵勇作工作部署。

9月29日 共青团中央、全国青联、全国学联、全国少工委在北京召开学习《毛泽东邓小平江泽民论青少年和青少年工作》座谈会。周强出席并讲话，巴音朝鲁出席，胡春华主持会议。

10月1日 2000年全国大中专学生志愿者暑期“三下乡”社会实践活动暨百支博士团“三下乡”志愿服务行动总结表彰会在广西南宁市召开。胡春华出席并讲话。

10月4日 共青团中央、全国青联和国家体育总局联合举行仪式，隆重表彰在第二十七届奥运会上荣获金牌的运动员和表现出色的团队。授予李小鹏等36名运动员“中国青年五四杰出贡献奖章”，授予国家乒乓球队等6个团队“中国青年五四红旗集体”称号。周强、巴音朝鲁、崔波出席并颁奖。国家体育总局局长袁伟民、党组书记李志坚出席。

10月9日 黄丹华出席由日本“日中绿化交流基金”资助，全国青联和日本青年团协议会联合兴建的“保护母亲河行动——中日青年丰宁生态绿化工程”启动仪式。

10月12日 周强主持召开团中央书记处会议，传达学习江泽民总书记在党的十五届五中全会上的重要讲话、《中共中央关于制定国民经济和社会发展第十个五年计划的建议》和朱镕基总理关于《建议》的说明，并结合共青团工作和青年工作实际，研究贯彻落实措施。

10月13日 全国政协副主席、中央统战部部长王兆国会见以会长久保田满宏为团长的日本青年团协议会第九次“沙漠绿化”代表团。周强、黄丹华参加会见。

10月16日 中共中央总书记、国家主席江泽民，越共中央总书记黎可漂分别向正在北京举行的“中越青年友好会见”活动致贺词、贺信。

10月16日 周强会见以越南胡志明共青团中央书记处第一书记、越南全国青年委员会主席武重金为团长的越南青年代表团。黄丹华，越南驻华大使裴鸿福等参加。

10月17日 “中越青年论坛”在北京开幕。周强和武重金在开幕式上致词。黄丹华作主题发言。越南驻华大使裴鸿福出席。

10月17日 中共中央政治局常委、全国政协主席李瑞环在人民大会堂会见参加“中越青年友好会见”活动的中越青年代表。周强、巴音朝鲁、黄丹华参加会见。

10月19日 团中央组织部举办西部贫困地区团县委书记第一期培训班开学典礼。崔波、中组部干部教育局有关负责人出席并讲话。

10月19日 巴音朝鲁、孙金龙主持召开团中央信息化工作领导小组会议，安排布置“2002工程”等事项。

10月27日 由共青团中央、全国青联、中国科学院、中国社会科学院联合举办的“中国青年创新论坛·中关村论坛”在北京开幕。周强出席并讲话。中国社会科学院副院长李慎明主持论坛开幕式。巴音朝鲁出席。中国科学院副院长白春礼院士作了题为《21世纪科技发展趋势与中国科学院知识创新工程》的主

题演讲。

10 月 31 日 中国青年出版社成立 50 周年纪念会在北京举行。中共中央政治局常委、国家副主席胡锦涛致贺信，向全社同志表示热烈的祝贺和亲切的问候。他在贺信中说，50 年来，中国青年出版社始终遵循党的出版方针，根据不同历史时期青年的特点和需要，编辑出版了大量优秀读物，用先进思想和科学文化知识，教育和影响了一代又一代青年，为繁荣社会主义文化、促进青年健康成长作出了积极贡献。他希望中国青年出版社坚持以马列主义、毛泽东思想和邓小平理论为指导，认真贯彻落实江泽民同志关于建设有中国特色社会主义文化的一系列重要指示精神，主动适应时代发展和青年进步的要求，深化改革，加强管理，提高效益，多出精品，更好地成为广大青年的良师益友，成为党教育和引导青年的一个重要思想文化阵地。周强、中宣部副部长龚心瀚、新闻出版署副署长杨牧之出席并讲话。巴音朝鲁、胡春华，中央有关部门负责人，中国青年出版社几代作者与读者代表出席。

11 月 1 日—3 日 共青团中央、中央综治办联合在武汉市召开全国青少年权益保护工作暨创建优秀"青少年维权岗"活动现场推进会。

11 月 3 日 共青团中央、民政部联合在江苏召开全国社区青年志愿者工作现场会。总结交流 6 年多来社区青年志愿者工作的实施情况，介绍推广各地经验做法，规划部署新世纪社区青年志愿者工作。

11 月 16 日 由共青团中央、信息产业部、全国青联主办，中国软件行业协会、中国青年科技工作者协会、国研科技文化交流中心承办的第一届"中国软件行业杰出青年"评选活动拉开序幕。

11 月 17 日 第二期"中国青年创新论坛·中关村论坛"在北京举行。周强、巴音朝鲁出席。全国青联委员、中国社会科学院法学所副所长夏勇作题为《中国西部大开发的法律问题》的主题演讲。

11 月 17 日 第十一届"中国十大杰出青年"评审会在北京召开。巴音朝鲁主持评审会。全国 35 家推报单位推报的 53 名候选人，经评委投票产生了今年的"中国十大杰出青年"称号获得者：于果、乌日更达赖、白岩松、龙新平、伏明霞、许京军、李大有、南存辉、袁家军、曹雪涛。

11 月 23 日—25 日 由共青团中央、中国科协、全国学联主办，上海交通大学和讯信息科技有限公司承办的第二届"挑战杯"万维投资中国大学生创业计划竞赛决赛在上海举行。胡春华出席闭幕式并在创业论坛上讲话。

11 月 24 日 周强主持召开团中央书记处理论学习中心组学习会。交流学习《毛泽东邓小平江泽民论青少年和青少年工作》的体会。机关各部门和有关直属单位负责人参加。

11 月 27 日 中共中央政治局常委、中央书记处书记胡锦涛同志主持中央书记处会议，周强代表团中央书记处汇报了 2000 年工作情况和 2001 年工作安排。党中央书记处同意团中央的报告和在 2000 年 12 月召开共青团十四届四中全会，并对今后的工作做了重要指示。

12 月 1 日 周强主持召开团中央书记处会议，学习传达中央经济工作会议精神和党中央书记处在听取团中央书记处 2000 年工作情况和 2001 年工作安排汇报后作的重要指示精神。

12 月 8 日 周强主持召开团中央书记处会议。学习传达全国统战工作会议和全国农村"三个代表"重要思想学习教育工作会议精神，结合共青团工作实际，研究贯彻落实措施。

12 月 8 日 共青团中央、全国学联举行纪念"一二·九"运动 65 周年座谈会。全国人大常委会副委员长蒋正华出席。全国政协副主席任建新，周强出席并讲话。60 多位当年参加

过“一二·九”运动的老同志和首都高校100多名学生代表出席。

12月12日—13日 由共青团中央、中国青年企业家协会举办的“青年企业家西部行”赴广西经贸协作考察活动在广西北海市举行。周强，中共广西壮族自治区区委副书记刘奇葆出席开幕式并讲话。孙金龙出席开幕式。

12月14日—15日 共青团中央、中央综治办、公安部、司法部、劳动和社会保障部、建设部、国家工商局、国家计生委在浙江温州市联合召开全国城市“千校百万”外来务工青年培训工作现场会。

12月15日 第三期“中国青年创新论坛·中关村论坛”在北京举行。崔波出席。中国科协副主席、北京理工大学副校长、中国青年科技工作者协会副会长冯长根教授作了题为《21世纪科学技术的发展趋势》的主题演讲。

12月15日 公安部、全国总工会、共青团中央联合举行首届先进保安公司优秀保安员表彰大会。会前，中共中央政治局常委、书记处书记尉健行，中共中央政治局委员、书记处书记、中央政法委书记罗干，中共中央政治局候补委员、书记处书记曾庆红，国务委员兼国务院秘书长王忠禹接见与会代表。周强出席并为先进集体和个人颁奖。

12月18日 第十一届“中国十大杰出青年”颁奖典礼在天津市举行。周强、巴音朝鲁、孙金龙、胡春华、黄丹华和中共天津市委副书记宋平顺颁奖。会前，中共天津市委书记张立昌会见了出席全国青联九届二次常委（扩大）会议的同志、十杰青年和应邀来访的香港、台湾的杰出青年代表。

12月19日—22日 共青团十四届四中全会召开。中共中央政治局常委、国家副主席胡锦涛出席并发表重要讲话。他强调，各级团组织要坚持以邓小平理论和党的十五大精神为指导，认真学习贯彻江泽民同志关于“三个代表”的重要思想，围绕大局，贴近青年，突出重点，发挥优势，充分调动广大团员青年的积极性和创造性，动员和组织他们为实现“十五”计划和现代化建设第三步战略目标贡献智慧和力量。他要求各级团组织通过深入学习，把思想认识进一步统一到中央对国际国内形势的正确判断上来，统一到中央面向新世纪作出的重大部署上来，并紧密联系团员青年和共青团工作的实际，切实把中央的决策和部署贯彻落实到团的各项工作中去。要把培养青年人才放到更加突出的位置，促进更多的青年人才脱颖而出；要切实把握时代发展和青年思想脉搏，进一步增强青年思想政治工作的针对性和实效性。他要求各级团干部努力做到政治合格、作风扎实、严格自律。周强作题为《培养和造就青年人才大军谱写新世纪共青团工作新篇章》的报告。他说，中国共青团要在继承20世纪光荣传统的基础上，以培养和造就青年人才为着力点，谱写新世纪共青团工作的新篇章。他强调，共青团培养人才必须坚持“四有”标准，要把提高青年思想道德素质放在首位，坚持不懈地用邓小平理论武装青年，用江泽民同志“三个代表”重要思想教育青年；要发挥自身优势，构建起包括培育人才、聚集人才、举荐人才、使用人才的工作体系和机制，积极营造有利于青年人才成长的环境。会议审议通过《共青团中央关于团结带领广大团员青年为实现“十五”期间经济和社会发展目标作贡献的决定》，并就2001年工作做出安排。全会确认冯正玉等47名同志递补为团十四届中央委员会委员，增补王体先、王晓东、胡伟、高广滨、郭长江等5名同志为团十四届中央委员会常委。全会还审议通过了《关于撤销詹少敏的共青团十四届中央委员会委员职务的决定》。巴音朝鲁做总结讲话。会前，胡锦涛接见了共青团十四届中央委员会卸职委员、荣获2000年度“全国五四红旗团委标兵”单位的团委书记和第十一届“中国十大杰出青年”称号获得者。

12月22日 共青团十四届四中全会闭幕

后，团中央举行表彰仪式。授予中国第一汽车集团公司团委等 10 个基层团委“全国五四红旗团委标兵”称号，授予北京通州区梨园镇团委等 90 个基层团委“全国五四红旗团委”称号。周强、巴音朝鲁、孙金龙、胡春华、黄丹华、崔波、赵勇出席并颁奖。崔波宣读表彰决定。赵勇主持表彰仪式。

12 月 23 日—24 日　第三届“乡村青年文化节”在全国各地陆续启动。

12 月 25 日　全国青联与全日本在职中国留学人员联谊会共同举行中国留日同学总会第 18 次“为国服务团”座谈会。中共中央政治局常委、国务院副总理李岚清出席并讲话。他肯定了中国留日同学总会成立以来在组织回国考察服务活动中的成绩。他说，2000 年是我国经济工作取得显著成绩的一年。中国在海外的留学人员是国家的重要财富和一大优势，是建设祖国的一支重要力量。他说，我们正在努力创造条件，积极采取措施，进一步改善投资环境和工作环境，使海外留学人员回国后能发挥自己专长，创办一番事业。他认为，中国留日同学总会已经在组织海外学人为国服务方面进行了积极的探索，积累了很多的经验，希望今后能够为进一步推动和扩大海外留学人员同国内的交流与合作做出努力。胡春华参加座谈会。

12 月 29 日　周强主持召开团中央书记处会议。学习传达中央纪委第五次全体会议和全国社会保障工作会议精神，研究贯彻落实措施。

12 月 30 日　全国“IT 知识学习月”活动启动。中国青少年新世纪读书计划“IT 知识学习月”宣传咨询日活动在全国各大中城市举行。

12 月 30 日—2001 年 1 月 2 日　应澳门各界青年庆祝澳门回归祖国 1 周年活动委员会的邀请，以孙金龙为团长的全国青联代表团赴澳门参加庆祝活动。

2001 年

1 月 1 日　周强出席第 21 届世界大学生运动会“新世纪之光”火种采集仪式。

1 月 1 日　共青团中央、中共北京市委、全国少工委在人民大会堂联合举办“新世纪的太阳——中国少年儿童迈向新世纪演唱会”。中共中央政治局候补委员、国务委员、国务院妇女儿童工作委员会主任吴仪，全国人大常委会副委员长许嘉璐，周强、巴音朝鲁、胡春华、黄丹华、赵勇，中共北京市委副书记、宣传部长龙新民观看了演唱会。

1 月 1 日—18 日　第三届“乡村青年文化节”在全国各地陆续举办。孙金龙、胡春华、黄丹华、崔波、赵勇分赴各地农村走访慰问农村青年。

1 月 5 日　中共中央政治局常委、国务院副总理李岚清召集人民团体主要负责同志开会，研究部署充分发动群众深入开展揭批“法轮功”斗争。周强出席会议。

1 月 8 日　周强主持召开团中央书记处会议，学习传达中共中央政治局常委，国务院副总理李岚清 1 月 5 日在工、青、妇负责同志会议上的重要讲话精神和《中央处理法轮功问题领导小组办公室关于元旦期间“法轮功”分子在北京闹事的情况通报》，研究部署贯彻落实措施。

1 月 9 日　全国保护母亲河行动领导小组召开电视电话会议。巴音朝鲁出席并讲话。

1 月 9 日—11 日　全国少工委在江西井冈山市召开四届二次全委会暨农村少先队工作会议。会议传达了共青团十四届四中全会精神，部署了新世纪之初的农村少先队工作。赵勇出席并讲话，江西省副省长胡振鹏，教育部等有关方面负责人出席会议。

1 月 10 日　周强主持召开团中央书记处会议。学习传达全国处理“法轮功”问题工作会议精神和《中央处理法轮功问题领导小组关

于同“法轮功”邪教组织斗争的形势和下一步工作意见》，学习中共中央政治局常委、国务院副总理李岚清在全国处理“法轮功”问题工作会议上的重要讲话精神，进一步研究部署全团深入开展与“法轮功”邪教组织斗争的有关工作。

1月10日 团中央办公厅、全国绿委办公室等单位联合发出《关于开展首届“母亲河(波司登)奖”评选表彰活动的通知》。“母亲河奖”是全国保护母亲河行动领导小组在生态环境保护和建设领域设立的民间最高奖项。

1月12日 团中央机关召开2000年度总结表彰大会，团中央书记处全体成员出席。周强出席并讲话。他要求年轻干部要常怀感激心情，常葆进取之心。

1月13日 周强到河北唐山市截瘫疗养院、康复村、青年志愿者服务中心和丰润县“三帮”青年志愿者服务站看望慰问青年志愿者和帮困对象。

1月16日 第五届共青团精神文明建设“五个一工程”评选在北京揭晓。

1月16日 中日友协、对外友协、全国青联等10家人民团体同日本7家对华友好团体共同举办《新世纪中日民间友好宣言》发表大会。黄丹华出席并讲话。

1月18日 全国学联组织首都14所高校学生向全国大中专学校的学生发出《崇尚科学，提倡文明，抵制邪教》的倡议书。

1月19日 共青团中央、全国青联致电团内蒙古自治区委、内蒙古自治区青联，慰问奋战在灾区的团员青年，并拨出20万元特别团费支援抗灾救灾工作。

1月20日 周强出席中央社会治安综合治理委员会2001年第一次全体会议，并作题为《发挥共青团的自身优势，积极做好社会治安综合治理工作》的发言。赵勇出席。

1月31日 共青团中央、全国青联在北京召开各界青年座谈会，就1月23日发生在天安门广场的几名“法轮功”痴迷者自焚事件，深入揭批“法轮功”邪教组织残害生命、祸国殃民的罪行。周强出席并讲话。巴音朝鲁主持会议。孙金龙、胡春华、崔波、赵勇出席。

1月31日 共青团中央召开会议，进一步学习江泽民总书记在中央纪委第五次全体会议上关于“法轮功”问题的重要讲话精神和胡锦涛、李岚清关于人民团体同“法轮功”邪教组织作斗争的指示精神，全面部署“全国青年文明社区反邪教行动”。周强出席并讲话。赵勇对开展“全国青年文明社区反邪教行动”进行具体部署。团中央机关各部门负责人及11个省、直辖市团委负责人参加会议。

2月1日—2日 共青团中央召开工作会议，研究2001年工作。周强在讲话中强调要认清形势、把握大局，狠抓落实、稳步推进，规范管理、夯实基础，了解青年、服务青年，推动2001年共青团工作再上新台阶，为实现党中央提出的2001年经济社会发展的各项任务做贡献。

2月5日 周强主持召开团中央书记处会议。传达全国宣传部长会议精神，学习江泽民总书记的重要讲话和丁关根同志的讲话，结合共青团工作实际，研究贯彻落实工作。

2月5日 团中央办公厅发出关于《以“小事做起来，保护母亲河”为重点掀起2001年保护母亲河行动春季热潮的通知》，要求各地团组织以“小事做起来，保护母亲河”为重点，大力开展宣传教育活动，加紧植树造林和工程建设，探索资金筹集方式，迅速掀起保护母亲河行动的春季热潮。

2月6日—13日 应台湾中华青年交流协会的邀请，以巴音朝鲁为团长的全国青联大陆杰出青年元宵访问团赴台湾访问，与台湾各个界别的青年进行广泛交流。

2月6日—28日 “全国青年文明社区反邪教行动”在全国100个大中城市近千个青年文明社区统一启动。全国大中小学在开学之

际普遍开展“校园拒绝邪教”活动。

2 月 7 日 周强，国务院新闻办公室副主任杨正泉，孙金龙等到中国青少年计算机信息服务网考察工作。

2 月 7 日 共青团中央下发《关于表彰 2000 年度神农奖的决定》，表彰奖励在示范推广科技项目活动中涌现的优秀工作项目和先进个人。团山西省委“农村青年新品种新技术培训示范推广工程”等 29 个项目获神农奖一、二、三等奖，20 名专职团干部获神农贡献奖。

2 月 7 日 共青团中央、全国青联致电团新疆自治区委、新疆自治区青联，慰问奋战在灾区的团员青年，并拨出 20 万元特别团费支援抗灾救灾工作。

2 月 8 日 共青团中央召开 2001 年全国青年志愿者工作电视电话会议。胡春华出席会议并讲话。

2 月 9 日 共青团全国基层组织建设领导小组召开第三次会议。周强在讲话中充分肯定过去一年团的基层组织建设工作，并对 2001 年贯彻落实全国基层“党建带团建”工作会议精神，召开全国非公有制经济组织团建工作会议，深化创建“五四红旗团委”活动，加强团干部培训和团员意识教育等工作提出明确要求。崔波主持会议。

2 月 12 日 共青团中央、全国少工委、中国少年儿童新闻出版总社举行向北京小学生赠送《拒绝邪教——少年教育读本》一书活动。赵勇出席并讲话。

2 月 13 日 共青团中央召开 2001 年共青团宣传工作电视电话会议。会议认真学习贯彻江泽民总书记在全国宣传部长会议上的重要讲话和全国宣传部长会议精神，对 2000 年、2001 年团的宣传思想工作进行了总结和部署，对第五届共青团精神文明建设“五个一工程”组织工作奖、入选作品奖、优秀文化活动奖和“祖国宝岛台湾在我心中”主题教育活动先进单位进行表彰。胡春华出席并讲话。

2 月 15 日 周强主持召开团中央书记处会议，传达中央工作会议精神，学习江泽民总书记的重要讲话，研究贯彻落实工作。

2 月 15 日 共青团中央、科技部共同评出 2000 年度“全国杰出青年星火带头人”。陕西省耀县董家河镇冯桥村村委会冯玉清等 10 人获此项荣誉。另有 102 名同志获“全国青年星火带头人活动组织奖”。

2 月 16 日 全国青联举行第四期“中国青年创新论坛 · 中关村论坛”。全国青联副主席、北京大学副校长陈章良教授做了题为《生命科学的热点及生物高技术产业的展望》的主题演讲。中国青少年计算机信息服务网、中国青年科技信息网对论坛进行了网上现场直播。孙金龙，部分全国青联委员，中国青年科技工作者协会会员及各界青年 400 多人参加论坛。

2 月 19 日—21 日 赵勇在上海就“青年文明社区”工作和社区少先队工作进行调研，并就“少先队体验教育”、“以德治国与青少年教育”和“青年人力资源开发与进城务工青年教育管理服务”等课题召开专家咨询会。

2 月 21 日—22 日 共青团中央召开共青团全国权益（城区）部长会议，就加大对进城务工青年的服务力度，进一步深化、完善“青年文明社区”和优秀“青少年维权岗”创建行动，预防青少年违法犯罪，“青年文明社区反邪教行动”等工作进行研究和部署。赵勇出席并讲话。

2 月 22 日 共青团中央召开共青团全国青工工作电视电话会议，贯彻落实团十四届四中全会精神，安排部署全团青工工作。孙金龙出席并讲话。

2 月 22 日 共青团中央、中国青年志愿者协会举行第四届中国青年志愿者行动评选会议。会议评出了“中国十大杰出青年志愿者”、“中国十大杰出青年志愿服务集体”、“中国百名优秀青年志愿者”、“中国百个优秀青年志愿服务集体”、“中国青年志愿者行动组织奖”、

“中国青年志愿者行动贡献奖”。胡春华出席并讲话。

2月23日 团中央书记处召开2001年度民主生活会。会议主题是进一步改进工作作风,深入青年,了解青年。周强、巴音朝鲁、孙金龙、胡春华、黄丹华、崔波、赵勇出席会议并发言。周强主持会议。中组部干部三局,团中央办公厅、机关党委负责人参加。

2月28日 周强、巴音朝鲁、孙金龙、黄丹华、崔波、赵勇出席欢迎第八批到团中央机关挂职锻炼干部座谈会。周强、巴音朝鲁讲话。

3月3日 全国青少年“小事做起来,保护母亲河”活动在全国统一启动。

3月5日 “全国青年文明号”活动组委会下发《关于评选首届“全国杰出青年文明号”并召开“全国青年文明号表彰大会”的通知》,决定从2001年开始开展“全国杰出青年文明号”评选活动,并于当年第二季度召开“全国杰出青年文明号表彰大会”。

3月5日 由共青团中央、科技部主管,中国青年志愿者协会主办,清华大学、263网络集团、万方数据共同承办的中国志愿服务网开通试运行。

3月6日 “全国杰出青年文明号”组委会下发《关于实行“全国青年文明号”公示制的意见》,决定从2001年起对全国级青年文明号的评选实行公示制,以增强青年文明号评选工作的透明度,提高青年文明号评选工作的科学性,确保青年文明号质量,推动青年文明号活动持续健康发展。

3月7日—9日 全国保护母亲河工程第三批流域综合项目终审会在北京召开。来自8个项目区所在地的党政、团委有关负责人及部分专家参加,8个项目全部通过终审并开始施工建设。

3月14日 “百城万店青年文明号社会监督日”活动在北京、哈尔滨、合肥等大中城市启动。孙金龙参加在北京的活动。

3月16日 第五期“中国青年创新论坛·中关村论坛”在北京举行。

3月19日—22日 “中国少先队工作学会理论研讨会”在江苏无锡市召开。来自11个省市的学会理事和会员代表围绕“如何在‘以德治国’的进程中发挥少先队组织的作用”这一中心议题进行研讨,并商讨了第三次会员代表大会的筹备工作。

3月22日—25日 全国保护母亲河行动领导小组工程部组织专家组有关成员,对全国保护母亲河流域综合治理工程湖北郧县项目的1999—2000年度作业进行检查验收。

3月26日 周强会见美国青年政治领袖理事会代表团。黄丹华与该团进行工作交谈。

3月26日 共青团中央下发《关于在“4·5”清明节期间开展“缅怀革命先烈,立志振兴中华”活动的通知》,要求全团在清明节期间组织青少年到革命纪念地、烈士陵园等地开展扫墓、植树等活动,接受革命传统教育,激励广大青少年立志振兴中华。

3月27日—4月3日 应台湾新党的邀请,以胡春华为团长的祖国大陆优秀青年访问团访问台湾。

3月28日 中央综治委预防青少年违法犯罪工作领导小组第一次全体会议在北京举行。领导小组组长、全国人大常委会副委员长、中央综治委副主任曹志讲话,周强主持会议,赵勇就领导小组2001年工作要点和各成员单位主要任务做说明,领导小组副组长、中央综治委副秘书长、中央综治办主任陈冀平和教育部、公安部、司法部、建设部等14个成员单位的负责人在会上发言。

3月29日 中国青少年发展基金会四届一次理事会在北京举行。周强、巴音朝鲁出席并讲话。会议听取了中国青少年发展基金会常务理事长徐永光的工作报告,讨论通过了《中国青少年发展基金会2001—2003年发展规划设想》。中国青少年发展基金会第四届理

事会共有理事97人,其中常务理事25人。周强担任中国青少年发展基金会会长,巴音朝鲁担任理事长。

3月31日—4月14日, 应朝鲜金日成社会主义青年同盟和白俄罗斯国家青年事务委员会的邀请,周强率中国青年代表团访问朝鲜和白俄罗斯。

4月4日—5日 团中央办公厅在江西南昌市召开全国省级团委办公室(研究室)主任会议。会议就全团信息化建设、设立全团调研奖以及建立信息报送表彰制度等事宜进行了研讨和部署。黄丹华、中共江西省委副书记步正发出席并讲话。团中央办公厅负责人、部分省级团委分管副书记和全国27个省级团委办公室(研究室)的负责人参加会议。

4月 周强在《求是》2001年第7期发表题为《青年人才与西部开发》的署名文章。指出:共青团作为党的助手和后备军,组织动员广大青年投身西部大开发,必须紧紧抓住培养人才这个关键环节。

4月10日 共青团中央第五届精神文明建设"五个一工程"奖在安徽合肥市颁奖。团广东省委等8个单位获组织工作奖,《1999年外来务工青年状况调查报告》等60项作品(包括文章、图书、歌曲、戏剧等)获入选作品奖,"拓展训练"等19项文化活动获优秀文化活动奖。

4月10日 全团纪念建党80周年工作部署会在安徽合肥市召开。胡春华出席并讲话。

4月11日—13日 共青团中央、卫生部在安徽联合召开全国青年卫生志愿者扶贫接力计划现场会。胡春华、卫生部副部长王陇德出席并讲话。中共安徽省委副书记王昭耀致词。各省、区、市团委、卫生厅(局)负责同志出席会议。会议期间,代表们到安徽金寨、潜山、利辛等贫困地区的青年卫生志愿者服务点进行现场观摩。安徽、上海、河南、山东等省市团委、卫生厅(局)负责人重点介绍了本地实施青年卫生志愿者扶贫接力计划的经验。

4月12日 中国青少年新世纪读书计划"优秀图书推荐榜"专家评审委员会召开会议,评选"党在我心中"优秀专题图书。中国青年出版社出版的《党在我心中》等11种优秀图书入选。

4月13日 第六期"中国青年创新论坛·中关村论坛"举行。

4月13日 为纪念中国共产党成立80周年,共青团中央下发通知,于4月至6月举办以"唱支山歌给党听"为主题的"蓝田杯"第二届全国乡村青年歌手大赛。

4月14日 团中央学校部组织开展"全国百城市中学生成人预备期'环保'志愿服务统一行动日"活动。胡春华出席北京的活动并讲话。全国共有180多个城市约60万名中学生参加志愿服务活动。

4月14日 全国人大常委会副委员长许嘉璐会见日本东京青年会议所代表团。黄丹华参加会见。

4月17日—18日 中直工委副书记伍绍祖带领中直工委检查组到团中央检查贯彻落实《中国共产党党和国家机关基层组织工作条例》的情况,周强出席汇报会。黄丹华就有关情况做汇报。检查组还召开团中央直属机关部分党组负责人座谈会,到中国少年儿童新闻出版总社和中国青年出版社印刷厂进行检查和调研。

4月18日 共青团中央、全国青联决定追授被美军侦察机撞毁座机牺牲的海军航空兵某部中队长王伟"中国青年五四奖章",号召全国各族青年向王伟学习。周强、黄丹华到医院看望慰问王伟的父母和妻子阮国琴,并颁授王伟"中国青年五四奖章"。海军政治部主任毕惠义、解放军总政治部组织部副部长张国栋参加慰问。

4月20日—21日 周强到江苏苏州留学人员创业园和苏州工业园调研。

4月20日—22日 中国青年科技工作者

协会二届三次理事会、中国青年科技创新行动成果发布暨项目洽谈会在江苏苏州市举行。周强在讲话中指出，各级共青团组织要把大力推进中国青年科技创新行动作为共青团工作实施科教兴国战略的着力点，在动员广大青年积极投身科教兴国战略，服务青年科技创新等方面作出更大的努力。

4月20日—22日 全国300多万名青少年在100多个大中城市的近千个青年文化活动广场开展“党在我心中”青年文化活动广场活动，庆祝中国共产党建党80周年。

4月21日 共青团中央、信息产业部和全国青联共同举办的第一届“中国软件行业杰出青年”评选活动颁奖典礼在江苏苏州市举行。周强，信息产业部副部长曲维枝，孙金龙出席并为获奖者颁奖。曲维枝、孙金龙讲话。

4月23日—26日 中国作家协会、共青团中央联合在北京举行全国青年作家创作会议。中共中央政治局委员、书记处书记、中宣部部长丁关根到会讲话。周强，中国作家协会党组书记、副主席金炳华出席并讲话。胡春华出席。

4月24日 周强出席中央社会治安综合治理委员会2001年第二次全体会议，并就共青团组织贯彻落实全国社会治安工作会议精神，积极参与社会治安综合治理工作情况作了发言。赵勇出席。

4月24日 共青团中央、国家经贸委、中央金融工委、铁道部、交通部、国家工商行政管理总局、中国民航总局联合下发《关于在全国青年职工中实施“青年文明号信用建设示范行动”的通知》，要求青年文明号集体开展信用教育，规范信用行为，公开信用承诺，加强信用监督。

4月26日 最高人民法院、共青团中央在人民大会堂联合举行“全国十大杰出青年法官”表彰大会。会前，中共中央政治局常委、书记处书记尉健行会见获得荣誉的青年法官。中共中央政治局委员、国务委员、中央政法委书记罗干出席会议并讲话。他说，青年一代是国家和民族的希望，直接关系着我国社会主义现代化建设事业的成败。一大批优秀青年法官是人民法院审判工作的生力军，这次表彰的10位青年法官是他们中的优秀代表。在他们身上，集中体现了人民法官忠于事实、忠于法律、热爱人民、无私无畏的崇高精神。他勉励广大青年法官要努力用邓小平理论武装头脑，按照江泽民总书记“三个代表”的要求规范自己的言行，提高政治鉴别力和政治敏锐性，维护司法的公正和权威，为人民办好案，让党和人民满意。全国人大常委会副委员长曹志出席。最高人民法院院长肖扬，周强出席并讲话。赵勇介绍评选情况并宣布评选结果。

4月26日 共青团中央、国家经贸委、劳动和社会保障部联合评出2000年度全国青年岗位能手。10名青年职工被评为全国杰出青年岗位能手，100名青年职工被评为全国青年岗位能手。

4月27日 周强、孙金龙、胡春华、黄丹华、赵勇在团中央机关会见徐建春、董加耕、侯隽、龙梅、玉龙、戴碧蓉、李素丽、柏耀平等《中国青年报》在各个时期曾经宣传报道过的新老英模代表。

4月27日 《中国青年报》创刊50周年纪念会在人民大会堂举行。中共中央政治局常委、国家副主席胡锦涛发来贺信。他指出，《中国青年报》作为在青年中具有广泛影响的报纸，肩负着启迪青年、引导青年、鼓舞青年的重要职责。他希望《中国青年报》坚持以马列主义、毛泽东思想和邓小平理论为指导，按照江泽民同志提出的“三个代表”的要求，牢牢把握正确的政治方向和舆论导向，紧跟时代步伐，贴近青年实际，勇于开拓创新，准确、鲜明、生动地宣传党的路线方针政策，及时、真实、充分地反映青年的创业实践和精神风貌，进一步办出自己的特色和风格，更好地成为青年获取有益知识和信息的重要渠道，成为党团结、教育和引导青年的坚强阵地。周强、中宣部副部长

王晨讲话，充分肯定《中国青年报》50年来的成绩和贡献，并对《中国青年报》今后的发展提出要求。胡春华和有关单位负责人、《中国青年报》曾经宣传报道过的新老英模代表及曾在《中国青年报》工作过的老报人代表出席。

4月28日 共青团中央作出决定，授予齐长勇等74名团员“全国优秀共青团员”称号，黄在右等83名团干部“全国优秀共青团干部”称号。

4月30日 共青团中央、公安部、司法部、劳动和社会保障部、建设部等单位在北京联合举行第三届“十杰百优”进城务工青年表彰会。周强出席并讲话，中央政法委副秘书长、中央综治办主任陈冀平宣读表彰决定。赵勇主持会议，公安部纪委书记祝春林，司法部副部长胡泽君，建设部总经济师徐义屏及其他主办单位负责人出席。

5月2日 共青团中央、中共浙江省委举办的“党在我心中”南湖红船圣地行——浙、黔、陕建党80周年纪念活动启动仪式在浙江嘉兴举行。在浙江省考察工作的中共中央政治局常委、国家副主席胡锦涛接见参加启动仪式的全体同志。胡春华出席启动仪式并讲话。

5月3日 第五届“中国青年五四奖章”颁授仪式在人民大会堂举行。周强为卢柯等10名获奖者颁发奖章并讲话。孙金龙、胡春华、黄丹华、赵勇为获奖者颁发证书。崔波主持颁奖仪式。团中央机关各部门、各直属单位主要负责人参加。

5月4日 中共中央政治局常委、国家副主席胡锦涛来到北京有色金属研究总院和海淀区西区综合楼工地，代表党中央向全国各族青年致以节日的祝贺和亲切的问候。活动过程中，胡锦涛还接见了2001年度“中国青年五四奖章”获得者，与大家合影留念。中共中央政治局委员、北京市委书记贾庆林，周强，中央企业工委副书记郑斯林，科技部部长徐冠华等陪同考察。孙金龙、胡春华、黄丹华、崔波、赵勇参加。

5月4日 中共中央政治局常委、国家副主席胡锦涛在人民大会堂会见在“五四”青年节之际到祖国内地参观访问的香港青年领袖访问团全体成员，同大家合影留念并发表重要讲话。他说，“五四”运动的旗帜就是爱国主义，那时许多有志青年梦寐以求的理想就是实现国家的强盛和统一。我们今天不仅实现了民族独立和人民解放，走上了强国富民的正确道路，而且以香港、澳门相继回归为标志，在实现祖国完全统一的进程中迈出了重要的步伐。他指出，保持香港的长期繁荣稳定，是全体香港同胞的福祉所在，也是全体香港同胞的共同责任。香港青年不仅是建设香港的重要力量，而且代表着香港未来发展的希望。香港今天的成就包含着青年的贡献，香港明天的辉煌更需要青年去创造。他勉励香港青年领袖牢记江泽民主席的教导，高举爱国爱港的旗帜，以建设香港、振兴中华为己任，积极参与香港社会事务，广泛团结香港各界青年，共同致力于维护香港的繁荣稳定。同时，进一步扩大与内地青年的交流，携手共创中华民族的美好未来。周强，国务院港澳办主任廖晖，孙金龙等参加会见。

5月4日 胡春华出席第二十一届世界大学生运动会“新世纪、新长征”全国火炬传递活动点火仪式。

5月8日 周强在《人民日报》发表题为《新世纪加强共青团建设的根本指针》的署名文章。指出，共青团作为中国共产党领导的先进青年的群众组织，必须以“三个代表”重要思想作为一切工作的根本指针。

5月10日 共青团中央召开全国团属青少年活动阵地安全工作电视电话会议，贯彻落实国务院召开的全国安全生产电视电话会议精神，安排部署青少年活动阵地安全检查和专项治理工作。

5月16日 共青团中央、教育部在人民大会堂举行第六届全国三好学生、优秀学生干部和先进班集体表彰会，并颁发第四届胡楚南优秀大学生奖学金。全国政协副主席周铁农出席，周强出席并讲话，教育部副部长袁贵仁宣

读表彰决定，胡春华介绍评审工作的情况。

5月17日 中共中央政治局常委、全国政协主席李瑞环在人民大会堂接见王中强等8名首届“母亲河奖”获奖者，向他们表示祝贺并讲话。全国政协副主席万国权，全国政协秘书长郑万通，周强，国家环保总局局长解振华，全国政协常务副秘书长王巨禄，全国人大环资委副主任委员李蒙，全国绿委副主任、国家林业局局长周生贤，全国政协副秘书长李昌鉴，全国政协人口资源环境委员会副主任委员、国家林业局党组成员江泽慧，水利部副部长翟浩辉，崔波等参加会见。

5月18日 第七期“中国青年创新论坛·中关村论坛”举行。

5月19日—20日 全国各地青少年集中开展以“党在我心中”为主题的“共和国重点工程寻访”活动。近200万名青少年通过参观、考察、座谈、听报告会等社会实践，深入了解当地的国家重点工程建设情况，加深对建国以来，尤其是改革开放以来我国社会主义现代化建设所取得的伟大成就的认识。

5月22日 全国青联在人民大会堂举行亿阳集团向大别山青年信息致富工程捐赠电脑仪式。全国政协副主席王文元，周强，中科院党组副书记郭传杰，中共湖北省委常委、宣传部长缪合林出席。孙金龙出席捐赠仪式并讲话。

5月23日 共青团中央书记处理论学习中心组就学习《毛泽东邓小平江泽民论青少年和青少年工作》一书的体会，在《人民日报》上发表《新形势下做好青少年工作促进青少年健康成长的强大思想武器》的文章。

5月28日 周强会见以主席尼库·瓦西列斯库为团长的大罗马尼亚党青年组织代表团一行，黄丹华参加会见。

5月31日 共青团中央、国家民委、中国关工委、全国少工委举行“56个民族少年相聚首都庆祝六一”活动。来自56个民族的100名少年儿童代表和北京的“手拉手”小伙伴一起举行联欢。全国人大常委会副委员长铁木尔·达瓦买提，全国政协副主席赵南起，周强，国家民委副主任江家福，中国关工委副主任杨志海，中国文化扶贫委员会主任徐惟诚，赵勇以及巴德年、关牧村、拉姆措、白岩松等少数民族杰出人士出席联欢活动。

5月31日 国务院妇女儿童工作委员会、全国妇联、共青团中央、北京市人民政府和中央电视台在人民大会堂举行“快乐起飞”——庆祝“六一”国际儿童节大型联欢晚会。中共中央政治局常委、国家副主席胡锦涛出席并向全国少年儿童表示节日的祝贺。中共中央政治局委员、北京市委书记贾庆林，中共中央政治局委员、国务院副总理钱其琛，中共中央政治局候补委员、国务委员吴仪，全国人大常委会副委员长彭珮云、何鲁丽，全国政协副主席钱正英，全国妇联名誉主席陈慕华及周强，顾秀莲，陈至立，徐光春，刘淇等出席。

6月1日 全国少工委在天安门广场举行“党在我心中”主题队会。参加队会的部分适龄少年儿童在主题队会上光荣宣誓加入中国少年先锋队。少先队员代表向人民英雄纪念碑献了花篮，在人民英雄纪念碑前站少年先锋岗，并向建党80周年敬献了长诗“党在我心中”，表达了对党和祖国的热爱之情。全国政协副主席任建新，周强，国家民委副主任图道多吉，赵勇出席。

6月4日—9日 周强到浙江杭州西湖区、萧山区，宁波鄞县、海曙区、保税区，台州椒江区、路桥区，温州永嘉县、苍南县、平阳县、鹿城区、瓯海区、乐清市等地就农村团组织开展“三个代表”重要思想学习教育活动的情况、农村团的工作和非公有制经济组织团建工作进行调研。

6月7日—9日 全国非公有制经济组织团建工作现场推进会在浙江温州市召开。周强、中共浙江省委副书记梁平波出席并讲话。崔波作总结讲话。团中央机关有关部门和全国各省、区、市团委负责人参加会议。

6 月 15 日 第八期“中国青年创新论坛·中关村论坛”举行。

6 月 18 日 周强会见以日本青年会议所日中友好之会名誉会长野津乔、会长冈田伸浩为名誉团长，以日本青年会议所 2001 年度会头土屋龙一郎为团长的日本青年会议所代表团主要成员。

6 月 19 日 中共中央政治局委员、全国人大常委会副委员长姜春云在人民大会堂会见日本青年会议所代表团主要成员，并与出席中日青年企业家论坛的中日企业家合影留念。周强、黄丹华参加会见。

6 月 19 日 共青团中央与中央、国家机关有关部委在人民大会堂联合召开“全国青年文明号集体信用建设示范行动推进会暨杰出青年文明号表彰大会”，部署在全国青年文明号集体中实施“青年文明号信用建设示范行动”，命名表彰一批“全国杰出青年文明号”和“全国青年文明号信用建设示范创建单位”。全国政协副主席周铁农，周强，国家工商总局局长王众孚，国家经贸委副主任于珍出席并讲话。中宣部副部长高俊良等部委负责人出席。孙金龙主持会议。

6 月 19 日 共青团中央、中央金融工委等 18 个部委联合下发《关于命名首届“全国杰出青年文明号”的决定》，命名北京西单商场股份有限公司男装服饰组等 37 个青年集体为首届“全国杰出青年文明号”。

6 月 20 日 粤、赣、湘、桂、黔、陕六省(区)青年纪念建党 80 周年座谈会在广州市举行。中共中央政治局委员、广东省委书记李长春，周强，中共广东省委副书记黄丽满，胡春华出席观看纪念建党 80 周年大型文艺晚会。

6 月 20 日—21 日 周强、胡春华在广州市就非公有制经济组织团建工作和进城务工青年的教育、管理和服务工作进行调研。

6 月 25 日 共青团中央直属机关召开纪念建党 80 周年大会。周强出席并讲话，黄丹华主持会议，崔波、赵勇出席。团中央直属机关党委、文明委表彰了一批先进党支部、优秀共产党员、优秀党务工作者和文明单位。

6 月 28 日 共青团中央联合中国社会科学院、中央党史研究室、国家档案局共同发起主办，以弘扬爱国主义精神和革命传统为主要内容的“血铸中华”、“民族魂”网站正式开通。中共中央政治局常委、全国人大常委会委员长李鹏为网站题词：“继承先烈遗志，发扬革命传统，致力振兴中华”。周强，国务院新闻办副主任蔡名照，胡春华和原中顾委委员、原司法部第一副部长、李大钊研究会名誉会长李运昌等出席网站开通仪式，参加北京十一学校的网上主题团日活动，并在网上为革命烈士献花。晚上，教育部、共青团中央、全国学联在北京大学举行“党在我心中”首都大学生纪念建党 80 周年文艺晚会。中共中央政治局常委、国务院副总理李岚清，教育部部长陈至立，周强，胡春华，国务院科教办公室专职副主任廖晓淇，教育部副部长袁贵仁，文化部副部长孟晓驷，中共北京市委常委、教育工委书记、教委主任徐锡安等出席。

7 月 1 日 周强主持召开团中央书记处扩大会议，认真学习江泽民总书记在庆祝中国共产党成立 80 周年大会上的重要讲话，研究贯彻落实措施。会议强调，江泽民总书记的重要讲话是一篇光辉的马克思主义纲领性文献，要把学习和宣传江泽民总书记的重要讲话精神作为当前和今后一个时期的首要任务抓紧抓好，把全团的思想和行动统一到江泽民总书记重要讲话精神上来，以“三个代表”重要思想为指导，全面推进新世纪共青团的建设，切实巩固党的青年群众基础，最大限度地、最广泛地把青年团结在党的周围。

7 月 1 日 共青团中央、铁道部在青海格尔木市举行青藏铁路建设青年突击队授旗仪式。

7 月 3 日 中宣部、共青团中央、教育部、全国学联举行百支党员大学生“三个代表”实

践服务团出征仪式，并为服务团赠送《“三个代表”学习读本》。据统计，全国各高校团组织利用暑期组织了以学生党员为主体的1200多支“三个代表”实践服务团，深入乡村、厂矿、社区宣传“七一”重要讲话，实践“三个代表”重要思想，参与的大学生达50余万。

7月4日 全国青联、全国学联召开座谈会，学习江泽民总书记在庆祝建党80周年大会上的重要讲话精神。在北京的部分全国青联委员和北京大学、清华大学、中国人民大学、北京师范大学等部分首都高校学生代表参加了座谈会。

7月6日 国家环保总局、教育部和全国少工委在人民大会堂举行“争当环境小卫士”系列活动组委会会议和“全国争当环境小卫士活动”启动仪式。

7月9日 团中央书记处召开理论学习中心组扩大会议，联系青年和共青团工作实际，进一步学习江泽民总书记在庆祝建党80周年大会上的重要讲话精神。周强出席并讲话。

7月9日—14日 亚太经合组织青年节暨杰出青年企业家论坛在北京、上海举行。活动由中国和加拿大政府共同发起、全国青联和加拿大领导能力开发研究所主办。国家主席江泽民为此次活动发来贺信。10日上午，中共中央政治局常委、国家副主席胡锦涛在人民大会堂接见参加活动的全体代表并合影留念。随后，胡锦涛会见与会各经济体代表团团长和嘉宾并发表重要讲话。他说，中国政府高度重视和积极评价亚太经合组织在亚太地区以及世界经济发展中的作用。在新世纪初，首次举办大型亚太青年联谊交流活动，反映了亚太经合组织和各成员对青年发展的普遍关注。他指出，青年最富有理想和创新精神，是整个社会中最积极最有生气的力量，青年企业家是企业家中富有朝气和活力的群体。无论是推动经济发展，还是促进社会进步，都离不开青年的广泛参与。他勉励亚太青年开阔视野，加强切磋交流，相互借鉴学习，努力用人类文明的优秀成果充实自己，同时，紧跟时代前进步伐，勇于开拓，大胆创新，积极投身亚太及世界的经济、社会、科技、文化等各项事业，争创无愧于时代的业绩，为促进本地区和世界的文明、进步与繁荣作出应有的贡献。周强、孙金龙、黄丹华参加了会见。11日上午，亚太经合组织青年节暨杰出青年企业家论坛在上海国际会议中心开幕。周强，加拿大代表团团长、国家税收部部长马丁·科雄，上海市副市长周慕尧出席开幕式并分别致辞，黄丹华，国家统计局副局长邱晓华出席开幕式。来自亚太经合组织21个经济体的230余名青年企业家、专家学者和政府官员以及特邀嘉宾参加此次活动，围绕“青年迎接新经济的挑战：促进共同繁荣”的主题进行了研讨和交流，并举行了在线博览会等活动。

7月12日 赵勇出席“第五届中国国际互联网研讨会·青少年活动日——青少年上网导航工程启动仪式”并讲话。

7月12日 APEC青年节暨杰出青年企业家论坛举行各经济代表团团长圆桌会议。中国代表团团长黄丹华在发言中提出四项提议：重视开发青年人力资源；重视培养青年的创新能力；重视在青年中普及信息技术，缩小“数字鸿沟”；重视青年参与地区经济合作。

7月13日 李承凤等4名中国少年军校学员代表到中央军委机关向中共中央政治局委员、中央军委副主席、国务委员兼国防部长、中国少年军校名誉校长迟浩田汇报在少年军校学习情况。周强向迟浩田副主席汇报了共青团中央和全国少工委组织开展青少年国防教育，特别是开展少年军校活动的情况。赵勇参加了活动。

7月13日 共青团中央、全国青联、全国学联、全国少工委致电中共北京市委、北京市人民政府，祝贺北京申奥成功。贺信指出，北京申奥成功，必将使青少年一代焕发出极大的爱国热情，满怀信心地跟着党走建设有中国特色的社会主义道路。全国青少年将同北京人

民一道，努力为使 2008 年奥运会成为奥运史上最成功的奥运会贡献力量。

7 月 15 日 共青团中央召开全国青年报刊工作会议。周强，中宣部副部长王晨，胡春华，新闻出版总署党组成员石峰出席会议并讲话。各省、区、市团委分管报刊宣传的负责同志，以及团中央直属报刊、出版单位和部分地方青年报刊的负责人参加会议。

7 月 18 日—20 日 共青团中央在湖南长沙市召开共青团农村“三个代表”重要思想学习教育工作座谈会。周强在讲话中强调，各级团组织和农村团干部在下一阶段的学习教育工作中要深入学习贯彻“七一”重要讲话精神，在各级党委的领导下，结合农村共青团工作的特点，把开展学习教育活动同全面推进农村团的工作结合起来，切实加强农村基层团组织建设和农村团干部思想作风建设，推动农村团的建设和团的工作实现新的发展，为实现我国新世纪农业和农村发展的宏伟目标作出积极贡献。

7 月 19 日 全国“进城务工青年发展计划”启动仪式在北京举行。

7 月 25 日—26 日 全国民族地区青少年爱国主义教育工作座谈会在西藏拉萨市召开。周强在讲话中指出，要以“三个代表”重要思想为指导，进一步做好民族地区青少年爱国主义教育工作，更好地服务全党全国工作大局。中共西藏自治区委书记郭金龙出席会议并讲话，胡春华做工作报告。26 日下午，共青团中央、全国青联为响应党中央支援西藏的号召，在拉萨市举行援助西藏青少年发展事业捐赠仪式。共青团中央、全国青联、各地团组织和青联组织共向西藏捐赠援建项目资金 1100 万元及价值 170 万元的优秀青少年图书，用于西藏的希望小学和青少年活动阵地建设。同时，共青团中央、国家民委、全国青联在西藏拉萨市举行大会，表彰荣获第三届“全国各族青年团结进步杰出（优秀）奖”及组织奖的先进个人和集体。

7 月 31 日 第三届全国少年军校检阅式在北京石景山体育馆举行。中共中央政治局委员、中央军委副主席、中国少年军校总校名誉校长迟浩田出席检阅式，发表重要讲话，并为全国首批少年军校示范校授牌。周强，解放军总政治部副主任唐天标，武警部队副司令员张进保，中央军委办公厅主任谭悦新，中共北京市委常委、教育工委书记徐锡安等出席检阅式，赵勇主持检阅式。18 个省（区、市）的 24 支少年军校代表队和香港特别行政区、澳门特别行政区代表队，共约 1600 多名小学员接受检阅。

8 月 7 日—9 日 共青团中央、信息产业部、文化部在江苏无锡市举行“党在我心中”全国青少年电脑作品大赛复赛及颁奖会。全国 20 多万青少年参加了此项活动。

8 月 8 日 中国青少年发展基金会举行解放军总后勤部向西部地区“希望工程”捐款仪式。周强，总后勤部政委周坤仁上将，孙金龙，总后勤部副部长苏书岩中将等出席仪式。总后官兵本次捐赠的 800 万元人民币将用于西部地区 12 个省（区、市）援建 30 所希望小学。

8 月 15 日—19 日 团中央办公厅在黑龙江黑河市召开《中国共青团》杂志工作会议，表彰 2000 年度《中国共青团》杂志信息工作先进集体、“十佳信息站”和先进个人，并为第五批《中国共青团》信息站授牌。孙金龙出席并讲话。

8 月 17 日 全国第一所社区青少年法律学校在北京西城区西长安街社区正式成立。

8 月 22 日 国务院新闻办在北京举行“中国 2001 国际志愿者年委员会”成立记者招待会。崔波，外经贸部副部长龙永图分别介绍了中国志愿服务事业的发展状况和“2001 国际志愿者年”的基本情况，并发布“中国 2001 国际志愿者年委员会”成立的消息。

8 月 28 日 共青团中央、国家民委在北京

举行“新疆少数民族青年干部培训班”开学典礼。来自新疆自治区14个地(市)及新疆建设兵团的51名青年干部参加培训。

8月28日—29日 共青团中央、农业部、湖北省人民政府在湖北洪湖举行第二届中国“蓝田杯”农民文化节。全国政协副主席赵南起,全国政协副秘书长梁金泉等出席开幕式。孙金龙,湖北省副省长贾天增和农业部有关部门负责同志出席并致辞。

8月30日 共青团中央举行学习“七一”重要讲话报告会。团中央邀请中共中央党校、中央党史研究室、中央文献研究室、中国社会科学院、国防大学等单位的中青年专家学者,抽调团中央机关有关部门和直属单位负责同志,组成学习“七一”讲话宣讲团,从即日起在各地开展宣讲工作,并在团中央机关举行首场报告会。报告会前,周强、孙金龙、黄丹华与宣讲团成员进行座谈,并为他们颁发聘书。

9月4日 周强会见并宴请以老挝人民革命党中央委员、人民革命青年团中央书记本宝·布达纳冯为团长的老挝人民革命青年团代表团。

9月5日 团中央“2002工程”领导小组召开全体会议。会议通报了书记处对领导小组成员进行调整的决定,“2002工程”领导小组组长由孙金龙担任,副组长由崔波担任。会议进一步明确各工作组负责人和工作任务,对网上“团史展览馆”建设工作进行安排部署。

9月6日—7日 共青团中央召开工作会议,结合共青团和青年工作实际,深入学习贯彻“七一”重要讲话精神,对下一步全团深入学习贯彻“七一”重要讲话精神进行部署。周强、孙金龙、黄丹华、崔波、赵勇出席并讲话,团中央机关各部门及各直属单位主要负责人参加。

9月10日—21日 团中央宣传部与中央党校有关部门举办共青团学习“七一”重要讲话培训班。共青团中央、中央党校有关领导出席开班典礼并讲话。来自全国的130多名省级团委宣传部负责同志、地级市团委负责同志、高等院校和国有大型企业团委书记、团属新闻单位负责同志参加培训。

9月11日 共青团中央在人民大会堂举行中国青少年新世纪读书计划助学行动首批项目签字仪式。中国青少年新世纪读书计划助学行动旨在为贫困地区经济困难的青年免费提供接受高等教育的学习机会,活动自启动以来受到社会各界的关注和支持。截止到9月10日,全国共有13所高校捐赠了318个免费就读指标,捐赠金额约合人民币405万元。

9月15日 全国青联举行宴会,欢迎由日本日中友协派遣,以日中友协监事、原厚生大臣井出正一为团长的日本百名青年代表团。全国青联副主席黄丹华出席并讲话。16日上午,黄丹华陪同全国政协副主席何鲁丽会见该团。

9月18日—23日 共青团中央、中国科协、陕西省人民政府、全国学联在西安交通大学举行第七届“挑战杯”全国大学生课外学术科技作品竞赛终审决赛。254所内地高校及港、澳、台的12所高校组团参加。黄丹华、中共陕西省委副书记袁纯清、陕西省副省长陈宗兴出席开幕式并讲话。

9月21日 第八届全国精神文明建设“五个一工程”奖在北京揭晓,共青团中央荣获“组织工作奖”。

9月25日—10月1日 应全国青联的邀请,俄罗斯青年代表团一行100人来华访问并参加中俄青年联欢节活动。中共中央政治局常委、国务院副总理李岚清在中南海会见代表团并发表重要讲话。他对俄罗斯青年代表团来华访问并参加中俄青年联欢节活动表示热烈的欢迎。他指出,新世纪之初中俄两国青年举行联欢和交流活动很有意义,青年之间的交流有利于推动两国友好事业的持续发展。李岚清希望两国青年牢固树立中俄“世代友好、永不为敌”的和平思想,进一步加强各种形式的交流,增进

了解、增进友谊,沿着中俄友好合作的道路前进,为世界的和平、进步和繁荣作出贡献。周强会见代表团,出席有关活动并在欢迎招待会上致辞。孙金龙、黄丹华出席有关活动。

9 月 26 日 周强主持召开团中央书记处会议,传达学习江泽民总书记在党的十五届六中全会上的重要讲话和《中共中央关于加强和改进党的作风建设的决定》,结合共青团工作和青年工作实际,研究贯彻落实措施。

9 月 30 日 团中央青工部在全国各大中城市统一开展"青年文明号信用建设示范行动日"活动。赵勇在北京的活动现场为"全国青年文明号信用公约"揭牌并讲话。

10 月 1 日 共青团中央在全国 100 多个城市(区)举行 18 岁成人宣誓仪式,近 100 万名中学生参加。黄丹华出席北京的现场活动并讲话。

10 月 7 日 孙金龙、崔波、赵勇参加由中央办公厅调研室召开的座谈会,讨论共青团如何以"三个代表"重要思想为指导,贯彻落实党的十五届六中全会精神,推进共青团工作实现新发展。中央办公厅副主任令计划出席并讲话。

10 月 8 日 共青团中央召开常委扩大会议,传达学习党的十五届六中全会精神,就全团深入学习贯彻全会精神,进一步加强作风建设作出部署。会议决定,11 月份召开团十四届五中全会,对今后一个时期共青团各项工作和团的作风建设进行研究部署。周强出席并讲话。团中央常委和团中央机关各部门、各直属单位主要负责同志参加。

10 月 11 日—14 日 第二届"中越青年友好会见"活动在越南河内举行。由周强任团长、黄丹华任副团长的中国青年代表团一行 80 人赴越参加活动。越共中央政治局委员、中央书记处常务书记潘演会见周强一行,并与中国青年代表团全体成员合影留念。为表彰中国共青团组织为推动新世纪中越两国青年交流所作出的积极贡献,越南对外友好协会授予周强"国家和平友谊"奖章,并举行了隆重的授奖仪式。

10 月 12 日 共青团中央、教育部、全国少工委和中央电视台在人民大会堂举行第七届"全国十佳少先队员"、第三届"全国十佳少先队辅导员"和第二届"全国十佳少先队志愿辅导员"表彰仪式,并庆祝中国少年先锋队建队 52 周年。全国人大常委会副委员长铁木尔·达瓦买提,赵勇,教育部党组成员张天保出席,孙金龙代表主办单位讲话。

10 月 12 日 共青团中央发出《关于今冬明春以"学讲话、颂党情、跟党走"为主题开展第四届"乡村青年文化节"活动的通知》,要求各级团组织积极配合,动员广大农村青年参与,在全国农村掀起学习"三个代表"重要思想的高潮。

10 月 18 日 农业部、财政部、共青团中央在人民大会堂举行"跨世纪青年农民科技培训工程"座谈会,学习贯彻国务院副总理温家宝对"跨世纪青年农民科技培训工程"的批示精神,总结、交流两年来的经验,并就下一步的工作进行安排。来自有关省(区、市)农业厅(农委)、财政厅、团委的负责同志及实施县的代表共 60 余人参加了座谈会。

10 月 23 日 共青团中央、中央综治委预防青少年违法犯罪工作领导小组、信息产业部、公安部、文化部、国家工商行政管理总局联合开展的创建"青少年安全放心网吧"活动正式启动。全国人大内司委副主任委员万绍芬及有关单位负责同志出席。赵勇出席启动仪式并讲话。

10 月 26 日—29 日 中国青年科技工作者协会、团河北省委、河北省青联、中共廊坊市委、廊坊市人民政府在河北廊坊市联合开展"青年专家科技服务团廊坊创新行动"。来自日本、美国、加拿大、荷兰以及国内各科研院所的 33 名青年博士参加本次活动,共达成 15 项经济合作协议。孙金龙出席开幕式并讲话。

10 月 27 日 共青团中央与中央和国家机

关共21个部委联合在北京举办“以德治国与青年文明号活动”论坛，深入贯彻江泽民同志“以德治国”基本方略，贯彻落实《公民道德建设实施纲要》，总结开展青年文明号活动的主要做法和经验，研究如何以青年文明号活动为载体加强青年职业道德建设。周强、国家工商行政管理总局副局长甘国屏、人民日报社副总编吴恒权出席论坛并讲话，赵勇、中国工商银行总行副行长张福荣等就论坛主题发表了演讲。

10月30日 团中央书记处召开办公会议，决定成立“共青团中央纪念建团80周年活动筹备领导小组”。周强任组长，孙金龙任常务副组长，黄丹华、崔波、赵勇任副组长。办公厅、组织部、宣传部等部门主要负责同志为小组成员。会议决定共青团中央纪念建团80周年有关活动的原则是：突出主题、规模适中、立足基层、面向团员、力求实效。

10月31日—11月1日 中国青年乡镇企业家协会在河南驻马店市召开第五届会员大会。全国人大常委会副委员长王光英为大会发来贺信，崔波出席并讲话，河南省省长李克强、农业部副部长刘坚、河南省副省长贾连朝到会祝贺。会议听取并审议通过了第四届理事会所作的题为《强化服务宗旨，勇于开拓创新，努力团结带领青年乡镇企业家在新阶段做出新贡献》的工作报告，选举崔波为中国青年乡镇企业家协会第五届会长。来自全国29个省(区、市)的240多名优秀青年乡镇企业家代表参加。会议期间，还举行了2001年全国乡镇企业东西合作经贸洽谈暨产品展销会和“乡镇企业创新与农民增收”论坛。

11月5日 《中国少年报》创刊50周年纪念大会在人民大会堂举行。中共中央政治局常委、国家副主席胡锦涛为《中国少年报》创刊50周年发来贺信，表示热烈祝贺和亲切问候。他充分肯定了《中国少年报》创刊50年来取得的成绩。他指出，《中国少年报》作为少先队的队报，肩负着教育培养少年儿童的神圣职责。他希望《中国少年报》坚持以马列主义、毛泽东思想和邓小平理论为指导，按照江泽民同志提出的“三个代表”的要求，牢牢把握办报育人的正确方向，面向现代化，面向世界，面向未来，发扬创新求实的精神，进一步办出自己的特色和风格，努力帮助少年儿童树立远大理想，打好知识基础，培养优良品德，使《中国少年报》更好地成为党教育引导少年儿童的重要阵地，成为广大少年儿童的良师益友。中宣部副部长吉炳轩在纪念会上转达了中共中央政治局委员、书记处书记、中宣部部长丁关根对《中国少年报》创刊50周年的祝贺，并向在少年儿童新闻出版岗位上辛勤工作的同志表示问候，向为我国新闻事业作出贡献的老一辈少年报人致以敬意。周强在讲话中高度评价了50年来《中国少年报》在一代又一代少年儿童成长过程中所作出的积极贡献，并对《中国少年报》今后的发展提出了要求。全国人大常委会副委员长许嘉璐，教育部副部长王湛出席并讲话。中国文化扶贫委员会主任徐惟诚，中国关心下一代工作委员会执行主任王照华，全国人大外事委员会副主任委员李淑铮，赵勇等出席。《中国少年报》新老报人、读者及各界人士700余人参加了大会。

11月6日 中国青少年发展基金会举行解放军总装备部向西部地区“希望工程”捐款仪式。孙金龙，总装备部副部长胡世祥中将、副政委朱增泉中将等出席。总装官兵本次捐赠的400万元人民币将用于在我国西部地区9个省(区、市)援建15所希望小学。

11月8日 黄丹华会见以日本前首相、日中友协名誉顾问村山富市为顾问、以该会会长平山郁夫为团长的日中友协代表团。

11月8日—13日 共青团中央组织的首届全国进城务工青年奖学金获得者“知识改变命运——进城务工青年求学成才先进事迹报告团”在北京、南京、南通等地进行巡回演讲。

11月12日 共青团中央、中国人寿保险

公司在北京举行“共青团赠保险，中国人寿保安康”行动启动仪式。赵勇出席并讲话，中央政法委副秘书长张耕，中国保监会副主席冯晓增出席。来自保安、纺织、建筑等行业的进城务工青年领取了人身意外伤害保险凭证、《进城务工青年保险手册》和《进城务工青年维权服务卡》，并以集体签名的方式向全国进城务工青年发出“接受一份爱心，奉献一片真情，积极参与公民道德建设”的倡议。北京、天津、上海、南京、杭州、广州、济南、深圳、福州、武汉、哈尔滨等 11 个城市的共青团组织在当天统一行动，免费为 30 万名进城务工青年提供了人身意外伤害保险。

11 月 18 日—22 日 共青团中央、全国青联举行第五届“中国青年科学家奖”评审会。经过初审和复审，以中国科学院和中国工程院院士为主体的评委根据评审章程，分 6 个学科确定了正式奖获得者 11 名，提名奖获得者 6 名，经组委会确认后，进行一个月的公示。期间，黄丹华看望复审评委并讲话。

11 月 21 日 中国少年儿童新闻出版总社社长海飞、副总编辑卢勤被联合国儿童基金会授予“联合国儿童基金会——中国杰出成就奖”，以表彰他们在“支持儿童”全球范围活动中作出的贡献。

11 月 22 日 共青团中央、教育部、文化部、国务院新闻办、全国青联、全国学联、全国少工委、中国青少年网络协会在中国人民大学召开《全国青少年网络文明公约》网上发布大会。全国人大常委会副委员长许嘉璐，孙金龙，教育部副部长王湛，国务院新闻办副主任蔡名照出席并讲话。赵勇主持会议。

11 月 26 日 共青团中央在全国 100 多所大学和 1000 多所中学开展“遵守网络文明公约，争做网络文明先锋”主题团日活动。当天，黄丹华在河北石家庄市出席石家庄二中举行的主题团日活动并讲话，出席石家庄草场街小学举行的“国旗下的宣誓”活动，并就“网络文明公约”宣传活动和志愿服务工作进行调研。

11 月 30 日 共青团中央、全国青联举行第五届“中国青年科技创新奖”评审会。会议评选出第五届“中国青年科技创新奖”杰出奖获得者 10 名，优秀奖获者者 100 名。

12 月 3 日 周强主持召开团中央书记处会议，传达中央经济工作会议精神，学习江泽民总书记和朱镕基总理在会议上的重要讲话精神，结合青年和共青团工作实际，研究贯彻落实措施。

12 月 4 日 中共中央政治局常委、中央书记处书记胡锦涛同志主持中央书记处会议，听取团中央工作汇报。周强代表团中央书记处汇报了 2001 年工作情况和 2002 年工作安排。中央书记处充分肯定了 2001 年的共青团工作，并对今后工作作出了重要指示，强调各级团组织要进一步加强理论学习，大力推进工作创新，切实转变干部作风，努力把共青团工作提高到一个新水平。

12 月 4 日—5 日 全国人大内务司法委员会、共青团中央在北京联合召开《中华人民共和国未成年人保护法》颁布 10 周年座谈会。中共中央政治局常委、全国人大常委会委员长李鹏出席并发表重要讲话。他指出，儿童是祖国的花朵，青少年是祖国的未来，培养社会主义事业接班人是保证我们事业后继有人的百年大计。全社会要齐抓共管，形成合力，推动未成年人保护法的深入实施，为未成年人的茁壮成长营造一个安全和谐的环境。全国人大常委会副委员长曹志，周强，全国人大内务司法委员会主任委员侯宗宾、副主任委员万绍芬出席并讲话。赵勇以及最高人民法院、最高人民检察院、司法部等 11 部委的负责同志出席。

12 月 5 日 共青团中央、中国 2001 国际志愿者年委员会、外经贸部、全国青联、中央电视台、中共深圳市委、深圳市人民政府、联合国开发计划署在深圳举办“四海同心—2001 国际志愿者年庆典晚会”。

12 月 10 日—12 日　共青团十四届五中全会在北京召开。周强作了题为《以“三个代表”重要思想为指导,加强和改进团的作风建设,把服务青年的工作提高到一个新水平》的讲话。他指出,深入学习贯彻江泽民同志“七一”重要讲话是全团的首要任务;要贯彻落实党的十五届六中全会精神,以“三个代表”重要思想为指导,加强和改进团的作风建设;要适应经济社会生活和青年群体的变化,把服务青年工作提高到一个新水平。全会审议通过了《共青团中央关于加强和改进团的作风建设的决定》,并就2002 年工作作出安排。全会根据团章的规定,确认武秀兰等 20 名同志递补为团十四届中央委员会委员,增补胡伟、杨岳为团中央书记处书记,增补万庆良、尹德明、白希、尔肯江·吐拉洪、刘慧晏、关成华、江广平、李晓军、陈靖、胡增印、秦保中、葛慧君等12 名同志为团十四届中央委员会常委,增补 39 名团中央委员、候补委员。12 日上午,中共中央政治局常委、国家副主席胡锦涛在人民大会堂会见卸职和新增补的团中央委员,并发表重要讲话。孙金龙作会议总结,黄丹华、崔波、赵勇出席。

12 月 13 日　周强主持召开团中央书记处会议,认真学习中央书记处听取团中央工作汇报时所作的重要指示,研究下一阶段的工作。会议提出,要在进一步加强理论学习、大力推进工作创新、切实转变干部作风三个方面下工夫,努力把共青团工作提高到一个新水平。

12 月 16 日—17 日　全国青联九届三次常委(扩大)会议在北京举行。会议改选孙金龙为全国青联主席,增选崔波、赵勇、邱晓华为副主席,增补 171 名委员。周强出席会议并讲话。

12 月 18 日　周强在人民大会堂出席中国文学艺术界联合会第七次全国代表大会、中国作家协会第六次全国代表大会开幕式,并代表各人民团体向大会致贺词。

12 月 18 日　共青团中央在人民大会堂召开 2001 年度中国大学生“五四奖学金”、“建昊奖学金”颁奖暨表彰大会。全国政协副主席王文元出席并颁奖,赵勇出席并讲话。

12 月 19 日　周强、胡伟考察神州数码(中国)有限公司。

12 月 21 日　孙金龙召集会议传达《中共中央办公厅、国务院办公厅关于进一步精简会议和文件的通知》和《中共中央办公厅、国务院办公厅关于做好 2002 年元旦、春节期间有关工作的通知》精神,安排部署有关工作。团中央机关各部门、各直属单位有关同志参加。

12 月 21 日—23 日　共青团中央在山东济南市举行全国大城市青年职工创新创效成果大赛。

12 月 21 日—23 日　共青团中央在云南西双版纳景洪港举行“澜沧江—湄公河青年友好之船”启航仪式。黄丹华出席并讲话。期间,黄丹华还会见了泰国总理府部长克瑞斯·常旺吉斯、老挝人民革命青年团第一书记本宝·布达纳冯、柬埔寨教育青年体育部国务秘书伊姆·赛瑟、越南共青团国际部副部长阮氏黄云和缅甸联邦巩固与发展协会曼德勒省执委会委员吴貌貌;出席了澜沧江—湄公河流域国家青年组织领导人会议并作主旨发言,与各国青年组织领导人就“澜沧江—湄公河流域的开发:青年的合作与参与”主题进行交流与协商;代表全国青联与泰国、老挝、柬埔寨、越南、缅甸 5 国青年组织签署了《“澜沧江—湄公河青年友好之船”景洪合作协议》。

12 月 23 日—28 日　共青团中央、全国青联、欧美同学会举办“科技创业、报效祖国——2001 海外学人回国创业周”活动。来自 15 个国家和地区 360 位海外学人分赴北京、上海等 20 个高科技园区开展了活动。28 日上午,中共中央政治局常委、国务院副总理李岚清与部分代表座谈并发表重要讲话。他要求各级党委和政府要牢固树立“人才资源是第一资源”的战略思想,切实增强责任感和紧迫感,进一步加大工作力度,努力营造良好的创业环境,把海外学人为国服务的热情保护

好、引导好、发挥好。有关部门要采取切实有效措施，千方百计地为海外学人回国创业解除后顾之忧。共青团、青联组织要充分发挥党的助手和联系广大青年的桥梁纽带作用，紧紧围绕经济建设这个中心，为海外留学人员以多种方式参与祖国建设牵线搭桥，动员组织包括海外留学人员在内的青年人投身于振兴中华的伟大实践。他强调，要积极营造良好的环境，鼓励和支持海外学人为国服务，回国创业，为实现中华民族的伟大复兴贡献智慧和力量。周强主持座谈会，科技部部长徐冠华，国务院副秘书长高强，孙金龙，教育部副部长赵沁平，人事部副部长侯建良，杨岳以及中组部、中科院有关负责同志出席。

12 月 29 日　第六届共青团精神文明建设“五个一工程”各奖项评选揭晓。

2002 年

1 月 8 日　共青团中央、中央社会治安综合治理委员会办公室、最高人民法院、最高人民检察院等单位在人民大会堂召开第三届“中国杰出（优秀）青年卫士”表彰大会。会前，中共中央政治局委员、书记处书记、中央政法委书记罗干接见受表彰的杰出（优秀）青年卫士，同大家合影留念并发表重要讲话。全国人大常委会副委员长、中央社会治安综合治理委员会副主任曹志出席并讲话。周强，中央政法委副秘书长、中央社会治安综合治理委员会办公室主任陈冀平及有关部委负责同志出席，杨岳主持会议。

1 月 8 日—9 日　全国少工委召开四届三次全委会。会议审议通过了《全国少工委 2001 年工作报告》和《关于加强少年儿童思想道德教育深入开展体验教育的实施意见》。选举孙金龙为全国少工委主任。赵勇，教育部党组成员、部长助理李连宁出席并讲话。

1 月 9 日　共青团中央、全国少工委举行“新世纪我能行——全国少先队体验教育成果展示活动”。全国人大常委会副委员长许嘉璐出席并讲话，周强、孙金龙、赵勇，教育部副部长王湛出席。

1 月 9 日—26 日　中组部、共青团中央派出 4 个工作组分赴陕西、甘肃、宁夏、青海、内蒙古、重庆、四川、云南、贵州、广西、江西，走访、慰问了“博士服务团”成员。

1 月 10 日　赵勇出席中华环境保护基金会举行的首届“中华环境奖”颁奖典礼。全国人大常委会副委员长姜春云、王光英，全国政协副主席赵南起出席。全国保护母亲河行动领导小组办公室荣获首届“中华环境奖”。

1 月 10 日　共青团中央联合中央金融工委、中央企业工委等 22 个部门在上海举行全国“青年文明号信用公约墙”揭幕仪式。胡伟、上海市副市长周慕尧出席并讲话。

1 月 11 日　共青团中央召开定点帮扶工作领导小组第五次全体会议。会议确认了新的领导小组成员，孙金龙任组长，赵勇任副组长。会议总结了 2001 年团中央定点帮扶工作，通过了《2002 年团中央定点帮扶工作要点》。孙金龙出席并讲话，赵勇主持会议。

1 月 15 日—17 日　共青团中央在河北石家庄市召开 2002 年全国共青团学校工作会议。赵勇、中共河北省委副书记刘德旺出席并讲话。

1 月 16 日—18 日　共青团中央在广东召开全国“进城务工青年发展计划”现场推进会。杨岳出席并讲话，中共广东省委常委、组织部长刘玉浦以及司法部、建设部有关负责同志出席。

1 月 16 日—20 日　全国青联邀请以台湾青商总会 2001 年总会长王龄娇为团长的台湾杰出青年观摩团一行访问北京。期间，该团观摩了第十二届“中国十大杰出青年”颁奖典礼，拜会了国务院台办、中华海外联谊会和中国贸促会。孙金龙宴请了该团全体成员，国务院台办副主任王富卿、中华海外联谊会副会长张廷翰等会见了观摩团。

1 月 17 日　“青春之光”第十二届“中国十

大杰出青年”颁奖典礼在北京举行。全国政协副主席王文元，周强，武警部队司令员吴双战、政委徐永清，孙金龙等出席并为十杰青年颁奖。周强在颁奖典礼开始前的授牌仪式上讲话，孙金龙在颁奖典礼上代表主办单位致词。

1月22日 周强主持召开团中央书记处会议，学习传达全国组织部长会议精神，研究贯彻落实措施。

1月22日—27日 共青团中央在全国范围内开展“百城万店青年文明号信用示范周”活动。胡伟出席在北京举行的现场启动仪式。

1月28日 国家主席江泽民在中南海会见参加中日民间团体负责人会议的发言人和主要代表。黄丹华参加会见。

1月28日—2月1日 团中央书记处集体到各直属单位听取2001年工作情况和2002年工作安排的汇报，慰问工作在一线的干部职工。

1月29日 全国总工会、共青团中央、全国妇联共同举行纪念江泽民主席《为促进祖国统一大业的完成而继续奋斗》重要讲话发表7周年座谈会。周强在座谈会上作了发言。座谈会由孙金龙主持。

1月29日 周强带领团中央机关干部，到北京市崇文区前门社区走访慰问部分生活困难群众和优抚对象。

1月30日 团中央直属机关党委召开会议，传达学习中纪委七次全会和中直机关纪检工作会议精神。会上，黄丹华传达了江泽民在中纪委七次全会上的重要讲话、尉健行的工作报告、会议公报和李登柱在2002年中直机关纪检工作会议上的讲话，要求各部门、各单位党组织认真学习、深入贯彻两个会议精神。团中央各部门、各直属单位党组织的负责同志出席会议。

1月31日 中央综治委预防青少年违法犯罪工作领导小组会议在北京召开。全国人大常委会副委员长、中央综治委副主任、中央综治委预防青少年违法犯罪工作领导小组组长曹志出席会议并讲话。周强主持，杨岳作工作汇报，中央综治办、教育部、最高人民法院、最高人民检察院、公安部、司法部等15个成员单位负责同志出席。

2月4日 周强列席中共中央政治局常务委员会关于研究进一步安排好困难群众生产和生活工作的会议。

2月5日 共青团中央、全国学联在北京举行革命老区贫困中学生汇报座谈会。会前，中共中央政治局常委、全国人大常委会委员长李鹏在回复陕西延安、湖北黄冈等革命老区中学生的信中，寄语青年学生：“祝贺你们学业有成，希望立志服务家乡，建设家乡，不要忘记养育你们的故土和父老乡亲”。全国人大常委会副委员长许嘉璐、全国政协副主席万国权出席会议，赵勇出席并讲话。

2月7日 周强出席全国老龄工作委员会第四次全体会议，会议决定增补共青团中央为全国老龄工作委员会成员单位。

2月25日 中宣部、全国妇联、共青团中央、教育部、国家环保总局、国家广电总局共同举行“中国‘小公民’道德建设计划”启动仪式。赵勇出席。

2月25日 共青团中央开通团员青年学习“三个代表”重要思想专题网站。该网站设有“江泽民论‘三个代表’”、“中央精神”、“学习问答”、“学习辅导”、“团中央精神”、“学习实践活动”、“学习体会”等栏目，共180多万字。

3月1日 中国2001年国际志愿者年委员会在北京举行中国杰出志愿者、中国杰出志愿服务集体颁奖仪式。周强出席并讲话。

3月1日—2日 共青团全国组织部长会议在江苏南京市召开。周强致信会议，要求各级团组织始终坚持以邓小平理论和“三个代表”重要思想为指导，把服务青年作为加强团的建设的出发点和落脚点，坚持“党建带团建”，进一步加大团建创新的工作力度，深化创建“五四红旗团委”活动，全面加强农村、社区、非公有制经

济组织、学校等基层团组织建设和团员、团干部队伍建设，切实推进团的作风建设。

3 月 1 日—2 日 共青团全国宣传工作会议在北京举行。周强出席会议并讲话。他指出，2002 年共青团宣传思想工作要把迎接、宣传、贯彻党的十六大，认真学习、深入宣传、身体力行“三个代表”作为第一位的任务，在广大团员青年中兴起学习宣传贯彻江泽民同志“七一”重要讲话和“三个代表”重要思想的热潮，兴起宣传改革开放和党的建设辉煌成就的热潮，兴起学习宣传贯彻十六大精神的热潮，切实把团员青年的思想统一到邓小平理论和“三个代表”重要思想上来，统一到中央应对复杂国际局势作出的重要判断和重大决策上来，统一到中央关于今年工作的总体要求和部署上来，团结带领广大团员青年以更加昂扬奋进的姿态迎接党的十六大。崔波出席会议并对做好团的宣传思想工作提出了具体要求。

3 月 13 日—14 日 共青团中央在黑龙江哈尔滨市举行创建“百城万店青年文明号信用示范街”活动启动仪式。胡伟出席并讲话。

3 月 15 日 共青团中央、民政部、建设部、国家工商行政管理总局等联合决定，授予北京市东城区和平里街道六区社区等 474 个社区为“第三批全国青年文明社区”；授予团北京市委等 59 个单位“第三批青年文明社区”创建活动组织奖；授予楚国清等 99 名同志第三批“青年文明社区”创建活动贡献奖。

3 月 18 日 周强主持召开团中央书记处会议，学习传达九届全国人大五次会议、全国政协九届五次会议精神，研究贯彻落实措施。

3 月 18 日 团中央书记处召开办公会议。决定成立团中央维护新疆稳定工作领导小组，孙金龙任组长，杨岳任副组长，办公厅、组织部、宣传部、青工部、学校部、少年部、统战部、权益部等部门负责同志为小组成员。

3 月 20 日 周强会见美国青年政治领袖理事会代表团。杨岳参加会见。

3 月 21 日—22 日 共青团中央召开工作会议，研究 2002 年工作。周强出席会议并讲话，团中央机关各部门、各直属单位负责同志参加并分别汇报了 2002 年工作安排。

3 月 24 日 共青团中央、国家林业局在人民大会堂召开“保护母亲河——青春在绿色生态工程中闪光”活动情况通报会，正式启动该活动。赵勇、国家林业局副局长祝列克出席并讲话。

3 月 27 日 共青团中央召开“共青团县县上网工程”电视电话会议。周强出席并讲话。他指出，全团要充分认识网络技术的发展给共青团的工作方式和运行机制带来的深刻影响，努力通过电子信息化和网络通讯手段将团的各级组织、各条战线最大限度地联系起来，更广泛有效地团结、教育和服务青少年。他要求各级团组织特别是团的领导机关要高度重视“共青团县县上网工程”，全团上下齐心协力，切实把这项工作抓紧抓好，以实际行动向建团 80 周年献礼，迎接党的十六大的胜利召开。孙金龙出席会议并对工程的实施作出了具体部署。

3 月 28 日 共青团中央、中国青年志愿者协会组织实施的“中国青年志愿者海外服务计划”正式启动。

3 月 28 日—29 日 共青团中央、教育部、全国学联在云南昆明市召开全国“大学生素质拓展计划”推进会。周强出席并讲话。

4 月 3 日 孙金龙陪同中共中央政治局常委、全国政协主席李瑞环会见以香港中华青少年历史文化教育基金执委会主席伍淑清为团长的香港青少年中华历史文化教育交流团一行。

4 月 8 日 共青团中央在上海召开全国高新科技领域青年学习实践“三个代表”重要思想座谈会。

4 月 9 日—10 日 共青团中央、农业部联合在北京召开全国农村青年工作会议。中共中央政治局委员、书记处书记、国务院副总理温家宝出席并作重要讲话。他说，青年是国家的未来和民族的希望，在社会主义革命和建设的各

个时期，都发挥着生力军和突击队作用。农村青年占全国青年的大多数，是农村改革、发展和稳定的一支重要力量。改革开放以来，广大农村青年听从党的召唤，紧跟时代步伐，拥护党的农村政策，积极投身农村两个文明建设，为农村经济发展和社会进步作出了重要贡献。实践证明，我国广大农村青年是有理想、有抱负的一代，是大有作为的一代，是建设社会主义新农村的希望所在。他希望广大农村青年要热爱农业，建设农村，树立改变农村面貌的雄心壮志；要刻苦学习，不断进取，增强勤劳致富的本领；要解放思想，勇于创新，为农村经济发展增添新的活力。他要求各级团组织和广大团干部，以"三个代表"重要思想为指导，紧紧围绕党的中心任务，进一步活跃农村青年工作。他最后强调，当代农村青年一定要不辱使命，在党的路线方针政策指引下，坚定地走在发展农村先进生产力和先进文化的最前列，走在推动农村改革发展稳定的最前列，为建设社会主义新农村，为实现中华民族的伟大复兴，贡献自己的青春、智慧和力量。会议就当前和今后一个时期农村共青团和青年工作的主要任务和重点工作进行了部署安排，提出要以服务农村青年增收成才为主线，团结带领广大农村青年为实现党的农业和农村工作目标而奋斗。周强、农业部部长杜青林出席并讲话，农业部常务副部长韩长赋在会上就我国农业和农村经济形势作专题报告，赵勇就有关工作作出安排，孙金龙、农业部副部长张宝文和中组部、中宣部、中央财经领导小组办公室、中央综治办、科技部、民政部、水利部、财政部、文化部、国家林业局等有关部委的负责同志出席，各省（区、市）团委书记，农业厅（局）负责人等参加。会议还表彰了第六届"中国杰出青年农民"和2001年度"全国农村青年创业致富带头人"。

4月11日—12日 中国青年企业家协会第八次会员代表大会在北京举行。全国人大常委会副委员长成思危，全国政协副主席万国权，周强、胡伟出席并讲话。会议选举胡伟为会长。

4月12日 共青团全国青工工作会议在北京召开。胡伟出席并讲话。

4月13日—14日 共青团中央、全国青联在北京召开第二届全国青年归国研修生会议暨人才工作研讨会。14日下午，中共中央政治局常委、国家副主席胡锦涛在人民大会堂接见与会代表，发表重要讲话并与大家合影留念。

4月14日 "保护母亲河——建团80周年延安青年纪念林"启动仪式在陕西延安市举行。延安市老红军以及各界青年代表1500余人参加了植树活动。

4月14日—15日 共青团中央、全国青联在北京举办中日青年环保合作论坛。14日下午，中共中央政治局常委、国家副主席胡锦涛在人民大会堂会见出席论坛的日方主要成员。他说，中日友好的未来在青年。青年交流是两国关系的重要组成部分，事关两国关系长远发展大计。中日青年环保合作的成功，为两国青年深化交流合作提供了有益的启示。他希望中日两国年轻一代弘扬两国民间友好的传统，以史为鉴，面向未来，加强交流合作，勇于开拓进取，把中日友好事业一代一代传下去。14日晚，中共中央政治局候补委员、书记处书记、中组部部长曾庆红在人民大会堂会见并宴请出席论坛的日方主要成员。在论坛开幕式上，周强作主旨发言，并为日方主要成员颁发"保护母亲河行动国际合作特别奖"和"保护母亲河行动国际合作奖"。

4月15日 周强主持召开团中央书记处会议，传达学习中央召开的维护企业和社会稳定会议精神，结合青年和共青团工作实际，研究贯彻落实会议精神，切实做好维护企业和社会稳定工作的具体措施。

4月15日 全国农村青年学习"三个代表"重要思想座谈会在河南安阳市召开。会后，与会人员到安阳市的"共青科技示范村"与当地农民群众一起就如何深入学习实践"三个代表"

重要思想进行了交流。赵勇出席并讲话。

4 月 16 日　共青团中央在天津召开青年学习“三个代表”重要思想主题读书活动经验交流会。崔波出席并讲话。

4 月 19 日　全国非公有制青年学习宣传实践“三个代表”重要思想座谈会在浙江诸暨市召开。

4 月 25 日　共青团中央下发关于表彰共青团员、共青团干部、“全国五四红旗团支部标兵”、“全国五四红旗团支部”、“全国五四红旗团委标兵”、“全国五四红旗团委”的决定。

4 月 26 日　中国共产主义青年团中央局（含少共苏区中央局）旧址修复竣工揭幕仪式在江西瑞金市举行。赵勇出席并讲话。

4 月 26 日　中央纪委、监察部机关举行纪念中国共产主义青年团成立 80 周年大会。中共中央政治局常委、中央纪委书记尉健行出席并接见受表彰的优秀青年个人和先进青年集体，为他们颁发奖杯和证书，并与大家合影留念。会后，尉健行和大家一起观看文艺演出。中央纪委常务副书记曹庆泽，周强出席会议并讲话。

4 月 27 日　共青团中央、信息产业部联合下发《关于命名和认定通信行业 2001 年度全国青年文明号的通报》，299 个青年集体被命名为 2001 年度全国青年文明号。

4 月 27 日　团中央书记处以“贯彻党的十五届六中全会精神，进一步加强和改进作风建设”为主题，召开 2002 年民主生活会。团中央书记处全体同志出席并分别发言。中直机关工委副书记伍绍祖出席并讲话，中纪委、中组部有关负责同志出席。

4 月 28 日　共青团中央、国家旅游局联合下发《关于命名和认定旅游系统 2001 年度全国青年文明号的决定》，276 个青年集体被命名为 2001 年度全国青年文明号。

4 月 29 日　共青团一大纪念碑落成揭幕暨千名新老团员宣誓仪式在广州东园举行。崔波出席并讲话。

4 月 29 日　共青团中央在北京启动“永远跟党走”—全国社区青年文化节活动。杨岳出席启动仪式。

4 月 30 日　团中央机关计算机局域网一期工程圆满完成，正式开通投入使用。周强出席开通仪式并讲话。

5 月 2 日　纪念中国共产主义青年团成立 80 周年大型晚会“永远跟党走”在北京举行。

5 月 3 日　第六届“中国青年五四奖章”颁授仪式在人民大会堂举行。周强出席并讲话。孙金龙宣读表彰决定，并与黄丹华、崔波、赵勇、杨岳一起为获奖者颁发证书。胡伟主持。

5 月 4 日　在全国青年欢度青年节、纪念中国共产主义青年团成立 80 周年和“五四”运动 83 周年之际，中共中央总书记、国家主席、中央军委主席江泽民为全国青少年广泛开展的保护母亲河行动亲笔题词：“保护母亲河”，并对全国广大团员青年寄予了殷切的希望。

5 月 5 日　团中央开通网上“团史展览馆”，纪念中国共青团成立 80 周年。周强出席仪式，与团员青年代表一起点击开通网上“团史展览馆”并讲话。孙金龙出席并讲话，胡伟主持开通仪式。

5 月 15 日　纪念中国共产主义青年团成立 80 周年大会在北京人民大会堂举行。中共中央总书记、国家主席、中央军委主席江泽民在大会上发表重要讲话。讲话充分肯定了 80 年来中国青年在党的领导下为中国革命、建设和改革事业所建立的卓越功勋，全面总结了 80 年来中国青年运动的伟大实践和历史经验，对广大团员青年提出了殷切期望，对新形势下的共青团工作和青年工作提出了明确要求。中共中央政治局常委、全国人大常委会委员长李鹏，中共中央政治局常委、国务院总理朱镕基，中共中央政治局常委、全国政协主席李瑞环，中共中央政治局常委、书记处书记尉健行，中共中央政治局常委、国务院副总理李岚清出席纪念大会。大会由中共中央政治局常委、国家

副主席胡锦涛主持。周强，群众团体代表、全国总工会副主席、书记处第一书记张俊九，团员青年代表、上海宝钢集团公司宝钢股份公司团支部书记王雯在大会上发言。纪念大会开始前，江泽民、李鹏、朱镕基、李瑞环、胡锦涛、尉健行、李岚清等中央领导亲切接见了先进青年典型、先进团员、基层先进团组织代表。

5 月 15 日 周强主持召开团中央书记处会议，认真学习领会江泽民同志在纪念中国共产主义青年团成立 80 周年大会上的重要讲话，研究贯彻落实措施。会议认为，江泽民同志的重要讲话，高屋建瓴，精辟深刻，气势磅礴，语重心长，寄托着党对青年一代的殷切期望，饱含着党对共青团组织的亲切关怀，显示了以江泽民同志为核心的党中央对青年和青年工作的深邃思考和远见卓识，是一篇马克思主义的光辉文献，是新的历史条件下全面推进共青团工作和青年工作的重要指南。与会同志一致表示，听了江泽民同志的重要讲话，心潮澎湃，激动万分，倍受鼓舞，倍感振奋，深感责任重大。会议要求各级团组织和广大团员青年认真学习、深刻领会、广泛宣传、深入贯彻江泽民总书记的重要讲话，把学习宣传贯彻讲话作为当前和今后一个时期全团的重要任务切实抓紧抓好。

5 月 15 日 参加纪念中国共产主义青年团成立 80 周年大会的先进青年典型、先进团员和基层先进团组织代表分别举行座谈会，学习江泽民同志在纪念中国共产主义青年团成立 80 周年大会上的重要讲话，畅谈体会。周强、孙金龙、崔波、赵勇、胡伟、杨岳分别参加了座谈会。

5 月 16 日 共青团中央发出《关于深入学习宣传贯彻江泽民同志在纪念中国共产主义青年团成立 80 周年大会上重要讲话的通知》，对全团学习宣传贯彻江泽民总书记的重要讲话工作作出部署。

5 月 16 日 《中国青年报》发表社论《新世纪青年工作的重要指南》。社论指出，江泽民同志在纪念中国共产主义青年团成立 80 周年大会上的重要讲话，是指导新世纪共青团工作和青年工作的纲领性文献，对于我们全面推进团的工作和建设，深入推进新世纪青年运动，具有重大的理论和实践意义。《讲话》提出了一系列重要论断，进一步丰富和发展了马克思主义青年观，闪耀着思想的光辉，闪烁着时代的光芒，丰富和发展了马克思主义关于青年和青年工作的思想宝库。《讲话》为当代青年健康成长指明了方向，具有鲜明的时代特征和很强的针对性，深刻揭示了当代青年成长与发展的必由之路。社论强调，要把学习《讲话》与学习“三个代表”重要思想紧密结合起来，将讲话精神化做强大的动力，将“三个代表”要求全面贯彻到团的工作和建设中，坚持与时俱进，不断增强团组织的吸引力、凝聚力和战斗力，努力开创共青团工作和青年工作的新局面。

5 月 17 日 孙金龙召集会议，传达《国务院办公厅关于立即组织开展安全生产大检查的紧急通知》(国办发〔2002〕11 号)，安排部署有关工作。胡伟出席会议，机关各部门、各直属单位有关同志参加。

5 月 17 日—28 日 《中国青年报》发表八篇特约评论员文章，题目分别为《始终坚持中国青年运动的正确方向》、《伟大的爱国主义旗帜》、《当代青年运动的主题》、《当代青年的健康成长之路》、《党的事业离不开青年，青年的成长更离不开党》、《发展的希望在创新，创新的希望在青年》、《青年要成为引领社会风气之先的力量》、《在“三个代表”重要思想指引下奋勇前进》，引导广大团员青年牢牢把握江泽民同志在纪念中国共产主义青年团成立 80 周年大会上重要讲话的精神实质，深入学习宣传讲话精神。

5 月 18 日 全国“百万青年志愿者助残行动”正式启动，并在北京开展服务活动。中国志愿服务网志愿者网上注册开通仪式也在

现场同时举行。周强、中国残联主席邓朴方参加活动并讲话，崔波参加活动。

5月20日 周强主持召开团中央书记处会议，进一步研究部署深入学习宣传贯彻江泽民同志在纪念中国共产主义青年团成立80周年大会上的重要讲话，在广大团员青年中掀起学习实践“三个代表”重要思想新高潮的有关工作。

5月21日—24日 胡伟在辽宁沈阳市、抚顺市和吉林长春市、吉林市就共青团为下岗失业青工服务、帮助青年创业计划和青年创新创效等工作进行调研。

5月22日 共青团中央召开专题座谈会，邀请部分专家学者和共青团干部就当前青年运动方向、旗帜和主题进行研讨。崔波出席座谈会。

5月22日 中国青年志愿者协会在北京举行中国青年志愿者海外服务团欢送会，5名青年志愿者即日起赴老挝参加海外服务。孙金龙出席并为服务团授旗、颁发中国注册志愿者志愿服务证和胸章，崔波出席并讲话。

5月23日 第五届中国青年科学家奖、第五届中国青年科技创新奖在北京举行颁奖典礼。

5月23日—24日 中国青年科技工作者协会第三届会员代表大会在北京召开。周强出席会议并讲话。他要求中国青年科技工作者协会顺应科技迅猛发展和经济全球化的时代要求，大兴学习之风，大力营造创新氛围，竭诚为青年科技工作者的学习、交流和成才服务。孙金龙、杨岳等出席会议。会议期间，由团中央、全国青联和中国青年科技工作者协会主办的“中国青年科技创新在线博览会”网站正式开通。

5月27日—28日 中国2001国际志愿者年委员会、共青团中央、外经贸部、全国青联、联合国开发计划署联合在北京召开志愿服务国际会议。本次会议的主题是“新世纪的志愿服务：认知、支持、发展”。会议通过了《志愿服务国际会议北京宣言》。国务委员、中国2001国际志愿者年委员会主席吴仪出席开幕式，代表中国政府致辞，并在开幕式前会见了联合国志愿人员组织总协调人夏珑一行。开幕式上，周强发表主旨演讲。

5月28日 全国保护母亲河行动领导小组办公室、团中央学校部、全国学联秘书处联合下发《关于开展百万青少年“承诺天天做，保护母亲河”活动的通知》，以高等院校在校学生为主要对象，面向全国青少年开展保护母亲河绿色承诺活动。

5月30日—6月3日 共青团中央、国家民委、中国关心下一代工作委员会、全国少工委、中国教育电视台在北京、上海、广州、南京、济南等地同时开展各族少年手拉手“志愿接待家庭”活动。

5月31日 国务院妇女儿童工作委员会、全国妇联、共青团中央、全国少工委、北京市人民政府和中央电视台在人民大会堂联合举办庆祝“六一”国际儿童节《开采未来》联欢晚会。江泽民、李鹏、朱镕基、胡锦涛、尉健行、李岚清与首都群众一起观看了演出，并向全国少年儿童表示节日的祝贺。周强、孙金龙、赵勇以及中央和国家机关有关部门负责同志观看了演出。

6月1日 共青团中央、国家民委、全国少工委、中国教育电视台在中国煤矿文工团演播室举办“手拉手”报告会。教育部副部长王湛，国家民委副主任图道多吉，中国文化扶贫委员会主任徐惟诚，赵勇出席。全国56个民族的“手拉手”少年儿童代表参加。

6月2日 周强主持召开团中央书记处会议，认真学习江泽民同志在中央党校省部级干部进修班毕业典礼上的重要讲话。会议强调，全团要认真学习、深刻领会、全面贯彻江泽民同志讲话精神，把思想统一到讲话精神上来，坚定地同以江泽民同志为核心的党中央保持一致，全面贯彻、自觉实践“三个代表”重要思想，与时俱进，不断开创青年和共青团工作新局面，以优异成绩迎接党的十六大召开。团中央机关各部门负责同志列席会议。

6月2日　全国少工委办公室、中国教育学会少年儿童校外教育专业委员会命名北京图书大厦为“全国少工委雏鹰热线心理健康咨询服务基地”，并组织专家学者和咨询员在北京图书大厦举行大型少年儿童心理健康义务咨询。

6月3日　中国青少年发展服务中心举行“魂系山河，振兴中华”全国青少年爱国主义教育活动启动仪式。全国政协副主席张思卿出席。赵勇出席并讲话。

6月11日—12日　共青团中央、科技部、民进中央在陕西省西安市召开全国青年星火西进计划启动会议，研究部署青年星火西进计划。全国人大常委会副委员长许嘉璐，赵勇，科技部副部长李学勇，中共陕西省委副书记张保庆等出席并讲话。

6月12日　杨岳在广西凭祥市出席共青团中央和越南胡志明共青团中央共同举办的以“中越友好世代相传”为主题的中越边境青年友好交流活动。

6月13日　全国青联、港台青年交流促进会在人民大会堂召开“庆祝香港回归祖国5周年暨一国两制与和平统一座谈会”。当晚，孙金龙会见并宴请港台青年交流促进会访问团。

6月13日　周强会见以副总编辑邓清静为团长的越南《青年报》代表团。

6月14日　共青团中央、中国社会科学院举行中国青少年新世纪读书计划网上读书活动启动仪式。

6月15日　共青团中央、全国老龄委办公室在江苏南京市举行“志愿者为老服务金晖行动”启动仪式。崔波，全国老龄委办公室副主任、中国老龄协会副会长张志鑫为全国第一个青年志愿者为老服务站揭牌并讲话。

6月17日　团中央宣传部召开团中央系统网站宣传管理工作会议，传达中央关于加强互联网新闻宣传和信息内容安全管理工作的精神，部署团中央系统网站有害信息专项清理整治工作。

6月18日　中宣部、教育部、共青团中央、全国学联共同召开2002年“大中专学生志愿者暑期文化科技卫生‘三下乡’社会实践活动”全国电视电话会议，对今年的“三下乡”活动进行动员和部署。中宣部副部长胡振民，教育部副部长袁贵仁，赵勇出席并讲话。

6月20日　共青团中央、国家禁毒委、民政部、中央综治委预防青少年违法犯罪工作领导小组在全国启动“社区青少年远离毒品”宣传教育活动。

6月20日—21日　共青团中央在上海召开全国团干部教育培训暨团校建设工作会议。胡伟出席并讲话。

6月21日　周强会见以古共中央委员、古巴全国人民权利代表大会代表、古巴共产主义青年联盟第二书记胡里奥·马迪内斯·拉米雷斯为团长的古巴共产主义青年联盟代表团。

6月21日　团中央直属机关党委召开机关年轻干部座谈会，进一步学习江泽民在中央党校省部级干部进修班毕业典礼上的重要讲话和在纪念中国共产主义青年团成立80周年大会上的重要讲话。周强、孙金龙、崔波、赵勇、杨岳出席并讲话。

6月25日　周强会见以蒙古国家大呼拉尔委员、民主社会主义青年联盟主席呼日勒苏赫为团长的蒙古民主社会主义青年联盟代表团。

6月25日—26日　中直纪工委书记李登柱带领中直机关工委检查组，就学习贯彻“三个代表”重要思想和党的十五届六中全会精神情况到团中央进行检查调研。周强、胡伟向检查组作了汇报。检查组到中国青年政治学院、中国青年出版社进行检查调研，对团中央学习贯彻“三个代表”重要思想，落实党的十五届六中全会精神情况给予充分肯定。

6月30日—7月4日　孙金龙率全国青联代表团一行537人赴港，出席庆祝香港特别行政区成立5周年“龙声飞扬”万人青年音乐会。

7月1日　以全国政协副主席王文元为

团长的全国政协委员“青年志愿者行动”视察团在北京召开全体会议。王文元出席会议并讲话，周强、崔波就青年志愿者行动的有关情况分别作了汇报。

7 月 1 日　中国青少年发展基金会在北京举行“圣雄希望工程助学奖教基金”捐赠仪式。全国政协副主席万国权，周强、崔波，浙江省人民政府副省长巴音朝鲁等出席。该项基金将在今后 3 年内完成捐建 100 所希望小学的目标，并对百所希望小学升入初中、高中、大学的特困学生予以长期资助，对优秀教师进行奖励。

7 月 1 日—3 日　由共青团中央、中国科协、教育部、全国学联主办，浙江大学和杭州市人民政府承办的第三届“挑战杯”天堂硅谷中国大学生创业计划竞赛复赛在浙江大学举行。来自全国 29 个省(区、市)244 所高校的 542 件作品参加了竞赛。

7 月 4 日　中宣部、教育部、共青团中央、全国学联在北京师范大学举行“2002 年全国大中专学生志愿者暑期文化科技卫生‘三下乡’社会实践活动出征仪式”。胡伟代表主办单位讲话。

7 月 10 日—14 日　中国少先队工作学会在吉林白山市召开中国少年儿童信息研究基地会议，发布当代少年儿童信息研究实施规划，成立首批 100 个中国少年儿童信息研究基地。

7 月 11 日—12 日　共青团中央、国家经贸委、中国科协、国家知识产权局在吉林长春市召开全国青年创新创效活动典型推介会。中共吉林省委副书记林炎志，胡伟出席并讲话。

7 月 13 日　中央综治委预防青少年违法犯罪工作领导小组、全国“扫黄”“打非”工作小组、共青团中央、新闻出版总署、教育部、公安部、文化部、国家工商行政管理总局联合启动全国暑期整顿有害卡通画册和不健康“口袋本”图书市场行动。

7 月 17 日　国务院副总理钱其琛在人民大会堂会见了由世界各地 130 所著名大学的华裔杰出青年学生和港澳台杰出青年学生组成的第四届海外杰青汇中华交流团一行。全国政协副主席、中央统战部部长王兆国，孙金龙参加会见。

7 月 17 日—22 日　团中央组织部举办“以‘三个代表’重要思想为指导，推进基层团建创新工作”第一期培训班。全国团建创新试点单位、“全国五四红旗团委”创建单位的 260 多名团干部参加。胡伟出席培训班结业式并讲话。

7 月 21 日—27 日　团中央社区和维护青少年权益部在内蒙古包头市举办全国社区共青团工作培训班。杨岳出席培训班结业典礼并讲话。

7 月 23 日—24 日　由共青团中央、国家环保总局、全国青联主办首届中国生态经济青年专家论坛在山东东营市举办。赵勇、国家环保总局副局长祝光耀、山东省人民政府副省长赵克志等出席论坛开幕式。

7 月 24 日　周强主持召开团中央书记处会议，学习《党政领导干部选拔任用工作条例》和胡锦涛同志在全国学习贯彻《党政领导干部选拔任用工作条例》电视电话会议上的重要讲话、曾庆红在《党政领导干部选拔任用工作条例》培训班上的重要讲话，结合共青团工作实际，研究贯彻落实措施。

7 月 25 日　周强接受日本富士电视台关于中国共青团组织参与生态环境保护，开展“保护母亲河”行动的专题采访。

7 月 26 日　全国青联召开九届五次主席会议。孙金龙主持，黄丹华、崔波、赵勇和陈章良、吉狄马加、夏敬源、李杨、张继禹等在北京全国青联副主席出席。会议讨论研究了《关于进一步加强全国青联界别工作的意见》。

7 月 28 日　全国省级团委办公室(研究室)主任会议在山东烟台市召开。会议评选表彰了第一届全团调研奖。孙金龙出席并讲话。

7 月 30 日　共青团中央、卫生部联合在北京举行仪式，派遣第二批青年卫生志愿者扶贫接力计划西部服务协和赴新疆库尔勒、青海大

通、甘肃天水和贵州遵义、凯里等地开展志愿服务。崔波、卫生部副部长王陇德为15名志愿者组成的4支服务队授旗并讲话。

8月1日 中共中央政治局常委、国家副主席胡锦涛在人民大会堂会见来祖国内地参观访问的香港青少年制服团体"同心同根万里行"交流团全体成员,并发表重要讲话。他说,香港青少年制服团体联合组织的这次活动,是一项很有意义的活动。通过对祖国内地的参观访问和实地考察,可以帮助香港青少年熟悉祖国悠久的历史,灿烂的文化,了解先辈们为民族独立和国家富强矢志奋斗的感人业绩,亲身感受祖国改革开放和现代化建设取得的巨大成就。进一步增强国家观念和民族自豪感,进一步激发自己的爱国热忱和报国之志,为今后更好地建设香港、报效祖国发奋努力。他勉励香港青少年要从小树立远大理想,胸怀祖国,情系中华,增强社会责任感,立志为香港繁荣、国家富强、民族振兴贡献智慧和力量。要勤奋学习,打好基础,掌握过硬的知识和本领,炼就健康的体魄,努力把自己塑造成能担当建港治港重任的合格人才。要加强同祖国内地、澳门以及台湾青少年的交流,增进了解,发展友谊,为实现祖国统一大业携手前进。周强、赵勇参加了会见。

8月1日 周强主持召开团中央书记处会议,传达全国职业教育工作会议精神,认真学习朱镕基、李岚清、吴邦国在会上发表的重要讲话,结合青年和共青团工作实际,研究贯彻落实措施。

8月1日—8日 团中央青工部、全国青年文明号活动组委会办公室举办全国青年文明号活动负责人培训班。

8月2日 周强会见以朝鲜金日成社会主义青年同盟宣传部部长洪正哲为团长的朝鲜青少年工作者代表团。黄丹华参加会见。

8月10日 团中央学校部、中国青年报社在北京举行中国民办高校"就业之星"颁奖典礼暨民办高校发展和人才培养模式研讨会。赵勇出席并讲话。

8月10日—16日 团中央办公厅举办第二届共青团调研信息培训班。

8月11日—24日 应泰国总理府青年局和澳大利亚政治交流理事会邀请,孙金龙率中国青年代表团访问了上述两国。

8月12日 中国青少年发展基金会在北京举行红蜻蜓集团向希望工程捐款仪式。全国政协副主席经叔平、周强出席,黄丹华出席并讲话。

8月12日—16日 团中央学校部举办全国中学系统团干部培训班。

8月12日 周强会见以部长杰奥尔久·金格拉什为团长的罗马尼亚青年和体育部代表团。黄丹华参加会见。

8月13日 黄丹华会见日本国际协力事业团(JICA)中国事务所所长樱田幸久一行,并代表全国青联接受JICA颁发给全国青联的"国际合作贡献奖"。

8月17日 团中央青工部、中国长江三峡工程开发总公司举行"三峡青年'保截流、迎三期'创新立功竞赛活动"启动仪式。胡伟出席并讲话。

8月18日 由教育部、国家体育总局、共青团中央举办的第八届全国中学生运动会在江苏南京市举行开幕式。中共中央政治局常委、国务院副总理李岚清出席开幕式。赵勇和其他主办单位负责人出席。

8月19日 黄丹华陪同全国政协副主席王文元会见日本创价学会青年代表团。

8月19日—23日 团中央青农部、全国保护母亲河行动领导小组办公室举办全国保护母亲河行动工作培训研讨班。赵勇出席结业典礼并讲话。

8月21日 由第二十四届国际数学家大会组委会、中国少年科学院、中国数学会、中国教育学会共同举办的"走进美妙的数学花园"

中国少年数学论坛在北京开幕。全国人大常委会副委员长、中国科协主席周光召，周强，中国数学会理事长马志明，第二十四届国际数学家大会主席吴文俊等出席开幕式并分别致辞。赵勇主持。

8月23日 中国首部预防青少年违法犯罪法制教育电影《为了明天》首映式暨向全国赠送电影拷贝仪式在北京举行。全国人大常委会副委员长王光英、彭珮云、曹志，杨岳等出席。

8月25日—27日 共青团中央、中国青年企业家协会组织“青年企业家西部行”赴新疆经贸协作考察团在新疆乌鲁木齐市、石河子市和吐鲁番市进行经贸考察和商务洽谈。胡伟、中共新疆维吾尔自治区区委副书记周声涛出席“全国青年企业家经贸协作考察团”欢迎仪式并讲话。胡伟代表团中央、全国青联、中国青年企业家协会、中国青少年发展基金会向新疆维吾尔自治区捐建15所希望小学。

8月26日 共青团中央、中央党史研究室、国家档案局主办，团中央信息办和中青网承办的网上“陈毅纪念馆”正式开通。

8月28日—30日 共青团全国统战工作会议在新疆乌鲁木齐市召开。周强、孙金龙，中央统战部副部长田鹤年出席并讲话。中共新疆维吾尔自治区委书记王乐泉到会祝贺，副书记周声涛、常委努尔·白克力出席并分别致词。

8月29日 解放军空军部队和中国青少年发展基金会联合在北京举行仪式，设立“蓝天西部希望之星大学生助学基金”。周强、空军副政委徐承栋中将出席并讲话。

8月30日—9月1日 周强到新疆乌鲁木齐市、吐鲁番地区考察共青团工作。

9月3日 共青团中央下发《关于组织广大团员青年认真学习〈江泽民论有中国特色社会主义〉（专题摘编）的通知》，要求广大团干部和团员青年认真学习，进一步把建设有中国特色社会主义理论和“三个代表”重要思想的学习不断引向深入。

9月3日 共青团中央下发《关于在全团开展“创造新业绩，迎接十六大”主题活动的通知》，要求各级团组织通过开展丰富多彩、形式多样的活动，带领广大团员青年以饱满的热情、出色的工作、优异的成绩迎接党的十六大胜利召开。

9月6日—8日 团中央组织部举办团中央系统组织人事干部学习《党政领导干部选拔任用工作条例》培训班。胡伟出席并讲话。中组部、人事部有关部门负责同志作了学习辅导。

9月7日 共青团中央、交通部、国家环保总局在重庆举行首批全国“保护母亲河号”命名仪式。赵勇出席并讲话。交通部副部长翁孟勇、国家环保总局副局长王玉庆等出席。

9月10日 团中央青农部在四川乐山市举行全国保护母亲河示范工程命名仪式。赵勇、全国政协人口资源环境委员会有关负责同志出席并讲话。

9月11日 中央综治委预防青少年违法犯罪工作领导小组在北京召开会议，总结上半年工作情况，研究部署下一阶段的工作。周强，中央政法委副秘书长、中央综治委办主任、预防青少年违法犯罪工作领导小组副组长陈冀平出席并讲话。

9月15日 赵勇在山东寿光市出席共青团寿光市委举行的农村青年实施农村标准化生产绿色承诺活动并讲话。

9月19日 共青团中央制定下发《关于推进青年职业教育和培训工作的规划》。

9月19日—29日 根据中国政府和日本政府于1998年签署的《关于进一步发展青少年交流的框架合作计划》，全国青联接待由日本日中友协派遣，以日本青年团协议会会长东和文为团长，由日本各界青年组成的日本青年代表团102人来我国北京、兰州、厦门、重庆、杭州、上海等地进行友好访问。

9月20日 中国少年儿童新闻出版总社在中国儿童活动中心举行《幼儿画报》创刊20

周年纪念大会。全国人大常委会副委员长彭珮云为《幼儿画报》创刊20周年题词："让幼儿聪明健康快乐"。

9月20日　孙金龙、黄丹华陪同全国人大常委会副委员长蒋正华会见以日本青年团协议会会长东和文为团长，由日本各界青年组成的日本"百人"青年代表团一行，并出席欢迎宴会。

9月23日—10月1日　第三届"中越青年友好会见活动"在中国举行。应中国共产主义青年团中央委员会邀请，以越共中央委员、越南胡志明共青团中央第一书记黄平均为团长的越南青年代表团，分别访问了北京、上海和广西等地。27日下午，中共中央政治局常委、国家副主席胡锦涛在人民大会堂会见越南青年代表团主要成员。他说，进一步加强中越两国青年和青年组织的交流和相互学习，对开创新世纪中越关系更加美好的未来，具有重要而深远的意义。他勉励中越两国青年和青年组织，进一步贯彻落实两党总书记达成的重要共识，坚持发展中越关系16字方针，为中越睦邻友好与全面合作关系的不断发展作出新贡献。会见前，胡锦涛同志与参加"中越青年友好会见"活动的中越双方全体青年代表见面并合影留念。29日上午，参加中越青年友好会见活动的百名越南青年代表和中国各界青年代表在人民大会堂举行"中越世代友好青年主题活动"。周强、黄平均分别发表讲话。

9月26日—10月8日　由共青团中央、中国社科院、中央党史研究室、国家档案局共同主办的"民族魂"和"血铸中华"网站联合国内300余家中文网站共同举办"向民族英烈献花，述复兴中华之志"网上公益活动。

9月27日　中共中央政治局候补委员、书记处书记、中央组织部部长曾庆红会见2002年"博士服务团"全体成员，与大家合影留念并发表重要讲话。他说，党和人民对青年寄予了殷切的期望。江泽民总书记在纪念建党80周年的讲话中特别强调，全国各族青年代表着我们祖国和民族的未来，代表着我们事业兴旺发达的希望。社会主义现代化的宏伟事业需要你们去建设，中华民族的伟大复兴将在你们手中实现。希望同志们始终都要牢记这一点。周强，中组部副部长赵洪祝、王东明，孙金龙参加了会见。

9月28日　周强会见前来拜会共青团中央的日中友好议员联盟会长林义郎等16名日本国会议员。黄丹华参加。

10月8日　周强主持召开团中央书记处会议，进一步传达学习全国再就业工作会议精神，结合青年和共青团工作实际，研究贯彻落实措施。

10月11日　由共青团中央、中央党史研究室、国家档案局主办，团中央信息办公室、国家档案局办公室和中青网共同承办的网上"彭真纪念馆"正式开通。

10月14日—18日　共青团中央在中央团校举办2002年新任职省级团委领导班子成员培训班。

10月15日　2002年度全国大中专学生志愿者暑期文化科技卫生"三下乡"社会实践活动成果汇报会在北京召开。赵勇出席并讲话。

10月17日　共青团中央下发了《关于成立共青团全国青年就业和再就业工作领导小组的通知》，成立了由周强任组长，胡伟任副组长，团中央有关部门和直属单位的主要负责同志为成员的共青团全国青年就业和再就业工作领导小组。

10月18日　共青团中央、国务院西部地区开发领导小组办公室在宁夏回族自治区海原县贾塘中学举行中国青年志愿者西部计算机实用人才培训计划启动仪式。崔波、国务院西部地区开发领导小组办公室以及宁夏回族自治区有关负责同志出席仪式，并为"中国青年志愿者西部计算机实用人才培训计划贾塘培训基地"揭牌。

10月18日　周强会见来京参加全球环境基金第二届成员国大会的联合国副秘书长兼

环境规划署执行主任克劳斯·特普费尔,向客人专题介绍了保护母亲河行动的有关情况,并就环境保护问题,特别是青少年参与生态环境保护进行了交流。赵勇、国家环保总局副局长祝光耀参加了会见。

10 月 21 日—22 日 共青团全国促进青年再就业工作会议在北京召开。周强出席会议并讲话。胡伟出席会议并就进一步做好促进青年就业和再就业工作作出了部署。

10 月 27 日 中宣部、全国人大内务司法委员会、共青团中央、教育部、司法部在长春市联合举行"保护明天"——全国保护未成年人杰出(优秀)公民和先进集体颁奖典礼。

11 月 2 日 由共青团中央、全国人大内务司法委员会等单位共同举办的"法在我心中"全国中学生法律知识竞赛颁奖大会在北京举行。

11 月 7 日—14 日 周强、黄丹华出席中国共产党第十六次全国代表大会。会上,周强当选为党的第十六届中央委员会委员,黄丹华当选为党的中央纪律检查委员会委员。

11 月 15 日 周强出席党的十六届一中全会,黄丹华列席会议。

11 月 16 日 周强主持召开团中央书记处扩大会议,认真学习党的十六大精神,研究部署全团学习贯彻党的十六大精神工作。

11 月 17 日 共青团中央社区和维护青少年权益部、文化部市场司在全国开展青少年网络文明教育和《互联网上网服务营业场所管理条例》宣传活动。

11 月 18 日 共青团中央召开机关全体党员和各直属单位负责同志会议。会上,周强传达了党的十六大和十六届一中全会精神,并对全团学习贯彻党的十六大精神工作提出了要求。孙金龙主持会议。黄丹华就共青团中央和直属单位的学习贯彻工作作出了具体安排。赵勇、胡伟、杨岳出席会议。

11 月 19 日—21 日 共青团中央在北京举办"培养计划"2002 年西部地区和民族地区挂职团干部培训班。

11 月 20 日 周强主持召开团中央书记处扩大会议,进一步研究组织广大团员青年深入学习贯彻党的十六大精神工作。

11 月 20 日 共青团中央、卫生部联合下发《关于开展预防艾滋病"青春红丝带"行动的意见》。

11 月 22 日 党中央在中南海召开工青妇负责同志座谈会。中共中央总书记胡锦涛,中共中央政治局委员王兆国出席会议并作重要讲话,中共中央政治局候补委员、中央办公厅主任王刚出席会议。周强、孙金龙、黄丹华、赵勇、胡伟、杨岳出席会议。座谈会结束后,周强主持召开团中央书记处会议,学习胡锦涛总书记、王兆国同志在工青妇负责同志座谈会上的重要讲话精神,认真研究贯彻落实措施。

11 月 22 日 周强会见以朝鲜金日成社会主义青年同盟中央委员会书记朴治雄为团长的朝青盟代表团,黄丹华参加会见。

11 月 26 日—12 月 1 日 应全国青联邀请,以日本众议院议员、前首相羽田孜为团长的日本日中青年研修协会代表团来华访问,参加"保护母亲河行动——中日青年生态绿化工程"植树活动。27 日下午,全国人大常委会委员长李鹏和夫人朱琳在人民大会堂会见羽田孜一行。周强、中联部部长戴秉国分别会见或宴请了羽田孜。黄丹华与代表团一起参加了"保护母亲河行动——中日青年岳阳生态绿化工程"第三期工程的启动仪式。

11 月 26 日 共青团中央召开常委会议,认真学习党的十六大精神,对组织团员青年深入学习贯彻十六大精神作出部署。会议通过了《关于组织团员青年认真学习贯彻党的十六大精神的决议》,要求全团围绕主题,把握灵魂,深入学习党的十六大精神;坚持不懈地用"三个代表"重要思想武装全团,教育青年;紧密结合实际,狠抓落实,团结带领广大团员青年在全面建设小康社会中充分发挥生力军作

用;以“贯彻十六大,创造新业绩”为主题,把学习贯彻活动不断引向深入。会议决定,在年底召开团的十四届六中全会,就深入学习贯彻党的十六大精神作出进一步部署。会议由周强主持,孙金龙、黄丹华、崔波、赵勇、胡伟、杨岳和其他团中央常委出席。团中央机关有关部门、直属单位主要负责同志列席会议。

12 月 2 日 团中央青农部举行的第五届“乡村青年文化节”活动在全国各地陆续启动。

12 月 3 日 中共中央政治局常委、中央书记处书记曾庆红主持党中央书记处会议,听取团中央工作汇报。周强代表团中央书记处汇报了 2002 年工作情况和 2003 年工作安排。党中央书记处充分肯定了 2002 年的共青团工作,并对今后工作作出了重要指示。汇报后,周强主持召开团中央书记处会议,学习党中央书记处的重要指示精神,研究贯彻落实措施。

12 月 5 日 共青团中央、中国青年志愿者协会在清华大学举行中国青年志愿服务金奖颁授仪式暨事迹报告会。孙金龙、清华大学党委书记陈希出席并为获奖者颁奖。颁授仪式结束后,周强、崔波接见中国青年志愿服务金奖获得者。

12 月 6 日—9 日 应越南胡志明共青团邀请,黄丹华率中国青年代表团在河内出席越南胡志明共青团第八次全国代表大会并致贺词。期间,越共中央总书记农德孟会见代表团。

12 月 10 日 全国青联和中央电视台在北京举办首届全国青年世纪风采电视大赛决赛。

12 月 12 日 中共中央政治局委员王兆国听取团中央书记处工作汇报。

12 月 17 日 共青团中央、水利部、农业部、财政部、国家林业局和全国青联在人民大会堂举行第七届中国杰出青年农民表彰仪式。全国政协副主席孙孚凌及主办部委负责同志为才层玛等 10 人颁发“中国杰出青年农民”奖牌和证书。赵勇出席并讲话。

12 月 18 日—19 日 共青团十四届六中全会在北京举行。中共中央政治局委员王兆国出席会议并讲话。全会传达学习了胡锦涛同志在工青妇负责同志座谈会上的重要讲话精神,传达学习了曾庆红等中央书记处领导同志在听取团中央书记处工作汇报后的重要讲话精神,认真学习了王兆国同志在全会上的重要讲话。周强在全会上作了题为《深入学习贯彻党的十六大精神,努力开创共青团工作新局面》的工作报告。他指出,深入学习贯彻党的十六大精神是全团的首要政治任务。要狠抓落实,努力开创共青团工作的新局面;要以“三个代表”重要思想为统领,不断研究新情况、解决新问题,大力加强团的建设。全会审议通过了《关于召开中国共产主义青年团第十五次全国代表大会的决议》。

12 月 20 日 共青团中央在北京召开省级团委书记深入学习贯彻党的十六大精神座谈会。座谈会上,省级团委书记结合各地青年和共青团工作实际,就进一步学习贯彻党的十六大精神进行了认真讨论和充分交流。周强出席并讲话。会议由孙金龙主持,黄丹华、崔波、赵勇、胡伟、杨岳出席。团中央机关各部门和直属单位主要负责同志参加了会议。

12 月 23 日—27 日 共青团中央、全国青联、欧美同学会主办的“科技创业、报效祖国——2002 海外学人回国创业周”活动举行。27 日下午,在人民大会堂举办“科技创业、报效祖国——2002 海外学人回国创业周”活动海外留学青年座谈会。中共中央政治局委员王兆国出席并发表重要讲话。座谈会由周强主持,孙金龙、杨岳及中央有关部委负责人出席了座谈会。

12 月 24 日 共青团中央下发《关于做好 2003 年元旦、春节期间有关工作的通知》,要求各级团组织切实做好节日期间为困难群众和青少年送温暖的工作,帮助困难群众解决好生产生活问题。

12 月 29 日 第 13 届“中国十大杰出青年”评选活动在北京揭晓。

常熟市文化博覽中心　常熟市圖書館　編
付鳳娟　主編
牛慶國　副主編

常熟市圖書館藏古籍善本書志

上

國家圖書館出版社

圖書在版編目（CIP）數據

常熟市圖書館藏古籍善本書志：全二册 / 常熟市文化博覽中心，常熟市圖書館編；付鳳娟主編；牛慶國副主編. — 北京：國家圖書館出版社，2023.9

ISBN 978-7-5013-7827-2

Ⅰ. ①常… Ⅱ. ①常… ②常… ③付… ④牛… Ⅲ. ①古籍－善本－圖書館目録－常熟 Ⅳ. ①Z838

中國國家版本館CIP數據核字（2023）第102811號

書　　名　常熟市圖書館藏古籍善本書志（全二册）
著　　者　常熟市文化博覽中心　常熟市圖書館　編
　　　　　付鳳娟　主編　　牛慶國　副主編
責任編輯　程魯潔　田秀麗　潘雲俠
封面設計　翁　涌

出版發行　國家圖書館出版社（北京市西城區文津街7號　100034）
　　　　　（原書目文獻出版社　北京圖書館出版社）
　　　　　010-66114536　63802249　nlcpress@nlc.cn（郵購）
網　　址　http://www.nlcpress.com
排　　版　愛圖工作室
印　　裝　北京金康利印刷有限公司
版次印次　2023年9月第1版　2023年9月第1次印刷

開　　本　889×1194　1/16
印　　張　50.5
書　　號　ISBN 978-7-5013-7827-2
定　　價　1280.00圓

《常熟市圖書館藏古籍善本書志》編委會

序言

有五千年可考歷史的常熟，又稱虞山、琴川，爲國務院命名的第二批國家歷史文化名城之一。常熟素有「江南福地」美譽，是吴文化發祥地，自古以來文化發達，人文薈萃，名人輩出。明清以來常熟還是私人藏書聚集之地，常熟藏書流派也是極具影響力的。據范鳳書先生的《中國私家藏書史》統計，江蘇有影響的藏書家九百六十七人，其中常熟有一百四十六人。明末清初，這裏藏書樓林立，幾乎成爲全國的藏書中心，趙氏脉望館、錢氏絳雲樓、毛氏汲古閣、錢氏也是園、張氏愛日精廬、陳氏稽瑞樓、瞿氏鐵琴銅劍樓……這些藏家不僅收藏，還好古敏求，在著述、考訂、校讎、編纂、出版等方面也有建樹。常熟藏家同時具有開放創新的特質，不僅重藏，還重利用、善傳播，正如常熟藏家孫從添在《藏書紀要》中所説「書籍者，天下之至寶也。人心之善惡，世道之得失，莫不辨於是焉。天下惟讀書之人，而後能修身，而後能治國也。是書者，又人身中之至寶也」，將藏書與修身齊家治國平天下緊密關聯了起來。

我多年前曾經去過常熟，在一個常熟古代藏書樓的模型前受到震撼。可以説常熟私家藏書歷史長，藏書風氣盛，藏書樓數量大，藏書世家、大家多，藏書品質高。常熟藏書家不僅家族中傳承有緒，姻親、師友間也來往密切，交游廣泛，在互動中留下很多動人的故事，也提升了藏書的學術含量，因此常熟藏書文化的影響非常深遠。

如趙用賢父子的脉望館，其《脉望館書目》以經、史、子、集四部分類，用千字文號總領細分，始天終調，三十一字。先總目，後細目。收書近五千種二万餘册，并在每一字後注明書橱的位置，類似排架目録，便於找尋。趙氏父子還通過精校刊刻、編目作跋、提供閲鈔等途徑交流私藏，趙用賢所刻書則以校讎精善著稱。

國家圖書館藏有清嘉慶七年（1802）黄氏士禮居鈔并校的《脉望館書目》，書末黄丕烈跋稱：「此《脉望館書目》原本計一百八十七葉，郡中周香嚴藏本也。余輯所見古書録於諸家書目，欲得所取證。香嚴爰出此相示，遂倩人傳寫之。原本於每門或空幾行，想便隨時增入。觀其所載，於有明一代事實多所述記，蓋其於本朝宜然。至目中，間載老老爺、老爺手批書籍，閲者殊詫爲异。吾以爲此當時簿録以備稽查，并非傳後著述宜循文體，傳至今日，遂視此目爲古書淵藪，如見碎金殘璧，令人艷羨不置，安得重覩此舊藏善本以爲摻券之得乎。庚申五月校畢。黄丕烈記。」頗有妙趣。衹是庚申應爲嘉慶五年（1800），目録著録爲嘉慶七年，當誤。

脉望是古書中的蛀蟲，《仙經》記載：「蠹蟲三食神仙字，則化爲此物，名爲脉望。」以「脉望館」命名藏書室，可見館主趙用賢、趙琦美父子對書的痴愛。趙氏父子廣泛搜羅古今典籍及民間俗文學，自行刻書，并鈔校孤本秘笈。其鈔校輯集的《古今雜劇》（今存國家圖書館）被譽爲研究我國戲劇史的寶庫，鄭振鐸在上海淪爲孤島時搶救下來，并稱其價值堪比敦煌遺書。

再如令後人痛心疾首的絳雲樓。樓主錢謙益爲明末清初常熟籍學者、藏書家、翰林院編修，曾參與修《神宗實録》。後爲魏忠賢羅織東林黨案牽連，削籍歸里。崇禎初，起爲禮部右侍郎，兼翰林院侍讀學士。適值會推閣員，温體仁、周延儒争權，錢謙益被抨擊，再次削籍返家。弘光（1644—1645）時，官禮部尚書，迎合馬士英、阮大鋮，擁立福王。清順治三年（1646），豫親王多鐸定江南，謙益迎降，北上爲禮部侍郎管秘書院事。馮銓總裁修明史館，謙益副之。不久辭歸故里。順治初，因江陰黄毓祺起義案牽連入獄，次年獲釋。自是歸隱居家，築絳雲樓以藏書檢校著述。《清史稿》有傳。

錢氏藏書所收多爲宋元刊本。錢謙益晚年在家鄉紅豆山莊築「絳雲樓」，將書整理爲七十三大櫃。清順治七年（1650）絳雲樓大火，藏書焚燒幾盡，稱爲「絳雲之厄」。其後他一方面繼續收書，一方面整理殘留書和追記被焚之書，編成《絳雲樓書目》。錢氏藏書後歸其族孫錢曾。

《絳雲樓書目》約成於十七世紀五十年代，收書約三千三百七十種，按經、史、子、集四部排列，共分爲七十三類。書係錢氏據焚餘之書和追憶焚毁之書而作，雖詳略不一，但可讓後人據此瞭解絳雲樓曾經的收藏。

錢曾繼承絳雲之遺，有也是園和述古堂，他自己編《也是園藏書目》，序稱：「竭予二十餘年心力，食不重味，衣不完采，摒擋家資，悉藏典籍中。如蟲之負版，鼠之搬姜，甲乙部居，粗有條理」，「然生平所酷嗜者，宋槧本爲最」。并慨嘆「聚之艱而散之易」。可見舊時藏書聚書之艱。

還有四百年前的毛氏汲古閣，不但藏書也刻書、鈔書，因雕版印書品質高，珍藏秘笈量大，質優、精校與影宋元本多享譽當時，亦因文化傳播的功績名垂後世，在中國古代出版史和藏書史上有着顯著的地位。

汲古閣主人毛晋（1599—1659），原名鳳苞，字子久，後改字子晋，號潛在，别號汲古主人，常熟人。毛晋酷愛藏書，鍾愛宋本，一遇宋本便不惜重金購置。藏書的數量，據清葉德輝《書林清話》記載，有七八千部，八萬四千餘册。

毛晋因藏書而刻書，以廣流傳，其刻書規模相當大，據記載，「汲古閣後有樓九間，多藏書板，樓下兩廊及前後，俱爲刻書匠所居」。毛晋刻書多用宋刻本作底本，許多宋版書因翻刻而被保存下來。毛晋注重校勘，不僅自己校勘，而且延請著名學者到汲古閣校書。汲古閣精刻精印之書，向爲版本學家、藏書家所津津樂道。據統計，汲古閣刻書數量超過九百種。

刻書外，最受後世藏家和學者看重的是汲古閣鈔本，習稱「毛鈔」，其中影宋、影元、影明鈔本最爲珍貴，因保留原本面貌被稱「下真迹一等」，備受藏家和學術界重視。毛晋及其子侄、童僕均擅長鈔書，據統計汲古閣鈔書五百八十種。

國家圖書館藏有一幅《虞山毛氏汲古閣圖》，爲王咸應毛晋之托所做，圖上題：「子晋社主結藏書閣於隱湖之濱，顔曰汲古。次以甲乙，分以四庫，非宋元繡梓不在列焉。牙籤玉題，風至則琅琅有聲也。予寓讀湖齋，遂盈一紀，所得於翻閲者迨半。」原畫縱28.9厘米，横41.4厘米。絹本，設色。明崇禎十五年（1642）繪。軸縱264厘米，横70.5厘米，紙本。畫面上山石嵯峨，中有樓閣，室中插架頗盈。畫上王咸題詩曰：「杰閣閟深樹，不許凡庸躋。藏書比石室，一一函緗綈。甲乙列四庫，古香溢縹題。居恒每共登，魚亥相讎稽。推窗眄緑野，瓜疇接粳畦。百城真自雄，丙夜吹青藜。爲君寫其照，東壁光應齊。」詩畫反映了當時藏書盛況。此畫成後一百五十餘年，爲瞿中溶購得，欣喜中命人重裝，并遍請當時名流爲之題跋。錢大昕題「虞山毛氏汲古閣圖」後有三十餘清、民國時期文人雅士陸續題跋於四周，有朱照廉、何元錫、段玉裁、陳廷慶、吴凌雲、善（一説華）冠、王人作、唐仲冕、陳鴻壽、李福、李鋭、邵椂、魏㰚、黄丕烈、鈕樹玉、瞿中溶、袁廷檮、夏文燾、顧廣圻、孫衡、顧蒓、戈襄、胡觀、錢大昭、湯文雋、錢繹、錢侗、邢澍、潘孝曾、潘晞曾、陳文述、徐渭仁、韓崇、楊文蓀、何士祁、李盛鐸等題詩。黄丕烈在題詩中嘆道：「積書大小酉，杳渺無由躋。汲古富藏弆，囊盛多緑綈。高閣嗟已廢，雲烟仰榱題。幸有此圖畫，門徑猶可稽。賓主互賞析，講習如分畦。遺卷偶逸獲，照讀思然藜。至今藏書者，誰能與之齊？」汲古閣刻書與藏書的地位，爲歷代學者和藏書家特别珍視此畫的原因之一。

不得不説的還有位於常熟市東郊古里鎮的「鐵琴銅劍樓」，與當時山東聊城楊氏「海源閣」、歸安陸氏「皕宋樓」、錢塘丁氏「八千卷樓」合稱清季全國四大藏書樓。鐵琴銅劍樓自清乾隆末年起，五世傳承，創始人瞿紹基取「引養引恬、垂裕後昆」之意，稱其藏書室爲恬裕齋。後因避光緒帝載湉之諱而改稱敦裕堂。瞿紹基與瞿鏞父子因收藏鐵琴一張、銅劍一柄，稱其藏書樓爲鐵琴銅劍樓。五代樓主「寧捨腴田百十畝，不弃秘笈一兩櫥」，多次將珍本善本分散轉移各地，力保藏書不被損毀。

中華人民共和國成立後，這些私家藏書或被捐贈，或被轉讓，讓明清以來纍世寶藏如百川歸海陸續歸入公藏，瞿氏鐵琴銅劍樓、翁氏藏書的一部分就是這一時期到國家圖書館、上海圖書館以及常熟圖書館等公藏機構的，趙氏脉望館、錢氏絳雲樓、毛氏汲古閣、錢氏也是園、張氏愛日精廬、陳氏稽瑞樓舊藏也從不同途徑進入公藏，分藏各處。鐵琴銅劍樓舊藏僅國家圖書館就有一千三百餘部。這也鑄就了常熟和國圖的一份藏書淵源。

此次常熟市文化博覽中心、常熟市圖書館編纂出版《常熟市圖書館藏古籍善本書志》，收録常熟館藏善本四百部，規範著録體例，按照四部分類，一一詳細著録，以書志加書影的方式對館藏進行揭示，讓更多的人瞭解并進一步利用提供了方便。這也與常熟藏家好古敏求、開放創新，不僅重藏，還重利用、善傳播的特質一脉相承。所收書幾乎涵蓋上述藏家所藏，以鐵琴銅劍樓瞿氏舊藏最多，有八十餘部，翁同龢及其家族舊藏近五十部，還有稽瑞樓、舊山樓、嚴虞惇等藏書，特别是其中入選國務院公布的第一至四批《國家珍貴古籍名録》者就有四十七部。所收書從著者看，常熟籍超過百人，常熟藏家藏過的近百分之四十，還有寫常熟的、常熟刻印鈔録的，有不少常熟人的稿本，充分展示了常熟地方歷史文化深厚的底藴，也印證了常熟人文淵藪的過往，這也是在繼承弘揚中華優秀傳統文化的今天，對千年虞山文脉的有效傳承。

書志選擇在國家圖書館出版社出版，不僅續寫了富藏常熟藏家舊籍的國圖與常熟的前緣，也可以視爲新時期共同賡續中華文脉、弘揚藏書文化的再牽手。

陳紅彦完成於癸卯七夕曝書之日

凡例

一、本編所列之書，凡符合歷史文物性、學術資料性、藝術代表性之一者，皆作善本。適當考慮地方性，即能够充分揭示常熟地方歷史文化的邑人著述。凡四百種。

二、所列之書按經、史、子、集四部分類，各部之下排比仍依常熟市圖書館館藏登録號爲序，以供檢索之便。

三、原書各卷題名不一，以卷首首端題名爲準；卷端無題名者，依書名葉或書口、目次、封面等爲準；無卷端題名、書名葉和書口名者，以入藏時所擬書名爲準。

四、各類先著録書名、卷數，凡殘闕不全之書，書名下著録原書卷數、現存卷數。後依次著録編著者、版本、批校者、册數、行格、原書序跋人名等。介紹編著者生平。介紹圖書主要内容及特點。

五、凡編著者皆著録本名。題名用别號，均按本名著録。本名失考者，依書中原題著録。

六、有年代可據或其他資料可考之版本項，詳細著録刻版年代、刻書處、刻書人姓名；失考者，均統稱某朝刻本。有資料可據之鈔本書，詳細著録鈔寫年代及鈔寫者姓名；反之則統稱某朝鈔本。有資料可據批校跋者，詳細著録年代與姓名；反之則稱佚名批校或佚名跋。批校題跋者能考證出本名者著録本名，不能考證出本名者依原書著録。

七、一篇叙録配一至四幅書影；如有題跋者，酌加題跋書影。

八、書名叙録采用規範的繁體字，適當保留原書所使用的异體字。

目録

上册

經部

史部

子部

下册

集部

003594　周易經傳二十四卷

（宋）程頤、朱熹撰

明嘉靖八年（1529）張祿、朱廷聲等刻五經本

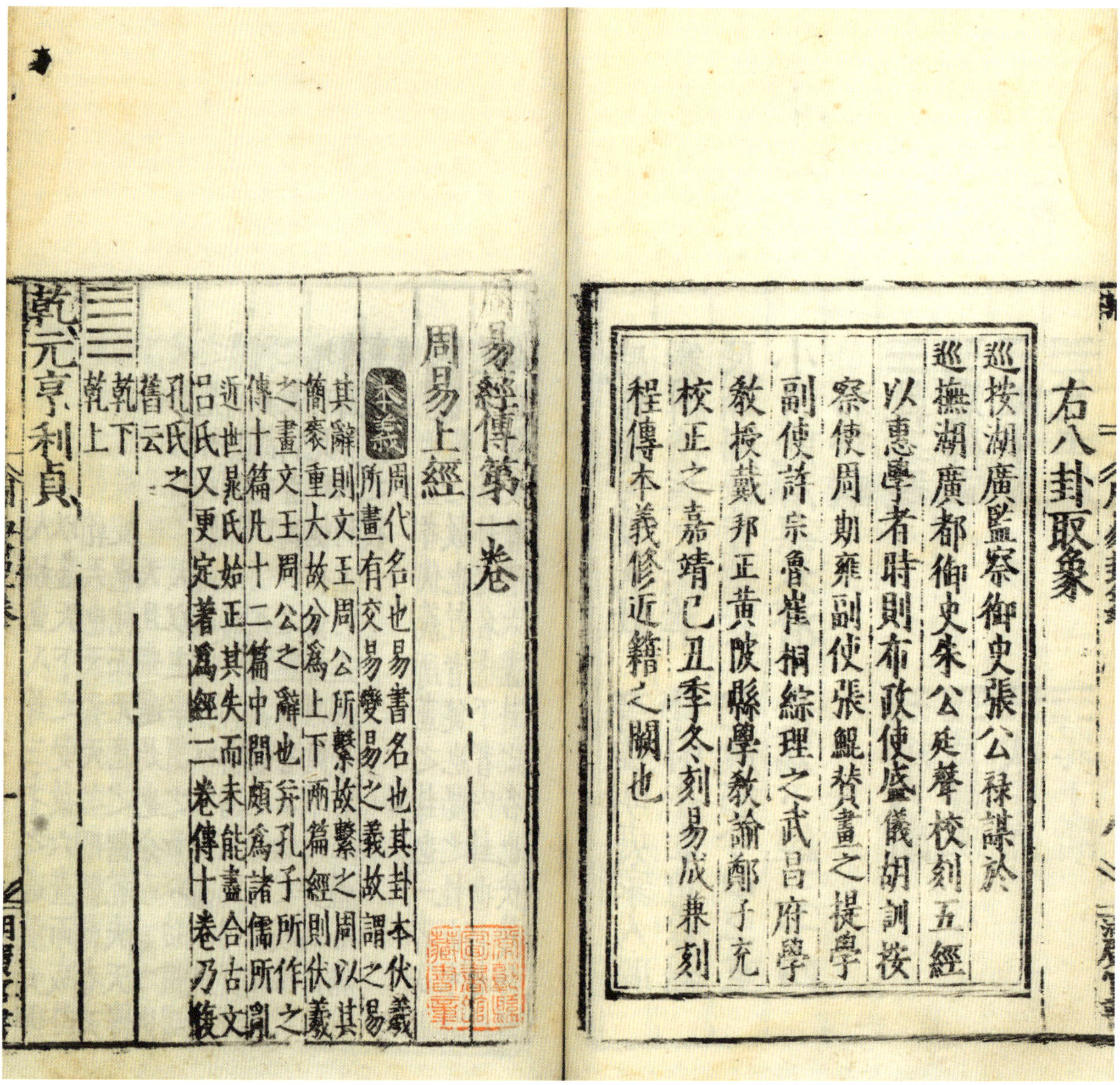

程頤（1033—1107），字正叔，河南洛陽人，世稱伊川先生。與其兄程顥同爲北宋理學中「洛學」一派的開創者，二人并稱「二程」。

朱熹（1130—1200），字元晦，又字仲晦，號晦庵，晚稱晦翁，徽州婺源（今江西婺源）人。宋代理學集大成者。

框高18.3厘米，寬13.1厘米。半葉九行，行十七字，小字雙行，左右雙邊，白口，雙魚尾。版心中間上方録書名、卷次，下記葉次，版心下記「湖廣官書」。

正文前有《周易經傳總目》，次接宋元符二年（1099）程頤撰《易傳序》，再接《易序》《上下篇義》《周易朱子圖説》《五贊》《筮儀》《卦象》。《卦象》末有牌記，内容爲：「巡按湖廣監察御史張公禄謀於巡撫湖廣都御史朱公廷聲校刻五經，以惠學者，時則布政使盛儀、胡訓，按察使周期雍，副使張錕贊畫之，提學副使許宗魯、崔桐綜理之，武昌府學教授戴邦正，黄陂縣學教諭鄭子充校正之。嘉靖己丑季冬刻《易》成，兼刻《程傳本義》，修近籍之闕也。」

綫裝，六册，登録號003594。入選第二批《國家珍貴古籍名録》，名録號03220。

003853　周易傳義十六卷

（宋）程頤、朱熹撰　明嘉靖應檟刻本

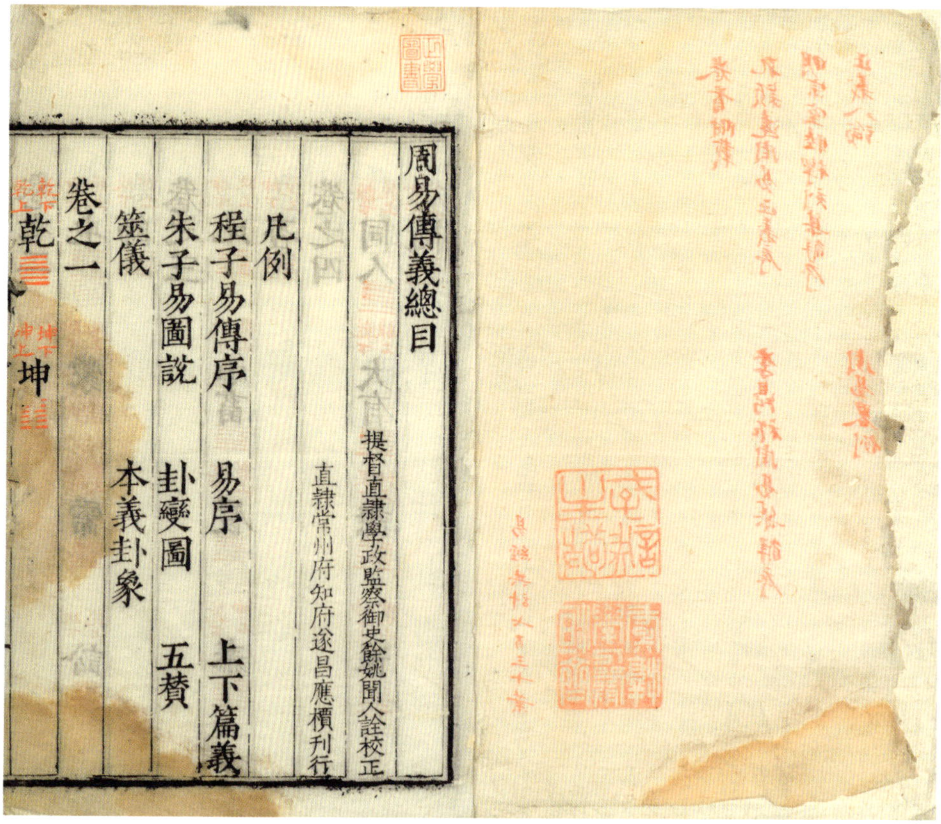

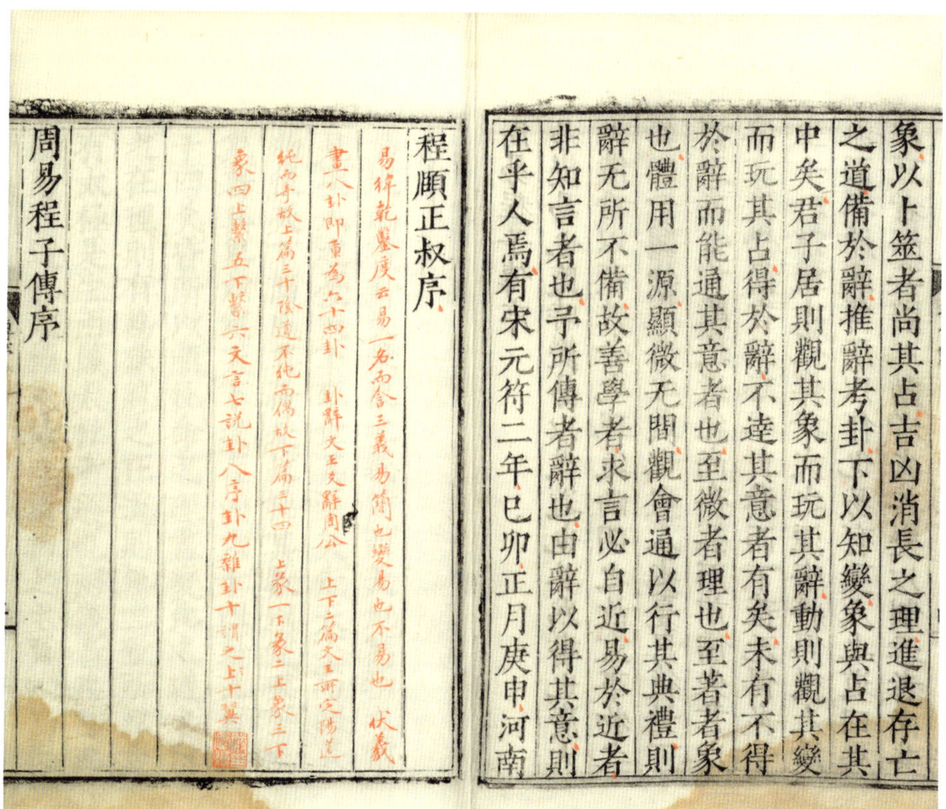

程頤、朱熹生平事迹見前《周易經傳》（003594）。

框高 21.2 厘米，寬 15.5 厘米。半葉九行，行十八字，四周雙邊，白口，單黑魚尾。版心中間上方録書名、卷次，下記葉次。

正文前有《周易傳義總目》，次接宋元符二年（1099）程頤撰《周易程子傳序》，再接《周易程子傳序》，有目無文。

綫裝，七册，登録號 003853。入選第二批《國家珍貴古籍名録》，名録號 00836。有嚴虞惇批校、題跋。護葉内有「主敬／存誠」朱方印，「恒齋／學人嚴／虞惇」白方印。《周易傳義總目》上有「正學／圖書」朱方印。《周易程子傳序》後有「嚴印／虞惇」白方印。

004262　春秋公羊注疏二十八卷

（漢）何休注　（唐）陸德明音義　明崇禎七年（1634）汲古閣刻《十三經注疏》本　清王振聲校　佚名臨清何焯校

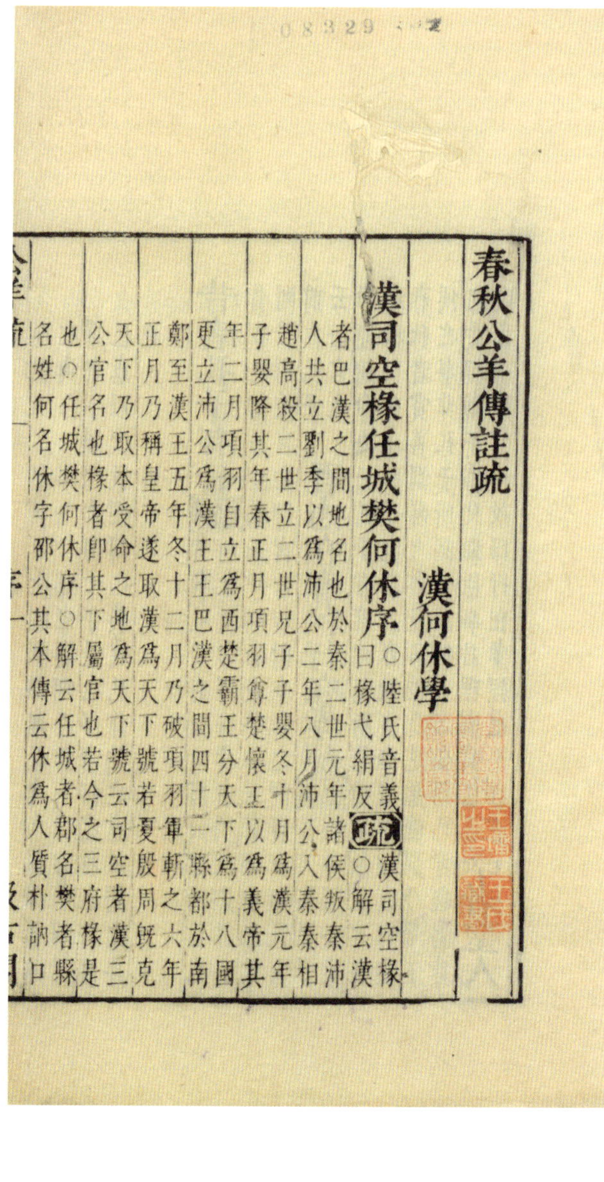

春秋公羊傳註疏

漢何休學

漢司空掾任城樊何休序○陸氏音義曰掾弋絹反[疏]漢司空掾者巴漢之間地名也於秦二世元年諸侯叛秦沛人共立劉季以爲沛公二年八月沛公入秦秦相趙高殺二世立二世兄子子嬰冬十月爲漢元年子嬰降其年春正月項羽尊楚懷王以爲義帝其年二月項羽自立爲西楚霸王分天下爲十八國更立沛公爲漢王王巴漢之間四十一縣都於南鄭至漢王五年冬十二月乃破項羽軍斬之六年正月乃稱皇帝遂取漢爲天下號若夏殷周旣克天下乃取本受命之地爲天下號云司空者漢三公官名也掾者卽其下屬官也若今之三府掾是也○任城樊何休序○解云任城者郡名樊者縣名姓何名休字邵公其本傳云休爲人質朴訥口

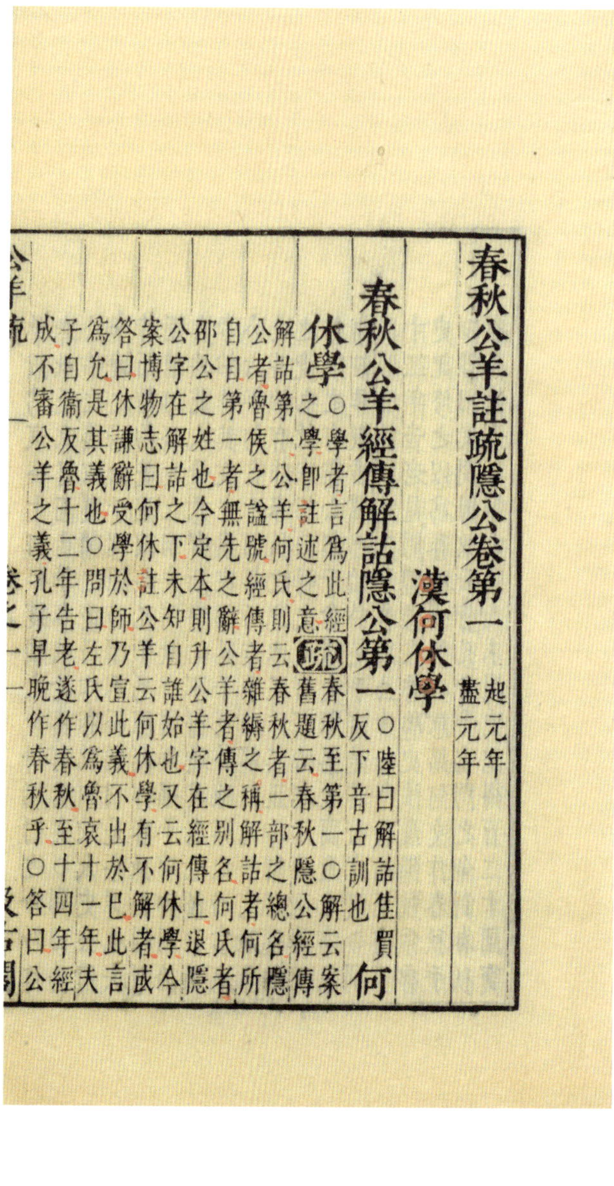

春秋公羊註疏隱公卷第一　起元年盡元年

漢何休學

春秋公羊經傳解詁隱公第一○陸曰解詁佳買反下音古訓也

何休學○學者言爲此經之學卽註述之意[疏]春秋至第一○解云案解詁第一公羊何氏則云春秋者一部之總名隱公經傳公者魯侯之諡號經傳者雜縟之稱解詁者何所自目第一者無先之辭公羊者傳之別名何氏者邵公之姓也今定本則升公羊字在經傳上退隱公字在解詁之下未知自誰始也又云何休學今案博物志曰何休註公羊云何休學有不解者或答曰休謙辭受學於師乃宣此義不出於已此言爲允是其義也○問曰左氏以爲魯哀十一年夫子自衞反魯十二年告老遂作春秋至十四年經成不審公羊之義孔子早晚作春秋乎○答曰公

何休（129—182），字邵公，任城樊（今屬山東濟寧）人。爲人質樸口訥，雅有心思，精研《六經》，世儒無及者。繼董仲舒之後，今文經學的集大成者。著有《孝經注》《論語注》《公羊墨守》《左氏膏肓》《穀梁廢疾》等。

卷端署「漢何休學」。

框高17.9厘米，寬12.6厘米。半葉九行，行二十一字，小字雙行，行二十字，白口，左右雙邊。版心上鎸書名「公羊疏」，中録卷次及葉次，版心下有「汲古閣」字樣。

正文前有《漢司空椽任城樊何休序》。

綫裝，六册，登録號004262。有朱筆圈點及批校。鈐「王氏／藏書」白方印、「常熟市／圖書／館藏」朱方印等。

004850　漢隸字源六卷

（宋）婁機撰　明汲古閣刻本

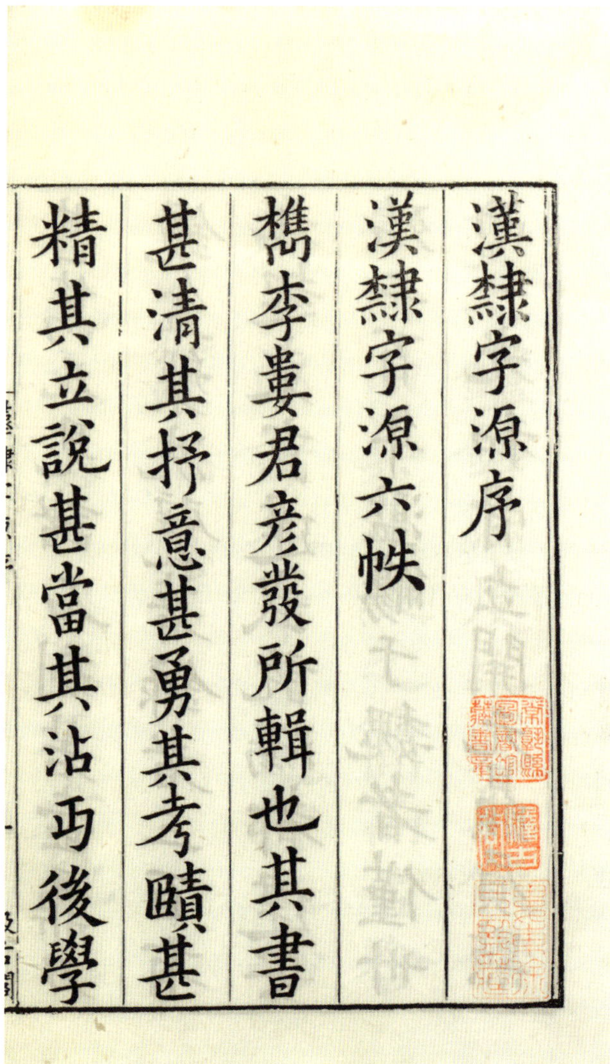

漢隸字源序

漢隸字源六帙

檇李婁君彥發所輯也其書

甚清其抒意甚勇其考賾甚

精其立説甚當其沾丏後學

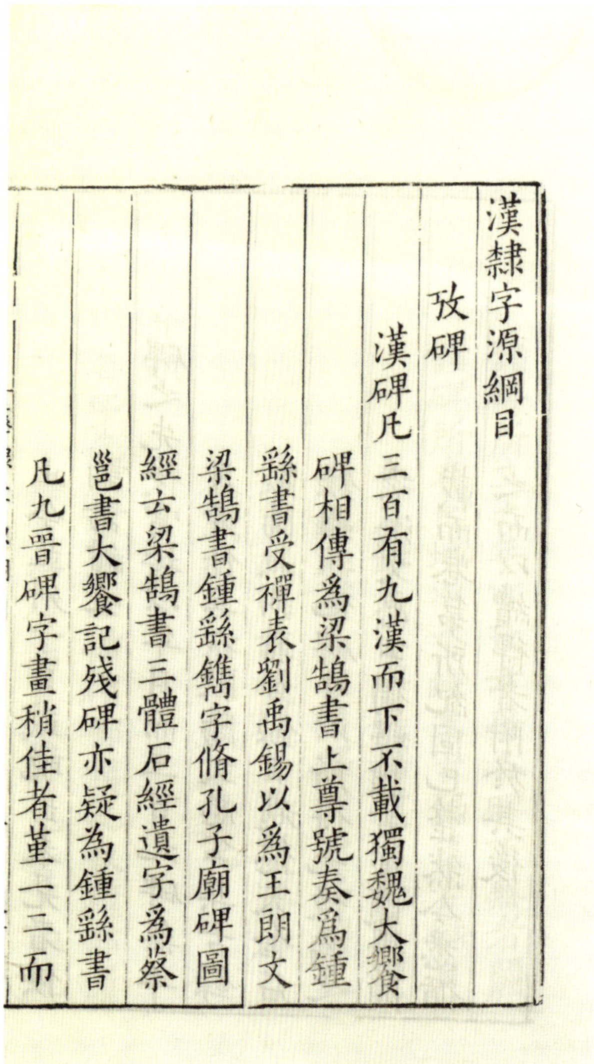

漢隸字源綱目

攷碑

漢碑凡三百有九漢而下不載獨魏大饗

碑相傳爲梁鵠書上尊號奏爲鍾

繇書受禪表劉禹錫以爲王朗文

梁鵠書鍾繇鐫字脩孔子廟碑圖

經云梁鵠書三體石經遺字爲蔡

邕書大饗記残碑亦疑爲鍾繇書

凡九晉碑字畫稍佳者堇一二而

婁機（1133—1211），字彦發，南宋嘉興府嘉興（今屬浙江）人。宋乾道二年（1166）進士，授鹽官縣尉。歷光宗朝饒州通判、寧宗朝秘書郎兼資善堂小學教授、太常丞、監察御史、吏部侍郎兼太子左庶子、同知樞密院事兼太子賓客、參知政事等。

是帙有書名葉，右上小字題「宋本重刊」，中間大字題書名，左下小字題「汲古閣藏板」。

框高23.9厘米，寬16.9厘米。半葉六行，行字不等，小字雙行，白口，左右雙邊。版心中鎸書名及卷目，下記葉次，葉次下有「汲古閣」字樣。

正文前有《漢隸字源序》，末署「慶元三年十二月朔旦野處洪景盧序」；次接《漢隸字源綱目》，分考碑、分韵、辨字三例。正文《碑目》一卷，收漢碑三百零九种，魏晋碑三十一种，各記年代、地里、書人姓氏。文字五卷，以《禮部韵略》二百零六部編排，各字以楷書標目，以隸書排比於下，并考證字源。

綫裝，六册，登録號004850。鈐「澹古/堂」白方印、「婁東徐/氏監藏」朱長印、「常熟縣/圖書館/藏書章」朱方印。

004875 在昔篇一卷

（清）楊沂孫撰　稿本

清吴大澂、俞鴻籌跋

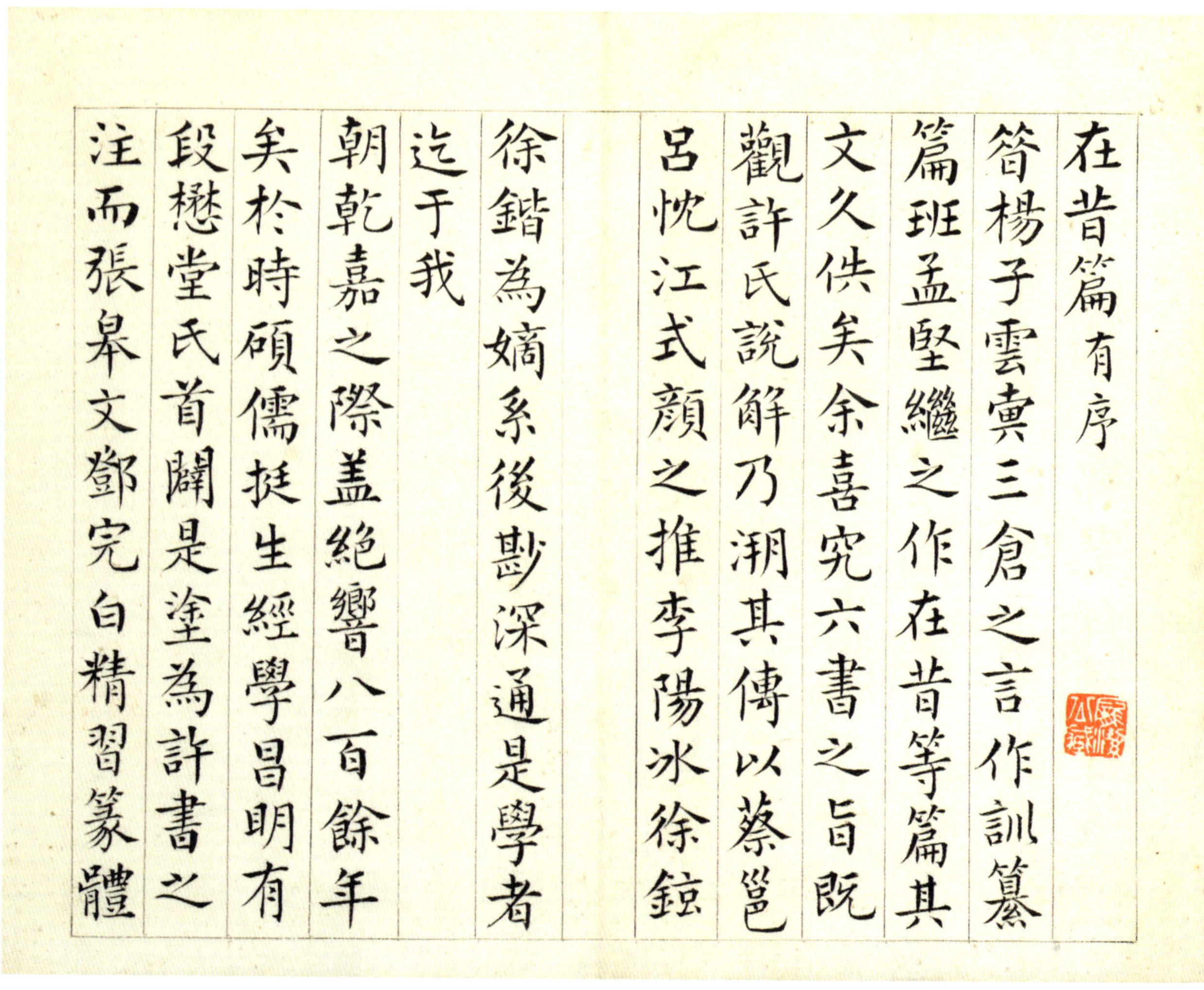

在昔篇有序

笱楊子雲亶三倉之言作訓纂篇班孟堅繼之作在昔等篇其文久佚矣余喜究六書之旨既觀許氏説解乃溯其傳以蔡邕呂忱江式顔之推李陽冰徐鍇徐鍇為嫡系後尠深通是學者迄于我

朝乾嘉之際蓋絶響八百餘年矣於時碩儒挺生經學昌明有段懋堂氏首闢是塗為許書之注而張臯文鄧完白精習篆體

楊沂孫（1813—1881），字子與，號咏春，晚號濠叟，常熟恬莊（今屬蘇州張家港）人。希鈺子。清道光二十三年（1843）舉人，官至鳳陽知府。工篆書。著有《文字説解問訛》《观濠居士集》《管子今編》等。

框高16.8厘米，寬11.2厘米。半葉六行，行十二字。

正文前有楊沂孫清光緒三年（1877）季春序，正文後有吴大澂篆書手跋及庚寅仲冬俞鴻籌手跋。楊序述及此帙成書及命名緣由，云：「朝廷從儒臣之奏，以許慎從祀孔子廟廷，海内喁喁，庠序烝烝，皆求識字，通倉、雅，務正名，崇實學。沂孫不耻愚耄，爰述小學源流，協以韵語，以在昔發端，即名《在昔篇》……都一百三十韵，一千零四十字。」俞跋述是帙遞藏關係甚詳。

經折裝，一册，登録號004875。序首葉鈐「龐潔／公藏」白方印，尾鈐「潔公／真賞」朱方印。正文尾鈐「楊印／沂孫」朱方印、「常熟縣／圖書館／藏書章」朱方印。吴跋尾鈐「精／卿」白方印。俞跋葉右下鈐「曾在龐／潔公家」朱長印，尾鈐「餘／齋」朱方印。

005259　易憲四卷圖說一卷

（明）沈泓撰　清乾隆刻本

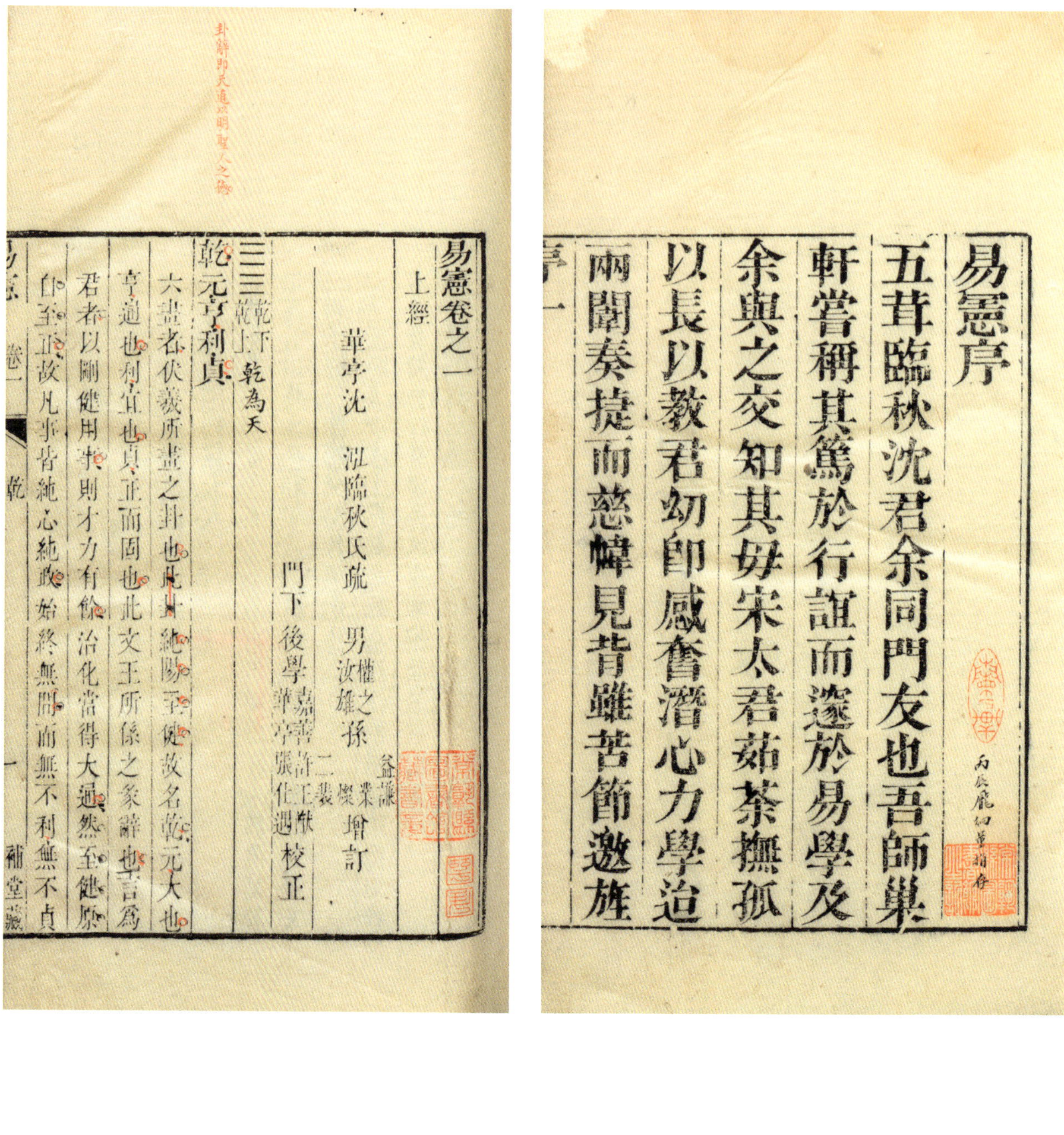

易憲序

五茸臨秋沈君余同門友也吾師巢軒嘗稱其篤於行誼而邃於易學及余與之交知其母宋太君茹荼撫孤以長以教君幼卽感奮潛心力學迨兩闈奏捷而慈幃見背雖苦節邀旌

序　一

卦辭卽天道以明聖人之德

易憲卷之一

上經

華亭沈　泓臨秋氏疏　男　權之 汝雄　孫　益謙 業 楘　增訂

門下後學　嘉善 許王猷　華亭 張仕遇　校正

䷀ 乾下乾上　乾為天

乾元亨利貞

六畫者伏羲所畫之卦也此卦純陽至健故名乾元大也亨通也利宜也貞正而固也此文王所係之彖辭也言爲君者以剛健用事則才力有餘治化當得大通然至健原自至正故凡事皆純心純政始終無間而無不利無不貞

易憲　卷一　乾　一　補堂藏

沈弘（1598—1648），字臨秋，號悔庵，華亭楓涇（今屬上海）人。明崇禎十六年（1643）癸未進士，官刑部主事。後遭國變，乃援墓柏自縊，鄉人救之，遂削髮爲僧，法名弘堅。性至孝，善詩文，著有《東山遺草》《懷謝軒詩文集》等。

框高19.3厘米，寬14.2厘米。半葉十一行，行二十三字，小字單行或雙行同，左右雙邊，白口，單魚尾。版心上鎸書名「易憲」，版心中間鎸卷次、類目、葉次，葉次下鎸「補堂藏版」字樣。

正文前有崇禎十六年癸未仲冬畽城同門弟黄淳耀《易憲序》，次接張仕遇序，次接許王猷序，次接清乾隆九年（1744）三月朔日族孫映輝題識，次接五世孫恪慎題識。黄序云：「《易憲》一書，斟酌群言，探蹟根窟。該注疏經解之説，而去其疵；宗程傳本義之旨，而達其意。真足以垂世行遠，而爲後學所宗奉者矣。」諸序後接校訂者名録，再接目録、《易憲卦歌》《易憲圖説》。正文分四卷，卷一上經，卷二下經，卷三繫辭上、繫辭下傳，卷四説卦傳、序卦傳、雜卦傳。正文後有許王猷跋，述是書刊刻始末，云：「吾鄉沈臨秋先生，以名進士養志林泉，研求易理，專精殫思，積數十年，著爲《易憲》。其大旨悉宗程、朱，而更融貫諸儒之説以成之。讀是書者，開卷瞭然，無纖毫之惑，不必遠搜博考，而諸儒之精義已無不畢具於其中。簡而該，微而顯，真足以嘉惠後學，而爲《易經》之功臣矣。顧藏於其家，已閲五世，親友門下士遞相鈔録，幾於家有其書。商先生之元孫恪，懼其相沿日久，不無魯魚亥豕之訛，謀授諸梓，以永其傳。商之於余，爲之忭舞而勸成之。開鎸於乾隆癸亥季冬，至甲子三月而工竣。」

綫裝，三册，登録號005259。《易憲序》首葉右下有手書題記「丙辰龐絅量捐存」。集中有朱筆、墨筆批校及貼簽若干。鈐「常熟/縣圖/書館/之記」朱方印、「常熟縣/圖書館/藏書章」朱方印等。

005301 批點考工記二卷

（明）郭正域撰　明刻本

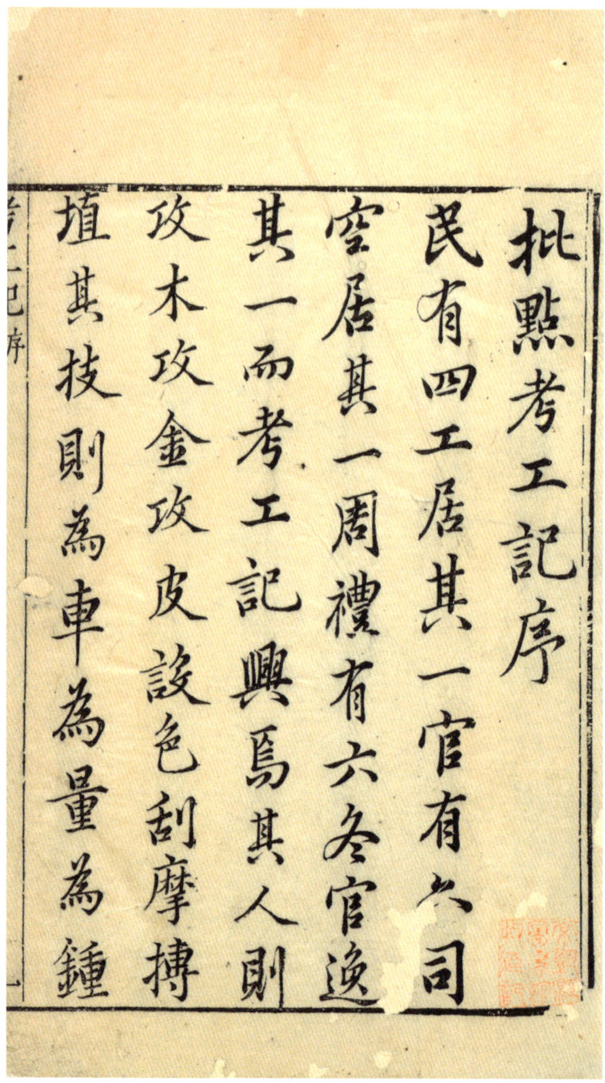
批點考工記序
民有四工居其一官有六司空居其一周禮有六冬官逸其一而考工記興焉其人則攻木攻金攻皮設色刮摩搏埴其技則為車為量為鍾

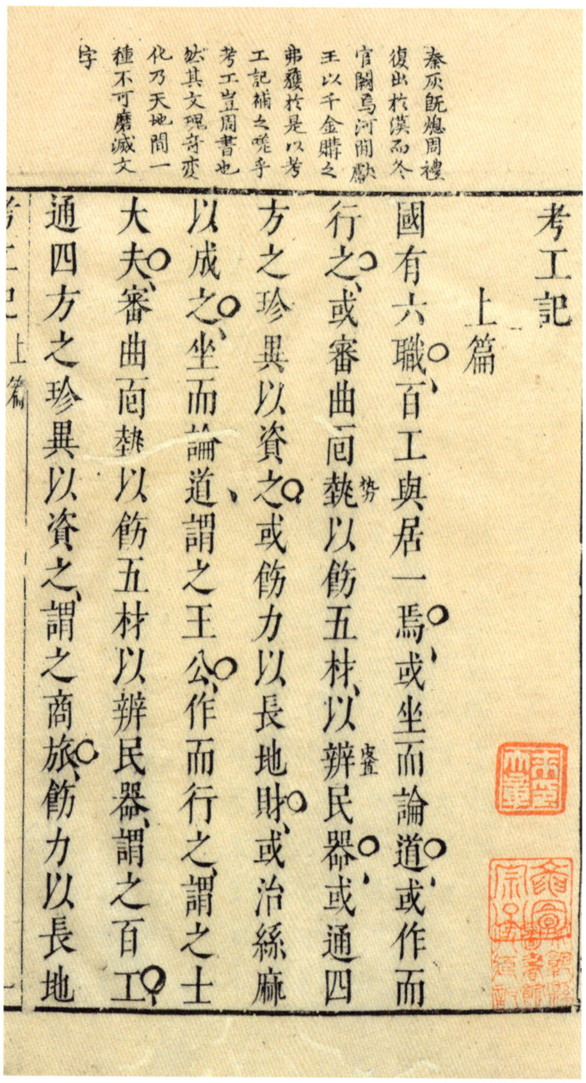
秦灰既燬周禮復出於漢而冬官闕焉河間獻王以千金購之弗獲於是以考工記補之嗟乎考工豈周書也然其文瑰奇變化乃天地間一種不可磨滅文字

考工記

上篇

國有六職百工與居一焉或坐而論道或作而行之或審曲面埶以飭五材以辨民器或通四方之珍異以資之或飭力以長地財或治絲麻以成之坐而論道謂之王公作而行之謂之士大夫審曲面埶以飭五材以辨民器謂之百工通四方之珍異以資之謂之商旅飭力以長地

郭正域（1554—1612），字美命，號明龍，湖北江夏（今屬武漢市）人。明萬曆十一年（1583）進士，歷任翰林院編修、南京國子監祭酒、禮部右侍郎等。博通史籍，頗負盛名。著有《批點考工記》《明典禮志》《韓文杜律》等。

框高20.5厘米，寬15.1厘米。半葉八行，行十八字，小字雙行同，白口，四周單邊，無界欄。版心上鎸書名「考工記」及卷次，下記葉次。

正文前有《批點考工記序》，末署「江夏郭正域撰」。正文分上、下二卷。綫裝，二册，登録號005301。書根題寫書名「考工記」。鈐「來印/文章」白方印、「常熟縣/圖書館/收藏記」朱方印等。

005331 公羊穀梁春秋合編附注疏纂十二卷

（明）朱泰禎纂　明刻本

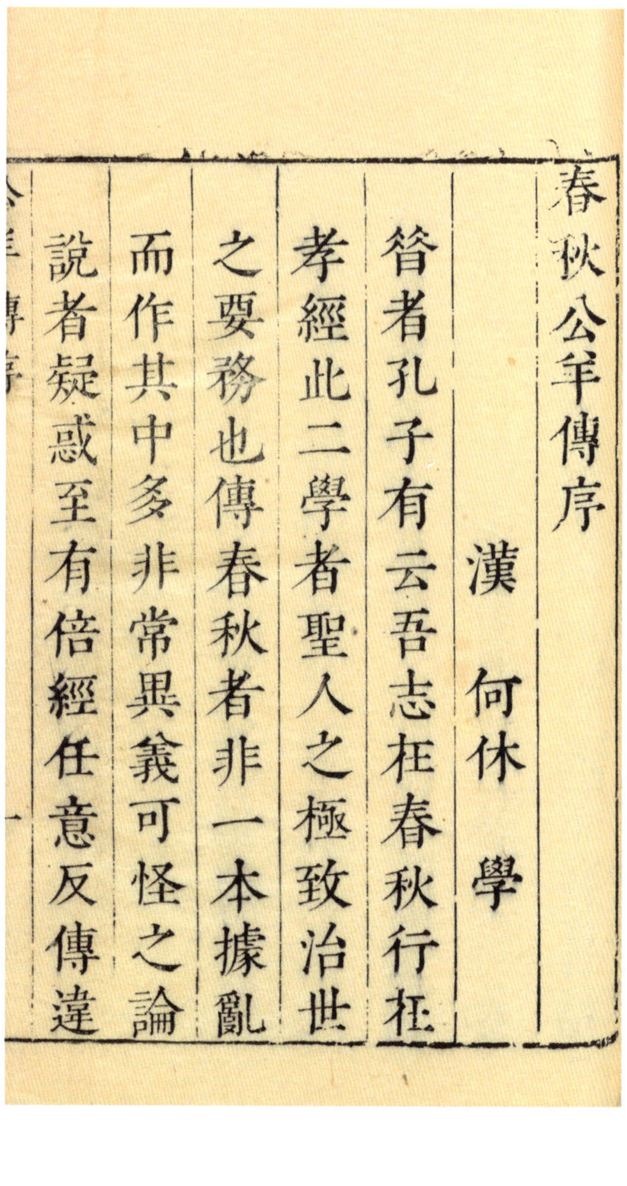

春秋公羊傳序

漢　何休學

昔者孔子有云吾志在春秋行在孝經此二學者聖人之極致治世之要務也傳春秋者非一本據亂而作其中多非常異義可怪之論說者疑惑至有倍經任意反傳違

公羊傳序　一

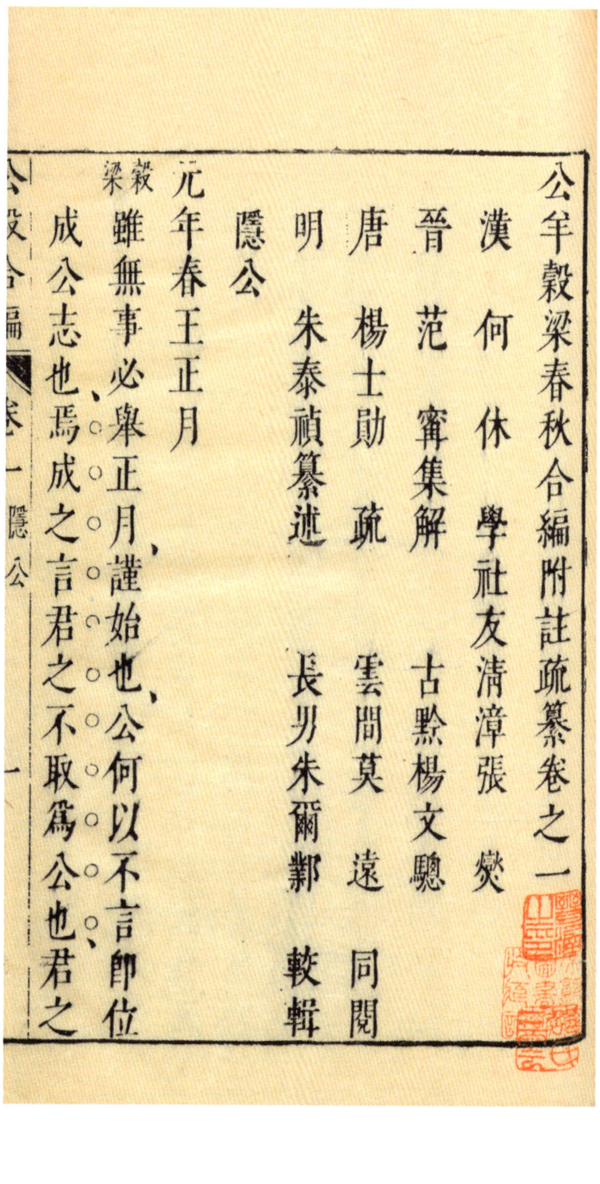

公羊穀梁春秋合編附註疏纂卷之一

漢　何休　學　社友淸漳張燮

晉　范甯集解　古黔楊文驄

唐　楊士勛　疏　雲間莫遠　同閱

明　朱泰禎纂述　長男朱爾鄴　較輯

隱公

元年春王正月

穀梁　雖無事必舉正月、謹始也、公何以不言即位、成公志也、焉成之、言君之不取爲公也、君之

公穀合編　卷一　隱公　一

朱泰禎（1579—1632），字道子，一字道之，號白岳，別號無住居士，浙江海鹽人。明萬曆四十四年（1616）丙辰科進士，歷任福建龍岩知縣、漳浦知縣、福建道監察御史、雲南巡按御史、南京京畿道監察御史、徽州府知事、南京兵部車駕司主事。著有《遠人樓詩集》《禮記意評》《雲中約草》《疏草》《雄文閣稿》等。

卷端署「漢何休學，晉范寧集解，唐楊世勛疏，明朱泰禎纂述，社友清漳張燮、古黔楊文驄、雲間莫遠同閱」，又署較輯者，卷一、卷三、卷六、卷七、卷九、卷十一「長男朱爾鄴較輯」，卷二、卷四、卷五、卷八、卷十、卷十二「次男朱景肅較輯」。

框高21.2厘米，寬14.4厘米。半葉九行，行十八字，小字雙行，行十七字，白口，上單黑魚尾，四周單邊，無界欄。版心魚尾上鐫書名「公穀合編」，魚尾下録卷次及卷目，如「卷一隱公」「卷二桓公」，再下記葉次。

正文前有林釪《公穀合彙序》，序末不署撰序時間；次接漢何休《春秋公羊傳序》；次接晉范寧集解、唐楊世勛疏《春秋穀梁傳序》；次接《跋言》，署「閩南門人連鎔」。正文凡十二卷。《公羊傳》與《穀梁傳》原文以各條正文首行首端小字雙行標注「公羊」「穀梁」的方式加以區别。

綫裝，十册，登録號005331。鈐「晉涵／之印」朱方印、「邵氏／二雲」朱方印、「常熟縣／圖書館／收藏記」朱方印。

005337　麟經指月十二卷

（明）馮夢龍撰　明萬曆四十八年（1620）刻本

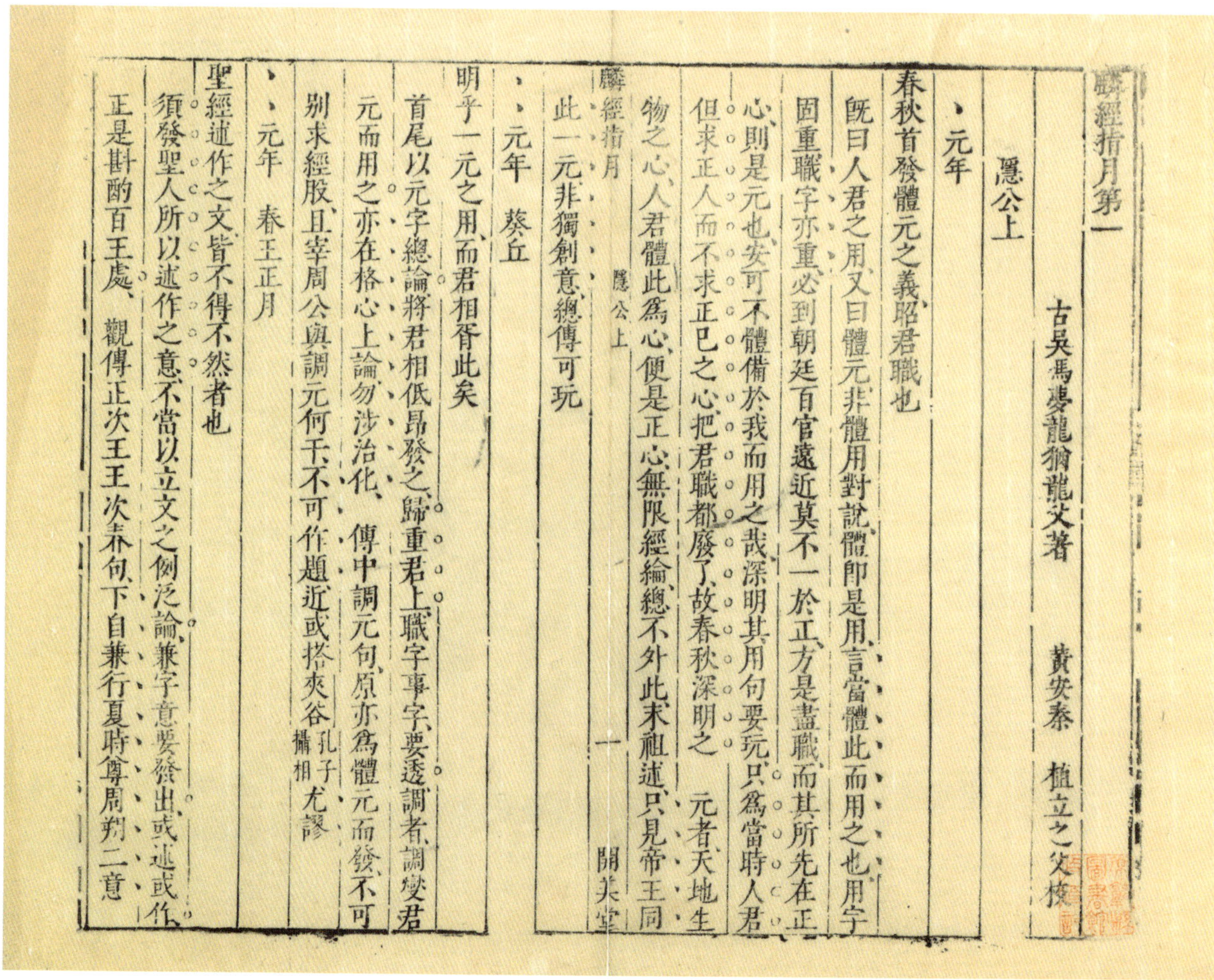

麟經指月第一

古吳馮夢龍猶龍文著　黄安秦　植立之父挍

隱公上

、元年

春秋首發體元之義昭君職也

既曰人君之用又曰體元非體用對說體即是用言當體此而用之也用字固重職字亦重必到朝廷百官遠近莫不一於正方是盡職而其所先在正心則是元也安可不體備於我而用之哉深明其用句要玩只爲當時人君但求正人而不求正己之心把君職都廢了故春秋深明之　元者天地生物之心人君體此爲心便是正心無限經綸總不外此末祖述只見帝王同此一元非獨創意總傳可玩

麟經指月　隱公上　一　開美堂

、、元年　葵丘

明乎一元之用而君相胥此矣

首尾以元字總論將君相低昂發之歸重君上職字事字要透調者調燮君元而用之亦在格心上論勿涉治化　傳中調元句原亦爲體元而發不可別求經股且宰周公與調元何干不可作趙近或搭夾谷 孔子攝相 尤謬

、、元年　春王正月

聖經述作之文皆不得不然者也

須發聖人所以述作之意不當以立文之例泛論兼字意要發出或述或作正是斟酌百王處　觀傳正次王王次春句下自兼行夏時尊周翔二意

馮夢龍（1574—1646），字猶龍，又字耳猶，號龍子猶、墨憨齋主人、顧曲散人等，别署姑蘇詞奴、緑天館主人、可一居士、無礙居士、茂苑野史氏、香月居主人、詹詹外史等，江蘇長洲（今蘇州）人。與兄馮夢桂、弟馮夢熊并稱「吴下三馮」。明崇禎三年（1630）貢生，七年（1634）任福建壽寧知縣。著作豐富，有經義論集《春秋衡庫》《七樂齋詩稿》等，傳奇《雙雄記》《萬事足》等，小説「三言」、《新列國志》等，筆記小品《智囊》《智囊補》《古今譚概》等。今有《馮夢龍全集》。

卷端署「古吴馮夢龍猶龍父著，黄安泰、植立之父校」。

框高 22.9 厘米，寬 14.5 厘米。半葉十行，行三十字，小字雙行同，白口，左右雙邊。版心上鎸書名，中上鎸各卷卷目，即春秋十二公，下記葉次，葉次之下有「開美堂」字樣。

正文前有《叙麟經指月》，末署「西陵友人梅之焕撰并書」，撰於「庚申泰昌元年九月日」；次接《馮氏麟指小序》，末署「萬曆庚申秋鹿李叔元書於古杭」；次接《便祀歌訣》；次接《麟經指月發凡》十一則，末署「古吴後學馮夢龍猶龍父述」。梅之焕在序中對馮氏春秋學多有推崇，云：「敝邑麻，萬山中手掌地耳，而明興獨爲麟經藪。……故四方治《春秋》者，往往問渡於敝邑，而敝邑亦居然以老馬智自任。乃吾友陳無异令吴，獨津津推轂馮生猶龍也。王大可自吴歸，亦爲余言『吴下三馮，仲其最著』云。余拊髀者久之。無何，而馮生赴田公子約，惠來敝邑，敝邑之治《春秋》者，往往反問渡於馮生，《指月》一編，發傳得未曾有。」

綫裝，六册，登録號 005337。各册書根題寫書名及册次。鈐「常熟縣/圖書館/收藏記」朱方印。

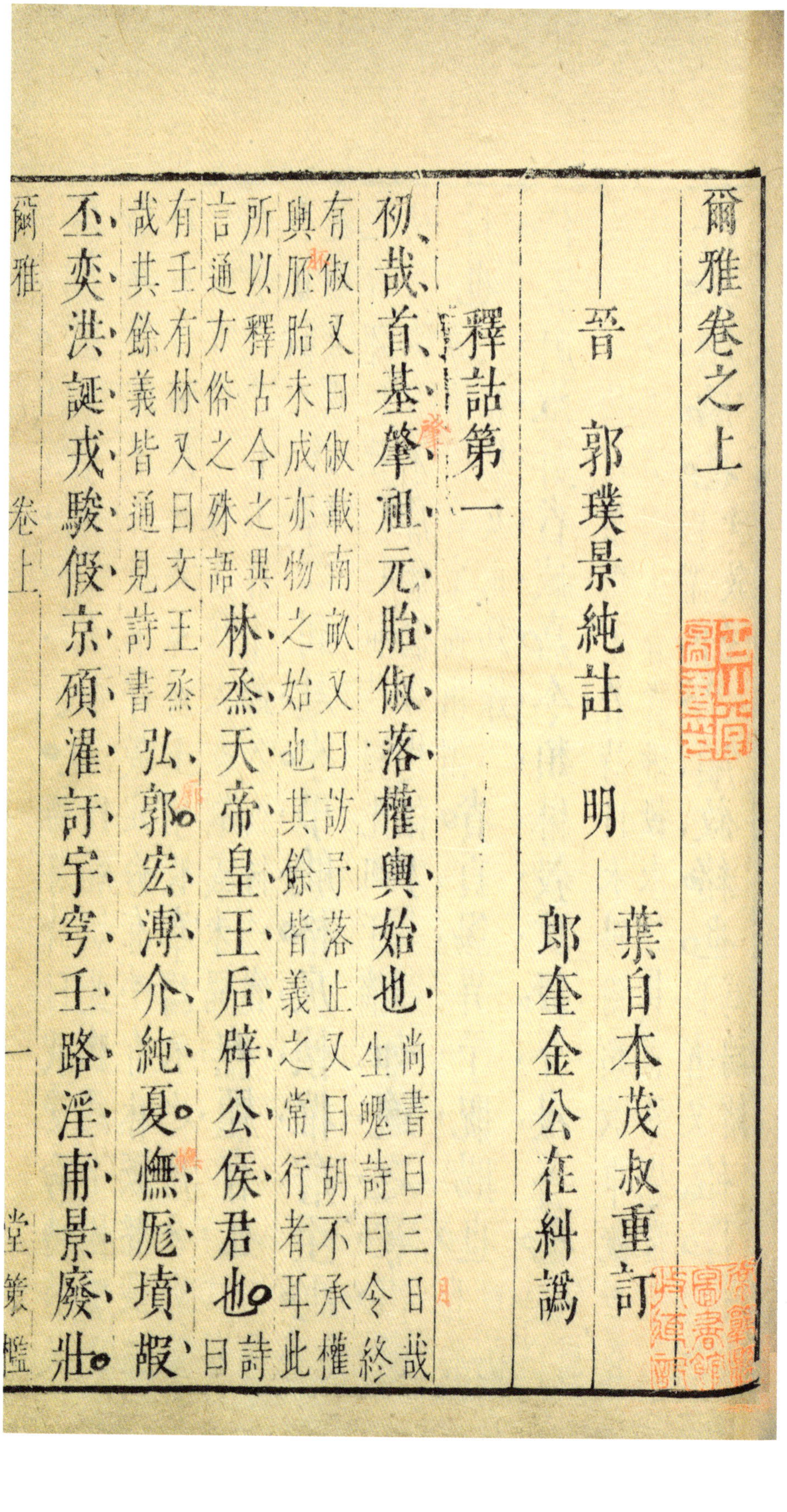
爾雅卷之上

晉　郭璞景純註

明　葉自本茂叔重訂

郎奎金公在糾譌

釋詁第一

初、哉、首、基、肇、祖、元、胎、俶、落、權輿、始也。尚書曰三月哉生魄詩曰令終有俶又曰俶載南畝又曰訪予落止又曰胡不承權輿胚胎未成亦物之始也其餘皆義之常行者耳此所以釋古今之異言通方俗之殊語

林、烝、天、帝、皇、王、后、辟、公、侯、君也。詩曰有壬有林又曰文王烝哉其餘義皆通見詩書

弘、郭、宏、溥、介、純、夏、幠、厖、墳、嘏、丕、奕、洪、誕、戎、駿、假、京、碩、濯、訏、宇、穹、壬、路、淫、甫、景、廢、壯、

爾雅　卷上　一　堂策檻

005412　五雅四十一卷

（明）郎奎金輯　明天啓刻本

郎奎金，字公在，浙江仁和人，生活於明代，生卒年不詳。室名堂策檻。

《五雅》，合《爾雅》《廣雅》《小爾雅》《逸雅》《埤雅》五種。

是帙有書名葉，左上小字題「堂策檻訂定」，中間大字題「五雅」，左側雙行小字題「爾雅、廣雅、小爾雅、逸雅、埤雅」；左下鈐「本衙鳩工繡梓／楮墨精良翻刻／射利千里究治」朱長印，以之爲牌記。各集前亦有書名葉，前四集右上小字題「堂策檻訂定」，中間大字題書名，左下雙行小字題「武林郎衙藏板，翻刻必究」；《埤雅》右上小字題「遵宋板訂定」，中間大字題書名，左下雙行小字題「武堂策檻藏板」。

框高 21.4 厘米，寬 13.9 厘米。半葉九行，行二十字，小字雙行同，白口，四周單邊。版心上鐫各集集名，中鋟卷次，下記葉次，再下有「堂策檻」字樣。

前有《五雅序》，末署「虎林張堯翼幼青甫題」；次接《五雅自序》，末署「天啓丙寅歲孟冬武林棘人郎奎金公在父撰」；次接《五雅凡例》。

《爾雅》，卷端題「晉郭璞景純注，明葉自本茂叔重訂，郎奎金公在糾譌」。正文前有《爾雅序》，署「景純郭璞撰」；次接《爾雅注疏序》，署「邢昺疏」；次接《讀爾雅》，末署「慈水葉自本茂叔書於武林之韵園」；次接目録。正文分上、下卷。卷上釋詁第一、釋言第二、釋訓第三、釋親第四、釋宫第五、釋器第六、釋樂第七、釋詁音釋、釋言音釋、釋訓音釋、釋親音釋、釋宫音釋、釋器音釋、釋樂音釋，卷下釋天第八、釋地第九、釋丘第十、釋山第十一、釋水第十二、釋草第十三、釋木第十四、釋蟲第十五、釋魚第十六、釋鳥第十七、釋獸第十八、釋畜第十九、釋天音釋、釋地音釋、釋丘音釋、釋山音釋、釋水音釋、釋草音釋、釋木音釋、釋蟲音釋、釋魚音釋、釋鳥音釋、釋獸音釋、釋畜音釋。

《廣雅》，卷端題「魏張揖纂集，隋曹憲音釋，明葉自本重訂、郎奎金糾訛」。正文前有《叙廣雅》，末署「丙寅冬日吴本泰書於艇軻」；次接張揖《上廣雅表》；無目次。正文凡十卷，卷一至卷四釋詁，卷五釋言，卷六釋訓，卷七釋室，卷八釋器，卷九釋天，卷十釋草。

《小爾雅》，卷端題「漢孔鮒纂集、宋咸注釋，明朱師賓重訂、郎壁金糾譌」。正文前有目録。正文凡一卷，含廣詁、廣言、廣訓、廣義、廣名、廣服、廣器、廣物、廣鳥、廣獸、廣度、廣量、廣衡等十三篇。

《逸雅》，卷端題「漢劉熙成國撰，明石九鼎禹治重訂」。正文前有《逸雅釋名自序》，署「劉熙成國撰」；次接目録。正文凡八卷，卷一釋天、釋地、釋山、釋水、釋丘、釋道，卷二釋州國、釋形體，卷三釋姿容、釋長幼、釋親屬，卷四釋言語、釋飲食、釋彩帛、釋首飾，卷五釋衣服、釋宫室，卷六釋床帳、釋書契、釋典藝，卷七釋用器、釋樂器、釋兵、釋車、釋船，卷八釋疾病、釋喪制。

《埤雅》，卷端題「宋陸佃撰，明葉自本茂叔參閲、郎奎金公在糾譌」。正文前有《埤雅序》，末署「宣和七年六月旦謹序。朝請郎直秘閣權發遣淮南路計度轉運副使公事借紫金魚袋男宰撰」；次接目録。正文凡二十卷，各卷正文之前有分卷目次，卷一、卷二釋魚，卷三至卷五釋獸，卷六至卷九釋鳥，卷十、卷十一釋蟲，卷十二釋馬，卷十三、卷十四釋木，卷十五至卷十八釋草，卷十九、卷二十釋天。

綫裝，十二册，登録號005412。各册書根題寫書名「五雅」及册次。各册書封左題各集名，鈐「古山堂/圖書印」白長印。集中又鈐「古山堂/圖書印」白長印、「養/得一生一/世拙」朱方印、「鈢舍/理氏」朱方印、「一經教子」朱文橢圓印、「常熟縣/圖書館/收藏記」朱方印等。

005416 說文解字十二卷

（漢）許慎撰　明萬曆刻本

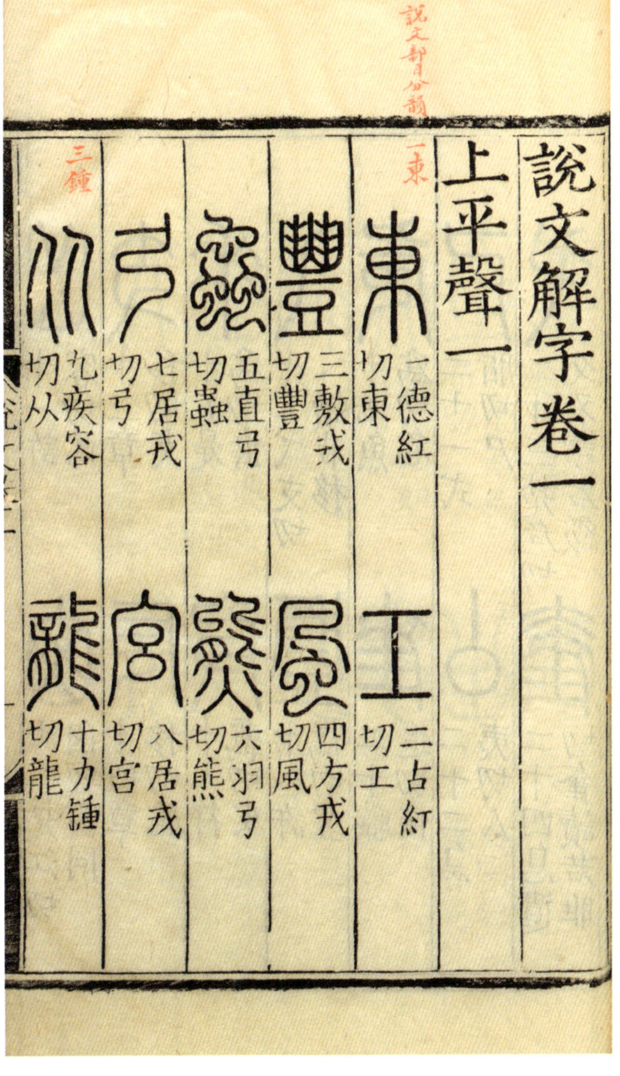

許慎（約58—約147），字叔重，汝南召陵（今河南漯河市郾城區）人。師從賈逵，博通經籍，時有「五經無雙許叔重」之譽。

有書名葉，右上隸書小字題「宣統己酉孟秋之吉」，中間隸書大字題書名「說文解字」，左下隸書小字題「虞西龐超書」，尾鈐「龐/超」白長印、「絅/莆」白長印。

框高23.8厘米，寬17.6厘米。半葉七行，行字不等，小字雙行，大黑口，雙魚尾，四周雙邊。上魚尾下鎸書名「說文」及卷次，下魚尾上鋟葉次。

正文前有手録《說文解字叙》，署「明資德大夫右都御史兵部尚書總督兩廣南通州陳大科如岡撰」，撰於「萬曆戊戌夏五月既望」，序後有小字手書題識，「家存《說文》散帙一部，乃篇首此序已磨損其半矣，而原板久已不存，特盥手鈔補，付工裝訂焉。康熙庚寅秋八月，曾孫世家謹識」；次接目録；次接《許慎自序》《許冲上書》《徐鉉表》（附新修字義三條）、《說文异同》《諸家刱意》。正文凡十二卷，卷一上平聲一，卷二上平聲二，卷三下平聲一，卷四下平聲二，卷五上聲一，卷六上聲二，卷七上聲三，卷八上聲四，卷九去聲一，卷十入聲一，卷十一入聲二，卷十二入聲三。

綫裝，六册，登録號005416。各册書根題寫書名「說文」及册次。首册書封有書名題簽。鈐「龐/居士/後人」朱方印、「龐超/號/絅莆」朱方印、「龐氏/家藏」白方印、「蘭石畫/圖記」白方印、「海虞/龐氏/家藏」白方印、「常熟縣/圖書館/藏書章」朱方印。

005454　篆字彙十二集

（清）佟世男編　清康熙多山堂刻本

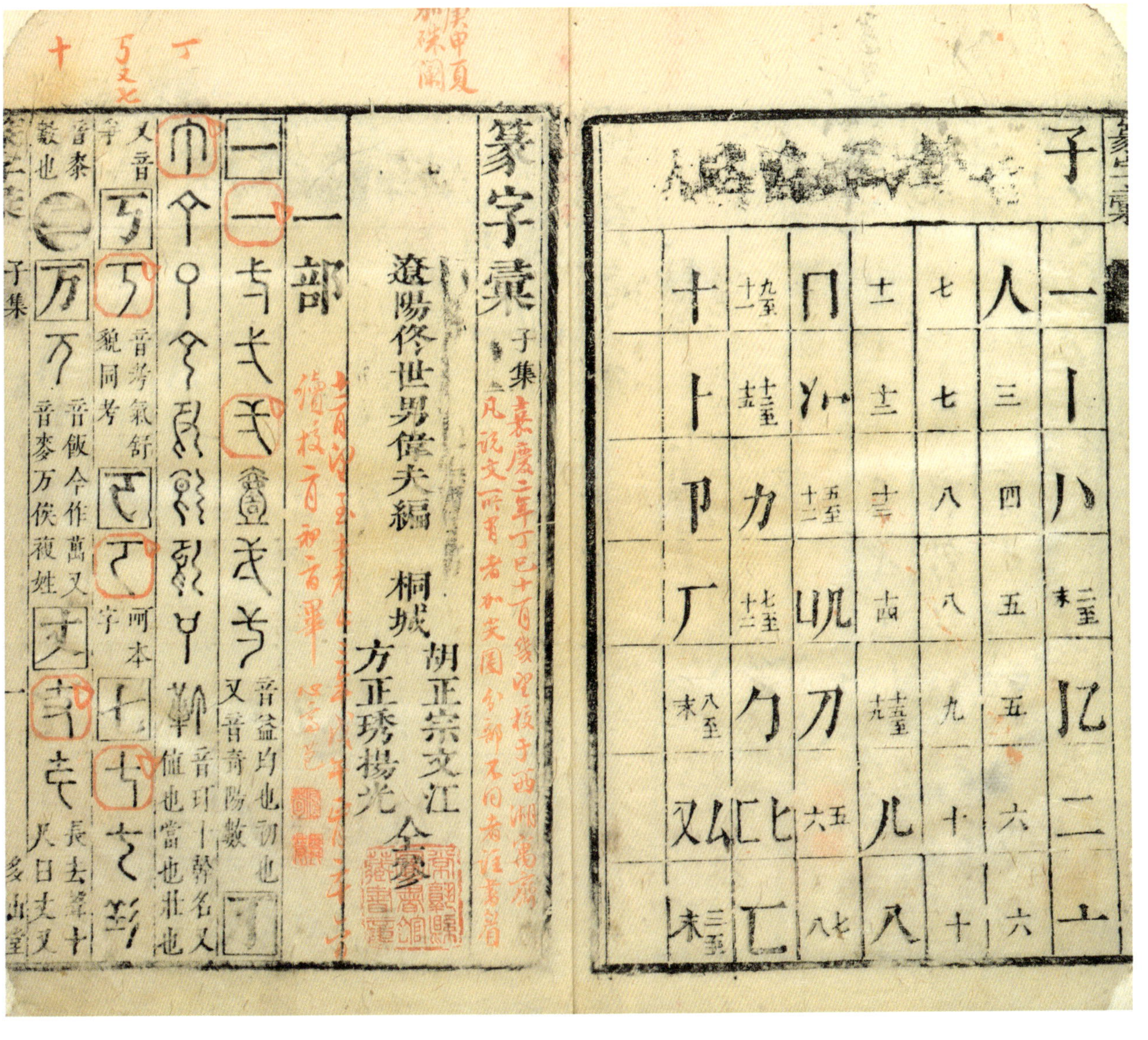

佟世男，字梅岑，清滿洲鑲黄旗人。

卷端題名「篆字彙」，其下小字題注卷次，卷次以十二地支爲序，即「子集」「丑集」等。署「遼陽佟世男偉夫編，桐城胡正宗文江、方正琇揚光仝參」。

框高20厘米，寬13.8厘米。半葉八行，行字不等，小字雙行，行字不等，白口，左右雙邊。版心上鐫書名，下以小字鋟卷次，再下記葉次，再下鐫「多山堂」字樣。

正文前有目録。正文凡十二集，二百一十四部。各字以楷書標目，以篆字排比於下，再下雙行小字列注音及釋義。

綫裝，十二册，登録號005454。各册書根題寫書名及册次。有朱筆批校及校跋，跋云「嘉慶二年丁巳十一月既望校於西湖寓齋，凡《説文》所有者加尖圈，分部不同者注書眉。十二月望至去部止。三年戊午正月二十二日續校，二月初二日畢」，末署「心齋。苞」，尾鈐「鳳／苞」白方印等。集中又鈐「常熟縣／圖書館／藏書章」朱方印等。

008749　周易本義發明十卷

（清）姚齊宋撰　清初鈔本

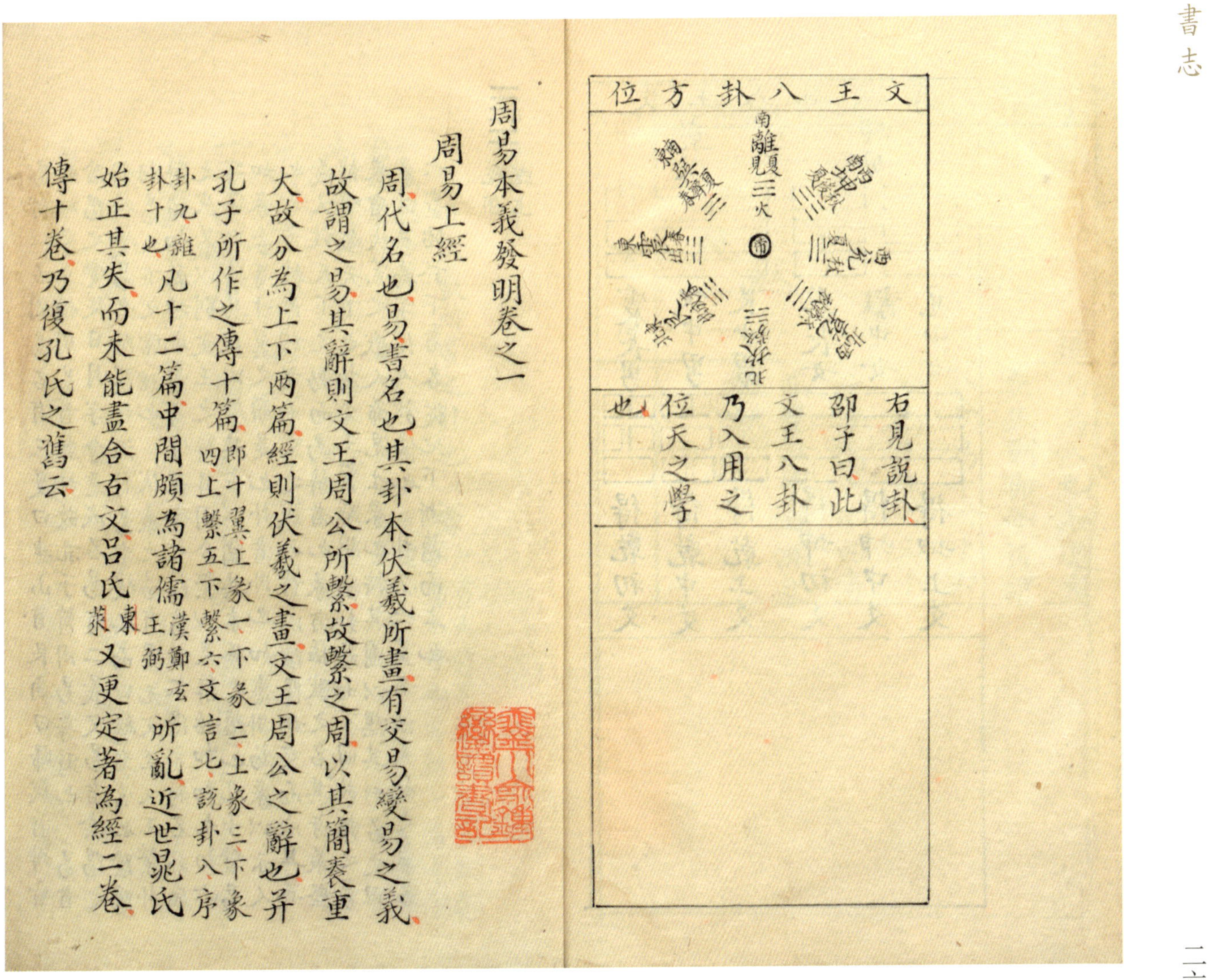

文王八卦方位

右見說卦邵子曰此文王八卦乃入用之位天之學也

周易本義發明卷之一

周易上經

周代名也易書名也其卦本伏羲所畫有交易變易之義故謂之易其辭則文王周公所繫故繫之周以其簡袠重大故分為上下兩篇經則伏羲之畫文王周公之辭也并孔子所作之傳十篇（即十翼上彖一下彖二上象三下象四上繫五下繫六文言七說卦八序卦九雜卦十也）凡十二篇中間頗為諸儒（漢鄭玄王弼）所亂近世晁氏始正其失而未能盡合古文呂氏（東萊）又更定著為經二卷傳十卷乃復孔氏之舊云

姚齊宋，字再元，號古愚，支塘（今蘇州常熟支塘）人。父時敏。乾隆二十二年（1757）諸生。工古文詞，晚爲考據之學，著有《讀史彙編》。自訂《狎鷗軒詩文》及《淞南筆語》《四書章句》。

無版框及界欄，開本高 23.4 厘米，寬 15.9 厘米。半葉九行，行二十四字，小字雙行同。

正文前有《周易朱子圖説》。正文分十卷，卷一至卷三爲《周易》上經，卷四至卷六爲《周易》下經，卷七爲繫辭上傳，卷八爲繫辭下傳，卷九爲説卦傳，卷十爲序卦傳。

綫裝，八册，登録號 008749。鈐「放鷗後／人永保用」白長印、「常熟市／圖書／館藏」朱方印、「琴川俞鍾／鑾讀書記」朱長印等。

008775　詩經傳旨一覽四卷

（明）薛志學撰　明萬曆刻本

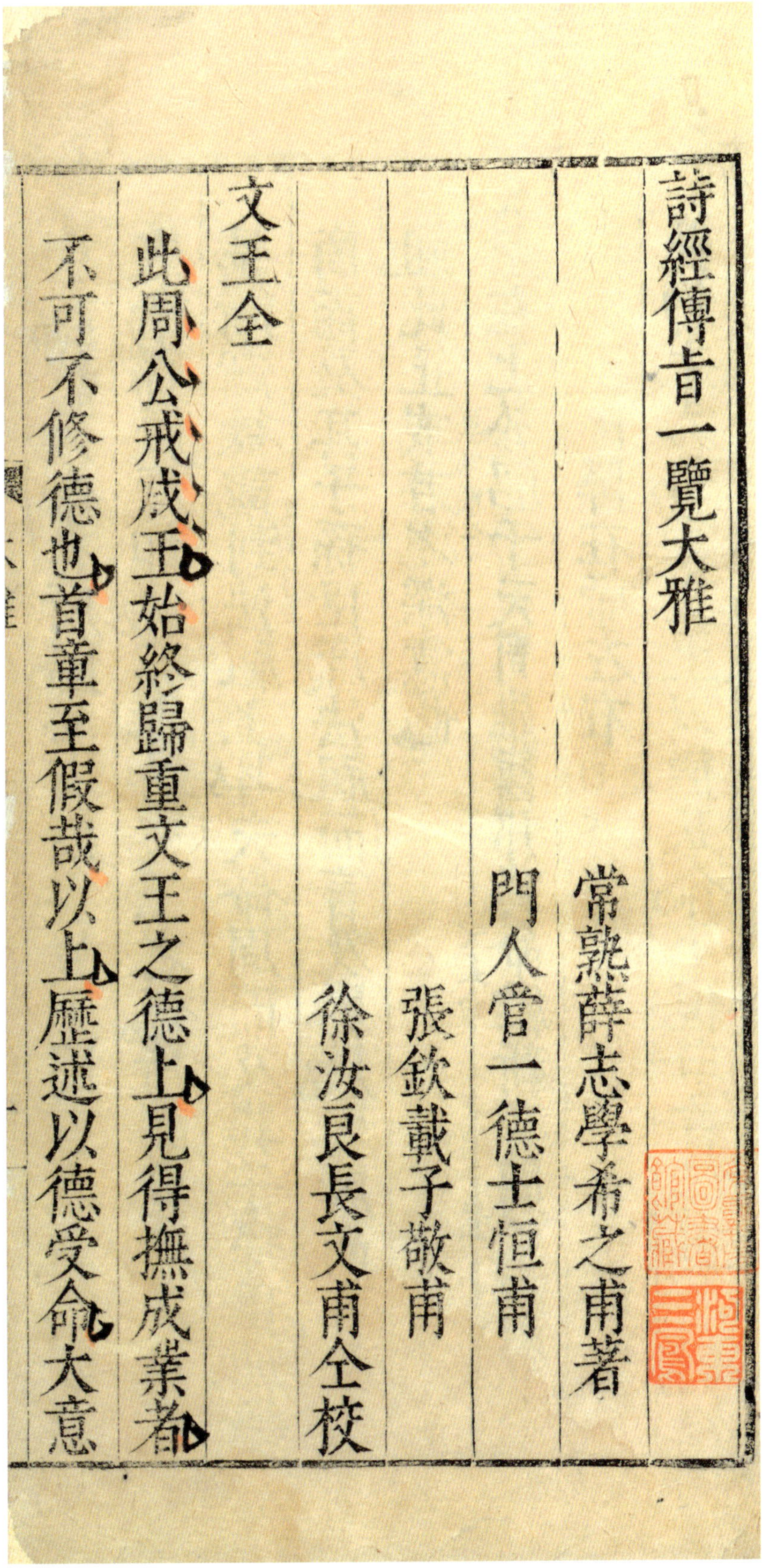

詩經傳旨一覽大雅

常熟薛志學希之甫著

門人管一德士恒甫

張欽載子敬甫

徐汝良長文甫仝校

文王全

此周公戒成王始終歸重文王之德上見得撫成業者

不可不修德也首章至假哉以上歷述以德受命大意

薛志學，明常熟人，字希之，號海觀，歲貢生，天河知縣。

卷端署「常熟薛志學希之甫著，門人管一德士衡甫、張欽載子敬甫、徐汝良長文甫仝校」。

框高20.6厘米，寬12.5厘米。半葉八行，行二十二字，白口，上單黑魚尾，左右雙邊。版心中鎸類目，下記葉次。首册正文首葉版心下鎸有「琴川呂處德刻」六字。

正文前有四序，首序首葉散佚，不署撰人；次接明萬曆二十二年（1594）甲午季冬何三畏《詩經傳旨一覽叙》；次接管一德《詩經傳旨一覽序》；次接萬曆二十三年（1595）乙未秋孟朔日徐耀祥《詩經傳旨一覽序言》；次接薛志學《說繇》。管序、徐序末各鎸「呂據德書刻」「海虞呂據德刻」字樣。薛志學於《說繇》中自述其集成書及刊刻始末。正文分四卷，國風、大雅、小雅及三頌各一卷。

綫裝，四册，登録號008775。有朱筆點校。鈐「河東/三鳳」白方印、「常熟市/圖書/館藏」朱方印。

008789　六家詩名物疏五十五卷

（明）馮復京輯著　明萬曆刻本

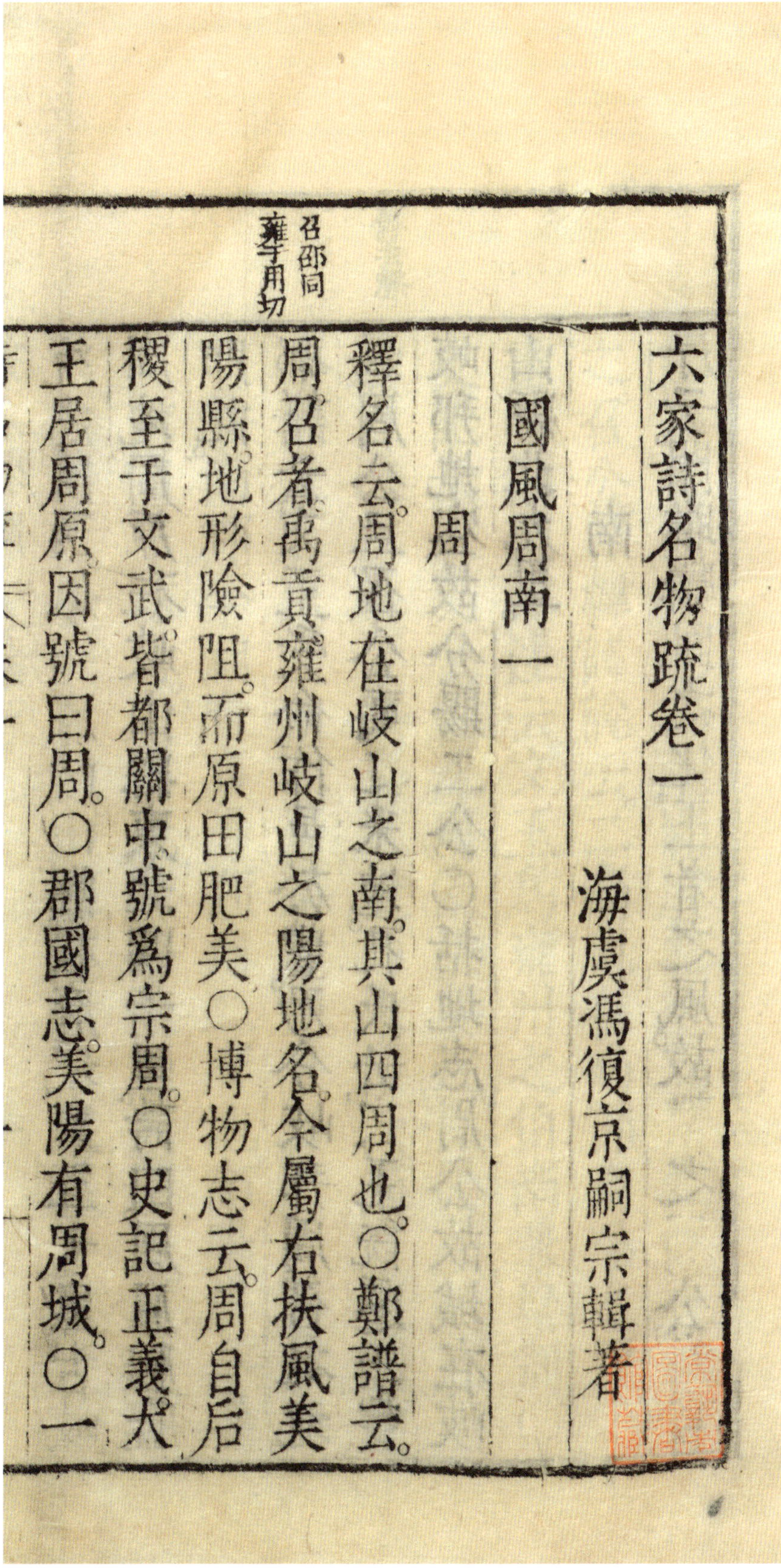

六家詩名物疏卷一　　　海虞馮復京嗣宗輯著

國風周南一

周

釋名云周地在岐山之南其山四周也○鄭譜云周召者禹貢雍州岐山之陽地名今屬右扶風美陽縣地形險阻而原田肥美○博物志云周自后稷至于文武皆都關中號爲宗周○史記正義大王居周原因號曰周○郡國志美陽有周城○一

召邵同　雍於用切

馮復京（1573—1622），字嗣宗，常熟人。性喜聚書，藏書萬卷。博學强記，工詩，稔熟箋疏，著有《六家詩名物疏》《聖明常熟先賢傳略》等。

卷端署「海虞馮復京嗣宗輯著」。

框高 21 厘米，寬 12.7 厘米。半葉九行，行十九字，白口，上單白魚尾，四周單邊。板框分上、下二欄，上欄小字鎸批注，下欄爲正文。版心上鎸書名「詩名物疏」，中鎸卷次，下記葉次。

正文前有《詩名物疏序》，末署「萬曆乙巳九日瑯琊焦竑弱侯撰，海虞後學子桑孫森書」；次接《六家詩名物疏叙》，末署「賜進士出身通議大夫南京吏部右侍郎前左庶子諭德兼翰林院侍講侍讀掌春坊經局事福清葉向高撰」，又署「星卿瞿汝説書」，不署撰序年歲；次接目録。正文凡五十五卷。

綫裝，八册，登録號 008789。各册書封右上及書根標明册次，首册右上大字題寫書名「六家詩名物疏」，小字題注「馮嗣宗復京」。卷一、卷六、卷十三後鎸「友人陳三吾則，輿羼提室校正」，卷五後鎸「友人金憲祖校於敦説堂」，卷九、卷十六、卷十七、卷二十、卷二十一、卷二十八、卷二十九、卷三十一後鎸「王文昌校」，卷十、卷十一後鎸「王文昌校於在兹閣」，卷十二、卷十九、卷二十三、卷三十三、卷三十五、卷三十九後鎸「門人周明臣校」，卷十四、卷二十二、卷五十至卷五十二、卷五十四後鎸「陳三吾校」，卷十五後鎸「門人張成孺校」，卷十八、卷四十八後鎸「門人周紹昌校」，卷二十五、卷三十八後鎸「友人陳三吾校」，卷二十七後鎸「金憲祖校」，卷三十、卷四十九後鎸「門人龔允升校」，卷三十二、卷四十、卷四十二、卷四十三後鎸「弟述京校」，卷四十一後鎸「門人王萬春校」，卷四十七後鎸「門人張文達校」。

鈐「不因／人熱」朱方印、「常熟市／圖書／館藏」朱方印。

008796　周禮注疏刪翼三十卷

（明）王志長輯　明崇禎十二年（1639）自刻本

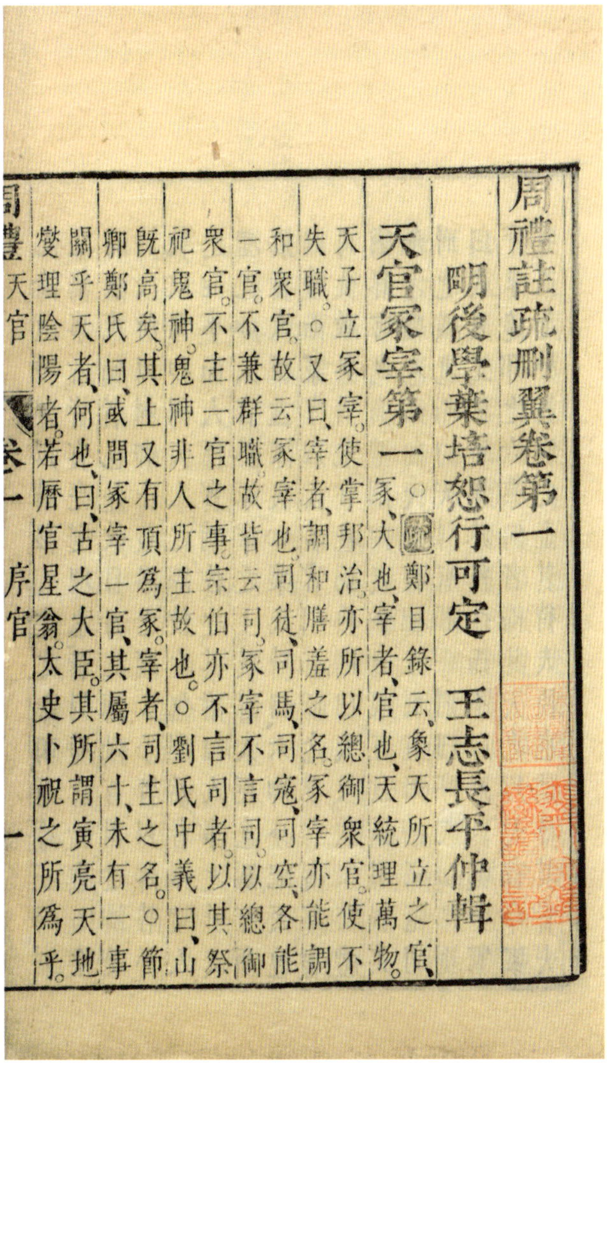

周禮註疏刪翼卷第一

眀後學棠培恕行可定　王志長平仲輯

天官冢宰第一○[疏]鄭目錄云象天所立之官冢大也宰者官也天統理萬物天子立冢宰使掌邦治亦所以總御衆官使不失職。○又曰宰者調和膳羞之名冢宰亦能調和衆官故云冢宰也司徒司馬司寇司空各能一官不兼群職故皆云司冢宰不言司以總御衆官不主一官之事宗伯亦不言司者以其祭祀鬼神鬼神非人所主故也。○劉氏中義曰山旣高矣其上又有頂爲冢宰者司主之名。○節卿鄭氏曰或問冢宰一官其屬六十未有一事關乎天者何也曰古之大臣其所謂寅亮天地燮理陰陽者若曆官星翁太史卜祝之所爲乎

周禮　天官　卷一　序官　一

王志長，生卒年不詳，字平仲，昆山人。明崇禎三年（1630）舉於鄉，十三年（1640）中乙榜。篤志經學。

有書名葉，右上小字題「王平仲先生手輯」，中間雙行大字題書名，左下小字題「本衙藏板」。卷端署「明後學葉培恕行可定，王志長平仲輯」。

框高19.1厘米，寬14.1厘米。半葉八行，行十九字，小字雙行，行十八字，白口，上單黑魚尾，左右雙邊。版心魚尾上鎸書名「周禮」，下以小字鎸各篇名，即六大職官機構「天官」「地官」等；魚尾下録卷次，下以小字鎸各職官名，如「大宰」「宰夫」等，再下記葉次。天頭附刻音注。

正文前有《周禮注疏删翼序》，末署「崇禎己卯仲春既望婁里王志長平仲父序」；次接《周禮注疏删翼凡例》十一條，末署「婁里王志長識」；次接卷目。正文三十卷，取鄭注、賈疏而加以刊削其繁文，又雜引諸家學説用以發明其義。《四庫全書總目提要》著録，稱其「在經學荒蕪之日，臨深爲高，亦可謂研心古義者矣」。

綫裝，十二册，登録號008796。各册書根標注册次。書名葉左下鈐「雅言/堂/發兑」白方印。集中又鈐「琴川俞鍾/鑾讀書記」朱長印、「常熟市/圖書/館藏」朱方印。

008835　春秋胡傳　三十卷

（宋）胡安國撰　明末刻本

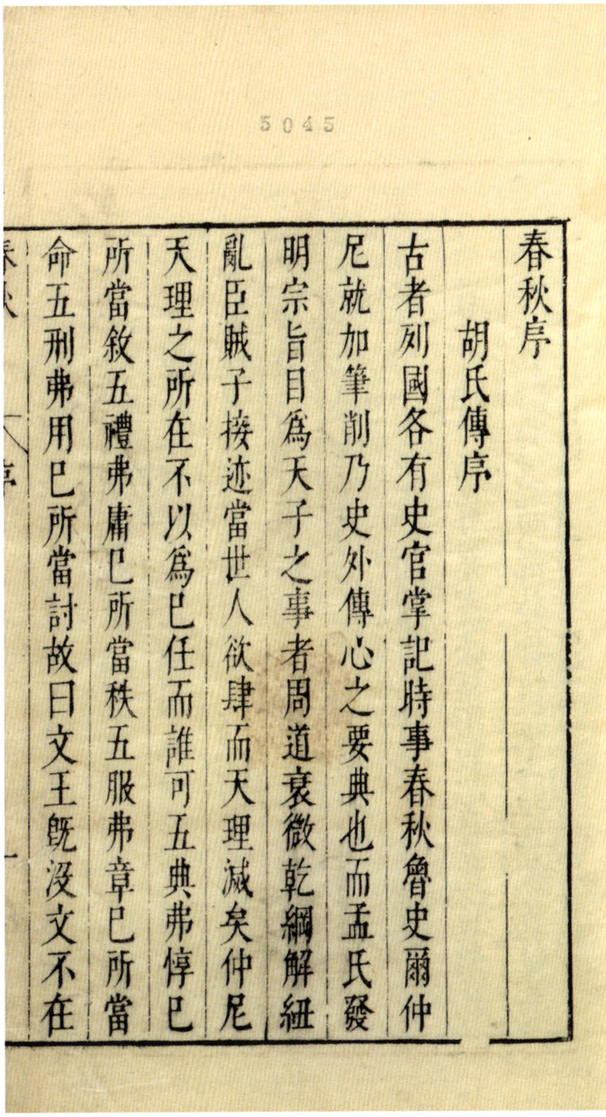

春秋序

胡氏傳序

古者列國各有史官掌記時事春秋魯史爾仲尼就加筆削乃史外傳心之要典也而孟氏發明宗旨目為天子之事者周道衰微乾綱解紐亂臣賊子接迹當世人欲肆而天理滅矣仲尼天理之所在不以為已任而誰可五典弗惇已所當敘五禮弗庸已所當秩五服弗章已所當命五刑弗用已所當討故曰文王既沒文不在

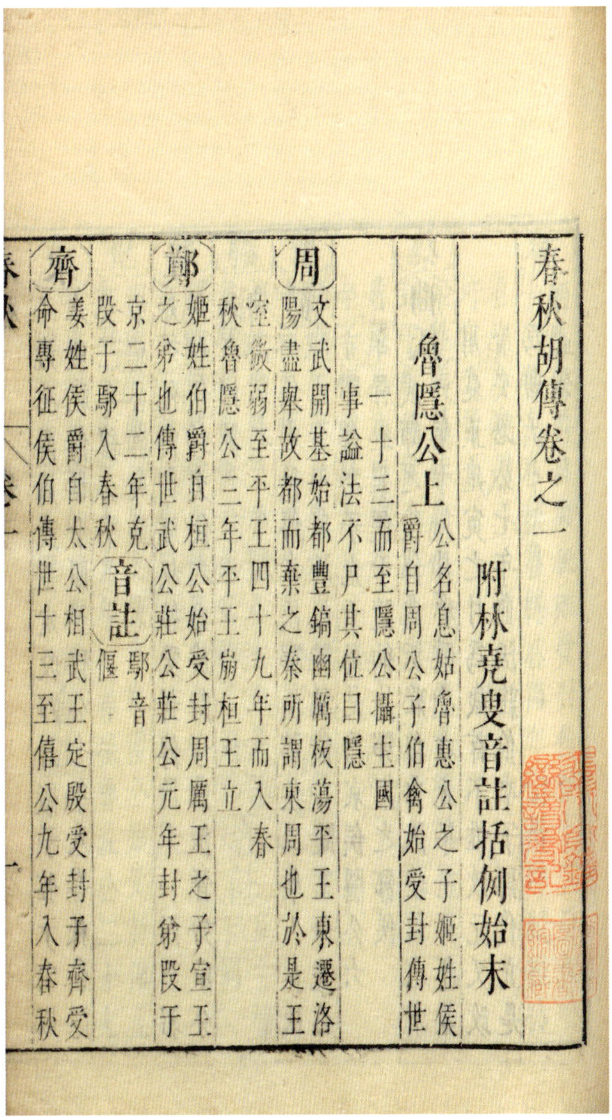

春秋胡傳卷之一　附林堯叟音註括例始末

魯隱公上　公名息姑魯惠公之子姬姓侯爵自周公子伯禽始受封傳世一十三而至隱公攝主國事謚法不尸其位曰隱

周　文武開基始都豐鎬幽厲板蕩平王東遷洛陽盡棄故都而棄之秦所謂東周也於是王室微弱至平王四十九年而入春秋魯隱公三年平王崩桓王立

鄭　姬姓伯爵自桓公始受封周厲王之子宣王之弟也傳世武公莊公莊公元年封弟段于京二十二年克段于鄢入春秋　音註　鄢音偃

齊　姜姓侯爵自太公相武王定殷受封于齊受命專征侯伯傳世十三至僖公九年入春秋

胡安國（1074—1138），字康侯，建州崇安（今福建武夷山市）人，世稱武夷先生。宋紹聖四年（1097）進士第三名，除荆南府教授。歷任太學博士、提舉湖南學事、江南東路學事、中書舍人等。著有《春秋傳》等。

有書名葉，右上小字題「翼聖堂校訂」，中間大字題書名「春秋胡傳」，左下小字題「二酉堂藏板」。

卷端署「附林堯叟音注括例始末」。

框高19.5厘米，寬14.4厘米。半葉九行，行十八字，小字雙行同，白口，上單白魚尾，四周單邊。版心上鐫書名「春秋」，中鎸卷次，下記葉次。

正文前有《春秋序》諸序，依次爲《胡氏傳序》《左氏傳序》《公羊傳序》《穀梁傳序》《程子傳序》；次接《春秋胡傳綱領》；次接《春秋胡傳凡例》；次接《春秋列國東坡圖説》；次接《春秋諸國興廢説》，署「林堯叟音注括例始末」；次接《春秋提要》。正文凡三十卷。

綫裝，四册，登録號008835。鈐「琴川俞鍾／鑾讀書記」朱長印、「常熟市／圖書／館藏」朱方印。

008884 四書名物考二十四卷

（明）陳禹謨輯　明刻本

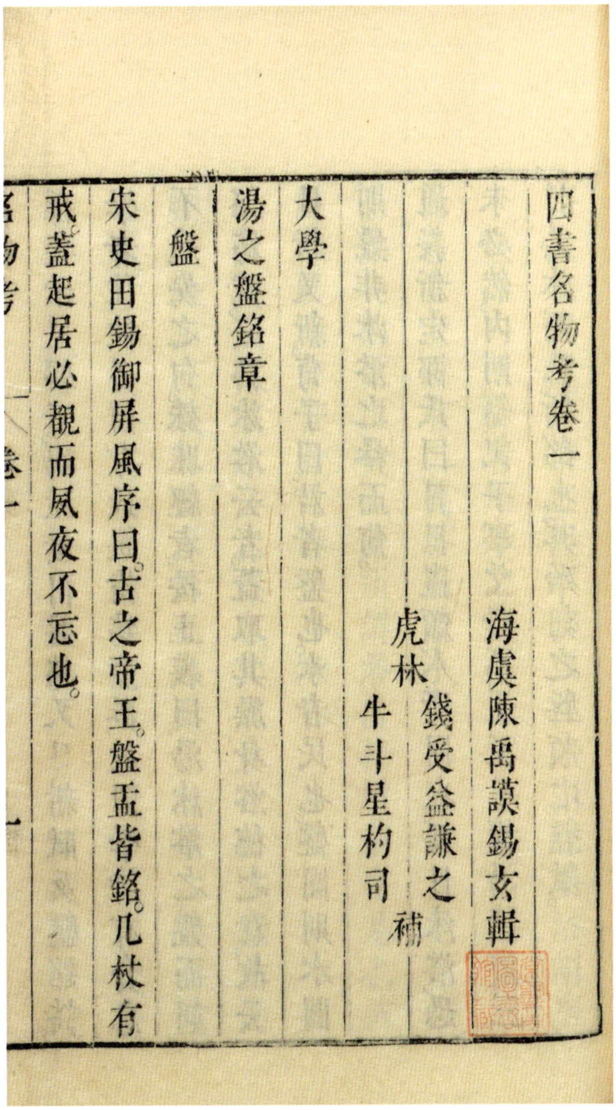

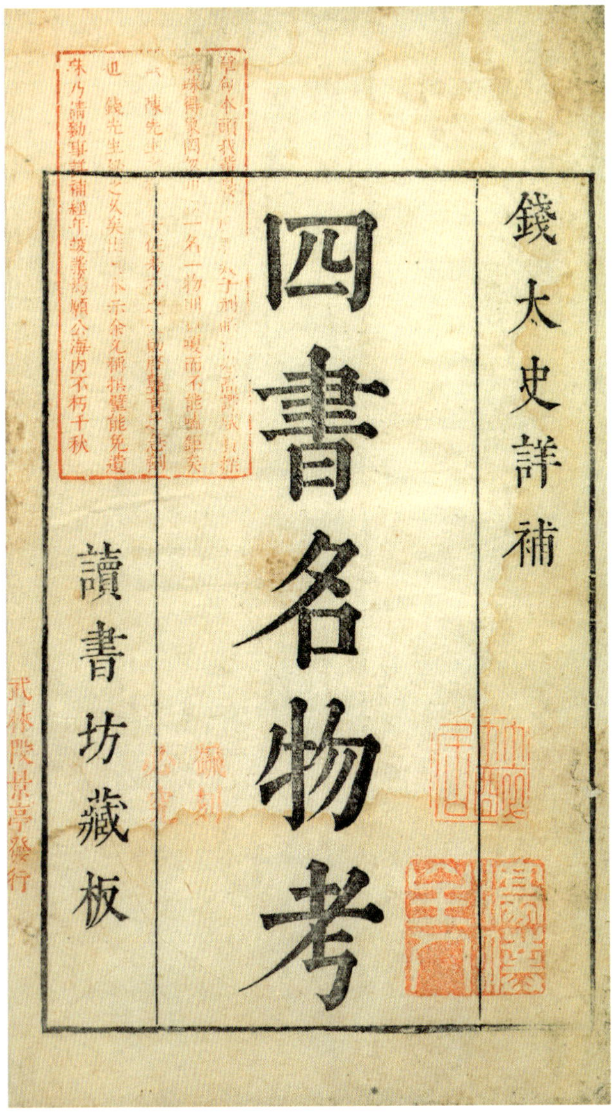

陳禹謨（1548—1618），字錫玄，號抱沖，常熟人。萬曆間舉人，歷任南京國子監學正、四川按察司僉事、貴州布政參議等。博識强記，淹貫史籍，著有《左氏兵略》《經言枝指》《學半齋集》《經籍异同》等。

有書名葉，右上小字題「錢太史詳補」，中間大字題書名，左下小字題「讀書坊藏板」。

卷端署「海虞陳禹謨錫玄輯，虎林錢受益謙之、牛斗星杓司補」。

框高 20.4 厘米，寬 14.3 厘米。半葉九行，行二十字，小字雙行同，白口，上單白魚尾，四周單邊。版心上鎸書名「名物考」，魚尾下録卷次，再下記葉次。

正文前有《四書名物考叙》，末署「古史氏錢受益題」；次接《四書名物考叙》，末署「門人馮復京頓首百拜撰，錢塘後學潘之淙書」；次接凡例；次接目録。正文分二十四卷，卷一《大學》，卷二至卷四《中庸》，卷五至卷九《論語》上，卷十至卷十二《論語》下，卷十三至卷十八《孟子》上，卷十九至卷二十四《孟子》下。

綫裝，六册，登録號 008884。各册書根題寫書名及册次。書名葉鈐「翻刻 / 必究」朱方印、「武林段景亭發行」朱長印、「竹醉 / 居」朱方印、「濠濮 / 主人」白方印；集中鈐「常熟市 / 圖書 / 館藏」朱方印。

008895　四書待問二十二卷

（元）蕭鎰撰　清乾隆鈔本

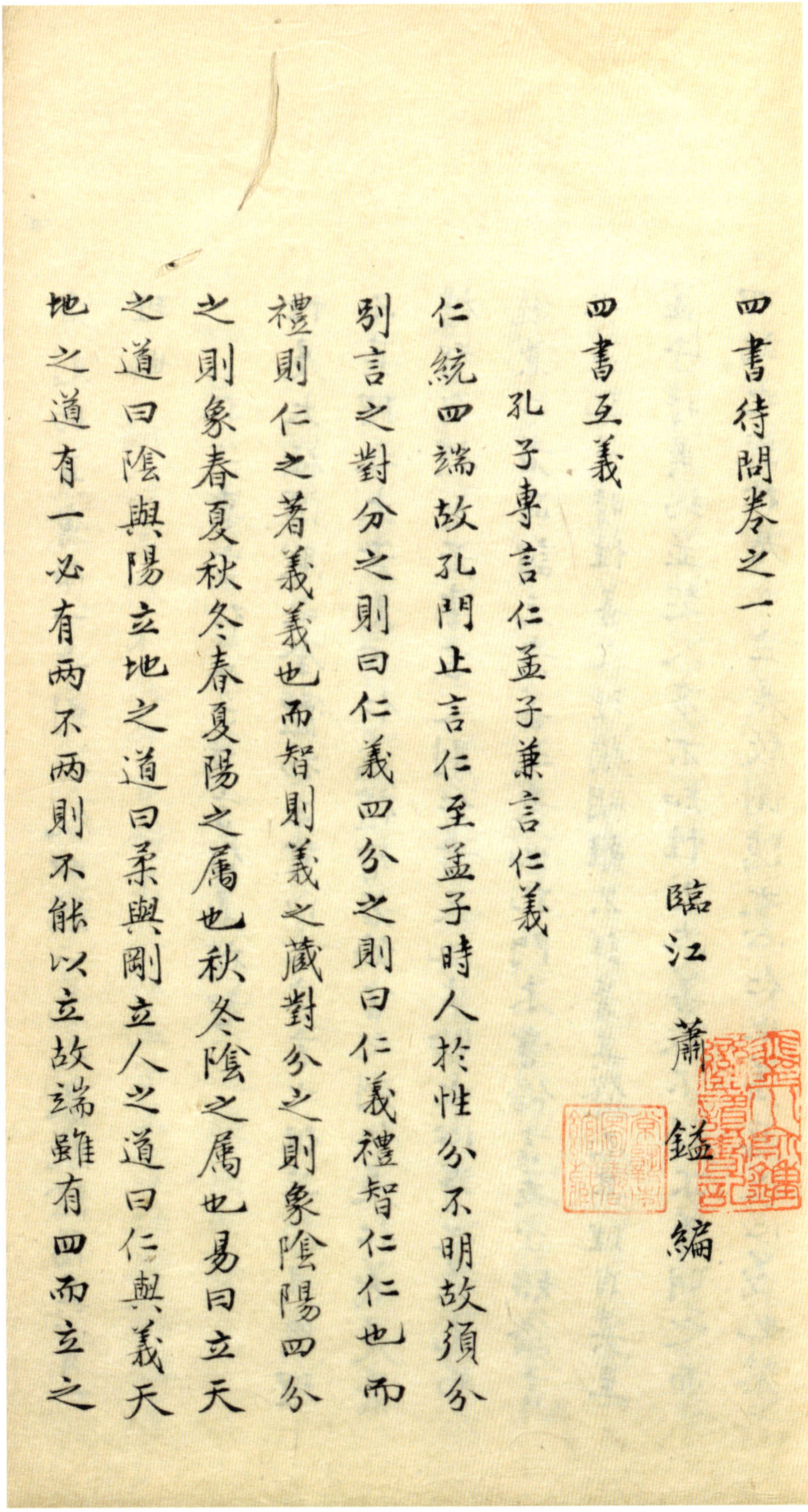

四書待問卷之一　　臨江　蕭鎰　編

四書五義

孔子專言仁孟子兼言仁義

仁統四端故孔門止言仁至孟子時人於性分不明故須分別言之對分之則曰仁義四分之則曰仁義禮智仁仁也而禮則仁之著義義也而智則義之藏對分之則象陰陽四分之則象春夏秋冬春夏陽之屬也秋冬陰之屬也易曰立天之道曰陰與陽立地之道曰柔與剛立人之道曰仁與義天地之道有一必有兩不兩則不能以立故端雖有四而立之

蕭鎰，字南金，臨江（今江西樟樹西南）人。

無版框及界欄，開本高28.1厘米，寬17.3厘米。半葉十行，行二十三字。

正文前有元泰定元年（1324）甲子蕭鎰李南金甫自序，述及成書始末；次接元延祐四年（1317）丁巳中秋前三日長沙李存《薈蕞叢述序》；次接元至治元年（1321）上巳邵陵冷椽李存《薈蕞續鈔序》；次接《四書待問所輯書目》；次接《四書待問目録》。

正文分二十二卷，卷一至卷五《四書互義》，卷六至卷十二《論語》，卷十三、卷十四《大學》，卷十五、卷十六《中庸》，卷十七至卷二十二《孟子》。凡五百四十問七百一十七則，以經之篇章爲之次。

綫裝，二册，登録號008895。首册正文首葉鈐「琴川俞鍾/鑑讀書記」朱長印，各册正文首葉又鈐「常熟市/圖書/館藏」朱方印。

008959 古文四聲韵五卷附録一卷

（宋）夏竦撰　清乾隆四十四年（1779）汪啓淑刻本

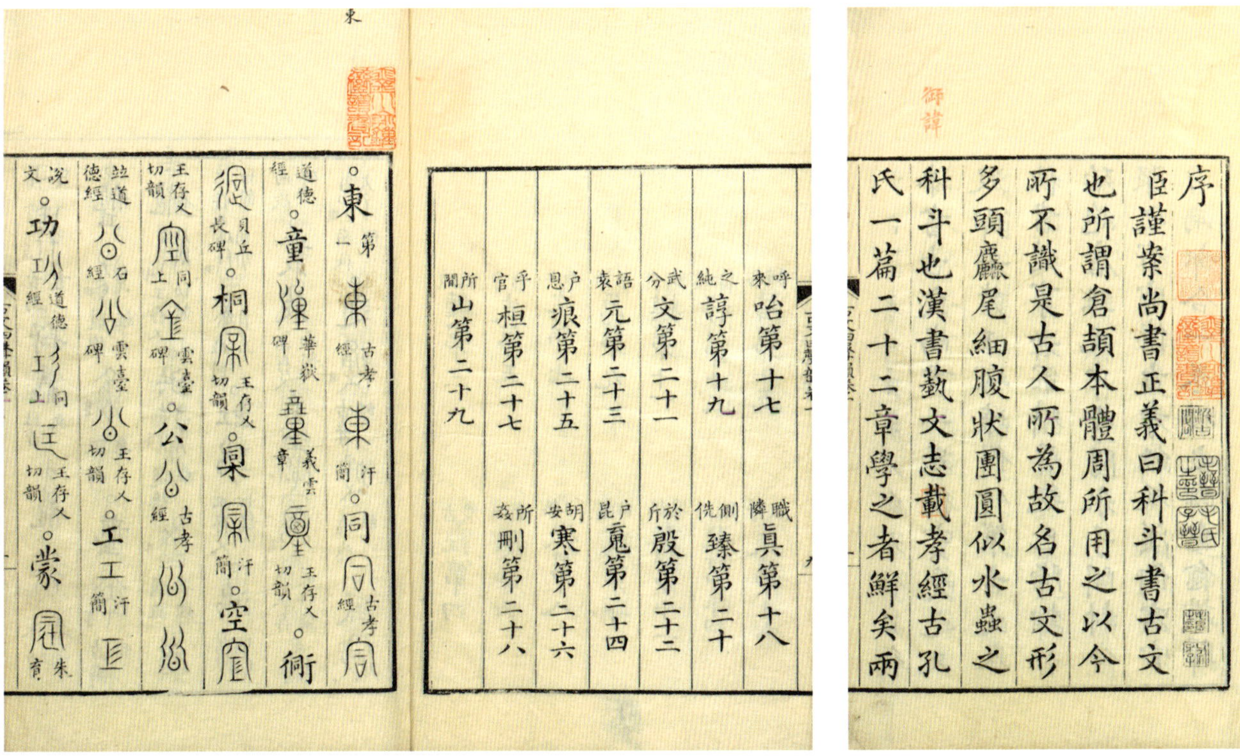

夏竦（985—1051），字子喬，江州德安縣（今江西德安）人。宋景德四年（1007）丁未舉賢良方正能直言极諫科。仁宗朝纍遷爲樞密使，封英國公。

是帙有書名葉，右上小字題「宋英公夏竦集」，中間大字題書名「古文四聲韵」，左下小字題「新安汪氏藏板」。

卷端題名「新集古文四聲韵」，署「開府儀同三司行吏部尚書知亳州軍州事上柱國夏竦集」。

框高21.1厘米，寬15.8厘米。半葉六行，行字不等，白口，上單黑魚尾，左右雙邊。版心魚尾下鎸書名「古文四聲韵」及卷次，再下記葉次。

正文前有宋慶曆四年（1044）十四日夏竦序，序後列《古文所出書傳》。正文凡五卷，各卷正文前有目次，卷一上平聲二十九韵，卷二下平聲三十韵，卷三上聲五十六韵，卷四去聲六十韵，卷五入聲三十五韵，附録一卷，輯《宋史列傳》《考古圖釋文序》《中興書目》《郡齋讀書志》《東觀餘論》《隸續》《玉海》《集篆古文韵海》《廣鐘鼎篆韵序》《學古編》《衍極注》《説略》《讀書敏求記》《漢簡序》《鮚埼亭集》等書中有關夏竦或《古文四聲韵》之條目。正文後有跋，末署「乾隆己亥夏六月古歙汪啓淑書」。

綫裝，二册，登録號008959。鈐「琴川俞鍾／鑾讀書記」朱長印、「常熟市／圖書／館藏」朱方印。

009419　談經苑四十卷（存三十九卷）

（明）陳禹謨輯　明萬曆張子厚刻本

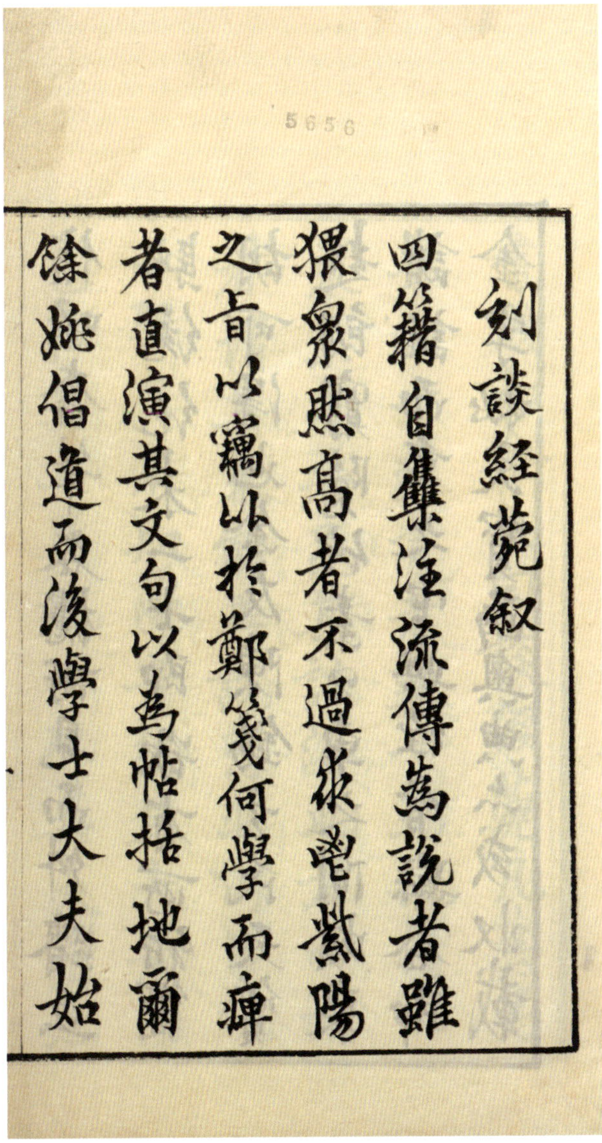
刻談經苑叙

四籍自集注流傳爲説者雖
猥衆然高者不過依毛鄭陽
之旨以竊以於鄭箋何學而痺
者直演其文句以爲帖括地爾
餘姚倡道而後學士大夫始

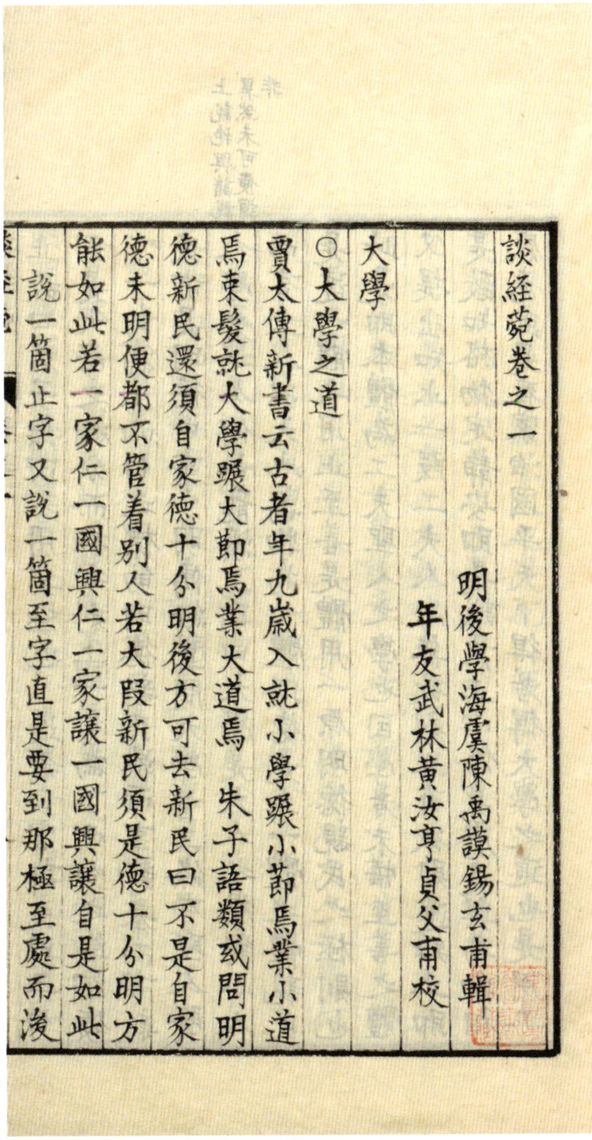
談經苑卷之一

明後學海虞陳禹謨錫玄甫輯
年友武林黃汝亨貞父甫校

大學

○大學之道

賈太傅新書云古者年九歲入就小學蹍小節焉業小道
焉束髮就大學蹍大節焉業大道焉　朱子語類或問明
德新民還須自家德十分明後方可去新民曰不是自家
德未明便都不管着别人若大段新民須是德十分明方
能如此若一家仁一國興仁一家讓一國興讓自是如此
説一箇止字又説一箇至字直是要到那極至處而後

陳禹謨生平事迹見前《四書名物考》（008884）。

卷端署「明後學海虞陳禹謨錫玄甫輯」，又署校者姓氏，卷一、卷三、卷四「年友武林黃汝亨貞父甫校」，卷五「武林友人羅大冠校」，卷六「友人錢天胤校」，卷七「門人朱尚信校」，卷八「同郡年友張國維校」，卷九「婁江友人王衡辰玉甫校」，卷十「同邑年友管一德士恒甫校」，卷十一「同邑年友徐待聘校」，卷十二「門人沈體仁校」，卷十三「同郡年友蔣一鰲校」，卷十四「同□□友毛堪校」，卷十五「門人吕紹中校」，卷十六「年友林禹門校」，卷十七「婁江門人吕用賓校」，卷十八「同邑門人宗九皋校」，卷二十「玉峰年友歸子慕校」，卷二十一「門人金時遇校」，卷二十四「門人孫森校」，卷二十六「同郡年友許尚志校」，卷二十七「檇李友人吴志遠校」，卷二十九「茂苑友人許士昌校」，卷三十一「門人朱尚忠校」，卷三十三「同邑門人朱魯省校」，卷三十四「玉峰年友顧霖宇校」，卷三十五「同郡年友毛鳳起校」，卷三十七「婿太學生蔣國玞校」，卷三十九「同邑年友歸紹慶校」，卷四十「丹徒門人殷之礪甫校」，卷十九、卷二十二、卷二十三、卷二十八、卷三十、卷三十二、卷三十六、卷三十八未題校者，卷二、卷二十五闕。

框高 20.2 厘米，寬 14.2 厘米。半葉十一行，行二十二字，白口，上單黑魚尾，左右雙邊。版心魚尾上鎸書名，魚尾下鎸卷次，再下記葉次。天頭附刻案語。

正文前有《刻談經菀叙》，末署「年弟管一德撰」；次接目録。正文凡四十卷，卷一、卷二《大學》，卷三至卷五《中庸》，卷六至卷二十七《論語》，卷二十八至卷四十《孟子》。

綫裝，十六册，登録號 009419。各册書背上端標注册次。管《叙》、目録及卷一係鈔配，卷二闕前二葉，卷二十五全闕。鈐「常熟市/圖書/館藏」朱方印。

011578　春秋胡傳翼三十卷

（明）錢時俊輯　明萬曆三十九年（1611）刻本

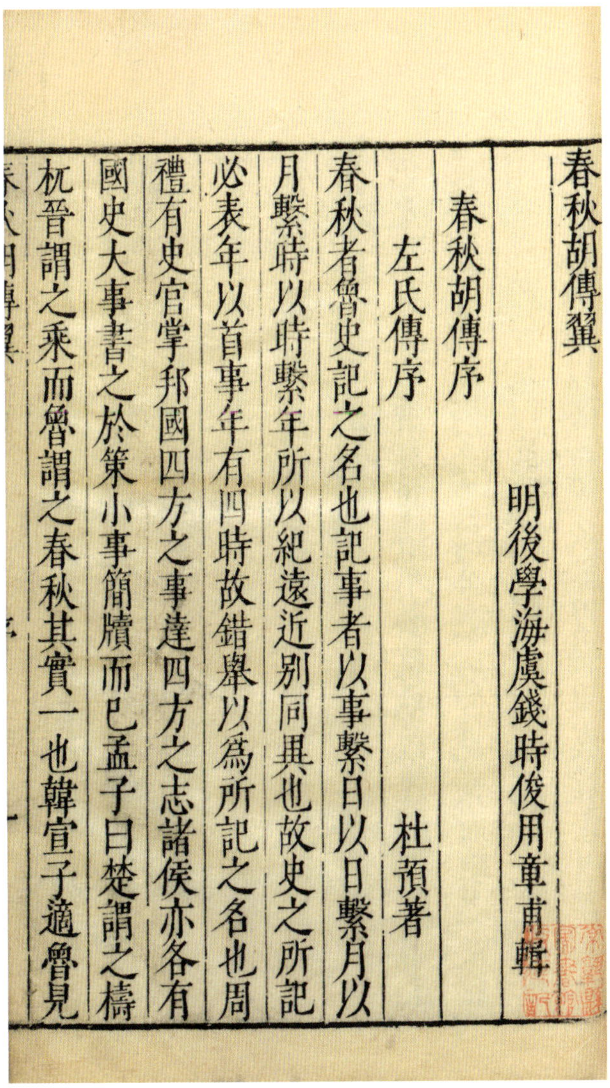

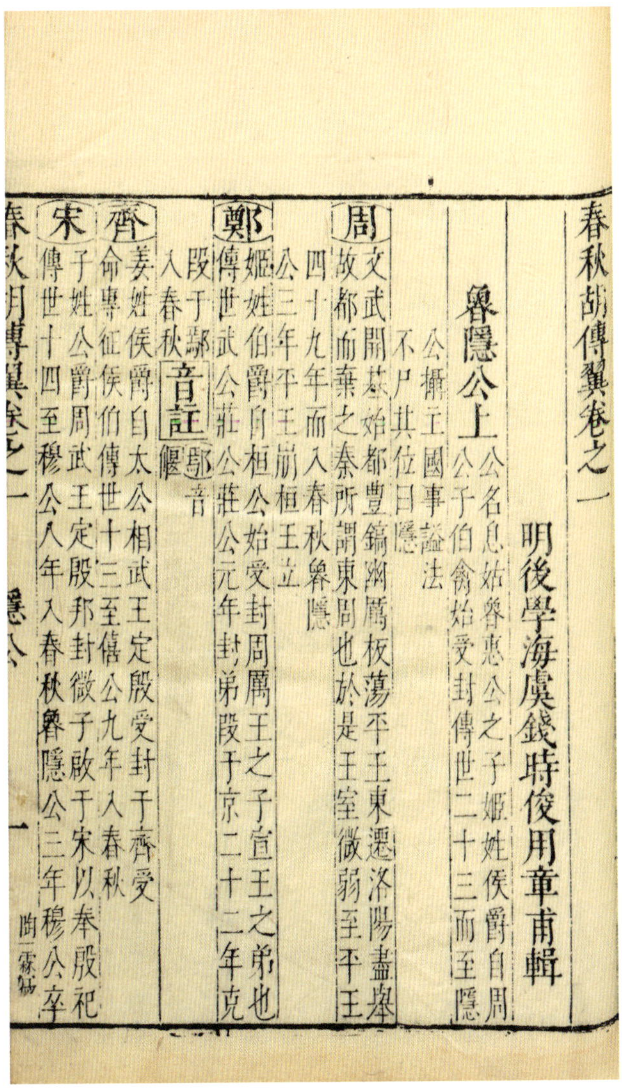

錢時俊（1565—1634），字用章，號仍峰，明直隸常熟（今屬張家港塘橋鎮）人。岱子。明萬曆三十二年（1604）進士，官至湖廣按察司副使。

框高20.2厘米，寬14.8厘米。半葉十行，行二十一字，小字雙行同，白口，四周單邊。版心上鐫卷次，中記類目，下記葉次。

正文前有《春秋胡傳翼凡例》；次接《春秋胡傳》諸序，依次爲杜預《左氏傳序》、何休《公羊傳序》、范寧《穀梁傳序》、程頤《程子傳序》及胡安國《胡氏傳序》；次接《春秋胡傳凡例》；次接《春秋正經音訓》。據凡例可見是書編輯體例，「國朝制科宗胡氏，故是編以胡傳爲主，凡三傳諸子百家與胡傳相發明者，悉爲采録」。正文分三十卷，卷一至卷三爲魯隱公，卷四至卷六爲魯桓公，卷七至卷九魯莊公，卷十魯閔公，卷十一至卷十三魯僖公，卷十四、卷十五魯文公，卷十六至卷十八魯宣公，卷十九、卷二十魯成公，卷二十一至卷二十三魯襄公，卷二十四至卷二十六魯昭公，卷二十七、卷二十八魯定公，卷二十九、卷三十魯哀公。

綫裝，二十册，登録號011578。明萬曆間蘇州地區刻工陳尚泳刻。鈐「常熟縣/圖書館/收藏記」朱方印、「常熟市/圖書/館藏」朱方印。

013488 檀弓二卷

明萬曆四十四年（1616）閔齊伋刻朱墨套印本　宋謝枋得批點

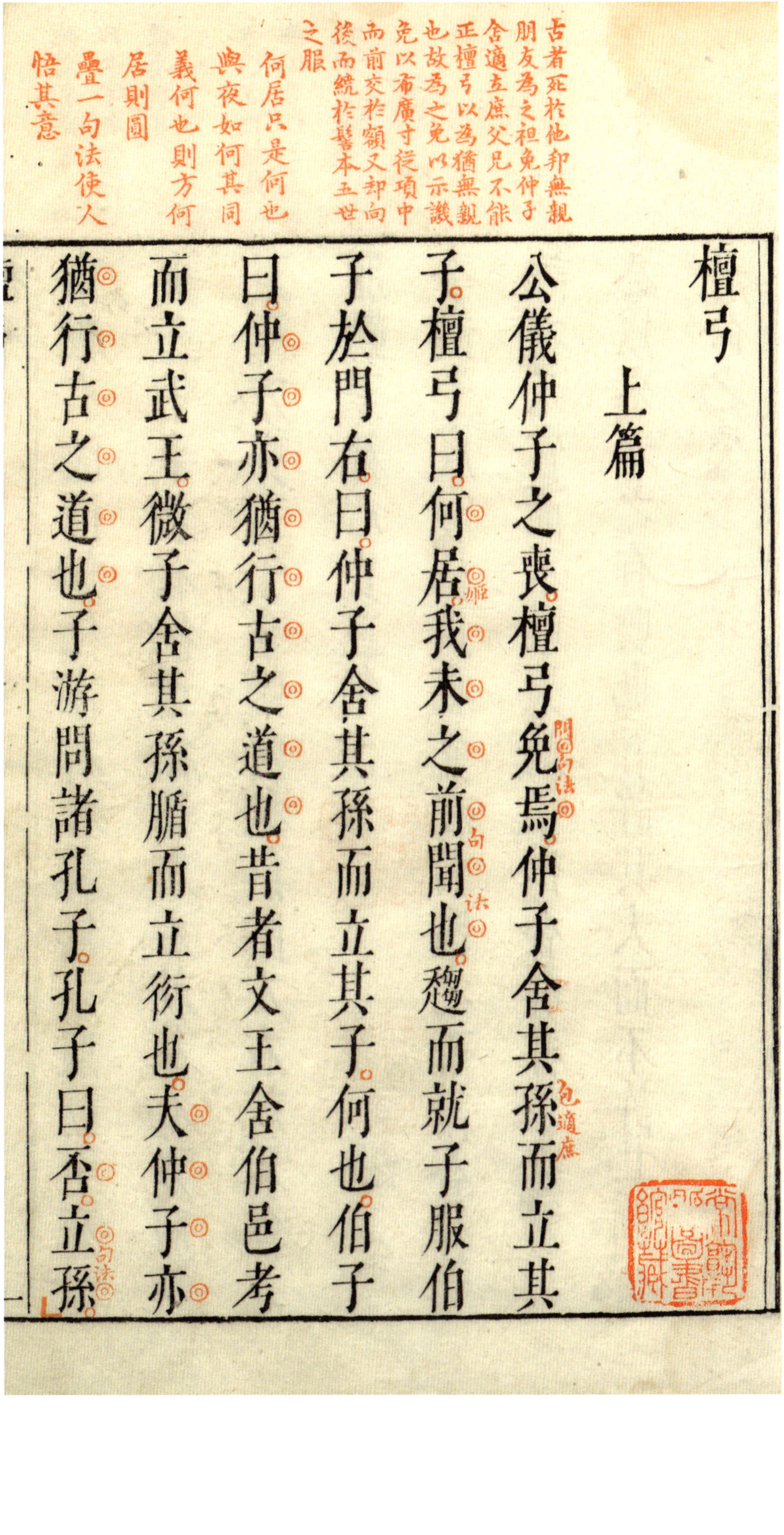

古者死於他邦無親朋友為之袒免仲子舍適立庶父兄不能正檀弓以為猶無親也故為之免以示譏免以布廣寸從項中而前交於額又却向後而繞於髻本五世之服

何居只是何也與夜如何其同義何也則方何居則圖

疊一句法使人悟其意

檀弓

上篇

公儀仲子之喪檀弓免焉仲子舍其孫而立其子檀弓曰何居我未之前聞也趨而就子服伯子於門右曰仲子舍其孫而立其子何也伯子曰仲子亦猶行古之道也昔者文王舍伯邑考而立武王微子舍其孫腯而立衍也夫仲子亦猶行古之道也子游問諸孔子孔子曰否立孫

謝枋得（1226—1289），字君直，號叠山，信州弋陽（今江西弋陽縣）人。性好直言。廣聞博記。宋寶佑四年（1256）進士，歷任江都制置使、江西招諭使等。著有《叠山集》《詩傳注疏》《唐詩解》《文章軌範》等。

框高20.5厘米，寬15.3厘米。半葉八行，行十八字，白口，左右雙邊，無界欄。版心上鎸書名「檀弓」，下記葉次。

正文前有閔齋伋明萬曆四十四年（1616）丙辰秋九月所作《刻檀弓》，述其刊刻始末甚詳，云：「有宋謝疊山先生舊有批點全篇行於世，邇爲坊刻竄易，并經文芟夷之，非本來矣。頃從從弟子京所見謝高泉先生所校本，蓋舊本也。兼有用修附注，援引淹博，足備參稽。目彙注疏、集注、集説諸書，去其繁而存其要，以著於簡端，而品題則仍謝之舊。先生丁宋之季，高儀動節，昭昭天壤間，斯真能讀《檀弓》者，安在其不雅馴哉！」

綫裝，一册，登録號013488。鈐「濂溪/後裔」白方印、「行素堂藏」白長印、「常熟/縣圖書/館藏」朱方印等。

014345　周易本義通釋十二卷輯録雲峰文集易義一卷

（元）胡炳文撰　（明）胡珙輯　明嘉靖元年（1522）潘旦、鄧杞刻本

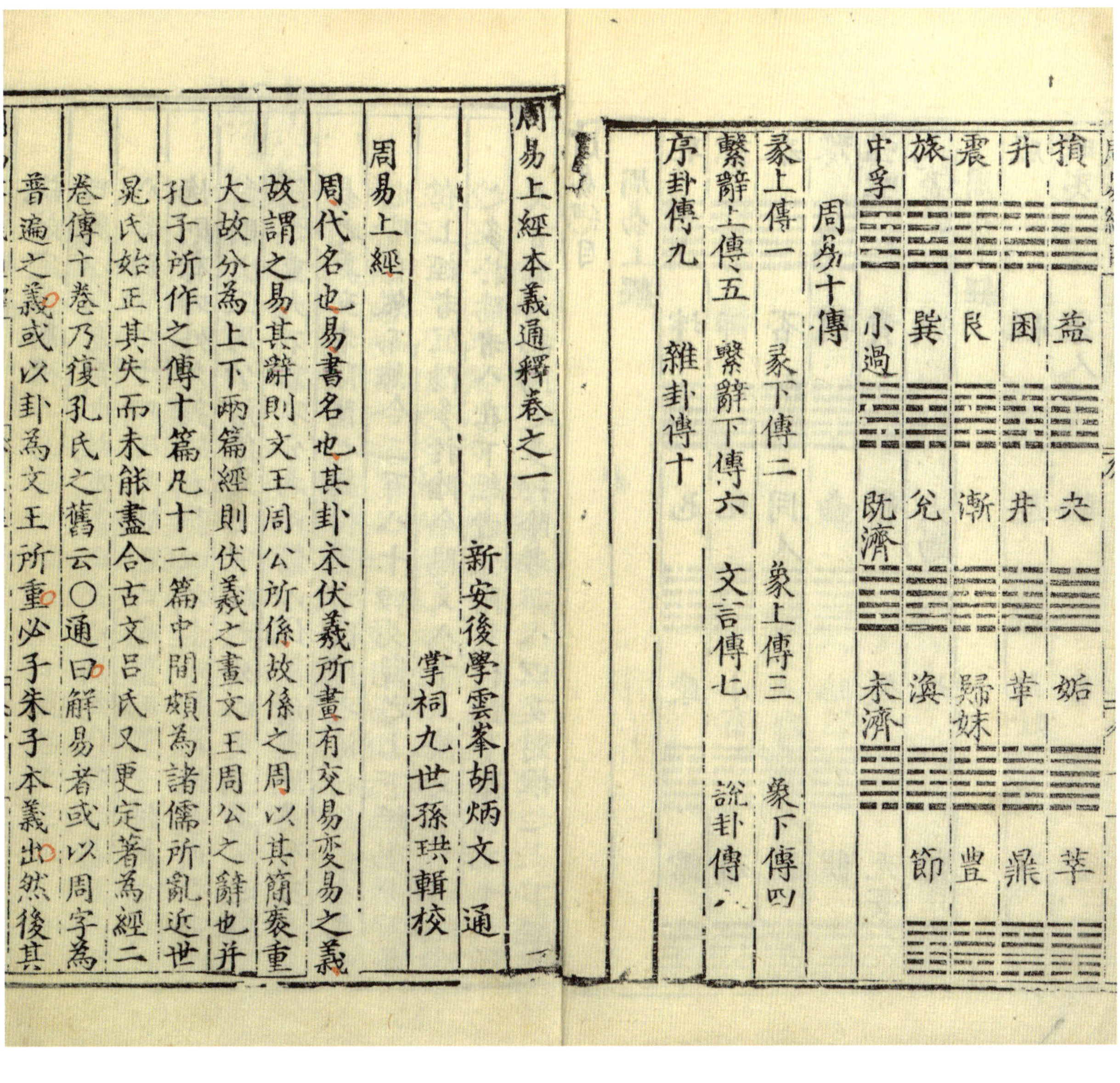

胡炳文（1250—1333），字仲虎，號雲峰，婺源考川（今江西婺源）人。吴澄曾薦之於朝，不就。元至元二十五年（1288）任江寧教諭，元大德五年（1301）爲信州道一書院山長。《元史》卷一八九有傳。

胡珙（1411—？），字文璧，淮安府沭陽縣（今宿遷沭陽）人。胡炳文九世孫。卷端署「新安後學雲峰胡炳文通，掌祠九世孫珙輯校」。

框高18.9厘米，寬12.5厘米。半葉十一行，行二十四字，綫魚尾，下黑口，四周雙邊，版心上鎸「周易本義通釋」，版心中間上方録卷次，下記葉次。

正文前有元延祐丙辰春新安胡炳文《周易本義通釋序》，次接明嘉靖元年（1522）春孟既望潘旦《重刊周易本義通釋序》，次接《周易本義通釋例》，次接《周易總目》。胡氏自序述其撰書緣由，云「予此書融諸家之格言，釋本義之奥旨，後之學者或由是而有得於本義，則亦將有得於羲文周孔之天矣」。潘序又述刊刻始末，云：「雲峰氏……融諸家之説，著本義以上探夫羲文周孔之心，晦者以明，塞者以通……書經兵燹，多至亡逸，其九世孫珙暨弟玠法祖講易募遺書，得上、下經而闕十翼，乃復裒搜諸集中以補之，幾爲全書，且讀之不忍釋手。畀鄧教諭杞校而傳之，以詔後之學易者見雲峰氏有功於易，而珙、玠又有功於祖也。」正文分《周易》上經、《周易》下經、《周易》十傳，凡十二卷。正文後有《輯録雲峰文集易義》一卷，《易義》後有嘉靖元年春三月既望鄧杞撰《跋周易本義通釋後》，次接明正德十五年（1520）庚辰一陽來復之日胡珙撰《本義通釋後序》，再接嘉靖元年胡珙撰《謝石泉潘郡伯重刊周易本義通釋啓》。

綫裝，四册，登録號014345。入選第二批《國家珍貴古籍名録》，名録號03227。各册書根上有「元、亨、利、貞」次序，書名和卷次。有朱筆圈點及批校。

015673　詩經識餘四卷

（清）徐秉義纂輯　清鈔本

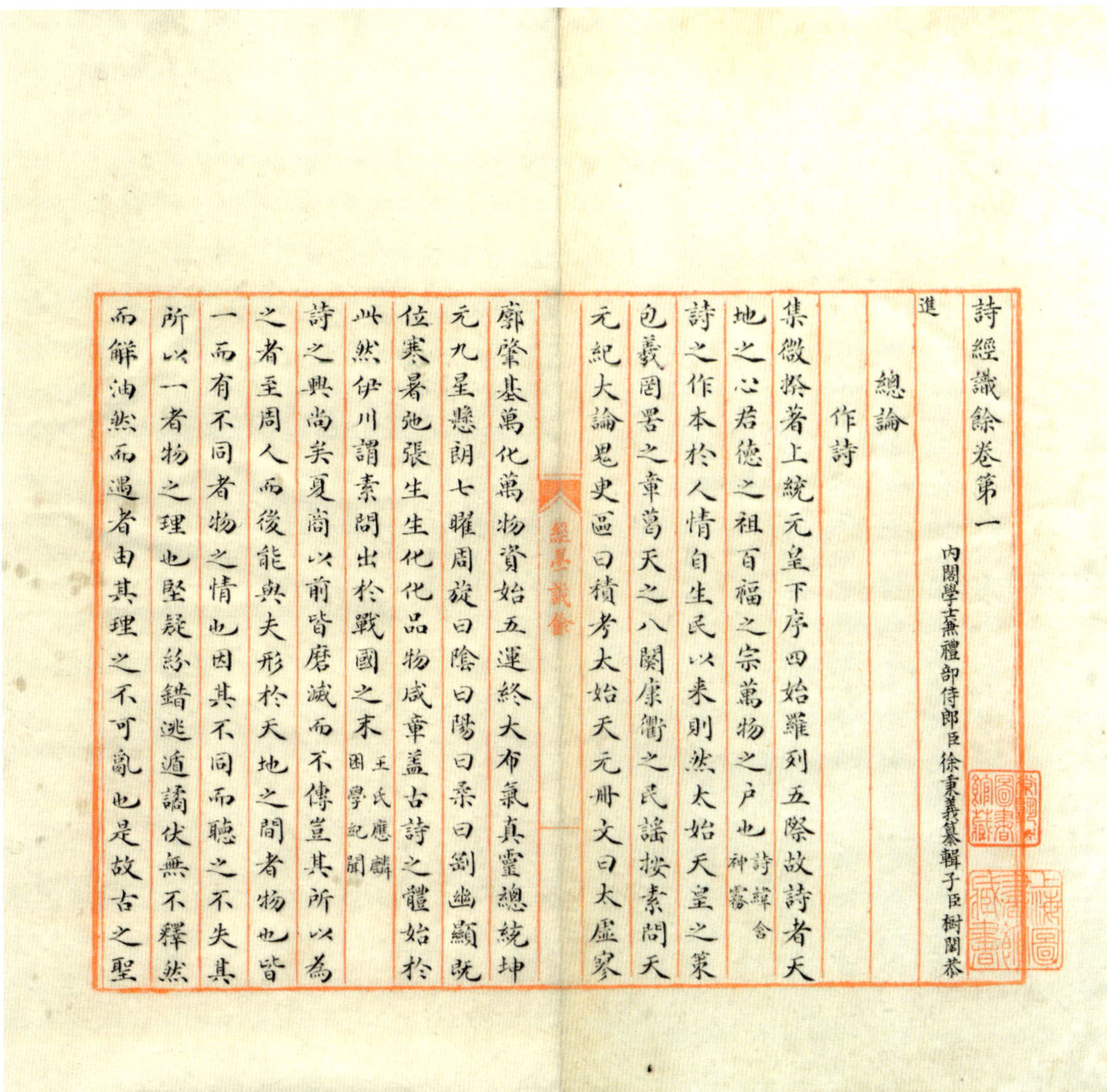

詩經識餘卷第一

内閣學士兼禮部侍郎臣徐秉義纂輯子臣樹閎恭

進

總論

作詩

集微揆著上統元皇下序四始羅列五際故詩者天地之心君德之祖百福之宗萬物之户也詩緯含神霧

詩之作本於人情自生民以来則然太始天皇之策包羲罔罟之章葛天之八闋康衢之民謡按素問天元紀大論鬼臾區曰積考太始天元册文曰太虚寥廓肇基萬化萬物資始五運終天布氣真靈總統坤元九星懸朗七曜周旋曰陰曰陽曰柔曰剛幽顯既位寒暑弛張生生化化品物咸章蓋古詩之體始於此然伊川謂素問出於戰國之末王氏應麟困學紀聞

詩之興尚矣夏商以前皆磨滅而不傳豈其所以為之者至周人而後能與夫形於天地之間者物也皆一而有不同者物之情也因其不同而聽之不失其所以一者物之理也堅疑紛錯逃遁譎伏無不釋然而解油然而遇者由其理之不可亂也是故古之聖

徐秉義（1633—1711），初名與儀，字彦和，號果亭，南直隸蘇州府昆山縣（今江蘇省昆山市）人。與兄乾學、弟元文并稱「三徐」。清康熙十二年（1673）進士第三。官吏部侍郎。著有《明末忠烈紀實》《耘圃培林堂代言集》等。

卷端署「内閣學士兼禮部侍郎（臣）徐秉義纂輯，子（臣）樹閎恭進」。

框高18.1厘米，寬12.7厘米。半葉九行，行二十字，小字雙行，白口，單魚尾，左右雙邊，朱絲欄。版心中間鎸「經學識餘」。

綫裝，三册，登録號015673。入選第四批《國家珍貴古籍名録》，名録號10057。四卷。首册護葉鈐有「舊雨／重逢」朱方印、「别來／無恙」白方印、「上海圖書館／退還圖書章」朱長印，各册正文首葉鈐「常熟／圖書／館藏」白方印、「上海圖／書館／藏書」朱方印。其中有瞿氏鐵琴銅劍樓藏書簽兩張，其一題「《詩經識餘》四十二卷（有闕），九册，現存三本」，鈐有「瞿氏鑒／藏金石記」白長印；其二題「《詩經識餘》，鈔本，三本（殘），徐秉彝著」，鈐有「鐵琴銅／劍樓」白長印。

015684　周易程傳四卷

（宋）程頤撰　明吴勉學刻本

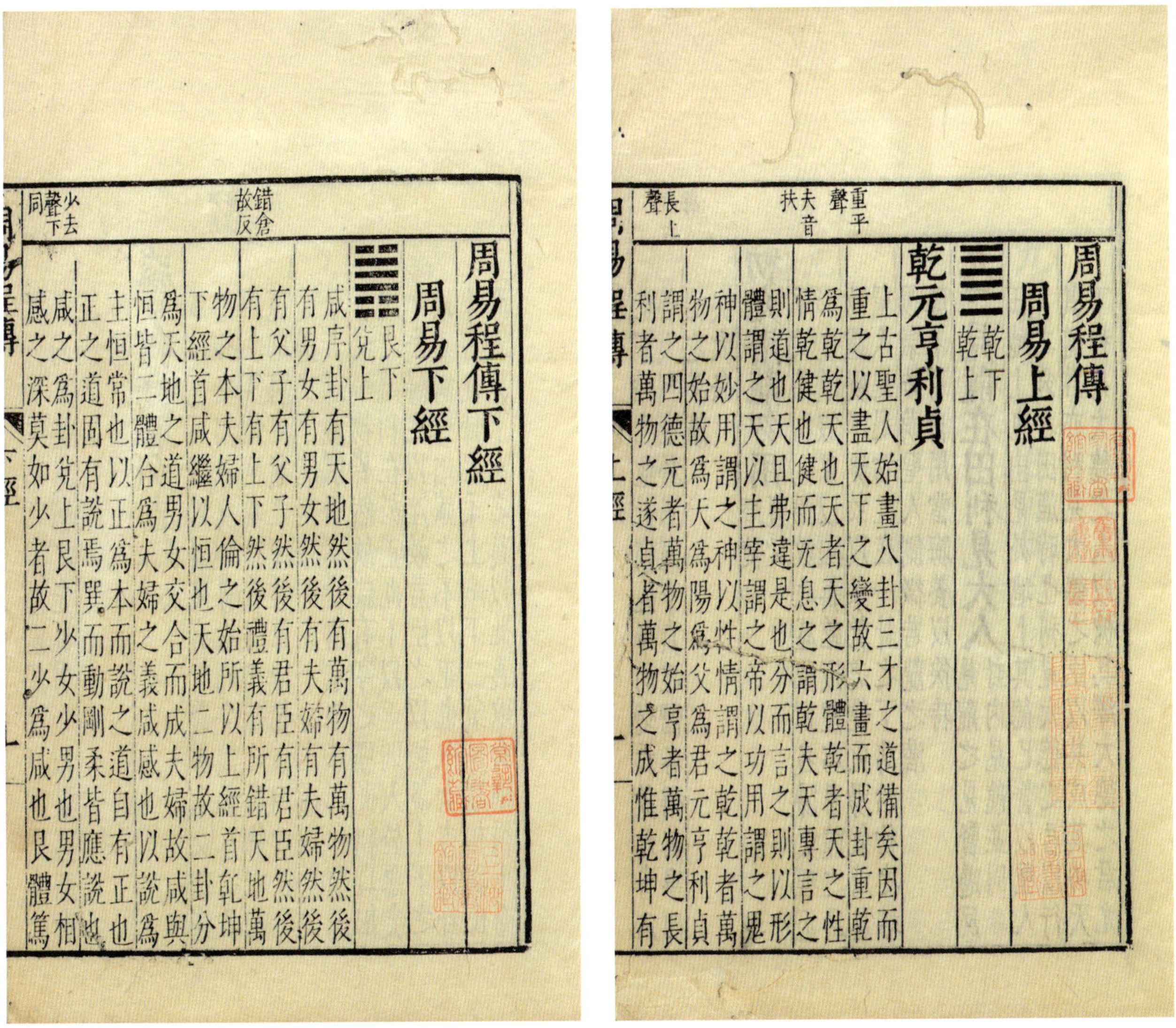

程頤事迹見前《周易經傳》（003594）。

框高 20.4 厘米，寬 14.3 厘米。半葉九行，行十七字，小字雙行，行十六字，白口，左右雙邊，上單黑魚尾。版心上鎸書名「周易程傳」，中録卷次，下記葉次。正文前後無序跋。正文分《周易》上經、《周易》下經、《周易》繫辭、《周易》説卦。

綫裝，二册，登録號 015684。原藏上海圖書館，各册護葉貼有上海圖書館藏書簽，著録索書號碼分别爲「573966」「573967」。各册正文首葉皆鈐「常熟／圖書／館藏」「上海／圖書／館藏」朱方印，首册正文首葉又有「舊雨／重逢」朱方印、「别來／無恙」白方印、「上海圖書館／退還圖書章」朱長印。

015708　春秋傳注三十六卷

（清）嚴啓隆輯　清初鈔本　清□禹嚴批并跋

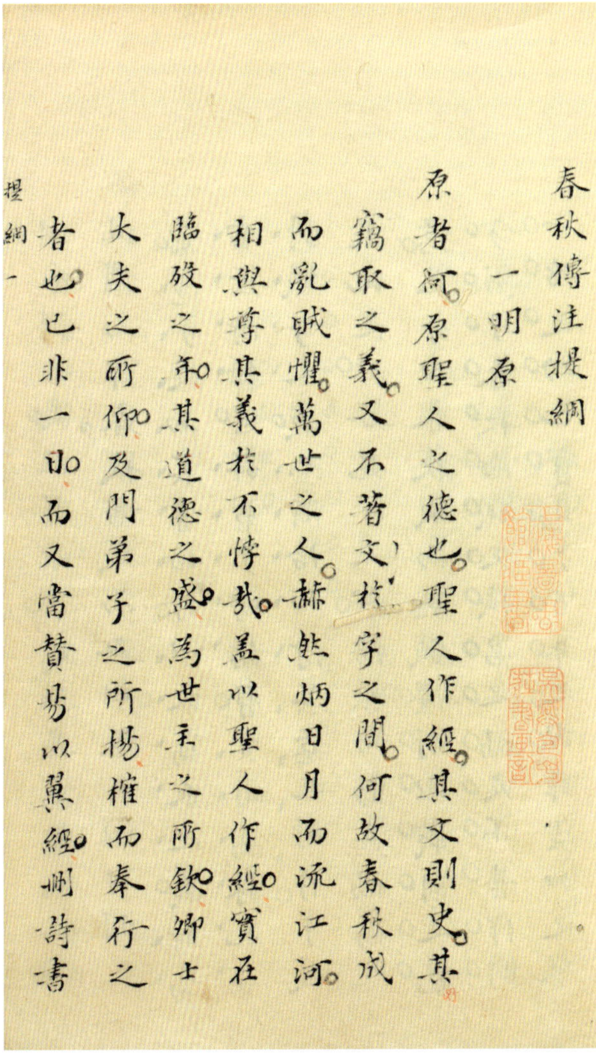

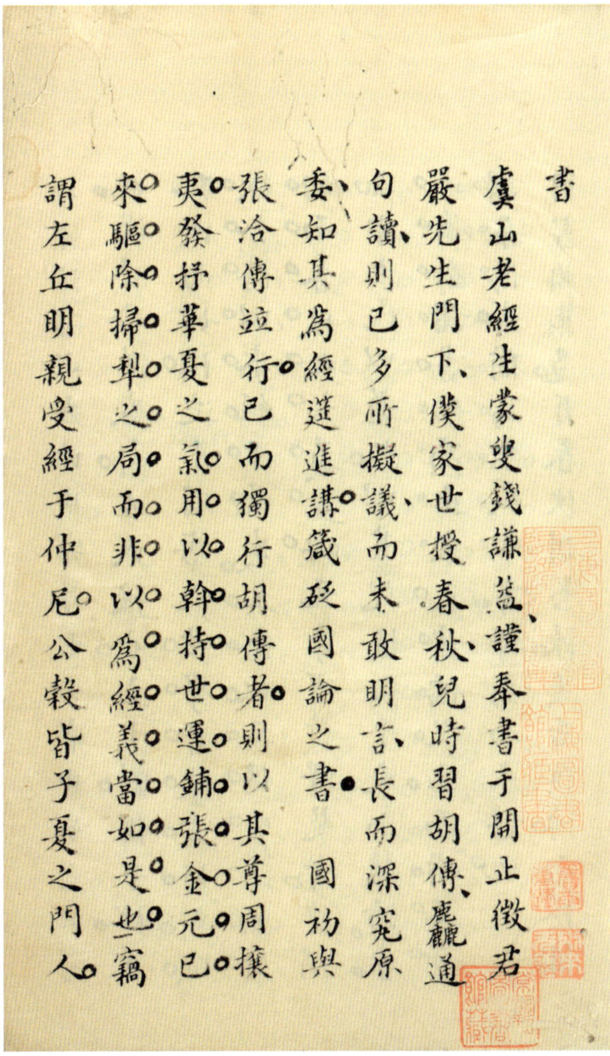

嚴啓隆，字爾泰，號開止，烏程（今浙江湖州）人。博學好古，專研《春秋》。

無板框及界欄，開本高25.8厘米，寬17.2厘米。半葉九行，行十八字，小字雙行同。

正文前有清順治十三年（1656）丙申五月五日錢謙益《書》，次接清康熙五十二年（1713）癸巳冬日何焯《嚴氏春秋傳序》，次接清順治十四年（1657）丁酉菊月嚴啓隆《春秋傳注自序》，次接《春秋傳注提綱》。《提綱》包括明原、明義、明事、明文、明内外、明告、明筆削、明考。正文後有康熙二十七年（1688）戊辰仲秋嚴氏範（字子任）《著書年譜述》。《年譜》述嚴氏著書始末甚詳。

綫裝，六册，登録號015708。原藏上海圖書館，各册護葉貼有上海圖書館藏書簽，著録索書號碼「587051」至「587056」。各册書根以「禮、樂、射、御、書、數」標明次序。有朱筆、墨筆校記。鈐「吴興包子/莊書畫記」朱長印、「包虎/臣藏」朱方印、「包子莊秘岌印」朱長印、「舊雨/重逢」朱方印、「别來/無恙」白方印、「上海圖書/館藏書」朱長印、「上海圖書館/退還圖書章」朱長印、「常熟/圖書/館藏」朱方印。

015718　六書賦不分卷

（明）戴章甫撰　明萬曆三十年（1602）戴章甫自刻本

瞿良士跋

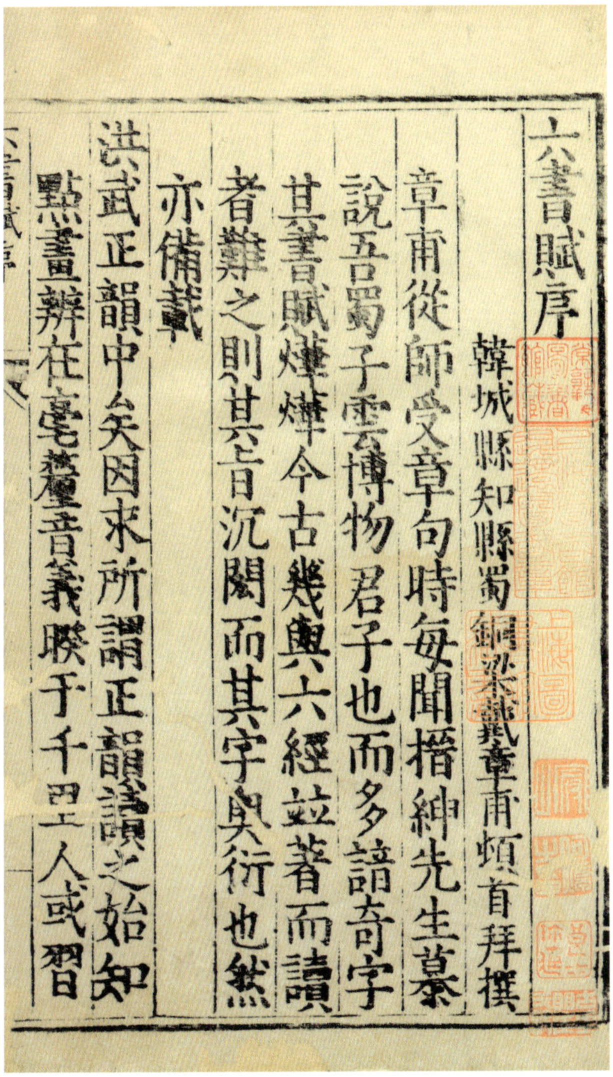

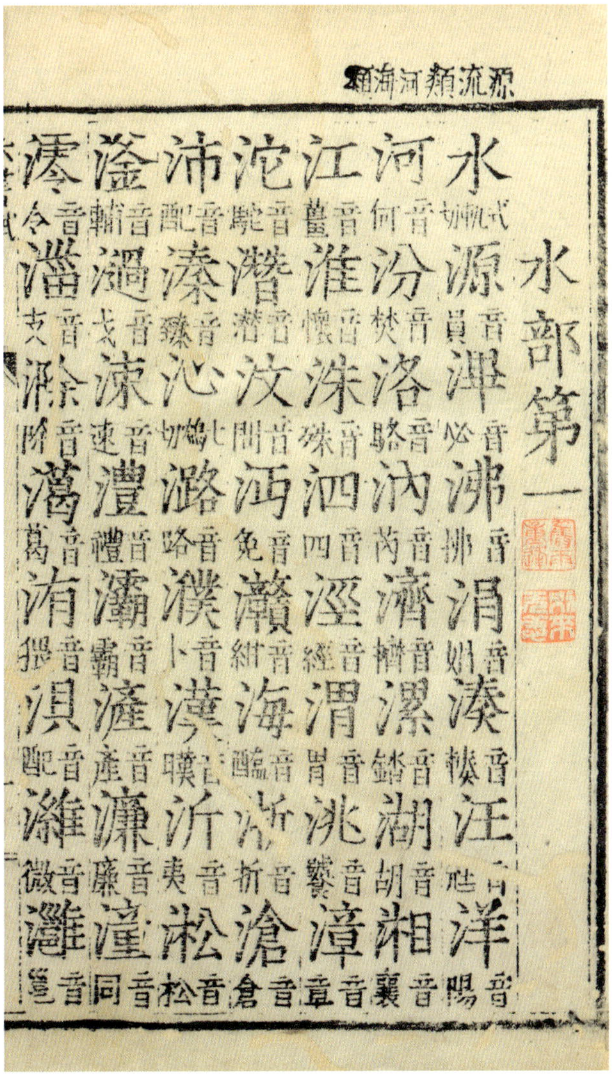

戴章甫，字元禮。明嘉靖間以進士授户部主事，管太倉，出納惟慎，積蠹爲清。

框高21.6厘米，寬14.6厘米。半葉八行，行十六字，白口，單魚尾，四周雙邊。版心上鎸書名「六書賦」，版心下記葉次。

正文前有韓城縣知縣蜀銅梁戴章甫明萬曆三十年（1602）壬寅冬十月撰《六書賦序》；正文後有墨筆題跋，跋曰：「是書爲小學捷徑，惜世不盛行，將來擬縮鈔一本，鎸版行世，宜珍藏之。丁卯三月購得，隨記。共計一萬零八百二十八字。乙卯歲新正月，蘇書客來鄉，以龍餅兩片易之。」尾鈐「良士／珍藏」朱方印、「古里／瞿／氏記」白長印。

綫裝，三册，登録號015718。原藏上海圖書館，各册護葉貼有上海圖書館藏書簽，著録索書號碼「594402」至「594404」。各册卷首皆鈐「古里／瞿／氏記」白長印、「良士／珍藏」朱方印、「上海圖／書館／藏書」朱方印、「常熟／圖書／館藏」朱方印，首册序首葉又鈐「何焯／之印」白方印、「冠山」白方印「上海圖書館／退還圖書章」朱文長方印，首册正文首葉鈐「舊雨／重逢」朱方印、「别來／無恙」白方印。

015748 周禮四十二卷

（漢）鄭玄注　（唐）陸德明音義　（明）葛鼒訂　明永懷堂刻《十三經古注》本

清嚴虞惇批并跋

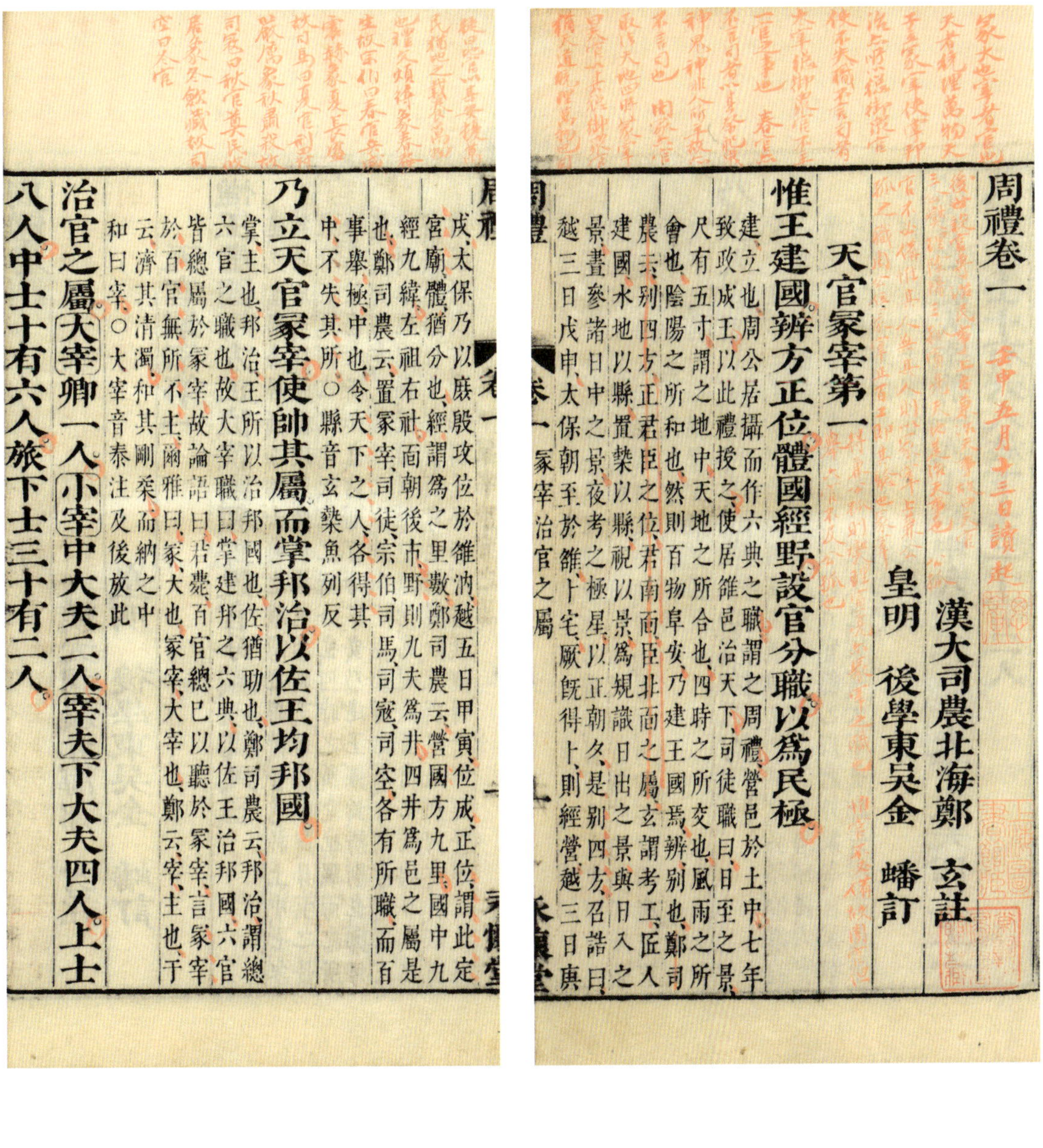

周禮卷一　壬申五月十三日讀起

漢大司農北海鄭　玄註

皇明　後學東吳金　蟠訂

天官冢宰第一

惟王建國辨方正位體國經野設官分職以爲民極

建立也周公居攝而作六典之職謂之周禮營邑於土中七年致政成王以此禮授之使居雒邑治天下司徒職曰日至之景尺有五寸謂之地中天地之所合也四時之所交也風雨之所會也陰陽之所和也然則百物阜安乃建王國焉辨別也鄭司農云別四方正君臣之位君南面臣北面之屬玄謂考工匠人建國水地以縣置槷以縣視以景爲規識日出之景與日入之景晝參諸日中之景夜考之極星以正朝夕是別四方召誥曰越三日戊申太保朝至於雒卜宅厥既得卜則經營越三日庚戌太保乃以庶殷攻位於雒汭越五日甲寅位成正位謂此定宮廟體猶分也經謂爲之里數鄭司農云營國方九里國中九經九緯左祖右社面朝後市野則九夫爲井四井爲邑之屬是也鄭司農云置冢宰司徒宗伯司馬司寇司空各有所職而百事舉極中也令天下之人各得其中不失其所○縣音玄槷魚列反

乃立天官冢宰使帥其屬而掌邦治以佐王均邦國

掌主也邦治王所以治邦國也佐猶助也鄭司農云邦治謂總六官之職也故大宰職曰掌建邦之六典以佐王治邦國六官皆總屬於冢宰故論語曰君薨百官總己以聽於冢宰言冢宰於百官無所不主爾雅曰冢大也冢宰大宰也鄭云宰主也于云濟其清濁和其剛柔而納之中和曰宰○大宰音泰注及後放此

治官之屬大宰卿一人小宰中大夫二人宰夫下大夫四人上士八人中士十有六人旅下士三十有二人

鄭玄，字康成，北海高密（今山東高密西南）人。編注群經，集漢代經學之大成。

陸德明（約 550—630），名元朗，字德明，以字行，蘇州吴縣人。善言玄理，精於義疏。

葛鼒，明萬曆間昆山人。

框高 19.9 厘米，寬 12.7 厘米。半葉九行，行二十五字，小字雙行，行二十四字，白口，單魚尾，左右雙邊。版心上鎸「周禮」，版心中間上方録卷次及類目，版心中間下方記葉次，葉次下鎸「永懷堂」。

正文前有序二篇，皆不署撰人。集中及文後有嚴虞惇朱筆讀記、手跋數則。正文前有目録。正文四十二卷，卷一天官冢宰第一，卷二至卷八冢宰治官之職，卷九地官司徒第二，卷十至卷十六司徒教官之職，卷十七春官宗伯第二，卷十八至卷二十七宗伯禮官之職，卷二十八夏官司馬第四，卷二十九至卷三十三司馬政官之職，卷三十四秋官司寇第五、司寇刑官之職，卷三十五至卷三十八司寇刑官之職，卷三十九冬官考工記第六、考工記之職（輪人至弓人凡三十），卷四十至卷四十二考工記之職。

綫裝，四册，登録號 015748。入選第三批《國家珍貴古籍名録》，名録號 07313。是帙第一篇序文闕首葉，以空白葉補之，上鈐「舊雨／重逢」朱方印，「别來／無恙」白方印。目録末葉鈐「碧綃」橢圓印，正文卷端鈐「息／庵」朱方印。

015772　七音韻準一卷

（清）沈菽輯　鈔本

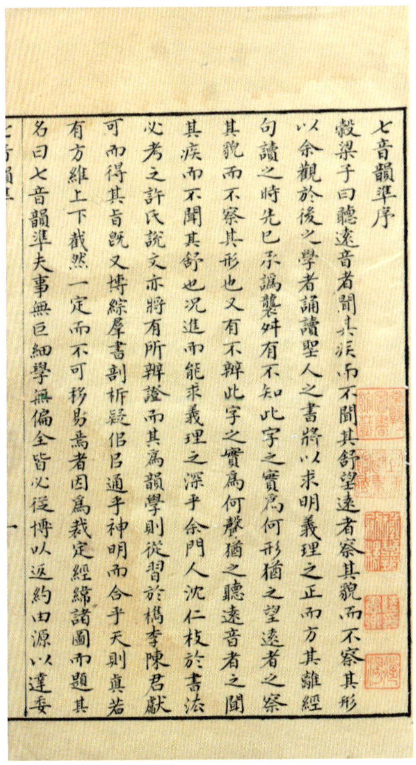
七音韻準序
穀梁子曰聽遠音者聞其疾而不聞其舒望遠者察其貌而不察其形以余觀於後之學者誦讀聖人之書將以求明義理之正而方其離經句讀之時先已承譌襲舛有不知此字之實爲何形猶之望遠者之察其貌而不察其形也又有不辨此字之實爲何聲猶之聽遠音者之聞其疾而不聞其舒也況進而能求義理之深乎余門人沈仁枝於書法必考之許氏說文亦將有所辨證而其爲韻學則從習於檇李陳君獻可而得其旨既又博綜羣書剖析疑似通乎神明而合乎天則眞若有方維上下截然一定而不可移易焉者因爲裁定經緯諸圖而題其名曰七音韻準夫事無巨細學無偏全皆必從博以返約由源以達委

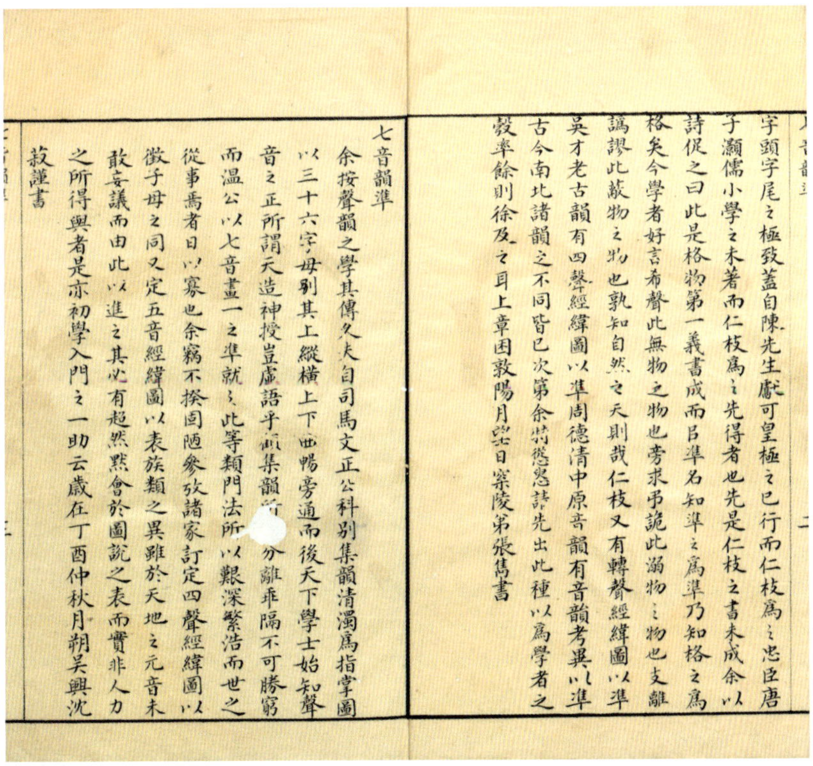
字頭字尾之極致蓋自陳先生獻可皇極之已行而仁枝爲之忠臣唐子灝儒小學之未著而仁枝爲之先得者也先是仁枝之書未成余以詩促之曰此是格物第一義書成而呂準名知準之爲準乃知格之爲格矣今學者好言希聲此無物之物也旁求弔詭此溺物之物也支離譌謬此蔽物之物也孰知自然之天則哉仁枝又有轉聲經緯圖以準吳才老古韻有四聲經緯圖以準周德清中原音韻有音韻考異以準古今南北諸韻之不同皆已次第余將慫恿詩先出此種以爲學者之穀率餘則徐及之耳上章困敦陽月望日寀陵弟張雋書

七音韻準
余按聲韻之學其傳久矣自司馬文正公科別集韻清濁爲指掌圖以三十六字母別其上縱橫上下四聲旁通而後天下學士始知聲音之正所謂天造神授豈虛語乎而集韻所[illegible]分離乖隔不可勝窮而溫公以七音畫一之準就之此等類門法所以艱深繁浩而世之從事焉者日以寡也余竊不揣固陋參攷諸家訂定四聲經緯圖以徵子母之同又定五音經緯圖以表族類之異雖於天地之元音未敢妄議而由此以進之其必有超然默會於圖說之表而實非人力之所得與者是亦初學入門之一助云歲在丁酉仲秋月朔吳興沈菽謹書

沈萩，字仁枝，明末清初人。曾師從陳藎謨，習音韵之學。著有《七音韵準》《輕聲經緯圖》《三聲經緯圖》《音韵考异》等。

開本高 23.1 厘米，寬 16 厘米。半葉十行，行二十七字，四周單邊。版心上題書名「七音韵準」，下記葉次。

正文前有著雍淹茂夏日朱心撰《七音韵準序》，次接上章困敦陽月望日張雋撰《七音韵準序》。正文一卷，輯録「經緯七音名義」「七音等類統括四聲字韵總綱」「四派字祖分屬七音清濁位次」「四聲經緯圖」「五音經緯圖」。正文後有朱存《七音韵準跋》。

綫裝，一册，登録號 015772。護葉内鈐「舊雨/重逢」朱方印、「别來/無恙」白方印、「上海圖書館/退還圖書章」朱長印，朱序首葉鈐「鐵琴銅/劍樓」白長印、「陸印/愚卿」白方印、「遠/湖」朱方印、「上海/圖書/館藏」朱方印、「常熟/圖書/館藏」朱方印。

015801　易經析義四卷

（清）陳旦華撰　清鈔本

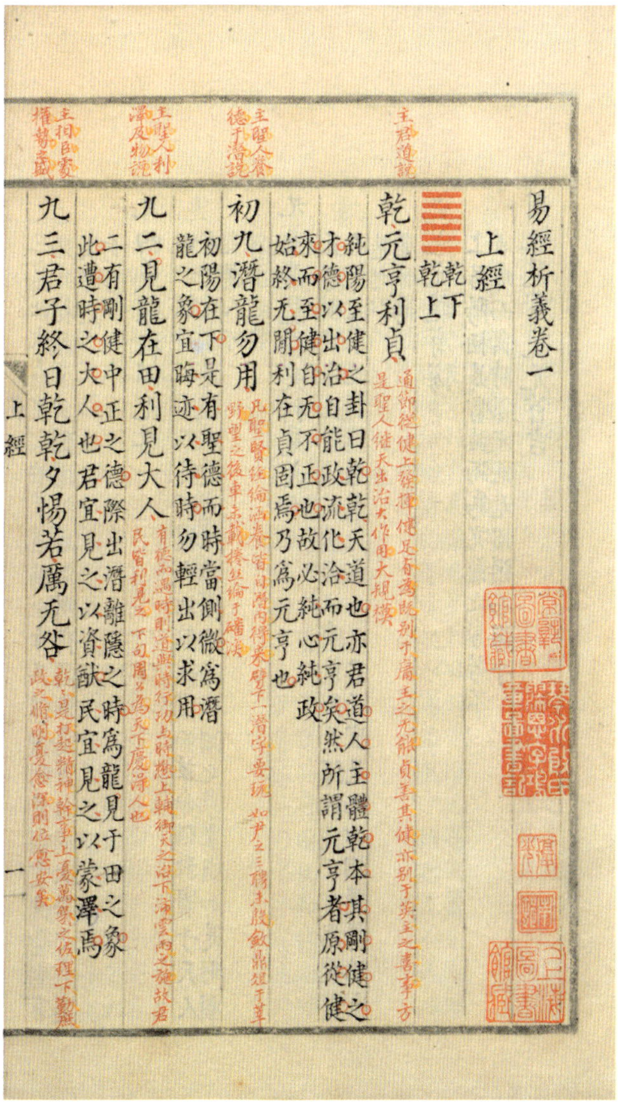

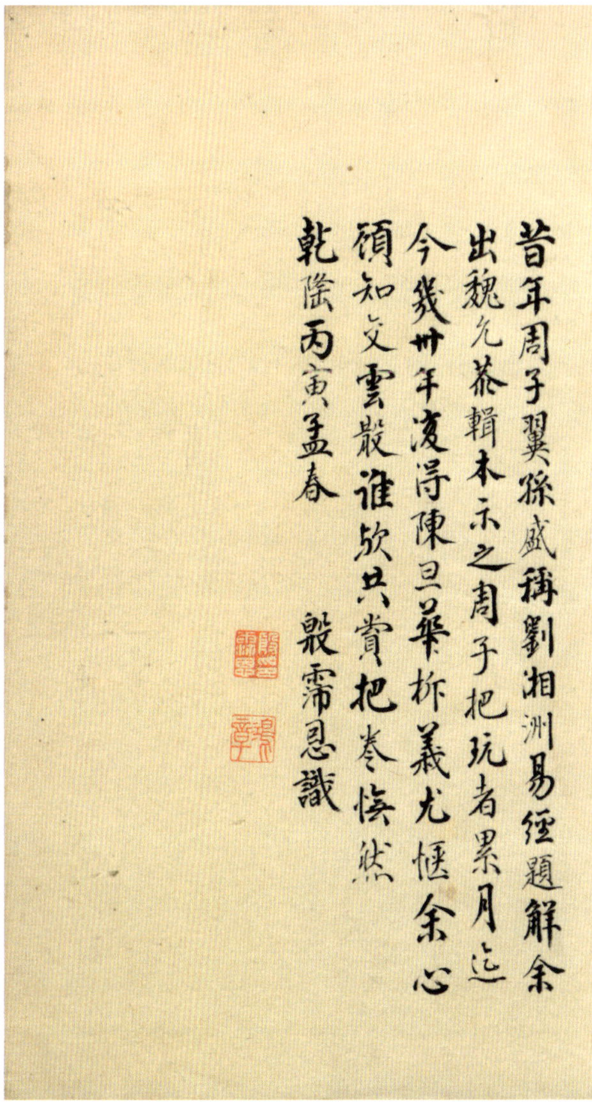

陳旦華，生平事迹不詳。

框高21.8厘米，寬13.8厘米。半葉十行，行二十五字，小字雙行，行二十四字，白口，藍格，左右雙邊，上單藍魚尾。版心中間鎸卷次，下記葉次。

正文前無目次。護葉二有清殷霈恩乾隆十一年（1746）丙寅孟春批并跋，跋云「昔年周子翼孫盛稱劉湘洲《易經題解》，余出魏允恭輯本示之，周子把玩者纍月。迄今幾卅年，復得陳旦華《析義》，尤愜余心。顧知交雲散，誰歟共賞？把卷憮然。」

正文分四卷，卷一上經，卷二下經，卷三繫辭上傳、繫辭下傳，卷四説卦傳、序卦傳、雜卦傳。

綫裝，一册，登録號015801。封面左側有題簽，題書名「易經析義」，下鈐「琴川殷氏／霈恩字鴻／章圖書記」白長印。護葉一内有「舊雨／重逢」朱方印、「別來／無恙」白方印、「上海圖書館／退還圖書章」朱長印。殷跋尾鈐「殷印／佩恩」白方印、「鴻／章」朱方印。正文卷一首葉有「常熟／圖書／館藏」朱方印、「琴川殷氏／霈恩字鴻／章圖書記」白長印、「復／光」朱方印、「南／村」白方印、「上海／圖書／館藏」朱方印。其餘各卷首葉皆鈐「復／光」朱方印、「南／村」白方印。

015901 等韵輯略三卷

清王振聲鈔本 龐士龍跋

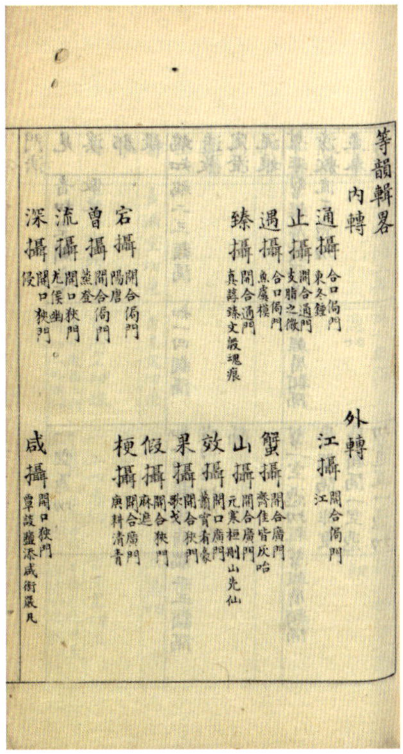

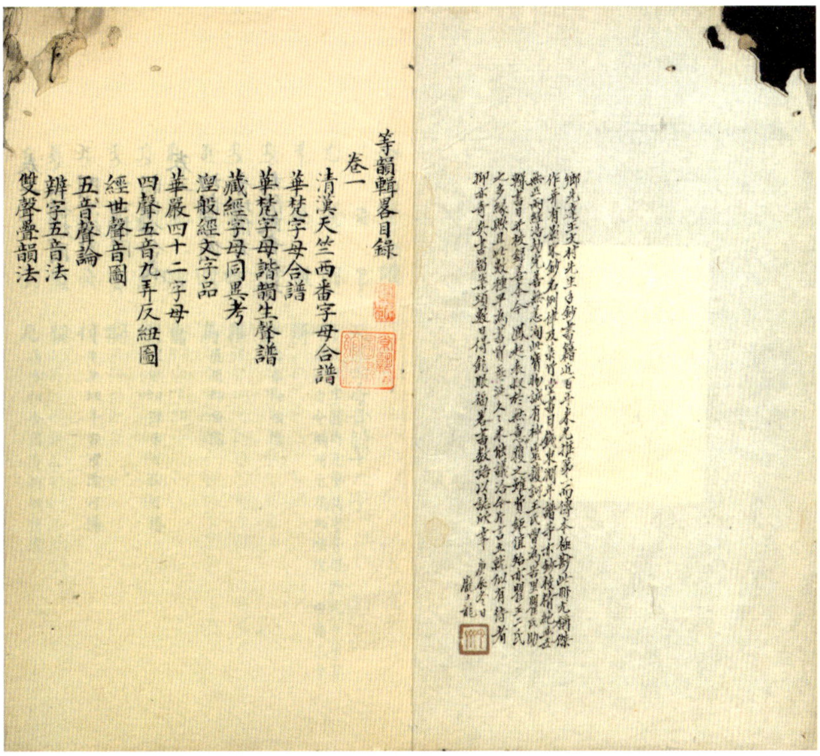

無板框及界欄，開本高26厘米，寬16.7厘米。半葉十三行，行字不等。

正文前護葉有庚辰（1940）冬日龐士龍跋，次接目次。正文分三卷，卷一：清漢天竺西番字母合譜、華梵字母合譜、華梵字母諧韵生聲譜、藏經字母同异考、涅般經文字品、華嚴四十二字母、四聲五音九弄反紐圖、經世聲音圖、五音聲論、辨字五音法、雙聲疊韵法；卷二：韵攝總圖、門法總圖、十六攝圖、韵部分合表；卷三：切韵略例、音切備考、類隔改音和切。

綫裝，一册，登録號015901。原藏上海圖書館，護葉正面貼有上海圖書館藏書簽，著録索書號碼「742541」。書封左側題書名。龐跋尾鈐「云／齋」朱方印，目録首葉鈐「鳳起」朱長印、「常熟／圖書／館藏」朱方印，正文首葉鈐「上海圖／書館藏」朱長印、「文村／居士」陰陽方印、「播琴／山館」白方印。

015911 易經通釋六卷

（清）瞿鈺撰　清鈔本

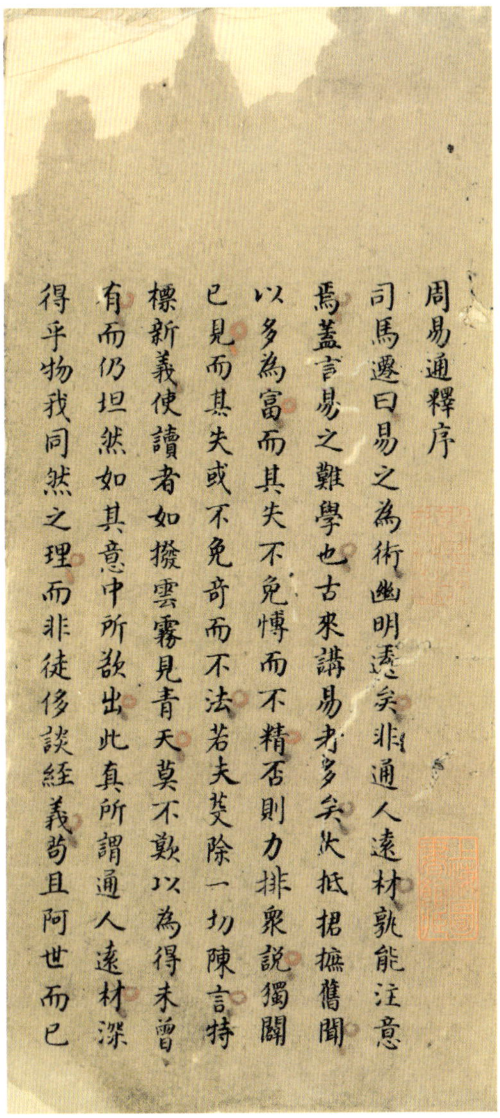
周易通釋序
司馬遷曰易之為術幽明遠矣非通人達材孰能注意焉蓋言易之難學也古來講易者多矣大抵捃摭舊聞以多為富而其失不免博而不精否則力排衆說獨闢已見而其失或不免奇而不法若夫芟除一切陳言特標新義使讀者如撥雲霧見青天莫不歎以為得未曾有而仍坦然如其意中所欲出此真所謂通人達材深得乎物我同然之理而非徒侈談經義苟且阿世而已

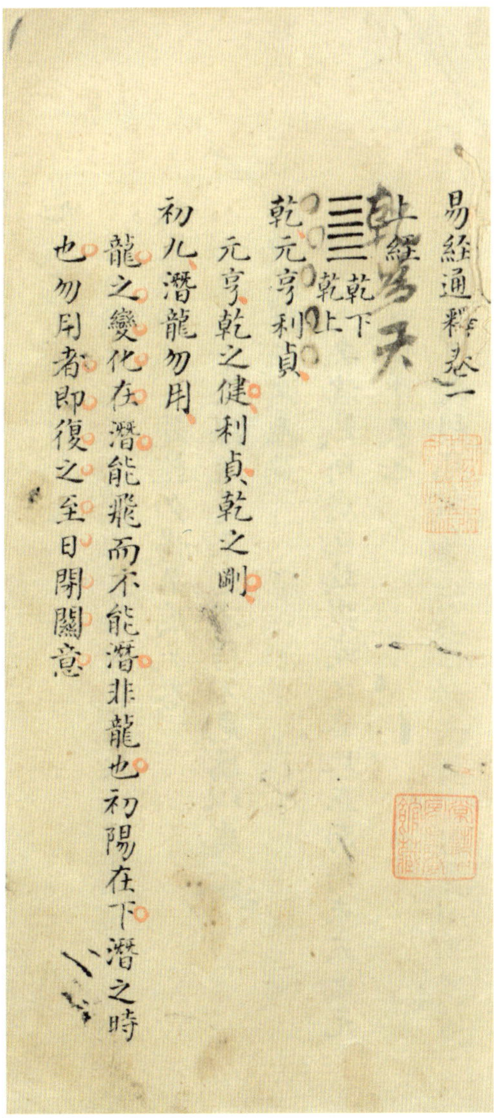
易經通釋卷一
乾下乾上
乾元亨利貞
元亨乾之健利貞乾之剛
初九潛龍勿用
龍之變化在潛能飛而不能潛非龍也初陽在下潛之時也勿用者即復之至日閉關意

瞿鈺，字二如，常熟人。清乾隆二十六年（1761）恩貢生。著有《周易通釋》《黄山紀游》《西征草》《閩游草》等。

無版框及界欄，開本高 25.6 厘米，寬 13.5 厘米。半葉八行，行二十三字。

正文前有乾隆四十一年（1776）太簇上浣邵齊熊《周易通釋序》，次接《周易通釋》目録。邵序云：「吾虞二如瞿先生……積數十年心力，撰成《周易通釋》六卷。以爲句箋字釋，未覩會通，故於彖、爻、象、辭下注，務從簡要，而於每卦後，繫以總論，不憚丁寧反復，求暢旨而後已。」

正文分六卷，卷一乾卦至否卦，卷二同人卦至離卦，卷三咸卦至姤卦，卷四井卦至未濟卦，卷五繫辭上，卷六繫辭下、説卦傳、序卦傳、雜卦傳。

綫裝，三册，登録號 015911。原藏上海圖書館，各册護葉貼有上海圖書館藏書簽，著録索書號碼分别爲「743353」「743354」「743355」。有朱筆批注。鈐「鐵琴銅/劍樓」白長印、「上海圖/書館藏」朱長印、「上海圖書館/退還圖書章」朱長印、「常熟/圖書/館藏」朱方印。

015953　春秋國華十七卷

（明）嚴訥輯　明萬曆三年（1575）嚴氏活字本

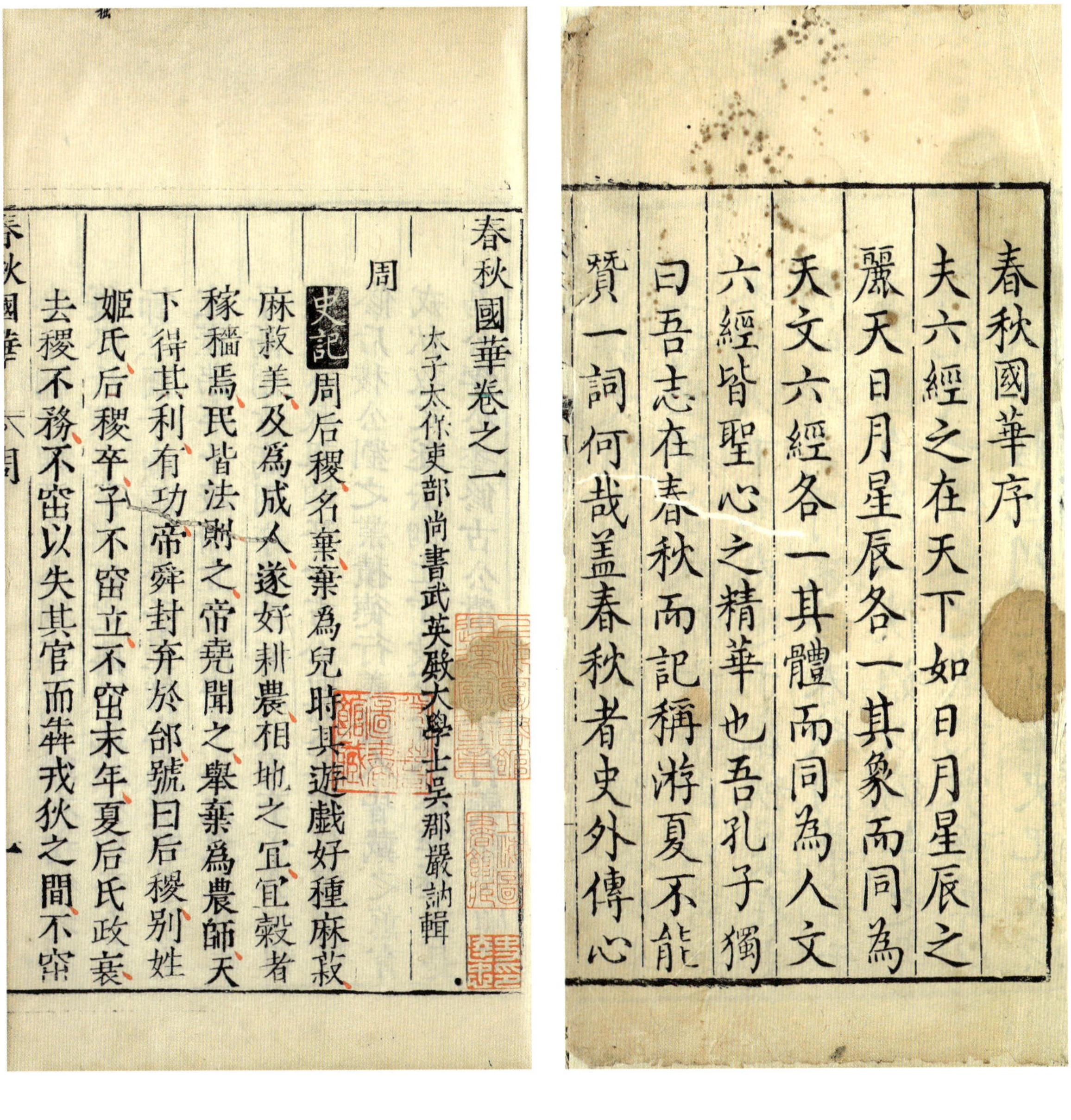

春秋國華序

夫六經之在天下如日月星辰之麗天日月星辰各一其象而同為天文六經各一其體而同為人文六經皆聖心之精華也吾孔子獨曰吾志在春秋而記稱游夏不能贊一詞何哉蓋春秋者史外傳心

春秋國華卷之一

太子太保吏部尚書武英殿大學士吳郡嚴訥輯

周

史記 周后稷名棄棄為兒時其遊戲好種麻菽麻菽美及為成人遂好耕農相地之宜宜穀者稼穡焉民皆法則之帝堯聞之舉棄為農師天下得其利有功帝舜封弃於邰號曰后稷別姓姬氏后稷卒子不窋立不窋末年夏后氏政衰去稷不務不窋以失其官而奔戎狄之間不窋

嚴訥（1511—1584），字敏卿，號養齋，常熟人。明嘉靖二十年（1541）進士，授翰林學士，官至禮部尚書。著有《嚴文靖公集》等。次子嚴天池，爲虞山琴派創始人。

卷端署「太子太保禮部尚書武英殿大學士吴郡嚴訥輯」。

框高18.8厘米，寬12.6厘米。半葉九行，行十九字，小字雙行同，白口，單魚尾，四周單邊。版心上鎸書名、卷次，下記葉次。

正文前有明萬曆三年（1575）徐栻撰《春秋國華序》，次接陳瓚撰《春秋國華序》，序末不署撰序時間。正文以《春秋》所書周及列國之事分隸其國，以「周、魯、齊、晋、秦、楚、宋、鄭、衛、陳、曹、杞、邾、虢、虞、吴、越」爲序。正文後有嚴治撰《春秋國華跋》，跋尾不署撰寫時間。

毛裝，四册，登録號015953。入選第二批《國家珍貴古籍名録》，名録號03370。卷端鈐「史印／達忠」白方印、「上海圖／書館藏」朱長印、「上海圖書館／退還圖書章」朱長印、「常熟市／圖書／館藏」朱方印。

016233　尚書故實一卷

（唐）李綽撰　清鈔本

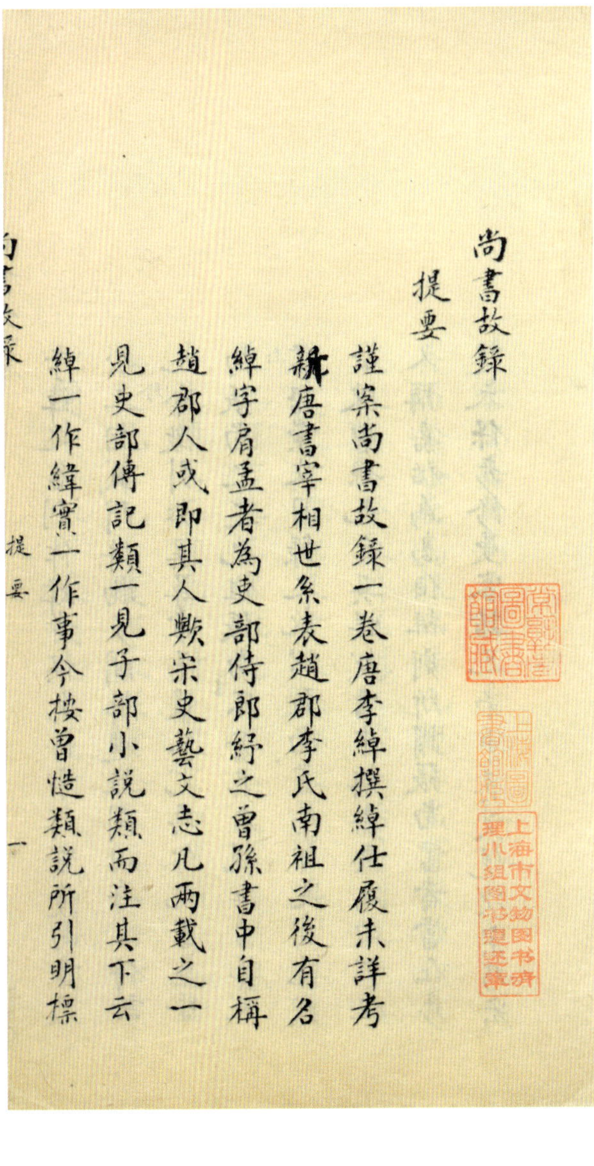

尚書故錄

提要

謹案尚書故錄一卷唐李綽撰綽仕履未詳考
新唐書宰相世系表趙郡李氏南祖之後有名
綽字肩孟者爲吏部侍郎紓之曾孫書中自稱
趙郡人或即其人歟宋史藝文志凡兩載之一
見史部傳記類一見子部小說類而注其下云
綽一作緯實一作事今按曾慥類說所引明標

尚書故錄　提要　一

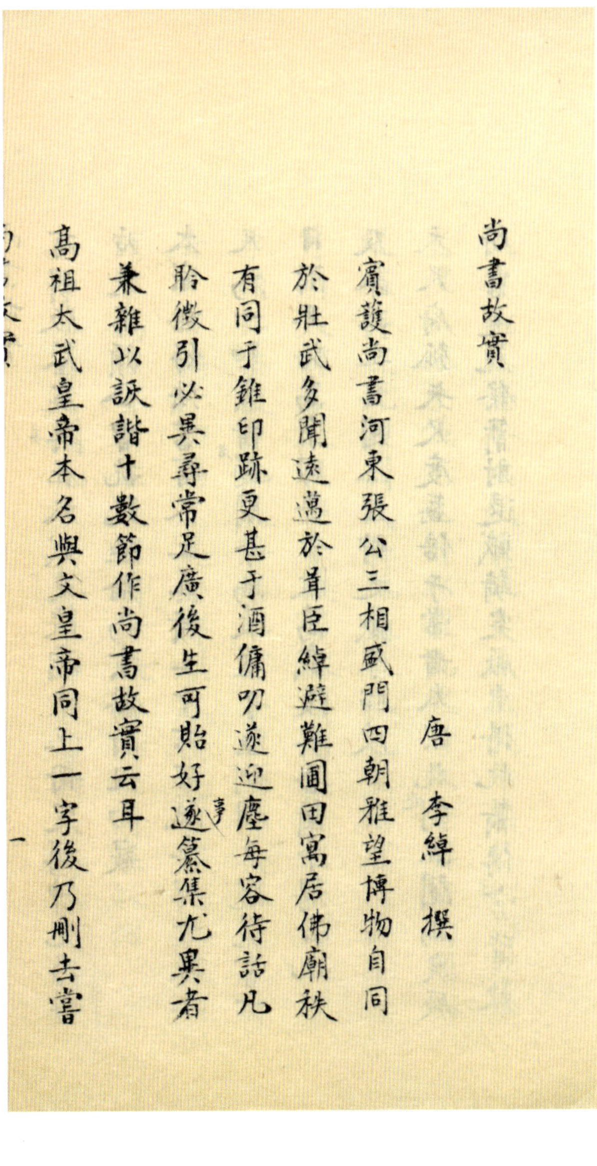

尚書故實

唐　李綽　撰

賓護尚書河東張公三相盛門四朝雅望博物自同
於壯武多聞遠邁於羊臣綽避難圃田寓居佛廟秩
有同于錐印跡更甚于酒傭叨遂迎塵每容侍話凡
聆徵引必異尋常足廣後生可貽好事遂纂集尤異者
兼雜以詼諧十數節作尚書故實云耳
高祖太武皇帝本名與文皇帝同上一字後乃删去當

尚書故實　一

李綽，字肩孟，唐趙郡（今河北高邑）人，官至太常博士、吏部郎中。著有《秦中歲時記》《尚書故實》。

無版框及界欄，開本高 27.1 厘米，寬 17.5 厘米。半葉八行，行二十一字，小字雙行同。版心上鎸題名，下記葉次。

正文前有《提要》，《提要》前題名爲「尚書故録」；正文題名「尚書故實」。正文一卷，所記皆李綽唐僖宗廣明年間避難圃田時聞於河東張尚書，綽「纂集尤异者，兼雜以詼諧十數節」而成是書。其中多唐代逸事遺聞、藝林掌故。

綫裝，一册，登録號 016233。《提要》首葉鈐「常熟市／圖書／館藏」朱方印、「上海圖／書館藏」朱長印、「上海市文物圖書清／理小組圖書退還章」朱長印。

000225　史記一百三十卷

（漢）司馬遷撰　（南朝宋）裴駰集解　（唐）司馬貞索引　（唐）張守節正義　明萬曆二至三年（1574—1575）南京國子監刻本

清嚴虞惇跋并録明歸有光批　清歸朝煕、顧王霖跋

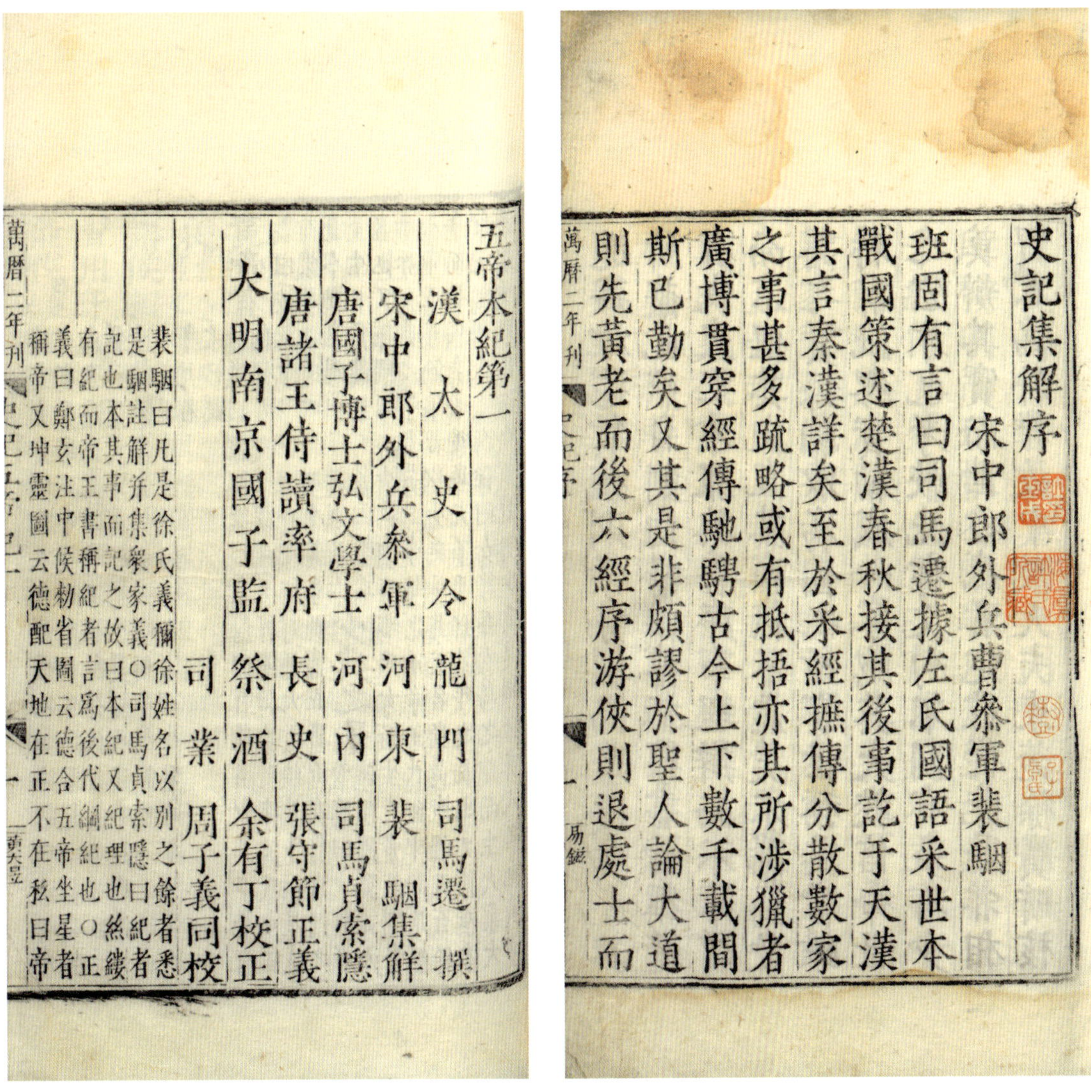

司馬遷（前145—前87？），字子長，左馮翊夏陽（今陝西韓城）人。年十歲則誦古文，後師從古文大師孔安國學習古文《尚書》，從董仲舒學習《春秋》公羊學。初任郎中，奉使西南。漢元封三年（前108）任太史令，承父業修史。漢天漢二年（前99），蒙受「李陵之禍」。後任中書令，發憤而成《史記》。

框高21.8厘米，寬15厘米。半葉十行，行二十一字，小字雙行同，白口，順魚尾，四周雙邊。版心上鎸「萬曆二年刊」或「萬曆三年刊」，版心中間録書名、卷次，下記葉次。版心下有刻工姓氏及字數，刻工有：易鎡、傅機、黄幹、温志、鄧欽、吴廷、王翰、郭子其等。

正文前有裴駰撰《史記集解序》，次接司馬貞《史記索隱序》《史記索隱後序》《補史記序》，序末均未署撰序時間，次接唐開元二十四年（736）張守節所撰《史記正義序》，次接張守節所撰《史記正義論例謚法解》，次接目次。

綫裝，二十四册，登録號000225。入選第二批《國家珍貴古籍名録》，名録號03498。書封貼書簽，刻印書名。是帙有嚴虞惇朱筆跋文，并録歸有光批，清歸昭煦、顧王霖跋。卷端鈐「許印／玉成」白方印、「海虞／許氏／所藏」朱方印、「樹／本」朱文圓印、「子／真氏」朱方印。卷末鈐「繩武堂」朱方印。

002330　錫金團練始末

（清）華翼綸撰　清同治光

緒間楊同福鈔本　清楊同福識

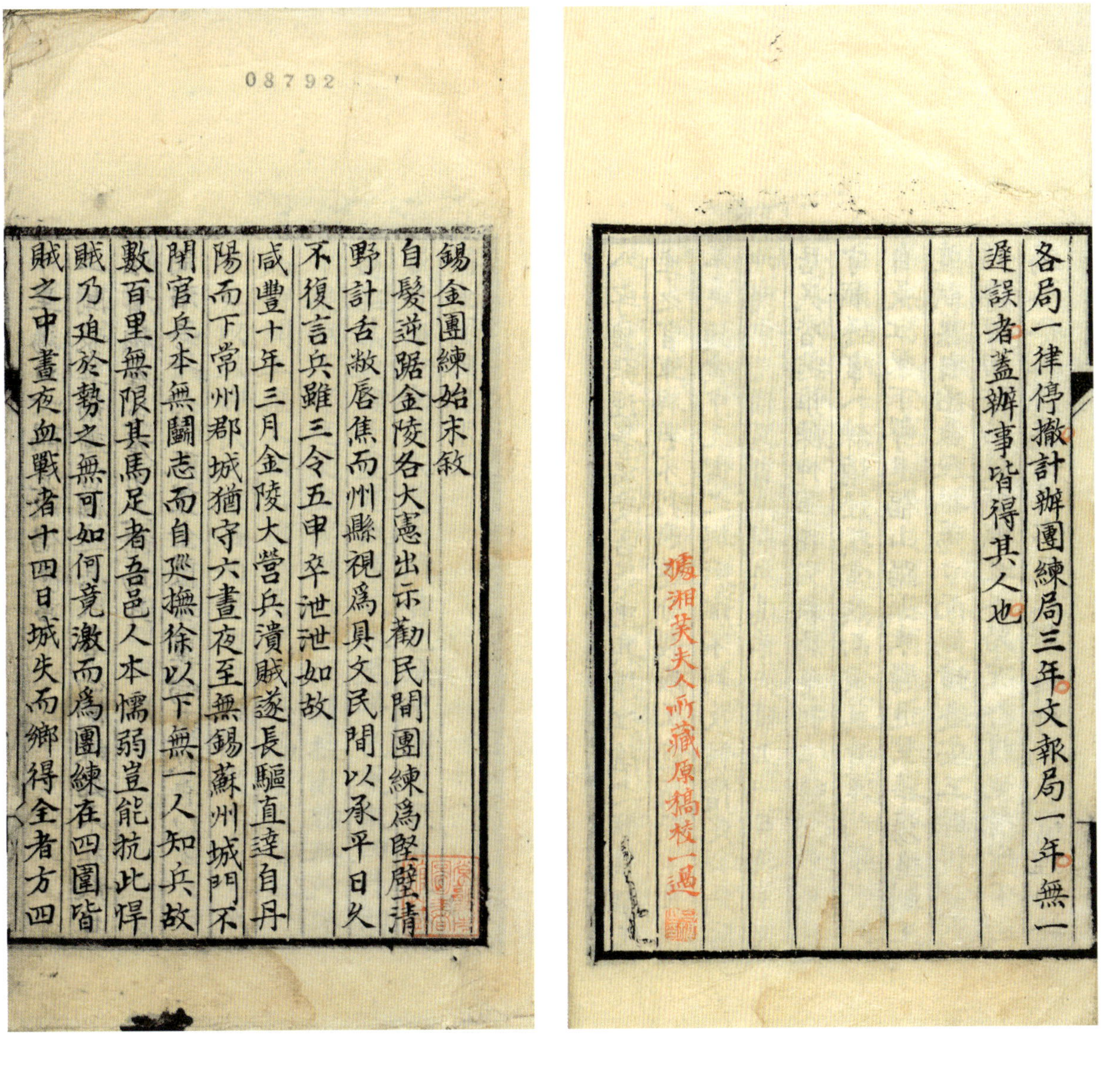

華翼綸，金匱縣蕩口鎮（今屬江蘇無錫錫山區東南）人，曾官江西永新知縣。

框高 17.5 厘米，寬 12.7 厘米。半葉十行，行二十字，黑口，上單黑魚尾，左右雙邊。

正文前有清同治三年（1864）八月既望金匱華翼綸《錫金團練始末叙》，述其撰述緣由頗詳，云：「咸豐十年三月，金陵大營兵潰，賊遂長驅直達……吾邑人本懦弱，豈能抗此悍賊，乃迫於勢之無可如何，竟激而爲團練，在四圍皆賊之中，晝夜血戰者十四日，城失而鄉得全者方四十里，蕩口一隅竟以倡團事上聞，蒙奬飭過當，因述其大略爲《團練始末》。」正文後有楊同福朱筆校跋，跋云「據湘芙夫人所藏原稿校一過」。

毛裝，一册，登録號 002330。鈐「同福／之印」白方印、「常熟市／圖書／館藏」朱方印。

002714　清乾隆間縉紳録

清乾隆崇壽堂刻本

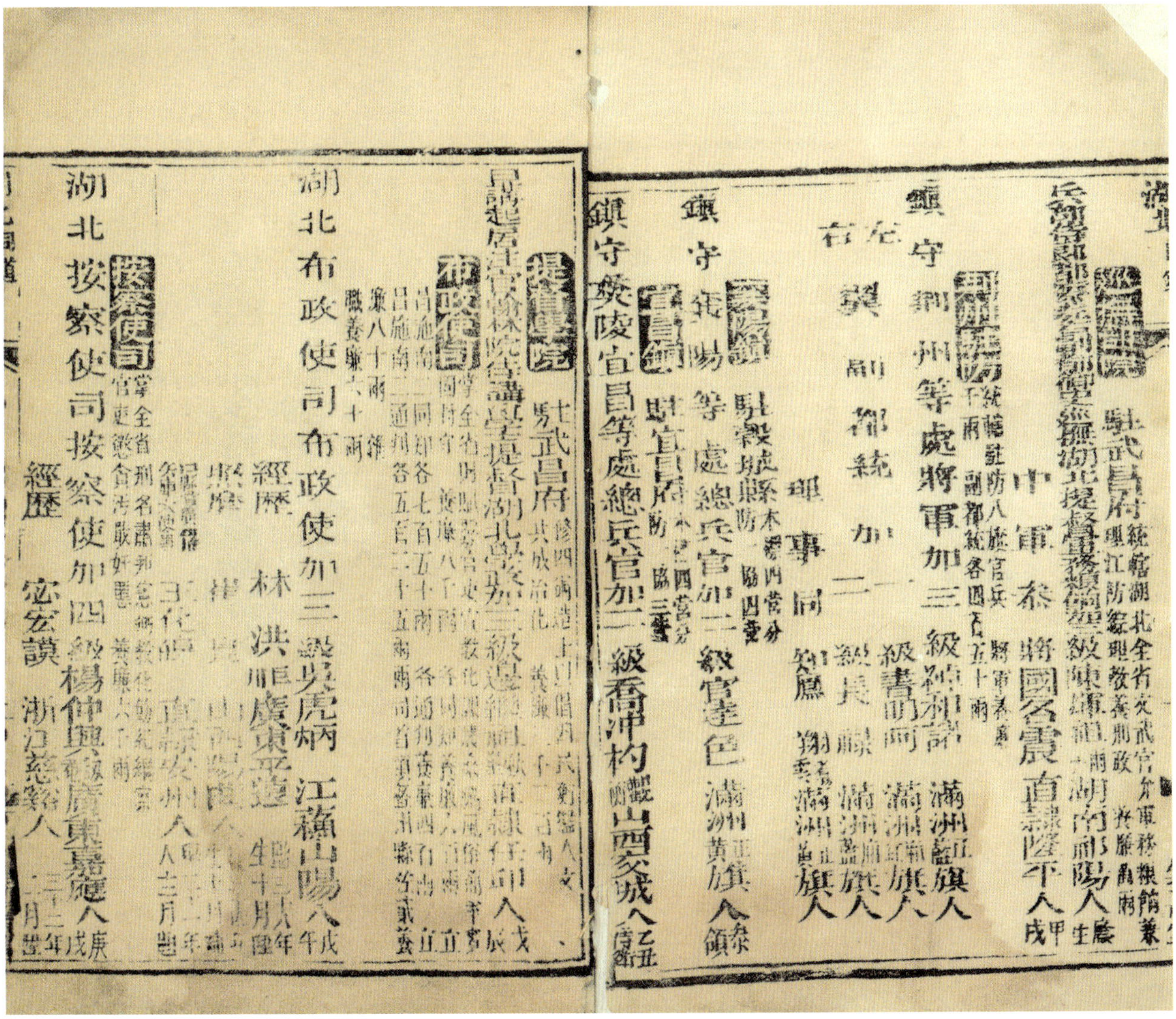

框高 11.8 厘米，寬 8.7 厘米。分上、下二欄，白口，雙魚尾，四周雙邊。上魚尾上鎸各省及轄區名稱，下魚尾上鋟葉次、下有「崇壽堂」字樣。

《縉紳録》，爲全國職官録，今藏本衹見於湖北、湖南、山西、甘肅、四川等五地名録。

綫裝，一册，登録號 002714。書封左側題寫「康熙年間縉紳」。鈐「常熟縣/圖書館/藏書章」朱方印。

003004　今水經不分卷

（清）黄宗羲撰　清咸豐十一年（1861）翁曾源鈔本　清翁曾源録清翁同書校、題識　清翁曾源校并跋

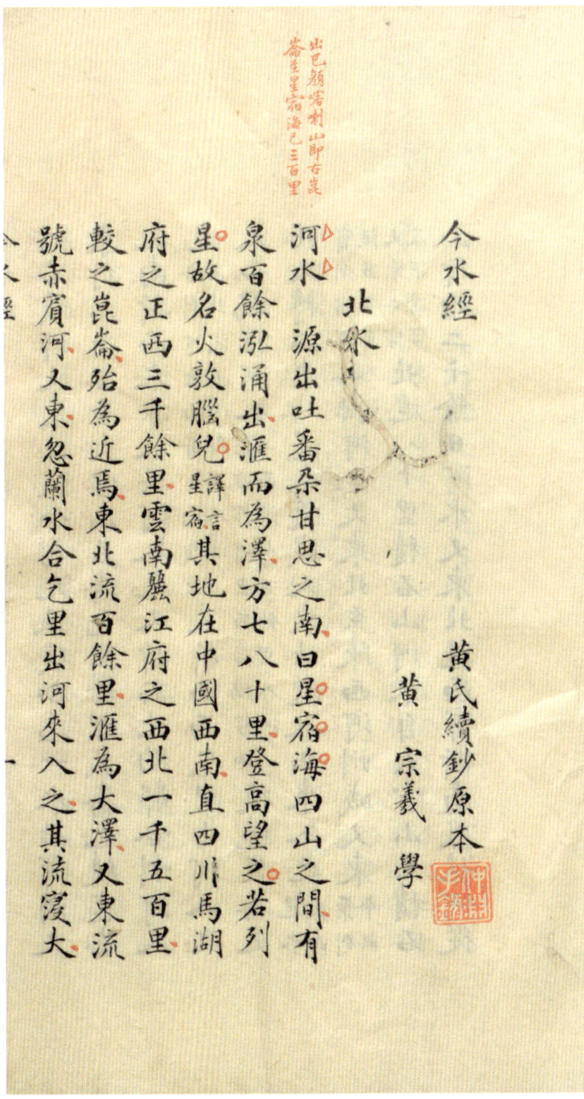

今水經　　　黄氏續鈔原本
黄　宗羲　學
北水
河水　源出吐番朶甘思之南曰星宿海四山之間有
泉百餘泓涌出滙而為澤方七八十里登高望之若列
星故名火敦腦兒（星宿譯言）其地在中國西南直四川馬湖
府之正西三千餘里雲南麗江府之西北一千五百里
較之崑崙殆為近焉東北流百餘里滙為大澤又東流
號赤賓河又東忽蘭水合乞里出河來入之其流寖大

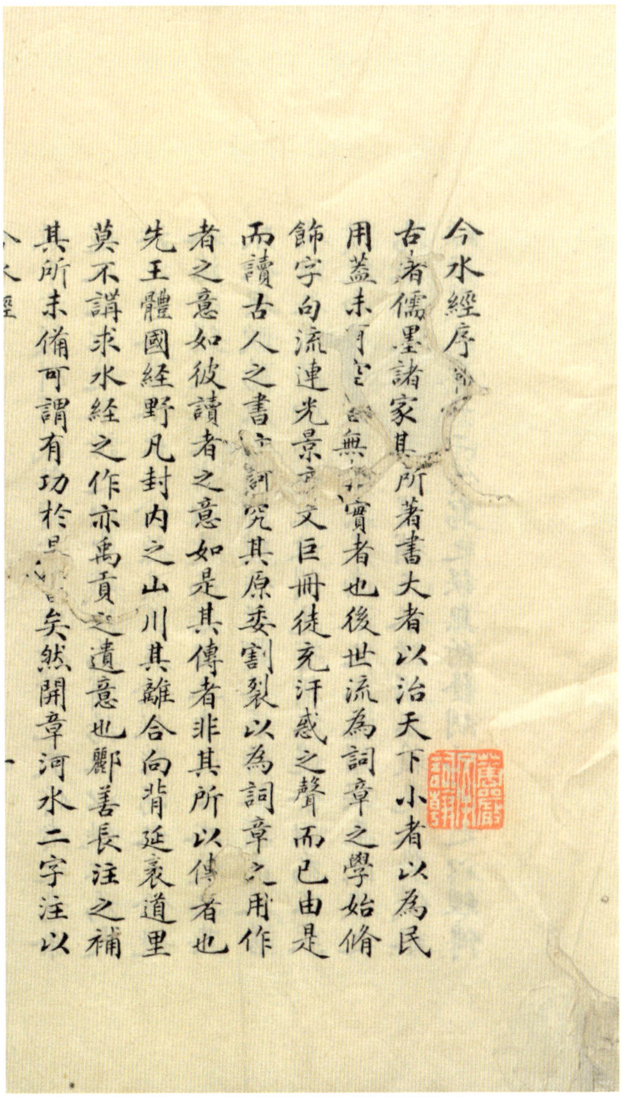

今水經序
古者儒墨諸家其所著書大者以治天下小者以為民
用蓋未有空言無事實者也後世流為詞章之學始脩
飾字句流連光景高文巨冊徒充汗感之聲而已由是
而讀古人之書亦不能究其原委割裂以為詞章之用作
者之意如彼讀者之意如是其傳者非其所以傳者也
先王體國経野凡封内之山川其離合向背延袤道里
莫不講求水経之作亦禹貢之遺意也酈善長注之補
其所未備可謂有功於是書矣然開章河水二字注以

黄宗羲（1610—1695），字太冲，一字德冰，號南雷，别號梨洲老人、梨洲山人、藍水漁人、魚澄洞主等，紹興府餘姚縣人。著述宏富，除《今水經》，又有《明儒學案》《宋元學案》《明夷待訪録》《明文海》《四明山志》《孟子師説》等。

卷端署「黄氏續鈔原本，黄宗羲學」。

正文前有甲辰除夕黄宗羲《今水經序》，次接《今水經表》。正文後有清乾隆癸巳閏三月上浣日黄璋跋，次接清咸豐七年二月翁同書題識，次接咸豐辛酉立秋日曾源跋。正文不分卷，以北水、南水分類。

綫裝，一册，登録號 003004。書封右下署「曾源敬藏」。鈐有「羼齋／學人」白方印、「仲淵／手録」白方印、「華嚴／室／詞翰」白方印、「祖庚／過眼」白方印、「臣印／曾源」白方印、「仲淵校／讀一過」朱長印、「常熟縣／圖書館／藏書章」朱方印等。

003033　貞觀政要十卷（存五卷）

（唐）吴兢撰　明洪武二十三年（1390）范氏遵正堂刻本

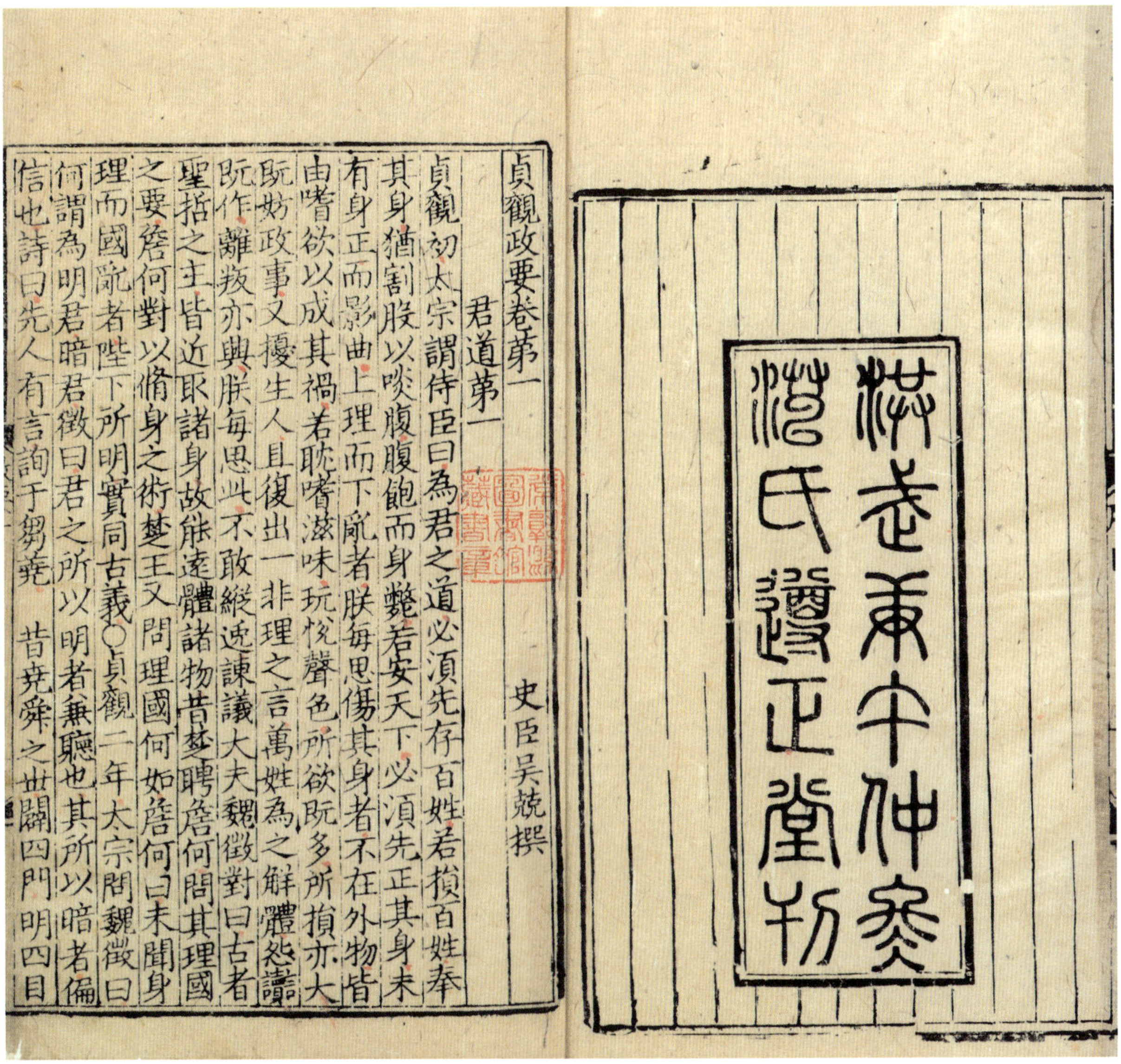

吴兢（670—749），汴州浚儀（今河南開封）人。曾官修文館學士、荆州司馬、台洪饒蘄四州刺史等。博經通史，除《貞觀政要》外，又著有《唐闕史》《開元升平源》《古樂府詞》等。事迹據兩《唐書》本傳。

框高19.3厘米，寬12.7厘米。半葉十三行，行二十四字，黑口，雙魚尾，四周雙邊。版心上鎸書名、卷次，下記葉次。

正文前有宋濂所撰《重刻貞觀政要序》，序末不署撰寫時間；次接吴兢所撰《上貞觀政要表》，亦不署撰寫時間；再接吴兢所撰《貞觀政要序》，《序》文末列目録。目録後有牌記，内容爲「洪武庚午仲冬/范氏遵正堂刊」。

綫裝，一册，登録號003033。入選第二批《國家珍貴古籍名録》，名録號03826。存五卷（卷一至五）。護葉上鈐「翁印/同龢」白方印，「叔平」朱方印。《重刻貞觀政要序》上鈐「明善堂/覽書/畫印記」白長印，「安樂堂/藏書記」朱長印，《上貞觀政要表》上鈐「鳴謙/堂記」「卑以/自牧」白方印。

003035　兩漢紀六十卷（存四十八卷）

（漢）荀悅、（晉）袁宏撰　明嘉靖二十七年（1548）黃姬水刻本

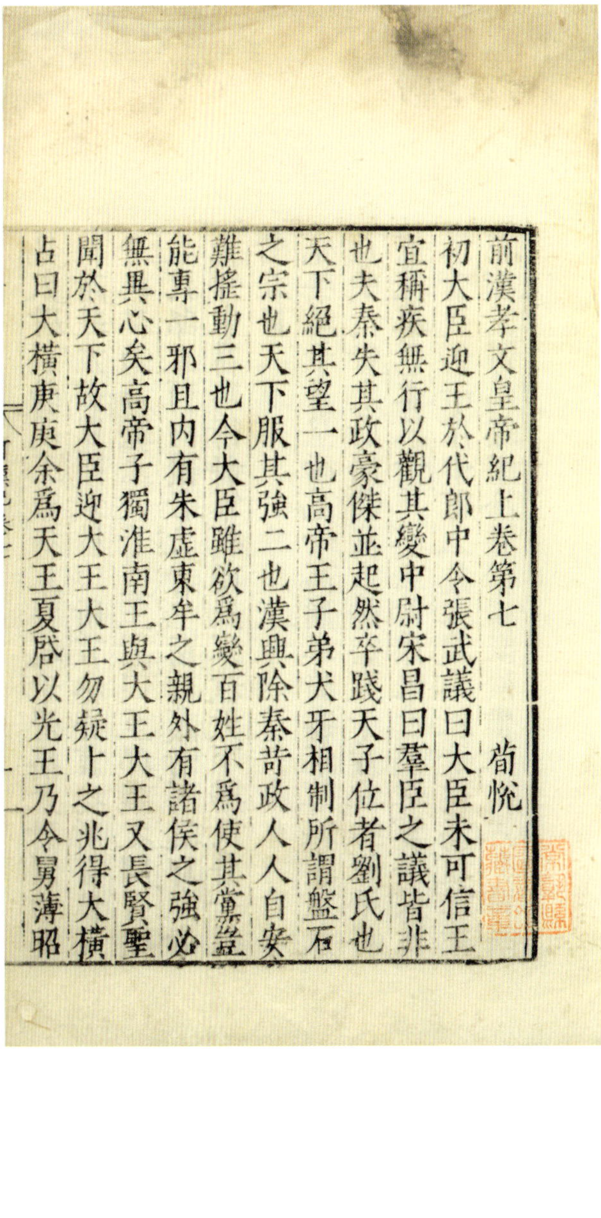

前漢孝文皇帝紀上卷第七　荀悅
初大臣迎王於代郎中令張武議曰大臣未可信王
宜稱疾無行以觀其變中尉宋昌曰羣臣之議皆非
也夫秦失其政豪傑並起然卒踐天子位者劉氏也
天下絕其望一也高帝王子弟犬牙相制所謂盤石
之宗也天下服其強二也漢興除秦苛政人人自安
難搖動三也今大臣雖欲為變百姓不為使其黨豈
能專一耶且內有朱虛東牟之親外有諸侯之強必
無異心矣高帝子獨淮南王與大王大王又長賢聖
聞於天下故大臣迎大王大王勿疑卜之兆得大橫
占曰大橫庚庚余為天王夏啓以光王乃令舅薄昭

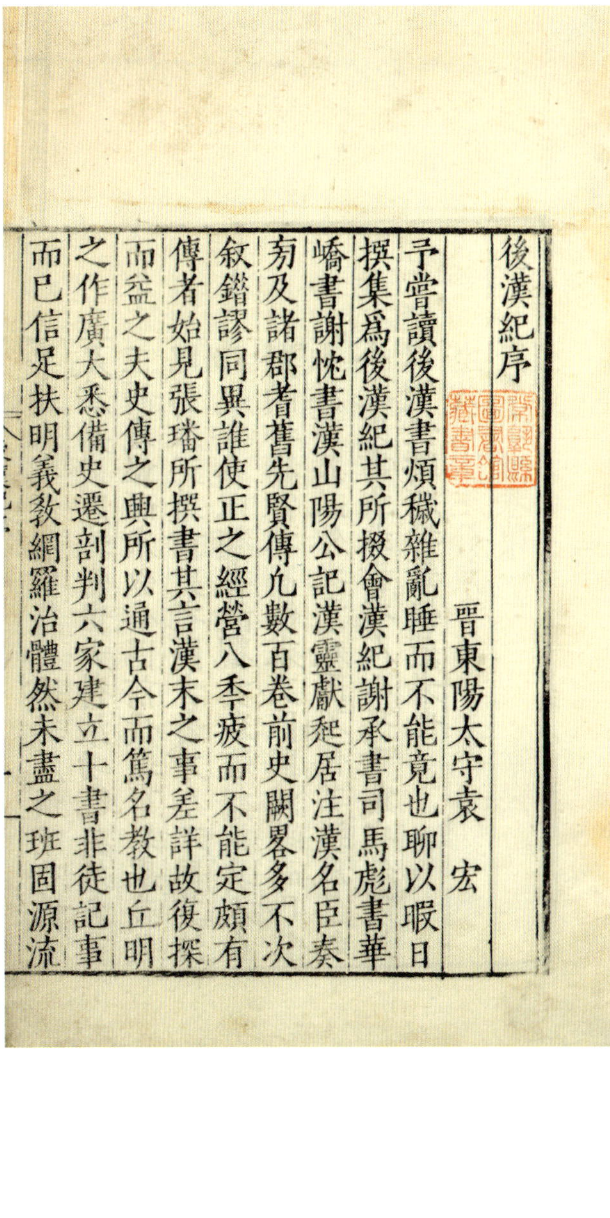

後漢紀序　晉東陽太守袁　宏
予嘗讀後漢書煩穢雜亂睡而不能竟也聊以暇日
撰集為後漢紀其所綴會漢紀謝承書司馬彪書華
嶠書謝忱書漢山陽公記漢靈獻起居注漢名臣奏
旁及諸郡耆舊先賢傳凡數百卷前史闕略多不次
敘錯謬同異誰使正之經營八年疲而不能定頗有
傳者始見張璠所撰書其言漢末之事差詳故復探
而益之夫史傳之興所以通古今而篤名教也丘明
之作廣大悉備史遷剖判六家建立十書非徒記事
而已信足扶明義教綱羅治體然未盡之班固源流

《兩漢紀》，係《漢紀》（又稱《前漢紀》）與《後漢紀》合稱。《前漢紀》，荀悦撰；《後漢紀》，袁宏撰。

荀悦（148—209），字仲豫，東漢潁川潁陰（今河南許昌市）人。靈帝時，隱居不出。獻帝時，任黄門侍郎，纍遷至秘書監、侍中。除《漢紀》外，又著有《申鑒》《崇德》等。

袁宏（327—376），字彦伯，東晋陽夏（今河南太康縣）人。謝尚引爲參軍，纍遷大司馬桓温府記室，後自吏部郎出爲東陽太守。著有《後漢紀》。

黄姬水（1509—1574），字志淳，江蘇長洲（今屬蘇州）人。

框高 19.2 厘米，寬 14.1 厘米。半葉十一行，行二十字，白口，上單白魚尾，左右雙邊。版心中鐫書名及卷數，下記葉次。

《前漢紀》首册正文前有《刻兩漢紀序》及袁宏《前漢紀序》，《後漢紀》首册正文前有袁宏《後漢紀序》。《前漢紀》，斷代編年體史書，取材并簡化《漢書》而成。正文三十卷，分十二帝紀，其中《高祖紀》四卷、《惠帝紀》一卷、《高后紀》一卷、《文帝紀》二卷、《景帝紀》一卷、《武帝紀》六卷、《昭帝紀》一卷、《宣帝紀》四卷、《元帝紀》三卷、《成帝紀》四卷、《哀帝紀》二卷、《平帝紀》一卷。《後漢紀》著述體例及論斷，全仿荀悦《前漢紀》爲之，亦爲三十卷，分爲十一帝紀，其中《光武帝紀》八卷、《明帝紀》二卷、《章帝紀》二卷、《和帝紀》二卷、《殤帝紀》一卷、《安帝紀》二卷、《順帝紀》二卷、《質帝紀》一卷、《桓帝紀》二卷、《靈帝紀》三卷、《獻帝紀》五卷。

綫裝，八册，其中五册爲《後漢紀》，登録號 003035。入選第三批《國家珍貴古籍名録》，名録號 07695。《前漢紀》三册殘損嚴重，存卷一至卷十二、卷二十五至卷三十。各册書根題寫書名「荀悦漢紀」或「袁宏漢紀」，并標注册次。鈐「常熟縣／圖書館／藏書章」朱方印。

003173　唐書二百五十卷（存七卷）

（宋）歐陽修　宋祁等撰　元刻明修本

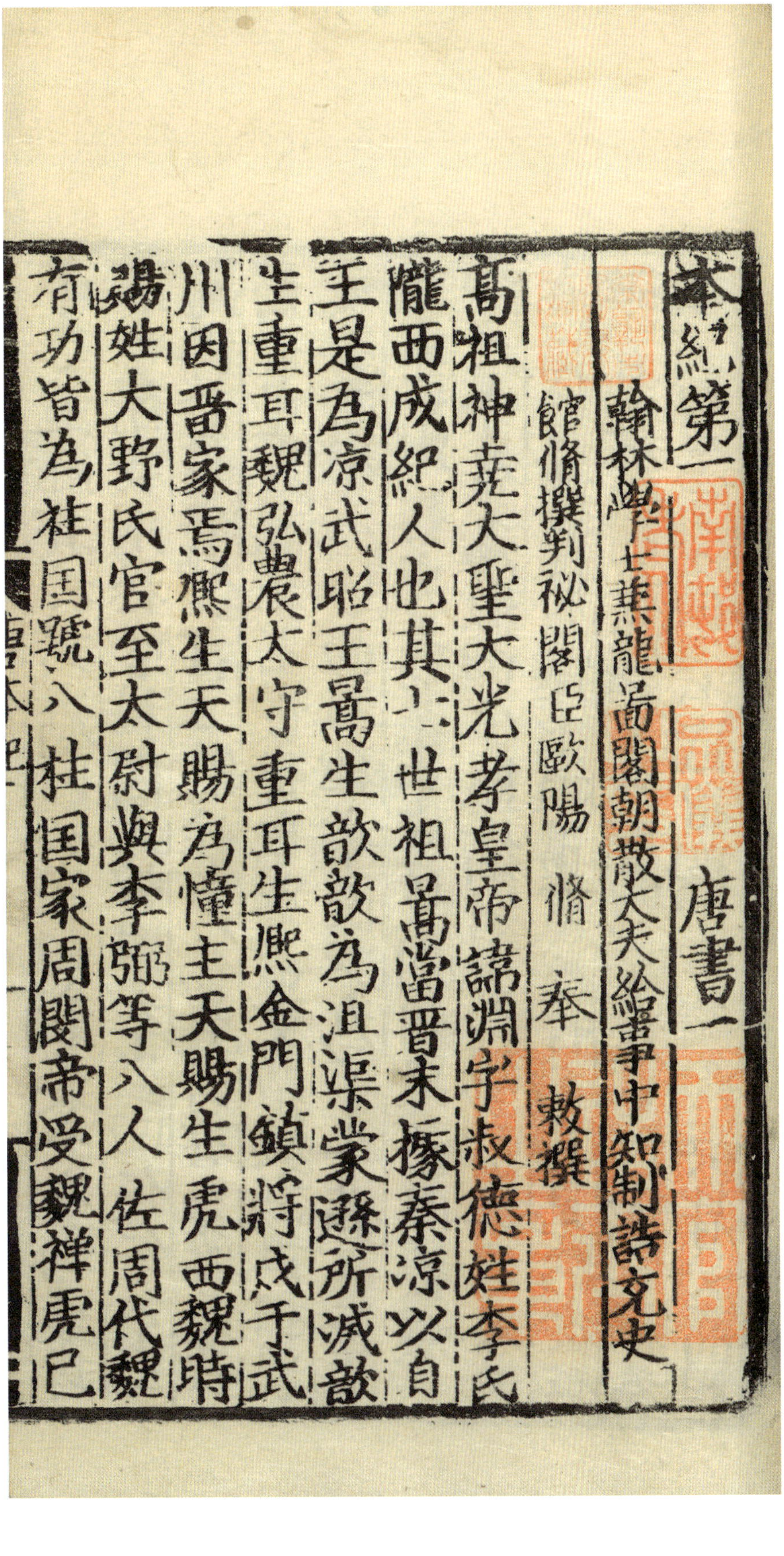

歐陽修（1007—1072），字永叔，自號醉翁，晚號六一居士，廬陵（今江西吉安）人。宋仁宗天聖中舉進士，纍官至樞密副使、參知政事，以太子少師致仕。卒謚文忠。工詩文，有《歐陽文忠公集》存世。

宋祁（998—1061），字子京，湖北安陸人。

框高19.4厘米，寬13.3厘米。半葉十行，行十九字，小字雙行同，大黑口，上單黑魚尾，左右雙邊。版心中間上方録書名、卷次，下記葉次。版心下有字數和刻工。

正文前有宋嘉祐五年（1060）六月曾公亮上表，次接目録卷上、目録卷下。卷端小題在上，大題在下。正文存七卷：卷一、卷五十五至卷五十八。

綫裝，二册，登録號003173。入選第二批《國家珍貴古籍名録》，名録號02763。卷端鈐「南村／老人」朱長印、「宗儀／之印」朱方印、「天官／造士／之章」白方印。

003515　歐東政録□卷（存二卷）

（明）項喬撰　明嘉靖萬曆間刻本

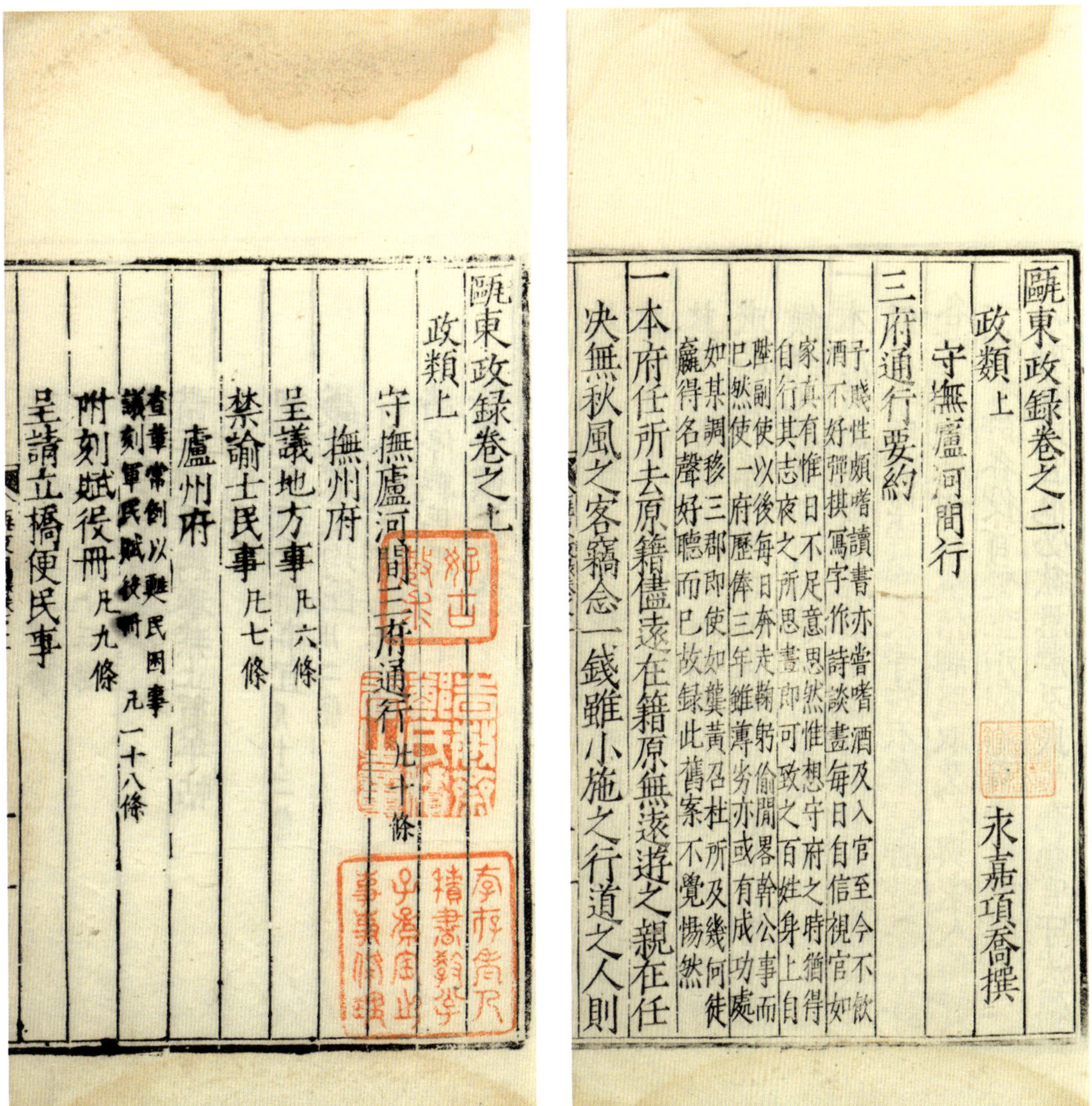

項喬（1494—1553），字遷之，浙江永嘉七甲（今浙江温州龍灣區）人。明嘉靖八年（1529）進士，仕至廣東參政。

框高20.2厘米，寬13.5厘米。半葉十行，行二十字，白口，單魚尾，四周雙邊。版心中間鎸書名及卷次，下記葉次。

正文前後無序跋。正文存二卷，即卷二政類上、卷三政類下，係項喬嘉靖間守撫州、廬州、河間三府之通行文件，有書判、公約、文告之類，涉及内地土地兼并、社會治安、賦税徭役及東南海防等内容。

綫裝，二册，登録號003515。入選第三批《國家珍貴古籍名録》，名録號08137。鈐「好古／敏求」朱方印、「時敏齋／鄭氏積／書之章」白方印、「存存老人／積書教子／子孫寶之／事事□理」朱方印、「常熟市／圖書／館藏」朱方印。

003535　薛文清公行實録五卷

（明）王鴻輯　明萬曆重刻本

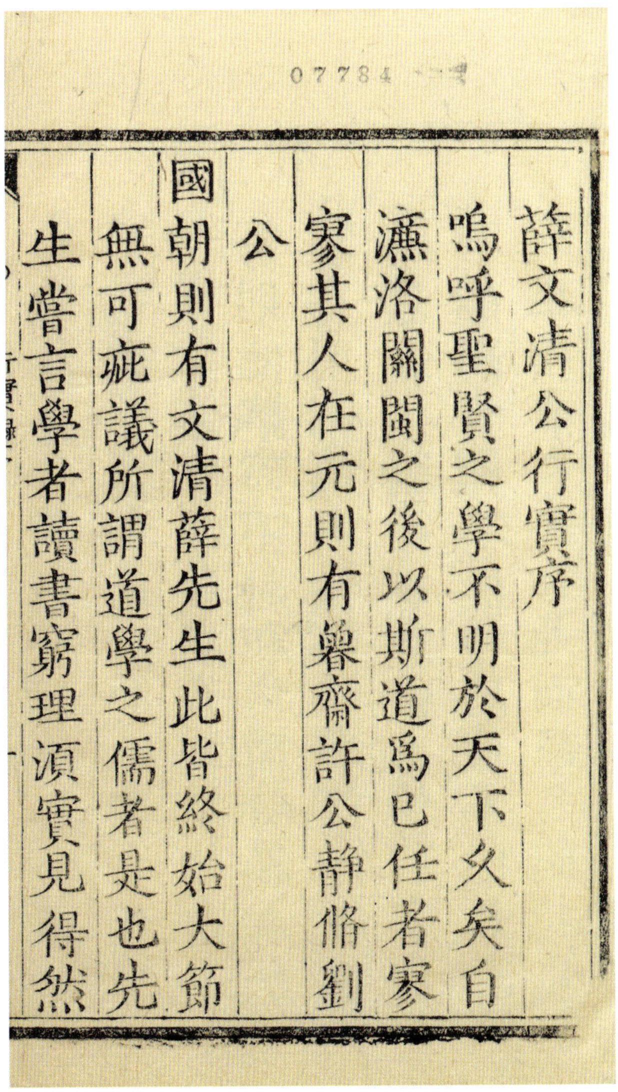

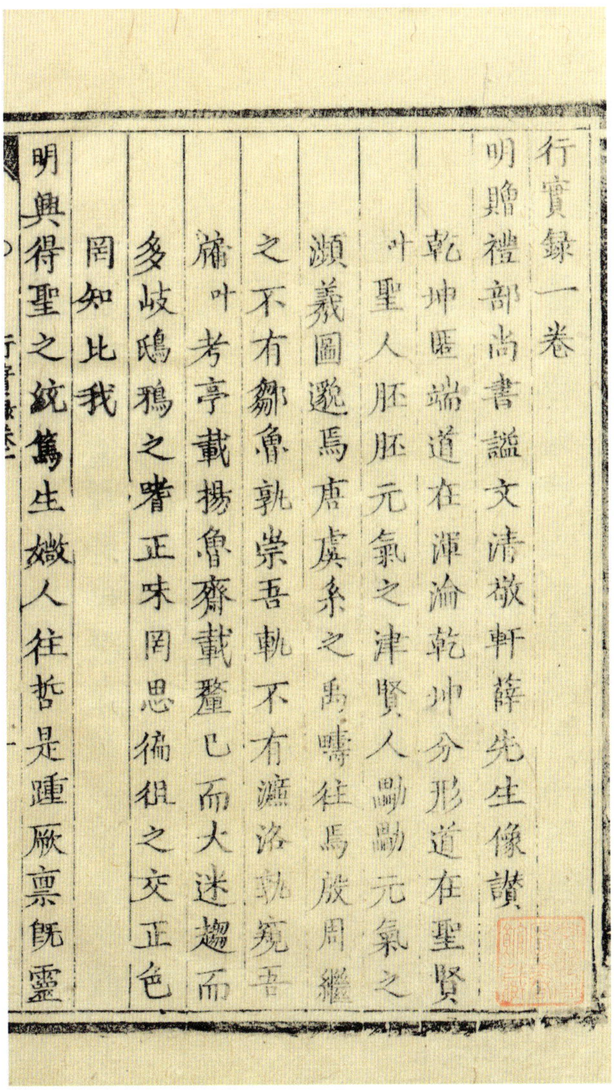

王鴻，生卒年不詳，山西河津人。薛瑄曾孫婿。

薛瑄（1389—1464），字德温，號敬軒。明永樂進士，宣德中授御史。謚文清。

框高 20.5 厘米，寬 13.8 厘米。半葉十行，行十八字，小字雙行同，白口，上單黑魚尾鎸於版心頂端，四周雙邊。版心中鎸書名「行實録」及卷次，下記葉次。

正文前有《薛文清公行實序》，末署「正德六年歲在辛未六月既望，賜進士出身資善大夫南京禮部尚書太原喬宇序」；次接總目，總目後有明萬曆十六年（1588）戊子中秋望日正學書院題識，列刊校者名録甚詳，「欽差巡按山西等處監察御史宜興吴達可重刊，河津縣知縣延慶張紹文、縣丞濟寧韓之臣、主簿祁州王東明、典史九江饒文煒監修，儒學署教諭郃陽王三策、訓導河州王從直督校，河津生員周德恭纂校」。正文凡五卷，卷一文清公像贊、行狀、碑銘、事實，卷二從祀疏類，附祭文，卷三記類，卷四序類，卷五諸公、門人叙述文，遺事，祠堂柱聯，薛氏歷世科貢傳芳圖，奏請先生從祀人姓名。卷一、卷二、卷五末皆鎸「安邑後學張弢重校」。

綫裝，四册，登録號 003535。鈐「常熟市／圖書／館藏」朱方印。

003584　資治通鑑二百九十四卷

（宋）司馬光撰　明嘉靖二十三至二十四年（1544—1545）孔天胤刻明萬曆十四年（1586）蘇濬重修本

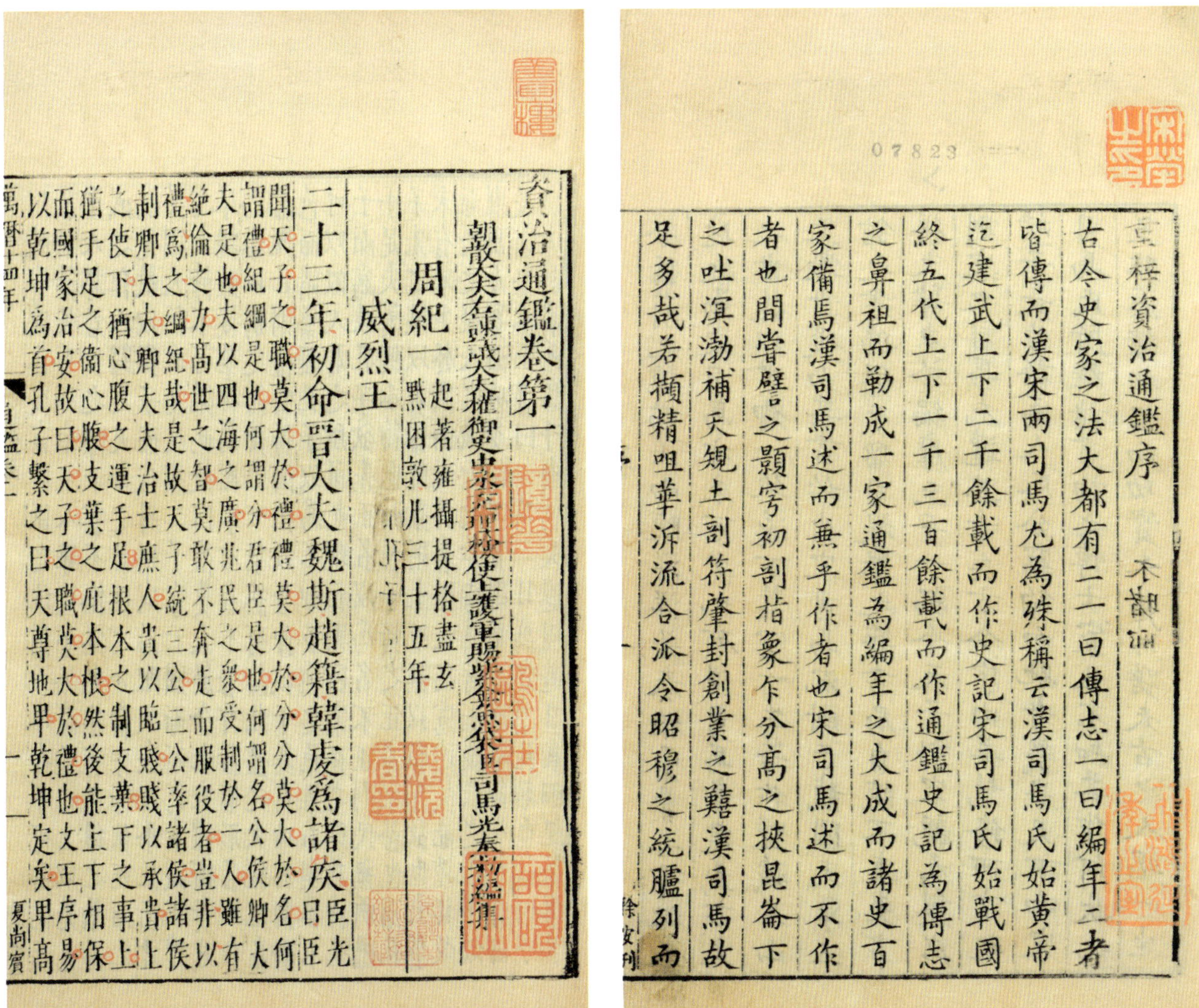

重梓資治通鑑序

古今史家之法大都有二一曰傳志一曰編年二者
皆傳而漢宋兩司馬氏尤為殊稱云漢司馬氏始黃帝
迄建武上下二千餘載而作史記宋司馬氏始戰國
終五代上下一千三百餘載而作通鑑史記為傳志
之鼻祖而勒成一家通鑑為編年之大成而諸史百
家備焉漢司馬述而兼乎作者也宋司馬述而不作
者也間嘗譬之顥穹初剖指象乍分高之挾昆侖下
之吐溟渤補天覘土剖符肇封創業之藉漢司馬故
足多哉若擷精咀華泝流合派令昭穆之統臚列而

資治通鑑卷第一

朝散大夫右諫議大夫權御史中丞充理檢使上護軍賜紫金魚袋臣司馬光奉敕編集

周紀一　起著雍攝提格盡玄黓困敦凡三十五年

威烈王

二十三年初命晉大夫魏斯趙籍韓虔為諸侯臣光曰臣
聞天子之職莫大於禮禮莫大於分分莫大於名何
謂禮紀綱是也何謂分君臣是也何謂名公侯卿大
夫是也夫以四海之廣兆民之衆受制於一人雖有
絕倫之力高世之智莫敢不奔走而服役者豈非以
禮為之綱紀哉是故天子統三公三公率諸侯諸侯
制卿大夫卿大夫治士庶人貴以臨賤賤以承貴上
之使下猶心腹之運手足根本之制支葉下之事上
猶手足之衛心腹支葉之庇本根然後能上下相保
而國家治安故曰天子之職莫大於禮也文王序易
以乾坤為首孔子繫之曰天尊地卑乾坤定矣卑高

司馬光（1019—1086），字君實，號迂夫，陝州夏縣（今屬山西）人。孔天胤（1504—？），字汝錫，號文谷，山西汾州（今山西汾陽縣）人。

蘇濬（1542—1599），字君禹，號紫溪，福建泉州晋江人。

卷端署「朝散大夫右諫議大夫權御史中丞充理檢使上護軍賜紫金魚袋臣司馬光奉敕編集」。

框高20.7厘米，寬15.2厘米。半葉十行，行二十字，白口，單魚尾，左右雙邊。版心上鎸「萬曆十四年」，版心中間録書名及卷次，版心中間下方鎸葉次，葉次下鎸諸刻工姓名。

正文前有《重梓資治通鑑序》，署「萬曆丙戌秋九月，清源蘇濬」；次接《題辭》，不著撰人；再接目録。正文後有《重修資治通鑑跋》，署「萬曆十四年秋九月吉旦，後學仁和趙應元」。正文二百九十四卷，其中《周紀》五卷，《秦紀》三卷，《漢紀》六十卷，《魏紀》十卷，《晋紀》四十卷，《宋紀》十六卷，《齊紀》十卷，《梁紀》二十二卷，《陳紀》十卷，《隋紀》八卷，《唐紀》八十一卷，《後梁紀》六卷，《後唐紀》八卷，《後晋紀》六卷，《後漢紀》四卷，《後周紀》五卷，上起戰國，下終五代，凡一千三百六十二年。

綫裝，八十册，登録號003584。入選第三批《國家珍貴古籍名録》，名録號07594。有朱筆批校。首册序首鈐「宋犖／之印」白方印，「飛鴻延／老之寶」朱長印，正文卷端鈐「舊山樓」朱長印、「鏡花／閣」白方印、「鷗莊」朱長印、「皕硯／齋」朱方印、「常熟市／圖書／館藏」朱方印等。

003806　東漢史删三十三卷

（南朝宋）范曄撰　（明）茅國縉删　明萬曆三十一年（1603）刻本

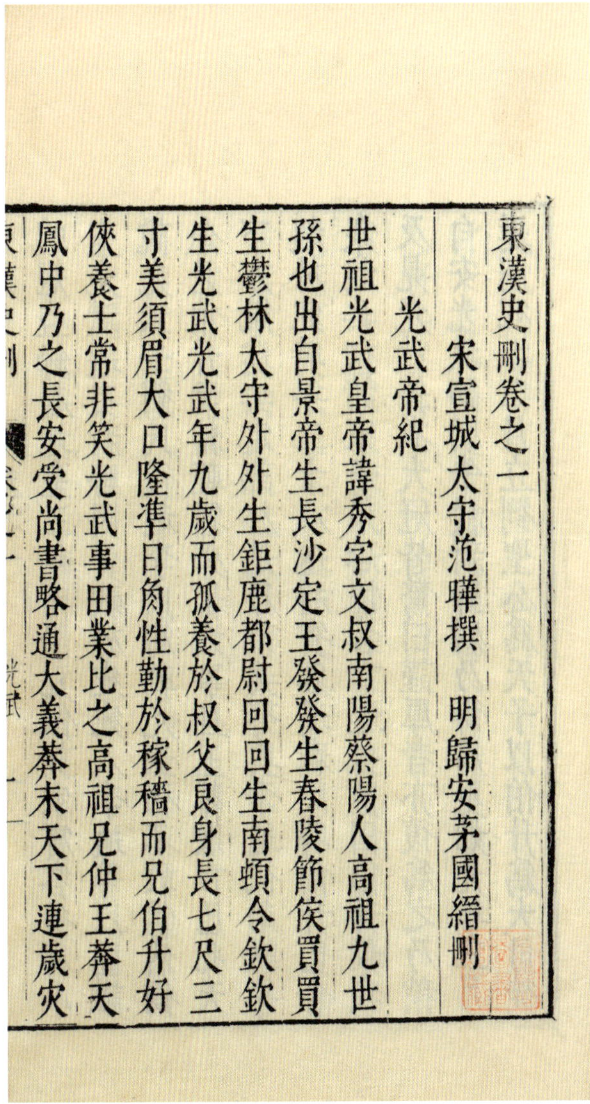
東漢史删卷之一
宋宣城太守范曄撰　明歸安茅國縉删
光武帝紀
世祖光武皇帝諱秀字文叔南陽蔡陽人高祖九世
孫也出自景帝生長沙定王發發生舂陵節侯買買
生鬱林太守外外生鉅鹿都尉回回生南頓令欽欽
生光武光武年九歲而孤養於叔父良身長七尺三
寸美須眉大口隆準日角性勤於稼穡而兄伯升好
俠養士常非笑光武事田業比之高祖兄仲王莽天
鳳中乃之長安受尚書略通大義莽末天下連歲灾

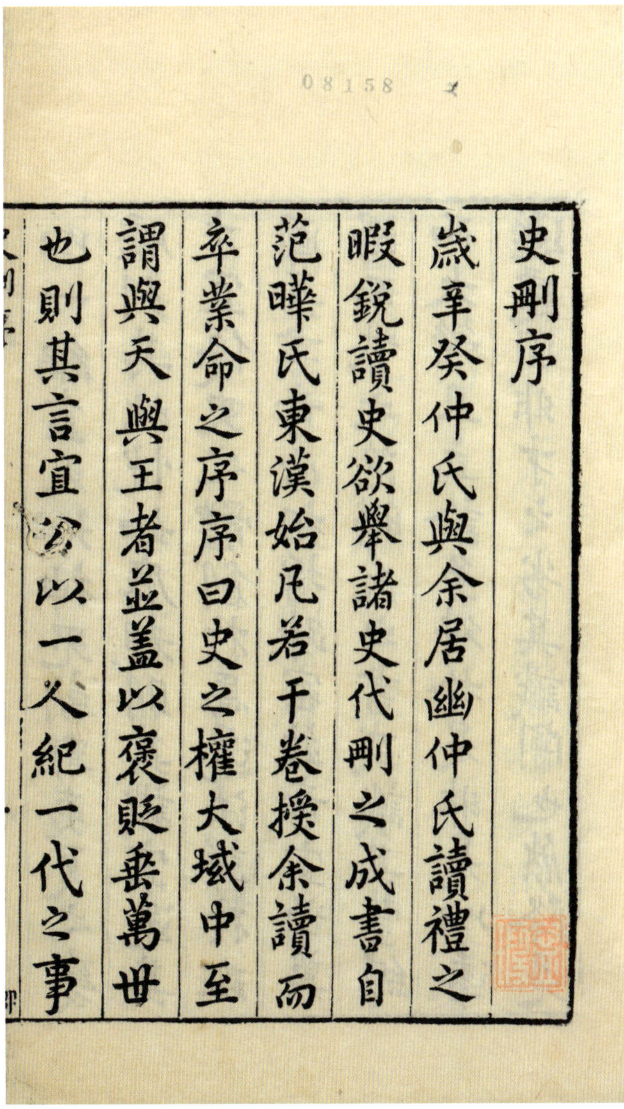
史删序
歲辛癸仲氏與余居幽仲氏讀禮之
暇鋭讀史欲舉諸史代删之成書自
范曄氏東漢始凡若干卷授余讀而
卒業命之序序曰史之權大域中至
謂與天與王者並蓋以褒貶垂萬世
也則其言宜必以一人紀一代之事

范曄（398—445），字蔚宗，順陽（今河南南陽）人。博學經史，善文章，通音律。博采諸家之長而成《後漢書》。

茅國縉（1555—1607），字薦卿，號二岑，浙江歸安（今屬湖州）人。明萬曆十一年（1583）進士。著有《晋史删》等。

卷端署「宋宣城太守范曄撰，明歸安茅國縉删」。

框高 19.8 厘米，寬 14.1 厘米。半葉十行，行二十字，小字雙行同，白口，上單黑魚尾，左右雙邊。版心上鎸書名「東漢史删」，中記卷次，下記葉次，卷次與葉次之間以小字鎸傳主姓名，葉次下有刻工姓氏。

首册書封有題簽，鎸書名「東漢史删」，各册書根題寫書名及册數。正文前有萬曆三十一年（1603）癸卯季夏茅維《史删序》，次接凡例，次接目録。正文凡三十三卷，記事自漢建武元年（25）起，傳及十二帝至漢建安二十五年（220）丙申，凡一百九十五年。

綫裝，六册，登録號 003806。鈐「竖/瑕」白方印、「常熟市/圖書/館藏」朱方印。

003905　史記一百三十卷

（漢）司馬遷撰　（南朝宋）裴駰集解　（唐）司馬貞索引　（唐）張守節正義　明萬曆二十四年（1596）刻本

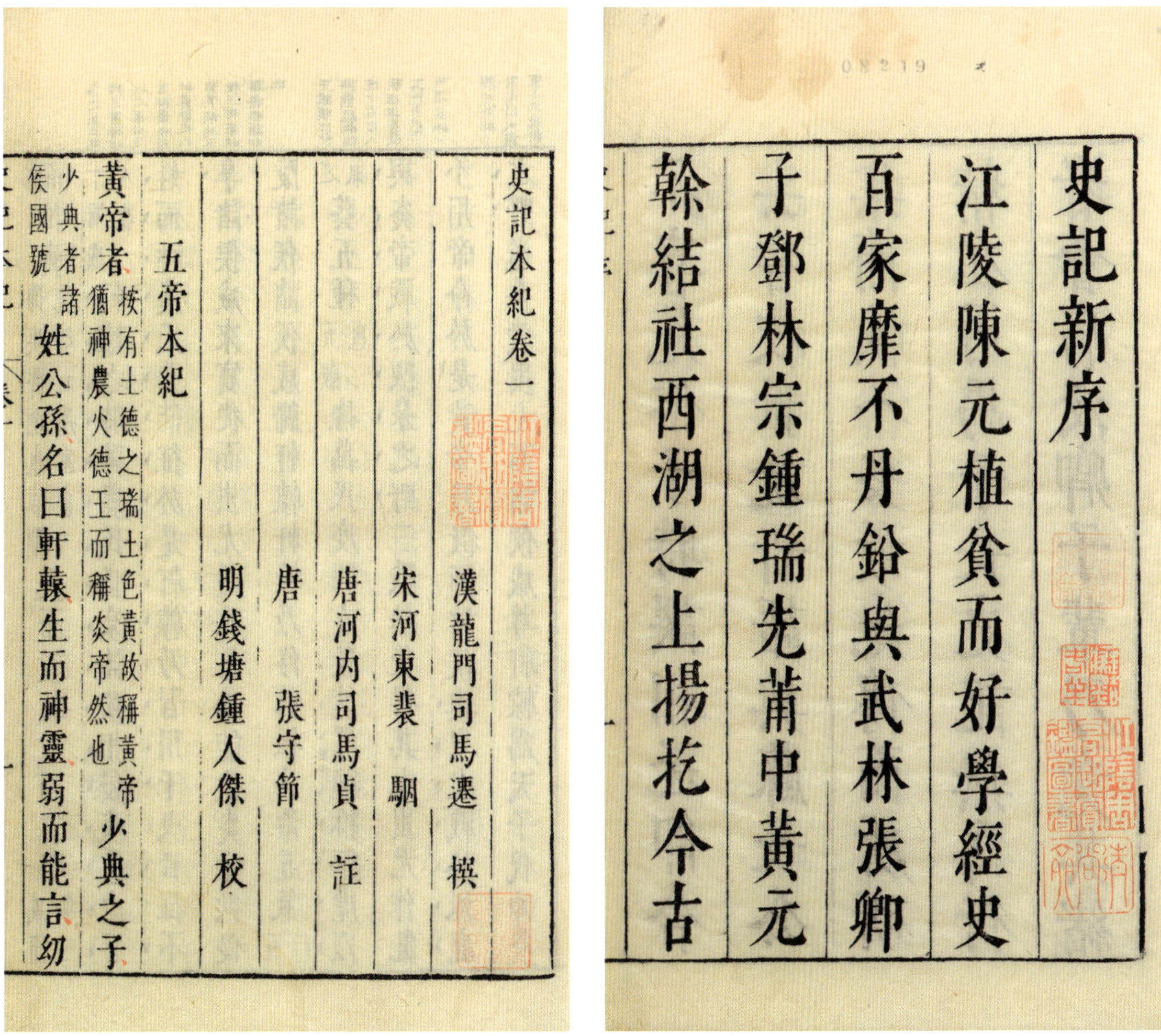

史記新序
江陵陳元植貧而好學經史
百家靡不升鈴與武林張卿
子鄧林宗鍾瑞先黃中黃元
幹結社西湖之上揚扢今古

史記本紀卷一
漢龍門司馬遷 撰
宋河東裴 駰
唐河内司馬貞 註
唐 張守節
明錢塘鍾人傑 校
五帝本紀
黃帝者按有土德之瑞土色黃故稱黃帝猶神農火德王而稱炎帝然也 少典之子少典者諸侯國號 姓公孫名曰軒轅生而神靈弱而能言幼

司馬遷生平事迹見前《史記》（000225）。

有書名葉，雙行大字題書名「合諸名家評注批點史記」。

框高21.5厘米，寬14.9厘米。半葉九行，行二十字，小字雙行同，白口，上單白魚尾，四周單邊。版心魚尾上鐫書名及卷目，如「史記本紀」「史記列傳」「史記年表」等，魚尾下録卷次，再下記葉次。天頭附刻諸家注評。

正文前有《史記新序》，末署「大泌山人李維楨本寧父撰」；次接《校刻史記序》，末署「錢唐鍾人傑撰」；次接《史記監本序》，末署「明萬曆二十四年龍集丙申秋七月既望，朝列大夫南京國子監祭酒檇李馮夢禎謹序」；次接《史記監本序》，末署「萬曆丙申仲秋之望，司業江夏黄汝良謹序」；次接《史記評林序》，末署「吴郡王世貞撰」；次接《史記評林序》，末署「萬曆四年丙子冬十二月朔，歸安茅坤書」；次接《史記評林序》，末署「萬曆五年歲丁丑八月之吉，賜進士出身中奉大夫江西布政使司右布政使天目徐中行撰」；次接《史記凡例》十三條，末署「武林後學鍾人傑識」；次接《評史諸家姓氏》；次接《讀史諸家總評》；次接小司馬氏《補史記序》；次接司馬貞撰并注《史記補·三皇本紀》；次接司馬貞《史記索隱後序》；次接裴駰《史記集解序》；次接張守節《史記正義序》；次接張守節《史記正義謚法解》；次接張守節《史記正義論例》；次接張守節《史記正義列國分野》；次接史記世系圖、地理圖；次接《史記目録》。

綫裝，十八册，登録號003905。各册書根題寫各册卷目及册次。有佚名朱筆批點。書名葉鈐有「實價紋／銀四兩」朱方印、「江陰周／高起賞／鑒藏書」白長印、「本衙費資千兩□／□百家如有射利／□□翻刊混亂千／里定行究治」朱長印、「武林讀書／坊藏板記」朱長印、「兩漢書校梓／將竣附白」朱長印。集中又鈐「江陰周／高起賞／鑒藏書」白長印、「清／尚／齋」朱長印、「痴點／各半」陰陽印、「常熟市／圖書／館藏」朱方印。

004070　國朝漢學師承記八卷附國朝經師經義目錄一卷

（清）江藩撰　清嘉慶二十五年（1820）黄信仲刻本　清王振聲批校并跋

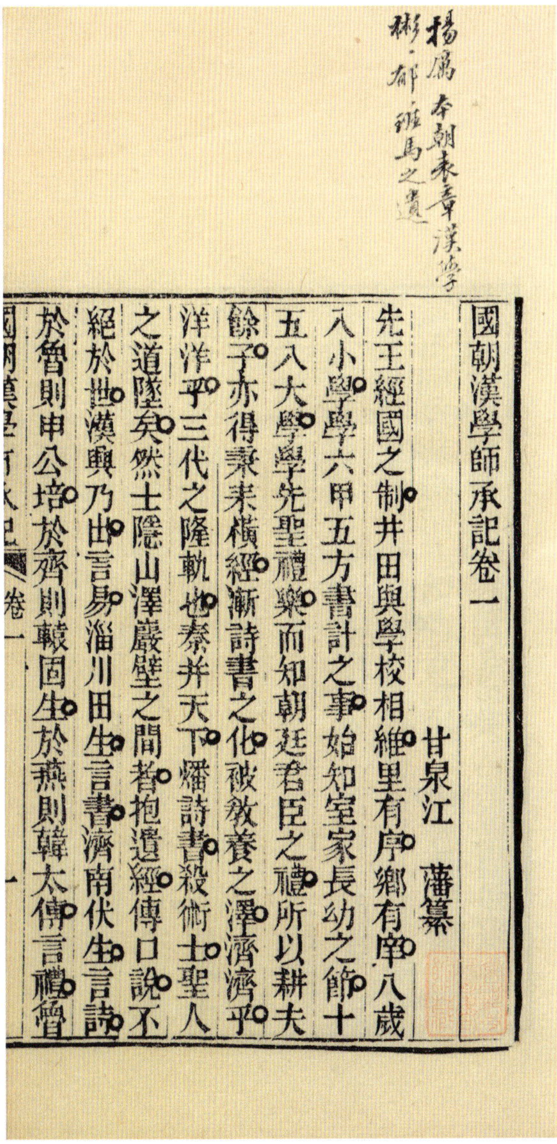
國朝漢學師承記卷一
甘泉江藩纂
先王經國之制井田與學校相維里有序鄉有庠八歲
入小學學六甲五方書計之事始知室家長幼之節十
五入大學學先聖禮樂而知朝廷君臣之禮所以耕夫
餘子亦得秉耒橫經漸詩書之化被教養之澤濟濟乎
洋洋乎三代之隆軌也秦并天下燔詩書殺術士聖人
之道墜矣然士隱山澤巖壁之間者抱遺經傳口說不
絕於世漢興乃出言易淄川田生言書濟南伏生言詩
於魯則申公培於齊則轅固生於燕則韓太傅言禮魯

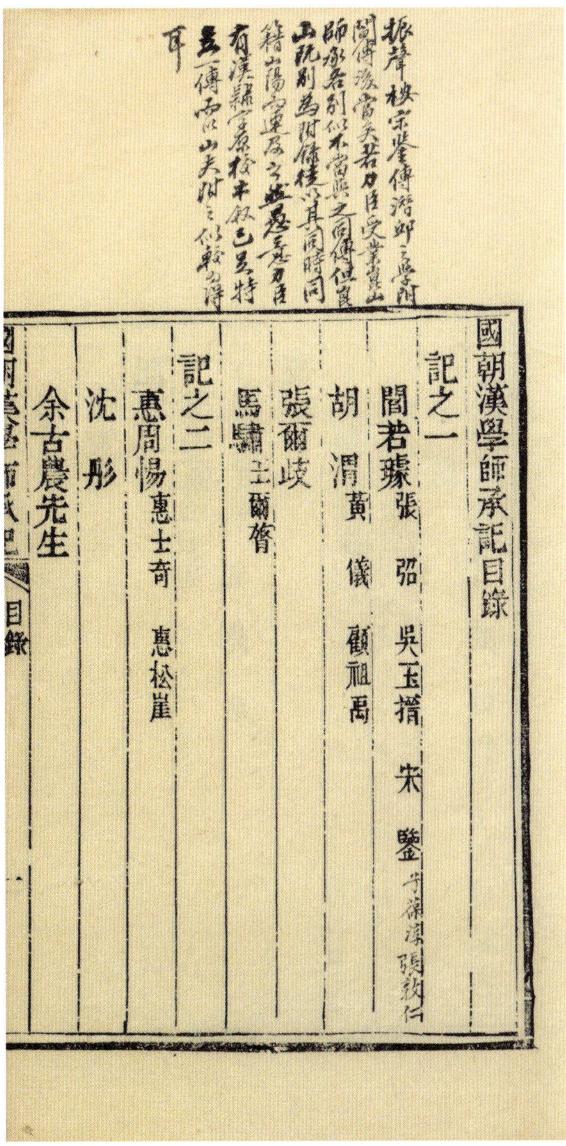
國朝漢學師承記目錄
記之一
閻若璩　張弨　吳玉搢　宋鑒
胡渭　黃儀　顧祖禹
張爾岐
馬驌　王爾膂
記之二
惠周惕　惠士奇　惠松崖
沈彤
余古農先生

江藩（1761—1831），字子屏，號鄭堂，晚署節甫老人，甘泉（今江蘇揚州）人。監生。惠棟再傳弟子。博覽群經，長於考據。除《漢學師承記》外，又著有《周易補述》《爾雅小箋》《宋學淵源記》《炳燭室雜文》《國朝經師經義目録》等。

有書名葉，右上小字題「嘉慶戊寅刊」，中間大字雙行題書名「國朝漢學／師承記」，左上小字題「江都胡培篆」，左下小字題「揚州藝古堂藏板」。卷八後鐫「儀徵阮榮少梅校」。

卷端署「甘泉江藩纂」。

框高 17.9 厘米。寬 13 厘米。半葉十行，行二十一字，白口，上單黑魚尾，四周雙邊。版心魚尾上鐫書名，下録卷次，版心下記葉次。

正文前有《國朝漢學師承記序》，末署「歲戊寅除夕，阮元序於桂林行館」；次接《序》，末署「嘉慶歲次庚辰五月，儀徵阮亨梅叔拜識於道南書房」；次接《紀略》；次接目録。正文凡八卷。正文後有跋，末署「嘉慶十有七年五月七日，後學汪喜孫識」。附録《國朝經師經義目録》一卷，卷末有辛未良月既望江鈞題識，云「家大人既爲《漢學師承記》之後，復以傳中所載諸家撰述，有不盡關經傳者，有雖關經術而不醇者，乃取其專論經術，而一本漢學之書，仿唐陸元朗《經典釋文傳注姓氏》之例，作《經師經義目録》一卷，附於記後」。

綫裝，四册，登録號 004070。有王振聲墨筆批校及校跋。目録後有王氏跋云「道光甲午赴試金陵，得此書於揚州書坊二西堂中，并得江君所撰補惠徵君周易述湲，又補刊徵君所撰易大義中中庸注一卷。重陽前二日讀此書一過，因志之。文村居士」。卷三後記「甲午九月初四日夜讀竹汀先生傳畢，時已二鼓矣。按，傳所載文皆見於《潛研堂集》經史答問中。寳之記」。卷四後記「道光甲午九月初五日讀至此。寳之記」。卷六後記「重陽前三日讀至此。文村居士」。附録卷末記「甲午重陽前二日讀竟」。

鈐「常熟市／圖書／館藏」朱方印。

004076　鍥兩狀元編次皇明要考六卷　（明）焦竑輯　**附一二考一卷**　（明）張復撰　明萬曆舒承溪刻本

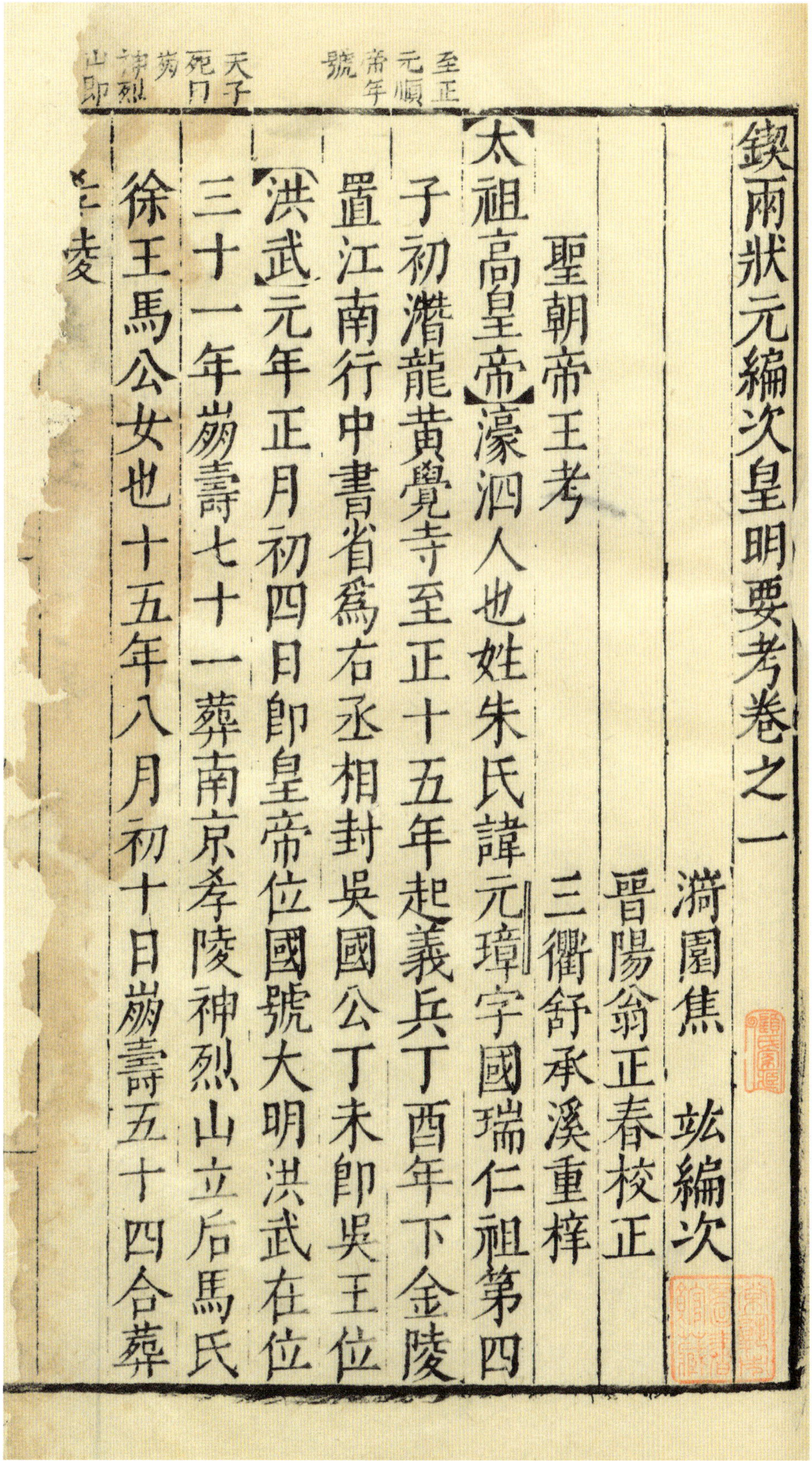

至正元順帝年號
天子死曰崩

鍥兩狀元編次皇明要考卷之一

濟園焦　竑編次
晉陽翁正春校正
三衢舒承溪重梓

聖朝帝王考

太祖高皇帝濠泗人也姓朱氏諱元璋字國瑞仁祖第四子初潛龍黃覺寺至正十五年起義兵丁酉年下金陵置江南行中書省爲右丞相封吳國公丁未卽吳王位洪武元年正月初四日卽皇帝位國號大明洪武在位三十一年崩壽七十一葬南京孝陵神烈山立后馬氏徐王馬公女也十五年八月初十日崩壽五十四合葬孝陵

焦竑（1540—1620），字弱侯，號澹園，江寧（今江蘇南京）人。明萬曆十七年（1589）以殿試第一人官翰林修撰。後爲東宮講官、福寧同知等。博極群籍，善爲古文，著有《淡園集》等。

翁正春（1553—1626），字兆震，福建侯官（今福建福州西）人。萬曆二十年（1592）進士，授修撰，纍遷禮部侍郎，明天啓初起爲禮部尚書。《明史》卷二一六有傳。

卷端署「弱侯焦竑編次，晋陽翁正春校正」。

框高24厘米，寬15.3厘米。半葉十一行，行二十二字，白口，上單黑魚尾，四周單邊。版心上鎸「皇明人物考」五字，中記卷次，下葉次。部分書葉版心下有「承溪」字樣。

正文前有萬曆二十二年（1594）甲午翰林院侍讀晋江九我李廷機撰《題皇明人物考序》，次接吴郡王世貞元美著《皇明考譜》，次接《大明臣論斷》，次接《國朝人物考名目》。正文分六卷，考證洪武至萬曆間君臣四百餘人事迹。正文後附《二二考》一卷，即張復《南倭考》《北虜考》。

綫裝，四册，登録號004076。有「顧氏/家藏」朱長印、「常熟市/圖書/館藏」朱方印

004118　廣東新語

二十八卷

（清）屈大均撰　清康熙三十九年（1700）水天閣刻本

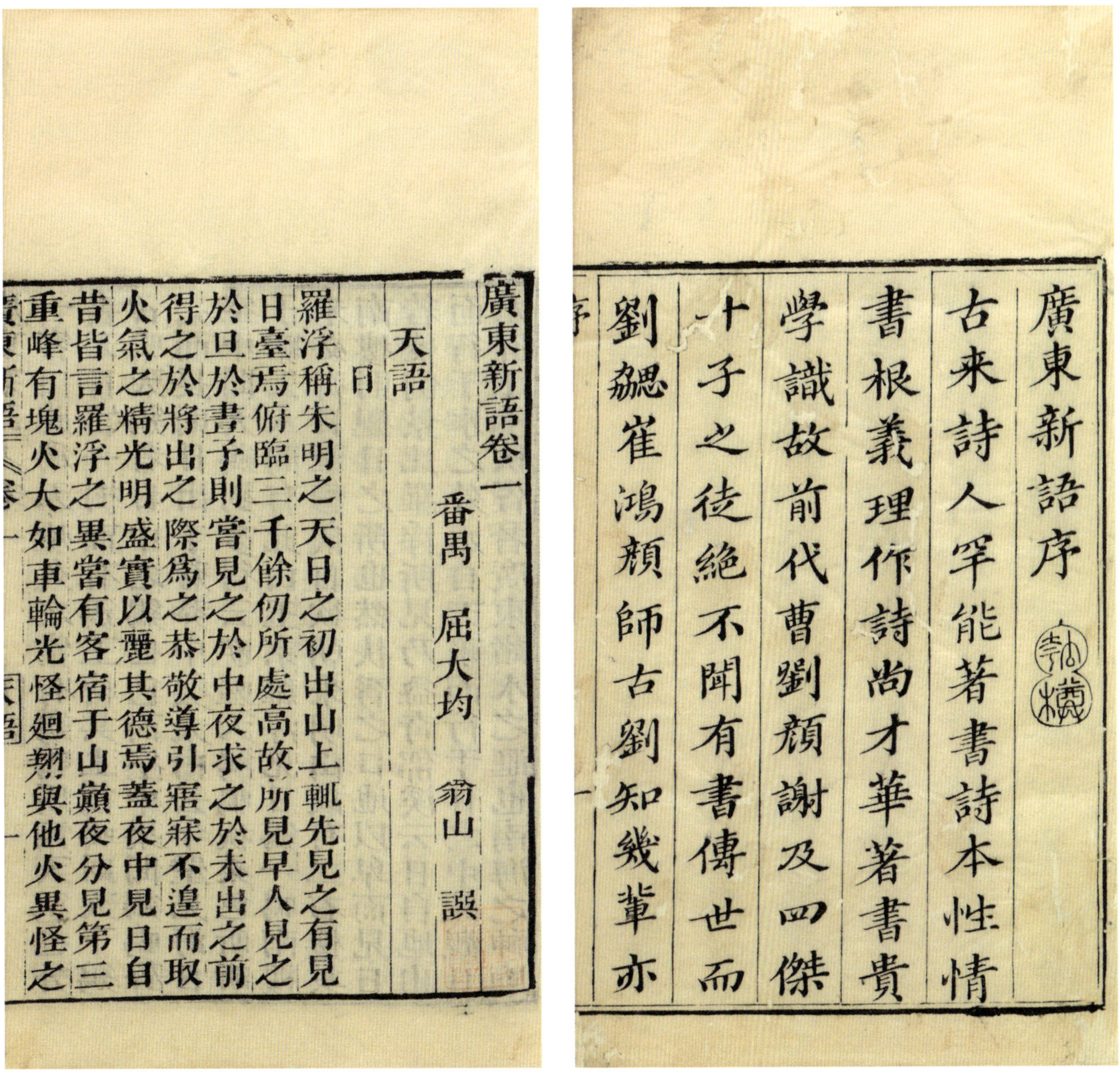
廣東新語序

古来詩人罕能著書詩本性情

書根義理作詩尚才華著書貴

學識故前代曹劉顏謝及四傑

十子之徒絶不聞有書傳世而

劉勰崔鴻顏師古劉知幾輩亦

序　一

廣東新語卷一

番禺　屈大均　翁山　譔

天語

日

羅浮稱朱明之天日之初出山上輒先見之有見

日臺焉俯臨三千餘仞所處高故所見早人見之

於旦於晝予則嘗見之於中夜求之於未出之前

得之於將出之際爲之恭敬導引寤寐不違而取

火氣之精光明盛實以壟其德焉蓋夜中見日自

昔皆言羅浮之異嘗有客宿于山巔夜分見第三

重峰有塊火大如車輪光怪廻翔與他火異怪之

廣東新語卷一　天語　一

屈大均（1629—1696），原名紹隆，字介子、華夫，號翁山，廣東番禺人。與陳恭尹、梁佩蘭并稱「嶺南三大家」。除《廣東新語》外，著有《翁山詩外》《翁山文外》《易外》《道援堂集》等。

有書名葉，右上小字題「番禺屈翁山先生撰」，中間大字題書名，左下小字題「水天閣繡版」。

卷端署「番禺屈大均翁山撰」。

框高 17.3 厘米，寬 13.4 厘米。半葉十一行，行十九字，小字雙行同，白口，上單黑魚尾或綫魚尾，四周單邊。魚尾上鎸書名，魚尾下録卷次，再下録類目，類目皆鎸於框内，再下記葉次。

正文前有《廣東新語序》，末署「康熙庚辰仲春，吴江潘耒撰」；次接總目。正文凡二十八卷，各卷前有分卷目次。卷一目次後有《廣東新語自序》，末署「番禺屈大均翁山撰」。卷一天語，卷二地語，卷三山語，卷四水語，卷五石語，卷六神語，卷七人語，卷八女語，卷九事語，卷十學語，卷十一文語，卷十二詩語，卷十三藝語，卷十四食語，卷十五貨語，卷十六器語，卷十七宫語，卷十八舟語，卷十九墳語，卷二十禽語，卷二十一獸語，卷二十二鱗語，卷二十三介語，卷二十四蟲語，卷二十五木語，卷二十六香語，卷二十七草語，卷二十八怪語。

綫裝，十册，登録號 004118。總目葉闕一葉。鈐「常熟市/圖書/館藏」朱方印。

004858　歷代小史摘編六卷（存一卷）

（明）朱東光編　明萬曆三十二年（1604）唐世延刻本

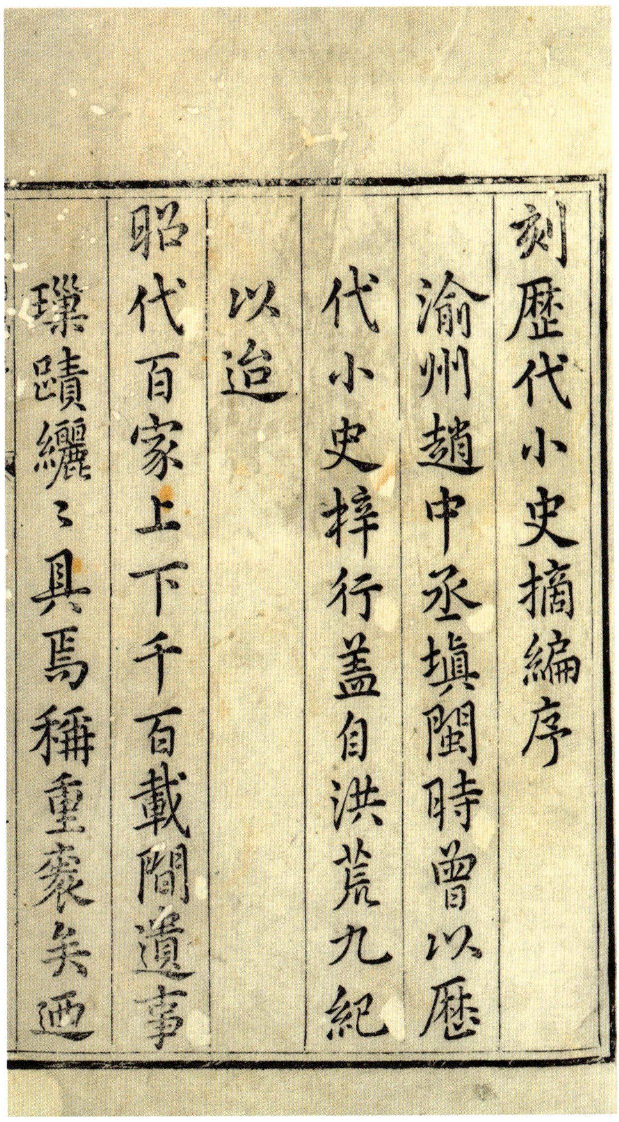
刻歷代小史摘編序
渝州趙中丞填閩時曾以歷
代小史梓行蓋自洪荒九紀
以迨
昭代百家上下千百載間遺事
瑣蹟纚纚具焉稱重褒矣迺

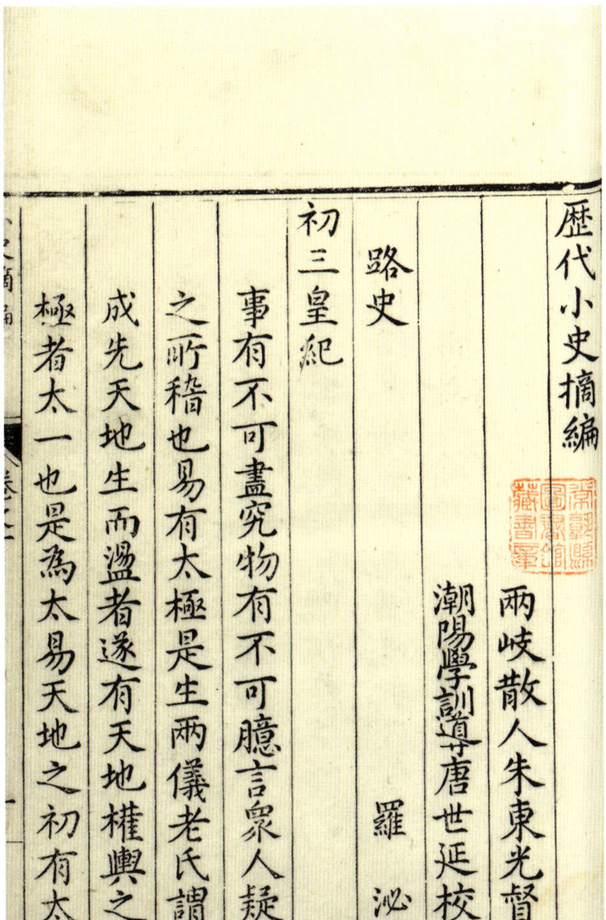
歷代小史摘編
兩岐散人朱東光督編
潮陽學訓導唐世延校梓
路史　羅　泌撰
初三皇紀
事有不可盡究物有不可臆言衆人疑之聖人
之所稽也易有太極是生兩儀老氏謂有物混
成先天地生而溢者遂有天地權輿之說夫太
極者太一也是為太易天地之初有太易有太

朱東光（1532—1618），字元曦，臨川龍溪（今屬江西撫州）人。明隆慶二年（1568）進士，初授平陽知縣，後任祁門知縣、潁州僉事、廣東副使等。著有《玉林摘粹》等。

卷端署「兩岐散人朱東光督編，潮陽學訓導唐世延校梓」。

框高23.5厘米，寬16.9厘米。半葉九行，行二十字，白口，上單黑魚尾，四周雙邊。版心魚尾上鎸書名「小史摘編」，下録卷次，版心下記葉次。版心下有刻工：方明、曾宗、吴明、陳秀。

正文前有《刻歷代小史摘編序》，末署「萬曆癸卯秋，嶺南周光鎬國雍甫撰」；次接《歷代小史摘編序》，末署「萬曆甲辰二月，建安元曦甫朱東光識」；次接目録。正文凡六卷，今常熟市圖書館藏本衹存一卷。

綫裝，二册，登録號004858。鈐「開萬樓/藏書印」朱長印、「常熟縣/圖書館/藏書章」朱方印。

005498　史漢方駕　三十五卷

（明）許相卿輯　明徐善循刻本

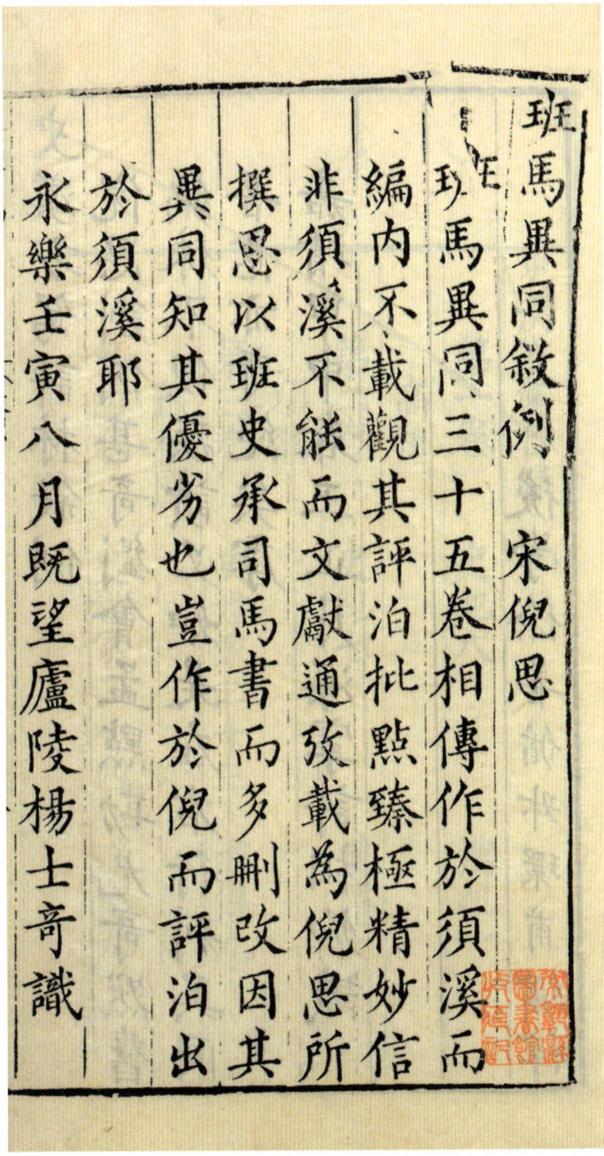

班馬異同叙例　宋倪思

班馬異同三十五卷相傳作於須溪而編内不載觀其評泊批點臻極精妙信非須溪不能而文獻通攷載為倪思所撰思以班史承司馬書而多刪改因其異同知其優劣也豈作於倪而評泊出於須溪耶

永樂壬寅八月既望廬陵楊士奇識

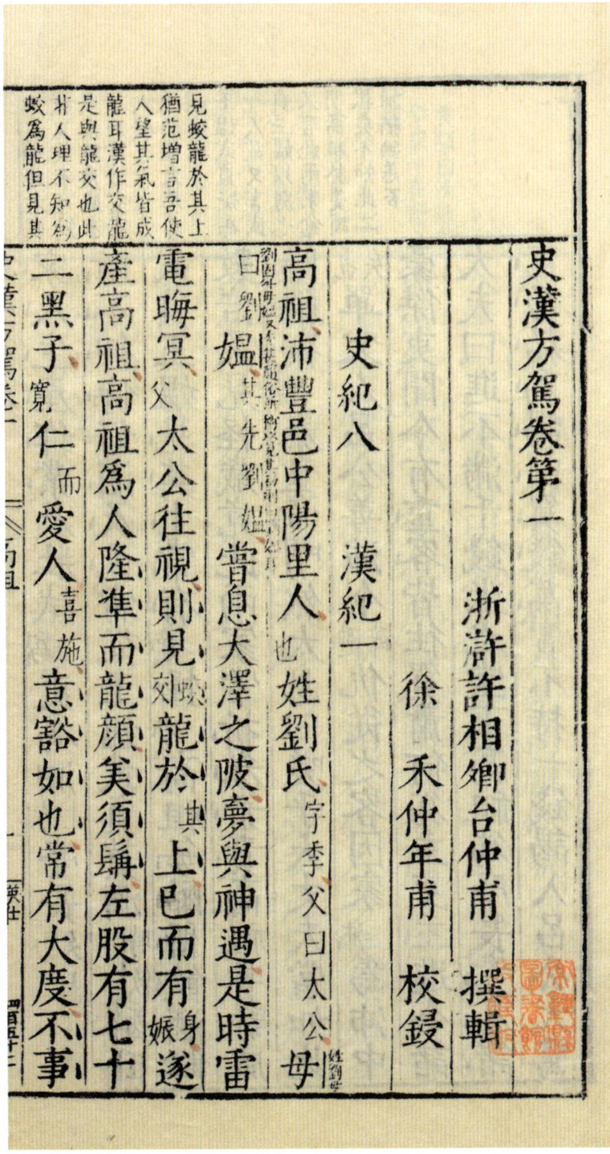

史漢方駕卷第一　浙許許相卿台仲甫　撰輯

徐　禾仲年甫　校録

史紀八　漢紀一

高祖沛豐邑中陽里人也姓劉氏字季父曰太公母曰劉媪其先劉媪嘗息大澤之陂夢與神遇是時雷電晦冥父太公往視則見蛟龍於其上已而有身遂產高祖高祖為人隆準而龍顔美須髯左股有七十二黑子寬仁而愛人喜施意豁如也常有大度不事

見蛟龍於其上猶范增言吾使人望其氣皆成龍耳漢作交龍是與龍交也此非人理不知為蛟為龍但見其

許相卿（1479—1557），字伯台，號雲邨，一字台仲，號九杞，海寧人。明正德十二年（1517）進士，世宗時授兵科給事中，爲給事三年，所言皆不聽，遂謝病歸，年七十九卒。

卷端署「浙澥許相卿台仲甫撰輯，徐禾仲年甫校錄」。

框高22.7厘米，寬13.6厘米。半葉九行，行二十字，小字單、雙行同，《史》《漢》同者從中大字書，《史》《漢》异者分左右行小字書，左《漢》右《史》，白口，上單綫魚尾，左右雙邊。板框分上、下二欄，上欄附刻評語，下欄爲正文。魚尾上鎸書名及卷次，魚尾下鎸篇目，再下記葉次，葉次下有刻工姓氏及每葉字數。刻工有：汝、英仕、黄、王、仕、英、子、少、中、士、文、羅等。

正文前有《班馬异同叙例》，末署「永樂壬寅八月既望，盧陵楊士奇識」；次接《史漢方駕評林叙例》，末署「嘉靖甲申春王正月，海寧許相卿識」，後鎸「後學徐善循叔環甫繡梓」；次接目録。

綫裝，六册，登録號005498。鈐「常熟縣／圖書館／收藏記」朱方印。

005502 史記測議一百三十卷首一卷

（漢）司馬遷撰　（南朝宋）裴駰集解　（唐）司馬貞索引　（唐）張守節正義　（明）徐孚遠、陳子龍測議　明崇禎十三年（1640）刻本

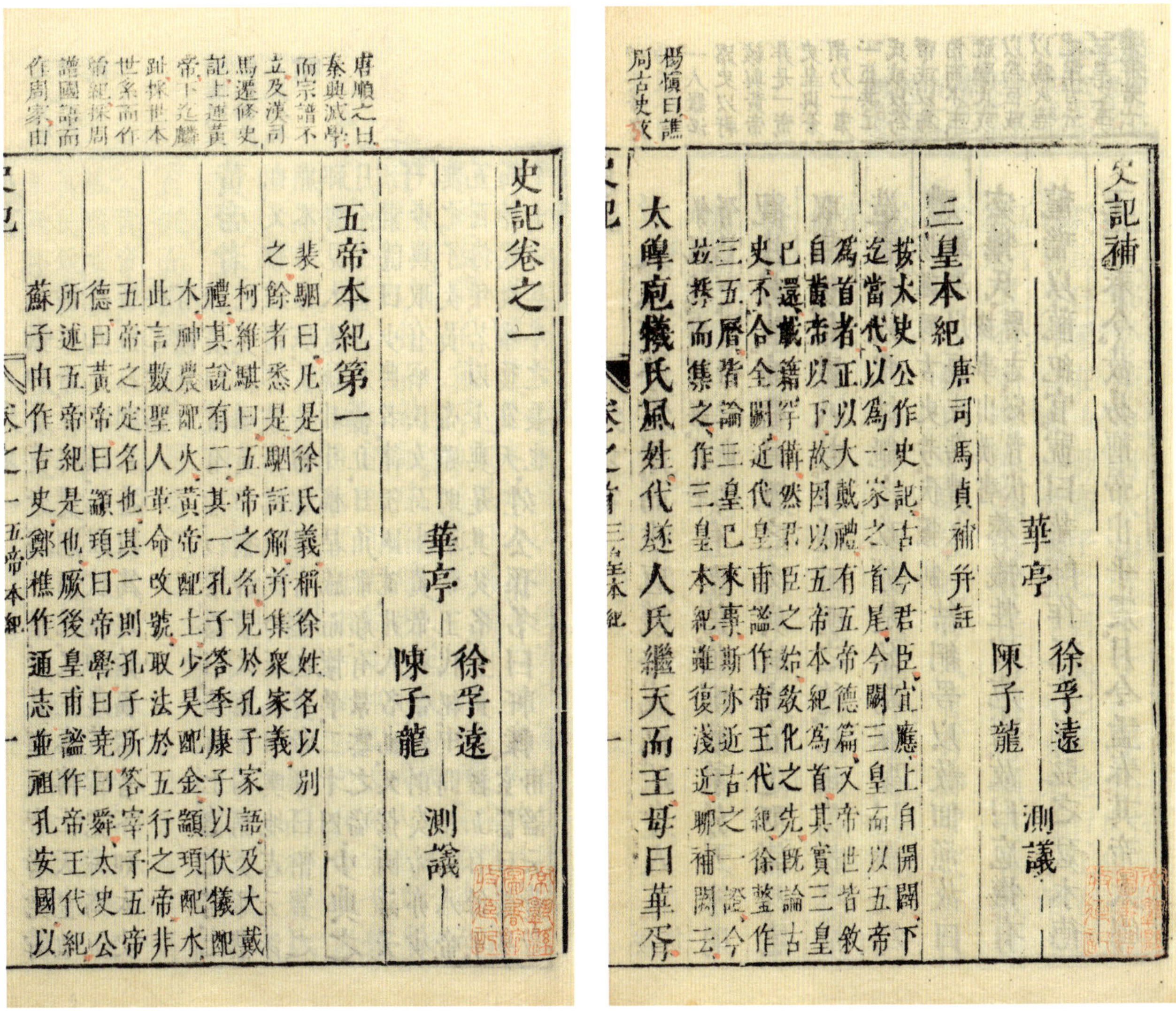

司馬遷生平事迹見前《史記》（000225）。

徐孚遠（1599—1665），字闇公，松江府華亭（今屬上海）人。明崇禎十五年（1642）壬午科舉人。與同里陳子龍、夏允彝、彭賓、杜麟徵、周立勛等結幾社。著有《釣璜堂集》等。

陳子龍（1608—1647），字卧子，號大樽，松江府華亭（今屬上海）人。崇禎十年（1637）進士，選紹興推官，升兵科給事中。著有《陳忠裕公全集》。

有書名葉，横眉題「評林原木」，右上小字題「陳卧子先生測議」，中間大字題書名「史記」。

目録署「漢太史令龍門司馬遷著，宋中郎外兵參軍裴駰集解，唐朝散大夫國子博士弘文館學士河内司馬貞索隱，唐諸王侍讀宣議郎守右清道率府長史張守節正義」；正文各卷卷端署「華亭徐孚遠、陳子龍測議」。

框高19.6厘米，寬14.1厘米。半葉九行，行二十字，小字雙行同，白口，上單綫魚尾，左右雙邊。版心魚尾上鎸書名「史記」，魚尾下録卷次及篇目，再下記葉次。天頭附刻諸家注評。

正文前有《史記序》，末署「華亭陳子龍撰」；次接《序》，末署「華亭徐孚遠撰」；次接《凡例》五條，末署「徐孚遠識」；次接《史記集解序》，署「宋中郎外兵曹參軍裴駰」；次接司馬貞《史記索隱後序》；次接諸譜系圖與地理圖；次接《史記正義序》，署「諸王侍讀宣議郎守右清道率府長史張守節」；次接張守節《史記正義列國分野》；次接張守節《史記正義論例》；次接目録。

正文凡一百三十卷，正文前有卷之首一卷，即唐司馬貞補并注《史記補·三皇本紀》。

綫裝，三十二册，登録號005502。各册書根題寫書名「史記」及册次。鈐「常熟縣/圖書館/收藏記」朱方印等。

005535　綱目集略五卷

（明）董繼祖輯　明萬曆六年（1578）王繼祖河間府刻本

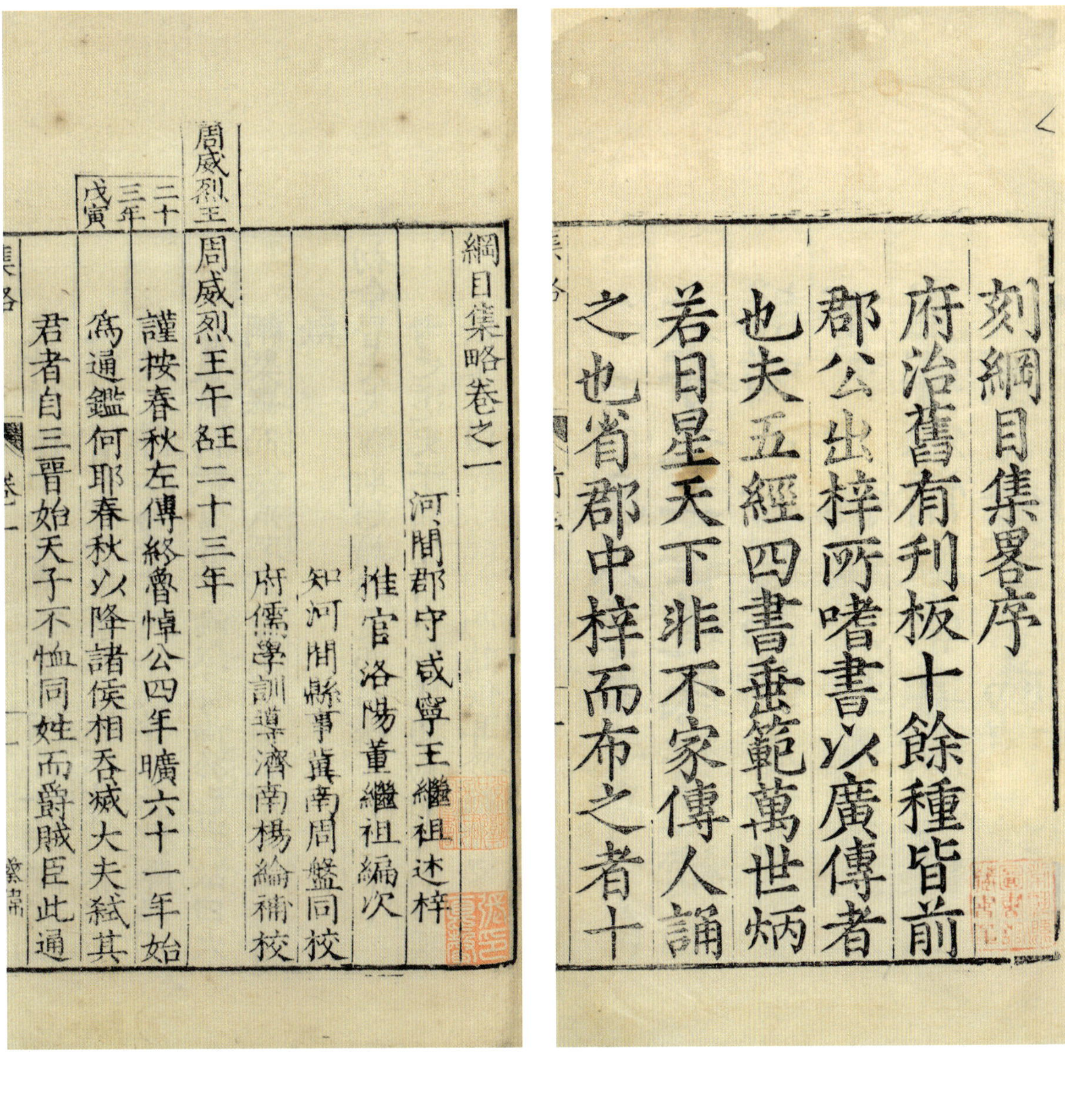

刻綱目集畧序

府治舊有刊板十餘種皆前郡公出梓所嗜書以廣傳者也夫五經四書垂範萬世炳若日星天下非不家傳人誦之也省郡中梓而布之者十

綱目集略卷之一

河間郡守咸寧王繼祖述梓
推官洛陽董繼祖編次
知河間縣事冀南周盤同校
府儒學訓導濟南楊綸補校

周威烈王　二十三年戊寅　周威烈王午纴二十三年

謹按春秋左傳終魯悼公四年曠六十一年始爲通鑑何耶春秋以降諸侯相吞滅大夫弑其君者自三晉始天子不恤同姓而爵賊臣此通

董繼祖，河南洛陽人。明萬曆二年（1574）甲戌科進士。

卷端署「河間郡守咸寧王繼祖述梓，推官洛陽董繼祖編次，知河間縣事冀南周盤同校，府儒學訓導濟南楊綸補校」。

框高 20.7 厘米，寬 14.8 厘米。半葉九行，行二十字，小字雙行同，白口，上單黑魚尾，四周單邊。版心上鎸「集略」二字，中記卷次，下記葉次。版心下有刻工姓名：蔡偉、王守己、趙全、李禄、吕好行、王之臣、張朝、秦彦奎、張汝洞、阮賓、胡海、李天禄、趙祁等。

正文前有《刻綱目集略序》，末署「萬曆六年孟夏之吉，賜進士第知河間府事前兵部武庫司郎中咸寧王繼祖」。正文後有太史翁直節《綱目集略後序》。正文分五卷，紀事自先秦迄宋。起於周威烈王二十三年（前 403），迄於宋太祖趙匡胤即位。

綫裝，五册，登録號 005535。各册書根題寫書名及册數。鈐「張印／德聲」白方印、「常熟／吴郡／張氏／圖書」朱方印、「常熟縣／圖書館／藏書章」朱方印。

005538　綱鑑正史約三十六卷

（明）顧錫疇編　明崇禎刻本

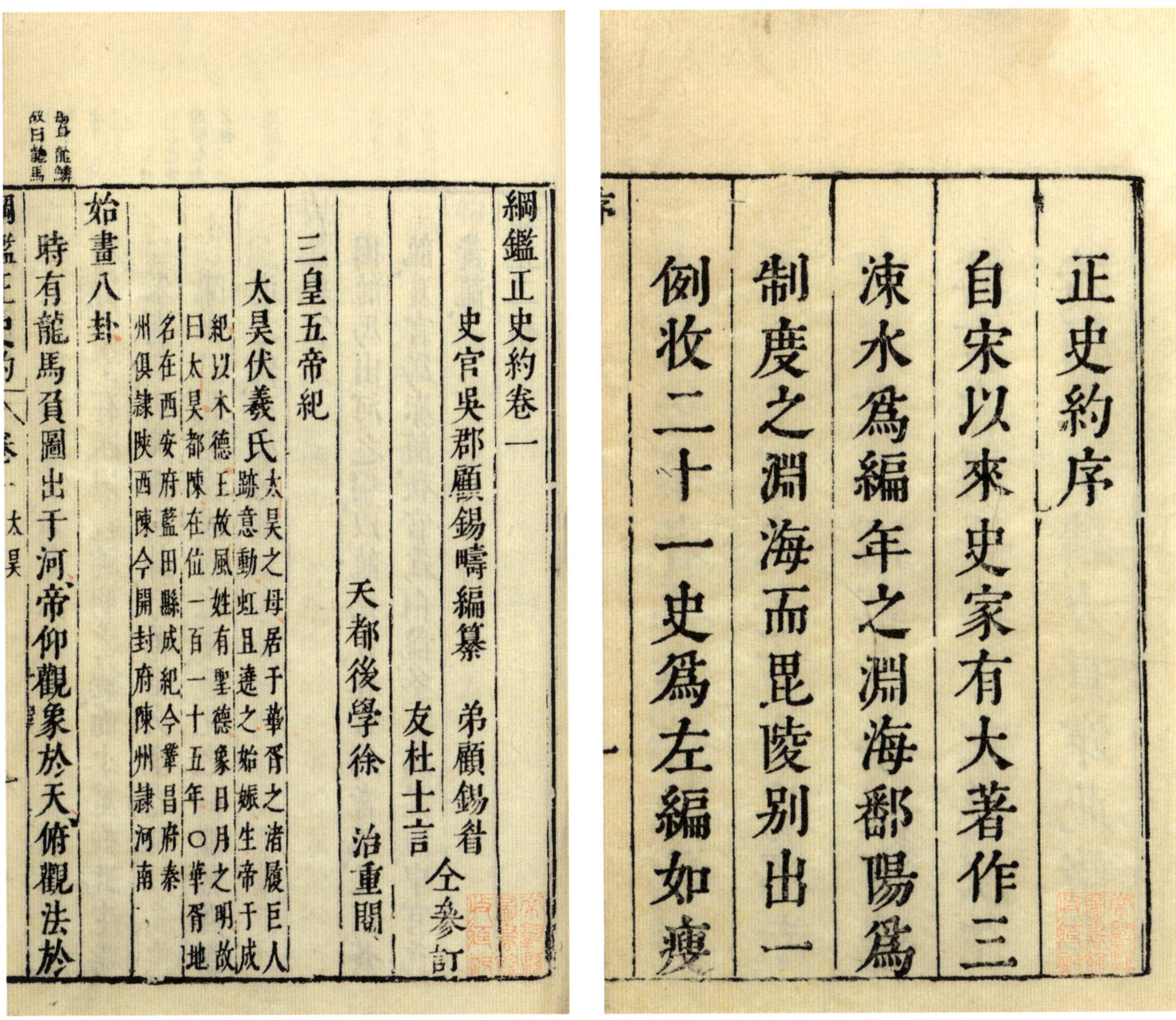
正史約序
自宋以來史家有大著作三
涑水爲編年之淵海鄱陽爲
制度之淵海而毘陵别出一
例攷二十一史爲左編如瘦

綱鑑正史約卷一
史官吳郡顧錫疇編纂　弟顧錫耆
友杜士言　仝參訂
天都後學徐　治重閱
三皇五帝紀
太昊伏羲氏太昊之母居于華胥之渚履巨人跡意動虹且遶之始娠生帝于成紀以木德王故風姓有聖德象日月之明故曰太昊都陳在位一百一十五年○華胥地名在西安府藍田縣成紀今鞏昌府秦州俱隸陝西陳今開封府陳州隸河南
始畫八卦
時有龍馬負圖出于河帝仰觀象於天俯觀法於

顧錫疇（1585—1646），字九疇，號瑞屏，昆山人。明萬曆四十七年（1619）己未進士，以進士改庶吉士，授檢討。明崇禎末，官至南京禮部侍郎。福王時，進尚書。後爲總兵官賀君堯所殺。事迹具《明史》本傳。著有《秦漢鴻文》《四書評説》《綱鑑正史約》等。

卷端署「史官顧錫疇編纂」，各卷又署參訂者及重閲者姓氏，各有不同，如卷一「弟顧錫眉、友杜士言仝參訂，天都後學徐治重閲」；卷二「海陽黄錞重閲」；卷三「天都徐治重閲」；卷四「新安徐沆重閲」。

框高 20.3 厘米，寬 14.4 厘米。半葉十行，行二十字，小字雙行同，白口，白魚尾，左右雙邊。版心魚尾上鎸書名，魚尾下鎸卷次及傳主，再下記葉次。天頭附刻批注。

正文前有《正史約序》，末署「鹿城顧錫疇撰」；次接凡例九條；次接目録，目録題名「新鎸顧太史編纂綱鑑正史約」；次接《歷代國號之圖》；次接《綱鑑附記》。正文凡三十六卷，卷一三皇五帝紀、夏紀、商紀、周紀，卷二、卷三周紀，卷四秦紀，卷五至卷九漢紀，卷十至卷十三東漢紀，卷十四後漢紀，卷十五晋紀，卷十六、卷十七東晋紀，卷十八南北朝宋紀（附北朝魏），卷十九南北朝齊紀（附北朝魏），卷二十南北朝梁紀、南北朝陳紀（附北朝、後周、北齊）、南北朝隋紀，卷二十一至卷二十七唐紀，卷二十八後五代梁紀、後唐紀、後晋紀、後漢紀、後周紀，卷二十九至卷三十五宋紀，卷三十六宋紀、元紀。

綫裝，二十四册，登録號 005538。各册書根題寫書名及册次。有佚名朱筆圈點。鈐「常熟縣／圖書館／收藏記」朱方印。

005942 ［崇禎］太倉州志十五卷（存十三卷）

（明）錢肅樂、張采纂修　明崇禎刻本

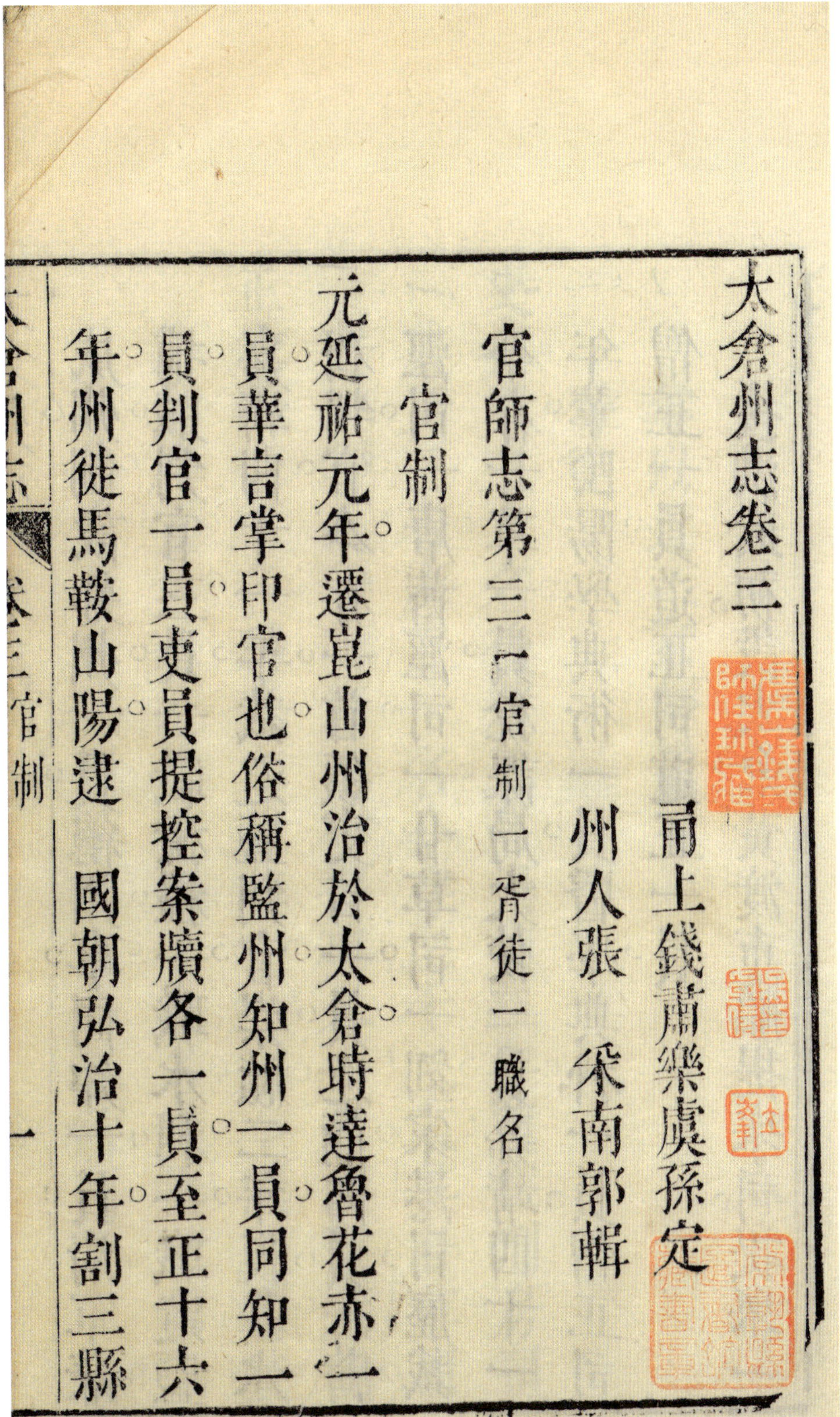
太倉州志卷三
甬上錢肅樂虞孫定
州人張　采南郭輯
官師志第三　官制一　胥徒一　職名
官制
元延祐元年遷崑山州治於太倉時達魯花赤一
員華言掌印官也俗稱監州知州一員同知一
員判官一員吏員提控案牘各一員至正十六
年州徙馬鞍山陽逮　國朝弘治十年割三縣
太倉州志　卷三　官制　一

錢肅樂（1606—1648），字希聲，一字虞孫，號止亭，浙江鄞縣（今寧波）人。明崇禎十年（1637）中進士，授太倉知州。崇禎十五年（1642）調任刑部員外郎。所著除《太倉州志》，又有《忠介公全集》《正氣堂集》《越中集》《南征集》等。

卷端署「甬上錢肅樂虞孫定，州人張采南郭輯」。

框高19.1厘米，寬13.9厘米。半葉九行，行十九字，小字雙行同，白口，上單黑魚尾，左右雙邊，無界欄。版心上鐫書名，中記卷次及類目，下記葉次。

正文存卷三至卷十五。卷三官師志：官制、胥徒、職名；卷四學校志：學宫、祭器、學田、師儒、胥徒、題名；卷五風俗志：流習、節序、占侯、方言、物産；卷六選舉志：前代科目、貢生、舉人、進士、武舉、薦辟、恩典、恩蔭；卷七水利志：水道、開浚、治水議、附開河法；卷八賦役志：户口、田賦、鄉都；卷九海運志：原始、元歲運數、元腳價、海道、漕司、漕迹；卷十兵防志：太倉衛、填海衛、劉河堡、兵備道；卷十一海事志；卷十二名宦志：臺司、州正、倅貳、學官；卷十三人物志：列傳、孝友傳、節義傳、隱逸傳、耆行傳、文學傳、武功傳、列女傳、藝術傳、釋道傳、雜傳；卷十四藝文志：書籍、詩徵、文徵；卷十五瑣綴志：名迹、園林、塚墓、寺觀、逸事、稗説。

綫裝，九册，登録號005942。鈐「吴印／卓信」白方印、「立／峰」朱方印、「虞山錢氏／師任珍藏」白長印、「常熟縣／圖書館／藏書章」朱方印等。

005988 ［康熙］邵武府續志十卷

（清）汪麗日等纂修

清康熙九年（1670）刻本

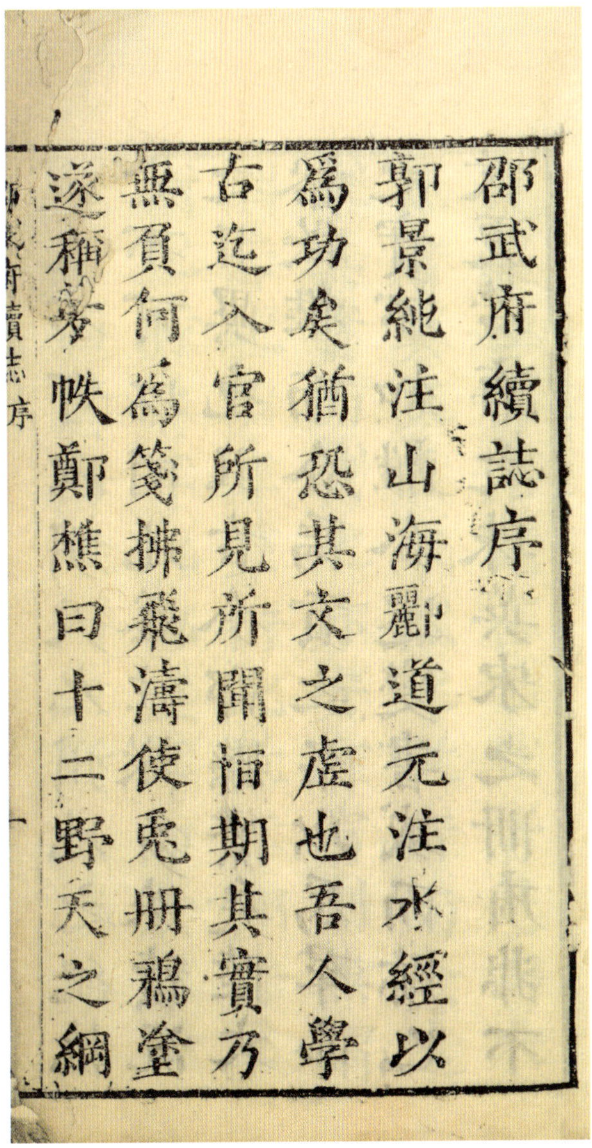
邵武府續誌序
郭景純注山海酈道元注水經以
爲功矣猶恐其文之虛也吾人學
古迄入官所見所聞恒期其實乃
無負何爲箋揣飛濤使兎册鴰塗
遂稱苓帙鄭樵曰十二野天之綱

邵武府續志 序 一

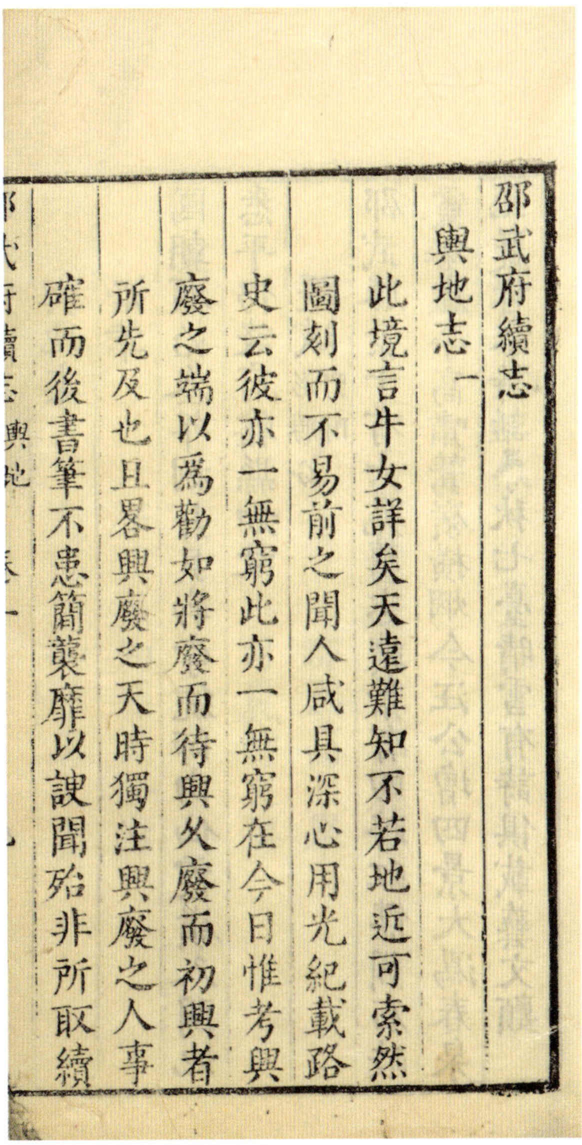
邵武府續志
輿地志一
此境言牛女詳矣天遠難知不若地近可索然
圖刻而不易前之聞人咸具深心用光紀載路
史云彼亦一無窮此亦一無窮在今日惟考輿
廢之端以爲勸如將廢而待興久廢而初興者
所先及也且畧興廢之天時獨注興廢之人事
確而後書筆不患簡蘘靡以諛聞殆非所取續

邵武府續志 輿地 卷一

汪麗日，號涵萬，安徽六安人。清順治五年（1648）恩貢生。官邵武府知府。卷端署「太守汪麗日涵萬父纂著」。

框高 21.1 厘米，寬 12.5 厘米。半葉八行，行二十字，小字雙行同，白口，四周單邊。版心上鎸書名及類目，中記卷次，下記葉次。

正文前有庚戌小陽朔樵川太守汪麗日《邵武府續志序》，次接《續志綱目》，次接《邵武府續志姓氏》，含檄續、彙輯、總裁、分纂、校正，次接《較正續志姓氏》，次接庚戌夏仲邵陽太守汪麗日《邵武續志檄》，次接凡例。

正文分十卷，卷一輿地志：沿革、疆域、山川、水利、風俗；卷二建置志：城池、公署（宫室等附）、學校、武署、壇廟、驛鋪、坊表、津梁；卷三賦役志：丁糧、郵典；卷四官師志：府官、縣官、學官（雜職附）、名宦列傳；卷五戎備志：鎮防（守備附）、武迹、武科；卷六秩禮志：祭先師生忌、祭鄉賢；卷七選舉志：鄉試、進士、貢士、雜途（鄉賓附）；卷八人物志：忠義、清修、仕迹、孝友、儒林、文苑、隱逸、鄉行（義夫附）、列女、遷寓；卷九藝文志：經類、史類、奏議、記類、題咏（序文附）；卷十雜事志：古迹、寺觀（庵院附）、仙釋、方技、祥异、叢談。

綫裝，四册，登録號 005988。各册書根題寫書名及册數。

005990 ［康熙］禄勸州志二卷

（清）李廷宰等纂修 清康熙五十八年（1719）刻本

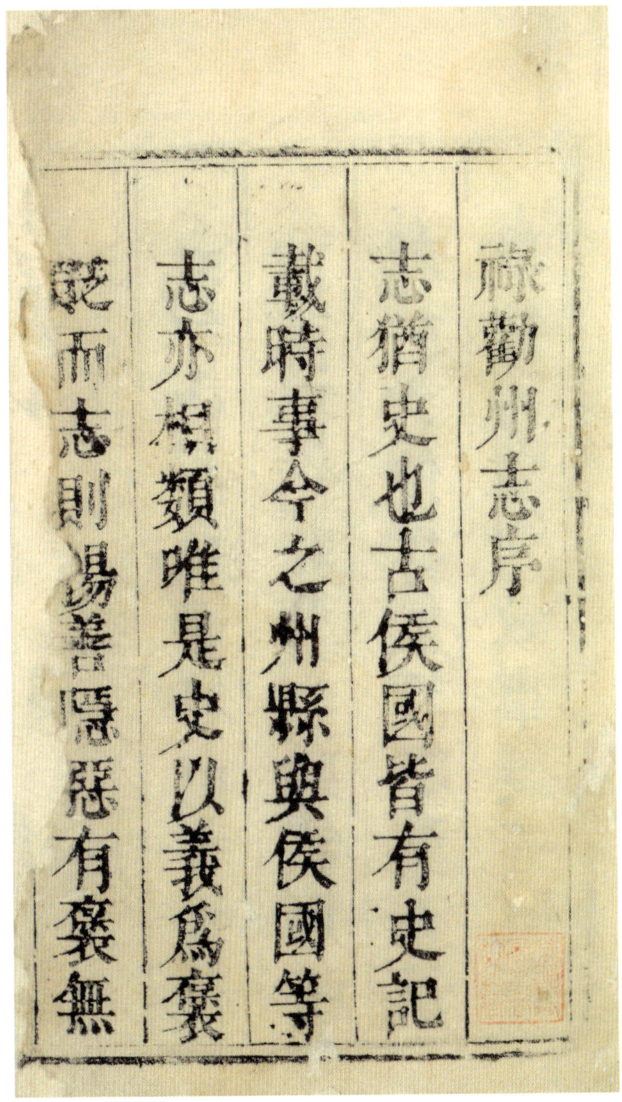

禄勸州志序

志猶史也古侯國皆有史記載時事今之州縣與侯國等志亦相類唯是史以義爲襃貶而志則揚善隱惡有襃無

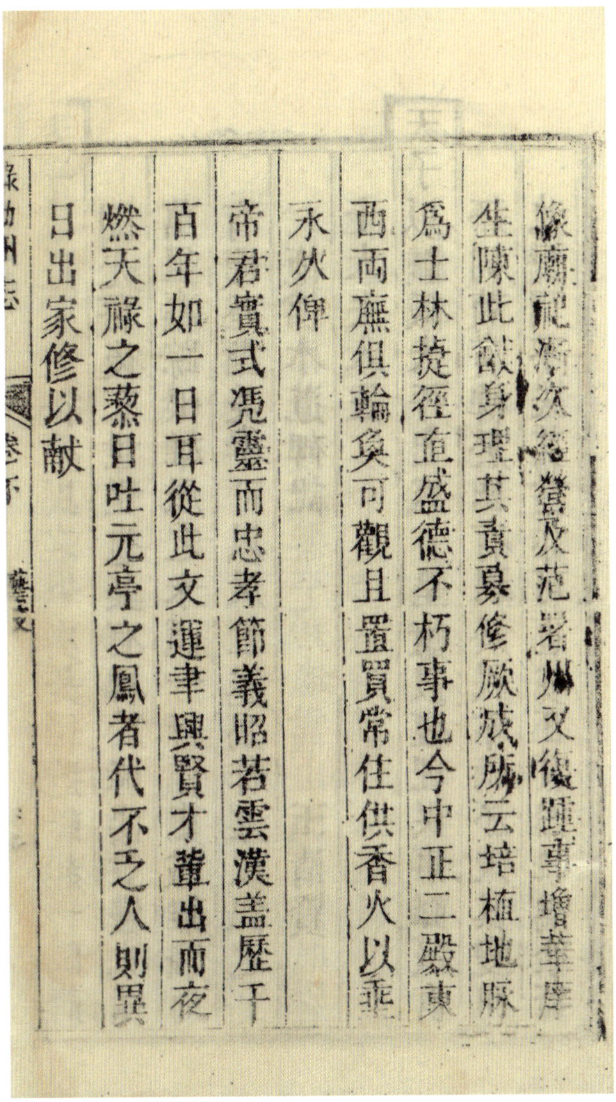

像廟祀將次經營及范署州又復踵事增華庠生陳此皷身理其責募修厥殘脩云培植地脈爲士林捷徑直盛德不朽事也今中正二殿東西兩廡俱輪奐可觀且置買常住供香火以垂永久俾

帝君實式憑靈而忠孝節義昭若雲漢盖歷千百年如一日耳從此文運聿興賢才輩出而夜燃天祿之藜日吐元亭之鳳者代不乏人則異日出家修以獻

李廷宰，字荃揆，號竹坡，遼寧鐵嶺人。官祿勸縣知事。

框高 19.4 厘米，寬 13.2 厘米。半葉九行，行十九字，小字雙行同，白口，上單黑魚尾，四周雙邊。版心上鐫書名，中記卷數及類目，下記葉次。

正文前有清康熙五十八年（1719）己亥春二月知祿勸州事鐵嶺李廷宰《祿勸州志序》；次接修志姓氏，含纂修、編輯、編次、參定、校閱等；次接凡例。正文分上、下二卷。卷上國考、沿革（附事實）、疆域（附形勢）、山川（附關津勝景）、風俗（附種人）、兵防、堤防、街市、村莊、倉署（附倉庫養濟院）、田賦（附里中）、經費、物産、秋官、學校（附考校）、選舉（附貢監武科）、典禮（附祠祀）、古迹（附寺觀陵墓）、名宦、人物、孝義、節烈、隱逸（附流寓仙釋）、祥异；卷下藝文、雜异。

綫裝，四冊，登録號 005990。各冊書根題寫書名及冊數。鈐「常熟市／圖書／館藏」朱方印。

006062 ［康熙］淶水縣志十一卷首一卷附雜志一卷

（清）陸宸箴纂修　清

康熙十六年（1677）刻本

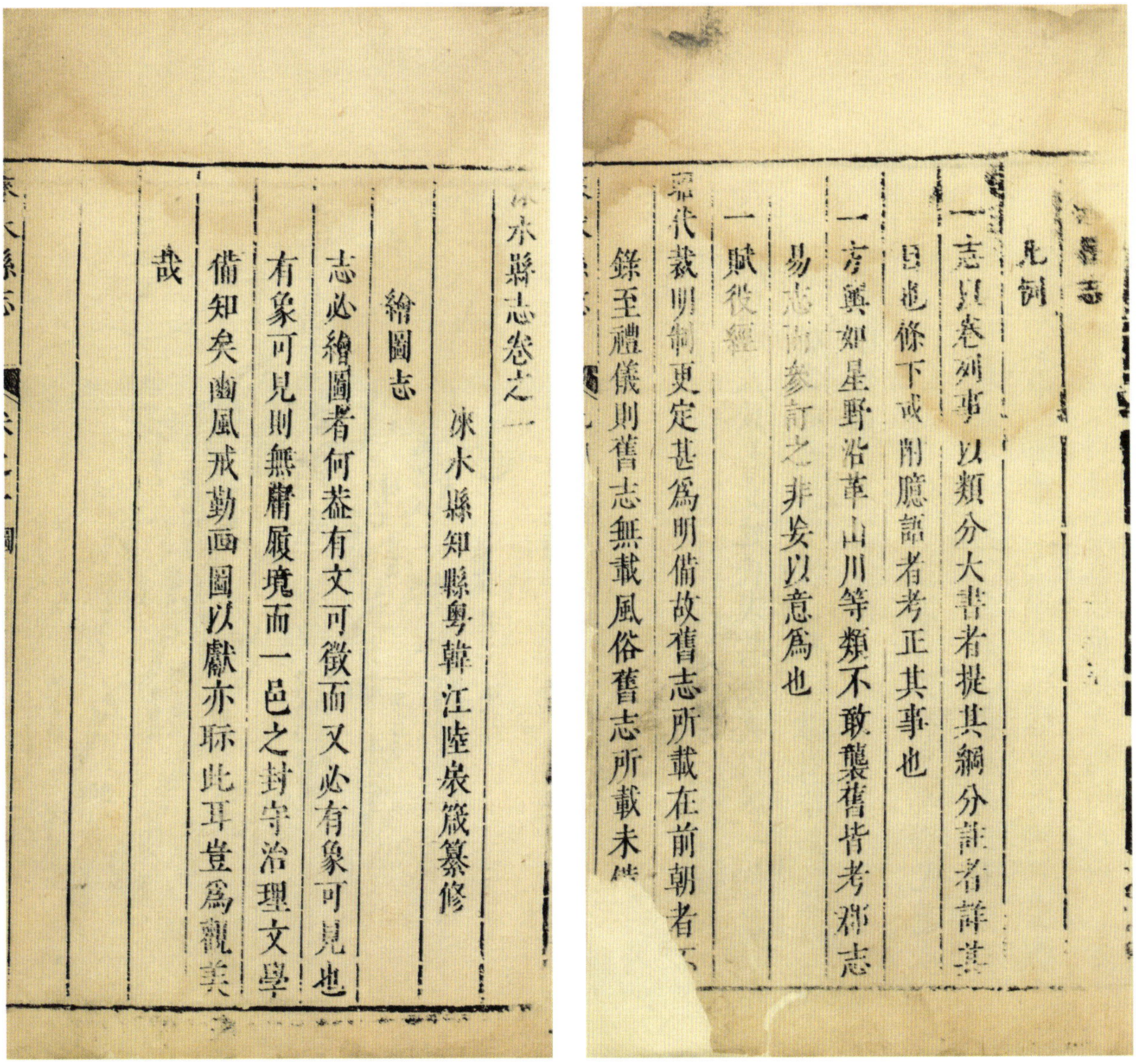

陸宸箴，生平事迹不詳。

前十卷署「淶水縣知縣粵韓江陸宸箴纂修」，第十一卷署「淶水縣知縣三韓談鎔纂刊」。

框高19.9厘米，寬13.2厘米。半葉九行，行二十一字，白口，上單黑魚尾，四周單邊。版心上鎸書名，中録卷次及類目，下記葉次。

正文前有序，末署「康熙十六年丁巳孟夏吉旦，知淶水縣事粵韓江陸宸箴識」，序已殘闕；次接凡例；次接目録。正文分十一卷，首卷繪圖志：邑總圖、邑城圖、縣治圖、學校圖；卷一方輿志：星野、沿革、疆域、山川、閭里、古迹、形勝（附八景）；卷二建置志：城池、堂署、學校、壇廟、寺觀、市集、坊表、郵傳、賑恤；卷三職官表：縣令、縣丞、王簿、典史、教官、宦迹；卷四食貨志：田賦、户口、徭役、鹽政、遞馬、土産；卷五禮制志：公儀、祀典；卷六風俗志：風俗、歲時、俗禮；卷七選舉表：進士、舉人、貢生、例監、薦舉、封蔭、武進、武舉；卷八人物志：賢品、忠孝、義烈、義行、節烈、藝術、仙釋；卷九藝文志：詔、誥、敕、記；卷十藝文志：論、文、傳、賦、詩、序、雜記、銘；附雜志：祥异、草場、文昌祠田租、名宦鄉賢二祠房租；卷十一社學：碑記、序文、自序、規例、詩、詞、賦、跋。

綫裝，四册，登録號006062。

006075 ［光緒］續修通山縣志三卷

（清）高震鑠等纂　清光緒二十三年（1897）興賢局活字本

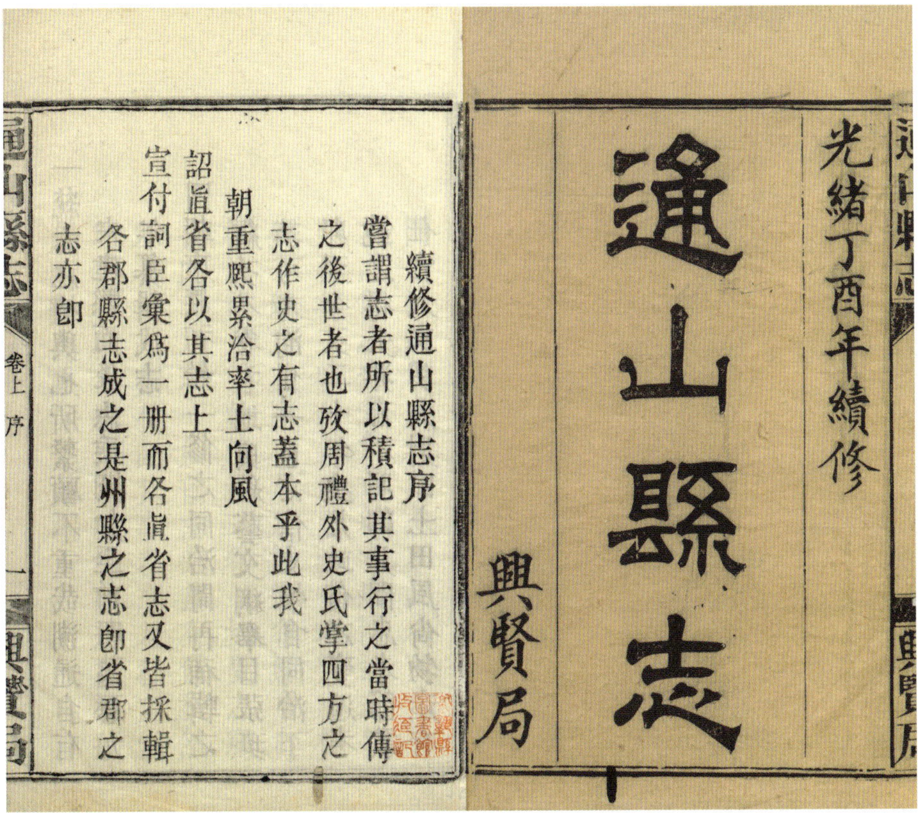
光緒丁酉年續修

通山縣志

興賢局

續修通山縣志序

嘗謂志者所以積記其事行之當時傳之後世者也攷周禮外史氏掌四方之志作史之有志蓋本乎此我

朝重熙累洽率土向風

詔旨省各以其志上

宣付詞臣彙爲一册而各直省志又皆採輯各郡縣志成之是州縣之志卽省郡之志亦卽

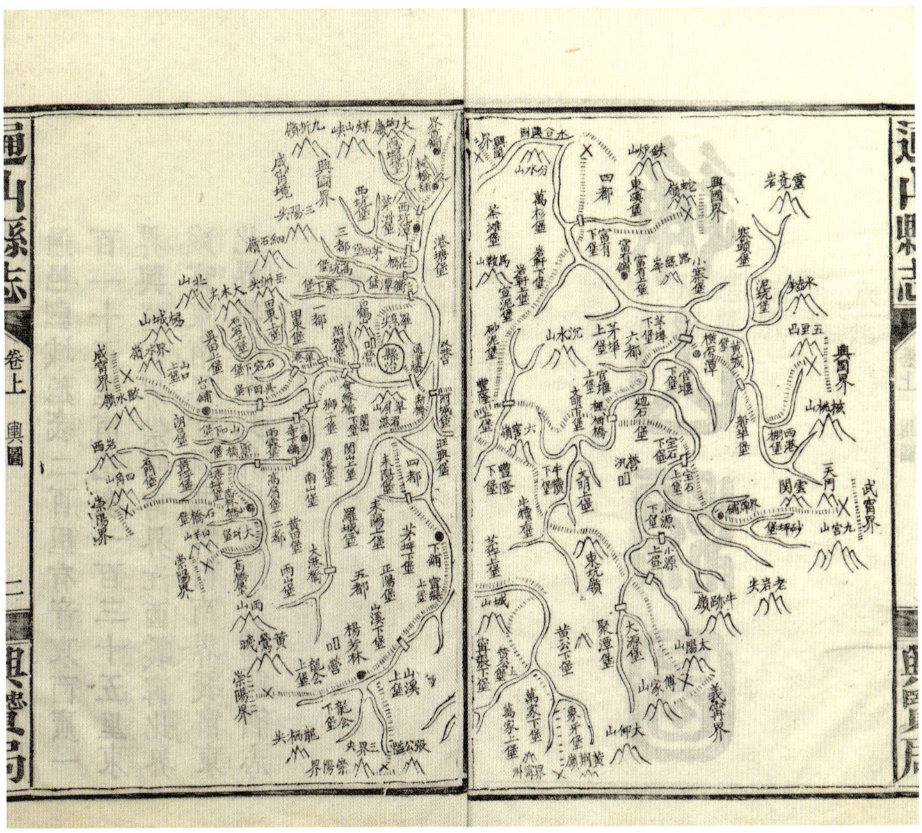

高震鑅，通山縣知縣。

有書名葉，内容爲「光緒丁酉年續修／通山縣志／興賢局」。框高 22.4 厘米，寬 15.4 厘米。半葉九行，行十六字，小字雙行同，白口，上單黑魚尾，四周雙邊，無界欄。版心上鐫書名，中録卷次及類目，下記葉次，葉次下有「興賢局」字樣。

正文前《續修通山縣志序》，末署「光緒廿三年歲在彊圉作噩相月下澣，誥授朝議大夫花翎知府銜知通山縣事山陰高震鑅謹序」；次接《續修縣志跋》，末署「邑貢生候選訓導樂振玉謹跋」；次接《續修縣志凡例》；次接目録；次接《通山縣圖》及《通山縣山圖説》《通山水説》《通山縣路説》。正文分上、中、下三卷，卷上城池、津梁、公署、倉厫、壇廟、學校、寺觀、公局、水道、祥异、秩官、選舉、五貢、宦迹、武略、隱逸、質行、列女，卷中、卷下藝文。

綫裝，四册，登録號 006075。各册書封題簽鐫書名「通山縣志」，書根題寫書名及册次。鈐「常熟縣／圖書館／收藏記」朱方印。

006135　籌海圖編十三卷首一卷（存十二卷）

（明）鄭若曾撰　清康熙刻本

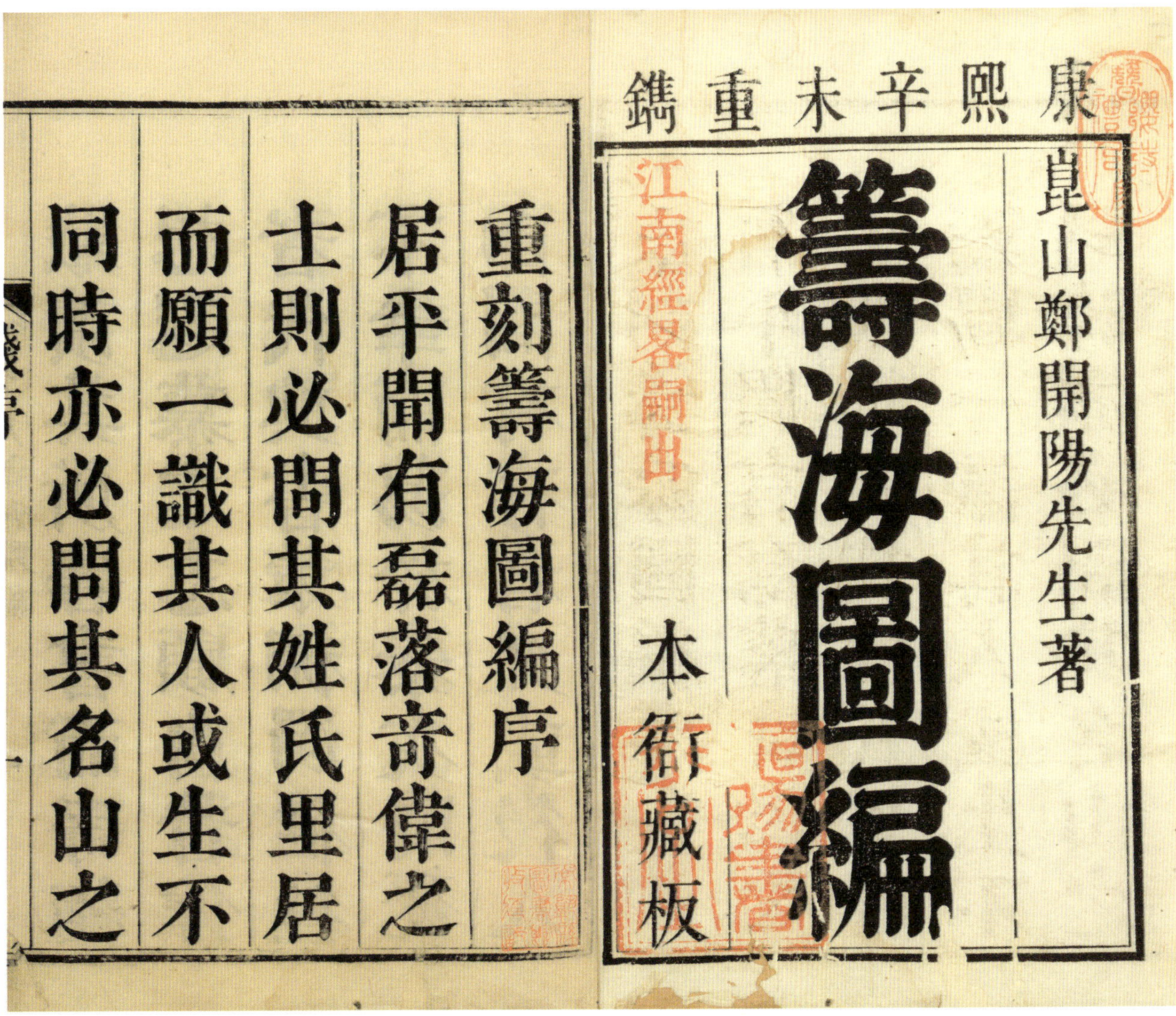

鄭若曾，字伯魯，號開陽，江蘇昆山人。明嘉靖十七年（1538）進士，歷官知縣、御史、浙江巡撫、兵部尚書。佐胡宗憲平倭寇，加右都御史、太子太保。

有書名葉，横眉題「康熙辛未重鐫」，右上小字題「昆山鄭開陽先生著」，中間大字題書名「籌海圖編」，左下小字題「本衙藏板」，左上鐫「江南經略嗣出」朱長印、左下鐫「賜書／堂」朱方印。

卷二卷端署「昆山鄭若曾伯魯著，男應龍左卿、一鸞音卿校，五世孫起泓男定遠重訂」。

框高 22 厘米，寬 15.8 厘米。半葉十行，行二十字，小字雙行同，白口，單魚尾，四周雙邊。版心魚尾下鐫書名及卷次，再下記葉次。

正文前有《重刻籌海圖編序》，末署「康熙三十二年歲次癸酉仲春朔日，中大夫通政使司右通政加一級婁東後學錢晋錫頓首拜序」；次接《重刻籌海圖編序》，末署「康熙三十一年歲在壬申皋月中浣之吉，同里後學盛符升拜撰」；次接《籌海圖編序》，末署「嘉靖辛酉秋八月既望，賜進士第、正議大夫、欽差巡撫江西等處地方兼理軍務、督察院右副都御使滁上胡松序」；次接《籌海圖編序》，末署「嘉靖壬戌三月朔日，賜進士出身中議大夫欽差提督浙江學按察司副使范惟一撰」；次接《籌海圖編序》，末署「賜進士出身前刑部陝西司主事吴興唐樞拜撰」；次接《籌海圖編序》，末署「嘉靖壬戌春三月既望，賜進士出身中憲大夫河南按察司副使歸安茅坤拜撰」；次接《籌海圖編序》，末署「嘉靖壬戌春王正月，賜進士第、光禄大夫、少保兼太子太保、兵部尚書兼督察院右都御史、奉敕總督浙直附件江西等處軍務兼巡撫浙江地方、前督察院右都御史兼兵部右侍郎新安胡宗憲撰」；次接《重刻籌海圖編序》，末署「嘉靖辛酉冬十有二月朏日，昆山鄭若曾伯魯氏寓武林通玄山房謹識」；次接《籌海圖編跋》，末署「嘉靖歲壬戌春正月之吉，欽差鎮守浙直等處地方總兵官右軍都督府都督同知括蒼盧鏜謹識」；次接《籌海圖編跋》，末署「昆陵宗孫應臯拜手謹識」；次接《籌海圖編跋》，末署「桐汭後學張希哲拜識時年八十有四」；次接《籌海圖編跋》，末署「康熙二十三年甲子中秋前一日，括蒼宗後學載颺拜識」；次接《籌海圖編跋》，末署「康熙戊辰孟秋，三衢宗裔有章謹識」；次接《重刻籌海圖編小引》，末署「康熙三十二年歲在癸酉春王正月上元後一日，五世孫起泓百拜謹識」；次接《蘇州府志》所載《鄭開陽先生傳》；次接《昆山縣志》所載《鄭開陽先生傳》；次接王御《鄭貞孝先生傳》；次接《鄭開陽先生書目》；次接《籌海圖編凡例》；次接汪琬《鄭開陽先生傳》；次接參訂姓氏。正文凡十三卷，各卷正文之前有分卷目次。今藏本存十二卷，卷一散佚。

綫裝，十六册，登録號 006135。各册書根題寫書名及册次。鈐「常熟縣／圖書館／收藏記」朱方印。

006206　徐霞客游記十卷

（明）徐霞客撰　清乾隆四十一年（1776）徐氏孩浦邨莊刻本

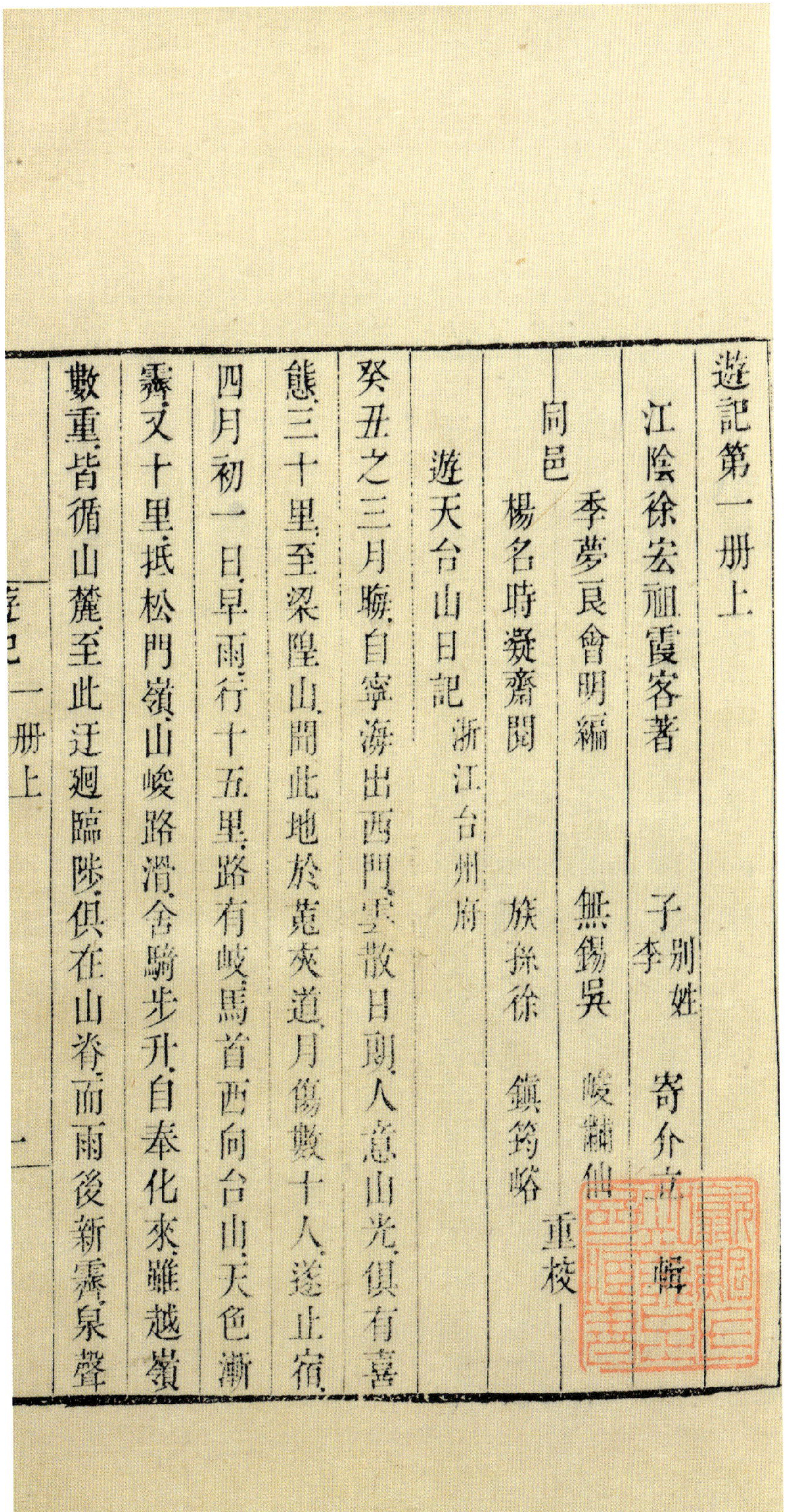

遊記第一册上

江陰徐宏祖霞客著　　子李　別　姓　寄介玄　輯

季夢良會明編　　無錫吳　峻　爾　仙　重校

同邑　楊名時凝齋閲　　族孫徐　鎮　筠　峪

遊天台山日記　浙江台州府

癸丑之三月晦，自寧海出西門，雲散日朗，人意山光，俱有喜態。三十里至梁隍山，聞此地於菟夾道，月傷數十人，遂止宿。四月初一日，早雨，行十五里，路有岐，馬首西向台山，天色漸霽，又十里抵松門嶺，山峻路滑，舍騎步升，自奉化來，雖越嶺數重，皆循山麓，至此迂迴臨陟，俱在山脊，而雨後新霽，泉聲

記一册上　一

徐霞客（1587—1641），名宏祖，字振之，號霞客，江蘇江陰人。立志遍游名山大川，歷時三十餘年，足迹遍布十九省，每日記其見聞而成《徐霞客游記》。

有書名葉，左上小字題「乾隆丙申較刊」，中間大字題「霞客游記」，左下小字題「孩浦邨莊藏版」。

卷端署「江陰徐宏祖霞客著，子寄介立輯，同邑季夢良會明編、楊名時凝齋閲，無錫吴峻黼仙、族孫徐鎮筠峪重校」。各册正文後署「裔孫熙海南校字」。

框高17.7厘米，寬13.4厘米。半葉十行，行二十三字，小字雙行同，細黑口，左右雙邊。版心上鐫書名「游記」，下録册次及地名，如「一册上／天台」「一册下／嵩山」「二册上／江右」，再下記葉次。

正文前有叙，末署「乾隆四十一年歲次丙申秋九月，孩浦族孫鎮謹序」；次接《録徐霞客游記序》，末署「康熙己丑八月癸卯，同邑後學楊名時序」；次接《重録徐霞客游記序》，末署「丙寅二月朔，楊名時序」；次接《書手鈔霞客游記後》，末署「後學陳泓識」；次接《例言》，末署「孩浦徐鎮筠峪氏謹識」；次接《游記目次》；次接舊校姓氏、刊誤姓氏、分校姓氏。正文凡十卷，各卷又分上、下。

綫裝，二十四册，登録號006206。各册書根題寫書名「滇游日記」及册次。書名葉右下鈐「振衣千仞／崗濯足／萬里流」朱文橢圓印，左上鈐「辨僞／嗣出」朱方印。集中鈐「歙鮑氏／知不足／齋藏書」朱方印、「常熟縣／圖書館／藏書章」朱方印。

006365　明嘉靖十年

應天府鄉試録一卷

（明）張洪撰　明嘉靖刻本

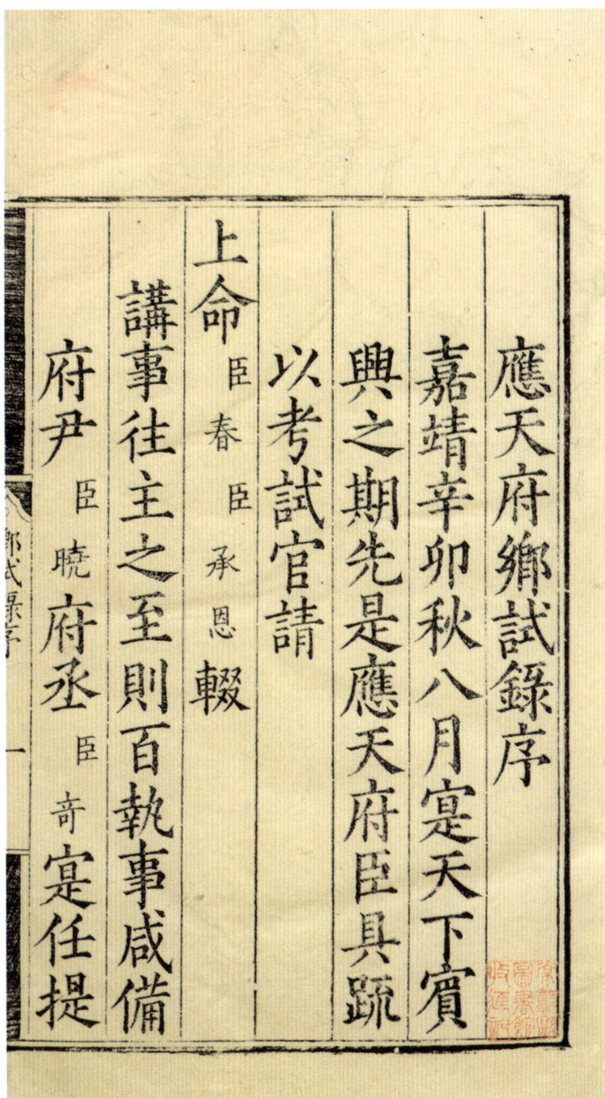

應天府鄉試錄序

嘉靖辛卯秋八月寔天下賓

興之期先是應天府臣具疏

以考試官請

上命　臣春　臣承恩　輟

講事往主之至則百執事咸備

府尹　臣曉　府丞　臣奇　寔任提

鄉試錄序　一

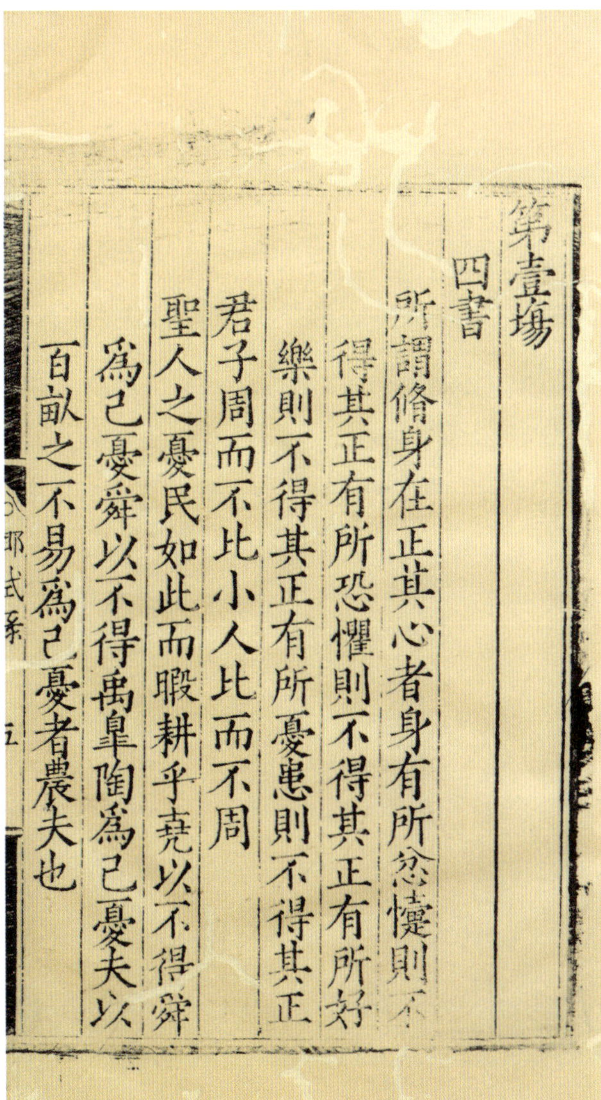

第壹場

四書

所謂脩身在正其心者身有所忿懥則不

得其正有所恐懼則不得其正有所好

樂則不得其正有所憂患則不得其正

君子周而不比小人比而不周

聖人之憂民如此而暇耕乎堯以不得舜

爲己憂舜以不得禹皋陶爲己憂夫以

百畝之不易爲己憂者農夫也

鄉試錄　五

張洪（1361—1444），字宗海，號止庵，常熟人。歷桂林靖江王府教授、行人司行人、行人司司副、翰林院修撰、承務郎等。博經通史，著述宏富，除《明嘉靖十年應天府鄉試録》外，又有《南夷書》《翰林類稿》《史記要語》《使緬録》《續文章軌範》等。

框高22.9厘米，寬16.9厘米。半葉九行，行十八字，小字雙行，大黑口，上單黑魚尾，四周雙邊。版心上録書名，下記葉次。各册書根題寫書名及册數。

正文前有明嘉靖十年（1531）席春所撰《應天府鄉試録序》。正文先介紹考官，次接鄉試命題，以「第一場四書、易、書、詩、春秋、禮記；第二場論、判語；第三場策」爲序。再接「中式舉人一百三十五名」名録，名録後接中式舉人試卷及考官評語。正文後有嘉靖十年孫承恩所撰《應天府鄉試録後序》。

綫裝，四册，登録號006365。入選第二批《國家珍貴古籍名録》，名録號04014。鈐「常熟縣／圖書館／收藏記」朱方印。

006744　東巡金石録八卷

（清）崔應階等編　清乾隆刻本

東巡金石録卷之一　戊辰年

衍聖公孔昭煥率所屬執事官並博士
子弟來謁詩以示之

和風融日颺前旌近止尼山慰素誠道左追
隨賢後裔心殷瞻就魯諸生宮牆乍可窺巍
煥籩豆從知備潔清豈為卿家榮幸獨崇儒
雅化示寰瀛

闕里祭
先師禮成因成八韻

東巡金石録　卷之一　一

崔應階（1699—1780），字吉升，湖北江夏人。父相國，官浙江處州鎮總兵，應階蔭生初授順天府通判。清乾隆三十三年（1768）擢閩浙總督加太子太保。乾隆四十五年（1780）以原品休致，尋卒。事迹具《清史稿》。

框高19.6厘米，寬13.9厘米。半葉九行，行十七字，小字雙行同，白口，上單黑魚尾，四周雙邊。版心上鎸書名，中鎸卷次，下記葉次。

正文前有目録。正文凡八卷，輯録自乾隆十三年（1748）戊辰迄三十年（1765）乙酉六幸山東省頒發御製各種摩崖碑文。正文後有《東巡金石録跋》，末署「山東巡撫臣崔應階敬跋」。

綫裝，四册，登録號006744。各册書根題寫書名及册次。鈐「泉塘耀／松楊祉／昌經眼」朱方印、「常熟市／圖書／館藏」朱方印。

006748　漢書評林　一百卷

（漢）班固撰　（唐）顏師古注　（明）凌稚隆輯　明萬曆刻本

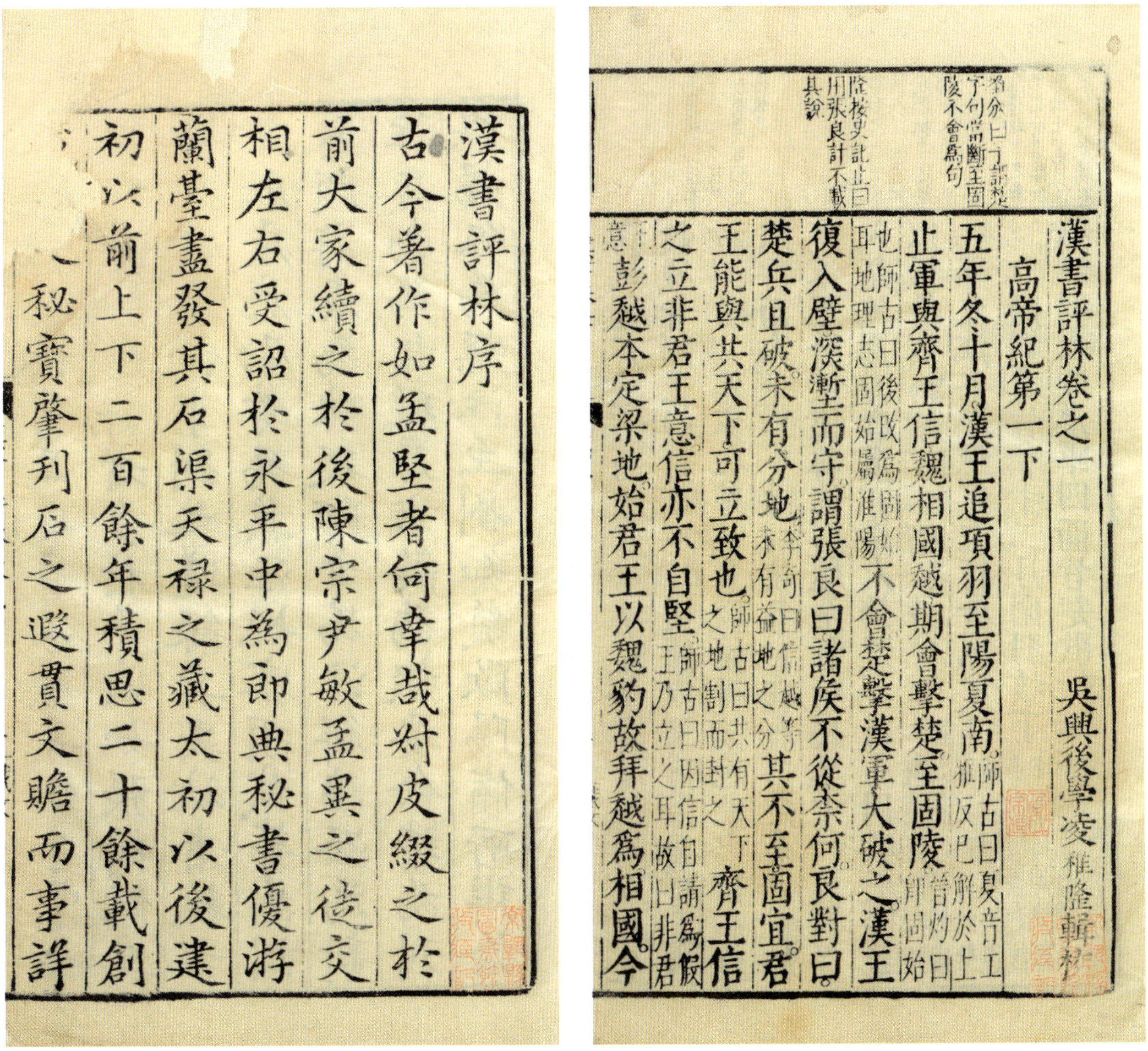

漢書評林卷之一　吳興後學凌稚隆輯校

高帝紀第一下

五年冬十月，漢王追項羽至陽夏南。止軍，與齊王信、魏相國越期會擊楚，至固陵，不會。楚擊漢軍，大破之。漢王復入壁，深塹而守。謂張良曰：「諸侯不從，奈何？」良對曰：「楚兵且破，未有分地，其不至固宜。君王能與共天下，可立致也。齊王信之立，非君王意，信亦不自堅。彭越本定梁地，始君王以魏豹故，拜越爲相國，今

漢書評林序

古今著作如孟堅者，何偉哉！対皮綴之於前，大家續之於後，陳宗、尹敏、孟異之徒交相左右，受詔於永平中，爲郎典秘書，優游蘭臺，盡發其石渠、天祿之藏，太初以後，建初以前，上下二百餘年，積思二十餘載，創……秘寶，肇刊石之遐，貫文贍而事詳

班固（32—92），字孟堅，扶風安陵（今陝西咸陽東）人。任蘭臺令史，後遷爲郎。東漢永平元年（58）始撰《漢書》，至漢建初七年（82）基本完成。

凌稚隆，字以棟，號磊良，明萬曆間吳興（今浙江湖州）人。

卷端署「漢蘭臺令史班固撰，唐正議大夫行秘書少監琅邪縣開國子顔師古注」，各卷題名下鎸「吳興後學凌稚隆輯校」。

框高24.2厘米，寬14.7厘米。半葉十行，行二十字，小字雙行同，白口，上單黑魚尾，左右雙邊。版心魚尾上鎸書名「漢書」及卷次，魚尾下鎸篇名，再下記葉次，再下有刻工姓氏：戴文、戴、徐禎、陶昂、子英、杭州郁文瑞（書）、徐、六、信、顧檈（書）、羅六、元、汜、英、才、子、希、子英、徐信、希文、武、六元、沈、彭、中、其、何、甫、劉、袁肇對、禎、卞、黄、羅文、承等。版分上、下二欄，上欄附刻諸家注評，下欄刻正文。

正文前有《漢書評林序》，末署「明萬曆癸未春，五岳山人沔陽陳文燭撰」；次接《凌氏新刻漢書評林序》，末署「萬曆辛巳孟秋初吉，汝南何洛文書」；次接《漢書評林字例》；次接《漢書評林姓氏》；次接《漢書評林引用書目》；次接《漢書評林凡例》，後有明萬曆九年（1581）辛巳歲菊月吳興凌稚隆以棟父題識；次接世系圖、國都地理圖、南北軍圖；次接《舊刻例》，後有萬曆九年辛巳歲吳興凌稚隆題識；次接《漢書叙例》，署「唐正議大夫行秘書少監琅邪縣開國子顔師古注」；次接《漢書總評》；次接《漢書評林目録》。正文凡一百卷，十二帝紀十三卷、八表九卷、十志十八卷、七十列傳七十九卷。

綫裝，三十册，登録號006748。各册書根題寫書名及册次，書背上端又以朱筆標注册次。鈐「向氏／家藏」朱方印、「向障亭／藏書印」朱長印、「常熟縣／圖書館／收藏記」朱方印。

008978　新刻史記評林一百三十卷

（漢）司馬遷撰　（南朝宋）裴駰集解　（唐）司馬貞索引　（唐）張守節正義　明末刻本

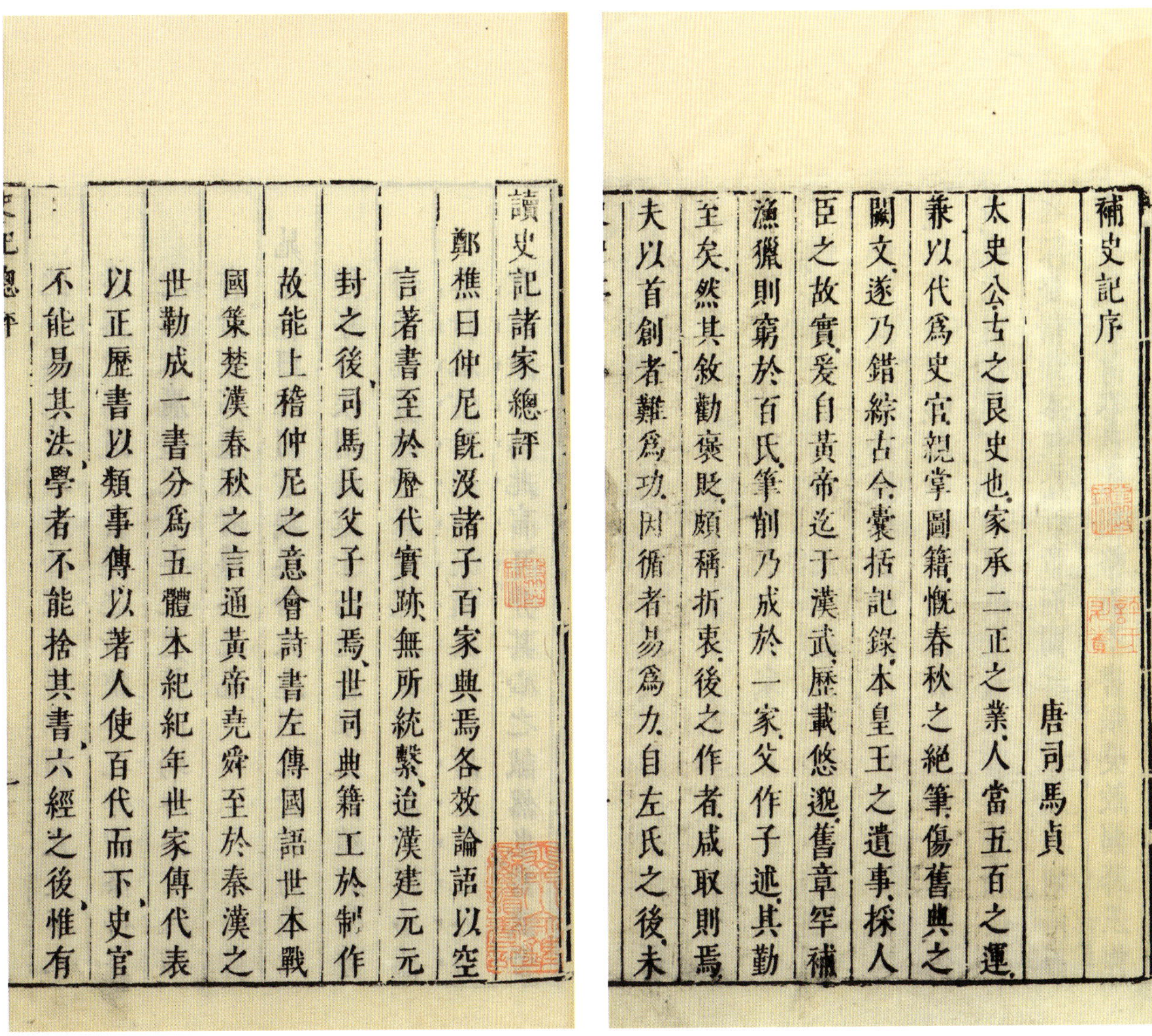
補史記序
唐司馬貞
太史公古之良史也家承二正之業人當五百之運兼以代爲史官親掌圖籍慨春秋之絕筆傷舊典之闕文遂乃錯綜古今囊括記錄本皇王之遺事採人臣之故實爰自黃帝迄于漢武歷載悠邈舊章罕補漁獵則窮於百氏筆削乃成於一家父作子述其勤至矣然其敘勸褒貶頗稱折衷後之作者咸取則焉夫以首創者難爲功因循者易爲力自左氏之後未

讀史記諸家總評
鄭樵曰仲尼既沒諸子百家興焉各效論語以空言著書至於歷代實跡無所統繫迨漢建元元封之後司馬氏父子出焉世司典籍工於制作故能上稽仲尼之意會詩書左傳國語世本戰國策楚漢春秋之言通黃帝堯舜至於秦漢之世勒成一書分爲五體本紀紀年世家傳代表以正歷書以類事傳以著人使百代而下史官不能易其法學者不能捨其書六經之後惟有

司馬遷生平事迹見前《史記》（000225）。

卷端署「漢太史令龍門司馬遷撰，宋中郎外兵參軍河東裴駰集解，唐國子博士弘文學士河内司馬貞索隱，唐諸王侍讀率府長史張守節正義」。

框高19.9厘米，寬14.5厘米。半葉九行，行二十字，小字雙行同，白口，左右雙邊。版心上鎸篇名，下記葉次。天頭附刻王維楨、鍾惺、王鏊、王韋、孫鑛等諸家評注。

正文前有《新刻史記評林叙》，末署「華亭陳繼儒撰」；次接唐司馬貞《補史記序》；次接司馬貞《史記索隱序》；次接司馬貞《史記索隱後序》；次接張守節《史記正義序》；次接宋裴駰《史記集解序》；次接明歸安茅坤《史記評林序》；次接明天目徐中行《史記評林序》；次接明王世貞《史記評林序》；次接明檇李馮夢禎《史記監本序》；次接明江夏黄汝良《史記監本序》；次接明楚中李維楨《史記新序》；次接《讀史記諸家總評》；次接《史記列國分野》；次接史記世系；次接史記地圖；次接張守節《史記謚法解》；次接目次。正文凡一百三十卷，正文前有《三皇本紀》一篇，題注「唐司馬貞補并注」。

綫裝，十五册，登録號008978。各册書根題書名「史記」及册次。有朱筆、墨筆圈點及批校。「東野／軒」白長印、「適齋」朱文橢圓印、「許印／廷録」白方印、「琴川俞鍾／鑾讀書記」朱長印、「常熟市／圖書／館藏」朱方印等。

008985　前漢書一百卷

（漢）班固撰　明萬曆刻本

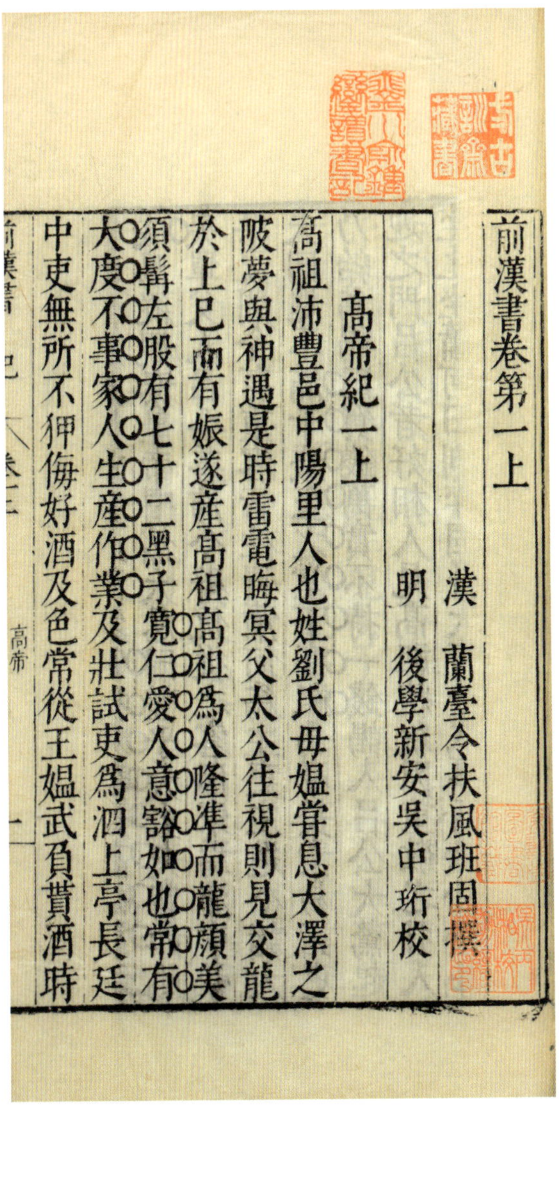

前漢書卷第一上
漢　蘭臺令扶風班固撰
明　後學新安吴中珩校
高帝紀一上
高祖沛豐邑中陽里人也姓劉氏母媪嘗息大澤之陂夢與神遇是時雷電晦冥父太公往視則見交龍於上已而有娠遂産高祖高祖爲人隆準而龍顔美須髯左股有七十二黑子寬仁愛人意豁如也常有大度不事家人生産作業及壯試吏爲泗上亭長廷中吏無所不狎侮好酒及色常從王媪武負貰酒時

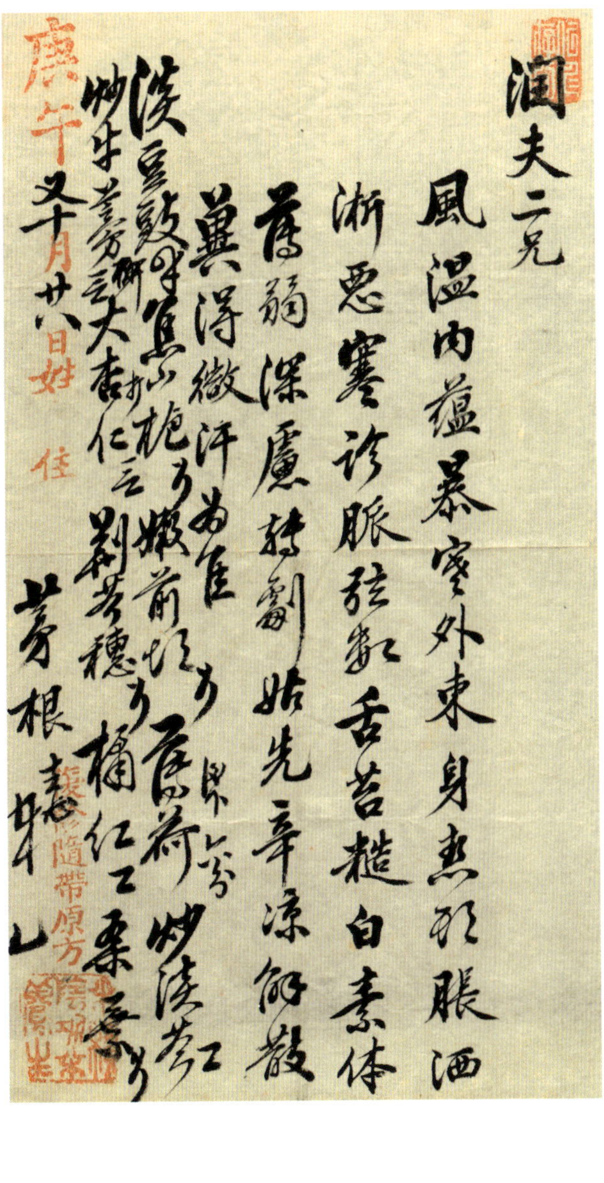

班固生平事迹見前《漢書評林》（006748）。

卷端署「漢蘭臺令扶風班固撰」，又署校者，「明後學新安吴中珩校」或「明後學新安吴勉學校」。

框高 19.8 厘米，寬 14 厘米。半葉十行，行二十字，白口，上單白魚尾，左右雙邊。版心魚尾上鎸書名「前漢書」及卷目「紀」「表」「志」「傳」，魚尾下録卷次，再下刻篇目，再下記葉次。

正文前有目録，目録闕二葉。正文凡一百卷，記事起於漢高祖元年（前206）乙未，迄於王莽地黄四年（23）癸未，合二百九十年。

綫裝，二十册，登録號 008985。鈐「吴丙／湘校／勘經／籍印」朱方印、「式古／訓齋／藏書」白方印、「琴川俞鍾／鑾讀書記」朱長印、「如皋／李猶／龍元／德印」朱方印、「弘業／堂圖／書記」朱方印、「冒裔／私印」陰陽印、「常熟市／圖書／館藏」朱方印。

008999　兩晉南北合纂四十卷（存十二卷）

（明）錢岱纂　明萬曆四十一年（1613）刻本

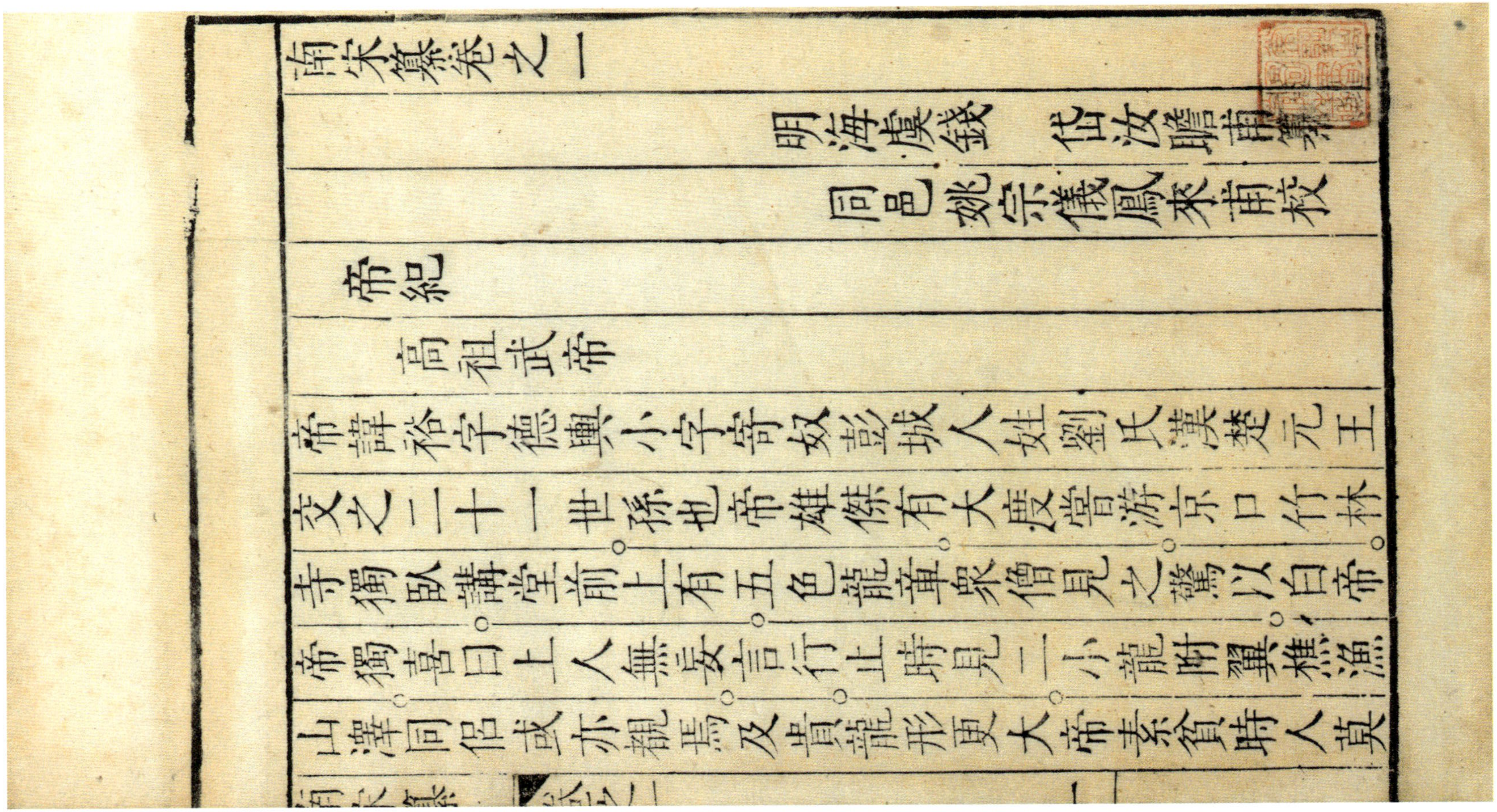

南宋纂卷之一

明海虞錢　岱汝瞻甫纂

同邑姚宗儀鳳來甫校

帝紀

高祖武帝

帝諱裕字德輿小字寄奴彭城人姓劉氏漢楚元王交之二十一世孫也帝雄傑有大度嘗游京口竹林寺獨臥講堂前上有五色龍章衆僧見之驚以白帝帝獨喜曰上人無妄言行止時見二小龍附翼樵漁山澤同侶或亦覩焉及貴龍形更大帝素貧時人莫

錢岱（1541—1622），字汝瞻，號秀峰，常熟鹿苑奚浦（今屬蘇州張家港）人。明隆慶五年（1571）進士，次年授廣州府推官。明萬曆間任監察御史。

卷端署「明海虞錢岱汝瞻甫纂，同邑姚宗儀鳳來甫校」。

框高 21.3 厘米，寬 14.6 厘米。半葉十行，行二十字，白口，上單黑魚尾，四周單邊；分上、下二欄，上欄附刻批注，下欄刻正文。版心魚尾上鐫集名，魚尾下録卷次，再下記葉次。

正文四十卷，含《晉書纂》十六卷、《南宋纂》四卷、《南齊纂》三卷、《南梁纂》四卷、《南陳纂》一卷、《北魏纂》五卷、《北齊纂》三卷、《北周纂》二卷、《北隋纂》二卷，今常熟市圖書館藏本僅存《南宋纂》四卷及《晉書纂》卷九至卷十六，凡十二卷。

《南宋纂》正文前有目次；正文四卷，卷一帝紀、后妃傳、宗室傳、諸臣傳，卷二、卷三諸臣傳，卷四諸臣傳、循吏傳、孝義傳、隱逸傳、恩幸傳。

綫裝，二函八册，登録號 008999。鈐「常熟市／圖書／館藏」朱方印。

009008　五代史

七十四卷

（宋）歐陽修撰

（宋）徐無黨注　明末

鍾名臣刻本　明楊慎評

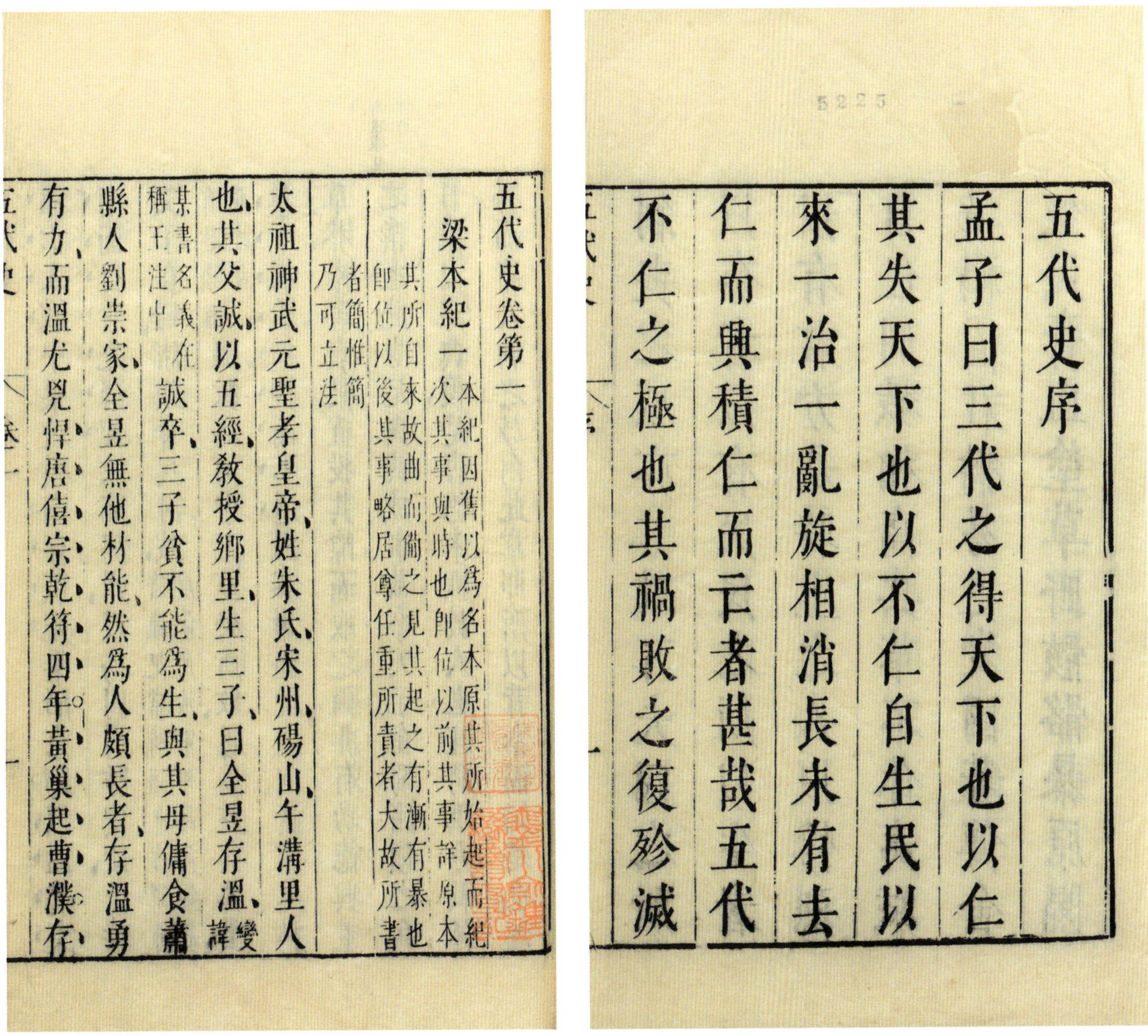

五代史序

孟子曰三代之得天下也以仁其失天下也以不仁自生民以來一治一亂旋相消長未有去仁而興積仁而亡者甚哉五代不仁之極也其禍敗之復殄滅

五代史卷第一

梁本紀一 本紀因舊以爲名本原其所始起而紀其所自來故曲而備之見其起之有漸有暴也 次其事與時也即位以前其事詳原本即位以後其事略居尊任重所責者大故所書者簡惟簡乃可立法

太祖神武元聖孝皇帝姓朱氏宋州碭山午溝里人也其父誠以五經教授鄉里生三子曰全昱存溫 變諱 某書名義在稱王注中 誠卒三子貧不能爲生與其母傭食蕭縣人劉崇家全昱無他材能然爲人頗長者存溫勇有力而溫尤兇悍唐僖宗乾符四年黃巢起曹濮存

歐陽修生平事迹見前《唐書》（003173）。

徐無黨（1024—1086），初名光，永康五崗塘村（今浙江永康）人。少時隨歐陽修學古文辭，歐陽修稱「其文日進，如水涌山出，其馳騁之際，非常人筆力可到」。宋皇祐五年（1053）進士。初任郡教授，升著作郎，轉任政和殿學士。

楊慎（1488—1559），字用修，號升庵，新都（今屬四川）人。明正德六年（1511）進士第一，授翰林修撰。工文、詞、曲，著述甚富，有《升庵集》行世。

框高19.8厘米，寬14.2厘米。半葉九行，行二十字，小字雙行同，白口，上單白魚尾，左右雙邊。版心上鎸書名「五代史」，中鎸卷次，下記葉次。

正文前有《五代史序》，末署「建安陳師錫撰」；次接目録，目録署「宋廬陵歐陽修撰、徐無黨注，明成都楊慎評、桐鄉鍾名臣訂」。正文凡七十四卷，本紀十二卷、列傳四十五卷、司天職方考三卷、世家年譜十一卷、四夷附録三卷。

綫裝，八册，登録號009008。各册書根題寫書名「歐陽五代史」及册次。鈐「琴川俞鍾／鑾讀書記」朱長印、「常熟市／圖書／館藏」朱方印。

009014　北史一百卷

（唐）李延壽撰　明萬曆二十六年（1598）國子監刻本

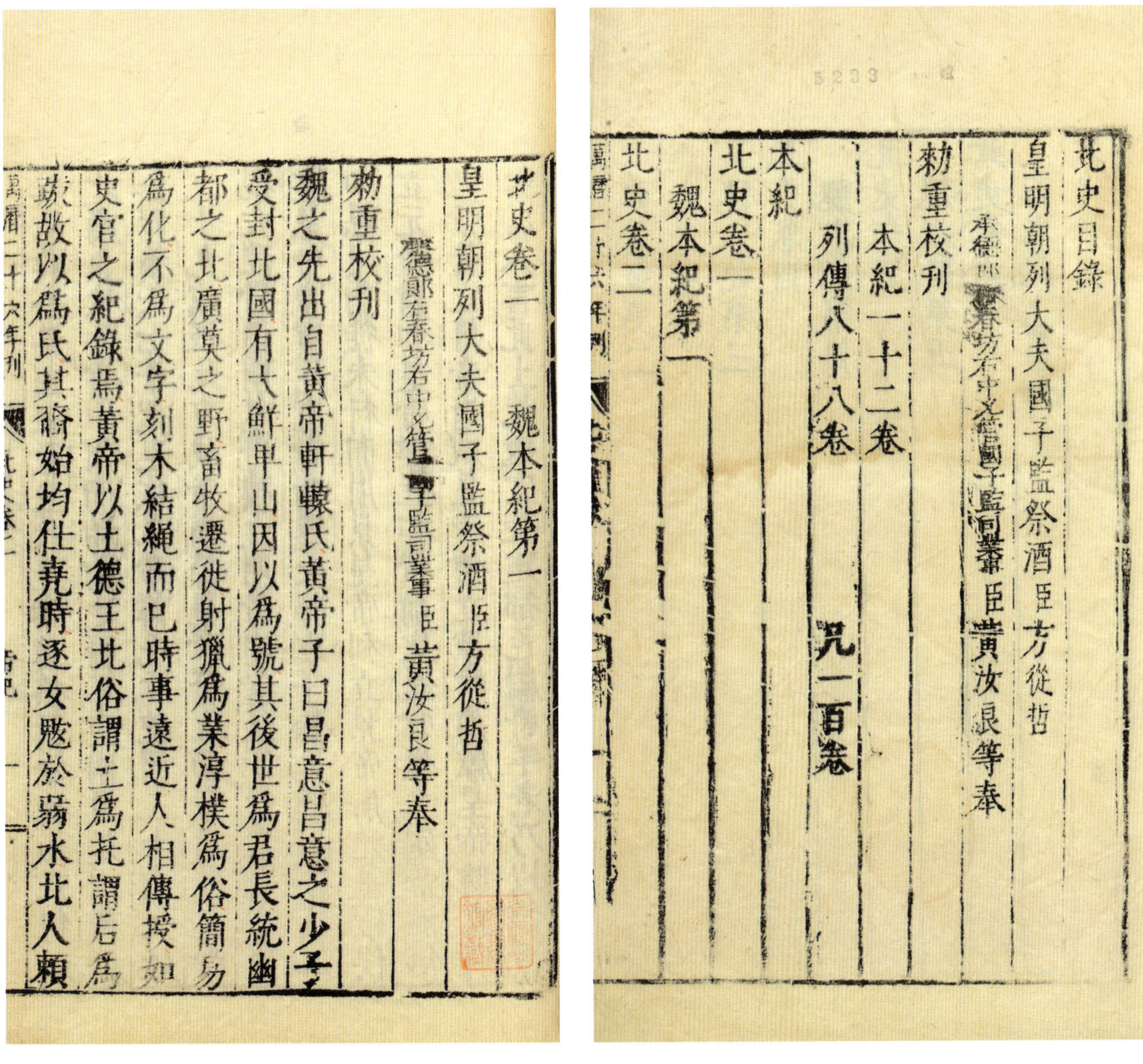

李延壽，字遐齡，相州（今河南安陽）人，祖籍隴西（今屬甘肅）。歷官太子典膳丞、崇賢館學士、御史臺主簿、符璽郎等。兩《唐書》有傳。

卷端署「皇明朝列大夫國子監祭酒臣方從哲、承德郎右春坊右中允管國子監司業事臣黄汝良等奉敕重校刊」。

框高22.4厘米，寬15.1厘米。半葉十行，行二十一字，小字雙行同，白口，上單黑魚尾，左右雙邊。版心魚尾上鎸「萬曆二十六年刊」，魚尾下録書名及卷次，再下刻卷目，再下記葉次。

正文前有《北史目録》。正文凡一百卷，本紀十二卷、列傳八十八卷。

綫裝，三十册，登録號009014。各册書根及書背中間分别以墨筆、朱筆標注册次。集中夾有南陔草堂藏書簽，著録書名、卷數、册數、版本等信息。有朱筆、黄筆圈點。鈐「常熟市/圖書/館藏」朱方印。

009092　皇明文獻世家考四卷（存二卷）

（明）管一德編　明萬曆刻本

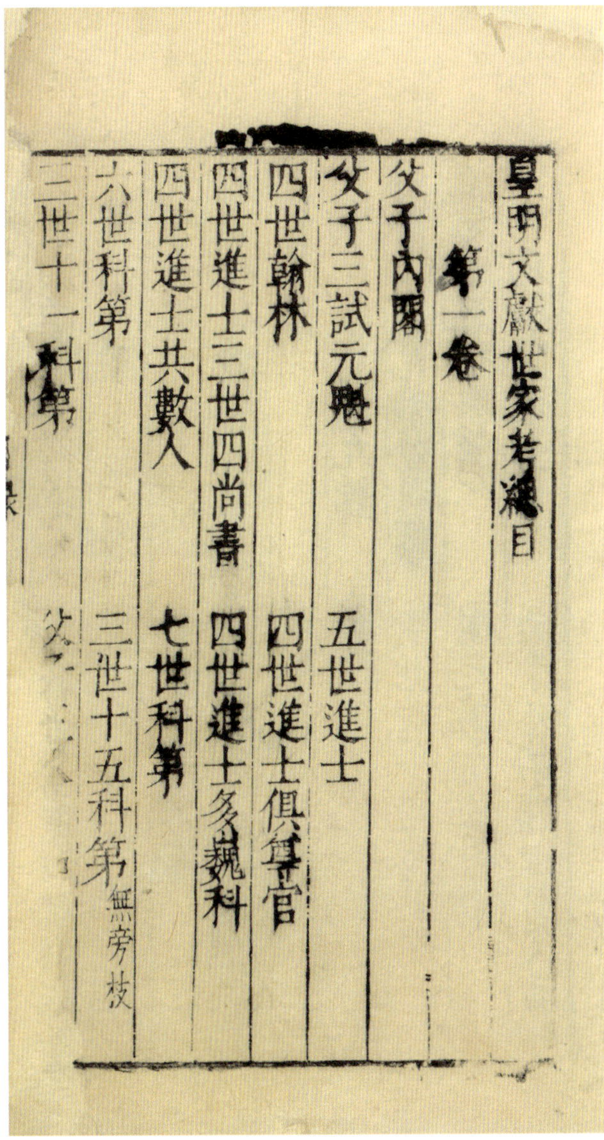
皇明文獻世家考總目
第一卷
父子內閣
父子三試元魁　五世進士
四世翰林　四世進士俱尊官
四世進士三世四尚書　四世進士多魏科
四世進士共數人　七世科第
六世科第　三世十五科第無旁枝
三世十一科第

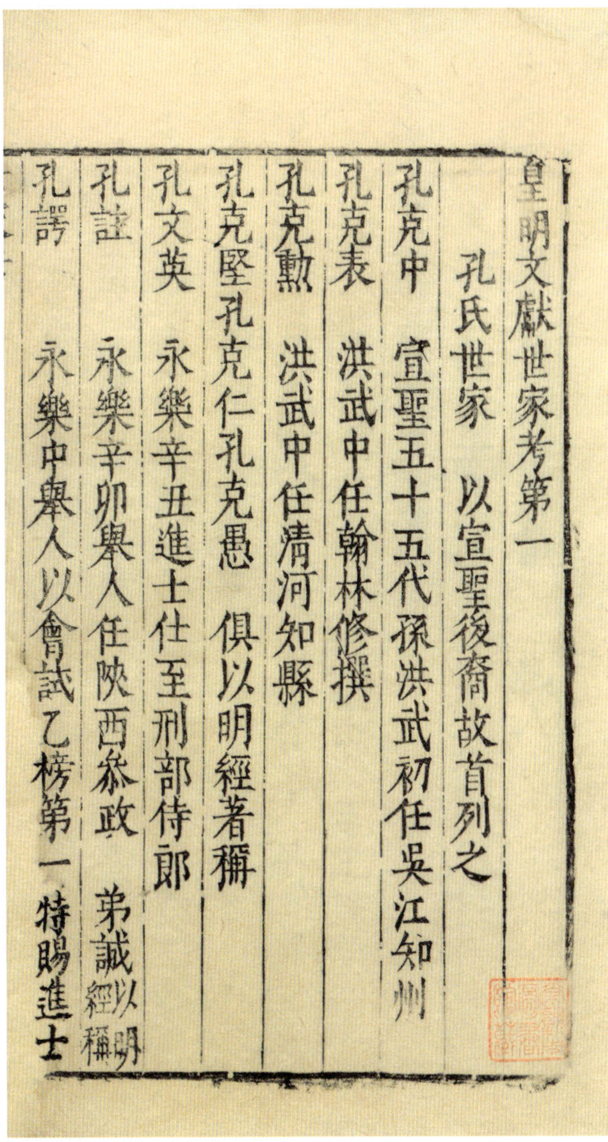
皇明文獻世家考第一
孔氏世家　以宣聖後裔故首列之
孔克中　宣聖五十五代孫洪武初任吳江知州
孔克表　洪武中任翰林修撰
孔克勲　洪武中任清河知縣
孔克堅孔克仁孔克愚　俱以明經著稱
孔文英　永樂辛丑進士仕至刑部侍郎
孔詮　永樂辛卯舉人任陝西叅政　弟誠以明經稱
孔諤　永樂中舉人以會試乙榜第一特賜進士

管一德，字士恒，號瀝川，常熟人。孤苦力學，有聞於時，明萬曆十九年（1591）舉人。所論禦倭及治河諸事頗有見地，爲中丞顧益卿、河道尚書楊後山稱賞。修《常熟文獻志》，著有《皇明文獻世家考》《瀝陽集》《經傳子史參同》《四書閎覽》《詩經閎覽》等。

卷二卷端署「吴人管一德士恒編次」。

框高 23.3 厘米，寬 13.9 厘米。半葉九行，行二十字，小字雙行同，白口，四周單邊。版心上鎸書名「世家考」，中録卷次，下記葉次。

正文前有凡例十條，内容已殘闕過半；次接總目。正文叙有明一代世家、科第、仕宦、郡邑盛事等，凡四卷，今藏本衹存卷一、卷二。

綫裝，一册，登録號 009092。鈐「常熟市／圖書／館藏」朱方印。

009173　許賓門日記不分卷

（清）許元愷撰　稿本

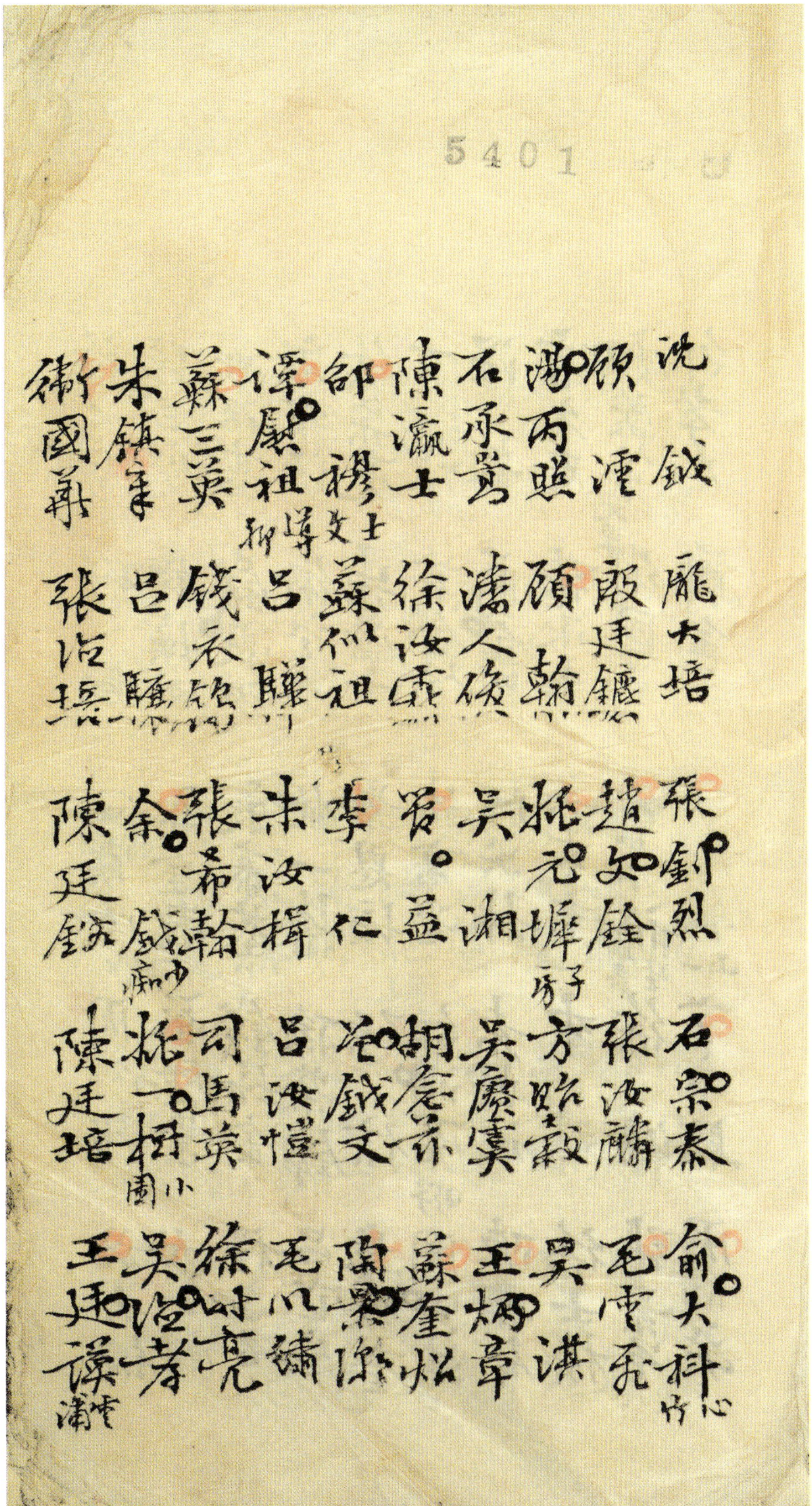

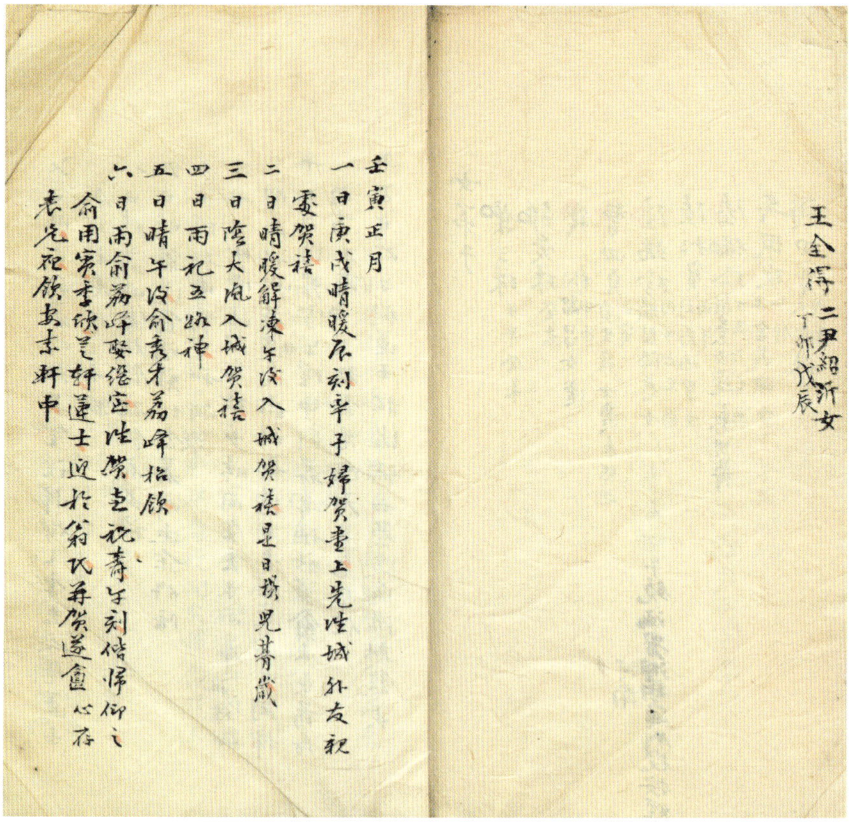

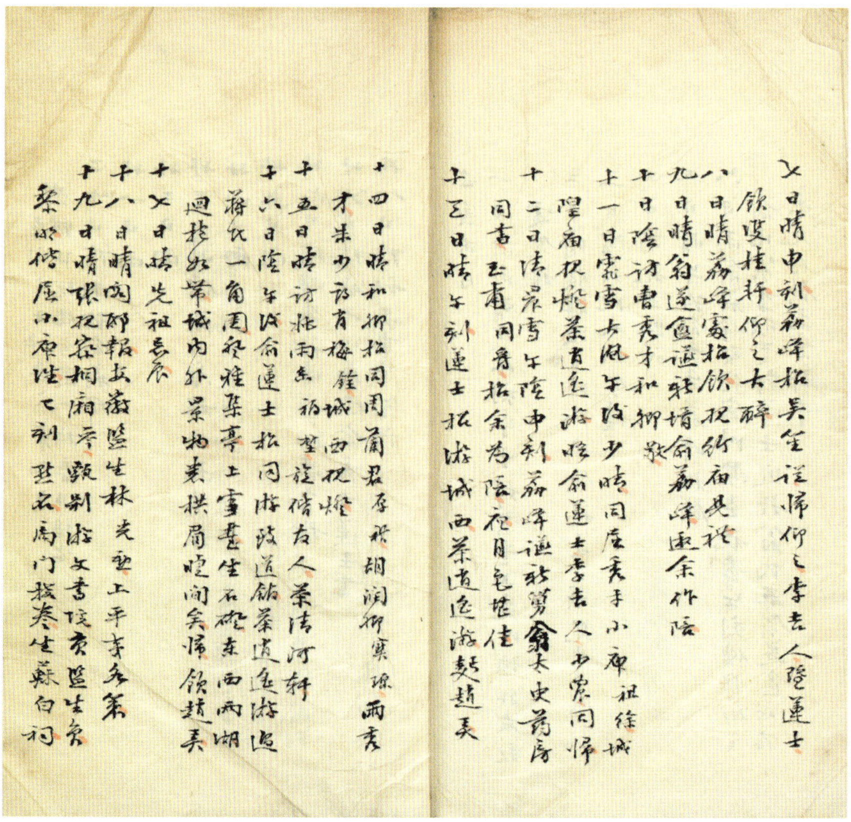

許元愷（1800—1864），字賓門，常熟人。廷詰子。監生，曾至高郵州州學作幕友。

無版框及界欄，開本高20厘米，寬12.9厘米。半葉十行，行二十字。

正文不分卷，記事起於清道光二十二年（1842）正月，迄於道光二十四年（1844）十月。

毛裝，一册，登録號009173。書封左題書名。有朱筆圈點。

0091175　明清虞邑科名録不分卷

清道光巢雲書屋鈔本

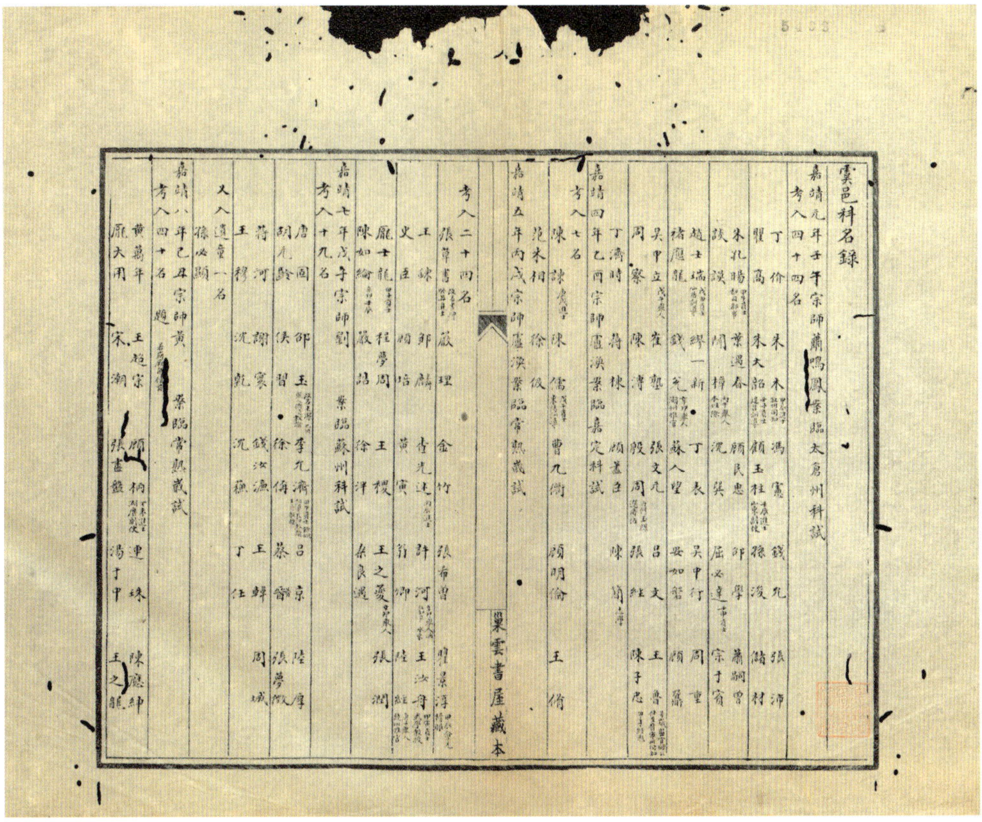

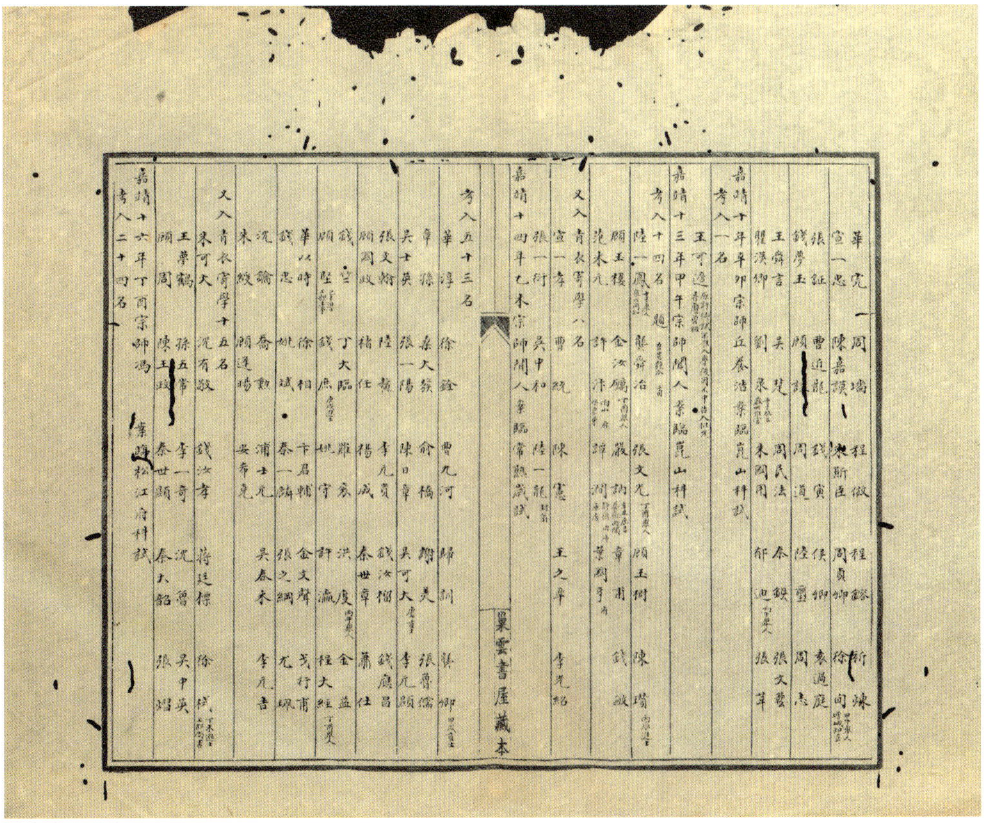

卷端不署撰人。

框高22.3厘米，寬14.6厘米。半葉九行，行字不等，藍絲欄，上單黑魚尾，四周雙邊。版心下鐫「巢雲書屋藏本」字樣。

正文不分卷，所記始於明嘉靖元年（1522），終於清道光二十四年（1844）。

是集未裝訂，皆係零散筒子葉，登録號009175。鈐「常熟市/圖書/館藏」朱方印。

009237 ［萬曆］常熟私志二十八卷（存五卷）

（明）姚宗儀撰　明鈔本

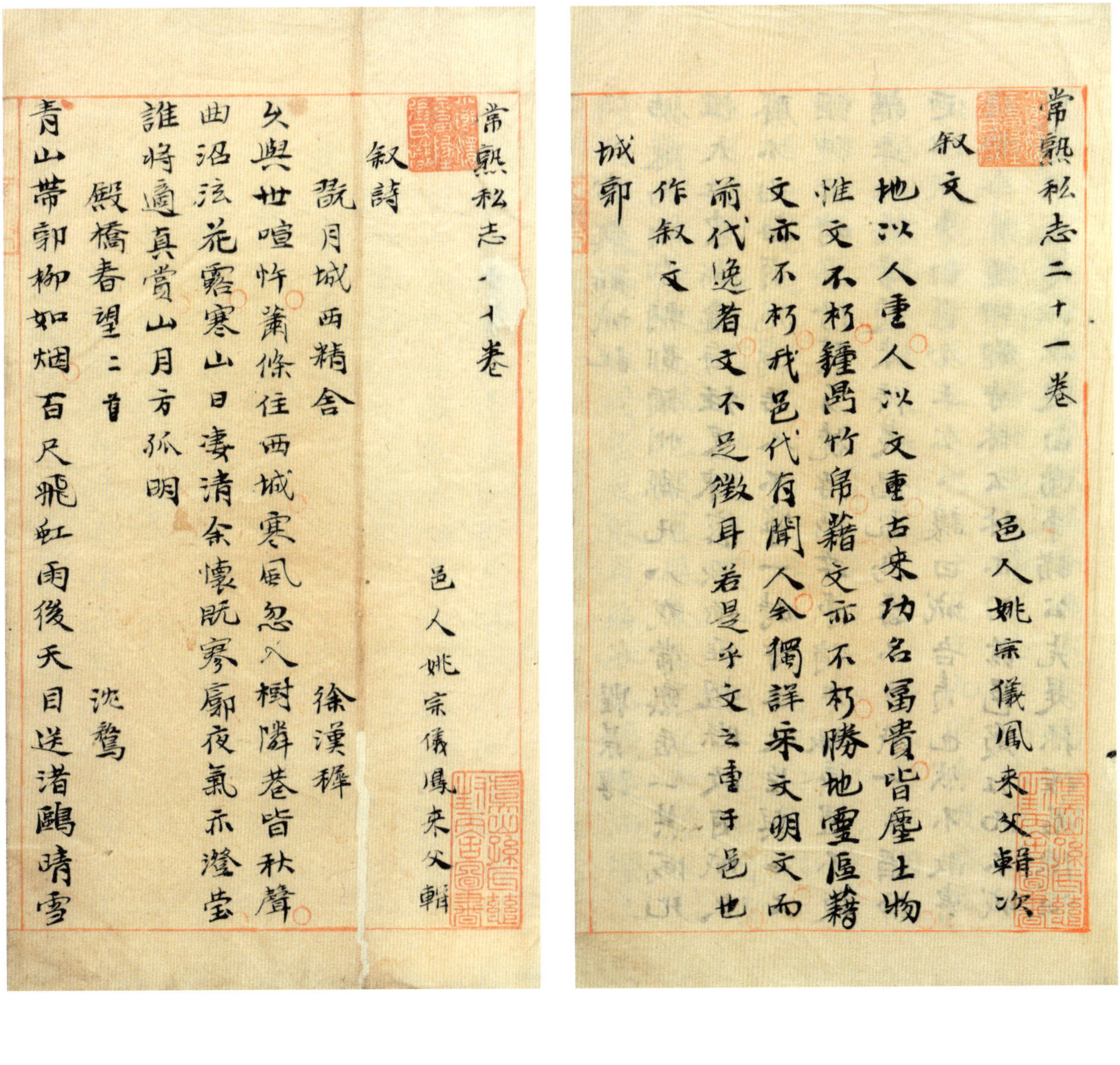

常熟私志二十一卷

邑人姚宗儀鳳來父輯次

敘文

地以人重人以文重古來功名富貴皆塵土物惟文不朽鍾鼎竹帛藉文亦不朽勝地靈區藉文亦不朽我邑代有聞人今獨詳采文明文而前代逸者文不足徵耳若是乎文之重于邑也作敘文

城郭

常熟私志[illegible]十卷

邑人姚宗儀鳳來父輯

敘詩

訪月城西精舍　徐漢穉

久與世喧忤蕭條住西城寒風忽入樹鄰巷皆秋聲曲沼泫花露寒山日凄清衾懷既寥廓夜氣亦澄瑩誰將適真賞山月方孤明

殷橋春望二首　沈鶚

青山帶郭柳如烟百尺飛虹雨後天目送渚鷗晴雪

姚宗儀，字鳳來，常熟人。諸生。

框高22.2厘米，寬14.3厘米。半葉九行，行二十字，白口，四周單邊。版心鈐「五柳居」朱方印。

正文前有明萬曆四十五年（1617）龔立本所撰《序》；次接萬曆四十六年（1618）《題常熟私志》，不署撰者名。再接褚中所撰《歷修志序》，序末不署撰寫年月。其下依次有元至正二十五年（1365）戴良所撰《琴川戴志序》，明宣德九年（1434）張洪所撰《琴川張志序》，明弘治十二年（1499）桑瑜所撰《常熟桑志序》，明嘉靖十八年（1539）鄧韍所撰《常熟鄧志序》，萬曆四十五年管一德所撰《常熟文獻管志叙》，瞿汝稷所撰《常熟水利耿志序》，李維楨所撰《常熟儒學李志序》，後兩序均不署撰寫時間。再接《凡例》，再接《目録》。正文存五卷，卷一叙縣，卷四叙産、叙灾、叙宅、叙墓，卷五叙學，卷二十叙詩，卷二十一叙文。

綫裝，四册，登録號009237。入選第二批《國家珍貴古籍名録》，名録號04149。是帙鈐印纍纍，《序》前鈐「小瑯環／福地／張氏藏」「子京／氏」白方印、「禮／蓮室」「項元／汴印」「虞山沈／氏希任／齋劫餘」朱方印、「虞山孫氏慈／封丙舍圖書」「項子京／氏家藏」朱長印。《序》後鈐「青山當／户深柳／讀書」白方印。《題常熟私志》前鈐「平生減産爲收／書三十年來萬／卷餘寄語兒／孫勸雒誦莫／令弃擲飽蟫／魚蕘友氏識」「琴川張／氏小瑯／環福地／藏書」「海虞毛／晋子晋／圖書記」朱方印。《歷修志序》序前鈐「項氏／家藏」白方印，「墨林／秘玩」朱方印。《常熟水利耿志序》前鈐「芙初女／士姚畹／真印」朱方印。《凡例》前鈐「小瑯環／福地／秘笈」朱方印、「方氏若／衡曾觀」白長印。《目録》前鈐「子孫／寶之」白方印、「蓉鏡／私印」朱方印。《目録》後鈐「虞山孫仲／孝維所／藏圖書」「曾在／沈芳／圃家」朱方印。卷一前鈐「張燮／字字和／號蕘友」「詞垣珥筆／秘殿紬書／版部持籌／雲樓定律」朱方印。卷一末鈐「芙川／張蓉／鏡藏」白方印。卷四前鈐「琴川／望族」白方印。卷四末鈐「主司巷／舊家」朱長印，「虞山孫仲／孝維收／藏圖書」朱方印。卷二一前鈐「小瑯環／福地／張氏藏」白方印、「虞山孫氏慈／封丙舍圖書」朱長印。

009256　常熟縣水利全書十卷

（明）耿橘撰　明萬曆刻本

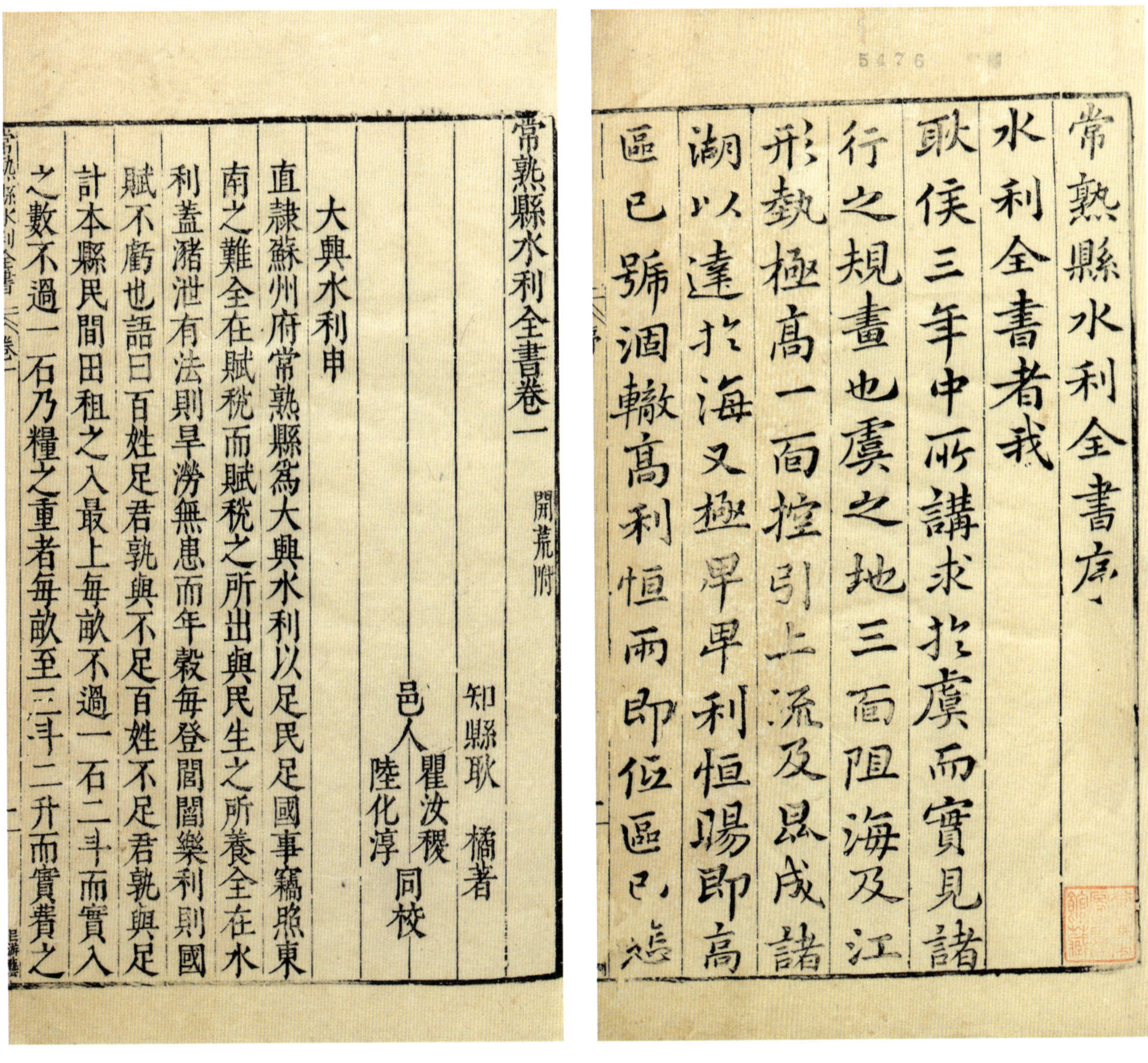
常熟縣水利全書序
水利全書者我
耿侯三年中所講求於虞而實見諸
行之規畫也虞之地三面阻海及江
形勢極高一面控引上流及昆成諸
湖以達於海又極旱旱利恒暘即高
區已𨑳涸轍高利恒雨即低區已溢

常熟縣水利全書卷一　開荒附
知縣耿　橘著
邑人瞿汝稷　陸化淳　同校
大興水利申
直隸蘇州府常熟縣爲大興水利以足民足國事竊照東
南之難全在賦稅而賦稅之所出與民生之所養全在水
利蓋瀦泄有法則旱澇無患而年穀每登閭閻樂利則國
賦不虧也語曰百姓足君孰與不足百姓不足君孰與足
計本縣民間田租之入最上每畝不過一石二斗而實入
之數不過一石乃糧之重者每畝至三斗二升而實費之

耿橘，字庭懷，獻縣人。明萬曆舉人，講學虞山書院，官至監察御史。卷端署「知縣耿橘著，邑人瞿汝稷、陸化淳同校」。

框高22.9厘米，寬15.1厘米。半葉十一行，行二十三字，小字雙行同，白口，上單綫魚尾，四周單邊。版心上鎸書名，中録卷次，下記葉次。版心下有刻工姓氏：吕游藝、王、元、馮、貞等。

正文前有《常熟縣水利全書序》，末署「邑人陸化淳謹題」，又「邑人嚴澂謹書」；次接《常熟水利全書叙》，末署「邑人瞿汝稷拜撰」，又「太原王穉登敬書」，是序係鈔配。正文凡十卷，記事至明萬曆三十四年（1606）。

綫裝，十册，登録號009256。刻本有部分書葉係鈔配。各卷末有「譚伯翔刊」字樣。鈐「常熟市／圖書／館藏」朱方印。

009265　［乾隆］支溪小志六卷附重編藝文志二卷補遺一卷

（清）顧鎮纂　（清）周昂增修　清乾隆五十三年（1788）刻本（卷三上配鈔本）

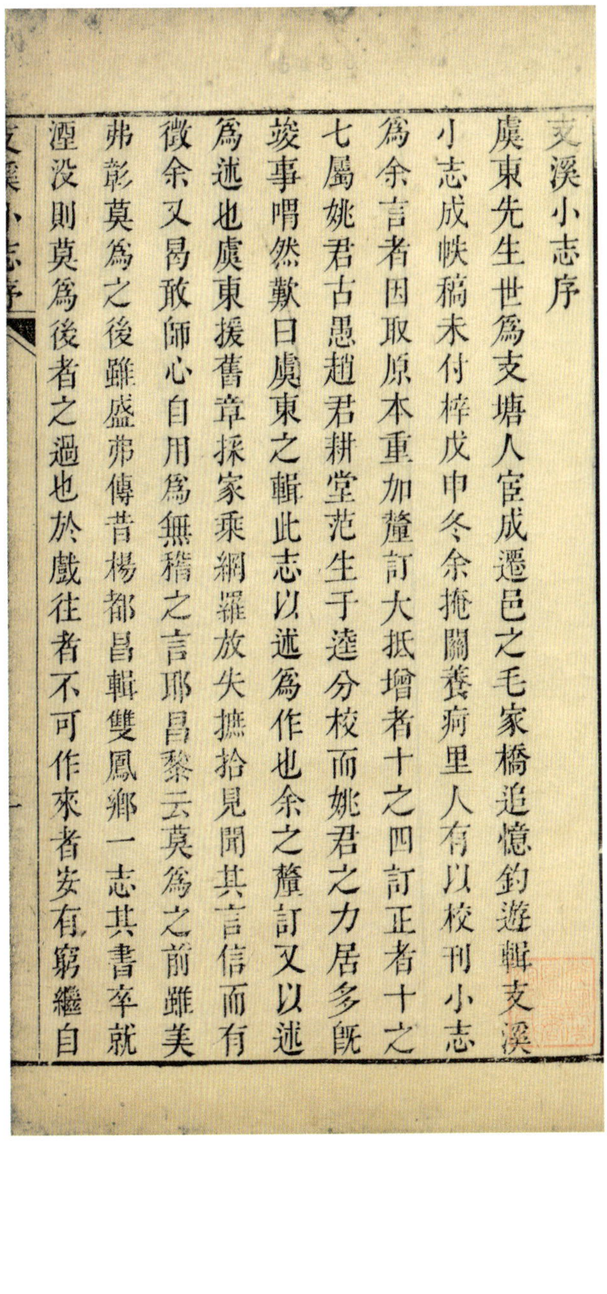

支溪小志序

虞東先生世爲支塘人宦成遷邑之毛家橋追憶釣遊輯支溪小志成帙稿未付梓戊申冬余掩關養痾里人有以校刊小志爲余言者因取原本重加釐訂大抵增者十之四訂正者十之七屬姚君古愚趙君耕堂范生于逵分校而姚君之力居多旣竣事喟然歎曰虞東之輯此志以述爲作也余之釐訂又以述爲述也虞東援舊章採家乘網羅放失摭拾見聞其言信而有徵余又曷敢師心自用爲無稽之言耶昌黎云莫爲之前雖美弗彰莫爲之後雖盛弗傳昔楊鄀昌輯雙鳳鄉一志其書卒就湮没則莫爲後者之過也於戲往者不可作來者安有窮繼自

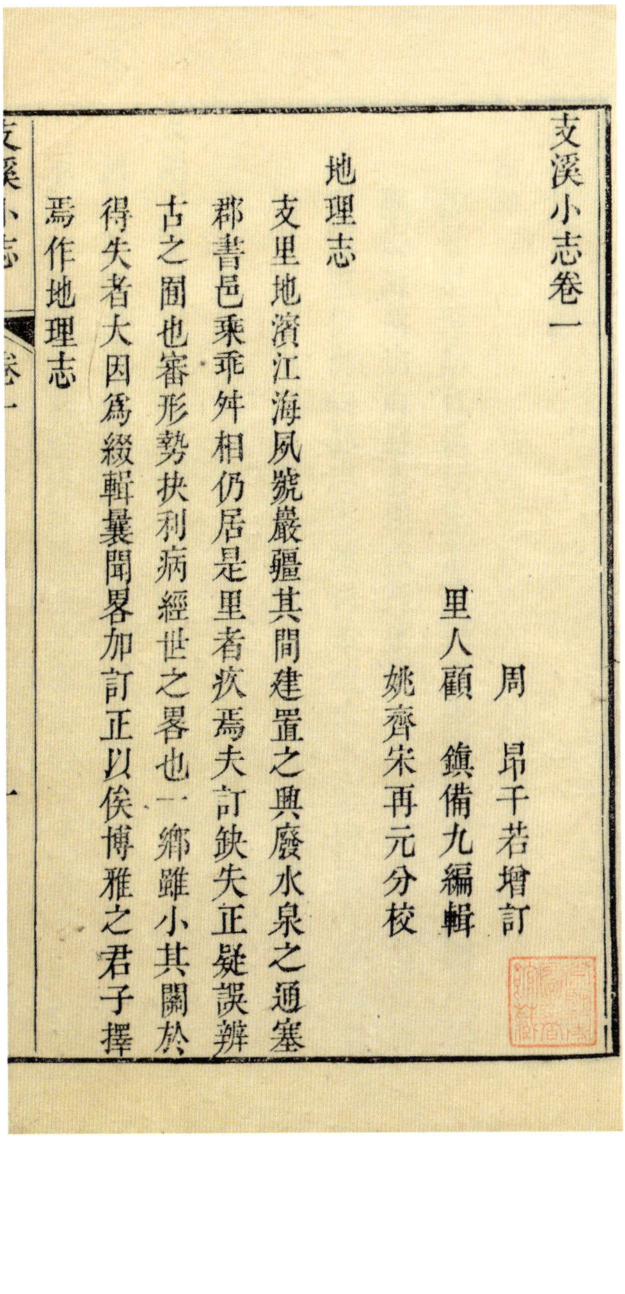

支溪小志卷一

周　昂干若增訂

里人顧　鎮備九編輯

姚齊宋再元分校

地理志

支里地濱江海夙號巖疆其間建置之興廢水泉之通塞郡書邑乘乖舛相仍居是里者狹焉夫訂鈌失正疑誤辨古之固也審形勢抉利病經世之畧也一鄉雖小其關於得失者大因爲綴輯裒聞畧加訂正以俟博雅之君子擇焉作地理志

顧鎮（1720—1792），字備九，號虞東，常熟支塘人。清乾隆三年（1738）舉於鄉；十三年（1748）以歸昭簡公薦授國子監學正；十五年（1750）邑人蔣文恪公以經學上先生名；十七年（1752）遷助教；十九年（1754）進士，仍留助教，任宗人府主事，與修《玉牒》；二十八年（1763）引疾歸。先是陳祖範主紫陽書院，鎮往執弟子禮。辨難經，解史義，居京師，游黄叔琳、陶正靖門，學益進，以經師著名，歷主金臺、虞山、白鹿、鐘山書院，所成就多聞人。嘗佐蔣文恪撫湖南，凡簿書、章奏、兵刑、錢穀，皆司其成。生平尤邃於詩禮，所著詩古文詞成一家言，輯前明一代之文曰《明文觀》，所著另有《虞東學詩》《三禮札記》《支溪小志》《錢法考》《黄昆圃先生年譜》《虞東先生文録》等。

周昂（1732—1801），字千若，號少霞，蔡涇（今屬常熟支塘）人。乾隆三十年（1765）選貢成均，廷試授寧國府訓導；三十五年（1770）舉於鄉；三十七年（1772）引疾歸。負雋才，尤長韵學，中年移疾歸里，著述自娱。有《十國春秋拾遺》《古韵通叶》《通韵叶音》《入韵備叶》《小學巵言》《韵學集成摘要》《此宜閣説經剩稿》《視蔭筆記詩文集》《西江瑞傳奇》等，增輯《支溪小志》若干卷。

是帙第一至五册爲《支溪小志》，第六、七册爲所附《藝文志》，其一、四、五、七册爲刻本，二、三、六册爲鈔本。刻本框高21.1厘米，寬13.1厘米。半葉十行，行二十四字，白口，上單黑魚尾，版心魚尾上、下方各鎸書名、卷數，版心下記葉次。鈔本無版框及界欄，半葉十行，行二十四字，二、三册版心空白，第六册版心下記葉次。

正文前有乾隆五十三年《支溪小志序》，末署「周昂少霞氏書於蔡渚别墅此宜閣」；次接《支溪小志例言》，再接《支溪小志目録》。周昂《支溪小志序》云：「戊申冬，余掩關養屙，里人有以校刊《小志》爲余言者，因取原本，重加厘訂，大抵增者十之四，訂正者十之七，屬姚君古愚、趙君耕堂、范生于逵分校，而姚君之力居多」，知此志係周昂在顧鎮未刊稿《支溪小志稿》基礎上於乾隆五十三年（1788）校勘增訂梓行。

此志凡六卷。卷一地理志：沿革（增）、閭里（增）、都鄙（增）、水利（增訂）、村坊橋梁（增訂）；卷二鄉校志（增）；

卷三人物志：科第、明經、恩榮、仕籍、武略、孝義、士林、文苑、耆碩、藝學、節烈（增訂）、游寓（增）、方外（增）、雜傳；卷四往迹志：城垣（增）、官司駋署（場田倉附）、第宅園林、寺觀、神廟（重訂）、家祠（重訂）、墓域、義塚（增）；卷五雜志（增訂）：土産、風俗、佚事；卷六藝文志：詩、文。所附《藝文志》分上、下二卷。與原四卷本不同：地理類列水、陸二類，增列沿革、閭里、都鄙三類，水利、村坊、橋梁重加訂正；地理、人物、往迹、藝文四類，原本止有總序四篇，餘皆增入；原本無鄉校，增入；人物增游寓、方外二類，義仆附孝行，合爲孝義。雜志增記佚事及土産、風俗；往迹志中，原本家祠混入神廟，另列之；往迹志原本止有墓域一類，另列義塚，爲向來志書所無者，益體國家推恩之義；藝文志原本不分卷帙，厘爲二卷，上卷載詩文之爲支塘人與地作者，悉録無遺，下卷乃里人詩文，可采者間録之，寧嚴不濫。

此志襲四卷本體例，多有考論，富史料價值。如《人物志·科第》周昂本傳後，有「論曰：吾里自時公敏後八年，而周公以鄉薦發聞，又十七年而成進士，又六十九年而鎮登賢書。吾里之衰落不振，無有久於是者，然亦未嘗絶也。爲周以附籍嘉定，《邑志》漏略，遂謂吾里百餘年無科第，豈其然哉？余爲歸之，俾後起者知所振發焉」，其後「今令甲各省解額有定，而進士額無定，知貢舉截取與試人數，臨期奏請欽定。江南約二十餘卷中進士一名。余試南宫辛、壬兩科額猶三十二三人，近止二十四五。蓋赴試者少，而中額每科遞減，出身亦愈珍矣。吾里自義扶公以寄籍發聞於前，虞東先生克紹於後，此外無能繼者。教之在父兄，率之在子弟。一偶雖小，尚共敦勉哉！」上論及按係考察江南（常熟）科舉情況的重要史料。

綫裝，七册，登録號009265。第三册末葉有徐兆瑋跋：「《支溪小志·人物志》一卷，分爲二册，予所藏本闕，屬周少梅鈔補。時少梅爲桂村學堂教習，晨夕過從譚藝，未幾即下世。秋墳宿草，賓閣青苔，深秋檢此，曷勝泫然。戊申重九前六日虹隱識。」第六册末葉有徐兆瑋跋：「《支溪小志·藝文》二册，假諸龔瑚賢，丙午携至京師，募人鈔寫，旋成此册。九十月旋里讎校一過，志歲月於書尾以示後人共保守之。」

各册卷端皆鈐有「常熟市／圖書／館藏」朱方印。

009267　桂村小志不分卷

（清）吴卓信纂　稿本

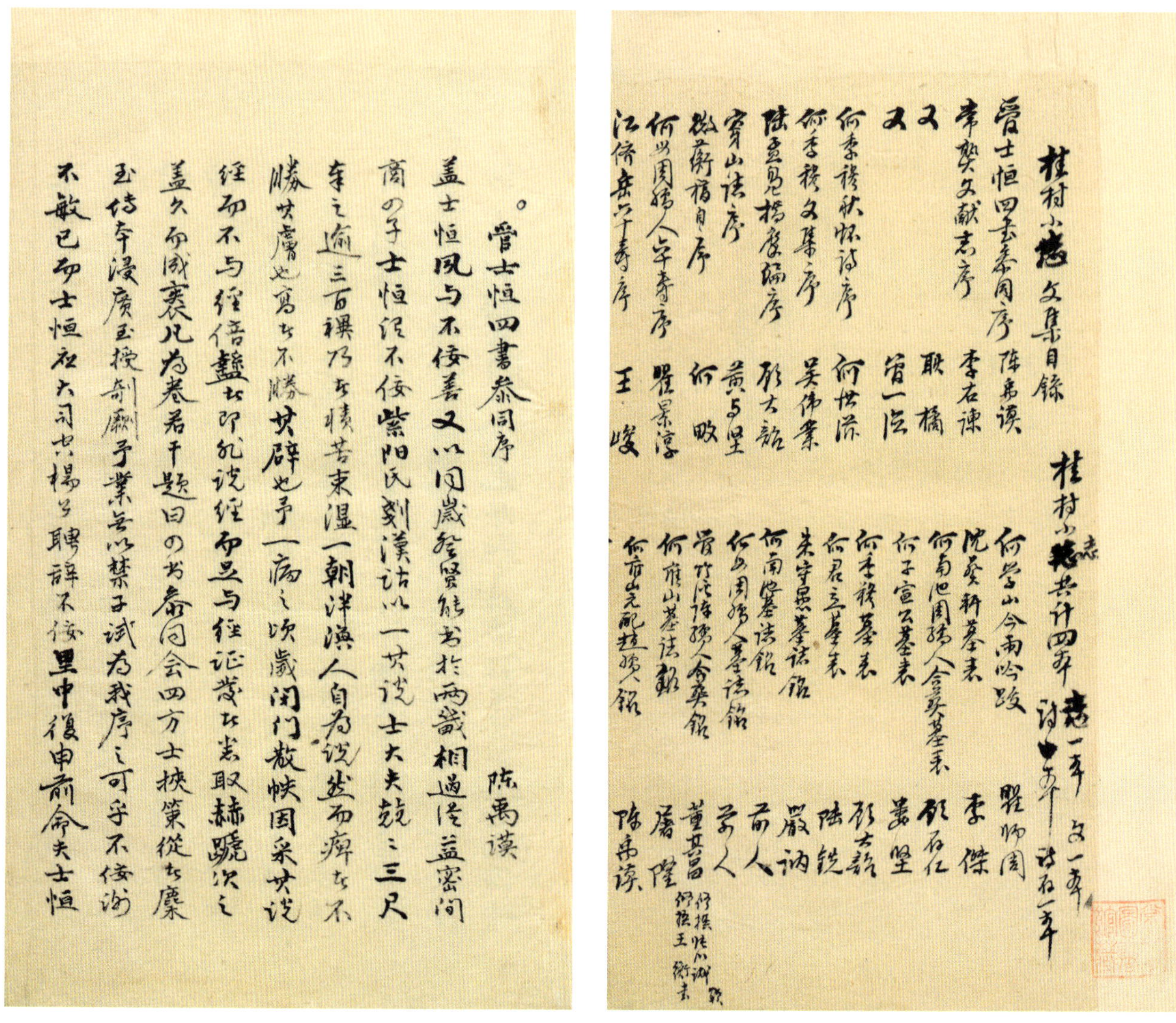

吴卓信（1755—1823），字頊儒，一字立峰，常熟桂村人。少孤，盡鬻遺産，購書數萬卷，坐卧其中，太倉馮偉見其所著書，爲之延譽。邑先輩邵齊熊、吴蔚光皆折節與交。合河康基田陳臬江左，屬邑令物色之，羅致幕下。已而游淮、徐，歷齊、魯，走京師。嘗一至關中，盡拓漢唐金石以歸。會基田没，慨然曰天下無知我者矣。遂杜門不出。性簡亢，遇達官貴人罕交一語，至争辨事理，則氣涌面發赤，不伸其説不止。清道光三年（1823）夏，病亟，其友孫原湘往省之，時值大水，四野淹没，因責原湘婾惰不能言諸當事，聲徹户外。尋卒，年六十九。《清史列傳》卷七二有傳。著有《讀詩餘論》《儀禮札憶》《釋親廣義》《漢三輔考》《漢書地理志補注》《澹成居文鈔》《澹成居詩鈔》《虞山文存》等。

無版框及界欄，開本高 26.2 厘米，寬 18.1 厘米。

正文不分卷，係未定稿。第一册前有目録，并記「《桂村小志》共計四本，志一本，文一本，詩一本，詩存一本」，今常熟市圖書館所藏凡五册。第一册收序、跋、墓銘；第二册收墓銘、列傳、序；第三册爲詩；第四册有詩、序、碑記、傳、像贊、跋；第五册有雙鳳鄉、三十八都、水道、何家市、内汛堆子、鄉約所、社倉、體仁局、義塚、水利、虞園、土産、橋梁、祠祀、寺院、第宅、碑刻、雜記、塚墓、進士、舉人、貢生、薦舉、封贈、生員、文苑、義俠、儒林、孝友、耆碩、唐墅志總目、藝術、流寓、列女、憲獎耆善姓氏、憲獎節烈姓氏等目。

毛裝，五册，登録號 009267。各册卷首皆鈐「常熟市／圖書／館藏」朱方印。

009291　白茆水利考一卷

（清）王伊輯　稿本

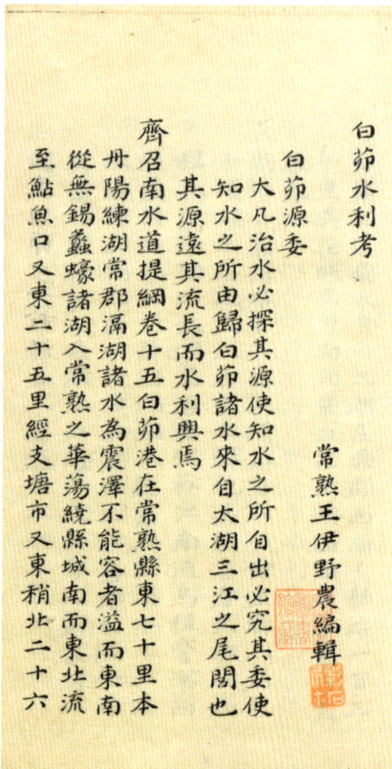

白茆水利考

常熟王伊野農編輯

白茆源委

大凡治水必探其源使知水之所自出必究其委使知水之所由歸白茆諸水來自太湖三江之尾閭也其源遠其流長而水利興焉

齊召南水道提綱卷十五白茆港在常熟縣東七十里本丹陽練湖常郡滆湖諸水為震澤不能容者溢而東南從無錫蠡𧎭諸湖入常熟之華蕩繞縣城南而東北流至鮎魚口又東二十五里經支塘市又東稍北二十六

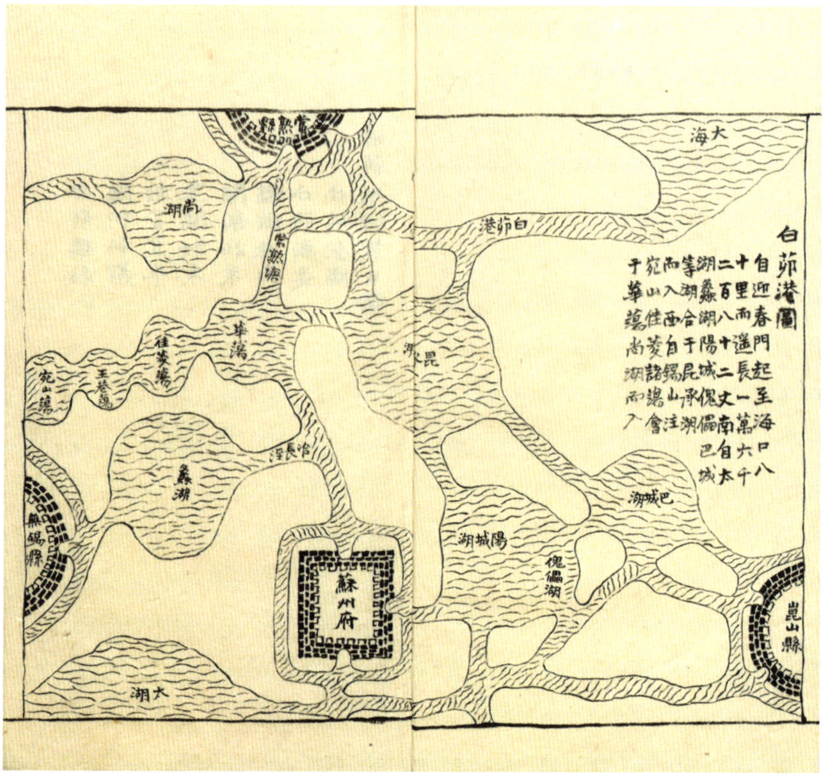

王伊，字影石，號聘三，晚號蜕存，應奎玄孫。諸生，清光緒三十四年（1908）卒。

卷端署「常熟王伊野農編輯」。

無版框及界欄，開本高26厘米，寬16.4厘米。半葉十行，行二十二字。

正文前有《白茆港圖》，次接目録。正文一卷，搜集有關白茆源委、總論利病、開浚始末、建閘始末、社官置卒、開河條議、白茆雜録等内容。

毛裝，一册，登録號009291。書封左題書名。書中夾有紫紅色書簽一張，上有王伊題識；又有散葉五，上有徐兆瑋撰《王聘三先生家傳》。鈐「影石／居士」白長印、「王伊／之印」白方印、「聘／弍」朱方印、「常熟市／圖書／館藏」朱方印。

009322　皇明常熟文獻志十八卷（存九卷）

（明）管一德纂　明萬曆三十三年（1605）刻本

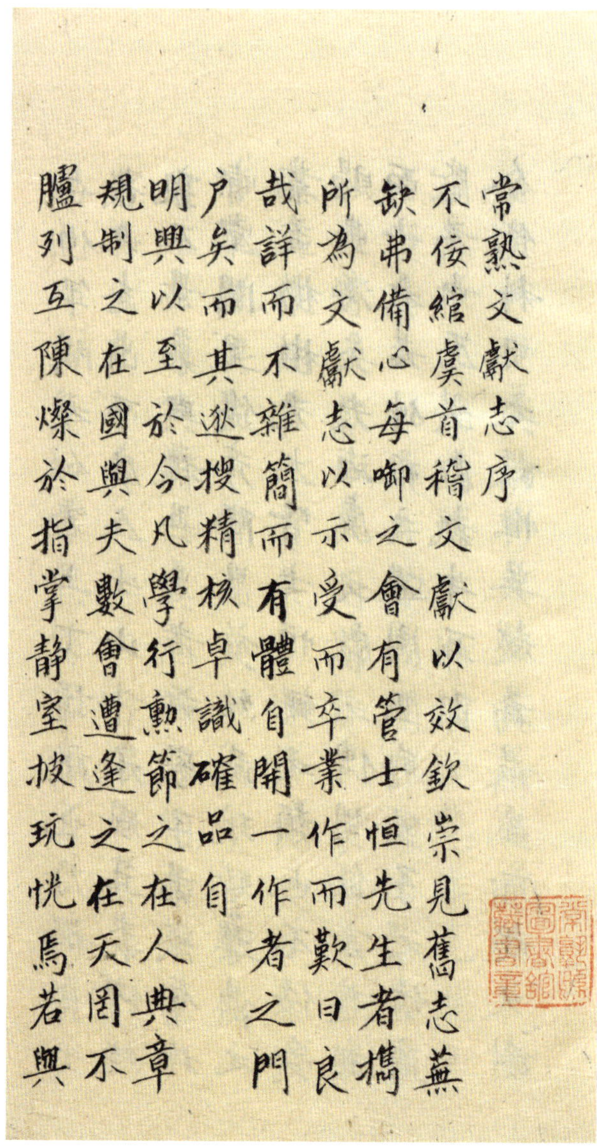
常熟文獻志序
不佞綰虞首稽文獻以效欽崇見舊志蕪
缺弗備心每啣之會有管士恒先生者攜
所為文獻志以示受而卒業作而歎曰良
哉詳而不雜簡而有體自開一作者之門
戶矣而其遐搜精核卓識確品自
明興以至於今凡學行勳節之在人典章
規制之在國與夫數會遭逢之在天罔不
臚列互陳燦於指掌靜室披玩恍焉若與

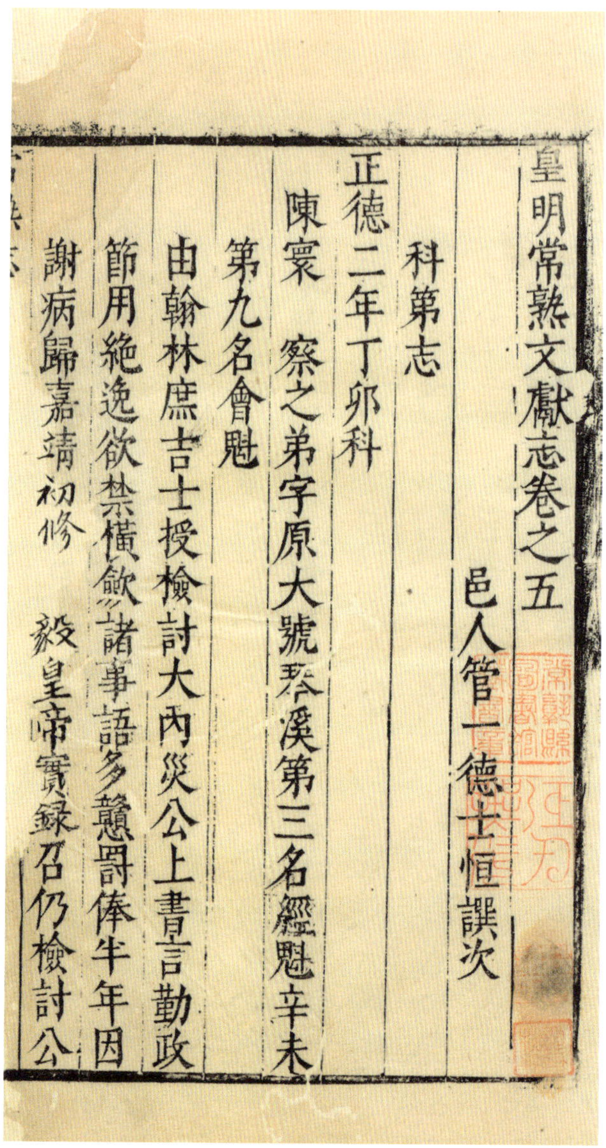
皇明常熟文獻志卷之五
邑人管一德士恒譔次
科第志
正德二年丁卯科
陳寰　察之弟字原大號琴溪第三名經魁辛未
第九名會魁
由翰林庶吉士授檢討大內災公上書言勤政
節用絕逸欲禁備斂諸事語多戇詈俸半年因
謝病歸嘉靖初修
毅皇帝實録召仍檢討公

管一德生平事迹見前《皇明文獻世家考》（009092）。

框高26.7厘米，寬15.8厘米。半葉九行，行二十字，白口，四周單邊。上鐫「常熟志」，版心中間録各卷類别，下記葉次。

常熟志書見於記載者，宋有鮑廉《寶祐琴川志》，元有盧鎮《至元重修琴川志》。有明一代，萬曆之前有張洪《宣德琴川新志》、桑瑜《弘治常熟縣志》、鄧韍《嘉靖重修常熟縣志》等。世遠時移，舊志多所闕漏，故管一德續編而成《皇明常熟文獻志》。《修志凡例》稱《志》「由弘永至成弘多祖述，而時有所删潤，由正嘉至隆萬僭爲撰次焉，大都羅網舊聞，本之家乘，參之國史，廣之群籍，而老師宿儒所傳説間亦采之，得十二卷」，知此志初爲十二卷，此十八卷本係在此基礎上重新厘定而成。

正文前有《常熟文獻志序》，末署「賜進士出身知常熟縣事瀛海耿橘撰」。明萬曆三十三（1605）年管一德撰《皇明常熟文獻志序》。再接《同時參閲校正姓氏》，含令尹、鄉宦、舉人在内凡三十九人。再接《修志凡例》。《凡例》後本爲目録，但此本目録已佚。正文部分成書時爲十八卷，此本第六、九、十二、十三、十八等五卷已闕；所存卷次中，卷一、卷二、卷四、卷五、卷八、卷十、卷十一、卷十四、卷十六皆因有部分殘闕而配以鈔本。此志殘闕處甚夥，加之修復裝訂略有混亂，故兹以册數爲綱，介紹各卷内容。志凡八册，第一册：卷一縣令，卷二廣文（教諭、訓導），卷三盛奇、薦舉志，卷七貢生；第二册卷四科第志上；第三册卷五科第志下（附武進士志）；第四册卷八恩綸，卷十人物（忠臣、名臣、文學、孝行、友愛、義俠、林士、流寓、烈婦、義婦、節婦）；第五册、第六册第十一卷紀載志；第六册卷十四序類；第七册卷十五碑銘傳表類，卷十六奏疏類、像贊類，卷十七詩賦志；第八册詩賦志、著述志；附建制沿革始末志、市鎮志、村落志、園亭志。

綫裝，八册，登録號009322。有朱筆批校。第一册耿《序》首葉及正文卷首、第二、三、四、五、七册卷首皆鈐「常熟縣/圖書館/藏書章」朱方印。

此志另有一九六三年蘇州古舊書店據萬曆三十三年刻本鈔録本，中國社會科學院歷史研究所圖書館藏。

009403 史記評林 一百三十卷

（漢）司馬遷撰 （南朝宋）裴駰集解 （唐）司馬貞索引 （唐）張守節正義 （明）凌稚隆輯校 明萬曆刻本

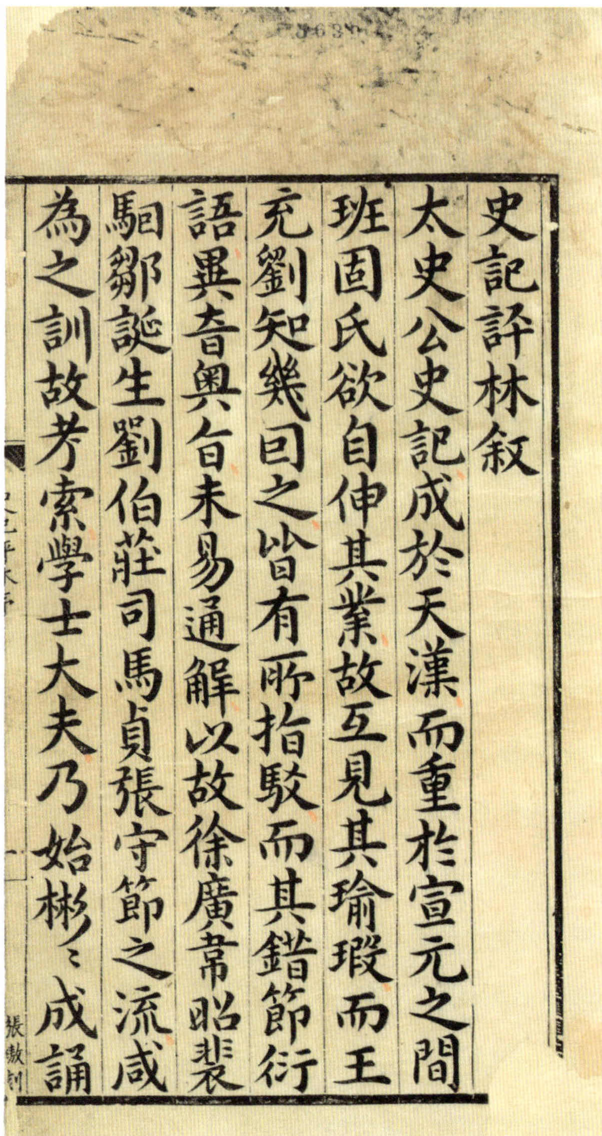

史記評林叙

太史公史記成於天漢而重於宣元之間班固氏欲自伸其業故互見其瑜瑕而王充劉知幾因之皆有所指駁而其錯節衍語異音與旨未易通解以故徐廣裔昭裴駰鄒誕生劉伯莊司馬貞張守節之流咸為之訓故考索學士大夫乃始彬彬成誦

張徽刻

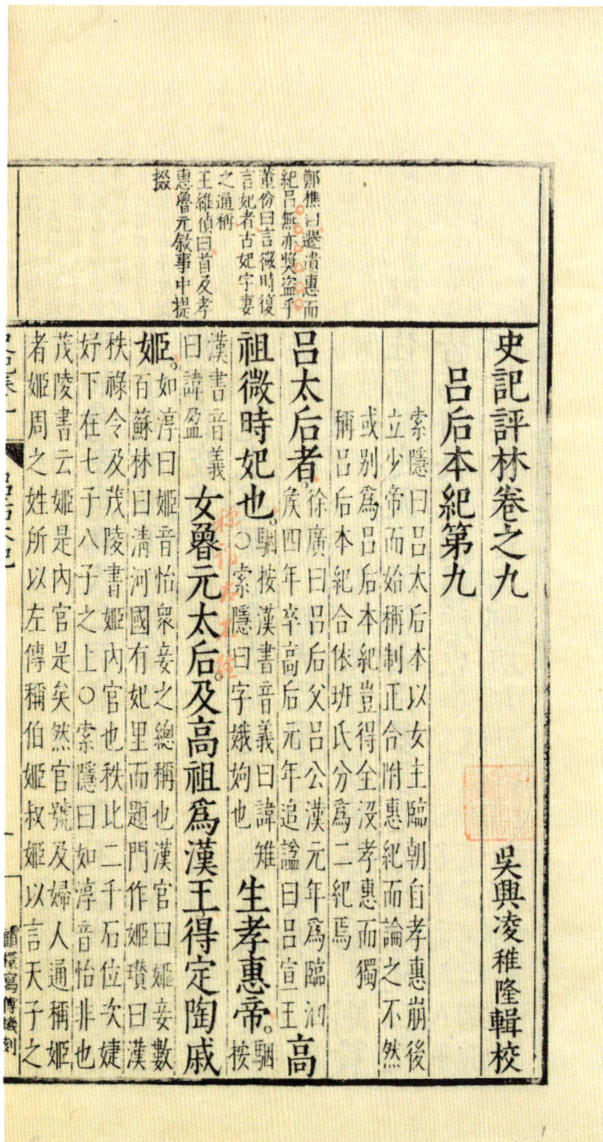

鄭樵曰遷遺惠而紀吕無亦奬盗乎　黃汾曰言微時後言妃者古妃字妻之通稱　王維楨曰首及孝惠魯元敘事中提掇

史記評林卷之九

吕后本紀第九　　吴興凌稚隆輯校

索隱曰吕太后本以女主臨朝自孝惠崩後立少帝而始稱制正合附惠紀而論之不然或別為吕后本紀豈得全没孝惠而獨稱吕后本紀合依班氏分為二紀焉

吕太后者，徐廣曰吕后父吕公漢元年為臨泗侯四年卒高后元年追謚曰吕宣王 高祖微時妃也。駰按漢書音義曰諱雉○索隱曰字娥姁也 生孝惠帝。駰按漢書音義曰諱盈 女魯元太后及高祖為漢王得定陶戚姬。如淳曰姬音怡衆妾之總稱也漢官曰姬妾數百蘇林曰清河國有妃里而題門作姬瓚曰漢秩祿令及茂陵書姬內官也秩比二千石位次婕好下在七子八子之上○索隱曰如淳音怡非也茂陵書云姬是內官是矣然官號及婦人通稱姬者姬周之姓所以左傳稱伯姬叔姬以言天子之

司馬遷生平事迹見前《史記》（000225）。凌稚隆生平事迹見前《漢書評林》（006748）。

目録題「漢太史令龍門司馬遷著，宋中郎外兵參軍裴駰集解，唐朝散大夫國子博士弘文館學士河内司馬貞索隱，唐諸王侍讀宣議郎守右清道率府長史張守節正義」；各卷卷端題名下皆鐫「吴興凌稚隆輯校」。

框高 24.7 厘米，寬 14.8 厘米。半葉十行，行十八字，小字雙行同，白口，上單黑魚尾，左右雙邊。分上、下二欄，上欄附刻諸家注評，下欄附刻正文。版心魚尾上鐫書名「史記」及卷次，魚尾下録篇目，再下記葉次，再下有寫、刻工姓氏：張璈、彭天恩、戴文、鄧欽、戴、長洲顧檈（寫）、傅機（付機）、温志、機、古吴錢世傑（寫）、秦、陶、徐、欽、蘆、戴文、徐軒、元、沈玄易、錢世英、楊順之、文泮、泮、章右之、英、鄭、邵、朱、劉子春、余六、劉禮、洪平、謝安、孫承愛、安、余世芳、余世、鄭玄、徐光祖、受、錢英、仲仁、陳子文、何文甫、何仲、趙其、徐朝、葉三、希、楊、平、文臺、徐二等。

正文前有《史記評林叙》，末署「吴郡王世貞撰」；次接明歸安茅坤《刻史記評林序》，末署「萬曆四年丙子冬十二月朔，歸安茅坤書」；次接《史記評林序》，末署「萬曆五年歲丁丑八月之吉，賜進士出身中奉大夫江西布政使司右布政使天目徐中撰」；次接《史記索隱序》，署「朝議大夫國子博士弘文館學士河内司馬貞」；次接司馬貞《史記索隱後序》；次接司馬貞《補史記序》；次接《史記集解序》，署「宋中郎外兵曹參軍裴駰」；次接《史記正義論例》，署「諸王侍讀宣議郎守右清道率府長史張守節」；次接張守節《史記正義謚法解》；次接張守節《史記正義列國分野》；次接諸譜系圖，即《三皇五帝譜系》《夏譜系圖》《商譜系圖》《周譜系圖》《秦譜系圖》《漢譜系圖》《吴世家譜系圖》《齊世家譜系圖》《魯世家譜系圖》《燕世家譜系圖》《蔡世家譜系圖》《曹世家譜系圖》《陳世家譜系圖》《杞世家譜系圖》《衛世家譜系圖》《宋世家譜系圖》《晋世家譜系圖》《楚世家譜系圖》《越世家譜系圖》《趙世家譜系圖》《魏世家譜系圖》《韓世家譜系圖》《田齊世家譜系圖》；次接諸地理圖，即《五帝國都地理圖》《夏商國都地理圖》《周國都地理圖》《秦國都地理圖》《漢國都地理圖》；次接《史記評林凡例》十八條，後有吴興凌稚隆題識；次接《試劑瓶林姓氏》；次接《史記評林引用書目》；次接《讀史總評》；次接唐司馬貞補并注《三皇本紀》；次接《史記評林目録》。

綫裝，三十册，登録號 009403。各册書背上端標注册次。有朱筆圈點、批注及校跋，校者不詳；有馮鈍吟墨筆批注。鈐「琴川俞鍾／鑾讀書記」朱長印、「常熟市／圖書／館藏」朱方印。

011748　梅李文獻小志稿不分卷

（清）黃炳宸輯　清鈔本

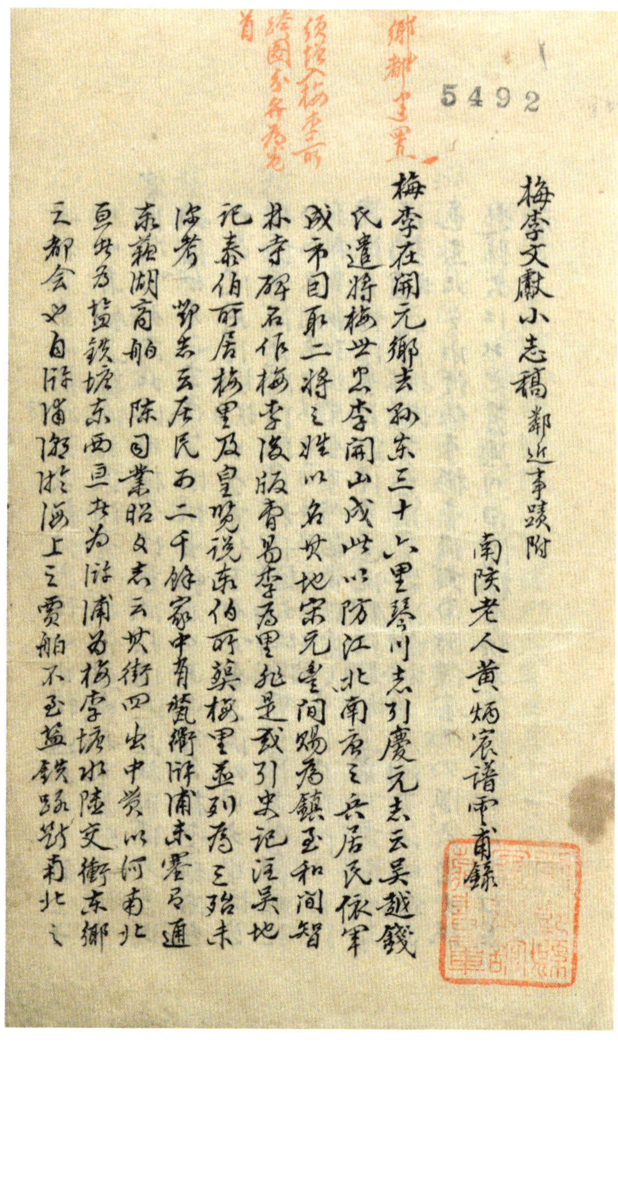

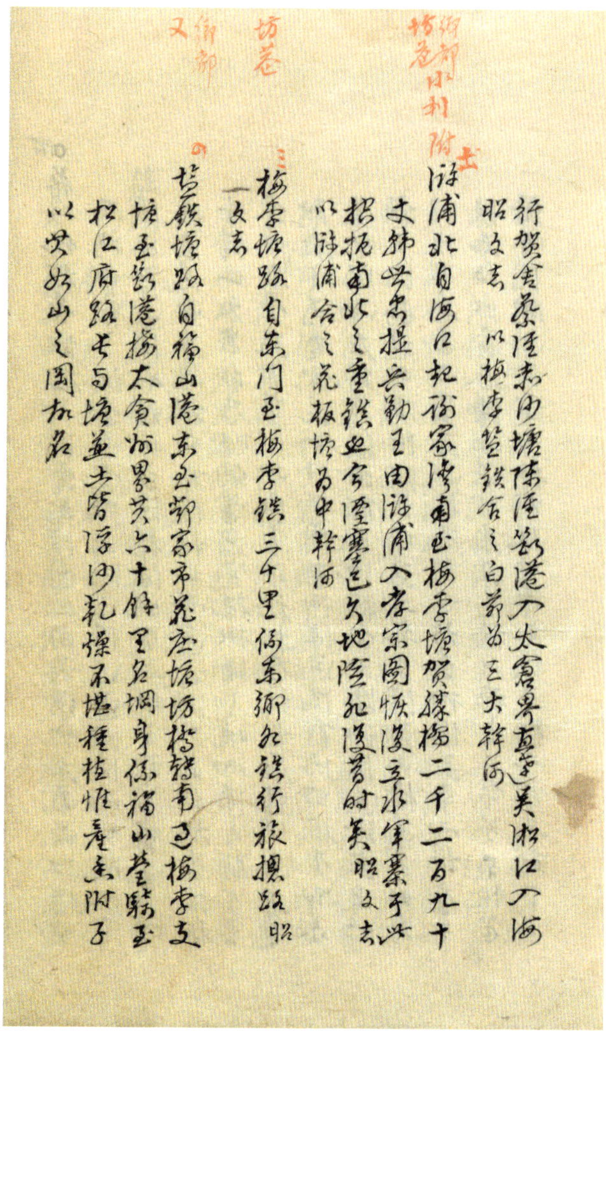

黄炳宸，字步雲，一作譜雲，號南陔老人。梅李人。清道光十九年（1839）諸生。著有《梅李文獻小志稿》《南陔草廬詩草》八卷、《詩餘偶存》一卷、《唐詩約選》《宋詩約選》《國朝詩選》。

卷端署「南陔老人黄炳宸譜雲甫録」。

無版框及界欄，開本高 18.1 厘米，寬 13 厘米。半葉十二行，行二十四字。正文不分卷，體例標注略模糊，有鄉都建置、水利、坊巷、物産、雜記、寺觀、塚墓、壇廟、學校、津梁、祠宇、園林、封贈、文苑、義烈、賢母、第宅、義學、醫類、列傳、集文、集詩等，又附臨近事迹，如附近橋梁、臨近寺觀等。記事迄清同治八年（1869），見於祠宇「梅李書院」條。

毛裝，一册，登録號 011748。書封題書名「重修梅林小志」。卷端題名題注「臨近事迹附」。有朱筆批校。鈐「常熟縣/圖書館/藏書章」朱方印。

011749 ［光緒］四鎮略迹一卷

（清）馬幼良纂 稿本

老吴市

吴市在縣之東鄉距城六十餘里相傳吴姓居此因以得名煙户三百餘家人丁壹千四百口

街道

街道 東至西横街一条北至南直街兩条一名東北街一名西北街

河道

金涇塘 北自金涇廟起由白茆塘達海口南通市河接貴涇塘乾隆十九年築土城之後遂與海潮不通

高浦塘 西北通海口東南接貴涇塘前本不通市河後因吴姓開通直接市河又名新開河光緒十八年又濬高浦由是高浦塘之潮水直達市河

文昌宫在北街附武帝廟左

城隍廟在西街於嘉慶初年建造

佛寺

清凉禪寺 在北街主神觀音婁東沈姓捐建助田三十餘畝康熙五十二年僧慧修重修有碑可攷

西来菴 在西街主神聖帝地藏由来已久光緒十一年僧權智募緣重建

崇福菴 在鎮北里許年久失修光緒二十五年里人蔣國榮領修建山門及廂屋以供佛像

萬壽菴 在市南主神觀音乾隆初年唐姓捐建嘉慶二十四年僧香林勸募重修

崇孝菴 在市西半里許相傳朱吴兩姓仝建

謝橋廟 在市西南二里許主神觀音廟田捌畝

馬幼良，名元培，號吉孫，常熟徐市人。松江府學訓導宗來子。清光緒十三年（1887）庠生，江蘇試用訓導。光緒三十一年（1905），以歷年積存典捐爲經費，將徐市智林書屋改辦爲智林初等小學堂，任校長。民國元年（1912）辭職。清宣統二年至三年（1910—1911）任徐市鄉董。

框高 17.3 厘米，寬 9.5 厘米。半葉九行，行二十五字，小字雙行同。紅格，四周雙邊，單魚尾。版心下鎸「洪昌盛」字樣。

此志無序跋，編纂始末不詳。正文按老吴市、董浜、歸市、蘇家尖四鎮分類，係四鎮合志。老吴市：街道、河道、橋梁、神廟、佛寺、牌坊、祠堂、公所；董浜鎮迹：街道、河道、橋梁、村莊、神廟、佛寺、坊表、公所、義莊；歸市古迹：歸市橋梁、神廟、佛寺、坊表、義莊、義塾、河道；蘇家尖鎮：街道、河道、橋梁、神廟、佛寺、村莊。其中老吴市，因爲明宣德左都御史吴訥故里而得名，吴姓世居之地，與徐市、梅李、支塘合稱邑東四鎮，今屬碧溪新區。歸市，舊名白茆浦，屬徐市。記事迄於光緒十九年（1893）。

毛裝，一册，登録號 011749。書封左上題「四鎮略迹」，右下署「幼良手訂」。卷首鈐「常熟市／圖書／館藏」朱方印。

012810 陳書三十六卷

（唐）姚思廉撰　明萬曆三十三年（1605）北京國子監刻本

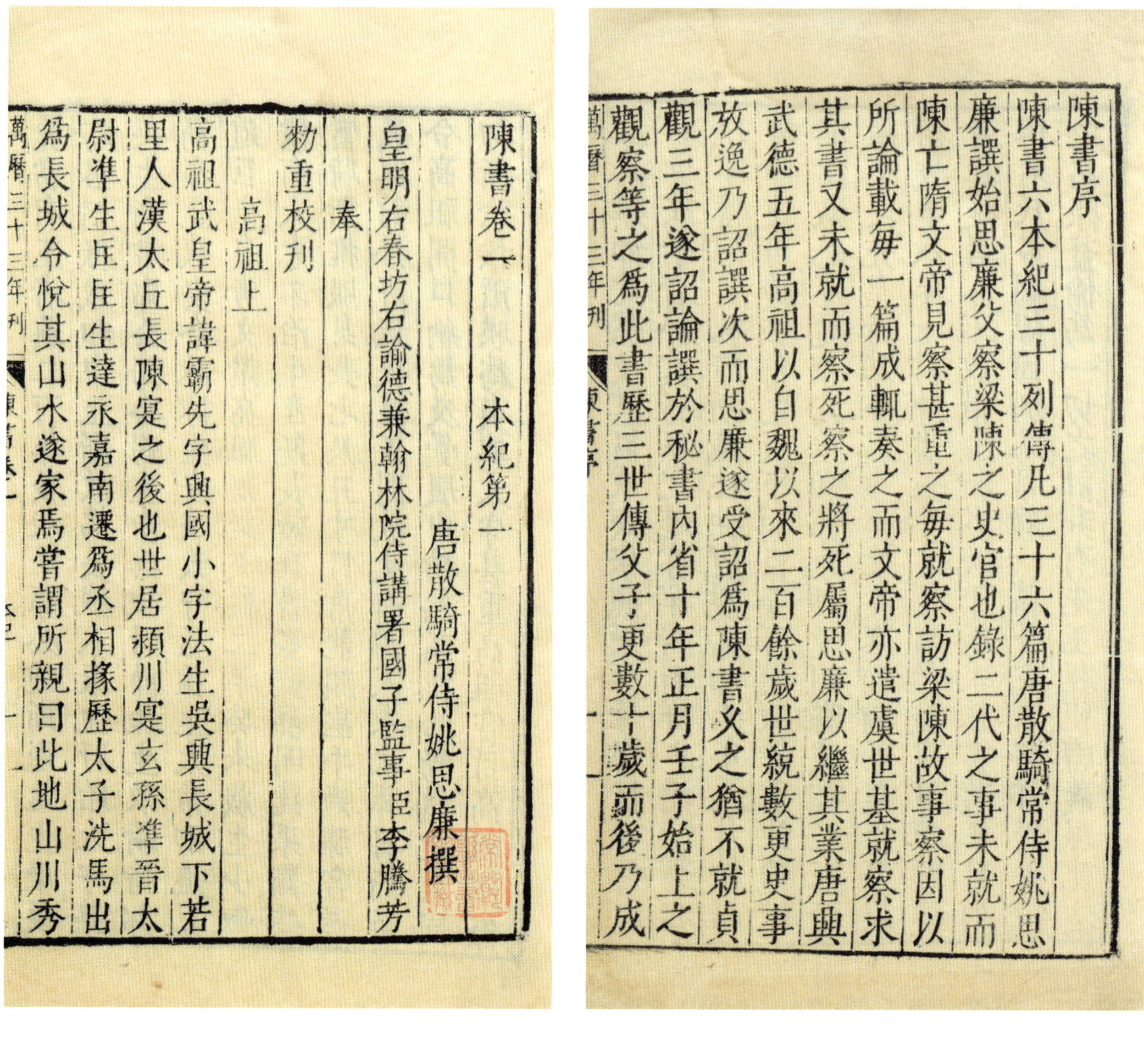

陳書序

陳書六本紀三十列傳凡三十六篇唐散騎常侍姚思廉譔始思廉父察梁陳之史官也錄二代之事未就而陳亡隋文帝見察甚重之每就察訪梁陳故事察因以所論載每一篇成輒奏之而文帝亦遣虞世基就察求其書又未就而察死察之將死屬思廉以繼其業唐興武德五年高祖以自魏以來二百餘歲世統數更史事放逸乃詔譔次而思廉遂受詔爲陳書久之猶不就貞觀三年遂詔論譔於秘書內省十年正月壬子始上之觀察等之爲此書歷三世傳父子更數十歲而後乃成

萬曆三十三年刊　陳書序

陳書卷一　本紀第一

唐散騎常侍姚思廉撰

皇明右春坊右諭德兼翰林院侍講署國子監事臣李騰芳

奉

勑重校刊

高祖上

高祖武皇帝諱霸先字興國小字法生吳興長城下若里人漢太丘長陳寔之後也世居潁川寔玄孫準晉太尉準生匡匡生達永嘉南遷爲丞相掾歷太子洗馬出爲長城令悅其山水遂家焉嘗謂所親曰此地山川秀

萬曆三十三年刊　陳書卷一　本紀　一

姚思廉（557—637），字簡之，吴興（今屬浙江湖州）人。唐貞觀三年（629），奉詔撰梁、陳二史。兩《唐書》有傳。

卷端署「唐散騎常侍姚思廉撰，皇明右春坊右諭德兼翰林院侍講署國子監事臣李騰芳奉敕重校刊」。

框高22.7厘米，寬15.1厘米。半葉十行，行二十一字，白口，上單黑魚尾，左右雙邊。魚尾上有「萬曆三十三年刊」字樣，魚尾下鎸書名及卷次，再下録類目「本紀」或「列傳」，再下記葉次。

正文前有《陳書序》，末署「臣恂、臣穆、臣藻、臣覺、臣彦若、臣洙、臣鞏謹叙目録昧死上」；次接目録。正文凡三十六卷，本紀六卷、列傳三十卷。

綫裝，六册，登録號012810。各册書根以中文數字標明册次，書背下方則以「禮、樂、射、御、書、數」六字標明册次。鈐「常熟/縣圖書/館藏」朱方印。

012951　歐陽文忠公五代史鈔二十卷

（宋）歐陽修撰　明刻本　明茅坤評

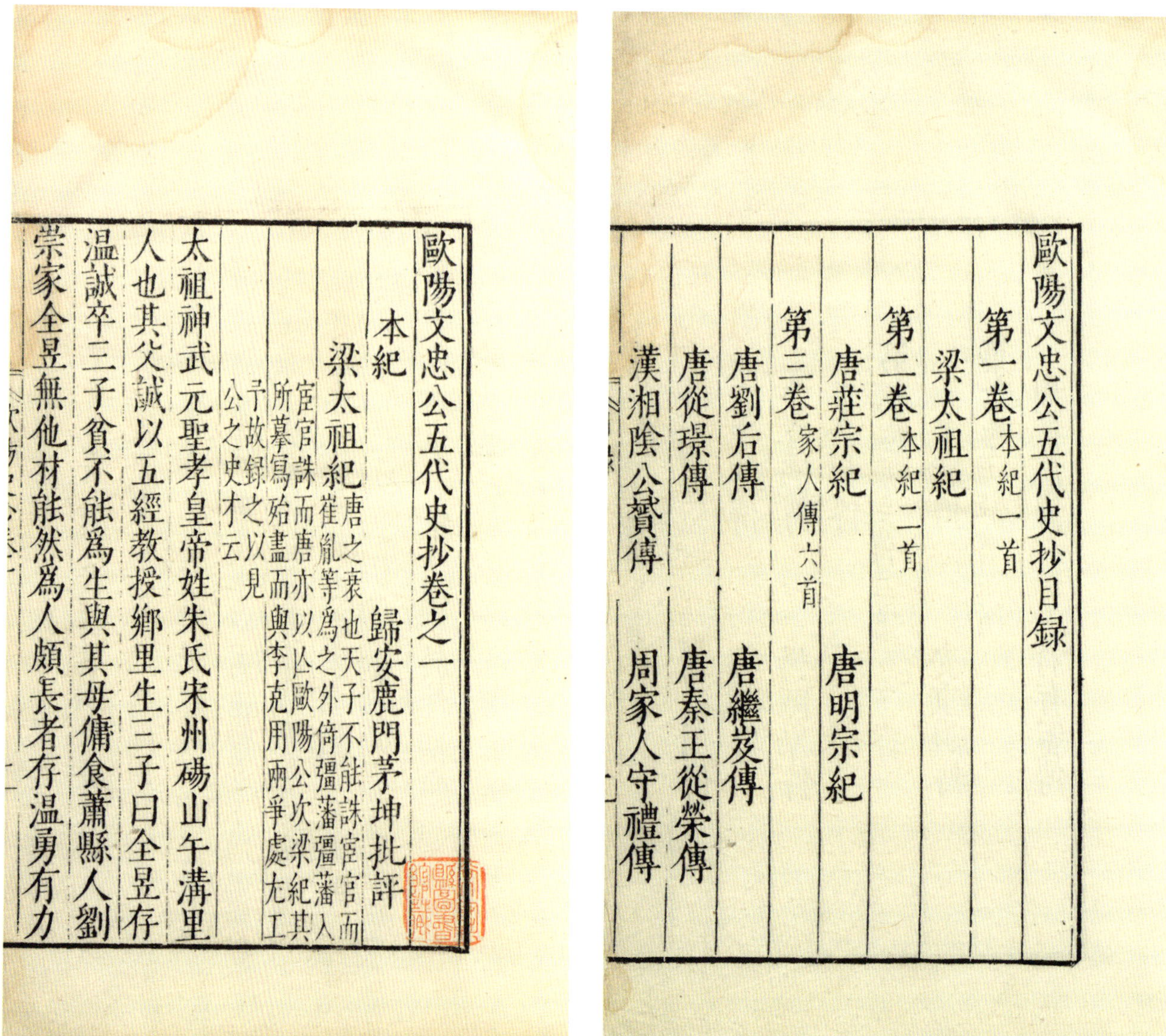

歐陽文忠公五代史抄目録

第一卷本紀一首

梁太祖紀

第二卷本紀二首

唐莊宗紀　唐明宗紀

第三卷家人傳六首

唐劉后傳　唐繼岌傳

唐從璟傳　唐秦王從榮傳

漢湘陰公贇傳　周家人守禮傳

歐陽文忠公五代史抄卷之一

歸安鹿門茅坤批評

本紀

梁太祖紀唐之衰也天子不能誅宦官而崔胤等爲之外倚彊藩彊藩入宦官誅而唐亦以亾歐陽公次梁紀其所摹寫殆盡而與李克用兩爭處尤工予故録之以見公之史才云

太祖神武元聖孝皇帝姓朱氏宋州碭山午溝里人也其父誠以五經教授鄉里生三子曰全昱存温誠卒三子貧不能爲生與其母傭食蕭縣人劉崇家全昱無他材能然爲人頗長者存温勇有力

歐陽修生平事迹見前《唐書》（003173）。

茅坤（1512—1601），字順甫，號鹿門，歸安（今浙江吴興）人。明嘉靖十七年（1538）進士，官至大名兵備副使。提倡學習唐宋古文，反對「文必秦漢」，尤推崇韓愈、歐陽修、蘇軾。著有《白華樓藏稿》《玉芝山房稿》等。

卷端署「歸安鹿門茅坤批評」。

框高 20 厘米，寬 13.3 厘米。半葉九行，行十九字，小字雙行同，行間有蠅頭小字鎸批注，行三十字，白口，上單綫魚尾。魚尾下鎸書名「歐陽史鈔」及卷次，再下鎸葉次。

正文前有目録。正文分二十卷，卷一本紀一篇，卷二本紀二篇，卷三家人傳六篇，卷四梁臣傳七篇，卷五唐臣傳二篇，卷六唐臣傳五篇，卷七唐臣傳五篇，卷八唐晋周臣傳共六篇，卷九共十一人，卷十共十二篇，卷十一共六人，卷十二雜傳四篇，卷十三雜傳三篇，卷十四雜傳七篇，卷十五雜傳五篇，卷十六雜傳六篇，卷十七論二篇，卷十八世家三篇，卷十九世家二篇，卷二十四夷附録。

綫裝，八册，登録號 012951。首册無書封。集内夾有散葉二，上有手鈔《歐陽公史鈔引》，應爲目録之前的内容。鈐「常熟／縣圖書／館藏」朱方印。

013196　東林列傳二十四卷末二卷

（清）陳鼎撰　清康熙五十年（1711）鐵肩書屋刻本

康熙辛卯新鐫
江陰陳定九輯
東林列傳
鐵肩書屋藏板

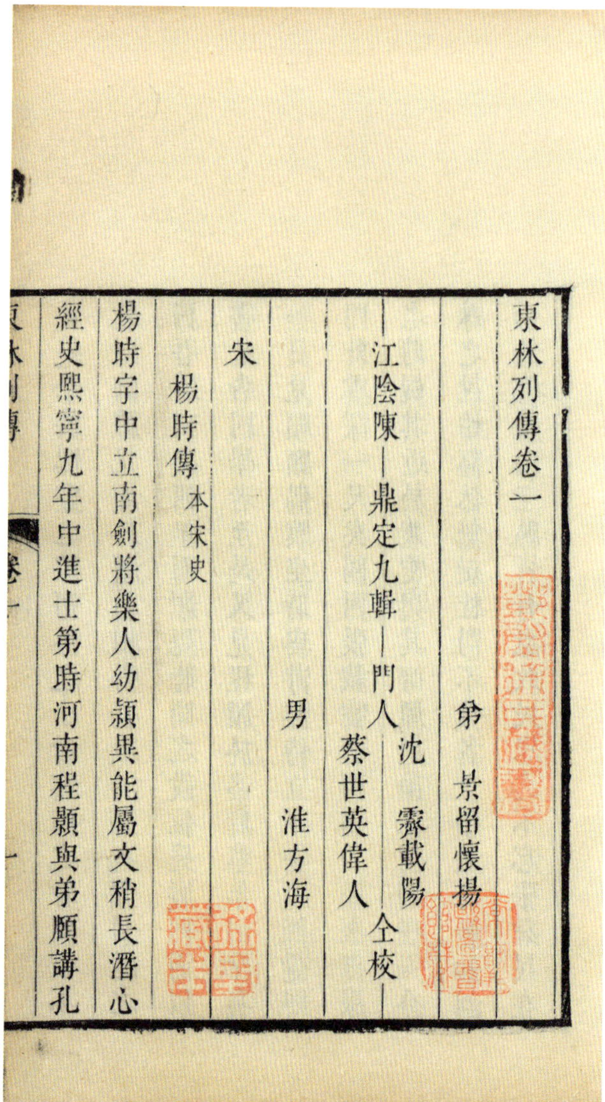
東林列傳卷一
弟　景留懷揚
江陰陳鼎定九輯　門人　沈霽載陽
蔡世英偉人　仝校
男　淮方海
宋
楊時傳　本宋史
楊時字中立南劍將樂人幼穎異能屬文稍長潛心
經史熙寧九年中進士第時河南程顥與弟頤講孔

陳鼎，字定九，江蘇江陰人。著有《留溪筆傳》《留溪外傳》等。卷端署「江陰陳鼎定九輯，弟景留懷揚、門人沈霽載陽、蔡世英偉人、男淮方海仝校」。

有書名葉，横眉題「康熙辛卯新鎸」，右上小字題「江陰陳定九輯」，中間大字題書名「東林列傳」，左下小字題「鐵肩書屋藏板」。

框高17.2厘米，寬13.7厘米。半葉九行，行二十字，白口，上單黑魚尾，左右雙邊。魚尾上鎸書名，下鎸卷次，再下記葉次。

正文前有《東林列傳自序》，末署「江陰陳鼎識」；次接凡例十一條，署「江陰陳鼎定九編」；次接《逆璫魏忠賢東林黨人榜》（天啓五年十二月乙亥朔頒示天下）；次接目録，題「江陰陳鼎定九編」。正文凡二十六卷，含卷末上、下二卷。

綫裝，八册，登録號013196。各册書封左題書名，書根題寫書名及册次。鈐「懷新館／藏書記」朱長印、「鄧尉徐氏藏書」朱長印、「徐堅／藏本」白方印、「常熟／縣圖書／館藏」朱方印。

014346 史記一百三十卷

（漢）司馬遷撰 （南朝宋）裴駰集解 （唐）司馬貞索引 （唐）張守節正義 明崇禎十四年（1641）刻《十七史》本

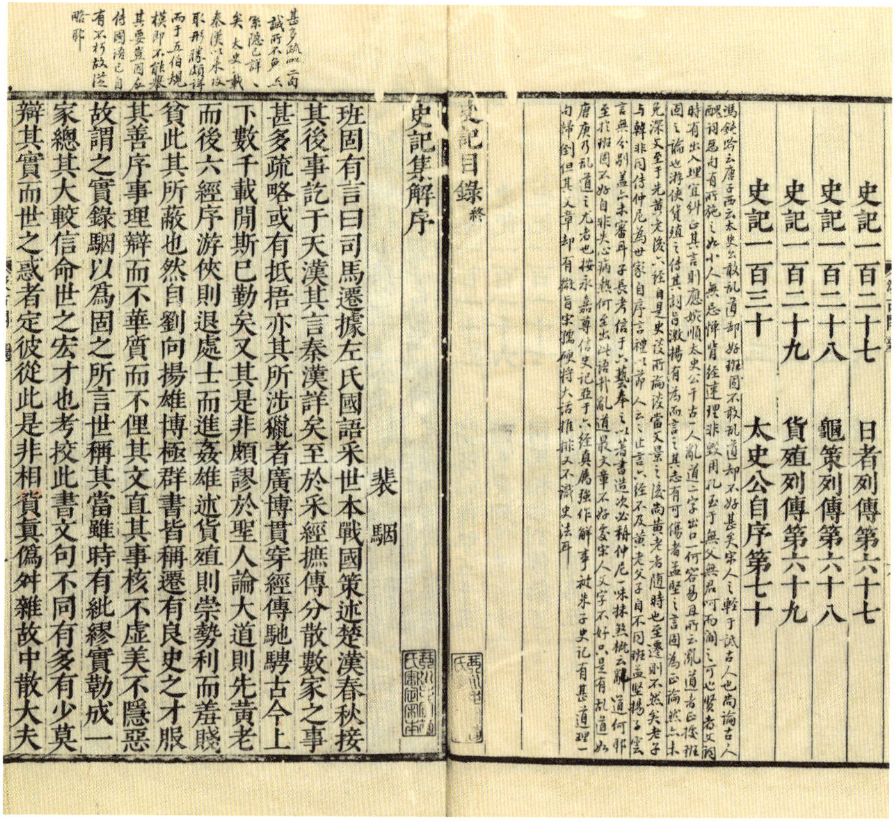

史記一百二十七　日者列傳第六十七
史記一百二十八　龜策列傳第六十八
史記一百二十九　貨殖列傳第六十九
史記一百三十　太史公自序第七十

史記目錄終

史記集解序　裴駰

班固有言曰司馬遷據左氏國語采世本戰國策述楚漢春秋接其後事訖于天漢其言秦漢詳矣至於采經摭傳分散數家之事甚多疏略或有抵捂亦其所涉獵者廣博貫穿經傳馳騁古今上下數千載閒斯已勤矣又其是非頗繆於聖人論大道則先黄老而後六經序游俠則退處士而進姦雄述貨殖則崇勢利而羞賤貧此其所蔽也然自劉向揚雄博極群書皆稱遷有良史之才服其善序事理辯而不華質而不俚其文直其事核不虛美不隱惡故謂之實錄駰以為固之所言世稱其當雖時有紕繆實勒成一家總其大較信命世之宏才也考校此書文句不同有多有少莫辯其實而世之惑者定彼從此是非相貿真偽舛雜故中散大夫

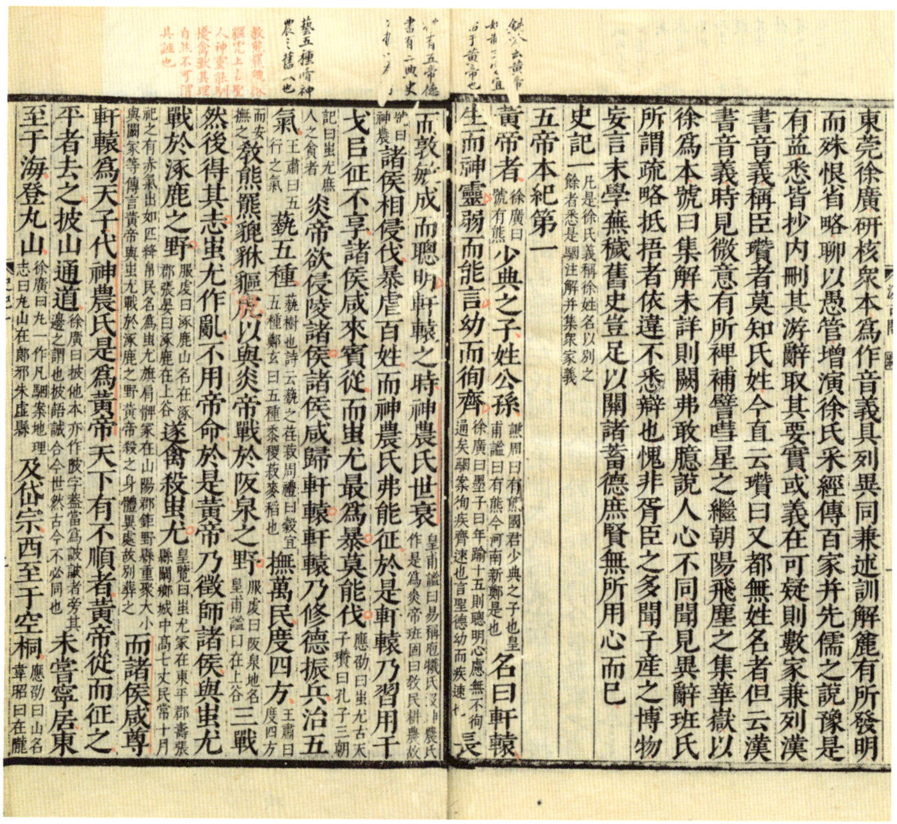

東莞徐廣研核眾本為作音義具列異同兼述訓解麤有所發明而殊恨省略聊以愚管增演徐氏采經傳百家并先儒之說豫是有益悉皆抄內刪其游辭取其要實或義在可疑則數家兼列漢書音義稱臣瓚者莫知氏姓今直云瓚曰又都無姓名者但云漢書音義時見微意有所裨補譬嘒星之繼朝陽飛塵之集華嶽以徐為本號曰集解未詳則闕弗敢臆說人心不同聞見異辭班氏所謂疏略抵捂者依違不悉辯也愧非胥臣之多聞子產之博物妄言末學蕪穢舊史豈足以關諸畜德庶賢無所用心而已

史記一

五帝本紀第一

黄帝者少典之子姓公孫名曰軒轅生而神靈弱而能言幼而徇齊長而敦敏成而聰明軒轅之時神農氏世衰諸侯相侵伐暴虐百姓而神農氏弗能征於是軒轅乃習用干戈以征不享諸侯咸來賓從而蚩尤最為暴莫能伐炎帝欲侵陵諸侯諸侯咸歸軒轅軒轅乃修德振兵治五氣蓺五種撫萬民度四方而教熊羆貔貅貙虎以與炎帝戰於阪泉之野三戰然後得其志蚩尤作亂不用帝命於是黄帝乃徵師諸侯與蚩尤戰於涿鹿之野遂禽殺蚩尤而諸侯咸尊軒轅為天子代神農氏是為黄帝天下有不順者黄帝從而征之平者去之披山通道未嘗寧居東至于海登丸山及岱宗西至于空桐

司馬遷生平事迹見前《史記》（000225）。

卷端題名下小字雙行題注「凡是徐氏義，稱徐姓民以別之，餘者悉是駰注解，并集衆家義」。

框高 21.7 厘米，寬 15.2 厘米。半葉十二行，行二十五字，小字雙行，行三十七字，白口，上單黑魚尾，左右雙邊。版心樣式有二，一爲魚尾下鎸書名及卷次，下記葉次；一爲魚尾下鎸「汲古閣」，下以雙行小字録「毛氏／正本」，再下記葉次。各卷卷首及卷末邊欄内皆鎸雙行小字「琴川毛鳳苞／氏審定宋本」。

正文前有《史記目録》，目録前一葉正面記篇卷總數，背面鎸「皇明崇禎十有四年，歲在昭陽大荒駱陬月上日，琴川毛氏開雕」；目録後爲裴駰《史記集解序》。正文凡一百三十篇，總一百三十卷，十二本紀十二卷，十表十卷，八書八卷，三十世家三十卷，七十列傳七十卷。

綫裝，十二册，登録號 014346。有朱筆圈點及批校，又有馮鈍吟墨筆批注。鈐「松竹樓／張氏圖書」朱方印、「勿讀無益／之書勿爲／無益之文」白方印。

014347　楊濠叟日記一卷

（清）楊沂孫撰　稿本

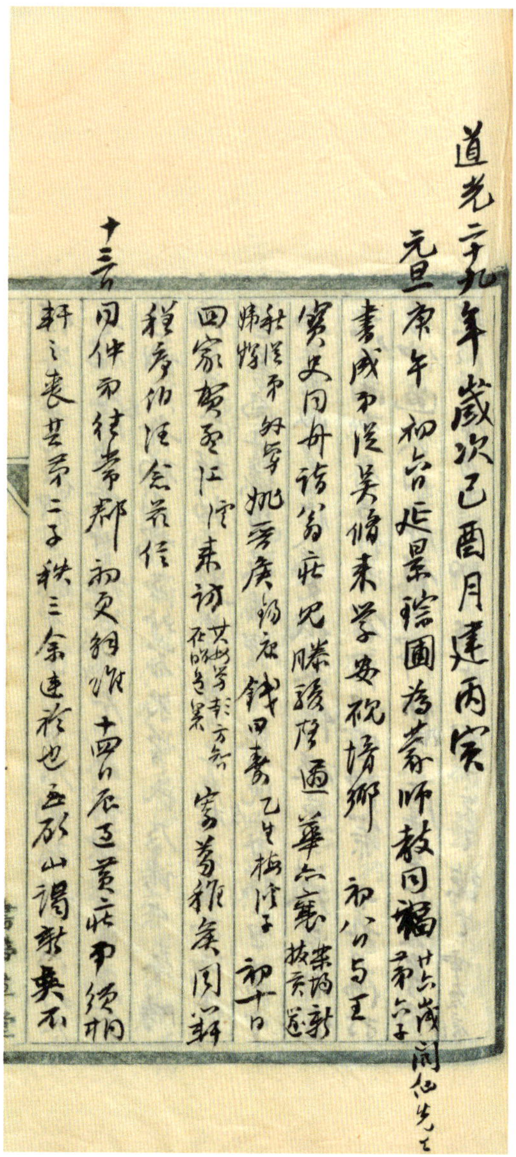

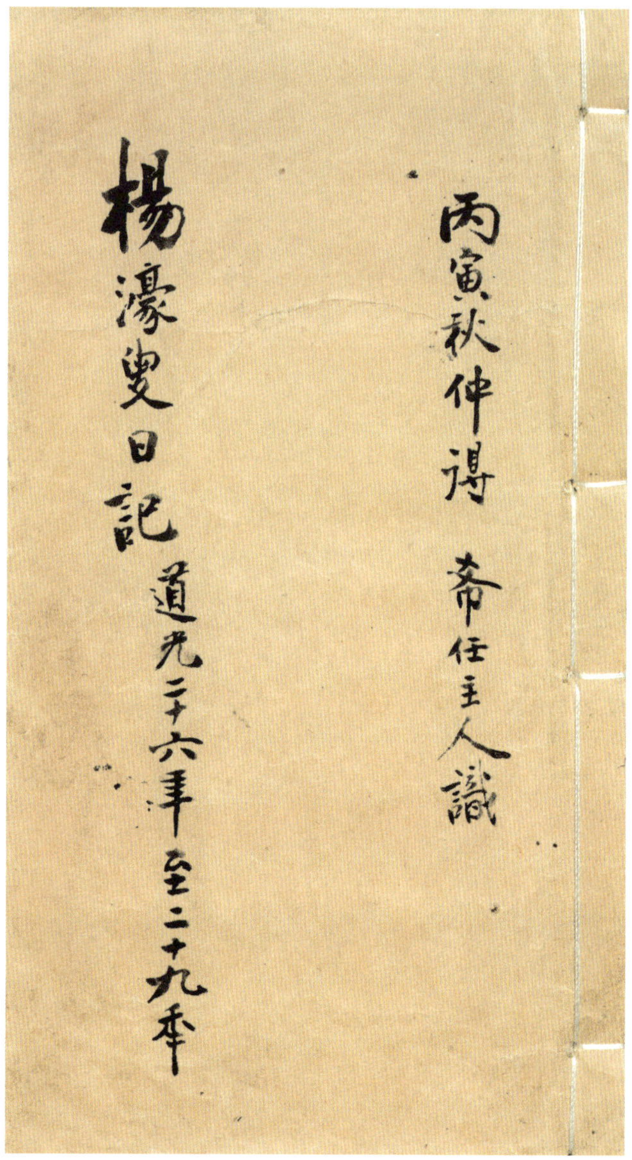

楊沂孫生平事迹見前《在昔篇》（004875）。

框高 15.1 厘米。寬 10.3 厘米。半葉九行，行字不等，白口，上單魚尾，四周雙邊，藍絲欄。版心下有「書帶草堂」字樣。

正文一卷，記事起自清道光二十六年（1846）正月，至二十九年（1849）十二月。

綫裝，一册，登録號 014347。書封左側題書名「楊濠叟日記」，題注「道光二十六年至二十九年」，右側題「丙寅秋仲得。希任主人識」。書中夾有希任齋藏書簽一枚，注明部類、題名及册數；另有散葉一張，上有庚寅端陽無悶居士題識，尾鈐「運之氏」朱長印。

014348　峨眉山志十八卷

（清）蔣超撰　清康熙刻本

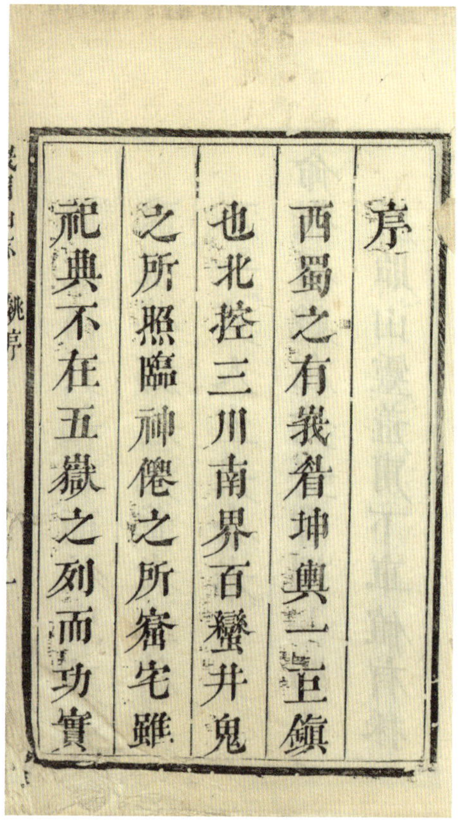
序
西蜀之有峩眉坤輿一巨鎮
也北控三川南界百蠻井鬼
之所照臨神僊之所窟宅雖
祀典不在五嶽之列而功實

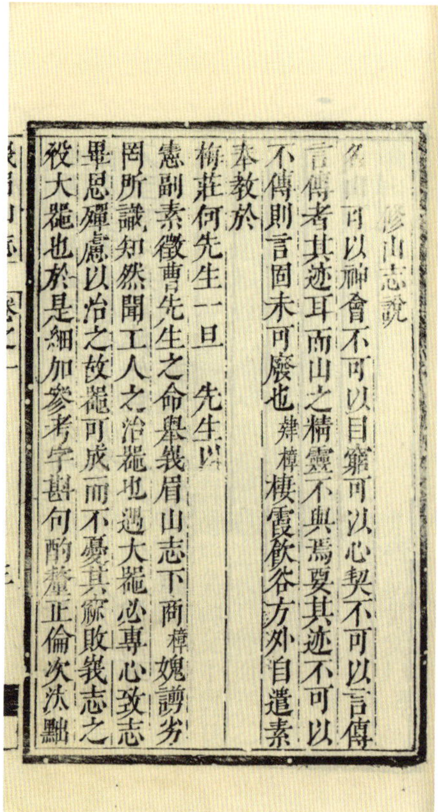
修山志說
名[illegible]可以神會不可以目窮可以心契不可以言傳
言傳者其迹耳而山之精靈不與焉夏其迹不可以
不傳則言固未可廢也犇樟棲霞飲谷方外自遺素
本教於
梅莊何先生一旦　先生以
憲副素徵曹先生之命舉峩眉山志下商樟媿謭劣
罔所識知然聞工人之治繭也遇大繭必專心致志
畢思殫慮以治之故繭可成而不憂其窳敗峩志之
役大繭也於是細加參考字斟句酌釐正倫次殺黜

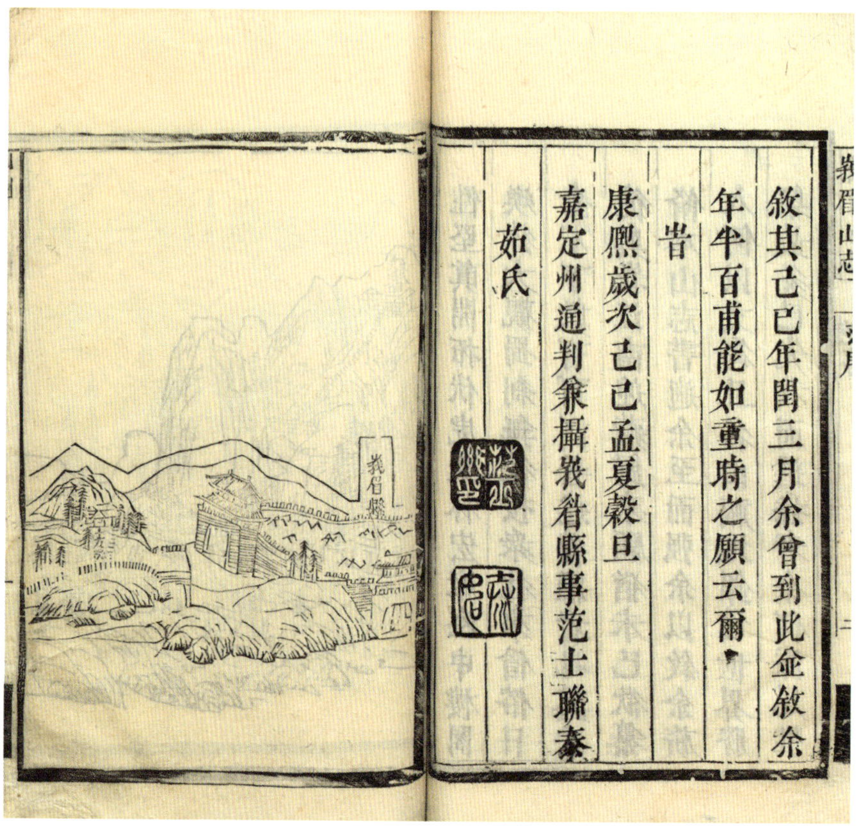
敘其己巳年閏三月余曾到此並敘余
年半百甫能如重時之願云爾
旹
康熙歲次己巳孟夏穀旦
嘉定州通判兼攝峩眉縣事范士聯奉
茹氏

蔣超（1625—1673），字虎臣，號綏庵，又號華陽山人，江蘇金壇人。清順治四年（1647）丁亥科吕宫榜進士第三人。官至翰林院修撰。除《峨眉山志》外，又著有《綏庵詩稿》。

半葉十行，行二十字，白口，四周雙邊。版心上鎸書名，中録卷次，下記葉次。

正文前有序，末署「康熙戊辰歲仲春之吉，賜進士第通議大夫巡撫四川等處地方提督軍務督察院右僉都御史楚黄姚締虞撰」；次接《志餘序》，末署「皇清康熙二十八年菊月，伏虎衲海源謹識」；次接序，末署「康熙乙丑之歲嘉平上浣穀旦，四川分巡建昌上南道按察使司僉事今陞貴州通省驛傳督糧道布政使司參議三韓傅作楫撰」；次接序，末署「康熙丁卯歲季之吉，資政大夫四川等處承宣布政使司布政使鐵嶺李輝祖蒲陽題」；次接序，末署「康熙歲次戊辰長至後三日，奉直大夫知四川直隸嘉定州事今陞吏部員外郎婁江馬震覺非子謹題」；次接序，末署「皇清康熙歲次戊辰孟夏穀旦，通議大夫四川等處提刑按察使司按察使今陞江西等處承宣布政使司布政使襄平王業興撰」；次接序，末署「康熙丁卯歲季夏之吉，中議大夫分巡建昌道按察司副使今陞貴州等處提刑按察使司按察使錦州曹熙衡素徵題」；次接序，末署「康熙丁卯歲次季夏，中憲大夫知馬湖府事山陽何源浚梅莊題」；次接序，末署「康熙己巳歲如月朔日，慈湖胡挺松澹亭氏書於嘉陽官舍」；次接序，末署「康熙己巳歲仲龝之吉，通議大夫四川等處承宣布政使司布政使加三級金儁題」；次接序，末署「康熙歲次己巳孟夏穀旦，嘉定州壬子歲仲龝之吉，通判兼攝峨眉縣事范士聯泰茹氏」；次接《峨眉山圖》；次接康熙所賜諸物名録，末署「伏虎寺照裕録刊」；次接目録。正文凡十八卷，卷一序、修山志説、山圖、圖説、圖頌、凡例、星野，卷二形勝（附峰、岩、臺、石、岡、洞、坡、坪、溪、河、溝、池、泉、井、山道、水道），卷三寺觀（附庵、堂、殿、院、樓、閣、亭、橋、坊、塔）、光燈，卷四高僧，卷五神仙（附隱逸），卷六方物（附珍异），卷七典籍，卷八古迹（附書畫、灾祥），卷九藝文（記、碑記），卷十藝文（序），卷十一藝文（塔銘），卷十二藝文（贊、頌、跋、尺牘、賦），卷十三藝文（唐詩、宋詞、元詩），卷十四藝文（明詩），卷十五藝文（明詩、清詩），卷十六藝文（清詩、偈），卷十七藝文（僧詩），卷十八志餘。

綫裝，六册，登録號 014348。

015636　新鐫歷朝捷録增定全編大成四卷

（明）顧充等撰　明末刻本

盤古

混沌之世天地始分盤古繼天出治既歿三皇繼立天地人判

新鐫歷朝捷錄增定全編大成卷一

楚　伯敬鍾　惺編著

雲間眉公陳繼儒彙叅

總論

天之立君以爲民也，君之立極以保民也。（周靜軒斷）

盤古氏生於太荒，莫知其始，明天地之道，達陰陽之理，爲三才首君。（胡五峯斷）自太極生兩儀（天地），自兩儀生四象（太陽少陽太陰少陰），變化無窮，庶類煩夥，由

捷錄大成　卷一　三皇五帝　一

顧充，字回瀾，浙江上虞人，仕至南京都水司郎中。

卷一卷端題名「新鐫歷代捷録增訂全編大成」，署「楚伯敬鍾惺編著，雲間眉公陳繼儒彙參」；卷二、卷三卷端題名「新鐫顧回瀾原板歷朝捷録大成」，署「越東回瀾顧充編著，雲間眉公陳繼儒評閲」；卷四卷端題名「增訂明捷録大成」，署「楚臣周昌年著，郢中臣鍾惺續」。

框高19.3厘米，寬12.5厘米。半葉八行，行十八字，小字雙行同，白口，四周單邊。版心上鐫書名「捷録大成」，中鎸卷次及朝代，下記葉次。

正文前有《引用群書考證》，次接凡例，次列三皇紀、五龍紀、攝提紀、合雒紀、連通紀、叙命紀、循蜚紀、因提紀、禪通紀、疏仡紀等十紀歷。正文凡四卷，各卷内容以朝代爲序，卷一三皇五帝、夏朝、商朝、西周、東周、七國、後秦、西漢、東漢；卷二晋朝、劉宋、蕭齊、蕭梁、陳陳、楊隋、唐朝；卷三後梁、後唐、後晋、後漢、後周、北宋、南宋、元朝；卷四明。

綫裝，四册，登録號015636。有朱筆、墨筆批校。鈐「弌畏/堂」白方印等。

015705　月令閒談不分卷

鈔本

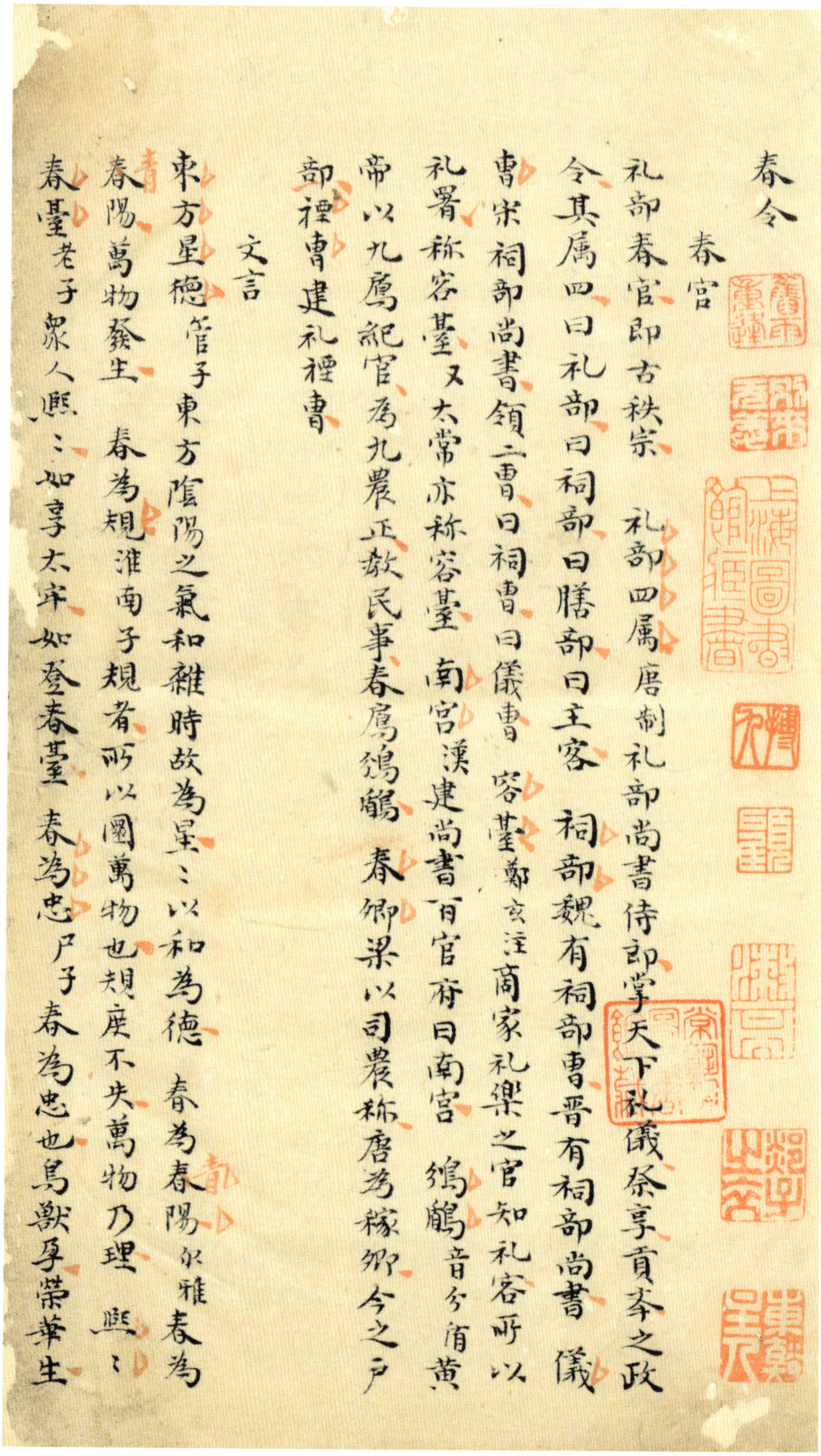
春令

春官

礼部春官即古秩宗　礼部四属唐制礼部尚書侍郎掌天下礼儀祭享貢挙之政令其属四曰礼部曰祠部曰膳部曰主客　祠部魏有祠部曹晋有祠部尚書　儀曹宋祠部尚書領二曹曰祠曹曰儀曹　容臺鄭玄注商家礼樂之官知礼容所以礼署称容臺又太常亦称容臺　南宮漢建尚書百官府曰南宮　鳻鶞音分肩黄帝以九鳸紀官為九農正敛民事春鳸鳻鶞　春卿梁以司農称唐為稼卿今之户部禋曹建礼禋曹

文言

東方星徳管子東方陰陽之氣和雜時故為星々以和為徳　春為春陽尔雅春為春陽萬物發生　春為規淮南子規者所以圜萬物也規度不失萬物乃理　熙々春臺老子衆人熙々如享太牢如登春臺　春為忠尸子春為忠也鳥獸孚榮華生

無版框及界欄，開本高 23.4 厘米，寬 15.5 厘米。半葉十二行，行三十至三十三字不等。

正文前後無序跋及目録，正文不分卷，按春令、夏令、秋令、冬令分類，各令之下有春（夏、秋、冬）官、文言、類藻、事紀、氣屬、名類（物華景勝）、方物、雜紀、節令、物候、名數即個月事文等小類。

綫裝，二册，登録號 015705。原藏上海圖書館，各册護葉貼有上海圖書館藏書簽，著録索書號碼「593445」「593446」。上册書封右側大字書題名「月令閒談」，其下雙行小字署「舊鈔本。壬戌秋搏九裝」。有朱筆點校。

鈐「舊雨／重逢」朱方印、「别來／無恙」白方印、「搏九」朱方印、「漱亭」白長印、「東溪／主人」白方印、「上海圖書／館藏書」朱長印、「上海圖書館／退還圖書章」朱長印、「常熟／圖書／館藏」朱方印等。

015716　重刻會稽三賦四卷

（宋）王十朋撰　明刻本

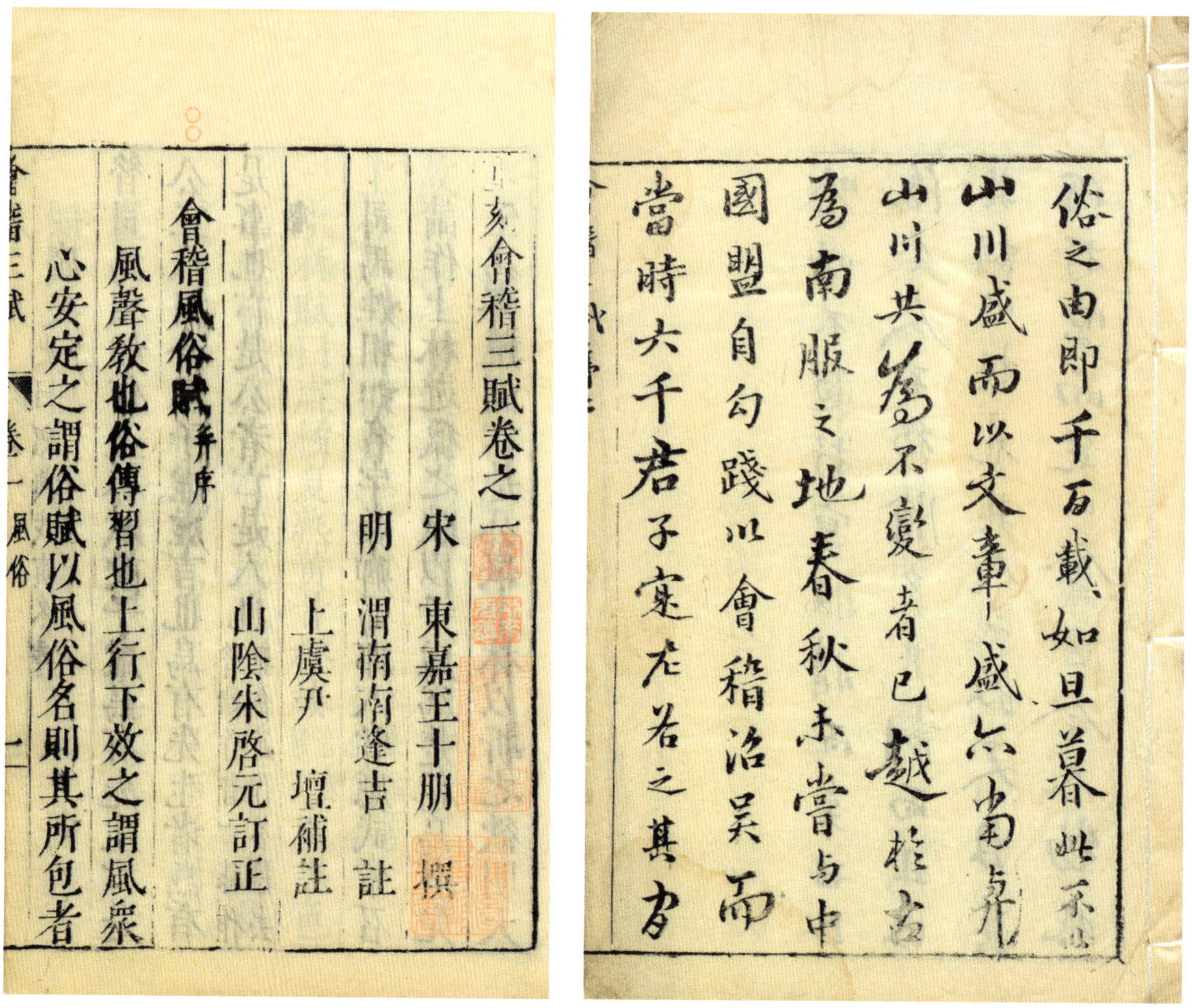

王十朋（1112—1171），字龜齡，温州樂清人。宋紹興二十七年（1157）進士第一，官至龍圖閣學士。所著有《梅溪集》等。事迹具《宋史》本傳。

卷端署「宋東嘉王十朋撰，明渭南南逢吉注，上虞尹壇補注，山陰朱啓元訂正」。

框高20.7厘米，寬14厘米。半葉八行，行十八字，小字雙行同，白口，單魚尾，四周單邊。版心上鎸題名，版心中鎸卷次及類目，下記葉次。

正文前有朱啓元撰《會稽三賦序》，次接《本史王龜齡傳略》，次接《會稽三賦圖説》。

正文分四卷，卷一至卷三《會稽風俗賦（并序）》，序稱「風，聲教也；俗，傳習也。上行下效之謂風，衆心安定之謂俗。賦以『風俗』名，則其所包者廣矣」；卷四《民事堂賦（并序）》《蓬萊閣賦（并序）》。民事堂，序稱：「堂在府治北，乃紹興間添差簽判之公堂也。《會稽志》曰王龜齡簽判日始剏，史曰戊寅冬作。」蓬萊閣，序云：「《會稽志》曰設廳之後曰蓬萊閣，設廳即今之府廳也，五代錢鏐所建，史曰，此賦固在二賦之後而成，然其中所述即戊寅之中秋，蓋追思而作也。」

綫裝，一册，登録號015716。有朱筆點校。《傳略》首葉鈐「稽瑞樓」白長印、「常熟/圖書/館藏」朱方印，正文首葉鈐「舊雨/重逢」朱方印、「别來/無恙」白方印、「上海圖/書館/藏書」朱方印、「上海圖書館/退還圖書章」朱長印。

015763 金國南遷録一卷

（金）張師顏撰　清鈔本

金國南遷録

通直秘書省著作郎騎都尉賜緋張師顏著

天統四年十一月誅宣武軍節度使鄭王允蹈及駙馬都尉唐适蒲剌同母妹新興公主榮安公主賜死除籍屬官逆者皆夷三族初海陵煬王亮伐江南兵民内外叛世宗以賢為上國部衆推立長子允升為皇太子次子允猷皆有勛勞諸子皆封王大定三年也允升嗜酒喜游獵膽勇能用兵每勸世宗南伐混一天下世宗不聽第三子允植封秦王性寬和亦嗜

張師顔，曾官通直郎、秘書省著作郎、騎都尉。

卷端署「通直秘書省著作郎騎都尉賜緋張師顔著」。

框高 17.4 厘米，寬 13.6 厘米。半葉九行，行二十字，大黑口，單魚尾，左右雙邊。版心中間書「金國南遷録」，版心下計葉次。

正文前無序。正文後有四月一日浦梅隱跋、元玠跋。

綫裝，一册，登録號 015763。有朱筆圈點。正文首葉鈐「舊雨／重逢」朱方印、「别來／無恙」白方印、「上海圖／書館／藏書」朱方印、「上海圖書館／退還圖書章」朱長印、「常熟／圖書／館藏」朱方印。

015778 三國職官表三卷

（清）洪飴孫撰 稿本

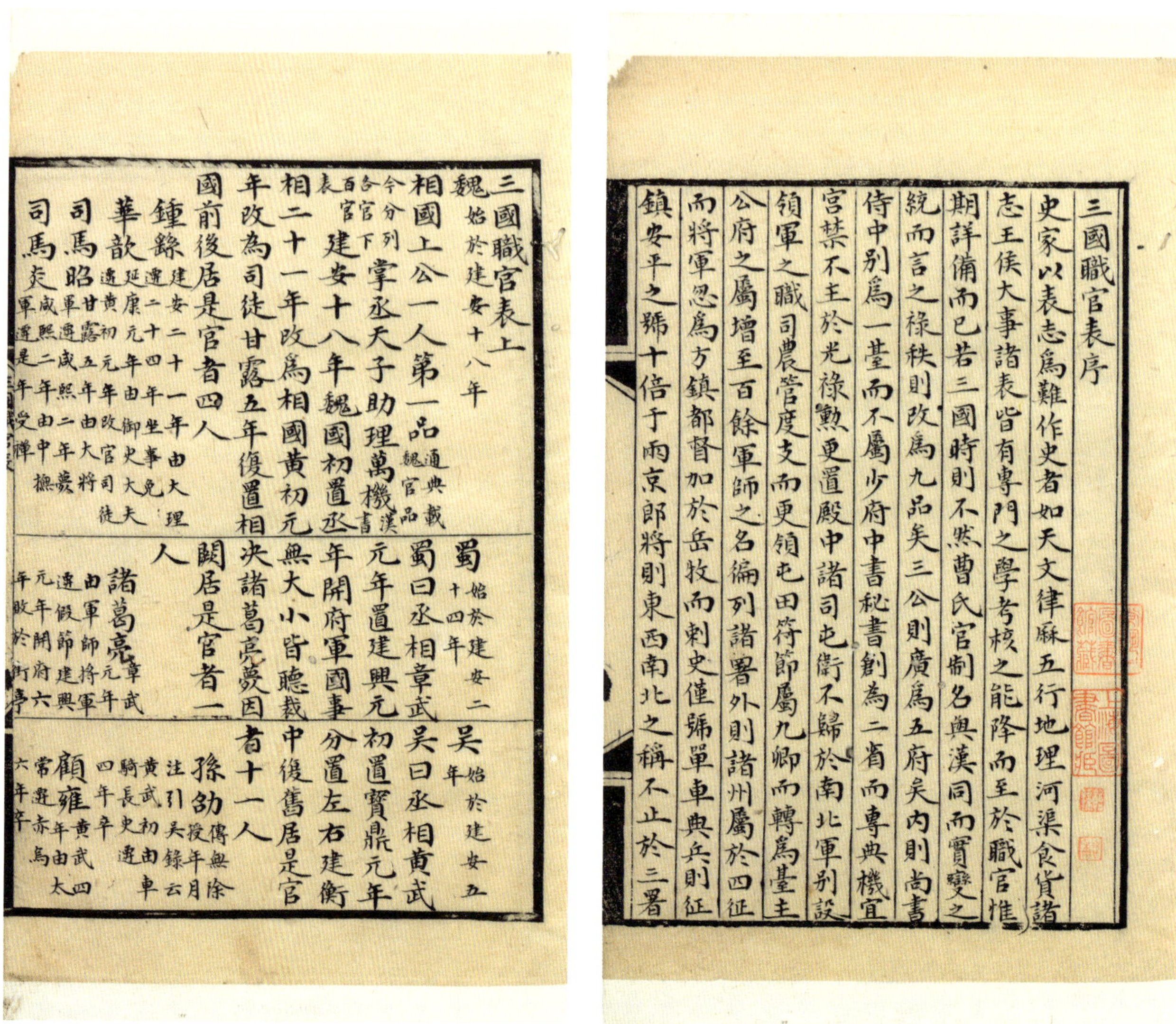

三國職官表序

史家以表志爲難作史者如天文律厤五行地理河渠食貨諸志王侯大事諸表皆有專門之學考核之能降而至於職官惟期詳備而已若三國時則不然曹氏官制名與漢同而實變之統而言之祿秩則改爲九品矣三公則廣爲五府矣内則尚書侍中別爲一臺而不屬少府中書秘書創爲二省而專典機宜宮禁不主於光祿勳更置殿中諸司屯衛不歸於南北軍別設領軍之職司農管度支而更領屯田符節屬九卿而轉爲臺主公府之屬增至百餘軍師之名徧列諸署外則諸州屬於四征而將軍忽爲方鎮都督加於岳牧而刺史僅號單車典兵則征鎮安平之號十倍于兩京郎將則東西南北之稱不止於三署

三國職官表上

魏 始於建安十八年

相國上公一人第一品 通典載魏官品今分列各官下 掌丞天子助理萬機 漢書百官表 建安十八年魏國初置丞相二十一年改爲相國黃初元年改爲司徒甘露五年復置相國前後居是官者四人

鍾繇 建安二十一年由大理遷二十四年坐事免

華歆 延康元年由御史大夫遷黃初元年改官司徒

司馬昭 甘露五年由大將軍遷咸熙二年薨

司馬炎 咸熙二年由中撫軍遷是年受禪

蜀 始於建安二十四年

蜀曰丞相章武元年置建興元年開府軍國事無大小皆聽決諸葛亮薨因闕居是官者一人

諸葛亮 章武元年由軍師將軍遷假節建興元年開府六年敗於街亭

吳 始於建安五年

吳曰丞相黃武初置寶鼎元年分置左右建衡中復舊居是官者十一人

孫劭 傳無除授年月注引吳錄云黃武初由車騎長史遷四年卒

顧雍 黃武四年由太常遷赤烏六年卒

洪飴孫（1773—1816），字孟慈，又字佑甫，江蘇陽湖（今屬武進）人。曾官湖北東湖（今宜昌市）知縣。除《三國職官表》，又著有《世本輯補》《毗陵經籍志》《史目表》等。

框高20.7厘米，寬15.2厘米。表分上、中、下三欄，半葉十二行，行字不等，大黑口，雙魚尾，左右單邊。版心中間鎸題名。

正文前有清嘉慶九年（1804）四月二日序。正文分别載録魏、蜀、吴三國職官，以品秩先後爲序，排列職官名稱及曾居此職諸人。三國中載録魏國官制尤詳，於蜀、吴二國則爲簡略。按正史之志稱，亦改「志」爲表。

綫裝，六册，登録號015778。入選第三批《國家珍貴古籍名録》，名録號07541。第一册序首葉鈐「飴／孫」白方印、「右／甫」朱方印、「舊雨／重逢」朱方印、「别來／無恙」白方印。

015781 將傳憲章總目不分卷

（明）陳冑樞輯　清陳埰鈔本

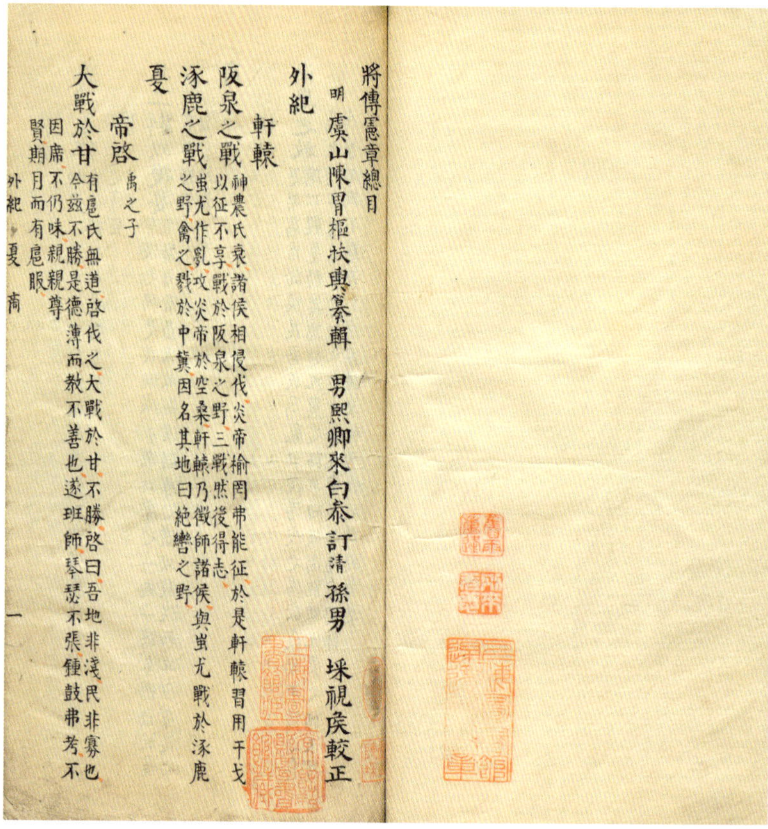
將傳憲章總目

明　虞山陳冑樞扶輿纂輯　男熙卿來白恭訂　清　孫男　埰視侯較正

外紀

軒轅

阪泉之戰 神農氏衰諸侯相侵伐炎帝榆罔弗能征於是軒轅習用干戈以征不享戰於阪泉之野三戰然後得志

涿鹿之戰 蚩尤作亂攻炎帝於空桑軒轅乃徵師諸侯與蚩尤戰於涿鹿之野禽之殺於中冀因名其地曰絕轡之野

夏

帝啓 禹之子

大戰於甘 有扈氏無道啓伐之大戰於甘不勝啓曰吾地非淺民非寡也今茲不勝是德薄而教不善也遂班師琴瑟不張鍾鼓弗考不因席不仍味親親尊賢期月而有扈服

外紀　夏　商　一

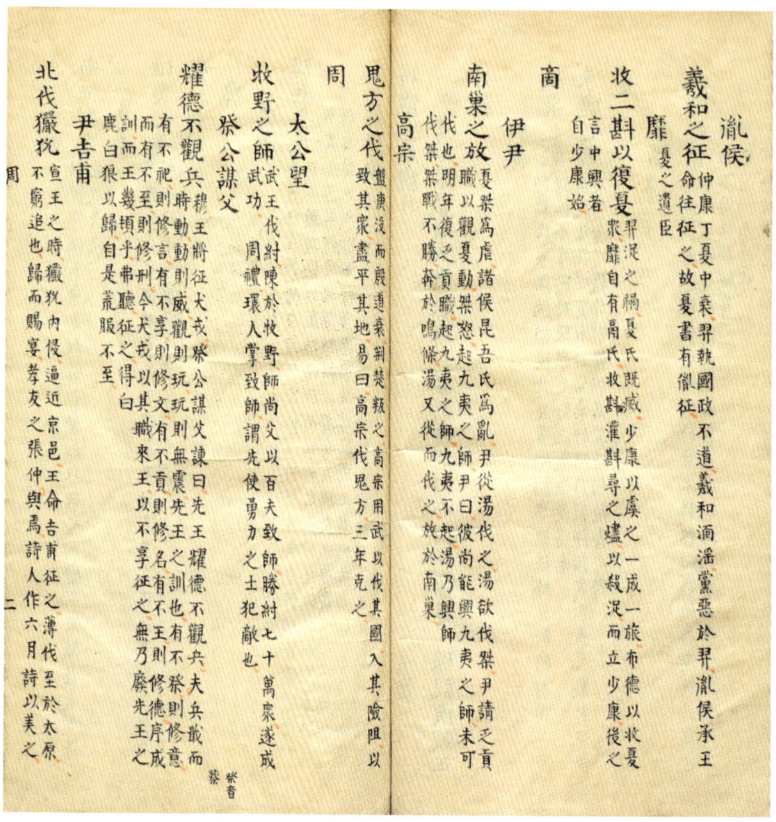
胤侯

羲和之征 仲康丁夏中衰羿執國政不道羲和湎淫黨惡於羿胤侯承王命往征之故夏書有胤征

靡 夏之遺臣

收二斟以復夏 羿浞之禍夏氏既滅少康以虞之一成一旅布德以收夏衆靡自有鬲氏收斟灌斟尋之燼以殺浞而立少康復之 言中興者自少康始

商

伊尹

南巢之放 夏桀爲虐諸侯昆吾氏爲亂尹從湯伐之湯欲伐桀尹請乏貢職以觀夏動桀怒起九夷之師尹曰彼尚能興九夷之師未可伐也明年復乏貢職起九夷之師九夷不起湯乃興師伐桀桀戰不勝奔於鳴條湯又從而伐之放於南巢

高宗

鬼方之伐 盤庚沒而殷道衰荊楚叛之高宗用武以伐其國入其險阻以致其衆盡平其地易曰高宗伐鬼方三年克之

周

太公望

牧野之師 武王伐紂陳於牧野師尚父以百夫致師勝紂七十萬衆遂成武功 周禮環人掌致師謂先使勇力之士犯敵也

祭公謀父

耀德不觀兵 穆王將征犬戎祭公謀父諫曰先王耀德不觀兵夫兵戢而時動動則威觀則玩玩則無震先王之訓也有不祭則修意有不祀則修言有不享則修文有不貢則修名有不王則修德序成而有不至則修刑今犬戎以其職來王以不享征之無乃廢先王之訓而王幾頓乎弗聽征之得白鹿白狼以歸自是荒服不至

祭音蔡

尹吉甫

北伐獫狁 宣王之時獫狁內侵逼近京邑王命吉甫征之薄伐至於太原不窮追也歸而賜宴孝友之張仲與焉詩人作六月詩以美之

周　二

陳胄樞，字漢瑩，號扶輿，常熟人。迺曾孫。明萬曆四十年（1612）壬子、四十三年（1615）乙卯、明天啓元年（1621）辛酉三科武舉人，會試兩登副榜，以將才薦授南匯守備。

無版框及界欄，開本高 23.3 厘米，寬 13.1 厘米。半葉十行，行字不等，小字雙行，行二十六字。版心上據内容書朝代名稱，下記葉次。

卷端署「明虞山陳胄樞扶輿纂輯，男熙卿來白參訂。清孫男埰視矦較正」。正文不分卷，以時代排序，録上古至明朝部分人物事迹一二，各人名下有小傳，簡介人物字號及籍貫，如裴度，「字中立，河東聞喜人」。

綫裝，一册，登録號 015781。有朱筆點校。書封鈐印三方，其一印文不清，其二爲「長空萬/里送秋雁/對此可以/酣高樓」朱方印，其三「過雨荷/花滿/院香」白方印；護葉内鈐「舊雨/重逢」朱方印、「别來/無恙」白方印、「上海圖書館/退還圖書章」朱長印；正文首葉鈐「石華」朱文橢圓印、「虞山/陳埰」朱方印、「上海圖/書館藏」朱長印、「常熟/縣圖書/館藏」朱方印。卷末鈐「杏花/春雨/江南」朱方印。

015808 焚椒録一卷

（遼）王鼎撰　明刻本

焚椒録序

鼎于咸太之際方侍禁近會有懿德皇后之變一時南北面官悉以異説赴權互爲證足遂使懿德蒙被婬醜不可湔浣嗟嗟大黑蔽天白日不照其能戸説以相白乎鼎婦乳媪之女蒙哥爲律耶乙辛寵婢知其奸構最詳而蕭司徒復爲鼎道其始末更有加于嫗者因相與執手歎其寃誣至爲涕淫淫下也觀變已來忽復數載

焚椒録

大遼觀書殿學士臣王鼎謹述

明秀水殷仲春海鹽姚士粦校

懿德皇后蕭氏爲北面官南院樞密使惠之少女母耶律氏夢月墜懐已復東升光輝照爛不可仰視漸升中天忽爲天狗所食驚寤而后生時重熙九年五月己未也母以語惠惠曰此女必大貴而不得令終且五日生女古人所忌命

王鼎（？—1106），字虚中，河北涿州人。遼清寧五年（1059）進士，官至觀書殿學士，事迹具《遼史·文學傳》。

卷端署「大遼觀書殿學士王鼎謹述，明秀水殷仲春、海監姚士粦校」。框高20.7厘米，寬12.5厘米。半葉八行，行十八字，白口，四周單邊。版心上鎸「焚椒録」，下記葉次。

正文前有遼大安五年（1089）春三月王鼎《焚椒録序》。正文一卷，記道宗懿德皇后蕭氏爲宫婢單登構陷事。正文後有西園歸老、吴寬、姚士粦跋，次接殷仲春《國語解附》。

綫裝，一册，登録號015808。正文首葉鈐「上海圖/書館藏」朱長印、「上海圖書館/退還圖書章」朱長印、「常熟/圖書/館藏」朱方印。

015874　晉書校文五卷

丁國鈞撰　稿本

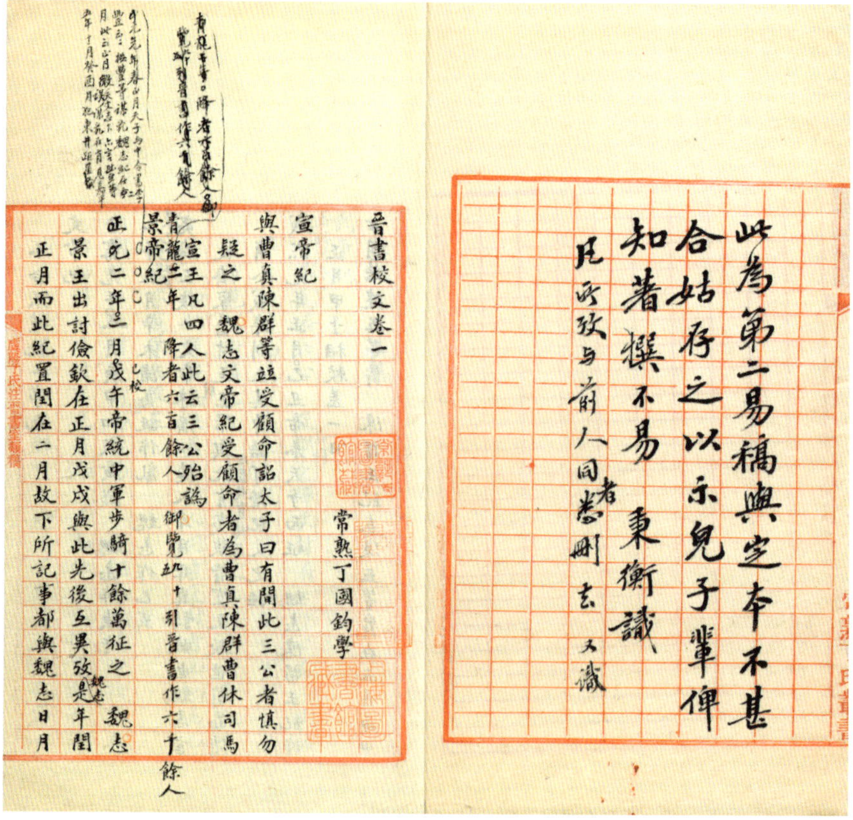

此為第二易稿與定本不甚合姑存之以示兒子輩俾知著撰不易　秉衡識

凡所改与前人同者刪去　又識

晉書校文卷一

常熟丁國鈞學

宣帝紀

與曹真陳群等並受顧命詔太子曰有間此三公者慎勿疑之　魏志文帝紀受顧命者為曹真陳群曹休司馬宣王凡四人此云三公殆誤

青龍三年降者六百餘人　御覽五十引晉書作六十餘人

景帝紀

正元二年二月戊午帝統中軍步騎十餘萬征之　魏志景王出討儉欽在正月戊戌與此先後互異致是年閏正月而此紀置閏在二月故下所記事都與魏志日月

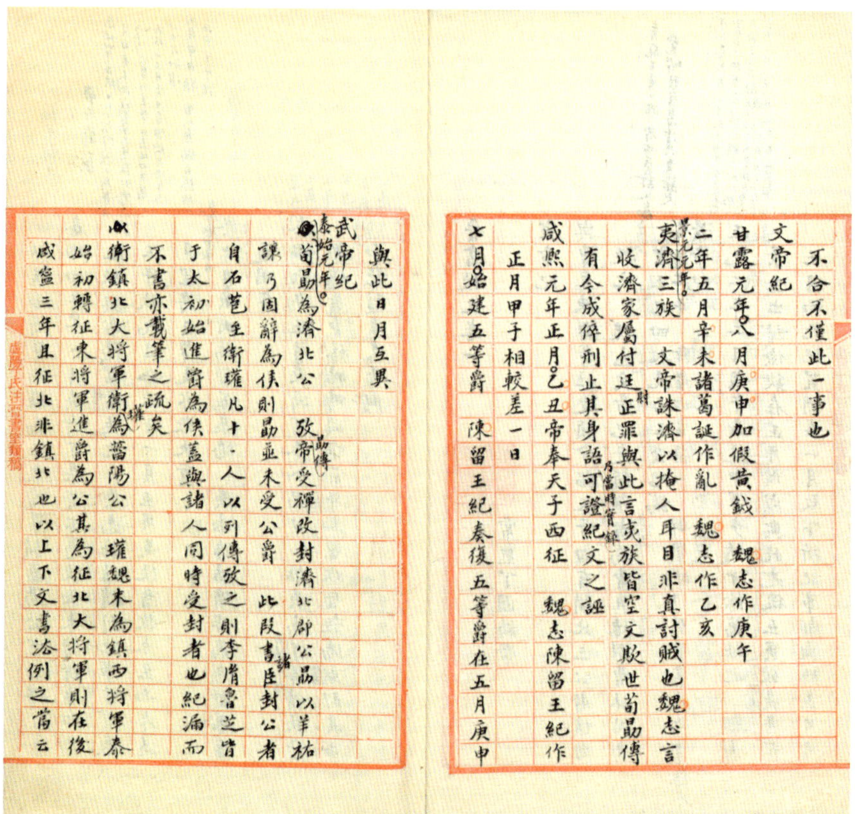

不合不僅此一事也

文帝紀

甘露元年八月庚申加假黃鉞　魏志作庚午

二年五月辛未諸葛誕作亂　魏志作乙亥

景元元年夷濟三族　文帝誅濟以掩人耳目非真討賊也魏志言收濟家屬付廷尉正罪與此言夷族皆空文欺世荀勖傳有令成倅刑止其身語可證紀文之誣

咸熙元年正月乙丑帝奉天子西征　魏志陳留王紀作正月甲子相較差一日

七月始建五等爵　陳留王紀奏復五等爵在五月庚申與此日月互異

武帝紀

泰始元年封荀勖為濟北公　勖傳讓乃固辭為侯則勖並未受公爵　此段書臣封公者自石苞王衛瓘凡十一人以列傳考之則李胤魯芝皆于太初始進爵為侯蓋與諸人同時受封者也紀漏而不書亦載筆之疏矣

以衛鎮北大將軍衛為菑陽公　瓘魏末為鎮西將軍泰始初轉征東將軍進爵為公其為征北大將軍則在後咸寧三年且征北非鎮北也以上下文書法例之當云

丁國鈞（?—1919），字秉衡，江蘇常熟人。廩生，徵縣學訓導。精通經術。除《補晋書藝文志》，又著有《荷香館瑣言》《晋書校證》等。

框高17.4厘米，寬13.6厘米。半葉十行，行二十二字，紅格，上黑口，左右雙邊。第一册版心中鎸小字「虞陽丁氏注晋書室類稿」，第二册版心下鎸「常熟丁氏類稿」。

正文前有丁秉衡跋語二條，其一爲「此爲第二易稿，與定本不甚合，姑存之以示兒子輩，俾知著撰不易。秉衡識」；其二爲「凡所考與前人同者悉删去。又識」。

毛裝、綫裝各一，登録號015874。原藏上海圖書館，各册封面内貼有上海圖書館藏書簽，著録索書號碼「589244」「589245」。各册封面左上各墨筆題名「晋書校文草本」「晋書校文」。有墨筆、朱筆批校。

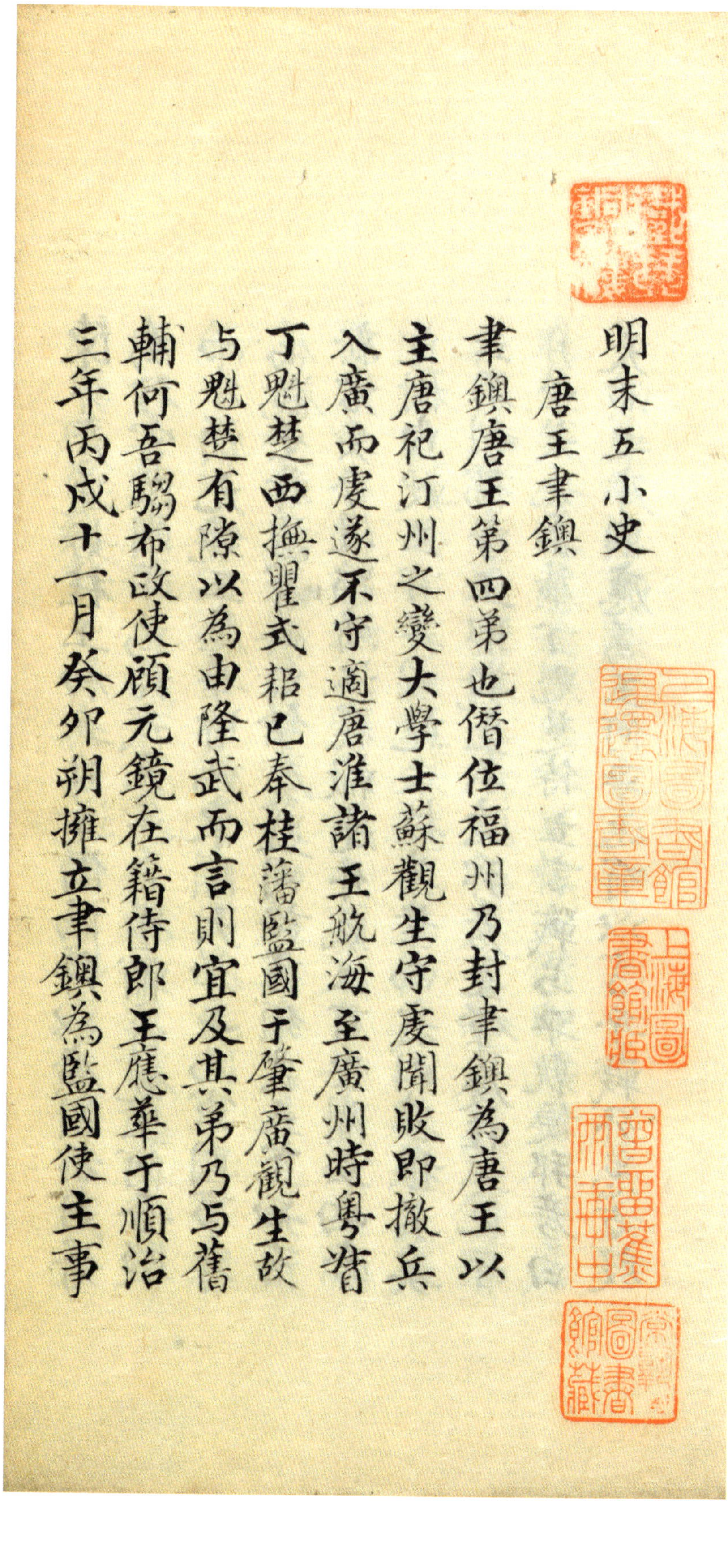
明末五小史
唐王聿鐭
聿鐭唐王第四弟也僭位福州乃封聿鐭為唐王以
主唐祀汀州之變大學士蘇觀生守虔聞敗即撤兵
入廣而虔遂不守適唐淮諸王航海至廣州時粵督
丁魁楚西撫瞿式耜已奉桂藩監國于肇廣觀生故
与魁楚有隙以為由隆武而言則宜及其弟乃与舊
輔何吾騶布政使顧元鏡在籍侍郎王應華于順治
三年丙戌十一月癸卯朔擁立聿鐭為監國使主事

015920 明末五小史不分卷

鈔本

無版框及界欄，開本高 24.6 厘米，寬 14.9 厘米。半葉九行，行二十字。

正文不分卷，實爲兩卷，一爲「唐王聿鐭」事，一爲「魯藩」事。記魯藩事甚詳，自清順治三年至十一年（1646—1654）。

毛裝，一册，登録號 015920。正文首葉鈐「鐵琴/銅劍樓」白方印、「曾留蕉/雨軒中」朱長印、「上海圖/書館藏」朱文長方印、「上海圖書館/退還圖書章」朱長印、「常熟/圖書/館藏」朱方印。

015921 行朝録三卷

（清）黄宗羲撰　清鈔本

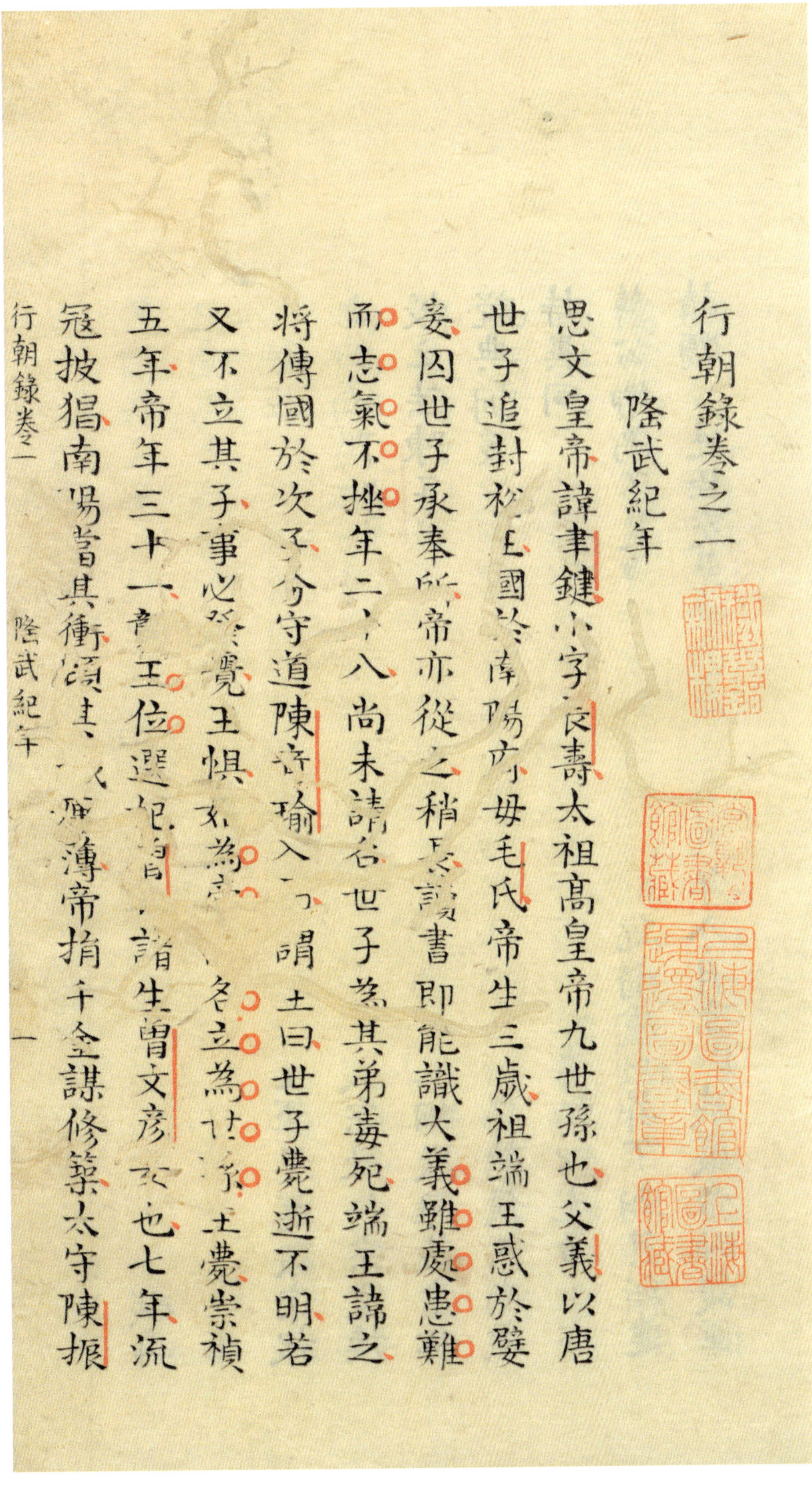

行朝錄卷之一

隆武紀年

思文皇帝諱聿鍵小字長壽太祖高皇帝九世孫也父義以唐
世子追封裕王國於南陽府母毛氏帝生三歲祖端王惑於嬖
妾囚世子承奉所帝亦從之稍長讀書即能識大義雖處患難
而志氣不挫年二十八尚未請名世子為其弟毒死端王諱之
將傳國於次子分守道陳奇瑜入弔謂王曰世子薨逝不明若
又不立其子事必發覺王懼乃為之名立為世孫王薨崇禎
五年帝年三十一嗣王位選妃曾氏諸生曾文彥女也七年流
寇披猖南陽當其衝頃[illegible]廩薄帝捐千金謀修築太守陳振

行朝錄卷一　隆武紀年　一

黄宗羲生平事迹見前《今水經》（003004）。

無版框及界欄，開本高 25.2 厘米，寬 16.8 厘米。版心上書題名及卷次，版心中據内容書篇名，下記葉次。半葉十行，行二十四字。

正文分三卷，記南明歷史，卷一《隆武紀年》《贛州失事》《紹武之立》，卷二《魯紀年上》《魯紀年下》《舟山興廢》《日本乞師》《四明山寨》，卷三《永曆紀年》《沙定州之亂》《賜姓本末》。

綫裝，一册，登録號 015921。有朱筆圈點。正文首葉鈐「鐵琴銅/劍樓」白方印、「上海/圖書/館藏」朱方印、「上海圖書館/退還圖書章」朱長印、「常熟/圖書/館藏」朱方印，卷末鈐「鐵琴銅/劍樓」白方印。

015930 賢良進卷八卷

（宋）葉適撰　清嘉慶十八年（1813）江蘇常熟翁心存鈔本

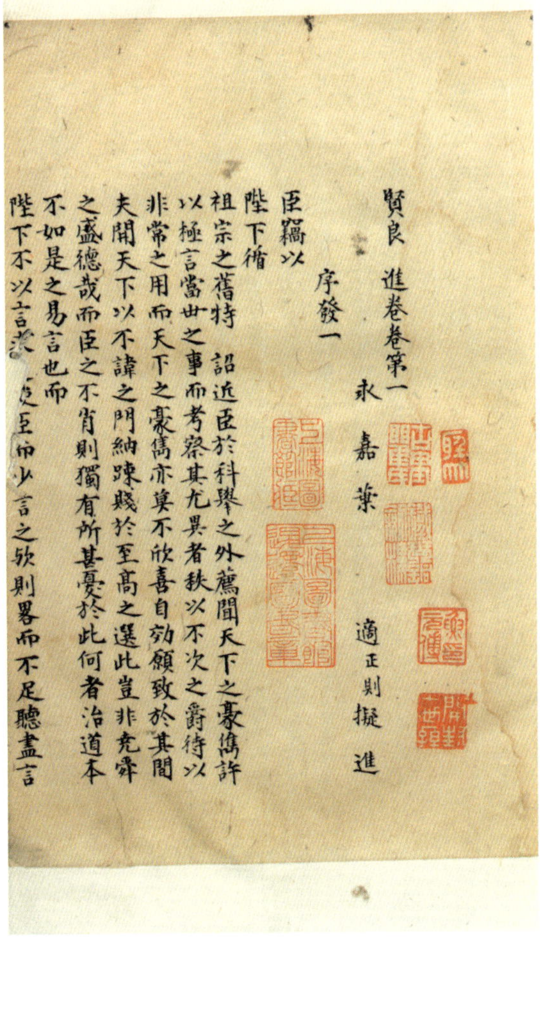

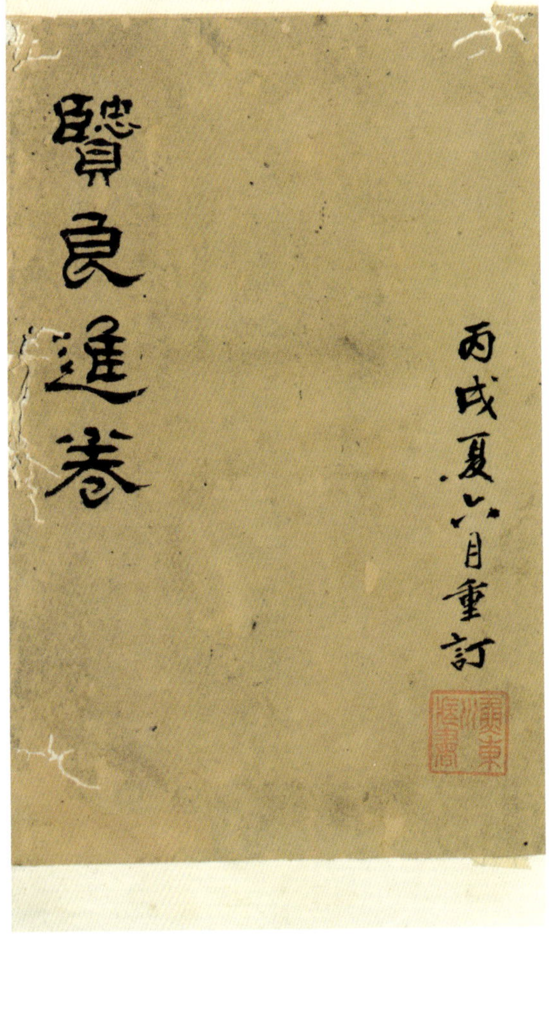

葉適（1150—1223），字正則，號水心居士，浙江温州永嘉人。宋淳熙五年（1178）進士。歷官平江節度推官、武昌軍節度判官、浙江提刑司幹辦、太學正、太常博士兼實録院檢討官、蘄州知州、尚書左選郎官、國子司業、太府卿、沿江制置使、寶文閣待制等。

無版框及界欄，開本高 23.2 厘米，寬 18 厘米。半葉十二行，行二十二字，白口。

正文前有目次，正文後有翁心存清嘉慶十八年（1813）秋九月十日跋。正文分八卷，第一卷：序發一篇、君德二篇、治勢三篇；第二卷：國本、民事、財計各三篇；第三卷：官法三篇、士學二篇；第四卷：兵權二篇、外論四篇；第五卷：讀經五首；第六卷：讀子五首、讀史五首；第七卷：述學三首；第八卷：叙臣五首。

綫裝，三册，登録號 015930。入選第三批《國家珍貴古籍名録》，名録號 08133。有朱筆批校。第一册封面左題「賢良進卷」，右下署「丙戌夏六月重訂」，尾鈐「魚東／川／藏書」朱方印，目録首葉鈐「古里／瞿氏」白長印、「鐵琴銅／劍樓」白長印、「歸印／有光」白方印。正文首葉鈐「古里／瞿氏」白長印、「鐵琴／銅劍樓」白長印、「聽竹」白長印、「魚印／元傅」朱方印、「開封／十世孫」白方印。第三册卷末鈐「海隅聽竹齋／孫氏珍藏印」朱長印、「魚虞岩／閑止樓珍／藏書畫印」白方印，翁跋後鈐「聽竹齋」朱長印、「古里／瞿氏」白長印、「鐵琴／銅劍樓」白長印。

015938 ［乾隆］支溪小志四卷

（清）顧鎮纂　清鈔本　清徐兆瑋校并跋

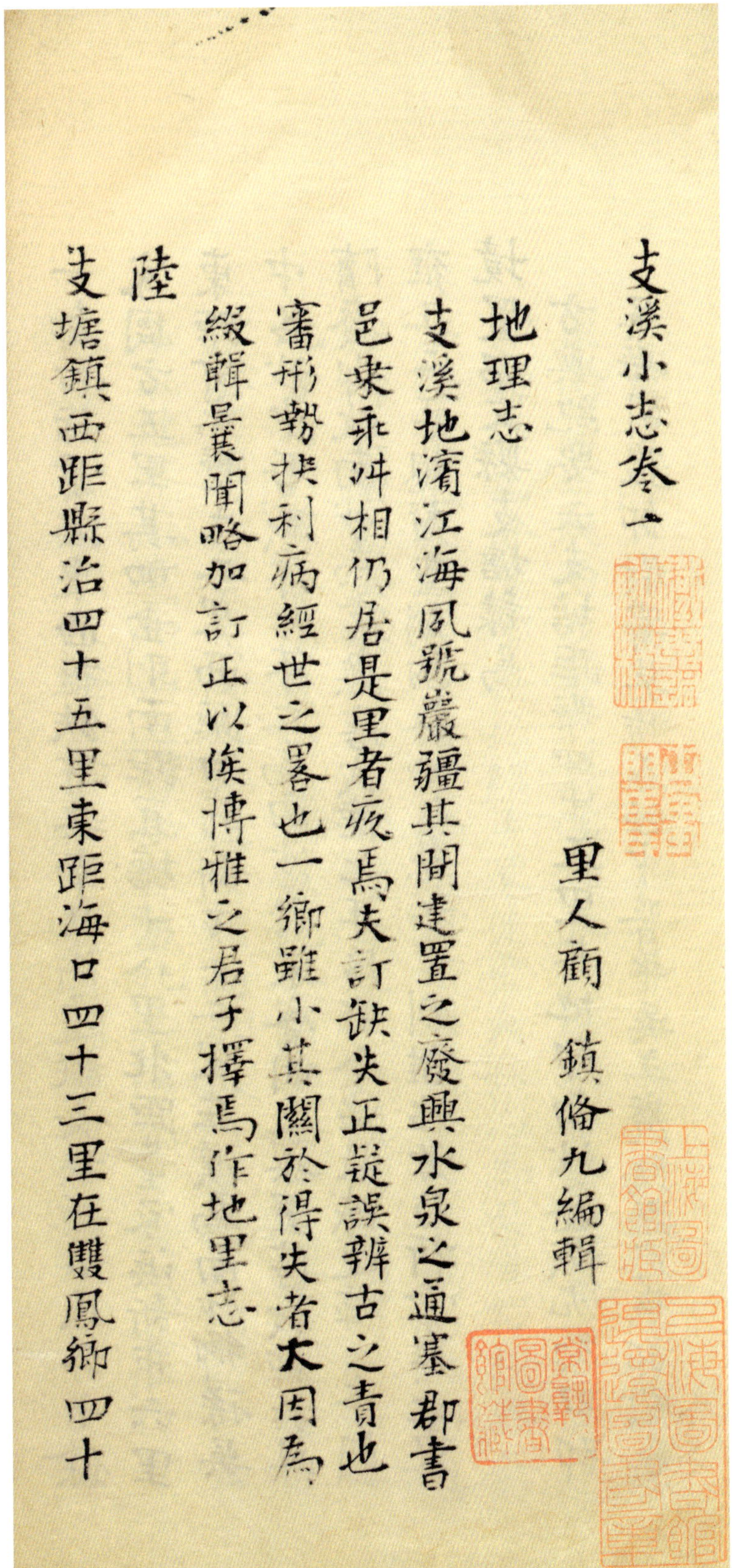
支溪小志卷一

里人顧鎮備九編輯

地理志

支溪地濱江海風颿叢彊其間建置之廢興水泉之通塞郡書邑乘乖舛相仍居是里者病焉夫訂缺失正疑誤辨古之責也審形勢扶利病經世之略也一鄉雖小其關於得失者大因為綴輯舊聞略加訂正以俟博雅之君子擇焉作地里志

陸

支塘鎮西距縣治四十五里東距海口四十三里在雙鳳鄉四十

顧鎮生平事迹見前《［乾隆］支溪小志》（009265）。

無版框及界欄，開本高24.5厘米，寬14.8厘米。半葉九行，行二十五字。

此志正文前無總序。正文分四卷，卷一地理志：陸、水、補遺、坊橋；卷二人物志：科第（武科附）、明經（例貢附）、恩榮、仕籍（援例給銜家居者附載）、孝行、林士、文苑、武略、耆碩、藝學、雜傳、義僕、列女；卷三往迹志：城垣、官司軺署、第宅園林、寺觀、廟祠、墓域、雜志；卷四藝文志：詩、補遺、文上、文下。各志前皆有小序。《志》多按語，係作者援引正史、方志、文集諸書予以考論之卓見。

毛裝，二册，登録號015938。有清虹隱居士徐兆瑋朱筆校補及跋，跋云：「假圖書館鈔本傳録，癸酉二月校於東城廣齋，時目疾，頗費力，原本亦多訛字，當再讎校。」徐兆瑋（1867—1940），字少逵，號倚虹、棣秋生，晚號虹隱，别署劍心，常熟何市人。

是志常熟市圖書館另有鈔本一种，封面「胡訥盦」題簽，鈔録年代不詳。

015941 ［乾隆］梅李文獻小志

（清）潘鎬纂　清鈔本

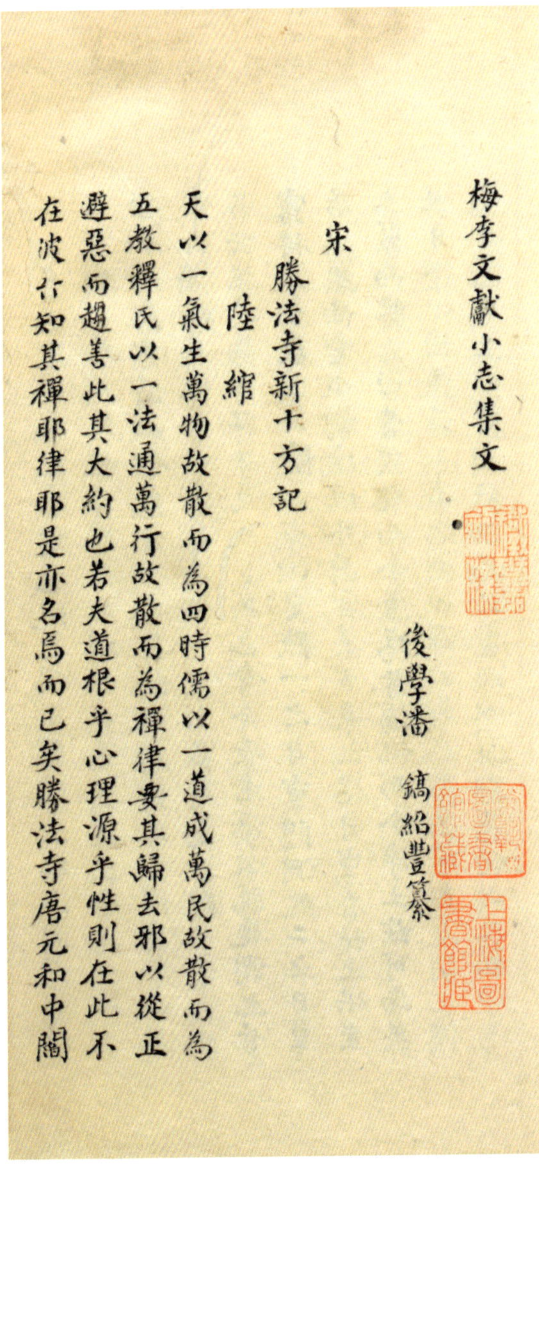

梅李文獻小志集文

後學潘　鎬紹豐纂

宋

勝法寺新十方記

陸　綰

天以一氣生萬物故散而為四時儒以一道成萬民故散而為五教釋氏以一法通萬行故散而為禪律要其歸去邪以從正避惡而趨善此其大約也若夫道根乎心理源乎性則在此不在彼什知其禪耶律耶是亦名焉而已矣勝法寺唐元和中闢

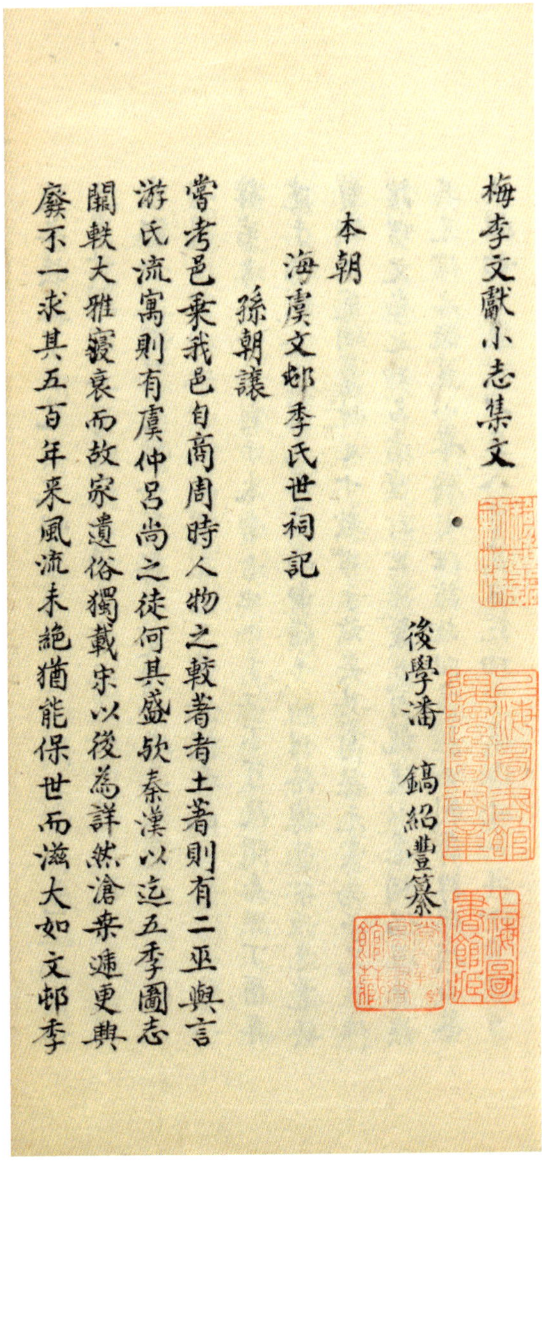

梅李文獻小志集文

後學潘　鎬紹豐纂

本朝

海虞文邨李氏世祠記

孫朝讓

嘗考邑乘我邑自商周時人物之較著者土著則有二巫與言游氏流寓則有虞仲呂尚之徒何其盛歟秦漢以迄五季圖志闕軼大雅寢衰而故家遺俗獨載宋以後為詳然滄桑遞更興廢不一求其五百年來風流未絶猶能保世而滋大如文邨李

潘鎬（1725—1786），字肇豐，一作紹豐，號芑湄，常熟梅李人。廪生。書法遒勁，善吟詩，著有《略識一丁》《蠡測篇》《廣陵游草》《雪鴻小集》《梅李文獻小志稿》等。

無版框及界欄，開本高 23.9 厘米，寬 13.4 厘米。半葉十行，行二十四字，小字雙行同。

正文前無序，後無跋。志共分五部分：梅李文獻小志集文，收録含記、序、録、書、墓銘、序、傳等在内的宋至清人文章，以明清兩朝居多，其中宋文五篇，元文一篇，宋如陸綰《勝法寺新十方記》、葉夢得《勝法寺轉輪藏記》，周甫《勝法寺佛像記》，元有趙孟頫《海虞季氏續修家乘序》，明如徐禎卿《談藝録》《與李獻吉論文書》《守齋邵先生墓志銘》、徐縉《題徐迪功集》、文徵明《題別稿中焦桐集序》，清如孫朝讓《海虞文村季氏世祠記》、陳祖範《虞山人文序》等；梅李文獻小志集詩及梅里文獻小志集詩補遺，收録宋至清詩、賦百餘篇，其中多有以詩文名世者，如范成大、沈周、徐禎卿、楊儀、唐伯虎、文徵明等；梅里文獻小志列傳，收録宋至清六十二人傳記，其中宋九人、明四十七人，清六人；梅李文獻小志雜記，記宋以降梅李之歷史人物、風土人情、逸聞軼事，凡二十一則，有按語，係作者記其所歷所聞。記事迄於清乾隆四十九年（1784）。

潘志後，道光間黄炳宸又纂《梅李文獻小志稿》，今常熟市圖書館藏清鈔本。二志雖題名相同，然後志有梅李地理、道路、橋梁、廟宇、祠宇、園林、第宅、塚墓、列傳（封贈、文苑、義烈、賢母、醫、藝學）、藝文等内容，體例雖全，内容略簡。

綫裝，二册，登録號 015941。此志各册卷首皆鈐「鐵琴銅／劍樓」白長印、「上海圖／書館藏」朱方印及「常熟／圖書／館藏」朱方印，第二册卷首又有「上海圖書館／退還圖書章」朱長印。

015943 ［寶祐］重修琴川志十五卷

（宋）孫應時纂　（宋）鮑廉、鍾秀實續　（元）盧鎮增修　清常熟張氏小瑯環福地鈔本　清邵恩多校并跋

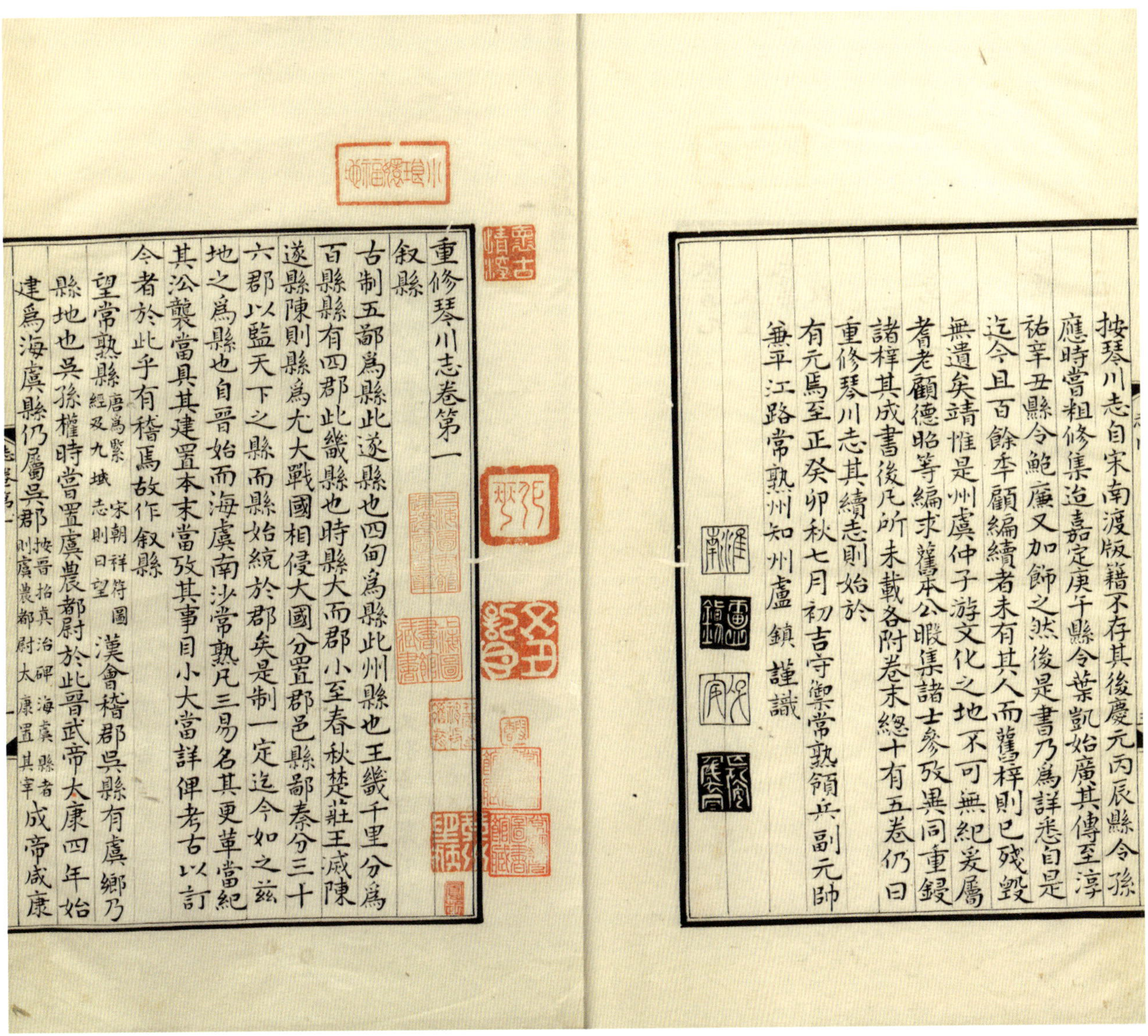

按琴川志自宋南渡版籍不存其後慶元丙辰縣令孫
應時嘗粗修集迨嘉定庚午縣令葉凱始廣其傳至淳
祐辛丑縣令鮑廉又加飾之然後是書乃爲詳悉自是
迄今且百餘年顧編續者未有其人而舊梓則已殘毀
無遺矣竊惟是州虞仲子游文化之地不可無紀爰屬
耆老顧德昭等編求舊本公暇集諸士參攷異同重鋟
諸梓其成書後凡所未載各附卷末總十有五卷仍曰
重修琴川志其續志則始於
有元焉至正癸卯秋七月初吉守禦常熟領兵副元帥
兼平江路常熟州知州盧鎮謹識

重修琴川志卷第一

敘縣

古制五鄙爲縣此遂縣也四甸爲縣此州縣也王畿千里分爲
百縣縣有四郡此畿縣也時縣大而郡小至春秋楚莊王滅陳
遂縣陳則縣爲尤大戰國相侵大國分置郡邑縣鄙秦分三十
六郡以監天下之縣而縣始統於郡矣是制一定迄今如之玆
地之爲縣也自晉始而海虞南沙常熟凡三易名其更革當紀
其沿襲當具其建置本末當攷其事目小大當詳俾考古以訂
今者於此乎有稽焉故作敘縣

望常熟縣（唐爲緊　宋朝祥符圖經及九域志則曰望）漢會稽郡吳縣有虞鄉乃
縣地也吳孫權時嘗置虞農都尉於此晉武帝太康四年始
建爲海虞縣仍屬吳郡（按晉拾真治碑海虞縣昔則虞農都尉太康置其宰）成帝咸康

孫應時（1154—1206），字季和，自號燭湖居士，紹興府餘姚（今屬浙江）人。少受學於陸九淵。宋淳熙二年（1175）進士。纍遷知常熟縣。著有《燭湖集》等。

鮑廉（？—1275），南宋處州龍泉（今屬浙江）人。宋淳祐中，以宣教郎知常熟縣。以邑志闕略，聘邑士鍾秀實、胡淳等修《琴川志》。

盧鎮，字子安，淮南人。元至正二十二年（1362），以領兵副元帥知州事。雖起武弁而崇重儒術。繕城垣，葺學宫，重修《琴川志》，鋟梓以傳。

框高27.2厘米，寬18.9厘米。半葉十二行，行二十四字，小字雙行，白口，雙魚尾，四周雙邊。版心上鋟書名、卷次，下記葉次。

護葉内有清道光四年（1824）邵恩多朱筆題跋。正文前有元至正二十五年（1365）戴良所撰《琴川志叙》，次接宋寶祐二年（1254）丘岳所撰《重修琴川志》，再接褚中所撰《總叙》，叙末不署撰寫時間。《總叙》後依次有縣境之圖、縣治之圖、虞山南境圖、虞山北境圖、鄉村之圖。圖後有《重修琴川志目録》，目録後有至正二十三年（1363）盧鎮識。正文卷一至二叙縣，卷三叙官，卷四叙山，卷五叙水，卷六叙賦，卷七叙兵，卷八叙人，卷九叙産，卷十叙祠、廟、寺觀、塚墓，卷十一叙文、碑記，卷十二學，卷十三道、釋、神祠，卷十四題咏，卷十五拾遺。正文後過録明崇禎二年（1629）龔立本跋。

綫裝，四册，登録號015943。入選第二批《國家珍貴古籍名録》，名録號04147。鈐「腹仙/手校」朱長印、「小瑯環福地」朱長印、「張燮/藏書」白方印、「清河/世家」朱方印、「子孫/寶之」白方印、「小瑯環/福地」白方印、「雪/香」朱方印、「張燮/字子和/號蕘友」朱方印、「詞垣珥筆/秘殿紬書/版部持籌/雲樓定律」朱方印、「成此書/費辛苦/後之人/其鑒諸」朱方印、「海虞/文獻」朱方印、「秘/帙」朱方印、「浙東/觀察/使章」朱方印、「玉京吉/士畫/省郎官」朱方印、「鳳起」朱長印、「懷古/情深」白方印、「癸丑/詞臣」白方印、「琴川/望族」白方印、「張/燮」朱方印、「在處有/神物/護持」朱方印、「蓉鏡/私印」朱方印、「張印/定球」朱方印、「伯温/一字/韵溪」朱方印。

015944 ［寶祐］重修琴川志十五卷

（宋）孫應時纂　（宋）鮑廉、鍾秀實續　（元）盧鎮增修　明末毛氏汲古閣刻本　清陸貽典校并跋

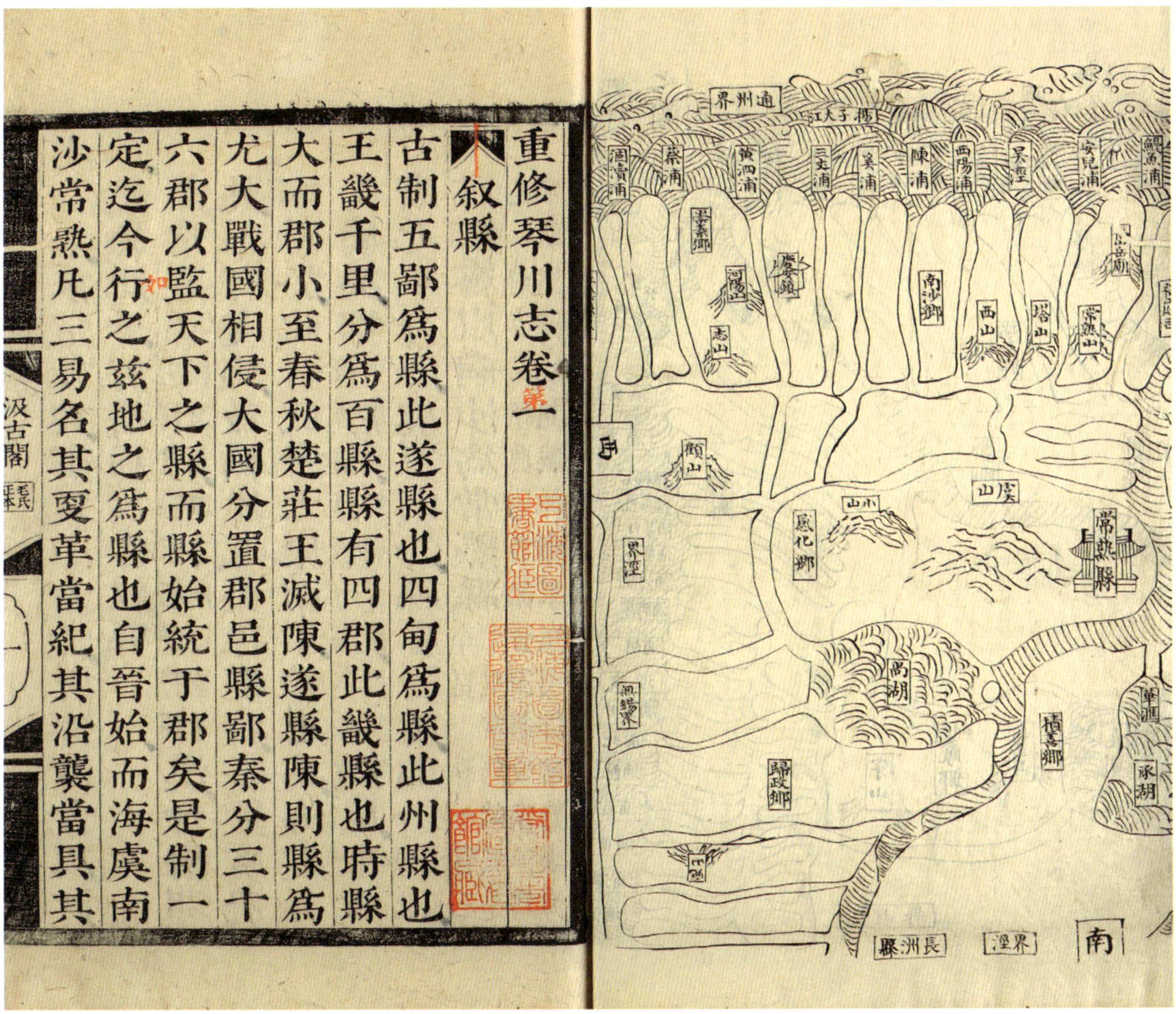

孫應時、鮑廉、盧鎮生平事迹見前《［寶祐］重修琴川志》（015943）。

框高20.3厘米，寬14.6厘米。半葉九行，行十八字，小字雙行，大黑口，雙魚尾，左右雙邊。每卷首葉和末葉版心中鎸「汲古閣毛氏正本」，下鎸葉次。每卷首葉和末葉外，版心上鎸書名、卷次，下記葉次。

正文前有元至正二十五年（1365）戴良所撰《琴川志叙》，次接宋寶祐二年（1254）丘岳所撰《重修琴川志》，再接褚中所撰《總叙》，叙末不署撰寫時間。《總叙》後有《重修琴川志目録》。《目録》後有至正二十三年（1363）盧鎮識。盧識後有清康熙六年（1667）陸貽典跋，再接縣境舊圖、縣治舊圖、虞山南境圖、虞山北境圖、鄉村之圖。正文卷一至卷二叙縣，卷三叙官，卷四叙山，卷五叙水，卷六叙賦，卷七叙兵，卷八叙人，卷九叙産，卷十叙祠、廟、寺觀、塚墓，卷十一叙文、碑記，卷十二學，卷十三道、釋、神祠，卷十四題咏，卷十五拾遺。

綫裝，四册，登録號015944。入選第二批《國家珍貴古籍名録》，名録號04146，卷三鈐「開卷／一樂」朱方印、「書香／千載」朱方印、「瞿氏鑒／藏金石記」白長印、「樹滋／堂圖／書記」朱方印。卷末鈐「子／準」朱方印。

015945 ［乾隆］梅李文獻小志稿

（清）潘鎬纂　稿本

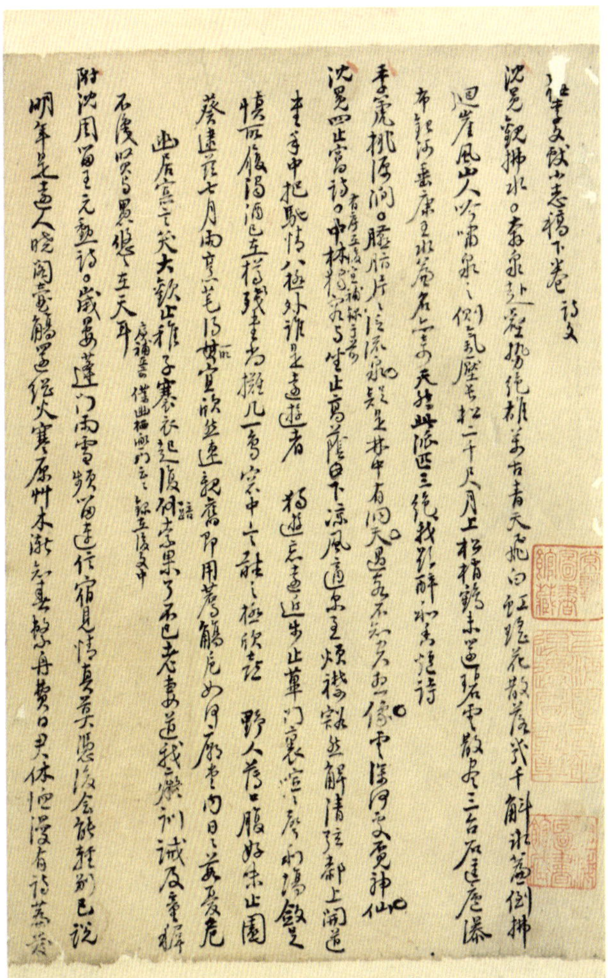

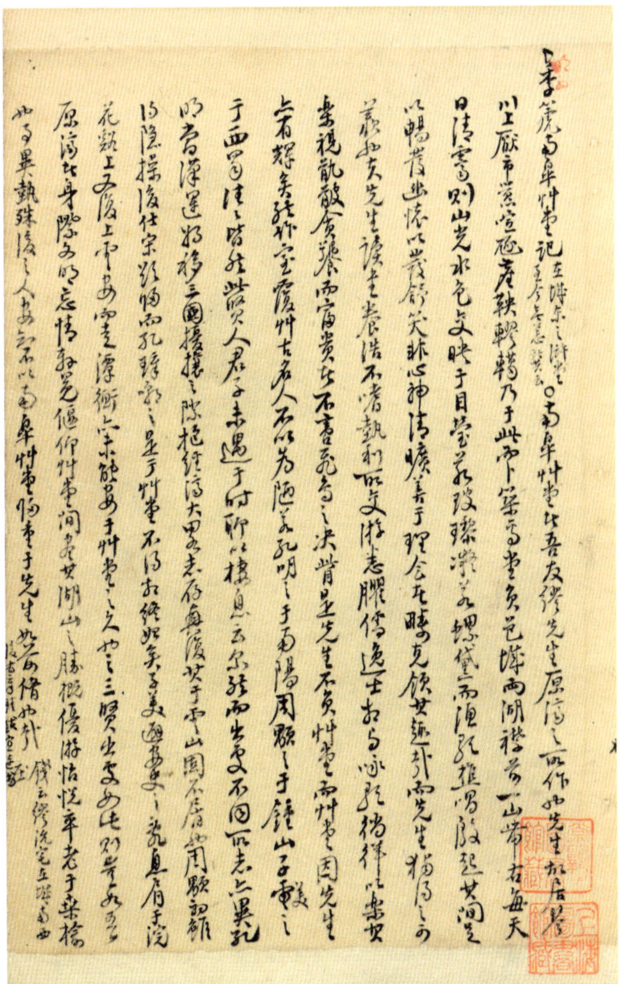

潘鎬生平事迹見前《［乾隆］梅李文獻小志》（015941）。

無版框及界欄，開本高26.1厘米，寬18.4厘米。

此志殘存二册。其一爲《梅李文獻小志稿》下卷，收五古、七古、五律、七律、七絶、樂府等詩數首；其二收記、碑記、序、跋、墓銘、傳等。覽此志體例及内容，爲梅李地方詩文集。

毛裝，登録號015945。鈐「上海／圖書／館藏」朱方印、「上海圖書館／退還圖書章」朱長印、「常熟／圖書／館藏」朱方印。

015946 ［弘治］常熟縣志四卷

（明）楊子器、桑瑜纂修　明弘治刻本（附録鈔配）

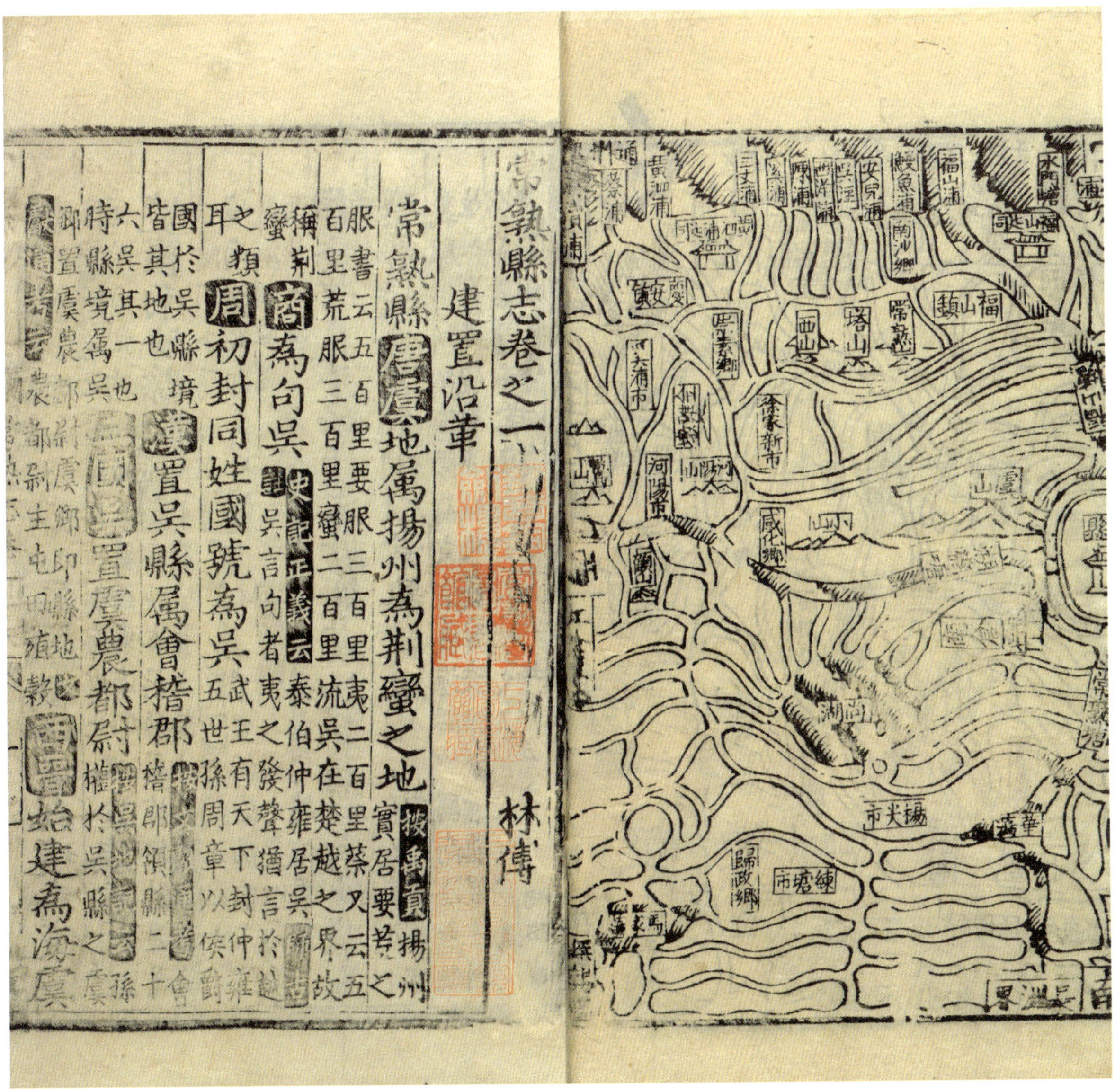

楊子器，字名父，號柳塘，浙江慈溪人。明弘治初知昆山，有惠政，以憂去。服闋，補高平，以巡撫朱瑄薦調常熟。

桑瑜，字廷瓚，號檢齋，常熟人。明天順己卯舉人，温州府通判。

框高21.1厘米，寬13.5厘米。半葉九行，行十九字，小字雙行，白口，順魚尾，四周雙邊。版心中間上方鎸書名、卷次，下記葉次。

正文前有邑人李傑《常熟縣志序》，序末不署撰序時間。次接《常熟縣志重修目録》。再接《常熟縣志重修凡例》。凡例後接「縣境舊圖、縣治舊圖、虞山北境舊圖、虞山南境舊圖、九鄉舊圖、縣境新圖、縣治新圖、黌宫新圖、虞山南境新圖、虞山北境新圖、九鄉新圖」，計十一幅地圖。正文分四卷，卷一叙地理，卷二叙宫室，卷三叙官治，卷四叙人物。邑人孫舟、李慶雲謄寫并對正。附録載舊志序，補鈔。

綫裝，四册，登録號015946。入選第一批《國家珍貴古籍名録》，名録號01663。卷端鈐「鐵琴銅/劍樓」白方印，卷末鈐「虞山丁/秉衡/讀過」白方印。

015948　［嘉靖］常熟縣志十三卷

（明）馮汝弼、鄧韍纂修　明嘉靖刻本

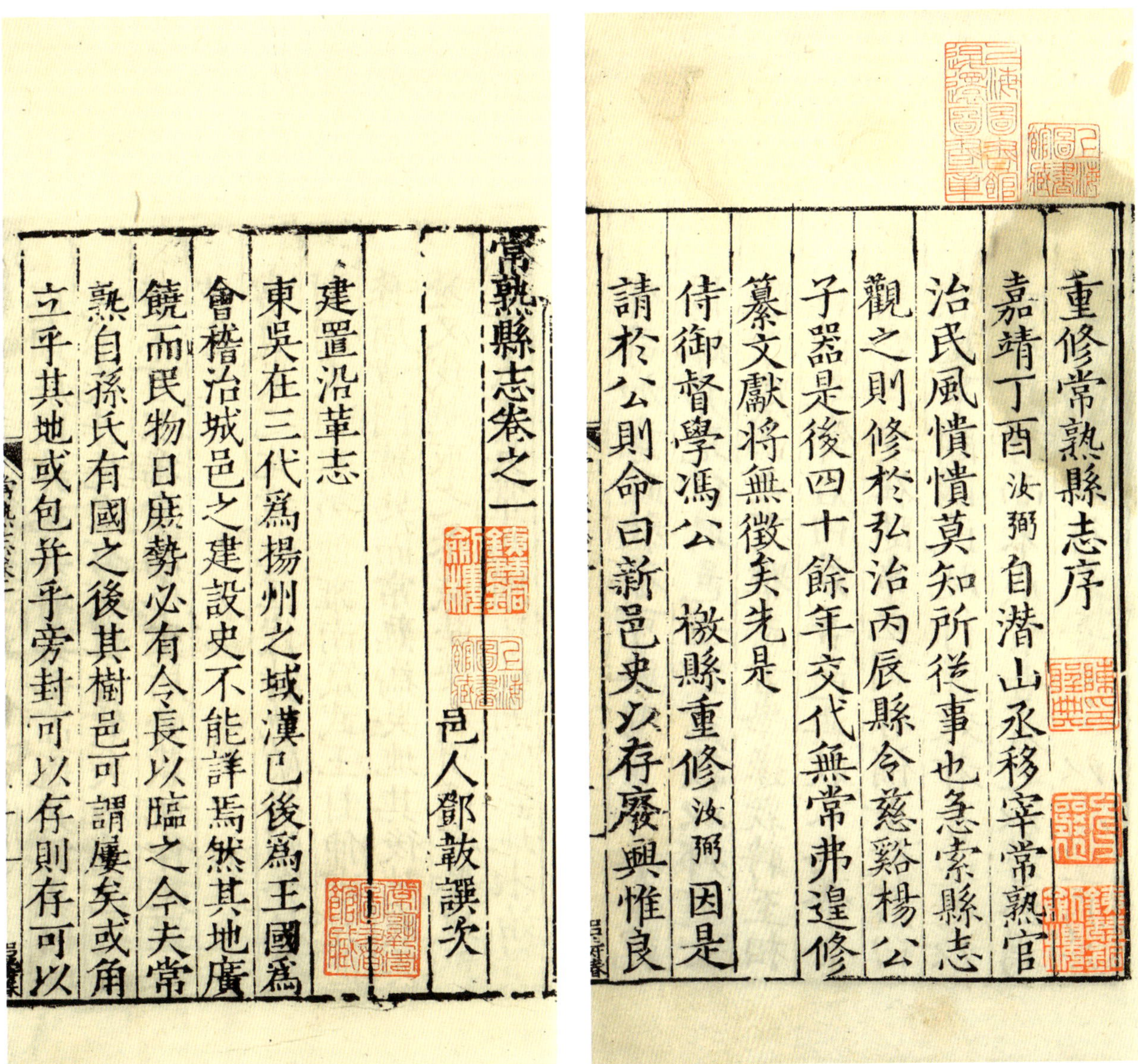
重修常熟縣志序
嘉靖丁酉汝弼自潛山丞移宰常熟官
治氏風憒憒莫知所從事也急索縣志
觀之則修於弘治丙辰縣令慈谿楊公
子器是後四十餘年交代無常弗遑修
纂文獻將無徵矣先是
侍御督學馮公　檄縣重修汝弼因是
請於公則命曰新邑史以存廢興惟良

常熟縣志卷之一
邑人鄧韍譔次
建置沿革志
東吳在三代爲揚州之域漢已後爲王國爲
會稽治城邑之建設史不能詳焉然其地廣
饒而民物日庶勢必有令長以臨之今夫常
熟自孫氏有國之後其樹邑可謂屢矣或角
立乎其地或包并乎旁封可以存則存可以

馮汝弼（1498—1577），字惟良，號祐山，浙江平湖人。進士。在工垣，七疏劾吏部尚書汪鋐，謫潛山縣丞。明嘉靖十六年（1537）遷常熟知縣。

鄧韍（1473—1561），字文度，號梓堂，常熟人。博覽經籍。邑令馮汝弼請修邑志，韍乃稽故實，嚴義例，芟蕪穢，補遺逸，人物列傳，尤注意焉。所著有《易纂要》《泉坊議事録》《泉坊日録》《濮州志》等。

框高19.1厘米，寬14.2厘米。半葉九行，行十七字，白口，單魚尾，左右雙邊。版心上録書名、卷次，下記葉次。版心下有刻工姓氏。

正文前有嘉靖十八年（1539）馮汝弼所撰《重修常熟縣志序》，次接《常熟縣志目録》，再接縣境舊圖、縣治舊圖、縣境新圖、縣治新圖、黌宫圖、虞山南境新圖、虞山北境圖、九鄉新圖、九鄉舊圖。正文卷一建置沿革、疆域、分野、山、峰、岩、石、洞、崗、澗、水、江、海、湖、浦、塘、涇、浜、匯、漕、渡、蕩、溪、口、灣、池、井、城池，卷二鄉都、市鎮、坊巷、橋路、户口、田賦、税貢、徭役，卷三職官、兵衛、選舉、薦舉、歲貢、例貢、椽仕、武職、恩典，卷四祠祀、水利、風俗、食貨、物産、公宇，卷五歷宦，卷六至七邑人，卷八循吏、廉吏、孝義、篤行、儒林，卷九文苑、隱逸、伎學、藝學、林士、義俠、寓人、外教，卷十名構、居宅、古迹、陵墓、寺觀、平寇、災异，卷十一至十二集文，卷十三集詩。正文後有嘉靖十八年鄧韍所撰《常熟志後序》。

綫裝，八册，登録號015948。入選第二批《國家珍貴古籍名録》，名録號04148。《重修常熟縣志序》前鈐「陳印／聖典」朱方印、「允／襄父」白方印。卷端鈐「鐵琴銅／劍樓」白方印。

015955　虞山書院志十五卷

（明）孫慎行、張鼐等撰　明萬曆刻本

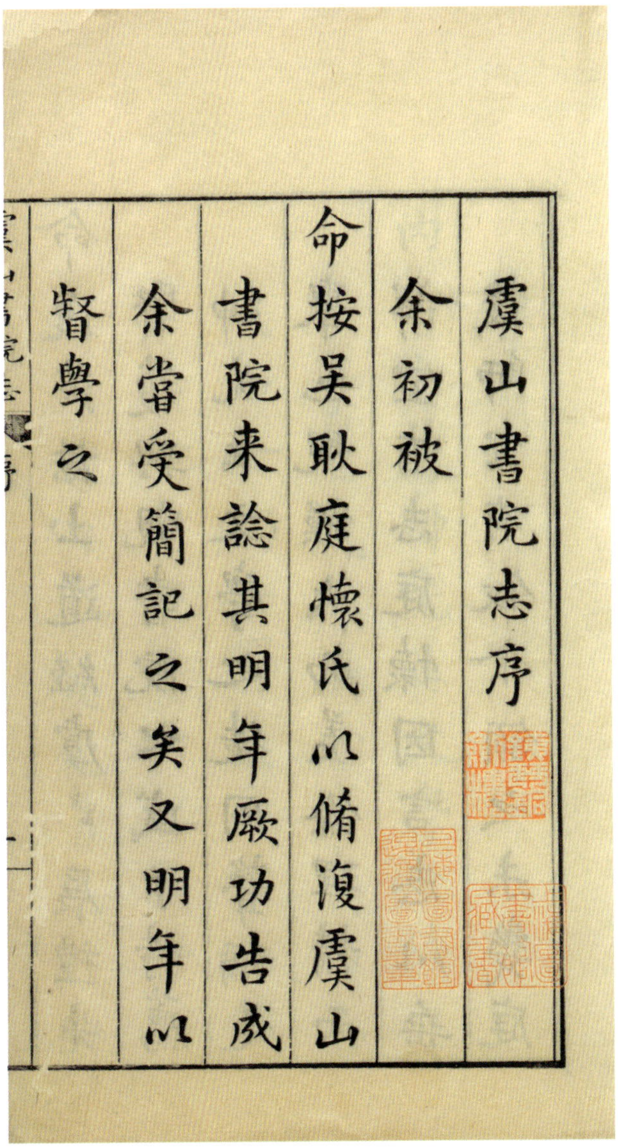
虞山書院志序
余初被
命按吴耿庭懷氏以脩復虞山
書院来諗其明年厥功告成
余嘗受簡記之矣又明年以
督學之

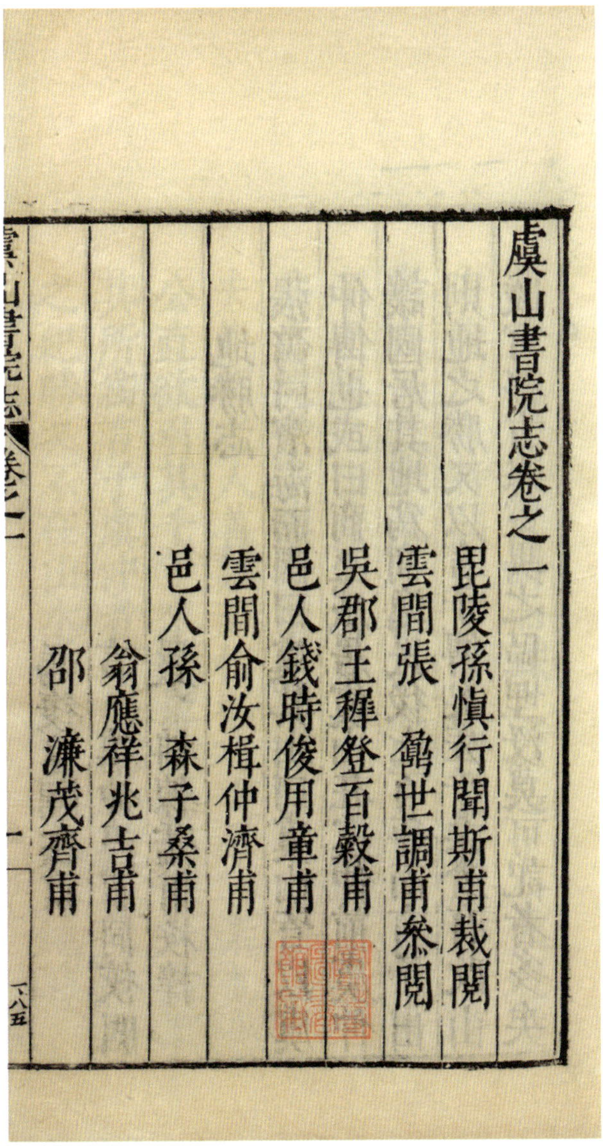
虞山書院志卷之一
毘陵孫慎行聞斯甫裁閲
雲間張鼐世調甫叅閲
吴郡王穉登百穀甫
邑人錢時俊用章甫
雲間俞汝楫仲濟甫
邑人孫森子桑甫
翁應祥兆吉甫
邵濂茂齊甫

孫慎行（1565—1636），字聞斯，一字淇澳，常州武進人。明萬曆進士。纍官禮部右侍郎。熹宗時任禮部尚書。

張鼐，生卒年不詳，字世調，號侗初，松江華亭（今屬上海）人。萬曆三十二年（1604）進士。歷官少詹事、南京禮部右侍郎、吏部右侍郎。

卷端署「昆凌孫慎行聞斯甫裁閱，雲間張鼐世調甫參閱，吴郡王穉登百穀甫、邑人錢時俊用章甫、雲間俞汝楫仲濟甫、邑人孫森子桑甫、翁應祥兆吉甫、邵濂茂齊甫、馮復京嗣宗甫、言禧仲淳甫同校閱，嚴栴棟孺甫校梓」。

框高 21.6 厘米，寬 14.4 厘米。半葉九行，行十八字，小字雙行，白口，單魚尾，左右雙邊。版心上鎸題名，中記卷次，下記葉次。

正文前有楊廷筠撰《虞山書院志序》（其後小字「縣學生員嚴栴書」）、孫慎行撰《虞山書院志序》、張以誠撰《虞山書院志序》、張鼐《虞山書院志總序》，諸序後接《虞山書院志目録》。正文後有王穉登撰并書《虞山書院志序》正文分十五卷，卷一地勝志、古迹志、建置志，卷二先賢志，卷三祀典志、宗像志，卷四院規志，卷五文移志、官師志，卷六書籍志、什器志、樹藝志、院田志，卷七會語志（官師、教主），卷八會語志（大會一、大會二），卷九藝文志（一、二），卷十藝文志（三、四），卷十一學記一，卷十二學記二，卷十三學記三，卷十四學記四，卷十五學記五。

綫裝，八册，登録號 015955。鈐「鐵琴銅／劍樓」白方印、「上海圖／書館／藏書」朱方印、「上海圖書館／退還圖書章」朱長印、「常熟市／圖書／館藏」朱方印。

015961　古今竹譜

不分卷

明歸昌世鈔本　清

汪澋跋

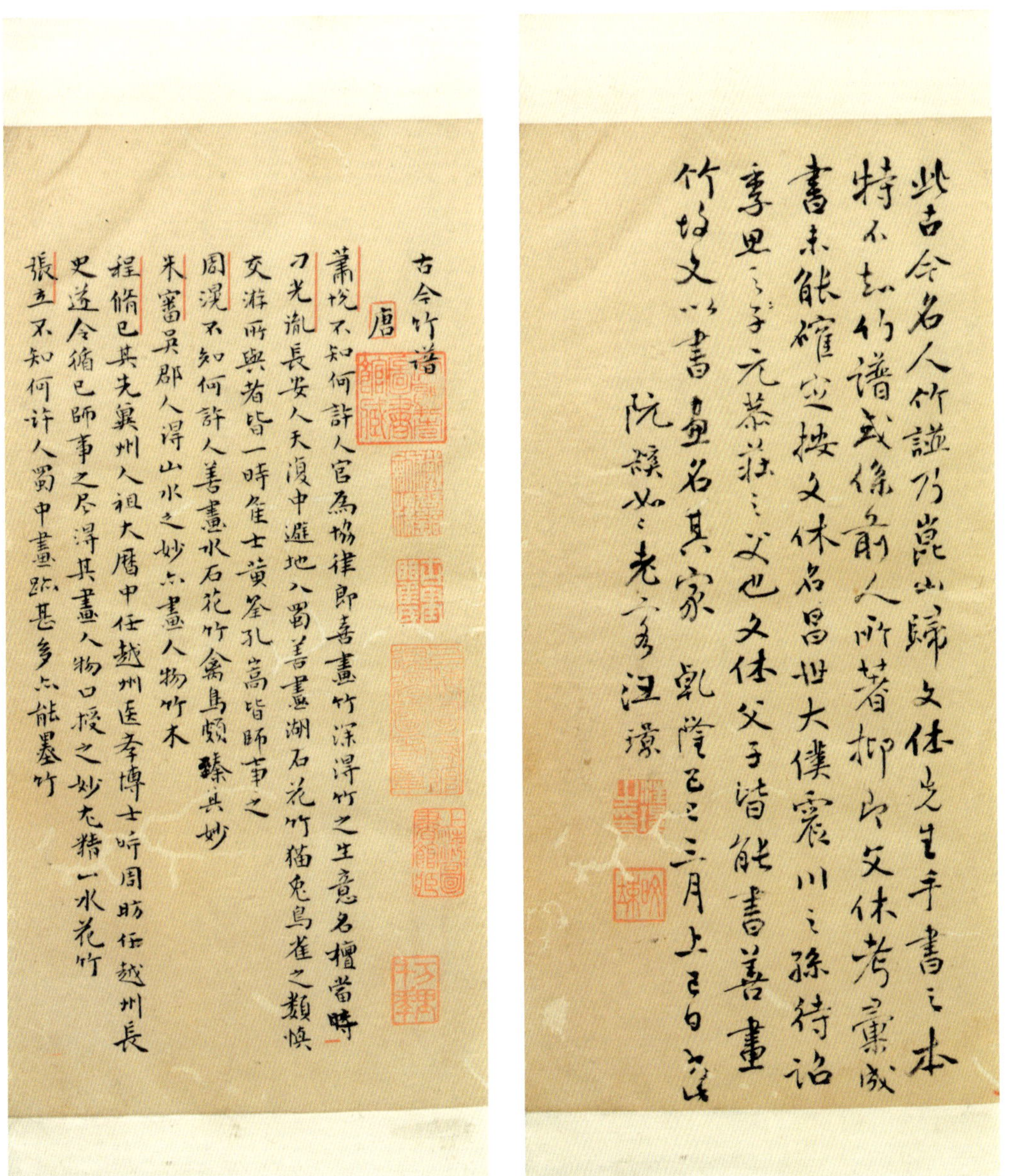

無板框及界欄，開本高 31.1 厘米，寬 17.8 厘米。半葉十行，行二十四字。

正文前有汪璟手跋。正文不分卷，以朝代爲序，收唐至元善畫竹之畫家傳記，其中唐代七人，五代九人，宋代一百四十六人，金代十八人，元代八十三人。

綫裝，一册，登録號 015961。以金鑲玉法重加裝訂。正文首葉鈐「萬里/千年」朱長印、「鐵琴銅/劍樓」白長印、「古里/瞿氏」白長印、「常熟市/圖書/館藏」朱方印、「上海圖/書館藏」朱長印、「上海圖書館/退還圖書章」朱長印。

015968　漢三輔考　二十四卷

（清）吴卓信撰　稿本

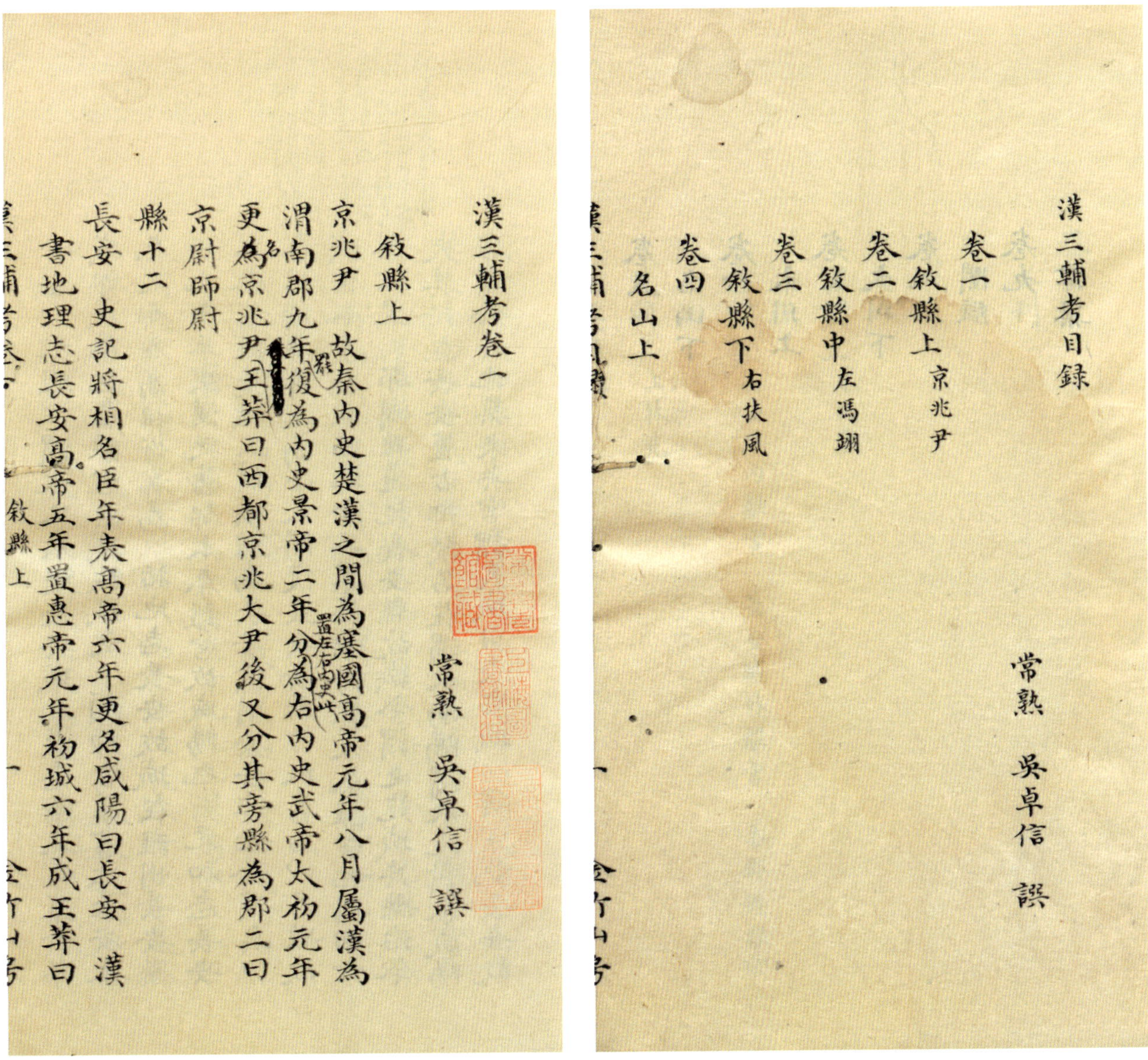

吴卓信生平事迹見前《桂村小志》（009267）。

無版框及界欄，開本高29厘米，寬18.4厘米。半葉十行，行二十三字，白口。版心上卷書名及卷次，版心中間鎸類目，版心中下計葉次，葉次下「金竹山房」。

正文前無序，有目録。正文分二十四卷，卷一敘縣上（京兆尹），卷二敘縣中（左馮翊），卷三敘縣下（右扶風），卷四名山上，卷五名山下，卷六大川上，卷七大川下，卷八關隘，卷九津梁，卷十水利，卷十一城垣，卷十二宫室上（未央宫），卷十三宫室下（長安城内離宫、長安城外離宫、各郡縣離宫），卷十四園囿上（上林苑），卷十五園囿下（甘泉苑、各郡縣别苑），卷十六三雍，卷十七郊社，卷十八宗廟，卷十九群祀，卷二十公署，卷二十一第宅，卷二十二山陵，卷二十三塚墓，卷二十四瑣記。

綫裝，六册，登録號015968。入選第三批《國家珍貴古籍名録》，名録號08077，各册封面左題書名，并各於書名下以「禮」「樂」「射」「御」「書」「數」區别册數，封面右上標明各册類目。

015969 補晉書藝文志四卷

丁國鈞撰 丁辰述注 稿本

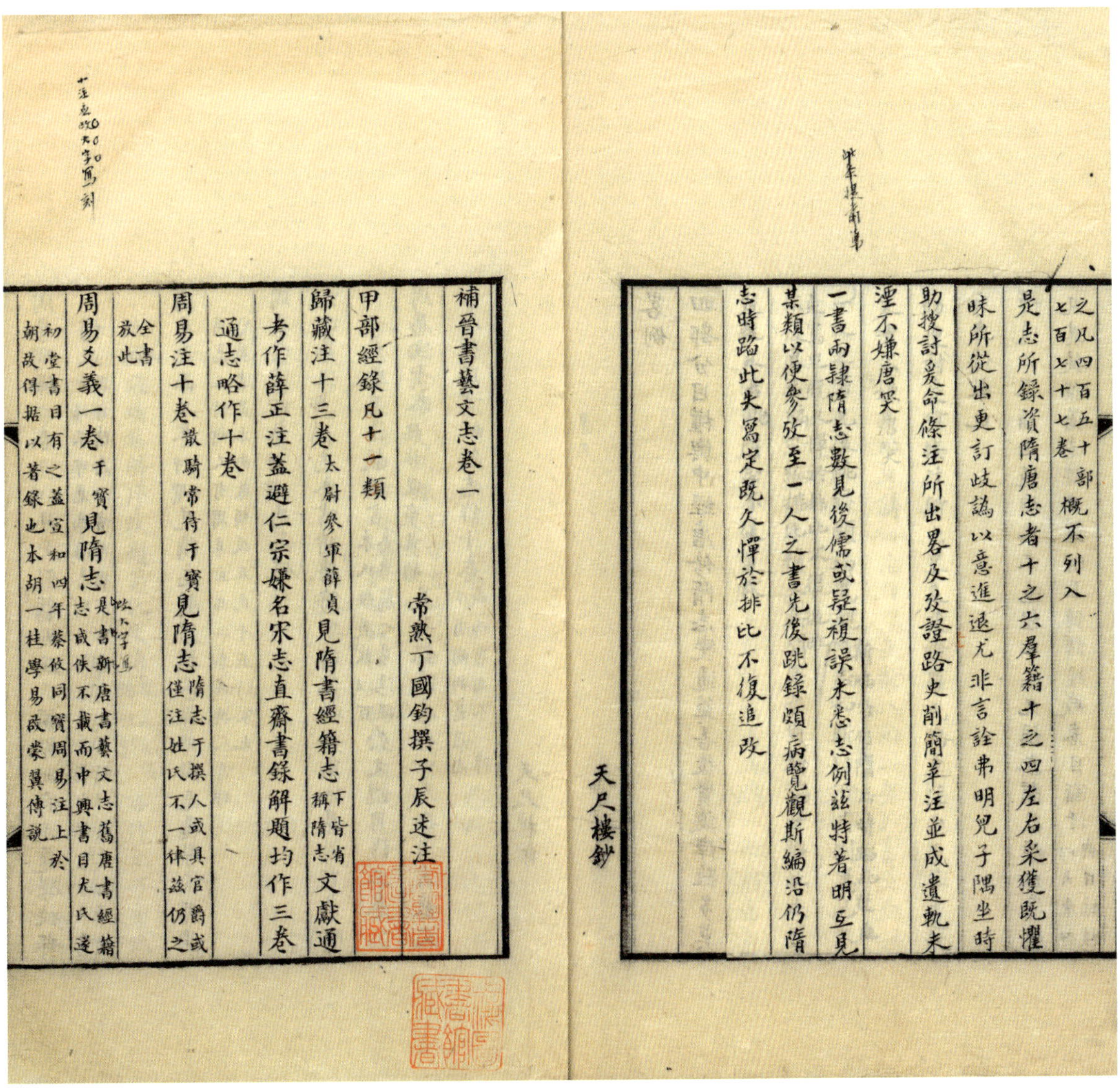

丁國鈞生平事迹見前《晋書校文》（015874）。

框高18.9厘米，寬14.2厘米。半葉十行，行二十四字，白口，雙魚尾，左右雙邊。版框外左下鐫「天尺樓鈔」字樣。

毛裝，一册，登録號015969。書封有戊午三月廿日丁秉衡墨筆跋語，云：「定本待刻，已托芝孫弟身後名，知必爲料理也，一嘆。」有朱筆、墨筆、墨绿筆批校。

鈐「舊雨／重逢」朱方印、「别來／無恙」白方印、「上海圖／書館／藏書」朱方印、「上海圖書館／退還圖書章」朱長印、「常熟市／圖書／館藏」朱方印。

015970 使歸一卷附使緬録一卷

（明）張洪撰　明成化十年（1474）湯寶魯刻本　明王廣跋

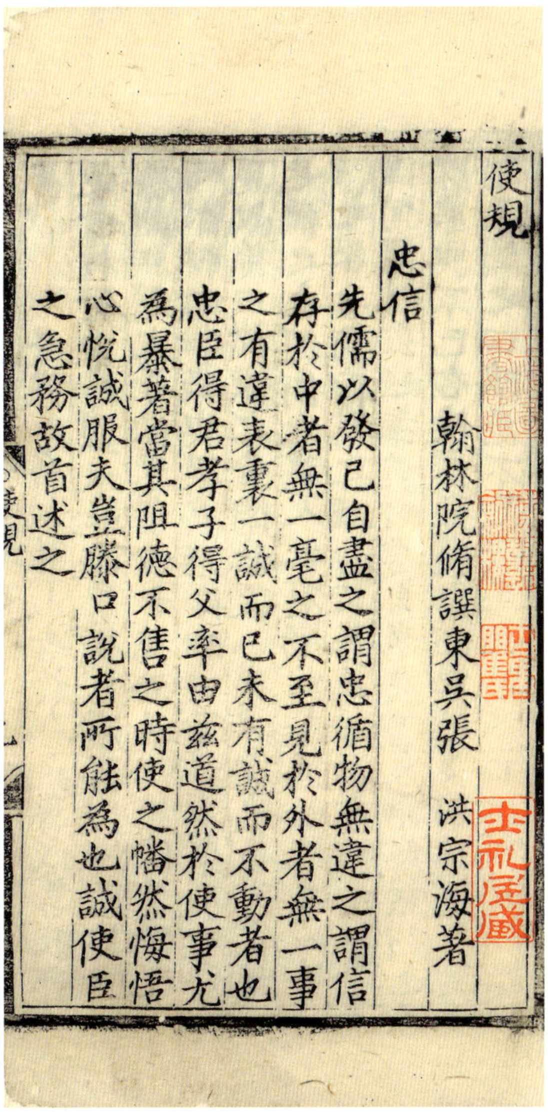

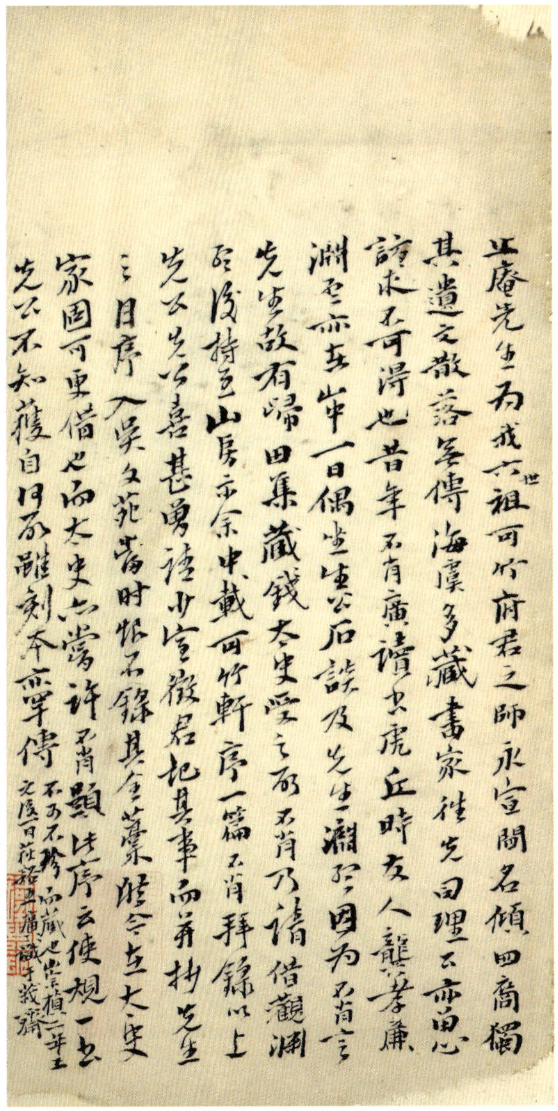

張洪生平事迹見前《明嘉靖十年應天府鄉試録》（006365）。

框高20.1厘米，寬12.5厘米。半葉十行，行二十字，小字雙行，大黑口，雙魚尾，四周雙邊。版心上鎸書名，下記葉次。

護葉内有王廣題跋，末署「崇禎二年上元後一日，荻溪王廣識於莪齋」。正文前有《使歸自序》，末署「永樂四年，歲次丙戌，秋，九月。奉使緬南，集是編於雲南滇陽之館，并序其首。《使歸自序》畢。」《自序》後有《使規目録》，分「忠信、節義、廉介、謙德、博古、文學、識鑒、智慮、威儀、説辭、舉賢、咨訪、服善、詳慎、勇略、警戒」。正文按照目録所列分類及順序，詳述古人奉使之得失。《附録》則記述出使緬甸的經過及六封《與緬宣慰那羅塔書》。附録後有《書止庵張先生〈使規〉集後》，末署「成化閼逢敦牂之歲夷則之月，修職郎，南京國子致助教事，邑人高德以仁識」。

綫裝，一册，登録號015970。入選第一批《國家珍貴古籍名録》，名録號01619。卷端鈐「鐵琴銅/劍樓」白長印、「古里/瞿氏」白長印、「莪齋」朱文橢圓印。

015985　聖明常熟先賢事略十六卷

（明）馮復京撰　清初鈔本　清陳鴻跋

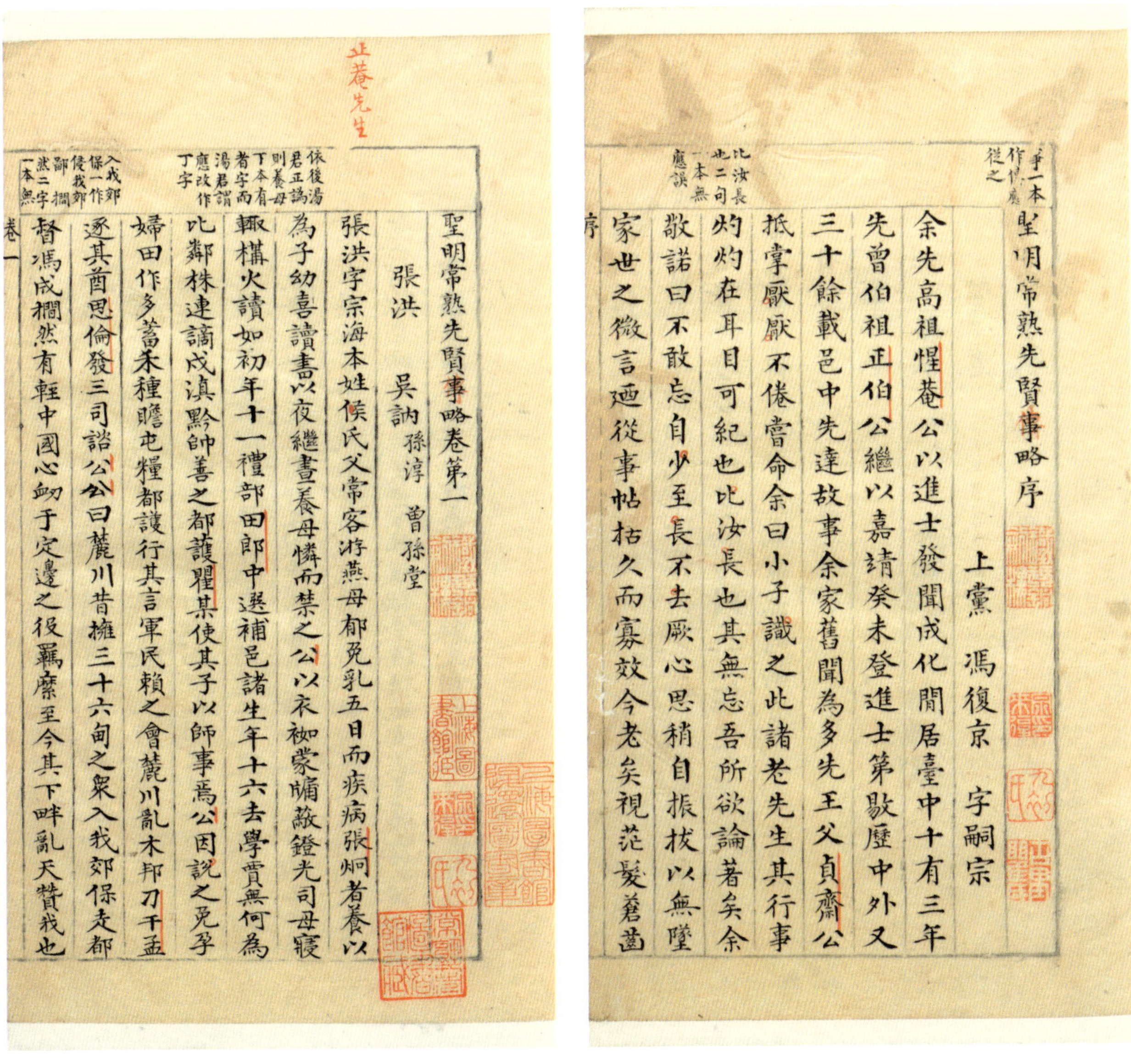

馮復京生平事迹見前《六家詩名物疏》（008789）。

框高22.5厘米，寬13.7厘米。半葉九行，行字不等，白口，藍絲欄，四周單邊。版心上書卷次。

正文前有明萬曆四十六年（1618）戊午十二月馮復京《聖明常熟先賢事略序》，次接顯父湯紹榮《書常熟先賢傳略後》，次接目録。正文後有陳鴻跋；次接勘誤數條。正文分十六卷，係作者纂輯明代常熟先賢傳記，卷一：張洪、吴訥（孫淳、曾孫堂）；卷二：黄鉞、蔣欽、程式、唐天恩；卷三：章格（祖焕文、父珪、弟律）；卷四：李傑、瞿景淳；卷五：徐恪；卷六：陳察（弟寰）；卷七：周木、盧翊（闕）、王宗錫（闕）、朱驥（闕）；卷八：嚴訥（徐栻）；卷九：趙用賢、陳瓚（叔諫）；卷十：魚侃（錢昕、王蘭）、瞿俊、盛賁汝；卷十一：黄時雨（何鐄）、吴寅；卷十二（孝義）：徐植（錢廸）、沈良（張遵、葛潤）、瞿興嗣、儲國本、蔣安、徐明俊、桑瑾（弟瑜）、王鼎；卷十三（文苑）：桑悦、楊儀（祖集）、沈應魁、蕭韶、鄧韍、孫樓（叔七政）、何錞（秦四麐、蔣肖甫、顧一龍）；卷十四（方伎）：蔣紱、錢紹禹；卷十五烈女；卷十六自序。

綫裝，二册，登録號015985。鈐「宗印／來復」白方印、「九初／氏」朱方印、「鐵琴銅／劍樓」白長印、「古里／瞿氏」白長印、「上海圖／書館藏」朱長印、「上海圖書館／退還圖書章」朱長印、「常熟市／圖書／館藏」朱方印。

015990　吳釋傳一卷

（明）劉鳳撰　明刻本

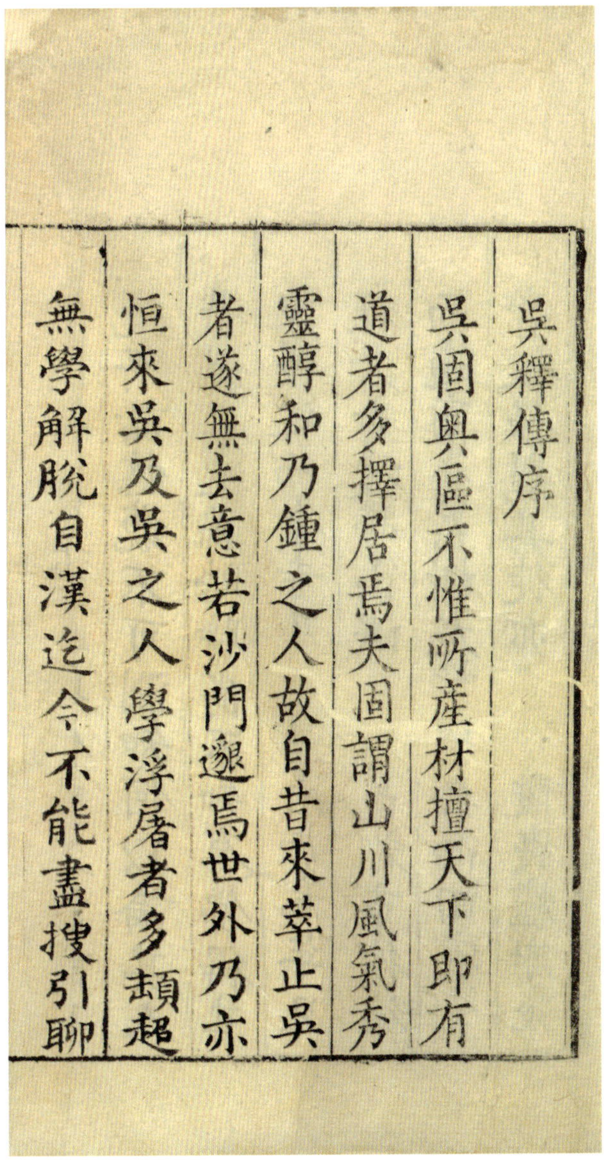
吳釋傳序
吳固與區不惟所産材擅天下即有
道者多擇居焉夫固謂山川風氣秀
靈醇和乃鍾之人故自昔來萃止吳
者遂無去意若沙門邈焉世外乃亦
恒來吳及吳之人學浮屠者多頡超
無學解脫自漢迄今不能盡搜引聊

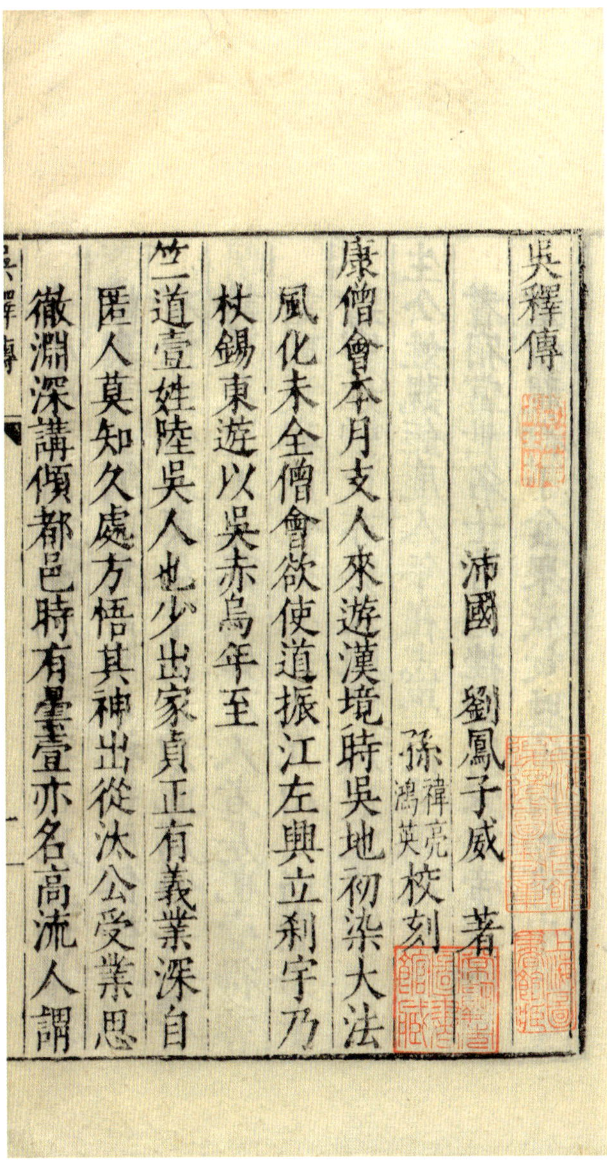
吳釋傳
沛國　劉鳳子威　著
孫禕亮　鴻英　校刻
康僧會本月支人來遊漢境時吳地初染大法
風化未全僧會欲使道振江左興立剎宇乃
杖錫東遊以吳赤烏年至
竺一道壹姓陸吳人也少出家貞正有義業深自
匿人莫知久處方悟其神出從汰公受業思
徹淵深講傾都邑時有曇壹亦名高流人謂

劉鳳，字子威，明直隸長洲（今江蘇蘇州）人。明嘉靖二十三年（1544）進士，仕至河南按察僉事。勤學博記，除《吴釋傳》，又著有《吴郡考》《長洲縣志》等。

卷端署「沛國劉鳳子威著，孫禕亮、鴻英校刻」。

框高18.7厘米，寬13.6厘米。半葉九行，行十八字，白口，單魚尾，左右雙邊。版心上鎸題名，下記葉次。

正文前有《吴釋傳序》，云：「古佛刹名存者多，不可復考，湮夷日甚，無亦僧非其人乎？若象教猶在，當復其始無難。余故載吴之大德耆舊，以勵其新學初發心者。」正文後有《書吴釋傳後》。正文一卷，載近二百三十人傳記。

綫裝，一册，登録號015990。正文首葉鈐「稽瑞樓」白長印、「上海圖/書館藏」朱長印、「上海圖書館/退還圖書章」朱長印、「常熟市/圖書/館藏」朱方印。

015994 重編義勇武安王集八卷附録二卷

（清）錢謙益、顧湄輯

清康熙八年（1669）顧湄刻本

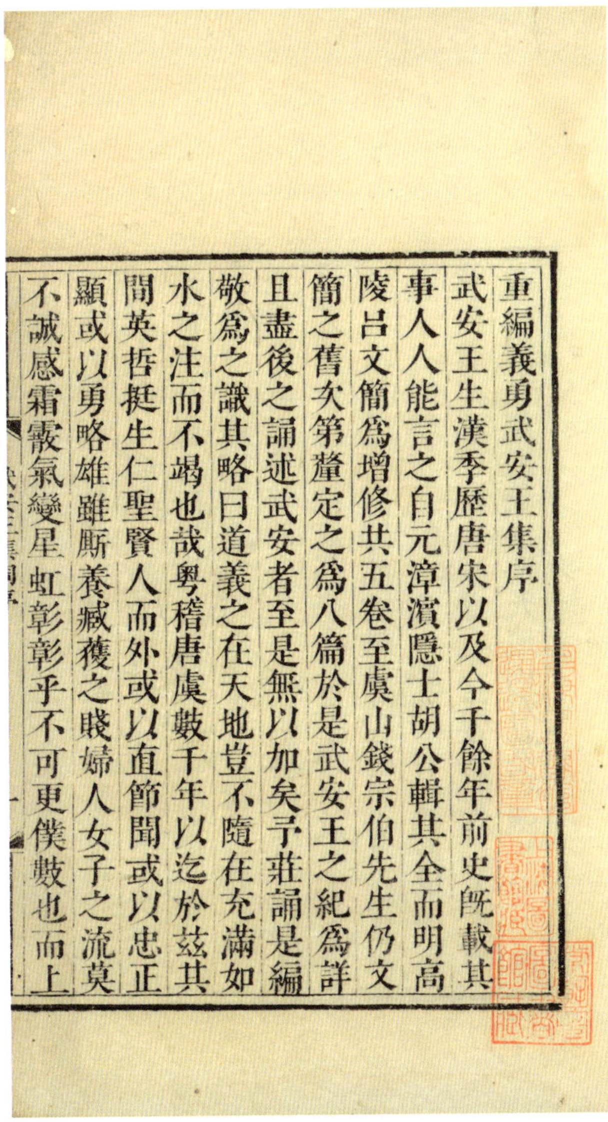
重編義勇武安王集序
武安王生漢季歷唐宋以及今千餘年前史旣載其
事人人能言之自元漳濵隱士胡公輯其全而明高
陵呂文簡爲增修共五卷至虞山錢宗伯先生仍文
簡之舊次第釐定之爲八篇於是武安王之紀爲詳
且盡後之誦述武安者至是無以加矣予莊誦是編
敬爲之識其略曰道義之在天地豈不隨在充滿如
水之注而不竭也哉粤稽唐虞數千年以迄於茲其
間英哲挺生仁聖賢人而外或以直節聞或以忠正
顯或以勇略雄雖厮養臧獲之賤婦人女子之流莫
不誠感霜霰氣變星虹彰彰乎不可更僕數也而上

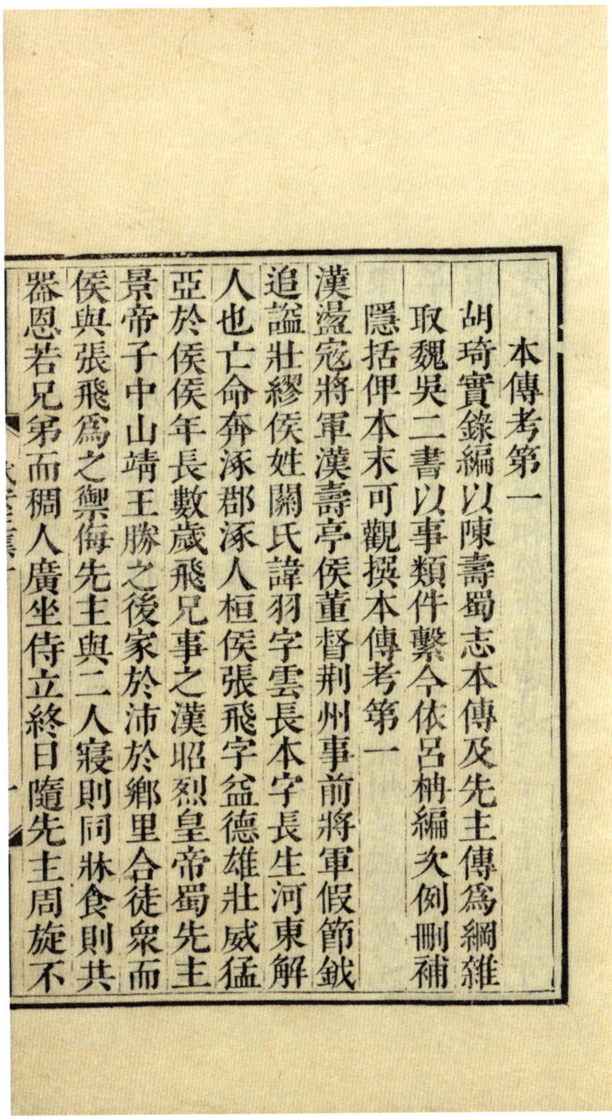
本傳考第一
胡琦實錄編以陳壽蜀志本傳及先主傳爲綱雜
取魏吳二書以事類件繫今依呂柟編次例刪補
隱括俾本末可觀撰本傳考第一
漢盪寇將軍漢壽亭侯董督荆州事前將軍假節鉞
追謚壯繆侯姓關氏諱羽字雲長本字長生河東解
人也亡命奔涿郡涿人桓侯張飛字益德雄壯威猛
亞於侯侯年長數歲飛兄事之漢昭烈皇帝蜀先主
景帝子中山靖王勝之後家於沛於鄉里合徒衆而
侯與張飛爲之禦侮先主與二人寢則同牀食則共
器恩若兄弟而稠人廣坐侍立終日隨先主周旋不

錢謙益（1582—1664），字受之，號牧齋，别號蒙叟、東澗遺老、絳雲老人，常熟人。明萬曆三十八年（1610）進士。歷官禮部侍郎、禮部尚書。入清，任禮部右侍郎管秘書院事、明史副總裁。詩文皆工，著有《初學集》《有學集》《投筆集》等。

顧湄，字伊人，號抱山，清順治間太倉（今蘇州太倉）人。本姓程，嗣顧夢麟爲子。著有《水鄉集》等。

框高17.8厘米，寬13.7厘米。半葉十一行，行二十字，小字雙行，行三十字，黑口，雙魚尾，四周雙邊。版心中間鎸題名及卷次，版心下記葉次。

正文前有清康熙八年（1669）己酉至月十日周亮工撰《重編義勇武安王集序》，次接《重編義勇武安王集目》，述及編撰始末，云「元巴郡胡琦編《關王事迹》五卷，本朝高陵吕文簡公柟重修爲五卷，名《義勇武安王集》。今謙益取二編次第刊定，厘爲八篇，其名則仍吕公之舊」。目録後鎸吴偉業題辭，云：「武安王集爲牧齋先生增訂，闡揚搜討，乃成全書。伊人手自繕寫，謀付剞劂，以廣其傳。幸同志者捐資共成，實有助於正神矣。」其後接《武安王集》諸圖，包括《漢前將軍漢壽亭侯謚壯繆義勇武安王像》及王世貞、錢謙益像贊、《常平塚圖》《大王塚圖》《玉泉顯烈廟圖》《崇寧宫圖》《崇寧宫新圖》《祭品圖》《司馬印圖》及印章考、《壽亭侯印圖》及印章考。正文分八卷，卷一本傳考，卷二故事考，卷三譜系考，卷四墳廟考，卷五封爵考，卷六神迹考，卷七正俗考，卷八藝文考。正文後有顧湄纂輯《附録》上、下二卷。

綫裝，一册，登録號015994。序首葉鈐「上海圖/書館藏」朱長印、「上海圖書館/退還圖書章」朱長印、「常熟/圖書/館藏」朱方印。

016003 名迹録七卷

（明）朱珪纂輯　明鈔本

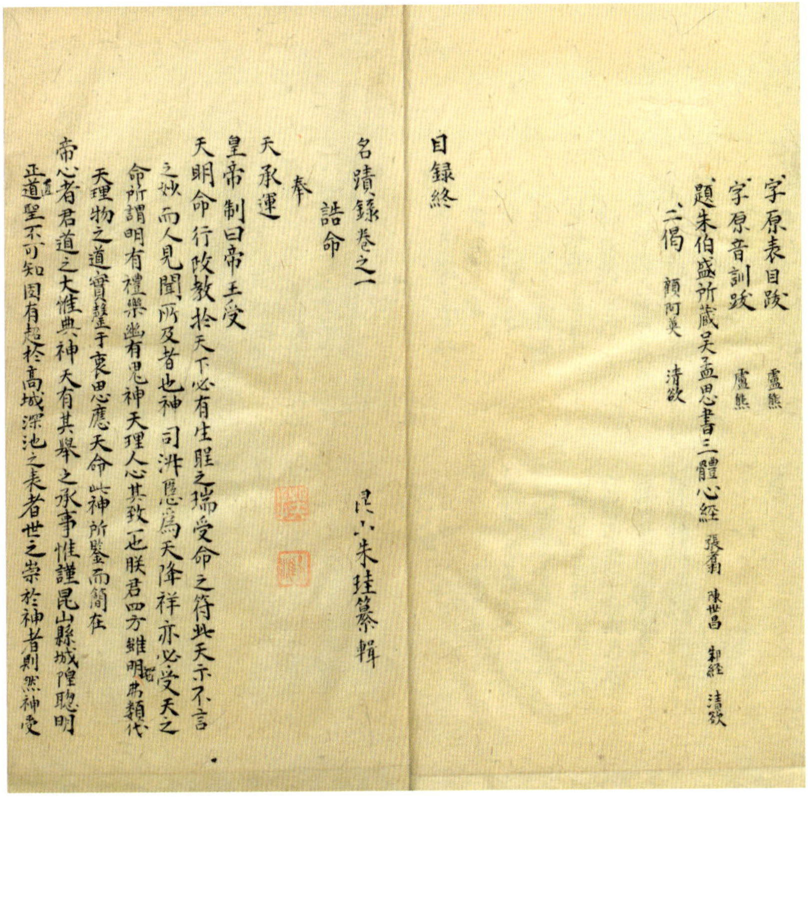
字原表目跋　盧熊
字原音訓跋　盧熊
題朱伯盛所藏吳孟思書三體心經　張翥　陳世昌　郭經　清欽
二偈　顧阿瑛　清欽
目録終

名蹟録卷之一　崑山朱珪纂輯
誥命
奉
天承運
皇帝制曰帝王受
天明命行政教於天下必有生賢之瑞受命之符此天亦不言
之妙而人見聞所及者也神　司洪恩爲天降祥亦必受天之
命所謂明有禮樂幽有鬼神天理人心其致一也朕君四方雖明智弗類代
天理物之道實鑒于衷思應天命此神所鑒而簡在
帝心者君道之大惟典神天有其舉之承事惟謹崑山縣城隍聰明
正直聖不可知固有超於高城深池之表者世之崇於神者則然神受

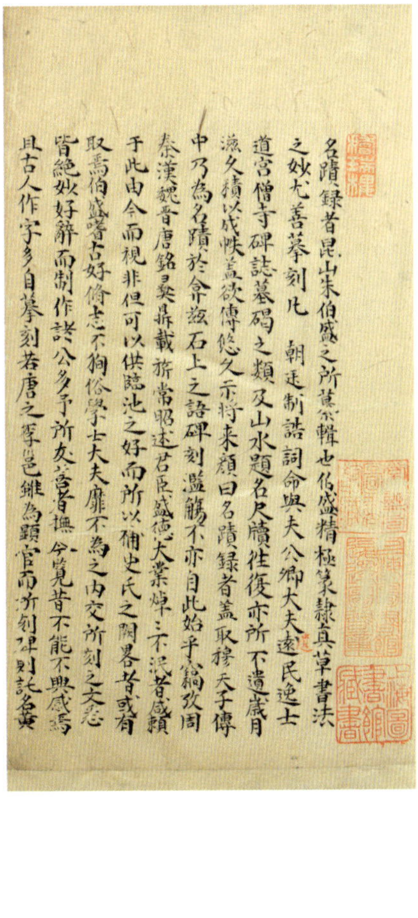
名蹟録者崑山朱伯盛之所纂輯也伯盛精極篆隸真草書法
之妙尤善摹刻凡　朝廷制誥詞命與夫公卿大夫逸民逸士
道宮僧寺碑誌墓碣之類及山水題名尺牘往復亦所不遺歲月
滋久積以成帙蓋欲傳悠久亦將來顏曰名蹟録者蓋取穆天子傳
中乃爲名蹟於弇茲石上之語碑刻盤觴不亦自此始乎竊攷周
秦漢魏晉唐銘彝鼎載旂常昭述君臣盛德大業焯焯不泯者咸賴
于此由今而視非但可以供臨池之好而所以補史氏之闕略者或有
取焉伯盛嗜古好脩志不狥俗學士大夫靡不爲之内交所刻之文悉
皆絕妙好辭而制作諸公多予所友者撫今覽昔不能不興感焉
且古人作字多自摹刻若唐之李邕雖爲顯官而所刻碑則託名黄

朱珪，字伯盛，號静寄居士，蘇州昆山人。工於石刻。

無版框及界欄，開本高 26.5 厘米，寬 16.7 厘米。半葉十行，行二十五字。

正文前有明洪武九年（1376）正月初二日樵海老叟秦約文仲父書序，後接目録。正文分七卷，卷一誥命，卷二碑銘、記，卷三記，卷四墓表、墓碣、塘志，卷五墓志銘，卷六雜刻，卷七贈言（賦）等；據目録，卷四墓碣後有行狀一篇，即李瓚《常熟州沙溪盛公行狀》，然正文闕。

綫裝，一册，登録號 016003。鈐「稽瑞樓」白長印、「文卿／孺子」陰陽方印、「上海圖／書館／藏書」朱方印、「上海圖書館／退還圖書章」朱長印、「常熟市／圖書／館藏」朱方印等。

016006　義慈集前集四卷後集四卷

（明）陳察、陳寰輯

明嘉靖四年（1525）刻本

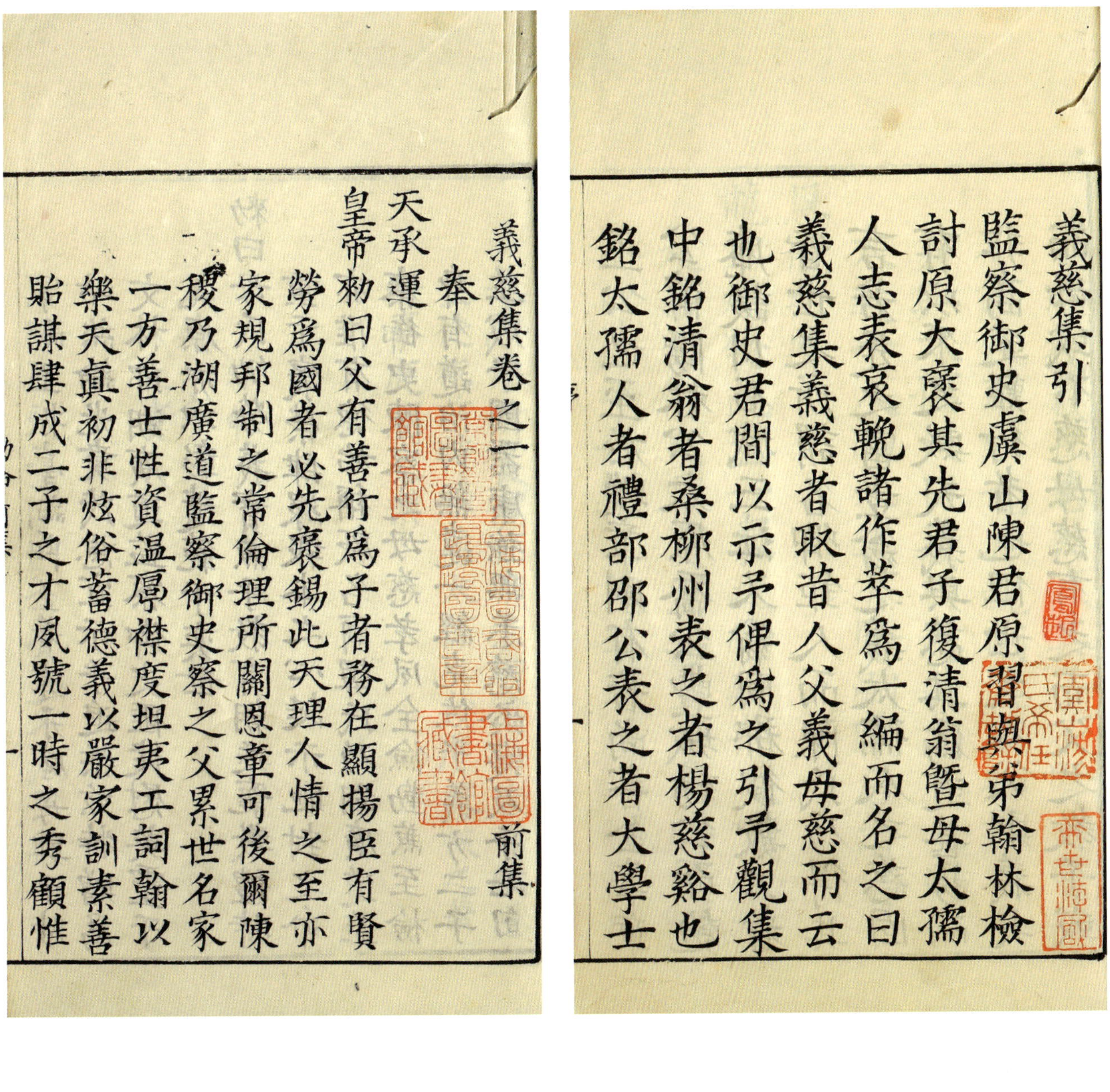

義慈集引
監察御史虞山陳君原習與弟翰林檢
討原大裒其先君子復清翁暨母太孺
人志表哀輓諸作萃爲一編而名之曰
義慈集義慈者取昔人父義母慈而云
也御史君間以示予俾爲之引予觀集
中銘清翁者桑栁州表之者楊慈谿也
銘太孺人者禮部邵公表之者大學士

義慈集卷之一　前集
奉
天承運
皇帝勑曰父有善行爲子者務在顯揚臣有賢
勞爲國者必先襃錫此天理人情之至亦
家規邦制之常倫理所關恩章可後爾陳
稷乃湖廣道監察御史察之父累世名家
一方善士性資温厚襟度坦夷工詞翰以
樂天眞初非炫俗蓄德義以嚴家訓素善
貽謀肆成二子之才夙號一時之秀顧惟

陳察（1478—？），字元習，號虞山，別號揚清子，常熟人。明弘治十五年（1502）壬戌進士，左僉都御史，巡撫南贛。

陳寰，生卒年不詳，字元大，常熟人。察弟。少警敏，登進士，選庶吉士，授檢討。後任南京國子司業、河東都轉運使同知。

框高17.8厘米，寬12.4厘米。半葉十行，行十七字，白口，無魚尾或上單黑魚尾，無界欄，四周單邊。版心上録書名、卷次，下記葉次。

正文前有明嘉靖四年（1525）都穆所撰《義慈集引》。正文前集卷一敕命，前集卷二墓志，前集卷三至卷四輓詩；後集卷一墓志、墓表，後集卷二至卷三輓詩、哀詞，後集卷四詩。正文後有龔用卿所撰《題義慈集後》，次接羅虞臣所撰《跋義慈集》，再接陳逅良所撰《題義慈集後》，文末均不署撰寫時間。後接墨筆書寫《壽陳御史母譚太淑人》，文末署「南湖丁奉（字獻中）之吏部郎。丁亥仲春，七世孫耀補録。」

綫裝，一册，登録號016006。入選第二批《國家珍貴古籍名録》，名録號04001。卷端鈐「鳳起」朱長印、「虞山沈／氏希任／齋劫餘」朱方印、「奕世流風」朱長印。卷末鈐「光／遠」「具／慶／堂」白方印、「曾在／瀋芳／圃家」朱方印。

016007　吴中人物志十三卷

（明）張昶輯　明隆慶四年（1570）長洲張鳳翼、張燕翼刻本（卷十三至十五配鈔本）

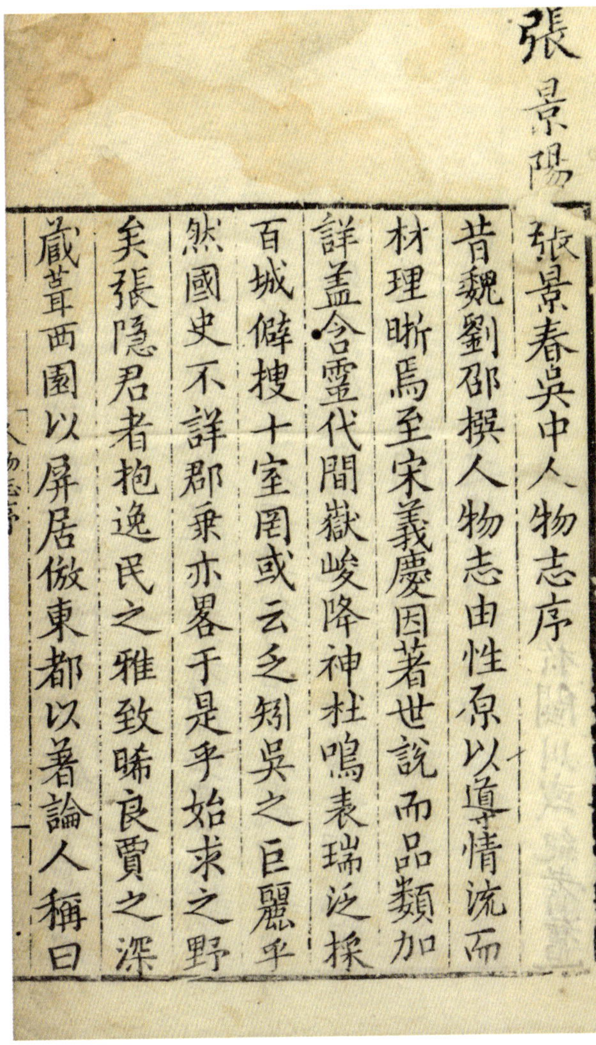

張景陽

張景春吳中人物志序

昔魏劉邵撰人物志由性原以道情流而材理晰焉至宋義慶因著世說而品類加詳蓋含靈代間嶽峻降神杜鳴表瑞泛採百城僻搜十室罔或云乏矧吳之巨麗乎然國史不詳郡乘亦畧于是乎始求之野矣張隱君者抱逸民之雅致睎良賈之深藏葺西園以屏居倣東都以著論人稱曰

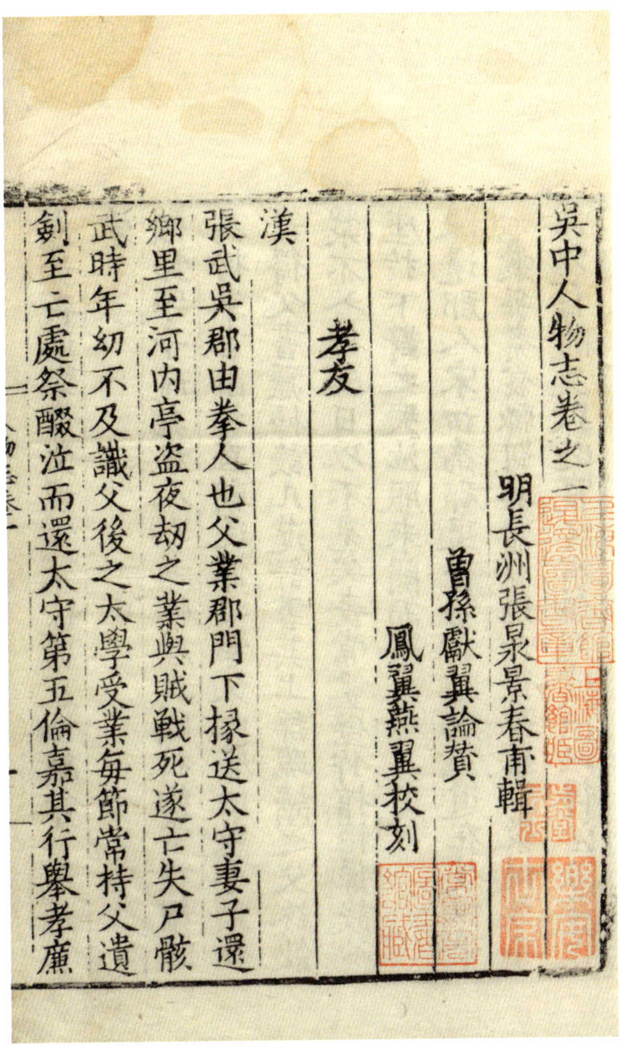

吳中人物志卷之一

明長洲張昶景春甫輯

曾孫獻翼論贊

鳳翼燕翼校刻

孝友

漢

張武吳郡由拳人也父業郡門下掾送太守妻子還鄉里至河内亭盜夜劫之業與賊戰死遂亡失尸骸武時年幼不及識父後之太學受業每節常持父遺劍至亡處祭醊泣而還太守第五倫嘉其行舉孝廉

張昶（？—1436），字景春，江蘇長洲人。

卷端署「明長州張昶景春甫輯。曾孫獻翼論次，鳳翼、燕翼校刻」。框高19厘米，寬14.8厘米。半葉十行，行二十字，白口，四周單邊。版心上録書名、卷次，下記葉次。

正文前有明隆慶四年（1570）皇甫汸所撰《張景春吴中人物志序》。正文十三卷，卷一孝友，卷二忠義，卷三吏治，卷四薦舉，卷五官績，卷六儒林，卷七文苑，卷八閨秀，卷九逸民，卷十流寓，卷十一列仙，卷十二方外，卷十三藝術。每卷内又以年代爲序。

綫裝，六册，登録號016007。入選第二批《國家珍貴古籍名録》，名録號03951。卷十至卷十三爲鈔配。卷四、卷七、卷八卷端鈐「樂安／世家」「步堂／居士」白方印。卷十、卷十二卷端鈐「鳳起」朱長印。

016056　求野録一卷

題（明）客溪樵隱撰

清丹桂軒鈔本

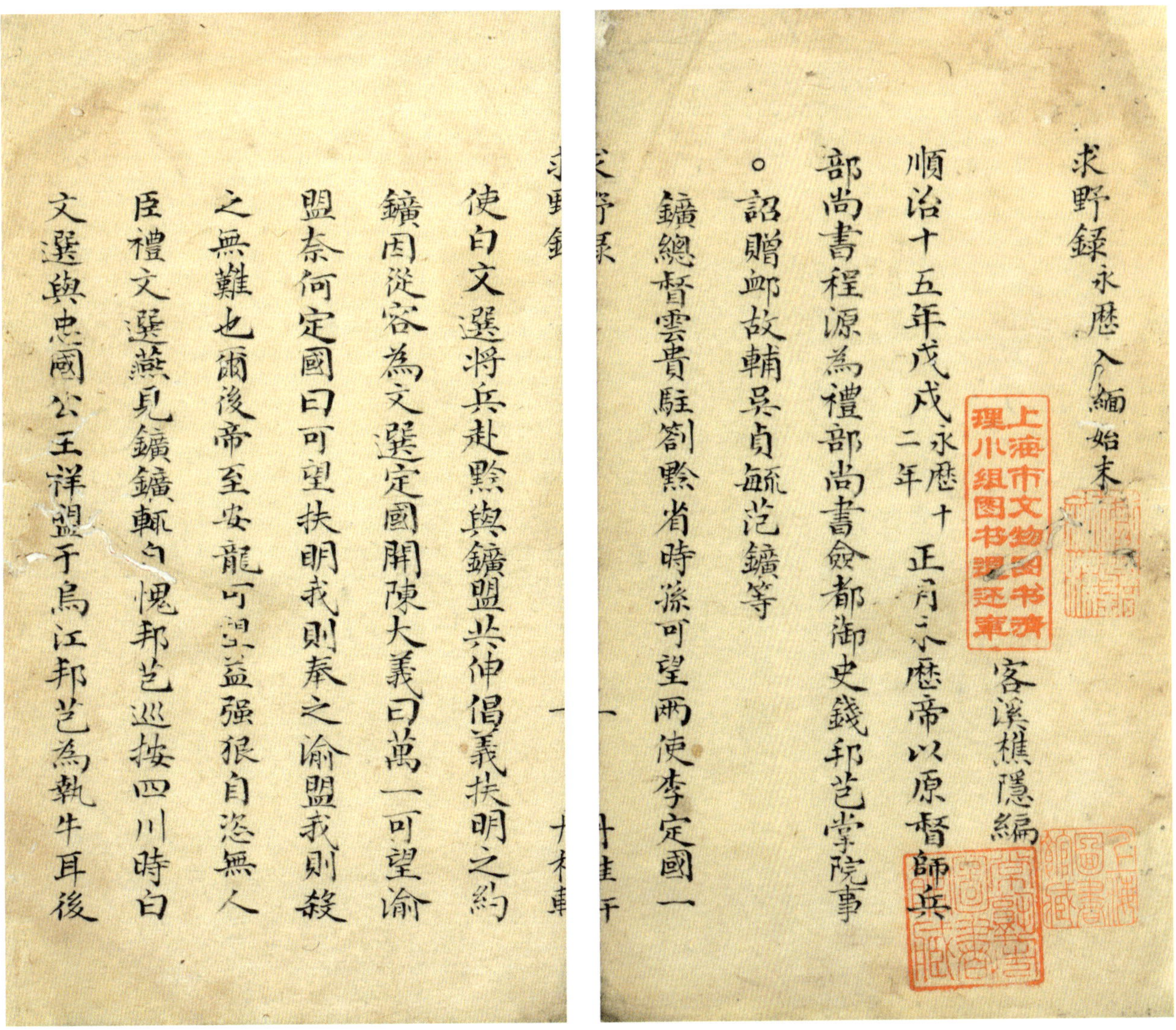

求野録永歴入緬始末　　客溪樵隱編
順治十五年戊戌永歴十二年正月永歴帝以原督師兵
部尚書程源為禮部尚書僉都御史錢邦芑掌院事
。詔贈䘏故輔吳貞毓范鑛等
鑛總督雲貴駐劄黔省時孫可望兩使李定國一
使白文選將兵赴黔與鑛盟共伸倡義扶明之約
鑛因從容為文選定國開陳大義曰萬一可望渝
盟奈何定國曰可望扶明我則奉之渝盟我則殺
之無難也爾後帝至安龍可望益强狠自恣無人
臣禮文選燕見鑛鑛輒白愧邦芑巡按四川時白
文選與忠國公王祥盟于烏江邦芑為執牛耳後

客溪樵隱，一説鄧凱，一説胡欽華。

無版框及界欄，開本高18厘米，寬12厘米。半葉六行，行二十字，版心上書題名「求野録」，下記葉次，再下書「丹桂軒」。

正文題名題注「永曆入緬始末」。記事起自清順治十五年（1658）戊戌（永曆十二年）正月，訖清康熙元年（1662）壬寅（明永曆十六年）四月二十五日，以年月爲綱，繫以事略。

綫裝，一册，登録號016056。正文首葉鈐「鐵琴銅/劍樓」白長印、「上海/圖書/館藏」朱方印、「上海市文物圖書清/理小組圖書退還章」朱長印、「常熟市/圖書/館藏」朱方印，卷末鈐「鐵琴銅/劍樓」白長印。

016087　常熟三峰清涼禪寺志七卷首一卷

（清）嚴炳纂　（清）孫淇續輯　清鈔本

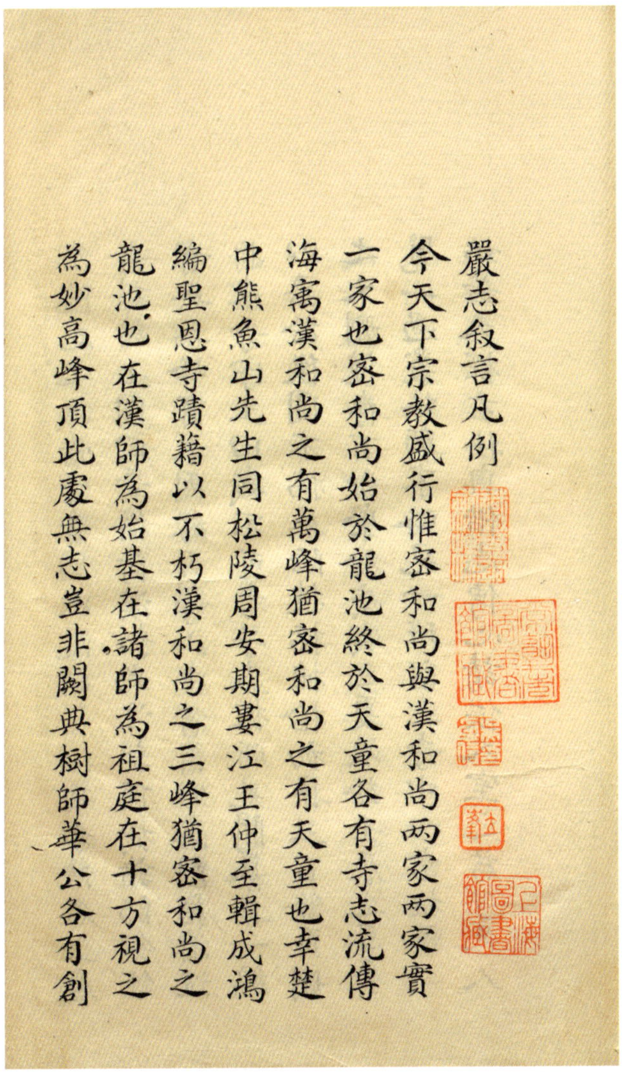

嚴志叙言凡例
今天下宗教盛行惟密和尚與漢和尚兩家兩家實
一家也密和尚始於龍池終於天童各有寺志流傳
海寓漢和尚之有萬峰猶密和尚之有天童也幸楚
中熊魚山先生同松陵周安期婁江王仲至輯成鴻
編聖恩寺蹟藉以不朽漢和尚之三峰猶密和尚之
龍池也在漢師為始基在諸師為祖庭在十方視之
為妙高峰頂此處無志豈非闕典樹師華公各有創

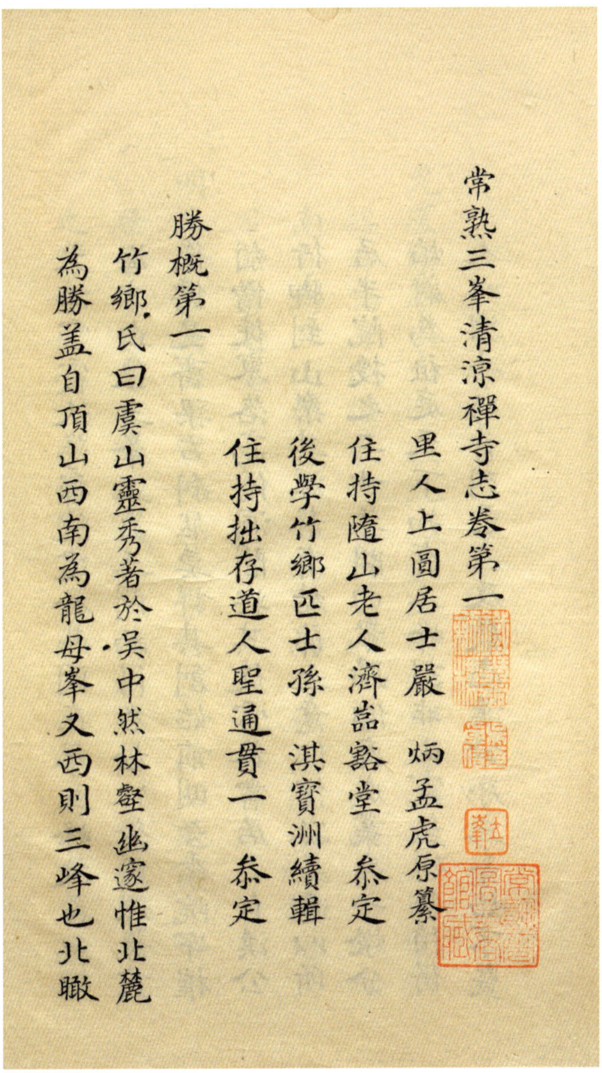

常熟三峯清涼禪寺志卷第一
里人上圖居士嚴　炳孟虎原纂
住持隨山老人濟嵓谿堂　叅定
後學竹鄉匹士孫　淇寶洲續輯
住持拙存道人聖通貫一　叅定
勝概第一
竹鄉氏曰虞山靈秀著於吴中然林壑幽邃惟北麓
為勝蓋自頂山西南為龍母峯又西則三峰也北瞰

嚴炳，字孚文，號孟虎，常熟人。澂孫。廪生。

孫淇，字寶洲，號竹鄉。瀧弟。徵士。

卷端署「里人上圓居士嚴炳孟虎原纂，住持隨山老人濟岩豁堂參定，後學竹鄉匹士孫淇寶洲續輯，住持拙存道人聖通貫一參定」。

開本高 25.2 厘米，寬 17.3 厘米。半葉八行，行二十二字，小字雙行同。

正文前有嚴炳《嚴志叙言凡例》，次接降驃山人許淳《序三峰清凉寺志例説》，次接《常熟三峰清凉寺禪志目録》。正文後有拙存老人聖通撰《三峰清凉禪寺志跋》。正文分七卷，卷一勝概，卷二梵宇，卷三規制，卷四禪系，卷五梵箧，卷六土田、公移，卷七上碑記、塔銘，卷七下題咏。據目録，此帙應有卷首一卷，包括《序》《例説》《虞山北境全圖》《清凉禪院舊圖》《清凉禪寺新圖》《漢月藏禪師像》，今此帙并不見卷首諸圖。

綫裝，一册，登録號 016087。鈐「吴印／卓信」朱方印、「立／峰」朱方印、「鐵琴銅／劍樓」白長印、「舊雨／重逢」朱方印、「别來／無恙」白方印、「上海／圖書／館藏」朱方印、「上海圖書館／退還圖書章」朱長印、「常熟市／圖書／館藏」朱方印。

016095 江南方岳試卷不分卷

（清）邢鉞撰 稿本

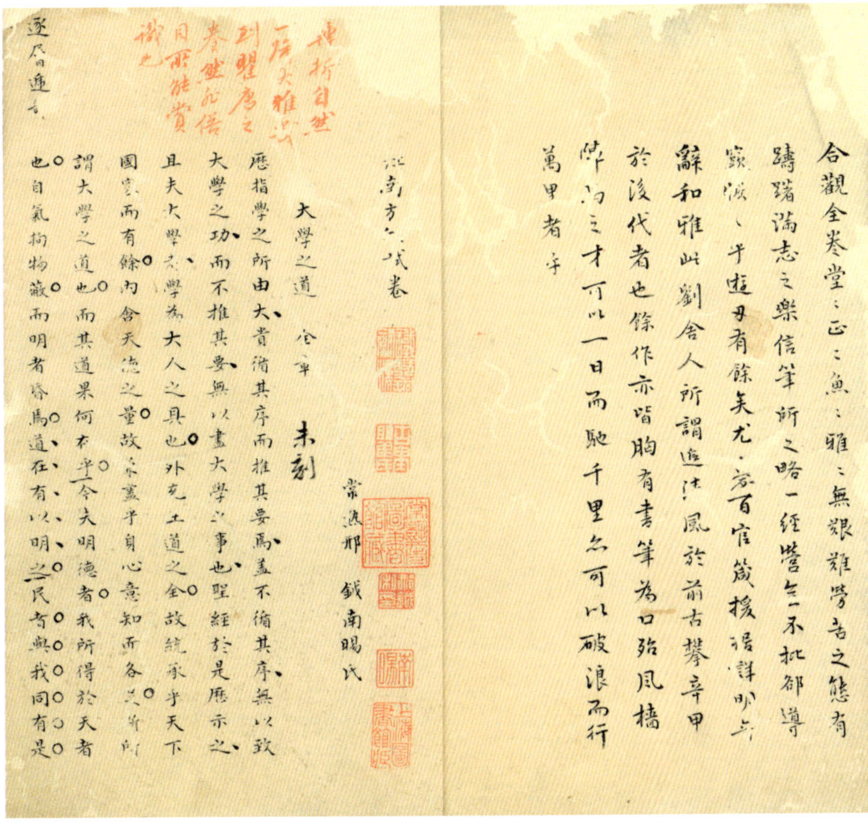

合觀全卷堂堂正正魚魚雅雅無艱難勞苦之態有
躊躇滿志之樂信筆所之略一經營無不杜部導
窾批卻遊刃有餘矣尤妙百官箴後語詳明典
贍和雅此劉舍人所謂追蹤風於前古攀辛甲
於後代者也餘作亦皆胸有書筆為口犯風檣
陣馬之才可以一日而馳千里亦可以破浪而行
萬里者乎

江南方岳試卷

大學之道 全章 朱刻

常熟邢鉞南賜氏

歷指學之所由大貴備其序而推其要焉蓋不備其序無以致
大學之功而不推其要無以盡大學之事也聖經於是歷示之
且夫大學者學為大人之具也外克立道之全故統承乎天下
國家而有餘內含天德之量故不盡乎自心意知而各足其所
謂大學之道也而其道果何在乎今夫明德者我所得於天者
也自氣拘物蔽而明者昏焉道在有以明之民者與我同有是

博折自然一片天籟到體唐之卷然不信自所能賞識也

逐層通透

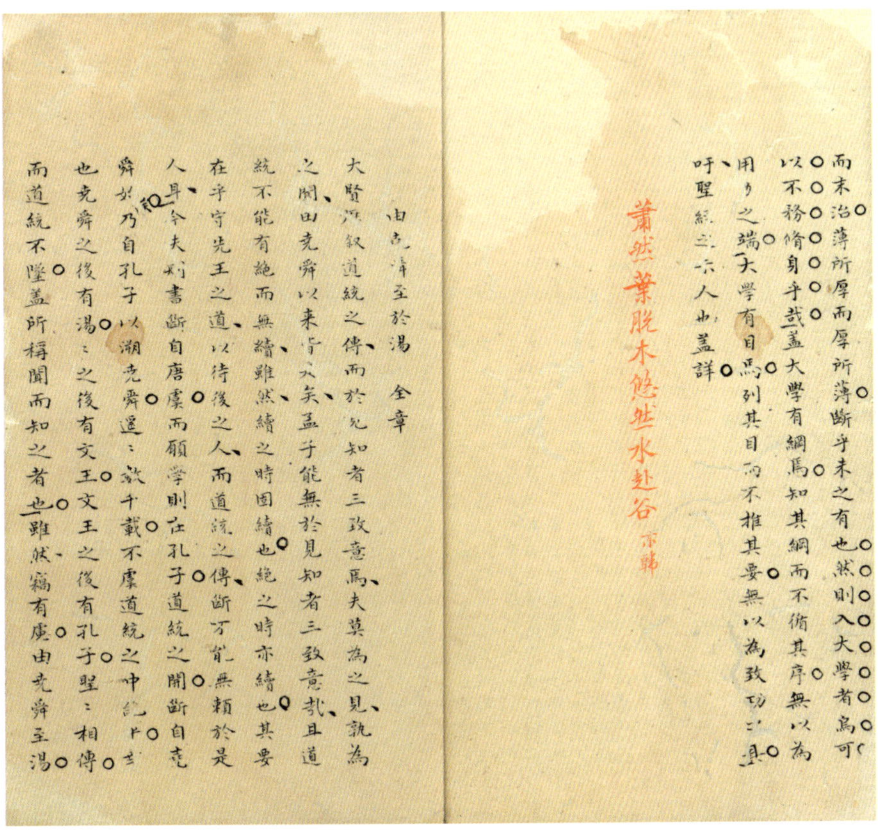

而未治薄所厚而厚所薄斷乎未之有也然則入大學者爲可
以不務脩身乎哉蓋大學有綱焉知其綱而不備其序無以為
用乃之端大學有目焉列其目而不推其要無以為致功之具
吁聖經之示人也蓋詳

蕭然葉脫木落然水赴谷

由堯舜至於湯 全章

大賢述叙道統之傳而於見知者三致意焉夫莫為之見孰為
之聞由堯舜以來五百餘歲矣孟子能無於見知者三致意哉且道
統不能有絕而無續雖然續之時固續也絕之時亦續也其要
在乎守先王之道以待後之人而道統之傳斷乎能無賴於是
人耳今夫刪書斷自唐虞而顧學則在孔子道統之開斷自堯
舜始乃自孔子以溯堯舜還還數千載不虞道統之中絶乎其
也堯舜之後有湯湯之後有文王文王之後有孔子聖聖相傳
而道統不墜蓋所得聞而知之者也雖然竊有慮由堯舜至湯

邢鉞，字南暘，常熟人。

卷端署「常熟邢鉞南暘氏」。

無板框及界欄。半葉九行，行二十四字。

正文前有序，惜此帙蟲蠹迹及殘闕處甚夥，序止存半葉，不詳撰人。正文不分卷，收《大學之道全章》《由堯舜至於湯全章》《大極西銘通書正蒙總論》《擬時務策》（風俗、訓兵、足食）、《擬紫陽書院記》《擬百官箴十首（并序）》《擬騷九章》《擬七》《樂府六首》。

綫裝，一册，登録號 016095。有墨筆圈點，朱筆批校。護葉三鈐「上海圖書館／退還圖書章」朱長印；正文首葉鈐「鐵琴銅／劍樓」白長印、「古里／瞿氏」白長印、「邢鉞／私印」朱方印、「南／暘」朱方印、「上海／圖書／館藏」朱方印、「常熟市／圖書／館藏」朱方印。

016101　古今書刻二卷

（明）周弘祖撰　明刻本

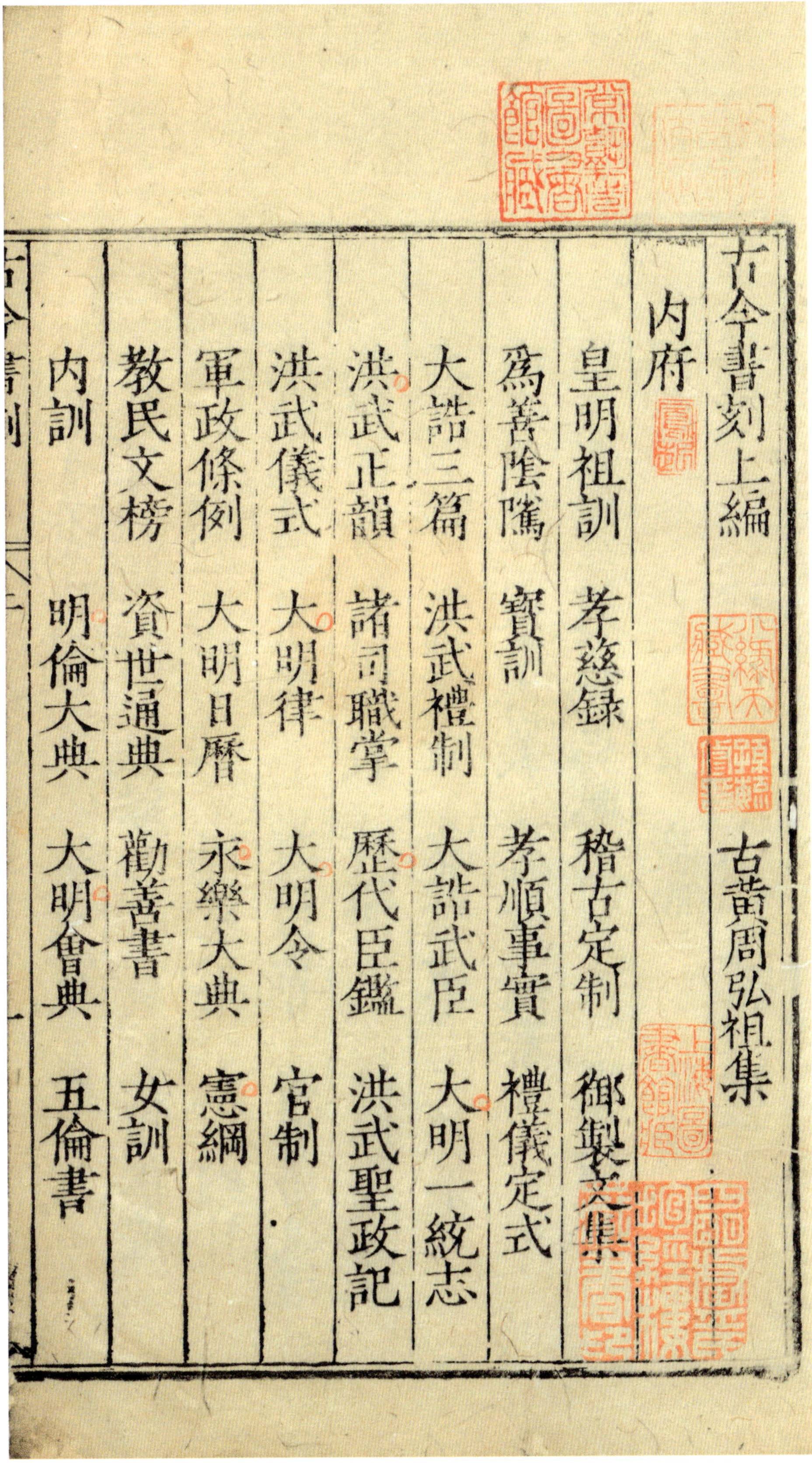

古今書刻上編　古黄周弘祖集

内府

皇明祖訓　孝慈録　稽古定制　御製文集

爲善陰隲　寶訓　孝順事實　禮儀定式

大誥三篇　洪武禮制　大誥武臣　大明一統志

洪武正韻　諸司職掌　歷代臣鑑　洪武聖政記

洪武儀式　大明律　大明令　官制

軍政條例　大明日曆　永樂大典　憲綱

教民文榜　資世通典　勸善書　女訓

内訓　明倫大典　大明會典　五倫書

周弘祖（約 1529—1595），字元孝，湖廣麻城（今湖北麻城縣）人。明嘉靖三十八年（1559）進士。除吉安推官。後歷官御史、福建提學副使、安順判官、廣平推官、南京光禄寺卿。《明史》卷二一五有傳。

框高 20 厘米，寬 14 厘米。半葉十行，行二十三字，小字雙行，白口，上單白魚尾，四周雙邊。版心上鎸「古今書刻」，版心中間鎸卷次，下記葉次。

正文前後無序跋。正文分上、下二編，上編紀録明代各公私機構所刻印的書籍，按内府、北直隸、南直隸、浙江、江西、福建、湖廣、河南、山東、山西、陝西、四川、廣東、廣西、雲南、貴州等十六個地區編排，含一百七十六個部門，總計刻書二千三百零六種；下編記各地所存石刻，計除内府石刻之外十五個地區一百三十個部門，九百二十種石刻。

綫裝，二册，登録號 016101。入選第三批《國家珍貴古籍名録》，名録號 08144。各册卷首皆鈐「小緑天/藏書」朱長印、「孫毓/修印」白方印，第一册卷首又鈐「鳳起」朱長印、「四明盧氏/抱經樓/藏書印」白方印等。

016126 ［寶祐］重修琴川志十五卷

（宋）孫應時纂　（宋）鮑廉、鍾秀實續　（元）盧鎮增修　清曹炎鈔本　清黄丕烈跋

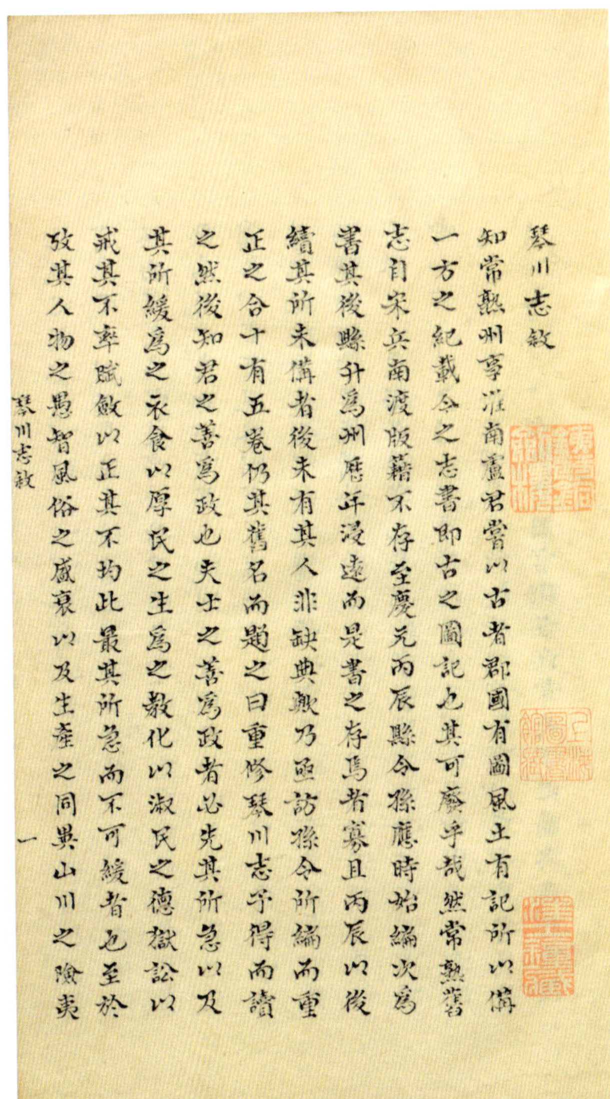

琴川志敘

知常熟州事淮南盧君嘗以古者郡國有圖風土有記所以備
一方之紀載今之志書即古之圖記也其可廢乎哉然常熟舊
志自宋兵南渡版籍不存至慶元丙辰縣令孫應時始編次爲
書其後縣升爲州歷年浸遠而是書之存焉者寡且丙辰以後
續其所未備者後未有其人非缺典歟乃亟訪孫令所編而重
正之合十有五卷仍其舊名而題之曰重修琴川志予得而讀
之然後知君之善爲政也夫士之善爲政者必先其所急以及
其所緩爲之衣食以厚民之生爲之敎化以淑民之德獄訟以
戒其不率賦斂以正其不均此最其所急而不可緩者也至於
攷其人物之賢智風俗之盛衰以及生產之同異山川之險夷

琴川志敘　一

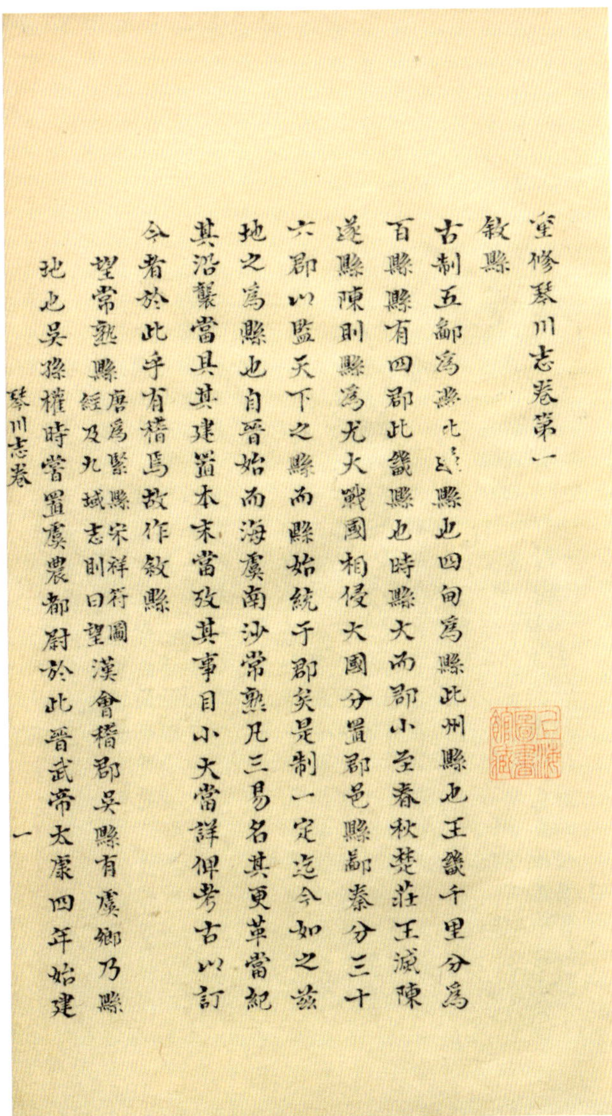

重修琴川志卷第一

敘縣

古制五鄙爲縣此鄙縣也四甸爲縣此州縣也王畿千里分爲
百縣縣有四郡此畿縣也時縣大而郡小至春秋楚莊王滅陳
遂縣陳則縣爲尤大戰國相侵大國分置郡邑縣鄙秦分三十
六郡以監天下之縣而縣始統于郡矣是制一定迄今如之故
地之爲縣也自晉始而海虞南沙常熟凡三易名其更革當紀
其沿襲當具其建置本末當攷其事目小大當詳俾考古以訂
今者於此乎有稽焉故作敘縣

望常熟縣 唐爲緊縣宋祥符圖經及九域志則曰望 漢會稽郡吳縣有虞鄉乃縣
地也吳孫權時嘗置虞農都尉於此晉武帝太康四年始建

琴川志卷　一

孫應時、鮑廉、盧鎮生平事迹見前《［寶祐］重修琴川志》（015943）。

無版框及界欄。半葉十一行，行二十三、二十四字，小字雙行同。版心上録書名、卷次，下記葉次。

正文前有元至正二十五年（1365）戴良所撰《琴川志叙》，次接宋寶祐二年（1254）丘岳所撰《重修琴川志》，再接褚中所撰《總叙》，叙末不署撰寫時間。《總叙》後有《重修琴川志目録》。《目録》後有至正二十三年（1363）盧鎮識。盧識後依次過録明崇禎二年（1629）龔立本跋、清康熙六年（1667）陸貽典跋、清乾隆四年（1739）周南跋。正文卷一至二叙縣，卷三叙官，卷四叙山，卷五叙水，卷六叙賦，卷七叙兵，卷八叙人，卷九叙産，卷十叙祠、廟、寺觀、塚墓，卷十一叙文、碑記，卷十二學，卷十三道、釋、神祠，卷十四題咏，卷十五拾遺。正文後有《叙文目録》，次接清嘉慶二年（1797）黄丕烈跋。

綫裝，三册，登録號016126。入選第二批《國家珍貴古籍名録》，名録號04145。卷端鈐「鐵琴銅／劍樓」白方印、「汪士鐘藏」白長印。黄丕烈跋前鈐「士禮居」橢圓印，跋後鈐「黄印／丕烈」、「鐵琴銅／劍樓」白方印、「蕘／圃」朱方印、「讀未見書／齋收藏」朱長印。

016165　國語二十一卷

（明）吴勉學校正　明刻本

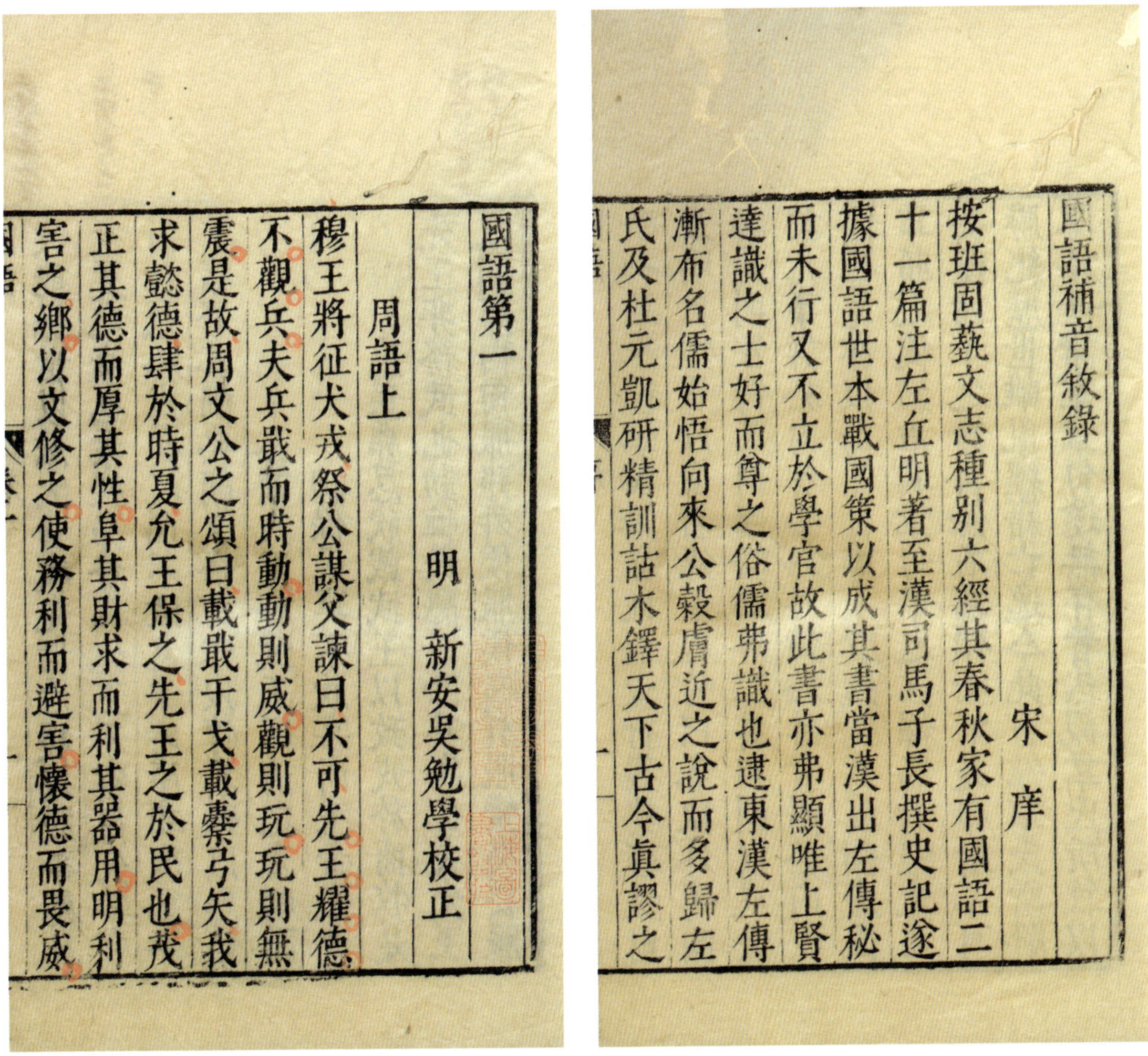
國語補音敘錄

宋　庠

按班固藝文志種別六經其春秋家有國語二十一篇注左丘明著至漢司馬子長撰史記遂據國語世本戰國策以成其書當漢出左傳秘而未行又不立於學官故此書亦弗顯唯上賢達識之士好而尊之俗儒弗識也逮東漢左傳漸布名儒始悟向來公穀膚近之說而多歸左氏及杜元凱研精訓詁大鐸天下古今眞謬之

國語第一

明　新安吳勉學校正

周語上

穆王將征犬戎祭公謀父諫曰不可先王耀德不觀兵夫兵戢而時動動則威觀則玩玩則無震是故周文公之頌曰載戢干戈載櫜弓矢我求懿德肆於時夏允王保之先王之於民也茂正其德而厚其性阜其財求而利其器用明利害之鄉以文修之使務利而避害懷德而畏威

吴勉學，明隆慶、萬曆時人，字肖愚，號師古，安徽歙縣（今屬安徽黄山市）人。博究群書，著有《河間六書》等。

框高19.7厘米，寬14.3厘米。半葉九行，行十八字，白口，單魚尾，左右雙邊。版心上鎸書名、卷次，下記葉次。

正文前有宋庠所撰《國語補音叙録》，序末不署撰序時間。次接《國語目録》。正文分二十一卷，大題在上，小題在下。卷一至卷三周語，卷四至卷五魯語，卷六齊語，卷七至卷十五晋語，卷十六鄭語，卷十七至卷十八楚語，卷十九吴語，卷二十至卷二十一越語。

綫裝，二册，登録號016165。入選第二批《國家珍貴古籍名録》，名號03797。有嚴虞惇批校、題跋。

016167　常熟縣破山興福寺志四卷

（明）程嘉燧撰　明崇禎刻本

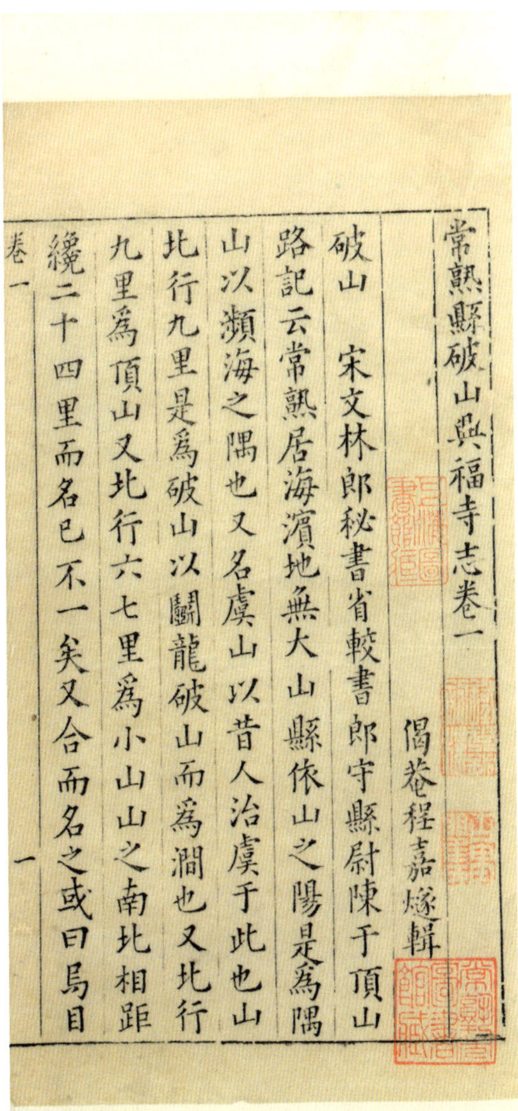
常熟縣破山興福寺志卷一

偈菴程嘉燧輯

破山　宋文林郎秘書省較書郎守縣尉陳于頂山路記云常熟居海濵地無大山縣依山之陽是爲隅山以瀕海之隅也又名虞山以昔人治虞于此也山北行九里是爲破山以鬬龍破山而爲澗也又北行九里爲頂山又北行六七里爲小山山之南北相距纔二十四里而名已不一矣又合而名之或曰烏目

卷一　一

程嘉燧（1565—1644），字孟陽，休寧（今屬安徽）人。僑居嘉定，與錢謙益善，謙益爲詩，嘉燧實導其源，其推讓嘉燧，引元裕之「中州溪南詩老」例，稱爲「松圓詩老」。

框高19厘米，寬11.8厘米。半葉八行，行二十字，白口，四周單邊。版心上鎸卷次，下記葉次。

正文前有明崇禎十五年（1642）錢謙益《破山寺志序》，次接《烏目山圖》《興福寺圖》。

正文分四卷，卷一：破山、興福寺、龍鬪澗、朱砂洞、大澗、空心潭、空心亭、御賜鐘；卷二：四高僧祠、唐高僧常達塔、梁高僧彦偁塔、救虎閣、宋高僧晤恩塔、宗教院、光明庵、瓔珞柏、白蓮池、舜井、石梅、破山龍堂、破山路；卷三：本朝以來重建本寺事迹，包括屠龍《重建破山寺碑》、瞿汝稷《重修興福寺唱導文》等；卷四：本朝名僧事略。卷一、卷二各名迹之下先列邑志所記，考其所在，再列歷代文人辭章，如卷一「空心亭」條云「寶祐志，寺有通幽軒空心亭，亭蓋取常建詩中語，鄧󠄀志，至正五年重修，叚天祐作記弘治十一年建，今乂廢」，其後有叚天祐《空心亭記》、李傑《重建空心亭記》、張著《分題空心亭得枝字》。

綫裝，一册，登録號016167。以金鑲玉法重加裝訂。正文卷首鈐「鐵琴銅／劍樓」白長印、「古里／瞿氏」白長印、「上海／圖書／館藏」朱方印、「常熟／圖書／館藏」朱方印，卷末鈐「鐵琴銅／劍樓」白長印、「古里／瞿氏」白長印。

016203　江陰殉難實迹不分卷

（清）季維漢撰　清鈔本

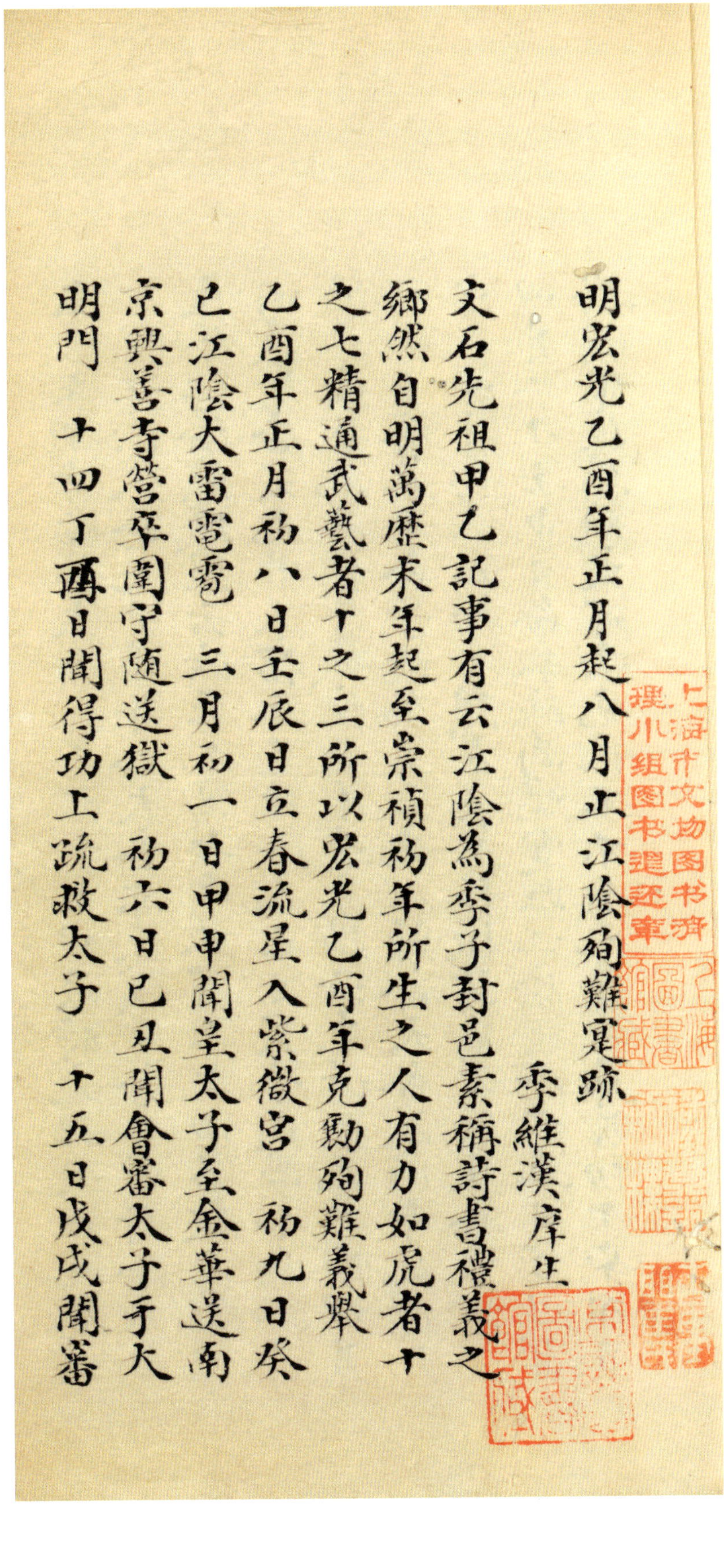

季維漢，生平事迹不詳。

無版框及界欄，開本高23.9厘米，寬13.2厘米。半葉九行，行二十四字。

正文題名「明宏（弘）光乙酉年正月起八月止江陰殉難實迹」，署「季維漢（庠生）」。

正文不分卷，記南明宏（弘）光元年（1645），即清順治二年正月至八月間江陰城守之事。

綫裝，一册，登録號016203。正文首葉鈐「鐵琴銅/劍樓」白長印，「古里/瞿氏」白長印，「上海/圖書/館藏」朱方印，「上海市文物圖書清/理小組圖書退還章」朱長印，「常熟市/圖書/館藏」朱方印。

016353　吳地記不分卷　題（唐）陸廣微撰　**吳郡圖經續記三卷**（宋）朱長文纂　明萬曆二年（1574）龍宗武刻本

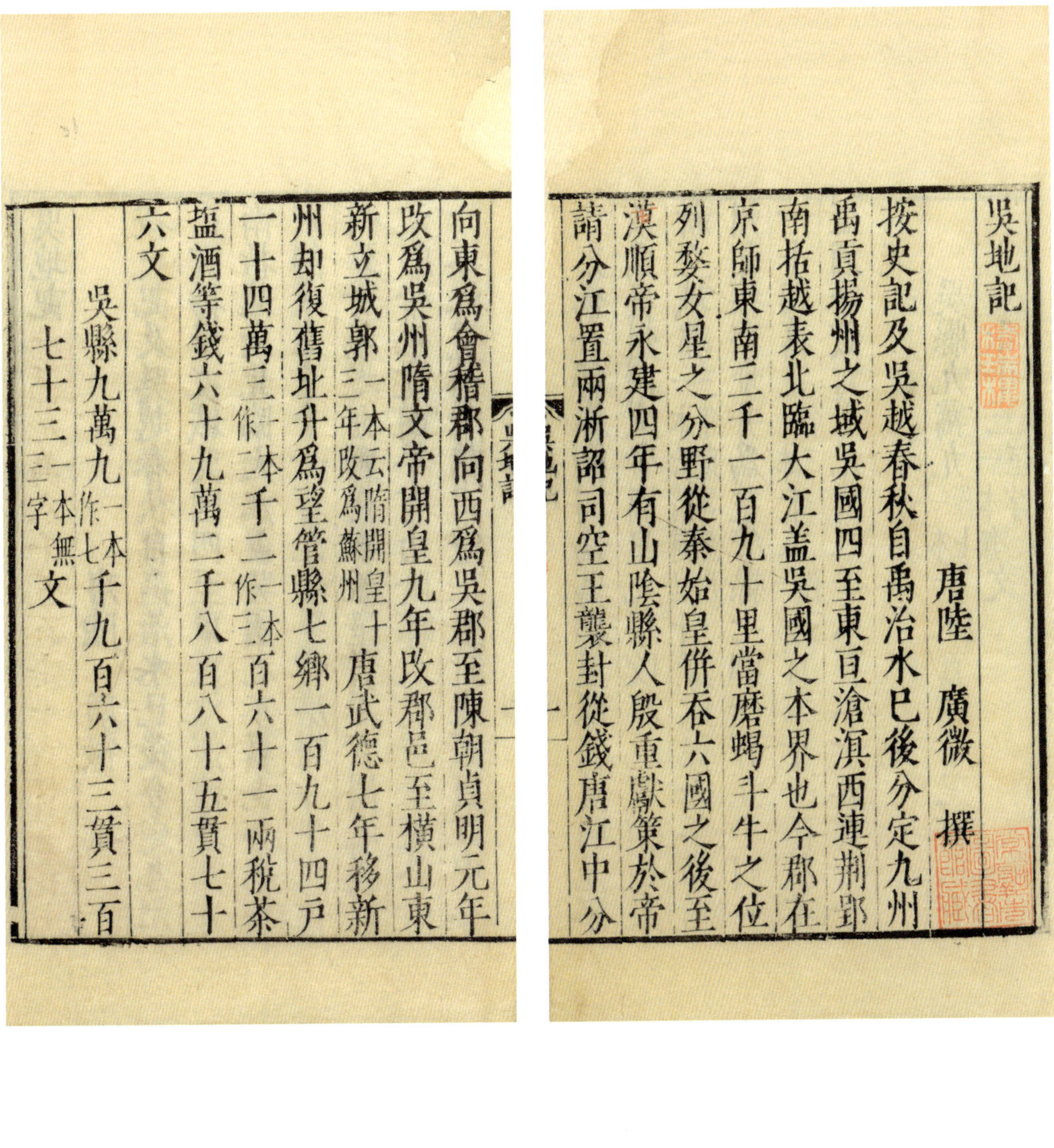

吳地記

唐陸廣微　撰

按史記及吳越春秋自禹治水已後分定九州禹貢揚州之域吳國四至東亘滄溟西連荆郢南括越表北臨大江盖吳國之本界也今郡在京師東南三千一百九十里當磨蝎斗牛之位列婺女星之分野從秦始皇併吞六國之後至漢順帝永建四年有山陰縣人殷重獻策於帝請分江置兩浙詔司空王襲封從錢唐江中分向東爲會稽郡向西爲吳郡至陳禎明元年改爲吳州隋文帝開皇九年改郡邑至横山東新立城郭（一本云隋開皇十三年改爲蘇州）唐武德七年移新州却復舊址升爲望管縣七鄉一百九十四戸一十四萬三（一作二）千二（一作三）百六十一兩稅茶塩酒等錢六十九萬二千八百八十五貫七十六文

吳縣九萬九（一作七）千九百六十三貫三百七十三（一本無三字）文

陸廣微，唐末蘇州人，生平事迹不詳。

朱長文（1039—1098），字伯原，號樂圃，江蘇吴縣（今屬蘇州）人。宋嘉祐四年（1059）進士，次年授許州司户參軍。後任太學博士、秘書省正字、樞密院編修。

是帙係《吴地記》與《吴郡圖經續記》合訂而成。

框高18.7厘米，寬13厘米。半葉九行，行十八字，白口，單魚尾，左右雙邊。《吴地記》版心中鎸題名，下記葉次。《吴郡圖經續記》版心上鎸題名，中鎸卷數，下記葉次。

《吴地記》，正文不分卷，卷末鎸刊刻年代「大明萬曆二年歲次甲戌六月朔旦，郡理泰和龍公宗武捐俸繡梓版留長洲錢氏懸罄室」。版框外左下有「錢氏書印」朱文印。

《吴郡圖經續記》，正文前有宋元豐七年（1084）九月十五日朱長文撰《吴郡圖經叙記序》，正文後有宋元祐元年（1086）四月十五日常安民撰《書吴郡圖經續記後》、元祐七年（1092）十二月朔林虑撰《圖經續記後序》、庚申（1080）八月望日祝安上書《圖經續記後序》、宋紹興四年（1134）六月初十孫佑後序、徐積《薦朱長文札子》。正文分三卷，卷上：封域、城邑、户口、坊市、物産、風俗、門名、學校、州宅、南園、倉務、海道、亭館、牧守、人物；卷中：橋梁、祠廟、宫觀、寺院、山、水；卷下：治水、往迹、園第、塚墓、碑碣、事志、雜録。

二集卷末皆鎸刊刻年代「大明萬曆二年歲次甲戌六月朔旦，郡理泰和龍公宗武捐俸繡梓版留長洲錢氏懸罄室」。

綫裝，一册，登録號016353。鈐「稽瑞樓」白長印、「上海圖/書館藏」朱長印、「上海圖書館/退還圖書章」朱長印、「常熟市/圖書/館藏」朱方印。

016407　讀書敏求記四卷

（清）錢曾撰　清雍正六年（1728）濮梁延古堂刻本　清邵恩多校并跋

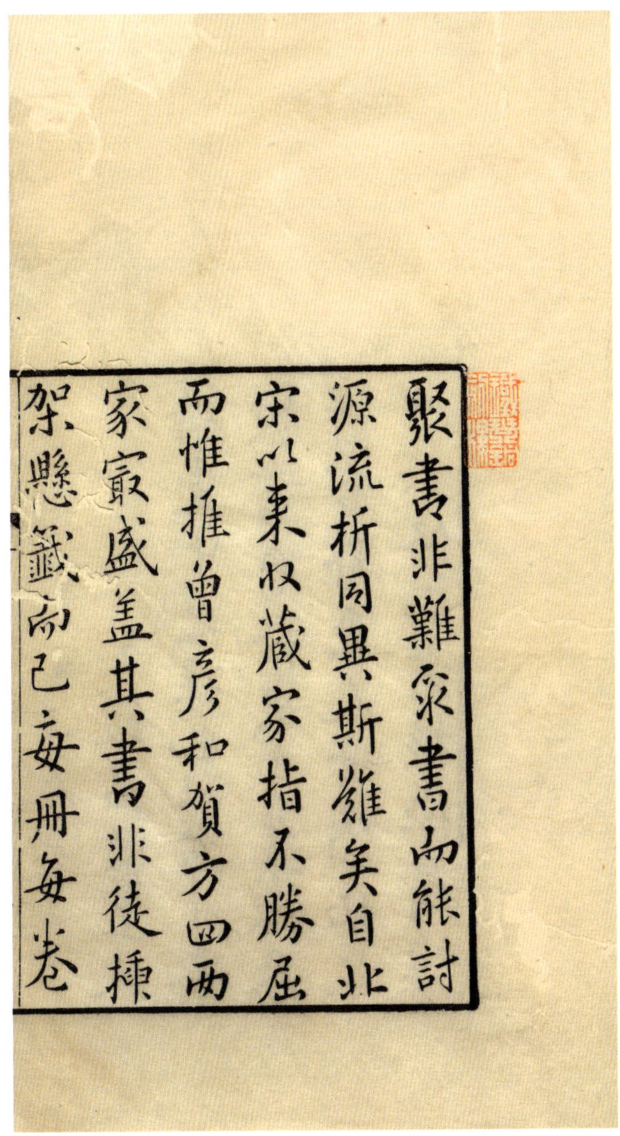
聚書非難聚書而能討
源流析同異斯難矣自北
宋以來收藏家指不勝屈
而惟推曾彥和賀方回兩
家最盛蓋其書非徒插
架懸籤而已每冊每卷

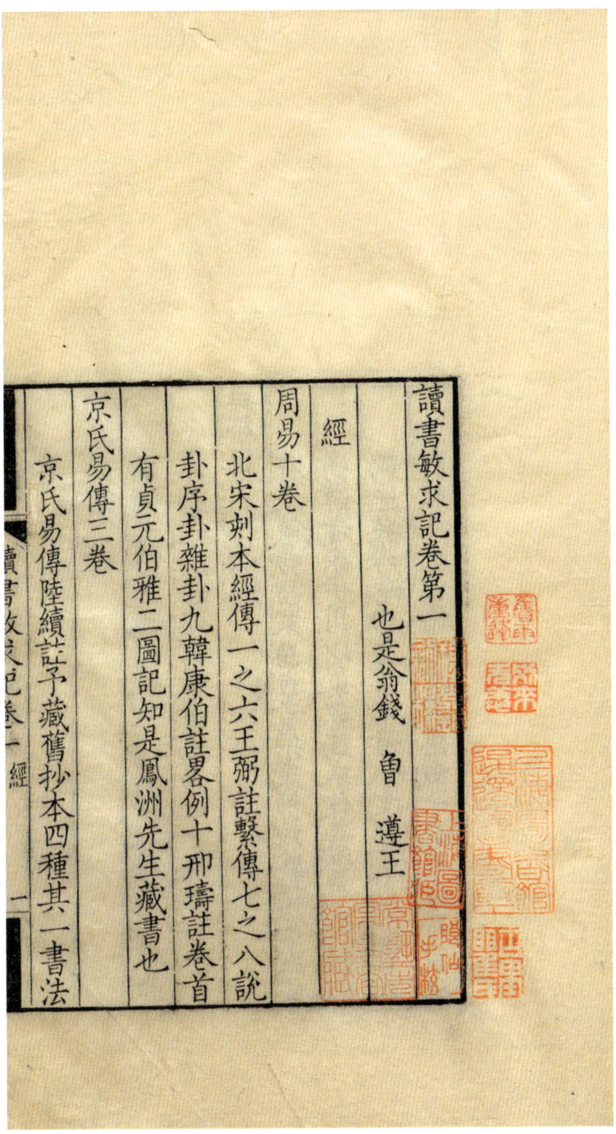
讀書敏求記卷第一
也是翁錢　曾　遵王
經
周易十卷
北宋刻本經傳一之六王弼註繫傳七之八說
卦序卦雜卦九韓康伯註畧例十邢璹註卷首
有貞元伯雅二圖記知是鳳洲先生藏書也
京氏易傳三卷
京氏易傳陸績註予藏舊抄本四種其一書法
讀書敏求記卷一　經　一

錢曾（1629—1701），字遵王，自號也是翁。時俊孫。以品學拔貢生。師從族曾祖錢謙益學詩，著有《懷園小集》《交蘆言怨集》《今吾集》《夙興草堂集》等。好藏書，藏書處有述古堂、也是園、莪匪樓，著有《也是園藏書目》《述古堂藏書目》《述古堂宋版書目》《讀書敏求記》。

有書名葉，左上小字題「虞山錢遵王先生著」，中間大字題書名「讀書敏求記」，左下小字題「濮川延古堂藏版」。

卷端署「也是翁錢曾遵王」。

框高15.1厘米，寬11.2厘米。半葉九行，行二十字，黑口，單魚尾，四周單邊。版心中間鎸題名、卷次及類目，下記葉次

正文前有清雍正六年（1728）小春月濮川濮梁撰序，次接《讀書敏求記目録》。正文分四卷，卷一：經、禮樂、字學、韵書、書、數書、小學；卷二：史、時令、器用、食經、種藝、豢養、傳記、譜牒、科第、地理輿圖、別志；卷三：子、雜家、農家、兵家、天文、五行、六壬、奇門、曆法、卜筮、星命、相法、宅經、葬書、醫家、針灸、本草方書、傷寒、攝生、藝術、類家；卷四：集、詩集、總集、詩文評、詞。正文後有邵恩多朖仙手跋。

綫裝，二册，登録號016407。有墨筆批校。鈐「朖仙／手校」朱長印、「鐵琴銅／劍樓」白長印、「古里瞿氏」白長印、「舊雨／重逢」朱方印、「别來／無恙」白方印、「上海／圖書／館藏」朱方印、「上海圖書館／退還圖書章」朱長印、「常熟市／圖書／館藏」朱方印。

000294　人譜三卷人譜類記增訂六卷

（明）劉宗周撰　清光緒三年（1877）湖北崇文書局刻本　清楊沂孫批校并跋

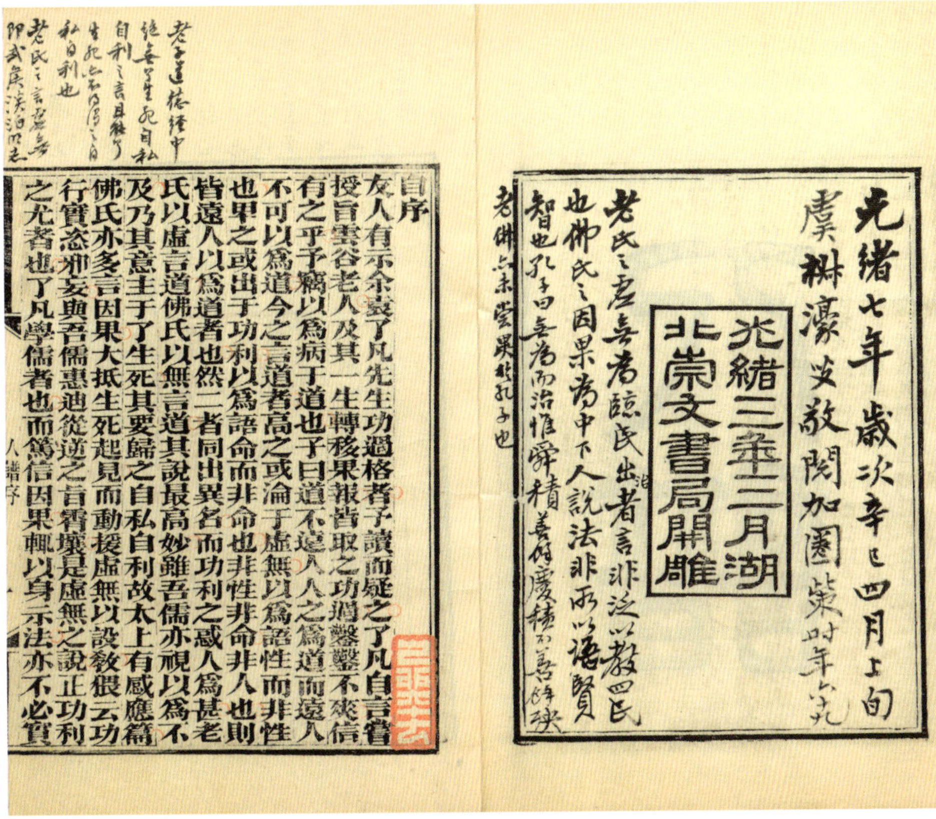
光緒三年三月湖北崇文書局開雕

自序

友人有示余袁了凡先生功過格者予讀而疑之了凡自言嘗授旨雲谷老人及其一生轉移果報皆取之功過鑿鑿不爽信有之乎予竊以爲病于道也子曰道不遠人人之爲道而遠人不可以爲道今之言道者高之或淪于虛無以爲語性而非性也卑之或出于功利以爲語命而非命也非性非命非人也則皆遠人以爲道者也然二者同出異名而功利之惑人爲甚老氏以虛言道佛氏以無言道其說最高妙雖吾儒亦視以爲不及乃其意主于了生死其要歸之自私自利故太上有感應篇佛氏亦多言因果大抵生死起見而動援虛無以設教佷云功行實恣邪妄與吾儒惠迪從逆之旨霄壤是虛無之說正功利之尤者也了凡學儒者也而篤信因果輒以身示法亦不必實

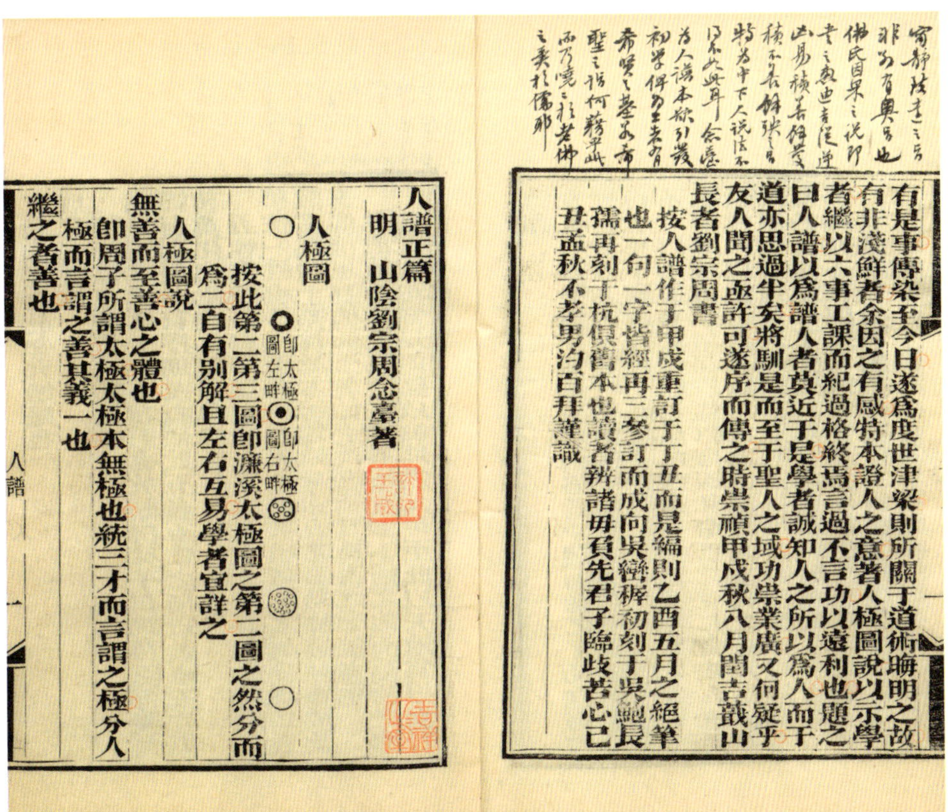
有是事傳染至今日遂爲度世津梁則所關于道術晦明之故有非淺鮮者余因之有感特本證人之意著人極圖說以示學者繼以六事工課而紀過格終焉言過不言功以遠利也題之曰人譜以爲譜人者莫近于是學者誠知人之所以爲人而于道亦思過半矣將馴是而至于聖人之域功崇業廣又何疑乎友人聞之亟許可遂序而傳之時崇禎甲戌秋八月閏吉蕺山長者劉宗周書

按人譜作于甲戌重訂于丁丑而是編則乙酉五月之絕筆也一句一字皆經再三參訂而成向吳縣初刻于吳越長孺再刻于杭俱舊本也讀者辨諸毋負先君子臨歧苦心已丑孟秋不孝男汋百拜謹識

人譜正篇

明　山陰劉宗周念臺著

人極圖

按此第二第三圖卽濂溪太極圖之第二圖之然分而爲二自有別解且左右互易學者宜詳之

人極圖說

無善而至善心之體也

卽周子所謂太極太極本無極也統三才而言謂之極分人極而言謂之善其義一也

繼之者善也

劉宗周（1578—1645），字起東，號念臺，晚號克念子，浙江山陰（今屬紹興）人。明萬曆二十九年（1601）進士。歷官禮部主事、右通政、順天知府、左都御史等。著述宏富，除《人譜》《人譜類記》，又著有《聖學宗要》《學言》《論語學案》《道統録》《陽明傳信録》等。

是帙係《人譜》與《人譜類記增訂》合訂。各集正文皆有書名葉，正面篆書大字鎸集名，背面有牌記，隸書雙行小字鎸「光緒三年三月湖／北崇文書局開雕」。

卷端署「明山陰劉宗周念臺著」。

框高19.1厘米，寬14.9厘米。半葉十二行，行二十四字，黑口，雙魚尾，四周雙邊。版心雙魚尾間自上而下依次鎸卷次、集名、葉次。

《人譜》，正文前有《自序》，末署「崇禎甲戌秋八月閏吉，蕺山長者劉宗周書」，後有其子劉汋己丑孟秋題識。正文包括《人譜正篇》《人譜續篇》《人譜三篇》各一卷。

《人譜類記》，正文前後無序跋，正文凡六卷，卷一體獨篇，卷二知幾篇，卷三定命篇，卷四凝道篇，卷五考旋篇，卷六作聖篇，各篇首皆有小序。

綫裝，一册，登録號000294。有楊沂孫朱筆圈點及墨筆批校。《人篇》書名葉背面牌記右側有墨筆題跋，云「光緒七年歲次辛巳四月上旬，虞椒濠叟敬閲加圈紫。時年六十九」。鈐「己卯六十七」白長印、「許印／王成」朱方印、「吉祥／止止室」朱方印。

000307　南華經解三十三卷（存七卷）

（清）宣穎撰　清同治五年（1866）刻《半畝園叢書》本

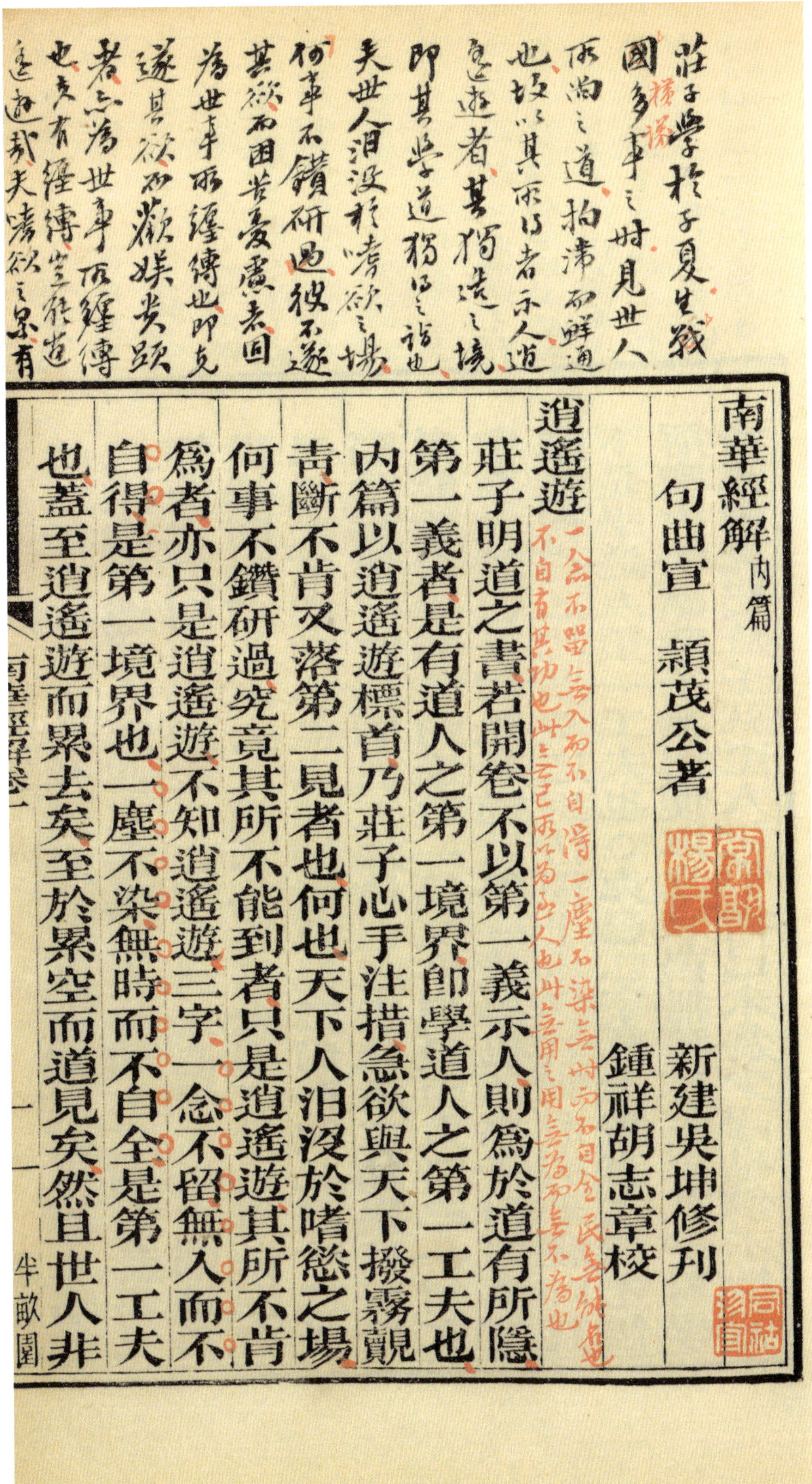
南華經解內篇

句曲宣　頴茂公著

新建吳坤修刊
鍾祥胡志章校

逍遙遊

莊子明道之書若開卷不以第一義示人則為於道有所隱第一義者是有道人之第一境界即學道人之第一工夫也內篇以逍遙遊標首乃莊子心手注措急欲與天下撥霧覿青斷不肯又落第二見者也何也天下人汩沒於嗜慾之場何事不鑽研過究竟其所不能到者只是逍遙遊其所不肯為者亦只是逍遙遊不知逍遙遊三字一念不留無入而不自得是第一境界也一塵不染無時而不自全是第一工夫也蓋至逍遙遊而累去矣至於累空而道見矣然且世人非

南華經解卷一　一　半畝園

宣穎，字茂公，句曲人。生平事迹不詳。

有書名葉，隸書大字題「南華經解」，背面爲牌記，雙行篆書題「同治丙寅秋九月／校刊於皖城藩署」。

卷端署「句曲宣穎茂公著，新建吴坤修刊，鍾祥胡志章校」。

框高 17.8 厘米，寬 14.4 厘米。半葉十二行，行二十四字，小字雙行同，上黑口，上單黑魚尾，四周雙邊。版心中鎸書名及卷次，下記葉次。版心下有雙行小字「半畝園／藏書」。

正文前有《南華經解序》，末署「同治丁卯春正月，新建吴坤修書於皖江藩署」；次接《南華經解序》，末署「康熙六十年歲次辛丑長至日，書於青元觀精舍，邑同學弟張芳菊人氏拜撰」；次接《南華經解自序》，末署「康熙六十年歲次辛丑，句曲後學宣穎茂公氏自序」；次接宣穎《莊解小言》。正文凡三十三卷，今常熟市圖書館藏本祇存七卷，即《南華經解内篇》七篇。《南華經解内篇》正文有目録，七篇即《逍遥游》《齊物論》《養生主》《人間世》《德充符》《大宗師》《應帝王》。

綫裝，一册，登録號 000307。書封以篆書題書名「莊子内篇」。有楊沂孫朱筆、墨筆批校。鈐「常熟／楊氏」白方印、「同祐／珍守」白方印。

001509　錢神志七卷

（清）李世熊撰　清道光六年（1826）木活字印本

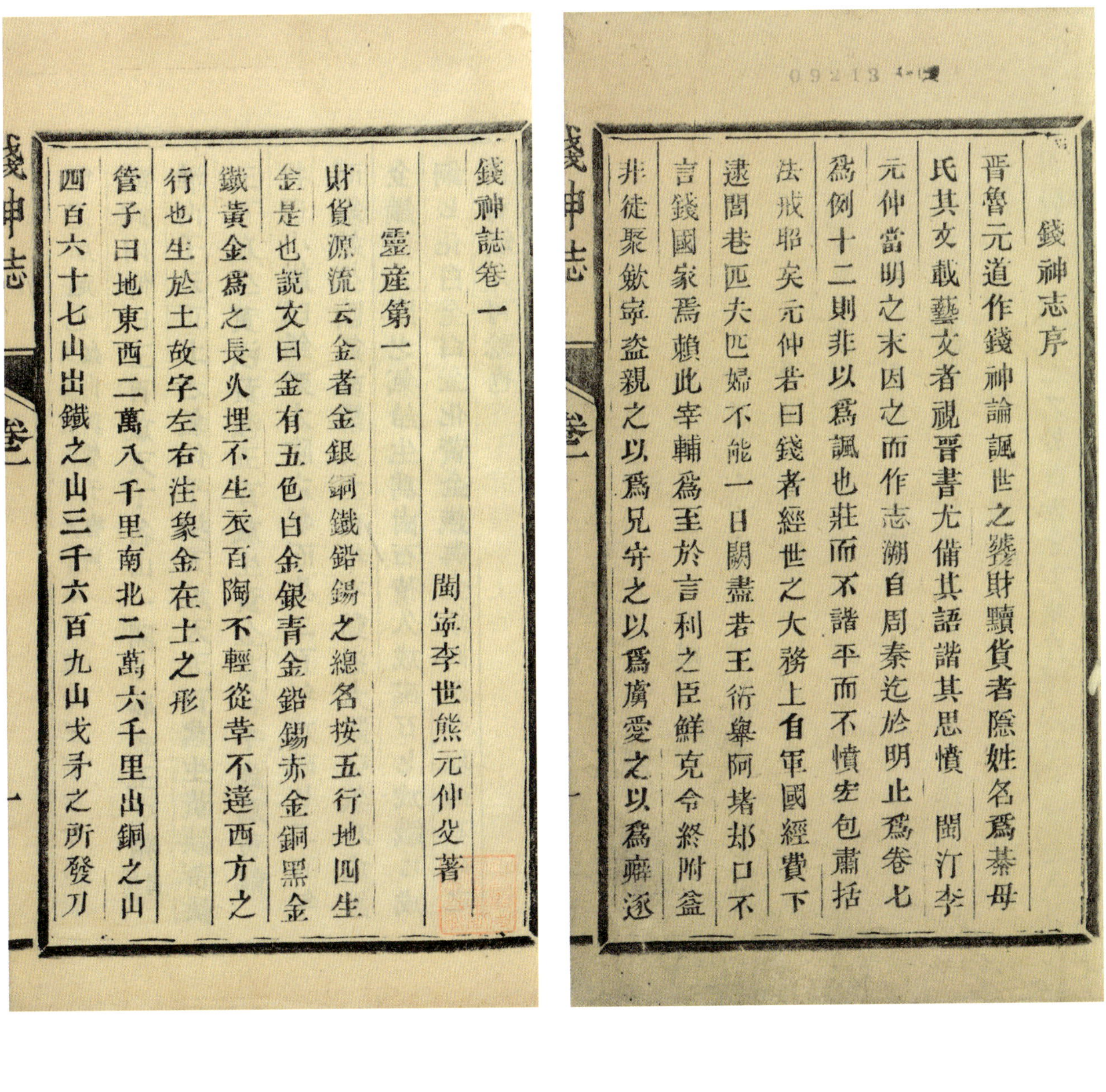

錢神志序

晉魯元道作錢神論諷世之饕財黷貨者隱姓名爲綦毋氏其文載藝文者視晉書尤備其語諧其思憤　閩汀李元仲當明之末因之而作志溯自周秦迄於明止爲卷七爲例十二則非以爲諷也莊而不諧平而不憤宏包肅括法戒昭矣元仲若曰錢者經世之大務上自軍國經費下逮閭巷匹夫匹婦不能一日闕盡君王衍舉阿堵却口不言錢國家爲賴此宰輔爲王於言利之臣鮮克令終附益非徒聚斂寧盜親之以爲兄守之以爲虜愛之以爲癖逐

錢神誌卷一　　閩寧李世熊元仲父著

靈產第一

財貨源流云金者金銀銅鐵鉛錫之總名按五行地四生金是也說文曰金有五色白金銀青金鉛錫赤金銅黑金鐵黃金爲之長久埋不生衣百陶不輕從革不違西方之行也生於土故字左右注象金在土之形

管子曰地東西二萬八千里南北二萬六千里出銅之山四百六十七山出鐵之山三千六百九山戈矛之所發刀

李世熊（1602—1686），字元仲，號愧庵，福建寧化人。諸生。明末唐王時薦授中書不就。後入山祝髪，法名寒知。絶意仕進。年八十五而卒。《清史稿》存其傳。著有《本行録》《經正録》《史感》《物感》等。

卷端署「閩寧李世熊元仲父著，曾孫倓静若氏、俅恭若氏編次，七世孫國華文英氏、八世孫汝霖立誠氏校，里人邱紹和聲鍠氏、雷斯瀾麗川氏刷」。

框高 20.9 厘米，寬 13.2 厘米。半葉九行，行二十二字，小字雙行同，白口，上單黑魚尾，四周雙邊。版心上鎸書名，中鎸卷次，下記葉次。

正文前有《錢神志序》，末署「華亭黄之雋書」；次接目録，目録後有清道光六年（1826）丙戌孫國華題識。正文凡七卷，卷一靈産、圜法，卷二什一、奢汰、貪昌，卷三冥賂、妖變、定命，卷四恢網上，卷五恢網下，卷六慶符、明躬上，卷七明躬下、説餘。

綫裝，七册，登録號 001509。各册書根標明册次。鈐「常熟市／圖書／館藏」朱方印。

002442　二如亭群芳譜二十卷

（明）王象晋輯　明崇禎刻本

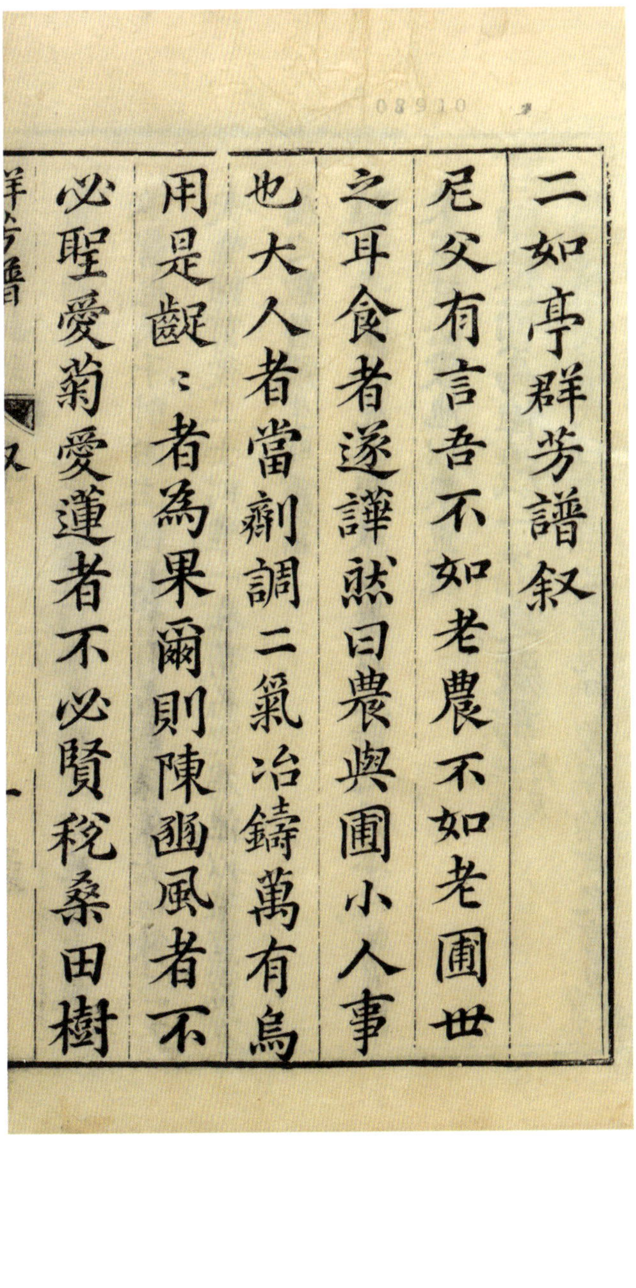

二如亭群芳譜叙

尼父有言吾不如老農不如老圃世之耳食者遂譁然曰農與圃小人事也大人者當劑調二氣冶鑄萬有烏用是齪齪者為果爾則陳豳風者不必聖愛菊愛蓮者不必賢税桑田樹

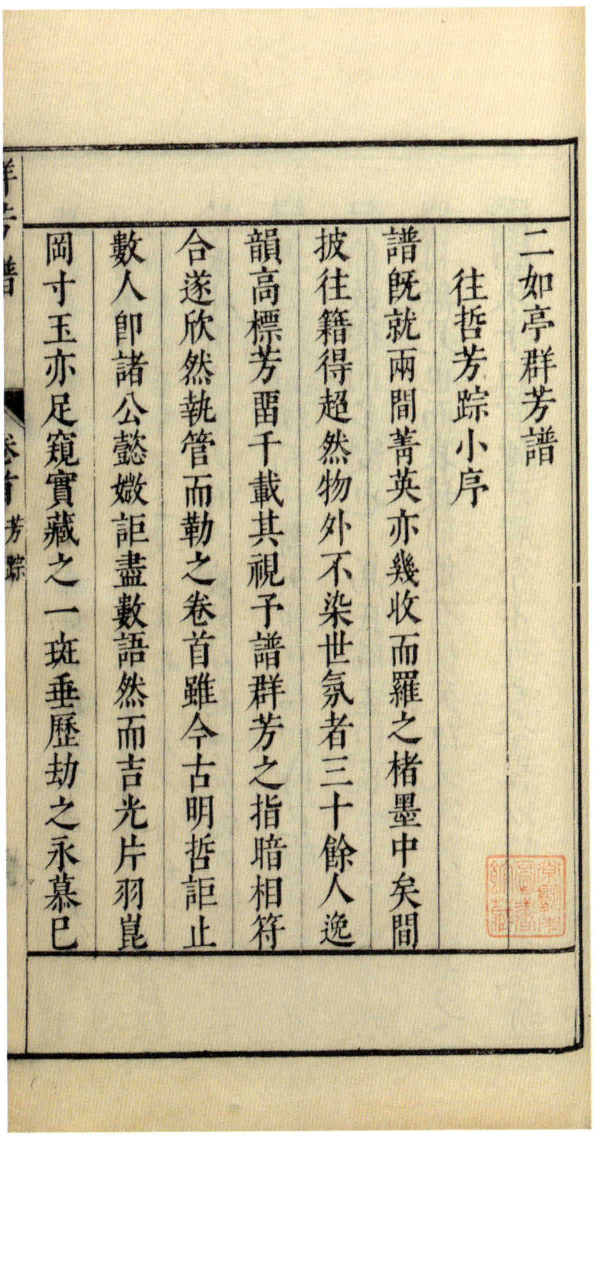

二如亭群芳譜

往哲芳踪小序

譜既就兩間菁英亦幾收而羅之楮墨中矣間披往籍得超然物外不染世氛者三十餘人逸韻高標芳畱千載其視予譜群芳之指暗相符合遂欣然執管而勒之卷首雖今古明哲詎止數人卽諸公懿蹤詎盡數語然而吉光片羽崑岡寸玉亦足窺實藏之一斑垂歷劫之永慕已

王象晉（1561—1653），字子進，又字藎臣，號明農隱士、二如亭居士，山東新城（今屬桓臺縣）人。明萬曆三十二年（1604）進士，歷官禮部主事、員外郎、河南按察使、浙江右布政使。入清不仕。

卷端題「濟南王象晉藎臣甫纂輯，松江陳繼儒仲淳甫、虞山毛鳳苞子晋甫、寧波姚元臺子雲甫仝較」，又署銓次者姓氏，各卷略有不同，如天譜卷一、卷二「桓臺于安國康侯甫銓次」，卷三「濟南男王與敕、孫王士熊銓次」，卷四「濟南男王與胤、孫王士和銓次」。

框高21.9厘米，寬14.5厘米。半葉八行，行十八字，小字雙行，行十七字，白口，上單黑魚尾，左右雙邊；版分上、中、下三欄，上欄附刻音注，中欄刻正文，下欄附刻批注。版心魚尾上鎸書名「群芳譜」，魚尾下鋟卷次及類目，再下記葉次。

正文前有《二如亭群芳譜叙》，末署「好生居士王象晋藎臣甫題」；次接《小序》，末署「海虞門人毛鳳苞頓首拜撰」；次接《群芳譜引》，末署「信安徐日曦拜手撰并書」；次接《群芳譜引》，末署「榖山方岳貢頓首拜撰」；次接《群芳譜序》，末署「崇禎二年春仲，年家弟朱國盛頓首拜撰」；次接《群芳譜序》，末署「雲間陳繼儒頓首撰」；次接《群芳譜序》，末署「崇禎甲戌秋日，延陵夏樹芳頓首撰并書」；次接《群芳譜序》，末署「吴門聞聞居士申用楙撰并書」；次接《二如亭群芳譜義例》；次接總目。

正文之前又有卷首《往哲芳蹤》一卷，題「濟南王象晉藎臣甫纂輯，虞山毛鳳苞子晋甫較正，桓臺于安國康侯甫銓次」，文前有王象晉《往哲芳蹤小序》。正文凡二十卷，各卷之前有分卷目次，以元、亨、利、貞分爲四部，各部之下又分小類，元部：天譜、歲譜，亨部：穀譜、蔬譜、果譜，利部：茶竹譜、桑麻葛棉譜、藥譜、木譜，貞部：花譜、卉譜、鶴魚譜，各譜之前皆有《小序》及《首簡》。

綫裝，存二十八册，登録號002442。原爲三十册，今闕二十七、二十八册，第七册係鈔配。毛鳳苞《小序》第四葉誤裝訂於徐日曦《群芳譜引》之後。鈐「常熟市/圖書/館藏」朱方印。

003361 本草單方四卷

（明）繆希雍選 舊鈔本

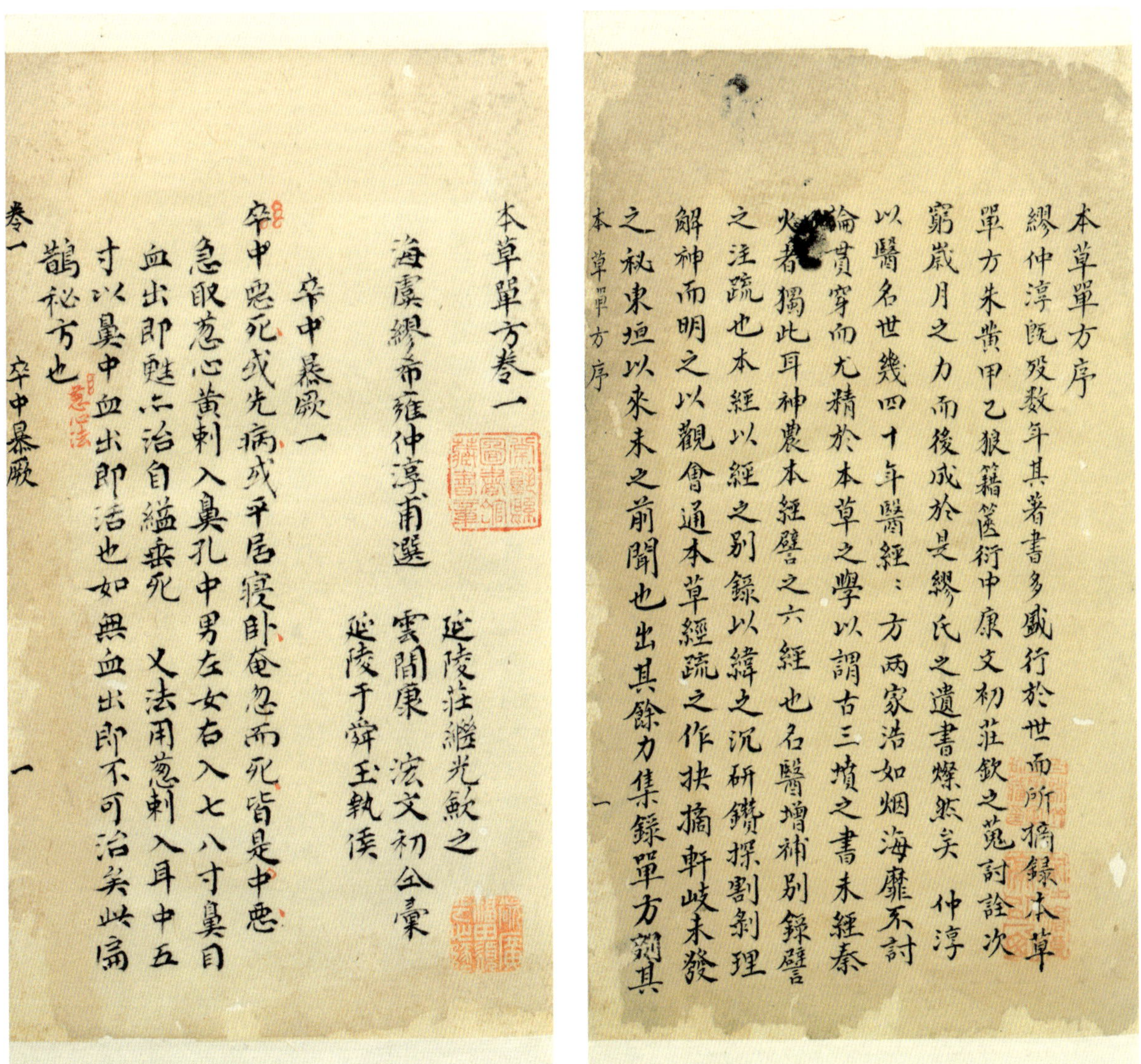

繆希雍（1554—1627），字仲淳，一作仲醇，號慕臺，常熟人，徙居金壇。精醫術，除《本草單方》，又有《神農本草經疏》《辨脉法》。

卷端署「海虞繆希雍仲淳甫題，延陵莊繼光斂之、雲間康浤文初、延陵于舜玉執侯仝彙」。

無版框及界欄，開本高 27.5 厘米，寬 17 厘米。半葉十行，行二十一字。版心上書各卷類目，下記葉次。

正文前《本草單方序》，末署「崇禎六年十二月，里人錢謙益叙於拂水山莊」；次接《本草單方目》。正文凡四卷，卷一卒中暴厥、中惡、中風、中氣、五絶、中暑、中濕、傷飲食、虛勞、傳尸勞疰，卷二瘧、鬱、水腫、脹滿、痞、積聚，卷三癥瘕、痰飲、咳嗽、肺癰、喘、嘔吐，卷四膈氣、反胃、噎、吐利、霍亂、關格、呃逆、諸見血症、鼻衄、舌衄、齒衄、吐衄。

綫裝，二册，登録號 003361。以金鑲玉法重加裝訂。有朱筆圈點及批校；又有民國徐筠溪墨筆單行小字補單方數條。鈐「家在滄浪／亭以西」朱長印、「欲廣／福田須／平心墜」白方印、「常熟縣／圖書館／藏書章」朱方印等。

003375　江南經略八卷（存六卷）

（明）鄭若曾撰　明嘉靖刻本

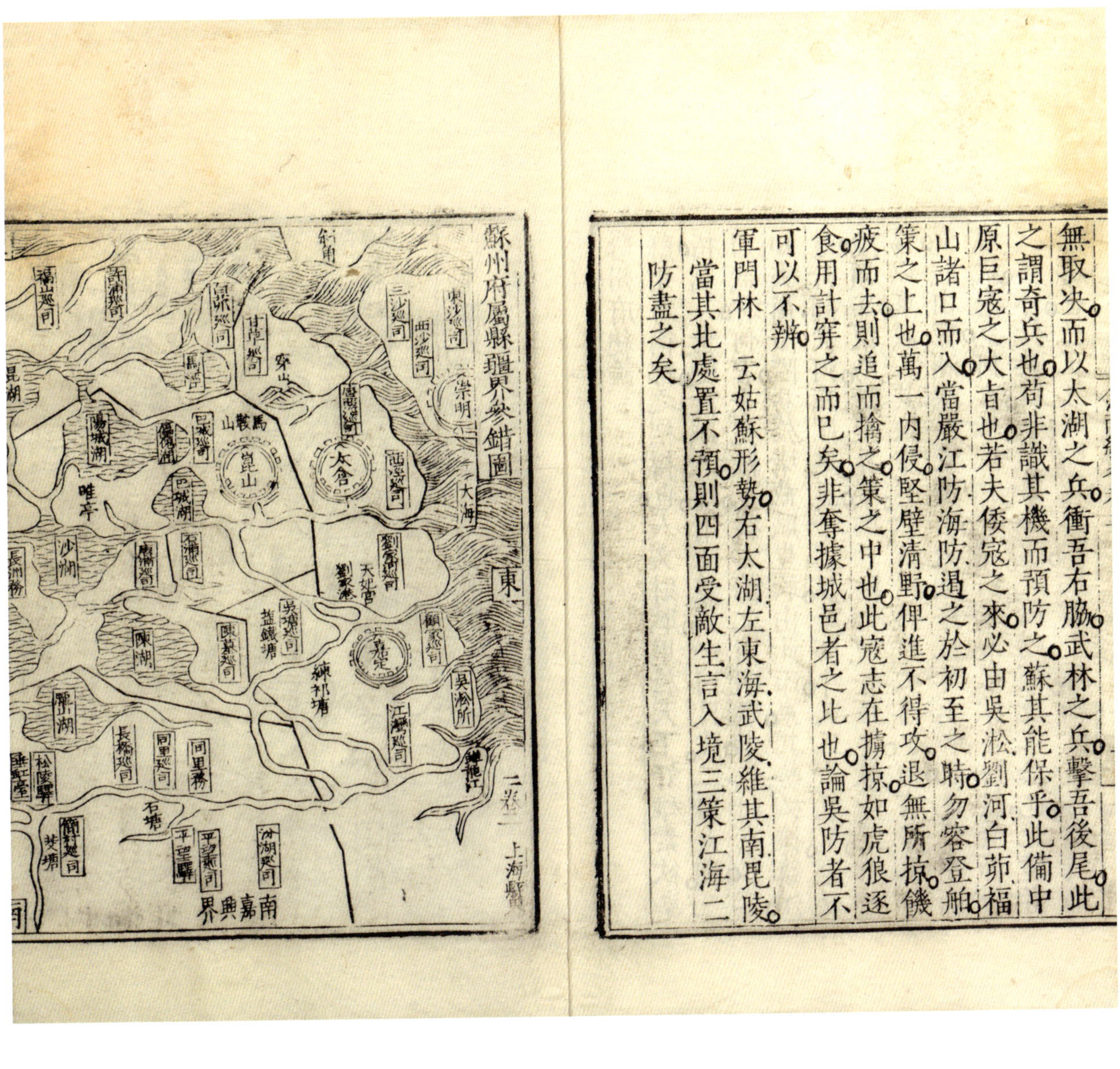

鄭若曾（1503—1570），字伯魯，號開陽，江蘇昆山人。明嘉靖十四年（1535）諸生。師事魏校、湛若水、王守仁。有《鄭開陽雜著》等。

框高20.8厘米，寬15.8厘米。半葉十二行，行二十二字，小字雙行同，白口，上單白魚尾，四周雙邊。版心魚尾下鎸書名及卷次，下記葉次。版心下小字鎸刻工姓氏：唐林、顧言、夏文祥、張寅、嚴春、袁宏、張敖、袁宸、劉庳、劉奎、張鳳、夏、高、林、文奎、顧春、何、弓、顧、劉等。

正文前有《江南經略序》，末署「嘉靖四十五年陽月既望，賜進士出身、嘉議大夫、南京工部右侍郎、前國子監祭酒、左春坊太子左諭德、管理誥敕校録大典、四明汪鏜撰」；次接《江南經略序》，「賜進士第、亞中大夫、太僕寺卿、前大理寺少卿、禮科給事中、郡人顧存仁撰」；次接凡例；次接目録；次接《蘇松常鎮四府總圖》。正文八卷，各卷正文之前有分卷目次，今藏本闕卷三、卷六。

綫裝，五册，登録號003375。集中夾有紙張四葉，上有一九七七年十一月王琳元題識。鈐「林氏／文植」白方印等。

003448　白虎通德論二卷

（漢）班固纂集　明刻本

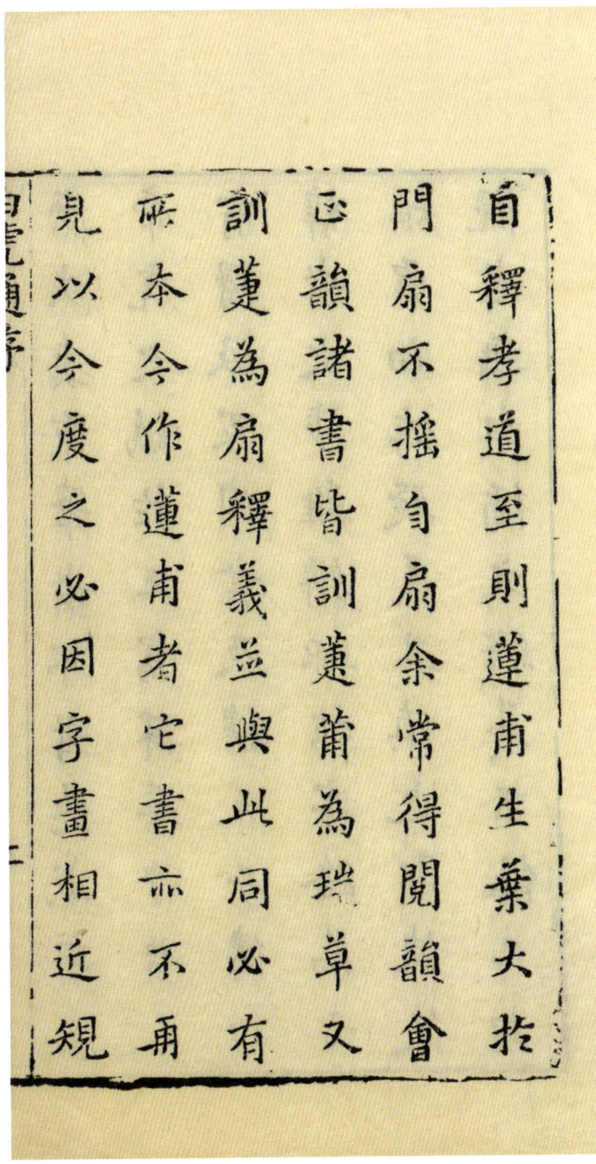
自釋孝道至則蓮甫生棄大於
門扇不搖自扇余常得閱韻會
正韻諸書皆訓蓮蒲為瑞草又
訓蓮為扇釋義並與此同必有
所本今作蓮甫者它書亦不再
見以今度之必因字畫相近規

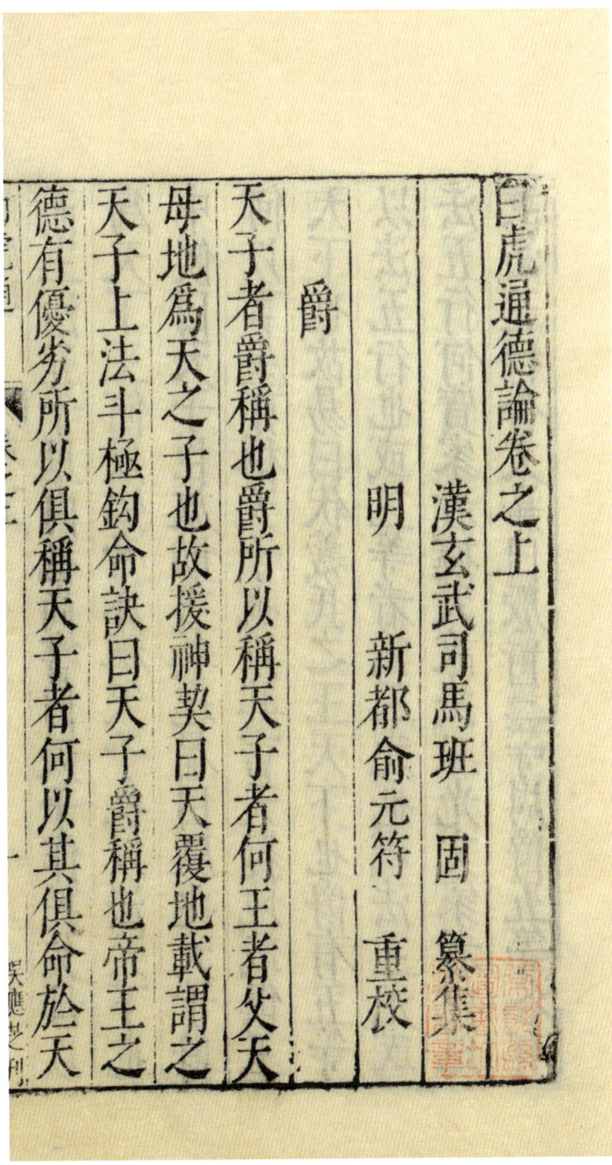
白虎通德論卷之上
漢玄武司馬班　固　纂集
明　新都俞元符　重校
爵
天子者爵稱也爵所以稱天子者何王者父天
母地為天之子也故援神契曰天覆地載謂之
天子上法斗極鉤命訣曰天子爵稱也帝王之
德有優劣所以俱稱天子者何以其俱命於天

班固生平事迹見前《漢書評林》（006748）。

卷端署「漢玄武司馬班固纂集，明新都俞元符重校」。

框高19厘米，寬11.9厘米。半葉八行，行十八字，白口，上單黑魚尾，四周單邊。版心魚尾上鎸書名，下録卷次，再下記葉次。正文首葉版心下有小字「吴應芝刊」字樣。

正文前有《白虎通序》，不署撰人；次接《白虎通德論序》，末署「東平克齋張楷序」；次接《刻白虎通序》，末署「後學蜀昌冷宗元序」；次接「題白虎通德倫」，末署「東平嚴度克齋題」；次接目録。正文分上、下卷，卷上爵、號、謚、五祀、社稷、禮樂、封公侯、京師、五行、三軍、誅伐、諫諍、鄉射、致仕、辟雍、灾變、耕桑，卷下封禪、巡狩、考黜、王者不臣、蓍龜、聖人、八風、商賈、文質、三政、三教、三綱、六紀、情性、壽命、宗族、姓名、天地、日月、四時、衣裳、五形、五經、嫁娶、紼冕、喪服、崩薨。

綫裝，二册，登録號003448。鈐「常熟縣/圖書館/藏書章」朱方印。

003596　水東日記

四十卷

（明）葉盛撰　明刻

清康熙修補本

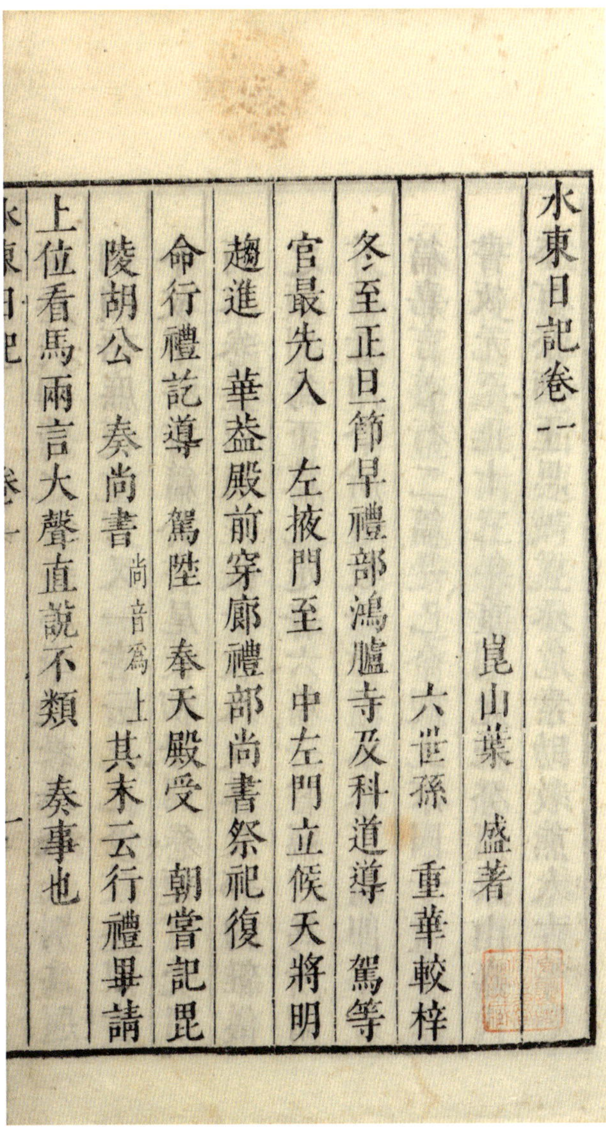

葉盛（1420—1474），字與中，號蜕庵，自號白泉、涇東道人、淀東老漁等，蘇州昆山人。明正統十年（1445）進士，歷官兵科給事中都給事中禮部右侍郎、吏部左侍郎。事迹具《明史》卷一七七。

有書名葉，中間大字題書名，左下小字題「賜書樓藏板不許翻刻」。卷端署「昆山葉盛著，六世孫重華較梓」。

框高 20.9 厘米，寬 14.5 厘米。半葉九行，行十九字，小字雙行，行十八字，白口，四周單邊。版心上鎸書名，中録卷次，下記葉次。

正文前有《水東日記序》，署「同里後學俞允文撰」，不詳撰序時間；次接目録。正文凡四十卷，多記明代典章制度、逸聞軼事。正文後有括蒼山人玄孫葉恭焕題識，後接清康熙十九年（1680）庚申歲長至日七世孫葉方蔚題識。

綫裝，八册，登録號 003596。鈐「賜書／樓／藏板」朱方印、「得宫／借觀」白方印、「常熟市／圖書／館藏」朱方印等。

003862　瀟湘聽雨録　八卷

（清）江昱撰　清乾隆二十八年（1763）春草軒刻本

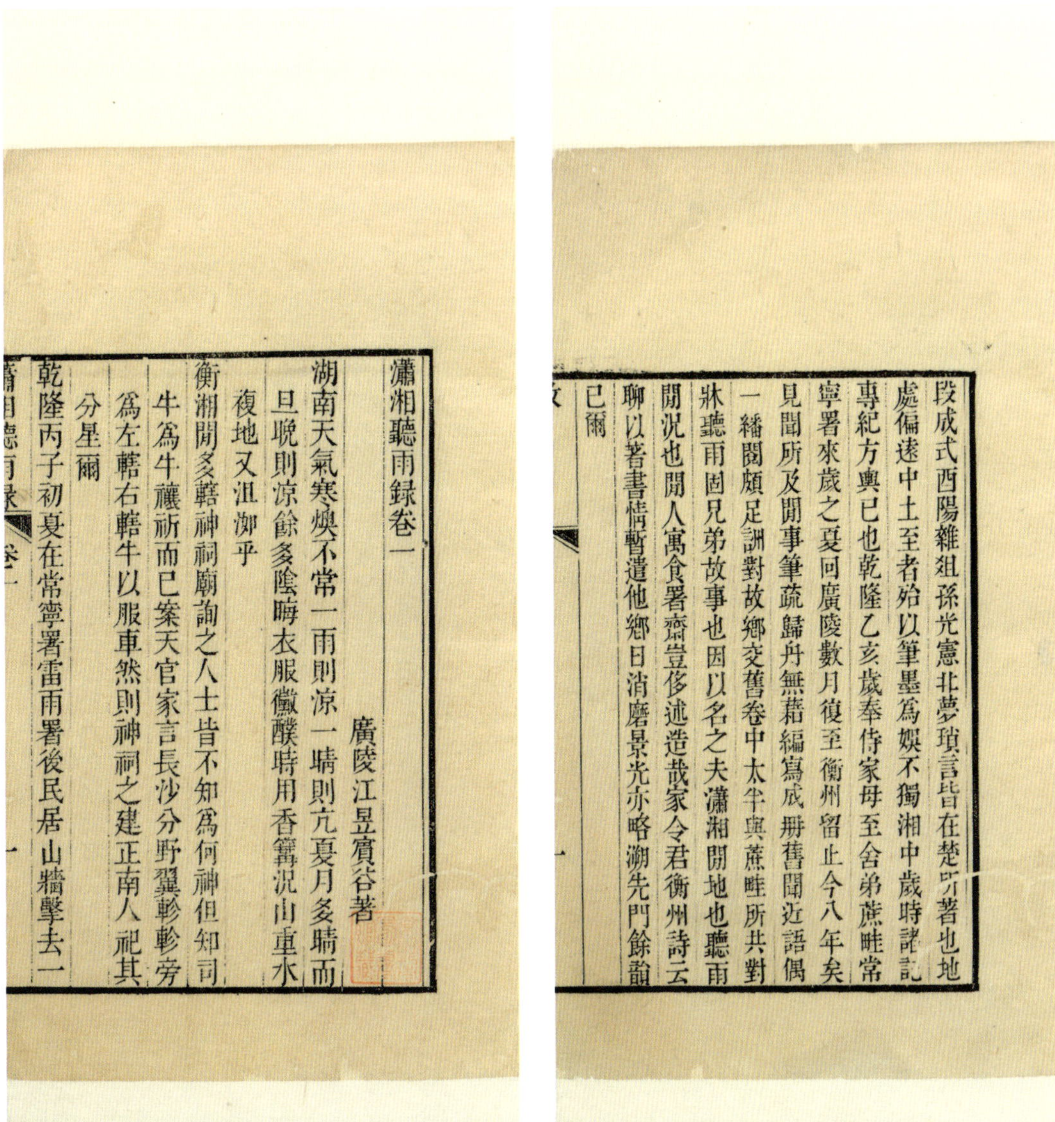
段成式酉陽雜俎孫光憲北夢瑣言皆在楚所著也地
處偏遠中土至者殆以筆墨爲娱不獨湘中歲時諸記
專紀方輿已也乾隆乙亥歲奉侍家母至舍弟蔗畦常
寧署來歲之夏同廣陵數月復至衡州留止今八年矣
見聞所及聞事筆疏歸舟無事編寫成册舊聞近語偶
一繙閲頗足訓對故鄉交舊卷中太半與蔗畦所共對
牀聽雨固兄弟故事也因以名之夫瀟湘閒地也聽雨
閒况也閒人寓食署齋豈侈述造哉家令君衡州詩云
聊以著書情暫遣他鄉日消磨景光亦略溯先門餘韻
已爾

瀟湘聽雨録卷一
廣陵江昱賓谷著
湖南天氣寒燠不常一雨則涼一晴則亢夏月多晴而
旦晚則涼餘多陰晦衣服黴醭時用香篝况山車水
復地又沮洳乎
衡湘間多轄神祠廟詢之人士皆不知爲何神但知司
牛爲牛禳祈而已案天官家言長沙分野翼軫軫旁
爲左轄右轄牛以服車然則神祠之建正南人祀其
分星爾
乾隆丙子初夏在常寧署雷雨暑後民居山精擊去一

江昱（1706—1775），字賓谷，號松泉，揚州廣陵（今屬儀徵）人。清乾隆十八年（1753）廩生。

卷端署「廣陵江昱賓谷著」，卷末鎸「男德堅、德堪，從子德量同校」。框高17厘米，寬12.2厘米。半葉十行，行二十一字，白口，上單黑魚尾，左右雙邊。版心上鎸書名，中記卷數，下記葉次。

正文前有書名葉，上有「乾隆癸未／瀟湘聽語録／春草軒刊」字樣。次接乾隆二十八年（1763）癸未冬至江昱自叙。正文分八卷。

綫裝，二册，登録號003862。鈐「常熟市／圖書／館藏」朱方印、「常熟縣／圖書館／藏書章」朱方印。

003865　事類賦三十卷

（宋）吳淑撰注　明嘉靖十一年（1532）蔡弼刻本

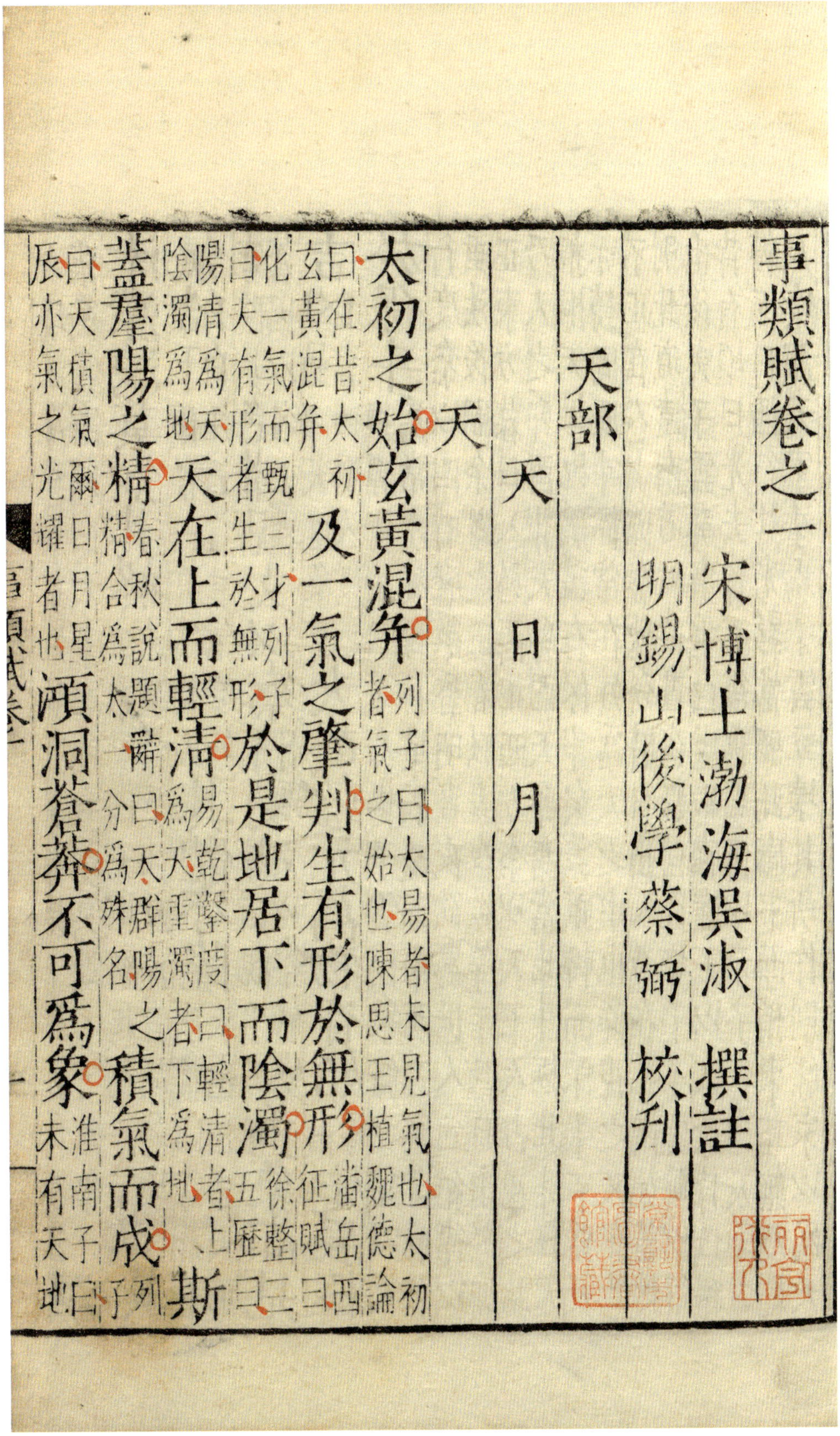

事類賦卷之一

宋博士渤海吳淑　撰註

明錫山後學蔡　弼　校刊

天部

天　日　月

天

太初之始玄黃混并列子曰太易者未見氣也太初者氣之始也陳思王植魏德論曰在昔太初玄黃混并及一氣之肇判生有形於無形潘岳西征賦曰化一氣而甄三才列子曰夫有形者生於無形於是地居下而陰濁徐整三五歷曰陽清爲天陰濁爲地天在上而輕清易乾鑿度曰輕清者上爲天重濁者下爲地斯蓋羣陽之精春秋說題辭曰天群陽之精合爲太一分爲殊名積氣而成列子曰天積氣爾日月星辰亦氣之光耀者也頹洞蒼莽不可爲象淮南子曰未有天地

吴淑（947—1002），字正儀，潤州丹陽（今屬江蘇丹陽）人。

卷端署「宋博士渤海吴淑撰注，明錫山後學蔡弼校刊」。卷末署「宋紹興丙寅右迪功郎特差監潭州南岳廟邊惇德、左儒林郎紹興府觀察推官主管文字陳綬、右從政郎充浙東提舉茶鹽司幹辦公事李端民、皇明嘉靖壬辰常州府無錫縣學生倪奉校勘」。

框高19.6厘米，寬15.3厘米。半葉十二行，行二十字，小字雙行同，白口，上單黑魚尾，左右雙邊。魚尾下鎸書名及卷次，下記葉次。

正文前有《刻事類賦叙》，署「句吴華雲著」，叙末不署撰序時間；次接《事類賦序》，末署「紹興丙寅仲夏廿三日，右迪功郎、特差監潭州南岳廟邊惇德謹序」；次接《進注事類賦狀》；次接目録。正文凡三十卷，卷一天部一：天、月、日；卷二天部二：星、風、雲；卷三天部三：雨、霧、露、霜、雪、雷；卷四歲時部一：春、夏；卷五歲時部二：秋、冬；卷六地部一：地、海、江、河；卷七地部二：山、水、石；卷八地部三：井、冰、火；卷九寶貨部一：金、玉、珠；卷十寶貨部二：錦、絲、錢；卷十一樂部：歌、舞、琴、笛、鼓；卷十二服用部一：衣、冠；卷十三服用部二：弓、箭、劍；卷十四服用部三：几、杖、扇；卷十五什物部一：筆、硯、紙、墨；卷十六什物部二：舟、車、鼎；卷十七飲食部：茶、酒；卷十八禽部一：鳳、鶴、鷹、雞；卷十九禽部二：雁、鳥、鵲、燕；卷二十獸部一：麟、象、虎；卷二十一獸部二：馬；卷二十二獸部三：牛、羊；卷二十三獸部四：狗、鹿、兔；卷二十四草木部一：草、竹、木、松；卷二十五木部二：柏、槐、柳、桐、桑；卷二十六果部一：桃、李、梅、杏、柰、棗；卷二十七果部二：梨、栗、柑、橘、瓜；卷二十八鱗介部一：龍、蛇、龜；卷二十九鱗介部二：魚；卷三十蟲部：蟲、蟬、蜂、蟻。

綫裝，四册，登録號003865。入選第二批《國家珍貴古籍名録》，名録號04876。有朱筆圈點。鈐「湖嶠／居士」白方印、「松陵吴／氏明父／家藏」朱方印、「麗宇／道人」朱方印、「常熟市／圖書／館藏」朱方印。

003876　涌幢小品三十二卷

（明）朱國楨輯　明天啓刻本

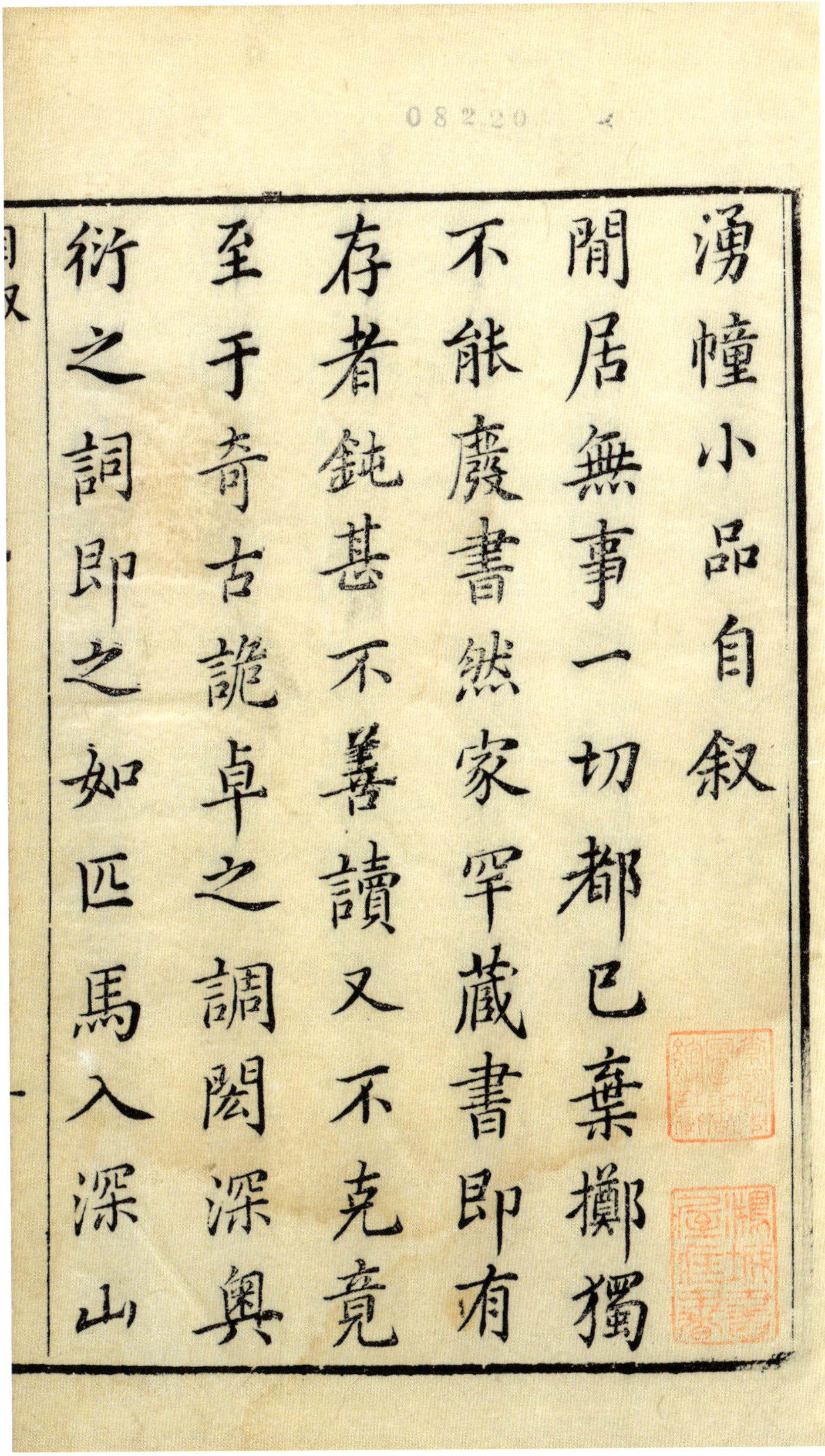

湧幢小品自叙

閒居無事一切都已棄擲獨
不能廢書然家罕藏書即有
存者鈍甚不善讀又不克竟
至于奇古詭卓之調閎深奥
衍之詞即之如匹馬入深山

朱國禎（1558—1632），字文寧，號平涵，又號虬庵居士，浙江烏程（今屬湖州）人。明萬曆十七年（1589）進士，官至首輔。

卷端署「湖上朱國禎輯」。

框高 21.2 厘米，寬 14.9 厘米。半葉九行，行二十字，小字雙行同，白口，上單黑魚尾，左右雙邊，部分書葉無界欄。版心魚尾上鎸書名，魚尾下鋟葉次，再下記葉次。

正文前有《涌幢小品自叙》，末署「虬庵居士朱國禎題」；次接《涌幢説》，末署「己未年八月題於黄洋墩之品水齋」；次接跋，末署「壬戌年九月題於西郊之映月軒」；次接各卷目録。正文凡三十二卷，所多記明代掌故，涉及典章制度、社會風俗、詩文典籍、人物傳略、鳥獸蟲魚等。

綫裝，十六册，登録號 003876。鈐「鴻城書/屋藏書」朱長印、「常熟市/圖書/館藏」朱方印等。

003893　炳燭齋隨筆　不分卷

（明）顧大韶撰　清康熙刻本

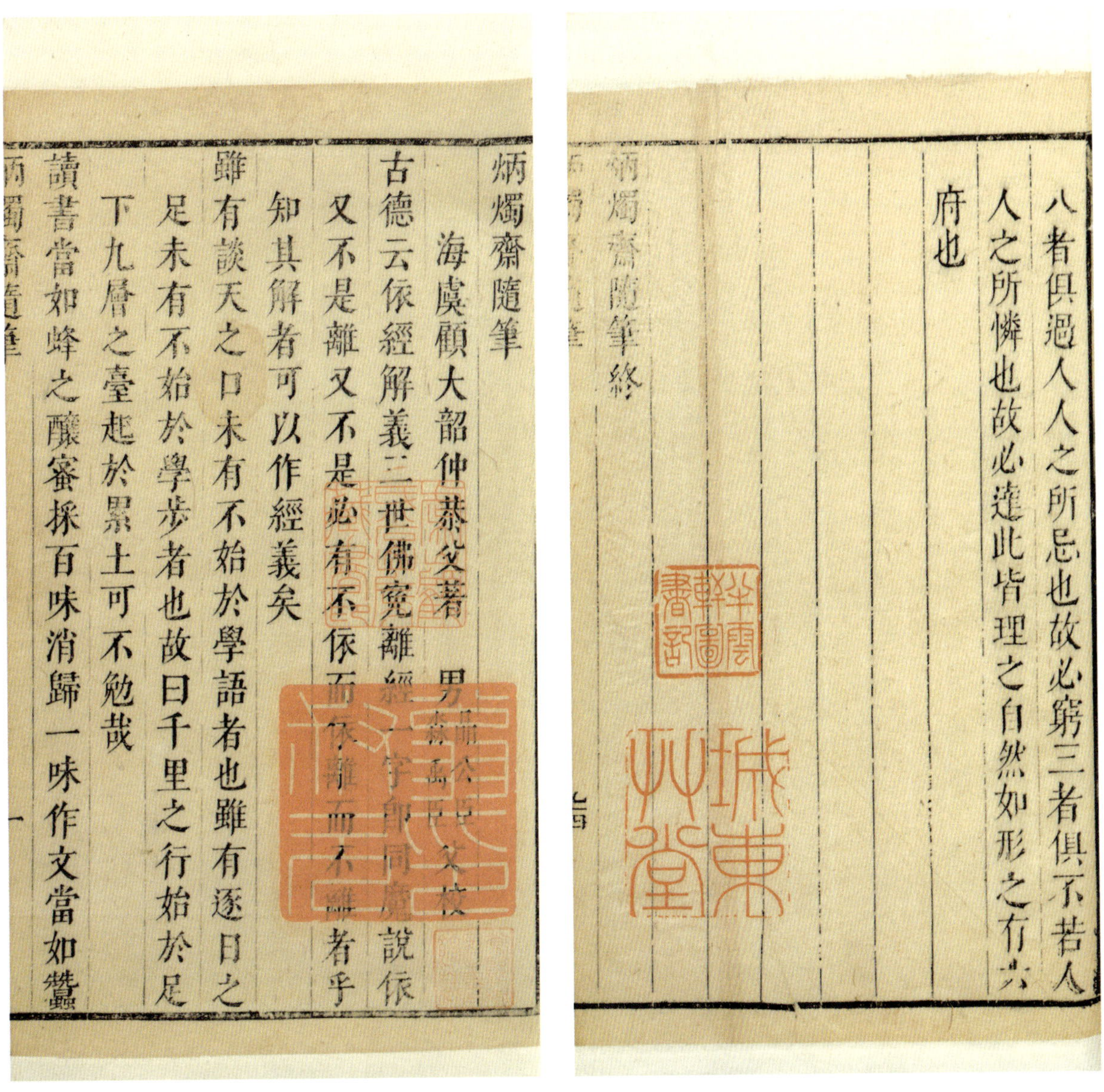

八者俱過人人之所忌也故必窮三者俱不若人
人之所憐也故必達此皆理之自然如形之有六
府也

炳燭齋隨筆終

炳燭齋隨筆

海虞顧大韶仲恭父著　男

古德云依經解義三世佛寃離經一字即同魔說依
又不是離又不是必有不依而依離而不離者乎
知其解者可以作經義矣
雖有談天之口未有不始於學語者也雖有逐日之
足未有不始於學步者也故曰千里之行始於足
下九層之臺起於累土可不勉哉
讀書當如蜂之釀蜜採百味消歸一味作文當如蠶

顧大韶（1576—？），字仲恭，常熟人。諸生。事迹附《明史·顧大章傳》後。卷端署「海虞顧大韶仲恭父著，男晶公臣、淼禹臣父校」。

框高21.6厘米，寬13.5厘米。半葉九行，行二十字，白口，四周單邊。版心上鎸書名，下記葉次。

綫裝，二册，登録號003893。有書名葉，中間大字題書名。鈐「虞山顧／氏小石山房／藏書印」朱方印、「翁印／叔元」白方印、「半雲／軒圖／書記」朱方印、「城東／草堂」朱方印、「常熟市／圖書／館藏」朱方印。

004028 日知録三十二卷

（清）顧炎武撰　清康熙刻本

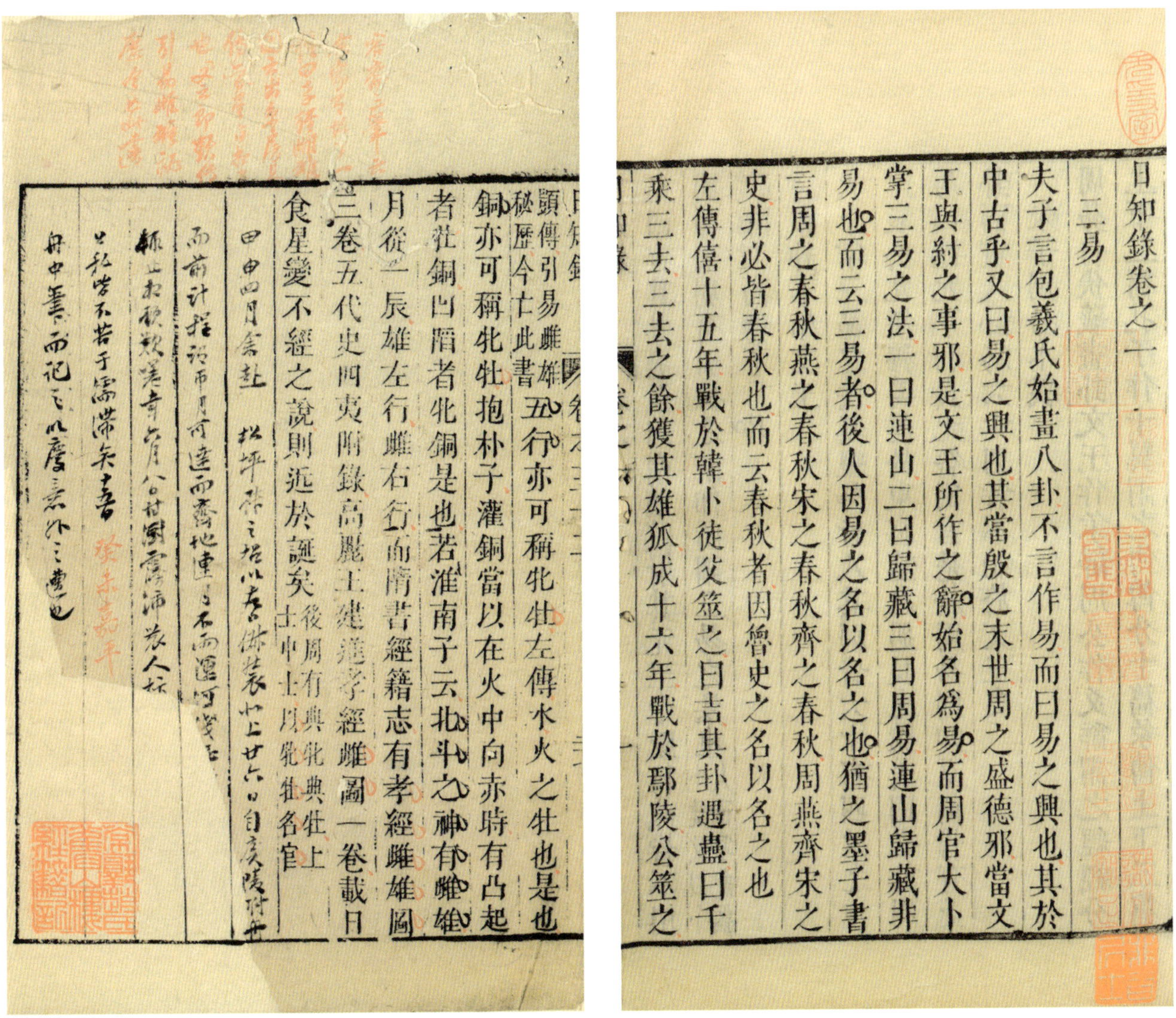

顧炎武（1613—1682），初名絳，字寧人，號亭林，昆山（今蘇州昆山）人。入清不仕。著述宏富，除《日知録》，另著有《九經誤字》《左傳杜解補正》《音學五書》《天下郡國利病書》《亭林詩文集》等。

有書名葉，右上小字題「顧寧人先生著」，中間大字題書名，左下小字題「遂初堂藏板」。

框高 20.2 厘米，寬 15 厘米。半葉十一行，行二十二字，小字雙行同，白口，上單黑魚尾。版心上鐫書名，中鐫卷次，下記葉次。

正文前有《日知録序》，末署「康熙乙亥仲秋門人潘耒拜述」；次接目録，目録前有顧炎武題識，云：「愚自少讀書有所得，輒記之，其有不合，時復改定，或古人先我而有者，則遂削之，積三十餘年乃成一編，取子夏之言，名曰《日知録》，以正後之君子。」正文凡三十二卷。

綫裝，六册，登録號 004028。各册書根題書名，并以「禮、樂、射、御、書、數」六字標明册次。有觀河朱筆跋文及支離人墨筆跋文若干條，如卷十後有觀河朱筆跋文「康熙四十三年歲在甲申人日讀竟全部」，卷十七後記「癸未臘月廿三日」，卷二十二後記「癸未十一月十三日畢此卷。觀河記」，卷二十七後支離人跋云「甲申五月□上舟次用墨筆閲，頗是正，句讀未安在。支離人記於南陽㴑。是月十一日。丁亥三月廿六日燈下」。鈐「舊山／樓」朱方印、「銕如／意齋」朱方印、「常熟趙氏／舊山樓／經籍記」朱方印、「非昔／居士」白方印、「知我者／廬山」白長印、「漱玉」朱長印、「觀河／居士」朱方印、「支／離人」白長印、「西川／偉人」白方印、「大石山房」朱文橢圓印、「常熟市／圖書／館藏」朱方印等。

004104　先先先生重訂天地秘書等　（明）汪廷訥撰　明萬曆刻本

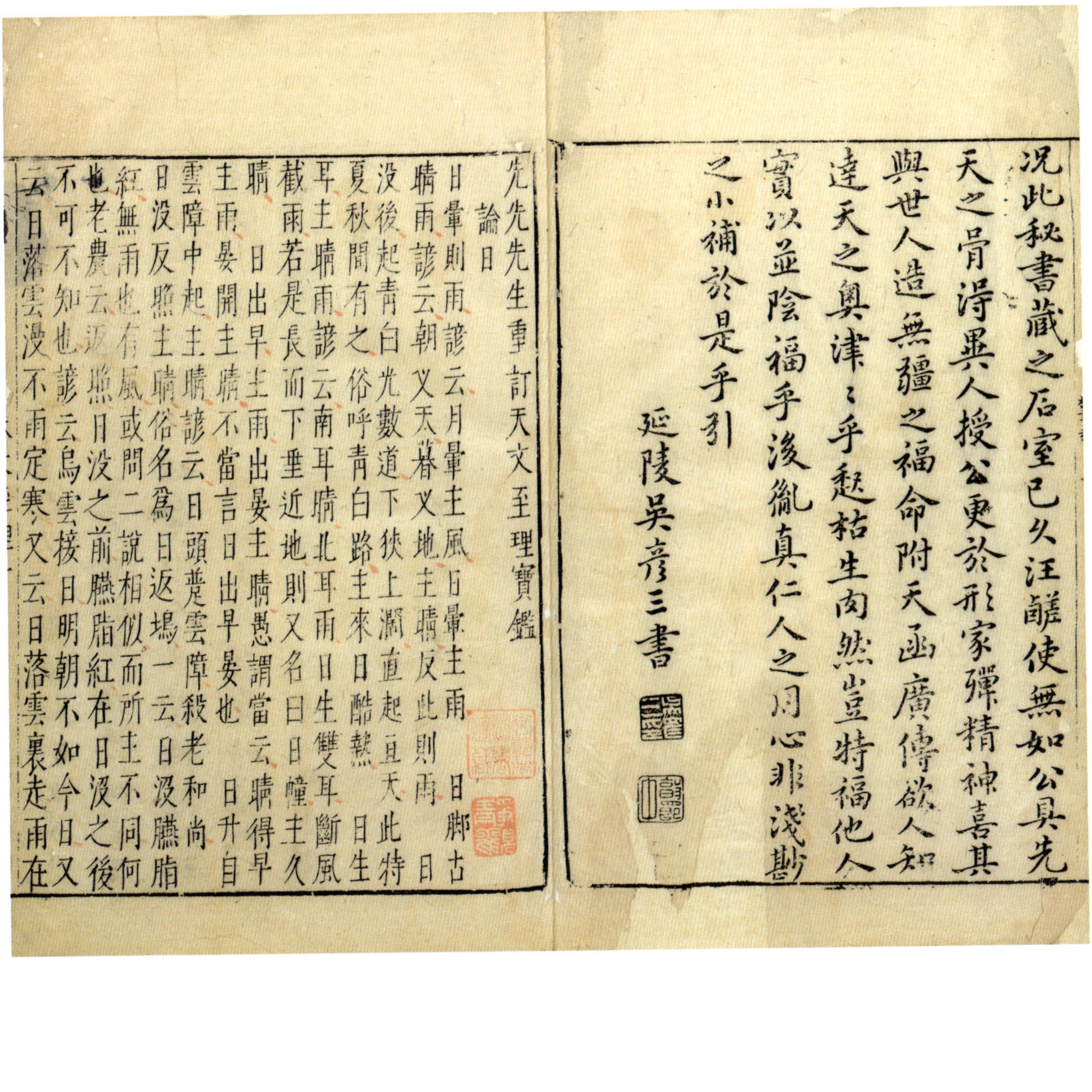

況此秘書藏之石室已久汪顧使無如公具先
天之骨得異人授公更於形家殫精神喜其
與世人造無疆之福命附天函廣傳欲人知
達天之奧津津乎起枯生肉然豈特福他人
實以益陰福乎後胤真仁人之用心非淺尠
之小補於是乎引
延陵吳彥三書

先先先生重訂天文至理寶鑑
論日
日暈則雨諺云月暈主風日暈主雨　日腳古
晴雨諺云朝又天暮又地主晴反此則雨　日
没後起青白光數道下狹上濶直起亘天此特
夏秋間有之俗呼青白路主來日酷熱　日生
耳主晴雨諺云南耳晴北耳雨日生雙耳斷風
截雨若是長而下垂近地則又名日日幢主久
晴　日出早主雨出晏主晴愚謂當云晴得早
主雨晏開主晴不當言日出早晏也　日升自
雲障中起主晴諺云日頭趕雲障殺老和尚
日没反照主晴俗名爲日返塢一云日没臙脂
紅無雨也有風或問二說相似而所主不同何
也老農云返照日没之前臙脂紅在日没之後
不可不知也諺云烏雲接日明朝不如今日又
云日落雲漫不雨定寒又云日落雲裏走雨在

汪廷訥（1569—1628），字昌朝，一字無如，號坐隱先生、全一真人、無無居，安徽休寧人。明萬曆間由貢生官鹽運使，後謫寧波府同知。另著有雜劇《廣陵月》、傳奇《環翠堂樂府》等。

是集收《先先先生重訂天文至理寶鑑》一卷、《先先先生重訂形家四竅寶鑑》二卷、《全一真人洞天清録》一卷、《全一真人仙授趨吉香方》一卷。

前三種，框高 21.6 厘米，寬 15.8 厘米。半葉十六行，行十八字，白口，四周單邊。版心中鎸集名或篇名及卷次。

第四種，框高 21.3 厘米，寬 15.9 厘米。半葉十行，行十八字。版心中鎸篇名。

正文前有《先先先生重訂天地秘書引》，末署「延陵吴彦三書」。

《天文至理》正文含論日、論月、論星、論風、論雲雨、論霞、論虹、論雷論電、論冰、論霜、論雪等十一篇。《形家四竅》正文分上、下二卷，爲《披肝瀝膽心法》：龍脉、穴、砂、水、倒杖、生氣、直指、真機賦。《全一真人洞天清録》，正文前有小引，末署「無遮居士題」；正文含《坐隱園酒經》《坐隱園養魚經》《坐隱園藝菊譜》《坐隱園瓶花譜》《坐隱園茶録》；正文後有汪廷訥跋。《全一真人仙授趨吉香方》，記三神香、綫香方、餅香方、細料香、海宫春信香、清遠綫香、衣香、逼蟲香。

綫裝，一册，登録號 004104。鈐「静觀」白長印、「常熟市／圖書／館藏」朱方印。

004482 書法正傳十卷

（清）馮武編　清刻本

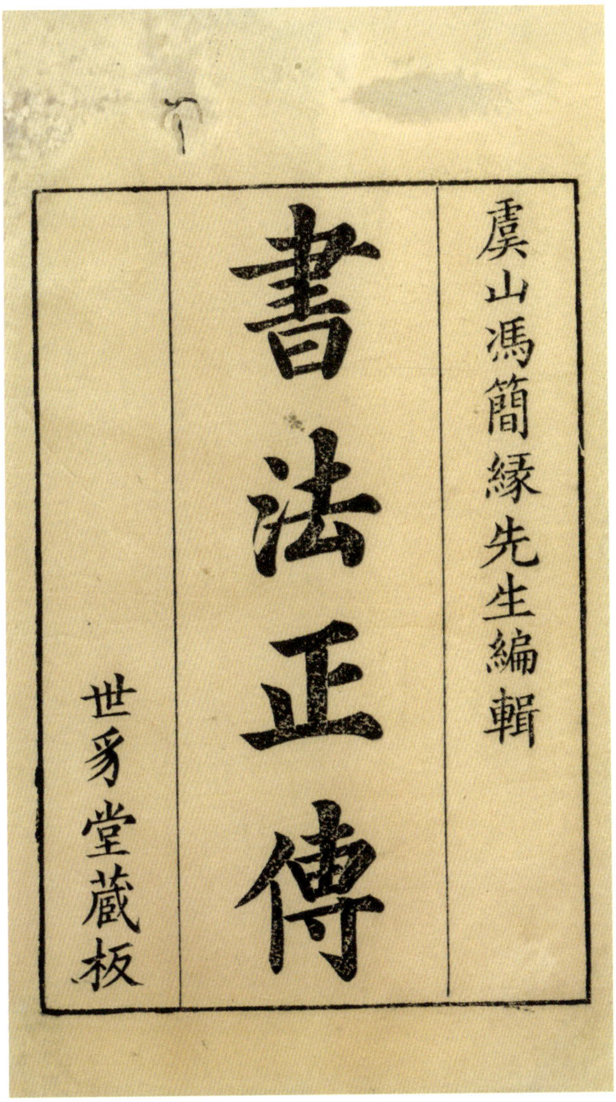

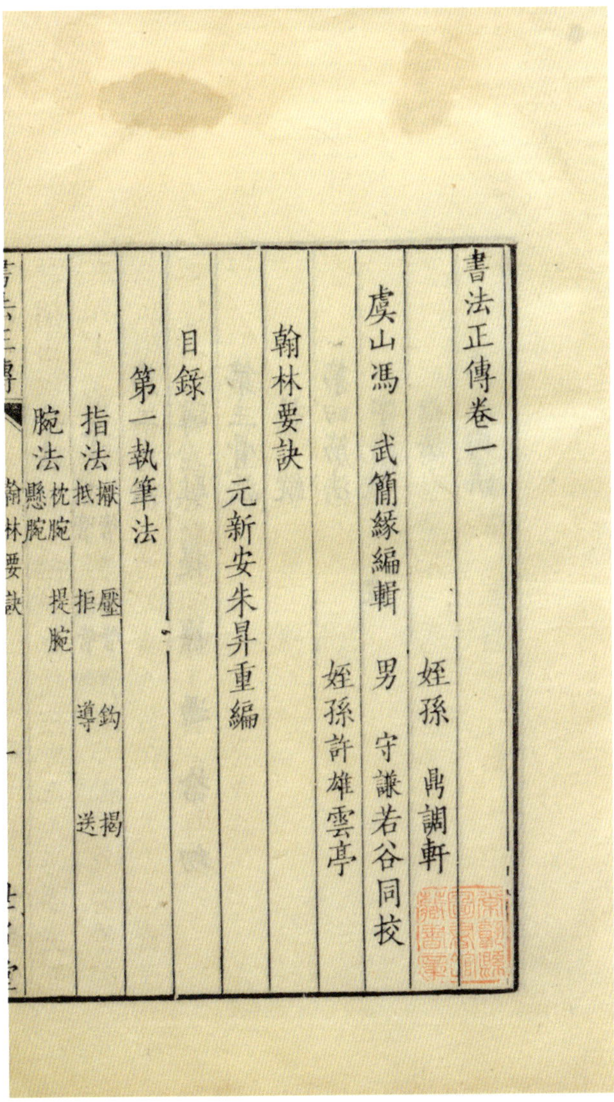

馮武，一名長武，字竇伯，號簡緣，常熟人。班從子。家多藏書。喜校繕，隱湖毛晉刻書多經校定。除《書法正傳》，又著有《遥擲稿》。

有書名葉，左上小字題「虞山馮簡緣先生編輯」，中間大字題書名「書法正傳」，左下小字題「世豸堂藏板」。

卷端署「虞山馮武簡緣編輯，侄孫鼎調軒、男守謙若谷、侄孫許雄雲亭同校」。框高19.4厘米，寬13.4厘米。半葉十行，行二十字，白口，上單黑魚尾，左右雙邊。版心魚尾上鎸書名，版心中小字録各卷集（篇）名，下記葉次；版心下有「世豸堂」字樣。

正文前有虞山簡緣馮武《書法正傳自叙》；次接總目；次接凡例。正文後有受業門人譚紹隆跋、侄孫馮鼎跋。正文凡十卷，卷一《翰林要訣》，題「元新安朱昇重編」；卷二《書法三昧》；卷三《永字八法》，題「雪庵李溥光造，臣李淳進」；卷四《大字結構八十四法》，題「明李淳進」；卷五《纂言》上；卷六《纂言》中；卷七《纂言》下；卷八《書家小傳》；卷九《名迹源流》；卷十《鈍吟書要》。卷一至卷三正文前皆有分卷目次。

綫裝，二册，登録號004482。鈐「常熟縣/圖書館/藏書章」朱方印。

004856 經鉏堂雜志八卷（存三卷）

（宋）倪思撰　明萬曆二十八年（1600）潘大復刻本

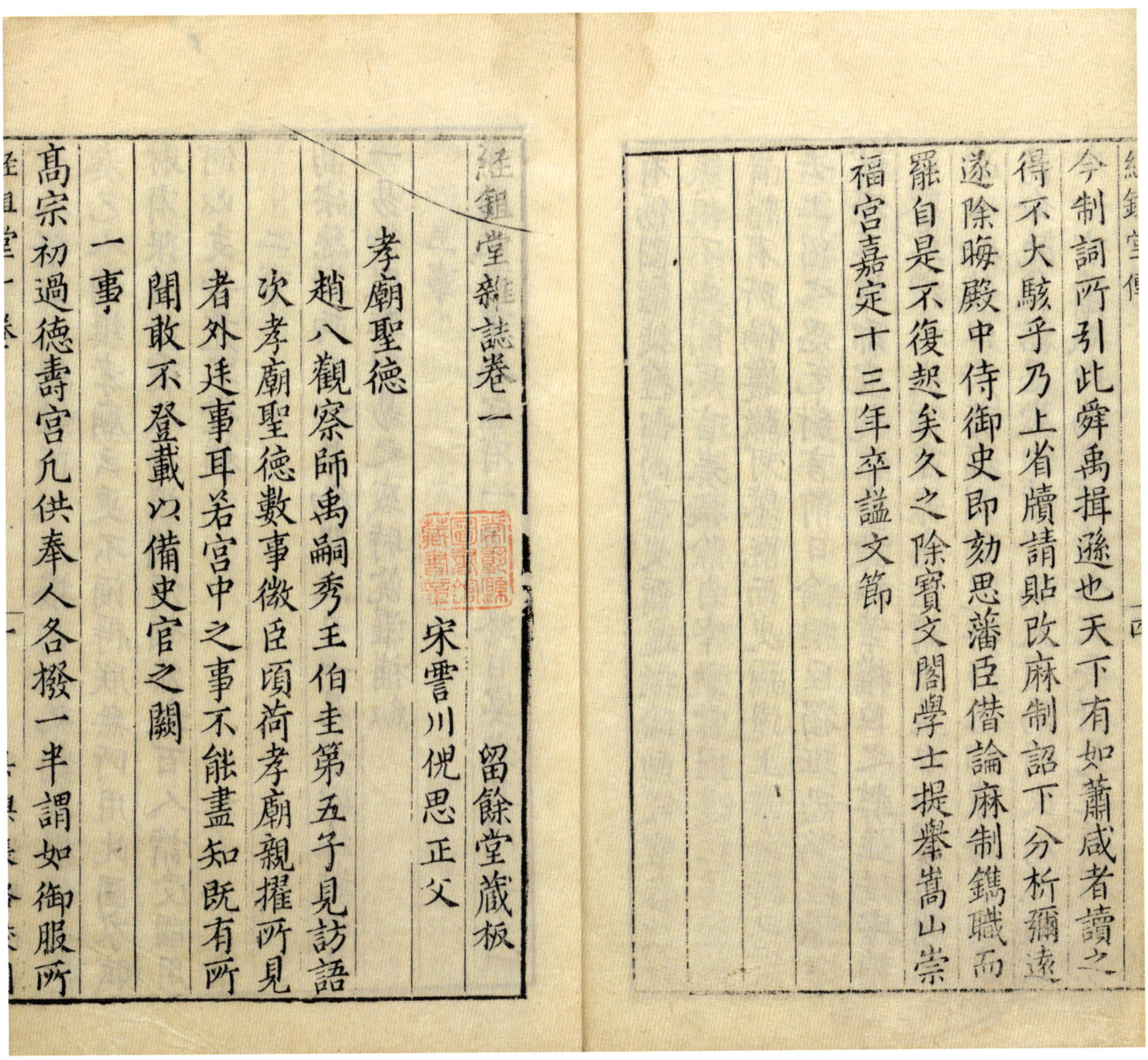

倪思（1147—1220），字正甫，湖州歸安（今屬湖州）人。宋乾道二年（1166）進士，宋淳熙五年（1178）中博學宏詞科。淳熙十四年（1187）除著作郎，十六年（1189）遷將作少監。後官禮部侍郎、禮部尚書、知鎮江府。

框高 21.5 厘米，寬 13.6 厘米。半葉九行，行二十字，白口，四周單邊。版心中鐫書名及卷數，下記葉次。

卷端署「宋霅川倪思正父撰」。正文前有《經鉏堂序》，末署「萬曆庚子仲春花旦，吴興居實子潘大復書於雍陽官署」；次接《宋倪文節公傳》。正文凡八卷，今藏本衹存卷一至卷三。

綫裝，一册，登録號 004856。書封右題「《經鉏堂雜志》八卷，入四庫子部雜家類存目，此萬曆刻本，止存三卷」。各卷卷端首行下鐫「留餘堂藏版」字樣，卷二末小字鐫「吴興張輅校刻」。鈐「常熟縣／圖書館／藏書章」朱方印。

004857　周髀算經二卷　題（漢）趙君卿注　（北周）甄鸞重述　（唐）李淳風等注釋　**周髀音義一卷**　（宋）李籍撰　**數術記遺一卷**　題（漢）徐岳撰　（北周）甄鸞注　明趙開美刻本　明趙開美校

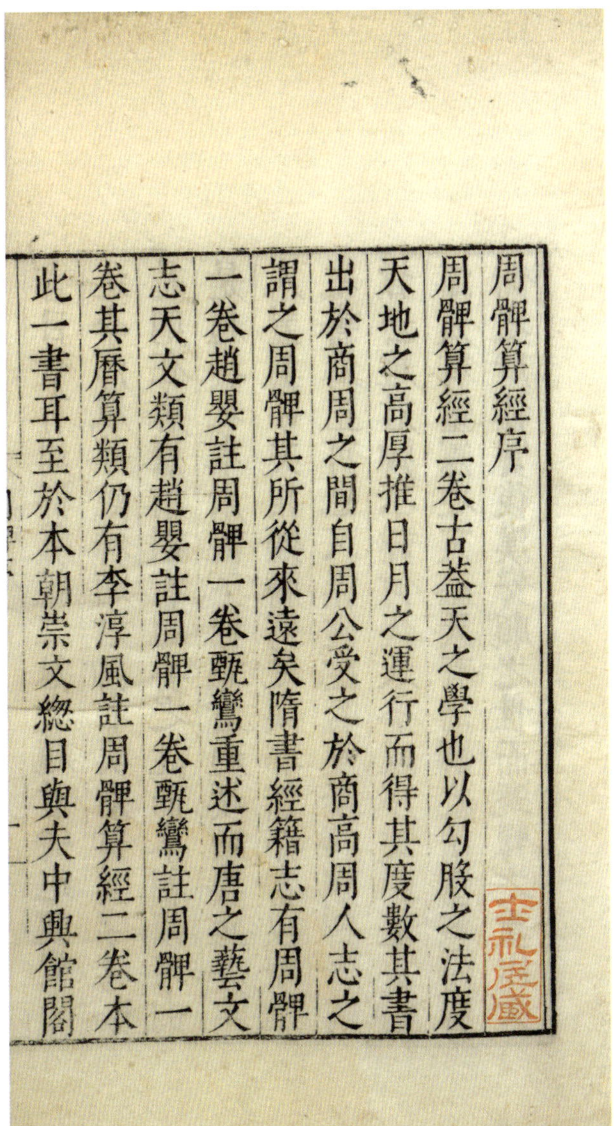
周髀算經序
周髀算經二卷古蓋天之學也以勾股之法度天地之高厚推日月之運行而得其度數其書出於商周之間自周公受之於商高周人志之謂之周髀其所從來遠矣隋書經籍志有周髀一卷趙嬰註周髀一卷甄鸞重述而唐之藝文志天文類有趙嬰註周髀一卷甄鸞註周髀一卷其厤算類仍有李淳風註周髀算經二卷本此一書耳至於本朝崇文總目與夫中興館閣

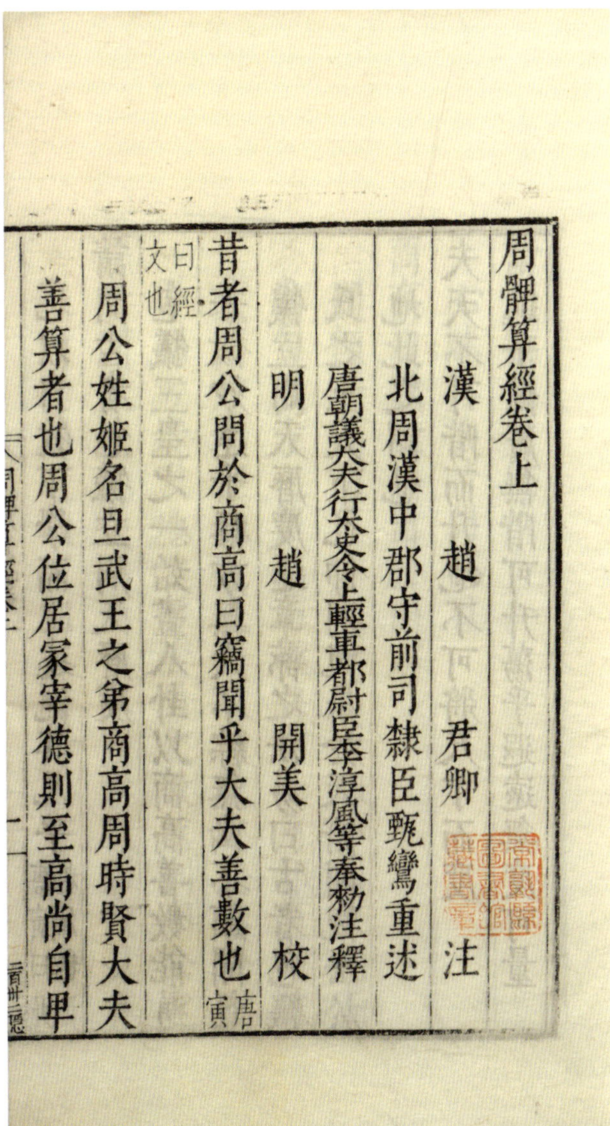
周髀算經卷上
漢　趙　君卿　注
北周漢中郡守前司隸臣甄鸞重述
唐朝議大夫行太史令上輕車都尉臣李淳風等奉勑注釋
明　趙　開美　校
昔者周公問於商高曰竊聞乎大夫善數也（small annotation: 唐寅）曰經文也
周公姓姬名旦武王之弟商高周時賢大夫善算者也周公位居冢宰德則至高尚自卑

趙君卿，名爽，字君卿。甄鸞（536—578），字叔遵，中山毋極（今屬河北無極）人。精曆算。官至司隸校尉。李淳風（602—670），岐州雍（今陝西鳳翔）人。唐貞觀初年以將仕郎直太史局，後任太常博士，纍遷太史令。李籍，曾任秘書省鈎考算經文字臣。徐岳，字公河，東萊（治今山東掖縣）人。

框高19.7厘米，寬14厘米。半葉九行，行十八字，小字雙行同，白口，上單白魚尾，左右雙邊。版心中鐫書名及卷數，下記葉次。版心下有刻工姓氏。《周髀算經》，卷端署「漢趙君卿注，北周漢中郡守、前司隸臣甄鸞重述，唐朝議大夫行太史令、上輕車都尉臣李淳風等奉敇注釋，明趙開美校」。正文前有宋嘉定六年（1213）十月一日丁卯冬至承議郎、權知汀州軍州、兼管内勸農事主管坑冶括蒼鮑瀚之仲祺《周髀算經序》，次接佚名《周髀算經序》，次接胡震亨《周髀題辭》。正文分上、下二卷。後接《周髀音義》一卷，卷端署「假承務郎、秘書省鈞考算經文字臣李籍撰」。《音義》正文後附《算學源流》及《算法歌訣》。後接嘉定五年（1212）壬申七月一日己巳立秋奉議郎守大理正新差知汀州鮑瀚之仲祺《周髀算經後序》。後接《數述記遺》一卷，卷端署「漢徐岳撰，北周漢中郡守前司隸臣甄鸞注，明趙開美校」。

綫裝，二册，登録號004857。有「士禮居藏」朱長印、「常熟縣/圖書館/藏書章」朱方印。

006794 困知記二卷續二卷附録一卷

（明）羅欽順撰　明嘉靖刻本

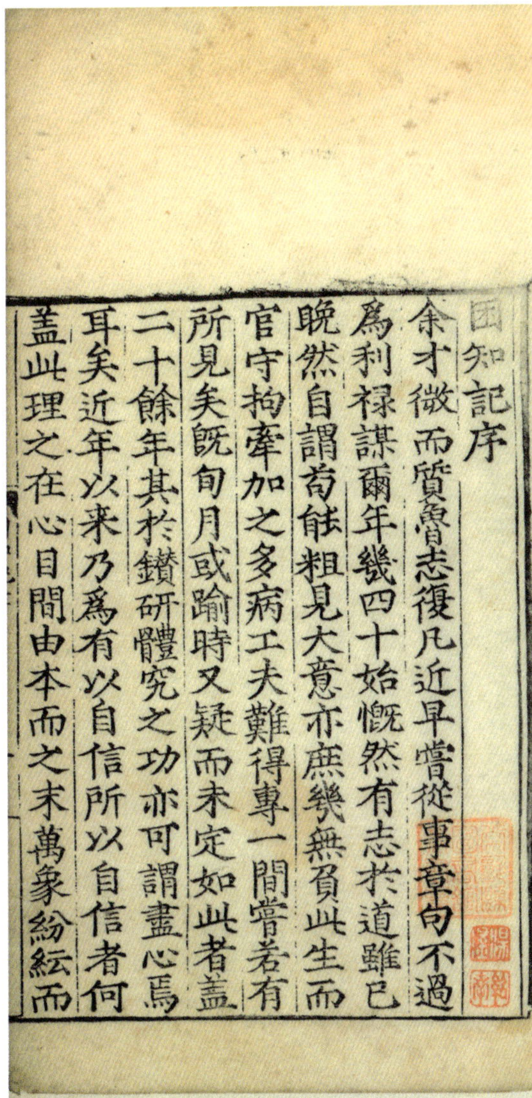
困知記序
余才微而質魯志復凡近早嘗從事章句不過
為利祿謀爾年幾四十始慨然有志於道雖已
晚然自謂苟能粗見大意亦庶幾無負此生而
官守拘牽加之多病工夫難得專一間嘗若有
所見矣既旬月或踰時又疑而未定如此者蓋
二十餘年其於鑽研體究之功亦可謂盡心焉
耳矣近年以來乃為有以自信所以自信者何
蓋此理之在心目間由本而之末萬象紛紜而

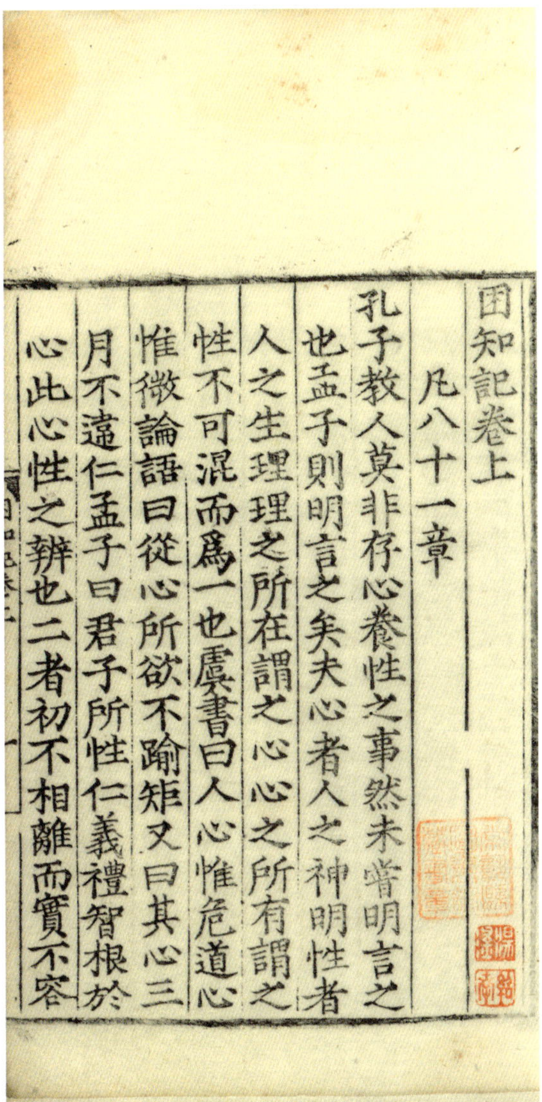
困知記卷上
凡八十一章
孔子教人莫非存心養性之事然未嘗明言之
也孟子則明言之矣夫心者人之神明性者
人之生理理之所在謂之心心之所有謂之
性不可混而為一也虞書曰人心惟危道心
惟微論語曰從心所欲不踰矩又曰其心三
月不違仁孟子曰君子所性仁義禮智根於
心此心性之辨也二者初不相離而實不容

羅欽順（1465—1547），字允升，號整庵，江西泰和人。明弘治六年（1493）進士。授翰林院編修，遷南京國子監司業。後歷官南京吏部右侍郎、吏部尚書。辭官後潛心格物致知之學。著有《整庵存稿》等。《明史》卷二八二有傳。

框高19.2厘米，寬14.1厘米。半葉九行，行十八字，白口，上單黑魚尾，左右雙邊。版心魚尾下鎸書名及卷次，下記葉次。

《困知記》，正文前有《困知記序》，末署「嘉靖七年歲次戊子十有一月己亥朔日，南至泰和羅欽順序」；次接《困知記序》，末署「嘉靖癸巳秋八月壬申，賜進士出身、嘉議大夫、奉敕總提督倉場、户部右侍郎、前南京兵部右侍郎瓊海黄芳撰」。正文二卷，卷上凡八十一章，卷下凡七十五章。《困知記續》二卷，卷上凡八十章，卷末有明嘉靖十年（1531）辛卯夏六月丙辰整庵題識；卷下凡三十三章，卷末有嘉靖十二年（1533）癸巳夏五月戊申整庵題識。《困知記附録》一卷，正文前後無序跋及目次。

綫裝，六册，登録號006794。各册書封題寫書名及册次。鈐「湯／淦」白方印、「紹／南」朱方印、「常熟縣／圖書館／藏書章」朱方印。

006956 類經類注三十二卷附類經附翼四卷

（明）張介賓類注

明天啓四年（1624）自刻本

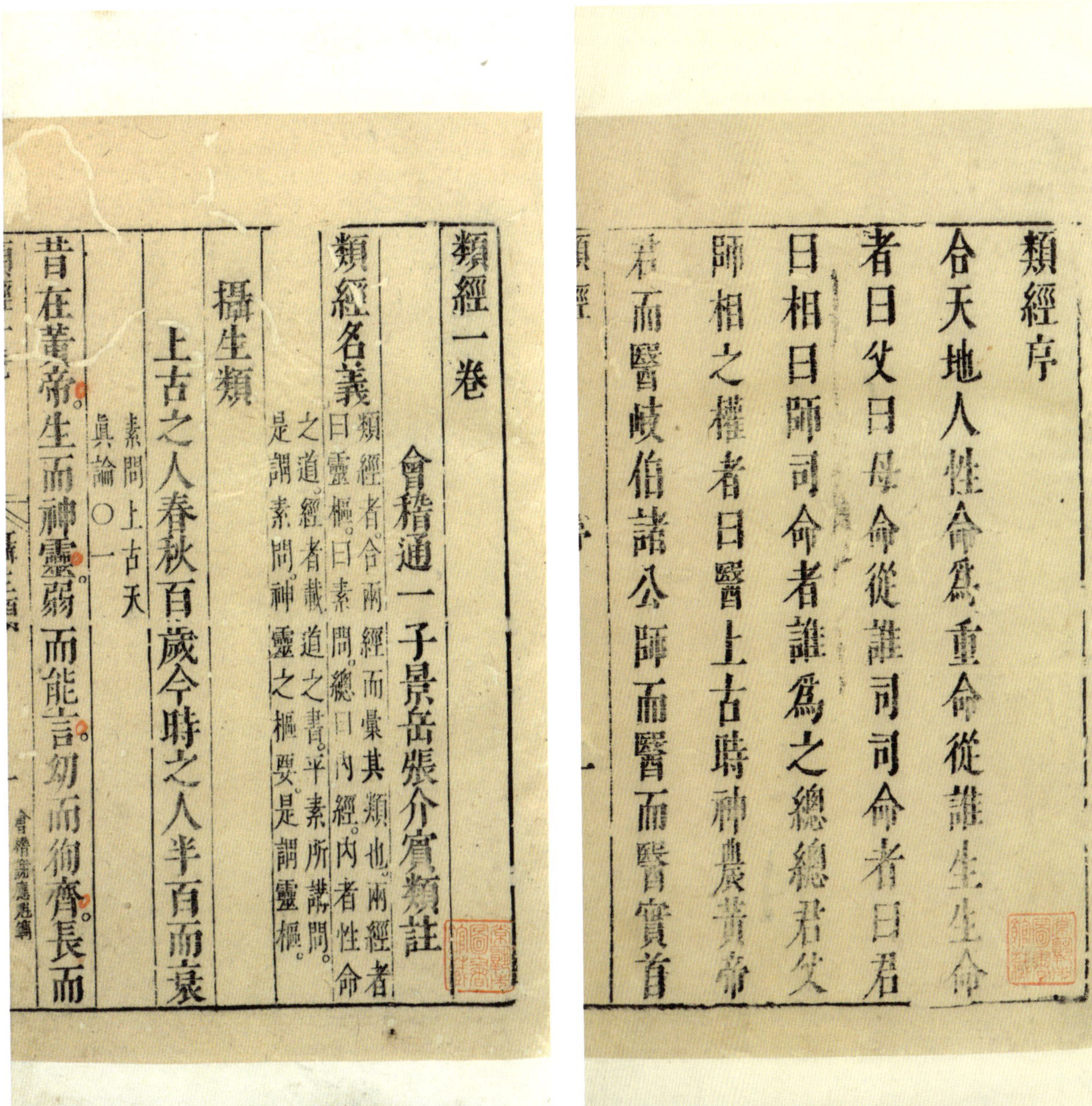

張介賓（1563—1640），字惠卿，號景岳，浙江會稽（今屬紹興）人。年十三學醫於金英，盡得其傳。有古方八陣。

卷一卷端署「會稽通一子景岳張介賓類注」，其餘各卷署「張介賓類注」。框高21.3厘米，寬14.3厘米。半葉八行，行十八字，小字雙行同，白口，上單綫魚尾，四周單邊。版心魚尾上鎸書名「類經」及卷次，魚尾下録類目，再下記葉次。

正文前有《類經序》，末署「皇明天啓四載歲在甲子陽月上澣，賜進士第、湖廣按察司副使、分守荆西道、前奉敕提督河南學政、江西布政使司、右參政、分巡南瑞道、通家友弟葉秉敬頓首拜撰」；次接《類經序》，末署「大明天啓四年歲次甲子黄鍾之吉，景岳子自序於通一齋」；次接目録。正文三百九十條，凡三十二卷，卷一攝生類，卷二陰陽類，卷三、卷四藏象類，卷五、卷六脉色類，卷七至卷九經絡類，卷十標本類，卷十一氣味類，卷十二論治類，卷十三至卷十八疾病類，卷十九至卷二十二針刺類，卷二十三至卷二十八運氣類，卷二十九至卷三十二會通類。正文後有附《類經附翼》四卷，卷一卷端署「張介賓易撰」，卷二署「張介賓集著」，卷三署「張介賓著」，卷四署「張介賓集」。正文前有目録，卷一醫易，卷二律原，卷三求正録，卷四附針灸諸賦。據葉秉敬《類經序》及張介賓自序，是集正文後又有《圖翼》十一卷，今藏本無。

綫裝，三十二册，登録號006956。以金鑲玉重加裝訂。各册書根題部類「經部」及類目、册次。有朱筆圈點。鈐「常熟市/圖書/館藏」朱方印。

007220　省軒考古類編十二卷

（清）柴紹炳纂　清乾隆二十三年（1758）文盛堂刻本

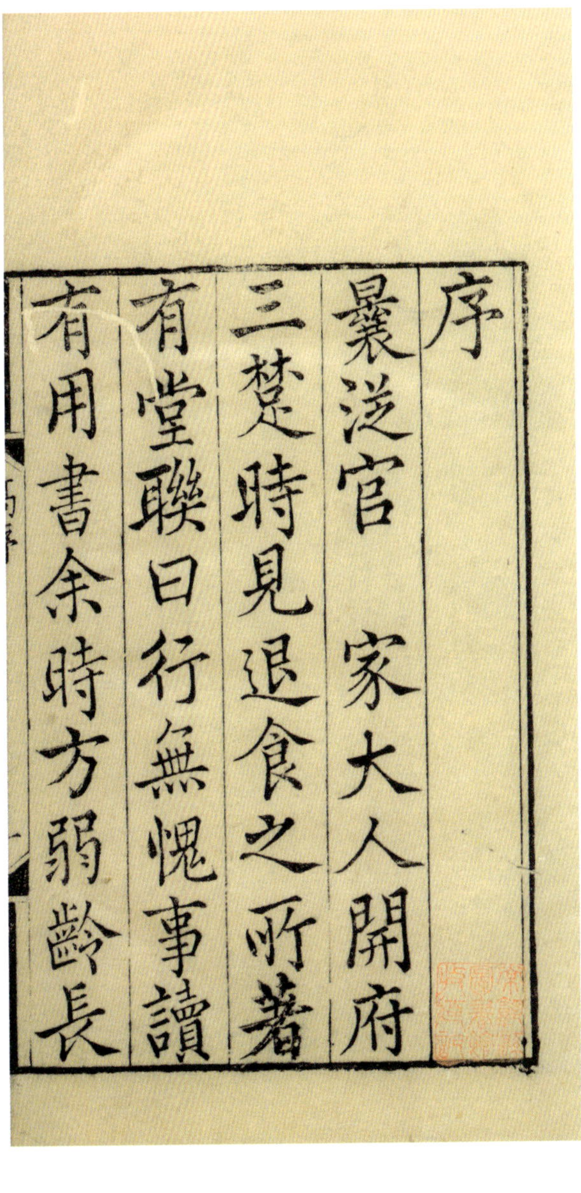
序
曩從官　家大人開府
三楚時見退食之所著
有堂聯曰行無愧事讀
有用書余時方弱齡長

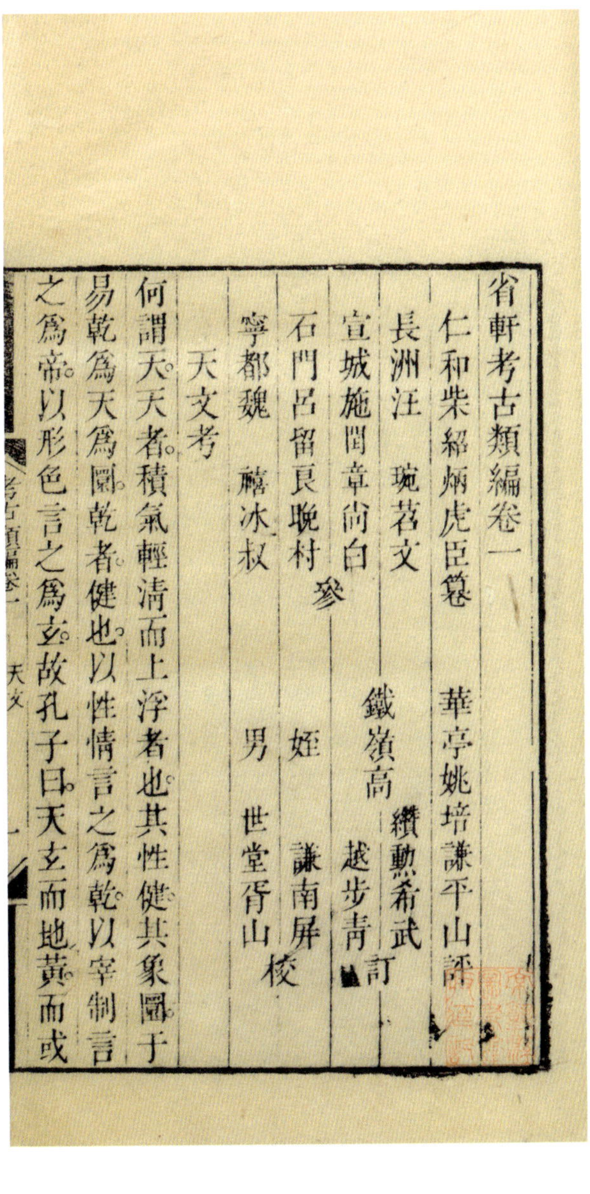
省軒考古類編卷一
仁和柴紹炳虎臣纂　華亭姚培謙平山評
長洲汪　琬苕文　鐵嶺高　纘勳希武
宣城施閏章尚白　越步青　訂
石門呂留良晚村　參　姪　謙南屏
寧都魏　禧冰叔　男　世堂胥山　校
天文考
何謂天天者積氣輕清而上浮者也其性健其象圓于
易乾爲天爲圜乾者健也以性情言之爲乾以宰制言
之爲帝以形色言之爲玄故孔子曰天玄而地黃而或

柴紹炳（1616—1670），字虎臣，號省軒，又號翼望山人，浙江仁和（今屬杭州）人。明諸生。博聞强記，工詩文，與陸圻、毛先舒等并稱「西泠十子」。明亡，以教授、著述爲事。除《省軒考古類編》，又有《省軒文鈔》《省軒詩鈔》《白石軒雜稿》《家戒明理論》《古韵通》等。

卷端署「仁和柴紹炳虎臣纂」「華亭姚培謙平山評」，又題參、訂、校者姓氏，各卷不同，卷一「長洲汪琬苕文、宣城施閏章尚白、石門呂留良晚村、寧都魏禧冰叔參，鐵嶺高纘勳希武、越步青訂，侄謙南屏、男世堂胥山校」，卷二「海寧范驤文白、仁和應撝謙潛齋、昆山顧炎武寧人、杭州陳廷會際叔參，錘祥李蓮石湖、慈溪鄭性義門訂，侄升錦川、男世臺北溟校」，卷三「祥符周亮工櫟園、平湖陸隴其稼書、合肥龔鼎孳孝升、華亭顧大申見山參，鵲水曹廷棟六圃、錢塘張穎荀叔明訂，孫銑功硎、錕玉友校」，卷四「昆山徐乾學建庵、新城王士禛阮亭、秀水朱彝尊竹垞、仁和丁澎藥園參，華亭顧思孝綏成、山陰周應宿挈一訂，孫鎧以仁、鍾應黄校」，卷五「杭州陸圻景宣、番禺屈大均翁山、遂安毛際可鶴舫、松江姚宏緒聽岩參，嘉興陳濟檢亭、歙縣程其成阜山訂，侄孫載庸汝揆、鶴山修祺校」，卷六「海鹽彭孫遹羨門、商丘侯方域朝宗、仁和毛先舒稚黄、青浦王原西亭參，昆山王之醇學舒、仁和施灝子淳訂，曾孫涵性如、泓淵如校」，卷七「吴江計東甫草、長洲蔡方炳九霞、南昌王猷定于一、松江姚宏度息園參，錢塘陳世璔雲槎、華亭張景星二銘訂，曾孫溥天如、孝嗣校」，卷八「平湖陸棻義山、晋安林雲銘西仲、餘杭嚴沆顥亭、遂安方象瑛渭仁參，錢塘顧之珽搢玉、華亭姚培衷心求訂，曾侄孫才次伊、秀寵西校」，卷九「休寧孫默無言、寧都魏際瑞善伯、仁和沈謙去矜、華亭徐是效景予參，華亭王永祺延之、秀水李宗仁乾三訂，曾侄孫潮生禹門、麟生石麐校」，卷十「平湖江日輝莘農、慈溪萬泰履安、仁和孫治宇台、宜興儲欣同人參，錢塘施紹遠村、華亭姚培枝霞扶訂，孫堉朱光被昭武、吳向榮力人校」，卷十一「永城孫奇逢鍾元、秀水曹溶秋岳、蕭山毛奇齡大可、仁和張右民用霖參，海鹽陳世基石友、錢塘程川郛渠訂，門人陸塏左城、張吉王士校」，卷十二「杭州吳百朋錦雯、錢塘顧豹文且庵、杭州沈昀甸華、仁和張綱孫秦亭參，仁和施準景萊、華亭徐南溟王臺訂，門人陸繁弨拒石、徐汾武令校」。

有書名葉，橫眉題「乾隆戊寅增訂重鐫」，右上小字雙行題「華亭姚平山評定／鐵嶺高步青參閱」，中間大字題書名「省軒考古類編」，左下小字題「文盛堂藏版」。

刻本框高18.1厘米，寬12.4厘米。半葉十行，行二十一字，小字雙行同，黑口，雙魚尾，左右雙邊。版心魚尾之間依次鐫書名「考古類編」及卷次、類目、葉次。

正文前有序，末署「雍正四年二月既望，鐵嶺後學高越拜題於杞峰樓」；次接序，末署「後學姚培謙拜手書」；次接柴紹炳虎臣《自序》；次接凡例，末署「雍正三年二月上浣，門下後學高纘勳希武識」；次接目錄，末署「男世堂編次」。正文凡十二卷，卷一天文、曆法、災祥，卷二郊祀、宗廟、律呂，卷三輿地（附都會）、沿革，卷四禮制、樂制、經學，卷五史學、文體、性理，卷六理學、學校、謚法，卷七官制、貢舉（附薦辟），卷八銓選（附考課）、賦役（附户口），卷九漕運、鹽法、錢法（附鈔法），卷十荒政（附貯糴）、兵制，卷十一屯田、馬政、弭盗，卷十二海防、刑制、治河、水利。

綫裝，十二册。登錄號007220。各册書根題寫書名及册次。鈐「常熟縣／圖書館／收藏記」朱方印。

007333　亢倉子三卷
附鄧析子一卷

題（宋）何璨注　明天啓

自刻本

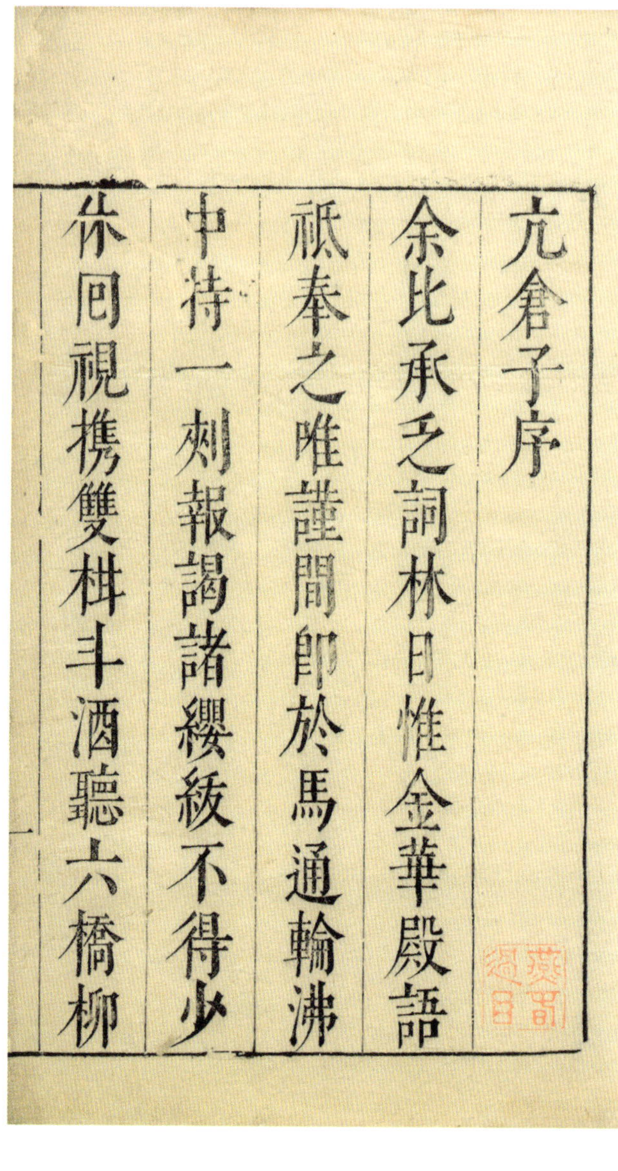

亢倉子序

余比承乏詞林日惟金華殿語

祗奉之唯謹閒郎於馬通輪沸

中待一刺報謁諸纓紱不得少

休回視携雙柑斗酒聽六橋柳

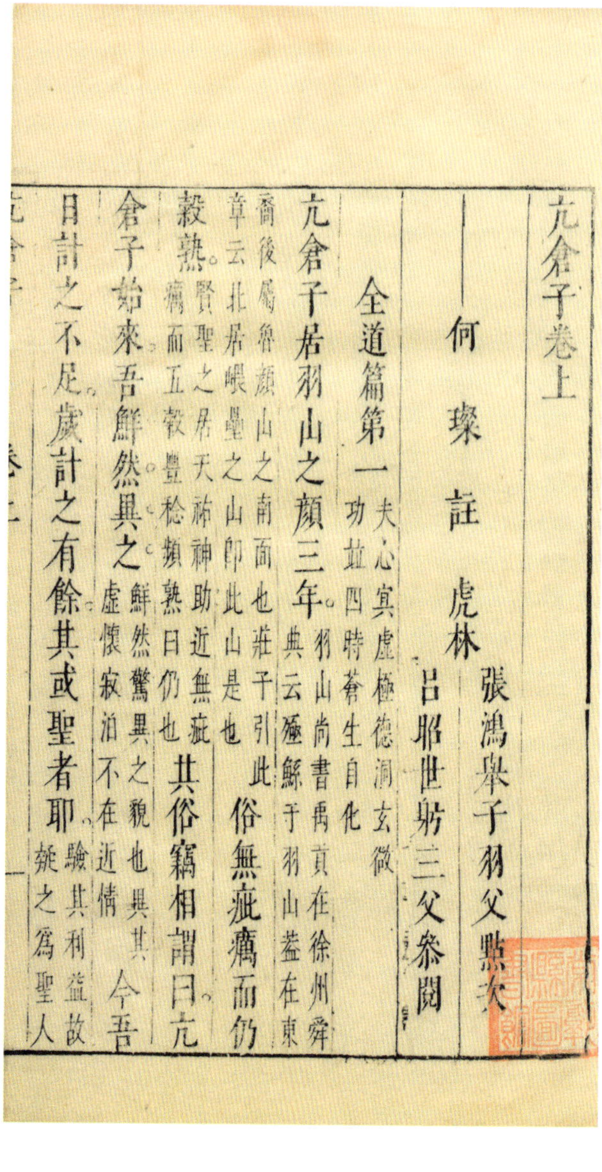

亢倉子卷上

何璨註　虎林　張鴻舉子羽父點次

呂昭世躬三父參閱

全道篇第一　夫心冥虛極德洞玄微功並四時育生自化

亢倉子居羽山之顏三年。羽山尚書禹貢在徐州舜典云殛鯀于羽山蓋在東裔後屬魯顏山之南面也莊子引此章云北居畏壘之山即此山是也　俗無疵癘而仍穀熟。賢聖之居天祐神助近無疵癘而五穀豐稔頻熟日仍也　其俗竊相謂曰亢倉子始來吾鮮然異之　鮮然驚異之貌也異其虛懷寂泊不在近情　今吾日計之不足歲計之有餘其或聖者耶　驗其利益故歲計之為聖人

何璨，生平事迹不詳。

有書名葉，右上小字題「張子羽點次」，中間大字題書名「亢倉子」，左上小字題「合鄧析子」，左下小字題「遠齋藏版」。

卷端署「何燦注，虎林張鴻舉子羽父點次、吕昭世躬三父參閲」。

框高20.9厘米，寬14.6厘米。半葉九行，行二十字，小字雙行同，白口，四周單邊。版心上鎸書名，中録卷次，下記葉次。

正文前有《亢倉子序》，末署「乙丑秋日，社弟徐時泰書於長安邸舍」；次接《引語》，末署「乙丑冬日，西湖張鴻舉題於舸閣」；次接目録。正文分上、中、下三卷，卷上全道篇第一、用道篇第二、政道篇第三，卷中君道篇第四、臣道篇第五、賢道篇第六，卷下順道篇第七、農道篇第八、兵道篇第九。

附《鄧析子》一卷，卷端署「虎林張鴻舉子羽父點次、吕昭世躬三父參閲」。正文前有《鄧子小引》，末署「乙丑長至日，西湖張鴻舉漫題於竹浪館」。正文包括《無厚篇》《轉辭篇》。

綫裝，一册，登録號007333。鈐「燕春／過目」朱方印、「常熟／縣圖／書館」朱方印。

007361　新刊唐荊川先生稗編一百二十卷目録三卷

（明）唐順之撰　明萬曆刻本

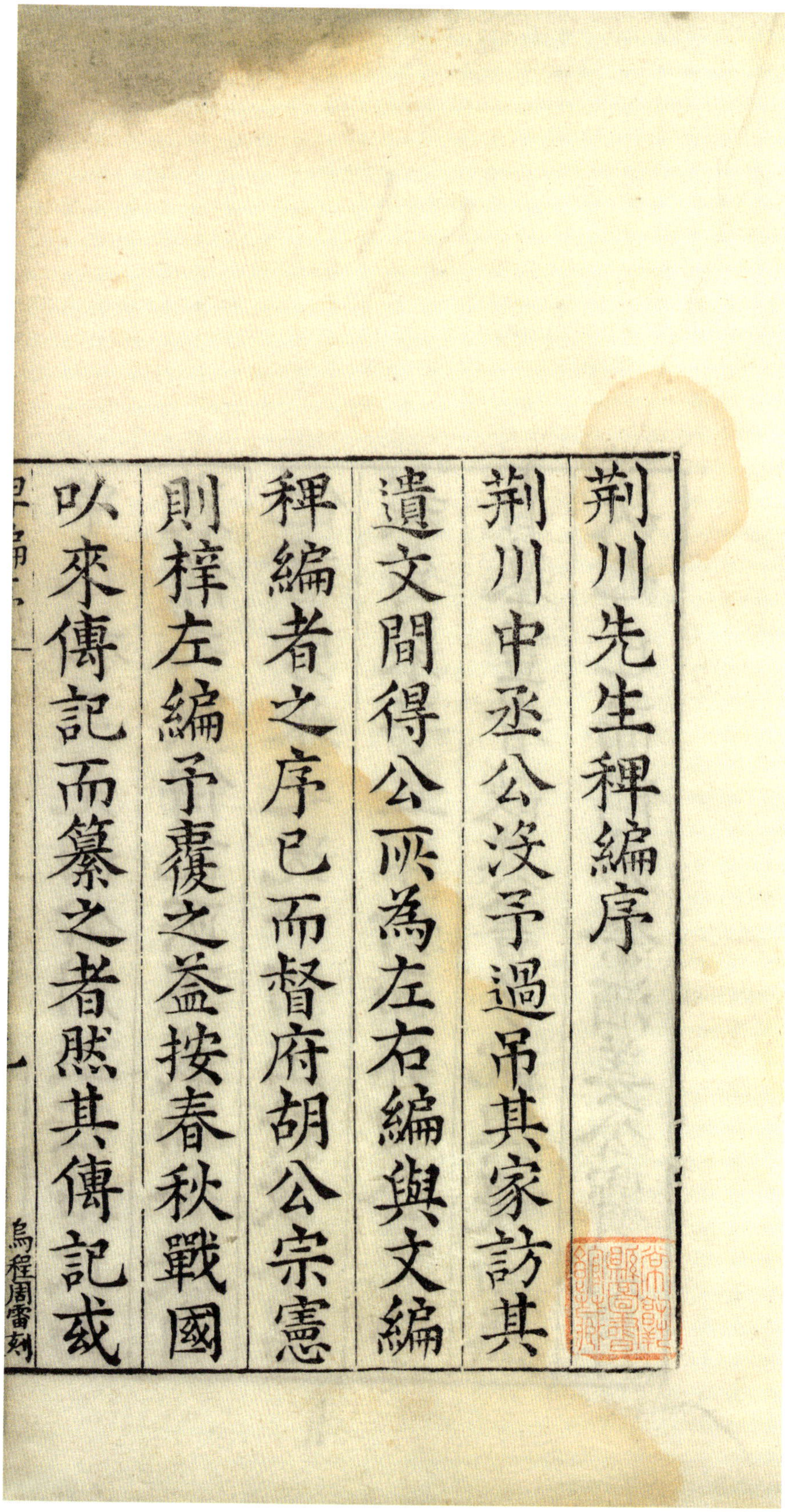

荊川先生稗編序

荊川中丞公沒予過弔其家訪其遺文間得公所為左右編與文編稗編者之序已而督府胡公宗憲則梓左編予覆之益按春秋戰國以來傳記而纂之者然其傳記或

烏程周雷刻

唐順之（1507—1560），字應德，一字義修，號荆川，武進（今江蘇常州）人。明嘉靖八年（1529）進士，授兵部主事，改吏部稽勛。三十三年（1554），率師抗倭，以功升右僉都御史，代鳳陽巡撫。工古文。

卷端署考校者姓氏，各卷有不同，如卷一、卷五十九「門生昆陵左烝考校」，卷五十八「門生昆陵王革考校」，卷一百十七「後學吴興茅一桂校」，卷一百十八「後學歸安吴人豹校」，卷六十一、卷一百十九「後學雲間郁成彬校」，卷一百二十「門生昆陵褚滔考校」。

框高19.3厘米，寬14.4厘米。半葉十行，行二十字，小字雙行同，白口，上單綫魚尾，四周雙邊。版心魚尾上鎸書名「荆川稗編」，魚尾下録卷次，再下記葉次，再下有刻工姓氏：烏程周雷、周邦明、雷、羅三、汝、贊、六、黄成、羅四、四、周三、周壽、壽三、詹良、模、詹二、玉、游二、王、魏三、李富等。

正文前有《荆川先生稗編序》，末署「萬曆辛巳夏四月望日，歸安鹿門茅坤撰」；次接《荆川唐先生稗編自序》；次接《文霞閣刻稗編引》，後接《稗編例義》，末署「萬曆辛巳春正月既望晚學東海茅一相康伯撰并書」。

目録上、中、下三卷。正文凡一百二十卷，卷一六經總論，卷二至卷五易，卷六、卷七書，卷八至卷十詩，卷十一至卷十八春秋，卷十九至卷二十二禮經，卷二十三至卷三十五禮，卷三十六至卷四十二樂，卷四十三至卷七十一諸家，卷七十二至卷八十三文藝，卷八十四、卷八十五畫，卷八十六古器、琴、射、弈，卷八十七總論，卷八十八君、相、謀，卷九十諫、政，卷九十一后、儲，卷九十二宗、戚、主，卷九十三宦、幸，卷九十四奸、篡，卷九十五封建，卷九十六鎮、亂，卷九十七夷，卷九十八名世，卷九十九節、俠，卷一百隱逸、烈婦、方技，卷一百一、卷一百二吏，卷一百三至卷一百十一户，卷一百十二、卷一百十三禮，卷一百十四至卷一百十七兵，卷一百十八、卷一百十九刑，卷一百二十工。

綫裝，六十册，登録號007361。各册書根題書名「荆川稗編」及册次。鈐「常熟/縣圖書/館藏」朱方印。

007368　廣韻藻六卷

（明）方夏輯　明崇禎十五年（1642）刻本

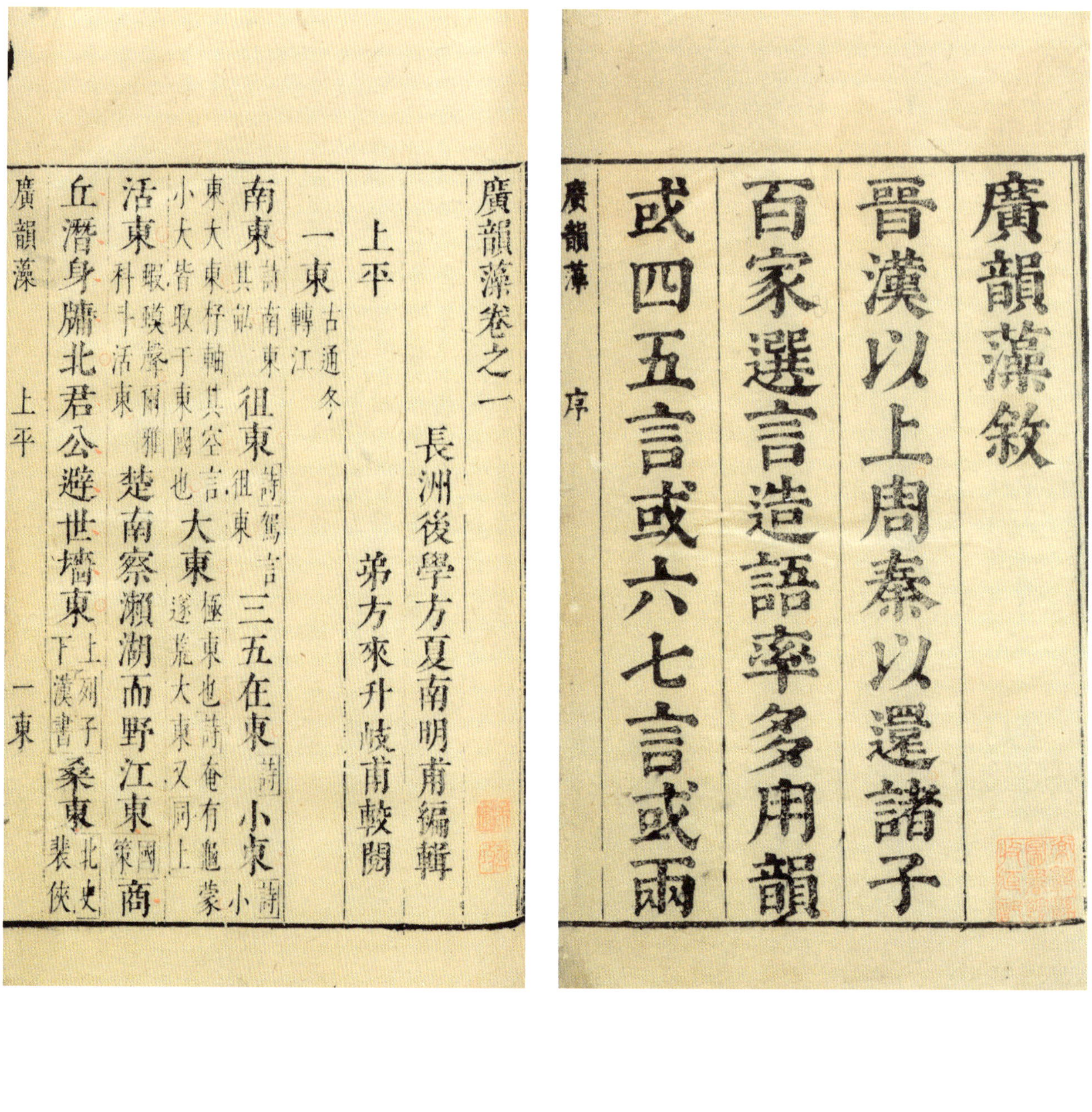

廣韻藻敘

晉漢以上周秦以還諸子百家選言造語率多用韻或四五言或六七言或兩

廣韻藻　序

廣韻藻卷之一

長洲後學方夏南明甫編輯

弟方來升岐甫較閱

上平

一東 古通冬 轉江

南東 詩南東其畝 徂東 詩徂東 三五在東 詩 小東 詩小東大東杼軸其空言小大皆取于東國也 大東 極東也詩奄有龜蒙遂荒大東又同上 活東 科斗活東 蝦蟆聲爾雅 楚南察瀨湖而野江東 國策 商丘潛身牖北君公避世牆東 上列子 下漢書 桑東 北史 裴俠

廣韻藻　上平　一東

方夏，字南明，自號養春子，明末長洲（今蘇州）人。

卷端署「長洲後學方夏南明甫編輯，弟方來升岐甫較閲」。框高19厘米，寬13.6厘米。半葉八行，行十八字，小字雙行同，白口，左右雙邊。版心上鎸書名，中録「上平」「下平」「上聲」「去聲」「入聲」音調，下記各韵部，如「一東」「二冬」「三江」等。

正文前有二叙，各署「崇禎癸酉春日，長洲陳仁錫題於白松堂」、「壬午初夏，社盟弟朱衮書於海上護龍庵」；次接凡例，末署「養春子方夏識」；次接《跋語》，末署「崇禎壬午中秋，弟來頓首敬識於雲東文咏樓」。正文凡六卷，卷一、卷二上平，卷三下平，卷四上聲，卷五去聲，卷六入聲。

綫裝，十二册，登録號007368。各册書根題寫書名及册次。有朱筆圈點。鈐「玉／玫」朱方印、「常熟縣／圖書館／收藏記」朱方印等。

007374　三才彙編六卷

（清）龔在升輯　清康熙六年（1667）汲古閣刻本

三才彙編卷一

嘉善龔在升閒園纂輯

同學顧瑆美輝六增著

學人毛　褒華伯參訂

男龔銘皐淑如同校

聖學

按古之帝王未有不學問而成聖者也儒生之學問先明其理帝王之學問兼著其事事與理合而知之極其精行之極其備故曰仁知合一存乎聖內聖外王初何嘗有異理哉聖經言大人之學盡之以明明德而必條舉之曰格致誠正所以言理之

三才彙編　卷一　聖學　一

龔在升，字聞園，浙江嘉善人。蘇州推官。清順治十六年（1659）己亥科進士。

有書名葉，右上小字題「嘉善龔聞園先生纂輯」，中間大字題書名，左下小字題「虞山汲古閣藏版」。

卷端署「嘉善龔在升聞園纂輯，同學顧珵美輝六增著」，又題參訂者與同校者，各卷不同，卷一「學人毛褒華伯參訂，男龔銘皋淑如同校」，卷二「倪晉廷伯參訂，侄龔彦漢先同校」，卷三「曹鑑章達夫、鑑平掌公、鑑倫彝士同校」，卷四「弟龔夢賚岩求、龔在新文説同校」，卷五「受業沈攀雲步、吴本立意輔同校」，卷六「學人毛表奏叔，扆黼季、男龔銘益襄夏正字」。

框高 20.1 厘米，寬 14.1 厘米。半葉九行，行二十四字，小字雙行，行二十二字，白口，上單黑魚尾，無界欄，左右雙邊。魚尾上鎸書名，魚尾下録卷次及類目，再下記葉次。天頭附刻批注。

正文前有五序，各署「康熙丙午仲秋，治年弟徐元文謹書」「康熙六年歲次丁未季春吉旦，楚蘄盧紘澹嚴氏書於玉峰之舟中」、「康熙丙午秋日，吴門治年弟葉方藹拜撰」、「康熙丙午孟秋，同學弟顧珵美輝六拜題於研露堂」、「康熙丙午季夏，嘉善龔在升聞園識」。正文凡六卷，各卷正文前有分卷目次。卷一聖學、君道、三垣、象緯、五行、星變、曆法、分野、輿地、黄河、治河、防江、防海、河渠，卷二官制、武職、勳封、品禄、銓選、考課、輔導、諫言、守令、久任，卷三舉士、辟舉、賢良、孝廉、任子、吏道、吏貲、武舉、國學、郡邑學、崇祀，卷四田賦、丁中、役法、職役、户口、國用、鹽法、漕運、屯田、官田、錢幣、關市、茶法、雜徵、市糴、救荒，卷五郊社、宗廟、明堂、日月、星辰風雨、社稷、山川、籍田、朝儀、樂、律吕、樂律、道統、經籍、史法、文體、河洛理數、風俗教化、謚法，卷六兵制、郡國兵、教閲、任將、將略、陣法、水師、火攻、馬政、弭盜、刑罰、驛傳。

綫裝，十二册，登録號 007374。各册書根題寫書名及册次。書名葉左上鈐「翻刻必究」朱長印，左下鈐「詒安/草堂/印章」朱方印。集中又鈐「常熟縣/圖書館/收藏記」朱方印。

009342 新書十卷

（漢）賈誼撰　明正德十年（1515）吉府刻本

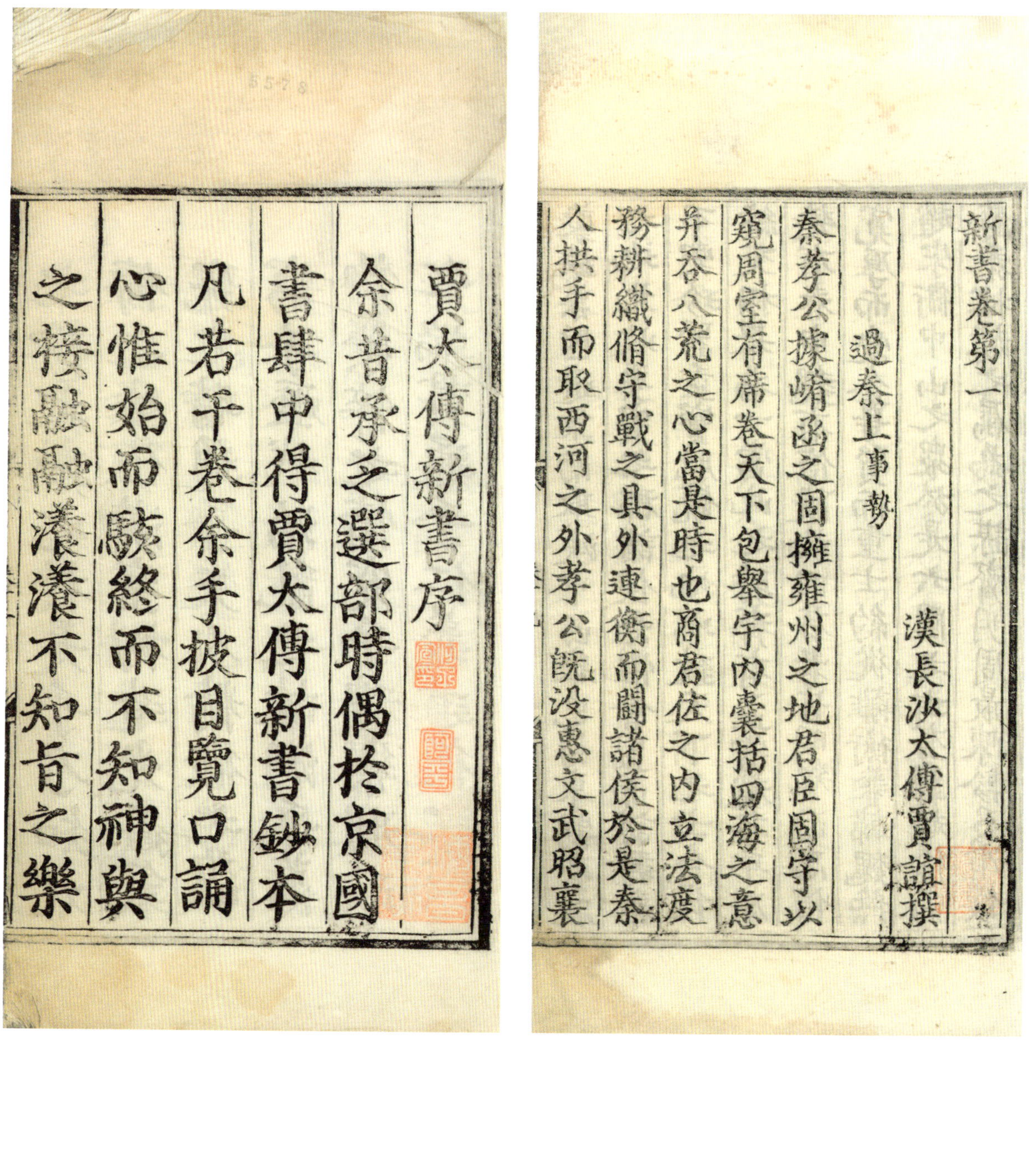

新書卷第一

漢長沙太傅賈誼撰

過秦上事勢

秦孝公據崤函之固擁雍州之地君臣固守以窺周室有席卷天下包舉宇内囊括四海之意并吞八荒之心當是時也商君佐之内立法度務耕織脩守戰之具外連衡而鬬諸侯於是秦人拱手而取西河之外孝公既没惠文武昭襄

賈太傅新書序

余昔承乏選部時偶於京國書肆中得賈太傅新書鈔本凡若干卷余手披目覽口誦心惟始而駭終而不知神與之接融融瀼瀼不知旨之樂

賈誼（前200—前168），洛陽人。世稱賈生。少有才學，年二十而被漢文帝召爲博士，遷太中大夫。後爲人排擠，貶爲長沙王太傅。又爲梁懷王太傅。年三十三而卒。

框高22.3厘米，寬15.5厘米。半葉八行，行十八字，大黑口，雙魚尾，四周雙邊。版心中間録卷次、葉次。

正文前有明正德九年（1514）黄寶所撰《賈太傅新書序》，次接《賈誼新書目録》。正文卷一過秦上、過秦下、宗首、數寧、藩傷、藩彊、大都、等齊、服疑、益壤，卷二權重、五美、制不定、審微、階級，卷三俗激、時變、瑰瑋、孽産子、銅布、壹通、屬遠、親疏危亂、憂民、解懸威不信，卷四匈奴、勢卑、淮難、無蓄、鑄錢，卷五傅職、保傅、連語、輔佐、問孝（闕），卷六禮、容經、春秋，卷七先醒、耳痺、諭誠、退讓、君道，卷八官人、勸學、道術、六術、道德説，卷九大政上、大政下、修政語上、修政語下，卷十禮容語上、禮容語下、胎教、立後義。正文後有宋淳熙十一年（1184）胡价跋，次接明正德十年（1515）楊節跋，再接牌記，内容爲「正德乙亥/吉府重刊」。

綫裝，二册，登録號009342。入選第二批《國家珍貴古籍名録》，名録號04411。《賈太傅新書序》前鈐「阿平」白長印、「何之/宣印」白方印、「海音/弟子」白方印。卷六卷端鈐「琴川俞鍾/鑾讀書記」朱長印。

009421　慈溪黄氏日鈔分類九十七卷古今紀要十九卷

（宋）黄震撰　清乾隆三十二年（1767）汪佩鍔刻本　清宗廷輔校

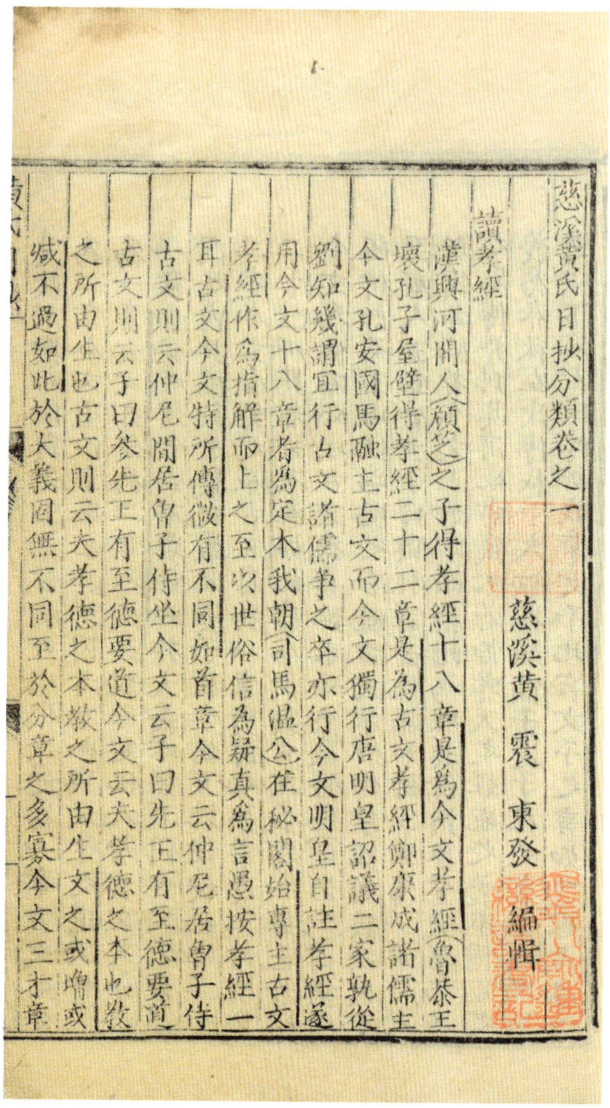

黄震（1213—1281），字東發，南宋慶元府慈溪（舊治在今浙江慈溪東南）人。世稱於越先生。宋寶祐四年（1256）進士，調吴縣尉。宋咸淳三年（1267），遷史館檢閲。後出爲廣德軍通判。歷知撫州、提舉江西常平倉司、提點江西刑獄等。

是集合《慈溪黄氏日鈔分類》九十七卷及《古今紀要》十九卷。

有書名葉，右上小字題「宋板較刻」，中間大字題書名「黄氏日鈔」。

《慈溪黄氏日鈔分類》，卷端署「慈溪黄震東發編輯」。框高 19.2 厘米，寬 13.3 厘米。半葉十四行，行二十六字，小字雙行同，白口，雙順魚尾，四周雙邊。版心上魚尾上鎸書名「黄氏日鈔」，魚尾中間録篇名及卷次，下魚尾下記葉次。

正文前有《黄氏日鈔序》，末署「至元三年歲在丁丑四月之吉，盧江沈逵序」；次接《重刻黄氏日鈔序》，末署「乾隆三十二年歲次丁亥八月，婁東後學沈起元撰」；次接目録。正文凡九十七卷，卷一讀孝經，卷二讀論語，卷三讀孟子，卷四讀毛詩，卷五讀尚書，卷六讀周易，卷七至卷十三讀春秋，卷十四至卷二十九讀禮記，卷三十讀周禮，卷三十一讀三傳，卷三十二讀孔氏書，卷三十三至卷四十五讀諸儒書，卷四十六至卷五十讀史，卷五十一至卷五十四讀雜史，卷五十五至卷五十八讀諸子，卷五十九至卷六十八讀文集，卷六十九奏札，卷七十至卷七十七申明，卷七十八至卷八十公移，卷八十二講義，卷八十三策問，卷八十四、卷八十五書，卷八十六至卷八十八記，卷九十序，卷九十一題跋，卷九十三啓，卷九十四祝文，卷九十五祭文，卷九十六行狀，卷九十七墓志銘。卷八十一、卷八十九、卷九十二原官板無文字。

《古今紀要》，卷端題名「慈溪黄氏日鈔分類古今紀要」，署「慈溪黄震東發」。框高 18.7 厘米，寬 13.1 厘米。半葉十二行，行二十二字，小字雙行同，白口，雙順魚尾，四周雙邊。版心上魚尾上鎸書名「黄氏日鈔」，魚尾中間録「紀要」及卷次，下魚尾下記葉次。

正文前有《黄氏日鈔紀要序》，末署「乾隆三十二年歲次丁亥季冬月上浣日，新安後學汪佩鍔書於珠樹堂」；次接目録。卷一三皇、夏商周、春秋、戰國、秦，卷二西漢，卷三後漢，卷四後漢、吴、魏、三國，卷五晋、東晋，卷六南宋、齊、梁、陳，卷七北朝、魏、齊、周，卷八隋，卷九至卷十五唐，卷十六五代、梁、唐、晋、漢、周，卷十七至卷十九宋。

綫裝，三十二册，登録號 009421。各册書背上端標注册次。第一册至二十册爲《慈溪黄氏日鈔分類》，餘爲《古今紀要》。有朱筆圈點。鈐「琴川俞鍾／鑾讀書記」朱長印、「常熟市／圖書／館藏」朱方印。

009504 神農本草經疏三十卷

（明）繆希雍撰　明天啓刻本

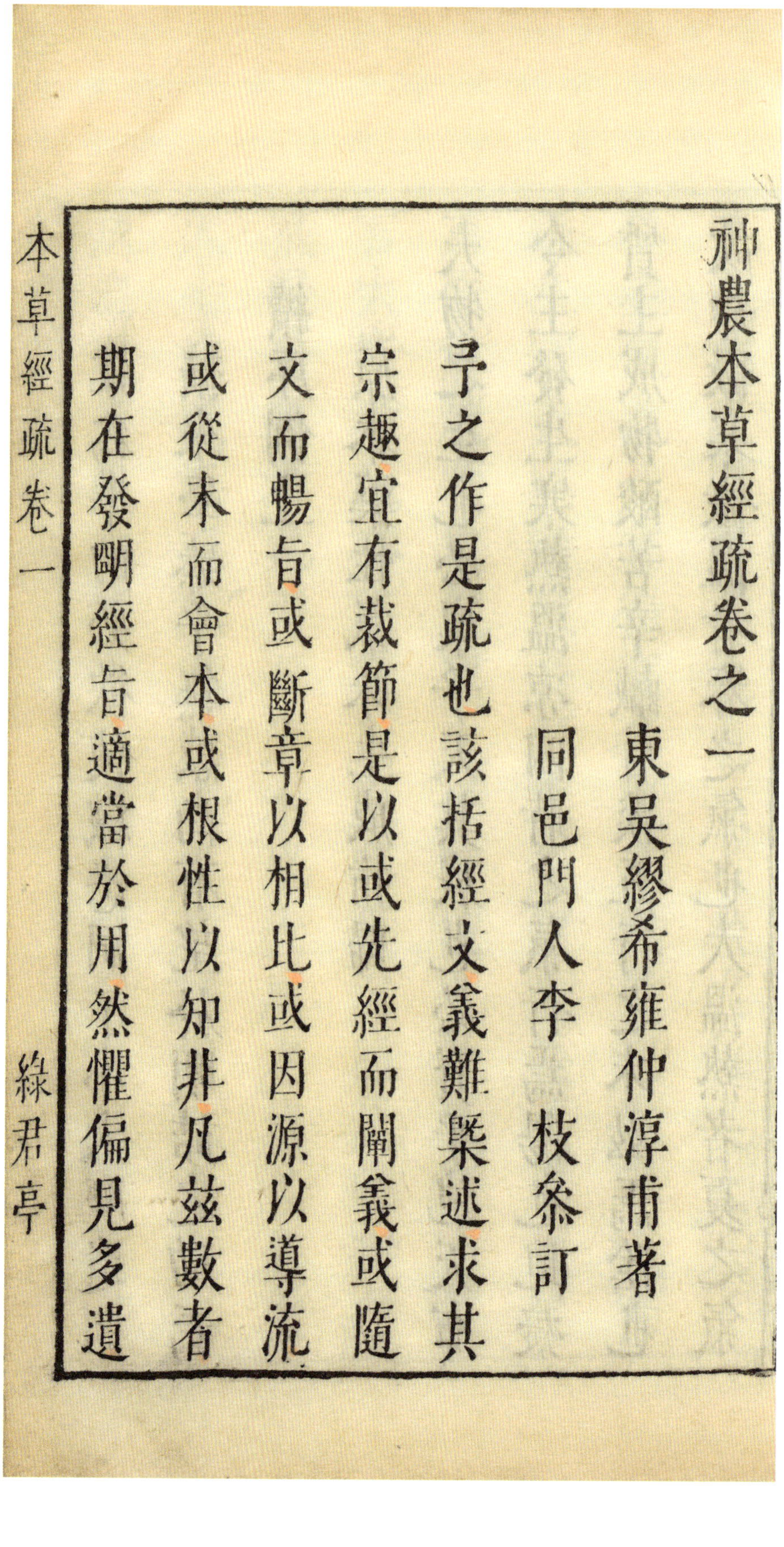

神農本草經疏卷之一

東吳繆希雍仲淳甫著

同邑門人李　枝參訂

予之作是疏也該括經文義難槩述求其宗趣宜有裁節是以或先經而闡義或隨文而暢旨或斷章以相比或因源以導流或從末而會本或根性以知非凡茲數者期在發明經旨適當於用然懼偏見多遺

本草經疏卷一　綠君亭

繆希雍生平事迹見前《本草單方》（003361）。

卷端署「東吴繆希雍仲淳甫著，同邑門人李枝參訂」。

框高 20.8 厘米，寬 13.2 厘米。半葉八行，行十八字，白口，四周單邊。版心上鎸書名及卷次，下有「緑君亭」字樣。

正文前依次有《四庫全書總目提要·神農本草經疏》《明史》卷二百九十九《李時珍傳》《湖州府志》卷八十繆希雍小傳，皆係手鈔增入；次接《凡例》，後有題識，末署「天啓五年歲在乙丑六月十有一日，松陵通家子顧澄先生謹識」；次接總目；次接分卷目次。正文凡三十卷。卷一、二爲續序例，其餘按部排列，卷三玉石部上品，總七十三種，繆希雍疏其要者十四種；卷四玉石部中品，總八十七種，疏十八種；卷五玉石部下品，總九十三種，疏二十三種；卷六草部上品之上，總三十三種，疏三十二種；卷七草部上品之下，總五十三種，疏二十五種；卷八草部中品之上，總六十二種，疏三十一種；卷九草部中品之下，總七十八種，疏三十六種，又木部移入一種，果部移入一種，菜部移入四種，共疏四十二種；卷十草部下品之上，總六十二種，疏十六種；卷十一草部下品之下，總一百零五種，疏三十六種；卷十二木部上品，總七十二種，疏二十九種；卷十三木部中品，總九十二種，疏二十六種；卷十四木部下品，總九十九種，疏二十九種；卷十五人部，總二十五種，疏十四種；卷十六獸部上品，總二十種，疏十種；卷十七獸部中品，總十七種，疏九種；卷十八獸部下品，總二十一種，疏四種；卷十九禽部，總五十六種，疏四種；卷二十蟲魚部上品，總五十種，疏十三種；卷二十一蟲魚部中品，總五十六種，疏十六種；卷二十二蟲魚部下品，總八十一種，疏十八種；卷二十三果部三品，總五十二種，疏二十種，又木部移入三種，共疏二十三種；卷二十四米穀部上品，總七種，疏四種；卷二十五米穀部中品，總二十三種，疏十一種；卷二十六米穀部下品，總十八種，疏三種；卷二十七菜部上品，總三十種，疏八種；卷二十八菜部中品，總十三種，疏二種；卷二十九菜部下品，總二十二種，疏四種；卷三十補遺，總疏二十七種。

綫裝，八册，登録號 009504。有朱筆圈點。各册書背上方題册次。鈐「常熟市／圖書／館藏」朱方印。

009552 醫旨緒餘二卷

（明）孫一奎輯　明刻本

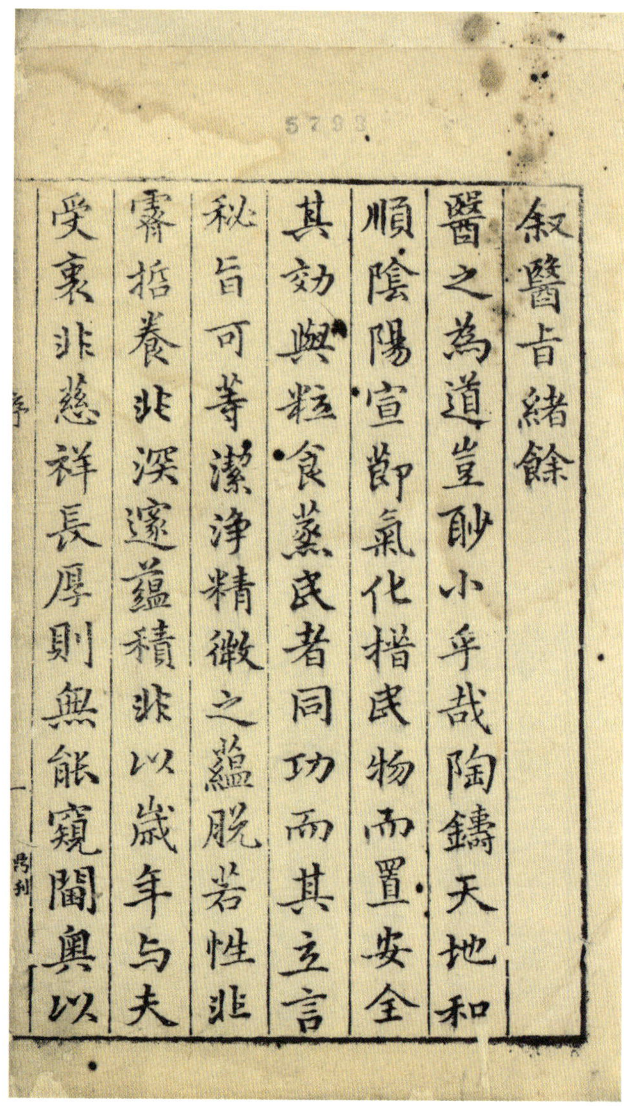

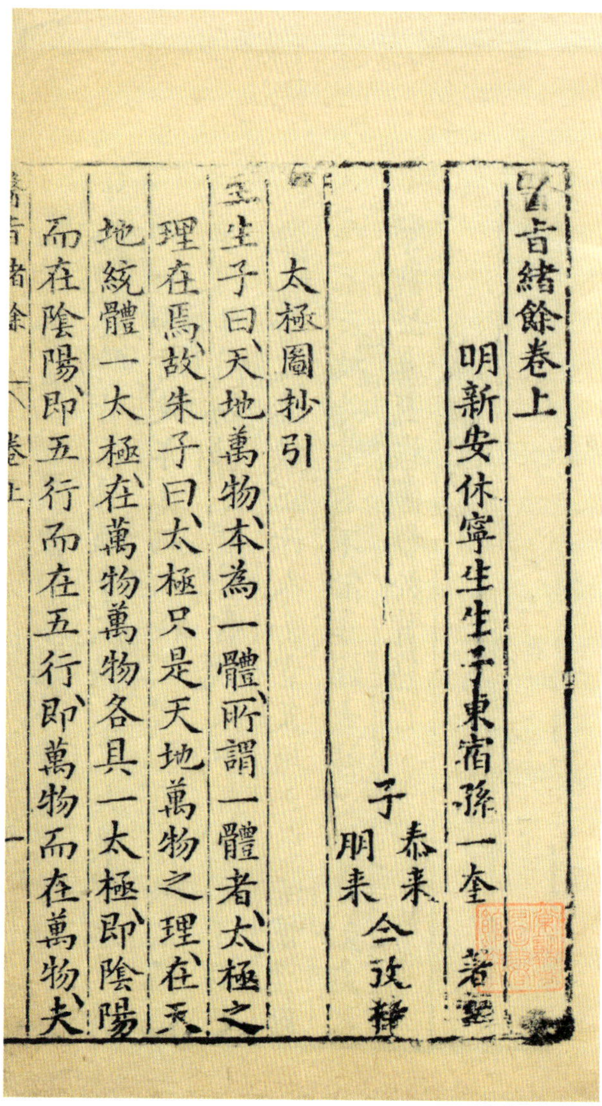

孫一奎，字文垣，號東宿，又號生生子，安徽休寧人。爲人治病，决死生多驗。除《醫旨緒餘》，又著有《赤水玄珠》《孫文垣醫案》《痘疹心印》等。

卷端署「明新安休寧生生子東宿孫一奎著輯，子泰來、朋來仝考梓」。框高 19.7 厘米，寬 12.9 厘米。半葉九行，行二十字，小字雙行同，白口，上單白魚尾，四周單邊。版心上鐫書名，中録卷次，下記葉次。

正文前有《叙醫旨緒餘》，末署「燁元素頓首拜撰」。正文分上、下卷，述太極陰陽五行之理、脾臟氣血、命門相火、經絡、内傷雜病等。

綫裝，二册，登録號 009552。鈐「常熟市／圖書／館藏」朱方印。

009740　白虎通疏證十二卷

（清）陳立撰　清光緒九年（1883）淮南書局刻本

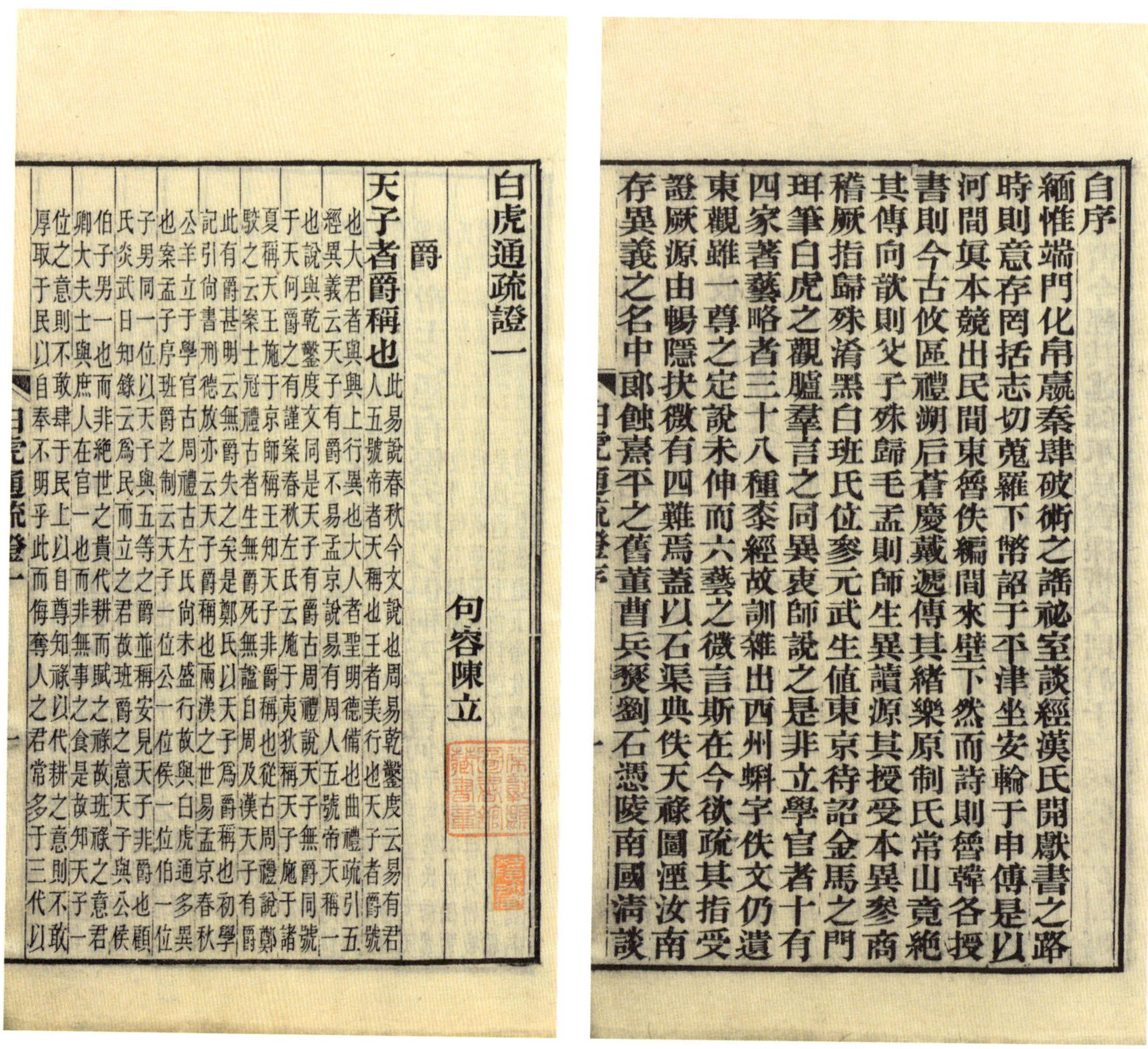

自序

緬惟端門化帛嬴秦肆破術之謠祕室談經漢氏開獻書之路時則意存罔括志切蒐羅下幣詔于平津坐安輪于申傳是以河間貢本競出民間東魯佚編間來壁下然而詩則魯韓各授書則今古攸區禮溯后蒼慶藏遞傳其緒樂原制氏常山竟絕其傳向歆則父子殊歸毛孟則師生異讀源其授受本異參商稽厥指歸殊淆黑白班氏位參元武生值東京待詔金馬之門珥筆白虎之觀臚羣言之同異衷師說之是非立學官者十有四家著藝略者三十八種桼經故訓雜出西州蝌字佚文仍遺東觀雖一尊之定說未伸而六藝之微言斯在今欲疏其指受證厥源由暢隱抉微有四難焉蓋以石渠典佚天祿圖湮汝南存異義之名中郎蝕熹平之舊董曹兵燹劉石憑陵南國清談

白虎通疏證序　一

白虎通疏證一

句容陳立

爵

天子者爵稱也此易說春秋今文說也周易乾鑿度云易有君人五號帝者天稱也王者美行也天子者爵號也大君者與與上行異也大人者聖明德備也曲禮疏引五經異義云天子有爵不易孟京說易有周人五號帝天稱一也說與乾鑿度文同是天子有爵古周禮說天子無爵同號于天何爵之有謹案春秋左氏云施于夷狄稱天子施于諸夏稱天王施于京師稱王知天子非爵稱也從古周禮說鄭駁之云案士冠禮古者生無爵死無謚自周及漢天子有爵此有爵甚明云無爵失之矣是鄭氏以天子爲爵稱也初學記引尚書刑德放亦云天子爵稱也兩漢之世易孟京春秋公羊立于學官古周禮古左氏尚未盛行故與白虎通多異也案孟子序班爵之制云天子一位公一位侯一位伯一位子男同一位以天子與五等之爵並稱安見天子非爵也顧氏炎武日知錄云爲民而立之君故班爵之意天子與公侯伯子男一也而非絕世之貴代耕而賦之祿故班祿之意君卿大夫士與庶人在官一也而非無事之食是故知天子一位之意則不敢肆于民上以自尊知祿以代耕之意則不敢厚取于民以自奉不明乎此而侮奪人之君常多于三代以

白虎通疏證一　一

陳立（1809—1869），字卓人，又字默齋，江蘇句容人。道光進士。由庶吉士改刑部主事，升郎中，官雲南曲靖知府。

有書名葉，正面中間大字題寫書名，背面爲牌記，雙行小字題「光緒元年春/淮南書局刊」。

卷端題「句容陳立」，各卷末鎸「商城楊鐸校」或「南城楊鐸校」字樣。

框高21.4厘米，寬14.9厘米。半葉十二行，行二十四字，小字雙行同，白口，上單黑魚尾，左右雙邊。魚尾下鎸書名及卷次，下記葉次。

正文前有《自序》，末署「道光壬辰九月既望，句容陳立撰於揚州寓宅之惜分軒」；正文凡十二卷，卷一爵，卷二號、謚、五祀，卷三社稷、禮樂，卷四封公侯、京師、五行，卷五三軍、誅伐、諫諍、鄉射，卷六致仕、辟雍、灾變、耕桑、封禪、巡狩，卷七考黜、王者不臣、蓍龜、聖人、八風、商賈，卷八瑞贄、三政、三教、三綱、六紀、情性、壽命、宗族，卷九姓名、天地、日月、四時、衣裳、五形、五經，卷十嫁娶、紼冕，卷十一喪服、崩薨，卷十二郊祀、宗廟、朝聘、貢士、車旂、田獵、雜録。其中卷八「瑞質」小字雙行題注「舊作文質，孫志祖云當即説苑修文反質名篇之義/莊述祖云文質自在下三正篇内具見此當爲瑞贄/盧云文質所該者廣不僅/當篇故從莊所改今仍之」；卷十二郊祀小字雙行題注「以下闕文并/莊氏述祖補」。

綫裝，四册，登録號009740。各册書封右上及書根皆以「白虎通注」四字標明册次，各册書封右題寫本册篇目。書名葉貼有一書籤，題「白虎通疏證/四册/姚屺瞻校/閲本」，鈐「虹隱樓/鑑藏圖/籍印記」朱方印。集中鈐「虹隱珍藏」白長印、「常熟縣/圖書館/藏書章」朱方印。

009748　新刻藝圃球琊集注四卷

（明）蔣以忠、蔣以化撰　（明）林大桂集注　明萬曆十五年（1587）張可久刻本

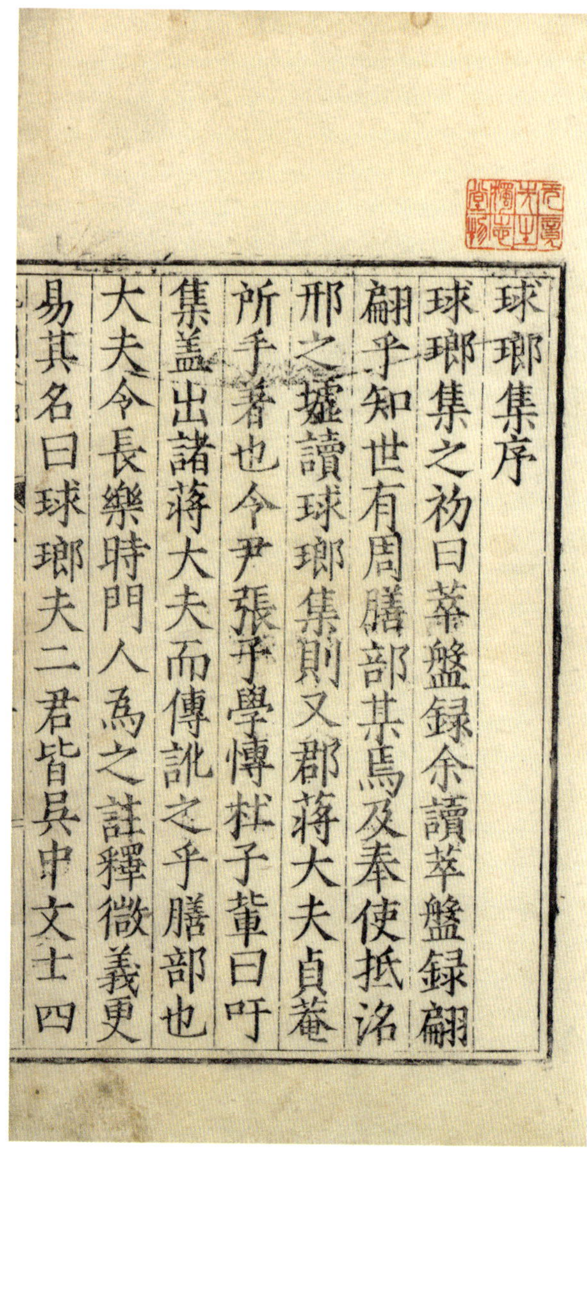
球琊集序
球琊集之初曰萃盤録余讀萃盤録翩
翩乎知世有周膳部某焉及奉使抵洺
邢之墟讀球琊集則又郡蒋大夫貞菴
所手著也今尹張乎學博杜子葦曰吁
集蓋出諸蒋大夫而傳訛之乎膳部也
大夫令長樂時門人為之註釋微義更
易其名曰球琊夫二君皆吳中文士四

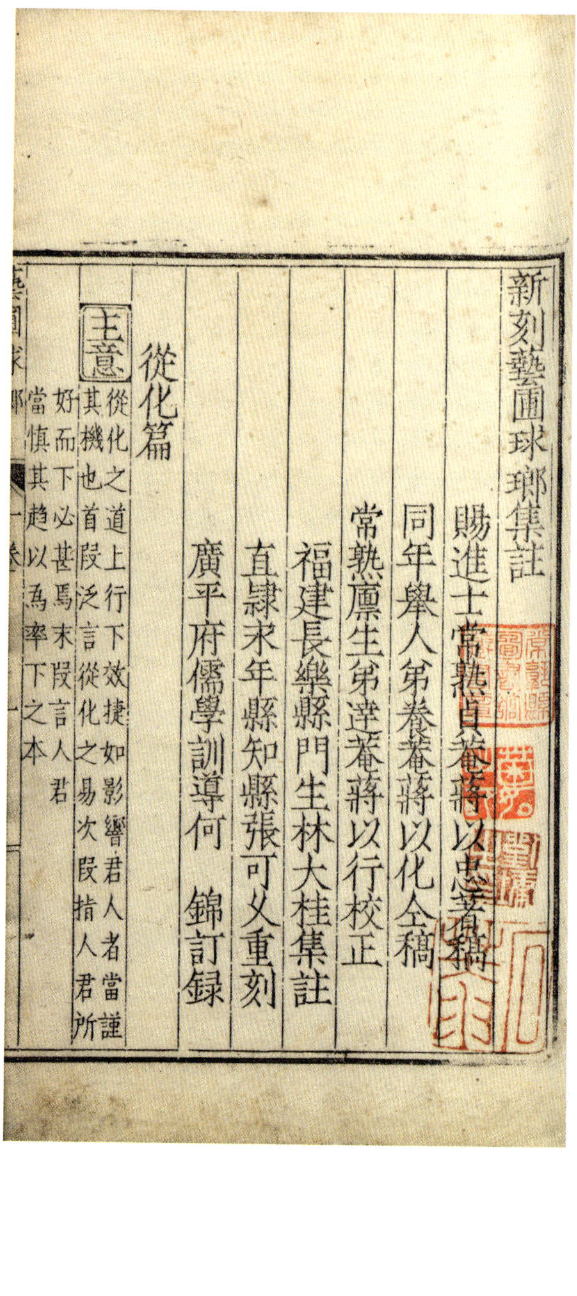
新刻藝圃球琊集註
賜進士常熟貞菴蒋以忠纂稿
同年舉人弟養菴蒋以化仝稿
常熟廪生弟達菴蒋以行校正
福建長樂縣門生林大桂集註
直隷𣲖年縣知縣張可久重刻
廣平府儒學訓導何　錦訂録
從化篇
主意　從化之道上行下效捷如影響君人者當謹其機也首段泛言從化之易次段指人君所好而下必甚焉末段言人君當慎其趨以為率下之本

蔣以忠（1533—1589），字伯孝，號貞庵，常熟人。明隆慶二年（1568）進士，官至廣平知府。蔣以化，字仲學，號養庵，常熟人。隆慶元年（1567）舉人，授孝感知縣。仕至監察御史。

卷端署「賜進士常熟貞庵蔣以忠著稿，同年舉人弟養庵蔣以化仝稿，常熟廩生弟達庵蔣以行校正，福建長樂縣門生林大桂集注，直隸永年縣知縣張可久重刻，廣平府儒學訓導何錦訂録」。

框高19.5厘米，寬14.3厘米。半葉十行，行二十字，小字雙行同，白口，上單黑魚尾，四周雙邊。版心上鎸書名，中記卷次，下記葉次。

正文前有明萬曆十四年（1586）丙戌中秋温陵孫有敷《球琊集序》，次接明隆慶四年（1570）庚午夏五月朔賜進士第、大理寺左寺丞、前提督、北畿學校監察御史治生陳省《藝圃球琊序》，次接萬曆十五年（1587）丁亥夏日吴人蔣以忠孝甫《重刻球琊小引》，次接目録。正文後有萬曆五年（1577）一陽月朔日鄉進士治生陳鴻漸《藝圃球琊集注序》，次接萬曆十五年丁亥歲初夏望吉直隸廣平府、永年縣知縣屬下張可久《球琊集後序》。正文分四卷，卷一從化篇、用賢篇、下士篇、薦舉篇、審材篇、隱逸篇、用舊篇、故舊篇、德量篇、廉潔篇、崇儉篇、守樸篇、原師篇、事師篇、託孤篇、讓國篇、勢成篇、謹微篇、擬儒篇、勤政篇、勤學篇、博學篇；卷二執法篇、讀法篇、任將篇、用兵篇、尚守篇、尚辨篇、用奇篇、尚謀篇、賞功篇、奄寺篇、母后篇、婦德篇、國勢篇、心迹篇、謹言篇、恬退篇、明節篇、持盈篇、就卑篇、習染篇、均任篇；卷三維世篇、寶玉篇、議交篇、名分篇、知己篇、附托篇、真佀篇、假借篇、達權篇、報德篇、敬慎篇、固權篇、游觀篇、威儀篇、養老篇、安貧篇、擬盜篇、薄葬篇、禍福篇、困厄篇、毁譽篇、讒譖篇；卷四剛柔篇、觀人篇、防慾篇、趨勢篇、形相篇、感夢篇、睦族篇、宫室篇、信任篇、用直篇、祥瑞篇、遇合篇、激通篇、去邪篇、見幾篇、年齒篇、威名篇、比古篇、評文篇、報讐篇、賤同篇、殖業篇。

綫裝，一函八册，登録號009748。有「劉墉／之印」白方印、「石／庵」朱方印、「無竟／先生／獨志／堂物」朱文長方、「常熟縣／圖書館／藏書章」朱方印。

009751　通俗編三十八卷

（清）翟灝　清乾隆十六年（1751）無不宜齋刻本

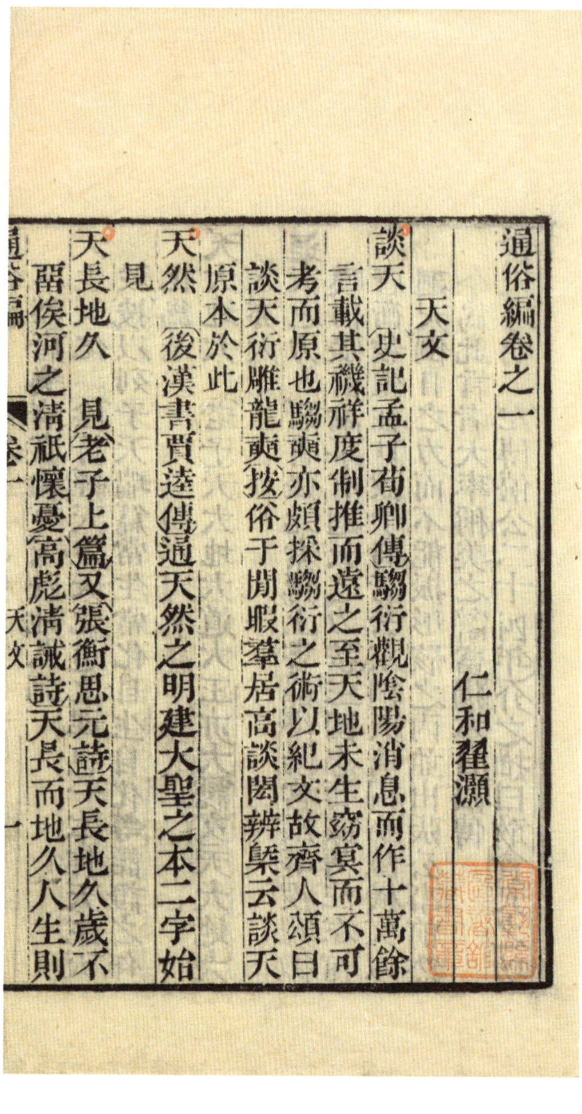

通俗編卷之一　　　仁和翟灝

天文

談天　史記孟子荀卿傳騶衍覩陰陽消息而作十萬餘言載其禨祥度制推而遠之至天地未生窈冥而不可考而原也騶奭亦頗採騶衍之術以紀文故齊人頌曰談天衍雕龍奭按俗于閑暇羣居高談闊辨槩云談天原本於此

天然　後漢書賈逵傳通天然之明建大聖之本二字始見

天長地久　見老子上篇又張衡思元賦天長地久歲不留俟河之清祇懷憂高彪清誡詩天長而地久人生則

通俗編　卷一　天文　一

無不宜齋雕本

通俗編

武林竹簡齋藏版

翟灝（？—1788），字大川，後改字晴江，仁和人。清乾隆十九年（1754）甲戌進士，授知縣，改衡州府學教授。後補金華府學教授。乾隆五十三年（1788）卒。博通經史。除《通俗編》，又有《四書考异》《周書考證》《説文稱經證》《太學石鼓補考》《艮山雜志》《龍井記略》等。

有書名葉，右上小字題「無不宜齋雕本」，中間大字題書名，左下小字題「武林竹簡齋藏版」。

卷端署「仁和翟灝」。

框高17.4厘米，寬12.7厘米。半葉十二行，行二十二字，白口，上單黑魚尾，左右雙邊。版心魚尾上鎸書名，魚尾下録卷次，再下小字鎸類目，再下記葉次。

正文前有序，末署「乾隆十有六年歲在辛未仲秋，西隒弟周天度」；次接目録。正文凡三十八卷，卷一天文，卷二地理，卷三時序，卷四倫常，卷五仕進，卷六政治，卷七文學，卷八武功，卷九儀節，卷十祝誦，卷十一品目，卷十二行事，卷十三交際，卷十四境遇，卷十五性情，卷十六身體，卷十七言笑，卷十八稱謂，卷十九神鬼，卷二十釋道，卷二十一藝術，卷二十二婦女，卷二十三貨財，卷二十四居處，卷二十五服飾，卷二十六器用，卷二十七飲食，卷二十八獸畜，卷二十九禽魚，卷三十草木，卷三十一俳優，卷三十二數目，卷三十三語辭，卷三十四狀貌，卷三十五聲音，卷三十六雜字，卷三十七故事，卷三十八識餘。

綫裝，十二册，登録號009751。各册書封題寫分册門類。有佚名朱筆圈點及墨筆批校，增補條目數條。鈐「常熟縣/圖書館/藏書章」朱方印。

009824 一斑録信默編五卷

（清）鄭光祖撰　稿本

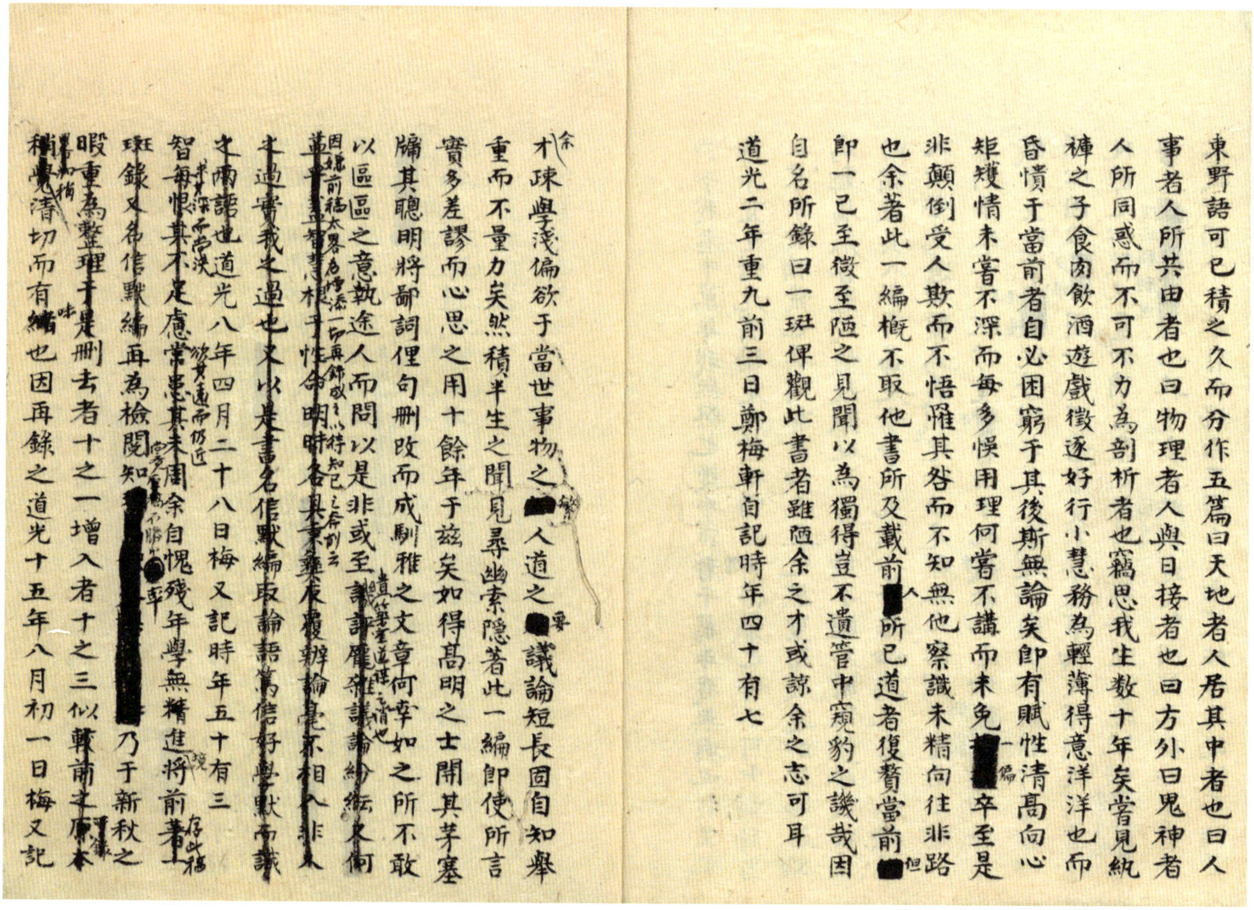
東野語可已積之久而分作五篇曰天地者人居其中者也曰人事者人所共由者也曰物理者人與日接者也曰方外曰鬼神者人所同惑而不可不力為剖析者也竊思我生數十年矣嘗見紈褲之子食肉飲酒遊戲徵逐好行小慧務為輕薄得意洋洋也而昏憒于當前者自必困窮于其後斯無論矣即有賦性清高向心矩矱情未嘗不深而每多悞用理何嘗不講而未免[illegible]卒至是非顛倒受人欺而不悟罹其咎而不知無他察識未精向往非路也余著此一編概不取他書所及載前[illegible]所已道者復贅當前[illegible]即一己至微至陋之見聞以為獨得豈不遺管中窺豹之譏哉因自名所錄曰一斑俾觀此書者雖陋余之才或諒余之志可耳

道光二年重九前三日鄭梅軒自記時年四十有七

余才疎學淺偏欲于當世事物之[illegible]人道之[illegible]議論短長固自知舉重而不量力矣然積半生之聞見尋幽索隱著此一編即使所言實多差謬而心思之用十餘年于茲矣如得高明之士開其茅塞牖其聰明將鄙詞俚句刪改而成馴雅之文章何幸如之所不敢以區區之意執途人而問以是非或至[illegible]

[illegible]之過實我之過也又以是書名信默編取論語篤信好學默而識之兩語也道光八年四月二十八日梅又記時年五十有三

[illegible]智每恨其不足慮常患其未周余自愧殘年學無精進將前著一斑錄又名信默編再為檢閱知[illegible]乃于新秋之暇重為整理于是刪去者十之一增入者十之三似較前之原本稍覺清切而有緒也因再錄之道光十五年八月初一日梅又記

鄭光祖（1776—1855後），字梅軒，常熟人。

無板框及界欄，開本高23.7厘米，寬19.3厘米。半葉十二行，行二十七字，小字雙行同。

正文前有清道光二年（1822）重九前三日鄭梅軒自序，次接道光十五年（1835）八月初一日鄭梅軒序，次接道光十七年（1837）七月十五日鄭梅軒序。文後有《尾語結束》。正文分五卷，卷一天地，卷二人事，卷三物理，卷四方外，卷五鬼神。

綫裝，一册，登録號009824。書封題書名「一斑録」，題注「信默編」。

009844　唐類函二百卷目録二卷

（明）俞安期纂　明萬曆四十六年（1618）刻本

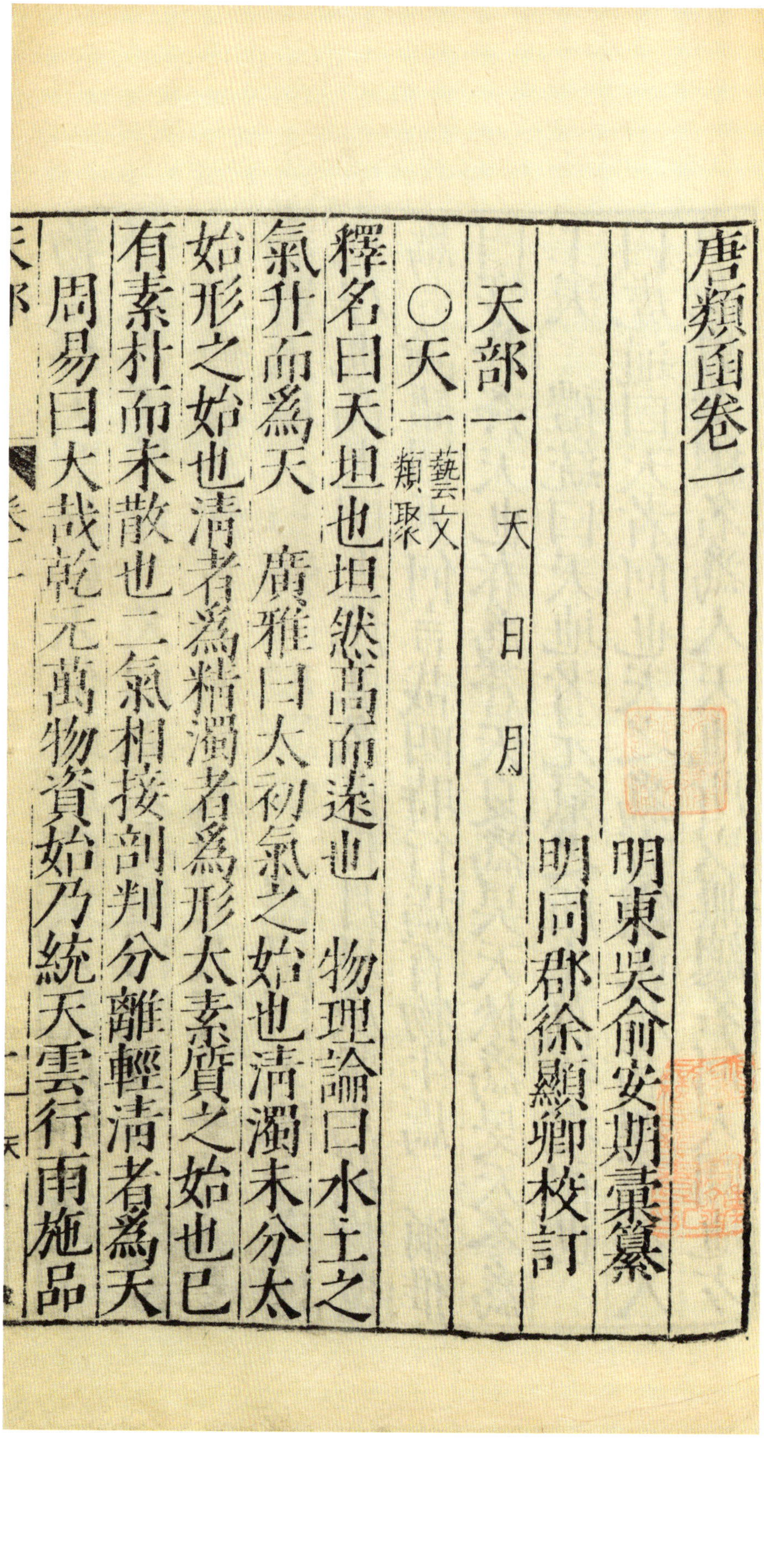
唐類函卷一

明東吴俞安期彙纂

明同郡徐顯卿校訂

天部一　天　日　月

○天一　藝文　類聚

釋名曰天坦也坦然高而遠也　物理論曰水土之

氣升而爲天　廣雅曰太初氣之始也清濁未分太

始形之始也清者爲精濁者爲形太素質之始也已

有素朴而未散也二氣相接剖判分離輕清者爲天

周易曰大哉乾元萬物資始乃統天雲行雨施品

天部　卷一　天

俞安期（1550—1627後），初名策，字公臨，改字羡長，江蘇吴江（今屬蘇州）人。曾以長律一百五十韵投贈王世貞，王爲之延譽，遂知名。

卷端署「明東吴俞安期彙纂」，又署校訂者姓氏，各卷不同，如卷一、卷二「明同郡徐顯卿校訂」，卷三至卷五「明溧陽史繼宸校訂」，卷六至卷十「明東吴何湛之校訂」，卷十一、卷十二「明豫章祝世禄校訂」，卷十三至卷十六「明西吴吴孟暘校訂」，卷十七至卷二十「明檇李馮夢禎校訂」。卷二十一至卷二十三「明邵陽車大任校訂」，卷二十四、卷二十五「明新野馬化龍校訂」，卷二十六、卷二十七「明嶺南霍蓋臣校訂」，卷二十八至卷三十「明池陽汪夢説校訂」，卷三十一「明豫章諶士觀校訂」，卷三十二、卷三十三「明上郡蕭如薰校訂」，卷三十四、卷三十五「明七閩丁啓浚校訂」，卷三十六「明金壇王肯堂校訂」，卷三十七至卷四十「明梁溪秦耀校訂」，卷四十一至卷四十三「明梁溪安希范校訂」，卷四十四、卷四十五「明梁溪安紹芳校訂」，卷四十六、卷四十七「明梁溪周繼昌校訂」，卷四十八、卷四十九「明梁溪高攀龍校訂」，卷五十「明梁溪高士鸞校訂」，卷五十一「明梁溪華國才校訂」，卷五十二、卷五十三「明蠙城李當泰校訂」，卷五十四「明武進鄭振先校訂」，卷五十五「明晋陵鄭振先校訂」。

框高 20.7 厘米，寬 14.6 厘米。半葉十行，二十字，小字雙行同，白口，上單魚尾，四周單邊。版心魚尾上鐫部類，魚尾下録卷次，再下記葉次，再下小字鐫子目。

正文前有《刻唐類函序》，末署「萬曆癸卯嘉平月既望，吴郡蘇庵主人申時行書」；次接《唐類函序》，末署「萬曆癸卯冬日，繡水沈思孝純父叙」，又署「華亭孫孟芳書」；次接《唐類函叙》，署「南新市人李維楨本寧父撰」，末署「西吴馮年書」；次接《唐類函序辭》，署「新都程開祐仲秩父撰」，末署「戊午夏識於秦淮之流影閣」；次接《唐類函凡例》二十二則；次接目録上、下卷。正文凡二百卷，分天、歲時、地、帝王、后妃、儲宫、帝戚、設官、封爵、政術、禮儀、樂、文學、武功、邊塞、人、釋、道、靈异、方術、巧藝、京邑、州郡、居處、産業、火、珍寶、布帛、儀飾、服飾、器物、舟、車、食物、五穀、藥菜、果、草、木、鳥、獸、鱗介、蟲豸等四十三部，各部之下又分若干子目。

綫裝，四十册，登録號 009844。各册書根依次題各卷門類，并以元人楊載《東陽十題》其二《蠹簡》詩「往古韋編在，何年始汗青。蠹蟲深卜宅，蝌蚪少成形。泯滅阽秦火，蒐羅出漢庭。斯文天未墜，不敢望全經」四十字爲序標明册次。鈐「琴川俞鍾／鑾讀書記」朱長印、「常熟市／圖書／館藏」朱方印。

009851　韻府群玉

二十卷

（元）陰時夫輯　明

萬曆刻本

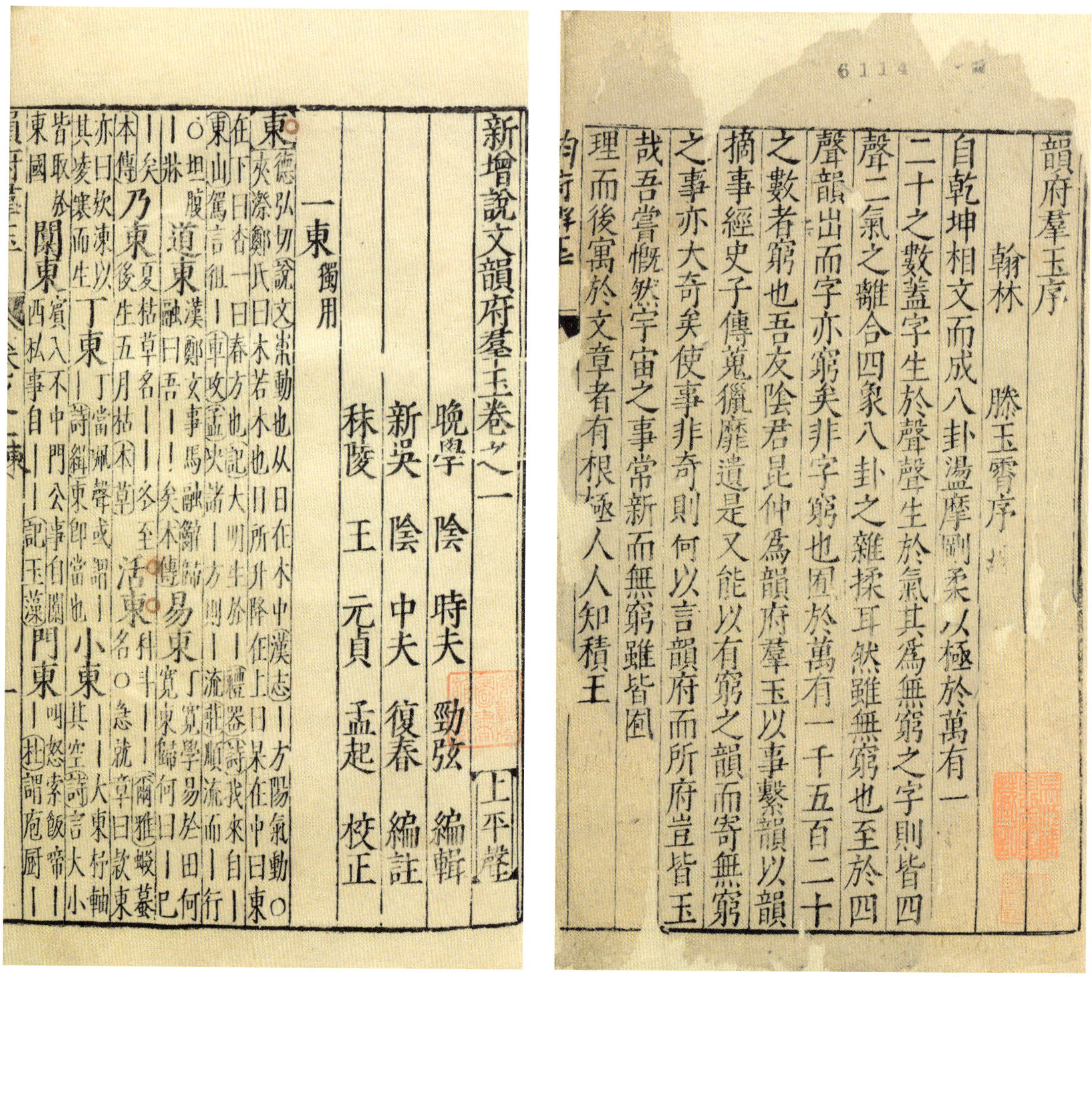

韻府羣玉序

翰林　滕玉霄序

自乾坤相文而成八卦盪摩剛柔以極於萬有一

二十之數蓋字生於聲聲生於氣其爲無窮之字則皆四

聲二氣之離合四象八卦之雜揉耳然雖無窮也至於四

聲韻出而字亦窮矣非字窮也囿於萬有一千五百二十

之數者窮也吾友陰君昆仲爲韻府羣玉以事繫韻以韻

摘事經史子傳蒐獵靡遺是又能以有窮之韻而寄無窮

之事亦大奇矣使事非奇則何以言韻府而所府豈皆玉

哉吾嘗慨然宇宙之事常新而無窮雖皆囿

理而後寓於文章者有根柢人人知積玉

新增說文韻府羣玉卷之一　上平聲

晚學　陰　時夫　勁弦　編輯

新吳　陰　中夫　復春　編註

秣陵　王　元貞　孟起　校正

一東　獨用

陰時夫，名幼遇，又名時遇，字時夫。江西奉新人。登南宋寶祐九經科。入元不仕。

卷端題名「新增説文韵府群玉」，署「晚學陰時夫勁弦編輯，新吴陰中夫復春編注，秣陵王元貞孟起校正」。

框高21.5厘米，寬14.2厘米。半葉十一行，行二十二字，小字雙行同，白口，上單黑魚尾，左右雙邊。版心魚尾上鎸書名，魚尾下録卷次，再下記葉次。

正文前有《韵府群玉》諸序，依次爲翰林滕賓序、元至大三年（1310）庚戌臘江村姚雲序、趙孟頫題識、元大德十一年（1307）丁未春陰竹埜倦翁序、元延祐元年（1314）甲寅秋鄉試後五日陰復春自序、陰勁弦自序；次接《韵府群玉凡例》十四條，後有「金陵徐智督刻」字樣；次接《韵府群玉目録》；次接《韵府群玉事類總目》。正文凡二十卷。

綫裝，二十册，登録號009851。各册書根標注册次。有佚名朱筆圈點。鈐「江天／遠章」朱方印、「常熟市／圖書／館藏」朱方印等。

009881　藝文類聚一百卷

（唐）歐陽詢纂　明嘉靖六年（1527）胡纘宗刻本

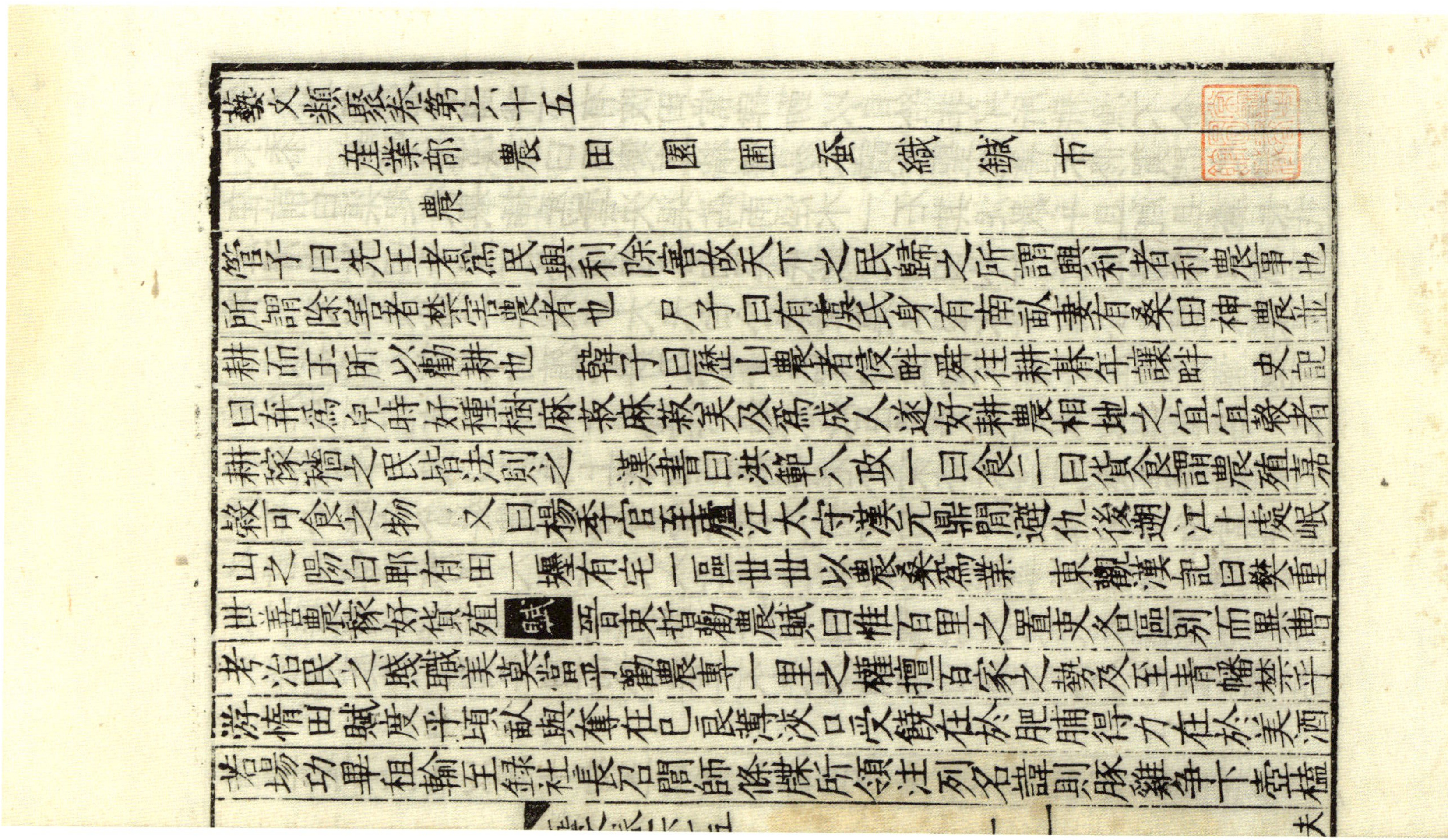

藝文類聚卷第六十五

產業部　農　田　園　圃　蠶　織　市

農

管子曰先王者爲民興利除害故天下之民歸之所謂興利者利農事也所謂除害者禁害農者也　尸子曰有虞氏身有南畝妻有桑田神農並耕而王所以勸耕也　韓子曰歷山農者侵畔舜往耕焉朞年讓畔　史記曰弃爲兒時好種樹麻菽麻菽美及爲成人遂好耕農相地之宜宜穀者稼穡焉民皆法則之　漢書曰洪範八政一曰食二曰貨食謂農殖嘉穀可食之物　又曰楊季官至廬江太守漢元鼎間避仇後溯江上處岷山之陽曰郫有田一塲有宅一區世世以農桑爲業　東觀漢記曰樊重世善農稼好貨殖

【賦】晉束皙勸農賦曰惟百里之置吏各區別而異曹考治民之賤職美莫當乎勸農專一里之權擅百家之勢及至青幡禁乎游惰田賦度乎頃畝與奪在己良薄決口受饒在於肥膞得力在於美酒若場功畢租輸至錄社長召閭師條牒所領注列名諡則豚雞爭下壺榼夫

歐陽詢（557—641），字信本，潭州臨湘（今屬湖南長沙）人。官至弘文館學士、太子率更令，封渤海縣男。

框高22.1厘米，寬16.1厘米。半葉十四行，行二十八字，白口，上單黑魚尾，左右雙邊。版心魚尾下鎸書名「藝文」及卷次，下記葉次，再下有刻工姓氏：村、亨、啓、武、章景華、陸雲、王、樸、夫、唐、日、華、袁、堂、宗信、宗、弟、曰、淮、安、仁、言、齊、孜等。

正文一百卷，今常熟市圖書館藏本存卷十七至卷一百，凡八十四卷。

綫裝，十册，登録號009881。鈐「周弘/之印」白方印、「一字/緘齋」白方印、「少/溪」白方印、「桃花/邨里/人家」朱方印、「項氏萬卷/堂圖籍印」朱長印、「常熟市/圖書/館藏」朱方印等。

009962　揚子太玄經十卷圖一卷

（漢）揚雄撰　明天啓六年（1626）趙如源刻本

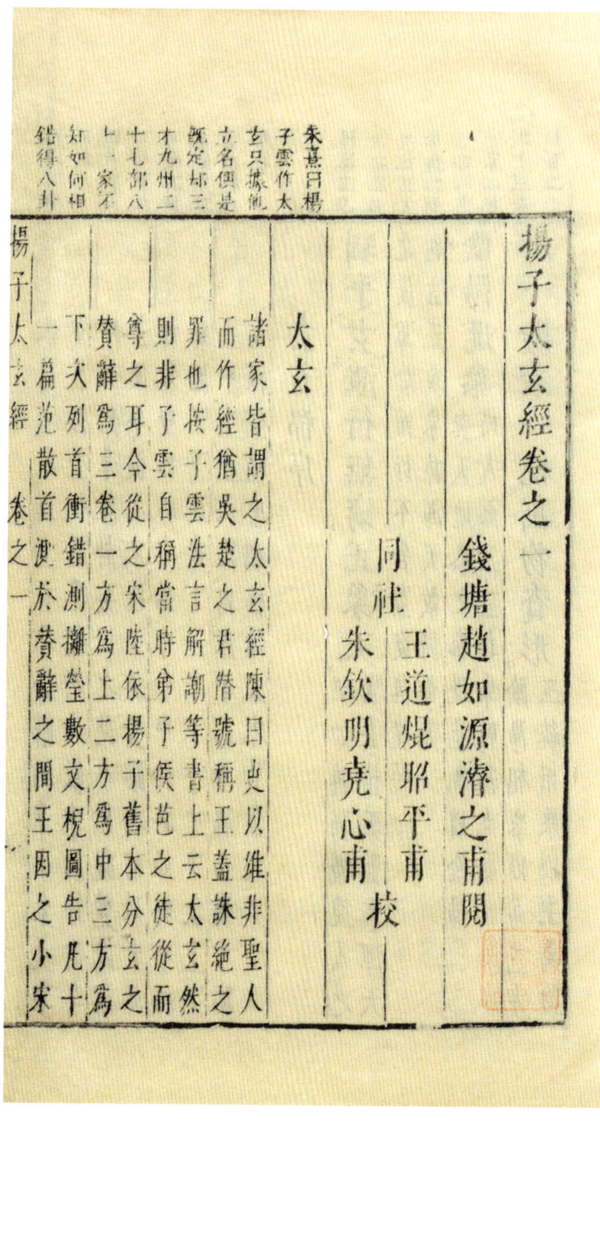
朱熹曰揚子雲作太玄只據他立名便是鋪定如三才九州二十七部八十一家不知如何錯得八卦

揚子太玄經卷之一

錢塘趙如源濬之甫閱

同社　王道焜昭平甫　朱欽明堯心甫　校

太玄

諸家皆謂之太玄經陳曰史以雄非聖人而作經猶吳楚之君僭號稱王蓋誅絕之罪也按子雲法言解嘲等書上云太玄然則非子雲自稱當時弟子侯芭之徒從而尊之耳今從之宋陸依揚子舊本分玄之贊辭爲三卷一方爲上二方爲中三方爲下又列首衝錯測攡瑩數文棿圖告凡十一篇范散首衝於贊辭之間王因之小宋

揚子太玄經卷之一

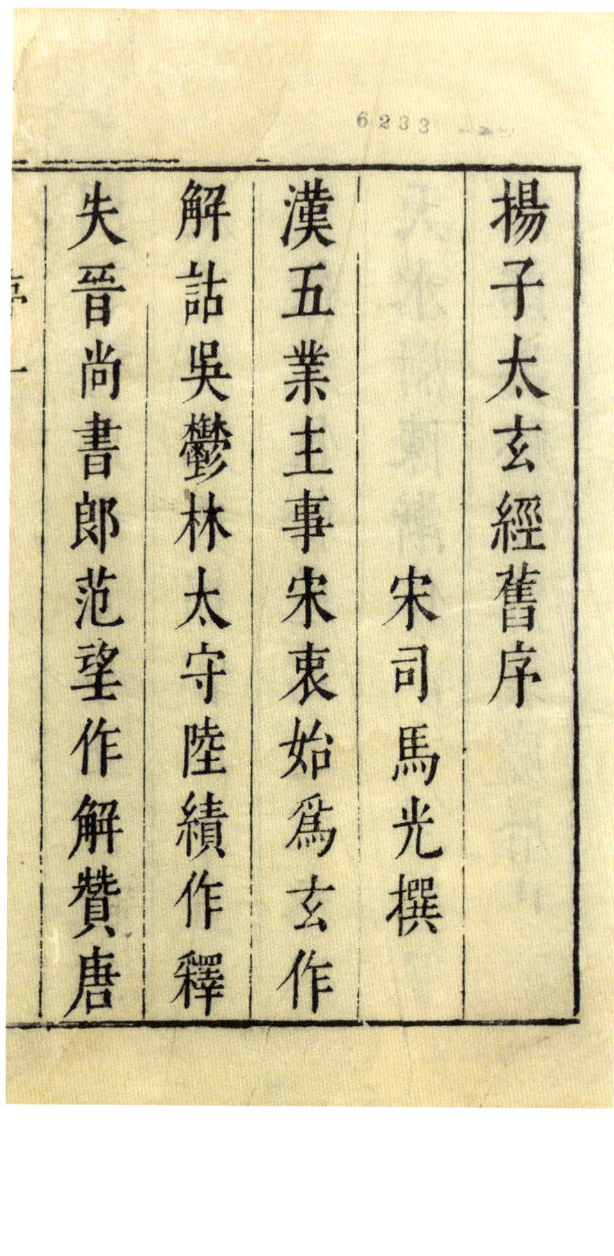
揚子太玄經舊序

宋司馬光撰

漢五業主事宋衷始爲玄作解詁吴鬱林太守陸績作釋失晉尚書郎范望作解贊唐

6233

揚雄（前53—18），字子雲，西漢蜀郡成都（今屬四川）人。博覽群籍，長於辭賦。成帝時，以文召見，奏《甘泉賦》《河東賦》《羽獵賦》，任給事黄門郎。王莽時任大夫，曾校書天禄閣。除《太玄經》，又著有《法言》《方言》等。

卷端署「錢塘趙如源浚之甫閲，同社王道焜昭平甫、朱欽明堯心甫校」。框高19.9厘米，寬14.4厘米。半葉九行，行十八字，小字雙行同，白口，四周單邊。版心上鎸書名，中録卷次，下記葉次。

正文前有宋司馬光撰《揚子太玄經舊序》，撰於「元豐五年六月丁丑」；次接《太玄經序》，末署「天啓丙寅元日錢塘張元徵夢珠父書於遠閣」；次接凡例，末署「武林趙世楷繩美父識」；次接《揚子太玄圖》；次接宋司馬光述《説玄》。正文凡十卷。

綫裝，一册，登録號009962。書封記書根皆題寫書名及卷數。鈐「琴川俞鍾／鑾讀書記」朱長印、「常熟市／圖書／館藏」朱方印。

011840　素書注一卷陰符經注三卷道法經注三卷

題（漢）黄石公撰　（清）王臣注　稿本

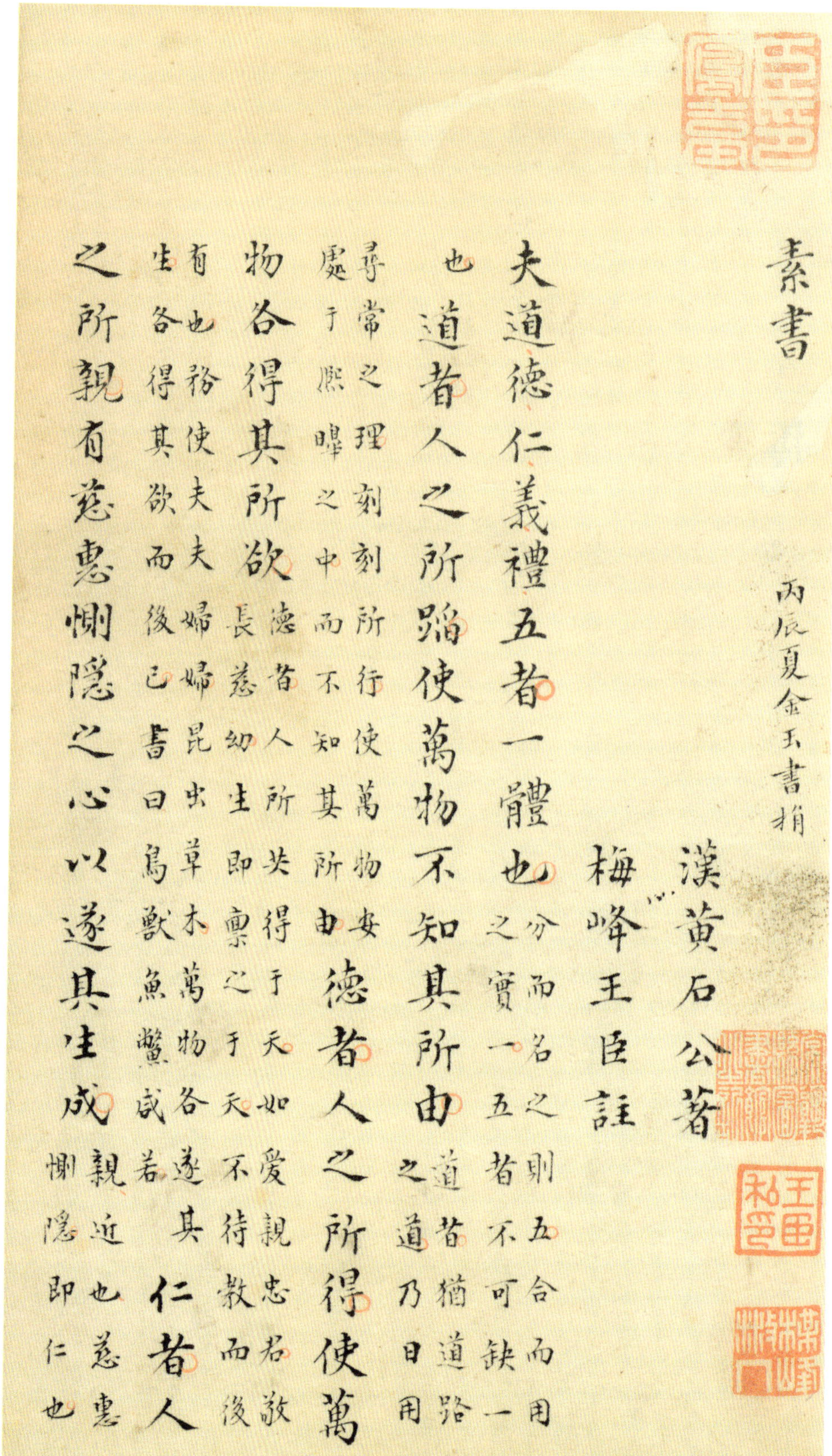

素書

丙辰夏金玉書捐

漢黄石公著

梅峰王臣註

夫道德仁義禮五者一體也（分而名之則五合而用之實一五者不可缺一也）道者人之所蹈使萬物不知其所由（道者猶道路之道乃日用尋常之理刻刻所行使萬物安處于熈暤之中而不知其所由）德者人之所得使萬物各得其所欲（德者人所共得于天如愛親忠君敬長慈幼生即稟之于天不待教而後有也務使夫夫婦婦昆虫草木萬物各遂其生各得其欲而後已書曰鳥獸魚鱉咸若）仁者人之所親有慈惠惻隱之心以遂其生成（親近也慈惠惻隱即仁也）

黄石公，江蘇下邳（今屬睢寧古邳鎮）人。世稱圯上老人、下邳神人。著有《太公兵法》《黄石公略》等。

王臣，據是帙卷端題署，知其字梅峰，號了玄子，常熟人。

《素書》署「漢黄石公著，梅峰王臣注」。《素書》後接《陰符經》，署「虞山後學了玄子梅峰王臣注」。末葉書「歲在康熙戊戌之中秋」。

無板框及界欄，開本高 26.9 厘米，寬 16.9 厘米。半葉九行，行二十字，小字雙行同。

綫裝，一册，登録號 011840。原書封題書名「王梅峰注素書陰符經」。卷端題名下小字署「丙辰夏金玉書捐」。集中有朱筆圈點及校記，《陰符經》各篇之後接有朱筆批注，如上篇後「上篇共壹仟柒佰五十七字」，中篇後「中篇共壹仟伍佰伍拾貳字」，下篇後「下篇共貳仟壹佰捌拾貳字，上中下共伍仟肆佰玖拾壹字」。鈐有「臣印／鳳臺」白方印、「王臣／私印」朱方印、「楳峰／散人」白方印、「常熟／縣圖／書館／之記」白方印等。

011863　松弦館琴譜一卷

（明）嚴澂集　明萬曆四十二年（1614）刻本

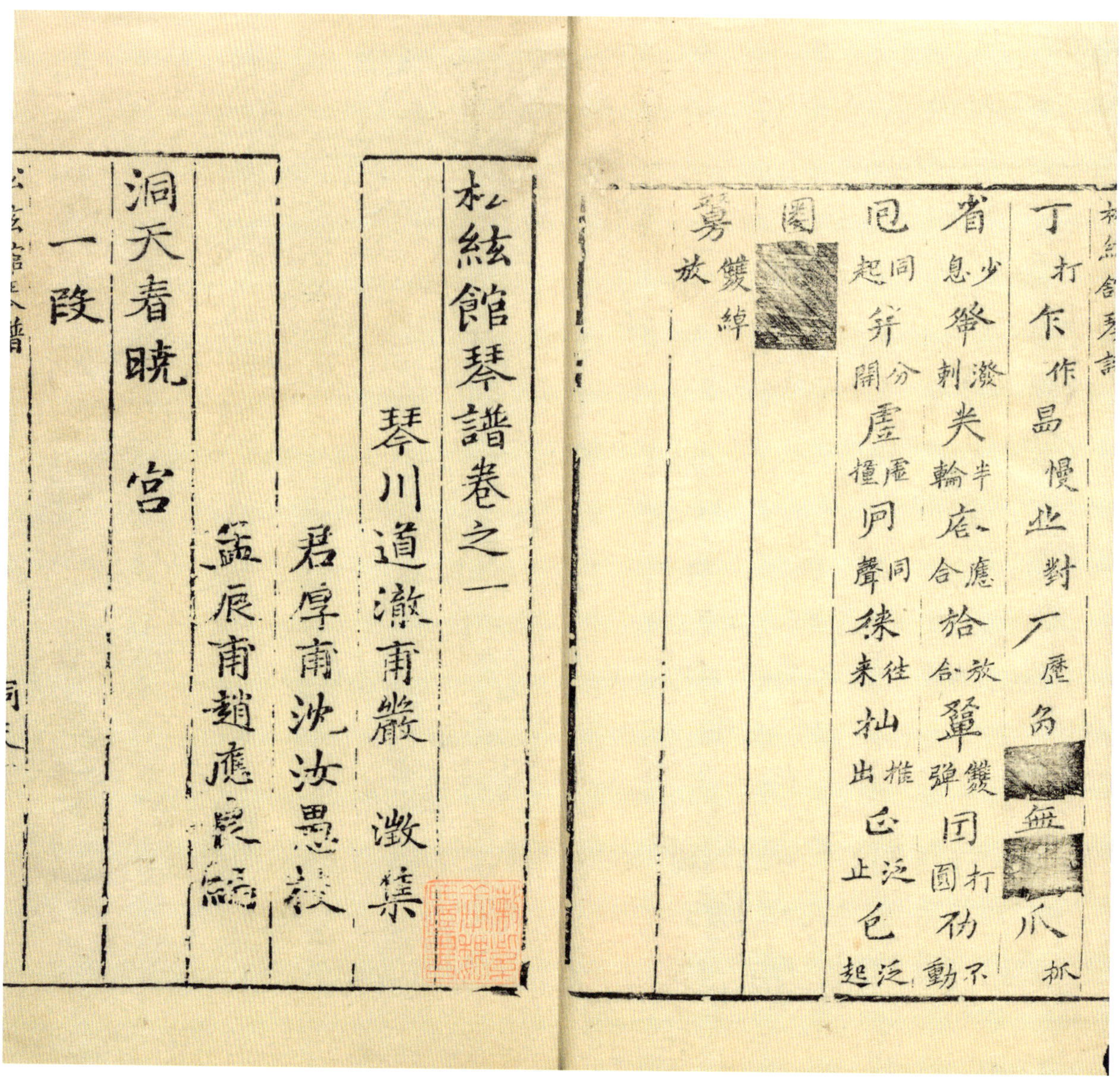

嚴澂（1547—1625），字道澈，號天池，常熟人。明大學士嚴訥次子。以父蔭官至邵武（今屬福建）知府。精於琴理，創立虞山琴派，師從陳星源。著有《松弦館琴譜》《一言半句》《雲松巢集》等。生平行實見於許重熙《天池嚴公墓表》、丁祖蔭《重修常昭合志》卷二十等。

有書名葉，右側大字題書名「嚴天池先生手/訂松弦館琴譜」，左下小字題「本家藏板」。

卷端題「琴川道澈甫嚴澂集，君厚甫沈汝愚校，孟辰甫趙應良編」。

框高 21.2 厘米，寬 13.9 厘米。半葉六行，行字不等，白口，四周單邊。版心上鐫書名，下記譜名及葉次。

正文前有《松弦館琴譜序》，末署「友弟薛志學撰」；次接《松弦館琴譜序》，末署「萬曆甲寅清和朔日，道澈嚴澂書」；次接《附琴川彙譜序》，末署「天池山樵嚴澂撰」，又署「孫男炳書」；次接目録；次接《觀譜法》。正文凡一卷，所收琴譜以宫、商、角、徵、羽分類，宫：洞天春曉、陽春、修禊吟；商：古交行、風雷引、桃源吟、清夜吟、中秋月、秋江夜泊、膠漆吟、静觀吟；角：溪山秋月、蒼梧怨、列子御風、良宵引；徵：塗山、樵歌、漁歌、關雎、山居吟、渭濱吟、洞庭秋思、會同引；羽：佩蘭、漢宫秋、春曉吟、商角、莊周夢蝶、神化引。

綫裝，四册，登録號 011863。各册書根題寫書名及册次。首册原書封左題書名，右下題「虞山錢氏珍藏」。集中鈐「秀野山房」朱長印、「離家/三里即/西湖」朱方印、「常熟/縣圖/書館/之記」白方印等。

011911　駢志二十卷

（明）陳禹謨輯　明萬曆三十四年（1606）刻本

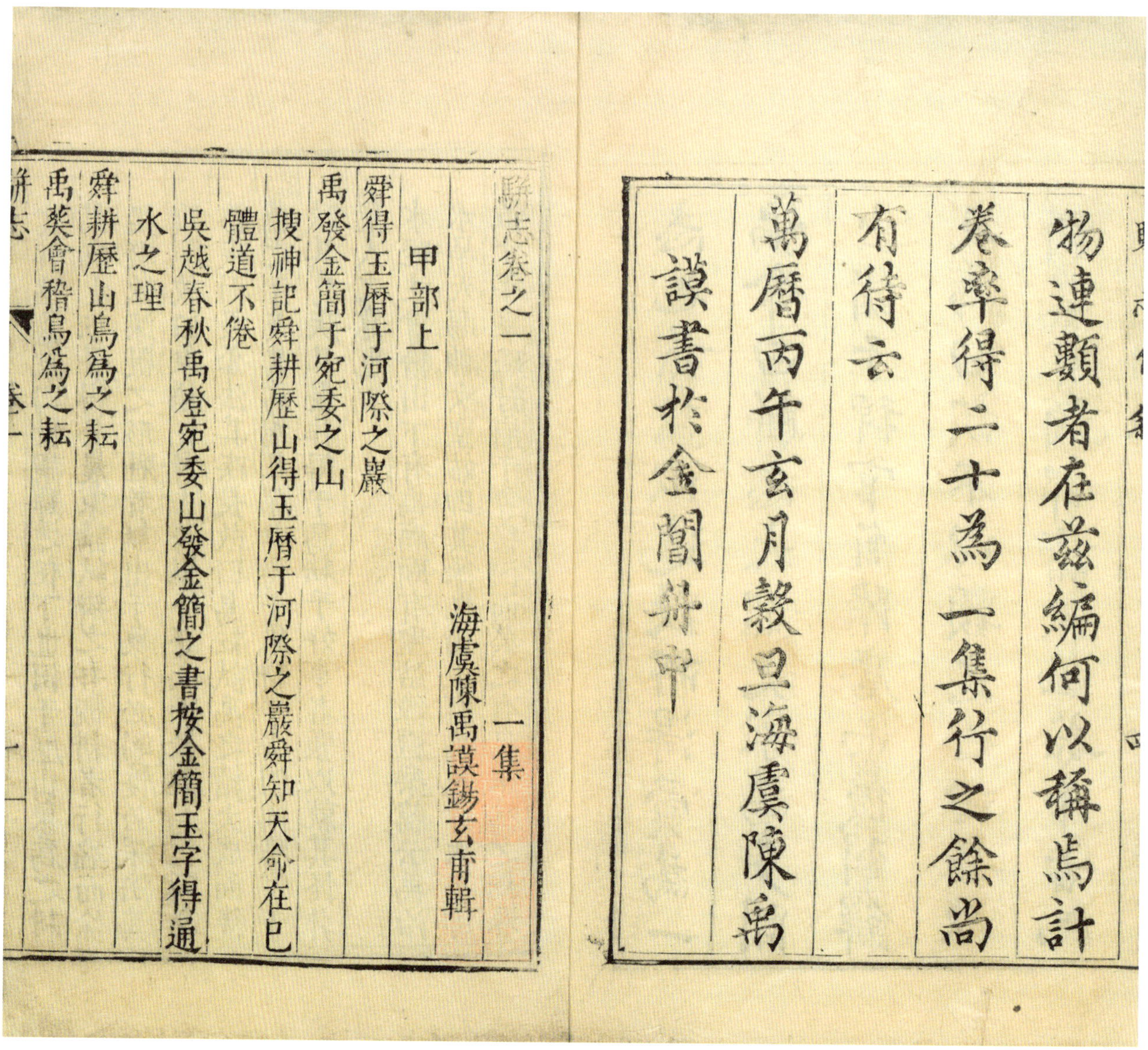

物連類者在茲編何以稱焉計
卷率得二十為一集行之餘尚
有待云
萬曆丙午玄月穀旦海虞陳禹
謨書於金閶舟中

駢志卷之一　一集
海虞陳禹謨錫玄甫輯
甲部上
舜得玉曆于河際之巖
禹發金簡于宛委之山
搜神記舜耕歷山得玉曆于河際之巖舜知天命在巳
體道不倦
吳越春秋禹登宛委山發金簡之書按金簡玉字得通
水之理
舜耕歷山鳥為之耘
禹葬會稽鳥為之耘

陳禹謨生平事迹見前《四書名物考》（008884）。

卷端題「海虞陳禹謨錫玄甫輯」。

框高 21.4 厘米，寬 15 厘米。半葉十一行，行二十二字，白口，上單黑魚尾，四周雙邊。版心魚尾上鐫書名，魚尾下鋟卷次，再下記葉次。

正文前有《駢志自叙》，末署「萬曆丙午玄月穀旦，海虞陳禹謨書於金閶舟中」。正文凡二十卷，不立門目，所輯條目以十天干爲序，自甲至癸，以類相從。今常熟市圖書館藏本止存十二卷，即卷一至卷二、卷五至卷八、卷十五至卷二十。

綫裝，六册，登録號 011911。鈐「花溪懶/道人賞/鑒圖書」白長印、「吴興第/佐卿賞/鑒之印」朱方印。

012728　上清靈寶濟度大成金書四十卷（存七卷）

（元）林靈真撰集　（明）周思德重修　明刻本

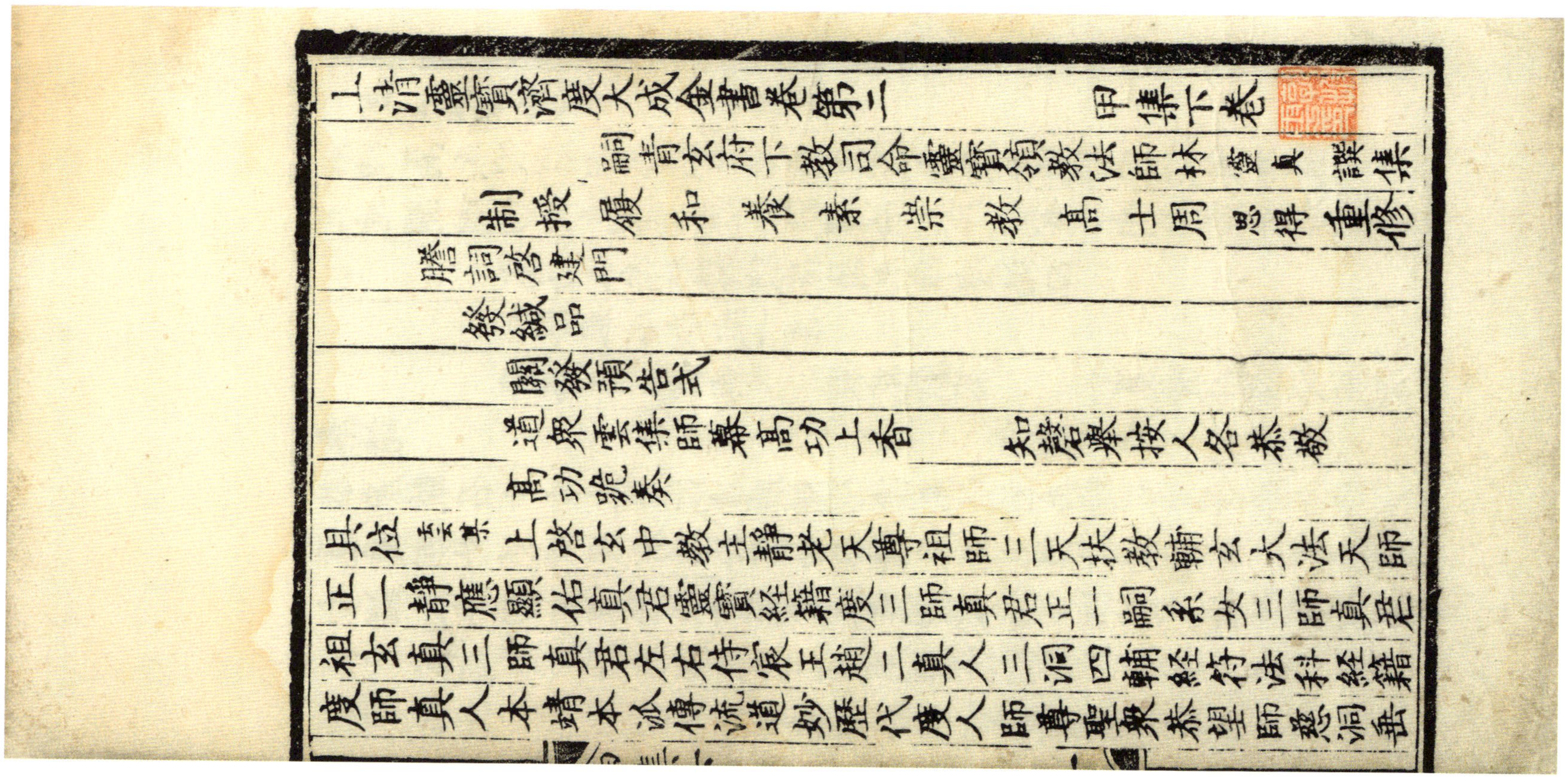
上清靈寶濟度大成金書卷第二　甲集下卷
嗣青玄府下教司命靈寶領教法師林　靈真　譔集
制授　履和　養素　崇教　真士周　思得　重修
牒詞啟建門
發緘品
關發預告式
道眾雲集師幕高功上香　知爐擇人名恭敬
高功跪奏
具位去云某上啟玄中教主靜老天尊祖師三天扶教輔玄大法天師
正一靜應顯佑真君靈寶經籍度三師真君正一嗣系太玄三師真君
祖玄真三師真君左右侍宸王趙二真人三洞四輔經符法科經籍
度師真人本靖本派傳流道妙歷代度人師尊聖眾恭望師慈洞垂

林靈真，原名偉夫，字君昭，法名靈真。纍舉不第，弃儒從道。周思德，浙江錢塘（今屬杭州）人。從張宇初、丘月庵等學道，永樂中爲京師大德寺主持。年九十二卒，贈通靈道人。

卷端署「嗣青玄府下教司命靈寶領教法師林靈真撰集，制授履和養素崇教高士周思得重修」。

框高 23.2 厘米，寬 15.4 厘米。半葉十二行，行二十六字，黑口，雙魚尾，四周雙邊。版心上魚尾下鐫卷次，下魚尾上鋟葉次。

首册殘闕，正文前序及目次情况不詳。正文輯録道教正一道齋醮科儀，凡四十卷，今常熟市圖書館藏本祇殘存七卷，卷一甲集上、卷二甲集下、卷三乙集上、卷四乙集下、卷五乙集前卷、卷六乙集後卷、卷□壬集上。

綫裝，七册，登録號 012728。鈐「郭/雲印」朱方印。

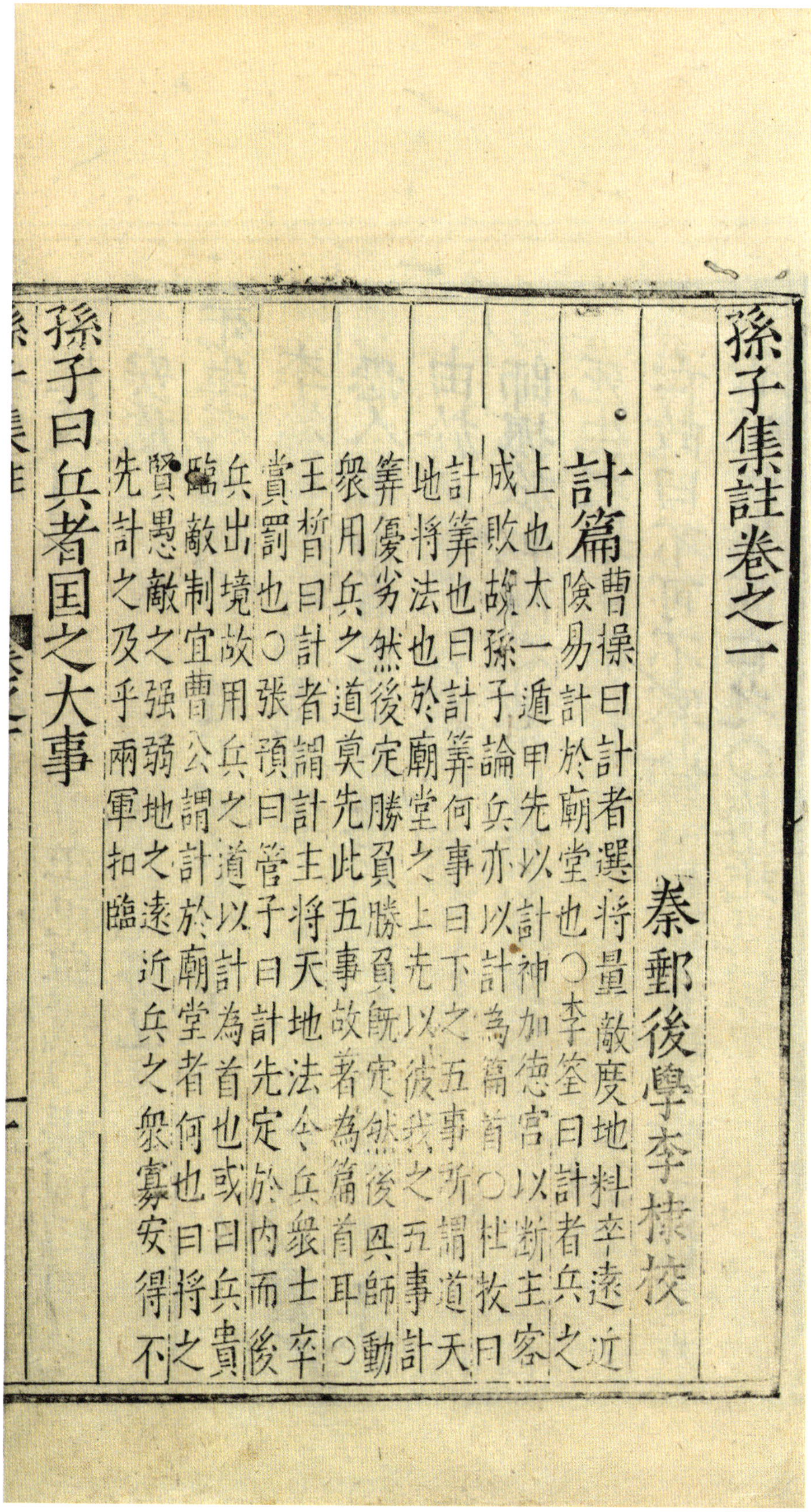
孫子集註卷之一

秦郵後學李棣校

計篇 曹操曰計者選將量敵度地料卒遠近險易計於廟堂也○李筌曰計者兵之上也太一遁甲先以計神加德宮以斷主客成敗故孫子論兵亦以計為篇首○杜牧曰計筭也曰計筭何事曰下之五事所謂道天地將法也於廟堂之上先以彼我之五事計筭優劣然後定勝負勝負既定然後興師動衆用兵之道莫先此五事故著為篇首耳○王晳曰計者謂計主將天地法令兵衆士卒賞罰也○張預曰管子曰計先定於內而後兵出境故用兵之道以計為首也或曰兵貴臨敵制宜曹公謂計於廟堂者何也曰將之賢愚敵之强弱地之遠近兵之衆寡安得不先計之及乎兩軍相臨

孫子曰兵者国之大事

013453　孫子集注十三卷（存八卷）

（漢）曹操注　明隆慶六年（1572）高郵李棣刻本　明李棣校

曹操（155—220），字孟德，小名阿瞞，東漢末沛國譙（今屬安徽亳州）人。官至丞相、大將軍，封魏王。子曹丕稱帝，追尊爲太祖武帝。

李棣，字韡齋，明隆慶間高郵人。

卷端署「秦郵後學李棣校」。

框高20.6厘米，寬14.6厘米。半葉十行，行二十字，小字雙行同，白口，上單黑魚尾，四周雙邊，版心上鎸書名，中記卷次，下記葉次。

正文前有《孫子集注序》，末署「隆慶壬申仲夏吉旦，高州府推官錢塘達泉施之藩書」。正文原爲十三卷，今常熟市圖書館藏本止存卷一至卷八。

綫裝，三册，登録號013453。

013461 先醒齋筆記

（明）丁元薦輯 （明）李枝參訂 明天啓刻本

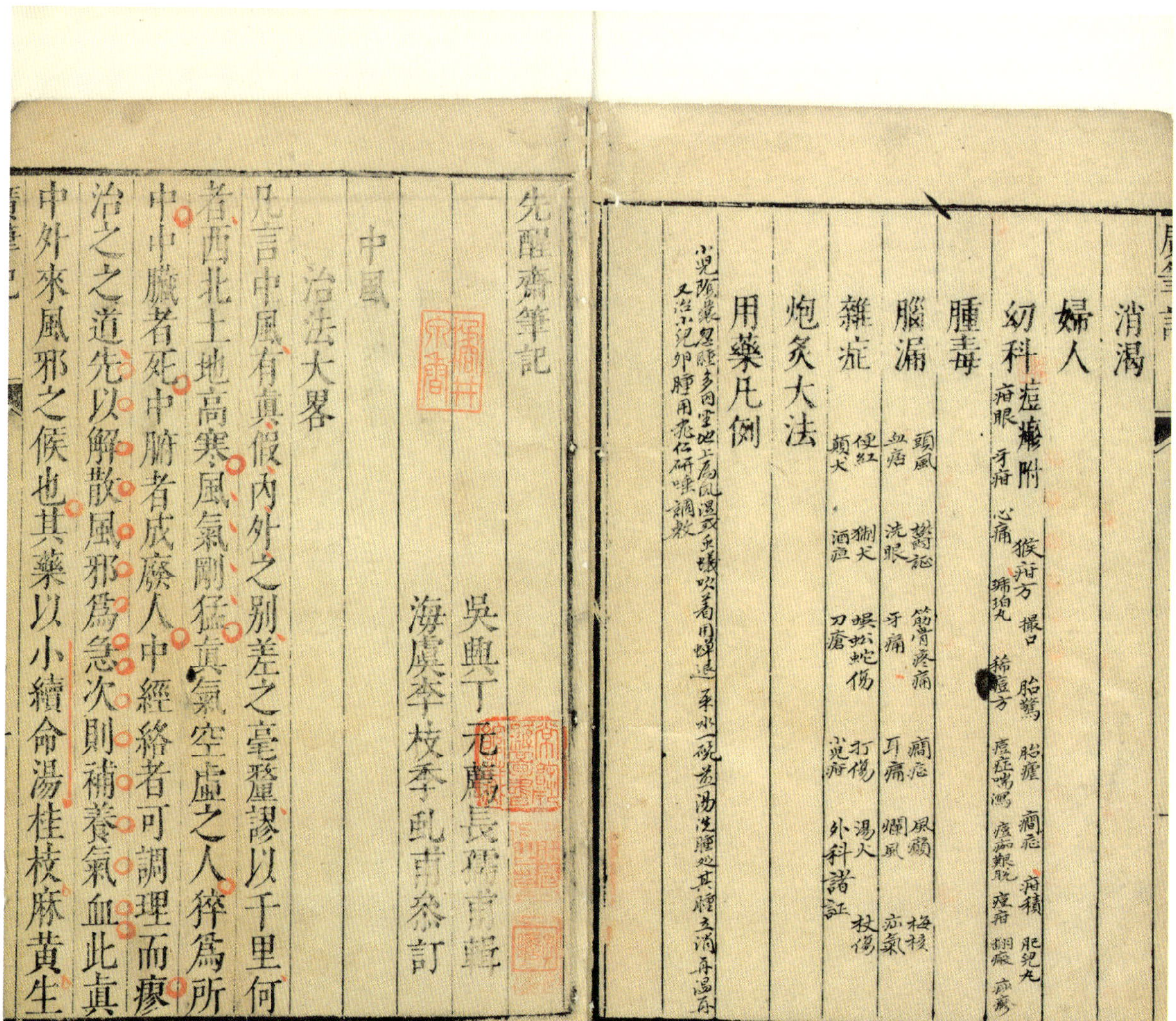

消渴

婦人

幼科 痘疹附

瘡眼 牙痛 心痛 猴疳方 撮口 琥珀丸 稀痘方 胎驚 胎瘧 痘疹喘瀉 癇症 疳積 肥兒丸

腫毒

腦漏

頭風 藥祕 筋骨疼痛 癇症 風癩 梅核

血疳 洗眼 牙痛 耳痛 爛風 疝氣

雜症

便紅 瘋犬 蜈蚣蛇傷 打傷 湯火 杖傷

顛犬 酒疸 刀瘡 凍瘡 外科諸証

炮炙大法

用藥凡例

先醒齋筆記

吳興丁元薦長孺甫輯

海虞李枝季虬甫參訂

中風

治法大畧

凡言中風有真假內外之別差之毫釐謬以千里何者西北土地高寒風氣剛猛真氣空虛之人猝爲所中中臟者死中腑者成廢人中經絡者可調理而瘳治之之道先以解散風邪爲急次則補養氣血此真中外來風邪之候也其藥以小續命湯桂枝麻黃生

丁元薦（1563—1628），字長孺，號慎所，浙江長興（今屬湖州）人。明萬曆十四年（1586）進士，官至尚寶司少卿。

《先醒齋筆記》，目録題名作「廣筆記」。

卷端署「吴興丁元薦長孺甫輯，海虞李枝季虬甫參訂」。

框高 21.1 厘米，寬 14.9 厘米。半葉十行，行二十字，小字雙行同，白口，上單黑魚尾，左右雙邊。版心魚尾上鎸書名「廣筆記」，下録類目，版心下記葉次。

正文前有序，末署「崇禎壬午夏，虞山李枝季虬甫述」；次接《先醒齋筆記叙》，末署「癸丑春日，曲肱道人丁元薦題」；次接《廣筆記自序》，末署「天啓二年歲次壬戌仲冬既望，東吴繆希雍自序」；次接目録。正文不分卷，輯中風、寒、暑、瘧、痢、脾胃、泄瀉、虚弱、吐血、消渴、婦人、幼科、腫毒、腦漏、雜症等藥方；藥方後有《炮炙大法》一卷，附《用藥凡例》。《炮炙大法》，卷端題「海虞繆希雍仲淳甫定，延陵莊繼光斂之甫校」，正文前有目録，正文含水部十四種、火部五種、土部六種、金部十四種、石部二十六種、草部一百五十種、木部七十三種、果部二十四種、米穀部二十四種、菜部二十四種、人部九種、獸部二十三種、禽部三種、蟲魚部三十八種。

綫裝，六册，登録號 013461。以金鑲玉法重加裝訂。朱筆圈點，墨筆校補。鈐「一簾花景／半床書」白長印、「橘井／泉香」朱長印、「衛武／之印」白方印、「子／瞻」朱方印、「補過」白長印、「常熟／縣圖書／館藏」朱方印等。

013502　虞山畫志四卷

（清）郏掄逵纂　清道光元年（1821）白雲山房刻本

虞山畫志卷一

同里郏掄逵蘭坡纂

元

黃公望

黃公望字子久號大癡又號一峯老人本姓陸其父年九十始得之繼永嘉黃氏遂姓黃少有大志試吏弗就隱居小山每月夜攜瓶酒坐湖橋獨飲清唫酒罷投瓶水中橋下殆滿一時三教高流皆從學道通音律工詩文山水師董巨兩

郟掄逵，字蘭坡，自號鐵蘭道人，常熟人。清道光六年（1826）歲貢生。善畫山水及墨梅。尤長於詩，苦吟若郊島。所著除《虞山畫志》，又有《白雪山房詩草》《蘭坡外集》。

有書名葉，右上小字題「道光元年荷月初刻」，中間大字題書名「虞山畫志」，左下小字題「白雲山房藏板」。

卷端署「同里郟掄逵蘭坡纂」。

框高17.2厘米，寬11.9厘米。半葉九行，行十九字，小字雙行同，黑口，上單魚尾，左右雙邊，無界欄。版心中鎸書名及卷次，下記葉次。

正文前有《虞山畫志序》，末署「嘉慶二十四年歲次己卯春二月，知常熟縣事錢塘陳文述叙」；次接《初纂虞山畫志凡例》，題注「考核悉參舊志」；次接瞿毓秀、李仁毅《題詞》；次接《初纂虞山畫志小詩代跋》，末署「道光元年秋八月朔，鐵蘭道人郟掄達稿」；次接《虞山畫志目録》。正文凡四卷，輯自元明至清朝虞山畫家四百餘家，流寓、方外、閨閣咸及之，各家「各立小傳，附載傳志畫譜；明無舛誤，又引詩以發明之」。卷一元，卷二明，卷三上、卷三下清朝，卷四明（流寓）、清朝（流寓）、清朝（釋）、清朝（道士）、明（閨秀）、清（閨秀）。

綫裝，二册，登録號013502。各册書封題簽鎸書名「虞山畫志」，題注册次「上册」、「下册」。

014355　虹孫鑑續一卷後一卷　題贈怡館續著　題贈怡館增訂　清刻本

虹孫鑑　續

贈怡館續著

高江村先生金鰲退食筆記本朝南花園內于
秋時收養蟋蟀至燈夜則置之鰲山燈內奏樂
既罷忽聞蛩聲自鰲山中出歲以爲常
開元天寶遺事唐明皇朝每至秋時宮中妃妾
輩皆以小金籠捉促織閉于籠中置之枕函畔

續一

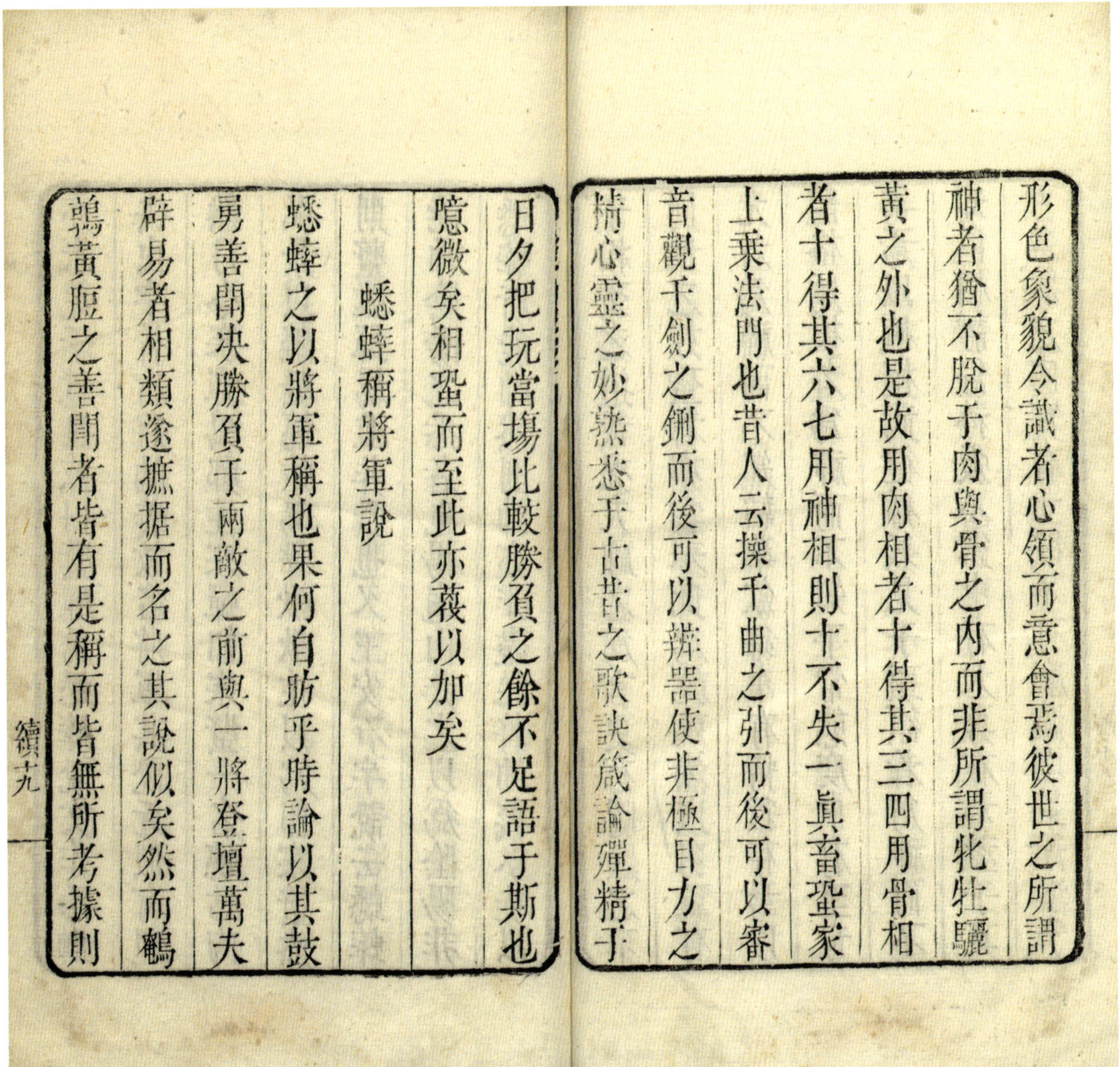
形色象貌令識者心領而意會焉彼世之所謂
神者猶不脫于肉與骨之内而非所謂牝牡驪
黄之外也是故用肉相者十得其三四用骨相
者十得其六七用神相則十不失一眞畜蛩家
上乘法門也昔人云操千曲之引而後可以審
音觀千劍之鋼而後可以辨器使非極目力之
精心靈之妙熟悉于古昔之歌訣箴論殫精于
日夕把玩當場比較勝負之餘不足語于斯也
噫微矣相蛩而至此亦蔑以加矣

蟋蟀稱將軍說

蟋蟀之以將軍稱也果何自昉乎時論以其鼓
勇善鬭决勝負于兩敵之前與一將登壇萬夫
辟易者相類遂摭据而名之其說似矣然而鶺
鴒黄脰之善鬭者皆有是稱而皆無所考據則

續十九

框高 13.9 厘米，寬 9.4 厘米。半葉七行，行十八字，白口，四周單邊，邊框四角皆圓角。《虹孫鑑續》版心下鎸「續」及葉次，《虹孫鑑後》版心下鎸「續」及葉次。

毛裝，二册，登録號 014355。皆無書封。《續修四庫全書》第 1120 册收録《虹孫鑑》三卷（全），前、續、後各一卷。

014356　顏氏家訓二卷

（北齊）顏之推撰　明萬曆六年（1578）顏志邦刻本

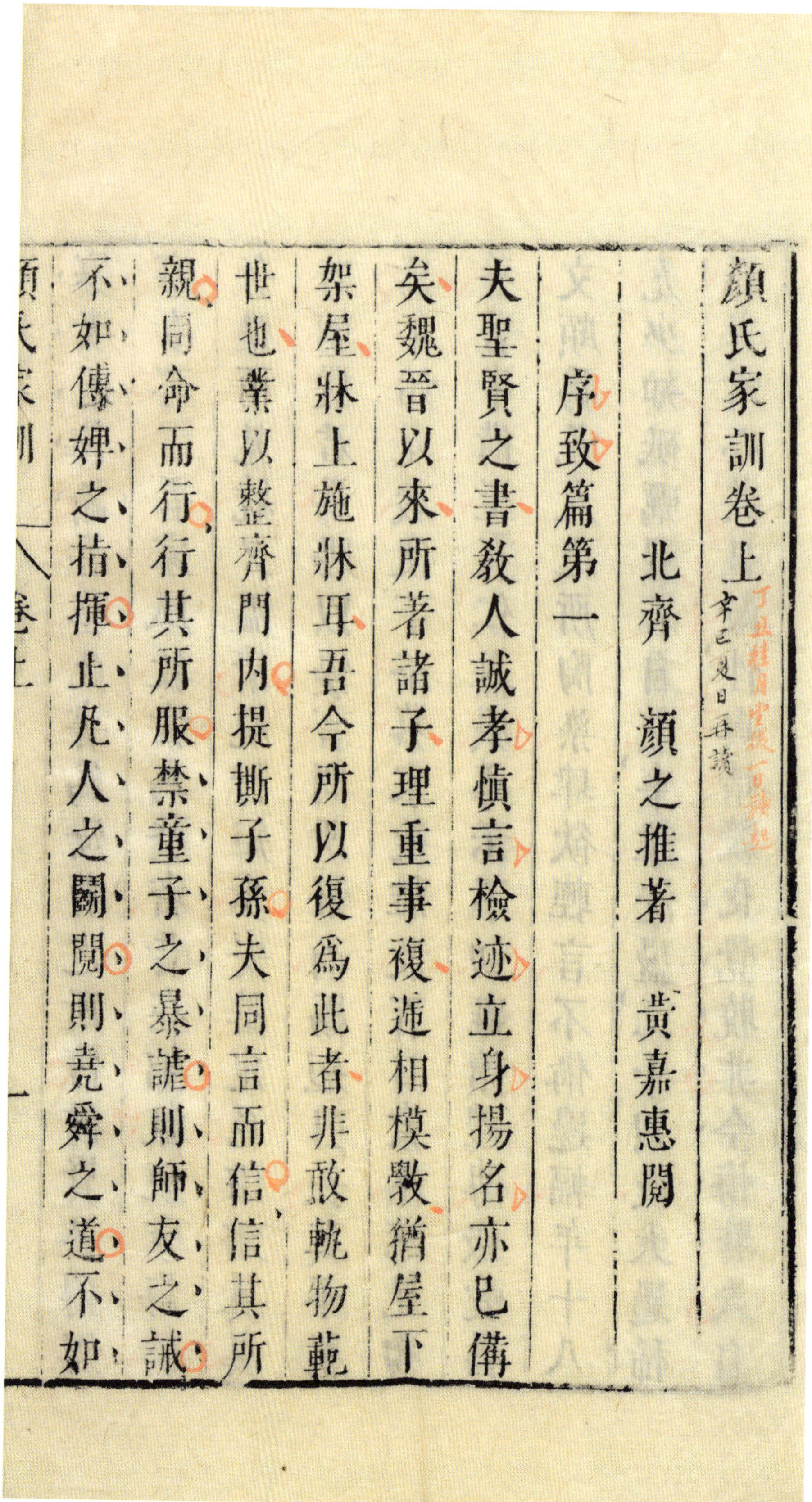

顏氏家訓卷上

北齊　顏之推著　黄嘉惠閱

序致篇第一

夫聖賢之書教人誠孝慎言檢迹立身揚名亦已備矣魏晉以來所著諸子理重事複遞相模斆猶屋下架屋牀上施牀耳吾今所以復爲此者非敢軌物範世也業以整齊門內提撕子孫夫同言而信信其所親同命而行行其所服禁童子之暴謔則師友之誡不如傅婢之指揮止凡人之鬬閱則堯舜之道不如

顏氏家訓　卷上　一

顔之推（531—591後），字介，北齊琅琊臨沂（今屬山東）人。初仕梁爲散騎侍郎，後奔齊，任中書舍人、黄門侍郎、平原太守。齊亡入周，爲御史上士。隋開皇中，太子召爲東宫學士。

卷端署「北齊顔之推著，黄嘉惠閲」。

框高20厘米，寬14.5厘米。半葉九行，行二十字，白口，上單白魚尾，左右雙邊。版心上鎸書名，中録卷次，下記葉次。

正文前有序，末署「萬曆戊寅季冬，茶陵平原派三十四代孫顔志邦書」；次接目録。正文分上、下卷，卷上序致篇、教子篇、兄弟篇、後娶篇、治家篇、風操篇、慕賢篇、勉學篇、文章篇、名實篇，卷下涉務篇、省事篇、止足篇、誡兵篇、養生篇、歸心篇、書證篇、音辭篇、雜藝篇、終制篇。

綫裝，一册，登録號014356。有朱筆、墨筆圈點及批校。

014357　獨斷二卷

（漢）蔡邕撰　明萬曆程榮刻《漢魏叢書》本

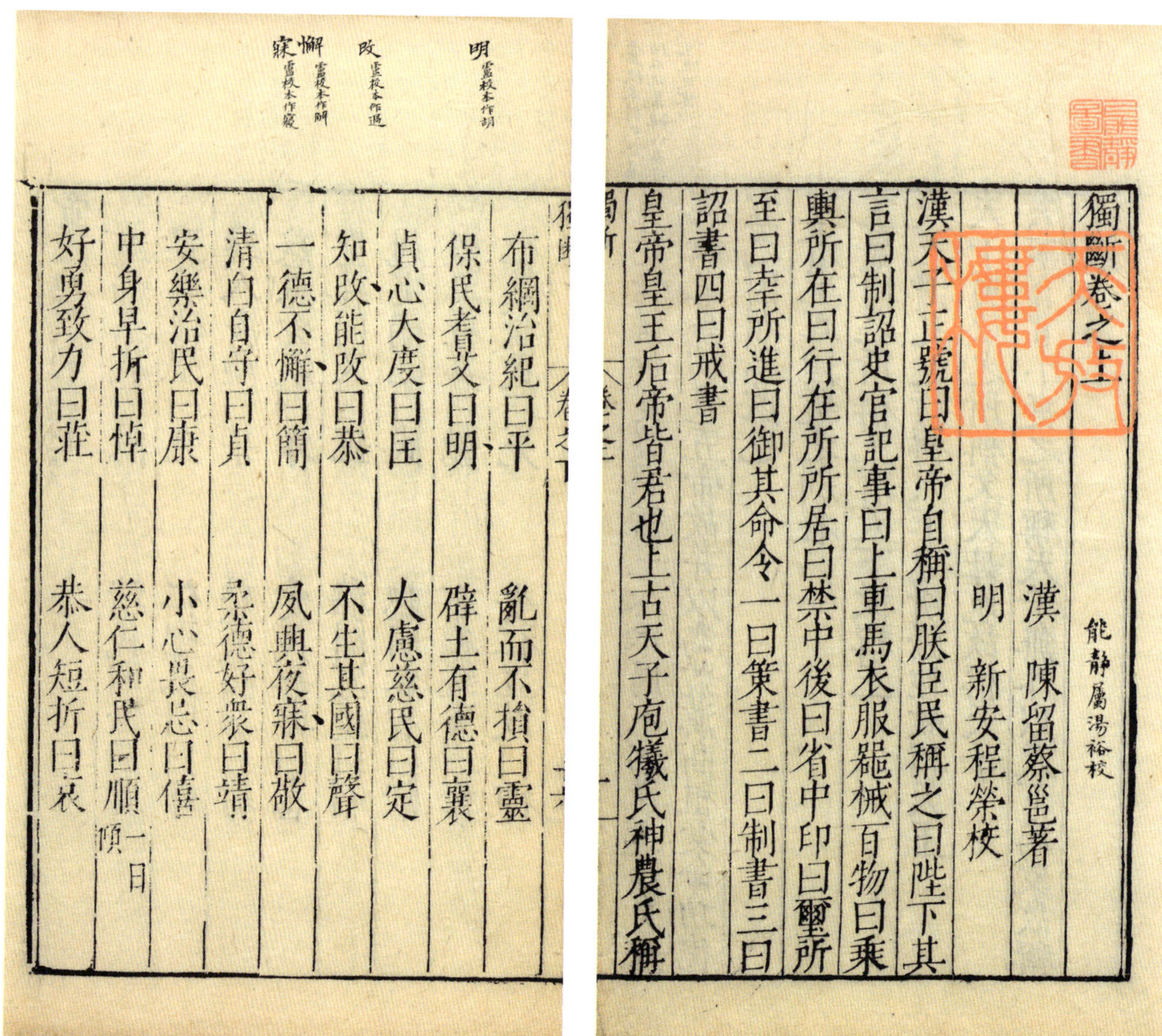
獨斷卷之上

能靜屬湯裕校

漢　陳留蔡邕著

明　新安程榮校

漢天子正號曰皇帝自稱曰朕臣民稱之曰陛下其言曰制詔史官記事曰上車馬衣服器械百物曰乘輿所在曰行在所所居曰禁中後曰省中印曰璽所至曰幸所進曰御其命令一曰策書二曰制書三曰詔書四曰戒書

皇帝皇王后帝皆君也上古天子庖犧氏神農氏稱

布綱治紀曰平　亂而不損曰靈
保民耆艾曰明　辟土有德曰襄
貞心大度曰匡　大慮慈民曰定
知改能改曰恭　不生其國曰聲
一德不懈曰簡　夙興夜寐曰敬
清白自守曰貞　柔德好衆曰靖
安樂治民曰康　小心畏忌曰僖
中身早折曰悼　慈仁和民曰順（一曰頤）
好勇致力曰莊　恭人短折曰哀

明　盧校本作胡
改　盧校本作過
懈　盧校本作解
寐　盧校本作寢

蔡邕（132—192），字伯喈，東漢陳留（今河南杞縣）人。少博學，好辭章，精音律。靈帝建寧間拜郎中，訂正六經文字。後董卓徵召爲祭酒，纍遷中郎將。董卓被誅，邕死於獄中。有《蔡中郎集》行世。

卷端署「漢陳留蔡邕著，明新安程榮校」。

框高20.2厘米，寬14.1厘米。半葉九行，行二十字，小字雙行同，白口，上單白魚尾，左右雙邊。版心上鎸書名「獨斷」，中録卷次，下記葉次。版心下有刻工：仇、俊。

綫裝，一册，登録號014357。有墨筆批校。各卷卷端署「能静疏湯裕校」；卷下正文後有湯裕校記，署「咸豐十一年四月下旬較抱經堂本。錢唐湯裕記」；卷末居中鎸「右蔡氏獨斷一編古之∕制度文爲類於此乎考∕録本多舛今稍是正而∕刻之舒頫淳熙庚子六∕月初吉江都呂宗孟書」。鈐「能静∕圖書」朱方印、「天放∕樓」朱方印、「陽湖趙烈文字惠父號能静僑∕於海虞築天放樓收庋文翰之記」朱長印、「惠父∕珍藏」朱方印、「衣谷」白長印。

015757 葛仙神火略一卷

題（明）焦玉撰　清鈔本

葛仙神火畧序

東寧伯曰昔黃帝有涿鹿之戰而風后為之師神禹有三苗之征而伯益為之主成湯有鳴條之役伊尹為之輔武王有牧野之陳而呂望為之驅此兵家征戰之所由起也然同力以勝德同德以勝義唯上應天命下順人心而已噫周之衰也降而為春秋五霸專征再降而為戰國七雄互峙糜爛生民殆無虛日獨未聞有火攻之法繼而高祖起泗上以子房為師信越為將誅嬴滅項而成帝業光武起兵昆陽以鄧禹為師耿弇蔡遵為將鋤莽中興復炎漢

火攻風候

火攻之法以風為候風猛則火烈火熾則風主風火相搏斯能取勝故為將者當知風候其法以月行之度準之月行於箕一度（在天十一度）軫（在天十七度）翼（在天十九度）張（在天十八度）四星則不出三日必有大風起數日乃止仰觀星宿光搖不定亦不出三日必有大風終日而止黑雲夜蔽北斗口風雨即止雲自北方起黑雲夜飛天河大風數日（雲如猪形者名天豕渡河）月暈而青色數圍必風無雨（青主風黑主雨）日沒黑雲相接來日風雨是以風來十里揚塵動葉風來百里吹沙飄瓦風來千里力

焦玉，元末明初人，生平事迹不詳。

無版框及界欄，開本高 28 厘米，寬 18.7 厘米。半葉九行，行二十二字，小字雙行同，白口。版心下記葉次。

正文前有《葛神仙火略序》，署「皇明東寧伯焦玉序」，次接目録。正文分陸戰、水戰、埋伏、安營、劫寨、守城、攻擊等。

綫裝，一册，登録號 015757。入選第三批《國家珍貴古籍名録》，名録號 08355。卷首鈐「舊雨／重逢」朱方印、「别來／無恙」白方印。

015760　硯坑略一卷

（清）景日昣撰　清黃廷鑑鈔本

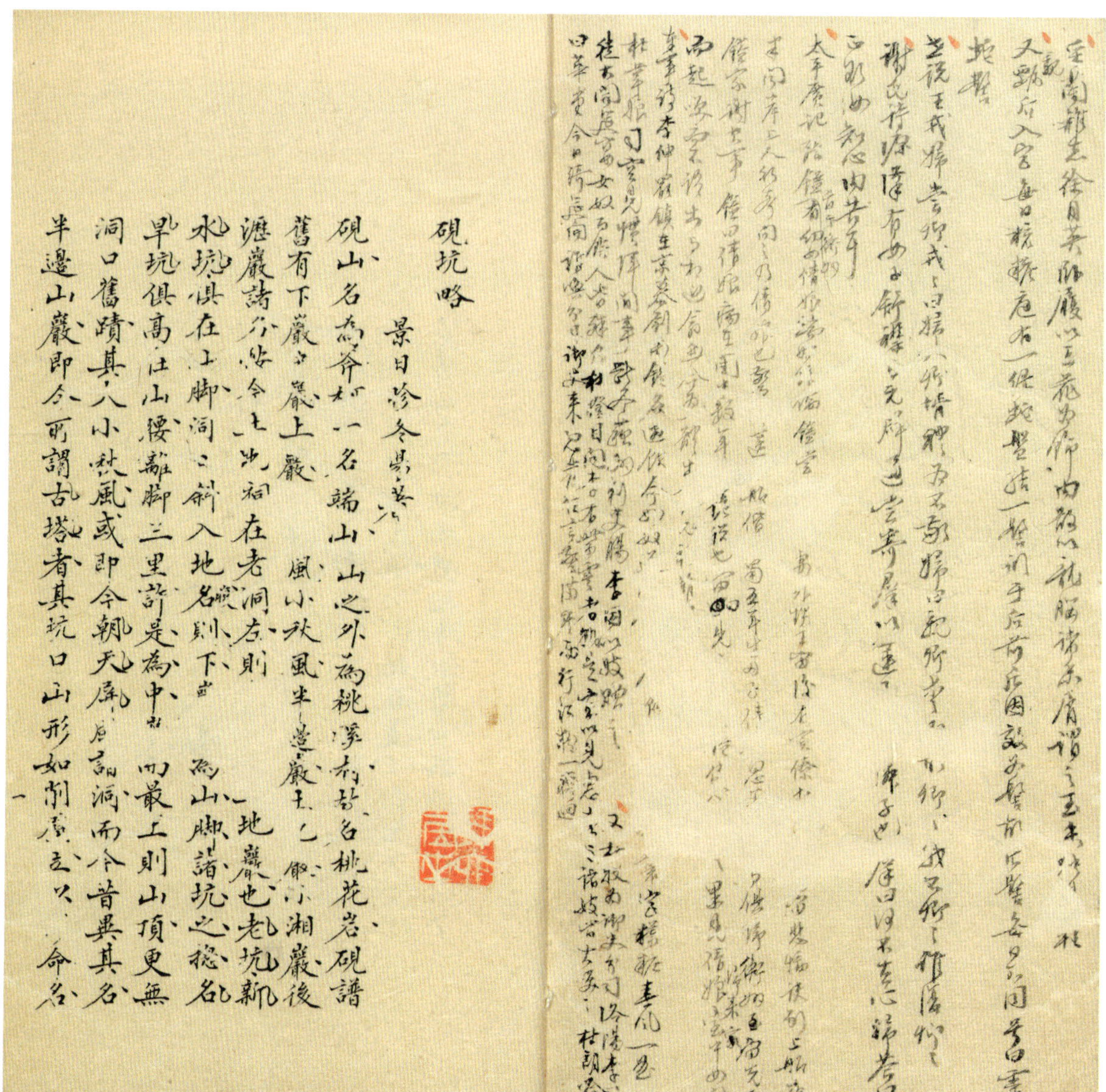

景日眕，生平事迹不詳。

無版框及界欄，開本高 25.8 厘米，寬 15 厘米。半葉九行，行二十四字。

是集係《硯坑略》一卷、《洛陽名園記》一卷、《潛研堂金石文跋尾》一卷、《人參考》一卷合訂。

綫裝，一册，登録號 015760。鈐「琴六／居士」白方印、「潄藝齋／圖書」白長印、「鐵琴銅／劍樓」白長印、「舊雨／重逢」朱方印、「别來／無恙」白方印、「上海圖／書館藏」朱長印、「上海圖書館／退還圖書章」朱長印。

015768　疫痧草三卷

（清）陳耕道撰　稿本

疫痧草見象六十卷　吴　陳耕道

發熱

發熱邪欲達也宜疏達之以有汗為吉無汗為凶症

雖乍起而灼熱無汗肌如紅紙痧隐不透其症險宜

清散並用若灼熱無汗痧隐神昏喉爛氣穢是疫火

内閉最為忌例也再見脉象軟細無神者必死藥物

勉用清散或兼内開若得汗而仍灼熱痧隐神昏喉

爛而舌絳脉弦者毒火重也宜清散并用更有痧後

身熱不止亦為大忌例仍見喉爛舌乾神躁鼻搧脉空

虚或虚絃無神者危

陳耕道，字繼宣，常熟人。監生，醫士。

框高 20.3 厘米，寬 14.8 厘米。半葉十行，行二十字，白口，藍絲欄，四周雙邊。

正文前有清嘉慶七年（1802）壬戌元旦後五日張燮序，次接嘉慶七年正月二十四日吴蔚光序，次接嘉慶七年仲春望後八日吴卓信序，次接嘉慶六年（1801）歲次辛酉仲秋虞山陳耕道《疫痧草自叙》，次接目録。正文分上、中、下三卷，卷上疫痧辯論章、卷中疫痧見象章、卷下疫痧湯藥章。

綫裝，二册，登録號 015768。是帙中夾有書簽一張，上有壬戌秋日瞿鳳起跋。鈐「守口如瓶 / 防意如城」朱長印、「鐵琴銅 / 劍樓」白長印、「古里 / 瞿氏」白長印、「舊雨 / 重逢」朱方印、「別來 / 無恙」白方印、「上海圖 / 書館藏」朱長印、「上海圖書館 / 退還圖書章」朱長印、「常熟 / 縣圖書 / 館藏」朱方印等。

015788　重訂漢武故事一卷

題（漢）班固撰　清黄廷鑑鈔本

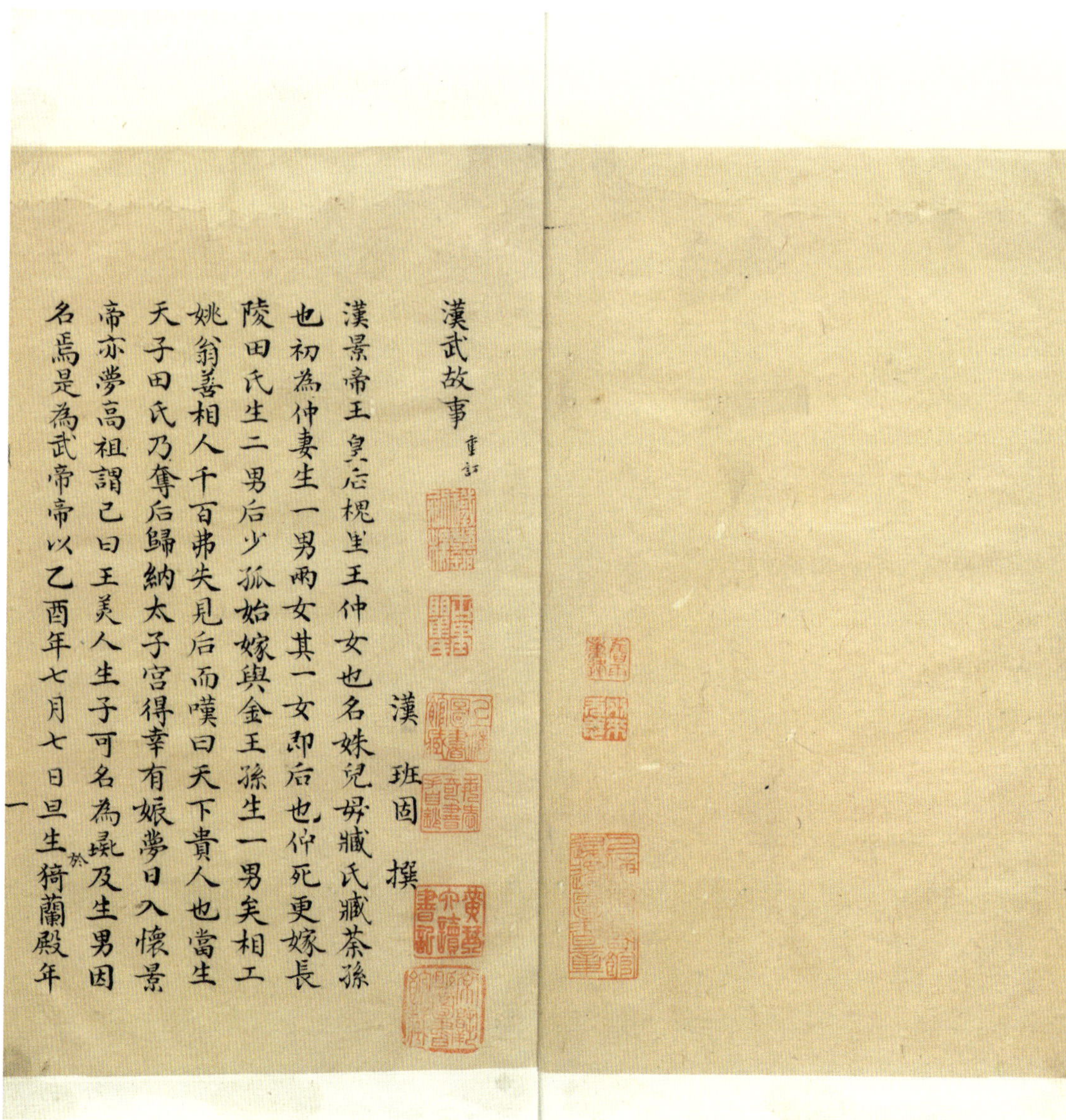

漢武故事 重訂

漢 班固 撰

漢景帝王皇后槐里王仲女也名姝兒母臧氏臧荼孫也初為仲妻生一男兩女其一女即后也仲死更嫁長陵田氏生二男后少孤始嫁與金王孫生一男矣相工姚翁善相人千百弗失見后而嘆曰天下貴人也當生天子田氏乃奪后歸納太子宮得幸有娠夢日入懷景帝亦夢高祖謂己曰王美人生子可名為彘及生男因名焉是為武帝帝以乙酉年七月七日旦生於猗蘭殿年

班固生平事迹見前《漢書評林》（006748）。

卷端署「漢班固撰」。

無版框及界欄，開本高 31.1 厘米，寬 17.9 厘米。半葉九行，行二十一字，小字雙行同。版心下記葉次。

正文後有清嘉慶二十五年（1820）庚辰夏五月及六月三日拙經老人黄廷鑑二跋。

綫裝，一册，登録號 015788。有朱筆批校。鈐「黄琴/六讀/書記」朱方印、「每愛/奇書/手自鈔」朱方印、「拙經/老人」白方印、「古里/瞿氏」白長印、「鐵琴銅/劍樓」白長印、「舊雨/重逢」朱方印、「别來/無恙」白方印、「上海/圖書/館藏」朱方印、「上海圖書館/退還圖書章」朱長印、「常熟/縣圖書/館藏」朱方印。

015816　一言半句二卷

（明）嚴澂輯　明賞真齋刻本　釋净明、普佔跋

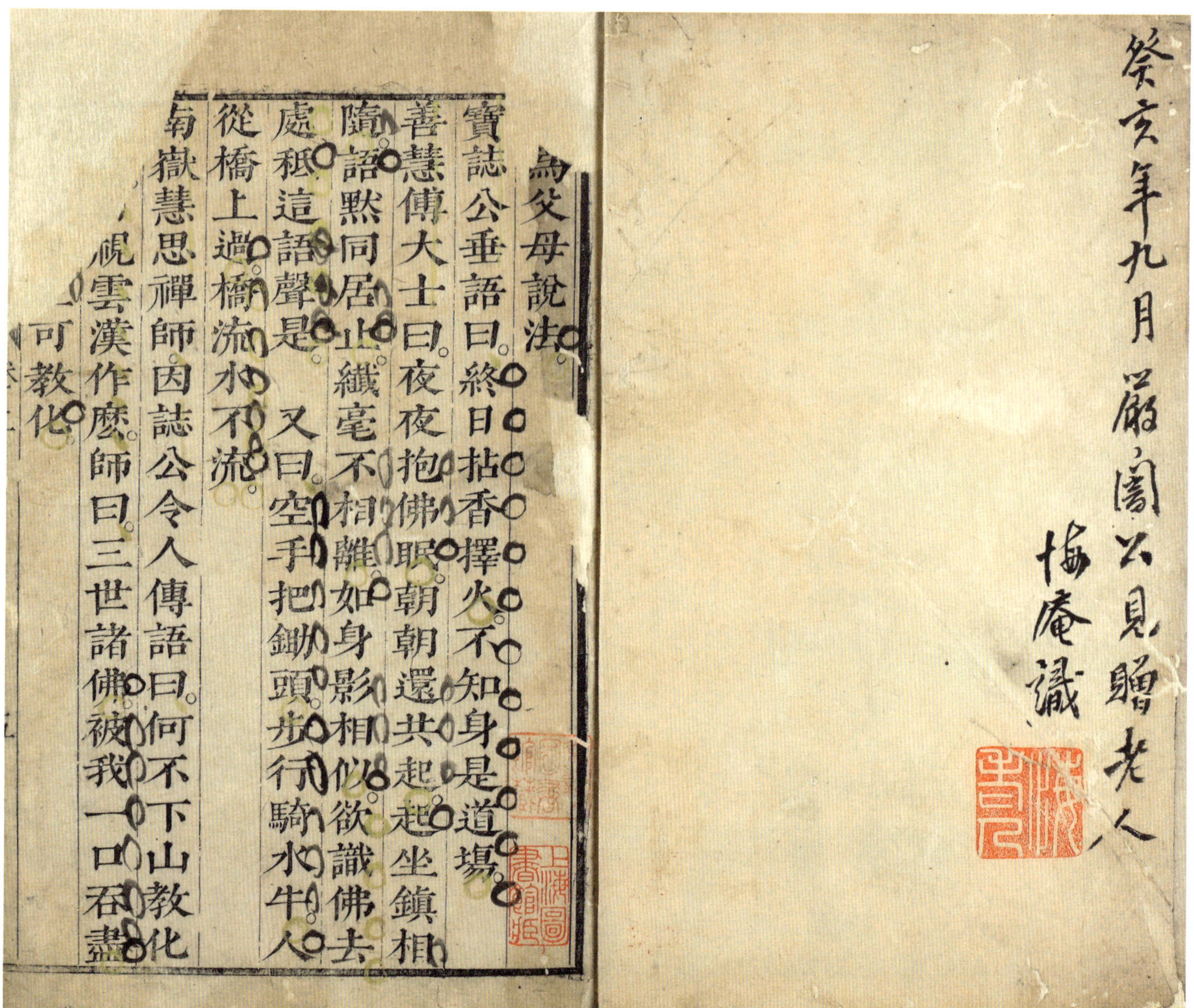

嚴澂生平事迹見前《松弦館琴譜》（011863）。

有書名葉，內容爲「嚴天池手輯／一言半句／賞真齋藏板」。

卷端署「吴郡天池山人嚴澂道澈甫輯，子楙、栝，孫炳較」。

框高20厘米，寬13.9厘米。半葉九行，行二十字，白口，上單黑魚尾，左右雙邊。版心上卷書名，中記卷數，下記葉次。

正文前護葉内有悔庵老人題識，云「癸亥年九月嚴闇公見贈老人」。正文分上、下二卷。卷上有闕葉。正文後有悔老人净明金筆手跋，次接普佔墨筆手跋。

綫裝，二册，登録號015816。有朱、黄兩色圈點。鈐「悔庵老／人沈宗／鏡圖記」朱方印、「上海圖／書館藏」朱長印、「上海圖書館／退還圖書章」朱長印、「常熟／圖書／館藏」朱方印。

015821　律文十二卷　律音義一卷

題（宋）孫奭等撰　清　清王振聲影宋鈔本　清王振聲、近人龐士龍跋

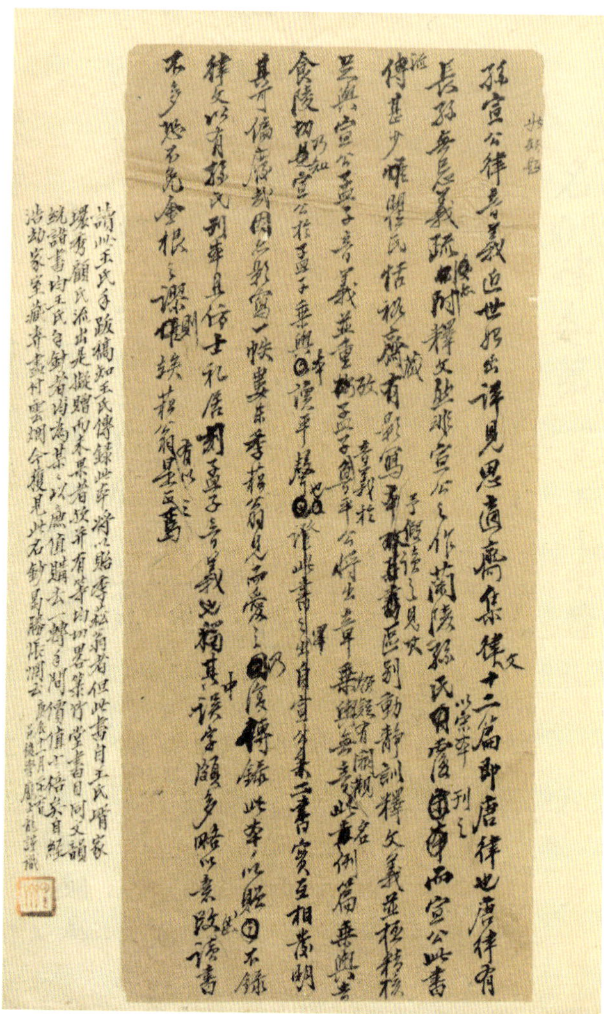

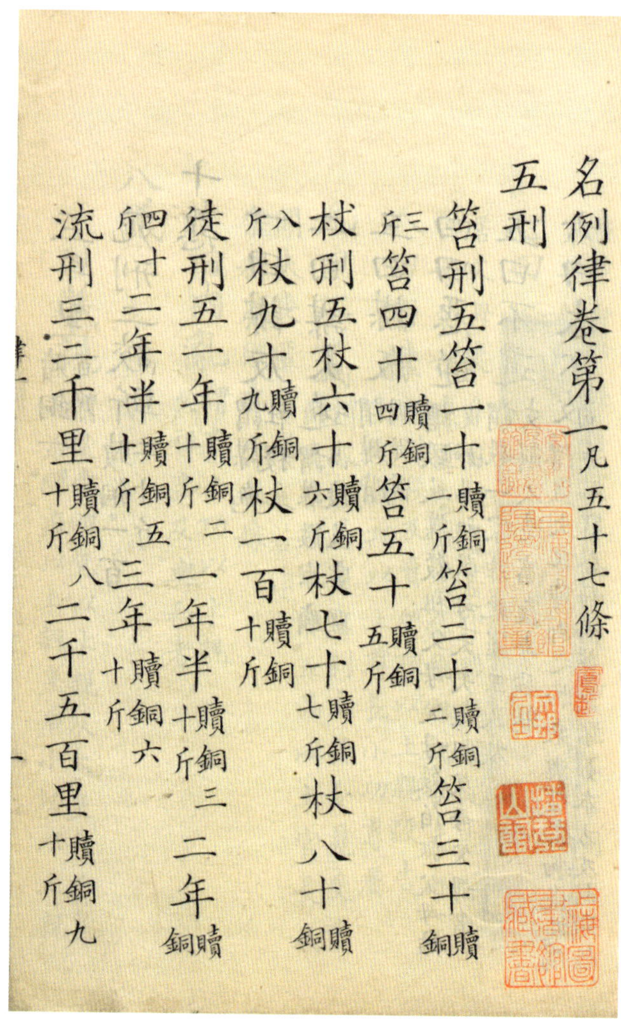

孫奭（962—1033），字宗古，北宋博州博平（今山東省茌平縣博平鎮）人。宋端拱二年（989）進士。曾官國子監直講、兵部侍郎、龍圖閣學士等，以太子少傅致仕。著有《五經節解》《五服制度》《真宗實録》《經典徽言》等。

無版框及界欄，開本高 26.9 厘米，寬 18.3 厘米。半葉八行，行十八字，小字雙行。版心上鎸類目及卷次，下記葉次。

有清王振聲及近人龐士龍跋。首爲《律文》十二卷，卷一名例律，凡五十七條；卷二衛禁律，凡三十三條；卷三職制律，凡五十九條；卷四户婚律，凡四十六條；卷五廄庫律，凡二十八條；卷六擅興律，凡二十四條；卷七賊盜律，凡五十四條；卷八鬬訟律，凡六十條；卷九詐僞律，凡二十七條；卷十雜律凡六十二條；卷十一補亡律凡十八條；卷十二斷獄律凡三十四條。《律文》後接《律音義》，署「翰林侍講學士、中大夫、尚書、兵部侍郎兼群牧使判、國子監、太常禮院、上柱國、樂安郡開國公、食邑二千二百户、食實封肆伯户、賜紫金魚袋臣孫奭等撰」。

綫裝，一册，登録號 015821。正文首葉鈐「文村／居士」陰陽方印、「播琴／山館」白方印、「鳳起」朱長印、「上海圖／書館／藏書」朱方印、「上海圖書館／退還圖書章」朱長印、「常熟／圖書／館藏」朱方印。

015838 承清館印譜初集一卷續集一卷

（明）張灝輯　明刻鈐印本

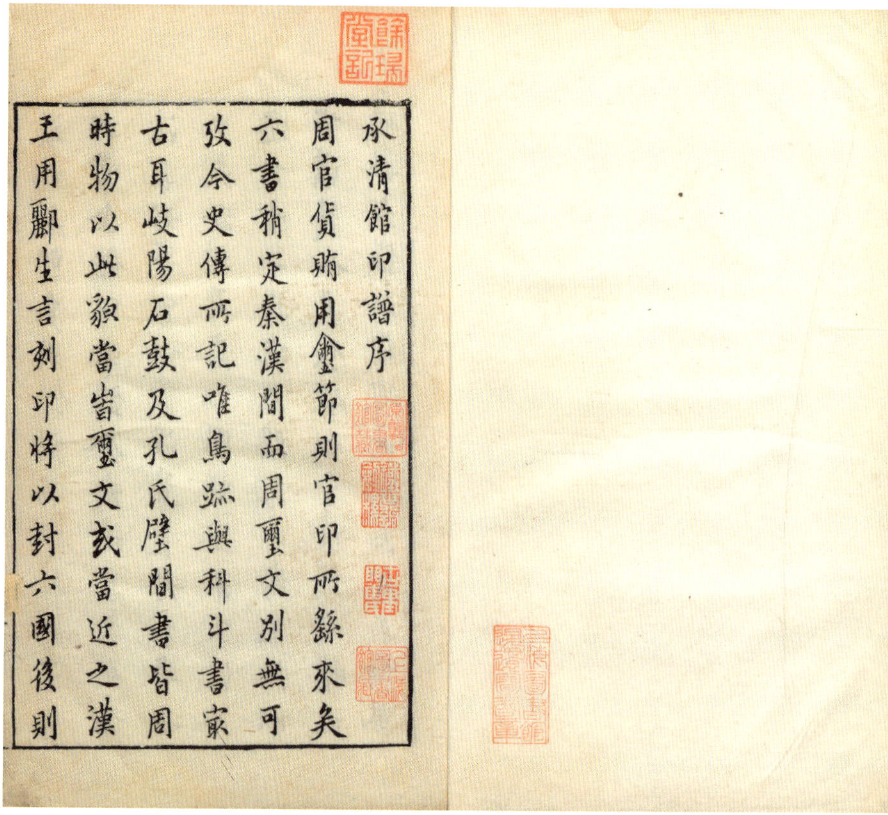

承清館印譜序

周官貨賄用璽節則官印所繇來矣六書稍定秦漢間而周璽文別無可攷今史傳所記唯鳥跡與科斗書家古耳岐陽石鼓及孔氏壁間書皆周時物以此斂當旹璽文或當近之漢王用酈生言刻印將以封六國後則

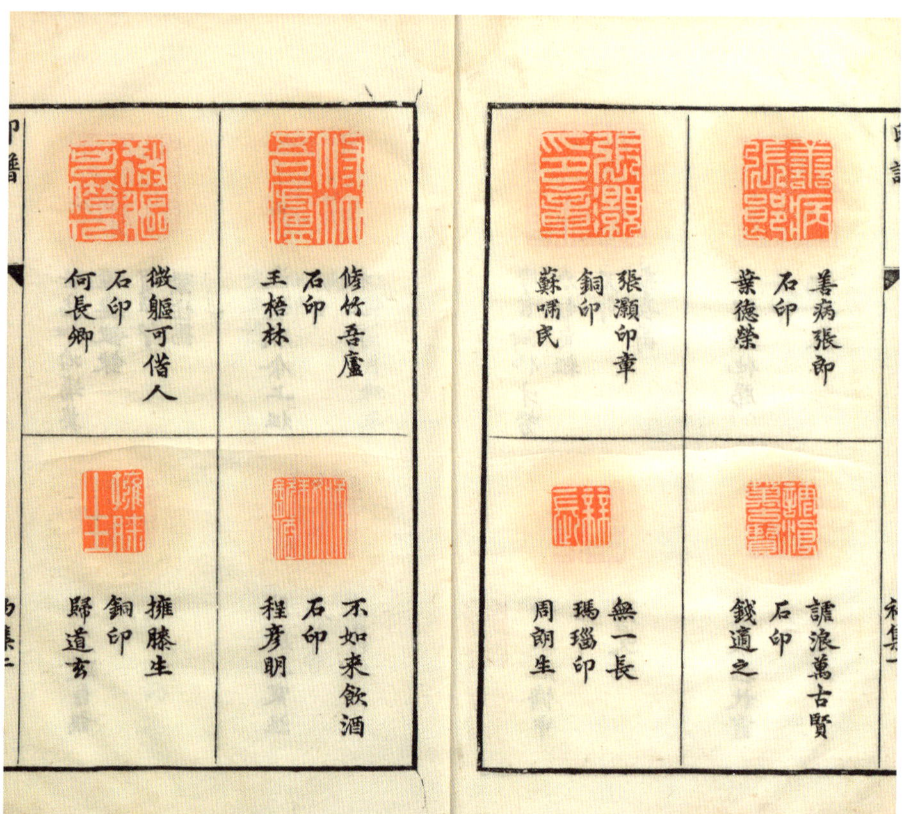

張灝，字夷令，别署長公、平陵居士等，太倉（今蘇州太倉）人。收藏印章甚富。

框高22.2厘米，寬13.8厘米。序跋無界欄，半葉七行，行十四字，白口，上單黑魚尾，四周單邊。正文版心上鐫「印譜」，下記葉次。

《初集》前有張崍《承清館印譜序》、陳元素《印譜題辭》、張嘉《印譜引》、舒曰敬《序印譜》及張灝《自叙》，後有李繼貞《印譜跋》、王在公《印譜跋》、王伯稠《書印譜後》、李吴滋《書印譜後》、徐日久《承清館印譜跋語》、金在鎔《書承清館印譜後》；《續集》前有管珍席《印譜續集引》、張壽朋《題辭》、陸文獻《印譜續集題辭》、歸昌世《印譜續集序》、黄元會《序印譜續集》、張大復《序印譜續集》及張灝《印譜續集自叙》，後有薄澹儒《跋承清館印譜續集》、錢龍錫《印譜續集跋》、王志堅《跋印譜續集》、陸獻明《題張長君印譜續集後》、王瑞章《跋印譜續集》、高夢兆《印譜續集跋》。二集係張灝集同時名人所鐫爲譜，二集所載各二百餘方，各印下注釋文及印質。

綫裝，二册，登録號015838。入選第三批《國家珍貴古籍名録》，名録號08470。鈐「餘瑞／堂記」白方印、「鐵琴銅／劍樓」白長印、「古里／瞿氏」白長印等。

015841　懷古堂印稿
二卷

（明）陸鼎篆刻并輯撰
明崇禎十一年（1638）藍色鈐印本

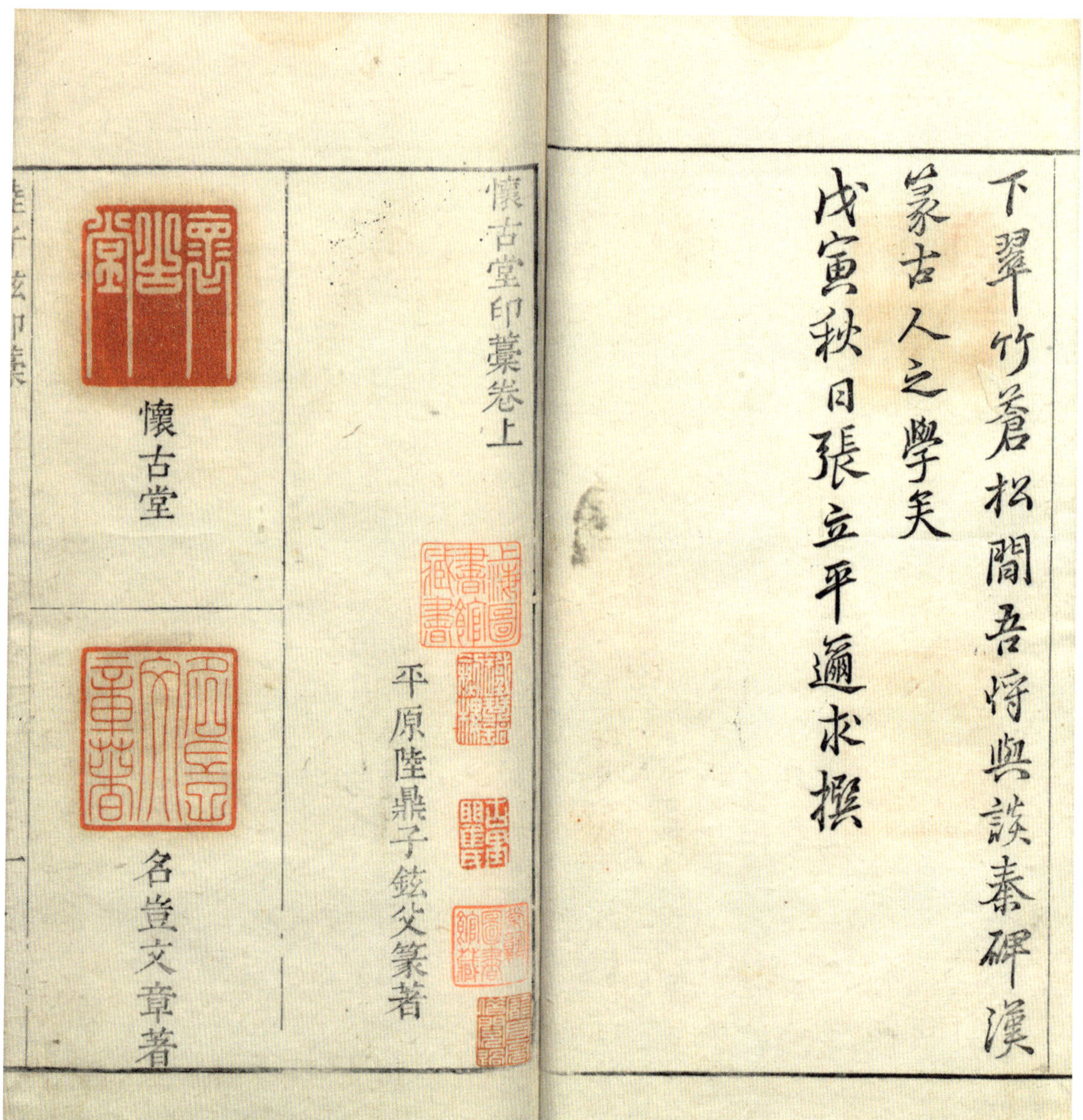

陸鼎，生卒年不詳，自號梅葉道人，清代元和（今江蘇蘇州）人。

框高21.8厘米，寬13.6厘米。半葉兩行，上下分欄，四周單邊，白口。版心上録書名，下記葉次。

正文前有明崇禎十一年（1638）徐汧所撰《叙》，次接《陸子鉉印譜小叙》，叙末不署撰寫時間，再接崇禎十一年張立平所撰《懷古堂印稿叙》。正文後有崇禎十三年（1640）陸鼎篆《百家姓》全文。

綫裝，二册，登録號015841。入選第二批《國家珍貴古籍名録》，名録號04701。卷端鈐「鐵琴銅／劍樓」白長印、「古里／瞿氏」白長印、「龐君亮／借閲過」白長印。

015931 文房四譜五卷

（宋）蘇易簡撰　清鈔本　清黃廷鑑校并跋

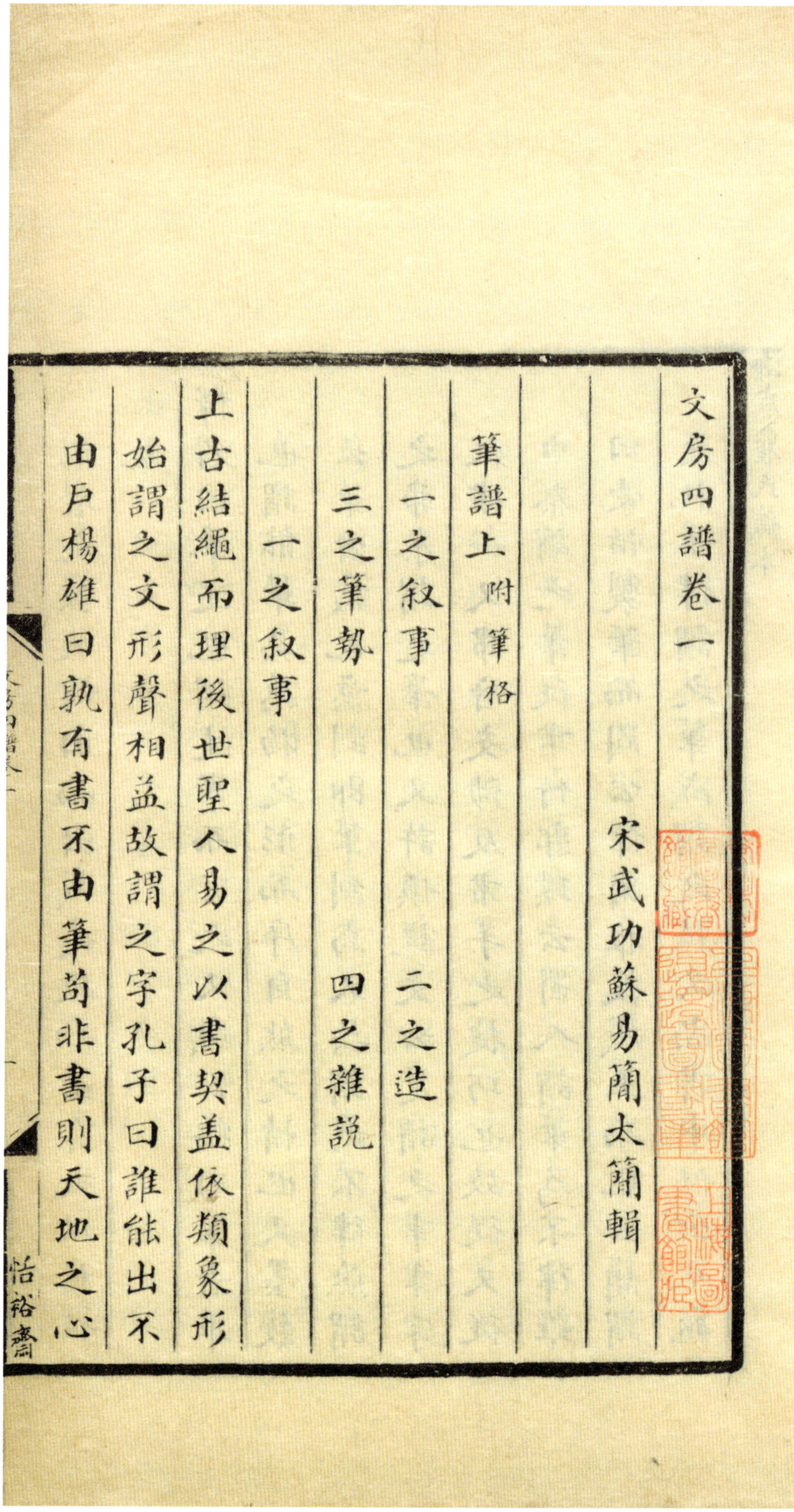
文房四譜卷一

宋武功蘇易簡太簡輯

筆譜上 附筆格

一之叙事　二之造

三之筆勢　四之雜説

一之叙事

上古結繩而理後世聖人易之以書契蓋依類象形始謂之文形聲相益故謂之字孔子曰誰能出不由戶楊雄曰孰有書不由筆苟非書則天地之心

怡裕齋

蘇易簡（958—997），字太簡，四川銅山（今屬德陽市中江縣）人。宋太平興國五年（980）進士第一。歷官將作監丞、左贊善大夫、知制誥、翰林學士。淳化間，官中書舍人、翰林學士承旨、參知政事等，後出知陳州。卒，贈禮部尚書。所著除《文房四譜》，又有《淳化編敕》《聖賢事迹》《文選菁華》《古文苑》《續翰林志》等。

卷端署「宋武公蘇易簡太簡輯」。

框高 19.1 厘米，寬 14.5 厘米。半葉十行，行二十字，小字雙行同，黑口，雙魚尾，左右雙邊。版心中上題卷次，中下記葉次，版心下鎸「恬裕齋」字樣，版框外左上鎸「海虞瞿氏藏本」字樣。

正文前有《欽定四庫全書提要・文房四譜》，後接徐鉉《文房四譜序》。正文分五卷，卷一筆譜上（附筆格）：一之叙事，二之造，三之筆勢，四之雜説；卷二筆譜下：五之詞賦；卷三硯譜（水滴器附）：一之叙事，二之造，三之雜記，四之辭賦；卷四紙譜：一之叙事，二之造，三之雜説，四之辭賦；卷五墨譜：一之叙事，二之造，三之雜説，四之辭賦。正文後有蘇易簡《文房四譜後序》，後接黄廷鑑《文房四譜識》。

綫裝，一册，登録號 015931。書根題書名。有黄廷鑑朱筆校記，卷末有校跋。正文首葉鈐「上海圖／書館藏」朱長印、「上海圖書館／退還圖書章」朱長印、「常熟／圖書／館藏」朱方印。卷末鈐「琴六／手校」朱方印。

015957 蒙史一卷

（明）嚴澂撰　稿本　清嚴焯、魚元傅跋

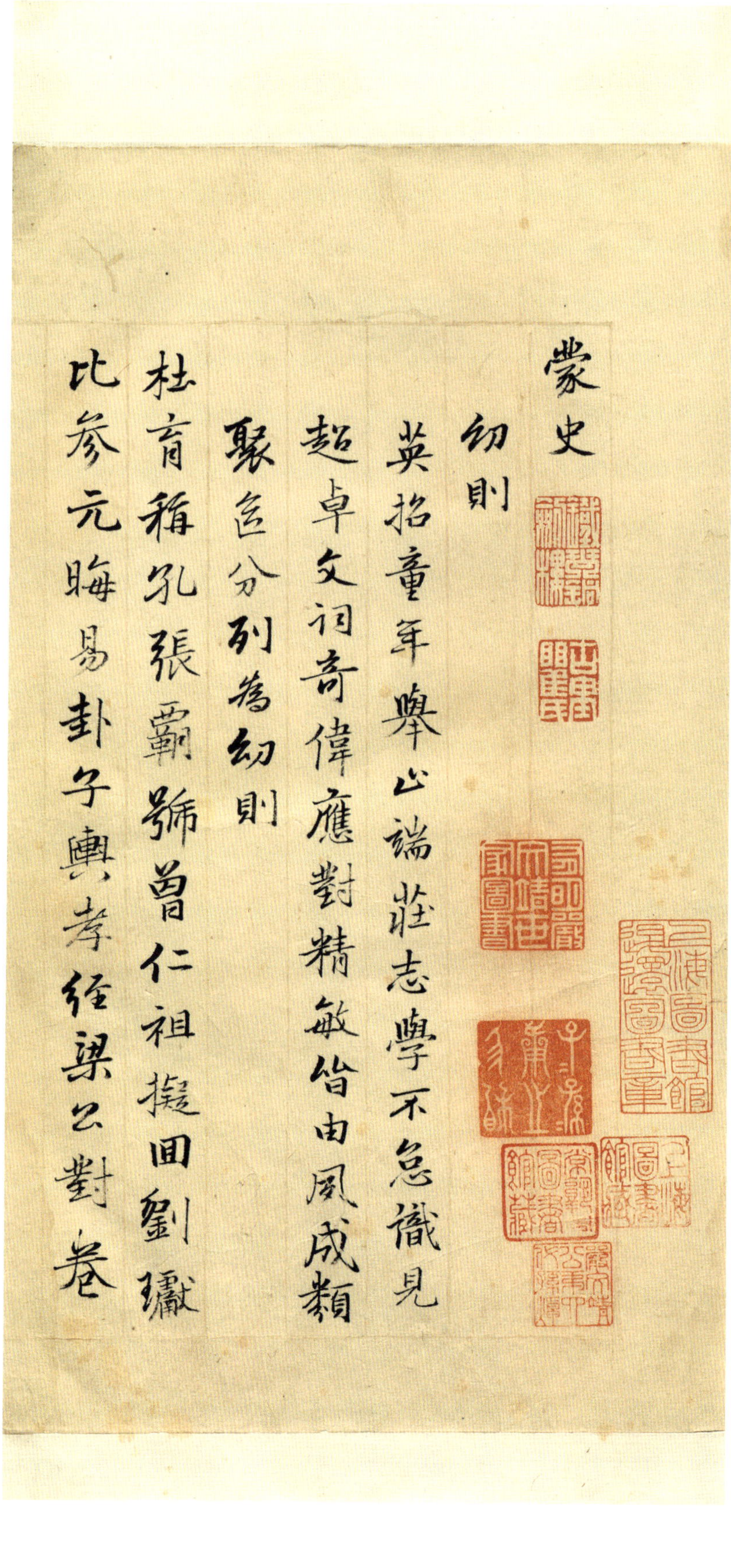
蒙史

幼則

英拾童年舉止端莊志學不怠識見
超卓文詞奇偉應對精敏皆由夙成類
聚邑分列為幼則
杜育稱兒張霸號曾仁祖擬回劉瓛
比參元晦易卦子輿孝經梁公對卷

嚴澂生平事迹見前《松弦館琴譜》（011863）。

框高20.9厘米，寬12.9厘米。半葉七行，行十四字，白口，朱絲欄，四周單邊。正文分「幼則、德行上、德行中、德行下」。正文後有嚴焯題跋，跋後署「時乙巳冬至前三日，孫男焯百拜謹記」。次接清乾隆三十年（1765）魚元傅跋。

綫裝，一册，登録號015957。入選第二批《國家珍貴古籍名録》，名録號04486。鈐「有明嚴／文靖世／家圖書」白方印、「子子孫孫／用之／永寶」白方印、「嚴文靖／公第四／代孫焯」朱方印、「魚虞岩／閒止樓／藏書畫印」白方印、「小魚」朱長印、「閒止樓」朱長印、「魚印／元傅」朱方印、「開封／十世孫」白方印、「鐵琴銅／劍樓」白長印、「古里／瞿氏」白長印、「上海／圖書／館藏」朱方印、「上海圖書館／退還圖書章」朱長印、「常熟／圖書／館藏」朱方印。

015997 印說一卷

（明）周應顧撰　明長洲刻本

印說

印者何信也信從爪何手持信也从節何節表信也說者何言之也何言乎言之也知者不言言者不知吾寧不知毋寧知故言之也夫不知之而言之雖馳辯如濤波摛藻如春華何益殿最然乃會集舊學掇拾前聞存十一於千百庶幾猶有先民之遺思乎筆銘有之陷水可脫陷文不活吾甚畏之毋敢曰煒燁譎誑云爾矣

一原古

宇宙祐坦陰陽圯叅幽攡萬物回行九區於戲假哉厥所從來尚矣結繩以前第弗深考入封而後代有書契百家言多不經且淺率俚鄙往往附會世所弗

周應願，字公瑾，江蘇吴江（今屬蘇州）人。善治印。

框高20厘米，寬15.5厘米。半葉十二行，行二十字，白口，單魚尾，四周單邊。版心中上鎸類目，下記葉次。

護葉有瞿熙邦跋。正文前有王穉登《印説序》；次接目録，目録首葉署「吴江周應願撰，弟應憲、應懿校」，尾鎸「長洲章扞書并刻」。正文分原古、證今、正名、辯物、利器、仍舊、創新、除害、得力、擬議、變化、大綱、衆目、興到、神悟、鑒賞、好事、游藝、致遠等二十條。

綫裝，一册，登録號015997。護葉内鈐「上海圖書館/退還圖書章」朱長印；序首葉鈐「王恂/之印」朱方印、「省/三」朱方印；正文首葉鈐「布衣/王恂」白方印、「省三/一字/雲溪」朱方印、「上海圖/書館藏」朱長印、「常熟市/圖書/館藏」朱方印，末葉尾鈐「紅豆/山房」朱方印、「省三/私印」朱方印。

016124 宣和集古印史一卷

（明）來行學編 （明）沈全瑜摹 明萬曆鈐印本

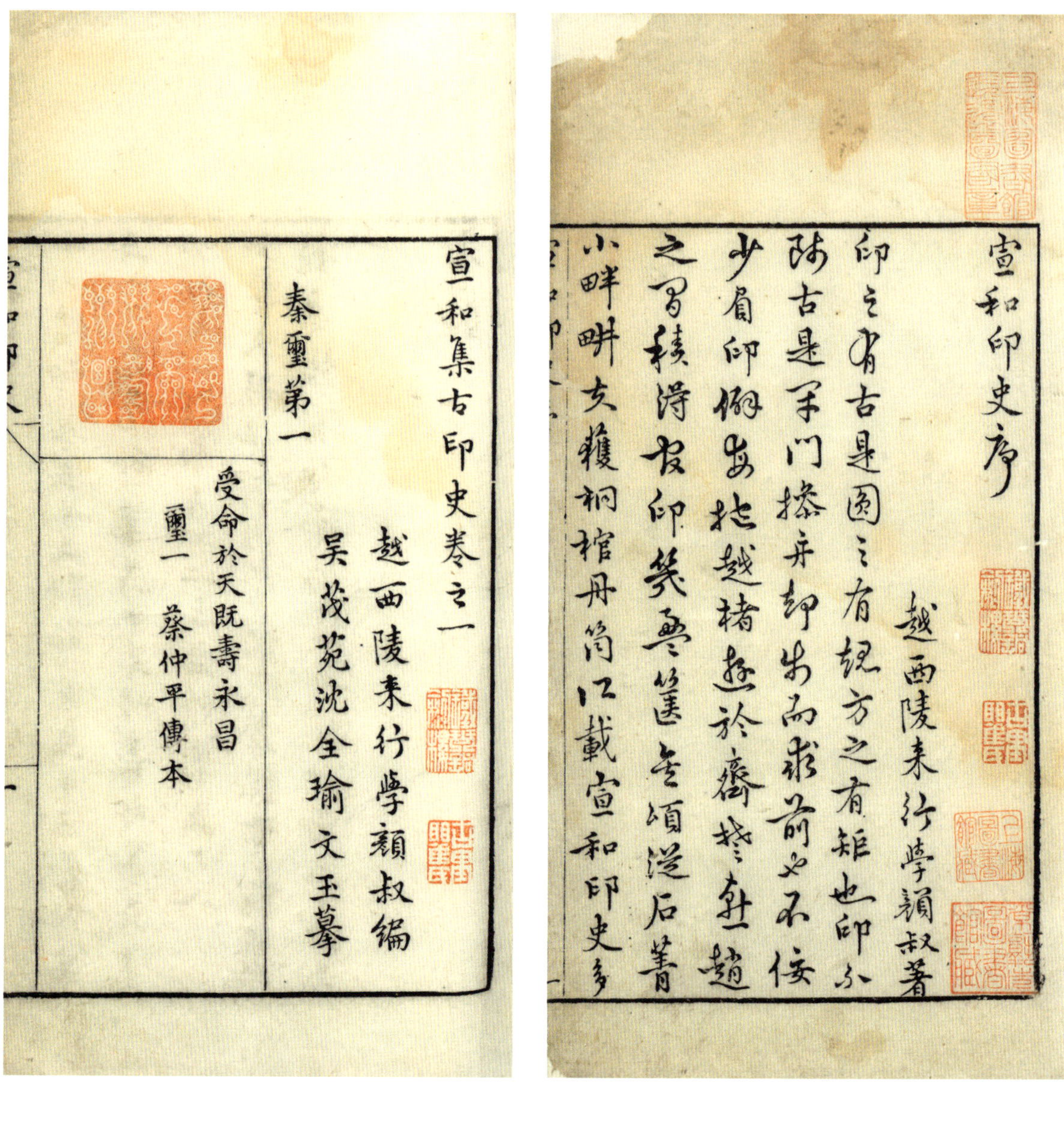

來行學，字顔叔，西陵（今浙江蕭山）人。嗜印學，藏古璽印甚富。沈全瑜，生平事迹不詳。

卷端署「越西陵來行學顔叔編，吴茂苑沈全瑜文玉摹」。

框高 20.3 厘米，寬 13.5 厘米。白口，上單白魚尾，四周單邊。版心上鎸「宣和印史」，下記葉次。

正文前有來行學《宣和印史序》。是帙所録印文，據正文包括秦璽三、秦漢小璽二十二、王印二十三、君印四十、公印十、侯印六十四、伯印六、子印六、男印二、三公印三、相印六、卿印三、大夫印十一、尹印六、太守印十五、刺史印三、御史印四、史印六、郎印二、宰印三、令印五、長印十一、府印三、佐印三、尉印十四、事印二、丞印八、者印三、僕射印一、參軍印一、文學印一、士印三、父老印二、倉印二、青宫僚屬印一、將軍印十七、將印十八、督印二十、護軍印七、司馬印二十、軍曲印五、侯印六、蠻夷王印十、蠻夷君印五、蠻夷侯印二、蠻夷將軍印一、蠻夷將印一、蠻夷督印一、蠻夷長印三、蠻夷邑長印七、蠻夷阡長印六、蠻夷陌長印三、蠻夷三老印一、館閣印三、館印二、年紀印七，凡五十六類四百四十三印，其類目及次序與序所述略有差异。

綫裝，二册，登録號 016124。鈐「鐵琴銅/劍樓」白長印、「古里/瞿氏」白長印、「上海/圖書/館藏」朱方印、「上海圖/書館藏」朱長印、「上海圖書館/退還圖書章」朱長印、「常熟市/圖書/館藏」朱方印。

016184 漢武帝內傳一卷外傳一卷

（漢）班固撰　清初鈔本

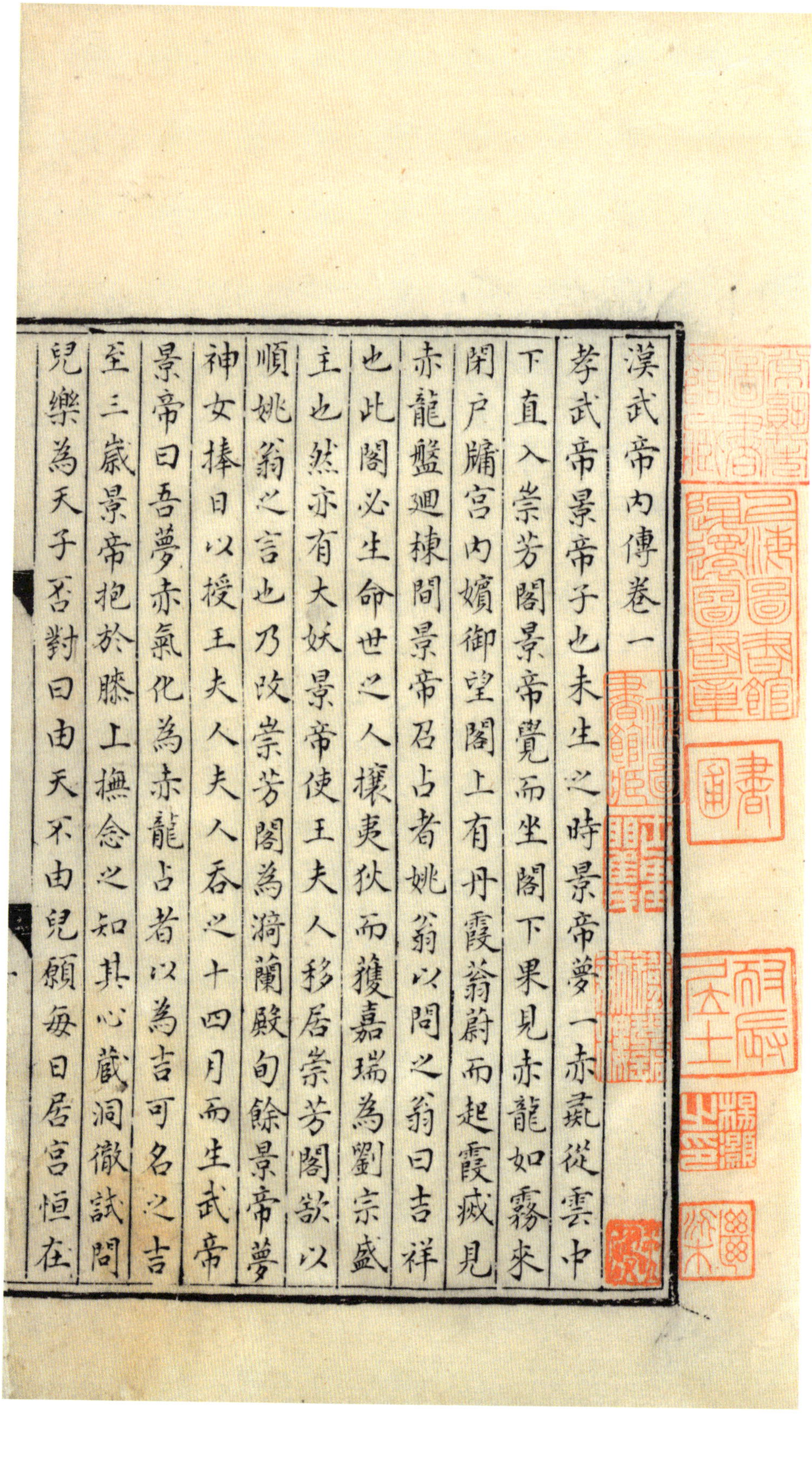

漢武帝內傳卷一

孝武帝景帝子也未生之時景帝夢一赤彘從雲中
下直入崇芳閣景帝覺而坐閣下果見赤龍如霧來
閉户牖宮內嬪御望閣上有丹霞蓊蔚而起霞㓕見
赤龍盤迴棟間景帝召占者姚翁以問之翁曰吉祥
也此閣必生命世之人攘夷狄而獲嘉瑞為劉宗盛
主也然亦有大妖景帝使王夫人移居崇芳閣欲以
順姚翁之言也乃改崇芳閣為漪蘭殿旬餘景帝夢
神女捧日以授王夫人夫人吞之十四月而生武帝
景帝曰吾夢赤氣化為赤龍占者以為吉可名之吉
至三歲景帝抱於膝上撫念之知其心藏洞徹試問
兒樂為天子否對曰由天不由兒願每日居宮恒在

班固生平事迹見前《漢書評林》（006748）。

框高17厘米，寬12.1厘米。半葉十二行，行二十字，白口，順魚尾，四周雙邊。版心中書題名，下記葉次。

綫裝，一册，登録號016184。《内傳》正文首葉有「耐辱／居士」朱方印、「楊灝／之印」白方印、「繼／梁」朱方印、「書／圃」朱方印、「鐵琴銅／劍樓」白長印、「古里瞿氏」白長印、「上海圖／書館藏」朱長印、「上海圖書館／退還圖書章」朱長印、「常熟市／圖書／館藏」朱方印；《外傳》正文首葉鈐「孫印／德中」白方印、「書／圃」朱方印，末葉鈐「卓犖／觀／群書」朱方印；卷末鈐「鐵琴銅／劍樓」白長印、「古里瞿氏」白長印。

016396 印典八卷

（清）朱象賢撰　清康熙十六年（1677）朱氏刻本

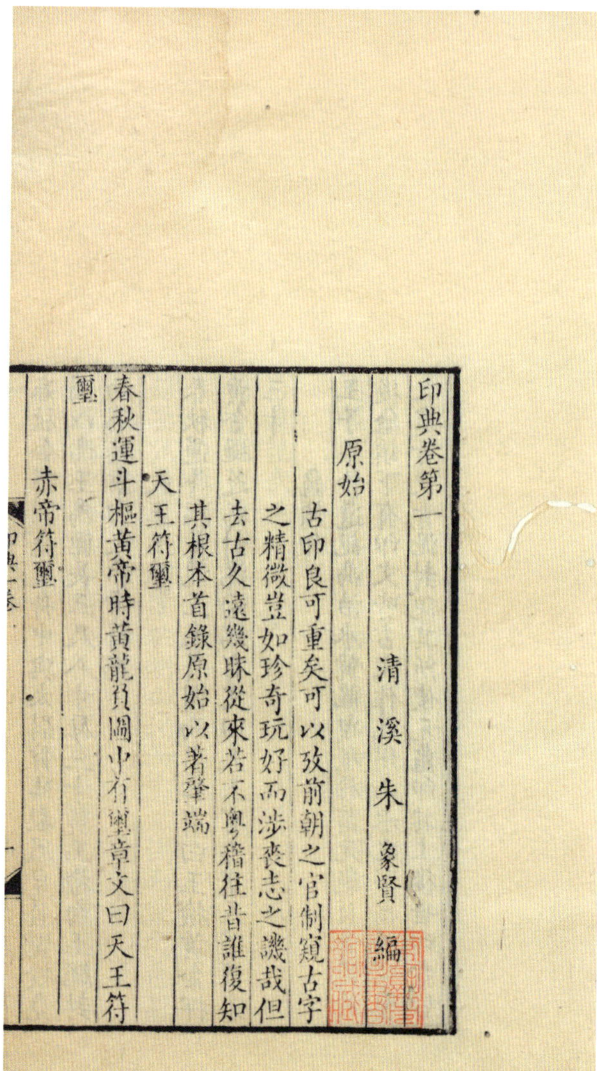
印典卷第一

清溪朱　象賢　編

原始

古印良可重矣可以攷前朝之官制窺古字之精微豈如珍奇玩好而涉喪志之譏哉但去古久遠幾昧從來若不與稽往昔誰復知其根本首錄原始以著肇端

天王符璽

春秋運斗樞黄帝時黄龍負圖中有璽章文曰天王符璽

赤帝符璽

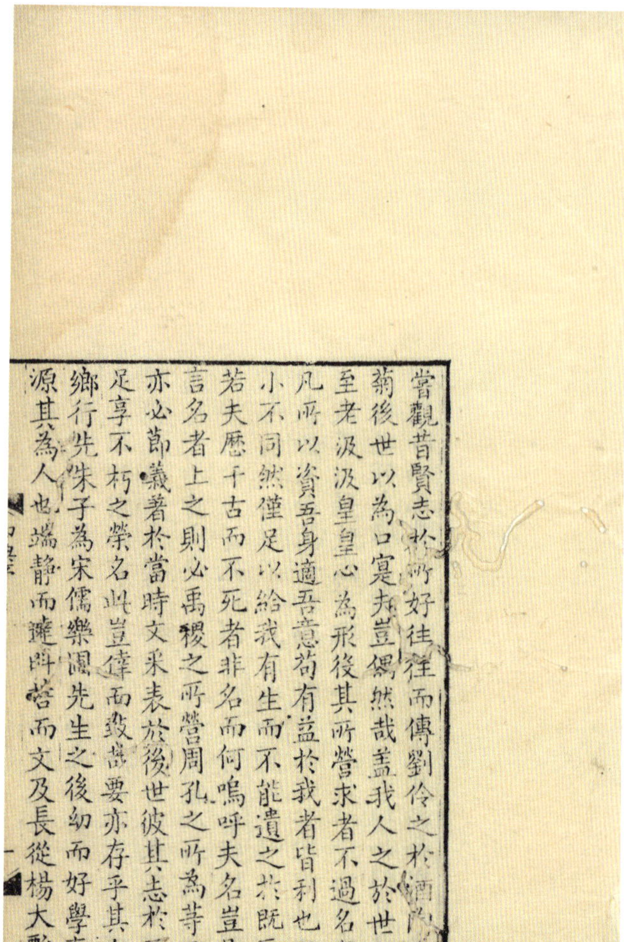
嘗觀昔賢志於[illegible]好往往而傳劉伶之於酒陶潛之於菊後世以為口寔夫豈偶然哉蓋我人之於世也自壯至老汲汲皇皇心為形役其所營求者不過名與利耳凡所以資吾身適吾意苟有益於我者皆利也利之大小不同然僅足以給我有生而不能遺之於既死之後若夫歷千古而不死者非名而何嗚呼夫名豈易言哉言名者上之則必禹稷之所營周孔之所為等而下之亦必節義著於當時文采表於後世彼其志於所好亦足享不朽之榮名此豈偉而致甚要亦存乎其人也吾鄉行先朱子為宋儒樂圃先生之後幼而好學直溯淵源其為人也端靜而[illegible]時皆而文及長從楊大瓢沈歸

朱象賢，字行先，號清溪子。曾受業於楊賓、沈德潛。

框高16.5厘米，寬11.6厘米。半葉十一行，行二十一字，細黑口，雙魚尾，左右雙邊。版心中上鎸題名及卷次，下記葉次

正文前有鈕讓序及題詞，次接朱象賢自序，次接《印典例言》，次接《印典目録》。朱序述其撰述始末，云：「予家貧識陋，不能一見湯盤孔鼎，而秦漢印猶有流傳，得窺其妙，故每涉群書，采録類聚，編成八卷，名曰《印典》，好古君子欲知古印淵源，不外乎此矣。」正文分八卷，第一卷原始、制度上，第二卷制度下，第三卷賚予、流傳，第四卷故事，第五卷綜紀、集説、雜録，第六卷評論、鎸制，第七卷器用，第八卷詩文。正文後有康熙六十一年（1722）春白長庚跋，次接朱廷詔跋。

綫裝，一册，登録號016396。正文首葉鈐「常熟市／圖書／館藏」朱方印。

016469　大佛頂如來密因修證了義諸菩薩萬行首楞嚴經十卷

題（唐）釋般剌密帝、彌迦釋迦譯　清康熙二十五年（1686）嚴熊手寫本　清陸承誥校并跋

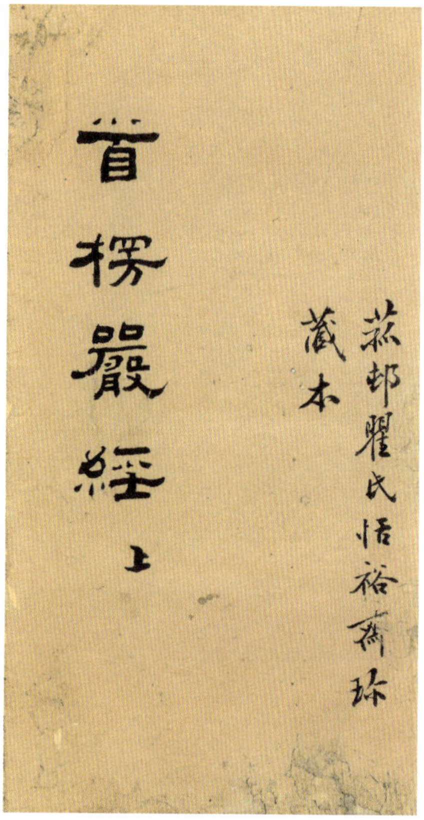

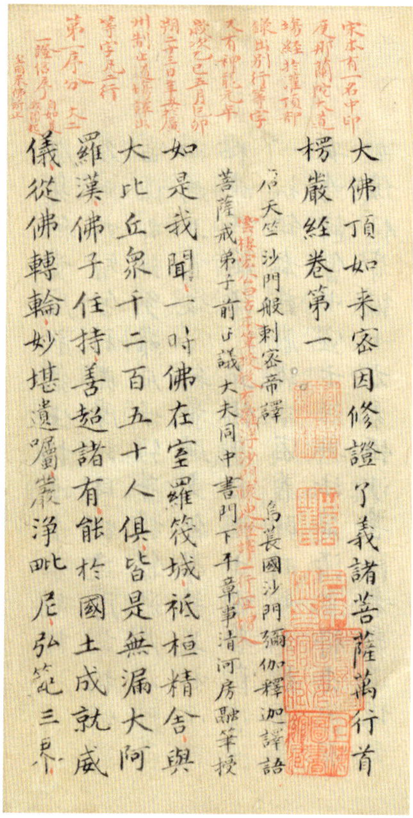

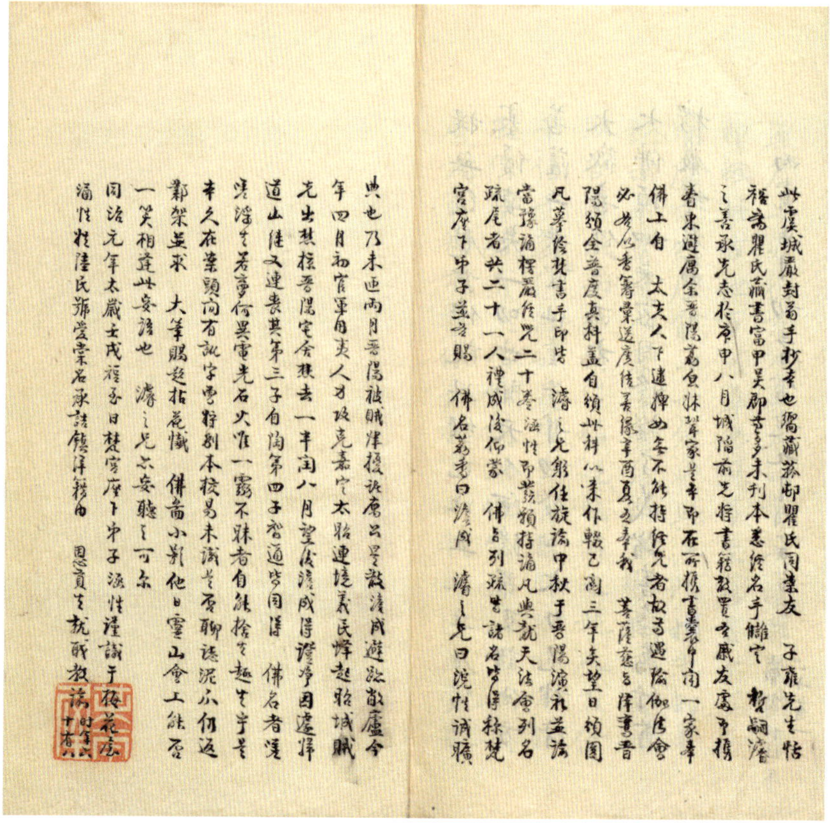

釋般剌密帝，唐代天竺僧人。生平事迹參見《宋高僧傳》卷二、《六學僧傳》卷二。

卷端署「唐天竺沙門般剌密帝譯，烏萇國沙門彌伽釋迦譯語，菩薩戒弟子前正議大夫同中書門下平章事清河房融筆授」。

無版框及界欄，開本高 23.9 厘米，寬 13.9 厘米。半葉八行，行十七字。

正文分十卷。正文後有嚴熊題識，云「丙寅正月初三日寫起，九月望日寫完」。又接清同治元年（1862）陸承詒跋。集中另夾有一散葉，上有甲子閏月十二日瞿鳳起跋。

綫裝，二册，登録號 016469。各册原書封左側題書名及册數，右側書「菰郵瞿氏恬裕齋珍藏本」。有朱筆批校。鈐「嚴／熊」朱方印、「鐵琴銅／劍樓」白長印、「古里／瞿氏」白長印、「啓甲／私印」白方印、「上海／圖書／館藏」朱方印、「上海圖書館／退還圖書章」朱長印、「常熟市／圖書／館藏」朱方印。

常熟市文化博覽中心 常熟市圖書館 編 付鳳娟 主編 牛慶國 副主編

常熟市圖書館藏古籍善本書志

下

國家圖書館出版社

000222　嚴文靖公集　十二卷

（明）嚴訥撰　明萬曆十五年（1587）嚴治刻本

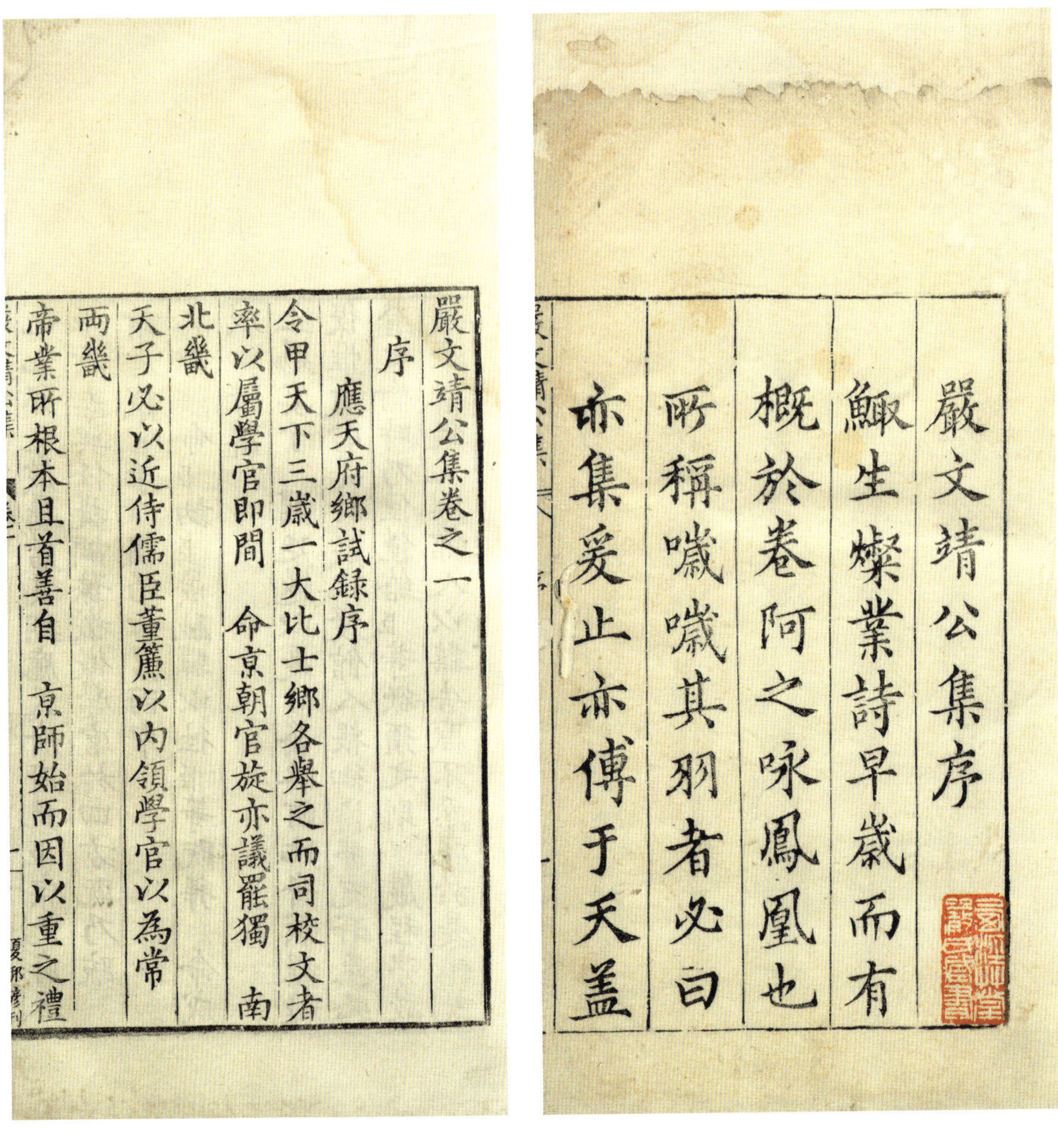

嚴文靖公集序

鯫生爕業詩早歲而有

概於卷阿之咏鳳凰也

所稱噦噦其羽者必曰

亦集爰止亦傅于天蓋

嚴文靖公集卷之一

序

應天府鄉試録序

令甲天下三歲一大比士鄉各舉之而司校文者

率以屬學官即間　命京朝官旋亦議罷獨　南

北畿

天子必以近侍儒臣董簾以內領學官以爲常

兩畿

帝業所根本且首善自　京師始而因以重之禮

嚴訥生平事迹見前《春秋國華》（015953）。

框高18.7厘米，寬12.8厘米。半葉九行，行十九字，白口，上單黑魚尾，四周單邊。版心上鎸書名，中記卷次，下記葉次。正文首葉版心下鎸刻工「夏邦彦刊」。

正文前有《嚴文靖公集序》，署「萬曆歲在丁亥仲春上澣，賜進士第、户部署員外、前試中書、直内閣門人唐文燦謹撰」，次接目録。正文分十二卷，所收詩文按體裁分類，卷一至卷三序，卷四記，卷五至卷八墓志銘，卷九墓表，卷十墓碑、行狀，卷十一傳、雜著、奏疏、書，卷十二祭文，附詩，五言古、五言律、七言律、七言絶句。

綫裝，四册，登録號000222。各册書封左側題簽題寫書名。集中又鈐「西經草堂／嚴氏藏書」白長印、「常熟縣／圖書館／藏書章」朱方印。

000406　李文公集　十八卷

（唐）李翺撰　（明）毛晉訂　明末汲古閣刻《三唐人文集》本　清邵齊熊批校并録明宋濂、邢讓跋　清邵震亨跋

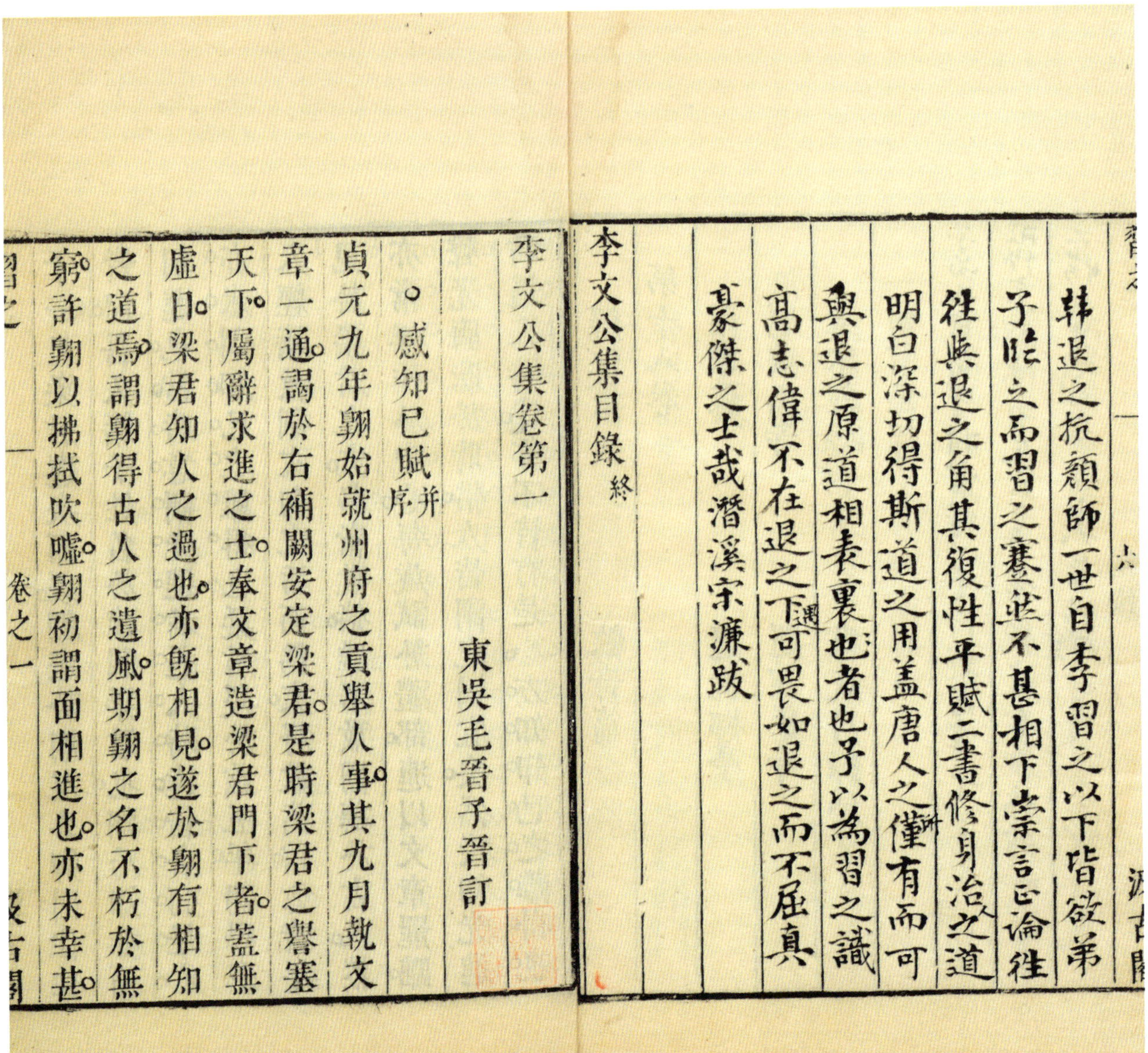

習之　六　汲古閣

韩退之抗顔師一世自李習之以下皆欲弟子畜之而習之蹇然不甚相下崇言正論往往與退之角其復性平賦二書修身治之道明白深切得斯道之用蓋唐人之僅有而可與退之原道相表裏也者也予以為習之識高志偉不在退之下可畏如退之而不屈真豪傑之士哉　潛溪宋濂跋

李文公集目録終

李文公集卷第一

東吳毛晉子晉訂

感知已賦并序

貞元九年翺始就州府之貢舉人事其九月執文章一通謁於右補闕安定梁君是時梁君之譽塞天下屬辭求進之士奉文章造梁君門下者蓋無虛日梁君知人之過也亦既相見遂於翺有相知之道焉謂翺得古人之遺風期翺之名不朽於無窮許翺以拂拭吹噓翺初謂面相進也亦未幸甚

習之　卷之一　汲古閣

李翺（772—841），字習之，趙郡（今河南開封市東南）人。貞元進士，官至山南東道節度使。謚號「文」，世稱「李文公」。師從韓愈，有《李文公集》。《舊唐書》卷十六存其傳。

框高 18.4 厘米，寬 13.4 厘米。半葉九行，行十九字，小字雙行同，白口，左右雙邊。版心上鎸「習之」，版心中間鋟卷數，下鎸「汲古閣」。正文前無序，有「李文公集目録」。刻本有過録跋五則，其前二則録於目録葉空白處，分别是宋景祐三年（1036）十月十七日歐陽修跋、宋濂跋，後三則在正文之後，分别是毛晉跋、明景泰六年（1455）乙亥四月邢讓跋、邵震亨跋。正文十八卷，皆雜著無詩歌，凡一百零三篇。

綫裝，二册，登録號 000406。入選第三批《國家珍貴古籍名録》，名録號 08798。有朱筆、墨筆批校。各册封面右下皆鈐「虞山/蘇鐵」朱文橢圓印、「息庵/周鼎」白方印。

001706 欽定熙朝雅頌集一百三十四卷
（清）鐵保纂輯　清嘉慶九年（1804）武英殿刻本

欽定熙朝雅頌集首集卷第一

太子少保山東巡撫前吏部侍郎八旗通志館總裁臣鐵保纂輯

協辦大學士戶部尚書臣朱珪禮部尚書臣紀昀原任工部尚書臣彭元瑞校閱

洗馬臣法式善侍讀學士臣陳希曾侍讀學士臣汪廷珍右庶子臣汪滋畹侍讀臣吳鼒編次

鎮國慤厚公 十四首

公名高塞號敬一

太宗文皇帝第六子有恭壽堂集

謹案慤厚公名高塞王士正池北偶談誤作國鼐今改正

王士正池北偶談敬一道人性澹泊如枯禪老衲好讀書善彈琴工詩畫精曲理常見仿雲林小幅

鐵保（1752—1824），字治亭，一字鐵卿，號梅庵，滿洲正黄旗人。清乾隆三十七（1772）進士。官至兩江總督。

有書名葉，中間大字題書名「欽定熙朝雅頌集」。

卷端署「太子少保山東巡撫前吏部侍郎八旗通志館總裁臣鐵保纂輯，協辦大學士户部尚書臣朱珪、禮部尚書臣紀昀、原任工部尚書臣彭元瑞校閲，洗馬臣法式善、侍讀學士臣陳希曾、侍講學士臣汪廷珍、左庶子臣汪滋畹、侍讀臣吴鼒編次」。

框高 20.9 厘米，寬 15 厘米。半葉十行，行二十二字，小字雙行同，白口，上單黑魚尾，左右雙邊。版心魚尾上鎸書名，下録卷次，再下記葉次。

正文前有《熙朝雅頌集序》，末署「嘉慶九年歲次甲子五月十九日御筆」；次接上諭；次接鐵保上表；次接鐵保奏片；次接鐵保奏摺二；次接凡例二十則；次接總目。正文後有浙江巡撫阮元跋，跋後單行小字鎸「浙江孝豐縣訓導臣張迎煦監刻」。據跋，知是集「自嘉慶九年九月開雕，四閲月而工竣」。正文凡一百三十四卷，包括首集二十六卷，正集一百零六卷，餘集二卷，各卷正文之前皆有分卷目次，目次題名作「欽定熙朝雅頌集首集卷第某某家目録」「欽定熙朝雅頌集卷第某某家目録」「欽定熙朝雅頌集餘集卷第某某家目録」。

綫裝，五十六册，登録號 001706。以樟木板夾之，厘爲四套，各樟木板題寫書名「雅頌集」、套次、卷數及册數，如「雅頌集／第首集／自一卷至廿四卷／計十二本」，「雅頌集／第一套／自一卷至四十一卷／計十六本」，「雅頌集／第二套／自四十二卷至七十七卷／計十四本」「雅頌集／第三套／自七十八卷至百零六卷／外餘集一本／計十四本」。各册書根標注册次。鈐「唐氏／家藏／書印」朱方印、「常熟市／圖書／館藏」朱方印。

002067　懷舊集二卷

（清）馮舒選　舊鈔本

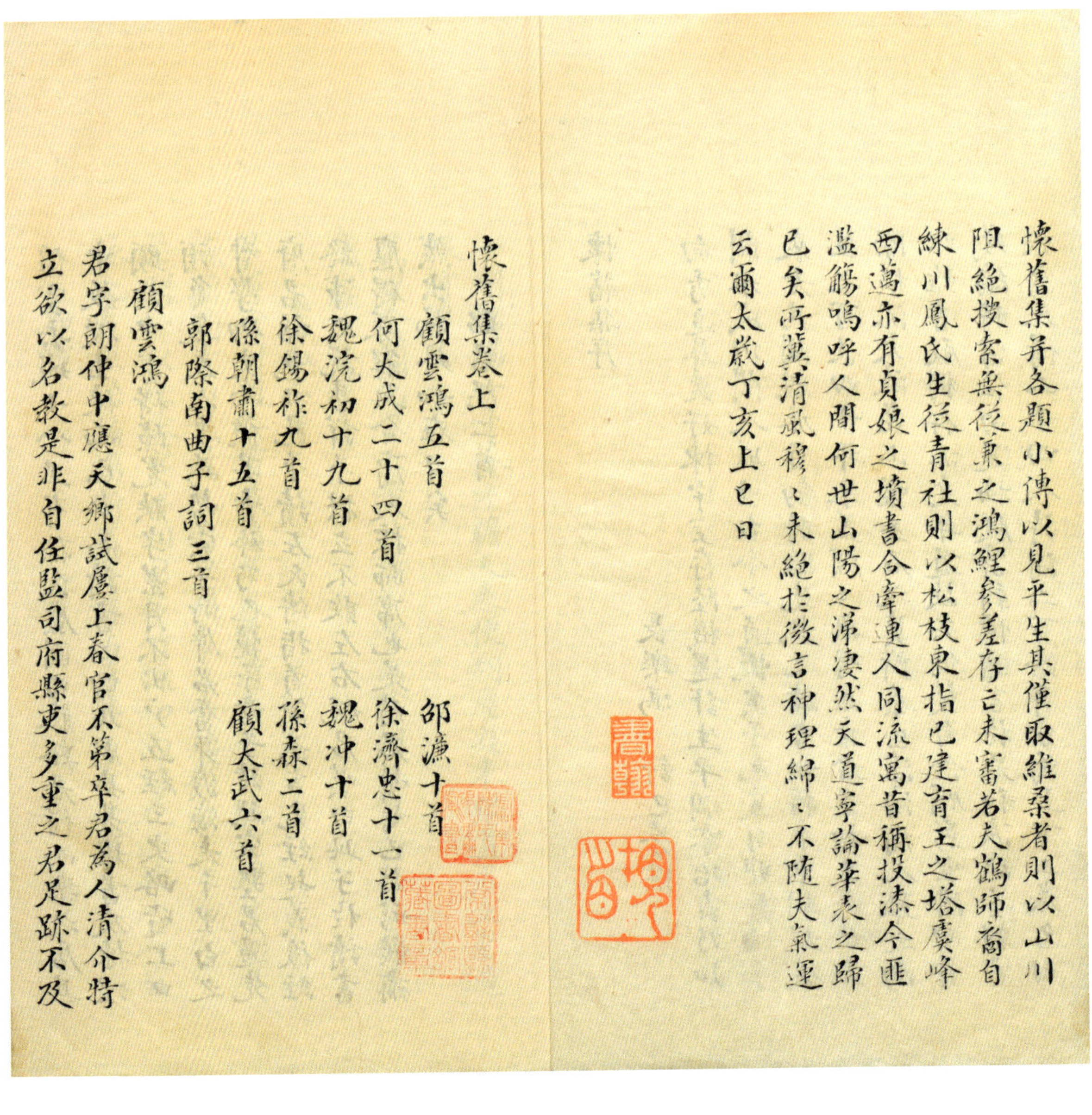

懷舊集并各題小傳以見平生其僅取維桑者則以山川阻絕搜索無從兼之鴻鯉參差存亡未審若夫鶴師裔自練川鳳氏生從青社則以松枝東指巳建育王之塔虞峰西邁亦有貞娘之墳書合牽連人同流寓昔稱投漆今匪濫觴嗚呼人間何世山陽之涕淒然天道寧論華表之歸巳矣所冀清風穆穆未絕於微言神理綿綿不隨夫氣運云爾太歲丁亥上巳日

懷舊集卷上

顧雲鴻五首　邵濂十首

何大成二十四首　徐濟忠十一首

魏浣初十九首　魏沖十首

徐錫祚九首　孫森二首

孫朝肅十五首　顧大武六首

郭際南曲子詞三首

顧雲鴻

君字朗仲中應天鄉試屢上春官不第卒君為人清介特立欲以名教是非自任監司府縣吏多重之君足跡不及

馮舒（1596—1649），字己蒼，常熟人。復京子，幼承父教，家多藏書。與弟班，并自爲馮氏一家之學，吴中稱「二馮」。除《懷舊集》，又著有《空居閣集》《默庵遺稿》《詩紀匡謬》《海虞妖亂志》等。

無版框及界欄。開本高 26.2 厘米，寬 16.5 厘米。半葉十行，行二十二字。

正文前有《懷舊集序》，署「長樂馮舒己倉撰」，撰於「太歲丁亥上巳日」。正文分上、下二卷，各卷正文前有簡目。卷上收顧雲鴻五首、邵濂十首、何大成二十四首、徐濟忠十一首、魏浣初十九首、魏冲十首、徐錫祚九首、孫森二首、孫朝肅十五首、顧大武六首、郭際南曲子詞三首，卷下錢謙貞三十二首（錢孫艾八首附）、孫胤伽三首、沈春澤三首、張維十首、瞿式耒四首、陸泰徵一首、何述皋五首、陶世濟一首、釋大寂十一首、釋道衡九首、釋宗乘十五首、徐鳳一首。

毛裝，一册，登録號 002067。書封左題書名，題注「舊鈔本。致拙署」。鈐「書翰」白長印、「虞東／陳氏／易畫齋／藏書」朱方印、「常熟縣／圖書館／藏書章」朱方印等。

002098 梅村集二十卷

（清）吳偉業撰 清順治刻本

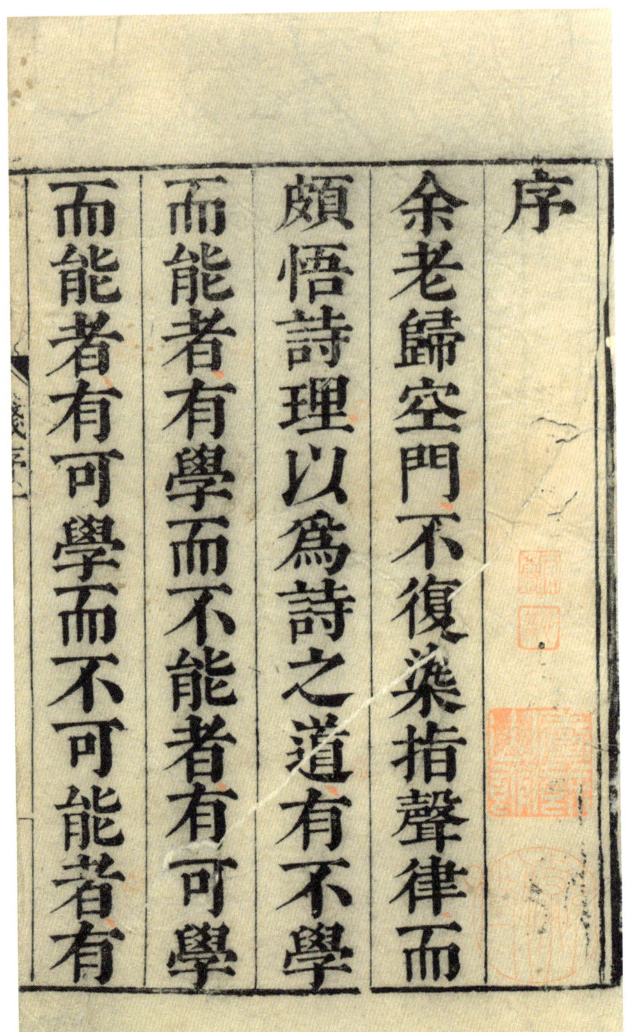
序
余老歸空門不復弄指聲律而
頗悟詩理以爲詩之道有不學
而能者有學而不能者有可學
而能者有可學而不可能者有

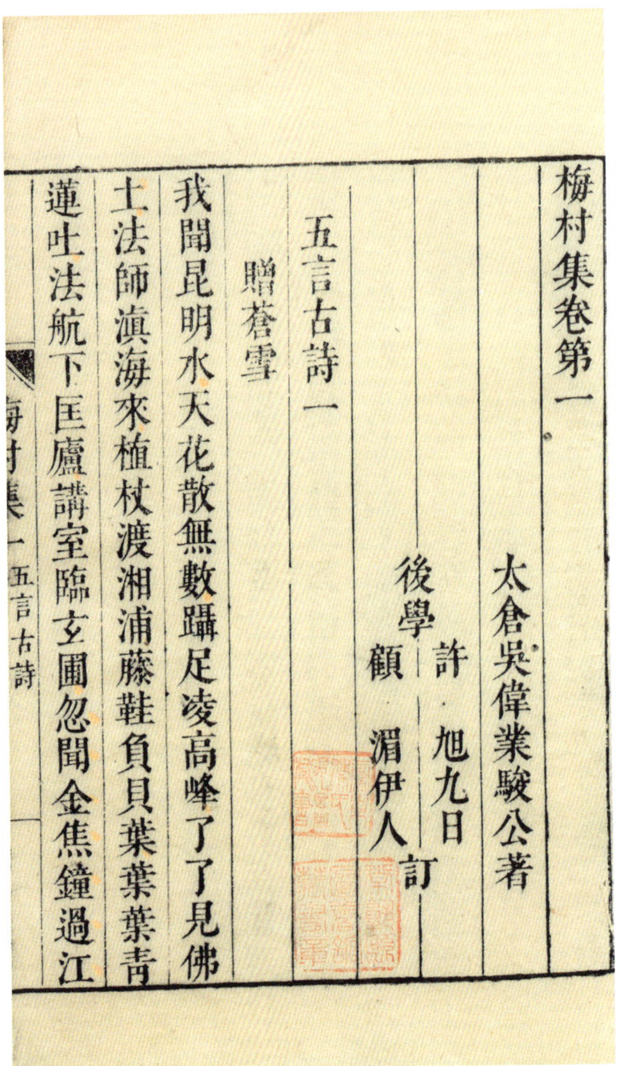
梅村集卷第一
太倉吳偉業駿公著
後學 許 旭九日
顧 湄伊人 訂
五言古詩一
贈蒼雪
我聞昆明水天花散無數躡足凌高峰了了見佛
土法師滇海來植杖渡湘浦藤鞋負貝葉葉葉青
蓮吐法航下匡廬講室臨玄圃忽聞金焦鐘過江
梅村集一 五言古詩

吴偉業（1609—1672），字駿公，號梅村，江蘇太倉人。明崇禎四年（1631）會試第一，廷試第二。官至少詹事。後纍官國子監祭酒。

卷端署「太倉吴偉業駿公著，後學許旭九日、顧湄伊人訂」。

框高 18.2 厘米，寬 14.2 厘米。半葉九行，行十九字，白口，上單黑魚尾，左右雙邊。版心中鎸書名、卷次及各卷所收詩歌體裁。

正文前有序，末署「順治庚子十月朔，虞山蒙叟錢謙益再拜謹序」；次接錢謙益《與梅村先生書》；次接目録。正文凡二十卷，卷一至卷三：五言古詩六十一首；卷四至卷七：七言古詩九十三首；卷八至卷十：五言律詩二百八十首；卷十一至卷十五：七言律詩三百零四首；卷十六：五言排律九首；卷十七、卷十八：五言絶句三十五首、六言絶句十二首、七言絶句二百零三首；卷十九、卷二十：詩餘小令四十七首、中調十首、長調三十五首，計詩九百九十七首、詩餘九十二首。

綫裝，四册，登録號 002098。各册書封左題書名及册次，右題各册詩歌體裁。有朱筆、黄筆圈點及批校。鈐「黄／承煊」白方印、「心／葵」朱方印、「養餘／山館」白方印、「虞東／陳氏／易畫齋／藏書」朱方印、「虞山」朱文橢圓印、「常熟縣／圖書館／藏書章」朱方印等。本書屬抽毁書目。

002106 檗庵別録八卷

（清）釋正志撰 （清）釋道冲輯 清康熙刻本

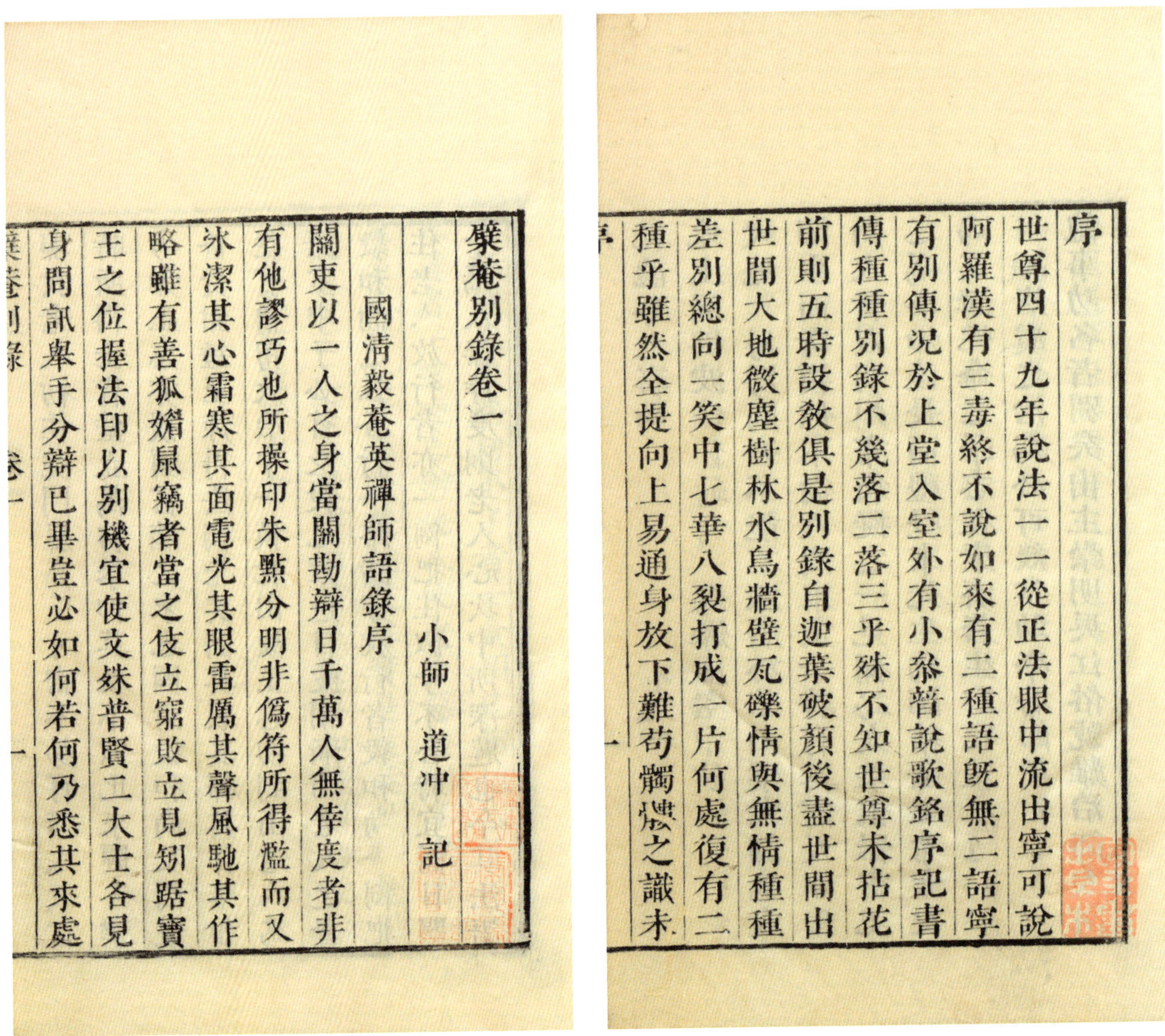

序

世尊四十九年說法一一從正法眼中流出寧可說阿羅漢有三毒終不說如來有二種語既無二語寧有別傳况於上堂入室外有小叅普說歌銘序記書傳種種別録不幾落二落三乎殊不知世尊未拈花前則五時設教俱是別録自迦葉破顔後盡世間出世間大地微塵樹林水鳥牆壁瓦礫情與無情種種差別總向一笑中七華八裂打成一片何處復有二種乎雖然全提向上易通身放下難苟觸處之識未

序 一

檗菴別録卷一

小師 道冲 記

國清毅菴英禪師語録序

關吏以一人之身當關勘辯日千萬人無倖度者非有他謬巧也所操印朱點分明非僞符所得濫而又氷潔其心霜寒其面電光其眼雷厲其聲風馳其作略雖有善狐媚鼠竊者當之伎立窮敗立見矧踞寶王之位握法印以別機宜使文殊普賢二大士各見身問訊舉手分辯已畢豈必如何若何乃悉其來處

檗菴別録 卷一 一

釋正志（1599—1675），俗姓熊，名開元，法名正志，嘉魚（今屬湖北咸寧）人。

卷一署「小師道冲記」，卷二署「小師道曾記」，卷二下署「小師道昇記」，卷三署「小師道冶記」，卷三下署「小師道乳記」，卷四署「小師道眼記」，卷五署「小師道履記」，卷五下署「小師道歸記」，卷六署「小師道蔭記」，卷七署「小師道密記」，卷七下署「小師道明記」，卷八署「門人錢陸燦記」。

框高19.5厘米，寬14.2厘米。半葉九行，行二十字，白口，左右雙邊。版心上鐫書名，中記卷次，下記葉次。

正文前有序，末署「康熙戊申仲夏穀旦，同參法弟張有譽百壽書」；次接釋正志自序；次接跋，末署「其後茂苑門人鄭敷教謹跋」。正文以文章體裁分爲八卷，各卷正文前皆有目録。卷一序，卷二書，卷二下書，卷三書，卷三下書，卷四説，卷五雜著，卷五下雜著，卷六跋、贊，卷七疏、記、傳、塔、銘，卷七下疏、記、塔銘、墓志，卷八偈、頌。正文後有《舍利塔記（有序）》，末署「康熙二十四年歲次乙丑小春望日門人道履記」。

綫裝，六册，登録號002106。各册書根以「檗」「庵」「老」「人」「別」「録」爲序標明册次。鈐「虞東/陳氏/易畫齋/藏書」朱方印、「常熟縣/圖書館/藏書章」朱方印等。

002117　金正希先生文集輯略九卷

（明）金聲撰　明崇禎十七年（1644）刻本

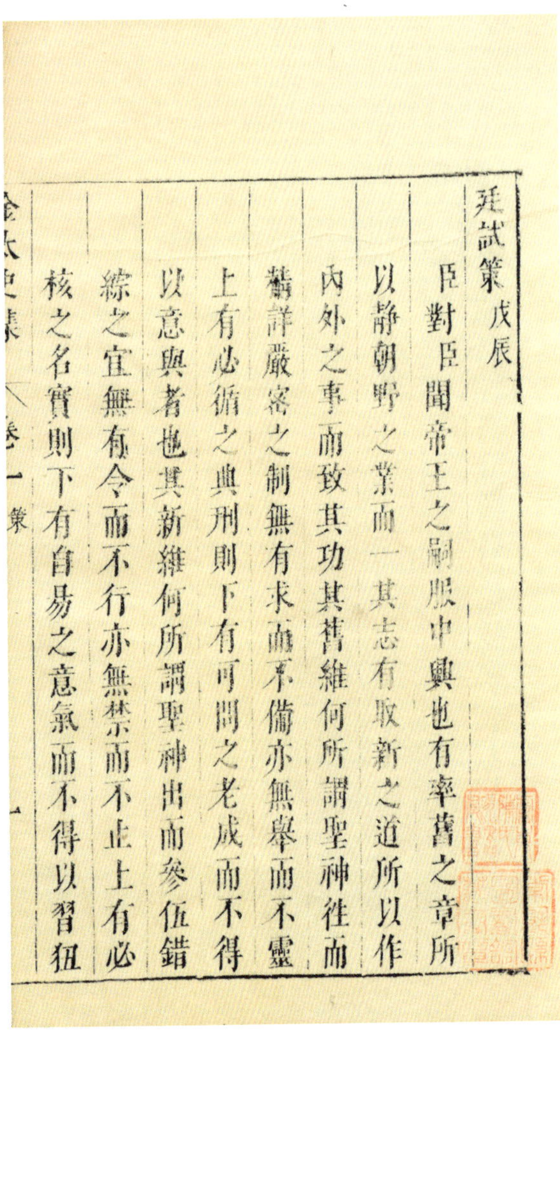

廷試策戊辰

臣對臣聞帝王之嗣服中興也有率舊之章所以靜朝野之業而一其志有取新之道所以作內外之事而致其功其舊維何所謂聖神往而藹詳嚴密之制無有求而不備亦無舉而不靈上有必循之典刑則下有可問之老成而不得以意與者也其新維何所謂聖神出而參伍錯綜之宜無有令而不行亦無禁而不止上有必核之名實則下有自易之意氣而不得以習狃

金太史集　卷一　策　一

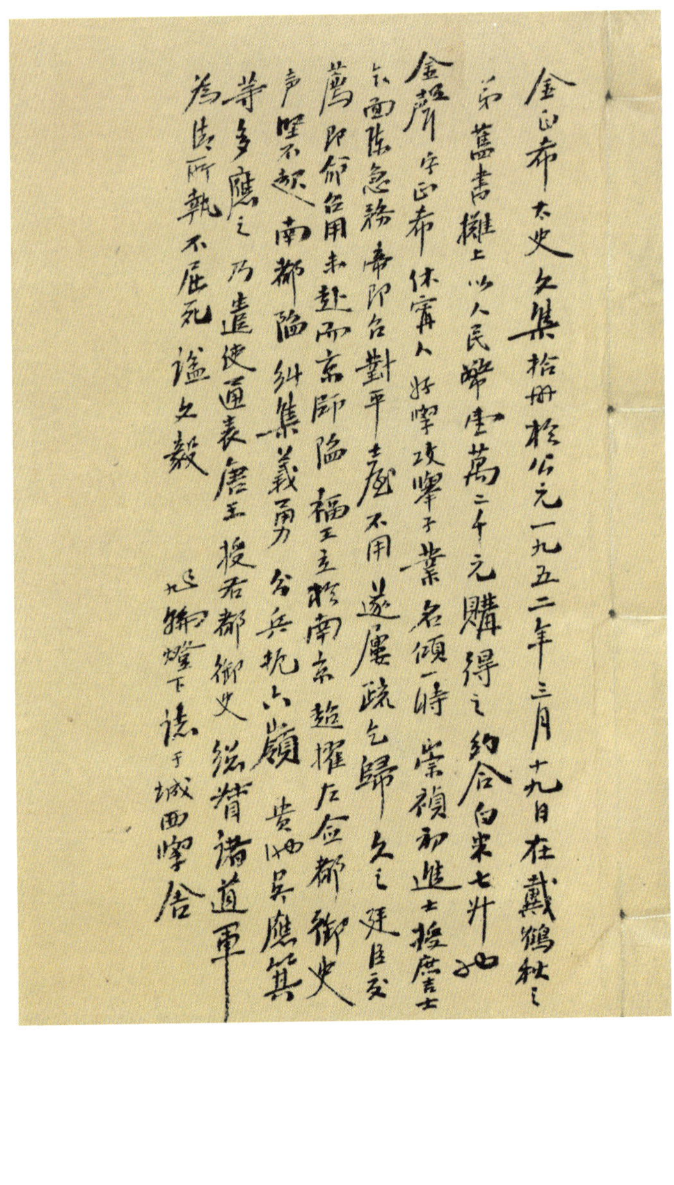

金正希太史文集　拾册　於公元一九五二年三月十九日在戴鵝秋之舊書攤上以人民幣壹萬二千元購得之　約合白米七升也

金聲字正希　休寧人　好學攻舉子業　名傾一時　崇禎初進士　授庶吉士　[illegible]面陳急務　帝即召對平臺　[illegible]不用　遂屢疏乞歸　久之　廷臣交薦　即命召用　未赴而京師陷　福王立於南京　超擢左僉都御史　聲堅不赴　南都陷　糾集義勇　分兵扼六嶺　黄州吳應箕等多應之　乃遣使通表唐王　授右都御史　總督諸道軍　為敵所執　不屈死　謚文毅

旭　御燈下　誌于城西寓舍

金聲（1598—1645），字正希，安徽休寧人。明崇禎元年（1628）進士，授庶吉士。後官山東道御史、山東僉事等。

框高20厘米，寬13.5厘米。半葉九行，行二十字，白口，上單白魚尾，四周單邊。版心上鐫書名，中鐫卷次及分卷文體類別，下記葉次。總目版心下有「程定之刻」字樣。

正文前有《金太史文集序》，末署「崇禎甲申仲春月，眷社弟熊開元題於武林戍邸」。序後鐫小字「新安程定之刻」；次接《輯略引》，末署「新安門人邵鵬程識」；次接總目。正文凡九卷，各卷正文之前有分卷目次。卷一策、議、論、解、説、詩，卷二奏疏，卷三至卷五書，卷六序，卷七壽序，卷八傳、記、碑記、祭文、志、銘、跋、引、雜著，卷九書説、語錄。

綫裝，十册，登錄號002117。各册書根題寫書名及册次。首册書封有陳旭綸墨筆手跋，鈐「虞東/陳氏/易畫齋/藏書」朱方印、「常熟縣/圖書館/藏書章」朱方印。

002189　古今振雅雲箋十卷

（明）徐渭輯　明刻本

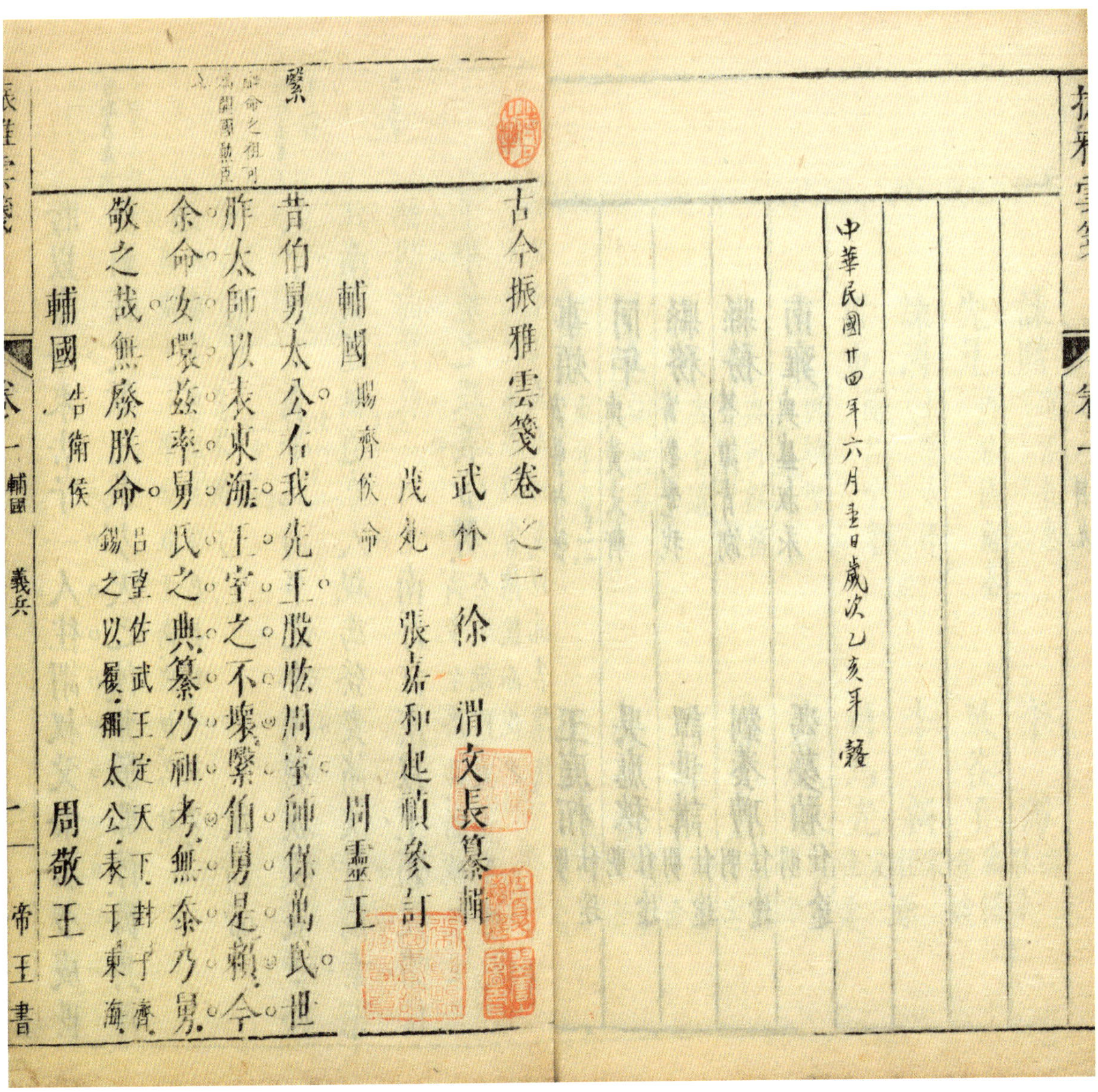
古今振雅雲箋卷之一

武林　徐　渭文長纂輯

茂苑　張嘉和起楨參訂

輔國　賜齊侯命　周靈王

昔伯舅太公。右我先王。股肱周室。師保萬民。世胙太師。以表東海。王室之不壞。繄伯舅是賴。今余命女環。茲率舅氏之典。纂乃祖考。無忝乃舅。敬之哉。無廢朕命。呂望佐武王定天下。封于齊。錫之以履。稱太公。表于東海。

輔國　告衛侯　周敬王

徐渭（1521—1593），初字文清，後改文長，號天池山人、青藤道士、山陰布衣等，山陰（今屬紹興）人。屢試不中，後入浙閩總督胡宗憲幕。詩文、雜劇、書畫皆工，自言「書第一、詩二、文三、畫四」。今人輯有《徐渭集》。

卷端署「武林徐渭文長纂輯，茂苑張嘉和起禎參訂」。

框高 22.4 厘米，寬 13.5 厘米。半葉九行，行十八字，小字雙行同，白口，上單黑魚尾，四周單邊，無界欄，分上下二欄。版心上鎸書名「振雅雲箋」，中録卷次及篇目，下記葉次，葉次下鎸各卷内書牘分類。

正文前有《振雅雲箋序》，末署「賜進士第出身國史檢討夷陵鐵庵文安之書於玉堂之署」。是集彙輯古今尺牘，正文凡十卷，今常熟市圖書館藏本闕四、五卷。各卷之前有分卷目次，正文按書牘性質分類，卷一帝王書、后妃書、列侯書、道德書、學問書、經史書、爵位書、考試書、仕途書，卷二用人書、吏治書、薦舉書、志操書、人品書、勸戒書、辭職書、林下書、武備書，卷五人事書、人物書，卷六仙家書、禪林書、山水書，卷七都邑書、宫室書、舟車書、花木書、走獸書、飛禽書、水族書、餚饌書，卷八文器書、文房書、器用書、服飾書、茶茗書、酒醴書、酒冰類、水鹽類、米粟類、果實類，卷九通用書，卷十通用類。

綫裝，四册，登録號 002189。鈐「虞東/陳氏/易畫齋/藏書」朱方印、「江夏/藹庭」朱長印、「翠雲山/人圖印」白長印、「得月/軒」朱文橢圓印、「常熟縣/圖書館/藏書章」朱方印。

002312 文心雕龍十卷

（南朝梁）劉勰撰　明天啓四年（1624）馮班鈔本　清馮班跋并録明馮允治題識

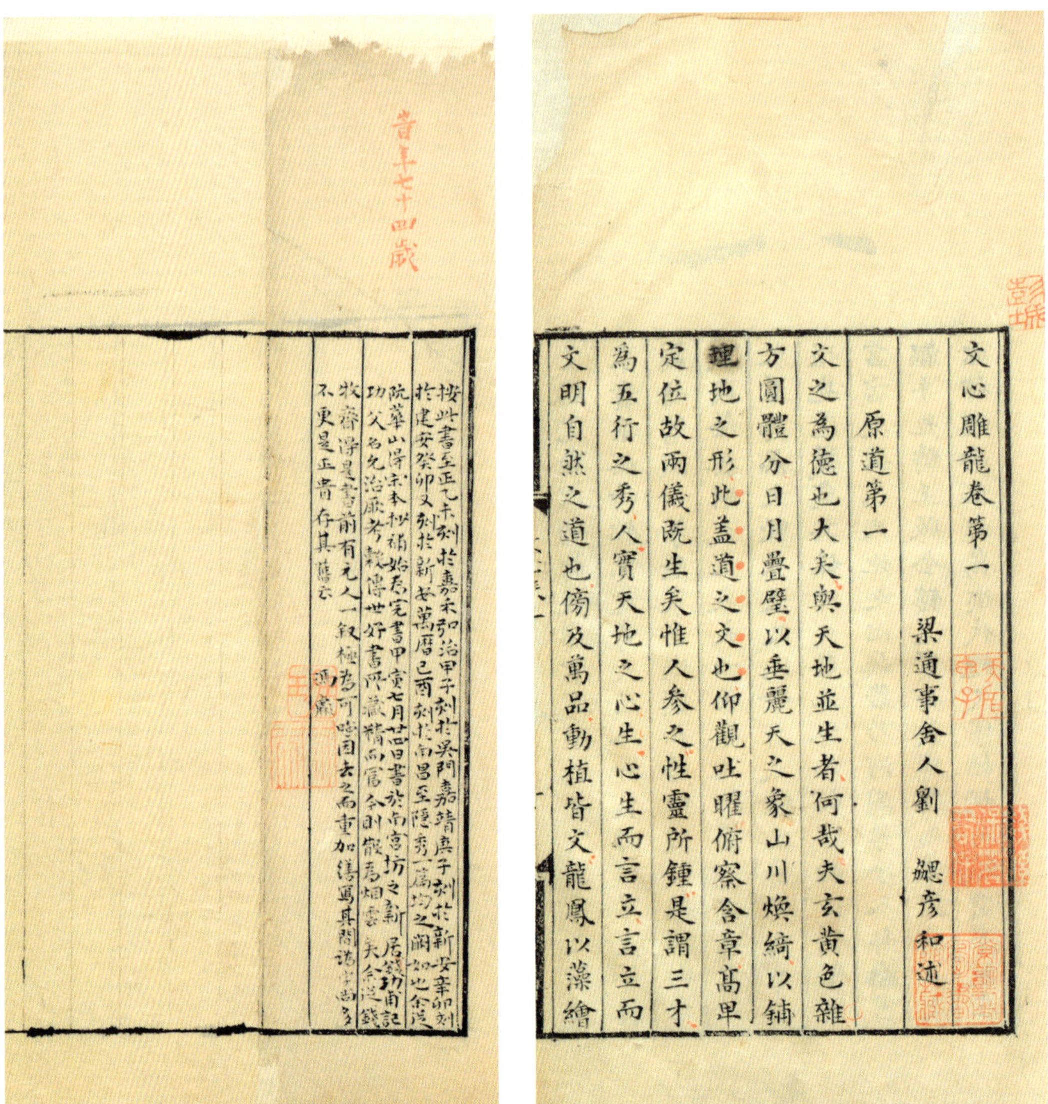

劉勰（約465—約532），字彦和，祖籍莒縣（今屬山東），世居京口。少時家貧，篤志好學。梁初入仕，曾爲臨川王蕭宏記室、車騎將軍夏侯詳倉曹參軍、南康王蕭績記室、昭明太子蕭統通事舍人、步兵校尉等。後皈依，法名慧地。

卷端署「梁通事舍人劉勰彦和述」。

框高15.3厘米，寬10.7厘米。半葉九行，行二十字，黑口，雙魚尾，左右雙邊。正文前有目録。正文分十卷，卷一原道、徵聖、宗經、正緯、辨騷，卷二明詩、樂府、詮賦、頌贊、祝盟，卷三銘箴、誄碑、哀吊、雜文、諧隱，卷四史傳、諸子、説論、詔策、移檄，卷五封禪、章表、奏啓、議對、書記，卷六神思、性體、風骨、通變、定勢，卷七情采、鎔裁、聲律、章句、麗辭，卷八比興、夸飾、事類、練字、隱秀，卷九指瑕、養氣、附會、總術，時序，卷十物色、才略、知音、程器、序志，凡五十篇。正文後有馮班跋。

綫裝，一册，登録號002312。有朱筆點校。有「彭城」朱長印、「天啓/甲子」朱方印、「錢孫/保一名/容保」白方印、「錢孫/保字/求赤」白方印、「真/賞」朱方印、「錢印/孫保」白方印、「求赤/氏」白方印、「孝/修」朱長印、「班」朱方印、「常熟市/圖書/館藏」朱方印等。

002719 才調集十卷（存六卷）

（五代後蜀）韋縠輯

明刻本 清謝浦泰録馮舒、馮班批

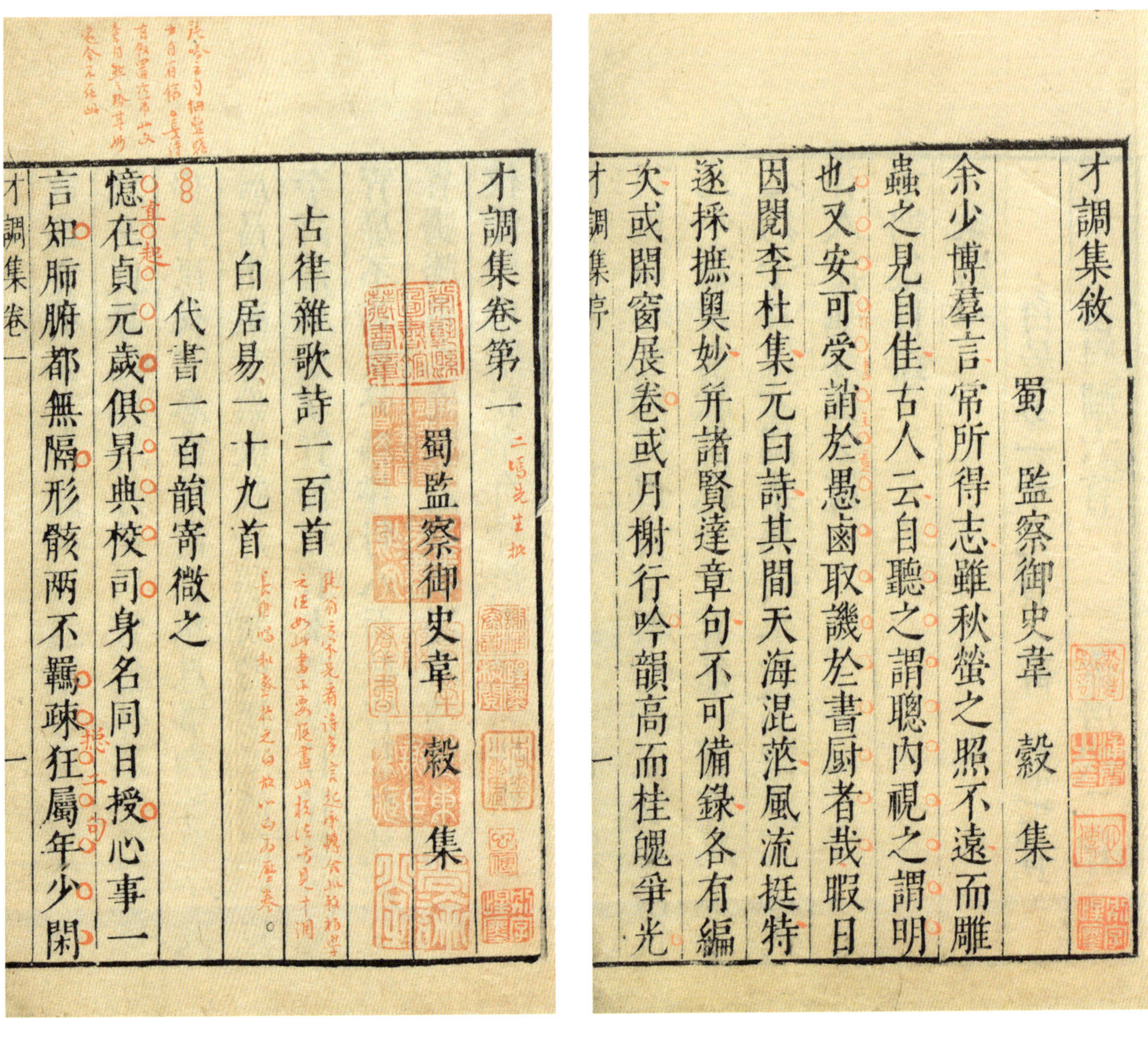
才調集敘

蜀 監察御史韋 縠 集

余少博羣言常所得志雖秋螢之照不遠而雕
蟲之見自佳古人云自聽之謂聰內視之謂明
也又安可受誚於愚鹵取譏於書廚者哉暇日
因閲李杜集元白詩其間天海混茫風流挺特
遂採摭奥妙并諸賢達章句不可備録各有編
次或閑窗展卷或月榭行吟韻高而桂魄爭光

才調集序 一

才調集卷第一

蜀監察御史韋 縠 集

古律雜歌詩一百首

白居易一十九首

代書一百韻寄微之

憶在貞元歲俱昇典校司身名同日授心事一
言知肺腑都無隔形骸兩不羈疎狂屬年少閑

才調集卷一 一

韋縠，生平事迹不詳。據是帙卷端題署，知其曾官監察御史。卷端署「蜀監察御史韋縠集」。

框高19.8厘米，寬12.9厘米。半葉八行，行十八字，白口，四周單邊。版心上鎸書名及卷次，下記葉次。

正文前有《才調集叙》，次接目録。正文原爲十卷，今藏本止存卷一至卷六。有朱筆批校，係清謝浦泰録清馮舒、馮班批語。

綫裝，二册，登録號002719。首册書封右下署「叔平手訂」。鈐「尚論／堂」白方印、「謝浦／泰印」朱方印、「心／傳」朱方印、「心／傳」連珠印、「别字／惺壆」白方印、「惺壆／校閲」白方印、「南沙翁季／子同和章」朱長印、「笙龢／室圖／書印」等藏印。

002722 三國文章類鈔不分卷

（明）錢穀輯 稿本

三國文章類鈔

蜀詔

遺詔 章武三年四月癸巳 註

朕初疾但下痢耳後轉雜他病殆不自濟人五十不稱夭年已六十有餘何所復恨不復自傷但以卿兄弟為念射君到說丞相歎卿智量甚大增修過於所望審能如此吾復何憂勉之勉之勿以惡小而為之勿以善小而不為惟賢惟德能服於人汝父德薄勿効之可讀漢書禮記閑暇歷觀諸子及六韜商君書益人意智聞

錢穀（1508—1579），字叔寶，號罄室，吴縣（今江蘇蘇州）人。師事文徵明。框高 18.9 厘米，寬 12.3 厘米。半葉九行，行十八字，黑格，白口，雙魚尾，左右雙邊。版心鎸書名。

是帙第一至三册闕損嚴重，第四册輯録蜀詔十篇，策十三篇，教五篇，表十五篇，疏八篇二篇，文六篇，贊三十二篇，頌一篇，諺四篇。

綫裝，四册，登録號 002722。入選第三批《國家珍貴古籍名録》，名録號 09466。第四册首葉鈐「懸罄／室」朱方印、「叔寶」白長印、「約齋／珍賞」白方印、「臣印／寶儉」白方印。末葉鈐「錢／穀」朱方印、「彭／城」白文圓印。

002922　唐宋八大家選二十四卷（存二十一卷）

（明）鍾惺輯　明末刻本

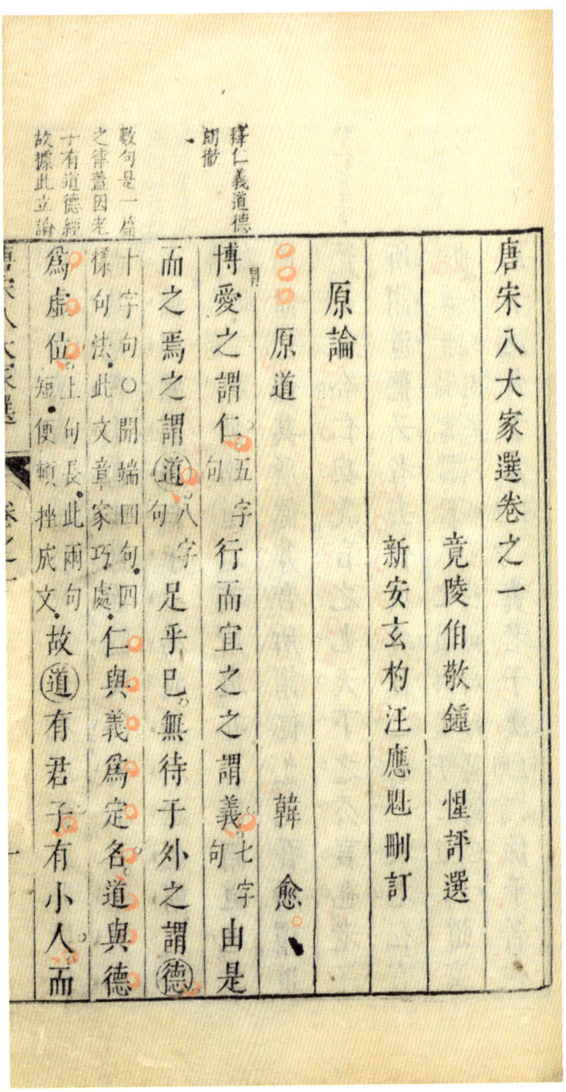

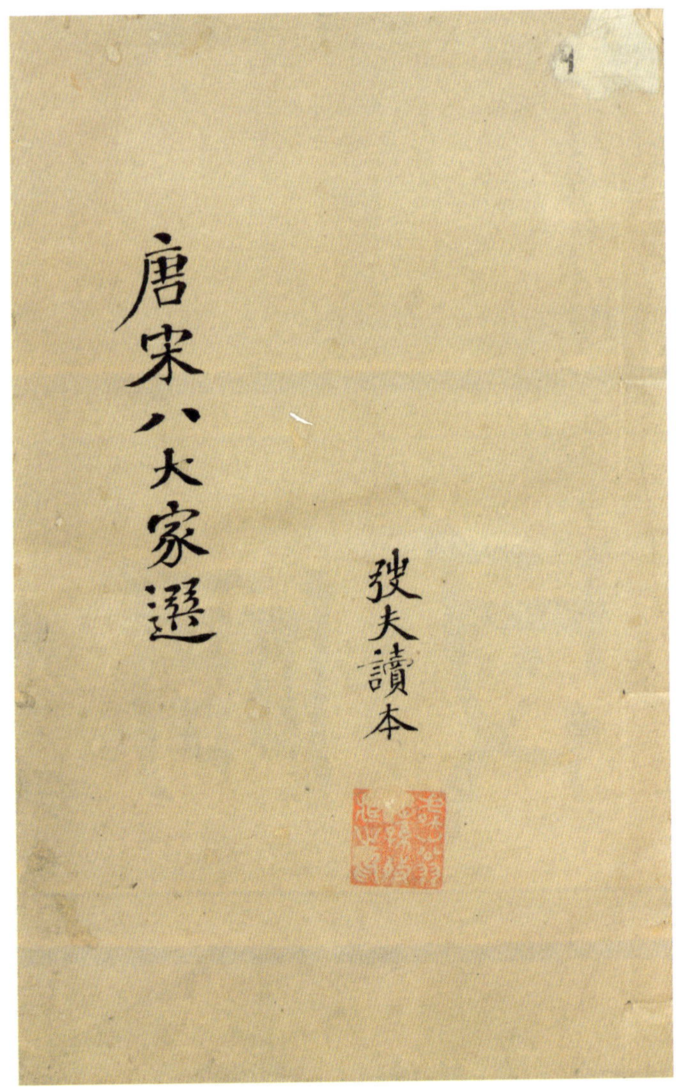

鍾惺（1574—1624），字伯敬，號退谷，湖廣竟陵（今湖北天門）人。明萬曆三十六年（1608）進士，授行人，遷工部主事、禮部郎中，官至福建提學僉事。與譚元春同爲竟陵派創始人。著有《隱秀軒集》。

卷端署「竟陵伯敬鍾惺評選，新安玄杓汪應魁刪訂」。

框高 19.1 厘米，寬 14.4 厘米。半葉九行，行十八字，小字雙行同，白口，上單黑魚尾，左右雙邊，天頭及行間鐫有批注。版心上鐫書名，中録卷次及各卷文體，下記葉次。

正文前有《叙唐宋八大家文選》，末署「天都祁閶倪思輝題於又尚齋，歲次壬申時届仲夏哉生明」，序有殘闕；次接《八大家序》，末署「景陵鍾惺伯敬題」；次接《刻把大家選引》，末署「新安後學汪應魁題」；次接凡例，末署「玄杓汪氏識」；次接《録鹿門先生文鈔論例暨諸公譚藪》，末署「玄杓汪氏彙」；次接目録。正文凡二十四卷，卷一至卷五論，卷六論、議、辨，卷七、卷八策，卷九、卷十上書，卷十一表、疏、札子、狀，卷十二、卷十三書，卷十四書啓，卷十五、卷十六序，卷十七題後、引，卷十八至卷二十記，卷二十一傳、賦，卷二十二説、解、頌、銘、贊，卷二十三對、文、祭文、哀詞，卷二十四廟碑、功德碑、墓碑、墓碣、墓表、墓志銘。今藏本闕卷十至十二卷。正文後有八大家本傳，即《韓文公本傳》《柳柳州本傳》《歐陽文忠公本傳》《曾文定公本傳》《王文定公本傳》《蘇文公本傳》《蘇文忠公本傳》《蘇文定公本傳》；次接《八大家選後序》，末署「新安汪應魁玄杓父跋」。

綫裝，七册，登録號 002922。各册書封題寫書名，首册題注「弢夫讀本」，下鈐「虞山翁／斌孫收／藏之印」白方印。翁斌孫，翁同龢侄孫，翰林。有朱筆圈點及批校。

003007 集唐聯語大觀

（清）翁曾源 稿本

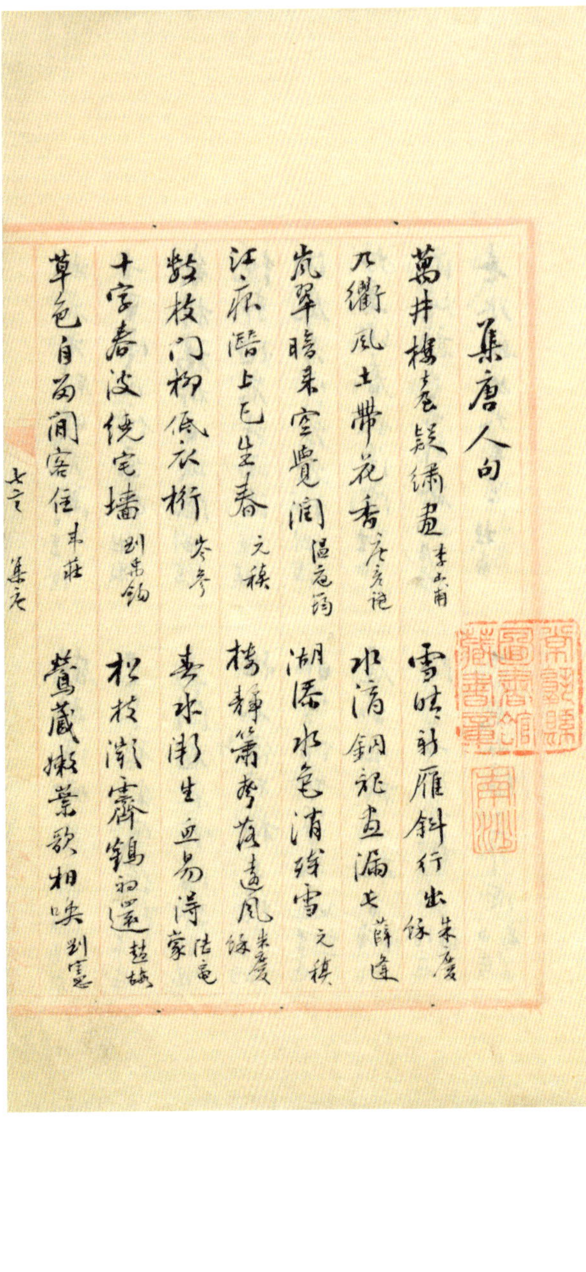

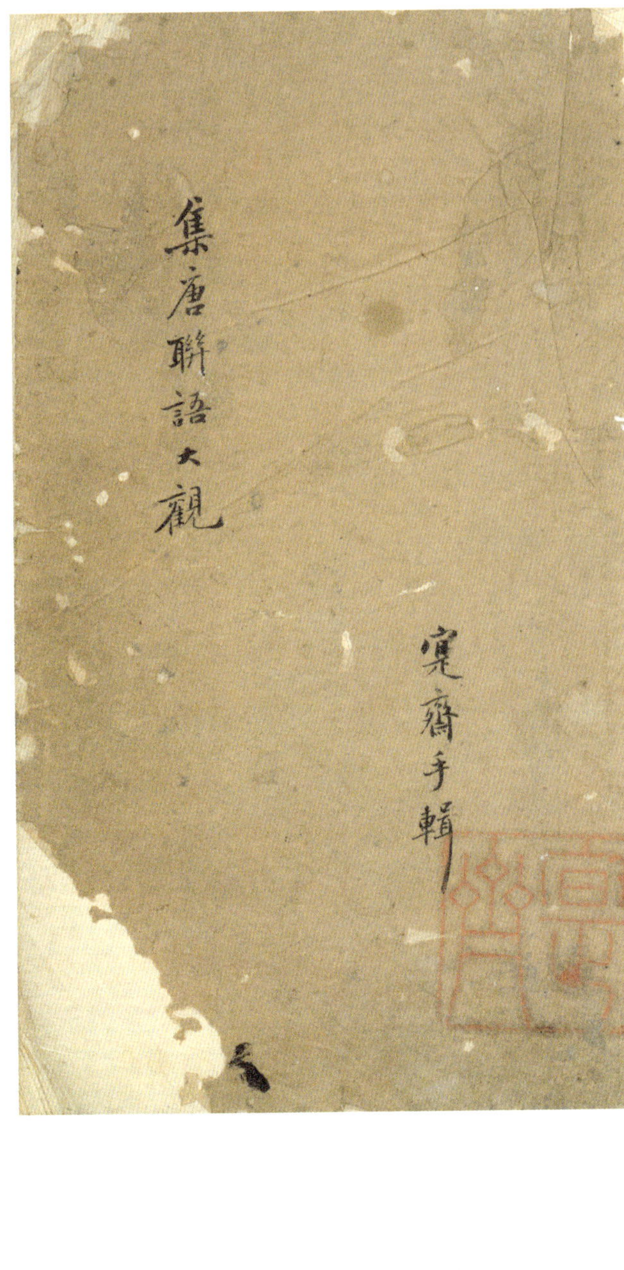

翁曾源（1834—？），字仲淵，號寔齋，常熟人。清同治二年（1863）殿試賜一甲第一名及第，授翰林院修撰，充國史館纂修。

框高14.7厘米，寬10.6厘米。半葉八行，行字不等，小字雙行同，白口，上單魚尾，四周雙邊，朱絲欄。版心下鎸「松竹齋」。正文前後無序跋及目次。正文不分卷，集唐人四言、五言、六言、七言、八言、十二言句。

綫裝，一册，登録號003007。書封左題書名，右下書「寔齋手輯」。鈐「寔／齋」朱方印、「翁印／曾源」白方印、「南沙」朱長印、「常熟縣／圖書館／藏書章」朱方印。

003029　羽庭集六卷（存二卷）

（元）劉仁本撰　清鈔本

羽庭集卷五

天台　劉仁本　撰

序

樂節婦詩序

定海邑浹港里樂氏女靜年二十歸為鄉人汝海士
族戴得潤婦既六年生二女而德潤早世樂慟絕者
蘇既治喪盡禮及葬之日欲身與柩俱窆其姻戚強
持之不得遂而止廼廬墓側日抱二孤女以號指天
以誓治絲枲以自給人不敢以非禮語及之者霜露

羽庭集卷五

劉仁本，字德玄，號羽庭，浙江天台（今屬臺州）人。歷官温州路總管、江浙行省左右司郎中、樞密院副使等。

卷端署「天台劉仁本撰」。

無版框及界欄，開本高24.2厘米，寬15厘米。半葉十行，行二十字。版心上書書名及卷次，下記葉次。

正文六卷，鈔本衹存卷五、卷六。卷五序，卷六記、題跋。

綫裝，二册，登録號003029。各册書根題書名及册次。鈐「燕庭/藏書」朱長印、「常熟縣/圖書館/藏書章」朱方印

003360 并門雙管二卷

（清）陳玉麟、宗德懋撰

稿本

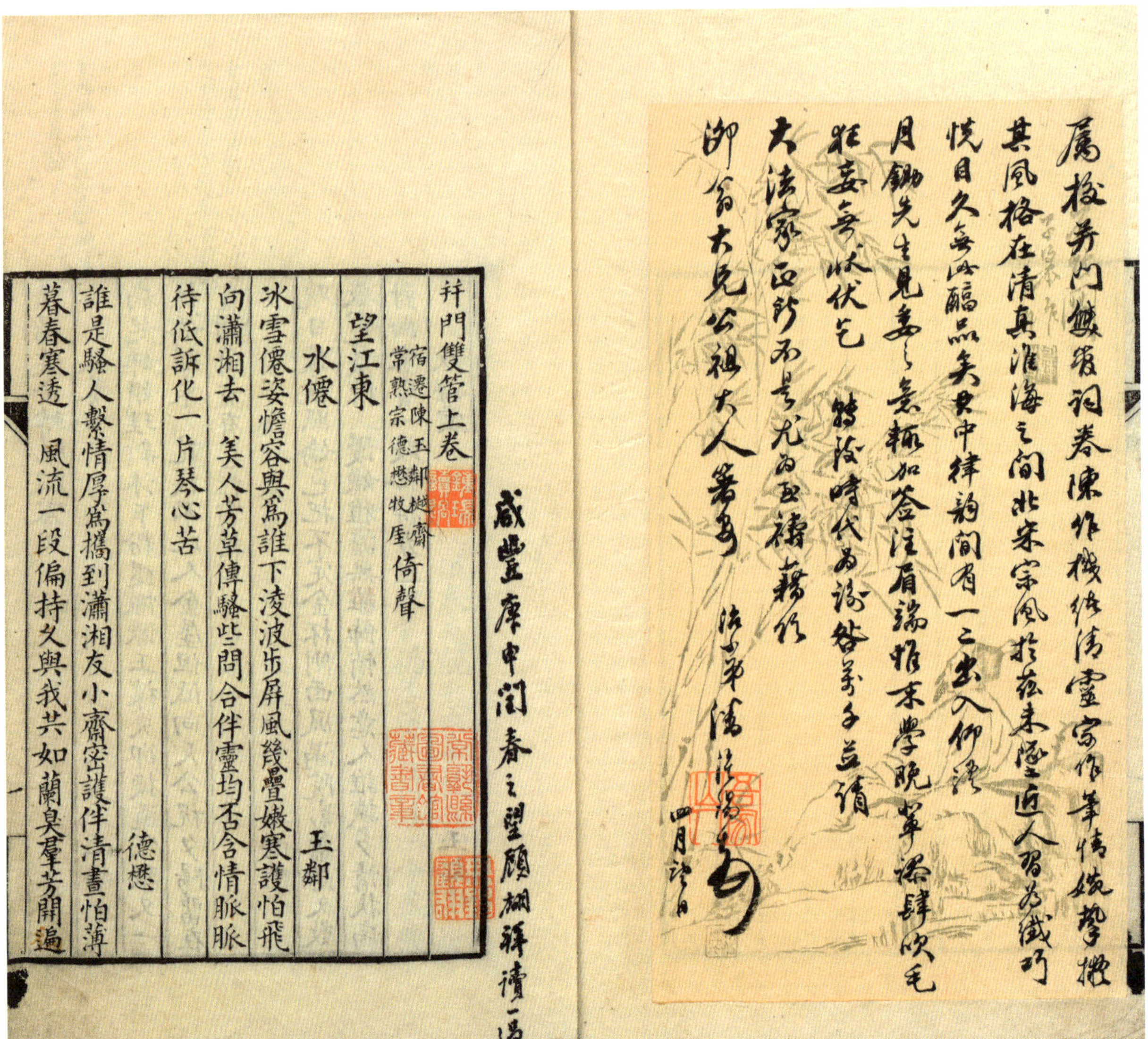

并門雙管上卷

宿遷陳玉鄰樾齋 常熟宗德懋牧厓 倚聲

望江東

水僊 玉鄰

冰雪僊姿憺容與爲誰下淩波步屏風幾疊嫩寒護怕飛向瀟湘去 美人芳草傳騷些問合伴靈均否含情脈脈待低訴化一片琴心苦

德懋

誰是騷人繫情厚爲攜到瀟湘友小齋密護伴清晝怕薄暮春寒透 風流一段偏持久與我共如蘭臭羣芳開遍

咸豐庚申閏春之望顧翃拜讀一過

陳玉鄰，字樾齋，江蘇宿遷人。清乾隆三十年（1765）舉人，山西太原府同知，生平事迹具《同治徐州府志》卷八。

宗德懋，號牧厓，常熟人。乾隆四十九年（1784）諸生，授廣東三水縣丞。

卷端署「宿遷陳玉鄰樾齋，常熟宗德懋牧厓倚聲」。

框高 17.6 厘米，寬 12.8 厘米。半葉十行，行二十二字，小字雙行同，黑口，上單黑魚尾，左右雙邊。版心下記葉次。

正文前有序，末署「嘉慶五年歲次辛酉端月上元，宿遷陳玉鄰樾齋父序於銅鞮官舍」；次接《附牧厓書》，末署「懋白」；次接目録；次接四月望日吾家山人題識；次接顧翃跋，云「咸豐庚申閏春之望，顧翃拜讀一過」。正文分上、下二卷，卷上共七十九闋，卷下共六十八闋，附二闋。正文後有楊敬傅、潘鍾瑞、殷用霖、沈汝瑾跋。

毛裝，一册，登録號 003360。原書封左側題簽題寫書名「并門雙管詞卷」，題署「宣統庚戌二月／後學嘉樹題簽」。有墨筆批注。鈐「吾家／山人」朱方印、「鍾瑞／讀過」白方印、「無錫／顧翃」白方印、「香禪」朱長印、「臞／翁」朱方印、「樹瓠／居士」白方印、「沈／石友」朱方印、「常熟縣／圖書館／藏書章」朱方印等。

003459 箋注陶淵明集六卷總論一卷附刻和陶一卷律陶一卷律陶纂一卷

（晉）陶淵明撰 （明）張自烈評 明崇禎刻本

箋註陶淵明集卷之一

明後學張自烈爾公評閱

詩四言

劉後村曰四言自曹氏父子王仲宣陸士衡後惟陶公最高停雲榮木等篇殆突過建安矣又云四言尤難以三百五篇在前故也

停雲

停雲思親友也罇湛新醪湛讀沉園列初

陶淵明（365？—427），一名潛，字元亮，潯陽柴桑（今江西九江西南）人。友人尊其爲陶徵士。私謚靖節，世稱陶靖節、靖節先生。曾官彭澤縣令，故又稱陶彭澤、陶令。其詩自然渾厚，冲淡融適，元好問《論詩絶句》評其「一語天然萬古新，豪華落盡見真淳」。有《陶淵明集》行世。

張自烈（1597—1673），字爾公，號芑山，江西分宜（今屬宜春）人。又有《四書大全辨》《古今文辨》《正字通》《芑山文集》等。

卷端署「明後學張自烈爾公評閲」。

框高21.2厘米，寬14.7厘米。半葉九行，行十八字，小字雙行同，白口，上單黑魚尾，四周單邊，無界欄。版心上鎸書名「陶集」，中鎸卷次，下記葉次。

正文前有《評刻陶淵明集叙》，末署「崇禎壬申秋日既望，清朝遺老沈澳題於鐵山非吾廬」；次接《選刻陶淵明集序》，末署「社弟袁繼咸題於金陵思補署」；次接《評陶淵明集序》，末署「崇禎壬申中秋日，當湖鈍叟趙維寰書於白下之雞鳴禪舍」；次接《序》，末署「宣城社盟弟沈壽民題」；次接《序張爾公評淵明集》，末署「雲間社弟夏允彝彝仲題」；次接梁昭明太子蕭統撰《陶淵明集序》；次接蕭統《陶靖節傳》；次接目録；次接《石歡函書目》；次接張自烈輯《陶集總論》。正文分六卷，卷一四言詩，卷二五言古詩，卷三、卷四五言詩，卷五、卷六雜文；附刻明謔庵居士《律陶》一卷、宋東坡居士《和陶》一卷及閩黄槐開子虚甫纂《敦好齋律陶纂》一卷。

綫裝，四册，登録號003459。有朱筆圈點。鈐「常熟縣/圖書館/藏書章」朱方印、「常熟市/圖書/館藏」朱方印

003495　陶庵文集七卷附吾師録一卷陶庵詩集八卷

（明）黄淳耀撰并輯

清康熙刻本

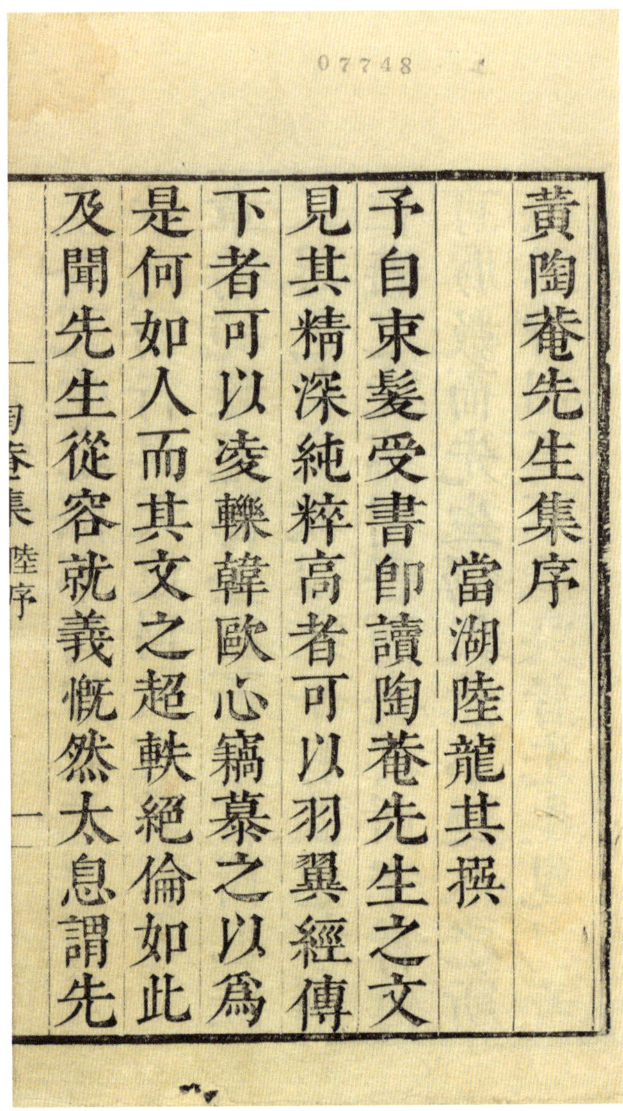
黃陶菴先生集序
當湖陸龍其撰
予自束髮受書卽讀陶菴先生之文見其精深純粹高者可以羽翼經傳下者可以淩轢韓歐心竊慕之以爲是何如人而其文之超軼絕倫如此及聞先生從容就義慨然太息謂先
陶菴集　陸序　一

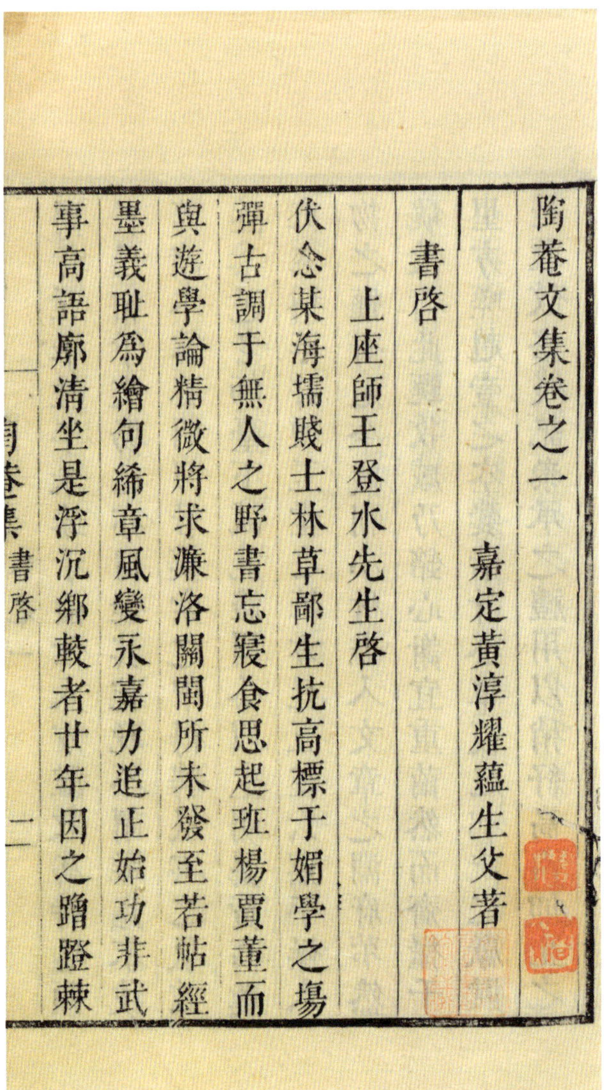
陶菴文集卷之一
嘉定黃淳耀蘊生父著
書啓
上座師王登水先生啓
伏念某海壖賤士林草鄙生抗高標于媢學之場彈古調于無人之野書忘寢食思起班楊賈董而與遊學論精微將求濂洛關閩所未發至若帖經墨義恥爲繪句絺章風變永嘉力追正始功非武事高語廓清坐是浮沉鄉較者廿年因之蹭蹬棘
陶菴集　書啓　一

黄淳耀（1605—1645），初名金耀，字藴生，又字松崖，號陶庵，又號水鏡居士，上海嘉定人。明崇禎十六年（1643）進士，未授官職。

《陶庵集》，收《陶庵文集》《吾師録》《陶庵詩集》三集。《陶庵文集》《陶庵詩集》，卷端署「嘉定黄淳耀藴生父著」；《吾師録》，卷端署「嘉定黄淳耀藴生父輯」。

框高19厘米，寬13.9厘米。半葉九行，行十九字，細黑口，左右雙邊。版心中鎸集名「陶庵集」及各卷詩文體裁，下記葉次。所附《吾師録》一卷版式行款略有不同，框高19.4厘米，寬13.9厘米。半葉九行，行十九字，白口，上單黑魚尾，左右雙邊。版心上鎸書名「陶庵集」，中鎸「吾師録」三字，下記葉次。

《陶庵文集》，正文前有《黄陶庵先生集序》，署「當湖陸龍其撰」；次接庚子冬十月虞山錢謙益《原序》，序後小字雙行鎸「丙辰二月方瓢張懿實題識」；次接《原序》，末署「己丑秋九月，太倉社弟吴偉業題於梅村舊學庵」；次接《新序》，末署「康熙丙辰春二月晦日，同邑年弟蘇淵拜撰」；次接《陶庵文集目録》。正文凡七卷，卷一啓、書，卷二序，卷三論，卷四《史記》評論，卷五傳，卷六祭文，卷七雜著；附《吾師録》一卷，正文前有《小引》及《條目》。《陶庵詩集》，正文前有《陶庵詩集目録》；正文後有《跋》，末署「丙辰三月朔日，男坌百拜謹識」。正文分八卷，卷一擬古樂府，卷二五言古和陶詩，卷三五言古詩，卷四七言古詩，卷五五言律詩，卷六七言律詩，卷七五言排律，卷八五言絶句、七言絶句。

毛裝，三册，登録號003495。各册書封題寫書名「陶庵集」及册次。鈐「潛」白方印、「常熟市/圖書/館藏」朱方印等。

003576　杜工部集二十卷

（唐）杜甫撰　（清）錢謙益箋注　清康熙六年（1667）刻本

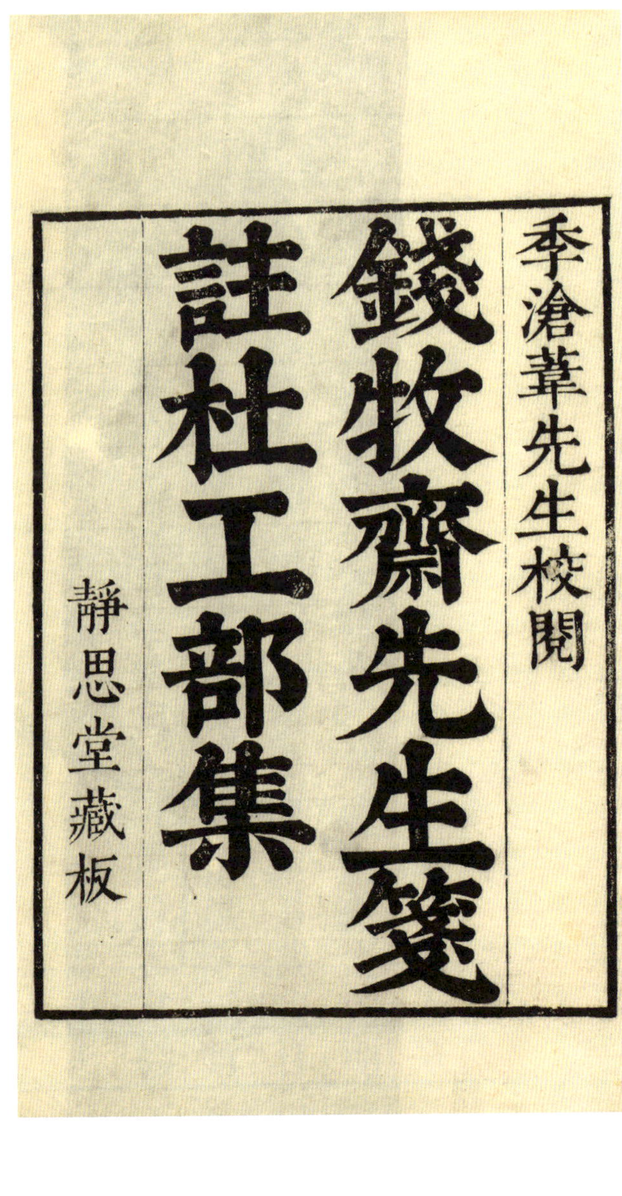

季滄葦先生校閱

錢牧齋先生箋註杜工部集

靜思堂藏板

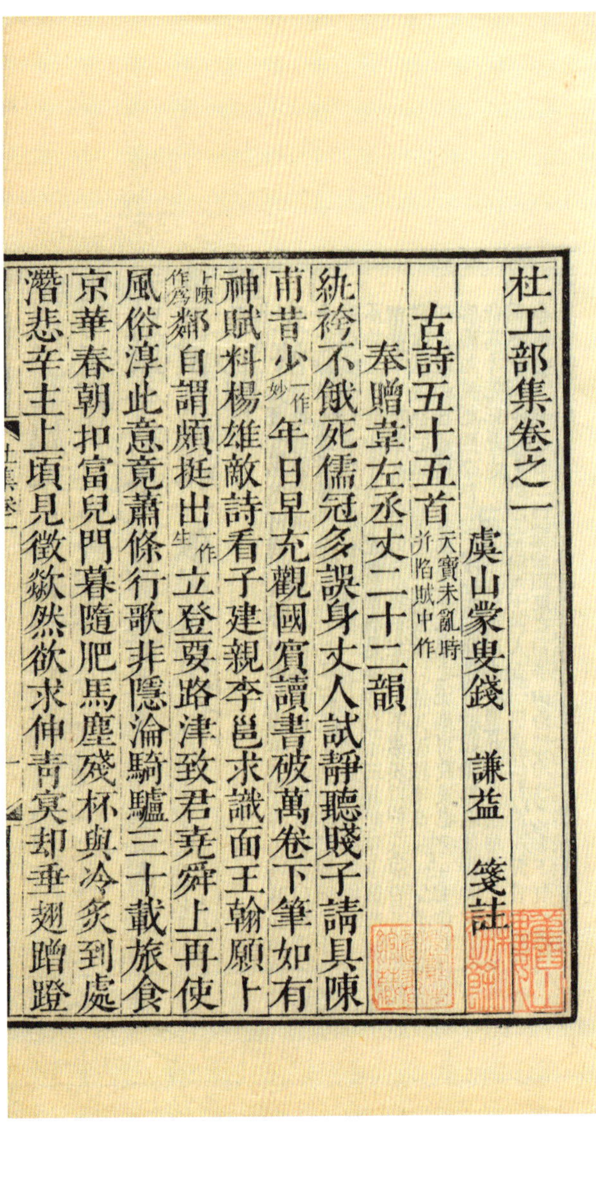

杜工部集卷之一

虞山蒙叟錢　謙益　箋註

古詩五十五首 天寶未亂時并陷賊中作

奉贈韋左丞丈二十二韻

紈袴不餓死儒冠多誤身丈人試靜聽賤子請具陳甫昔少一作妙年日早充觀國賓讀書破萬卷下筆如有神賦料揚雄敵詩看子建親李邕求識面王翰願卜上陳作為鄰自謂頗挺出一作生立登要路津致君堯舜上再使風俗淳此意竟蕭條行歌非隱淪騎驢三十載旅食京華春朝扣富兒門暮隨肥馬塵殘杯與冷炙到處潛悲辛主上頃見徵欻然欲求伸青冥却垂翅蹭蹬

杜甫（712—770），字子美，自稱少陵野老，生於河南鞏縣。唐肅宗朝官左拾遺，後貶華州司功參軍。唐乾元二年（759）入蜀，入嚴武幕，任檢校工部員外郎，故又稱杜工部。杜詩極富現實主義色彩，後人尊其爲「詩聖」，其詩有「詩史」稱號。今有《杜甫全集校注》行世。

錢謙益生平事迹見前《重編義勇武安王集》（015994）。

卷端署「虞山蒙叟錢謙益箋注」；各卷末鐫校者姓氏，卷一「泰興縣八十老人季寓庸因是氏校」，卷二「常熟縣錢曾遵王氏校」，卷三「泰興縣戴清應商氏校」，卷四「季振宜滄葦氏校」，卷五、卷十「錢曾遵王氏校」，卷六「季振宜滄葦校」，卷七「泰興縣李元益三友氏校」，卷八「季八士南宫氏校」，卷九「季寓庸因是氏校」，卷十一「常熟縣陸貽典敕先氏校」，卷十二「休寧縣朱明鼎石鍾氏校」，卷十三「宜興縣陳維崧其年氏、季公琦希韓氏同校」，卷十四「錢遵王戴應商校」，卷十五「三原縣孫枝蔚豹人氏、常熟縣毛扆斧季氏同校」，卷十六「季滄葦季八士校」，卷十七「泰興縣張茂枝因亓氏校」，卷十八「常熟縣錢沅楚殷氏校」，卷十九「戴應商校」，卷二十「錢遵王季滄葦校」。

有書名葉，内容爲「季滄葦先生校閲／錢牧齋先生箋注杜工部集／静思堂藏板」。

框高17.7厘米，寬13.8厘米。半葉十一行，行二十字，小字雙行，行三十字，黑口，雙魚尾，四周雙邊。版心中鐫書名「杜集」及卷次，下記葉次。

正文前有《草堂詩箋元本序》，末署「虞山蒙叟錢謙益謹書」；次接序，末署「康熙六年仲夏泰興季振宜序」；次接《注杜詩略例》；次接《杜工部集附録》一卷、《諸家詩話》一卷、《唱酬題咏附録》一卷、《少陵先生年譜》一卷；次接目録。正文凡二十卷，卷一古詩五十五首，卷二古詩四十二首，卷三古詩七十八首，卷四古詩三十七首，卷五古詩五十六首，卷六古詩五十三首，卷七古詩四十九首，卷八古詩四十五首，卷九近體詩八十二首，卷十近體詩一百二十四首，卷十一近體詩一百零四首，卷十二近體詩一百二十八首，卷十三近體詩九十六首，卷十四近體詩一百十九首，卷十五近體詩一百四十三首，卷十六近體詩九十七首，卷十七近體詩五十五首，卷十八近體詩六十一首，卷十九表、賦、記、説、贊、述十五首，卷二十策問、文、狀、表、碑志十七首。

綫裝，八册，登録號003576。各册書封題書名，并以「上簿風騷，下該沈宋」八字標明册次。鈐「舊山／樓／劫餘」朱方印、「常熟趙氏／舊山樓／經籍記」朱方印、「常熟市／圖書／館藏」朱方印。

003587　木庵文集不分卷

（清）欽棐撰　清乾隆寫刻本

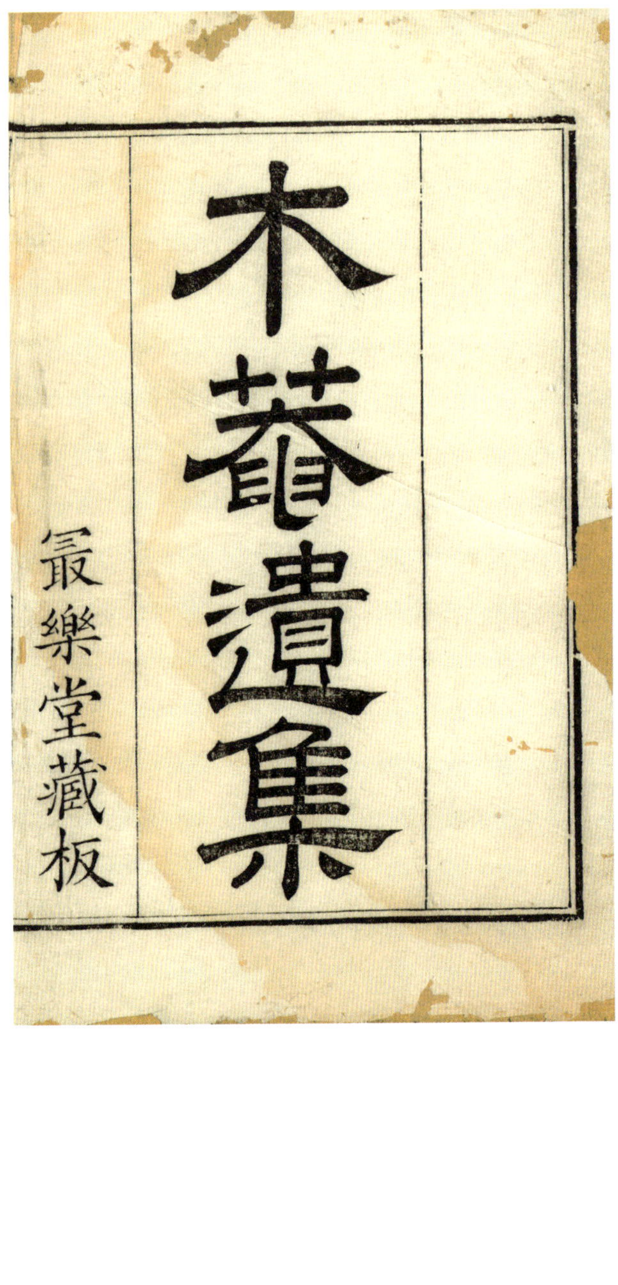

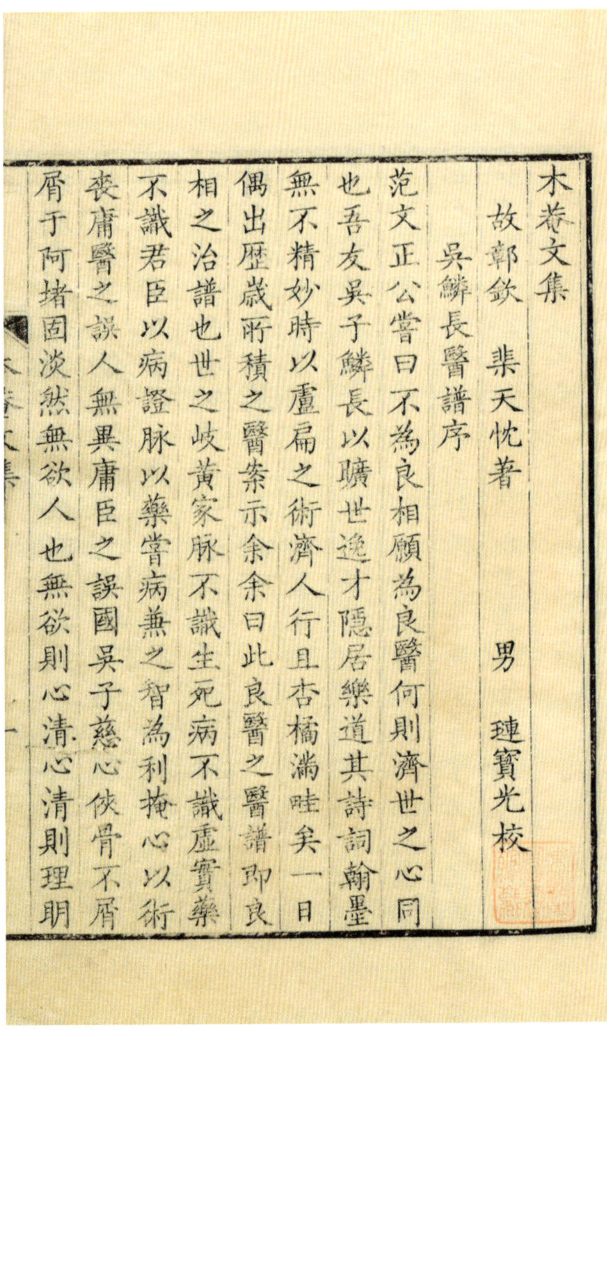

欽棐，生平事迹不詳，據是帙卷端題署，知其字天忱，故鄣（治今浙江安吉縣西北）人。

有書名葉，内容爲「木庵遺集／最樂堂藏板」。卷端署「故鄣欽棐天忱著，男璉寶光校」。

框高18.8厘米，寬14.9厘米。半葉十一行，行二十一字，白口，上單黑魚尾，左右雙邊。版心中鎸書名，下記葉次。

正文前有《木庵文集序》，末署「乾隆二年丁巳九月仁和年眷侄蔣祝謹序」；次接目録。正文不分卷，收序、碑記、傳、贊、墓志銘、疏、跋、啓、書等文五十七篇。

綫裝，一册，登録號003587。書封題寫書名。鈐「常熟市／圖書／館藏」朱方印。

003592 唐皮日休文藪十卷

（唐）皮日休撰 明萬曆刻本

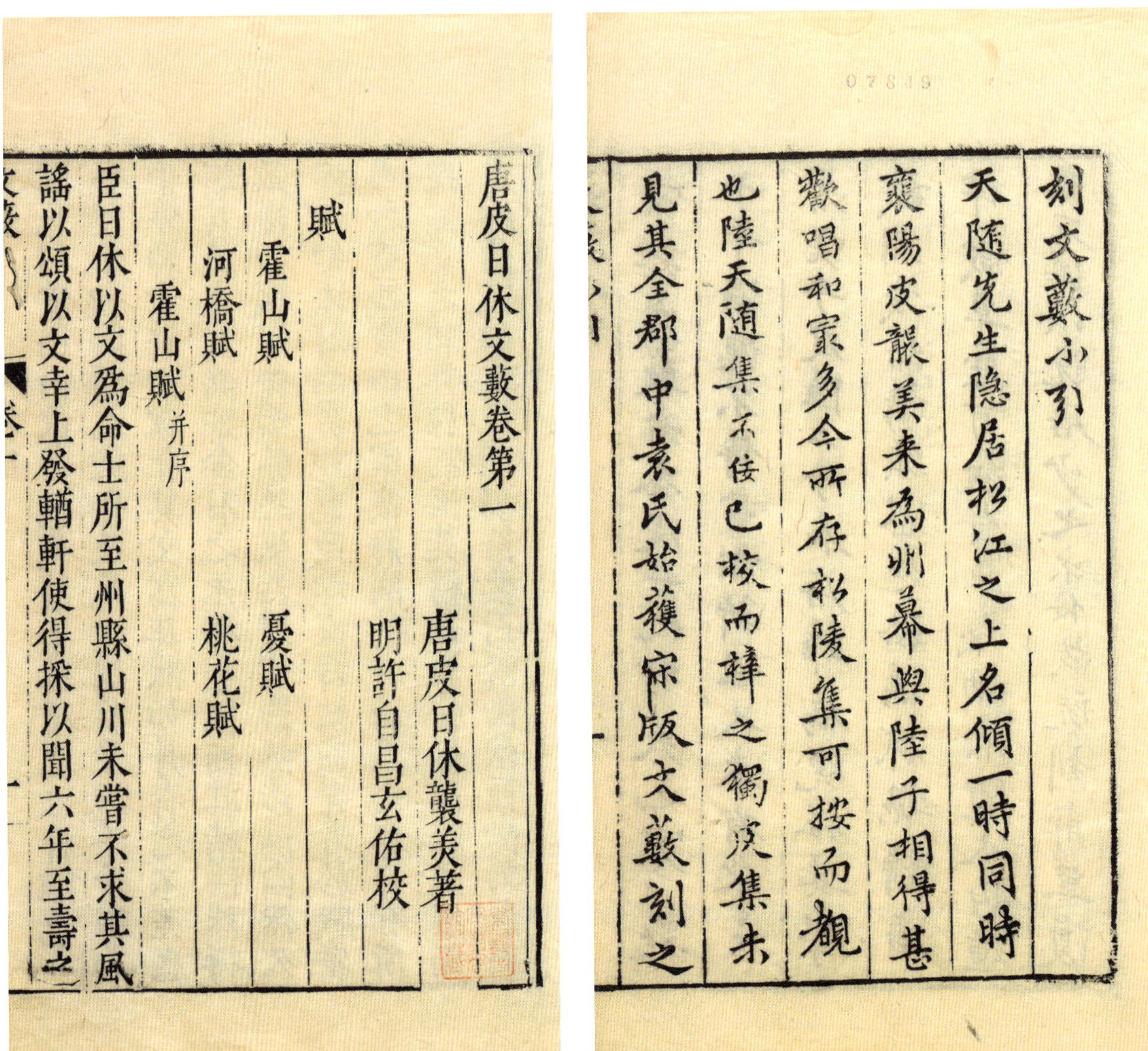
刻文藪小引

天隨先生隱居松江之上名傾一時同時襄陽皮襲美來爲州幕與陸子相得甚歡唱和家多今所存松陵集可按而覩也陸天隨集不佞已校而梓之獨皮集未見其全郡中袁氏始獲宋版文藪刻之

唐皮日休文藪卷第一

唐皮日休襲美著

明許自昌玄佑校

賦

霍山賦　憂賦

河橋賦　桃花賦

霍山賦并序

臣日休以文爲命士所至州縣山川未嘗不求其風謠以頌以文幸上發輶軒使得採以聞六年至壽之

皮日休（約838—約883），字逸少，後改字襲美，自號鹿門子、間氣布衣、醉吟先生，湖北襄陽人。唐咸通八年（867）進士。歷官著作佐郎、太常博士、毗陵副使。唐乾符五年（878）入黄巢軍。唐廣明元年（880）爲黄巢翰林學士。後下落不明。工詩文，與陸龜蒙并稱「皮陸」。

卷端署「唐皮日休襲美著，明許自昌玄佑校」。

框高21.9厘米，寬14.6厘米。半葉九行，行二十字，小字雙行同，白口，上單黑魚尾，左右雙邊。版心上鎸書名，中録卷次，下記葉次。

正文前有《刻文藪小引》，末署「萬曆戊申冬日吴門許自昌書」；次接《唐皮日休文藪序》，署「如京使、金紫光禄大夫、檢校司空兼御史大夫、上柱國、河東縣開國伯、食邑九伯户柳開撰」；次接皮日休《文藪序》；次接目録。正文凡十卷，卷一賦，卷二諷悼，卷三雜著，卷四碑銘、贊，卷五文論、頌、序，卷六箴，卷七、卷八雜著，卷九書，卷十詩。正文後有《題皮子文藪後》，末署「黄明正德庚辰夏六月望，吴下袁表邦正識」。

綫裝，二册，登録號003592。有朱筆圈點。鈐「常熟市/圖書/館藏」朱方印。

003602　梅花溪詩草四卷續草三卷附蔗軒遺稿一卷

（清）錢泳撰　清嘉慶二十二年（1817）刻　清道光二十二年（1842）續刻本

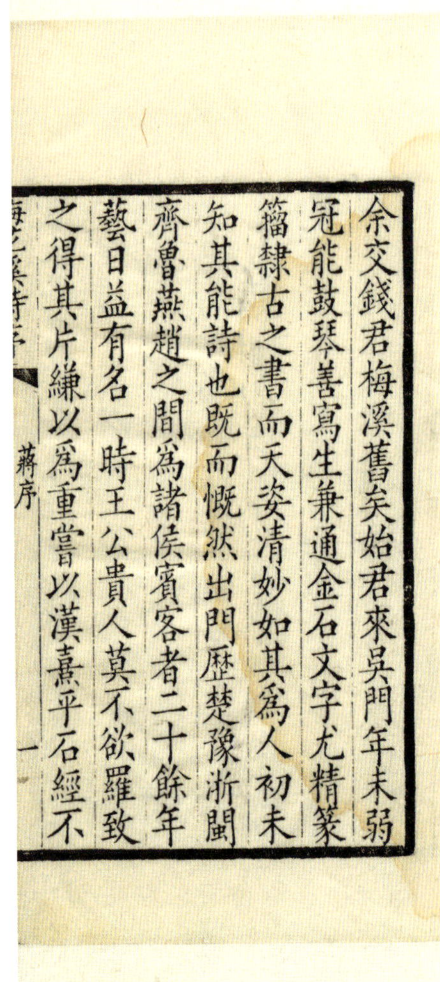

余交錢君梅溪舊矣始君來吳門年未弱
冠能鼓琴善寫生兼通金石文字尤精篆
籀隸古之書而天姿清妙如其爲人初未
知其能詩也既而慨然出門歷楚豫浙閩
齊魯燕趙之間爲諸侯賓客者二十餘年
藝日益有名一時王公貴人莫不欲羅致
之得其片縑以爲重嘗以漢熹平石經不

梅花溪詩序　蔣序　一

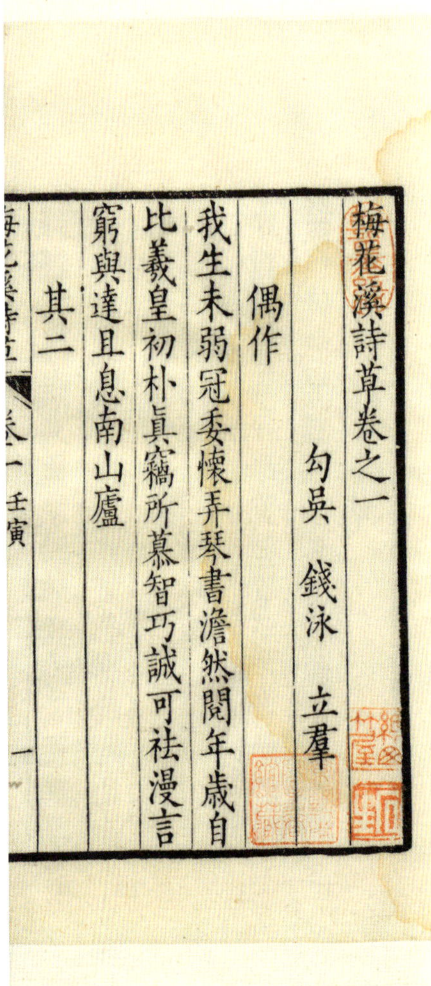

梅花溪詩草卷之一

勾吳　錢泳　立羣

偶作

我生未弱冠委懷弄琴書澹然閱年歲自
比羲皇初朴眞竊所慕智巧誠可祛漫言
窮與達且息南山廬

其二

梅花溪詩草　卷一　壬寅　一

錢泳（1759—1844），初名鶴，字立群，號臺仙，一號梅溪，江蘇金匱（今屬無錫）人。工書善畫。

《梅花溪詩草》，有書名葉，内容爲「嘉慶廿四年刻／梅花溪詩草／履園藏板」。

卷端署「勾吴錢泳立群」撰。正文各卷末署「男曰奇偉堂、曰祥偉生謹校字」。框高14.3厘米，寬9厘米。半葉七行，行十六字，小字雙行，行二十四字，白口，上單黑魚尾，四周單邊。版心上鐫書名，中記卷次及各卷詩作干支紀年，下記葉次。

正文前有《梅花溪詩序》，末署「道光二年夏五月，吴郡蔣廷恩書」；次接潘奕雋、曾燠、汪瑞光、李兆洛、陳文述、郭麐等六人《梅花溪詩草題詞》；次接《梅花溪居士傳》，不署撰人；次接清嘉慶二十二年（1817）丁丑春日錢泳自序；次接目録。正文凡四卷，所收詩以創作年代爲序，卷一古今體詩七十三首，卷二古今體詩七十一首，卷三古今體詩七十六首，卷四古今體詩六十一首。

《梅花詩續草》，卷一末署「男曰奇偉堂、曰祥偉生謹校字。孫慶瑞方之、慶榮華伯、慶椿壽伯、慶相輔之謹讀」，卷二末署「男曰壽、曰祥、曰富，孫慶瑞、慶榮、慶相，曾孫家琛、家寶、家和同校」。正文前有《刻續草自序》，末署「梅花溪上老人書時年八十有四」。

《蔗軒遺稿》，題「金匱錢有穀兆昌」撰。正文前有《蔗軒遺稿序》，末署「嘉慶二十二年夏四月，從表弟同邑周汝霖子雨氏撰」。正文後有跋，末署「嘉慶戊寅春三月，表兄周子雨參軍刻其詩爲贅數語於後弟庭萱書」。

綫裝，四册，登録號003602。以金鑲玉法重加裝訂。鈐「翰墨緣」朱文橢圓印、「紙西／竹屋」朱方印、「石／生」白方印、「常熟市／圖書／館藏」朱方印等。

003617　吾友于齋詩鈔八卷

（清）張錫爵撰　清乾隆刻本

吾友于齋詩鈔卷一

嘉定　張錫爵　擔伯

覽古八首

靜觀晝夜交日月轂雙擊天地無停機人生敢求動適堯舜道未淪周孔緬已逖賢聖動中成愚蒙動中溺所以楚接輿引身入岑寂

世自棄沮溺沮溺非棄世觀其歎滔滔悲憤俯一切古原莽斜陽夢入唐虞際盛王如可興器使皆有濟頹然老田間尚論堪流涕

賢哉江都相獨明春秋義下帷闚陰陽足不履園

張錫爵（1694—1775），字擔伯，號中岩，嘉定人，寄居吴江。工詩。卷端署「嘉慶張錫爵擔伯」撰。

框高 17.1 厘米，寬 13.8 厘米。半葉十行，行十九字，小字雙行同，白口，上單黑魚尾，左右雙邊。版心上鎸書名及卷次，下記葉次。

正文前有四序，各署「乾隆六年歲在昭陽作噩，華亭八十五翁高不騫查客叙」「乾隆庚申秋七月，長洲學弟沈德潜撰」「乾隆辛酉涂月，秀水同學弟朱稻孫拜撰」「雍正三年夏六月，樸村老人雲章書」。正文凡八卷。

綫裝，二册，登録號 003617。鈐「常熟市／圖書／館藏」朱方印。

003886 秋笳集八卷

（清）吳兆騫撰 清康熙徐健庵刻清雍正四年（1726）吳振臣續刻本

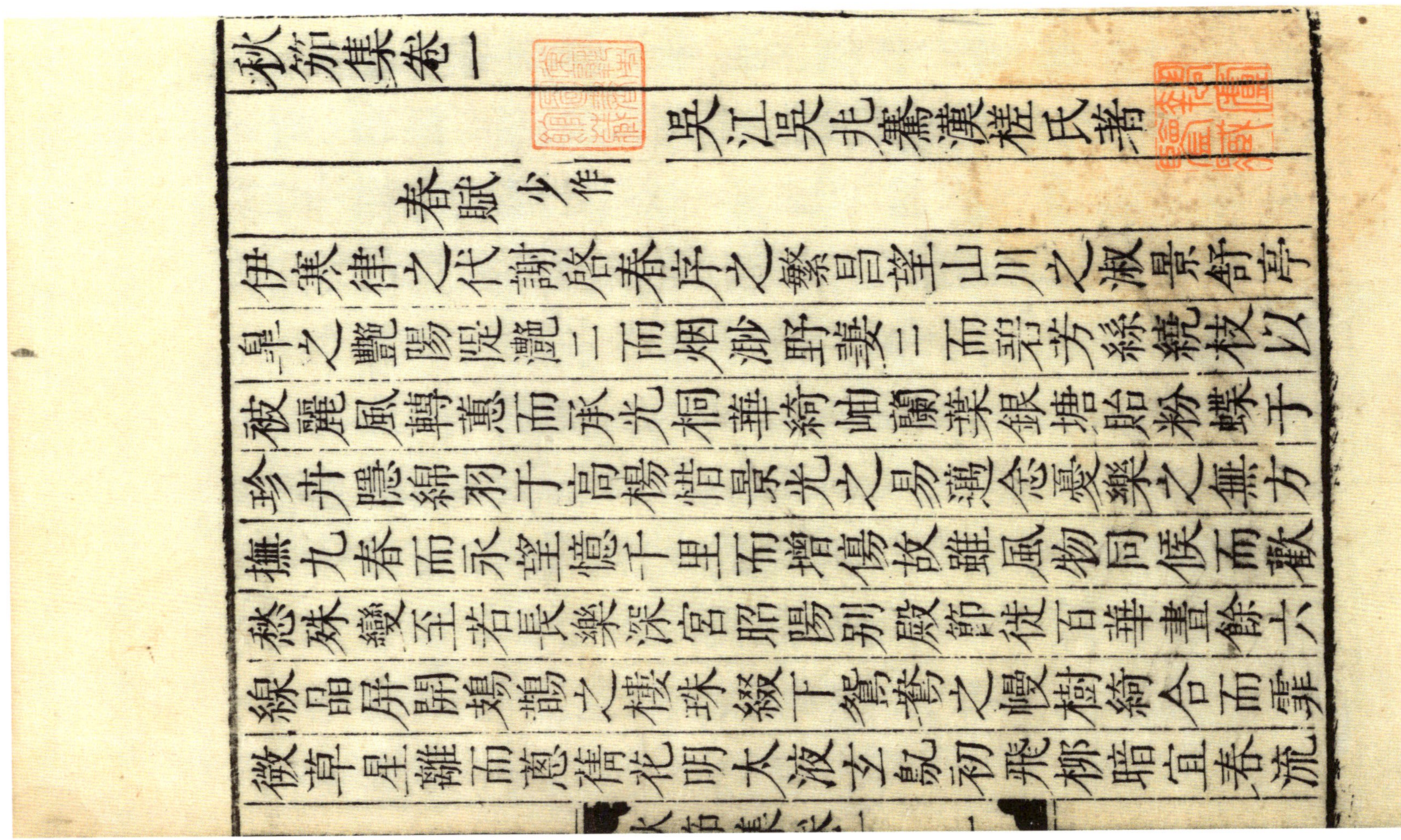
秋笳集卷一
吳江吳兆騫漢槎氏著
春賦 少作
伊寒律之代謝啓春序之繁昌望山川之淑景舒亭
皐之豔陽隄灧二而烟渺野萋二而薏芳緑繞枝以
被麗風轉蕙而承光桐華綺岫蘭葉銀塘貽粉蝶于
珍卉隱綃羽于高楊惜景光之易邁念憂樂之無方
撫九春而永望憶千里而增傷故雖風物同候而歡
愁殊變至若長樂深宮昭陽別殿節徙百華晝餘六
綠昍屏闕[illegible][illegible]之樓珠綴下鶯舊之幔樹綺合而霏
微草星離而蔥蒨花明太液之鳧初飛柳暗宜春流

吴兆騫（1631—1684），字漢槎，號季子，江蘇吴江（今屬蘇州）人。清順治十四年（1657）舉人。因科場舞弊案而被牽連，流放寧古塔（今黑龍江寧安）廿餘年。清康熙二十年（1681）赦還。

有書名葉，内容爲「吴江吴漢槎先生著/秋笳集/衍厚堂藏板」。卷端署「吴江吴兆騫漢槎著」。

前四卷與後四卷版式行款略有不同，卷一至卷四框高19.3厘米，寬15.2厘米；半葉十一行，行二十字，小字雙行同，細黑口，雙花魚尾，左右雙邊；版心中鎸集名及卷次，下記葉次。卷五至卷八框高18.9厘米，寬14.9厘米；半葉十行，行二十字，小字雙行同，白口，雙魚尾，左右雙邊；版心中鎸集名及卷次，下記葉次。

正文前有《秋笳集小引》，署「弟兆宜顯令撰」。各卷正文前皆有目次。正文分八卷，卷一賦，卷二至卷七詩，卷八表、序、書。正文後有跋，末署「雍正丙午秋八月/男桭臣謹跋」。

綫裝，四册，登録號003886。鈐「南沙/顧湘」白方印、「虞山顧/氏小石山房/藏書印」朱方印、「翠嵐/所得」朱方印、「常熟市/圖書/館藏」朱方印等。

003887 文選六十卷

（南朝梁）蕭統輯 （唐）李善注 明成化二十三年（1487）唐藩朱芝址刻本 清張保慈、趙松滋録何焯批校 清翁同書跋

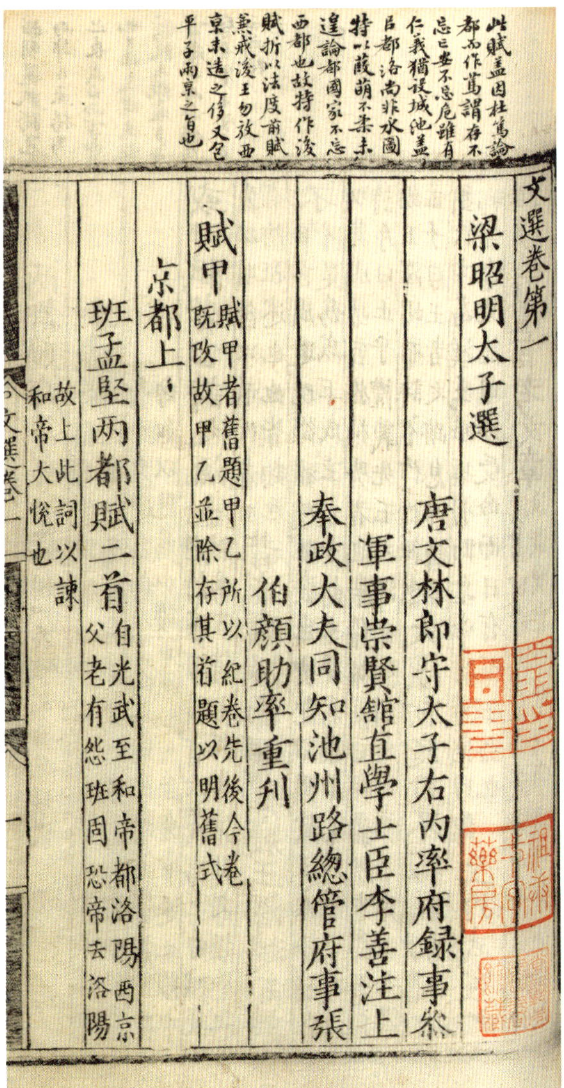

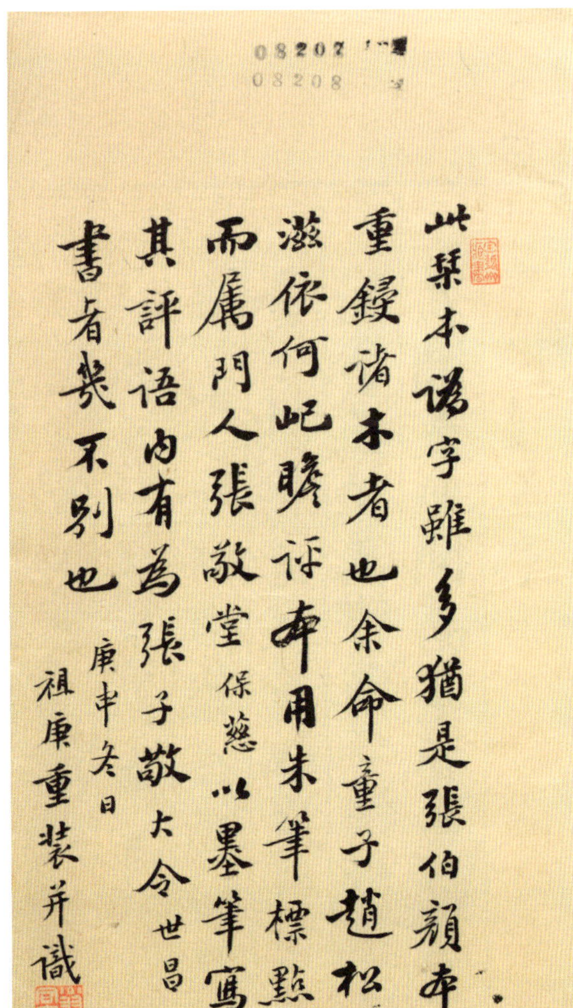

蕭統（501—531），字德施，梁南蘭陵（今江蘇常州）人。梁武帝蕭衍長子，天監元年（502）立爲太子，未繼帝位而薨，謚昭明，世稱昭明太子。

李善（？—689），江都人（今屬揚州）人。曾官崇賢館直學士、蘭臺郎。事迹具《舊唐書》本傳。

卷端署「唐文林郎守太子右内率府録事參軍事崇賢館直學士臣李善注上／奉政大夫同知池州路總管府事張伯顔助力重刊」。框高22.3厘米，寬14.9厘米。半葉十行，行二十二字，小字雙行同，大黑口，雙魚尾，四周雙邊。版心中鎸書名及卷次，下記葉次。

正文前護葉有翁同書手書題識，署「庚申冬日祖庚重裝并識」；次接《重刊文選序》，末署「成化丁未嘉平吉旦希古」；次接唐顯慶三年（658）九月十七日《唐李崇賢上文選注表》，署「文林郎守太子右内率府録事參軍崇賢館直學士臣李善」；次接唐開元六年（718）九月十日《吕延祚進五臣集注文選表》；次接《上遣將軍高力士宣口敕》；次接梁昭明太子撰《文選序》；次接清康熙四十年（1701）辛巳秋日何焯手書題識；次接嘉議大夫前海北海南道肅政廉訪使余璉序；次接目録。集中又夾三書葉，上有《重刊文選序》，署「賜進士中憲大夫南陽府知府懷寧雷鳴春撰」，作於「隆慶辛未歲十月既望」。正文凡六十卷，收録自先秦至南朝梁百餘家，七百餘篇作品，按文體分類，依次爲賦、詩、騷、七、詔、册、令、教、文、表、上書、啓、彈事、牋、奏記、書、檄、對問、設論、辭、序、頌、贊、符命、史論、史述贊、論、連珠、箴、銘、誄、哀、碑文、墓志、行狀、吊文、祭文。正文後有《跋重刊文選後》，末署「時弘治元年歲在戊申春二月吉日唐世子謹跋」。

綫裝，十册，登録號003887。入選第二批《國家珍貴古籍名録》，名録號06220。各册書封左題書名，并以十天干爲序標明册次，右書各册所收文體。有朱筆圈點，墨筆批校。鈐「翁印／同書」白方印二方、「寶瓠齋／藏書」朱長印、「祖庚／一字／藥房」朱方印、「常熟市／圖書／館藏」朱方印。

003890　邵子湘全集三十卷

（清）邵長蘅纂　清康熙三十二年（1693）刻本

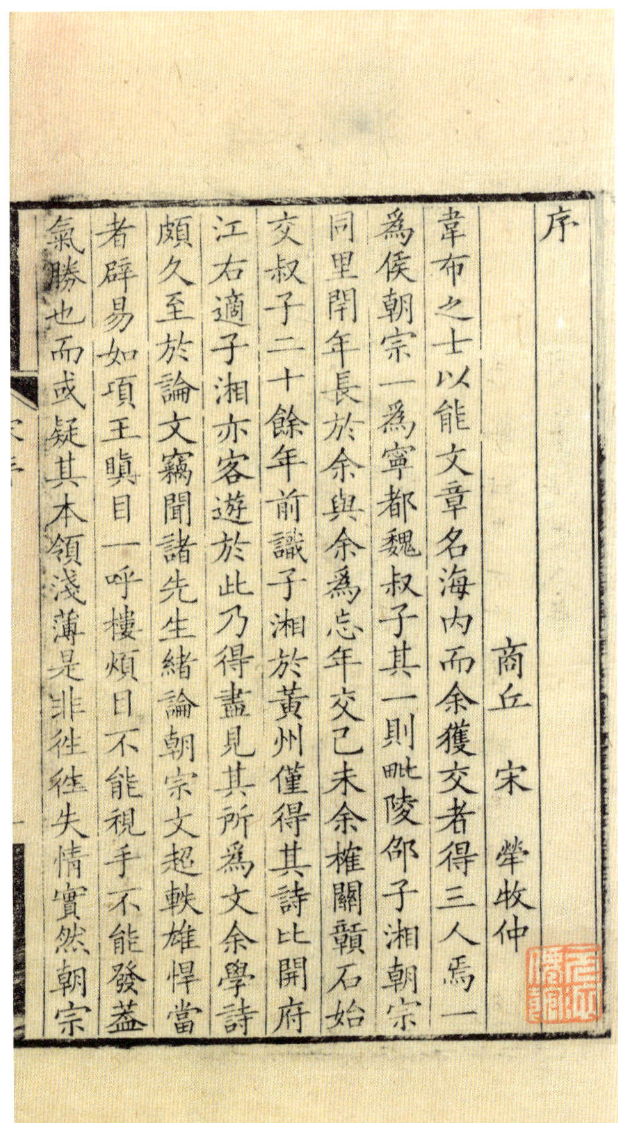

序

商丘　宋　犖牧仲

韋布之士以能文章名海内而余獲交者得三人焉一爲侯朝宗一爲寧都魏叔子其一則毗陵邵子湘朝宗同里閈年長於余與余爲忘年交己未余権關贛石始交叔子二十餘年前識子湘於黄州僅得其詩比開府江右適子湘亦客遊於此乃得盡見其所爲文余學詩頗久至於論文竊聞諸先生緒論朝宗文超軼雄悍當者辟易如項王瞋目一呼樓煩目不能視手不能發葢氣勝也而或疑其本領淺薄是非往往失情實然朝宗

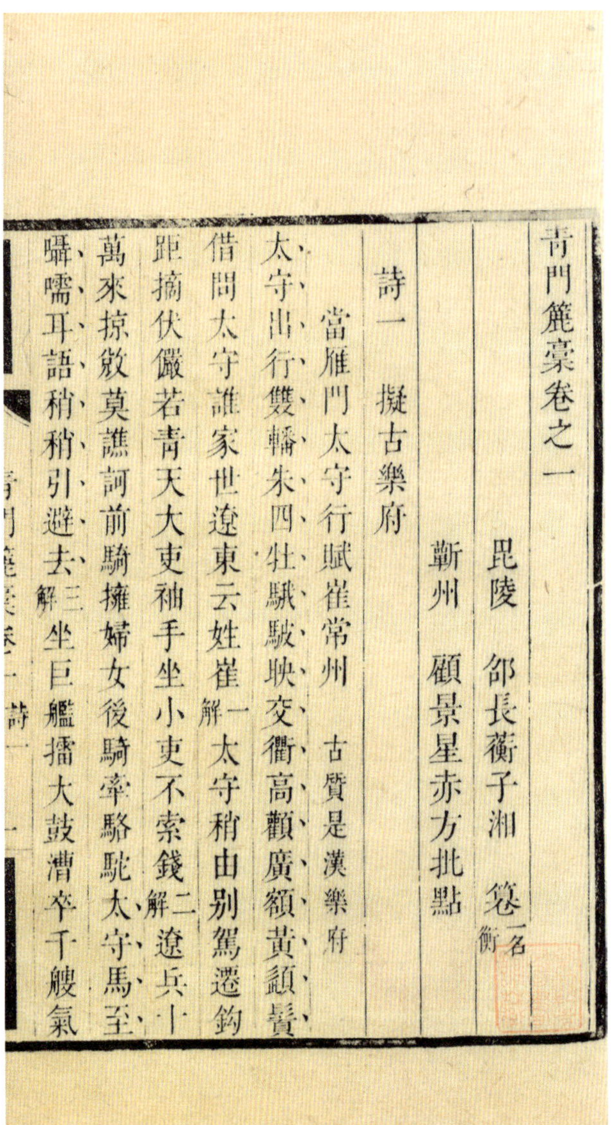

青門簏稾卷之一

毗陵　邵長蘅子湘　箸（一名衡）

蘄州　顧景星赤方批點

詩一　擬古樂府

當雁門太守行賦崔常州　古辭是漢樂府

太守出行雙幡朱四牡駣駮駚交衢高顴廣額黄頿鬚借問太守誰家世遼東云姓崔解一太守稍由別駕遷鈎距擿伏儼若青天大吏袖手坐小吏不索錢解二遼兵十萬來掠斂莫譙訶前騎擁婦女後騎牽駱駝太守馬至囁嚅耳語稍稍引避去解三坐巨艦擂大鼓漕卒千艘氣

邵長蘅（1637—1704），一名衡，字子湘，號青門山人、青門老圃，江蘇武進人。諸生。工詩文。是帙係《青門簏稿》《青門旅稿》《青門賸稿》合刻。

有書名葉，内容爲「青州草堂藏板／邵子湘全集／簏稿詩文十六卷旅稿詩文六卷／賸稿詩文八卷」。《青門簏稿》，卷一至六卷端署「昆陵邵長蘅子湘纂（一名衡），蘄州顧景星赤方批點」，卷七至十五卷端署「毗陵邵長蘅子湘纂（一名衡），鹽官陸嘉淑冰修批點」。《青門旅稿》，卷一卷端署「昆陵邵長蘅子湘纂（一名衡），濟南王士禛貽上評」，卷二卷端署「昆陵邵長蘅子湘纂（一名衡），西陵毛先舒穉黄評」。其餘各卷皆署「毗陵邵長蘅子湘纂」。

框高 18.8 厘米，寬 14.2 厘米。半葉十行，行二十一字，黑口，上單黑魚尾，左右雙邊。版心中鎸書名、卷次及各卷詩文體裁，下記葉次。

正文前有商丘宋犖牧仲《序》；次接清康熙三十八年（1699）己卯中秋朔日錢塘馮景山公《序》；次接《附王阮亭先生書》，末署「上元後二日地期士禛頓首」；次接新城王士禛貽上《序》；次接康熙三十四年（1695）乙亥仲冬莆田彭鵬古愚《序》；次接康熙三十二年（1693）癸酉嘉平月河朔王元烜似軒《序》；次接同邑陳玉璂庚明《青門山人傳》；次接康熙十八年（1679）己未夏五蘄州顧景星《簏稿詩序》；次接陸嘉淑《簏稿文序》；次接邵長蘅《青門簏稿自序》；次接《旅稿詩序》，末署「康熙己未重九前一日，合肥李天馥撰」；次接《旅稿文序》，末署「華山七十四老人王弘撰序」；次接邵長蘅《青門旅稿自序》；次接宋犖《井梧集題辭》；次接《例言》，末署「康熙癸酉中冬長至日受業侄璿、叓赤仝識」；次接《青門簏稿詩目》《青門簏稿文目》《青門旅稿詩目》《青門旅稿文目》《青門賸稿詩目》《青門賸稿文目》。

正文凡三十卷，其中《青門簏稿》十六卷，卷一擬古樂府五十六首，卷二五言古體七十五首，卷三七言古體三十七首，卷四五言律詩八十首，卷五七言律詩五十四首，卷六排律絶句九十首，卷七序二十九篇，卷八壽序十六篇，卷九記十八首，卷十論議説十二篇，卷十一書、尺牘、題跋共五十六書，卷十二墓志銘四篇、墓表四篇，卷十三碑六篇、碑記三篇，卷十四行狀二篇、書事五篇、祭文二篇，卷十五傳十一首，卷十六策十篇、附《鄒氏家録》二卷；《青門旅稿》六卷，卷一古近體詩一百十首，卷二古近體詩一百三十九首，卷三序十六篇，卷四記八篇、書後雜著十篇，卷五傳九篇，卷六碑二篇、志銘墓表五篇；《青門賸稿》八卷，卷一《井梧集》上古近體詩七十五首，卷二《井梧集》中古近體詩五十二首，卷三《井梧集》下古近體詩六十一首，卷四序十二篇，卷五記十二篇，卷六傳八篇，卷七碑三篇、志銘六篇、墓表一篇，卷八雜著二十一篇。

綫裝，十六册，登録號 003890。鈐「曾經東山／柳蓉邨／過眼印」朱方印、「元沱／仙館」白方印、「常熟市／圖書／館藏」朱方印。

003891 許大司成遺集

（明）許士柔撰　清鈔本

國運升沉生平節概畧見於此

許大司成中秘草

常熟許士柔仲嘉父著

男琪 瑶 孫定凰 定劢 定向 編輯

初入翰林言志 館課

結髮慕遠舉及壯遊帝京龍飛初御宇大廷幸策名
玉署迎清旭金閨近紫雲彥會拔顛士師宗皈大成
翳余駑駘質亦復屬後塵抵掌友天下開懷論古今
繡虎謝未工雕蟲愧自矜所願矢匪躬夙夜事一人
鬚眉既已具綱常總在身時平亦時陂良臣即忠臣

許士柔（1587—1642），字仲嘉，號石門，蘇州唐市（今屬常熟）人。明天啓二年（1622）進士。官庶吉士、國子監祭酒等。

卷端署「常熟許士柔仲嘉父著。男琪、瑶，孫定凰、定力、定向編輯」。無版框及界欄。半葉九行，行二十字。版心下記葉次。

正文前有《許大司成遺集目録》。正文四卷，卷一爲《中秘草》，詩十六首；卷二爲《桐封楚藩草》，詩十一首；卷三爲《中州小咏》，詩十二首；卷四爲《成均集》，詩十七首。

綫裝，一册，登録號 003891。入選第四批《國家珍貴古籍名録》，名録號 10837。有朱筆批校。鈐「常熟市/圖書/館藏」朱方印。

003892　柴氏四隱集詩一卷詩餘一卷文二卷

（宋）柴望撰　清鈔本

道州台衣詩集自叙

道州台衣云者短而不佳之謂也台衣可著道州者不可著台衣可賣道州者不可賣不可著不可賣謂之短而不佳也亦宜侏儒著戲衫俳優曳練裙觀者適以捧腹今詩類是故曰台衣嗟乎學詩四十年吟咏數千首求其優柔和平哀樂中節可以詒來而有關乎世教者蓋百不一二也但其間所以有可存者則以感時對物撫景

柴四隱詩集

宋國史秋堂柴望著

十一世孫　復貞編校

詩餘

摸魚兒丙午歸田嚴灘褚孺奇席上賦

間長江幾分秋色三分渾是烟雨何人折盡絲絲柳斗日送君南浦帆且駐試説着羊裘釣雪今何許魚蝦自舞但一舸蘆花數聲霜笛鷗鷺自來去◯年年事流水朝

柴望（1212—1280），字仲山，號秋堂，又號歸田，衢州江山（今浙江江山）人。與弟隨亨、元亨、元彪并稱「柴氏四隱」。歷官迪功郎、國史編校。宋亡不仕。

卷端署「宋國史秋堂柴望著，十一世孫復貞編次，時秀校正」。

無版框及界欄，開本高30.3厘米，寬18.1厘米。半葉九行，行十六字。

正文前有張斗《柴氏四賢集叙》，次接明萬曆十四年（1586）戊子十一世孫柴復貞《刻柴氏四隱集叙》，次接元至正四年（1344）七月既望楊仲弘《宋國史秋堂公詩集叙》，次接萬曆二十六年（1598）戊戌冬趙太史都中寄贈四隱十一世孫志道詩一首，次接《柴氏四隱集》目録一卷。正文分三卷，含五言律詩、七言律詩、七言絶句、古風、詞、表、序、啓等。

綫裝，二册，登録號003892。用金鑲玉法重加裝訂。鈐「文穆／公孫」朱方印、「曹溶／私印」白方印、「半雲／軒圖／書記」朱方印、「翠嵐／過眼」白方印、「常熟市／圖書／館藏」朱方印。

003894　漁洋山人精華録訓纂二十卷目録二卷附漁洋山人年譜二卷附金氏精華録箋注辨訛一卷

（清）惠棟撰　清紅豆齋刻本

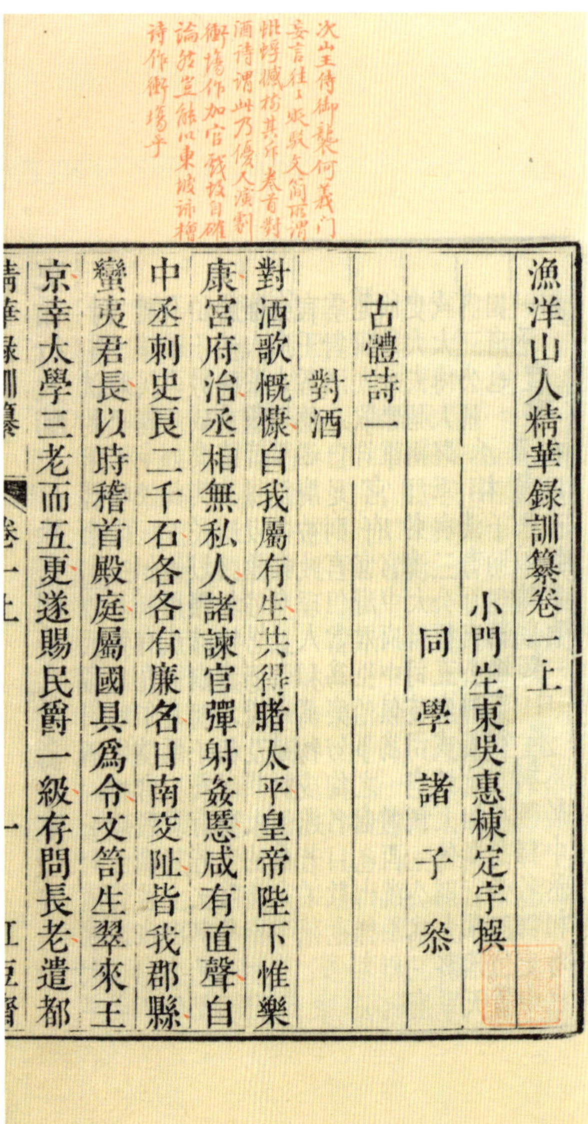

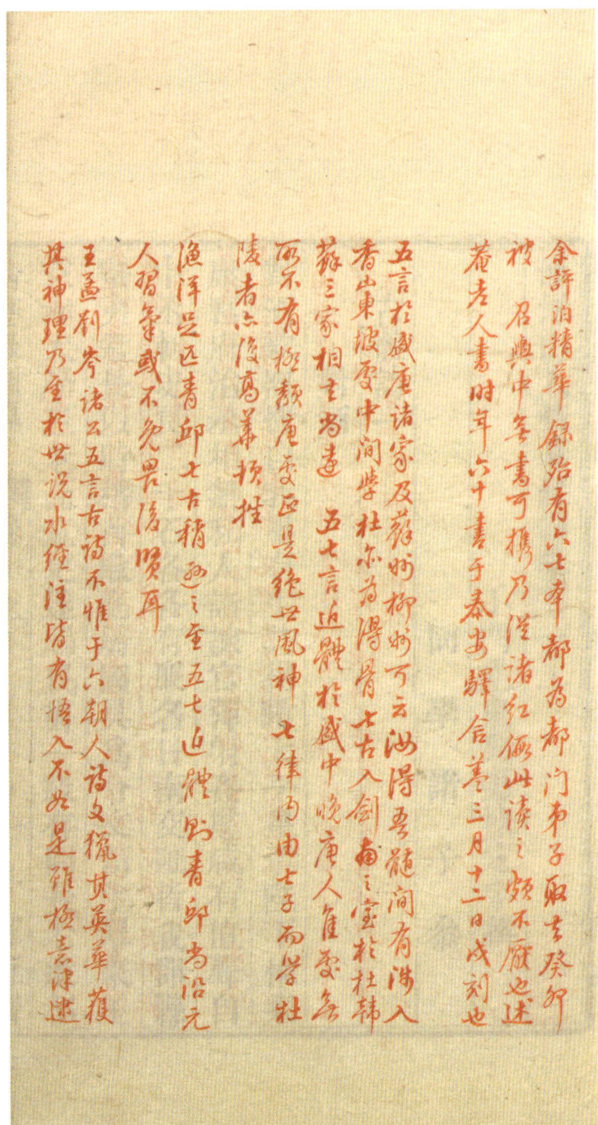

惠棟（1697—1758），字定宇，號松崖，江蘇吴縣（今屬蘇州）人。篤志嚮學，博通經史諸子、稗官野乘。

有書名葉，内容爲「漁洋山人精 / 華録訓纂 / 紅豆齋藏板」。

卷端署「小門生東吴惠棟定宇編，同學諸子參」。

框高 19.9 厘米，寬 14.9 厘米。半葉十行，行二十一字，小字雙行同，白口，上單黑魚尾，四周雙邊。版心上鎸書名「精華録訓纂」，中記卷次，下記葉次，葉次下有「紅豆齋」字樣。

正文前有錢謙益序，次接錢謙益《古詩一首贈王貽上士禎》，次接《訓纂凡例》，次接《精華録訓纂采用山人書目》《漁洋山人選各種詩文》《漁洋山人生平著述未見書》《訓纂内采用王氏家集書目》《訓纂内采用惠氏家集書目》《附棟撰書采入訓纂者》，次接《漁洋山人精華録訓纂總目》上、下，次接《漁洋山人自撰年譜》上、下卷，次接附録《金氏精華録箋注辨訛》一卷。正文各卷分上、下，凡二十卷。

綫裝，六册，登録號 003894。有朱筆圈點及批注，第二册護葉有述庵老人王昶朱筆題跋七則。鈐「常熟市 / 圖書 / 館藏」朱方印。

003917　高季迪先生大全集十八卷

（明）高啓撰　清康熙許廷鑅竹素園刻本　佚名録

何焯評點　清王振聲跋并録袁枚、黄景仁批

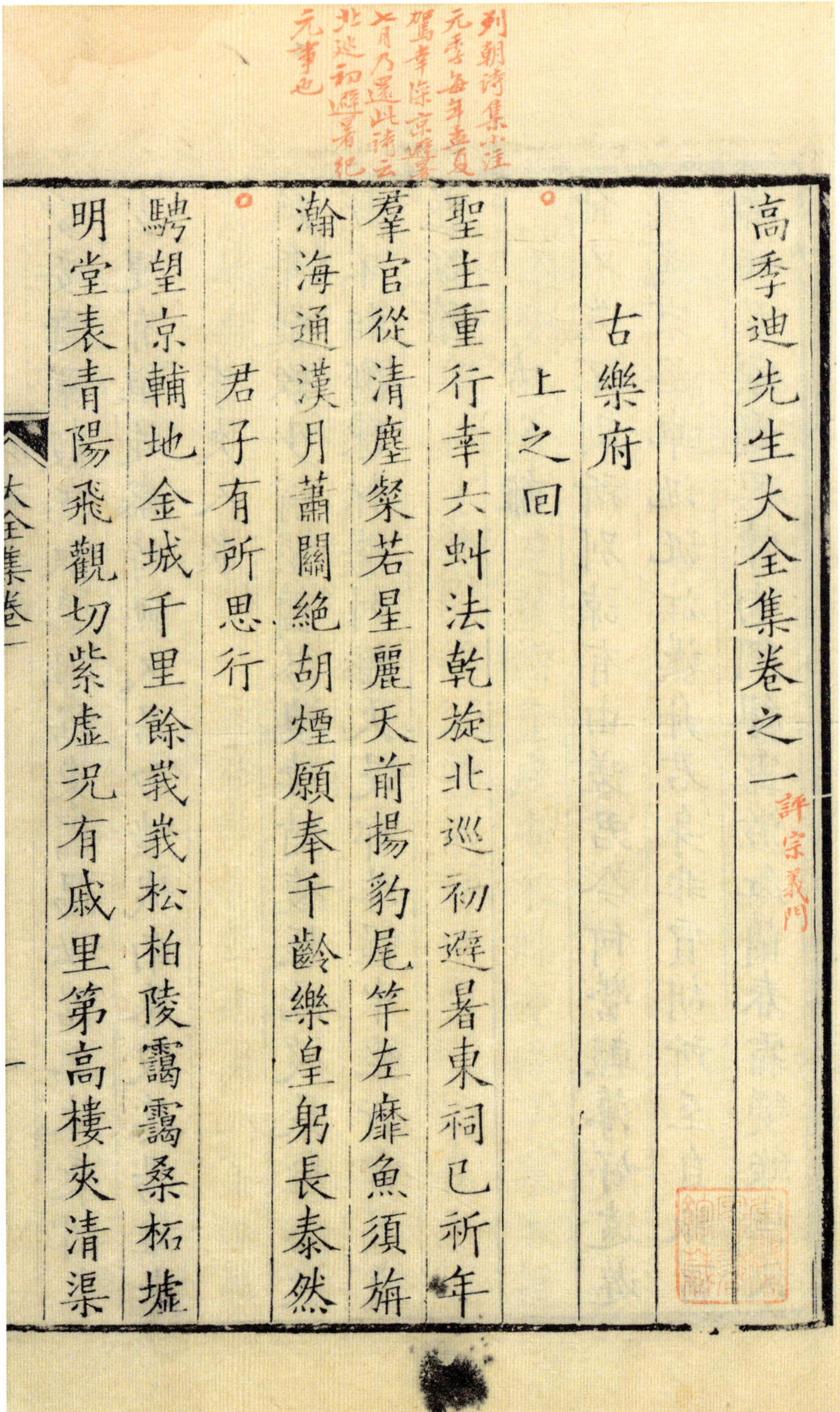
列朝詩集小注 元季每年孟夏駕幸灤京避暑 七月乃還此詩云北巡初避暑紀元事也

高季迪先生大全集卷之一　評宗義門

古樂府

上之回

聖主重行幸六虯法乾旋北巡初避暑東祠已祈年羣官從清塵粲若星麗天前揚豹尾竿左靡魚須旃瀚海通漢月蕭關絕胡煙願奉千齡樂皇躬長泰然

君子有所思行

騁望京輔地金城千里餘峩峩松柏陵靄靄桑柘墟明堂表青陽飛觀切紫虛況有戚里第高樓夾清渠

高啓（1336—1374），字季迪，號槎軒，蘇州人。元末隱居青丘浦，自號青丘子。工詩文，與劉基、宋濂并稱「明初詩文三大家」，與楊基、張羽、徐賁并稱「吴中四杰」。

框高19.8厘米，寬14.7厘米。半葉十行，行二十字，白口，上單黑魚尾，左右雙邊。版心中鎸書名及卷次，下記葉次。

正文前有明景泰元年（1450）庚午冬十二月望日吴劉昌《大全集序》，次接明洪武八年（1375）乙卯二月李志光《高太史傳》，次接總目，總目後有竹素園主人許廷鑅題識。

正文分十八卷：卷一樂府一百零三首；卷二樂府六十八首、琴操四首、辭三首、三言一首、三四言一首；卷三五言古詩八十八首；卷四五言古詩八十四首；卷五五言古詩六十八首；卷六五言古詩九十一首；卷七五言古詩五十八首；卷八七言古詩四十二首；卷九七言古詩四十三首；卷十七言古詩四十九首；卷十一長短句體四十一首；卷十二五言律詩一百八十三首；卷十三五言律詩七十九首、五言排律二十三首；卷十四聯句六首、六言律詩九首、七言律詩七十一首；卷十五七言律詩一百五十首；卷十六五言絶句一百八十八首；卷十七七言絶句一百六十一首；卷十八七言絶句一百六十三首。正文後有王振聲跋。

總目卷一下注明「樂府五古用墨筆圈出四十五首，皆武進黄仲則景仁所輯，其不題姓字者即仲則評語也」，卷八七言古詩下注明「七言古詩仲則獨未評選，未知何意」，卷十二五言律詩下注明「五律仲則選六十五首」，卷十三五言排律下注明「五排仲則録四首」，卷十四七言律詩下注明「七律仲則選百廿首，用墨筆圈出」，卷十六五言絶句下注明「五絶仲則選六十九首」，卷十七七言絶句下注明「七絶仲則選百十一首皆用墨圍」。

綫裝，四册，登録號003917。首册書封左側書「高青邱集」，右側書「義門／仲則／兩先生評選」。鈐「常熟市／圖書／館藏」朱方印。

004023　歐陽文忠公集一百五十卷年譜一卷附録五卷

（宋）歐陽修撰　明天順海虞程宗知刻本

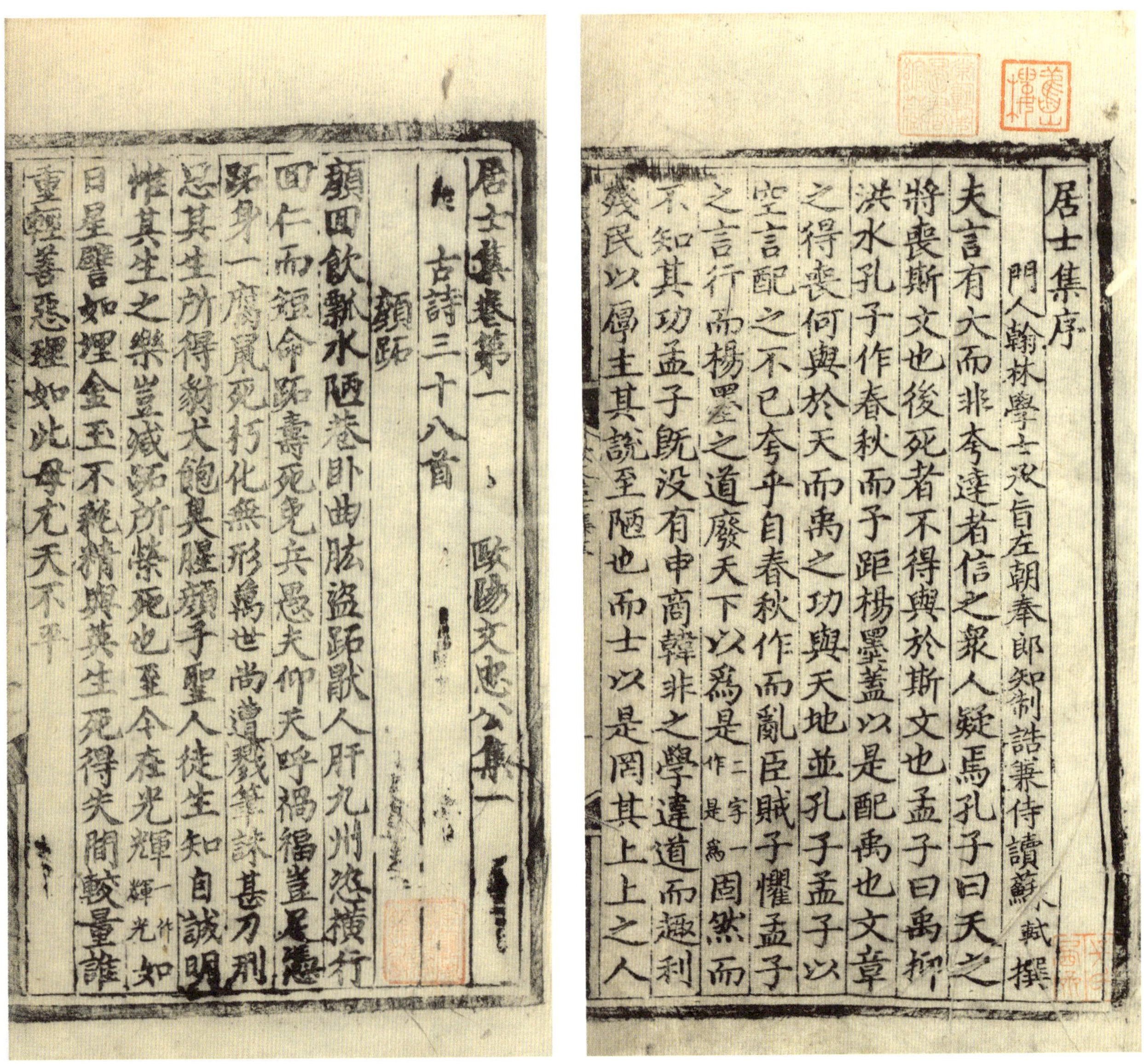

居士集序

門人翰林學士承旨左朝奉郎知制誥兼侍讀蘇軾撰

夫言有大而非夸達者信之衆人疑焉孔子曰天之將喪斯文也後死者不得與於斯文也孟子曰禹抑洪水孔子作春秋而予距楊墨蓋以是配禹也文章之得喪何與於天而禹之功與天地並孔子孟子以空言配之不已夸乎自春秋作而亂臣賊子懼孟子之言行而楊墨之道廢天下以爲是（作是爲一）固然而不知其功孟子既没有申商韓非之學違道而趣利殘民以厚主其説至陋也而士以是罔其上上之人

居士集卷第一　歐陽文忠公集一

古詩三十八首

顔跖

顔回飲瓢水陋巷卧曲肱盜跖饜人肝九州恣横行回仁而短命跖壽死免兵愚夫仰天呼禍福豈足憑跖身一腐鼠死朽化無形爲世尚遺戮莽誅甚刀刑思其生所得狗犬飽臭腥顔子聖人徒生知自誠明惟其生之樂豈減跖所榮死也至今在光輝（一作輝光）如日星譬如埋金玉不耗精與英生死得失間較量誰重輕善惡理如此毋尤天不平

歐陽修生平事迹見前《唐書》（003173）。

各卷端題各集名及卷次，如「《居士集》卷第一」，集名下題書名及卷次「歐陽文忠公集一」。

框高20.9厘米，寬13.1厘米。半葉十行，行二十字，小字雙行同，大黑口，雙魚尾，四周雙邊。版心魚尾之間上鎸書名及卷次，如「歐文卷三」，下鋟葉次。

正文前有《居士集序》，署「門人翰林學士承旨左朝奉郎知制誥兼侍讀蘇軾撰」，撰於「元祐六年六月十五日」；次接《歐陽文忠公文集總目》。

是書爲歐陽修詩文集，收《居士集》五十卷、《外集》二十五卷、《易童子問》三卷、《外制集》三卷、《内制集》八卷、《表奏書啓四六集》七卷、《奏議集》十八卷、《雜著述》十九卷、《集古録跋尾》十卷、《書簡》十卷等十種，後有《年譜》一卷、《附録》五卷。各詩文集正文前皆有目次，各卷之後皆附校勘記。《居士集》各卷正文後鎸編定、校正年代及人員，如卷四末鎸「熙寧五年秋七月男發等編定，紹熙二年三月郡人孫謙益校正」。《年譜》後有題識，末署「慶元二年二月十五日，郡人登仕郎胡柯謹記」。

綫裝，四十册，登録號004023。各册書封右上題寫各集名及册次，書腦正中標注是書册次。鈐「舊山／樓」朱方印、「吴氏／西齋」朱方印、「常熟市／圖書／館藏」朱方印。

0040075　琴川黄氏三集

（清）黄廷鑑等撰　清道光刻本

第六絃溪詩鈔卷一

常熟　黄廷鑑　琴六

雜詩

終日何所事忽矣春將暮樊籠非我棲遑遑復何故林花含雨舒沙鷗臨水住萬物各有得困窮安所賦仰視宇宙寬飛鳥向空度涼風吹素襟北窗獨寐寤我思古之人悠然得旨趣

人生奚戚戚退思樂有餘流水繞柴門青山對吾廬靜觀殊自足何必簪與裾簪裾亦所願其如此命夫時禽弄圓吭好風來虛徐際此春日佳唯有讀我書展卷靜

黄廷鑑（1762—？），字琴六，號拙經逸叟、琴溪拙叟，常熟人。諸生。少游趙同翮、王庭筠之門，精考據學，手校書百數十種，所校書多留其跋記。尤練於邑故，撰《琴川三志補記》《續記》，以補鮑廉《寶祐琴川志》、盧鎮《至元重修琴川志》、張洪《宣德琴川新志》三志之闕。

是集係《寄廬遺稿》《籟鳴詩鈔》《第六弦溪詩文鈔》三集合刻，凡六册，首册爲《寄廬遺稿》《籟鳴詩鈔》合編，第二册爲《第六弦溪詩鈔》（附《小西山房賸草》），第三至六册爲《第六弦溪文鈔》。

框高 17.4 厘米，寬 12.5 厘米。半葉十行，行二十一字，大黑口，雙魚尾，左右雙邊。版心中鐫各册集名及卷次，下記葉次。

首册正文前有書名葉，大字題「琴川黄氏三集」，小字題「寄廬遺稿。籟鳴詩鈔。第六紘溪詩文鈔」，書名葉背面有「二□書屋藏板」字樣；次接牌記，内容爲「寄廬遺稿籟／鳴詩鈔合編／道光庚子季春開雕」。

《寄廬遺稿》，題「常熟黄鶴漢昇」撰，卷末署「門下後學張承霖、承霓校字」。正文前有二序，各署「道光己亥六月，後學季錫疇謹識」「道光己亥秋吉月，邵淵耀謹序」；次接目録。正文收古今體詩六十九首，後附昭文黄鎮《春谷遺草》及葉坤《花溪遺草》。

《籟鳴詩鈔》，題「昭文黄叔燦牧邨」撰，卷末署「門下後學張承霖、承霓校字」。正文前有序，末署「嘉慶癸酉十二月上澣，同里孫原湘謹序」；次接目録。正文凡三卷，卷一古今體詩四十首，卷二古今體詩三十二首，卷三古今體詩三十四首。正文後有跋，末署「道光二十年庚子夏四月朔，不肖廷鑑謹識」。

第二册，《第六紘溪詩鈔》二卷，題「常熟黄廷鑑琴六」撰，卷一末署「受業張成渭、沈□校字」，卷二末署「受業張瑞東、毓琪校字」且左側邊欄内鎸「琴川鄭敬文齋刻」。有書名葉，大字題「第六絃溪詩鈔」，小字「小西山房賸草附」。正文前有三叙，各署「嘉慶戊寅仲夏，七十七叟吴翌鳳書於吴郡城南之歸雲草堂」「嘉慶戊辰夏五月夏至前二日，江都吴景恩書」「道光六年歲次丙戌七月既望，心青弟孫原湘拜序」；次接題詩，末署「嘉慶庚午七月既望，婁東蘭簃愚弟盛大士再拜題」；次接題詩《大製清真淳古，迥异凡響，捧誦再三，敬用家住琴川第六絃七字分賦五言七章，書於簡末，以志景仰》，末署「後學張承露拜草」；次接錫山張式《拙經先生八十一歲像》及《像贊》；次接目録。正文二卷，卷一古今體詩一百三十四首，卷二古今體詩一百二十九首。正文後有跋，末署「道光辛丑夏五月，同里後學張承露跋於都門旅館」。附《小西山房賸草》一卷，題「琴水黄嘉芝子雲」撰，卷末署「甥張翼成校字」。正文含古今體詩二十一首，正文後有跋，末署「道光辛丑春二月，張承霖拜手」。

第三至六册，《第六絃溪文鈔》四卷，題「常熟黄廷鑑琴六」撰，卷一末署「受業周謌昌、俞大觀校字」，卷二末署「受業陳大森、張成瀠校字」，卷三末署「受業張承霖、歸康鏖校字」，卷四末署「受業張承湘、何元熙校字」；第三册有書名葉，大字題「第六絃溪文鈔」，小字「道光庚子孟冬開雕/後學張元齡敬署」。正文前有三序，各署「道光十有八年五月，世侄邵淵耀謹序」「道光十五年歲次乙未四月下澣，愚弟張大鏞拜叙」「道光丙申春三月，婁東季錫疇拜序」；次接目録。正文分四卷，卷一論、考、辨、説，卷二序、記、書，卷三跋、書後，卷四墓銘、行狀、傳、誄、家傳。

綫裝，六册，登録號 004075。鈐「常熟市/圖書/館藏」朱方印。

004100　宋戴剡源文鈔四卷

（元）戴表元撰　清康熙三十九年（1700）馬思贊刻本

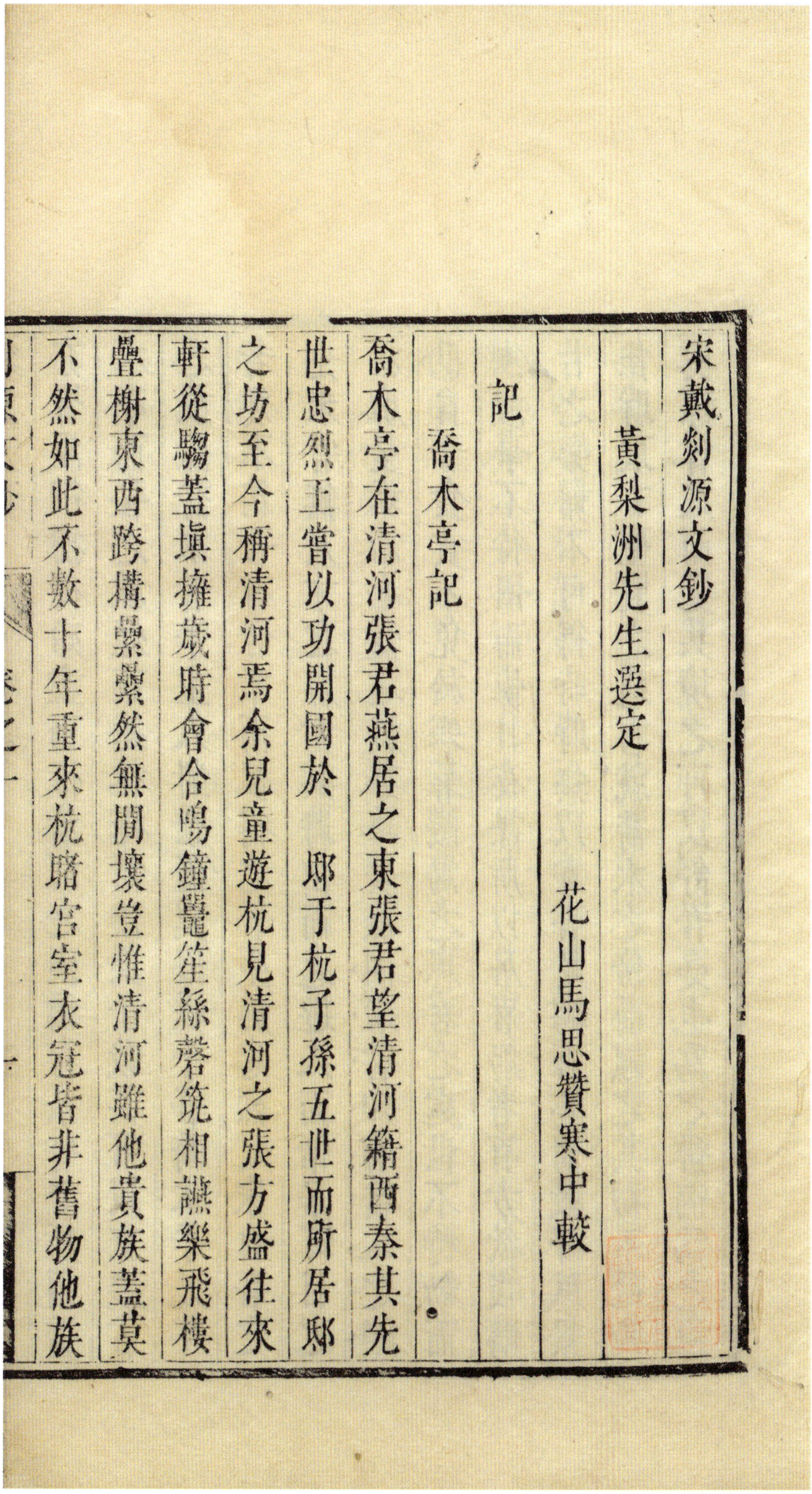
宋戴剡源文鈔
黃梨洲先生選定
花山馬思贊寒中較
記
喬木亭記
喬木亭在清河張君燕居之東張君望清河籍西秦其先世忠烈王嘗以功開國於　郎于杭子孫五世而所居郎之坊至今稱清河焉余兒童遊杭見清河之張方盛往來軒從騶蓋塡擁歲時會合鳴鐘鼉笙絲磬筦相讌樂飛樓疊榭東西跨構纍纍然無閒壤豈惟清河雖他貴族蓋莫不然如此不數十年重來杭睹宮室衣冠皆非舊物他族

戴表元（1244—1310），字帥初，一字曾伯，浙江奉化人。宋度宗咸淳間進士，官建寧府教授。元大德八年（1304）除信州教授。後辭官隱居。

卷端署「黄梨洲先生選定，花山馬思贊寒中校」。

框高18.2厘米，寬13.4厘米。半葉十一行，行二十二字，下黑口，上單黑魚尾，四周雙邊。版心上鎸書名「剡源文鈔」，中録卷次，下記葉次。

正文前有《元史本傳》，次接戴表元自序，次接清康熙十五年（1676）丙辰七月既望海寧馬思贊題識，次接目録。正文凡四卷，卷一記十六首，卷二序三十六首，卷三墓志銘四首，卷四題跋書九首。

綫裝，一册，登録號004100。《四庫》别集存一著録爲「剡源文鈔四卷」。鈐「常熟市/圖書/館藏」朱方印。

004106　兩朝遺詩選四卷

（清）陳濟生輯　清順治刻本

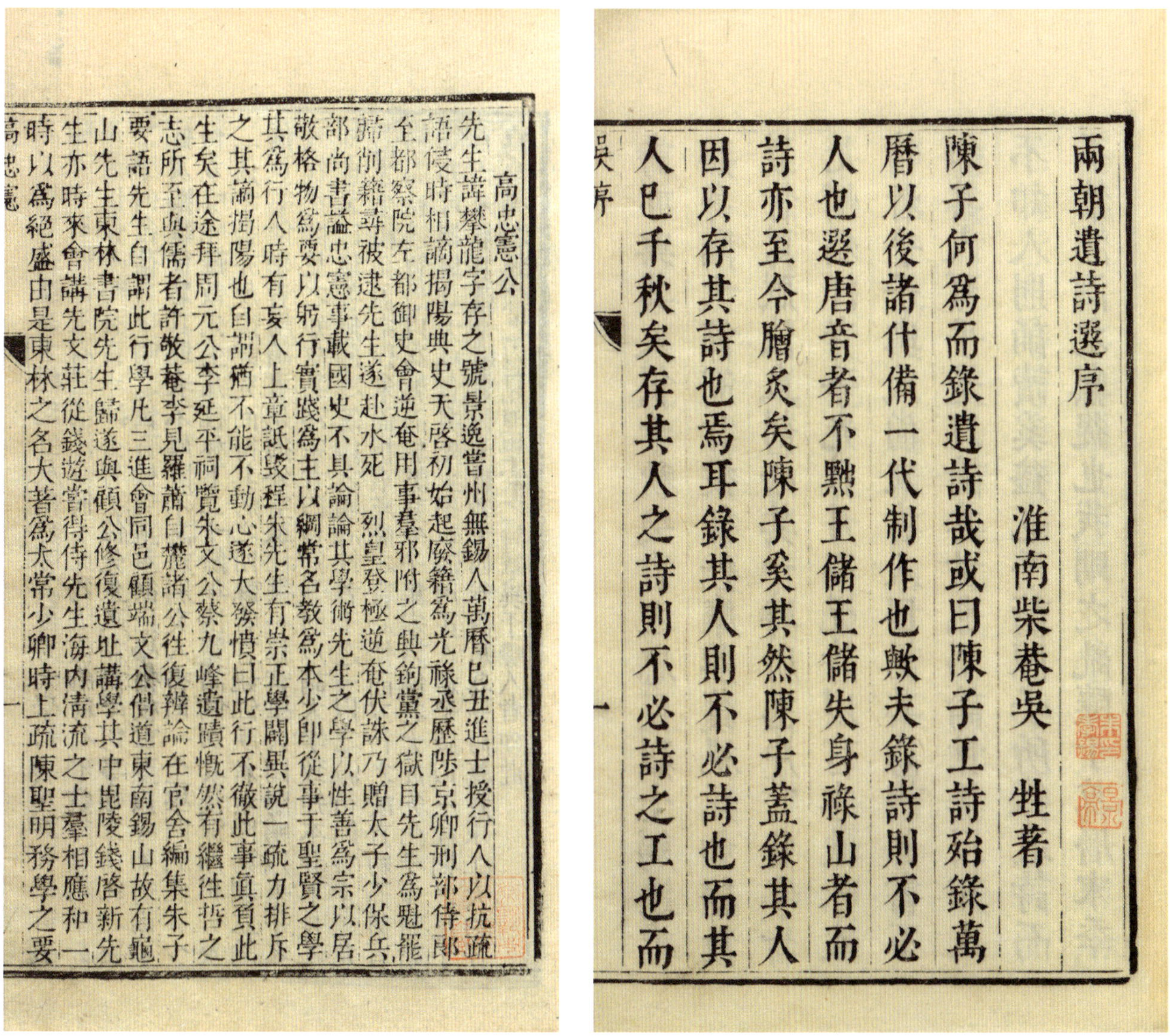
兩朝遺詩選序

淮南柴菴吳　甡著

陳子何爲而錄遺詩哉或曰陳子工詩殆錄萬曆以後諸什備一代制作也歟夫錄詩則不必人也選唐音者不黜王儲王儲失身祿山者而詩亦至今膾炙矣陳子奚其然陳子蓋錄其人因以存其詩也焉耳錄其人則不必詩也而其人已千秋矣存其人之詩則不必詩之工也而

吳序　一

高忠憲公

先生諱攀龍字存之號景逸常州無錫人萬曆己丑進士授行人以抗疏語侵時相謫揭陽典史天啓初始起廢籍爲光祿丞歷陞京卿刑部侍郎至都察院左都御史會逆奄用事羣邪附之興鉤黨之獄目先生爲魁罷歸削籍尋被逮先生遂赴水死　烈皇登極逆奄伏誅乃贈太子少保兵部尚書謚忠憲事載國史不具論論其學術先生之學以性善爲宗以居敬格物爲要以躬行實踐爲主以綱常名教爲本少卽從事于聖賢之學其爲行人時有妄人上章詆毀程朱先生有崇正學闢異說一疏力排斥之其謫揭陽也自謂猶不能不動心遂大發憤曰此行不徹此事眞負此生矣在途拜周元公李延平祠覽朱文公蔡九峰遺蹟慨然有繼往哲之志所至與儒者許敬菴李見羅蕭自麓諸公往復辯論在官舍編集朱子要語先生自謂此行學凡三進會同邑顧端文公倡道東南錫山故有龜山先生東林書院先生歸遂與顧公修復遺址講學其中毘陵錢啓新先生亦時來會講先文莊從錢遊嘗得侍先生海內清流之士羣相應和一時以爲絕盛由是東林之名大著爲太常少卿時上疏陳聖明務學之要

高忠憲　一

陳濟生（1618—1664），字皇士，號定齋，江蘇長洲（今屬蘇州）人。仁錫子。官太僕寺丞。明亡不仕。

有書名葉，横眉題「天啓崇禎兩朝」，右上小字題「吳門陳皇士輯」，中間大字題書名「遺詩初集」，左上小字題「同學諸子參訂」，右下雙行小字題「金閶翁少麓／翁耀甫發行」。

框高20.3厘米，寬13.3厘米。半葉十五行，行二十八字，小字雙行同，白口，上單黑魚尾，四周雙邊。版心上鐫各卷輯録詩家姓氏，下記葉次。版心下有刻工：「共之、孔時、子敬、景文、仲達、季侯、伯欽、元白、文玉、天游、稚繩、九臺、介孺、江門、根公、子房、質可、雲怡、觀甫、玉汝、駿甫、君常、儀伯、孔嘉、節之、漢臣、伯玉、玄修、若曾、玉重、改亭、夢白、爾瞻、本寧、啓新、松槃、玄渚、明起、君詢、君静、濟美、景曾、淇澳、能始、中湛、敬夫、念陽、芝岡、玄岳、异羽、子求、子籥、念臺、良孺、仲覲、康宇、百斯、爾光、匪石、金銘、伯襄、孩未、萍槎、彦林、惟衡、御冷、仲馭起田、別山、湖目、蓮侣、開仲、居之、天行、孟長、席之、秋圃、接侯、集生、胤岡、文起、應符、元父、幼玄、若椰、鐵庵、寶摩、似之、玉笥、汝立、月如、長倩、鞠懷、湛思、見白、吉人、豫瞻、雍瞻、幾道、雲俱、智含、潤山、仲韶、雲期、杜亭、明卿、正希、九一、元公、受先、東川、宗起、介龕、香城、荆陽、仲及、蘿石、伯祥、紫岫、天如、若谷、正甫、羽兄、伊庵。」

正文前護葉有清順治十六年（1659）己亥吉旦書林主人題識；次接《兩朝遺詩選序》，署「淮南柴庵吳甡著」；次接《陳皇士詩選序》，署「沙門智光撰」；次接《兩朝遺詩序》，署「同學弟王光承玠右題」；次接《兩朝遺詩叙》，署「大觀尹民興撰」；次接《兩朝詩選序》，末署「昆山年家社盟弟歸莊撰」；次接《陳皇士詩選序》，署「同學弟葉襄撰」；次接《兩朝遺詩選序》，署「宗盟弟三島撰」；次接《啓禎遺詩自序》，末署「長洲陳濟生定齋謹識」；次接《兩朝遺詩初集引》，末署「武進年家社弟薛寀今衲米拜題」；次接《刻兩朝遺詩引》，末署「長洲陳濟生頓首」；次接《啓禎遺詩凡例》；次接《遺詩唱和集》。

正文存四卷，各卷正文前皆有手鈔目次。

綫裝，四册，登録號004106。各册書封題寫書名及册次，書根又以「金石絲竹」四字爲序標明册次。鈐「品節／文章」朱方印、「順治己亥／書林梓行」朱長印、「景／亭」朱方印、「常熟市／圖書／館藏」朱方印等。

004123　陸宣公翰苑集二十四卷

（唐）陸贄撰　明萬曆刻本

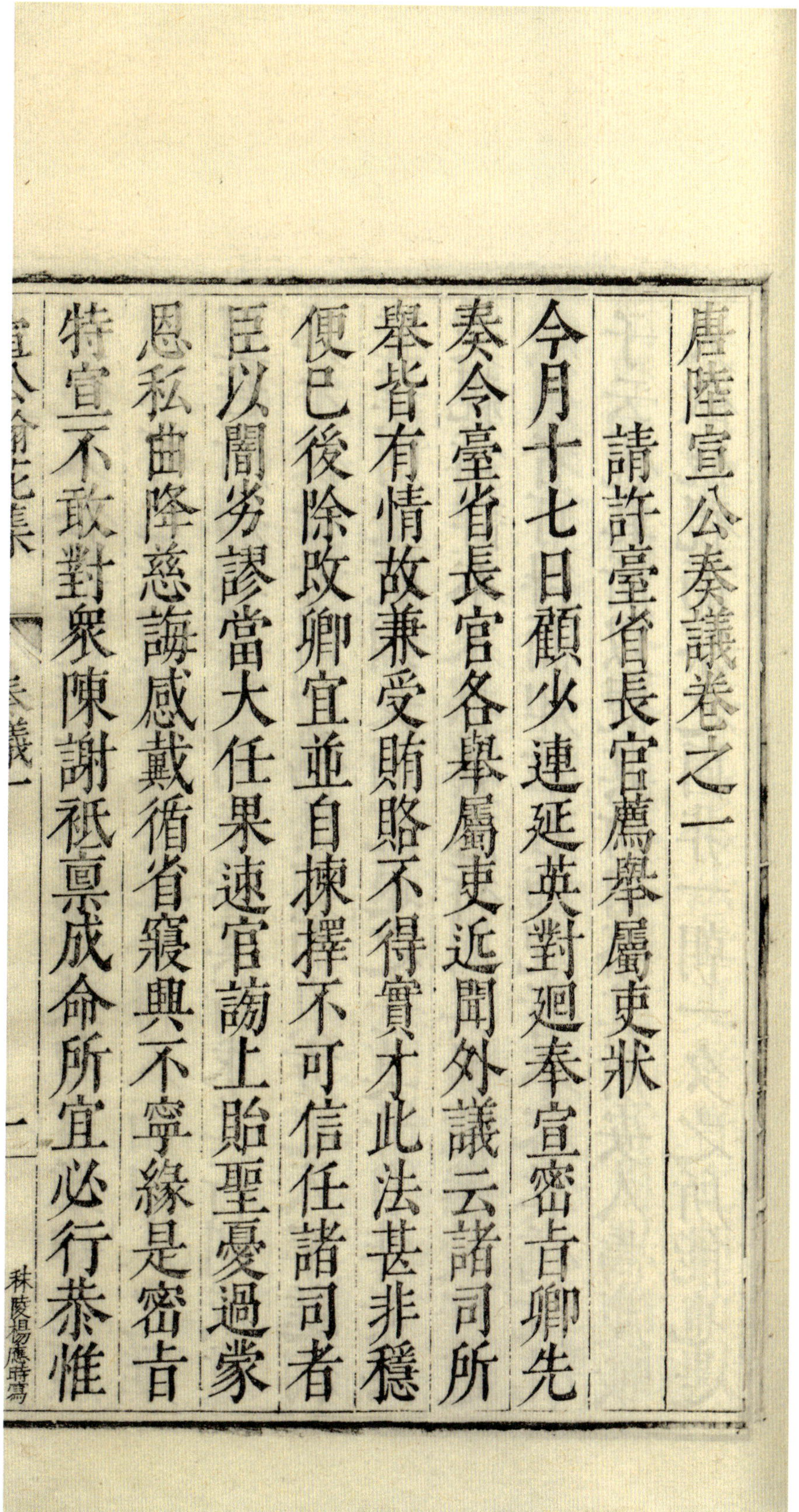

唐陸宣公奏議卷之一

請許臺省長官薦舉屬吏狀

今月十七日顧少連延英對迴奉宣密旨卿先奏令臺省長官各舉屬吏近聞外議云諸司所舉皆有情故兼受賄賂不得實才此法甚非穩便已後除改卿宜並自揀擇不可信任諸司者臣以闇劣謬當大任果速官謗上貽聖憂過蒙恩私曲降慈誨感戴循省寢興不寧緣是密旨特宣不敢對衆陳謝祗稟成命所宜必行恭惟

宣公翰苑集　奏議一　二　秣陵楊應時寫

陸贄（754—805），字敬輿，浙江嘉興人。歷任鄭縣尉、渭南主簿、監察御史、翰林學士、中書侍郎、同平章事等。

半葉九行，行十八字，白口，上單黑魚尾，四周雙邊。版心上鎸集名「宣公翰苑集」，中録類目及卷次，下記葉次。

正文前有《唐陸宣公奏議序》，末署「皇明萬曆三十五年，賜進士及第、中順大夫、詹事府少詹事兼翰林院侍讀學士、經筵講官、日直東宫講讀、前左春坊左庶子兼翰林院侍讀、掌坊事、修國朝正史寶唐吴道南撰」；次接唐權德輿撰《唐陸宣公翰苑集叙》；次接《宋朝名臣進奏議札子》《淳熙講筵札子》《進唐陸宣公奏議表》；次接《陸宣公奏議序》《陸宣公製策奏議集序》《陸宣公文集叙》《陸宣公奏議叙》；次接《陸宣公翰苑集目録》。正文凡二十四卷，其中奏議七卷，制誥十卷，奏草七卷。正文後有瑯琊王世貞撰《讀陸宣公奏議説》；次接《重梓宣公奏議跋》，末署「萬曆丙午孟春望日，宣公二十七世孫刑部員外郎基忠謹跋」。

綫裝，八册，登録號004123。鈐「常熟市/圖書/館藏」朱方印。

004131　吴詩集覽二十卷補注二十卷談藪二卷拾遺一卷

（清）吴偉業撰　（清）靳榮藩注　清乾隆四十年（1775）凌雲亭刻本

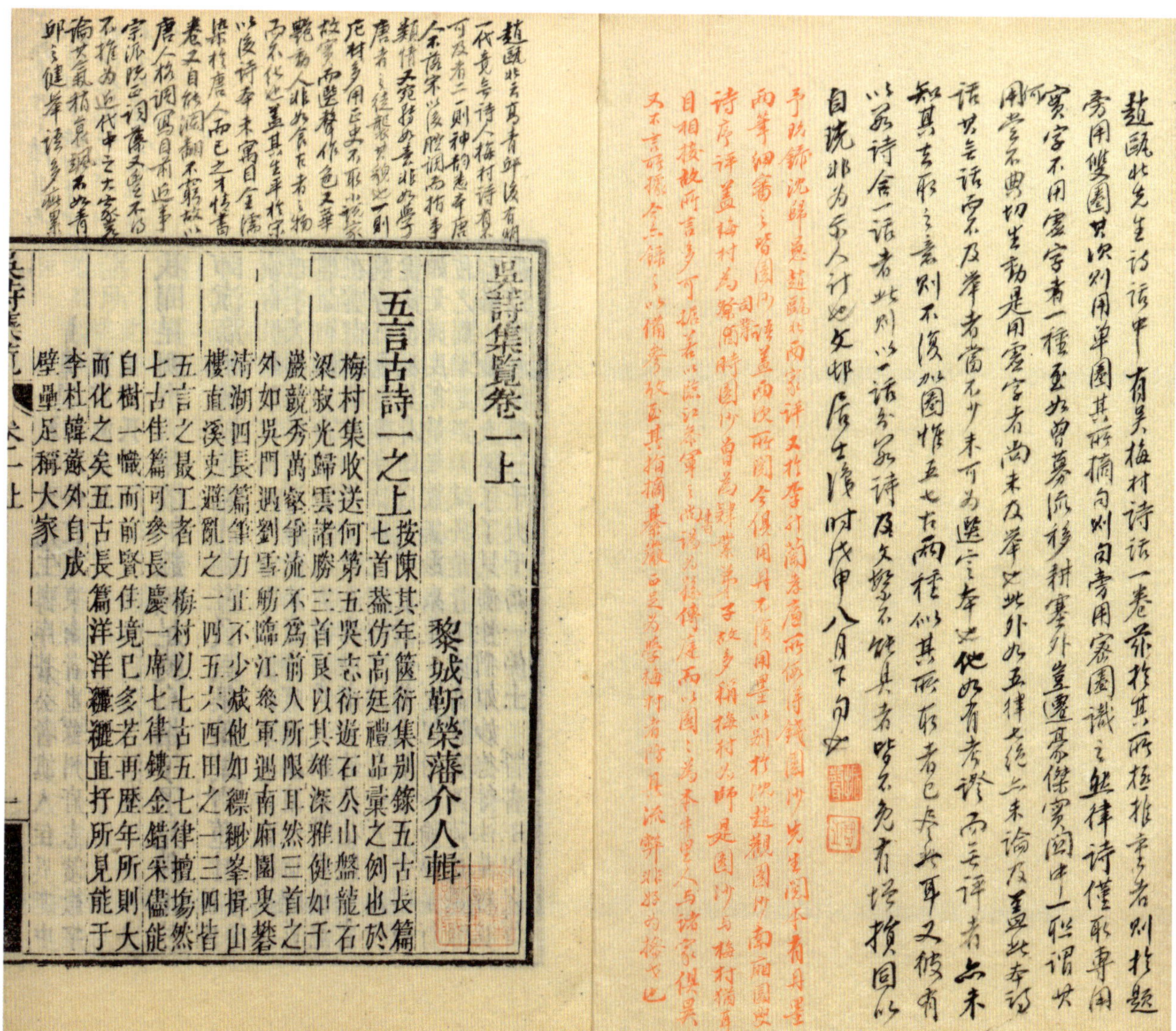

吴偉業生平事迹見前《梅村集》（002098）。

靳榮藩（1726—1784），字介人，號緑溪，山西黎城（今屬長治市）人。

框高17.8厘米，寬13.6厘米。半葉九行，行二十一字，小字雙行同，四周雙邊，上白口、下黑口，單魚尾。版心上鎸書名，中間録卷次，下記葉次。

首册首葉刊江寧布政使奉督撫二憲飭發四庫館查辦違礙書籍條款，後刊「吴詩集覽/凌雲亭藏版」，其後列乾隆《御製題吴梅村集》七律一首，後有靳榮藩和詩四首。後接靳榮藩自序、凡例及目録。正文共二十卷，每卷分上、下，卷一至卷三爲五言古詩，卷四至卷七爲七言古詩，卷八至卷十爲五言律詩，卷十一至卷十五爲七言律詩，卷十六爲五言排律，卷十七上爲五言絶句、六言絶句，卷十七下、卷十八爲七言絶句，卷十九爲詩餘、小令、中調，卷二十爲詩餘、長調。補注凡二十卷。《談藪》正文前有《談藪拾遺》、陳廷敬《吴梅村先生墓表》、顧湄《吴梅村先生行狀》，《談藪》分上、下兩卷。

綫裝，二十册，登録號004131。入選第三批《國家珍貴古籍名録》，名録號09286。護葉内有王振聲跋。有王振聲録錢陸燦、沈德潛、趙翼批校。護葉鈐「振聲」白方印。

004195　震川先生集三十卷別集十卷附録一卷

（明）歸有光撰　康熙十至十四年（1671—1675）歸玄恭刻清乾隆四十八年（1783）歸景灝、歸景洢重修本　清王振聲批校并跋又録錢陸燦批及圈點　張樹本校并題

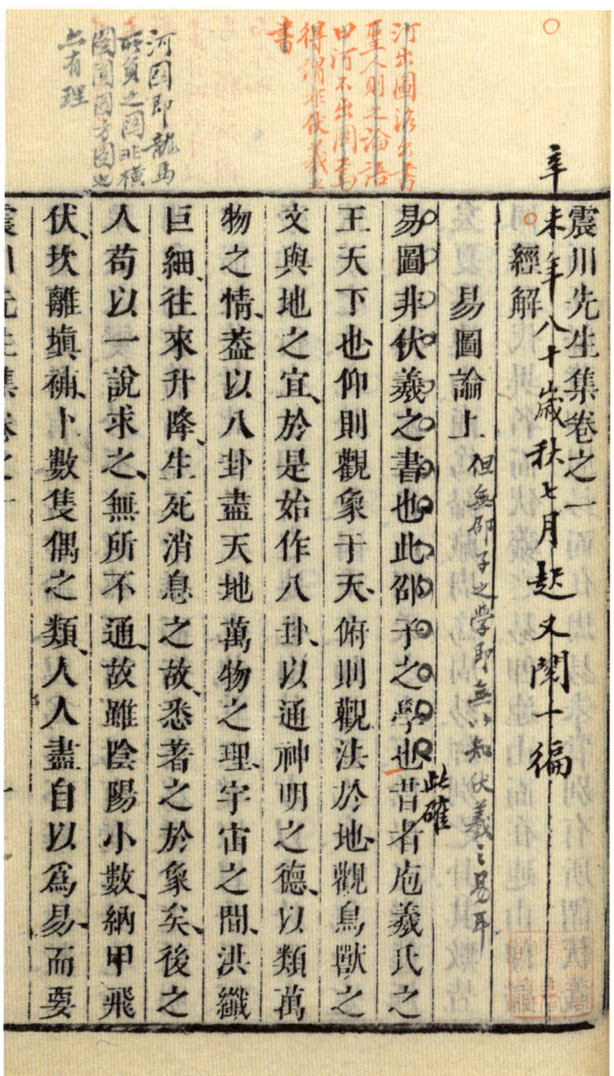
震川先生集卷之一
經解
易圖論上
易圖非伏羲之書也此邵子之學也昔者庖羲氏之
王天下也仰則觀象于天俯則觀法於地觀鳥獸之
文與地之宜於是始作八卦以通神明之德以類萬
物之情蓋以八卦盡天地萬物之理宇宙之間洪纖
巨細往來升降生死消息之故悉著之於象矣後之
人苟以一說求之無所不通故離陰陽小數納甲飛
伏坎離塡補卜數隻偶之類人人盡自以爲易而要

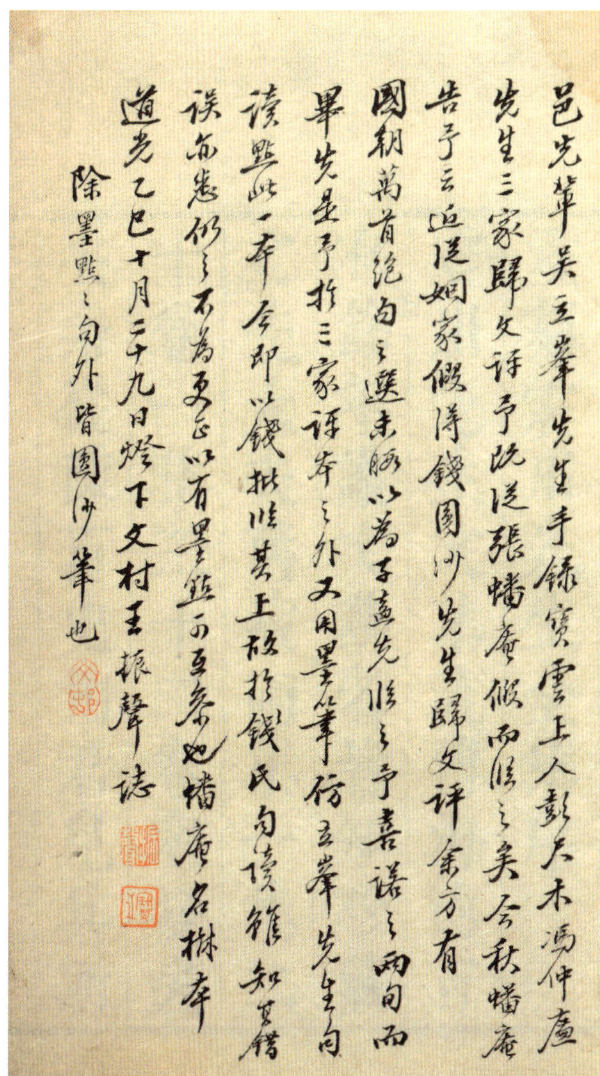
邑先輩吳立峯先生手錄寶雲上人彭大木馮仲虞
先生三家歸文評予既從張蟠庵假而臨之矣今秋蟠庵
告予云近從姻家假得錢園沙先生歸文評余方有
國朝萬首絕句之選未暇以為子益先臨之予喜諾之兩旬而
畢先是予於三家評本之外又用墨筆傍立峯先生句
讀點此一本今即以錢批臨其上故於錢氏句讀雖知其錯
誤而悉仍之不為更正以有墨點可互參也蟠庵名樹本
道光乙巳十月二十九日燈下文村王振聲誌
除墨點之句外皆園沙筆也

歸有光（1507—1571），字熙甫，又字開甫，號震川、項脊生，學者稱爲震川先生，蘇州昆山人。明嘉靖進士，官南京太僕寺丞，卒於官。文學上反對「前後七子」的復古主張，推崇唐宋古文。有《震川先生全集》行世。

目録署「昆山歸有光著，曾孫莊較勘，元孫玠編輯」。各卷正文後皆鐫訂者姓氏，如卷一署「龍門後學董正位訂」，卷二署「昆山後學盛福升訂」，卷三署「玉峰後學葉方藹訂」，卷四書「昆山後學徐秉義訂」。

框高18.9厘米，寬14.5厘米。半葉十行，行二十字，白口，左右雙邊。版心上鐫集名及卷次，下記葉次。

正文前有《重刻振川先生全集序》，末署「康熙癸丑仲夏，宛平王崇簡題」；次接《歸震川先生全集序》，末署「康熙癸丑仲春，文林郎知昆山縣事上谷後學董正位題」；次接《重刻震川先生全集序》，末署「康熙十四年乙春三月四日，同里後學徐乾學謹序」；次接《新刊震川先生文集序》，末署「庚子五月晦日，虞山年家後學錢謙益再拜謹序」，後有庚子長至日，歸有光從孫歸起先題識；次接庚子五月二十八日，錢謙益題序；次接凡例五則，末署「曾孫莊識」，後爲清康熙十四年（1675）乙卯孟春望後一日，歸有光玄孫歸玠題識；次接校訂助刻姓氏，後有康熙十四年乙卯春正月望後六日歸玠題識。是書收《震川先生集》及《震川先生別集》，各集之前皆有目次，《震川先生集》三十卷，卷一經解，卷二序，卷三論、議、説，卷四雜文，卷五題跋，卷六至卷八書，卷九至卷十一贈送序，卷十二至卷十四壽序，卷十五至卷十七記，卷十八至卷二十一墓志銘，卷二十二權厝志、生志、壙志，卷二十三墓表，卷二十四碑碣，卷二十五行狀，卷二十六、卷二十七傳，卷二十八譜、世家，卷二十九銘、頌、贊，卷三十祭文、哀誄，補編三篇。

《别集》十卷，卷一應制論，卷二應制策，分上、下，卷三制誥、奏疏、策問，卷四志，卷五宋史論贊，卷六紀行，卷七、卷八小簡，卷九公移、讞辭，卷十古今詩。後《附録》一卷，首爲《明史·文苑·歸有光傳》；次接錢謙益撰《列朝詩集·震川先生小傳》；次接王世貞撰《歸太僕贊》；次接王錫爵撰《明太僕寺寺丞歸公墓志銘》；次接《書先太僕全集後》，末署「丁未四月既望曾孫莊謹書」；次接歸莊《當道明府及遠近士大夫助刻先太僕文集，敬賦五章奉謝，用文章千古事爲韵》詩五首；次接《敬跋新刻震川先生全集後》，末署「康熙乙卯陽月中浣日，虞山曾侄孫允肅拜手附識」；次接跋，末署「乾隆癸卯孟春，六世從侄孫景灝、景洢謹識」。

綫裝，十二册，登録號004195。各册書根除以中文數字標注册次外，又以十二地支爲序標明册次。各册書封左題書名「歸震川集」，右小字題卷次及卷目；首册右上又題「錢圓沙先生閲本」。護葉内有手書題跋二，前不署撰人，後署「道光乙巳十月二十九日燈下文村王振聲志」，又記「除墨點點句外皆圓沙筆也」，卷末亦有王振聲朱筆、藍筆校記，朱筆記云「道光乙巳十月二十七日，臨圓沙先生朱筆竟，是日兩邑新生入泮，許伯緘、李春海兩丈重游泮宫，洵吾鄉盛事也。文邨王振聲志」，藍筆記云「後二日又臨墨筆、藍筆竟。聲又志」，又云「凡卷末志年月而不題名者，皆臨圓沙先生語也。聲志」。王跋尾鈐「振／聲」白方印、「寶／之」朱方印、「文邨」朱文葫蘆印。又有蟠庵朱筆圈點及校記，如在徐序後記云「以上三序皆未修版舊本所無。庚戌獻歲人日，蟠庵校記」；集中又鈐「子真／校過」白長印、「常熟市／圖書／館藏」朱方印。

004271 香禪精舍集雜著三種

（清）潘鍾瑞撰 稿本

光緒庚辰秋蕊老人

雷渡捉讀一過略有芟

竄附記上方尚祈

教之

香禪精舍集

雜著弟一

長洲潘鍾瑞麐生

壺客蘩談

括異志述吳地記云昔有金牛糞金鄮民皋伯通逐之牛入山穴山頹兄弟皆死妄語無稽豈又一金牛耶又一皋伯通耶吳地記又云漢議郎皋伯通字奉卿卒葬胥門號伯通墩則伯通非鄮民又不死於山矣此見香祖筆記假如逐牛入山之事果信則梁伯鸞賃其居廡下為舂以償直是埋沒高士不得謂之義舉矣

支硎山有泉自石罅流出雖大旱不竭相傳支道林遺蹟也有賈胡過之坐臥其側凡半月取一玉蟹而去亦見香

潘鍾瑞（1823—1890），字麐生，別字瘦羊，晚號香禪居士，吴縣（今屬蘇州）人。諸生，太常博士。長於金石考證。

是帙合《壺客叢談》九卷、《支綴》一卷、《駢體》一卷，卷端署「長洲潘鍾瑞麐生」。

框高18.1厘米，寬13.3厘米。半葉十行，行二十二字，小字雙行行二十三字，白口，緑格，上單魚尾，四周雙邊。版心下鎸「香禪精舍叢稿」。有雷浚墨筆批注，正文卷端有題識，志云「光緒庚辰□隱老人雷浚拜讀一過，略有管窺，附記上方，尚祈教之。」

綫裝，六册，登録號004271。各册書封右題書名「香禪精舍叢稿」及册次。鈐「南山／之陽」白方印、「有泉／在下」朱方印、「日翁」朱文圓印、「常熟市／圖書／館藏」朱方印。

004569　西昆發微三卷

（清）吴喬撰　清康熙七年（1668）盛德容刻本

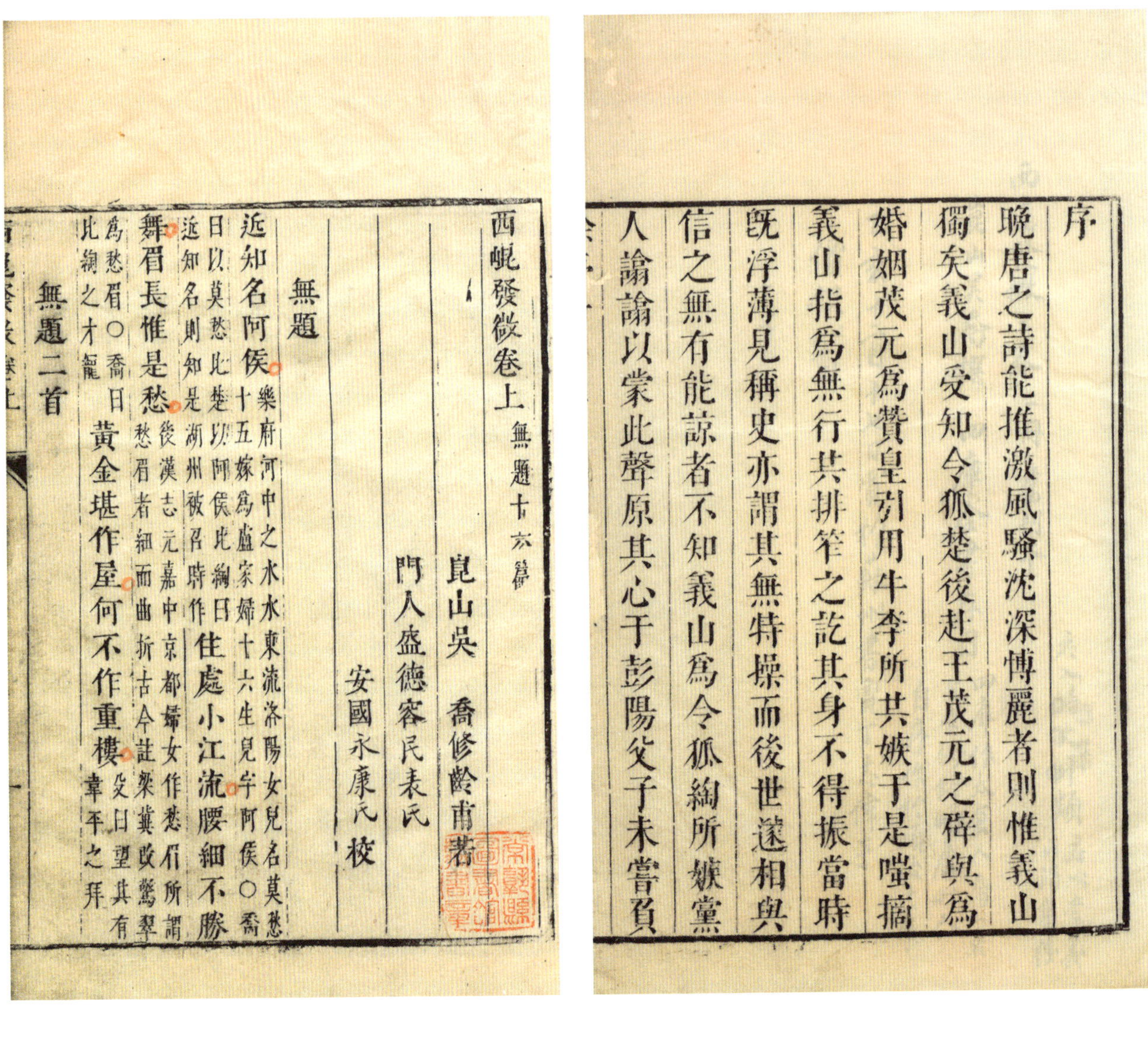

序
晚唐之詩能推激風騷沈深博麗者則惟義山
獨矣義山受知令狐楚後赴王茂元之辟與爲
婚姻茂元爲贊皇引用牛李所共嫉于是嗤摘
義山指爲無行共排笮之訖其身不得振當時
既浮薄見稱史亦謂其無特操而後世遂相與
信之無有能諒者不知義山爲令狐綯所嫉黨
人譎諭以蒙此聲原其心于彭陽父子未嘗負

西崐發微卷上　無題十六篇
崑山吳　喬修齡甫著
門人盛德容民表氏
安國永康氏　校
無題
近知名阿侯（樂府河中之水水東流洛陽女兒名莫愁十五嫁爲盧家婦十六生兒字阿侯○喬日以莫愁比楚以阿侯比綯曰近知名則知是湖州被召時作）住處小江流腰細不勝舞眉長惟是愁（後漢志元嘉中京都婦女作愁眉所謂愁眉者細而曲折古今註梁冀改驚翠爲愁眉○喬曰比綯之才寵）黃金堪作屋何不作重樓（父曰望其有韋平之拜）
無題二首

吴喬（1611—1695），一名殳，字修齡，江蘇太倉人。明崇禎十一年（1638）諸生。工詩。著述頗豐，除《西昆發微》，又有《圍爐詩話》《史論》《手擘録》《紀效達辭》等。

卷端署「昆山吴喬修齡甫著，門人盛德容民表氏、安國永康氏校」。

框高18.7厘米，寬14厘米。半葉十行，行二十一字，小字雙行同，白口，上單黑魚尾，左右雙邊。版心上鎸書名及卷次，下記葉次。

正文前有徐元文序，次接清康熙十五年（1676）丙辰十一月朱鶴齡《李義山無題詩注序》，又接清康熙五十三年（1714）甲午夏日吴喬《西昆發微序》，次接《附圍爐詩話二則》，次接目録。正文後有跋語。正文分上、中、下三卷，係吴喬對李商隱詩之討繹。

綫裝，一册，登録號004569。鈐「常熟縣／圖書館／藏書章」朱方印。

004646　晞髮集十卷晞髮遺集二卷遺集補一卷天地間集一卷冬青樹引注一卷登西臺慟哭記注一卷

（宋）謝翺撰　清康熙四十一年（1702）平湖陸氏刻本

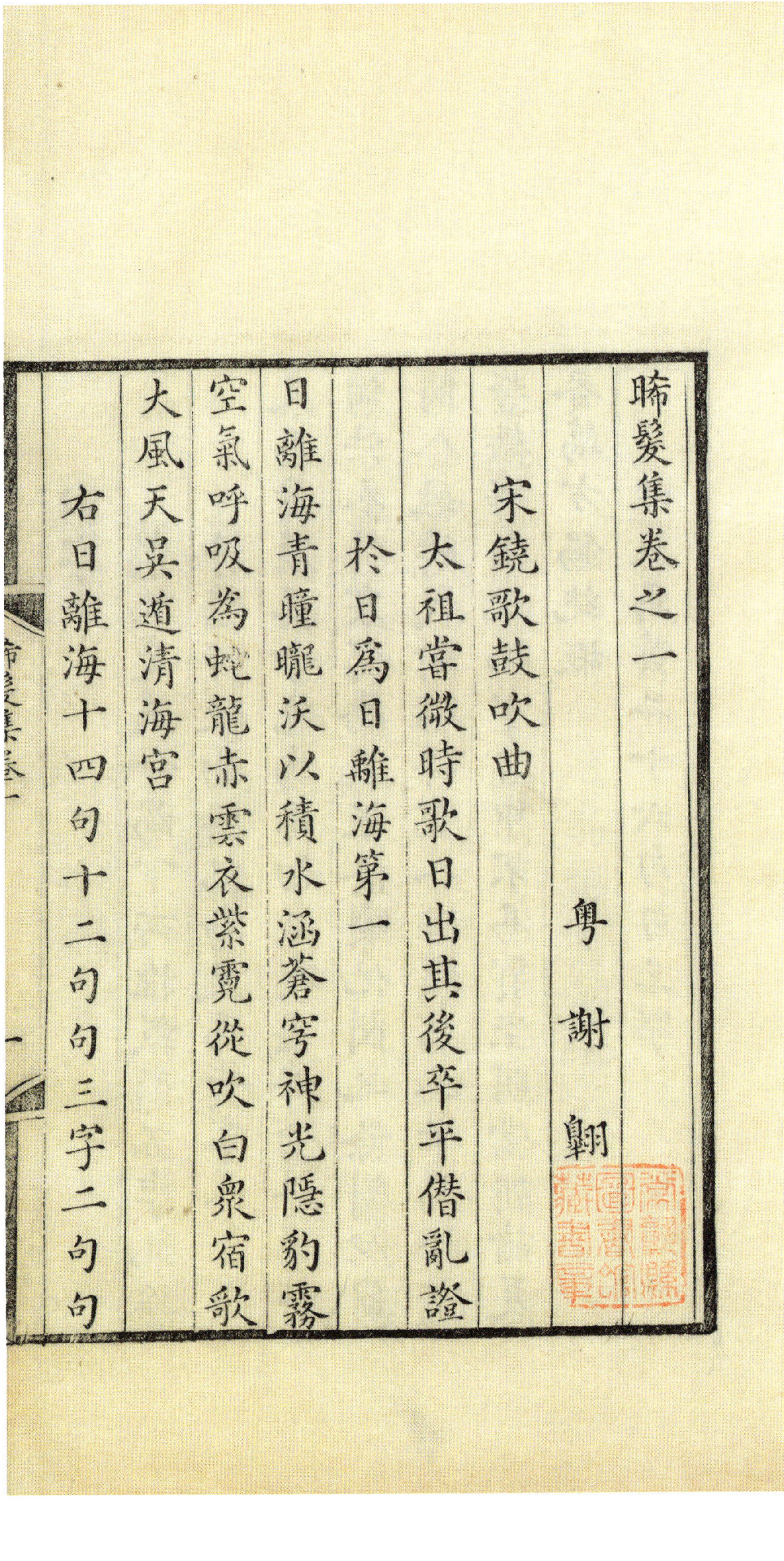

晞髮集卷之一

粤　謝翺

宋鐃歌鼓吹曲

太祖嘗微時歌日出其後卒平僭亂謚

於日爲日離海第一

日離海青曈曨沃以積水涵蒼穹神光隱豹霧空氣呼吸爲蛇龍赤雲衣紫霓從吹白衆宿歙大風天吳遒清海宮

右日離海十四句十二句句三字二句句

謝翺（1249—1295），字臯羽，一字臯父，號宋纍，晚號晞髮子，原籍福建長溪（今屬福安），後徙居建寧浦城（今屬福建）。是帙收《晞髮集》《晞髮遺集》《晞髮遺集補》《天地間集》《冬青樹引注》《西臺慟哭記注》三種，附《天地間集》《冬青樹引注》《西臺慟哭記注》三種。

框高 17.2 厘米，寬 12.9 厘米。半葉九行，行十八字，小字雙行，行二十七字，大黑口，雙魚尾，左右雙邊。版心中鎸集名及卷次，下記葉次。

《晞髮集》，題「粵謝翺」撰。正文前有《重刊晞髮集序》，末署「平湖陸大業序」；次接《晞髮集引》，末署「弘治十有四年冬十月朔，中順大夫太僕寺少卿海陵儲巏識」；次接吴萊《宋鐃歌騎曲序》；次接任士林《謝處士傳》、鄧牧《謝臯父傳》、胡翰《謝翺傳》、宋濂《謝翺傳》及劉基《題謝臯羽傳後》；次接方鳳《謝君臯羽行狀》；次接吴謙《謝君臯羽壙志》；次接鄧椿《宋隱士謝臯羽先生墓碑記》；次接名家評論，録楊慎《丹鉛總録》二則；次接目録。正文分十卷，卷一宋鐃歌鼓吹曲，卷二宋騎吹曲，卷三至卷六古體詩，卷七、卷八五言近體詩，卷九記，卷十記、序。正文後有《跋晞髮集後》，末署「弘治十四年十月上澣日文林郎監察御史郴陽馮允中書」。

《晞髮遺集》，正文前有《晞髮近稿小引》，不署撰人；次接《晞髮遺集目録》。正文分上、下卷，卷上《近稿雜詩》，卷下《金華游録》；附録《晞髮遺集補》一卷，爲《續琴操哀江南》四章。《天地間集》，題「粵謝翺臯羽録」，正文詩凡二十首，正文後有陸師道題識，云「宋學士景濂著《謝先生傳》云『《天地間集》二卷』，此蓋未完書也，好古之士必有藏是詩者」。《冬青樹引注》《西臺慟哭記注》，皆題「浦陽張丁孟兼」撰。《冬青樹引》《西臺慟哭記》皆謝翺所撰，張丁予以詳疏。

是帙正文後有癸未中秋前三夕《跋》，跋後不署撰人。

綫裝，二册，登録號 004646。各卷之後皆以小字雙行鎸謄寫者姓名，或「旌德湯／玉侯書」，或「旌德劉聖立書」。鈐「常熟縣／圖書館／藏書章」朱方印。

004666 詞綜三十卷

（清）朱彝尊輯　清康熙刻本

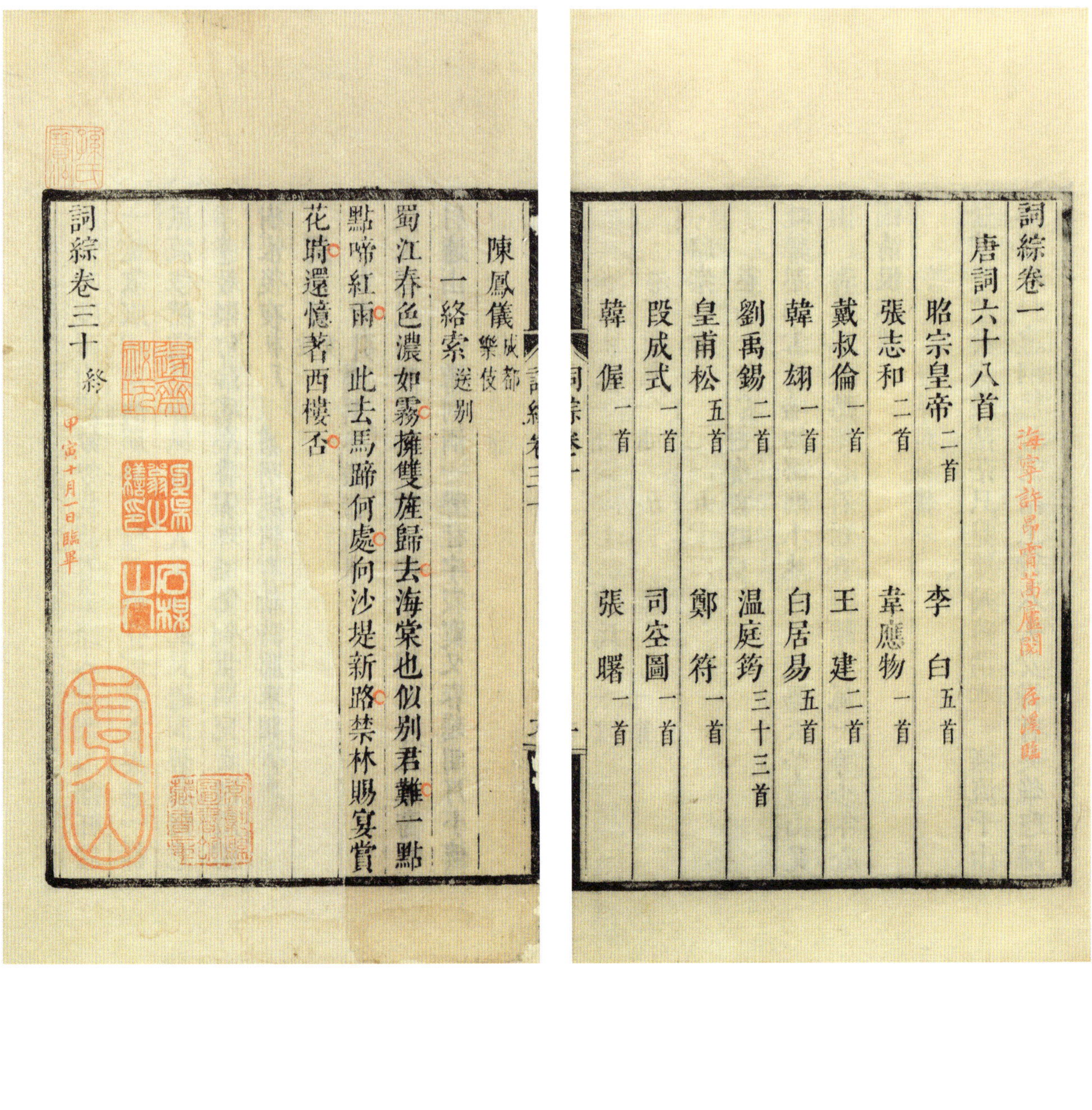

詞綜卷一

唐詞六十八首

昭宗皇帝二首　李白五首

張志和二首　韋應物一首

戴叔倫一首　王建二首

韓翃一首　白居易五首

劉禹錫二首　温庭筠三十三首

皇甫松五首　鄭符一首

段成式一首　司空圖一首

韓偓一首　張曙一首

陳鳳儀成都樂伎

一絡索送別

蜀江春色濃如霧擁雙旌歸去海棠也似別君難一點點啼紅雨此去馬蹄何處向沙堤新路禁林賜宴賞花時還憶著西樓否

詞綜卷三十終

甲寅十月一日臨畢

朱彝尊（1629—1709），字錫鬯，號竹垞，浙江秀水（今屬嘉興）人。清康熙十八年（1679）舉博學鴻詞科，授檢討，與修明史。長於考證。

卷端署「秀水朱彝尊鈔撮，休寧汪森增訂，嘉善柯崇樸編次，嘉興周篔辨譌」。開本高19厘米，寬14.1厘米。半葉十行，行二十一字，小字雙行同，黑口，上單黑魚尾，左右雙邊。版心中鎸書名及卷次，下記葉次。

正文前有朱彝尊纂《詞綜發凡》，次接總目。正文凡三十卷，各卷正文前有分卷目次。卷一唐詞六十八首，卷二五代十國詞七十二首，卷三五代十國詞七十六首，卷四至卷二十五宋詞一千三百七十二首，卷二十七至卷三十元詞二百十七首。

綫裝，四册，登録號004666。樟木夾板題書名「朱彝尊歷代詞綜」及册數。有朱筆批校，係清人王存溪臨許昂霄批，卷一目録首葉有王存溪朱筆題識云「海寧許昂霄蒿廬閱，存溪臨」；全書卷末署「甲寅十月一日臨畢」。

鈐「無不／晦齋」朱長印、「文端／元孫」朱方印、「樂安」連珠印、「海虞翁／之繕收藏」朱長印、「常熟翁／之繕藏本」朱長印、「且／庭」朱方印、「孫氏／寶洲」朱方印、「虞山」朱文橢圓印、「常熟縣／圖書館／藏書章」朱方印等。

004723 蘇學士集十六卷

（宋）蘇舜欽撰　清康熙三十七年（1698）徐惇孝、徐惇復白華書屋校刻本

蘇學士文集卷第一

感興三首

後寢藏衣冠前廟宅神主吾聞諸禮經此制出中古秦羸食先法乃復祭於墓漢衣以月遊於道蓋無取宣帝尊祖廟失制徧九土孝元酌前文一旦悉除去魏帝樂銅臺遺令平置歌舞昏嗣竟從之此事狂夫阻唐制益紛華諸陵銷嬪御曠女日哀吟於先亦奚補吾朝三聖人乘雲不可覿威靈已霄漢嗣皇念宗祖繪事移天光刻象肖神武徧敎舊遊地輸材起宮宇階墄釦以金牆壁衣之黼功既即奉迎法仗叅簫鼓玩好擇珍奇目奪

蘇舜欽（1008—1048），字子美，四川銅山（今屬中江）人，後遷居開封。宋景祐元年（1034）中進士，官集賢校理。與梅堯臣齊名，并稱「梅蘇」。

有書名葉，内容爲「□□□丞鑒定／蘇子美全集／養素堂藏板」。

框高 17.6 厘米，寬 13.3 厘米。半葉十行，行二十一字，白口，順魚尾，四周單邊。版心中鎸集名及卷次，下記葉次。

正文前有《蘇子美文集序》，末署「康熙戊寅八月之朔，滄浪公宋犖序」；次接序，末署「康熙戊寅中秋日，長洲孫岳頒樹峰題於燕邸墨雲堂」；次接《蘇學士文集原序》，末署「廬陵歐陽修序」；次接《宋史》本傳；次接序，末署「康熙戊寅皋月下澣，震澤徐惇復書於白華書屋」；次接《蘇學士文集序》，末署「康熙己卯，梅花開日虹亭徐釚謹書」；次接總目，題「商丘漫堂先生宋犖鑒定」，末署「震澤徐惇孝念修、惇復七來同校」。正文凡十六卷，卷一古詩二十四首，卷二古詩二十首，卷三古詩二十首，卷四古詩十八首，卷五古詩十四首，卷六律詩三十四首，卷七律詩三十九首，卷八律詩三十四首，卷九書七篇，卷十書六篇，卷十一上書疏狀九篇，卷十二啓表十二篇，卷十三記序雜文十六篇，卷十四志銘八篇，卷十五志銘六篇，卷十六行狀哀辭祭文五篇。

綫裝，二册，登録號 004723。蠹迹甚夥。鈐「舊史氏」朱長印、「臣增／之印」白方印、「方／川」朱方印、「三山陳氏斤／敬堂圖書」朱長印、「王增」白方印、「常熟縣／圖書館／藏書章」朱方印等。

004853　思玄集十六卷（存九卷）

（明）桑悅撰　明萬曆刻本

思玄集卷之十二

長詩

題胡人出獵圖

胡盧塞遠天茫茫馬駿山高離太陽莫居甌悅積陰府人畜噓氣皆成霜老上家兒解馳逐温禺部落齊騰襄綺襦繡袷帽貂鼠被髮左衽裘羔羊敲氷合羅飲狀騎虹旃雹幟紛煌煌長殳短戟畫廉利蒼鷹黃犬勢莫當陰風倒吹鳴鏑發走不及去飛難翔也知胡虜畏中國終年野冠惟麋獐潼關告庸地設險萬里邊城塵不揚云胡書手巧摹寫蛸驅異俗來中堂徐袁註云此以下叙戚狄盛衰如指

桑悦（1447—1503），字民懌，號思玄、思玄居士，常熟沙溪（今屬太倉）人。少負才名。明成化元年（1465）舉人。曾官江西泰和訓導、長沙府通判、柳州府通判。

框高20厘米，寬13.4厘米。半葉十行，行十二字，小字雙行同，白口，雙魚尾，四周單邊。版心上鎸書名「思玄集」，中鎸卷數，下記葉次。

《思玄集》十六卷，爲詩文詞合集，今常熟市圖書館所藏止存九卷，即第八至十六卷。卷八爲説、贊，卷九爲賦，卷十爲五言古詩，卷十一爲和古人詩，卷十二爲長詩，卷十三爲五言律詩，卷十四爲七言律詩，卷十五爲七言絶句、五言絶句，卷十六爲詩餘。

綫裝，二册，登録號004853。入選第三批《國家珍貴古籍名録》，名録號09084。各册書根題寫書名「桑思玄集」及册次。蠹迹甚夥。鈐「常熟縣/圖書館/藏書章」朱方印。

005124　考槃集五卷

（明）陸卿子撰　明萬曆二十八年（1600）趙宧光刻本

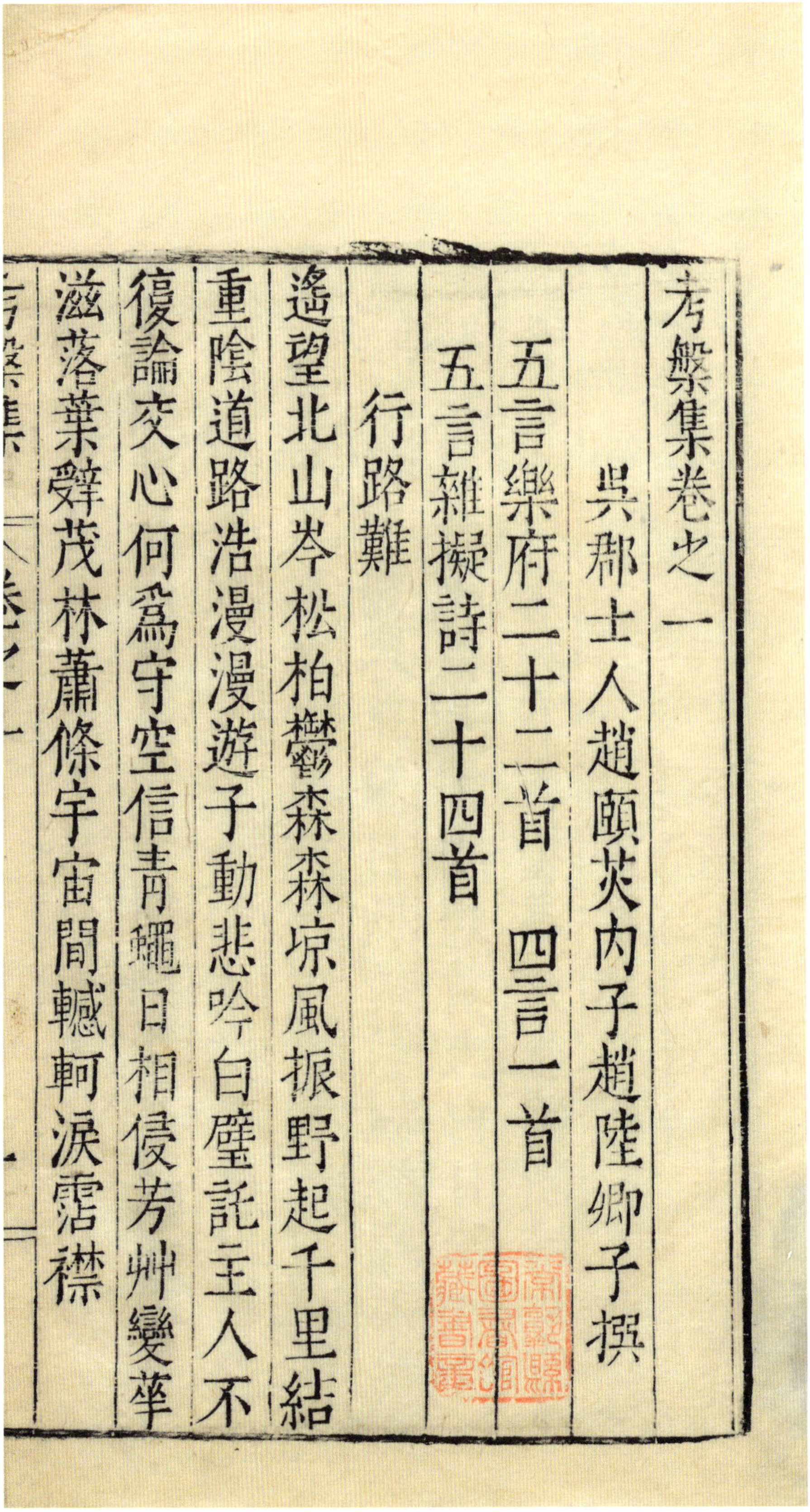

考槃集卷之一

吳郡士人趙頤光内子趙陸卿子撰

五言樂府二十二首　四言一首

五言雜擬詩二十四首

行路難

遙望北山岑松柏鬱森森凉風振野起千里結
重陰道路浩漫漫遊子動悲吟白壁託主人不
復論交心何爲守空信青蠅日相侵芳艸變華
滋落葉辭茂林蕭條宇宙間轗軻淚霑襟

考槃集　卷之一

陸卿子，趙宧光妻，工於詞章。錢謙益稱「卿子學殖優凡夫遠甚」。所著除《考槃集》，又有《雲卧閣稿》《玄芝集》等。

卷端署「吴郡士人趙頤光内子趙陸卿子撰」。按，趙頤光，趙宧光原名。框高 19.1 厘米，寬 13 厘米。半葉九行，行十八字，白口，上單白魚尾，左右雙邊。版心上鎸「考槃集」三字，中記卷數，下記葉次。

正文前有明萬曆二十八年（1600）庚子小除夕趙頤光《刻内子考磐集叙》。正文分六卷，卷一五言樂府二十二首、四言一首、五言雜擬詩二十四首，卷二五言古風三十九首，卷三雜言樂府二十一首、歌行十一首，卷四七言古風二十一首，卷五五言絶句十四首、七言絶句四十首、五言律詩十七首、聯句一首、七言律詩五首，卷六賦二首、頌一首、誄一首、磚銘一首、哀詞一首、文三首、銘一首。

綫裝，一册，登録號 005124。書封題名「明陸卿子女史考槃集」。鈐「窮且／益堅」白方印、「趙印／賢德」陰陽方印、「常熟縣／圖書館／藏書章」朱方印。

007469　憨山老人夢游集四十卷

（明）釋德清撰　清順治十七年（1660）毛褒等刻本（目録、卷一鈔配）

憨山老人夢遊集卷一

侍者福善日錄　門人通炯編輯　嶺南弟子劉起相重較

法語

答鄭崐巖中丞

若論此段大事因緣，雖是人人本具，各各現成，不欠毫髮，爭奈無始劫來，愛根種子，妄想情慮，習染深厚，障蔽妙明，不得真實受用。一向只在身心世界妄想影子裏作活計，所以流浪生死。佛祖出世，千言萬語，種種方便，說禪說教，無非隨順機宜，破執之具，元無實法與人。所言修者，只是隨順自心，淨除妄想習氣

釋德清（1546—1623），字澄印，號憨山，以號行，俗姓蔡，安徽全椒人。卷一至卷三十六卷端署「侍者福善日録，門人通炯編輯，嶺南弟子劉起相重較」，卷三十七、卷三十八署「菩薩戒弟子曾本昂、馮昌曆、曾知融日録，宰官弟子王安舜、劉起相纂輯，長春社弟子陳迪祥、梁四相仝較」，卷三十九、卷四十上署「侍者福善、門人通炯日録，海眮幢法裔今照今光收藏」，卷四十下署「虞山私淑弟子毛晋編校」。

框高22厘米，寬14.8厘米。半葉十行，行二十字，黑口，四周雙邊，版心中鎸「夢游」及卷次。

正文前有《憨山大師夢游全集序》。正文分四十卷，卷一至卷五法語，卷六至卷九書問，卷十、卷十一序，卷十二、卷十三記，卷十四、卷十五塔銘，卷十六傳，卷十七、卷十八題跋，卷十九、卷二十贊，卷二十一頌、箴、銘，卷二十二偈，卷二十三説，卷二十四書、文，卷二十五楞嚴懸鏡，卷二十六法華擊節，卷二十七楞嚴補注，卷二十八楞伽補遺，卷二十九大學决疑，卷三十觀老莊景響論、道德經解發題，卷三十一憨山緒言、徑山雜説，卷三十二化生儀軌，卷三十三浄土會語，卷三十四性相通説，卷三十五夢游詩集上，卷三十六夢游詩集下，卷三十七曹溪中興録上、興復曹溪規約十條，卷三十八曹溪中興録下，卷三十九自叙年譜上，卷四十上自叙年譜下，卷四十下附録。

綫裝，十六册，登録號007469。首册封面題簽題書名「憨山大師夢游全集」。各册書根處題寫書名「夢游集」及各册册數。目録及卷一係配鈔。有朱筆批校。鈐「蘇州/□寧/禪寺」朱方印、「□谷/道人」朱方印、「常熟縣/圖書館/收藏記」。

007531　楚辭集注八卷附覽二卷辯證二卷後語八卷

（宋）朱熹集注　（明）蔣之翹評校　明天啓自刻本

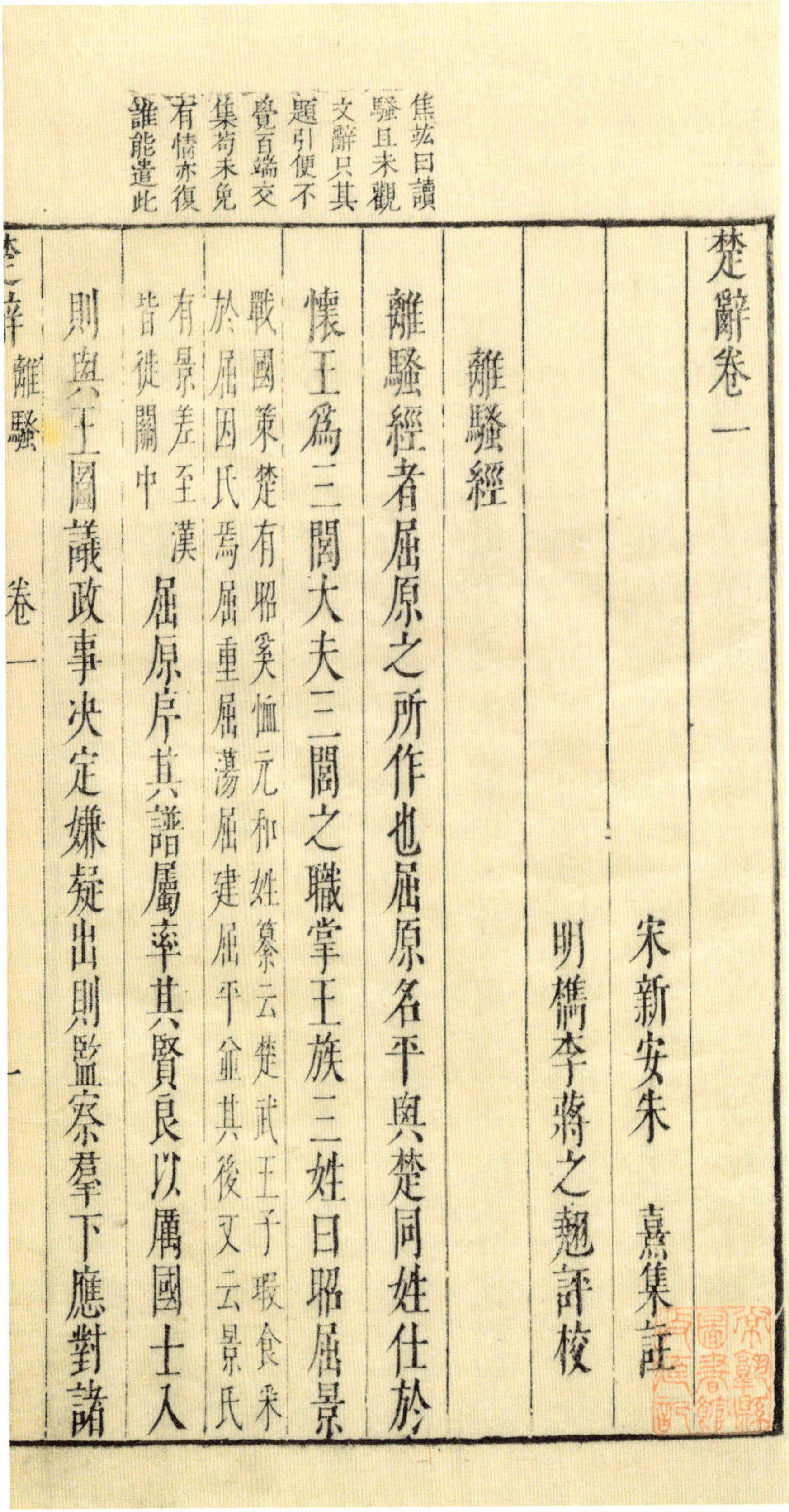

焦竑曰讀騷且未觀文辭只其題引便不覺百端交集苟未免有情亦復誰能遣此

楚辭卷一

宋新安朱　熹集註

明檇李蔣之翹評校

離騷經

離騷經者屈原之所作也屈原名平與楚同姓仕於懷王爲三閭大夫三閭之職掌王族三姓曰昭屈景戰國策楚有昭奚恤元和姓纂云楚武王子瑕食采於屈因氏焉屈重屈蕩屈建屈平並其後又云景氏有景差至漢皆徙關中屈原序其譜屬率其賢良以厲國士入則與王圖議政事決定嫌疑出則監察羣下應對諸

楚辭　離騷　卷一　一

朱熹生平事迹見前《周易經傳》（003594）。

蔣之翹（1604—1667），字楚穉，號石林，檇李（今屬嘉興）人。著有《天啓宫詞》等著作。

卷端署「宋新安朱熹集注，明檇李蔣之翹評校」，《楚辭》各卷末又署閲者姓氏，卷一末署「海虞宋瑛閲」，卷二「檇李陸鈿閲」，卷三「檇李蔣之華閲」，卷四「海虞宋璞閲」，卷五「禦兒周九叚閲」，卷六、卷七「海昌盛唐詩閲」，卷八「就李李爗閲」。

框高 20.5 厘米，寬 13.7 厘米。半葉九行，行二十一字，小字雙行同，白口，四周單邊。版心上鐫書名，其下小字録篇目，再下小字鐫卷次，再下記葉次。天頭附刻諸家注評。

正文前有《楚辭序》，末署「丙寅天啓六年冬十一月殺青乃竟。石林山人蔣之翹楚穉撰」；次接《楚辭序》，末署「天啓柔兆攝提格之歲杪秋，寓生黄汝亨題於浮梅檻」；次接《楚辭總目》；次接《楚辭目録》；次接漢司馬遷撰《屈原傳》、唐沈亞之撰《屈原外傳》、明李贄撰《屈原傳贊》、宋顔延之撰《祭屈原文》、明蔣之翹撰《哀屈原文》、宋蘇軾撰《屈原廟賦》；次接《評楚辭姓氏》；次接李白、劉長卿、王叔承、何景明、蔣之翹、宋瑛、戴叔倫、鄒維璉、楊維楨、蔣之華、陸鈿等人吊屈原詩；次接《楚辭總評》。

正文凡八卷，後附《楚辭附覽》二卷、《楚辭辯證》二卷、《楚辭後語》八卷（蔣氏補續。國朝二卷）。

《楚辭附覽》二卷，正文前有明天啓六年（1626）丙寅冬蔣之翹題識，云：「漢本楚辭載諫、懷、嘆、思四篇，朱子删之，謂其無病呻吟，是矣。奈讀者罔聞其説，猶抱遺珠之痛，予聊附之篇外以備覽云。」

《楚辭辯證》二卷，正文前有宋慶元五年（1199）己未三月戊辰題識，云：「余既集王、洪騷注，顧其訓故文義之外，猶有不可不知者，然慮文字之太繁，覽者或没溺而失其要也，别記於後以備參考」。

《楚辭後語》八卷，正文前有《楚辭後語序》，末署「檇李蔣之翹撰」，云「今觀茲後語所録并呻吟而亦無之矣，特爲原作者意皆憫屈子之忠而悲其不遇者也，所以不可不輯復廣而續之」；次接目録。

綫裝，十册，登録號 007531。各册書根題寫書名「蔣注楚辭」及册次。鈐「常熟縣/圖書館/收藏記」朱方印。

007545　分類補注李太白詩二十五卷年譜一卷

（宋）楊齊賢集注　（元）蕭士贇補注　明刻本

分類補註李太白詩卷之一

春陵楊齊賢子見集註

章貢蕭士贇粹可補註

明長洲許自昌玄祐甫校

古賦八首

大鵬賦并序

余昔於江陵見天台司馬子微（士贇曰）唐書司馬承禎字子微洛州人事潘師正傳辟穀導引術無不通徧遊名山廬天台不出睿宗召至問道開元中再被召卒年八十九玠續仙傳以爲尸解弟子葬其衣冠雲笈七籤天台赤城山高一萬八千丈洞周圍五百里名上清玉平之

楊齊賢，字子見，湖南寧遠人。宋慶元五年（1199）進士。官至通直郎。

蕭士贇，字粹可，江西寧都人。篤學工詩。

卷一卷端署「春陵楊齊賢子見集注，章貢蕭士贇粹可補注，明長洲許自昌玄祐甫校」，其餘各卷署「明長洲許自昌玄祐甫校」或「後學長洲許自昌玄祐甫校」「長洲許自昌玄祐甫校」。

框高 21.9 厘米，寬 14.7 厘米。半葉九行，行二十字，小字雙行同，白口，上單黑魚尾，左右雙邊。版心魚尾上鐫書名「李詩補注」，下鎸卷次，再下記葉次，再下有字數。

正文前有《唐翰林李太白詩序》，署「唐宣州當塗縣令李陽冰撰」，撰於「寶應元年十一月乙酉」；次接《後序》，署「朝散大夫行尚書職方員外郎直史館上柱國樂史述」，撰於「咸平元年三月三日」；次接《唐翰林李君碣記》，署「尚書膳部員外郎劉全白撰」，撰於「貞元六年四月七日」；次接宋敏求、曾鞏、毛漸等三人《後序》；次接《唐翰林李太白年譜》，署「關中薛仲邕編」；次接目録。正文凡二十五卷，卷一古賦，卷二古風，卷三至卷六樂府，卷七、卷八歌吟，卷九至卷十二贈，卷十三、卷十四寄，卷十五留別，卷十六至卷十八送，卷十九酬答，卷二十游宴，卷二十一登覽，卷二十二行役、懷古，卷二十三紀閑適、懷思，卷二十四感遇、寫懷、詠物，卷二十五題詠、雜詠、閨情、哀傷。其注以「士贇曰」標示。

綫裝，二十册，登録號 007545。各册書根題寫書名「李詩補注」及册次。有佚名朱筆圈點。鈐「常熟縣/圖書館/收藏記」朱方印。

007549　集千家注杜工部詩集二十卷文集二卷

（唐）杜甫撰　（宋）黄鶴補注　明萬曆刻本

集千家註杜工部詩集卷之一

明長洲許自昌玄祐甫校

○遊龍門奉先寺（魯訔曰）龍門在東都河南縣地志云闕塞山一名伊闕而俗名龍門（黄鶴曰）唐志河南自龍門山東抵天津有伊水然後漢志唐志俱云馮翊有龍門山按馮翊與河中府爲隣而河中有龍門縣又有龍門山志云即導河至龍門之地上記云梁山北有龍門並在河中之境故河中有龍門關龍門倉九域志云河南縣有龍門鎮又有闕塞山云即龍門薛仁貴傳云絳州龍門人則絳州亦有龍門公自秦赴同谷道經龍門鎮則秦成間又有龍門嘗考絳至河中不滿三百里馮翊至河中不滿百里兩地相接按地理河南即春秋時屬魏地後魏兼置雍州乃屬秦州宜此山之蹤數郡是詩乃公開元二十四年後遊東都作

杜甫生平事迹見前《杜工部集》（003576）。

黄鶴，字叔似，江西宜黄人。著有《北窗寓言》。其父黄希，字夢得，官至永新令。

卷端署「明長洲許自昌玄祐甫校」。

半葉九行，行二十字，小字雙行同，白口，上單黑魚尾，左右雙邊。版心魚尾上鎸書名「杜詩集注」，魚尾下鎸卷次，再下記葉次。

正文前有《杜工部詩史舊集序》，末署「寶元二年十月，翰林學士兵部郎中知制誥史館修撰王洙原叔記」；次接《杜工部詩後集序》，末署「皇祐壬辰五月日，臨川王安石序」；次接《成都草堂詩碑序》，末署「元祐庚午，資政殿學士中大夫知成都軍府事胡宗愈序」；次接《杜工部草堂詩箋跋》，末署「大宋嘉泰天開甲子正月穀旦，建安三峰東塾蔡夢弼傅卿謹識」；次接《集千家注杜工部詩集目録》《集千家注杜工部文集目録》。

綫裝，二十册，登録號007549。各册書根題寫書名「集千家注杜詩」及册次。有佚名朱筆圈點。鈐「常熟縣／圖書館／收藏記」朱方印。

007564　白氏長慶集七十一卷目録二卷附録一卷

（唐）白居易撰　明萬曆三十四年（1606）馬元調刻本

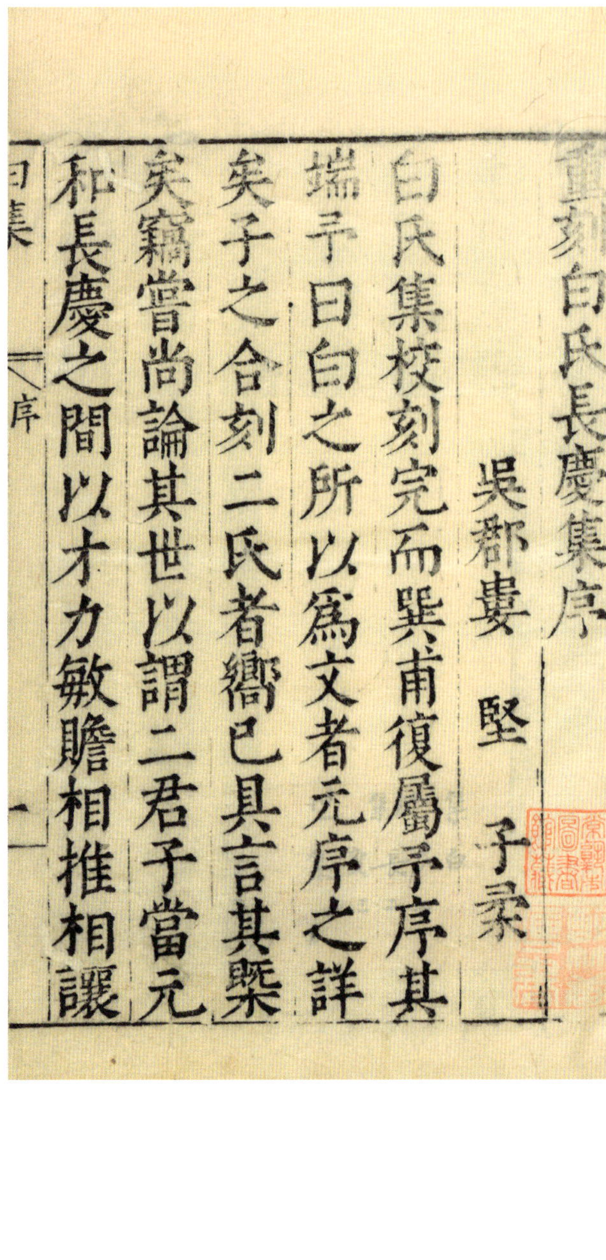

重刻白氏長慶集序

吳郡婁　堅　子柔

白氏集校刻完而巽甫復屬予序其端予曰白之所以爲文者元序之詳矣予之合刻二氏者嚮已具言其槩矣竊嘗尚論其世以謂二君子當元和長慶之間以才力敏贍相推相讓

白集　序　一

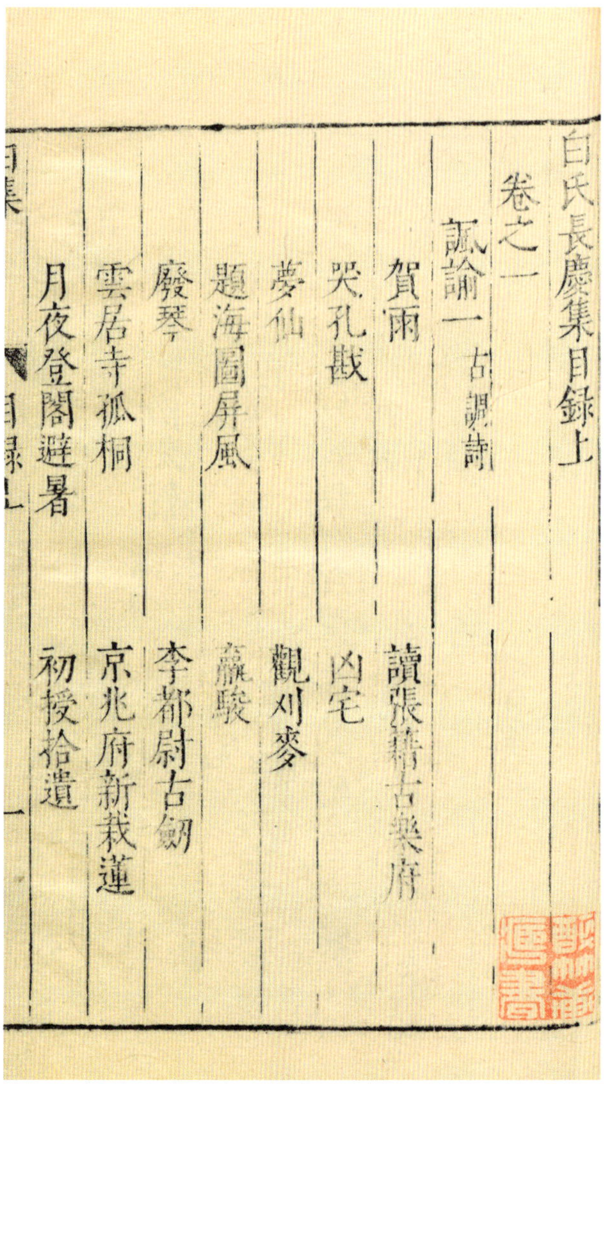

白氏長慶集目録上

卷之一

諷諭一　古調詩

賀雨　讀張籍古樂府

哭孔戡　凶宅

夢仙　觀刈麥

題海圖屏風　羸駿

廢琴　李都尉古劒

雲居寺孤桐　京兆府新栽蓮

月夜登閣避暑　初授拾遺

白集　目録上　一

白居易（772—846），字樂天，號香山居士，陝西下邽（今屬渭南）人。唐德宗貞元進士，授秘書省校書郎。後歷任左拾遺、左贊善大夫、杭州刺史、蘇州刺史、刑部尚書、江州司馬。文學上主張「文章合爲時而著，歌詩合爲事而作」。

卷端署「唐太子少傅、刑部尚書致仕、贈尚書右僕射、太原白居易樂天著，明後學松江馬元調巽甫校」。

框高 20.5 厘米，寬 14.5 厘米。半葉十行，行二十一字，小字雙行同，白口，單魚尾，左右雙邊。版心上鎸書名「白集」，中録卷次，下記葉次。

正文前有《重刻白氏長慶集序》，署「吴郡婁堅子柔」，撰於明萬曆三十四年（1606）丙午孟秋；次接《白氏長慶集附録》一卷，收宋祁撰《新唐書·本傳》、李商隱《唐刑部尚書致仕贈尚書右僕射太原白公墓碑銘（并序）》、陶穀述《龍門重修白樂天影堂記》；次接目録上、下卷。正文凡七十一卷。

綫裝，三十二册，登録號 007564。各册書根題寫書名及册次。鈐「醉草軒/藏書」白方印、「常熟市/圖書/館藏」朱方印。

007605　韓魏公集三十八卷附十三卷

（宋）韓琦撰　明萬曆三十七年（1609）刻本

韓魏公集卷之一

宋韓琦稚圭著

明康丕揚士遇校

詩

瓊花

維揚一株花四海無同類年年后土祠獨比瓊瑤
貴中含散水芳外團蝴蝶戲酴醾不見香芍藥慚
多媚扶疏翠蓋圓散亂真珠綴不從衆格繁自守
幽姿粹嘗聞好事家欲移京轂地既違孤潔情終

韓琦（1008—1075），字稚圭，自號贛叟，河南安陽人。曾官陝西安撫使。卷端署「宋韓琦稚圭著，明康丕揚士遇校」。

框高 19.7 厘米，寬 14 厘米。半葉九行，行十九字，小字雙行同，白口，上單黑魚尾，四周單邊。版心上鎸書名「韓魏公集」，下録卷次，再下記葉次，再下有刻工姓氏及字數，刻工有：洪、吴、欒、張、金、趙、仁、盛名、魯、胡等。

正文前有《韓魏公安陽文集序》，末署「萬曆己酉上春三日，屬下吏江都縣知縣姚祚端謹頓首拜跋」；次接《韓魏公集凡例》九條，署「屬吏毛九苞撰」；次接《韓魏公集目録》，署「明康丕揚市遇校正，屬吏毛九苞次訂」。正文凡三十八卷，卷一至卷十詩，卷十一序，卷十二記，卷十三題後、解、策、贊、銘、樂府、疏文，卷十四至卷二十一奏議，卷二十二至卷二十五表，卷二十六、卷二十七狀，卷二十八狀、札子、雜表狀，卷二十九書、啓，卷三十啓，卷三十一制，卷三十二册文，卷三十三祭文，卷三十四至卷三十六墓志銘，卷三十七墓志銘、墓記、墓表，卷三十八神道碑。

正文後附《宋史·本傳》一卷，署「屬吏毛九苞校增」；又附《忠獻韓魏王家傳》十卷；又附《忠獻韓魏王别録》一卷，署「王岩叟」；又附《忠獻韓魏王遺事》一卷。

綫裝，十六册，登録號 007605。各册書根題寫書名、各册卷目及册次。鈐「清江／楊氏」白方印、「常熟市／圖書／館藏」朱方印。

007614　東坡先生詩集注三十二卷東坡紀年録一卷

（宋）蘇軾撰　題（宋）王十朋集注　明萬曆茅維刻本

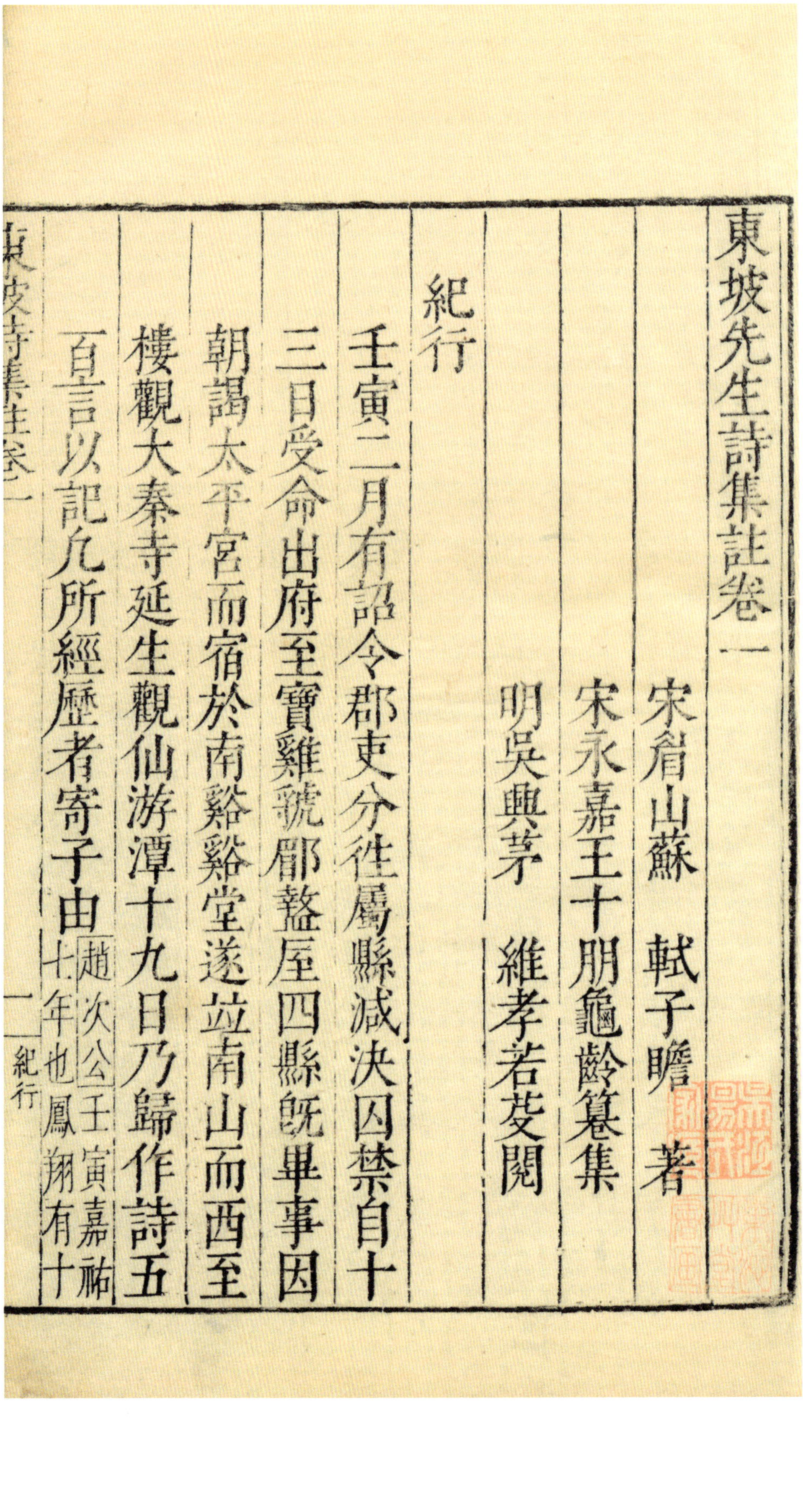

東坡先生詩集註卷一

宋眉山蘇　軾子瞻　著

宋永嘉王十朋龜齡纂集

明吳興茅　維孝若苂閱

紀行

壬寅二月有詔令郡吏分往屬縣減決囚禁自十三日受命出府至寶雞虢郿盩厔四縣既畢事因朝謁太平宫而宿於南谿谿堂遂並南山而西至樓觀大秦寺延生觀仙游潭十九日乃歸作詩五百言以記凡所經歷者寄子由（趙次公）壬寅嘉祐七年也鳳翔有十

東坡詩集註卷一　一　紀行

王十朋生平事迹見前《重刻會稽三賦》（015716）。

卷端署「宋眉山蘇軾子瞻著，宋永嘉王十朋龜齡纂集，明吴興茅維孝若芟閲」。

框高 20.3 厘米，寬 15.1 厘米。半葉十行，行二十一字，小字雙行同，白口，左右雙邊。版心上鎸書名「東坡詩集注」及卷次，下記葉次，再下小字録卷目。

正文前有《百家注分類東坡先生詩序》，署「永嘉王十朋龜齡撰」；次接《注東坡先生詩序》，署「西蜀趙夔堯卿撰」；次接《東坡紀年録》一卷，署「仙溪傅藻編纂」；次接《東坡先生詩集注目録》。正文凡三十二卷，卷一紀行，卷二、卷三游覽，卷四古迹，卷五咏史，卷六述懷、寓興，卷七書事，卷八閑適，卷九貽贈，卷十簡寄，卷十一至卷十四酬和（酬答），卷十五、卷十六送別，卷十七燕集，卷十八懷舊，卷十九仙釋，卷二十慶賀、傷悼，卷二十一禪悟、嘲謔，卷二十二時序，卷二十三寺觀，卷二十四居室，卷二十五花木，卷二十六泉石，卷二十七書畫，卷二十八、卷二十九題咏，卷三十咏物，卷三十一和陶詩，卷三十二樂府。

綫裝，二十册，登録號 007614。各册書根題寫書名及册次。有朱筆圈點。鈐「吴江／湯氏／家藏」白長印、「東池／草堂／書畫」朱長印、「一字／天民」朱方印、「常熟市／圖書／館藏」朱方印等。

007676　徐文長文集三十卷目録一卷

（明）徐渭撰　（明）袁宏道評點　明萬曆四十二年（1614）鍾人傑刻本（卷十至卷十二鈔配）

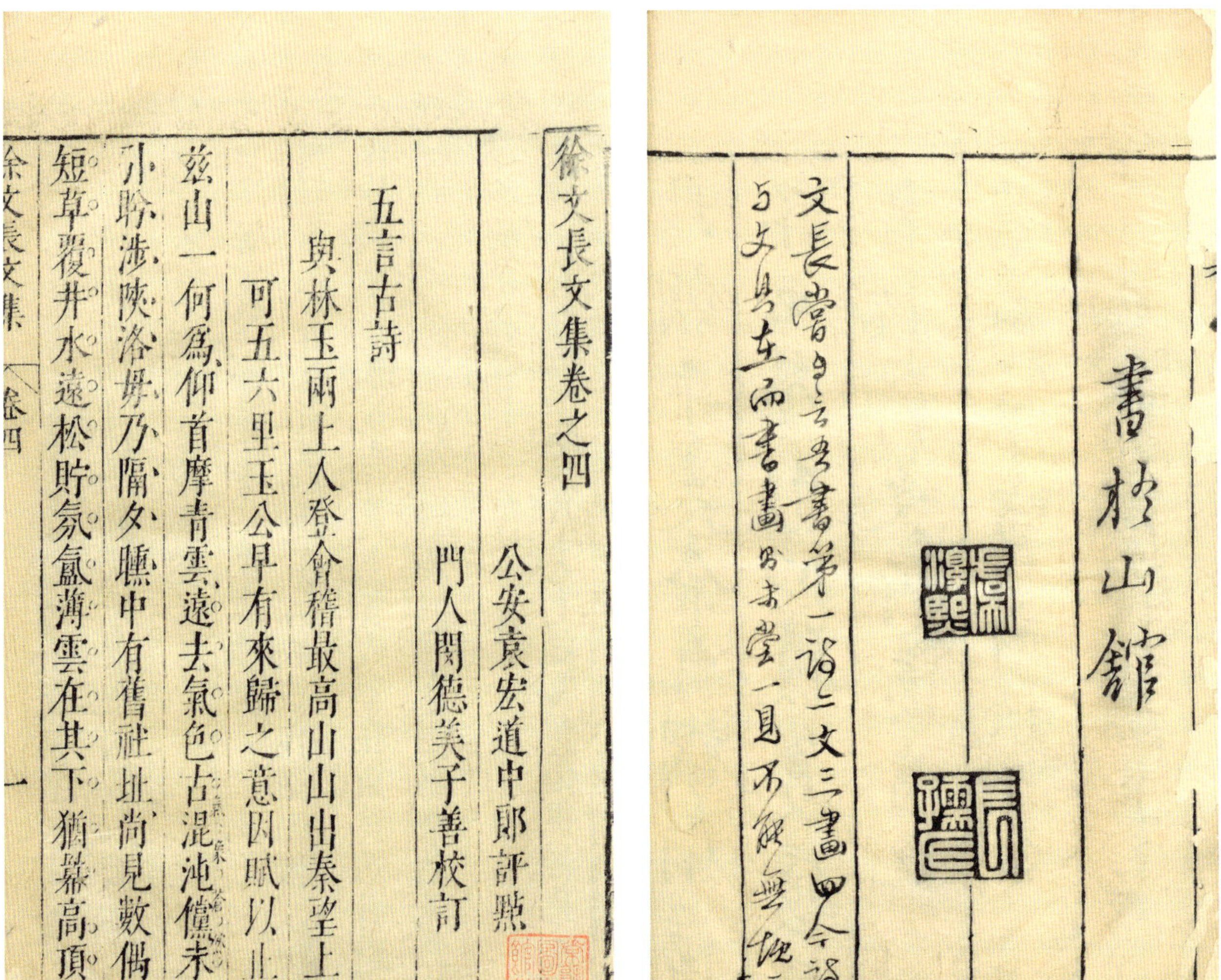
文長嘗自言吾書第一詩二文三畫四今詩与文具在而書畫罕覯一見不能無憾云

書於山館

徐文長文集卷之四

公安袁宏道中郎評點

門人閔德美子善校訂

五言古詩

與林玉兩上人登會稽最高山山出秦望上率可五六里玉公早有來歸之意因賦以壯之

茲山一何爲仰首摩青雲遠去氣色古混沌儻未分小盼涉陝洛毋乃隔夕曛中有舊社址尚見數偶群短草覆井水遠松貯氛氳薄雲在其下猶幕高頂墳

徐渭生平事迹見前《古今振雅雲箋》（002189）。

袁宏道（1568—1610），字中郎，號石公，湖廣公安（今屬湖北）人。明萬曆二十年（1592）進士。歷官國子博士、吏部主事。與兄宗道、弟中道并稱「三袁」，爲「公安派」創始人。論詩主張「獨抒性靈，不拘格套」。

卷端署「公安袁宏道中郎評點」，又署校訂者姓氏，各卷有不同，卷一至卷四「門人閔德美子善校訂」，卷五、卷六「古歙郝之璧子荆校訂」，卷七至卷十「門人郝之璽公琰校訂」，卷十一至卷十四「豐干潘允宜左之校訂」，卷十五、卷十六「武林秦舜友仲虚校訂」，卷十七「豐干余允乾鴻宥校訂」，卷十八校訂者不詳，卷十九至卷二十二「門人章斐然華甫校訂」，卷二十三至卷二十六「錢塘許爾京士魏校訂」，卷二十七至卷三十「門人鍾人傑瑞先校訂」。

框高21.3厘米，寬14.8厘米。半葉九行，行二十字，小字雙行同，白口，上單白魚尾，四周單邊。版心魚尾上鎸書名「徐文長文集」，魚尾下録卷次，再下記葉次。

正文前有《徐文長集序》，末署「武林黄汝亨序」；次接《徐文長集序》，末署「萬曆甲辰孟秋，錢塘虞淳熙長孺父書於山館」；次接目録。正文三十卷，卷一賦，卷二樂府，卷三四言古詩，卷四五言古詩，卷五七言古詩，卷六五言律詩，卷七七言律詩，卷八五言排律，卷九七言排律，卷十五言絶句、六言絶句，卷十一七言絶句，卷十二七言題畫絶句，卷十三詞，卷十四表，卷十五疏，卷十六啓，卷十七書，卷十八論，卷十九策，卷二十序，卷二十一跋，卷二十二贊，卷二十三銘，卷二十四記，卷二十五碑，卷二十六傳，卷二十七墓志銘、墓表，卷二十八行狀，卷二十九祭文，卷三十雜著。正文後有《徐文長傳》，署「同郡陶望齡撰」。

綫裝，十六册，登録號007676。各册書根題寫書名及册次。有佚名朱筆圈點。卷十至卷十二係清人鈔配。鈐「顧印／二榮」朱方印、「常熟市／圖書／館藏」朱方印等。

007677　空同先生集六十三卷

（明）李夢陽撰　明萬曆七年（1579）刻本

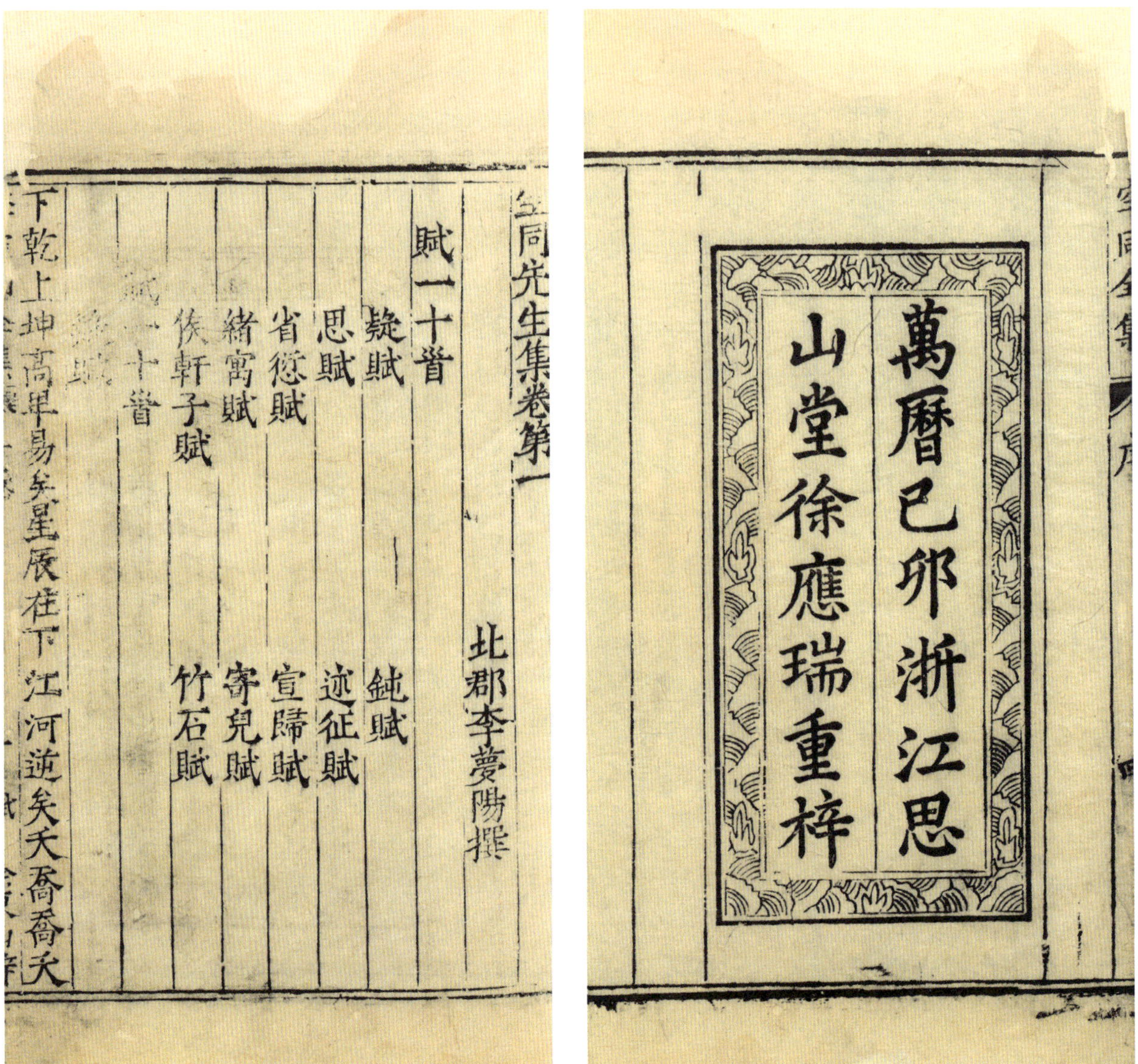

萬曆己卯浙江思
山堂徐應瑞重梓

空同先生集卷第一
北郡李夢陽撰
賦一十首
疑賦　鈍賦
思賦　述征賦
省愆賦　宣歸賦
緒寓賦　寄兒賦
俟軒子賦　竹石賦
下乾上坤高卑易矣星辰在下江河逆矣天喬喬矣

李夢陽（1473—1529），字獻吉，自號空同子，慶陽（今屬甘肅）人，徙居開封。明弘治進士，授户部主事。曾官江西提學副使。「前七子」之一，力倡「文必秦漢，詩必盛唐」。

卷端署「北郡李夢陽撰」。

框高 20 厘米，寬 14.4 厘米。半葉十一行，行二十字，白口，上單黑魚尾，四周雙邊或左右雙邊。版心上鎸書名「李空同全集」，下録卷次，再下記葉次。部分書葉版心下有「徐東山梓」字樣。

正文前有《空同先生全集序》，署「五岳山人吴郡黄省曾撰」，撰於「嘉靖九年春三月十六日」，序後有牌記，鎸「萬曆己卯浙江思／山堂徐應瑞重梓」雙行十四字；次接朱睦㮮撰《空同先生傳》。正文凡六十三卷，卷一至卷三賦，卷四至卷三十六詩，卷三十七至卷六十三文，各卷正文前皆有分卷目次。

綫裝，十六册，登録號 007677。各册書根題寫書名「李空同全集」及册次。卷三十七係鈔配。

007683 袁中郎全集四十卷

（明）袁宏道撰　明崇禎刻本

袁中郎全集卷一

公安　袁宏道　著

景陵　鍾　惺　定

嘉禾　曹　勳　閱

序

敘陳正甫會心集

世人所難得者唯趣趣如山上之色水中之味花中之光女中之態雖善說者不能下一語唯會心者知之今之人慕趣之名求趣之似於是有辨說書畫涉獵古董以爲清寄意玄虛脫跡塵紛以爲遠又其下

袁宏道生平事迹見前《徐文長文集》（007676）。

各卷皆署「公安袁宏道著，景陵鍾惺定」，又題閲者，各卷閲者皆不同。

框高 19.9 厘米，寬 14.7 厘米。半葉九行，行二十字，白口，四周單邊。版心上鎸書名，中録卷次，下記葉次。

正文前有《袁中郎集序》，無總目，各册前皆有分册目録。正文凡四十卷，卷一、卷二序，卷三引，卷四傳，卷五奏疏、論，卷六策，卷七疏文，卷八、卷九、卷十紀述，卷十一紀述（附墨畦），卷十二廣莊，卷十三塵談，卷十四觴政附酒評，卷十五瓶史，卷十六雜録，卷十七碑記，卷十八志、銘、文、贊，卷十九啓、書、去吴七牘，卷二十至二十五尺牘，卷二十六擬古樂府附雜體，卷二十七五言古詩，卷二十八五言古詩附六言古詩，卷二十九、卷三十七言古詩，卷三十一五言絶句附六言絶句，卷三十二、卷三十三七言絶句，卷三十四至卷三十七五言律詩，卷三十八、卷三十九七言律詩，卷四十五言排律附六言、七言。

綫裝，十二册，登録號 007683。各册書題寫書名及册次，目録顯示刻本原分十六册，今十二册之數係因重加裝訂，裝訂年代不詳。部分内容有闕。鈐「常熟縣/圖書館/收藏記」朱方印、「常熟/縣圖書/館藏」朱方印。

007702　新刻天傭子全集十卷

（明）艾南英撰　清康熙三十八年（1699）艾爲珖刻本

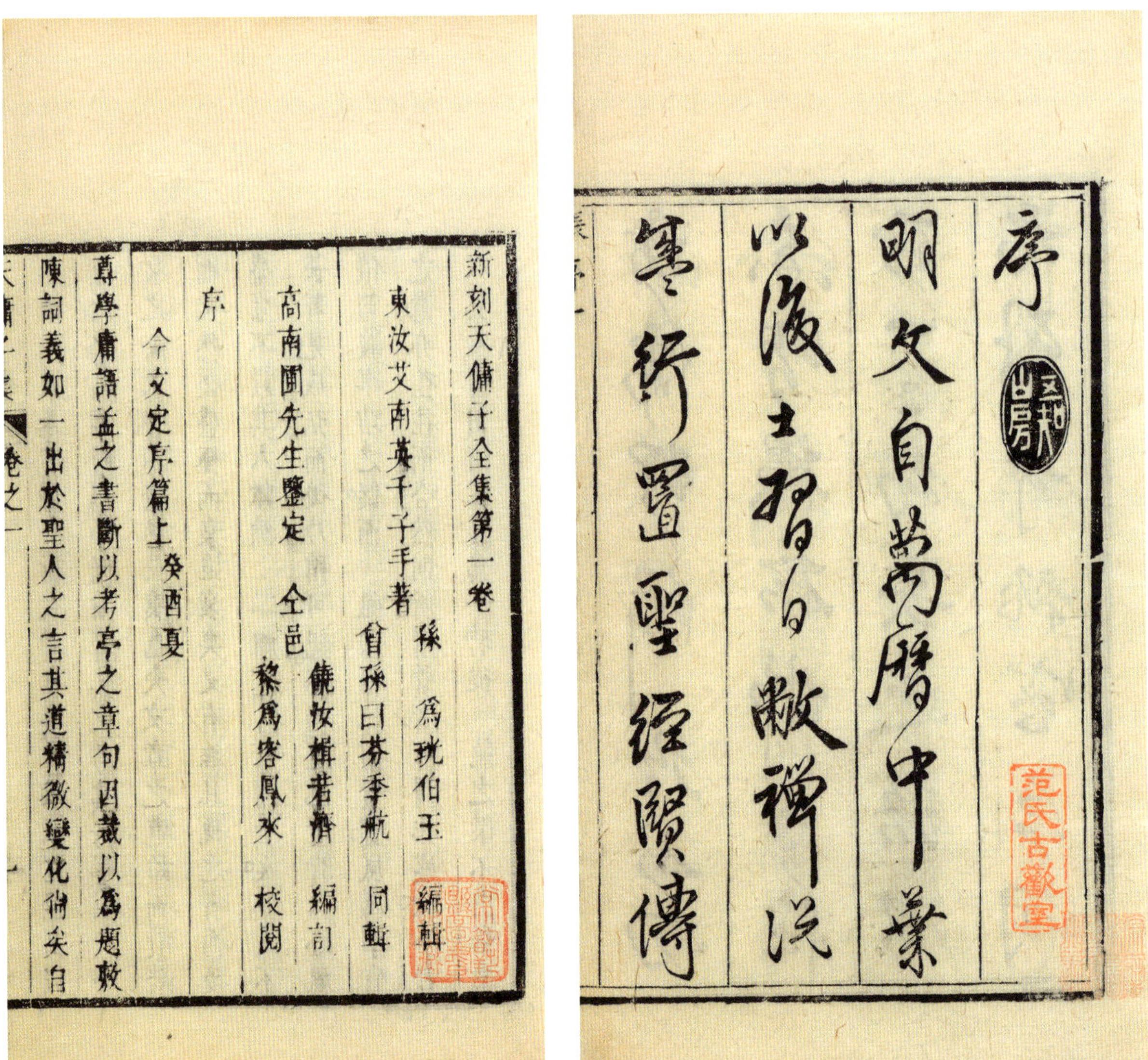

艾南英（1583—1646），字千子，號天傭子，江西臨川東鄉（今屬撫州）人。明天啓四年（1624）舉人。清兵南下，入閩投唐王，授兵部主事，改御史。

有書名葉，右上小字題「王誨存／張鶴湄二先生鑒定」，右下小字題「本家藏板」，中間大字題書名「天傭子全集」，左上小字題「艾千子先生著」。卷端署「東汝艾南英千子手著，孫爲珖伯玉編輯，曾孫曰芬季航同輯，高南圃先生鑒定，全邑饒汝楫若濟編訂、黎爲容鳳來校閲」。

框高 17.8 厘米，寬 12.6 厘米。半葉九行，行二十字，白口，上單黑魚尾，四周單邊。版心上鎸書名，中録卷次，下記葉次。

正文前有三《序》，各署「康熙己卯歲應鍾月，中憲大夫知撫州府事楚漢陽張伯琮鶴湄氏題於撫署之虛益軒」「大清康熙三十八年歲在己卯孟秋月，知東鄉事東魯後學高晙撰」「康熙戊寅冬月，浠川後學何德繹輔臣書」；次接《凡例五條》；次接目録。正文凡十卷，卷一至卷四序，卷五、卷六書，卷七碑祝，卷八銘文，卷九傳疏，卷十雜記。

綫裝，八册，登録號 007702。鈐「東吴范／氏珍藏／書籍印」朱方印、「范氏古歡室」朱長印、「常熟／縣圖／書館／之記」白方印、「常熟／縣圖書／館藏」朱方印。

007756 漁洋山人精華録訓纂補十卷

（清）周懋琦輯　稿本

漁洋山人精華録訓纂補卷一上　錢塘周懋琦輯

對酒

太平 仲尼燕居論禮樂曰君子力此二者以南面而立夫是以天下太平也詩小序既醉太平也

宮府治 漢書淮南王安傳漢廷治師古曰朝廷皆治理也

丞相無私人 韓非子揚權篇大臣之門唯恐多人語云臣多人戚權在之故也

彈射 張衡西京賦街談巷議彈射滅否仲長統昌言近世外戚宦豎立能陷人可得彈正者哉通典御史為風霜之任彈射不法百僚震恐官之雄峻莫之比焉舊制但風聞彈事提綱而已之世也

除宮刑 朱楷曰漢書景帝紀元年冬十月詔曰孝文皇帝除宮刑出美人重絕人

白紵詞

清歌錯落大小珠 陳伯璣國雅評云老杜每效古作此調

雙趺 過春山曰蘇東坡菩

周懋琦，字子瑜，號韓侯，浙江錢塘（今屬杭州）人。清同治十一年（1872）任臺灣知府。

卷端署「錢塘周懋琦輯」。

無版框及界欄，開本高 27.1 厘米，寬 17.5 厘米。半葉十行，行二十一字，小字雙行同。

正文前有《漁洋山人精華録訓纂序》，末署「乾隆丁丑八月，德州盧見曾序」；次接北平受業門人黄叔琳撰《漁洋山人本傳》；次接《參注同人姓氏》；次接《漁洋山人精華録訓纂補卷首》，含《錢序》及《古詩一首增王貽上》；次接《補采漁洋書目》《補采漁洋選各種詩書目》《補采王氏書目》；次接目録上（卷一至卷五）；次接《漁洋山人年譜補》；次接《漁洋山人精華録徐氏辨訛補》。正文凡十卷。

綫裝，一册，登録號 007756。鈐「觀／察使」白方印、「福海春／老之齋」朱長印、「周印／懋琦」白方印、「子／瑜」朱方印、「韓／矦」白方印、「常熟縣／圖書館／收藏記」朱方印等。

007783 復古詩十四卷

（清）吴銘道撰　清乾隆刻本

復古詩　　　　貴池吴銘道著

京雒塵集

建德縣辛巳

時虎夜常入城坊市皆置蹄設阱居民屏息闔

扉山谷集諺云東流速客驚動建德

蘭水三秋色青山百里城賓朋存老眼門第散長

槳市有夔藩恐鄰無速客驚使君封姓者猛氣斷

宵征

東流縣

吴銘道（1665—1750），字復古，號古雪山民，安徽貴池人，應箕子。精詩文，擅書法。

是帙合《京雒塵集》《滇海集》《布颿集》《萬回集》《槎頭集》《杉青集》《金陀集》《秋樹集》八種。卷端署「貴池吴銘道著」。

框高15.5厘米，寬13.2厘米。半葉十行，行十九字，黑口，雙魚尾，四周單邊。版心中鎸書名「復古詩」及各集名、卷次，下記葉次。

正文前有目次。《京雒塵集》前有「乙酉元日昆明王思訓疇五序」；《滇海集》前有四序，各署「松陵潘耒序」「南豐梁份質人序」「昆明王思訓疇五序」「石坪陳沆存庵謹序」；《布颿集》前有「甲午陽月桐鄉金集梧岡序」，卷末重出；《萬回集》前有「辛卯嘉平月長興蔣志棟麟文序」；《槎頭集》前有「甲午二月桐溪汪紹焻熾南《書事》」。

正文十四卷，《京雒塵集》一卷，收古今詩一百二十八首；《滇海集》六卷，卷一古今詩八十九首，卷二古今詩八十二首，卷三古今詩九十一首，卷四古今詩一百零七首，卷五古今詩一百零一首，卷六古今詩一百十四首；《布颿集》二卷，卷上古今詩七十六首，卷下古今詩九十一首；《萬回集》一卷，古今詩一百二十五首；《槎頭集》一卷，古今詩一百七十三首；《杉青集》一卷，古今詩八十七首；《金陀集》一卷，古今詩一百六十九首；《秋樹集》一卷，古今詩一百二十七首。

綫裝，四册，登録號007783。鈐「常熟縣/圖書館/藏書記」朱方印。

007818 壺山草堂詩集不分卷

（清）吴嘉枚撰　清康熙刻本

壺山草堂詩集

錢塘吴嘉枚介菴父著

贈家塞翁七十九

大耋傳年只待春耆英會上列天民柴桑老去無雙士彭澤歸來有二人鐵限門前花影亂硯田耕處酒長清老成尚有風流在擬向溪山好問津

詠繡毬花

倦倚西窗對玉臺幾回深鎖翠屏開何郎傅粉全無色謝女吟詩洵有才千片聚來梅作朶五花飛

吴嘉枚（1632—1700），字个臣，號介庵，浙江錢塘（今屬杭州）人。以諸生入貢，名噪一時。工詩詞書畫，著述頗豐。

卷端署「錢塘吴嘉枚介庵父著」。

框高18.1厘米，寬14.6厘米。半葉九行，行十九字，黑口，上單黑魚尾，左右雙邊。版心中鐫書名，下記葉次。

正文前有序，已殘闕，末署「康熙辛巳秋八月，香嚴社衲宗渭頓首槃譚」；次接《吴介庵小傳》，末署「康熙辛巳春月，鶴栖老人尤侗撰」；次接《壺山草堂詩目》。正文不分卷。

綫裝，四册，登録號007818。有朱筆圈點。鈐「常熟縣/圖書館/收藏記」朱方印。

007839　懷清堂集二十卷首一卷

（清）湯右曾撰

清乾隆十一年（1746）湯融書等刻本

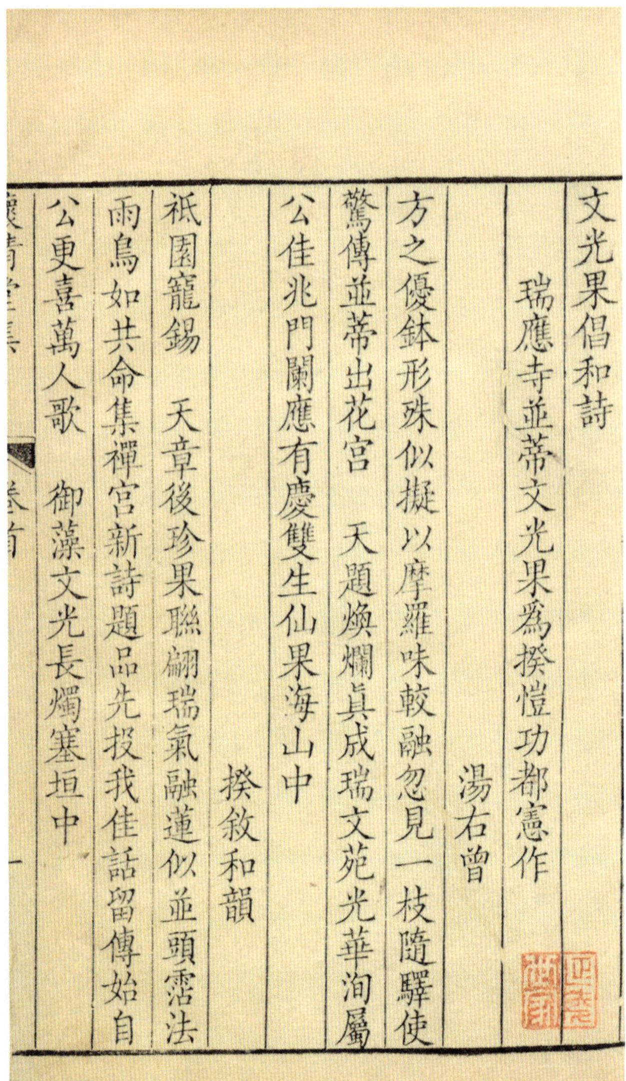

懷清堂集卷首

文光果倡和詩

瑞應寺並蒂文光果爲揆愷功都憲作

湯右曾

方之優鉢形殊似擬以摩羅味較融忽見一枝隨驛使驚傳並蒂出花宮　天題煥爛真成瑞文苑光華洵屬公佳兆門闌應有慶雙生仙果海山中

揆敘和韻

祇園寵錫　天章後珍果聯翩瑞氣融蓮似並頭霑法雨鳥如共命集禪宮新詩題品先投我佳話留傳始自公更喜萬人歌　御藻文光長燭塞垣中

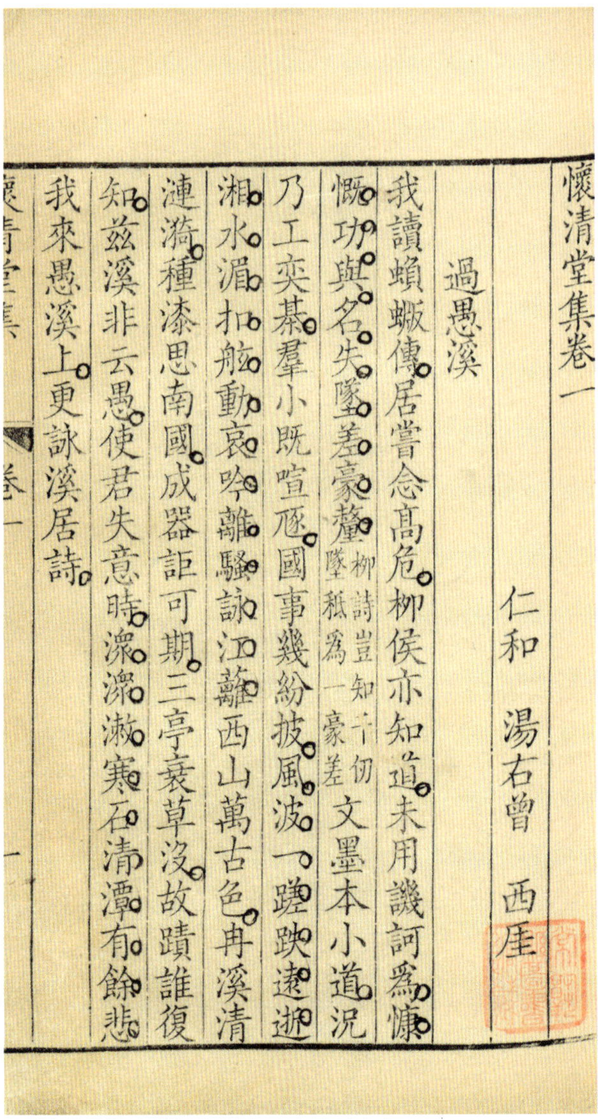

懷清堂集卷一

仁和　湯右曾　西厓

過愚溪

我讀蛸蝂傳嘗念高危柳侯亦知道未用譏訶爲慷慨功與名失墜差豪氂（柳詩豈知千仞墜秖爲一豪差）文墨本小道況乃工奕棊羣小既喧豗國事幾紛披風波一蹉跌遠迹湘水湄扣舷動哀吟離騷詠江蘺西山萬古色冉溪清漣漪種漆思南國成器詎可期三亭衰草沒故蹟誰復知茲溪非云愚使君失意時瀠瀠漱寒石清潭有餘悲我來愚溪上更詠溪居詩

湯右曾（1656—1722），字西崖，浙江仁和（今屬杭州）人。清康熙二十七年（1688）進士，改庶吉士，授編修。歷官刑科給事中、户部掌印給事中、河南學政、光禄寺卿、太常寺卿、吏部侍郎兼掌院學士。工詩善畫。生平事迹具《清史列傳》卷九、《清史稿》卷二六六等。

卷端署「仁和湯右曾西厓」撰。卷末署「男學基學顯，孫衛源孝策謹校」。

框高 19.5 厘米，寬 14.1 厘米。半葉十行，行二十一字，白口，上單黑魚尾，左右雙邊。版心上鎸集名，中記卷次，下記葉次。

卷首收《賜和吏部右侍郎仍兼管翰林院掌管學士事臣湯右曾》詩一首及署「瑞應寺并蒂文光果爲揆愷功都憲作」《文光果倡和詩》八首，後接「丙寅年秋八月上浣男學顯題識」。

正文前有三序，各署「北平後學黄叔琳頓首拜序」「乾隆十年歲次乙丑重九日，晋陵後學潘思榘撰」「乾隆丁卯歲孟春人日，兩浙使者納蘭長安題於冰浄閣中」；次接目次。正文後有跋，末署「丙寅冬受業吴縣繆曰藻謹識」。正文凡二十卷，卷一古今體五十四首，卷二古今體六十四首，卷三古今體七十六首，卷四古今體五十四首，卷五古今體四十九首，卷六古今體九十四首，卷七古今體七十三首，卷八古今體九十一首，卷九古今體六十五首，卷十古今體九十五首，卷十一古今體九十七首，卷十二古今體六十首，卷十三古今體五十八首，卷十四古今體六十三首，卷十五古今體六十五首，卷十六古今體七十四首，卷十七古今體五十首，卷十八古今體五十六首，卷十九古今體一百零一首，卷二十古今體六十首。

綫裝，十册，登録號 007839。鈐「延陵／世家」陰陽方印、「常熟／縣圖書／館藏」朱方印。

007840 趙恭毅公剩稿八卷

（清）趙申喬撰　清乾隆二年（1737）刻本

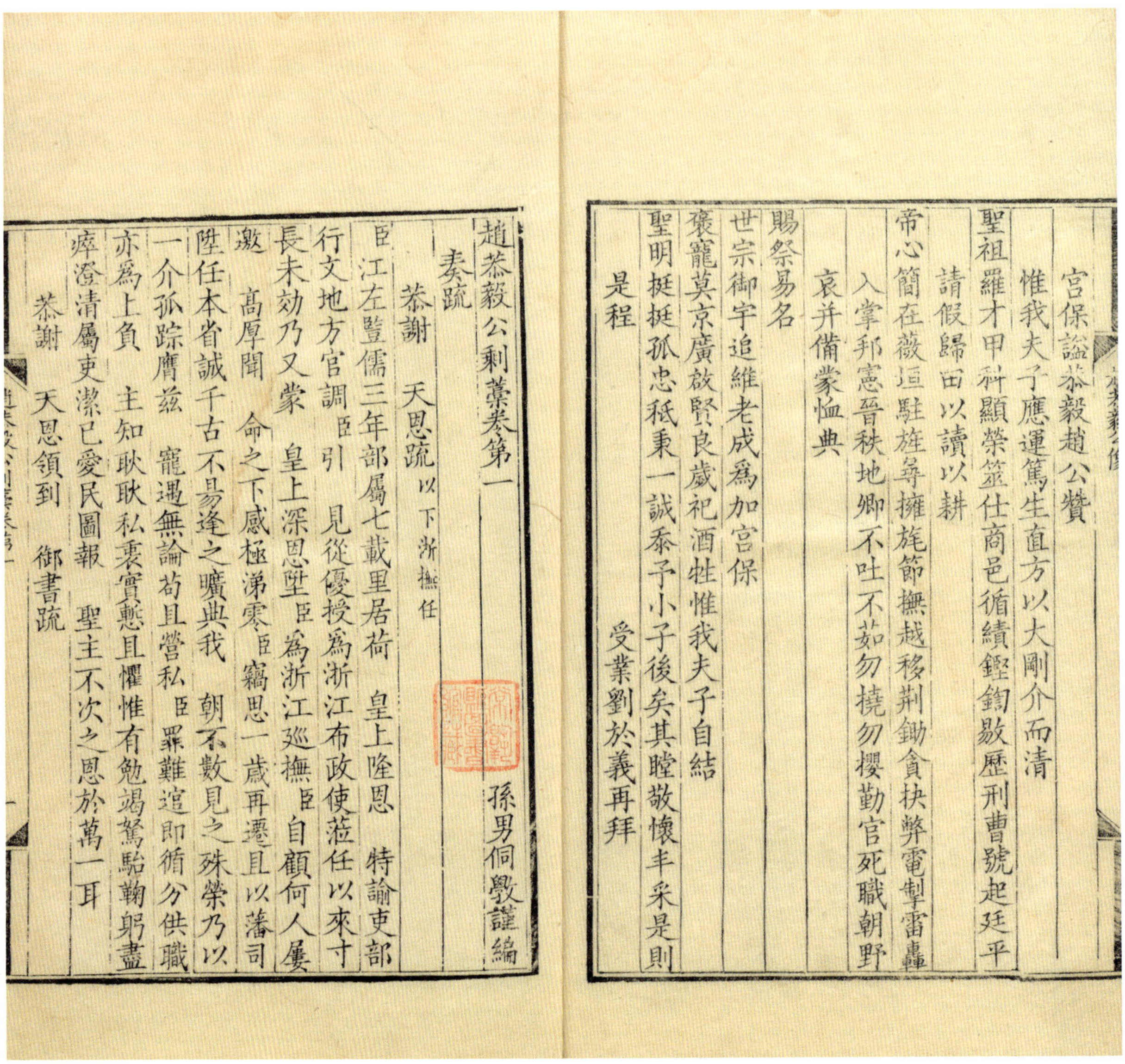

宮保謚恭毅趙公贊

惟我夫子應運篤生直方以大剛介而清
聖祖羅才甲科顯榮筮仕商邑循績錚錚歷刑曹號起廷平
請假歸田以讀以耕
帝心簡在薇垣駐旌尋擁旄節撫越移荆鋤貪抉弊電掣雷轟
入掌邦憲晉秩地卿不吐不茹勿撓勿攖勤官死職朝野
哀并備蒙恤典
賜祭易名
世宗御宇追維老成爲加宮保
褒寵奠京廣敘賢良歲祀酒牲惟我夫子自結
聖明挺挺孤忠秖秉一誠忝予小子後矣其瞠敬懷丰采是則
是程　受業劉於義再拜

趙恭毅公剩稿卷第一　孫男侗斅謹編

奏疏

恭謝　天恩疏以下浙撫任

臣江左豎儒三年部屬七載里居荷　皇上隆恩　特諭吏部
行文地方官調臣引　見從優授爲浙江布政使莅任以來寸
長未効乃又蒙　皇上深恩陞臣爲浙江巡撫臣自顧何人屢
邀　高厚聞　命之下感極涕零臣竊思一歲再遷且以藩司
陞任本省誠千古不易逢之曠典我　朝不數見之殊榮乃以
一介孤踪膺茲　寵遇無論苟且營私臣罪難逭即循分供職
亦爲上負　主知耿耿私衷實慙且懼惟有勉竭駑駘鞠躬盡
瘁澄清屬吏潔已愛民圖報　聖主不次之恩於萬一耳

恭謝　天恩領到　御書疏

趙申喬（1644—1720），字慎旃，江南武進（今江蘇常州）人。清康熙九年（1670）庚戌進士。官至户部尚書。謚恭毅。

卷端署「孫男侗斆謹編」。

框高20.5厘米，寬14.6厘米。半葉十二行，行二十四字，黑口，雙魚尾，四周雙邊。版心魚尾之間上鎸書名「趙恭毅公剩稿」及卷次，下鎸葉次。

正文前有凡例，末署「孫男侗斆謹識」；次接目録，署「孫男侗斆謹編」；次接劉於義繪趙申喬像及像贊。正文凡八卷，卷一至卷二奏疏，卷三奏疏、議，卷四序、記、志、述，卷五詳、咨，卷六示檄，卷七批詳，卷八雜著。

綫裝，十二册，登録號007840。各册書根題寫書名及册次。鈐「泉塘耀/松楊祉/昌經眼」朱方印、「常熟/縣圖書/館藏」朱方印。

007841　趙裘萼公剩稿三卷

（清）趙熊詔撰　清乾隆二年（1737）刻本

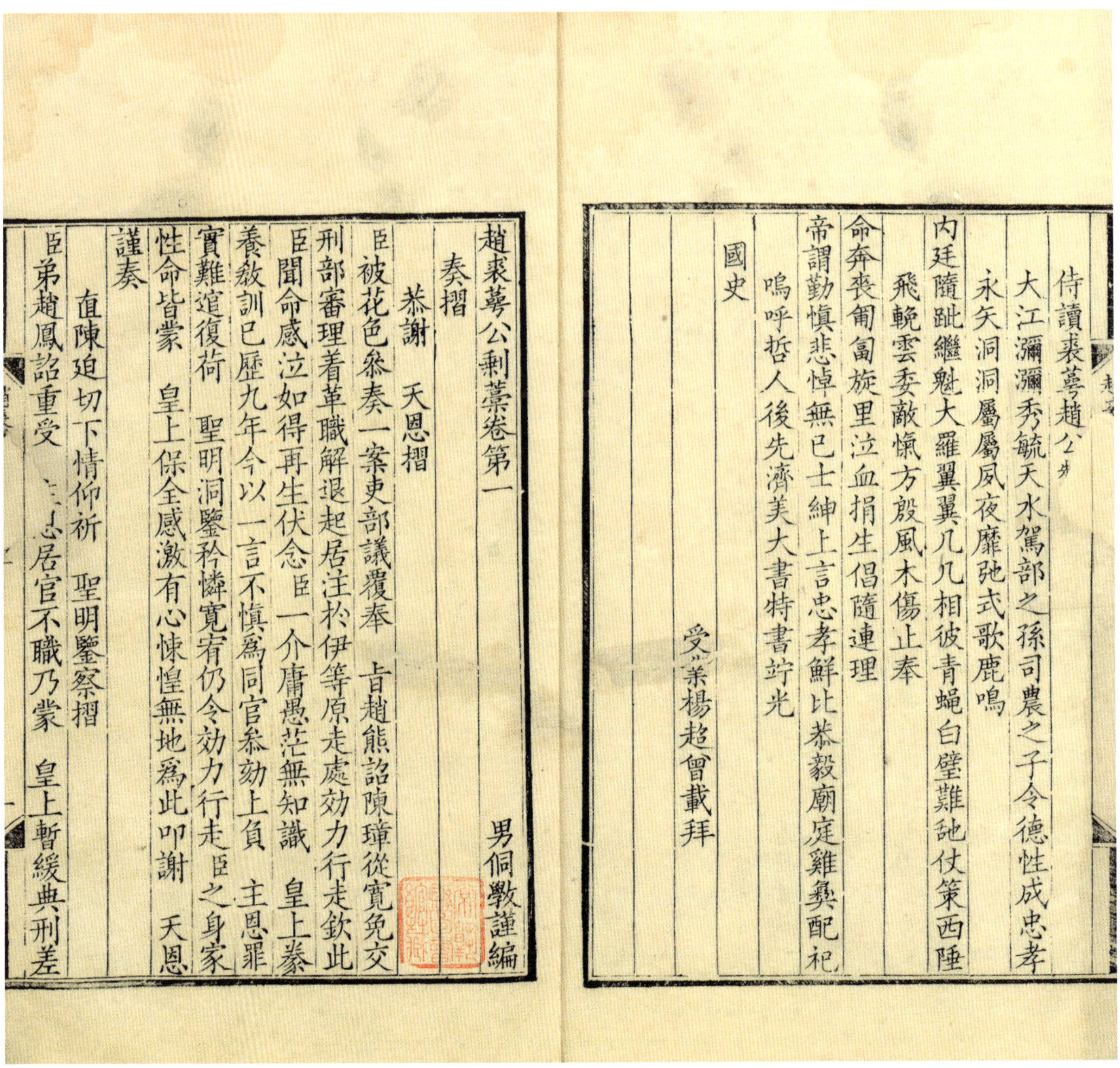

侍讀裒萼趙公歩

大江瀰瀰秀毓天水駕部之孫司農之子令德性成忠孝

永矢洞洞屬屬夙夜靡弛式歌鹿鳴

內廷隨跳繼魁大羅翼翼几几相彼青蠅白璧難弛仗策西陲

飛輓雲委敵愾方殷風木傷止奉

命奔喪匍匐旋里泣血捐生倡隨連理

帝謂勤慎悲悼無已士紳上言忠孝鮮比恭毅廟庭雞奠配祀

嗚呼哲人後先濟美大書特書於光

國史

受業楊超曾載拜

趙裒萼公剩藁卷第一　男侗敎謹編

奏摺

恭謝　天恩摺

臣被花色叅奏一案吏部議覆奉　旨趙熊詔陳璋從寬免交刑部審理着革職解退起居注於伊等原走處効力行走欽此臣聞命感泣如得再生伏念臣一介庸愚茫無知識　皇上豢養敎訓已歷九年今以一言不慎爲同官叅劾上負　主恩罪實難逭復荷　聖明洞鑒矜憐寬宥仍令効力行走臣之身家性命皆蒙　皇上保全感激有心悚惶無地爲此叩謝　天恩謹奏

直陳迫切下情仰祈　聖明鑒察摺

臣弟趙鳳詔重受　[illegible]忘居官不職乃蒙　皇上暫緩典刑差

趙熊詔（1663—1721），字侯赤，號裘萼，江南武進（今江蘇常州）人，申喬子。清康熙四十八年（1709）己丑科進士第一。官至翰林院侍讀。

卷端署「男侗斆謹編」。

框高 20.5 厘米，寬 14.6 厘米。半葉十二行，行二十四字，黑口，雙魚尾，四周雙邊。版心魚尾之間上鎸書名「趙裘萼公剩稿」及卷次，下鎸葉次。

正文前有目録，後有題識，末署「乾隆二年三月上巳，不肖男侗斆謹識」；次接楊超曾繪趙熊詔像及像贊。正文凡三卷，卷一奏摺五章、呈一首、賦二首、頌一首、序六首、碑記三首、跋四首、贊七首、論二首、祭文八首，卷二辛酉至戊子詩二百一十三首，卷三己丑至庚子詩一百九十八首。

綫裝，四册，登録號 007841。各册書根題寫書名及册次。鈐「常熟／縣圖書／館藏」朱方印。

007884　使滇集三卷

（清）史申義撰　清康熙刻本

使滇集上卷

江都　史申義　譔

乾清門引見恭賦

曈日觚稜曉。天閶劒珮開。玉除羣謁　帝。丹詔正
求才。香影螭頭動。鞭聲豹尾催。誰知懋勤意。隔夜
六龍廻。時　南巡閱河方　回鑾
帝澤東南徧。虛縻列直廬。諸儒媿經術。天子急
河渠。授簡陪雕輦。吹藜較玉書。不才叨顧問。聖
代網羅疏。

奉

史申義，字蕉飲，江蘇江都（今屬揚州）人。清康熙二十七年（1688）進士。曾官翰林院庶吉士、編修、禮科給事中。所著除《使滇集》，又有《過江集》等。

卷端署「江都史申義撰」。

框高 16.6 厘米，寬 13.6 厘米。半葉十行，行十九字，小字雙行，黑口，上單黑魚尾，左右雙邊。版心中鎸書名及卷次，下記葉次。

正文前有三序，各署「康熙四十三年甲申歲仲春五日書於京師永光寺西街客舍」「顧圖河謹撰」「宿松朱書序」。正文分三卷，所收詩係史申義奉命之滇之所作也。

綫裝，三册，登録號 007884。鈐「常熟縣／圖書館／收藏記」朱方印。

007918　風懷鏡四卷

（清）俞國琛撰　清嘉慶二十二年（1817）自刻本

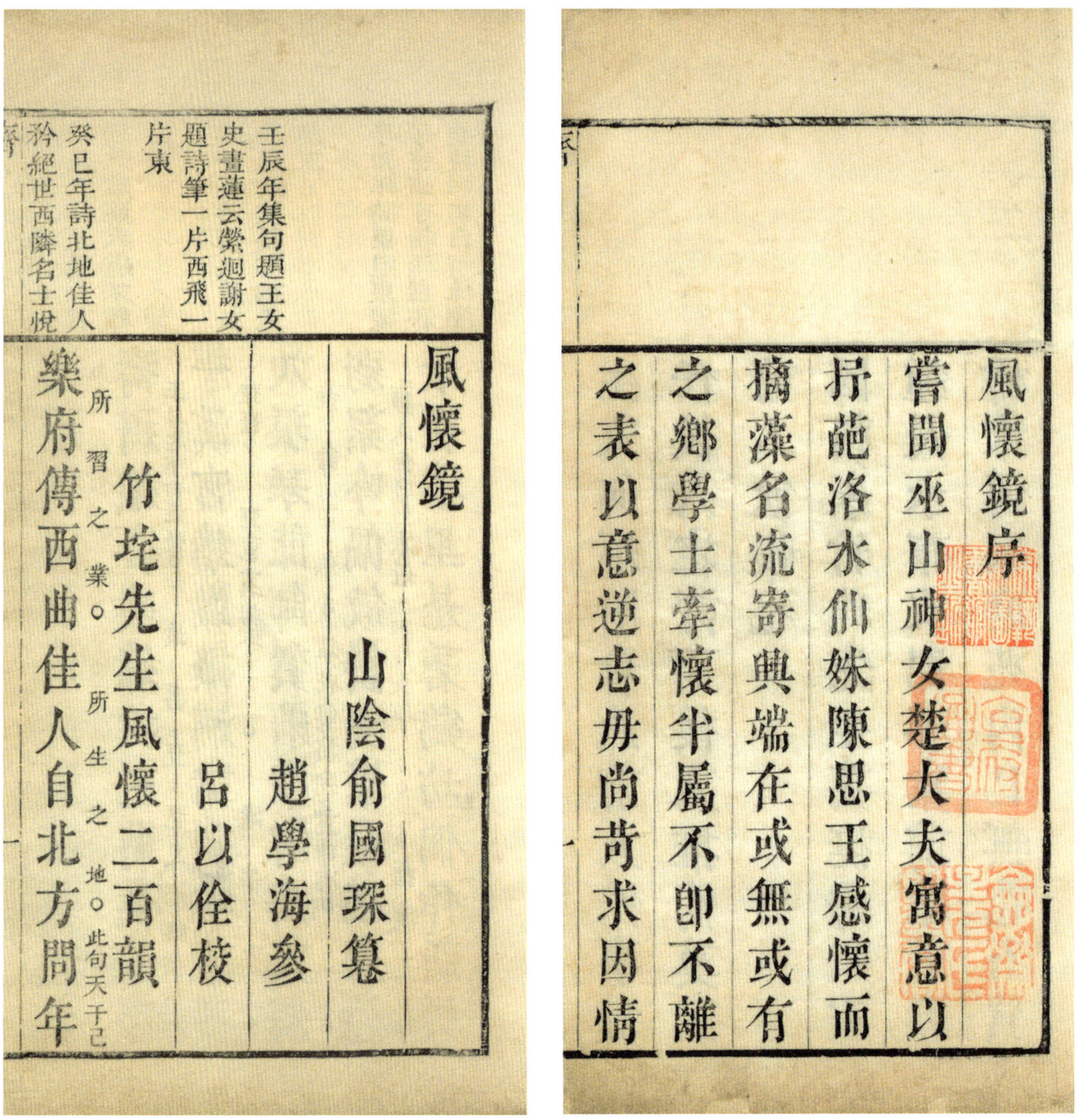

風懷鏡序

嘗鬬巫山神女楚大夫寓意以抒葩洛水仙姝陳思王感懷而摛藻名流寄興端在或無或有之鄉學士牽懷半屬不卽不離之表以意逆志毋尚苛求因情

壬辰年集句題王女史畫蓮云縈迴謝女題詩筆一片西飛一片東

癸巳年詩北地佳人矜絕世西鄰名士悅

風懷鏡

山陰俞國琛纂

趙學海參

呂以佺校

竹垞先生風懷二百韻

樂府傳西曲所習之業。佳人自北方所生之地。問年此句天干己

俞國琛，浙江山陰（今屬紹興）人。

卷端署「山陰俞國琛纂，趙學海參，吕以佺校」。

框高 18.6 厘米，寬 10.1 厘米。半葉六行，行十二字，小字雙行同，白口，四周單邊。版分上、下欄，上欄小字附刻批注。各册版心上依次鎸「齊」「心」「耦」「意」四字，下記葉次。

正文前有《風懷鏡序》，末署「嘉慶丙子仲冬下澣，鑄浦樵人趙大奎槐亭氏拜撰」；次接《風懷鏡自叙》，末署「嘉慶丁丑春，山陰俞國琛」；次接《風懷鏡凡例》；次接五人《風懷鏡題詞》，各署「山陰趙學海蘇門」「山陰馮富春三華」「會稽陳慶儀羽軒」「會稽陳慶儒端夫」「會稽陳慶倬紫筠」；次接俞國琛《風懷鏡辱諸君子品騭復得五截句以志感謝》詩五首。正文後有四《風懷鏡跋》，各署「嘉慶丙子小除夜，玖芸吕善報頓首寄跋於京師之寓齋」「嘉靖丁丑十月朔，馮淳静軒氏跋」「丁丑長至前二日，松岡馮富春謹跋」「嘉慶丁丑冬十二月上澣六日，嚳堂陳慶倈拜書」；次接《風懷鏡尺牘》，末署「慶儀頓首臘月朔日」；次接張鴻手跋。

綫裝，四册，登録號 007918。各册書封題簽上題書名「風懷鏡」，其下雙行小字標注各册内容及册次，第一册「序、跋、題詞、尺牘、凡例、簡明新注」，第二册「楊謙舊注《風懷》二百韵，全文另添杏林新注」，第三册「摘録《曝書亭集》内詩句詞句雜文，另添新注鈐」，第四册「全録《曝書亭集》内《静志居琴趣》詞，另添新注」。鈐「延/年」朱文圓印、「師曾/室藏」白方印、「常熟/縣圖/書館/之記」朱方印等。

008324 松桂讀書堂集八卷

（清）姚培謙撰　清乾隆刻本

松桂讀書堂集卷一

華亭　姚培謙　平山

樂府

思悲翁

思悲翁神鳥高翔凌長風美人鼓瑟春水中回眸促節思悲翁梟子飛上天梟母顧下土三年不見子十十五五為誰哺

艾如張

艾而張羅其樂如何鴻鵠高飛黄雀入羅奈羅何少年放雀去黄雀四望為君歌

姚培謙（1693—1766），字平山，上海華亭（今屬松江）人。諸生。

卷端署「華亭姚培謙平山」。

框高15.4厘米，寬11.5厘米。半葉十行，行十九字，黑口，雙魚尾，左右雙邊。版心中鎸書名、卷次及各卷體裁，下記葉次。

正文前有《春帆集序》，末署「康熙庚子立夏前一日，長洲同學弟顧嗣立拜題」；次接《自知集序》，末署「當湖同學陸奎勳」；次接「雍正甲辰仲春，錫山同學弟杜詔序」；次接《樂府序》，末署「乾隆丁巳嘉平月，同學襟弟陸奎勳拜題」；次接「屠維協洽之歲杪冬之月，唐堂黄之雋撰序」；次接「同里弟慧香陳嵝《覽古詩序》」；次接《樂府古詩序》，末署「乾隆五年歲次庚申花生日，海陽汪福謹跋」；次接「乾隆庚申二月，鱸香姚培謙自序」。正文凡八卷，卷一樂府一百二十二首，卷二五言古四十三首，卷三五言覽古一百四首，卷四七言古二十八首，卷五五言律九十一首，卷六五言排律六首，卷七七言律一百十三首，卷八五言絶三十首、七言絶一百三十七首。

綫裝，二册，登録號008324。鈐「振威」朱方印、「龐氏/家藏」白方印、「常熟市/圖書/館藏」朱方印等。

008355 六臣注文選 六十卷

（唐）李善等注 明萬曆六年（1578）徐成位重刻本

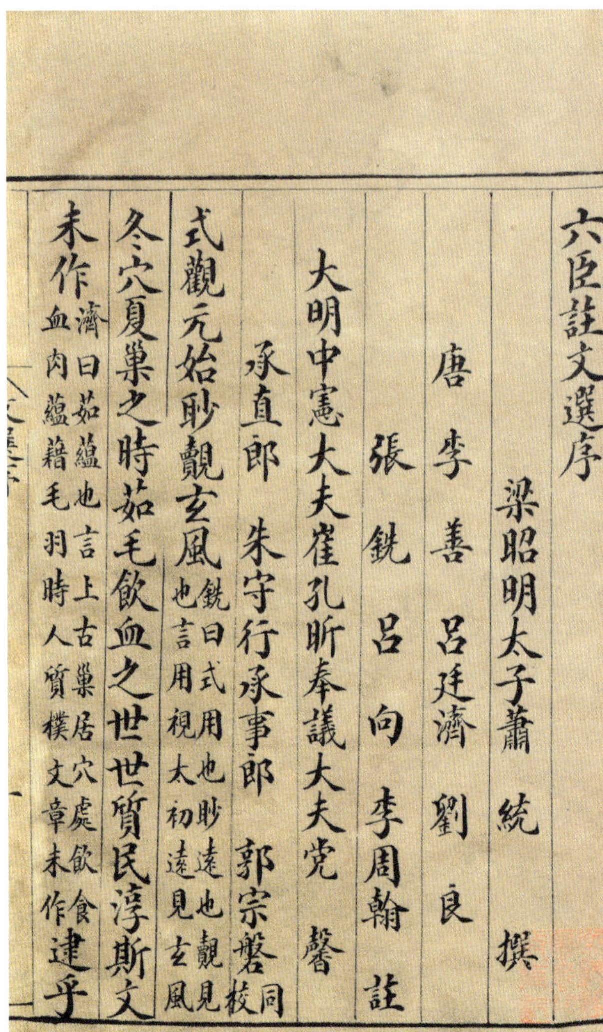
六臣註文選序
梁昭明太子蕭統 撰
唐 李善 呂延濟 劉良
張銑 呂向 李周翰 註
大明中憲大夫崔孔昕奉議大夫党 馨
承直郎 朱守行承事郎 郭宗磐 同校
式觀元始眇覿玄風 銑曰式用也眇遠也覿見也言用視太初遠見玄風
冬穴夏巢之時茹毛飲血之世世質民淳斯文
未作 濟曰茹蘊也言上古巢居穴處飲食血肉蘊藉毛羽時人質樸文章未作 逮乎

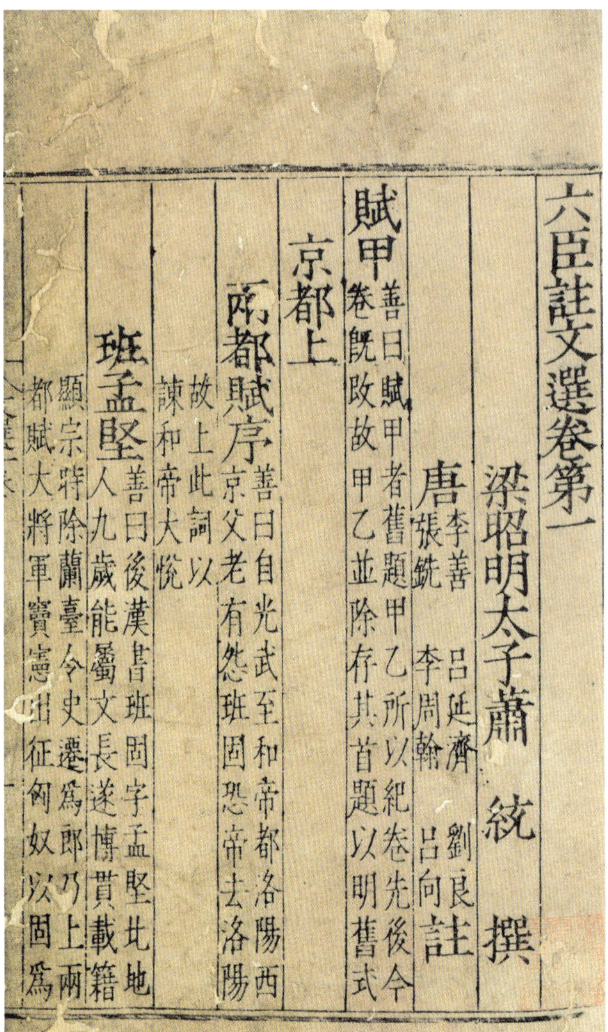
六臣註文選卷第一
梁昭明太子蕭統 撰
唐 李善 呂延濟 劉良 張銑 李周翰 呂向 註
賦甲 善曰賦甲者舊題甲乙所以紀卷先後今卷既改故甲乙並除存其首題以明舊式
京都上
兩都賦序 善曰自光武至和帝都洛陽西京父老有怨班固恐帝去洛陽故上此詞以諫和帝大悅
班孟堅 善曰後漢書班固字孟堅北地人九歲能屬文長遂博貫載籍 顯宗時除蘭臺令史遷爲郎乃上兩都賦大將軍竇憲出征匈奴以固爲

李善生平事迹見前《文選》（003887）。

卷端署「梁昭明太子蕭統撰，唐李善、吕延濟、劉良、張銑、吕向、李周翰注」，目録又署「大明中憲大夫崔孔昕、奉議大夫党馨、承直郎朱守行、承事郎郭宗磐同校」。

框高19.8厘米，寬15.2厘米。半葉九行，行十八字，小字雙行同，白口，上單白魚尾，四周雙邊。版心中鎸書名及卷次，下記葉次。

正文前有《六臣注文選序》，次接吕延祚《進五臣集注文選表》，次接《上遣將軍高力士宣口敕》，次接《李善上文選注表》，次接目録。

綫裝，六十册，登録號008355。各册書根題寫書名及册數。目録末及卷五十八、卷五十九後有「見龍精舍重校」字樣；卷四後有「戊寅重校」字樣；卷十八、卷二十二、卷二十五、卷二十七、卷三十四、卷三十九、卷四十四、卷四十五、卷四十七、卷四十九、卷五十七後有「冰玉堂重校」字樣；卷三十六後有「香宇香客舍重校」字樣；卷五十後有「九雲館重校」字樣。有朱筆圈點及批注。鈐「常熟縣/圖書館/收藏記」朱方印。

008356　文選纂注　十二卷

（南朝梁）蕭統選　（明）張鳳翼纂注　明萬曆刻本

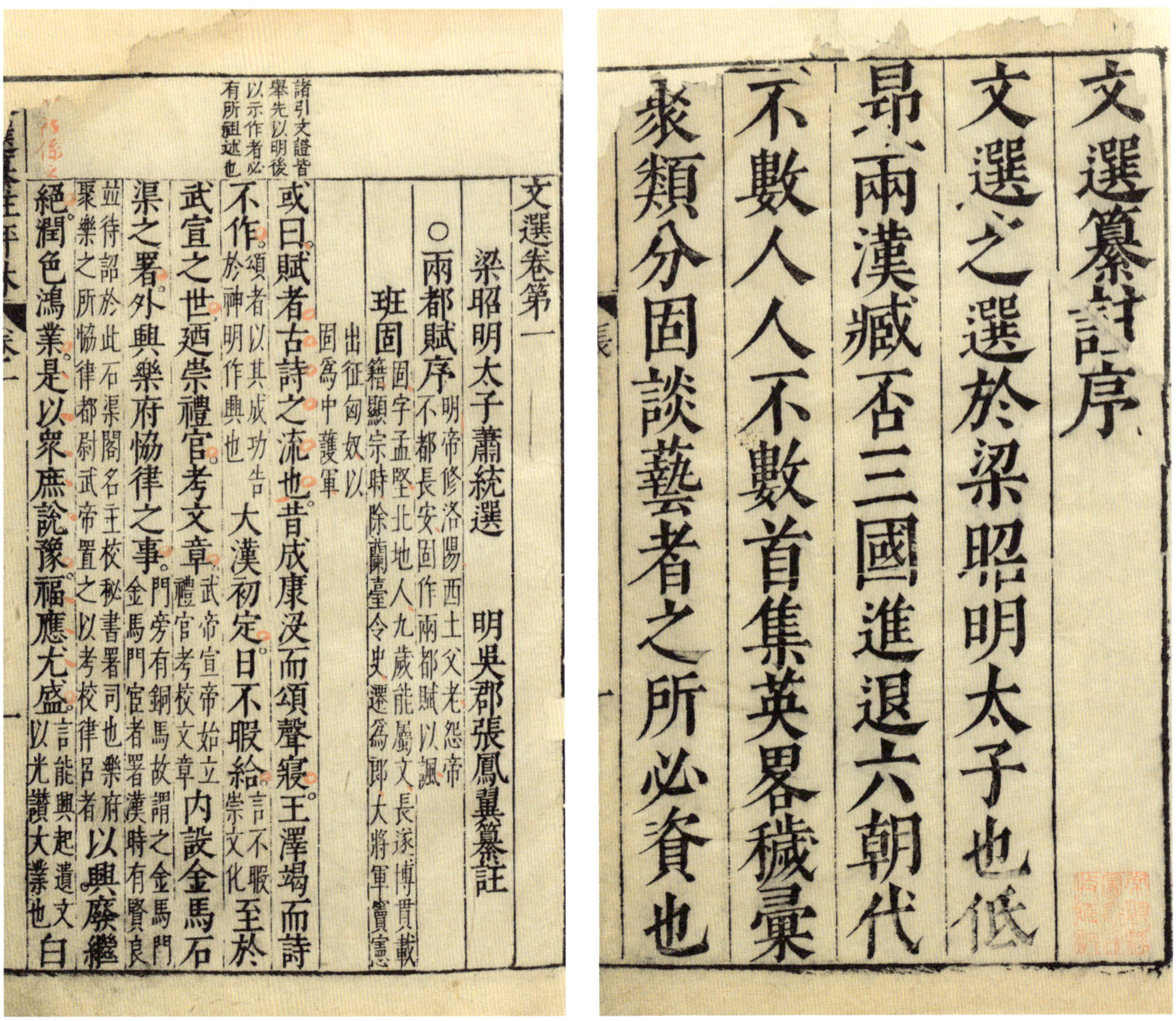
文選纂註序

文選之選於梁昭明太子也低昂兩漢臧否三國進退六朝代不數人人不數首集英畧穢彙衆類分固談藝者之所必資也

文選卷第一

梁昭明太子蕭統選　明吳郡張鳳翼纂註

○兩都賦序 明帝修洛陽西土父老怨帝不都長安固作兩都賦以諷

班固 固字孟堅北地人九歲能屬文長遂博貫載籍顯宗時除蘭臺令史遷爲郎大將軍竇憲出征匈奴以固爲中護軍

或曰。賦者古詩之流也。昔成康沒而頌聲寢。王澤竭而詩不作。頌者以其成功告於神明作興也 大漢初定。日不暇給。言不暇崇文化 至於武宣之世。廼崇禮官考文章。武帝宣帝始立禮官考校文章 內設金馬石渠之署。金馬門旁有銅馬故謂之金馬門官者署漢時有賢良並待詔於此石渠閣名主校秘書署司也 外興樂府協律之事。樂府聚樂之所協律都尉武帝置之以考校律呂者 以興廢繼絕。潤色鴻業。是以衆庶説豫。福應尤盛。言能興起遺文以光讚大業也 白

諸引文證皆舉先以明後以示作者必有所祖述也

蕭統生平事迹見前《文選》（003887）。

張鳳翼（1527—1613），字伯起，號靈墟，别署泠然居士，江蘇長洲（今屬蘇州）人。與弟獻翼、燕翼并稱「吴中三杰」。

卷端署「梁昭明太子蕭統選，明吴郡張鳳翼纂注」。

框高23.4厘米，寬15.4厘米。半葉十一行，行二十二字，小字雙行同，白口，上單黑魚尾，四周單邊。版心上鎸書名「文選纂注評林」，中記卷次，下記葉次。

正文前有《文選纂注序》，末署「萬曆庚辰秋日長洲張鳳翼伯起書」；次接李善《文選表》、吕延祚《文選表》及《上遣將軍高力士宣口敕》；次接目録；次接蕭統《序文》。

綫裝，二十四册，登録號008356。各册書根題寫書名「文選纂注評林」及册數。有朱筆圈點及批注。鈐「常熟縣/圖書館/收藏記」朱方印。

008396　六家文略十二卷附六家始末一卷

（明）唐順之纂　明萬曆三十年（1602）蔡望卿刻本

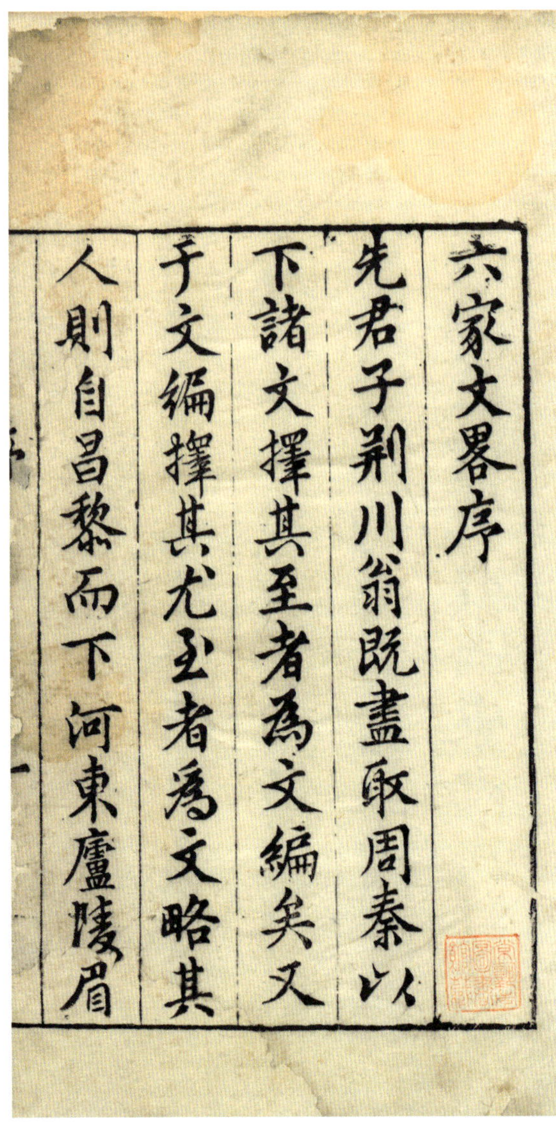
六家文畧序
先君子荆川翁既盡取周秦以
下諸文擇其至者爲文編矣又
于文編擇其尤至者爲文略其
人則自昌黎而下河東廬陵眉

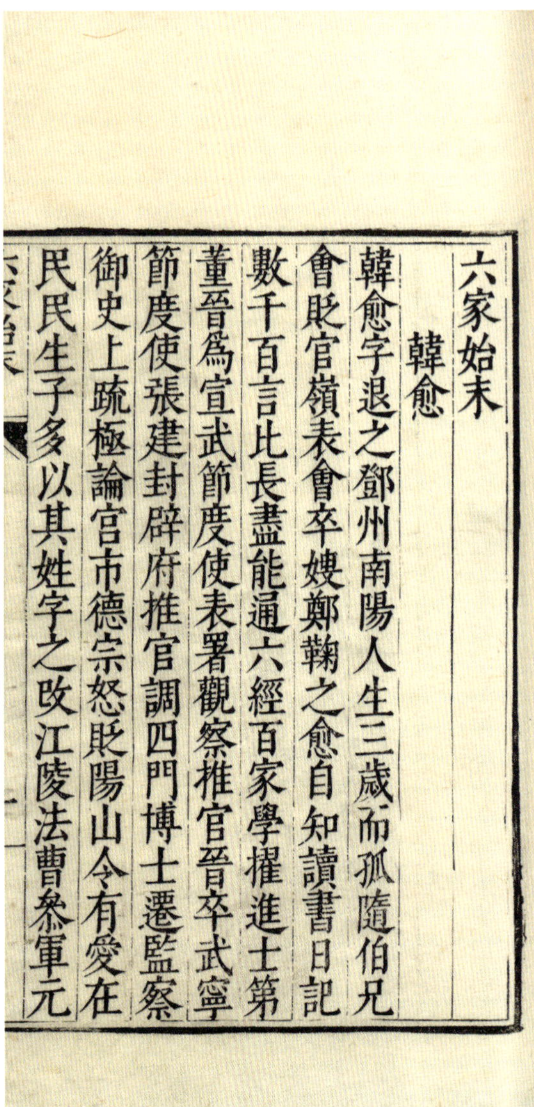
六家始末
韓愈
韓愈字退之鄧州南陽人生三歲而孤隨伯兄
會貶官嶺表會卒嫂鄭鞠之愈自知讀書日記
數千百言比長盡能通六經百家學擢進士第
董晉爲宣武節度使表署觀察推官晉卒武寧
節度使張建封辟府推官調四門博士遷監察
御史上疏極論宫市德宗怒貶陽山令有愛在
民民生子多以其姓字之改江陵法曹參軍元

唐順之生平事迹見前《新刊唐荆川先生稗編》（007361）。

卷端署「武進荆川唐順之纂，無錫門人少山蔡瀛輯，蔡望卿虧甫校刊」。

框高21.1厘米，寬14.2厘米。半葉九行，行十八字，白口，上單黑魚尾，四周雙邊。版心魚尾上鎸書名「六家文略」，魚尾下録卷次，再下記葉次。

正文前有《六家文略序》，末署「萬曆辛丑嘉平，不肖男鶴徵謹書」；次接《六大家文略題詞》，末署「涇里顧憲成題」，又署「顧常卿書，何之清刻」；次接《輯六家文略引》，末署「嘉靖癸亥冬十月六日，門人無錫蔡瀛書於陳司徒廟友山道房」；次接《鎸六家文略小引》，末署「萬曆壬寅孟春，蔡望卿謹撰」，又署「新安詹濂書」；次接《六家始末》一卷，即韓愈、柳宗元、蘇洵、蘇軾、曾鞏、歐陽修、蘇轍、王安石等人小傳；次接目録。正文凡十二卷，卷一書，卷二、卷三序，卷四記，卷五、卷六志、銘、表，卷七至卷九論，卷十論、策，卷十一、卷十二策。

綫裝，二十四册，登録號008396。各册書根題寫書名「六家文略」及册次。

鈐「常熟市/圖書/館藏」朱方印。

008400　聖宋名賢五百家播芳大全文粹一百五十卷目十卷

（宋）魏齊賢、葉棻輯

鈔本

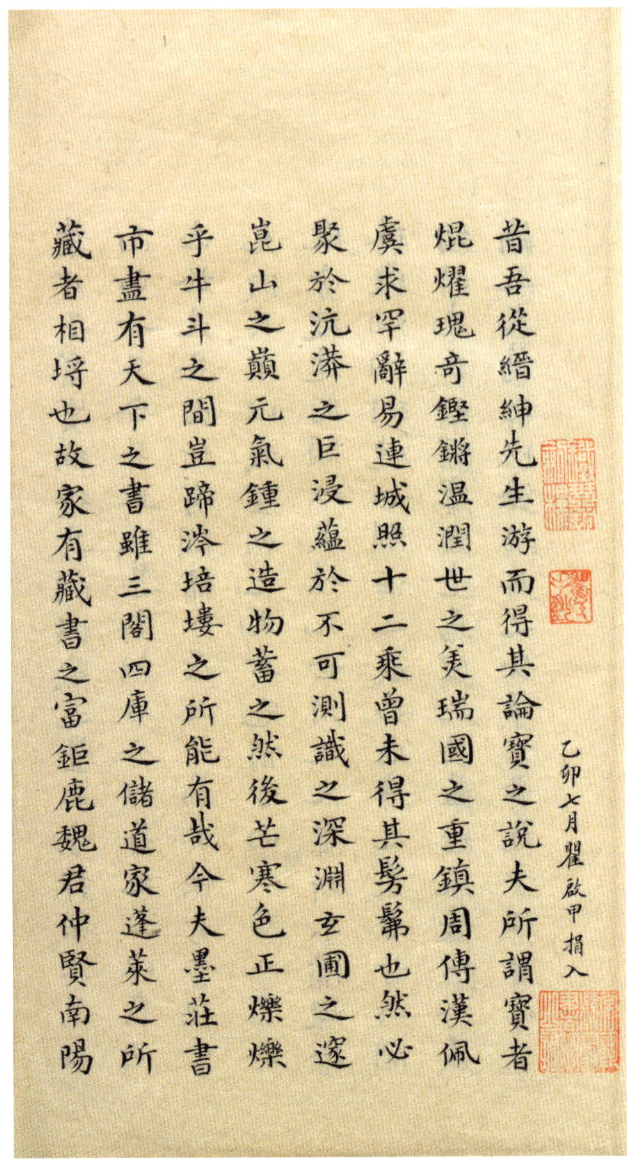
乙卯七月瞿啟甲捐入
昔吾從縉紳先生游而得其論寶之說夫所謂寶者焜燿瑰奇鏗鏘溫潤世之美瑞國之重鎮周傳漢佩虞求罕覯易連城照十二乘曾未得其髣髴也然必聚於流潴之巨浸蘊於不可測識之深淵玄圃之邃崑山之巔元氣鍾之造物蓄之然後芒寒色正爍爍乎牛斗之間豈蹄涔培塿之所能有哉今夫墨莊書市盡有天下之書雖三閣四庫之儲道家蓬萊之所藏者相埒也故家有藏書之富鉅鹿魏君仲賢南陽

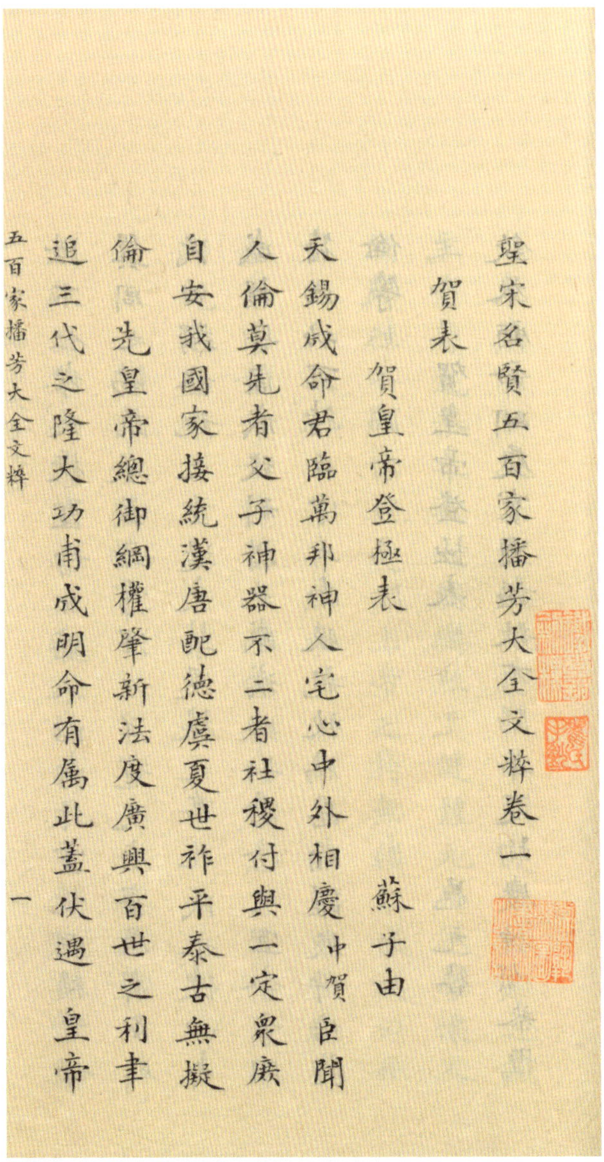
聖宋名賢五百家播芳大全文粹卷一
賀表
賀皇帝登極表　蘇子由
天錫威命君臨萬邦神人宅心中外相慶中賀臣聞人倫莫先者父子神器不二者社稷付與一定衆庶自安我國家接統漢唐配德虞夏世祚平泰古無擬倫　先皇帝總御綱權肇新法度廣興百世之利聿追三代之隆大功甫成明命有屬此蓋伏遇　皇帝
五百家播芳大全文粹　一

魏齊賢，字仲賢。葉棻，字子實。生平事迹皆不詳。

無版框及界欄，開本高 28.7 厘米，寬 17.7 厘米。半葉八行，行二十字。版心上書書名，下記葉次。

正文前有序，末署「紹熙改元庚戌八月朔，南徐許開仲啓序」；次接《播芳文粹類目》；次接《聖宋名賢總目》，計五百二十家；次接《聖宋名賢五百家播芳大全文粹目》十卷。正文後有三跋，各署「嘉定三年夏，唐山宋均記」「大清嘉慶二十五年六月，遂初居士孫均跋」「道光五年歲在乙酉季秋朔日，婁姚椿題」。正文凡一百五十卷，卷一至卷四十四表，卷四十五至卷四十六牋，卷四十七至卷八十八啓，卷八十九啓、狀，卷九十制誥，卷九十一制誥、奏狀、奏札，卷九十二至卷九十三上皇帝書，卷九十四書，卷九十五至卷一百一疊幅小簡，卷一百二札子，卷一百三至卷一百十尺牘，卷一百十一青詞，卷一百十二青詞、朱表，卷一百十三至卷一百十四青詞，卷一百十五至卷一百二十二疏，卷一百二十三至卷一百二十五祝文，卷一百二十六婚書，卷一百二十七生辰賦、頌、詩，卷一百二十八至卷一百三十樂語，卷一百三十一勸農文、檄文、雜文，卷一百三十二至卷一百三十三上梁文，卷一百三十四至卷一百四十一祭文，卷一百四十二至卷一百四十四挽詞，卷一百四十五至卷一百四十六記，卷一百四十七序，卷一百四十八碑、銘，卷一百四十九銘、贊、箴，卷一百五十頌、題跋。

綫裝，八十册，登録號 008400。各册書根題寫書名及册次。序前有小字題識「乙卯七月瞿啓甲捐入」。鈐「鐵琴銅/劍樓」白長印、「瞿氏/手鈔」朱長印、「常熟/縣圖/書館/之記」白方印。

008455　古詩歸十五卷唐詩歸三十六卷

（明）鍾惺、譚元春選定　明末刻本

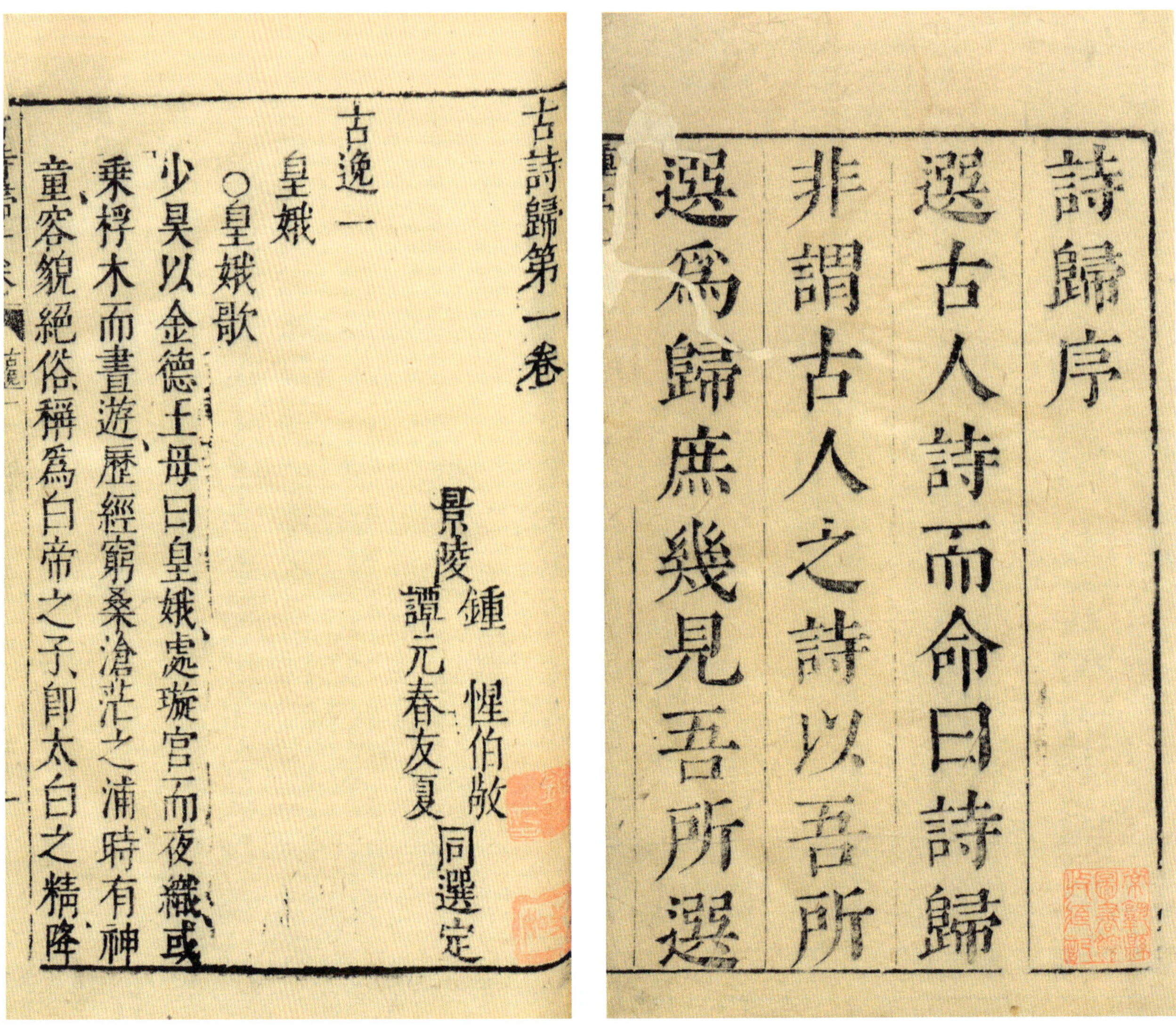

詩歸序

選古人詩而命曰詩歸

非謂古人之詩以吾所

選爲歸庶幾見吾所選

古詩歸第一卷

景陵　鍾　惺伯敬

譚元春友夏　同選定

古逸一

皇娥

○皇娥歌

少昊以金德王母曰皇娥處琁宮而夜織或

乘桴木而晝遊歷經窮桑滄茫之浦時有神

童容貌絕俗稱爲白帝之子卽太白之精降

鍾惺生平事迹見前《唐宋八大家選》（002922）。

譚元春（1586—1637），字友夏，號鵠灣，又號蓑翁，湖廣竟陵（今屬湖北天門）人。明天啓七年（1627）舉鄉試第一。

卷端署「景陵鍾惺伯敬、譚元春友夏同選定」。

框高20.5厘米，寬13.4厘米。半葉九行，行十八字，小字雙行同，白口，上單黑魚尾，左右雙邊，無界欄。版心上鐫書名及卷次，魚尾下小字雙行録各卷朝代及作者姓氏，如「齊／王融」，再下記葉次。

正文前有《詩歸序》，末署「景陵鍾惺伯敬甫撰」；次接《詩歸序》，末署「景陵譚元春友夏甫題」。《古詩歸》正文凡十五卷，選録先唐詩歌，以朝代爲序分卷，各卷正文前皆有分卷目次，卷一、卷二古逸，卷三至卷六漢，卷七魏，卷八至卷十晉，卷十一、卷十二宋，卷十三齊，卷十四梁，卷十五陳、北齊、北周、隋、北魏。《唐詩歸》正文凡三十六卷，初唐五卷，盛唐十九卷，中唐八卷，晚唐四卷。

綫裝，三十四册，登録號008455。各册書根題寫書名「古詩歸」及册次。有朱筆圈點。鈐「鍾／印」白方印、「式／如」朱方印、「常熟縣／圖書館／收藏記」朱方印。

008528　輯刻琵琶亭詩不分卷

（清）唐英輯　清乾隆十一年（1746）唐氏古柏堂刻本

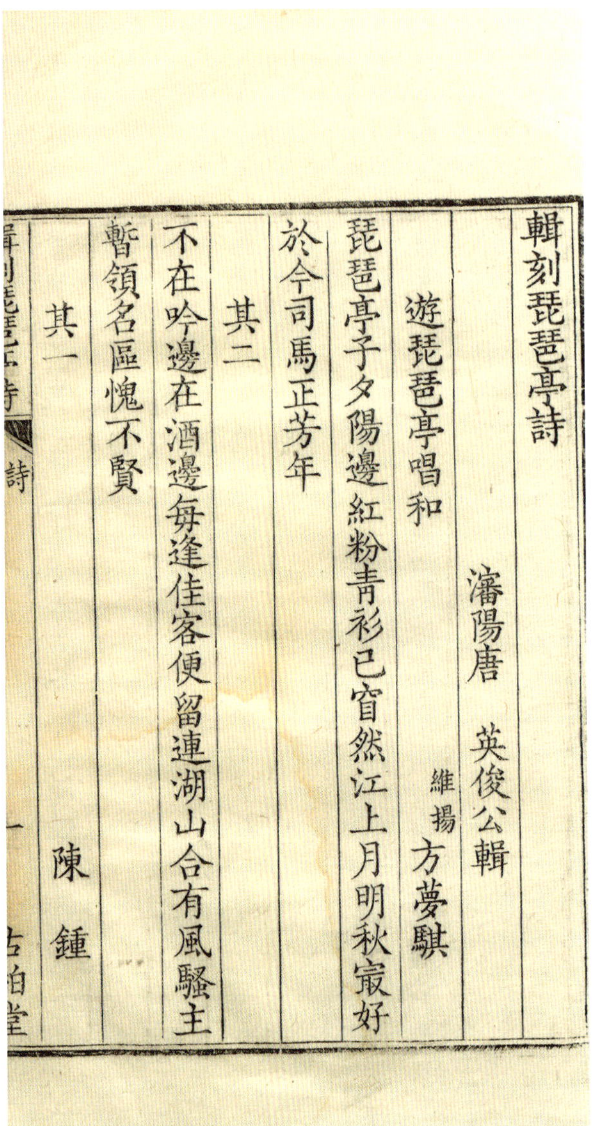
輯刻琵琶亭詩

瀋陽唐　英俊公輯

遊琵琶亭唱和　維揚　方夢騏

琵琶亭子夕陽邊紅粉青衫已窅然江上月明秋寂好於今司馬正芳年

其二

不在吟邊在酒邊每逢佳客便留連湖山合有風騷主暫領名區愧不賢

其一　陳　鍾

輯刻琵琶亭詩　詩　一　古柏堂

唐英（1682—1756），字俊公，一字叔子，晚號蝸寄老人，瀋陽人。隸漢軍正白旗，授内務府員外郎兼佐領。歷官淮關、九江關、粵海關鹽督。

卷端署「瀋陽唐英俊公輯」。

框高20厘米，寬14.4厘米。半葉九行，行二十一字，白口，上單黑魚尾，四周雙邊。版心上鎸書名，中記類目，下記葉次，葉次之下有「古柏堂」三字。

正文前有《琵琶亭圖》及唐英所撰圖記，次接白居易《琵琶行》，次接韓江開泰《重修琵琶亭記》，次接清乾隆七年（1742）嘉平月周學健《重建琵琶亭碑記》，次接乾隆十一年（1746）二月穀旦唐英《重修琵琶亭自記》，次接乾隆十一年蕤賓節榷陶使者唐英《輯刻琵琶亭詩小引》。正文不分卷，所輯詩起自乾隆八年（1743）二月，訖於乾隆十六年（1751）。

綫裝，四册，登録號008528。各册書根題寫題名及册數。鈐「常熟縣/圖書館/收藏記」朱方印。

008716 朱淑真斷腸詞一卷（宋）朱淑真撰 **梅屋詩餘一卷**（宋）許棐撰　清初錢曾述古堂鈔本　清章綬銜跋

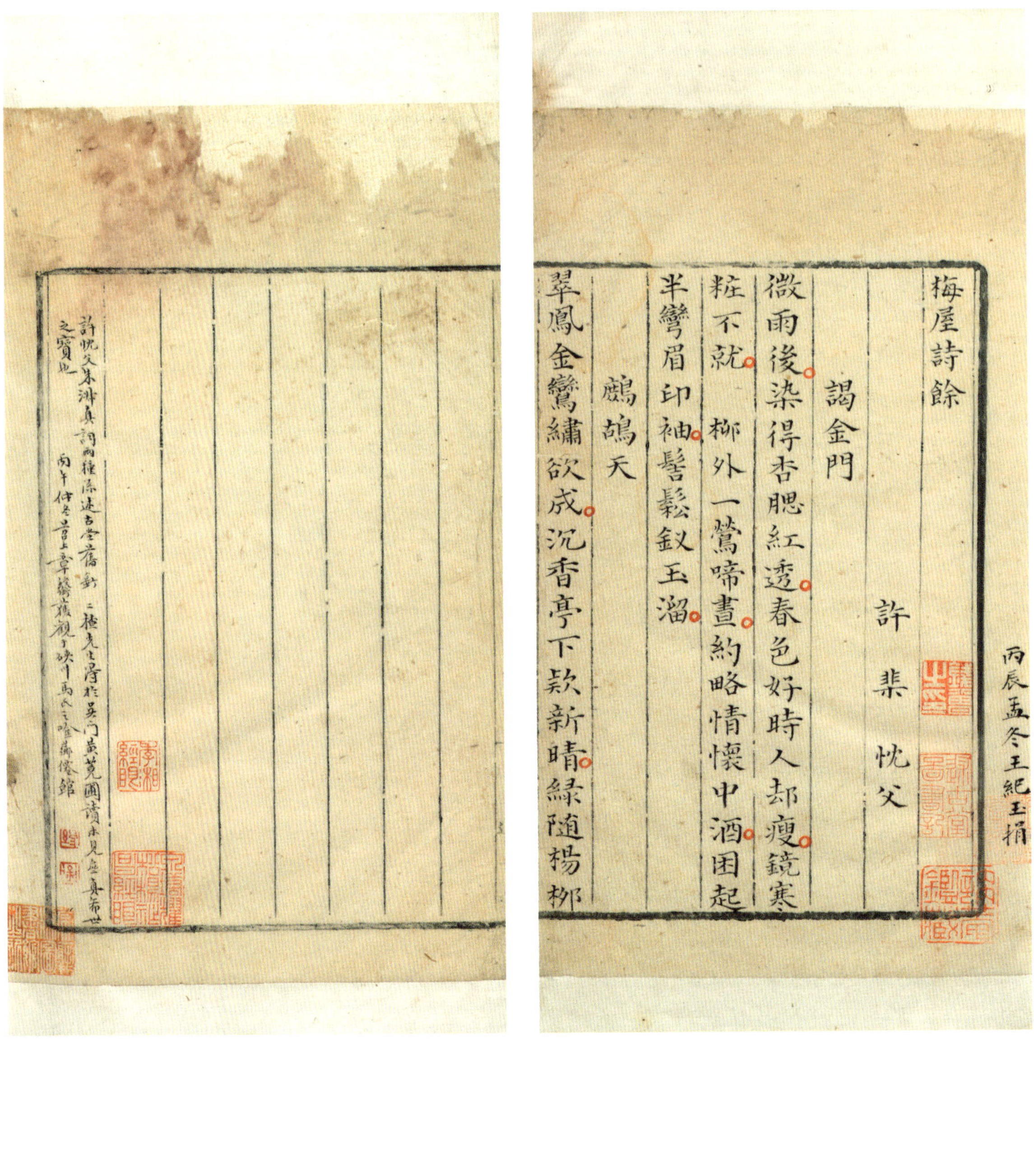

朱淑真（約1079—1131），號幽棲居士，浙江錢塘（今屬杭州）人，一作海寧人。

許棐（?—1249）字忱父，號梅屋，浙江海鹽（今屬嘉興）人。隱居秦溪。

框高19.1厘米，寬13.8厘米。半葉八行，行十八字，藍格，白口，左右雙邊。版心上記書名，下記葉次，版心下有「述古堂」字様。

《斷腸詞》收詞二十五首，《梅屋詩餘》收詞十八首。正文後有清道光二十六年（1846）章綬銜跋。

綫裝，一册，登録號008716。入選第三批《國家珍貴古籍名録》，名録號09548。是帙係丙辰孟冬王紀玉捐贈。卷端鈐「述古堂/圖書記」朱長印、「錢曾/之印」白方印、「訥庵/鑒藏」朱方印、「常熟/縣圖/書館/之記」，卷末鈐「季湘/經眼」朱方印、「綬/銜」連珠印等。

008846　玉玲瓏閣叢刊

（唐）陸淳纂　清康熙刻本

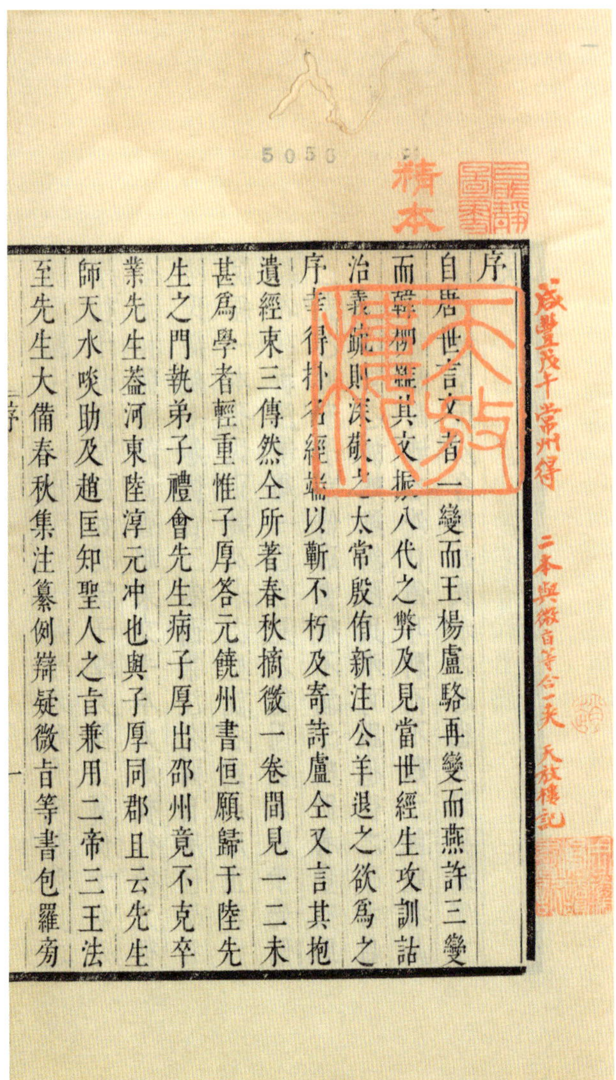

序

自唐世言文者一變而王楊盧駱再變而燕許三變
而韓柳暨其文振八代之弊及見當世經生攻訓詁
治義疏則深黻之太常殷侑新注公羊退之欲爲之
序言得扑者經端以斳不朽及寄詩盧仝又言其抱
遺經束三傳然仝所著春秋摘微一卷間見一二未
甚爲學者輕重惟子厚答元饒州書恒願歸于陸先
生之門執弟子禮會先生病子厚出邵州竟不克卒
業先生葢河東陸淳元冲也與子厚同郡且云先生
師天水啖助及趙匡知聖人之旨兼用二帝三王法
至先生大備春秋集注纂例辯疑微旨等書包羅旁

序　一

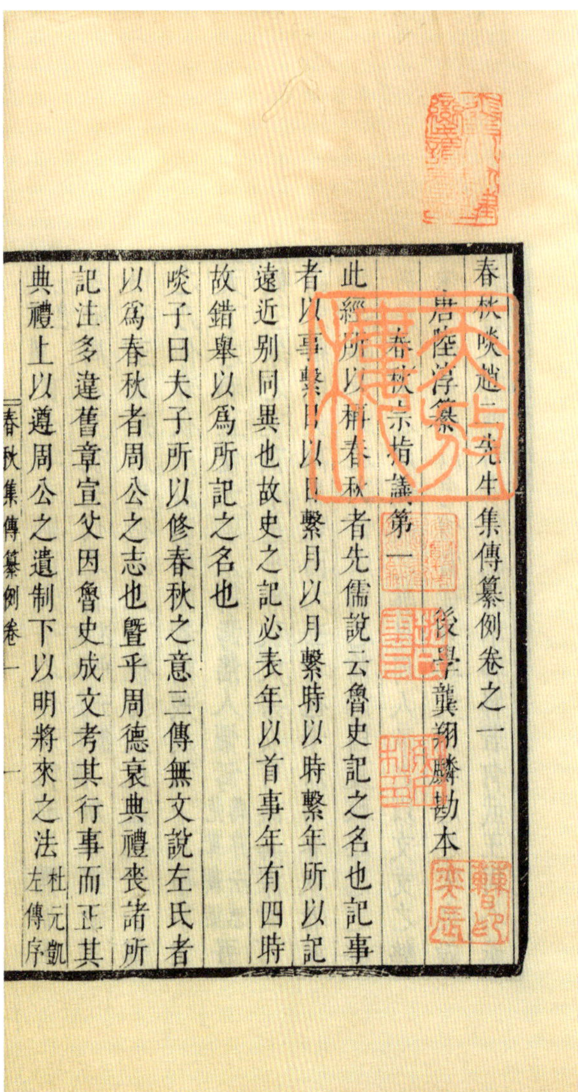

春秋啖趙二先生集傳纂例卷之一

唐陸淳纂　後學龔翔麟勘本

春秋宗指議第一

此經所以稱春秋者先儒說云魯史記之名也記事
者以事繫日以日繫月以月繫時以時繫年所以紀
遠近別同異也故史之記必表年以首事年有四時
故錯舉以爲所記之名也

啖子曰夫子所以修春秋之意三傳無文說左氏者
以爲春秋者周公之志也暨乎周德衰典禮喪諸所
記注多違舊章宣父因魯史成文考其行事而正其
典禮上以遵周公之遺制下以明將來之法杜元凱左傳序

春秋集傳纂例卷一　一

陸淳，字伯冲，號文通，後改名質，江蘇吴郡（今蘇州）人。曾任左拾遺、太常博士、國子博士、信州刺史、台州刺史等。

是帙係《春秋集傳纂例》十卷、《春秋集傳辨疑》十卷、《春秋集傳微旨》三卷合刊，卷端皆署「唐陸淳纂，後學龔翔麟勘本」。

框高18.2厘米，寬13.8厘米。半葉十一行，行二十字，小字雙行同，白口，左右雙邊。版心上鎸各集題名及卷次，下記葉次。

《春秋集傳纂例》，目録及正文題作「春秋啖趙二先生集傳纂例」。正文前有天放樓手書朱筆題識，云「咸豐戊午常州得。二本與《微旨》等合一夾。天放樓記」；次接元吴萊序；次接目録。正文後有能静朱筆手記。正文凡四十篇，分爲十卷。

《春秋集傳辨疑》，正文前有天放樓手書朱筆題識，云「咸豐戊午常州得。一本與《纂例》等合一夾。天放樓記」；次接宋慶曆戊子吴興朱臨叙；次接柳宗元撰《唐故給事中皇太子侍讀陸文通先生墓表》；次接柳宗元撰《荅元饒州論春秋書》。正文凡十卷。

《春秋集傳微旨》，正文前有天放樓手書朱筆題識，云「咸豐戊午常州得。一本與《辨疑》等合一夾。天放樓記」。正文分上、中、下三卷。

綫裝，四册，登録號008846。各册原書封皆有手書題名、作者及卷次、册次，署「能静居書」；各册書根書寫題名及册次。鈐「能静／圖書」朱方印、「天放／樓」朱方印、「趙」朱文圓印、「趙氏／惠父」白方印、「精本」朱長印、「烈文／私印」朱方印、「陽湖趙烈文字惠父號能静僑／於海虞築天放樓收庋文翰之記」朱長印、「惠父／珍藏」朱方印、「曹印／奕辰」朱方印、「琴川俞鍾／鑾讀書記」朱長印、「常熟市／圖書／館藏」朱方印等。

0009787 古今名賢彙語殘存三種

（明）佚名編　明刻本

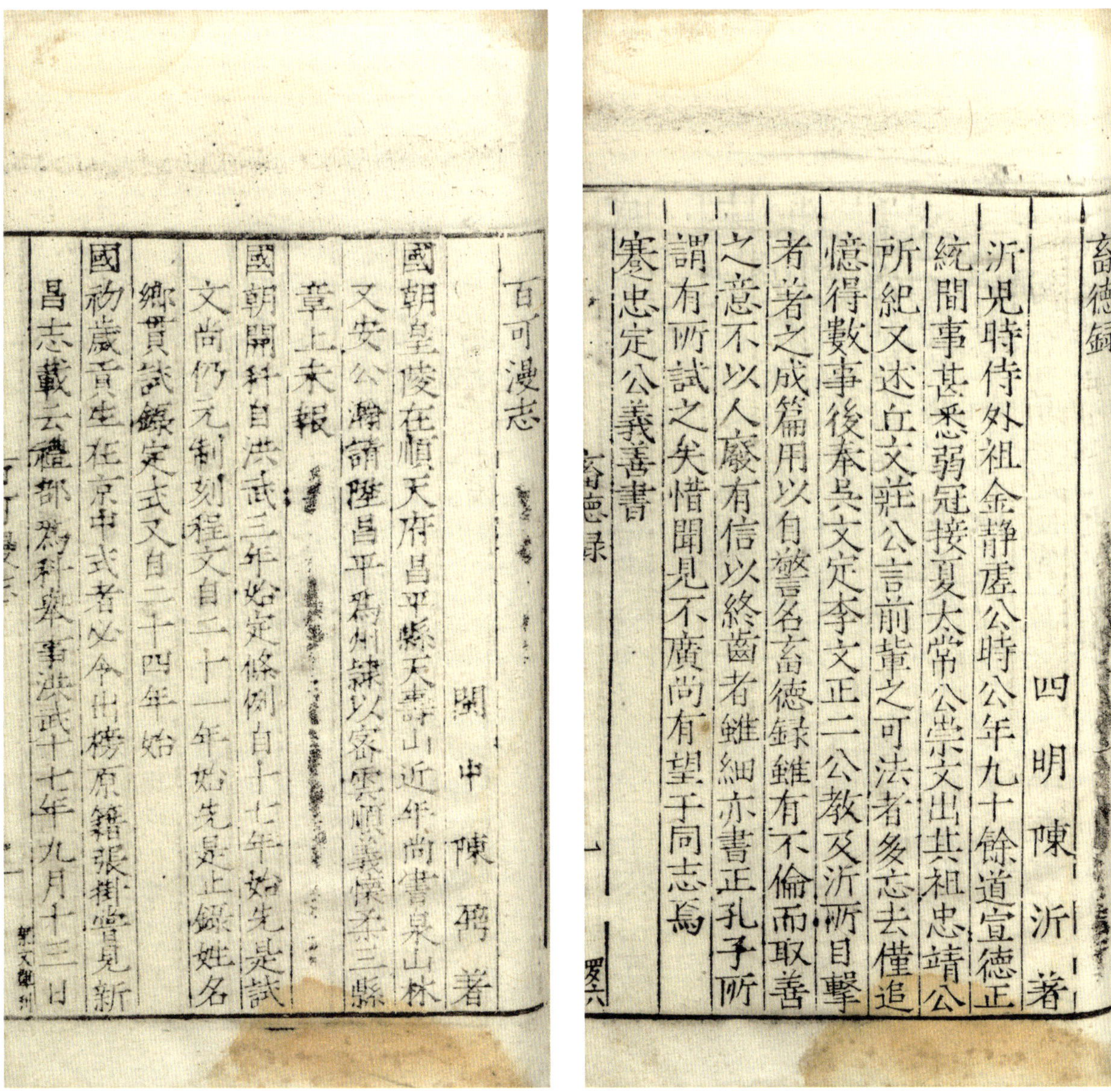

畜德録

四明陳沂著

沂兒時侍外祖金靜虛公時公年九十餘道宣德正
統間事甚悉弱冠接夏太常公崇文出其祖忠靖公
所紀又述丘文莊公言前輩之可法者多忘去僅追
憶得數事後奉吳文定李文正二公教及沂所目擊
者著之成篇用以自警名畜德録雖有不倫而取善
之意不以人廢有信以終葛者雖細亦書正孔子所
謂有所試之矣惜聞見不廣尚有望于同志焉

蹇忠定公義善書

百可漫志

閩中陳鴻著

國朝皇陵在順天府昌平縣天壽山近年尚書泉山林
又安公瀚請陞昌平爲州隷以密雲順義懷柔三縣
章上未報

國朝開科自洪武三年始定條例自十七年始先是試
文尚仍元制刻程文自二十一年始先是止録姓名
鄉貫試録定式又自二十四年始

國初歲貢生在京中式者必令出榜原籍張掛曾見新
昌志載云禮部爲科舉事洪武十七年九月十三日

是帙合《緑雪亭雜言》《畜德録》《百可漫志》各一卷。《畜德録》，卷端署「四明陳沂著」；《百可漫志》，卷端署「閩中陳鼎撰」；《緑雪亭雜言》，正文有闕，撰者待考。

框高19.5厘米，寬13.4厘米。半葉十行，行二十三字，白口，四周單邊。版心中鎸書名，下記葉次，葉次下有刻工姓名：業再生、宫成、陳友、詹賓、兼八、熊還、羅六、王三等。是集原二十二種二十三卷，今常熟市圖書館藏本僅存三種三卷。

綫裝，一册，登録號009787。

009875　賴古堂名賢尺牘新鈔十二卷二選藏弆集十六卷

（清）周亮工等輯　清康熙元年（1662）、六年（1667）周氏賴古堂刻本

清龔文照批校

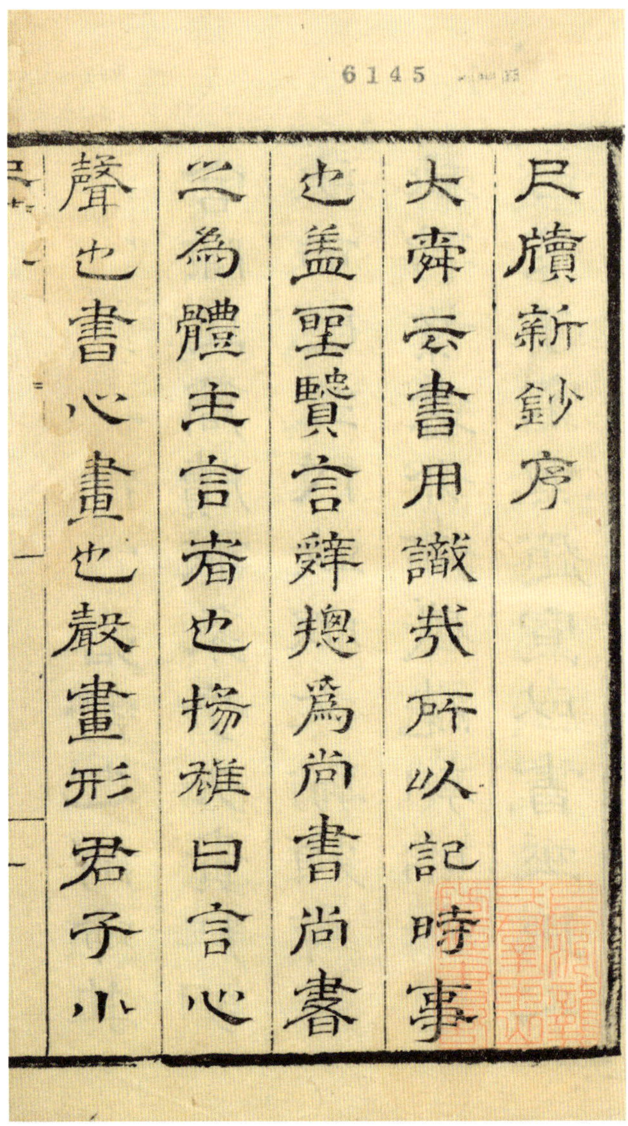

6145

尺牘新鈔序

大彝云書用識哉所以記時事也盖聖賢言辭總爲尚書尚書之爲體主言者也揚雄曰言心聲也書心畫也觳畫形君子小

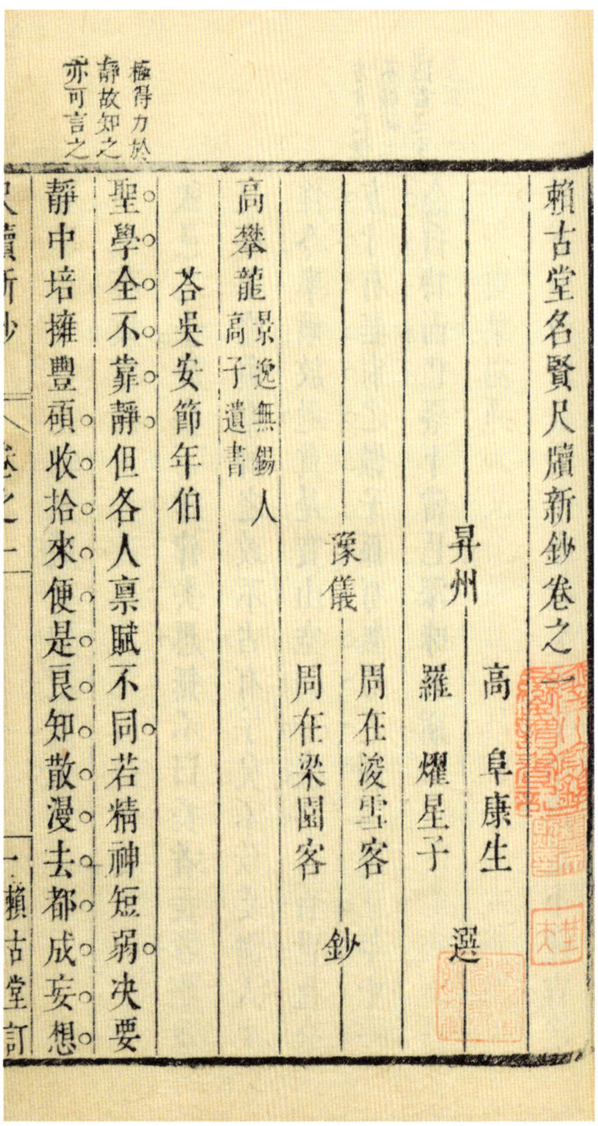

賴古堂名賢尺牘新鈔卷之一

高阜康生　選

昇州　羅燿星子

周在浚雪客

篆儀　周在梁園客　鈔

高攀龍景逸無錫人

高子遺書

荅吳安節年伯

聖學全不靠靜但各人禀賦不同若精神短弱決要靜中培擁豐碩收拾來便是良知散漫去都成妄想

極得力於靜故知之亦可言之

尺牘新鈔　卷之一　一　賴古堂訂

周亮工（1612—1672），字元亮，號櫟園，又號緘齋，河南祥符（今屬開封）人。明崇禎進士，授監察御史。入清後，纍官至户部右侍郎。能詩善文，精於鑒藏。

是集合《賴古堂名賢尺牘新鈔》《賴古堂名賢尺牘新鈔二選藏弆集》二種，輯歷代名人尺牘。

框高 19.7 厘米，寬 13.6 厘米。半葉九行，行十二字，小字雙行同，白口，上單白魚尾，四周單邊。《尺牘新鈔》版心上鐫「尺牘新鈔」，中鎸卷次，下記葉次，葉次下有「賴古堂訂」字樣；《藏弆集》版心上鐫「藏弆集」，中鎸卷次，下記葉次，葉次下有「賴古堂二刻」字樣。

《尺牘新鈔》，卷端署「昇州高阜康生、羅燿星子選，豫儀周在浚雪客、周在梁園客鈔」。正文前有《尺牘新鈔序》，末署「梁通事舍人東莞劉勰彦和撰」；次接《尺牘新鈔選例》，末署「康熙元年歲在壬寅六月望日，賴古堂識」；次接目録。正文凡十二卷。《藏弆集》，卷端署「豫儀周在梁園客、周在浚雪客、周在延津客鈔」。有書名葉，横眉題「尺牘新鈔二刻」，右上小字題「賴古堂評選」，中間大字題書名「藏弆集」，左上雙行小字「已刻一／篇不戢」，左下小字題「情話軒藏板」。正文前有《尺牘新鈔二選藏弆集序》，末署「康熙六年歲次丁未春王正月，陽羡陳維崧撰」；次接目録。正文凡十六卷。

綫裝，十四册，登録號 009875。《尺牘新鈔》六册，各册書封左題書名，并以「經史琴酒之觀」六字標明册次；鈐「琴川俞鍾／鑾讀書記」朱長印、「龔文／照印」白方印、「長沙龔／氏群玉山／房藏書記」「埜／夫」朱方印、「常熟市／圖書／館藏」朱方印。《藏弆集》八册，各册封面題簽鐫書名「賴古堂尺牘藏弆集」，并以「金石絲竹，匏土革木」八字標明册次；有黄筆批校。鈐「清閟／閣藏／書」朱方印、「弆音舉漢陳遵／善書與人尺牘／皆藏弆以爲榮」朱長印、「龍尾／山人」朱長印、「文照／之印」白長印、「群／玉」朱長印、「野夫」朱文葫蘆印、「琴川俞鍾／鑾讀書記」朱長印、「常熟市／圖書／館藏」朱方印。

010009　宋大家歐陽文忠公文選十卷

（明）歸有光輯　明徐開雍刊《八大家文鈔》本

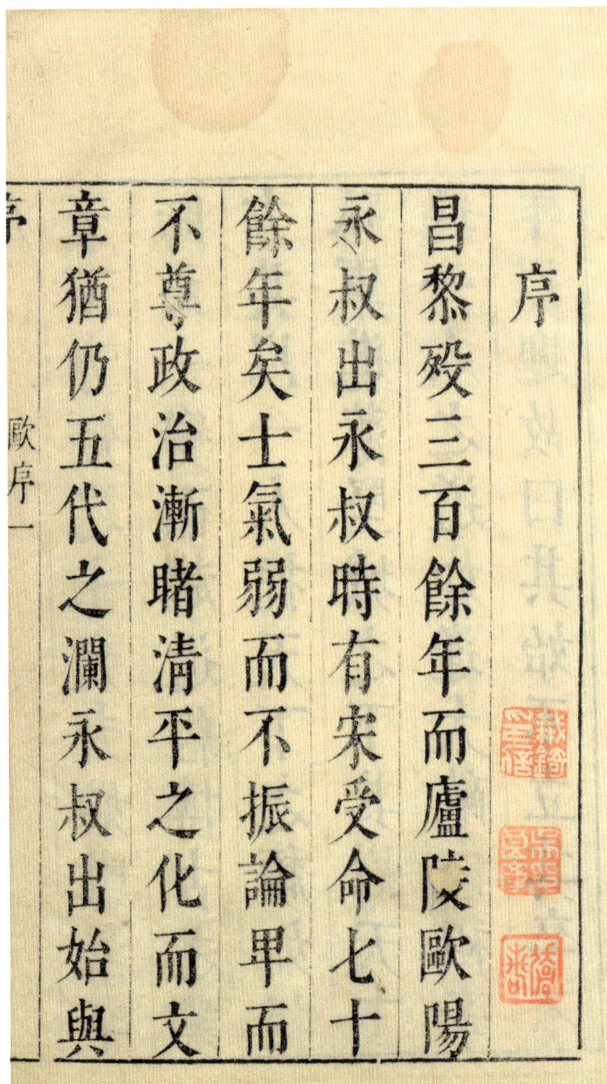

序

昌黎殁三百餘年而廬陵歐陽永叔出永叔時有宋受命七十餘年矣士氣弱而不振論卑而不尊政治漸睹清平之化而文章猶仍五代之瀾永叔出始與

序　歐序一

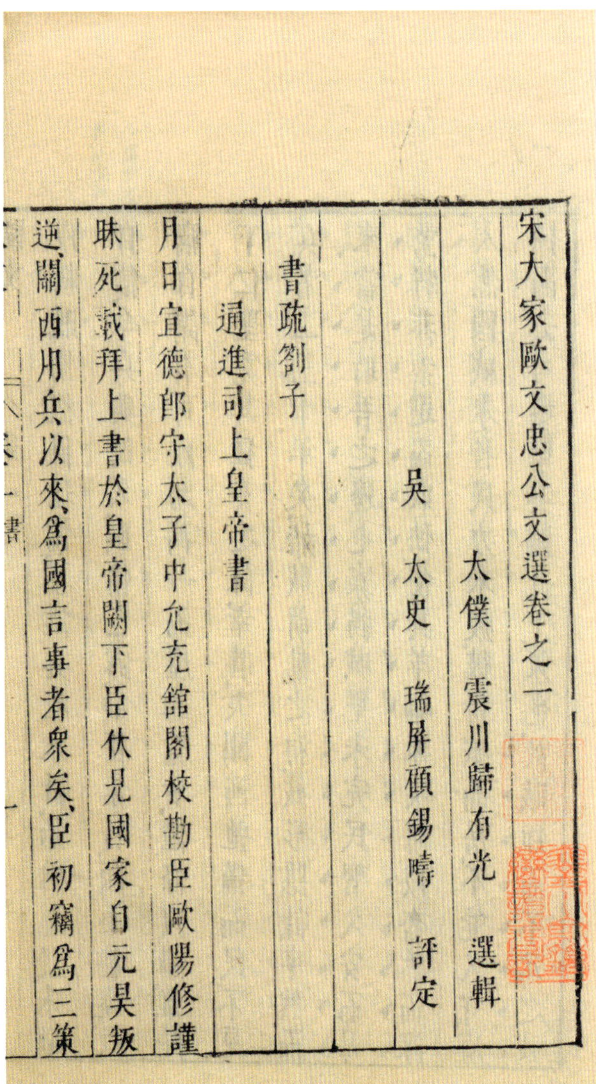

宋大家歐文忠公文選卷之一

太僕　震川歸有光　選輯

吳　太史　瑞屏顧錫疇　評定

書疏劄子

通進司上皇帝書

月日宣德郎守太子中允充館閣校勘臣歐陽修謹昧死載拜上書於皇帝闕下臣伏見國家自元昊叛逆關西用兵以來爲國言事者衆矣臣初竊爲三策

歸有光生平事迹見前《震川先生集》（004195）。

卷端署「太僕震川歸有光選輯，吴太史瑞屏顧錫疇評定」。

框高20厘米，寬14.1厘米。半葉九行，行二十字，白口，上單白魚尾，四周單邊。版心上鎸書名「歐文」，中録卷次，下記葉次。

正文前有序，末署「鹿城徐開雍題」；次接目録。正文分十卷，卷一書、疏、札子，卷二札子、狀，卷三表、啓、書，卷四論，卷五史論，卷六序，卷七記，卷八碑銘、墓志銘，卷九墓志銘，卷十墓表、祭文、頌、賦、雅著附本傳。

綫裝，五册，登録號010009。各册書根題寫書名「歐文」及册次。鈐「戴錡/印信」白方印、「吴印/良産」白方印、「琴川俞鍾/鑾讀書記」朱長印、「常熟市/圖書/館藏」朱方印等。

010016 東坡文選 二十卷

（明）鍾惺輯并評

明萬曆刻本

東坡文選目錄終

東坡文選第一卷

明景陵鍾惺定

賦

○○天慶觀乳泉賦

陰陽之相化，天一爲水，六者其壯，而一者其稺也。夫物老死於坤，而萌芽於復，故水者物之終始也。意水之在人寰也，如山川之蓄雲，草木之含滋，漠然無形而爲往來之氣也。爲

鍾惺生平事迹見前《唐宋八大家選》（002922）。

卷端署「明景陵鍾惺定」。

框高 18.6 厘米，寬 14.1 厘米。半葉八行，行十七字，白口，四周單邊。版心上鎸書名及卷次，中鎸各卷文選體裁，下記葉次。

有書名葉，内容爲「鍾伯敬先生批點／東坡文選／本衙藏板」。

正文前護葉有清光緒十九年（1893）癸巳正月二十九日月鋤手書題識；次接《東坡文選序》，末署「明萬曆庚申歲七月十五日竟陵鍾惺書」；次接目録。正文分二十卷，卷一賦，卷二序，卷三記、傳，卷四至卷六論，卷七至卷九策，卷十、卷十一奏議，卷十二表狀、啓，卷十三至卷十五書，卷十六碑，卷十七墓志銘，卷十八祭文、説、跋、書事、贊，卷十九銘、頌、祝文、偈、雜文，卷二十外制、内制。

綫裝，六册，登録號 010016。各册書根題寫書名、册次及各册文選體裁。鈐「本衙鳩工精梓／翻者千里必究」朱長印、「月／鋤」朱方印、「廷／輔」白方印、「顧印／嘉謨」白方印、「常熟市／圖書／館藏」朱方印。

010058 新鍥會元湯先生批評滄溟文選評林五卷

（明）李攀龍撰　明萬曆二十五年（1597）詹聖澤刻本

明湯賓尹評

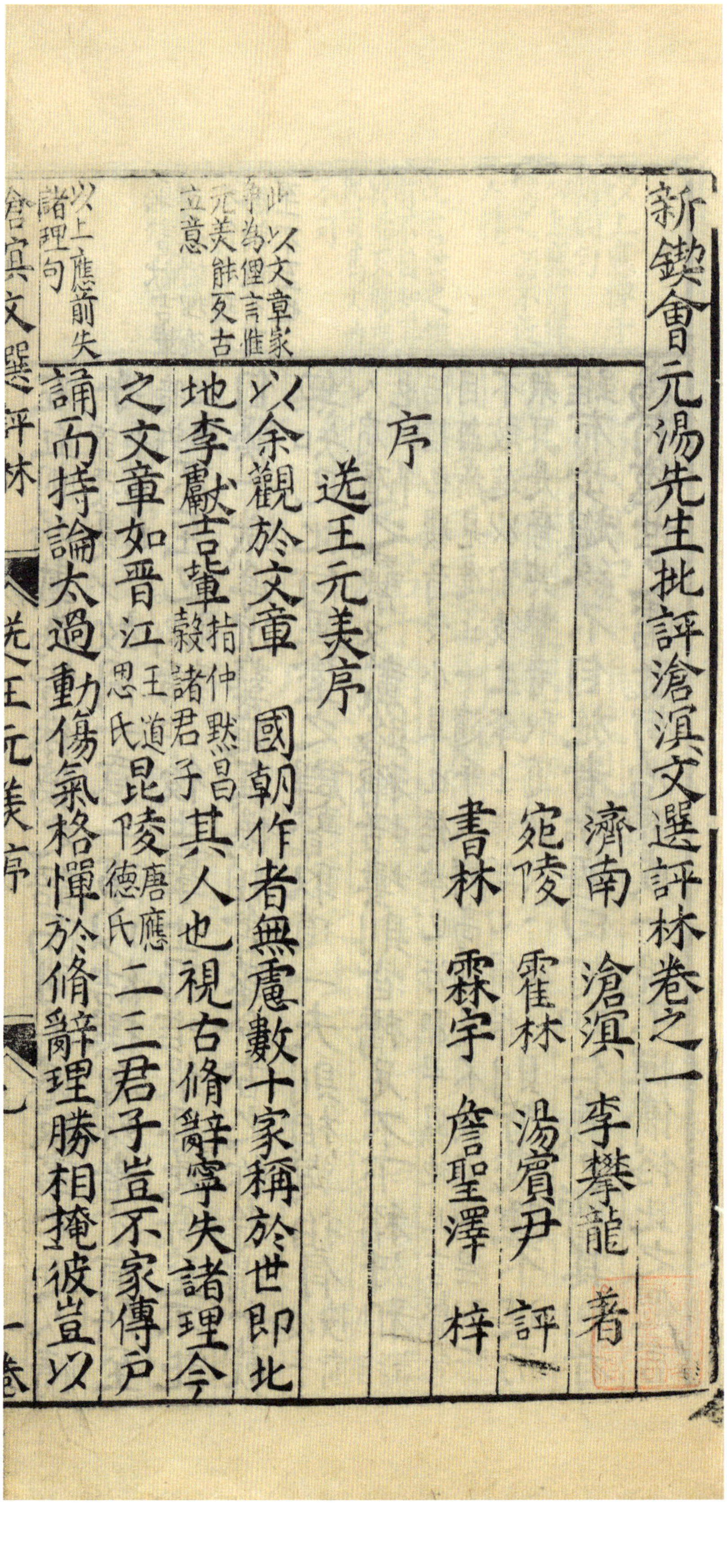

新鍥會元湯先生批評滄溟文選評林卷之一

濟南　滄溟　李攀龍　著

宛陵　霍林　湯賓尹　評

書林　霖宇　詹聖澤　梓

此以文章家爭為俚言惟元美能攻古立意

以上應前失諸理句

序

送王元美序

以余觀於文章國朝作者無慮數十家稱於世即北地李獻吉輩（指仲默昌穀諸君子）其人也視古脩辭寧失諸理今之文章如晉江毘陵（王道思氏唐應德氏）二三君子豈不家傳戶誦而持論太過動傷氣格憚於脩辭理勝相掩彼豈以

滄溟文選評林　送王元美序　一卷

李攀龍（1514—1570），字于鱗，號滄溟，山東歷城（今屬濟南）人。明嘉靖二十三年（1544）進士，累官至河南按察使。「後七子」之一，主張「文必秦漢，詩必盛唐」。

卷端署「濟南滄溟李攀龍著，宛陵霍林湯賓尹評，書林霖宇詹聖澤梓」。框高21.3厘米，寬12.8厘米。半葉十行，行二十一字，小字雙行同，白口，單魚尾或順魚尾，四周雙邊或四周單邊，上下二欄。版心上鎸書名「滄溟文選評林」，中録篇名，下記葉次，再下記卷次。

正文前有《刻李滄溟先生文選序》，末署「宛陵湯賓尹撰」；次接目録。正文分五卷，卷一序十八篇，卷二序十五篇，卷三記十二篇、傳九篇，卷四志銘十六篇，卷五表碑狀七篇、雜著八篇。

綫裝，二册，登録號010058。鈐「常熟市/圖書/館藏」朱方印。

010059　新鍥會元湯先生批評空同文選五卷

（明）李夢陽撰　明萬曆二十五年（1597）詹聖澤刻本　明湯賓尹評

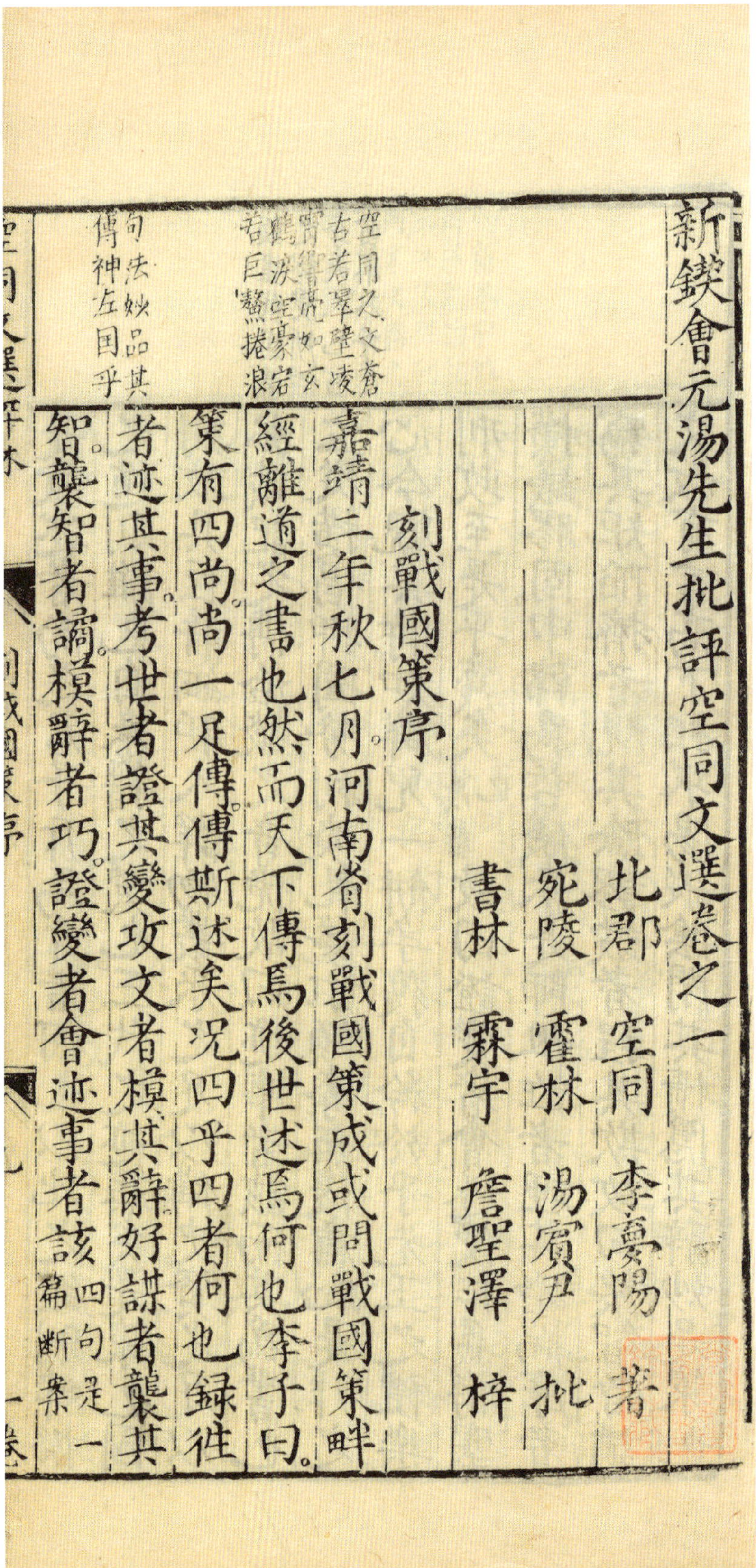
新鍥會元湯先生批評空同文選卷之一

北郡　空同　李夢陽　著
宛陵　霍林　湯賓尹　批
書林　霖宇　詹聖澤　梓

空同之文蒼古若翠壁凌霄響亮如玄鶴淚空豪宕若巨鰲捲浪

句法妙品其傳神左国乎

刻戰國策序

嘉靖二年秋七月河南省刻戰國策成或問戰國策畔經離道之書也然而天下傳焉後世述焉何也李子曰策有四尚尚一足傳傳斯述矣況四乎四者何也録往者迹其事考世者證其變攻文者模其辭好謀者襲其智襲智者譎模辭者巧證變者會迹事者該（四句是一篇斷案）

空同文選評林　刻戰國策序　一

李夢陽生平事迹見前《空同先生集》（007677）。

卷端署「北郡空同李夢陽著，宛陵霍林湯賓尹評，書林霖宇詹聖澤梓」。框高21.3厘米，寬12.8厘米。半葉十行，行二十一字，小字雙行同，白口，單魚尾或順魚尾，四周雙邊或四周單邊，上下二欄。版心上鎸書名「滄溟文選評林」，中録篇名，下記葉次，再下記卷次。

正文前無序，有目録。正文分五卷，卷一序二十一篇，卷二序二十六篇、記十篇，卷三傳譜七篇、碑十五篇，卷四墓志十七篇、疏三篇，卷五雜著二十二篇、書九篇。

綫裝，二册，登録號010059。鈐「常熟市/圖書/館藏」朱方印。

010060　新鍥會元湯先生批評南明文選四卷

（明）汪道昆撰　明萬曆刻本

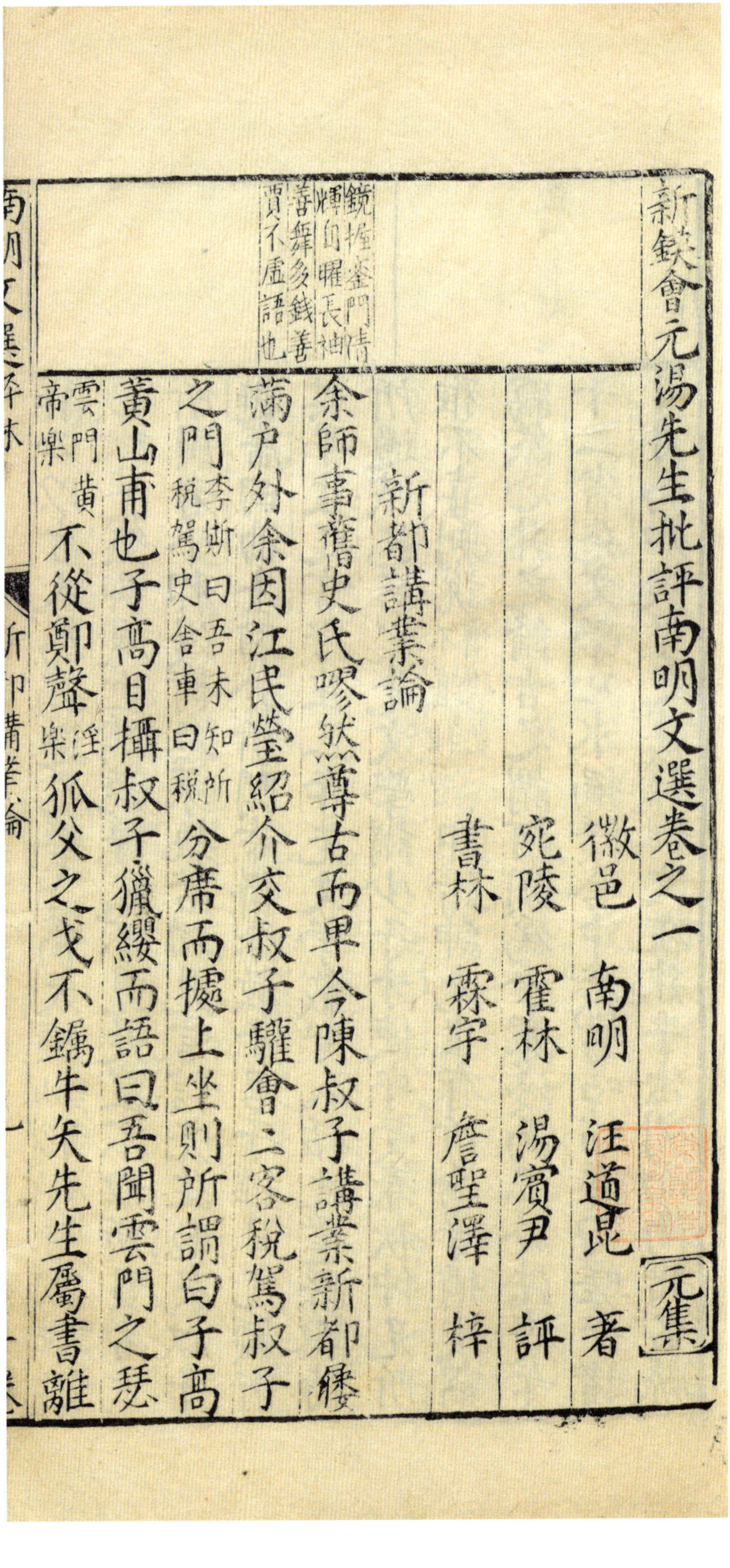

鏡搖臺門情燀白曜長袖善舞多錢善賈不虛語也

新鍥會元湯先生批評南明文選卷之一　元集

徽邑　南明　汪道昆　著

宛陵　霍林　湯賓尹　評

書林　霖宇　詹聖澤　梓

新都講業論

余師事舊史氏嘐然尊古而卑今陳叔子講業新都縷滿户外余因江民瑩紹介交叔子驩會二客稅駕叔子之門（李斯曰吾未知所稅駕史舍車曰稅）分席而擄上坐則所謂白子高黃山甫也子高目攝叔子獵纓而語曰吾聞雲門之瑟（雲門黃帝樂）不從鄭聲（淫樂）狐父之戈不鐲牛矢先生屬書離

南明文選卷一　新都講業論　一　元集

汪道昆（1525—1593），字伯玉，安徽歙縣人。明嘉靖二十六年（1547）進士，纍官至兵部侍郎。

卷端署「徽邑南明汪道昆著，宛陵霍林湯賓尹評，書林霖宇詹聖澤梓」；卷末鐫「詹霖申梓行 / 萬曆丁酉年」雙行十字牌記。

框高 21.3 厘米，寬 12.8 厘米。半葉十行，行二十一字，小字雙行同，白口，單魚尾或順魚尾，四周雙邊或四周單邊，上下二欄。版心上鐫書名「南明文選評林」，中録篇名，下記葉次，再下記卷次。

正文前有汪道昆《南明先生文選序》；次接目録。正文分五卷，卷一論九篇、序二十二篇，卷二序十五篇、記十二篇，卷三記四篇、傳十四篇，卷四墓志銘七篇、墓表二篇、行狀三篇、碑一篇、祭文三篇、哀辭一篇。

綫裝，二册，登録號 010060。鈐「常熟市 / 圖書 / 館藏」朱方印。

010061　新鍥會元湯先生評林弇州文選四卷

（明）王世貞撰　明萬曆二十五年（1597）詹聖澤刻本　明湯賓尹評

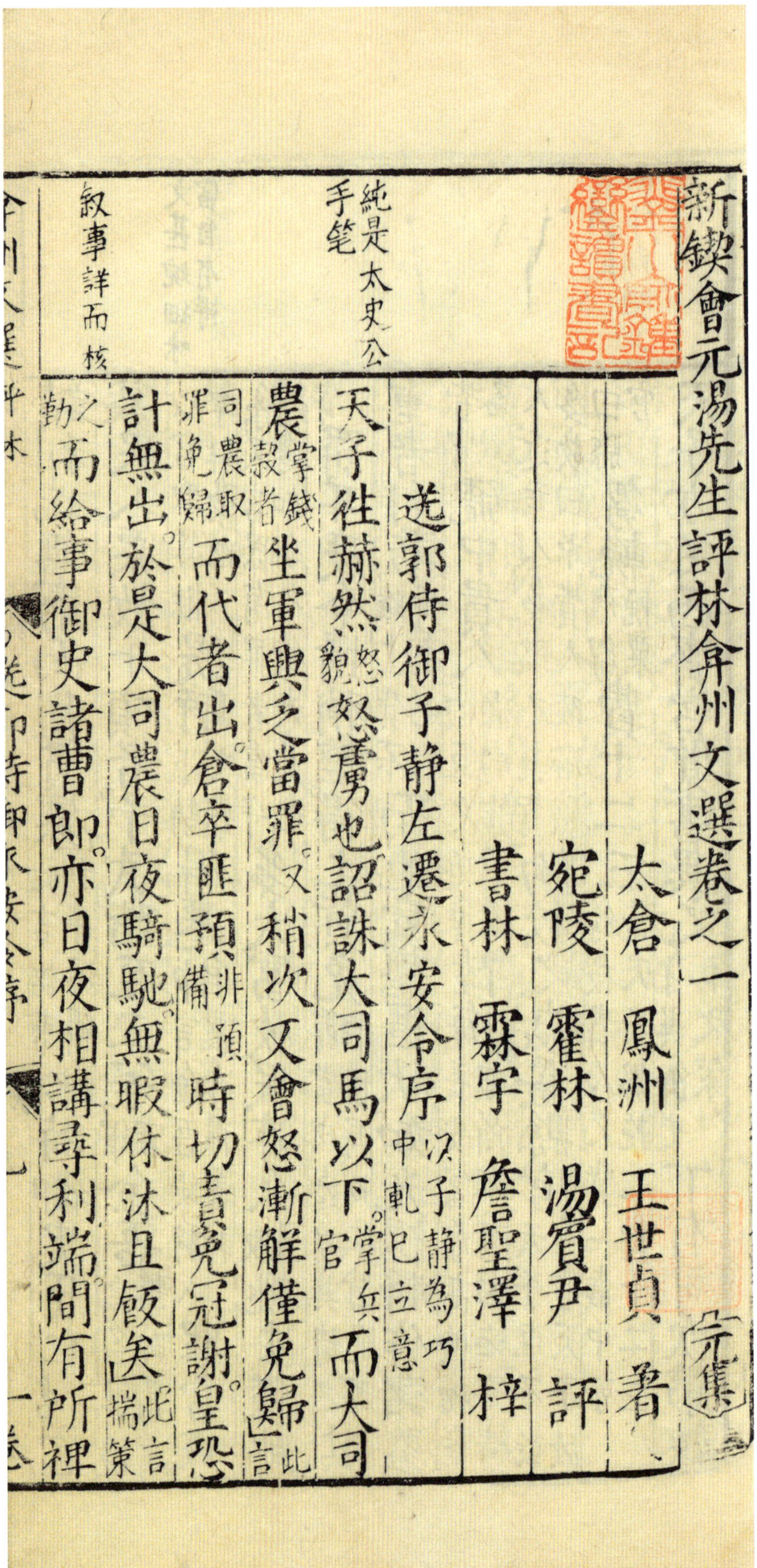

敘事詳而核

純是太史公手笔

新鍥會元湯先生評林弇州文選卷之一

太倉　鳳洲　王世貞　著

宛陵　霍林　湯賓尹　評

書林　霖宇　詹聖澤　梓

送郭侍御子静左遷永安令序（汉子静為巧中軌已立意）

天子往赫然（怒貌）怒蕩也詔誅大司馬以下（掌兵官）而大司農（掌錢穀者）坐軍興乏當罪。又稍次又會怒漸解僅免歸（此言司農取罪免歸）而代者出倉卒匪預（非預備）時切責免冠謝。皇恐計無出。於是大司農日夜騎馳。無暇休沐且飯矣（此言揣策之勤）而給事御史諸曹郎。亦日夜相講尋利端。間有所裨

王世貞（1526—1590），字元美，號鳳洲、弇州山人，蘇州太倉人。明嘉靖二十六年（1547）進士，纍官至南京刑部尚書。「後七子」之一，主張「文必秦漢，詩必盛唐」。

卷端署「太倉鳳洲王世貞著，宛陵霍林湯賓尹評，書林霖宇詹聖澤梓」。

框高21.3厘米，寬12.8厘米。半葉十行，行二十一字，小字雙行同，白口，單魚尾或順魚尾，四周雙邊或四周單邊，上下二欄。版心上鎸書名「弇州文選評林」，中録篇名，下記葉次，再下記卷次。

正文前有《鳳洲先生文選序》，末署「湯賓尹撰」；次接目録。正文分四卷，卷一序二十二篇，卷二序二十五篇，卷三序十三篇、傳三篇、記八篇、賦二篇、書二篇，卷四論十四篇。

綫裝，二册，登録號010061。鈐「琴川俞鍾／鑾讀書記」朱長印、「常熟市／圖書／館藏」朱方印。

010063　瀟碧堂集二十卷

（明）袁宏道撰　明萬曆三十六年（1608）袁叔度書種堂刻本

瀟碧堂集卷之一

石公袁宏道中郎撰

麻城李長庚酉卿閲

詩

遊石洲

江神發幻思十里金沙變白波蕩琳球雲爍復霞戳頭頭螺甲青點點妖唇茜殷殷瑪瑙雲縧絲交背面風沙誰刻畫霜雪幾陶煉纍精萬餘年今始歎光絢鄉人陋莫知騷客遠難見付之

瀟碧堂集　卷一　一

袁宏道生平事迹見前《徐文長文集》（007676）。

卷端署「石公袁宏道中郎撰，麻城李長庚西卿閲」；各卷卷末署「門人徐景鳳元輝參訂，袁叔度無涯初校，吴士冠相如手書」。

框高 20.7 厘米，寬 14.6 厘米。半葉十行，行十八字，小字雙行同，白口，上單白魚尾，四周單邊。版心上鐫書名「瀟碧堂集」，中鎸卷次，下記葉次。

正文前後無序跋，有總目。正文凡二十卷，前十九卷按體裁分類，卷一至卷十詩，卷十一、卷十二叙，卷十三記，卷十四碑，卷十五志，卷十六疏，卷十七雜録，卷十八、卷十九尺牘；卷二十《德山暑譚》。

綫裝，四册，登録號 010063。各册書根標明册次。鈐「琴川俞鍾鑾讀書記」朱長印、「常熟市／圖書／館藏」朱方印等。

010069　思玄集十六卷（存十三卷）

（明）桑悅撰　明萬曆二年（1574）桑大協活字印本

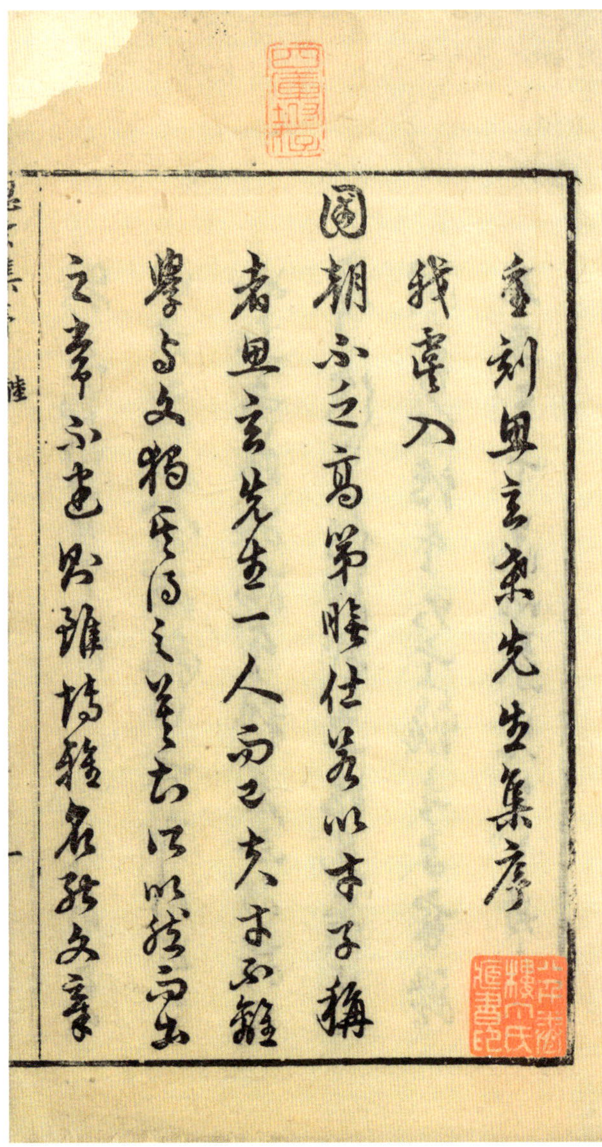
重刻思玄桑先生集序

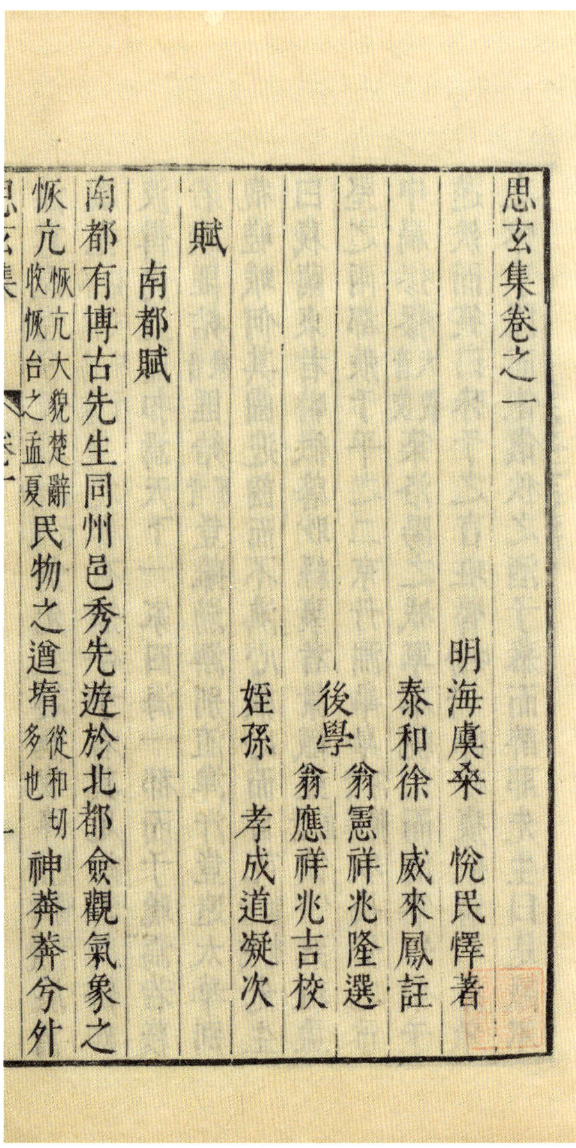
思玄集卷之一

明海虞桑　悅民懌著

泰和徐　威來鳳註

後學　翁憲祥兆隆選

翁應祥兆吉校

姪孫　孝成道凝次

賦

南都賦

南都有博古先生同州邑秀先遊於北都僉觀氣象之恢亢（恢亢大貌楚辭恢台之孟夏）民物之遒壙多也（從和切）神莽莽兮外

桑悦生平事迹見前《思玄集》（004853）。

卷端署「明海虞桑悦民懌著，泰和徐威來鳳注，後學翁憲祥兆龍選，翁應祥兆吉校，侄孫孝成道凝次」。

框高22.2厘米，寬14.1厘米。半葉十行，行二十一字，小字雙行同，白口，上單黑魚尾，四周單邊。版心上鎸書名，中録卷次，下記葉次。

正文前有《重刻思玄桑先生集序》，末署「同里後學陸化熙羽明父謹序」；次接《重刻思軒先生集叙》，末署「萬曆丙辰秋八月，同里後學錢謙益敬撰」；次接《重刻桑民懌先生集叙》，末署「萬曆丙辰冬十一月，同邑後學翁憲祥撰」；次接目録，有闕；次接《思玄桑先生小像》及《思玄桑先生自贊》（有序）、管一德《題思玄桑先生小像》（有引）、張大受《思玄桑先生小像題辭》（有序）。原書正文凡十六卷，卷一賦，卷二雜著，卷三文，卷四碑，卷五序，卷六記，卷七志銘、碑銘、墓表，卷八傳、説，卷九贊、書、跋、銘，卷十五言古詩、四言古詩，卷十一和詩，卷十二七言古詩，卷十三五言律詩、五言排律，卷十四七言律詩，卷十五七言絶句、五言絶句，卷十六詩餘，附刻志銘、傳、記、序、文、詩。今藏本衹存卷一至卷十三。

綫裝，四册，登録號010069。各册書根題寫書名、收文文體，并以「元」「亨」「利」「貞」爲序標明册次。鈐「八千卷／樓丁氏／藏書記」白方印、「四庫收藏」朱長印、「八千卷／樓」朱方印、「常熟市／圖書／館藏」朱方印等。

常熟市圖書館又藏同版本《思玄集》一種，登録號010848，僅存二卷，即第一册卷一、卷二。與上集不同，此本正文前有錢謙益《重刻思玄先生集叙》，又有粤西李祝《思玄桑先生集序》、弘農楊循吉《思玄桑先生文賦序》、慈溪楊子器《思玄桑先生文賦後跋》，而無陸化熙、翁憲祥二序；目録全。鈐「常熟市／圖書／館藏」朱方印。

010075　懷古集三卷

（清）馮廷瑄撰　清徐氏虹隱樓鈔本

6348

馮武逕擲豪海市集甲戌九月漱石移錫鰕姜岸去余
家不百步志喜六十韻中有云自此而之東居民稼市廛余
宗放齋翁名廷璋字子建家世居河埂同時素公叔名廷瑄字虞白有懷古集
吟成懷古編方今虞牧叟名廷寅字子王壽踰八十年吟詩過萬首
務觀應並傳消涇地名產三馮三鳳齊翩翩是素公爲默菴鈍
吟昆弟行集中野田射虎歌序世廟神廟提行又云庚辰傳
言邑中有三虎來自西鄉辛巳春杪乃見其一於白茆堤之
曠野庚辰爲崇禎十四年辛巳爲十五年是此集寫

懷古集卷上

古虞馮　廷瑄　素公

往幹詩四十三首

擬漢鐃歌九章

漢鐃歌二十二曲樂章乖闕其四古人命名
各有微義今採舊題或伸鄙悰敢曰無
愧大雅但師古情深云尔

上之回

上之回自齋宮肅昭事格皇穹郊壇峩峩皇正中

馮廷琯，字虞白，號素公，常熟人。補諸生。

題「古虞馮廷琯素公」撰。

無板框及界欄，開本高 26.1 厘米，寬 16.5 厘米。半葉九行，行十九字。

書封左側題「書名」，右側書「明海虞馮廷琯撰，虹隱樓鈔本」。

正文前有辛未六月徐兆瑋題識。正文分三卷，卷上往體詩四十三首，卷中往體詩四十五首，卷下今體詩五言二十一首、七言十五首。

毛裝，一册，登録號 010075。鈐「兆／瑋」白方印、「常熟市／圖書／館藏」朱方印。

010079　黃石齋先生文集十三卷補遺一卷

（明）黃道周撰　清刻本

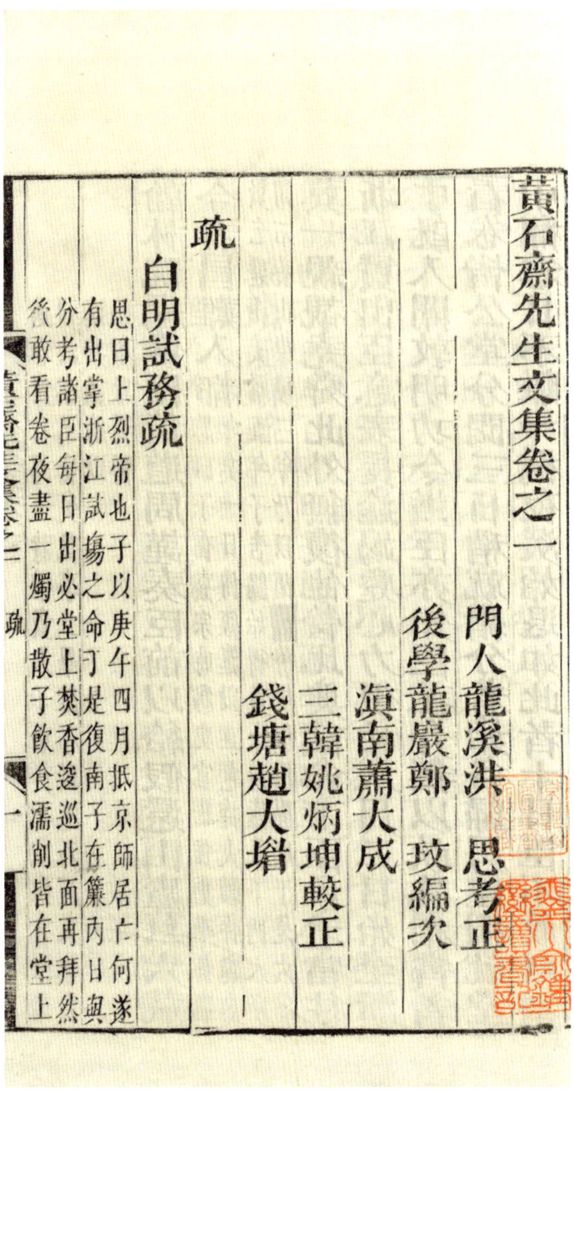

黃石齋先生文集卷之一

門人龍溪洪　思考正

後學龍巖鄭　玫編次

滇南蕭大成

三韓姚炳坤較正

錢塘趙大増

疏

自明試務疏

思日上烈帝也子以庚午四月抵京師居亡何遂有出掌浙江試場之命门是復南子在簾内日與分考諸臣每日出必堂上焚香遶巡北面再拜然後敢看卷夜盡一燭乃散子飲食濡削皆在堂上

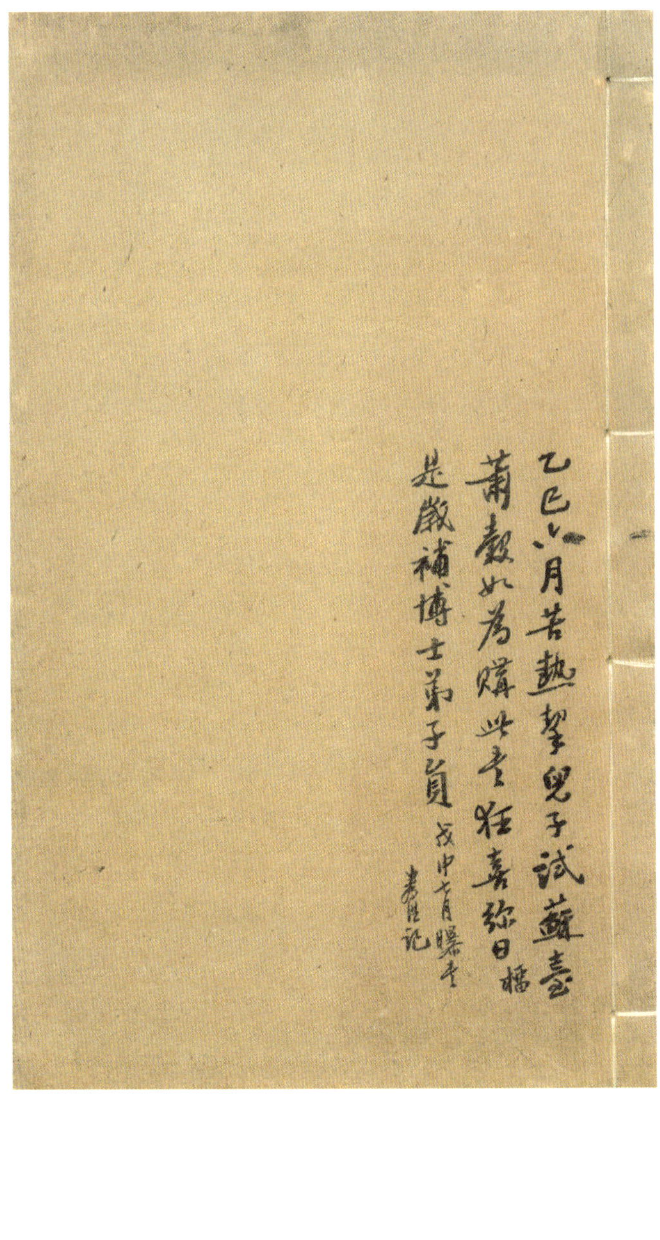

黄道周（1585—1646），字幼玄、幼平、螭若、螭平，號石齋，福建漳浦銅山（今東山縣銅陵鎮）人。歷官翰林院修撰、詹事府少詹事、吏部尚書兼兵部尚書、武英殿大學士。

卷端署「門人龍溪洪思考正，後學龍岩鄭玟編次，滇南蕭大成、三韓姚炳坤、錢塘趙大埴較正」。

框高20.5厘米，寬14.3厘米。半葉十行，行二十二字，小字雙行同，大黑口，順魚尾，左右雙邊。版心中鎸書名、卷次及各卷文體，下記葉次。

正文前有《收文序》，末署「門人洪思謹序」；次接《黄子傳》；次接清康熙甲午嘉平月同鄉後學鄭玟序；次接凡例；次接目録。正文十三卷，卷一疏，卷二疏、箋、揭，卷三策、對、議，卷四、卷五書，卷六論，卷七、卷八序，卷九記、約，卷十説、表、啓、傳、行狀、狀，卷十一碑、碣、墓表、墓志，卷十二墓志、哀詞、書後、題詞、文，卷十三賦、頌、贊、箴、銘；補遺一卷，碑、墓表。

綫裝，六册，登録號010079。首册書封有手書題識。各册書根標明册次。鈐「常熟市/圖書/館藏」朱方印。

010098　牧齋有學集五十一卷

（清）錢謙益撰　清康熙二十四年（1685）金匱山房刻本

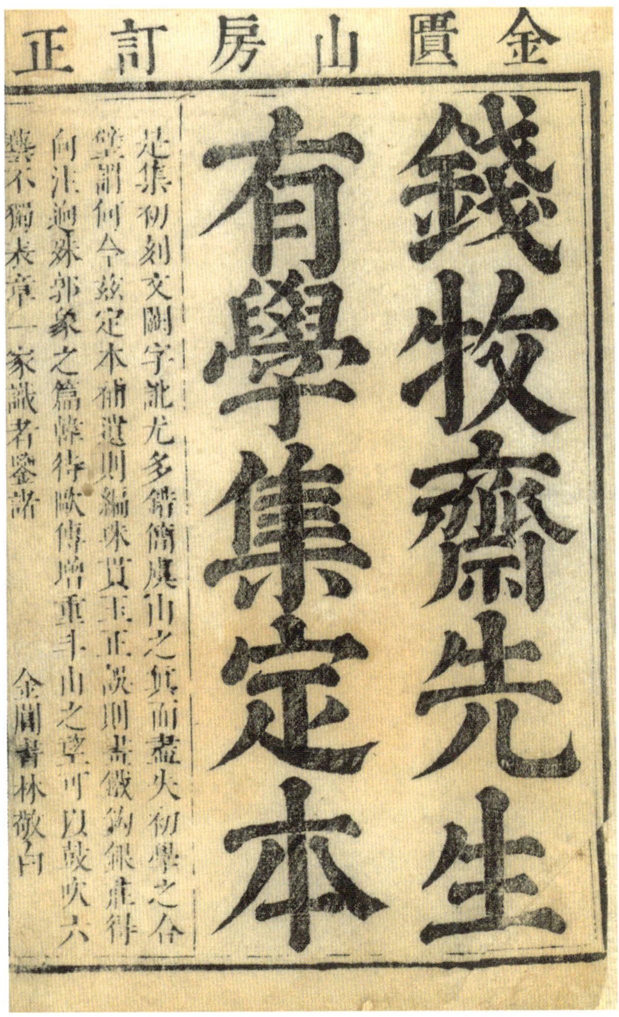

金匱山房訂正

錢牧齋先生

有學集定本

是集初刻文闕字訛尤多錯簡虞山之真面盡失初學之合璧謂何今茲定本補遺則編珠貫玉正誤則書徵鈎銀虎得向注迴殊郭象之篇韓待歐傳增重斗山之望可以鼓吹六藝不獨表章一家識者鑒諸

金閶書林敬白

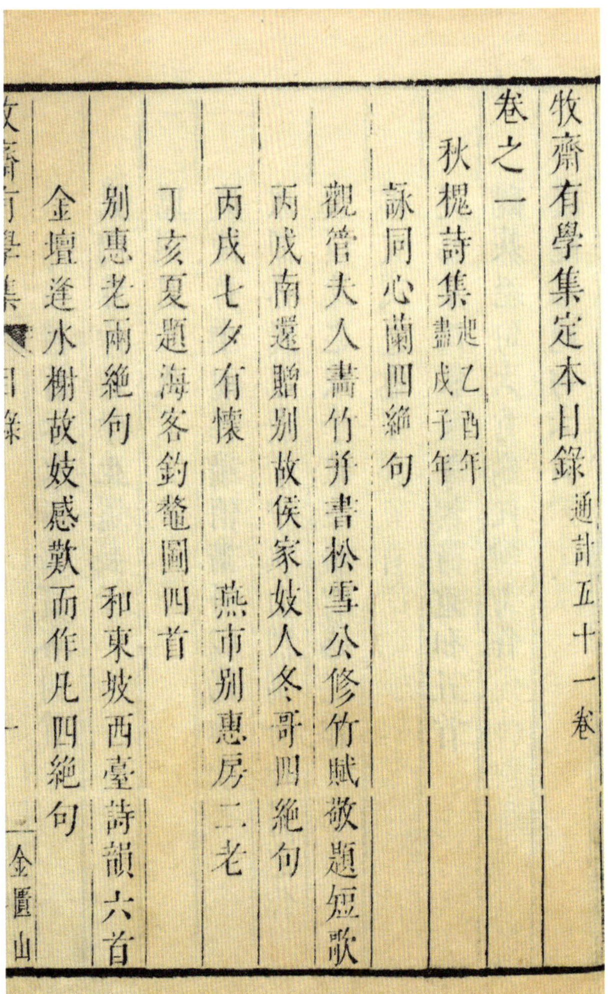

牧齋有學集定本目錄　通計五十一卷

卷之一

秋槐詩集　起乙酉年　盡戊子年

詠同心蘭四絕句

觀管夫人畫竹并書松雪公修竹賦敬題短歌

丙戌南還贈別故侯家妓人冬哥四絕句

丙戌七夕有懷　燕市別惠房二老

丁亥夏題海客釣鼇圖四首

別惠老兩絕句　和東坡西臺詩韻六首

金壇逢水榭故妓感歎而作凡四絕句

牧齋有學集　目錄　一　金匱山

錢謙益生平事迹見前《重編義勇武安王集》（015994）。

有書名葉，横眉題「金匱山房訂正」，右側雙行大字題「錢牧齋先生／有學集定本」，左側小字題「是集初刻，文闕字訛，尤多錯簡，虞山之真而盡失，初學之合璧謂何？今兹定本，補遺則編珠貫玉，正誤則畫鐵鈎銀。莊得向注，迥殊郭象之篇；韓待歐傳，增重斗山之望。可以鼓吹六藝，不獨表章一家。識者鑒諸。金閶書林敬白」。

框高18.6厘米，寬13.3厘米。半葉十行，行十二字，小字雙行同，白口，上單黑魚尾，左右雙邊。版心魚尾上鎸書名「牧齋有學集」，下鎸卷次，再下記葉次。

正文前有《有學集序》，末署「康熙甲辰陽月，范陽後學鄒鎡序」；次接《訂定牧齋先生有學集偶述》十則，末署「康熙乙丑徂暑，梁溪金匱山房主人漫述」；次接《牧齋有學集定本目録》。正文凡五十一卷，卷一《秋槐詩集》，起乙酉年盡戊子年；卷二《秋懷詩支集》，起己丑年盡庚寅四月；卷三《庚寅夏五集》，起庚寅五月盡一年；卷四《絳雲餘燼集》上，起辛卯盡一年；卷五《絳雲餘燼集》下，起甲午年盡乙未秋；卷六《秋槐别集》，起乙未冬盡丙申春；卷七《高會堂詩集》，起丙申盡一年；卷八《長干塔光集》，起丙申年盡丁酉年；卷九《紅豆初集》，起戊戌盡一年；卷十《紅豆二集》，起己亥盡一年；卷十一《紅豆三集》，起庚子年盡辛丑年；卷十二《東澗詩集》上，起壬寅盡一年；卷十三《東澗詩集》下，起癸卯盡一年；卷十四至卷二十一序；卷二十二贈序；卷二十三至卷二十五壽序；卷二十六、卷二十七記；卷二十八至卷三十三墓志銘；卷三十四、卷三十五神道碑；卷三十六塔銘；卷三十七傳、祭文、哀詞；卷三十八至卷四十書；卷四十一書；卷四十二贊、偈、頌；卷四十三至卷四十五雜著；卷四十六至卷五十一題跋，卷五十一又附雜文。

綫裝，十四册，登録號010098。各册書封左題書名「牧齋集」，題注册次，右上題各册所收詩文類目。各册書腦下題「共十四册」四字。各册書根題書名「牧有」及各册類目、册次。鈐「范氏木／犀香／館藏」朱方印、「虹月」白文橢圓印、「眉／常」朱方印、「常熟縣／圖書館／藏書章」朱方印等。

010107　孫光甫詩稿一卷

（清）孫朝讓撰　稿本

幾多頑豔在輪輿可憐生去去盈盈遠皆人一[illegible]重
謂倚東風咲誰知終日顰任他垂繡幕難得掛羅巾
方朔徒貪子漁人不解春自憐生命薄開落信天真
昨日春光遍侵淫亦到伊淡煙為步幛微雨贈臙脂
惆悵憑萱草顛狂恨柳枝依人無限意偏在夕陽時

贈香閣上人二首

蘭若經師闢蓮華陸地生開門獅座迴移石鷲峯成
說法原無說忘情妙有情客來同舴艋遠郭信風行

五言絕句

夜雨

簷溜微微下吟來苦未工襄陽有佳句疎雨滴梧桐

圃門植柳園丁恐有拔去者〻以棘枝諭令撤去

柳覆誠可息棘尖傷亦深如何人未蔭先起害人心

春郊奔視女人惡習也余以目鈍而止

一逢麗人至奔視路相爭余止緣目鈍目明果否行

孫朝讓（1594—1683），字光甫，號本芝，常熟人。明崇禎十四年（1641）進士，官江西布政使。

無版框及界欄，開本高23.7厘米，寬15.3厘米。半葉八行，行二十四字。正文前無序及目次，後無跋。從首葉看，是稿已有殘闕。

綫裝，一册，登録號010107。鈐「常熟縣/圖書館/藏書章」。

寒松堂全集目録卷之一

魏象樞（1617—1687），字環溪，號庸齋，山西蔚州（今河北蔚縣）人。清順治三年（1646）進士，授庶吉士。歷刑科給事中、工科右給事中、吏科都給事中、貴州道監察御史、都察院左僉都御史、順天府尹、都察院左都御史、刑部尚書等。

卷端署「蔚州魏象樞環溪著」。

框高 18.4 厘米，寬 14.2 厘米。半葉十行，行二十字，下黑口，上單黑魚尾，左右雙邊。版心上鎸書名及分卷文體類别，中録卷次，下記葉次。

正文前有《寒松堂全集序》，末署「康熙戊子秋日，通家侍教生濶川熊賜履拜書於金陵之下學堂」。各卷正文前有分卷目次。正文凡十二卷，卷一奏疏（刑科、工科、刑科），卷二奏疏（吏科、詹事府、光禄寺），卷三奏疏（貴州道、督察院、順天府、大理寺、户部），卷四奏疏（督查院、刑部），卷五詩（自甲申至己亥），卷六詩（自己亥至壬子），卷七詩（自壬子至庚申），卷八序、記、傳，卷九書簡，卷十書簡、尺牘，卷十一祭文、墓表、碑銘、行狀、紀略，卷十二説、議、論、辨、解、跋、評、問、對、贊、箴、銘、擬表、啓、雜著。

綫裝，十二册，登録號 010129。各册書根標明册次。鈐「常熟縣／圖書館／藏書章」。

010135　屈翁山詩集八卷附詞一卷

（清）屈大均撰　（清）徐肇元選　清康熙研露齋刻本

屈翁山詩集卷第一

鴛水徐肇元掄三選　周源長剕思　徐起元瀛奇　校正

五言古詩

詠懷

亭亭南澥雲，變化如遊龍。朝冠扶桑日，暮舍閶闔風。光彩何熒熒，降我蕊珠宮。感子相羽翼，飄颻至崆峒。獲覩軒轅帝，心華開鴻濛。萬象無遯形，來朝寶鏡中。雙成爲舞女，子晉爲謳童。遊戲太虛庭，誰能知所終。

少年學神仙，披髮羅浮戲。麻姑愛玉顏，爲作芙蓉髻。

屈大均（1630—1696），初名紹隆，字翁山，又字介子，廣東番禺人。明諸生。遭亂弃去爲浮屠，名今種，字一靈，一字騷餘，中年返初服，更今名。

卷端署「鴛水徐肇元掄三選，周源長荆思、徐起元瀛奇校正」。

框高 17.3 厘米，寬 13.2 厘米。半葉十行，行二十一字，白口，順魚尾，四周單邊。版心中鎸卷次及各卷體裁，下記葉次。

有書名葉，内容爲「鴛水徐掄三選/屈翁山詩集/研露齋藏板」。

正文前有序，末署「鴛湖同學弟徐嘉炎題」；次接目録。正文按所選詩歌體裁分爲八卷，卷一五言古詩，卷二七言古詩，卷三、卷四五言律詩，卷五七言律詩，卷六五言絶句（附五言排律），卷七、卷八七言絶句。其後《附詞》一卷。

綫裝，四册，登録號 010135。鈐「琴川俞鍾/鑾讀書記」朱長印、「常熟市/圖書/館藏」朱方印。

010150 覲庵詩鈔六卷

（清）陸貽典撰　清雍正刻本

覲菴詩鈔卷第一　復存集

常熟　陸　典　敎　先

同里後學　張文鑌兟菴纂輯

周　楨無榦參較

壯老不同境情斯在事會既往蹤跡猶存余少時好弄筆墨薄有撰著未知持擇漫付梓棃數年之間有青歸百艷曉劍玄要諸刻年每進則愧之三十以後輙用爲戒總上諸刻都置廢閣今老矣習氣未除不忍盡棄聊存一二以識宿好青蓮云多

覲菴詩鈔卷第一　復存集　一

陸貽典，字敕先，號覿庵。常熟人。瑞徵子。諸生。

卷端題「常熟陸典敕先，同里後學張文鑌就庵纂輯、周楨無榦參較」。

框高 17.4 厘米，寬 13.3 厘米。半葉九行，行十九字，小字雙行同，白口，上單黑魚尾，左右雙邊。版心中鎸書名及卷次，其下以小字鎸各卷集名，下記葉次。

正文前有《陸敕先詩集序》，末署「庚子嘉平月十有九日，江村老友蒙叟錢謙益序」；次接《陸敕先詩序》，末署「蔚村同學陳瑚拜撰」；次接《陸覿庵先生詩序》，末署「丁卯仲春，同里後學張文鑌拜撰」；次接目録。正文凡六卷，卷一復存集，卷二吹劍集上，卷三吹劍集下，卷四漸于集一，卷五漸于集二，卷六漸于集三，各集之前皆有小序。正文後有跋，末署「雍正元年九月下浣，張道淙敬識」。

綫裝，二册，登録號 010150。鈐「常熟縣/圖書館/藏書章」朱方印。

010164　學吟草六卷

（清）嚴德庢撰　清雍正六年（1728）家刻本

學吟草卷一

琴川　嚴　德庢　麟洲

遊仙人洞

岡迴磵複擬天台絳節曾經此地來煙樹泠依秋澗合嶺雲閒帶夕陽回素書何處逢黃石丹竈于今長綠苔乘興不知歸路杳洞中笙鶴共徘徊

隔墻見桃花次韻

井上年華已占芳數株墻角更春光枝頭旭日傳新艷簾外晴鴉報曉妝無語似將梅柳妬多情偏愛蝶蜂忙分明指點天台路笑引劉郎與阮郎

嚴德屋（1648—1720），字麟洲，號檗園，常熟人。焞子。清康熙三十八年（1699）舉人，候選内閣中書。

卷端署「琴川嚴德屋麟洲」撰。

框高17.6厘米，寬13.9厘米。半葉十行，行十九字，小字雙行，行二十九字，白口，上單黑魚尾，左右雙邊，版心中鎸書名及卷數，下記葉次。

正文前有清雍正六年戊申蠟月長洲後學沈德潛序。正文凡六卷。

綫裝，二册，登録號010164。鈐「常熟縣/圖書館/藏書章」朱方印。

010177 息影齋詩鈔二卷

（清）釋律然撰 清乾隆自刻本

息影齋詩鈔卷上

虞山 釋律然 素風

山居

賦性本疎嬾合結居山緣誅茅傍奇石容膝止數椽松花飯堪飽薜荔衣可穿伴侶只麋鹿来往惟雲烟高松落清濤幽鳥和鳴泉野花不知名紅白爭鮮妍閑吟到谷口長嘯登山巔景物攬無盡是中有真禪

夜坐

白晝苦煩熱灼人四體慵日落暑漸退獨坐空庭

釋律然，居言子墓下長壽庵。

卷端署「虞山釋律然素風」，各卷末署「學徒果唯旦豁恭校」。

框高 18.5 厘米，寬 14.4 厘米。半葉十行，行十九字，白口，上單黑魚尾，左右雙邊，無界欄。版心上鎸書名及卷次，下記葉次。

正文前有五序，各署「乾隆三年戊午立秋日，長洲法弟沈德潛題於靈岩山之歸愚齋」「黄岡法弟王材任頓首拜撰」「乾隆己巳年，社弟陳祖范書」「乾隆己巳年冬十月，崇明法弟栢謙書」「康熙壬寅仲春上浣，法弟王應奎拜撰」；次接《西庵和尚傳》，末署「乾隆乙丑佛誕日，竹鄉法弟孫淇和南撰」。正文後有跋，末署「乾隆十四年己巳九月，同社後學江藻拜跋」。正文分上、中、下三卷。

綫裝，一册，登録號 010177。鈐「常熟縣/圖書館/藏書章」朱方印。

010188　調運齋詩文隨刻十卷

（清）錢陸燦撰　清康熙彙刊印本

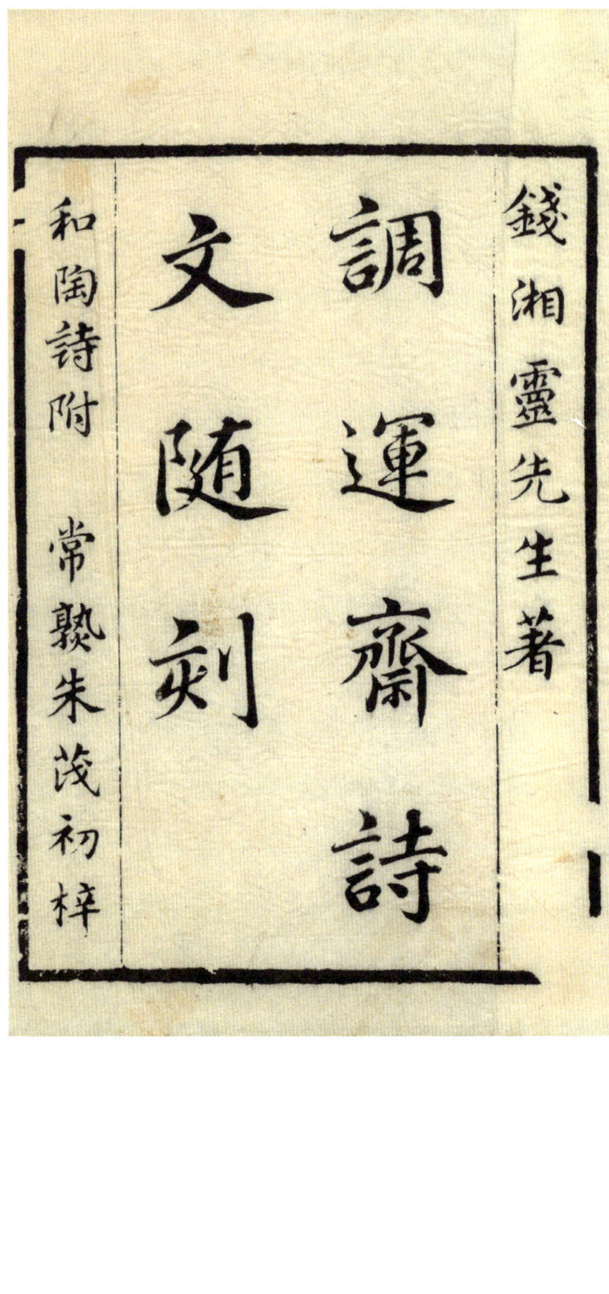
錢湘靈先生著
調運齋詩文隨刻
和陶詩附　常熟朱茂初梓

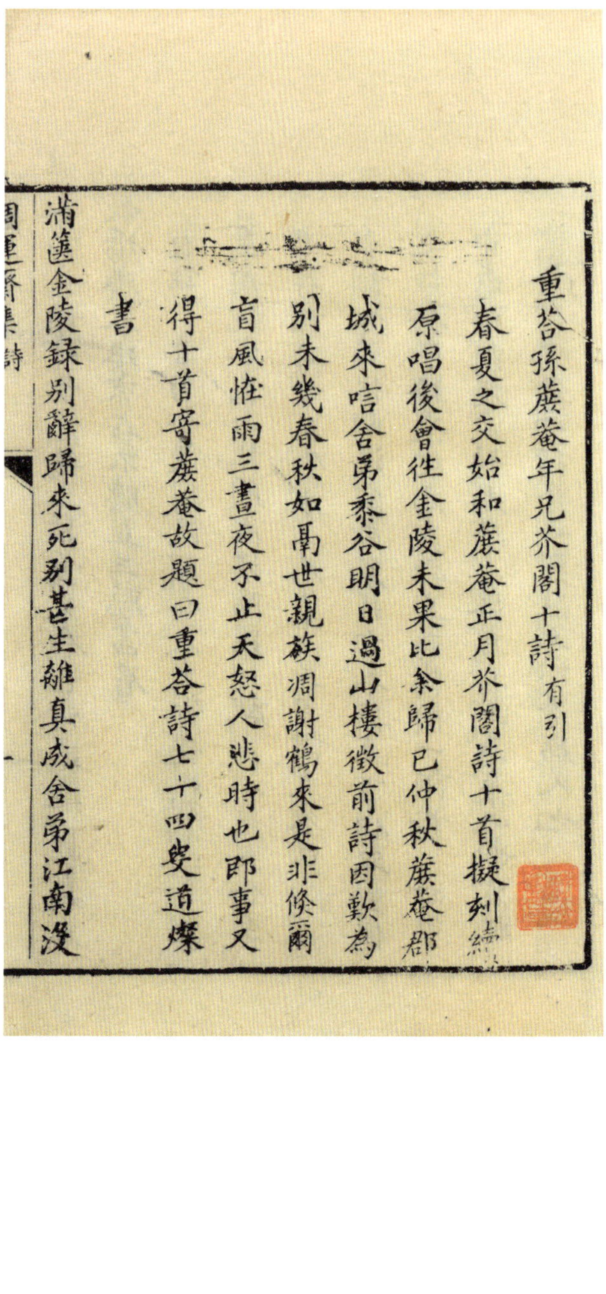
調運齋集　詩

重答孫蕨菴年兄芥閣十詩 有引

春夏之交始和蕨菴正月芥閣詩十首擬刻續原唱後會往金陵未果比余歸已仲秋蕨菴郡城來唁舍弟黍谷明日過山樓徵前詩因歎為別未幾春秋如禹世親族凋謝鶴來是非倏爾盲風恠雨三晝夜不止天怒人悲時也即事又得十首寄蕨菴故題曰重答詩七十四叟道燦書

浦籬金陵録別辭歸來死别甚生離真成舍弟江南沒

錢陸燦（1612—1698），字湘靈，常熟人。泮玄孫，父顯忠。清順治十四年（1657）舉人。高才嗜古，經義清真。友教毗陵、金陵間，弟子通籍甚衆，學者稱圓沙先生。詩歌骨力雄厚，古文不名一家。年近九十而卒。有《調運齋集》等。

是帙合錢陸燦《調運齋詩》《圓沙和陶詩》《調運齋再生録》《調運齋文鈔》《調運齋文集》四種。由於各集非刻於一時，故版式行款各异。《調運齋詩》，框高18.5厘米，寬14.5厘米；半葉九行，行十九字，小字雙行同，白口，上單黑魚尾，四周單邊，無界欄；版心上所鎸集名有四種寫法「調運齋集・詩」「調運齋・詩」「調運齋著集」「調運齋集」，下記葉次或詩歌體裁。《圓沙和陶詩》，框高15.9厘米，寬12.7厘米；半葉十一行，行二十三字，小字雙行同，白口，上單黑魚尾，左右雙邊；版心上鎸集名「圓沙和陶詩」，下記葉次。《調運齋再生録》《調運齋文鈔》，框高13.7厘米，寬16.8厘米；半葉十行，行十九字，小字雙行同，大黑口，上單黑魚尾，左右雙邊；版心中鎸集名，下記葉次。《調運齋文集》，框高18.6厘米，寬14.5厘米；半葉九行，行二十一字，白口，上單黑魚尾，四周單邊；版心上鎸「調運齋集」及文體，中記卷次，下記葉次。

有書名葉，内容爲「錢湘靈先生著／調運齋詩／文隨刻／和陶詩附。常熟朱茂初梓」。

正文前有《題辭》，末署「借巢髡人原志識」；次接作者《自題》，末署「戊辰鞠月朔吉，七十七翁陸燦手書」。正文凡十卷，《調運齋詩》五卷、《圓沙和陶詩》一卷、《調運齋再生録》一卷、《調運齋文鈔》一卷、《調運齋文集》二卷。

《圓沙和陶詩》，題「虞山錢陸燦著」，正文前有《和陶詩小序二》，不署撰人；正文後有《和陶詩小序一》，末署「康熙時年歲在辛亥五月，年家同會弟倪粲闇共序」。《調運齋再生録》，題「常熟圓沙錢陸燦口占稿，新城阮亭王士禛、玉峰果亭徐秉義閱，門人汪鴻嶼、趙友夔、錢春明、莊蔣璣、錢名世、瞿孝春、嚴虞惇、陳鍊、白寶、黄朝元、歸復佺、單雲瑞、邵錫麒、江之皋彙校，門孫徐永宣編刻」，正文前有《再生録自序》，末署「中山病中圓沙老人陸燦時八十有七口占」；次接目録；正文後列《省疾校對門人》。《調運齋文鈔》，正文前有《調運齋門人總序》，末署「時丙子五月八十五翁錢陸燦識」。

綫裝，四册，登録號010188。鈐「向／榮」朱長印、「春／咢」白長印。

010192　刻孫齊之先生松韻堂集十二卷

（明）孫七政撰　明萬曆四十五年（1617）孫朝肅刻本

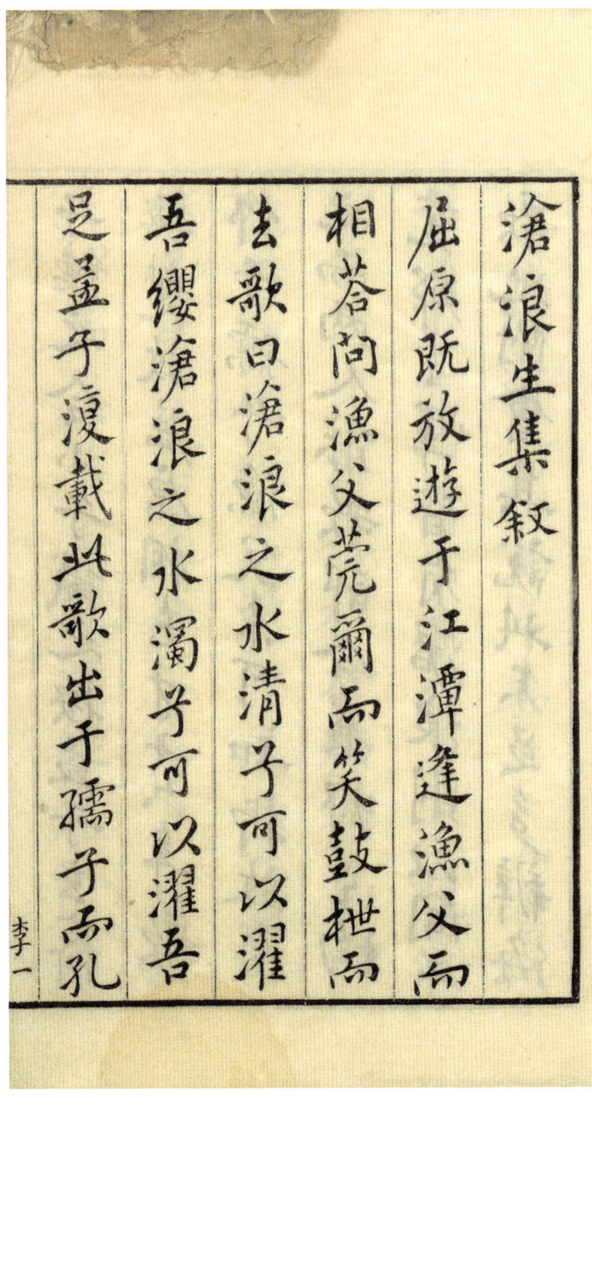
滄浪生集叙
屈原既放遊于江潭逢漁父而
相荅問漁父莞爾而笑鼓枻而
去歌曰滄浪之水清兮可以濯
吾纓滄浪之水濁兮可以濯吾
足孟子復載此歌出于孺子而孔
李一

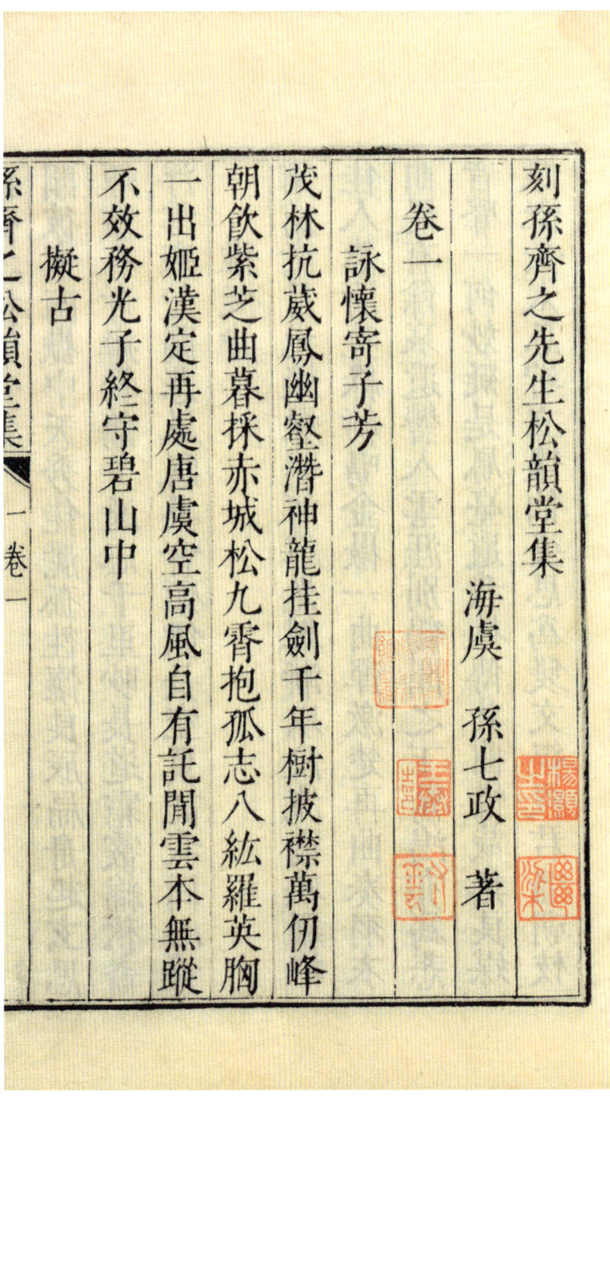
刻孫齊之先生松韻堂集
海虞　孫七政　著
卷一
詠懷寄子芳
茂林抗崴鳳幽壑潛神龍挂劍千年樹披襟萬仞峰
朝飲紫芝曲暮採赤城松九霄抱孤志八紘羅英胸
一出婭漢定再處唐虞空高風自有託閒雲本無蹤
不效務光子終守碧山中
擬古
孫齊之松韻堂集　卷一

孫七政，字齊之，常熟人。耒子。七歲能詩，才名籍甚。所居西爽樓、清輝館，蓄古鼎彝書畫。

卷端署「海虞孫七政著」。

框高21.6厘米，15.4厘米。半葉九行，行二十一字，白口，上單黑魚尾，四周雙邊。版心上鎸書名「孫齊之松韵堂集」，中記卷次。

正文前有明萬曆二十九年（1601）辛丑秋南新市人李維楨《滄浪生集叙》，次接萬曆四十五年（1617）丁巳秋侄壻浦大治跋，次接萬曆三十二年（1604）甲辰東海屠隆撰、丁巳菊月孫男朝肅書《孫齊之先生集序》，次接目録。正文十二卷。

綫裝，五册，登録號010192。鈐有「楊灝／之印」白方印、「繼／梁」朱方印、「王泰／之印」陰陽文方印、「寸／雲」朱方印、「常熟市／圖書／館藏」朱方印。

010211　遥擲稿二十卷

（清）馮武撰　清康熙竇稼堂刻本

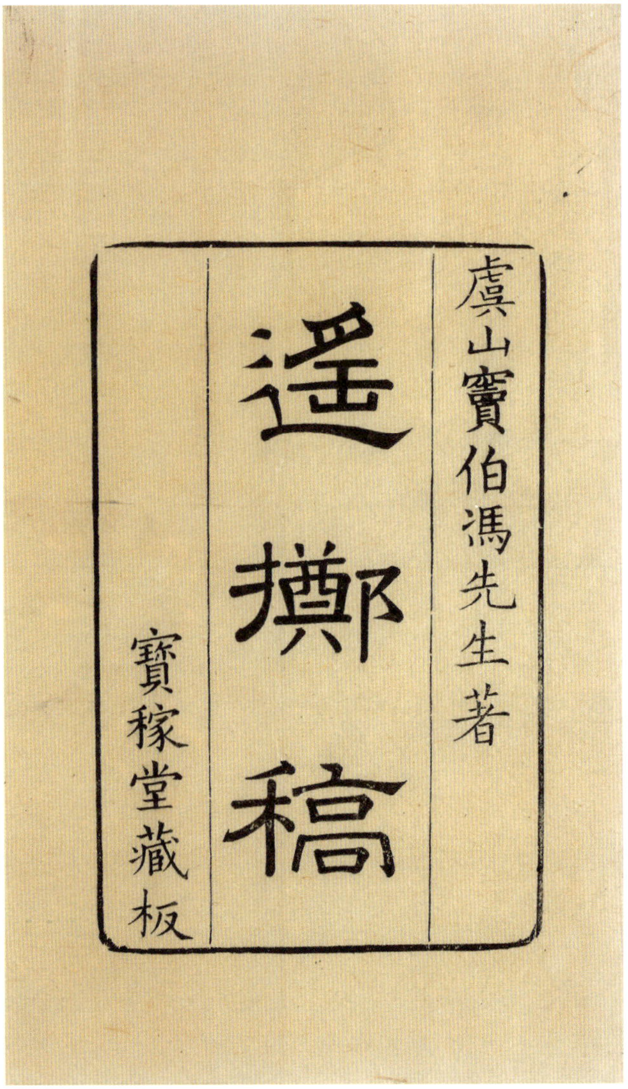
虞山竇伯馮先生著
遥擲稿
竇稼堂藏板

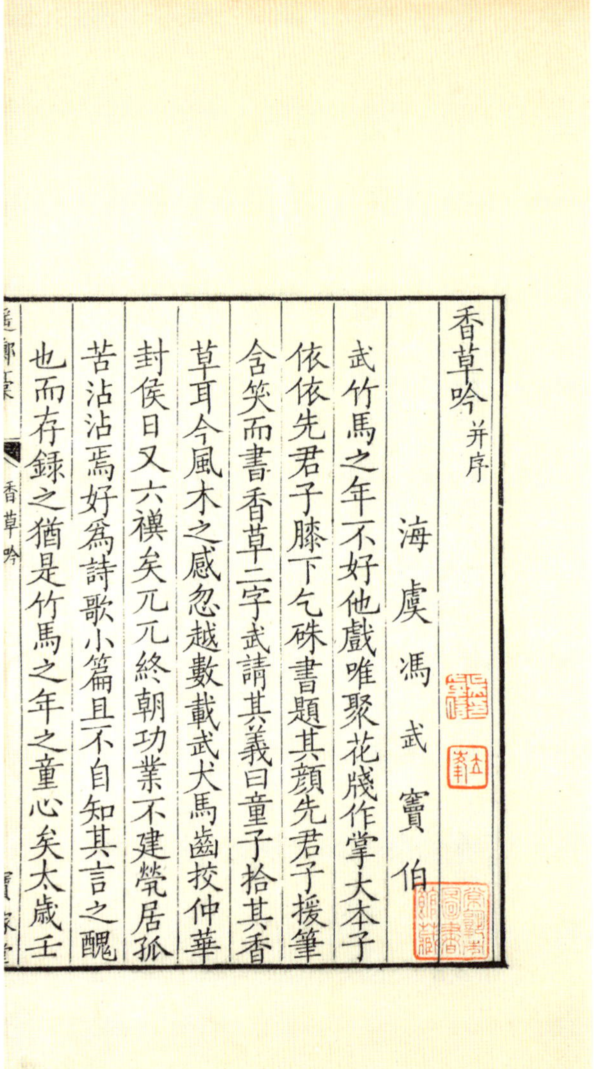
香草吟 并序
海虞馮武竇伯
武竹馬之年不好他戲唯聚花戕作掌大本子依依先君子膝下乞硃書題其顏先君子援筆含笑而書香草二字武請其義曰童子拾其香草耳今風木之感忽越數載武犬馬齒挍仲華封侯日又六禩矣兀兀終朝功業不建煢居孤苦沾沾焉好爲詩歌小篇且不自知其言之醜也而存録之猶是竹馬之年之童心矣太歲壬

馮武生平事迹見前《書法正傳》（004482）。

卷端署「海虞馮武竇伯」撰。

框高17.1厘米，寬13.3厘米。半葉九行，行十九字，白口，上單黑魚尾，左右雙邊。版心上鎸書名，中鎸各卷題名，下有「竇稼堂」字樣。

有書名葉，内容爲「虞山竇伯馮先生著／遥擲稿／竇稼堂藏版」。

正文前有二叙，各署「戊申中秋，陸貽典書」「同學弟瞿有仲撰」；次接總目。正文分二十卷，卷一《香草吟》，卷二《樂飢咏》，卷三《筠溪集》，卷四《問天集》，卷五《向隅集》，卷六《療忘集》，卷七《萍子集》，卷八《溯洄集》，卷九《枕流草》，卷十《腹存稿》，卷十一《驢背吟》，卷十二《壽餘集》，卷十三《冰鷺吟》，卷十四《老淚草》，卷十五《海市集》，卷十六《北麓吟》，卷十七《嶺上吟》，卷十八《耄言上》，卷十九《耄言下》，卷二十《梅游雜咏》。

綫裝，四册，登録號010211。各册書根題寫書名「遥擲稿」，并以「風」「花」「雪」「月」爲序，標明册次。有朱筆、墨筆圈點。集中夾有一書籤，上有題識，不詳撰人。鈐「臣卓／信印」白方印、「項／儒」朱方印、「吴印／卓信」白方印、「立／峰」朱方印、「常熟市／圖書／館藏」朱方印。

010220 叢桂軒近集十卷

（清）姚祖振撰　清康熙刻本

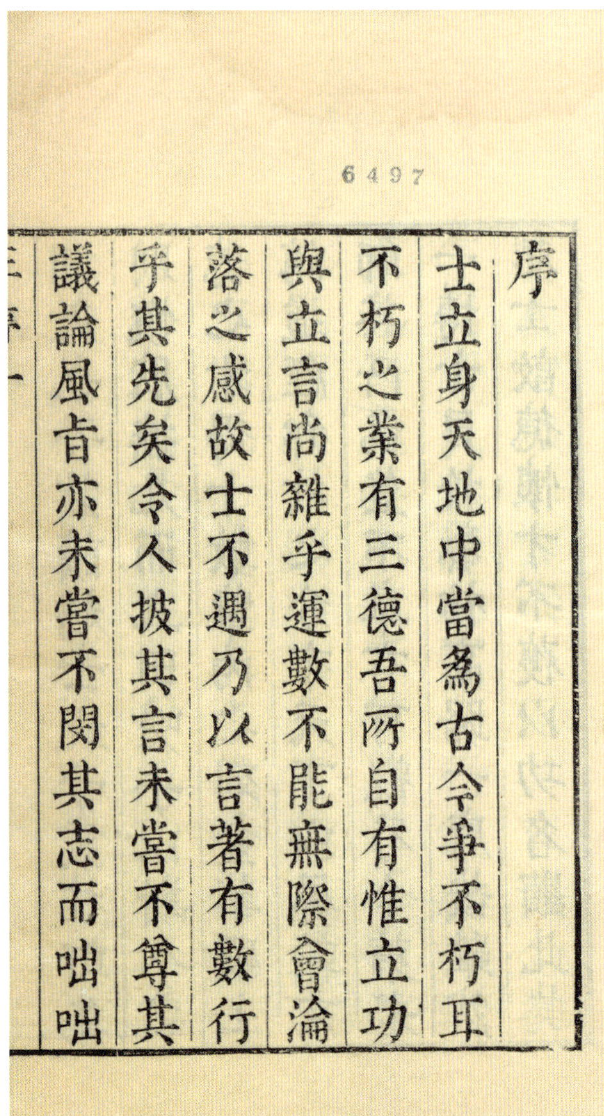

序

士立身天地中當爲古今爭不朽耳不朽之業有三德吾所自有惟立功與立言尚雜乎運數不能無際會淪落之感故士不遇乃以言著有數行乎其先矣令人披其言未嘗不尊其議論風旨亦未嘗不閔其志而咄咄

序　一

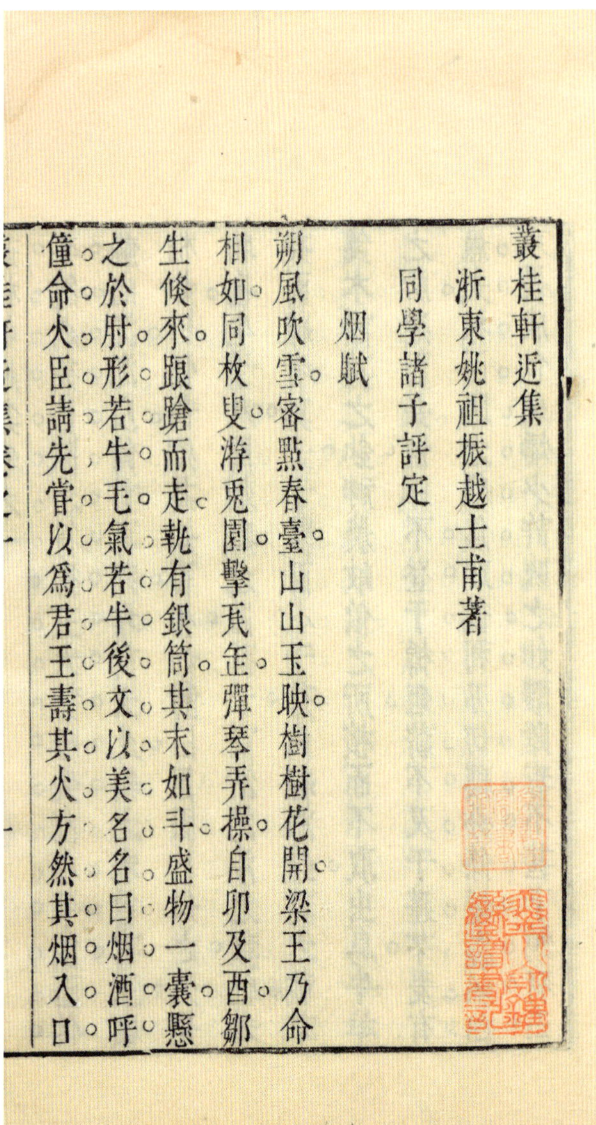

叢桂軒近集

浙東姚祖振越士甫著

同學諸子評定

烟賦

朔風吹雪客黙春臺山山玉映樹樹花開梁王乃命相如同枚叟游兎園擊瓦缶彈琴弄撡自卯及酉鄒生倏來踉蹌而走執有銀筒其末如斗盛物一囊懸之於肘形若牛毛氣若半後文以美名名曰烟酒呼僮命火臣請先嘗以爲君王壽其火方然其烟入口

叢桂軒近集卷之一

姚祖振，字越士，浙江山陰（今屬紹興）人。

卷端署「浙東姚祖振越士甫著，同學諸子評定」。

框高19厘米，寬13.4厘米。半葉九行，行二十字，小字雙行同，白口，四周單邊，無界欄。版心上鎸書名及卷次，下記葉次。

正文前有四序，各署「康熙乙丑嘉平，經八十七白曲轅野老王雨謙敬題」「康熙丙寅仲春，年家眷同學弟陸韜虎侯頓首拜題」「康熙庚戌秋八月，同學衿弟胡懋新拜識於蘭畹齋次」「康熙戊辰仲冬，年家眷同學弟駱緁仲補頓首拜題」。正文按文體分十卷，各卷之前皆有本卷目次，卷一賦，卷二五、七言古體、五言律，卷三七言律，卷四七言律、七言絶句，卷五禽言、詩餘，卷六序，卷七祭文，卷八記、書、文，卷九雜著，卷十家乘。

綫裝，二册，登録號010220。鈐「子／和」白方印、「琴川俞鍾／鑾讀書記」朱長印、「常熟市／圖書／館藏」朱方印。

010221　却浮集四卷

（清）凌竹撰　清康熙留餘堂刻本

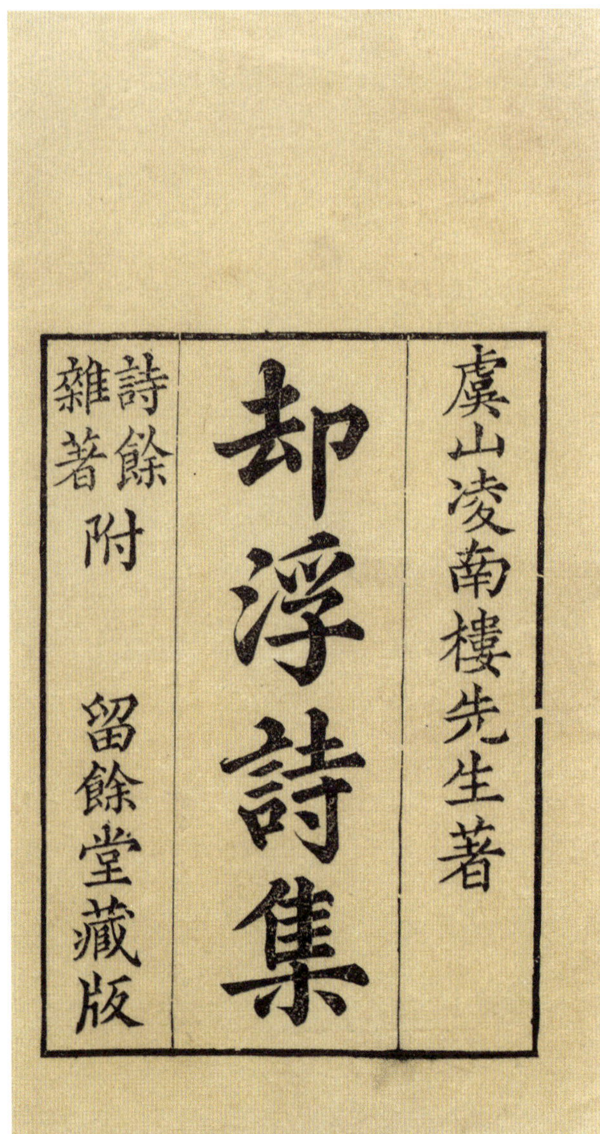

虞山凌南樓先生著

却浮詩集

詩餘　雜著　附

留餘堂藏版

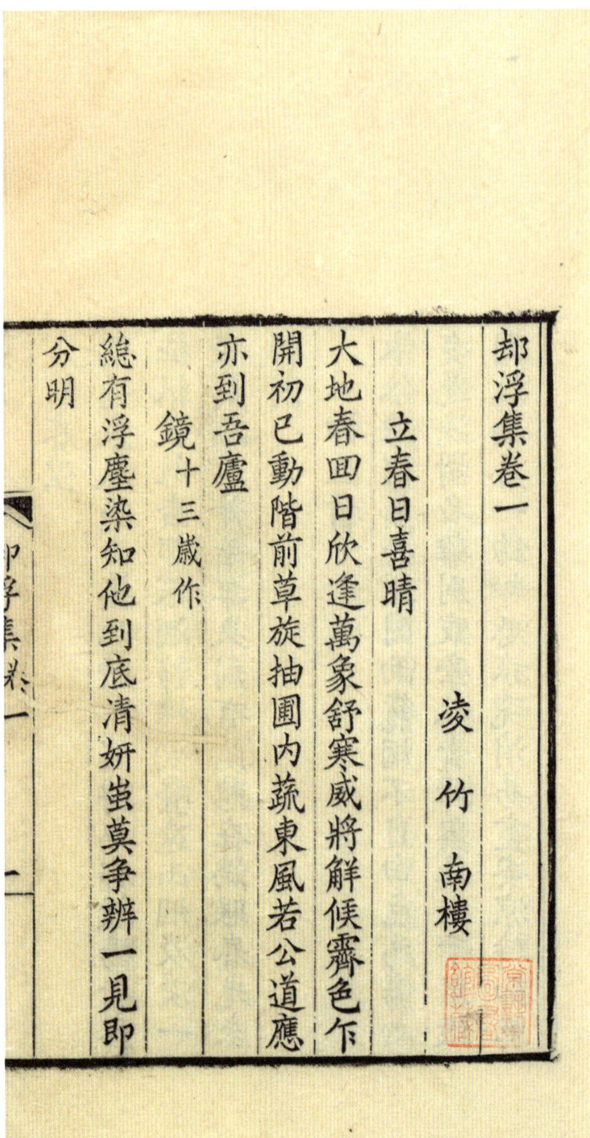

却浮集卷一　　凌　竹　南樓

立春日喜晴

大地春回日欣逢萬象舒寒威將觧候霽色乍開初已動階前草旋抽圃內蔬東風若公道應亦到吾廬

鏡　十三歲作

總有浮塵染知他到底清妍蚩莫爭辨一見即分明

却浮集卷一　一

凌竹，字此君，號南樓，又號平安老人，常熟人。

卷端署「凌竹南樓」撰。

框高 16.6 厘米，寬 12.8 厘米。半葉九行，行十八字，白口，上單黑魚尾，左右雙邊。版心中鎸書名及卷次，下記葉次。

有書名葉，左上小字題「虞山凌南樓先生著」，中間大字題「卻浮詩集／雜餘雜著附」，左下小字題「留餘堂藏版」。

正文前有三序，各署「辛酉立秋後一日，覿庵陸貽典叙」「康熙乙丑二月，同里孫暘題」「八十二老人鐵牛居士錢陸燦題」。正文分四卷。

綫裝，三册，登録號 010221。鈐「常熟市／圖書／館藏」朱方印。

010224　撫雲集九卷

（清）錢良擇撰　清雍正八年（1730）錢氏招隱堂刻本

虞山錢玉友著
撫雲集
招隱堂藏板

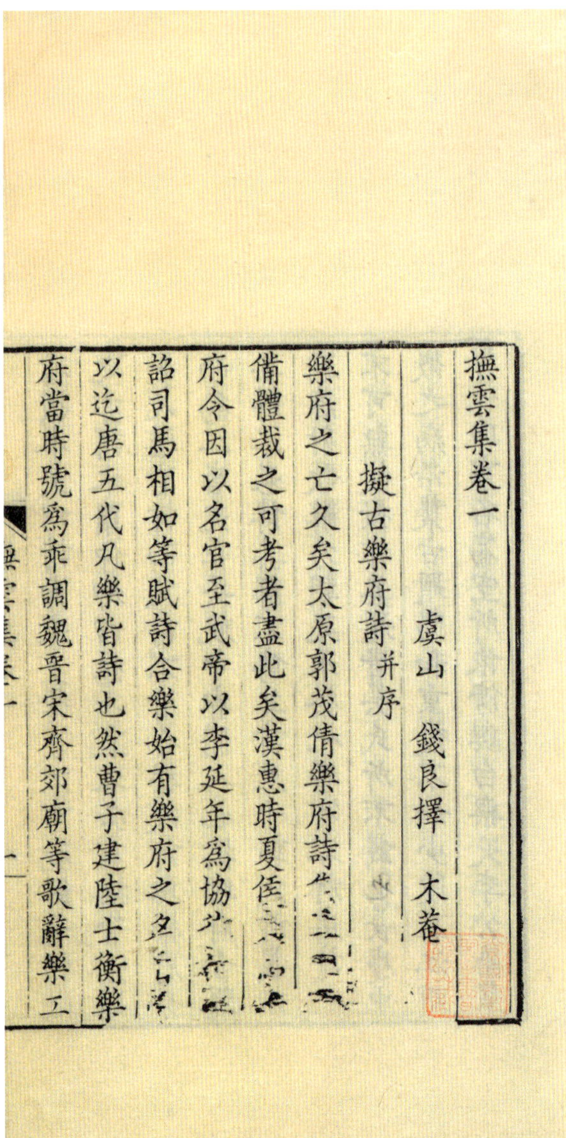
撫雲集卷一
擬古樂府詩并序　虞山　錢良擇　木菴
樂府之亡久矣太原郭茂倩樂府詩
備體裁之可考者盡此矣漢惠時夏侯
府令因以名官至武帝以李延年爲協
詔司馬相如等賦詩合樂始有樂府之
以迄唐五代凡樂皆詩也然曹子建陸士衡樂
府當時號爲乖調魏晉宋齊郊廟等歌辭樂工

錢良擇，字玉友，號木庵，常熟人。性倜儻，與人交，必出肺腑。游歷幾遍天下，所至以詩酒意氣與知名士相結，爲詩豪放感激。所著除《撫雲集》，又有《出塞紀略》《唐詩審體》。

卷端署「虞山錢良擇木庵」。

框高15.9厘米，寬12.7厘米。半葉九行，行十八字，小字雙行，行二十七字，白口，上單黑魚尾，左右雙邊。版心中鐫書名及卷次，下記葉次。

有書名葉，内容爲「虞山錢玉友著／撫雲集／招隱堂藏板」；次接《撫雲集序》，末署「康熙乙亥夏四月浴佛日，叔祖陸燦序，時年八十有四」；次接《撫雲集後序》，末署「時雍正庚戌之清和月，同學小弟嚴亨裔識」；次接目録。

正文原分十卷，卷一擬古樂府詩四十九首，卷二古今體詩四十六首，卷三古今體詩四十一首，卷四古今體詩四十八首，卷五古今體詩六十一首，卷六古今體詩四十八首，卷七古今體詩四十二首，卷八古今體詩六十四首，卷九古今體詩八十六首，卷十咏史詩一百首，其中卷十已遺失，故刻本實爲九卷。

毛裝，二册，登録號010224。各册書封題寫書名。鈐「常熟市／圖書／館藏」朱方印。

010233 疏園集一卷樵話庵稿一卷且留集一卷詩餘一卷

（清）邵陵撰 民國八年（1919）常熟沈煦孫師米齋鈔本

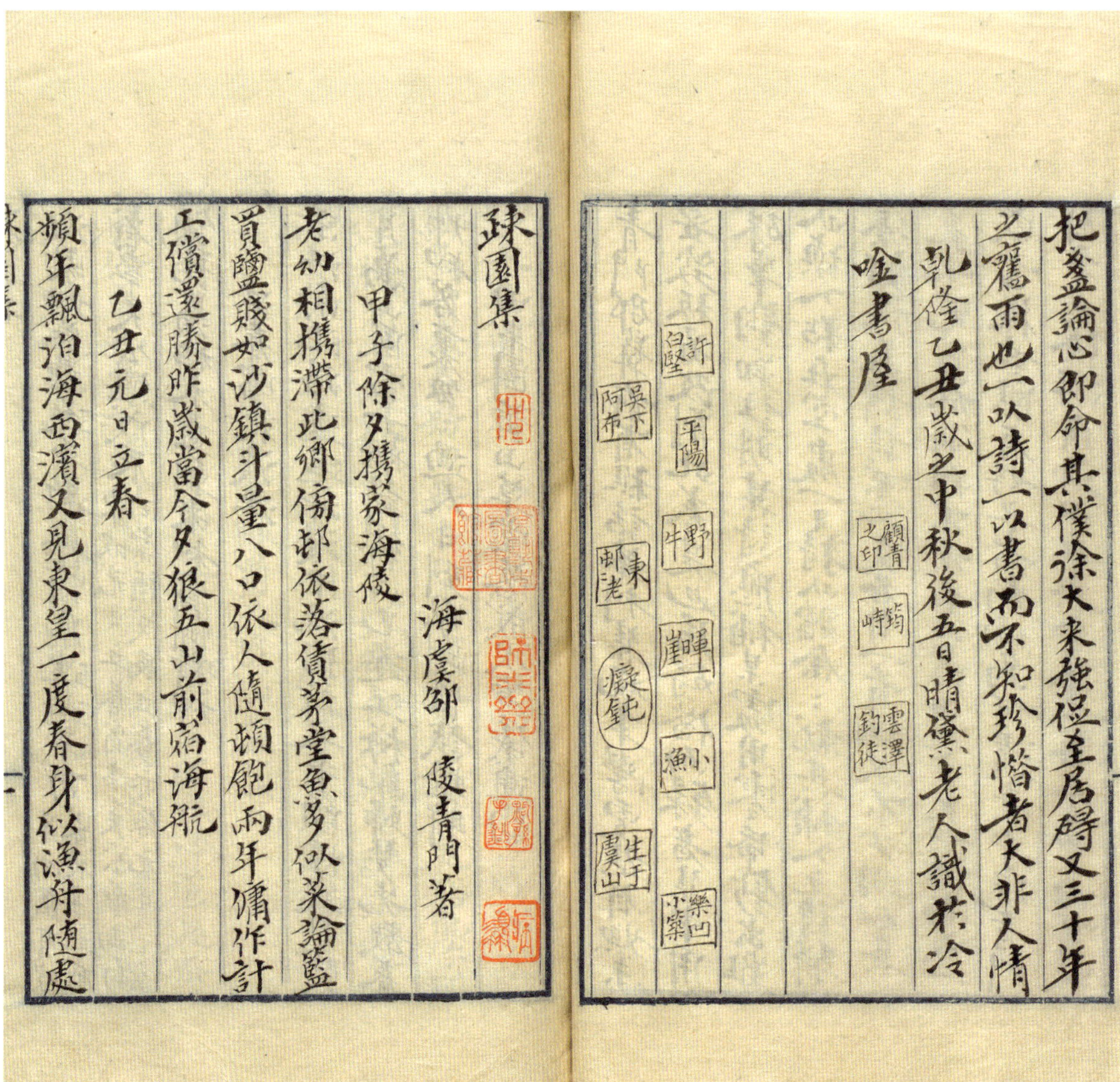

邵陵（1643—1707），字湘南，又字湘綸，號青門，常熟人。爲詩風秀天然，自題集後云「性情原自無今古，格律何須問漢唐」。

卷端署「海虞邵陵青門著」。

鈔本框高 18.4 厘米，寬 12.5 厘米。半葉八行，行二十字，小字雙行同，白口，藍絲欄，左右雙邊。版心上書各卷題名，下記葉次。

書封左題書名「海虞邵青門詩集」，右書「坿詞。己未秋日手鈔」。

正文前有目録；次接序，末署「乾隆乙丑歲之中秋後五日晴黛老人識於冷唫書屋」。正文含《疏園集》一卷、《樵話庵稿》一卷、《且留集》一卷、《詩餘》一卷。正文後有己未重陽前二日師米老人沈煦孫跋。

綫裝，一册，登録號 010233。鈐「煦孫」白方印、「煦／孫」朱長印、「師米」朱長印、「師／米」朱方印、「沈／煦孫」白方印、「沈」朱長印、「師米齋」朱長印、「師米／齋」朱方印、「成伯」朱長印、「成伯／翰墨」白方印、「常熟市／圖書／館藏」朱方印。

010260　默庵遺集八卷默庵遺稿二卷

（清）馮舒撰　清光緒刻本

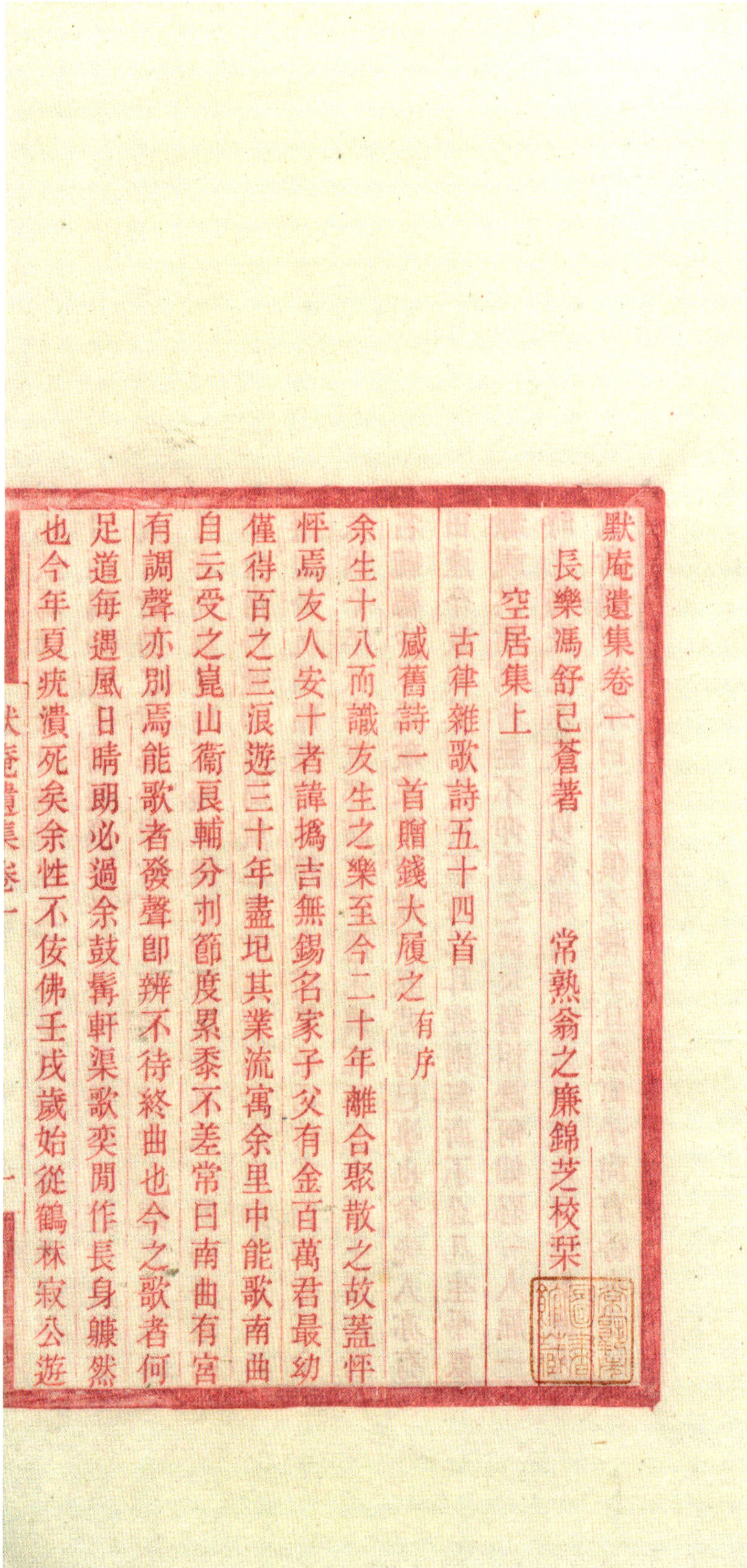

默庵遺集卷一

長樂馮舒已蒼著　　常熟翁之廉錦芝校栞

空居集上

古律雜歌詩五十四首

感舊詩一首贈錢大履之有序

余生十八而識友生之樂至今二十年離合聚散之故蓋怦怦焉友人安十者諱搗吉無錫名家子父有金百萬君最幼僅得百之三浪遊三十年盡圮其業流寓余里中能歌南曲自云受之崑山衛良輔分刌節度累黍不差常曰南曲有宮有調聲亦別焉能歌者發聲即辨不待終曲也今之歌者何足道每遇風日晴朗必過余鼓髯軒渠歌奕閒作長身赚然也今年夏疢潰死矣余性不佞佛壬戌歲始從鶴林寂公遊

默庵遺集卷一

馮舒生平事迹見前《懷舊集》（002067）。

是帙二册，凡八卷。第一册《默庵遺集》八卷，爲清光緒刻本，署「長樂馮舒己蒼著，常熟翁之廉錦芝校刊」；第二册《默庵遺稿》二卷爲鈔本，署「長樂馮舒巳蒼」著。

刻本框高17.1厘米，寬12.7厘米。半葉十二行，行二十三字，紅格，黑口，四周單邊。版心中鐫書名及卷數，下記葉次。鈔本開本高28.8厘米，寬16.2厘米。半葉九行，行二十字，無版框及界欄，版心下記葉次。

第一册書封右題「默庵遺集八卷。虹隱校藏。」正文前護葉鐫書名，題注「麗芬署簽」。正文前有《默庵遺集總目》，署「常熟翁之廉錦芝録」；次接《默庵遺集序》，署「蒙叟錢謙益撰」；次接邑志文苑傳内《馮巳蒼傳》；次接虹隱居士徐兆瑋手書題識。正文後有徐兆瑋四跋，各書於「光緒辛丑正月三日」「三月二日」「四月五日」「壬寅二月廿二日」。正文八卷，卷一空居集上，收古律雜歌詩五十四首；卷二空居集下，收古律雜歌詩八十首；卷三北征集上，收古律雜歌詩三十七首；卷四北征集下，收古律雜歌詩六十三首；卷五福海集，收古律雜歌詩二十首；卷六避人集上，收古律雜歌詩四十八首；卷七避人集下，收古律雜歌詩六十三首；卷八幽遠集，收古律雜歌詩五十九首。

第二册《默庵遺稿》二卷，卷九收志、銘、序、雜文二十一首，卷十收記、疏、傳、雜文二十三首。

刻本綫裝，鈔本毛裝，登録號010260。

010281　南湖先生文選八卷

（明）丁奉撰　明崇禎刻本

南湖先生文選

古吳丁奉獻之著　玄孫孺端編輯仝弟汝蘐男鸞訂

賦

虞山賦

虞仲之德與泰伯同孔子稱伯曰至德安知其不以伯該仲也夫以虞之德視九州四海無一可攖其情顧於茲山特取而終身焉茲山之能擅乎虞之榮也又直以其名名至今於乎其諸異乎九州

丁奉（1480—1541），字獻之，號南湖，常熟人。明正德三年（1508）進士。曾官南京吏部驗封司郎中。

卷端署「古吴丁奉獻之著，玄孫孺端編輯，仝弟汝憲、汝鶴、男驥訂」。

框高 19.8 厘米，寬 13.4 厘米。半葉九行，行二十字，白口，上單綫魚尾，四周單邊。版心上鎸書名「丁吏部文選」，中録卷次，下記葉次。

正文前有明太史昆山方鵬《南湖留稿序》，撰於「大明嘉靖癸卯孟春朔日」；次接明中憲大夫武進薛應旂《南湖留稿序》，撰於「大明嘉靖癸卯季夏穀旦」；次接明通議大夫、禮部左侍郎、邑人瞿景淳《南湖逸稿序》，撰於「大明嘉靖己未季春穀旦」；次接《叙丁吏部文選全集》，末署「萬曆甲辰秋孟，太原王錫爵撰」；次接《吏部南湖丁先生文選序》，末署「賜進士第、觀吏部政後學星卿瞿汝説頓首拜撰」；次接《丁吏部文選序》，末署「大明萬曆甲辰孟夏朔日，文林郎、貴州道監察御史、邑後學蔣以化頓首拜撰」；次接《先吏部文選小序》，末署「崇禎乙卯季秋，玄孫孺端謹識於剡溪公署」；次接《南湖先生文選目録》。

正文分八卷，卷一賦、七體，卷二擬古樂府、漢鐃歌，附雜題九首、近體樂府、五言古詩、七言古詩、古詩長短句，卷三五言律詩、六言律詩、七言律詩，卷四七言律詩、五言排律、七言排律、五言六句、五言絶句、六言絶句、七言絶句、史贊，卷五、卷六史論，卷七序、記、傳、文、表，卷八志銘、行狀、贊、頌、銘、祭文、誄、書啓、對、説，附臨去詩三首。

綫裝，三册，登録號 010281。鈐「常熟市/圖書/館藏」朱方印。

010337 竹素園詩鈔八卷

（清）許廷鑅撰　清乾隆二十四年（1759）刻本　清毛慶善跋并臨錢荃批注

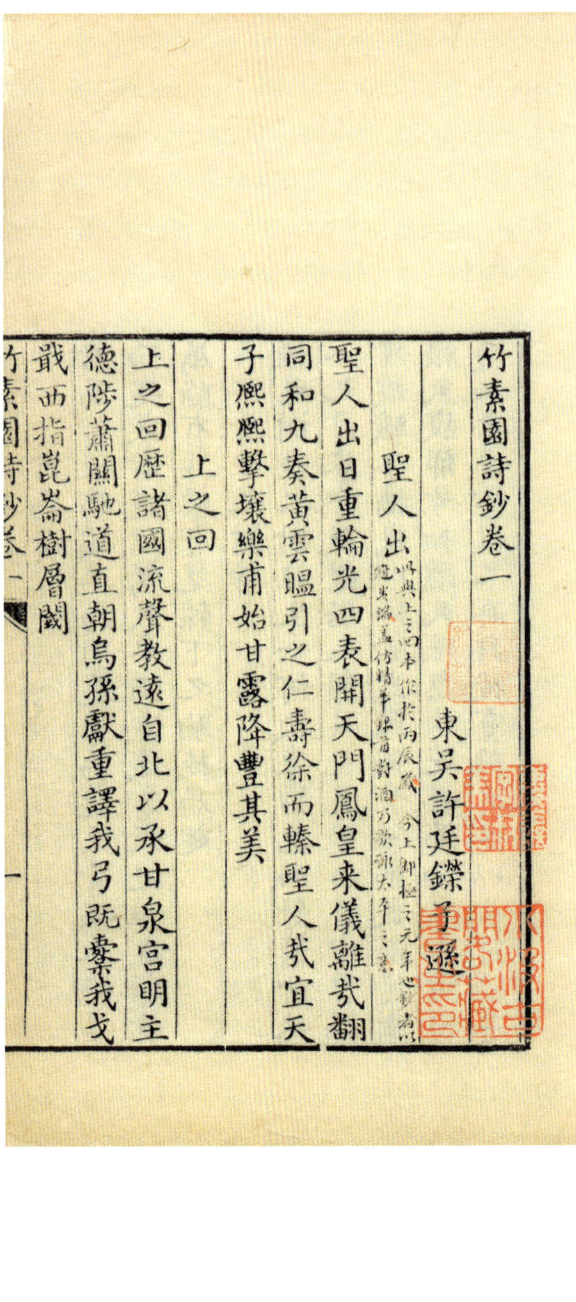
竹素園詩鈔卷一
東吳許廷鑅子遜
聖人出
聖人出日重輪光四表開天門鳳皇來儀離羲翻
同和九奏黃雲嫗引之仁壽徐而轃聖人兮宜天
子熙熙擊壤樂甫始甘露降豐其美
上之回
上之回歷諸國流聲教遠自北以承甘泉宮明主
德陟蕭關馳道直朝烏孫獻重譯我弓既櫜我戈
戢西指崑崙樹層闕
竹素園詩鈔卷一　一

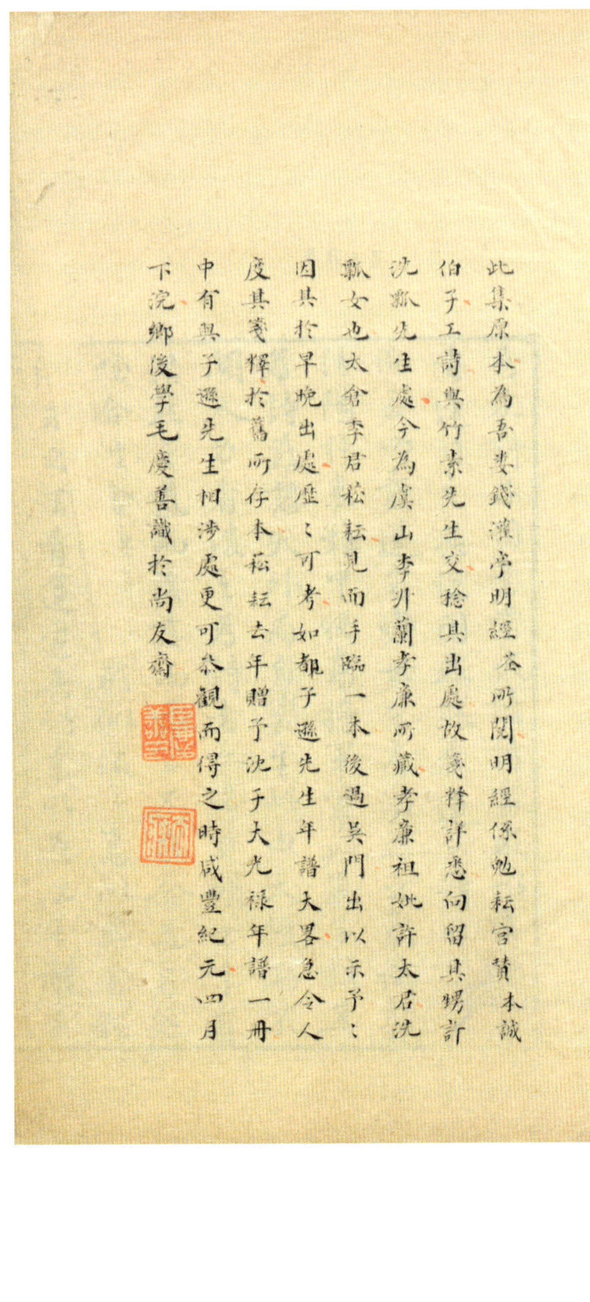
此集原本為吾妻錢漾亭明經苓所閱明經係勉耘宮贊本誠
伯子工詩與竹素先生交稔具出處故評釋詳悉向留其甥許
沈瓢先生處今為虞山李升蘭孝廉所藏孝廉祖妣許太君沈
瓢女也太倉李君松耘見而手臨一本後遇吳門出以示予々
因其於早晚出處歷々可考如鄭子遜先生年譜大畧急令人
度其箋釋於舊所存本松耘去年贈予沈子大光祿年譜一冊
中有與子遜先生相涉處更可參觀而得之時咸豐紀元四月
下浣鄉後學毛慶善識於尚友齋

許廷鑅，字子遜，江蘇長洲（今屬蘇州）人。清康熙五十六年（1717）舉人。

卷端署「東吴許廷鑅子遜」撰。

框高 17.4 厘米，寬 13.2 厘米。半葉十行，行十九字，白口，上單黑魚尾，左右雙邊。版心上鎸書名及卷次，下記葉次。

正文前有清咸豐紀元四月毛慶善跋，次接乾隆丙子夏五月沈德潛序，次接乾隆乙卯沈起元序，次接《竹素園詩鈔總目》。正文分八卷，卷一古近體詩八十首，卷二古近體詩七十九首，卷三古近體詩一百十二首，卷四古近體詩一百十八首，卷五古近體詩一百十首，卷六古近體詩八十三首，卷七古近體詩八十二首，卷八古近體詩七十九首。

綫裝，二册，登録號 010337。鈐「臣慶/善印」白方印、「慶善/字叔/美印」白方印、「小汲古/閣藏/書之印」朱方印、「尚友/齋印」白方印、「常熟市/圖書/館藏」朱方印。

010339　弢甫五岳集二十卷

（清）桑調元撰　清乾隆刻本

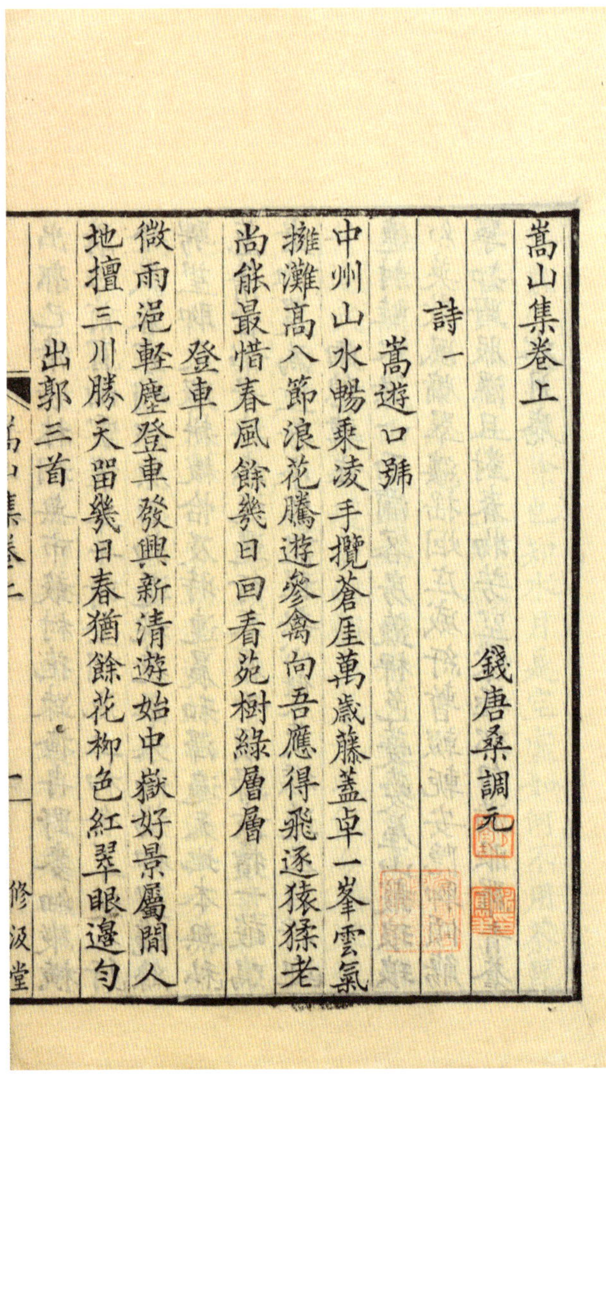
嵩山集卷上　錢唐桑調元

詩一

嵩遊口號

中州山水暢乘凌手攬蒼厓萬歲藤盖卓一峯雲氣擁灘灘高八節浪花騰遊參禽向吾應得飛逐猿猱老尚能最惜春風餘幾日回看苑樹綠層層

登車

微雨浥輕塵登車發興新清遊始中嶽好景屬閒人地擅三川勝天留幾日春猶餘花柳色紅翠眼邊勻

出郭三首

嵩山集卷上　一　修汲堂

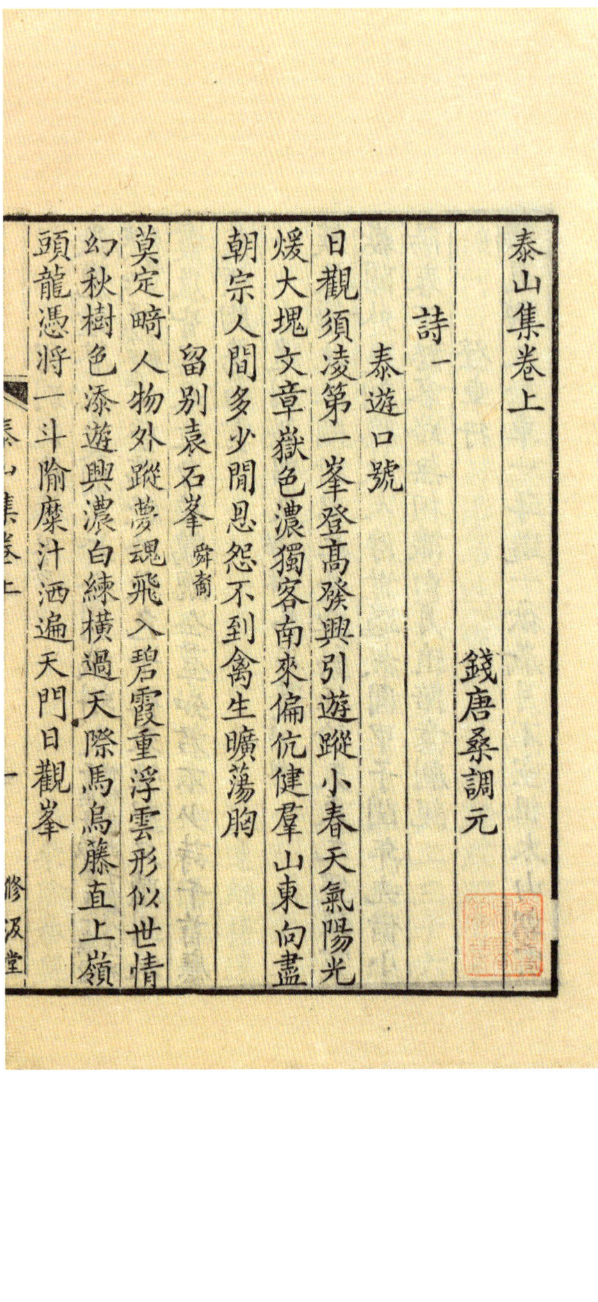
泰山集卷上　錢唐桑調元

詩一

泰遊口號

日觀須凌第一峯登高發興引遊蹤小春天氣陽光煖大塊文章嶽色濃獨客南來偏伉健羣山東向盡朝宗人間多少閒恩怨不到禽生曠蕩胸

留别袁石峯 舜裔

莫定畸人物外蹤夢魂飛入碧霞重浮雲形似世情幻秋樹色添遊興濃白練橫過天際馬烏藤直上嶺頭龍憑將一斗偷糜汁洒遍天門日觀峯

泰山集卷上　一　修汲堂

桑調元（1695—1771），字伊佐，號弢甫，浙江錢塘（今杭州）人。清雍正十一年（1733）進士，官工部主事。

是帙係《弢甫嵩山集》《弢甫華山集》《弢甫泰山集》《弢甫衡山集》《弢甫恒山集》五集合刻。各集前皆有書名葉，内容各爲「弢甫泰山集／修汲堂藏板」「弢甫華山集／修汲堂藏板」「弢甫衡山集／修汲堂藏板」「弢甫嵩山集／修汲堂藏板」「弢甫恒山集／修汲堂藏板」；卷末署「門人梁曰源謄寫」。卷端署「錢唐桑調元」撰。

框高 18.6 厘米，寬 13.9 厘米。半葉十一行，行二十字，白口，上單黑魚尾，四周單邊。版心中鎸各集集名及卷次，下記葉次，葉次下有「修汲堂」字樣。

正文前有《五岳集總序》，末署「乾隆丙子十一月月幾望，五岳詩人桑調元自序」；次接目録。正文凡二十卷。

《弢甫嵩山集》，正文前有序，末署「乾隆辛亥後重午日桑調元自序」；次接目録。正文分上、下卷，卷上古今體詩九十四首，卷下古今體詩一百七十首，凡二百六十四首。

《弢甫華山集》，正文前有序，末署「乾隆壬申小春月幾望桑調元自序」；次接目録。正文分上、中、下三卷，卷上古今體詩四十八首，卷中古今體詩七十七首，卷下古今體詩七十首，凡一百九十五首。

《弢甫泰山集》，正文前有序，末署「乾隆甲戌良月之望桑調元自序」；次接目録。正文分上、中、下三卷，卷上古今體詩九十六首，卷中古今體詩九十二首，卷下古今體詩七十四首，凡二百六十二首。

《弢甫衡山集》，正文前有序，末署「乾隆乙亥嘉平月吉桑調元自序」；次接目録。正文分五卷，卷一古今體詩六十三首，卷二古今體詩九十九首，卷三古今體詩八十八首，卷四古今體詩六十五首，卷五古今體詩五十四首，凡三百六十九首。

《弢甫恒山集》，正文前有序，末署「乾隆丙子建子月望後三日桑調元自序」；次接目録。正文凡七卷，卷一古今體詩五十三首，卷二古今體詩六十五首，卷三古今體詩八十二首，卷四古今體詩一百零八首，卷五古今體詩一百零八首，卷六古今體詩一百十首，卷七古今體詩八十首，凡六百零六首。

綫裝，八册，登録號 010339。鈐「琴川俞鍾／鑾讀書記」朱長印、「常熟市／圖書／館藏」朱方印等。

010355　話山自選詩四卷

（清）王譽昌撰　清康熙自刻本

話山自選詩卷一

常熟　王譽昌　露湑

題含星堂壁

襆被寄輕舟東南訪舊遊萍蹤方泛暑帆腹已知秋客謝柴扉鶴疆申釣渚鷗故應明月夜歸夢落江樓

西湖雨泛四首之一

風轉波心雨豁然不妨萍迹此勾牽就間蓮葉開芳徑何處鐘聲趁釣船韻引碧雲紛作市時與擇乳同泛晴舒新漲易生煙錢塘今夜饒清夢夢遶前

王譽昌，字露湑，號話山，常熟人。諸生。一意於詩，工鍛煉，一字一句，務極新巧，骨幹峻拔。

卷端署「常熟王譽昌露湑」。

框高17.5厘米，寬13.4厘米。半葉十行，行十八字，黑口，雙魚尾，左右雙邊，版心中鐫書名及卷次，下記葉次。

正文前有王材任叙，次接庚子仲春王應奎序，次接己亥冬日王譽昌自序。正文凡四卷。

綫裝，一册，登録號010355。鈐「常熟市/圖書/館藏」朱方印。

010405　南崖集四卷

（清）陶元淳撰　清康熙貽清堂刻本

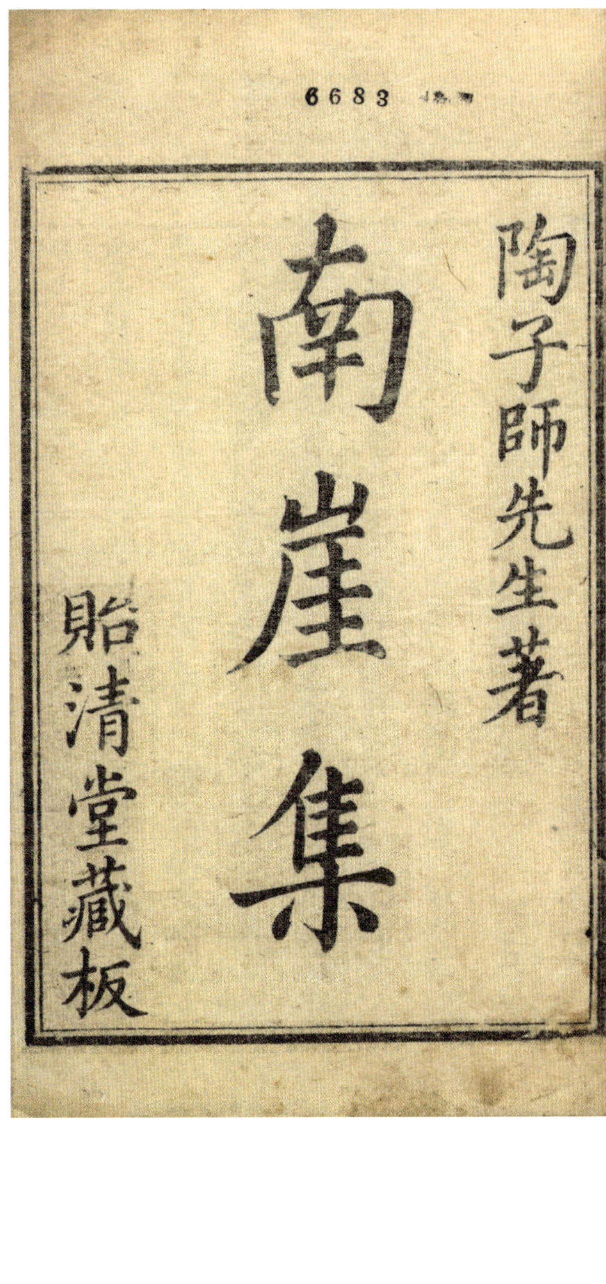

6683

陶子師先生著

南崖集

貽清堂藏板

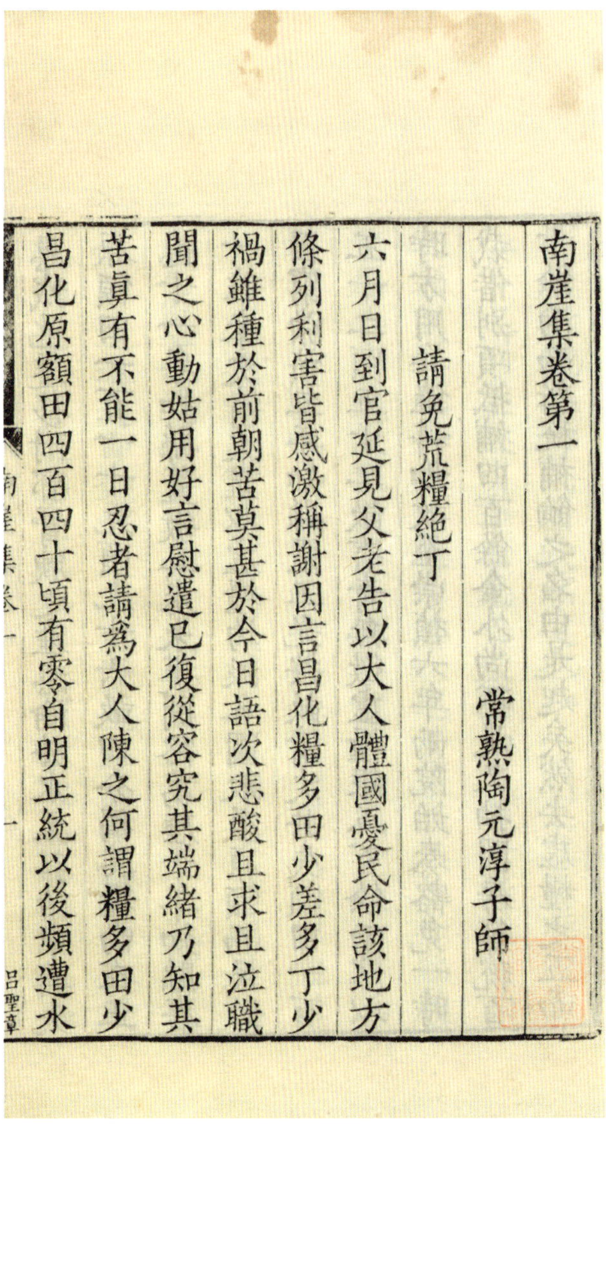

南崖集卷第一

常熟陶元淳子師

請免荒糧絕丁

六月日到官延見父老告以大人體國憂民命該地方條列利害皆感激稱謝因言昌化糧多田少差多丁少禍雖種於前朝苦莫甚於今日語次悲酸且求且泣職聞之心動姑用好言慰遣已復從容究其端緒乃知其苦真有不能一日忍者請爲大人陳之何謂糧多田少昌化原額田四百四十頃有零自明正統以後頻遭水

陶元淳（1646—1698），初名垣，字子師，常熟人。士奇孫。清康熙二十七年（1688）進士，昌化知縣。

有書名葉，右上小字題「陶子師先生著」，中間大字題書名，左下小字題「貽清堂藏板」。

卷端署「常熟陶元淳子師」，卷末注「男貞一正靖謹校」。

框高18.9厘米，寬14厘米。半葉九行，行二十一字，上黑口，上單黑魚尾，左右雙邊。版心中鎸書名及卷數，下記葉次，葉次之下有刻工姓名：「劉文蓮」「劉旭如」「王憲文」「吕聖章」「田正符」。

正文前有趙執信《南崖集序》，次接目録。正文凡四卷，收陶元淳在官公私文書六十篇。

綫裝，二册，登録號010405。鈐「常熟市/圖書/館藏」朱方印。

010435 情味集四卷

（清）陳玉齋撰　清乾隆孫夢奎鈔本

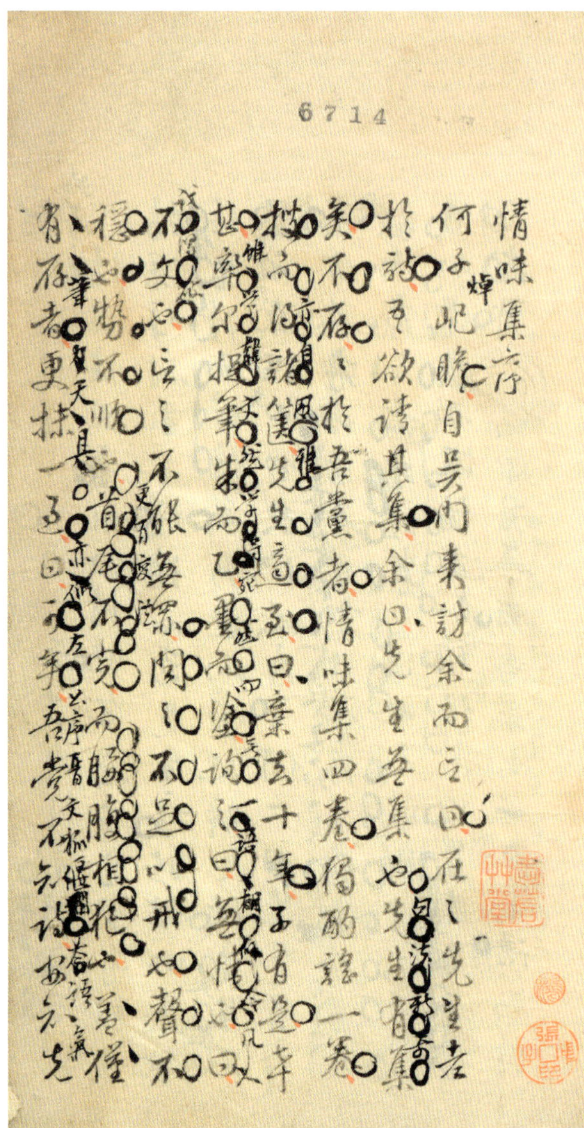

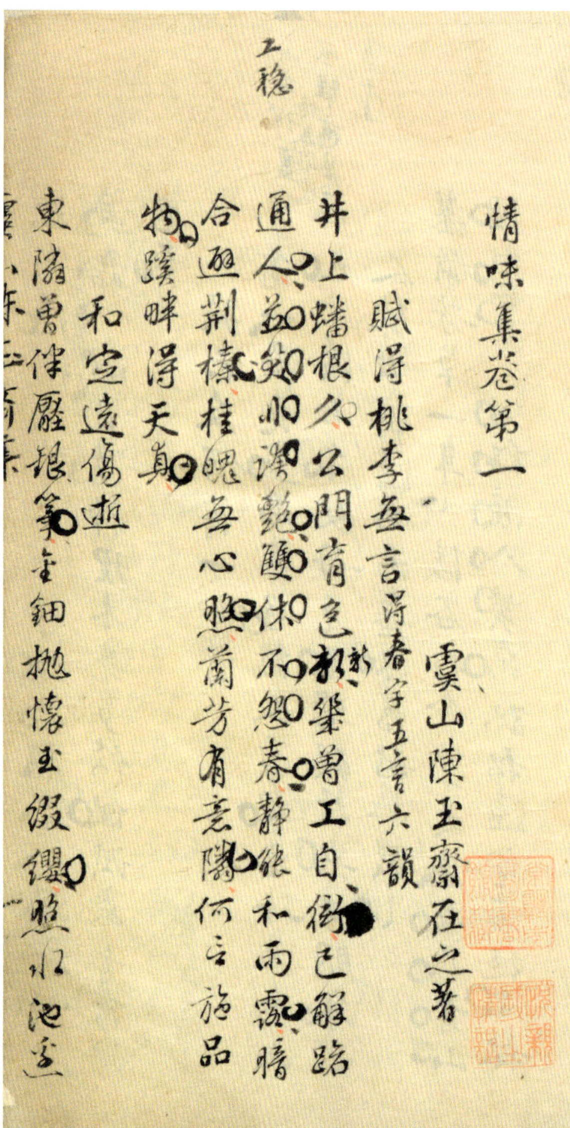

陳玉齋，字在之，常熟人，元大十三世孫，廩生。孫夢逵，清乾隆七年（1742）進士。

卷端署「虞山陳玉齋在之著」。

無版框及界欄，開本高 24.4 厘米，寬 15 厘米。半葉九行，行十八字。

正文前有《情味集序》，末署「康熙二十有五年歲在丙寅四月□日，晚生趙徵介序」。正文分四卷。卷末署「癸亥陽月上旬録。夢逵記」。

綫裝，一册，登録號 010435。鈐「愛若／草堂」朱方印、「鴻」朱文圓印、「悦親／戚之／情話」朱方印、「常熟市／圖書／館藏」朱方印等。

010480 楚游小草一卷

（明）范愷撰　明崇禎九年（1636）澹然堂刻本

楚遊小草

虞山范　愷忠侯著

滸墅發棹志感

明發波光十里遥片帆風緊意蕭騷天涯落落誰知已莫向關山歎寂寥

其二

虚擲三春幻夢如自甘貧賤伴鷗居扁舟到處饒雲水且慰長途挾卷書

范愷，字忠侯。常熟人。叔淵八世孫。明崇禎十二年（1639）諸生，工詩，所著除《楚游小草》，又有《游西山記》《游西山詩》。藏書室名澹然堂。

卷端署「虞山范愷忠侯著」。

框高 18.8 厘米，寬 13.5 厘米。半葉八行，行十九字，白口，左右雙邊，版心上鎸書名，下記葉次，葉次之下有「澹然堂」三字。

正文前有崇禎九年（1636）丙子戈汕序，次接目録。正文不分卷，收詩凡一百二十首。正文後有崇禎九年（1636）丙子夏六月净雲居士范愷《遇寇顯异説》，次接崇禎丙子秋吴栻《楚游草跋》。

綫裝，一册，登録號 010480。原書封左側題書名，右側書「周香初藏本，王寶之重裝」六字。末葉尾端有「庚寅年子廷 / 策整遺續印」。

010485　巢寄先生遺文二卷

（清）趙同驌撰　清鈔本

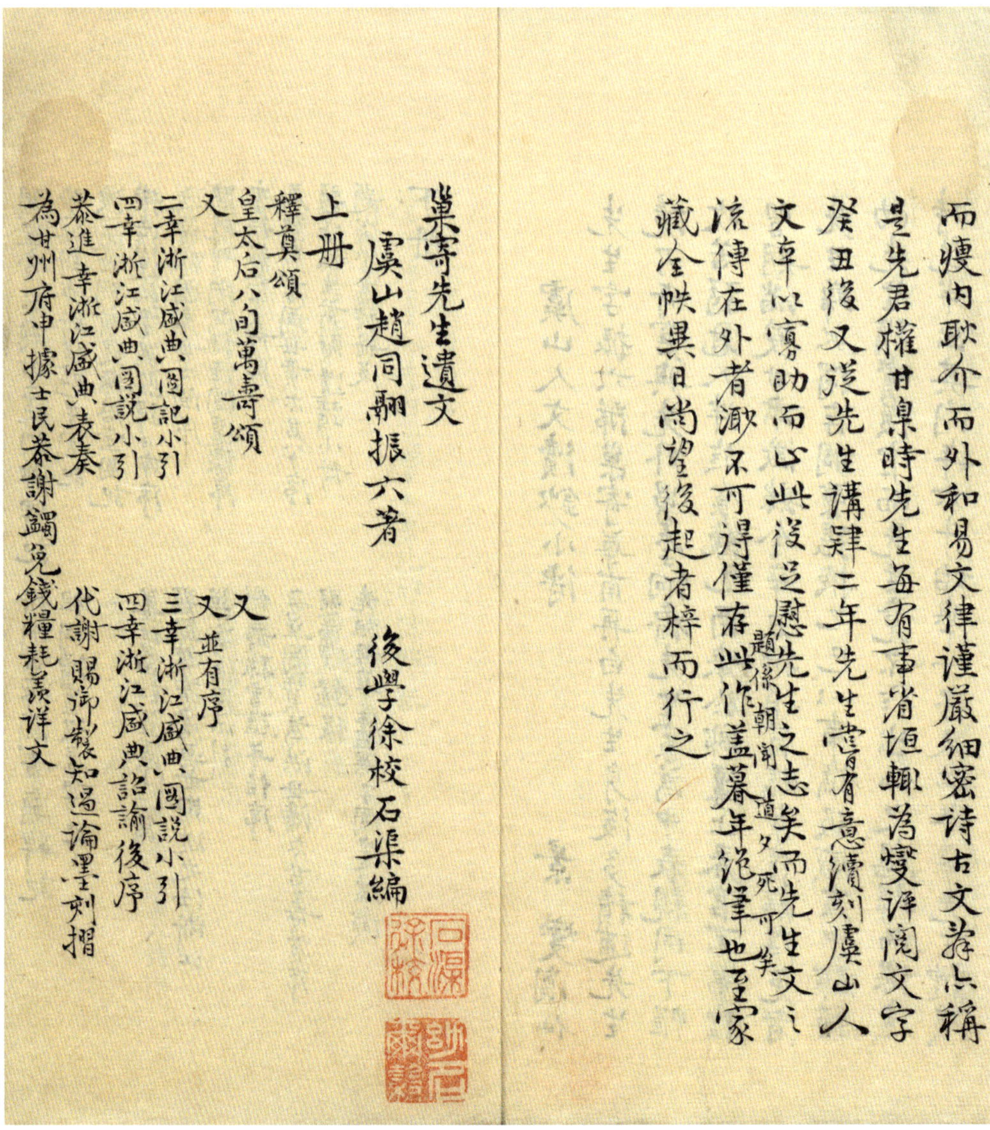

而瘦内耿介而外和易文律謹嚴細密诗古文辞亦稱
是先君權甘泉時先生每有事省垣輒爲燮評閱文字
癸丑後又從先生講肄二年先生嘗有意續刻虞山人
文章以寡助而止此後乏歷先生之志矣而先生文之
流傳在外者漸不可得僅存此趙徐朝聞道夕死可矣作蓋暮年絶筆也至家
藏全帙異日尚望後起者梓而行之

巢寄先生遺文
虞山趙同驌振六著　後學徐校石渠編
上册
釋奠頌
皇太后八旬萬壽頌
又
又
二幸浙江盛典圖記小引
三幸浙江盛典圖説小引
又並有序
四幸浙江盛典圖説小引
四幸浙江盛典詔諭後序
恭進幸浙江盛典表奏
代謝賜御製知過論墨刻摺
為甘州府中據士民恭謝蠲免錢糧耗羨詳文

趙同翮（1733—1795），字振六，號高羽，又號巢寄，常熟人。清乾隆三十年（1765）舉人，張掖知縣。

卷端署「虞山趙同翮振六著，後學徐校石渠編」。

無版框及界欄，開本高25.1厘米，寬13.6厘米。半葉八行，行二十一字。

正文前有王家相藝齋撰《虞山人文續鈔趙再白先生小傳》；次接景夔閬仙撰《虞山人文續鈔小傳》，即趙同翮小傳；次接目録。正文收頌、序、碑記、墓志銘、啓、書、傳等多種體裁文章凡七十四篇，如《皇太后八旬萬壽頌》《忻州重修關帝廟碑記》《姜夢田詞集序》《寄瞿右曾書》《朝議大夫張府君墓志銘》《公祭李璞庵年伯文》等。

毛裝，二册，登録號010485。下册封面題書名「趙巢寄先生遺文」及册次。鈐「臣徐／校印」白方印、「石／渠」朱方印、「昭文姚玉林所藏」朱方印、「少筠」朱文橢圓印、「常熟市／圖書／館藏」朱方印等。

010559　後甲集二卷

（清）章大來撰　清康熙刻本

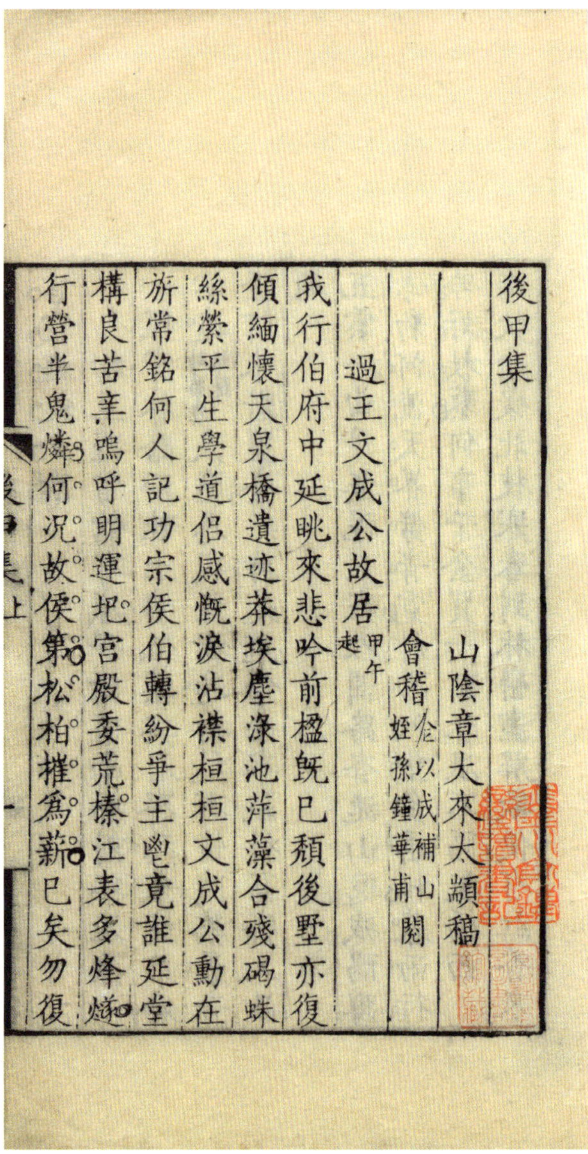
後甲集

山陰章大來太顛稿

會稽姪念以成補山 孫鍾華甫閱

過王文成公故居 甲午起

我行伯府中延眺來悲吟前楹既巳頹後墅亦復傾緬懷天泉橋遺迹莽埃塵淥池萍藻合殘碣蛛絲縈平生學道侶感慨淚沾襟桓桓文成公動在旂常銘何人記功宗侯伯轉紛爭主𢀷竟誰延堂構良苦辛嗚呼明運圮宮殿委荒榛江表多烽燧行營半鬼燐何況故侯第松柏摧爲薪巳矣勿復

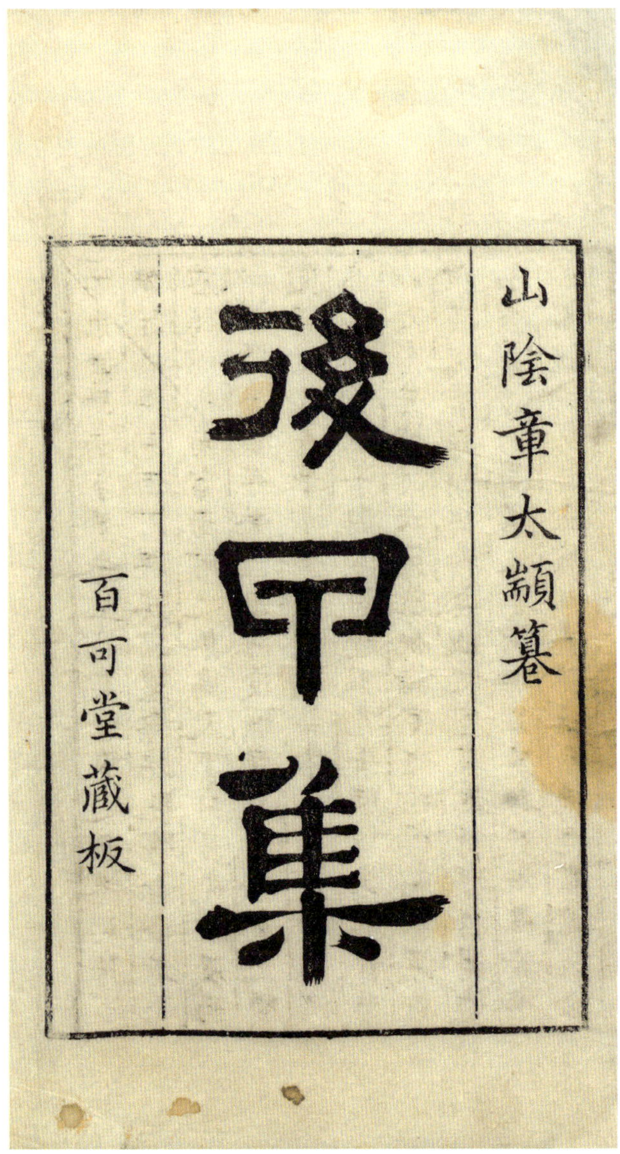
山陰章太顛纂

後甲集

百可堂藏板

章大來，字太顓，號對山，浙江山陰（今屬紹興）人。師事毛奇齡，工詩文。

護葉有書名葉，内容爲「山陰章太顓纂／後甲集／百可堂藏板」。上卷卷端署「山陰章大來太顓稿，會稽金以成補山、侄孫鍾華甫閲」，下卷卷端署「山陰章大來太顓稿，會稽田易易堂、周徐彩粹存閲」。

框高 18.3 厘米，寬 13.4 厘米。半葉十行，行十九字，小字雙行同，黑口，上單黑魚尾，四周單邊。版心中鎸書名及卷次，下記葉次。

正文前有三序，各署「康熙丁酉夏五甬上仇兆鰲滄柱題」「康熙丁酉長夏同學金以成書於吴門廡下」「丁酉春王侄孫鍾謹叙」。正文分上、下二卷。

綫裝，一册，登録號 010559。是集又名《躍雷館日記》。鈐「琴川俞鍾／鑾讀書記」朱長印、「常熟市／圖書／館藏」朱方印。

010572　天中觀化集　不分卷

（清）徐文蔚撰　稿本

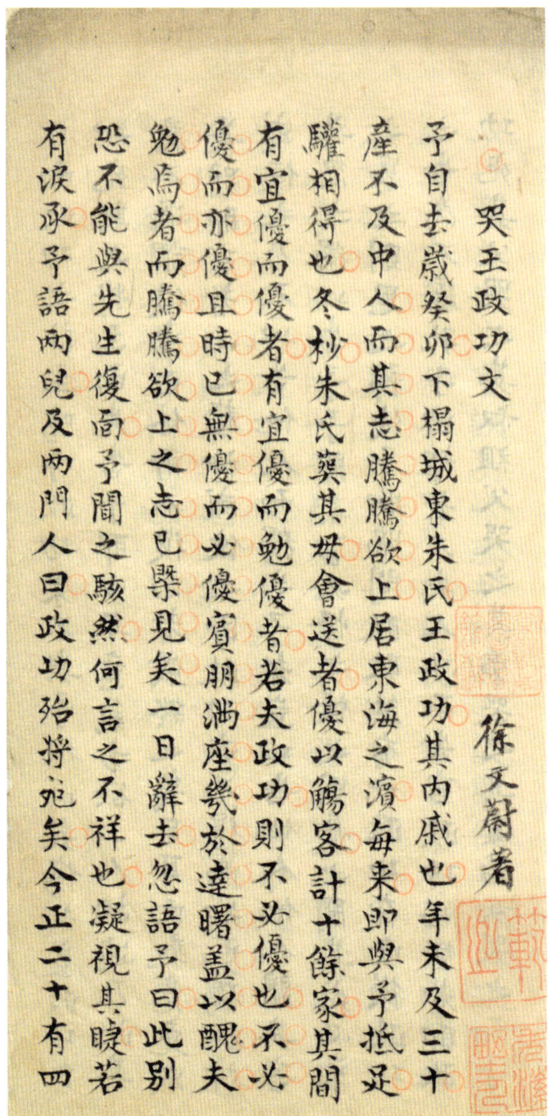
哭王政功文　徐文蔚著
予自去歲癸卯下榻城東朱氏王政功其内戚也年未及三十
産不及中人而其志騰騰欲上居東海之濵每来即與予抵足
驩相得也冬杪朱氏葬其母會送者優以觴客計十餘家其間
有宜優而優者有宜優而勉優者若夫政功則不必優也不必
優而亦優且時已無優而必優賓朋滿座幾於達曙盖以醜夫
勉爲者而騰騰欲上之志已槩見矣一日辭去忽語予曰此別
恐不能與先生復面予聞之駭然何言之不祥也凝視其睫若
有淚承予語兩兒及兩門人曰政功殆將死矣今正二十有四

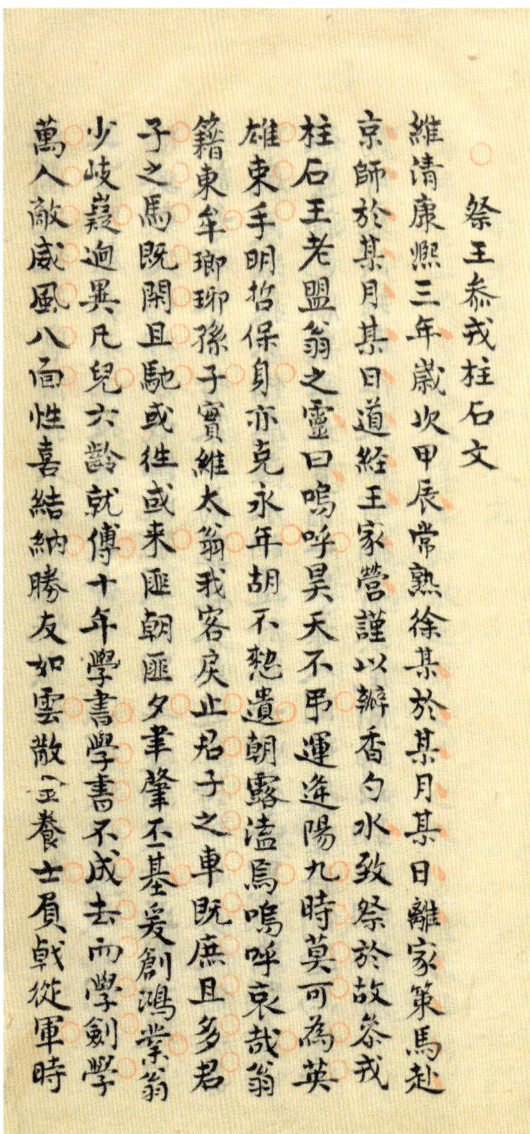
祭王恭我柱石文
維清康熙三年歲次甲辰常熟徐某於某月某日離家策馬赴
京師於某月某日道經王家營謹以瓣香勺水致祭於故恭我
柱石王老盟翁之靈曰嗚呼昊天不弔運逢陽九時莫可爲英
雄束手明哲保身亦克永年胡不憖遺朝露溘焉嗚呼哀哉翁
籍東牟瑯琊孫子實維太翁我客戾止招子之車既庶且多君
子之馬既閑且馳或往或來匪朝匪夕聿肇丕基爰創鴻業翁
少岐嶷迥異凡兒六齡就傅十年學書學書不成去而學劍學
萬人敵威風八面性喜結納勝友如雲散金養士負戟從軍時

徐文蔚，字宣采，清初常熟人。副貢生，汝寧推官。

卷端署「徐文蔚著」。

無版框及界欄，開本高 25 厘米，寬 13.7 厘米。半葉九行，行二十四字。

正文前後無序跋。正文不分卷，收《哭王政功文》《祭王參戎柱石文》《祭朱母錢太孺人文》《祭殷佩所文》《哭周季美文》《祭程翁文》《哭錢孝直文》《弟婦高氏祭文》《吊徐慧生文》《張松傳》《周裁傳》《明故朱成三傳》《明監軍徐白雨先生副室陸令人傳》《文學沈勿佳傳》《哭嚴晋公文》等文。

綫裝，一册，登録號 010572。有朱筆圈點。集中有「希任齋藏」藏書題簽，著録書名、部類及册數。鈐「範／之」朱方印、「常熟市／圖書／館藏」朱方印等。

010627　種菜集八卷別集一卷

（清）徐淑撰　清嘉慶鈔本

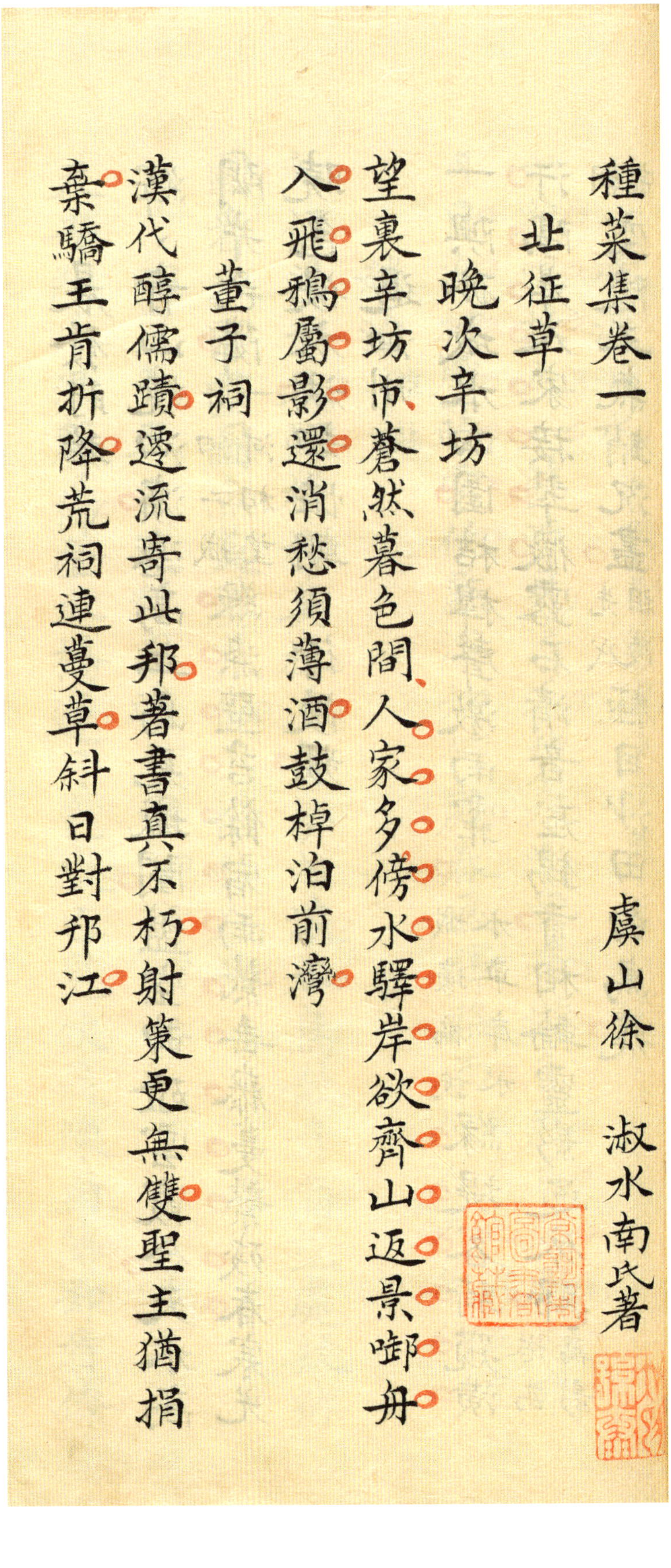

種菜集卷一　　虞山徐　淑水南氏著

北征草

晚次辛坊

望裏辛坊市、蒼然暮色閒、人家多傍水驛岸欲齊山返景啣舟
入飛鴉亂影還消愁須薄酒鼓棹泊前灣

董子祠

漢代醇儒蹟遷流寄此邦著書真不朽射策更無雙聖主猶捐
棄驕王肯折降荒祠連蔓草斜日對邦江

徐淑，字天英，號水南，常熟人。待聘孫。清順治十四年（1657）諸生。清康熙十六年（1677）歲貢生。贛榆訓導。

題「虞山徐淑水南氏」撰。

無版框及界欄，開本高 24.8 厘米，寬 13.1 厘米。半葉八行，行二十四字，小字雙行同。書封題寫書名及册數。

正文前有《種菜集小引》，末署「乙亥上元後五日，六十七翁瓠叟履忱識」；次接序，末署「康熙壬午歲秋九月，甬上趙嗣萬謹識於邑邸張氏之南軒」；次接《書種菜集後》，末署「時第二甲申冬十月望，同邑七十八老樵簡緣馮武撰」；次接康熙五十年（1711）七月朔日後學孫瀧跋；次接清雍正二年（1724）同里後學陳祖范跋；次接《書徐水南先生詩集後》，末署「康熙庚寅六月十五日，後學陳董策」；次接《水南徐夫子詩跋》，末署「受業門人朱玉鉉」。正文後有虹隱居士徐兆瑋手跋。正文分八卷，卷一《北征草》，卷二《賃春草》，卷三《西疇草》上，卷四《西疇草》，卷五《西疇草》下，卷六《行役草》，卷七《己饑草》，卷八《力民草》。

毛裝，二册，登録號 010627。有朱筆圈點，卷五後有題識云「以上五卷朱筆圈點悉本馮竇伯武，其他係孚若批閱」。鈐「吳／孫泰」白方印、「晋／軒」朱方印二方、「吳印／孫泰」白方印、「吳印孫傅」白方印二方、「孫／泰」白方印、「常熟市／圖書／館藏」朱方印等。

010694　容安齋詩集八卷

（清）汪應銓撰　清乾隆刻本

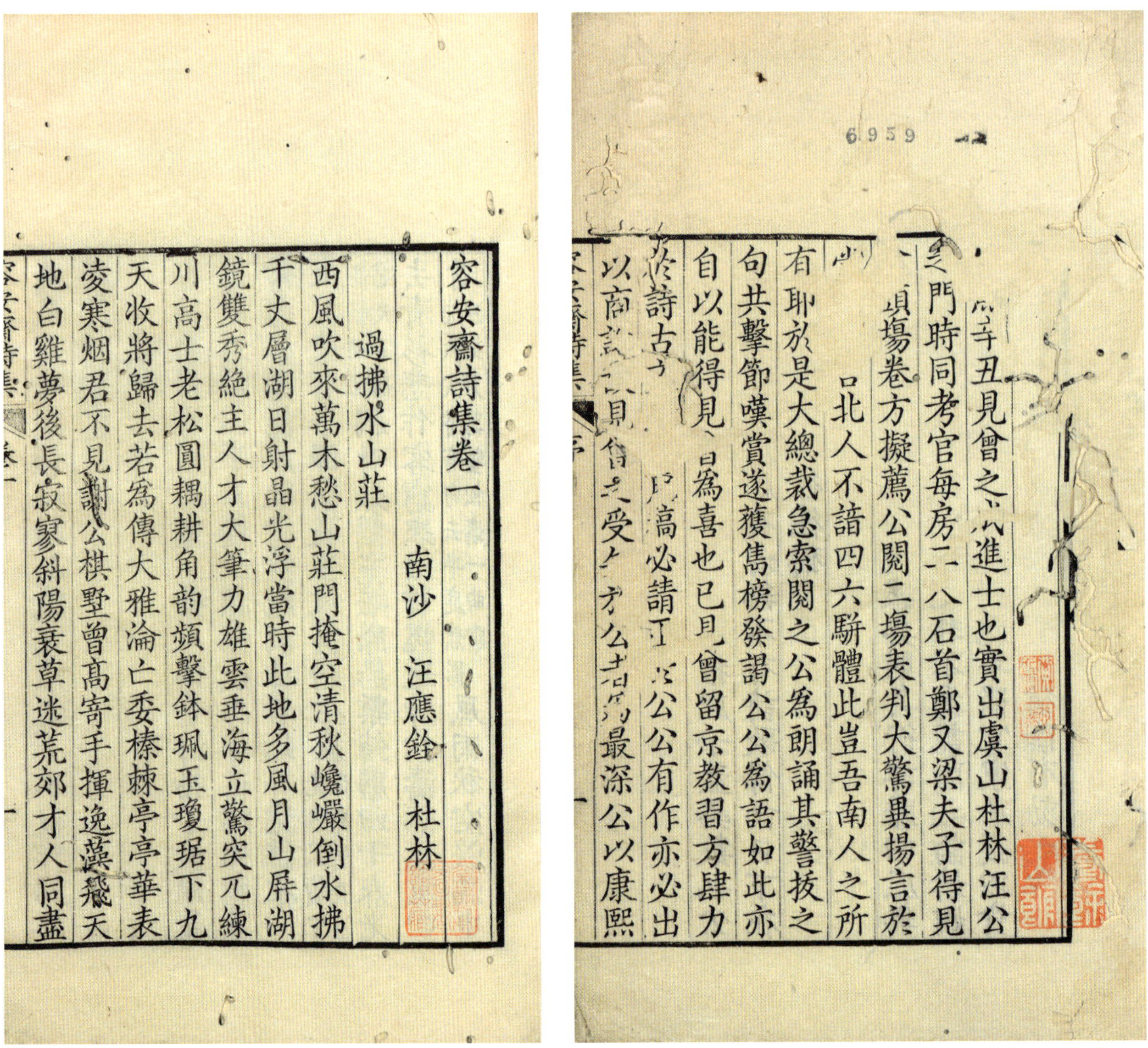

汪應銓，字杜林，其先徽州休寧縣（今屬黃山市）人，居常熟。清康熙五十七年（1718）進士第一，授翰林院修撰。熟於經史，爲文章蒼古典奧，書法圓勁秀逸。

卷端署「南沙汪應銓杜林」撰。

框高18.9厘米，寬13.9厘米。半葉十行，行十九字，小字雙行同，白口，上單黑魚尾，左右雙邊。版心上鐫書名，中記卷次，下記葉次。

正文前有序，末署「乾隆乙亥孟冬，德州受業盧見曾謹撰」；次接目録，題「受業盧見曾編」。序稱汪詩「近體詩聲情高朗，音調諧暢，品格似大歷諸子，古風則入白蘇之室」。正文凡八卷。

綫裝，一册，登録號010694。蠹迹甚夥。鈐「黃/承熺」白方印，「心/葵」朱方印，「養餘/山館」白方印，「常熟市/圖書/館藏」朱方印。

010696　黄玄龍先生詩集□□卷黄玄龍先生小品□□卷

（明）黄奂撰　清康熙刻本

黄玄龍先生詩集

新安　黄　奐玄龍著

弟　僎于升訂

五言古

汎郎川出南碕湖 遊雲山作

霽旭散晨陰積潦起春漲挂席横中流擊檝發高唱
曲岸多紆迴嘉林遞呈望泱泱平湖開流觀信衍瀁
蒲楊相映蔚雲波共浮蕩蘋鱗弄柔藻素鷗狎輕浪
披襟延緒颸縱睇領逸嶂浩漭滌沈慅偃仰愜昭曠

黄玄龍詩集　五言古　一

黄奂，字符龍，又字玄龍、元龍，安徽歙縣人。工詩文。

卷端署「新安黄奂玄龍著，弟撰于升訂」。

框高 19.8 厘米，寬 13.8 厘米。半葉九行，行二十字，小字雙行同，白口，四周單邊。版心上鎸集名，中録各卷體裁或卷目，下記葉次。

正文前有《序》，末署「康熙歲在癸丑季春之月豐南吴綺題於竹西之鷗岑館」。《黄玄龍先生詩集》正文含五言古詩、七言古詩、五言律詩、七言律詩各一卷。《黄玄龍先生小品》，正文存《醒言》一卷、《偶載》一卷（附《黄玄龍先生像贊》）、《尺牘下》一卷。

毛裝，三册，登録號 010696。鈐「西／堂」朱方印、「飛騰／綺麗」朱方印、「琴川俞鍾／鑾讀書記」朱長印、「常熟市／圖書／館藏」朱方印。

011051　漢魏六朝百三家集一百八十卷

（明）張溥輯　明婁東張氏刻本

漢魏六朝百名家集敘

文集之名始于阮孝緒七錄後代因之遂列史志馬貴與經籍考詳載集名人物爵里著作源流備具左

敘　一

賈長沙集卷全

漢　雒陽賈　誼著

明　太倉張　溥閱

賦

弔屈原賦

恭承嘉惠兮，竢罪長沙。仄聞屈原兮，自湛汨羅。造託湘流兮，敬弔先生。遭世罔極兮，迺隕厥身。烏虖哀哉兮，逢時不祥。鸞鳳伏竄兮，鴟鴞翶翔。闒茸尊顯兮，讒諛得志。賢聖逆曳兮，方正倒植。

賈長沙集　卷全　賦　一

張溥（1602—1641），初字乾度，後字天如，號西銘，蘇州太倉人。明崇禎四年（1631）進士，授庶吉士，一年餘以父喪乞假歸里，後終身不仕。明天啓四年（1624），曾與楊彝、顧夢麟、朱隗、楊廷樞等十一人成立應社。崇禎二年（1629），又成立復社，主張尊經復古。纂輯著述甚富，除《漢魏六朝百三家集》，又有《易經注疏大全合纂》《歷代名臣奏議》《宋史紀事本末論正》《元史紀事本末論正》等。

框高 20.4 厘米，寬 14.3 厘米。半葉九行，行十八字，白口，上單綫魚尾，左右雙邊。版心上鎸所收各集集名，中記卷次及各卷文體，下記葉次。

正文前有《漢魏六朝百名家集叙》，末署「婁東張溥題」；次接總目。正文分一百十八卷，收録上自西漢賈誼，下至隋朝薛道衡，凡一百零三家作品，以時間順序編排，其中西漢九人、東漢十一人、三國魏十二人、晋二十二人、南朝宋八人、南朝齊六人、南朝梁十九人、南朝陳五人、北魏二人、北齊二人、北周二人、隋五人，故名「百三家集」。各集正文之前皆有張溥題辭，正文首列賦，次列文、詩，正文後有作者小傳。《四庫全書總目提要》稱其「州分部居，以文隸人，以人隸代，使唐以前作者遺篇，一一略見其梗概，雖因人成事，要不可謂之無功也」。

綫裝，五十四册，登録號 011051。集中有「希任齋藏」藏書題簽，著録題名、册數及部類。鈐「曾經東山/柳蓉村/過眼印」、「常熟市/圖書/館藏」朱方印。

011054　文章辨體五十卷外集五卷總論一卷

（明）吳訥輯　明嘉靖三十四年（1555）徐洛刻本

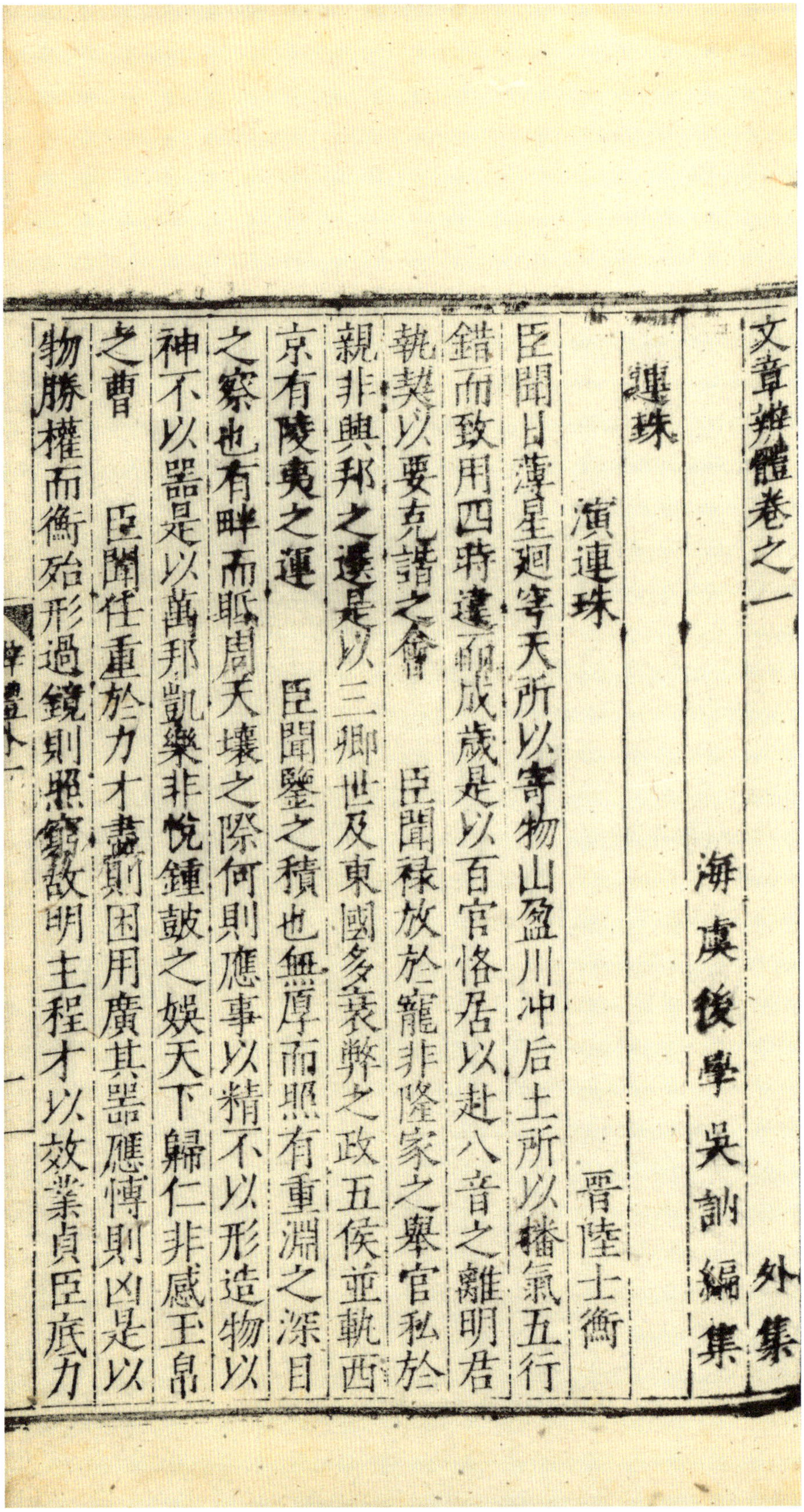

文章辨體卷之一　外集

海虞後學吳訥編集

連珠

演連珠　晉陸士衡

臣聞日薄星迴穹天所以寄物山盈川冲后土所以播氣五行錯而致用四時違而成歲是以百官恪居以赴八音之離明君執契以要克諧之會　臣聞祿放於寵非隆家之舉官私於親非興邦之選是以三卿世及東國多衰弊之政五侯並軌西京有陵夷之運　臣聞鑒之積也無厚而照有重淵之深目之察也有畔而眡周天壤之際何則應事以精不以形造物以神不以器是以萬邦凱樂非悅鍾鼓之娛天下歸仁非感玉帛之惠　臣聞任重於力才盡則困用廣其器應博則凶是以物勝權而衡殆形過鏡則照窮故明主程才以效業貞臣底力

辨體外一　一

吴訥（1372—1457），字敏德，號思庵，常熟人。明永樂中，以經明行修薦官至左副都御史。謚文恪。

框高22.1厘米，寬16.6厘米。半葉十三行，行二十四字，四周雙邊，白口，單魚尾。版心上録書名、卷次，下記葉次。

正文前有明天順八年（1464）彭時所撰《文章辨體序》；次接《諸儒總論作文法》，不署撰者名及撰寫時間；之後依次爲《文章辨體凡例》《文章辨體總目》《文章辨體目録》。卷一古歌謡辭，卷二至卷五賦，卷六至卷九表，卷十至卷十四詩，卷十五諭告、璽書、批答，卷十六詔，卷十七册、制、誥，卷十八制策，卷十九表、露布，卷二十論諫，卷二十一至卷二十三奏疏，卷二十四議，卷二十五彈文、檄，卷二十六至卷二十八書，卷二十九至卷三十一記，卷三十二至卷三十四序，卷三十五至卷三十六論，卷三十七説、解，卷三十八辨，卷三十九原、戒，卷四十題跋，卷四十一雜著，卷四十二箴、銘，卷四十三頌贊，卷四十四七體、問對，卷四十八墓碑、墓碣、墓表，卷四十九墓志、墓記、埋銘，卷五十誄辭、哀辭、祭文。《外集》卷一連珠、判、律賦，卷二至四詩，卷五詞曲。

綫裝，二十四册，登録號011054。入選第二批《國家珍貴古籍名録》，名録號06380。卷端鈐「御書／堂印」白方印。

011071 唐音審體二十卷

（清）錢良擇編　清康熙四十三年（1704）昭質堂刻本

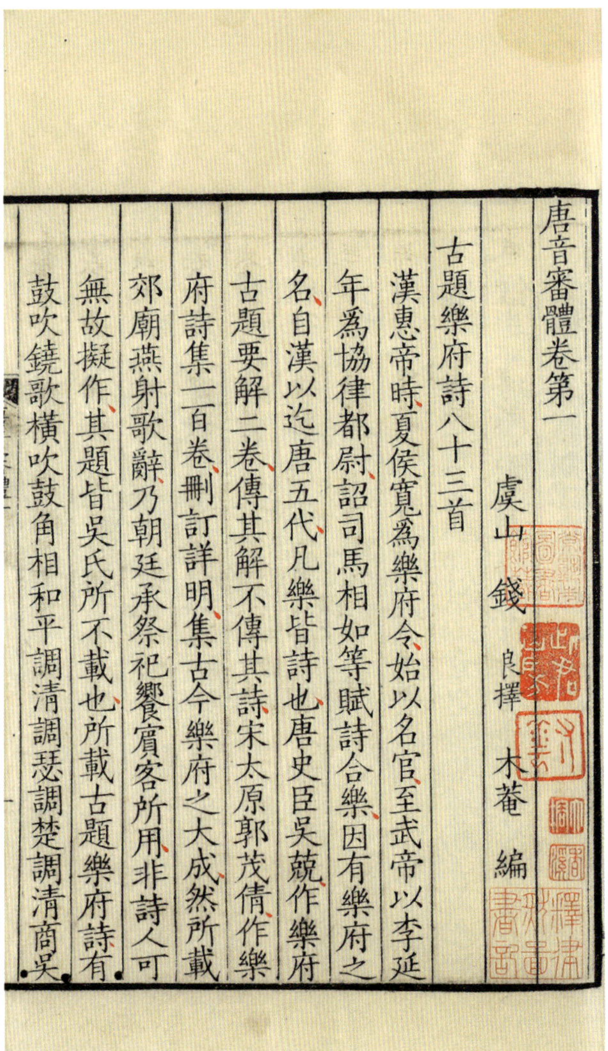

唐音審體卷第一　　虞山錢良擇木菴編

古題樂府詩八十三首

漢惠帝時夏侯寬爲樂府令始以名官至武帝以李延年爲協律都尉詔司馬相如等賦詩合樂因有樂府之名自漢以迄唐五代凡樂皆詩也唐史臣吳兢作樂府古題要解二卷傳其解不傳其詩宋太原郭茂倩作樂府詩集一百卷删訂詳明集古今樂府之大成然所載郊廟燕射歌辭乃朝廷承祭祀饗賓客所用非詩人可無故擬作其題皆吳氏所不載也所載古題樂府詩有鼓吹鐃歌橫吹鼓角相和平調清調瑟調楚調清商吳

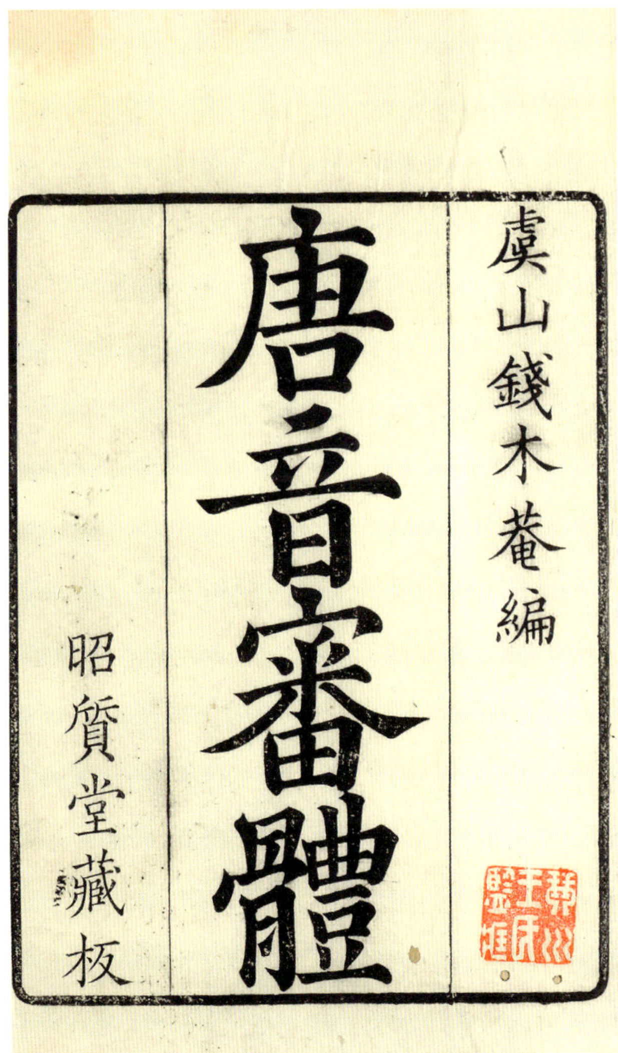

虞山錢木菴編

唐音審體

昭質堂藏板

錢良擇生平事迹見前《撫雲集》（010224）。

題「虞山錢良擇木庵編」。

框高19.4厘米，寬15.2厘米。半葉十一行，行二十三字，小字雙行，行三十五字，白口，上單黑魚尾，左右雙邊。版心中鎸書名及卷次，下記葉次。

文前有牌記，内容爲「虞山錢木庵編/唐音審體/昭質堂藏板」。有《唐音審體序》，末署「時康熙甲申冬十月朔海寧陳世安傳岩甫序」；次接《自序》，末署「甲申冬日虞山錢良擇木庵甫識」；次接例言；次接目録。正文分二十卷，專選唐人作品，以詩爲主，卷一古題樂府詩八十三首，卷二古題樂府詩七十四首，卷三新樂府辭四十七首，卷四古詩四言三首、五言四十四首，卷五古詩五言五十六首，卷六古詩五言三十首、齊梁體十首，卷七古詩七言二十九首，卷八古詩七言二十八首，卷九律詩五言四韵九十一首，卷十律詩五言四韵九十九首，卷十一律詩應制四十首、省試四十二首，卷十二律詩五言長韵三十九首，卷十三律詩五言長韵二十一首、聯句三首，卷十四律詩五言絶句一百二十五首、六言二首，卷十五律詩七言四韵八十一首，卷十六律詩七言四韵八十九首、七言長韵二首，卷十七律詩七言絶句一百十首，卷十八律詩七言絶句一百十五首，卷十九古賦十五首，卷二十律賦二十一首。是編以辨體爲先，故以分體爲次第，不論時代先後，樂府居首，古歌行次之，今體詩又次之，古律賦又次之。

綫裝，三册，登録號011071。各册書封題寫書名，并以「其曰可讀」標注册數。鈐「琴川/王氏/鑒藏」白方印、「如之何/勿思」朱方印、「常熟市/圖書/館藏」朱方印等。

011076　唐詩鼓吹注解十卷

（元）郝天挺注　（明）廖文炳解　清順治十六年（1659）陸貽典、錢朝鼒刻本　清錢朝鼒等校

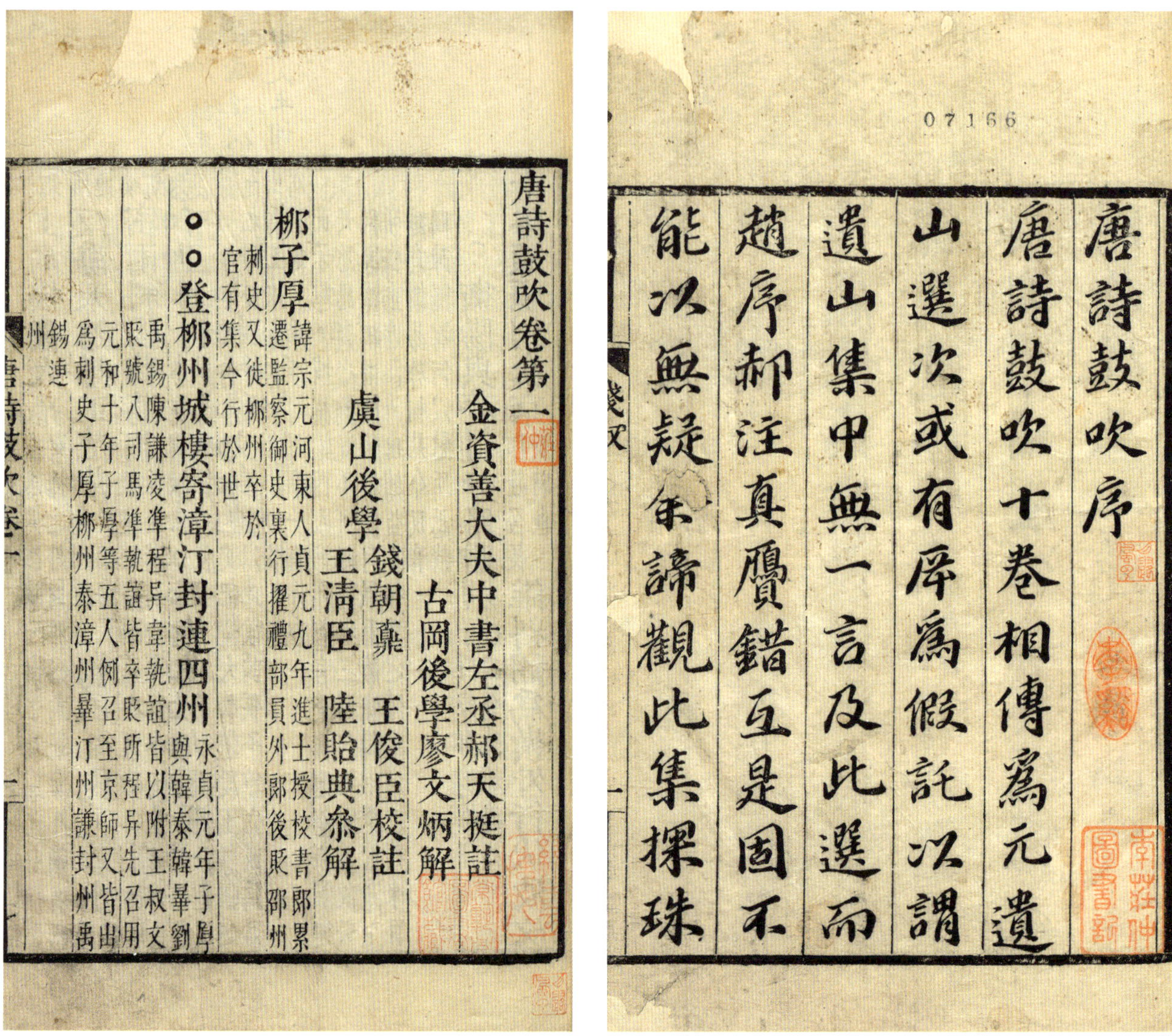
唐詩鼓吹序
唐詩鼓吹十卷相傳爲元遺
山選次或有序爲假託以謂
遺山集中無一言及此選而
趙序郝注真贋錯互是固不
能以無疑余諦觀此集採珠

唐詩鼓吹卷第一
金資善大夫中書左丞郝天挺註
古岡後學廖文炳解
虞山後學錢朝鼒　王俊臣校註
王清臣　陸貽典參解
柳子厚諱宗元河東人貞元九年進士授校書郎累遷監察御史裏行擢禮部員外郎後貶邵州刺史又徙柳州卒於官有集今行於世
○○登柳州城樓寄漳汀封連四州永貞元年子厚與韓泰韓曄劉禹錫陳諫凌準程异韋執誼皆以附王叔文貶號八司馬準執誼皆卒貶所程异先召用元和十年子厚等五人俱召至京師又皆出爲刺史子厚柳州泰漳州曄汀州諫封州禹錫連州

郝天挺（1247—1318），字繼先，山西太原人。曾官參知政事、陝西漢中道廉訪使、吏部尚書、中書左丞、御史中丞、河南行省平章政事等。

廖文炳，廣東新會（今屬江門）人。明嘉靖四十四年（1565）舉人。曾任瓊山教諭。

卷端署「金資善大夫中書左丞郝天挺注，古岡後學廖文炳解，虞山後學錢朝鼒、王俊臣校注，王清臣、陸貽典參解」。

框高19.3厘米，寬14.1厘米。半葉十一行，行二十一字，小字雙行同，黑口，上單黑魚尾，左右雙邊。版心中鐫書名及卷次，下記葉次。

正文前護葉有佚名手書題識，云「是書於肆中購得，惜其評語滿頭，不知出自何人之手，使千載正詩説又增一慟惜哉」；次接《唐詩鼓吹序》，末署「歲在屠維大淵獻余月二十二日，虞山蒙叟錢謙益書於碧梧紅豆村莊」；次接《唐詩鼓吹注解大全序》，末署「萬曆乙卯，青陽岡州錦臺居士廖文炳述」；次接《唐詩鼓吹注序》，末署「至大元年九月十二日，吴興趙孟頫序」；次接《唐詩鼓吹注解題詞》，末署「歲在屠維大淵獻余月，虞山陸貽典書」；次接二《小引》，各署「古虞王清臣識」「虞山王俊臣子籲氏識」；次接凡例十五條；次接目録。正文分十卷。

綫裝，二册，登録號011076。有朱筆批校。鈐「月露/風雲」朱方印、「李溪」朱文橢圓印、「李莊仲/圖書記」朱長印、「李莊仲/讀書記」白長印、「楞禺/散人」朱方印、「莊/仲」朱方印、「挺/之」朱方印、「文學傳家」朱長印、「常熟市/圖書/館藏」朱方印等。

011083　奇賞齋廣文苑英華二十六卷

（明）陳仁錫評選　明天啓刻本

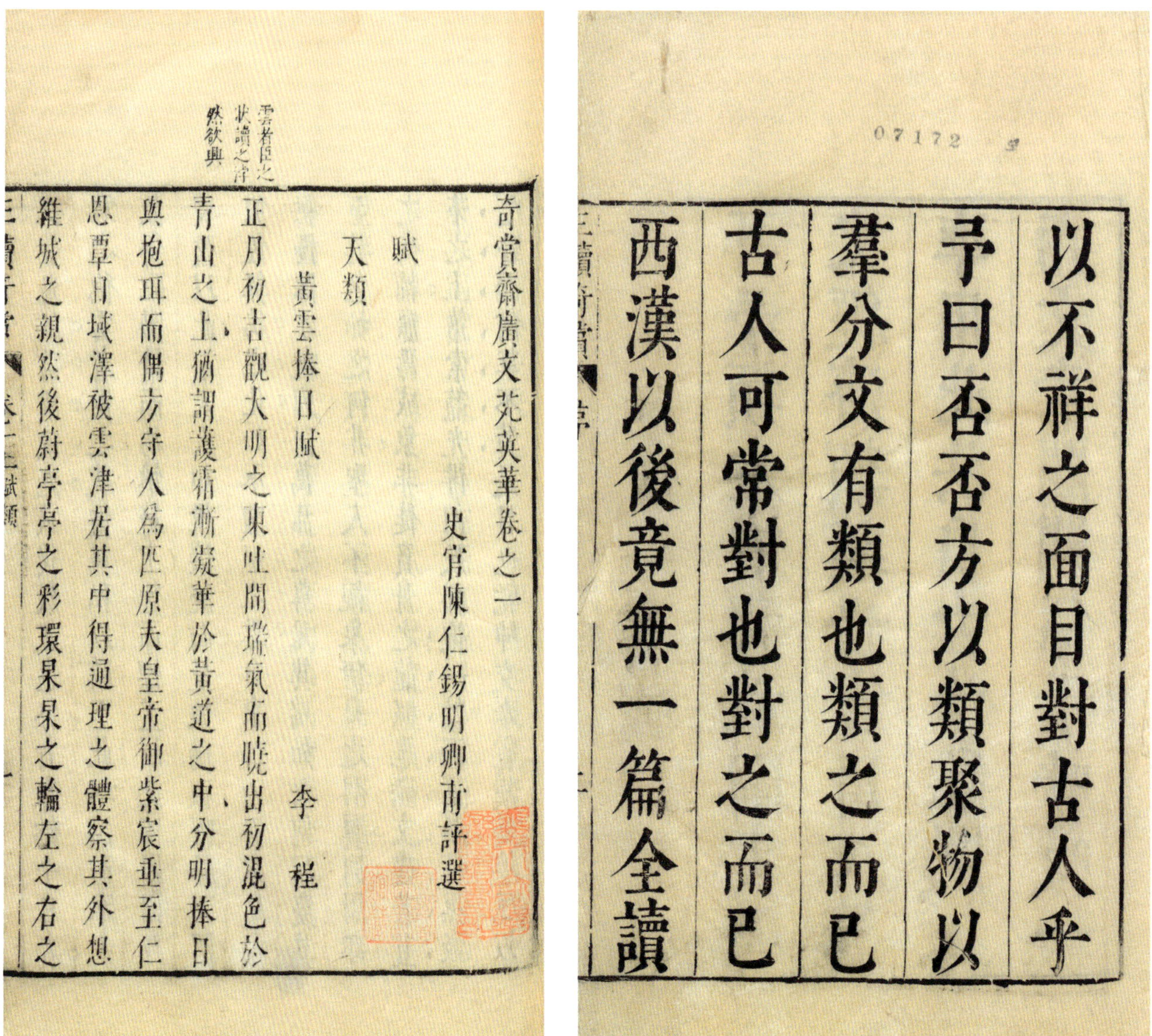

以不祥之面目對古人乎
予曰否否方以類聚物以
羣分文有類也類之而已
古人可常對也對之而已
西漢以後竟無一篇全讀

雲者臣之狀讀之浮然欽與

奇賞齋廣文苑英華卷之一
史官陳仁錫明卿甫評選
賦
天類
黃雲捧日賦　李　程
正月初吉觀大明之東吐間瑞氣而曉出初混色於
青山之上猶謂護霜漸凝華於黃道之中分明捧日
與抱珥而偶方守人爲匹原夫皇帝御紫宸垂至仁
恩覃日域澤被雲津居其中得通理之體察其外想
維城之親然後蔚亭亭之彩環杲杲之輪左之右之

陳仁錫（1579—1634），字明卿，别號芝臺，江蘇長洲（今屬蘇州）人。明萬曆二十五年（1597）舉人。明天啓二年（1622）進士第三名，授翰林院編修，典誥敕。後纍遷至南京國子監祭酒。篤志好學，著有《無夢園集》等。

是帙目録題名作「三續古文奇賞廣文苑英華」。正文卷端題名作「奇賞齋廣文苑英華」，署「史官陳仁錫明卿甫評選」。

框高 20.3 厘米，寬 14 厘米。半葉十行，行二十字，白口，上單黑魚尾，四周單邊，正文無界欄。版心上鎸書名「三續奇賞」，中記卷次，下記葉次；首葉版心下有「章逸素刊」字樣。

正文前有《三續古文奇賞文苑英華序》，末署「天啓甲子初夏，長洲陳仁錫書於惕齋」，序有殘闕；次接目録。正文凡二十六卷，所收諸文按文體分類，卷一至卷四賦，卷五騷、詔、敕、册、制，卷六詔、制、疏，卷七至九疏，卷十表、狀，卷十一策、箋、啓、論，卷十二銘、箴、誡、規、贊，卷十三書，卷十四書、啓，卷十五記，卷十六至十八序，卷十九雜著，卷二十至二十二碑，卷二十三碑、墓表、墓志，卷二十四墓志，卷二十五行狀、傳，卷二十六祭文、哀辭。

綫裝，十册，登録號 011083。各册書根題各册所見文體。鈐「琴川俞鍾／鑾讀書記」朱長印、「常熟市／圖書／館藏」朱方印。

011087　古文正集十卷

（明）葛鼒、葛鼐評輯

明崇禎六年（1633）刻本

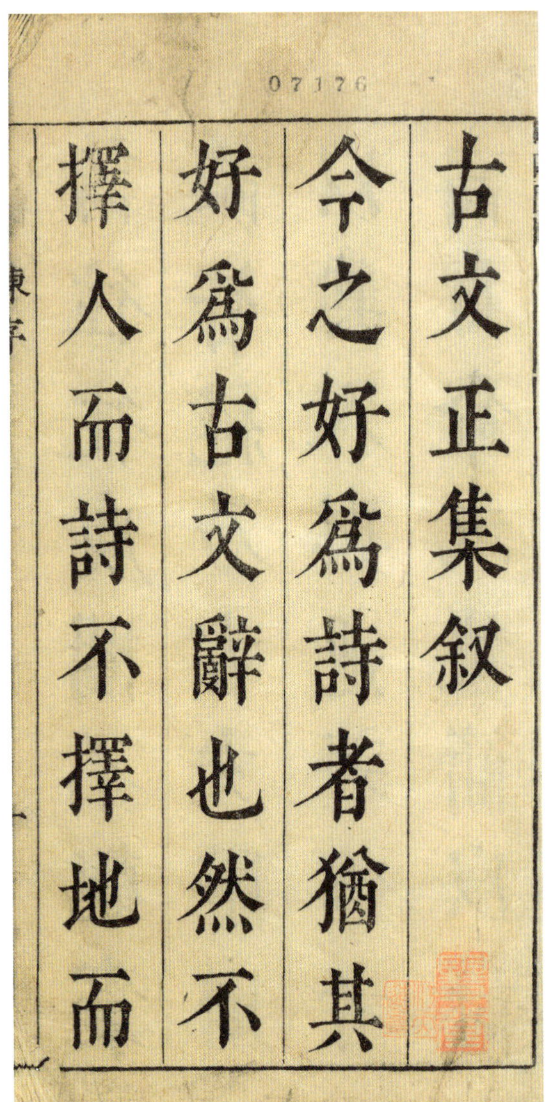

古文正集叙

古今之好爲詩者猶其好爲古文辭也然不擇人而詩不擇地而

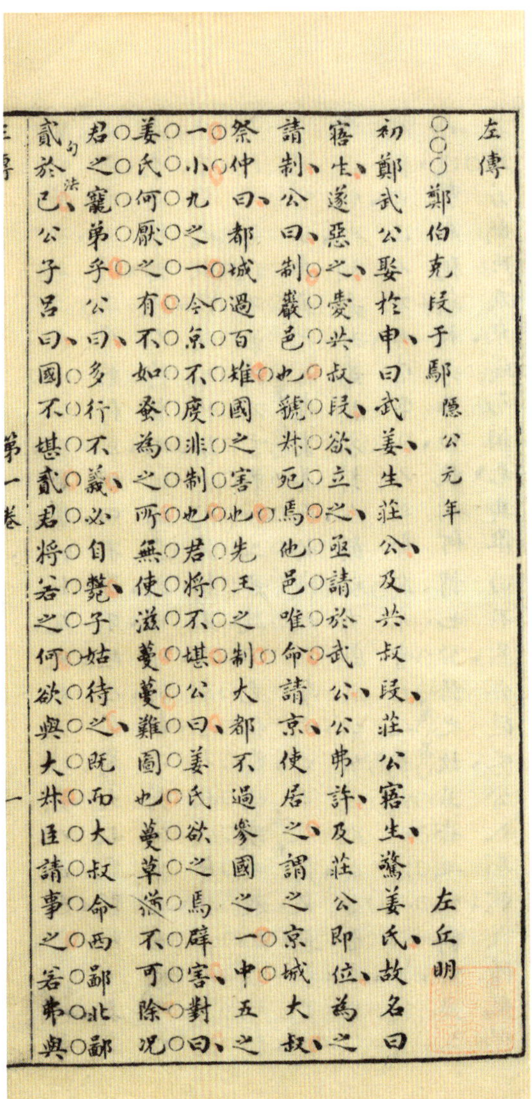

古文正集第一卷

左傳

鄭伯克段于鄢　隱公元年　　左丘明

初鄭武公娶於申曰武姜生莊公及共叔段莊公寤生驚姜氏故名曰寤生遂惡之愛共叔段欲立之亟請於武公公弗許及莊公即位爲之請制公曰制巖邑也虢叔死焉佗邑唯命請京使居之謂之京城大叔祭仲曰都城過百雉國之害也先王之制大都不過參國之一中五之一小九之一今京不度非制也君將不堪公曰姜氏欲之焉辟害對曰姜氏何厭之有不如早爲之所無使滋蔓蔓難圖也蔓草猶不可除況君之寵弟乎公曰多行不義必自斃子姑待之既而大叔命西鄙北鄙貳於己公子呂曰國不堪貳君將若之何欲與大叔臣請事之若弗與

葛鼐，字端調。葛鼒，字靖調。皆蘇州昆山人。有室名永懷堂，刻書甚夥。

卷端署「吴郡葛鼒靖調、葛鼐端調評輯，弟葛鼎竑調、葛鼒穀調同參」。

框高21.7厘米，寬12.2厘米。半葉十行，行十七字，白口，四周單邊，無界欄。版心上鐫各卷集名，中鎸卷次，下記葉次。

正文前有《古文正集叙》，末署「癸酉孟冬，長洲陳仁錫書於白松堂」；次接《宋葛生南歸序》，末署「方水鄭以偉書」，後有癸酉冬日葛鼐題識；次接葛鼐端調氏《自序》。正文凡十卷，輯先秦至唐、宋文，各卷正文前有分卷目次。所輯選自《左傳》《國語》《公羊傳》《穀梁傳》《檀弓記》《戰國策》《史記》《漢書》《後漢書》、東漢文、唐文、宋文。

綫裝，十册，登録號011087。各册書根標明册次。有朱筆圈點及批校。卷十目録後小字鐫永懷堂題識，述是集刊刻始末。鈐「江天／遠章」朱方印、「常熟市／圖書／館藏」朱方印等。

011093　新刊名世文宗三十卷（存二十三卷）

（明）胡時化選輯　明萬曆刻本

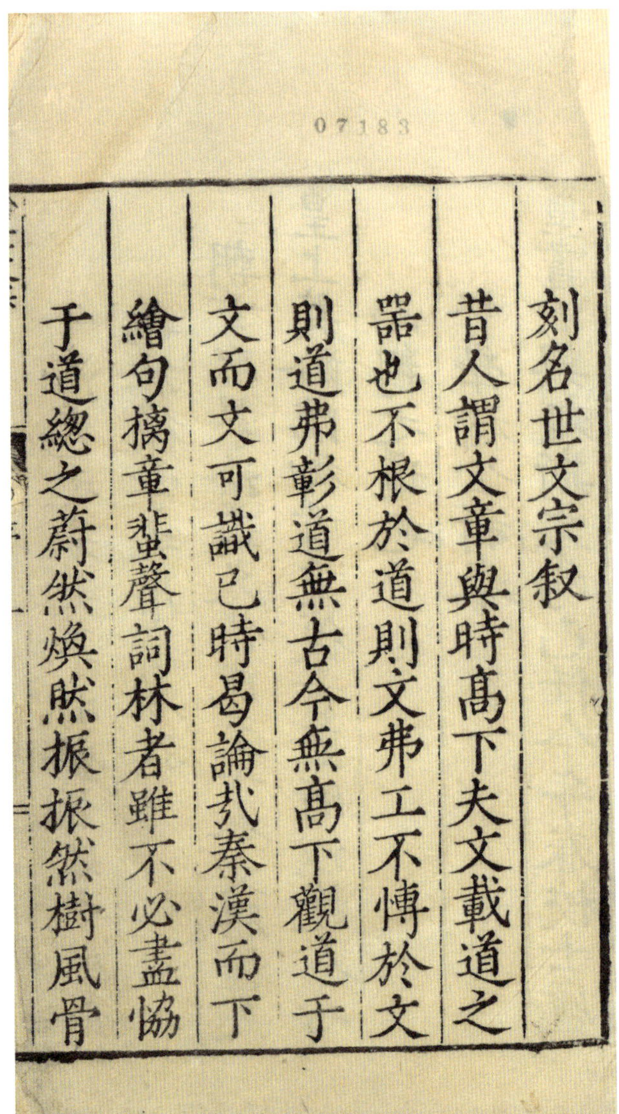

刻名世文宗叙

昔人謂文章與時高下夫文載道之器也不根於道則文弗工不悖於文則道弗彰道無古今無高下觀道于文而文可識已時曷論我秦漢而下繪句摛章蜚聲詞林者雖不必盡協于道總之蔚然煥然振振然樹風骨

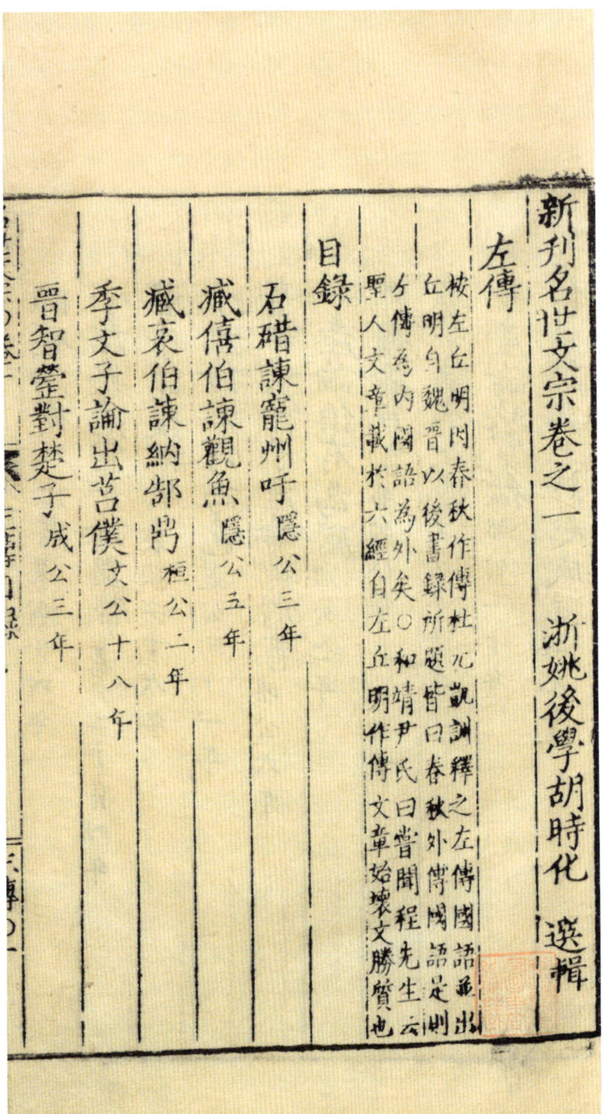

新刊名世文宗卷之一　浙姚後學胡時化選輯

左傳

按左丘明內春秋作傳杜元凱訓釋之左傳國語並出丘明自魏晉以後書錄所題皆曰春秋外傳國語是則左傳為內國語為外矣○和靖尹氏曰嘗聞程先生云聖人文章載於六經自左丘明作傳文章始壞文勝質也

目錄

石碏諫寵州吁 隱公三年

臧僖伯諫觀魚 隱公五年

臧哀伯諫納郜鼎 桓公二年

季文子論出莒僕 文公十八年

晉智罃對楚子 成公三年

胡時化，明萬曆時人，生平事迹不詳。

卷端署「浙姚後學胡時化選輯」。

框高 20.2 厘米，寬 14.4 厘米。半葉十行，行二十二字，小字雙行同，白口，上單黑魚尾，四周單邊。版心上鎸書名「名世文宗」及卷次，中録篇名，下記選文朝代及葉次。

正文前有《刻名世文宗叙》，末署「萬曆四年七月朔，浙姚胡時化書於合肥公署」；次接《刻名世文宗後叙》，末署「賜進士第判泉州府事前南京禮部郎中合肥蔡悉頓首書」；次接《名世文宗序》，末署「萬曆五年歲次丁丑正月吉日，賜進士第、文林郎、四川道監察御史、奉敇提督南直隸學校晋陽褚鈇書」；次接總目録。正文凡三十卷，輯春秋戰國迄宋朝各家之文，以十二地支名集，子字集：卷一《左傳》，卷二《國語》，卷三春秋列國、後秦；丑字集：卷四西漢文；寅字集：卷五西漢文；卯字集：卷六西漢文，卷七東漢文；辰字集：卷八董漢文（黄憲外史），卷九三國文、晋魏六朝文，卷十唐文；巳字集：卷十一唐文（駱賓王），卷十二、卷十三唐文（韓文公）；午字集：卷十四、卷十五唐文（韓文公），卷十六唐文（柳子厚）；未字集：卷十七、卷十八唐文（柳子厚），卷十九宋朝文；申字集：卷二十、卷二十一宋朝文（歐陽文忠公），卷二十二宋朝文（魯南豐）；酉字集：卷二十三宋朝文（王荆公），卷二十四、卷二十五宋朝文（蘇老泉）；戌字集：卷二十六至卷二十八宋朝文（蘇東坡）；亥字集：卷二十九宋朝文（蘇潁濱），卷三十宋朝文。今藏本存卷一至卷十八、卷二十三至二十七，凡二十三卷。

綫裝，六册，登録號 011093。有朱筆圈點。鈐「常熟市/圖書/館藏」朱方印。

011104　明文在一百卷

（清）薛熙纂　清康熙三十一年（1692）錢大鏞、徐龍驤刻本

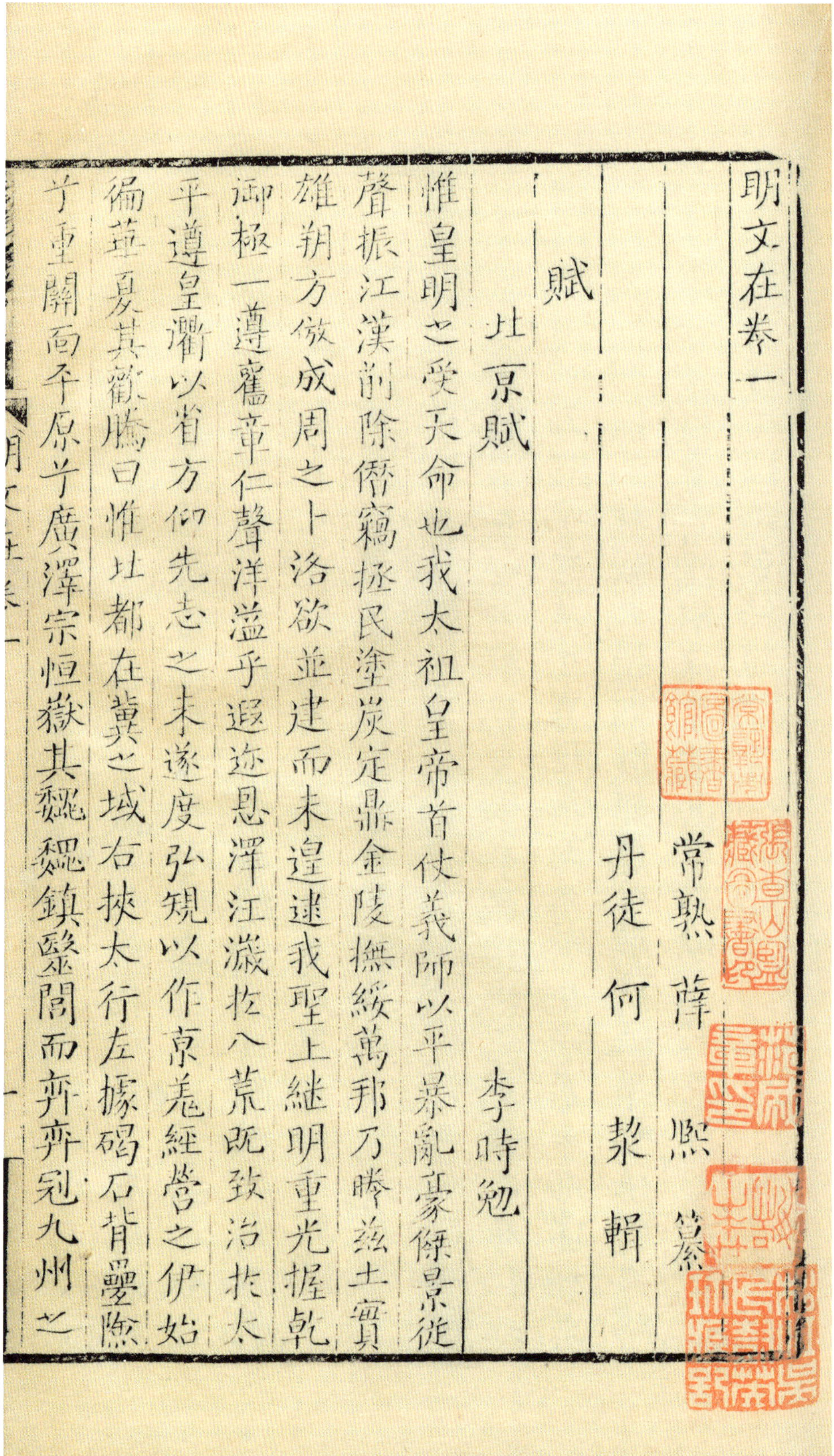

明文在卷一

常熟薛熙纂

丹徒何棨輯

賦

北京賦　李時勉

惟皇明之受天命也我太祖皇帝首仗義師以平暴亂豪傑景從
聲振江漢削除僭竊拯民塗炭定鼎金陵撫綏萬邦乃睠玆土實
雄朔方倣成周之卜洛欲並建而未遑逮我聖上繼明重光握乾
御極一遵舊章仁聲洋溢乎遐迩恩澤汪濊於八荒既致治於太
平遵皇衢以省方仰先志之未遂度弘規以作京羌經營之伊始
徧黎庶其歡騰曰惟北都在冀之域右挾太行左據碣石背壘險
乎重關面平原乎廣澤宗恒嶽其巍巍鎮醫閭而弈弈冠九州之

薛熙，字孝穆，號半園，江蘇吴縣（今屬蘇州）人。工古文，宗法歸有光。卷端署「常熟薛熙纂」，又署輯、訂者姓氏，各卷皆不同，如卷一「丹徒何絜輯」，卷二「長興臧廷鑑訂」，卷三「同里歸允肅訂」，卷四「宣城梅清訂」，卷五「長洲范必英訂」，卷六「平湖郭襄圖訂」，卷七「番禺屈大均訂」。卷末鎸「半園學人倪霱校字并書」。

框高20.5厘米，寬14.4厘米。半葉十二行，行二十五字，黑口，上單黑魚尾，左右雙邊。版心魚尾下鎸書名及卷次，再下録葉次。

正文前有《明文在參訂姓氏》，列受業門人及同郡名賢五十三人；次接《明文在凡例》十二條，末署「康熙三十一年歲次壬申秋，吴郡半園學人錢大鏞、徐龍驤識」；次接目録，末署「半園學人倪霱編次并書」。正文一百卷，各卷正文前皆有分卷目次。纂輯明人詩文二千餘首，體例仿蕭統《文選》，卷一賦三首，卷二賦二首，卷三賦七首，卷四朝會郊社樂章五十首，卷五鐃歌鼓吹二十四首、琴操十九首，卷六古詩四言四首，卷七古詩五言三十二首，卷八古詩七言二十五首，卷九古詩歌行二十一首，卷十律詩五言一百二首，卷十一律詩五言九十二首，卷十二律詩七言八十首，卷十三律詩七言八十二首，卷十四律詩七言七十一首，卷十五律詩五六言斷句七十五首，卷十六律詩七言斷句九十五首，卷十七律詩七言斷句一百二首，卷十八騷六首，卷十九七四首，卷二十演聯珠五十首，卷二十一詔九首、制四首，卷二十二誥十八首、祝册諭祭文七首，卷二十三策問二十首，卷二十四檄三首、露布三首，卷二十五頌六首，卷二十六表六首，卷二十七箋五首、啓六首，卷二十八奏疏八首，卷二十九奏疏二首，卷三十奏疏二首，卷三十一贊十八首，卷三十二箴十六首、銘二十四首，卷三十三原三首，卷三十四議六首，卷三十五論五首，卷三十六辨四首，卷三十七説五首，卷三十八書五首，卷三十九書四首，卷四十書五首，卷四十一書七首，卷四十二經史序八首，卷四十三應制序九首，卷四十四文集序十一首，卷四十五詩集序九首，卷四十六樂府序七首，卷四十七志譜序八首，卷四十八忠孝序十一首，卷四十九紀游序八首，卷五十贈賀序十二首，卷五十一送行序九首，卷五十二送行序八首，卷五十三壽序十首，卷五十四壽序十一首，卷五十五節壽序七首，卷五十六學宫記七首，卷五十七書院記七首，卷五十八應制記九首，卷五十九德政記三首，卷六十圖像記五首，卷六十一寺廟記九首，卷六十二書齋記十首，卷六十三書齋記十一首，卷六十四書齋記十二首，卷六十五山水記七首，卷六十六山水記四首，卷六十七工作記九首，卷六十八敕建碑六首，卷六十九聖廟碑七首，卷七十精忠碑七首，卷七十一勳德碑二首，卷七十二神道碑三首，卷七十三神道碑四首，卷七十四墓碑八首，卷七十五墓表十首，卷七十六墓志銘四首，卷七十七墓志銘三首，卷七十八墓志銘八首，卷七十九墓志銘六首，卷八十墓志銘五首，卷八十一墓志銘九首，卷八十二墓志銘九首，卷八十三傳二首，卷八十四傳八首，卷八十五傳九首，卷八十六傳六首，卷八十七行狀二首，卷八十八行狀一首，卷八十九行狀三首，卷九十行狀五首，卷九十一録三首、書事四首，卷九十二雜志四首、銘五首，卷九十三冠詞八首，卷九十四哀詞二首，卷九十五誄詞一首，卷九十六祭文三首，卷九十七祭文十一首，卷九十八公移三十六首，卷九十九公移四首，卷一百題跋十九首。

綫裝，二十册，登録號 011104。各册書根標注册次，然誤將第二十册標爲第一册，第一册標爲第二册，以此類推，故各册標注皆有誤。鈐「松江吴/氏樹芙/珍藏記」白方印、「張查山監/藏圖書印」朱長印、「范成/章印」白方印、「常熟市/圖書/館藏」朱方印等。

011113 列朝詩集八十一卷

（清）錢謙益編　清順治九年（1652）毛氏汲古閣刻本

列朝詩集 甲集前編第一

劉誠意基覆瓿集樂府詩九十五首　古詩六十七首

劉誠意基

基字伯溫青田人元至順癸酉明經登進士第累仕皆投劾去方谷眞反爲行省都事建議招捕省臺納方氏賄罷官覊管紹興感憤欲自殺門人密里沙抱持得不死　太祖定婺州規取處石抹宜孫總制處州爲其院經歷宜孫敗走歸青田山中伏匿不肯出孫炎奉　上命躬致之乃詣金陵後以佐命功官至御史中丞封誠意伯正德中謚文成公自編其詩文曰覆瓿集者元季作也曰犁眉公集者國初作也公負命世之才丁胡元之季沈淪下僚籌策齟齬哀時憤世幾欲草野自屏然其在幕府與石抹艱危共事遇知己效驅馳作爲歌詩魁壘頓挫使讀者僨張興起如欲奮臂出其間者遭逢　聖祖佐命帷幄列爵五等蔚爲宗臣斯可謂得志大行矣乃其爲詩悲窮歎老咨嗟幽憂昔年飛揚硉矹之氣澌然無有存者豈古之大人志士義心苦調有非旂常竹帛可以測量其淺深者乎嗚呼

列朝詩集 甲前 一

錢謙益生平事迹見前《重編義勇武安王集》（015994）。

有書名葉，右上小字題「絳雲樓選」，中間大字題書名，左下小字題「本府藏板」。

框高20.4厘米，寬13.3厘米。半葉十五行，行二十八字，小字雙行同，白口，雙順魚尾，四周雙邊。版心上魚尾下鐫書名及卷次，下魚尾下鎸葉次。

正文前有《列朝詩集銓次》。正文凡八十一卷，收録明代十六朝二百七十八年一千八百餘家詩，乾集上卷聖制，乾集下卷睿制；甲集前編十一卷，收明太祖元末壬辰起義至丁未建國凡十六年詩；甲集二十二卷，收明洪武開國至建文兩朝三十五年詩；乙集八卷，收明永樂、洪熙、宣德、正統、景泰、天順共五朝六十二年詩；丙集十六卷，收明成化、弘治、正德三朝五十七年詩；丁集十六卷，收明嘉靖、隆慶、萬曆、泰昌、天啓、崇禎六朝一百二十四年詩；閏集六卷，收僧道、香奩、宗室、内侍、异人、神鬼、無名氏、碑刻、集句、域外等詩。各家皆有小傳。

綫裝，四十四册，登録號011113。各册書根題寫册次。鈐「一枝栖」朱長印、「瑯琊静／遠圖章」朱方印、「常熟市／圖書／館藏」朱方印。

011127　石渠草草録

二十五卷

（清）徐校撰　稿本

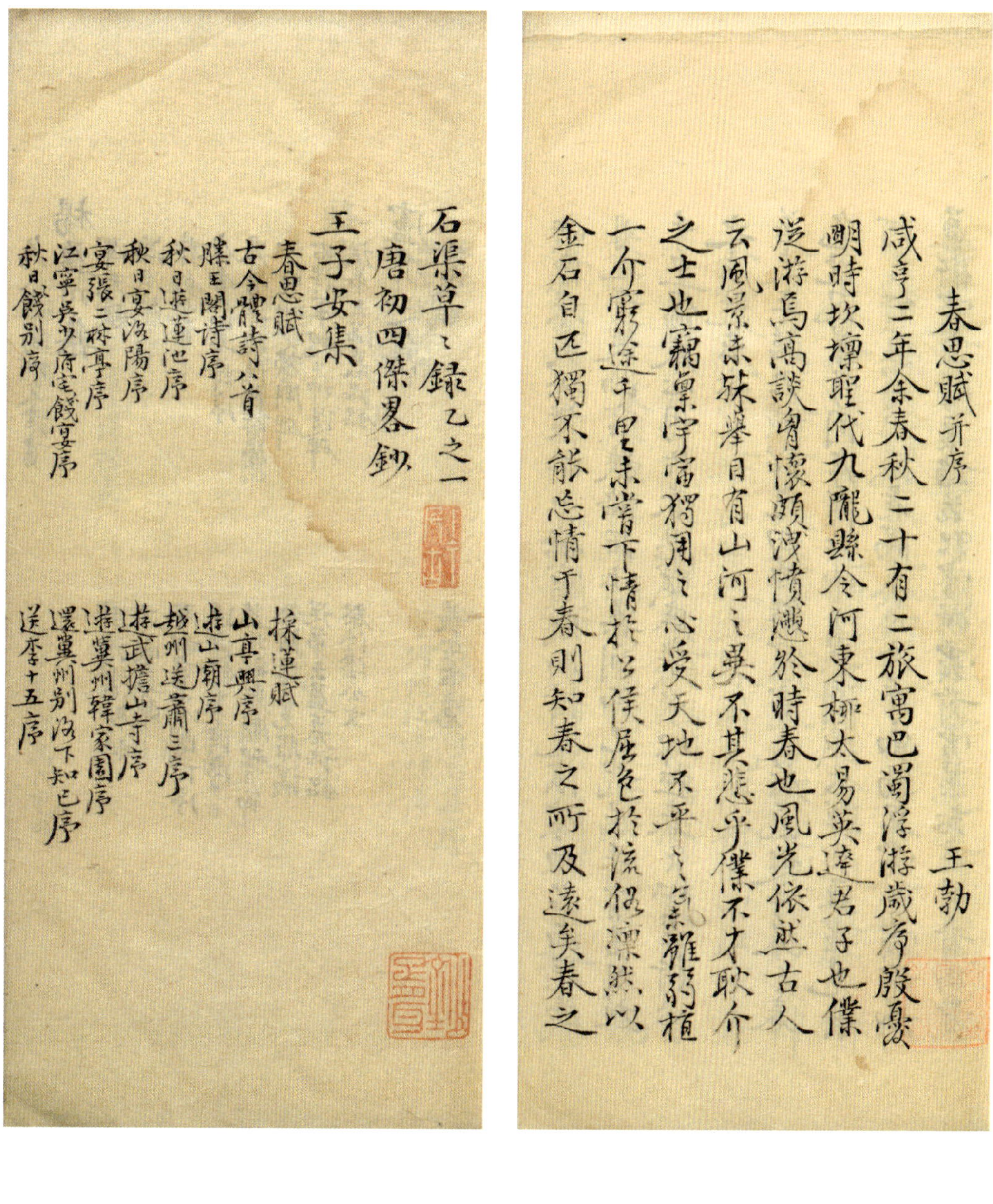
春思賦并序　王勃

咸亨二年余春秋二十有二旅寓巴蜀浮游歲序殷憂明時坎壈聖代九隴縣令河東柳太易英達君子也僕從游焉高談胷懷頗洩憤懣於時春也風光依然古人云風景未殊舉目有山河之異不其悲乎僕不才耿介之士也竊稟宇宙獨用之心受天地不平之氣雖弱植一介窮途千里未嘗下情於公侯屈色於流俗凛然以金石自匹獨不能忘情于春則知春之所及遠矣春之

石渠草草録乙之一

唐初四傑畧鈔

王子安集

春思賦

古今體詩八首

滕王閣詩序

秋日遊蓮池序

秋日宴洛陽序

宴張二林亭序

江寧吳少府宅餞宴序

秋日餞別序

採蓮賦

山亭興序

遊山廟序

越州送蕭三序

遊武擔山寺序

遊冀州韓家園序

還冀州別洛下知己序

送李十五序

徐校，字范江，號石渠，清嘉慶間蘇州太倉人。

無版框及界欄，開本高 24.8 厘米，寬 13 厘米。半葉八行，行二十一字，小字雙行，行字不等。

正文前有《石渠草草録總目》，次接清光緒十九年（1893）癸巳冬月後學范而韓於芝石精舍所撰題識。正文原二十五卷，今藏本止二十一卷，分乙、丙、丁三集，乙集八卷，含唐初四杰略鈔一卷、李杜一斑一卷、韓柳一斑一卷、元百合鈔一卷、唐四卷，丙集六卷，含三通大意一卷、五代宋五卷，丁集七卷，含元略一卷、明六卷。各集之下皆有細目。正文後有清同治五年（1866）歲次第一丙寅夏日同里後學姚寯年跋。

毛裝，二十册，登録號 011127。有徐校朱筆圈點及批注數條。鈐「石渠／徐校」朱方印、「幼名／爾藉」白方印、「鈔／胥耳」朱方印、「常熟市／圖書／館藏」朱方印。

011244　虞邑幽光集二十七卷（存九卷）

（清）楊希溁輯　清道光刻本

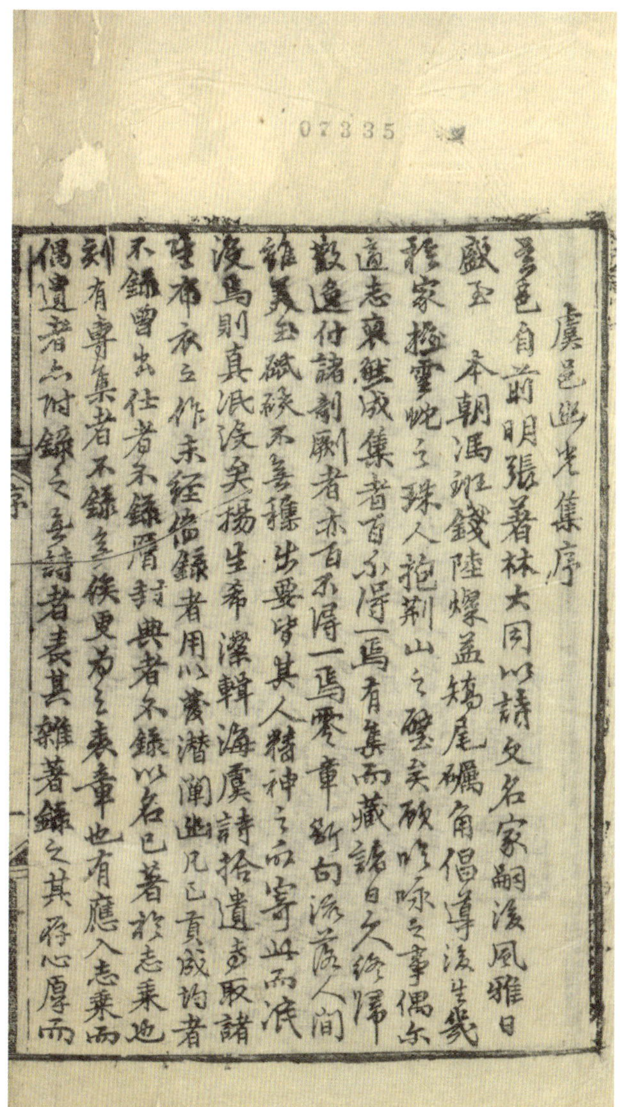
虞邑幽光集序

吾邑自前明張著林大同以詩文名家嗣後風雅日盛至本朝馮班錢陸燦益鵠尾礪角倡導後生幾於家握靈蛇之珠人抱荊山之璧矣顧吟咏之事偶尔適志衷然成集者百不得一焉有集而藏諸自久終歸散逸付諸剞劂者亦百不得一焉零章斷句流落人間雖美且蔵殘不善穩出要守其人精神之所寄也而泯沒焉則真泯沒矣楊生希溁輯海虞詩拾遺亦取諸草布衣之作未經編錄者用以發潛闡幽凡已貢成均者不錄曾出仕者不錄膺封典者不錄以名已著於志乘也刻有專集者不錄全佚更易之表章也有應入志乘而偶遺者亦附錄之字詩者表其雜著錄之其存心厚而

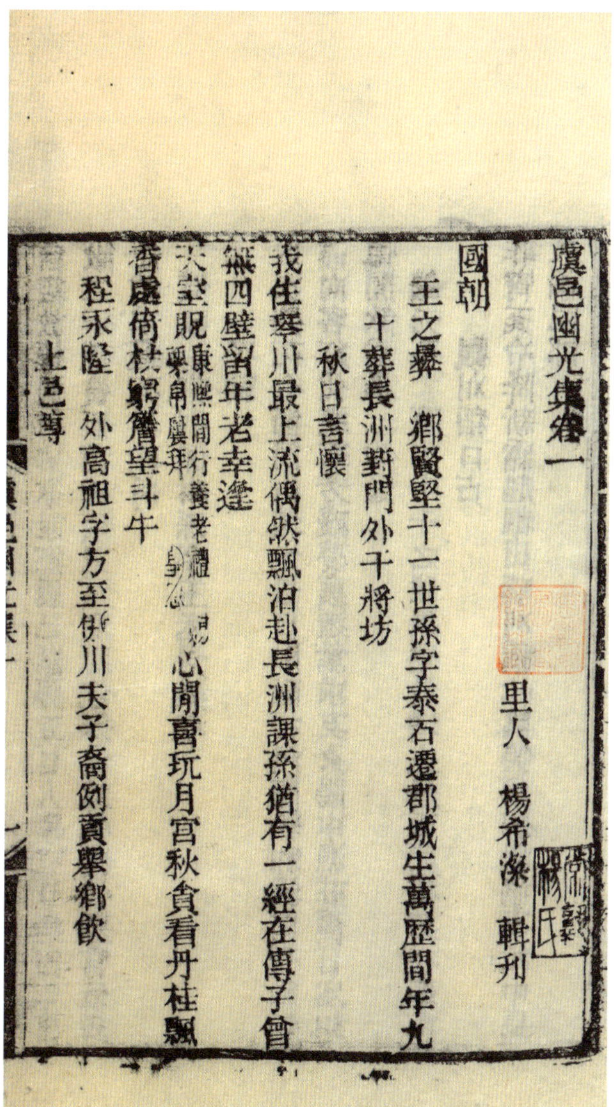
虞邑幽光集卷一

里人　楊希溁　輯刊

國朝

王之彝　鄉賢堅十一世孫字泰石遷郡城生萬歷間年九十葬長洲葑門外千將坊

秋日書懷

我住琴川最上流偶然飄泊赴長洲課孫猶有一經在傳子曾無四壁留年老幸逢大室賜（康熙間行養老禮）身心閒喜玩月宫秋貪看丹桂飄香處倚杖躬瞻望斗牛

程永堅　外高祖字方至號川夫子裔例貢舉鄉飲

楊希濴，字湍飛，景昆子，常熟人。清嘉慶十七年（1812）諸生。所著除《虞邑幽光集》，又有《教子編》《常昭碑録》《恬莊小志》等。

卷端署「里人楊希濴輯刊」。

框高18.2厘米，寬13.3厘米。半葉十一行，行二十四字，大黑口，雙魚尾，左右雙邊；卷一無界欄。版心中鎸書名及卷次，下記葉次。

正文前有《虞邑幽光集序》，末署「道光戊子仲夏五月上澣，心青孫原湘序」；次接《序》，末署「道光壬寅秋七月既望，同邑邵淵耀撰」；次接例言；次接目録。據目録，原書正文分二十七卷，卷一詩六十七，卷二詩九十七、詞二，卷三詩六十五、詞二（目録誤將「卷三」鎸爲「卷五」），卷四詩一百零二，卷五詩六十九，卷六詩七十，卷七詩六十九、詞四，卷八詩一百零四、文一，卷九詩九十，卷十詩七十一，卷十一詩四十一，卷十二詩八十，卷十三詩六十七，卷十四詩四十三，卷十五詩八十四，卷十六詩九十九，卷十七詩八十七、詞三，卷十八詩七十一，卷十九詩七十三，卷二十詩七十四，卷二十一詩五十六、文三，卷二十二詩六十六、詞一、文三，卷二十三詩六十六、文三，卷二十四詩七十八，卷二十五詩二十五，卷二十六詩四十九，卷二十七詩數量不詳。今藏本僅存不足九卷，即卷一、卷二、卷五、卷六、卷十一、卷十二、卷二十三（闕）、卷二十四、卷二十六（闕首葉），其中卷二十六誤裝訂於卷二十三、二十四之前。

綫裝，四册，登録號011244。首册書封右書書名、册數及所存卷目。據凡例，是集係隨輯隨刊，各卷正文之後皆録刊刻年代，偶見校訂者、捐資者姓名，卷一「道光八年夏刻」；卷二「道光十九年冬刻」，并記「同里言廷鐼單學傳張晋夔楊希銓同訂正」；卷五「道光十九年冬刻」，并記「此卷俱黄琴六先生廷鑑所貽并作小傳助貲屬刻」；卷六「道光廿年夏刻」，并記「同里黄廷鑑龔縉熙歸慶棣訂正」；卷十一「道光廿一年刻」，并記「同里季成銑龔縉熙歸慶棣校正」；卷十二「道光廿一年刻」，并記「同里龔縉熙歸慶棣楊景蘭訂正平來復助刻貲」；卷二十三、二十四、二十六「道光廿二年刻」。鈐「常熟市/圖書/館藏」朱方印。

011251　文苑英華律賦選四卷

（清）錢陸燦選　清康熙銅活字印本

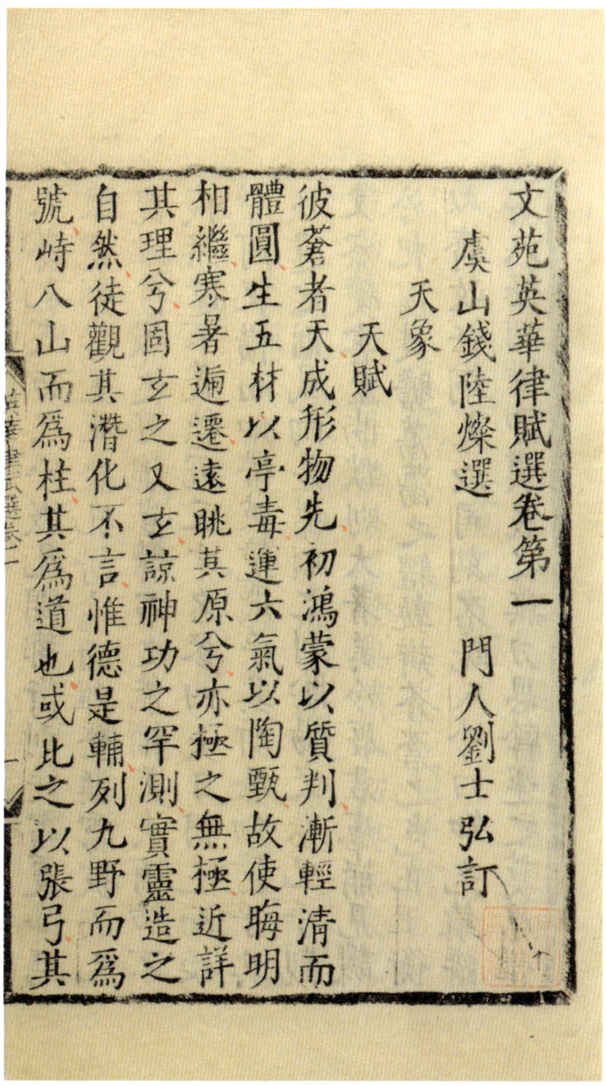

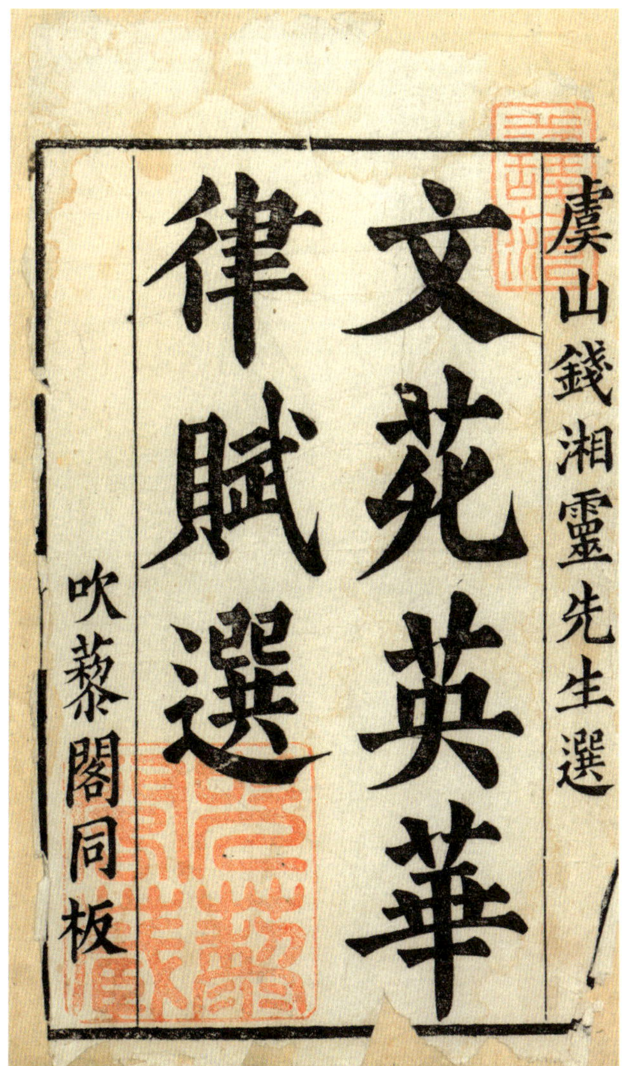

錢陸燦生平事迹見前《調運齋詩文隨刻》（010188）。

卷端署「虞山錢陸燦選，門人劉士弘訂」。

框高20.8厘米，寬14.4厘米。半葉十行，行十八字，黑口，雙魚尾，四周單邊。版心中鎸書名及卷數，下記葉次。

正文前有清康熙二十五年（1686）初冬錢陸燦序，次接目録。正文分四卷，輯唐人律賦，卷一天象類五十五篇、歲時類九篇，卷二地類十一篇、水類十四篇、帝德類四篇、邑居類二篇、宫室類六篇、朝會類一篇、禋祀類七篇、行幸類三篇、儒學類十二篇、軍旅類二篇、治道類一篇、耕籍類二篇，卷三樂類十七篇、鐘鼓類二篇、雜伎類一篇、飲食類一篇、福瑞類十一篇、人事類十一篇、射類二篇、工藝類三篇、器用類十四篇，卷四服章類十篇、圖畫類二篇、寶類四篇、絲帛類二篇、舟車類四篇、薪火類五篇、畋漁類三篇、道釋類三篇、游覽類二篇、鳥獸類十四篇、蟲魚類六篇、草木類九篇。

綫裝，四册，登録號011251。各册書封左題書名，右上各以「天子聖質」四字標明册數。有牌記，内容爲「虞山錢湘靈先生選／文苑英華律賦選／吹藜閣同板」。鈐「吹黎／閣藏」朱方印、「常熟市／圖書／館藏」朱方印等。

011277 海虞六家詩選不分卷

（清）錢陸燦等撰　虹隱樓鈔本

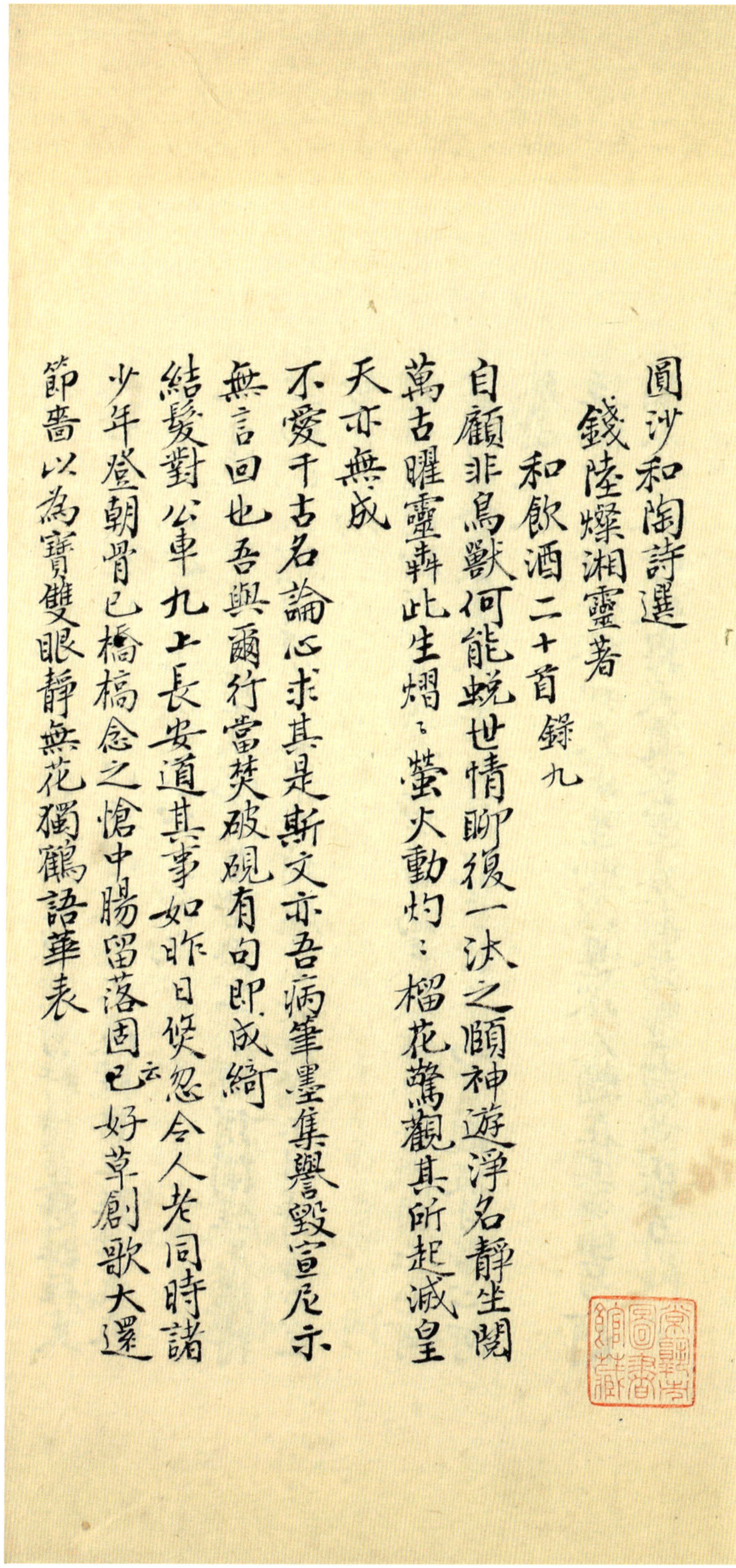
圓沙和陶詩選
錢陸燦湘靈著
和飲酒二十首　錄九
自顧非鳥獸何能蛻世情聊復一汰之頤神遊淨名靜坐閱
萬古曜靈冉此生熠熠螢火動灼灼榴花驚觀其所起滅皇
天亦無成
不愛千古名論心求其是斯文亦吾病筆墨集譽毀宣尼示
無言回也吾與爾行當焚破硯有句即成綺
結髮對公車九上長安道其事如昨日倏忽令人老同時諸
少年登朝胥已槁槁念之愴中腸留落固已云好草創歌大還
節嗇以為寶雙眼靜無花獨鶴語華表

錢陸燦生平事迹見前《調運齋詩文隨刻》（010188）。

無版框及界欄，開本高 29 厘米，寬 15.6 厘米。半葉十一行，行二十三字。

正文前有目録，文末有乙丑六月虹隱居士徐兆瑋跋。正文分六卷，卷一圓沙和陶詩選，署「錢陸燦湘靈著」；卷二續松運堂集選，署「古虞孫森子桑著」；卷三小碎集選，署「魏冲叔子著」；卷四何士龍詩選，署「虞山何雲士龍著」；卷五蕉風集偶録，署「虞山許嶼暘谷著」；卷六定庵漫興集唐三十首，題「古虞陳鴻集」。

綫裝，一册，登録號 011277。書封右側書「海虞六家詩選，虹隱樓鈔藏」。鈐「常熟市／圖書／館藏」朱方印。

011285 山鵲巢於訟庭詩一卷

（清）蔣陳錫等撰　清康熙刻本

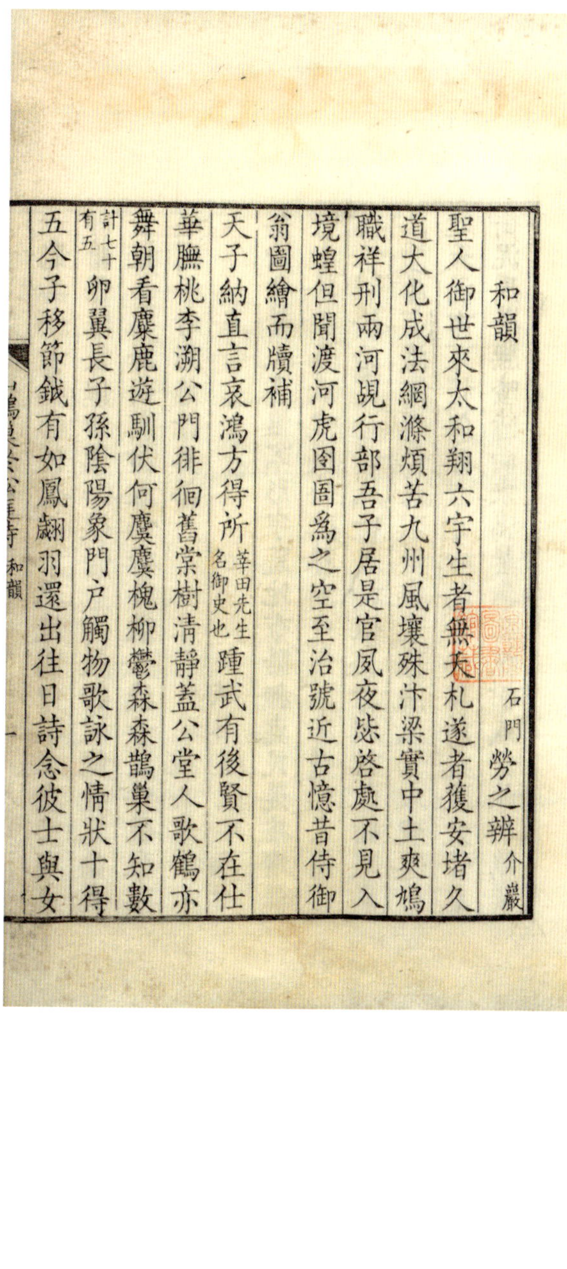

和韻　石門 勞之辨 介巖

聖人御世來太和翔六宇生者無夭札遂者獲安堵久
道大化成法網滌煩苦九州風壤殊汴梁實中土爽鳩
職祥刑兩河覘行部吾子居是官夙夜毖啓處不見入
境蝗但聞渡河虎囹圄爲之空至治號近古憶昔侍御
翁圖繪而牘補
天子納直言哀鴻方得所莘田先生名御史也踵武有後賢不在仕
華膴桃李溯公門徘徊舊棠樹清靜蓋公堂人歌鶴亦
舞朝看麋鹿遊馴伏何麌麌槐柳鬱森森鵲巢不知數計七十有五
卵翼長子孫陰陽象門户觸物歌詠之情狀十得
五今子移節鉞有如鳳翽羽還出往日詩念彼士與女

山鵲巢於訟庭詩　和韻　一

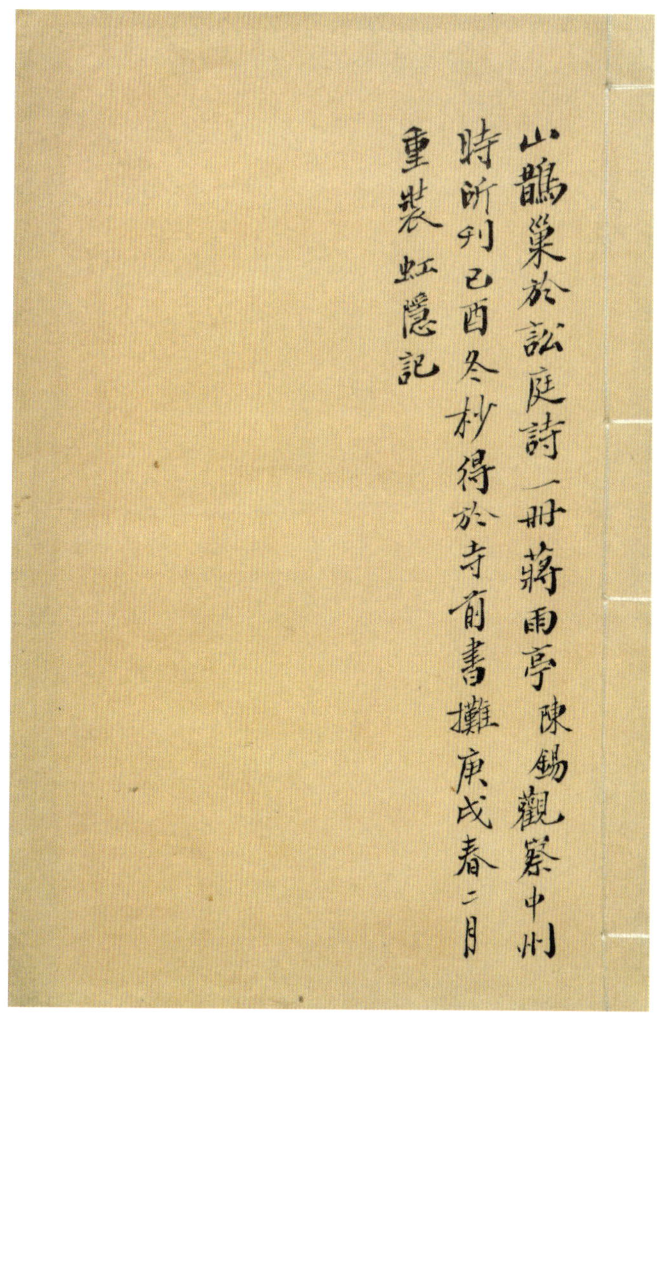

山鵲巢於訟庭詩一冊蔣雨亭陳錫觀察中州時所刊己酉冬杪得於寺前書攤庚戌春二月重裝虹隱記

蔣陳錫（1653—1721），字文孫，號雨亭，常熟人。清康熙二十四年（1685）進士，官至雲貴總督。

框高18.5厘米，寬14.1厘米。半葉十一行，行二十一字，白口，上單黑魚尾，左右雙邊。版心中鎸書名，下記葉次。

正文前有章藻功《山鵲巢於訟庭詩序》，已殘闕。正文一卷，收蔣陳錫《山鵲巢於訟庭詩》（并序）一首，後爲石門勞之辨、武林顧永年、長洲韓孝基等三人《和韵》，又有新城王士禛、商丘宋犖、瀋陽李基和、北平黄叔琳、陳恂、昆山徐昂發、瀋陽年欽元、孫元衡等八人《和贈》。

綫裝，一册，登録號011285。書封有虹隱居士徐兆瑋題識，云：「《山鵲巢於訟庭詩》一册，蔣雨亭陳錫觀察中州時所刊，已酉冬鈔得於寺前書攤。庚戌春二月重裝。虹隱記。」

鈐「常熟市/圖書/館藏」朱方印。

011302 月泉吟社詩一卷附録一卷

（宋）吴渭評定　清康熙五十五年（1716）寶芝瑞刻本

清宗廷輔批并録李詡校

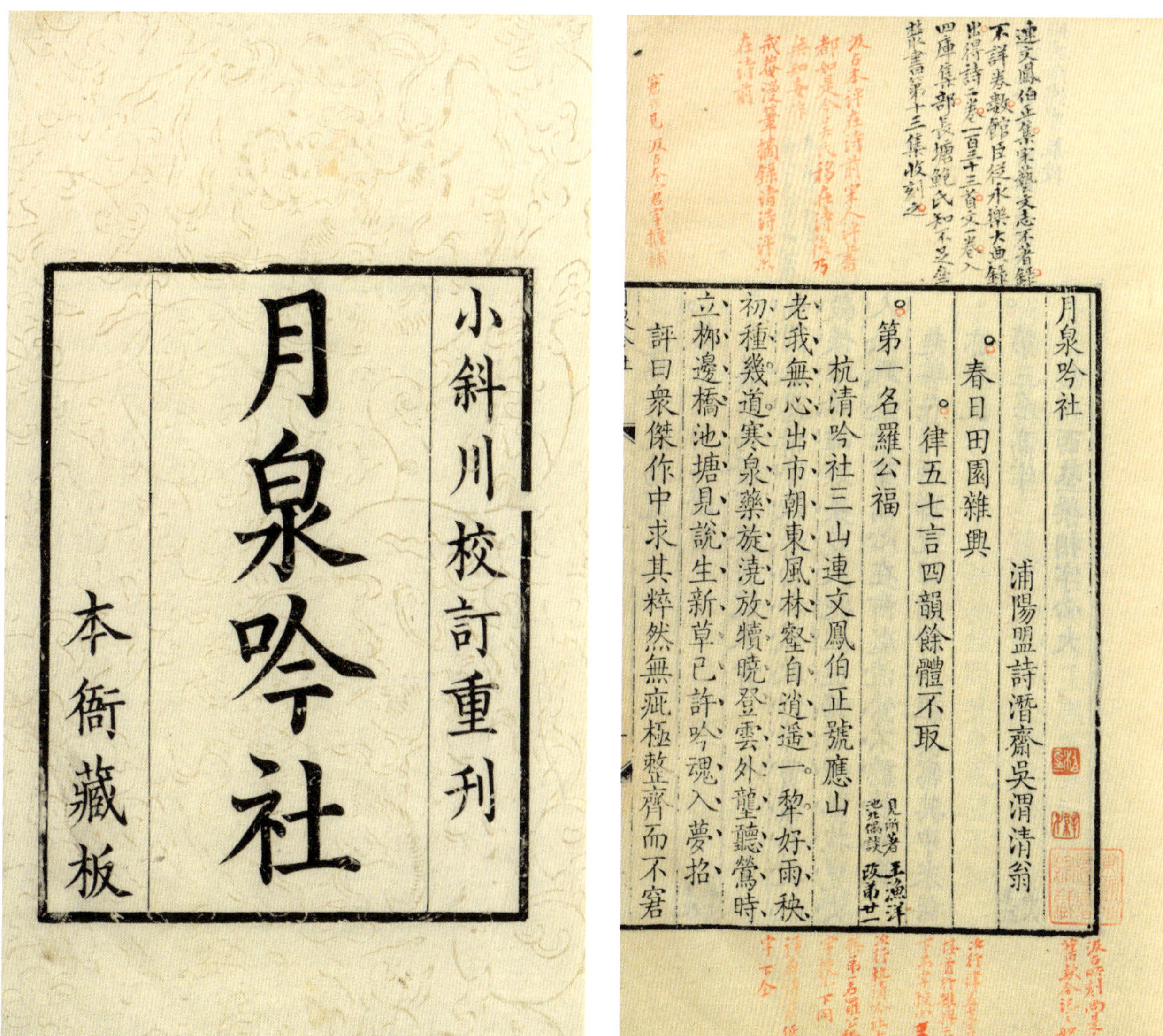

吴渭，字清翁，號潛齋，浙江浦江人。南宋末，知義烏縣。入元不仕，立月泉吟社。

卷端署「浦陽盟詩潛齋吴渭清翁」，《總目》署「浦陽盟詩潛齋吴渭清翁評定，語溪宗後學寶芝瑞草氏重校」。

有書名葉，内容爲「小斜川校訂重刊／月泉吟社／本衙藏板」。

框高16.5厘米，寬13厘米。半葉十行，行十九字，白口，雙魚尾，左右雙邊。版心上鎸書名，下記葉次。

正文前有序，末署「康熙丙申中秋日，語溪宗後學寶芝瑞草氏識於南榮書屋」；次接《舊序》，末署「正德十年六月望日，冰南田汝耔叙」；次接總目。正文一卷，收月泉吟社《社約》一則、《春日田園題意》三則、《誓詩壇文》一首、詩評一則、標名詩七十四首（附摘句：起句四聯、聯句二十五聯、結句四聯）、《分送賞物例》一則、《送詩賞小札》二十八則、《回送詩賞小札》二十七則。《附録》一卷，收李西涯《麓堂詩話》一則、錢牧齋《記月泉吟社》一則、薛方山《浙江通志》一則。其中，標名詩正文前有《月泉吟社目録》及《送詩賞小札目録》《回送詩賞小札目録》。

綫裝，一册，登録號011302。有朱筆、墨筆批校。《社約》前有宗廷輔墨筆題識，云「光緒丁酉中秋常熟宗廷輔覆閲一過。時年七十三」，尾鈐「廷」「輔」連珠印。集中又有「廷／輔」白方印、「月／鋤」朱方印、「精校／樓印」朱方印、「龐／檗子」朱方印、「宗廷／輔印」、「檗／子」朱方印、「常熟市／圖書／館藏」朱方印等。

011345　唐詩別裁集十卷

（清）沈德潛、陳培脉輯　清康熙五十六年（1717）碧梧書屋刻本　清宗廷輔批

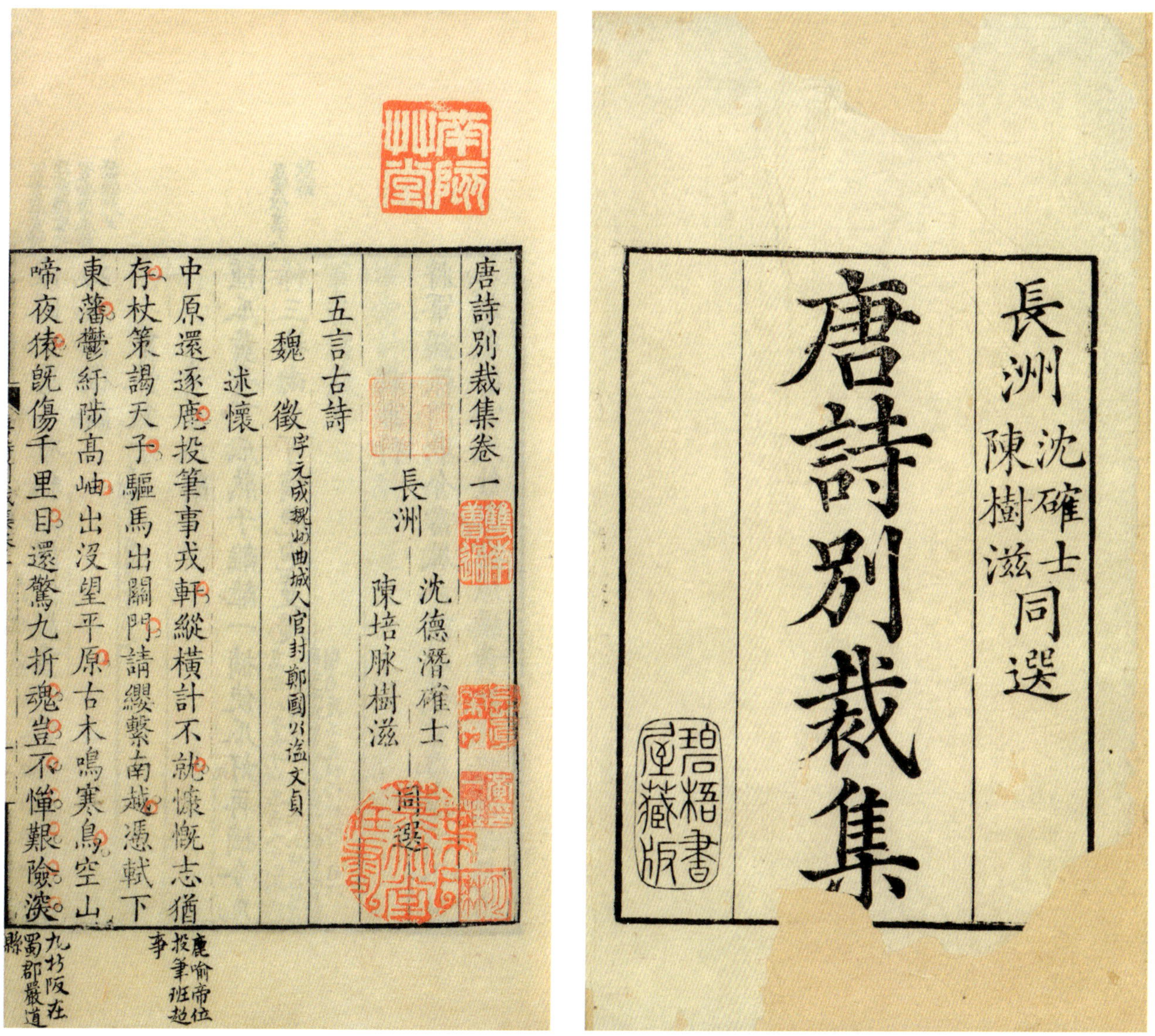

沈德潛（1673—1769），字確士，號歸愚，江蘇長洲（今屬蘇州）人。清乾隆四年（1739）進士。纍官至内閣學士兼禮部侍郎。論詩倡導「格調」。所著除《唐詩別裁集》，又有《古詩源》《清詩別裁集》等。

陳培脉，字樹滋，江蘇長洲（今屬蘇州）人。乾隆時諸生。

宗廷輔（1825—1899後），字子贊，號月鋤，常熟人。德懋孫。清同治六年（1867）舉人。工詩古文辭。

有書名葉，内容爲「長洲沈確士、陳樹滋同選/唐詩別裁集/碧梧書屋藏板」。卷端署「長洲沈德潛確士、陳培脉樹滋同選」。

框高16.2厘米，寬13.4厘米。半葉十行，行十九字，黑口，上單黑魚尾，左右雙邊。版心中鎸集名及卷次，下記葉次。

正文前有二序，各署「康熙五十六年春正二十有六日，長洲沈德潛題於黄葉夕陽村舍」「康熙丁酉三月朔日，長洲陳培脉書於端州之桄榔亭」；次接凡例；次接清光緒二十二年（1896）丙申二月十日月鋤手書題識；次接《參訂姓氏》。正文分十卷，各卷之前皆有分卷目次，卷一、卷二五言古詩，卷三、卷四七言古詩，卷五、卷六五言律詩，卷七七言律詩，卷八五言長律，卷九五言絶句，卷十七言絶句。

綫裝，四册，登録號011345。有朱筆、墨筆批校。各册書封題寫書名「唐詩別裁」及册次。鈐「孫/原湘」朱方印、「月鋤/過眼」朱方印、「雙南/賞過」白長印、「常熟市/圖書/館藏」朱方印等。

011422　重刊校正笠澤叢書四卷補遺一卷續補遺一卷

（唐）陸龜蒙撰　清嘉慶刻本

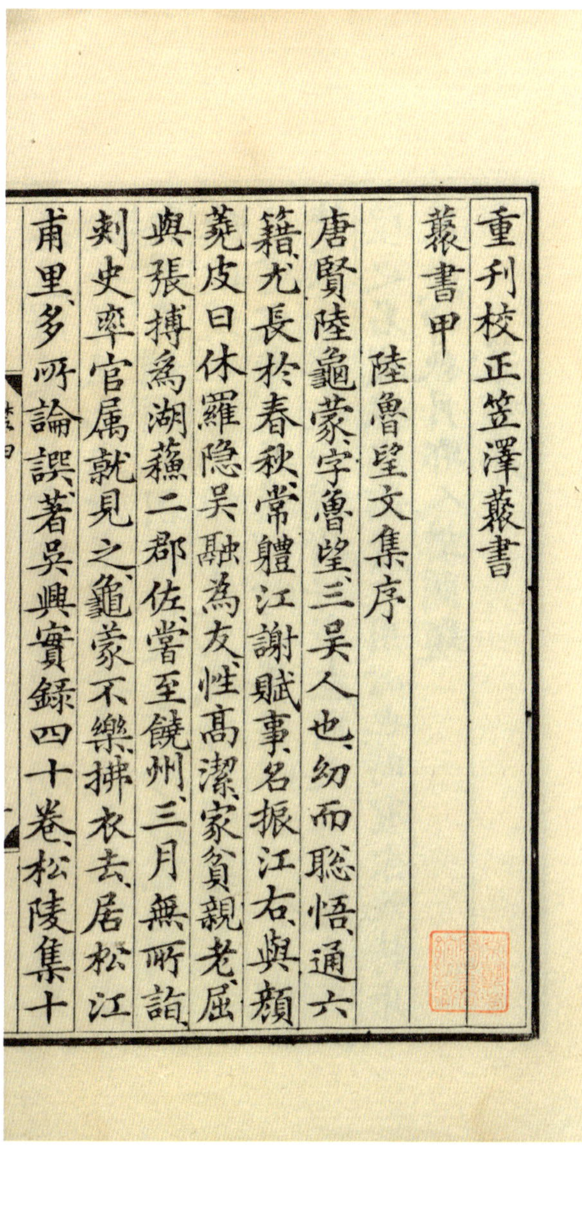

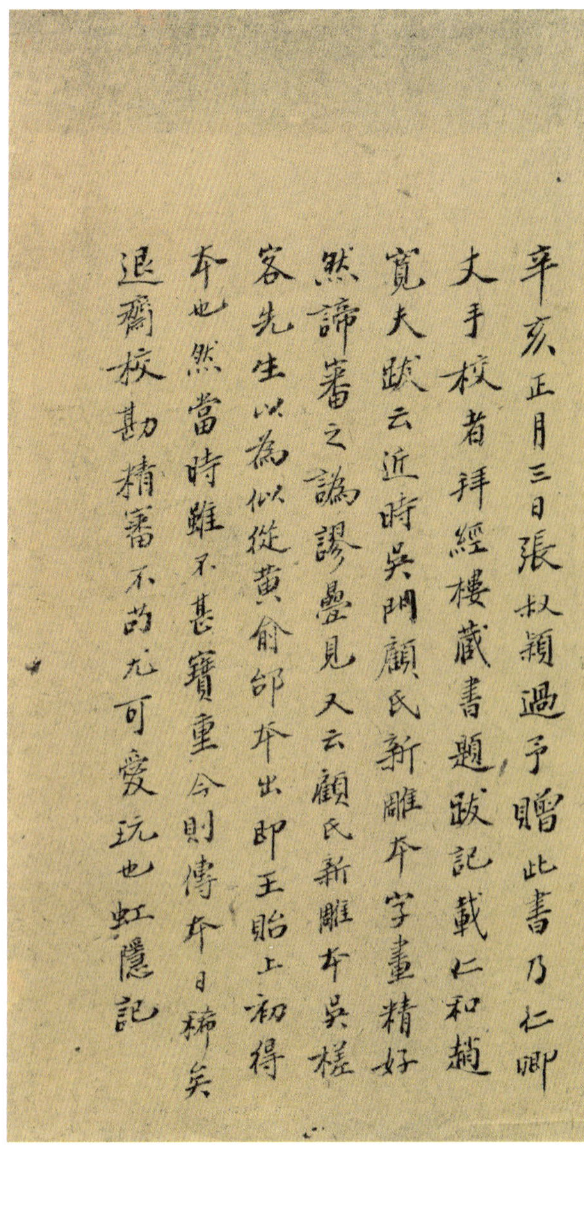

陸龜蒙（？—881？），字魯望，自號江湖散人、甫里先生，又號天隨子，江蘇吴郡（今屬蘇州）人。舉進士不第。與皮日休并稱「皮陸」。所著除《笠澤叢書》，又有《甫里集》。

框高 20.6 厘米，寬 13.4 厘米。半葉九行，行十八字，小字雙行同，白口，雙魚尾，四周雙邊。版心中鎸卷次，下記葉次。

護葉有虹隱居士徐兆瑋手書題識。正文前有目録。正文分甲乙丙丁四卷，後有補遺一卷，續補遺一卷。正文後有跋，末署「至元仍紀元之五年歲在庚辰七月一日，十一世孫德原百拜謹題」。

綫裝，二册，登録號 011422。有退齋墨筆批校。鈐「中吴顧楗／手校重刊」朱長印、「叔／潁」朱方印、「常熟市／圖書／館藏」朱方印。

011946　刻孫百川先生文集十二卷

（明）孫樓撰　明萬曆四十八年（1620）梁溪華滋蕃刻本

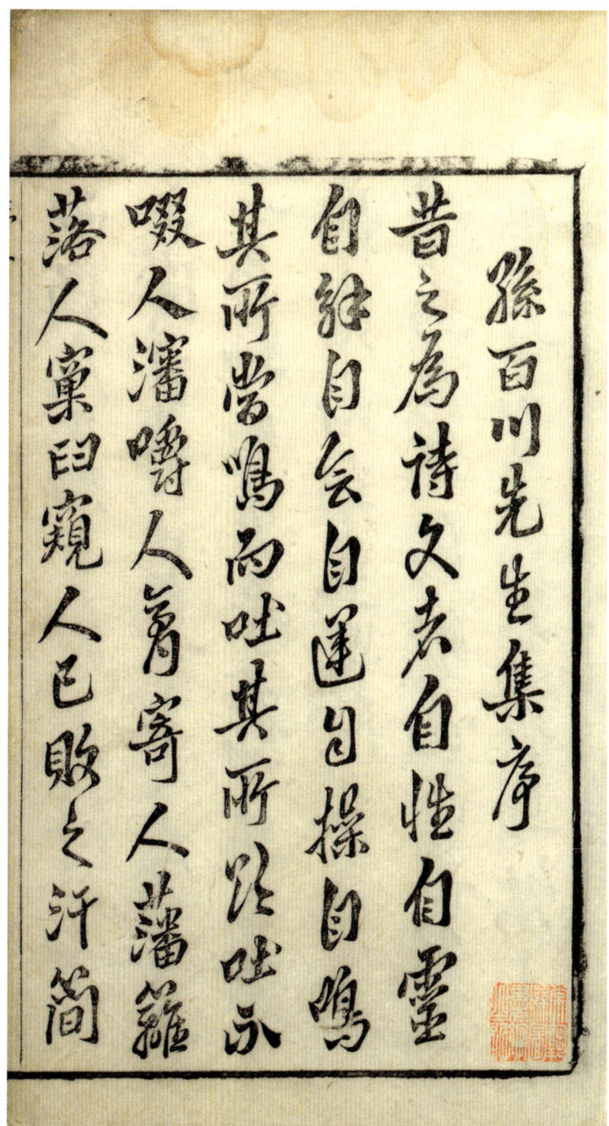

孫百川先生集序
昔之為詩文者自性自靈
自紓自会自運自操自鳴
其所當鳴而吐其所欲吐亦
啜人瀋嚼人肴寄人藩籬
落人窠臼窺人已敗之汗簡

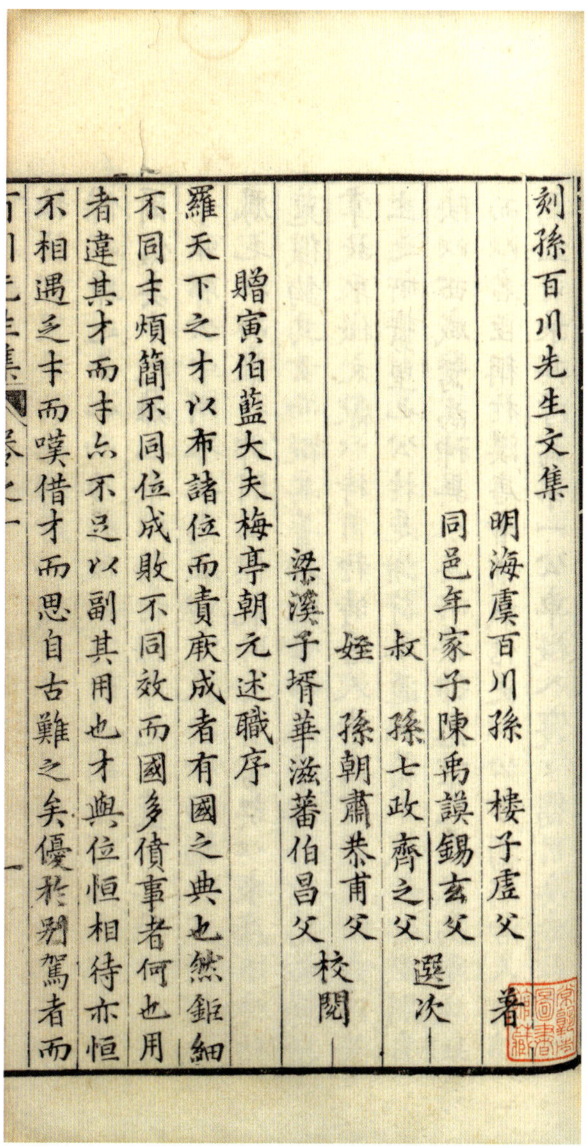

刻孫百川先生文集
明海虞百川孫　樓子虛父　著
同邑年家子陳禹謨錫玄父
叔　孫七政齊之父　選次
姪　孫朝肅恭甫父
梁溪子壻華滋蕃伯昌父　校閱
贈寅伯藍大夫梅亭朝元述職序
羅天下之才以布諸位而責厥成者有國之典也然鉅細
不同時煩簡不同位成敗不同效而國多僨事者何也用
者違其才而時亦不足以副其用也才與位恒相待亦恒
不相遇之時而嘆借才而思自古難之矣優於剟駕者而

孫百川先生集　卷之一

孫樓（1515—1583），字子虛，號百川，常熟人。明嘉靖二十五年（1546）舉人，官湖州府推官，改漢中，致仕歸。喜詩詞，善校讎。

卷端署「明海虞百川孫樓子虛父著，同邑年家子陳禹謨錫玄父、叔孫七政齊之父選次，侄孫朝肅恭甫父、梁溪子壻華滋蕃伯昌父校閲」。

框高23.2厘米，寬15.5厘米。半葉十一行，行二十二字，小字雙行同，白口，上單黑魚尾，左右雙邊。版心上鎸書名「百川先生集」，中録卷次，下記葉次。

正文前有《孫百川先生集序》；次接《孫百川先生集叙》，末署「萬曆庚申孟秋日同邑後學翁應祥書於梁溪學舍之素似齋」；次接目録。正文按體裁分爲十二卷，卷一序十四篇，卷二序十三篇，卷三記三篇、紀二篇、傳二篇、頌四篇、表三篇、謡一篇，卷四文十四篇、辭二篇，卷五疏十篇、詞三篇、跋一篇，卷六啓八篇，卷七書二十三篇，卷八十八篇，卷九呈十一篇、辨一篇、解一篇、論二篇，卷十志銘八篇、行狀四篇、誄一篇、賦一篇，卷十一五言古詩二十二首、七言古詩七十五首、五言排律六首，卷十二七言律詩四十二首、五言絶句一首、七言絶句四十七首、詩餘長短句八闋。

綫裝，四册，登録號011946。鈐「常熟/縣圖/書館/之記」白方印。

011959　牧齋初學集詩注二十卷牧齋有學集詩注十四卷

（清）錢謙益撰　錢曾注　清康熙玉詔堂刻本

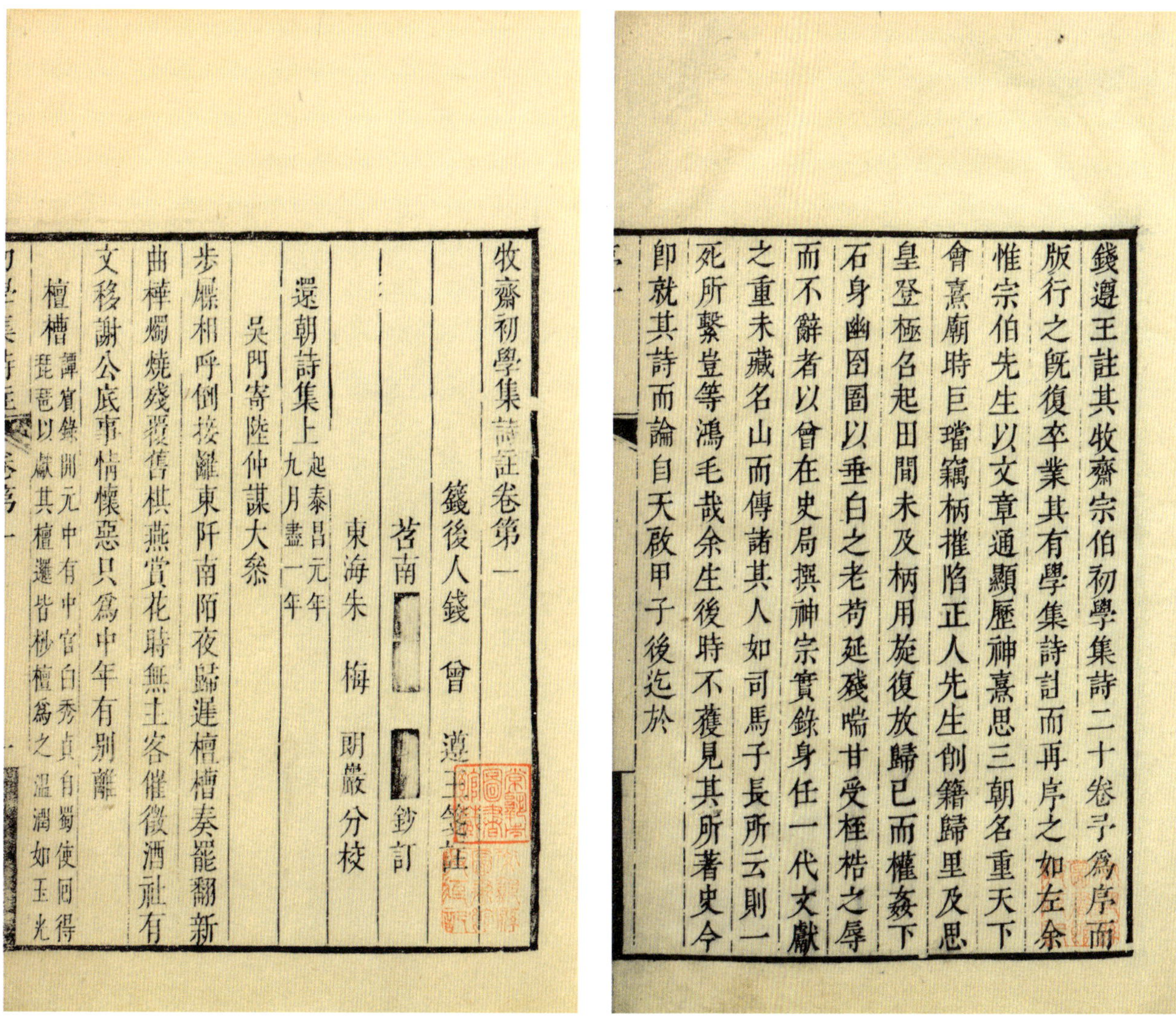
錢遵王註其牧齋宗伯初學集詩二十卷予爲序而版行之既復卒業其有學集詩訖而再序之如左余惟宗伯先生以文章通顯歷神熹思三朝名重天下會熹廟時巨璫竊柄摧陷正人先生削籍歸里及思皇登極名起田間未及柄用旋復放歸已而權姦下石身幽囹圄以垂白之老苟延殘喘甘受桎梏之辱而不辭者以曾在史局撰神宗實錄身任一代文獻之重未藏名山而傳諸其人如司馬子長所云則一死所繫豈等鴻毛哉余生後時不獲見其所著史今卽就其詩而論自天啟甲子後迄於

牧齋初學集詩註卷第一

錢後人錢曾遵王箋注

苕南　　鈔訂

東海朱梅朗巖分校

還朝詩集上 起泰昌元年九月盡一年

吳門寄陸仲謀大叅

步屧相呼倒接䍦東阡南陌夜歸遲檀槽奏罷翻新曲樺燭燒殘覆舊棋燕賞花時無主客催徵酒社有文移謝公底事情懷惡只爲中年有別離

檀槽 譚賓錄開元中有中官白秀貞自蜀使回得琵琶以獻其檀邏皆杪檀爲之温潤如玉光

錢謙益生平事迹見前《重編義勇武安王集》（015994）。

錢曾生平事迹見前《讀書敏求記》（016407）。

是集合《牧齋初學集詩注》二十卷及《牧齋有學集詩注》十四卷。各集卷端署「箋後人錢曾遵王箋注，茗南□□□□□鈔訂」，又署分校者姓氏爲「東海朱梅朗巖分校」或「東海朱梅素培分校」。

框高18.2厘米，寬14厘米。半葉十行，行二十字，小字雙行同，下黑口，上單黑魚尾，四周單邊。版心魚尾上鎸書名「初學集詩注」或「有學集詩注」，魚尾下録卷次，再下記葉次。

《牧齋初學集詩注》，有書名葉，中間雙行大字題書名「初學集箋注」，左下小字題「玉詔堂藏板」。正文前有序，不署撰人及年代；次《牧齋初學集詩注目録》。正文凡二十卷，卷一《還朝詩集》上，起明泰昌元年九月盡一年；卷二《還朝詩集》下，起明天啓元年辛酉盡四年甲子；卷三《歸田詩集》上，起明天啓五年乙丑盡六年丙寅；卷四《歸田詩集》下，起明天啓七年丁卯盡一年；卷五《崇禎詩集》一，起明崇禎元年戊辰盡六月；卷六《崇禎詩集》二，起戊辰七月盡一年；卷七《崇禎詩集》三，起二年己巳盡五月；卷八《崇禎詩集》四，起己巳六月盡八月；卷九《崇禎詩集》五，起己巳八月盡四年辛未；卷十《崇禎詩集》六，起五年壬申盡九年丙子；卷十一《桑林詩集》，起崇禎十年丁丑三月盡閏四月；卷十二《霖雨詩集》，起丁丑五月盡一年；卷十三《試拈詩集》上，起十一年戊寅正月盡七月；卷十四《試拈詩集》下，起戊寅八月盡一年；卷十五《丙舍詩集》上，起十二年己卯正月盡一年；卷十六《丙舍詩集》下，起十三年庚辰正月盡二月；卷十七《移居詩集》，起庚辰三月盡十月；卷十八《東山詩集》一，起庚辰十一月盡十四年辛巳三月；卷十九《東山詩集》二，其辛巳三月盡一月；卷二十《東山詩集》三，起辛巳六月盡十五年壬午；卷二十下《東山詩集》四，起癸未正月盡十二月。

《牧齋有學集詩注》，正文前有目録。正文凡十四卷，卷一《秋懷集》，卷二《秋槐支集》，卷三《夏五集》，卷四《絳雲餘燼集》，卷五《敬他老人集》上，卷六《敬他老人集》下，卷七《高會堂詩集》，卷八《長干塔光集》，卷九《紅豆集》，卷十《紅豆二集》，卷十一《紅豆三集》，卷十二《東澗集》上，卷十三《東澗集》中，卷十四《東澗集》下。

綫裝，二十八册，登録號011959。各册書題寫書名「牧齋初學集詩箋注」或「牧齋有學集詩箋注」及册次。《有學集詩注》目録及卷一係鈔配。鈐「常熟縣／圖書館／藏書章」朱方印、「常熟市／圖書／館藏」朱方印。

011966　我聞室梅花集句三卷紅梅集句一卷

（清）柳如是撰　清鈔本

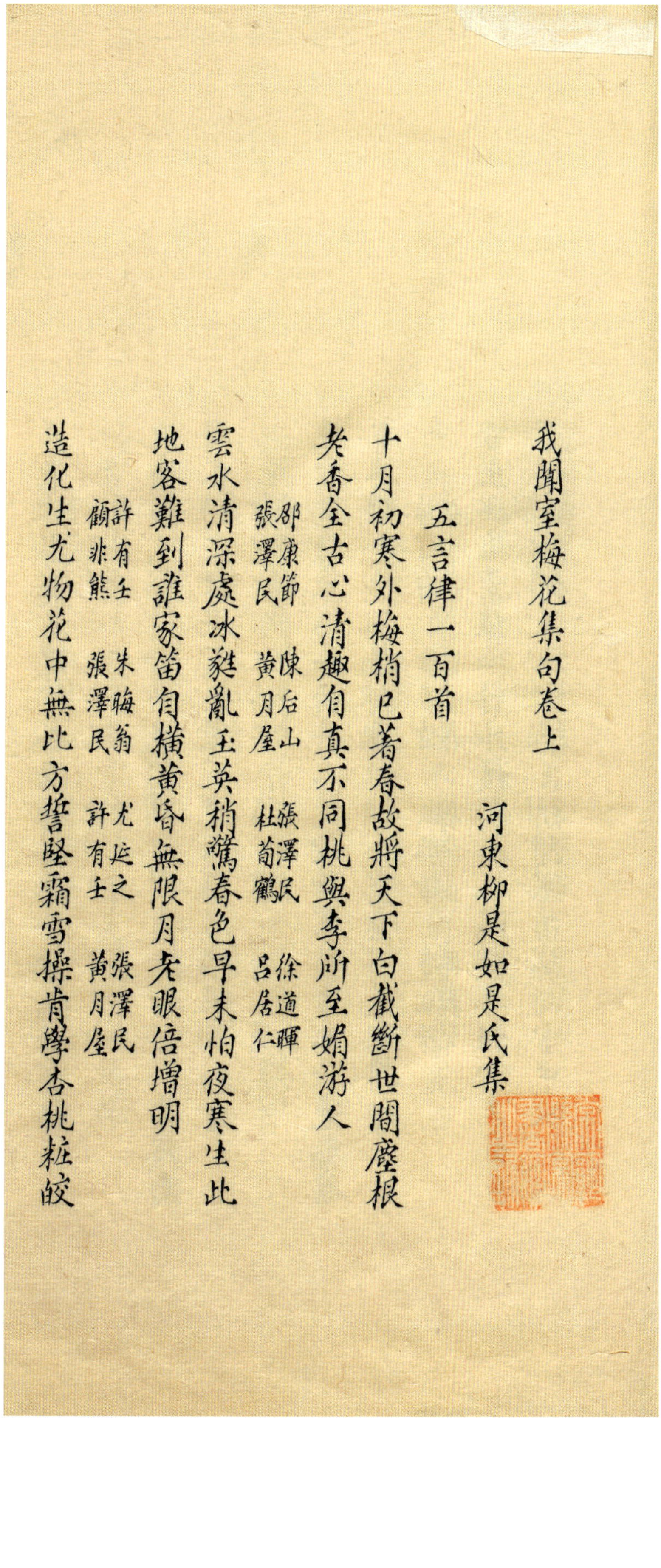
我聞室梅花集句卷上　河東柳是如是氏集

五言律一百首

十月初寒外梅梢已著春故將天下白截斷世間塵根

邵康節　陳后山　張澤民　徐道暉
張澤民　黃月屋　杜荀鶴　呂居仁

老香全古心清趣自真不同桃與李所至媚游人

雲水清深處冰雞亂玉英稍驚春色早未怕夜寒生此

許有壬　朱晦翁　尤延之　張澤民
顧非熊　張澤民　許有壬　黃月屋

地客難到誰家笛自橫黃昏無限月老眼倍增明

造化生尤物花中無比方誓堅霜雪操肯學杏桃粧皎

柳如是（1618—1664），本姓楊，名愛，改姓柳，名隱，又改名是，字如是，號河東君，又號蘼蕪君，江蘇吴江人，一説浙江嘉興人。

卷端署「河東柳是如是氏集」。

無版框及界欄，開本高 25.5 厘米，寬 15.2 厘米。半葉十行，行二十一字，小字雙行同。

《我聞室梅花集句》卷上集五言律一百首，卷中集七言律一百首，卷下集七言絶句一百首。《我聞室紅梅集句》集七言律十首。

綫裝，一册，登録號 011966。護葉有「龐翼霄捐」字樣。鈐「常熟／縣圖／書館／之記」白方印。

011986　未學庵詩稿十卷耐翁先生集外詩一卷

（明）錢謙貞撰　清錢龍惕輯鈔本

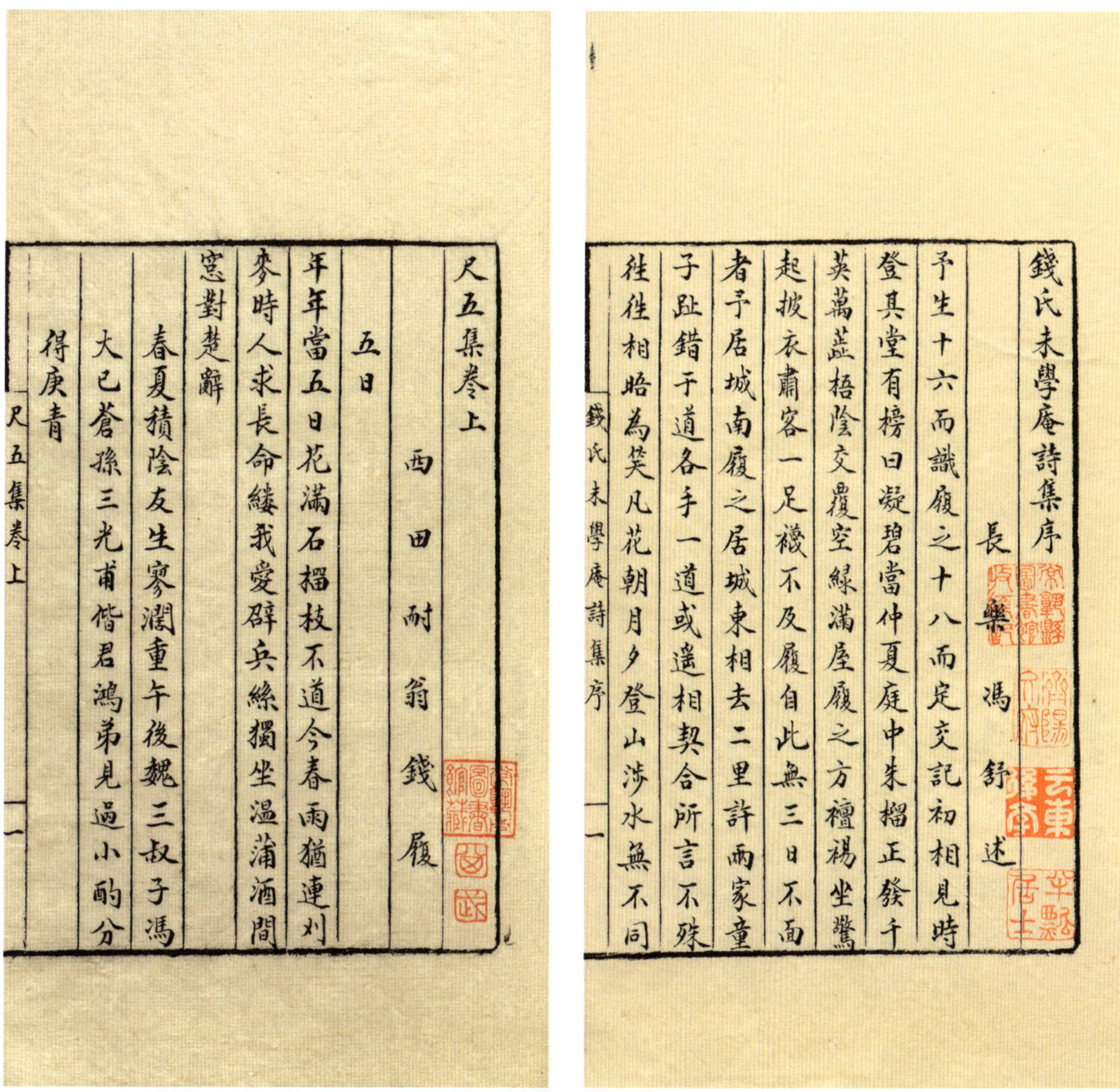

錢謙貞（1593—1664），字履之，號耐翁，常熟人。諸生。工詩擅書。

卷端題「西田耐翁錢履」。

框高 18.6 厘米，寬 13.3 厘米。半葉九行，行十八字，上黑口，四周單邊。版心中書卷次，下記葉次。邊欄外有「常熟縣圖書館鈔藏」字様。

正文前有《錢氏未學庵詩集序》，署明崇禎十七年（1644）甲申冬至五日「長樂馮舒述」；次接《未學庵詩稿序》，署「崇禎十七年小至日錢後人龍惕謹序」；次接《未學庵詩稿總目》；次接《咏履之三年詩即以詩代序》，署壬戌嘉平月「魏冲字叔子」。正文十卷，包括《尺五集》二卷、《得閒集》二卷、《懷古集》二卷、《愚公集》四卷。《尺五集》正文前有馮班《尺五集叙》《錢履之小傳》及甲申十月朔耐翁《尺五集自序》。

有朱筆批校，《懷古集》卷上末葉有丁秉衡朱筆校跋「丙辰九月秋丁秉衡校讀一過」。《愚公集》卷末有「歲在乙酉仲春月/毛氏汲古閣鏤板」字様。《耐翁先生集外詩》，題「蘆鄉龍惕編集（和稿附）」。正文前有《未學庵集外詩小序》，署「時丙戌八月廿四日夕公叙」；次接《集外詩目録》。目録末有「琴川毛氏汲古閣雕」字様。

綫裝，四册，登録號 011986。各册書根題書名「未學庵詩稿」及册數。所鈐諸印，除「常熟縣/圖書館/收藏記」朱方印、「常熟市/圖書/館藏」朱方印外，其餘如「濟陽/文府」朱長印、「半瓢/居士」朱方印、「云間/道人」朱方印、「功夫在/詩外」朱方印、「西/武」連珠印等皆係手繪過録。

011989　雪屋集八卷　二集五卷

（明）孫永祚著　鈔本

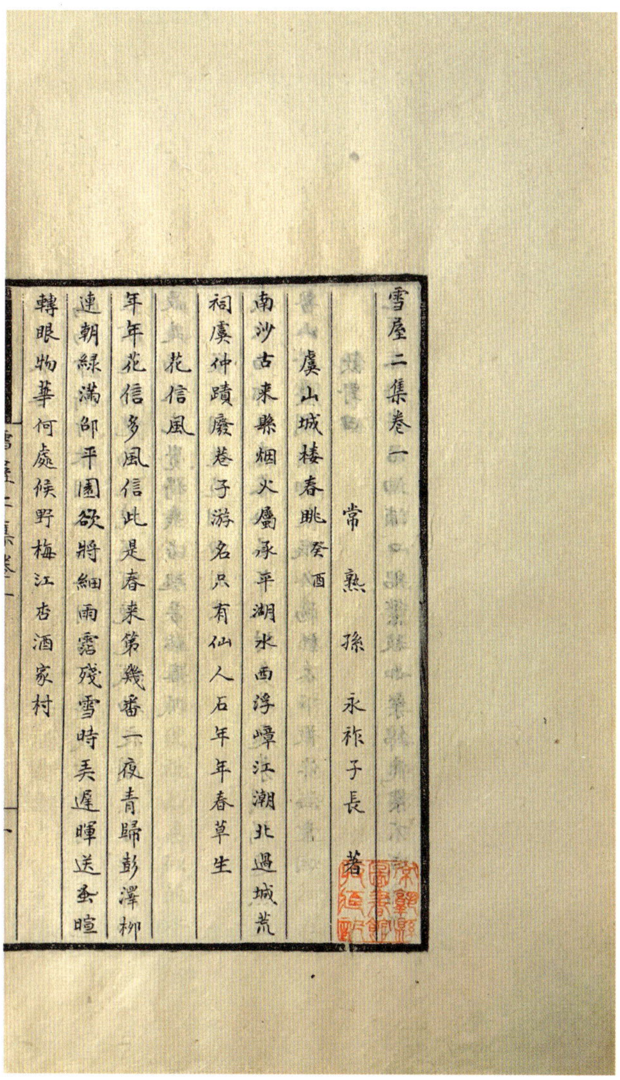

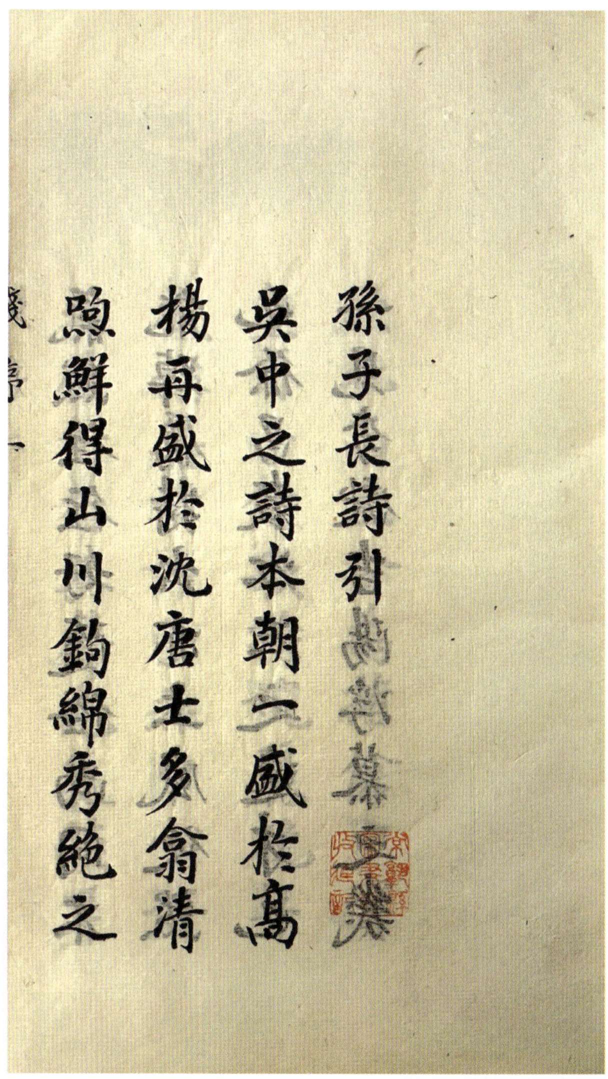

孫永祚，字子長，號雪屋，常熟人。明崇禎二年（1629）入復社，八年（1635）拔貢，授推官，不赴，隱居教授。工詩文。

《雪屋集》，卷端題「常熟孫永祚著」。

框高 18.6 厘米，寬 13.5 厘米。半葉九行，行十九字，上黑口，四周單邊。版心中書書名及卷次，下記葉次。左下板框外鐫「常熟縣圖書館鈔藏」字樣。

正文前有《孫子長詩序》，末署「歲在庚子中秋，江村老友蒙叟錢謙益序」；次接《雪屋集引》，末署「梧塍社弟徐遵湯題」；次接《叙》，末署「江上社弟黃毓琪介子題」；次接《孫子長雪屋集序》，末署「乙亥中春，金壇社友弟張明弼書於虞山」；次接《序孫子長雪屋集》，末署「崇禎癸酉重九後一日，魏浣初題」；次接《自叙雪屋集》，末署「崇禎壬申十月，孫永祚子長識」，又「友弟伍柳柳門書」。正文凡八卷，卷一賦，卷二五言古，卷三七言古，卷四五言律，卷五七言律，卷六七言律、附六言律，卷七五言絶句，卷八七言絶句。

《雪屋二集》，卷端署「常熟孫永祚子長著」。

框高 18 厘米，寬 10.9 厘米。半葉九行，行二十一字，上黑口，四周單邊。版心中書書名及卷次，下記葉次。正文前有《孫子長詩引》，末署「崇禎甲戌正月虞鄉鮮民錢謙益撰」；次接卷目。正文凡五卷。

綫裝，二册，登録號 011989。各册書根題寫書名及册次。《雪屋集》錢《序》後有小字「順治十七年冬梓行」字樣。鈐「常熟縣／圖書館／收藏記」朱方印。

011995　嚴白雲詩集二十七卷

（清）嚴熊撰　常熟市圖書館鈔本

嚴白雲詩集卷之十二

虞山嚴熊武伯

廢花朝詩為冒穀梁青若賦

往晨競花朝思親君獨廢寒食因介推千年可相配

陳錫賢中庭梅畔忽生數竹索詩口占

籜龍穿砌長新枝似與梅花有宿期疋是花香圓月上

先生茶熟弄琴時

蒙泉詩為錢廷尉黍谷賦次肯堂韻

嘗觀諸名泉絕滓迸石井來遠泉勢徐迸石應倍冷檻

沈見爾雅正側多不整靜宜覆松筠繁不逼桃杏虞山

嚴白雲詩集　卷十二　一

嚴熊，字武伯，號白雲，常熟人。諸生。與修邑志。所著除《岩白雲集》，又有《懷舊續集》。

卷端題「虞山嚴熊武伯」。

無版框及界欄。框高 27.3 厘米，寬 17.3 厘米。半葉十行，行二十一字。版心上書書名，中書卷次，下記葉次。

正文前有三序，各署「年通家後學陳祖范拜撰」「白耷山人閻古古撰」「萊陽同學弟宋琬」；次接目録，後有「乾隆甲戌正月曾孫男有禧謹識」。正文凡二十七卷，卷一雪鴻集上：古今體詩九十五首；卷二雪鴻集中：古今體詩一百零七首；卷三雪鴻集下：古今體詩一百零四首；卷四：戊申年古今體詩三十八首；卷五：己酉年古今體詩七十二首；卷六：庚戌年古今體詩六十首；卷七：辛亥年古今體詩八十八首；卷八：壬子年古今體詩八十四首；卷九：癸丑年古今體詩四十五首；卷十：甲寅年古今體詩四十三首；卷十一：乙卯年古今體詩十九首；卷十二：丙辰年古今體詩四十一首；卷十三：丁巳年古今體詩七十六首；卷十四：戊午年古今體詩四十九首；卷十五：己未年古今體詩三十四首；卷十六：庚申年古今體詩六十首；卷十七：辛酉年古今體詩三十一首；卷十八：壬戌年古今體詩三十五首；卷十九：癸亥年古今體詩四十七首；卷二十：甲子年古今體詩四十四首；卷二十一：乙丑年古今體詩四十八首；卷二十二：丙寅年古今體詩四十八首；卷二十三：丁卯年古今體詩二十七首；卷二十四：戊辰年古今體詩三十八首；卷二十五：己巳年古今體詩四十一首；卷二十六：庚午年古今體詩二十首；卷二十七：辛未年古今體詩二十一首。

綫裝，四册，登録號 011995。各册書根題寫書名「嚴白雲詩集」及册次。鈐「常熟縣/圖書館/收藏記」朱方印、「常熟市/圖書/館藏」朱方印。

012017　容安齋集外詩一卷

（清）汪應銓撰　民國二十一年
（1932）汪佑南鈔本

汪應銓生平事迹見前《容安齋詩集》（010694）。

卷端署「南沙汪應銓杜林」撰。

無版框及界欄。開本高 27.9 厘米，寬 15.3 厘米。半葉九行，行二十一字，小字雙行同。

正文前無序及目次，正文後有跋，署「壬申年十月十六日族裔佑南謹跋」。

綫裝，一册，登録號 012017。書封題寫書名。鈐「佑／南」白方印、「常熟／縣圖／書館／之記」白方印等。

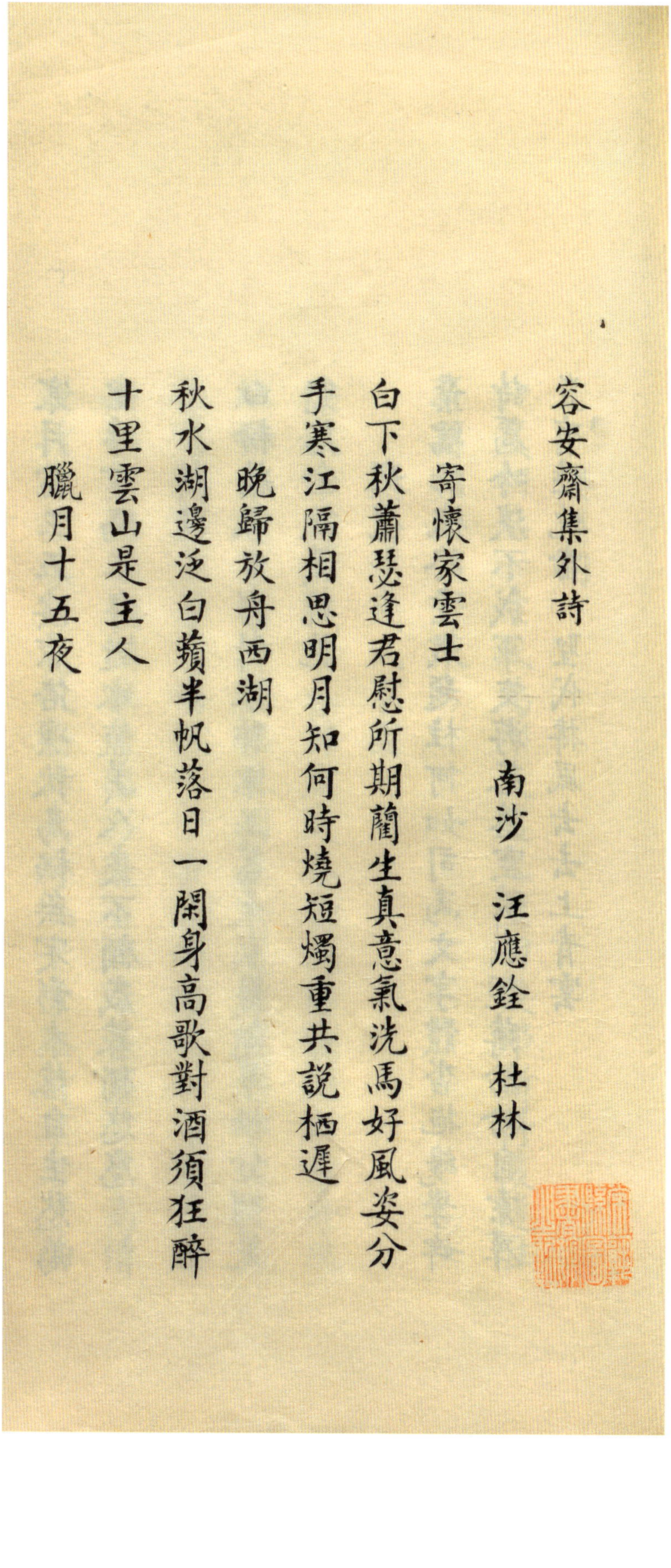

容安齋集外詩

南沙　汪應銓　杜林

寄懷家雲士

白下秋蕭瑟逢君慰所期蘭生真意氣洗馬好風姿分
手寒江隔相思明月知何時燒短燭重共説栖遲

晚歸放舟西湖

秋水湖邊泛白蘋半帆落日一閑身高歌對酒須狂醉
十里雲山是主人

臘月十五夜

012073 聞氏詩文稿一卷

（清）聞成撰　稿本

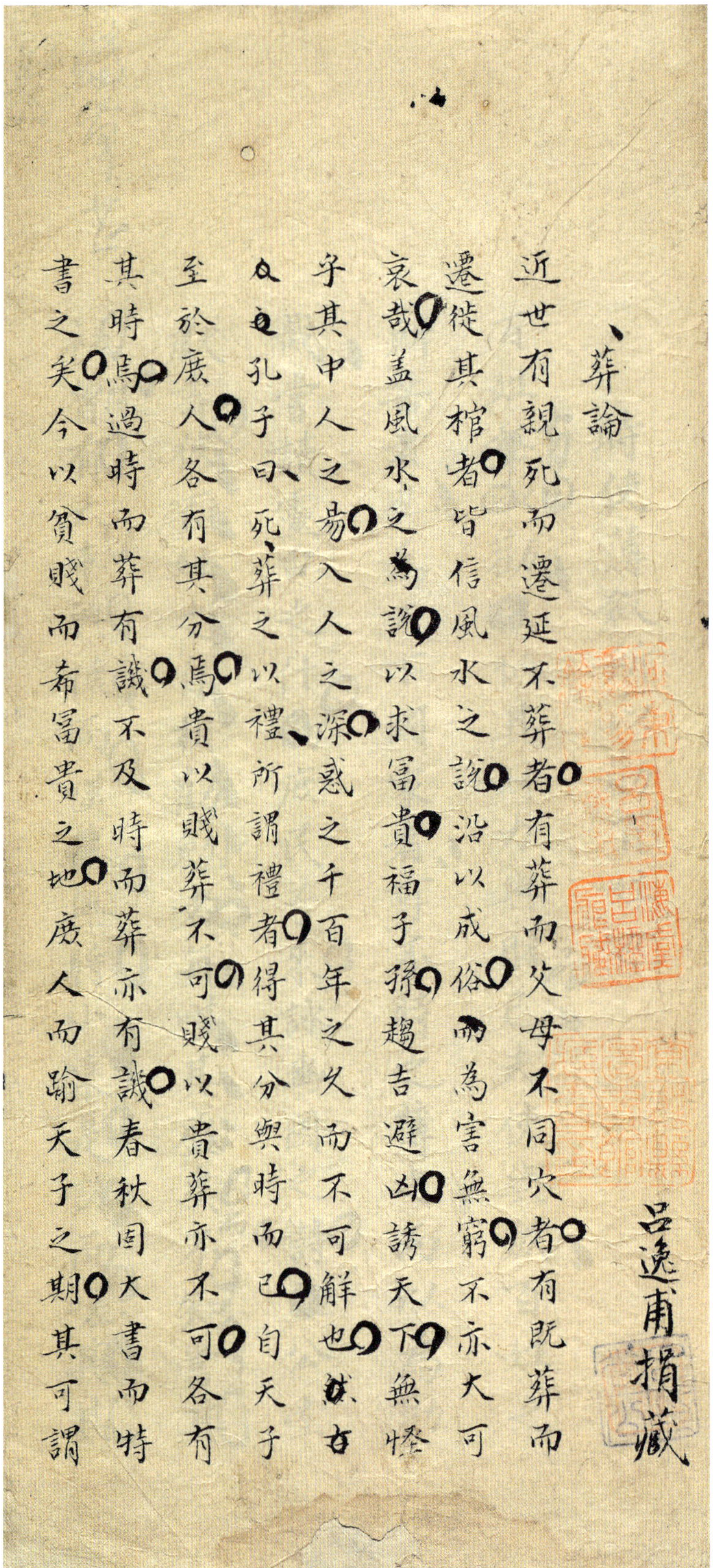

葬論

近世有親死而遷延不葬者有葬而父母不同穴者有既葬而遷徙其棺者皆信風水之說沿以成俗而為害無窮不亦大可哀哉蓋風水之為說以求富貴福子孫趨吉避凶誘天下無慳予其中人之易入人之深惑之千百年之久而不可解也然古[illegible][illegible]孔子曰死葬之以禮所謂禮者得其分與時而已自天子至於庶人各有其分焉貴以賤葬不可賤以貴葬亦不可各有其時焉過時而葬有譏不及時而葬亦有譏春秋固大書而特書之矣今以貧賤而希富貴之地庶人而踰天子之期其可謂

呂逸甫捐藏

聞成，生平事迹不詳。

無版框及界欄，開本高 24.5 厘米，寬 12.9 厘米。半葉九行，行二十四字。正文前後無序跋及目次。

綫裝，一册，登録號 012073。書封左題書名，右下題「作者名成係清康熙時人」。正文首葉有「呂逸甫捐藏」字樣。鈐「海虞／呂榴／痕藏」朱方印、「呂印／逸甫」朱方印、「常熟縣／圖書館／藏書印」朱方印等。

012074　大兖集五卷（存二卷）

（清）錢龍惕撰　民國八年（1919）活字印本

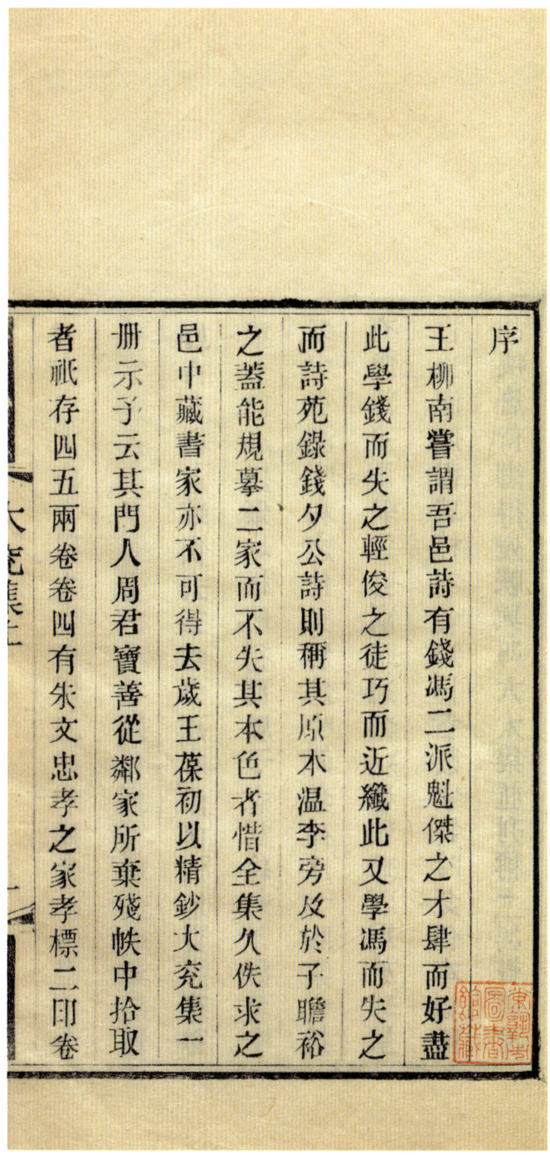

序

王柳南嘗謂吾邑詩有錢馮二派魁傑之才肆而好盡
此學錢而失之輕俊之徒巧而近纖此又學馮而失之
而詩苑錄錢夕公詩則稱其原本温李旁及於子瞻稱
之蓋能規摹二家而不失其本色者惜全集久佚求之
邑中藏書家亦不可得去歲王葆初以精鈔大兖集一
册示予云其門人周君寶善從鄰家所棄殘帙中拾取
者祇存四五兩卷卷四有朱文忠孝之家孝標二印卷

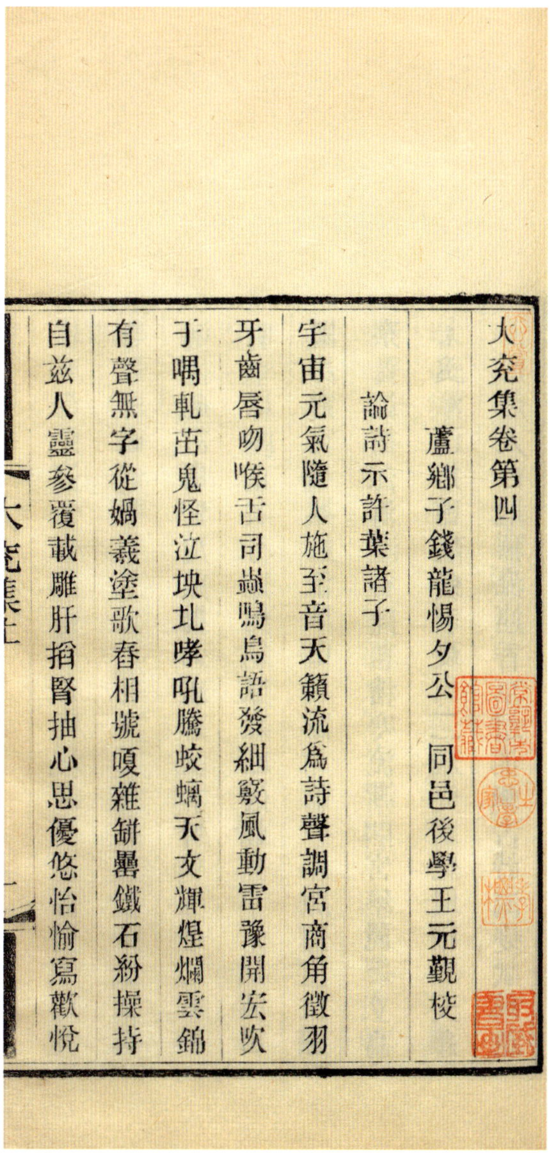

大兖集卷第四

盧鄉子錢龍惕夕公　同邑後學王元觀校

論詩示許葉諸子

宇宙元氣隨人施至音天籟流爲詩聲調宮商角徵羽
牙齒唇吻喉舌司蟲鳴鳥語發細竅風動雷豫開宏吹
于喁軋茁鬼怪泣坱圠哮吼騰蛟螭天文輝煌爛雲錦
有聲無字從媧羲塗歌舂相號嘎雜餠礨鐵石紛操持
自茲八靈參覆載雕肝掐腎抽心思優悠怡愉寫歡悅

錢龍惕，字夕公，常熟人。諸生。

卷端題「蘆鄉子錢龍惕夕公，同邑後學王元覲校」。

框高18.7厘米，寬13.2厘米。半葉八行，行二十一字，黑口，雙魚尾，上下雙邊。版心中鎸書名及册數，下記葉次。

正文前護葉有書名，上鎸書名「大兖集」，署「許昭署檢」。

正文前有民國八年九月虹隱徐兆瑋序，次接民國八年閏七月國良周寶善跋，次接己未閏七月望初我丁祖蔭跋，次接己未仲秋王元覲葆初跋。《海虞詩苑》載《大兖集》原本五卷，王葆初刊刻時僅存四、五兩卷。正文後有校印姓氏。

綫裝，二册，登録號012074。鈐「龐超／之印」白方印、「絅華／一字北海」朱方印、「忠季之家」朱文銅錢印、「季櫟」朱方印、「曹／炎印」白方印、「彬／侯」朱方印、「常熟市／圖書／館藏」朱方印等。

012078　嘯雪庵詩集一卷題咏二卷新集一卷詩餘一卷

（清）吴綃撰　鈔本

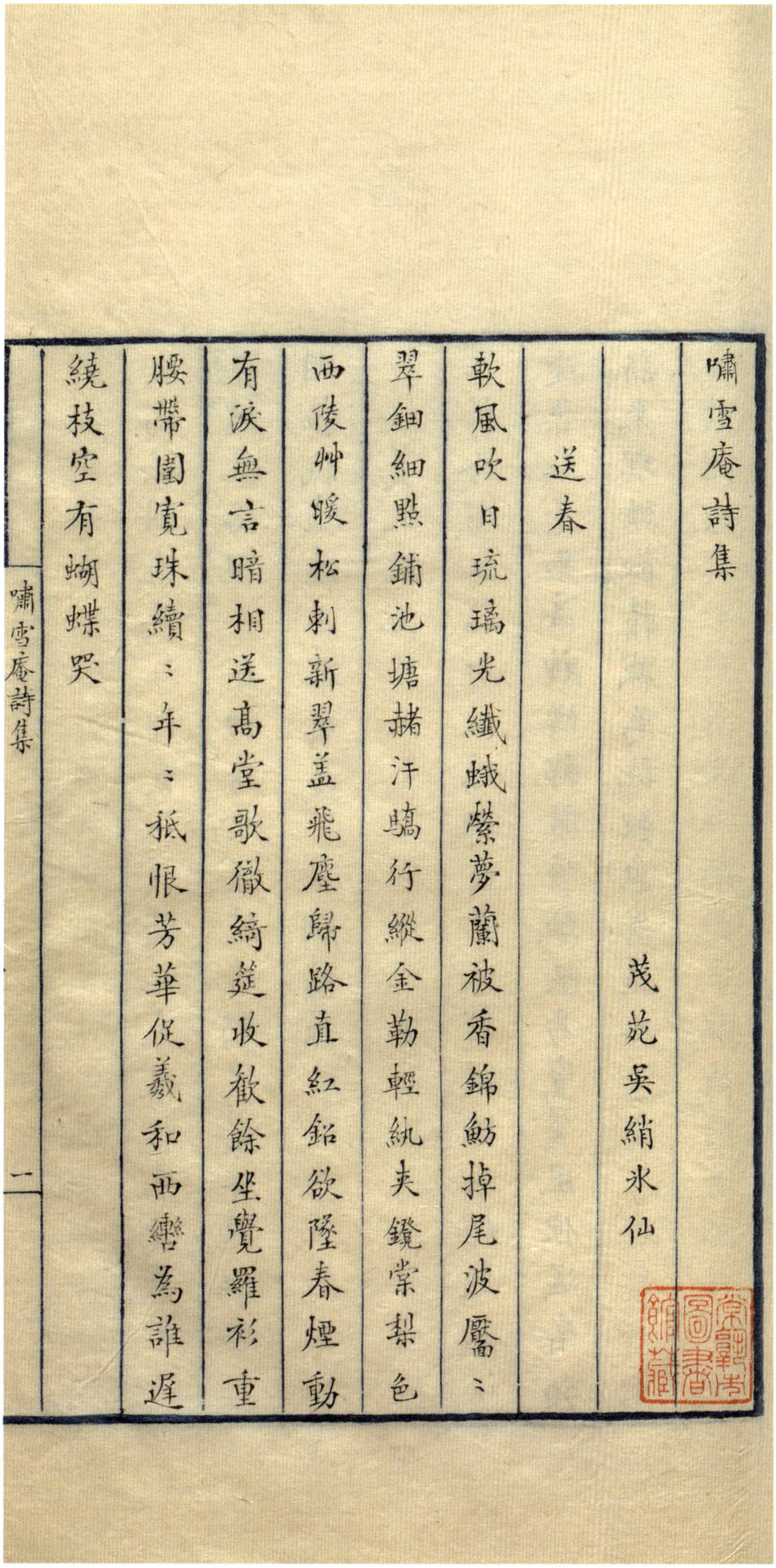

嘯雪庵詩集

茂苑吴綃冰仙

送春

軟風吹日琉璃光纖蛾縈夢蘭被香錦魴掉尾波靨〻

翠鈿細點鋪池塘赭汗驕行縱金勒輕紈夾鏤棠梨色

西陵艸暖松刺新翠蓋飛塵歸路直紅鉛欲墜春煙動

有淚無言暗相送高堂歌徹綺筵收歡餘坐覺羅衫重

腰帶圍寬珠續〻年〻秪恨芳華促羲和西轡為誰遲

繞枝空有蝴蝶哭

嘯雪庵詩集　一

吴綃（1615—1671），字素公，一字片霞，號冰仙，江蘇長洲（今屬蘇州）人。夫許瑶。

卷端署「茂苑吴綃冰仙」。

框高18.5厘米，寬13.4厘米。半葉九行，行二十一字，上黑口，藍格，四周單邊。第一册版心中書書名，下記葉次。版框外左下有「常熟縣圖書館鈔箋」字樣。

正文前有《許夫人詩序》，末署「歲在辛丑涂月二十五日錢後人八十翁謙益序」；次接《嘯雪庵詩序》，末署「順治己亥孟冬滌岑道民陳焯書於銘水麗秋軒」；次接《序》，末署「順治己亥桂月東海胡文學題於琴清堂」；次接《小叙》，末署「己亥餘月珠湖李瀅謹序」；次接清康熙九年（1670）庚戌上巳月宗末吴梅村偉業《小引》；次接吴葉襄《引》；次接吴綃《自叙》。正文凡五卷，嘯雪庵詩集一卷、嘯雪庵題咏二卷、嘯雪庵新集一卷、嘯雪庵詩餘一卷。正文後有《吴冰仙詩集小引》，末署「梁溪鄒流綺題」。

綫裝，三册，登録號012078。嘯雪庵題咏第二卷及嘯雪庵新集正文後皆署「東原五世孫戴君雅鈔」。鈐「常熟/縣圖/書館/之記」白方印、「常熟市/圖書/館藏」朱方印。

012080　贈藥編一卷
附録一卷

（清）吴綃撰　清鈔本

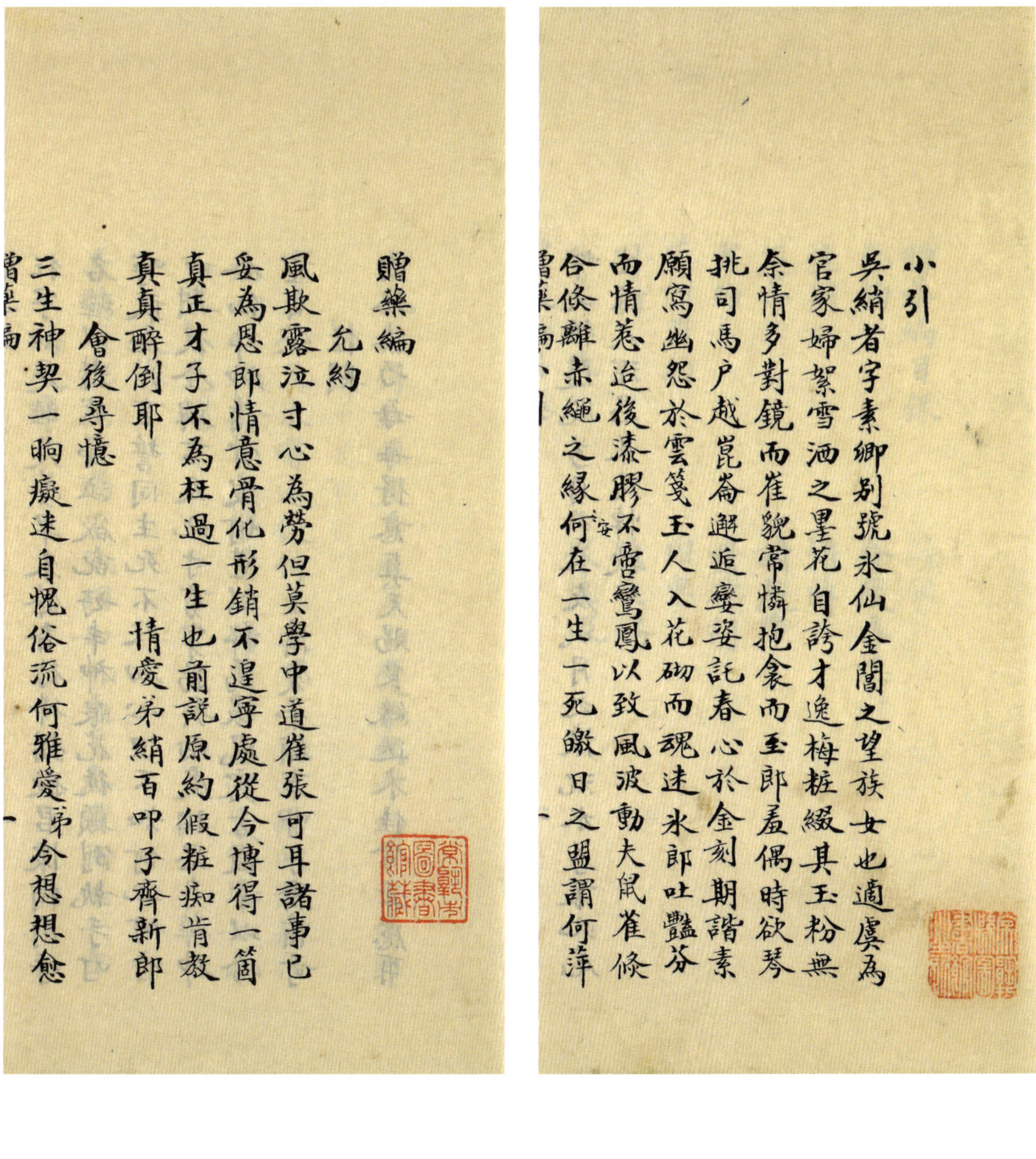

吴綃生平事迹見前《嘯雪庵詩集》（012078）。

無版框及界欄，開本高24.4厘米，寬14.3厘米。半葉八行，行二十字。版心上書書名，下記葉次。

正文前有《小引》，文末不署撰人；次接目録。正文後附録一卷，含《告先祠文》《出婦書與吴水倉》《與父書》《玉田札》四文。附録後有可盧節録馮巳蒼《懷舊集》小傳；次接魚元傅跋，署「乾隆二十六年仲冬晦日，破山樵人識於香山之夢花書屋」。

綫裝，一册，登録號012080。鈐「常熟/縣圖/書館/之記」白方印、「常熟市/圖書/館藏」朱方印。

012174 甓庵詩集不分卷

（清）趙汝揆撰　鈔本

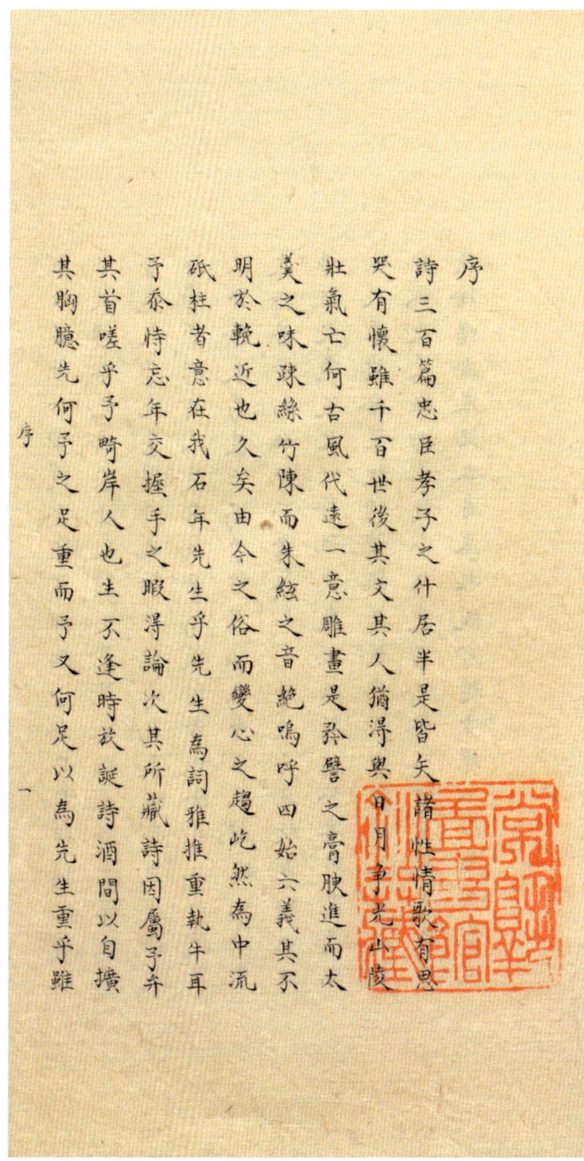

序

詩三百篇忠臣孝子之什居半是皆矢諸性情歌有思
哭有懷雖千百世後其文其人猶得與日月爭光也陵
壯氣亡何古風代遠一意雕畫是務譬之膏腴進而太
羹之味踈絲竹陳而朱絃之音絶嗚呼四始六義其不
明於輓近也久矣由今之俗而變心之趨屹然爲中流
砥柱者意在我石年先生乎先生爲詞雅推重執牛耳
予忝侍忘年交握手之暇得論次其所藏詩因屬予弁
其首嗟乎予畸岸人也生不逢時放誕詩酒間以自擴
其胸臆先何予之足重而予又何足以爲先生重乎雖

序　一

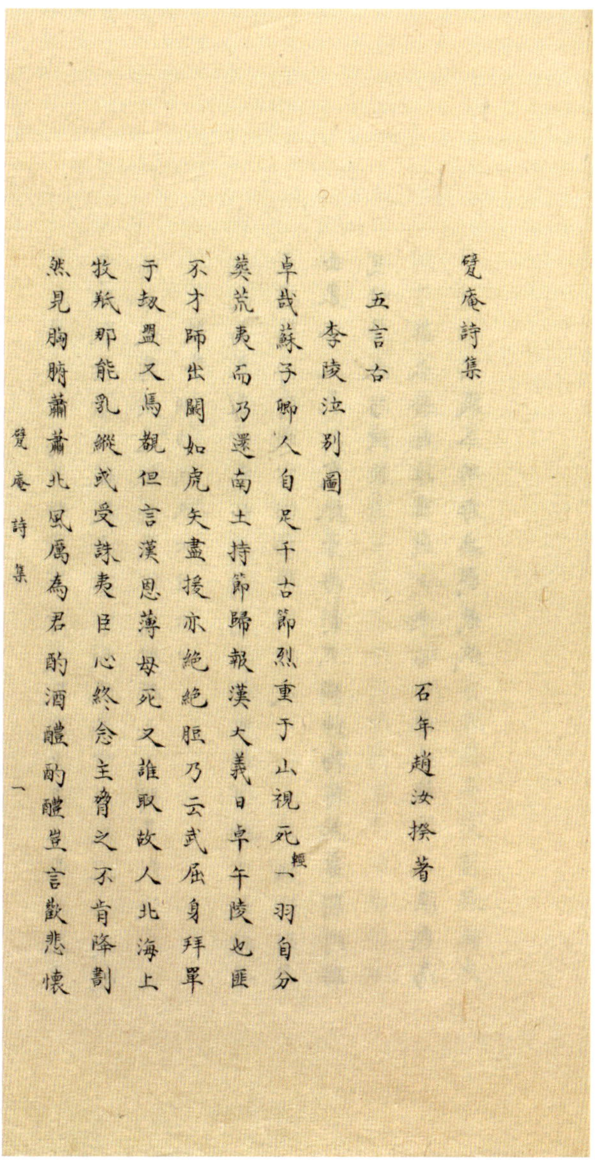

甓庵詩集

石年趙汝揆著

五言古

李陵泣别圖

卓哉蘇子卿人自足千古節烈重于山視死輕一羽自分
瘞荒夷而乃還南土持節歸報漢大義日卓午陵也匪
不才師出鬪如虎矢盡援亦絶絶脰乃云武屈身拜單
于叔盟又焉覯但言漢恩薄母死又誰取故人北海上
牧羝那能乳縱武受誅夷臣心終念主脅之不肯降割
然見胸臆蕭蕭北風厲爲君酌酒醴酌醴豈言歡悲懷

甓庵詩集　一

趙汝揆，生平事迹不詳。

卷端署「石年趙汝揆著」。

無版框及界欄，開本高 28.7 厘米，寬 18 厘米。半葉十行，行二十一字。版心上書書名，下記葉次。

正文前有序，末署「康熙乙巳孟夏朔日，高陽後學許仙錦芳洲氏書於清遠堂」；次接作者自序，末署「康熙十七年戊午春一月花朝後一日，石年趙汝揆漫書」。正文不分卷，所收諸詩以體裁分類排列，包括五言古、七言古、五言律、五言排律、七言律、五言絶句，七言絶句；正文後有補遺二首。

綫裝，二册，登録號 012174。各册書封題寫書名及册數。鈐「常熟／圖書館／鈔藏」朱方印。

012184 南來堂詩鈔二卷

（明）釋讀徹撰　清鈔本

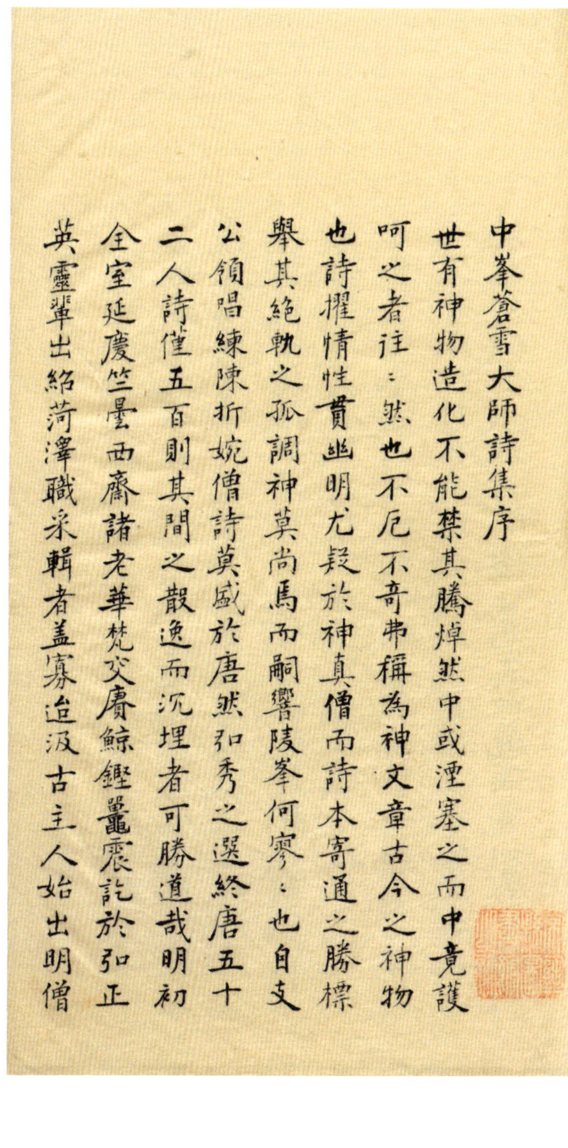
中峯蒼雪大師詩集序
世有神物造化不能禁其騰焯然中或湮塞之而中竟護
呵之者往往然也不厄不奇弗稱為神文章古今之神物
也詩擢情性貫幽明尤疑於神真僧而詩本寄通之勝標
舉其絕軌之孤調神莫尚焉而嗣響陵夆何寥寥也自支
公領唱練陳析婉僧詩莫盛於唐然弘秀之選終唐五十
二人詩僅五百則其間之散逸而沉埋者可勝道哉明初
全室延慶竺曇西齋諸老華梵交賡鯨鏗鼉震訖於弘正
英靈輩出紹菏澤職采輯者蓋寡迨汲古主人始出明僧

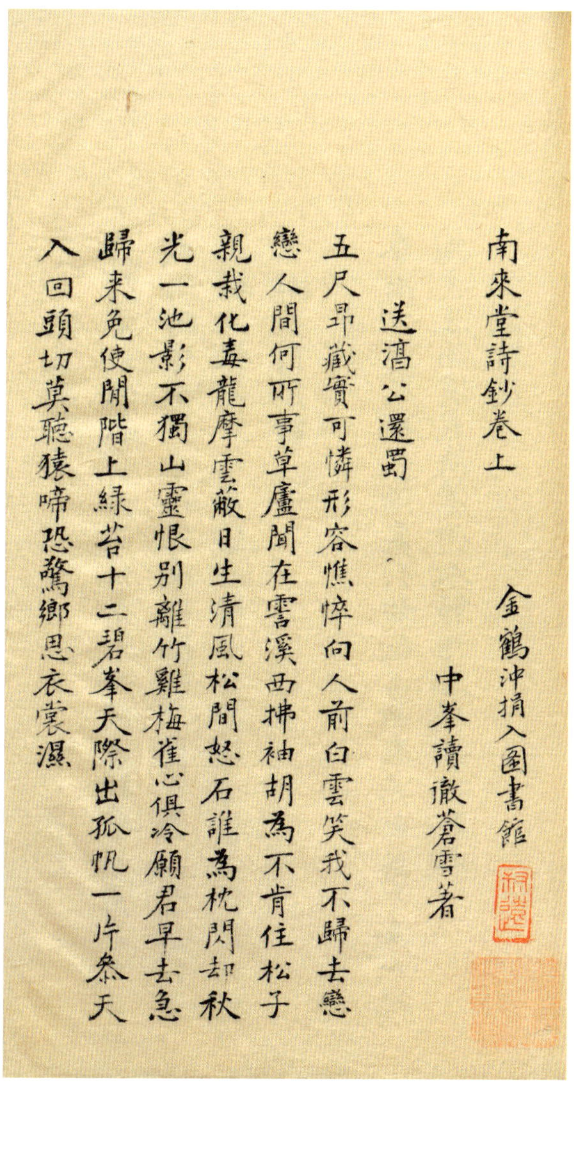
南來堂詩鈔卷上
金鶴沖捐入圖書館
中峯讀徹蒼雪著
送澹公還蜀
五尺昂藏實可憐形容憔悴向人前白雲笑我不歸去戀
戀人間何所事草廬關在雲溪西拂袖胡為不肯住松子
親栽化毒龍摩雲蔽日生清風松間怒石誰為枕閃却秋
光一池影不獨山靈恨別離竹雞梅雀心俱冷願君早去急
歸來免使閒階上綠苔十二碧峯天際出孤帆一片叅天
入回頭切莫聽猿啼恐驚鄉思衣裳濕

釋讀徹（1586—1656），雲南呈貢人，字見曉，更字蒼雪，號南來，俗姓趙。年十六皈依佛門。明崇禎元年（1628）爲蘇州支硎山中峰寺住持。

卷端署「中峰讀徹蒼雪著」。

無版框及界欄，開本高 24.3 厘米，寬 15.2 厘米。半葉九行，行二十二字。

正文前有《中峰蒼雪大師詩集序》，署「密庵李模敬述於碧幢之梧桐間」。正文首葉有「金鶴冲捐入圖書館字樣」。正文分卷上、下二卷。正文後署「果唯鈔」。正文後有民國十八年（1929）二月金鶴冲跋。

綫裝，一册，登録號 012184。鈐「叔遠」朱文長方印、「常熟/縣圖/書館/之記」白方印。

012236　紉蘭集十九卷

（清）黃儀撰　清道光十五年（1835）鈔本

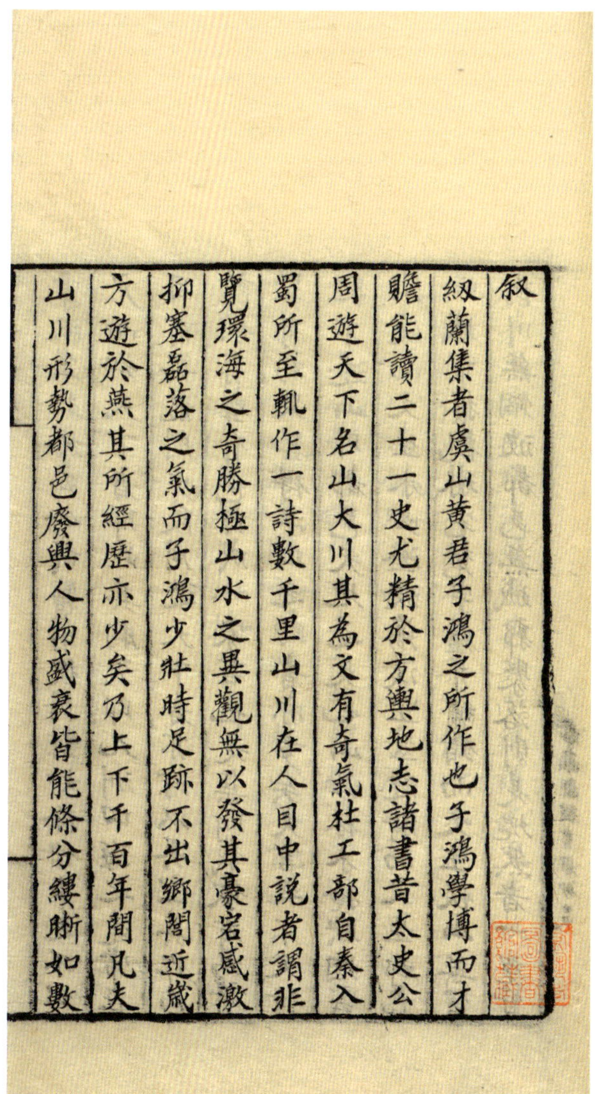
叙

紉蘭集者虞山黃君子鴻之所作也子鴻學博而才贍能讀二十一史尤精於方輿地志諸書昔太史公周遊天下名山大川其為文有奇氣杜工部自秦入蜀所至輒作一詩數千里山川在人目中說者謂非覽環海之奇勝極山水之異觀無以發其豪宕感激抑塞磊落之氣而子鴻少壯時足跡不出鄉閭近歲方遊於燕其所經歷亦少矣乃上下千百年閒凡夫山川形勢都邑廢興人物盛衰皆能條分縷晰如數

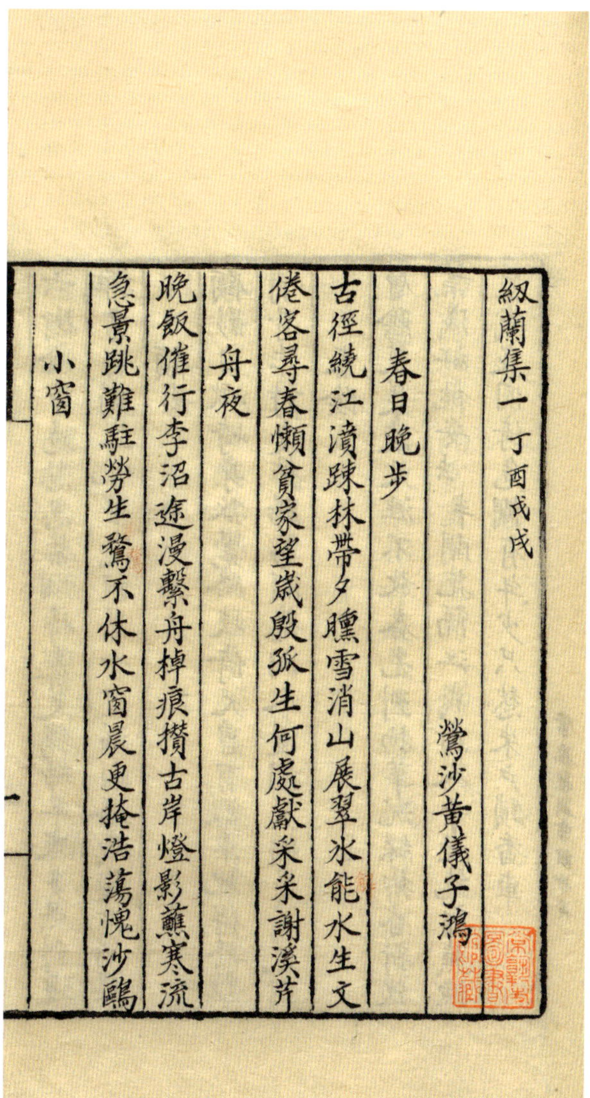
紉蘭集一　丁酉戊戌

鶯沙黃儀子鴻

春日晚步

古徑繞江瀆踈林帶夕曛雪消山展翠冰能水生文倦客尋春懶貧家望歲殷孤生何處獻采采謝溪芹

舟夜

晚飯催行李沼遞漫繫舟棹痕攢古岸燈影蘸寒流急景跳難駐勞生鶩不休水窗晨更掩浩蕩愧沙鷗

小窗

黄儀，字子鴻，又字吉羽，號紉蘭，常熟人。精輿地之學，徐乾學修《一統志》多用其説。

卷端署「鶯沙黄儀子鴻」撰。

框高 18.2 厘米，寬 13.5 厘米。半葉九行，行二十字，上黑口，四周單邊。版心下記葉次。邊欄外有「常熟縣圖書館鈔藏」字樣；正文末有「鈔十友居藏本」字樣。

正文前有叙，末署「康熙丁丑七月朔，玉山徐秉義」；次接周僖題識，云「道光十六年歲在丙申夏五月，鎮洋周僖讀過」；次接「丙申冬十二月，邑後學趙允懷」題識。正文分十九卷，所收詩以創作年代爲序，起自丁酉，迄於丁丑，凡四十年。正文後有跋，末署「道光十五年七月既望，族裔孫鼎識」；次接《附録邑志小傳》。

綫裝，四册，登録號 012236。鈐「常熟市／圖書／館藏」。

012275　續古草堂解愁吟四卷

（清）丁清撰　鈔本

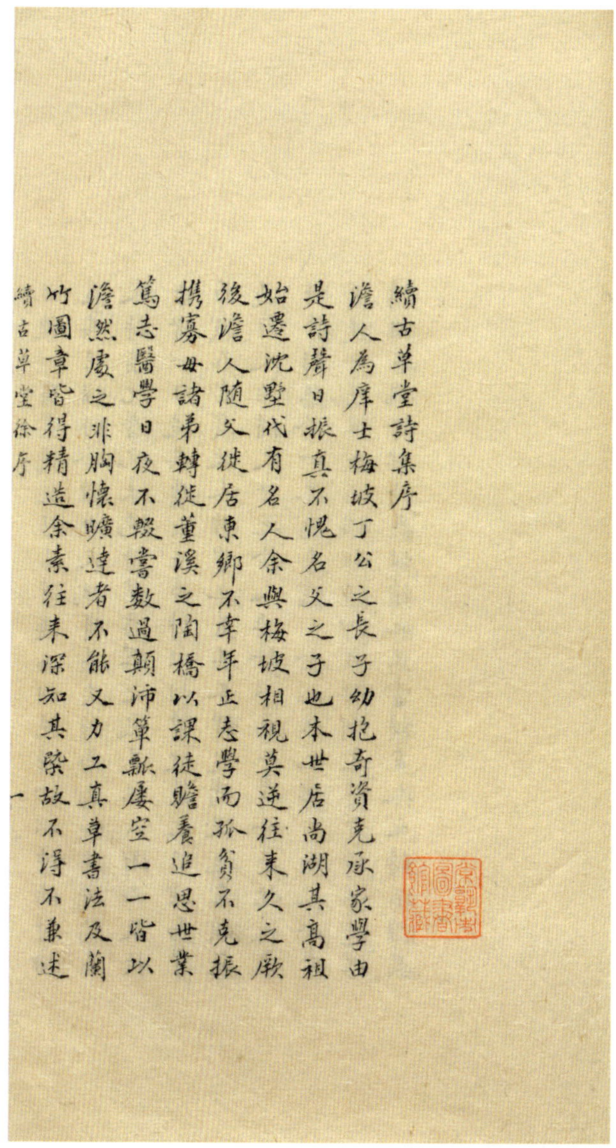

續古草堂詩集序

澹人為庠士梅坡丁公之長子幼抱奇資克承家學由是詩辟日振真不愧名父之子也本世居尚湖其高祖始遷沈墅代有名人余與梅坡相視莫逆往來久之歎後澹人隨父徙居東鄉不幸早正志學而孤貧不克振携寡母諸弟轉徙董溪之陶橋以課徒贍養追思世業篤志醫學日夜不輟嘗數過顛沛簞瓢屢空一一皆以澹然處之非胸懷曠達者不能又力工真草書法及蘭竹圖章皆得精造余素往來深知其槩故不得不兼述

續古草堂敘序　一

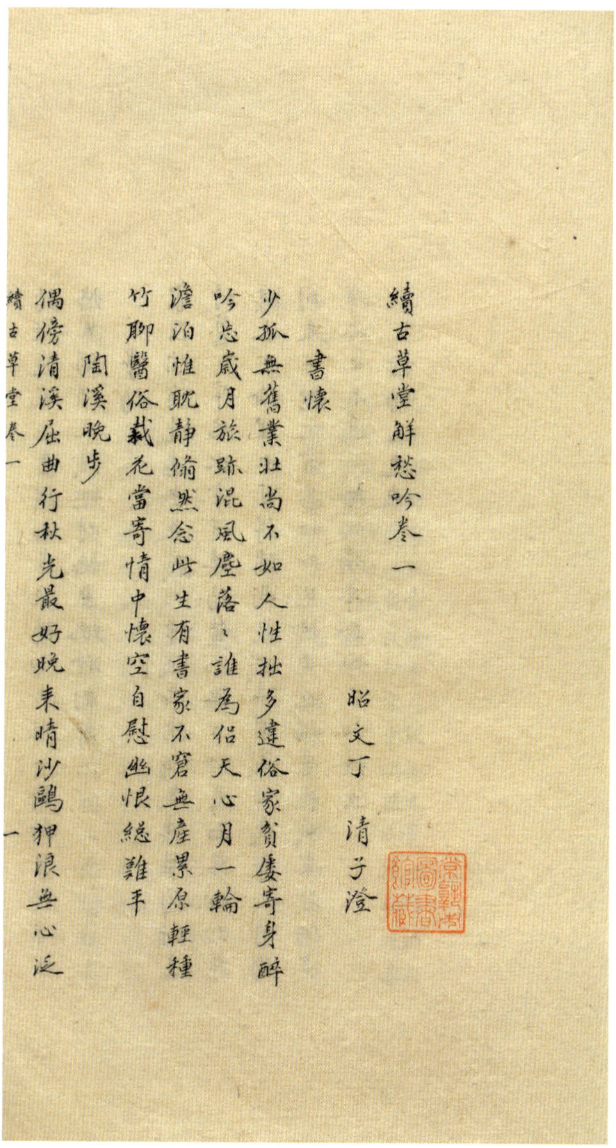

續古草堂解愁吟卷一

昭文丁清子澄

書懷

少孤無舊業壯尚不如人性拙多違俗家貧屢寄身醉吟忘歲月旅跡混風塵落落誰為侶天心月一輪

澹泊惟耽靜倘然念此生有書家不窘無座累原輕種竹聊醫俗栽花當寄情中懷空自慰幽恨總難平

陶溪晚步

偶傍清溪屈曲行秋光最好晚來晴沙鷗狎浪無心泛

續古草堂卷一　一

丁清，字子澄，號澹人，常熟人。

卷端署「昭文丁清子澄」撰。

無版框及界欄，開本高 28.5 厘米，寬 18.1 厘米。半葉九行，行二十一字。版心上書題名及卷次，下記葉次。

正文前有三《續古草堂詩集序》，各署「道光歲次辛卯中秋七十老人徐朝桂西園撰」「道光歲次甲午午日年家世教弟顧恩昭鄉拜題」「道光歲次丁酉六月朔里人王廷楷菽園拜撰」；序後接三《續古草堂詩集題辭》，各署「迓香弟鄭彦緗拜手」「同邑教弟毛俊拜手」「婁東教侄孫用楫拜手」。集中有朱筆批校，正文後有丁初我朱筆校跋。

綫裝，二册，登録號 012275。鈐「常熟市/圖書/館藏」朱方印。

012289 松韻堂詩稿不分卷

（明）孫七政撰　鈔本

孫七政生平事迹見前《刻孫齊之先生松韻堂集》（010192）。

卷端署「孫七政齊之」。

無版框及界欄，開本高 28.6 厘米，寬 18 厘米。半葉八行，行二十八字。

正文前後無序跋。正文不分卷，收詩六十四題，凡六十九首。

綫裝，一册，登録號 012289。鈐「常熟／圖書館／鈔藏」朱方印。

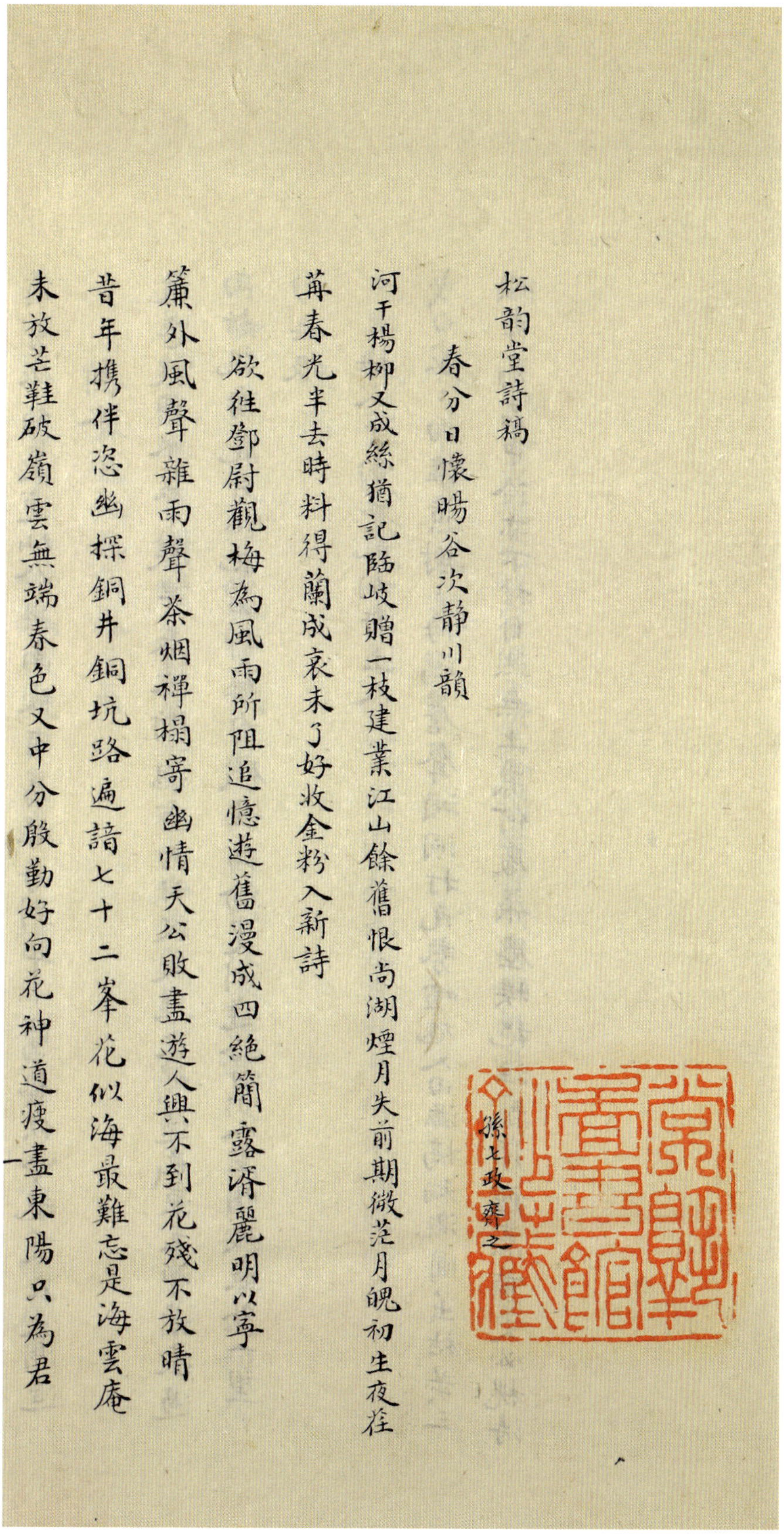

松韻堂詩稿

春分日懷暘谷次静川韻

河干楊柳又成絲猶記臨岐贈一枝建業江山餘舊恨尚湖煙月失前期微茫月魄初生夜荏苒春光半去時料得蘭成哀未了好收金粉入新詩

欲往鄧尉觀梅為風雨所阻追憶遊舊漫成四絶簡露濟麗明以寧

簾外風聲雜雨聲茶烟禪榻寄幽情天公敗盡遊人興不到花殘不放晴

昔年携伴恣幽探銅井銅坑路遍諳七十二峯花似海最難忘是海雲庵

未放芒鞋破嶺雲無端春色又中分殷勤好向花神道瘦盡東陽只為君

012298 鳴愁集不分卷

（清）佚名撰　鈔本

不詳撰人。

無版框及界欄，開本高28.7厘米，寬18厘米。半葉九行，行二十四字。正文前後無序跋及目次。正文不分卷，收《早春虞山游望》《初晴》《送謝東山入京》《秋夜感懷》《壽歸如翁七十》等詩一百二十六首。

綫裝，一册，登録號012289。書封題寫書名。鈐「常熟／圖書館／鈔藏」朱方印。

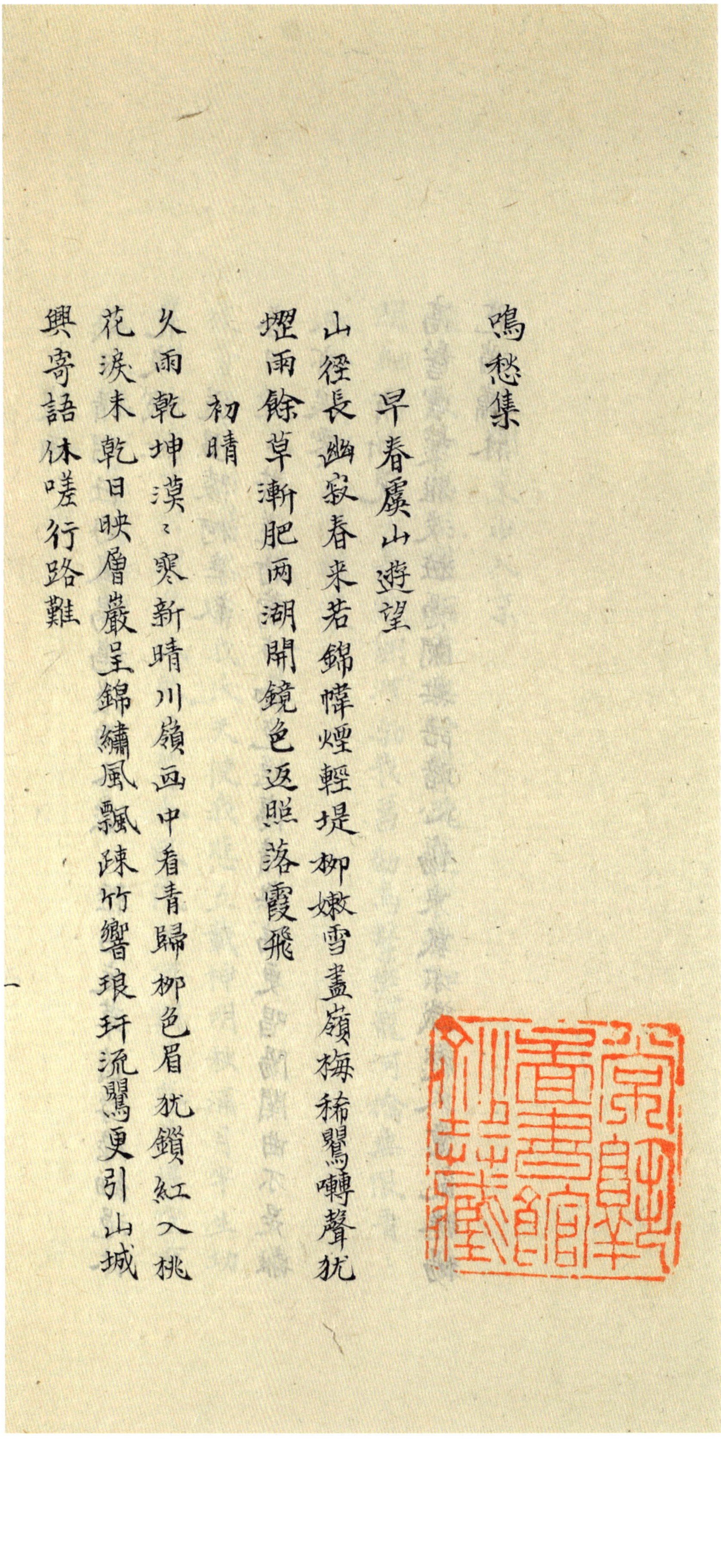

鳴愁集

早春虞山遊望

山徑長幽寂春来若錦幃煙輕堤柳嫩雪盡嶺梅稀鸎囀聲猶堙雨餘草漸肥兩湖開鏡色返照落霞飛

初晴

久雨乾坤漠漠寒新晴川嶺画中看青歸柳色眉猶鎖紅入桃花淚未乾日映層巖呈錦繡風飄踈竹響琅玕流鸎更引山城興寄語休嗟行路難

012299 學吟稿不分卷

（清）陳石麒撰　清鈔本

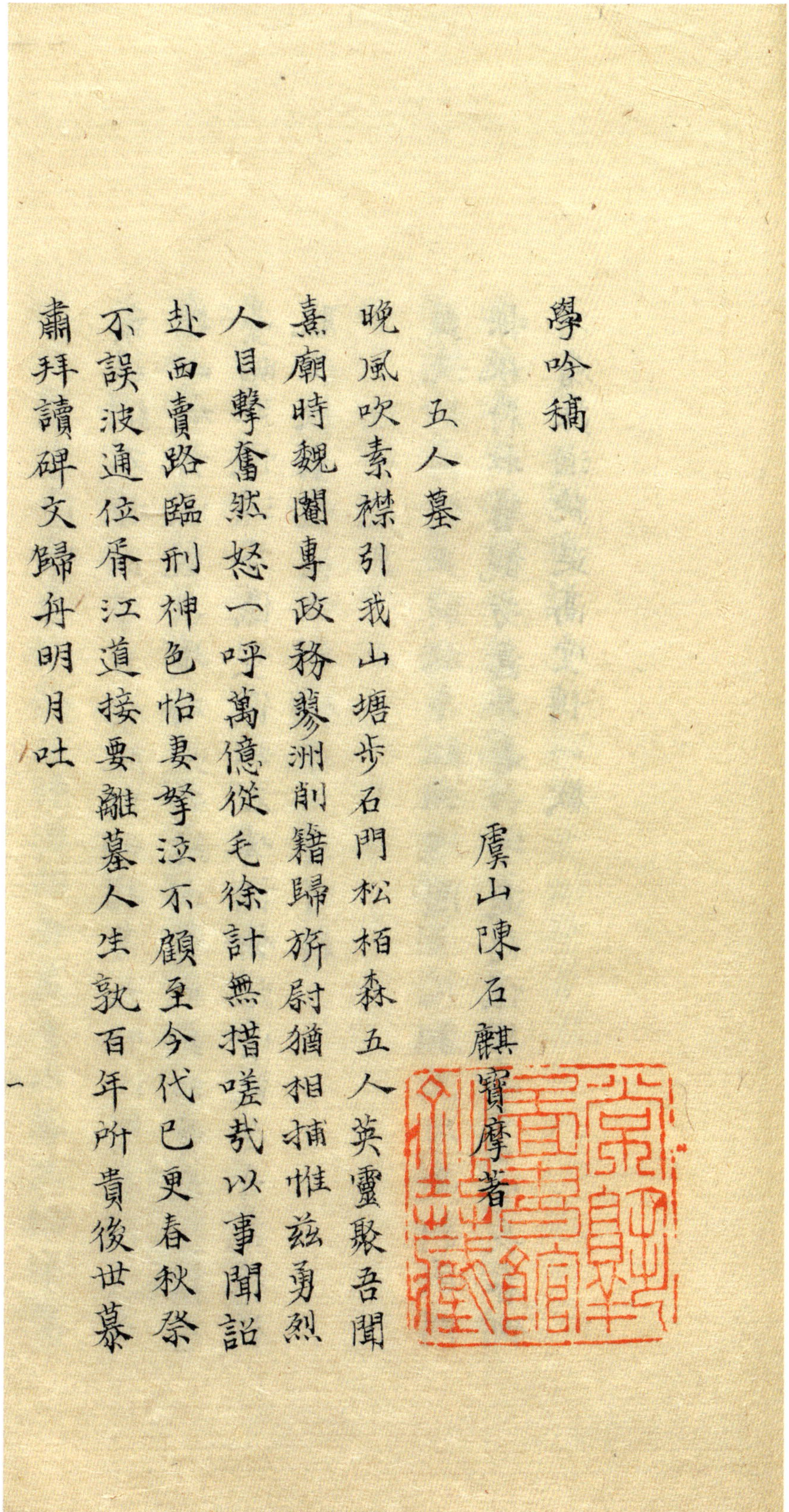

學吟稿

虞山陳石麒寶摩著

五人墓

晚風吹素襟引我山塘步石門松栢森五人英靈聚吾聞
熹廟時魏閹專政務芟洲削籍歸旂尉猶相捕惟玆勇烈
人目擊奮然怒一呼萬億從毛徐計無措嗟哉以事聞詔
赴西貴路臨刑神色怡妻孥泣不顧至今代已更春秋祭
不誤波通位胥江道接要離墓人生孰百年所貴後世慕
肅拜讀碑文歸舟明月吐

陳石麒，字寶摩，清康熙間常熟人。

卷端署「虞山陳石麟寶摩著」。

無版框及界欄，開本高 28.6 厘米，寬 18 厘米。半葉九行，行二十二字。

正文前有二序，各署「康熙壬辰秋七月望後，長樂馮武撰」「簡緣老人馮武書時年八十有六」；次接《學吟稿題辭》，末署「康熙五十又一年二月二十日，止觀陸垍撰」。正文不分卷。正文後有跋，末署「同學弟南州錫上涵氏跋」；次接《壬寅春二月朔日，偶檢敗篋得陳寶摩表弟遺詩一册，漫書數語，聊以志感》，末署「焦溪小隱主人陸羕題」；次接《讀陳寶摩表兄學吟稿漫書三絶》，不詳撰人。

綫裝，一册，登録號 012299。鈐「常熟/圖書館/鈔藏」朱方印。

012400 顧玉書丁南湖兩先生殘稿不分卷

（明）顧麟生、丁奉撰

鈔本

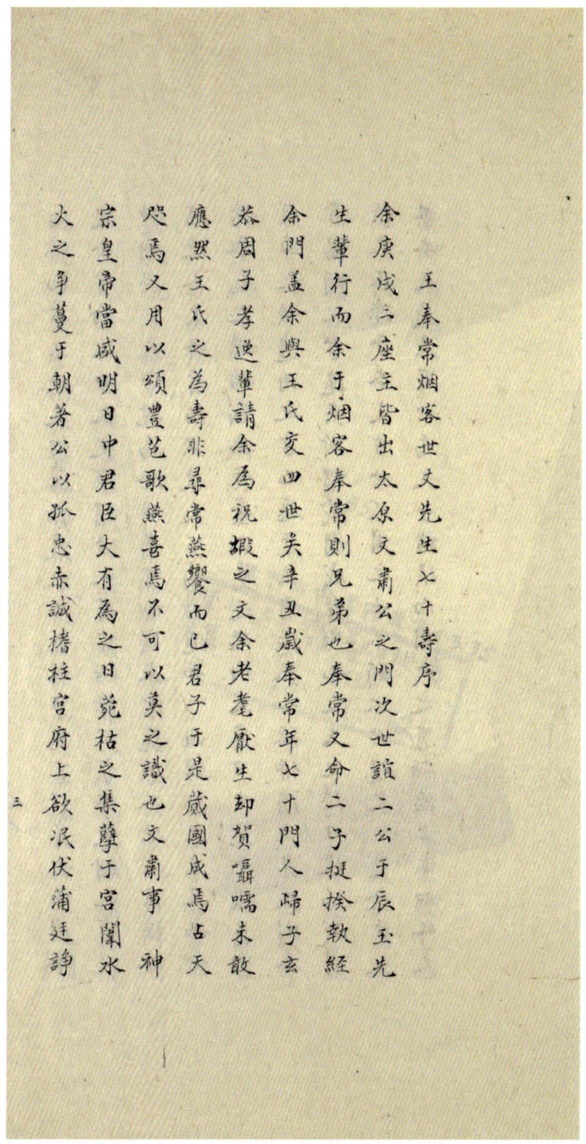

玉奉常烟客世丈先生七十壽序

余庚戌二座主皆出太原文肅公之門次世誼二公子辰玉先
生華行而余于烟客奉常則兄弟也奉常又命二子挺捩款經
余門益余與王氏交四世矣辛丑歲奉常年七十門人婿子玄
恭周子孝逸輩請余為祝嘏之文余老耄猒生却賀囁嚅未敢
應黙王氏之為壽非尋常燕饗而已君子于是歲國威焉占天
咫焉又用以頌豊芑歌燕喜焉不可以莫之識也文肅事神
宗皇帝當盛明日中君臣大有為之日苑枯之集孽于宮闈水
火之爭蔓于朝著公以孤忠赤誠搘柱宮府上欲泯伏蒲廷諍

三

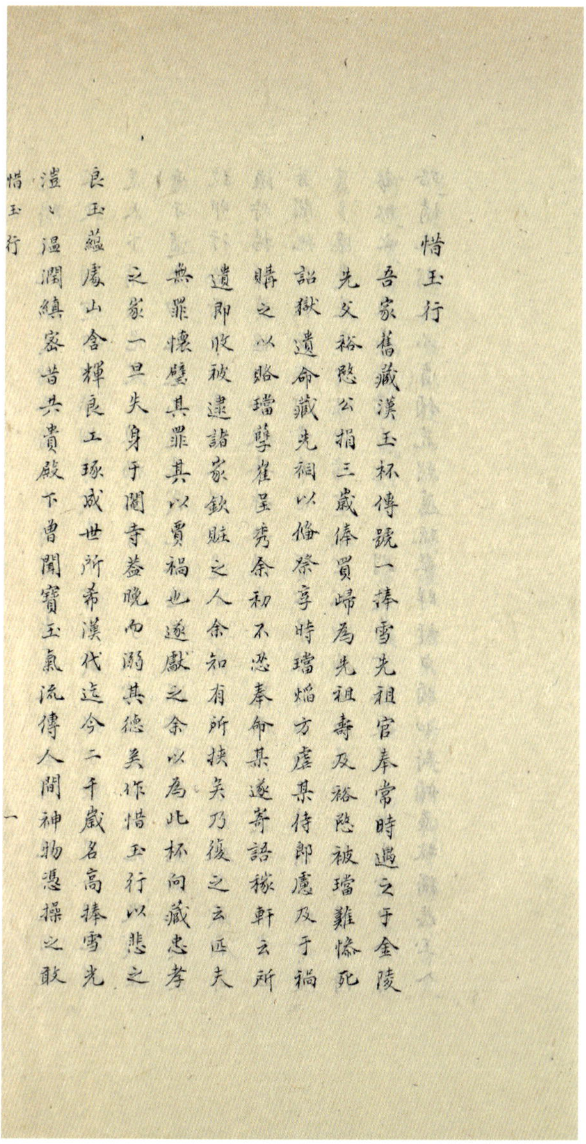

惜玉行

吾家舊藏漢玉杯傳號一捧雪先祖官奉常時過之于金陵
先文裕愍公捐三歲俸買歸為先祖壽及裕愍被璫難慘死
詔獄遺命藏先祠以備祭享時璫焰方虐某侍郎虞及于禍
購之以賂璫孽崔呈秀余初不忍奉命某遂寄語稼軒云所
遺即收被逮諸家欽賍之人余知有所挾矣乃後之玄匠夫
無罪懷璧其罪其以貫禍也遂獻之余以為此杯向藏忠孝
之家一旦失身于閹寺萎骫而辱其德矣作惜玉行以悲之
良玉蘊處山含輝良工琢成世所希漢代迄今二千歲名高捧雪光
澧澧溫潤縝密昔共貴殷下曹闍寶玉氣流傳人間神物憑操之敢

一

顧王書，字麟生，常熟人。

丁南湖，名奉，明正德三年（1508）戊辰進士，南司封郎中，年三十九致仕。

無版框及界欄，開本高28.7厘米，寬17.9厘米。半葉九行，行二十六字。版心下記葉次。

正文不分卷，收《惜王行》《王奉常烟客世丈先生七十壽序》《懷忠堂記》《致冒辟疆書》等四文，後依次爲丁南湖題識、丁南湖自贊、丁南湖朝服像自贊、公服像自贊。

綫裝，一册，登録號012400。

012545 諸子奇賞前集五十一卷後集六十卷

（明）陳仁錫評選 明刻本

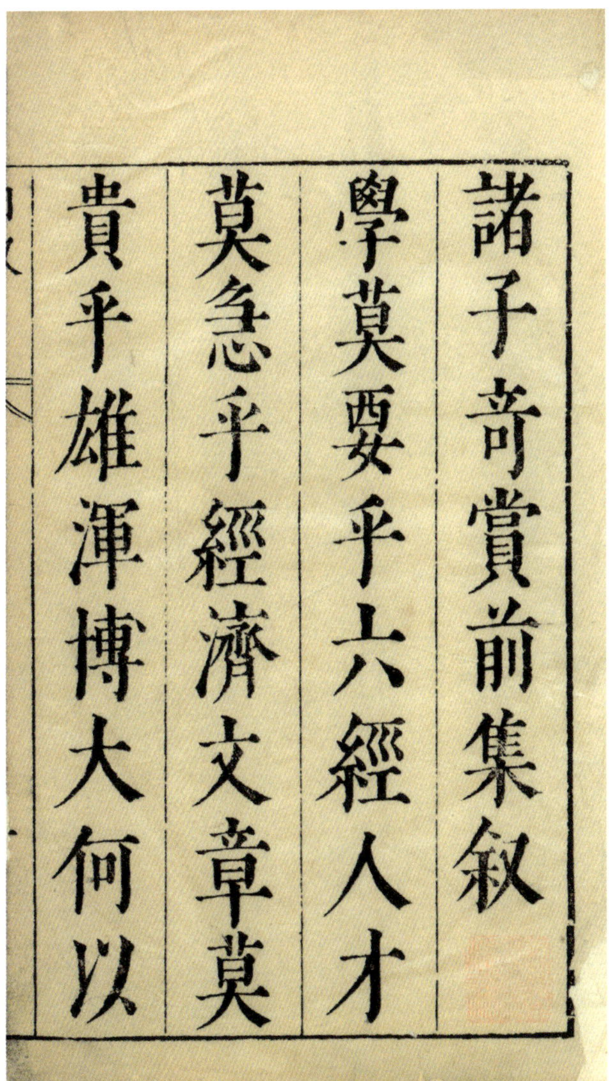

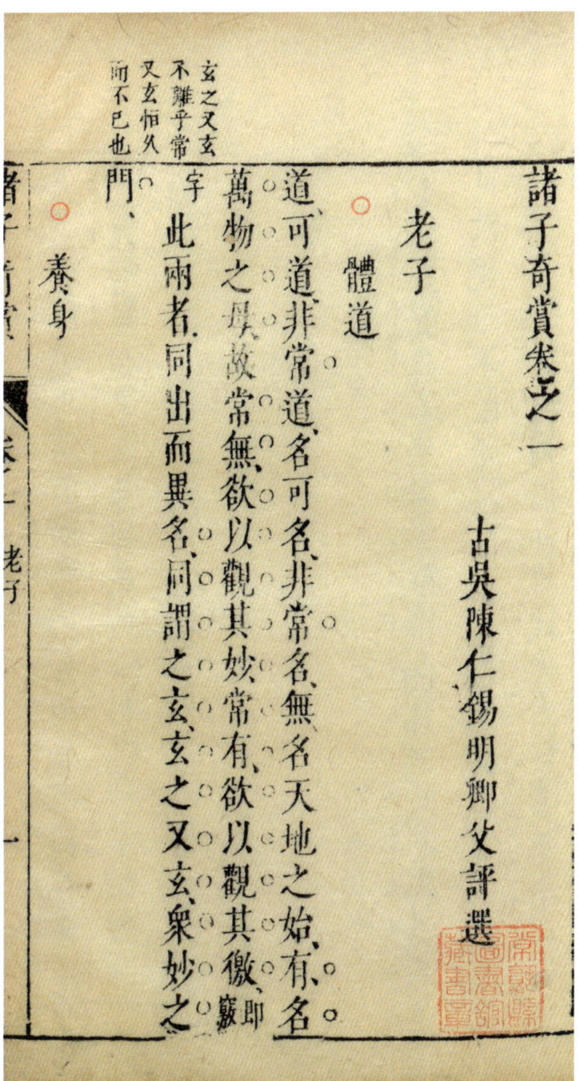

陳仁錫生平事迹見前《奇賞齋廣文苑英華》（011083）。

卷端署「古吴陳仁錫明卿父評選」。

框高20.2厘米，寬13.6厘米。半葉九行，行二十字，小字雙行同，白口，上單黑魚尾，四周單邊，無界欄。版心魚尾上鎸書名「諸子奇賞」，魚尾下鎸卷次及諸子姓氏或書名，如「卷一老子」「卷十八桓子鹽鐵論」，再下記葉次。天頭附刻批注。

《諸子奇賞前集》正文前有《諸子奇賞前集叙》，末署「丙寅孟夏，古吴陳仁錫書黄河舟中」；次接《發凡》十則，後有三徑齋主人題識；次接《諸子奇賞總目》，總目後鎸「武林好生館藏版／如有欠葉不妨取／補以成完璧」三行十九字。正文凡五十一卷，卷一老子，卷二姜子，卷三鬻子，卷四至卷十一管子，卷十二鄧析子，卷十三孫子，卷十四關尹子，卷十五亢倉子，卷十六子華子，卷十七、卷十八晏子，卷十九司馬子，卷二十文子，卷二十一吴子，卷二十二、卷二十三墨子，卷二十四、卷二十五列子，卷二十六至卷二十九莊子，卷三十尹文子，卷三十一慎子，卷三十二鬼谷子，卷三十三尉繚子，卷三十四鶡冠子，卷三十五屈子（附宋子），卷三十六、卷三十七商子，卷三十八公孫龍子，卷三十九、卷四十荀子，卷四十一至卷四十六韓子，卷四十七至卷五十一吕子。《諸子奇賞後集》正文前有《諸子奇賞後集叙》，末署「天啓丙寅孟冬朔日，古吴陳仁錫書於燕邸」；次接《諸子奇賞總目》。正文凡六十卷，卷一黄石子（附陰符經），卷二陸子新語，卷三孔叢子，卷四韓子外傳，卷五至卷八賈子新書，卷九至卷十三淮南子，卷十四至卷十七董子繁露，卷十八桓子鹽鐵論，卷十九至卷二十一劉子説苑，卷二十二劉子新序，卷二十三京子易傳，卷二十四、卷二十五揚子法言，卷二十六至卷三十五揚子太玄經，卷三十六班子白虎通，卷三十七馬子忠經，卷三十八徐子中論，卷三十九、四十王子論衡，卷四十一王子潛夫論，卷四十二蔡子獨斷，卷四十三應子風俗通，卷四十四小荀子，卷四十五劉子人物志，卷四十六王子易略，卷四十七至卷五十劉子文心雕龍，卷五十一劉子雜篇，卷五十二、五十三抱樸子，卷五十四、卷五十五文中子，卷五十六鹿門子，卷五十七玄真子，卷五十八無能子，卷五十九天隱子，卷六十齊丘子。

二集各卷正文之前皆有序及分卷目次，目次題名題注「全録」或「節録」，後小字雙行鎸作者小傳。

綫裝，一百册，登録號012545。前、後集各五十册。各册書根標注册次。鈐「常熟／縣圖／書館／之記」白方印、「常熟縣／圖書館／藏書章」朱方印。

012912　南崖集四卷

（清）陶元淳撰　清康熙陶貞一、陶正靖刻本　清翁同龢、楊沂孫、近人瞿啓甲題款　瞿熙邦跋并録清李兆洛跋

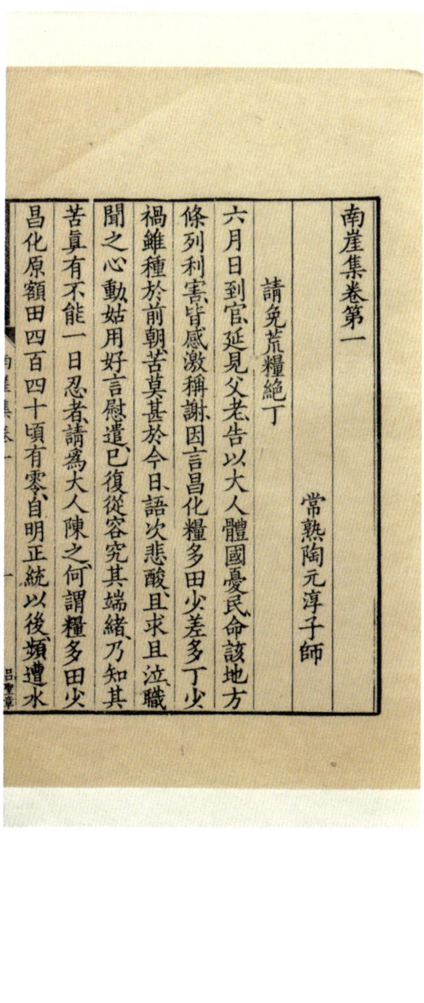

南崖集卷第一

常熟陶元淳子師

請免荒糧絕丁

六月日到官延見父老告以大人體國憂民命該地方條列利害皆感激稱謝因言昌化糧多田少差多丁少禍雖種於前朝苦莫甚於今日語次悲酸且求且泣職聞之心動姑用好言慰遣已復從容究其端緒乃知其苦眞有不能一日忍者請爲大人陳之何謂糧多田少昌化原額田四百四十頃有零自明正統以後頻遭水

陶元淳生平事迹見前《南崖集》（010405）。

卷端署「常熟陶元淳子師」撰，各卷末署「男貞一正靖謹校」。框高18.5厘米，寬13.7厘米。半葉九行，行二十一字，上黑口，上單黑魚尾，左右雙邊。版心中鎸書名及卷次，下記葉次。版心下鎸刻工「劉旭如」「王憲文」「吕聖章」「田正符」「劉文蓮」。

是集以金鑲玉法重加裝訂，内有書名葉一，手書「南崖集／四卷」，署「邑後學瞿啓甲謹書」；次接彩繪《衙齋講學圖》，署「丙子嘉月運百補圖」；次接彩繪《子師先生像》，署「九世孫運百謹摹」；次接書名葉二，手書「陶子師先生南崖集」，署「光緒六年九月，外彌孫楊沂孫敬讀數過」；次接書名葉三，手書「子師先生／南崖集」，署「同治七年十月又一日，翁同龢讀因題記」。

正文前有序，已殘闕，末署「青州同學趙執信謹序」；次接目録。正文後有武進李兆洛《南崖集書後》，手鈔補入，係「七十二丁丑三月上巳，後學瞿耀邦補録」。正文凡四卷，收陶元淳在官公私文書六十篇。

綫裝，二册，登録號012912。鈐「瞿／啓甲」朱方印、「瞿／耀邦」白方印、「旭齋／手鈔」朱方印、「常熟／縣圖書／館藏」朱方印。

013238　元文類七十卷目録三卷

（元）蘇天爵編　明嘉靖十六年（1537）晉藩重刻修後印本

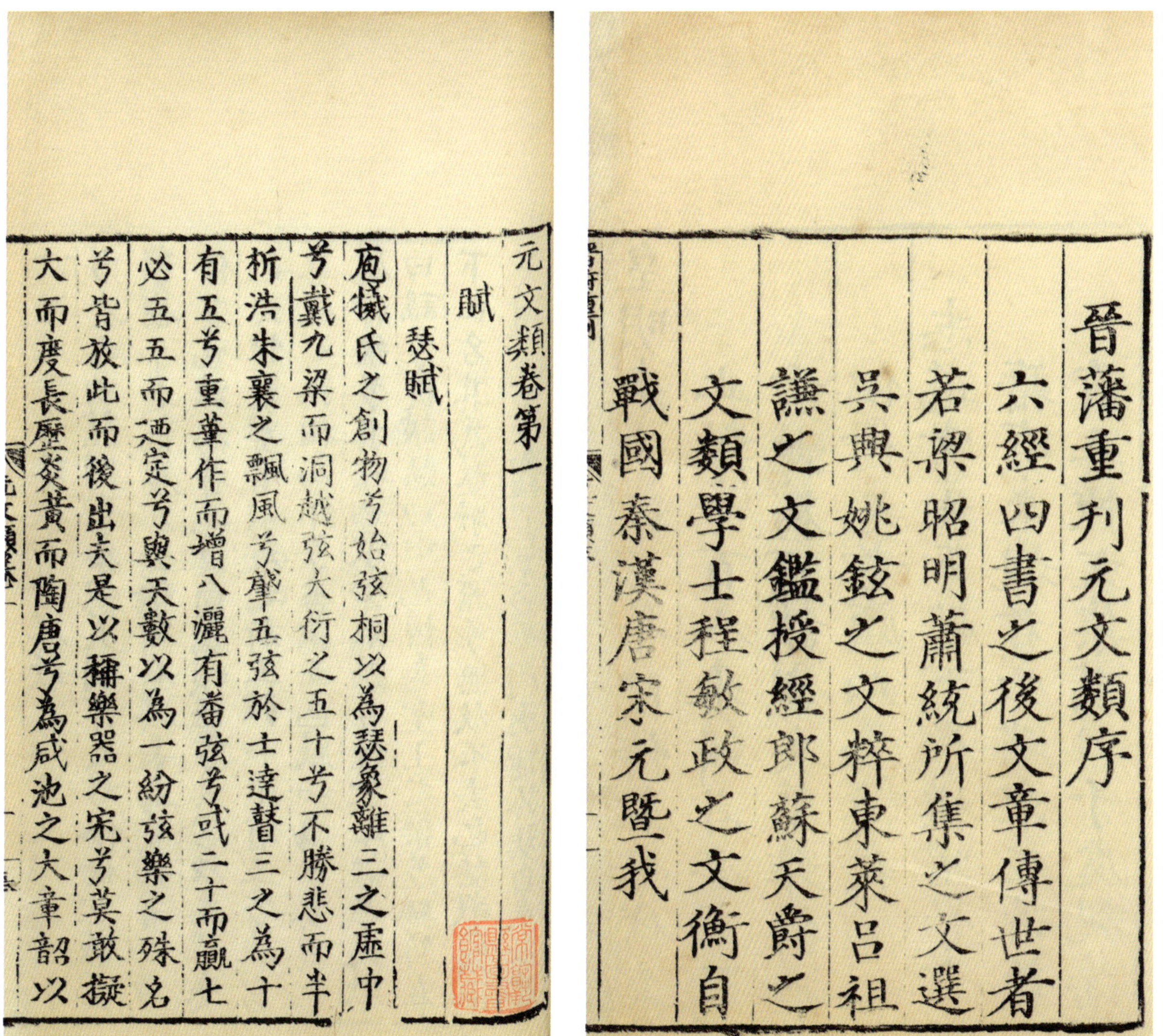

晉藩重刊元文類序

六經四書之後文章傳世者若梁昭明蕭統所集之文選呉興姚鉉之文粹東莱呂祖謙之文鑑授經郎蘇天爵之文類學士程敏政之文衡自戰國秦漢唐宋元曁我

元文類卷第一

賦

瑟賦

庖犧氏之創物兮始弦桐以為瑟象離三之虛中兮戴九梁而洞越弦大衍之五十兮不勝悲而半析浩朱襄之飄風兮肇五弦於士達替三之為十有五兮重華作而增八灑有番弦兮或二十而贏七必五五而迺定兮與天數以為一紛弦樂之殊名兮背放此而後出夫是以稱樂器之宗兮莫敢擬大而度長歷炎黃而陶唐兮為咸池之大章韶以

蘇天爵，字伯修，河北真定（今正定）人。曾官從仕郎、大都路薊州判官、翰林國史院典籍官、江南行臺監察御史、吏部尚書、禮部尚書等。爲學博而知要，長於紀載。所著除《元文類》，又有《國朝名臣史略》等。

框高 20.5 厘米，寬 14.9 厘米。半葉十行，行十九字，白口，上單黑魚尾，四周單邊。版心魚尾下鎸書名及卷次，再下録葉次，再下有刻工姓氏：奉、葉、江、耿、名等；部分書葉魚尾上有「晋府重刊」字樣。

正文前有《晋藩重刊元文類序》，末署「嘉靖丁酉春二月之吉，誥授奉政大夫階加正四品服色」；次接《元文類序》，末署「元統二年夏四月戊午朔，文林郎、江南諸道行御史臺監察御史南鄭王理序」；次接《元文類序》，末署「元統二年五月五日，將仕佐郎國子助教陳旅序」；次接目録上、中、下三卷。陳序述是集編纂緣由甚詳，云：「蘇天爵伯修……以爲秦、漢、魏、晋之文則收於《文選》，唐、宋之文則載於《文粹》《文鑑》，國家文章之盛，不采而彙之，將遂散軼沉泯，赫然休光，弗耀於將來，非當務之大闕者歟？乃蒐摭國初至今名人所作，若歌、詩、賦、頌、銘、贊、序、記、奏議、雜著、初說、議論、銘志、碑傳，皆類而聚之，積二十年，凡得若干首，爲七十卷，名曰《國朝文類》，百年文物之英盡在是矣。」

正文選録元代詩文，所收自元初，迄於延祐，依類編次，凡七十卷，卷一賦、騷，卷二樂章、四言詩，卷三五言古詩，卷四樂府歌行，卷五七言古詩、雜言、雜體，卷六五言律詩、七言律詩，卷七七言律詩，卷八五言絶句、七言絶句，卷九詔赦，卷十册文，卷十一、卷十二制，卷十三至卷十五奏議，卷十六表，卷十七表、牋、箴、銘，卷十八頌、贊，卷十九至卷二十六碑文，卷二十七至卷三十一記，卷三十二至卷三十六序，卷三十七書，卷三十八説、題跋，卷三十九題跋，卷四十至卷四十五雜著，卷四十六策問，卷四十七策問、啓、上梁文，卷四十八祝文、祭文、哀辭、謚議，卷四十九、卷五十行狀，卷五十一至卷五十四墓志銘，卷五十五墓碣，卷五十六墓表，卷五十七至卷六十八神道碑，卷六十九、卷七十傳。正文後有跋，末署「元統三年三月三日，太原王守誠書」。

綫裝，十六册，登録號 013238。鈐「常熟/縣圖書/館藏」朱方印。

013271　徂徠石先生全集二十卷

（宋）石介撰　清康熙五十五年（1716）錫慶堂刻本

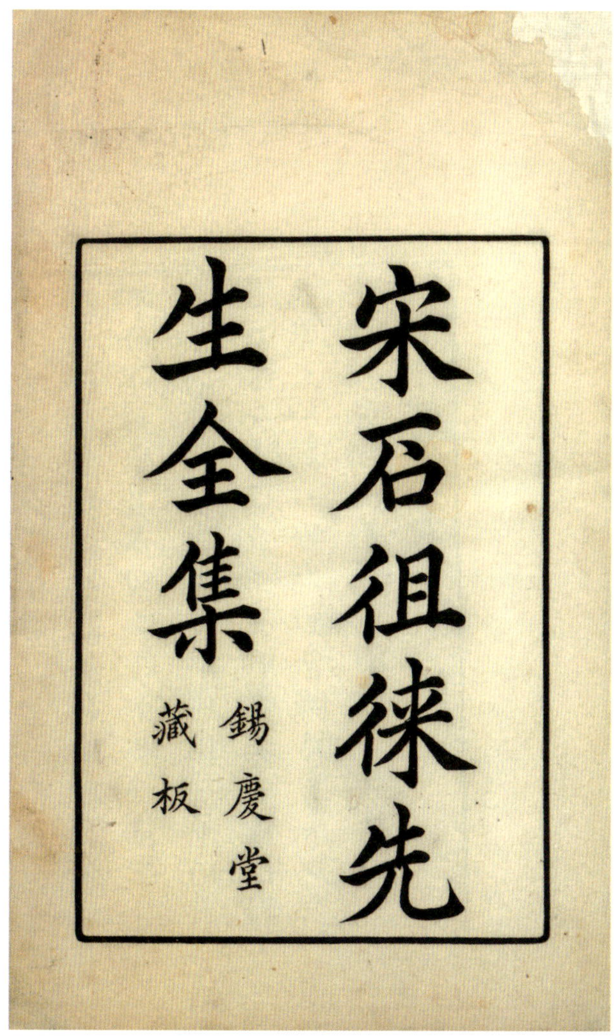
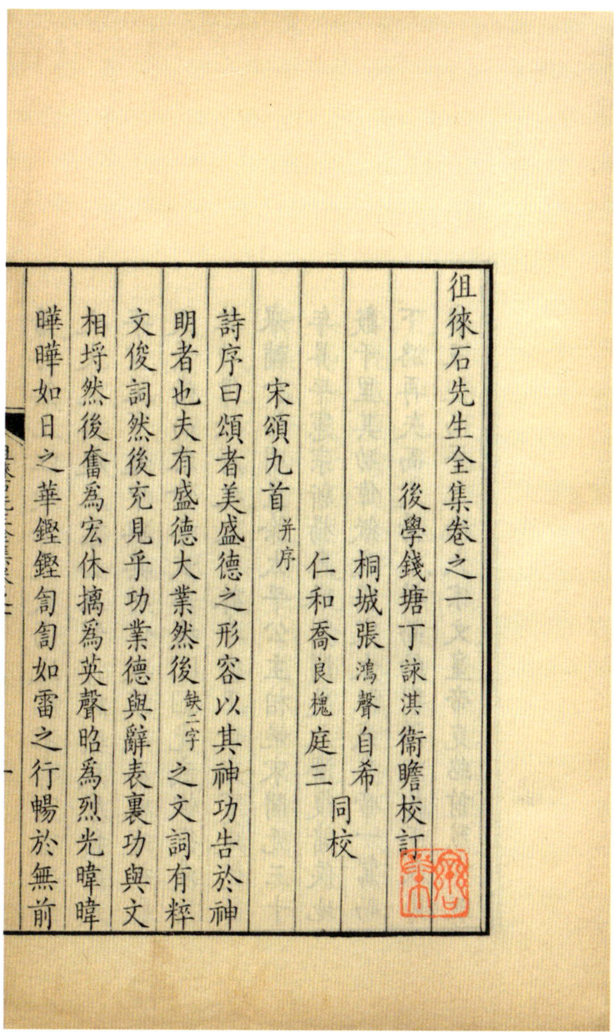

石介（1005—1045），字守道，山東兖州奉符（今泰安）人。宋天聖八年（1030）進士。歷官嘉州判官、國子監直講、直集賢院。曾躬耕於徂徠山下，學者稱爲徂徠先生。

有書名葉，内容爲「宋石徂徠先生全集／錫慶堂藏板」。卷一、卷二、卷四、卷五、卷九、卷十、卷十四至卷十七署「後學錢塘丁咏淇衛瞻校訂，桐城張洪聲自希、仁和喬良槐庭三同校」；卷三、卷六、卷八署「後學錢塘丁咏淇衛瞻校訂，桐城張洪聲自希、錢塘江德戊季魏同校」；卷七署「後學錢塘丁咏淇衛瞻校訂，仁和潘朝瑞方毅、仁和喬良槐庭三同校」；卷十一至十三、卷十八至卷二十署「後學錢塘丁咏淇衛瞻校訂，桐城張洪聲自希、錢塘江德戊季魏、仁和喬良槐庭三同校」。

框高 18.8 厘米，寬 13.9 厘米。半葉十行，行十九字，白口，上單黑魚尾，左右雙邊。版心中鎸書名及卷次，下記葉次。

正文前有《刻徂徠先生全集序》，末署「康熙五十五年歲次丙申孟夏之吉，奉直大夫知泰安州事加三級燕山鍵秉臣氏頓首拜撰」；次接《宋史》本傳；次接總目。正文凡二十卷，各卷之前皆有分卷目次，卷一頌，卷二至卷四詩，卷五至卷九雜著，卷十、卷十一論，卷十二至十七書，卷十八序，卷十九記，卷二十啓、表、文；後附録歐陽文忠公《徂徠先生墓志銘》《讀徂徠集》《重讀徂徠集》三篇及《雜録》四條。正文後有跋，末署「康熙五十六年歲次丁酉孟夏之吉，錢塘後學丁咏淇謹跋」。

綫裝，四册，登録號 013271。鈐「雲山／得意／樓」朱方印、「常熟／縣圖書／館藏」朱方印等。

013437　清容外集十二種

（清）蔣士銓撰　清乾隆紅雪樓刻本

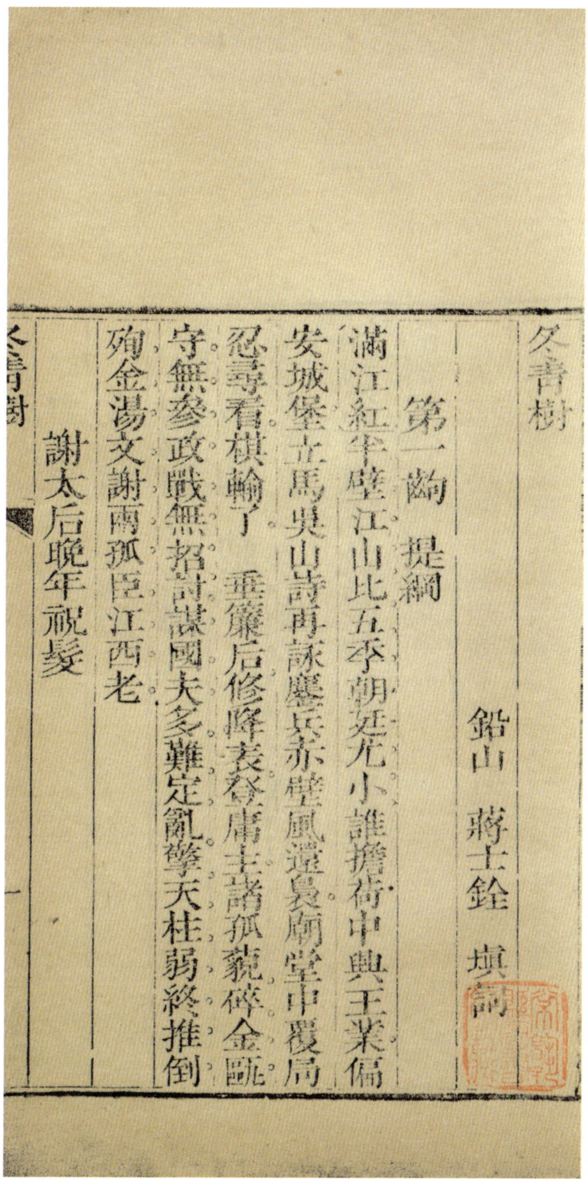

蔣士銓（1725—1785），字心餘，一字苕生，號清容居士，又號藏園，江西鉛山人，其先爲錢氏，自長興遷鉛山，始姓蔣。清乾隆二十二年（1757）進士。官翰林院編修。

是帙合《冬青樹》等十二種。各集皆有書名葉，如《采樵圖》內容爲「清容外集／采樵圖／紅雪樓藏板」。

各集框高、寬不一。半葉九行，行二十二字，小字單行同，白口，上單黑魚尾；除《冬青樹》書葉四周雙邊外，餘皆四周單邊。版心上鐫各書書名，中鋟卷次，下記葉次。

《冬青樹》二卷，題「鉛山蔣士銓填詞」。正文前有序，末署「乾隆辛丑中秋後二日丁亥，吴郡張塤石公序」；次接目録；次接自序，末署「辛丑八月離垢居士書」。正文凡三十八齣，卷上提綱、勤王、畫壁、留營、寫像、急遁、納欵、辭功、賣卜、發陵、收骨、局逃、得朋、疑逐、題驛、航海、私葬、夢報、開府，卷下轉戰、厓山、和驛、生祭、抗節、守正、小樓、浩歌、神迓、柴市、卻聘、遇婢、餓殉、碎琴、野哭、歸櫬、庵祭、西臺、勘獄。

《廬山會傳奇》不分卷，署「鉛山蔣士銓清容填詞，新安江春鶴亭正譜，維揚羅聘兩峰校閱」。

《采樵圖傳奇》不分卷，署「鉛山蔣士銓清容填詞，新安江春鶴亭正譜，維揚羅聘兩峰校閱」。正文前有《采樵圖傳奇自序》，末署「辛丑中秋日離垢居士書」；次接目録。正文十二齣，分别爲出閣、復衛、題畫、聽歌、召客、雙殉、誓師、密訪、禽叛、勒銘、私葬、學道。

《四弦秋》（一名《青衫淚》）不分卷，署「鶴亭居士正拍，清容主人填詞，夢樓居士題評」。正文前有三序，各署「乾隆癸巳六月中浣，東皋弟張景宗拜題於萸灣舟中」「鉛山蔣士銓清容氏書」「秋聲館主人鶴亭江春識」；次接《題詞》；次接目録；次接《詩餘》。正文凡四齣，第一齣茶別，第二齣改官，第三齣秋夢，第四齣送客。

《采石磯傳奇》不分卷，題「鉛山蔣士銓清容填詞，新安江春鶴亭正譜，維揚羅聘兩峰校閲」。正文前有《采石磯傳奇自序》，末署「辛丑重九日，清容居士書」；次接目録。正文凡八齣，第一齣市逅，第二齣仙聚，第三齣醉吟，第四齣宫妬，第五齣戍邊，第六處村□，第七齣捉月，第八齣祭塚。

《一片石》不分卷，題「華亭王興吾宗之評定，鉛山蔣士銓清容填詞，真州吴承緒芬餘正譜」。正文前有《一片石自序》，末署「穀雨日鉛山蔣士銓苕生自識」；次接《題詞》；次接《墓圖》《題墓圖詩》及《墓碑記》；無目次。正文共四齣，第一齣夢樓，第二齣訪墓，第三齣祭碑，第四齣宴閣。

《第二碑》（又名《後一片石》）不分卷，題「見亭外史正譜，藏園居士填詞，蒼厓老人評校」。正文前有三序，各署「丙申涂月上浣，上谷王均渠平氏書於古江州之庾樓」、「漢陽阮龍光拜題於洪都官署溪齋」、「藏園居士蔣士銓書」；次接《題詞》；次接目録。正文凡六齣，第一齣賡韵，第二齣留香，第三齣上塚，第四齣尋詩，第五齣題坊，第六齣書表。

《雪中人》不分卷，題「泰安李士珠寶岩正譜，鉛山蔣士銓清容填詞，秀水錢世錫百泉評點」。正文前有清容居士《雪中人填詞自序》；次接《鐵丐傳》；次接目録。正文凡十六齣，第一齣弄香，第二齣眠雪，第三齣角酒，第四齣占茶，第五齣聯獅，第六齣放鶴，第七齣請纓，第八齣飛緪，第九齣掛弓，第十齣傳檄，第十一齣脱網，第十二齣營巢，第十三齣賞石，第十四齣移雲，第十五齣花交，第十六齣蝶聚。

《香祖樓》（一名《轉情闗》）二卷，題「天都兩峰外史評文，鵝湖藏園居士填詞，新城種木山人訂譜」。正文前有《自序》，末署「乾隆甲午寒食日、藏園居士自書」；次接《論文一則》，末署「前身花之寺僧兩峰山人羅聘書」；次接《題詞》。正文後有《後序》，末署「乾隆甲午九秋種木居士陳守詒題撰」。

正文分上、下卷，凡三十二齣，卷上轉情、蘭茵、蚓配、蟻封、蘭苑、釋蚓、憐蘭、發虞、稼蘭、録功、殤芰、蚓悔、蘭啼、烏陣、緣終、恨始，卷下守情、哭束、移蘭、撻蚓、投賊、劫商、射蟻、懷驛、窺營、獻馘、訪葉、殉情、埋蚓、緘恨、樓圓、情轉。

《空谷香傳奇》二卷，題「鉛山蔣中子士銓填詞，武康高東井文照題評」。正文前有《空谷香傳奇自序》，末署「小雪日濟寧舟次鉛山倦客自序」；次接《序》，末署「辛卯二月，燕臺張三禮椿山氏書」；次接《題詞》；次接目録。正文分上、下卷，凡三十齣，卷上香生、賢餞、閨愁、絲引、利遷、諢樓、飲刃、移官、誓佛、辭幕、哄棧、店縊、買棹、護蘭、殺艙，卷下懷香、勸訟、虎穽、旅婚、散疫、佛醫、聚賢、報選、心夢、麟祥、病俠、佛召、香銷、賓輓、香圓。

《臨川夢》二卷，題「長白明新春岩正譜，鉛山蔣士銓定甫填詞，秀水錢世錫百泉評校」。正文前有《臨川夢自序》，末署「甲午上巳，鉛山蔣士銓書於芳潤堂」；次接《玉茗先生傳》；次接湯顯祖《論輔臣科臣疏（萬曆十九年）》；次接目録。正文分上、下卷，卷上拒弋、隱奸、譜夢、想夢、改夢、星變、抗疏、哱叛、送尉、殉夢，卷下宦成、遣跛、續夢、寄曲、訪夢、集夢、花慶、説夢、了夢。

《桂林霜》（一名《賜衣記》）二卷，題「大興張三禮椿山評文，鉛山蔣士銓清容填詞，鳳翔楊迎鶴誦軒正譜」。正文前有序，末署「乾隆辛卯九秋，燕臺張三禮書於越州郡齋」；次接《桂林霜傳奇自序》，末署「乾隆辛卯仲夏鉛山蔣士銓書於蕺山之館」；次接《題詞》；次接目録；次接《馬文毅公傳》。正文分上、下卷，凡二十四齣，卷上家祭、粵氛、出撫、幕議、平寇、閨誡、叛噬、告變、脅降、遣遁、投轅、再遣，卷下幽禁、釋帖、誅叛、移帳、完忠、列殉、客竄、私葬、議衈、歸骸、立祠、靈合。

綫裝，十册，登録號 013437。鈐「常熟/縣圖書/館藏」朱方印。

013456　虞邑幽光補集二卷外集三卷附集五卷附二卷後集一卷續集一卷

（清）楊希澯輯　清刻本

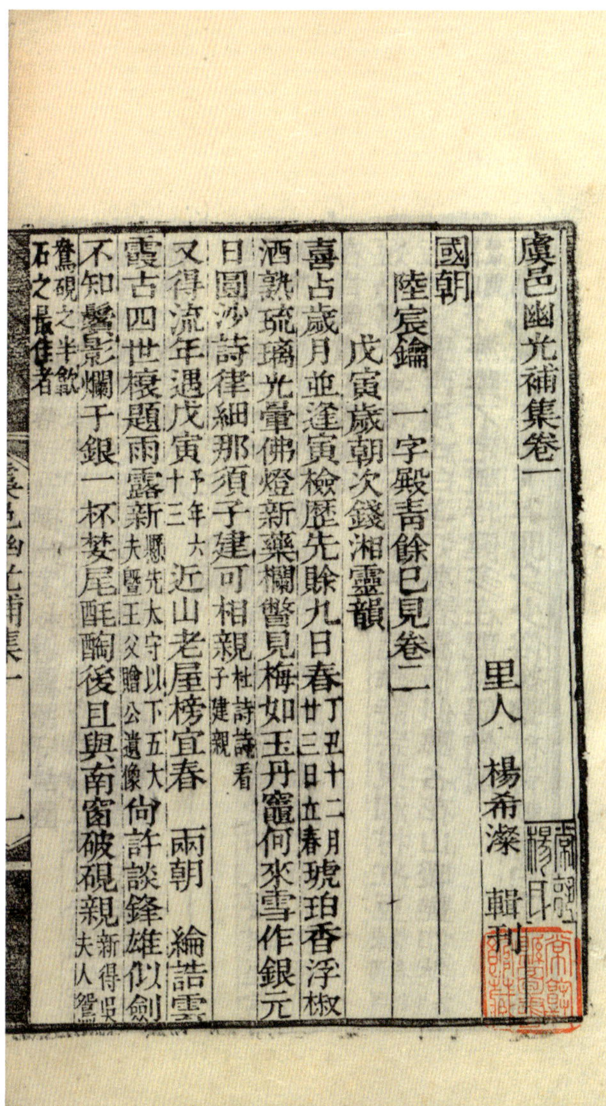

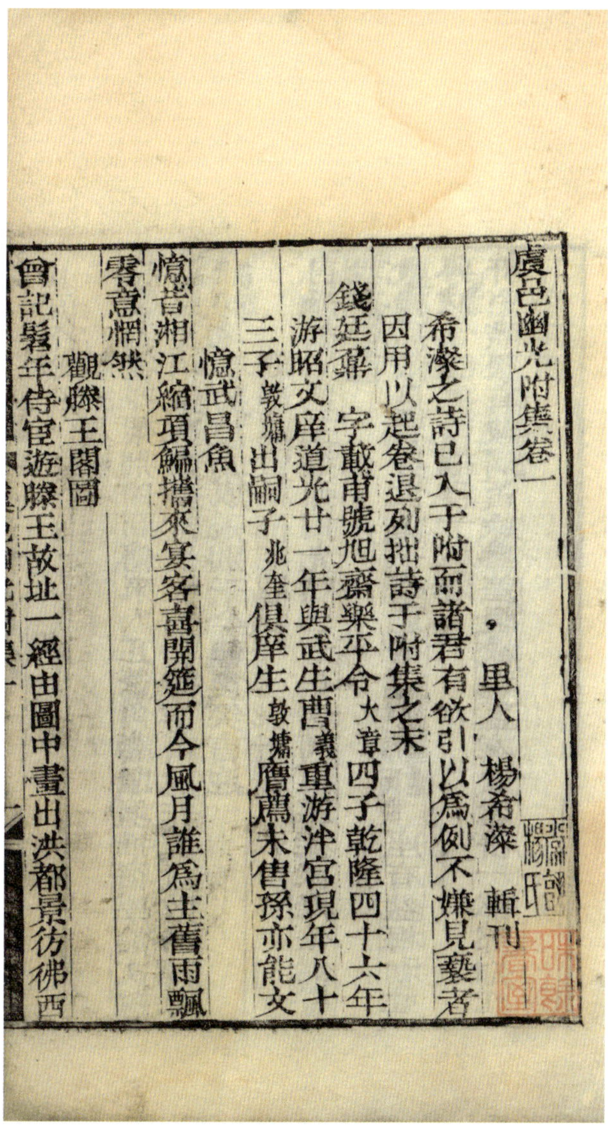

楊希澯生平事迹見前《虞邑幽光集》（011244）。

卷端署「里人楊希澯輯刊」。

框高18.2厘米，寬13.5厘米。半葉十二行，行二十四字，小字雙行同，大黑口，雙魚尾，左右雙邊。版心中鎸書名及卷次，下記葉次。

是帙合《虞邑幽光補集》《虞邑幽光外集》《虞邑幽光附集》《虞邑幽光集附》《虞邑幽光後集》《虞邑幽光續集》六種。

《虞邑幽光補集》二卷，正文前有目録；卷一詩一百零十、詞四，卷二詩五十三；卷末鎸「道光廿二年刻」。《虞邑幽光外集》三卷，正文前有目録；卷一詩一百零十，卷二詩九十五、詞一，卷三詩二十三、詞二；卷一正文前有題識，云「呈學憲後又刻三年，終以未滿千人爲歉，因廣前例收刻顯著之人無刻本者」；卷末鎸「道光廿二年刻」。《虞邑幽光附集》五卷，正文前有目録；卷一詩一百二十六，卷二詩七十八、詞一，卷三詩二百十八，卷四詩四十六，卷五詩數量不詳；卷一正文前有題識，云「希澯之詩已入於《附》而諸君有欲以引爲例不嫌見褻者，因用以起卷退列拙詩於《附集》之末」；卷末鎸「此卷除兩時外俱龔純甫所貽，時君助紙料，徐平兩君助刻資。道光廿一年刻」。《虞邑幽光集附》二卷，係作者楊希澯詩集；上卷末鎸「同里黄廷鑑、魏廷燮、單學傅、許榮曾、陸兆驤、龔緒熙、楊景星、楊希銓訂正」。《虞邑幽光後集》一卷，題「里人楊英類稷」，正文前有目次；正文卷首有題識，云「家嚴所輯虞邑《幽光集》外其有事迹不可就湮及斷句可存者，兹仿前例録爲《後集》」；卷末有清道光十一年（1831）楊希澯題識。《虞邑幽光續集》一卷，正文前有目録，有楊希澯題識，云「此集本次兒英類所輯，英類歿後，再增入之」。

綫裝，六册，登録號013456。鈐「味餘/書室」朱方印、「謝熊/字滄/照印」朱方印、「文情世裔/南史家聲」朱長印、「常熟/縣圖書/館藏」朱方印等。

013519　老梅山房一卷後圃詩草一卷南濱吟草一卷

（清）釋清壁等撰　清乾隆三十一年（1766）刻本

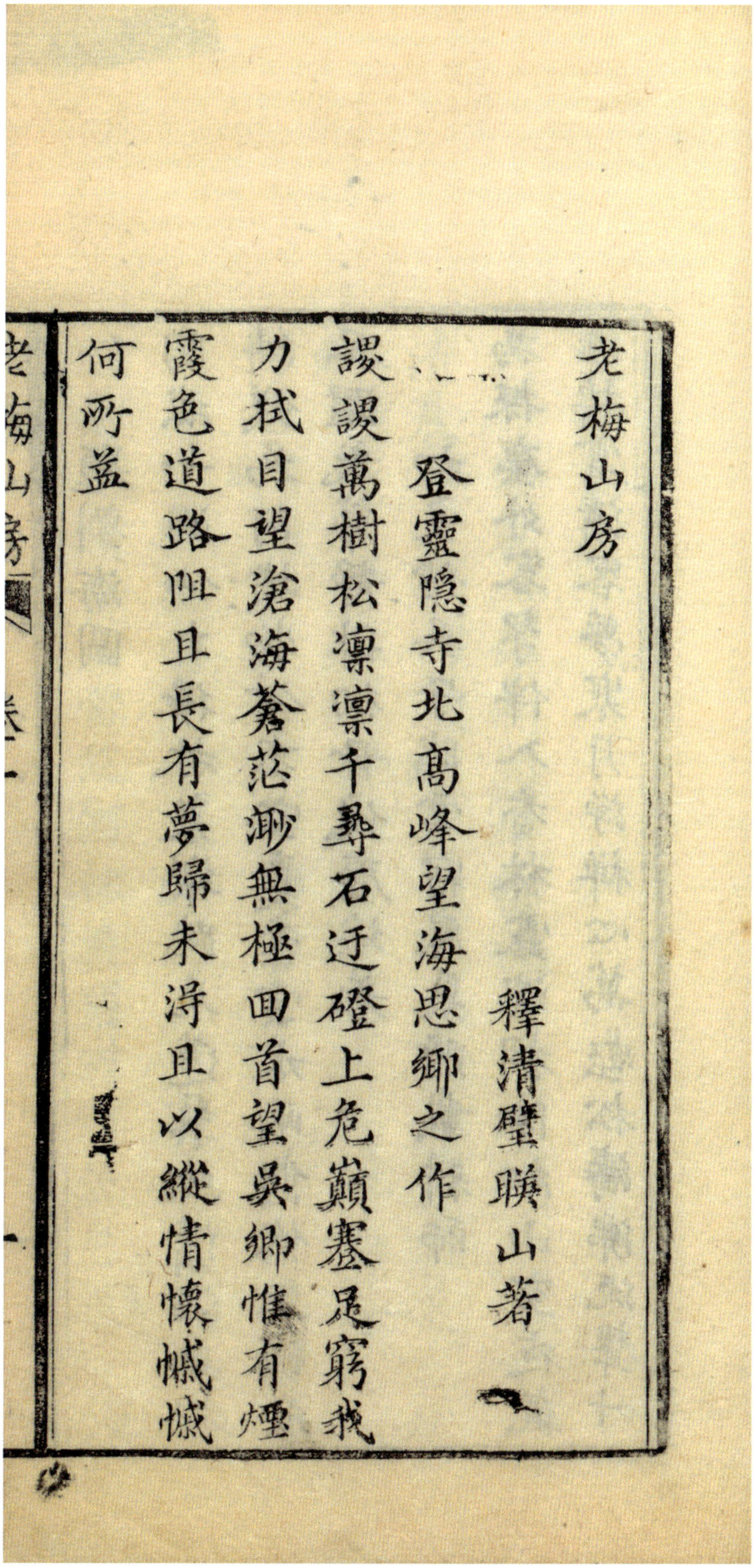
老梅山房　　釋清壁睒山著

登靈隱寺北高峰望海思鄉之作

謖謖萬樹松凜凜千尋石迂磴上危巔搴足窮我力拭目望滄海蒼茫渺無極回首望吳鄉惟有煙霞色道路阻且長有夢歸未得且以縱情懷慽慽何所益

釋清璧，字映山。韓世琦，字錦堂。陳元鈞，字果園。周秉鑑，字顯光。後三家皆蘇州甫里（今用直）人。

框高18.2厘米，寬11厘米。半葉七行，行十九字，白口，上單黑魚尾，左右雙邊。版心上鎸集名，中録卷次，下記葉次。

《老梅山房》一卷，卷端署「釋清璧映山著」。正文前有《老梅山房詩序》，末署「乾隆三十一年暢月中浣，嘉定髮弟朱綿生鳴初氏拜書於甫里分署」。正文收詩二十六首。《後圃詩草》一卷，署「甫里韓世琦錦堂著」，收詩十九首；《南濱吟草》一卷，署「甫里陳元鈞果園」撰，收詩十七首；《易安詩草》一卷，題「甫里周秉鑑顯光著」，收詩二十八首。

綫裝，一册，登録號013519。

013744　容安齋詩集八卷

（清）汪應銓撰　清乾隆盧見曾刻民國瞿啓甲鐵琴銅劍樓修補本

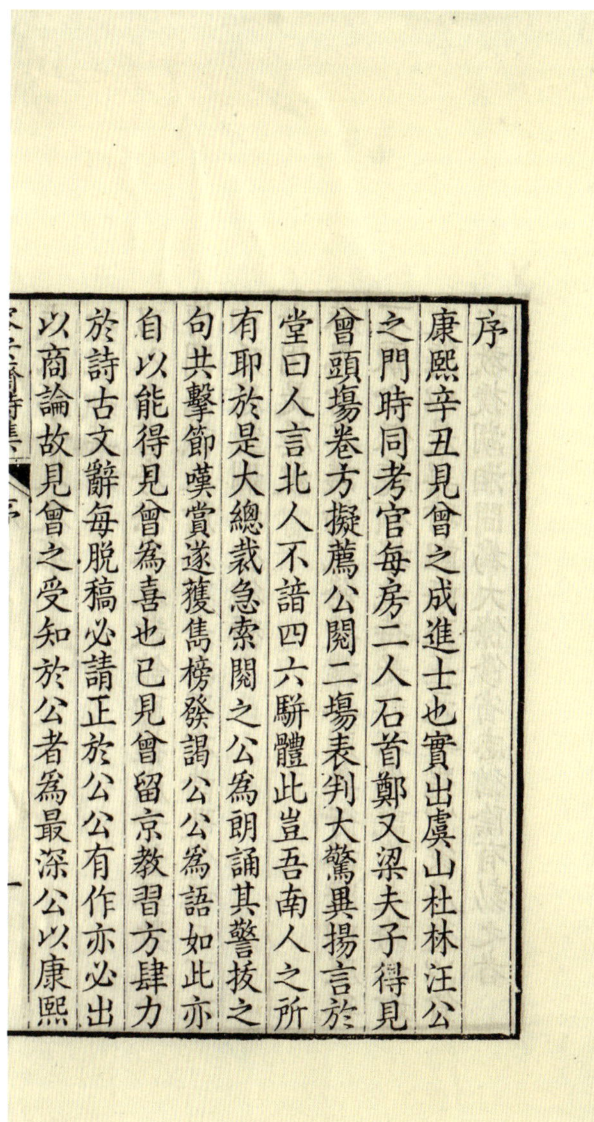

序

康熙辛丑見曾之成進士也實出虞山杜林汪公之門時同考官每房二人石首鄭又梁夫子得見曾頭場卷方擬薦公閱二場表判大驚異揚言於堂曰人言北人不諳四六駢體此豈吾南人之所有耶於是大總裁急索閱之公爲朗誦其警拔之句共擊節嘆賞遂獲雋榜發謁公公爲語如此亦自以能得見曾爲喜也已見曾留京教習方肆力於詩古文辭每脱稿必請正於公公有作亦必出以商論故見曾之受知於公者爲最深公以康熙

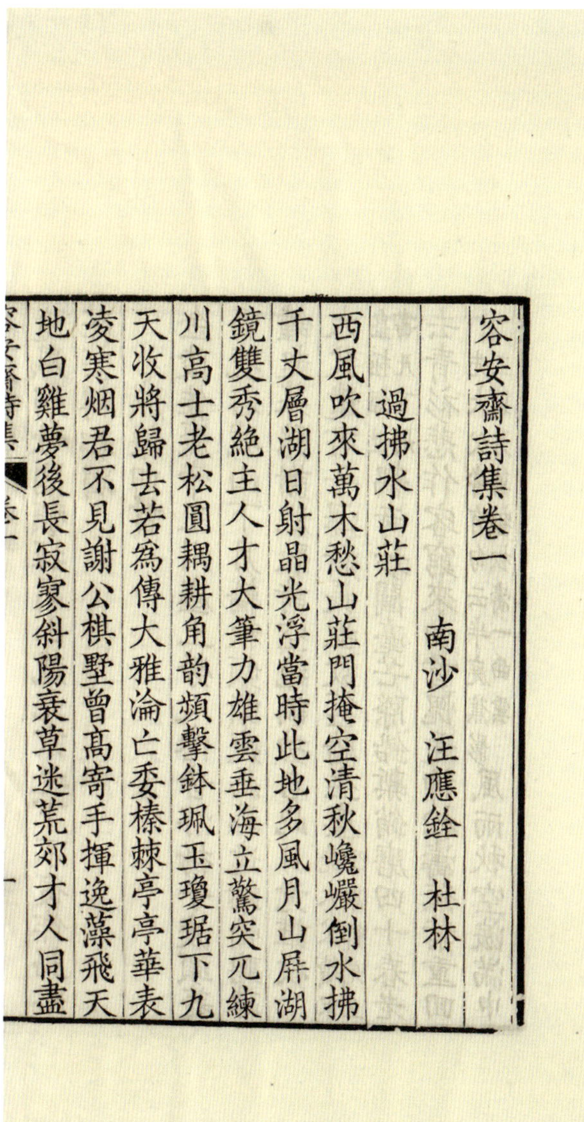

容安齋詩集卷一

南沙　汪應銓　杜林

過拂水山莊

西風吹來萬木愁山莊門掩空清秋巉巗倒水拂千丈層湖日射晶光浮當時此地多風月山屏湖鏡雙秀絶主人才大筆力雄雲垂海立驚突兀練川高士老松圓耦耕角韵頻擊鉢珮玉瓊琚下九天收將歸去若爲傳大雅淪亡委榛棘亭亭華表凌寒烟君不見謝公棋墅曾高寄手揮逸藻飛天地白雞夢後長寂寥斜陽衰草迷荒郊才人同盡

汪應銓生平事迹見前《容安齋詩集》（010694）。

卷端署「南沙汪應銓杜林」撰。

框高 18.7 厘米，寬 13.9 厘米。半葉十行，行十九字，小字雙行同，白口，上單黑魚尾，左右雙邊。版心上鐫書名，中記卷次，下記葉次。有牌記，内容爲「鐵琴銅劍樓藏板」。

正文前有序，末署「乾隆乙亥冬德州受業盧見曾謹撰」；次接目録，題「受業盧見曾編」。正文分八卷。盧序稱其「近體詩聲情高朗，音調諧暢，品格似大歷諸子；古風則入白蘇之室」。

綫裝，二册，登録號 013744。

014295　鳳凰山錢陸靖存梅氏遺稿詩不分卷

（清）錢陸靖撰　民國八年（1919）常熟繆氏承古堂活字本

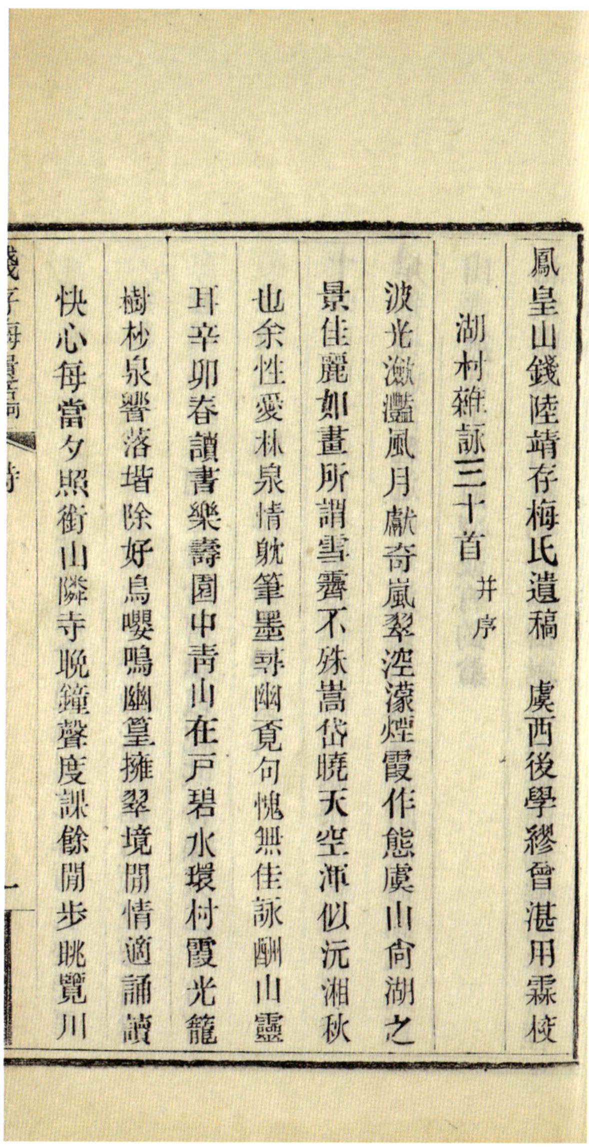

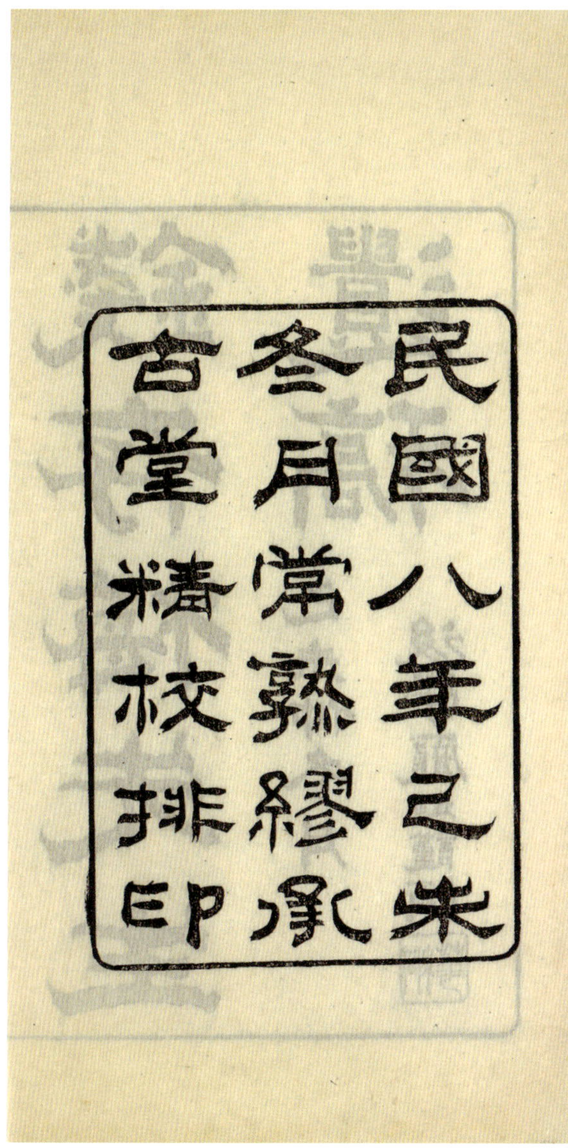

錢陸靖，字存梅，生平事迹不詳。

有書名葉，中間大字題書名「錢存梅先生遺稿」，左下小字署「己未仲冬月／後學龐超謹題」；有牌記，内容爲「民國八年己未／冬月常熟繆承／古堂精校排印」。

卷端題「虞西後學繆曾湛用霖校」。

框高18.6厘米，寬13.1厘米。半葉八行，行二十二字，下黑口，上單黑魚尾，上下雙邊。版心上鎸書名「錢存梅遺稿」，中鎸「詩」，下記葉次。

正文前有《原序》，署「歲在元默執徐重九前一日，錢陸靖書於樂壽園之南軒」；次接《鳳皇山錢陸靖存梅氏遺稿詩目》。正文不分卷，收錢陸靖《珠川鏡雲集》《秋香攬勝集》《南園夢華集》《西田酬和集》。

綫裝，一册，登録號014295。

014361　舒梓溪先生集十卷（存八卷）

（明）舒芬撰　明嘉靖三十二年（1553）萬虞愷等刻本

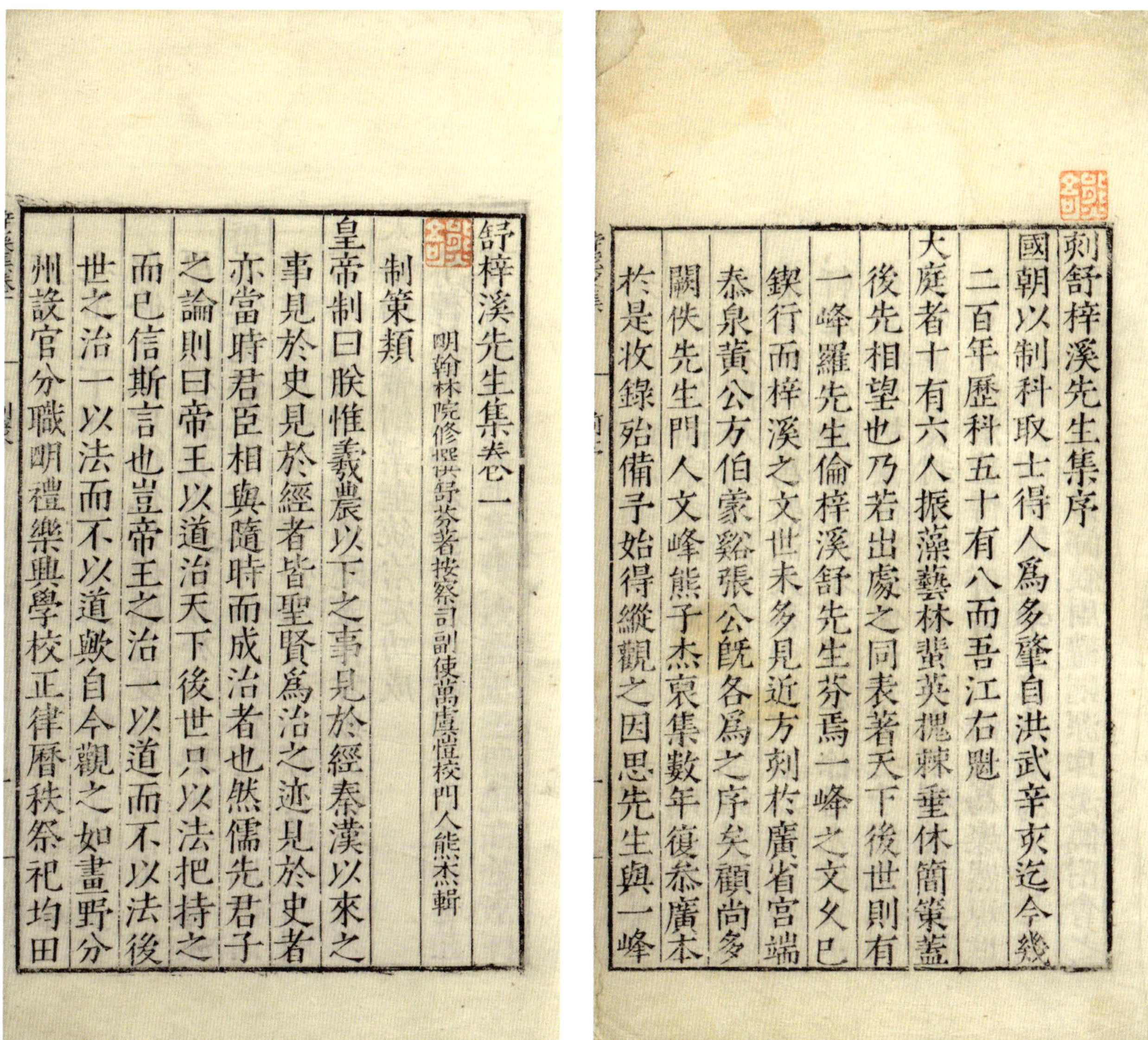
刻舒梓溪先生集序
國朝以制科取士得人爲多肇自洪武辛亥迄今幾
二百年歷科五十有八而吾江右魁
天庭者十有六人振藻藝林蜚英摛棘垂休簡策蓋
後先相望也乃若出處之同表著天下後世則有
一峰羅先生倫梓溪舒先生芬焉一峰之文久已
鍥行而梓溪之文世未多見近方刻於廣省宮端
泰泉黃公方伯蒙谿張公旣各爲之序矣顧尚多
闕佚先生門人文峰熊子杰哀集數年復恭廣本
於是收錄殆備予始得縱觀之因思先生與一峰

舒梓溪先生集卷之一
明翰林院修撰舒芬著　按察司副使萬虞愷校　門人熊杰輯
制策類
皇帝制曰朕惟羲農以下之事見於經秦漢以來之
事見於史見於經者皆聖賢爲治之迹見於史者
亦當時君臣相與隨時而成治者也然儒先君子
之論則曰帝王以道治天下後世只以法把持之
而已信斯言也豈帝王之治一以道而不以法後
世之治一以法而不以道歟自今觀之如畫野分
州設官分職明禮樂興學校正律曆秩祭祀均田

舒芬（1484—1527），字國裳，號梓溪，南昌進賢人。明正德間進士，授翰林修撰。後任福建市舶副提舉。

框高 18.8 厘米，寬 13.2 厘米。半葉十行，行二十字，四周單邊，白口。版心上鐫「梓溪集」及卷次，版心中間上方録類目，下記葉次。

正文前有明嘉靖三十二年（1553）癸丑春二月《刻舒梓溪先生集序》，署「賜同進士出身、中順大夫、福建按察司副使、前文林郎、南京兵科給事中、南昌萬虞愷」，次接嘉靖三十年（1551）孟夏朔日《梓溪文集序》，署「前進士史館友末海隅黄佐」，再接嘉靖三十年夏五月《梓溪文集序》，署「賜進士出身、正奉大夫、廣東布政司左布政使、前奉敕提督學校、浙江按察司副使、翰林院庶起士、郡人張鏊」，再接熊傑《舒梓溪先生傳》。有目次。正文原爲十卷，今藏本止存卷一至八，卷一制策，卷二表奏類，卷三、卷四、卷五序類，卷六記類，卷七志銘、表、書、傳、贊、論，卷八祭文、銘、箴、説、詞、跋，卷九賦、詩（五言古選）、五言律詩、五言絶句、七言長短古歌、七言律詩，卷十詩類、聯句、七言絶句。

綫裝，三册，登録號 014361。入選第三批《國家珍貴古籍名録》，名録號 09180。

014362 楊太真外傳二卷

（宋）樂史撰　明正德嘉靖間顧元慶刻《陽山顧氏文房小説》本

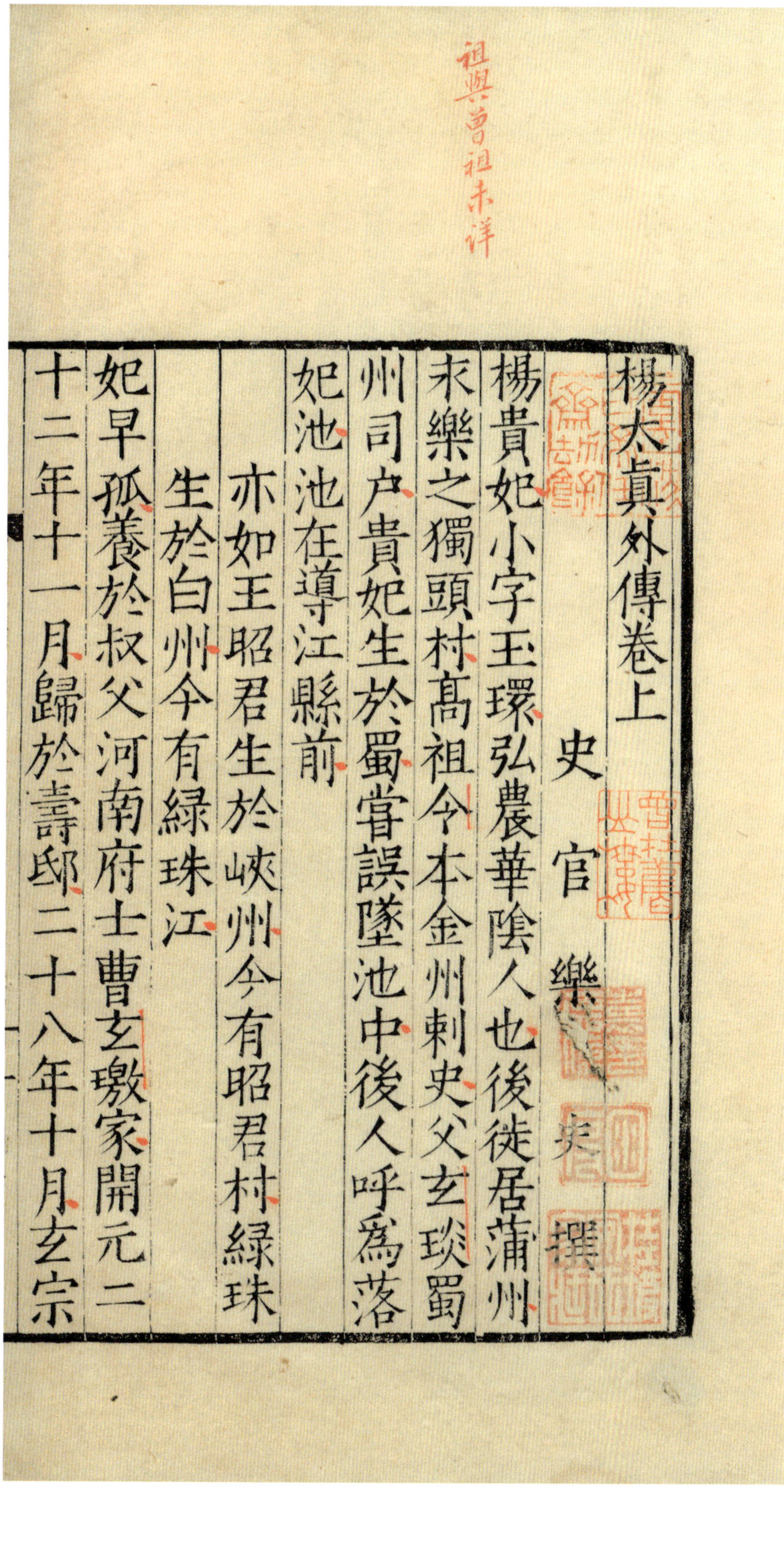

祖與曾祖未詳

楊太真外傳卷上

史官樂史撰

楊貴妃小字玉環弘農華陰人也後徙居蒲州永樂之獨頭村高祖令本金州刺史父玄琰蜀州司户貴妃生於蜀甞誤墜池中後人呼為落妃池池在導江縣前

亦如王昭君生於峽州今有昭君村緑珠生於白州今有緑珠江

妃早孤養於叔父河南府士曹玄璬家開元二十二年十一月歸於壽邸二十八年十月玄宗

樂史（930—1007），字子正，江西宜黄人。南唐時官秘書郎。入宋，太平興國五年（980）進士，後任三館編修、直史館著作郎等。

卷端署「史官樂史撰」。

框高17.9厘米，寬12.7厘米。半葉十行，行十八字，白口，上單黑魚尾，左右雙邊。版心中鎸書名及卷次，下記葉次。

正文分上下二卷。正文後有手書墨筆題識，「辛巳十月廿五日，坐某顛閣讀一過。非晉記」。

綫裝，一册，登録號014362。鈐「虞山沈／氏希任／齋劫餘」朱方印、「曾在／舊山樓」朱長印、「囦／度」白方印、「曾在／沈芳／圃家」朱方印、「巫印／連徵」白方印、「季節／子」白方印等。

014363　謀野乙集十卷

（明）王穉登撰　明萬曆十九年（1591）韓從亨刻本

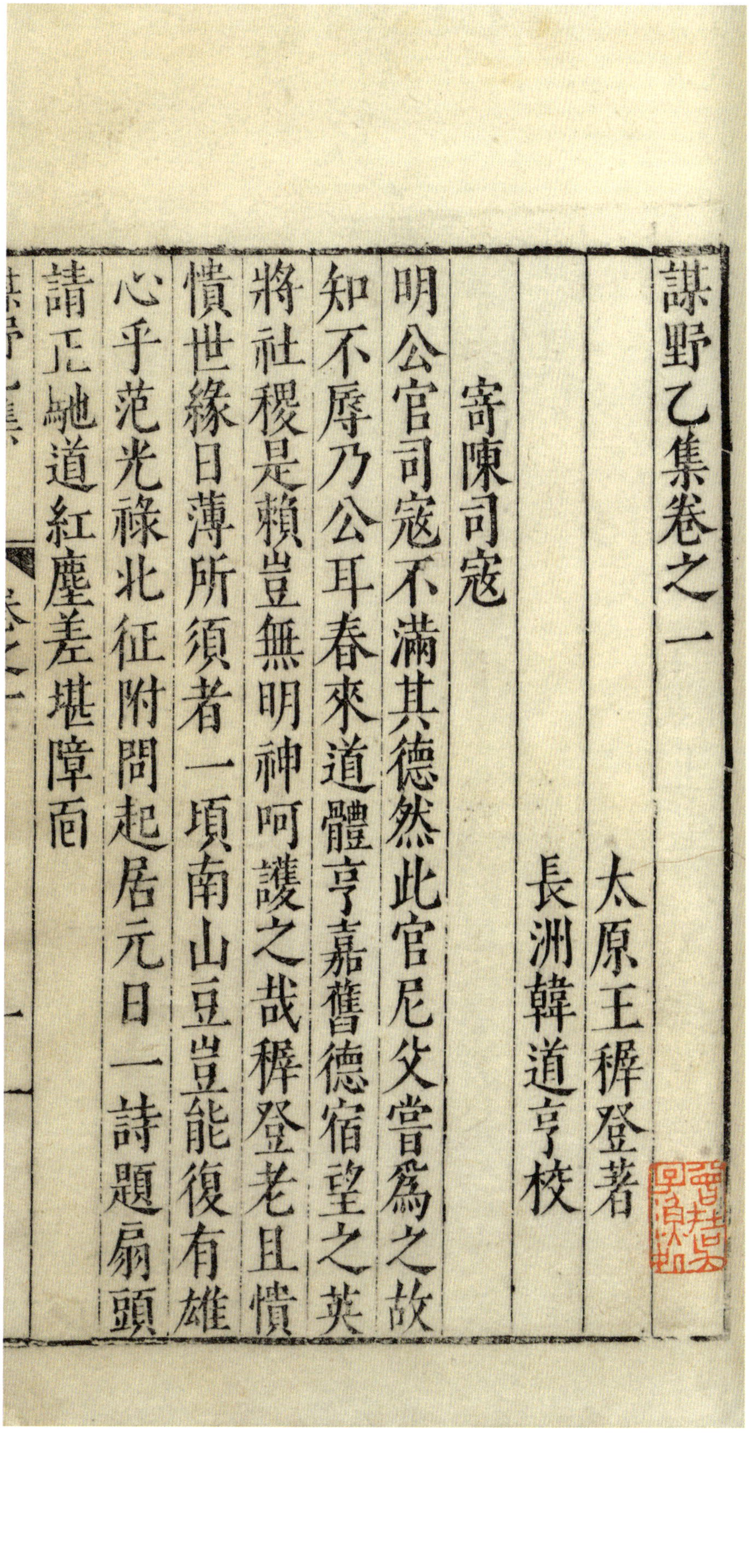

謀野乙集卷之一

太原王穉登著

長洲韓道亨校

寄陳司寇

明公官司寇不滿其德然此官尼父嘗爲之故知不辱乃公耳春來道體亨嘉舊德宿望之英將社稷是賴豈無明神呵護之哉穉登老且憒憒世緣日薄所須者一項南山豆豈能復有雄心乎范光祿北征附問起居元日一詩題扇頭請正馳道紅塵差堪障面

王穉登（1535—1612），字伯穀，籍貫太原，後遷居長洲。十歲能詩，名滿吴會。萬曆中徵修國史，未上而史局罷。

卷端署「太原王穉登著，長洲韓道亨校」。

框高 19.1 厘米，寬 13.3 厘米。半葉十行，行十八字，白口，上單黑魚尾，四周單邊。版心上鎸書名，中記卷數，下記葉次。

正文前有目録。正文分十卷，專收書信，卷一八十二篇，卷二七十九篇，卷三八十三篇，卷四八十三篇，卷五八十一篇，卷六八十七篇，卷七七十五篇，卷八八十篇，卷九六十九篇，卷十七十二篇。

綫裝，六册，登録號 014363。鈐「曾在吴/子漁處」朱長印、「紅蕤吟館/吴氏藏書」朱長印、「長州吴/慶咸/子斂氏/讀過」朱方印。

014364 破山興福寺古迹小芟草一卷禪機百物頌一卷萬籟齊音一卷

（清）釋宗安撰　清乾隆十七年（1752）刻本

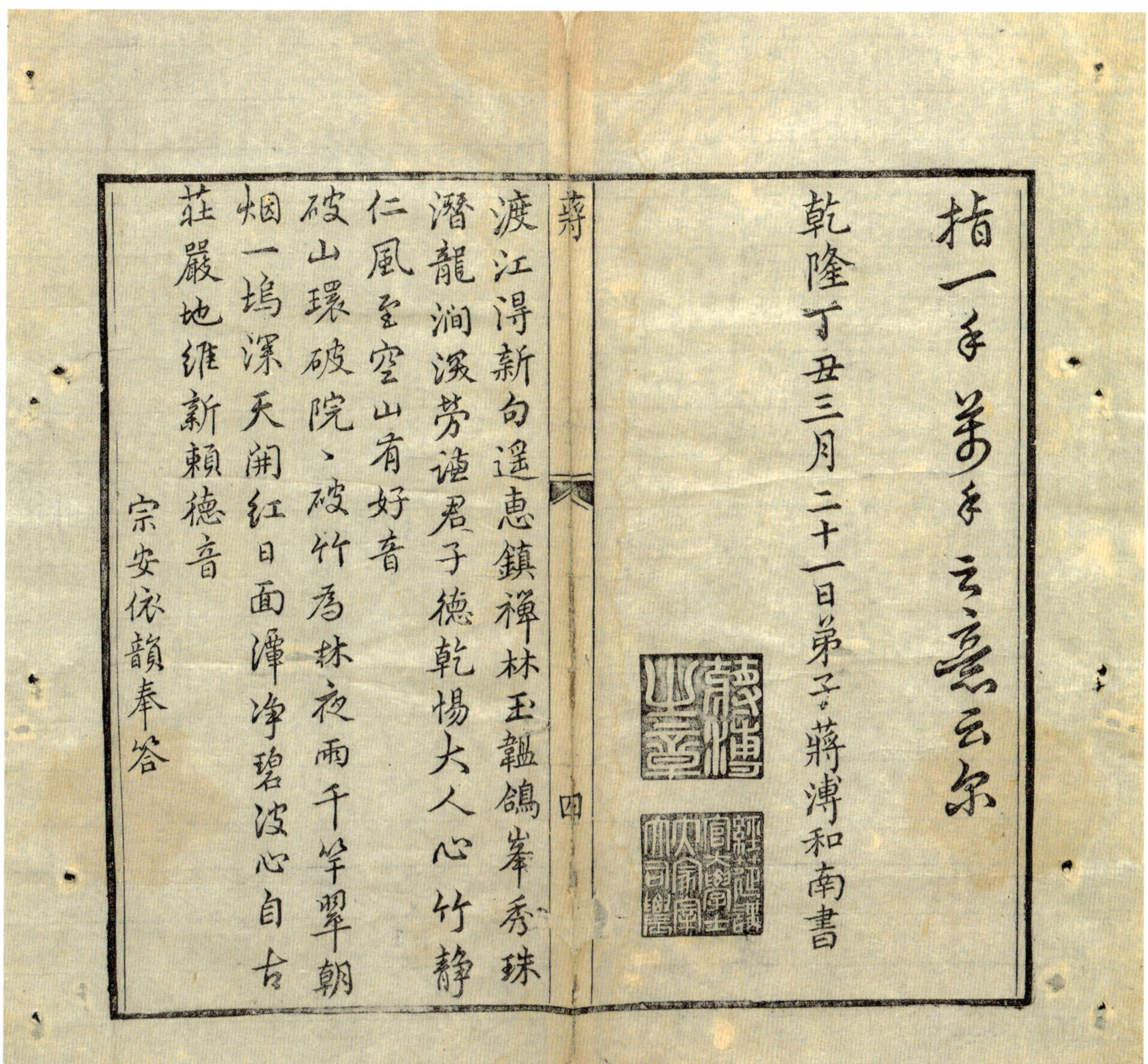
指一手萬手云意云尔
乾隆丁丑三月二十一日弟子蔣溥和南書

蔣　四

渡江淂新句遥惠鎮禪林玉毓鴿峯秀珠
潛龍澗溪劳謳君子德乾惕大人心竹静
仁風至空山有好音
破山環破院、破竹為林夜雨千竿翠朝
烟一塢深天開紅日面潭净碧波心自古
莊嚴地維新賴德音
宗安依韻奉答

釋宗安，字至善，號格庵，嘉定趙氏子，主破山十有五年。

是帙爲《破山興福寺古迹小芟草》一卷、《禪機百物頌》一卷、《萬籟齊音》一卷合刻。《破山興福寺古迹小芟草》，卷端署「住山沙門宗安格庵氏稿」；《萬籟齊音》，卷端署「破山宗安格庵氏隨筆」。

紙張版式不一，《破山興福寺古迹小芟草》及《萬籟齊音》，框高 14.9 厘米，寬 10.1 厘米。半葉八行，行十八字，白口，上單黑魚尾，左右雙邊。版心中鎸集名，下記葉次。《禪機百物頌》，框高 15.1 厘米，寬 10.1 厘米。半葉十行，行二十字。

正文前有題詩，已殘闕，末署「乾隆丁丑三月二十一日，弟子蔣溥和南書」；次接宗安依韵奉答詩二首；次接一園錢以銓題識；次接序，末署「乾隆壬申長至法弟硯亭江藻拜撰」。

綫裝，一册，登録號 014364。書封左側題寫集名「小芟草」，右下書「若夢氏珍」。

014365 芳洲詩集不分卷

（清）許天錦撰　清雍正五年（1727）姜琳鈔本

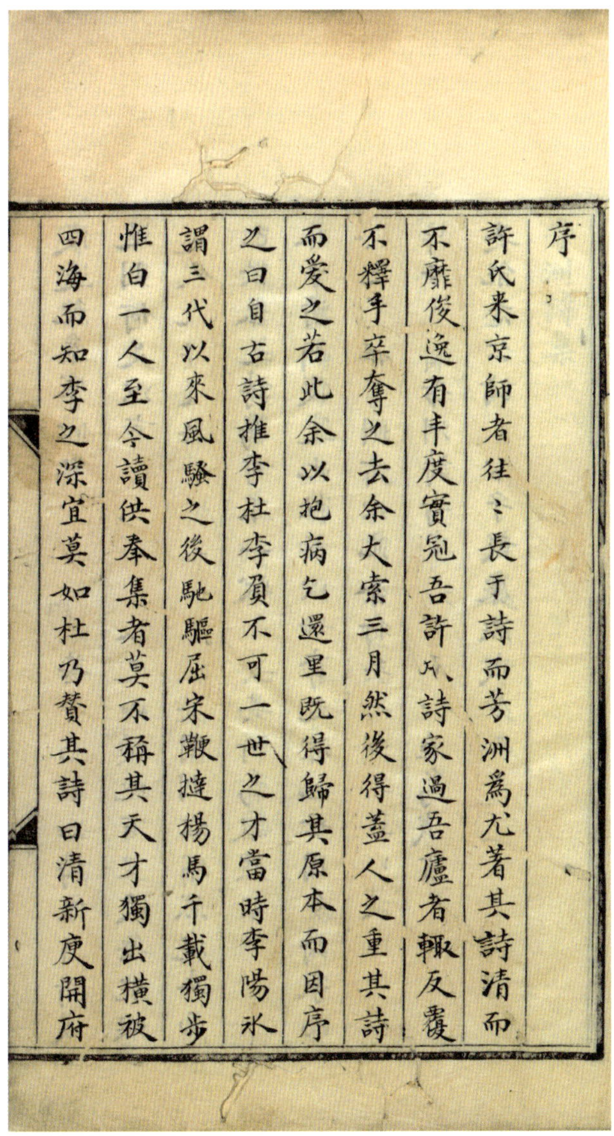
序
許氏來京師者往〻長于詩而芳洲爲尤著其詩清而
不靡俊逸有丰度實冠吾許〻詩家過吾廬者輒反覆
不釋手卒奪之去余大索三月然後得盖人之重其詩
而愛之若此余以抱病乞還里既得歸其原本而因序
之曰自古詩推李杜李負不可一世之才當時李陽冰
謂三代以來風騷之後馳驅屈宋鞭撻楊馬千載獨步
惟白一人至今讀供奉集者莫不稱其天才獨出横被
四海而知李之深宜莫如杜乃賛其詩曰清新庾開府

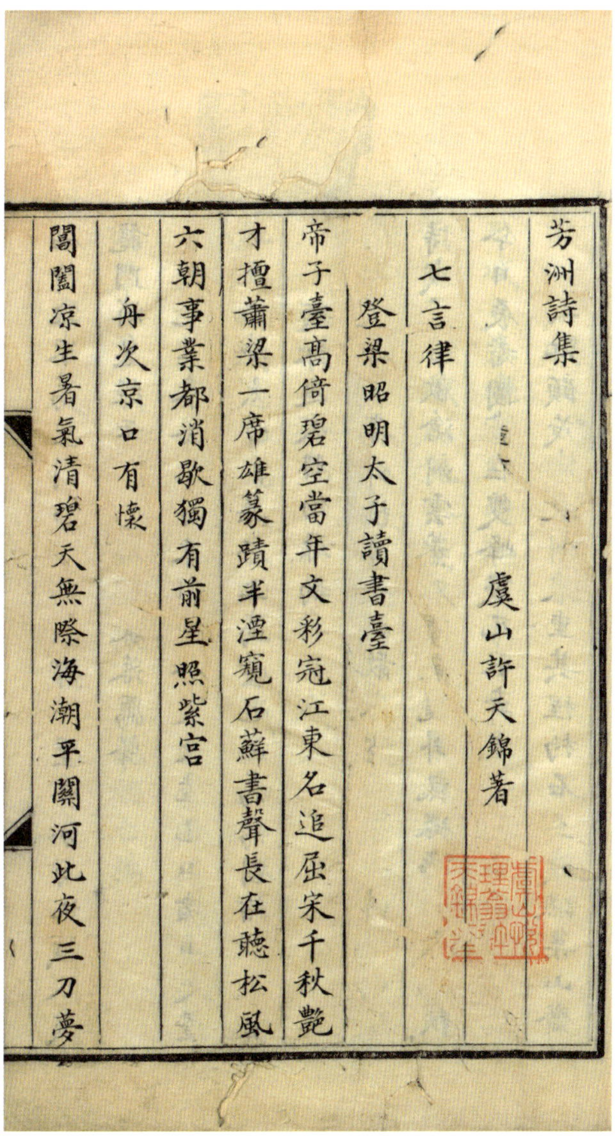
芳洲詩集
虞山許天錦著
七言律
登梁昭明太子讀書臺
帝子臺高倚碧空當年文彩冠江東名追屈宋千秋艷
才擅蕭梁一席雄篆蹟半湮窺石蘚書聲長在聽松風
六朝事業都消歇獨有前星照紫宫
舟次京口有懐
閶闔凉生暑氣清碧天無際海潮平關河此夜三刀夢

許天錦（1641—1701），字爾章，號芳洲，常熟人。歲貢生。敦品好學，工詩。

卷端署「虞山許天錦著」。

框高20.7厘米，寬15厘米。半葉九行，行二十一字，白口，雙魚尾，四周雙邊。

正文前有清康熙二十七年（1688）戊辰三月望日許承家序，正文後有清雍正五年（1727）丁未荷月之望門生姜琳文昭跋。正文不分卷，按七言律、七言絶、七言古、五言律、五言絶、五言古、五言排律等體裁分類排列，後有補遺及附録。

毛裝，一册，登録號014365。有「虞山悦/理翁許/天錦印」朱方印、「琳」白文圓印、「文/昭」朱方印等。

014367 吾炙集一卷

（清）錢謙益輯　清鈔本

吾炙集　　虞山蒙叟氏錢謙益撰

籛後人曾

秋夜宿破山寺絶句十二首

禪房花木蕩窮塵白髮觀河喻往因省得浮生俱
幻泡山光潭影即前身

其二

曲徑荒涼石壁開山風暗拂舊徑臺泠〻澗水清
如磬何處龍歸鉢裏來

其三

錢謙益生平事迹見前《重編義勇武安王集》（015994）。

卷端署「虞山蒙叟氏錢謙益撰」。

框高 17.4 厘米，寬 13.4 厘米。半葉九行，行十九字，小字雙行同，白口，四周單邊，藍絲欄。

正文前有《吾炙集姓氏目録》，次接《吾炙集目録》。正文一卷，收錢後人曾十二首（附牧齋二首）、太倉黄翼二首、南陽鄧漢儀六首、合肥龔鼎孳二首、句吴沈祖孝一首、盧山光熊一首、西江半衲澄之六首、宣城唐允甲二首、盧陵趙蕿一首、秦人王天佑一首、舊京孤臣十二首、橘社吴時德七首、皖僧飲光六十八首、舊京胡澂三首、宣城梅磊一首、杜紹凱一首、江陰張頊印三首、建昌黄師正四首、舊京王潢六首、東海何雲八首、侯官許友一百零七首。

綫裝，一册，登録號 014367。

015693 駱賓王文集十卷

（唐）駱賓王撰 明刻本

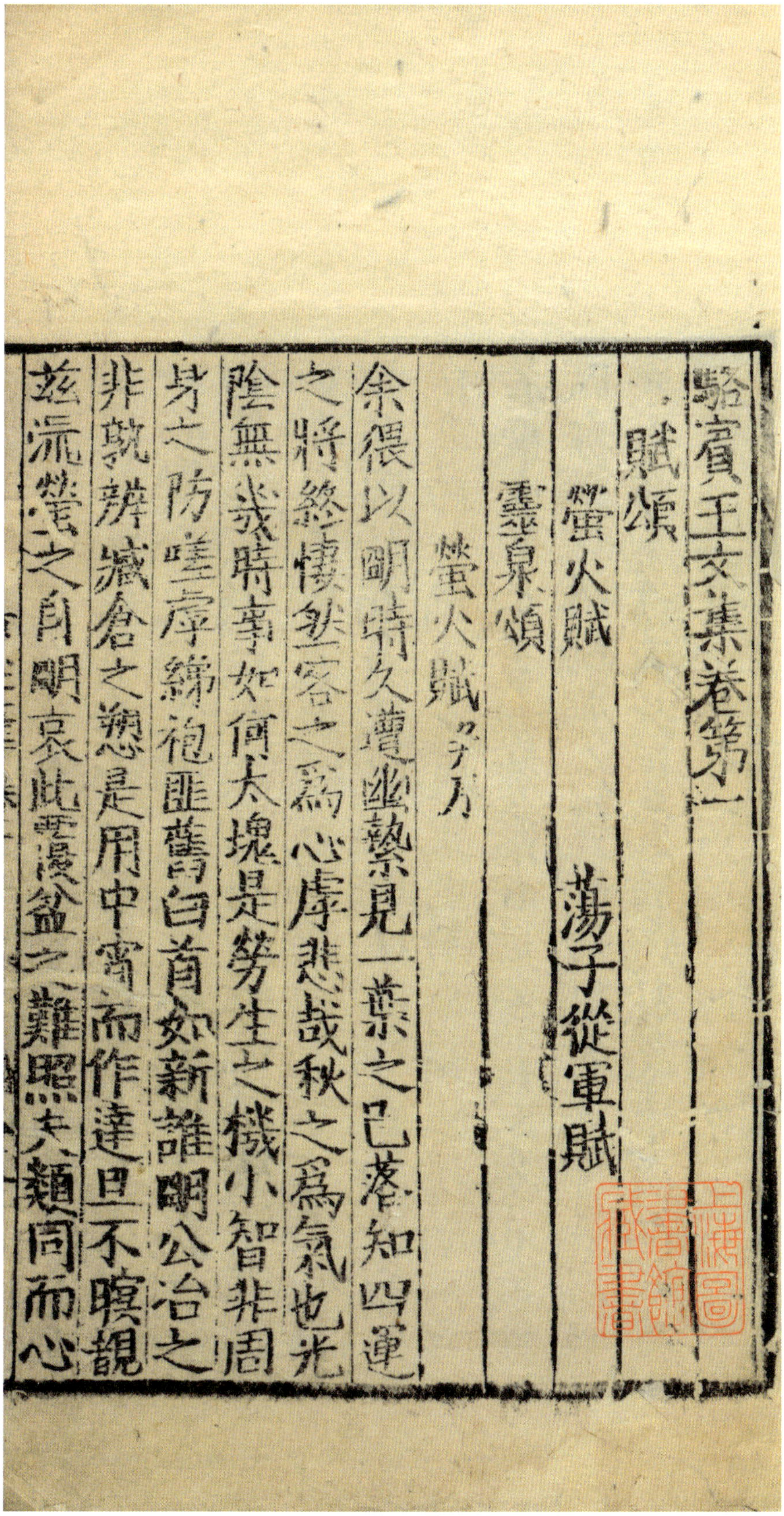
駱賓王文集卷第一

賦頌

螢火賦　蕩子從軍賦

靈泉頌

螢火賦并序

余縲以明時久遭幽縶見一葉之已落知四運之將終悽然客之爲心乎悲哉秋之爲氣也光陰無幾時事如何大塊是勞生之機小智非周身之防嗟乎綈袍匪舊白首如新誰明公治之非孰辨臧倉之愬是用中宵而作達旦不瞑覩茲流螢之自明哀此覆盆之難照夫類同而心

駱賓王（623？—684？），字觀光，婺州義烏人。少善屬文，與王勃、楊炯、盧照鄰合稱「初唐四杰」。兩《唐書》各存其傳。

框高17.6厘米，寬13.6厘米。半葉十一行，行十八字，白口，左右雙邊。版心中鎸卷數，下記葉次。正文前有《唐書列傳》。無序及目次。正文分十卷，卷一賦，卷二至卷五詩，卷六表、啓，卷七啓、書，卷八至卷十雜著。

綫裝，二册，登録號015693。入選第二批《國家珍貴古籍名録》，名録號05127。刻本原藏上海圖書館，各册護葉各貼有上海圖書館藏書簽，著録索書號碼分别「586459」「586460」。《列傳》首葉鈐「常熟/圖書/館藏」朱方印、「舊雨/重逢」朱方印、「别來/無恙」白方印。正文卷一首葉鈐「上海圖/書館/藏書」朱方印。第二册卷首鈐「上海圖書館/退還圖書章」朱長印、「上海圖/書館/藏書」朱方印、「常熟/圖書/館藏」朱方印。

015697　碩寬堂詩鈔七卷

（清）許廷詰撰　稿本

清翁心存、錢湄跋

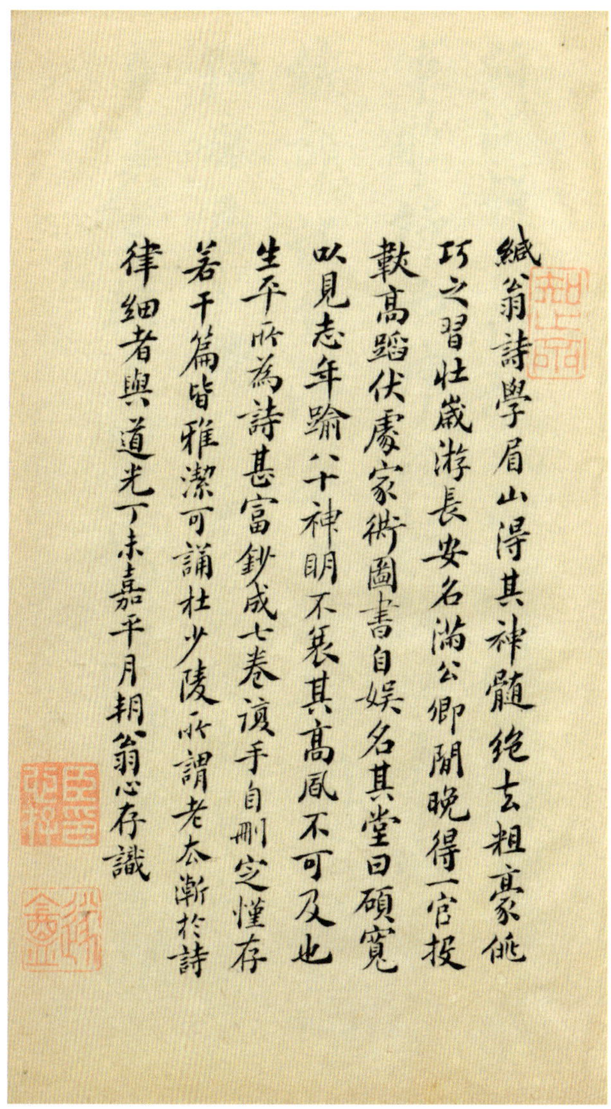

緘翁詩學眉山得其神髓絶去粗豪佻
巧之習壯歲游長安名滿公卿閒晚得一官投
欵高蹈伏處家衖圖書自娛名其堂曰碩寬
以見志年踰八十神明不衰其高風不可及也
生平所為詩甚富鈔成七卷復手自刪定僅存
若干篇皆雅潔可誦杜少陵所謂老去漸於詩
律細者與道光丁未嘉平月朔翁心存識

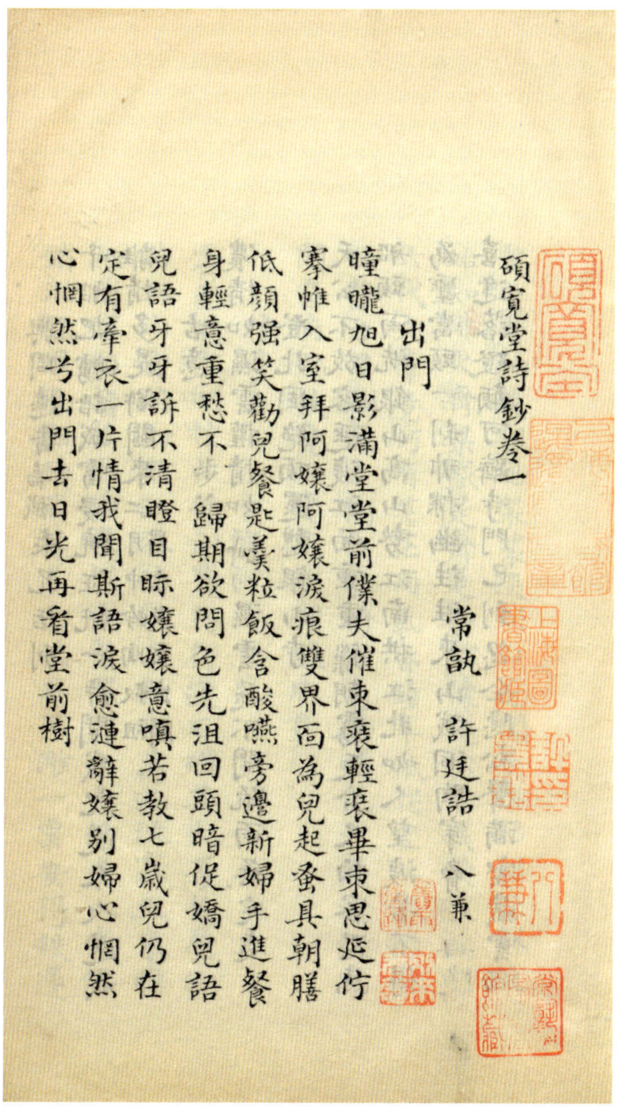

碩寬堂詩鈔卷一
常熟　許廷詰　八華
出門
曈曨旭日影滿堂堂前僕夫催束裝輕裘畢束思延佇
搴帷入室拜阿孃阿孃淚痕雙界面為兒起备具朝膳
低顔强笑勸兒餐匙羹粒飯含酸嚥旁邊新婦手進餐
身輕意重愁不歸期欲問色先沮回頭暗促嬌兒語
兒語牙牙訴不清瞪目睎孃孃意嗔若教七歲兒仍在
定有牽衣一片情我聞斯語淚愈漣辭孃别婦心惘然
心惘然兮出門去日光再看堂前樹

許廷誥，字八兼，常熟人。工漢隸，擅詩詞。

卷端署「常熟許廷誥八兼」。

無版框及界欄，開本高 24.8 厘米，寬 16.1 厘米。半葉十行，行二十一字。護葉二以大字書題名「碩寬堂詩鈔」，下鈐「李印／奉曾」白方印。正文前有清道光二十七年（1847）丁未嘉平月朔翁心存跋，次接清咸豐元年（1851）辛亥立秋日同里錢湄跋，次接《碩寬堂詩鈔目録》。正文凡七卷，卷一古近體詩一百零四首，卷二古近體詩一百三十首，卷三古近體詩一百三十九首，卷四古近體詩九十三首，卷五古近體詩九十七首，卷六古近體詩一百二十六首，卷七古近體詩一百零六首，凡七百九十五首。

綫裝，一册，登録號 015697。原藏上海圖書館，護葉五貼有上海圖書館藏書簽，著録索書號碼「591964」。稿本係緘翁（許廷誥）自校，有朱筆校記。集中夾有校勘記兩葉，校録者不詳。又有書籤一張，上有瞿鳳起手跋。

是集鈐印纍纍，有「海虞龐翚翼霄」白方印、「知止齋」朱長印、「臣印／心存」白方印、「遂／盦」朱方印、「臣錢／湄印」白方印、「海隅／龐氏」朱方印、「翚／印」白方印、「碩寬堂」朱長印二方、「許景／誥印」白方印、「八／兼」朱方印、「緘翁」朱文橢圓印、「高陽／許誥」白方印、「廷誥／私印」朱方印、「許伯／堅印」白方印、「廷誥／之印」陰陽方印、「八兼」朱文橢圓印、「舊雨／重逢」朱方印、「別來／無恙」白方印、「上海圖／書館藏」朱長印、「上海圖書館／退還圖書章」朱長印、「常熟／圖書／館藏」朱方印等。

015717　繡香居存稿一卷詩餘一卷

（清）陳璘撰　清康熙四十年（1701）刻本

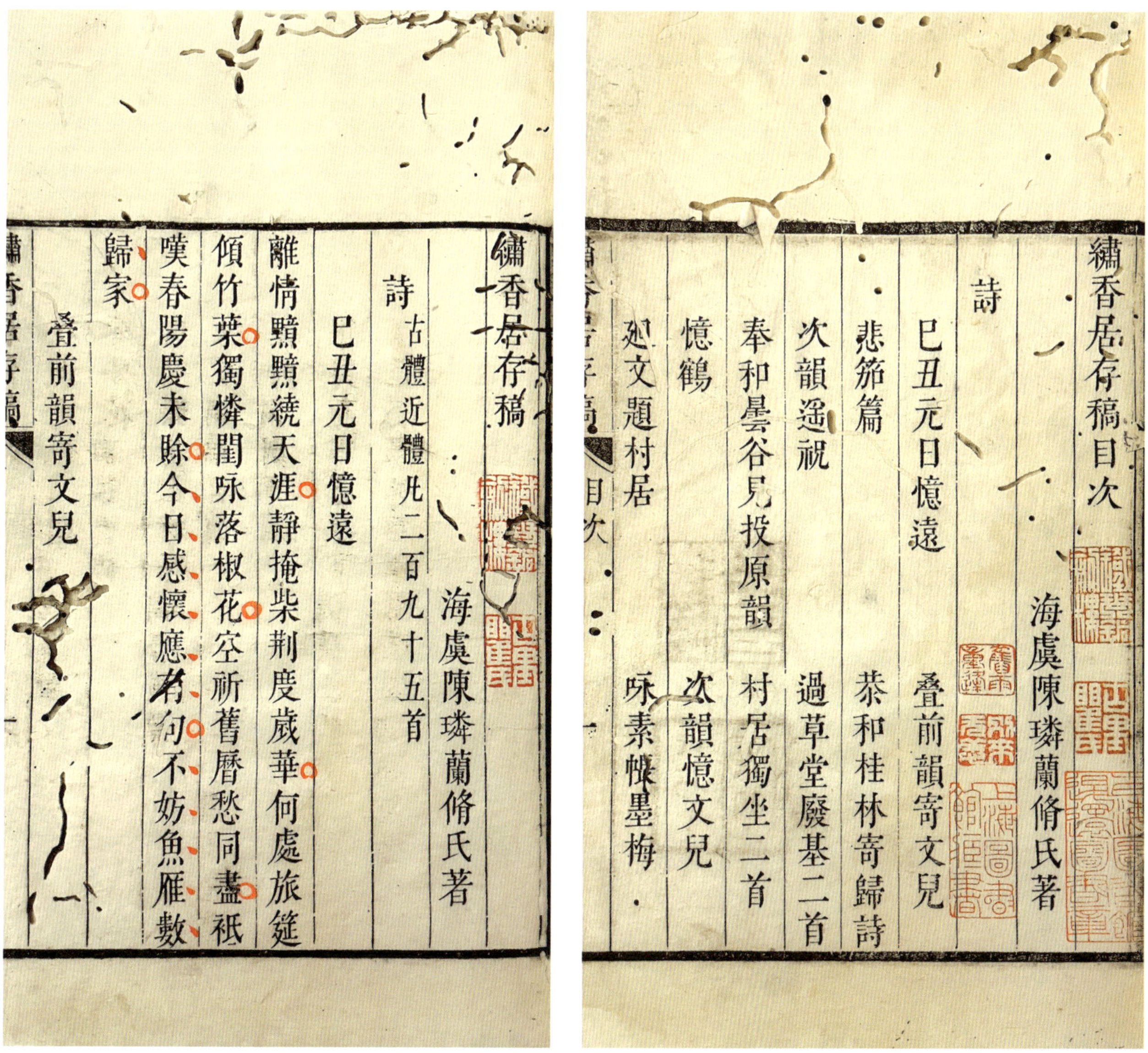
繡香居存稿目次
海虞陳璘蘭脩氏著
詩
巳丑元日憶遠　疊前韻寄文兒
悲笳篇　恭和桂林寄歸詩
次韻遥祝　過草堂廢基二首
奉和曇谷見投原韻　村居獨坐二首
憶鶴　次韻憶文兒
迎文題村居　咏素帳墨梅

繡香居存稿
海虞陳璘蘭脩氏著
詩古體近體凡二百九十五首
巳丑元日憶遠
離情黯黯繞天涯靜掩柴荆度歲華何處旅筵
傾竹葉獨憐閨咏落椒花空祈舊曆愁同盡祗
嘆春陽慶未賒今日感懷應有句不妨魚雁數
歸家
疊前韻寄文兒

陳璘，又名陳結璘，字寶月，又字蘭修，别號松雲内史，常熟人。明末稼軒先生瞿式耜媳，孝廉瞿玄錫妻。善詩詞，其詩「譜事細，鍛語工」。亦工畫。著述頗富，除《綉香居存稿》，又有《畯喜堂漫稿》《牡丹亭牌譜》《延秀閣田園倡和詩》《藕花莊集》。

卷端署「海虞陳璘蘭修氏著」。

框高 24.2 厘米，寬 14.7 厘米。半葉九行，行十八字，白口，上單黑魚尾，左右雙邊。版心上鐫書名，下記葉次。

正文前有王時敏《瞿太君陳夫人詩稿題辭》，次接周陳俶《瞿年嫂陳太君詩草序》，次接目次。據王氏《題辭》，知據此序，《綉香居存稿》係陳琳之子瞿昌文輯而刻之，以「爲子孫弘璧天球」，昌文輯刻之時，陳氏「稿多散佚，僅存十之三四」。正文一卷，收古、近體詩凡二百九十五首，從創作時間看，起自清順治六年（1649），終於康熙十九年（1680）。後附《詩餘》一卷，收詞十六闋。正文後有南溟遺史陳煌圖《綉香居存稿後跋》。

是帙目録與正文中的部分詩詞篇名不一致，或目録有遺漏篇名的現象，如「風雨連綿，曇谷命咏滿城風雨近重陽句」「園後閑步，見中山墓木斬伐將盡，感而有咏」「曇谷從茗上携歸花籃燈有咏奉和」「得文兒信」「懷春輝園」「題畫芙蓉（調菩薩蠻）」六題，目録各作「風雨連綿，曇谷命咏滿城風雨近重陽之句」「園後散步，見中山墓木斬伐殆盡，即事志感」「秋懷燈和韵」「得文兒家書」「懷春輝」「芙蓉花（調菩薩蠻）」；「游白鴿峰」「月夜游致道觀聞琵琶」「題扇頭杏花燕（調點絳唇）」三題不見於目録；正文「秋吟六首」之題注「十一尤韵」四字係手寫。

綫裝，四册，登録號 015717。有朱筆圈點。鈐「鐵琴銅劍樓」白長印、「古里/瞿氏」白長印、「舊雨/重逢」朱方印、「别來/無恙」白方印、「上海圖書/館藏書」朱長印、「上海圖書館/退還圖書章」朱長印、「常熟/圖書/館藏」朱方印。

常熟市圖書館又藏《繡香居存稿》鈔本一種，一函二册，不分卷，登録號 012113。鈔本無板框及界欄，開本高 28.5 厘米，寬 18 公分；半葉九行，行十八字。序文及正文前皆鈐有「常熟縣/圖書館/收藏記」朱文方印。鈔本内容與刻本全同，當是依刻本鈔録而成，鈔録年代及鈔者俱不詳。

015719　泠然齋詩集八卷補遺一卷附録一卷

（宋）蘇泂撰　清鈔本

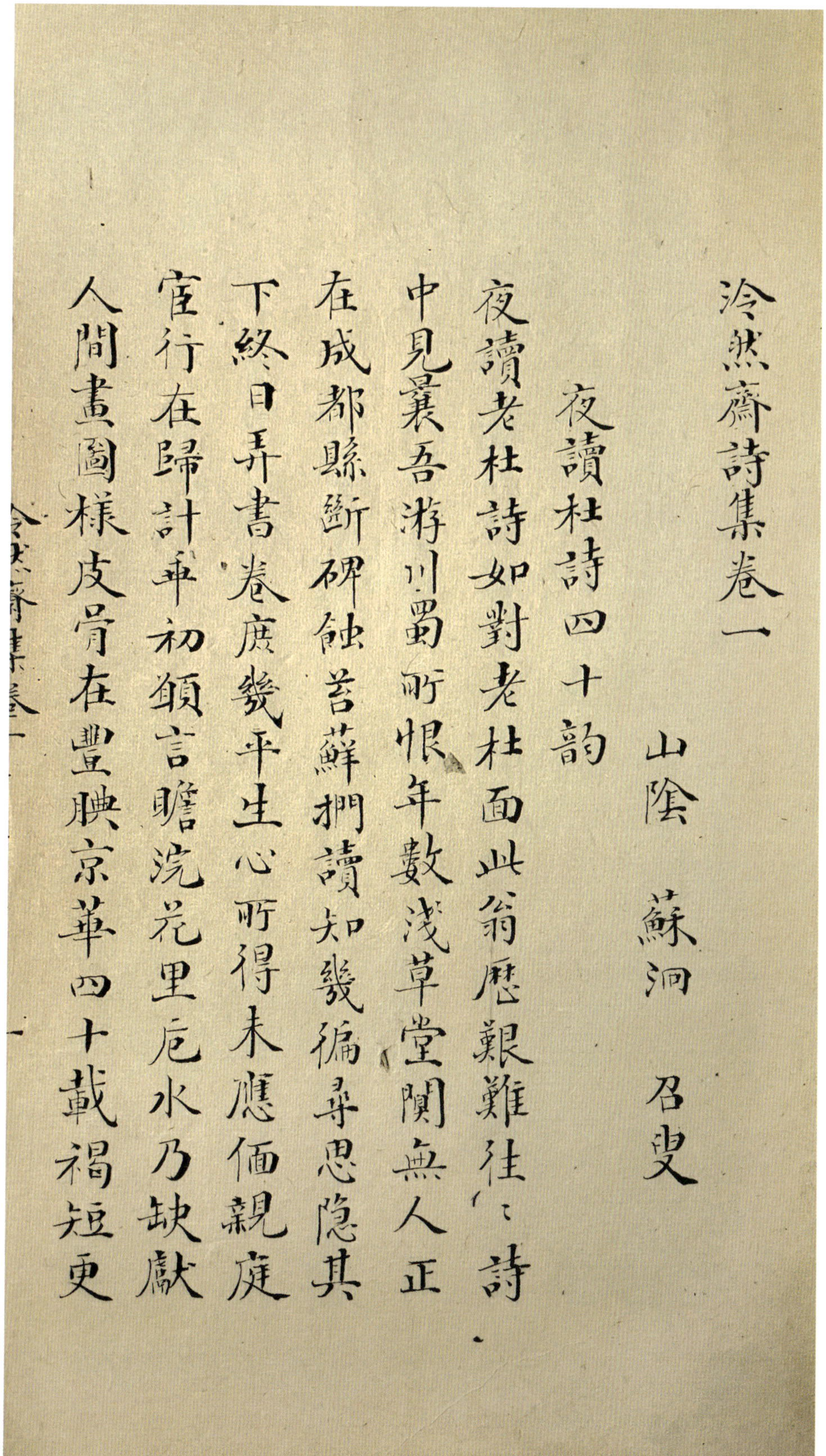
泠然齋詩集卷一

山陰　蘇泂　召叟

夜讀杜詩四十韻

夜讀老杜詩如對老杜面此翁歷艱難往〻詩
中見曩吾游川蜀所恨年數淺草堂閴無人正
在成都縣斷碑蝕苔蘚捫讀知幾徧尋思隱其
下終日弄書卷庶幾平生心所得未應偭親庭
宦行在歸計乖初願言瞻浣花里戹水乃缺獻
人間畫圖樣皮骨在豐腆京華四十載褐短更

泠然齋集卷一

蘇泂（1170—？），字召叟，浙江山陰（今屬紹興）人。

無版框及界欄，開本高24.7厘米，寬16厘米。半葉九行，行十八字。版心中鎸卷次，下記葉次。正文前有《欽定四庫全書提要・泠然齋詩集》，次接目録。正文分八卷，附補遺一卷，附録一卷。

綫裝，四册，登録號015179。原藏上海圖書館，各册護葉各貼有上海圖書館藏書簽，著録索書號碼依次爲「585934」「585935」「585936」「585937」。鈐「王鳴／盛印」白方印、「西莊／居士」白方印、「鐵琴銅／劍樓」白長印、「舊雨／重逢」朱方印、「别來／無恙」白方印、「上海圖／書館藏」朱長印、「上海圖書館／退還圖書章」朱長印、「常熟／圖書／館藏」朱方印。

015746　紅豆村莊雜録不分卷

題（清）柳如是輯　清乾隆鈔本

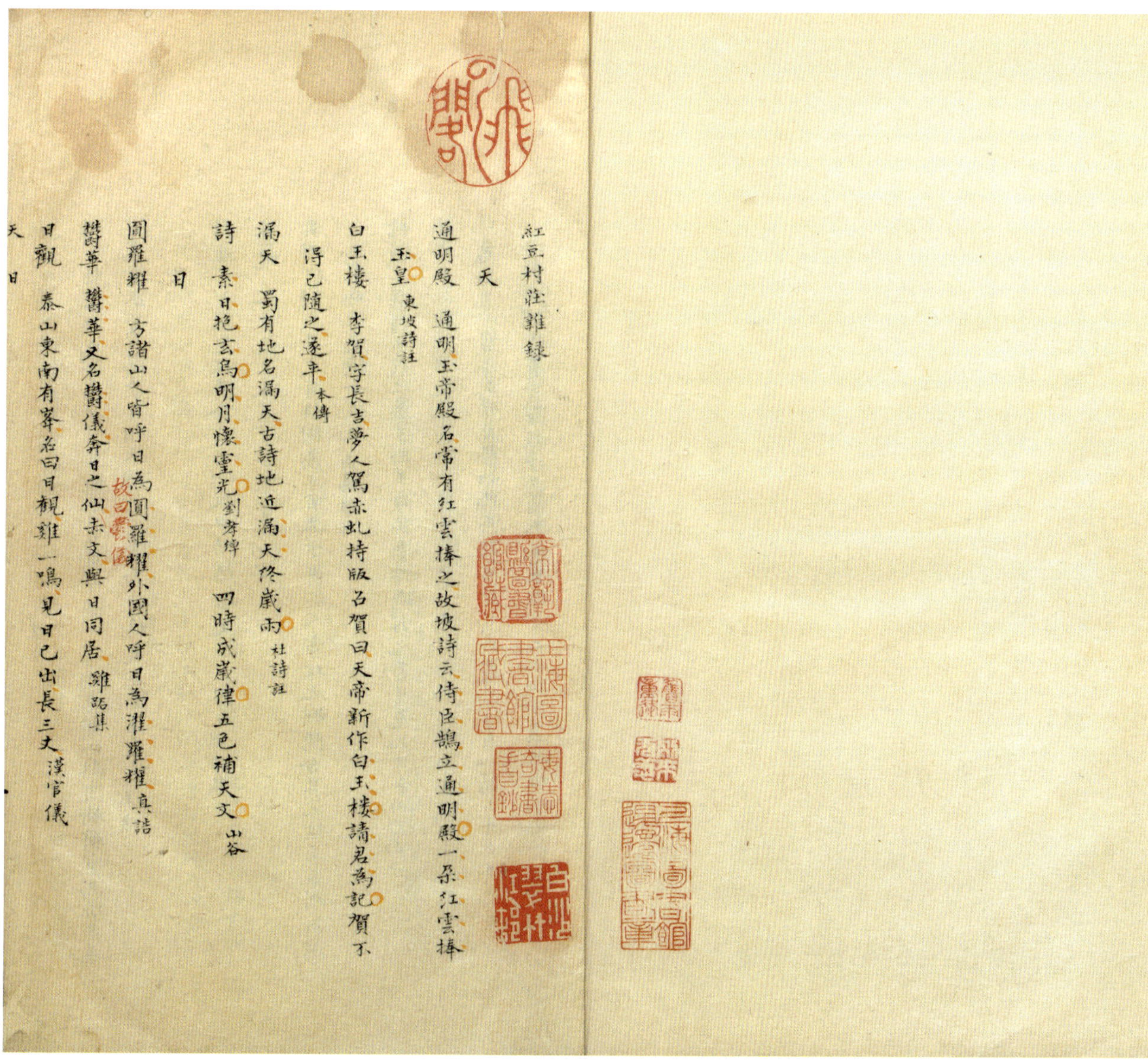

柳如是生平事迹見前《我聞室梅花集句》（011966）。

無版框及界欄，開本高28.8厘米，寬18.5厘米。半葉十二行，行三十二字。白口。版心上録類目，下鎸葉次。

正文前無序，後有徐善建跋一則及魚元傅跋二則。正文不分卷，分天、日、月、星、雨、雪、霜、風、雲、霧、露、雷、電、虹、冰、霽、春、夏秋、冬、元日、人日、立春、上元、社日、寒食、上巳、端午、七夕、中秋、重陽、冬至、除夜、雜日、山岳（附石）、海、江、湖、泉、臨安、蘇州、潤州、湖州、常州、越州、婺州、建康、宣州、饒州、壽州、廬州、江州、吉州、贛州、撫州、袁州、揚州、真州、泰州、淮安軍、高郵州、滁州、無爲軍、安豐軍、和州、蘄州、光州、潭州、永州、鄂州、衡州、常德府、江陵府、邵州、成都、崇慶府、眉州、綿州、雅州、邛州、夔州、歸州、瀘州、昌州、岡州、竹、筍、墨竹、柳、梅、黄梅、臘梅、紅梅、牡丹、芍藥、海棠、桃、李、梨花、杏花、櫻桃、酴醾、石榴、蓮、桂、菊、芙蓉、水仙、橘、山礬、落花、帝王符瑞、聖制、聖翰、聖壽、皇后、太子、妃嬪、公主、宰相、樞府、尚書、侍郎、御史、諫官、給事中、翰苑、中書舍人、館閣、郎官、卿監、史官、京尹、郡守、縣宰、縣尉、將帥、儒將、服禦行幸、宫殿禁苑、第宅、家室、樓、閣、亭、臺、城郭、園囿、道路、村、橋、舟航、父子、母子、兄弟、叔侄、夫婦、妓妾、美人、婚姻、孕育、生日、朋友、奴婢、赦宥、頒賜、貢獻、博學、幼悟、文章、詩律、科舉、下第、才德、貴富、貧賤、清廉、隱逸、農家、吉兆、凶兆、哀挽、墳墓、寺觀、釋、仙道、美丈夫、醜人、長人、短人、書篆、筆、墨、紙、硯、畫、劍、刀、弓矢、甲胄、鞍轡、琴、琵琶、鼓、笛、金銀、珠玉、錢銅、錦繡、係布、冠冕、印綬、笏、佩、帶、裘、履、漏刻、帷幕、屏風、床席、扇、棋、香、鏡、燈燭、烟火、酒、茶、食饌、菓木、蔬菜、鳳、鶴、孔雀、雁、燕、鸚鵡、鷄、鵝、蟬、蝶、螢、總禽、獅象、虎、馬、牛、鹿、兔、猿、犬、貓、總獸、龍、魚、蟹等二百五十七類。

綫裝，一册，登録號015746。入選第三批《國家珍貴古籍名録》，名録號08627。有魚元傅朱筆、黄筆批校。卷首鈐「舊雨/重逢」朱方印、「别來/無恙」白方印、「每愛/奇書/手自鈔」朱方印、「白沙/翠竹/江村」白方印，魚跋首尾又鈐「小魚」朱長印、「破山/樵人」朱方印、「魚虞岩/閑止樓珍/藏書畫印」白方印、「耐/翁」白方印、「阿/傅」朱長印等。

015762　歸田詩話三卷

（明）瞿佑撰　清初吴允嘉家鈔本　清吴允嘉跋

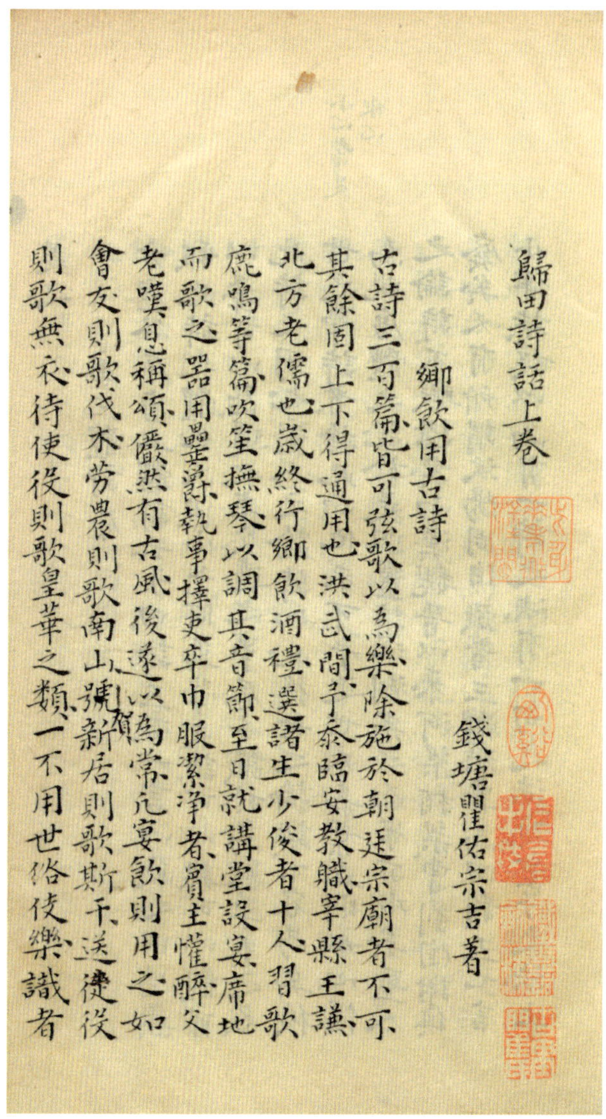

歸田詩話上卷

錢塘瞿佑宗吉著

鄉飲用古詩

古詩三百篇皆可弦歌以為樂除施於朝廷宗廟者不可其餘固上下得通用也洪武間予忝臨安教職宰縣王讜北方老儒也歲終行鄉飲酒禮選諸生少俊者十人習歌鹿鳴等篇吹笙撫琴以調其音節至日就講堂設宴席地而歌之器用罍爵執事擇吏卒巾服潔淨者賓主懽醉父老嘆息稱頌儼然有古風後遂以為常凡宴飲則用之如會友則歌伐木勞農則歌南山號新居則歌斯干送遷從則歌無衣待使役則歌皇華之類一不用世俗伎樂識者

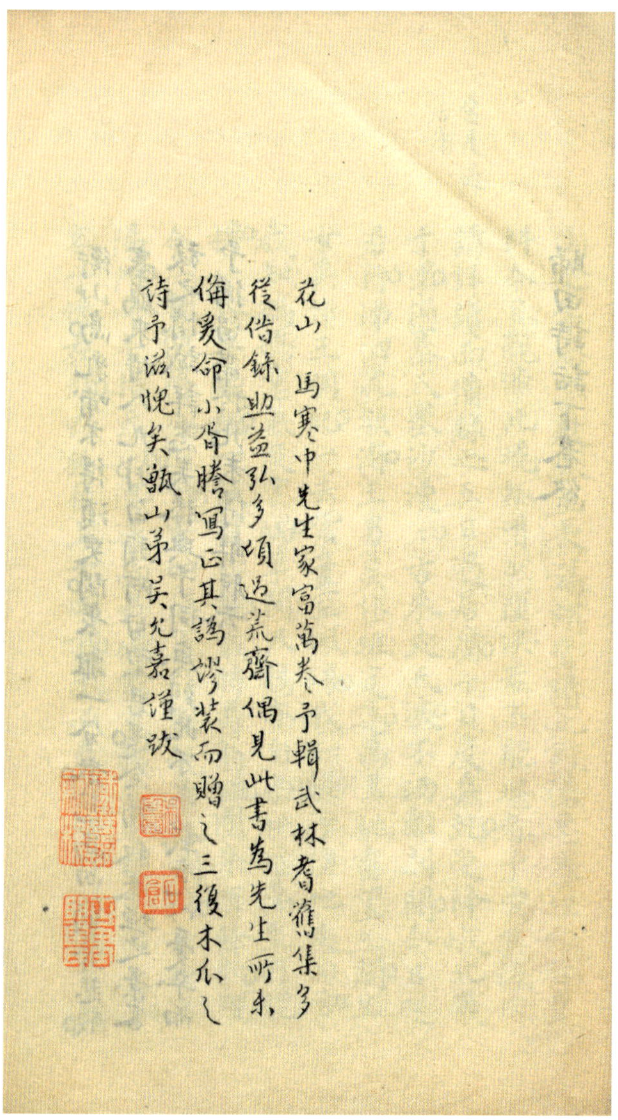

花山　馬寒中先生家富萬卷予輯武林耆舊集多從借錄典益弘多頃過荒齋偶見此書為先生所未備爰命小胥謄寫正其譌謬裝而贈之三復木瓜之詩予滋愧矣甑山弟吳允嘉謹跋

瞿佑（1341—1427），字宗吉，號存齋，浙江錢塘（今屬杭州）人。明洪武中，以薦歷任仁和、宜陽訓導，遷國子監助教、周王府右長史。

無版框及界欄，開本高26.1厘米，寬16.8厘米。半葉十一行，行二十二字。

正文前有明弘治十三年（1500）庚申冬賜進士知錢塘縣事安成胡道《存齋詩話小序》，次接明洪熙元年（1425）乙巳中秋瞿佑自序，又接明成化二年（1466）丙戌冬十月木訥《歸田詩話序》，又接成化三年（1467）四月二十九日柯潛《歸田詩話録序》；正文後有吴允嘉跋。正文分上、中、下三卷，所記多「其師友之所言論，宦游四方之所習聞，而有關於詩道者」。

綫裝，一册，登録號015762。鈐「煮石／山樵」白長印、「煮石／山／房」朱文圓印、「王印／孝咏」白方印、「慧／音」朱方印、「此身／垂老道／途間」朱方印、「西溪」朱文橢圓印、「孝／咏」白方印、「南原／仲子」白方印、「吴／允嘉」朱方印、「石／倉」朱方印、「鐵琴銅／劍樓」白長印、「古里／瞿氏」白長印、「舊雨／重逢」朱方印、「别來／無恙」白方印、「上海圖／書館藏」朱長印、「上海圖書館／退還圖書章」朱長印、「常熟／圖書／館藏」朱方印等。

015764 安雅堂集十三卷

（元）陳旅撰　清鈔本　清王振聲校并跋

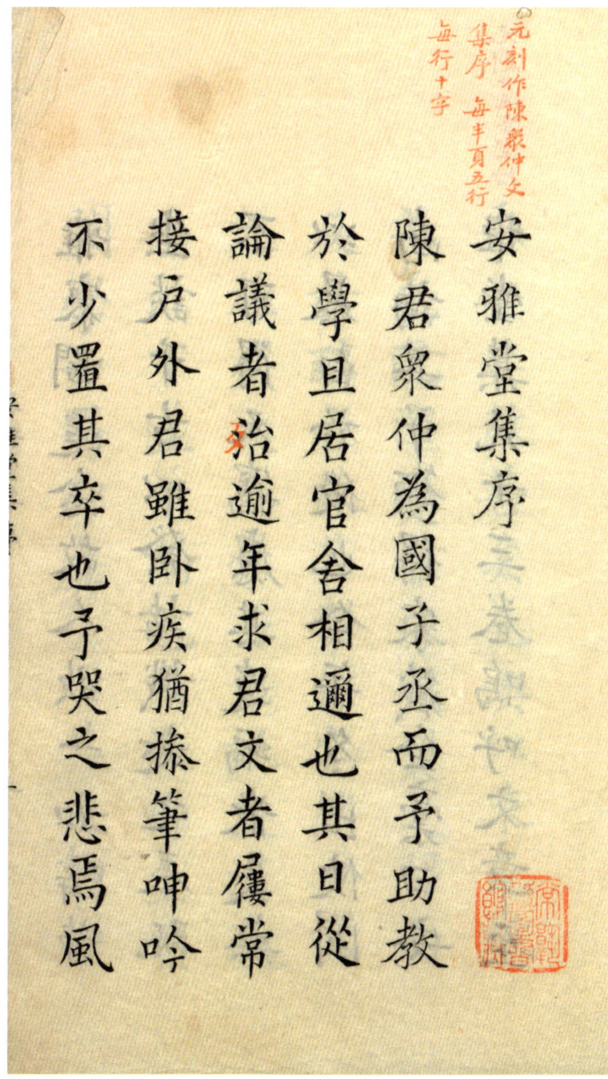

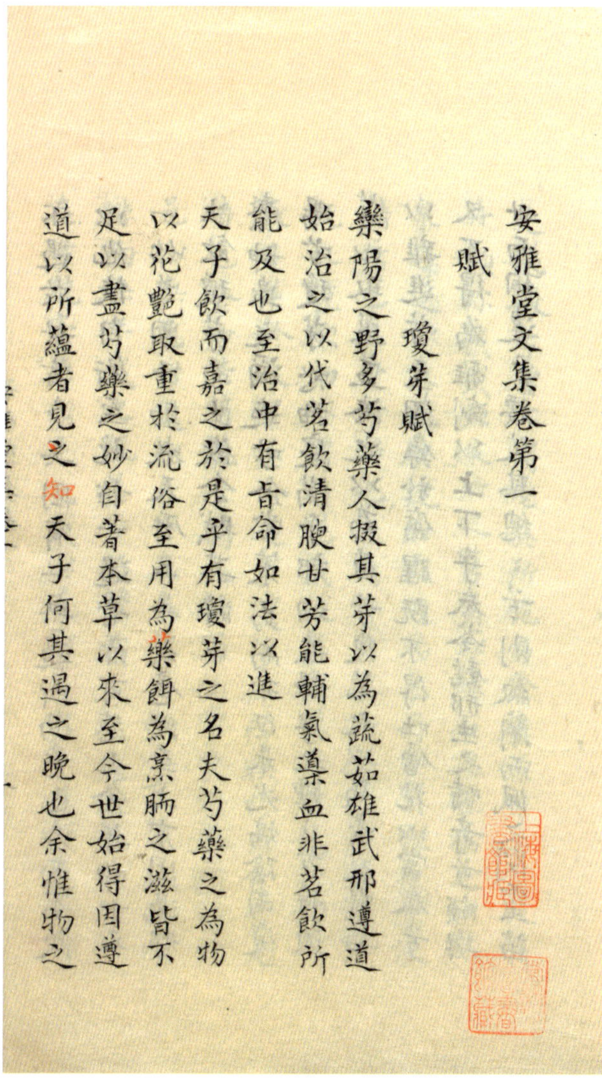

陳旅（1288—1343），字衆仲，號荔溪，福建莆田人。初以薦爲閩海儒學官，後歷官國子助教、江浙儒學副提舉、翰林文字、國子監丞。卒於官。有《安雅堂集》行世。《元史》卷一百九十存其傳。

無版框及界欄。開本高26.7厘米，寬17.6厘米。半葉十行，行二十字。版心中書題名及卷次，下記葉次。正文前有元至正九年（1349）龍集己丑季冬望日翰林修撰河東張翥《安雅堂集序》，次接至正十一年（1351）辛卯夏同郡林泉生清源《安雅堂集序》。正文按文體分爲十三卷，卷一至卷三賦、詩，卷四至卷六序，卷七至卷十記，卷十一、卷十二碑銘，卷十三銘、跋、解、説、策問、贊、傳。

綫裝，四册，登録號015764。有王振聲朱筆批校，除卷一、卷二、卷十二之外，其餘各卷之後皆有王氏跋語，注明校讀時間及對校本。第二册正文前及第四册正文後各有王氏長篇跋文，述其校讀始末頗詳。

鈐「舊雨／重逢」朱方印、「别來／無恙」白方印、「上海圖／書館藏」朱長印、「上海圖書館／退還圖書章」朱文長方印、「常熟／縣圖書／館藏」朱方印。

015767　漁存別集三卷

（清）王譽昌撰　清初鈔本

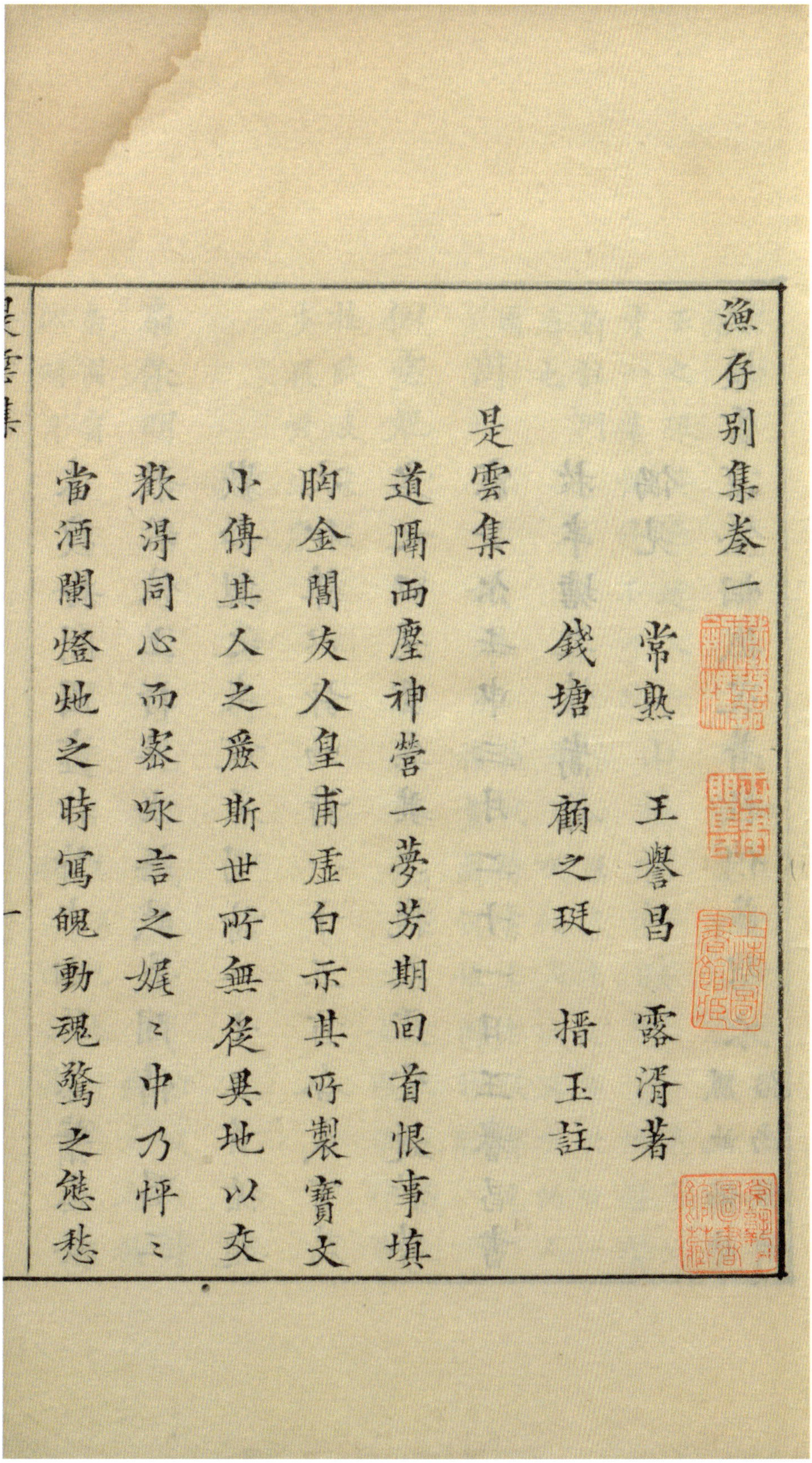

漁存別集卷一

常熟　王譽昌　露湑著

錢塘　顧之珽　搢玉註

是雲集

道隔兩塵神營一夢芳期回首恨事填胸金閶友人皇甫虛白示其所製寶文小傳其人之嚴斯世所無從異地以交歡湑同心而寄詠言之娓娓中乃怦怦當酒闌燈灺之時寫魄動魂驚之態愁

是雲集　一

王譽昌生平事迹見前《話山自選詩》（010355）。

框高 19.8 厘米，寬 15.9 厘米。半葉九行，行十八字，小字雙行同，白口，四周單邊，無界欄。版心上書集名，下記葉次。

正文分三卷，卷一《是雲集》，署「常熟王譽昌露湑著，錢塘顧之珽搢王注」，集前有清康熙三十二年（1693）癸酉十二月珠園半宅居士薛熙孝穆序，又有壬申三月二十一日王譽昌自序；卷二、卷三名爲《小游仙詩》上、下，署「侯官門人翁弘學蔭伯注」，集前有李麟光序，又有康熙癸酉十月王譽昌自序。

綫裝，一册，登録號 015767。鈐「古里／瞿氏」白長印、「鐵琴銅／劍樓」白長印、「舊雨／重逢」朱方印、「别來／無恙」白方印、「上海圖／書館藏」朱長印、「上海圖書館／退還圖書章」朱長印、「常熟／圖書／館藏」朱方印。

015769　南陔草廬詩草八卷

（清）黄炳宸撰　稿本

清潘鍾瑞、翁同龢識　張鴻跋

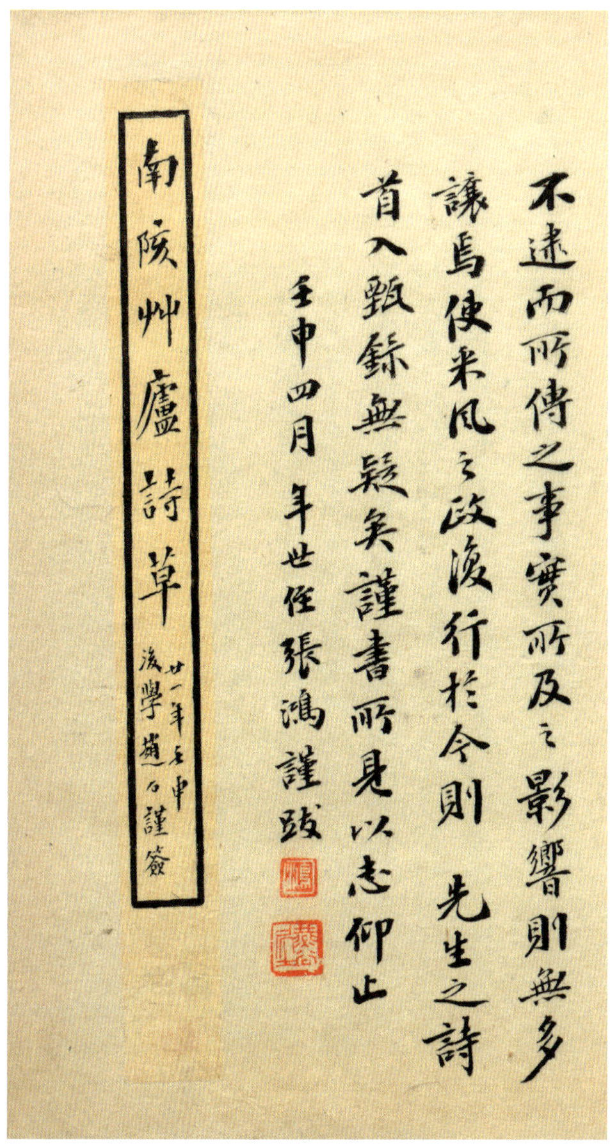
南陔艸廬詩草　廿一年壬申後學趙石謹簽

不遠而所傳之事實所及之影響則無多讓焉使来凡之政後行於今則　先生之詩首入甄録無疑矣謹書所見以志仰止　壬申四月年廿任張鴻謹跋

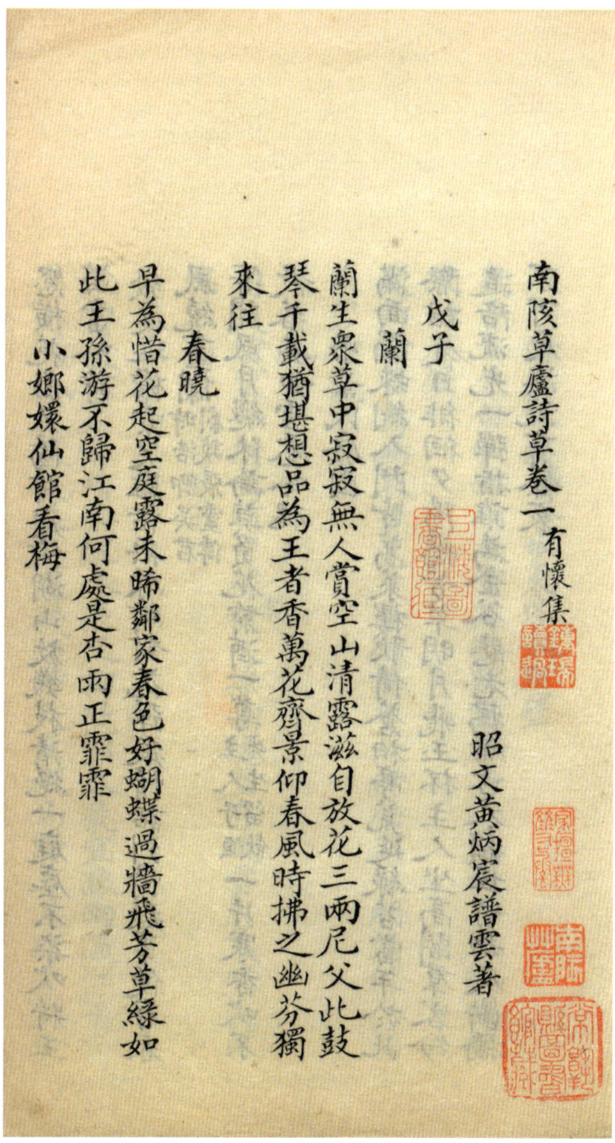
南陔草廬詩草卷一　有懷集

昭文黄炳宸譜雲著

戊子

蘭

蘭生衆草中寂寂無人賞空山清露滋自放花三兩尼父此鼓琴千載猶堪想品為王者香萬花齋景仰春風時拂之幽芬獨來往

春曉

早為惜花起空庭露未晞鄰家春色好蝴蝶過牆飛芳草緑如此王孫游不歸江南何處是杏雨正霏霏

小娜嬛仙館看梅

黄炳宸生平事迹見前《梅李文獻小志稿》（011748）。

卷端署「昭文黄炳宸譜雲著」。

無版框及界欄，開本高26.4厘米，寬16.5厘米。半葉十一行，行二十四字，小字雙行同。

正文前護葉有辛未三月潘鍾瑞跋，次接庚辰六月廿一日翁同龢跋，又接壬申四月張鴻跋；張跋後有一題簽，上題書名，題注「廿一年壬申，後學趙石謹鈐」；又接黄炳宸自序；又接潘鍾瑞、翁同龢題記，各爲「同治辛未孟春，長州潘鍾瑞讀三月初旬又讀一過」「光緒六年五月十日，翁同龢拜讀一過目題記」。第二册卷末又有潘鍾瑞題記「辛未春月，長州潘鍾瑞拜讀」。

正文分八卷，卷一、卷二《有懷集》，卷三《循陔集》，卷四《蘭隱集》，卷五《風鶴集》，卷六《紅羊集》，卷七《皈依集》，卷八《復旦集》，各卷所録之詩以創作年代排序，起自戊子，終於庚午。正文後附《南陔草廬詩餘偶存》一卷。

毛裝，二册。登録號015769。各册書封題書名。鈐「南陵／草廬」白方印、「鍾瑞／讀過」白方印、「腴羊／詩詞」朱方印、「人過中／年漸／進僧」白方印、「鴻」白方印、「麐孫」朱長印、「同龢」朱長印、「同龢／私印」白方印、「二支／室」朱方印、「上海圖／書館藏」朱長印、「常熟／縣圖書／館藏」朱方印等。

015789 借巢集三卷

（清）釋原志撰　清初刻本

我天池羽璨如五色衣堂前不可戲重雲突一飛
句踐栖會稽吳宮入西子一笑傾人城父讎忘檇李伍
胥豈不忠聽言從貌起刀蜜甜於蔗誰能吐其滓
佛法原無多綱宗莫信他問爾信底事口裏打喝喝從
未勝廟算一向奏凱歌假雞何處無關吏瞞不過
異草心之賊安得不速芟往往長安路錯於枯木巖供
有諸天送花有百鳥銜飲酖以止渴切莫口喃喃
水去東不返日沉西復來來去復何事令我心悲摧曇
花不常有人生爲一開此而不能了寶山空手回
一年又一年喫肉圖口鮮祿盡豈免死火化乃成煙妻

借巢集　和　三

釋原志，字碩揆，俗姓孫，鹽城人。

題「沙門原志碩揆氏著」。

框高 22.6 厘米，寬 15.7 厘米。半葉十行，行二十一字，白口，上單綫魚尾，左右雙邊。版心上鎸書名，中記各卷詩題或體裁，下記葉次。

正文前後無序跋。正文分三卷，首卷正文闕二葉。卷一爲五言古詩《和寒山》，卷二爲五言古詩《廣寒山》，卷三爲五言古詩《咏史》八十六首、《示徒雜詩》三十二首及《上母射州天水老人兼示弟麗生旦生》《書懷》《對石》《贈人》《禪智山中送王阮亭司、李遷儀部北上，用壁間蘇東坡送李孝博奉使嶺表韵兼致西樵子側兩居士》《贈笑隱和尚》《答仙潭和尚》《賦得擬把黄金鑄子期》。

綫裝，一册，登録號 015789。鈐「舊雨／重逢」朱方印、「别來／無恙」白方印、「上海／圖書／館藏」朱方印、「上海圖書館／退還圖書章」朱長印、「常熟市圖書館藏」朱方印、「常熟／縣圖書／館藏」朱方印；集中夾有一書籤，鈐「鐵琴銅／劍樓」白長印。

015809　雲松巢集　十二卷

（明）嚴澂撰　明刻本

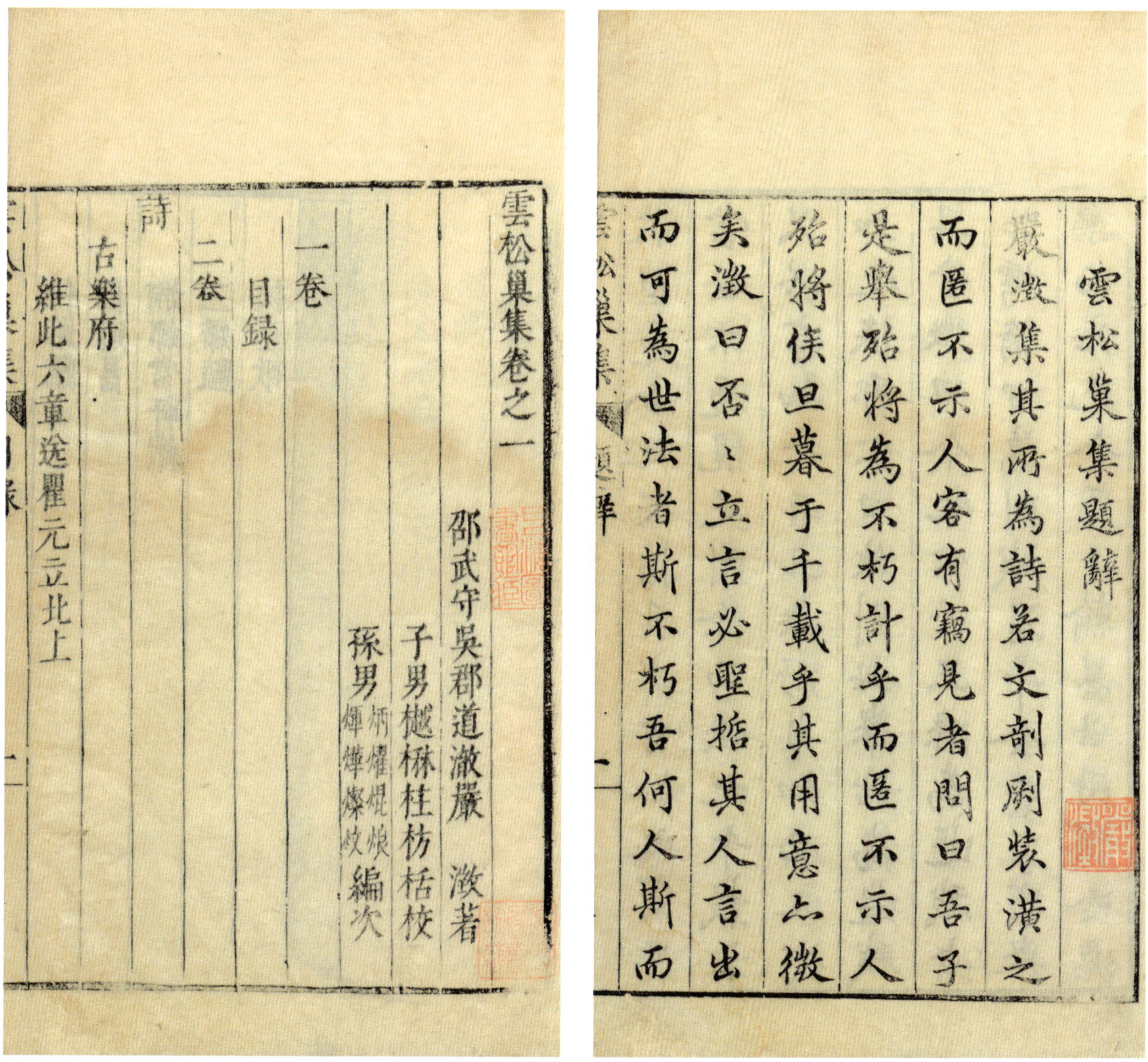

嚴澂生平事迹見前《松弦館琴譜》（011863）。

題「邵武守吴郡道澈嚴澂著，子男樾楙柱枋栝校，孫男炳、燿、焜、烺、煇、燦、炆編次」。

框高19.8厘米，寬14厘米。半葉十行，行二十字，白口，上單黑魚尾，四周單邊。版心上鎸題名，中記卷數，下記葉次。正文前有嚴澂《雲松巢集題辭》。正文十二卷，包括目録一卷。卷一目録；卷二詩：古樂府、五言古詩、七言古詩；卷三詩：五言絶句、六言絶句、七言絶句，七言律詩、七言排律；卷四五言律詩、五言排律、六言律詩；卷五詩：七言律詩；卷六、卷七七言律詩；卷八七言律詩、七言排律、詞；卷九文：序、記；卷十傳、志；卷十一祭文、銘、贊；卷十二雜著。

綫裝，四册，登録號015809。首册護葉鈐「上海圖書館/退還圖書章」朱長印、《題辭》首葉鈐「嚴/澂」白方印、尾鈐「攖寧/生」白方印、「寓庸/館」朱方印；卷一首葉鈐「上海圖/書館藏」朱長印、「常熟/圖書/館藏」朱方印；卷二首葉鈐「嚴/澂」白方印；首册末葉鈐「攖寧/生」白方印、「寓庸/館」朱方印。其餘各册卷首皆鈐「上海圖/書館藏」朱長印、「常熟/圖書/館藏」朱方印。第二册卷首又有「澂」朱方印等。

015815　林泉高士孫西川詩稿一卷

（明）孫艾撰　清鈔本

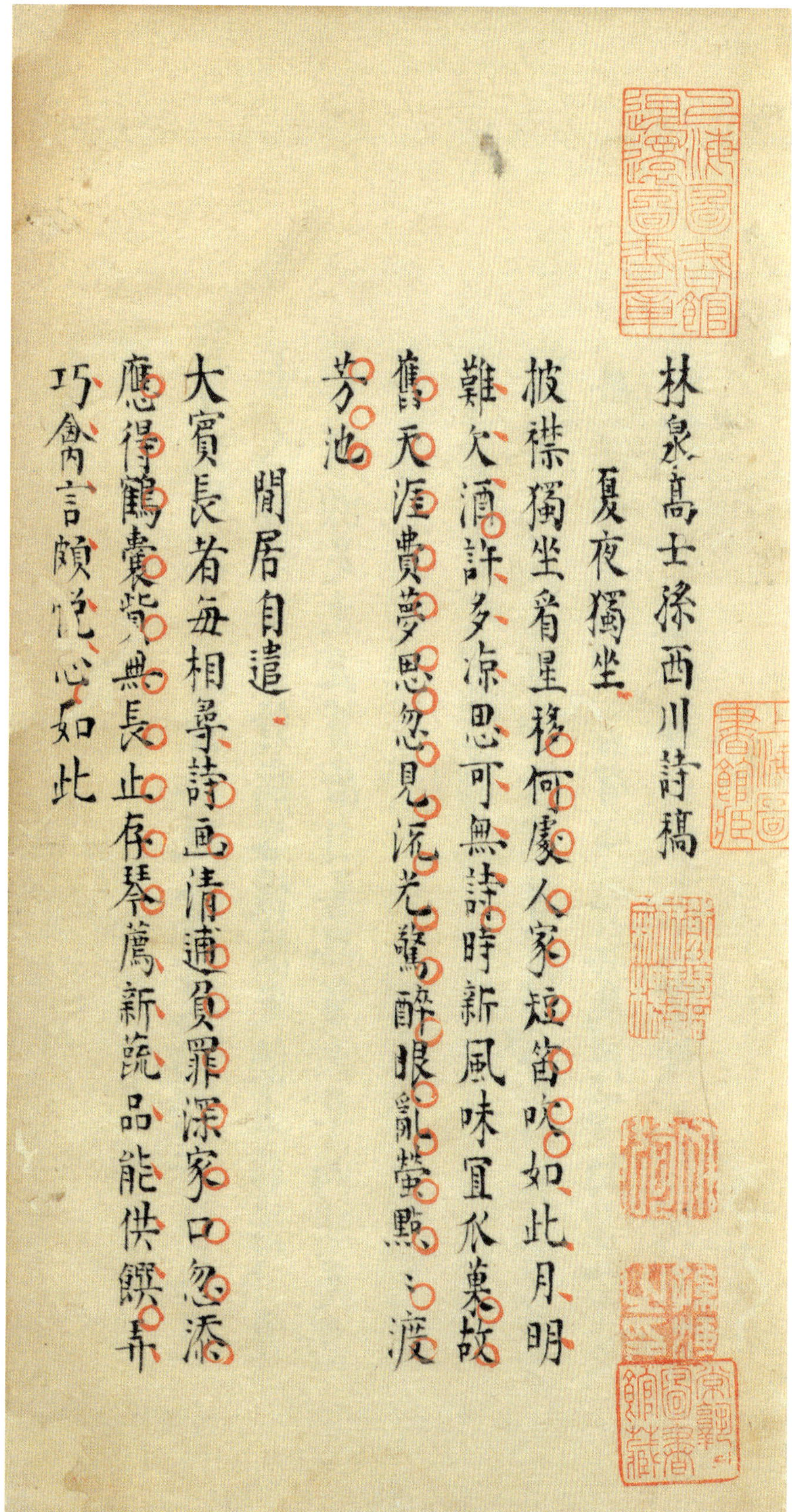
林泉高士孫西川詩稿
夏夜獨坐
披襟獨坐看星移何處人家短笛吹如此月明
難久酒許多涼思可無詩時新風味宜瓜果故
舊天涯費夢思忽見流光驚醉眼亂螢點點渡
芳池
閒居自遣
大賓長者每相尋詩畫清通負罪深家口忽添
應得鶴囊無長止有琴薦新蔬品能供饌弄
巧禽言頗悅心如此

孫艾，生卒年不詳，字世節，號西川，常熟人。師從於沈周。著有《落花倡和詩》《林泉高士孫西川詩稿》。

無版框及界欄，開本高 24.5 厘米，寬 14.9 厘米。半葉十行，行十八字。

正文前後無序跋。

綫裝，二册，登録號 015815。鈐「大石／山房」朱方印、「片言／不朽」白方印、「孫漣／之印」白方印、「鐵琴銅／劍樓」白長印、「上海圖／書館藏」朱長印、「上海圖書館／退還圖書章」朱長印、「常熟／圖書／館藏」朱方印等。

015817　岳武穆集六卷（存三卷）

（宋）岳飛撰　明萬曆二十年（1592）刻本

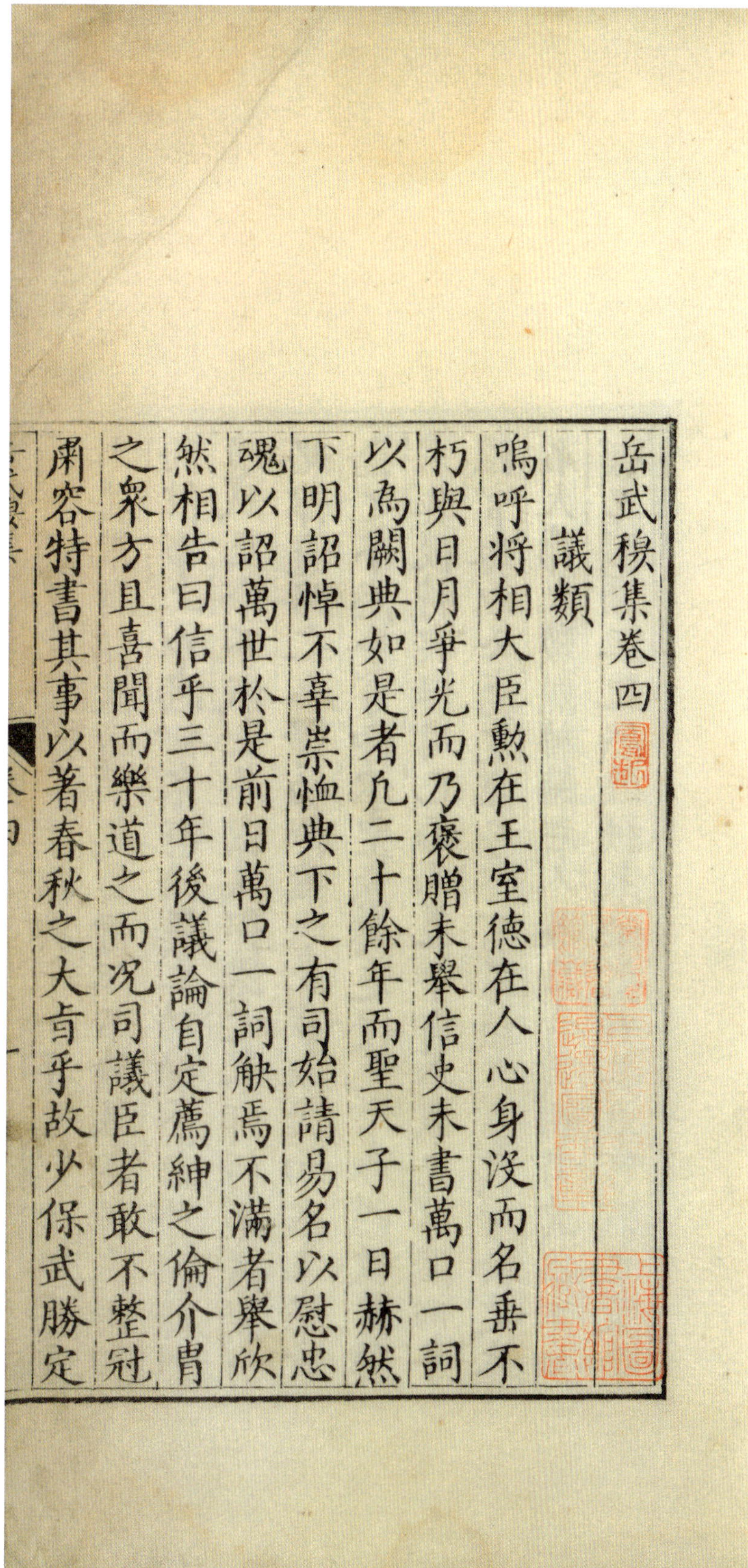
岳武穆集卷四

議類

嗚呼將相大臣勲在王室德在人心身沒而名垂不朽與日月爭光而乃褒贈未舉信史未書萬口一詞以為闕典如是者凡二十餘年而聖天子一日赫然下明詔悼不辜崇恤典下之有司始請易名以慰忠魂以詔萬世於是前日萬口一詞觖焉不滿者舉欣然相告曰信乎三十年後議論自定薦紳之倫介胄之衆方且喜聞而樂道之而況司議臣者敢不整冠肅容特書其事以著春秋之大旨乎故少保武勝定

岳飛（1103—1042），字鵬舉，相州湯陰（今屬河南）人。歷官清遠軍節度使、河南北諸路招討使、樞密副使等。戰功卓著，後爲人所害。孝宗時追謚武穆，寧宗時封鄂王，理宗時改謚忠武。《宋史》卷三六五有傳。

框高19.7厘米，寬14.1厘米。半葉十行，行二十字，白口，上單黑魚尾，四周雙邊。版心上鎸題名，中記卷次，下記葉次。

正文分六卷，今常熟市圖書館藏刻本係殘本，存卷四至卷六。正文後有趙欽湯《岳武穆集後序》，後接明萬曆二十年（1592）壬辰十二月湖南等處提刑按察司副使吴郡劉玉成《岳武穆王集後序》。

綫裝，一册，登録號015817。卷首鈐「鳳起」朱長印、「上海圖/書館/藏書」朱方印、「上海圖書館/退還圖書章」朱長印、「常熟/圖書/館藏」朱方印。

015820 虞山集十二卷（存十一卷）

（明）瞿式耜撰　（清）瞿昌文輯　清寶恩堂鈔本

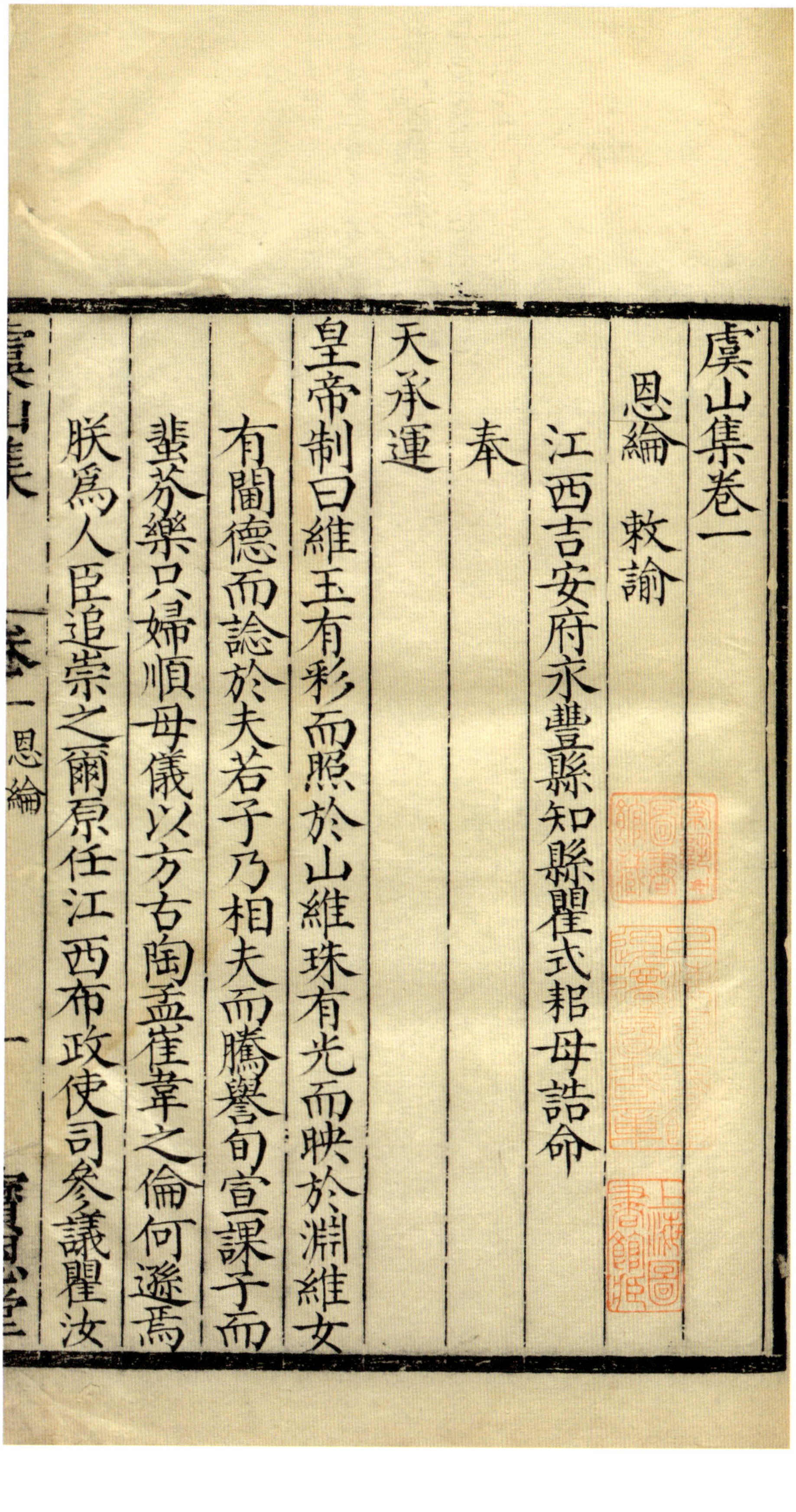

虞山集卷一

恩綸　敕諭

江西吉安府永豐縣知縣瞿式耜母誥命

奉

天承運

皇帝制曰維玉有彩而照於山維珠有光而映於淵維女有闇德而諗於夫若子乃相夫而騰譽旬宣課子而蜚芬樂只婦順母儀以方古陶孟崔韋之倫何遜焉朕爲人臣追崇之爾原任江西布政使司參議瞿汝

虞山集　卷一　恩綸　一　寶恩堂

瞿式耜（1590—1650），字起田，號稼軒、耘野，又號伯略，常熟人。明萬曆四十四年（1616）進士，授永豐知縣，擢户科給事中。後任應天府丞、右僉都御史、兵部侍郎、吏部侍郎兼東閣大學士等。

瞿昌文，字壽明，常熟人。式耜孫。曾省祖孤行至桂，後授翰林院檢討。

卷端署「前翰林院簡討孫男昌文恭輯」。

框高19厘米，寬14.3厘米。半葉九行，行二十二字，白口，左右雙邊，版心上鐫題名，中記卷數及類目，下記葉次，葉次下有「寶恩堂」三字。

正文前有康熙甲子孟春郭之祥序，次接孫朝讓《讀虞山集題辭》，又接《虞山集目次》。正文原分十二卷，第一卷：恩綸、勅諭、諭祭文（附）、卹旨；第二卷：椰垣疏草；第三卷：留守封事；第四卷：留守封事、臨難遺表；第五卷：耕石齋詩；第六卷：桂林詩；第七卷：浩氣吟；第八卷：家書；第九卷：傳、詩序、壽序、壽時（附）；第十卷：行實；第十一卷：書、序、哀辭、祭章；第十二卷：輓詩。今藏本闕卷十。

綫裝，十四册，登録號015820。正文首葉鈐「上海圖／書館藏」朱長印、「上海圖書館／退還圖書章」朱長印、「常熟／圖書／館藏」朱方印。其餘各册卷首皆鈐「上海圖／書館藏」朱長印、「常熟／圖書／館藏」朱方印。

015824 駱賓王文集十卷

（唐）駱賓王撰　明刻本

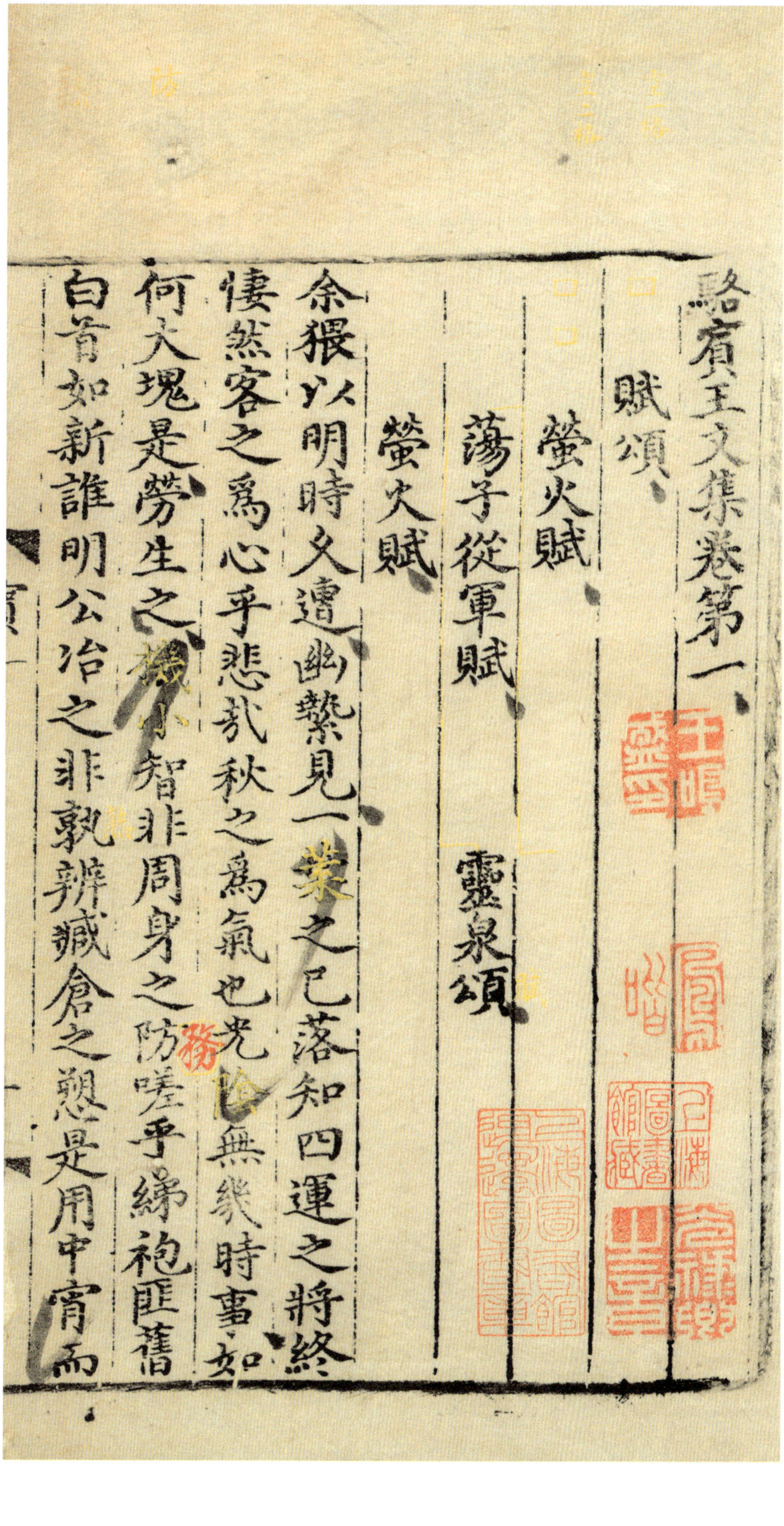

駱賓王文集卷第一

賦頌

螢火賦

蕩子從軍賦

靈泉頌

螢火賦

余猥以明時久遭幽縶見一葉之已落知四運之將終悽然客之為心乎悲哉秋之為氣也光陰無幾時事如何大塊是勞生之機小智非周身之防嗟乎綈袍匪舊白首如新誰明公冶之非孰辨臧倉之愬是用中宵而

駱賓王生平事迹見前《駱賓王文集》（015693）。

框高 19.6 厘米，寬 14.1 厘米。半葉九行，行二十一字，白口，左右雙邊，雙黑魚尾。版心中録卷次，下記葉次。

正文前有魯國郗雲卿所撰《駱賓王文集序》，序末不署撰寫時間；次接《駱賓王文集目録》。正文分十卷，卷一賦，卷二至卷五詩，卷六表啓，卷七啓書，卷八至卷十雜著。

綫裝，二册，登録號 015824。有朱筆、黄筆批校。鈐「五硯樓」朱長印，「王鳴／盛印」白方印、「西莊／居士」白方印、「鳳／喈」陰陽方印、「光禄卿／之章」白方印、「上海／圖書／館藏」朱方印、上海圖書館／退還圖書章」朱長印、「常熟／圖書／館藏」朱方印等。

015830 頤志堂稿五卷

（明）陸瑞徵撰　明崇禎刻本

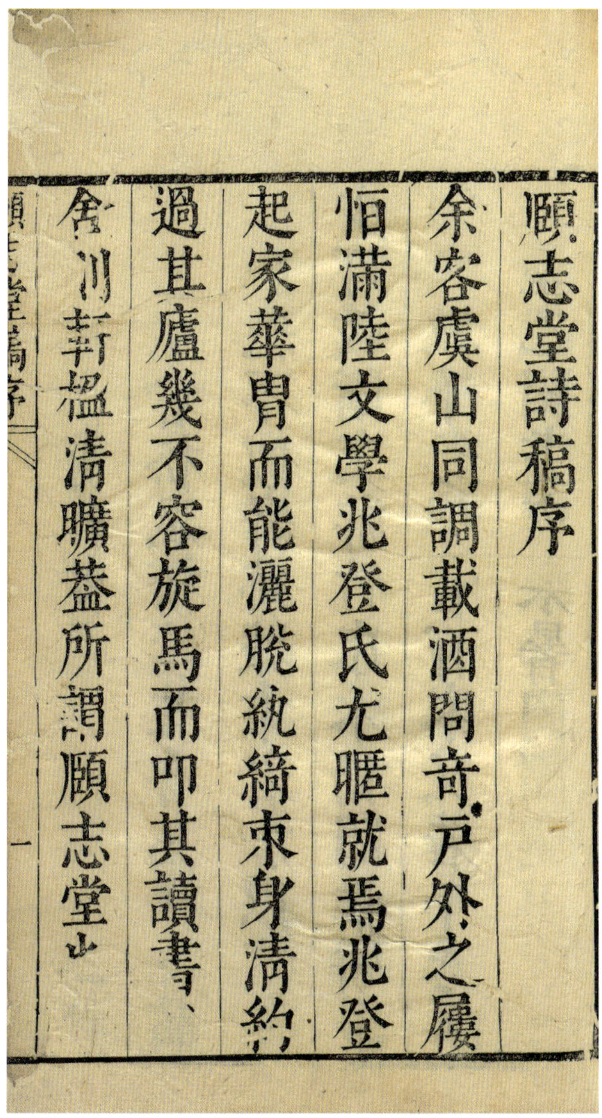

頤志堂詩稿序
余客虞山同調載酒問奇戶外之屨
恒滿陸文學兆登氏尤暱就焉兆登
起家華胄而能灑脫紈綺束身清約
過其廬幾不容旋馬而叩其讀書
舍川揭扁清曠蓋所謂頤志堂也

頤志堂稿　序　一

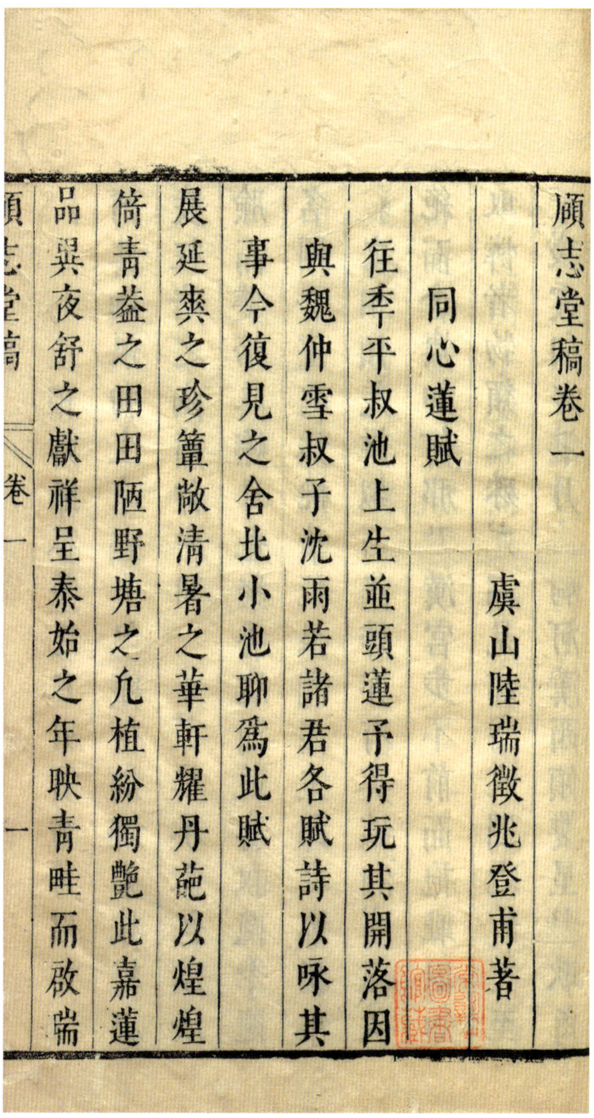

頤志堂稿卷一
虞山陸瑞徵兆登甫著
同心蓮賦
往季平叔池上生並頭蓮予得玩其開落因
與魏仲雪叔子沈雨若諸君各賦詩以咏其
事今復見之舍北小池聊爲此賦
展延爽之珍簟敞清暑之華軒耀丹葩以煌煌
倚青蓋之田田陋野塘之凡植紛獨艷此嘉蓮
品異夜舒之獻祥呈泰始之年映青畦而啟崇

頤志堂稿　卷一　一

陸瑞徵，字兆登，常熟人。陸泰徵弟。

題「虞山陸瑞徵兆登甫著」。

開本高 19.4 厘米，寬 13.6 厘米。半葉九行，行十八字，白口，上單綫魚尾，四周單邊。版心上鎸書名，中記卷數，下記葉次。

正文前有《頤志堂詩稿序》，署「崇禎丙子孟夏仙山社弟林雲鳳纂於香月窻」；次接《頤志堂記》，署「崇禎九年正月彭城錢謙益記」；次接陸瑞徵《同心蓮賦》；次接目録。正文分五卷。

綫裝，二册，登録號 015830。鈐「上海圖／書館藏」朱長印、「上海圖書館／退還圖書章」朱長印、「常熟／圖書／館藏」朱方印。

015831　浩氣吟一卷

（明）瞿式耜撰　清初東日堂刻本

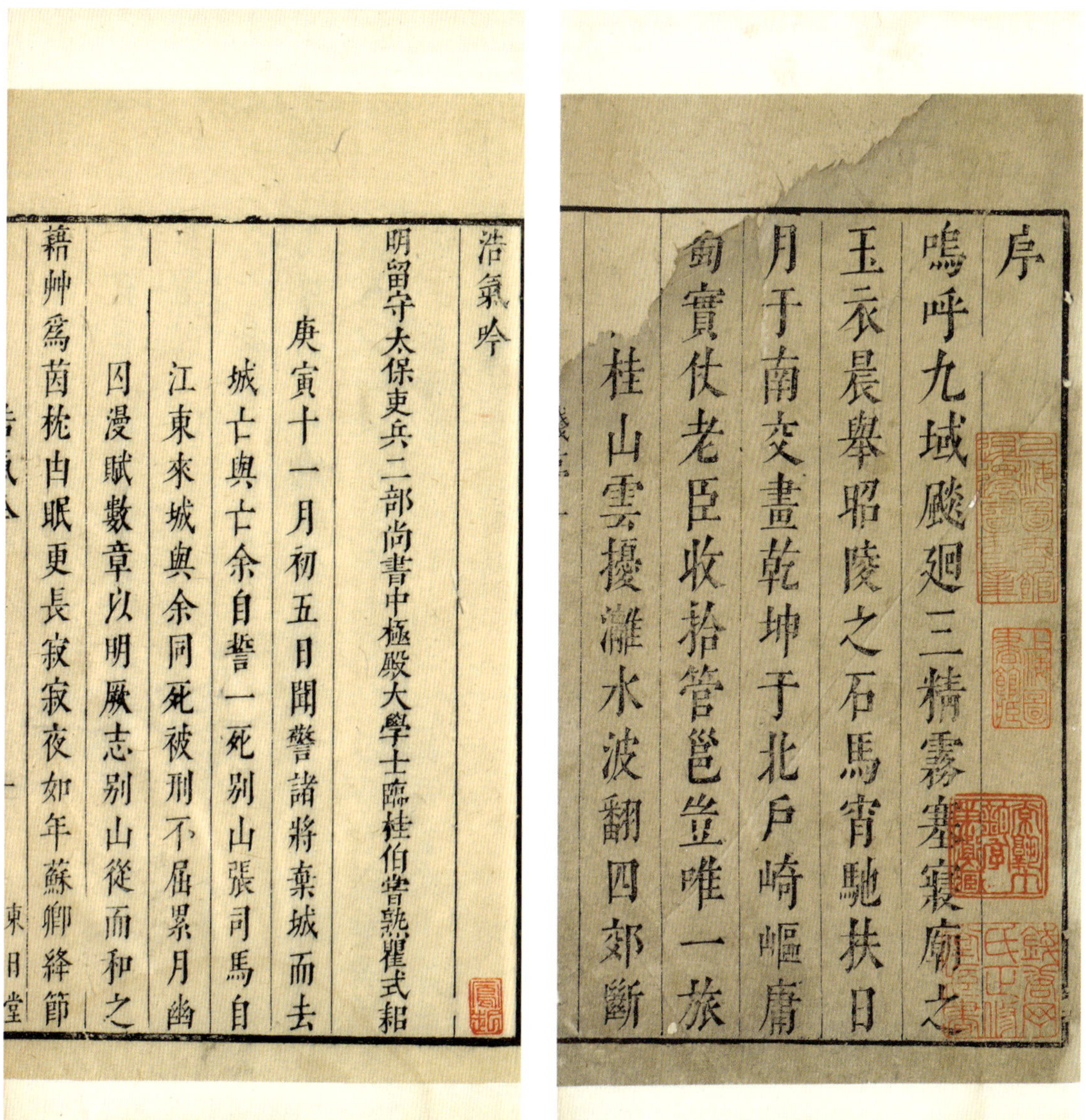
序

嗚呼九域飈廻三精霧塞寢廟之
玉衣晨舉昭陵之石馬宵馳扶日
月于南交晝乾坤于北戶崎嶇膚
劍實仗老臣收拾管邕豈唯一旅
桂山雲擾灕水波翻四郊斷

浩氣吟

明留守太保吏兵二部尚書中極殿大學士臨桂伯常熟瞿式耜

庚寅十一月初五日聞警諸將棄城而去
城亡與亡余自誓一死別山張司馬自
江東來城與余同死被刑不屈累月幽
因漫賦數章以明厥志別山從而和之

藉艸爲茵枕凷眠更長寂寂夜如年蘇卿絳節

瞿式耜生平事迹見前《虞山集》（015820）。

框高19.8厘米，寬12.6厘米。半葉八行，行十八字，白口，四周單邊，版心上鐫題名，下記葉次，葉次下方有「東日堂」三字。

正文前有錢謙益《序》，署「歲在單閼重光小歲日，蒙叟謙益再拜書於絳雲餘燼處」，次接釋性因序，又接《臨難遺表》。正文後有瞿昌文《浩氣吟後記》。

綫裝，一册，登録號015831。錢序首葉鈐「錢唐丁／氏正修／堂藏書」朱方印、「常熟丁／鈞字／秉衡藏」朱方印、「上海圖／書館藏」朱長印、「上海圖書館／退還圖書章」朱長印；《遺表》首葉鈐「上海圖／書館藏」朱長印、「常熟／圖書／館藏」朱方印；正文首葉鈐「鳳起」朱長印。

015844 瞿冏卿集十四卷

（明）瞿汝稷撰　明萬曆三十九年（1611）張養正刻本

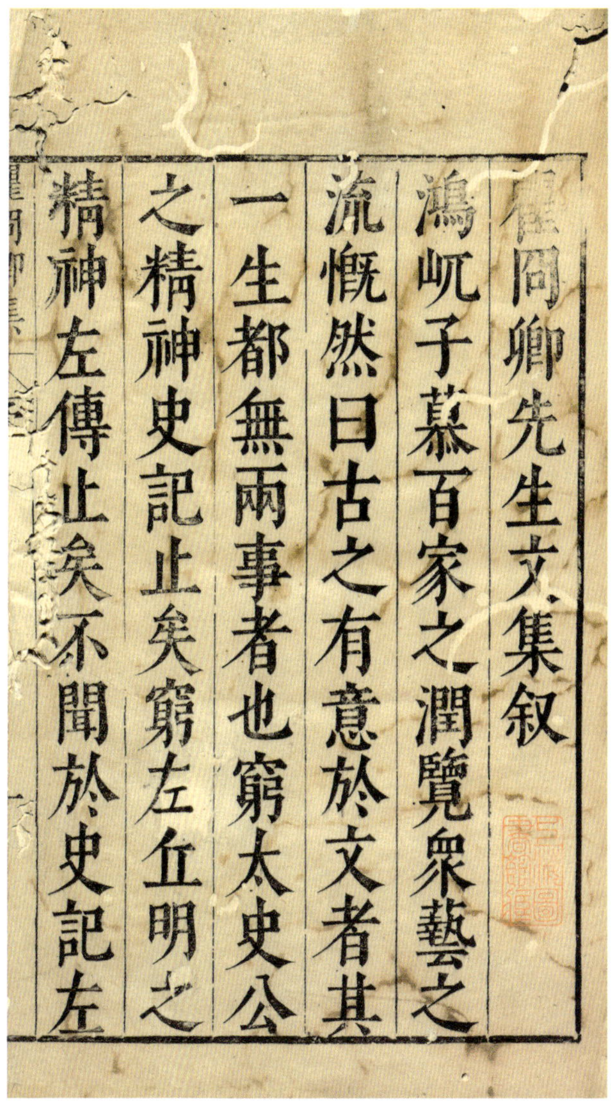
瞿冏卿先生文集叙
鴻屼子慕百家之潤覽衆藝之
流慨然曰古之有意於文者其
一生都無兩事者也窮太史公
之精神史記止矣窮左丘明之
精神左傳止矣不聞於史記左

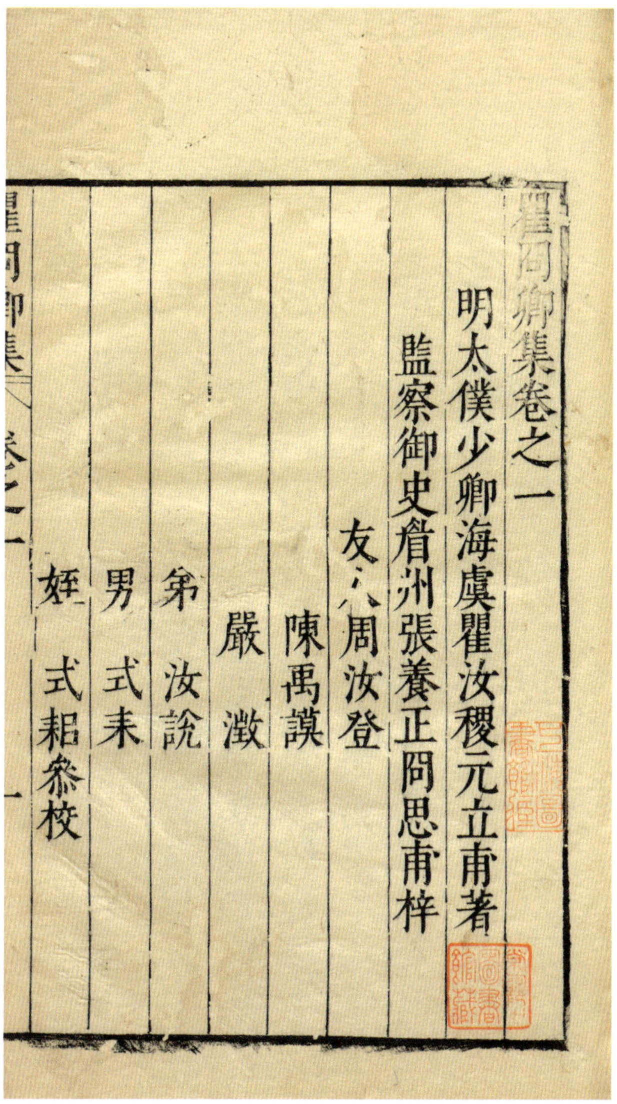
瞿冏卿集卷之一
明太僕少卿海虞瞿汝稷元立甫著
監察御史胥州張養正冏思甫梓
友人周汝登
陳禹謨
嚴澂
弟　汝說
男　式耒
姪　式耜叅校
瞿冏卿集　卷之一　一

瞿汝稷（1548—1610），字元立，號洞觀，常熟人。瞿景淳子，瞿汝説兄。以蔭補官，遷刑部主事，先後任黄州、邵武、辰州知府，後遷長蘆都轉運使，以太仆寺少卿致仕。所著除《瞿冏卿集》，又有《指月録》《瞿太僕文集》等。生平行實又見於錢謙益《牧齋初學集》卷七二《瞿元立傳》葉向高《蒼霞續草》卷九《明長蘆轉運使加太仆寺少卿致仕瞿公墓志銘》。

卷端署「明太仆少卿海虞瞿汝稷元立甫著，監察御史眉州張養正冏思甫梓」。

框高20.5厘米，寬13.7厘米。半葉九行，行十八字，白口，上單白魚尾，四周單邊。版心上鐫題名，中記卷數，下記葉次。

正文前有明萬曆三十九年（1611）辛亥季冬吉旦南京貴州道監察御史舊屬下生張養正《瞿冏卿先生文集叙》；次接萬曆辛亥冬日梁溪友人高攀龍《瞿元立先生集序》；次接萬曆辛亥閩中曹學佺《瞿冏卿文集序》；次接葉向高《明長蘆轉運使加太僕寺少卿致仕瞿公墓志銘》；次接目録。正文後有嚴澂《跋瞿冏卿集後》。正文按詩文體裁分十四卷，卷一賦、五言古詩，卷二五言古詩，卷三七言古詩，卷四五言律詩、七言律詩，卷五七言律詩、五言排律、六言絶句、七言絶句、詩餘，卷六贊、偈、頌、序文，卷七序文，卷八祭文，卷九記、傳，卷十狀，卷十一志銘、碑銘、墓碑，卷十二疏、跋、書，卷十三雜著、公移，卷十四公移。

綫裝，八册，登録號015844。鈐「常熟/圖書/館藏」朱方印、「上海圖/書館藏」朱長印、「上海圖書館/退還圖書章」等。

015847　東日堂詩稿一卷

（明）瞿式耜撰　清初東日堂刻本

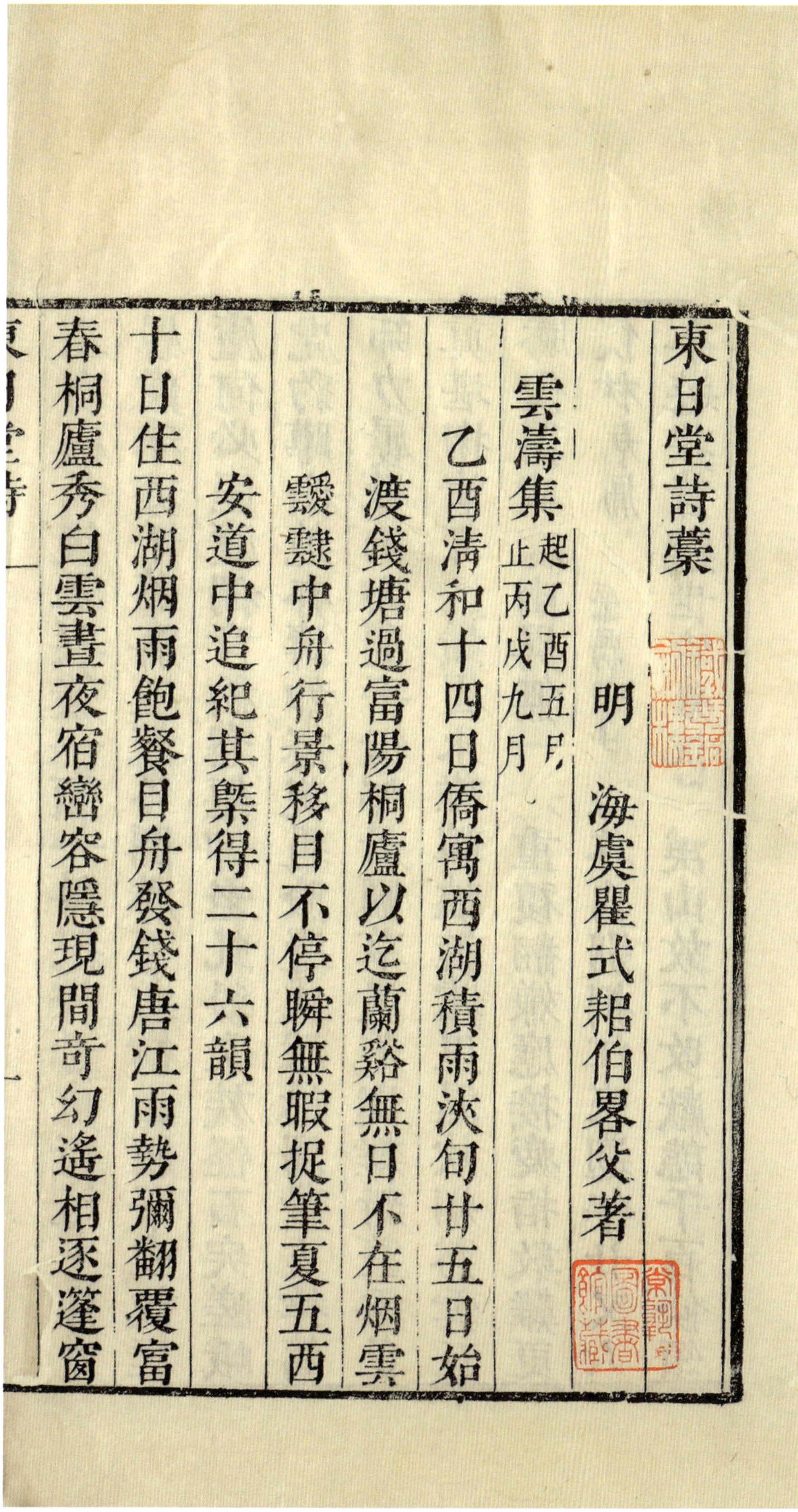

東日堂詩槀　　明　海虞瞿式耜伯畧父著

雲濤集　起乙酉五月　止丙戌九月

乙酉清和十四日僑寓西湖積雨浹旬廿五日始渡錢塘過富陽桐廬以迄蘭谿無日不在烟雲靉靆中舟行景移目不停瞬無暇捉筆夏五西安道中追紀其槩得二十六韻

十日住西湖烟雨飽餐目舟發錢唐江雨勢彌翻覆富春桐廬秀白雲晝夜宿巒容隱現間奇幻遙相逐蓬窗

東日堂詩

瞿式耜生平事迹見前《虞山集》（015820）。

框高19.4厘米，寬13.8厘米。半葉九行，行二十一字，小字雙行，左右雙邊，白口。版心上鎸書名，下記葉次。

正文分《雲濤集》（起乙酉五月止丙戌九月）、《松丸集》（起丁亥正月止庚寅八月）、《浩氣吟》（起庚寅十一月初五日止閏十一月十七日臨難），附《別山遺稿》。正文後接方以智撰《壽留守相國六十序》，錢光夏撰《奉祝虞山相公六十壽序》，毛晋撰《東日堂集後序》，序末皆不署撰寫時間。

毛裝，一册，登録號015847。入選第四批《國家珍貴古籍名録》，名録號10827。卷端鈐「鐵琴銅／劍樓」白長印。

015853　培林堂文集十四卷（存十二卷）

（清）徐秉義撰　清鈔本

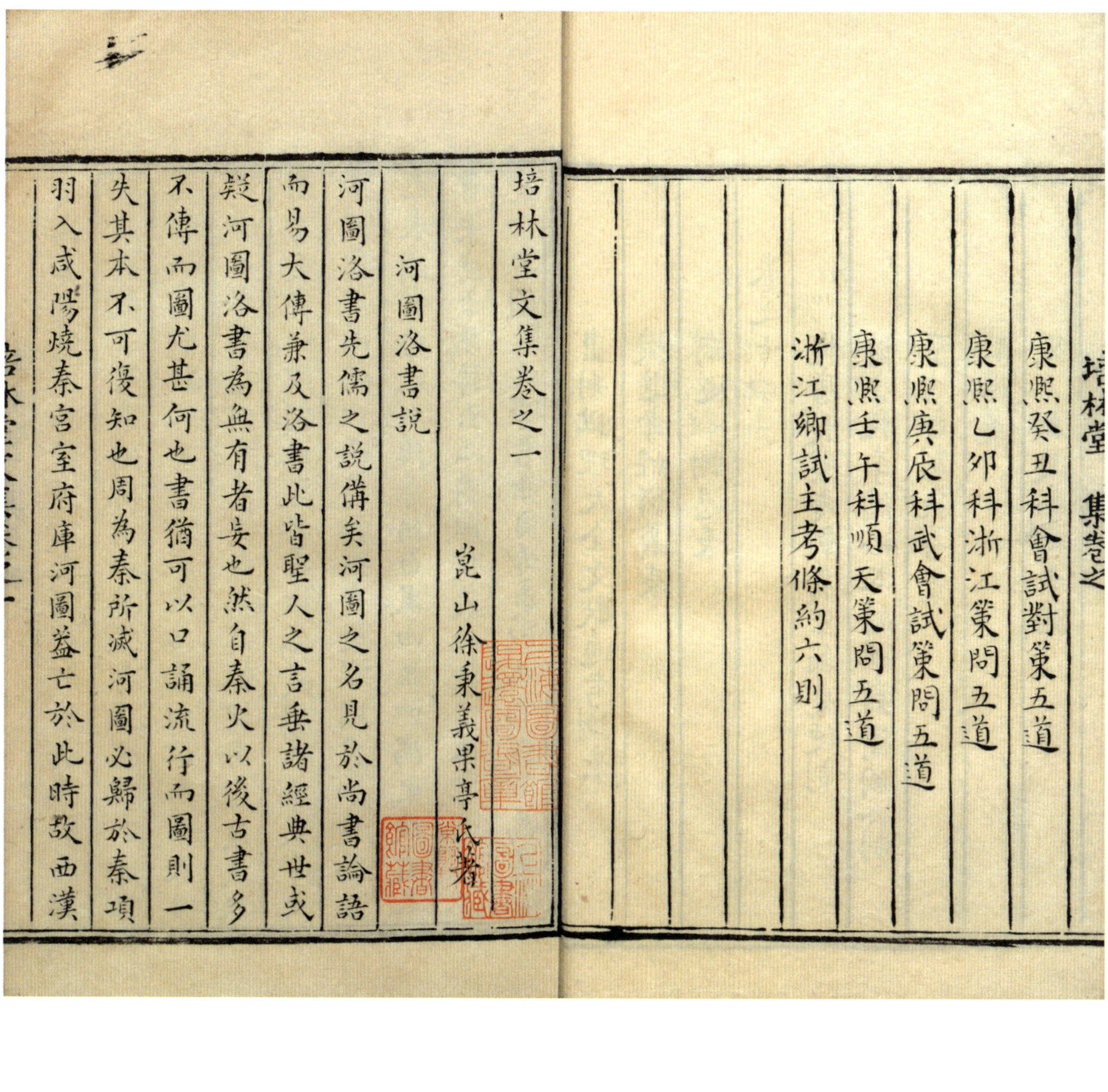

培林堂文集卷之

康熙癸丑科會試對策五道

康熙乙卯科浙江策問五道

康熙庚辰科武會試策問五道

康熙壬午科順天策問五道

浙江鄉試主考條約六則

培林堂文集卷之一

崑山徐秉義果亭氏著

河圖洛書說

河圖洛書先儒之說備矣河圖之名見於尚書論語而易大傳兼及洛書此皆聖人之言垂諸經典世或疑河圖洛書為無有者妄也然自秦火以後古書多不傳而圖尤甚何也書猶可以口誦流行而圖則一失其本不可復知也周為秦所滅河圖必歸於秦項羽入咸陽燒秦宮室府庫河圖益亡於此時故西漢

徐秉義生平事迹見前《詩經識餘》（015673）。

卷端署「昆山徐秉義果亭氏著」。

框高 18.3 厘米，寬 13.5 厘米。半葉九行，行二十字，白口，四周雙邊。版心上鎸書名「培林堂文集」，下記卷次。

正文前有《培林堂文集目録》，正文原爲十四卷，今藏本存十二卷，卷一至卷二爲論辯類，共三十五篇；卷三至卷四爲書序，共六十一篇；卷五爲壽序，共十七篇；卷六爲雜記四篇、書信四篇；卷七爲辭跋，共十五篇；卷八爲墓志銘，共十篇；卷九至卷十一爲傳狀類，共三十五篇；卷十二爲碑文，共十六篇；卷十三爲辭賦、贊、頌類，共二十三篇；卷十四爲御試制科策論，共十篇。

綫裝，六册，登録號 015853。入選第四批《國家珍貴古籍名録》，名録號 10856。鈐「上海 / 圖書 / 館藏」朱方印、「上海圖書館 / 退還圖書章」朱長印、「常熟 / 圖書 / 館藏」朱方印。

015862　天山集不分卷

（清）歸起先撰　清鈔本

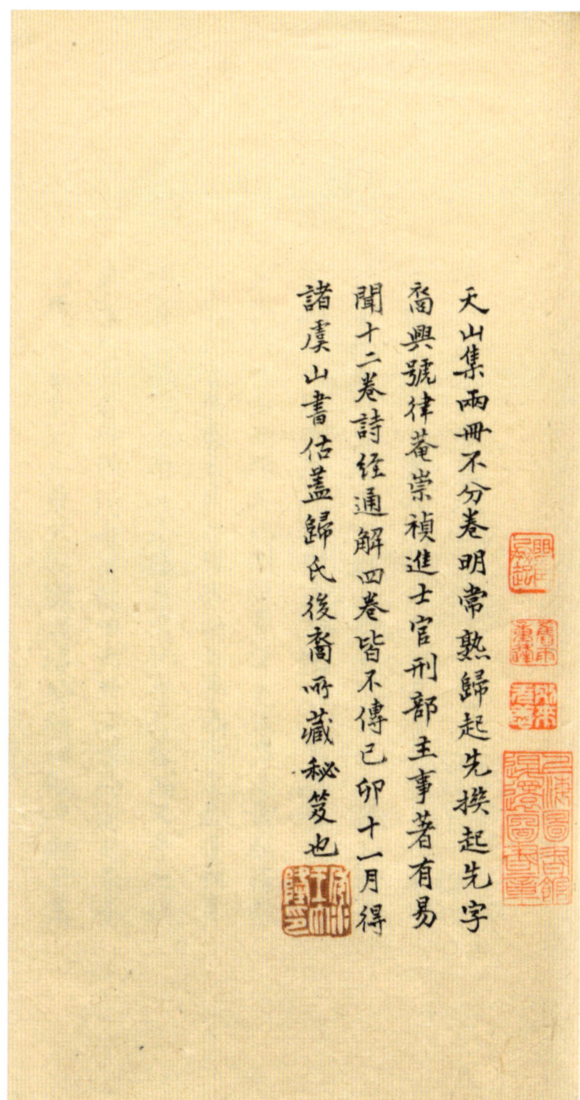

天山集兩冊不分卷明常熟歸起先撰起先字裔興號律菴崇禎進士官刑部主事著有易聞十二卷詩經通解四卷皆不傳己卯十一月得諸虞山書估蓋歸氏後裔所藏秘笈也

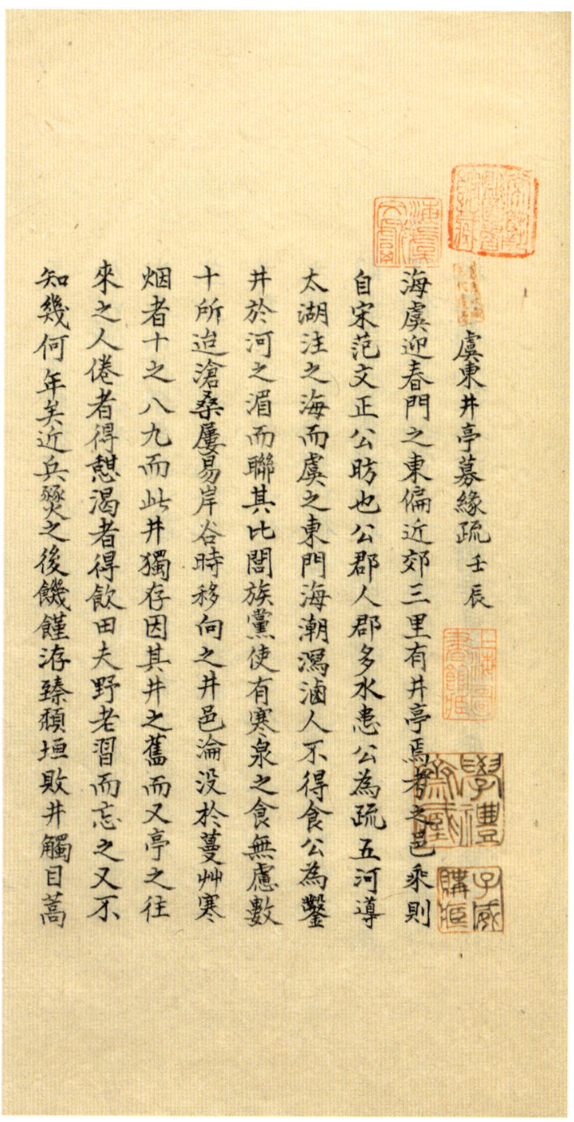

虞東井亭募緣疏　壬辰

海虞迎春門之東偏近郊三里有井亭焉者老之邑乘則自宋范文正公昉也公郡人郡多水患公為疏五河導太湖注之海而虞之東門海潮瀉滷人不得食公為鑿井於河之湄而聯其比閭族黨使有寒泉之食無慮數十所迨滄桑屢易岸谷時移向之井邑淪沒於蔓艸寒烟者十之八九而此井獨存因其井之舊而又亭之往來之人倦者得憩渴者得飲田夫野老習而忘之又不知幾何年矣近兵燹之後饑饉洊臻頹垣敗井觸目蒿

歸起先，字裔興，號律庵，晚號易民，常熟人。明崇禎十六年（1643）進士。曾官刑部主事。

無版框及界欄，開本高28.9厘米，寬17.8厘米。半葉九行，行二十一字。正文前有題識，文末不署撰人，過録「秀水／王大／隆印」白方印；正文後有清光緒三十三年（1907）春三月俞鍾鑾跋。正文不分卷。

綫裝，二册，登録號015862。原藏上海圖書館，各册護葉貼有上海圖書館藏書簽，分别著録索書號碼「742718」「742719」。各册護葉二題書名「天山集」及册數。鈐「瞿／鳳起」朱長印、「舊雨／重逢」朱方印、「别來／無恙」白方印、「鳳起／鈔藏」朱方印、「海虞／文獻」朱方印、「上海圖／書館藏」朱長印、「上海圖書館／退還圖書章」朱長印、「常熟／縣圖書／館藏」朱方印，另有「學禮／齋藏」朱方印、「子威／購藏」朱方印、「舊盧收藏／先代遺著」朱長印等皆係手繪過録。

015876 孫岷自詩選

（清）孫江撰　清康熙四年（1665）陸貽典刻本

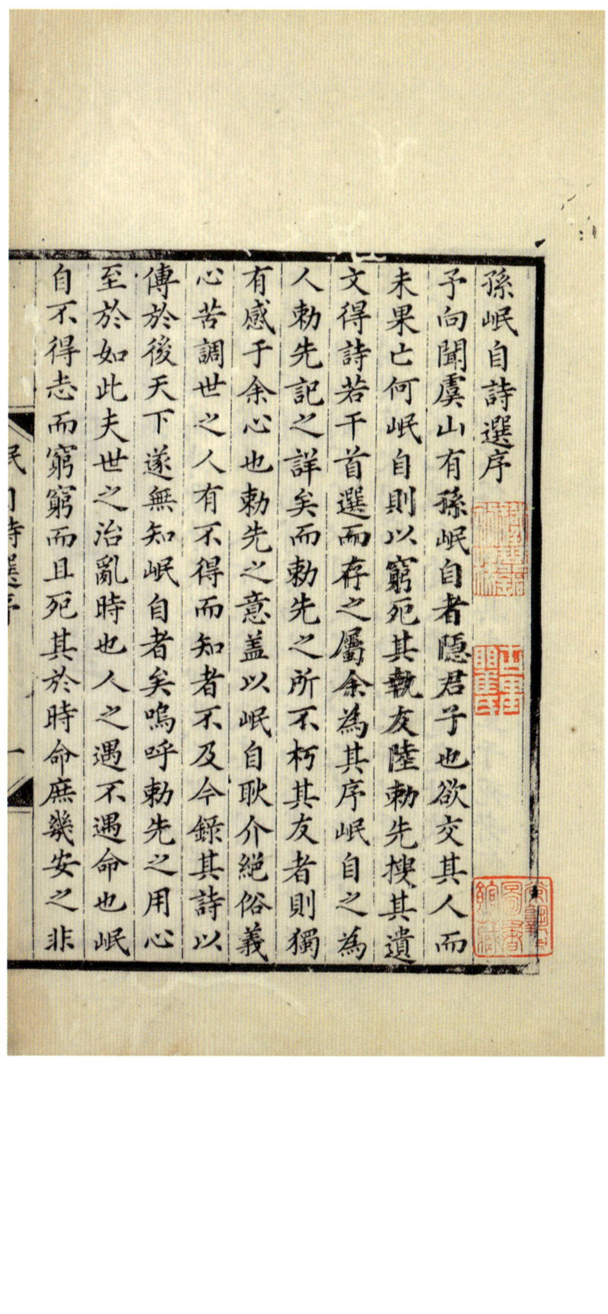

孫岷自詩選序

予向聞虞山有孫岷自者隱君子也欲交其人而未果亡何岷自則以窮死其執友陸勑先捜其遺文得詩若干首選而存之屬余為其序岷自之為人勑先記之詳矣而勑先之所不朽其友者則獨有感于余心也勑先之意蓋以岷自耿介絕俗義心苦調世之人有不得而知者不及今錄其詩以傳於後天下遂無知岷自者矣嗚呼勑先之用心至於如此夫世之治亂時也人之遇不遇命也岷自不得志而窮窮而且死其於時命庶幾安之非

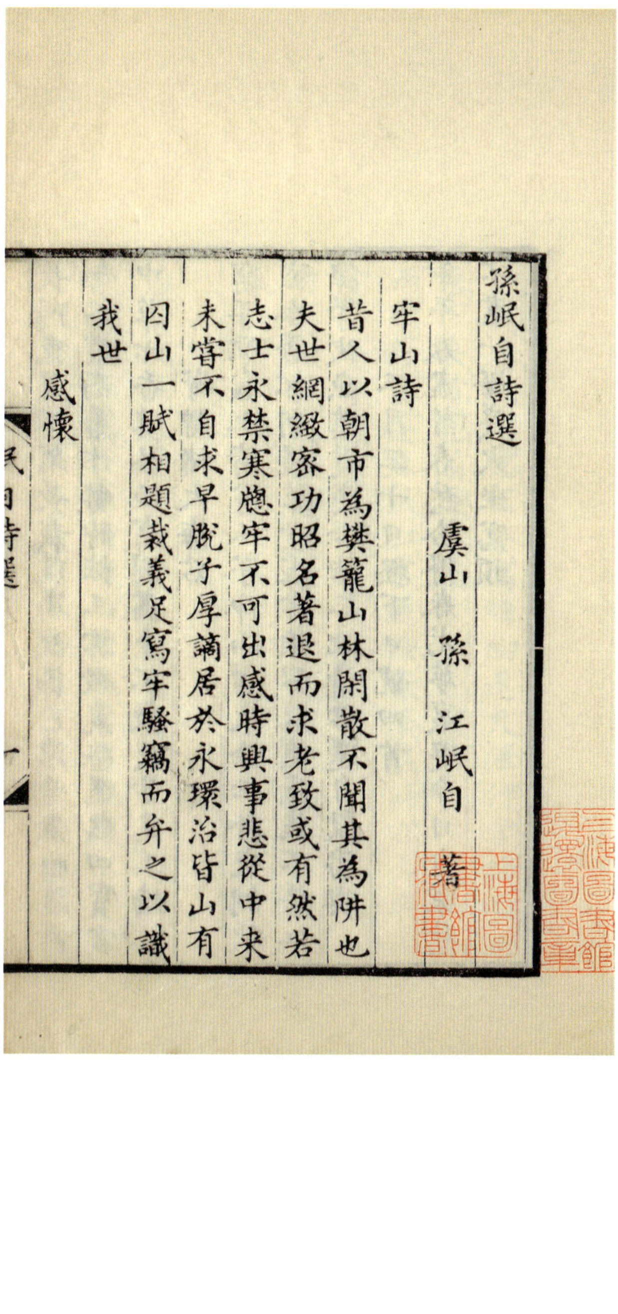

孫岷自詩選

虞山　孫　江岷自　著

牢山詩

昔人以朝市為樊籠山林閒散不聞其為阱也夫世網綴密功昭名著退而求老致或有然若志士永禁寒廳牢不可出感時與事悲從中來未嘗不自求早脫子厚謫居於永環治皆山有囚山一賦相題裁義足寫牢騷竊而弁之以識我世

感懷

孫江（1614—1665），字岷自，常熟人。工詩，精校讎。

卷端署「虞山孫江岷自著」。

框高17.4厘米，寬13.4厘米。半葉十行，行十九字，白口，雙魚尾，左右雙邊。版心中鎸書名，下記葉次。

正文前有陳瑚《孫岷自詩選序》，次接乙巳中秋陸貽典《岷自詩選序》，正文後有乙巳孟秋休庵褚道潛跋。

綫裝，一册，登録號015876。原藏上海圖書館，護葉貼有上海圖書館藏書簽，著録索書號碼「589718」。鈐「鐵琴銅/劍樓」白長印、「古里/瞿氏」白長印、「常熟/圖書/館藏」朱方印。

015907　黃攝六詩選二卷

（清）黃翼聖撰　（清）錢謙益選定　清鈔本　沈汝瑾跋

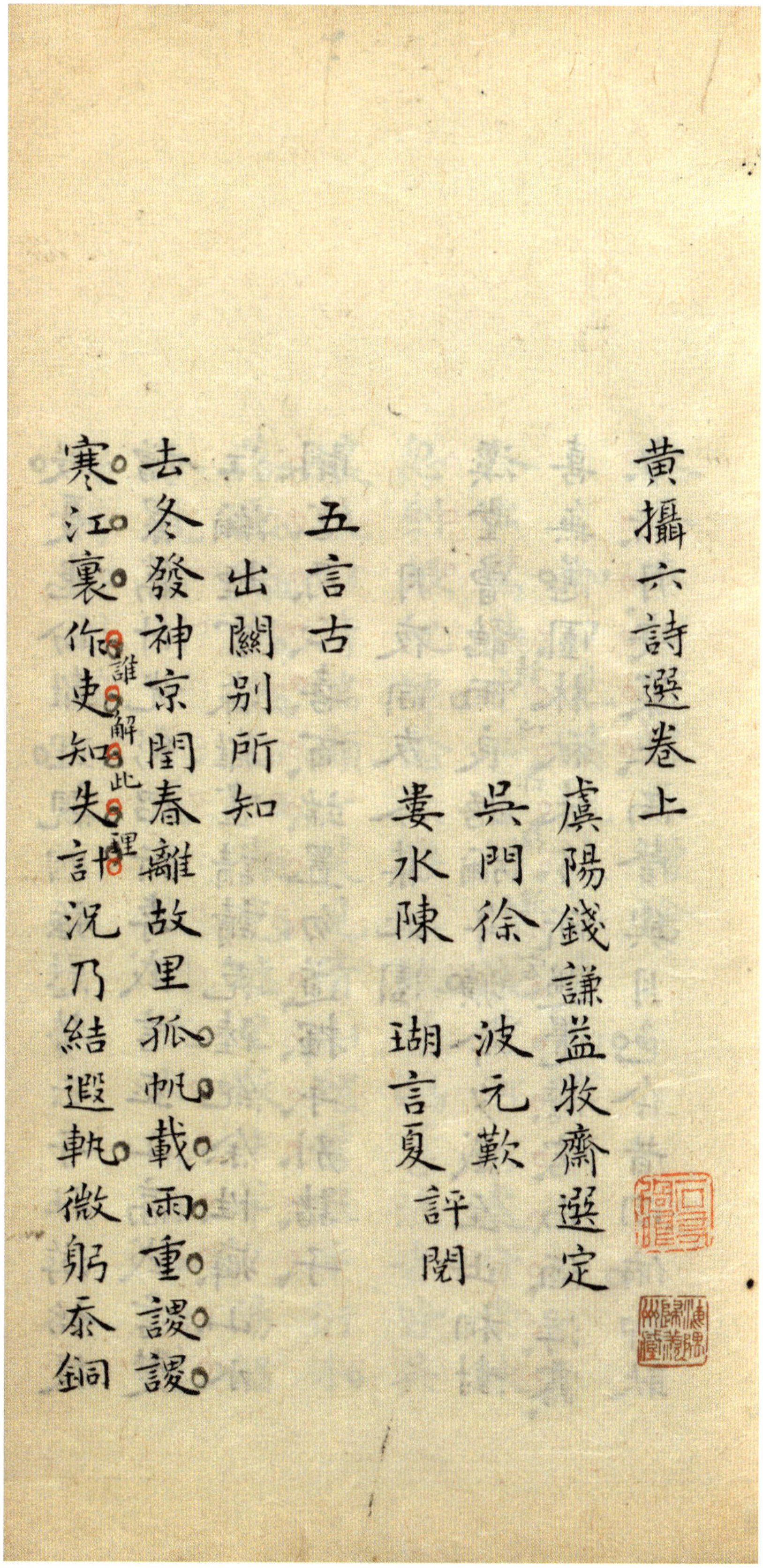
黃攝六詩選卷上
虞陽錢謙益牧齋選定
吳門徐波元歎
婁水陳瑚言夏 評閱
五言古
出關別所知
去冬發神京聞春離故里孤帆載雨重謖謖
寒江裏作吏知先計況乃結遐軌微躬忝銅
（旁注：誰　解　此　裡）

黃翼聖（1596—1659），字子羽，號攝六，别號蓮蕊居士，蘇州太倉人。諸生。曾官新都知縣、吉州知州。

卷端署「虞陽錢謙益牧齋選定，吴門徐波元嘆、婁水陳瑚言夏評閲」。無版框及界欄，開本高 24.7 厘米，寬 14.5 厘米。半葉八行，行十七字。

正文前有錢謙益《黄子羽墓志銘》，次接錢謙益《蓮蕋居士傳》，又接陳瑚《黄攝六詩序》，又接徐波《序攝六黄居士詩》。正文分上、下卷，卷上含五言古詩、七言古詩三十餘首；卷下收五言律詩、七言律詩、五言絶句、七言絶句一百三十餘首。正文後有沈石友、老鈍手跋。

綫裝，一册，登録號 015907。原藏上海圖書館，封内貼有上海圖書館藏書簽，著録索書號碼「720384」「720385」。鈐「鳴堅／白齋」朱方印、「石友／過眼」朱方印、「海虞／歸羡／州藏」朱方印、「沈石友」白方印、「鳳起」朱長印、「上海圖書／館藏書」朱文長方印、「上海圖書館／退還圖書章」朱長印、「常熟／圖書／館藏」朱方印等。

015910 譚益之詩文稿一卷

（明）譚爾進撰　清初鈔本

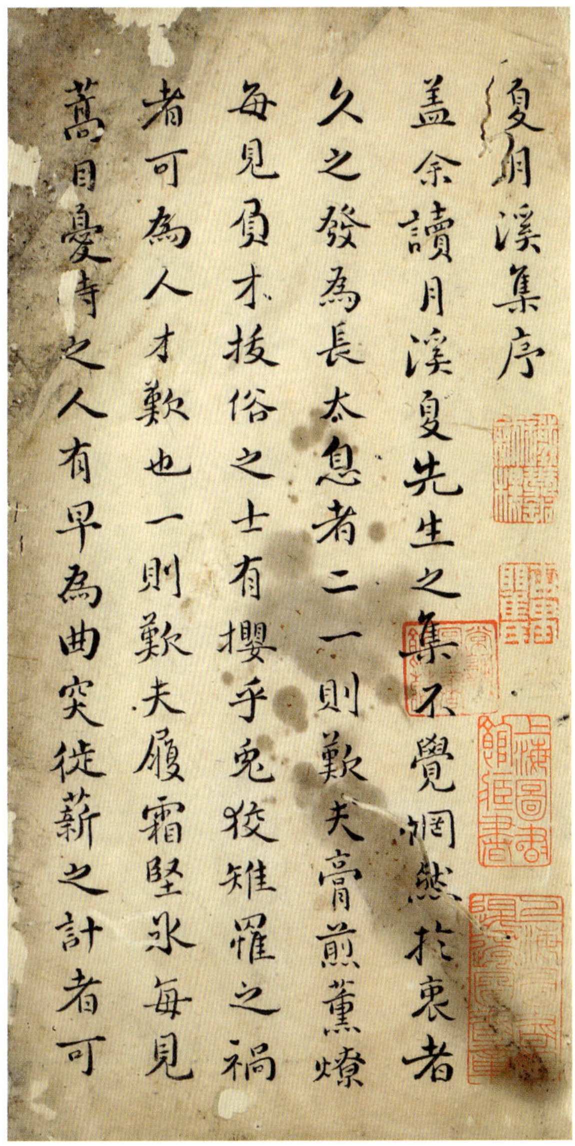

夏月溪集序

蓋余讀月溪夏先生之集不覺惘然於衷者久之發為長太息者二一則歎夫膏煎薰燎每見負才拔俗之士有攖乎兇狡雉羅之禍者可為人才歎也一則歎夫履霜堅氷每見萬目憂時之人有早為曲突徙薪之計者可

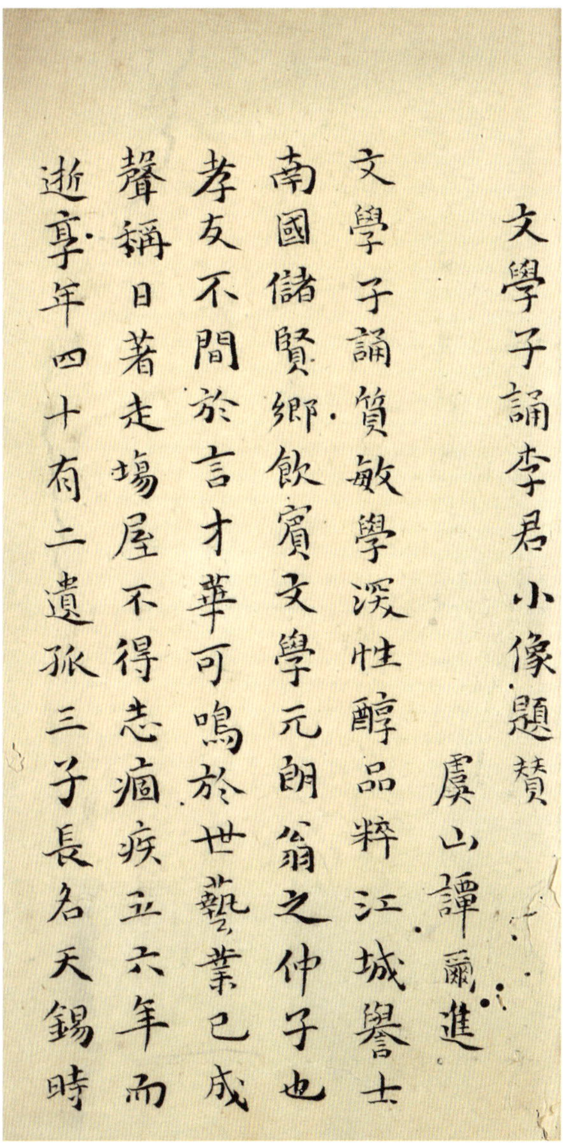

文學子誦李君小像題贊

虞山譚爾進

文學子誦質敏學深性醇品粹江城譽士南國儲賢鄉飲賓文學元朗翁之仲子也孝友不間於言才華可鳴於世藝業已成聲稱日著走場屋不得志痼疾五六年而逝享年四十有二遺孤三子長名天錫時

譚爾進，字益之，號石城，常熟人。

無版框及界欄，開本高 23.9 厘米，寬 13.7 厘米。半葉七行，行十六至二十字不等。

正文前後無序跋。是集收譚爾進序、贊、傳、詩等凡十五題，如《夏月溪集序》《江上吴徵君天然先生傳》等，其中《文學子誦李君小像題贊》一文重收，實十四篇。

集中有書籤一張，上有初園題識，云：「此譚益之詩文稿，詩半見於譚氏編年草中，且有江南仕譜兩譚生語可證。瞿氏以首篇爲《夏月溪集序》，遂誤題爲《夏月溪詩》，應并書目更正之。初園考定。」

綫裝，一册，登録號 015910。原藏上海圖書館，護葉貼有上海圖書館藏書簽，著録索書號碼「581442」。鈐「鐵琴銅/劍樓」白長印、「古里/瞿氏」白長印、「上海圖書/館藏書」朱長印、「上海圖書館/退還圖書章」朱長印、「常熟/圖書/館藏」朱方印。

015922　孫雪屋先生文集不分卷

（明）孫永祚撰　稿本

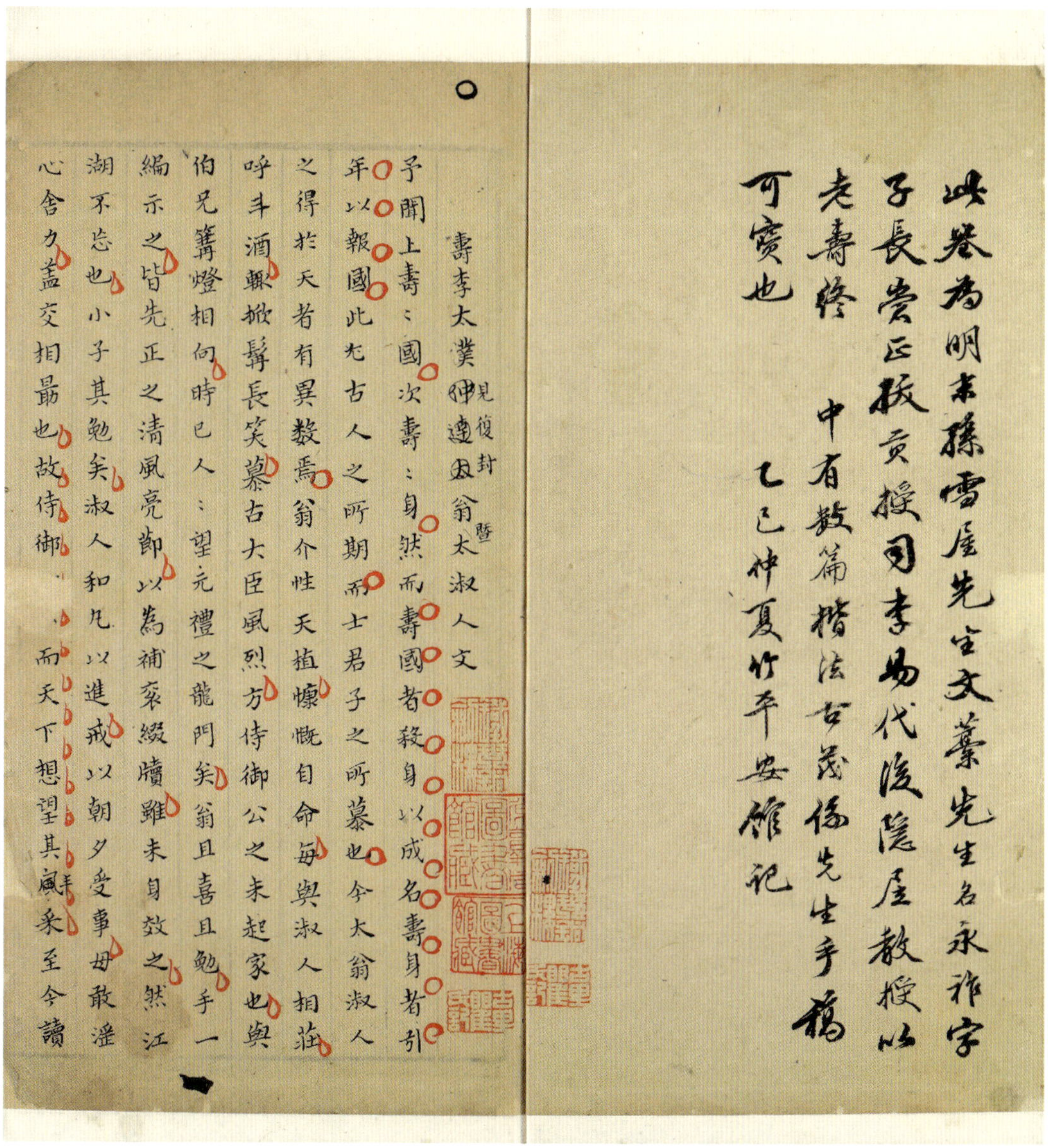
此卷為明末孫雪屋先生文藁先生名永祚字子長嘗以歲貢授司李另代後隱居教授以老壽終　中有數篇楷法古茂係先生手稿可寶也

乙巳仲夏竹平安館記

壽李太僕見復封翁暨仲遠母太淑人文

予聞上壽：國次壽：身然而壽國者殺身以成名壽身者引年以報國此尤古人之所期而士君子之所慕也今大翁淑人之得於天者有異數焉翁介性天植慷慨自命每與淑人相莊呼斗酒輒掀髯長笑慕古大臣風烈方侍御公之未起家也與伯兄篝燈相向時已人：望元禮之龍門矣翁且喜且勉手一編示之皆先正之清風亮節以為補袞綴牘雖未自效之然江湖不忘也小子其勉矣淑人和丸以進戒以朝夕受事毋敢淫心舍力蓋交相勗也故侍御[illegible]而天下想望其風采至今讀

孫永祚生平事迹見前《雪屋集》（011989）。

框高22厘米，寬12.3厘米。半葉九行，行二十四字，藍格，白口，左右雙邊。版心下有「修遠樓」三字。

護葉背面有手跋，署「乙巳仲夏竹平安館記」，「竹平安館」爲乾隆間書畫家黎簡（1747—1799）晚年在廣州的居所。正文不分卷，收《壽李太僕見復封翁暨太淑人文》《壽河東君三十序》《賀瞿邑侯涖任序》《陳宗道先生毓秀堂集序》等文十五篇。

綫裝，一册，登録號015922。護葉正面、正文首葉、末葉皆鈐「鐵琴銅/劍樓」白長印、「古里/瞿/氏記」白長印，護葉又有「上海圖書館/退還圖書章」朱長印，正文首葉又有「上海/圖書/館藏」白方印、「常熟市/圖書/館藏」朱方印。

015928 趙士春詩文 底稿不分卷

（明）趙士春撰　稿本

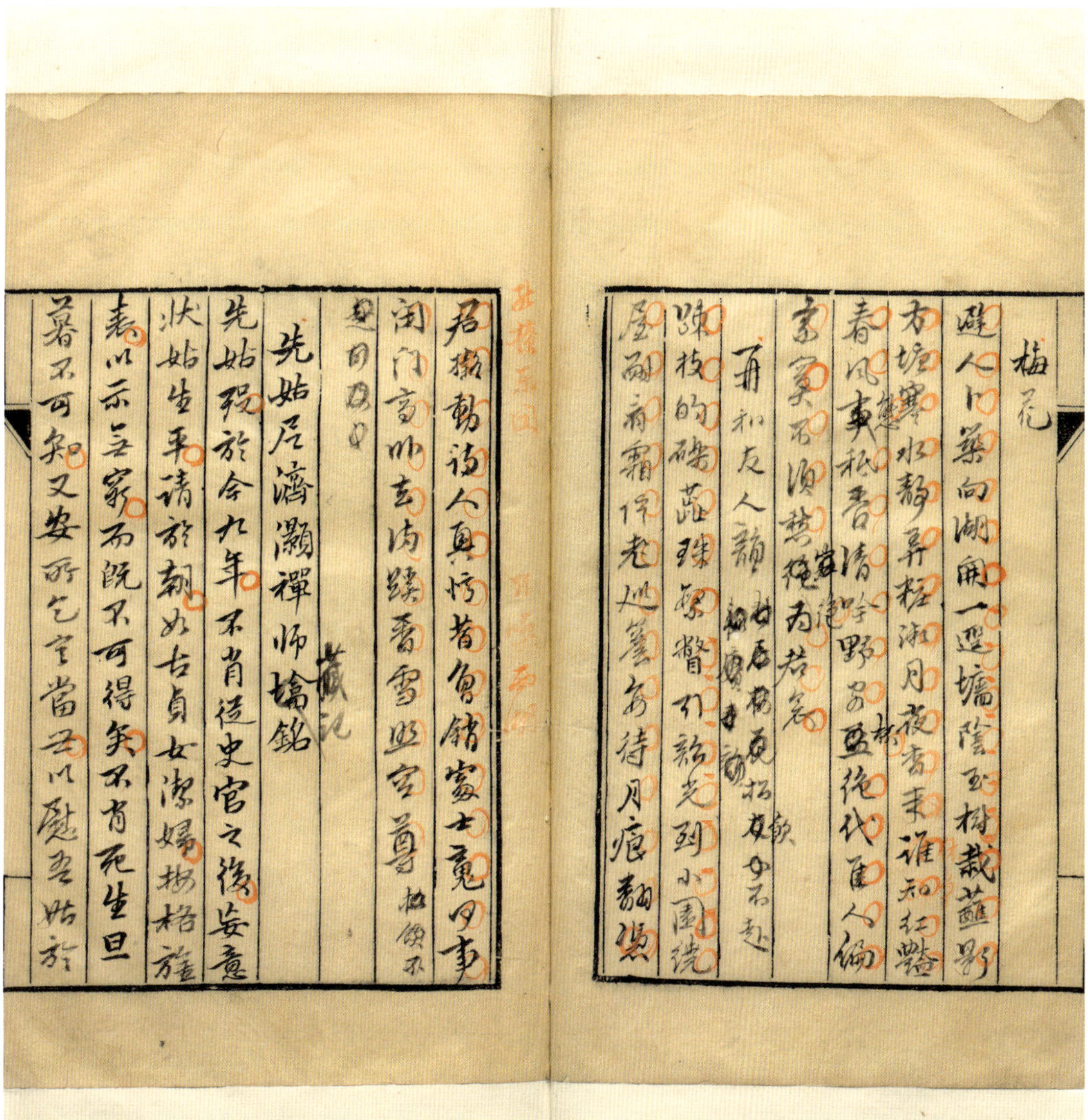

趙士春（1599—1675），字景之，號蒼霖，常熟人。明崇禎十年（1637）進士第三，授翰林院編修。

框高18.9厘米，寬13.7厘米。半葉八行，行字不等，黑口，單魚尾，左右雙邊。綫裝，二册，登録號015928。入選第三批《國家珍貴古籍名録》，名録號09268。卷端鈐「鐵琴銅／劍樓」白長印，「古里／瞿氏」白長印。

015929 明瞿忠宣公文稿不分卷

（明）瞿式耜撰　稿本

瞿式耜生平事迹見前《虞山集》（015820）。

無版框及界欄，開本高 29.2 厘米，寬 16 厘米。半葉八行，行字不等。正文前後無序跋，不分卷。

綫裝，三册，登録號 015929。入選第三批《國家珍貴古籍名録》，名録號 09260。書封左側題「明瞿忠宣公集文稿手書真迹」，以金鑲玉法重加裝訂。有朱筆、墨筆、藍筆批校。首册有「古里／瞿氏」白長印、「鐵琴銅／劍樓」白長印。

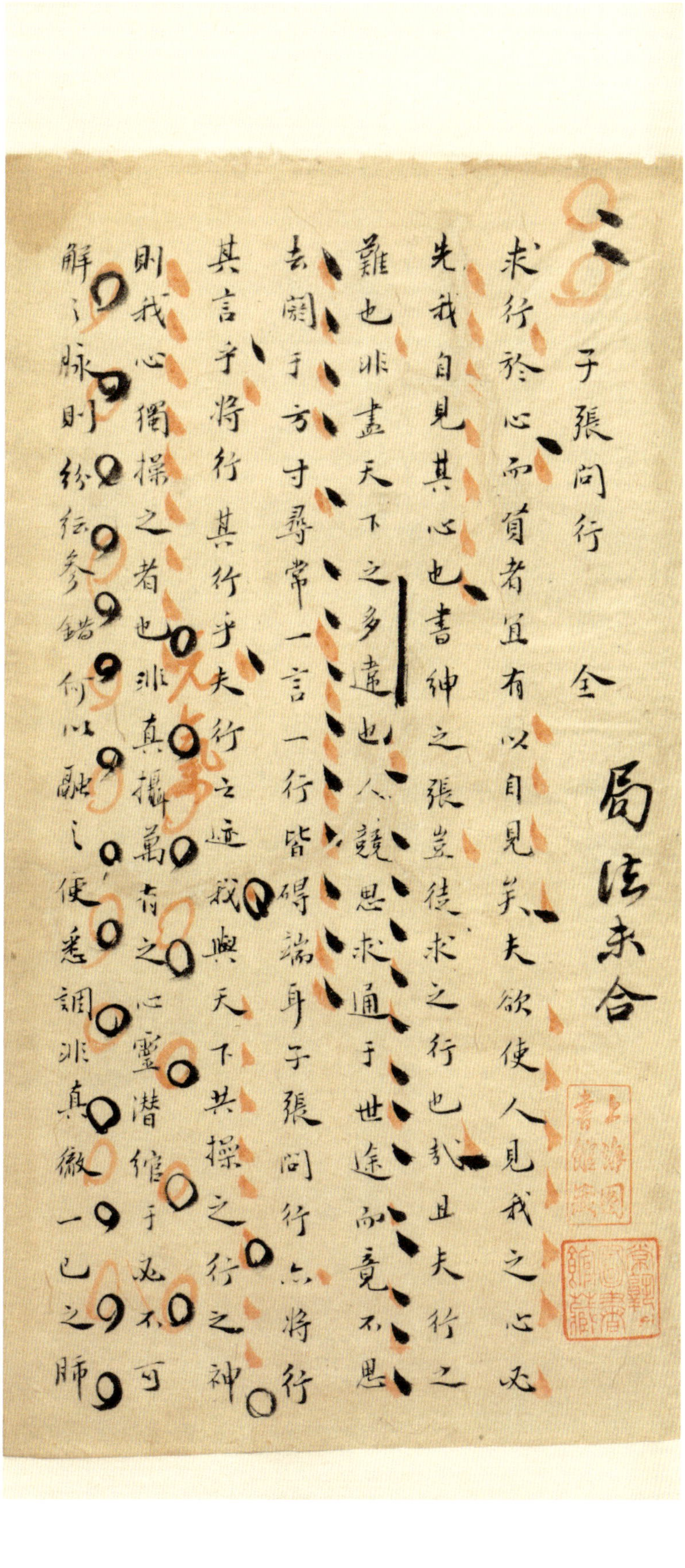

015958 韓翰林詩別集一卷韓內翰香奩集三卷

（唐）韓偓撰 清初鈔本 清孫潛校并跋

韓翰林詩別集 入內庭後詩 天復元年辛酉五月後

唐翰林學士承旨行尚書戶部侍郎知制誥

上柱國韓 偓

雨後月中玉堂閑坐

銀臺直北金鑾外暑雨初晴皓月中唯對松篁聽刻漏更無塵土翳虛空綠香熨齒冰盤果清冷侵肌水殿風夜久忽聞鈴索動玉堂西畔響丁東 禁署嚴密非本院人雖有公事不敢遽入至於內夫人宣事亦先引鈴每有文書即內臣立於門外鈴聲動本院小判官出受受訖授院使院使授學士

六月十七日召對自辰及申方歸本院

韓偓（842—923），字致堯，一字致光，小名冬郎，號玉山樵人，京兆萬年（今陝西西安）人。幼聰穎好學，唐昭宗龍紀元年（889）擢進士第，歷任左拾遺、左諫議大夫、翰林學士、中書舍人、兵部侍郎等。《新唐書》卷一八三、《十國春秋》卷九五各存其傳。

是帙係《韓翰林詩别集》一卷與《韓内翰香奩集》三卷合訂。

無版框及界欄，開本高 23.9 厘米，寬 15.9 厘米。半葉十行，行十九字。

《韓翰林詩别集》正文前有《韓翰林詩别集目録》，正文題注「入内庭後詩」，又小字雙行「天復元年辛酉五月後」，是集所收之詩多紀事抒懷。《韓内翰香奩集》正文前有玉山樵人韓致光序，不署撰序時間，正文後有孫潛跋。

綫裝，一册，登録號 015958。《韓翰林詩别集目録》首葉鈐「鐵琴銅／劍樓」白長印、「古里／瞿氏」白長印、「建／侯」朱方印，正文卷首鈐「孫潛／信印」白方印、「鐵琴銅／劍樓」白長印、「古里／瞿氏」白長印、「上海／圖書／館藏」朱方印、「上海圖書館／退還圖書章」朱長印、「常熟市／圖書／館藏」朱方印，卷末鈐「潛／夫」白方印。《韓内翰香奩集》序首鈐「孫潛／信印」白方印，正文卷末鈐「潛／夫」白方印，跋後鈐「建／侯」白方印、「鐵琴銅／劍樓」白長印、「古里／瞿氏」白長印。

015971　說學齋稿不分卷

（明）危素撰　清初鈔本

說學齋稾

三節堂賦　乙酉　臨川危素太樸著

稽受氏於高堂兮奠偰輦之攸居際神元之興運兮肆疆暴而攘
除偉令子之俶儻兮從　世皇以平吳匪徒戮力於戰陳兮陳佖
討之訏謨信直道以迮時兮轉漕輓於番禺屬萑盜之交熾兮集
草閒而嘯呼阸險隘以兵兵兮值陸梁之兇渠矢赤心而奮
鬬兮凜英烈而莫渝俄勢窮以被執兮必臨難而捐軀慘海霧之
陰翳兮蹈山鬼而乘狐嗟良配之婺居兮歷三紀而有餘撫青鏡
以含悲兮收涕泗於衣裾哀孤惸於幼稚兮念生我之勞劬閔無
父之何怙兮賴慈母之攜扶嬰疾疢以莫瘳兮吾豈愛於肌膚刲
肱肉以和藥兮欣沉痼之獲蘇世驚嘆乎忠義兮作人紀之良橅
表三節以詠歌兮峙堂構於東湖葆遺器以櫝藏兮敘緹襲乎詩
書惟延祐之后皇兮思蒐羅於文儒爰趾美於高科兮羌簪笏之

危素（1303—1372），字太僕，號雲林，撫州金溪（今屬江西）人。元至正元年（1341）以薦授經筵檢討，修撰宋、遼、金三史，注《爾雅》。歷官國子助教、翰林編修、太常博士、兵部員外郎、監察御史、工部侍郎、大司農丞、禮部尚書、治書侍御史、翰林學士承旨、翰林侍講學士等。著有《説學齋稿》《雲林集》等。《元史》卷二百八十五存其傳。

無版框及界欄，開本高28厘米，寬18.5厘米。半葉十四行，行二十五字。正文前有《四庫全書提要・集部・説學齋稿四卷》，次接目録。正文不分卷，含賦三、贊二、銘二、頌三、記五十有一、序七十有七，凡一百三十八篇。正文後有戊戌十月王懋竑跋。

綫裝，四册，登録號015971。鈐「虹橋/何氏」朱方印、「小何/水部」朱方印、「傳是樓/藏書印」朱長印、「汲古/主人」朱方印、「隨庵/圖書」白方印、「仲子/收藏」朱方印、「上海圖/書館藏」朱長印、「上海圖書館/退還圖書章」朱長印、「常熟市/圖書/館藏」朱方印等。

015976 **松雪遺稿不分卷**

（元）趙孟頫撰　（清）蕭龍江輯　清康熙五十七年（1718）鈔本

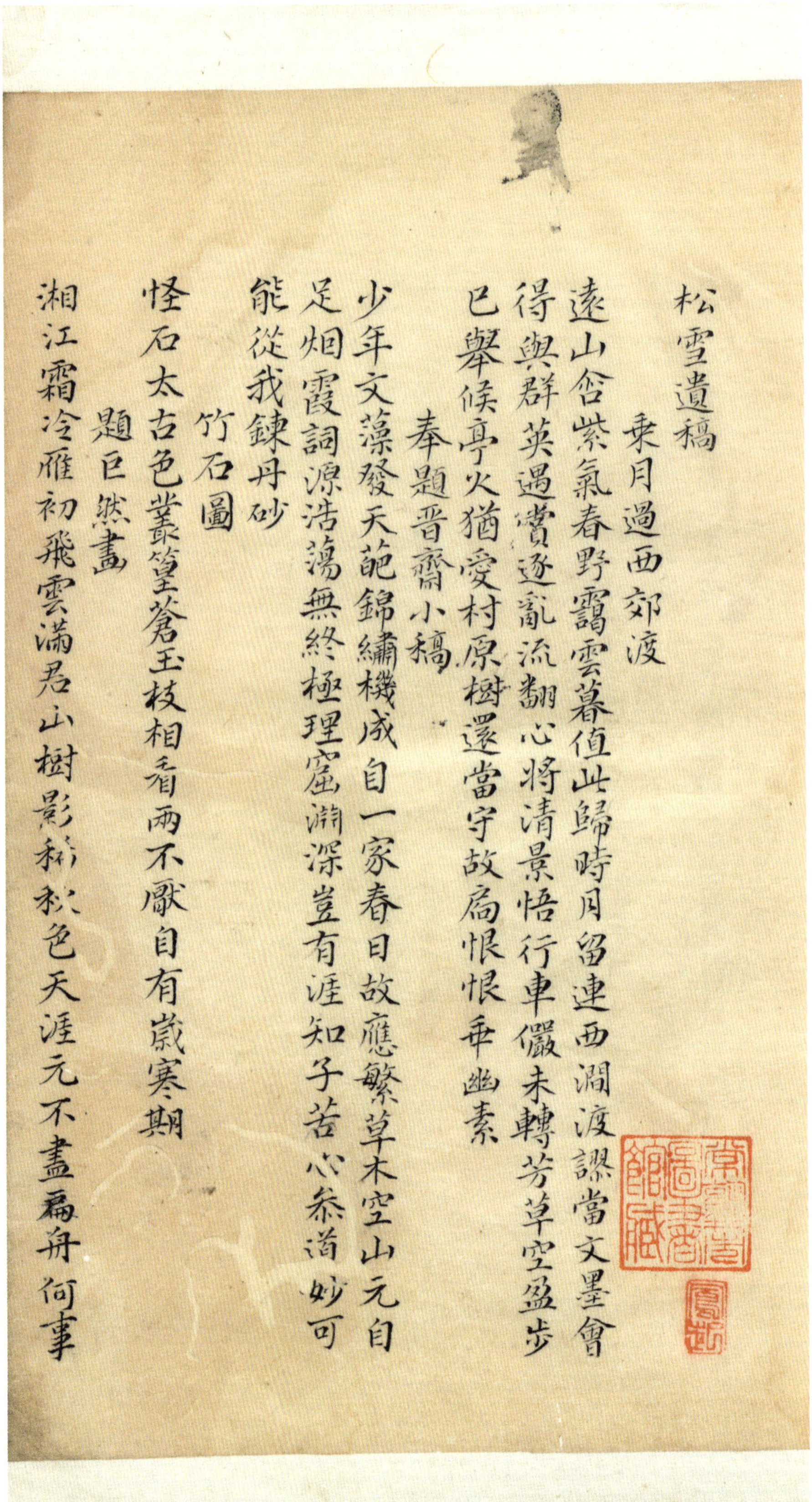

松雪遺稿

乘月過西郊渡

遠山含紫氣春野靄雲暮值此歸時月留連西澗渡謀當文墨會得與群英遇償遂亂流翻心將清景悟行車儼未轉芳草空盈步已舉候亭火猶愛村原樹還當守故扃恨恨乖幽素

奉題晉齋小稿

少年文藻發天葩錦繡機成自一家春日故應繁草木空山元自足烟霞詞源浩蕩無終極理窟淵深豈有涯知子苦心參道妙可能從我鍊丹砂

竹石圖

怪石太古色叢篁蒼玉枝相看兩不厭自有歲寒期

題巨然畫

湘江霜冷雁初飛雲滿君山樹影稀秋色天涯元不盡扁舟何事

趙孟頫（1254—1322），字子昂，號松雪道人，浙江湖州（今浙江吴興縣）人。宋末，以父蔭任真州司參軍；入元，爲翰林學士承旨、榮禄大夫。卒後追封魏國公，謚號文敏。有《松雪齋文集》存世。《元史》卷一百七十二存其傳。

無版框及界欄，開本高27.7厘米，寬18.1厘米。半葉十三行，行二十五字。正文前有《松雪遺稿目》。正文不分卷，含詩五、贊二、引一、小簡三、題跋二十有六。卷末有跋，云「康熙戊戌閏八月初八日，寫於渡頭王氏家塾計拾翻」。

綫裝，一册，登録號015976。鈐「孫毓/收藏」白方印、「鳳起」朱長印、「上海圖/書館/藏書」朱長印、「上海圖書館/退還圖書章」朱長印、「常熟市/圖書/館藏」朱方印等。

015996 牧齋苦海集一卷

（清）錢謙益撰　鈔本

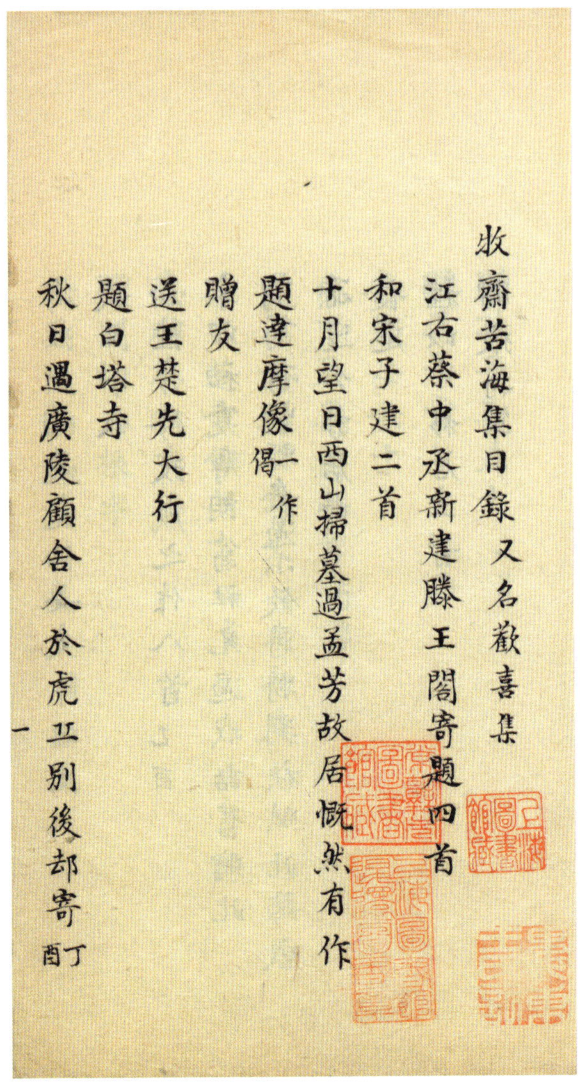
牧齋苦海集目錄又名歡喜集
江右蔡中丞新建滕王閣寄題四首
和宋子建二首
十月望日西山掃墓過孟芳故居慨然有作
題達摩像偈一作
贈友
送王楚先大行
題白塔寺
秋日過廣陵顧舍人於虎丘別後卻寄丁酉

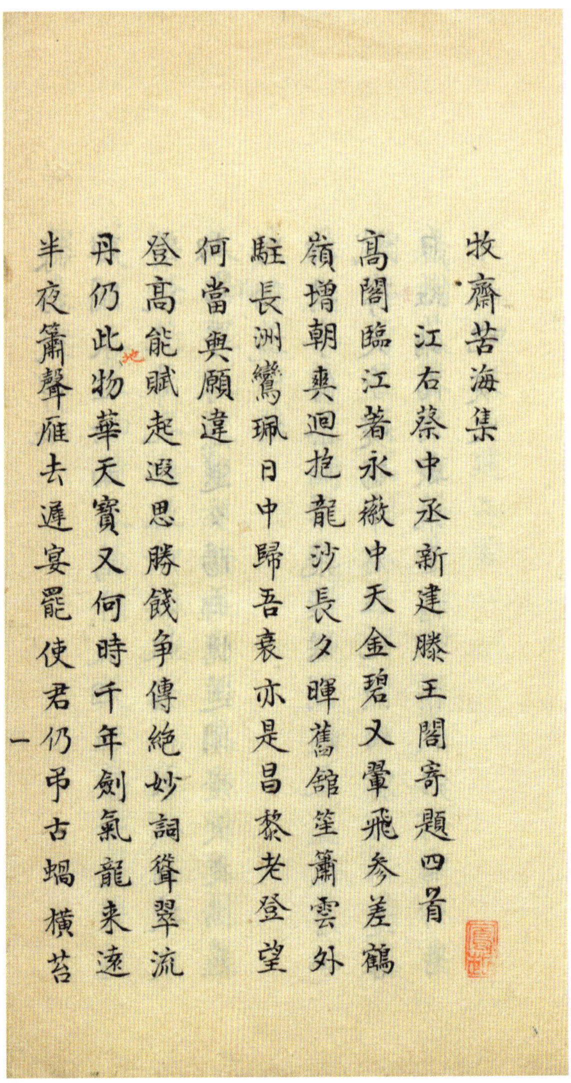
牧齋苦海集
江右蔡中丞新建滕王閣寄題四首
高閣臨江著永徽中天金碧又翬飛參差鶴
嶺增朝爽迴抱龍沙長夕暉舊館笙簫雲外
駐長洲鸞珮日中歸吾衰亦是昌黎老登望
何當與願違
登高能賦起遐思勝餞爭傳絕妙詞聳翠流
丹仍此物華天寶又何時千年劍氣龍來遠
半夜簫聲雁去遲宴罷使君仍弔古蝸橫苔

錢謙益生平事迹見前《重編義勇武安王集》（015994）。

無版框及界欄，開本高 25.4 厘米，寬 15.9 厘米。半葉九行，行十七字，小字雙行同。

正文前後無序跋，有目録。正文一卷，收牧齋詩八十題，凡一百三十二首。綫裝，一册，登録號 015996。目録首葉鈐有「婁東／王氏記」白方印、「上海／圖書／館藏」白方印、「上海圖書館／退還圖書章」朱長印、「常熟市／圖書／館藏」朱方印；正文首葉鈐「鳳起」朱長印。

016000 石林居士建康集八卷

（宋）葉夢得撰　清初葉樹廉鈔本　清葉樹廉跋

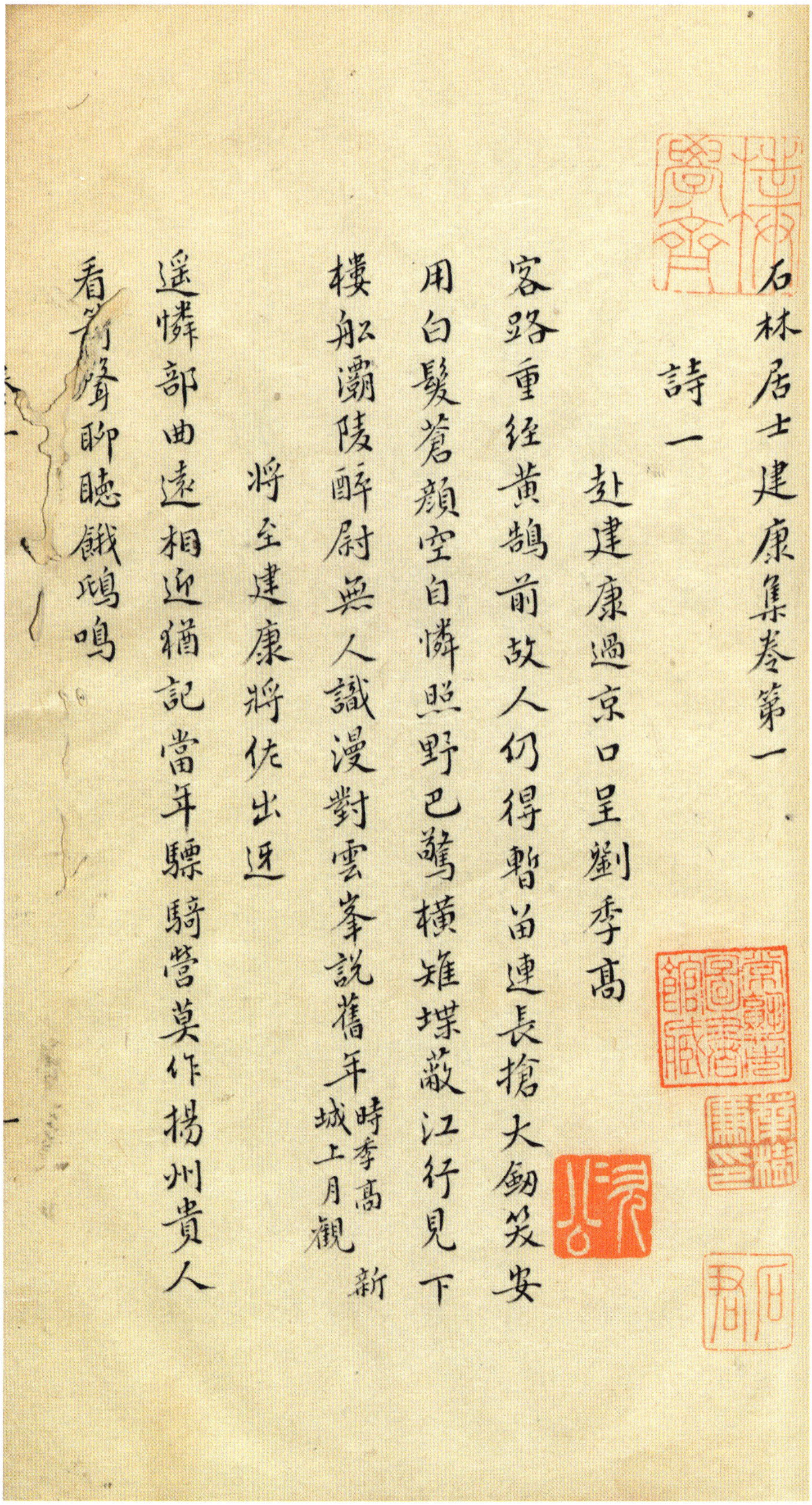

石林居士建康集卷第一

詩一

赴建康過京口呈劉季高

客路重經黃鵠前故人仍得暫留連長檣大舸笑安用白髮蒼顔空自憐照野已驚橫雉堞蔽江行見下樓船灞陵醉尉無人識漫對雲峯説舊年（時季高新城上月觀）

將至建康將佐出迓

遥憐部曲遠相迎猶記當年驃騎營莫作揚州貴人看[illegible]尊聊聽餓鴟鳴

葉夢得（1077—1148），字少藴，號石林居士，吴縣（今屬江蘇蘇州）人。宋紹興四年（1097）進士，歷官翰林學士、吏部尚書、江東安撫使、龍圖閣直學士等。以經術文章著稱，著述宏富，有《建康集》《石林詞》《避署録話》《石林燕語》等。《宋史》存其傳。

無板框及界欄。鈔本半葉九行，行二十字，小字雙行。正文前有宋嘉泰三年（1203）葉簬題識，次接《石林居士建康集目録》。正文按詩文體裁分爲八卷，卷一詩，卷二詩、銘、贊，卷三書後、論、序，卷四記、祝文、祭文，卷五表，卷六札記、奏狀，卷七奏狀、啓狀、書，卷八書、碑、傳、志銘。正文後有葉樹蓮跋，不署撰寫時間。

綫裝，六册，登録號016000。入選第二批《國家珍貴古籍名録》，名録號05649。鈐「樸／學齋」朱方印、「學／謙」朱方印、「葉樹／廉印」白方印、「石／君」朱方印、「張承／渙印」白方印、「舊山／樓／劫餘」朱方印，「志／繹／山／房／圖／書／印」异形印、「舊雨／重逢」朱方印、「别來／無恙」白方印、「常熟市／圖書／館藏」朱方印等。

016010 張司業詩集 三卷

（唐）張籍撰 明藍格鈔本 清錢謙益校并跋 瞿啓甲跋

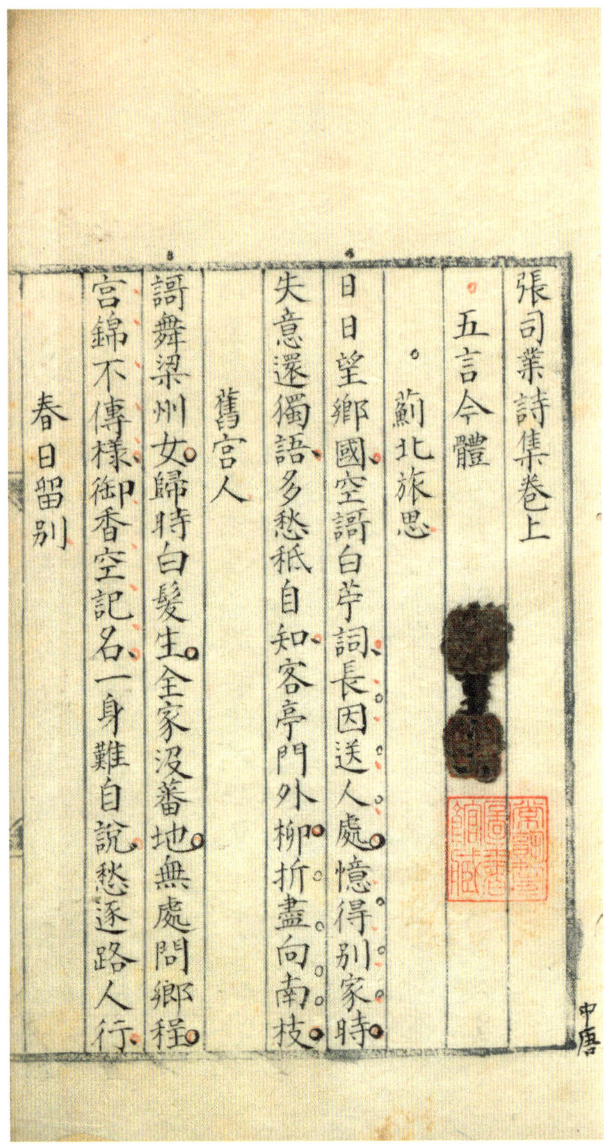
張司業詩集卷上
五言今體
蓟北旅思
日日望鄉國空謌白苧詞長因送人處憶得別家時
失意還獨語多愁秖自知客亭門外柳折盡向南枝
舊宮人
謌舞梁州女歸時白髮生全家沒蕃地無處問鄉程
宮錦不傳樣御香空記名一身難自說愁逐路人行
春日留別
中唐

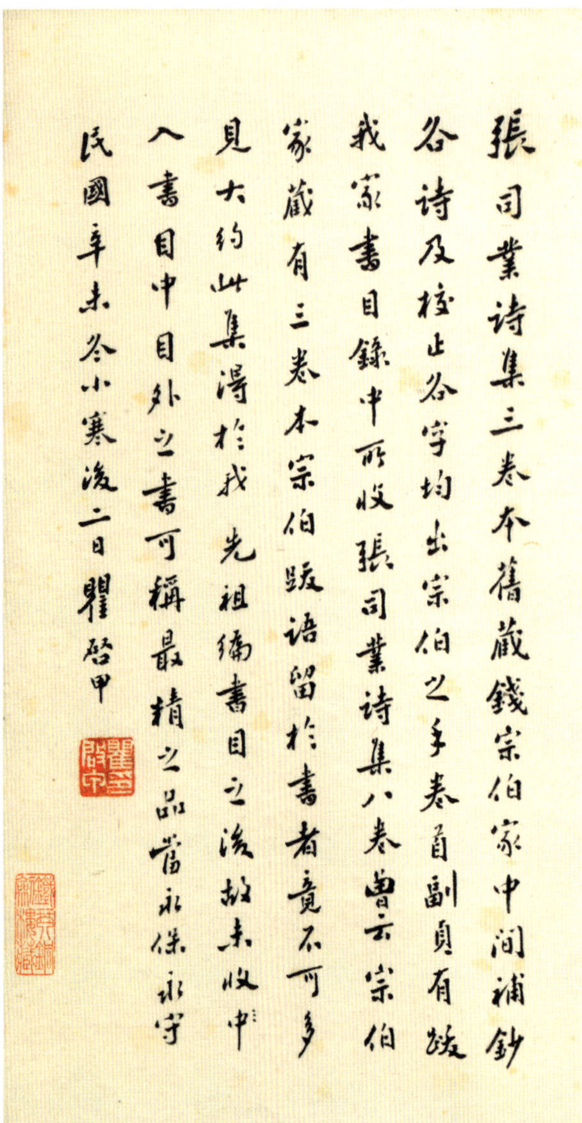
張司業詩集三卷本舊藏錢宗伯家中間補鈔
各詩及校正各字均出宗伯之手卷首副頁有跋
我家書目錄中所收張司業詩集八卷曾云宗伯
家藏有三卷本宗伯跋語留於書者竟不可多
見大約此集得於我 先祖編書目之後故未收中
入書目中目外之書可稱最精之品當永保永守
民國辛未冬小寒後二日瞿啓甲

張籍（約766—830），字文昌，和州烏江（今安徽和縣烏江鎮）人。唐貞元十五年（799）進士，歷任太常寺太祝、國子助教、國子博士、水部員外郎、主客郎中、國子司業等，世稱「張水部」「章司業」。師從韓愈。擅樂府體，其作與王建樂府合稱「張王樂府」。有《張司業集》。兩《唐書》各存其傳。

框高18.5厘米，寬13.7厘米。半葉九行，行二十字，白口，四周單邊，雙魚尾。護葉内有明天啓四年（1624）錢謙益墨題《跋張司葉詩集》，次接藍筆手書跋語，不署撰者名及撰寫時間。正文前有張泊所撰《張司業詩集序》，序末不署撰寫時間。正文卷上五言今題，卷中七言今體，卷下樂府。正文後有民國二十年（1931）瞿啓甲跋。

綫裝，二册，登録號016010。入選第二批《國家珍貴古籍名録》，名録號05430。鈐「恬裕/齋藏」白方印、「何印/元錫」白方印、「約庵/居士」朱方印、「具/臣」朱方印、「錢塘/人」朱方印、「瞿印/啓甲」白方印、「瞿氏鑒/藏金石記」白長印、「鐵琴銅/劍樓藏」朱長印等。

016017　集唐自述詩二卷

（清）陳煌圖撰　清康熙五聚堂刻本

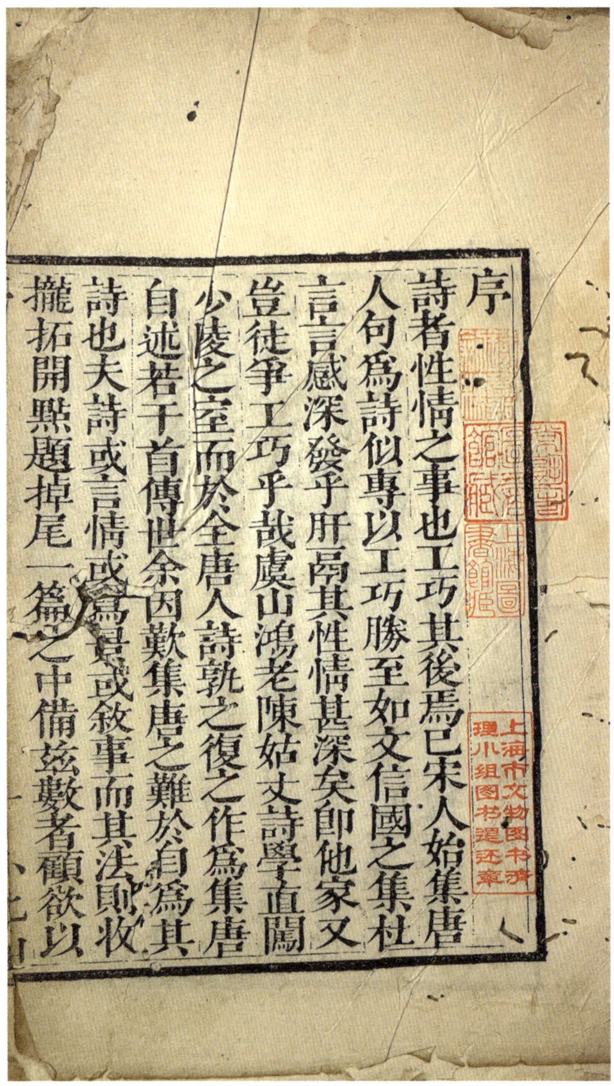

序

詩者性情之事也工巧其後焉巳宋人始集唐
人句爲詩似專以工巧勝至如文信國之集杜
言言感深發乎肝鬲其性情甚深矣即他家又
豈徒爭工巧乎哉虞山鴻老陳姑丈詩學直闖
少陵之室而於全唐人詩孰之復之作爲集唐
自述若干首傳世余因歎集唐之難於自爲其
詩也夫詩或言情或爲景或敘事而其法則收
攏拓開照題掉尾一篇之中備兹數者顧欲以

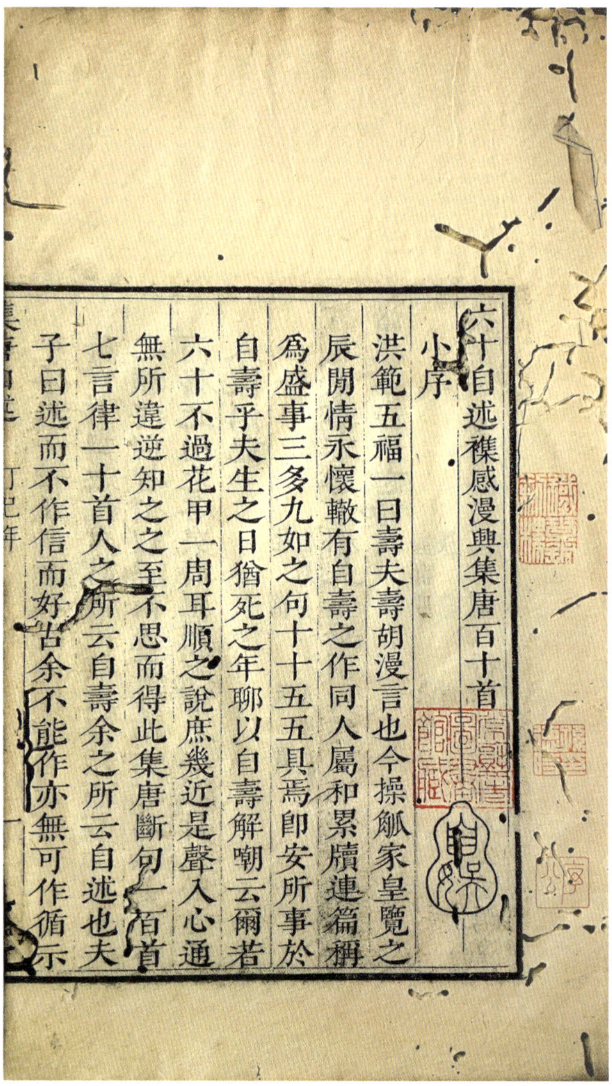

六十自述襍感漫興集唐百十首
小序

洪範五福一曰壽夫壽胡漫言也今操觚家皇覽之
辰閒情永懷輙有自壽之作同人屬和累牘連篇稱
爲盛事三多九如之句十十五五具焉即安所事於
自壽乎夫生之日猶死之年耶以自壽解嘲云爾若
六十不過花甲一周耳順之說庶幾近是聲入心通
無所違逆知之之至不思而得此集唐斷句一百首
七言律一十首人之所云自壽余之所云自述也夫
子曰述而不作信而好古余不能作亦無可作循示

陳煌圖（1618—1694），字鴻文，常熟人。以常州府庠副貢授翰林院典籍，兼待詔事。

有書名葉，内容爲「自述二卷／集唐／□□氏家刻」。

是帙係陳煌圖《六十自述雜感漫興集唐百十首》一卷與《七十自述雜感漫興集唐百十首》一卷合刻。

框高 17.1 厘米，寬 12.6 厘米。半葉十行，行二十一字，白口，四周雙邊。卷一版心上鐫書名「集唐自述」，中鐫「丁巳年」三字，下記葉次，葉次下有「九齡堂」字樣；卷二版心上鐫書名「集唐自述」，中鐫「丁卯年」三字，下記葉次，葉次下有「五聚堂」字樣。

《六十自述雜感漫興集唐百十首》一卷，正文前有四序，各署「長洲内侄韓菼拜題」「海昌弟元龍拜手書」「年家媚眷弟孫朝讓拜手書於笠玉堂時年八十有五」「雪屋老人八十弟孫永祚拜手題」；次接跋，末署「丁巳陽月朔旦，甥瞿昌文百拜手題」。詩前有小序，署「時彊圉荒落之小春月，九齡堂主人陳鴻記」。正文後鐫「壻孫譽、陸天穀，子逢午、祐申校刻」。

《七十自述雜感漫興集唐百十首》一卷，正文前有二序，各署「同里銕牛居士錢陸燦……時康熙戊辰年七十有七」「戊辰清明日也是翁錢曾遵王題」；次接跋，署「丁卯嘉平月之中浣，孫壻蘭陵莊騫百拜書」。詩前有小序，署「時彊圉單閼之嘉平月，五聚堂老人陳鴻記」。正文後卷「壻孫德時、錢東表，子振曾、學曾校刻」。

毛裝，一册，登録號 016017。鈐「孫印／德時」白方印、「序／公」朱方印、「鐵琴銅／劍樓」白長印、「上海圖／書館藏」朱長印、「上海市文物圖書清／理小組圖書退還章」朱長印、「常熟市／圖書／館藏」朱方印。

016042 徐林丘詩殷時霖詩龔廷煥詩戴劉淙詩合一卷

（明）徐甡、殷時霖、龔廷煥、戴劉淙撰 清鈔本

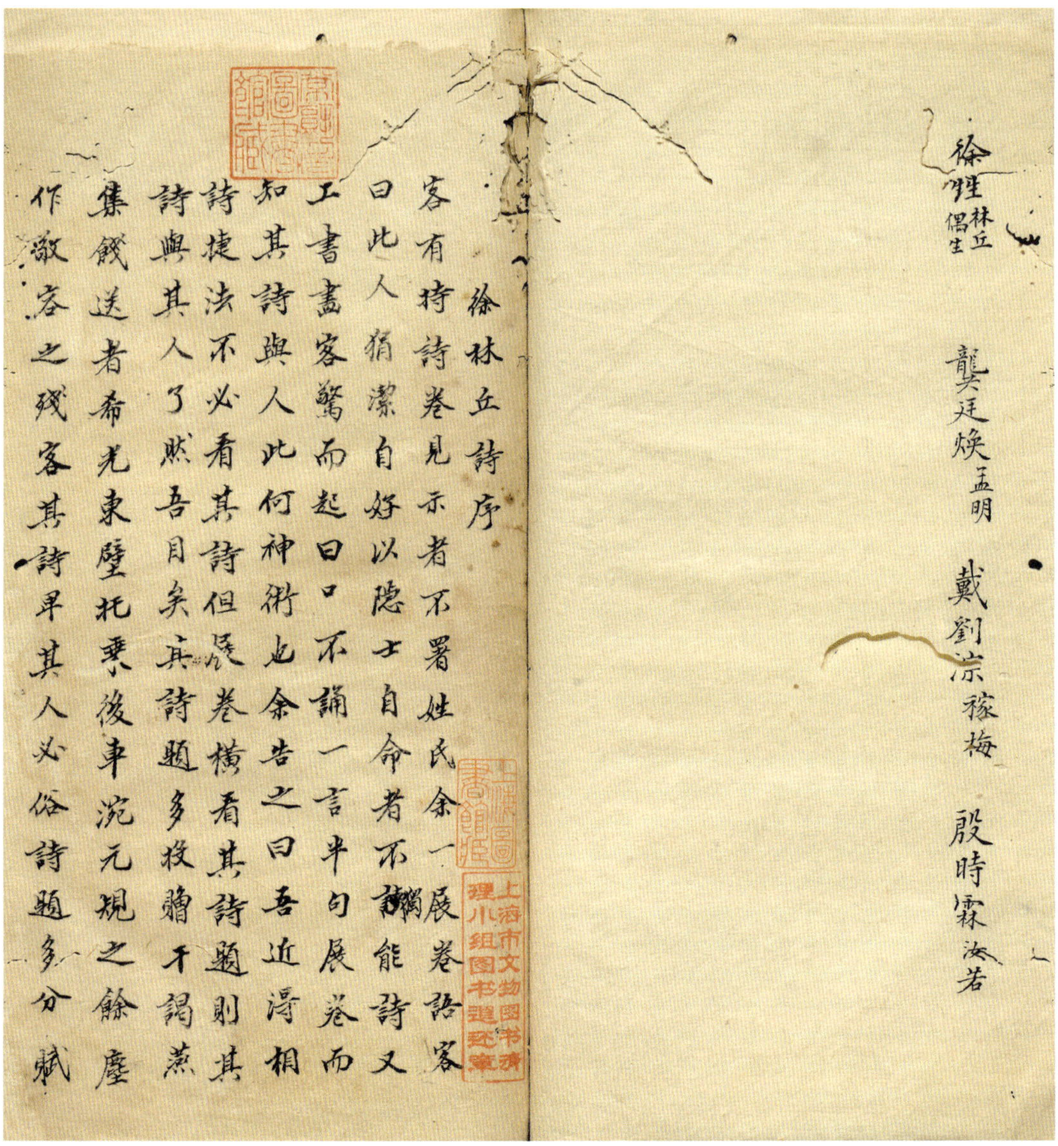

徐牲，字行來，號林丘，又號耦生，常熟人。殷時霖，字汝若。龔廷焕，字孟明。戴劉淙，字介眉，晚字稼梅。

鈔本係合鈔徐牲、殷時霖、龔廷焕、戴劉淙四人詩。

正文前護葉題著者姓氏及表字：「徐牲，林丘，耦生。龔廷焕，孟明。戴劉淙，稼梅。殷時霖，汝若。」

無版框及界欄，開本高24.6厘米，寬13.3厘米。半葉九行，行十八字。

《徐林丘詩》正文前有壬寅九年十六日東澗遺老錢謙益序，次接西瀘老人王時敏《題徐耦生摹争座位書後》，次接徐林丘小傳；《龔廷焕詩》《戴劉淙詩》前後皆無序跋；《殷時霖詩》正文前有殷時霖小傳，次接崇禎丙子夏四月蔣棻畹仙序。

綫裝，一册，登録號016042。内有書籖，上題書名，下鈐「鐵琴銅/劍樓」白方印。集中又鈐「上海圖/書館藏」朱文長方印、「上海市文物圖書清/理小組圖書退還章」朱文長方印、「常熟市/圖書/館藏」朱方印。

016085 虞山集六卷

（明）瞿式耜撰　清鈔本

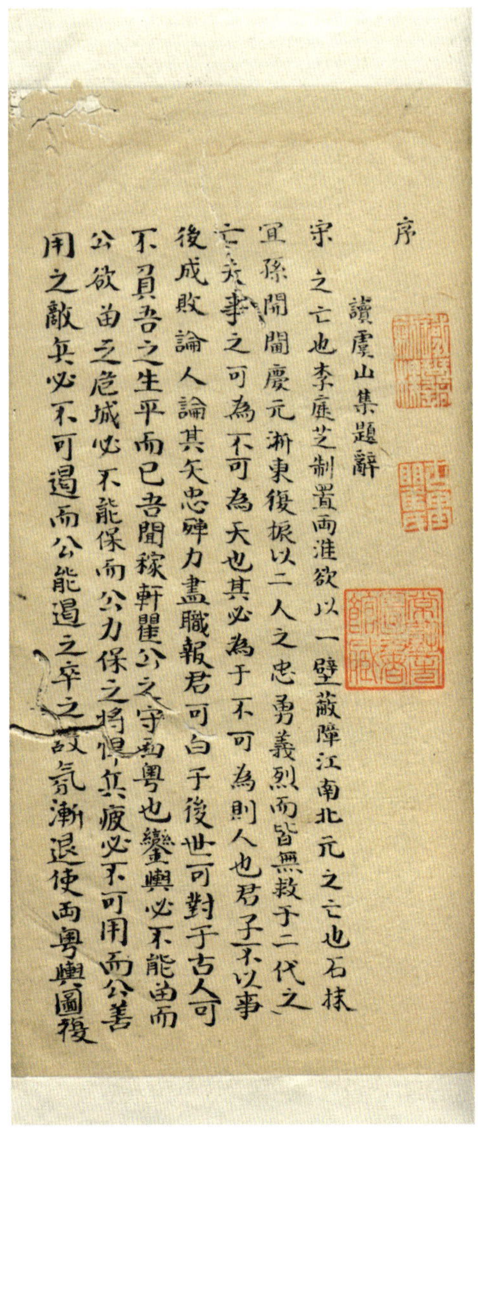

序

讀虞山集題辭

宋之亡也李庭芝制置兩淮欲以一壁蔽障江南北元之亡也石抹宜孫開閫慶元浙東復振以二人之忠勇義烈而皆無救于二代之亡夫事之可為不可為天也其必為于不可為則人也君子不以事後成敗論人論其矢忠殫力盡職報君可白于後世可對于古人可不負吾之生平而已吾聞稼軒瞿公之守西粵也鑾輿必不能西而公欲西之危城必不能保而公力保之將悍兵疲必不可用而公善用之敵兵必不可遏而公能遏之卒之敵氛漸退使西粵輿圖復

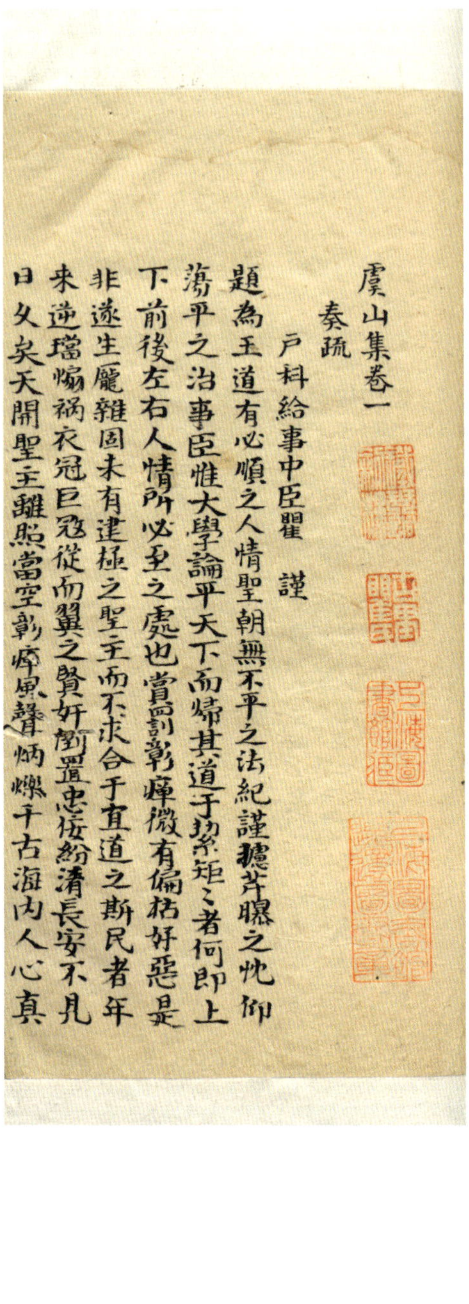

虞山集卷一

奏疏

戶科給事中臣瞿　謹

題為王道有必順之人情聖朝無不平之法紀謹攄芻蕘之忱仰蕩平之治事臣惟大學論平天下而歸其道于絜矩絜矩者何即上下前後左右人情所必至之處也賞罰彰癉微有偏枯好惡是非遂生厖雜固未有建極之聖主而不求合于直道之斯民者年來逆璫煽禍衣冠巨寇從而翼之賢奸倒置忠佞紛淆長安不見日久矣天開聖主離照當空彰癉風聲炳爍千古海內人心真

瞿式耜生平事迹見前《虞山集》（015820）。

無版框及界欄，開本高27厘米，寬15.5厘米。半葉九行，行二十五字，小字雙行同。

第一、二册原書封左側題書名「桂林留守大學士常熟瞿稼軒公未刻全集」及册數，右側書本册各卷内容及葉數，類似全書目次，第一册書「二本共二百十五葉。先少詹公藏本。孫朝讓序，二葉。第一卷奏疏十道，六十四葉」，第二册書「第二卷《浩氣吟》，二十八葉。第三卷家書十三封，三十五葉。第四卷留守傳一篇，五十九葉。第五卷祭文詩頌祝，十八葉。第六卷粤行紀歌詩，九業終」。

正文前有《讀虞山集題辭》，署「同里年家孫朝讓謹撰時年九十」。

綫裝，四册，登録號016085。鈐「鐵琴銅／劍樓」白長印、「古里／瞿氏」白長印、「上海圖／書館藏」朱長印、「上海圖書館／退還圖書章」朱長印、「常熟市／圖書／館藏」朱方印。

016088 汲古閣集四卷

（明）毛晉撰　稿本　清王振聲校并跋

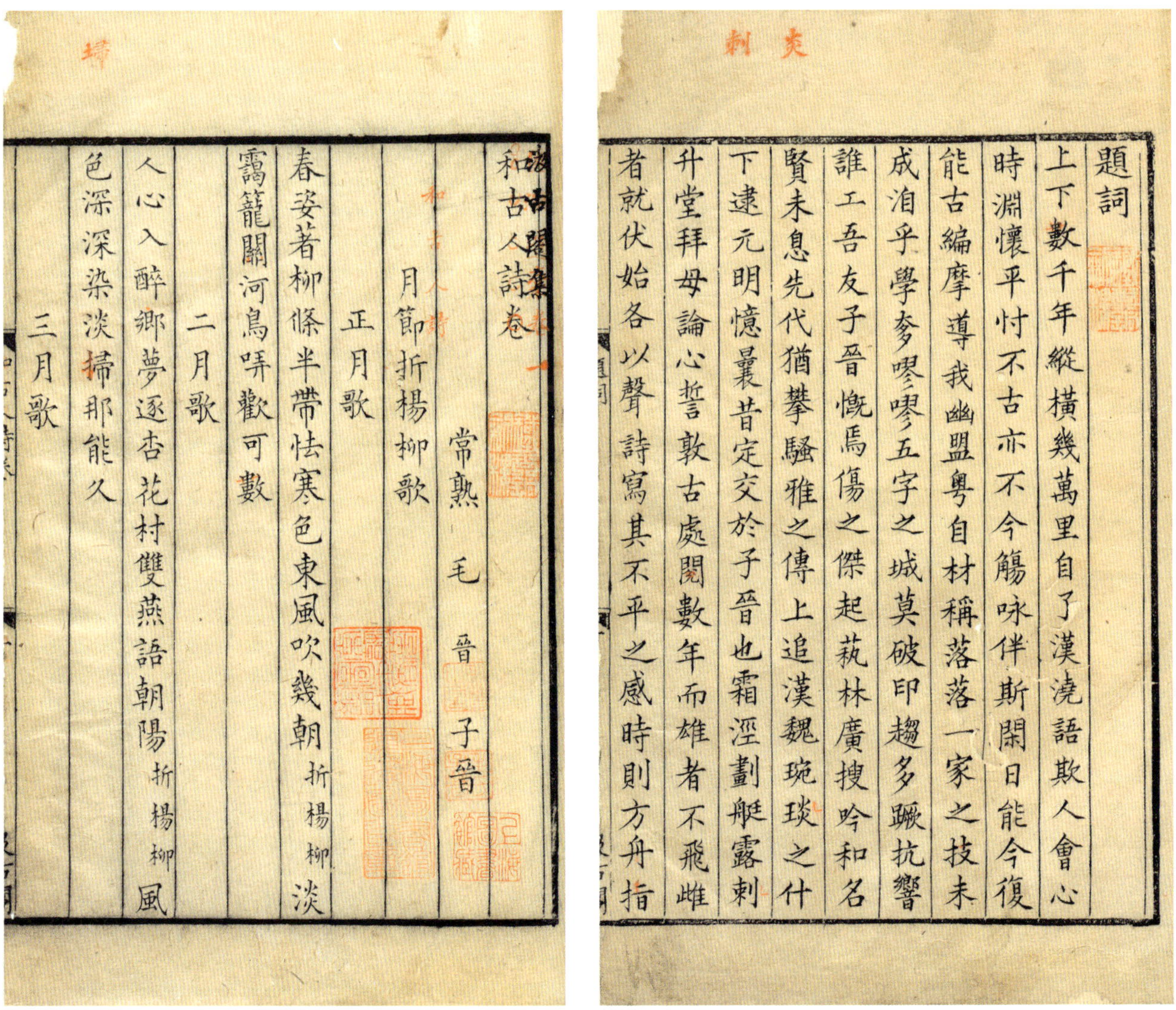
題詞
上下數千年縱橫幾萬里自了漢澆語欺人會心
時淵懷平忖不古亦不今觴咏伴斯閑日能今復
能古編摩導我幽盟粵自材稱落落一家之技未
成洎乎學參嘐嘐五字之城莫破印趨多躧抗響
誰工吾友子晉慨馬傷之傑起菰林廣搜吟和名
賢未息先代猶攀騷雅之傳上追漢魏琬琰之什
下逮元明憶曩昔定交於子晉也霜涇劃艇露刺
升堂拜母論心誓敦古處閱數年而雄者不飛雌
者就伏始各以聲詩寫其不平之感時則方舟指

汲古閣集卷一
和古人詩卷
常熟　毛　晉　子晉
月節折楊柳歌
正月歌
春姿著柳條半帶怯寒色東風吹幾朝折楊柳淡
靄籠關河鳥哢歡可數
二月歌
人心入醉鄉夢逐杏花村雙燕語朝陽折楊柳風
色深深染淡掃那能久
三月歌

毛晉（1599—1659），原名鳳苞，字子久，一作子九，晚年改名晉，字子晉，號潛在，别號隱湖、戊戌生、汲古閣主人、篤素居士等，常熟人。通明好古，性嗜軸卷，廣收典籍，積書八萬四千餘册，并築室藏之。室名汲古閣、目耕樓、緑君亭、世美堂、載德堂、篤素居、讀禮齋、續古草廬等。

框高20.8厘米，寬15.2厘米。半葉十行，行十九字，小字雙行，白口，順魚尾，左右雙邊。版心鎸卷名，下記葉次，版心下鎸「汲古閣」。

卷一前有周榮起題詞，後接徐遵湯叙。卷二前有陳瑚撰序。卷三前有顧夢麟撰序，卷四前有金俊明撰序。正文卷一爲和古人詩卷，卷二爲和今人詩卷，卷三爲和友人詩卷，卷四爲野外詩卷。

綫裝，五册，登録號016088。入選第三批《國家珍貴古籍名録》，名録號09271。有王振聲朱筆批校，卷末有王振聲跋。和古人詩卷首葉有「毛氏／子晉」朱方印，各卷首葉、序前均有「鐵琴銅／劍樓」白長印。

016090　瞿文懿公集十六卷制敕稿一卷制科集四卷

（明）瞿景淳撰　明萬曆瞿汝稷刻本

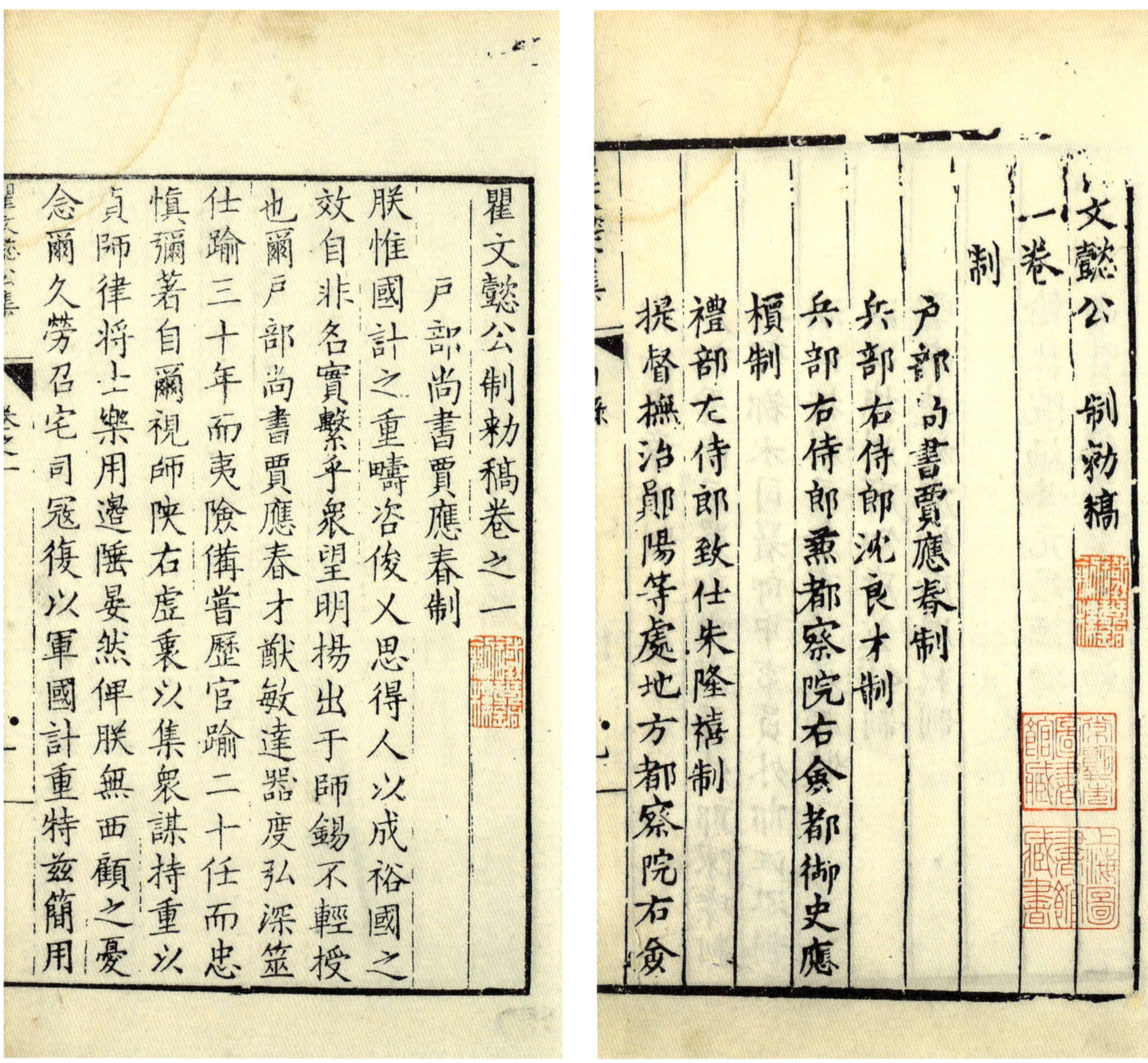
文懿公　制勑稿
一卷
制
戶部尚書賈應春制
兵部右侍郎沈良才制
兵部右侍郎兼都察院右僉都御史應
檟制
禮部左侍郎致仕朱隆禧制
提督撫治鄖陽等處地方都察院右僉

瞿文懿公制勑稿卷之一
戶部尚書賈應春制
朕惟國計之重疇咨俊乂思得人以成裕國之
效自非名實繫乎衆望明揚出于師錫不輕授
也爾戶部尚書賈應春才猷敏達器度弘深筮
仕踰三十年而夷險備嘗歷官踰二十任而忠
慎彌著自爾視師陝右虛衷以集衆謀持重以
貞師律將士樂用邊陲晏然俾朕無西顧之憂
念爾久勞召宅司寇復以軍國計重特茲簡用

瞿景淳（1507—1569），字師道，號昆湖，世稱昆湖先生，常熟人。與嚴訥、邵圭潔、孫樓等結爲社友，并稱「虞山十杰」。明嘉靖二十三年（1544）進士，授翰林院編修。後任侍讀學士、太常寺卿、吏部左侍郎、禮部左侍郎、翰林院學士、禮部尚書等。

框高 20.1 厘米，寬 13.5 厘米。半葉九行，行十八字，白口，上單黑魚尾，四周單邊。版心上鎸書名，中記卷數，下記葉次。

正文前有《瞿文懿公文集序》，末署「賜進士及第、資善大夫、禮部尚書兼文淵閣大學士、知制誥、經筵事總裁、玉蝶會典門生王錫爵」；次接《瞿文懿公集叙》，末署「賜進士出身、嘉議大夫、南京刑部右侍郎、前提督軍務督查院右副都御史、兩京大理太僕卿、應天尹年眷生王世貞」；次接目録。正文分十六卷，詩文按體裁分類，卷一説序，卷二至卷五序，卷六序、記，卷七記，卷八至卷十一墓志銘，卷十二墓志銘、壽藏銘、墓表，卷十三墓表、墓碣銘、行狀，卷十四傳、贊，卷十五雜著、書、祭文，卷十六賦、五言古詩、七言古詩、騷體、五言律詩、五言排律、七言律詩、七言絶句。

又有《瞿文懿公制敕稿》，存一卷，有目録；《瞿文懿公製科集》，存卷二至卷四。

綫裝，六册，登録號 016090。鈐「鐵琴銅／劍樓」白長印、「上海圖／書館／藏書」朱方印、「上海圖書館／退還圖書章」朱長印、「常熟市／圖書／館藏」朱方印。

016130 未學庵詩稿四種十卷集外詩一卷頤仲遺稿一卷

（明）錢謙貞撰　明崇禎刻本

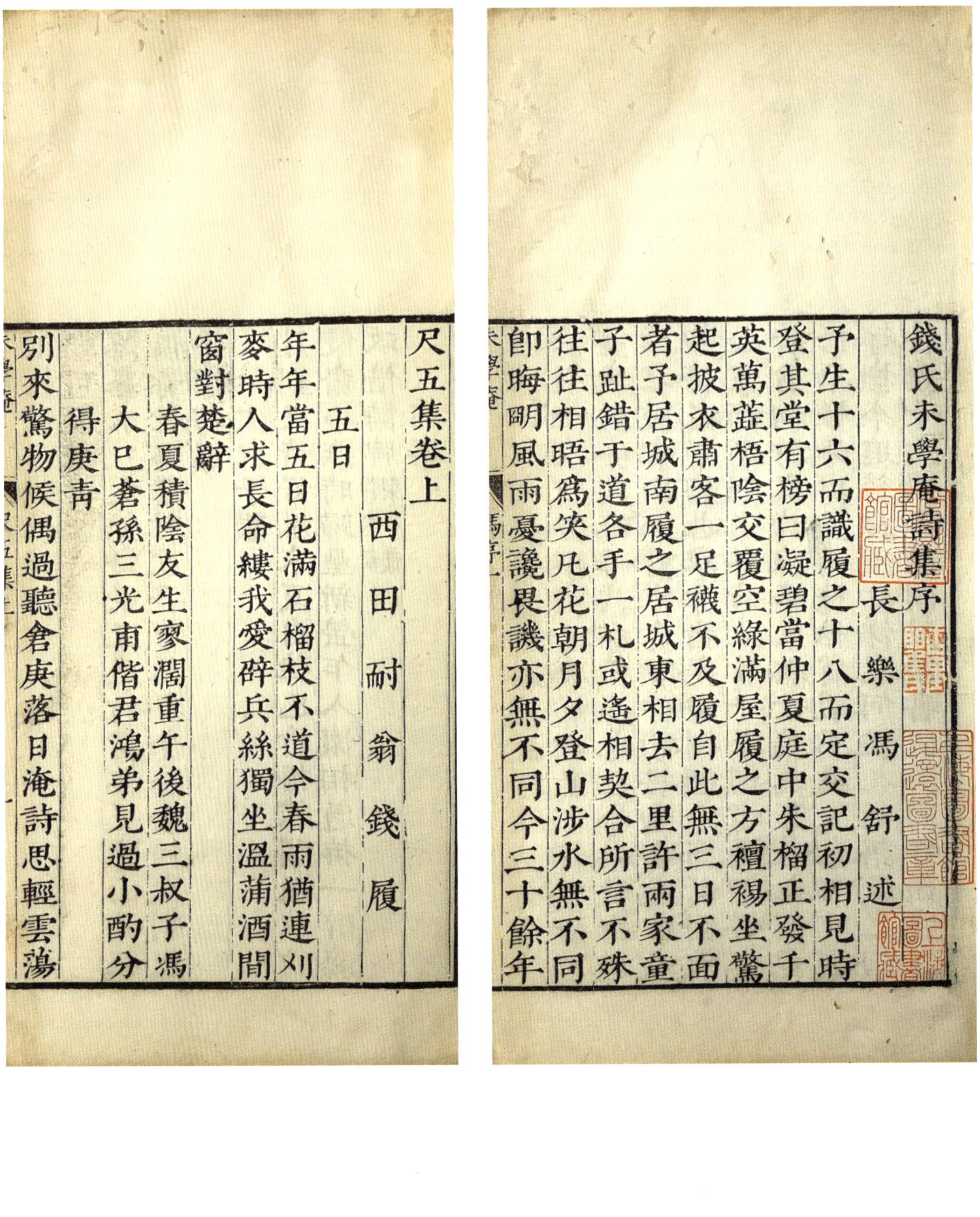

錢氏未學庵詩集序

長樂　馮　舒　述

予生十六而識履之十八而定交記初相見時
登其堂有榜曰凝碧當仲夏庭中朱榴正發予
英萬莚梧陰交覆空緑滿屋履之方禮裼坐驚
起披衣肅客一足襪不及履自此無三日不面
者予居城南履之居城東相去二里許兩家童
子趾錯于道各手一札或遙相契合所言不殊
往往相晤爲笑凡花朝月夕登山涉水無不同
卽晦明風雨憂讒畏譏亦無不同今三十餘年

尺五集卷上

西田　耐　翁　錢　履

五日

年年當五日花滿石榴枝不道今春雨猶連刈
麥時入求長命縷我愛碎兵絲獨坐溫蒲酒間
窗對楚辭

春夏積陰友生寥濶重午後魏三叔子馮
大巳蒼孫三光甫偕君鴻弟見過小酌分
得庚青

別來驚物候偶過聽倉庚落日淹詩思輕雲蕩

錢謙貞生平事迹見前《未學庵詩稿》（011986）。

題「西田耐翁錢履」撰。

框高17.4厘米，寬12.6厘米。半葉十行，行十八字，白口，上單黑魚尾，左右雙邊，版心上鎸書名「未學庵」三字，中鋟各卷集名及卷次，下記葉次。

正文前有《錢氏未學庵詩集序》，署崇禎甲申冬至五日「長樂馮舒述」；次接《未學庵詩稿序》，署「崇禎十七年小至日錢後人龍惕謹序」；次接《未學庵詩稿總目》，末署「嘉平月既望耐翁記」。正文十卷，包括《尺五集》二卷、《得閒集》二卷、《懷古集》二卷、《愚公集》四卷。

《尺五集》，正文前有馮班《尺五集叙》；次接《咏履之三年詩即以詩代序》，署壬戌嘉平月「魏沖字叔子」，後以雙行小字鎸「詩集五卷并序目總計四／萬六千五百一十八字」；次接甲申十月朔耐翁《尺五集自序》；次接《尺五集目録》。正文分上、下卷。

《得閒集》，正文前有《得閒集小序》，末署「丁亥元夕後三日陸瑞徵書」。正文分上、下卷。

《懷古集》，正文前有《懷古集小序》，末署「樂安孫永祚製」。正文分上、下卷。

《愚公集》，正文前有《愚公集小序》，末署「巢石林道源謹序」。正文分四卷。卷末有牌記，小字雙行鎸「歲在乙酉仲春月／毛氏汲古閣鏤板」。

詩稿四種後有後序，末署「丁亥仲春通家子陸貽典謹述」。

《耐翁先生集外詩》，題「蘆鄉龍惕編集（和稿附）」。正文前有《未學庵集外詩小序》，署「時丙戌八月廿四日夕公叙」；次接《集外詩目録》。目録末有「琴川毛氏汲古閣雕」牌記。正文後有馮班撰《錢履之小傳》；次接附録雜文一首《乞子後寫西田耕讀圖畫志》（即喜雨田舍）。

《頤仲遺稿》一卷，正文前序，末署「丁亥仲春兄孫保拉淚謹述」。正文後有《祭族弟頤仲文》及馮班《祭亡友錢君頤仲文》。卷末鎸「汲古閣較刊」字樣。

綫裝，二册，登録號016130。鈐「古里／瞿氏」白長印、「上海／圖書／館藏」朱方印、「上海圖書館／退還圖書章」朱長印、「常熟市／圖書／館藏」朱方印。

016132 青門詩集十一卷附集一卷

（清）邵陵撰　清宣統二年（1910）徐兆瑋虹隱樓鈔本

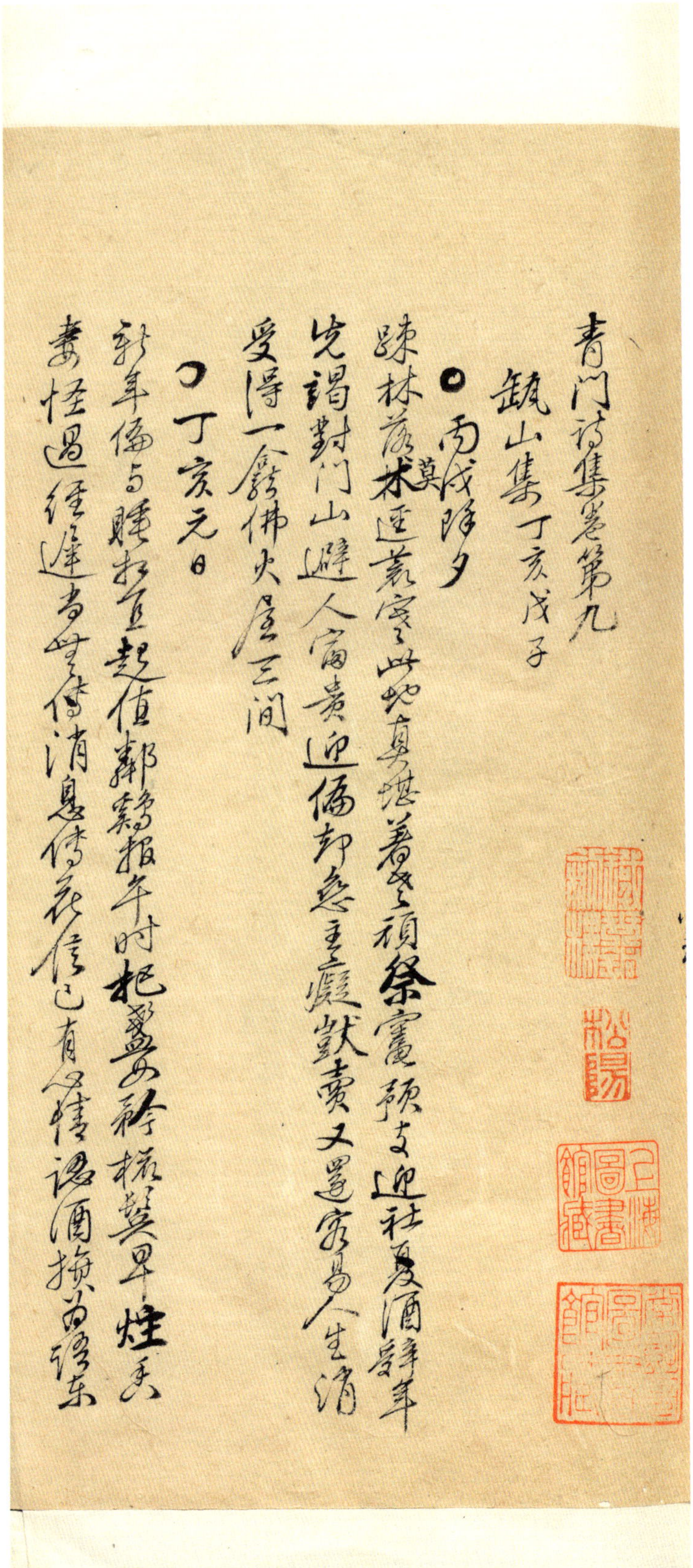
青門詩集卷第九

鼓山集 丁亥戊子

○丙戌除夕

○丁亥元日

邵陵生平事迹見前《疏園集》（010233）。

卷端署「海虞邵陵」。

無版框及界欄，開本高 27.5 厘米，寬 16 厘米。半葉九行，行二十三字，小字雙行，行字不等。

正文前有柳南王應奎撰《邵青門小傳》；次接孫□龍《雨中讀青門詩題二絶》；次接序，末署「雍正癸丑夏五天中山人題於耕雲樓」；次接《青門詩集總目録》；次接「□叟」題詩一首。正文分十一卷，卷一《疏園集》，古今雜體詩五十七首；卷二《樵話庵稿》，古今雜體詩一百二十四首；卷三《釣艇集》，古今雜體詩三十六首；卷四《歸來集》，古今雜體詩三十七首；卷五《不珠集》，古今雜體詩四十六首；卷六《消寒集》，古今雜體詩六十四首；卷七《浮嵐集》，古今雜體詩二十二首；卷八《餘辛集》，古今雜體詩二十四首；卷九《瓻山集》，古今雜體詩二十首；卷十《摭遺》，古今雜體詩一百二十二首；卷十一《詩餘》，一十九首。《附集》一卷，收《吴二饒題青門山居雜興詩序》及《凌南樓和紫冒山客山居雜興三十首》。集中另夾有一書葉，上有《棲霞山房讌集次汪東山韵》詩，注云「補鈔雙鹿圖之後」。

綫裝，三册，登録號 016132。鈐「松陽」朱長印、「鐵琴銅劍樓」白長印、「學古有獲」白長印、「鏡之/珍藏」陰陽長方印、「如痴」白長印、「上海/圖書/館藏」朱方印、「上海圖書館/退還圖書章」朱長印、「常熟市/圖書/館藏」朱方印等。

016133　蔗庵詩選
四卷

（清）孫暘撰　清康熙二十九年（1690）刻本

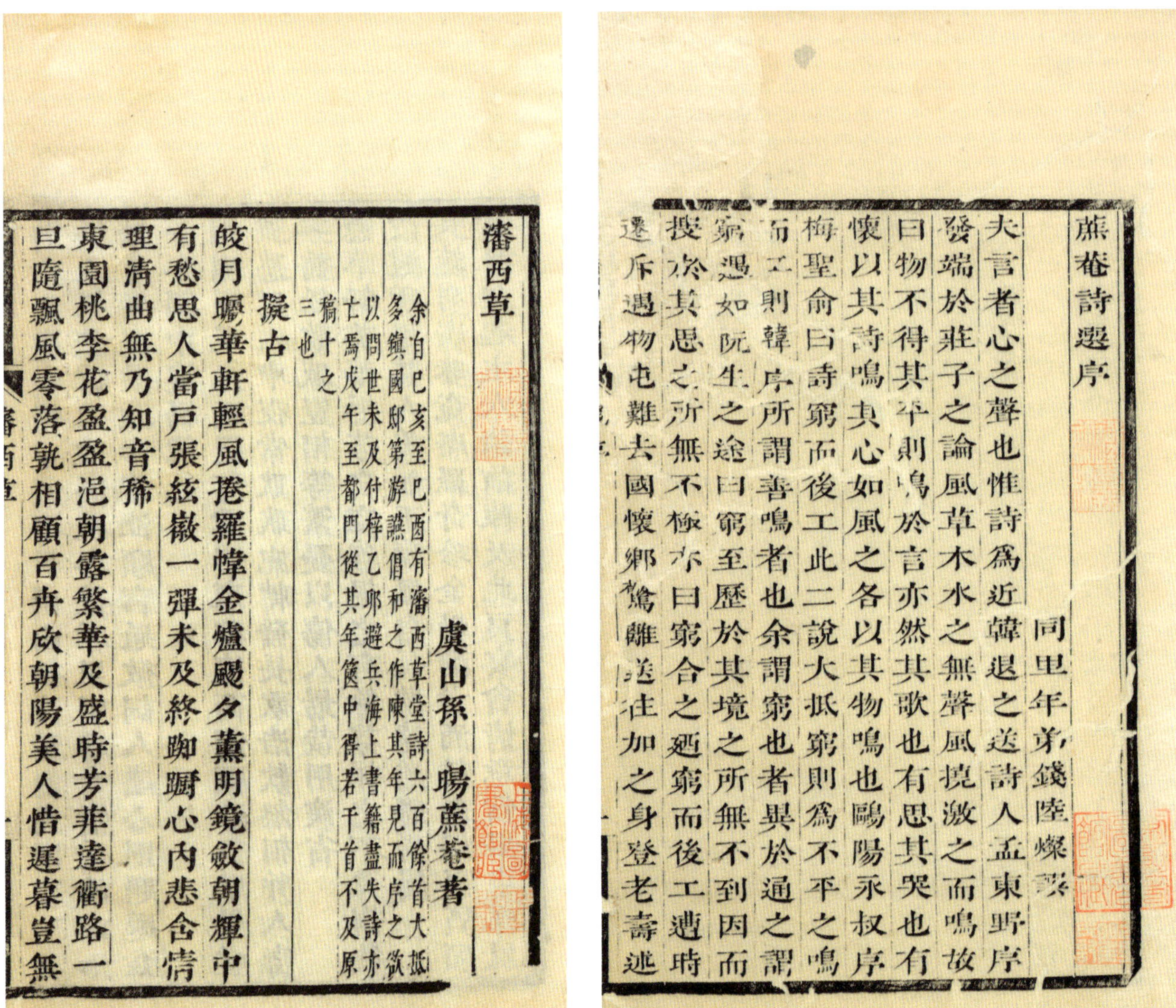
蔗菴詩選序

同里年弟錢陸燦譔

夫言者心之聲也惟詩爲近韓退之送詩人孟東野序
發端於莊子之論風草木水之無聲風撓激之而鳴故
曰物不得其平則鳴於言亦然其歌也有思其哭也有
懷以其詩鳴其心如風之各以其物鳴也歐陽永叔序
梅聖俞曰詩窮而後工此二說大抵窮則爲不平之鳴
而工則韓序所謂善鳴者也余謂窮也者異於通之謂
窮遇如阮生之途曰窮至歷於其境之所無不到因而
投於其思之所無不極亦曰窮合之延窮而後工遭時
遷斥遇物屯難去國懷鄉羇離送往加之身登老壽迹

瀋西草

虞山孫　暘蔗菴著

余自己亥至己酉有瀋西草堂詩六百餘首大抵多與國卿第游讌倡和之作陳其年見而序之欲以問世未及付梓乙卯避兵海上書籍盡失詩亦亡焉戊午至都門從其年篋中得若干首不及原稿十之三也

擬古

皎月曬華軒輕風捲羅幃金爐颺夕薰明鏡斂朝輝中
有愁思人當戶張絃徽一彈未及終踟躕心內悲含情
理清曲無乃知音稀

東園桃李花盈盈浥朝露繁華及盛時芳菲達衢路一
旦隨飄風零落孰相顧百卉欣朝陽美人惜遲暮豈無

孫暘（1626—1701），字寅仲，一字赤崖，號蔗庵，常熟人。清順治十四年（1657）因科場舞弊案流放尚陽堡，清康熙二十年（1681）始得還。

框高19.4厘米，寬13.6厘米。半葉十一行，行二十一字，黑口，上單黑魚尾，左右雙邊。版心上鎸卷目，下記葉次。

正文前有康熙二十九年（1690）庚午春正月同里年弟錢陸燦《蔗庵詩選序》，次接康熙十五年（1676）丙辰秋仲年家同學弟沈荃《紀游詩舊序》，又接康熙丙辰中秋前一日同學年弟繆彤《紀游詩舊序》，又接康熙七年（1668）戊申八月陽羨同學弟陳維崧《瀋西草舊序》，又接康熙四十四年（1705）乙酉孟冬六日吴江同學年弟吴兆騫《瀋西草舊序》，又接尤侗、宋實穎《芥閣詩題詞》，又接陸嘉淑、朱載震《燕山雜咏題詞》。

綫裝，一册，登録號016133。鈐「古里／瞿／氏記」白文長方印、「鐵琴銅／劍樓」白文長方印、「上海圖／書館藏」朱長印、「上海圖書館／退還圖書章」朱長印、「常熟市／圖書／館藏」朱方印。

016146 圓沙未刻稿不分卷

（清）錢陸燦撰 稿本

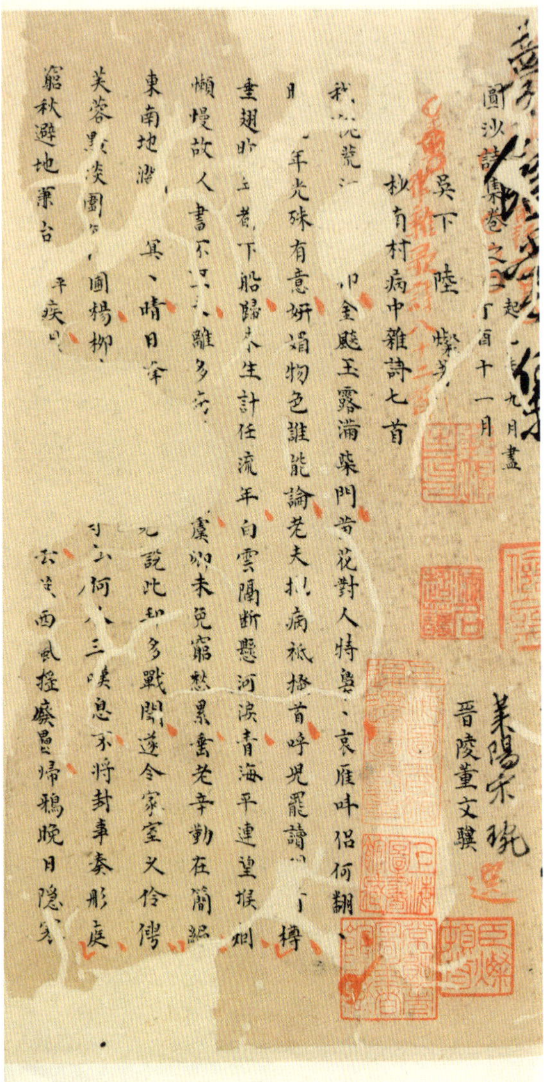

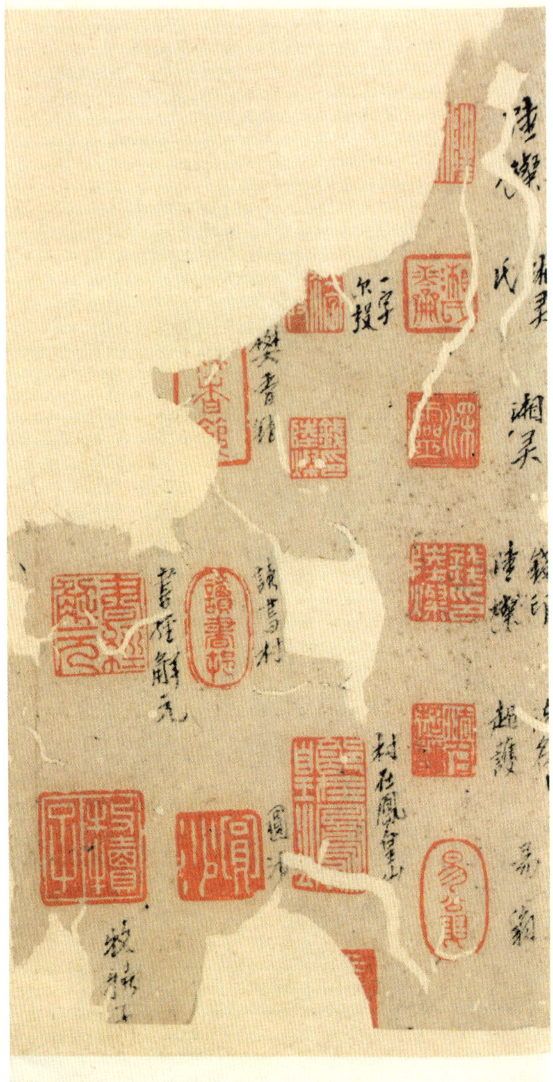

錢陸燦生平事迹見前《調運齋詩文隨刻》（010188）。

正文卷一起乙未九月，盡丁酉十一月。正文後有「自題一」「自題又」「自題三」，均不署撰寫時間。次接《圓沙前集跋》，跋後署「乙巳夏五，超護陸燦書」。再接乙巳年《夜航吟集自序》。再接《五日續夢詩八首》，再接《埭寤草自題》，不署撰寫時間，後爲《埭寤草》。

綫裝，二册，登録號016146。入選第三批《國家珍貴古籍名録》，名録號09290。首册護葉鈐「陸／燦」「一字／爾／穀」「錢印／陸燦」「湘／靈」「牧犢／子」「圓沙」白方印，「湘氏／靈」「法名／超護」朱方印，「讀書村」「易翁」朱文長圓印，「樊香館」朱長印，「村在鳳皇山」白長印。卷端鈐「儉齋」朱長印，「陸燦／之印」白方印，「臣燦／頓首」朱方印。正文書葉内鈐「南村」朱文橢圓印，「長相思」朱長印，「園研／著書」朱方印。《自題又》後鈐「爾／弢」朱方印。《圓沙前集跋》後鈐「柳花／店」朱方印，「琳瑯／閣」白方印。《埭寤草自題》前鈐「樊香館」朱長印、「皓月／千里」白方印，後鈐「一字／爾／弢」「白方印。卷末鈐「鐵琴銅／劍樓」朱長印、「瞿氏鑑／藏經石記」白長印。

016153　錢牧齋先生集外詩一卷有學文集補遺三卷

（清）錢謙益撰　清鈔本

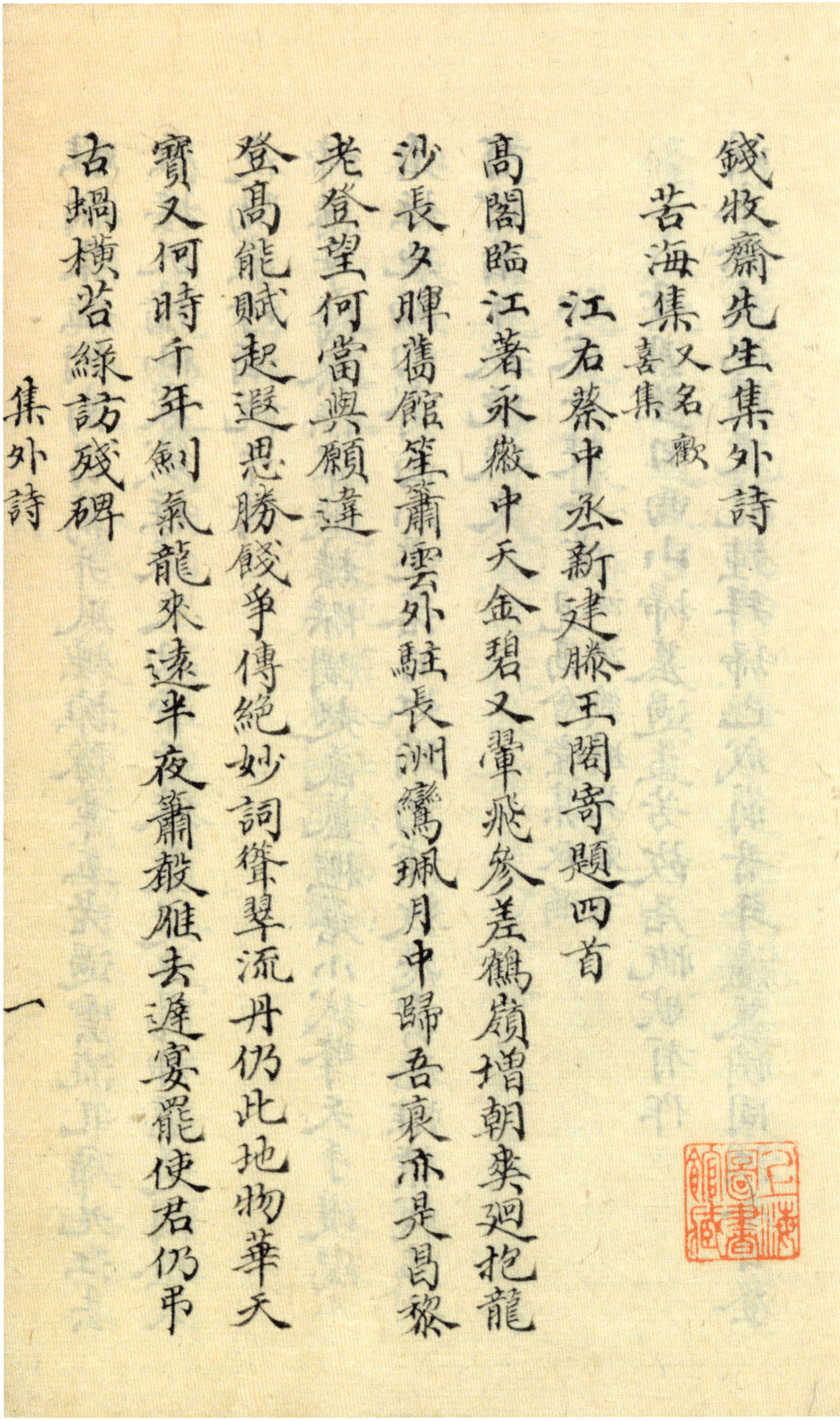

錢牧齋先生集外詩

苦海集 又名歡喜集

江右蔡中丞新建滕王閣寄題四首

高閣臨江著永徽中天金碧又翬飛參差鶴嶺增朝奕迴抱龍
沙長夕暉舊館笙簫雲外駐長洲鸞珮月中歸吾衰亦是昌黎
老登望何當與願違
登高能賦起遐思勝餞爭傳絕妙詞聳翠流丹仍此地物華天
寶又何時千年劍氣龍來遠半夜簫鼓雁去遲宴罷使君仍弔
古蝸横苔綠訪殘碑

集外詩　一

錢謙益生平事迹見前《重編義勇武安王集》（015994）。

無板框及界欄。半葉九行，行二十四字。版心上記書名、卷次，下記葉次。《集外詩》正文前有《錢牧齋先生集外詩目》。正文卷端大題「錢牧齋先生集外詩」，小題「苦海集又名歡喜集」。《集外詩》後有《錢牧齋先生有學文集補遺目》，卷上主要爲書序，共三十九篇，卷中主要爲壽序，共二十篇；卷下含書、跋語、傳、墓志銘等，共三十五篇。

綫裝，二册，登録號016153。入選第四批《國家珍貴古籍名録》，名録號10843。鈐「上海/圖書/館藏」朱方印、「常熟市/圖書/館藏」朱方印。

016161　牧齋外集二十五卷

（清）錢謙益撰　清沈曾植鈔本

牧齋外集卷第一

詩集

丁亥夏為清河公題海客釣鼇圖四首之四

老馬為駒氣似虹行年八十未稱翁勞山拂水雙垂釣東海人稱

兩太公

石濤上人自廬山致蕭伯玉書于其歸也漫書十四絕句之

九十二首兼簡伯玉　其九

紀曆何須問義熙桃源春盡落英知北窗大有羲皇地閒和陶翁

甲子詩

其十四

錢謙益生平事迹見前《重編義勇武安王集》（015994）。

無版框及界欄，開本高26厘米，寬18.4厘米。半葉十行，行二十五字。版心下記葉次。

正文前有目録，分上、下卷。正文分二十五卷，卷一詩，卷二雜文，卷三至卷八序，卷九贈序，卷十至卷十二壽序，卷十三記，卷十四行狀，卷十五、卷十六墓志銘，卷十七墓表、祭文，卷十八碑，卷十九傳，卷二十奏疏，卷二十一募緣疏、引，卷二十二、卷二十三書，卷二十四頌、贊，卷二十五題跋。

登録號016161，毛裝，五册。有瞿鳳起朱筆批校，又集中夾有書籤一張，上有瞿鳳起跋。

鈐「曾植／私印」白方印、「上海圖／書館／藏書」朱方印、「上海圖書館／退還圖書章」朱長印、「常熟市／圖書／館藏」朱方印等。

016180 許炳許儒柏應曾詩選不分卷

（清）許儒等撰　清鈔《許炳許儒柏應曾詩選》本

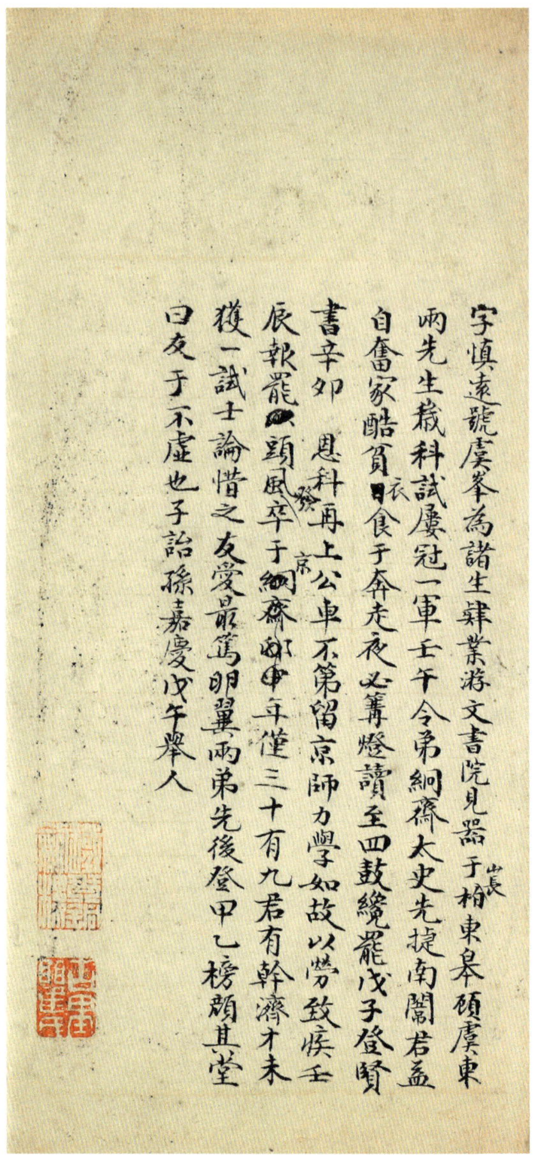

字慎遠號虞峯為諸生肄業游文書院見器于柏東皋頤虞東兩先生歲科試屢冠一軍壬午令弟絅齋太史先捷南闈君益自奮家酷貧衣食于奔走夜必篝燈讀至四鼓纔罷戊子登賢書辛卯恩科再上公車不第留京師力學如故以勞致疾壬辰報罷發頭風卒于京絅齋邸中年僅三十有九君有幹濟才未獲一試士論惜之友愛最篤明年兩弟先後登甲乙榜顏其堂曰友于不虛也子詒孫嘉慶戊午舉人

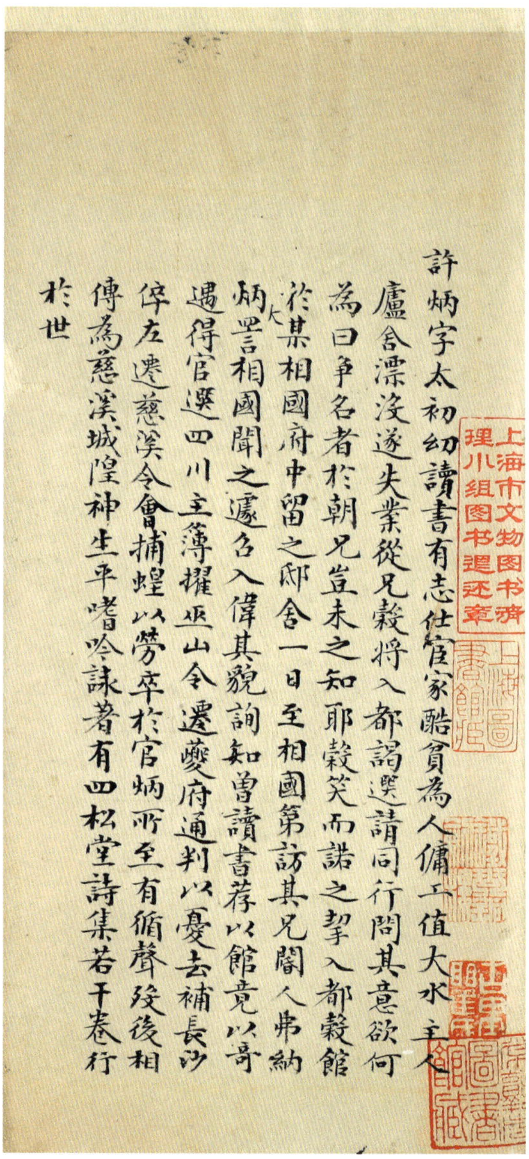

許炳字太初幼讀書有志仕宦家酷貧為人傭工值大水主人廬舍漂沒遂失業從兄毅將入都謁選請同行問其意欲何為曰爭名者於朝兄豈未之知耶毅笑而諾之挈入都毅館於某相國府中留之邸舍一日至相國第訪其兄閽人弗納炳詈言相國聞之遽召入偉其貌詢知曾讀書薦以館竟以奇遇得官選四川主簿擢巫山令還夔府通判以憂去補長沙倅左遷慈溪令會捕蝗以勞卒於官炳所至有循聲歿後相傳為慈溪城隍神生平嗜吟詠著有四松堂詩集若干卷行於世

許炳，字雍之，號太初，常熟人。曾官夔州府通判、長沙通判、慈溪知縣。

許儒，常熟人，生平事迹不詳。

柏應曾，字松年，號慎亭，常熟人。諸生。

是帙係合鈔許炳、許儒、柏應曾三人詩選。

框高18.9厘米，寬9.9厘米。半葉九行，行二十五字，紅格，白口，四周雙邊。

正文不分卷，收許炳《自華容至安鄉晤贈安詳宰趙得如》等詩十六首，許儒詩《柬柏慎亭》一首，柏應曾《秋柳用阮亭尚書韵》三首。各家皆附小傳。

綫裝，一册，登録號016180。鈐「鐵琴銅／劍樓」白長印、「古里／瞿氏」白長印、「上海圖／書館藏」朱長印、「上海市文物圖書清／理小組圖書退還章」朱長印、「常熟市／圖書／館藏」朱方印。

016245　姑蘇雜詠一卷　附録一卷

（明）周南老撰　清鈔本

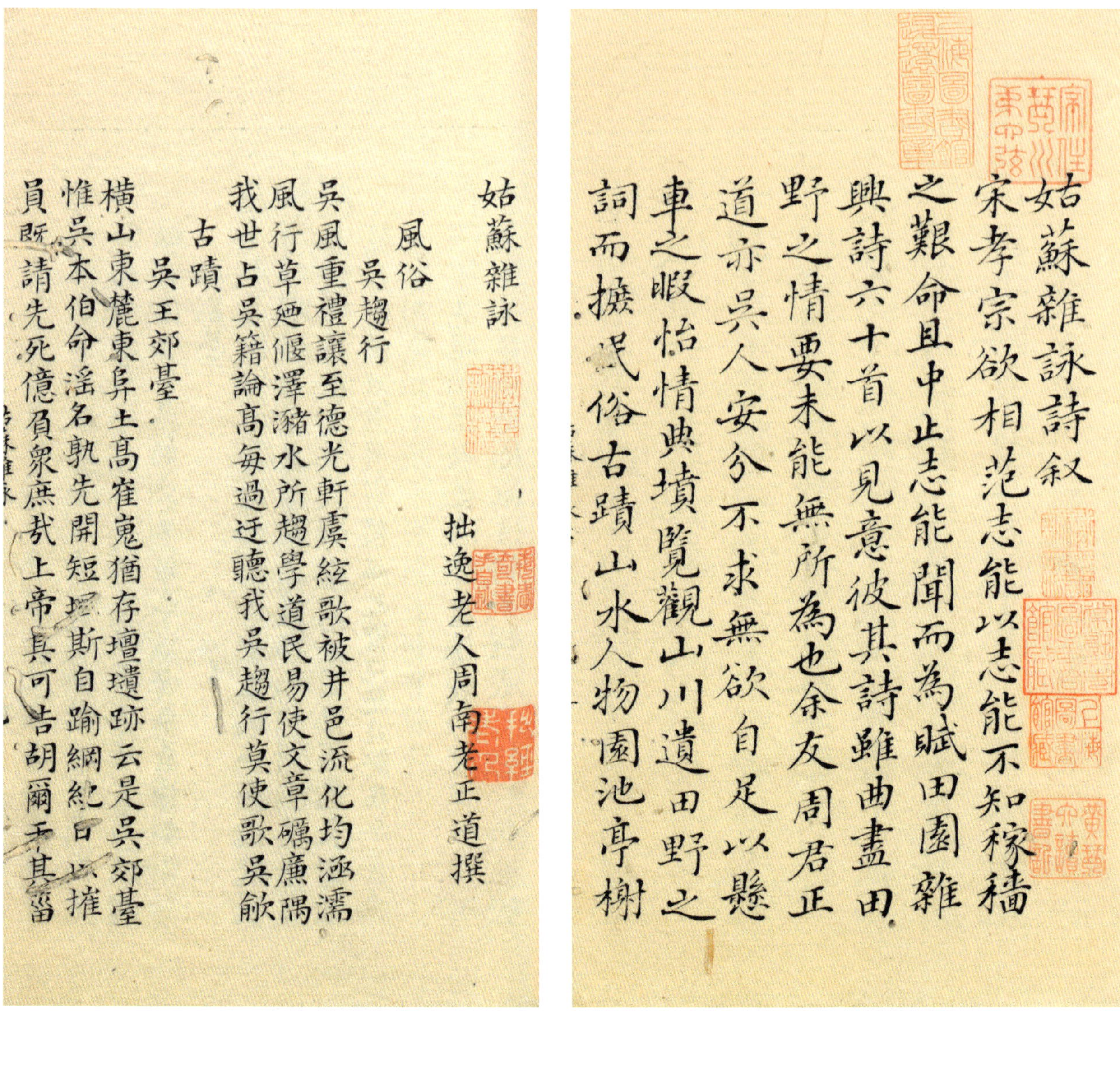

姑蘇雜詠詩叙

宋孝宗欲相范志能以志能不知稼穡之艱命且中止志能聞而為賦田園雜興詩六十首以見意彼其詩雖曲盡田野之情要未能無所為也余友周君正道亦吳人安分不求無欲自足以懸車之暇怡情典墳覽觀山川遺田野之詞而擬民俗古蹟山水人物園池亭榭

姑蘇雜詠

拙逸老人周南老正道撰

風俗

吳趨行

吳風重禮讓至德光軒虞絃歌被井邑流化均涵濡

風行草偃偃澤瀦水所趨學道民易使文章礪廉隅

我世占吳籍論高每過迂聽我吳趨行莫使歌吳歈

古蹟

吳王郊臺

橫山東麓東弇土高崔嵬猶存壇壝跡云是吳郊臺

惟吳本伯命溫名孰先開短垣斯自踰綱紀曰以摧

員既請先死億員衆庶哉上帝其可吉胡爾干其留

周南老（1301—1383），字正道，號拙逸老人，常熟人，遷吴縣（今屬江蘇蘇州）。元至正間以薦補永豐縣儒學教諭，歷官至江浙行省理問。明初徵詣太常議禮，發臨濠居住，數月放還。卒於鄉。著有《拙逸齋稿》《姑蘇雜咏》等。

無版框及界欄。開本高25.4厘米，寬16.3厘米。鈔本半葉十二行，行二十字。版心中書題名，下記葉次。正文前有明洪武十年（1377）丁巳冬嘉平日江陰孫大雅《姑蘇雜咏詩叙》；次接齊府長史山陰胡隆成序；次接洪武十年五月廿一日昆山盧熊《吴中雜咏後記》；次接盧山陳寅記；次接國子助教清江聶鉉記；次接記，撰人不詳；次接目録。正文一卷，含風俗一、古迹廿八、祠廟九、塚墓十一、山水廿三、泉石五、園亭寺宇各六、橋梁四、雜賦十五、補遺四，凡一百十篇。正文後有洪武十年孟夏望日拙逸老人周南老跋，又接洪武十一年（1378）春正月十有九日吴郡金珉跋。附録一卷，含《刊姑蘇雜咏詩疏》《周先生墓碣銘》二篇，附録後有曾孫周綱跋。

綫裝，一册，登録號016245。鈐「家住琴川第六弦」朱方印、「黄琴六/讀書記」朱方印、「每愛/奇書/手自鈔」朱方印、「拙經/老人」白方印、「二瓻書屋黄氏記」白長印、「鐵琴銅/劍樓」白長印、「上海/圖書/館藏」朱方印、「上海圖書館/退還圖書章」朱長印、「常熟市/圖書/館藏」朱方印。

016274　獨賞編不分卷

（明）薄霙撰　清道光二十年（1840）季錫疇鈔本

清季錫疇跋

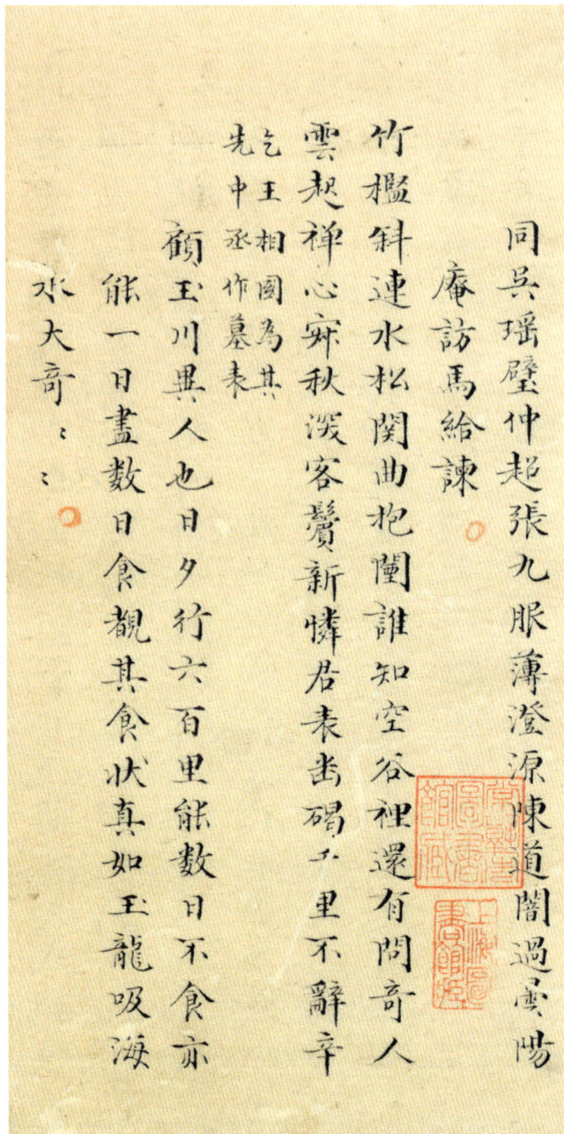
同吳瑶壁仲起張九服薄澄源陳道闇過雲陽庵訪馬給諫

竹檻斜連水松關曲抱闌誰知空谷裡還有問奇人

雲起禪心寂秋深客鬢新憐君表忠碣千里不辭辛

乞王相國爲其先中丞作墓表

顧玉川異人也日夕行六百里能數日不食亦能一日盡數日食覩其食狀真如玉龍吸海水大奇。。

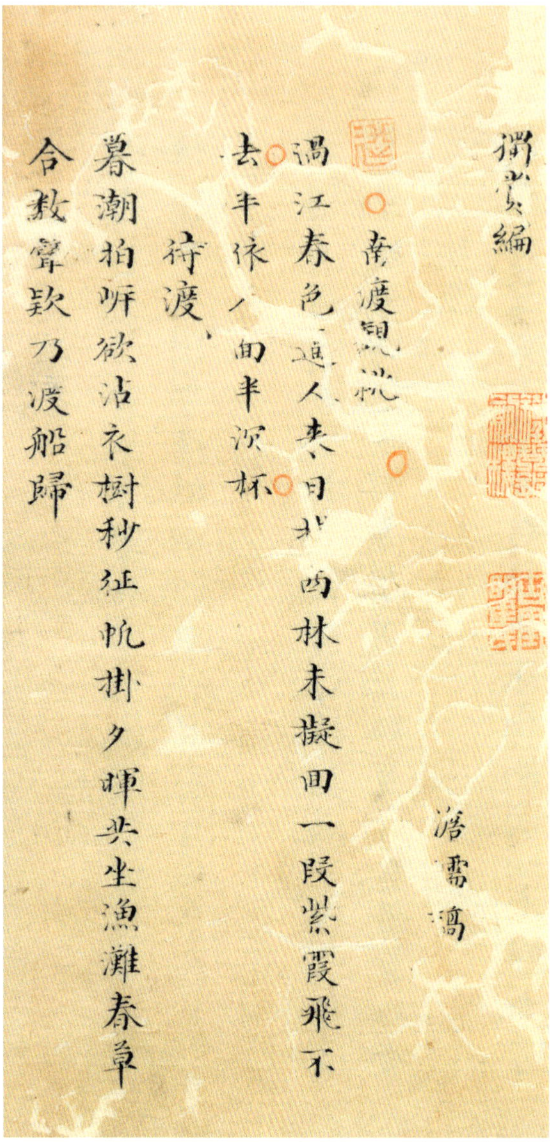
獨賞編　澹霱樵

南渡觀眺

過江春色逼人來日北西林未擬回一段紫霞飛不去半依人面半沉杯

待渡

暮潮拍岸欲沾衣樹杪征帆掛夕暉共坐漁灘春草合數聲欵乃渡船歸

薄鼗，生卒年不詳，一名澹儒，字味玄，自號鈍生，蘇州太倉人。明萬曆三十四年（1606）舉人。著有《獨賞編》一卷、《勞勞語》一卷、《洛如集》一卷、《擬古樂府》一卷、《花咏》一卷。

無版框及界欄，開本高24.7厘米，寬14.4厘米。半葉八行，行二十字。正文前有清道光二十年（1840）庚子五月晦日同里季錫疇跋，次接慧解居士張越《題薄味玄詩稿》，又接薄鼗自序二篇。

綫裝，二册，登録號016274。鈐「臣／錫疇」陰陽方印、「松／雲」朱方印、「鐵琴銅／劍樓」白長印、「古里／瞿氏」白長印、「上海圖／書館藏」朱長印、「上海圖書館／退還圖書章」朱長印、「常熟市／圖書／館藏」朱方印等。

016394 清遠樓詩集 三卷

（清）周臺撰　民國鈔本

序

士之不得志於時而託於文辭以自鳴其不平如
當昌黎世之為孟東野者古今都有雖然有
幸不幸焉東野悲愁務為險怪不幸其窮
也然遂得昌黎以為之依歸贈以詩送以序與
以書死而謚之誌其墓到今稱韓孟何其幸也

清遠樓詩集卷之上

常熟周臺夫須氏著
姪震生洊雷校

古詩

秦坡記遊

虞山周遭十八里劍門循西到北趾頂山之上是秦坡二
水上分合一尾一回一折澗幽奇水聲澒洞疾于駛未審
源頭何處来但愛水流瀑布似層脫蛹郤妙自然穿破白
雲、欲徙有石為坡可枕眠日暄雨潤青螺起顛不扶兮
危不持攀援不惜侵芒屩二十年前喬者松雨崕之木常

周臺，字雲書，號夫須，常熟人。諸生。篤志好古。爲文章，辨析義理，絶有卓見。

署「常熟周臺夫須氏著，侄震生洊雷校」。

無版框及界欄，開本高 26.8 厘米，寬 17.7 厘米。半葉九行，行二十二字。

正文前有清康熙三十四年（1695）歲次乙亥秋仲八十四翁錢陸燦湘靈氏撰序；次接周臺自序，署「大清康熙歲次壬戌仲春，常熟何有鄉人夫須氏周臺識」。正文以詩歌體裁分爲上、中、下三卷，各卷正文前皆有目録。卷上古詩，卷中五言律詩、五言排律、五言絶句，卷下七言律詩、七言絶句。

綫裝，一册，登録號 016394。原藏上海圖書館，護葉貼有上海圖書館藏書簽，著録索書號碼「598139」。鈐「上海圖/書館/藏書」朱方印、「常熟市/圖書/館藏書」朱方印。

016399 尺牘一卷湖上草一卷

（清）柳如是撰　鈔本

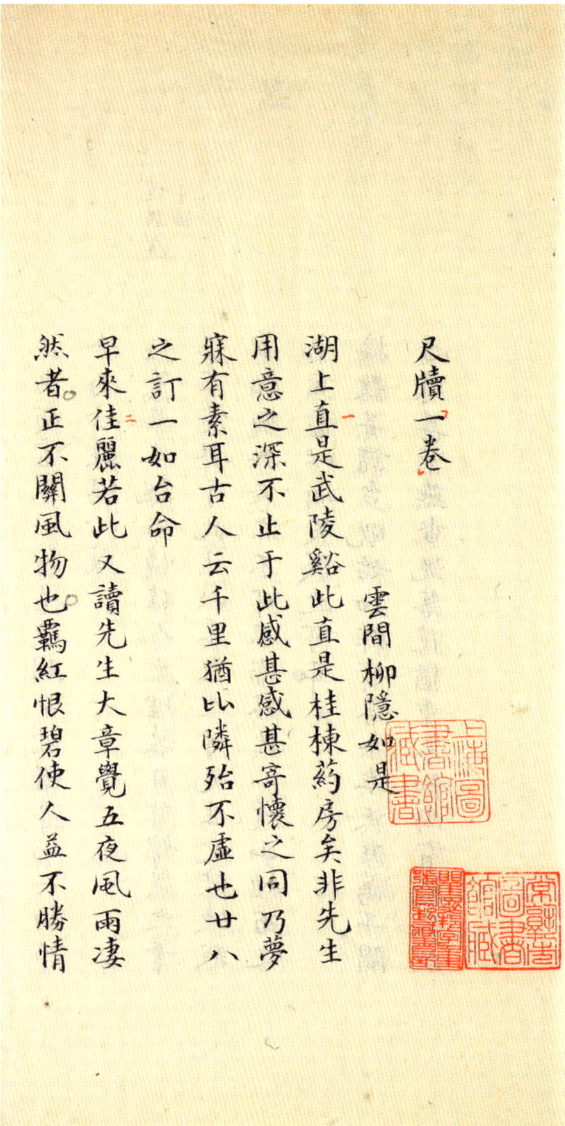
尺牘一卷
雲間柳隱如是
湖上直是武陵谿此直是桂棟葯房矣非先生
用意之深不止于此感甚感甚奇懷之同乃夢
寐有素耳古人云千里猶比隣殆不虛也廿八
之訂一如台命
早來佳麗若此又讀先生大章覺五夜風雨凄
然者正不關風物也羈紅恨碧使人益不勝情

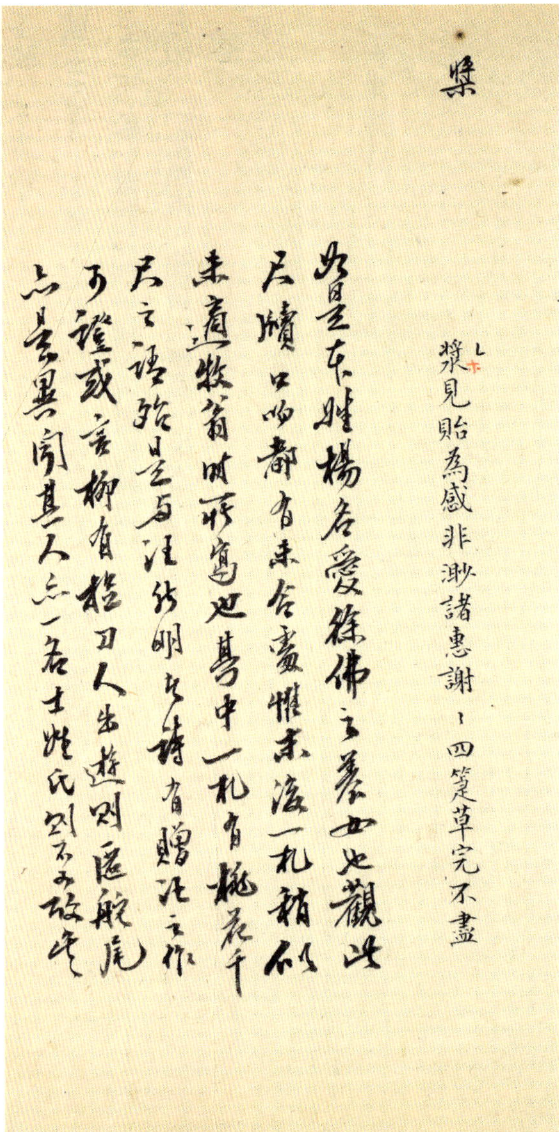
漿見貽爲感非渺諸惠謝謝四箋草完不盡